Inglés sin Barreras

Diccionario Inglés-Español
Webster-Velázquez

Inglés sin Barreras

Diccionario Inglés-Español
Webster-Velázquez

Prepared by
Lexicon
Los Angeles, California

by
Mariano Velázquez de la Cadena
Late Professor of Spanish, Columbia University
and
Edward Gray, A.B., M.D., F.R.M.S.
and
Juan L. Iribas, A.B., L.L.D.

Newly Revised by
Ida Navarro Hinojosa
Manuel Blanco-González, M.A.
and
R.J. Nelson, Ph.D.

Lexicon

Lexicon

Lexicon
640 South San Vicente Boulevard
Los Angeles, CA 90048

Library of Congress Cataloging in Publication Data
ISBN 0-8329-0265-9

Índice

Página

Página

Prólogo

La humanidad avanza con ritmo cada vez más acelerado, y las obras de consulta destinadas a servirla, como este diccionario, deben mantenerse a tono con tal progreso si han de suministrar satisfactoriamente la información que en ellas se busca. Por eso el *Diccionario Velázquez*, reconocido mundialmente como el diccionario bilingüe español-inglés más autorizado, necesita estar al día con relación a todas las voces nuevas que va imponiendo el prodigioso progreso de nuestra época en el campo de las ciencias, de los inventos y los descubrimientos; así como en las voces que las costumbres, en constante evolución, y los acontecimientos, van introduciendo en ambos idiomas.

De este modo el NUEVO DICCIONARIO VELÁZQUEZ REVISADO, cuidadosamente revisado, sin sacrificar ninguna de las tradicionales características que han hecho de sus anteriores ediciones el prototipo de los diccionarios de su género, viene a ser, sin lugar a duda, la más moderna y completa de las ediciones de dicha obra publicadas hasta hoy.

Se han incluido en esta novísima edición miles de voces nuevas, y también modismos y locuciones de uso general, que reemplazan expresiones que han dejado de ser de uso común y que, en consecuencia, ya no tienen razón de ocupar lugar en una obra eminentemente práctica como ésta.

Esta última revisión del diccionario ha sido exhaustiva. Se ha tratado de conseguir que el *Diccionario Velázquez* responda cada día más eficazmente a las necesidades de quienes recurren a él como medio práctico para resolver sus problemas de traducción en el campo de los negocios, de la información cotidiana, de la tecnología, de las ciencias en general, de la literatura, etc. y se ha prestado particular atención a las voces y locuciones de uso común en la América Hispana y en los Estados Unidos, ya que diariamente crecen y se intensifican las relaciones comerciales y amistosas entre estas dos grandes e importantes regiones del mundo moderno.

La revisión de las listas de equivalentes de los nombres geográficos que se escriben de manera diferente en español y en inglés se ha realizado con cuidado meticuloso. Las listas que forman parte de la presente edición incluyen todos los cambios que en tales nombres han determinado los acontecimientos históricos recientes.

De similar estudio han sido objeto las listas de nombres propios y de gentilicios que forman parte de los apéndices de la obra, así como las tablas de pesas y medidas. La de abreviaturas ha sido puesta al día para que responda, asimismo, al carácter fundamentalmente práctico de la obra.

Con tales innovaciones se ha acrecentado poderosamente la utilidad de este diccionario, y sus directores y editores se atreven a esperar que resultará un instrumento más valioso aún que las anteriores ediciones para quienes lo consulten, ya se trate de estudiantes de un nuevo idioma, de doctos que realicen estudios literarios en cualquiera de las dos lenguas, o en ambas, o de traductores profesionales, de hecho, para todos y cada uno de cuantos necesiten un guía autorizado que los ayude a recorrer el siempre escabroso camino que entraña la traducción de ideas del inglés al español, y viceversa.

Sinopsis

de la Lengua Inglesa.

ALFABETO

Las letras que componen el alfabeto inglés son veintiséis, a saber:

a, b, c, d, e, f, g, h, i, j, k, l, m, n, o, p, q, r, s, t, u, v, w, x, y, z.

Las vocales son *a, e, i, o, u* y algunas veces *w, y*.

Las consonantes son todas las demás.

(Para los sonidos de las letras inglesas, véase la "Introducción", que sigue a esta Sinopsis).

PARTES DE LA ORACIÓN

Las partes de la oración son diez, a saber: *The Article* (el Artículo), *the Noun* o *Substantive* (el Nombre o Sustantivo), *the Adjective* (el Adjetivo), *the Pronoun* (el Pronombre), *the Verb* (el Verbo), *the Participle* (el Participio), *the Adverb* (el Adverbio), *the Preposition* (la Preposición), *the Conjunction* (la Conjunción), y *the Interjection* (la Interjección).

DE LOS ARTÍCULOS

Los Artículos son dos, *a* o *an* (un, una), y *the* (el, los; la, las; los).

A se usa delante de consonante; como, *a* man (*un* hombre); y *an* delante de vocal o *h* muda: como *an* age (*un* siglo), *an* hour (*una* hora).

The se usa delante de nombres en ambos números: como *the* man (*el* hombre), *the* men (*los* hombres).

A se llama artículo *indefinido*, porque no se refiere a ninguna persona o cosa en particular: como *a* president (*un* presidente). *The* se llama artículo *definido*, porque se refiere siempre a una persona o cosa en particular, como "*The* president of *the* United States" (*El* presidente de *los* Estados Unidos).

El artículo *a* se pone delante de los nombres de peso, medida, número; los de los oficios, empleos, dignidades, y en las admiraciones, aunque no se usa en español: como "Tea is sold at *a* dollar *a* pound" (El té se vende a dólar *la* libra). "He has *a* sister who is *a* widow, and *a* brother who is *a* captain" (Él tiene una hermana viuda y un hermano que es capitán). "He is *an* American" (Él es americano). "What *a* beautiful woman! (¡Qué hermosa mujer!).

El artículo definido castellano, delante de un nombre común tomado en toda la extensión de su significado, no se traduce en inglés: v.g., "Man is mortal" (*El* hombre es mortal); pero si el sustantivo sólo designa una especie, aunque tomado en un sentido general, se expresa: v.g., "*The* negro is our brother" (*El* negro es nuestro hermano").

Cuando un nombre propio va precedido del de la dignidad, cargo, etc. , no admite el artículo en inglés: v.g., "General Washington" (*El* general Washington), "Judge Field" (*El* juez Field). El artículo se omite también a menudo en inglés cuando se repite delante de varios sustantivos seguidos: v.g., "The father, mother and children are sick" (El padre, *la* madre y *los* niños están enfermos). Tampoco se traduce cuando precede a los nombres *Señor* o *Señora* (*Mr.* o *Mrs.*), seguidos de un nombre propio: v.g., "Have you seen Mr. or Mrs. N.?" (¿Ha visto Ud. *al* Señor o a *la* Señora N.?).

DEL NOMBRE O SUSTANTIVO

El Nombre se divide en *común* y *propio*.

Nombre *común* es el que conviene a muchas personas o cosas: como *city* (ciudad), *man* (hombre).

Nombre *propio* es el que conviene a una sola cosa o persona: como *London* (Londres), *Peter* (Pedro).

DEL GÉNERO

Los géneros son tres: *masculino, femenino* y *neutro*.

Todo nombre de varón o animal macho, es masculino; todo nombre de mujer o animal hembra, es femenino; todos los nombres de cosas inanimadas son del género neutro.

Hay nombres que distinguen el género por una palabra diferente: v.g., *brother* (hermano), *sister* (hermana); otros lo expresan por medio de la terminación: v.g., *lion* (león), *lioness* (leona); y otros que lo distinguen por medio de las palabras *male* o *female*: como "A *male* child" (un niño), "A *female* child" (una niña); *man* o *maid*: como "A *man*-servant" (un criado), "A *maid*-servant" (una criada); *cock* o *hen*: como

"A *cock* sparrow" (un gorrión), "A *hen* sparrow" (un gorrión hembra); *he* o *she*: como "A *he*-bear" (un oso), "A *she*-bear" (una osa).

DEL NÚMERO

Los Números de los nombres son dos, *singular* y *plural*.

El *plural* se forma generalmente añadiendo una *s* al singular: v.g., *guide* (guía), *guides* (guías); *book* (libro), *books* (libros).

Los nombres acabados en *ch* (cuando suena como en castellano), o en *ss*, *x* u *o*, precedida de consonante, forman el plural añadiendo *es* al singular: v.g., *church* (iglesia), *churches* (iglesias); *kiss* (beso), *kisses* (besos); *fox* (zorro), *foxes* (zorros); *hero* (héroe), *heroes* (héroes); pero si la *ch* suena como *k*, añaden solamente *s*: v.g., *monarch* (monarca), *monarchs* (monarcas).

Los terminados en *y*, precedida de una vocal, siguen la regla general: v.g., *day* (día), *days* (días); pero si la precede una consonante, la mudan en *i* y añaden *es*: v.g., *fly* (mosca), *flies* (moscas); *lady* (señora), *ladies* (señoras).

Los nombres que acaban en *f* o *fe* mudan estas letras en *v* y añaden *es*: v.g., *leaf* (hoja), *leaves* (hojas); *life* (vida), *lives* (vidas). Se exceptúan *chief* (jefe), *dwarf* (enano), *handkerchief* (pañuelo de mano), etc., y también *muff* (manguito), que forman el plural añadiendo *s*.

Hay algunos nombres cuyos plurales son irregulares: v.g., *man* (hombre), *men* (hombres); *foot* (pie), *feet* (pies), etc.; *child* (hijo), *children* (hijos). Estos nombres corresponden generalmente a palabras semejantes del alemán.

DE LOS CASOS DE LOS NOMBRES

Los casos son tres: *The Nominative* (el Nominativo), *the Possessive* o *Genitive* (el Posesivo o Genitivo) y *the Objective* o *Accusative* (el Objetivo o Acusativo).

El *Nominativo* y el *Objetivo* se distinguen sólo por su colocación en la frase: v.g., "The *father* loves *the son*" (El *padre* ama *al hijo*); "The *son* loves *the father*" (El *hijo* ama *al padre*).

El *Posesivo* denota *posesión* y se forma invirtiendo el orden y poniendo primero en inglés el nombre que es último en español, después del cual se pone un apóstrofo y la letra *s*: v.g., "My *father's* house" (La casa de mi *padre*); "The *boy's* hat" (El sombrero del *muchacho*). Cuando los plurales terminan en *s*, el Posesivo se forma añadiendo solamente el apóstrofo: como, "My *brothers'* horse" (El caballo de mis *hermanos*). Viniendo más de dos sustantivos seguidos, el apóstrofo y la *s* se ponen a cada uno de ellos: v.g., "The captain's son's friend's horse" (El caballo del amigo del hijo del capitán). En tal caso sería mejor cambiar la construcción. Con el apóstrofo y la *s* (*'s*) se indica también el lugar, sitio o casa en donde se ha hecho alguna cosa: v.g., "He supped last night at your *sister's*", (Él cenó anoche en casa *de tu hermana*).

DE LOS ADJETIVOS

Los Adjetivos en inglés no admiten variación de género ni número: v.g., "A *prudent* man", (Un hombre *prudente*); "*Prudent* men", (Hombres *prudentes*); "A *prudent* woman", (Una mujer *prudente*); "*Prudent* women", (Mujeres *prudentes*); y se colocan generalmente antes del sustantivo: v.g., "He wants *hot* water", (Él quiere agua *caliente*).

La sola variación que admiten es la de los grados de comparación. Estos son *Positivo, Comparativo* y *Superlativo*.

El *Comparativo de aumento* se forma por medio del adverbio *more* (más), seguido de *than* (que): v.g., *intelligent* (inteligente), "*more* intelligent *than* he" (*más* inteligente *que* él). También se forma añadiendo una *r* a los monosílabos que acaban en *e*, o *er* a los que terminan en otra letra: v.g., *wiser* (más sabio); *black* (negro), *blacker* (más negro).

El *Comparativo de inferioridad* o *disminución* se forma por medio del adverbio *less* (menos), o *less than* (menos que): v.g., "He is *less* rich *than* she", (Él es *menos* rico *que* ella).

El *Comparativo de igualdad* con los adjetivos se expresa con los adverbios *as* ... (tan ...) *as* (como); o *not less* ... (no menos ...) *than* (que): v.g., "He is *as* generous *as* she (Él es *tan* generoso *como* ella); "She is *not less* generous *than* he" (Ella *no es menos* generosa *que* él).

El *Comparativo de igualdad* con los sustantivos se expresa por *as* o *so much* (tanto, tanta), en singular; y por *as many* (tantos, tantas) en plural, y el *como* siguiente por *as*: v.g., "She has *as much* gold *as* silver" (Ella tiene *tanto* oro *como* plata); "He has *as many* dogs *as* horses" (Él tiene *tantos* perros *como* caballos).

El *Superlativo* se forma con los adverbios *very* (muy), *most* o *least*, y también añadiendo *st* a los acabados en *e*, o *est* a los terminados en otras letras.

Cuando el positivo acaba en *y* la muda en *i*, y a ésta añade las letras *er* para el comparativo, y *est* para el superlativo: v.g., *dry* (seco), *drier* o *more dry* (más seco), *driest* (sequísimo), *very dry* (muy seco).

COMPARATIVOS Y SUPERLATIVOS IRREGULARES

Pos.	**Comp.**	**Superl.**	
Good,	*better,*	*best,*	*very good.*
Bueno,	mejor,	el mejor,	buenísimo.
Bad,	*worse,*	*worst,*	*very bad.*
Malo,	peor,	el peor,	malísimo.
Little,	*less* o *lesser,*	*least,*	*very little.*
Pequeño,	menor,	mínimo,	pequeñísimo.

DEL PRONOMBRE

Los Pronombres son de cuatro especies, a saber: *Personales, Relativos, Interrogativos* y *Adjetivos*.

Pronombres Personales

Primera Persona

Género Masculino o Femenino.

Singular.

Nom. I .... yo.

Pos. Mine .... mío, el mío, la mía, etc.

Obj. Me .... me, a mí.

Plural.

Nom. We .... nosotros, nosotras.

Pos. Ours .... el nuestro, la nuestra, etc.

Obj. Us .... nos, a nosotros, a nosotras.

Segunda Persona

Género Masculino o Femenino.

Singular.

Nom. You .... tú.

Pos. Yours .... de ti, el tuyo, la tuya, etc.

Obj. You .... te, a ti.

Plural.

Nom. You .... vosotros, etc.; Ud., Uds., etc.

Pos. Yours .... el de Ud., Uds., etc.

Obj. You .... os, a vosotros, a Ud., Uds., etc.

Tercera Persona

Género Masculino.

Singular.

Nom. He .... él.

Pos. His .... de él, el suyo, la suya, etc.

Obj. Him .... le, a él.

Plural.

Nom. They .... ellos.

Pos. Theirs .... el de ellos, etc.

Obj. Them .... los, les, a ellos.

Género Femenino.

Singular.

Nom. She .... ella.

Pos. Hers .... de ella, el suyo, la suya, etc.

Obj. Her .... la, a ella.

Plural.

Nom. They .... ellas.

Pos. Theirs .... el de ellas, etc.

Obj. Them .... las, les, a ellas.

Género Neutro.

Singular.

Nom. It .... ello, etc.

Pos. Its .... el suyo, la suya, etc.

Obj. It .... lo, la.

Plural.

El plural en el pronombre neutro *It,* es lo mismo que el del género masculino o femenino.

PRONOMBRES RELATIVOS

Los Pronombres Relativos son *who* (que, quien), *which* (que, cual), *that* (lo que); los cuales son invariables en ambos números.

Nom. *Who* .... Que, quien.

Pos. *Whose* .... De quien, cuyo.

Obj. *Whom* .... A quien, etc.

Who se aplica a personas: como, "The boy *who*" (el muchacho *que*).

Which se aplica a animales irracionales y a cosas: como, "A dog *which* barks" (un perro *que* ladra); "the book *which* was lost" (el libro *que* se perdió).

That se emplea frecuentemente en vez de *who* o *which*, por preferencia, antes de una cláusula o frase: como, "The boy *that* reads constantly" (el muchacho *que* lee asiduamente); "The book *that* was lost" (el libro *que* se perdió).

What es un relativo compuesto que comprende tanto el relativo simple como el antecedente: como, "This is *what* I wanted"; es decir, *the thing which* I wanted" (esto es *lo que* yo quería).

PRONOMBRES INTERROGATIVOS

Los Pronombres Interrogativos son *who* (quién), *whose* (de quién), *whom* (a quién); *which* (qué), y *what* (qué). Se usan en las interrogaciones: como, "*Who* said that?" (*¿quién* dijo eso?); "*Whose* is this book?" (*¿De quién* es este libro?); "*Whom* did you see? (*¿A quién* viste?); "*Which* book do you want?" (*¿qué* libro quiere Ud.?); "*What* did he do?" (*¿qué* hizo él?).

PRONOMBRES ADJETIVOS

Hay cuatro clases de Pronombres Adjetivos:

Los Posesivos: *My* (mi, mis); *your* (tu, tus); *his* (su, sus, de él); *her* (su, sus, de ella); *our* (nuestro, nuestra; nuestros, nuestras); *your* (su, sus; de Ud., de Uds.); *their* (su, sus; de ellos, de ellas); *its* (su, sus); *own* (propio).

Los Distributivos: *Each* (cada); *every* (todo, toda); *either* (uno u otro); *neither* (ni uno ni otro).

Los Demostrativos: *This* (éste, ésta, esto); *that* (ése, ésa, eso; aquél, aquélla, aquello); con sus plurales: *these* (éstos, éstas); *those* (ésos, ésas, etc.).

Los Indefinidos: *None* (ninguno, etc.); *any* (alguno, etc.); *all* (todos, etc.); *such* (tal, etc.); *whole* (todo, etc.); *some* (alguno, etc.); *both* (ambos); *one* (uno); *other* (otro, etc.); *another* (otro, etc.).

Los tres últimos se declinan como nombres.

OBSERVACIÓN: *His* y *her* son pronombres posesivos cuando preceden inmediatamente al nombre, pero cuando vienen solos, *his* es el caso posesivo del pronombre personal *he,* y *her* el objetivo de *she*.

DEL VERBO

Los *Verbos* son de tres clases: *Transitivos o Activos, Pasivos e Intransitivos o Neutros*.

Verbo activo o transitivo es aquel cuya acción recae sobre algún objeto: v.gr., "James *strikes* the table" (Jaime *golpea* la mesa).

Verbo pasivo es el que representa una acción como sufrida o recibida por el sujeto: v.gr., "The table *was struck*" (la mesa *fue golpeada*).

Verbo neutro o intransitivo es el que expresa la existencia o el estado de los seres, o una acción que no pasa del sujeto: v.gr., "I *am* here" (Yo *estoy* aquí); "He *sleeps*" (él *duerme*); "I *run*" (yo *corro*).

El verbo se divide por razón de su forma, en *Regular, Irregular* y *Defectivo*.

Verbo regular es el que forma su imperfecto y pretérito de indicativo (*Indicative Imperfect*) y su participio pasivo (*Past Participle*) agregando *d* o *ed* al presente (*Present*); como *love* (amo); *loved* (amaba, amé); *loved* amado; *hoist* (alzar), *hoisted* (alzaba, alcé; alzado).

Verbo irregular es el que se separa de la regla establecida en el párrafo anterior; como, *write* (escribo); *wrote* (escribía, escribí); *written* (escrito).

Se llama *Verbo defectivo* el que carece de alguno de sus tiempos y personas; a esta clase pertenecen la mayor parte de los auxiliares y todos los impersonales.

DE LOS MODOS Y TIEMPOS DEL VERBO

Los verbos tienen cuatro *modos*: *Infinitivo, Indicativo, Imperativo* y *Subjuntivo*.

Los *tiempos* del verbo son seis: the present (*el Presente*); the past (*el Imperfecto* y *Pretérito*); the perfect (*el Perfecto Próximo*); the pluperfect (*el Pluscuamperfecto*); the future (*el Futuro*) y the future perfect (*el Futuro Anterior*).

FORMACIÓN DE LOS TIEMPOS DEL VERBO

El *Presente de Infinitivo* es como la raíz de que nacen y se forman los demás tiempos y personas, y se distingue por la preposición *to*: v.g., *to* admire (admirar); *to* abandon (abandonar). Cuando el presente de infinitivo se usa solo, debe estar precedido siempre de dicha preposición.

El Gerundio, que en inglés es *Participio Presente*, se forma añadiendo la terminación *-ing* al presente del infinitivo, el cual, en este caso, omite la preposición *to*, y también la *e*, si acaba en esta letra: v.g., *to* admire (admirar), admir*ing* (admirando); *to* abandon (abandonar), abandon*ing* (abandonando).

El Participio Pasivo de los verbos regulares se forma añadiendo una *d* al infinitivo de los que terminan en *e*, y *ed* a los que acaban en otra letra: v.g., *to* admire (admirar), admire*d* (admirado); *to* abandon (abandonar), abandon*ed* (abandonado). Si el infinitivo acaba en *y* precedida de una vocal, añade *ed*: v.g., *to* pray (suplicar), pray*ed* (suplicado); pero si es una consonante la que precede a la *y*, la convierte en *i* y añade *ed*: v.g., *to* satisfy (satisfacer), satisf*ied* (satisfecho).

Presente de Indicativo. La primera persona singular, y la primera, segunda y tercera persona plural del *Presente de Indicativo* son lo mismo que el presente de infinitivo, sin la preposición *to*; pero en su lugar deben expresar el pronombre correspondiente: v.g., *to* admire (admirar); *I* admire, *we* admire, *you* admire, *they* admire (yo admiro, nosotros admiramos, etc.). Se exceptúa de esta regla el verbo *to be* (ser).

La tercera persona singular del *Presente de Indicativo* se forma añadiendo una *s* al presente de infinitivo: v.g., *to* love (amar), *he* love*s* (él ama); *to* abandon (abandonar), *he* abandon*s* (él abandona).

-Excepciones: Cuando el infinitivo acaba en *o, ch, sh, ss, th, x* o *z*, se añade *es*: v.g., *to* go (ir), *he* go*es*, (él va); *to* beseech (suplicar), *he* beseech*es* (él suplica), etc. Si el verbo acaba en *y* precedida de una consonante, la convierte en *i* y añada *es*; pero si viene después de vocal, añade *s* solamente: v.g., *to* reply (replicar), *he* repl*ies* (él replica); *to* pay (pagar), *he* pay*s* (él paga).

El Imperfecto y *Pretérito* (past tense) de indicativo de los verbos regulares es lo mismo que su participio pasivo: v.g., *to* promise (prometer), promise*d* (prometido), *I* promise*d* (yo prometía o prometí). Si el infinitivo acaba en *y* precedida de consonante, la cambia en *i* y añade *ed*; pero si no, la retiene y añade *ed*: v.g., *to* reply (replicar), *I* repl*ied* (yo replicaba o repliqué); *to* delay (dilatar), *I* delay*ed* (yo dilataba o dilaté).

El Futuro, cuando significa simplemente una acción por venir, se forma por medio del auxiliar *shall* prefijado al infinitivo, sin la partícula *to*, en las primeras personas, y *will* en las demás. Pero cuando indica promesa, deseo vehemente, mando o amenaza, se expresa por medio de *will* en las primeras personas y *shall* en las demás.

El *Condicional* se forma con *should* y *would*.

Should en las primeras personas y *would* en las demás, aunque en la práctica se usa *would* en todas.

El Presente del Modo Subjuntivo se forma por medio de los auxiliares *may* o *can*, o de las conjunciones *if, though* o *whether*, prefijados al infinitivo sin la partícula *to*: "I *may* write" (puede que yo escriba, o no escriba). "*Whether* it prove true or not" (Sea que el caso resulte verdadero o no). "*Though* he slay me, yet will I trust in him" (Aun cuando me matare, en él confiaré).

El Imperfecto de Subjuntivo se forma por medio de los auxiliares *might, could, would* o *should*, según su respectiva significación, prefijados al infinitivo sin la partícula *to*: v.g., *to* sell (vender), "I *might* sell" (yo quizá vendiera).

Los Tiempos Compuestos se forman, como en castellano, por medio del auxiliar to *have*, seguido del participio pasivo del verbo principal: v.g., I *have* arrived (he llegado); I *had* arrived (yo había o hube llegado); I *shall have* arrived (yo habré llegado); I *may have* arrived (yo haya llegado); I *might, could, would* o *should have* arrived (yo hubiera o hubiese llegado).

CONJUGACIÓN DE UN VERBO REGULAR

Infinitivo

To *love*, *amar*.

Participio Presente

Loving, *amando*.

Participio Pasivo

Loved, *amado*.

Indicativo

Presente

I love, *yo amo*.
You love, *tú amas*.
He loves, *él ama*.
We love, *nos. amamos*.
You love, *vos. amáis*.
They love, *ellos aman*.

Imperfecto y Pretérito **(Past.)**

I loved, *yo amaba, amé*.
You loved, *tú amabas, amaste*.
He loved, *él amaba, amó*.
We loved, *nos. amábamos, amamos*.
You loved, *vos. amabais, amasteis*.
They loved, *ellos amaban, amaron*.

Perfecto

I have loved, *yo he amado*.
You have loved, *tú has amado*.
He has loved, *él ha amado*.
We have loved, *nos. hemos amado*.
You have loved, *vos. habéis amado*.
They have loved, *ellos han amado*.

Pluscuamperfecto

I had loved, *yo había amado*.
You had loved, *tú habías amado*.
He had loved, *él había amado*.
We had loved, *nos. habíamos amado*.
You had loved, *vos. habíais amado*.
They had loved, *ellos habían amado*.

Futuro

I shall *o* will love, *yo amaré*.
You shall *o* will love, *tú amarás*.
He shall *o* will love, *él amará*.
We shall *o* will love, *nos. amaremos*.
You shall *o* will love, *vos. amaréis*.
They shall *o* will love, *ellos amarán*.

Futuro Anterior (Future Perfect.)

I shall *o* will have loved, *yo habré amado*.
You shall *o* will have loved, *tú habrás amado*.
He shall *o* will have loved, *él habrá amado*.
We shall *o* will have loved, *nos. habremos amado*.
You shall *o* will have loved, *vos. habréis amado*.
They shall *o* will have loved, *ellos habrán amado*.

Condicional Simple (Conditional)

I should *o* would love, *yo amaría*.
You would love, *tú amarías*.
He would love, *él amaría*.
We should *o* would love, *nos. amaríamos*.
You would love, *vos. amaríais*.
They would love, *ellos amarían*.

Condicional Compuesto (Conditional Perfect)

I should *o* would have loved, *yo habría amado*.
You would have loved, *tú habrías amado*.
He would have loved, *él habría amado*.
We should *o* would have loved, *nos. habríamos amado*.
You would have loved, *vos. habríais amado*.
They would have loved, *ellos habrían amado*.

Imperativo

Love (you) *ama tú*.
Let him love *ame él*.
Let us love *amemos nosotros*.
Love (you) *amad vosotros*.
Let them love, *amen ellos*.

Subjuntivo

Presente

That I may love, *que yo ame*.
That you may love, *que tú ames*.
That he may love, *que él ame*.
That we may love, *que nos. amemos*.
That you may love, *que vos. améis*.
That they may love, *que ellos amen*.

Imperfecto

I might, could, love — *yo amara, amase.*
You might, could, love — *tú amaras, amases.*
He might, could, love — *él amara, amase.*
We might, could, love — *nos. amáramos, amásemos.*
You might, could, love — *vos. amárais, amáseis.*
They might, could, love — *ellos amaran, amasen.*

Perfecto

That I may have loved, — *que yo haya amado.*
That you may have loved, — *que tú hayas amado.*
That he may have loved, — *que él haya amado.*
That we may have loved, — *que nos. hayamos amado.*
That you may have loved, — *que vos. hayáis amado.*
That they may have loved, — *que ellos hayan amado.*

Pluscuamperfecto

I might, could, have loved — *yo hubiera, hubiese amado.*
You might, could, have loved — *tú hubieras, hubieses amado.*
He might, could, have loved — *él hubiera, hubiese amado.*
We might, could, have loved — *nos. hubiéramos, hubiésemos amado.*
You might, could, have loved — *vos. hubiérais, hubiéseis amado.*
They might, could, have loved — *ellos hubieran, hubiesen amado.*

CONJUGACIÓN DE LOS VERBOS AUXILIARES

To Have* y *To Be

TO HAVE

Infinitivo

To have, — *haber, tener.*

Participio Presente.

Having, — *habiendo, teniendo.*

Participio Pasivo.

Had, — *habido, tenido.*

Indicativo

Presente.

I have, — *yo he* o *tengo.*
You have, — *tú has* o *tienes.*
He has, — *él ha* o *tiene.*
We have, — *nos. hemos* o *tenemos.*
You have, — *vos. habéis* o *tenéis.*
They have, — *ellos han* o *tienen.*

Imperfecto y Pretérito.

I had, — *yo había, hube; tenía, tuve.*
You had, — *tú habías, hubiste: tenías, tuviste.*
He had, — *él había, hubo; tenía, tuvo.*
We had, — *nos. habíamos, hubimos; teníamos, tuvimos.*
You had, — *vos. habíais, hubisteis; teníais, tuvisteis.*
They had, — *ellos habían, hubieron; tenían, tuvieron.*

Los demás tiempos de este verbo son regulares, y se conjugan por consiguiente como los de *To Love.*

Como ya se ha visto, por medio de este auxiliar se forman los tiempos compuestos de los verbos.

TO BE

Infinitivo

To be, — *ser, estar.*

Participio Presente

Being, — *siendo, estando.*

Participio Pasivo

Been, — *sido, estado.*

Indicativo

Presente.

I am, — *yo soy* o *estoy.*
You are, — *tú eres* o *estás.*
He is, — *él es* o *está.*
We are, — *nos. somos* o *estamos.*
You are, — *vos. sois* o *estáis.*
They are, — *ellos son* o *están.*

Imperfecto y Pretérito.

I was, — *yo era, fui; estaba, estuve.*
Youwere, — *tú eras, fuiste; estabas, estuviste.*
He was, — *él era, fue; estaba, estuvo.*
We were, — *nos. éramos, fuimos; estábamos, estuvimos.*
You were, — *vos. érais, fuisteis; estábais, estuvisteis.*
They were, — *ellos eran, fueron; estaban, estuvieron.*

Subjuntivo

Presente.

That I may be, — *que yo sea* o *esté.*
That you may be, — *que tú seas* o *estés.*
That he may be, — *que él sea* o *esté.*
That we may be, — *que nos. seamos* o *estemos.*
That you may be, — *que vos. seáis* o *estéis.*
That they may be, — *que ellos sean* o *estén.*

Imperfecto.

I was, — *yo fuera, fuese; estuviera, estuviese.*
You were, — *tú fueras, fueses; estuvieras, estuvieses.*

He was,	*él fuera, fuese; estuviera, estuviese.*
We were,	*nos. fuéramos, fuésemos; estuviéramos, etc.*
You were,	*vos. fuérais, fuéseis; estuviérais, etc.*
They were,	*ellos fueran, fuesen; estuvieran, estuviesen.*

Lo restante del verbo es regular y se conjuga como *To Love.*

La Voz Pasiva se forma agregando el Participio Pasivo del verbo que se quiere conjugar, al tiempo correspondiente del auxiliar *To Be*: v.g., "I *am loved*" (yo soy amado); "I *was loved*" (yo era amado); "I *have been loved*" (yo he sido amado).

EL VERBO TO DO

Frases interrogativas, negativas y enérgicas se forman generalmente por medio del auxiliar *To Do*, en el presente de indicativo y en el imperfecto y pretérito del mismo. *Ejemplos:* He buys (él compra); he *does not* buy (él no compra); *does* he buy? (¿compra él?; he bought (él compró); he *did not* buy (él no compró); *did* he buy? (¿compró él?). Cuando *To Do* se usa enérgicamente, equivale a una forma enfática.

VERBOS IRREGULARES

Son *Verbos Irregulares* en inglés los que no forman su participio pasivo ni su imperfecto o pretérito con la adición de las letras *d* o *ed*: v.g., to *see* (ver); I *saw* (yo veía o vi), I have *seen* (he visto). Todas estas irregularidades están incluidas en este Diccionario, en sus respectivos lugares; pero para facilitar a los principiantes el hallarlas, se pone la siguiente lista de todas ellas en inglés solamente, para no hacer muy difusa esta Sinopsis.

Presente	*Imperf.*	*Partic. Pas.*
Abide	abode	abode
Am	was	been
Arise	arose	arisen
Awake	awoke	awoked
Bear *(producir)*	bore	born
Bear *(llevar)*	bore	borne
Beat	beat	beaten
Begin	began	begun
Bend	bent	bent
Bereave	bereft	bereft
Beseech	besought	besought
Bid	bid, bade	bidden, bid
Bind	bound	bound
Bite	bit	bitten, bit
Bleed	bled	bled
Blow	blew	blown
Break	broke	broken
Breed	bred	bred
Bring	brought	brought
Build	built	built
Burst	burst	burst
Cast	cast	cast
Catch	caught	caught
Chide	chid	chidden, chid
Choose	chose	chosen
Cleave	clove, cleft	cleft, cloven
Cling	clung	clung
Clothe	clothed, clad	clad
Come	came	come
Creep	crept	crept
Crow	crew	crowd
Cut	cut	cut
Dare	durst	dared
Deal	dealt	dealt
Dig	dug	dug
Draw	drew	drawn
Drink	drank	drunk
Drive	drove	driven
Dwell	dwelt	dwelt
Eat	ate	eaten
Fall	fell	fallen
Feed	fed	fed
Feel	felt	felt
Fight	fought	fought
Find	found	found
Flee	fled	fled
Fling	flung	flung
Fly	flew	flown
Forget	forgot	forgotten
Forsake	forsook	forsaken
Freeze	froze	frozen
Get	got	got, gotten
Gild	gilt	gilt
Gird	girt	girt
Give	gave	given
Go	went	gone
Grave	graved	graven
Presente	*Imperf.*	*Partic. Pas.*
Grind	ground	ground

Grow	grew	grown
Hang	hung	hung
Have	had	had
Hear	heard	heard
Hew	hewed	hewn
Hide	hid	hidden
Hit	hit	hit
Hold	held	held
Hurt	hurt	hurt
Keep	kept	kept
Knit	knit	knit
Know	knew	known
Lade	laded	laden
Lay	laid	laid
Leave	left	left
Lend	lent	lent
Let	let	let
Lie *(yacer)*	lay	lain
Lose	lost	lost
Make	made	made
Meet	met	met
Mow	mowed	mown
Pay	paid	paid
Read	read	read
Rend	rent	rent
Rid	rid	rid
Ride	rode	ridden
Ring	rang	rung
Rise	rose	risen
Rive	rived	riven
Run	ran	run
Saw	sawed	sawn
Say	said	said
See	saw	seen
Seek	sought	sought
Sell	sold	sold
Send	sent	sent
Set	set	set
Shake	shook	shaken
Shape	shaped	shaped, shapen
Shave	shaved	shaven
Shear	sheared	shorn
Shed	shed	shed
Shine	shone	shone
Shoe	shod	shod
Shoot	shot	shot
Show	showed	shown
Shrink	shrank	shrunk
Shut	shut	shut
Sing	sang	sung
Sink	sank	sunk
Sit	sat	sat
Slay	slew	slain
Sleep	slept	slept
Slit	slit	slitted
Smite	smote	smitten
Presente	*Imperf.*	*Partic. Pas.*
Sow	sowed	sown
Speak	spoke	spoken
Speed	sped	sped
Spend	spent	spent
Spill	spilt	spilt
Spin	span	spun
Spit	spat	spit
Split	split	split
Spread	spread	spread
Spring	sprang	sprung
Stand	stood	stood
Steal	stole	stolen
Stick	stuck	stuck
Sting	stung	stung
Strew	strewed	strewn
Stride	strode	stridden
Strike	struck	struck/stricken
Strive	strove	striven
Strow	strowed	strown
Swear	swore	sworn
Sweat	sweat	sweat
Sweep	swept	swept
Swell	swelled	swollen
Swim	swam	swum
Swing	swung	swung
Take	took	taken
Teach	taught	taught
Tear	tore	torn
Tell	told	told
Think	thought	thought
Thrive	throve	thriven
Throw	threw	thrown
Thrust	thrust	thrust

Tread	trod	trodden
Wax	waxed	waxen
Wear	wore	worn
Weave	wove	woven
Weep	wept	wept
Wet	wet	wet
Win	won	won
Wind	wound	wound
Wring	wrung	wrunt
Write	wrote	written

DEL ADVERBIO

Los *Adverbios de modo* o *calidad*, que en castellano se forman añadiendo la terminación *mente* al adjetivo, se expresan en inglés por medio de la sílaba *ly* añadida al mismo: v.g., *wise* (sabio), wise*ly* (sabiamente); *clear* (claro), clear*ly* (claramente).

Los *Adverbios* admiten los grados de comparación, y los expresan con las mismas letras que los adjetivos: v.g., *near* (cerca), *near*er (más cerca), the *near*est (lo más cerca).

En inglés no se puede usar más de una negación; y así, *No quiero nada* se traduce, "I want nothing".

DE LA PREPOSICIÓN

Hay gran número de verbos en inglés que van acompañados de ciertas preposiciones, las cuales son como parte de ellos, entran en su significación y la hacen variar, a manera de los verbos separables en alemán: v.g., *To bring,* traer, llevar. *To bring about,* poner por obra, efectuar. *To bring forth*, dar de sí, producir; parir, dar a luz; exhibir. *To bring in,* introducir, hacer entrar; alegar, declarar; producir, dejar utilidad o ganancia. *To bring over,* transportar, hacer atravesar; atraer, ganar a alguno en su partido. *To bring out,* sacar, extraer; hacer salir; poner en evidencia; mostrar; descubrir; publicar. *To bring up,* subir, hacer subir; presentar; servir a la mesa; educar, enseñar. Estas modificaciones van indicadas con mucho cuidado en el texto de este diccionario.

DE LA CONJUNCIÓN

Las *Conjunciones* se dividen en inglés, como en español, en *copulativas* y *disyuntivas*.

Copulativas son las que enlazan simplemente unas palabras con otras, y las oraciones entre sí: v.g., "Peter *and* John will speak" (Pedro *y* Juan hablarán); "Wisdom *and* ignorance are opposites" (Sabiduría *e* ignorancia son cosas opuestas).

Disyuntivas son las que significan división o alternativa entre las cosas: v.g., "I speak *neither* English *nor* German" (Yo no hablo *ni* inglés *ni* alemán).

DE LA INTERJECCIÓN O EXCLAMACIÓN

La *Interjección* es una palabra que sirve para expresar los varios afectos del ánimo, o para llamar la atención: como, "*Oh*, what a beautiful creature! (¡*Oh*, qué hermosa criatura!) "*See!* (*¡Mira!*).

OBSERVACIONES SOBRE ALGUNAS REGLAS DE LA SINTAXIS

Cuando los poseedores de una misma cosa son dos o más, el apóstrofo y la *s* se ponen sólo después del último: v.g., "The father and son*'s* house" (La casa del padre y del hijo); "John and Henry*'s* book" (El libro de Juan y de Enrique).

Dos o más sustantivos singulares, regidos por las conjunciones *either..........or*, *neither...........nor*, rigen al verbo, al adjetivo y al pronombre en singular: v.g., "*Either* Peter *or* John *is* guilty" (*o* Pedro *o* Juan *son* culpables); "*Neither* time *nor* distance *is* able to diminish our friendship" (*ni* el tiempo *ni* la distancia *son* capaces de disminuir nuestra amistad).

La preposición *to*, que designa el infinitivo, se omite frecuentemente después de los verbos *to bid, dare, need, make, see, hear, let* y los auxiliares *may, can, will, shall, must,* y sus pretéritos: v.g., "I dare *say*" (Me atrevo *a decir*).

Los verbos que significan *esperar, mandar, desear,* etc., rigen al otro verbo en presente de infinitivo con preferencia al perfecto del mismo: v.g., "I found him better than I expected *to find him*" y no "*to have found him*" (le hallé mejor de lo que yo esperaba *hallarle*, y no *haberle hallado*).

El participio presente inglés (gerundio español) se traduce en el presente de infinitivo con la misma preposición, excepto cuando esta es *by*, pues en tal caso se omite, y el participio se traduce por el gerundio: v.g., "The *taking* from another what is his, without his permisison, is called *stealing*" (El *tomar* de otro lo que no es suyo, sin su permiso, se llama *robar*). En este caso el participio es un nombre. "John was sent to prepare the way *by preaching* repentance" (Juan fue enviado para preparar el camino *predicando* la penitencia).

Algunas conjunciones requieren el indicativo y otras el subjuntivo; en general, cuando el sentido es contingente o dudoso, se debe usar el último: v.g., "If I *were* to write, he *would* not *do* it" (Si yo le *escribiera*, él no *lo haría*); "He will not be pardoned unless he *repent*" (Él no será perdonado, a menos que *se arrepienta*).

EXPLICACIÓN DE LAS ABREVIATURAS USADAS EN ESTA OBRA

adj. .... *adjetivo.*
adv. .... *adverbio.*
Aerosp. .... *Aeroespacial.*
Agr. .... *Agricultura.*
Albañ. .... *Albañilería.*
Alem. .... *Alemania.*
Alg. .... *Algebra.*
Amer. .... *América.*
Anat. .... *Anatomía.*
Ant. .... *Antiguo.*
Argent. .... *Argentina.*
Arit. .... *Aritmética.*
Arq. .... *Arqueología.*
Art. .... *Arte.*
Astrol. .... *Astrología.*
Aut. .... *Autómata.*
Auto. .... *Automóvil.*
Biol. .... *Biología.*
Bot. .... *Botánica.*
Carp. .... *Carpintería.*
Cir. .... *Cirugía.*
Coloq. .... *Coloquial.*
Com. .... *Comercio.*
comp. .... *Comparativo.*
conj. .... *Conjunción.*
Corresp. .... *Corresponsal o Correspondencia.*
Culin. .... *Culinario.*
Dep. .... *Deporte.*
Des. .... *Desusado.*
dial. .... *diálogo.*
dip. .... *diptongo.*
Dipl. .... *Diplomado.*
E.U. .... *Estados Unidos.*
Ecol. .... *Ecología.*
Econ. .... *Economía.*
Educ. .... *Educación.*
ej. .... *ejemplo.*
Elec. .... *Electricidad.*
Electron. .... *Electrónica.*
Ento. .... *Entomología.*
erratic. .... *errático.*
Esco. .... *Escocia.*
Escul. .... *Escultura.*
Esp. .... *España.*
f. .... *femenino.*
Fam. .... *Familiar.*
Fest. .... *Festivo.*
Fig. .... *Figurado.*
Fil. .... *Filosofía.*
Fin. .... *Finanzas.*
Fis. .... *Física.*
For. .... *Foro; Forense.*
fot. .... *fotografía.*
Fr. .... *Francés.*
Frenol. .... *Frenología.*
Geogr. .... *Geografía.*
Geol. .... *Geología.*
Geom. .... *Geometría.*
Ger. ...... *Germania; Alemania.*
Gram. .... *Gramática.*
Her. .... *Heráldica.*
Hist. .... *Historia.*
Hort. .... *Horticultura.*
imp. .... *imperfecto.*
Impr. .... *Imprenta.*
Inform. .... *Informática.*
Ingl. .... *Inglaterra.*
inter. .... *interrogación.*
interj. .... *interjección.*
irreg. .... *irregular.*
Ital. .... *Italia.*
Jur. .... *Jurídico.*
Log. .... *Logaritmo.*
m. .... *masculino.*
Mar. .... *Marina.*
Mat. .... *Matemáticas.*
Mec. .... *Mecánica.*
Med. .... *Medicina*
Messrs. .... *Sres.*
Met. .... *Metafórico.*
Meteo. .... *Meteorología.*
Mex. .... *México.*
Mil. .... *Militar.*
Min. .... *Mineralogía; Mineral.*
Mit. .... *Mítico.*
Mitol. .... *Mitológico.*
Mrs. .... *Sra.*
Mús. .... *Música.*
n. .... *neutro.*
Naut. .... *Náutica.*
Neg. .... *Negativo.*
Neol. .... *Neología.*
Ofic. .... *Oficial; Oficina.*
Opt. .... *Óptica*
Orn. .... *Ornitología*
p. .... *participio.*
pa. .... *participio activo*
Pint. .... *Pintura.*
pl. .... *plural.*
Poét. .... *Poético.*
Pol. .... *Polonia.*
pp. .... *participio pasivo.*
prep. .... *preposición.*
Pret. .... *Pretérito.*
pron. .... *pronombre.*
Prov. .... *Provincia.*
Quím. .... *Química.*
Rel. .... *Religión.*
Ret. .... *Retórica.*
s. .... *sustantivo.*
s./a. .... *sustantivo / adjetivo.*
s.pl. .... *sustantivo plural.*
Sociol. .... *Sociología.*
Teat. .... *Teatro.*
Tec. .... *Técnica; Tecnología.*
Telec. ..... *Telecomunicaciones.*
Teol. .... *Teología.*
Tip. .... *Tipografía.*
TV. .... *Televisión.*
U.S. .... *Estados Unidos.*
Ud. .... *Usted.*
v. .... *verbo.*
va. .. *verbo activo (transitivo).*
Vet. .... *Veterinaria.*
vn. *verbo neutro (intransitivo).*
vr. .... *verbo pronominal.*
Vulg. .... *Vulgarismo.*
Zool. .... *Zoología.*

PRONUNCIACIÓN INGLESA

Sistema de Signos

En este diccionario hemos empleado los signos del IPA (International Phonetic Association).

Acentuación

El signo ['] se coloca delante de la sílaba acentuada. El signo [ˌ] se pone delante de la sílaba que lleva el acento secundario en las palabras largas: v.g., *privatization* [ˌpraɪvətaɪ'zeɪʃən].

Signos impresos en cursiva

Los signos escritos en IPA que van en cursiva, p. ej. en la palabra *privatization* [ˌpraɪvətaɪ'zeɪʃən], la [ə] cursiva indica que el sonido se puede pronunciar o no, o que es un sonido que se hace notar en una forma de hablar más lenta y cuidada, pero que en el habla común no se hace notar.

CÓMO PRONUNCIAR LOS SIGNOS DE LA IPA UTILIZADOS EN ESTE DICCIONARIO

Vocales

[æ] sonido breve y abierto, como la *a* en t*a*rro.

[ɑː] sonido largo de la *a*, como p*a*ro.

[e] sonido breve y abierto de la e, como en c*e*rro.

[ə] vocal neutra, no acentuada, similar a la *e* del artículo *le* en francés.

[ɜː] vocal anterior, en su forma larga, similar al sonido *eu* en el artículo francés *leur*.

[ɪ] sonido breve y abierto de la i, como en *i*ris.

[iː] sonido largo de la i, como en t*i*no, p*i*no, etc.

[ɒ] sonido breve y abierto de la o, como en f*o*rro.

[ɔː] sonido largo y cerrado de la o, como en c*o*ro.

[ʊ] sonido muy breve y cerrado de la u, como en s*u*surro.

[uː] sonido largo de la u, como en L*u*pe, d*u*ro, etc.

[ʌ] sonido abierto y breve, sin su correspondiente en español. Se pronuncia en la parte anterior de la boca.

Consonantes

En general, las consonantes se pronuncian de manera similar a las del Español, exceptuando:

[j] se pronuncia como la *y* en su*y*o.

[ŋ] se pronuncia como la *n* en fa*n*go, es decir, pronunciando *ng*.

[ʳ] signo que indica una *r* suave, utilizada en posición final de la palabra, normalmente cuando la palabra siguiente empieza por vocal.

[ʒ] signo pronunciado como una *j* suave, como en la palabra francesa *j*our.

[ʃ] signo pronunciado como una *ch* suave o *sh*.

[tʃ] grupo que se pronuncia como una *ch*.

[θ] signo pronunciado como una *z* o *la c* seguida de *i* (*cima*) o *e* (*cena*).

[ð] signo pronunciado de manera similar a una *d* suave.

ABECEDARIO INGLÉS

a	[eɪ]	n	[en]
b	[biː]	o	[əʊ]
c	[siː]	p	[piː]
d	[diː]	q	[kjuː]
e	[iː]	r	[ɑːʳ]
f	[ef]	s	[es]
g	[dʒiː]	t	[tiː]
h	[eɪtʃ]	u	[juː]
i	[aɪ]	v	[viː]
j	[dʒeɪ]	w	['dʌbljuː]
k	[keɪ]	x	[eks]
l	[el]	y	[waɪ]
m	[em]	z	[ziː]

Vocales

all .... [ɔ]
at .... [æ]
metal .... [ə]
far .... [ɑː]
pet .... [e]
bit .... [ɪ]
beet .... [iː]
on .... [ɒ]
work .... [ɜː]
door .... [ɔː]
up .... [ʌ]
book .... [ʊ]
goose .... [uː]

Diptongos

die .... [aɪ]
bowl .... [aʊ]
mate .... [eɪ]
vote .... [əʊ]
fair .... [ɛə]
here .... [ɪə]
point .... [ɔɪ]
sure .... [ʊə]

Consonantes

boat .... [b]
date .... [d]
face .... [f]
gate .... [g]
gipsy .... [dʒ]
hate .... [h]
jet .... [dʒ]
key .... [k]
look .... [l]
man .... [m]
needle .... [n]
ring .... [ŋ]
pet .... [p]
queen .... [q]
red .... [r]
floo^{r} .... [^{r}]
system .... [s]
shoe .... [ʃ]
take .... [t]
thing .... [θ]
that .... [ð]
van .... [v]
text .... [ks]
zoo .... [z]
vision .... [ʒ]

A

a [eɪ] [ei], primera letra del alfabeto y una de las cinco vocales, tiene cuatro sonidos distintos en inglés; el primero como la *e* en castellano, aunque prolongada de modo que se parece algo al diptongo *ei*, como en ***fate, face, waste,*** etc.; el segundo como la **a** larga en castellano, en ***far*** ; el tercero participa del sonido de **o** y **a** indistinto, cual se oye en ***fall, wall;*** y el cuarto es como una **a** breve en ***fat***. Tiene también dos sonidos indistintos, como queda explicado en la introducción, donde se indican los respectivos signos para todos estos sonidos.

a [eɪ] [ei], y cuando no tiene acento, [a], artículo indefinido singular, significa **un** o **una** en castellano, ej. **A man,** un hombre; pero cuando precede a una palabra que empieza con vocal o **h** no aspirada, se convierte en **an**; ej. **An ox**, un buey; **an hour,** una hora. Muchas veces se pospone a palabras que en castellano la preceden; ej. **Such a man**, semejante hombre. **A** es algunas veces nombre sustantivo. Como, **A capital A,** Una *A* mayúscula.

a [ɑ] [a], *prep*. se halla a veces delante del participio activo, para denotar la acción de un verbo; ej. **It was a hunting party,** era un grupo de caza. **A** muchas veces denota proporción, como: **Six thousand a year,** seis mil al año o cada año. **A** se usa también en lugar de **in;** ej. **To be abed,** estar en cama.

a se emplea en las abreviaturas: ej. A. B., **Bachelor of Arts,** Bachiller en Artes. **A. M., Master of Artes**, Maestro en Artes. **A. D., Anno Domini**, El año del Señor. **A. M., Ante Meridian**, (Antes del mediodía) por la mañana.

Aaron's-beard [ærəns'bɔːd] [árons-biad], *s. (Bot.)* 1. Barba de Aarón, arbusto perenne de unos dos pies de altura, con flores amarillas, que crece en terrenos elevados; es una especie de hipérico. 2. Hiedra de Kenilworth, planta de las escrofulariáceas. 3. Hierba china de flores blancas, especie de saxífraga. Saxífraga sarmentosa. Hay también otras plantas que se llaman **Aaron's-beard.**

aaronic [ərənɪk] [a-ró-nic], **aaronical** [aronical] [ərənɪcəl], *a.* Aarónico; lo perteneciente al sacerdocio de Aarón.

ab [ɑb] [ab], *prefijo.* Significa lo mismo que en castellano: lejos, a distancia; desde; separación.

abaca ['æbəkəs] [á-ba-ca], *s.* Abacá, plátano de las Islas Filipinas.

abacist ['æbəsɪst] [á-ba-sist], *s.* El que calcula con el ábaco.

aback [ə'bæk] [a-bák], *adv.* Detrás, atrás. *(Fig.)* **To be taken aback**, quedar muy sorprendido. *(Mar.)* En facha. **To lay flat aback,** poner las velas en facha. **To lay the top-sails aback**, poner las gavias en facha. *-s. (Des.)* Una superficie plana cuadrada. *V.* ABACUS, 3a *acep.*

abaction [ə'bæk'ʃən] [a-bák-shon], *s. (For.)* Abigeato, hurto de ganado o bestias.

abactor [ə'bæk'təʳ] [a-bák-toʳ], *s. (For.)* Abigeo, cuatrero, ladrón de ganado o bestias.

abacus ['æbəkəs] [á-ba-kus], *s.* 1. Ábaco, tabla aritmética, aparato para contar y calcular. 2. Ábaco, el tablero que corona el capitel de una columna. 3. Cualquier loseta o tablilla de forma rectangular. 4. Aparador. 5. Báculo.

abaft [ə'bɑːft] [a-báft], *adv. (Mar.)* A popa o en popa; atrás, hacia la popa.

abaisance [ə'bəsəns] [a-béi-sans], *s. V.* OBEISANCE.

abalienate [ə'bəlɪənət] [a-ba-lie-néit], *va.* Enajenar.

abalienation [ə'bəlɪənəˌʃən] [a-ba-lie-néi-shon], *s.* Enajenación, traspaso.

abalone [ˌæbə'ləʊnɪ] [a-ba-lóu-ni], *s.* Oreja marina, molusco gasterópodo, común en la costa de California. La concha se emplea para taracear y para hacer abalorios, etc.; y la carne se seca para alimento y para la exportación.

abandon [ə'bændən] [a-bán-don], *s.* 1. Abandono, entrega. 2. Cesión. 3. Desamparo.

abandon, *va.* Abandonar, dejar, desamparar, entregar; desertar.

abandoned [ə'bændənd] [a-bán-do-nid], *pp.* Abandonado. Dejado, desamparado, entregado a los vicios.

abandoner [ə'bændənəʳ] [a-bán-do-ner], *s.* Abandonador, desamparador, el que abandona.

abandoning [ə'bændənɪŋ] [a-bán-do-nin], *s.* Abandono, desamparo, cesión.

abandonment [ə'bændənmənt] [a-bán-don-ment], *s.* Abandono, abandonamiento.

abarticulation [əbɑːtɪkjʊˌləʃən] [a-bar-ti-kiu-lei-shon], *s.* Articulación de huesos con movimiento. *V.* DIARTHROSIS.

abase [ə'beɪs] [a-béis], *va.* 1. Abatir, humillar, envilecer, degradar. 2. Rebajar, reducir.

abasement [ə'beɪsmənt] [a-béis-ment], *s.* Abatimiento, envilecimiento, humillación, degradación.

abash [ə'bæʃ] [a-bash], *va.* 1. Avergonzar, sonrojar, correr. 2. Consternar.

abashment [ə'bæʃmənt] [a-bash-ment], *s.* 1. Confusión, vergüenza, rubor. 2. Consternación.

abasing [ə'beɪsɪŋ] [a-béi-sin], *pa. y a.* Humillante, vergonzoso.

abassi [ə'bəsɪ] [á-ba-si], *s.* Antigua moneda rusa de poco valor.

abatable [ə'bətəbl] [a-bé-ta-bol], *a.* Abolible.

abate [ə'beɪt] [a-béit], *va.* 1. Minorar, disminuir, bajar, rebajar (to reduce). 2. Abatir, contristar. 3. Abolir, hacer cesar (un abuso). *-vn.* Menguar, disminuirse o minorarse alguna cosa, ir a menos, ceder, anular, derribar, apoderarse de, irse disminuyendo, calmarse (storm); amainar (wind); bajar (flood); moderarse (violence). 4. *(For.)* Anular, revocar. 5. *(Met.)* Humillar. **The fever begins to abate,** la fiebre empieza a remitir.

abatement [ə'beɪtmənt] [a-béit-ment], *s.* Rebaja, descuento que se hace de alguna cosa; extenuación, disminución. *(Her.)* Brisadas.

abater [ə'bətəʳ] [a-bei-taʳ], *s.* Lo que disminuye una cosa, o hace o causa una rebaja. Regateo. Demeritorio.

abatis, abattis [ə'bətɪs] [a-ba-tis], *s. (Mil.)* Estacas, árboles cortados para formar con ellos una obra defensiva.

abattoir ['æbətwɑːʳ] [a-ba-tuaʳ], *s.* Matadero, particularmente uno de mucha extensión.

abb [ɑb] [ab], *s.* 1. Urdiembre o urdimbre. 2. Lana en borra.

abba [ɑb'ɑ] [a-ba] *s.* 1. Voz hebrea que significa padre. 2. Superior (de un convento).

abbacy ['æbəsɪ] [á-ba-si], *s. (Rel.)* 1. Abadía. 2. La dignidad, jurisdicción, rentas y privilegios pertenecientes a un abad.

abbasids ['æbəsɪds] [á-ba-sids] *pl. (Hist.)* Abasidas.

abbatial [ə'bəʃəl] [a-bé-shal], *a.* Abacial, abadengo. **Abbatial lands,** tierras abadengas.

abbé ['æbeɪ] [a-béi], *s. (Rel.)* Abate. Voz francesa, lo mismo que *abbot.*

abbess ['æbɪs] [á-bis], *s. (Rel.)* Abadesa.

abbey ['æbɪ] [a-bi], *s. (Rel.)* Abadía, monasterio, convento de monjes o monjas; también, refugio, santuario. **Abbey-lubber,** monje gordo y holgazán; bigardo; santurrón.

abbot ['æbət] [á-bot], *s. (Rel.)* Abad.

abbotship ['æbətʃɪp] [á-bot-ship], *s. (Rel.)* La dignidad y oficio de abad; abadía.

abbreviate [ə'bri'vɪeɪt] [a-bri-viéit], *va.* Abreviar, reducir, compendiar. *(Mat.)* Simplificar.

abbreviation [ə'briːvɪeɪʃən] [a-bri-viéi-shon], *s.* Abreviación; abreviatura (shortened form).: **table of abbreviations,** cuadro de abreviaturas.

abbreviator [ə'briːvɪeɪtəʳ] [a-bri-viéi-tor], *s.* Abreviador, compendiador.

abbreviatory [ə'briːvɪətərɪ] [a-bri-via-tó-ri], *a.* Abreviatorio.

abbreviature [ə'briːvɪeɪtwɑːʳ] [a-brí-via-tchuaʳ], *s.* Abreviatura, compendio, epítome.

A B C *s.* Abecé, alfabeto, abecedario (alphabet).

abdicant ['ænfɪkənt] [áb-di-kant], *a.* Abdicante, renunciante.
abdicate ['æbdɪkeɪt] [áb-di-keit], *va.* Abdicar, renunciar, dejar, desprenderse; hacer dimisión. **To abdicate from the throne,** abdicar del trono.
abdication [ˌæbdɪ'keɪʃən] [ab-di-kéi-shon], *s.* Abdicación, renuncia, dimisión (of a function).
abdicative [əb'dikatɪv] [ab-dí-ka-tiv], *a.* Abdicativo, renunciativo.
abditory [æbdɪtərɪ] [ab-dí-to-ri], *s.* Escondrijo, lugar o sitio para esconder y guardar joyas, plata o dinero.
abdomen ['æbdəmen] [ab-dó-men], *s.* Abdomen.
abdominal, abdominus [æb'dɒmɪnl] [ab-dó-mi-nal], *a.* Abdominal. **Abdominal muscles,** músculos abdominales.
abduce [æb'dju:s] [ab-diús], *va.* 1. Desviar, apartar, separar una cosa de otra. 2. *(Anat.)* Mover de un lado a otro.
abducent [æb'dju:sənt] [ab-diú-sent], *a. V.* ABDUCTOR.
abduct [æb'dʌkt] [ab-dákt], *va.* 1. Arrebatar, tomar, llevarse por fuerza. 2. Cometer un rapto o secuestro (hablando de una mujer, de un menor, etc.
abduction [æb'dʌkʃən] [ab-dák-shon], *s.* 1. *(Anat.)* Abducción, acción por la cual una parte del cuerpo se separa de la línea que lo divide en dos segmentos iguales. 2. Abducción, forma particular de argumento. 3. Abducción, la acción de sacar hacia fuera. 4. *(For.)* El acto de sacar por fuerza o engaño a alguna persona. 5. Rapto, secuestro.
abductor [æb'dʌktəʳ] [ab-dák-taʳ], *s.* 1. Abductor, nombre que se da en anatomía a varios músculos que sirven para la abducción. 2. *(For.)* El que saca por fuerza o engaño a una mujer u otra persona; raptor, secuestrador.
abeam [ə'bɪm] [a-bím], *adv. (Mat.)* Por el través. *(Mar.)* De través.
abear [ə'bɛəʳ] [a-bíar], *va. (Prov.)* Sufrir; soportar.
abearance [ə'bɛərəns] [a-bía-rans], *s. (For.)* Conducta, porte. *V.* BEHAVIOUR.
abecedarian [ə'bɪsɪdərɪən] [-abi-si-dá-rian], *s.* 1. El que enseña o aprende el abecé o la cartilla. 2. Niño de escuela.
abecedary [ə'bɪsɪdərɪ] [a-bí-si-da-ri], *s.* Abecedario, alfabeto.
abed [ə'bed] [a-béd], *adv.* 1. En cama o en la cama. 2. Acostado.
abel [ə'bel] [a-bel] *s.* Abel.
abelmosk [ə'belməsk] [á-bel-mosk] *s. (Bot.)* Algalia.
aberr [ə'bər] [a-bér], *vn.* Errar, extraviarse; apartarse.
aberrance, aberrancy [ə'berəns] [a-bé-rans], *s.* Error, descamino, extravío, equivocación.
aberrant [ə'berənt] [a-bé-rant], *a.* Errado, descaminado, equivocado, extraviado. *(Anat.)* Anómalo.
aberration [ˌæbe'reɪʃən] [a-be-réi-shon], *s.* 1. Error. 2. Aberración, desvío de los rayos de la luz. 3. Aberración, movimiento aparente de las estrellas fijas.
aberring [æ'berɪŋ] [a-bé-rin], *part.* Errante, descaminado, extraviado.
aberuncate [æ'berənkeɪt] [a-bé-ran-keit], *va.* 1. Desarraigar, arrancar de raíz. 2. Extirpar.
abet [ə'bet] [a-bét], *va.* Apoyar, favorecer, patrocinar, sostener, excitar, animar, inducir. *(Jur.)* **To aid and abet**, ser cómplice de.
abetment [ə'betmənt] [a-bét-ment], *s.* 1. Apoyo, protección, auxilio o favor. 2. Incitación. *(Jur.)* Complicidad.
abetter o abettor [ə'betəʳ] [a-bé-tor], *s.* 1. Cómplice, promovedor, fomentador, ayudador. 2. Partidario, instigador.
abeyance [ə'beɪəns] [a-béians], *s. (For.)* Expectación, espera, expectativa de una reversión. **To have in abeyance,** tener en expectativa, en reserva. **Lands in abeyance**, bienes mostrencos, sin dueño conocido. **Heritance in abeyance,** herencia yacente.
abeyant [ə'beɪənt] [a-béiant], *a.* En reposo, durmiendo.
abgregation [əbgrɪ'geʃən] [a-bri-géi-shon], *s.* Separación de la manada.
abhor [əb'hɔ:ʳ] [a-bór], *va.* Aborrecer, detestar, odiar; desdeñar.
abhorrence [əb'hɒrəns] [a-bó-rens], *s.* Aborrecimiento, odio, detestación, horror, aversión, execración. **To hold in abhorrence,** odiar, aborrecer.
abhorrent [əb'hɒrənt] [a-bó-rent], *a.* 1. Horroroso, aborrecible, detestable, abominable. 2. Ajeno, lo que es impropio o no correspondiente, contrario, extraño.
abhorrently [əb'hɒrəntlɪ] [a-bó-ren-tli], *adv.* Aborreciblemente.
abhorrer [əb'hɒrəʳ] [a-bó-raʳ], *s.* Aborrecedor, enemigo jurado.
abhorring [əb'hɒrɪŋ] [a-bó-rin], *s.* Hastío, náusea; objeto de aversión.
abidance [ə'baɪdəns] [a-bái-dans], *s.* 1. Residencia, morada. 2. Acatamiento, respeto (of the law)
abide [ə'baɪd] [a-báid], *vn.* 1. Habitar, morar, vivir o estar de asiento en algún paraje- (*to abide, pa. abiding; pp.,* **pret. imp y pret. perf**. *abode*). 2. Quedar, continuar. *-va.* 1. Soportar, sufrir, aguantar. 2. Defender, sostener. 3. Atenerse a alguna cosa. 4. Perseverar. **To abide by o in,** sostenerse en su opinión, mantenerse en lo dicho. Pasar por, consentir. **To abide by the rules,** acatar las reglas. **To abide by a promise,** cumplir una promesa.
abider [ə'baɪdəʳ] [a-bái-der], *s.* Habitador, habitante, vecino, inquilino.
abiding [ə'baɪdɪŋ] [a-bái-din], *s.* Continuación, perseverancia, estabilidad, permanencia. *-a.* Permanente. **Law abiding,** respetuoso con las leyes.
abigail [ə'bɪgeɪl] [a-bi-guéil], *s.* Criada confidente al servicio de una señora.
ability [ə'bɪlɪtɪ] [a-bí-li-ti], *s.* 1. Potencia, habilidad, capacidad, aptitud. En plural, talento, ingenio; ej. **A man of abilities,** hombre de talento. 2. Haber o bienes, medios.
abintestate [ə'bɪntəsteɪt] [a-bín-tes-teit], *a.* Abintestato, el que muere sin hacer testamento. **Heir abintestate,** heredero abintestato.
abiogenesis [əˌbaɪəʊ'dʒenɪsɪs] [a-bio-yé-ne-sis], *s.* Abiogénesis, generación espontánea; la de los organismos vivos cuyo supuesto origen es la materia inanimada.
abiological [əˌbaɪə'lɒdʒɪkəl] [a-bio-ló-yi-kal], *a.* Perteneciente a sustancia inanimada; abiológico.
abject ['æbdʒekt] [ab-yékt], *s.* Hombre vil, bajo, abyecto; abatido, humillado, desesperanzado.
abject, *a.* Vil, despreciable, bajo, indecente, abatido, abyecto (despicable); desalmado, miserable (wretched).
abjectedness ['æbdʒektnɪs] [ab-yék-tid-nis], *s.* Abyección, desesperación, pérdida de la esperanza, humillación, envilecimiento.
abjection, abjectness ['æbdʒekʃən] [ab-yék-shon], *s.* 1. Abyección, bajeza, vileza, abatimiento de alma; servilismo, cobardía. 2. Envilecimiento, Ayección.
abjectly ['æbdʒektlɪ] [áb-yek-tli], *adv.* Vilmente, bajamente, abyectamente.
abjudicated ['æbdʒədɪkeɪtɪd] [ab-yu-di-kéi-tid], *a.* Abjudicado.
abjudication ['æbdʒədɪkeɪʃən] [ab-yu-di-kéi-shon], *s.* Abjudicación.
abjuration [əb'dʒʊreɪʃən] [abyuaréishon], *s.* Abjuración, el acto de abjurar.
abjure [əb'dʒʊəʳ] [ab-yuaʳ], *va.* 1. Jurar, hacer o prestar juramento de no hacer alguna cosa. 2. Abjurar de (one's faith), desdecirse o retractarse con juramento de algún error. 3. Desterrar.
abjurement [əb'dʒu:mənt] [ab-yúr-ment], *s.* Renuncia, adjuración.
abjurer [əb'dʒʊrəʳ] [ab-yúa-raʳ], *s.* El que abjura o renuncia; renunciante.
ablactate [ə'bləkteɪt] [a-blak-téit], *va.* Destetar. Quitar el pecho a un niño.
ablactation [ə'bləkteɪʃən] [a-blak-téi-shon], *s.* 1. Destete. 2. Manera de injertar los árboles.
ablaqueation [ə'bləkweɪʃən] [a-bla-kuéi-shon], *s.* Excava de árboles.

ablation [ə'bleɪʃən] [abléishon], *s.* 1. Quite, la acción de quitar. 2. Extirpación; separación.

ablative ['æblətɪv] [á-bla-tif], *a.* Lo que quita. **The ablative case,** ablativo, el sexto caso de la declinación del nombre en algunas lenguas.

ablaut [ə'blaʊt] [a-bláut] *(Gram.)* Apofonía.

ablaze [ə'bleɪz] [a-bléis], *a.* En llamas.

-able. Terminación, o sufijo, muy común en adjetivos ingleses, equivalente a apto, a propósito, conveniente.

able ['eɪbl] [éi-bol], *a.* Fuerte, poderoso, capaz, hábil, rico, opulento, experto, experimentado. **To be able** o **to be able for,** poder; tener poder.

able-bodied ['eɪbl'bɒdɪd] [ei-bol-bó-did], *a.* Forzudo, robusto, fornido.

able-bodied seaman [ˌeɪbl'bɒdɪd'siːmən] [ei-bol-bo-did-sí-man] *s.* Marinero de primera clase.

ablegate ['əblɪgeɪt] [á-bli-geit], *va.* Enviar o dar empleo a alguno en país extranjero; diputar.

ablegate, *s.* Representante del Papa, enviado con una misión determinada a un país extranjero.

ableness [eɪblnɪs] [éi-bol-nis], *s.* Fuerza, vigor; habilidad, poder.

ablepsy [əblepsɪ] [á-bleps-i], *s.* Ceguera, ceguedad; ablepsia.

ablest [ə'blest] [a-blest], *a.* Superlativo de **able**. Poderosísimo, riquísimo. Muy hábil, muy capaz.

abloom [ə'bluːm] [a-blúm], *a.* En flor; floreciente.

abluent [əblʊent] [á-bluent], *a.* Detersivo, detergente, limpiante.

ablush [ə'bluːʃ] [a-blúsh], *a.* y *adv.* Sonrojante, abochornado.

ablution [ə'bluːʃən] [a-blú-shon], *s.* Ablución; acción de lavar, limpiar.

ably ['eɪblɪ] [éi-bli], *adv.* Hábilmente, con habilidad, con maña.

-ably. Sufijo que convierte en adverbios los adjetivos terminados en **-able**.

abnegate ['æbnɪgeɪt] [áb-ni-geit], *va.* Negar, rehusar, resignar, renunciar, renegar (rights).

abnegation [ˌæbnɪ'geɪʃən] [ab-ni-géi-shon], *s.* 1. Abnegación. 2. Renuncia (rights). 3. Repudiación.

abnegator [ˌæbnɪ'geɪtə[r]] [ab-ni-géi-ta[r]], *s.* Negador; impugnador.

abnodation ['æbnɒdeɪʃən] [ab-no-déi-shon], *s.* *(Jardin.)* El acto de cortar los nudos de un árbol.

abnormal [æb'nɔːməl] [ab-nór-mal], *a.* Irregular, mal formado, disforme.

abnormality [ˌæbnɔː'mælɪtɪ] [ab-nor-má-li-ti] o **abnormity** [ˌæbnɔː'mɪtɪ] [ab-nór-mi-ti], *s.* Irregularidad, deformidad; monstruosidad; producción contraria al orden de la naturaleza.

aboard [ə'bɔːd] [a-bord], *adv.* *(Mar.)* A bordo. **Life aboard is pleasant,** la vida a bordo es agradable. **To take aboard,** embarcar, llevar a bordo. **To go aboard,** ir a bordo, embarcarse. *-prep.* A bordo de.

abode [ə'bəʊd] [a-bóud], *s.* 1. Domicilio, residencia, habitación. 2. Mansión, morada o estancia de asiento en algún paraje. **Of no fixed abode**, sin domicilio fijo.

abode, *pret. y pp.* de ABIDE.

abolish [ə'bɒlɪʃ] [a-bó-lish], *va.* Abolir, anular; revocar.

abolishable [ə'bɒlɪʃeɪbl] [abólisheibol], *a.* Abolible.

abolisher [ə'bɒlɪʃə[r]] [a-bó-li-sher], *s.* Abolidor, anulador, revocador.

abolition, abolishment [ə'bɒlɪʃən] [ə'bɒlɪʃmənt] [a-bo-lí-shon] [a-bó-lish-ment], *s.* Abolición.

abolitionism [ˌæbə*u*'lɪʃənɪsem] [a-bo-li-sho-ní-sem] *s.* Abolicionismo.

abolitionist [ˌæbə*u*'lɪʃənɪst] [a-bo-lí-sho-nist], *s.* Abolicionista, el partidario de la abolición de alguna cosa, especialmente de la esclavitud.

abomasum [əbəmasʊm] [a-bo-má-sum], *s.* Abomaso, el cuarto estómago de un animal rumiante.

a-bomb ['eɪbɒm] [ei-bomb], *s.* Bomba atómica.

abominable [ə'bɒmɪnəbl] [a-bó-mi-na-bol], *a.* Abominable, execrable, detestable; inmundo.

abominableness [ə'bɒmɪnəblnɪs] [abominábolnis], *s.* La propiedad o calidad que hace a alguna cosa abominable.

abominably [ə'bɒmɪnəblɪ] [a-bo-mi-na-bli], *adv.* Abominablemente.

abominate [ə'bɒmɪneɪt] [a-bó-mi-neit], *va.* Abominar, detestar, aborrecer.

abomination [əˌbɒmɪ'neɪʃən] [a-bo-mi-néi-shon], *s.* 1. Abominación, odio, detestación. 2. Polución, maldad, corrupción.

aboral [ə'bɒrəl] [a-bó-ral], *a.* Opuesto a la boca, situado fuera de ella.

aboriginal [ˌæbə'rɪdzɪnl] [a-bo-rí-yi-nal], *a.* Primitivo; originario, aborigen.

aborigines [ˌæbə'rɪdzɪnɪs] [a-bo-rí-yi-nis], *s. pl.* Los primeros habitantes de algún país; aborígenes, indígenas.

abort [ə'bɔːt] [a-bo*r*t], *vn.* Abortar, malparir. *-(Aer.)* Fracaso en el lanzamiento de un cohete.

abortion [ə'bɔːʃən] [a-bó*r*-shon], *s.* Aborto, malparto. 2. Aborto, lo nacido antes de tiempo. *(Fig.)* Aborto, proyecto detenido en su desarrollo (failure). 3. Engendro.

abortive [ə'bɔːtɪv] [a-bó*r*-tif], *a.* 1. Abortivo. 2. Infructuoso, inútil, intempestivo, malogrado, frustrado. *-s.* Aborto, engendro.

abortively [ə'bɔːtɪvlɪ] [a-bó*r*-tif-li], *adv.* 1. Abortivamente. 2. Intempestivamente. 3. Prematuramente.

abortiveness [ə'bɔːtɪvnɪs] [a-bó*r*-tif-nis], *s.* Aborto; mal éxito de algo.

abound [ə'baʊnd] [a-báund], *vn.* Abundar. **To abound with,** abundar en.

abounding [ə'baʊndɪŋ] [a-báun-din], *a. y part.* (*in, with,* en). Abundante (en).

about [ə'baʊt] [a-báut], *prep.* 1. Alrededor, cerca de, por ahí, hacia. 2. Acerca, tocante a. 3. Pendiente, colgante. **I know nothing about that matter,** no sé nada de aquel asunto. **He is about coming,** está a punto de venir. **I carry no money about me,** no traigo dinero. **There's something strange about that girl,** esa chica tiene algo raro. **To beat about the bush,** andarse por las ramas. *—adv.* En contorno, por rodeos; aquí y allá. **To go about;** rodear. **To bring about. To go about a thing,** efectuar alguna cosa. *(Mar.)* Virar. **Within about 60 yards,** a unas 60 yardas. -EXPRESIONES. **Look about you**, tenga usted cuidado. **What are you about**?, ¿qué va usted a hacer?, **send him about his business,** envíelo usted a paseo. **He was walking about,** andaba por aquí y por allá. **There's a lot of flu about,** hay mucha gripe por ahí. **He was here about two weeks ago,** estuvo por aquí hace unas dos semanas.

above [ə'bʌv] [a-bóuf], *prep.* Encima, sobre, superior, más alto en cuanto a situación, dignidad, poder, etc. *-adv.* Arriba, la parte alta o lugar en alto. **Above all**, sobre todo, principalmente. **Above-board,** abiertamente, públicamente, a vista de todos. **Above cited** o **above mentioned,** ya citado o ya mencionado, supracitado, susodicho. **Above ground**, vivo; expresión que denota que aún no ha muerto alguno. **From above,** de arriba, de lo alto, del cielo. **To be above a thing,** (a) Ser incapaz de una cosa, ser superior a, no usar de. (b) Más que, o de; ej. **He was not above three hours in doing it**, no empleó más de tres horas en hacerlo. **I value honor above life,** precio mi honra más que la vida.

abradant [ə'brədənt] [a-bré-dant], *a.* Que desgasta o raspa. *-s.* Sustancia raspante.

abrade [ə'breɪd] [a-bréid], *va.* Raer o gastar, quitar restregando.

Abraham ['eɪbrəhæm] [éi-bra-*j*am] n. Abrahám.

abrasion [ə'breɪʒən] [a-bréi-shon], *s.* 1. Raspadura, la acción de raspar. 2 Lo que se quita de la superficie raspando. 3. Abrasión. *(Geol.)*, Erosión.

abrasive [ə'breɪzɪv] [á-bre-sif], *a.* Rayente, raspante; que produce la acción de raspar o raer. *-s.* Sustancia raspante. Abrasivo.

abreast [ə'brest] [a-brést], *adv.* De frente. **Four abreast**, cuatro de frente, o en fila. De costado. **Abreast**, *(Mar.)* por el través. **Abreast the port**, por el través del puerto. **To keep abreast of**, mantenerse informado, estar al día.

abrenunciation [ə'brenənsı'eıʃən] [a-bre-nun-siéi-shon], *s.* Renuncia, renunciación.

abreption [ə'brepʃən] [a-brép-shon], *s.* Abstracción; arrebatiña. Rapto.

abreuvoir [əbre,wɑːʳ] [a-bre-vuáʳ], *s.* 1. Abrevadero, bebedero. 2. Degolladura, hueco entre los ladrillos o piedras para llenarlo de argamasa.

abridge [ə'brıdʒ] [a-brích], *va.* 1. Abreviar, compendiar. 2. Cercenar, acortar, disminuir. 3. Privar, despojar o quitar. *(Alg.)* Reducir.

abridged [ə'brıdʒd] [a-brí-chid], *pp.* Privado; acortado.

abridger [ə'brıdʒəʳ] [a-brí-chaʳ], *s.* 1. Abreviador. 2. Compendiador.

abridgment [ə'brıdʒmənt] [a-brích-ment], *s.* 1. Compendio, epítome, recopilación. 2. Contracción, limitación. *(Jur.)*, Privación (of rights).

abroach [ə'brəʊtʃ] [a-bróuch], *adv.* *(Ant.)* Para derramarse; en estado de difundirse o propagarse. **To set abroach**, horadar, barrenar.

abroad [ə'brɔːd] [a-bróud], *adv.* Fuera de casa o del país; en países extranjeros, en todas partes o direcciones. **To walk abroad**, salir, ir a dar una vuelta. **The schoolmaster is abroad**, educación difundida. **To set abroad**, divulgar, publicar. *(Fig.)* **The rumor is abroad that**, corre el rumor de que.

abrogable ['æbrəʊ'geıbl] [a-bró-ge-bol], **abrogative** ['æbrəgətıv] [abrógetif], *a.* Abrogable; que tiende a revocar o abrogar, o tiene tal propósito.

abrogate ['æbrəʊgeıt] [a-bro-geit], *va.* Abrogar, anular, revocar.

abrogation [,æbrəʊ'geıʃən] [a-bro-géi-shon], *s.* Abrogación, anulación, revocación, abolición.

abrotanum [ə'brɒtənʌm] [a-bró-ta-nom], *s.* *(Bot.)* Abrótano, artemisa.

abrupt [ə'brʌpt] [a-brapt], *a.* 1. Quebrado, desigual. 2. Precipitado, repentino; desunido, bronco, rudo, fogoso. 3. Abrupto, escarpado, brusco. **An abrupt halt**, una parada brusca.

abruption [ə'brʌpʃən] [a-bráp-shon], *s.* Rotura o separación repentina y violenta de una cosa.

abruptly [ə'brʌptlı] [a-bráp-tli], *adv.* Precipitadamente; rudamente, ásperamente, bruscamente, ex-abrupto.

abruptness [ə'brʌptnıs] [a-brápt-nis], *s.* Precipitación, inconsideración; prontitud; sequedad, claridad.

abscess [,æbsıs] [a-bsés], *s.* Absceso, apostema.

abscind ['æbsınd] [ab-sínd], *va.* Cortar, tajar.

abscissa ['æbsısɑ] [ab-sí-sa], *s.* Abscisa, la línea coordenada de la cual se hacen depender los valores de las demás.

abscission ['æbsıʃən] [ab-sí-shon], *s.* Cortadura; anulación.

abscond [əb'skɒnd] [abs-kónd], *vn.* Esconderse, fugarse, huir. *-va.* Ocultar, tapar.

absconder [əb'skɒndəʳ] [abs-kóndaʳ], *s.* 1. Fugitivo, que toma las de Villadiego. 2. *(For.)* Contumaz, prófugo, que se oculta.

absence ['æbsəns] [áb-sens], *s.* 1. Ausencia. 2. Abstracción de ánimo. **Absence of mind**, distracción. 3. Descuido, negligencia. **Leave of absence**, *(Mil.)* permiso para ausentarse, licencia temporal. *(Jur.)* Incomparecencia. **In the absence of**, en ausencia de, a falta de.

absent ['æbsənt] [áb-sent], *a.* 1. Ausente. 2. Enajenado o fuera de sí; descuidado, negligente. 3. Divertido, distraído, abstraído. **Absent-minded**, *a.* Fuera de sí; absorto, abstraído en meditación.

absent, *vr.* Ausentarse, retirarse de.

absentaneous ['æbsəntənəs] [ab-sen-tá-nos], *a.* Ausente, lo que se ausenta.

absentee [,æbsən'tiː] [áb-sen-ti], *s.* Ausente, el que lo está de su empleo, país o hacienda.

absenteeism [,æbsən'tiːzəm] [áb-sen-te-ísem], *s.* Ausentismo.

absenter [,æbsəntəʳ] [ab-sén-taʳ], *s.* El que abandona su obligación u oficio.

absinthe ['æbsınθ] [ab-sínz], *s.* Licor francés popular, hecho con ajenjo y otras hierbas.

absinthian ['æbsınθən] [ab-sínzian], *a.* Lo perteneciente al ajenjo; amargo.

absinthiated ['æbsınθətıd] [ab-sinzi-éi-tid], *a.* Tinturado o mezclado con ajenjo.

absinthium ['æbsınθʊm] [ab-sín-zium], *s.* *(Bot.)* Ajenjo. Artemisa absinthium.

absolute ['æbsəluːt] [áb-so-lut], *a.* 1. Absoluto, libre, irresponsable. 2. Amplio, completo. 3. Perentorio. 4. Positivo, arbitrario. **Absolute altitude**, *(Aer.)* altitud absoluta. **Absolute zero**, *(Quím.)* Cero absoluto. *(Jur.)*, Irrevocable.

absolutely [æbsəluːtlı] [ab-so-lút-li], *adv.* 1. Absolutamente, enteramente. 2. Positivamente, sin reserva.

absoluteness [æbsəluːtnıs] [ab-so-lút-nis], *s.* 1. Amplitud, independencia. 2. Despotismo, poder absoluto.

absolution [,æbsə'luːʃən] [ab-so-lú-shon] *s.* Absolución; perdón. **To grant absolution**, dar la absolución.

absolutism ['æbsəluːtızəm] [ab-so-lu-tísem], *s.* 1. Absolutismo, despotismo. 2. La doctrina de la predestinación.

absolutist ['æbsəluːtıst] [ab-so-lú-tist], *s.* Absolutista, partidario del absolutismo.

absolutor ['æbsəluːtəʳ] [ab-so-lú-taʳ], **absolvatory** ['æbsəlvətərı] [ab-sol-va-to-ri], *a.* Absolutorio.

absolve [əb'zɒlv] [ab-sólv], *va.* 1. Absolver, dar por libre de una acusación. 2. Absolver de un convenio o promesa. 3. Absolver de un pecado. 4. Dispensar, exentar.

absolver [əb'zɒlvəʳ] [ab,sel',ve7r], *s.* Absolvedor, dispensador.

absonant, absonous [əb'sənənt] [áb-so-nant], *a.* 1. Absurdo, repugnante a la razón. 2. Disonante, ridículo.

absorb [əb'zɔːb] [ab-sérb], *va.* 1. Absorber. 2. Empapar, embeber. 3. Amortiguar. 4. Asumir. **To be absorbed in**, estar absorto en.

absorbable [əb'zɔːbəbl] [ab-sér-ba-bol], *a.* Que puede ser absorbido o chupado.

absorbability [əb'zɔːbəbılıtı] [ab-ser-ba-bí-li-ti], *s.* Propiedad de ser absorbido.

absorbent [əb'zɔːbənt] [ab-sér-bent], *a.* Absorbente, una clase de medicina; se da el nombre de absorbentes a los vasos y glándulas que sirven en el cuerpo humano para efectuar la absorción. Se usa también como sustantivo. Capaz de absorber.

absorpt o absorbed [əb'zɔːpt] [əb'zɔːbd] *(Ant.)* [ab-sórpt] [ab-sórbd], *pp.* Absorbido, chupado, desecado; hablando de los humores del cuerpo. *(Met.)* Absorto, arrebatado, enajenado.

absorption [əb'zɔːpʃən] [ab-sór-shon], *s.* 1. Absorción, el acto de absorber. 2. Preocupación. 3. *(Aut.)* Amortiguamiento.

absorptive [əb'zɔːptıv] [ab-sér-tif], *a.* Absorbente, capaz de absorber.

abstain [əb'steın] [abs-téin], *vn.* Abstenerse, privarse de algún gusto o placer. **To abstain from comment**, abstenerse de comentarios.

abstainer [əb'steınəʳ] [abs-téi-nar], *s.* Abstinente, sobrio.

abstaining [əb'steınıŋ] [abs-téi-nin], *s.* Abstinencia.

abstemious [əb'stiːmıəs] [abs-tí-mios], *a.* Abstemio, sobrio, templado, moderado.

abstemiously [əb'stiːmıəslı] [abs-tí-mios-li], *adv.* Sobriamente, moderadamente, templadamente.

abstemiousness [əb'stiːmıəsnıs] [abs-tí-mios-nis], *s.* Sobriedad, moderación, templanza.

abstention [əb'stenʃən] [abs-tén-shon], *s.* 1. Detención, el acto de detener o impedir. 2. Abstinencia; privación. 3. Abstención (from voting).

absterge [əb'steːdʒ] [abs-térch], *va.* Absterger, limpiar, enjugar.

abstergent [əb'ste:dʒənt] [abs-tér-chent], *a.* Abstergente, lo que sirve para purificar o limpiar.
abstersion [əb'ste:ʃən] [abs-tér-shon], *s.* Abstersión.
abstersive [əb'ste:sɪv] [abs-tér-sif], *a.* Abstergente. *-s.* Limpiador.
abstinence, abstinency ['æbstɪnəns] [ábs-ti-nens], *s.* 1. Abstinencia. 2. Sobriedad, templanza. **Day of abstinence,** día de ayuno.
abstinent ['æbstɪnənt] [ábs-ti-nent], *a.* Abstinente, mortificado, sobrio, moderado.
abstinently ['æbstɪnəntlɪ] [abs-ti-nen-tli], *adv.* Abstinentemente.
abstract ['æbstrækt] [abs-trákt], *va.* 1. Abstraer, sustraer. 2. Extractar, extraer o hacer un extracto. 3. Considerar separadamente. **Abstracting from**, Separado de, sin contar con.
abstract, *a.* Abstracto, separado; refinado. Ideal, puro. Opuesto a concreto.
abstract, *s.* 1. Extracto, cantidad pequeña de alguna cosa. 2. Extracto, resumen, compendio, sumario. 3. Abstracción. 4. Preparación particular de una droga en polvos.
abstracted [æb'stræktɪd] [abs-trák-tid], *pp.* 1. Separado. 2. Abstraído, distraído. 3. Abstruso, metafísico. 4. Extraído, puro, sin mezcla.
abstractedly [æb'stræktɪdlɪ] [abs-trák-tid-li], *adv.* Abstractivamente; sencillamente.
abstractedness ['æbstræktɪdnɪs] [abs-trák-tid-nis] *s.* Abstracción.
abstracter ['æbstræktəʳ] [abs-trák-tar], *s.* 1. Extractador, abreviador, el que extracta, abrevia o compendia. 2. Ratero, ladrón.
abstraction ['æbstrækʃən] [abs-trák-shon], *s.* 1. Abstracción, la acción y efecto de abstraer o abstraerse. 2. Abstracción, el retiro de la comunicación o trato con las gentes. 3. Concepto, idea; noción. 4. Concepción no real; alguna cosa imaginaria. 5. Desatención, descuido. Ratería, hurto.
abstractionism ['æbstrækʃənɪzm] [abs-trák-sho-nisem], *s.* Abstraccionismo.
abstractive ['æbstræktɪv] ab-strac'-tiv], *a.* Abstractivo.
abstractly, abstractively ['æbstræktlɪ] [abs-trák-tli], *adv.* En abstracto, abstractivamente.
abstractness ['æbstræktnɪs] [abs-trákt-nis], *s.* Separación; abstracción, sin relación con ningún objeto.
abstruse [æb'stru:s] [abs-trús], *a.* Abstruso, recóndito de difícil inteligencia. Oculto, oscuro.
abstrusely [æb'stru:slɪ] [abs-trús-li], *adv.* Oscuramente, difícilmente.
abstruseness, abstrusity [æb'stru:snɪs] [abs-trús-nis], *s.* 1. Oscuridad, dificultad; arcano, misterio. 2. Carácter abstruso.
absurd [əb'sɜ:d] [ab-sérd], *a.* Absurdo, repugnante a la razón, irracional, ridículo, inconsistente, disparatado.
absurdity [əb'sə:dɪtɪ] [ab-sér-di-ti], *s.* Absurdo, dicho o hecho repugnante a la razón. **The height of absurdity**, el colmo de lo absurdo.
absurdly [əb'sə:dlɪ] [ab-sérd-li], *adv.* Absurdamente, irracionalmente.
absurdness [əb'sə:dnɪs] [ab-sérd-nis], *s.* Absurdo, irracionalidad, disparate.
abulia [ə'bu:lɪə] [a-bú-lia] *n.* abulia.
abulic [ə'bu:lɪk] [a-bú-lik] *adj.* abúlico.
abundance [ə'bʌndəns] [a-bán-dans], *s.* Abundancia, copia,o gran cantidad de alguna cosa; exuberancia.
abundant [ə'bʌndənt] [a-bán-dant], *a.* Abundante, copioso, rico; lleno.
abundantly [ə'bʌndəntlɪ] [a-bán-dan-tli], *adv.* Abundantemente.
abuse [ə'bju:s] [a-bíus], *va.* 1. Abusar. 2. Engañar, seducir; profanar, ultrajar, violar. 3. Maltratar de palabra, burlarse con desprecio; denostar. **He has been abused**, le han engañado.
abuse, *s.* 1. Abuso. **Abuse of confidence**, abuso de confianza. 2. Abuso, corruptela. 3. Seducción, engaño. 4. Contumelia, injuria u ofensa de palabra, afrenta, burla, ultraje.
abuser [ə'bju:zəʳ] [a-bíu-sar], *s.* 1. Abusador. 2. Seductor. 3. Denostador. 4. Embaucador, embaidor, engañador.
abusive [ə'bju:sɪv] [a-bíusif], *a.* 1. Abusivo, insultante, injurioso, vil. **Abusive language**, palabras injuriosas. 2. Corrompido; mal empleado o usado.
abusively [ə'bju:sɪvlɪ] [a-biu-síf-li], *adv.* 1. Abusivamente. 2. Impropiamente. Insolentemente.
abusiveness [ə'bju:sɪvnɪs] [a-biu-síf-nis], *s.* Vituperación; palabras injuriosas, vituperio, propensión a injuriar a otro, insulto; abuso, calidad de abusivo.
abut [ə'bʌt] [abát], *vn.* Terminar, confinar, lindar, parar, rematar. **To abut upon,** salir a, terminar en, confinar con, empalmarse con, sobre.
abutilon [ə'bʌtɪlən] [abátilon], *s.* Abutilón, malvavisco de Indias.
abutment [ə'bʌtmənt] [a-bát-ment], *s.* 1. Linde, confín 2. Refuerzo, estribo. Lindero; mojón. 3. *(Carp.)* Empalme; remate. 4. *(Arq.)* Contrafuerte.
abuttal [ə'bʌtəl] [a-bá-tal], *s.* Límite, linde.
abutting [ə'bʌtɪŋ] [a-bá-tin] *a.* Lindante con.
abysmal [ə'bɪzməl] [a-bís-mal], 1. *a.* Abismal; insondable. 2. *(Fig.)* Profundo.
abyss [ə'bɪs] [á-bis], **abysm** [ə'bɪzm] [a-bí-sem], *s.* 1. Abismo, profundidad a que no se halla fondo. 2. El infierno. 3. Sima *(Her.)* Abismo, el centro del escudo.
abyssal [ə'bɪsəl] [a-bí-sal], *a.* 1. Perteneciente a grandes profundidades del océano. 2. Abismal, insondable.
Abyssinia [ˌæbɪ'sɪnɪə] [a-bi-sí-nia] *N.* *(Geogr.)* Abisinia.
Abyssinian [ˌæbɪ'sɪnɪən] [a-bi-sí-nian], *a.* Abisinio, de Abisinia.
ac *Ac, prefijo.* Forma de AD cuando se halla delante de **c** y **q**: como en **accept.**
-ac, *sufijo.* Con relación a, que tiene, o es afectado por: como **cardiac**, lo que tiene relación al corazón, o lo afecta.
acacia [ə'keɪʃə] [a-kéi-sha], *s.* 1. Acacia, nombre de un árbol de Egipto, que da la goma arábica. 2. Acacia, arbolillo espinoso con flores en racimos colgantes. 3. Acacia, el zumo de las endrinas silvestres.
academian, academic [ˌækə'di:mɪən] [ˌækə'di:mɪk] [a-ka-dí-mian] [a-ca-dé-mik], *s.* Académico; cursante en alguna universidad, estudiante. Colegial. **Academic year**, curso escolar.
academic, academical [ˌækə'di:mɪk] [ˌækə'di:mɪkəl] [a-ca-dé-mik] [a-ca-dé-mi-kal], *a.* Académico, lo que pertenece a las universidades. **Academic freedom**, libertad académica.
academically [ˌækə'di:mɪkəlɪ] [a-ca-dé-mi-kli] *adv.* En estilo o en forma académica.
academician, academist [əˌkædə'mɪʃən] [əkæ'dəmɪst] [academíshan] [a-cá-de-mist], *s.* Académico, el individuo de alguna academia.
academism [əˌkædə'mɪst] [a-ca-de-mí-sem] *N.* Academismo.
academy [ə'kædəmɪ] [a-cá-de-mi], *s.* 1. Academia, sitio o lugar ameno, cerca de Atenas, donde Platón y sus discípulos tenían sus conferencias filosóficas. 2. Academia, sociedad establecida para el cultivo y adelantamiento de las ciencias y artes. 3. Academia, la casa o paraje en que se enseñan las ciencias o se tienen academias; universidad. 4. Figura académica, figura diseñada por el modelo vivo. 5. Conservatorio (of music). 6. Instituto de enseñanza media (in Scotland).
acaleph [ə'kælef] [a-ca-léf], *s.* Uno de los acalefos.
acalephae [ə'kælefæ] [a-ca-le-fe], *s. pl.* Acalefos, grupo de zoófitos que comprende las medusas y los hidróides.
acanaceous [ə'kənəʒəs] [a-ca-ná-sias], *a.* *(Bot.)* Espinoso.
acanthine [ə'kənθɪn] [a-can-cin], *a.* Acantino/na; concerniente, relativo o análogo al acanto.
acanthopterygii [ə'kənθɒpˌterɪdʒɪ] [a-can-zop-te-ri-yi] *s. pl.* Acantopterigios.

acanthus [ə'kænθʌs] [a-can-zus], *s. (Bot.)* Acanto o branca ursina.
acaridae [ə'kərɪdæ] [a-ca-ri-de] *s. pl. (Zool.)* Acáridos.
acarus [ə'kərʌs] [á-ca-ras], *s.* ACARI, *pl.* Ácaro.
acatalectic [ə'kətəlektɪk] [a-ca-ta-lék-tik], *s.* Acataléctico.
acaulescent, acauline, acaulous [ə'kələsnt] [a-cá-le-sent], *a. (Bot.)* Acaule, sin renuevo o vástago; de tallo muy poco visible.
accede [æk'si:d] [ak-síd], *vn.* 1. Acceder, venir o convenir en alguna cosa; asentir, consentir. 2. Subir, llegar a, obtener posesión de, alcanzar.
accelerando [æk'sələrəndɒ] [ak-se-le-rán-do], *a. (Mús.)* Acelerando gradualmente el tiempo.
accelerate [æk'seləreɪt] [ak-sé-le-reit], *va.* Acelerar. *-vn.* Despacharse, apresurarse, darse prisa.
accelerating [æk'selərətɪŋ] [ak-se-le-réi-tin] *a.* Acelerador. **Accelerating force**, fuerza aceleratriz.
acceleration [æk'seləreɪʃən] [ak-se-le-réi-shon], *s.* Aceleración; prisa; despacho. **Acceleration of** or **due to gravity**, aceleración terrestre.
accelerative [æk'selərətɪv] [ak-se-le-ré-ra-tif], *a.* Lo que aumenta la velocidad. Impulsivo, acelerador.
accelerator [æk'seləreɪtə^r] [ak-se-le-réi-ta], *s.* Acelerador.
accelerometer [æk'selərəmɪtə^r] [ak-se-le-ro-mí-ta^r], *s. (Aer.)* Acelerómetro.
accent ['æksənt] [ák-sent], *s.* 1. Acento, la señal o virgulilla que se pone sobre una vocal, para denotar su pronunciación. **Written accent**, acento gráfico. 2. Acento, la modulación de la voz, y el tono que se pronuncia una palabra. **In broken accent**, con voz entrecortada. 3. El modo peculiar de pronunciar de las diferentes provincias en una misma nación. 4. *(Poét.)* Lenguaje, palabras. **To put the accent on**, acentuar, señalar, hacer hincapié en, recalcar.
accent, *va.* 1. Acentuar, pronunciar con el respectivo acento prosódico. 2. Acentuar, colocar la nota o signo que indica el acento.
accentual [æk'sentjʊəl] [ak-sén-tual], *a.* Rítmico, que pertenece al acento o ritmo.
accentuate [æk'sentjʊeɪt] [ak-sén-tueit], *va.* Acentuar, colocar los acentos según regla.
accentuation [æk,sentjʊ'eɪʃən] [ak-sen-tuéi-shon], *s.* Acentuación.
accept [ək'sept] [ak-sépt], *va.* Aceptar, admitir lo que se da, ofrece o encarga; recibir cariñosamente. **To accept a bill of exchange**, aceptar una letra de cambio. **To accept of**, aceptar.
acceptability [ək,septə'bɪlətɪ] [ak-sep-ta-bí-li-ti], *s.* Aceptabilidad; agrado, gracia.
acceptable [ək'septəbl] [ak-sép-ta-bol], *a.* 1. Aceptable, grato, digno de aceptación. 2. Admisible. 3. Bien recibido.
acceptableness [ək'septəblnɪs] [ak-sep-téi-bol-nis], *s. V.* ACCEPTABILITY.
acceptably [ək'septəblɪ] [ak-sép-ta-bli], *adv.* Gustosamente, agradablemente.
acceptance [ək'septəns] [ak-sép-tans], *s.* Aceptación; buena acogida. **Acceptance of a bill of exchange**, aceptación de una letra de cambio.
acceptation [ək'septeɪʃən] [ak-sep-téi-shon], *s.* 1. Aceptación, recepción, recibimiento o recibo bueno o malo. 2. Acepción, sentido o significado en que se toma una palabra. 3. Aprobación, aplauso.
accepted [ək'septɪd] [ak-sép-tid] *a.* 1. Aceptado. 2. Corriente, normal. 3. Reconocido (a quality).
accepter [ək'septə^r] [ak-sép-tar], *s.* Aceptador. **Accepter of persons**, aceptador de personas.
acception [ək'sepʃən] [ak-sép-shon], *s.* Acepción, el sentido o significado en que se toma alguna cosa.
acceptive [ək'septɪv] [ak-sép-tif], *a.* Pronto a aceptar.
acceptor [ək'septə^r] [ak-sép-tar], *s. (Com.)* Aceptante, el que acepta una letra de cambio.
access ['ækses] [ak-sés], *s.* 1. Acceso, entrada, camino. **To give access to**, dar entrada a. 2. Acceso, modo de llegar a las personas o cosas. **Easy of access**, de fácil acceso, muy abordable. 3. Aumento, acrecentamiento, añadidura. 4. Accesión o acceso periódico de alguna enfermedad.
access road ['ækses,rəʊd] [ák-ses-roud], *s.* Camino de acceso.
accessarily ['æksesərɪlɪ] [ak-se-sá-ri-li], *adv.* Accesoriamente.
accessariness ['æksesərɪnɪs] [ak-se-sá-ri-nis], *s.* Complicidad, la calidad de cómplice.
accessar ['æksesə^r] [ak-sé-sar], *s.* Cómplice, persona o cosa que se une a otra con alguna dependencia. *V.* ACCESSORY.
accessary [æk'sesərɪ] [ak-sé-sa-ri] *a.* Accesorio, lo que se une a otra cosa o se agrega a ella con alguna dependencia.
accessible [æk'sesɪbl] [ak-sé-si-bol], *a.* Accesible, lo que es de fácil acceso, aquello a que se puede llegar. **Accessible to pity**, capaz de compasión.
accession [æk'seʃən] [ak-sé-shon], *s.* 1. Aumento, acrecentamiento. 2. Advenimiento, accesión. **Since the king's accession to the throne**, desde el advenimiento del rey al trono. 3. Acceso.
accessory [æk'sesərɪ] [ak-sé-so-ri], *a.* Accesorio, contribuyente, secundario; que depende de lo principal. *-s.* 1. Persona o cosa que ayuda con alguna dependencia. 2. *(For.)* Cómplice. **Accessory after the fact**, encubridor, cómplice. **Accessory before the fact**, cómplice instigador. **Toilet accessories**, artículos de tocador.
accidence [1] ['æksɪdəns] [ák-si-dans], *s.* Libro de rudimentos de la gramática.
accidence [2] ['æksɪdəns] [ák-si-dans], *s.* Accidente, lance, contratiempo.
accident ['æksɪdənt] [ák-si-dent], *s.*1. Accidente. **Accident insurance**, seguro contra accidentes. **Aircraft accident**, accidente de aviación. 2. Accidente o propiedad de una voz. 3. Accidente, casualidad, suceso imprevisto, incidente, lance. **A sad accident**, lance funesto. **By accident**, accidentalmente, casualmente. *(Gram.)* Desinencia, modo, caso, etc.
accidental [,æksɪ'dentl] [ak-si-dén-tal], *s.* 1. Accidente, propiedad no esencial. 2. *(Mús.)* Bemol o sostenido accidental.
accidental, *a.* 1. Accidental, lo que no es esencial. 2. Casual, contingente.
accidentally [,æksɪ'dentəlɪ] [ak-si-dén-ta-li], *adv.* Accidentalmente, por casualidad. **We met quite accidentally**, nos encontramos por pura casualidad.
accident-prone [,æksɪ'dent'prəʊn] [ák-si-den-pron], *a.* Propenso a accidentes.
accipient [,æksɪ'pɪənt] [ák-si-piant], *s.* Recibidor o recipiente; receptor.
accite [æksɪt] [ák-sit], *va.* Llamar, citar. Convocar, reunir.
acclaim [ə'kleɪm] [a-kléim], *va.* y *vn.* Aclamar, aplaudir, ovacionar. **To acclaim a minister**, aclamar a un ministro.
acclamation, acclaim [,æklə'meɪʃən] [a-kla-méi-shon], *s.* Aclamación, griterío o voces de la multitud en honor y aplauso de alguna persona, ovación.
acclamatory [,ækləmə'tərɪ] [a-klá-ma-to-ri], *a.* Laudatorio.
acclimate [ə'klaɪmət] [á-kli-meit], *va.* Aclimatar, connaturalizar (persons).
acclimated [ə'klaɪmətd] [-akli-méi-tid], *pp.* y *a.* Aclimatado.
acclimation, acclimatization [ə'klaɪməʃən] [a-kli-méi-shon] [ə,klaɪmətaɪ'zeɪʃən] [a-kli-ma-tai-séi-shon], *s.* Aclimatación.
acclimatize [ə'klaɪmətaɪz] [a-klái-ma-taiz], *va.* Aclimatar, acostumbrar a otro clima; se dice de animales y plantas con motivo de la agencia humana. *-vn.* Aclimatarse los animales y plantas.
acclivity [ə'klɪvɪtɪ] [a-klí-vi-ti], *s.* Cuesta, rampa, subida, ladera.
acclivous, acclive [ə'klɪvəs] [ə'kli:v] [a-klívos] [a-klíf], *a.* Pendiente, que sube formando cuesta.
accolade ['ækəʊleɪd] [á-ko-leid], *s.* 1. *(Mús.)* Corchete. Abrazadera vertical o barra gruesa. 2. *(Arq.)* Moldura curva

de adorno. 3. Acolada, espaldarazo, parte del antiguo rito para armar a uno caballero.

accommodable [ə'kɒmədeɪbl] [a-ko-mo-déi-bol], *a.* Acomodable, lo que se puede acomodar; componible, concordable.

accommodableness [ə'kɒmədeɪblnɪs] [a-ko-mo-déi-bol-nis], *s.* Capacidad de acomodarse.

accommodate [ə'kɒmədeɪt] [a-kó-mo-deit], *va.* 1. Surtir, proveer o hacer alguna cosa como gracia o favor; socorrer, amparar. 2. Hospedar, alojar. 3. Acomodar, ajustar. 4. Reconciliar, componer. 5. *(Com.)* Prestar dinero. *-vn.* Conformarse. **To accommodate oneself with**, componerse con, conformarse a. 6. Caber, haber sitio para. **The car accommodates three people**, en el coche caben tres personas.

accommodate, *a.* Acomodado, apto.

accommodateness [ə'kɒmədeɪtnɪs] [a-ko-mo-déit-nis], *s.* Aptitud, acomodo.

accommodating [ə'kɒmədeɪtɪŋ] [a-ko-mo-déi-tin], *a.* 1. Acomodadizo. 2. Obsequioso, oficioso, servicial, galante.

accommodation [əˌkɒmə'deɪʃən] [a-ko-mo-déi-shon], *s.* 1. Comodidad, conveniencia. 2. Ajuste, compostura o concierto de alguna disputa. 3. Adaptación, idoneidad, reconciliación. 4. Alojamiento, habitación. **Book accommodation at the hotel**, reservar habitación en el hotel. 5. Cabida, capacidad, sitio, espacio. **Accommodation bill o note**, letra de cambio, aceptada sin recibir su valor para ayudar a algún amigo y sostener su crédito mercantil. Letra pro forma. **Accommodation train**, tren de escala. Puede ser también tren ómnibus. **Accommodation ladder** *(Mar.)* Escala real.

accommodator [ə'kɒmədeɪtəʳ] [a-ko-modéi-tar], *s.* El que maneja, ajusta o acomoda.

accompanable [ə'kʌmpəneɪbl] [a-kom-pá-ne-bol], *a.* Sociable.

accompanier [ə'kʌmpənɛːʳ] [a-kom-pá-niaʳ], *s.* Acompañador o compañero.

accompaniment [ə'kʌmpənɪmənt] [a-kom-pá-ni-ment], *s.* Acompañamiento.

accompanist [ə'kʌmpənɪst] [a-kóm-pa-nist], *s.* *(Mús.)* Acompañador, acompañante.

accompany [ə'kʌmpənɪ] [a-kóm-pa-ni], *va.* Acompañar, estar o ir en compañía de otro. *vn.* Asociarse; cohabitar.

accomplice [ə'kʌmplɪs] [a-kóm-plis], *s.* Cómplice, compañero en el delito.

accomplish [ə'kʌmplɪʃ] [a-kóm-plish], *va.* 1. Efectuar, completar. 2. Concluir, llevar a cabo. Satisfacer, saciar. 3. Cumplir, verificar. 4. Adornar, hermosear física o moralmente. **An accomplished mathematician**, un matemático consumado.

accomplishable [ə'kʌmplɪʃəbl] [a-kóm-pli-sha-bol], *a.* Capaz de ser cumplido, cumplidero; realizable.

accomplished [ə'kʌmplɪʃt] [a-kóm-plisht], *a.* Perfecto, cabal, acabado, completo, elegante, consumado, lleno de perfecciones.

accomplisher [ə'kʌmplɪʃəʳ] [a-kóm-pli-shaʳ], *s.* Perfeccionador, el que completa alguna cosa. Ejecutor.

accomplishment [ə'kʌmplɪʃmənt] [a-kóm-plish-ment], *s.* 1. Consumación o cumplimiento entero de alguna cosa. 2. Complemento, perfección, adquisición. En plural, talentos, conocimientos, prendas.

accompt [ə'kɒmt] [a-kómpt] *s.* *(ant.)* Cuenta *V.* ACCOUNT.

accomptant [ə'kɒmtənt] [a-kómp-tant], *s.* Contador. *V.* ACCOUNTANT.

accord [ə'kɔːd] [a-kórd], *va.* Ajustar, igualar una cosa con otra, acomodar, otorgar, conciliar, poner de acuerdo. *vn.* Acordar, concordar, convenir una cosa con otra; conciliar, acomodarse.

accord, *s.* 1. Acuerdo, convenio. 2. Acuerdo, unión de ánimos. 3. Buena inteligencia o armonía. **Of one's own accord**, espontáneamente. 4. Simetría. **With one accord**, unánimemente.

accordable [ə'kɔːdəbl] [akórdebol], *a.* Agradable, conforme.

accordance, accordancy [ə'kɔːdəns] [a-kór-dans], *s.* Conformidad, correspondencia de una cosa con otra; acuerdo, convenio, buena inteligencia. **In accordance with**, de acuerdo con, según, conforme a, con arreglo a, de conformidad con.

accordant [ə'kɔːdənt] [a-kór-dant], *a.* Acorde, conforme, propio, conveniente.

accordantly [ə'kɔːdəntlɪ] [a-kór-dan-tli], *adv.* Acordemente.

accorder [ə'kɔːdəʳ] [a-kór-daʳ], *s.* Ayudador, favorecedor.

according [ə'kɔːdɪŋ] [a-kór-din], *part.* Según, conforme. **According to**, Según, conforme a, en cumplimiento de. **According as**, *conj.* Según que, como.

accordingly [ə'kɔːdɪŋlɪ] [a-kór-din-li], *adv.* En conformidad, en efecto, de consiguiente.

accordion [ə'kɔːdɪən] [a-kór-dion], *s.* Acordeón, instrumento músico de viento, con fuelle y llaves. **Accordion pleating**, plisado de acordeón.

accordionist [ə'kɔːdɪənɪst] [a-kór-dio-nist] *s.* *(Mús.)* Acordeonista.

accost [ə'kɒst] [a-kóst], *va.* Saludar a uno yendo hacia él; trabar conversación, acercarse.

accostable [ə'kɒstbl] [a-kós-te-bol], *a.* Accesible, familiar, de fácil acceso, tratable, sociable.

accosted [ə'kɒstɪd] [a-kós-tid], *a.* *(Her.)* Acostado, lado a lado.

accouchement [ə'kuːʃmənt] [acóuchment], *s.* Parto.

accoucheur [ə'kuːʃəʳ] [a-ku-cháʳ], *s.* Comadrón, partero. *V.* MAN-MIDWIFE u OBSTETRICIAN.

accoucheuse [ə'kuːʃəʒe] [a-cu-cheus], *s.* Partera.

account [ə'kaʊnt] [a-káunt], *s.* 1. Cuenta, cálculo. **To settle accounts**, ajustar cuentas. **To keep an account**, tener cuenta abierta. 2. Caso, estimación o aprecio; dignidad, rango, consideración, respeto. 3. Informe, declaración, información; relación o narrativa de alguna cosa; motivo, modo. **On many accounts**, por muchos motivos. 4. Cómputo, manera de contar el tiempo; período. **The Julian account**, el período Juliano. **On no account**, de ninguna manera, por ningún concepto. **On account of**, por motivo de, por cuenta de. **Upon your account** o **for your sake**, por amor de usted **To turn to account**, a cargo de usted **Current account**, cuenta corriente. **Deposit account**, cuenta a plazo fijo. **Joint account**, cuenta indistinta. **To pay an account**, saldar una cuenta. **To pay on account**, pagar a cuenta, a buena cuenta. **Profit and loss account**, cuenta de ganancias y pérdidas. **People of no account**, gente de poca importancia.

account, *va.* 1. Tener, reputar, estimar, juzgar, considerar. **I account him handsome**, lo considero guapo. 2. Contar, numerar, computar. 3. Dar cuenta o señalar los motivos de alguna cosa, explicar el porqué. *-vn.* Responder; hacer patente, explicar alguna cosa. **To account for**, dar razón de, responder de.

accountability, accountableness [əˌkaʊntə'bɪlɪtɪ] [əˌkaʊntəbl'nɪs] [a-kaun-ta-bí-li-ti] [a-kaun-téi-bol-nis], *s.* Responsabilidad, obligación de dar cuenta.

accountable [əˌkaʊntəbl] [a-káun-ta-bol], *a.* 1. Responsable, que está obligado a responder o satisfacer algún cargo. 2. Aquello de que se ha de dar o se puede dar cuenta o razón. Explicable.

accountancy [ə'kaʊntənsɪ] [a-káun-tan-si] *s.* Contabilidad.

accountant [ə'kaʊntənt] [a-káun-tant], *s.* 1. Tenedor de libros. 2. Contador; aritmético. **Accountant's office**, contaduría.

account-book [ə'kaʊntˌbʊk] [a-káunt-buk], *s.* Libro de cuentas.

accounted [ə'kaʊntɪd] [a-káun-tid], *pp.* Estimado, considerado, reputado, tenido por. **Accounted for**, de que ya se ha dado cuenta, o razón; que ya se ha tenido presente.

accounting [ə'kaʊntɪŋ] [akáuntin], *s.* 1. Contabilidad, el acto de contar o hacer cuentas. 2. Arreglo de cuentas.

accounting-day [ə'kaʊntɪŋ'deɪ] [a-káun-tin-dei], *s.* El día de ajuste de cuentas.

accouple [ə'kʌpl] [a-kápol], *va.* Unir, juntar, encadenar, acoplar, aparear.
accouplement [ə'kʌplmənt] [a-ka-pel-ment], *s.* Unión, ayuntamiento, pareja.
accourt [ə'ku:ʳ] [a-kért], *va.* Cortejar, hacer la corte, galantear; recibir con cortesía, tratar bien.
accouter [ə'ku:trə] [a-kú-tre], *va.* Aviar, equipar, vestir, ataviar.
accoutrement [ə'ku:trəmənt] [a-ku-tre-ment], *s.* Avío, prevención, apresto, atavío, vestido, vestidura, ornamento, equipaje.
accredit [ə'kredɪt] [a-kré-dit], *va.* Dar crédito, favorecer, patrocinar, fomentar, acreditar, abonar una cantidad.
acreditation [əˌkredɪ'teɪʃən] [a-kre-di-téi-shon], *s.* Credencial, crédito.
acredited [ə'kredɪtɪd] [a-kré-di-tid], *pp.* Acreditado, abonado de confianza, confidente. *(Dipl.)* Autorizado.
accrescent [ə'kresnt] [a-kré-sent], *a.* Creciente, lo que va en aumento.
accretion [ə'kri:ʃən] [a-kré-shon], *s.* Acrecentamiento, aumento. *(For.)* Acrecencia (derecho de).
accretive [ə'kri:tɪv] [a-kré-tif], *a.* Aumentativo, lo que aumenta o acrecienta; acrecentado, aumentado.
accroach [ə'krəʊtʃ] [a-króuch], *va.* 1. Usurpar, v.g. tratándose de prerrogativas regias. 2. *(Des.)* Enganchar, traer a sí alguna cosa como gancho, agarrar, atraer a uno con maña.
accrue [ə'kru:] [akrú], *vn.* 1. Acrecentar, tomar incremento. 2. Resultar, provenir. **What profit do thence accrue?,** ¿qué ganancias resultan de eso? **Accrued interest,** interés acumulado.
accrument [ə'kru:mənt] [akrúment], *s.* Reclinación, acrecencia, aumento, acrecentamiento.
accubation [ə'kju:beɪʃən] [a-kiu-béi-shon], *s.* Reclinación. Postura que usaba la gente de algunos países recostándose para comer.
accumb [ə'kʌmb] [a-kámb], *vn.* Reclinarse o echarse para comer.
accumbent [ə'kʌmbənt] [a-kám-bent], *s.* El que está reclinado. *-a.* Reclinado para comer; apoyado sobre el codo.
accumulate [ə'kju:mjʊleɪt] [a-kiú-mu-leit], *va.* Acumular, amontonar, atesorar. *-vn.* Crecer, aumentarse.
accumulate, *a.* Juntado, acumulado, amontonado.
accumulation [əˌkju:mjʊ'leɪʃən] [a-kiu-mu-léi-shon], *s.* Acumulación o amontonamiento. *-pl.* Ahorros.
accumulative [ə'kju:mjʊlətɪv] [a-kiu-mú-la-tif], *a.* 1. Acumulativo. 2. Acumulado, amontonado, añadido.
accumulatively [ə'kju:mjʊlətɪvlɪ] [a-kiu-mu-la-tív-li], *adv.* Acumulativamente.
accumulator [ə'kju:mjʊleɪtəʳ] [-akiu-mu-léi-taʳ], *s.* Acumulador, amontonador, especialmente la batería o celda de acumulación; condensador.
accuracy ['ækjʊrəsɪ] [a-kiú-ra-si], *s.* Cuidado, exactitud, diligencia, primor, esmero.
accurate ['ækjʊrɪt] [a-kiú-reit], *a.* 1. Exacto, puntual. 2. Cabal, perfecto, primoroso. 3. Limado, pulido, acabado. **Accurate sciences,** las ciencias exactas.
accurately ['ækjʊrɪtlɪ] [á-kiu-ret-li], *adv.* Exactamente, con exactitud, puntualmente, correctamente.
accurateness ['ækjʊrɪtnɪs] [a-kiu-ret-nis], *s.* Exactitud, primor, puntualidad, precisión.
accurse [ə'kɜ:s] [a-kérs], *va.* Maldecir, anatematizar, excomulgar.
accursed [ə'kɜ:s] [a-kér-sid], *pp.* Maldito, maldecido. *-a.* Detestable, execrable, excomulgado, desventurado, perverso, infausto, fatal. **Accursed be,** maldito sea.
accusable [ə'kju:səbl] [a-kiú-sa-bol], *a.* Culpable, que puede ser acusado.
accusant [ə'kju:sənt] [a-kiú-sant], *s.* Acusador.
accusation [ə'kjʊzeɪʃən] [a-kiu-séi-shon], *s.* 1. Acusación. 2. Cargo.
accusative [ə'kjʊsətɪv] [a-kiú-sa-tif], *s.* Acusativo, el cuarto caso en la declinación de los nombres latinos.
accusatory [ə'kju:sətɔ:rɪ] [a-kiu-sa-tó-ri], *a.* Acusatorio, lo que contiene algún cargo o acusación.
accuse [ə'kju:z] [a-kiús], *va.* 1. Acusar, delatar, denunciar o manifestar el delito de otro. 2. Culpar, notar, tachar. 3. Censurar.
accuser [ə'kju:səʳ] [a-kiúsar], *s.* Acusador; denunciador, delator.
accustom [ə'kʌstəm] [a-kás-tom], *va.* Acostumbrar. *-vn.* Soler.
accustomable [ə'kʌstəməbl] [a-kas-to-me-bol], *a.* Acostumbrado; común, ordinario, habitual.
accustomably [ə'kʌstəməblɪ] [a-kas-to-ma-bli], *adv.* Acostumbradamente, según costumbre, habitualmente, frecuentemente, a menudo.
accustomarily [ə'kʌstəmərɪlɪ] [a-kas-to-mea-ri-li], *adv.* Acostumbradamente, como de costumbre, comúnmente, ordinariamente, según el uso.
accustomary [ə'kʌstəmərɪ] [a-kás-toma-ri], *a.* Acostumbrado, usual, ordinario.
accustomed [ə'kʌstəmd] [a-kás-tomd], *a.* Frecuente, usual, acostumbrado.
ace [eɪs] [éis], *s.* 1. Unidad; as, un punto de naipe o dado. 2. Migaja, parte pequeña de alguna cosa, partícula, átomo.
acentric [ə'sentrɪk] [a-sén-trik], *a.* Sin centro; no situado en el centro; no dirigido desde un centro.
acephala [ə'sefələ] [asé-fa-la], *s. pl.* Acéfalos, clase de moluscos, como la ostra.
acephalous [ə'sefələs] [a-sé-fa-los], *a.* 1. Acéfalo, lo que no tiene cabeza. 2. Deficiente al principio, como una línea de poesía.
acer [ə'seʳ] [é-ser], *s.* Arce, árbol. *V.* MAPLE.
acerate, acerated [ə'sereɪt] [ə'sereɪtɪd] [aseréit] [a-se-réi-tid], *a.* Puntiagudo, como una aguja.
acerb [ə'sɜ:b] [a-sérb], *d.* Acerbo, ácido, agrio, áspero.
acerbate [ə'sɜ:beɪt] [a-sér-beit], *va.* Agriar, exasperar.
acerbity [ə'sɜ:bɪtɪ] [a-sér-bi-ti], *s.* 1. Acerbidad. 2. Amargura, rigor, severidad, aspereza, crueldad, dureza, agrura, desabrimiento.
acerose [ə'serəʊs] [a-se-rous], *a.* 1. *(Bot.)* Aciculado. 2. Lleno de zurrón; aristado.
acerous [ə'serəs] [a-se-ros], *a.* 1. Que no tiene antenas, o las tiene rudimentarias. 2. Sin astras.
acesceny [əses'senɪ] [aséseni], *s.* Agrura, acedía.
acescent [ə'sesnt] [a-sé-sent], *a.* Reputando, lo que empieza a tener punta de agrio.
acetabulum ['æsɪtəbələm] [a-se-tá-bu-lom], *s.* *(Anat.)* Acetábulo, cavidad cotiloidea (de la cadera). 2. Medida antigua de quince dracmas.
acetanilid ['æsɪtənɪlɪd] [a-si-ta-nil-id], *s.* Acetanilada, medicamento usado para aliviar la fiebre.
acetate ['æsɪteɪt] [á-si-teit], *s.* Acetato, sal formada con alguna base y ácido acético. **Acetate of copper**, cardenillo, verdegris.
acetic [ə'setɪk] [a-sét-ik], *a.* Acético. **Acetic acid**, ácido acético.
acetification [ə'setɪfɪ'keɪʃən] [a-se-ti-fi-kéi-shon], *s.* Acetificación.
acetify [ə'setɪfɪ] [a-sé-ti-fai], *va.* Acetificar; convertir en ácido acético.
acetimeter [ə'setɪmi:təʳ] [a-se-tí-me-taʳ], *s.* Acetímetro, instrumento usado para conocer la calidad del vinagre.
acetone ['æsɪtəʊn] [á-si-toun], *s.* Acetona; C3H6O: espíritu privacético; líquido incoloro, límpio y muy inflamable, que se obtiene por la destilación de algunos acetatos.
acetosity ['æsɪtəsɪtɪ] [a-si-tó-si-ti], *s.V.* ACIDITY.
acetous, acetose ['æsɪtəs] [a-sí-tous], *a.* Agrio, acedo, acetoso. **Acetous acid,** *(Quím.)* vinagre; nombre antiguo y erróneo.
acetyl ['æsɪtɪl] [a-sí-til] *s.* *(Quím.)* Acetilo.

acetylene ['æsɪtɪli:n] [a-sí-ti-lin], *s.* Acetileno, compuesto gaseoso de carbono e hidrógeno, C^2H^2. Es gas incoloro con olor peculiar y desagradable. **Acetylene torch**, soplete oxiacetilénico.

ache [eɪk] [éik], *s.* Dolor continuo, mal. **Headache**, dolor de cabeza. **Toothache,** dolor de muelas. **Earache**, dolor de oídos. **Stomach ache**, dolor de estómago.

ache, *vn.* Doler. **My head aches**, me duele la cabeza. **To ache for, to be aching to**, anhelar ansiar.

achievable [ə'tʃi:vəbl] [a-chí-va-bol], *a.* Ejecutable, hacedero, factible.

achievance [ə'tʃi:vəns] [a-chí-vans], *s.* Ejecución; hazaña, hecho.

achieve [ə'tʃi:v] [a-chíf], *va.* 1. Ejecutar, acabar o perfeccionar alguna cosa, 2. Ganar, obtener.

achievement [ə'tʃi:vmənt] [a-chíf-ment], *s.* 1. Ejecución, el acto de ejecutar alguna cosa; hazaña o acción heroica. 2. Timbre o insignia de un escudo de armas, que denota alguna proeza o acción heroica.

achiever [ə'tʃi:vər] [a-chí-var], *s.* Ejecutor, hacedor. *(Met.)* Vencedor.

Achilles' tendon [ə'kɪli:zˌtendən] [a-kí-lis-ten-don], *s.* *(Anat.)* Tendón de Aquiles.

aching ['eɪkɪŋ] [éi-kin], *s.* Dolor, desasosiego, incomodidad.

achlamydeous [əklə'mɪdəs] [a-kla-mí-dos], *a.* *(Bot.)* Desnudo; sin cáliz ni corola.

achor [eɪkər] [éikar], *s.* Acores, especie de herpe. Tiña mucosa.

achromatic [ˌækrəʊ'mætɪk] [a-kro-má-tik], *a.* *(Opt.)* Acromático; se dice del lente preparado de manera que no deja ver colores del iris.

achromatize [ˌækrəʊ'mətaɪz] [akrómatais], *va.* Acromatizar; hacer acromático.

acicular ['æsɪkələr] [a-sí-ka-lar], *a.* Aciculado, acicular, alesnado, en forma de pequeñas agujas.

acid ['æsɪd] [á-sid], *a.* Ácido, agrio, acedo. *(Fig.)* Mordaz, agrio, áspero. **An acid remark**, una observación áspera.

acidic [ə'sɪdɪk] [a-sí-dik] a. *(Quím.)* Ácido, agrio.

acidifiable [ə'sɪdɪfɪeɪbl] [a-si-di-fi-éi-bol], *a.* Acidificable.

acidification [ˌəsɪdɪfɪ'keɪʃən] [a-si-di-fi-kéi-shon], *s.* Acidificación.

acidify [ə'sɪdɪfaɪ] [a-sí-di-fai], *va.* 1. Acedar, hacer ácido, agriar. 2. *(Quím.)* Acidular.

acidimeter [ə'sɪdɪmi:tər] [a-si-dí-me-tar], *s.* Acidímetro, aparato para determinar la fuerza de los ácidos.

acidity, acidness [ə'sɪdɪtɪ] ['əsɪdnɪs] [a-sí-di-ti] [á-sid-nis], *s.* Agrura, agrio, acedía, acidez.

acidosis [ə'sɪdəʊsɪs] [a-si-dóu-sis], *s.* *(Med.)* Asecencia, acidez, acidismo.

acid-proof ['æsɪdpru:f] [á-sid-pruf] *a.* A prueba de ácidos.

acid test [ə'sɪdtest] [á-sid-test] *s.* *(Quím.)* Prueba del ácido. *(Fig.)* Prueba decisiva.

acidulae [ə'sɪdjʊlæ] [a-sí-du-la], *s.pl.* Aguas minerales que contienen una gran cantidad de gas ácido carbónico, llamadas aguas aciduladas.

acidulate [ə'sɪdjʊleɪt] [a-sí-du-leit], *va.* 1. Acidular, poner ligeramente ácido. 2. Amargar, causar penas, poner de mal humor.

acidulous [ə'sɪdjʊləs] [a-sí-do-los], *a.* Agrio, de la naturaleza de los ácidos, acídulo.

acinus [ə'sɪnəs] [á-si-nos] *s.* *(Bot.)* *(Anat.)* Acino.

ack ack ['æk'æk] [ak-ak], *s.* Defensa antiaérea o contra aviones. *V.* ANTIAIRCRAFT.

acknowledge [ək'nɒlɪdz] [ak-nó-lich], *va.* 1. Reconocer o confesar la verdad de alguna cosa. **To acknowledge oneself beaten**, darse por vencido. 2. Confesar algún delito. 3. Confesar con agradecimiento algún beneficio recibido, ser agradecido. 4. Declarar confesando plenamente. 5. Acusar recibo. **Please acknowledge receipt of this letter**, Sírvase usted acusar recibo de esta carta.

acknowledging [ək'nɒlɪdzɪŋ] [ak-nó-li-chin], *a.* Reconocido, agradecido al beneficio que se ha recibido.

acknowledgment [ək'nɒlɪdzmənt] [ak-nó-lich-ment], *s.* 1. Reconocimiento, el acto de reconocer o conceder la verdad de alguna cosa. 2. Confesión de alguna culpa. 3. Gratitud, reconocimiento, agradecimiento. **In acknowledgment of**, en reconocimiento de. 4. Concesión, consentimiento.

aclinic [ə'klɪnɪk] [a-klí-nik], *a.* Aclínico, magnético.

acme ['ækmɪ] [ak-mí], *s.* Cima, colmo, cumbre, apogeo. **The acme of glory**, el apogeo de la gloria. *(Met.)* Cenit, complemento, último punto de una cosa.

acne ['æknɪ] [ak-ní], *s.* Acne, enfermedad cutánea, frecuente en la cara durante la adolescencia.

acolothist, acolyte ['ækələθɪst] ['əkəlaɪt] [a-kó-lo-zist] [á-ko-lait], *s.* Acólito; monaguillo.

aconite ['ækənaɪt] [á-ko-nait], *s.* *(Bot.)* Acónito, hierba venenosa; planta medicinal.

aconitine ['əkənɪtɪn] [a-kó-ni-tin] *s.* *(Quím.)* Aconitina.

acorn ['eɪkɔ:n] [éi-korn], *s.* Bellota.

acorned ['eɪkɔ:nd] [ei-kór-nid], *a.* 1. Que tiene bellotas, cargada de su fruto (la encina). 2. Alimentado con bellotas.

acotyledon [ækə'tɪlədən] [a-ko-tí-le-don], *s.* Acotilédone; vegetal desprovisto de cotilédones u hojas seminales.

acoustic [ə'kʌstɪk] [a-kás-tik], *a.* Acústico, lo perteneciente al oído.

acoustics [ə'kʌstɪks] [a-kás-tiks], *s.* 1. Acústica, ciencia que trata del oído y de los sonidos en general. 2. Acústicos, los medicamentos que se aplican al oído.

acquaint [ə'kweɪnt] [a-kuéint], *va.* 1. Imponer, instruir de raíz, familiarizar. 2. Informar, dar parte o aviso, poner al corriente. 3. Advertir, comunicar, hacer saber, avisar. 4. Dar a conocer, instruir, **He will acquaint you**, él le informará a Ud.

acquaintance [ə'kweɪntəns] [a-kuéin-tans], *s.* 1. Conocimiento, familiaridad. **I have no acquaintance with him**, no tengo trato con él. 2. Conocido, la persona que tiene trato con otra, sin que llegue a verdadera amistad. **He is an old acquaintance of mine**, es antiguo conocido mío. 3. Inteligencia, conocimiento. **Further acquaintance**, mayor conocimiento. 4. Relaciones, amistades. **A wide acquaintance**, muchas relaciones.

acquaintanceship [ə'kweɪntənʃɪp] [a-kuéin-tan-ship], *s.* Conocimiento; trato de una persona con otra.

acquainted [ə'kweɪntɪd] [a-kuéin-ted], *a.* Conocido; impuesto, instruido, informado. **I am not acquainted with the circumstances of that affair**, yo no estoy al corriente de las circunstancias de ese asunto. **To make acquainted**, hacer saber, informar.

acquest [ə'kwest] [a-kuést], *s.* *(Des.)* 1. Adquisición, el acto de adquirir y la misma cosa adquirida. 2. *(Ant.)* Conquista.

acquiesce [ˌækwɪ'es] [a-kuis], *vn.* Allanarse o asentir a alguna cosa; someterse, consentir, conformarse, aceptar.

acquiescence [ˌækwɪ'esns] [a-kui-sens], *s.* Aquiescencia, asenso, consentimiento, conformidad; sumisión.

acquiescent [ˌækwɪ'esnt] [a-kui-sent], *a.* Condescendiente, cómodo, conforme, sumiso.

acquirable [ə'kwaɪəbl] [a-kuí-ra-bol], *a.* Adquirible; ganable.

acquire [ə'kwaɪər] [a-kuáiar], *va.* Adquirir, ganar, alcanzar, aprender; obtener algo, ya buscándolo, ya comprándolo, o por medio de la práctica o del propio esfuerzo. **To acquire a taste for**, tomar gusto a.

acquired [ə'kwaɪəd] [a-kuáiad], *pp.* Adquirido. **An acquired fortune**, bienes adquiridos o no heredados.

acquirement [ə'kwaɪəmənt] [a-kuáia-ment], *s.* Adquisición. *-pl.* Conocimientos, saber.

acquirer [ə'kwaɪrər] [a-kuáiar], *s.* Adquiridor.

acquiring [ə'kwaɪrɪŋ] [a-kuái-rin], *s.* Adquisición, la acción y efecto de adquirir.

adquisition [ˌækwɪ'zɪʃən] [a-kui-sí-shon], *s.* Adquisición, la cosa adquirida.

acquisitive [ˌækwɪ'zɪtɪv] [a-kuí-si-tif], *a.* 1. Adquirido, logrado, ganado. 2. Codicioso.

acquisitively [ˌækwɪ'zɪtɪvlɪ] [a-kuí-si-ti-vli], *adv.* Por adquisición.

acquisitiveness [ˌækwɪ'zɪtɪvnɪs] [a-kuí-si-tif-nis], *s.* Adquisividad, disposición a adquirir.

acquit [ə'kwɪt] [a-kuít], *va.* 1. Liberar, poner en libertad. 2. Descargar, absolver, dar por libre al reo demandado civil o criminalmente. 3. Desempeñar, cumplir, exentar, pagar. **To acquit oneself well**, desempeñar bien su obligación o cometido. **To acquit a debt**, pagar una deuda.

acquitment [ə'kwɪtmənt] [a-kuít-ment], *s.* Absolución, descargo, pago, satisfacción (of a debt).

acquittal [ə'kwɪtl] [a-kuí-tal], *s.* Absolución, la acción de absolver de los cargos hechos a un acusado; descargo.

acquittance [ə'kwɪtəns] [a-kuí-tens], *s.* 1. Descargo de una deuda. 2. Carta de pago. Finiquito o instrumento en que el acreedor confiesa haber recibido del deudor la cantidad que le debía.

acre ['eɪkə[r]] [éi-ka[r]], *s.* 1. Acre, medida de tierra. 2. Campo; en plural, terrenos, finca. **God's acre**, campo santo, cementerio.

acreage ['eɪkrɪdz] [éi-krich], *s.* Acres (o acras) colectivamente. Superficie en acres.

acred [ə'krɪd] [éi-krid], *a.* Hacendado.

acrid [ə'krɪd] [á-krid], *a.* Acre, mordaz, picante o áspero al paladar, irritante, corrosivo.

acridity, acridness [ə'krɪdɪtɪ] [ə'krɪdnɪʃ] [á-krid-nis], *s.* Acritud, acrimonia.

acrimonious [ə'krɪməʊnɪəs] [a-kri-mó-nius], *a.* Acre, corrosivo; sarcástico, sañudo; mordaz.

acrimoniously [ˌækrɪ'məʊnɪəslɪ] [a-kri-mó-nius-li], *adv.* Con acrimonia, con aspereza.

acrimoniousness [ˌækrɪ'məʊnɪəsnɪs] [a-kri-mó-nius-nis], *s.* Aspereza de genio, acritud.

acrimony ['ækrɪmənɪ] [a-krí-mo-ni], *s.* 1. Acrimonia, acritud. 2. Aspereza de genio.

acritical [ə'krɪtɪkl] [a-krí-ti-kal], *a.* Acrítico, sin crisis.

acritude [ə'krɪtjuːd] [á-kri-tiud], *s.* Acrimonia, amargura; aspereza de genio, mordacidad de palabras.

acroatic [əˌkrəʊ'ətɪk] [a-krouá-tik], *a.* Acroático, recóndito; de difícil inteligencia.

acrobat ['ækrəbæt] [a-kró-bat], *s.* Acróbata, volatín.

acrobatic ['ækrəbætɪk] [a-kro-bá-tik], a. Acrobático.

acrobatics ['ækrəbætɪks] [a-kro-bá-tiks] *s.* Acrobacia.

acrocephalic ['ækrəsɪfəlɪk] [a-kro-si-fá-lik] **acrocephalous** ['ækrəsɪfələs] [a-kro-sí-fa-lus] a. Acrocéfalo.

acrogen ['ækrədzɪn] [a-kró-yin], *s.* Planta del orden superior de las criptógamas, como el helecho.

acrogenous ['ækrədzɪnəs] [a-kró-yi-nos], *a.* que crece por el vértice o extremidad superior; se dice de ciertas plantas criptógamas y algunos zoófitos.

acromegalia ['ækrəməgælɪə] [a-kro-me-gá-lia] **acromegaly** ['ækrəməgælɪ] [akromégali] *s. Med.* Acromegalia.

acromion ['ækrəmɪəm] [a-kró-miom], *s.* Acromio, apófisis que forma la parte más elevada del omoplato.

acronycal ['ækrənɪkl] [a-kró-ni-kal], *a. (Astr.)* Acrónico, acronicto.

acronycally ['ækrənɪklɪ] [a-kró-ni-kli], *adv.* Acrónicamente.

acronym ['ækrənɪm] [a-kró-nim] *s.* Siglas.

acropired ['ækrəpaɪəd] [a-kro-páiad], *pp.*y *a.* Espigado, germinado, brotado.

acropolis ['ækrəpəlɪs] [a-kró-po-lis], *s.* Acrópolis, la ciudadela de un pueblo griego, especialmente la de Atenas.

across [ə'krɒs] [a-krós], *adv.* De través o en postura atravesada, al través, de una parte a otra. ***-prep.*** De medio a medio, por medio de. Del otro lado de. **The house across the road**, la casa del otro lado de la calle. A través. **Across the fields**, a través de los campos. **To go across**, atravesar, cruzar.

across-the-board [ə'krɒsθə'bɔːd] [a-krós-de-bórd], *a.* 1. Perteneciente a todas las clases y categorías, sin excepción. 2. Puesto en combinación para ganar segundo puesto (races).

acrostic [ə'krɒstɪk] [a-krós-tik], *s.* Poema acróstico. *-a.* Acróstico.

acroter [ə'krɒtə[r]] [a-kró-ta[r]], *s.* Acrotera, uno de los pedestales pequeños, que se ponen en medio o a los lados de un frontispicio y sobre los cuales se colocan las figuras.

acrylic [ə'krɪlɪk] [a-krí-lik], *a.* Acrílico.

act [ækt] [ákt], *vn.* 1. Obrar, ejercer fuerza mecánica, producir movimiento o efecto. 2. Hacer, estar ocupado en alguna cosa; ponerse en acción. 3. Conducirse, portarse. 4. Fingir, simular. **To act dead**, fingirse muerto. *-va.* 1. Hacer un papel, remedar, representar. **To act the buffoon**, hacer el bufón o gracioso. **Don't act the fool**, no hagas el tonto. 2. Obrar, causar algún efecto, mover, ejecutar. **To act upon**, (a) Obrar a impulso de. (b) Influir. (c) Ejercer, desempeñar. **To act the part of a judge**, ejercer las funciones de juez.

act, *s.* 1. Hecho, acción bien o mal ejecutada, efecto. 2. Acto o jornada de una comedia. 3. Acta, Ley, decreto. **Act on petition**, recurso de urgencia. **Act of oblivion**, amnistía. **Act of faith**, acto de fe. **Act of bankruptcy**, declaración de quiebra. **Caught in the act**, cogido in fraganti.

acting ['æktɪŋ] [ák-tin], *s.* 1. Acción; representación, obra. 2. Interino, en funciones, en ejercicio.

actina ['æktɪn] [ak-tin], *s.* Actina.

actinia ['æktɪnɪə] [ak-tí-nia], *a.* Clase de pólipos cuyos tentáculos se abren como los de las flores.

actinic or actinical ['æktɪnɪk] ['æktɪnɪkl] [ac-tí-nik] [ac-tí-ni-kal], *a.* Actínico, capaz de producir cambios químicos (sun rays).

actinism ['æktɪnɪzm] [ac-ti-nísm], *s.* Actinismo, calidad de actínico.

action ['ækʃən] [ák-shon], *s.* 1. Acción, operación, ocupación. **Always in action**, siempre en movimiento, activo. 2. Hecho, acción. 3. Acción, la serie de sucesos relacionados entre sí que forman el argumento de un poema o drama. 4. Acción, gesticulación. 6. Proceso. 7. Influencia. **He died in action**, murió en acto de servicio. **To take action**, tomar medidas, intentar una acción judicial. **To put into action**, poner en práctica (un plan).

actionable ['ækʃənəbl] [ák-sho-na-bol], *a.* Punible, criminal, procesable.

actionably ['ækʃənəblɪ] [ak-shó-na-bli], *adv.* De un modo procesorio.

actionary, actionist ['ækʃənərɪ] ['ækʃənɪst] [ak-shó-na-ri] [ák-sho-nist], *s.* Accionista.

action-taking ['ækʃən'teɪkɪŋ] [ak-shon-téi-kin], *a.* Litigioso.

actitation ['æktɪ'teɪʃən] [ak-si-téi-shon], *s.* Acción rápida y frecuente.

activate ['æktɪveɪt] [ák-ti-veit], *va.* Activar, hacer activo. *(Quím.)* Activar.

activator ['æktɪveɪtə[r]] [ak-ti-véita[r]], *s. (Quím.)* Activador.

active ['æktɪv] [ak-tíf], *a.* 1. Activo, lo que tiene actividad para obrar. 2. Activo, lo que obra. 3. Diligente, eficaz, ocupado. 4. Ágil, pronto, ligero. **Active volcano**, volcán en actividad. **On active service**, en servicio activo.

active list ['æktɪv'lɪst] [ák-tif-list] *s. (Mil.)* Escala activa.

actively ['æktɪvlɪ] [ak-tív-li], *adv.* Activamente, ágilmente, vivamente; eficazmente.

activeness ['æktɪvnɪs] [ák-tif-nis], *s.* Agilidad, soltura, actividad, prontitud.

activism ['æktɪvɪzəm] [ák-ti-vi-sem] *s.* Activismo.

activist ['æktɪvɪst] [ák-ti-vist] *a./s.* Activista.

activity ['æktɪvɪtɪ] [ak-tí-vit-i], *s.* Actividad; agilidad, vivacidad, vigor. **Field of activity**, esfera de actividad.

actor ['æktə[r]] [ák-ta[r]], *sm.* 1. Agente, la persona que obra. 2. Cómico; actor, el que representa o hace papel en los teatros. 3. Actor, Demandante en juicio. **Leading actor**, primer actor.

actress ['æktrɪs] [ák-tres], *sf.* Comedianta, actriz, cómica.

actual ['æktjʊəl] [ák-chual], *a.* 1. Actual, práctico. 2. Actual, lo que realmente existe o es efectivo; lo que no es meramente potencial. 3. Efectivo. **I'd like to have the actual figures**, me gustaría tener las cifras mismas. **In actual fact**, en realidad.

actuality [ˌæktjʊ'ælɪtɪ] [ák-chuá-li-ti], *s.* Actualidad, el estado actual de alguna cosa.

actualization ['æktjʊəlaɪ'zeɪʃən] [ak-chua-lai-séi-shon] *s.* Realización, actualización.

actualize ['æktjʊəlaɪz] [ák-chua-lais] *va.* Realizar, actualizar, describir con realismo.

actually ['æktjʊəlɪ] [ák-chua-li], *adv.* De hecho, en efecto, realmente, en realidad, verdaderamente.

actualness ['æktjʊəlnɪs] [ák-chual-nis], *s.* Actualidad.

actuarial [ˌæktjɛərɪəl] [ak-chuá-rial] **actuarian** [ˌæktjɛərɪən] [ak-chuá-rian] a. Actuarial.

actuary ['æktjʊərɪ] [ák-chua-ri], *s.* 1. El empleado que tiene a su cargo los cómputos y las tarifas en las compañías de seguros. 2. Actuario, escribano, secretario, registrador.

actuate ['æktjʊeɪt] [ák-tueit] *va.* Mover, excitar, animar, poner en acción. **Actuated by anger, he killed his enemy**, movido por la ira, mató a su enemigo.

actuation ['æktjʊeɪʃən] [ak-tuéi-shon], *s.* Operación.

acuity [ə'kjuːɪtɪ] [á-kui-ti], *s.* Agudeza, sutileza en el corte o punta de armas, instrumentos, etc.

aculeate [ə'kjuːlɪ'eɪt] [a-kiú-leit], *a.* 1. Punzante, puntiagudo. 2. Erizado, espinoso.

acumen ['ækjʊmen] [a-kiú-men], *s.* 1. Punta aguzada. 2. Agudeza, penetración, ingenio, vivacidad, chispa, perspicacia.

acuminate ['ækjʊmɪneɪt] [a-kiú-mi-neit], *vn.* Rematar en punta, terminar en cono. *-va.* Aguzar, afilar.

acuminate, *a. (Biol.)* Aguzado, que va disminuyendo en forma de punta; terminado en punta.

acuminated ['ækjʊmɪneɪtɪd] [a-kiú-mi-nei-ted], *a.* Punzante, puntiagudo.

acumination ['ækjʊmɪneɪʃən] [a-kiu-mi-néi-shon], *s.* Punta aguda.

acupuncture ['ækjʊpʌŋktʃə^r] [a-kiu-púk-cha], *s.* Acupuntura; inserción de agujas en carne viva como medio curativo. Se emplea mucho y desde muy antiguo por los chinos y japoneses.

acute [ə'kjuːt] [a-kiút], *a.* 1. Agudo, delgado, sutil, penetrante. 2. Agudo, ingenioso, perspicaz, de vivo ingenio. 3. *(Med.)* Agudo, sutil.

acute, *s. (Gram.)* Acento agudo.

acute, *va.* Pronunciar algo con acento agudo.

acutely [ə'kjuːtlɪ] [a-kiút-li], *adv.* Agudamente, con agudeza.

acuteness [ə'kjuːtnɪs] [a-kiút-nis], *s.* 1. Agudeza, sutileza o delicadeza en los filos, cortes o puntas de las armas o instrumentos. 2. Perspicacia o viveza de ingenio, talento, penetración. 3. Violencia de una enfermedad.

acyclic [æ'saɪklɪk] [a-sái-klik] a. Acíclico.

-ad, sufijo. Hacia, en la dirección de. **Centrad,** hacia el centro.

-ad (U.S. Fam.) anuncio.

adage ['ædɪdʒ] [á-dich], *s.* Adagio o refrán.

adagial ['ædɑːdʒɪəl] [a-dá-yial], *a.* Proverbial.

adagio ['ædɑːdʒɪəʊ] [a-dá-yio], *s.* Adagio, término usado en la música para denotar lentitud. También composición música en este tiempo. Es voz italiana y quiere decir lentamente.

Adam ['ædəm] [á-dam], *s.* 1. Adán, el primer hombre; el género humano. 2. La naturaleza humana depravada, no regenerada. **Adam's ale**, *(Fam.)* Agua.

Adam's apple ['ædəms'eɪpl] [á-dams-éi-pol] 1. Nuez de la garganta. 2. *(Bot.)* Especie de limón. 3. Especie de banana grande.

adamant ['ædəmənt] [á-da-mant], *s.* 1. Mineral o metal muy duro, real o imaginario. 2. *(Des.)* Diamante. 3. *(Des.)* Piedra imán. 4. *(Poét.)* Dureza.

adamantine [ˌædə'mæntaɪn] [a-da-man-táin], **adamantean** [ˌædə'mæntiːn] [a-da-man-tín], *a.* 1. Diamantino, duro como el diamante. 2. *(Poét.)* Impenetrable, adamantino.

adapt [ə'dæpt] [a-dápt], *va.* Adaptar, acomodar o aplicar una cosa a otra; ajustar, cuadrar. **To adapt a novel for the theater**, adaptar una novela al teatro.

adaptabilily [əˌdæptə'bɪlɪtɪ] [a-dap-ta-bí-li-ti], *s.* Adaptabilidad.

adaptable [ə'dæptəbl] [a-dáp-te-bol], *a.* Adaptable, acomodable.

adaptation [ˌædæp'teɪʃən] [a-dap-téi-shon], **adaption** [ˌædæpʃən] [adápshon], *s.* Adaptación; aplicación de una cosa a otra.

adapter [ə'dæptə^r] [a-dáp-ta^r] **adaptor** [ə'dæptə^r] [adápta^r] *s. (Elect.)* Enchufe múltiple, adaptador.

adaptive [ə'dæptɪv] [a-dáp-tif], *a.* Capaz de adaptación; perteneciente o a propósito de ella.

adays [ə'deɪs] [a-déis], *adv.* Actualmente, ahora, al presente.

add [æd] [ad], *va.* Añadir, aumentar, acrecentar, juntar, contribuir. **To add up**, sumar. **His explanation does not add up**, su explicación no tiene sentido.

addend [ə'dənd] [á-dend] *s. (Mat.)* Sumando.

addendum [ə'dendəm] [a-dén-dom], *s.* Apéndice, adición o suplemento. **Addenda**, adiciones, añadiduras.

adder ['ædə^r] [á-da^r], *s.* Sierpe, serpiente, culebra.

adder's grass [ˌædɛː'græs] [á-das-gras], **adder's wort** [á-das-uért], *s. (Bot.)* Escorzonera.

adder's tongue [ˌædɛː'tʌŋ] [ádas-tong], *s. (Bot.)* Lengua de sierpe. Ofioglosa.

addible [ə'dɪbl] [á-di-bol], *a.* Lo que se puede añadir o sumar.

addibility [ədɪ'bɪlɪtɪ] [a-di-bí-li-ti], *s.* La propiedad o posibilidad de ser añadido o sumado.

addict ['ædɪkt] [á-dikt], *s.* 1. Adicto, enviciado. 2. Adepto, partidario. **Drug addict**, toxicómano.

addict, *va.* Dedicar, destinar, aplicar. **To addict oneself to vice**, Entregarse a los vicios.

addicted [ə'dɪktɪd] [a-dík-tid], *a. y pp.* Dado, entregado, afecto a, apasionado por, adicto.

addictedness [ə'dɪktɪdˌnɪs] [a-dík-tid-nis], *s.* Inclinación, propensión.

addiction [ə'dɪkʃən] [a-dík-shon], *s.* Dedicación, entrega, rendimiento, sacrificio. Disposición, gusto, vicio.

adding machine ['ædɪŋməʃiːn] [á-dín-ma-chín], *s.* Calculadora, máquina de calcular, sumadora.

addition [ə'dɪʃən] [a-dí-shon], *s.* 1. Adición, agregación. 2. Añadidura, aditamiento. 3. *(Arit.)* Suma, adición. **In addition to**, además de. **In addition**, además. **In addition to which**, por lo demás.

additional [ə'dɪʃənl] [a-dí-sho-nal], *a.* Adicional. *-s.* Aditamento.

additionally [ə'dɪʃənlɪ] [a-dí-sho-na-li], *adv.* Adicionalmente, además.

additive ['ædɪtɪv] ad'-i-tiv], *a.* Que ha de ser añadido; que sirve para aumentar. Casi lo mismo que *additory*.

additory [ədɪ'tərɪ] [a-dí-to-ri], *a.* Aumentativo.

addle ['ædl] [á-dol], *a.* Huero, vacío, vano, sin sustancia, infecundo, estéril; podrido.

addle, *va.* Hacer huero o vacío; podrir; esterilizar, hacer estéril.

addle-pated [ˌædl'pætɪd] [á-dol-péitid], **addle-headed** ['ædlhedɪd] [a-del-jé-did], *a.* Negado, totalmente inepto para alguna cosa; cabeza hueca o vacía.

address [ə'dres] [á-dres], *va.* 1. Prepararse o disponerse para alguna cosa 2. Hablar, interceder o rogar; recurrir, hacer presente alguna cosa de palabra; dirigir la palabra, dirigirse a uno, arengar. 3. Obsequiar. 4. *vn.* Encararse, engestarse. **To address the king**, Hablar al rey o suplicarle. **To address a letter**, Dirigir una carta, poner el sobrescrito.

address, *s.* 1. Dirección, señas de una casa. 2. Discurso, plática. **Cable address**, dirección cablegráfica. **Change of address**, cambio de dirección.

addressee [ə'dresiː] [a-dre-sí], *s.* Destinatario (letter, goods, etc.).

addresser [ə'dresə^r] [a-dré-sa^r], *s.* Suplicante, exponente.

addressing machine [ˌədresɪŋ'məʃiːn] [a-dré-sin-ma-shín], *s.* Máquina para dirigir sobres, tarjetas, etc.

adduce [ə'djuːs] [a-diús], *va.* Traer, llevar o asignar alguna cosa para juntarla a otra; alegar, aducir, citar.

adducent [ə'djuːsənt] [a-diú-sant], *a.* *(Anat.)* Aductores, músculos que sirven para recoger o conducir hacia dentro algunas partes del cuerpo.

adducible [ə'djuːsɪbl] [a-diú-si-bol], *a.* Aducible, que se puede aducir o alegar.

adduct [ə'dʌkt] [a-dákt] *va.* *(Med.)* Efectuar la aducción.

adduction [ə'dʌkʃən] [a-dák-shon], *s.* 1. *(Anat.)* Aducción. 2. Alegación.

adductive [ə'dʌktɪv] [a-dák-tif], *a.* Aductivo.

adductor [ə'dʌktəʳ] [a-dák-taʳ], *s.* Aductor (músculo). *V.* ADDUCENT.

addulce [ə'djuːls] [a-diúls], *va.* *(Des.)* Dulcificar, endulzar.

adelphous [ə'delfəs] [a-dél-fos], *a.* Adelfo; se dice de los estambres cuando están pegados por sus filamentos formando uno o varios grupos. Se usa comúnmente como sufijo, v.g. *diadelphous,* es decir, en dos grupos.

ademption [ə'demʃən] [a-dém-shon], *s.* Privación, revocación, disminución.

adenitis [əden'aɪtɪs] [a-de-nái-tis], *s.* Inflamación de una glándula.

adenography [æ'dɪnəgræfɪ] [a-di-nó-gra-fi], *s.* Adenografía, parte de la anatomía que trata de las glándulas.

adenoid [æ'dɪmɔɪd] [á-di-noid], a. y s. Glandiforme. Como sustantivo, se usa en plural.

adept ['ædept] [a-dép'], *s.* Adepto, el que está iniciado y el que es consumado en un arte. *a.* Versado, cursado; profundo, consumado; iniciado.

adequacy ['ædɪkwəsɪ] [a-dí-kua-si] *s.* Adecuación, suficiencia, exactitud.

adequate ['ædɪkwɪt] [á-di-kueit], *va.* Adecuar, asemejar, igualar.

adequate, *a.* Adecuado, proporcionado.

adequately ['ædɪkwɪtlɪ] [á-di-kueit-li], *adv.* Adecuadamente, proporcionadamente.

adequateness ['ædɪkwɪtnɪs] [a-di-kuéit-nis], **adequation** [a-di-kuéi-shon], *s.* Adecuación o proporción exacta, igualdad.

adhere [əd'hɪəʳ] [a-díaʳ], *vn.* 1. Adherirse, unirse, avenirse o allegarse al partido o dictamen de otro. 2. Pegarse. 3. Aficionarse.

adherence [əd'hɪərəns] [a-día-rans], **adherency** [əd'hɪərənsɪ] [a-día-ran-si], *s.* 1. Adhesión, tenacidad, viscosidad; calidad de adhesivo o pegajoso. 2. Adhesión, adherencia.

adherent [əd'hɪərənt] [a-día-rant], *a.* 1. Adherente, pegajoso, lo que se pega. 2. Adherente, el que adhiere.

adherent, *s.* Adherente, secuaz, partidario, parcial.

adherently [əd'hɪərəntlɪ] [a-día-ran-tli], *adv.* Con adhesión, parcialmente.

adherer [əd'hɪərəʳ] [a-día-raʳ], *s.* El que adhiere, partidario, parcial.

adhesion [əd'hiːzən] [a-dí-shon], *s.* Adhesión. *(Med.)* Adherencia.

adhesive [əd'hiːzɪv] [a-dí-sif], *a.* Adhesivo, adherente, pegajoso. **Adhesive plaster, tape**, esparadrapo, cinta adhesiva.

adhesively [əd'hiːzɪvlɪ] [a-di-síf-li], *adv.* Tenazmente, en unión estrecha.

adhesiveness [əd'hiːzɪvnɪs] [a-di-síf-nis], *s.* Tenacidad, viscosidad.

adiabatic [ədɪə'bætɪk] [a-dia-bá-tik] a. Adiabático.

adipocere [ədɪpo'sɪəʳ] [a-di-po-síaʳ], *s.* Adipocira; grasa de los cadáveres; jabón amoniacal producido por la descomposición de las materias animales enterradas o sumergidas.

adipose [ədɪ'pəs] [á-di-pos], *a.* Adiposo, seboso.

adiposity [ədɪ'pəsɪtɪ] [a-di-pó-si-ti] *s.* Adiposidad.

adit [ædɪt] [á-dit], *s.* Mina, conducto subterráneo; entrada casi horizontal de una mina. *(Mex.)* Socavón.

adjacency [ə'dʒeɪsənsɪ] [ad-ja-sen-si], *s.* Adyacencia, proximidad, contigüidad, vecindad.

adjacent [ə'dʒeɪsənt] [ad-já-sent], *a.* Adyacente, contiguo, vecino. *-s.* Alguna cosa contigua o adyacente.

adjection [ə'dʒekʃən] [ad-jék-shon], *s.* Adición, añadidura.

adjectival [ə'dʒektɪvəl] [ad-jék-ti-val], *a.* Del adjetivo, como adjetivo.

adjective [ə'dʒektɪv] [ad-jéck-tif], *s.* Adjetivo.

adjectively [ə'dʒektɪvlɪ] [ad-jéck-tif-li], *adv.* Adjetivado.

adjoin [ə'dʒɔɪn] [ad-jóin], *va.* Juntar, asociar, unir. *-vn.* Lindar, estar contiguo o cercano.

adjoining [ə'dʒɔɪnɪŋ] [ad-jói-nin], *a.* Contiguo, inmediato.

adjourn [ə'dʒɜːn] [ad-jén], *va.* Diferir, alargar, retardar; citar, emplazar; remitir; levantar una sesión. *-vn.* Separarse para volverse a reunir en un día señalado, retirarse.

adjournment [ə'dʒɜːnmənt] [ad-jérn-ment], *s.* 1. Citación, llamamiento, emplazamiento, emplazo, comparendo. 2. Suspensión de una deliberación diferida hasta un día señalado.

adjudge [ə'dʒʌdz] [ad-chách], *va.* 1. Adjudicar; dar una recompensa; decidir, juzgar. 2. Sentenciar a una pena, condenar. 3. Juzgar, decretar. *-vn.* Pronunciar la sentencia.

adjudgment [ə'dʒʌdzmənt] [ad-chách-ment], *s.* Adjudicación.

adjudicate [ə'dʒuːdɪkeɪt] [ad-yú-di-keit], *va.* Determinar judicialmente; adjudicar, declarar a favor de alguno la pertenencia de alguna cosa. *V.* ADJUDGE. *-vn.* Ejercer las funciones de juez; llegar a una decisión judicial.

adjudication [ə'dʒuːdɪkeɪʃən] [ad-yu-di-kéi-shon], *s.* Adjudicación.

adjunct ['ædʒʌnkt] [ad-yánkt], *s.* Adjunto, lo que está unido con otra cosa; compañero, colega, asociado.

adjunct, *a.* Adjunto, unido o arrimado, junto, contiguo.

adjunction ['ædʒʌnkʃən] [ad-yánk-shon], *s.* 1. Unión. 2. Adición.

adjunctive ['ædʒʌnktɪv] [ad-yánk-tif], *s.* 1. El que junta o une. 2. Adjunto o agregado. *-a.* Lo que junta.

adjuntively ['ædʒʌnktɪvlɪ] [ad-yánk-tif-li], *adv.* Juntamente.

adjunctly ['ædʒʌnktlɪ] [ad-yánk-tli], *adv.* Consiguientemente.

adjuration [ədʒʊ'reɪʃənʳ] [ad-yu-réi-shon], *s.* El acto y modo de juramentar la forma del juramento; conjuro.

adjure [ə'dʒʊəʳ] [ad-yúar], *va.* Juramentar, tomar juramento a otro, proponiéndole la fórmula o términos en que ha de jurar; conjurar.

adjurer [ə'dʒʊrəʳ] [ad-yúrar], *s.* El que toma el juramento.

adjust [ə'dʒʌst] [ad-yást], *va.* Ajustar, arreglar, acomodar, acordar, terminar, componer.

adjuster [ə'dʒʌstəʳ] [ad-yás-taʳ], *s.* El que arregla o ajusta; mediador; tasador.

adjustment [ə'dʒʌstmənt] [ad-yást-ment], *s.* Ajuste, ajustamiento, aliño, arreglo.

adjustor [ə'dʒʌstəʳ] [ad-yás-taʳ], *s.* Músculo que une ciertas partes; por ejemplo, el de los braquiópodos.

adjutancy ['ædjətənsɪ] [ad-yás-tan-si], *s.* 1. Ayudantía, el oficio o empleo de ayudante. 2. Hábil manejo, dirección acertada de algún cargo o negocio.

adjutant ['ædjətənt] [ad-yú-tant], *s.* Ayudante.

adjuvant ['ædjʊvənt] [ad-yú-vant], *a.* Lo que ayuda, es útil o provechoso. *-s.* Ayudante. Auxiliar.

ad-lib [æd'lɪb] [ád-lib], *a.* **Ad libitum**, a voluntad, improvisado. *-va.* Improvisar, decir a voluntad, sin atenerse a lo escrito. (actores, oradores.)

adman ['ædmæn] [ád-man], *s.* *(Com.)* Agente publicitario, agente de publicidad.

admeasurement [æd'mezəmənt] [ad-mé-se-ment], *s.* La medida, arte o práctica de medir según reglas.

admensuration [æd,menjʊə'reɪʃən] [ad-men-siu-réi-shon], *s.* Mensura o medida, medición.

administer [əd'mɪnɪstəʳ] [ad-mí-nis-taʳ], *va.* 1. Administrar, suministrar, dar, surtir o proveer de lo que se necesita. **To administer justice**, administrar justicia. 2. Administrar, servir o ejercer algún ministerio o empleo. 3. Regir, manejar,

gobernar, contribuir. **To administer an oath**, tomar juramento.
administerial [əd'mɪnɪstərɪəl] [ad-mi-nís-te-rial], *a.* Administrativo, perteneciente a la administración.
administrable [əd'mɪnɪstreɪbl] [admi-nis-tréi-bol], *a.* Lo que se puede administrar.
administrant [əd'mɪnɪstrənt] [ad-mi-nís-trant], *a.y s.* Manejador, director de un negocio, jefe ejecutivo; administrador\ra.
administrate [əd'mɪnɪstreɪt] [ad-mí-nis-treit], *va.* Dar o administrar remedios.
administration [əd,mɪnɪs'treɪʃən] [ad-mi-nis-tréi-shon], administración pública.
administrative [əd'mɪnɪstrətɪv] [ad-mi-nís-tra-tif], *s.* 1. *(For.)* Tenedor de bienes, fidei-comisario abintestato. 2. Administrador, el que administra. 3. El que administra los sacramentos. 4. El que oficia en el rito divino. 5. Gobernante.
administratorship [əd,mɪnɪstreɪtə'ʃɪp] [ad-mi-nis-tréi-to-ship], *s.* Administración, el empleo de administrador.
administratrix [əd'mɪnɪstrətrɪks] [ad-mi-nís-tra-triks], *sf.* 1. Administradora, la que administra. 2. La que gobierna. 3. Tenedora de bienes, fidei-comisaria abintestato.
admirable ['ædmərəbl] [ád-mi-ra-bol], *a.* Admirable, digno de admiración.
admirableness ['ædmərəblnɪs] [ad-mi-réi-bol-nis], **admirability** ['ædmərəbɪlɪtɪ] [ad-mi-ra-bí-li-ti], *n.* Excelencia de alguna cosa.
admirably ['ædmərəblɪ] [ád-mi-ra-bli], *adv.* Admirablemente.
admiral ['ædmərəl] [ád-mi-ral], *s.* 1. Almirante, el que manda una armada o escuadra. **Admiral of the red**, almirante de la escuadra roja; **admiral of the white**, almirante de la blanca; **admiral of the blue**, almirante de la azul: tres grados que antes existían en la escuadra inglesa, así llamados por los colores de sus banderas respectivas. **Vice-Admiral**, Vicealmirante. **Rear-Admiral**, Contraalmirante o jefe de escuadra. 2. Almiranta, la nave en la que va el almirante.
admiralship ['ædmərəlʃɪp] [ád-mi-ral-ship], almirantía.
admiralty ['ædmərəltɪ] [ád-mi-ral-ti], *s.* Almirantazgo, tribunal en que se determinan los asuntos de la marina. **The Lords Commissioners of the Admiralty**, El consejo o junta del almirantazgo.
admiration [,ædmə'reɪʃən] [ad-mi-réi-shon], *s.* Admiración.
admire [əd'maɪəʳ] [ad-maiaʳ], *va.* 1. Admirar. 2. Amar, tener amor y afición a alguna persona o cosa. *-vn.* Admirarse de alguna cosa.
admirer [əd'maɪərəʳ] [ad-mai-raʳ], *s.* 1. Admirador. 2. Amante, apasionado. **He is a great admirer of painting**, es muy aficionado a la pintura.
admiringly [əd'maɪərɪŋlɪ] [ad-mai-rin-li], *adv.* Estupendamente, admirablemente.
admissibility [əd,mɪsə'bɪlɪtɪ] [ad-mi-si-bí-li-ti], *s.* Admisibilidad.
admissible [əd'mɪsəbl] [admí-si-bol], *a.* Admisible, aceptable; permitido, lícito.
admission [əd'mɪʃən] [ad-mí-shon], *s.* Admisión, entrada, ingreso. **Admission fee**, Cuota de inscripción, matrícula. **The management reserves the right to refuse admission**, reservado el derecho de admisión. **By his own admission**, por confesión.
admissive [əd'mɪsɪv] [ad-mí-sif], *a.* Lo que implica o concede admisión.
admit [əd'mɪt] [ad-mít], *va.* 1. Admitir, recibir o dar entrada. **This place admits five hundred people**, este local admite quinientas personas. 2. Admitir o recibir para algún empleo. 3. Conceder o asentir a alguna proposición. **Ticket which admits two**, entrada para dos personas. 4. Admitir, conceder o permitir. 5. Confesar, reconocer. **He admits (to) stealing the car**, reconoce haber robado el coche.
admittance [əd'mɪtəns] [ád-mi-tans], *s.* 1. Entrada, permiso. 2. Entrada, el derecho de entrar en alguna parte. 3. Derechos de entrada. 4. Concesión de una proposición. 5. Admisión. **No admittance**, prohibida la entrada.
admittedly [əd'mɪtɪdlɪ] [ad-mí-tid-li] adv. Cierto es que.
admitter [əd'mɪtəʳ] [ad-mí-taʳ], *s.* Admitidor, el que admite, o concede alguna proposición.
admittible [əd'mɪtɪbl] [ad-mí-ti-bol], *a.* Admisible.
admix [əd'mɪks] [ad-miks], *va.* Mezclar, juntar, unir o incorporar una cosa con otra.
admixtion [əd'mɪksʃən] [ad-míkshon], *s.* Mezcla, incorporación de una cosa con otra.
admixture [əd'mɪkstʃəʳ] [ad-míks-cha], *s.* Mezcla, el ingrediente mezclado con otro o incorporado a él.
admonish [əd'mɒnɪʃ] [ad-mó-nish], *va.* Amonestar, prevenir, advertir, reprender, exhortar.
admonisher [əd'mɒnɪʃəʳ] [ad-mó-ni-shaʳ], *s.* Amonestador.
admonishment [əd,mɒnɪʃ'mənt] [ad-mó-nish-ment], *s.* Advertencia, prevención, amonestación, represión.
admonition [,æd'məʊ'nɪʃən] [ad-mo-ní-shon], *s.* 1. Consejo, aviso. 2. Represión, amonestación, admonición.
admonitioner [,æd'məʊ'nɪʃənəʳ] [ad-mo-ní-sho-naʳ], *s.* Admonitor o monitor.
admonitor [əd'mɒnɪtəʳ] [ad-mó-ni-taʳ], *n.* Admonitor, censor.
admonitory, admonitive [əd'mɒnɪtərɪ] [əd'mɒnɪtɪv] [ad-mo-ní-to-ri] [ad-mó-ni-tif], *a.* Admonitorio.
admove [əd'mu:v] [ad-múv], *va.* Arrimar o acercar una cosa a otra.
adnascence ['ædnəsəns] [ad-ná-sens], *s.* Adhesión de partes entre sí por toda su superficie.
adnascent ['ædnəsənt] [ad-ná-sent], **adnate** ['ædneɪt] [ad-néit], *a.* 1. *(Bot.)* Adnato, íntimamente adherido. 2. Enterado.
adnoun [əd'dnaʊn] [ad-náun], *s.* *(Gram.)* Adjetivo.
ado [ə'du:] [a-dú], ***n.*** 1. Trabajo, dificultad. 2. Bullicio, baraúnda, tumulto, ruido. 3. Pena, fatiga. **Much ado about nothing**, nada entre dos platos, o, más es el ruido que las nueces; poco mal y bien quejado. **I had much ado to do it**, lo hice a duras penas. **Without more ado**, sin más preámbulos
adobe [ə'dəʊbɪ] [a-dóu-bi], *s.* Adobe, ladrillo sin cocer.
adolescence [,ædəʊ'lesns] [a-dó-le-sens] o **adolescency** [,ædəʊ'lesnsɪ] [a-dó-le-sen-si], *s.* Adolescencia.
adolescent [,ædəʊ'lesnt] [a-dó-le-sent], *a.y s.* Adolescente.
Adolph ['ædɒlf] [á-dolf] N. Adolfo.
adonic [ə'dɒnɪk] [a-dó-nik], *a.* Verso adónico que consta de un dáctilo y un espondeo.
Adonis [ə'dəʊnɪs] [a-dó-nis] N. Adonis.
adoors [ə'dɔ:s] [a-dórs], *adv.* A la puerta o a las puertas.
adopt [ə'dɒpt] [a-dópt], *va.* Adoptar, prohijar, ahijar. **To adopt a child**, adoptar a un niño.
adopter [ə'dɒptəʳ] [a-dóp-taʳ], *s.* Prohijador, padre adoptivo, o madre adoptiva.
adoption [ə'dɒpʃən] [a-dóp-shon], *s.* Adopción, aprobación. **Country of adoption**, patria adoptiva.
adoptive [a-dóp-tif], *a.* 1. Adoptivo. El que adopta o prohija. **He was her adopter** o **adoptive father**, él era su padre adoptivo. **She was his adoptive daughter**, ella era su hija adoptiva. 2. Adoptante, el que adopta.
adorable [ə'dɔ:reɪbl] [a-dó-rei-bol], *a.* Adorable.
adorableness [ə'dɔ:reɪblnɪs] [a-do-réi-bol-nes], *s.* Adoración, mérito.
adorably [ə'dɔ:rəblɪ] [a-dó-ra-bli], *adv.* Adorablemente.
adoral [ə'dɔ:rəl] [a-dó-ral], *a.* Perteneciente a la boca o situado cerca de ella. *V.* ABORAL.
adoration [,ædɔ:'reɪʃən] [a-do-réi-shon], *s.* 1. Adoración. 2. Incienso, adoración política o séquito por adulación o interés. 3. Respeto.
adore [ə'dɔ:ʳ] [a-dóʳ], *va.* 1. Adorar, honrar y reverenciar con culto externo religioso. 2. Adorar, amar con extremo, idolatrar.
adorer [ə'dɔ:rəʳ] [a-dó-raʳ], *s.* 1. Adorador. 2. *(Coloq.)* Amante.
adorn [ə'dɔ:rn] [a-dórn], *va.* Adornar, ornar, embellecer, ataviar.

adorn, *s.* Adorno, atavío, ornamento, ornato. *-a.* Adornado, ataviado.
adorning [ə'dɔːrnɪŋ] [a-dór-nin], *s.* Adorno, Decoración.
adornment [ə'dɔːrnmənt] [a-dórn-ment], *s.* Adorno, atavío, gala.
adown [ə'daʊn] [a-dáun], *adv.* Bajo, abajo, en el suelo, en tierra.
adown, ***prep.*** Abajo, hacia abajo.
adragant [ə'drəgænt] [a-drá-gant], *s.* Adraganto, tragacanto.
adrenal [ə'driːnl] [a-drí-nal], *a.* *(Med.)* Suprarrenal.
adrenalin, adrenaline [ə'drenəlɪn] [a-drí-na-lin], *s.* *(Med.)* Adrenalina.
Adrian ['eɪdrɪən] [éi-drian] Adrián.
Adriatic Sea [ˌeɪdrɪ'ætɪk'siː] [ei-driá-tik-sí] Mar Adriático.
adrift [ə'drɪft] [a-dríft], *adv.* Flotando, a merced de las olas; a la ventura, a la deriva. **To turn someone adrift**, abandonar a uno a su suerte. **To break adrift**, romper las amarras. **To be all adrift**, ir a la deriva, no saber por dónde se anda.
adrip [ə'drɪp] [a-dríp], *a.* Que está goteando.
adroit [ə'drɔɪt] [a-dróit], *a.* Diestro, hábil.
adroitly [ə'drɔɪtlɪ] [a-dróit-li], *adv.* Hábilmente, diestramente.
adroitness [ə'drɔɪtnɪs] [a-dróit-nes], *s.* Destreza, habilidad, prontitud.
adry [ə'draɪ] [a-drái], *adv.* Sediento.
adscititious [ə'dsɪtɪʃəs] [ad-sí-ti-shos], *a.* Completivo, lo que sirve para completar otra cosa; aumentado, añadido, interpuesto.
adstriction [ə'dstrɪkʃən] [ads-trík-shon], *s.* Astricción. *V.* ASTRICTION.
adulate ['ædjʊleɪt] [á-diu-leit], *va.* Adular, lisonjear, servilmente.
adulation [ˌædjʊ'leɪʃən] [a-diu-léi-shon], *s.* Adulación, lisonja, servil; alabanza exagerada y no sincera.
adulator ['ædjʊleɪtə[r]] [a-diuléi-ta[r]], *s.* Adulador; parásito, lisonjero.
adulatory ['ædjuleɪtərɪ] [a-diú-la-to-ri], *a.* Adulatorio, lisonjero, cumplimentero, adulador.
adulatress ['ædjʊlətrɪs] [a-diú-la-tris], *s.* Aduladora, lisonjera.
adult ['ædʌlt] [á-dalt], *a.* y *s.* 1. Adulto, el que ha llegado al término de la adolescencia, mayor de edad. 2. Llegado a su mayor crecimiento o desarrollo.
adulteness ['ædʌltnɪs] [á-dalt-nes], *s.* Edad adulta.
adulterant [ə'dʌltərənt] [a-dál-te-rant], *s.* 1. Adulterador, la persona que adultera; falsificador. 2. Lo que se usa para falsificar.
adulterate [ə'dʌltəreɪt] [a-dál-te-reit], *vn.* Adulterar, cometer adulterio. *-va.* Adulterar, corromper o mezclar con alguna cosa heterogénea, falsificar, viciar; sofisticar.
adulterate, *a.* 1. Adulterado. 2. Adulterado, corrompido o mezclado con alguna cosa extraña; falsificado.
adulterately [ə'dʌltəreɪtlɪ] [a-dál-te-reit-li], *adv.* 1. Adulterinamente. 2. Adulteradamente.
adulterateness [ə'dʌltəreɪtnɪs] [a-dál-te-ret-nes], *s.* Corrupción, contaminación.
adulteration [əˌdʌltə'reɪʃən] [a-dal-te-réi-shon], *s.* Adulteración, corrupción, falsificación.
adulterer [ə'dʌltərə[r]] [a-dál-te-ra[r]], *sm.* Adúltero.
adulteress [ə'dʌltərɪs] [a-dál-te-res], *sf.* Adúltera.
adulterine [ə'dʌltəriːn] [a-dál-te-rin], *s.* Hijo adulterino. *-a.* Espurio.
adulterous [ə'dʌltərəs] [a-dál-te-ros], *a.* Adulterino, espurio.
adultery [ə'dʌltərɪ] [a-dál-te-ri], *s.* 1. Adulterio. 2. Corrupción.
adumbrant [ə'dʌmbrənt] [a-dám-brent], *a.* 1. Bosquejado, trazado; lo que representa o da una idea, aunque imperfecta de la semejanza de una cosa con otra. 2. Sombreado ligeramente.
adumbrate [ə'dʌmbreɪt] [a-dam-bréit], *va.* Esquiciar, formar un esquicio o diseño de alguna cosa; bosquejar, sombrear, delinear.
adumbration [ˌædʌm'breɪʃən] [a-dam-bréi-shon], *s.* Esquicio, esbozo, trazo, diseño, rasgo; bosquejo o borrón de un trabajo en la pintura o escritura.
aduncate [ədʌn'keɪt] [a-dan-keit], *vn.* Encorvarse como un garfio. *-a.* Encorvado, torcido a manera gancho o pico de halcón.
aduncity ['ədʌnsɪtɪ] [a-dán-si-ti], *s.* Corvadura, curvadura, la propiedad de ser o estar corvo o encorvado; sinuosidad.
aduncous ['ədʌnkəs] [a-dán-kos], *a.* Corvo, encorvado, torcido, ganchoso; sinuoso, adunco.
adusk [ə'dʌsk] [a-dásk], *adv.* A la hora del crepúsculo, o en la oscuridad.
adust [ə'dʌst] [a-dást], *a.* 1. Adusto; tostado o requemado, consumido. 2. Moreno, como tostado por el sol; curtido. *-adv.* En el polvo; polvoriento.
adusted [ə'dʌstɪd] [a-dás-tid], *a.* Quemado o tostado al fuego; caliente.
adustion [ə'dʌsʃən] [a-dá-shon], *s.* Adustión, quemadura, inflamación.
ad valorem [æd'vəlɒrəm] [ad-va-ló-rem], *(Com.)* Por avalúo o valoración.
advance [əd'vɑːns] [ad-váns], *va.* 1. Avanzar. 2. Adelantar, promover. **They advanced the wedding date**, adelantaron la fecha de la boda. 3. Adelantar, mejorar; elevar, poner a mayor altura, o en más alto rango. **They advanced him to general**, le ascendieron a general. 4. Acelerar, apresurar. 5. Adelantar o anticipar dinero, pagar adelantado. 6. Proponer, ofrecer, insinuar. 7. Encarecer, hacer subir el precio de una cosa. **He advanced his price by fifty per cent**, aumentó el precio en un cincuenta por ciento. *-vn.* 1. Adelantar, hacer progresos; ir adelante. 2. Subir de valor o precio.
advance, *s.* 1. Avance. 2. Adelanto, paga adelantada. 3. Adelantamiento, mejora, adelanto, aprovechamiento, progreso. 4. Suplemento, préstamo. 5. Requerimiento de amores; insinuación. **A technical advance**, un adelanto técnico. **To make the first advances to**, dar los primeros pasos hacia.
advanced [əd'vɑːnst] [ad-vánsd] *a.* Avanzado, adelantado. **Advanced ideas**, ideas avanzadas. **Advanced in years**, entrado en años.
advancement [əd'vɑːnsmənt] [ad-váns-ment], *s.* 1. Adelantamiento, progresión. 2. Progreso; promoción. 3. Subida, prosperidad. 4. Elevación, promoción, ascenso. **The advancement of science**, el avance de la ciencia.
advancer [əd'vɑːnsə[r]] [ad-ván-sa[r]], *s.* 1. Promotor, impulsor. 2. Protector; adelantador; el que avanza.
advantage [əd'vɑːntɪdʒ] [ad-ván-tich], *s.* 1. Ventaja, superioridad, preponderancia. 2. Ganancia, provecho, aprovechamiento, beneficio, lucro. 3. Ocasión favorable. 4. Sobrepaga, provecho excesivo. 5. Prerrogativa, comodidad. 6. Ventaja (tenis).
advantage, *va.* 1. Adelantar, ganar. 2. Remunerar. 3. Promover. **To take advantage of**, aprovecharse de, valerse de; engañar.
advantageable [əd'vɑːntɪdʒbl] [ad-ván-ti-cha-bol], *a.* Provechoso, ganancioso.
advantage ground [ədˌvɑːntɪdʒ'graʊnd] [ad-ván-tich-graund], *s.* Puesto ventajoso; situación favorable.
avantaged [əd'vɑːntɪdʒd] [ad-ván-ti-cht], *a.* Adelantado, ventajoso.
advantageous [ˌædvɑːn'teɪdʒəs] [ad-van-tí-chos], *a.* Ventajoso, útil, provechoso.
advantageously [ˌædvɑːn'teɪdʒəslɪ] [ad-van-tí-chos-li], *adv.* Ventajosamente, con ventaja o utilidad.
advantageousness [ˌædvɑːn'teɪdʒəsnɪs] [ad-ván-ti-chos-nes], *s.* Ventaja, utilidad, conveniencia.
advene ['ædviːn] [ad-vín], *vn.* Venir, arrimarse o añadirse una cosa a otra; acceder.

advenient ['ædviːnɪənt] [ad-ví-nient], *a.* Sobreañadido, accesorio, adviniente. *V.* ADVENTITIOUS.

advent ['ædvənt] [ád-vent], *s.* Adviento, las cuatro semanas que preceden a la festividad del Nacimiento de Jesús. 2. Venida o llegada.

adventitious [ˌædvən'tɪʃəs] [ad-van-tí-shos], *a.* 1. Adventicio, lo que sobreviene por casualidad; extraño, exterior. 2. *(Med.)* Adventicio, no hereditario. 3. *(Bot.)* Formado sin orden, o en lugar insólito (espontáneo). 4. *(Biol.)* Accidental, que se presenta fuera de la habitación o el terreno natural. *V.* ADVENTIVE.

adventitiously [ˌædvən'tɪʃəslɪ] [ad-van-tí-shos-li], *adv.* Accidentalmente.

adventive [æd'vəntɪv] [ad-ván-tif], *a.* 1. *(Biol.)* Advenedizo, es decir, sólo parcialmente naturalizado o aclimatado. 2. Accidental, casual.

adventual [æd'vəntwəl] [ad-ván-chual], *a.* 1. Relativo al Adviento. 2. Casual.

adventure [əd'ventʃəʳ] [ad-ván-chuaʳ], *s.* 1. Aventura, casualidad, contingencia; lance. 2. Expedición o empresa rodeada de peligros y contingencias, riesgo; designio. 3. Ancheta, pacotilla, porción corta de mercaderías que se lleva o envía de un lugar a otro para su venta o despacho. **The spirit of adventure**, el espiritu de la aventura. *va.* Aventurar. *vn.* Aventurarse.

adventurer [əd'ventʃərəʳ] [ad-ván-chu-raʳ], *s.* 1. Aventurero, el que busca aventuras.

adventuresome [əd'ventʃə'sɒm] [ad-vén-cha-som], *a. V.* ADVENTUROUS.

adventurous [əd'ventʃərəs] [ad-vén-chu-ros], *a.* 1. Animoso, valeroso, esforzado, intrépido, arriesgado. 2. Aventurado, peligroso. 3. Osado, atrevido.

adventurously [əd'ventʃərəslɪ] [ad-vén-chu-ros-li], *adv.* Arriesgadamente, arrojadamente.

adventurousness [əd'ventʃərəsnɪs] [ad-vén-chu-ros-nes], **adventuresomenes** [əd'ventʃərəˌsəmnɪs] [ad-vén-chua-som-nes], *s.* Intrepidez, arrojo, temeridad, osadía.

adverb ['ædvɜːb] [ad-vérb], *s.* Adverbio, una de las partes de la oración.

adverbial ['ædvɜːbɪəl] [ad-vér-bial], *a.* Adverbial, lo perteneciente al adverbio.

adverbially ['ædvɜːbɪəlɪ] [advérbiali], *adv.* Adverbialmente.

adversary ['ædvɜːsərɪ] [ad-vér-sa-ri], *s.* Adversario, contrario, enemigo, antagonista.

adversative ['ædvɜːsətɪv] [ad-vér-sa-tif], *a.* Adversativo.

adverse ['ædvɜːs] [ad-vérs], *a.* 1. Adverso, contrario, opuesto. 2. Adverso, desgraciado.

adversely ['ædvɜːslɪ] [ad-vérs-li], *adv.* Adversamente, desgraciadamente; al contrario.

adverseness ['ædvɜːsnɪs] [ad-vérs-nes], *s.* Oposición, resistencia.

adversity ['ædvɜːsɪtɪ] [ad-vér-si-ti], *s.* Adversidad, suceso adverso, desgracia, miseria, calamidad, infortunio.

advert ['ædvɜːt] [ad-vért], *vn.* Atender, cuidar o tener cuidado, hacer referencia. **I advert to his discourse**, me estoy refiriendo a su discurso. *-va.* Cuidar, aconsejar, considerar atentamente, advertir, notar.

advertence ['ædvɜːtəns] [ad-vér-tans], **advertency** ['ædvɜːtənsɪ] [ad-vér-tan-si], *s.* Atención, cuidado, consideración.

advertent ['ædvɜːtənt] [ad-vér-tant], *a.* Atento, vigilante.

advertize ['ædvɜːtaɪz] (G.B. **advertise**) [ád-ver-tais], *va.* 1. Avisar, informar, advertir. 2. Dar aviso al público, noticiar, poner o publicar anuncios. *-vn.* Hacer publicidad o propaganda. Poner un anuncio. **To advertize for**, buscar por medio de anuncios.

advertizement ['ædvɜːtaɪzmənt] (G.B. **advertisement**) [ad-vér-tis-ment], *s.* 1. Noticia, aviso, anuncio. 2. Aviso al público; advertencia o aviso en los periódicos. **Classified advertizements**, anuncios por palabras.

advertizer ['ædvɜːtaɪzəʳ] (G.B. **advertiser**) [ad-ve-tái-saʳ], *s.* 1. Avisador. 2. Cartel, anuncio, papel o periódico por cuyo medio se da algún aviso al público.

advertizing ['ædvɜːtaɪzɪŋ] (G.B. **advertising**) [ad-ver-tái-sin], *s.* 1. Publicidad. 2. Propaganda. **Advertizing media**, Medios de publicidad.

advice [əd'vaɪs] [ad-váis], *s.* 1. Consejo, el dictamen que se da o toma; consultación, deliberación. 2. Aviso, noticia. 3. Consulta. 4. Conocimiento, reflexión. 5. Advertencia. **To take legal advice**, consultar a un abogado. **I took his advice**, seguí su consejo.

advisability [ədˌvaɪzə'bɪlɪtɪ] [ad-vai-sa-bí-li-ti], *s.* Prudencia, cordura; conveniencia.

advisable [əd'vaɪzəbl] [adváisebol], *a.* Prudente, conveniente, propio.

advisableness [əd'vaɪzəblnɪs] [ad-vai-sa-bol-nis], *s.* Prudencia, cordura, conveniencia, propiedad.

advise [əd'vaɪz] [ad-váis], *va.* 1. Aconsejar, dar consejo. 2. Avisar, informar, advertir, enterar, dar noticia. *-vn.* 1. Aconsejarse, pedir o tomar consejo. 2. Considerar, deliberar, examinar. **To advise with**, aconsejarse con o de, consultar.

advised [əd'vaɪzd] [ad-váist], *a.* 1. Avisado, advertido, prudente. 2. Premeditado, deliberado, discurrido, considerado. **To keep advised**, tener al tanto o al corriente.

advisedly [əd'vaɪzdlɪ] [ad-váis-li], *adv.* Deliberadamente, prudentemente.

advisedness [əd'vaɪzdnɪs] [ad-váis-nes], *s.* Cordura, juicio, reflexión, prudencia, deliberación.

advisement [əd'vaɪzmənt] [ad-váis-ment], *s.* 1. Consejo, parecer, dictamen. 2. Prudencia, circunspección. 3. Deliberación, consideración.

advisor [əd'vaɪzəʳ] (G.B. **adviser**) [ad-vái-saʳ], *s.* Consejero, aconsejador. **Legal adviser**, asesor jurídico.

advising [əd'vaɪzɪŋ] [ad-vái-sin], *s.* Consejo, aviso.

advisory [əd'vaɪzərɪ] [ad-vái-so-ri], *a.* Consultor, autorizado para dar su parecer, que tiene consejo.

advocacy ['ædvəkəsɪ] [ad-vó-ka-si], *s.* Vindicación, defensa, apología, abogacía.

advocate ['ædvəkɪt] [ád-vo-keit], *va.* Abogar, defender, sostener, interceder, mediar.

advocate, *s.* 1. Abogado, letrado. 2. Intercesor, medianero, favorecedor, defensor, protector.

advocation ['ædvəkeɪʃən] [ad-vo-kéi-shon], *s.* Vindicación; patronato, apelación.

advolution ['ædvəljʊʃən] [ad-vo-lú-shon], *s.* Desarrollo o crecimiento hacia alguna cosa o algún estado.

adynamia ['ædɪnæmɪə] [a-di-ná-mia], *s.* Adinamia, debilidad de las fuerzas vitales.

adynamic ['ædɪnæmɪk] [a-di-ná-mik], *a.* Débil, adinámico.

adytum ['ædɪtəm] [a-dí-tum], *s.* Adiote o ádito, santuario de los antiguos.

adz, adze [ædz] [ads], *s.* Azuela, herramienta de carpintería.

aedile ['edɪl] [é-dil], *s.* Edil, magistrado romano; oficial municipal.

Aegean ['edʒɪn] [é-yin] a. Egeo. **Aegean Sea**, mar Egeo.

aegilops ['edʒɪləps] [é-chi-lops], *s.* 1. Egílope, tumor o hinchazón en el ángulo mayor o interno del ojo. 2. *(Bot.)* Egílope, rompesacos o rompisacos, una especie de grama.

aegis ['edʒɪs] [í-yis], *s.* Escudo, broquel, égide o égida. **Under the aegis of**, bajo los auspicios de.

Aegisthus ['edʒɪsθəs] [e-chís-tos] *N. (Mit.)* Egipto.

aegyptiacum ['edʒɪpʃəkəm] [e-yip-sha-kom], *s.* Egipciaco, especie de un ungüento compuesto de cardenillo, miel y vinagre.

aeneas ['eniːs] [é-nis] *N. (Mit.)* Eneas.

aeneid ['eneɪd] [é-neid] *N. (Mit.)* Eneida.

aeolian ['eəlɪən] [ió-lian], *a. V.* EOLIAN.

aelotropic ['elətrəpɪk] [elotrópik] a. Alotrópico

aeolus ['eləs] [é-los] *N. (Mit)* Eolo.

aequinoctial ['ekɪnəkʃəl] [ekinókshal], *a.* Equinoccial. *V.* EQUINOCTIAL.

aerate ['ereɪt] [é-reit], *va.* 1. Airear, ventilar, exponer a la acción del aire, proveer de aire, dar aire. 2. Impregnar, saturar un líquido de aire o de ácido carbónico. 3. Arterializar la sangre. 4. Hacer etéreo, espiritualizar. **Aerated waters**, aguas cargadas de ácido carbónico natural o artificialmente; aguas gaseosas.

aeration ['ereɪʃən] [e-réi-shon], *s.* Renovación del aire, acción y efecto de darlo; ventilación.

aerator ['ereɪtə^{r}] [e-réi-ta^{r}], *s.* Aparato para airear o para saturar un líquido de aire o de gas; aireador.

aerial ['ɛərɪəl] [é-rial], *a.* 1. Aéreo. 2. Puesto en el aire; elevado. 3. Etéreo.

aerial, *s.* Antena (de radio o de televisión.) **Transmitting aerial**, antena transmisora.

aerial photography [ˌɛərɪəl'fəʊtəgræfɪ] [eá-rial-fo-to-gra-fi], *s.* Fotografía aérea.

aerialist ['ɛərɪəlɪst] [é-ria-list] *s.* Equilibrista, volatinero.

aerie ['ɛərɪ] [é-ri], *s.* Nido de ave de rapiña. *V.* EYRY.

iform ['ɛərɪfɔːm] [éa-ri-fom] a. Gaseoso, aeriforme, aterial.

rify ['ɛərɪfaɪ] [éa-ri-fai], *va.* 1. Aerificar, reducir al estado de aire. 2. Aerificar, llenar de aire

aerobatics [ˌɛərəʊ'bætɪks] [ea-ro-bá-tiks] *s.* Acrobacia aérea.

aerobe [ɛə'rəbɪ] [éa-ro-bi] *s.* *(Biol.)* Aerobio.

aerobic [ɛə'rəbɪ] [ea-ró-bik] *adj.* Aerobio.

aerodrome ['ɛərədrəʊm] [ea-ró-droum] *s.* Aeródromo.

aerodynamics ['ɛərəʊdaɪ'næmɪks] [ea-ro-dai-ná-miks], *s.* Aerodinámica.

aerodyne [ɛərə'daɪn] `[éa-ro-dain] *s.* Aerodino.

aerofoil ['ɛərəfɔɪl] [éa-ro-foil] *s.* Superficie sustentadora.

aeroembolism [ɛərə'əmbɒlɪzəm] [ea-rom-bo-lí-sem], *s.* *(Med.)* Aeroembolismo.

aerogram ['ɛərəʊgræm] [éa-ro-gram] *s.* Aerograma, radiograma.

aerograph ['ɛərəʊgræf] [ea-ró-graf] *s.* Aerógrafo.

aerography ['ɛərəʊgræfɪ] [ea-ró-gra-fi], *s.* Aerografía, descripción o teoría del aire.

aerolite ['ɛərəlaɪt] [earolait], *s.* Aerolito; meteorito. *V.* METEORITE.

aerology ['ɛərəlɒdʒɪ] [ea-ró-lo-chi], *s.* Aerología, ciencia que trata de las leyes y fenómenos de la atmósfera.

aeromancy ['ɛərəmænsɪ] [ea-ró-man-si] *s.* Aeromancia.

aeromarine [ˌɛərəmə'riːn] [ea-ro-ma-rin] *adj.* Aeromarítimo.

aeromechanic [ˌɛərəmɪ'kænɪk] [ea-ro-mi-ká-nik] *s.* Mecánico de aviación.

aeromechanics [ˌɛərəmɪ'kænɪks] [ea-ro-mi-ká-niks], *s.* Aeromecánica.

aeromedicine ['ɛərəmedɪsɪn] [ea-ro-mé-di-sin], *s.* Aeromedicina.

aerometer [ˌɛərə'miːtə^{r}] [ea-ró-mi-ta^{r}], *s.* Aerómetro.

aerometric [ˌɛərə'metrɪk] [ea-ro-mé-trik], *a.* Aerométrico, relativo a la aerometría.

aerometry [ˌɛərə'metrɪ] [ea-ró-me-tri], *s.* Aerometría, medición de la fuerza, condensación o rarefacción del aire.

aeromodelling ['ɛərəʊ'mɒdlɪŋ] [ea-ro-mó-de-lin] *s.* Aeromodelismo.

aeromotor [ˌɛərə'məʊtə^{r}] [ea-ró-mo-ta^{r}]] *s.* Aeromotor.

aeronaut ['ɛərənɔːt] [é-ro-not], *s.* Aeronauta, el que se remonta por los aires en un globo.

aeronautic ['ɛərənɔːtɪk] [ea-ro-nó-tik] o **aeronautical** ['ɛərənɔːtɪkl] [ea-ro-náu-ti-kal] adj. Aeronáutico.

aeronautics ['ɛərənɔːtɪks] [ea-ro-nó-tiks] o **aerostation** [ˌɛərəs'teɪʃən] [ea-ros-téi-shon], *s.* Aerostación, el arte de viajar por el aire en globos llenos de gas. **Aerostation** se usa algunas veces para denotar la ciencia de pesar el aire.

aeronaval ['ɛərəneɪvəl] [e-ro-néi-val] adj. Aeronaval.

aerophagia ['ɛərəfædʒɪə] [e-ro-fá-chia] *s.* Aerofagia.

aerophyte ['ɛərəfaɪt] [é-ro-fait], *s.* Aerofita; planta que crece totalmente en el aire y se alimenta de él.

aeroplane ['ɛərəpleɪn] [é-ro-plein], *s.* Aeroplano, avión.

aeroscopy ['ɛərəskɒpɪ] [ea-rós-ko-pi], *s.* Aeroscopia, observación del aire.

aerosol ['ɛərəsɒl] [é-ro-sol], *s.* 1. Aerosol, suspensión de partículas sólidas o líquidas en medio gaseoso. 2. Pulverizador, vaporizador.

aerospace ['ɛərəʊspeɪs] [é-ros-peis], *s.* Aerospacio, espacio aéreo.

aerostat ['ɛərəstæt] [é-ros-tat], *s.* 1. Globo aerostático. 2. Aeronauta.

aerostatic ['ɛərəstætɪk] [e-ros-tá-tik], *a.* Aerostático.

aerostatics, *s.* Aerostática, aeronáutica.

aerotechnical ['ɛərəteknɪkəl] [e-ros-tá-ti-kal] *s.* Aerotécnico.

aerotherapeutics [ˌɛərəθerə'pətɪks] [e-ro-zi-ra-péu-tiks] *s.* Aeroterapia.

aerotherapy ['ɛərəθ'rəpɪ] [e-ri-zé-ra-pi] *s.* Aeroterapia.

aerothermodynamics[ˌɛərə'θɒːməʊdaɪ'næmɪks] [e-ro-zer-mou-dai-ná-miks], *s.* Aerotermodinámica, termodinámica de gases o aérea.

aery ['ɛərɪ] [éa-ri] *s.* Aguilera.

Aesop ['iːsɒp] [í-sop] N. Esopo.

aesthete ['iːsθiːt] [is-zít], *s.* Esteta, admirador de la belleza natural o artística.

aesthetic ['iːsθiːtɪk] [is-zí-tik], *a.* Estético. *V.* ESTHETIC.

aesthetical ['iːsθiːtɪkəl] [is-zí-ti-kal] adj. Estético.

aesthetician ['iːsθiːtɪʃən] [is-zi-tí-shan] adj. Estético.

aestheticism ['iːsθiːtɪsizm] [is-zi-ti-sí-sem] *s.* Esteticismo.

aesthetics ['iːsθiːtɪks] [is-zí-tiks], *s.* Estética.

aestival ['iːstɪvəl] [ís-ti-val], *a.* 1. Estival, lo que pertenece al estío o verano. 2. Estivo, lo que dura todo el estío. *V.* ESTIVAL.

aestivate ['iːstɪveɪt] [ís-ti-veit] *vn.* *(Zool.)* Pasar el verano en estado de letargo.

aetiological ['iːtɪələdʒɪkəl] [i-tio-ló-chi-kal] adj. Etiológico.

aetiology ['iːtɪələdʒɪ] [i-tió-lo-chi] *s.* Etiología.

aetites ['iːtaɪts] [i-táits], *s.* Etites, piedra del águila.

aetna ['iːtnə] [ít-na] N. Etna.

afar [ə'fɑː^{r}] [afá^{r}], *adv.* Lejos, distante, a gran distancia. **From afar**, de lejos, desde lejos, a distancia. **Afar off**, distante, muy distante, remoto.

afeard [ə'fɪəd] [a-fíad], *a.* *(Vulg.)* Espantado, atemorizado, aterrado, temeroso.

afebrile [ə'febrɪl] [a-fe-bril], *a.* Exento de fiebre.

afer [ə'fɜː^{r}] [a-fa^{r}], *s.* Áfrico, ábrego, el viento sudoeste.

affability [ˌæfə'bɪlɪtɪ] [a-fa-bí-li-ti], *s.* Afabilidad, suavidad, dulzura, agrado, cortesía, urbanidad, atención.

affable ['æfəbl] [á-fe-bol], *a.* Afable, cortés, benigno, favorable; comedido; cariñoso.

affableness ['æfəblnɪs] [a-fé-bol-nes], *s.* Afabilidad, dulzura, cariño.

affably ['æfəblɪ] [á-fe-bli], *adv.* Afablemente, cariñosamente.

affair [ə'fɛə^{r}] [a-féa^{r}], *s.* 1. Asunto o negocio. **Affair of state**, asunto de Estado. 2. *(Mil.)* Acción, encuentro entre dos tropas. **Affair of honor**, lance de honor, duelo. 3. Cuestión, acontecimiento. **Family affairs**, cuestiones familiares. **Social affair**, acontecimiento social. **She had an affair with her boss**, tuvo una aventura con su jefe. **Foreign affairs**, relaciones exteriores.

affect [ə'fekt [a-fék], *s.* 1. Afecto, cualquiera de las pasiones del ánimo. 2. Calidad, circunstancia. 3. Pasión, sensación, afición.

affect, *va.* 1. Obrar, causar efecto en el ánimo; afectar, enternecer. **His mother's dead affected him deeply**, la muerte de su madre le afectó profundamente. 2. Conmover, mover o excitar las pasiones del ánimo. 3. Aspirar, anhelar. 4. Amar, tener afición a alguna persona o cosa. 5. Afectar, aparentar, fingir, hacer ostentación de cualidades o vicios; poner demasiado estudio en las palabras, movimiento o adornos.

affectation [ˌæfek'teɪʃən] [a-fek-téi-shon], *s.* Afectación, la acción y efecto de afectar. 2. Afectación, pretensión mal fundada.

affected [ə'fektɪd] [a-fék-ted], *part. a.* 1. Movido, impresionado, commovido. 2. Afectado, lleno de afectación. 3. Inclinado. 4. Sujeto a algún mal o enfermedad. 5. Enternecido, conmovido.
affectedly [ə'fektɪdlɪ] [a-fék-ted-li], *adv.* Afectadamente.
affectedness [ə'fektɪdnɪs] [a-fék-ted-nes], *s.* Afectación, la acción y efecto de afectar; fingimiento.
affecter [ə'fektə^r] [a-fék-ta^r], *s.* Afectador, fingidor, el que afecta o finge alguna cosa.
affecting [ə'fektɪŋ] [a-fék-tin], *a.* Sensible, tierno, interesante, lastimero, lastimosa.
affectingly [ə'fektɪŋlɪ] [a-fék-tin-li], *adv.* Con afecto.
affection [ə'fekʃən] [a-fék-shon], *s.* 1. Impresión, el efecto que causan las cosas en el ánimo. 2. Afecto, amor, benevolencia, afición, cariño, inclinación. 3. Estado del cuerpo o alma, cualidad, propiedad, afección. 4. *(Med.)* Enfermedad, dolencia.
affectionate [ə'fekʃənɪt] [a-fék-sho-net], *a.* Cariñoso, benévolo, afectuoso, prendado, aficionado.
affectionately [ə'fekʃənɪtlɪ] [a-fek-sho-né-ti-li], *adv.* Cariñosamente, afectuosamente. **Affectionately yours**, suyo afectuosamente (letters).
affectioned [ə'fekʃənd] [a-fék-shond], *a.* 1. *(Ant.)* Inclinado, dispuesto. 2. *(Des.)* Afectado, lleno de afectación.
affective [ə'fektɪv] [a-fék-tif], *a.* Afectivo, tierno, afectuoso, persuasivo.
affectively [ə'fektɪvlɪ] [a-fék-tiv-li], *adv.* Apasionadamente.
affector [ə'fektə^r] [a-fék-ta^r], *s.* Fingidor, imitador.
affeer [ə'fiː^r] [a-fíi^r], *va.* 1. *V.* ASSESS. 2. Confirmar.
afferent [ə'ferənt] [á-fe-rent], *a.* Aferente, que trae, que conduce hacia dentro; opuesto a **efferent**.
affiance [ə'faɪəns] [a-fáians], *s.* 1. Esponsales o contrato matrimonial. 2. Confianza.
affiance, *va.* 1. Tomar los dichos, contraer esponsales. 2. Inspirar confianza.
affianced [ə'faɪənst] [a-fáianst], *a.* El que ha hecho un contrato matrimonial. **Affianced bride**, Novia desposada, prometida.
affiancer [ə'faɪənsə^r] [a-fáian-sa^r], *s.* El o la que ha contraído o celebrado esponsales. *(Coloq.)* El o la que ha dado la palabra. 2. El que toma los dichos a los que se van a casar.
affiant [ə'faɪənt] [a-fáiant], *s.* El que hace declaración jurada; deponente, declarante.
affidavit [ˌæfɪ'deɪvɪt] [a-fi-dá-vit], *s.* Declaración jurada.
affied [ə'faɪd] [a-fáid], *a.* Desposado. *-pp.* El o la que ha contraído esponsales.
affiliate [ə'fɪlɪeɪt] [a-fí-lieit], *va.* 1. Prohijar, ahijar, adoptar. 2. Venir o quedar en íntimas relaciones: asociar (university, corporation).
affiliated [ə'fɪlɪeɪtɪd] [a-fi-liéi-ted], *a.* 1. Prohijado, afiliado. 2. Asociado.
affiliation [ə'fɪlɪeɪʃən] [a-fi-liéi-shon], *s.* 1. Adopción. 2. Asociación, conexión, relación amistosa.
affinage [ə'fɪneɪdʒ] [á-fi-nech], *s.* Ensaye de los metales.
affined [ə'faɪnd] [a-fáind], *a.* Emparentado por afinidad.
affinity [ə'fɪnɪtɪ] [a-fí-ni-ti], *s.* 1. Afinidad, parentesco contraído por matrimonio. 2. Afinidad, relación o conexión.
affirm [ə'fɜːm] [a-férm], *vn.* 1. Afirmarse en alguna cosa. 2. Declarar formalmente, en especial ante un juez o con su sanción. *-va.* Confirmar, ratificar o aprobar alguna ley o fallo anterior; afirmar, declarar.
affirmable [ə'fɜːməbl] [a-fér-ma-bol], *a.* Lo que se puede afirmar.
affirmably [ə'fɜːməblɪ] [a-fér-ma-bli], *adv.* Afirmativamente.
affirmance [ə'fɜːməms] [a-fér-mans], *s.* Confirmación de alguna cosa.
affirmant [ə'fɜːmənt] [a-fér-mant], *s.* Afirmante.
affirmation [ˌæfə'meɪʃən] [a-fer-méi-shon], *s.* Afirmación, la acción de afirmar. 2. Afirmación, aserto. 3. Confirmación, ratificación.
affirmative [ə'fɜːmətɪv] [a-fír-ma-tif], *a.* Afirmativo. *-s.* Aserción, lo que contiene una afirmación.
affirmatively [ə'fɜːmətɪvlɪ] [a-fér-ma-tív-li], *adv.* Afirmativamente, con aseveración.
affirmed [ə'fɜːmd] [a-férmd], *a.* Afirmado, ratificado.
affirmer [ə'fɜːmə^r] [-afér-ma^r], *s.* Afirmante, el que afirma.
affix ['æfɪks] [a-fíks], *va.* Anexar, unir al fin de otra cosa; añadir, fijar, pegar, atar, unir. **He affixed his tie with a pin**, se sujetó la corbata con un alfiler. **To affix one's signature to a document**, poner la firma a un documento.
affix, *s.* *(Gram.)* Afijo, partícula unida a una voz, particularmente un prefijo o sufijo.
affixion ['æfɪkʃən] [a-fí-kshon], *s.* Anexión, la unión de alguna partícula al fin de una voz; el acto de añadir.
afflation [ə'fleɪʃən] [a-fléi-shon], *s.* Resuello, inspiración.
afflatus [ə'fleɪtəs] [afléitos], *s.* 1. Inspiración divina. 2. *(Med.)* Exhalación, emanación.
afflict [ə'flɪkt] [a-flíkt], *va.* Afligir, causar dolor, pena o sentimiento, oprimir, inquietar, enfadar, desazonar, atormentar. *-vn.* Afligirse, desconsolarse, amohinarse. **To be afflicted with**, estar afligido, oprimido por o a causa de.
afflictedness [ə'flɪktɪdnɪs] [a-flík-ted-nes], *s.* Aflición, pena, sentimiento.
afflicting [ə'flɪktɪŋ] [a-flík-tin], *a.* Penoso, devorador, atormentador.
afflictingly [ə'flɪktŋlɪ] [a-flík-tin-li], *adv.* Opresivamente, afligidamente.
affliction [ə'flɪkʃən] [aflík-shon], *s.* Aflicción, calamidad, miseria, dolor.
afflictive [ə'flɪktɪv] [a-flík-tif], *a.* Aflictivo, lastimoso, penoso, molesto.
afflictively [ə'flɪktɪvlɪ] [a-flík-tiv-li], *adv.* Penosamente, afligidamente.
affluence ['æfluəns] [á-fluens], **affluency** ['æfluənsɪ] [á-fluen-si], *s.* 1. Concurrencia, concurso o junta de muchas personas. 2. Copia o abundancia, opulencia.
affluent ['æfluənt] [á-fluent], *a.* Opulento, afluente, abundante, copioso. **To be in affluent circumstances**, estar en la opulencia. *-s.* Afluente, río que desemboca en otro.
affluently ['æfluəntlɪ] [á-fluen-tli], *adv.* Abundantemente, copiosamente.
affluentness ['æfluəntnɪʃ] [á-fluent-nes], *s.* Opulencia, abundancia de riquezas.
afflux ['æflʌks] [a-fláks], **afluxion** [aflákshon], *s.* Concurrencia o confluencia; montón. Flujo.
afford [ə'fɔːd] [a-fórd], *va.* 1. Dar, producir. 2. Dar o conceder alguna cosa. **These trees afford little shelter**, estos árboles dan poca protección 3. Abastecer, proveer, proporcionar, franquear. **I cannot afford to sell it for less**, no puedo venderlo por menos. **I cannot afford such expenses**, no me puedo permitir semejantes gastos. 4. Permitirse, costearse. **Can we afford a new car?**, ¿podemos costearnos un coche nuevo?
afforest [æ'fɒrest] [a-fó-rest], *va.* Plantar un bosque.
afforestation [æˌfɒrɪs'teɪʃən] [a-fo-res-téi-shon], *s.* La plantación de un bosque.
affranchise ['æfrəntʃaɪz] [á-fran-chais], *va.* Manumitir, dar libertad al esclavo. *V.* ENFRANCHISE.
affranchisement, [ˌæfrəntʃaɪz'mənt] [a-frán-chis-ment] *s. V.* ENFRANCHISEMENT.
affray [ə'freɪ] [a-fréi], *s.* Asalto o sorpresa tumultuaria, riña, pendencia, combate, tumulto.
affreight [ə'freɪt] [a-fréit], *va.* Fletar, alquilar un buque.
affreightment [ə'freɪtmənt] [a-fréit-ment], *s.* Acción y efecto de fletar un buque.
affricate ['æfrɪkət] [á-fri-ket] *s.* Africada. (consonant)
affricative ['æfrɪkətɪv] [a-frí-ka-tif] *a.* *(Gram.)* Africado.
affriction ['æfrɪkʃən] [a-frík-shon], *s.* Fricción, el acto de estregar una cosa con otra; frotación.
affright [ə'fraɪt] [a-fráit], *va.* Aterrar, espantar, causar terror o espanto, atemorizar, asustar.
affright, *s.* Terror, espanto; lo que causa miedo.
affrightedly [ə'fraɪtɪdlɪ] [a-frái-ted-li], *adv.* Con espanto; espantosamente.

affrighter [ə'fraɪtəʳ] [a-frái-taʳ], *s.* Asombrador, espantador, el que mete miedo o asombra.
affront [ə'frʌnt] [a-frónt], *vn.* Encararse, ponerse cara a cara con otro, engestarse. *-va.* 1. Afrentar, insultar, provocar, ultrajar, ajar. 2. Arrostrar, hacer frente.
affront, *s.* Afrenta, sonrojo, bochorno, provocación, insulto, ultraje, injuria.
affronter [ə'frʌntəʳ] [a-frón-taʳ], *s.* Agresor, provocador.
affronting [ə'frʌntɪŋ] [a-frón-tin], *part. a.* Injurioso, provocativo.
affrontive [ə'frʌntɪv] [a-frón-tif], *a.* Afrentoso, injurioso.
affuse [ə'fju:z] [a-fiús], *va.* Echar alguna cosa líquida sobre otra; verter; difundir.
affusion [ə'fju:ʃən] [a-fiú-shon], *s.* El acto de echar alguna cosa líquida sobre otra.
Afghan ['æfgæn] [af-gán], *a.* 1. Afghan, ana, de Afganistán. 2. *s.* Género de cobertura de estambre trabajado a punto de aguja o de crochet.
Afghanistan [æf'gænɪstæn] [af-gá-nis-tan] Afganistán.
afield [ə'fi:ld] [a-fíld], *adv.* Campo a través, fuera de camino, por el campo. **Far afield**, muy lejos.
afire [ə'faɪəʳ] [a-fáiaʳ], *adv.* Encendidamente, inflamado. En fuego.
aflame [ə'fleɪm] [a-fléim], *a.* En llamas. *(Fig.)* Inflamado.
aflat [ə'flæt] [a-flát], *adv.* Al ras con la tierra, a nivel del suelo.
afloat [ə'fləʊt] [a-flóut], *adv. (Mar.)* Flotante sobre el agua, a flote. **The ship managed to keep afloat after the collision**, el barco consiguió mantenerse a flote tras el choque.
afoot [ə'fu:t] [a-flút], *adv.* 1. A pie. 2. En acción o movimiento. En preparación. **There is something afoot**, se está tramando algo.
afore [ə'fɔ:ʳ] [a-fóʳ], *prep.* 1. Antes, más cerca, hablando de lugar. 2. Antes, con anterioridad de tiempo. 3. Delante. *-adv.* 1. Antes, anticipadamente, en tiempo pasado. 2. Primero; en frente. 3. *(Mar.)* A proa.
aforegoing [ˌəfɔ:'gəʊɪŋ] [a-fór-goin], *a.* Antecedente, precedente.
aforehand [ə'fɔ:hænd] [a-fór-jand], *adv.* De antemano; con preparación.
aforementioned [ə'fɔ:menʃənd] [a-fór-men-shond], **aforenamed** [ə'fɔ:neɪmd] [a-fór-neimd], **aforesaid** [ə'fɔ:seɪd] [a-fór-seid], *a.* Susodicho, ya dicho, ya mencionado, sobredicho, antedicho, supracitado.
aforethought [ə'fɔ:θɔ:t] [a-fór-zot], *a.* Premeditado. **With malice aforethought**, con premeditación.
aforetime [ə'fɔ:taɪm] [a-fór-taim], *adv.* En otro tiempo, en tiempo pasado, antiguamente.
afoul [ə'faʊl] [a-fóul], *adv. y a.* En colisión; enredado.
afraid [ə'freɪd] [a-fréid], *part. a.* Amedrentado, atemorizado, intimidado, espantado, temeroso, tímido. **I am afraid**, temo, tengo miedo. **I am afraid he is out**, lo siento pero ha salido.
afresh [ə'freʃ] [a-frésh], *adv.* De nuevo, otra vez.
Africa ['æfrɪkə] [a-fri-ka] *N.* África. **South Africa**, África del Sur.
African ['æfrɪkən] [á-fri-kan], **afric** ['æfrɪk] [á-frik], *a.*y *s.* Africano.
Africander ['æfrɪkəndəʳ] [a-fri-kán-daʳ], *s.* El que ha nacido en África, pero es de raza europea.
Afrikaner [ˌæfrɪ'kɑ:nəʳ] [a-fri-ká-naʳ] *s.* Afrikánder.
Africanist [ˌæfrɪ'kənɪst] [a-fri-ka-nist] *s.* Africanista.
Africanization [ˌæfrɪ'kənɪseɪʃən] [a-fri-ka-ni-séi-shon] *s.* Africanización.
Africanize [ˌæfrɪ'kənaɪz] [a-frí-ka-nais] *va.* Africanizar.
Afrikaans [ˌæfrɪ'kɑ:ns] [á-fri-kaans] *s.* Afrikaans.
Afro-american [ˌæfrəʊəˌmerɪkən] [a-froa-mé-ri-kan] *a./s.* Afroamericano.
Afro-asian ['æfrəʊ'eɪʃən] [a-fro-éi-shan] *a./s.* Afroasiático.
Afro-Cuban ['æfrəʊ'ku:bən] [a-fro-kiú-ban] *a./s.* Afrocubano.
afront [ə'frɒnt] [a-frónt], *adv.* Enfrente, al frente, de cara.
aft [ɑ:ft] [áft], *adv. (Mar.)* A popa o en popa. **To haul down the mizzen sheet aft**, cazar del todo la escota de mesana. **Fore and aft**, de proa a popa.
after ['ɑ:ftəʳ] [áf-taʳ], *prep.* 1. Después. 2. Detrás, en seguimiento de. 3. Según. **After the manner**, según, a la manera de. *-adv.* Después, en seguida de. **Soon after**, poco después. **Day after tomorrow**, pasado mañana. **Day after day**, día tras día, cada día. **The day after**, el día siguiente. *-a.* Posterior, ulterior, subsiguiente. **After** se usa en muchas voces compuestas, pero casi siempre en el sentido de después. **After the example of**, a ejemplo de.
after-acceptation [ˌɑ:ftə'æksep'teɪʃən] [áf-taʳ-a-sep-téi-shon], *s.* Aceptación tardía.
after-account [ˌɑ:ftərə'kaʊnt] [áf-taʳ-a-káunt], *s.* Cuenta nueva o venidera.
after-act [ˌɑ:ftə'ækt] [áf-taʳ-ákt], *s.* Acto subsiguiente.
after-age [ˌɑ:ftə'eɪdʒ] [áf-ta-reich], *s.* Posteridad, tiempo venidero. **After-ages**, Tiempos o siglos venideros.
after all [ˌɑ:ftə'ɔ:l] [áf-ta-ral], *adv.* Después de todo, bien pensado todo.
after-attack [ˌɑ:ftə'atækt] [áf-taʳ-a-ták], *s.* Ataque o choque subsiguiente.
afterbirth [ˌɑ:ftə'bɜ:θ] [áf-taʳ-berz], *s.* Secundinas o parias. Placenta. Nacimiento póstumo.
afterburner [ˌɑ:ftə'ɜ:nəʳ] [áf-taʳ-bér-naʳ], *s. (Aer.)* 1. Quemador auxiliar para motores de turborreacción. 2. Inyector del combustible.
aftercare [ˌɑ:ftə'kɛəʳ] [áf-taʳ-keaʳ] *s.* Vigilancia postoperatoria.
after-clap [ˌɑ:ftə'klæp] [áf-ta-kláp], *s.* Accidente o lance repentino que sucede después de acabarse al parecer alguna cosa; repetición de una acción. Golpe inesperado, revés.
after-comer [ˌɑ:ftə'kʌməʳ] [áf-taʳ-kó-maʳ], *s.* Sucesor, el que viene después.
after-conduct [ˌɑ:ftə'kɒndʌkt] [áf-taʳ-kón-dakt], *s.* Conducta subsiguiente.
after-conviction [ˌɑ:ftə'kɒnvɪkʃən] [áf-taʳ-kon-dí-shon], *s.* Convencimiento subsiguiente.
after-cost [ˌɑ:ftə'kɒst] [áf-taʳ-kost], *s.* Gasto extraordinario.
after-course [ˌɑ:ftə'kɔ:s] [áf-taʳ-kors], *s.* Viaje futuro. Proceder o conducta subsiguiente.
after-crop [ˌɑ:ftə'krɒp] [áf-taʳ-krop], *s.* Segunda cosecha.
after-damp [ˌɑ:ftə'dæmp] [áf-taʳ-damp], *s.* La mofeta que queda en las minas después de una explosión de fuego grisu.
after-days [ˌɑ:ftə'deɪs] [áf-taʳ-deis], *s.* Posterioridad, tiempos venideros.
afterdeck [ˌɑ:ftədek] [áf-taʳ-dek] *s.* Cubierta de popa.
after-dinner [ˌɑ:ftər'dɪnəʳ] [af-taʳ-dí-naʳ], *a.* Período después de la comida y antes de dejar mesa. *-s.* El tiempo que sigue a la comida. **At table after dinner**, de sobremesa.
aftereffect ['ɑ:ftərɪfekt] [af-taʳ-e-fékt] *s.* Consecuencia, efecto secundario.
after-endeavour [ˌɑ:ftər'ɪndevəʳ] [af-taʳ-en-dé-vaʳ], *s.* Nuevo esfuerzo.
after-game [ˌɑ:ftə'geɪm] [áf-taʳ-geim], *s.* Juego de desquite; medio o recurso de que se vale uno después de haberle salido mal lo que intentó.
after-gathering [ˌɑ:ftə'gaθerɪŋ] [af-taʳ-gá-ze-rin], *s.* Rebusco, la acción de recoger después de otro; espigadura.
afterglow ['ɑ:ftəglaʊ] [áf-taʳ-glau], *s.* Brillo, viveza de color hacia el ocaso, después de la puesta del sol.
after-help ['ɑ:ftəhelp] [áf-taʳ-jelp], *s.* Socorro o auxilio subsiguiente.
after-hope ['ɑ:ftəhəʊp] [áf-taʳ-joup], *s.* Esperanza renovada.
after-hours ['ɑ:ftə'aʊəz] [af-taʳ-áuas], *s.* A horas extraordinarias; tarde.
after-inquiry ['ɑ:ftəinkwaɪərɪ] [aftainkuáiari], *s.* Examen o investigación subsiguiente.
after-law ['ɑ:ftəlɔ] [áf-taʳ-loa], *s.* Ley posterior.
after-life ['ɑ:ftəlaɪf] [áf-taʳ-laif], *s.* 1. El resto de la vida. 2. Vida venidera.

after-liver ['ɑːftəlɪvəʳ] [af-ta^{r}-lí-va^{r}], *s.* Sobreviviente, venidero, descendiente; posteridad.

after-living ['ɑːftəlɪvɪŋ] [af-ta^{r}-li-vin], *s. V.* AFTER-DAYS.

after-love ['ɑːftəlʌv] [af-ta^{r}-lof], *s.* Segunda pasión, nuevos amores.

aftermath ['ɑːftəmæθ] [áf-ta^{r}-maz], *s.* 1. Segunda siega; la hierba que crece después de la primera cosecha de heno en la misma estación. 2. *(Fig.)* Las consecuencias de una acción o un acontecimiento.

after-meeting ['ɑːftə'miːtɪŋ] [af-ta^{r}-mí-tin], *s.* Reunión o junta que sigue a otra.

aftermost ['ɑːftəməʊst] [áf-ta^{r}-most], *s. (Mar.)* El postrero, el último. De popa.

afternoon ['ɑːftənuːn] [áf-ta^{r}-nun], *s.* Tarde, el tiempo que media desde el mediodía hasta el anochecer.

after-pains ['ɑːftə,peɪns] [áf-ta^{r}-peins], *s.* Dolores de sobreparto.

after-part ['ɑːftpɑːt] [áf-ta^{r}-part], *s.* Parte posterior.

afterpiece ['ɑːftəpiːs] [áf-ta^{r}-pis], *s.* Sainete, entremés.

after-proof ['ɑːftə'pruːf] [áf-ta^{r}-pruf], *s.* Prueba, evidencia posterior.

after-reckoning ['ɑːftərekənɪŋ] [áf-ta^{r}-re-kó-nin], *s.* Cuenta futura; nueva cuenta.

after-repentance ['ɑːftərɪ,pəntəns] [áf-ta^{r}-ri-pen-tans], *s.* Arrepentimiento tardío.

after-report ['ɑːftərɪpɔːt] [áf-ta^{r}-re-pórt], *s.* Noticia o conocimiento posterior.

after-state ['ɑːftərɪsteɪt] [áf-ta^{r}-es-téit], *s.* El estado o vida futura.

after-sting ['ɑːftərəstɪŋ] [áf-ta^{r}-es-tín], *s.* Picadura subsiguiente a otra.

after-supper ['ɑːftəsʌpəʳ] [áf-ta^{r}-sá-pa^{r}], *s.* El tiempo entre cenar y acostarse.

after-taste ['ɑːftəteɪst] [áf-ta^{r}-téist], *s.* Resabio, el sabor que deja alguna cosa; dejo, gustillo.

after-thought ['ɑːftəθɔːt] [áf-ta^{r}-zót] *s.* Nuevo pensamiento, reflexión o reparo. *(Fig.)* Expediente tardío. *-adv.* Con madura reflexión.

after-times ['ɑːftətaɪmz] [áf-ta^{r}-taims], *s.* Tiempos venideros, porvenir.

after-tossing ['ɑːftətɒsɪŋ] [áf-ta^{r}-tó-sin], *s.* Marejada, movimiento de las olas después de una borrasca.

after-touch ['ɑːftətʌtʃ] [áf-ta^{r}-tach], *s. (Pint.)* Retoque.

afterward ['ɑːftəlɔwəd] [áf-ta^{r}-uards] o **afterwards** ['ɑːftəlɔwəd] [áf-tauads], *adv.* Después. **Long afterwards**, Mucho tiempo después. En prosa, **afterwards** es el más usado.

afterwise ['ɑːftəwaɪz] [áf-ta^{r}-uais], *a.* Discreto o prudente pasada la ocasión.

after-wit ['ɑːftəwɪt] [áf-ta^{r}-uit], *s.* Discurso o expediente fuera de sazón; entendimiento tardío.

afterwitness ['ɑːftəwɪtnɪs] [af-ta^{r}-uít-nes], *s.* Testigo subsiguiente al acto o suceso de que se trata.

after-wrath ['ɑːftəwrəθ] [áf-ta^{r}-raz], *s.* Resentimiento, rencor.

afterwriters ['ɑːftəraɪtəs] [áf-ta-rai-tas], *s.* Escritores sucesivos.

aftward ['ɑːftwɑːd] [áf-tauad], *adv. V.* AFTERMOST.

afterworld ['ɑːftəwɔːld] [áf-ta^{r}-ueld] *s.* El más allá, el otro mundo.

aga ['æga] [á-ga], *s.* Agá, título de honor en Turquía.

again [ə'geɪn] [e-géin], *adv.* 1. Otra vez, segunda vez, aun, de nuevo. 2. Por otra parte, además. 3. En recompensa. 4. Dos veces tanto. **Again and again**, muchas veces. **As much again**, otro tanto más. **To do again**, volver a hacer. **He wrote again**, él volvió a escribir. **I will not do so again**, no lo haré más. **Give it to me again**, devuélvamelo usted **Come again tomorrow**, vuelva usted mañana.

against [ə'genst] [a-géinst], *prep.* 1. Contra. 2. Enfrente. **Over against my house**, Enfrente de mi casa. 3. Para cuando. **Against Christmas**, para Navidad. 4. Junto, cerca. **To be against**, oponerse a, reprobar.

agami ['ægæmɪ] [a-gá-mi] *s.* Agamí.

agamic ['ægæmɪk] [a-gá-mik], *a.* 1. Agámico, no provisto de órganos visibles de reproducción; asexual. 2. Producido sin unión, v.g. huevos agámicos.

agamous ['ægæməs] [a-gá-mos], *a.* Asexual, criptógamo.

agape [ə'geɪp] [a-géip], *s.* Ágape, comida de los primeros cristianos en las iglesias.

agape, *adv.* Con la boca abierta.

agapetae ['ægəpɪtɪ] [a-gé-pi-te], *s.* Agapetas, doncellas que en la primitiva iglesia vivían en comunidad, pero sin hacer voto alguno.

agar-agar [,eɪgə'eɪgəʳ] [éi-ga^{r}-éi-ga^{r}] *s.* Agar, especie de alga.

agaric ['ægərɪk] [a-gé-rik], *s.* Agárico, género de hongos; droga medicinal que usan también los tintoreros.

agasp [ə'gæsp] [a-gásp], *adv.* y *a.* En el último suspiro; con viva aspiración, anhelante, deseando ardientemente.

agate ['ægət] [á-guet], *s.* 1. Ágata, piedra preciosa. 2. Ágata, carácter de letra de 5 ½ puntos: se llama **rubi** en Inglaterra. 3. Canica. (marble)

Agatha ['əgæθɑː] [á-ga-za] *N.* Águeda.

agaty ['ægətɪ] [á-ga-ti], *a.* Lo que participa de la naturaleza del ágata.

agave [ə'geɪvɪ] [a-guéi-vi], *s.* Pita, maguey; erróneamente llamada áloe.

age [eɪdʒ] [éich], *s.* 1. Edad. **Seventy years of age**, Setenta años de edad. 2. Edad o siglo, sucesión o generación de hombres. **The golden age**, el siglo de oro. 3. Siglo, centuria, el espacio de cien años. 4. Senectud, vejez. **Full age**, mayoría o mayor edad. **Under age**, minoridad. **He is under age**, aún es menor de edad. **Of age**, mayor de edad. **Tender age**, primera edad, la infancia. **Age of discretion**, la edad de la razón. **What is your age?**, ¿qué edad tiene Usted? *-vn.* Envejecer. **She hasn't aged a bit**, no ha envejecido nada.

aged ['eɪdʒɪd] [éi-chid], *a.* 1. Viejo, cargado de años, anciano. 2. De la edad de.

age group ['eɪdʒgruːp] [éich-group] *s.* Grupo de personas de la misma edad. **To be of different age groups**, no tener la misma edad.

ageless ['eɪdʒles] [éi-ch-les] *a.* Eterno, siempre joven.

agency ['eɪdʒənsɪ] [éi-chen-si], *s.* 1. Acción, operación. 2. Agencia, diligencia hecha por agente; intervención. **In the human agency**, en lo humano. 3. Agencia, empleo o cargo de agente, de factor, etc. **Agency office**, oficina de negocios. **Agency house**, casa de comisión. 4. Influencia. **The agency of climate**, la influencia del clima.

agenda [ə'dʒendə] [a-yen-da], **agendum** [ayendom], *s.* Agenda, libro de memoria.

agent ['eɪdʒənt] [éi-chant], *a.* Operativo, lo que obra o causa efecto en otra cosa. *-s.* 1. Agente, el que solicita o gestiona en pro de negocios de otro. **Insurance agent**, agente de seguros. 2. Agente, lo que obra y tiene facultad de producir o causar algún efecto. 3. Factor, diputado, delegado. 4. Asistente, auxiliar. **Business agent**, agente de negocios. **Estate agent**, agente inmobiliario.

agent provocateur ['æɪɑːprɒvɒkə'tɜːʳ] [éi-chant-pro-vo-kéi-ta^{r}] *s.* Agente provocador.

agentship ['eɪdʒəntʃɪp] [éi-chan-ship], *s.* Agencia, factoría, el oficio de agente o factor.

age-old [eɪdʒ'əʊld] [éich-ould] *a.* Secular, antiguo.

agglomerate [ə'glɒmə'reɪt] [a-gló-me-reit], *va.* Aglomerar, hacer ovillos; juntar o reunir en pelotón. *vn.* Aglomerarse. *s.* Aglomeración. *a.* Aglomerado.

agglutinant [ə'gluːtɪnənt] [a-glú-ti-nant], *a.* Conglutinativo, que sirve para unir y pegar.

agglutinate [ə'gluːtɪneɪt] [a-glú-ti-neit], *va.* Conglutinar, trabar, unir, pegar.

agglutination [ə,gluːtɪ'neɪʃən] [a-glu-ti-néishon], *s.* Conglutinación o trabazón de una cosa con otra, unión, ligazón.

agglutinative [ə'gluːtɪnətɪv] [a-glu-tí-na-tif], *a.* Conglutinativo, adhesivo,

aggrandize [ə'grændaɪz] [á-gran-dais], *va.* 1. Engrandecer, hacer una cosa mayor de lo que era. 2. Elevar, exaltar. *-vn.* Acrecentarse, aumentarse.
aggrandizement [ə'grændɪzmənt] [a-gran-dáis-ment], *s.* Engrandecimiento, elevación, exaltación.
aggrandizer [ə'grændaɪzə^r] [a-gran-dái-sa^r], *s.* Ensalzador, el que engrandece a otro.
aggravate ['ægrəveɪt] [á-gra-veit], *va.* 1. Agravar, hacer alguna cosa más pesada o dolorosa. 2. Hacer alguna cosa más enorme, exagerar. 3. Irritar. *(Jur.)* **Aggravated theft**, robo con agravante.
aggravating ['ægrəveɪtɪŋ] [a-gra-véi-tin], *a.* Agravante; irritante, que molesta.
agravatingly ['ægrəveɪtɪŋlɪ] [a-gra-véi-ting-li], *adv.* Con agravación; de un modo irritante, que veja o impacienta.
aggravation [ˌægrə'veɪʃən] [a-gra-véi-shon], *s.* 1. Agravación. 2. Circunstancia agravante, lo que agrava algún delito. 3. Provocación, enormidad, exageración. 4. Vegación, molestia.
aggregate ['ægrɪgɪt] [á-gre-gueit], *a.* Agregado, juntado, unido. *-s* Colección, agregado, el conjunto de muchas o varias cosas.
aggregate, *va.* Agregar, añadir uniendo o juntando unas personas o cosas con otras, reunir, incorporar; admitir.
aggregately ['ægrɪgɪtlɪ] [a-gri-guéi-tli], *adv.* Colectivamente.
aggregation ['ægrɪgeɪʃən] [a-gri-guéi-shon], *s.* 1. Agregación; agregado, colección. 2. Masa, conjunto, total. 3. Coherencia, agregado de cuerpos de distinta naturaleza.
aggregative ['ægrɪgətɪv] [a-gré-ga-tif], *a.* Colectivo, junto.
aggregator ['ægrɪgeɪtə^r] [a-gri-géi-ta^r], *s.* Colector, recaudador.
aggress [ə'gresə^r] [a-grés], *vn.* Acometer, embestir, ofender, atacar.
aggresion [ə'greʃən] [a-gré-shon], *s.* Agresión, acometimiento, ataque, asalto, ofensa sin motivo.
aggressive [ə'gresɪv] [a-gré-sif], *a.* Agresivo; que tiene el carácter de agresión.
aggressiveness [ə'gresɪvɪs] [a-grésif-nis], *s.* Carácter agresivo; agresión.
aggressor [ə'gresə^r] [a-gré-sa^r], *s.* Agresor, el que acomete, ofende o provoca a otro.
aggrievance [ə'griːvəns] [a-grí-vans], *s.* Agravio, injuria, daño, perjuicio, pérdida.
aggrieve [ə'griːv] [a-gríf], *va.* Apesadumbrar, dar pesadumbre, vejar, oprimir, gravar, dañar. *-vn.* Lamentar.
aggrieved [ə'griːvd] [a-grívd] *a.* Agraviado.
aggroup [ə'gruːp] [a-grup], *va.* Agrupar.
aghast [ə'gɑːst] [a-gást], *a.* Espantado, horrorizado, estupefacto, despavorido; fuera de sí; atolondrado de horror; azorado, alborotado. *(Fam.)* Con la boca abierta.
agile [ə'dʒaɪl] [á-chail], *a.* Ágil, ligero, pronto, vivo.
agility [ə'dʒɪlɪtɪ] [a-chí-li-ti], **agileness** [ə'dʒɪlnɪs] [a-chíl-nes], *s.* Agilidad, ligereza, expedición para hacer alguna cosa, prontitud.
agillochum [ə'dʒɪlɒkəm] [a-chi-ló-kum], *s.* *(Bot.)* Aioe, madera de árbol así llamado.
agio [ə'dʒə] [á-chio], *s.* *(Com.)* Agio, agiotaje, el lucro o interés que deja la negociación de billetes, células de banco, letras, vales reales o cualquier papel-moneda.
agist [ə'dʒɪst] [á-chist], *va.* *(For.)* Apacentar ganado por un precio convenido.
agistment [ə'dʒɪstmənt] [a-chíst-ment], *s.* *(For.)* 1. Modificación del diezmo. 2. Pasto, pasturaje. 3. Montón, terrón, gavilla. 4. Ajuste, composición.
agistor [ə'dʒɪstə^r] [a-chís-ta^r], *s.* *(For.)* Guardabosque.
agitable [ə'dʒɪteɪbl] [a-chí-ta-bol], *a.* Agitable.
agitate ['ædʒɪteɪt] [á-chi-teit], *va.* 1. Agitar, mover, afectar. 2. Inquietar el ánimo. 3. Agitar una cuestión. 4. Maquinar, imaginar. 5. Debatir, disputar, discutir. **The narration greatly agitated her**, la narración la conmovió mucho.
agitation [ˌædʒɪ'teɪʃən] [a-chi-téi-shon], *s.* 1. Agitación, la acción y efecto de agitar. 2. Discusión, ventilación; deliberación; perturbación. **The project now in agitation**, el proyecto que actualmente se discute.
agitator [ə'dʒɪteɪtə^r] [a-chi-téi-ta^r], *s.* Agitador, el que o lo que agita; incitador, instigador político.
agleam [ə'gliːm] [a-glím], *a.* *(Poét.)* Centelleant.
aglet ['əglet] [á-glet], *s.* 1. Herrete de agujeta o cordón. 2. Lámina u hoja de metal. *Aglets, (Bot.)* Borlillas, las puntas o remates de los estambres de las flores.
aglow [ə'gləʊ] [a-glóu], *adv.* *y a.* En llamas, en incandescencia; ardiente, brillante.
agnail [ə'gneɪl] [ág-neil], *s.* Panadizo, uñero.
agnate, agnatic [ə'gneɪt] [ə'gnætɪk] [ág-neit] [ag-ná-tik], *a.* Agnaticio. *(For.)* Agnado.
agnathous [ə'gnæθəs] [ág-nei-zos], *a.* Que no tiene quijadas, o que las tiene rudimentarias.
agnation [ə'gneɪʃən] [ag-néi-shon], *s.* Agnación, descendencia de un mismo padre por línea masculina no interrumpida; alianza, conexión.
agnes ['ægnɪs] [ág-nes] *N.* Inés.
agnomen [æg'nəmən] [ag-nó-men], *s.* Sobrenombre debido a algún acto o suceso determinado.
agnominate [æg'nəmɪneɪt] [ag-nó-mi-neit], *va.* Nombrar.
agnomination [æg'nəmɪneɪʃən] [agnominéishon], *s.* 1. *(Ret.)* Agnominación o paronomasia. 2. Agnomento, cognomento, sobrenombre.
agnostic [æg'nɒstɪk] [ag-nós-tik], *a.* Agnóstico, relativo al agnosticismo o caracterizado por él; que aparenta ignorar. *-s.* Partidario de la teoría del agnosticismo.
agnosticism [æg'nɒstɪsɪzəm] [ag-nos-ti-sí-zem], *s.* Agnosticismo; doctrina que consiste en suponer que se ignora sistemáticamente todo lo que no cae bajo el dominio de los sentidos, Dios y el alma humana inclusive. (Palabra propuesta por Huxley en 1869.)
agnus castus [ægnəs'kæstəs] [agnus kástus], *s.* *(Bot.)* Agnocasto o sauzgatillo.
ago [ə'gəʊ] [e-góu], *adv.* Largo tiempo, pasado, después. **Some time ago**, hace algún tiempo. **Long ago**, hace mucho tiempo. **How long ago?** ¿Cuánto tiempo? **A good while ago**, hace ya algún tiempo.
agog [ə'gɒg] [a-góg], *adv.* Con deseo o antojo, con apresuramiento o ansia. **To be agog**, tener gana, desear. **To set agog**, dar gana, hacer, desear.
agometer [ə'gəmiːtə^r] [a-gó-mi-ta^r], *s.* Instrumento para medir o regular la resistencia eléctrica.
agone [ə'gəʊn] [a-góun], *adv.* *V.* AGO.
agonic [ə'gənɪk] [a-gó-nik], *a.* Agono, lo que no tiene ángulos.
agonism [ə'gənɪzm] [agonísem], *s.* Combate de atletas.
agonistes, agonist [ə'gənɪstɪs] [a-go-nísts], *s.* Atleta o combatiente; rival.
agonistic, agonistical [ə'gənɪstɪk] [ə'gənɪstɪkl] [ag-o-nís-tik] [a-go-nís-ti-kal], *a.* Atlético.
agonistically [ə'gənɪstɪkəlɪ] [a-go-nís-ti-ka-li], *adv.* Atléticamente.
agonize ['ægənaɪz] [á-go-nais], *vn.* 1. Estar agonizando o en las agonías de la muerte, en las últimas. 2. Luchar desesperadamente.
agonizingly ['ægənaɪzɪŋlɪ] [a-go-nái-sin-li], *adv.* En agonía.
agonothete ['ægənɒθiːt] [a-go-no-zít], *s.* El que dirigía los juegos en la antigua Grecia.
agonothetic ['ægənɒθiːtɪk] [a-go-no-zí-tik], *a.* Gímnico, lo que pertenece a los juegos o ejercicios públicos.
agony ['ægənɪ] [á-go-ni], *s.* 1. Agonía. 2. Agonía, angustia o aflicción extrema; paroxismo. **To go through agonies**, pasarlas moradas.
agony column [ˌægənɪ'kɒləm] [á-go-ni-ko-lom] *s.* Anuncios personales relativos a personas u objetos perdidos.
agora ['ægərə] [á-go-ra] *s.* Agora.
agoraphobia [ˌægərə'fəʊbɪə] [a-go-ra-fó-bia] *s.* Agorafobia.
agouti ['ægətɪ] [a-góu-ti], *s.* Agutí, roedor de la América tropical, del tamaño de un conejo.

agraffe [ə'græf] [a-gráf], *s.* 1. Broche o gancho, que a veces sirve de adorno. 2. Grapa sobre una cuerda del pianoforte para evitar la vibración entre ciertas piezas (el perno y el puente).

agraphia [ə'græafɪə] [a-grá-fia], *s.* Incapacidad de escribir por enfermedad del cerebro.

agrarian [ə'grɛərɪən] [a-gréa-rian], *a.* 1. Agrario, lo que pertenece a los campos o tierras. **Agrarian law**, Ley agraria. Ley para la distribución de las tierras públicas entre los soldados y el pueblo. 2. Agreste, selvático. 3. Comunista.

agrarianism [ə'grɛərɪənɪzəm] [a-gréa-ria-ni-sem], *s.* Agrarianismo. División igual de la propiedad raíz. Los principios o la práctica de los que favorecen la redistribución de las tierras.

agree [ə'gri:] [a-grí], *vn.* 1. Concordar, convenir, acordar. 2. Ceder, entenderse, ponerse de acuerdo. **I will never agree to it**, jamás cederé o jamás convendré en ello. 3. Estipular. 4. Ajustar el precio. 5. Convenir. **The authors do not agree in this**, los autores no convienen o no son del mismo parecer en esto. **To agree in opinion**, ser de la misma opinión. 6. Acomodar o acomodarse, venir bien una cosa con otra. **That climate does not agree with me**, aquel clima no me va. 7. Sentar bien. **Chocolate does not agree with me**, el chocolate no me sienta bien. *-va.* Adaptar, acomodar, reconciliar.

agreeability [ə'gri:əbɪlɪtɪ] [a-gria-bí-li-ti], *s.* Afabilidad, agrado.

agreeable [ə'gri:əbl] [a-gría-bol], *a.* 1. Conveniente, proporcionado. 2. Agradable, lo que agrada, conforme, amable.

agreeableness [ə'gri:əblnɪs] [a-gría-bol-nes], *s.* 1. Conformidad, proporción. 2. Agrado, afabilidad. 3. Semejanza. 4. Amabilidad, gracia.

agreeably [ə'gri:əblɪ] [a-gría-bli], *adv.* Según; agradablemente.

agreed [ə'gri:d] [a-gríid], *part. a.* 1. Convenido, establecido, ajustado, determinado, aprobado. 2. De acuerdo.

agreeingly [ə'gri:ŋlɪ] [a-gríin-li], *adv.* Conforme.

agreeingness [ə'gri:ŋnɪs] [a-grí-in-nes], *s.* Conformidad, conveniencia, proporción, aptitud.

agreement [ə'gri:mənt] [a-grí-ment], *s.* 1. Concordia, conformidad, unión, correlación, conveniencia. 2. Semejanza de una cosa con otra. 3. Ajuste, convenio. **To come to an agreement**, convenirse, ajustarse. 4. Contrato, transacción, tratado, acomodamiento. **Collective agreements**, convenios colectivos.

agrestial, agrestic, agrestical [ə'grestɪəl] [ə'grestɪk] [ə'grestɪkəl] [a-gres-chal] [a-gres-tik] [a-gres-ti-kal], *a.* Agreste, rústico, tosco, campestre, grosero, descortés.

agricole [ə'grɪkəʊl] [a-grí-koul], *s.* **agricultor** [ə'grɪkələʳ] [a-gri-kol-char], *s.* Agricultor. *V.* AGRICULTURIST.

agricultural [ˌægrɪ'kʌltʃərəl] [a-gri-kál-chu-ral], *a.* Agricultural. **Agricultural college**, escuela de peritos agrícolas. **Agricultural engineer**, perito agrícola o agrónomo.

agriculturalist [ˌægrɪ'kʌltʃərəlɪst] [a-gri-kál-chu-ra-list] *s.* Agricultor, agrónomo. Ingeniero agrónomo.

agriculture [ˌægrɪ'kʌltʃəʳ] [a-gri-kál-chaʳ], *s.* Agricultura, el arte de cultivar la tierra.

agriculturist [ˌægrɪ'kʌltʃərɪst] [a-gri-kál-chu-rist], *s.* Labrador, agricultor, agrícola.

agriculturism [ˌægrɪ'kʌltʃərɪzm] [a-gri-kal-chu-rí-sem], *s.* La ciencia de la agricultura.

agrigento [ˌægrɪ'gentə] [a-gri-yen-to] *N. (Geogr.)* Agrigento.

agrimony [ˌægrɪ'mɒnɪ] [a-grí-mo-ni], *s. (Bot.)* Agrimonia.

agrin ['ægrɪn] [agrín], *adv.* En el acto de hacer visajes, o de rechinar los dientes.

agrippina ['ægrɪpɪnə] [a-gri-pí-na] *N.* Agripina.

agronomics [ə'grɒnəmɪks] [a-gro-nó-miks], *s.* Agrografía, descripción de las cosas del campo relacionadas con la agricultura; ciencia que trata de la distribución y la administración de la tierra, especialmente considerada como fuente de riqueza.

agronomist [ə'grɒnəmɪst] [a-gró-no-mist], *s.* Agrónomo.

agronomy [ə'grɒnəmɪ] [a-gró-no-mi], *s.* Agronomía, arte y teoría de la agricultura.

agrope [ə'grəʊp] [a-gróup], *adv.* En el acto de tentar; a tientas, a ciegas.

aground [ə'graʊnd] [a-gráund], *adv.* 1. *(Mar.)* Varado, encallado. **The ship ran aground**, la embarcación varó o dio en un bajío, o en un banco. 2. Empantanado, embarazado, impedido en el progreso de algún asunto.

ague ['eɪgju:] [éi-guiu], *s.* Fiebre o calentura intermitente; escalofrío. **Dumb ague**, Una forma de fiebre intermitente en la que los síntomas no se manifiestan, o aparecen de una manera vaga e indefinida.

ague, *va.* Acometer una calentura intermitente.

agued ['eɪgju:d] [éi-guiud], *a.* Febricitante, tercianario, calenturiento.

ague-cake ['eɪgju:keɪk] [éi-guiu-kéik], *s.* Hinchazón del bazo resultante de la fiebre intermitente.

ague-fit [ˌeɪgju:'fɪt] [éi-gui-fit], *s.* Accesión o paroxismo de una calentura intermitente.

ague-proof [ˌeɪgju:'pru:f] [éi-guiu- prúf], *a.* Capaz de resistir las calenturas, a prueba de calentura.

ague-spell [ˌeɪgju:'spel] [éi-guiu-espél], *s.* Encanto o hechizo para curar la calentura intermitente.

ague-struck [ˌeɪgju:'strʌk] [éi-guiu-strak], *a.* Acometido de calentura.

ague-tree [ˌeɪgju:'tri:] [éi-guiu-trí], *s.* Sasafrás, árbol medicinal de la Virginia.

aguish [ˌeɪgwɪʃ] [éi-güish], *a.* Febricitante o calenturiento; que tiene escalofríos, friolente; atacado de paludismo.

aguishness [ˌeɪgwɪʃnɪs] [éi-güish-nis], *s.* Escalofríos o síntomas de fiebre intermitente.

ahead [ə'hed] [a-jéd], *adv.* 1. Más allá, delante de otro. 2. *(Mar.)* Por la proa, avante. 3. Temerariamente. **To be ahead**, ir a la cabeza, ir delante. **To get ahead**, adelantar o ganar la delantera; también, tener el riñón bien cubierto. **Go ahead!** ¡adelante! ¡avancen! **To forge ahead**, avanzar rápidamente como cuando un buque da fondo inmediatamente después de aferrar velas; también, avanzar lentamente. **To run ahead**, obrar sin reflexión. **To run ahead of one's reckoning**, perder la cuenta.

aheap [ə'hep] [a-jíp], *adv.* En montón, en medio de un montón.

aheight, ahigh [ə'haɪt] [a-jáit], *adv. (Ant.)* Arriba, en lo alto.

ahem! [ə'hem] [a-jém] *(interj.)* ¡Ejem!

ahold [ə'həʊld] [a-jóuld], *adv. (Mar.)* Al viento.

ahoy [ə'hɔɪ] [a-jói], *inter.* ¡Ah, del barco! ¡Ha! Voz para llamar a los de un buque o bote. **Ship ahoy!**, ¡barco a la vista!

aid [eɪd] [éid], *va.* Ayudar, auxiliar, socorrer, coadyuvar, apoyar.

aid, *s.* 1. Ayuda, auxilio. 2. Subsidio, socorro que se da al gobierno como tributo extraordinario. 3. Ayudante, la persona que ayuda o asiste. **First aid** primeros auxilios. **State aid**, ayuda estatal. **Medical aid**, ayuda médica. **He was a great aid to me**, fue una gran ayuda para mí.

aide-de-camp [ˌeɪddə'kæmp] [éid-de-kamp], *s.* Ayudante de campo.

aide-mémoire ['eɪdme'mwɑ:] [éid-me-muáʳ] *s.* Memorándum.

aider [eɪdəʳ] [éidaʳ], *s.* Auxiliador, auxiliante.

aidless ['eɪlərɒn] [éid-les], *a.* Desvalido, dsamparado, dejado.

aidman ['eɪdmən] [éid-man] *s. (U.S.)* Enfermero militar.

aid station ['eɪdˌsteɪʃən] [éid-es-téi-shon] *s. (Mil.)* Puesto de socorro.

aigre [eɪ'gri:] [éi-gri], *s.* Flujo impetuoso del mar.

aigrette [eɪ'gret] [éi-gret], *s. V.* EGRET. Cresta, penacho; plumero. Diadema (gems)

aiguille [eɪ'gwi:l] [éi-güil] *s.* Picacho, barrena.

aiguillette [eɪ'gwi:let] [éi-güi-let], *s.* Herrete de agujeta o franja.

ail [eɪl] [éil], *va.* Afligir, molestar, causar alguna pena o dolor. **What ails you?**, ¿qué le duele a usted?, ¿qué tiene usted?, ¿qué hay?, **Nothing ails me**, nada me duele, nada tengo. Este verbo se usa siempre de un modo indefinido y para inquirir acerca de algún dolor o pena. *-vn.* Sufrir, estar indispuesto.
ailanthus, ailantus ['eɪləntəs] [ei-lán-tas], *s.* Ailanto, árbol del cielo, de China.
aileron ['eɪlərɒn] [éi-le-ron], *s. (Aer.)* Alerón.
ailing ['eɪlɪŋ] [éi-lin], *a.* Doliente, achacoso, enfermizo.
ailment ['eɪlmənt] [éil-ment], *s.* Dolencia, indisposición, dolor, incomodidad.
aim [eɪm] [éim], *vn.* 1. Apuntar, asestar el tiro de alguna arma de fuego o arrojadiza. 2. Tirar, poner los medios dirigiéndolos a algún fin, poner la mira en alguna cosa. 3. Adivinar. *-va.* Apuntar o dirigir el tiro con el ojo, aspirar a, pretender, intentar, maquinar. **I aim to become a doctor**, aspiro a ser médico.
aim, *s.* 1. Puntería. 2. Blanco, la señal fija a que se tira con alguna arma arrojadiza o de fuego. **To miss one's aim**, errar el tiro. **To take one's aim well**, tomar bien sus medidas. *s.* Designio, mira, fin u objeto.
aimless ['eɪmlɪs] [éim-les], *a.* Sin objeto, sin designio, a la ventura.
ain't [eɪnt] [éint], *v. (Fam.)* Contracción de **is not, are not, am not, has not, have not.**
air [ɛəʳ] [éa], *s.* 1. Aire, la atmósfera, el fluido que respiramos. **To take the air**, Tomar el aire. 2. Zéfiro, viento ligero. 3. Tono, tonada, aire de música. 4. Cara, semblante, aire o disposición personal de alguno. Ademán, exterior, modo, porte de una persona. **To have the air of a gentleman**, tener aires de gran señor. 5. Olor; vapor. **Factitious airs o gases**, aire ficticio. **Open air**, al raso. **Foul air**, aire viciado. **By air**, en avión, por avión.
air, *va.* Airear, estar o poner al aire; secar. **To air a room**, airear o ventilar un cuarto. **To air a skirt**, secar una camisa a la lumbre o al fuego.
air age [ɛə'eɪdʒ] [éar-eich], *s.* Edad o era de la aviación.
air attaché [ɛə'ətæʃeɪ] [éa-a-ta-shé] *s.* Agregado aéreo.
air-balloon [ɛə'bəlu:n] [éa-ba-lún], *s.* Globo aerostático.
air base [ɛə'beɪs] [éa-béis], *s.* Base aérea.
air-bladder [ɛə'blædəʳ] [éa-blá-daʳ], *s.* Vejiga llena de aire.
air blast [ɛə'blɑ:st] [éa-blast], *s.* Chorro de aire.
air-borne ['ɛəbɔ:n] [éa-born], *a. (Mil.)* Aéreo, transportado por el aire.
air-brake ['ɛəbreɪk] [éa-bréik], *s.* Freno neumático, o de aire.
air brush ['ɛəbrʌʃ] [éa-brásh], *s.* Aerógrafo.
air-chamber ['ɛə,tʃeɪmbəʳ] [éa-chéim-baʳ], *s.* Cámara de aire.
airburst ['ɛəbɑ:rst] [éa-berst] *s.* Explosión en el aire.
airbus ['ɛəbʌs] [éa-bas] *s.* Aerobús.
air-cook ['ɛəku:k] [éa-cúk], *s.* Espita para permitir la salida del aire.
air-condition ['ɛəkən,dɪʃən] [éa-kon-dí-shon], *va.* Acondicionar el aire.
air-conditioned ['ɛəkən,dɪʃənd] [éa-kon-dí-shond], *a.* Con aire acondicionado, con clima artificial.
air-conditioner ['ɛəkən,dɪʃənəʳ] [ea-kon-dí-sho-naʳ], *s.* Acondicionador del aire, aparato para acondicionar el aire.
air-conditioning ['ɛəkən,dɪʃənɪŋ] [ea-kon-dí-sho-nin], *s.* Acondicionamiento del aire, clima artificial.
air-cooled ['ɛəku:ld] [ea-kúld], *a.* Enfriado por aire.
air-cooling ['ɛəku:lɪŋ] [ea-kú-lin], *s.* Enfriamiento por aire.
air corridor ['ɛə,kɒrɪdɔ:ʳ] [ea-kó-ri-daʳ] *s.* Pasillo aéreo.
aircraft ['ɛəkrɑ:ft] [éa-kraf], *s.* Aeronave. **Aircraft carrier**, Portaaviones.
aircraftman ['ɛəkrɑ:ftmən] [ea-kráf-man] **aircraftsman** ['ɛəkrɑ:ftsmən] [eakráfsman] *s. (Mil.)* Cabo segundo.
aircrew ['ɛəkru:] [éa-kru] *s.* Tripulación de un avión.
air cushion ['ɛəkʊʃən] [ea-ká-shon] *s.* Colchón de aire.
air-drill ['ɛədrɪl] [éa-dril], *s.* Taladro neumático.
airdrome ['ɛə,drəʊm] [éa-droum], *s.* Aeródromo.
air duct ['ɛədʌkt] [éa-dakt] *s.* Tubo de ventilación.
air-engine ['ɛə,endʒɪn] [ea-én-chin], *s.* Máquina de aire. El aire caliente reemplaza en ella al vapor.
airfield ['ɛəfi:ld] [éa-fild] *s.* Aeródromo, campo de aviación.
airfoil ['ɛə,fɔɪl] [éa-foil], *s. (Aer.)* Cualquier superficie, como las de las alas o el timón, que al cambiar de posición modifica la dirección del vuelo.
air force ['ɛəfɔ:s] [éa-fors], *s.* Fuerza aérea.
airframe ['ɛəfreɪm] [éa-freim] *s.* Estructura de avión.
airfreight ['ɛəfreɪt] [éa-freit] *s.* Flete por avión.
airfreighter ['ɛəfreɪtəʳ] [ea-fréi-taʳ] *s.* Avión de carga.
air gap ['ɛəgæp] [éa-gap] *s. (Electr.)* Entrehierro.
air gun ['ɛəgʌn] [éa-gan], *s.* Pistola de aire comprimido.
air hammer ['ɛə,hæməʳ] [ea-já-maʳ] *s.* Martillo neumático.
air-hole ['ɛəhəʊl] [éa-joul], *s.* 1. Respiradero, lumbrera, la abertura por donde entra y sale el aire. 2. Paja (en el hierro, etc.).
air hostess ['ɛə,həʊstɪs] [ea-jós-tes] *s.* Azafata.
airily ['ɛərɪlɪ] [éa-ri-li], *adv.* Ligeramente; vivamente, alegremente.
airiness ['ɛərɪnɪs] [éa-ri-nes], *s.* 1. Ventilación. 2. Vivacidad, viveza. 3. Ligereza, actividad.
airing ['ɛərɪŋ] [éa-rin], *s.* 1. Caminata, viaje corto que se hace por diversión; paseo para tomar el aire. 2. Ventilación.
air intake ['ɛər,ɪnteɪk] [ea-ín-teik] *s.* Toma de aire.
air lane ['ɛəleɪn] [éa-lein], *a.* Falto de ventilación, sofocado.
airletter ['ɛəletəʳ] [ea-lé-taʳ], *s.* Carta aérea o por avión.
airlift ['ɛəlɪft] [éa-lif], *s.* Puente aéreo de transporte. *va.* Transportar por puente aéreo.
airline ['ɛəlaɪn] [éa-lain], *s.* 1. Línea aérea. 2. Compañía de aviación.
airliner ['ɛəlaɪnəʳ] [ea-lái-naʳ], *s.* Avión de pasajeros.
airlock ['ɛəlɒk] [éa-lok], *s. (Mec.)* Cámara de presión intermedia.
airmail ['ɛəmeɪl] [éa-meil], *s.* Vía aérea, correo aéreo.
airmail, *a.* Aeropostal, por avión.
airman ['ɛəmən] [éa-man], *s.* Aviador.
airmarshal ['ɛə'mɑ:ʃəl] [ea-már-shal] *s. (Mil.)* Teniente general.
air-mattress ['ɛə,mætrɪs] [ea-má-tres], *s.* Colchón de aire.
air meet ['ɛəmi:t] [éa-mit], *s.* Concurso aéreo; congreso de aeronáutica.
air-minded ['ɛəmaɪndɪd] [ea-máin-ded], *a.* Interesado en la aviación.
air-pipe ['ɛəpaɪp] [éa-paip], *s.* Cañería para extraer el aire viciado; tubo de goma para dar aire a los buzos.
airplane ['ɛəpleɪn] [éa-plein], *s.* Avión, aeroplano. **Airplane carrier**, Portaaviones.
air-plant ['ɛə,plɑ:nt] [éa-plant], *s.* Epifito.
air pocket ['ɛə,pɒkɪt] [ea-pó-ket], *s. (Aer.)* Bolsa de aire. Bache.
airport ['ɛəpɔ:t] [éa-port], *s.* Aeropuerto, aeródromo.
airproof ['ɛəpru:f] [éa-pruf], *a.* Hermético.
air-pump ['ɛəpʌmp [éa-pamp], *s.* Bomba de aire; bomba neumática.
air raid ['ɛəreɪd] [éa-reid], *s.* Incursión aérea, ataque o bombardeo aéreo.
air-raid shelter ['ɛəreɪd,ʃeltəʳ] [ea-reid-shél-taʳ], *s.* Refugio contra aeroplanos.
air-sac ['ɛəsæk] [éa-sak], *s.* Celda para aire, en las aves.
air route ['ɛəru:t] [éa-rut] *s.* Aerovía, ruta aérea.
airscrew ['ɛəskru:] [éa-skru] *s.* Hélice.
air-sea base ['ɛəsi:'beɪs] [éa-si-béis]. Base aeronaval.
air-shaft ['ɛəʃɑ:ft] [éa-shaft], *s.* Respiradero de mina.
airship ['ɛəʃɪp] [éa-ship], *s.* Aeronave.
air shuttle ['ɛəʃʌtl] [eashátel] *s.* Puente aéreo.
airsick ['ɛəsɪk] [éa-sek] *a.* Mareado.
air sickness ['ɛəsɪknɪs] [ea-sík-nes], *s.* Mareo en el aire.
air speed ['ɛəspi:d] [éa-spid], *s.* Velocidad aérea.
airspraying ['ɛəs,preɪɪŋ] [ea-spréin] *s.* Fumigación aérea.
airstream ['ɛəstri:m] [éa-strim] *s.* Corriente de aire.

airstrip ['ɛəstrɪp] [éa-strip], *s.* Pista de despegue, pista de aterrizaje.

air-tight ['ɛətaɪt] [éa-tait], *a.* Herméticamente cerrado o tapado.

air valve ['ɛəvælv] [éa-valv] **air vent** ['ɛəvent] [éa-vent] *s.* Respiradero, orificio de aireación.

airway ['ɛəweɪ] [éa-uei], *s.* Aerovía, vía aérea.

airwoman ['ɛə,wʊmən] [ea-uó-man] *s.* Aviadora.

airworthiness ['ɛə,wɔːðɪnɪs] [ea-uér-zi-nes] *s.* Navegabilidad.

airworthy ['ɛə,wɔːðɪ] [ea-uér-zi] *a.* En condiciones de vuelo.

airy ['ɛərɪ] [éa-ri], *a.* 1. Aéreo, lo que es del aire o pertenece a él. 2. Aéreo, ligero, trivial, lo que no tiene solidez ni fundamento. 3. Vivaz, vivo, alegre. 4. Abierto, vano, sin sustancia. 5. Vano, orgulloso, altanero.

aisle [aɪl] [áil], *s.* Nave de una iglesia, ala, costado.

aitch [eɪtʃ] [éich] *s.* Hache (letter).

aitchbone [eɪtʃbəʊn] [éich-boun] *s.* Cadera (of animals).

ajar [ə'dʒɑː^{r}] [á-ya^{r}], *adv. y a.* 1. Semiabierto, entreabierto. Entornado. 2. En desacuerdo.

akimbo [ə'kɪmbəʊ] [a-kím-bou], *a.* En jarras, o en asas.

akin [ə'kɪn] [a-kín], *a.* 1. Consanguíneo, emparentado. 2. Del mismo género, de cualidades conformes.

AL, *n.* 1. Alabama. 2. American League (Liga estadounidense de béisbol).

alabaster ['æləbɑːstə^{r}] [a-la-bás-ta^{r}], *s.* Alabastro, especie de mármol blanco lechoso, y a veces con tintas de color.

alabastrine [,ælə'bæstraɪn] [a-lá-bas-train] *a.* Alabastrino, de alabastro.

alack [ə'læk] [a-lak] *(interj.)* ¡Ay de mí! ¡Ay!

alacrity [ə'lækrɪtɪ] [a-lá-kri-ti], *s.* Alegría, buen humor; ardor, celo.

aladdin [ə'lædɪn] [á-la-din] *N.* Aladino.

alan [ə'læn] [a-lán] *N.* Alano.

aland [ə'lænd] [a-land], *adv.* A tierra.

Alans [ə'lænz] [a-láns] **Alani** [aláni] *N.* Alanos.

alar [ə'lə^{r}] [á-la^{r}] *a.* Del ala. *(Méd.)* Axilar.

alarm [ə'lɑːm] [a-lárm], *s.* 1. Alarma, toque para tomar las armas. 2. Sobresalto, grito o señal para advertir un peligro. 3. Reloj con despertador.

alarm, *va.* 1. Tocar alarma. 2. Alarmar, asustar, sorprender: perturbar, inquietar.

alarm-bell [ə'lɑːmbel] [á-larm-bel], *s.* Campana de rebato.

alarm-clock [ə'lɑːmklɒk] [á-larm-klok], *s.* Despertador; reloj despertador.

alarming [ə'lɑːmɪŋ] [a-lár-min], *a.* Alarmante, sorprendente.

alarmingly [ə'lɑːmɪŋlɪ] [a-lár-min-li], *adv.* Espantosamente; de modo alarmante.

alarmist [ə'lɑːmɪst] [á-lar-mist], *s.* Alarmista, el que alarma o asusta.

alarm-post [ə'lɑːmpɒst] [á-larm-post], *s.* Atalaya, puesto de aviso.

alarm-watch [ə'lɑːm'wɑːtʃ] [á-larm-uoch], *s.* Reloj con despertador.

alarum [ə'lærəm] [a-lá-rom], *s. V.* ALARM.

alas [ə'læs] [ál-as], *inter.* ¡Ay! *V.* ALACK!

alate [ə'leɪt] [a-léit], **alated** [ə'leɪtɪd] [a-léi-ted], *a.* Alado, con alas.

alb [ælb] [álb], *s.* Alba, vestidura de lienzo blanco que se ponen los sacerdotes para celebrar la misa y otros oficios divinos.

albacore [ælbəkɔː^{r}] [ál-ba-ko^{r}] *s. (Zool.)* Albacora.

albania [æl'beɪnɪə] [al-béi-nia] *N. (Geogr.)* Albania.

albanian [æl'beɪnɪən] [al-béi-nian], *a.* Albanés.

albata [æl'bətə] [ál-ba-ta] *s.* Metal blanco, alpaca, plata alemana.

albatross ['ælbətrɒs] [al-bá-tros], *s.* Albatros.

albeit [ɔːl'biːɪt] [ál-beit], *adv.* Aunque, bien que, no obstante, sin embargo, con todo.

albert ['ælbət] [ál-bert] *N.* Alberto.

albescent ['ælbesnt] [al-be-sent], *a.* Blanquecino.

Albigenses [,ælbɪ'dʒensiːz] [al-bi-chen-sis], *s.* Albigenses, nombre de unos sectarios franceses.

Albigensian [,ælbɪ'dʒensɪən] [al-bi-chen-sian] *a.* Albigense. **Albigensian Crusade**, cruzada de los albigenses.

Albinism ['ælbɪnɪzəm] [al-bi-nis-em] *s.* albinismo.

Albino [æl'bɪnəʊ] [al-bí-nou], *a.* Albino.

Albion ['ælbɪən] [álb-ion], *s.* Albión, nombre antiguo de Inglaterra.

albite ['ælbaɪt] [al-báit] *s.* Albita.

albugineous [,ælbɪ'dʒɪnəs] [al-bu-chí-nos], *a.* Albuginoso, lo que tiene apariencia de clara de huevo.

album ['ælbəm] [ál-bom], *s.* 1. Librito de memoria. 2. Album, libro en que los amigos o conocidos del dueño de él, escriben alguna máxima suya o de otros, o alguna composición original, para que se conserve como autógrafa. 3. Libro para conservar fotografias, sellos de correos, etc.

albumen o albumin ['ælbjʊmɪn] [al-biú-min], *s.* 1. *(Quím.)* Albúmina, clara de huevo. 2. *(Bot.)* Albumen, materia nutritiva que rodea la semilla en muchas plantas.

albumenize ['ælbjʊmɪnaɪz] [al-biú-mi-nais], *va.* Impregnar con albumen, como se hace con el papel para la fotografia.

albuminoid [æl'bjuːmɪnɔɪd] [al-biú-mi-noid], *a.* Albuminiforme. *-s.* Albuminoide, principio albuminoso que forma gran parte de los tejidos animales.

albuminous ['ælbjuːmɪnəs] [al-biú-mi-nos], *a.* Albuminoso: que contiene albumen.

albuminuria [,ælbjuːmɪ'nərɪə] [al-biu-mi-nú-ria], *s.* Albuminuria; albúmina en la orina.

alburnum ['ælbɔːnəm] [al-bér-nom], *s. (Bot.)* Alburno o albura, la materia blanca que se halla entre la corteza y la madera del árbol. *V.* SAPWOOD.

alcaic ['ælkaɪk] [al-káik], *s.* Verso alcaico. *-a.* Alcaico.

alcaid ['ælkaɪd] [ál-kaid], *s.* Alcaide de un castillo.

alcazar [əl'keɪzə^{r}] [al-kéi-sa [ə'leɪt^{r}] *s.* Alcázar.

alchemist ['ælkɪmɪst] [ál-ki-mist], *s.* Alquimista, el que profesa el arte de la alquimia.

alchemy ['ælkɪmɪ] [ál-ki-mi], *s.* 1. Alquimia, el arte quimérica de purificar y trasmutar los metales. 2. Metal trabajado con el arte de la alquimia.

alcohol ['ælkəhɒl] [al-ko-jol], *s.* Alcohol. **Denatured alcohol**, alcohol desnaturalizado. **Grain alcohol**, alcohol de granos. **Wood alcohol**, alcohol metílico.

alcoholate ['ælkəhɒleɪt] [al-kó-jo-leit] *s.* Alcoholato.

alcoholic [,ælkə'hɒlɪk] [al-ko-jó-lik], *a.* Alcohólico, que tiene alcohol, o las cualidades de él; producido por alcohol; conservado en alcohol. *-s.pl.* Líquidos alcohólicos.

alcoholimeter [,ælkəhɒ'lɪmiːtə^{r}] [al-ko-jo-lí-mi-ta^{r}], **alcoholmeter** [,ælkəhɒl'miːtə^{r}] [al-ko-jól-mi-ta^{r}], *s.* Alcoholímetro, alcohólmetro, especie de areómetro para medir la fuerza del alcohol.

alcoholism ['ælkəhɒlɪzəm] [al-ko-jo-lí-sem], *s.* Alcoholismo, enfermedad causada por el uso desarreglado o prolongado de bebidas alcohólicas.

alcoholization [,ælkəhɒlaɪ'zeɪʃən] [al-ko-jo-lai-séi-shon], *s.* Alcoholización, el acto de alcoholar o alcoholizar.

alcoholize ['ælkəhɒlaɪz] [al-kó-jo-lais], *va.* Alcoholar o alcoholizar, extraer y rectificar el espíritu de cualquier licor.

Alcoran ['ælkərən] [al-ko-ran], *s.* Alcorán, libro que contiene la ley de Mahoma con sus ritos y creencias. *V.* KORAN.

alcoranish ['ælkərənɪʃ] [al-ko-ra-ni-sem], *a.* Lo que pertenece al alcorán.

alcove ['ælkəʊv] [al-kouv], *s.* 1. Alcoba, pieza o aposento destinado para dormir. 2. Cenador, glorieta o emparrado de jardín.

alcyon ['ælsaɪən] [al-sáion], *a.y s.* Lo mismo que HALCYON.

alcyone ['ælsaɪən] [al-sáion] *N.* Alción.

aldebaran ['ældəbərən] [al-de-ba-rán], *s. (Astr.)* Aldebarán, estrella principal de la constelación Tauro.

aldehyde ['ældehaid] [al-de-jaid], *s. (Quím.)* Aldehido; líquido incoloro y muy volátil, obtenido por la oxidación del alcohol. (Abreviado de **alcohol dehyratum**.)

alder ['ɔːldəʳ] [ál-daʳ], *s. (Bot.)* Aliso, árbol que tiene las hojas algo parecidas a las del avellano. **Alder grove**, alisar, aliseda.
alderman ['ɔːldəmən] [ál-dar-man], *s.* Regidor. Concejal.
alderman-like [ˌɔːldəmən'laɪk] [ál-dar-man-laik], *a.* Magisterial; a manera de regidor.
aldermanly ['ɔːldəmənlɪ] [ál-dar-man-li], *a.* Como un regidor, con gravedad.
aldern ['ɔːldɜːn] [ál-dern], *a.* Hecho de aliso.
ale [eɪl] [éil], *s.* Cerveza fuerte.
aleak [ə'liːk] [a-lík], *adv. y a.* En el acto de verterse y estado de perderse un líquido, en avería; derramándose.
aleatory [ˌælɪ'tɒrɪ] [a-lí-to-ri], *a.* 1. Aleatorio, dependiente de un suceso fortuito. 2. Relativo o perteneciente a tahúres y fulleros.
ale-bench [eɪl'bentʃ] [éil-bench], *s.* Mostrador que suele ponerse en frente de las tabernas o casas en que se vende cerveza.
aleberry ['eɪlberɪ] [éil-be-ri], *s.* Bebida hecha de cerveza hervida con especias, azúcar y tostadas de pan.
ale-brewer [ˌeɪl'bruːəʳ] [eil-brúaʳ], *s.* Cervecero, el que por oficio hace la cerveza llamada *ale.*
ale-conner ['eɪlkɒnəʳ] [eil-kó-naʳ], *s.* Oficial o inspector de las cervecerías de Londres.
alecost ['eɪlkɒst] [éil-kost], *s. (Bot.) V.* TANZY.
a-lee [eɪ'liː] [eilí], *adv. (Mar.)* A sotavento.
ale-fed [eɪl'fed] [éil-fed], *a.* Alimentado con cerveza.
alegar ['əlegɑːʳ] [á-le-gaʳ], *s. (Prov. Ingl.)* Cerveza agria, vinagre de cerveza.
alehoof [eɪl'huːf] [éil-juf], *s.* Hiedra terrestre.
alehouse ['eɪlˌhaʊs] [éil-jaus], *s.* Cervecería.
alehouse-keeper [eɪl'haʊsˌkiːpəʳ] [eil-jaus-kí-paʳ], *s.* Cervecero.
alembic ['eɪləmbɪk] [ei-lám-bik], *s.* Alambique.
alert [ə'lɜːt] [á-lert], *a.* 1. Alerta, cuidadoso, vigilante. 2. Vivo, activo, dispuesto. **To be on the alert**, estar alerta. *-va.* Alertar.
alertness [ə'lɜːtnɪs] [a-lért-nis], *s.* Cuidado, vigilancia, viveza, actividad, diligencia, agilidad; alegría.
aleurone [ə'luːrən] [áluron] *s. (Bot.)* Aleurona.
aleutian [ə'luːʃən] [a-lu-shan], *a.* Aleuta, aleutino.
ale-vat [eɪl'væt] [éil-vat], *s.* Cuba o tina en que fermenta la cerveza.
ale-washed [eɪl'wɑːʃt] [éil-uasht], *a. (Ant.)* Mojado en cerveza.
alewife [eɪl'waɪf] [éil-uaif], *s.* 1. Cervecera, la mujer del cervecero. 2. Pez norteamericano, parecido a un sábalo pequeño; se emplea generalmente como abono.
Alexander [ˌælɪg'zɑːndɒʳ] [a-lek-sán-daʳ] *N.* Alejandro. **Alexander the Great**, Alejandro Magno.
alexanders [ˌælɪg'zɑːndɒz] [a-lek-sán-dars], *s. (Bot.)* Esmirnio, o apio caballar.
Alexandria [ˌælɪg'zɑːndrɪə] [a-lek-sán-dria] *N. (Geogr.)* Alejandría.
alexandrine [ˌælɪg'zændraɪn] [a-lek-san-drin], *s.* Verso alejandrino.
alexia [ˌælɪksɪə] [a-lík-sia] *s. (Med.)* Alexia.
alexipharmic, alexiteric, ó alexiterical [ˌælɪksɪ'fɑːmɪk] [ˌælɪksɪ'tərɪk] [ˌælɪksɪ'tərɪkəl] [a-leks-fá-mik] [a-leks-té-rik] [a-leks-té-ri-kal], *a.* Alexifármaco o alexitérico, medicamento que tiene virtud preservativa o correctiva de los malos efectos del veneno.
alfalfa [æl'fælfə] [al-fél-fa], *s.* Alfalfa.
alfilaria [æl'fɪlərɪə] [al-fi-lá-ria], *s.* Hierba de California que se emplea como forraje. *V.* ALFILERERA.
Alfred ['ælfred] [ál-fred] *N.* Alfredo.
alfresco [æl'freskəʊ] [al-frés-kou], Al raso. *(Ital.)*
alga ['ælgə] [ál-ga], *pl.* **algae,** *s. (Bot.)* Alga, planta que se cría en las aguas, particularmente en el mar.
algal ['ælgəl] [ál-gal], *a.* Algáceo, perteneciente a las algas.
algaroth ['ælgərɒθ] [ál-ga-roz], *s.* Régulo de antimonio.
algebra ['ældʒɪbrə] [ál-che-bra], *s.* Álgebra, parte de las matemáticas.
algebraic, algebraical [ˌældʒɪˌbreɪɪk] [ˌældʒɪˌbreɪɪkl] [al-che-bráik] [al-che-brái-kal], *a.* Algebraico, lo que pertenece al álgebra.
algebraist [ˌældʒɪˌbreɪst] [ál-che-breist], *s.* Algebrista.
algeria [æl'dʒɪərɪə] [al-ché-ria] *N. (Geogr.)* Argelia.
algerian [æl'dʒɪərɪən] [al-ché-rian], *a.* Argelino: de Argel.
algerine [æl'dʒɪrɪn] [ál-che-rain], *a. y s.* 1. Argelino, natural de Argel. 2. *s.* Tejido blando de lana o chal con franjas de color claro.
algid [æl'dʒɪd] [ál-chid], *a.* Álgido; que hiela, o causa frío. **Algid fever**, fiebre álgida.
algidity [æl'dʒɪdɪtɪ] [al-chí-di-ti] *s.* Algidez, frialdad.
algiers [æl'dʒɪs] [ál-chiars] *N. (Geogr.)* Argel.
algoid [æl'gɔɪd] [ál-goid], *a.* Algáceo, algoide, que se parece a las algas.
algology [æl'dʒələdʒɪ] [al-gó-lo-chi], *s.* Estudio o ciencia que trata de las algas.
algous [æl'gəs] [ál-gos], *a.* Algoso; que pertenece a las algas: o lleno de algas.
algorithm [æl'gərɪθm] [al-go-rí-zem], *s.* Algoritmo, ciencia del cálculo aritmético y algebraico; teoría de los números.
alguazil [æl'gəsɪl] [ál-go-sil], *s.* Alguacil, corchete, esbirro.
alias ['eɪlɪæs] [éi-lias], *adv.* Alias, voz latina que significa de otro modo, de otra manera, o por otro nombre.
alibi ['ælɪbaɪ] [á-li-bai], *s. (For.)* Voz latina que significa ausencia, esto es, no haber estado en un lugar al tiempo de que se trata; coartada. **To prove an alibi**, Probar la coartada.
alible ['ælɪbl] [á-li-bol], *a.* Nutritivo.
Alice ['ælɪs] [á-lis] *N.* Alicia. **Alice in wonderland**, Alicia en el país de las maravillas.
alidade ['ælɪdeɪd] [á-li-deid], *s.* Alidada, regla movediza que gira alrededor del centro de un instrumento y sirve para medir los ángulos.
alien ['eɪlɪən] [éi-lian], *a.* Ajeno, extraño; forastero, extranjero; discorde, contrario.
alien, *s.* Extranjero, forastero.
alien, *va. V.* ALIENATE.
alienable ['eɪlɪənəbl] [éi-lia-na-bol], *a.* Enajenable, traspasable.
alienate ['eɪlɪəneɪt] [éi-lia-neit], *va.* 1. Enajenar, transferir, ceder. 2. Enajenar, desviar o apartar el afecto o cariño que se tenía hacia alguna persona; indisponer.
alienate, *a.* Ajeno, enajenado. *-s.* Extranjero.
alienation [ˌeɪlɪə'neɪʃən] [ei-lian-éis-shon], *s.* 1. Enajenamiento o enajenación, la acción y efecto de enajenar o traspasar el dominio. 2. Enajenamiento, el acto de entibiarse la amistad y correspondencia entre dos o más personas; desunión, frialdad, desavenencia, desvío. 3. Enajenación del ánimo, locura, desvarío.
alienator [ˌeɪlɪə'neɪtəʳ] [ei-lia-néi-taʳ]], *s.* Enajenador, cesionista. El que enajena a otro.
alienee ['eɪlɪəniː] [éi-lia-ni], *s.* Aquel a quien pasa la propiedad de una cosa.
alienism ['eɪlɪənɪzm] [éi-lia-nis-em], *s.* 1. El estado legal de un extranjero. 2. El tratamiento de las enfermedades mentales.
alienist ['eɪlɪənɪst] [éi-lia-nist], *s. (Med.)* Alienista, especialista en enfermedades mentales.
alienor ['eɪlɪənəʳ] [éi-lia-noʳ], *s.* Enajenante: el o la que enajena.
aliferous, aligerous [əlɪ'ferəs] [əlɪ'dʒerəs] [a-lí-fe-ros] [a-lí-ye-ros], *a.* Alado, lo que tiene alas. *(Pét.)* Alígero.
aliform [ælɪ'fɔːm] [á-li-fom], *a.* Aliforme, en forma de alas.
alight [ə'laɪt] [a-láit], *vn.* 1. Descender, bajar de un coche, etc. **To alight from a horse**, apearse de un caballo. 2. Echarse sobre alguna cosa, caer, posarse. 3. Caer en cuenta de alguna cosa por casualidad. - *a. y adv.* Encendido, inflamado; en llamas.
align [ə'laɪn] [a-láin], *va.* Alinear, poner en línea. Lo mismo que ALINE.
alignment [ə'laɪnmənt] [a-láin-ment], *s.* Alineamiento, acción y efecto de alinear.

alike [ə'laɪk] [a-láik], *adv.* 1. Igualmente, del mismo modo. 2. A la vez. *-a.* Semejante, igual. **To look alike**, parecerse. **They are all alike**, todos son parecidos.
alike-minded [ˌəlaɪk'maɪndɪd] [a-láik-main-did], *a.* Del mismo ánimo, o modo de pensar.
aliment ['ælɪmənt] [á-li-ment] *s.* Alimento. *va.* Alimentar.
alimental ['ælɪməntl] [a-li-mén-tal], *a.* Nutritivo, lo que nutre o alimenta, alimenticio, alimentoso.
alimentally ['ælɪməntəlɪ] [a-li-mén-ta-li], *adv.* Nutritivamente.
alimentariness [ˌælɪmən'tərɪnɪs] [a-li-men-tá-ri-nes], *s.* Alimentación, nutrición.
alimentary ['ælɪməntərɪ] [a-li-mén-ta-ri], *a.* 1. Alimenticio, lo que toca al alimento. 2. Alimentoso, lo que tiene virtud de alimentar, jugoso. **Alimentary canal**, tubo digestivo.
alimentation ['ælɪmən'teɪʃən] [a-li-men-téi-shon], *s.* Alimentación.
alimentiveness [ˌælɪmən'tɪvnɪs] [a-li-mén-tif-nes], *s.* Apetito o deseo de tomar alimento.
alimonious ['ælɪmənɪəs] [a-li-mó-nios], *a.* Alimenticio, alimentoso.
alimony ['ælɪmənɪ] [a-lí-mo-ni], *s.* Alimentos, existencias, la parte de los bienes del marido, que por sentencia judicial se señala a la mujer por causa de divorcio o separación.
aline [ə'laɪn] [a-láin], *va.* Poner en línea, alinear. - *vn.* Ponerse en línea.
aliped [ə'lɪpd] [a-lípd], *a.* Alípede, quiróptero.
aliquant ['ælɪkwənt] [a-lí-kuant], *a.* Alicuanta, la parte que no mide cabalmente a su todo; así, tres es alicuanta de diez.
aliquot ['ælɪkwɒt] [a-lí-kuot], *a.* Alícuota, la parte que mide cabalmente a su todo; *p.ej.* tres es la parte alícuota de doce.
alish ['ælɪʃ] [álish], *a.* Acervezado, parecido o semejante a la cerveza llamada *ale*.
alive [ə'laɪv] [a-láif], *a.* 1. Vivo o viviente. 2. Vivo, no apagado, ni destruido. 3. Activo, vivo, alegre. 4. Se usa muchas veces enfáticamente para ponderar: v.g. **The best man alive**, el mejor hombre que existe, o que hay entre los vivientes. **Alive and kicking**, vivito y coleando. **Dead or alive**, vivo o muerto.
alkahest, *s. V.* ALCAHEST.
alkalescence ['ælkələsns] [al-ká-le-sens], *s.* Alcalescencia.
alkalescent ['ælkələsnt] [al-ká-le-sent], *a.* Alcalescente, lo que tiene tendencia o propiedades alcalinas.
alkali ['ælkəlaɪ] [ál-ka-li], *s.* Álcali, cualquier sustancia que, mezclada con los ácidos, produce sales: base.
alkalify ['ælkəlaɪfɪ] [al-ká-li-fai], *va.* Convertir en álcali.
alkaligenous [ˌælkəlaɪ'dʒɪnəs] [al-ka-lí-che-nos], *a.* Alcalígeno, generador de álcalis.
alkalimeter [ˌælkəli:'mɪtə[r]] [al-ka-lí-mi-ta[r]], *s.* Alcalímetro, instrumento para medir la cantidad de álcali que contiene una sustancia.
alkaline ['ælkəlaɪn] [ál-ka-lain], *a.* Alcalino, lo que tiene propiedades de álcali.
alkaline earth [ˌælkəlaɪn'ɜ:θ] [ál-ka-lain-erz] *s. / adj.* Alcalinotérreo.
alkalinity [ˌælkə'lɪnɪtɪ] [al-ka-lí-ni-ti], *s.* Alcalinidad, estado alcalino, efecto de los álcalis.
alkalization [ˌælkəlɪ'zeɪʃən] [al-ka-li-zéi-shon], *s.* Alcalización.
alkalize ['ælkəlaɪz] [ál-ka-lais], *va.* Alcalizar, hacer alcalino.
alkaloid ['ælkəlɔɪd] [ál-ka-loid], *s.* Alcaloide, álcali orgánico o vegetal; base orgánica.
alkalosis ['ælkələsɪs] [al-ka-ló-sis] *s.* Alcalosis.
alkanet ['ælkənet] [ál-ka-net], *s. (Bot.)* Búgula o melera; ancusa.
alkermes ['ælkɜ:mes] [ál-ke[r]-mes], *s.* Alquermes, confección cuyo principal ingrediente es el quermes.
all [ɔ:l] [ol], *a.* 1. Todo, lo que se comprende entera y cabalmente en el número. **All hands aloft**, ***(Mar.)*** todo el mundo arriba. **All hands below**, *(Mar.)* todo el mundo abajo. 2. Todo, lo que se comprende entera y cabalmente en la cantidad. **All his money is spent**, todo su dinero se ha gastado.
all, *s.* Todo el compuesto de partes integrantes. **All in the wind**, *(Mar.)* en facha. **When all comes to all**, con todo eso, en fin. **It is all the same**, es absolutamente lo mismo. **For good and all**, enteramente, para siempre. **To be all in all with one**, ser el favorito de alguna persona. **Not at all**, no por cierto, nada de eso, de ninguna manera. **All along**, por todo el tiempo, siempre. **By all means**, sin duda, absolutamente, sea como fuere. **He is undone to all intents and purposes**, está enteramente arruinado o perdido. **For all**, *loc. prep.* a pesar de.
all, *adv.* Del todo, enteramente. **All on a sudden**, de golpe y porrazo, de repente, repentinamente. **All the better**, tanto mejor. **All the worse**, tanto peor. **All at once**, de repente, de golpe. **All,** muchas veces se une con adjetivos y participios, como se ve por los siguientes. En las voces **Almighty, Already**, etc., se suprime una l. (*V.* estas palabras en su lugar alfabético.)
all-abandoned [ɔ:lə'bændənd] [ol-a-bán-dond], *a.* Desamparado por todos.
all-abhorred [ɔ:lə'bɔ:d] [ol-a-bórd], *a.* Aborrecido de todos.
all-admiring [ɔ:læd'maɪrɪŋ] [ol-ad-máirin], *a.* Admirador de todo.
all-advised [ɔ:ləd'vaɪst] [ol-ad-váist], *a.* Aconsejado de todos.
allah ['ælə] [alá], *s.* Alá, voz árabe que significa Dios.
all-American [ɔ:lə'merɪkæn] [ol-a-mé-ri-kan] *a.* Típicamente americano. **The all-American team**, el mejor equipo americano.
Allan ['ælən] [á-lan] *N.* Alano.
allantois ['æləntɔɪs] [ol-an-tóis], *s.*Alantóides, saco membranoso situado entre el corion y el amnios en el feto.
all-approved [ˌɔ:lə'pru:vd] [ol-a-prufd], *a.* Aprobado por todos.
all-around [ɔ:lə'raʊnd] [ol-a-ráund] *a.* Completo.
all-atoning [ɔ:lə'tənɪŋ] [ol-a-tó-nin], *a.* Lo que compensa o lo expía todo.
allay [ə'leɪ] [á-lei], *va.* Aliviar, aquietar, apaciguar, reprimir, suavizar, mitigar, endulzar.
allayment [ə'leɪmənt] [á-lei-ment], *s.* Alivio, descanso o desahogo.
all-bearing [ɔ:l'bɛərɪŋ] [ol-béa-rin], *a.* Lo que produce o cría todas las cosas.
all-beauteous [ɔ:l'bɪu:təs] [ol-biú-tuos], *a.* Enteramente hermoso.
all-beholding [ɔ:l'bɪhəʊldɪŋ] [ol-bi-jól-din], *a.* Lo que ve todas las cosas.
all-blasting [ɔ:l'blæstɪŋ] [ol-blás-tin], *a.* Lo que difama o arruina a todas las personas o cosas.
all-clear [ɔ:l'klɛɑ:[r]] [ol-kléa] *s.* Final de la alarma.
all-changing [ɔ:l'tʃændʒɪŋ] [ol-chán-yin], *a.* Lo que está cambiando perpetuamente.
all-cheering [ɔ:l'tʃi:rɪŋ] [ol-chia-rin], *a.* Lo que todo lo alegra.
all-commanding [ɔ:l'kəmændɪŋ] [ol-kó-man-din], *a.* Lo que manda en todas partes.
all-complying [ɔ:l'kɒmplaɪŋ] [ol-kom-plái-in], *a.* El que se acomoda a todo.
all-composing [ɔ:l'kɒmpəʊsɪŋ] [ol-kom-pó-sin], *a.* El que sosiega y lo compone todo.
all-comprehensive [ɔ:lkɒmprɪ'hensɪv] [ol-kom-pri-jén-sif], *a.* Lo que lo comprende todo.
all-concealing [ɔ:l'kənsi:lɪŋ] [ol-kon-sí-lin], *a.* Lo que todo lo oculta.
all-conquering [ɔ:l'kɒŋkərɪŋ] [ol-kón-ke-rin], *a.* Lo que todo lo vence.
all-constraining [ɔ:l'kɒnstreɪnɪŋ] [ol-kons-tréi-nin], *a.* Lo que todo lo refrena, reprime o retiene.
all-consuming [ɔ:lˌkɒns'ju:mɪŋ] [ol-kon-siú-min], *a.* Lo que todo lo consume o gasta.

all-daring [ɔːl'dɛərɪŋ] [ol-déa-rin], *a.* Lo que osa o se atreve a todo.
all-destroying [ɔːl'dɪstrɔɪɪŋ] [ol-dis-trói-yin], *a.* Lo que todo lo arruina.
all-devastating [ɔːl'devəsteɪtɪŋ] [ol-de-vas-téi-tin], *a.* Lo que todo lo devasta.
all-devouring [ɔːl'dɪvərɪŋ] [ol-di-vó-rin], *a.* Lo que todo lo consume o devora.
all-dimming [ɔːl'dɪmɪŋ] [ol-dí-min], *a.* Lo que obscurece todas las cosas.
all-discovering [ɔːl'dɪskʌvərɪŋ] [ol-dis-ká-ve-rin], *a.* Lo que todo lo descubre.
all-disgraced [ɔːl'dɪ'greɪsd] [ol-dis-gréist], *a.* Enteramente deshonrado.
all-dispensing [ɔːl'dɪspensɪŋ] [ol-dis-pén-sin], *a.* El que dispensa de todo, o el que tiene facultad de permitirlo todo por sí mismo.
all-divine [ɔːl'dɪvaɪn] [ol-di-váin], *a.* Divinísimo, divino en sumo grado.
all-divining [ɔːl'dɪvaɪnɪŋ] [ol-di-vái-nin], *a.* El que lo adivina o pronostica todo.
all-dreaded [ɔːl'driːded] [ol-drí-ded], *a.* Temido de todos.
all-drowsy [ɔːl'drəʊsɪ] [ol-dráu-si], *a.* Muy soñoliento.
allegation [ˌæle'geɪʃən] [a-le-géi-shon], *s.* 1. Alegación o alegato. 2. Alegación, excusa o disculpa; razón. 3.Alegato, cita.
allege [ə'ledʒd] [a-léch], *va.* 1. Alegar, afirmar, declarar, sostener. 2. Alegar, sacar a su favor algún dicho u otra cosa que sirva de disculpa; citar, exponer.
allegeable [ə'ledʒiːbl] [al-lé-cha-bol], *a.* Lo que se puede alegar.
allegement [ə'ledʒɪdmənt] [al-léch-ment], *s. V.* ALLEGATION.
alleger [ə'ledʒəʳ] [al-lé-gar], *s.* Alegador, afirmante, declarante.
allegiance [ə'ledʒəns] [al-lí-gians], *s.* Lealtad, fidelidad, la obligacion que debe todo vasallo a su soberano; sumisión, fidelidad, obediencia, homenaje. **To swear allegiance**, jurar fidelidad; hacer pleito homenaje.
allegiant [ə'ledʒənt] [al-lí-giant], *a.* Leal, obediente, sumiso.
allegoric [ˌælɪ'gɒrɪk] [a-li-gó-rik], **allegorical** [ˌælɪ'gɒrɪkəl] [a-li-gí-ri-kal], *a.* Alegórico.
allegorically [ˌælɪ'gɒrɪkəlɪ] [a-li-gí-ri-ka-li], *adv.* Alegóricamente, en sentido alegórico.
allegoricalness [ˌælɪ'gɒrɪkəlnɪs] [a-li-gí-ri-kal-nis], *s.* La calidad de ser alegórico.
allegorist [ˌælɪ'gɒrɪst] [a-li-gó-rist], *s.* El que alegoriza, el autor u orador que explica el sentido de las cosas por alegorias.
allegorize [ˌælɪ'gɒraɪz] [a-lí-go-rais], *va.* Alegorizar, interpretar alegórocamente. *-vn.* Tratar o discurrir alegóricamente.
allegory [ˌælɪ'gɒrɪ] [a-lí-go-ri], *s.* Alegoría, metáfora continuada, discurso figurado.
allegretto [ˌæleɪ'getəʊ] [al-lei-gré-tou] *(Ital.)*, *a.* Más vivo que el andante, pero no tanto como el alegro. *-s.* Movimiento en este tiempo.
allegro [ə'legrəʊ] [al-lé-grou], *s. (Mús.)* Alegro, voz tomada de la lengua italiana, que significa un movimiento moderadamente vivo en la música.
all-eloquent [ˌɔːl'ɪləkwənt] [ol-í-lo-kuant], *a.* Elocuentísimo, muy elocuente.
allelujah [ˌælɪ'luːjə] [a-li-lú-ya]], *s.* Aleluya, voz hebrea que expresa júbilo espiritual y significa "Alabad a Dios, o al Señor." *V.* HALLELUJAH.
all-embracing [ɔːl'ɪmbreɪsɪŋ] [il-im-bréi-sin], *a.* Lo que lo comprende o abraza todo.
allen ['ælən] [á-lan] *N.* Alano.
all-ending ['æləndɪŋ] [ol-én-din], *a.* Lo que acaba todas las cosas.
all-enlightening [ˌælən'laɪtnɪŋ] [al-in-láit-nin], *a.* Lo que ilumina por todas partes.
all-enraged [ælən'reɪdʒd] [ol-in-réicht], *a.* Muy enojado o enfurecido.
allergen ['ælədʒən] [al-lér-chen], s. Alergeno.
allergic [ə'lədʒɪk] [a-lér-chik], *a. (Med.)* Alérgico.
allergist [ə'lədʒɪst] [a-lér-chist] *s.* Médico especialista en alergias.
allergy [ə'lədʒɪ] [a-lér-chi], s. *(Med.)* Alergia.
alleviate [ə'liːvɪeɪt] [á-li-viéit], *va.* Aligerar, aliviar, mitigar, aplacar.
alleviation [əˌliːvɪ'eɪʃən] [á-li-viéi-shon], *s.* 1. Aligeramiento, la acción de aligerar. 2. Alivio, disminución de algún dolor, o circunstancia atenuante de algún delito; mitigación.
alleviative [ə'liːvɪətɪv] [al-lí-via-tif], *s.* Paliativo.
alleviatory [ə'liːvɪətərɪ] [a-li-ia-tó-ri] *a.* Aliviador.
alley ['ælɪ] [á-li, *s.* 1. Calle o paseo de jardín. 2. Callejuela, calle mas angosta que las comunes en las ciudades y pueblos grandes. 3. Espacio largo y angosto para el juego de bolos. **Blind-alley**, callejón sin salida. **Alleyway**, callejuela, calle estrecha. **Alley cat** [ ] *s.* Gato callejero.
all-flaming [ɔːl'flæmɪŋ] [ol-flé-min], *a.* Lo que echa llamas por todos lados.
all-fools' Day ['ɔːlfuːlzdeɪ] [ól-fuls-déi], *s.* El día primero de abril; se le da el nombre de día de los tontos, por la costumbre de hacer inocentadas ese día; día de los Inocentes.
all-forgiving [ɔːlfɔː'gɪvɪŋ] [ol-for-gí-vin], *a.* Que todo lo perdona.
all-fours [ɔːlfɔːz] [ol-fórs], *s.* Los cuatro palos, juego de naipes. **To go on all-fours**, gatear, andar a gatas.
all-giver [ɔːl'gɪvəʳ] [ol-guí-var] , *s.* Dios, el dador de todas las cosas.
all-good [ɔːl'guːd] [ól-gud], *s.* Dios, el ser infinitamente bueno. *-a.* Dios, la suprema bondad.
all-guiding [ɔːl'gaɪdɪŋ] [ol-gái-din], *a.* Lo que guia o conduce todas las cosas.
all-hail [ɔːl'heɪl] [ol-jéil], *s.* Salud completa.
all-hail, *va.* Saludar, desear salud.
All-hallow, **All-hallows** ['ɔːl'hæləʊz] [ol-jálou], s. El día de Todos los Santos.
All-hallowe'en ['ɔːl'hæləʊwiːn] [ol-já-louin], *s.* La noche del 31 de Octubre; víspera del día de Todos los Santos.
all-heal ['ɔːl'hiːl] [ol-jíl], *s. (Bot.)* Panacea, planta.
all-healing ['ɔːl'hiːlɪŋ] [ol-jí-lin], *a.* Que lo cura o sana todo.
all-helping [ɔːl'helpɪŋ] [ol-jél-pin], *a.* Lo que a todos ayuda.
all-hiding [ˌɔːl'haɪdɪŋ] [ol-jái-din], *a.* Lo que todo oculta.
all-honored [ɔːl'hənɔːd] [ol-jó-nod], *a.* Honrado por todos.
all-hurting [ɔːl'hɜːtɪŋ] [ol-jér-tin], *a.* Lo que a todo hiere o lastima.
alliable [ə'laɪəbl] [a-láia-bol], *a.* Capaz de aliarse.
alliaceous [ə'laɪəsəs] [a-lái-a-sas], *a.* Aliáceo.
alliance [ə'laɪəns] [a-lái-ans], *s.* 1. Alianza, unión, liga o confederación que forman entre sí los estados para defenderse mutuamente de sus enemigos o para ofenderlos. 2. Alianza, conexión o parentesco, contraído por casamiento. 3. Parentesco, sea por afinidad o por consanguinidad. 4. Parentela, el conjunto de todo género de parientes.
all-idolizing [ə'laɪədəlɪsɪŋ] [ol-ai-dó-li-sin], *a.* El que lo adora, venera o idolatra todo.
allied ['ælaɪd] [a-láid], *a.* Aliado, unido, confederado. **Allied to**, pariente de.
allies ['ælaɪz] [a-láis], *s. pl.* Aliados, confederados. *V.* **ALLY.**
alligate ['ælɪgeɪt] [á-li-geit], *va.* Ligar, atar o afianzar una cosa a otra.
alligation ['ælɪgeɪʃən] [a-li-géi-shon], *s.* 1. Aligación, la acción de ligar o atar. 2. *(Arit.)* Aligación, la regla por la cual se computa y averigua el precio común de mezcla de especies de diferente valor. 3. Ligazón, atadura, unión.
alligator ['ælɪgeɪtəʳ] [a-li-géi-tar], *s.* Caimán o aligador, especie de cocodrilo de América. Lacerta alligator. *(Mex.)* Lagarto. **Alligator-pear**, avocado, aguacate (Cuba) o agualate (en Perú, palta). **Alligator-tree**, liquidámbar común de América. **Alligator-apple**, anona de los pantanos. Este árbol

de las Antillas da un fruto que es manjar predilecto de los cocodrilos.

all-imitating [æl'ɪmɪteɪtɪŋ] [ol-i-mi-téi-tin], *a.* Lo que lo imita todo.

all-in ['ɔ:lɪn] [ol-in] *a.* Global. **All-in charge**, precio todo incluido. **All-in wrestling**, lucha libre.

all-informing [ˌɔ:lɪn'fɔ:mɪŋ] [ol-in-fó-min], *a.* Lo que lo mueve o anima todo.

all-interpreting [ˌɔ:lɪntɜ:'prɪtɪŋ] [ol-in-ter-prí-tin], *a.* El que todo lo explica.

allision ['əlɪʃən] [a-lí-shon], *s.* Choque, la acción de golpear o dar una cosa contra otra.

alliterate [ə'lɪtəreɪt] [a-lí-te-reit] *vn.* Escribir o hablar usando aliteraciones.

alliteration [ə'lɪtəreɪʃən] [a-li-te-réi-shon], *s.* Aliteración, paronomasia.

alliterative [ə'lɪtərətɪv] [a-li-té-ra-tif], *a.* Lo que pertenece a las voces que empiezan con la misma letra.

all-judging [ɔ:l'dʒʌdʒɪŋ] [ol-yá-chin], *a.* El que tiene el derecho soberano de juzgar.

all-knowing [ɔ:l'nəʊɪŋ] [ol-nóuin], *a.* Omnisciente, que todo lo sabe.

all-licensed ['ɔ:laɪsəns] [ol-lai-sens], *a.* Con libertad para todo.

all-loving [ɔl'lʌvɪŋ] [ol-lá-vin], *a.* Amantísimo.

all-making [ɔ:l'meɪkɪŋ] [ol-méi-kin], *a.* El que lo crea o cría todo, el que todo lo hace.

all-murdering [ɔ:l'mɜ:dərɪŋ] [ol-már-derin], *a.* Sangrientísimo, aniquilador, destructor.

all-night [ɔ:l'naɪt] [ol-nait] *a.* Abierto toda la noche. Que dura toda la noche.

all-obedient [ɔ:lɒ'bɪdɪənt] [ol-o-bí-di-ent], *a.* Obediente en absoluto.

all-oblivious [ɔ:l'əblɪvɪəs] [ol-o-blí-vios], *a.* Lo que causa olvido total.

all-obscuring [ɔ:l'əskjʊrɪŋ] [ol-obs-kiú-rin], *a.* Lo que esconde u obscurece todas las cosas.

allocate ['æləʊkeɪt] [á-lo-keit], *va.* Colocar, señalar puesto. Distribuir.

allocation [ˌæləʊ'keɪʃən] [a-lo-kéi-shon, *s.*1. Distribución, colocación. 2. Asignación, fijación.

allocution [ˌæləʊ'kju:ʃən] [a-lo-kiú-shon], *s.* Alocución, arenga, discurso.

allodial ['ælədɪəl] [a-ló-dial], *a.* Alodial, libre de toda carga, independiente.

allodium ['ælədɪəm] [a-ló-diom] *s.* Alodio, posesión absoluta e independiente de tierras o bienes, sin reconocimiento de ningún dominio soberano.

allonge ['æləndʒ] [a-lónch], *s.*1. Bote, botonazo, estocada, el golpe que se tira de punta con la espada o estoque. 2. El ramal largo con que se enseña a los caballos en el picadero.

allopath ['æləpɑθ] [a-ló-paz] ó **allopathist** ['æləpɑθɪst] [a-ló-pa-zist], *s.*Alópata, médico que profesa los principios de la alopatía.

allopathic ['æləpɑθɪk] [a-lo-pá-zik], *a.* Alopático relativo a la alopatía, o que la favorece y prefiere.

allopathy ['æləpɑθɪ] [a-ló-pa-zi], *s.* Alopatía, sistema de medicina por el cual se trata de curar una enfermedad produciendo un estado y fenómenos incompatibles con la misma; la práctica ordinaria de la medicina como opuesta a la homeopatía.

allot [ə'lɒt] [á-lot], *va.* 1. Distribuir por suerte. 2. Conceder. 3. Repartir, asignar, adjudicar, destinar, dar a cada uno su parte o lo que le toca.

allotment [ə'lɒtmənt] [a-lót-ment], *s.* Lote, parte o porcion de cualquier cosa que se da a alguno en el reparto de ella; asignación, repartimiento. (U.S.) Parte del sueldo de un miembro de las fuerzas armadas, que se envía a una persona designada por él.

allotropic [ə'lɒtrəpɪk] [a-lo-tró-pik], *a.* Alotrópico; lo que pertenece al alotropismo.

allotropism [ə'lɒtrəpɪzm] [a-lo-tro-písem], **allotropy** [ə'lɒtrəpɪ] [a-ló-tro-pi], *s.* *(Quím.)* Alotropia, la diferencia o el cambio en las propiedades físicas de ciertas sustancias o sus compuestos, sin cambio correspondiente en su composición química.

allotted [ə'lɒtɪd] [a-ló-tid], *pp.* *y a.* 1. Repartido, dividido, distribuido en lotes o porciones. 2. Asignado, señalado.

all-out ['ɔ:l'aʊt] [ol-aut], *a.* Total, completo. *-adv.* Totalmente, resueltamente.

all-over ['ɔ:l'əʊvə^r] [ol-óuvar], *a.* De diseño repetido.

allow [ə'ləʊ] [a-láu], *va.* 1. Admitir, reconocer. **To allow sth. to be true**, reconocer que algo es verdad. 2. Conceder o ceder, consentir, confesar, aprobar. 3. Permitir. **Smoking is allowed**, se permite fumar. 4. Dar, pagar. 5. Abonar en cuenta. 6. Descontar, desfalcar. 7. Señalar, adjudicar. *vn.* **I allow of that**, Concedo eso. **To allow for**, tener en cuenta.

allowable [ə'ləʊvəbl] [a-láua-bol], *a.* 1. Admisible, lo que se puede admitir sin contradicción. 2. Lícito, permitido, legítimo, justo.

allowableness [ə'ləʊvəblnɪs] [a-láua-bol-nis], *s.* Legitimidad, legalidad; propiedad; exención; permiso.

allowably [ə'ləʊvəblɪ] [a-láua-bli], *adv.* Con permiso, legítimamente.

allowance [ə'laʊəns] [a-láuans], *s.* 1. Permiso, concesión. 2. Indulgencia o disminución de rigor. 3. Ración, gajes, salario. 4. Señalamiento, pensión, abono, alimentos, mesada. 5. Licencia, excusa, connivencia. 6. Carácter establecido. **To keep on allowance,** poner a ración; poner a dieta. **To make allowance for**, hacerse cargo de, ser indulgente. **To give allowance to one's inclinations**, ceder a las propias inclinaciones. **Family allowance**, subsidios familiares.

alloy ['ælɔɪ] [a-lói], *va.* 1. Ligar, mezclar un metal con otro para poderlo acuñar con más facilidad, alear los metales. 2. Ligar, juntar una cosa con otra, o mezclarla para rebajar sus calidades.

alloy, *s.* 1. Liga, el metal de baja ley que se mezcla con el oro o la plata en la acuñación de la moneda. 2. Liga, la cosa que, añadida o mezclada con otra, rebaja sus calidades predominantes; mezcla.

alloyage [æ'lɔɪadʒ] [a-lói-ach], *s.* Liga, mezcla de metales; acción de ligar los metales.

all-penetrating [ɔ:lˌpenɪ'treɪtɪŋ] [ol-pe-ni-tréi-tin], *a.* Que todo lo penetra.

all-perfect [ɔ:l'pɜ:fekt] [ol-pér-fekt], *a.* Perfectísimo.

all-perfectness [ɔ:l'pɜ:fektnɪs] [ol-pér-fekt-nis], *s.* Perfección completa, conjunto de perfecciones.

all-piercing [ɔ:l'i:sɪŋ] [ol-pir-sin], *a.* Lo que penetra por todo.

all-powerful ['ɔ:l'paʊəfʊl] [ol-páua-ful] o **all-potent** [ɔ:l'pɒtənt] [ol-pó-tent], *a.* Omnipotente, todopoderoso.

all-praised ['ɔ:l'preɪzd] [ol-préist], *a.* Alabado por todos.

all-purpose ['ɔ:l'pɜ:pəs] [ol-pér-pos] *a.* Para todo uso, universal.

all-right [ˌɔ:l'raɪt] [ól-rait], *adv.* Bien, bueno, perfectamente, está bien.

all-round [ˌɔ:l'raʊnd] [ól-raund], *a.* Completo, en todas formas. **All-round athlete**, deportista o atleta completo o en todos los campos.

all-ruling [ˌɔ:l'rʊlɪŋ] [ol-rú-lin], *a.* El que todo lo gobierna.

all-saints'day ['ɔ:l'seɪntsdeɪ] [ol-séints-dei], *s.* El día o fiesta de Todos los Santos, Nov. 1.

all-sanctifying [ˌɔ:l'sæŋktɪfaɪŋ [ol-sánk-ti-fai-yin], *a.* Que todo lo santifica.

all-saving [ˌɔ:l'seɪvɪŋ] [ol-séi-vin], *a.* Salvador o conservador de todo.

all-searching [ˌɔ:l'sɜ:tʃɪŋ] [ol-sér-chin], *a.* Lo que lo examina o penetra todo.

all-seeing [ˌɔ:l'si:ɪŋ] [ol-sí-in], *a.* Que todo lo ve.

all-seer [ˌɔ:l'sɪə^r] [ol-síar], *s.* Veedor u observador de todo, el que ve todas las cosas.

all-shunned [ˌɔ:l'ʃʌnd] [ol-shánd], *a.* Evitado o huido por todos.

All-souls'day ['ɔːl'səʊlzdeɪ] [ól-souls-dei], *s.* El día de las Ánimas, o día de difuntos. *(Mex.)* El día de los muertos, Nov.2.
allspice ['ɔːl'spaɪs] [óls-pais], *s.* Pimienta de Jamaica.
all-star ['ɔːl'stɑː] [ól-sta^r] *a.* De primeras figuras.
all-sufficiency ['ɔːl'səfɪʃənsɪ] [ol-sa-fí-shan-si], *s.* Habilidad infinita.
all-sufficient ['ɔːl'səfɪʃənt] [ol-sa-fí-shant], *a.* Bastante o suficiente para todo. *-s.* Dios.
all-surveying ['ɔːl'sɜːveɪɪŋ] [ol-ser-véi-yin], *a.* Que todo lo mira.
all-sustaining ['ɔːl'səstaɪnɪŋ] [ol-sas-téi-nin], *a.* Sostenedor y mantenedor de todas las cosas.
all-telling ['ɔːl'telɪŋ] [ol-té-lin], *a.* Hablador, el que todo lo dice o divulga.
all-time ['ɔːl'taɪm] [ól-taim], *a.* Sin precedente, absoluto; de todos los tiempos. **All-time high**, Lo más alto hasta ahora.
all-triumphant ['ɔːl'trɪʊmfənt] [ol-triúm-fant], *a.* Triunfante en todas partes.
allude [ə'luːd] [a-liúd], *va.* Aludir, hacer relación a alguna cosa sin mencionarla directamente.
alluminate [ə'luːmɪneɪt] [a-liú-mi-neit], *va.* Iluminar dibujos.
alluminor [ə'luːmɪnə^r] [a-lu-mí-nar], *s.* Iluminador.
allure [ə'ljʊə^r] [a-liúar], *va.* 1. Halagar, atraer con halagos, alucinar, cebar. 2. Atraer, seducir. **That can allure none but fools**, eso no puede seducir más que a los necios. *s.* Atractivo.
allurement [ə'ljʊəmənt] [a-liúa-ment], *s.* Halago, engañifa; atractivo, cebo, lisonja, aliciente, seducción.
allurer [ə'ljʊə^r] [a-liúar], *s.* Halagador, seductor, engañador.
alluring [ə'ljʊərɪŋ] [a-liúa-rin], *a.* Halagüeño, seductivo, atractivo.
alluringly [ə'ljʊərɪŋlɪ] [a-liúa-rin-li], *adv.* Halagüeñamente, seductoramente.
alluringness [ə'ljʊərɪŋnɪs] [a-liúa-rin-nis], *s.* Aliciente, atractivo, incentivo, agrado.
allusion [ə'ljuːzən] [a-liúa-shon], *s.* 1. Alusión. 2. Indirecta.
allusive [ə'ljuːsɪv] [a-liú-sif] *a.* Alusivo.
allusively [ə'ljuːsɪvlɪ] [a-liu-síf-li], *adv.* Alusivamente.
allusiveness [ə'ljuːsɪvnɪs] [a-liu-síf-nis], *s.* La calidad de ser alusivo.
alluvial [ə'ljuːvɪəl] [a-liú-vial], *a.* Aluvial; lo que pertenece al aluvión, está contenido en él, o es producido por él.
alluvion [ə'ljuːvɪən] [a-liú-vion], *s.* 1. Aluvión, aumento de tierras causado por las avenidas o corrientes de los ríos; terreno. 2. Avenida, inundación.
alluvious [ə'ljuːvɪəs] [a-liú-vios], *a.* (Poco us.) *V.* ALLUVIAL.
alluvium [ə'ljuːvɪəm] [a-liú-viom], *s.* Terreno de origen reciente formado por la acumulación de cieno, arenas, etc., debida a la acción de las aguas; aluvión, 1ª acep.
all-watched [ɔːl'wɑːtʃ] [al-uácht], *a.* Vigilado por todos.
all-weather ['ɔːl'weðə^r] [ol-uéa-za^r] *a.* Para todo tiempo.
all-wise [ɔːl'waɪz] [ol-uáis], *a.* Infinitamente sabio, sapientísimo.
all-witted [ɔːl'wɪtd] [ol-uít], *a.* Ingeniosísimo.
all-worshipped ['ɔːl'wɔːʃɪpt] [ol-uér-shipt], *a.* Adorado de todos.
ally ['ælɪ] [al-i], *va.* 1. Hacer alianza o unión por afinidad o confederación. 2. Concordar o poner en relación una cosa con otra. *-vn.* Confederarse, aliarse.
ally, *s.* Aliado, confederado, el que tiene alianza con otro por afinidad, amistad o confederación.
almagest ['ælməgest] [al-má-yest] *s.* Almagesto.
almagra ['ælməgrə] [al-má-gra], *s.* Almagre.
alma-mater ['ælmə'meɪtə^r] [al-ma-méi-tar], *s.* La universidad en donde se ha estudiado y se han recibido los grados escolásticos.
almanac ['ɔːlmənæk] [ál-ma-nak], *s.* Almanaque, calendario. **Almanac-maker**, almanaquista, calendarista, el que hace los calendarios.
almandine ['ɑːlməndaɪn] [al-man-dain] o **almandite** ['ɑːlməndaɪt] [al-man-dait], *s.* Almandina, especie de rubí más basto y ligero que el oriental.
almemor [ɔːlmɪmə^r] [ol-mí-ma^r] *s.* *(Rel.)* Almimbar.
almightiness ['ɔːʟmaɪtɪnɪs] [al-mái-ti-nis], *s.* Omnipotencia, poder supremo para todas las cosas; atributo sólo de Dios.
almighty ['ɔːʟmaɪtɪ] [al-mái-ti], *a.* Omnipotente, todopoderoso.
almond ['ɑːmənd] [ál-mond], *s.* Almendra. **Almonds of the throat**, *(Anat.)* Las amígdalas, dos glándulas de la garganta. **Almond-oil**, aceite de almendras. **Almond-paste**, pasta de almendras. **Bitter almonds**, almendras amargas. **Burnt almonds**, almendras bañadas o garapiñadas. **Unshelled almonds**, almendras con cáscara.
almond-eyed ['ɑːmənd'aɪd] [ál-mon-áid] *a.* De ojos rasgados.
almond-tree ['ɑːmənd'triː] [al-mon-tri], *s.* *(Bot.)* Almendro, árbol que da por fruto las almendras.
almond-willow ['ɑːmənd'wɪləʊ] [al-mon-uí-lou], *s.* *(Bot.)* Una especie de sauce.
almoner ['ɑːmənə^r] [ál-mo-nar], *s.* Limosnero, el que está encargado de distribuir las limosnas.
almonry ['ɑːmənrɪ] [ál-mon-ri], *s.* El sitio o paraje en que se distribuyen las limosnas.
almoravid o **almoravide** ['ɑːmərəvɪd] [al-mo-rá-vid] *a./s.* Almorávide.
almost ['ɔːməʊst] [ól-moust], *adv.* Casi, cerca de. **It is almost night**, es casi de noche, es casi noche.
alms [ɑːmz] [áms], *s.* Limosna, caridad.
alms-basket [ɑːmz'baːskɪt] [ams-bás-kit], *s.* Canasto o cesto en que se echa limosna para los pobres.
alms-box [ɑːmz'bɒks] [áms-boks], *s.* Cepillo o caja de limosna; alcancía.
almsdeed [ɑːmz'diːd] [áms-did], *s.* Caridad, limosna, obra de caridad.
alms-folk [ɑːmz'fəʊk] [áms-fouk], *s.* Personas caritativas.
almsgiver [ɑːmz'gɪvə^r] [ams-gí-var], *s.* Limosnero, el que da limosna.
almsgiving [ɑːmz'gɪvɪŋ] [ams-gí-vin], *s.* El acto de dar limosna. Caridad.
almshouse [ɑːmz'haʊs] [áms-jaus], *s.* 1 Hospicio de pobres o casa de misericordia. 2. Asilo.
almsman [ɑːmz'mən] [áms-man], *s.* 1. Pobre, mendigo, pordiosero. 2. Limosnero, el que da limosnas.
alms-people [ɑːmz'piːpl] [ams-pí-pol], *s.* Hospicianos, los asilados de la casa de misericordia.
almug-tree [ɑːmʌ'triː] [ámag-tri], *s.* Árbol que produce la goma arábiga. Se escribe también y preferentemente, ALGUM.
alnagar [ɑːməgə^r] [a-ná-gar], **alnager** [ɑːməgə^r] [a-ná-gar], *s.* El que mide por anas.
alnage [ɑːneɪg] [á-neich], *s.* La medición por anas.
alodial ['ælədɪəl] [a-ló-dial] *a.* Alodial.
alodium ['ælədɪə] [a-ló-diom] *s.* Alodio.
aloe ['æləʊ] [á-lou], *s.* 1. *(Des.)* Aloe o linálоe, madera preciosa que se usa para perfumes. 2. *(Bot.)* Aloe, árbol que cría en los países cálidos. 3. *pl.* aunque en sintaxis singular: Aloe o acíbar, zumo o jugo medicinal que se saca del árbol llamado áloe común. 4. Zábida o zábila, planta parecida a la pita, de la que se saca tambien el acíbar.
aloetic ['æləʊtɪk] [a-lo-é-tik], **aloetical** ['æləʊtɪkl] [a-lo-é-ti-kal], *a.* Aloético, cosa perteneciente al acíbar.
aloft [ə'lɒft] [a-lóft], *prep.* Arriba, sobre. **All hands aloft**, *(Mar.)* Todo el mundo arriba. **To set aloft**, elevar, subir. -*adv.* En alto.
aloin [ə'lɔɪn] [a-lóin], *s.* Principio amargo, purgante, que se extrae del áloe.
alone [ə'ləʊn] [a-lóun], *a.* Solo, solitario, sin compañía. **I was alone**, estaba solo. **All alone**, completamente solo. **To let (o leave) alone**, no desarreglar, no tocar las cosas; no mezclarse en algo; no molestar, dejar en paz a las personas.

Let me alone, déjeme usted en paz. *adv.* Solamente. **That alone can help us**, sólo eso nos puede ayudar.
aloneness [ə'ləʊnɪs] [a-lóun-nis], *s.* El estado de ser solo y sin igual; se aplica a Dios.
along [ə'lɒŋ] [a-lóng], *adv.* 1. A lo largo o por lo largo, por medio de cualquier espacio medido a lo largo. 2. Adelante. 3. Con, en compañía de, junto con. **Come along with me**, Venga usted conmigo. 4. En consecuencia, en virtud de. **All along**, a lo largo, de un cabo a otro, desde el principio al fin. **He lies all along**, está echado a la larga. **Move along, please!**, ¡circulen, por favor! **To get along (well) with someone**, llevarse bien con alguien.
alongshore [ə'lɒŋʃɔːʳ] [a-lóng-shoʳ] *adv.* A lo largo de la costa.
alongside [ə'lɒŋ'saɪd] [a-lóng-said], *adv.* A lo largo de, al lado, al costado. *(Mar.)* Al costado, o costado con costado. **To come alongside**, atracar.
aloof [ə'luːf] [a-lúf], *adv.* 1. Lejos. De lejos, a lo largo. **To keep aloof from a rock**, *(Mar.)* Mantenerse lejos de un escollo. 2. Prudentemente; cautelosamente. **To stand aloof from politics**, no mezclarse en la política.
aloofness [ə'luːfnɪs] [a-lúf-nis] *s.* Reserva.
alopecia [ˌæləʊ'piːʃə] [a-lo-pí-sha], *s.* *(Med.)* Alopecia, especie de tiña, que hace caer el cabello. *(Vulg.)* Pelona.
aloud [ə'laʊd] [a-láud], *adv.* Alto, con voz fuerte, recio.
alow [ə'laʊ] [a-láu], *adv.* Abajo o bajo: lo opuesto a **aloft**. *(Ant. Mar.)*.
alpaca [æl'pækə] [al-pá-ka], *s.* 1. Alpaca, una especie de llama; el camello del Perú. 2. Tela que se fabrica con el pelo de este animal.
alpenstock ['ælpɪnstɒk] [al-pins-tok], *s.* *(Alem.)* Palo con punta de hierro que se emplea en la ascensión de los Alpes.
alpha ['ælfə] [al-fa], *s.* 1. Alfa, nombre de la primera letra del alfabeto griego. 2. Sinónimo de principio. **Alpha and omega**, el primero y el último, el principio y el fin.
alpha ray ['ælfə'reɪ] [ál-fa-rei], *s.* Rayo alfa.
alphabet ['ælfəbet] [ál-fa-bet], *s.* Alfabeto, abecedario.
alphabet, *va.* Colocar por orden alfabético.
alphabetarian [ˌælfə'betərɪən] [al-fa-be-tá-rian], *s.* Alfabetista, el que sabe el a,b,c.
alphabetic [ˌælfə'betɪk] [al-fa-bé-tik], **alphabetical** [ˌælfə'betɪkəl] [al-fa-bé-ti-kal], *a.* Alfabético.
alphabetically [ˌælfə'betɪkəlɪ] [al-fa-bé-ti-ka-li], *adv.* Alfabéticamente.
alphabetize ['ælfəbetaɪz] [al-fá-be-tais], *va.* 1. Colocar alfabéticamente. 2. Proveer de un alfabeto.
alphameric [ˌælfə'merɪk] [al-fa-mé-rik] o **alphanumeric** [ˌælfənjuː'merɪk] [al-fa-niu-mé-rik] *a.* Alfnumérico.
alphenic ['ælfenɪk] [al-fé-nik], *s.* Alfeñique: azúcar candi.
alphonsin ['ælfɒnsɪn] [al-fón-sin], *s.* Sacabalas, instrumento quirúrgico para extraer las balas de las heridas.
alphonsine tables [ˌælfɒnsɪn'teɪbls] [al-fón-sin-téi-bols] *a.* Tablas alfonsinas.
alpine ['ælpaɪn] [ál-pain], *a.* 1. Alpino, perteneciente a los Alpes. 2. Alto, elevado.
alpist ['ælpɪst] [ál-pist], *s.* Alpiste, semilla menuda que se da a los pájaros.
Alps [ælps] [álps] *N.* *(Geogr.)* Alpes.
alquifou ['ælkɪfuː] [al-kí-fu], *s.* Alquifol, mineral de plomo que se usa en las alfarerías. Sulfuro de plomo.
already [ɔːl'redɪ] [ol-ré-di], *adv.* Ya, a la hora de ésta, antes de ahora.
Alsace ['ælses] [al-sás] *N.* *(Geogr.)* Alsacia.
Alsatian [æl'seɪʃən] [al-sá-shan] *a.* Alsaciano (habitante de Alsacia). Pastor alemán (dog).
alsike [ɔːl'saɪk] [ól-saik], *s.* Especie de trébol sueco, planta valiosa empleada como forraje, de flores rojizas o blancas.
also ['ɔːlsəʊ] [ól-sou], *adv.* También, igualmente, del mismo modo, aun, además.
also-run ['ɔːlsəʊrʌn] [ol-so-ran] 1. Caballo que no se coloca en una carrera. 2. Candidato vencido en una elección. 3. Nulidad.
alt ['ɔːlt] [alt], *s.* La parte más alta de la gama musical. (Abrev. de alto.)
altaic ['ɔːlteɪk] [al-téik] *a.* Altaico.
altar ['ɒltəʳ] [ál-tar], *s.* Altar; ara. **Altar boy**, monaguillo. **High altar**, altar mayor. **On the altars of**, en aras de.
altarge ['ɒltədʒ] [ál-tarch], *s.* Pie de altar, los emolumentos que se dan a los sacerdotes por el ejercicio de su ministerio; ofrenda hecha sobre el altar.
altar-cloth ['ɒltəklɒθ] [ál-tar-cloz], *s.* Sabanilla, la cubierta exterior del altar. *(Mex.)* Mantel o manteles.
altarpiece [ɒltə'piːs] [ál-tar-pis], *s.* Retablo, el cuadro o pintura del altar. Retablo, el altar en conjunto.
altar-screen [ɒltə'skriːn] [ál-tar-skrín], *s.* Contra-retablo.
altar stone [ɒltə'stəʊn] [al-tar-stóun] *s.* ara.
altar-table [ɒltə'teɪbl] [ál-tar-teibol], *s.* Mesa del altar.
altarwise [ɒltə'waɪz [ál-tar-uais], *adv.* En forma de altar.
alter ['ɒltəʳ] [ál-tar], *va.* Alterar, mudar. **To alter one's condition**, tomar estado, casarse. *-vn.* Mudarse o cambiarse, alterarse. *(Mar.)* **To alter course**, cambiar de rumbo. *vn.* Cambiar. **To alter for the worse**, ir cada vez peor, empeorar.
alterability [ɒltərə'bɪlɪtɪ] [al-te-ra-bí-li-ti], *s.* Alterabilidad.
alterable ['ɒltəreɪbl] [al-te-réi-bol], *a.* Alterable; mudable.
alterableness ['ɒltəreɪblnɪs] [al-te-réi-bol-nis], *s.* Alterabilidad.
alterably ['ɒltəreɪblɪ] [al-te-ra-bli], *adv.* De una manera mudable.
alterant ['ɒltərənt] [ál-te-rant *a.* Alterante, lo que se altera.
alteration [ˌɒltə'reɪʃən] [al-te-réi-shon], *s.* Alteración; mudanza, innovación, cambio.
alterative ['ɒltərətɪv] [al-té-ra-tif], *a.* Alterativo. *-s.* Remedio alterativo, alterante.
altercate [ɒltə'keɪt] [ál-ter-keit], *vn.* Altercar, controvertir.
altercation [ˌɒltə'keɪʃən] [al-ter-kéi-shon], *s.* Altercación, debate, disputa, controversia.
alterer ['ɒltərəʳ] [ál-te-rar], *s.* Alterador, cambiador.
altern ['ɒltɜːn] [al-térn], *a.* Alterno o alternativo, lo que obra por turno.
alternant [ɒl'tɜːnənt] [al-tér-nant], *a.* *(Geol.)* Compuesto de capas alternadas, como algunas rocas.
alternate [ɒl'tɜːneɪt] [ál-ter-neit], *a.* Alternativo, recíproco, lo que se hace o ejecuta con alternación. **On alternate days**, en días alternos. *s.* Vicisitud.
alternate, *va.* 1. Alternar, hacer alguna cosa alternativamente. 2. Alternar, variar. *-vn.* Turnar.
alternately [ɒl'tɜːneɪtlɪ] [al-ter-néit-li], *adv.* Alternativamente, recíprocamente, por turno.
alternateness [ɒl'tɜːneɪtnɪs] [al-ter-néit-nis], *s.* Alternación, sucesión, recíproca.
alternating [ɒl'tɜːneɪtɪŋ] [al-ter-néi-tin], *pa. y a.* Alternante, alterno. **Alternating current**, *(Elec.)* Corriente alterna.
alternation [ɒl'tɜːneɪʃən] [al-ter-néi-shon], *s.* Alternación, vez, turno, vicisitud. **In alternation**, alternativamente.
alternative [ɒl'tɜːnətɪv] [al-tér-na-tif], *s.* Alternativa. *-a.* Alternativo. **We have no alternative**, no tenemos más remedio.
alternatively [ɒl'tɜːnətɪvlɪ] [al-ter-na-tíf-li], *adv.* Alternativamente, recíprocamente, por turno, en sucesión recíproca.
alternativeness [ɒl'tɜːnətɪvnɪs] [al-ter-na-tíf-nis], **alternity** [ɒl'tɜːnɪtɪ] [al-tér-ni-ti], *s.* El estado recíproco o alternativo de alguna cosa: vicisitud, reciprocidad; turno.
alternator [ɒl'tɜːneɪtəʳ] [al-ter-néi-tar], *s.* *(Elec.)* Alternador.
althea [ɒl'θɪə] [al-zía], *s.* *(Bot.)* Malvavisco. Altea.
although [ɔːl'ðəʊ] [ól-do], *conj.* Aunque, no obstante, bien que], aun cuando, sin embargo. **Although very old, he is still very active**, aunque muy viejo aún es muy activo. Se escribe algunas veces **altho**, especialmente hoy en día.
altiloquent [ɒl'tɪɒwənt] [al-tí-lo-kuent], *a.* Altilocuente, pomposo.

altimeter ['æltɪmiːtəʳ] [al-tí-mi-tar], *s.* Altímetro, instrumento para medir las alturas.
altimetry ['æltɪmiːtrɪ] [al-tí-mi-tri], *s.* Altimetría, parte de la geometría práctica, que enseña a medir las alturas.
altisonant ['æltɪsɒnənt] [al-ti-so-nant], **altisonous** ['æltɪsɒnəs] [al-ti-so-nos], *a.* Altisonane; pomposo y retumbante. *(Poét.)* Altísono.
altitude ['æltɪtjuːd] [´sl-ti-tiud], *s.* 1. Altura o altitud. 2. Elevación, cumbre, cima.
alto ['æltəʊ] [al-tou], *s.* 1. Contralto (de la voz). 2. Violón. 3. Alto de las cornetas.
altogether [ˌɔːltə'geðəʳ] [al-to-gé-dar], *adv.* Enteramente, del todo, para siempre.
alto-relievo ['æltərɪlɪvə] [al-to-ri-lí-va], *s.* *(Escul.)* Alto relieve.
altruism ['æltrʊɪzəm] [al-tru-ísem], *s.* Altruísmo, consideración por los intereses de los demás; benevolencia; lo contrario de egoísmo.
altruist ['æltrʊɪst] [ál-tru-ist], *s.* Partidario del altruísmo o el que lo profesa.
altruistic ['æltrʊɪstɪk] [al-tru-ís-tic], *a.* Altruístico, perteneciente al altruísmo.
aludel ['æljʊdəl] [al-iú-dal], *s.* Aludel, vasija para sublimar.
alum ['æləm] [a-lam], *s.* Alumbre, piedra minera salina de sabor ácido.
alum, *va.* Alumbrar, dar a los paños un baño de agua de alumbre .
alumed ['æləmd] [a-lamd], *a.* Aluminado, mezclado con alumbre.
alumina ['æləmɪnə] [a-lá-mi-na] o **alumine** ['æləmaɪn] [a-liu-min], *s.* *(Quím.)* Alúmina, arcilla pura y blanca.
aluminate ['æljʊmɪnɪt] [a-liú-mi-neit] *va.* Aluminar.
aluminium [ˌæljʊ'mɪnɪəm] [a-liu-mí-ni-om] o **aluminum** [ˌæljʊ'mɪnəm] [a-liú-mi-nom], *s.* Aluminio.
aluminous [ˌæljʊ'mɪnəs] [a-liú-mi-nos], *a.* 1. Aluminoso, lo que tiene calidad o mezcla de alúmina; arcilloso. 2. Alumbroso.
alumna, alumnus [ˌæljʊ'mnəs] [a-liúm-na], *s.* Alumna, alumno; el discípulo de un colegio o universidad.
alunite ['ælənaɪt] [a-lá-nait] *s.* *(Min.)* Alunita.
alumniate ['æləmnɪeɪt] [a-lám-nieit], *s.* El tiempo que dura la instrucción; en un establecimiento de enseñanza.
alum-stone [ˌæləm'stəʊn] [a-lam-stóun], *s.* Piedra alumbre; alumbre calcinado.
alum-water [ˌæləm'wɔːtəʳ] [a-lam-uó-taʳ], *s.* Agua de alumbre.
alum-works [ˌæləm'wɜːks] [a-lam-wuérks], *s.* Alumbrera, la mina de donde se saca, o la factoría en que se hace el alumbre.
alutation [ˌæljʊ'teɪʃən] [a-liu-téi-shon], *s.* Curtimiento, la acción de curtir la piel o el cuero.
alveary [ˌælvɛərɪ] [al-véa-ri], *s.* Colmena.
alveolar [æl'vɪələʳ] [al-vía-laʳ], *a.* Lo perteneciente a los alvéolos.
alveolate [æl'vɪəleɪt] [al-vío-leit], *a.* Alveolado, excavado profundamente, como el panal.
alveolus [æl'vɪələs] [al-vío-los], *s.* ALVEOLI, *pl.* 1. Alvéolo, la cavidad que ocupan los dientes en la encía. 2. Celdilla que hacen las abejas en los panales. 3. Alvéolo de las plantas.
alvine [æl'vaɪn] [al-váin], *a.* Alvino, lo que pertenece al vientre.
always ['ɔːlweɪz] [ól-ueis], *adv.* 1. Siempre, en todo o cualquier tiempo. 2. Constantemente, invariablemente.
alyssum [ə'lɪsəm] [a-lí-sam], *s.* *(Bot.)* Alisón, planta de la familia de las crucíferas que produce racimos de flores amarillas o blancas. **Sweet alyssum**, alisón fragante, con pequeñas flores blancas. Alyssum maritimun.
a.m. *(Lat.)* 1. **Artium magister**, Maestro en Artes; este es el segundo grado en las universidades de Inglaterra y de los Estados Unidos de América; en Alemania y otros países es Doctor en Filosofía. 2. **Ante meridiem**, antes del mediodia. 3. **Anno mundi**, año del mundo.
am [æm] [am], 1ª pers. de indicat. del verbo TO BE. **I am,** yo soy o estoy.
amability [æmə'bɪlɪtɪ] [a-ma-bi-li-ti], *s.* Amabilidad, agrado. *V.* AMIABILITY.
amadetto [æmə'detəʊ] [a-ma-de-to], **amadot,** ['æmədɒt] [a-ma-dot], *s.* Especie de pera.
Amadeus [æmə'dɪəs] [a-ma-dios] *N.* Amadeo.
amadou ['æmədʊ] [a-ma-du], *s.* Yesca para encender.
amain [ə'meɪn] [a-méin], *adv.* 1. Con vehemencia, fuerza o vigor, vigorosamente. 2. *(Mar.)* En banda.
amalgam [ə'mælgəm] [a-mal-gam], **amalgama** [ə'mælgəmə] [a-mal-ga-ma], *s.* 1. Amalgama, mezcla de diferentes metales incorporados unos con otros. 2. *(Met.)* Toda mezcla o combinación de diversas substancias, castas o cosas.
amalgamate [ə'mælgəmeɪt] [a-mal-ga-meit], *va. y vn.* Amalgamar, unir o mezclar el azogue con los metales.
amalgamation [ə'mælgə'meɪʃən] [a-mal-ga-méi-shon], *s.* Amalgamación, la acción de amalgamar los metales.
amalgamator [ə'mælgəmeɪtəʳ] [a-mal-ga-méi-tar], *s.* Máquina de amalgamar.
amanita [ˌæmə'naɪtə] [a-ma-nai-ta] *s.* Amanita.
amanuensis [əˌmænjʊ'ensɪs] [a-ma-niu-en-sis], *s.* Amanuense, el que escribe lo que otro le dicta.
amaranth [ˌæmə'rænθ] [a-ma-ranz], *s.* 1. *(Bot.)* Amaranto. 2. Planta del género Gomphrena de la misma familia. 3. *(Poet.)* Una flor imaginaria que nunca se marchita.
amaranthine [ˌæmə'rænθiːn] [a-ma-ran-zin], *a.* 1. Compuesto de amaranto. 2. De color de amaranto. 3. Inmarcesible.
amaryllis [ˌæmə'rɪlɪs] [a-ma-ri-lis], *n.* Amarilis, planta bulbosa originaria del África del Sur, y su flor. Entre las especies de la familia de las plantas amarilídeas se cuentan los narcisos, el junquillo y la pita.
amass [ə'mæs] [a-mas], *va.* Acumular, amontonar. **To amass a fortune**, acumular riquezas.
amassment [ə'mæsmənt] [a-mas-ment], *s.* Cúmulo, montón, conjunto, agregado.
amateur [æ'mətəʳ] [a-ma-ter], *s.* Aficionado.
amateurish ['æmətərɪʃ] [a-ma-té-rish], *a.* A modo de aficionado; superficial.
amateurism ['æmətərɪzəm] [a-ma-te-rísem] *s.* Calidad de aficionado o de no profesional.
amative [æ'mətɪv] [á-ma-tif], *a.* Lleno de amor; amatorio; que se refiere al amor entre los sexos.
amativeness [æ'mətɪvnɪs] [a-ma-tíf-nis], *s.* Amorosidad, principio amatorio o propensión o tendencia a amar.
amatorial [æ'mətərɪəl] [a-ma-tó-rial], **amatorious** [æ'mətərɪəs] [a-ma-tó-rios], *a.* Amatorio, lo que pertenece al amor.
amatory ['æmətərɪ] [a-ma-to-ri], *a.* Amatorio, lo que trata de amor o lo inspira.
amaurosis [ə'maʊrəsɪs] [a-mau-ro-sis], *s.* Pérdida de la vista por enfermedad del nervio óptico; amaurosis.
amaurotic [ə'maʊrətɪk] [a-mau-ro-tik], *a.* 1. Amaurótico, que está relacionado con la amaurosis. 2. Que la padece.
amaze [ə'meɪz] [a-méis], *va.* 1. Aterrar, espantar, aturdir. 2. Confundir, dejar perplejo o parado, sorprender, asombrar; usado con la preposición *at;* menos frecuentemente con *by* o *with.*
amaze, *s.* Espanto, pasmo, confusión causada por miedo o admiración; asombro, sorpresa. *(Poét.)*
amazedly [ə'meɪzlɪ] [a-méis-li], *adv.* Atolondradamente, con atolondramiento o pasmo.
amazedness [ə'meɪznɪs] [a-méis-nis], **amazement** [ə'meɪzmənt] [a-méis-ment], *s.* Espanto, pasmo, confusión. **With amazement**, con mucha admiración.
amazing [ə'meɪzɪŋ] [a-méi-sin], *a.* Pasmoso, asombroso, extraño.
amazingly [ə'meɪzɪŋlɪ] [a-méi-sin-li], *adv.* Pasmosamente, asombrosamente.

Amazon ['æməzən] [a-má-son], *s.* 1. Amazona, mujer guerrera. 2. Marimacho. 3. Papagayo de la América del Sur. 4. *N. (Geogr.)* Amazonas.
amazonian [ˌæmə'zəʊnɪən] [a-ma-sóu-nian], *a.* 1. Guerrera. 2. Lo perteneciente a las amazonas. 3. Amazónico.
amazon-like ['æməzənˌlaɪk] [á-ma-son-laik], *a.* Semejante a una amazona o a un marimacho.
ambages [æm'beɪdʒs] [am-bei-ches], *s.* Ambages, circunloquios o rodeos de palabras; subterfugios.
ambassador [æm'bæsədəʳ] [am-bá-sa-dor], *s.* Embajador.
ambassadorship [æm'bæsədəʃɪp] [[am-bá-sa-do-ship] *s.* Embajada.
ambassadress [æm'bæsədrɪs] [am-bá-sa-dris], *sf.* Embajadora, la esposa del embajador.
ambassage [æm'bæseɪdʒ] [am-bá-seich], **ambassy** ['əmbəsɪ] [ám-ba-si], *s.* *(Ant.)* Embajada, la comisión o encargo que lleva el embajador el estado a que va enviado. *V.* EMBASSY.
amber ['æmbəʳ] [ám-bar], *s.* 1. Ambar, resina fósil de color amarillo claro u oscuro. 2. Especie de cerveza pálida. *-a.* Ambarino, lo que contiene o está hecho de ámbar. **Amber beads**, Rosario ambarino o de ámbar. **Yellow amber**, Succino.
amber, *va.* Perfumar con ámbar, que antiguamente se decía ambarar.
amber-colored [ˌæmbə'kʌləd] [ám-ba-ká-lod], *a.* Lo que es de color de ámbar. **Amber-colored hair**, Pelo castaño.
amber-drink [ˌæmbə'drɪŋk] [ám-ba-drink], *s.* Bebida de color de ámbar.
amber-dropping [ˌæmbə'drɒpɪŋ] [am-ba-dró-pin], *a.* Lo que destila ámbar; se dice de los rizos o bucles del cabello.
ambergris [ˌæmbə'grɪs] [ám-ba-gris], *s.* Ámbar gris, especie de droga que se derrite como la cera y se usa como perfume y cordial.
amber-seed [ˌæmbə'siːd] [ám-ba-sid], *s.* Ambarilla, la semilla del abelmoso o algalia, de color almizcleño.
amber-tree [ˌæmbə'triː] [ám-ba-tri], *s.* *(Bot.)* Árbol de ámbar.
amber-varnish [ˌæmbə'vɑːnɪʃ] [ám-ba-va-nish], *s.* Barniz de succino.
amber-weeping [ˌæmbə'wiːpɪŋ] [ám-ba-ui-pin], *a.* Lo que echa lágrimas como ámbar.
ambidexter [ˌæmbɪ'dekstəʳ] [am-bi-déks-tar], *s.* 1. Hombre ambidextro. 2. Hombre falso, engañoso. 3. *(Fam.)* El que come a dos carrillos. 4. Prevaricador.
ambidexterity [ˌæmbɪ'dekstərɪtɪ] [am-bi-desk-té-ri-ti], *s.* 1. Igual manejo de ambas manos. 2. Doblez, simulación.
ambidextrous [ˌæmbɪ'dekstrəs] [am-bi-déks-tros], *a.* 1. Ambidextro, el que usa igualmente la mano izquierda que la derecha. 2. El que procede con doblez.
ambidextrousness [ˌæmbɪ'dekstrəsnɪs] [am-bi-déks-tros-nis], *s.* *V.* AMBIDEXTERITY.
ambience ['æmbɪəns] [ám-bians] *s.* Ambiente.
ambient ['æmbɪənt] [am-biant], *a.* Ambiente, lo que rodea, lo que está o anda alrededor. **The ambient air**, el ambiente, el aire que nos rodea.
ambigu ['æmbɪgʊ] [ám-bi-gu], *s.* Ambigú, comida, por lo común nocturna, compuesta de manjares calientes y fiambres. *(Fig.)* Baturrillo; mezcolanza de cosas opuestas.
ambiguity [ˌæmbɪ'gjʊɪtɪ] [am-bí-güi-ti], *s.* Ambigüedad, duda, confusión, incertidumbre.
ambiguous [æmbɪ'gjʊəs] [am-bí-guos], *s.* 1. Ambiguo, lo que tiene ambigüedad. 2. Ambiguo, el que usa de equívocos.
ambiguously [æmbɪ'gjʊəslɪ] [am-bí-guos-li], *adv.* Ambiguamente, de un modo ambiguo, confusamente.
ambiguousness [æmbɪ'gjʊəsnɪs] [am-bí-guos-nis], *s.* Ambigüedad, la calidad de ser ambiguo.
ambit ['æmbɪt] [am-bit], *s.* Ámbito, circuito o circunferencia de algún espacio o lugar; contorno.
ambition [æm'bɪʃən] [am-bí-shon], *s.* Ambición, deseo de conseguir fama, honras o dignidades. *va.* Ambicionar.
ambitious [æm'bɪʃəs] [am-bí-shos], *a.* Ambicioso, poseído de la ambición.
ambitiously [æm'bɪʃəslɪ] [am-bí-shos-li], *adv.* Ambiciosamente, con ambición.
ambitiousness [æm'bɪʃəsnɪs] [am-bí-shos-nis], *s.* Ambición, deseo ardiente de posición, de gloria, de renombre.
ambivalence [æm'bɪvələns] [am-bí-va-lans] *s.* Ambivalencia.
ambivalent [æm'bɪvələnt] [am-bí-va-lent] *a.* Ambivalente.
ambivert [æm'bɪvɜːt] [am-bi-vert], *s.* Ambivertido, tipo psicológico intermedio entre el extravertido y el introvertido.
amble ['æmbl] [am-bol], *vn.* Amblar, andar a paso de andadura.
amble, *s.* Paso de andadura del caballo, llamado también paso castellano.
ambler ['æmbləʳ] [am-blar], *s.* Caballo que marcha a paso de andadura.
amblingly ['æmblɪŋlɪ] [ám-blin-li], *adv.* A paso de andadura.
amblygon ['æmblɪgɒn] [ám-bli-gon], *s.* Ambligonio, obtusángulo.
amblyopia [æm'blɪɒfɪə] [am-bló-fia], *s.* Ambliopía, oscurecimiento y debilidad de la vista, sin defecto apreciable del ojo.
ambrosia [æm'brəʊzɪə] [am-bróu-sia], *s.* 1. Ambrosía, manjar o alimento de los dioses. 2. *(Bot.)* Ambrosía, un género de plantas de la familia de las compuestas.
ambrosial [æm'brɔɪzɪəl] [am-bróu-sial], *a.* Delicioso, deleitable, celestial.
ambrosian [æm'brɔɪzɪən] [am-bróu-sian] *a.* *(Rel.)* Ambrosiano.
ambry ['æmbrɪ] [ám-bri], **almery** [ál-me-ri], *s.* 1. Casa de beneficencia, limosnería. 2. Armario, despensa. 3. Sausería, oficina en que se guarda la plata y demás servicio de mesa. *V.* ALMONRY.
ambs-ace [æmbs'eɪs] [ams-éis], *s.* *(Ant.)* Ases: parejas de ases en algunos juegos.
ambulance ['æmbjʊləns] [ám-biu-lans], *s.* 1. Hospital de campaña, o de sangre. 2. Ambulancia, vagón cubierto para retirar los heridos del campo, o transportar los enfermos a un hospital.
ambulant ['æmbjʊlənt] [ám-biu-lant], *a.* Ambulante.
ambulate [æm'bjʊleɪt] [am-biu-léit], *vn.* Andar.
ambulation [ˌæmbjʊ'leɪʃən] [am-biu-léi-shon], *s.* Paseo, la acción de pasearse.
ambulative [æm'bjʊlətɪv] [am-biú-la-tif], *a.* Ambulativo.
ambulatory [ˌæmbjʊ'leɪtərɪ] [am-biu-la-tó-ri], *a.* Lo que anda o puede andar; ambulante, ambulativo, mudable, inconstante, ambulatorio. *-s.* Galería cubierta o descubierta, sitio para pasearse.
ambury ['æmbjʊrɪ] [ám-biu-ri], *s.* Verruga o tumor en el cuerpo de caballo. Lo mismo que ANBURY.
ambuscade, ambuscado ['æmbəskeɪd] [am-bius-keid], *s.* Emboscada, celada.
ambuscadoed ['æmbəskeɪdɪd] [am-bus-kéi-did], **ambushed** ['æmbʊʃt] [am-búsht], *a.* Emboscado.
ambush ['æmbʊʃ] [am-búsh], **ambushment** ['æmbʊʃmənt] [am-búsh-ment], *s.* 1. Emboscada, celada. 2. Sorpresa, acontecimiento repentino del que está emboscado. **To lie in ambush**, Estar emboscado.
ambustion ['æmbʊʃən] [ám-bú-shon], *s.* *V.* AMOEBA.
ameba [ə'miːbə] [a-mí-ba] *s.* *(Zool.)* Ameba, amiba.
ameboid [ə'mɪbɔɪd] [a-mi-boid], *a.* *V.* AMOEBOID.
amel [ə'mel] [am-el], *s.* Esmalte, la materia con que se esmalta alguna cosa. *V.* ENAMEL. **Amel corn**, centeno blanco.
ameliorate [ə'miːlɪəreɪt] [a-mí-lio-reit], *va./vn.* Mejorar (to improve). *V.* MELIORATE.
amelioration [əˌmiːlɪə'reɪʃən] [a-mi-lio-réi-shon], *s.* Mejoramiento, mejora; medro; adelanto; perfeccionamiento.
ameliorator [əˌmiːlɪə'reɪtəʳ] [a-mi-lio-réi-tar], *s.* Mejorador, aumentador, perfeccionador.

amen ['ɑ:'men] [a-men] o *(Mús.)* [a-men], *adv.* Amén, voz por la cual al fin de cada oración o petición se entiende, **así sea**; y al fin del credo, **así es**.
amenability [ə'mi:nə'bɪlɪtɪ] [a-mi-na-bí-li-ti], o **amenableness** [ə'mi:nə'bɪlnis] [a-mi-ná-bil-nes], *s.* Responsabilidad, obligación de reparar un daño.
amenable [ə'mi:neɪbl] [a-mí-na-bol], *a.* 1. Responsable, obligado a satisfacer por algún cargo. **Amenable to the law**, responsable ante la ley. 2. Tratable, dócil, sumiso, sujeto a. **Amenable to a fine**, sujeto a multa. **Amenable to advice**, sensible a los consejos. **Amenable to high temperaturas**, que se puede someter a temperaturas elevadas.
amend [ə'mend] [a-ménd], *va.* Enmendar, corregir el error, reparar. **To amend the constitution**, enmendar la constitución. *-vn.* Enmendarse, reformarse, restablecerse.
amendable [ə'mendeɪbl] [a-mén-da-bol], *a.* Reparable, reformable, corregible, componible.
amende [ə'mendə] [a-ménd], *s.* Enmienda, recompensa, castigo penal, multa. **Amende honorable**, reparación, satisfación pública. *(For.)* Castigo con nota de infamia, que se imponía por ciertos crímenes contra la decencia o moral pública.
amender [ə'mendə^r] [a-mén-dar], *s.* Reformador, corrector.
amending [ə'mendɪŋ] [a-mén-da-rin], *s.* La acción de enmendar.
amendment [ə'mendmənt] [a-ménd-ment], *s.* Enmienda, mudanza de malo a mejor; reformación, reforma; restauración, corrección. **To propose an amendment**, proponer una enmienda.
amends [ə'mendz] [a-ménds], *s.* Recompensa, compensación, satisfación, reparación. **He will never be able to make amends for the favors he has received**, jamás podrá él corresponder a los favores que ha recibido.
amenity [ə'mi:nɪtɪ] [a-mé-ni-ti], *s.* Amenidad, lo agradable de una situación o paraje. Afabilidad, dulzura. Comodidad. **Shower, telephone and other amenities**, ducha, teléfono y otras comodidades.
amenorrhea [eɪ'menə'rɪə] [ei-me-na-ría], *s.* Amenorrea, detención del flujo menstrual.
ament [ə'ment] [a-ment], **amentum** [ə'mentəm] [a-men-tum], *s.* *(Bot.)* Amento, espiga articulada por su base y compuesta de flores de un mismo sexo. *V.* CATKIN. *(Med.)* Débil mental, subnormal.
amentaceous [ə'men'teɪʃə] [a-men-téi-shos], *a.* Amentáceo, lo que tiene amentos o se refiere o pertenece a ellos.
amentia [ə'menʃə] [a-mén-sha], *s.* Demencia, locura.
amentiferous [ə'mentɪfərəs] [a-men-tí-fo-ros] *a.* *(Bot.)* Amentífero.
amerce [ə'mɜ:s] [a-mérs], *va.* Multar, imponer pena pecuniaria por algún delito.
amerceable [ə'mɜ:səbl] [a-mér-sa-bol], *a.* Digno de ser multado.
amercement [ə'mɜ:smənt] [a-mérs-ment], **amerciament** [ə'mɜ:ʃəmənt] [a-mér-sha-ment], *s.* Multa, pena pecuniaria que se impone por algún delito.
amercer [ə'mɜ:sə^r] [a-mér-sar], *s.* Multador, el que multa.
America [ə'merɪkə] [a-mé-ri-ka] *N.* *(Geogr.)* América. **North America**, América del Norte. **South America**, América del Sur.
American [ə'merɪkən] [a-mé-ri-kan], s. y a. Americano.
Americanism [ə'merɪkənɪzəm] [a-me-ri-ka-nísem], *s.* 1. Americanismo, palabra, frase o idioma peculiar de la América en general, o en particular de los Estados Unidos. 2. Ciudadanía americana; afición a las instituciones y costumbres americanas.
Americanize [ə'merɪkənaɪz] [a-me-ri-ka-nais], *va.* Americanizar; asemejar a los americanos en costumbres o ideas.
Americium [ə'merɪsɪəm] [a-me-rí-siam] *s.* Americio.
Amerind [ˌæmərɪnd] [á-me-rin] *s.* Amerindio.
Amerindian [ˌæmə'rɪndɪən] [a-me-rín-dian] *a.* Amerindio.
amethodical [ˌæme'θədɪkəl] [a-me-zó-di-kal], *a.* Irregular, sin método.
amethyst [ˌæme'θɪst] [a-mé-cist], *s.* Amatista, piedra preciosa de color violeta que tira a purpúreo.
ametropia [ˌæme'trəupɪə] [a-me-trou-pia] *s.* *(Med.)* Ametropía.
amiability ['eɪmɪə'bɪlɪtɪ] [ei-mia-bí-li-ti], *s.* Amabilidad. *V.* AMABILITY.
amiable ['eɪmɪəbl] [ei-mi-abol], *a.* Amable, digno de ser amado, amigable, amistoso, agradable.
amiableness ['eɪmɪəblnɪs] [ei-mi-abol-nis], *s.* Amabilidad.
amiably ['eɪmɪəblɪ] [ei-mia-bli], *adv.* Amablemente, cariñosamente.
amianth ['eɪmɪənθ] [ei-mianz], **amianthus** ['eɪmɪənθəs] [ei-mian-zos], *s.* *(Min.)* Amianto, mineral parecido al asbesto que se deshace en hebras y astillas, y del cual se obtiene una tela incombustible.
amicability ['æmɪkəbɪlɪtɪ] [a-mi-ka-bí-li-ti], o **amicableness** ['æmɪkeɪblɪnɪs] [a-mi-kéi-bol-nis], *s.* Afecto, cariño, amistad.
amicable ['æmɪkəbl] [a-mí-ka-bol], *a.* Amigable, amistoso.
amicably ['æmɪkəblɪ] [a-mí-ka-bli], *adv.* Amigablemente, amistosamente.
amice [ə'maɪs] [a-mais], *s.* Amito, el primero de los ornamentos sagrados que se pone el sacerdote cuando se reviste.
amid [ə'mɪd] [a-mid], **amidst** [ə'mɪdst] [a-mist], *prep.* 1. Entre, en medio de. **Amidships**, *(Mar.)* En medio del navío. 2. Mezclado con, rodeado por.
amide [ə'maɪd] [a-maid] *s.* *(Quím.)* Amida.
amidol [ə'mɪdɒl] [a-mi-dol] *s.* *(Quím.)* Amidol.
amine [ə'maɪn] [a-main] *s.* *(Quím.)* Amina.
amino [ə'mi:nəʊ] [a-mi-nou] *a.* Aminado.
amino acid [ə'mi:nəʊˌæsɪd] [a-mi-nou-á-sid] *s.* *(Quim)* Aminoácido.
amir [ə'mi:^r] [a-mi^r] *s.* Emir.
amiss [ə'mɪs] [a-mis], *adv.* Culpablemente, erradamente, mal impropiamente, fuera del caso. **It would not be amiss if you went there**, no sería malo que usted fuese allá. **It would not be amiss to do it**, no estaría de más el hacerlo. **Do not take it amiss**, no lo lleve usted a mal. **Nothing comes amiss to a hungry stomach**, a buen hambre no hay pan duro.
amiss , *a.* Vicioso, impuro, criminal; impropio; decaído de salud.
amity [ə'mɪtɪ] [a-mi-ti], *s.* Amistad, afecto recíproco entre dos o más personas.
ammeter [ə'mmi:tə^r] [am-mí-tar], *s.* *(Elec.)* Amperímetro.
ammonia [ə'məʊnɪə] [a-mou-nia], *s.* *(Quím.)* Alcali volátil, amoníaco.
ammoniac [ə'məʊnɪək] [a-mou-niak], *s.* Amoníaco o sal amoniaca. **Gum ammoniac,** goma amoniaca.
ammoniacal [ə'məʊnɪəkl] [a-mou-nia-kal], *a.* Amoniacal, lo que pertenece al amoníaco.
ammonite [ə'məʊnaɪt] [á-mou-nait], *s.* *(Geol.)* Amonita, caracol fósil perteneciente a un molusco extinguido.
ammonium [ə'məʊnɪəm] [a-mou-niam], *s.* Amonio.
ammunition [ˌæmjʊ'nɪʃən] [a-miu-ní-shon], *s.* Munición, los pertrechos y bastimentos necesarios para la manutención de un ejército, una plaza, etc. *(Fig.)* Argumentos.
amnesia [æm'ni:zɪə] [am-ní-sia], *s.* Amnesia, pérdida de la memoria.
amnesic [æm'ni:zɪk] [am-né-sik] *a./s.* *(Med.)* Amnésico.
amnesty ['æmnɪstɪ] [am-né-si-ti], *s.* Amnistía, olvido general. *va.* Amnistiar.
amnion ['æmnɪən] [am-nion], **amnios** ['æmnɪəs] [am-nis], *s.* Amnios, la segunda membrana que envuelve al feto en el útero.
amniotic ['æmnɪətɪk] [am-nió-tik] *a.* *(Anat.)* Amniótico.
amoeba [ə'mi:bə] [a-mí-ba] *s.* *(Zool.)* ameba.
amoeboid [ə'mi:bɔɪd] [á-mi-boid], *a.* Semejante a la amibea; se dice especialmente del movimiento.

amok [ə'mɒk] [a-mok] *adv.* *(Fig.)* **They ran amok through the town**, atravesaron la ciudad destruyéndolo todo. **To run amok**, volverse loco.

amomun [ə'mɒmən] [a-mó-mam], *s.* Amomo, fruta de cierta planta en las Indias orientales.

among [ə'mʌŋ] [a-móng], **amongst** [ə'mʌŋst] [a-óngst], *prep.* y *adv.* Entre, mezclado con, o en medio de. **A house among the trees**, una casa entre los árboles. **A king among kings**, un rey entre reyes.

amontillado [ə'mɒn'tɪlədo] [a-mon-ti-la-do] *s.* Amontillado (sherry).

amoral [eɪ'mɒrəl] [a-mó-ral], *a.* Amoral, sin responsabilidad moral.

amoralism [eɪ'mɒrəlɪzm] [a-mo-ra-lí-sem] *s.* Amoralismo.

amorality [ˌeɪmɒ'rælɪtɪ] [a-mo-rá-li-ti] *s.* Amoralidad.

amoret [ə'mɒrɪt] [a-mó-rit], *s.* Amante.

amorette [ə'mɒriːt] [a-mó-rit], **amourette** [ə'mjʊərɪt] [a-miua-rit], *s.* 1. Amorío, intriga amorosa. 2. Cupido, amorcillo.

amorist [ə'mɒrɪst] [a-mó-rist], **amoroso**, *s.* Galanteador, amante, galán.

amornings [ə'mɔːnɪŋz] [a-mó-nins], *adv.* De mañana.

amorous [æ'mərəs] [á-mo-ros], *a.* 1. Enamorado, amoroso, tierno, apasionado, cariñoso. 2. Amatorio, lo que pertenece al amor. **Amorous looks**, miradas amorosas.

amorously [æ'mərəslɪ] [a-mó-ros-li], *adv.* Amorosamente, cariñosamente.

amorousness [æ'mərəsnɪs] [a-mó-ros-nis], *s.* Amor, cariño; la calidad de ser amoroso; galantería, terneza.

amorphism [æ'mərfɪzəm] [a-mor-fí-sem], *s.* Amorfia, carencia de forma, deformidad orgánica.

amorphous [ə'mɔːfəs] [a-mór-fos], *a.* Amorfo, informe, imperfecto, lo que no tiene la forma que le corresponde.

amort [ə'mɔːt] [a-mórt], *a.* Deprimido, abatido, amortiguado, mohino, triste, taciturno.

amortization [əˌmɔːtɪ'zeɪʃən] [a-mor-ti-zéi-shon], **amortizement** [əˌmɔːtɪz'mənt] [a-mór-tis-ment], *s.* *(For.)* Amortización.

amortize [ə'mɔːtaɪz] [a-mór-tais], *va.* Amortizar, pasar los bienes a manos muertas.

amotion [ə'məʊʃən] [a-mó-shon], *s.* Remoción.

amount [ə'maʊnt] [a-máunt], *s.* Importe, la suma total del valor de una o muchas cosas. **Gross amount**, importe total. **Net amount**, importe neto. **To the amount of**, hasta la cantidad de, por la suma de. **Whole amount**, importe total. **The amount of what he said was this**, he aquí en sustancia lo que dijo. *-vn.* Alcanzar, ascender a, llegar a, sumar, equivaler, venir a ser, significar. **That amounts to fifty dollars**, eso suma cincuenta dólares. **His action amounts to treason**, su acción viene a ser una traición.

amour [ə'mʊə^r] [a-múa^r], *s.* Amores, amoríos, intriga de amor.

amove [ə'muːv] [a-múf], *va.* 1. Deponer, retirar o quitar a alguno del empleo que tiene. 2. Remover, mover, alterar, mudar.

amp [æmp] [ámp] *s.* *(Elec.)* Amperio.

amperage ['æmpərɪdʒ] [am-pé-rich], *s.* *(Elec.)* Amperaje, la fuerza de una corriente eléctrica en amperios.

ampere [æm'pɛː^r] [am-péa^r], *s.* *(Elec.)* Amperio, unidad de medida de corriente eléctrica.

ampere-hour [æmpə'aʊə^r] [am-pe-aua^r] *s.* *(Elec.)* Amperio hora.

amperemeter [æmpə'rɪmiːtə^r] [am-pe-rí-mi-ta^r] *s.* Amperímetro.

ampere-second [æmpə'sekɒnd] [am-pa-sé-kond] *s.* *(Elec.)* Amperio segundo.

ampere-turn [æmpə'tɜːn] [am-per-térn] *s.* *(Elec.)* Amperio vuelta.

ampersand ['æmpəsænd] [am-pa-sánd], *s.* El signo & que significa *y*.

amphetamina [æm'fetəmiːnə] [am-fé-ta-mi-na] *s.* Anfetamina.

amphibia [æm'fɪbɪə] [am-fí-bia], *s. pl.* Anfibios, los animales que habitan así en el agua como en la tierra.

amphibious [æm'fɪbɪəs] [am-fí-bios] *a.* Anfibio.

amphibiousness [æm'fɪbɪəsnɪs] [am-fí-bios-nis], *s.* La calidad de ser anfibio.

amphibole [æm'fɪbəʊl] [am-fí-boul], *s.* *(Min.)* Anfíbol, género de sustancias minerales llamadas metasilictos, el cual comprende la hornblenda, el amianto o asbesto, etc.

amphibolite [æm'fɪbəlaɪt] [am-fí-bo-lait] *s.* *(Min.)* Anfibolita.

amphibological [æm'fɪbəlɒdʒɪkl] [am-fi-bo-ló-chi-kal], *a.* Anfibológico, dudoso.

amphibologically [æm'fɪbəlɒdʒɪklɪ] [am-fi-bo-ló-chi-ka-li], *adv.* Anfibológicamente.

amphibology [æm'fɪbəlɒdʒɪ] [am-fi-bó-lo-chi], *s.* Anfibología, palabra o sentencia que se puede entender de dos modos.

amphibolous [æm'fɪbələs] [am-fí-bo-s], *a.* Impelido de una a otra parte.

amphibrach [æm'fɪbrætʃ] [am-fí-brak], *s.* Anfíbraco, pie de verso latino, de tres sílabas, la primera y la tercera breves y la segunda larga (+*+).

amphictyons [æm'fɪktɪənz] [am-fík-tions], *s.* Anficciones, diputados de las ciudades de Grecia, que se reunían dos veces al año para resolver sobre los asuntos de la república.

amphictyony [æm'fɪktɪənɪ] [am-fík-tio-ni] *s.* Anfictionía.

amphioxus [æm'fɪksəs] [am-fió-ksus] *s.* *(Zool.)* Anfioxo.

amphipod [æm'fɪpɒd] [am-fí-pod], *s.* Orden de crustáceos, con cartorce pies.

amphisbaena [æm'fɪsbænə] [am-fis-ba-na], *s.* Anfisbena, especie de serpiente fabulosa, con una cabeza a cada extremo del cuerpo y capaz de moverse en una u otra dirección.

amphiscii [æm'fɪsɪ] [am-fí-si], *s. pl.* Anfíscios, los habitantes de la zona tórrida, porque su sombra se dirige ya al norte ya al mediodía, según las estaciones.

amphitheater, amphitheatre ['æmfɪˌθɪətə^r] [am-fí-zi-á-tar], *s.* Anfiteatro, edificio de figura redonda u oval con gradas alrededor.

amphitheatrical ['æmfɪˌθɪətrɪkl] [am-fi-zi-á-tri-kal], *a.* Anfiteatral.

amphitrite [æm'fɪtraɪt] [ám-fi-trait] N. Anfitrita.

amphitryon [æmfɪ'trɪən] [ám-fi-trion] N. Anfitrión.

amphora ['æmfərə] [ám-fo-ra], *s.* Ánfora, vaso antiguo de dos asas.

amphoric ['æmfərɪk] [am-fó-rik], *a.* Anfóreo: se dice de una cavidad en los pulmones que da sonido semejante al que se produce soplando en una garrafa vacía; como *amphoric resonance.*

ample ['æmpl] [ámpl], *a.* 1. Amplio, extendido, dilatado, extenso, ancho. 2. Liberal, largo, dadivoso; magnífico, ilimitado. **Ample room**, lugar amplio, espacio dilatado. **Ample resources**, abundantes recursos.

ampleness ['æmplnɪs] [ám-pel-nis], *s.* 1. Amplitud, anchura. 2. Abundancia, profusión, magnificencia

ampliate ['æmplɪeɪt] [ám-pli-éit], *va.* Ampliar, extender, dilatar, aumentar, exagerar.

ampliation ['æmplɪeɪʃən] [am-pli-éi-shon], *s.* 1. Ampliación. 2. *(For.)* Plazo, término, prorrogación; respiro, plazo.

amplification [ˌæmplɪfɪ'keɪʃən] [am-pli-fi-kéi-shon], *s.* 1. Amplificación, razonamiento en que se explican ampliamente las causas que influyen en lo que se quiere demostrar. 2. Extensión, ampliación; ampliación del microscopio. 3. Descripción prolija.

amplificative [ˌæmplɪfɪ'kətɪv] [am-pli-fí-ka-tif], **amplificatory** [ˌæmplɪfɪ'kətərɪ] [am-pli-fi-ka-tó-ri], *a.* Ampliativo, amplificador.

amplifier ['æmplɪfaɪə^r] [am-pli-fáia^r] *s.* Amplificador.

amplify ['æmplıfaı] [ám-pli-fai], *va.* 1. *(Ret.)* Amplificar algún asunto o discurso con expresiones o imágenes. 2. Ampliar, extender, dilatar.

amplitude ['æmplıtju:d] [ám-pli-tiud], *s.* 1. Amplitud, extensión, dilatación. 2. Abundancia. 3. *(Astr.)* Amplitud. **Amplitude modulation,** (Radio) modulación de amplitud.

amply ['æmplı] [ám-pli], *adv.* Ampliamente, liberalmente, copiosamente. **Amply rewarded**, bien recompensado.

ampoule ['æmpu:l] [am-púl] *s.* Ampolla.

ampulla ['æmpʊlə] [am-pú-la], *s.* Ampolla: vaso de cuello angosto, y de cuerpo ancho y redondo.

ampullaceous ['æmpʊləsəs] [am-pu-lá-sos], *a.* Ampolláceo; semejante a una botella.

amputate ['æmpjʊteıt] [ám-piu-teit], *va.* Amputar o cortar algún miembro del cuerpo humano.

amputation [ˌæmpjʊ'teıʃən] [am-piu-téi-shon], *s.* Amputación.

Amsterdam [ˌæmpstə'dæm] [áms-ta-dam] N. *(Geogr.)* Amsterdam.

amuck [ə'mʌk] [a-mák], *adv.* Furiosamente, de una manera frenética. **To run amuck**, correr de acá para allá con propósito de matar a quien se encuentre al paso; atacar a ciegas, a troche y moche; también se escribe *amok.*

amulet ['æmjʊlıt] [á-miu-leit], *s.* Amuleto, objeto portátil al que supersticiosamente se atribuye virtud para preservar de enfermedad o peligro.

amuse [ə'mku:z] [a-miús], *va.* 1. Entretener, divertir. **The joke amused everyone**, el chiste divirtió a todo el mundo. **I am not amused**, no le veo la gracia. **To amuse one's guests**, entretener a sus invitados. 2. Embobar, entretener, engañar, adormecer, engaitar. *-vn.* Meditar.

amusement [ə'mku:zmənt] [a-miús-ment], *s.* Diversión, entretenimiento, recreo, pasatiempo. **Amusement park**, parque de atracciones. **Look of amusement**, mirada divertida. **Place of amusement**, lugar de recreo.

amuser [ə'mku:zə[r]] [a-miú-sa[r]], *s.* Entretenedor, engañador, embaucador, engaitador.

amusing [ə'mku:zıŋ] [a-miú-sin] *a.* Divertido, gracioso, entretenido. **To be amusing**, tener gracia, ser divertido.

amusingly [ə'mku:zıŋlı] [a-miú-sin-li], *adv.* Divertidamente.

amusive [ə'mku:zıv] [a-miú-sif], *adv.* Divertido, lo que divierte, entretenido.

amusively [ə'mku:zıvlı] [a-miú-sif-li], *adv.* Entretenidamente.

amygdala [ə'mıgdælə] [a-míg-da-la] *s. (Anat.)* Amígdala.

amygdalaceous [ə'mıgdæləsəs] [a-mig-da-lá-sos] *a.* Amigdaláceo.

amygdalate [ə'mıgdæleıt] [a-mig-da-leit], *a.* Hecho de almendras.

amygdaline [ə'mıgdæli:n] [a-míg-da-lin], *a.* Almendrado, lo que se parece a la almendra en la figura. Amigdalino.

amygdaloids [ə'mıgdælɔıdʒ] [a-mig-da-loids], *s. pl. (Min.)* Piedras compuestas de varios pedazos como almendras.

amyl [ə'mıl] [a-mil], *s. (Quím.)* Amilo: radical hidrocarbono, C_5H_{11}, de la serie parafina, y que se encuentra en el alcohol amílico.

amylaceous [ə'mıləsəs] [a-mi-lá-sos] *a.* Amiláceo.

amylase [ə'mıleıs] [a-mi-leis] *s.* Amilasa.

amylene [ə'mıli:n] [a-mi-lin] *s. (Quím.)* Amileno.

amylic [ə'mılık] [a-mí-lik]*a.* Amílico.

amyloid [ə'mılɔıd] [a-mi-loid] *a.* Amiloide.

amyloidosis [ə'mılɔıdəsıs] [a-mi-loi-do-sis] *s. (Med.)* Amilosis.

an [æn,ən] [an], art. Un, uno, una; es el mismo artículo indefinido, *A,* al cual se añade la *n* cuando la voz que le sigue empieza por una vocal o *h* muda. **An eel**, una anguila. **An hour**, una hora. **A horse**, un caballo.

anabaptism [ˌænəbəp'tızəm] [a-na-bap-tísem], *s.* Herejía de los anabaptistas.

anabaptist [ænə'bəptıst] [a-na-bap-tist], *s.* Anabaptista o anabatista, nombre de los sectarios.

anabaptistic [ænə'bəptıstık] [a-na-bap-tís-tik], **anabaptistical** [ænə'bəptıstıkl] [a-na-bap-tís-ti-kal], *a.* Anabaptístico, lo que pertenece a los anabaptistas.

anabas ['ænəbəs] [a-na-bas], *s.* Género de peces que pueden andar por tierra y trepar árboles. *V.* CLIMBING-FISH. *(Gr.)*

anabasis ['ænəbəsıs] [a-na-ba-sis] *s.* Anábasis.

anabolism [ænə'bɒlızm] [a-na-bo-lísem], *s.* El procedimiento de la asimilación de los alimentos.

anacamptic [ænə'kʌmtık] [a-na-kám-tik], *a.* Reverberado, reflejado. **An anacamptic hill**, monte o roca que produce un eco reflejando los sonidos.

anacardium [ænə'kɑ:dıəm] [a-na-kár-diom], *s.* Anacatártico, medicamento que opera por arriba.

anachoret [ænə'kərət] [a-ná-ko-ret], **anachorite** [ænə'kəraıt] [a-ná-ko-rait], *s.* Anacoreta, el que vive en un lugar solitario, retirado del mundo.

anachorism [ænə'kərızm] [a-na-ko-rísem], *s.* Lo que no se aviene con las condiciones locales de un país.

anachronic [ə'nækrənık] [a-na-kró-nik] *a.* Anacrónico.

anachronism [əˌnækrənızəm] [a-na-kro-nísem], *s.* Anacronismo, error de cronología.

anachronistic [əˌnækrə'nıstık] [a-na-kro-nís-tik], *a.* Anacronístico.

anaclastics [əˌnækləstık] [a-na-klás-tiks], *s. V.* DIPTRICS.

anacoluthon [ˌænəkə'lu:θɒn] [a-na-ko-lú-zon] *s. (Gram.)* Anacoluto.

anaconda [ˌænə'kɒndə] [a-na-kon-da], *s.* Anaconda, serpiente sudamericana.

anacreon [ə'nəkrıən] [a-ná-krion] N. Anacreonte.

anacreontic [ə'nəkrıəntık] [a-na-krion-tik], *a.* Anacreóntico.

anadromous [ə'nədrəməs] [a-na-dro-mos], *a.* Anadromo; se dice de los peces que, saliendo del mar, suben por los ríos en ciertas estaciones para procrear.

anaemia [ə'ni:mıə] [a-ní-mia], *s.* Anemia, disminución de los glóbulos de la sangre.

anaemic [ə'ni:mık] [a-ní-mic], *a.* Anémico, en estado de anemia.

anaerobe [ə'nɛərəʊb] [a-neo-roub] *s.* Anaerobio.

anaerobic [ˌænıs'rəʊbık] [a-neo-róu-bik] *a.* Anaerobio.

anaesthesia [ˌænıs'θi:sıə] [a-nis-zí-sha], *s.* Anestesia; pérdida del sentido; estado producido por enfermedad o por inspiración o aplicación de un anestésico.

anaesthetic [ˌænıs'θetık] [a-nis-zé-tik], *a.* Anestésico, anestético; capaz de producir insensibilidad o pérdida completa del sentido. *-s.* Anestésico, lo que produce insensibilidad al dolor, como el cloroformo, la cocaína, etc.

an(a)esthetist [ˌænıs'θetıst] [a-nis-zé-tist], *a.* Anestesista, médico anestesista.

anaesthetization ['ænısˌθetı'zeıʃən] [a-nes-zi-séi-shon] *s.* Anestesia.

an(a)esthetize [æ'ni:sθıtaız] [a-nis-zi-tais], *va.* Anestesiar.

anaglyph ['ænəglıf] [á-na-glif], *s.* Anaglifo, sentido místico.

anagoge ['ænəgɒg] [á-na-gog] o **anagogy** ['ænəgɒdʒı] [a-ná-go-chi] *s.* Anagoge, anagogía.

anagogics ['ænəgɒdʒıks] [a-na-gó-chiks], *s.* Anagogía, sentido místico.

anagram ['ænəgræm] [á-na-gram], *s.* Anagrama, transposición de las letras de una palabra o sentencia, de la cual resulta otra palabra o sentencia distinta; v.g. *amor*, ramo, mora.

anagrammatical [ˌænəgrə'mætıkl] [a-na-gra-má-ti-kal], *a.* Anagramático.

anagrammatist [ænə'græmətıst] [a-na-gra-má-tist], *a.* Anagramatizador.

anagrammatize [ænə'græmətaız] [a-na-gra-ma-tais], *vn.* Anagramatizar.

anal ['eınəl] [éi-nal], *a.* Anal; que tiene relación con el ano.

analect [ænə'lekt] [á-na-lekt], *s.* Fragmento escogido de un autor, se usa más en plural.

analepsis [ænə'lepsıs] [a-na-lép-sis], *s.* Analepsia, restauración de las fuerzas extenuadas.

analeptic [ænə'leptɪk] [a-na-lép-tik], *a. (Med.)* Analéptico, restaurativo.
analgesia [ˌænæ'dʒiːsɪə] [a-nal-yí-sia] *s. (Med.)* Analgesia.
analgesic [ˌænæ'dʒiːsɪk] [a-nal-yí-sik], *s.* y *a. (Med.)* Analgésico.
analog computer ['ænəlɒgˌkəm'pjuːtə[r]] [a-na-log-kom-piú-ta[r]], *s.* Computadora analógica.
analogical [ˌænə'lɒdʒɪkl] [a-na-ló-chi-kal], *a.* Analógico.
analogically [ˌænə'lɒdʒɪklɪ] [a-na-ló-chi-ka-li], *adv.* La calidad de ser anfibio.
analogism [ˌænə'lɒdʒɪzm] [a-na-lo-yísem], *s.* Analogismo, argumento de la causa al efecto.
analogize [ˌænə'lɒdʒaɪz] [a-ná-lo-chais], *va.* Analogizar, explicar por analogía. **To analogize with**, presentar analogías con.
analogous [ˌə'næləgəs] [a-ná-lo-gos], *a.* Análogo; proporcional.
analogously [ˌə'næləgəslɪ] [a-ná-lo-gos-li], *adv.* Analógicamente.
analogue [æ'nəlɒg] [á-na-log], *s.* Lo análogo, lo que guarda relación de semejanza con otra cosa o idea. **Analogue computer**, máquina calculadora de términos semejantes.
analogy [ə'nælədʒɪ] [a-ná-lo-chi], *s.* Analogía, proporción o semejanza de una cosa con otra, relación, conformidad.
analysable o **analyzable** [ænəlɪ'seɪbl] [a-na-li-sei-bol] *a.* Analizable.
analysand [ə'nælɪˌsænd] a-na-li-sand] *s.* Persona que sigue un tratamiento de psicoanálisis.
analyse o **analyze** ['ænəlaɪz] [á-na-lais], *va.* Analizar, hacer análisis.
analyser o **analyzer** ['ænəlaɪzə[r]] [a-na-lái-sa[r]] *s.* Analizador.
analysis ['ænəlaɪzɪs] [a-ná-lai-sis], *s.* Análisis, *s. com.* separación de algún compuesto en las varias partes de que se compone.
analyst ['ænəlɪst] [á-na-list], *s.* Analizador.
analytic ['ænəlɪtɪk] [a-na-lí-tik], *a.* Método analítico.
analytical [ˌænə'lɪtɪkəl] [a-na-lí-ti-kal], *adv.* Analítico.
analytically ['ænəlɪtɪkəlɪ] [a-na-lí-ti-ka-li], *adv.* Analíticamente.
anamorphosis [ˌænəmɔː'fəʊsɪs] [a-mor-fóu-sis], *s.* Anamorfosis; la pintura que representa separadas, y al parecer informes, las varias partes de un objeto; pero que se hallan perfectas y en su propio lugar, cuando se mira desde cierto punto de vista.
ananas ['ænənəs] [a-na-nas], *s.* Anana, nombre dado en Europa a la piña de América.
anapestic ['ænəpɪstɪk] [a-na-pís-tik], *a.* Anapéstico.
anaphase ['ænəfeɪs] [á-na-feis] *s.* Anafase.
anaphora [ænəfɒrə] [a-na-fo-ra], *s.* Anáfora, figura que consiste en la repetición de una misma palabra al principio de dos o más frases.
anaphrodisia [ænəfrə'dɪsɪə] [a-na-fro-dí-sia], *s.* Ausencia del apetito venéreo.
anaphrodisiac [ænəfrə'dɪsɪək] [a-na-fro-di-siak], *a.* Anafrodisíaco, calmante del deseo venéreo.
anaphylactic [ænəfɪ'læktɪk] [a-na-fi-lák-tik] *a.* Anafiláctico.
anaplasty [ænə'plæstɪ] [a-na-plas-ti], *s. (Med.)* Anaplastia, autoplastia, cirugía plástica.
anarchic ['ænəkɪk] [a-nár-kik], **anarchical** ['ænəkɪkl] [a-nár-ki-kal], *s.* Anárquico, confuso, desordenado.
anarchism ['ænəkɪzm] [a-nar-kí-sem] *s.* Anarquismo.
anarchist ['ænəkɪst] [á-nar-kist], **anarch** ['ænək] [a-nark], *s.* Anarquista.
anarchy ['ænəkɪ] [á-nar-ki] *s.* Anarquía.
anasarca ['ænə'səkə] [a-na-sá-ka], *s. (Med.)* Anasarca, especie de hidropesía.
anasarcous ['ænə'səkəs] [a-na-sá-kos], *a.* Hidrópico.
anastasis ['ænəstəsɪs] [a-nás-ta-sis], *s.* Resurrección.
anastatic ['ænəstəsɪk] [a-nas-tá-tik], *a.* Anastático, en relieve. **Anastatic printing**, Impresión anastática; manera de obtener una copia en relieve de una página impresa, etc., sobre una plancha de zinc que sirve para la reimpresión.
anastomose [ˌænəstə'məʊz] [a-nás-to-mos], *vn.* Unirse por sus extremos las ramificaciones salientes de las arterias y venas; anastomarse.
anastomosis [ˌænəstə'məʊsɪs] [a-nas-to-móu-sis], *s. (Med.)* Anastomosis, unión de dos vasos sanguíneos o linfáticos.
anastomotic [ˌænəstə'məʊtɪk] [a-nas-to-móu-tik], *a.* Anastomótico; que forma anastomosis o se refiere a ella.
anastrophe [ˌænəstrəʊf] [a-nas-trouf], *s.* Anástrofe; inversión del orden usual de las palabras.
anathema [ə'næθɪmə] [a-na-zí-ma], *a.* Anatema, excomunión, execración. **It is anathema to him**, le es odioso.
anathematical [ə'næθɪmətɪkl] [a-na-zi-má-ti-kal], *a.* Lo perteneciente al anatema.
anathematically [ə'næθɪməkəlɪ] [a-na-zi-má-ti-ka-li], *adv.* A modo de anatema.
anathematization [ə'næθɪmətɪ'zeɪʃən] [a-na-zi-ma-ti-séi-shon], *s.* La acción de excomulgar.
anathematize [ə'næθɪmətaɪz] [a-na-zi-ma-tais], *va.* Anatematizar, excomulgar.
anathematizer [ə'næθɪmətaɪzə[r]] [a-na-zi-ma-tái-sa[r]], *s.* Excomulgador, anatematizador.
anatocism [ə'nætɒsɪzm] [a-na-to-sízem], *s.* Contrato usuario, usura de la misma usura o interés del interés.
anatolia [ænə'təlɪə] [a-na-tó-lia] N. *(Geogr.)* Anatolia.
anatomical [ænə'təmɪkl] [a-na-tó-mi-kal], *a.* Anatómico.
anatomically [ænə'təmɪkəlɪ] [a-na-tó-mi-ka-li], *adv.* Anatómicamente.
anatomist [ænə'təmɪst] [a-na-to-mist], *s.* Anatomista o anatómico, el profesor de anatomía.
anatomize [ænə'təmaɪz] [a-na-to-mais], *va.* Anatomizar, hacer disección o anatomía de un cuerpo; disecar.
anatomy ['ænətəmɪ] [a-na-to-mi], *s.* 1. Anatomía, parte de la medicina que trata de la descripción del cuerpo humano: se llama también así la disección de un cuerpo humano. 2. División de alguna cosa. 3. Esqueleto.
anatoxin ['ænətəksɪn] [a-na-tok-sin] *s. (Med.)* Anatoxina.
anatropal ['ænə'trəʊpəl] [a-na-tróu-pal] o **anatropous** ['ænə'trəʊpəs] [a-na-tróu-pos] *a. (Bot.)* Anátropo.
anaxagoras ['ænəksægərəs] [a-nak-sá-go-ras] N. Anaxágoras.
anbury [æn'bʊrɪ][an-bu-ri], *s.* Tumor blando y grumoso que se presenta en el cuerpo de las caballerías y los ganados.
ancestor ['ænsɪstə[r]] [an-sís-ta[r]], *s.* Uno de los mayores, abuelos o antepasados de alguno, predecesor. **Ancestor worship**, el culto de los antepasados.
ancestral [æn'sestrəl] [an-sís-tral] o **ancestrel** [æn'sestrəl] [an-sís-trel], *a.* Hereditario. **Ancestral home**, casa solariega.
ancestry ['ænsɪstrɪ] [an-ses-tri], *s.* Linaje o serie de antepasados, extracción, raza, alcurnia.
ancientry [æn'sɪəntrɪ] [én-sian-tri], *s.* Antigüedad de una familia; dignidad antigua.
anchor ['æŋkə[r]][an-ka[r]], *s.* 1. Ancla o áncora de una embarcación. **Best bower anchor**, ancla de ayuste. **Small bower anchor**, ancla sencilla. **Sheet anchor**, anclote o ancla de esperanza. **Anchor arms**, uñas del ancla. **Anchor back**, galga del ancla. **Anchor bill**, pico del ancla. **anchor cross**, cruz del ancla. **Anchor flukes**, orejas del ancla. **Anchor shank**, caña del ancla. **Anchor stock**, cepo del ancla. **to stock the anchor**, encepar el ancla. **At anchor**, al ancla. **Foul anchor**, ancla enredada con su cable. **Anchor beam**, serviola. **Anchor chocks**, calzos de ancla. **Anchor escapement**, escapa de áncora. **Anchor ground**, fondeadero. **Anchor stopper**, capón. **Drag anchor**, ancla flotante o de arrastre. **Foul anchor**, ancla encepada. **Kedge anchor**, anclote. **To ride at anchor**, estar al ancla. 2. *(Ant.)* *V.* ANACHORITE.
anchor, *vn.* Anclar, ancorar, echar las anclas. **to drop or let go anchor**, dar fondo. **To weigh anchor**, levar el ancla. **To**

drag the anchor, garrar o arrastrar el ancla. **Anchored**, anclado; formado como ancla. *-va.* Ancorar; fijar. **Anchoring**, anclaje. **Anchoring of a bridge**, amarras de un puente. **Anchoring ground**, agarradero; fondeadero.

anchorage ['æŋkərеɪdʒ] [an-ka-reich], *s.* 1. Anclaje, el sitio o lugar para anclar: se llama también ancoraje o surgidero. 2. Anclaje, las áncoras de una embarcación. 3. Anclaje, el tributo o derecho que se paga en los puertos de mar por dar fondo en ellos.

anchoress ['æŋkəres] [an-ka-res], *s.* Ermitaña, la mujer que vive en una ermita.

anchoret ['æŋkəret] [an-ka-ret], **anchorite** ['æŋkəraɪt] [an-ka-rait], *s.* Ermitaño, anacoreta. *V.* ANACHORITE.

anchor-hold ['æŋkə,həʊld] [an-ka-jóuld], *s.* 1. Agarro de ancla. 2. *(Fig.)* Seguridad.

anchorsmith ['æŋkəzmɪθ] [an-kas-miz], *s.* Forjador de anclas.

anchovy ['æŋtʃəvɪ] [an-chó-vi], *s.* Anchova o anchoa, pez pequeño, menor que la sardina.

anchylose, anchylosis ['æŋtʃɪləʊs/ɪs] [an-ki-lous/is] *V.* ANKYLOSE y ANKYLOSIS.

ancient ['eɪnʃənt] [éin-shant], *a.* Antiguo. *-s.* 1. *(Ant.)* Bandera; insignia. el porta-estandarte, porta-guión, o abanderado. 2. En plural, antepasados, mayores. **Ancient Greece**, Grecia Antigua. **Ancient customs**, costumbres antiguas. **The ancients**, los antiguos.

anciently ['eɪnʃəntlɪ] [éin-shant-li], *adv.* Antiguamente.

ancientness ['eɪnʃəntnɪs] [éin-shant-nis], *s.* Antigüedad de linaje.

ancillary [æn'sɪlərɪ] [an-sí-la-ri], *a.* El que sirve bajo otro sirviente. Ancilario; subordinado. **Surgery and ancillary services**, cirugía y servicios auxiliares. **Ancillary plants**, fábricas anexas.

ancipital, ancipitous [æn'sɪpɪtəl] [æn'sɪpɪtəs] [an-sí-pi-tal] [an-sí-pi-tos], *a.* 1. Con dos caras o formas. 2. De dos cortes.

ancon [ænkɒn] [án-kon] *s.* Ancón.

ancoral [ænkɒrəl] [án-ko-ral], *a.* 1. Perteneceinte o semejante a un áncora. 2. *(Zool.)* En forma de gancho, encorvado.

ancylostomiasis [ænsɪ,ləstəmɪ'eɪsɪs] [an-si-los-to-mi-éi-sis] *(Med.)* Anquilostomiasis.

and [ænd] [and] (and), *conj.* Y, e, conjunción copulativa: aun, si, que, *a. y s.* Nombre del signo &. *V.* AMPERSAND. **Now and them**, de cuando en cuando, o de vez en cuando. **And therefore**, por esta razón, por tanto. **By and by**, luego, al instante. **Better and better**, cada vez mejor. **Here and there**, por aquí y por allí. **To go and see**, ir a ver. **And yet**, sin embargo. **With ifs and ands**, con dimes y diretes; con si y no. **And so forth**, y así sucesivamente.

Andalusia [,ændə'lu:zɪə] [an-da-lú-sia] *N. (Geogr.)* Andalucía.

Andalusian [,ændə'lu:zɪən] [an-da-lú-sian], *a.* Andaluz, andaluza; de Andalucía.

andante [,ændəntə] [an-dan-te], *a.* Andante, que significa distinto, primoroso, más vivo que larghetto y menos que allegretto.

andantino [ændən'ti:nəʊ] [an-dan-tí-nou], *a.* Algo más lento que andante. Se usa algunas veces para denotar movimiento entre andante y allegretto.

Andean ['ændɪən] [án-dian], *a.* Andino, de los Andes.

Andes ['ændɪz] [án-dis] *N. pl. (Geogr.)* Andes.

andesite ['ændɪzaɪt] [án-di-sait] *s.* Andesita.

andirons ['ændɪrənz] [án-di-rans], *s. pl.* Morillos, caballetes de hierro.

Andorra [,æn'dɔ:rə] [an-do-ra] *N. (Geogr.)* Andorra.

Andorran [,æn'dɔ:rən] [an-do-ran] *a./s.* Andorrano.

Andrew ['ændru:] [án-dru] *N.* Andrés. **St. Andrew's cross**, cruz de S. Andrés, aspa.

androecium [,ændrə'eʃəm] [an-dro-é-shom] *s. (Bot.)* Androceo.

androgen ['ændrədʒən] [an-dró-chen], *s. (Biol.)* Andrógeno.

androginal [æn'drɒdʒɪnəl] [an-dró-chi-nal], *a.* Andrógino, lo que pertenece a los hermafroditas.

androgynus [æn'drɒdʒɪnəs] [an-dró-chi-nos], **androgyne** [æn'drɒdʒi:n] [án-dro-chain], *s.* Hermafrodita, andrógino.

android ['ændrɔɪd] [an-dróid], *a.* Que tiene forma humana. *-s.* Hermafrodita, andrógino.

androtomy ['ændrɒtəmɪ] [an-dró-to-mi], *s.* Androtomía, la disección del cadáver de una persona.

anecdotal [,ænɪk'dəʊtəl] [a-nik-dou-tal] *a.* Anecdótico.

anecdote ['ænɪkdəʊt] [a-nik-dout], *s.* Anécdota, relación breve de un suceso curioso más o menos importante.

anecdotic [,ænɪk'dəʊtɪk] [a-nik-dou-tik] o **anecdotical** [,ænɪk'dəʊtɪkl] [a-nik-dou-ni-kal] *a.* Anecdótico.

anecdotist [,ænɪk'dəʊtɪst] [a-nik-dou-tist] *s.* Anecdotista.

anemia [ə'ni:mɪə] [a-ní-mia] *s. (Med.)* Anemia.

anemic [ə'ni:mɪk] [a-ní-mik] *a. (Med.)* Anémico.

anemograph [ə'nɪməgræf] [a-ni-mó-graf] *s. (Fís.)* Anemógrafo.

anemography [ə'nɪməgræfɪ] [a-ni-mó-gra-fi], *s.* Anemografía, descripción de los vientos.

anemometer [ə'nɪməmi:tə[r]] [an-ni-mó-mi-tar], *s.* Anemómetro, instrumento para medir el viento y sus grados.

anemometry [ə'nɪməmetrɪ] [a-ni-mo-mi-tri], *s.* Anemometría, el arte de medir la fuerza del viento.

anemone [ə'nemənɪ] [a-né-mo-ni], *s. (Bot.)* Anémone, anémona, especie de flor; planta ranunculácea que contiene numerosas especies. **Sea-anemone**, actinia, anémona marina.

anemophilous [ə'neməfɪləs] [a-ne-mó-fi-los] *a. (Bot.)* Anemófilo.

anemoscope [ə'neməskəʊp] [a-né-mos-koup], *s.* anemoscopio, instrumento para indicar los cambios de dirección del aire.

anent [ə'nent] [a-nent], *prep.* 1. tocante, por lo concerniente. 2. Contra, opuesto.

aneroid [ə'nerɔɪd] [a-ne-roid], *a.* Aneroide: sin líquido. **Aneroid barometer**, barómetro aneroide.

anesthesia [,ænɪs'θi:zɪə] [a-nis-zí-sia] *s. (Med.)* Anestesia.

anesthetic [,ænɪs'θetɪk] [a-nis-zé-tik] *a. (Med.)* Anestésico.

anesthetist [,ænɪs'θetɪst] [a-nis-té-tist] *s.* Anestesista.

anesthetize [,ænɪs'θetaɪz] [a-nís-ze-tais] *va.* Anestesiar.

aneurism ['ænjə,rɪzəm] [a-niu-rísem], *s.* Aneurisma, dilatación de las arterias.

aneurismal ['ænjə,rɪzməl] [a-niu-rís-mal], *a.* Aneurismal.

anew [ə'nju:] [a-niu], *adv.* 1. De nuevo, otra vez. 2. Nuevamente, de un modo nuevo, de refresco. -N.B. *Anew* se traduce elegantemente por el verbo *Volver. (irreg.)* v.g. **He writes anew**, el vuelve a escribir.

anfractuous [æn'frɑ:ktəs] [an-frák-tuos], **anfractuose** [æn'frɑ:ktəʊz] [an-frák-tuos], *a.* Tortuoso, sinuoso, anfractuoso, desigual.

anfractuosity [æn'frɑ:ktʊ,əsɪtɪ] [an-frak-tuó-si-ti], *s.* Desigualdad, sinuosidad, anfractuosidad.

angaria [ən'gærɪə] [an-gá-ria] *s.* Angaria.

angel ['eɪndʒəl] [éin-chel], *s.* 1. Ángel. **Guardian angel**, ángel de la guarda. 2. Ángel, expresión de cariño para ponderar la hermosura de alguna persona. 3. Mensajero. *a.* Angélico, angelical. **What an angel you are!**, ¿qué cielo eres! **Fallen angel**, ángel caído. **To sing like an angel**, cantar como los ángeles.

angel-age ['eɪndʒəl,eɪdʒ] [éin-chel-eich], *s.* Estado o existencia de los ángeles.

angelfish ['eɪndʒəlfɪʃ] [éin-chal-fish] *s. (Zool.)* Angelote.

angelic ['eɪndʒəlɪk] [ein-ché-lik] **angelical** [ein-ché-li-kal], *a.* Angelical, angélico.

angelica ['eɪndʒəlɪkə] [an-ché-li-ka], *s.* 1. *(Bot.)* Angélica, planta. 2. Cierto vino dulce de California.

angelicalness ['eɪndʒəlɪkəlnɪs] [an-ché-li-kal-nes], *s.* Excelencia sobrehumana, hermosura angelical.

angel-like ['eɪndʒəlaik] [éin-chal-laik], *a.* Angelical.

angelot ['eɪndʒəlɒt] [éin-cha-lot], *s.* 1. Instrumento músico, semejante al laúd. 2. Moneda acuñada por los ingleses, cuando los reyes de Inglaterra lo eran también de Francia. 3. Especie de queso my estimado que se hace en Normandía.
angel-shot ['eɪndʒəlʃɒt] [éin-chal-shot], *s.* Balas enramadas o encadenadas, palanquetas.
Angelus ['eɪndʒɪləs] [éin-yi-las], *s.* El Ave María, la oración de este nombre y el toque de campanas que indica esta oración.
angel-winged ['eɪndʒəlˌwɪŋgt] [ein-chal-uíngt], *a.* Alado como los ángeles.
angel-worship ['eɪndʒəlˌwɔːʃɪp] [ein-chal-uor-ship], *s.* Culto de los ángeles.
anger ['æŋgəʳ] [án-gar], *s.* 1. Ira, cólera. 2. Inflamación de un órgano o tejido del cuerpo. 3. Enojo, enfado, disgusto. **A fit of anger**, un acceso de cólera. **To provoke to anger**, encolerizar, causar ira. **To speak in anger**, hablar furioso.
anger *va.* Provocar, enfurecer; enojar, irritar, encolerizar. *vn.* Encolerizarse, enfadarse, enojarse.
angina [æn'dʒaɪnə] [an-chái-na], *s.* Angina, afección inflamatoria de la faringe, la laringe, etc. **Angina pectoris**, angina de pecho, o esternalgia.
anginous [æn'dʒɪnəs] [án-chi-nos] *a.* *(Med.)* Anginoso.
angiocarpous [æn'dʒəkɑːpəs] [an-chio-kár-pus], *a.* Angiocarpio o angiocarpo; se dice de la planta cuyo fruto está contenido en una cubierta distinta y separada del fruto mismo.
angiography [æn'dʒəgræfɪ] [an-chió-gra-fi], *s.* Angiografía, descripción de los vasos del cuerpo humano.
angiology [æn'dʒəlɒdʒɪ] [an-chió-lo-yi], *s.* *(Anat.)* Angiología, parte de la anatomía que trata de los vasos.
angioma [æn'dʒəmə] [an-yió-ma] *s.* *(Med.)* Angioma.
angiomonospermous [æn'dʒəmənəs'pɛːməs] [an-chio-ma-nas-pér-mos], *a.* Se dice de las plantas que tienen una semilla en su pericarpio.
angiosperm [ændʒɪə'spɜːm] [an-chios-perm], *s.* *(Bot.)* Angiosperma, orden de plantas cuya semilla está envuelta en vaina diferente del cáliz.
angiospermous ['ændʒɪəˌspɜːm] [an-chios-pér-mos], *a.* Angiospermo; fruto cuyos granos están encerrados en un pericarpio distinto o de diversa naturaleza.
angiosporous [ændʒɪəs'pərəs] [an-chios-po-ros], *a.* Angiospóreo; se dice de la planta cuyos esporos están contenidos en un receptáculo hueco, como ciertos hongos.
angle ['æŋgl] [ángel], *s.* 1. Ángulo, la inclinación de dos líneas que se cortan en un punto. 2. *(Geom.)* Ángulo, espacio comprendido entre dos líneas curvas o rectas que se reunen en un punto. 3. Esquina. 4. Caña de pescar. 5. Anzuelo. **Visual angle**, ángulo óptico. **Angle-bevel**, falsa escuadra. **Angle-brace**, cuadral. **Angle-brackets**, modillones angulares. **Angle-rafter**, lima. **Angle** (roofing), caballete.
angle, *va.* 1. Pescar con caña. 2. *(Met.)* Insinuarse, introducirse con maña para lograr de otro lo que se pretende. *-va.* Atraer, halagar. **To angle for**, ir a la caza de.
angled ['æŋglɪd] [án-glid], *a.* Anguloso.
angle iron ['æŋglˌaɪən] [angel-áion] *s.* Angular, ángulo.
angler ['æŋgləʳ] [án-glar], *s.* Pescador de caña.
angle-rod ['æŋglə'rɒd] [angla-rod], *s.* Trozo de la caña de pescar, al cual se afianzan el sedal y anzuelo del pescador.
angles ['æŋglz] [ángls] *N.* Anglos.
anglesite ['æŋgləzaɪt] [án-gla-sait] *s.* *(Min.)* Anglesita.
angle-worm ['æŋgl'wɔːm] [ángel-uém], *s.* Lombriz de tierra.
anglian ['æŋglɪən] [án-glian] *a./s.* Anglo.
Anglican ['æŋglɪkən] [án-gli-can], *a.* Anglicano. *-s.* Individuo de la iglesia anglicana.
Anglicanism ['æŋglɪkənɪzəm] [an-gli-ka-ní-sem] *s.* *(Rel.)* Anglicanismo.
Anglicism ['æŋglɪsɪzəm] [an-gli-sí-sem], *s.* Anglicismo, modo de hablar particular y privativo de la lengua inglesa.
Anglicist ['æŋglɪsɪst] [án-gli-sist] *s.* Anglicista.
anglicize ['æŋglɪsaɪz] [án-gli-sais], *va.* Traducir o convertir en inglés; dar a otra lengua los giros y el carácter del idioma inglés.
angling ['æŋglɪŋ] [án-gling], *s.* El arte o práctica de pescar con caña.
Anglo-American ['æŋgləʊə'merɪkæn] [an-glou-a-mé-ri-kan], *a.* y *s.* Angloamericano.
Anglo-Arab ['æŋgləʊˌærəb] [an-glou-á-rab] *s.* Angloárabe.
Anglo-Arabian ['æŋgləʊ'ærəbɪən] [an-glou-a-rá-bian] *a.* Angloárabe.
Anglo-Indian ['æŋgləʊ'ɪndɪən] [an-glou-ín-dian], *a.* y *s.* Angloindio, relacionado con los ingleses y las Indias orientales.
anglomania ['æŋgləʊˌmeɪnɪə] [an-glou-méi-nia], *s.* Anglomanía, admiración exagerada de los ingleses y de lo perteneciente a ellos.
anglomaniac ['æŋgləʊˌmeɪnɪək] [an-glou-méi-niak], *a.* y *s.* Anglómano, el que imita servilmente a los ingleses o lo hace con extravagancia.
Anglo-Norman ['æŋgləʊˌnɔːmən] [an-glou-nór-man], *s.* y *a.* Anglonormando.
anglophil o **anglophile** ['æŋgləʊfaɪl] [an-glo-fail] *a./s.* Anglófilo.
anglophilia ['æŋgləʊfɪlɪə] [an-glo-fí-lia] *s.* Anglofilia.
anglophobe ['æŋgləʊfəʊb] [án-glo-foub] *a./s.* Anglófobo.
anglophobia ['æŋgləʊfəʊbjə] [an-glou-fóu-bia] *s.* Anglofobia.
anglo-Saxon ['æŋgləʊ'sæksən] [an-glou-sák-son], *s.* y *a.* Anglosajón.
angolese ['æŋgəʊliːz] [an-go-lís] *a./s.* Angolés.
angora [ˌæŋgərə] [an-go-ra], *s.* Angora, ciudad de Anatolia. **Angora cat, goat**, gato, cabra de Angora o Angola.
angostura [ˌæŋgə'stjuərə] [an-gos-tiúa-ra] *s.* *(Bot.)* Angostura.
angrily [ˌæŋgrɪlɪ] [an-gri-li], *adv.* Coléricamente, airadamente.
angry ['æŋgrɪ] [an-gri], *a.* 1. Colérico, irritado, enfadado, enojado, encolerizado, airado. 2. *(Med.)* Irritado, inflamado, que presenta inflamación. **They never spoke an angry word to each other**, jamás se han hablado con cólera. **To angry waves**, a las olas irritadas. **To get angry**, enfadarse, enojarse, enfurecerse. **I will be angry**, me enfadaré.
angstrom ['æŋgstrʌm] [ángs-trom] *s.* *(Fís.)* Angström.
anguilliform [ˌæŋgwɪlɪ'fɔːm] [an-gui-li-form], *a.* En forma de anguila.
anguish ['æŋgwɪʃ] [an-güish], *s.* Ansia, pena, angustia, congoja, aflicción, dolor. **To be in anguish**, estar angustiado. *va.* Angustiar, acongojar.
anguished ['æŋgwɪʃt] [án-güisht], *a.* Atormentado, angustiado.
angular ['æŋgjʊləʳ] [an-giu-lar], *a.* Angular, anguloso, lo que pertenece al ángulo o los tiene.
angularity [ˌæŋgjʊ'lærətɪ] [an-guiu-lá-ri-ti], **angularness** ['æŋgjʊlənɪs] [an-guiu-lar-nis], **angulosity** ['æŋgjʊləsɪtɪ] [an-guiu-ló-si-ti], *s.* La propiedad de tener ángulos o esquinas.
angulate, angulated ['æŋgjʊleɪtɪd] [án-guiu-lei-tid], *a.* *(Bot.)* Anguloso, angular.
anhelation ['ænɪləʃən] [a-ne-lei-shon], *s.* Jadeo, anhélito vehemente, anhelación.
anhydride ['ænɪdraɪd] [a-ni-draid], *s.* Óxido que se convierte en ácido cuando se le añade agua; o ácido del cual se ha extraído el agua, y que forma sales.
anhydrite ['ænɪdraɪt] [a-ni-drait] *s.* *(Min.)* Anidrita.
anhydrous ['ænɪdrəs] [a-ní-dros], *a.* Anhidro, que no contiene agua.
anil ['ænɪl] [a-nil], *s.* *(Bot.)* Añil, la planta de cuyas hojas y tallos se hace el índigo o añil.
anile ['ænɪl] [a-nil], *a.* Semejante a una vieja; falto de juicio, que chochea; chocha.
anilin o **aniline** ['ælaɪn] [a-ni-lain], *s.* Anilina, base de la cual se obtienen muchos tintes brillantes. Líquido incoloro

oleoso, obtenido hoy del alquitrán de carbón, pero originalmente del añil.

animadversion ['ænɪməd'vɜːʃən] [a-ni-mad-vér-shon], *s.* 1. Animadversión, nota crítica o reparo. 2. Animadvertencia, advertencia u observación. 3. Reflexión, reprensión, castigo, apercibimiento.

animadversive ['ænɪməd'vɜːsɪv] [a-ni-mad-vér-sif], *a.* Judicativo, lo que juzga o puede hacer juicio de algo.

animadversiveness ['ænɪməd'vɜːsɪvnɪs] [a-ni-mad-vér-sif-nis], *s.* Poder o facultad de considerar o formar juicio. Censura, reproche.

animadvert ['ænɪməd'vɜːt] [a-ni-mad-vért], *vn.* 1. Advertir, considerar, observar. 2. Censurar, formar juicio, dar dictamen, juzgar. 3. Reprochar, castigar.

animadverter ['ænɪməd'vɜːtəʳ] [a-ni-mad-vér-tar], *s.* Censurador, crítico.

animal ['ænɪməl] [a-ni-mal], *s.* 1. Animal, cuerpo animado. 2. Animal, por injuria o desprecio se llama así al hombre incapaz o ignorante. *-a.* **Wild animal**, animal salvaje. **A stupid animal**, hombre estúpido; se dice por desprecio. **Animal kingdom**, el reino animal.

animalcular [ˌænɪməl'kuːləʳ] [a-ni-mál-ku-lar], *a.* Animalcular, referente a los animálculos.

animalcule [ˌænɪməl'kjuːl] [a-ni-mál-kiul], *s.* Animalillo microscópico: animálculo, como un infusorio or rotador.

animal husbandry [ˌænɪməl'həsbəndrɪ] [a-ni-mal-jás-ban-dri] *s.* Ganadería, cría de animales.

animalism ['ænɪməlɪzm] [a-ni-ma-lísem], *s.* 1. Animalismo, estado animal. 2. Sensualidad.

animalist ['ænɪməlɪst] [a-ní-ma-list] *a./s.* Animalista.

animality ['ænɪməlɪtɪ] [a-ni-má-li-ti], *s.* El estado de la existencia animal, vida animal.

animalization [ˌænɪməlɪ'zeɪʃən] [a-ni-ma-li-séi-shon], *s.* Animalización.

animalize ['ænɪməlaɪz] [a-ní-ma-lais], *va.* 1. Animalizar, dotar de propiedades animales. 2. Asimilar los alimentos, convertirlos en materia animal.

animal power [ˌænɪməl'paʊəʳ] [á-ni-mal-páuaʳ] *s.* Fuerza de tracción animal.

animal spirits [ˌænɪməls'pɪrɪts] [a-ni-mals-pí-rits] *s.* Vitalidad, animación, vigor.

animate ['ænɪmɪt] [á-ni-meit], *a.* Viviente, animado. **Animate beings**, seres animados. *va.* Animar, alentar. **The soul animates the body**, el alma anima el cuerpo. **To animate the conversation**, animar la conversación.

animated ['ænɪmɪtɪd] [a-ni-méi-tid], *a.* 1. Animante, vivificante, excitante. 2. Alegre, divertido. **An animated street, person**, una calle, persona animada. **Animated cartoons**, dibujos animados.

animation [ˌænɪ'meɪʃən] [a-ni-mei-shon], *s.* Animación. *(Fig.)* Viveza, espíritu.

animative ['ænɪmətɪv] [a-ní-ma-tif], *s.* Animador.

animator ['ænɪmeɪtəʳ] [a-ni-méi-taʳ] *s.* Animador.

anime ['ænɪmɪ] [a-ni-mi], **Gum anime**], *a.* 1. Anime, goma o resina del curbaril, árbol de Cayena y de las Indias. 2. Goma copal.

animism ['ænɪmɪzəm] [a-ni-mí-sem], *s.* 1. Animismo, creencia en el ser del espíritu, o alma, con independencia de la materia orgánica. 2. Sistema medicofisiológico que considera el alma como principio de acción y causa primera.

animist ['ænɪmɪst] [á-ni-mist] *s.* Animista.

animistic ['ænɪmɪstɪk] [a-ni-mís-tik] *a.* Animista.

animosity [ˌænɪ'mɒsɪtɪ] [a-ni-mó-si-ti], *s.* Animosidad, mala voluntad, ojeriza, rencor, odio, encono, aversión, aborrecimiento, rencilla.

animus ['ænɪməs] [á-ni-mos], *s.* Ánimo, intención, designio.

anise ['ænɪs] [a-nis], *s.* *(Bot.)* Anís o matalahuva, planta anual umbelífera y su semilla. **Anise-seed**, anís o simiente de anís. **Indian aniseed**, badiana o anís de la China. **Star anise**, anís estrellado.

anisette [ˌænɪ'zet] [á-ni-set], *s.* *(Fr.)* Anisete, licor compuesto de aguardiente, azúcar y anís.

anisopetalous [ˌænɪsə'petələs] [a-ni-so-pé-ta-las] *a.* *(Bot.)* Anisopétalo.

anisophyllous [ˌænɪsə'fɪləs] [a-ni-só-if-los] *a.* *(Bot.)* Anisófilo.

anisotropic [ˌænɪsə'trɒpɪk] [a-ni-so-tró-pik] *a.* Anisótropo.

anisotropy [ˌænɪsə'trɒpɪ] [a-ni-só-tro-pi] *s.* Anisotropía.

ankara ['æŋkərə] [an-ká-ra] *N.* *(Geogr.)* Ankara.

ankle ['æŋkl] [án-kel], *s.* Maléolo o tobillo del pie. **Ankle-bone**, hueso del tobillo. **Ankle support**, tobillera.

ankled ['æŋklɪd] [án-klid], *a.* Lo que pertenece al tobillo.

anklet ['æŋklɪt] [án-klit], *s.* 1. Aro de adorno para el tobillo. 2. Vendaje para mantener el tobillo en debida posición. 3. Medida tobillera.

ankylose [ˌæŋkɪ'ləʊs] [an-ki-lous], *va.* y *vn.* Anquilosar, fijar una articulación.

ankylosis [ˌæŋkɪ'ləʊsɪs] [an-ki-lóu-sis], *s.* Anquilosis, inflexibilidad de una articulación.

Ann o **Anne** [æn] [an] *N.* Ana.

annalist ['ænəlɪst] [á-na-list], *s.* Analista, el que escribe anales, cronista.

annalize ['ænəlaɪz] [á-na-lais], *va.* Escribir anales.

annals ['ænəlz] [á-nals], *s. pl.* 1. Anales, historia o relación de sucesos por años, de año en año. 2. Misas celebradas de tiempo en tiempo durante el año; y también las misas de aniversario.

annamite [ænə'maɪt] [á-na-mait] *a./s.* Anamita.

annats ['ænətz] [á-nats], *s.* Anata, la renta, frutos o emolumentos que produce en un año cualquier beneficio o empleo.

annatto ['ænətə] [a-na-to], *s.* Orellana, achiote; se dice del árbol y de la tintura.

anneal [ə'niːl] [a-níl], *va.* Templar el cristal o vidrio para que se penetren los colores; atemperar, frotar con aceite.

annealing [ə'niːlɪŋ] [a-ní-lin], *s.* 1. El acto o arte de templar el vidrio. 2. Recocción, destemple. **Annealing furnace** u **oven**, horno de recocido. **Annealing-pot**, crisol de templar.

annelid [ə'niːlɪd] [a-ní-lid] *s.* *(Zool.)* Anélido.

annex [ə'neks] [á-neks], *va.* Anexar, unir o agregar una cosa a otra con dependencia de ella; juntar, reunir.

annex o **annexe** [ə'neks] [á-neks] *s.* Anexo, dependencia, apéndice. *(For.)* Anexidades.

annexation [ˌænek'seɪʃən] [a-nek-séi-shon], **annexment** [ə'neksmənt] [a-néks-ment], *s.* Anexión, la acción y efecto de anexar, o la misma cosa anexa; conjunción, adición, unión

annexationism [ˌænek'seɪʃənɪzəm] [a-nek-sei-sho-nísem] *s.* Anexionismo.

annexationist [ˌænek'seɪʃənɪst] [a-nek-séi-sho-nist] *a./s.* Anexionista.

annexed [ə'nekst] [a-nékst], *pp.* y *a.* Adjunto.

annexionism [əneksə'nɪzəm] [a-nek-so-nízem] *s.* Anexionismo.

annexionist [əneksə'nɪst] [a-nék-so-nist] *a./s.* Anexionista.

annexive ['əneksiːv] [a-nék-sif], *a.* Anexorio, que une o anexa, o que tiende a anexar.

annihilable [əˌnaɪələbl] [a-náia-bol], *a.* Destructible, lo que se puede destruir o aniquilar.

annihilate [əˌnaɪəleɪt] [a-náia-leit], *va.* Aniquilar, reducir a la nada.

annihilation [əˌnaɪə'leɪʃən] [a-naia-léi-shon], *s.* Aniquilación, la acción y efecto de aniquilar.

anniversary [ˌænɪ'vɜːsərɪ] [a-ni-vér-sa-ri], *s.* 1. Aniversario, día en que se cumplen años de algún suceso. 2. Aniversario, la fiesta o ceremonia que se celebra en cierto día señalado de cada año. **Wedding anniversary**, aniversario de boda. **The anniversary of an event**, el aniversario de un suceso.

anniversary, *a.* Anual.

anno domini ['ænəʊ'dɒmɪnaɪ] [a-no-do-mi-ni], *s.* *(Lat.)* En el año de Nuestro Señor.

annomination ['ænəʊmɪ'neɪʃən] [a-no-mi-néi-shon], *s.* Agnominación o paronomasia.

anno mundi ['ænəʊ'mu:ndɪ] [a-no-mun-di], *s. (Lat.)* En el año del mundo.

annona ['ænɒnə] [a-no-na] *s. (Bot.)* Anona.

annotate ['ænəʊteɪt] [an',no,têt], *va.* Anotar, comentar.

annotation [ˌænəʊ'teɪʃən] [a-no-téi-shon], *s.* Anotación o nota que se pone a algún escrito.

annotator ['ænəʊteɪtəʳ] [a-no-téi-tar], **annotationist** [ˌænəʊ'teɪʃənɪʃt] [a-no-téi-sho-nist], *s.* Anotador, comentador, ilustrador.

annotto ['ænɒtə] [a-no-to], *s. (Bot.)* Orellana, achiote. Lo mismo que **annatto.**

announce [ə'naʊns] [a-náuns], *va.* Anunciar, publicar, proclamar; declarar, jurídicamente. **To announce a piece of news**, anunciar una noticia. **To announce a guest**, anunciar a un invitado.

announcement [ə'naʊnsmənt] [a-náuns-ment], *s.* Aviso, advertencia, declaración. **To make an announcement to the public**, dar un aviso al público.

announcer [ə'naʊnsəʳ] [a-náunsar], *s.* Anunciador. **Radio announcer**, locutor o anunciador de radio.

annoy [ə'nɔɪ] [a-noi], *va.* Molestar, incomodar, hacer mal, vejar, fastidiar. **The least sound annoys him**, el menor ruido le incomoda.

annoyance [ə'nɔɪəns] [a-nóians], *s.* Molestia, injuria, pena, incomodidad; disgusto, fastidio. **What an annoyance!**, ¡qué fastidio!, ¡qué molesto!

annoyer [ə'nɔɪəʳ] [a-nóiar], *s.* Molestador, persona enojosa.

annoying [ə'nɔɪɪŋ] [a-nói-in], *pa.* Fastidioso, molesto, incómodo, importuno. **How annoying you are!**, ¡qué molesto eres!

annual ['ænjʊəl] [á-nual], **annuary** ['ænjʊərɪ] [a-nuá-ri], *a.* Anual, lo que se hace o sucede cada año; lo que dura sólo un año. **Annual income**, renta anual. **Annual ceremony**, ceremonia anual. *(Bot.)* **Annual ring**, capa cortical (of a tree).

annually ['ænjʊəlɪ] [á-nua-li], *adv.* Anualmente, de año en año, cada año.

annuitant [ə'nju:ɪtənt] [a-niuí-tant], *s.* El que tiene una renta vitalicia.

annuity [ə'nju:ɪtɪ] [á-niui-ti], *s.* Anualidad, renta vitalicia.

annul [ə'nʌl] [a-nál], *va.* 1. Anular, invalidar, revocar, dar por nulo. 2. Aniquilar, reducir a la nada alguna cosa.

annular [ə'nʌləʳ] [á-niu-lar], *a.* Anular; que se parece al anillo en la figura.

annulary [ə'nələrɪ] [a-niú-la-ri], *a.* Adornado con anillo; se dice del dedo anular.

annulate, annulated [ə'nʌleɪt] [á-niu-leit], *a.* Anuloso, anillado; que se compone de anillos o lo parece.

annulet [ə'nʌlɪt] [á-niu-lit], *s.* Anillejo, sortijilla.

annulment [ə'nʌlmənt] [a-niúl-ment], *s.* Anulación, la acción de anular.

annulose [ə'nʌləʊz] [á-niu-los], *a.* 1. Anuloso, rodeado de anillos o rayas circulares. 2. Guarnecido de sortijas o anillos.

annum ['ænəm] [a-nam], *s.* Año; se emplea sólo en la locución, **Per annum**, al año, o por año.

annumerate [ˌænəme'reɪt] [a-ná-me-reit], *va.* Anumerar, añadir al número anterior, poner en el número, contar entre, comprender.

annunciate [əˌnʌnsɪ'eɪt] [á-nun-sieit], *va.* Anunciar, llevar o traer noticia o aviso.

annunciation [əˌnʌnsɪ'eɪʃən] [a-nun-siéi-shon], *s.* 1. Anunciación, día celebrado por la Iglesia en memoria de la embajada que el ángel trajo a la Virgen santísima; es el veinticinco de marzo. 2. Proclamación, promulgación.

annunciator [əˌnʌnsɪ'eɪtəʳ] [a-nun-siéi-tar], *s.* 1. Proclamador. 2. Indicador (como en los hoteles); aparato para señalar un número, nombre, etc., cuando llaman.

anodal ['ænəʊdəl] [a-nou-dal], *a.* Que se refiere al ánodo.

anode ['ænəʊd] [a-noud], *s.* Ánodo, polo positivo de una batería eléctrica. *(Gr.)*

anodic ['ænəʊdɪk] [a-nou-dik], *a.* Perteneciente al ánodo; que procede hacia arriba.

anodize ['ænəʊdaɪz] [á-nou-dais], *va.* Anodizar.

anodontia ['ænədɒʃə] [a-no-don-sha] *s.* Anodontia.

anodyne ['ænəʊdaɪn] [á-nou-dain], *a.* Anodino, lo que tiene virtud de suavizar y mitigar los dolores.

anodynia ['ænəʊdɪnɪə] [a-nou-dí-nia] *s. (Med.)* Anodinia.

anoint [ə'nɔɪnt] [a-noint], *va.* 1. Untar, pringar, aplicar a alguna cosa aceite u otra materia pingüe. 2. Ungir, signar con óleo sagrado. **To anoint a dying person**, administrar la extremaunción, u olear a un moribundo.

anointer [ə'nɔɪntəʳ] [a-noin-taʳ], *s.* Untador, el que unta; también se puede entender del que unge.

anointing [ə'nɔɪntɪŋ] [a-noin-tin], **anointment** [ə'nɔɪntmənt] [a-noint-ment], *s.* Unción, el acto y el efecto de untar, o de ungir.

anomalism [ə'nɒməlɪzəm] [a-no-ma-lísem], *s.* Irregularidad, anomalía.

anomalistic, anomalistical [ə'nɒməlɪstɪk] [ə'nɒməlɪstɪkl] [a-no-ma-lís-tik] [a-no-ma-lís-ti-kal], *a.* Anomalístico, perteneciente a la anomalía. **Anomalistic year**, año anomalístico, el tiempo que emplea la tierra en volver a un punto dado de su órbita.

anomalous [ə'nɒmələs] [a-nó-ma-los], *a.* Anómalo, irregular, que se separa de la regla común.

anomalously [ə'nɒmələslɪ] [a-nó-ma-los-li], *adv.* Irregularmente.

anomalousness [ə'nɒmələsnɪs] [a-nó-ma-los-nis], **anomaly** [ə'nɒməlɪ] [a-nó-ma-li], *s.* Anomalía, irregularidad.

anon [ə'nɒn] [a-non], *adv.* 1. Pronto, a poco. 2. De cuando en cuando. 3. A cada instante. 4. En seguida, inmediatamente. **Ever and anon**, una y otra vez, a menudo.

anona [ə'nəʊnə] [a-nou-na] *s. (Bot.)* Anona.

anonym ['ænənɪm] [a-no-nim], *s.* 1. Persona o escritor anónimo. 2. Seudónimo.

anonymity [ˌænə'nɪmɪtɪ] [a-no-ni-mi-ti] *s.* Anónimo, anonimato.

anonymous [ə'nɒnɪməs] [a-nó-ni-mos], *a.* Anónimo, que no tiene nombre.

anonymously [ə'nɒnɪməslɪ] [a-nó-ni-mos-i], *adv.* Anónimamente.

anorak ['ænəræk] [a-no-rak] *s.* Anorak.

anorexia [ˌænə'reksɪə] [a-no-rék-sia], *s.* Anorexia, inapetencia.

anosmia [æ'nɒzmɪə] [a-nós-mia], *s.* Anosmia, anosfresia, pérdida total o parcial del olfato.

another [ə'nʌðəʳ] [a-nó-dar], *a.* 1. Otro, diferente, distino, **It is one thing to promise and another to perform**, una cosa es prometer y otra cumplir; del dicho al hecho hay gran trecho. 2. Uno más; otro. **He owns already four houses and now has bought another**, ya posee cuatro casas y ahora ha comprado una más. **Another time**, otro día, otra vez. **In another way**, de otra manera. **Give me another one,** déme otro. *-pron.* Otro, otra. **One another**, uno a otro. **Let's pass the ball one another,** pasémonos el balón el uno al otro. **May I have another?**, puedo tomar otro?

anoxemia [ə'nɒksɪmɪə] [a-nok-sí-mia] *s. (Med.)* Anoxemia.

anoxia [ə'nɒksɪə] [a-nók-sia], *s. (Med.)* Anoxia, falta de oxígeno en los tejidos.

ansated [ən'seɪtɪd] [an-séi-tid], *a.* Con asas, ansato, que tiene asas.

anserine [ən'seraɪn] [án-se-rain], *a.* 1. Anserino, que se refiere al ánsar o la oca. 2. Semejante al ánsar, como el cutis cuando está frío. 3. Tonto, necio, mentecato.

answer ['ɑ:nsəʳ] [án-sar], *vn.* 1. Responder, dar satisfacción a la pregunta, duda o dificultad que se propone. 2. Replicar. **Don't answer back!**, ¡no repliques!, ¡no seas respondón! 3. Responder, ser responsable. 4. Corresponder o venir bien una cosa con otra. **This year's crop does not answer our expectations**, la cosecha de este año no corresponde a nuestras esperanzas. 5. *(For.)* Comparecer. 6. Equivaler. 7. Salir bien, tener o dar buen resultado. **No, that will never answer**, no, eso no saldrá bien, no dará buen resultado. *-va.*

1. Responder, dar respuesta, contestar. 2. Satisfacer a, cumplir, obedecer. 3. Disputar, refutar. 4. Resolver (un problema, etc.) 5. Ser suficiente para; convenir a. **This answers my purpose**, esto conviene a mi designio. 6. Expiar. 7. Ser correlativo a, responder recíprocamente. 8. Otorgar, conceder una petición. 9. Talionar, pagar en la misma moneda. **To answer for**, (1) Fiar a, responder de. (2) Expiar (una falta). *(For.)* **To answer a charge**, defenderse contra una acusación. **To answer one's dreams**, realizar los sueños de uno.
answer, *s.* 1. Respuesta, contestación. 2. Refutación, réplica. 3. Solución correcta. **The answer is to study harder**, la solución es estudiar más. **In answer to**, en respuesta a, contestando a.
answerable ['ɑːnsərəbl] [án-sa-ra-bol], *a.* 1. Aquello a que se puede responder. 2. Responsable, obligado a satisfacer por algún cargo. 3. Correspondiente; equivalente; conforme. 4. Refutable. **He is answerable to no one for what he does**, el no debe a nadie cuenta de su conducta.
answerably ['ɑːnsərəblɪ] [án-se-ra-bli], *adv.* Correspondientemente, proporcionadamente.
answerableness ['ɑːnsərəblnɪs] [an-se-ra-bol-nis], *s.* Responsabilidad; también significa correspondencia o relación de una cosa con otra.
answerer ['ɑːnsərə^r] [-an-se-rar], *s.* Fiador, el que da caución.
answering machine ['ɑːnsərɪŋˌmətʃiːn] [án-se-rin-ma-chin] o **answer phone** ['ɑːnsə'fəʊn] [-an-sa-foun] *s.* Contestador automático.
ant [ænt] [ant], *s.* Hormiga, insecto himenóptero, notable por su inteligencia; en este respecto tal vez el mejor dotado de todos los insectos. **White ant**, hormiga blanca, termita; insecto neuóptero.
a'n't o **ain't** [eɪnt] [éint], v. Contracción defectuosa de *am not, is not, are not. (Vulg.)*
anta ['æntə] [an-ta], *s. (Arq.)* Anta, pilastra saliente en los ángulos de un edificio. (Plural ANTE o ANTES).
anta ['æntə] [an-ta], *s. (Zool.)* Danta, tapir.
antacid ['æntəsɪd] [an-ta-sid], *a.* y *s.* Antiácido, álcali. Remedio para la acidez del estómago.
antagonism [æn'tægənɪzəm] [an-ta-go-nísem], *s.* Contienda, oposición.
antagonist [æn'tægənɪst] [an-ta-go-nist], *s.* Antagonista, el que es opuesto o contrario a otro.
antagonistic [ænˌtægə'nɪstɪk] [an-ta-go-nís-tik], *a.* Antagónico, perteneciente a los antagonistas; que implica o denota antagonismo.
antagonize [æn'tægənaɪz] [an-ta-go-nais], *vn.* Competir con otro.
antalgic [æn'tældʒɪk] [an-tál-chik], *a.* Anodino, opuesto al dolor; antálgico. Equivalente, ANTALGESIC.
antaphrodisiac [ænˌtəfrɒdɪ'sɪək] [an-ta-fro-di-siak], *s.* y *a.* Antiafrodisíaco, que calma el apetito venéreo.
antaphroditic [ænˌtəfrɒ'daɪtɪk] [an-ta-fro-dái-tik], *a.* Antiafrodisíaco; se dice de los remedios para calmar el apetito venéreo.
antarctic [ænt'ɑːktɪk] [an-tár-tik], *a.* Antártico, lo que pertenece al polo meridional.
antarctica [ænt'ɑːktɪkə] [an-tár-ti-ka] *N. (Geogr.)* Antártida.
antarthritic [ænt'ɑːθraɪtɪk] [an-tar-trí-tik], *a. (Med.)* Antiartrítico; se dice de los remedios para la gota.
antasthmatic [ænt'əsmætɪk] [an-tas-má-tik], *a.* Antiasmático.
ant bear [ænt'biːə^r] [ant-bíar], *s.* Tamándoa o tamanuar, mamífero desdentado de la América tropical que se mantiene de hormigas. Oso hormiguero.
ante ['æntɪ] [an-ti]. Preposición latina que se halla antes de varios nombres compuestos y que significa: ante, antes, que precede en tiempo o posición. *(Poker)* Apuesta inicial. *(Fam.)* Cuota. *vn.* Apostar. **To ante up**, contribuir.
ant-eater ['æntˌiːtə^r] [ant-ítar], *s. (Zool.)* Oso hormiguero.
ante bellum ['æntɪ'beləm] [an-ti-bé-lam], *a.* Antes de la guerra. En los Estados Unidos de Norte América, antes de la guerra civil.
antecede ['æntɪsiːd] [an-te-síd], *vn.* Anteceder, preceder.
antecedence ['æntɪsɪdəns] [an-tí-si-dans], **antecedency** ['æntɪsɪdənsɪ] [an-ti-sí-dan-si], *s.* Precedencia, la acción y efecto de preceder o anteceder.
antecedent ['æntɪsɪdənt] [an-tí-si-dant], *a.* y *s.* Antecedente, precedente.
antecedently ['æntɪsɪdəntlɪ] [an-tí-si-dan-tli], *adv.* Anteriormente.
antecessor ['æntɪsɪsə^r] [an-ti-sí-sar], *s.* Antecesor, el que precede a otro.
antechamber ['æntɪˌtʃeɪmbə^r] [an-ti-cheim-bar], *s.* Antecámara, la pieza que está inmediata a la sala principal de alguna casa.
antechapel [ˌæntɪ'tʃəpəl] [an-ti-chá-pal] *s.* Antecapilla.
antechoir [ˌæntɪ'tʃʊə^r] [an-ti-chua^r] *s.* Antecoro.
antedate ['æntɪ'deɪt] [an-ti-déit], *va.* Antedatar, poner la fecha anticipada en alguna escritura o carta.
antedate, *s.* Anticipación; antedata.
antediluvian ['æntɪdɪ'luːvɪən] [an-ti-di-lú-vian], *a.* y *s.* Antediluviano, lo que pertenece al tiempo anterior al diluvio.
antefix ['æntɪfɪks] [an-ti-fiks] *s. (Arq.)* Antefijo.
antelope ['æntɪləʊp] [an-tí-loup], *s.* Antílope, cuadrúpedo rumiante parecido al ciervo; hay varias especies.
antelucem ['æntɪlʌsəm] [an-ti-lú-sem], *a.* Temprano; antes del amanecer.
antemeridian [ˌæntɪmɪ'riːdɪən] [an-ti-mi-rí-dian], *a.* Antes de mediodía, por la mañana.
ante meridiem [ˌæntɪmɪ'riːdɪəm] [an-ti-mi-rí-diam], *loc. lat.* Antes del mediodía. Se usa comúnmente en la abreviatura A.M.; 9 A.M., las nueve de la mañana.
antemetic [æntɪ'mɪtɪk] [an-ti-mí-tik], *a.* Antiemético, remedio que hace cesar el vómito.
antemundane [ˌæntɪmən'deɪn] [an-ti-mán-dein], *a.* Que antecedió a la creación del mundo.
antenatal [ˌænte'neɪtl] [an-ti-néital] *a.* Antenatal, prenatal.
antenna [æn'tenə] [an-te-na], *pl.* ANTENNAE, *s.* Antena, apéndice articulado de la cabeza, uno de los cuernecillos de algunos insectos y otros animales artrópodos.
antenumber [æn'tenəmbə^r] [an-te-nám-bar], *s.* Número anterior.
antenuptial [æn'tenəpʃəl] [an-te-náp-shal], *a.* Antenupcial, antes de la boda.
antepast [æn'tɪpæst] [an-te-past], *s. (Ant.* o *poét.)* Anticipación; gusto anticipado.
antepenult [ˌæntɪpɪ'nʌlt] [an-ti-pí-nalt] o **antepenultimate** [ˌæntɪpɪ'nʌltɪmɪt] [an-ti-pi-nál-ti-meit], *a.* y *s.* Antepenúltima, la sílaba que está antes de la última.
antepileptic [ˌæntɪpɪ'leptɪk] [an-ti-pi-lép-tik], *a. (Med.)* Antepiléptico; remedios contra la epilepsia.
anteport [æntɪ'pɔːt] [an-ti-pórt] o **antiport**, *a.* Antepuerta, puerta exterior.
anterior [æn'tɪərɪə^r] [an-tí-riar], *a.* Anterior, precedente.
anteriority [æn'tərɪərɪtɪ] [an-ti-rió-ri-ti], *s.* Anterioridad, precedencia.
anteroom ['æntɪrʊm] [an-ti-rum], *s.* Antecámara, antesala, sala de espera.
antes [æn'tɪz] [án-tis], *s. pl. (Arq.)* Antas, pilastras.
anteversion [æntɪ'vɜːʃən] [an-ti-vér-shon], *s.* Anteroversión, posición anormal del útero, que consiste en dirigirse el fondo hacia el pubis y el cuello hacia el sacro.
antevert [æntɪ'vɜːt] [an-ti-vert], *va.* Volver hacia adelante.
anteverted [æntɪ'vɜːtɪd] [an-ti-ver-tid], *pp.* vuelto hacia adelante; en posición de anteroversión.
antehelmintic [ˌæntiəl'mɪntɪc] [an-ti-jel-min-tik], *a.* Antielmíntico, lo que mata las lombrices. Vermífugo.
anthem ['ænθəm] [án-zem], *s.* Antífona, motete. Himno. **National anthem**, himno nacional.

anthemis ['ænθəmɪs] [an-ze-mis], *s. (Bot.)* Género de plantas que comprende, entre otras numerosas especies, la manzanilla o camomila.
anthem-wise [ˌænθəm'waɪz] [an-zem-uais], *adv.* A modo de antífona.
anther ['ænθəʳ] [an-zar], *s. (Bot.)* Antera, el ápice del estambre que contiene el polen; es el órgano masculino de las plantas.
antheridium [ˌænθə'rɪdɪəm] [an-ze-rí-dium] *s. (Bot.)* Anteridia.
ant-hill ['ænthɪl] [ánt-jil], *s.* Hormiguero. *V.* FORMICARIUM.
anthological [ˌænθə'lɒdʒɪkl] [an-zo-ló-chi-cal], *a.* Antológico, lo perteneciente a la antología.
anthology [ˌænθə'lɒdʒɪ] [an-zó-lo-chi], *s.* 1. antología, florilegio; colección de trozos literarios selectos. 2. (Poco us.) Colección de flores.
Anthony ['æntənɪ] [án-zo-ni] *N.* Antonio.
Anthony's fire, *s.* Fuego de San Antón; erisipela.
anthozoa [ˌæntə'zəʊ] [an-to-sou], *s.* Antozoarios, los pólipos, una clase de los zoófitos o coelenterados.
anthracene [ˌæntrə'siːn] [an-tra-sín] *s.* Antraceno.
anthracic [ˌæntrə'sɪk] [an-trá-sik], *a.* Que pertenece al ántrax, o que lo padece.
anthracite [ˌæntrə'saɪt] [an-tra-sait], *s.* Antracita, hulla lustrosa, carbón de piedra no bituminoso que arde sin humo y casi sin llama.
anthrax ['ænθræks] [an-zraks], *s.* 1. Antrax, carbunclo, avispero. 2. Fiebre contagiosa y maligna; se llama también fiebre esplénica.
anthrenus [ˌæntrənəs] [an-zre-nas] *s. (Zool.)* Antreno.
anthropocentric [ˌænθrəʊpəʊ'sentrɪk] [an-zrou-pou-sén-trik] *a.* Antropocéntrico.
anthropocentrism [ˌænθrəʊpəʊsen'trɪzəm] [an-zrou-pou-sen-trísem] *s.* Antropocentrismo.
anthropography [ˌænθrəʊpəʊ'græfɪ] [an-zrou-póu-gra-fi], *s.* Antropografía, la descripción del hombre.
anthropoid ['ænθrəʊpɔɪd] [an-zróu-poid], *s.* Antropoide, mono antropoídeo. *-a.* Antropoide, antropoideo.
anthropologic [ˌænθrəpə'lɒdʒɪk] [an-zro-po-ló-chik] o **anthropological** [ˌænθrəpə'lɒdʒɪkəl] [an-zro-po-ló-chi-kal] *a.* Antropológico.
anthropologist [ˌænθrəpə'lɒdʒɪst] [an-zro-pó-lo-chist] *s.* Antropólogo.
anthropology [ˌænθrəpə'lɒdʒɪ] [an-zro-pó-lo-chi], *s.* Antropología, la ciencia que trata del hombre física y moralmente considerado.
anthropometric [ˌænθrəpə'mɪtrɪk] [an-zro-po-mé-trik] o **anthropometrical** [ˌænθrəpə'mɪtrɪkl] [an-zro-po-mé-tri-kal] *a.* Antropométrico.
anthropometry [ˌænθrəpə'mɪtrɪ] [an-zro-pó-me-tri] *s.* Antropometría.
anthropomorph [ˌænθrəpə'mɔːf] [an-zro-po-mórf] *s.* Antropomorfo.
anthropomorphic [ˌænθrəpə'mɔːfɪk] [an-zro-po-mór-fik] *a.* Antropomórfico.
anthropomorphism [ˌænθrəpə'mɔːfɪzəm] [an-zro-po-mor-físem], *s.* Antropomorfismo, doctrina u opinión de los que atribuyen a Dios cuerpo humano, o cualidades y sentimientos humanos.
anthropomorphite [ˌænθrəpə'mɔːfaɪt] [an-zro-po-mor-fáit] o **anthropomorphist** [ˌænθrəpə'mɔːfɪst] [an-zro-po-mor-fist] *s.* Antropomorfita.
anthropomorphous [ˌænθrəpə'mɔːfəs] [an-zro-po-mór-fos] *a.* Antropomorfo.
anthroponymy [ˌænθrəpənɪmɪ] [an-zro-pó-ni-mi] *s.* Antroponimia.
anthropophagi [ˌænθrəpəfəgaɪ] [an-zro-pó-fa-gai], *s.* Antropófagos, los que comen carne humana.
anthropophagous [ˌænθrəpəfəgəs] [an-zro-pó-fa-gos] *a.* Antropófago.
anthropophagy [ˌænθrəʊ'pəfədʒɪ] [an-zro-pó-fa-chi] *s.* Antropofagia.
anthropopitecus [ˌænθrəpɪ'tekəs] [an-zro-pi-té-kos] *s.* Antropopiteco.
anthroposophy [ˌænθrə'pəsəfɪ] [an-zro-pó-so-fi], *s.* Antroposofía, ciencia de la naturaleza del hombre.
anti ['æntɪ] [an-ti], Partícula muy usada, compuesta con voces de derivación griega y significa *contra* o *contrario a.*
antiacid [æntɪ'eɪsɪd] [an-ti-éi-sid], *V.* ALKALI.
antiaircraft [ˌæntɪ'ɛəkrɑːft] [an-ti-éa-kraft], *s.* Fuego o artillería antiaérea. *-a.* Antiaéreo. **Antiaircraft gun**, cañón antiaéreo.
antialcoholism [æntɪəl'kəʊhɔlɪzm] [an-ti-al-kou-jo-lísem] *s.* Antialcoholismo.
anti-American [æntɪə'merɪkən] [an-ti-a-mé-ri-kan] *a.* Antiamericano.
antiapostle [æntɪə'pɒzl] [an-ti-a-pósel], *s.* Antiapóstol.
antiarthritic [ˌæntɪɑː'θrɪtɪk] [an-ti-ar-zrí-tik], *a.* Antiartrítico, remedio contra la gota.
antibilious [æntɪ'bɪlɪəs][an-ti-bí-lios], *a.* Antibilioso.
antibiotic ['æntbaɪ'ɒtɪk] [an-ti-bió-tik], *s.* y *a.* Antibiótico.
antibody ['ænt͵bɒdɪ] [an-ti-bo-di], *s. (Med.)* Anticuerpo.
antic ['æntɪk] [an-tic], *a.* Extraño, raro, ridículo, grotesco. *-s.* 1. Acción, fantástica o extravagante, cabriola, travesura. 2. Antigualla, figura o grupo grotesco. 3. Bufón, truhán, saltimbanco.
anticancerous [ˌæntɪ'kænsɪrəs] [an-ti-kán-si-ros] *a.* Anticanceroso.
anticathode ['æntɪkɑθɒd] [an-ti-ká-zod] *s.* Anticátodo.
antichamber ['æntɪtʃɑmbəʳ] [an-ti-cheim-baʳ], *s. V.* ANTECHAMBER.
Antichrist ['æntɪkraɪst] [an-ti-kraist], *s.* Antecristo.
Antichristian ['æntɪkrɪstɪən] [an-ti-krís-chian], *s.* y *a.* Anticristiano.
anticipate [æn'tɪsɪpeɪt] [an-tí-si-peit], *va.* 1. Mirar a lo venidero, esperar, prever. 2. Anticipar, tomar alguna cosa antes que otro; adelantarse, prevenir. 3. Estar al frente de, en adelante. **He anticipated my wish**, se anticipó a mi deseo. **To anticipate criticism**, salir al paso de las críticas.
anticipation [æn͵tɪsɪ'peɪʃən] [an-ti-si-péi-shon], *s.* Anticipación, la acción y efecto de anticipar o anticiparse. **In anticipation of the future**, pensando en el futuro.
anticipator [æn'tɪsɪpeɪtəʳ] [an-ti-si-péi-tar], *s.* Anticipador.
anticipatory [æn'tɪsɪpeɪtərɪ] [an-ti-si-pa-tó-ri], *a.* Lo que anticipa.
anticlerical ['æntɪ'klerɪkl] [an-ti-klé-ri-kal], *a.* Anticlerical.
anticlericalism ['æntɪ'klerɪklɪzəm] [an-ti-kle-ri-ka-lísem] *s.* Anticlericalismo.
anti-climax ['æntɪ'klɪmæks] [an-ti-klí-maks], *s. (Ret.)* Anticlimax, gradación descendente.
anticlinal ['æntɪ'klɪnəl] [an-ti-kli-nal], *a.* Anticlinal, que señala en la estratificación de los terrenos una inclinación en direcciones opuestas.
anticline [æntɪ'klaɪn] [an-ti-klain] *s. (Geol.)* Anticlinal.
anticly ['æntɪklaɪ] [an-ti-kli], *adv.* Ridículamente, por vía de travesura, grotescamente.
anticlockwise ['æntɪ'klɒkwaɪz] [an-ti-klok-uais] *a./adv.* En sentido contrario a las agujas del reloj.
anticoagulant ['æntɪ'kəʊgjʊlənt] [an-ti-kou-giu-lant], *s.* y *a.* Anticoagulante.
anticolonialism ['æntɪkə'ləʊnɪəlɪzəm] [an-ti-ko-lou-nia-lísem], *s.* Anticolonialismo.
anticolonialist ['æntɪkə'ləʊnɪəlɪst] [an-ti-ko-lóu-nia-list] *a./s.* Anticolonialista.
anticommunism ['æntɪkɒ'mjʊnɪzəm] [an-ti-ko-miu-nísem], *s.* Anticomunismo.
anticommunist ['æntɪkɒ'mjʊnɪst] [an-ti-ko-miu-nist] *a. s.* Anticomunista.
anticonstitutional ['æntɪkɒnstɪ'tjuːʃənl] [an-ti-kons-ti-tiú-sho-nal], *a.* Anticonstitucional, lo que es contra la constitución o sistema de gobierno establecido.
anticorrosive ['æntɪkə'rəʊzɪv] [an-kó-rou-sif], *a.* Anticorrosivo, que obra contra la corrosión o la impide.

anticosmetic ['æntɪkəz'metɪk] [an-ti-kos-mé-tik], *a.* Anticosmético.
anticourt ['æntɪkɔ:t] [an-ti-kórt], *a.* Lo que es opuesto a la corte.
antics ['æntɪks] [án-tiks] *s. pl.* Payasadas, bufonadas, travesuras, cabriolas. **To be up to one's antics**, estar haciendo de las suyas.
anticyclone ['æntɪ'saɪkləʊn] [an-ti-sái-kloun], *s.* Movimiento de la atmósfera, que por la dirección del viento y la distribución de la presión barométrica, se opone al de un ciclón.
anticyclonic ['æntɪ'saɪklɒnɪk] [an-ti-sai-klóu-nik] *a.* Anticiclonal.
antidazzle ['æntɪ'dæzl] [an-ti-dásel] *a.* Antideslumbrante.
antidemocrat ['æntɪ'dəməkræt] [an-ti-de-mó-krat] *s.* Antidemócrata.
antidemocratic ['æntɪ'dəməkrætɪk] [an-ti-de-mo-krá-tik] *a.* Antidemocrático.
antidotal ['æntɪ'dɒtəl] [an-ti-do-tal], a . Perteneciente al antídoto.
antidotary ['æntɪ'dɒtərɪ] [an-ti-do-ta-ri], *a.* *(Ant.)* Antidotario; antídoto.
antidote ['æntɪ'dəʊt] [an-ti-dout], *s.* Antídoto, contraveneno, preservativo.
antidysenteric ['æntɪ'dɪsəntərɪk] [an-ti-di-sen-te-rik], *a.* Antidisentérico, que tiene virtud contra la disenteria.
antiemetic ['æntɪ'ɪmetɪk] [an-ti-i-mé-tik] *a.* *(Med.)* Antiemético.
antiepiscopal ['æntɪɪ'pɪskəpəl] [an-ti-i-pís-ko-pal], *a.* El que se opone al episcopado.
antiface ['æntɪ'feɪs] [an-ti-féis], *s.* Antifaz.
antifanatic ['æntɪ'fənætɪk] [an-ti-fa-ná-tik], *s.* Antifanático.
antifascism ['æntɪ'fæʃɪzəm] [an-ti-fa-sí-sem] *s.* Antifascismo.
antifascist ['æntɪ'fæʃɪst] [an-ti-fa-shist] *a./s.* Antifascista.
antifebrile ['æntɪ'fi:braɪl] [an-ti-fi-brail],*a.* *(Med.)* Antifebril, lo que sirve para corregir y curar las calenturas.
antifederalist ['æntɪ'fɪdərəlɪst] [an-ti-fi-dé-ra-list] *s.* Antifederalista.
antifeminism [ˌæntɪ'femɪnɪzəm] [an-ti-fe-mi-nísem] *s.* Antifeminismo.
antifeminist [ˌæntɪ'femɪnɪst] [an-ti-fe-mi-nist] *a./s.* Antifeminista.
antiferment [ˌæntɪ'fɜ:mənt] [an-ti-fér-ment] *s.* Antifermento.
antifreeze [ˌæntɪ'fri:z] [an-ti-frís], *s.* y *a.* Anticongelante.
antifriction [ˌæntɪ'frɪkʃən] [an-ti-frík-shon], *a.* Que disminuye el rozamiento. **Antifriction alloy, antifriction metal**, metal antifricción.
antigen ['æntɪdʒən] [an-ti-chan], *s.* Antígeno.
antiglare ['æntɪ'glɛəʳ] [an-ti-gléaʳ] *a.* Antideslumbrante.
antigona [æn'tɪgənə] [an-ti-go-na] *N.* Antígona.
antigovernment [ˌæntɪ'gʌvənment] [an-ti-go-vérn-ment] *a.* Antigubernamental.
antihistamine ['æntɪ'hɪstəmi:n] [an-ti-jís-ta-min], *s.* *(Med.)* Antihistamina.
antihypnotic ['æntɪhɪp'nɒtɪk] [an-ti-jip-nó-tik], *a.* Antipnótico, lo que impide el sueño, sopor o letargo.
antihysteric ['æntɪhɪs'terɪk] [an-ti-jis-té-rik], *s.* Antihistérico, medicamento para las afecciones histéricas y espasmódicas.
antiinflationary ['æntɪɪn'fleɪʃnərɪ] [an-ti-in-fléi-sho-na-ri] *a.* Antiinflacionista.
antiknock ['æntɪnɒk] [an-ti-nok], *s.* & *a.* Antidetonante.
Antillean ['æntɪli:n] [an-ti-lín] *a./s.* Antillano.
Antilles ['æntɪli:z] [an-tils] *N.* *(Geogr.)* Antillas.
antilogarithm [ˌæntɪ'lɒgərɪθəm] [an-ti-lo-ga-rizem] *s.* *(Mat.)* Antilogaritmo.
antilogy [ˌæntɪ'lɒdgɪ] [an-tí-lo-chi], *s.* Antilogía, contradicción de palabras o de algunas sentencias o pasajes de un autor.
antimagnetic [ˌæntɪmæg'netɪk] [an-ti-mag-né-tik] *a.* Antimagnético.
antimalarial [ˌæntɪmə'lɛərɪəl] [an-ti-ma-lá-rial], *a.* Antipalúdico, eficaz contra la malaria.
anti-masonic [ˌæntɪmə'sɒnɪk] [an-ti-ma-só-nik] *a.* Antimasónico.
antimatter ['æntɪˌmætəʳ [an-ti-má-tar], *s.* Antimateria.
antimilitarism [ˌæntɪmɪ'lɪtərɪəzm] [an-ti-mi-li-ta-rísem], *s.* Antimilitarismo.
antimilitarist [ˌæntɪmɪ'lɪtərɪst] [an-ti-mi-lí-ta-rist], *s.* Antimilitarista.
antimissile [ˌæntɪmɪsɪl] [an-ti-mi-sil], *a.* Antimisil. **Antimissile missile**, proyectil antimisil.
antimonarchic [ˌæntɪ'mɒnəkɪk] [an-ti-mo-na-kik], antimonarchical [an-ti-mo-ná-ki-kal], *a.* Antimonárquico, opuesto al gobierno monárquico.
antimonarchist [ˌæntɪ'mɒnəkɪst] [an-ti-mó-na-kist], *s.* Antimonárquico, el que es contrario al gobierno monárquico.
antimonial [ˌæntɪ'mɒnɪəl] [an-ti-mó-nial], *a.* Antimonial, hecho de antimonio o perteneciente a él.
antimoniate [ˌæntɪ'mənɪeɪt] [an-ti-mo-nieit] *s,* *(Quím.)* Antimoniato.
antimoniated [ˌæntɪ'mənɪeɪtɪd] [an-ti-mo-ni-éi-tid] *a.* *(Quím.)* Antimoniatado.
antimonic [ˌæntɪ'mənɪk] [an-ti-mó-nik], *a.* Antimónico; que se refiere al antimonio.
antimony [ˌæntɪ'mənɪ] [an-tí-mo-ni], *s.* Antimonio, metal duro, blanco argentino, cristalizable, brillante, que se usa mucho en la química, en la medicina y en las artes en forma de aleaciones. **Tartarized antimony** o **tartar emetic**, tártaro emético.
antimoralist [ˌæntɪ'mɒrəlɪst] [an-ti-mó-ra-list], *s.* Enemigo de la moralidad.
antinational [ˌæntɪ'næʃənl] [an-ti-ná-sho-nal] *a.* Antinacional.
antineuralgic [ˌæntɪnjʊ'rældʒɪk] [an-ti-niu-rál-chik] *a.* *(Med.)* Antineurálgico.
antineutron [ˌæntɪ'njʊtrɒn] [an-ti-niú-tron], *s.* Antineutrón.
antinode [ˌæntɪnəʊd] [an-ti-noud] *s.* Antinodo.
antinomian [æntɪ'nəmɪən] [an-ti-nó-mian], **antinomist** [æntɪ'nəmɪst] [an-tí-no-mist], *s.* Herejes que negaban la obligación de la ley moral.
antinomianism [æntɪ'nəmɪənɪzəm] [an-ti-no-mia-nísem], *s.* Herejía por la cual se niega la virtud u obligación de la ley moral y la necesidad de las buenas obras.
antinomic [æntɪ'nəmɪk] [an-ti-nó-mik] o **antinomical** [æntɪ'nəmɪkl] [an-ti-nó-mi-kal] *a.* Antinómico.
antinomy [æntɪ'nəmɪ] [an-tí-no-mi], *s.* 1. Antinomia, oposición o contrariedad de las leyes entre sí. 2. Incompatibilidad entre dos o más conclusiones que, sin embargo, parecen ser igualmente inevitables; paradoja.
antinucleon [æntɪ'nju:klɪən] [an,-ti-niú-klion], *s.* Antinucleón.
antioch ['æntɪɒk] [an-tiok] *N.* Antioquía.
antiparliamentarianism [æntɪˌpɑ:lɪə'məntərəˌnɪzəm] [an-ti-pa-lia-men-ta-ria-nísem] *s.* Antiparlamentarismo.
antiparliamentary [æntɪˌpɑ:lɪə'məntərɪ] [an-ti-pa-lia-men-ta-ri] *a.* Antiparlamentario.
antiparticle [æntɪˌpɑ:tɪkl] [an-ti-pa-tí-kel], *s.* Antipartícula.
antipasto [æntɪˌpɑ:stɒ] [an-ti-pas-to], *s.* Aperitivo.
antipathetic [ˌæntɪpə'θetɪk] [an-ti-pa-zé-tik], **antipathetical** [an-ti-pa-zé-ti-kal], *a.* Antipático, que causa antipatía.
antipathetically [ˌæntɪpə'θetɪklɪ] [an-ti-pa-zé-ti-ka-li], *adv.* De un modo contrario.
antipathic [æntɪ'pəθɪk] [an-ti-pá-zik], *a.* Antipático, contrario, opuesto; adverso, naturalmente contrario.
antipathy [æn'tɪpəθɪ] [an-tí-pa-zi], *s.* Antipatía, oposición natural, repugnancia instintiva entre personas, o de una persona hacia una cosa.

antipatriotic [ˌæntɪpæ'trɪɒtɪk] [an-ti-pa-trió-tik] *a.* Antipatriota, antipatriótico.

antipatriotism [ˌæntɪpætrɪɒ'tɪzəm] [an-ti-pa-trio-tísem] *s.* Antipatriotismo.

antipendium [ˌæntɪ'pendɪəm] [an-ti-pén-dium], *s.* Frontal de altar.

antiperiodic [ˌæntɪpɪərɪ'ɒdɪk] [an-ti-pi-rió-dik], *a.* Antiperiódico; se dice de los medicamentos que sirven para evitar el acceso de una enfermedad intermitente.

Antipersonnel [ˌæntɪpɜː'sənel] [an-ti-pé-so-nal], *a.* contrapersonal.

antiperspirant [ˌæntɪpɜːs'paɪrənt] [an-ti-pérs-pi-rant], *s.* Desodorante.

antipestilential [ˌæntɪ'pestɪlˌlenʃəl] [an-ti-pes-ti-lén-shal], *a.* Antipestilencial.

antiphilosophic [ˌæntɪfɪlə'sɒfɪk] [an-ti-fi-lo-só-fik] o **antiphilosophical** [ˌæntɪfɪlə'sɒfɪkəl] [an-ti-fi-lo-só-fi-kal] *a.* Antifilosófico.

antiphlogistic [ˌæntɪflə'dʒɪstɪk] [an-ti-flo-chis-tik], *s.* y *a.* Antiflogístico, el medicamento propio para calmar la inflamación.

antiphon [ˌæntɪfɒn] [an-ti-fon], **antiphony** [ˌæntɪfɒnɪ] [an-tí-fo-ni], *s.* Antífona; eco.

antiphonal [ˌæntɪfɒnl] [an-tí-fo-nal], **antiphonical** [ˌæntɪfɒnɪkl] [an-ti-fó-ni-kal], *a.* Antifonal, perteneciente a las antífonas.

antiphonal [ˌæntɪfɒnl] [an-tí-fo-nal], **antiphonar** [ˌæntɪfɑːʳ] [an-tí-fo-nar], *s.* Antifonal o antifonario.

antiphonary [ˌæntɪfɒnərɪ] [an-ti-fo-na-ri] *s.* Antifonario.

antiphrasis [ˌæntɪfreɪzɪz] [an-ti-fra-sis], *s.* Antífrasis o antífrase, figura irónica por la que diciendo una cosa se entiende la contraria.

antipodal [ˌæntɪpɒdl] [an-ti-po-dal], *a.* 1. Lo que es antípoda, que se halla al lado opuesto del globo. 2. Contrario; diametralmente opuesto.

antipode [ˌæntɪpɒd] [an-ti-pod], *s.* 1. Lo directamente contrario u opuesto; la cosa opuesta a otra. 2. Una de los antípodas.

antipodean [ˌæntɪpɒdɪən] [an-ti-pódian], *a.* Antipodal, lo que se refiere o pertenece a los antípodas.

antipodes [ˌæntɪpɒdz] [an-tí-po-dis], *s. pl.* 1. Antípodas, los que habitan en el otro lado del globo y tienen sus pies opuestos a los nuestros. 2. *(Fig.)* Antípoda, contrario, opuesto.

antipoison [ˌæntɪpɔɪzn] [an-ti-pói-son], *s.* Antídoto, contraveneno.

antipope [ˌæntɪpəʊp] [an-ti-poup], *s.* Antipapa, el que usurpa el papado.

antiprelatic [ˌæntɪpre'lɪtɪk] [an-ti-pri-lá-tik], **antiprelatical** [ˌæntɪpre'lɪtɪkl] [an-ti-pri-lá-ti-kal], *a.* Hostil o contrario a la prelacía.

antipriest [ˌæntɪ'priːst] [an-ti-príst], *s.* Hostilidad a los sacerdotes.

antiprinciple [ˌæntɪ'prɪnsəpl] [an-ti-prín-si-pol]. *s.* Principio opuesto.

antiprogressive [ˌæntɪ'prəgresɪv] [an-ti-pro-gré-sif] *a./s.* Antiprogresista.

antiprohibitionist [ˌæntɪprəʊ'bɪʃənɪst] [an-ti-pro-ji-bí-sho-nist] *a./s.* Antiprohibicionista.

antiprotectionist [ˌæntɪprə'tekʃənɪst] [an-ti-pro-ték-sho-nist] *a. s.* Antiproteccionista.

antiproton [ˌæntɪ'prəʊtɒn] [an-ti-pró-ton], *s.* Antiprotón.

antiputrefactive [ˌæntɪpjuːtrɪ'fæktɪv] [an-ti-piu-trí-fak-tif] *a. (Biol.)* Antipútrido.

antipyretic [ˌæntɪpaɪ'retɪk] [an-ti-pai-ré-tik], *a.* y *s.* Antipirético, febrífugo.

antipyrine [ˌæntɪ'paɪriːn] [an-ti-pái-rin], *s.* Antipirina, medicamento compuesto blanco cristalizable ($C_{11}H_{12}N_2O$), usado para calmar la fiebre.

antiquarian [ˌæntɪ'kwɛərɪən] [an-ti-kué-rian], *a.* Anticuario, el que es aficionado al estudio de las antigüedades: relativo a lo antiguo.

antiquerianism [ˌæntɪkwɛərɪə'nɪzəm] [an-ti-kue-ria-nísem], *s.* La afición a las antigüedades.

antiquary [ˌæntɪ'kwɛərɪ] [an-ti-kué-ri], *s.* Anticuario, el que se dedica al estudio especial de las cosas antiguas.

antiquate [ˌæntɪ'kweɪt] [an-ti-kuéit], *va.* Anticuar, abolir el uso de alguna cosa; anular.

antiquated [ˌæntɪ'kweɪtɪd] [an-ti-kuéi-tid], *a.* 1. Anticuado, fuera de uso, propio de tiempos pasados. 2. Añejo, viejo, fuera de servicio; imposibilitado.

antique [æn'tɪk] [án-tik], *a.* Antiguo, lo que tiene antigüedad. -*s.* Antigüedad, monumento de tiempos antiguos o remotos; antigualla. **Antique dealer**, anticuario. **Antique shop**, tienda de antigüedades.

antiqueness [æn'tɪknɪs] [an-tik-nis], *s.* Antigüedad, la calidad de ser antiguo.

antiquity [æn'tɪkwɪtɪ] [an-ti-kui-ti], *s.* 1. Antigüedad, los tiempos antiguos. 2. Vestigios, de los tiempos antiguos. 3. Ancianidad, vejez, vetustez.

antirabic [æntɪ'ræbɪk] [an-ti-ra-bik] *a.* Antirrábico.

antirachitic [æntɪrə'kaɪtɪk] [an-ti-ra-kái-tik] *a. (Med.)* Antirraquítico.

antiradar [æntɪ'reɪdɑːʳ] [an-ti-réi-daʳ] *a.* Antirradar.

antireligious [æntɪre'lɪgʒɪəs] [an-ti-re-lí-chios] *a.* Antirreligioso.

antirepublican [ˌæntɪrɪ'pʌblɪkən] [an-ti-ri-pá-bli-kan] *a./ s.* Antirrepublicano.

antirevolutionary [ˌæntɪrevə'luːʃənərɪ] [an-ti-re-vo-lú-sho-na-ri], *a.* Antirrevolucionario.

antirevolutionist [ˌæntɪrevə'luːʃənɪst] [an-ti-re-vo-lú-sho-nist], *s.* Antirrevolucionario.

antirheumatic [ˌæntɪruː'mætɪk] [an-ti-ru-má-tik], *a.* Antirreumático, eficaz contra el reumatismo.

antirust [ˌæntɪrʌst] [an-ti-rast] *a.* Antioxidante.

antisacerdotal [ˌæntɪsæsə'dəʊtl] [an-ti-sa-sá-dou-tal], *a.* Hostil a los sacerdotes.

antiscians [ˌæntɪsɪəns] [an-ti-sians] o **antiscii** [ˌæntɪsiː] [an-ti-si], *s. pl.* Antiscios, los pueblos que habitan en el hemisferio opuesto de la tierra.

antiscorbutic [ˌæntɪskɔː'bjuːtɪk] [an-tis-kor-biú-tik], **antiscorbutical** [ˌæntɪskɔː'bjuːtɪkl] [an-tis-kor-biú-ti-kal], *a.* Antiescorbútico, eficaz para curar el escorbuto.

antiscripturist [ˌæntɪskrɪptʃərɪst] [an-tis-krip-tu-rist], *s.* Antiescripturista, el que niega la revelación o impugna la sagrada escritura.

antisemite [ˌæntɪ'siːmaɪt] [an-ti-si-mait] *s.* Antisemita.

antisemitic [ˌæntɪsɪ'mɪtɪk] [an-ti-si-mi-tik], *s.* y *a.* Antisemítico, antisemita.

antisemitism [ˌæntɪsəmɪ'tɪzəm] [an-ti-si-me-tísem], *s.* Antisemitismo.

antisepsis [ˌæntɪ'sepsɪs] [an-ti-sep-sis] *s. (Med.)* Antisepsia.

antiseptic [ˌæntɪ'septɪk] [an-ti-sep-tik], *a.* Antiséptico, antipútrido, lo que impide la putrefacción o fermentación. También se usa como nombre.

antiseptical [ˌæntɪ'septɪkl] [an-ti-sép-ti-kal], *a.* V. ANTISEPTIC.

antiseptically [ˌæntɪ'septɪklɪ] [an-ti-sép-ti-ka-li], *adv.* De un modo antiséptico.

antiskid ['æntɪskɪd] [an-tis-kid] *a.* Antideslizante.

antislavery [ˌæntɪ'sleɪvərɪ] [an-tis-léi-va-ri], *a.* Partidario de la manumisión, opuesto a la esclavitud.

antisocial [ˌæntɪ'səʊʃəl] [an-ti-sóu-shal], *a.* 1. Antisocial. 2. Antisociable.

antispasmodic [ˌæntɪspæz'mɒdɪk] [an-tis-pas-mó-dik], *a.* Antiespasmódico, eficaz contra los espasmos.

antispastic [ˌæntɪs'pæstɪk] [an-tis-pás-tik], *a.* Antispástico; se dice de los medicamentos que causan una revulsión de los humores.

antisplenetic [ˌæntɪsplɪ'netɪk] [an-tis-ple-né-tik], *a.* Antiesplénico, lo que es eficaz contra las enfermedades del bazo.

antistrophe [ˌæntɪs'trəʊfɪ] [an-tis-tróu-fi], *s.* 1. Antistrofa, la segunda parte del canto lírico en la poesía griega. 2. *(Ret.)*

Inversión de voces en cláusulas sucesivas; de aquí, toda la inversión de relación.
antistrumatic [ˌæntɪstrʊ'mætɪk] [an-tis-tru-má-tik], *a.* Antiescrofuloso; se aplica a los medicamentos usados para curar lamparones.
antisubmarine [ˌæntɪsʌb'məriːn] [an-ti-sáb-ma-rin] *a.* Antisubmarino.
antisyphilitic [ˌæntɪsɪfɪ'lɪtɪk] [an-ti-si-fi-lí-tik], *a.* y *n.* Antisifilítico, remedio contra la sífilis.
antitank [ˌæntɪ'tæŋk] [an-ti-tank], *a.* *(Mil.)* Antitanque.
antitetanic [ˌæntɪte'tænɪk] [an-ti-te-tá-nik] *a.* *(Med.)* Antitetánico.
anti-theft device [ˌæntɪθeft'dɪvaɪz] [an-ti-zéft-di-váis] *s.* Antirrobo.
antithesis [æn'tɪθɪsɪs] [an-ti-zí-sis], *s.* 1. *(Ret.)* Antítesis, figura que consiste en contraponer una frase o una palabra a otra de contraria significación. 2. Antítesis, oposición, contrariedad, contraste.
antithetical [ˌæntɪ'θetɪkəl] [an-ti-zé-ti-kal], *a.* Antitético, lo que contiene antítesis.
antitoxin ['æntɪ'tɒksɪn] [an-ti-tok-sin], *s.* *(Med.)* Antitoxina.
antitrades ['æntɪ'treɪds] [an-ti-tréids] *s. pl.* Contraalisios.
antitrinitarian ['æntɪtrɪnɪ'tərɪən] [an-ti-tri-ni-tárian], *s.* Antitrinitario; se dice de los herejes que niegan la santísima Trinidad.
antitrust ['æntɪ'trʌst] [an-ti-trast], *a.* Contra los monopolios o los *trusts.*
antitubercular ['æntɪtʊ'bɜːkjʊlə^r] [an-ti-tu-bér-kiu-la^r] *a.* *(Med.)* Antituberculoso.
antitype ['æntɪ'taɪp] [an-ti-taip], *s.* Antitipo, figura, imagen.
antitypical ['æntɪ'tɪpɪkl] [an-ti-tí-pi-kal], *a.* Antitípico.
antivenin ['æntɪ'vɪnɪn] [an-ti-vi-nin] *s.* *U.S.* Antitoxina.
antivenereal ['æntɪvɪ'nɪərɪəl] [an-ti-vi-nía-rial] *a.* Antivenéreo.
antivirus ['æntɪ'vaɪərʌs] [an-ti-vái-ros], *s.* Antivirus.
antler ['æntlə^r] [an-tlar], *s.* 1. Cuerna, asta. 2. Mogote. 3. Candil. *-pl.* Cornamenta.
antlered ['æntləd] [ántlerd], *a.* Lo que tiene cercetas o astas ramosas.
ant-lion ['ænt'laɪən] [ant-láion], *s.* Hormiga-león, insecto neuróptero, el mirmeleón; y particularmente, su larva que se alimenta de hormigas.
Antoinette ['æntwʊanet] [an-tua-net] *N.* Antonia.
Antoninus ['æntɒnɪnəs] [an-to-ni-nas] *N.* Antonino.
antoeci ['æntəsɪ] [an-ta-si], *s.* *(Geog.)* Antecos, los pueblos que habitan en lugares de una misma latitud y longitud, pero en lados opuestos del ecuador.
antonomasia ['æntənɒ'mɪzɪə] [an-to-no-má-sia], *s.* *(Ret.)* Antonomasia, figura retórica que consiste en usar el nombre apelativo por el propio o éste en lugar del apelativo.
Antony ['æntɒnɪ] [án-to-ni] *N.* Antonio.
antonym ['æntɒnɪm] [an-tó-nim] *s.* Antónimo.
antrum ['æntrəm] [an-tram], *s.* Antro, cueva, caverna; con particularidad la cavidad o "antro de Highmore" en la cara.
Antwerp ['æntwɜːp] [an-tuárp] *N.* *(Geogr.)* Amberes.
anuran ['ænjuːrən] [a-niú-ran] *s.* *(Zool.)* Anuro.
anurous ['ænjuːrəs] [á-niu-ras] *a.* Anuro.
anury ['ænjuːrɪ] [á-niu-ri] *s.* *(Med.)* Anuria.
anus ['eɪnəs] [-ei-nas], *s.* Ano, orificio por el cual se expele el excremento del cuerpo.
anvil ['ænvɪl] [an-vil], *s.* Yunque, ayunque, bigornia. **The stock of an anvil**, cepo de yunque. *(Fig.)* **On the anvil**, sobre el tapete (under discussion), en el telar (in preparation).
anvilled ['ænvɪld] [an-vild], *a.* Formado a modo de yunque.
anxiety [æŋ'zaɪətɪ] [ánk-saia-ti], *s.* 1. Ansia, solicitud acerca de alguna cosa venidera. 2. Aflicción o abatimiento de ánimo. 3. Perplejidad, desasosiego, afán, anhelo, cavilación, inquietud, dificultad, ansiedad. **His anxiety to make good impression**, su ansia de dar buena impresión.
anxious ['æŋkʃəs] [ank-shos], *a.* Inquieto, perturbado, ansioso, anheloso, impaciente, penoso, roedor. **To be (o feel) anxious about**, estar inquieto a causa de, respecto a. **Anxious forebodings**, presentimientos alarmantes. **He is anxious to see you**, está deseoso de verte. **Anxious about the future**, preocupado por el futuro.
anxiously ['æŋkʃəslɪ] [ank-shos-li], *adv.* Ansiosamente, impacientemente. **Waiting anxiously for the results,** esperando con ansia los resultados.
anxiousness ['æŋkʃəsnɪs] [ank-shos-nis], *s.* Ansia, ansiedad, solicitud, anhelo.
any ['enɪ] [é-ni], *a.* Cualquier o cualquiera, algún, alguno, alguna, todo. **Any further**, más lejos. **Any more**, más aún. **Any longer**, más allá, todavía, mucho más tiempo. **Any thing**, algo. **Anywise**, *adv.* en o de algún modo. **Any,** después de negación o preposición privativa, Ninguno, na. **I have not seen any of your friends**, no he visto a ninguno de tus amigos. **Without any difficulty**, sin ninguna dificultad, sin la menor dificultad. **Any,** en sentido partitivo, no suele traducirse en castellano. **Have you any money?,** ¿tiene usted dinero? o ¿tiene usted algún dinero encima? **At any time**, en cualquier momento. **At any rate**, de todas formas.
anybody ['enɪbɒdɪ] [éni-badi], *pro.* 1. Alguno, alguien, cualquiera; con negación, nadie. 2. Todo el mundo, toda persona. **Is anybody at home?** ¿Hay alguien en casa? **Not anybody**, nadie. **Anybody can do that**, cualquiera puede hacer eso. **Hardly anybody thinks so**, casi nadie lo cree.
anyhow ['enɪhaʊ] [éni-jau], *adv.* 1. De todas formas, de cualquier modo que sea; bien que, sin embargo; en cualquier caso. 2. Con indiferencia, no importa como.
anymore ['enɪmɔː^r] [éni-moar] *adv.* Nunca más, ya.
anyone ['enɪwʌn] [éni-uan] *pron.* See ANYBODY.
anything ['enɪθɪŋ] [éni-zin], ***pro.*** 1. Algo, alguna cosa, cualquier cosa; con negación, nada. 2. Todo, todo lo que. **Have you anything to do just now?** ¿Tiene Vd. algo que hacer ahora mismo? **I haven't got anything**, no tengo nada. **Anything you want**, todo lo que usted quiera. *(Fam.)* **To be as easy as anything**, ser coser y cantar, estar tirado. **To be anything but stupid**, no ser nada tonto. *adv.* Algo. **Is he anything like his brother?** ¿Se parece algo a su hermano? **He is anything but clever**, es todo menos inteligente.
anyway ['enɪweɪ] [-eni-uei], *adv.* 1. Salga lo que saliere; sin embargo, con todo eso, sea lo que fuere. 2. De cualquier modo que sea; de todas formas.
anywhere ['enɪwɛə^r] [éni-uear], *adv.* Dondequiera, en cualquier parte, en todas partes. **Not anywhere**, en ninguna parte. **Put it anywhere**, ponlo en cualquier sitio. **Anywhere in the world**, en todas partes del mundo. **Anywhere from five to ten dollars,** entre cinco y diez dólares. **Miles from anywhere**, muy lejos, en el quinto pino.
anywise ['enɪwaɪz] [éni-uais] *a.* De cualquier manera, de cualquier modo, de cualquier forma. **Not anywise**, de ninguna manera, de ningún modo.
aorist ['ɛərɪst] [éa-rist], *s.* *Gram.)* Aoristo.
aorist, aoristic, *a.* Parecido al aoristo; sin limitación de tiempo.
aorta [eɪ'ɔːtə] [ei-orta], *s.* Aorta, la arteria mayor del cuerpo.
aortic [eɪ'ɔːtɪk] [ei-or-tik], *a.* Aórtico, que pertenece a la aorta, o tiene relación con ella.
aortitis [eɪ'ɔːtaɪtɪs] [ei-or-tái-tis] *s.* *(Med.)* Aortitis.
apace [ə'peɪs] [a-péis], *adv.* Aprisa, con presteza o prontitud.
Apache [ə'pætʃɪ] [a-pá-chi] *s.* Apache.
apagoge [əpə'gɒg] [a-pa-gog], *s.* 1. *(Mat.)* El empleo de una proposición ya demostrada para probar otra. 2. Apagogía, razonamiento que sirve para probar la verdad de una proposición, demostrando lo absurdo de la contraria.
apagogical [əpə'gɒdʒɪkl] [a-pa-gó-chi-kal], *a.* Apagógico, lo que pertenece a la demostración de una proposición por lo absurdo de la contraria.
apanage [əpə'neɪdʒ] [á-pa-neich] *s.* *(Hist.)* Infantado. Herencia, dependencia. **To be the apanage of**, ser privativo de, ser el patrimonio de.

apart [ə'pɑːt] [a-párt], *adv.* Aparte, a un lado, separadamente, por separado, aparte de. **He stood apart**, se mantuvo aparte. **Ten centimetres apart**, separados por diez centímetros. **Apart from the style, I quite like it**, aparte del estilo, me gusta bastante. **To be miles apart**, estar a kilómetros de distancia. **To come apart**, desprenderse, ser desmontable, estropearse. **To live apart**, vivir apartado. **To stand with one's legs apart**, estar con las piernas separadas. **To tell two things apart**, distinguir dos cosas una de otra. **To set apart**, apartar, reservar. **Joking apart**, bromas aparte.

apartheid [ə'pɑːtjeɪd] [á-part-zeid] *s.* Apartheid, segregación racial.

apartment [ə'pɑːtmənt] [a-párt-ment], *s.* Departamento, apartamiento, vivienda, cuarto, habitación. **Apartment house**, casa de pisos.

apathetic [ˌæpə'θetɪk] [a-pa-zé-tik], **apathistical** [ˌæpə'θɪstɪkl] [a-pa-zís-ti-kal], *a.* Apático, indolente, sin pasión por nada, indiferente, insensible.

apathist [ˌæpə'θɪst] [á-pa-zist], *s.* Hombre apático o insensible.

apathy ['æpəθɪ] [á-pa-zi], *s.* Apatía, insensibilidad a toda pasión.

apatite [ˌæpə'taɪt] [á-pa-tait], *s.* Apatito, fosfato de cal nativo, cristalizado.

ape [eɪp] [éip], *s.* 1. Mono. 2. *(Met.)* Mono, el que imita o remeda.

ape, *va.* Hacer muecas o monadas, imitar, remedar.

apeak [ə'piːk] [a-pík], *adv.* 1. En postura o ademán de penetrar la tierra. 2. *(Mar.)* A pique.

apelike [eɪp'laɪk] [éip-laik] *a.* Simiesco.

apennines ['æpɪnaɪnz] [á-pi-nains] *N. (Geogr.)* Apeninos.

apepsia, apepsy ['æpɪp'sɪə] [a-píp-sia], *s. (Med.)* Apepsia, mala digestión.

aper [ə'pɜːʳ] [a-pér], *s.* Imitador o mimo ridículo, bufón.

aperient [ə'pɪərɪənt] [a-pía-riant], **aperitive** [ə'perɪtɪv] [a-pé-ri-tif], *a.* Laxante.

aperiodic [ə'pɪrɪədɪk] [a-pi-rió-dik] *a.* Aperiódico.

apéritif [ə'perɪtɪv] [a-pé-ri-tif] *s.* Aperitivo (drink).

aperture ['æpətʃʊəʳ] [a-pér-chuar], *s.* Abertura, paso, rendija, resquicio.

apery [ə'perɪ] [a-pe-ri] *s.* Mímica.

apetalous [ə'petələs] [a-pé-ta-los], *a. (Bot.)* Apétalo, sin pétalos.

apex ['eɪpeks] [éi-peks], *s.* APEXES o APICES, *pl.* Ápice, el extremo superior o la punta de alguna cosa, cima. **Apices of a flower,** *(Bot.)* ápices de los estambres de la flor.

aphaeresis [ə'færezɪs] [a-fé-re-sis], *s.* Aféresis, supresión de lo superfluo.

aphaniptera [əfə'nɪptərə] [a-fa-níp-ta-ra], *s.* Afanípteros, orden de insectos sin alas, como la pulga.

aphasia [æ'feɪzɪə] [a-féi-sia], *s.* Afasia, pérdida de la facultad de hablar, quedando intactos los órganos vocales y sin alteración de la inteligencia. Resulta de enfermedad del cerebro.

aphasic [æ'fəzɪk] [a-fá-sik], *a.* Afásico.

aphelion [ə'fɪlɪən] [a-fí-lion], *s. (Astr.)* Afelio, el punto de la órbita de un planeta en que éste se halla más distante del sol.

aphesis [ə'fezɪs] [a-fé-sis] *s. Gram.)* Aféresis.

aphid ['eɪfɪd] [éi-fid], *s. (Ento.)* Áfido.

aphilanthropy [əfɪ'læntrɒpɪ] [a-fi-lán-tro-pi], *s.* Falta de filantropía.

aphis ['eɪfɪs] [éi-fis], *s.* APHIDES, *pl.* Áfido, el pulgón; el género de los Áfidos; insecto del género Aphis.

aphonia [ˌeɪ'fɒnɪə] [ei-fo-nia], **aphony** [ˌeɪ'fɒnɪ] [éi-fo-ni], *s.* Afonía, pérdida de la voz a consecuencia de una afección de la laringe; ronquera crónica.

aphonic [ˌeɪ'fɒnɪk] [ei-fó-nik], *a.* 1. Sin sonido; afónico, áfono. 2. Mudo, que no representa un sonido. **Aphonic letter**, letra muda.

aphorism ['æfərɪzəm] [a-fo-rísem], *s.* Aforismo, sentencia breve, máxima o regla general.

aphorismer [ˌæfə'rɪzməʳ] [a-fo-rís-mar], **aphorist** ['æfərɪst] [á-fo-rist], *s.* Escritor de aforismos.

aphorismic [ˌæfə'rɪsmɪk] [a-fo-rís-mik] o **aphoristic** [ˌæfə'rɪstɪk] [a-fo-rís-tik] *a.* Aforístico.

aphoristical [ˌæfə'rɪstɪkl] [a-fo-rís-ti-kal], *adv.* Sentenciosamente.

aphrodisiac [ˌæfrəʊ'dɪzɪæk] [a-frou-di-síak], **aphrodisiacal** [ˌæfrəʊ'dɪzɪækl] [a-frou-dí-sia-kal], *a.* 1. Afrodisíaco, lo que conduce al apetito venéreo o lo excita. 2. Lascivo, lujurioso.

Aphrodite [ˌæfrəʊ'daɪtɪ] [á-frou-dait], *s.* 1. Afrodita, la diosa griega del amor; corresponde a la Venus latina. 2. Mariposa de hermosos colores de los Estados Unidos de América.

aphtha ['æftə] [áf-ta], *pl.* APHTHAE, *s.* Aftas, úlceras pequeñas y superficiales en la boca.

aphthong ['æftɒŋ] [áf-ton], *s.* Letra muda, o combinación de las mismas; como p en pseudo.

aphthous ['æftəs] [áf-tos], *a.* Aftoso, perteneciente a las aftas o afectado con ellas. **Aphthous fever**, fiebre aftosa.

aphyllous [ə'fɪləs] [a-fi-los], *a. (Bot.)* Afilo, que no tiene hojas.

apiarian ['eɪpɪərɪən] [ei-pi-á-rian] *a.* Apícola.

apiarist ['eɪpɪərɪst] [ei-pia-rist] *s.* Apicultor.

apiary ['eɪpɪərɪ] [ei-pia-ri], *s.* Colmenar, abejar, lugar en que se crían las abejas; colección de abejas, colmenas, utensilios, etc.

apical ['eɪpɪkl] [éi-pi-kal] *s.* Ápical, que está en la cumbre.

apices ['eɪpɪsiːz] [ei-pí-sis] *s. pl.* See APEX.

apicultural ['eɪpɪkʌltʃərəl] [ei-pi-kál-cha-ral] *a.* Apícola.

apiculture ['eɪpɪkʌltʃəʳ] [ei-pi-kál-chaʳ], *s.* Apicultura, cuidado de las abejas.

apiculturist ['eɪpɪkʌltʃərɪst] [ei-pi-kál-cha-rist], *s.* Apicultor, el que cuida de las abejas.

apiece [ə'piːs] [a-pís], *adv.* Por barba, por cabeza, por persona o cada uno. **We had two blankets apiece**, teníamos dos mantas cada uno. **He gave them one apiece**, les dio una a cada uno.

apis [ə'pɪs] [a-pis], *s.* 1. Apis, nombre del buey que adoraban como dios los antiguos egipcios. 2. Nombre científico de la abeja; género de insectos himenópteros interesantes por el gran desarrollo de su inteligencia.

apish [ə'pɪʃ] [a-pish], *a.* Gestero, bufón, monero, acostumbrado a hacer gestos y remedar como el mono; afectado, frívolo.

apishly [ə'pɪʃlɪ] [a-pish-li], *adv.* Afectadamente, frívolamente.

apishness [ə'pɪʃnɪs] [a-pish-nis], *s.* Monada, gesto o figura afectada y enfadosa.

apitpat [ə'pɪtpæt] [a-pit-pat], *adv.* Con palpitación acelerada: es voz vulgar. *V.* PIT-A-PAT.

apivorous [ə'pɪvərəs] [a-pí-vo-ros], *a.* Apívoro, que come abejas.

aplanatic [əplə'nætɪk] [a-pla-ná-tik], *a.* Aplanático, exento de aberración esférica y cromática.

aplenty [ə'plentɪ] [a-plén-ti] *adv.* En abundancia.

aplomb [ə'plɒm] [a-plóm], *s.* 1. Confianza en sí mismo; aplomo. 2. Posición recta; postura vertical. *(Gal.)*

apnoea o **apnea** [əp'niːə] [ap-nia] *s. (Med.)* Apnea.

apocalypse [ə'pɒkəlɪps] [a-po-ka-lips], *s.* Apocalipsis, revelación, el último libro del Nuevo Testamento.

apocalyptic [ə'pɒkəlɪptɪk] [a-po-ka-líp-tik], **apocalyptical** [ə'pɒkəlɪptɪkl] [a-po-ka-líp-ti-kal], *a.* Apocalíptico, lo que contiene revelaciones.

apochromatic [ˌəpɒkrə'mætɪk] [a-po-kro-má-tik], *a.* Apocromático, corrector del espectro secundario.

apocopate [ə'pɒkəpeɪt] [a-pó-ko-peit], *va. Gram.)* Apocopar, cometer apócope.

apocopation [ə'pɒkəpeɪʃən] [a-po-ko-péi-shon] *s. Gram.)* Apócope.

apocope [ə'pɒkəʊpɪ] [a-pó-kou-pi], *s. (Ret.)* Apócope, figura por la cual se quita la última letra o sílaba de una dicción.

apocrypha [ə'pɒkrɪfə] [a-pó-kri-fa], *s. pl.* Libros apócrifos o no canónicos.
apocryphal [ə'pɒkrɪfəl] [a-pó-kri-fal], *a.* Apócrifo, no canónico, dudoso o falso.
apod, apodal ['əpɒd] ['əpɒdl] [a-pod] [a-po-dal], *a.* Ápodo, sin pies; sin aletas ventrales.
apodictic ['əpɒdɪktɪk] [a-po-dík-tik], **apodictical** ['əpɒdɪktɪkl] [a-po-dík-ti-kal], *a.* Apodíctico, demostrativo o convincente.
apodosis [ə'pɒdəʊsɪs] [a-po-dou-sis], *s.* Apódosis, segunda parte del período, en la que se completa el sentido que queda pendiente en la primera, llamada prótasis.
apodous ['əpɒdəs] [a-po-dos], *a.* Ápodo, sin pies. *V.* APODAL.
apogee ['æpədʒɪ] [a-po-chi], *s.* Apogeo, el punto en que el sol o cualquier otro planeta se halla a la mayor distancia de la tierra en toda su revolución.
apoggiatura ['æpədʒətjʊrə] [a-po-chia-tu-ra], *s. (Mús.)* Apoyatura.
apograph [ə'pəgræf] [a-po-graf], *s.* Apógrafo, copia de algún libro o escrito.
apolitical [ˌeɪpə'lɪtɪkəl] [ei-po-lí-ti-kal] *a.* Apolítico.
apoliticism [ˌeɪpə'lɪtɪsɪzm] [ei-pa-li-tísem] *s.* Apolitismo.
apollinarian [ˌeɪpə'lɪnærɪən] [ei-po-li-ná-rian], **apolinarist** [ˌeɪpə'lɪnærɪst] [ei-pó-li-na-rist], *s.* Apolinarista, hereje que negaba que Jesucristo hubiese formado carne en un cuerpo como el nuestro.
Apollo [ə'pɒləʊ] [a-po-lou] *N.* Apolo.
apollonian [ə'pɒləʊnɪən] [a-po-lou-nian] *a.* Apolíneo.
apologetic, apologetical [əˌpɒlə'dʒetɪk] [əˌpɒlə'dʒetɪkl] [a-po-lou-yé-tik] [a-po-lou-yé-ti-kal], *a.* Apologético. **An apologetic treatise**, un tratado apologético. **He was very apologetic about the incident**, me ofreció toda clase de disculpas por el incidente.
apologetically [əˌpɒlə'dʒetɪklɪ] [a-po-lou-yé-ti-ka-li], *adv.* Apologéticamente.
apologetics [əˌpɒlə'dʒetɪks] [a-po-lo-yé-tiks], *s.* 1. Apologética, ramo de la teología consagrado a la defensa de la religión cristiana. 2. Apologética, nombre dado a la defensa de los cristianos por Tertuliano.
apologia [ə'pɒlədʒɪə] [a-po-lo-chia] *s.* Apología.
apologist [ə'pɒlədʒɪst] [a-pó-lo-chist], *s.* Apologista.
apologize [ə'pɒlədʒaɪz] [a-pó-lo-chais], *va.* Apologizar, defender; excusar, disculpar o sacar la cara por, o en defensa de. *-vn.* Disculparse, excusarse.
apologizer [ə'pɒlədʒaɪzə'] [a-po-lo-chái-sar], *s.* Defensor, defendedor, apologista.
apologue ['æpəlɒg] [a-po-log], *s.* Apólogo, fábula moral e instructiva.
apology [ə'pɒlədʒɪ] [a-pó-lo-chi], *s.* Apología, defensa; excusa, justificación. **My apologies**, mis disculpas. *(Fam.)* Birria. **What an apology for a house!**, ¡vaya birria de casa!
apomorphia [əpə'mɔːfɪə] [a-po-mor-fia], *s.* Apomorfina, alcaloide que se extrae del opio; emético enérgico.
aponeurosis [əpə'njuːrəsɪs] [a-po-niu-ró-sis], *s.* Aponeurosis, membrana fibrosa y resistente, destinada a mantener en su lugar los músculos que envuelve o a servirles de punto de inserción.
aponeurotic [əpə'njuːrətɪk] [a-po-niu-ró-tik], *a.* Aponeurótico.
apophasis [əpə'fæsɪs] [a-pó-fa-sis], *s.* Apófasis, refutación. Figura retórica en la cual el orador, negando un punto favorable, produce, no obstante, el efecto deseado.
apophlegmatic [əpə'flegmætɪk] [a-po-fleg-má-tik], *a.* Apoflemático, expectorante.
apophthegm ['əpəʊθegm] [a-po-zégm], *s. V.* APOTHEGM.
apophysis ['əpəfɪsɪs] [a-pó-fi-sis], *s. (Anat.)* Apófisis, eminencia o parte saliente de un órgano y particularmente de un hueso.
apoplectic [ˌæpə'plektɪk] [a-po-plék-tik], **apoplectical** [ˌæpə'plektɪkl] [a-po-plék-ti-kal], *a.* Apopléctico. *(Fig.)* **To get apoplectic**, ponerse furioso.
apoplexy [ˌæpə'pleksɪ] [a-pó-plek-si], *s.* Apoplejía, privación súbita del sentido.
aporia [æ'pərɪə] [a-pó-ria] *s. (Fil.)* Aporía.
aport [æ'pɔːt] [a-pórt], *adv. (Mar.)* Ababor (el timón).
aposiopesis [əpəsɪə'pesɪs] [a-po-sio-pé-sis], *s.* Aposiópesis, reticencia; figura retórica que se comete cuando empezando a decir una cosa se interrumpe la frase y se deja el razonamiento por concluir.
apostasy [ə'pɒstəsɪ] [a-pós-ta-si], *s.* Apostasía, deserción o abandono de la religión que uno profesaba.
apostate [ə'pɒstɪt] [a-pos-teit], *s.* Apóstata, el que comete apostasía. *-a.* Falso, pérfido, rebelde.
apostatical [ə'pɒstətɪkl] [a-pos-tá-ti-kal], *a.* Apostático.
apostatize [ə'pɒstətaɪz] [a-pos-ta-tais], *vn.* Apostatar, abandonar la religión que uno profesaba.
apostem [ə'pɒstem] [a-pos-tem], **aposteme** [ə'pɒstem] [A,p<s',tîm], *s.* Apostema, absceso.
apostemate [əpɒs'temeɪt] [a-pos-te-meit], *vn. (Des.)* Apostemarse.
apostemation [əpɒste'meɪʃən] [a-pos-te-méi-shon], *s. (Med.)* Apostemación, apostema, absceso.
a posteriori ['ɑːpɒsˌterɪ'ɔːraɪ] [a-pos-te-ri-o-rai] *a./adv.* A posteriori.
apostil [ə'pɒstɪl] [a-pos-til] *s.* Apostilla, nota marginal.
apostle [ə'pɒsl] [a-pósel], *s.* Apóstol, enviado.
apostleship [ə'pɒslʃɪp] [a-pósel-ship], **apostolate** [ə'pɒstəleɪt] [a-pós-to-leit], *s.* Apostolado.
apostolic [ˌæpɒs'tɒlɪk] [a-pos-tó-lik], **apostolical** [ˌæpɒs'tɒlɪkl] [a-pos-tó-li-kal], *a.* Apostólico. **Apostolic See**, sede apostólica.
apostolically [ˌæpɒs'tɒlɪklɪ] [a-pos-tó-li-ka-li], *adv.* Apostólicamente.
apostolicalness [ˌæpɒs'tɒlɪklnɪs] [a-pos-tó-li-kal-nis], *s.* La calidad de ser apostólico; autoridad apostólica.
apostrophe [ə'pɒstrəfɪ] [a-pos-tro-fi], *s.* 1. Apóstrofe, figura por la cual el orador suspende el discurso y dirige la palabra a una persona. 2. Apóstrofo, virgulilla que se pone para señalar alguna contracción, como *lov'd* por *loved*, *tho'* por *though*; también es la señal del caso genitivo, como *man's duty*, la obligación del hombre.
apostrophic [ə'pɒstrəfɪk] [a-pos-tró-fik], **apostrophical** [ə'pɒstrəfɪkl] [a-pos-tró-fi-kal], *a.* Lo perteneciente al apóstrofo.
apostrophize [ə'pɒstrəfaɪz] [a-pós-tro-fais], *va.* Apostrofar, dirigir o convertir el discurso con vehemencia a alguna persona o cosa. *-vn.* 1. Abreviar una palabra, suprimiendo una letra o letras. 2. Designar esta elisión por medio del apóstrofo.
apostume, *s. V.* APOSTEME.
apothecary [ə'pɒθɪkərɪ] [a-po-zi-ka-ri], *s.* Boticario. **An apothecary's shop**, botica.
apothegm [ə'pɒθegm] [a-po-zem], *s.* Apotegma, sentencia breve, dicha con agudeza.
apothegmatical [ˌəpɒθeg'mætɪkl] [a-po-zeg-má-ti-kal], *a.* Apotegmático.
apothegmatist [ˌəpɒθeg'mətɪst] [a-po-zeg-ma-tist], *s.* Apotegmatista, colector de apotegmas.
apothegmatize [ˌəpɒθeg'mətaɪz] [a-po-zeg-ma-tais], *vn.* Emplear o decir apotegmas.
apothem ['əpɒθem] [á-po-zem] *s. (Mat.)* Apotema.
apotheosis [əˌpɒθɪ'əʊsɪs] [a-po-zi-óu-sis], *va.* Deificar, poner entre los dioses.
apotheosize [əˌpɒθɪ'əʊsaɪz] [a-po-ziou-sais] *va.* Deificar, glorificar, idealizar.
apozem ['əpɒzem] [a-po-zem], *s.* Pócima, bebida medicinal.
appal, appall [ə'pɔːl] [a-pól], *va.* Espantar, aterrar; desmayar, desanimar. *-vn. (Des.)* Desmayar, debilitarse.
Appalachians [ˌæpə'leɪʃənz] [a-pa-léi-shans] *N.* Apalaches.
appalling [ə'pɔːlɪŋ] [a-pó-lin], *a.* Espantoso, aterrador.
appanage [ə'pɔːneɪdʒ] [á-pa-neich], *s.* 1. Propiedad o territorio dependiente de otro, o de alguien. 2. Alimentos, la

porción de rentas que corresponden a un hermano menor; heredamiento; infantazgo.

apparatus [ˌæpə'reɪtəs] [a-pa-réi-tas], *s.* 1. Aparato, aparejo, apresto, prevención. 2. Tren, pompa, ostentación. 3. Aparato, conjunto de piezas de una máquina; útiles empleados para la obtención de una cosa. **Digestive apparatus**, aparato digestivo. **Climbing apparatus**, equipo de montañismo. *(Fig.)* **The apparatus of government**, el aparato del gobierno.

apparel [ə'pærəl] [a-pa-rel], *s.* Atavío, indumentaria, ropa. *(Mar.)* Aparejo. **Wearing apparel**, vestidos, ropaje. *va.* Ataviar, vestir. *(Mar.)* Aparejar.

apparency [ə'pærənsɪ] [a-pa-ren-si], *s.* Calidad de evidente o claro.

apparent [ə'pærənt] [a-pa-rent], *a.* 1. Claro, patente, indubitable, evidente, manifiesto. **His sadness was very apparent**, su tristeza era muy evidente. 2. Aparente, lo que aparece y no es. **His apparent coldness is only shyness**, su aparente frialdad es sólo timidez. 3. Cierto. **The heir-apparent to the crown**, el heredero presunto de la corona.

apparently [ə'pærəntlɪ] [a-pa-ren-tli], *adv.* Evidentemente, claramente, al parecer.

apparentness [ə'pærəntnɪs] [a-pa-rent-nis], *s.* 1. Aparición o aparecimiento. 2. Aparición, visión, fantasma, espectro.

apparition [ˌæpə'rɪʃən] [a-pa-rí-shon] *s.* Aparición.

apparitor [ˌæpə'rɪtəʳ] [a-pa-rí-tar], *s.* 1. Alguacil de corona o de la curia, eclesiástica. 2. Macero o bedel de universidad.

appeach [ə'piːtʃ] [a-pích], *va.* *(Des.)* *V.* IMPEACH.

appeal [ə'piːl] [a-píl], *vn.* 1. Apelar, recurrir de un tribunal o juez inferior a otro superior; hacer a uno árbitro. **To appeal against a decision**, apelar una decisión. **To appeal to arms**, recurrir a las armas. 2. Llamar por testigo. **I appeal to God**, pongo a Dios por testigo. **The idea doesn't appeal to me**, la idea no me gusta.

appeal, *s.* 1. Apelación; recurso a un tribunal superior. 2. Rogación, súplica, petición, instancia. **An appeal for rebellion**, un llamamiento a la sublevación. **An appeal for help**, una llamada de socorro. *(For.)* **Appeal for annulment**, recurso de nulidad. **Court of appeal**, tribunal de apelación. **Right of appeal**, derecho de apelación.

appealable [ə'piːləbl] [a-pí-la-bol], *a.* Apelable.

appealer [ə'piːləʳ] [a-pí-lar], *s.* 1. Apelante. 2. Acusador.

appealing [ə'piːlɪŋ] [a-pí-lin] *a.* Suplicante, atrayente, atractivo. Conmovedor.

appear [ə'pɪəʳ] [a-píar], *vn.* 1. Aparecer o aparecerse, manifestarse, estar a la vista. **He was the last to appear**, fue el último en aparecer. 2. Comparecer, presentarse ante el juez; responder en persona o por procurador o abogado. **To appear in court**, comparecer ante un tribunal. 3. Parecer, dar alguna cosa muestras o señales de lo que es. **He appears to be very nice**, parece ser muy simpático. **I will make it appear**, yo lo haré constar. *(Fam.)* **As it appears**, a la cuenta, por lo que parece. 4. Evidenciarse, ser evidente, manifiesto, obvio. **To appear on the stage**, aparecer en escena.

appearance [ə'pɪərəns] [a-pía-rans], *s.* 1. Vista, la acción de dejarse ver alguna cosa; aparición, llegada, presentación al público. **To make an appearance**, aparecer, dejarse ver. 2. Apariencia, semejanza. 3. Apariencia, exterioridad. **His dishevelled appearance**, su aspecto desaliñado. 4. Comparecencia, el acto de comparecer ante el juez o tribunal. 5. Porte, la disposición, decencia o lucimiento de alguna persona. 6. Probabilidad, verisimilitud. 7. Aparición, fenómeno. **At first appearance**, a primera vista. **Appearances are deceptive**, las apariencias engañan.

appearer [ə'pɪərəʳ] [a-pía-rar], *s.* El que parece 2. *(For.)* Compareciente, la persona que comparece ante un juez.

appearing [ə'pɪərɪŋ] [a-pía-rin], *s.* 1. Aparición, la acción de aparecer. 2. *(For.)* Comparecencia, el acto de presentarse en juicio.

appeasable [ə'piːsəbl] [a-pí-sa-bol], *a.* Aplacable, reconciliable.

appeasableness [ə'piːsəblnɪs] [a-pi-sa-bol-nes], *s.* Aplacabilidad.

appease [ə'piːs] [a-pís], *va.* 1. Aliviar, aquietar el hambre o la sed, o el dolor. 2. Aplacar, apaciguar, pacificar, calmar, endulzar, aquietar.

apeasement [ə'piːsmənt] [a-pís-ment], *s.* Apaciguamiento, el acto y efecto de apaciguar o de aliviar; alivio, pacificación.

appeaser [ə'piːsəʳ] [a-pí-sar], *s.* Aplacador, apaciguador, reconciliador, pacificador.

appeasive [ə'piːsɪv] [a-pís-sif], *a.* El que o lo que aplaca, calma o pacifica; apaciguador, sosegador, pacificador.

appellancy [ə'peləsɪ] [a-pé-lan-si], *s.* Apelación.

appellant [ə'pelənt] [a-pé-lant], *s.* Apelante; demandador, demandante. *-a.* Lo perteneciente al apelante o a la apelación.

appellate [ə'pelɪt] [a-pé-lit], *a.* De apelación; que tiene jurisdicción en las apelaciones; a que se puede recurrir.

appellation [əæpe'leɪʃən] [a-pe-léi-shon], *s.* Apelación, denominación, nombre. Apodo (nickname).

appellative [ə'pelatɪv] [a-pé-la-tif], *s.* Apelativo, nombre común que conviene a todos los individuos de una especie. *(Fam.)* Apellido. *-a.* Apelativo, común, usual, opuesto a propio o peculiar.

appellatively [ə'pelatɪvlɪ] [a-pe-la-tíf-li], *adv.* Apelativamente.

appellee [ə'peliː] [a-pe-li], *s.* Persona contra la cual se procede en apelación; demandado, acusado, apelado.

append [ə'pend] [a-pen], *va.* 1. Colgar, poner alguna cosa pendiente de otra. 2. Añadir o anexar; fijar, atar o ligar, p. ej. ponerle un sello a un documento.

appendage [ə'pendɪdʒ] [a-pen-dich], *s.* 1. Pertenencia, dependencia, cosa accesoria o dependiente de la principal y de ningún modo necesaria en su esencia. 2. (Bot. y Zool.) Apéndice.

appendant [ə'pendənt] [a-pen-dant], *a.* Pendiente, colgante, que cuelga de otra cosa; dependiente, anexo, accesorio, unido, pegado. *-s.* Pertenencia, dependencia.

appendectomy [ˌæpen'dektɒmɪ] [a-pen-dék-to-mi], *s.* *(Med.)* Apendicectomía, extirpación del apéndice.

appendices [ə'pendɪzɪs] [a-pen-di-sis], *s.* Un plural de APPEDIX.

appendicitis [əˌpendɪ'saɪtɪs] [a-pen-di-sái-tis], *a.* Apendicitis, inflamación del apéndice vermiforme.

appendix [ə'pendɪks] [a-pen-diks], *s.* (*pl.* APPENDIXES o APPENDICES). 1. Apéndice, adición o suplemento que se hace a alguna obra. 2. Accesoria, dependencia, parte suplementaria. *V.* APPENDAGE.

apperception [ˌæpə'sepʃən] [a-per-séip-shon], *s.* *(Fil.)* Percepción del conocimiento interior.

apperceive [əpə'siːv] [a-pér-sif] *va.* Percibir, apercibir.

appertain [ˌæpə'teɪn] [a-pér-tein], *vn.* Pertenecer, tocar a alguno por derecho o por naturaleza.

appertaining [ˌæpə'teɪnɪŋ] [a-per-téi-nin], **appertinent** [ˌæpə'tɪnent] *(Des.)* [a-pér-ti-nent], *a.* Perteneciente.

appertenance [ˌæpə'tɪnəns] [a-pér-ti-nans], *s.* *(Ant.)* Pertenencia. *V.* APPURTENANCE.

appetence ['æpətens] [a-pá-tens], **appetency** ['æpətensɪ] [a-pé-tan-si], *s.* 1. Deseo ardiente; viva apetencia o apetito; inclinación. 2. Apetencia, instinto, tendencia natural. **The appetence of ducks for water**, la afición instintiva de los patos al agua.

appetent ['æpətent] [a-pé-tent], *a.* Apetecedor, my deseoso, ávido.

appetible ['æpətɪbl] [a-pe-ti-bol], *a.* Apetecible, deseable.

appetite ['æpɪtaɪt] [a-pi-tait], *s.* 1. Apetito, deseo natural de algún bien. **Appetite for power**, apetito de poder. 2. Sensualidad, concupiscencia. **Sexual appetite**, apetito carnal. 3. Antojo. 4. Apetito, hambre o gana de comer. **To whet the appetite**, estimular, abrir el apetito. **A good**

appetite is the best sauce, a buen hambre no hay pan duro. **To eat with an appetite**, comer con mucho apetito.
appetitive [æpɪ'tɪtɪv] [a-pi-ti-tif], *a.* 1. Perteneciente o semejante al apetito; que tiene apetito. 2. Que estimula el apetito; atrayente, atractivo.
appetizer ['æpɪtaɪzəʳ] [a-pi-tái-sar], *s.* Lo que excita el apetito, aperitivo.
appetizing ['æpɪtaɪzɪŋ] [a-pi-tai-sin], ***p.*** *a.* 1. Grato, gustoso; tentador. 2. Que estimula un deseo cualquiera.
Appian Way [ˌæpɪən'weɪ] [a-pian-uei] *N.* Via Apia.
applaud [ə'plɔːd] [a-plód], *va.* 1. Palmear, palmotear, aplaudir con palmoteos. 2. Aplaudir, alabar. *-vn.* Expresar aplauso o alabanza; dar palmadas.
applauder [ə'plɔːdəʳ] [a-pló-dar], *s.* El que aplaude o alaba.
applause [ə'plɔːdz] [a-plós], *s.* Aplauso, aprobación o alabanza pública con demostraciones de alegría. **Loud applause**, aplausos estrepitosos. **Applause** no se usa en plural. **To the applause of**, con el aplauso de. **A thunder of applause**, una salva de aplausos.
applausive [ə'plɔːzɪv] [a-pló-sif], *a.* Laudatorio.
apple ['æpl] [ápel], *s.* Manzana, fruta; manzano, le árbol que da esta fruta. **Apple of discord**, manzana de la discordia. **Apple-harvest**, cosecha de manzanas. **Apple-tart**, pastelillo de manzanas. **Apple-yard**, huerto. **Apple-tree**, *(Bot.)* manzano. **Apple-woman**, la mujer que vende manzanas. **The apple of the eye**, la pupila o niña del ojo y también el globo del ojo: y de aquí, cualquier cosa muy apreciada. **Apple-core**, corazón de manzana. **Apple-corer**, despepitador de manzanas. **Apple-fritter**, frituras de manzanas; fruta de sartén. **Apple-jack**, aguardiente de manzanas. **Apple-orchard**, manzanal. **Apple-pie**, pastel de manzanas. **In apple-pie order**, *(Coloq.)* en orden perfecto. **Apple-pealer**, mondador de manzanas. **Apple-sauce**, compota de manzanas. **Crab-apple,** manzana silvestre. **Oak-apple**, agalla de roble. **Thorn-apple**, estramonio. **Adam's apple**, nuez de la garganta.
appliance [ə'plɪəns] [a-plians], *s.* 1. Herramienta, instrumento, utensilio, medios; una cosa cualquiera por medio de la cual se efectúa algo instrumentalmente. 2. Aplicación: recurso. **Electrical appliance** o **home appliance**, electrodoméstico.
applicability [ˌæplɪkə'bɪlɪtɪ] [a-pli-ka-bí-li-ti], *s.* Aplicabilidad.
applicable [ə'plɪkəbl] [a-plí-ka-bol], *a.* A propósito de, aplicable, pertinente; propio para.
applicableness [ə'plɪkəblnɪs] [a-pli-ká-bol-nis], *s.* La propiedad de ser aplicable.
applicably [ə'plɪkəblɪ] [a-plí-ka-bli], *adv.* De un modo aplicable.
applicant ['æplɪkənt] [á-pli-kant], *s.* El suplicante; pretendiente, candidato, aspirante. **Applicant for a job**, aspirante a un puesto.
applicate [æ'plɪkeɪt] [á-pli-keit], *s.* Línea coordenada de una sección cónica.
application [ˌæplɪ'keɪʃən] [a-pli-kéi-shon], *s.* 1. Aplicación, la acción de aplicar una cosa a otra, y la cosa aplicada. 2. Súplica o petición. 3. Aplicación, la dedicación a un uso, demanda, o propósito particular; la aplicación de un principio o ley general al caso particular o a los negocios prácticos; empleo, uso, y la capacidad de ser empleado de esta manera. **The application of a theory**, la aplicación de una teoría. 4. Aplicación, estudio intenso o atención a alguna cosa particular. **To make application to**, recurrir a; dirigirse a. **A written application**, un memorial, una solicitud por escrito. **Application form**, formulario. *(Med.)* **For external application only**, para uso externo.
applicative [ə'plɪkətɪv] [a-plí-ka-tif], **applicatory** [ə'plɪkərɪ] [a-pli-ka-tó-ri], *a.* Aplicable.
applied [ə'plaɪd] [a-plaid], *pp.* y *a.* Aplicado; adaptado, utilizado. **Applied for**, pedido, encargado. **Applied science**, ciencia aplicada.
applier [ə'plaɪəʳ] [a-pláiar], *s.* El que se aplica o adapta.
appliqué [æ'pliːkeɪ] [a-pli-kéi], *a.* Aplicado, pegado encima; se dice de los bordados.
apply [ə'plaɪ] [a-plái], *va.* 1. Aplicar, poner o juntar una cosa con otra. 2. Aplicar, apropiar, acomodar. 3. Aplicar, destinar a algún fin o para un uso particular; traer en relación con una persona o cosa; introducir en la práctica los principios de una ciencia, o valerse de una verdad general en el caso particular; utilizar. 4. Aplicarse, estudiar o dedicarse a algún estudio. 5. Recurrir, acudir a alguno como suplicante. **To apply colors**, dar color, aplicar colores sobre. **To apply a sum of money to**, destinar una suma de dinero a o para. **To apply one's attention to**, fijar su atención en. **Apply to me in case of need**, recurra usted a mí en caso de necesidad. **Apply to Mr. D.**, diríjase usted al Sr. D. *-vn.* 1. Pedir, dirigir una petición, hacer solicitud formal. 2. Dirigirse a, recurrir. 3. Convenir, acudir. **To apply oneself to**, aplicarse a, dirigirse a, recurrir a; aplicarse. **This rule applies to everyone**, esta regla se aplica a todos. **To apply for a job**, solicitar un trabajo.
appoint [ə'pɔɪnt] [a-point], *va.* 1. Señalar, determinar. 2. Decretar, establecer por decreto. 3. Surtir, equipar. 4. Nombrar, designar, elegir. **To appoint someone as Mayor**, nombrar a uno alcalde. **At the appointed time**, al tiempo prescrito o señalado, a la hora acordada. **Well appointed**, bien equipado, en buen estado. *-vn.* Ordenar.
appointee [əpɔɪn'tiː] [a-poin-ti], *s.* Funcionario, nombrado, designado.
appointer [ə'pɔɪntəʳ] [a-poin-tar], *s.* Ordenador, director, el que fija o determina alguna cosa o lugar.
appointment [ə'pɔɪntmənt] [a-point-ment], *s.* 1. Estipulación, acuerdo o convenio. 2. Decreto, establecimiento. 3. Dirección, orden o mandato. 4. Equipaje, aparato; equipo (de tropas). 5. Ración, sueldo, gajes, honorario, la cantidad de dinero que se paga a alguna persona por su servicio. 6. Cita. 7. Nombramiento. **Appointment book**, agenda de entrevistas. **To make an appointment**, pedir hora, citarse, quedar.
apportion [ə'pɔːʃən] [a-pór-shon], *va.* Proporcionar o dividir igualmente, prorraterar.
apportioner [ə'pɔːʃənəʳ] [a-pór-sho-nar], *s.* Limitador.
apportionment [ə'pɔːʃənmənt] [a-pór-shon-ment], *s.* División en dos partes o porciones, prorrateo.
appose [ə'pəʊz] [a-póus], *va.* 1. Poner, fijar junto a, cerca de, aplicar. 2. Yuxtaponer. 3. *(Des.)* Cuestionar, examinar, considerar.
apposite ['æpəzɪt] [á-po-sit], *a.* 1. Adaptado, propio, proporcionado. 2. Justo, conforme: oportuno, a propósito.
appositely ['æpəzɪtlɪ] [a-po-sit-li], *adv.* Convenientemente, a propósito.
appositeness ['æpəzɪtnɪs] [a-po-sit-nis], *s.* Adaptación; propiedad.
apposition ['æpəzɪʃən] [a-po-sí-shon], *s.* 1. Añadidura, lo que se añade de nuevo a alguna cosa. 2. *Gram.)* Aposición, figura por la cual se ponen dos substantivos en el mismo caso sin conjunción. 3. Crecimiento o aumento por yuxtaposición. **Minerals grow by opposition**, los minerales crecen por aposición.
appositive ['æpəzɪtɪv] [a-pó-si-tif], *a.* 1. *Gram.)* Que se forma o construye por aposición. 2. Aplicable, propio.
appraisable [ə'preɪzəbl] [a-préi-sa-bol], *a.* Apreciable, estimable, ponderable, tasable.
appraisal [ə'preɪzəl] [a-préi-sal], o **appraisement** [ə'preɪzmənt] [a-préis-ment], *s.* Aprecio, avalúo, estimación, valuación, tasación.
appraise [ə'preɪz] [a-préis], *va.* Apreciar, valuar, poner precio o tasar alguna cosa; estimar, ponderar, dar valor.
appraiser [ə'preɪzəʳ] [a-préi-sar], *s.* Apreciador, tasador, avaluador. **Official appraiser**, perito tasador.
appreciable [ə'priːʃəbl] [a-prí-sha-bol], *a.* Apreciable, estimable, que admite estimación; perceptible, sensible.

appreciate [ə'pri:ʃɪeɪt] [a-prí-shieit], *va.* Apreciar, estimar, valuar, tasar alguna cosa. **To appreciate a good film**, apreciar una buena película. Agradecer. **I really appreciate your help**, le agradezco mucho su ayuda. *-vn.* Subir en valor.

appreciation [əˌpri:ʃɪ'eɪʃən] [a-pri-shi-éi-shon], *s.* 1. Valuación, estimación, tasa, aprecio, avalúo. 2. Alza, aumento de precio. 3. Susceptibilidad o sensibilidad que permite apreciar ligeros cambios o diferencias; percepción perspicaz de un punto o cosa no manifiestos.

appreciative, appreciatory [ə'pri:ʃɪətɪv] [ə'pri:ʃɪətərɪ] [a-pri-sha-tif] [a-pri-sha-to-ri], *a.* Que manifiesta aprecio, estimación.

apprehend [æˌprɪ'hend] [a-pri-jend], *va.* 1. Aprehender, asir. 2. Aprehender, prender, asegurar alguna persona delincuente. 3. Aprender, comprender, concebir alguna cosa. 4. Recelar, temer, desconfiar, sospechar. **I had reason to apprehend**, tenía motivos para recelar. 5. Notar. **As I apprehend**, según creo. **To apprehend one's meaning**, comprender lo que otro se propone o quiere decir.

apprehender [æˌprɪ'hendəʳ] [a-pri-jén-dar], *s.* el que aprehende.

apprehensible [ˌæprɪ'hensɪbl] [a-pri-jén-si-bol], *a.* Comprensible, que puede comprenderse.

apprehension [ˌæprɪ'henʃən] [a-pri-jén-shon], *s.* 1. Aprehensión, comprensión, el acto de entender o concebir las cosas. 2. Aprehensión, primera operación del entendimiento que no llega a formar juicio ni discurso. 3. Aprehensión, recelo, sospecha o temor. 4. Aprehensión, presa o captura; embargo. **To be dull of apprehension**, tener la cabeza dura, ser rudo de inteligencia. **Be under no apprehension on that account**, no tenga usted aprehensión a ese respecto.

apprehensive [ˌæprɪ'hensɪv] [a-pri-jén-sif], *a.* 1. Aprehensivo, agudo, penetrante, capaz o perspicaz. 2. Aprehensivo, receloso, tímido. 3. Sensible, que responde a las impresiones sobre los sentidos. **Apprehensive capacity**, capacidad de comprensión.

apprehensively [ˌæprɪ'hensɪvlɪ] [a-pri-jén-sif-li], *adv.* Aprehensivamente.

apprehensiveness [ˌæprɪ'hensɪvnɪs] [a-pri-jén-sif-nis], *s.* Estado de ansiedad o temor.

apprentice [ə'prentɪs] [a-pren-tis], *s.* 1. Aprendiz, el que aprende un arte u oficio. **Shoemaker's apprentice**, aprendiz de zapatero. 2. Tirón, novicio, principiante.

apprentice, *va.* Poner a alguno de aprendiz. **To be apprenticed to**, estar de aprendiz con.

apprenticeage [əˌprentɪ'seɪdʒ] [a-pren-ti-seich], *s.* Aprendizaje.

apprenticeship [ə'prentɪʃɪp] [a-pren-tis-ship], *s.* Aprendizaje, el tiempo fijado para estar de aprendiz. **To serve one's apprenticeship**, Hacer o pasar su aprendizaje.

apprise o **apprize** [ə'praɪz] [a-prais], *va.* Informar, avisar, instruir, dar parte. 2. Valuar, apreciar, tasar. *V.* APPRAISE.

apprizement [ə'praɪzmənt] [a-prais-ment], *s.* Avalúo, tasa, valuación, aprecio.

apprizer [ə'praɪzəʳ] [a-prai-sar], *s.* Valuador, tasador.

approach [ə'prəʊtʃ] [a-prouch], *vn.* Acercarse, aproximarse física o moralmente; parecerse a, ser parecido a. **The appointed hour was approaching**, se acercaba la hora señalada. *-va.* Acercar, poner una cosa o persona cerca de otra. Enfocar, considerar. **To approach a problem**, enfocar un problema. **A passion which approaches madness**, una pasión que se acerca o raya en la locura. **A man who is easy to approach**, un hombre de fácil acceso o abordable.

approach, *s.* 1. Acceso, la acción de llegar o acercarse. **The approach of the troops**, el acercamiento de las tropas. 2. Proximidad, condición de propincuidad. 3. Acceso, entradas, facilidad al trato y comunicación con alguno. **Difficult of approach**, de difícil acceso. 4. Entrada, paso a una habitación; medios, camino o modo de acercarse. 5. **Approaches,** *pl. (Fort.)* Aproches, ataques, los trabajos que hacen los que sitian una plaza. **To make approaches to a country**, intentar entrar en contacto con un país.

approachability [ˌəprəʊtʃə'bɪlɪtɪ] [a-prou-cha-bí-li-ti] *s.* Accesibilidad.

approachable [ə'prəʊtʃəbl] [a-próu-cha-bol], *a.* Accesible, de fácil acceso.

approacher [ə'prəʊtʃəʳ] [a-próu-char], *s.* El que se acerca o aproxima.

approaching [ə'prəʊtʃɪŋ] [a-próu-chin], *a.* Próximo, cercano. **The approaching convention**, la próxima convención.

approachless [ə'prəʊtʃlɪs] [a-próuch-lis] *a.* Inaccesible, inabordable.

approbate [ə'prəbeɪt] [a-pro-beit], *va.* 1. Aprobar (en este sentido se usa en los Estados Unidos y no en Inglaterra. 2. Licenciar, autorizar.

approbation [ˌæprə'beɪʃən] [a-pro-béi-shon], *s.* Aprobación.

approbative [ə'prəbətɪv] [a-pro-ba-tif], **approbatory** [ə'prəbətərɪ] [a-pro-ba-to-ri],*a.* Aprobatorio, que denota aprobación.

appropinquate [ˌæprəpɪn'kweɪt] [a-pro-pin-kueit], *vn. (Des.)* Apropincuarse, aproximarse, acercarse.

appropriable [ə'prəʊprɪɪbl] [a-pro-pri-bol], *a.* Apropiable.

appropriate [ə'prəʊprɪɪt] [a-pro-prieit], *va.* 1. Apropiar, destinar para algún objeto o uso particular. 2. Apropiar o apropiarse, alegar o ejercer dominio haciéndose dueño de alguna cosa. 3. Enajenar un beneficio. 4. Aplicar, acomodar, adaptar. **Appropriate funds**, asignar fondos.

appropriate, *a.* Apropiado, apto, destinado para algún uso, particular, peculiar.

appropriately [ə'prəʊprɪɪtlɪ] [a-pro-prit-li], *adv.* Propiamente, aptamente.

appropriateness [ə'prəʊprɪɪnɪs] [a-pro-prit-nis], *s.* Aptitud; propiedad de aplicación.

appropriation [əˌprəʊprɪ'eɪʃən] [a-pro-pri-éishon], *s.* 1. Apropiación; alguna cosa puesta aparte formal u oficialmente para uso particular; la acción y efecto de apropiar. 2. Enajenación de un beneficio.

appropriator [əˌprəʊprɪ'eɪtəʳ] [a-pro-pri-éitar], *s.* Apropiador.

appropriеtary [əˌprəʊprɪə'tərɪ] [a-pro-pria-ta-ri], *s.* Apropiador secular.

approvable [ə'pru:vəbl] [a-pru-va-bol], *a.* Digno de aprobación, que merece aprobación.

approval [ə'pru:vəl] [a-pru-val], **approvance** *(Ant.)* [ə'pru:vəns] [a-pru-vans], **approvement** [ə'pru:vmənt] [a-pruf-ment], *s.* Aprobación. 1. El testimonio de un reo que confiesa su delito y acusa a sus cómplices. 2. Mejoramiento o cercamiento y cultivo de tierras incultas. **On approval,** a prueba (on trial), previa aceptación (previous acceptance).

approve [ə'pru:v] [a-prúf], *va.* 1. Gustar, aprobar, calificar o dar por bueno; consentir, dar el beneplácito. 2. Probar, hacer patente y manifiesta alguna cosa. **To approve oneself to one**, hacerse agradable a alguno. 3. Probar, ensayar. 4. Mejorar (las tierras). *V.* IMPROVE. *-vn.* Dar por bueno; estimar con favor, gracia; se emplea a menudo con *of.* **I approve of it**, lo doy por bueno.

approved school [ə'pru:vdˌsku:l] [a-prúf-skul] *s.* Reformatorio, correccional.

approver [ə'pru:vəʳ] [a-prú-var], *s.* 1. Aprobador, aprobante. 2. (For. Ant.) El reo que acusa a sus cómplices.

approving [ə'pru:vɪŋ] [a-prú-vin] *a.* Aprobatorio, de aprobación.

approximant [ə'prɒksɪmənt] [a-prok-si-ment], **approximate** [ap,pr < c',si,m+ê t], *a.* 1. Casi perfecto o completo. 2. Próximo, inmediato, aproximativo.

approximate [ə'prɒksɪmɪt] [a-prok-si-meit], *va.* Aproximar. *-vn.* Acercarse.

approximation [ə'prɒksɪ'meɪʃən] [a-prok-si-méi-shon], *s.* 1. Aproximación, el acto y efecto de aproximarse. 2.

Aproximación, estimación aproximada de una cosa. 3. *(Mat.)* Aproximación, cálculo que se acerca en lo posible al valor real de una cantidad.

approximative [ə'prɒksɪmətɪv] [a-prok-sí-ma-tif], *a.* Aproximativo, que aproxima, perteneciente a la aproximación; poco más o menos.

approximatively [ə'prɒksɪmətɪvlɪ] [a-prok-si-ma-tif-li], *adv.* Aproximativamente, por aproximación.

appulse [ə'pu:lz] [a-púls], *s.* Choque, el encuentro de una cosa con otra.

appurtenance [ə'pɜ:tɪnəns] [a-pér-te-nans], *s.* *(For.)* Adjunto; pertenencia, cualquier cosa menor anexa a otra mayor; dependencia.

appurtenant [ə'pɜ:tɪnənt] [a-pér-ti-nant], *a.* *(For.)* Perteneciente, lo que pertenece por derecho.

apricot ['eɪprɪkɒt] [éi-pri-kot], *s.* Albaricoque, fruta de hueso: damasco. **Apricot-tree**, albaricoque. *(Mex.)* Chabacano.

April ['eɪprəl] [éi-pril], *s.* Abril, el cuarto mes del año. **April-fool-day**, el mes de abril. **April-fool**, el que sufre inocentadas. *V.* ALL-FOOLS'-DAY. **April showers bring May flowers**, en abril, aguas mil.

apron ['eɪprən] [éi-pron], *s.* 1. Delantal, pieza que se usa en la cocina para cubrir la parte delantera de la ropa, y que se ata por la cintura. 2. Mandil, delantal tosco que usan ciertos artesanos. 3. Batiente de un dique; plataforma a la entrada de un dique; cuero para proteger las piernas. 4. *(Art.)* Planchada o plomada de cañón, pieza delgada de plomo que se pone sobre el fogón para que no entre la humedad. **Apron of the stem**, *(Mar.)* albitana o contraroda, **Apronman**, el tendero o artesano que lleva delantal. **Apron-strings**, cintas del delantal. **To be tied to the apronstrings**, estar dominado por una mujer.

aproned ['eɪprənd] [éi-pron], *a.* Vestido con delantal.

apropos [ˌæprə'pəʊ] [a-pró-pou], *adv.* A propósito, oportunamente.

apse, apsis [æps] [æpsɪs] [aps] [ap-sis], *s.* 1. *(Arq.)* Ábside, bóveda, nicho. 2. *(Astr.)* *V.* APSIS. **Apse aisle**, deambulatorio.

apsidal ['æpsɪdl] [ap-si-dal], *a.* Del ábside.

apsidiole [æpsɪdɪəl] [ap-si-dial] *s.* *(Arq.)* Absidiolo.

apsis [æpsɪs] [ap-sis], *s.* APSIDES, *pl.* 1. *(Astr.)* Ápside, cada uno de los dos puntos de la órbita de un planeta, que se llaman apogeo y perigeo. 2. *V.* APSE.

apt [æpt] [apt], *a.* 1. Apto, idóneo, propio. 2. Inclinado, dado a alguna cosa u ocasionado a ella. 3. Pronto, vivo. **Too apt to forgive**, muy indulgente. **Apt to break**, frágil. **An apt scholar**, un estudiante capaz.

apterous ['æptɪrəs] [ap-te-ros], *a.* 1. *(Ent.)* Áptero, sin alas; se dice de los insectos. 2. *(Bot.)* Desprovisto de alas o prolongaciones parecidas a alas.

apteryx ['æptɪrɪks] [ap-te-riks], *s.* Apterix, kivi, género de aves de la Nueva Zelanda, que sólo tienen rudimientos de alas y carecen de cola.

aptitude ['æptɪtju:d] [ap-ti-tiud], *s.* 1. Aptitud, idoneidad. 2. Tendencia o disposición natural para alguna cosa; facilidad. **Aptitude test**, prueba de aptitud.

aptly ['æptlɪ] [ap-tli], *adv.* 1. Aptamente. 2. Prontamente, perspicazmente.

aptness ['æptnɪs] [ap-nis], *s.* *V.* APTITUDE.

aptote ['æptəʊt] [ap-tot], *s.* Nombre que no se declina.

apuleilus [ˌæpjə'lɪəs] [a-pia-lias] *N.* Apuleyo.

apyretic [æpɪ'retɪk] [a-pi-ré-tik] *a.* *(Med.)* Apirético.

apyrexia [æpɪ'reksɪə] [a-pi-rék-sia], *s.* Apirexia, ausencia de fiebre.

apyrous ['æpɪrəs] [a-pi-ros], *a.* No alterado por el calor extremo, como la mica; se diferencia de refractario.

aqua [ækwə] [a-kua], *s.* Agua: voz muy empleada en la farmacia y la química antigua. *(Lat.)* **Aqua ammonix,** agua de amoníaco.

aquacade [ækwə'keɪd] [a-kua-keid], *s.* Ballet acuático.

aqua-fortis [ækwə'fɔ:tɪs] [a-kua-fór-tis], *s.* Agua fuerte, el licor que se saca por destilación al fuego del nitro purificado y el ácido vitriólico. **Aqua vitae**, aguardiente. **Aqua regia**, agua regia, el ácido nitro-muriático.

aquafortist [ækwə'fɔ:tɪst] [a-kua-fór-tis] *s.* Acuafortista.

aqualung ['ækwəlʌŋ] [a-kua-lun], *s.* Escafandra autónoma.

aquamarine [ˌækwəmə'ri:n] [a-kua-ma-rin], *s.* Aguamarina. *-a.* De color de aguamarina.

aquanaut ['ækwənɔ:t] [a-kua-naut], *s.* Acuanauta.

aquaplane ['ækwəpleɪn] [a-kua-plein], *s.* Acuaplano, hidropatín.

aquarelle ['ækwərəl] [a-kua-rel] *s.* *(Arte)* Acuarela.

aquarium [ə'kwɛərɪəm] [a-kua-rium], *s.* Acuario, receptáculo o depósito para conservar peces y plantas acuáticas.

aquarius [ə'kwɛərɪəs] [a-kua-rios], *s.* *(Astr.)* Acuario, el undécimo signo del zodíaco.

aquatic [ə'kwætɪk] [a-kua-tik], **aquatile** [ə'kwətaɪl] [a-kua-tail], *a.* Acuático o acuátil, lo que vive o se cría en el agua.

aquatint ['ækwətɪnt] [a-kua-tint], *s.* Acuatinta, especie de grabado o estampado, semejante al dibujo de tinta de china.

aqueduct ['ækwɪdʌkt] [a-kui-dakt], *s.* Acueducto, conducto de agua. *(Mex.)* Cañería.

aqueous ['eɪkwəs] [éi-kuos], **aquose** ['ækwəʊz] [éi-kuous], *a.* Acueo, acuoso. **Aqueous humor**, humor acuoso.

aqueousness ['eɪkwəsnɪs] [éi-kuos-nis], **aquiferous** ['eɪkwəfərəs] [ei-kui-fe-ros], *a.* Que conduce o surte agua o fluido acuoso.

aquiform ['ækwɪfɔ:m] [éi-kui-form], *a.* Semejante al agua; líquido.

aquila ['ækwɪlə] [a-kui-la] *N.* *(Astr.)* Águila.

aquiline ['ækwɪlaɪn] [a-kui-lain], *a.* Aguileño, parecido al águila.

Aquitaine ['ækwɪteɪn] [a-kui-tein] *N.* *(Geogr.)* Aquitania.

aquosity ['ækwəsɪtɪ] [a-kuó-si-ti], *s.* Acuosidad..

-ar, *sufijo.* Perteneciente a: semejante; también la persona a quien pertenece algo.

ara [ærə] [a-ra] *s.* *(Zool.)* Guacamayo. *(Astr.)* Ara (constellation).

Arab ['ærəb] [a-rab], **Arabian** [A,rê',bi,An], *s.* 1. Árabe, el natural de Arabia.

Arabesque [ˌærə'besk] [a-ra-besk], *a.* Arabesco, al estilo de los árabes. *-s.* 1. Arabescos, adornos primorosos usados en la pintura y escultura, hechos con figuras geométricas, caracteres cúficos u hojas y flores entrelazadas. 2. Adornos fantásticos en formas de animales y plantas, como se emplean en los estilos romano y del renacimiento.

Arabia [ə'reɪbɪə] [a-rei-bia] *N.* *(Geogr.)* Arabia.

Arabian [ə'reɪbɪən] [a-rei-bian], **Arabic** ['ærəbɪk] [a-ra-bik], **Arabical** ['ærəbɪkəl] [a-ra-bi-kal], *a.* Arábigo, arábico. **Arabian Gulf**, golfo arábico. **Arabian nights**, las mil y una noches.

Arabic ['ærəbɪk] [a-ra-bik], *s.* Lengua arábiga. El árabe. **Arabic numerals**, numeración arábiga.

Arabically ['ærəbɪklɪ] [a-ra-bi-ka-li], *adv.* A manera de los árabes.

Arabicism ['ærəbɪsɪzm] [a-ra-bi-sísem] *s.* Arabismo.

Arabism ['ærəbɪzm] [a-ra-bísem], *s.* Arabismo, giro propio de la lengua árabe, adoptado en otra.

Arabist ['ærəbɪst] [a-ra-bist], *s.* Persona versada en la lengua arábiga.

Arabization [ˌærəbɪ'zeɪʃən] [a-ra-bi-séi-shon] *s.* Arabización.

Arabize ['ærəbaɪz] [á-ra-bais] *va.* Arabizar.

arable ['ærəbl] [a-rabol], *a.* Labrantío, dispuesto o apto para la labranza. **Arable ground**, tierra labrantía.

arachnida [ə'ræknɪdə] [a-rak-ni-da], *s. pl.* *(Ento.)* Arácnidos o aracnéidos, una de las clases de los artrópodos. Comprende las arañas y otros antrópodos de ocho patas.

arachnoid [ə'ræknɔɪd] [a-rak-noid], *a.* y *s.* *(Anat.)* Aracnoides, una de las tres membranas que envuelven el encéfalo.

arack [ə'ræk] [a-rak], *s. (Des.)* Aguardiente de azúcar. *V.* ARRACK.

aragonite ['ærəgənaɪt] [a-ra-go-nait], *s.* Aragonito, cal carbonatada cristalina. Se llama vulgarmente, piedra de Santa Casilda.

Aramaic [ˌærə'meɪk] [a-ra-meik], *a.* Arameo, aramea, que se refiere al país de Aram. *-s.* Lengua aramea, nombre dado al asirio y al caldeo; la clase septentrional de las lenguas semíticas.

Aramean [ˌærə'miːn] [a-ra-min], *a. V.* ARAMAIC. *-s.* 1. Habitante de la Aramea (Siria y Mesopotamia). 2. Lengua aramea.

araneous [ˌærə'nəʊs] [a-ra-nous], *a.* Semejante a la telaraña.

arapaima [ˌærə'paɪmə] [a-ra-pái-ma] *s. (Zool.)* Arapaima.

aration [æ'rəʃən] [a-rá-shon], *s. (Ant.)* Aradura, la acción o ejercicio de arar.

Araucanian [ˌærəʊ'keɪnɪən] [a-rou-kéi-nian], *a.* y *s.* Araucano, relativo a los indígenas de la Araucania, en Chile, y a su lengua.

araucaria [ˌærəʊ'keɪrɪə] [a-rou-kéi-ria] *s. (Bot.)* Araucaria.

arbalest, arbalist ['ɑːbəlest] [ar-ba-list], *s.* Ballesta, arma para disparar flechas o saetas.

arbiter ['ɑːbitəʳ] [ár-bi-tar], *s.* 1. Arbitrador, compromisario, el juez árbitro con quien las partes se avienen para que ajuste sus controversias. 2. Árbitro, el que puede hacer una cosa por sí solo, sin dependencia de otro.

arbitrable ['ɑːbɪtrəbl] [ar-bái-tra-bol], *a.* Arbitrable, que pende del arbitraje; que se puede arbitrar.

arbitrably ['ɑːbɪtrəblɪ] [ar-bí-tra-bli], *adv.* A discreción.

arbitrage ['ɑːbɪtrɑːʒ] [ár-bi-treich] *s.* Arbitraje.

arbitral ['ɑːbɪtrəl] [ár-bi-tral] *a.* Arbitral.

arbitrament ['ɑːbɪtrəmənt] [ar-bí-tre-ment], *s.* Arbitraje. *V.* ARBITRATION.

arbitrarily ['ɑːbɪtrərɪlɪ] [ar-bi-trá-ri-li], *adv.* Arbitrariamente.

arbitrariness ['ɑːbɪtrərɪnɪs] [ar-bi-tra-ri-nis], *s.* Arbitrariedad, despotismo, poder absoluto.

arbitrarious ['ɑːbɪtrərɪəs] [ar-bi-tra-rious], *a. (Des.) V.* ARBITRARY.

arbitrary ['ɑːbɪtrərɪ] [ar-bí-tra-ri], *a.* Arbitrario, despótico, absoluto.

arbitrate ['ɑːbɪtreɪt] [ár-bi-treit], *va.* Arbitrar, juzgar o determinar como árbitro. *-vn.* Dar juicio, decidir como árbitro.

arbitration [ˌɑːbɪ'treɪʃən] [ar-bi-tréi-shon], *s.* Arbitramento, arbitraje, arbitración, la sentencia dada por un juez árbitro; la audiencia y determinación de una controversia ante una persona o personas mutuamente aceptadas por los interesados. **By arbitration**, por arbitraje, arbitralment. **Arbitration bond**, compromiso. **Arbitration of exchange**, arbitraje de cambio; operación de cambio de valores mercantiles, buscando la utilidad en los precios comparados de diferentes plazas.

arbitrator ['ɑːbɪtreɪtəʳ] [ar-bi-tréi-tar], *sm.* Arbitrador, árbitro.

arbitratix ['ɑːbɪtrətrɪks] [ar-bi-tra-tiks], **arbitress** ['ɑːbɪtres] [ar-bi-tres], *sf.* Arbitradora.

arbitrement ['ɑːbɪtrəbl] [ar-bi-tre-ment], *s.* Arbitrio, elección, determinación, compromiso.

arbor ['ɑːbəʳ] [ár-bor], *s.* 1. Árbol, eje de una rueda, de una máquina. 2. Árbol, en ciertos nombres botánicos, v.g. **Arbor-vitae**, q.v. **Arbor Dianae**, árbol de Diana; árbol de plata.

arbor, arbour, *s.* Emparrado, enramada; glorieta.

arbor-vitae ['ɑːbəvɪte] [ar-bor-ví-te], *s.* 1. Tuya, árbol conífero. 2. *(Anat.)* Aspecto ramoso en una sección radial del cerebelo.

arboreal, arboreous ['ɑːbɔːrɪəl] [ar-bó-rial], **arborous** ['ɑːbɔːrəs] [ar-bó-ros], *a.* Arbóreo.

arborescence ['ɑːbərəsəns] [ar-bó-re-sans], *s.* 1. Arborescencia. 2. *(Miner.)* Arborización, ramaje dibujado naturalmente en algunos minerales y cristalizaciones.

arborescent ['ɑːbərəsənt] [ar-bó-re-sant], a. Arborescente, que crece como un árbol; que va pareciendo árbol.

arboret ['ɑːbərɪt] [ár-bo-rit], *s.* 1. Arbolillo, arbusto. 2. Soto, arboleda.

arboretum ['ɑːbərɪtəs] [ar-bo-rí-tum], *s.* Plantel, almáciga, criadero de árboles.

arboriculture ['ɑːbərɪˌkʌltʃəʳ] [ar-bo-ri-kál-char], *s.* Arboricultura, arte de cultivar los árboles y arbustos.

arboriculturist ['ɑːbərɪˌkʌltʃərɪst] [ar-bo-ri-kál-cha-rist] *s.* Arboricultor.

arborist ['ɑːbərɪst] [ár-bo-rist], *s.* Arbolista, el que se dedica por oficio al cultivo de los árboles.

arborization ['ɑːbərɪzeishon] [ar-bo-ri-séi-shon] *s.* Arborización.

arbuscle ['ɑːbʌskl] [ar-báskel], *s.* Arbustillo o arbusto pequeño.

arbute ['ɑːbjuːt] [ar-biút], *s. (Bot.)* Fresal. *V.* ARBUTUS.

arbutean ['ɑːbjuːtɪən] [ar-biú-tian], *a.* Lo perteneciente al fresal.

arbutus [ɑː'bjuːtəs] [ar-bu-tus], *s.* 1. Madroño, reducido género de árboles y arbustos de la familia de las ericáceas. 2. **Trailing arbutus**, gayuba, planta rastrera de la primavera. *V.* MAYPLOWER.

arc ['ɑːk] [árk], *s.* Arco de círculo. **Electric arc**, arco voltaico.

arc-light ['ɑːkˌlaɪt] ['ɑːkˌlaɪt] [ark-lait], *s.* Alumbrado eléctrico en que se usa el arco galvánico.

arcade ['ɑː'keɪd] [ar-keid], *s.* 1. Arcada, bóveda continuada o una continuación de arcos. 2. Pasaje, galería cubierta llena de tiendas. **Shopping arcade**, galería comercial.

arcadia ['ɑː'keɪdɪə] [ar-kéi-dia] *N.* Arcadia.

arcadian ['ɑː'keɪdɪən] [ar-kéi-dian], *a.* Arcadio, árcade; idealmente rural o sencillo; pastoral. *-s.* Arcadio, habitante de Arcadia.

arcana ['ɑːkənə] [ar-ka-na] *s. pl.* Arcanos.

arcane [ɑː'keɪn] [ar-kéin], *a.* Arcano, misterioso.

arcanum ['ɑːkənʌm] [ar-ka-nom], *s.* Arcano. **Arcana,** misterios, arcanos.

arch [ɑːtʃ] [arch], *s.* Arco. 1. Arco de círculo. 2. Arco de puente. 3. Bóveda, obra de mampostería, etc., en forma de arco. 4. Arco del cielo. **The arch of heaven**, la bóveda celeste. **Arch of the aorta**, *(Anat.)* la curvatura de la aorta. **Segmental arch**, arco abocinado. **Gothic arch**, **pointed arch**, arco ojival, arco gótico. **Horse-shoe arch**, arco de herradura. **Semicircular arch**, arco de medio punto. **Triumphal arch**, arco de triunfo.

arch, *va.* 1. Arquear, formar en figura de arco; encorvar. 2. Abovedar, cubrir con bóvedas o arcos. *-vn.* Formar bóveda o bóvedas. **The trees arch overhead**, los árboles forman bóveda en lo alto.

arch, *a.* 1. Travieso, inquieto; picaresco, socarrón, astuto. 2. Principal, insigne, de primer orden, grande. **An arch wag**, un gran pillarín, un martagón. Se usa en composición como aumentativo. **An arch look**, una mirada picaresca.

archaelogical [ˌɑːkɪə'lədʒɪkəl] [ar-kio-ló-chi-kal] *a.* Arqueológico.

archaeologist [ˌɑːkɪə'lədʒɪst] [ar-kió-lo-chist] *s.* Arqueólogo.

archaeology [ˌɑːkɪə'lədʒɪ] [ar-kió-lo-chi], *s.* Arqueología, discurso o tratado de cosas antiguas.

archaeopterix [ˌɑːkɪəp'terɪks] [ar-keop-te-riks] *s. (Zool.)* Arqueoptérix.

archaic [ɑː'keɪɪk] [ar-keik], *a.* 1. Arcaico, anticuado, que va cayendo en desuso. 2. De un período anterior al desarrollo cumplido de un arte.

archaism ['ɑːkeɪɪzəm] [ar-keisem], *s.* Arcaísmo, uso afectado de voces o frases anticuadas.

archaist ['ɑːkeɪɪst] [ar-keist] *s.* Arcaísta.

archaistic ['ɑːkeɪstɪk] [ar-keis-tik] *a.* Arcaizante.

archaize ['ɑːkeɪs] [ar-keis] *va./vn.* Arcaizar.

archangel ['ɑːkˌeɪndʒəl] [ar-kéin-chal], *s.* 1. Arcángel. 2. *(Bot.)* Ortiga muerta.

archangelical ['ɑːkˌeɪndʒəlɪkl] [ar-kan-ché-li-kal], *a.* Arcangelical, arcangélico.

archapostle ['ɑːkəposl] [ar-ka-pósel], *s.* Apóstol principal.

archarchitect ['ɑːkərkɪtekt] [ar-kar-ki-tekt], *s.* Arquitecto supremo.
archbishop ['ɑːtʃ'bɪʃəp] [arch-bí-shop], *s.* Arzobispo.
archbishopric ['ɑːtʃ'bɪʃəprɪk] [arch-bí-shoprik], *s.* Arzobispado.
archbuilder ['ɑːtʃ'bɪldəʳ] [arch-bíl-dar], *s.* Arquitecto o fabricador principal.
archchanter ['ɑːtʃ'tʃɑːntəʳ] [arch-chan-tar], *s.* Cantor principal.
archconfraternity ['ɑːtʃkʌŋfra,tɜːnɪtɪ] [arch-kon-fra-tér-ni-ti] *s.* Archicofradía.
archconspirator ['ɑːtʃkɒnspɪ'rətəʳ] [arch-kons-pi-ré-tar], *s.* Conspirador principal.
archcritic ['ɑːtʃ'krɪtɪk] [arch-kri-tik], *s.* Criticón.
archdeacon ['ɑːtʃ'diːkən] [arch-dí-kon], *s.* Arcediano, antes el primero de los diáconos. Hoy es alta dignidad eclesiástica y tiene el primer rango después del obispo; auxiliar de un obispo.
archdeaconate ['ɑːtʃ'diːkənət] [arch-dí-ko-neit] *s.* *(Rel.)* Arcedianato.
archdeaconry ['ɑːtʃ'diːkənrɪ] [arch-dí-kon-ri], **archdeaconship** ['ɑːtʃ'diːkənʃɪp] [arch-dí-kon-ship], *s.* Arcedianato, la dignidad o jurisdicción del arcediano.
archdiocesan ['ɑːtʃ'daɪəsɪsən] [arch-daia-sisen] *a.* *(Rel.)* Archidiocesano.
archdiocese ['ɑːtʃ'daɪəsɪs] [arch-daia-sis] *s.* Archidiócesis.
archdivine ['ɑːtʃ'dɪvaɪn] [arch-di-vain], *s.* Teólogo principal.
archducal ['ɑːtʃ'djuːkəl] [arch-diú-kal], *a.* Archiducal.
archduchess ['ɑːtʃ'djuːtʃɪs] [arch-diú-chis], *sf.* Archiduquesa, princesa de Austria; la hija del emperador y la hija o mujer de un archiduque.
archduchy ['ɑːtʃ'djuːkɪ] [arch-diú-ki], *s.* Archiducado: distrito o dignidad de archiduque.
archduke ['ɑːtʃ'djuːk] [arch-diúk], *s.* Archiduque, título que se da a los príncipes de la casa de Austria.
archdukedom ['ɑːtʃ'djuːkdəm] [arch-diúk-dom], *s.* Archiducado.
archean, archaian ['ɑːkaɪən] [ar-kaian], *a.* Arqueano, perteneciente a los estratos o al período más viejo de la historia geológica.
arched ['ɑːtʃt] [archt], *a.* Arqueado, hecho en forma de arco.
archegonium ['ɑːkɪgəʊnɪəm] [ar-ki-go-niom] *s.* *(Bot.)* Arquegonio.
archenemy ['ɑːkenɪmɪ] [ar-ke-ni-mi], *s.* El mayor enemigo; el demonio.
archeologian ['ɑːkɪəlɒdʒɪən] [ar-kio-ló-chian], *s.* *V.* ARCHEOLOGIST.
archologic, archeological ['ɑːkɪəlɒdʒɪk] ['ɑːkɪəlɒdʒɪkl] [ar-kio-ló-chik] [ar-kio-ló-chi-kal], *a.* Arqueológico, relativo o la arqueología, o versado en ella.
archeologist ['ɑːkɪəlɒdʒɪst] [ar-kió-lo-chist] *s.* Arqueólogo, el versado en la arqueología.
archeology ['ɑːkɪəlɒdʒɪ] [ar-kió-lo-chi], *s.* Arqueología, estudio de monumentos, medallas, inscripciones, etc., de la antigüedad.
archer ['ɑːtʃəʳ] [ár-char], *s.* Arquero, el que tira con arco o ballesta. *(Astr.)* **The archer**, el Sagitario.
archeress ['ɑːtʃərɪs] [ár-che-res], *sf.* Arquera, ballestera.
archery ['ɑːtʃərɪ] [ár-che-ri], *s.* El arte de tirar con arco y flecha.
arches-court ['ɑːtʃɪs,kɔːt] [ár-chis-kért], *s.* Un tribunal eclesiástico de Londres.
archetypal [ɑːkɪ'taɪpl] [ar-ke-taipl], *a.* Lo perteneciente al arquetipo.
archetype [ɑːkɪ'taɪp] [ár-ki-taip], *s.* Arquetipo, patrón o modelo.
archfelon ['ɑːkfɪlon] [ark-fe-lon], *s.* Reo principal.
archfiend ['ɑːkfɪnd] [ark-find], *s.* El demonio, el diablo, el enemigo mortal.
archflatterer ['ɑːkflatərəʳ] [ark-fla-te-rar], *s.* Gran adulador.
archfounder ['ɑːkfəundəʳ] [ark-faun-dar], *s.* Fundador principal.
archgovernor ['ɑːkgovənəʳ] [ark-go-ver-nor], *s.* Gobernador en jefe.
archheresy ['ɑːkərəsɪ] [ar-ke-re-si], *s.* Herejía enorme.
archheretic ['ɑːkərətɪk] [ar-ke-re-tik], *s.* Gran heresiarca.
archhypocrite ['ɑːkɪpəkrɪt] [ark-i-po-krit], *s.* Hipocritón, santurrón.
archiater ['ɑːkɪətəʳ] [ar-kia-tar], *s.* Protomédico.
archical ['ɑːkɪkəl] [ár-ki-kal], *a.* principal, primario.
archidiaconal ['ɑːtʃɪdɪə,kənəl] [ar-chi-dia-ko-nal], *a.* Perteneciente al arcediano.
archiepiscopacy ['ɑːkɪepɪskɒpəsɪ] [ar-ki-e-pis-ko-pa-si], *s.* Rango, dignidad de arzobispo.
archiepiscopal ['ɑːkɪepɪskɒpəl] [ar-ki-e-pis-ko-pal], *a.* Arquiepiscopal o arzobispal.
archiepiscopate ['ɑːkɪepɪskɒpeɪt] [ar-ki-e-pis-ko-peit], *s.* Arzobispado, dignidad, jurisdicción de un arzobispo.
archil ['ɑːkɪl] [ar-kil], *s.* 1. *(Bot.)* Archilla, especie de liquen del género Roccella. R. tinctoria. 2. Materia de tinte que se obtiene de esta planta. *V.* ORCHIL
archimandrite ['ɑːkɪməndraɪt] [ar-ki-man-drait], *s.* Archimandrita, superior de un monasterio en la iglesia griega.
Archimedes [,ɑːkɪ'miːdiːz] [ar-ki-mi-dis] *N.* Arquímedes. **Archimedes' screw**, tornillo de Arquímedes.
arching ['ɑːkɪn] [ar-kin], *a.* Arqueado.
archipelago [,ɑːkɪ'pelɪgəʊ] [ar-ki-ple-li-gou], *s.* Archipiélago, parte del mar poblada de islas; por antonomasia (con mayúscula), las islas de Grecia en el Mar Egeo.
archips ['ɑːkɪps] [ar-kips] *s.* *(Zool.)* Arquípteros.
architect ['ɑːkɪtekt] [ar-ki-tect], *s.* 1. Arquitecto, alarife. 2. *(Fig.)* Artífice. **Landscape architect**, arquitecto paisajista.
architectonic [,ɑːkɪtek'tɒnɪk] [ar-ki-tek-to-nik], **architectonical** [,ɑːkɪtek'tɒnɪkl] [ar-ki-tek-to-ni-kal], *a.* Arquitectónico, versado en la arquitectura, o perteneciente a ella.
architectonics [,ɑːkɪtek'tɒnɪks] [ar-ki-tek-to-niks], *s.* Arquitectura, arte arquitectónico.
architectural ['ɑːkɪtektʃərəl] [ar-ki-ték-cha-ral], *a.* Arquitectural, perteneciente a la arquitectura; constructor, que construye.
archecture ['ɑːkɪtektʃəʳ] [ar-ki-ték-char], *s.* 1. Arquitectura, el arte de construir y hacer edificios. 2. Arquitectura, la obra ejecutada según las reglas del arte.
architrave ['ɑːkɪtreɪv] [ar-ki-treif], *s.* Arquitrabe, la parte inferior del cornisamento que descansa inmediatamente sobre el capitel de la columna.
archive ['ɑːkaɪv] [ar-kaif], *s.* 1. Archivo, el paraje en que se guardan papeles, escrituras, instrumentos o documentos importantes. Más usado en plural. 2. Archivo, documento o escritura que se guarda en el lugar de ese nombre. **National Archives**, archivo nacional.
archivist ['ɑːkɪvist] [ar-ki-vist], *s.* Archivero.
archivolt ['ɑːkɪvəʊlt] [ar-ki-volt] *s.* *(Arq.)* Archivolta, arquivolta.
archlike ['ɑːklaɪk] [ark-laik], *a.* Fabricado como arco.
archlute ['ɑːklʊt] [ark-lut] *s.* *(Mús.)* Archilaúd.
archly ['ɑːklɪ] [ar-kli], *adv.* Jocosamente, sutilmente.
archmagician ['ɑːkmadʒɪʃən] [ark-ma-chi-shan], *s.* Mágico principal.
archness ['ɑːknɪs] [ark-nis], *s.* Travesura, astucia, sutileza de ingenio.
archon ['ɑːkɒn] [ar-kon], *s.* Arconte, magistrado supremo de la antigua Atenas.
archonship ['ɑːkɒnʃɪp] [ar-kon-ship] o **archontate** ['ɑːkɒnteɪt] [ar-kon-teit] *s.* Arcontado.
archpastor ['ɑːkpɑstəʳ] [ark-pas-tor], *s.* El Pastor de almas, Jesucristo.

archphilosopher ['ɑːkˌfɪləsəfəʳ] [ark-fi-ló-so-far], *s.* Arquifilósofo, filósofo principal.
archpillar ['ɑːkpɪləʳ] [ark-pi-lar], *s.* Columna principal.
archpoet, *s. V.* POET LAURFATE.
archpolitician ['ɑːkpɒlɪtɪʃən] [ark-po-li-ti-shan], *s.* Político profundo.
archprelate ['ɑːkprɪleɪt] [ark-pri-leit], *s.* Arcipreste, el primero o principal de los presbíteros.
archpriest ['ɑːkpriːst] [ark-prist], *s.* Gran sacerdote. Arcipreste.
archpriesthood ['ɑːkpriːsthʊd] [ark-prist-jud] o **archpriestship** ['ɑːkpriːstˌʃɪp] [ark-prist-ship] *s.* Arciprestazgo.
archprimate ['ɑːkɒn] [ark-pri-meit], *s.* Primado principal.
archprophet ['ɑːkprɒfɪt] [ark-pro-fit], *s.* profeta principal.
archrebel ['ɑːkrebl] [ark-re-bol], *s.* Rebelde principal; Satanás.
archtraitor ['ɑːktreɪtəʳ] [ark-trei-tar], *s.* Gran traidor; el demonio.
archtreasurer ['ɑːktreʒərəʳ] [ark-tre-sha-rar], *s.* Tesorero mayor.
archtyrant ['ɑːkˌtaɪrənt] [ark-tai-ran], *s.* El tirano o déspota por excelencia.
archvillain ['ɑːkvɪlən] [ark-vi-lan], *s.* Bellaconazo, picarón.
archvillainy ['ɑːkvɪlənɪ] [ark-vi-la-ni], *s.* Bellaquería grande.
archway ['ɑːtʃweɪ] [arch-uei] *s.* Arco, arcada.
archwise ['ɑːtʃwaɪz] [arch-uais], *a.* En figura de arco.
arc lamp ['ɑːklæmp] [ark-lamp] *s. (Elec.)* Lámpara de arco.
arcograph ['ɑːkɒgræf] [ar-ko-graf], *s.* Arcógrafo, instrumento con que se traza un arco circular sin punto céntrico.
arctation ['ɑːkteɪʃən] [ark-tei-shon], *s.* Angostura, estrechez.
Arctic ['ɑːktik] [ark-tik], *a.* Ártico, septentrional; que designa el polo septentrional o las regiones cercanas a él; frígido. **Arctic Circle**, Círculo Polar Ártico. **Arctic Ocean**, Océano Ártico.
arctics ['ɑːktikz] [ark-tiks] *s. pl. U.S.* Botas impermeables.
Arcturus ['ɑːktʊrəs] [ark-turas], *s.* Arturo, estrella fija de primera magnitud, situada en la constelación Bootes.
arcuate ['ɑːkweit] [ar-kueit], *a.* Arqueado, formado en figura de arco.
arcuation ['ɑːkweiʃən] [ar-kuei-shon], *s.* 1. encorvamiento, curvatura, calidad de corvo. 2. Obras encorvadas. 3. *(Hort.)* Acodadura. *V.* LAYERINO.
arc weld ['ɑːkˌweild] [ark-ueld], *s.* Soldadura de arco.
ardash ['ɑːdaʃ] [ar-dash], *s.* Ardaza, seda basta de Persia.
ardassine ['ɑːdasɪn] [ar-da-sin], *s.* Ardasina, seda finísima de Persia.
ardency ['ɑːdansɪ] [ar-dansi], **ardentness** ['ɑːdantnɪs] [ar-dant-sis], *s.* Ardor, vehemencia, ansia, anhelo, calor.
ardent ['ɑːdənt] [ar-dant], *a.* 1. Ardiente, lo que arde. 2. Ardiente, vehemente. 3. Apasionado, vivo, ansioso.
ardently ['ɑːdənlɪ] [ar-dan-li], *adv.* Apasionadamente, ardientemente.
ardor, ardour ['ɑːdəʳ] [ar-daʳ], *s.* 1. Ardor, calor. 2. *(Fig.)* Ardor, pasión.
arduous ['ɑːdəs] [ar-dos], *a.* 1. Arduo, alto, inaccesible o difícil de subir. 2. Arduo, difícil.
arduously ['ɑːdəslɪ] [ar-dos-li], *adv.* Arduamente, difícilmente.
arduousness ['ɑːdəsnɪs] [ar-dos-nis] *s.* Dificultad.
are ['ɑːʳ] [aʳ], Plural del presente de indicativo del verbo To Be, **We are, you are, they are**, Somos, sois, son, o estamos, estáis, están.
Âre, *s.* Medida de superficie, cuadrado que tiene diez metros de lado.
area ['ɛərɪə] [ea-ria], *s.* 1. Área, la superficie comprendida entre ciertas líneas o límites. 2. Espacio o extensión superficial. **Area of a building**, área de un edificio, todo el espacio que ocupa. 3. Patio, corral; cualquier espacio cercado y no cubierto. 4. Un pequeño patio a nivel más bajo que el de la calle, delante de las puertas o ventanas del sótano. **Goal area**, área de gol. **Metropolitan area**, zona metropolitana.
area code ['ɛərɪəˌkəʊd] [ea-ria-koud] *s.* Prefijo (telephone).
areaway ['ɛərɪəweɪ] [ea-ria-uei] *s. U.S.* Patio.
areca ['ərɪkə] [a-ri-ka], *s.* 1. Árbol de Malabar, especie de palma altísima. 2. Su fruta, que se masca como el betel.
arefaction ['ɑːfækʃən] [ar-fak-shon], *s. (Des.)* La acción y efecto de secar o secarse.
arefy ['ɛərɪfaɪ] [ea-ri-fai], *va. (Des.)* Secar, extraer la humedad de algún cuerpo.
arena [ə'riːnə] [a-ri-na], *s.* Arena, sitio destinado a las luchas entre los antiguos. Campo de combate, círculo de acción.
arenaceous ['arɪnaʃəs] [a-ri-na-shos], **arenose** ['arɪnəʊs] [a-ri-nous], *a.* Arenisco, arenoso, lleno de arena o de arenillas.
arenicolous ['ærɪnɪkʌləs] [a-ri-ni-ko-los] *a. (Zool.)* Arenícola.
aren't [ɑːnt] [árnt] Contracción de *are not*.
areola [ə'rɪələ] [a-ria-la], *s.* 1. *(Anat.)* Aréola, círculo mamario. 2. Círculo que rodea una pústula, un punto inflamado.
areolar [ə'rɪələʳ] [a-ria-laʳ], *a.* Areolar. *V.* CONNECTIVE.
areole [ə'rɪəl] [a-rial] *s.* Areola, aréola.
areometer [ə'rɪəmɪtəʳ] [a-rio-mi-taʳ], *s.* Areómetro, instrumento para pesar los licores espirituosos.
arête ['əriːt] [a-rit] *s.* Arista.
argal ['ərgəl] [ar-gal], **argol** ['ərgɒl] [ar-gol], *s.* Tártaro.
argand ['ərgænd] [ar-gand], *a.* Perteneciente al alumbrado inventado por Aimé Argand, de Ginebra; se llama en España quinqué, del nombre del fabricante francés de dichas lámparas, Mr. Quinquet.
argent ['ɑːdʒənt] [ar-chant], *a. (Her.)* Blanco; plata, en los escudos de armas.
argentation [ˌɑːdʒən'teɪʃən] [ar-chan-tei-shon], *s.* La acción de platear.
argentiferous ['ɑːdʒəntɪˌfərəs] [ar-chan-ti-fo-ros], *a.* Argentífero, que contiene plata.
Argentina [ˌɑːdʒən'tiːnə] [ar-chan-ti-na], *N. (Geogr.)* Argentina.
Argentine [ˌɑːdʒən'tiːn] [ar-chan-tin], *a.* 1. Argentino, sonoro como la plata, de color de plata. 2. Argentino, perteneciente a la República Argentina, o Río de la Plata. *-s.* 1. Metal blanco plateado. 2. Un precipitado de estaño y cinc. 3. La materia plateada del color de las escamas de los peces. 4. Argentino, natural de la República Argentina, o residente en ella.
Argentinean [ˌɑːdʒən'tiːnɪən] [ar-chan-ti-nian], *a./s.* Argentino.
argil ['ɑːdʒɪl] [ar-chil], *s.* Arcilla, tierra o barro que usan los alfareros. *V.* ALUMINA.
argillaceous ['ɑːdʒɪləʃəs] [ar-chi-la-shos], **argillous** ['ɑːdʒɪləs] [ar-chi-los], *a.* Arcilloso, lo que tiene arcilla o alúmina.
argive ['ɑːgɪv] [ar-guif] *a./s. (Hist.)* Argivo.
Argon ['ɑːgɒn] [ar-gon] *s. (Quím.)* Argón.
argonaut ['ɑːgənɔːt] [ar-go-not], *s.* 1. Argonauta, uno de los compañeros de Jasón. 2. *(Zool.)* Argonauta, nautilo papiráceo: especie de molusco cefalópodo. Es una jibia octópoda con concha papirácea.
argosy ['ɑːgɒsɪ] [ar-go-si], *s.* Bajel o buque grande mercante.
argot ['ɑːgəʊ] [ar-gou], *s.* Jerga, jerigonza.
arguable ['ɑːgkʊəbl] [ar-guiu-eibol] *a.* Defendible, discutible.
argue ['ɑːgjuː] [ar-guiu], *vn.* Razonar, disputar, discurrir. **To argue with**, argüir, discutir con. *-va.* 1. probar, hacer ver, persuadir con razones. 2. Argüir, disputar; probar con argumentos.
arguer ['ɑːgəʳ] [ar-gaʳ], *s.* Argumentador, el que arguye.
arguing ['ɑːgʊɪŋ] [ar-güin], *s.* razonamiento, argumento.
argument ['ɑːgjʊmənt] [ar-guiu-ment], *s.* 1. Argumento, tema o materia de algún discurso o escrito, asunto. 2. Argumento, la razón que se alega a favor o en contra de

alguna cosa. *(For.)* Alegato. 3. Razonamiento, silogismo, prueba. 4. Argumento, el contenido de una obra en compendio o extracto. 5. *(Des.)* Argumento, controversia. **Let's no have any argument**, no discutamos. **It is beyond argument**, es indiscutible.

argumental [ˌɑːgjʊˈmәntәl] [ar-guiu-men-tal], *a.* Argumentista, que pertenece a los argumentos.

argumentation [ˈɑːgjʊmәnˌteɪʃәn] [ar-guiu-men-tei-shon], *s.* Argumentación, raciocinio.

argumentative [ˈɑːgjʊˌmәntәtɪv] [ar-guiu-men-ta-tif], *a.* Argumentativo, demostrativo, aficionado a la argumentación; fundado en el raciocinio, que tiende a probar.

argumentatively [ˌɑːgjʊmәntәˈtɪvlɪ] [ar-guiu-men-ta-tif-li], *adv.* Argumentativamente.

argus [ˈɑːgәs] [ar-gos], *s.* 1. Argos, personaje fabuloso que tenía cien ojos. 2. Argos, faisán de China.

argute [ˈɑːgjuːt] [ar-guiut], *a.* 1. Agudo, sutil; astuto, perspicaz. 2. Agudo, penetrante (hablando de sonidos). 3. *(Bot.)* Provisto de dientes agudos como una hoja aserrada.

arguteness [ˈɑːgjuːtnɪs] [ar-guiut-nis], *s.* Argucia, agudeza, sutileza, perspicacia.

arhizal, arhizous [ˈɑːhɪzәl] [ar-ji-sal], *a.* *(Bot.)* *V.* ARRHIZOUS.

aria [ˈɑːrɪә] [a-ria], *s.* *(Mús.)* Aria, composición lírica para una sola voz.

Arian [ˈɑːrɪәn] [a-rian], *s.* Arriano, el que sigue la herejía de Arrio.

Arianism [ˈɛәrɪәnizәm] [ea-ria-ni-sem], *s.* Arrianismo, la herejía de Arrio.

arid [ˈærɪd] [a-rid], *a.* Árido, seco, sequizo, enjugado, enjuto.

aridity [ˈærɪdɪtɪ] [a-ri-di-ti] o **aridness** [ˈærɪdnɪs] [a-rid-nis], *s.* 1. Aridez, gran sequedad de la tierra. 2. Sequedad; falta de devoción y fervor.

Aries [ˈɛәriːz] [a-ris], *s.* *(Astr.)* Aries, el primer signo del zodíaco; también, constelación del zodíaco.

arietta [ˈærɪɪtә] [a-ri-ita], *s.* *(Mús.)* Arieta, aria corta.

aright [әˈraɪt] [a-rait], *adv.* 1. Acertadamente. 2. Rectamente, puramente, bien. **To set aright**, rectificar, enderezar o poner una cosa o negocio en el estado que debe tener.

aril [ˈærɪl] [a-ril], **arillus** [A,ril',us], *s.* 1. Arilla, cubierta o zurrón del grano. 2. Arila, parte carnosa de un fruto.

arillated [ˌærɪˈleɪtɪd] [a-ri-lei-tid], *a.* Arilado, que tiene arila.

ariolation [ˌәrɪәˈleɪʃәn] [a-rio-lei-shon], *s.* Adivinación.

arise [ˈәraɪs] [a-rais], *vn.* (*Pret.* AROSE, *pp.* ARISEN) 1. Subir, elevarse. 2. Surgir, aparecer. 3. Levantarse, ponerse en pie. 4. Proceder (de); provenir (de). 5. Presentarse, ofrecerse, suscitarse, originarse. 6. Sublevarse, levantarse. **When the sun arose**, cuando salió el sol. **Another difficulty then arose**, entonces surgió otra dificultad. **The people arose against the tyrant**, el pueblo se sublevó contra el tirano.

arisen [әˈrɪzn] [a-ri-sen], *pp.* de ARISE.

arista [ˈærɪstә] [a-ris-ta], *s.* *(Bot.)* Arista. *V.* AWN.

aristarch [ˈærɪstәk] [a-ris-tark] *s.* Aristarco.

aristarchus [ˈærɪstәkәs] [a-ris-tar-kos], *s.* Aristarco, nombre que se da a los críticos severos.

aristocracy [ˌærɪsˈtɒkrәsɪ] [a-ris-to-kra-si], *s.* 1. Aristocracia, la clase noble, la nobleza hereditaria. 2. Aristocracia, gobierno en que sólo intervienen los nobles.

aristocrat [ˈærɪstәkræt] [a-ris-to-krat], *s.* Aristócrata, de familia noble, aficionado a la aristocracia y sostenedor de ella.

aristocratic [ˈærɪstәkrætɪk] [a-ris-to-kra-tik], **aristocratical** [ˈærɪstәˌkrætɪkl] [a-ris-to-kra-ti-kal], *a.* Aristocrático, lo perteneciente a la aristocracia.

aristocratically [ˈærɪstәˌkrætɪlɪ] [a-ris-to-kra-ti-li], *adv.* Aristocráticamente.

aristolochia [ˈærɪstәlәkɪә] [a-ris-to-lo-kia] *s.* *(Bot.)* Aristoloquia.

Aristophanes [ˌærɪsˈtɒfәniːs] [a-ris-to-fa-nis] *N.* Aristófanes.

Aristotelian [ˌærɪstәˈtiːlɪәn] [a-ris-to-te-lian] *a./s.* Aristotélico.

Aristotelic [ˈærɪstәtiːlɪk] [a-ris-to-te-lik], *a. y s.* Aristotélico, lo que pertenece al sistema filosófico de Aristóteles, y el que lo sigue.

Aristotle [ˈærɪstɒtl] [a-ris-totl] *N.* Aristóteles.

arithmancy [ˈærɪstәmænsɪ] [a-ris-to-man-si], *s.* Aritmancia, el arte de adivinar por los números.

arithmetic [әˈrɪθmәtik] [a-riz-me-tik] *s./a.* *(Mat.)* Aritmética. **Mental arithmetic**, cálculo mental. **Arithmetic progression**, progresión aritmética.

arithmetical [ˌærɪθˈmetikәl] [a-riz-me-ti-kal], *a.* Aritmético, perteneciente a la aritmética, o según las reglas de la misma.

arithmetician [әˌrɪθmәˈtiʃәn] [a-riz-me-ti-shan], *s.* Aritmético, el que sabe o enseña la aritmética.

ark [ɑːk] [ark], *s.* 1. Arca, la embarcación en que se salvaron Noé y su familia del diluvio. 2. Arca del Testamento. **Ark of the covenant**, el arca de la alianza. 3. Barco de transporte con fondo chato; lanchón.

arles [ˈɑːls] [arls], *s.* (Inglaterra del norte y Escocia) 1. Arras, parte del precio que se anticipa como prenda y señal de un contrato. 2. Prenda segura. *V.* EARNEST.

arlet [ˈɑːlɪt] [ar-lit], *s.* *(Bot.)* Especie de comino.

arm [ɑːm] [arm], *s.* 1. Brazo. 2. Miembro delantero de un vertebrado. 3. Vara o rama del árbol 4. Brazo de mar. 5. Brazo, poder, fuerza. **Arm's reach**, alcance. **An arm o elbow chair**, una silla de brazos. **Arm in arm**, *(Fam.)* del brazo. 6. Brazo (de un sillón). 7. Radio de una rueda. 8. Brazo, ramo, parte distinta. 9. *(Mar.)* Cabo de una verga. **At arm's length**, a una brazada. *(Fig.)* A distancia. **Forearm**, antebrazo.

arm, *s.* *(Mil.)* 1. Arma, instrumento de ataque o defensa. **The infantry arm**, el arma de infantería. *V.* ARMS. 2. Cada uno de los diferentes institutos o ramos del servico militar. **Arms race**, carrera de armamentos. **Coat of arms**, escudo de armas.

arm, *va.* 1. Armar. 2. Armar o reforzar. 3. Armar, aprestar.**Armed to the teeth**, armado hasta los dientes. **Armed with a hammer**, armado de un martillo. **Armed robbery**, atraco a mano armada. **Armed forces**, fuerzas armadas. *-vn.* Tomar las armas, levantarse las tropas; armarse.

armada [ɑːˈmɑːdә] [ar-ma-da], *s.* Armada, conjunto de las fuerzas marítimas; flota.**The Spanish armada**, la Armada Invencible.

armadillo [ˌɑːmәˈdɪlәʊ] [ar-ma-di-lou], *s.* Armadillo o tatuay, mamífero del orden de los desdentados, típico de América; tato. Para defenderse se enrolla como el erizo.

armament [ˈɑːmәmәnt] [ar-ma-ment], *s.* 1. Fuerza militar o naval. 2. Armamento de navío; equipo y pertrechos de guerra de una fortificación o de un navío.

armamentary [ˈɑːmәmәntәrɪ] [ar-ma-men-ta-ri], *s.* Armería. *V.* ARMORY.

armature [ˈɑːmәtjʊә^r] [ar-ma-chua^r], *s.* 1. *(Elec.)* (1) Armadura, trozo de hierro que une los polos de un imán. (2) Centro de metal rodeado por un rollo de alambre, que gira cerca de los polos de un imán en una máquina dinamo eléctrica. 2. Armadura, arma defensiva, instrumento o medio de defensa u ofensa.

armband [ˈɑːmbænd] [arm-band] *s.* Brazalete.

armchair [ˈɑːmtʃɛә^r] [arm-chea^r] a. De sillón. *s.* Sillón, butaca. *(Fig.)* **Armchair strategist**, estratega de café.

armed [ˈɑːmd] [armd], *a.* 1. Armado, provisto de armas; en botánica, espinoso. 2. Eficaz. 3. *(Fís.)* Provisto de una armadura. **Long-armed, short-armed**, de brazos largos, de brazos cortos.

Armenia [ˈɑːˈmiːnɪә] [ar-mi-nia] *N.* Armenia.

Armenian [ˈɑːˈmiːnɪәn] [ar-mi-nian], *a. y s.* Armenio.

Armenian bole [ˈɑːˈmiːnɪәnˌbәʊl] [ar-mi-nian-boul], *s.* Bol arménico. *V.* BOLE.

armental [ˈɑːmәntәl] [ar-men-tal], **armentine** [ˈɑːmәntiːn] [ar-man-tin], **armentose** [ˈɑːmәntәs] [ar-men-tos], *a.* *(Des.)* Pecuario, lo perteneciente al ganado.

armful [ˈɑːmfʊl] [arm-ful], *s.* Brazado, medida de lo que se puede abarcar con los brazos, o lo que se tiene en los brazos.

armhole ['ɑːmhəʊl] [arn-joul], *s.* Sobaco, abertura en los vestidos para el brazo. Escote (de camisa).

armiger ['ɑːmɪgəʳ] [ar-mi-gaʳ], *s.* 1. Armígero, caballero. 2. Escudero.

armigerous ['ɑːmɪgərəs] [ar-mi-go-ros], *a.* Armígero, el que lleva armas.

armillary ['ɑːmɪlərɪ] [ar-mi-la-ri], *a.* Armilar, lo que se parece a brazalete; que consta de un anillo o de anillos. **Armillary sphere**, esfera armilar, la que representa los círculos de los movimientos de los astros.

armings ['ɑːmɪŋz] [ar-mins], *s. pl. (Mar.)* Empavesadas.

Arminian ['ɑːmɪnɪən] [ar-mi-nian], *s.* y *a.* Arminiano, el que pertenece a la secta de Arminio.

Arminianism [ˌɑːmɪnɪə'nɪzm] [ar-mi-nia-nísem], *s.* Arminianismo, doctrina calvinista de Arminio.

armipotence ['ɑːmɪpəʊtəns] [ar-mi-pou-tens], *s.* Armipotencia.

armipotent ['ɑːmɪpəʊtənt] [ar-mi-pou-tent], *a.* Armipotente.

armisonous ['ɑːmɪsənəs] [ar-mi-so-nos], *a.* Sonoro como las armas o la armadura.

armistice ['ɑːmɪstɪs] [ar-mis-tis], *s.* Armisticio, suspensión de las hostilidades.

armless ['ɑːmlɪs] [arm-lis], *a.* Desarmado, desbrazado; sin armas; sin brazos.

armlet ['ɑːmlɪt] [arm-lit], *s.* 1. Brazuelo o brazo pequeño. 2. Brazal o brazalete, armadura de hierro que cubre y defiende el brazo.

armor, armour ['ɑːməʳ] [ar-moʳ], *s.* Armadura. **Armor plate**, plancha de coraza o blindaje.

armor, *va.* Acorazar, blindar con planchas de hierro o acero.

armor-bearer ['ɑːməˌbiːərəʳ] [ar-mor-bía-raʳ], *s.* Escudero, el que lleva la armadura.

armorer ['ɑːmərəʳ] [ar-mo-reʳ], *s.* 1. Armero, el artífice que fabrica armas. 2. Armador, el que arma, viste y pone a otro las armas.

armorial ['ɑːmərɪəl] [ar-mo-rial], *a.* Heráldico, que pertenece al escudo de armas de alguna familia. **Armorial bearings**, blasón, escudo de armas.

armoric ['ɑːmərɪk] [ar-mo-rik], **armorican** ['ɑːmərɪkən] [ar-mo-ri-kan], *a.* Armórico, lo que pertenece a la Armórica antigua, o la Baja Bretaña en Francia.

armorist ['ɑːmərɪst] [ar-mo-rist] *s. (Her.)* Heraldista.

armory ['ɑːmərɪ] [ar-mo-ri], *s.* 1. Armería, el sitio en que se guardan las armas. 2. *(E.U.)* Arsenal en que se fabrican armas. 3. Armadura, armazón colectivamente. 4. Heráldica. 5. Escudo de armas.

armpit ['ɑːmpɪt] [arm-pit], *s.* Sobaco, la parte hueca que está debajo del hombro.

armrest ['ɑːmrest] [arm-rest] *s.* Brazo (of an armchair).

arms ['ɑːmz] [arms], *s. pl.* 1. Armas, instrumentos ofensivos o defensivos. **To arms!** ¡A las armas! 2. Hostilidad, guerra, como profesión, ciencia o arte. 3. Armas, partes u órganos defensivos, como púas, espinas, etc. 4. Armas, las insignias que usan las familias nobles en sus escudos, para distinguirse unas de otras. **Fire-arms**, armas de fuego. **Side-arms**, armas blancas, o armas que se llevan al costado, como espada y bayoneta. **Under arms**, con las armas listas para usarlas. **Man at arms**, hombre armado. **Present arms!** ¡presenten armas! **To lay down arms**, rendir las armas.

arm-soye['ɑːmsɔɪ] [arm-soi], *s.* Escote. *V.* ARM-HOLE.

army [A$ r',mi], *s.* 1. Ejército. 2. Multitud, muchedumbre. **Army chaplain**, capellán castrense.

army corps['ɑːmɪˌkɔːpz] [ar-mi-korps], *s.* Cuerpo de ejército.

army register['ɑːmɪˌredʒɪstəʳ] [ar-mi-re-chis-taʳ], *s.* Escalafón del ejército.

army-worm['ɑːmɪwɔːm] [ar-mi-uorm], *s.* 1. Oruga de una falena (mariposa nocturna) que a menudo pasa de un lugar a otro en grandísimo número, devorando la hierba, el grano y otras cosechas. La del norte de los Estados Unidos es la Leucania unipuncta. 2. La oruga llamada de las tiendas (tent-caterpillar) que se cría en los bosques.

arnatto ['ɑːnətə] [ar-na-to], **arnotto** ['ɑːnətə] [ar-no-to], *V.* ANNATTO.

arnica['ɑːnɪkə] [ar-ni-ka], *s.* 1. Árnica, planta medicinal de flores amarillas, que así como la raíz, tienen sabor acre y aromático y olor fuerte. Pertenece a la familia de las sinantéreas. 2. Tintura que se obtiene de la raíz, hojas o flores de dicha planta.

aroint['ɑːrɔɪnt] [a-roint], ***vr.*** Irse, apartarse: más usado en el imperativo y entonces equivale a fuera, afuera.

aroma[ə'rəʊmə] [a-rou-ma], *s. (Quím.)* Aroma, principio de odorífero agradable; fragancia de las plantas.

aromatic [ˌærəʊ'mætɪk] [a-rou-ma-tik], **aromatical** [ˌærəʊ'mætɪkl] [a-rou-ma-ti-kal], *a.* Aromático, lo que tiene fragancia o aroma; odorífero.

aromatize [ˌærəʊ'mətaɪz] [a-rou-ma-tais], *va.* Aromatizar, comunicar olor aromático a alguna cosa.

aromatizer [ˌærəʊmə'taɪzəʳ] [a-rou-ma-tai-saʳ], *s.* Aromatizador.

arose [ə'rəʊz] [a-rous], *pret.* del verbo TO ARISE.

around [ə'raʊnd] [a-raund], *prep.* En, cerca, a eso de, por. **Around five o'clock**, a eso de las cinco. **To go around town**, ir por la ciudad. *-adv.* Alrededor; por aquí, por allá, por todos lados, cerca, aproximadamente. **I don't get around much these days**, no salgo mucho actualmente. **The year around**, durante todo el año. **To get around**, viajar, salir, divulgarse.

arousal [ə'raʊsəl] [a-rau-sal] *s.* Despertamiento, acción de despertar.

arouse [ə'raʊz] [a-raus], *va.* 1. Despertar, quitar el sueño al que está durmiendo. 2. Despertar, excitar.

arow [ə'rəʊ] [a-rou], *adv. (Poét.)* En fila, en línea.

arpeggio [ɑː'pedʒɪəʊ] [ar-pe-chiou], *s.* Arpegio, la rápida sucesión de los sonidos de un acorde. *-vn.* Arpegiar.

arquebuse ['ɑːkɪbiuːs] [ar-ki-bius], *s.* Arcabuz, arma de fuego.

arquebusier [ˌɑːkɪ'biuːsjəʳ] [ar-ki-biu-siaʳ] *s.* Arcabucero.

arrack ['ærək] [a-rak], *s.* Arak, especie de licor fuerte y espirituoso. **Arrack-punch**, bebida o ponche hecho de arak.

arraign [ə'reɪn] [a-rein], *va.* 1. *(For.)* Citar, emplazar, delatar en justicia. 2. Acusar, hacer cargo de alguna cosa.

arraignment [ə'reɪnmənt] [a-rein-ment], *s.* 1. *(For.)* Emplazo, emplazamiento. 2. Acusación. 3. Proceso, autos. 4. Presentación al tribunal.

arrange [ə'reɪndʒ] [a-reinch], *va.* 1. Colocar, arreglar, poner en orden. 2. Preparar, disponer, aprestar; ajustar, convenir por lo que toca a los detalles de una cosa. 3. *(Mús.)* Cambiar, adaptar. *-vn.* 1. Prevenir, hacer preparaciones. 2. Concordar. **To arrange to meet someone**, quedar o citarse con alguien.

arrangement [ə'reɪndʒmənt] [a-reinch-ment], *s.* 1. Colocación, orden, arreglo. 2. *(Fig.)* Medida, providencia, disposición, cálculo, adaptación.

arranger [ə'reɪndʒəʳ] [a-rein-chaʳ], *s.* Trazador, arreglador, ordenador.

arrant ['ærənt] [a-rant], *a.* Notorio, famoso; consumado, insigne. **An arrant thief**, ladrón famoso. **An arrant whore**, ramera infame. **An arrant fool**, *(Fam.)* tonto de remate.

arrantly ['ærəntlɪ] [a-ran-tli], *adv.* Corruptamente, vergonzosamente.

arras ['ærəs] [a-ras], *s.* Tapicería de Arras en Flandes. Tela rica figurada para cubrir las paredes.

array [ə'reɪ] [a-rei], *s.* 1. Orden regular o propio; arreglo en líneas o filas; **In battle array**, en orden de batalla. Pompa, aparato. 2. Formación, el cuerpo colectivo de personas, o cosas así colocadas; de aquí, una fuerza militar, una colocación de los jurados. 3. Adorno, vestido, atavío, particularmente si es rico. **In rich array**, con sus más ricos atavíos.

array, *va.* 1. Colocar, poner en orden de batalla; **To array the troops**, formar las tropas. 2. Vestir, adornar. 3. *(For.)* **To array the jury**, colocar los jurados.

arrear [ə'rɪəʳ] [a-riaʳ], *s.* 1. Caídos, lo que se debe por no haberlo pagado a su tiempo; se emplea generalmente en plural. 2. Atraso, calidad de atrasado o tardío. **To be in arrears**, estar atrasado.
arrearage ['ærəreɪdʒ] [a-ria-reich], *s.* Atrasos, caídos: se entiende de rentas o sueldos devengados y no pagados, o pagados en parte.
arrect ['ærəkt] [a-rekt], **arrected** [ar,rec',ted], *a.* *(Ant.)* Elevado, erguido.
arrentation [ˌærən'teɪʃən] [a-ran-téi-shon], *s.* Licencia que concede el dueño de un bosque o monte para cercar las tierras que están sembradas en él.
arrest [ə'rest] [a-rest], *s.* Embargo de bienes; prisión o arresto de una persona; parada, interrupción; aprehensión, embargo. **Close arrest**, arresto mayor. **To be under arrest**, estar detenido, estar bajo arresto. **Under house arrest**, bajo arresto domiciliario.
arrest, *va.* 1. Impedir, detener, hacer cesar, atajar, reprimir. 2. Arrestar o prender a las personas; embargar las cosas. 3. Atraer y fijar la atención. **Her beauty arrested the attention of all present**, su belleza atrajo la atención de todos los presentes. 4. Suspender la ejecución de una sentencia, auto, etc.
arrester [ə'restəʳ] [a-res-taʳ], *s.* 1. Lo que, o la persona que, arresta o detiene. 2. **Spark arrester**, chispero, sombrerete.
arresting [ə'restɪŋ] [a-res-tin] a. Que llama la atención, llamativo.
arrhizous, arrhizal [ə'rɪʃəs] [a-ri-sos], *a.* Sin raíces; como ciertas plantas parásitas.
arrhythmia [ə'rɪθmɪə] [a-riz-mia] *s.* Arritmia.
arrhythmic [ə'rɪθmɪk] [a-riz-mik] a. Arrítmico.
arris [ə'rɪz] [a-ris], *s.* *(Arq.)* Esquina, ángulo externo; canto o lomo, especialmente el canto agudo entre dos estrías de una columna dórica.
arrival [ə'raɪvəl] [a-rai-val], *s.* 1. Arribo o llegada. 2. Logro, consecución de lo que se intenta; el fin de un viaje acabado o el principio de uno nuevo. 3. El que o lo que llega o arriba. **A new arrival**, un recién venido. **The first arrivals**, los primeros en llegar.
arrive [ə'raɪv] [a-raiv], *vn.* 1. Arribar, llegar a algún paraje por mar o por tierra. 2. Llevar a cabo, lograr, conseguir. 3. Suceder, acontecer. **To arrive at**, llegar a, lograr, alcanzar, conseguir. *-va.* *(Ant.)* Alcanzar, obtener: llegar a.
arrivism [ə'rɪvɪzm] [a-ri-vísem] *s.* Arribismo.
arriviste o **arrivist** [ˌærɪ'viːst] [a-ri-vist] *s.* Arribista.
arrogance ['ærəgəns] [a-ro-gans], **arrogancy** ['ærəgənsɪ] [a-ro-gan-si], **arrogantness** ['ærəgəntnɪs] [a-ro-gant-nis], *s.* Arrogancia, orgullo, altivez, presunción, fiereza, insolencia.
arrogant ['ærəgənt] [a-ro-gant], *a.* Arrogante, orgulloso, altivo, fiero, presuntuoso, insolente, soberbio, altanero.
arrogantly ['ærəgəntlɪ] [a-ro-gan-tli], *adv.* Arrogantemente.
arrogate ['ærəʊgeɪt] [a-rou-gueit], *va.* Arrogarse, usurpar o alegar algún derecho infundado; atribuirse, hacerse mérito de, presumir de sí, tener pretensiones.
arrogation ['ærəgeɪʃən] [a-ro-guei-shon], *s.* Arrogación.
arrogative ['ærəgatɪv] [a-ro-ga-tif], *a.* Arrogativo, lo que arroga o usurpa.
arrow ['ærəʊ] [a-rou], *s.* Flecha, saeta. **Arrow-root** o **Indian arrow-root**, polvo nutritivo de la raíz de varias especies de la Maranta de los botánicos; también la planta que produce este almidón. **Arrow-grass**, trigloquín, planta acuática. Recibe su nombre de la forma de su cápsula después de hendida. **Arrow-head**, 1. Punta de flecha. 2. Flecha de agua, planta. **Arrow-headed, arrow-shaped**, aflechado, sagital. **Arrow-headed characters**, caracteres cuneiformes.
arrowy ['ærəʊɪ] [a-roui], *a.* 1. Lo que consta de flechas o saetas. 2. Semejante a una flecha o saeta. 3. Rápido como la flecha.
arroyo ['ærəʊdʒəʊ] [a-rou-you], *s.* Arroyo, el caudal corto de agua y el lecho seco por donde corre. *(Esp.)*
arse [ɑːs] [ars], *s.* Culo, trasero, nalgas, la parte posterior del cuerpo. *(Vulg.)*
arsenal ['ɑːsɪnl] [ar-si-nal], *s.* Arsenal, depósito en que se guardan armas, pertrechos y municiones de guerra.
arsenate, arseniate ['ɑːsɪneɪt] [ar-si-neit], *s.* Arseniato, sal formada de ácido arsénico con alguna base de tierra, álcali o metal.
arsenic ['ɑːsnɪk] [ar-si-nik], *s.* Arsénico, mineral corrosivo y veneno violento.
arsenic, arsenical ['ɑːsnɪk] ['ɑːsnɪkl] [ar-si-nik] [ar-si-ni-kal], *a.* Arsenical, perteneciente al arsénico o que le contiene. **Arsenic oxide**, óxido de arsénico (AS_2O_5).
arsenid, arsenide ['ɑːsɪnaɪd] [ar-si-naid], *s.* Compuesto de arsénico, en que el arsénico es el elemento negativo.
arsenious ['ɑːsɪnɪəs] [ar-si-nios], *a.* Arsenioso, perteneciente al arsénico, o que lo contiene en su equivalencia de tres. **Arsenious oxide**, óxido arsenioso (AS_2O_3).
arsenite ['ɑːsɪnaɪt] [ar-si-nait], *s.* Arsenito, sal compuesta de ácido arsenioso y de una base.
arsine ['ɑːsiːn] [ar-sin] *s.* Arsina.
arsis ['ɑːsɪs] [ar-sis], *s.* 1. Arsis, la sílaba sobre la cual recae la fuerza del acento, en oposición al resto del verso, que se llama *thesis*. 2. *(Mús.)* La parte no acentuada de un compás.
arson ['ɑːsn] [ar-son], *s.* Incendio premeditado; el delito de incendiar.
arsonist ['ɑːsənɪst] [ar-so-nist] *s.* Incendiario.
art Antiguamente, segunda persona del presente de indicativo del verbo TO BE **Thou art**, tú eres, o tú estás.
art [ɑːt] [art], *s.* 1. Arte, la facultad de ejecutar alguna cosa por industria. 2. Arte, la aplicación práctica del conocimiento o del talento natural; habilidad, maña, destreza; poder. **The art of cooking**, el arte culinario. 3. Arte, conjunto de reglas para hacer bien alguna cosa. 4. Los principios de la construcción artística y de la crítica estética. 5. Arte, la incorporación del pensamiento bello en formas que afectan los sentidos, como en mármol o en lenguaje; también, obras de las bellas artes. 6. Arte, oficio. 7. Arte, cautela, maña, astucia, artificio. **The fine arts**, las bellas artes. **The liberal arts**, las artes liberales. **The black art**, la magia negra. **Bachelor of Arts**, Licenciado en Letras.
artaxerxes [ɑːtəʃəʃɪs] [ar-ta-sher-shes]*n.* Artajerjes.
artefact ['ɑːtɪfækt] [ar-ti-fakt] *s.* Artefacto.
arterial [ɑː'tɪərɪəl] [ar-te-rial], *a.* Arterial, lo perteneciente a las arterias o lo contenido en ellas.
arterialize [ɑː'tɪərɪəlaɪz] [ar-te-ria-lais], *va.* Arterializar, convertir la sangre venosa en arterial.
arterialization [ˌɑːtɪərɪəlaɪ'seɪʃon] [ar-te-ria-lai-séi-shon], *s.* Arterialización: acto y efecto de arterializar.
arteriosclerosis [ɑː'tɪərɪəʊsklɪə'rəʊsɪs] [ar-te-rios-kli-rou-sis], *s.* *(Med.)* Arteriosclerosis, endurecimiento de las arterias.
arteriotomy [ɑː'tɪərɪətɒmɪ] [ar-te-rio-to-mi], *s.* Arteriotomía, la acción de abrir una arteria para sacar sangre.
arteritis [ɑː'tərɪtɪs] [ar-te-ri-tis], *a.* Inflamación de una arteria.
artery ['ɑːtərɪ] [ar-te-ri], *s.* Arteria, canal destinado a recibir la sangre del corazón y distribuirla por todo el cuerpo.
artful [ɑːtfʊl] [art-ful], *a.* 1. Artificioso, hecho con arte o según arte. 2. Artificial, no natural. 3. Artificioso, astuto, cauteloso. 4. Diestro, ingenioso, industrioso.
artfully ['ɑːtfəlɪ] [art-fu-li], *adv.* Artificiosamente, diestramente; con arte; insidiosamente, con astucia y artificio.
artfulness ['ɑːtfʊlnɪs] [art-ful-nis], *s.* Arte, astucia, habilidad, industria.
arthritic [ɑː'θrɪtɪk] [ar-zri-tik], **arthritical** [ɑː'θrɪtɪkl] [ar-zri-ti-kal], *a.* Artrítico, lo que pertenece a la gota, artritis o articulaciones; artético.
arthritis [ɑː'θraɪtɪs] [ar-zrai-tis], *s.* Artritis. **Rheumatoid arthritis**, artritis reumática.
arthritism [ɑː'θrɪtɪzm] [ar-zri-tísem] *s.* *(Med.)* Artritismo.
arthropod ['ɑːθrəpɒd] [ar-zro-pod], *s.* Uno de los artrópodos. *V.* ARTHROPODA.

arthropoda ['ɑ:θrəpɒdə] [ar-zro-po-da], *s. (Zool.)* Artrópodos, un subreino de los animales; los articulados propiamente dichos (en oposición a los gusanos); presentan órganos de locomoción articulados, esto es, formados de varias piezas o artejos, y se dividen en cuatro clases: insectos, miriápodos, arácnidos y crustáceos.

arthropodal ['ɑ:θrəpɒdl] [ar-zro-po-dal], **arthropodous** ['ɑ:θrəpɒdəs] [ar-zro-po-dos], *a.* Relativo a los artrópodos o articulados propiamente dichos.

arthrosis ['ɑ:θrəʊsɪs] [ar-zrou-sis], *s.* Artrosis, articulación.

Arthur ['ɑ:θə^r] [ar-za^r] N. Arturo.

artichoke ['ɑ:tɪtʃəʊk] [ar-ti-chouk], *s. (Bot.)* Alcachofa, planta muy parecida al cardo que arroja una cabeza a manera de piña, la que también se llama alcachofa. **Jerusalem artichoke**, *(Bot.)* especie de girasol; cotufa, chufa.

article ['ɑ:tɪkl] [ar-ti-kel], *s.* 1. Artículo, parte de la oración, como *el, la,* etc. 2. Artículo, una composición corta. 3. Artículo, parte o división de cualquier conjunto. 4. Artículo, término, o estipulación. 5. Articulación, coyuntura; parte entre dos nudos de una planta; segmento de un apéndice articulado. 6. *(Ant.)* Artículo, punto exacto de tiempo. **To surrender upon articles**, capitular. **Articles of merchandise**, mercaderías, mercancías, efectos, renglones. **Small articles**, Menudencias. **Trifling articles**, bagatelas. **To be under articles**, estar escriturado. **To sign articles**, escriturarse. **Articles of war**, el código penal militar. **The most necessary articles**, los objetos de primera necesidad.

article, *vn.* Capitular, pactar o contratar mutuamente, convenir. *-va.* Colocar en artículos distintos. **To article one for treason**, acusar y procesar a alguno por delito de lesa majestad o por alta traición. Contratar, poner a uno a trabajar en un oficio por contrata. **To article an apprentice to**, poner en aprendizaje.

articular ['ɑ:tɪkjʊlə^r] [ar-ti-kiu-la^r], *a.* Articular, lo que pertenece a las junturas o articulaciones del cuerpo.

articularly ['ɑ:tɪkjʊlalɪ] [ar-ti-kiu-lar-li], *adv.* Articuladamente.

articulate ['ɑ:tɪkjʊlɪt] [ar-ti-kiu-lit], *a.* 1. Articulado, dividido en sílabas consecutivas; unido para formar el lenguaje. 2. Claro, distinto (palabras, sonidos). 3. Articulado que tiene articulaciones. 4. *(Zool.)* Articulado, perteneciente a los animales articulados. *-s.* Uno de los animales articulados. *-pl. s.* Articulados o entomozoos, una de las cuatro grandes divisiones del reino animal, que comprende los animales cuyo cuerpo está compuesto de segmentos unidos o articulados.

articulate, *va.* 1. Articular, pronunciar las palabras clara y distintamente. 2. Articular, formar algún convenio por artículos. 3. Formar nudos. *-vn.* Hablar distintamente.

articulately ['ɑ:tɪkjʊlɪtlɪ] [ar-ti-kiu-lit-li], *adv.* Articuladamente.

articulateness ['ɑ:tɪkjʊlɪtnɪs] [ar-ti-kiu-lit-nis], *s.* La calidad de ser articulado.

articulation ['ɑ:tɪkjʊleɪʃən] [ar-ti-kiu-léishon], *s.* 1. Articulación, juego de las coyunturas de los huesos; nudo en las plantas. 2. Articulación, la acción de articular las palabras.

artifact ['ɑ:tɪfækt] [ar-ti-fakt], *s.* Artefacto.

artifice ['ɑ:tɪfɪs] [ar-ti-fis], *s.* 1. Artificio, engaño, fraude, estratagema, treta, destreza, habilidad, maña, artería. 2. *(Des.)* Arte, empleo u oficio mecánico, industria.

artificer ['ɑ:tɪfɪsə^r] [ar-ti-fi-sa^r], *s.* Artífice, el que hace algún artefacto; el que construye o diseña; artesano hábil; también, inventor, autor.

artificial ['ɑ:tɪfɪʃəl] [ar-ti-fi-shal], **artificious** ['ɑ:tɪfɪʃəs] [ar-ti-fi-shos], *a.* 1. Artificial, hecho por arte. 2. Artificial, fingido. 3. Artificioso.

artificiality ['ɑ:tɪfɪʃəlɪtɪ] [ar-ti-fi-sha-li-ti], *s.* Carácter artificial, apariencia, arte, conducta artificiosa.

artificially ['ɑ:tɪfɪʃəlɪ] [ar-ti-fi-sha-li], *adv.* Artificialmente, artificiosamente.

artificialness ['ɑ:tɪfɪʃəlnɪs] [ar-ti-fi-shal-nis], *s.* Arte, astucia.

artillerist [ɑ:'tɪlərɪʃt] [ar-ti-le-rist], *s.* Artillero.

artillery [ɑ:'tɪlərɪ] [ar-ti-le-ri], *s.* 1. Arte de construir y usar las armas, máquinas y municiones de guerra. 2. Artillería, el tren de cañones, morteros y otras máquinas militares. **Artillery park**, parque de artillería. **Train of artillery**, tren de artillería. **Artillery-wagon**, carro de artillería, furgón. **Field, siege artillery**, artillería de campaña, de sitio. **Artilleryman**, artillero. **Artillery practice**, ejercicio de cañón.

artisan ['ɑ:tɪzæn] [ar-ti-san], *s.* Artesano, el que ejerce algún arte de mecánica.

artist ['ɑ:tɪst] [ar-tist], *s.* 1. Artista, el que profesa algún arte liberal. (Writer, painter, sculptor, musician, ...).

artiste ['ɑ:tɪst] [ar-tist] *s.* Artista

artistic ['ɑ:tɪstɪk] [ar-tis-tik], *a.* Artístico, de las artes.

artistry ['ɑ:tɪstrɪ] [ar-tis-tri], *s.* Arte, habilidad artística.

artless ['ɑ:tlɪs] [art-lis], *a.* 1. Natural, sin arte, sencillo, simple; sin dolo. 2. *(Fam.)* Chabacano, hecho sin arte.

artlessy ['ɑ:tlɪsɪ] [art-li-si], *adv.* 1. Sencillamente, simplemente, naturalmente, sin arte; chabacanamente. 2. *(Fam.)* A la buena de Dios.

artlessness ['ɑ:tlɪsnɪs] [art-lis-nis], *s.* Sencillez, candidez, naturalidad.

arty ['ɑ:tɪ] [ar-ti] o **arty-crafty** ['ɑ:tɪˌkræftɪ] [ar-ti-kraf-ti] a. Que se las da de artista.

arum ['ærəm] [a-ram], *a.* Arum, yaro, planta común parecida a la serpentería.

arundinaceous [ˌærəndɪ'neɪʃəs] [a-ran-di-néi-shos], **arundineous** ['ærəndɪnəs] [a-ran-di-nos], *a.* Arundináceo, hecho de cañas, lo que abunda de cañas.

aruspice ['ærəspaɪz] [a-ras-pais], **aruspex** ['ærəspeks] [a-ras-peks], *s.* Arúspice: entre los romanos, el sumo sacerdote que examinaba las entrañas de las víctimas para adivinar por ellas algún suceso.

aruspicy ['ærəspɪsɪ] [a-ras-pi-si], *s.* Aruspicina, arte supersticiosa de adivinar los sucesos por la inspección de las entrañas de las víctimas.

aryan ['ɛərɪən] [e-rian] a./*s.* Ario.

arytenoid ['ɛərɪ'tɪnɔɪd] [e-ri-ti-noid], *a.* Aritenal, aritenóideo. **Arytenoid cartilages**, dos cartílagos situados en la parte posterior y superior de la laringe.

as [æz] [as], *conj.* 1. Como, del mismo modo que otra cosa. **As you please**, como usted quiera. **As good as**, tan bueno como. **As sure as can be**, seguramente, sin duda alguna. **As I am informed**, por lo que he oído decir. 2. Mientras, cuando. **He arrived as you were leaving**, llegó cuando te estabas marchando. 3. Como, igualmente. **As I said yesterday**, como le dije ayer. 4. Se usa en sentido recíproco y corresponde con *so.* **As so**, así como, así también. 5. **As for, as to**, en cuanto a, por lo que toca a. 6. Según, como, a medida que. **I find it easier as I advance**, lo encuentro más fácil a medida que adelanto. **As** indica el tiempo, y también el lugar, y entonces se traduce *como*, o *al*, y las más veces no se expresa; v.g. **As he was at the door**, estando él a la puerta. **As they were walking**, al ir ellos andando. **As I was there**, estando yo allá. **As far as**, hasta. **As soon as**, luego que. **As yet**, aún todavía. **As if** o **as though**, como si. **As well as**, tan bien. **As it is**, así como así. **As is the beginning, so is the end**, según es el principio, así es el fin. **As for me**, por lo que a mí toca; en cuanto a mí. **As big again**, dos veces tan grande. **As** después de *such* hace veces de los pronombres relativos *who* y *which*. **All such as went there**, todos los que fueron allí. *Prep.* En calidad de, como, por. **He came as an observer**, vino en calidad de observador. **As a rule**, por regla general.

asafoetida ['æsəfetɪdə] [a-sa-fe-ti-da], *s.* Asafétida, goma-resinosa, empleada en medicina, que se trae de las Indias orientales.

asbestine [æz'besti:n] [as-bes-tin], *a.* Asbestino, incombustible.
asbestos [æz'bestəs] [as-bes-tos], *s.* Asbesto o amianto, mineral fibroso y flexible, que tiene la propiedad singular de ser incombustible.
ascarides [æz'kərɪdz] [as-ka-rids], *s.* Ascárides, lombricillas que se hallan en los intestinos, pero sobre todo en el recto. Se llaman también *thread-worms* o *pin-worms*. En el singular se escribe *ascaris* y *ascarid*.
ascend [ə'send] [a-send], *vn.* 1. Ascender, subir. 2. Adelantar, o subir de un grado de conocimiento a otro mayor. 3. Estar en grado ascendiente de parentesco. *-va.* Ascender o subir. **To ascend a hill**, subir una colina o cuesta.
ascendable [ə'sendəbl] [a-sen-da-bol] *a.* Accesible, que se puede subir.
ascendance o **ascendence** [ə'sendəns] [a-sen-dans] *s.* Ascendiente, ascendencia.
ascendancy o **ascendency** [ə'sendənsɪ] [a-sen-dan-si] *s.* Ascendiente, ascendencia. Influjo, poder.
ascendant [ə'sendənt] [a-sen-dant], **ascendent**, *s.* 1. Altura, elevación. 2. Ascendiente, influjo, poder; el que tiene influencia. 3. Ascendiente, la persona de quien se desciende, antepasado.
ascendant, ascendent, *a.* 1. Ascendiente. 2. Superior, predominante.
ascension [ə'senʃən] [a-sen-shon], *s.* 1. Ascensión, la acción de ascender. 2. Ascensión, la subida de nuestro Redentor a los cielos. 3. Ascensión, la cosa que asciende o sube.
ascensional [ə'senʃənl] [a-sen-sho-nal], *a.* *(Astr.)* Ascensional
ascent [ə'sent] [a-sent], *s.* 1. Subida, la acción de subir. 2. Eminencia, paraje elevado, altura. 3. Cuesta, subida. **Line of ascent**, ascendencia.
ascertain [ˌæsə'teɪn] [a-ser-tein], *va.* 1. Indagar, averiguar, hallar, descubrir por experimento o investigación. **I am going to ascertain what happened**, voy a averiguar lo que ha sucedido. 2. *(Ant.)* Asegurar, fijar, establecer, confirmar, afirmar. **To ascertain the price**, *(Ant.)* reglar o determinar el precio.
ascertainable [ˌæsə'teɪnəbl] [a-ser-tei-na-bol], *a.* Averiguable, descubrible, comprobable.
ascertainer [ˌæsə'teɪnəʳ] [a-ser-tei-naʳ], *s.* Averiguador, indagador.
ascertainment [ˌæsə'teɪnmənt] [a-ser-tein-ment], *s.* 1. Averiguación, indagación. 2. *(Ant.)* Regla fija y determinada.
ascesis ['æsesɪs] [a-se-sis] *s.* Ascesis.
ascetic ['æsetɪk] [a-se-tik], *a.* Ascético, dedicado a la práctica de la devoción y mortificación. *-s.* Asceta.
ascetical ['æsetɪkl] [a-se-ti-kal] a. Ascético. *s.* Asceta.
asceticism [ə'setɪsɪzəm] [a-se-ti-sízem], *s.* Asceticismo, profesión de la vida ascética.
Ascians ['æsɪəns] [a-sians], **ascii** ['æsɪ] [a-si], *s.* *(Geo.)* Áscios, ascianos, habitantes de la zona tórrida que dos veces al año no hacen sombra al mediodía.
ascites ['æsɪts] [a-sits], *s.* Ascitis o hidropesía del abdomen.
ascitic ['æsɪtɪk] [a-si-tik], **ascitical** ['æsɪtɪkl] [a-si-ti-kal], *a.* Ascítico, hidrópico, el que padece ascitis.
ascititious ['æsɪtɪʃəs] [a-si-ti-shos], *a.* Adicional, lo que se añade o suple. *V.* ADSCITITIOUS.
ascot ['æskɒt] [as-kot] *s.* Fular, pañuelo.
ascribable [əs'kraibəbl] [as-krai-ba-bol], *a.* Aplicable, imputable, que se puede atribuir, imputar o aplicar.
ascribe [ə'skraɪb] [as-kraib], *va.* 1. Adscribir. 2. Atribuir, achacar. 3. Aplicar, adjudicar.
ascription [ə'skrɪpʃən] [as-krip-shon], *s.* Atribución; imputación.
ascus [æskʌs] [as-kas], *s.* *(Bot.)* Asca.
asea [ə'si:] [a-sí], *adv.* Sobre el mar; hacia el mar.
asepsis [eɪ'sepsɪs] [a-sep-sis], *s.* Asepsia, no emponzoñamiento de la sangre; exención de la putrefacción y sus consecuencias.
aseptic [eɪ'septɪk] [a-sep-tik], *a.* Aséptico; preventivo de la putrefacción, y en particular del emponzoñamiento de la sangre.
asepticism [ˌeɪseptɪ'sɪzm] [a-sep-ti-sí-zem] o **asepsis**, Estado o calidad de aséptico.
asepticize [eɪ'septɪsaɪz] [a-sep-ti-sais] *va.* Esterilizar, volver aséptico, aseptizar.
asexual [eɪ'sekjsʊəl] [a-sek-siual], *a.* Asexual, sin reproducción sexual.
ash [æʃ] [ash], *s.* Singular de *ashes*: se usa principalmente en la formación de palabras compuestas. **Ash-pit, ash-pan**, cenicero, cenizal. **Ash-pail**, cubo para la ceniza. **Ash-tub**, coladero, cubeta de lejía. **That coal burns to a white ash**, ese carbón da ceniza blanca.
ash, *s.* *(Bot.)* Fresno, cualquier árbol del género Fraxinus. **Ash-grove**, fresneda. **Mountain-ash** o **rowan-tree**, serbal.
ashame [ə'ʃeɪm] [a-sheim], *va.* *V.* SHAME.
ashamed [ə'ʃeɪmd] [a-sheimd], *a.* Avergonzado, vergonzoso. **To be ashamed**, tener vergüenza, avergonzarse de, correrse de, sonrojarse.
ashamedly [ə'ʃeɪmdlɪ] [a-sheimdli], *adv.* Vergonzosamente.
ash bin ['æʃbɪn] [ash-bin] *s.* Cubo de la basura.
ash can ['æʃkæn] [ash-can] *s.* Cubo de la basura.
ash colored ['æʃkʌləd] [ash-ca-lad], *a.* Ceniciento.
ashelf [ə'ʃelf] [a-shelf], *adv.* *(Mar.)* Arrimado sobre un peñasco o bajío.
ashen ['æʃn] [ashn], *a.* 1. Hecho de fresno. 2. Semejante a la ceniza; ceniciento, pálido.
ashes ['æʃs] [a-shes], *s. pl.* 1. Ceniza. 2. Ceniza o cenizas, los restos de un cadáver.
ashore [ə'ʃɔ:ʳ] [a-shoʳ], *adv.* En tierra, a tierra. **To get ashore**, desembarcar. **To run ashore**, encallar, echarse a la costa, hablando de un buque.
ashtray ['æʃtreɪ] [ash-trei] *s.* Cenicero.
ash-tub ['æʃtʌb] [ash-tab], *s.* Cenicero.
ash Wednesday [æʃ'wendzdeɪ] [ash-uénds-dei], *a.* Miércoles de ceniza.
ash-weed [æʃ'wi:d] [ash-uíd], *s.* *(Bot.)* Angélica, planta.
ashy ['æʃɪ] [ashi], *a.* Cenizoso, ceniciento.
ashy-pale [ˌæʃɪ'peɪl] [ashi-peil], *a.* Pálido como ceniza.
Asia ['eɪʃə] [ei-sha] *n.* Asia. **Asia Minor**, Asia Menor.
Asian ['eɪʃən] [ei-shan], **Asiatic** ['eɪʃətɪk] [ei-sha-tik], *a.* Asiático. **Asiatic flu**, gripe asiática.
asiaticism [ˌeɪʃətɪ'sɪzem] [ei-sha-ti-sízem], *s.* Imitación de las costumbres asiáticas.
aside [ə'saɪd] [a-said], *adv.* 1. Al lado, a un lado. 2. A parte. **To lay aside**, despreciar, no hacer caso, desechar, no admitir. *(Fam.)* Arrinconar. **To lay a project aside**, abandonar un proyecto. *(For.)* **To set aside a judgment**, anular una sentencia. **Joking aside**, bromas aparte. **Aside from**, además de, aparte de.
asinine ['æsɪnaɪn] [a-si-nain], *a.* Asinino, asnal, lo perteneciente al asno. *(Fam.)* *estúpido*.
ask [ɑ:sk] [ask], *va.* 1. Pedir, rogar. 2. Preguntar, interrogar. **I must ask you one question**, tengo que hacer a usted una pregunta, o tengo que preguntar a usted 3. Pedir, invitar. **He asked me to come**, me pidió que viniese. **I asked them for dinner**, les invité a cenar. *-vn.* Buscar, inquirir, rogar. **To ask for** o **after one**, preguntar por alguno. **To ask in, up, down**, rogar (a una persona) que entre, suba o baje. **To ask for something back**, pedir que se devuelva algo. **To ask for trouble**, buscarse problemas.
askance [ə'skɑ:ns] [as-kans], *adv.* 1. Al sesgo, de soslayo, oblicuamente. 2. Con desdén. **To look askance at**, mirar con desconfianza, con recelo o con mala cara.
asker [ɑ:skəʳ] [as-kaʳ], *s.* Inquiridor; suplicante. **Asker o ask**, especie de lagartija.
askew [ə'skju:] [as-kiu], *adv.* Al lado; con desdén o desprecio; oblicuamente. De reojo, de soslayo.
asking ['ɑ:skɪŋ] [as-kin], *s.* 1. Súplica, acción de pedir, demanda. 2. Publicación (de amonestaciones). **This is the third time of asking**, esta es la tercera amonestación.

aslant [ə'slɑ:nt] [as-lant], *adv.* Oblicuamente. *-prep.* A través de.
asleep [ə'sli:p] [as-líp], *adv.* Dormido. **To fall asleep**, dormirse, quedarse dormido. **My foot is asleep**, se me ha entumecido o dormido un pie.
aslope [ə'sləʊp] [as-loup], *adv.* En declive, en pendiente.
asp [æsp] [asp], **aspic** [æspɪk] [as-pik], *s.* Áspid, serpiente venenosa, cuya mordedura es mortal.
aspalathus [ˌəspə'lətəs] [as-pa-la-tus], *s. (Bot.)* Aspalato, palo de rosa o del águila.
asparagus [əs'pærəgəs] [as-pa-ra-gos], *s.* Espárrago, planta; y sus tallos tiernos que se comen antes de endurecerse.
aspect ['æspekt] [as-pekt], *s.* 1. Aspecto, semblante, cara. 2. Mirada, vista, ojeada. 3. Aspecto, postura o situación, disposición, dirección, traza, aire, ademán. 4. *(Astr.)* Aspecto, posición relativa de los planetas. **The house has a northern aspect**, la casa da o mira al norte. **From a personal aspect**, desde un punto de vista personal.
aspen ['æspən] [as-pen], *s.* Álamo temblón, árbol cuyas hojas siempre se están moviendo.
aspen, *a.* Perteneciente al álamo temblón o hecho de él.
asper, *s.* Aspro o áspero, moneda de Turquía.
asperate ['æspɪreɪt] [as-pi-reit], *va.* Hacer áspera alguna cosa.
asperation [ˌæspɪ'reɪʃən] [as-pi-rei-shon], *s.* El acto de hacer áspera alguna cosa.
asperges ['æspədʒ] [as-per-ches] *s. (Rel.)* Asperges.
aspergillum ['æspəgɪləm] [as-per-gui-lom] *s. (Rel.)* Hisopo, aspersorio.
aspergillus ['æspəgɪləs] [as-per-gui-los] *s. (Bot.)* Aspergilo.
asperifolious ['æsperɪfəljəs] [as-pe-ri-fo-lios], *a. (Bot.)* Se dice de las plantas que tienen ásperas las hojas.
asperity [æs'perɪtɪ] [as-pe-riti], *s.* Aspereza, desigualdad, rigidez, rudeza.
aspermous [æs'pɜ:məs] [as-per-mos], **aspermatous**, *a. (Bot.)* Aspermo, sin semilla.
asperous [æs'perəs] [as-pe-ros] a. Áspero.
asperse [æs'pɜ:s] [as-pers], *va.* Difamar, calumniar, denigrar, infamar. Hisopear, asperjar (to sprinkle).
asperser [æs'pɜ:sə^r] [as-persa^r], *s.* Infamador.
aspersion [əs'pɜ:ʃən] [as-per-shon], *s.* Difamación, la acción de difamar o calumniar; mancha, mácula, tacha, deshonra, calumnia; aspersión, rociadura. *(Fam.)* Rociada, reprensión. **To cast aspersions on one**, difamar a alguno, calumniarle.
aspersive [əs'pɜ:sɪv] [as-per-sif], *a.* Calumnioso, difamatorio.
aspersorium [əs'pɜ:sərɪəm] [as-per-so-rium] *s. (Rel.)* Hisopo.
asphalt ['æsfælt] [as-falt] o **asphaltum** ['æsfæltəm] [as-fal-tam], *s.* Asfalto, especie de betún sólido. *va.* Asfaltar.
asphaltic ['æsfæltɪk] [as-fal-tik], *a.* Asfáltico, bituminoso.
asphalting ['æsfæltɪŋ] [as-fal-tin] *s.* Asfaltado.
asphodel ['æsfɒdəl] [as-fo-del], *s. (Bot.)* Asfódelo o gamón.
asphyxia [æs'fɪksɪə] [as-fik-sia], *s. (Med.)* Asfixia, privación de los sentidos por falta de respiración.
asphyxiate [æs'fɪksɪeɪt] [as-fik-sieit], *va.* Asfixiar, sofocar. *-vn.* Asfixiarse.
asphyxiated [æs'fɪksɪeɪtɪd] [as-fik-siei-tid], *pp.* Sofocado.
asphyxiation [æs'fɪksɪeɪʃən] [as-fik-siei-shon], *s.* Asfixia, sofocación.
aspic ['æspɪk] [as-pik], (OIL OF), *s.* Aceite de espliego. *V.* LAVENDER.
aspic, *s.* Jalea gustosa que contiene picadillo de carne, pescado, huevos, etc.
aspidistra [ˌæspɪ'dɪstrə] [as-pi-dis-tra] *s. (Bot.)* Aspidistra.
aspirant ['æspɪrənt] [as-pi-rant], *s.* Aspirante, el que aspira, pretendiente, candidato.
aspirate ['æspərɪt] [as-pi-reit], *va.* 1. Aspirar, pronunciar con aspiración, como en las voces, *horse, hog* y otras. 2. *(Med.)* Extraer fluido, por ejemplo de la cavidad torácica, sin permitir la entrada al aire.
aspirate, *a.* Aspirado. *-s.* Acento señal, virgulilla. el signo (') en la lengua griega para indicar el sonido gutural de una letra.
aspiration [ˌæspə'reɪʃən] [as-pi-rei-shon], *s.* 1. Anhelo, deseo vehemente. 2. Ambición, la pasión de aspirar a cosas elevadas, como dignidades, etc. 3. Aspiración, la acción de aspirar una vocal o darle más fuerza con el aliento. 4. Aspiración, acto de extraer fluido sin permitir la entrada al aire.
aspirator [ˌæspə'reɪtə^r] [as-pi-rei-ta^r], *s.* Aspirador, instrumento para la aspiración quirúrgica.
aspiratory [ˌæspə'rətərɪ] [as-pi-ra-to-ri], *a.* Propio de la aspiración, lo que la produce; aspiratorio.
aspire [əs'paɪə^r] [as-paia^r], *vn.* Aspirar, pretender, desear con ansia algún empleo o dignidad. **To aspire to high positions**, aspirar a o ambicionar altos cargos. *-va.* 1. Aspirar. 2. Soplar.
aspirer [əs'paɪrə^r] [as-pai-ra^r], *s.* Aspirante, el que aspira.
aspirin ['æsprɪn] [as-pi-rin], *s.* Aspirina.
aspiring [əs'paɪrɪŋ] [as-pai-rin], *s.* Pretensión, deseo de algún empleo o dignidad.
asplanchnic [əs'plænknɪk] [as-plank-nik], *a.* Sin canal alimenticio.
asplenium [əs'plɪnɪəm] [as-pli-ni-am], *s. (Bot.)* Asplenia, género de helechos que comprende muy numerosas especies; entre ellas, la doradila, el culantrillo, etc.
asportation [əspə'teɪʃən] [as-por-tei-shon], *s.* Extracción.
asquint [əs'kwɪnt] [as-kuint], *adv.* De o al soslayo, de través.
ass [æs] [as], *s.* 1. Burro, borrico, asno, jumento. **A she-ass**, burra, borrica. **A young ass**, pollino. 2. *(Fig.)* Tonto, ignorante, bestia, asno, jumento, hablando de personas. **To make an ass of oneself**, ponerse en ridículo. *(Pop.)* Culo.
assail [ə'seɪl] [a-seil], *va.* Acometer, invadir, asaltar, atacar, embestir. **The beggars assailed him**, los mendigos le asaltaron.
assailable [ə'seɪləbl] [a-sei-la-bol], *a.* Lo que puede ser asaltado.
assailant [ə'seɪlənt] [a-sei-lant], *a.* El que acomete, acometedor, acometiente. *s.* Acometedor, asaltador, agresor, embestidor, chocador en una lid o contienda.
assailment [ə'seɪlmənt] [a-seil-ment], *s.* Asalto, acometimiento, acometida.
assart [ə'sɑ:t] [a-sart], *va.* (GB) Rozar, desmontar y desbrotar la tierra.
assart, *s.* Rozo de la tierra, roza, tierra nuevamente rozada, para sembrar; árbol o planta arrancados.
assassin [ə'sæsɪn] [a-sa-sin], **assassinator** [ə'sæsɪneɪtə^r] [a-sa-si-nei-ta^r], *s.* Asesino, el que mata alevosamente. **Hired assassin**, asesino pagado.
assassinate [ə'sæsɪneɪt] [a-sa-si-neit], *va.* Asesinar, matar alevosamente. *-vn.* Ser asesino, cometer asesinato.
assassination [əˌsæsɪ'neɪʃən] [a-sa-si-nei-shon], *s.* Asesinato, la acción y el delito de asesinar.
assault [ə'sɔ:lt] [a-solt], *s.* 1. Asalto o acometimiento de alguna plaza. **Bayonet assault**, ataque a la bayoneta. 2. Asalto, invasión u hostilidad. 3. Acometimiento, la acción de acometer a otro con violencia, ataque, asalto, insulto. **Criminal assault**, intento de violación. *(For.)* **Assault and battery**, lesiones, vías de hecho. **To make an assault on**, asaltar a, dar el asalto a.
assault, *va.* Acometer, invadir, asaltar. **The thief assaulted him**, el ladrón le asaltó. *(For.)* Agredir, violar.
assaulter [ə'sɔ:ltə^r] [a-sol-ta^r], *s.* Agresor o injusto invasor.
assay [ə'seɪ] [a-sei], *s.* 1. Ensayo, reconocimiento o examen. 2. Prueba o reconocimiento de pesos y medidas por el fiel. 3. Ensayo, estreno, experimento, tentativa, el primer acto de ejercer y poner por obra alguna cosa. 4. Valor. 5. Ensaye (of a metal), aquilatación. **Assay-furnace**, horno de copelación. **Assay-office**, oficina de ensayador.
assay, *va.* 1. Ensayar, hacer prueba de alguna cosa, experimentar. 2. Tentar o hacer tentativa, intentar. 3. Gustar, probar.

assayer [ə'seɪə^r] [a-se-ya^r], *s.* Ensayador, el que ensaya; en especial oficial de la casa de la moneda, cuyo deber es reconocer la ley de la plata u oro.
assaying [ə'seɪŋ] [a-seiyin], *s.* Ensaye, ensay (of metals). **Art of assaying**, docimástica, el arte de ensayar los metales y minerales.
assemblage [ə'semblɪdʒ] [a-sem-blich], *s.* 1. Colección, agregado, compuesto o conjunto de muchas cosas. 2. Asamblea, multitud.
assemble [ə'sembl] [a-sem-bol], *va.* Reunir, congregar, convocar. *-vn.* Juntarse o unirse en junta o congreso.
assembler [ə'semblə^r] [a-sem-bla^r], *s.* El que se junta con otros.
assembly [ə'semblɪ] [a-sem-bli], *s.* 1. Asamblea, junta, congreso. 2. *(Mil.)* Asamblea, toque de la caja, para que la tropa se recoja a sus cuerpos respectivos o al lugar designado. **General Assembly** (a) El más alto tribunal de justicia entre los presbiterianos o los de alguna otra denomianción. (b) Legislatura, cuerpo legislativo. **Place of assembly**, lugar de reunión. **Assembly hall**, salón de actos. **Assembly line production**, producción en cadena. **Assembly shop**, taller de montaje.
assembly line [ə'semblɪˌlaɪn] [a-sem-bli-lain], *s.* Línea de montaje.
assemblyman [ə'semblɪˌmæn] [a-sem-bli-man], *s.* Individuo de un congreso o asamblea, y en especial de la cámara baja de la legislatura de un Estado.
asembly-room [ə'semblɪˌruːm] [a-sem-bli-rum], *s.* Sala de juntas.
assent [ə'sent] [a-sent], *s.* Asenso, la acción y efecto de asentir, consentimiento; confesión, reconocimiento, declaración, aprobación, beneplácito.
assent, *vn.* Asentir, convenir en el juicio con otro, ser de un mismo dictamen; aprobar.
assentation [ə'senteɪʃənt] [a-sen-tei-shon], *s.* Condescendencia a la opinión de otro por adulación o disimulo; lisonja, complacencia servil.
assenter [ə'sentə^r] [a-sen-ta^r], *s.* Consentidor, favorecedor.
assentient [ə'senʃənt] [a-sen-shant], *a.* 1. Que conviene o asiente. 2. *s.* Consentidor, el que aprueba.
assentingly [ə'sentɪŋlɪ] [a-sen-tin-li] [ə'sent] [a-sent], *adv.* 1. Con asenso, aprobación o consentimiento. 2. En signo de asentimiento.
assert [ə'sɜːt] [a-sert], *va.* 1. Sostener, mantener, defender, hacer bueno. 2. Afirmar, asegurar. 3. Alegar derecho o título a alguna cosa. **To assert oneself**, imponerse.
assertion [ə'sɜːʃən] [a-sershon], *s.* Aserción, afirmación. Reivindicación (of a right).
assertive [ə'sɜːtɪv] [a-ser-tif], *a.* Afirmativo, que afirma o envuelve aserción.
asserter, assertor [ə'sɜːtə^r] [a-ser-ta^r], *s.* Afirmador, defensor, protector, libertador.
assertory [ə'sɜːtərɪ] [a-ser-to-ri], *a.* Afirmativo: declaratorio.
assess [ə'ses] [a-ses], **assessment** [ə'sesmənt] [a-ses-ment], *s.* Amillaramiento, o tasa de los impuestos, cargas o gabelas, que se deben pagar por el importe de los bienes que se poseen, o por otros títulos. **The assessment came to twenty dollars**, la valoración fue de veinte dólares.
assess, *va.* Amillarar, declarar, señalar la cantidad que cada individuo debe pagar por el importe de los bienes que posee, o por otros títulos. **To assess damages**, fijar los daños y perjuicios.
assessable [ə'sesəbl] [a-se-sa-bol], *a.* Imponible, que puede ser amillarado.
assessionary [ə'seʃənərɪ] [a-se-so-na-ri], *a.* Lo perteneciente al asesor.
assessor [ə'sesə^r] [a-se-sa^r], *s.* 1. Asesor, el letrado que acompaña al juez lego. 2. Tasador de impuestos o gabelas.
asset ['æset] [a-set], *s.* 1. Cada una de las partidas que componen el caudal de una persona o corporación. 2. Ventaja. **Having a car is an asset in my profession**, tener coche es una ventaja en mi profesión.
assets ['æsets] [a-sets], *s. pl.* 1. Capital, o caudal en caja, o existente, fondos, créditos activos, cantidad o cantidades para pagar. 2. (***com.***) Activo, fondos de una quiebra, o de una sucesión. **Real assets**, bienes raíces. **Personal assets**, bienes muebles. **Assets in hand**, activo disponible.
asseverate [ə'sevəreɪt] [a-se-ve-reit], *va.* Aseverar, afirmar, asegurar solemnemente.
asseveration [əˌsevə'reɪʃən] [a-se-ve-rei-shon], *s.* Aseveración, afirmación; protesta.
ass-head [əs'hiːd] [as-jíd], *s.* *(Ant.)* Tonto, estúpido.
assibilate [ə'sɪbɪleɪt] [a-si-bi-leit], *va.* Pronunciar con sonido sibilante; convertir en sibilante.
assiduity [ə'sɪdʊɪtɪ] [a-si-dui-ti], *s.* Asiduidad, aplicación y constancia, laboriosidad.
assiduous [ə'sɪdʊəs] [a-si-duos], *a.* Asiduo, constante, aplicado, continuo, laborioso.
assiduously [ə'sɪdʊəslɪ] [a-si-duos-li], *adv.* Constantemente, de continuo, sin cesar, perennemente, diligentemente.
assiduousness [ə'sɪdʊəsnɪs] [a-si-duos-nis], *s.* Diligencia, asiduidad.
assign [ə'saɪn] [a-sain], *va.* 1. Asignar, señalar, destinar. 2. Dar la razón o motivo de alguna cosa; indicar, señalar, atribuir. 3. Probar, hacer ver. 4. *(For.)* Asignar, diputar; transferir, ceder, traspasar algún derecho a otro.
assign, *s.* *(For.)* Cesionario, la persona a cuyo favor se traspasa algún bien o derecho.
assignable [ə'saɪnəbl] [a-sai-na-bol], *a.* Asignable, lo que se puede asignar.
assignation [ˌæsɪg'neɪʃən] [a-sig-nei-shon], *s.* 1. Asignación, cita o señalamiento de día, hora o lugar para verse o hablarse dos o más personas. 2. Renuncia, cesión o traslación de dominio. **House of assignation**, casa de asignación, casa de citas, prostíbulo.
assignee [ˌæsaɪ'niː] [a-sai-ní], *s.* 1. Poderhabiente, apoderado. 2. (Der. ***com.***) Síndico. Cesionario. *V.* ASSIGN.
assigner [æ'saɪnə^r] [a-sai-na^r], *s.* Asignante, transferidor, el que asigna o transfiere.
assignment [æ'saɪnmənt] [a-sain-ment], *s.* 1. Asignación, señalamiento, cesión. 2. *(For.)* Escritura de cesión de bienes, traspaso, renuncia, o traslación de dominio.
assignor [ˌæsaɪ'nɔː^r] [a-sai-no^r], *s.* Cedente, el que asigna o transfiere.
assimilable [ə'sɪmɪləbl] [a-si-mi-la-bol], *a.* Semejable; asimilable, lo que puede asimilarse.
assimilate [ə'sɪmɪleɪt] [a-si-mi-leit], *va.* 1. Asemejar, asimilar, hacer alguna cosa semejante a otra. 2. Convertir una cosa en la sustancia de otra. *-vn.* Convertir el alimento en quilo.
assimilation [əˌsɪmɪ'leɪʃən] [a-si-mi-lei-shon], *s.* 1. Asimilación, la conversión de una cosa en la sustancia de otra. 2. Asimilación, semejanza.
assimilative [ə'sɪmɪlətɪv] [a-si-mi-la-tif], *a.* Asimilativo.
assimulation [əˌsɪmjʊ'leɪʃən] [a-si-miu-lei-shon], *V.* DISSIMULATION.
assist [ə'sɪst] [a-sist], *va.* Asistir, ayudar, socorrer, auxiliar. *-vn.* Asistir, hallarse presente, presenciar.
assistance [ə'sɪstəns] [a-sis-tans], *s.* Asistencia, auxilio, socorro, apoyo.
assistant [ə'sɪstənt] [a-sis-tant], *s.* Asistente o ayudante, el que está empleado en alguna cosa no como principal, sino como dependiente de otro. *-a.* Ayudador, que ayuda; auxiliar. **Assistant bishop,** obispo auxiliar. **Assistant teacher,** profesor auxiliar o adjunto. **Assistant engineer,** segundo maquinista, segundo ingeniero. **Assistant professor,** profesor agregado. **Assistant cameraman,** ayudante de operador. **Assistant secretary,** subsecretario, secretario adjunto.
assistanship [ə'sɪstənʃɪp] [a-sis-tan-ship] *s.* Ayudantía.
assister [ə'sɪstə^r] [a-sis-ta^r], *s.* Asistente, ayudador.
assistless [ə'sɪstlɪs] [a-sist-lis]
assizer [ə'saɪzə^r] [a-sai-sa^r], *s.* Fiel almotacén, la persona diputada para el reconocimiento de pesos y medidas.

ass-like [æs'laɪk] [as-laik], *a.* Semejante al asno, asinino, asnal; borricote.
associable [ə'səʊʃəbl] [a-so-sha-bol], *a.* Sociable.
associate [ə'səʊʃɪɪt] [a-sou-shiet], *va.* 1. Asociar, tomar por compañero o confederado a otro. 2. Asociar, acompañar. *-vn.* Asociarse. Unirse, tratarse, tratar. **I refuse to associate with them**, me niego a tratar con ellos.
associate, *a.* Asociado, confederado. *-s.* Socio o compañero. **Associate publishers**, editores asociados. **Associate member**, miembro asociado.
association [əˌsəʊsɪ'eɪʃən] [a-sou-si-ei-shon], *s.* Asociación, unión, sociedad, confederación, alianza, compañía, asamblea; cábala. **Religious association**, asociación religiosa. Recuerdo, relación. **Paris has happy associations for her**, París tiene recuerdos felices para ella. **Association of ideas**, asociación de ideas.
associator [əˌsəʊsɪ'eɪtə^r] [a-sou-si-eita^r], *s.* Confederado.
associationism [əˌsəʊsɪəʃə'nɪzm] [a-sou-si-a-sho-nísem] *s.* Asociacionismo.
associative [ə'səʊʃətɪv] [a-sou-sha-tif] *a.* De asociación.
assoil [æsɔɪl] [a-soil], *va.* 1. Resolver, responder. 2. Absolver, perdonar.
assonance ['æsənəns] [a-so-nans], *s.* Asonancia, similitud de sonidos. Asonancia, semejanza de sonido entre las últimas vocales de dos palabras, siendo las consonantes de sonido diferente. Esta clase de rima es exclusiva de la poesía española.
assonant ['æsənənt] [a-so-nant], *a.* Asonante, lo que hace asonancia.
assonate ['æsəneɪt] [a-so-neit] *vn.* Asonantar, asonar.
assonated ['æsəneɪtɪd] [a-so-nei-tid] *a.* Asonantado.
assort [ə'sɔːt] [a-sort], *va.* Colocar, ordenar, poner en orden; adecuar, proporcionar; clasificar.
assorted [ə'sɔːtɪd] [a-sor-tid] *a.* Clasificado, variado, surtido. **Ill-assorted couple**, matrimonio mal avenido. **Well-assorted couple**, matrimonio bien avenido.
assortment [ə'sɔːtmənt] [a-sort-ment], *s.* 1. Colección ordenada, surtido, variedad, clasificación. 2. El acto de arreglar o coordinar.
assuage [ə'sweɪdʒ] [a-sueich], *va.* Mitigar, apaciguar, calmar, suavizar, ablandar. *-vn.* Minorar, disminuir, deshincharse.
assuagement [ə'sweɪdʒmənt] [a-sueich-ment], *s.* Mitigación, calma.
assuager [ə'sweɪdʒə^r] [a-sueicha^r], *s.* Apaciguador.
assuasive [ə'swəsɪv] [a-sua-sif], *a.* Mitigativo, calmante.
assume [ə'sjuːm] [a-siúm], *va.* 1. Tomar, adoptar. **He assumed a foreign accent**, adoptó un acento extranjero. 2. Arrogar, apropiar, usurpar. 3. Presumir, suponer alguna cosa sin prueba o fundamento. **We assume him dead**, le damos por muerto. Manifestarse. **The disease assumes many forms**, la enfermedad se manifiesta de muchas maneras. Suponer. **I assume you will be there**, supongo que estarás allí. *-vn.* Arrogarse, atribuirse, apropiarse.
assumed [ə'sjuːmd] [a-siúmd], *a.* Afectado, fingido. **Assumed modesty,** modestia fingida.
assumer [ə'sjuːmə^r] [a-siú-ma^r], *s.* Persona arrogante.
assuming [ə'sjuːmɪŋ] [a-siú-min], *a.* Arrogante, altivo, presumido. **Assuming that**, suponiendo que, en el supuesto de que.
assumpsit [ə'sjuːm*p*sɪt] [a-siúm-sit], *s.* *(For.)* Promesa voluntaria y verbal, pacto, contrato.
assumption [ə'sjuːm*p*ʃən] [a-siúm-shon], *s.* 1. Apropiación, la acción de apropiarse alguna cosa. 2. Asunción de la bienaventurada Virgen María, su tránsito y subida al cielo. 3. Asunción, proposición tomada sin prueba. **On the assumption that**, suponiendo que.
assumptive [ə'sjuːm*p*tɪv] [a-siúm-tif], *a.* Apropiado; lo que puede ser supuesto.
assurance [ə'ʃʊərəns] [a-shua-rans], *s.* 1. Seguridad, certeza. 2. Seguridad, firmeza. 3. Descaro, llaneza, demasiada confianza o falta de modestia. 4. Seguridad, fianza, garantía; convicción. 5. Intrepidez, arrojo, valor, ánimo, resolución. 6. Seguro de vida, contra incendios, etc. *V.* INSURANCE. **I gave my assurance that I would go**, le di palabra de que iría, le prometí que iría.
assure [ə'ʃʊə^r] [a-shua^r], *va.* 1. Asegurar, afirmar o dar seguridades de la certeza de lo que se refiere o promete. **Assure yourself that,** esté usted seguro. 2. Contratar un seguro contra pérdidas, perjuicios, etc.
assured [ə'ʃʊəd] [a-shuad], *a.* 1. Seguro, cierto, indubitable. 2. Seguro, cierto, persuadido, libre de duda. 3. Descarado, atrevido, la persona que se toma demasiada confianza o llaneza. 4. Protegido por un contrato de seguro. **Rest assured that**, tenga la seguridad de que.
assuredly [ə'ʃʊədlɪ] [a-shuad-li], *adv.* Ciertamente, indubitablemente, sin duda.
assuredness [ə'ʃʊədnɪs] [a-shuad-nis] *s.* Certeza, seguridad.
assurer [ə'ʃʊərə^r] [a-shua-ra^r], *s.* Asegurador, el que asegura.
Assyria [ə'sɪrɪə] [a-si-ria] ***N. (Geogr.)*** Asiria.
Assyrian [ə'sɪrɪən] [a-si-rian], *a.* Asirio, de Asiria.
Assyriology [ə'sɪrɪəlɒdʒɪ] [a-si-ria-lo-chi] *s.* Asiriología.
astatic [əs'tætɪk] [as-ta-tik], *a.* Astático, que no es estable, que no tiende a tomar dirección definida o fija. **Astatic needle,** aguja astática imantada.
aster ['æstə^r] [as-ta^r], *s.* Aster, género de plantas radiadas (compuestas) con flores azuladas o blancas.
asterias [əstɪ'rɪəs] [as-ti-rias], *s.* *(Zool.)* Asteria, género de zoófitos, estrella de mar.
asterisk ['æstərɪsk] [as-te-risk], *s.* Asterisco, una estrellita que usan los impresores en los libros (*). *va.* Poner un asterisco a.
asterism ['æstərɪzm] [as-te-rísem], *s.* 1. *(Astr.)* Constelación, pequeño grupo de estrellas. 2. Grupo de astericos (******).
astern [ə'stɜːn] [as-térn], *adv.* *(Mar.)* Por la popa, a popa. Hacia atrás. **Astern of**, detrás de.
asteroid ['æstərɔɪd] [as-te-roid], *s.* Asteroide, planeta telescópico perteneciente a un grupo de 340 entre las órbitas de Marte y Júpiter.
asthenia ['æsθiːnɪə] [as-zi-nia] *s.* *(Med.)* Astenia.
asthenic ['æsθiːnɪk] [as-zi-nik], *a.* Asténico, flaco, débil.
asthma ['æsmə] [as-ma], *s.* Asma, enfermedad espasmódica del pecho, a menudo catarral.
asthmatic, asthmatical [æs'mætɪk] [as-ma-tik], *a.* Asmático.
astigmat [æs'tɪgmæt] [as-tig-mat] *s.* Astigmático.
astigmatic [ˌæstɪg'mætɪk] [as-tig-ma-tik], *a.* Astigmático, que tiene astigmatismo.
astigmatism [æs'tɪgmætɪzəm] [as-tig-ma-tí-sem], *s.* Astigmatismo, defecto de visión causado por falta de simetría en la córnea.
astir [ə'stɜː^r] [as-té^r], *adv.* En estado de movimiento o actividad; fuera de la cama.
astomatous [æs'təmætəʊs] [as-to-ma-tous], *a.* *(Biol.)* Sin boca, ni poros para respirar; ástomo, que carece de boca.
astonish [ə'stɒnɪʃ] [as-to-nish], *va.* Asombrar, pasmar, sorprender, enajenar. **To be astonished at** o **by**, quedarse asombrado o asombrarse de o por.
astonishingly [ə'stɒnɪʃɪŋlɪ] [as-to-ni-shin-li], *adv.* Pasmosamente, asombrosamente.
astonishingness [ə'stɒnɪʃɪŋnɪs] [as-to-ni-shin-nes], *s.* La calidad o propiedad pasmosa de alguna cosa.
astonishment [ə'stɒnɪʃmənt] [as-to-nish-ment], *s.* Pasmo, asombro, espanto, enajenamiento, sorpresa.
astound [ə'staʊnd] [as-taund], *va.* 1. consternar, aturdir. 2. Asombrar, aterrar, sorprender. *-vn.* Temblar, enajenarse.
astounding [ə'staʊndɪŋ] [as-taun-din], *a.* Asombroso, consternado.
astrachan [ˌæstrə'kæn] [as-tra-kan] *s.* Astracán.
astraddle [æs'tradl] [as-tra-del], *adv.* A horcajadas o a horcajadillas. **To ride astraddle,** montar a horcajadas.
astragal [æs'tragæl] [as-tra-gal], *s.* 1. *(Arq.)* Astrágalo, cordón en forma de anillo, con que se adorna la parte superior

e inferior de las columnas. 2. Astrágalo, empeine del pie. 3. *pl.* Dados: porque originalmente fueron tabas.

astragalus [æs'tragæləs] [as-tra-ga-los], *s.* 1. *(Anat.)* Astrágalo, talón, empeine del pie, chita. 2. *(Bot.)* Astrágalo, alquitira, género de plantas papilionáceas.

astrakhan [ˌæstrə'kæn] [as-tra-kan], *a.* De Astracán en Rusia. *-s.* Piel de astracán. Escríbese también **Astrachan.**

astral ['æstrəl] [as-tral], *a.* Astral, que pertenece a los astros, o que viene de ellos. **Astral bodies**, cuerpos astrales.

astrand ['æstrənd] [as-trand], *adv.* *(Mar.)* Encallado, varado; echado sobre la costa.

astray [ə'streɪ] [as-trei], *adv.* Desviado, errado, fuera del camino recto. **To go astray,** errar el camino; perderse, extraviarse. **To lead astray,** *(Fig.)* desviar, apartar, descaminar, descarriar, extraviar.

astrict [æs'trɪkt] [as-trikt], *va.* Astringir, apretar, estreñir.

astricted [æs'trɪktɪd] [as-trik-tid] *a.* Astricto.

astriction [æs'trɪkʃən] [as-trik-shon], *s.* Astricción, calidad o propiedad de una cosa astringente.

astride [æs'traɪd] [as-traid], *adv.* A horcajadas, montado con una pierna a cada lado del caballo.

astringe [əs'trɪŋdʒ] [as-trínch], *va.* Astringir, apretar, estreñir.

astringency [əs'trɪŋdʒənsɪ] [as-trin-chan-si], *s.* 1. Astricción, el poder de astringir. 2. Aspereza de carácter.

astringent [əs'trɪŋdʒənt] [as-trin-chent], *a.* 1. Astringente, que aprieta o astringe los tejidos blandos; estíptico; que detiene el vientre. 2. Áspero, agrio de genio, duro. **Astringent principle,** *(Quím.)* principio astringente, uno de los principios vegetales.

astrobiology [ˌæstrəʊbaɪ'əlɒdʒɪ] [as-trou-bai-o-lo-chi], *s.* Astrobiología.

astrography [ˌæstrəʊgrəfɪ] [as-trou-gra-fi], *s.* Astrografía, descripción de los astros.

astrolabe ['æstrəʊleɪb] [as-trou-leib], *s.* Astrolabio, instrumento matemático que servía principalmente para observar, en el mar, la altura, lugar y movimientos de los astros.

astrologe [əs'trəlɒg] [as-trou-log], *s.* Astrólogo, el que profesa la astrología.

astrologic [əs'trɒlədʒəʳ] [as-tro-lo-chaʳ], **astrological** [ˌæstrɒ'lɒdʒɪkəl] [as-tro-lo-chi-kal], a. Astrológico.

astrologically [ˌæstrɒ'lɒdʒɪkəlɪ] [as-tro-lo-chi-ka-li], *adv.* Astrológicamente.

astrology [əs'trɒlədʒɪ] [as-tro-lo-chi], *s.* Astrología, el arte de pronosticar los sucesos por la situación de los planetas.

astronaut ['æstrənɔːt] [as-tro-not], *s.* Astronauta.

astronautics [ˌæstrəʊ'nɔːtɪks] [as-tro-no-tiks], *s.* Astronáutica, viajes astronáuticos, viajes interestelares.

astronavigation [ˌæstrənəvɪ'geɪʃən] [as-tro-na-vi-guéi-shon], *s.* Astronavegación. Navegación interplanetaria o espacial.

astronomer [əs'trɒnəməʳ] [as-tro-no-maʳ], *s.* Astrónomo, el que profesa la astronomía. **Astronomer Royal**, director del observatorio astronómico de Greenwich.

astronomic [ˌæstrə'nɒmɪk] [as-tro-no-mik], **astronomical** [ˌæstrə'nɒmɪkəl] [as-tro-no-mi-kal], *a.* Astronómico. **Astronomic unit**, unidad astronómica. **Astronomical clock, telescope**, reloj, telescopio astronómico.

astronomically [ˌæstrə'nɒmɪklɪ] [as-tro-no-mi-kli], *adv.* Astronómicamente.

astronomize [ˌæstrə'nɒmaɪz] [as-tro-no-mais], *vn.* Estudiar la astronomía.

astronomy [əs'trənəmɪ] [as-tro-no-mi], *s.* Astronomía, la ciencia que trata de la naturaleza, magnitud y movimiento de los cuerpos celestes.

astrophysicist [ˌæstrəʊ'fɪzɪsɪst] [as-tro-fi-si-sist] *s.* Astrofísico.

astrophysics ['æstrəʊ'fɪzɪks] [as-tro-fi-siks] *s.* Astrofísica.

astro-theology [ˌæstrəʊ'θɪəlɒdʒɪ] [as-tro-zi-o-lo-chi]. Astroteología. Ciencia que demuestra por los astros el infinito poder, sabiduría y bondad de Dios.

astrut ['æstrət] [as-trot], *adv.* Hinchadamente, pomposamente.

astucious [æs'tʊʃəs] [as-tú-shos] *a.* *V.* ASTUTE.

astute [əs'tjuːt] [as-tiút], *a.* Astuto, agudo; aleve.

astuteness [əs'tjuːtnɪs] [as-tiút-nis], *s.* Astucia, penetración, sutileza.

asunder [ə'sʌndəʳ] [a-sán-daʳ], *adv.* Separadamente, desunidamente, aparte. **To cut a thing asunder,** cortar alguna cosa en dos partes. **To come asunder**, separarse. **To tear asunder**, hacer pedazos.

aswim [ə'swɪm] [a-suín], *adv.* Flotante, nadando.

asylum [ə'saɪləm] [a-sái-lam], *s.* Asilo, refugio. **To seek political asylum**, pedir asilo político. **To afford asylum to**, dar asilo a.

asymmetral [eɪ'sɪmetrəl] [ei-si-me-tral], **asymmetrical** [ˌeɪsɪ'metrɪkəl] [ei-si-me-tral], *a.* Irregular, desproporcionado.

asymmetry [eɪ'sɪmetrɪ] [ei-si-me-tri], *s.* Asimetría, desproporción.

asymptote [ə'sɪmtɒt] [a-sim-tot], *s.* *(Mat.)* Asíntota, línea recta que se acerca a una curva sin jamás encontrarse con ella.

asymptotic [ə'sɪmtɒtɪk] [a-sim-to-tik] o **asymptotical** [ə'sɪmtɒtɪkl] [a-sim-to-ti-kal] *a.* Asintótico.

asynchronism [æ'sɪŋkrəˌnɪzm] [a-sin-kro-nísem], *s.* Asincronismo, divergencia o no coincidencia en tiempo o fechas.

asynchronous [æ'sɪŋkrənəs] [a-sin-kro-nos], *a.* Asincrónico, que no ocurre en la misma fecha.

asyndetic ['æsɪndetɪk] [a-sin-de-tik] *a.* Asindético.

asyndeton ['æsɪndetɒn] [a-sin-de-ton], *s.* *(Ret.)* Asíndeton, figura de locución que omite la conjunción copulativa.

at [æt] [at], ***prep.*** 1. A, en; preposición que antepuesta a lugar, denota el mismo lugar, denota el mismo lugar o su proximidad. **At the station,** en la estación. **I arrived at the office,** llegué a la oficina. **A man is at the house,** hay un hombre en la casa. 2. Antepuesta a una voz que signifique tiempo, denota la coexistencia de éste con lo que ha sucedido. **At nine o'clock there was an accident in this street,** a las nueve de esta mañana hubo un accidente en esta calle. **At first,** al principio, desde luego. **At last,** por último. **At that,** *(Fam.)* también; en adición. **At once,** de un golpe, a la vez, de una vez, al instante. **At no time,** nunca, jamás. **At last o at length,** por fin, al fin. 3. Delante de un superlativo significa el estado de la cosa. **At most,** a lo más, cuando más, a lo sumo. **At least,** a lo menos. **At best,** cuando mejor, a lo mejor. **At the worst,** a lo peor andar. 4. Significa la condición o estado particular del sujeto. **They are at peace,** están en paz. **He is at work,** está al trabajo o está trabajando. **He is at home,** está en casa. **He is at my command,** está a mi disposición. **At all,** en modo alguno; hasta cualquier grado; en todo caso; por cierto. **Is it at all likely?** ¿es probable en modo alguno? **At all events,** a todo trance, sea lo que fuere, en todo caso. **At large,** en general; sin limitación. **At sea,** (1) en el mar. (2) perplejo, turbado. **At hand,** a la mano. **At leisure,** despacio. **At ease,** descansadamente. **At play,** jugando. **At a push,** en una urgencia. **At a pinch,** en un apuro. **At a venture,** a lo que salga, a la buena ventura. **At a loss,** indeciso, perplejo, dudoso. **All at once,** de repente. **At a distance,** a lo lejos. **At the hazard of,** con peligro de. **At a mouthful,** de un bocado. **To be at.** Es un modo de hablar muy común que se usa para toda suerte de ocupación.

atabal ['ætəbəl] [a-ta-bal], *s.* Atabal, especie de timbal usado por los moros.

ataghan ['ætəgæn] [a-ta-gan], *s.* Lo mismo que YATAGHAN.

atamasco ['ætəməskəʊ] [a-ta-mas-kou], *s.* *(Bot.)* Lirio atamasco, planta norteamericana, de la familia de las amarilídeas, que produce una gran flor blanca y rojiza. (Nombre indio.)

ataraxia ['ætəræksɪ] [a-ta-rak-si] o **ataraxy** ['ætəræksɪə] [a-ta-rak-sia] *s.* Ataraxia.

atavic ['ætəvɪk] [a-ta-vik] *a.* Atávico.
atavism ['ætəvɪzəm] [a-ta-vísem], *s.* Atavismo, semejar de un animal o una planta con sus progenitores.
atavistic ['ætəvɪstɪk] [a-ta-vis-tik] *a.* Atávico.
ataxia [ə'tæksɪə] [a-tak-sia] o **ataxy** [ə'tæksɪs] [a-tak-sis] *s.* Ataxia, irregularidad en las funciones del sistema muscular o en la marcha de una enfermedad.
ate [eɪt] [eit]. Pretérito del verbo TO EAT.
-ate. Sufijo que corresponde por lo general al español -ado.
atelier ['ətəlɪə^r] [a-te-lia^r], *s.* Taller, estudio de un artista. *(Fr.)*
atellan ['ətələn] [a-te-lan], *s.* y *a.* *(Ant.)* Representación dramática o satírica.
atheism ['eɪθɪɪzəm] [ei-ti-ísem], *s.* Ateísmo, opinión impía que niega la existencia de Dios.
atheist ['eɪθɪɪst] [ei-ti-ist], *s.* Ateo, el que niega la existencia de Dios.
atheistic [ˌeɪθɪ'ɪstɪk] [ei-ti-is-tik], **atheistical** [ˌeɪθɪ'ɪstɪkl] [ei-ti-is-ti-kal], *a.* Impío, ateo.
atheistically [ˌeɪθɪ'ɪstɪklɪ] [ei-ti-is-ti-ka-li], *adv.* Impíamente.
Atheneum [ə'θɪnɪəm] [a-ti-niom], *s.* 1. Ateneo, lugar público de Atenas donde los escritores daban lectura a sus obras. 2. Ateneo, nombre que se da hoy a diversos establecimientos científicos y literarios, y a varias bibliotecas.
Athenian [ə'θɪnɪən] [a-ti-nion], *a.* Ateniense.
Athens [ə'θəns] [á-zens] *N.* *(Geogr.)* Atenas.
Athermanous [ə'θɜːmənəs] [a-zer-ma-nos] *a.* Atérmano.
atheroma [əθɪ'rəʊmə] [a-zi-rou-ma], *s.* Ateroma, enfermedad de la túnica interior de una arteria que se caracteriza por espesamiento y degeneración crasa.
athirst [ə'θɜːst] [a-zérst], *adv.* Sediento.
athlete [ə'θliːt] [a-zlít], *s.* Atleta, deportista. **All-round athlete,** atleta completo, deportista en todos los campos.
athletic [ə'θliːtɪk] [a-zlí-tik], *a.* 1. Atlético, que pertenece a la atlética o arte de luchar. 2. Fuerte, robusto, vigoroso.
athletics [ə'θliːtɪks] [a-zlí-tiks] *s.* Atletismo.
athwart [ə'θwɔːt] [az-uórt], ***prep.*** Al o a través, de través, por el través, de un modo atravesado. **Athwart the fore-foot,** *(Mar.)* por el través de la gorja. **Atwart hawse,** *(Mar.)* por través de las barbas. **Atwart ship,** *(Mar,)* de babor a estribor. *-adv.* Contrariamente, a ciegas.
-atic. Sufijo: de, de la suerte de: usado en adjetivos de origen griego o latino, como *erratic*, errático; *grammatic*, gramático.
atilt [ə'tɪlt] [a-tilt], *adv.* 1. En postura de dar una lanzada; en ristre. 2. En la posición de un barril inclinado.
-ation ['eɪʃən] [ei-shon], Sufijo que forma nombres de acción: muchas veces equivale al nombre verbal o gerundio en *ing*.
Atlantean [ət'læntɪən] [at-lán-tian], *a.* Lo perteneciente al Atlante.
Atlantes [ət'læntɪs] [at-lán-tis] *s. pl.* *(Arq.)* Atlantes.
Atlantic [ət'læntɪk] [at-lán-tik], *a.* Atlántico. *-s.* El mar Atlántico.
Atlantis [ət'læntɪs] [at-lán-tis] *N.* Atlántida.
Atlas ['ætləs] [at-las], *s.* 1. Atlas, el libro u obras geográficas que contiene todos los mapas del mundo. 2. *(Arq.)* Atlante o telamón. 3. Atlas, tela de seda. 4. Primera vértebra del cuello. 5. Atlas, cadena de montañas en África.
atmology ['ætməlɒdʒɪ] [at-mo-lo-chi], *s.* Atmología, ciencia que trata de las leyes de los vapores acuosos.
atmosphere ['ætməsfɪə^r] [at-mos-fía^r], *s.* 1. Atmósfera, el aire que rodea la tierra por todos lados. 2. Alcance, o espacio a que se extienden las influencias ejercidas por una persona, cosa o idea. **An intellectual atmosphere**, un ambiente intelectual. 3. Unidad de fuerza o tensión fundada en la presión atmosférica.
atmospheric, atmospherical [ˌætməs'ferɪk] [at-mos-fe-rik], *a.* Atmosférico.
atmospherics [ˌætməs'ferɪks] [at-mos-fe-riks] *s. pl.* Perturbaciones atmosféricas, parásitos, interferencias.
atoll ['ætɒl] [a-tol], **atollon**, *s.* Atol, atolón, isla madrepórica sumergida en su centro, de modo que aparece como un banco circular de coral que rodea una laguna central. Curiosa formación abundante en el Océano Pacífico.
atom ['ætəm] [a-tom], *s.* 1. Átomo, un cuerpo tan pequeño que es físicamente indivisible. 2. Átomo, cualquier cosa sumamente pequeña. **Atom bomb**, bomba atómica. **Atom smasher**, acelerador de partículas atómicas.
atomic ['ætɒmɪk] [a-to-mik], **atomica** ['ætɒmɪkə] [a-to-mi-ka], *a.* Atómico. **Atomic age,** era atómica. **Atomic bomb,** bomba atómica. **Atomic energy,** energía atómica. **atomic dust**, polvo radiactivo. **Atomic number**, número atómico. **Atomic weight**, peso atómico.
atomicity ['ætɒmɪsɪtɪ] [a-to-mi-si-ti] *s.* *(Quím.)* Atomicidad.
atomics ['ætɒmɪks] [a-to-miks] *s.* Atomística.
atomism ['ætɒmɪzm] [a-to-mi-sem], *s.* La doctrina de los átomos.
atomist ['ætɒmɪst] [a-to-mist], *s.* Atomista, el que sigue o defiende el sistema de los átomos.
atomistic ['ætɒmɪstɪk] [a-to-mis-tik] *a.* Atomístico.
atomization [ˌætɒmɪ'seɪʃən] [a-to-mi-séi-shon], *s.* Pulverización. Reducción a átomos o rocío (hablando de líquidos).
atomize ['ætəmaɪz] [a-to-mais], *va.* Pulverizar, reducir a átomos o niebla (vapor visible), rociar.
atomizer ['ætəmaɪzə^r] [a-to-mai-sa^r], *s.* Pulverizador, aparato para reducir un líquido o partículas muy tenues, a manera de polvo, formando un rocío o vapor visible, con objeto de desinfectar, inhalar, perfumar, etc.
atom-like ['ætəmˌlaɪk] [a-tom-laik], *a.* Semejante al átomo.
atom smasher ['ætəmˌsmæʃə^r] [a-tom-smá-sa^r], *s.* Pulverizador de átomos.
atomy ['ætəmɪ] [a-to-mi], *s.* Átomo; motita. *(Fam.)* Enano.
atonal [æ'təʊnl] [a-to-nal] *a.* *(Mús.)* Atonal.
atonality [ə'təʊnælɪtɪ] [a-to-na-li-ti] *s.* Atonalidad.
atone [æ'təʊn] [a-ton], *va.* Expiar, pagar las penas debidas por las culpas; apaciguar, aplacar. *-vn.* 1. Equivaler, corresponder una cosa con otra en la estimación, precio o valor. 2. *(Ant.)* Acordar, convenir una cosa con otra. **To atone with**, reconciliarse con.
atonement [æ'təʊnmənt] [a-ton-ment] *s.* Expiación, reparación. **Day of atonement**, día de la expiación.
atoner [æ'təʊnə^r] [a-to-na^r], *s.* Reconciliador, apaciguador.
atonic [æ'tɒnɪk] [a-to-nik], *a.* Atónico, que padece atonía, que está falto de vigor o elasticidad.
atony [æ'tɒnɪ] [a-to-ni], *s.* Atonía, debilidad de las fibras.
atop [ə'tɒp] [a-top], *adv.* Encima, en la punta o parte superior de alguna cosa.
-ator. Sufijo que denota agente, actor, como *arbitrator.*
-atory. Sufijo que denota perteneciente a; producente o producido por.
atrabilarian [ˌætrəbɪ'lærɪən] [a-tra-bi-la-rian], **atrabilarious** [ˌætrəbɪ'lærɪəs] [a-tra-bi-la-rias], *a.* Atrabiliario, atrabilioso, melancólico, hipocondríaco.
atrabiliar [ˌætrə'bɪlɪə^r] [a-tra-bi-lia^r] *a.* Atrabiliario.
atrabilious [ˌætrəbɪ'lɪəs] [a-tra-bi-lios] *a.* Atrabiliario.
atramental [ætrə'məntəl] [a-tra-men-tal], **atramentous** [ætrə'məntəs] [a-tra-men-tos], *a.* Negro; perteneciente a la tinta.
atrip ['ætrɪp] [a-trip] *a.* *(Mar.)* **With anchor atrip**, con el ancla levada.
atrium ['eɪtrɪəm] [ei-triom] *s.* *(Arq.)* Atrio. *(Med.)* Aurícula (of the heart).
atrocious [ə'trəʊʃəs] [a-tro-shos], *a.* Atroz, enorme, extremadamente malo o cruel.
atrociously [ə'trəʊʃəslɪ] [a-tro-shos-li], *adv.* Atrozmente.
atrociousness [ə'trəʊʃəsnɪs] [a-tro-shos-nis], **atrocity** [ə'trəʊsɪtɪ] [a-tro-si-ti], *s.* Atrocidad, enormidad de algún delito; maldad horrible.
atrophic ['ætrəfɪk] [a-tro-fik], *a.* Atrófico, concerniente a la atrofia, o afectado por ella; descaecido.
atrophous ['ætrəfəs] [a-tro-fos], *a.* *V.* ATROPHIC.

atrophy ['ætrəfɪ] [a-tro-fi], *s.* *(Med.)* Atrofia, enflaquecimiento. *-vn.* Atrofiarse, ir a menos, descaecer, decaer.

atropia ['ætrəpɪə] [a-tro-pia], **atropine** ['ætrəpɪn] [a-tro-pin], atropina, alcaloide venenoso que se extrae de la belladona.

attach [ə'tætʃ] [a-tach], *va.* 1. Pegar, juntar, atar, ligar; enganchar; conectar. **We are very attached to one another**, estamos muy unidos el uno al otro. 2. Prender, agarrar, pillar, asir, coger. 3. *(For.)* Embargar, secuestrar. 4. Ganar, lograr, adquirir, atraer a sí. 5. ***vr.*** Apegarse, adherirse. **To be attached to customs**, estar apegado a las costumbres. **To attach importance**, dar importancia a. **An expert attached to a delegation**, un experto agregado a una delegación.

attaché [ə'tæʃeɪ] [a-ta-shei] *s.* Agregado.

attaché case [ə'tæʃeɪˌleɪs] [a-ta-shei-keis] *s.* Maletín.

attachment [ə'tætʃmənt] [a-tach-ment], *s.* 1. Amistad, enlace, adherencia, afecto, apego, adhesión, afición; fidelidad; presa, aprehensión. **There is a strong attachment between them**, se tienen mucho apego. 2. *(For.)* Embargo, secuestro.

attack [ə'tæk] [a-tak], *va.* Atacar, acometer, embestir; impugnar, combatir. *(Fig.)* Asaltar. **Attacked by doubts**, asaltado por las dudas.

attack, *s.* Ataque, la acción de atacar, acometimiento, embestida. **To launch an attack**, iniciar un ataque. **Surprise attack**, ataque por sorpresa.

attackable [ə'tækəbl] [a-ta-ka-bol] *a.* Atacable.

attacker [ə'tækəʳ] [a-ta-kr^{2}], *s.* Atacador, acometedor.

attacking [ə'tækɪŋ] [a-ta-kin] *a.* Agresor. **Attacking army**, ejército agresor.

attain [ə'teɪn] [a-tein], *va.* Ganar, procurar, conseguir, lograr, alcanzar. *-vn.* Llegar a, obtener, alcanzar. **To attain to perfection**, alcanzar la perfección.

attainability [ˌəteɪnə'bɪlɪtɪ] [a-tei-na-bi-li-ti] *s.* Accesibilidad.

attainable [ə'teɪnəbl] [a-tei-na-bol], *a.* Asequible, lo que se puede conseguir o alcanzar.

attainableness [ə'teɪnəblnɪs] [a-tei-na-bol-nis], *s.* Probabilidad o posibilidad de alcanzar alguna cosa.

attainder [ə'teɪndəʳ] [a-tein-daʳ], *s.* 1. *(For.)* Imputación de algún delito, deshonra; proscripción, muerte civil. **Bill of attainder,** decreto de proscripción. 2. *(Ant.)* Mancha, mácula, tacha.

attainment [ə'teɪnmənt] [a-tein-ment], *s.* 1. Logro, consecución de lo que se pretende. Adquisición. **Difficult of attainment**], de difícil consecución. 2. *pl.* Dotes, talento, conocimientos.

attaint [ə'teɪnt] [a-teint], *va.* 1. Convencer de algún delito, especialmente del de traición. 2. Corromper, viciar, manchar.

attaint, *a.* Convencido. *-s.* 1. Mancha, mácula. 2. *(For.)* Auto jurídico.

attaintment [ə'teɪntmənt] [a-teint-ment], *s.* El estado de haber sido convicto de algún delito.

attainture [ə'teɪntʃəʳ] [a-tein-chaʳ], *s.* *(Des.)* Deshonra. *V.* ATTAINDER.

attar [ə'təʳ] [a-taʳ], *s.* Aceite esencial fragante, en especial el de rosas. **Attar of roses**, esencia de rosas. *V.* OTTAR.

attemper [ə'tem*p*əʳ] [a-tam-paʳ], *va.* Atemperar, diluir, molificar, mezclar; acomodar.

attempt [ə'tem*p*t] [a-tempt], *va.* 1. Intentar, atentar; aventurar, arriesgar; atacar, embestir; tentar, tratar de (to try to). **He attempted to jump the wall**, intentó saltar el muro. 2. Probar, experimentar, ensayar, tratar de (hacer) (to try something.) **He attempted a smile**, intentó sonreír. **They attempted a rescue**, intentaron rescatarle. **Attempted murder**, tentativa de asesinato. **To attempt the life of**, atentar contra la vida de. *-vn.* Procurar; hacer esfuerzos para conseguir algo, tirar a, pretender.

attempt, *s.* 1. Ataque, acometimiento, intento, tentativa (endeavor, try). **At the first attempt**, en el primer intento. 2. Empresa, atentado (attack) **attempt upon the security of the State**, atentado contra la seguridad del estado. Prueba, experimento peligroso, esfuerzo. **To make an attempt on the summit**, tratar de llegar a la cumbre. **It was a good attempt**, fue un esfuerzo digno de alabanza.

attemptable [ə'tem*p*təbl] [a-temp-ta-bol], *a.* Sujeto o expuesto a ser atacado.

attempter [ə'tem*p*təʳ] [a-temp-taʳ], *s.* Emprendedor, el que se esfuerza por hacer o conseguir alguna cosa.

attend [ə'tend] [a-tend], *va.* 1. Atender, estar con cuidado y aplicación a lo que se mira, oye, hace o dice; escuchar atentamente, poner atención. **Attend to what I say,** atienda usted a lo que digo. 2. Servir, asistir, cuidar, tratar, atender (to visit and treat). **To attend the sick,** cuidar al enfermo. 3. Acompañar. **His physician attended him through the whole journey,** su médico le acompañó durante todo el viaje. 4. Presentarse, acudir, comparecer, asistir. **He attended the meeting,** asistió a la reunión. **He attends evening classes**, asiste a clases nocturnas. 5. Acompañar o seguir como efecto necesario. 6. Esperar. 7. Traer tras de sí (to accompany as a result). **Success attended his every effort**, el éxito acompañaba todos sus esfuerzos. *-vn.* 1. Atender, prestar atención. **Are you being attended, sir?**, ¿le atienden, señor? 2. Esperar; tardar. 3. Considerar. **To attend to a business,** tener a su cargo un negocio. **To be attended with,** causar, ocasionar, acarrear.

attendance [ə'tendəns] [a-ten-dans], *s.* 1. Presencia, asistencia, concurrencia. **What was the attendance at the meeting?**, ¿cuántos asistieron a la reunión? *(For.)* comparecencia. **Your attendance is necessary,** la presencia de usted es necesaria. 2. Corte, obsequio. 3. Tren, séquito, comitiva, boato, acompañamiento. **To be on attendance on the minister**, acompañar al ministro, formar parte del séquito del ministro. 4. Servidumbre, asistencia, servicio. *(Fam.)* **To dance attendance,** estar de plantón o de postre, hacer antesala. **Lady in attendance,** Camarera mayor. 5. *(Med.)* Asistencia. **Cabs in attendance**, taxis en la parada. **To be on attendance**, estar de servicio.

attendant [ə'tendənt] [a-ten-dant], *s.* 1. Sirviente, servidor. 2. Cortesano. 3. Acompañante (companion). 4. Concomitante, lo que acompaña a otra cosa u obra con ella. 5. Criado, sirviente, asistente (person present). 6. Cortejo, galán, galanteador, obsequiante. 7. Acomodador (in cinema, theater). **Attendants,** subalternos (que acompañan a un ministro, u oficial superior). Tren, séquito. Servidumbre, criados, gentes de servicio. **Ignorance and its attendants, fear and prejudice,** la ignorancia y sus secuelas, el miedo y los prejuicios. *-a.* Concomitante (circumstances, etc.), acompañante. Asistente, presente. **Attendant on someone,** que sirve o acompaña a uno. **War and its attendant horrors,** la guerra y su secuela de horrores.

attender [ə'tendəʳ] [a-ten-daʳ], *s.* Compañero, socio, el que atiende.

attent [ə'tent] [a-tent], *a.* Atento, cuidadoso.

attentates [ə'tenteɪtz] [a-ten-teits], *a.* Atento, cuidadoso.

attention [ə'tenʃən] [a-ten-shon], *s.* 1. Atención, miramiento, cuidado, aplicación, reflexión. **To pay attention to,** prestar atención a. **To attract, draw, call someone's attention,** llamar la atención de uno. **He received medical attention,** recibió cuidados médicos. **Attention!**, ¡cuidado! **For the attention of,** a la atención de. 2. Cortejo, galanteo, obsequio a una mujer. Más usado en el plural. **His constant attentions annoy me,** sus constantes atenciones me molestan. 3. *(Mil.)* Voz de mando con que se advierte que va a empezar cierta maniobra; la postura o actitud misma que toman los soldados al oír dicha voz. **Attention!**, ¡firmes! **To come to attention,** ponerse firme, cuadrarse. **To bring to attention,** dar la orden de cuadrarse. 4. Servicio (service in a shop, restaurant, etc.). **To be all attention**, estar muy atento. **Your attention, please!**, ¡atención!.

attentive [ə'tentɪv] [a-ten-tif], *a.* Atento, el que tiene o fija la atención en alguna cosa. **Attentive to the slightest sound,** atento al menor ruido. Aplicado, atento (industrious). **An**

attentive pupil, un alumno aplicado. Atento (considerate, thoughtful).

attentively [ə'tentɪvlɪ] [a-ten-tif-li], *adv.* Atentamente, con atención y cuidado.

attentiveness [ə'tentɪvnɪs] [a-ten-tif-nes], *s.* 1. Calidad de atento; miramiento, circunspección, cuidado. 2. Cortesía, finura, afabilidad en los modales.

attenuant [ə'tenjʊənt] [a-te-niu-ant], *a.* Atenuante, lo que atenúa o adelgaza.

attenuate [ə'tenjʊeɪt] [a-te-niu-eit], *va.* Atenuar, adelgazar, disminuir; hacer más tenue, como se hace, por ejemplo, con un alambre.

attenuate, *a.* Atenuado, delgado, diminuto.

attenuation [əˌtenjʊ'eɪʃən] [a-te-niu-ei-shon], *s.* Atenuación, la acción de atenuar o adelgazar.

attest [ə'test] [a-test], *va.* 1. Atestiguar (to affirm, to bear witness to), deponer, declarar, afirmar como testigo alguna cosa. 2. Citar o llamar por testigo. 3. Confirmar, dar fe (to confirm as authentic), legalizar (document or signature), juramentar (to place on oath). *(For.)* **I attest,** doy fe. *vn.* Dar testimonio (*to*, de)

attest, attestation [ætes'teɪʃən] [a-tes-tei-shon], *s.* Atestación, evidencia o deposición de testigo; prueba, testimonio (act of bearing witness, testimony), confirmación. Atestado (document). Garantía. **That signature is sufficient attestation for us,** esa firma es garantía suficiente para nosotros. Prestación de juramento (oath).

attestor [ə'testə^r^] [a-tes-ta^r^], *s.* 1. Testigo, el que da testimonio. 2. Certificador, el que certifica.

attic ['ætɪk] [a-tik], *s.* 1. Desván (loft), guardilla; también piso de poca elevación construido sobre una cornisa o un entablamento. **Attic story,** el último piso o alto de la casa: ático (top floor). 2. Ático, el natural de Ática.

attic, attical ['ætɪkl] [a-tikl], *a.* Ático, agudo, juicioso, picante; se aplica al estilo.

Attica ['ætɪkə] [a-ti-ka] *n. Geogr.* Ática.

Atticism ['ætɪsɪzm] [a-ti-sí-sem], *s.* Aticismo, la palidez, brevedad y elegancia de lenguaje que usaban los atenienses, así como la de los romanos se llamó urbanidad.

Attila ['ætɪlə] [a-ti-la] *N.* Atila.

attire [ə'taɪə^r^] [a-taia^r^], *va.* Ataviar, componer, asear, adornar, vestir.

attire, *s.* 1. Atavío, el adorno y compostura de la persona; cofia, escofieta; traje, vestido en general. 2. *(Her.)* Astas de ciervo. 3. *(Ant.)* El pistilo y los estambres de las flores; sus partes interiores.

attiring [ə'taɪərɪŋ] [a-taia-rin], *s.* Cofia, escofieta; vestido en general.

attitude ['ætɪtju:d] [a-ti-tiud], *s.* Postura (position), actitud (mental state). **Attitude of mind,** actitud mental. *(Aer.)* Posición. **To strike an attitude,** adoptar una postura teatral, tener una actitud estudiada.

attitudinal [ˌætɪ'tju:dɪnəl] [a-ti-tiu-di-nal], *a.* De la actitud o referente a ella.

attitudinarian [ˌætɪ'tju:dɪnərɪən] [a-ti-tiu-di-na-rian], *s.* Pintor o escultor que sobresale en el estudio y reproducción de las actitudes.

attitudinize [ˌætɪ'tju:dɪnaɪz] [a-ti-tiu-di-nais], *vn.* Pavonearse, tomar posturas afectadas o académicas.

attollent ['ætɒlənt] [a-to-lent], *a.* Elevador, que levanta o eleva, por ejemplo un músculo.

attorn [ə'tɜ:n] [a-térn], *vn..* (For. Ant.) Transferir los bienes o derechos a otro. *-va.* Reconocer a un nuevo poseedor de los bienes y aceptar sus poderes.

attorney [ə'tɜ:nɪ] [a-ter-ni], *s.* 1. *(For.)* Abogado, procurador, apoderado; poderhabiente, el que en virtud de poder o facultad de otro ejecuta en su nombre alguna cosa. **Attorney general,** ministro de Justicia, (in Great Britain) fiscal del Tribunal Supremo. **District attorney,** fiscal. **Letter of attorney,** poder, procuración. 2. Procurador de la curia eclesiástica. *V.* PROCTOR Y SOLICITOR.

attorney-general [ə'tɜ:nɪˌdʒənərəl] [a-ter-ni-yé-ne-ral], *s.* Fiscal, en los tribunales superiores; en los ayuntamientos, procurador, o síndico general.

attorneyship [ə'tɜ:nɪˌʃɪp] [a-ter-ni-ship], *s.* Procuraduría, el oficio de procurador, agencia.

attract [ə'trækt] [a-trakt], *va.* 1. Atraer, traer hacia sí alguna cosa. 2. Atraer, inclinar o reducir a otro a su voluntad; granjear.

attractable [ə'træktəbl] [a-trak-ta-bol], *a.* Atraíble, capaz de ser atraído, susceptible de atracción.

attracter, attractor [ə'træktə^r^] [a-trak-to^r^], *s.* El agente que atrae.

attractile [ə'træktɪl] [a-trak-til], *a.* Atractivo, con fuerza material de tracción o atracción; atráctil.

attractingly [ə'træktɪŋlɪ] [a-trak-tin-li], **attractively** [ə'træktɪvlɪ] [a-trak-tif-li], *adv.* Atractivamente.

attraction [ə'trækʃən] [a-trak-shon], *s.* 1. Atracción, la acción o virtud de atraer a sí alguna cosa. 2. Atractivo, la fuerza con que se atrae la voluntad. **The main attraction of the fair**, la atracción principal de la feria. 3. Perturbación, desviación de las agujas imantadas. **Attraction of cohesion, molecular attraction**, atracción molecular. **Capilary attraction,** atracción capilar.

attractive [ə'træktɪv] [a-trak-tif], *a.* 1. Atractivo, atrayente (interesting), lo que tiene la fuerza y virtud de traer. **Attractive offer,** oferta atractiva. 2. Atractivo (person), halagüeño (prospect), lo que se atrae o inclina a sí la voluntad.

attractive, *s.* Atractivo, incentivo, aliciente; encanto, embeleso.

attractiveness [ə'træktɪvnɪs] [a-trak-tif-nis], *s.* Fuerza atractiva; gracia.

attrahent [ə'træhənt] [a-tra-jent], *s.* Atrayente, lo que atrae o lleva hacia sí.

attributable [ə'trɪbjʊtəbl] [a-tri-biu-ta-bol], *a.* Imputable, lo que se puede imputar; lo que se puede aplicar o atribuir.

attribute ['ætrɪbju:t] [a-tri-biut], *va.* 1. Atribuir, dar o aplicar. 2. Atribuir, achacar, imputar.

attribute, *s.* 1. Atributo, la cosa atribuida a otro. 2. Calidad o propiedad inherente. 3. Honra, reputación. **Reason is the attribute of man,** la razón es el atributo del hombre. *(Gram.)* Atributo.

attribution [ˌætrɪ'bju:ʃən] [a-tri-biu-shon], *s.* Calidades atribuidas, atributo; recomendación.

attributive [ˌætrɪ'bju:tɪv] [a-tri-biu-tif], *a.* Atributivo, que atribuye. *-s.* La cosa atribuida.

attrite [ə'trɪt] [a-trit], *a.* 1. Estregado, frotado. Desgastado por el uso. 2. *(Teol.)* Pesaroso, atrito.

attrition [ə'trɪʃən] [a-tri-shon], *s.* 1. Rozadura, roce (rubbing), desgaste (wearing away, exhausting), colisión, trituración, o molimiento de una cosa contra otra. 2. Atrición, arrepentimiento por temor al castigo.

attune [ə'trju:n] [a-triún], *va.* *(Mús.)* Afinar. Armonizar (to bring into harmony), acordar. *(Fig.)* Adaptar (to adapt). *V.* TUNE.

atwain [ə'twaɪn] [a-tuain], *adv.* Separadamente, en dos.

atwirl [ə'twɜ:l] [a-tuérl], *a.* y *adv.* En rotación, girando, dando vueltas.

atwist [ə'twɪst] [a-tuist], *adv.* y *a.* Torcidamente, al través, sesgado.

atypic, atypical [ˌeɪ'tɪpɪkəl] [ei-ti-pi-kal], *a.* Atipo, atípico, irregular, anormal.

aubade [əʊ'beɪd] [ou-beid] *s.* *(Mús. Poét.)* Alborada.

aubergine [əʊbədʒi:n] [au-bér-chin] *s.* *(Bot.)* Berenjena.

auburn ['ɔbən] [o-bern], *a.* 1. Castaño; moreno rojizo; castaño es algo más obscuro que *auburn*. 2. Rojizo (del pelo).

auction ['ɔ:kʃən] [auk-shon], *s.* 1. Almoneda, venta pública en que uno puja el precio después de otro hasta rematarse en el que más ofrece. 2. Pública subasta. 3. Vendeja. *(Amer.)* Venduta. 4. La alhaja o cosa vendida en almoneda. **To put up for auction, to sell at auction,** subastar, poner o vender en pública subasta. **To be on auction,** salir a subasta.

auction, *va.* Subastar, vender a pública subasta. Almonedear, vender en almoneda.
auctionary [ˈɔːkʃənərɪ] [auk-sho-na-ri], *a.* Lo que pertenece a una almoneda.
auctioneer [ˌɔːkʃəˈnɪəʳ] [auk-sho-niaʳ], *s.* Subastador, vendutero. *-va.* Vender a pública subasta.
auction room [ˈɔːkʃənrʊm] [auk-shon-rum] *s.* Sala de subastas.
audacious [ɔːˈdeɪʃəs] [au-dei-shos], *a.* 1. Audaz (daring), osado, atrevido (too daring), temerario. 2. Descarado, imprudente.
audaciously [ɔːˈdeɪʃəslɪ] [au-dei-shos-li], *adv.* Atrevidamente.
audaciousness [ɔːˈdeɪʃəsnɪs] [au-dei-shos-nis], *s.* Impudencia, descaro, temeridad, atrevimiento (impudence), audacia (boldness), desuello, desvergüenza, avilantez.
audacity [ɔːˈdæsɪtɪ] [au-da-si-ti], *s.* Audacia, osadía, atrevimiento. **To show, display audacity,** demostrar audacia.
audibility [ˌɔːdɪˈbɪlɪtɪ] [o-di-bi-li-ti] *s.* Audibilidad.
audible [ˈɔːdɪbl] [o-di-bol] *a.* Audible.
audibly [ˈɔːdɪblɪ] [o-di-bli], *adv.* De modo que se puede oír; alto.
audience [ˈɔːdɪəns] [o-dians], *s.* 1. Audiencia, la acción de oír a otro que habla, o la libertad que se concede a alguno para que diga lo que tiene que decir. 2. Auditorio, concurso de oyentes. 3. Audiencia, (official reception) el recibimiento que tiene el que lleva una embajada. Público, auditorio (at show, etc.). Radioyentes (at radio), telespectadores (of television), lectores (of writer). **Audience-chamber**, sala o cámara de recepción. *(For.)* Audiencia.
audio frequency [ˌɔːdɪəʊˈfriːkwənsɪ] [o-diou-frí-kuan-si], *s.* (Radio) Audiofrecuencia.
audiogram [ˈɔːdɪəgræm] [o-dio-gram] *s.* Audiograma.
audiology [ˈɔːdɪəlɒsdʒɪ] [o-dio-lo-chi], *s.* Audiología.
audiometer [ˌɔːdɪəˈmɪtəʳ] [o-dio-mi-taʳ], *s.* Audiómetro, instrumento para medir la agudeza del oído.
audion [ˈɔːdɪən] [o-dion], *s.* Audión (usado en transmisiones telefónicas y de radio a larga distancia).
audiophile [ˈɔːdɪəfaɪl] [o-dio-fail], *s.* El entusiasta de la música fonográfica, particularmente de la alta fidelidad. Audiófilo.
audio-visual [ˌɔːdɪəʊˈvɪzjʊəl] [ou-dio-vi-shual], *a.* Audiovisual. **Audio-visual aids**, medios audiovisuales.
audiphone [ˈɔːdɪfəʊn] [o-di-foun], *s.* Instrumento que, colocado contra los dientes, transmite el sonido a los oídos. Lo usan las personas algo sordas.
audit [ˈɔːdɪt] [o-dit], *s.* Remate de una cuenta. Revisión o intervención de cuentas. **Audit office,** tribunal de cuentas.
audit *va./vn.* Rematar; examinar; pelotear. Verificar o revisar la contabilidad. Ser oyente (to a class).
auditing [ˈɔːdɪtɪŋ] [o-di-tin] *s.* Intervención o revisión de cuentas.
audition [ɔːˈdɪʃən] [o-dí-shon], *s.* La acción de oír. La facultad de oír, el sentido del oído. *va./vn.* Dar una audición.
auditive [ɔːˈdɪtɪv] [o-di-tif], *a.* Auditivo. *V.* AUDITORY.
auditor [ɔːˈdɪtəʳ] [o-di-toʳ], *s.* 1. Radioyente, estudiante libre, oyente. 2. Contador, revisor de cuentas (accounts).
auditorium [ˌɔːdɪˈtɔːrɪəm] [o-di-to-rium], *s.* Auditorio, la parte de una iglesia, de un teatro, etc., destinada al auditorio. Sala (theater), paraninfo, auditorium (lecture hall, assembly hall). Nave (of a church). Locutorio, sala de visitas (of a convent).
auditorship [ˌɔːdɪˈtɔːʃɪp] [o-di-tor-ship], *s.* Auditorio, concurso de oyentes. *-a.* Auditivo, auditorio, que oye y lo que sirve para oír. **Auditory canal, nerve,** Conducto, nervio auditivo.
auditory [ɔːˈdɪtərɪ] [o-di-to-ri] *a.* Auditivo.
auditress [ˈɔːdɪtres] [o-di-tres], *sf.* Oidora, la que oye.
Augean [ɔːˈdʒɪən] [o-chian], *a.* 1. Referente a Augeas, rey de Elida, cuyo establo contenía 3.000 bueyes, y no había sido limpiado en 30 años. Hércules lo limpió en un solo día. 2. Sucísimo, asqueroso, inmundo.
auger [ɔːˈdʒɪəʳ] [o-chaʳ], *s.* Barrena, taladro, instrumento de carpintero para taladrar. **Bolting auger,** *(Mar.)* barrena de empernar. **Auger o auger-hole,** agujero; barreno. **Auger-bit,** gusanillo de rosca o de taladro. **Auger-handle,** mango, ástil de barrena. **Auger-shank,** vástago de barrena. **Expanding auger,** barrena de extensión. **Ground-auger,** barrena terrena. **Well-auger,** barrena de pocero.
aught [ɔːt] [ot], *pron.* Algo, alguna cosa: (con negación) nada. **For aught that I know it was not so,** en cuanto yo sé, no fue así. **For aught I care,** por mí.
augite [ˈɔːgaɪt] [o-gait] *s.* *(Min.)* Augita.
augment [ɔːgˈmənt] [og-ment], *s.* Añadidura, aumento, acrecentamiento. *va./vn.* Aumentar.
augmentation [ˌɔːgmənˈteɪʃən] [og-men-téi-shon], *s.* 1. Aumentación, la acción de aumentar. 2. Aumento, el efecto de ser aumentado. 3. Aumento, añadidura por la cual se hace una cosa mayor de lo que era.
augmentative [ɔːgˈməntətɪv] [og-men-ta-tif], *a.* Aumentativo, que aumenta.
augur [ˈɔːgəʳ] [o-gaʳ], **augurer** [ˈɔːgərəʳ] [o-ga-raʳ], *s.* Augur, agorero, adivino.
augur, augurate [ˈɔːgəreɪt] [o-ga-reit], *va.* Augurar, pronosticar, predecir. *-vn.* Augurar, agorar, pronosticar, adivinar por conjeturas. **To augur ill, well,** ser de mal, de buen agüero.
augural [ˈɔːgərəl] [o-ga-ral], **augurial** [ˈɔːgərɪəl] [o-ga-rial], *a.* Augural, perteneciente a los agüeros o a los augures.
augury [ˈɔːgərɪ] [o-ga-ri], *s.* Agüero, adivinación o pronóstico ya sea favorable o contrario; presagio, auspicio, adivinación.
August [ˈɔːgəst] [o-gast], *a.* Augusto, grande, real, majestuoso.
August, Agosto, el octavo mes del año.
Augustan [ˈɔːgəstən] [o-gs-tan], *a.* Augusto, perteneciente al emperador Augusto o a su tiempo.
Auguste [ˈɔːgəst] [o-gast] *s.* Augusto (clown).
Augustine [ˈɔːgəstiːn] [o-gues-tin] *N.* Agustín.
Augustinian [ɔːgəsˈtiːnɪən] [o-gues-tí-nian], *a.* Agustiniano, Agustino: que se refiere o pertenece a San Agustín, a su doctrina o a la orden religiosa de su nombre.
Augustinianism [ɔːgəsˈtiːnɪənɪzm] [o-gues-ti-nia-nísem] o **augustinism** [ɔːgəsˈtiːnɪzən] [o-gues-ti-ní-sem] *s.* *(Rel.)* Agustinianismo.
augustness [ˈɔːgəstnɪs] [o-guest-nis], *s.* Majestuosidad, elevación de aire o porte, grandeza, majestad.
Augustus [ɔːˈgʌstəs] [o-gas-tas] *N.* Augusto.
auk [ɔːk] [ok], *s.* *(Orn.)* Alca, una ave marítima. *V.* Puffin.
auld lang syne [ɔːldˌlaŋˈʃaɪn] [ould-lain-shain], (Expresión escocesa) Frase que se usa para expresar los días pasados, antaño, tiempos que fueron.
aulic [ˈɔːlɪl] [o-lik], *a.* Aulico, lo que pertenece a la corte o palacio.
aunt [ɑːnt] [ant], *sf.* Tía, la hermana del padre o la madre. **Aunt-in-law,** tía política.
aunty [ˈɑːntɪ] [an-ti], *sf.* 1. Tía, comadre; mujer vieja. 2. (E.U. del Sur) Negra vieja. También se escribe AUNTIE.
au pair [ˈəʊˈpɛə] [o-péaʳ] *a./adv.* Au pair. *s.* Chica au pair, ayuda familiar.
aura [ˈɔːrə] [ó-ra], *s.* 1. Aura, ambiente (atmosphere), fluido, sutil exhalación o emanación de fuerza; influencia psíquica. 2. Sensación especial como de un vaho que procedente del tronco o de los miembros sube a la cabeza, síntoma monitorio de la epilepsia y de la histeria. 3. Céfiro, viento apacible y suave. 4. *(Rel.)* Aureola. *(Med.)* Aura.
aural [ˈɔːrəl] [ó-ral], *a.* Auditivo, auricular, que se refiere al oído.
aurated [ˈɔːrwɪtɪd] [ó-ri-tid], *a.* 1. Auriculado, que tiene apéndices como orejas. 2. Dorado, áureo.
aureate [ˈɔːrɪt] [ó-rit] *a.* Dorado.

aureola ['ɔːrɪəul] [ó-rial], **aureole** ['ɔːrɪəul] [ó-rial], *s.* Aureola, círculo de luz con que se representan las cabezas de los santos.
aureomycin [ˌɔːrɪəu'mɪsiːn] [o-rio-mi-sin], *s.* (Trademark) Aureomicina.
auric ['ɔːrɪk] [ó-rik] *a.* Aurico.
auricle ['ɔːrɪkl] [ó-rikl], *s.* Oreja, el órgano exterior del oído. **Auricles,** *pl.* 1. Aurículas, las alas del corazón. 2. Las orejas o crestas que tienen algunas aves encima de los ojos, como el búho.
auricula ['ɔːrɪkjʊlə] [o-rí-kiu-la], *s.* 1. *(Bot.)* Oreja de oso, una planta. 2. *(Biol.)* Pequeño apéndice en forma de oreja.
auricular ['ɔːrɪkjʊləʳ] [o-rí-kiu-laʳ], *a.* 1. Auricular, lo que pertenece al oído; se aplica a la confesión de los católicos. 2. Secreto, dicho al oído. 3. Tradicional, lo que se sabe por tradición.
auricularly ['ɔːrɪkjʊləlɪ] [o-rí-kiu-la-li], *adv.* Al oído, secretamente.
auriculate, auriculated ['ɔːrɪkjʊleɪt] [o-rí-kiu-leit], *a.* 1. Auriculífero, que tiene aurícula. 2. Auriculado, en forma de oreja; se dice de ciertos bivalvos y hojas.
auriferous ['ɔːrɪfərəs] [o-rí-fe-ros], *a.* *(Poét.)* Aurífero, lo que produce oro, o contiene oro.
auriform ['ɔːrɪfɔːm] [o-ri-fórm], *a.* Auriforme, en forma de oreja.
auriga ['ɔːrɪgə] [o-ri-ga], *s.* Auriga, cochero; constelación boreal entre Perseo y Géminis.
aurigation ['ɔːrɪgeɪʃən] [o-ri-géi-shon], *s.* El acto o la práctica de conducir carruajes.
aurist ['ɔːrɪst] [o-rist], *s.* Aurista, el que tiene por profesión curar las enfermedades de los oídos.
aurochs ['ɔːrɒks] [o-roks], *s.* *(Zool.)* Uro, auroch, toro bravío de la antigua Galia y Alemania. Hoy sólo quedan ejemplares en los bosques de Lituania y el Cáucaso. Bisonte europeo.
aurora ['ɔːrɔːrə] [o-ro-ra], *s.* 1. Aurora, la primera luz que se descubre antes de salir el sol. 2. Crepúsculo de la mañana. 3. **Aurora australis,** aurora austral.
aurora borealis [ɔː'rɔːrəbɔːrɪ'eɪlɪs] [o-ro-ra-bo-ri-éi-lis], *s.* Aurora boreal, *V.* NORTHERN LIGHTS.
auroral ['ɔːrɔːrəl] [o-ro-ral], *a.* Producido por el alba o crepúsculo matutino, o semejante a la aurora; rosáceo.
aurous ['ɔːrəs] [o-ros] *a.* Aurico.
auscultate ['ɔːskjʊlteɪt] [os-kiul-teit], *va.* Auscultar, examinar por medio de la auscultación. *-vn.* Practicar la auscultación.
auscultation ['ɔːskjʊlteɪʃən] [os-kiul-tei-shon], *s.* 1. Auscultación, acción y efecto de auscultar; aplicación del oído o el estetoscopio a ciertos puntos del cuerpo para explorar los sonidos y ruidos de los órganos del pecho, vientre, etc. 2. Atención, la acción de atender o escuchar lo que se dice.
auspice ['ɔːspaɪs] [os-pais], *s.* 1. Auspicio, presagio de algún suceso por el vuelo de las aves. 2. Auspicio, protección, amparo, apoyo, autoridad. **Under the auspices of,** bajo los auspicios de.
auspicial ['ɔːspɪʃəl] [os-pi-shal], *a.* Lo perteneciente a los pronósticos.
auspicious ['ɔːspɪʃəs] [os-pi-shos], *a.* Próspero, feliz, favorable; benigno, propicio.
auspiciously ['ɔːspɪʃəslɪ] [os-pi-shos-li], *adv.* Prósperamente, felizmente. Favorablemente, con buenos auspicios.
auspiciousness ['ɔːspɪʃəsnɪs] [os-pi-shos-nis], *s.* Prosperidad, esperanza de felicidad. Buenos auspicios, carácter propicio.
austere [ɒtiːəʳ] [os-tíaʳ], *a.* 1. Austero, severo, rígido; rudo. 2. Agrio, ácido, acerbo al gusto.
austerely [ɒs'tɪəlɪ] [os-tía-li], *adv.* Austeramente.
austereness [ɒs'tɪənɪs] [os-tía-nis], *s.* Austeridad, crueldad, severidad.
austerity [ɒs'terɪtɪ] [os-teriti], *s.* Austeridad. **Austerity program,** programa de austeridad.
Austral [ɔːs'trəl] [os-tral], *a.* Austral, lo que pertenece al austro o mediodía.
Australasia [ˌɔːstrə'leɪzɪə] [os-tra-lei-sia] *N.* *(Geogr.)* Australasia.
Australia [ɒs'treɪlɪə] [os-trei-lia] *N.* *(Geogr.)* Australia.
Australian [ɒs'treɪlɪən] [os-trei-lian], *a.* Australiano, perteneciente a Australia.
Austrasia [ɒs'treɪsɪə] [os-trei-sia] *N.* *(Geogr.)* Austrasia.
Austria ['ɒstrɪə] [os-tria] *N.* *(Geogr.)* Austria.
Austrian ['ɒstrɪən] [os-trian], *a.* Austriaco, de Austria.
autarchic ['ɔːtɑːkɪk] [o-tar-kik] o **autarchical** ['ɔːtɑːkɪkl] [o-tar-ki-kal] *a.* Autárquico.
autarchy ['ɔːtɑːkɪ] [o-tar-ki], *s.* Autarquía, suficiencia económica nacional.
autarkic ['ɔːtɑːkɪk] [o-tar-kik] o **autarkical** ['ɔːtɑːkɪkl] [o-tar-ki-kal] *a.* Autárquico.
authentic [ɔː'θentɪk] [o-zen-tik], **authentical** [ɔː'θentɪkl] [o-zen-tikl], *a.* Auténtico, lo autorizado o legalizado públicamente; solemne, cierto, original.
authentically [ɔː'θentɪkəlɪ] [o-zen-ti-ka-li], **authenticly** [ɔː'θentɪklɪ] [o-zen-ti-kli], *adv.* Auténticamente.
authenticalness [ɔː'θentɪkəlnɪs] [o-zen-ti-kal-nis], **authenticity** [ɔː'θentɪsɪtɪ] [o-zen-ti-si-ti], **authenticness** [ɔː'θentɪknɪs] [o-zen-tik-nis], *s.* Autenticidad.
authenticate [ɔː'θentɪkeɪt] [o-zen-ti-keit], *va.* Autenticar, autentificar, hacer auténtico.
authentication [ɔːˌθentɪ'keɪʃən] [o-zen-ti-kei-shon] *s.* Autenticación, autentificación.
author ['ɔːθəʳ] [o-zaʳ], *s.* 1. Autor, el que es causa primera de alguna cosa. 2. Autor, el que es causa eficiente de alguna cosa. 3. Autor, el que ha compuesto alguna obra literaria, artística o científica, con respecto a la misma obra compuesta; escritor. 4. Conjunto de las obras o los escritos de un autor. **Author's royalties,** derechos de autor.
author, *va.* Ser autor de, hacer, escribir, inventar, crear.
authoress ['ɔːθəres] [o-za-res], *sf.* Autora, escritora.
authoritarian [ˌɔːθɒrɪ'tɛərɪən] [o-zo-ri-ta-rian], *s.* y *a.* Autoritario.
authoritarianism [ˌɔːθɒrɪ'tɛərɪənɪəm] [o-zo-ri-ta-ria-nísem] *s.* Autoritarismo.
authoritative [ɔː'θɒrɪtətɪv] [o-zo-ri-ta-tif], *a.* 1. Autorizado, que tiene la autoridad necesaria, que es una autoridad (book, document). 2. Que ejerce autoridad; positivo, perentorio, terminante. 3. Autoritario (with an air of command). Autorizado (source).
authoritatively [ɔː'θɒrɪtətɪvlɪ] [o-zo-ri-ta-tif-li], *adv.* 1. Autoritativamente. 2. Autorizadamente.
authoritativeness [ɔː'θɒrɪtətɪvnɪs] [o-zo-ri-ta-tif-nis], *s.* Autoridad debidamente sancionada; calidad de lo autorizado; apariencia autoritativa.
authority [ɔː'θɒrɪtɪ] [o-zo-ri-ti], *s.* 1. Autoridad, potestad, facultad, poder legal. **To have authority over one's employees,** tener autoridad sobre sus empleados. **Authority of father,** patria potestad. **With complete authority,** con plena autoridad. 2. Crédito y fe que se da a alguna cosa. 3. Autoridad, el texto o palabras con que se apoya lo que se dice. **I have it from the best authority,** lo sé de muy buen original o de buena tinta; lo tengo de buena mano. **Printed by authority,** impreso con licencia. **On his own authority,** por su propia autoridad. **To apply to the proper authority,** dirigirse a la autoridad competente. **To be an authority,** ser una autoridad.
authorization [ɔː'θɒrɪzeɪʃən] [o-zo-ri-séi-shon], *s.* Autorización, la acción y efecto de autorizar.
authorize ['ɔːθəraɪz] [o-zo-rais], *va.* 1. Autorizar, dar autoridad o facultad para hacer alguna cosa. 2. Autorizar, legalizar algún instrumento de forma que haga fe pública. 3. Autorizar, sancionar, comprobar alguna cosa con autoridad. **Authorized Version,** traducción inglesa de la Biblia hecha en 1611, sancionada por el rey Jaime I, y que se dispuso fuera leída en las iglesias. ***Cf.*** REVISED VERSION.

authorized ['ɔːzəraɪzd] [o-zo-aisd], *a.* Autorizado, facultado.
authorless ['ɔːzərlɪs] [o-zo-lis], *a.* Desautorizado; sin autor. Anónimo.
authorship ['ɔːzərʃɪp] [o-zo-ship], *s.* 1. El estado, la calidad o profesión de autor. Paternidad literaria. **I claim authorship of this book,** sostengo que soy el autor de este libro. **Of unknown authorship,** de autor desconocido. 2. Manantial, origen.
auto ['ɔːtəʊ] [o-tou] *s. (Fam.)* Coche, auto, carro.
autobiographer ['ɔːtəʊˌbaɪəʊ'græfəʳ] [o-to-bai-ou-gra-faʳ] *s.* Autobiógrafo.
autobiographic ['ɔːtəʊˌbaɪəʊ'græfɪk] [o-to-bai-ou-gra-fik] o **autobiographical** ['ɔːtəʊˌbaɪəʊ'græfɪkl] [o-to-bai-ou-gra-fi-kal] *a.* Autobiográfico.
autobiography ['ɔːtəʊˌbaɪəʊ'græfɪ] [o-to-bai-ou-gra-fi], *s.* Autobiografía.
autobus ['ɔːtəʊˌbʌs] [o-to-bas], *s.* Autobús, ómnibus, camioneta.
autocade ['ɔːtəʊˌkeɪd] [o-to-keid], *s.* Caravana de automóviles.
autochthon [ɔː'tɒkθən] [o-tok-zon] *s.* Autóctono.
autochthonous [ɔː'tɒkθənəs] [o-tok-zo-nos] *a.* Autóctono.
autoclave ['ɔːtɒkleɪv] [o-to-kleif], *s.* Autoclave, aparato de esterilización por vapor y presión.
autocracy [ɔː'tɒkrəsɪ] [o-to-kra-si], *s.* Autocracia, poder absoluto o independiente.
autocrat [ɔː'təʊkræt] [o-to-krat], *s.* Autócrata.
autocratical [ɔː'təʊkrætɪkl] [o-to-kra-ti-kal], *a.* Autocrático.
auto-da-fé o **auto-de-fé** ['ɔːtəʊdɑː'feɪ] [o-to-da-fei] *s. (Rel.)* Auto de fe.
autodidact [ɔː'təʊdɪdækt] [o-to-di-dakt] *s.* Autodidacta.
autodidactic [ɔː'təʊdɪdæktɪk] [o-to-di-dak-tik] *a.* Autodidáctico, autodidacto.
autogamy [ɔː'təʊgæmɪ] [o-to-ga-mi] *s. (Bot.)* Autogamia.
autogenous [ɔː'təʊdʒɪnəs] [o-to-chi-nas] *a.* Autógeno. **Autogenous vaccine,** autovacuna.
autogiro, autogyro ['ɔːtəʊ'dʒaɪrəʊ] [o-to-chaia-rou], *s.* *(Aer.)* Autogiro.
autograph [ɔː'təgrɑːf] [o-to-graf] *s.* Autógrafo, firma (signature).
autograph *va.* Poner un autógrafo a. Firmar (to sign).
autographical [ɔː'təgrɑːfɪkl] [o-to-gra-fi-kal], *a.* Autográfico, escrito de propio puño. Autógrafo (letter, etc.).
autography [ɔː'təgrɑːfɪ] [o-to-grafi] *s.* Autografía.
autoinduction [ˌɔːtɔɪn'dʌkʃən] [o-to-in-dák-shon] *s.* Autoinducción.
autoinfection [ˌɔːtɔɪn'fekʃən] [o-to-in-fék-shon] *s.* Autoinfección.
autointoxication [ˌɔːtɔɪn'tɒksɪˌkeɪʃən] [o-to-in-tok-si-kéi-shon] *s.* Autointoxicación.
autolysis ['ɔːtəlaɪsɪs] [o-to-lai-sis] *s.* Autólisis.
automat ['ɔːtəmæt] [o-to-mat], *s.* Restaurante en que la comida es distribuida por máquinas automáticas (restaurant). Aparato mecánico (machine).
automate ['ɔːtəmeɪt] [o-to-meit] *va.* Automatizar.
automatic [ˌɔːtə'mætɪk] [o-to-ma-tik], o **automatical** [ˌɔːtə'mætɪkl] [o-to-ma-ti-kal], *a.* Automático, lo que se mueve por sí mismo. **Automatic brake,** freno automático. **Automatic tracking,** sistema de localización automática. *s.* Arma automática.
automaticity [ˌɔːtəmæ'tɪsɪtɪ] [o-to-ma-tí-si-ti] *s.* Automaticidad.
automation [ˌɔːtə'meɪʃən] [o-to-méi-shon], *s.* Automatización.
automatism [ɔː'tɒmətɪzəm] [o-to-ma-tísem] *s.* Automatismo.
automatize [ɔː'tɒmətaɪs] [o-to-ma-tais] *va.* Automatizar.
automaton [ɔː'tɒmət ən] [o-to-ma-ton], *s.* Autómata, la máquina que se mueve por sí misma.
automobile ['ɔːtəməbiːl] [o-to-mo-bil], *a.* Automóvil, que se mueve por sí mismo. *-s.* Carruaje de paseo, carretón o vehículo para el transporte de mercancías, que tiene un mecanismo que lo pone en movimiento.
automotive [ɔːtə'məʊtɪv] [o-to-mou-tif], *a.* Automotor, automotriz.
autonomic [ɔː'tɒnəmɪk] [o-to-no-mik] *a.* Autonómico.
autonomist [ɔː'tɒnəmɪst] [o-to-no-mist] *s.* Autonomista.
autonomous [ɔː'tɒnəməs] [o-to-no-mos], *a.* Autónomo.
autonomy [ɔː'tɒnəmɪ] [o-to-no-mi], *s.* Autonomía, derecho de gobernarse por sí mismo.
autopilot ['ɔːtəʊpaɪlət] [o-to-pái-lot], *s. (Aer.)* Piloto automático.
autoplasty ['ɔːtəplæstɪ] [o-to-plas-ti] *s.* Autoplastia.
autopsy ['ɔːtəpsɪ] [o-top-si], *s.* Autopsia, examen anatómico de un cadáver para descubrir la causa de la muerte. *va. (Med.)* Autopsiar.
autosuggestion ['ɔːtəʊsə'dʒestʃən] [o-to-sa-chés-shon], *s.* Autosugestión.
autotomy ['ɔːtəʊtomɪ] [o-to-to-mi] *s.* Autotomía.
autotruck ['ɔːtəʊtrʌkt] [o-to-trakt], *s.* Autocamión.
autotype ['ɔːtəʊtaɪp] [o-to-taip], *s.* 1. Autotipo, facsímil, copia exacta.
autovaccine ['ɔːtəʊvaksiːn] [o-to-vak-sin] *s.* Autovacuna.
autumn ['ɔːtəm] [o-tom], *s.* Otoño, la estación del año que media entre el verano y el invierno.
autumnal ['ɔːtəmnəl] [o-tom-nal], *a.* Otoñal, lo perteneciente al otoño.
autumn crocus ['ɔːtəmkrɒkəs] [o-tom-kro-kos] *s. (Bot.)* Cólquico.
auxiliar [ɔːg'zɪlɪər] [ok-si-liar], *a.* Auxiliar, auxiliatorio.
auxiliary [ɔːg'zɪlɪərɪ] [ok-si-lia-ri], *s.* Auxiliador. *a.* Auxiliar. **Auxiliary verb,** verbo auxiliar. *(Mil.)* Tropas auxiliares.
avail [ə'veɪl] [a-véil], *va.* 1. Aprovechar, emplear útilmente alguna cosa. 2. Promover, adelantar. **To avail oneself of an opportunity,** valerse de la ocasión. Aprovecharse de, sacar partido. *-vn.* Servir, importar, ser útil, ser ventajoso; ayudar. **It avails nothing to,** nada importa; de nada sirve.
avail, *s.* Provecho, ventaja, utilidad. *-pl.* Beneficios, producto (de una venta). **Of no avail,** sin efecto, inútil. **Of what avail is it?,** ¿de qué sirve? **To be of little avail,** no servir para mucho. **To no avail, without avail,** en vano.
availability [əˌveɪlə'bɪlɪtɪ] [a-vei-la-bi-li-ti], *s.* Eficacia, utilidad, actividad. Disponibilidad.
available [ə'veɪləbl] [a-véi-la-bol], *a.* 1. Útil, ventajoso, provechoso: (***com.***) disponible, que sirve (ready for use). Que se puede conseguir, obtenible (obtainable). Válido (ticket) 2. Eficaz, activo y poderoso en el obrar. **Available assets,** activo disponible. **By all available means,** por todos los medios posibles. **To make available to**, poner a la disposición de. **When will he be available?**, ¿cuándo estará libre?.
availableness [ə'veɪləblnɪs] [a-vei-la-bol-nis], *s.* Eficacia, virtud, actividad, fuerza y poder para obrar; utilidad, ventaja.
availably [ə'veɪləblɪ] [a-véi-labli], *adv.* Eficazmente, provechosamente, útilmente.
avalanche ['ævəlɑːʃ] [a-va-lanch], *s.* Avalancha o alud, masas grandes de nieve que se desprenden de las cumbres de las montañas, y cayendo en los valles o en el mar causan muchos daños.
avant-guard o **avant-garde** ['ævɑːŋ'gɑːd] [a-vant-gard], *s.* Vanguardia. *V.* VAN-GUARD.
avarice ['ævərɪs] [a-va-ris], *f.* Avaricia, codicia.
avaricious [ˌævə'rɪʃəs] [a-va-ri-shos], *s.* Avaro, avariento, miserable.
avariciously [ˌævə'rɪʃəslɪ] [a-va-ri-shos-li], *adv.* Avaramente, avarientamente.
avariciousness [ˌævə'rɪʃəsnɪs] [a-va-ri-shos-nis], *s.* Codicia, avaricia, la calidad de ser avaro.
avast ['ævəst] [a-vast], *adv. (Mar.)* Forte. **Avast heaving,** *(Mar.)* forte al virar. También suele usarse en el sentido de ¡basta! ¡bueno está! ¡no más!

avatar ['ævətə^r] [a-va-ta^r] *s.* Avatar (in Hindu religion). *(Fam.)* Manifestación, materialización.

avaunt ['ævɔ:nt] [a-vont], inter. ¡Fuera! ¡Fuera de aquí! ¡Quita! ¡Quita allá! ¡Lejos de aquí! ¡Quítate de delante!

ave [æv] [av] *s.* Avemaría. **Ave Mary o Ave María,** *s.* Ave María; la salutación angélica.

avenaceous [ævɪ'nəʃəs] [a-vi-na-shos], *a.* Aveníceo, perteneciente a la avena; avenáceo, de la naturaleza de la avena.

avenge [ə'vendʒ] [a-vench], *va.* Vengarse, tomar satisfacción de un agravio o injuria; castigar algún delito. **To avenge oneself,** vengarse.

avengement [ə'vendʒmənt] [a-vench-ment], *s.* Venganza, satisfacción que se toma del agravio recibido.

avenger [ə'vendʒə^r] [a-ven-cha^r], *s.* 1. Castigador, el que castiga. 2. Vengador, el que venga o se venga.

avens [ə'venz] [a-vens], *s. (Bot.)* Gariofilea, una planta cualquiera del género Geum, familia de las rosáceas.

aventurine, aventurin [ə'ventʊri:n] [a-ven-tu-rin], *s.* 1. Venturina, cuarzo con laminitas de mica amarilla. 2. Venturina artificial, cristal fundido con limaduras de cobre. 3. Un lacre moreno claro lleno de brillantes.

avenue ['ævenju:] [a-ven-niu], *s.* 1. Avenida, calle ancha o calle principal; calzada. 2. Calle de árboles, alameda, carrera. 3. Entrada, pasadizo. 4. *(Fig.)* Vía, senda, camino.

aver [ə'və^r] [a-va^r], *va.* Asegurar, afirmar, declarar, verificar, certificarse. *(For.)* Establecer la prueba de.

average ['ævərɪdʒ] [a-ve-rich], *s.* 1. Promedio, tanteo, precio medio de una cosa o lo que ella vale o renta por un cómputo o cálculo prudencial o aproximado, ya relativamente a los diversos puntos donde se vende a un mismo tiempo, ya respecto de un quinquenio, lo que en castellano suele expresarse por una cosa con otra, un precio con otro, un año con otro. **On average,** por término medio, como promedio, como media. 2. Avería, daño que sufren las embarcaciones y sus cargamentos. 3. Capa o sombrero del capitán, el plus que se asigna al capitán de un buque en las pólizas de embarque por su cuidado de los efectos que se le entregan. 4. Parte igual o proporcional. 5. Servicio o servidumbre, obligación que contrae el vasallo de servir al rey personalmente, franqueándole el uso de sus bestias y carruajes. *-a.* 1. Medio, uno con otro, entre uno y otro. 2. Típico, ordinario, mediano. **A man of average build,** un hombre de estatura mediana. 3. Hecho o computado por un método de averías. **Average amount,** valor medio. **Average duties,** derechos de avería. **Average price,** precio medio. **Average weight,** peso aproximado.

average, *va.* 1. Comparar o cotejar y fijar un precio o término medio; proporcionar. 2. Costar, dar, tomar, tener, ocurrir, etc., como término medio. **He averages ten hours of work a day,** trabaja una media de diez horas diarias. **Sales average 1,000 copies a week,** las ventas arrojan un promedio de 1.000 ejemplares por semana. 3. Repartir proporcionalmente, prorratear. *vn.* **To average out at, to average up to,** ser por término medio, alcanzar un promedio de.

averment ['əvəmənt] [a-ver-ment], *s.* Afirmación o seguridad de alguna cosa de suerte que sea evidente; testimonio.

averrhoes o **averroes** [ə'verəʊz] [a-ve-rous] *N.* Averroes.

averruncate [ə'verʌnkeɪt] [a-ve-ran-keit], *va.* Desarraigar, arrancar de raíz.

averse [ə'və:s] [a-vérs], *a.* 1. Adverso, contrario. 2. Repugnante, opuesto; enemigo. **I am averse to drinking,** soy enemigo de la bebida.

aversely [ə'və:slɪ] [a-vérs-li], *adv.* Repugnantemente.

averseness [ə'və:snɪs] [a-vérs-nes], *s.* Repugnancia, mala gana, aversión.

aversion [ə'və:ʃən] [a-vér-shon], *s.* Aversión, repugnancia, aborrecimiento, disgusto, odio. **Aversion for work,** aversión al trabajo. **Pet aversion,** pesadilla. **To take an aversion to someone,** tomar antipatía a alguien.

avert [ə'vɜ:t] [a-vért], *va.* Desviar, apartar, separar, alejar; prevenir. **To avert the danger,** prevenir, desviar el peligro. **To avert the eyes,** apartar los ojos o la mirada.

averter [ə'vɜ:tə^r] [a-vér-ta^r], *s.* Apartador, el que desvía.

avian ['eɪvɪən] [éi-vian], *a.* Perteneciente a las aves. Aviar.

aviary ['eɪvɪərɪ] [éi-via-ri], *s.* Pajarera, jaula grande o aposento para criar o tener pájaros.

aviation [ˌeɪvɪ'eɪʃən] [ei-vi-éi-shon], *s.* Aviación.

aviator ['eɪvɪeɪtə^r] [ei-vi-éi-ta^r] *s.* Aviador.

aviculture [ˌeɪvɪ'kʌltʃə^r] [ei-vi-kál-cha^r], *s.* Avicultura, cría de las aves.

avid ['ævɪd] [á-vid], *a.* Ávido, ansioso, codicioso.

avidity ['ævɪdɪtɪ] [á-vi-di-ti], *s.* Voracidad, ansia, codicia, avidez.

Avignon ['ævɪnjɒ] [a-vi-ñon] *n. (Geogr.)* Aviñón.

aviso ['ævɪsəʊ] [a-vi-sou] *s. (Mar.)* Aviso (boat).

avitaminosis [ˌævɪtəmɪ'nəʊsɪs] [a-vi-ta-mi-nóu-sis] *s.* Avitaminosis.

avocado [ævə'kɑ:dəʊ] [a-vo-ka-dou], *s.* Aguacate, palta. *(Mex.)* Pagua. **Avocado pear,** aguacate. **Avocado plantation,** aguacatal.

avocation [ˌævə'keɪʃən] [a-vo-kéi-shon], *s.* 1. Evocación. 2. La acción de llamar o separar a uno de lo que está haciendo. 3. Estorbo, el asunto que llama o quita a uno de lo que está haciendo. 4. Obstáculo, impedimiento, distracción. 5. Empleo, ocupación; uso familiar y común, pero impropio en lugar de *vocation.*

avocet, avoset ['ævəsɪt] [a-vo-sit], *s. (Orn.)* Avoceta, ave del orden de las zancudas; tiene pies palmeados y pico encorvado hacia arriba.

avoid [ə'vɔɪd] [a-void], *va.* 1. Evitar, escapar, huir (to shun), esquivar, eludir (duty), dejar. **I can't avoid asking him to stay to dinner,** no puedo evitar pedirle que se quede a cenar. 2. Evacuar, desalojar; *(For.)* anular. *-vn.* 2. Retirarse. 2. Zafarse, escaparse.

avoidable [ə'vɔɪdəbl] [a-voi-da-bol], *a.* Evitable, que se puede evitar o huir. *(For.)* Revocable, anulable.

avoidance [ə'vɔɪdəns] [a-voi-dans], *s.* 1. El acto y efecto de evitar alguna cosa. *(For.)* Vacación. Evasión, refugio. 2. Anulación (de un acto), invalidación.

avoidless [ə'vɔɪdlɪs] [a-void-lis], *a.* Inevitable.

avoset ['ævəset] [a-vo-set] *s. (Zool.)* Avoceta.

avouch [ə'vəʊtʃ] [a-vouch], *va.* Afirmar, justificar, sostener (to state); alegar en favor de otro; protestar. Garantizar (to guarantee), reconocer, confesar (to avow).

avouchable [ə'vəʊtʃəbl] [a-vou-cha-bol], *a.* Justificable, afirmable.

avoucher [ə'vəʊtʃə^r] [a-vou-cha^r], *s.* El que afirma, justifica, sostiene o alega a favor de otro.

avow [ə'vəʊ] [a-vou], *va.* Declarar, manifestar abiertamente, protestar, confesar. Reconocer, admitir.

avowable [ə'vəʊəbl] [a-voua-bol], *a.* Lo que se puede declarar abiertamente. Confesión.

avowal [ə'vəʊəl] [a-voual], *s.* Declaración justificativa, aprobación, confesión, reconocimiento.

avowed [ə'vəʊd] [a-voud] *a.* Declarado, reconocido.

avowedly [ə'vəʊdlɪ] [a-voud-li], *adv.* Declaradamente, manifiestamente, abiertamente.

avowee [ə'vəʊi:] [a-vouí], *s.* Patrono, el que tiene el patronato de alguna iglesia o beneficio.

avower [ə'vəʊə^r] [a-voua^r], *s.* Declarante, el que declara o justifica.

avowry [ə'vəʊrɪ] [a-vou-ri], *s. (For.)* Justificación de algún secuestro ya ejecutado, o el motivo que se alega para haberlo hecho.

avulsion [ə'vʌlʃən] [a-vál-shon], *s.* Avulsión. La acción de separar una cosa de otra.

awa [ɔ:ə] [oua], *adv. (Esco.)* Fuera, afuera, ausente.

awaft ['əʊæft] [auáft], *adv. (Mar.)* Bandera amorronada, pabellón izado en lo alto del asta pero anudado de trecho en trecho.

await [ə'weɪt] [a-uéit], *va.* 1. Aguardar, esperar. 2. Esperar, estar aguardando alguna cosa.
awake [ə'weɪk] [a-uéik], *va.* Despertar, quitar el sueño al que está dormido. *-vn.* Despertarse (to stop sleeping). Darse cuenta (to realize).
awake, *a.* Despierto (not asleep). Alerta (alert). **To keep awake,** impedir el sueño, desvelar. **Wide-awake,** bien despierto, alerta.
awaken [ə'weɪkən] [a-uéiken], *vn. V.* AWAKE.
awakener [ə'weɪkənə[r]] [a-uéike-ne[r]], *s.* Despertador.
awakening [ə'weɪkənɪŋ] [a-uéike-nin], *s.* Despertamiento, el acto de despertar.
awanting [ə'wɔːntɪŋ] [a-uón-tin], pa. (Esco. y poét.) Falto, necesitado, escaso.
award [ə'wɔːd] [a-uárd], *va.* Juzgar, sentenciar. Conceder, otorgar. *(For.)* Adjudicar, declarar a favor de alguno. *-vn.* Determinar.
award, *s. (For.)* Adjudicación, concesión. Sentencia, fallo (judgment). Premio, recompensa. *(Mil.)* Condecoración.
awardable [ə'wɔːdəbl] [a-uár-da-bol], *a.* Adjudicable.
awardee [ə'wɔːdiː] [a-uár-di] *s.* Adjudicatario.
awarder [ə'wɔːdə[r]] [a-uárda[r]], *s.* Juez árbitro. adjudicador.
awarding [ə'wɔːdɪŋ] [a-uár-din] *s.* Atribución, concesión, otorgamiento.
aware [ə'wɛə[r]] [a-uéa[r]], *a.* Cauto, vigilante, que prevé; sabedor. Consciente (conscious). Al corriente (up to date). **He is not aware of such a thing,** no sabe tal cosa. **You are not aware who you are speaking to,** usted no sabe con quién habla. **No that I am aware of,** no que yo sepa. **To become aware of,** enterarse de (to find out), darse cuenta de, llegar a tener conciencia de (to realize).
awareness [ə'wɛənɪs] [a-uéa-nes] *s.* Conciencia, conocimiento.
awash [ə'wɒʃ] [a-uósh], *a.* y *adv. (Mar.)* A flor de agua. Inundado (flooded). Flotando (floating).
away [ə'weɪ] [a-uéi], *adv.* Ausente, afuera, fuera (in a different place). **He went away,** se marchó. **The house is ten miles away,** la casa está a diez millas. Lejos. **Away from the din,** lejos del bullicio. Incesantemente, sin parar. **He worked away for two days,** trabajó sin parar durante dos días. En sentido opuesto (in the opposite direction) **The arrow pointed away from the door,** la flecha apuntaba en sentido opuesto a la puerta. **Away** se emplea con gran número de verbos y denota en general la idea de alejamiento, aunque también expresa a veces continuación, persistencia. Por ejemplo: **To get away,** huir, evadirse. **To go away,** irse, marcharse. **To send away,** despedir. **To run away,** tomar las de Villadiego, escaparse. **To make away with oneself,** darse muerte, suicidarse. **Work away,** persista usted en el trabajo. **Write away,** escriba usted. sin cesar. **I'll do it right away,** lo haré inmediatamente. **To play away,** jugar fuera, en campo contrario. **Away match,** partido de ida. **Away team,** equipo de fuera.
away, *inter.* fuera, fuera de aquí, quita o quítate de aquí o de ahí. **Away with you!,** ¡márchate!, ¡quítate de delante!, ¡que no te vean mis ojos! **Away with it,** ¡quitádmelo de delante!, ¡basta, no más!.
awe [ɔː] [óu], *s.* 1. Miedo o temor reverencial (fear and respect). 2. Pavor. **He stands in awe of his father,** tiene un miedo pavoroso a su padre. 3. Asombro, admiración (wonder). **He looked in awe at the mountain,** contempló la montaña con admiración. **To keep one in awe,** tener sujeto a alguno, tener sometido por el terror.
awe, *va.* Amedentrar, asombrar, despavorir, atemorizar; infundir miedo, temor reverencial o pavor. **He was awed by his solemn words,** sus solemnes palabras le atemorizaron.
aweary [ə'wɛərɪ] [a-uéa-ri], *a. (Poét.)* Cansado, fatigado.
aweather [ə'wɛəðə[r]] [a-uéa-za[r]], *adv. (Mar.)* A barlovento, por el lado del viento (en oposición a *alee*, sotavento).
awe-commanding [ɔː'kˌmændɪŋ] [ou-ko-mán-din], *a.* Lo que infunde respeto.
awe-inspiring ['ɔːinˌspaɪərɪŋ] [ou-ins-páia-rin], *a.* Impresionante, imponente.
awesome [ɔː'sʌm] [ou-sam], *a.* 1. Terrible, temible, que infunde miedo; aterrador, pavoroso. 2. Reverencial, respetuoso.
awestricken [ɔː'strɪkɪŋ] [ou-strái-ken] *a.* Atemorizado.
awestruck ['ɔːstrʌk] [ou-strák], *a.* Espantado, despavorido, dominado por el terror, o el respeto.
aweigh ['ɔːweɪ] [ou-uéi], *adv. (Mar.)* Pendiente, a plomo.
awful ['ɔːfəl] [ou-fol], *a.* 1. Tremendo; digno de respeto y reverencia. 2. Amedrentado, atemorizado. 3. Temible, funesto, horroroso, espantoso, terrible (appalling), atroz, horrible (ugly). 4. *(Fam.)* Muy malo, muy grande, enorme, tremendo (tremendous), horrendo. **An awful lot,** un montón, muchísimo. **How awful!,** ¡qué horror!
awfully ['ɔːfəlɪ] [ou-foli], *adv.* 1. Respetuosamente, con respeto y veneración; solemnemente, terriblemente, atrozmente. **He is awfully stupid,** es terriblemente estúpido. 2. *(Fam.)* Muy; excesivamente, muchísimo. **I am awfully sorry,** lo siento muchísimo. **Awfully good,** muy bueno. **That's awfully good of you,** es usted muy amable.
awful-eyed ['ɔːfəlˌaɪd] [ou-fol-aid], *s.* Veneración, respeto o temor reverencial que infunde alguna cosa por ser grande y majestuosa.
awfulness ['ɔːfʊlnɪs] [ou-ful-nes] *s.* Horror, atrocidad.
awhile [ə'waɪl] [a-uáil], *adv.* Un rato, algún tiempo. **Wait awhile,** espérese un rato. **Not for awhile,** todavía no, por ahora no. **Not yet awhile,** no tan pronto.
awhirl [ə'wɜːl] [a-uérl], *adv.* En rotación; en giro, en torbellino.
awkward ['ɔːkwəd] [óuk-uard], *a.* 1. Zafio, tosco, inculto, rudo, zopenco, agreste. 2. Desmañado, desgarbado (graceless), falto de maña, torpe (clumsy), poco diestro. 3. Indócil, indómito. 4. Embarazoso, molesto (embarrassing), difícil, delicado; también, desgraciado, peligroso. 5. Inoportuno, inadecuado (inconvenient). **An awkward time to meet,** una hora inadecuada para encontrarse. **An awkward situation,** una situación embarazosa. **An awkward question,** una cuestión delicada. **An awkward customer,** un sujeto peligroso. **An awkward problem,** un problema difícil.
awkwardly ['ɔːkwədlɪ] [óuk-uard-li], *adv.* 1. Groseramente, toscamente. 2. Torpemente, desmañadamente. 3. Embarazosamente, en una posición difícil, delicada. **Awkawardly placed,** en una posición embarazosa.
awkwardness ['ɔːkwədnɪs] [óuk-uard-nes], *s.* Tosquedad, grosería, torpeza (clumsiness), poca habilidad o maña. Dificultad, molestia, carácter molesto, incomodidad (of a situation).
awl [ɔːl] [óul], *s.* Lesna, instrumento de hierro puntiagudo de que usan los zapateros y los carpinteros. **Brad-awl,** lesna para puntillas. **Scratch-awl,** punzón de marcar. **Pegging-awl,** estaquillador. **Sailmaker's-awl,** aguja de veleros. **Sewing-awl,** lesna de coser.
awless [ɔːlɪs] [óu-les], *a.* 1. Irreverente, el que falta a la reverencia y respeto que debe. 2. Lo que no causa ni infunde respeto o reverencia.
awl-shaped [ɔːl'ʃeɪpt] [óul-sheipt], *a.* Alesnado. *(Bot.)* Subulado.
awn [ɔːn] [óun], *s.* Arista, la barba de la espiga.
awning ['ɔːnɪŋ] [óunin], *s.* 1. *(Mar.)* Toldo, cubierta de lienzo u otra tela que se pone en la embarcación para guardarse del sol. 2. Toldo (de almacén o puesto de mercado; o de carro). 3. *(Hort.)* Abrigaña; estera para abrigar las plantas. **Awning stanchions,** *(Mar,)* candeleros de los toldos.
awoke [ə'wəʊk] [a-uóuk], Pretérito del verbo **to awake.**
awoken [ə'wəʊkən] [a-uóu-enk] *pp.* del verbo **to awake.**
awol ['eɪwɒl] [éi-uol] *adv./a.* Ausente sin permiso.
aworking [ə'wɜːkɪŋ] [a-uekin], *adv.* Trabajando, al trabajo.
awry [ə'raɪ] [a-rai], *adv. /a.* 1. Oblicuamente, torcidamente, al través. Torcido. 2. Con la vista atravesada, de lado, de

soslayo. **To go awry,** salir mal. **To look awry,** mirar de soslayo.

ax o axe [æks] [aks], *s.* Segur o hacha (tool). *(Fig.)* Reducción (of prices). *(Fam.)* **To get the ax,** ser despedido. **To have an ax to grind,** tener intereses personales. **A battle-axe,** hacha de guerra. **A pole-axe,** hacha de mano. **A pick-axe,** zapapico, azadón, piqueta. **Axe-head,** la cabeza o la parte cortante del hacha, destral. **Broad-axe, Cooper's axe,** doladera. *va.* Cortar (to cut). *(Fig.)* Reducir (to reduce). Suprimir (to do away with). Despedir (personnel).

axial ['æksɪəl] [ak-sial], *a.* Axial, perteneciente al eje o semejante a un eje: dispuesto alrededor de un eje común.

axil ['æksɪl] [ak-sil], *s.* *(Bot.)* Axila, ángulo formado por el lado superior de una hoja o de un ramo y el tallo o la rama de que nace.

axil, *a.* *V.* AXIAL.

axilla ['æksɪlə] [ak-si-la], *s.* 1. *(Anat.)* Sobaco (armpit). 2. Axila de las aves.

axillar ['æksɪləʳ] [ak-si-laʳ], **axillary** ['æksɪlərɪ] [ak-si-la-ri], *a.* 1. Axilar, lo que pertenece al sobaco. 2. *(Bot.)* Axilar, que crece en los ángulos de los ramos de las plantas.

axiom ['æksɪəm] [ak-siom], *s.* Axioma, proposición, sentencia o principio sentado. Verdad evidente.

axiomatic, axiomatical [ˌæksɪəʊ'mætɪk] [ak-sio-ma-tik], *a.* Axiomático; evidente, irrefutable, patente.

axis ['æksɪs] [ak-sis], *s.* 1. Eje. 2. Pivote, centro de oscilación, 3. Axis, la segunda vértebra del cuello 4. Alianza. **The Axis Nations,** las Naciones del Eje. (Alemania, Italia y el Japón).

axle ['æksl] [aksl], **axle-tree** ['æksl,triː] [aksl-tri], *s.* Eje de una rueda. Árbol de una máquina. **Rear axle,** eje trasero.

axle box ['æksl,bɒks] [aksl-boks] *s.* *(Mec.)* Caja del eje.

Axle-clip, *s.* Abrazadera que sujeta el cibicón al eje.

axolotl ['ækslətl] [aks-lotl], *s.* Axolote, reptil anfibio del lago de Méjico.

ay o **aye** [aɪ] [ai], *adv.* Sí, adverbio por el cual se responde afirmativamente. *V.* YES. **Ayes and noes,** votos a favor y en contra. **The ayes have it,** hay una mayoría de votos a favor.

aye [aɪ] [ai], *adv.* Siempre. **For aye,** para siempre.

aymara [ˌaɪmə'raː] [ai-ma-ra] *s.* Aimara, aimará (people). *N.* Aimara, aimará (language).

aymaran ['aɪmərən] [ai-ma-ran] *a.* Aimara, aimará. *N.* Aimara, aimará (language).

ayry ['eɪrɪ] [eI-ri], *s.* El nido del halcón. *V.* EYRY.

azalea [ə'zeɪlɪə] [a-sei-lia], *s.* Azalea, arbusto de la familia de las ericáceas, género Azalea, notable por la belleza de sus flores.

azerole [ə'zerəʊl] [a-se-roul], *s.* *(Bot.)* Acerola.

azimuth [ə'zɪmʊθ] [a-si-muz], *s.* Azimut del sol o de una estrella; al arco del horizonte que hay entre el círculo vertical en que está el astro, y el meridiano del observador. **Azimuth-compass,** brújula de azimut.

azoic [ə'zɔɪk] [a-soik], *a.* Azóico.

azon bomb [ˌəzən'bɒmb] [a-son-bomb], *s.* Bomba aérea que puede ser guiada hacia la derecha o izquierda por radiocontrol.

azonic [ə'zənɪk] [a-so-nik], *a.* Azónico, no propio y peculiar de una zona o región; no local.

Azores [ə'zɔːz] [a-sors] *N.* *(Geogr.)* Azores.

azote [ə'zəʊt] [a-sout] *s.* *(Quím.)* Azoe, nitrógeno.

Aztec ['æztek] [as-tek], *a.* y *s.* Azteca, nombre que se da a los antiguos indígenas de Méjico, notables por su civilización; y también, a su lengua, etc.

azure ['eɪʒəʳ] [éi-saʳ], **azured** ['eɪʒəd] [éi-sard], *a.* Azulado claro; azul celeste. *(Her.)* Azur.

azure, *va.* Azular.

azurine [ə'zʊriːn] [a-surin], *a.* Azulado.

azygous [ə'zɪgəs] [a-si-gos] *a.* *(Anat.)* *(Biol.)* Ácigos.

azyme [ə'zɪm] [a-sim] *s.* Pan ázimo.

B

b [biː] [bi], **B** (letter). Segunda, (in a series). (Mús.) Si. La B se usa como abreviatura; así B.A. quiere decir, Bachiller en Artes.

baa [baː] [bá], *s.* Balido (sheep).

baa, *vn.* Balar, dar balidos (sheep).

babbit ['bæbɪt] [ba-bit], *s.* Burgués, tradicionalista.

babbitt, babbitt metal ['bæbɪt,miːtəl] [ba-bit-me-tal], *s.* Metal de Babbitt, metal antifricción para cojinetes. *-va.* Revestir de metal antifricción.

babble ['bæbl] [babel], *vn.* 1. Balbucear, hablar como un niño. 2. Charlar, hablar mucho y sin sustancia. 3. Parlar, parlotear (people), revelar lo que se debe callar, cotillear (gossip). 4. Murmurar un arroyo. *-va.* Charlar. Farfullar (to utter incoherently). **To babble nonsense,** soltar necedades. Revelar (a secret).

babble, *s.* 1. Charla, conversación sin sustancia, cháchara (idle talk), farfulla (confused speech), balbuceo (of a baby) parla, charlatanería, parloteo (of people). 2. El susurro o murmullo de una corriente.

babbler ['bæbləʳ] [ba-blar], *s.* 1. Charlador, charlante, chacharero, charlatán, parlador, hablador, el que charla o habla mucho y sin sustancia. Parlanchín (chatterer). 2. Parlero, el que habla de lo que se debe callar. Cotilla (gossiper).

babbling ['bæblɪŋ] [ba-blin], *s.* Habla vana y sin provecho, cháchara, flujo de hablar.

babe [beɪb] [béib], *s.* Criatura, criaturita, infante, el niño pequeño que aún no está en edad de hablar. *(Fam.)* Nene. Bebé (baby), niño, niña (naïve person). Monada (attractive girl). **Babe in arms,** niño de pecho.

babel ['beɪbəl] [béi-bel], *s.* Muchedumbre y confusión de pareceres; desorden, alboroto. Jaleo. **Tower of Babel,** torre de Babel.

babirusa o **babiroussa** [bæbɪ'rʊsə] [ba-bi-ru-sa] *s.* *(Zool.)* Babirusa.

babism ['bəbɪzm] [ba-bizem] *s.* Babismo (Persian religion).

baboon [bə'buːn] [ba-bún], *s.* Cinocéfalo, mono grande. Zambo, babuino (monkey).

babouche [bə'buːʃ] [ba-búsh] *s.* Babucha (slipper).

baby ['beɪbɪ] [bei-bi], *s.* 1. Criatura, infante, niño pequeño (young child), nene, cría (of an animal). 2. Muñeca, monada (attractive girl). Benjamín (youngest member of a family). *(Fam.)* **To be left holding the baby,** cargar con el muerto o con el mochuelo. *-a.* De niño (of a baby). Infantil (like a baby). **Baby face,** cara infantil. **A baby car,** un coche pequeño.

baby, *va.* Hacer o tratar como niño.

baby buggy ['beɪbɪ,bʌgɪ] [bei-bi-bu-gi], *s.* Cochecito para niños.

baby carriage ['beɪbɪ,kærɪdʒ] [bei-bi- ca-rich], *s.* Cochecito para niños.

baby farm ['beɪbɪ,faːm] [bei-bi-farm] *s.* Guardería infantil.

baby grand ['beɪbɪ'grænd] [bei-bi-grand] *s.* *(Mús.)* Piano de media cola.

babyhood ['beɪbɪhʊd] [bei-bi-jud], *s.* Niñez, el primer período de la infancia. También los niños colectivamente.

babyish ['beɪbɪɪʃ] [bei-bi-ish], *a.* De niño; pueril (childish). Infantil (infantile).

babyishness ['beɪbɪɪʃnɪs] [bei-bi-ish-nes], *s.* Puerilidad, niñada.

Babylon ['bæbɪlən] [ba-bi-lon] *N.* Babilonia (town). (kingdom).

babysit ['beɪbɪsɪt] [bei-bi-sit], *va.* Servir de niñera por horas.
baby-sitter ['beɪbɪˌsɪtəʳ] [bei-bi-si-taʳ], *s.* Canguro, niñera por horas.
baby sitting ['beɪbɪˌsɪtɪŋ] [bei-bi-si-tin] *s.* Vigilancia de los niños.
baby tooth ['beɪbɪˌtu:θ] [bei-bi-tuz] *s.* Diente de leche.
baby walker ['beɪbɪˌwɔ:kəʳ] [bei-bi-uó-kaʳ] *s.* Tacataca, tacatá, pollera.
baby-weighting scales ['beɪbɪˌweɪtɪŋ'skeɪls] [bei-bi-uei-tin-skéils] *s.* Pesabebés.
bacca ['bækə] [ba-ka] *s.* Baya.
baccalaureate [ˌbækə'lɔ:rɪɪt] [ba-ka-lo-ri-it], *a.* Bachillerato, el grado de bachiller. **Baccalaureate sermon,** sermón de despedida a los graduados de una clase. *(Amer.)*
baccarat ['bækərɑ:] [ba-ka-rat] *s.* Cristal de Baccarat.
baccarat o **baccarra** ['bækərɑ:] [ba-ka-rá] *s.* Bacarrá, bacará (gambling game).
baccate ['bækeɪt] [ba-keit], *a. (Bot.)* 1. Parecido a una baya (berry-shaped). 2. Que produce bayas.
bacchanal ['bækənəl] [ba-ka-nal], **bacchanalian** [ˌbækə'neɪlɪən] [ba-ka-nei-lian], *s.* Un borracho, un alborotador. Bacante (follower of Bacchus) Bacanal (orgy). Juerguista (carouser). *-a.* Borracho, alborotado, relajado, licencioso, disoluto. Báquico.
bacchanalia [ˌbækə'neɪlɪə] [ba-ka-nei-lia] *N. pl.* Bacanales.
bacchanalian [ˌbækə'neɪlɪən] [ba-ka-nei-lian] *a.* Báquico.
bacchanals ['bækənəlz] [ba-ka-nals], *s. pl.* Bacanales, fiestas en honor de Baco.
bacchante ['bækæntɪ] [ba-kan-ti] *s.* Bacante, ménade.
Bacchic, bacchical ['bækɪk] [ba-ki-kal], *a.* Báquico.
Bacchus ['bækəs] [ba-cus], *s. (Mit.)* Baco, hijo de Júpiter y de Semele.
baccivorous ['bæksɪvərəs] [bak-si-vo-ros], *a.* Bacívoro, que come con mucha ansia las bayas de las plantas.
bach [bæk] [bak] *vn. (Fam.)* Llevar una vida de soltero.
bachelor ['bætʃələʳ] [ba-che-lor], *s.* 1. Soltero (unmarried man), célibe. **In my bachelor days,** en mi época de soltero. **Old bachelor**, solterón. 2. Bachiller (student), el que ha recibido el primer grado en alguna facultad. **Bachelor of Arts,** licenciado en letras. **Bachelor of Science,** licenciado en ciencias. **Bachelor girl,** soltera. **Bachelor's button**, *s. (Bot.)* Botón de oro, ranúnculo (yellow flower), aciano (blue flower). Azulejo, planta.
bachelorhood ['bætʃələhʊd] [ba-che-lor-jud] *s.* Soltería, celibato.
bachelorship ['bætʃələʃɪp] [ba-che-lor-ship], *s.* 1. Celibato, soltería. 2. Bachillerato, el grado de bachiller.
bacillar [bə'sɪləʳ] [ba-si-laʳ] o **bacillary** [bə'sɪlərɪ] [ba-si-la-ri] *a. (Med.)* Bacilar.
bacilliform [bə'sɪlɪfɜ:m] [ba-si-li-form] *a. (Med.)* Baciliforme.
bacillus [bə'sɪləs] [ba-si-los], *s.* BACILLI, *pl.* Bacilos, variedad de las bacterias, organismo microscópico vegetal, en forma cilíndrica, virguliforme o filiforme.
bacitracin [bə'sɪləs] [ba-si-trei-sin], *s.* Bacitracina.
back [bæk] [bak], *s.* 1. Espalda, espaldar, espinazo (of person). Lomo (of animal, book, sword), cerro, espinazo. 2. Metacarpo, dorso, reverso, respaldo (o sheet of paper). **Back of the hand,** el envés o el revés de la mano. 3. Recazo, lomo, canto, revés (of fabric), reverso (of medal). 4. Trasera, dorso. Parte posterior o de atrás (of head, house, car, mountain). **Back of a house,** trasera de una casa. **Back of beyond,** *(Fam.)* Quinto pino (remote place). **He lives in the back of beyond**, vive en el quinto pino. **Back of a chair,** respaldo de una silla. **Back of a coach,** trasera de un coche. **Back of a book,** lomo de un libro. **A back blow or a back stroke**, un revés. **Back yard,** patio interior. 5. Tina o enfriadera de cerveza. 6. *(Mar,)* Galga de ancla. 7. *(Mar.)* Espalda de un bote. 8. Fondo (of room), defensa, zaga (defensive position), zaguero (player). Dorso, respaldo (of cheque), foro (of stage). **On one's back,** a cuestas. **Back to back** , espalda con espalda. **To have a pain in the back,** tener dolor de espaldas, de cintura, de riñones. **To cast behind the back,** (1) perdonar y olvidar. (2) Desechar con desdén. **To see the back of,** desembarazarse o librarse de. **To turn the back,** huir. **To turn the back on,** abandonar, desertar. *(Fam.)* **At the back of beyond,** en el quinto pino. **In back of,** detrás de. **Excuse my back,** perdone que le vuelva la espalda. **In the back of one´s mind,** en lo más recóndito del pensamiento. **To be on one´s back,** estar acostado boca arriba (to be lying), estar encamado (to be ill). **To break one´s back,** deslomarse (to fall down, to overwork). *(Fig.)* **To break the back of a task,** hacer la parte más difícil de un trabajo. **To fall on one´s back,** caerse de espaldas. *(Fig.)* **To get one´s back up,** picarse (to become annoyed). **To put someone´s back up,** picar a uno (to annoy). **To have a broad back,** tener anchas las espaldas. *(Fig.)* **To have one´s back to the wall,** estar entre la espada y la pared. **To have someone on one´s back,** tener a uno encima, tener que cargar con uno. **To know like the back of one´s hand,** conocer como la palma de la mano. **To lend a back to,** aupar. *(Fig.)* **To put one´s back into it**, echar el resto. **To stand with one´s back to**, dar la espalda a. *(Fig.)* **To turn one´s back to, on,** volver la espalda a. *-a.* 1. Trasero, posterior. **The back seat of a car,** el asiento trasero de un coche. Interior, de atrás o detrás, del interior (remote). Atrasado (in arrears). **Back rent,** alquiler atrasado. 2. Separado, apartado, lejano, extraviado. 3. Publicado en tiempo anterior al presente. 4. Que ha pasado del tiempo debido. **Back room,** cuarto interior, pieza apartada. **Back pension,** pensión debida, y no pagada todavía. **Back number,** entrega o ejemplar no muy reciente. *V.* NUMBER. **Back pay wages,** atrasos. *(Gram.)* Velar (vowel).
back, *adv.* 1. Atrás o detrás (To the rear). 2. De vuelta, de retorno. **Give me my money back,** devuélvame mi dinero. **When will you come back?**, ¿cuándo volverás? 3. Otra vez o segunda vez (again). Este adverbio, colocado después de un verbo, tiene el sentido de retrocesión o del prefijo español **re**. **To beat back**, rechazar (al enemigo). **To hold o keep back,** retener. **To come back,** volver otra vez, volver atrás o de nuevo. **To step back a pace,** dar un paso atrás. **Journey back,** viaje de vuelta. **Back from,** de vuelta o de regreso de (on returning), no alineado con (house). **Back in the forties,** allá por los años cuarenta. **To answer someone back,** replicar a uno. **To bow back to,** devolver el saludo a. **To get back,** volver (to return), recobrar (to recover). **To pay someone back,** devolverle el dinero a uno (to return money), pagarle a uno con la misma moneda (to avenge on someone). **To put back,** poner en su sitio. **To walk back,** volver andando. **Two years back**, hace dos años. **Years back,** años atrás. **Back and forth**, de acá para allá (to walk). Para adelante y para atrás (to sway). **Back and forth motion,** movimiento de vaivén. **To go back and forth,** ir y venir, ir de un sitio para otro.
back, *va.* 1. Montar a caballo; montar un caballo por primera vez. 2. Sostener, apoyar, respaldar (to support). **To back a colleague**, apoyar a un colega. **To back a venture,** respaldar una empresa. justificar, favorecer. 3. Mantener, soportar. Hacer retroceder, dar marcha atrás a (to cause to move bacwards). Dominar (to lie at the back of) **The hills that back the town,** las colinas que dominan la ciudad. Enlomar (a book), endosar (a check), avalar (a bill), hacer marcha atrás con (a car). **Foam-backed raincoat,** impermeable con un forro de espuma. **Leather-backed chair,** silla con un respaldo de cuero. **To back up,** apoyar. *(Mar.)* **To back water,** ciar. *vn.* Retroceder (to move backwards). Dar marcha atrás (a car). **To back down,** echarse atrás, volverse atrás. **To back out, salir dando marcha atrás (in a car),** retractarse, volverse atrás (of a commitment). **To back up,** retroceder.
back, *inter.* (abrev. de *go back*). ¡Atrás! ¡vuélvanse Uds.!
backache ['bækeɪk] [bak-eik] *s.* Dolor de espalda.
backband [bæk'bænd] [bak-band] *s.* Sufra (of harness), lomera (of book).

backbite ['bækbaɪt] [bak-bait], *va.* Murmurar, hablar mal del que está ausente; difamar, desacreditar.
backbiter [bæk'baɪtəʳ] [bak-bai-taʳ] *s.* Maldiciente, murmurador.
backbiting [bæk'baɪtɪŋ] [bak-bai-tin], *s.* Detracción, difamación, maledicencia.
back-board ['bækbɔːd] [bak-bord], *s.* 1. *(Mar.)* Respaldo o escudo de boe. 2. Respaldo, espaldar (of bench), tabla trasera (of bookshelves), forro, materia delgada empleada en los espaldares de los espejos, cuadros, etc.
backbone ['bækbəʊn] [bak-boun], *s.* 1. Hueso dorsal, espinazo, columna vertebral. 2. Firmeza, decisión, principio moral. *(Fam.)* 3. *(Fig.)* Carácter (strength of character). Elemento principal, pilar (mainstay). **Farmers are the backbone of the nation,** los campesinos son el elemento principal de la nación. Lomo (of book). *(Fig.)* **English to the backbone,** inglés hasta la médula o los tuétanos.
backbreaking ['bækbreɪkɪŋ] [bak-brei-kin] *a.* *(Fam.)* Matador, deslomador. **Backbreaking task,** trabajo matador.
backchat ['bæktʃæt] [bak-chat] *s.* Impertinencia. **I want none of your backchat!,** ¡déjate de impertinencias!, ¡no seas tan respondón!
back-cloth ['bækklɒθ] [bak-kloz] *s.* Telón de foro.
back comb ['bækkəʊm] [bak-koum] *s.* Peineta.
back current ['bækkʌrənt] [bak-ka-rent] *s.* *(Elec.)* Contracorriente.
backdate ['bæk'deɪt] [bak-deit] *s* .Antedatar (a document). Dar efecto retroactivo a (to make retroactive).
back door [bæk'dɔː] [bak-doaʳ], *s.* Puerta trasera. *(Fig.)* Puerta trasera o falsa. *-a.* De la puerta trasera. *(Fig.)* Clandestino, secreto (surreptitious).
backdown [bæk'daʊn] [bak-daun], *s.* *(Fam.)* Retractación. Cesión; rendición.
backdrop ['bæk'drɒp] [bak-drop] *s.* Telón de foro (of theater). *(Fig.)* Fondo (background).
backed ['bækt] [bakt], *a.* 1. Lo que tiene dorso o espalda. 2. Apoyado, sostenido, autorizado.
backer ['bækəʳ] [ba-kaʳ], *s.* 1. Comanditario (financial supporter), fiador (guarantor), sostenedor, el que secunda o apoya a otro en una contienda. 2. Apostador (en las carreras de caballos).
backfire ['bæk'faɪəʳ] [bak-faiaʳ], *s.* 1. Incendio provocado para contener el avance de otro. 2. Petardeo, explosión prematura, o en el escape, de motores de explosión. 3. Explosión hacia atrás de un arma de fuego. Retorno de llama (of Bunsen burner). Contrafuego (to stop a fire). *-vn.* Explotar prematuramente, petardear (engine). *(Fig,)* Resultar contraproducente. Fallar, salir rana (to fail). **The scheme backfired on us,** nos salió el tiro por la culata.
back-formation ['bækfɔːˌmeɪʃən] [bak-for-mei-shon] *s.* Derivación regresiva.
backgammon ['bækˌgæmən] [bak-ga-mon], *s.* Juego de chaquete. **Backgammon-board,** Tablas reales. *(Mex.)* Pretera.
background ['bækgraʊnd] [bak-graund], *s.* 1. Fondo. **Red triangles on a green background,** triángulos rojos en un fondo verde. **Background music, noise,** música, ruido de fondo. 2. Historial, antecedentes (events leading up to), educación, pasado (past life). **The background to the revolution,** los antecedentes de la revolución. 3. Cualidades, requisitos, calificaciones, conocimientos, experiencia. Origen. **He has an English backgroung,** es de origen inglés. Ambiente, medio (atmosphere). Último plano (of picture, photograph). *(Fig.)* Segundo plano, segundo término (less prominent situation).
backhand ['bæk'hænd] [bak-jand] *a.* Dado con el dorso de la mano. **Backhand stroke,** revés (in tennis, etc.) *s.* Revés (blow, stroke). Letra inclinada hacia la izquierda (handwriting).
backhanded [bæk'hændɪd] [bak-jan-ded], *a.* 1. Referente al revés de la mano. 2. Falto de sinceridad, irónico, ambiguo, equívoco (compliment). **A backhanded compliment,** un cumplimiento poco sincero. 3. Inclinado a la izquierda (handwriting); v.g. **Backhanded letters,** letras inclinadas. 4. De revés. **A backhanded blow,** golpe de revés. Que vacila (hesitant). **He is not backhanded in asking for more,** no vacila en pedir más.
backing ['bækɪŋ] [ba-kin], *s.* 1. Apoyo dado a una persona o causa. 2. Retroceso. 3. Refuerzo (encuadernación). 4. Respaldo, forro, materia que forma el espaldar de alguna cosa. Refuerzo. **A cloth belt with a leather backing**, un cinturón de tela con un refuerzo de cuero. Entretela (in sewing). Refuerzo (of picture). **Financial backing,** respaldo financiero.
backlash ['bæklæʃ] [bak-lash] *s.* Retroceso (backward movement). Holgura, juego (looseness). Sacudida (jarring reaction). *(Fig.)* Reacción (antagonistic reaction).
backlighting [bæk'laɪtɪŋ] [bak-lai-tin] *s.* Contraluz.
backlog ['bæklɒg] [bak-log], *s.* 1. Leño en el fondo del hogar (of a fire). 2. *(Com.)* Pedidos pendientes por llenar. Reserva (reserve). **This backlog of orders assures the continued growth of the company,** esta reserva de pedidos garantiza el constante desarrollo de la compañía.
back number ['bæk'nʌmbəʳ] [bak-nam-baʳ] *s.* Número atrasado (of a publication). *(Fig.)* Cosa o persona anticuada (old-fashioned). Vieja gloria (has been).
backpedal ['bæk'pedl] [bak-pe-dal] *vn.* Pedalear hacia atrás. *(Fig.)* Volverse atrás (to back down).
backpiece ['bæk'piːs] [bak-pis], *s.* Espaldar, armadura para cubrir la espalda.
backplate ['bæk'pleɪt] [bak-pleit] *s.* Espaldar.
backrest ['bækrest] [bak-rest] *s.* Respaldo (of a chair).
back room ['bæk'rʊm] [bak-rum] *s.* Cuarto trasero. *(Fig.)* **Decisions taken in the back room,** decisiones tomadas entre bastidores.
back scratcher ['bækˌskrætʃəʳ] [bak-skra-chaʳ] *s.* Rascador.
back seat ['bæk'siːt] [bak-sit] *s.* Asiento trasero. **Back seat driver,** persona que abruma de consejos al conductor (in a car), persona entromedida (meddler). *(Fig.)* **To take a back seat,** pasar al segundo plano, estar en el segundo plano.
backset ['bækset] [bak-set], *s.* Contratiempo, revés (setback), infortunio; recaída. Contracorriente (of water).
back shop ['bækʃɒp] [bak-shop], *s.* 1. Trastienda, el cuarto o pieza que está más adentro de la tienda. 2. Trasero (de animal).
backside ['bæk'saɪd] [bak-said], *s.* 1. *(Fam.)* Trasero. Espalda, la parte de atrás de cualquier cosa. 2. Trascorral o trasero.
backslapper ['bækˌslæpəʳ] [bak-sla-paʳ] *s.* Persona campechana.
backslide ['bæk'slaɪd] [bak-slaid], *vn.* 1. Resbalar o caer hacia atrás; torcerse; apostatar: tergiversar. 2. Recaer, hablando moralmente. Desviarse, salir al mal camino (to become corrupted). Reincidir volver a caer (to relapse).
backslider ['bæk'slaɪdəʳ] [bak-slai-daʳ], *s.* 1. Apóstata, 2. Reincidente.
backsliding ['bæk'slaɪdɪŋ] [bak-slai-din] *s.* Apostasía, reincidencia.
backspacer [ˌbæk'speɪsəʳ] [bak-spei-saʳ] *s.* Tecla de retroceso (of typewriter).
backspin ['bækspɪn] [bak-spin] *s.* Efecto. **To put a backspin on a ball,** dar efecto a una pelota.
backstaff ['bæk'stɑːf] [bak-staf], *s.* Instrumento para medir la altura del sol en el mar.
backstage ['bæk'steɪdʒ] [bak-steich], *s.* *(Teat.)* Parte del escenario oculta a la vista del público. *-adv.* Entre bastidores. *-a.* en los camerinos (to or in the dressing rooms). *a.* De bastidores. *(Fig.)* De la vida privada (of theater people). Oculto, secreto. **Backstage deals,** acuerdos ocultos. **Backstage noises,** ruidos que vienen de los bastidores. **Backstage workers,** hombres que trabajan entre bastidores.
back stairs ['bæk'stɛəz] [bak-stears], *s. pl.* Escalera de servicio.
backstairs ['bæk'stɛəz] [bak-stears] *a.* *(Fig.)* Secreto (secret). Barato. **Backstairs novels,** novelas baratas. Sórdido

(sordid). *(Fig.)* **To get a job through backstairs influence,** conseguir un puesto por enchufe.

backstays ['bæk'steɪs] [bak-steis], *s.pl. (Mar.)* Brandales, ramales que mantienen los masteleros fijos, para que no caigan hacia proa. **Shifting backstays,** *(Mar.)* Brandales volantes. **Backstay-stools,** *(Mar.)* mesetas de los brandales. Soporte (support). Contrafuerte (of shoe).

backstitch ['bækstɪtʃ] [bak-stich], *s.* Pespunte (in sewing), punto atrás, puntada hecha clavando la aguja la mitad del largo de la puntada precedente. **To backstitch,** *va.* y *vn.* Pespuntear, coser al pespunte.

backstop ['bækstɒp] [bak-stop], *s.* 1. (Béisbol) Mampara colocada detrás del *home* para detener la pelota. 2. Cualquier cosa a que se recurra con propósito similares.

back street ['bækstri:t] [bak-strit] *s.* Calle pequeña, callejuela.

backstroke ['bækstrəʊk] [bak-strouk], *s.* En natación, brazada de dorso. Revés (in tennis).

backsword ['bæksɔ:d] [bak-suod], *s.* Sable (sword). Bastón (singlestick). Alfanje.

back talk ['bæktɔ:k] [bak-tok] *s.* See BACKCHAT.

backtrack ['bæktræk] [bak-trak], *va.* y *vn.* Seguir un rastro o huella en sentido inverso. Volver hacia atrás. *(Fig.)* Volverse atrás.

back-up light ['bækʌp'laɪt] [bak-ap-lait], *s.* Luz blanca para marcha atrás.

backward ['bækwəd] [bak-uod] *a.* Hacia atrás. **A backward glance,** una mirada hacia atrás. Atrasado. **A backward country, child,** un país, niño atrasado. Tardío (fruit). **Backward in,** tímido para (shy), remiso en (reluctant), tardo en (slow). **Backward motion,** retroceso. See BACKWARDS.

backward, *a.* 1. Opuesto, enemigo; el que hace alguna cosa de mala gana. 2. Lerdo, pesado, tardo, lento, negligente, perezoso.

backwardly ['bækwədlɪ] [bak-uodli], *adv.* Con repugnancia, de mala gana.

backwardness ['bækwədnɪs] [bak-uodnes], *s.* Torpeza, pesadez, tardanza, negligencia. Atraso, retraso (mental, economic). Timidez (shyness). Falta de entusiasmo (reluctance). Tardanza (slowness).

backwards ['bækwədz] [bak-uods] *adv.* Hacia atrás. **To lean backwards,** inclinarse hacia atrás. De espaldas. **To fall backwards,** caerse de espaldas. Al revés. **To do things backwards,** hacer las cosas del revés. **To know something backwards o backwards and forwards,** saber algo al dedillo o como el Padrenuestro. *(Fig.)* **To look backwards in time,** mirar hacia atrás. **To move backwards,** retroceder. **To read backwards,** leer al revés. **To stroke the cat backwards,** acariciar el gato a contrapelo.

backwash ['bækwɒʃ] [bak-uosh], *s.* 1. Estela, agua removida por hélices o remos. Remolinos de agua. Resaca (of waves). 2. Agitación resultante de algún acontecimiento. *(Fig.)* Repercusión.

backwater ['bækwɔ:təʳ] [bak-uotaʳ], *s.* 1. Agua que repele una rueda hidráulica. 2. Remanso (still water), agua estancada (de un río). Brazo de mar (of sea). *(Fig.)* Lugar apartado (remote place). Lugar apartado (remote place).

backwoods ['bækwʊdz] [bak-wuds], *s.* Región apartada de los centros de población o situada en fronteras lejanas, por lo general cubierta total o parcialmente de bosques. Selvas del interior (de América del Norte). *(Fig.)* Región apartada (remote area). Lugar apartado o perdido (remote place).

backwoodsman ['bækwʊdzmən] [bak-wuds-man] *s.* Persona que vive en un lugar perdido. Patán (peasant).

backwound ['bækwaʊnd] [bak-vund], *va. V.* BACKBITE.

backyard ['bæk'jɑ:d] [bak-yard] *s.* Traspatio, patio interior.

bacon ['beɪkən] [bei-kon], *s.* Tocino entreverado; la carne salada del puerco. **Flitch of bacon,** hoja de tocino. **Gammon of bacon,** jamón, pernil. **Rusty bacon,** tocino rancio. *(Fig.)* **To bring home the bacon,** ganarse el cocido o el pan (to earn a living), llevarse la palma (to succeed). **To save one´s bacon,** salvar el pellejo.

Baconian ['bəkənɪən] [ba-ko-nian] a./s. Baconiano.

bacteria [bæk'tɪərɪə] [bak-ti-ria], *s. pl.* Bacterias.

bacterial [bæk'tɪərɪəl] [bak-ti-rial], *a.* Bacterial, bactérico, perteneciente a las bacterias.

bactericidal ['bæktɪə'rɪsɪdəl] [bak-ti-ri-si-dal], *a.* Destructor de las bacterias.

bactericide [bæk'tɪərɪsaɪd] [bak-ti-ri-said], *s. V.* GERMICIDE.

bacteriological [bæk,tɪərɪə'lɒdʒɪkəl] [bak-ti-ria-lo-yi-kal], *a.* Perteneciente a la bacteriología. **Bacteriological warfare,** guerra bacteriológica.

bacteriologist [bæk,tɪərɪ'ɒlɒdʒɪst] [bak-ti-ri-o-lo-yist], *n.* Bacteriólogo, el que se dedica al estudio de la bacteriología.

bacteriology [bæk,tɪərɪ'ɒlɒdʒɪ] [bak-ti-ri-o-lo-yi], *s.* Bacteriología, la ciencia que trata de las bacterias.

bacterium [bæk'tɪərɪəm] [bak-ti-rium], *s.* Singular de BACTERIA.

bad [bæd] [bad], *a.* 1. Mal, malo. **Bad habits,** malas costumbres. Viciado (blood). **Bad blood,** mala sangre. **To keep bad company,** tener malas compañías. **A bad light for reading,** una luz mala para leer. **These apples are bad,** estas manzanas están malas. **Bad news,** malas noticias. **Smoking is bad for the health,** el fumar es malo para la salud. 2. Perverso. Incobrable (debt). Severo, intenso (cold). 3. Infeliz, desgraciado, cruel (defeat). 4. Nocivo, dañoso, grave (mistake, accident, disease). 5. Indispuesto, malo. **To be bad of a fever,** estar con calentura. **To feel bad,** encontrarse mal. **From bad to worse,** de mal en peor. *(Fam.)* **Bad egg** o **bad lot,** mala persona. **He is a bad one,** es un tipo de cuidado, es un mal sujeto. **I am in bad with my friend,** mi amigo está enfadado conmigo. **In a bad sense,** en mal sentido. **In a bad way,** en mal estado (in a bad state), en un mal paso (in a tight spot). **It´s not bad,** no está mal. **To go bad,** echarse a perder, estropearse. **To look bad,** tener mala cara. **Too bad!** , ¡qué pena! (what a shame!), ¿qué le vamos a hacer? (never mind). **To use bad language,** ser mal hablado. *s.* Lo malo, gente mala (bad people). **I am ten pounds to the bad,** tengo un déficit de diez libras. **To go to the bad,** echarse a perder.

bad, bade [bæd] [beid], Pretérito del verbo *To bid.*

badge [bædʒ] [bach], *s.* Divisa, señal, distintivo (distinctive device), símbolo, insignia (of office) . **Badge of honor,** divisa de honor. **Badges of the stern and quarters,** *(Mar,)* escudos de popa. **Red Cross badge,** brazalete de la Cruz Roja.

badge, *va.* Divisar, señalar con divisa.

badgeless ['bædʒlɪs] [bach-les], *a.* Sin divisa o señal.

badger ['bædʒəʳ] [ba-char], *s.* 1. Tejón, animal cuadrúpedo.

badger, *va.* Molestar, cansar, fatigar, fastidiar. Importunar, acosar (con preguntas).

badger-legged [bædʒə,legd] [bad-cha-legd], *a.* Patituerto o estevado.

badinage ['bædɪnɑ:ʒ] [ba-di-nach], *s.* Gracejo, jocosidad, burla, chanza, chacota; cháchara. Discreteo (playful teasing). Broma (joking).

badlands ['bædlændz] [bad-lands] *s.* Páramos, tierras yermas.

bad-looking ['bæd,lu:kɪŋ] [bad-lu-king] *a.* Feo.

badly ['bædlɪ] [bad-li], *adv.* Mal o malamente. **To behave badly,** portarse mal. Gravemente. **Badly hurt,** gravemente herido. Mucho. **To miss someone badly,** echar mucho de menos a alguien. **He needs money badly,** tiene mucha necesidad de dinero. **To be badly off,** andar mal de dinero (hard up). **To be badly off for,** andar mal de.

badminton ['bædmɪntən] [bad-min-ton], *s.* Badminton, juego parecido al tenis.

badness ['bædnɪs] [bad-nes], *s.* Maldad (of a person), falta de bondad, sea en lo físico o en lo moral; mala calidad de una cosa. Rigor (of climate, weather). Mal estado (of a road).

bad-tempered ['bæd'tempəd] [bad-tem-ped] *a.* De mal genio (permanently). De mal humor, malhumorado (occasionally).

baffle ['bæfl] [ba-fol], *va.* Desconcertar (to puzzle). Frustrar (to frustrate), interponiendo obstáculos, hacer inútil; eludir, huir de la dificultad. **To baffle all description,** escapar a cualquier descripción. Impedir (to hamper). Desviar (to deflect). Detener (to stop). *-vn.* Engañar, burlarse.

baffler ['bæfləʳ] [ba-flar], *s.* Engañador, el que elude.

baffling ['bæflɪŋ] [baflin] *a.* Desconcertante.

bag ['bæg] [bag], *s.* 1. Saco (sack), talega, bolsa. **Shopping bag,** bolsa para la compra. **Paper bag,** bolsa de papel. Bolso (handbag), cartera (satchel) 2. Bolsita o vejiguilla en la que algunos animales tiene jugos particulares, como la víbora el veneno y la algalia el licor así llamado **Poison, ink bag,** bolsa de veneno, de tinta; ubre, teta (de vaca, de cabra, de oveja). **Game-bag,** morral, zurrón. **Cinnamon-bag,** churla de canela. **Cigar-bag,** petaquilla, cigarrera. **To pack up bag and baggage,** liar el hato, liar el petate, tomar el tole. *(Fig. Fam.)* **Bag of bones,** costal de huesos. **Bags of,** montones de, mucho. **Bags of money,** montones de dinero. **There´s bags of room,** hay mucho sitio. **Diplomatic bag,** valija diplomática. *(Fam.)* **It´s in the bag,** está en el bote. **To be left holding the bag,** cargar con el muerto. **Traveling bag,** bolsa de viaje. **Laundry bag,** bolsa para la ropa sucia. *(Fig.)* **The whole bag of tricks,** todo.

bag, *va.* 1. Ensacar (to put in bags), meter alguna cosa en sacos, empaquetar. 2. Entalegar, meter alguna cosa en talego o talega. *(Fig.)* Pescar, coger. **The police bagged the whole gang,** la policía pescó toda la banda. **He bagged the best seat,** cogió el mejor sitio. **Who has bagged my matches?,** ¿quién ha cogido mis cerillas? *-vn.* 1. Abotagarse, hincharse (to swell). 2. Hacer bolsa o pliegue (una prenda de vestir).

bagasse ['bægəs] [ba-gas] *s.* Bagazo (of grapes).

bagatelle [ˌbægə'tel] [ba-ga-tel], *s.* Bagatela, cosa de poca sustancia y valor, futesa, fruslería (trifle). Billar inglés (game).

bagful ['bægfʊl] [bag-ful] *s.* Bolsa, saco. **They picked three bagfuls of apples,** recogieron tres sacos de manzanas. Montón. **Bagfuls of money,** montones de dinero.

baggage ['bægɪdʒ] [ba-geich], *s.* 1. *(E.U.)* Equipaje (de un viajero); se llama *luggage*, en la Gran Bretaña. 2. Bagaje, equipaje de tropa. **Baggage check,** contraseña o talón de equipaje. **Baggage car,** carro furgón, de equipaje. **Baggage wagon,** furgón. **Baggage rack,** redecilla.

baggage, *s.* Zorra, pelleja *(Fam.)* coqueta; maula, buena alhaja. Picaruela (saucy girl). Ramera (prostitute).

bagging ['bægɪŋ] [ba-ging], *s.* Tela basta; arpillera.

baggy ['bægɪ] [ba-gi] *a.* Que hace bolsas. **A baggy suit,** un traje que hace bolsas. Holgado (loose). **Trousers baggy at the knees,** pantalón con rodilleras.

Baghdad [ˌbæg'dæd] [bag-dad] *N. (Geogr.)* Bagdad.

bagnio ['bægnɪə] [bag-nio], *s.* 1. Lupanar, burdel. 2. Casa de baños; baño. 3. Mazmorra de los esclavos en Turquía.

bagpipes ['bægpaɪpz] [bag-paips], *s.* Gaita, cornamusa.

bagpiper ['bægpaɪpəʳ] [bag-pai-par], *s.* Gaitero.

baguette [bæ'get] [ba-guet] s. *(Arq.)* Junquillo.

bah [bɑː] [ba], inter. ¡Bah! exclamación de desprecio o enfado.

bail [beɪl] [beil], *s.* 1. Caución, fianza. **A bail of two hundred dollars,** una fianza de doscientos dólares.; caución juratoria; fianza carcelera. 2. El fiador o abonador de otro. **On bail,** bajo fianza. **To give bail,** sanear. **To forfeit bail,** perder la fianza. **To go bail o to put up bail for someone,** salir fiador por uno, dar fianza por uno. **To be on bail,** estar en libertad bajo fianza.

bail, *s.* 1. Asa (de un cubo, de una calera.). 2. División entre los compartimientos de un establo. Muro exterior (of castle). 3. *(G.B.)* Mojón, mojonera. 4. Achicador (for scooping water); cubo o vertedor para achicar.

bail, *va.* 1. Dar fianza o salir fiador por otro (to put up bail for). 2. *(For.)* Poner en libertad bajo fianza. 3. Desaguar, vaciar un estanque, achicar un bote (water out of a boat). **To bail out,** vaciar; *(Aer.)* Lanzarse en paracaídas. *(Fig.)* **To bail out,** sacar de apuro.

bailable ['beiləbl] [bei-la-bol], *a.* El que puede ser puesto en libertad bajo fianza; caucionable.

bail-bond [ˌbeɪl'bɒnd] [beil-bond], *s.* Fianza de excarcelación; escritura de fianza.

bailee ['beiliː] [bei-lí], *s. (For.)* Depositario, el que recibe cierta propiedad mueble en depósito.

bailer ['beiləʳ] [bei-lar], *s. (For.)* El que es fiador de otro. *(Mar.)* Achicador.

bailey ['beilɪ] [bei-li], *s.* Patio exterior de un castillo o cualquier patio de una fortaleza. **Old Bailey,** el tribunal central de lo criminal en Londres.

bailiff ['beilɪf] [bei-lif], *s.* 1. Alguacil (debt collector), corchete, ministro, inferior de justicia cuya obligación es prender o ejecutar prisiones. 2. Mayordomo (of state), administrador.

bailiwick ['beilɪwɪk] [bei-li-uik], *s.* Alguacilazgo; mayordomía.

bailment ['beilmənt] [beil-ment], *s. (For.)* 1. Depósito, entrega de alguna cosa a tercera persona. 2. Acción de procurar la libertad de un preso bajo fianza.

bailor ['beiləʳ] [bei-lor], *s. (For.)* Fiador; el que da fianza por otro.

bain-marie [bɛmə'ri] [be-ma-ri] *s.* Baño maría, baño de maría.

bait [beit] [beit],*va.* 1. Cebar, dar cebo a los animales para engordarlos, o atraerlos. Poner el cebo en, encebar. **To bait the hook,** poner el cebo en el anzuelo. 2. Azuzar, incitar a los perros para que ataquen; molestar, hostigar (to torment), acosar, fatigar. *-vn.* 1. Hacer parada o alto para tomar un refrigerio. Dar un pienso a los animales en el camino. 2. Aletear, mover las alas con violencia. 3. Atraer, incitar.

bait, *s.* 1. Cebo, carnada (in fishing and hunting), la comida que se echa a los animales para atraerlos; anzuelo, añagaza, señuelo. 2. *(Fig.)* Cebo, señuelo (enticement), el formento de algún efecto o pasión; añagaza. 3. Refrigerio o refresco que se toma en los descansos que se hacen en una jornada. 4. Pienso, el alimento que se da a los animales. **To take the bait,** picar, tragar el anzuelo, caer en un lazo. **To lay the bait,** poner el cebo.

baize [beis] [beis], *s.* Bayeta, tela basta de lana. **Scarlet baize,** bayeta de grana. **Long-napped baize,** bayeta de pellón. **Green baize,** tapete verde (in games).

bake [beik] [beik], *s.* Cocción. *va.* 1. Cocer en horno (in an oven). **To bake a cake,** cocer un pastel en el horno. 2. Secar (to dry), desecar, endurecer (to harden), calcinar. **The earth is baked by the heat,** la tierra está desecada por el calor. **Baked bricks,** ladrillos cocidos. *-vn.* Hornear, ejercer el oficio de hornero. **Baked meat,** guisado, carne guisada o cocida al horno. Cocer, cocerse. *(Fig. Fam.)* **It´s baking hot**, hace un calor achicharrante.

bakehouse [beik'haʊs] [beik-jaus], *s.* Horno, panadería.

bakelite ['beikəlaɪt] [beika-lait], *s.* Bakelita, resina sintética.

baker ['beikəʳ] [bei-kar], *s.* Hornero, panadero (who makes and sells bread). Pastelero (who makes and sells cakes). **Baker´s,** panadería. **A baker's dozen,** trece por docena, docena de fraile.

bakery ['beikərɪ] [bei-ka-ri] *s.* Panadería, tahona.

baking ['beikɪŋ] [bei-kin], *s.* Hornada (Batch); cocimiento.

baking-pan ['beikɪŋˌpæn] [bei-kin-pan], *s.* Tortera o tartera.

baking powder ['beikÎÎ"paUd@ʳ] [bei-kin-pau-dar], *s.* Polvo de hornear, levadura en polvo.

baking soda ['beikɪŋˌsəʊdə] [bei-kin-sou-da], *s.* Bicarbonato de sosa o de soda.

balaclava [ˌbælə'klɑːvə] [ba-la-kla-va] *s.* **Balaclava helmet,** pasamontañas.

balalaika [ˌbælə'laɪkə] [ba-la-lai-ka] *s. (Mús.)* Balalaika.

balance ['bæləns] [ba-lans], *s.* 1. Balanza (apparatus), el peso compuesto de fiel, brazos y platillos. 2. Cotejo de una cosa con otra. 3. (physical) Equilibrio. **To keep, loose one´s**

balance, mantener, perder el equilibrio. **The blow caught him off balance,** el golpe lo agarró o lo cogió desprevenido. **To throw somebody off balance** (disconcert), desconcertar a alguien, (topple) hacer que alguien pierda el equilibrio. Balance. **Bank balance,** saldo (difference, remainder, resto (of sum of money), saldo. 4. Volante de reloj. 5. *(Astr.)* Libra, el séptimo signo del zodíaco. **The balance of an account,** saldo de una cuenta, balance o ajuste final de ella (in accounting). **Balance sheet,** balance. **Balance weight,** contrapeso. **Balance wheel,** rueda catalina, volante, péndulo de reloj. **To strike a balance,** hacer o pasar balance.

balance, *va.* 1. Equilibrar, mantener o sostener en equilibrio. **He put out his arms to balance himself,** extendió los brazos para no perder el equilibrio. Igualar en peso, en poder, sopesar (weigh up). **You have to balance the risks against the likely profit,** tienes que sopesar los riesgos y los posibles beneficios. 2. Balancear, contrapesar. 3. Dar finiquito, saldar, satisfacer el alcance que resulta de una cuenta. **To balance the books,** hacer cuadrar las cuentas. 4. Pesar en balanza; pesar, considerar, examinar. *-vn.* 1. Estar en equilibrio; ser iguales en peso. 2. Balancear, dudar, estar perplejo en la resolución de alguna cosa. 3. Balancearse, agitarse, menearse de acá para allá. **Balance out,** compensarse. **It all balances out in the end,** al final una cosa compensa la otra. **The losses and the gains balance each other out,** las pérdidas y las ganancias se compensan.

balanced ['bælənst] [ba-lanst] *a.* Equilibrado.

balancing ['bælənsɪŋ] [ba-lan-sin], *s.* Equilibrio; la acción de pesar. **Balancing-pole,** balancín, contrapeso de los volatines y funámbulos. **To perform a balancing act,** hacer malabarismos.

balas ruby ['bæləs,rʊbɪ] [ba-las-ru-bi], *s.* Balaje, rubí espinela de color vinoso.

balausta ['bæləstə] [ba-los-ta], *s.* Balaustra, fruto con el cáliz adnato, y que contiene numerosas semillas; o el del granado silvestre.

balcony ['bælkənɪ] [bal-ko-ni], *s.* 1. *(Arq.)* Balcón, plataforma rodeada de un antepecho de madera, piedra o hierro, que proyecta de una pared y suele ponerse delante de una puerta o ventana grande. (large) Terraza. 2. *(Teat.)* Platea alta, galería de los teatros, gallinero.

bald [bO:ld] [bold], *a.* 1. Calvo, falto de pelo. 2. Escueto, pelado; desnudo, pelón, raído, gastado, liso. **He is bald,** es calvo. **To go bald,** quedarse calvo. **Bald patch,** calva 3. Soso, desabrido, grosero, sin elegancia ni dignidad. **A bald translation,** una traducción grosera, sin elegancia. (Plain) **The bald truth,** la verdad pura y simple.

baldachin ['bældəntʃɪn] [bal-dan-chin], *s.* *(Arq.)* Dosel, baldaquín.

balderdash ['bɔ:ldədæʃ] [bol-dar-dash], *s.* *(Fam.)* 1. Disparate, jerga, jerigonza. 2. Mejunje, mezcolanza, especialmente de licores.

baldhead [bɔ:ld'hed] [bold-jed], *s.* Calvo, sin pelo en la cabeza.

balding ['bɔ:ldɪŋ] [bol-din] *a.* **He is balding,** se está quedando calvo.

baldly ['bɔ:ldlɪ] [bold-li], *adv.* Chabacanamente, groseramente.

baldness ['bɔ:ldnɪs] [bold-nes], *s.* Calvez, calvicie, falta de pelo en la cabeza.

bald-pate, bald-pated [bɔ:ld'peɪt] [bold-peit], *a.* Tonsurado; calvo. **Baldpate,** cabeza pelada; se dice de los frailes.

baldric [bɔ:ld'rɪk] [bold-rik], *s.* 1. Zona, banda o faja. 2. *(Astr.)* Zodíaco.

bale [beɪl] [beil], *s.* 1. Bala o fardo de mercaderías. 2. Bala de papel que contiene diez resmas. 3. *(Ant.)* Calamidad, miseria. **Bale of fire,** lumbrada, luminaria, fuego.

bale, *vn.* Embalar, empaquetar, enfardar. *-va.* *(Mar.)* Achicar, sacar el agua del bote.

Balearic Islands [,bælɪ'ærɪk,aɪlandz] [ba-lia-rik-ai-lands] *N.* *(Geogr.)* las Islas Baleares.

baleen ['bəli:n] [ba-lín], *s.* *(Ant.)* Ballena.

baleful ['beɪlfʊl] [beil-ful] *a.* Torvo.

balefully ['beɪlfəlɪ] [beil-fu-li], *adv.* Desgraciadamente, tristemente.

bale out ['beɪl,aʊt] [beil-aut] See BAIL OUT.

balize ['bəlaɪs] [ba-lais], *s.* Baliza, boya o señal que se pone en algunos puntos del mar o de los ríos para indicar a las embarcaciones que hay peligro.

balk [bɔ:k] [bolk], *s.* 1. Viga, madera larga y gruesa. 2. Lomo entre surcos. 3. Chasco, contratiempo, suceso contrario a lo que se esperaba. 4. Deshonor; desgracia. 5. Agravio, perjuicio.

balk, baulk, *va.* 1. Frustrar o dar chasco, faltar a la palabra. Obstaculizar (attempt, plan), evitar, eludir (avoid) (question, issue) 2. Amontonar en un bulto o lomo. *-vn.* Pararse obstinadamente; quedarse detenido; se dice de las caballerías. Mostrarse reacio a. **He balked at the suggestion,** se mostró reacio a aceptar la sugerencia.

Balkan ['bɔ:lkən] [bal-kan] *a.* Balcánico. *N.* *(Geogr.)* **The Balkans,** los países balcánicos.

balky ['bɔ:lkɪ] [bal-ki], *a.* Obstinado, porfiado, dispuesto a plantarse; se aplica más a las caballerías que se detienen de pronto y se niegan a seguir andando.

ball [bɔ:l] [bol], *s.* 1. Bola, cuerpo redondo de cualquier materia, globo. **Eye-ball,** globo del ojo. 2. Pelota, bola (in baseball, golf), pelota, balón (in basketball, football), bola (in billiards). **The ball is in your court,** te corresponde a ti dar el próximo paso. *(Coloq,)* **To be on the ball,** ser muy espabilado, tener los ojos bien abiertos. **To carry the ball,** llevar la batuta o la voz cantante. (football) **To drop** o **fumble the ball,** flumbear. **You know he won´t drop** o **fumble the ball,** ya sabes que no nos va a fallar. **To set, start, keep the ball rolling,** poner, mantener las cosas en marcha o en movimiento. **To play ball with somebody,** jugar a la pelota con alguien. 3. Bola (round mass), ovillo (of string, wool). **She was curled up in a wool,** estaba hecha un ovillo. *(Fam.)* **The whole ball of wax,** toda la historia. *(Anat.)* **The ball of the foot,** la parte anterior de la planta del pie. **Snow-ball,** bola de nieve. **Wash-ball,** bola de jabón. **Printer's ball,** bola de impresor. **The ball of the thumb,** eminencia en la base del dedo pulgar. **Ball of the foot,** eminencia carnosa en la base del dedo grueso del pie. 4. Baile, festejo en que se juntan varias personas para bailar. **To have a ball,** divertirse de lo lindo o como loco. **Fancy ball,** baile de trajes, en el que los concurrentes se presentan disfrazados. **Dress ball,** sarao; baile serio, o de etiqueta. **Masquerade ball,** baile de máscaras. **Ball bearings,** cojinete de bolas (de acero). 5. Balls *(Vul.)* *(testicles)* Huevos, pelotas, cojones, tanates. (Nonsense) Pendejadas, huevadas, gilipolleces, boludeces. *(Vul.)* **Ball up, balls up,** joder, fastidiar (spoil plans, task). Cagada, despelote. **He made a complete balls up of the arrangements,** se cargó la organización.

ballad ['bæləd] [ba-lad], *s.* Balada o balata (sentimental song), canción; jácara, romance (narrative poem, song).

ballad-maker, ballad-writer ['bæləd,meɪkə[r]] [ba-lad-mei-kar], *s.* Coplero, coplista, jacarista, escritor de canciones.

ballad-monger ['bæləd,mʌŋgə[r]] [ba-lad-mon-guar], *s.* Coplero, el que trafica en baladas, coplas o canciones.

ballad-singer ['bæləd,sɪŋgə[r]] [ba-lad-sin-guar], *s.* Jacarero, cantor de jácaras o baladas.

ballad-tune ['bæləd,tju:n] [ba-lad-tiún], *s.* Entonación o aire de balada.

ballast ['bæləst] [ba-last], *s.* 1. Lastre, el peso que se echa en el fondo del navío para que navegue. 2. *(F.C.)* Cascajo, balaste, arena y pedrisco para terraplenar. **To go in ballast,** ir en lastre. **Washed ballast,** lastre lavado o guijarro. **Ballast lighter,** lanchón de deslastrar. **Ballast ports,** portas de lastrar.

ballast, *va.* 1. Lastrar, echar lastre al navío. 2. Hacer o tener alguna cosa firme. *(F. C.)* Balastar, afirmar.

ballasting ['bæləstɪŋ] [ba-las-tin], *s.* 1. El acto de lastrar o de balastrar. 2. Material para terraplenes; balaste; afirmación. *(Mar.)* Lastre.

ballboy ['bɔːlbɔɪ] [bol-boi] *s.* Recogepelotas, recogebolas, pelotero.
ballerina [ˌbæləˈriːnə] [ba-le-ri-na], *s.* Bailarina de ballet. **Ballerina-length dress,** vestido de noche que llega un poco más arriba del tobillo.
ballet ['bæleɪ] [ba-lei], *s.* Ballet, baile clásico. **Ballet dancer,** bailarín de ballet.
ball game [bɔːl'geɪm] [bol-gueim] *s.* Juego de pelota. **Baseball game,** partido de béisbol. **Football game,** partido de fútbol, o fútbol americano. **No ball games,** prohibido jugar a la pelota. **It´s a whole new ball game,** ha cambiado totalmente el panorama. **Ball game girl,** recogepelotas, recogebolas, pelotera.
ballistic [bə'lɪstɪk] [ba-lis-tik] *a.* Balístico. **Ballistic missile,** *(Mil.)* Proyectil balístico.
ballistics [bə'lɪstɪks] [ba-lis-tiks], *s.* Balística.
balloon [bə'luːn] [ba-lún], *s.* Globo. **Balloon tire,** llanta o neumático balón. (Toy) Globo, bomba, chimbomba. *(Aer.)* Globo, aeróstato. **Meteorological** o **weather balloon,** globo sonda. *(Fam.)* **To go over/down like a lead balloon,** caer muy mal. **When the balloon goes up,** cuando estalle o reviente el asunto. Globo, bocadillo (in comic strip). *(Aer.)* **To go ballooning,** a) pasear en globo, b) hincharse (swell).
balloonist [bə'luːnɪst] [ba-lu-nist], *s.* Aeronauta.
ballot ['bælət] [ba-lot], *s.* 1. Balota, bolilla o haba para votar. 2. **Ballot paper,** papeleta impresa o manuscrita que sirve para votar. Número de votos (number of votes cast). 3. La acción de votar, votación (system of voting). **Ballot-box,** urna electoral; urna de escrutinio. **To hold, take a ballot on something,** someter algo a votación.
ballot, *vn.* 1. Balotar, votar con balotas. 2. Votar, en general; ejercer el derecho de sufragio. Invitar a votar (members). **To ballot somebody on something,** someter algo a la votación de alguien.
ball park ['bɔːlpɑːk] [bol-park] *s.* Estadio, parque de béisbol. **To be in the ball park: total costs will be in the 5 million ball park,** el costo total será del orden de cinco millones. **Several of the bids are in our ball park,** varias de las ofertas están a nuestro alcance. **A ball park figure,** una cifra aproximada.
ballplayer ['bɔːlˌpleɪəʳ] [bol-ple-yar], *s.* Jugador de pelota. Jugador de béisbol, beisbolista (in baseball). Jugador de fútbol, o de fútbol americano (in football). Jugador de baloncesto, baloncestista, basquetbolista (in basketball).
ball-point pen ['bɔːlpɔɪntˌpen] [bol-point-pen], *s.* Pluma de bola, pluma esferográfica. Bolígrafo.
ballroom ['bɔːlrʊm] [bol-rum], *s.* Salón de baile. **Ballroom dancing,** baile de salón.
ballyhoo [ˌbæl'huː] [ba-li-ju], *s.* Bombo, exagerada publicidad. *-va.* Dar bombo, anunciar algo exageradamente, a bombo y platillo.
balm [bɑːm] [balm], *s.* 1. Bálsamo, el jugo o licor que se saca de un arbusto que se llama también *bálsamo.* 2. Bálsamo, cualquier ungüento precioso y fragrante. 3. Bálsamo, lo que mitiga y suaviza. **Balm of Gilead,** bálsamo de Canarias. 4. *(Bot.)* Balsamita mayor, toronjil. **Balm-gentle,** melisa.
balm, *va.* 1. Embalsamar. 2. Mitigar, suavizar, calmar.
balmy ['bɑːmɪ] [bal-mi], *a.* 1. Balsámico, lo que tiene las cualidades del bálsamo y lo que produce bálsamo. 2. Balsámico; untuoso; lo que mitiga y suaviza. 3. Fragrante. 4. *(Fig.)* Calmante, dulce, suave, reparador. **Balmy sleep,** sueño reparador. Templado y agradable (evening, air). Chiflado, rayado (crazy).
balneal ['bɑːnɪəl] [bal-nial], **balneary** ['bɑːnɪərɪ] [bal-nia-ri], *a.* Balneario, perteneciente a los baños públicos, o al baño.
baloney [bə'ləʊnɪ] [ba-lou-ni] *s.* Tonterías (nonsense), chorradas, macanas.
balsam ['bɔːlsəm] [bal-sam], *s.* 1. Bálsamo, sustancia oleosa, resinosa y aromática que se extrae de ciertas plantas y árboles. **Balsam of Copaiba,** bálsamo de Copaiba. **Balsam of Peru,** bálsamo del Perú, o del Salvador. **Balsam of Tolu,** bálsamo de Tolú o de María. **Copal balsam,** bálsamo de copal. **Anada balsam (balsam of fir),** bálsamo del Canadá. 2. Planta anual de jardín, con hermosas flores; balsamina.
balsam-apple ['bɔːlsəmˌeɪpl] [bal-sam-eipol], *s.* *(Bot.)* Balsamina.
balsamic, balsamical ['bɔːlsəmɪk] ['bɔːlsəmɪkl] [bal-sa-mik] [bal-sa-mi-kal], *a.* Balsámico; untuoso; lo que mitiga y suaviza.
balsamine ['bɔːlsəmiːn] [bal-sa-min], *s.* Balsamina.
Baltic ['bɔːltɪk] [bal-tik] *a.* Báltico. *(Geogr.)* **The Baltic Sea,** el mar Báltico.
baluster ['bæləstəʳ] [ba-lus-tar], *s.* Balaustre, columna pequeña. **Balusters of a ship,** *(Mar.)* balaustres, pilares de madera colocados en el balcón de popa.
balustrade [ˌbæləs'treɪd] [ba-las-treid], *s.* Balaustrada.
bamboo [bæm'buː] [bam-bu], *s.* Bambú. *(Bot.)* Bamboa, especie de caña o junco. **Bamboo shoots,** brotes de bambú.
bamboozle [bæm'buːzl] [bam-bu-sel], *va.* *(Vulg.)* Engañar; burlar, cansar, enredar. **He was bamboozled into financing their plan,** lo engatusaron para que financiara su plan.
bamboozler [bæm'buːzləʳ] [bam-bus-lar], *s.* *(Vulg.)* Engañador, el que engaña.
ban [bæn] [ban], *s.* 1. Bando, el acto de publicar algún edicto, ley o mandato; noticia pública dada a voz de pregonero; anuncio. 2. Excomunión. 3. Entredicho. 4. **Ban of the empire,** bando del imperio, censura pública por la cual se suspenden los privilegios de algún príncipe del imperio. **Bans of marriage,** amonestaciones, monición, proclama de casamiento que se hace antes de contraer matrimonio. Prohibición (prohibition). **To put, impose a ban on something,** prohibir algo.
ban, *va.* y *vn.* Maldecir, execrar. Prohibir (book, smoking), proscribir (organization). **Ban the bomb!,** ¡no a la bomba atómica! **He was banned from the club,** le prohibieron la entrada al club. (Sport) **He was banned from playing for one year,** lo suspendieron por un año.
banal [bə'nɑːl] [ba-nal], *a.* 1. Trivial, vulgar, banal, insignificante. 2. Que pertenece al servicio feudal.
banality [bə'nælɪtɪ] [ba-na-li-ti], *s.* 1. Trivialidad, banalidad. 2. En tiempos pasados, derecho del señor feudal a obligar a sus vasallos a que usaran su molino, lagar, etc.
banana [bə'nɑːnə] [ba-na-na], *s.* *(Bot.)* Plátano, planta arbórea de gran tamaño que se cría en los países cálidos, cuya fruta se come. Banana, fruta del banano. Cambur. **Banana-tree,** banano, plátano. *(Fam.)* **To be top, second banana,** ser el mandamás, el segundo de a bordo. **Banana peel,** banana skin. **Republic banana,** república banana o bananera.
bananas [bə'nɑːnəz] [ba-na-nas] *a.* *(Fam.)* **She´s completely bananas,** está chiflada. **To go bananas,** perder la chaveta.
banana skin [bə'nɑːnəskɪn] [ba-na-na-skin] *s.* Cáscara de plátano o de banana o de banano, piel de plátano, concha de cambur.
banc [bænk] [bank], *s.* Banco de la justicia. **Court in banc,** reunión completa de un tribunal.
band [bænd] [band], *s.* 1. Venda, tira o faja, que sirve para atar o ligar alguna cosa cubriéndola. Cinta (ribbon), banda, tira (strip of cloth), cinta (hat), franja (stripe). 2. Cadena o ramal, con que se sujeta algún animal. 3. Enlace, unión o conexión de unas cosas con otras. 4. Cuadrilla, gavilla, junta de muchas personas. Grupo (group), pandilla, banda (of thieves, youths). **Band of music,** banda de música. **Band in a church,** capilla. 5. Alzacuello, especie de cuello o corbata que usan los clérigos, abogados, legistas y estudiantes. 6. Filete o listón. **Bands,** fajas del arzón de una silla. 7. Banda de soldados. **Band-saw,** sierra de hoja sin fin, sierra continua. *(Mús.)* **Jazz band,** grupo o conjunto de jazz. **Rock band,** grupo o banda de rock. **Wave band,** (banda de) frecuencia. Anillo (ring). **Wedding band,** alianza, argolla. **Band together,** unirse, hacer causa común.

band, *va.* 1. Congregar, unir o juntar. 2. Vender, atar o ligar con venda. *-vn.* Asociarse.
bandage ['bændɪdʒ] [ban-deich], *s.* 1. Venda, tira o faja, que sirve para atar o ligar alguna cosa cubriéndola. 2. Vendaje, venda o faja, que se pone a algún miembro herido, roto o dislocado. *va.* Vendar. **She bandaged (up) my ankle,** me vendó el tobillo.
band-aid [bæn'eɪd] [band-eid] *s.* Curita o tirita.
bandanna o **bandana** [bæn'dænə] [ban-da-na], *s. (com.)* Bandana, pañuelo grande de colores vivos con manchas o figuras.
B & B *s.* Bed and breakfast.
bandbox ['bæn*d*bɒks] [band-boks], *s.* Caja de cartón, para sombreros, encajes, cintas y cosas de poco peso.
bandelet ['bændɪlɪt] [ban-di-let], *s. (Arq.)* Fajita.
bander ['bændəʳ] [ban-dar], *s.* El que se une con otros.
banderole ['bændərəʊl] [ban-de-roul], *s.* Banderola, bandera pequeña.
bandit ['bændɪt] [ban-dit], *s.* Un bandido o salteador de caminos. **One-armed bandit,** máquina tragaperras.
bandmaster ['bæn*d*mɑːstəʳ] [band-mas-tar], *s.* Músico mayor (de banda militar).
bandog ['bændɒg] [ban-dog], *s.* Mastín, perro grande y fornido.
bandoleers ['bændəlɪəz] [ban-do-lirs], *s. pl. V.* CARTRIDGE.
bandoline ['bændəliːn] [ban-do-lin], *s.* Bandolina, líquido espeso, adherente y perfumado, para fijar y asentar el pelo.
bandore ['bændəʳ] [ban-dor], *s.* Bandurria, instrumento de música semejante al laúd.
bandrol ['bændrəl] [ban-drol], *s. V.* BANDEROLE.
bandstand ['bæn*d*stænd] [band-stand], *s.* Plataforma para banda de música. Quiosco.
bandwagon ['bænd,wægən] [band-va-gon], *s.* Vehículo para banda de música. **To get on the bandwagon,** adherirse a una candidatura probablemente triunfante. **To jump on the bandwagon,** subirse al carro o al tren.
bandy ['bændɪ] [ban-di], *s.* Palocorvo, especie de palo para botar una pelota. *a.* Arqueado, torcido.
bandy, *va.* 1. Botar la pelota con palocorvo. 2. Pelotear, arrojar una cosa de una parte a otra. Intercambiar (remarks, jokes). **To bandy words with somebody,** discutir con alguien. *-vn.* Contender, discutir, examinar atentamente; ligarse; cambiar. **To bandy compliments,** cumplimentarse mutuamente. **Bandy about, bandy around: A phrase that´s bandied about a lot nowadays,** una frase que se maneja mucho hoy en día.
bandyleg ['bændɪleg] [ban-di-leg], *s.* Pierna zamba.
bandy-legged ['bændɪlegd] [ban-di-le-ged], *a.* Patizambo, el que es zambo de piernas.
bane [beɪn] [bein], *s.* 1. Veneno, tósigo, **Rat's bane,** arsénico. **Wolf's bane,** acónito. 2. Ruina, pesadilla. **To be the bane of somebody´s life** o **existence,** ser la cruz de alguien. Destrucción, peste, muerte. **Henbane**, beleño.
baneful ['beɪnfʊl] [bein-ful], *a.* Venenoso, destructivo, mortal, funesto, mortífero.
banefulness ['beɪnfəlnɪs] [bein-ful-nes], *s.* Calidad venenosa o perniciosa.
banewort ['beɪn,wɔːt] [bein-uort], *s. (Bot.)* Cualquier planta venenosa, especialmente la belladona, la hierbamora, y la francesilla.
bang [b{Î] [bang], *va.* 1. Lanzar, arrojar, golpear (strike). **She banged her forehead on the shelf,** se golpeó la frente con el estante. **He was banging his fist on the table,** golpeaba la mesa con el puño. (slam). **He banged the door,** dio un portazo. 2. Cascar, dar a uno con la mano, dar de puñadas, sacudir, zurrar. *-vn.* 1. Hacer estrépito; dar una cosa contra otra. **To bang into something,** darse contra algo. (Strike) **To bang on something,** golpear algo. (Slam) Cerrarse de golpe, dar un portazo. **The gate was banging in the wind,** la puerta daba golpes, o se golpeaba con el viento. (move noisily). **He was banging about the kitchen,** andaba por la cocina haciendo ruido. 2. Saltar.
bang, *va.* Cortar el cabello de la frente al través casi en línea recta.
bang, *s.* 1. Puñada, golpe que se da con el puño. (Blow) Golpe, trancazo, golpetazo. 2. Ruido de un golpe, estrépito (loud noise), explosión, estallido (explosion). **To go over, off with a bang/ To go with a bang,** ser todo un éxito. **She returned to politics with a bang,** volvió a la política a lo grande. (Pleasure) **To get a bang out of something,** disfrutar como loco con algo. 3. (Bangs) El cabello corto. *(fringe* en Inglaterra). Flequillo, chasquilla, capul, fleco, pollina.
bang, *adv.* Con un golpe violento; estrepitosamente, estruendosamente. (Gun) **To go bang,** dispararse, hacer ¡bang! o ¡pum! **Bang went our holiday,** nuestras vacaciones se fueron al garete o al diablo. (As intensifier) **Bang in the middle,** justo o exactamente en el medio. **To be bang up to date,** estar muy al día. **Bang on time,** a la hora justa o exacta. **To be bang on,** dar en el blanco, acertar de lleno.
bang *interj.* ¡pum!, ¡bang! (Used to or by children) **Bang!bang! you´re dead!,** ¡pum! ¡pum!, ¡te maté!
banger ['bæŋgəʳ] [ban-gar] *s.* Salchicha (sausage). Petardo (firework). Cacharro (car) (old banger).
Bangkok [bæŋ'kɒk] [bang-kok] *N. (Geogr.)* Bangkok.
Bangladesh [,bæŋglə'deʃ] [ban-gla-desh] *N. (Geogr.)* Bangladesh.
Bangladeshi [,bæŋglə'deʃɪ] [ban-gla-de-shi] *a./s.* Bangladesí.
bangle ['bæŋgl] [ban-guel], *s.* Brazalete delgado de la India oriental, y de África. Pulsera, esclava (thin, of gold or silver), aro.
banian ['bænɪən] [ba-nian], *s.* Se escribe también *banyan.* 1. *(Bot.)* Baniano, árbol de la India y de Persia. 2. El natural de la India oriental de la clase comerciante. 3. (Anglo-Ind.) Bata, ropa y talar, prenda de vestir holgada y cómoda.
banish ['bænɪʃ] [ba-nish], *va.* Desterrar (exile), echar a alguno de su propio país o territorio; expeler, echar fuera, despedir; deportar. Hacer olvidar, desvanecer (fear, doubts). Prohibir (prohibit).
banisher ['bænɪʃəʳ] [ba-nishar], *s.* El que destierra.
banishment ['bænɪʃmənt] [ba-nish-ment], *s.* Destierro, la acción y efecto de desterrar.
banister ['bænɪstəʳ] [ba-nis-tar], *V.* BALUSTER. Pasamanos, barandal.
banjo ['bændʒəʊ] [ban-yo], *s.* Banjo, instrumento músico de cinco cuerdas, algo parecido a la bandurria y la guitarra. (Corrupción de *bandore*). Es instrumento predilecto de los negros norteamericanos.
bank [bæŋk] [bank], *s.* 1. Orilla, ribera, márgen o banda de río (edge of river). 2. **Bank of earth/snow,** banco o montón de tierra/nieve. **Bank of clouds,** masa de nubes. 3. Banco de remeros en una galera. 4. Banco, el sitio, paraje o casa donde se deposita el dinero con interés o sin él 5. Banco, la compañía de los individuos que gobiernan el banco; directores del banco. **Bank-note,** cédula o billete de banco, papel moneda del banco. **Bank account,** cuenta bancaria. **Bank book,** libreta de ahorros. **Bank card,** tarjeta de crédito (expedida por un banco), tarjeta bancaria. **Bank clerk,** empleado de banco o banca. **Bank balance,** saldo. **Bank statement,** estado o extracto de cuenta. **Bank rate,** tipo o tasa de interés. **Bank roll,** fondos (funds), fajo de billetes (roll of money) 6. Dique. 7. Eminencia. **Bank of the sea,** escollo, banco de arena. 8. *(Mús.)* Teclado; hilera de teclas (piano y órgano). **Savings-bank,** caja de ahorros. *(Fam.)* **To laugh all the way to the bank,** morirse de risa. (In gambling) **The bank,** la banca. **One evening at the theater isn´t going to break the bank,** ir una noche al teatro no nos va a arruinar. (Store, supply) **Blood/sperm bank,** banco de sangre/semen.
bank, *va.* 1. Poner, depositar o ingresar dinero en un banco. 2. Aislar o detener el agua con diques, o construirlos. 3. **To bank up a fire,** cubrir el fuego (como con cenizas o tierra).

-*vn.* Tener por banquero. **We bank with D. & Co.,** D. y Cía. son nuestros banqueros. **I bank with the National,** tengo la cuenta en el Nacional. *(Aer.)* Ladearse. **Bank on,** contar con (victory, help). **I wouldn´t bank on it,** yo no me confiaría demasiado. **We were banking on them accepting our offer,** contábamos con, confiábamos en que aceptarían nuestra oferta.

bankable ['bæŋkəbl] [ban-ka-bol], *a.* Recibidero por un banco.

bankbill ['bæŋkbɪl] [bank-bil], *s.* Billete, vale o cédula de banco.

banker ['bæŋkəʳ] [ban-kar], *s.* Banquero, cambista. (In gambling) Banca. **Banker´s draft,** cheque o efecto bancario.

bank holiday [bæŋk'hɒlədɪ] [bank-jo-li-dei] *s.* Día festivo, feriado.

banking ['bæŋkɪŋ] [ban-king] *s.* Banca (business). Bancario (charges, system).

banking-house [bæŋk,haʊs] [bank-jaus], *s.* Casa de banquero, banco particular.

bankrupt ['bæŋkrʌpt] [bank-rapt], *a.* Insolvente, en quiebra, en bancarrota. **To be bankrupt,** estar en quiebra o en bancarrota. **To go bankrupt,** quebrar, ir a la bancarrota. **A morally bankrupt country,** un país en (la) bancarrota moral. -*s.* Quebrado, fallido, el que hizo bancarrota o quiebra.

bankrupt, *va.* Quebrar, declararse insolvente. Llevar a la quiebra o a la bancarrota.

bankruptcy ['bæŋkrəp*t*sɪ] [bank-rapt-si], *s.* Bancarrota, quiebra de un comerciante u hombre de negocios. **To go into bankruptcy,** quebrar.

bank-stock ['bæŋstɒk] [bank-stok], *s.* Acción de banco.

banner ['bænəʳ] [ba-nar], *s.* Bandera, insignia, estandarte, pancarta (in demonstration). *a.* Excepcional.

banner, *va.* Asignar una bandera o estandarte a; proveer de una bandera. -*a.* Digno de llevar la bandera; primero en dignidad.

banneret ['bænəret] [ba-ne-ret], *s.* Bandera pequeña.

bannerol ['bænərəl] [ba-ne-rol], *s.* Bandera pequeña. *V.* BANDEROL.

banning ['bænɪŋ] [ba-nin] *s.* Prohibición.

bannister ['bænɪstəʳ] [ba-nis-tar] *s. V.* BANISTER.

banns ['bænz] [bans], *s.* Amonestaciones. **To read the banns,** leer las amonestaciones. *V.* BAN.

banquet ['bæŋkwɪt] [ban-kuit], *s.* Banquete, comida espléndida a que concurren muchos convidados; festín.

banquet, *va.* Banquetear, dar banquetes o concurrir a ellos.

banquet-house ['bæŋkwɪt,haʊs] [ban-kuit-jaus], **banqueting-house** ['bæŋkwɪtɪŋ,haus] [ban-kui-tin-jaus], *s.* Casa de banquetes o convites.

banqueting ['bæŋkwɪtɪŋ] [ban-kui-tin], *s.* El acto de banquetear.

banquette [bæŋ'ket] [ban-ket], *s.* 1. *(Fort.)* Banqueta, banco corrido de tierra o mampostería, desde el cual pueden los soldados disparar a cubierto, detrás de muralla o parapeto. 2. (E.U. del Sur) Acera. 3. Andén de un puente; tongada en una trinchera (trabajos de ingeniería).

bantam ['bæntəm] [ban-tam], *s.* Gallina pequeña de Bantam, distrito de Java.

bantamweight ['bæntəmweɪt] [ban-tam-ueit], *s.* (Boxeo) Peso gallo.

banter ['bæntəʳ] [ban-tar], *va.* Zumbar o zumbarse, dar chasco o vaya a alguno; divertirse a costa de alguno.

banter, *s.* Zumba, vaya, burla, chasco, petardo, bromas.

banterer ['bæntərəʳ] [ban-ta-rar], *s.* Zumbón, el que se zumba, da vaya o chasco; burlón.

bantling ['bæntlɪŋ] [ban-tlin], *s.* Chicuelo o chicuela, criatura de poca edad.

banyan ['bænɪən] [ba-nian], *s.* Baniano, *V.* BANIAN.

baobab ['beɪəbæb] [beio-bab], *s.* Baobal, árbol corpulento del África central.

baptism ['bæptɪzəm] [bap-tisem], *s.* Bautismo; bautizo, acción de bautizar.

baptismal ['bæptɪzməl] [bap-tis-mal], **baptistical** ['bæptɪztɪkl] [bap-tis-ti-kal], *a.* Bautismal, lo perteneciente al sacramento del bautismo.

baptist ['bæptɪst] [bap-tist], *s.* 1. El que administra al bautismo. **Saint John the Baptist,** San Juan Bautista. 2. Anabaptista, el sectario que sostiene que no debe bautizarse a los niños hasta que lleguen a la edad de la razón.

baptistery ['bæptɪstərɪ] [bap-tis-te-ri], *s.* Bautisterio, baptisterio, sitio donde está la pila bautismal.

baptize [bæp'taɪz] [bap-tais], *va.* Bautizar.

bar [bɑːʳ] [bar], *s.* 1. Palenque, barra. 2. Barra de metal, lingote. 3. Reja de una ventana, de una cárcel. **To put somebody/To be behind bars,** meter a alguien/estar entre rejas. 4. Tranca de puerta o ventana; barrote. 5. Impedimiento, obstáculo. 6. Barra o banco de arena en un río o a su embocadura, o en la entrada de algún puerto. 7. *(Mús.)* Compás. Barra, raya perpendicular a las del pentagrama. La música que queda entre dos barras también se llama *bar*. 8. Estrado, foro, tribunal, el lugar en que se sientan los jueces para examinar y decidir las causas. 9. Conjunto de abogados en el tribunal; por extensión, la profesión del foro. (Law) **The Bar,** (legal profession), la abogacía (barristers). El conjunto de BARRISTERS. (In court) Banquillo. **The prisoner at the bar,** el acusado. 10. *(For.)* Excepción perentoria a alguna alegación. 11. Mostrador o banco de las tabernas, botillerías o cafés en donde se recibe el dinero. **Bar-maid,** criada de taberna o café. 12. Venda, varilla ancha, o raya: como **bar of light,** raya de luz. 13. Barandilla que separa al público de los vocales de una asamblea. **Bar iron,** hierro en barras. **Bar of gold,** lingote de oro. **Bar of chocolate,** barra o tableta de chocolate. **Bar of soap,** pastilla o barra de jabón. **Bar loom**, telar de barras. **Heel bar,** puesto de reparación rápida de calzado. **In bar of,** como excepción perentoria. **To be admitted to the bar,** *(E.U.)*, **to be called to the bar** (GB), recibirse de abogado. (Impediment) **Bar to something,** obstáculo o impedimento para algo. **Bar graph,** gráfico de barras. **Bar hop,** ir de bar en bar, ir de tascas.

bar, *va.* 1. Atrancar, cerrar con barras. (secure) (door, windows). 2. Impedir, obstar, estorbar, prohibir; exceptuar, excluir. **To bar in a harbor,** *(Mar.)* Encadenar la boca de un puerto. **To bar out,** Excluir, cerrar la puerta a. 3. Bloquear (block) (path, entrance). **A tree was barring our way,** un árbol nos bloqueaba el paso. 4. Prohibir (prohibit) (smoking, jeans). **Reporters were barred from the meeting,** se excluyó a los periodistas de la reunión. **His criminal record bars him from the job,** sus antecedentes penales le impiden acceder al puesto.

bar *Prep.* Salvo, excepto, a/con excepción de. **Bar none,** sin excepción.

barb [bA:b] [barb], *s.* 1. Púa que en los anzuelos y dardos proyecta en dirección opuesta a la punta, para impedir que ésta salga fácilmente de la herida; lengüeta de saeta o flecha. (of fishhook, arrow) 2. *(Bot.)* Barba, arista de espiga. 4. *(Des.)* Barda, arnés o armadura de caballo.

barb, *va.* 1. Armar flechas con lengüetas; hacer incisivo, mordaz, picante. 2. *(Des.)* Guarnecer a un caballo con barda.

Barbados [bɑː'beɪdɒs] [bar-bei-dos] *N. (Geogr.)* Barbados.

barbadoes [bɑː'beɪdɒs] [bar-bei-dos], *s.* Barbada, una de las Antillas. **Barbadoes leg,** mal de la Barbada, elefantíasis.

Barbadoes cherry [bɑː'beɪdɒs,ʃerɪ] [bar-bei-dos-she-ri], *s. (Bot.)* Guinda de Indias.

barbadoes tar [bɑː'beɪdɒs,taʳ] [bar-bei-dos-tar], *s.* Especie de petróleo o betún.

barbarian [bɑː'bɛərɪən] [bar-ba-rian], *s.* 1. Hombre bárbaro o salvaje. 2. Extranjero. 3. Hombre cruel o inhumano. -*a.* Bárbaro; en griego, no helénico; inculto.

barbaric [bɑː'bærɪk] [bar-ba-rik], *a.* Extranjero, exótico, lo que viene de lejos; bárbaro, inculto. Primitivo (primitive). Brutal (brutal).

barbarism ['bɑːbərɪzəm] [bar-ba-ri-sem], *s.* 1. Barbarismo, vicio contra las reglas y pureza del lenguaje. 2. Barbaridad o barbarie, falta de cultura o política. 3. Crueldad, inhumanidad. 4. Ignorancia.

barbarity [bɑː'bərɪtɪ] [bar-ba-ri-ti], *s.* 1. Barbaridad, falta de cultura (lack of cultivation), barbarie. 2. Ferocidad, inhumanidad, crueldad, brutalidad (brutality). **The barbarities of the regime,** las atrocidades del régimen. 3. Barbarismo.

barbarize ['bɑːbəraɪz] [bar-ba-rais], *va.* Barbarizar. *-vn.* Cometer barbarismos, viciar el lenguaje.

barbarous ['bɑːbərəs] [bar-ba-ros], *a.* 1. Bárbaro (tribes, rites), salvaje, brutal (punishment, captors), inculto. 2. Bárbaro, que emplea barbarismo en el lenguaje; no purista; no idiomático. 3. Cruel, inhumano. 4. Extranjero. 5. De sonido áspero y bronco.

barbarously ['bɑːbərəslɪ] [bar-ba-ros-li], *adv.* 1. Bárbaramente, ignorantemente. 2. Bárbaramente, con barbarismo. 3. Inhumanamente, cruelmente.

barbarousness ['bɑːbərəsnɪs] [bar-ba-ros-nes], *s. V.* BARBARISM.

barbary ['bɑːbərɪ] [bar-ba-ri], *s.* 1. Caballo berberisco. 2. Berbería.

barbate ['bɑːbeɪt] [bar-beit], *a.* 1. Barbado, que tiene púas, lengüetas, pelos o plumas. 2. *(Bot.)* Barbado, aristado.

barbecue ['bɑːbɪkjuː] [bar-bi-kiu], *va.* Aderezar, guisar o cocer un animal entero, sin despedazarle. *(Mex.)* Hacer barbacoa. Asar a la parrilla o a la brasa.

barbecue, *s.* Animal guisado sin despedazarle; (grid and fireplace) barbacoa, parrilla, asador, *(Amer.)* carne asada en un hoyo que se abre en tierra y se calienta como los hornos. **A barbecue-pig,** un cochinillo en barbacoa. (Social occasion) barbacoa, parrillada, asado.

barbed [bɑːbd] [barbd], *a.* 1. Mordaz. Barbado, armado con lengüetas, como las saetas, flechas, etc. 2. Barbado, armado con barda. *V.* BARD, *va.* **Barbed wire,** alambre de púas (para cercas).

barbel ['bɑːbəl] [bar-bel], *s.* 1. Uno de los apéndices blandos y filiformes, o barbillas, que crecen en las mandíbulas de ciertos peces. 2. Barbo, pez de río.

barbell ['bɑːbəl] [bar-bel], *s.* Haltera.

barber ['bɑːbəʳ] [bar-bar] *s.* Barbero, peluquero.

barber-surgeon [ˌbɑːbə'sɜːdʒən] [bar-ber-sur-yion], *s.* *(Ant.)* Barbero cirujano, flebotomiano.

barberry ['bɑːbərɪ] [bar-be-ri], *s.* *(Bot.)* Bérbero , berberís, agracejo, cualquier planta del género Berberis; arbusto.

barbet ['bɑːbɪt] [bar-bet], 1. Ave tropical de brillantes colores; barbudo, ave trepadora. 2. Variedad del perro de lanas. 3. Larva de un insecto que se alimenta de pulgones.

barbital ['bɑːbɪtəl] [bar-bi-tal], *s.* *(Quím.)* Barbital.

barbiturate ['bɑːbɪtəreɪt] [bar-bi-tu-reit], *(Quím.)* Barbitúrico.

barbican ['bɑːbɪkən] [bar-bi-kan], *s.* 1. Barbacana, fortificación, que en lo antiguo se colocaba delante de las murallas y después se llamó falsabraga. 2. Tronera, abertura que se hace en un parapeto para apuntar y disparar la artillería.

barbwire ['bɑːbwaɪəʳ] [barb-uaiar] *s. V.* BARBED WIRE.

barcarolle [ˌbɑːkə'rəʊl] [bar-ka-roul], *s.* 1. Barcarola, canción popular de los gondoleros italianos. 2. Composición musical del mismo carácter y puramente instrumental.

bar chart ['bɑːˌtʃɑːt] [bar-chart] *s.* Gráfico de barras. **Bar code,** código de barras.

bard [bɑːd] [bard], *s.* 1. Poeta, bardo, vate. 2. Barda, antigua armadura con que cubrían a los caballos. 3. **Bards,** las lonjas de tocino con que cubren las aves para asarlas. 4. Pez, mustela de río.

bard, *va.* 1. Guarnecer a un caballo con barda. 2. Guarnecer con lonjas delgadas de tocino.

bardic, bardish ['bɑːdɪk] [bar-dik], *a.* Lo que pertenece a los bardos o poetas, o lo que ellos dicen o escriben.

bare [bɛəʳ] [bear], *a.* 1. Desnudo (uncovered), falto de vestido o abrigo, descalzo (foot). 2. Descubierto (head), raso, pelado (tree), sin alfombrar (floorboards). 3. Liso, llano; sencillo, simple. 4. Descubierto, público. 5. Desnudo, pobre. 6. Mero, puro. 7. Raído, gastado, usado. 8. Puro, solo, no mezclado ni unido con otra cosa; desnudo (walls), con pocos muebles (room). **Bare of money,** sin un cuarto, sin blanca, sin dinero. **To lay bare,** desnudar, poner al descubierto. **To be bare of,** estar desprovisto de. **A bare account,** un relato pobre, sin interés, sin adorno. (Without details). **He gave me the bare facts,** se ciñó a los hechos. **The bare essentials,** lo estrictamente esencial (mere). **They earn the bare minimum,** ganan lo justo para vivir.

2. Bare, *va.* Desnudar, descubrir, privar, despojar. **To bare one´s head,** descubrirse (la cabeza). **To bare one´s chest,** mostrar el pecho. **The dog bared its teeth,** el perro enseñó o mostró los dientes. **He bared his soul/heart to me,** me abrió su corazón.

bare o **bore**, pretérito del verbo TO BEAR.

barebacked [bɛə'beɪkɪd] [bear-bakt], *a.* Sin silla (horse). **Bareback,** *a.* montado a pelo, sobre un caballo desensillado, (ride) a pelo. *-adv.* Sin silla o albarda, quitado el aparejo.

barebone [bɛə'bəʊn] [bear-boun], *s.* Esqueleto, la persona muy flaca.

bareboned [bɛə'bəʊnd] [bear-bound], *a.* Muy flaco, descarnado, amojamado, acecinado.

bare-chested [bɛə'tʃestɪd] [bear-ches-tid] *a.* Desnudo de la cintura para arriba, sin camisa.

barefaced [bɛə'feɪst] [bear-feist], *a.* Descarado, desvergonzado, impudente, insolente, atrevido, cara de vaqueta.

barefacedly [bɛə'feɪstlɪ] [bear-feist-li], *adv.* Descaradamente, con descaro; con la cara descubierta, sin empacho ni miedo, al descubierto.

barefacedness [bɛə'feɪstnɪs] [ber-feist-nes], *s.* Descaro, desvergüenza, atrevimiento, insolencia, impudencia.

barefoot, barefooted ['bɛə'fʊt] [bear-fut], *a.* Descalzo. *adv.* **She ran barefoot,** corrió descalza.

bareheaded [bɛə'hedɪd] [bear-je-did], *a.* Descubierto, con la cabeza al aire, sin sombrero ni gorra.

bare-legged [bɛə'legɪd] [bear-le-gid], *a.* Con las piernas descubiertas, sin medias.

barely ['bɛəlɪ] [bear-li], *adv.* Meramente, simplemente, puramente, solamente, únicamente; pobremente, (hardly) apenas, (scantily). **A barely furnished room,** una habitación con pocos muebles.

barenecked ['bɛənekt] [bear-nekt], *a.* El que tiene el cuello desnudo.

bareness ['bɛənɪs] [bear-nes], *s.* 1. Desnudez (of body, walls, tree), falta de vestido, desabrigo, lo vacío (of room). 2. Flaqueza, falta de gordura. 3. Lacería, desnudez andrajosa.

bareribbed ['bɛərɪbd] [bear-ribd], *a.* Muy flaco.

bargain ['bɑːgɪn] [bar-guein], *s.* 1. Ajuste, contrato, convenio, pacto, trato, acuerdo o concierto de compra o venta (deal, agreement). **It´s a bargain!,** ¡trato hecho! 2. Compra o venta. 3. Ganga de ofertas, de oportunidades (cheap purchase), chiripa. **At a bargain,** baratísimo, por una bicoca, por casi nada. **To give into the bargain,** dar de más, de contra, de ñapa. *(Mex.)* Dar de pilón o de ganancia. **To strike a bargain, make a bargain,** cerrar un trato, efectuar una compra. **Into, in the bargain,** encima, por si fuera poco. **He drives a hard bargain,** sabe cómo conseguir lo que quiere. **Bargain basement,** sección de ofertas u oportunidades. **Bargain hunter,** cazador de gangas. **To go bargain hunting,** ir en busca de gangas.

bargain, *vn.* Pactar, ajustar, hacer contrato o convenio sobre la venta de alguna cosa; negociar, contratar; regatear, concertar. **We hadn´t bargained for such an eventuality,** no habíamos tenido en cuenta esa posibilidad. **I got more than I had bargained for,** no me esperaba algo así.

bargainee ['bɑːgɪniː] [bar-gui-ní], *s.* El que admite o acepta algún ajuste, pacto o convenio.

bargainer ['bɑːgɪnəʳ] [bár-gui-nar], *s.* La persona que propone algún ajuste, pacto o convenio.

bargaining ['bɑːgɪnɪŋ] [bár-gui-nin] *s.* Regateo (haggling), negociaciones (negotiating), negociador, de negociación (strategy, position).
barge [bɑːdʒ] [barch], *s.* 1. Alijador, lanchón de descarga, bote de fondo chato para la navegación en los puertos. 2. Falúa o faluca, bote muy adornado. 3. Gabarra, barco de transporte.
barge *vn.* (+ *adv. compl.)* **She barged through the crowd,** se abrió paso a empujones entre la multitud. **He barged past (me),** me dio un empujón para pasar. **He always barges in when we are trying to talk,** siempre se entromete cuando queremos hablar. **To barge into somebody,** chocar con alguien.
bargeman ['bɑːdʒmæn] [barch-man], **barger** ['bɑːdʒəʳ] [barchar], *s.* Barquero, el que gobierna o dirige un barco.
bargepole ['bɑːdʒpəʊl] [barch-poul] *s.* Pértiga, bichero. **I wouldn´t touch him/it with a bargepole,** yo con él no me metería/eso no lo compraría (o aceptaría) ni aunque me pagaran.
baric [bɑːrɪk] [barik], *a.* 1. De bario, o que lo contiene. 2. Perteneciente al peso, especialmente del aire; barométrico.
barilla ['bərɪlə] [ba-ri-la], *s.* 1. Barrilla, cualquier planta cuyas cenizas dan la sosa.
barite ['bærɪt] [ba-rit], *s.* Baritina, sulfato de bario. *V.* BARYTES.
baritone ['bærɪtəʊn] [ba-ri-toun], *a.* *V.* BARYTONE. *s.* Barítono.
barium ['bɛərɪəm] [ba-riom], *s.* *(Quím.)* Bario, el metal de barita.
bark [bɑːk] [bark], *s.* 1. (on tree) Corteza, la parte exterior del árbol. **Peruvian bark,** quina. **Angustura bark,** corteza de Angustura. 2. Barco, barca, embarcación pequeña. **Bark-louse,** insecto de escama que infesta los árboles. **Oyster-shell, bark-louse,** Mytilaspis; se llama así por la forma de su escama, semejante a la concha de la ostra. **Tanner's oak-bark,** casca, corteza del roble para el curtido de las pieles.
bark, *s.* Ladrido del perro; latido de la zorra; aullido del lobo. **Her/his bark is worse than her/his bite,** perro ladrador, poco mordedor.
bark, *va.* 1. Descortezar, quitar la corteza al árbol. 2. Raer, raspar, quitar raspando la piel u otra cubierta exterir. 3. Cubrir, dar una capa de corteza. Curtir o teñir en una infusión de corteza. 4. Aturdir o matar la caza menuda tirando a la corteza a la cual se agarra. Espetar (shout instructions, questions). **To bark (out) an order,** gritar una orden, dar una orden a gritos. *-vn.* 1. Ladrar, el perro. 2. Ladrar; cocear; latir, gañir como perro o zorra. **To bark at somebody/ something,** ladrarle a alguien/algo.
barkeeper ['bɑːˌkiːpəʳ] [bar-kí-par], *s.* *(E.U.)* El que sirve bebidas a los parroquianos sobre el mostrador de un café, tienda de vinos o taberna; tabernero (bar owner). Barman, camarero (male bartender). *(Esp.)* Mesera, camarera, moza (female bartender).
barker ['bɑːkəʳ] [bar-kar], *s.* 1. Ladrador. 2. Descortezador.
barking ['bɑːkɪŋ] [bar-kin], *s.* Ladrido.
barky ['bɑːkɪ] [bar-ki], *a.* Cortezudo, lo que tiene mucha corteza.
barley ['bɑːlɪ] [bar-li], *s.* Cebada. **Barley bread,** pan de cebada. **Barley broth,** caldo hecho con cebada; calducho. **Barley water,** agua de cebada. **Barley mow,** montón de cebada. **Pearl barley,** cebada perlada.
barleycorn ['bɑːlɪˌkɜːn] [bar-li-kern], *s.* 1. Grano de cebada. 2. Una medida que es la tercera parte de la pulgada.
barley-sugar ['bɑːlɪˌʃʊgəʳ] [bar-li-shu-gar], *s.* 1. Azúcar clarificado con cebada. 2. Alfeñique, azúcar preparado con cáscara de limón.
barm [bɑːm] [barm], *s.* Jiste, el fermento de la cerveza; levadura, el fermento del pan.
barmy ['bɑːmɪ] [bar-mi], *a.* Que tiene jiste o levadura. *V.* BALMY.
barn [bɑːn] [barn], *s.* Granero (for crops), henil, pajar, establo (for livestock). *(Mex.)* Troje.
barnacle ['bɑːnəkl] [bar-na-kol], *s.* 1. Broma, escaramujo, especie de caracolillo marino que se adhiere al casco de las embarcaciones; percebe, cualquier crústaceo cirrípedo, especialmente el Goose-barnacle, Anatifa o Lepas Balanus. 2. Bernicla, branta o ánsar de Escocia, ave semejante al ganso. 3. Acial, instrumento con el cual los herradores sujetan a los caballos para herrarlos. **Barnacles,** (Vulg) anteojos, antiparras.
barn-dance ['bɑːnˌdɑːns] [barn-dans] *s.* Fiesta donde se baila música folclórica (dance party).
barn-door ['bɑːn'dɔːʳ] [barn-dor], *s.* La puerta del granero. Cochera (for vehicles).
barn-floor ['bɑːn'flɔːʳ] [barn-flor], *s.* Era, pajar.
barn-owl ['bɑːnˌaʊl] [barn-aul], *s.* Lechuza, zumaya. **Barn-swallow,** golondrina que hace su nido entre las vigas de los graneros.
barn-storm ['bɑːnstɔːm] [barn-storm] *vn.* Recorrer zonas rurales durante una campaña electoral.
barn-yard ['bɑːnjaːd] [barn-yard], *s.* Patio de granja.
barograph, barometrograph [bə'rɒgræf] [ba-ro-graf], *s.* Barógrafo, barometrógrafo, instrumento que registra y deja anotadas las variaciones de la presión atmosférica, de modo que puedan conocerse sin que sea necesaria la presencia de un operador u observador.
barometer [bə'rɒmɪtəʳ] [ba-ro-mi-tar], *s.* Barómetro, instrumento para pesar la presión de la atmósfera. **Aneroid barometer,** barómetro aneroide. **Barometer reading,** indicación del barómetro.
barometrical [bə'rɒmetrɪkl] [ba-ro-me-tri-kal], *a.* Barométrico.
baron ['bærən] [ba-ron], *s.* 1. (nobleman) Barón, nombre de dignidad inferior a la de vizconde. 2. *(For. Ant.)* Varón, el marido en contraposición a la mujer. **A baron of the Exchequer,** un juez de la tesorería. **The lord chief baron,** el primer juez de la tesorería. Magnate (magnate). **Press baron,** magnate de la prensa.
baronage ['bærəneɪdʒ] [ba-ro-neich], *s.* Baronía, la dignidad del barón.
baroness ['bærənɪs] [ba-ro-nes], *sf.* Baronesa, la mujer del barón.
baronet ['bærənɪt] [ba-ro-nit], *s.* Título de honor inferior al de barón y superior al de caballero; es el último grado de los hereditarios en Inglaterra.
baronetage ['bærənɪteɪdʒ] [ba-ro-ne-teich], *s.* La dignidad de *Baronet*.
baronetcy, baronetship ['bærənɪtsɪ] ['bærənɪtʃɪp] [ba-ro-net-si] [ba-ro-net-ship], *s.* La dignidad de barón; dominio o territorio de un barón, baronía.
baronial [bə'rəʊnɪəl] [ba-ro-nial], *a.* Baronial, perteneciente a barón o baronía.
barony ['bærəʊnɪ] [ba-ro-ni], *s.* Baronía, señorío de barón.
baroque [bə'rɒk] [ba↓rok] *a.* (also **Baroque**) *(Arq., Art., Mús.)* Barroco. *s.* **The baroque, Baroque,** el barroco.
baroscope [bə'rəskəʊp] [ba-ros-kop], *s.* Especie de barómetro; higrómetro.
barouche [bəruːʃ] [ba-rush], *s.* Birlocho, carruaje de cuatro asientos.
barracan ['bərəkæn] [ba-ra-kan], *s.* Barragán, especie de camelote basto.
barrack ['bærək] [ba-rak], *s.* Cuartel, edificio en que se alojan los soldados. **Barrack-master,** superintendente o jefe de cuartel. *va.* Alojar en barracones (soldiers). Abuchear (jeer, speaker, performer).
barracking ['bærəkɪŋ] [ba-rakin] *s.* Abucheo, silbatina.
barrack room ['bærəkrʊm] [ba-rak-rum] *s.* Barracón, barraca.
barracks ['bærəks] [ba-raks] *s.* Cuartel.
barracoon ['bærəkuːn] [ba-ra-kun], *s.* Barracón.
barracuda [ˌbærə'kjuːdə] [ba-ra-kiu-da], *s.* Barracuda o esfirena, pez de cuerpo prolongado, parecido al sollo; becuna.

barrage ['bærɑːʒ] [ba-rach], *s.* 1. Dique de contención. 2. *(Mil.)* (action) Descarga. (Fire) Cortina o barrera de fuego. 3. Andanada. **Barrage balloon,** globo cautivo para formar barreras. (Deluge) Aluvión. **A barrage of criticism,** un aluvión de críticas.

barrator ['bærətəʳ] [ba-ratoʳ], *s.* Pleitista, camorrista, el que con ligero motivo mueve y ocasiona contiendas y pleitos; trapacero, altercador. (For. mar.) Empleado de a bordo culpable de baratería.

barratry ['bærətrɪ] [ba-ra-tri], *s.* 1. *(For.)* Pleito, o demanda fraudulenta. 2. Engaño, trapacería. 3. *(Com.)* Baratería, la pérdida causada a los dueños de un barco, o sus aseguradores, por dolo o malicia del capitán o tripulación.

barred [bɑːʳd] [bard] *a.* Con barrotes (windows).

barrel ['bærəl] [ba-ral], *s.* 1. Barril o tonel, barrica, vasija de madera que sirve para conservar licores y otros géneros (container). 2. Cañón de escopeta. Tubo (of cannon). 3. Cañón de pluma. 4. Cañón de bomba. 5. Tímpano del oído. 6. *(Mar.)* Cuerpo o eje de cabestrante o molinete. 7. Huso. *V.* FUSEE. 8. Caja de tambor. **It wasn´t exactly a barrel of laughs,** no fue de lo más divertido. *(Fam.)* **It´s like shooting fish in a barrel,** es pan comido. **To have somebody over a barrel,** tener a alguien entre la espada y la pared. **To scrape (the bottom) of the barrel,** no quedarle a uno más recursos. **Have you seen her new boyfriend? she´s really scraping the barrel!** ,¿has visto con quién sale ahora?, ¡tiene que estar muy desesperada! **Barrel-organ,** organillo de cilindro.

barrel, *va.* Embarrilar, poner alguna cosa dentro de un barril. **To barrel up,** envasar. *(Fam.)* **Barrel along,** ir disparado o como un bólido.

barrelled ['bærəld] [ba-reld], *pp.* Embarrilado, entonelado. **Double-barrelled gun,** escopeta de dos cañones.

barren ['bærən] [ba-ren], *a.* (infertile, land, soil) Estéril, yermo (liter), infructuoso, erial, infecundo, infructífero. (Tree, plant, animal) (no comp) estéril. (woman, dated or liter) infecunda, estéril.

barrenly ['bærənlɪ] [ba-ren-li] *v.* Infructuosamente, estérilmente.

barrenness ['bærənɪs] [ba-ren-nes], *s.* Esterilidad, infructuosidad, infecundidad; falta de ingenio o de invención; tibieza.

barrenwort ['bærənwɔːθ] [ba-ren-uorz], *s.* *(Bot.)* Epimedio, planta cuyas hojas se parecen a las de las hiedras.

barrette [bə'ret] [ba-ret], *s.* Pasador o broche para el cabello. Hebilla.

barricade, barricado [ˌbærɪ'keɪd] [ba-ri-keid], *s.* Barrera, empalizada, barricada, estacada, parapeto para defenderse de los enemigos.

barricade, *va.* Barrear, empalizar, atrancar, cerrar con barricadas. **They barricaded themselves in the building,** se atrincheraron en el edificio.

barrier ['bærɪəʳ] [ba-riaʳ], *s.* 1. Barrera, muro (wall). **Crash barrier,** valla protectora. 2. Fortaleza. 3. Impedimiento, obstáculo, estacada, embarazo; término. (Gate) Barrera. **Ticket barrier,** punto de acceso al andén, donde hay que presentar el billete. (Obstacle) **Language barrier,** barrera idiomática. (Crucial point) **The sound barrier,** la barrera del sonido.

Barrier Reef *s.* **The Great Barrier Reef,** el Gran Arrecife Coralino, la Gran Barrera Coral.

barring ['bærɪŋ] [ba-rin], pa. de *To Bar.* (*Expresión adverbial*) Amén de, aparte de, excepto. *(prep.)* **Barring accidents,** a menos que suceda algo imprevisto. **He said that barring delays**, dijo que, a menos que o salvo que hubiera algún retraso.

barrio ['bɑːrɪəʊ] [ba-rio] *s.* Barrio de hispanohablantes en una ciudad norteamericana.

barrister ['bærɪstəʳ] [ba-ris-taʳ], *s.* 1. Abogado. *(Amer.)* Licenciado. 2. Curial. (Great Britain) Abogado, habilitado para alegar ante un tribunal superior.

bar-room ['bɑːˌrʊm] [bar-rum], *s.* Sala con mostrador donde se sirven licores y refrescos; taberna.

barrow ['bærəʊ] [ba-rou], *s.* 1. Angarillas. 2. Marrano o puerco. 3. *(Arq.)* Túmulo, montón de tierra levantado en memoria de los que perecieron en una batalla; cementerio (grave mound). **Barrow hog,** barraco. **Barrow grease,** pringue de cerdo. **Wheel-barrow,** carretón o carretilla de una rueda. **Hand-barrow,** angarillas de mano, litera.

barshot ['bɑːˌʃɒt] [bar-shot], *s.* *(Mar.)* Palanqueta, barreta de hierro con dos cabezas que suele servir como carga de cañón para destrozar los aparejos y palos del enemigo.

barstool ['bærˌstuːl] [bar-stul] *s.* Taburete.

bartender ['bɑːtəndəʳ] [bar-ten-daʳ], *s.* Cantinero, barman, camarero (male). Mesera, camarera, moza (female).

barter ['bɑːtəʳ] [bar-taʳ], *vn.* Baratar, trafagar o traficar permutando géneros. Hacer trueques. *-va.* Trocar, cambiar.

barter, *s.* 1. Cambio, trueque, permuta. 2. Tráfico, el acto de traficar.

barterer ['bɑːtərəʳ] [bar-te-raʳ], *s.* Traficante.

baryta ['bærɪtə] [ba-ri-ta], *s.* *(Quím.)* Barita u óxido de bario.

barytes o **barite** ['bærɪtəz] [ba-ri-tas], *s.* Espato pesado, sulfato de bario.

barytic ['bærɪtɪk] [ba-ri-tik], *a.* Barítico, lo perteneciente a la barita.

barytone ['bærɪtəʊn] [ba-ri-toun], *s.* 1. Barítono, voz media entre las de tenor y bajo.

barzah ['bærsɑː] [bar-sa], *s.* El portal de una casa árabe-africana que sirve como sala de recepción.

basal ['beɪsl] [bei-sal], *a.* Fundamental: lo que pertenece a la base o está situada en ella; básico. **Basal metabolism**, metabolismo basal.

basalt ['bæsɔːlt] [ba-solt], **basaltes** ['bæsɔːltz] [ba-solts], *s.* Basalto.

basaltic ['bæsɔːltɪk] [ba-sol-tik], *a.* Basáltico, que pertenece al basalto.

base [beɪs] [beis], *a.* 1. Bajo, humilde, despreciable, abyecto, innoble, vil, villano, ruin (conduct, motive). 2. Bajo de ley, hablando del oro y plata (inferior). **Base metal,** metal de baja ley. 3. Bajo, grave; hablando de instrumentos y voces. 4. Ilegítimo. 5. Vergonzoso, infame, indigno. 6. Poltrón, mandria, cobarde.

base, *s.* 1. Fondo o suelo; base (of spine, skull), pie (of mountain, tree, lamp). Base (foundation, basis). 2. Basa, pedestal o basamento de columna o estatua (of column, wall). 3. Bajo, la cuerda que lleva este punto. 4. *(Quím.)* Base, substancia que puede unirse con un ácido, formando una sal; en la farmacia, ingrediente principal. 5. *(Geom.)* Base, parte inferior de una figura de un sólido. 6. *(Mús.)* Bajo, grave. *V.* BASE. Voz de bajo. 7. Barrera o base en el juego de baseball. (wrong) **To be off base,** estar equivocado. (in baseball) *(lit.)* estar fuera de la base. (by surprise) **To catch somebody off base,** pillar o agarrar a alguien desprevenido. (in baseball) (lit) pillar o agarrar a alguien fuera de la base. **I called them just to touch base,** los llamé, para mantener el contacto. **Base camp** (for expedition), campamento base. Sede (of organization). (Culin.) **Dishes with a rice base,** platos a base de arroz (main ingredient).

base, *va.* 1. Envilecer, deteriorar. 2. Apoyar, fijar sobre alguna cosa, fundamentar, establecer (found). **To base something on/upon something,** basar o fundamentar algo en algo (opinion, conclusion). **The movie is based on a real event,** la película se basa o está basada en una historia real. Basar (locate). **The company is based in Madrid,** la compañía tiene su base en Madrid. **Where are you based now?**, ¿dónde estás (vives, etc.) ahora?

baseball ['beɪsbɔːl] [beis-bol], *s.* 1. (game) Béisbol. **Baseball bat,** bate de béisbol. 2. La pelota que se usa en este juego.

baseboard ['beɪsbɔːd] [beis-bord] *s.* Zócalo, rodapié.

base-born ['beɪsbɔːn] [beis-born], *a.* 1. Bastardo, espurio, hijo natural. 2. Vil, bajo. **Base-burner, base-burning stove,** estufa de alimentación automática.

base-court ['beɪskɔ:t] [beis-kort], *s.* Patio, el espacio que en algunas casas se deja al descubierto, empedrado o enlosado, y cerrado por paredes, columnas, galerías o corredores, detrás del patio principal.
based [beɪst] [beist] *(Suf.)* Having its base in. **London-based,** con sede en Londres. Having as basis. **Acrylic-based,** con base de acrílico.
base hit [beɪs'hɪt] [beis-jit], *s.* Sencillo. En el béisbol, golpe del bateador a la pelota que le permite llegar a primera base.
baseless ['beɪslɪs] [beis-les], *a.* Desfondado: sin apoyo, sin fondo; sin fundamento. Infundado.
baseline ['beɪslaɪn] [beis-lain] *s.* Línea de fondo o de saque.
basely ['beɪslɪ] [beis-li], *adv.* Bajamente, con bajeza o vileza. **Basely born,** de vil cuna u origen.
baseman ['beɪsmən] [beis-man], *s.* En el béisbol, cada uno de los jugadores que protegen las bases. **First, second, third baseman,** jugador de primera, segunda, tercera base.
basement ['beɪsmənt] [beis-ment], *s. (Arq.)* Basamento. El cuarto bajo de una casa. En Madrid y algunas otras partes de España lo llaman *sótano vividero.*
base-minded [beɪs'maɪndɪd] [beis-main-ded], *a.* Ruin, vil, el que tiene bajos pensamientos.
base-mindedness [beɪs'maɪndidnɪs] [beis-main-ded-nes], *s.* Bajeza de ánimo, abyección.
baseness ['beɪsnɪs] [beis-nes], *s.* 1. Bajeza, vileza, infamia, bastardía. 2. Ilegítimidad de nacimiento. 3. Avaricia, mezquinería, tacañería.
basepay ['beɪspeɪ] [beis-pei] *s.* Sueldo base o básico.
baserate ['beɪsreɪt] [beis-reit] *s.* Tipo o tasa base.
bases ['beɪsɪs] [bei-sis] *Pl. of* BASIS.
bases *pl. of* BASE.
base string [beɪs'strɪŋ] [beis-strin], *s. (Mús.)* Bajo segundo.
base o **bass-viol** [beɪs] [bA:s"vaI@l] [beis] [bas-vaiol], *s.* Violón o violoncelo.
bash [bæʃ] [bash] *s.* Golpe, madrazo (blow) *(Méx.)(Fam.).* Abolladura, madrazo (dent). Juerga (party). (Attempt) (GB) **Come on, have a bash!,** ¡vamos, inténtalo o haz la prueba! **I´ll give it a bash,** lo intentaré, haré la prueba.
bash *va.* Pegarle a (hit). *(Fam.)* **I bashed my knee on, against the door,** me golpeé o me reventé la rodilla contra la puerta. **Bash around,** *(GB)* **bash about,** tratar a golpes o a patadas. **Bash in,** echar abajo (door). Abollar (dent, box, car). *(Fam.)* **To bash somebody´s head in,** romperle la cabeza o la crisma a alguien.
bashful ['bæʃfʊl] [bash-ful], *a.* Vergonzoso, modesto, tímido, penoso, corto, encogido; esquivo.
bashfully ['bæʃfʊlɪ] [bash-fu-li], *adv.* Vergonzosamente, modestamente. Con timidez.
bashfulness ['bæʃfʊlnɪs] [bash-ful-nes], *s.* Vergüenza, modestia, timidez, cortedad; esquivez.
basic ['beɪsɪk] [bei-sik], *a.* Básico, relativo a una base química, u otra. Fundamental (fundamental). **To be basic to something,** ser fundamental para algo. Básico, fundamental (knowledge). Básico, esencial (hotel, food) Sencillo. (Econ). Básico (pay).
basic, *s.* Lo básico, lo esencial. **We must get back to basics,** tenemos que replantearnos todo esto desde cero. **Basic English**, *s.* Inglés básico.
basically ['beɪsɪklɪ] [bei-si-kli] *adv.* Fundamentalmente. **I was lucky, basically,** más que nada o fundamentalmente, tuve suerte. **What went wrong? Basically, we made a mistake,** ¿qué pasó? -en dos palabras: nos equivocamos.
basify ['beɪsɪfaɪ] [bei-si-fai], *va.* Convertir en base por medios químicos.
basil ['bæzl] [basel], *s.* 1. *(Bot.)* Albahaca. 2. *(Carp.)* Filo achaflanado de escoplo o cepillo. 3. Badana, la piel curtida del carnero u oveja.
basilic ['bæzɪlɪk] [ba-si-lik], *s. (Anat.)* Basílica, la vena media o central del brazo.
basilic, basilical ['bæzɪlɪkl] [ba-si-li-kal], *a.* 1. *(Anat.)* Lo que pertenece a la vena basílica. 2. Real, regio.
basilica [bə'zɪlɪkə] [ba-si-li-ka], *s.* Basílica, iglesia o templo magnífico; iglesia principal.
basilicon ['bæzɪlɪkən] [ba-si-li-kon], *s.* Basilicón, ungüento amarillo de resina.
basilisk ['bæzɪlɪsk] [ba-si-lisk], *s.* 1. Basilisco, animal fabuloso. 2. Basilisco, pieza antigua de artillería.
basin ['beɪzn] [beisn], *s.* 1. Jofaina o aljofaina, bacía, palangana, lebrillo, vasija en que se echa agua para varios usos. Cuenco, bol, tazón (for liquid, food). 2. Reserva de un dique, reserva o concha de un puerto; arca de agua o depósito, estanque. 3. Cavidad de la pelvis. 4. Tazón de una fuente. 5. Platillo de balanza. 6. Vasija redonda que usan como molde los ópticos y sombrereros. 7. *(Geogr., Geol.)* Cuenca de un río. 8. Hoya, valle extenso, cuyo fondo comúnmente contiene agua. Formación geológica cuyas capas se inclinan interiormente hacia el centro. 9. Pilón de fuente o surtidor. 10. Represa de un molino. 11. Taza más grande que las usuales; tazón. (GB) **Hand basin,** lavamanos, lavabo, pileta.
basined ['beɪznd] [beisnd], *a.* Situado o encerrado en una hoya u hondonada.
basinet ['beɪznɪt] [beisi-net], *s.* Bacinete, capacete, pieza de la armadura antigua que cubría la cabeza.
basis ['beɪsɪs] [bei-sis] 1. Basa, el fundamento de cualquier cosa. 2. Basa de columna, pedestal. 3. Base, fundamento (foundation, grounds). **On what basis do you make this assertions?,** ¿en qué se basa usted para afirmar eso? **On the basis that...,** partiendo de la base de que... 4. (System, level) **We meet on a regular/monthly basis,** nos reunimos regularmente/mensualmente. **On a regional/national basis**, a nivel regional, nacional.
bask [bɑ:sk] [bask], *va.* Asolear, calentar alguna cosa al sol. *-vn.* Ponerse a tomar el sol. **To bask in the sun,** disfrutar (del color) del sol. **She basked in their adulation,** se deleitaba o se regodeaba con su adulación.
basket ['bɑ:skɪt] [bas-kit], *s.* (for shopping) Cesta, canasta; cesto, cestón; espuerta, cuévano, capacha, capacho. (in basketball) (goal) canasta, cesto. (score) canasta, enceste. **Wicker basket,** cuévano, cesta o canasta de mimbres. **A basket coach,** carrito de junco. **Basket-work,** (1) trabajos o tejido hechos con mimbres, o una imitación de cestería en metal. (2) *(Mil.)* Cestón, cestonada, tejido de mimbres o ramas lleno de tierra que sirve como defensa. **Basket-hilt,** la guarnición de la espada o florete que cubre toda la mano. *(Prov.)* La taza de la espada. **Basket-maker,** cestero. Basket-making, cestería. **Basket-salt,** sal gema filtrada en cestas. -*sf.* **Basket-woman,** cestera, la mujer del cestero o la que vende cestas.
basketball ['bɑ:skɪtbɔ:l] [bas-kit-bol], *s.* (game) **Basket-ball,** baloncesto, básquetbol. (ball) Pelota de básquetbol o balón de baloncesto.
basketful ['bɑ:skɪtfʊl] [bas-kit-ful], *s.* Cestada.
bason [beɪsn] [bei-son], *s. V.* BASIN.
Basque [bæsk] [bask], *a.* 1. Vascongado, da. **The Basque Country,** el País Vasco, Euskadi. 2. La lengua del país vascongado, vascuence, euskera. 3. *s.* Vasco. (person) (language) euskera, vasco, vascuence.
bas-relief ['bæsrɪˌli:f] [bas-ri-lif], **basso-relievo** [bæsə'rili:vəʊ] [ba-so-ri-lí-vo], *s.* Bajo relieve, especie de escultura: llámese también algunas veces *low relief.*
bass [bæs] [bas], o **striped bass** [strIpt'b{s] [stript-bas], *a.* Lubina, pez delicioso.
bass, *s. (Mús.)* (voice, singer) Bajo, grave. **Bass o bass-viol,** violoncelo. **Double-bass,** contrabajo; bordón. **Bass player,** (contra) bajo, (contra) bajista. (Audio) graves. *a.* (voice) De bajo. **Bass clef,** clave de fa. **Bass drum,** bombo. **Bass guitar,** contrabajo.
bass, bassock ['bæsɒk] [ba-sok], *s.* 1. Esparto. 2. Estera de iglesia.
bass, *s.* 1. *V.* BASSWOOD. 2. *V.* BAST.
basset ['bæsɪt] [ba-set], *s.* Baceta, en el juego de naipes. **Basset-horn,** clarinete de tenor.

basset, *vn. (Min.)* Apoyarse; se dice de los ramos de metales o lechos de piedras que estriban sobre otros.
bassinet ['beɪsɪnɪt] [ba-si-net], *s.* 1. Moisés. cuna de mecer niños (craddle). 2. *(Mil.)* Bacinete, almete.
basso [bæ'sə] [ba-so], *s.* 1. Bajo, el que canta con voz de bajo. 2. La parte baja, bajo.
bassoon [bə'suːn] [ba-sun], *s. (Mús.)* Bajón. Instrumento de viento, fagot.
basswood ['bæswʊd] [bas-wud], *s.* Tilo americano, llamado también *whitewood-tree* (árbol de madera blanca).
bast [bæst] [bast], *s.* 1. Corteza interior textil del tilo y otros árboles. 2. Estera, cuerda, etc., hecha con esta corteza.
bastard ['bɑːstəd] [bas-tard], *s.* 1. Bastardo, espurio, la persona procreada fuera de legítimo matrimonio (illegitimate child). *(Coll. o vulg.)* Cabrón. *(Fam. o vulg.)* Hijo de puta. 2. *(Mar.)* Vela grande de galera para navegar con poco viento.
bastard, *a.* 1. Bastardo, ilegítimo (child, son). 2. Bastardo, degenerado, lo que degenera de su origen y naturaleza.
bastardize ['bɑːstədaɪz] [bas-tar-dais], *va.* 1. Probar que alguno es bastardo. 2. Procrear hijos bastardos. 3. Depravar, alterar, bastardear, envilecer, prostituir.
bastardly ['bɑːstədlɪ] [bas-tard-li], *adv.* Como bastardo.
baste [beɪʃt] [beist], *va.* 1. Apalear, cascar, dar golpes con palo o bastón en las plantas de los pies. 3. *(Culin.)* Pringar o untar la carne en el asador. Rociar con su jugo o con mantequilla durante la cocción 3. Hilvanar, asegurar con hilo lo que se ha de coser después. 4. Bastear.
bastile ['bɑːstɪl] [bas-til], *s.* Castillo, fortaleza, prisión.
bastinade, bastinado ['bæstɪneɪd] [bas-ti-neid], *s.* Paliza, zurra de palos en las plantas de los pies; bastonazo, bastonada.
bastinade, bastinado, *va. V.* BASTE.
basting ['beɪstɪŋ] [beis-tin], *s.* 1. Hilván. 2. *(Fam.)* Apaleamiento, paliza.
bastion ['bæstɪən] [bas-tion], *s. (Fort.)* Bastión o baluarte.
bat [bæt] [bat], *s.* 1. Garrote o maza. 2. *(Zool.)* Murciélago. **Like a bat out of hell,** como alma que lleva el diablo. **To be (as) blind as a bat,** ser más ciego que un topo. (Hag, colloq.) **Old bat,** vieja. 3. (Beisbol, cricket) Bate. (Table tennis) Paleta, raqueta. **To be at bat,** ser bateador (in baseball). **Off one´s own bat,** de motu proprio, por su cuenta, por iniciativa propia. **To go bat for somebody,** echarle una mano a alguien.
bat, *va.* Golpear o impeler con una maza o porra. (Hit) Golpear, darle. (average in baseball) Tener un promedio de. *-vn.* Usar de una maza en cierto juego de pelota. *(Sport)* Batear.
bat, *va.* (E.U. y prov. en Inglaterra) Pestañear; moverse, agitarse. (Flutter) **To bat one´s eyelashes** o (GB) **eyelids at somebody,** hacerle ojitos o caídas de ojos a alguien. **No to bat an eyelash** o (GB) **an eyelid, an eye,** no pestañear, no inmutarse.
batable ['bætəbl] [ba-ta-bol], *a.* Disputable, lo que se puede controvertir, disputar o defender por ambas p
rtes.**Batavian** ['bætəvɪən] [ba-ta-vian], *a.* Báta
o, va.
bat-fowling [bæt'fəʊlɪŋ] [bat-fou-lin], *s.* Caza de pájaros por la noche.
batch [bætʃ] [bach], *s.* 1. (of cakes) Cochura, hornada, tanda, la cantidad de pan que de una vez se cuece en el horno. 2. Número o cantidad de cosas que se reciben, se despachan o se coleccionan de una vez. Lote (of goods). Grupo, tanda (trainees, candidates). Pila, montón. (mail, paperwork). Lote *(Comput.)* **Batch processing,** procesamiento por lotes.
bate [beɪt] [beit], *s.* Contienda, altercación, debate, disputa. **Make-bate,** cizañero, soplón, cuentero; bufón.
bate, *va.* 1. Minorar, disminuir. 2. Rebajar o bajar el precio de alguna cosa. *-vn.* Minorarse, mermar.
bate, *va.* Remojar, como un cuero o piel; separar y ablandar, como henequén, jute.
bated ['beɪtɪd] [bei-tid] *a.* **With bated breath,** con ansiedad, conteniendo la respiración.
bateful ['beɪtfʊl] [beit-ful], *a.* Contencioso, controvertible.
batement ['beɪtmənt] [beit-ment], *s.* Disminución, merma o menoscabo.
bath [bɑːθ] [baz], *s.* 1. (wash) Baño. **To have, to take a bath,** bañarse, darse un baño. **To give somebody a bath,** bañar a alguien. (Tub) Bañera, tina. **I was in the bath when you rang,** me estaba bañando cuando llamaste. (bathwater) **To run a bath,** preparar un baño. 2. Cuarto de baño. **Hot baths,** baños calientes o termas. **Cold baths,** baños fríos. **Dry bath,** estufa. **Water bath,** *(Quím.)* baño de María, calentamiento del líquido contenido en una vasija poniendo ésta dentro de otra que contiene agua caliente. **Sand bath,** baño de arena, vasija con arena caliente en que se ponen retortas para la destilación de algún líquido. **Knight of the Bath**, o en abreviatura después de los nombres, K. B., caballero de la orden del Baño, orden de caballería de Inglaterra. **Baths** (swimming) (GB) Piscina, alberca, pileta. **Public baths,** baños públicos (for washing).
bath *va.* Bañar (GB). *vn.* Bañarse.
bath-brick [bɑːθ'brɪk] [baz-brik], *s.* Piedra para limpiar cuchillos. Toma su nombre de la ciudad de Bath en Inglaterra.
bathe [beɪð] [beiz], *va.* Bañar, lavar en baño (wound, eyes). Lavar, bañar (baby, dog). **To be bathed in something,** estar bañado en algo (tears, light). *-vn.* Bañarse, estar en el baño. (take bath, go swimming).
bather ['beɪðə^{r}] [beiza^{r}] *s.* (GB) Bañista.
bathing [bɑːθɪŋ] [ba-zing], *s.* Baño, la acción de bañar o bañarse. *-a.* De baño. **Bathing beach,** balneario, playa para bañarse. **Bathing resort,** balneario. **Bathing suit,** (GB) **Bathing costume,** traje de baño, bañador, malla de baño, vestido de baño.
bathmat ['bɑːθmæt] [baz-mat] *s.* Alfombrilla, tapete o piso de baño.
bathrobe ['bɑːθrəʊb] [baz-roub], *s.* Bata de baño, albornoz.
bathroom ['bɑːθrʊm] [baz-rum], *s.* Cuarto de baño (room with bath). Baño, servicio (Toilet). **To go to the bathroom,** ir al baño o al servicio. **Bathroom tub, bañera**, tina, bañadera.
bath-tub ['bɑːθtʌb] [baz-tab], (más usado) o **bathing-tub** ['bɑːθɪŋtʌb] [ba-zin-tab], *s.* Baño, bañera, pieza grande de madera, metal o mármol para bañarse. *(Mex.)* Tina.
bathymetry ['bɑːθɪmɪtrɪ] [ba-ti-me-tri], *s.* Batimetría.
bathyscaphe ['bɑːθɪskeɪf] [ba-zis-keif], *s.* Batíscafo.
batik [bə'tɪk] [ba-tik], *s.* Batik, arte malayo para teñir telas con cera.
bating ['bətɪŋ] [ba-tin], *prep.* Excepto, exceptuando, menos, fuera de, amen de.
batiste [bæ'tiːst] [ba-tist], *s.* Batista, lino fino; olán.
batlet ['bətlɪt] [ba-tlet], *s.* Paleta de lavandera.
baton ['bætən] [ba-ton], *s.* 1. Bastón (truncheon), testigo (in relay race), bastón de mando (officer´s) (GB), bastón (drum´s major). 2. *(Mús.)* Batuta.
baton, *va.* Bastonear, golpear con un bastón.
batoon ['bətuːn] [ba-tún], *s.* 1. Clava o palo grande. 2. Bastón o insignia de mando. 3. *(Her.)* Señal de nacimiento ilegítimo en el escudo de armas. *(Des.)*
batrachia [bə'treɪkɪə] [ba-trei-kia], *s. pl.* Los batracios o anfibios, una de las clases de los vertebrados.
batrachian [bə'treɪkɪən] [ba-trei-kian], *a.* Batracio, relativo o perteneciente a las ranas. *-s.* Uno de los batracios.
batsman ['bætsmən] [bats-man] *s.* Bateador.
battalia [bə'tælɪə] [ba-ta-lia], *s. (Ant.)* Orden de batalla, parte principal de un ejército.
battalion [bə'tælɪən] [ba-ta-lion], *s.* Batallón, un cuerpo de infantería.
batten ['bætn] [ba-ten], *s.* Lata, tabla de chilla, listón de madera; alfajia, tablilla.
batten, *va.* Construir con lata, tablillas, o tablas de chilla. **To batten down the hatches,** *(Mar.)* cerrar las escotillas y asegurarlas con listones de madera.
batten, *va.* 1. Cebar, dar cebo para engordar. 2. Reparar, rehacer, restablecer las fuerzas o el vigor perdido. *-vn.* Engordar, ponerse gordo; revolcarse.

batter ['bætəʳ] [ba-taʳ], *va.* 1. Apalear, dar de palos, cascar, golpear, aporrear (beat) (victim, opponent); maltratar, pegarle a (child, wife). 2. Batir, cañonear; romper, desmenuzar; destruir, demoler, derribar. **Boats battered by the storm,** barcos azotados por la tormenta. *-vn. (Mec.)* Hacer barriga o comba. **Batter around**, (GB) **Batter about,** maltratar, pegarle a. **Batter down**, derribar a golpes.

batter, *s.* Batido, mezcla de varios ingredientes batidos y trabados; pasta culinaria. *(Culin.)* Rebozado, pasta para rebozar (for fried fish). **Cover with batter,** rebozar. Masa (for cakes, pancakes)

batter, *s.* El que da con la maza, o *bat*, en el juego de pelota llamado *base-ball* y otros. Bateador.

batter, *s.* 1. Golpazo; golpes repetidos. 2. Batidor de yeso. 3. *(Tip.)* Rotura o mutilación de los tipos o de una plancha. 4. Declive de un parapeto.

battered ['bætəd] [ba-terd] *a.* Abollado (car), estropeado (hat, suitcase), maltrecho (reputation, image), maltratado, que recibe o ha recibido malos tratos (baby, wife). **Her battered pride,** su orgullo herido.

batterer ['bætərəʳ] [ba-te-red], *s.* Apaleador.

battering ['bætərɪŋ] [ba-te-rin] *s.* Paliza.

battering-piece ['bætərɪŋ,pi:s] [ba-te-rin-pis], *s. (Art.)* Pieza de batir. **Battering-ram,** ariete, máquina usada antiguamente para demoler las murallas.

battering-train ['bætərɪŋ,treɪn] [ba-te-rin-trein], *s.* Tren de batir, cureña de sitio.

battery ['bætərɪ] [ba-te-ri], *s.* 1. *(Elec.)* Batería, acumulador (car, motorcycle), pila (radio, lamp). **To recharge one´s batteries,** cargar las baterías, recuperar la energía. **Battery acid,** electrolito. **Battery charger,** cargador de pilas, cargador de baterías. 2. *(Mil.)* Batería. 3. Violencia, asalto. **Batery cell,** pila eléctrica. *(Agr.)* Batería, conjunto de jaulas instaladas para la explotación avícola intensiva. De criadero, de batería (eggs, hens). **Battery farming,** cría intensiva. **A battery of tests,** una serie de tests (array, set). **A battery of questions,** una sarta de preguntas. *(Law)* Lesiones.

batting ['bætɪŋ] [ba-tin], *s.* 1. Agramaje, espadillaje; *(Cer.)* moldeaje. 2. Algodón o lana en hojas o capas. 3. El acto de apalear, y la manera de usar un garrote o cachiporra. Bateo. **Cotton batting,** algodón en rama.

battle ['bætl] [ba-tel], *s.* 1. *(Mil.)* Batalla. 2. *(Des.)* El centro o la parte principal del ejército. **To do battle,** luchar. **Battle cry,** grito de guerra. Lucha (struggle). **A battle of wits**, una lucha de ingenio. **That´s half the battle (won),** eso ya es un gran paso adelante. **To fight a losing battle,** luchar por una causa perdida.

battle, *vn.* Batallar, pelear en batalla, combatir. **Battle on,** seguir luchando. **To battle it out,** seguir luchando hasta el final.

battle-array ['bætləreɪ] [ba-tel-a-rei], *s.* Orden de batalla.

battle-axe ['bætlæks] [ba-tel-aks], *s.* Hacha de guerra (weapon). Sargenta (woman) *(Coloq.)*, sisebuta *(Fam.)*.

battledoor ['bætldɔ:ʳ] [ba-teldoʳ], *s.* Pala o raqueta, el instrumento que impele la pelota o volante. **Battledoor and shuttlecock,** la raqueta y el volante.

battlefield ['bætlfi:ld] [ba-tel-fild], *s.* Campo de batalla.

battlefront ['bætlfrɒnt] [ba-tel-front] *s.* Frente de batalla.

battleground ['bætlgraʊnd] [ba-tel-graund] *s.* Campo de batalla.

battlement ['bætlmənt] [ba-tel-ment], *s.* Muralla almenada o con almenas y boquillas.

battle-piece ['bætlpi:s] [ba-tel-pis], *s.* Cuadro que representa una batalla.

battleship ['bætlʃɪp] [ba-tel-ship], *s.* Acorazado.

battling ['bætlɪŋ] [ba-tlin], *s.* Conflicto, combate.

battologize ['bætəlɒdʒaɪz] [ba-to-lo-yais], *vn.* Repetir palabras inútil y enojosamente.

battology ['bætəlɒdʒɪ] [ba-to-lo-yi], *s.* Batología, repetición inútil de palabras.

battue ['bætju:] [ba-tiu], *s.* 1. Batida, montería de caza mayor. 2. Matanza inexcusable.

batty ['bætɪ] [ba-ti] *a.* Chiflado *(Coloq.)*, rayado *(Fam.)*. **To go batty,** chiflarse, rayarse.

bauble, bawble ['bɔ:bl] [bo-bel], *s.* Chuchería, miriñaque, cosa de poca importancia, pero pulida y delicada (for decoration). Adorno (on Christmas tree).

baud [bɔ:d] [bod] *s. (Comput.)* Baudio. **Baud rate,** velocidad media de transferencia.

baulk [bɔ:lk] [bolk], va./vn. *V.* BALK.

bauxite ['bɔ:ksaɪt] [bok-sait], *s.* Bauxita, compuesto de aluminio y óxido férrico.

bavarian [bə'bɛərɪən] [ba-va-rian], *a.* y *s.* Bávaro, perteneciente a Baviera; natural de este reino.

bavaroy [bəvərɔɪ] [ba-va-roi], *s.* Tudesco, especie de capote.

bavin ['bəvɪn] [ba-vin], *s.* Fagina, hacecillo de leña menuda.

bawd [bɔ:d] [bod], *s.* Alcahuete o alcahueta.

bawd, *vn.* Alcahuetear, servir de alcahuete o alcahueta. *-va.* Ensuciar.

bawdily ['bɔ:dɪlɪ] [bo-di-li], *adv.* obscenamente.

bawdiness ['bɔ:dɪnɪs] [bo-di-nes], *s.* obscenidad; alcahuetería; suciedad.

bawdrick ['bɔ:drɪk] [bo-drik], *s.* Cinturón; cuerda; tahalí. *V.* BALDRIC.

bawdry ['bɔ:drɪ] [bo-dri], *s.* Alcahuetería, el acto de alcahuetear.

bawdy ['bɔ:dɪ] [bo-di], *a.* Obsceno, impuro, torpe; sucio, impúdico, deshonesto, infame. Subido de tono.

bawdy-house ['bɔ:dɪhaʊs] [bo-di-jaus], *s.* Lupanar, burdel.

bawl [bɔ:l] [bol], *vn.* Gritar, vocear, vociferar, desgañitarse (shout). **To bawl at somebody,** gritarle a uno. Ladrar, chillar, berrear (cry noisily). *-va.* Pregonar; publicar a voces. Gritar (insults). Dar a gritos (order). **Bawl out,** (insults) gritar, regañar, retar (scold).

bawler ['bɔ:ləʳ] [bolaʳ], *s.* Voceador, vocinglero, alborotador.

bawsin, bauson ['bɔ:sɪn] [bo-sin], *s.* Tejón, animal cuadrúpedo.

bay [beɪ] [bei], *a.* Bayo, de color rojizo parecido al castaño (horses).

bay, *s.* 1. Bahía, rada, puerto abierto, donde se abrigan las embarcaciones. Muelle o plataforma de carga (loading). 2. Bahía, brazo de mar. 3. *(Bot.)* Laurel, planta. 4. La situación del que se halla rodeado de enemigos. **To be at bay,** estar rodeado de enemigos; hallarse en el último aprieto; estar en el mayor peligro. **To keep at bay,** tener a raya; contener; tener a distancia. 5. División de un edificio. Parte saliente de una ventana o un balcón en forma de mirador *(Bay window)*. 6. Laurel, lauro, el premio de la victoria. 7. Compuerta. 7. Espacio (area, recess). **Parking bay,** plaza de estacionamiento o de aparcamiento.

bay, *vn.* 1. Aullar, dar ladridos ahogado. 2. Balar. *-va.* 1. Encerrar.

bayard [beɪəd] [beiard], *s.* 1. Caballo bayo. 2. Bausán, boquiabierto.

bayardly ['beɪədlɪ] [beiard-li], *a.* Estúpido, ciego.

bayberry ['beɪbərɪ] [bei-beri], *s. (Bot.)* 1. Árbol de la cera, arbusto de las miriáceas. 2. Laurel.

bayberry tallow ['beɪbərɪ,tələʊ] [bei-beri-ta-lou], *s.* Sustancia que se obtiene del árbol de la cera.

baying ['beɪŋ] [bei-ing], *s.* Ladrido; balido.

bayleaf ['beɪli:f] [bei-lif] *s.* Hoja de laurel.

bayonet ['beɪənɪt] [ba-yo-net], *s.* Bayoneta.

bayou ['baɪju:] [ba-yu], *s.* Canalizo: brazo de río de escasa corriente. Pantano. (E.U. del Sur.)

bay run ['beɪ'rʌn] [bei-ran], *s.* Ron con aceite escencial de laurel o de malgueta.

bay-salt ['beɪsɔ:lt] [bei-solt], *s.* Sal morena o sal marina.

bay-window ['beɪ'wɪndəʊ] [bei-uin-dou], *s.* ventana salidiza, mirador.

bazaar, bazar [bə'za:ʳ] [ba-saʳ], *s.* 1. Bazar (oriental market). Venta benéfica (charity sale). 2. Baño, lugar donde se encerraba a los esclavos.

bazooka [bə'zu:kə] [ba-sú-ka], s. Lanzador portátil de proyectiles-cohete.

BBC *s.* British Broadcasting Corporation. **The BBC,** la BBC.

bC (Before Christ) Antes de Cristo. (written form) aC, a. de C., a. de J. C.

bdellium ['bdəlɪəm] [be-de-liom], s. 1. Bedelio, el árbol y la resina que éste produce. 2. Joya, tal vez perla, pero con más probabilidad el ámbar.

be [biː] [bi], *vn.* 1. Ser o estar, tener algún estado, condición o calidad. (followed by an adjective) **She´s French/ intelligent,** es francesa, inteligente. **He´s worried/furious,** está preocupado/furioso. **He´s blind,** es o está ciego. **He´s short and fat,** es bajo y gordo. **He´s so fat he can´t get into his clothes any more,** está tan gordo que ya no le cabe la ropa. **These shoes are new,** estos zapatos son nuevos. **Have you never had gazpacho? it´s delicious!,** ¿nunca has comido gazpacho? ¡es delicioso! **The cake is delicious, did you make it yourself?,** el pastel está delicioso, ¿lo hiciste tú? **She was very rude to me,** estuvo o fue muy grosera conmigo. **She´s very rude,** es muy grosera. **Be good,** sé bueno. **Don´t be silly!,** ¡no seas tonto! (Talking about marital status) **Tony is married/divorced/single,** Tony está o es casado/divorciado/soltero. **We´ve been married for eight years,** llevamos ocho años casados. (Followed by a noun) **She´s a lawyer,** es abogada. **He´s a Catholic,** es católico. **He was Prime Minister for eleven years,** fue Primer Ministr durante once años. **Who was Prime Minister at the time?,** ¿quién era Primer Ministro en ese momento? **It´s me/Daniel,** soy yo/ es Daniel. **If I were you I´d stay,** yo que tú o yo en tu lugar me quedaría. (Play the role of) hacer de. **I was Juliet in the school play,** hice de Julieta en la obra del colegio. (Talking about mental and physical states) **How are you?,** ¿cómo estás? **I´m much better,** estoy o me encuentro mucho mejor. **She´s pregnant/tired,** está embarazada/cansada. 2. Tener, en algunas significaciones, v.g. **To be hungry,** tener hambre. **To be cold/thirsty/sleepy,** tener frío, sed, sueño. (Talking about age) Tener. **How old are you?,** ¿cuántos años tienes? **I´m 31,** tengo 31 años. **Paul was four last Monday,** Paul cumplió cuatro años el lunes pasado. (Giving cost, measurement, weight) **How much is that?-That will be $15 please,** ¿cuánto es?- Son 15 dólares por favor. **Two plus two is four,** dos más dos son cuatro. **How tall/heavy is he?,** ¿cuánto mide/pesa? (Exist, live) **I think, therefore I am,** pienso, luego existo. **To be or not to be,** ser o no ser. **Her husband-to-be,** su futuro marido. (in expressions of time). **Don´t be too long,** no tardes mucho, no te demores mucho. **How long will dinner be?,** ¿cuánto falta para la cena? (Take place) **The party is tomorrow,** la fiesta es mañana. (Be situated, present) Estar. **Where is the library?,** ¿dónde está o queda la biblioteca? **Where are you?,** ¿dónde estás? **Who´s in the movie?,** ¿quién actúa o trabaja en la película? **How long are you in Chicago (for)?** ¿cuánto (tiempo) te vas a quedar en Chicago? (only in perfect tenses) (visit) Estar. **I´ve never been to India,** nunca he estado en la India. **Have you been to the exhibition yet?,** ¿ya has estado en o has ido a la exposición? *V. impers.* (talking about physical conditions, circumstances). **It´s sunny/cold/hot,** hace sol/frío/ calor. **It´s cloudy,** está nublado. **It was two degrees below zero,** hacía dos grados bajo cero. **It´s so noisy/quiet in here!,** ¡qué ruido/silencio hay aquí! (in expressions of time) Ser. **It´s three o´clock,** son las tres. **It´s one o´clock,** es la una. **It was still very early,** todavía era muy temprano. **It´s Monday today,** hoy es lunes. (Talking about distance) Estar. **It´s 50 miles from here to New York,** Nueva York queda o está a 50 millas de aquí. (introducing person, object) **It was me who told them,** fui yo quien se lo dije o dijo, fui yo el que se lo dije o dijo. (in conditional use) Ser. **If it hadn´t been o had it not been for Peter, we would have been killed,** si no hubiera sido por Pedro o de no ser por Pedro, nos habríamos matado. *To be* es el verbo auxiliar que sirve para formar la voz pasiva, y las acciones en progreso. **What was I saying?** ¿qué estaba diciendo? **She was leaving when...** se iba cuando... **How long have you been waiting?** ¿cuánto (tiempo) hace que esperas? ¿cuánto (tiempo) llevas esperando? *(with future reference)* **He is** o **will be arriving tomorrow,** llega mañana. **She will be staying at the Hilton,** se va a alojar en el Hilton. **It was built in 1903,** fue construido en 1913, se construyó en 1913, lo construyeron en 1903. **She was told that...,** le dijeron o se le dijo que... **It´s known that...,** se sabe que... (with future reference) **I´m to be met at the airport by Mary,** María me irá a buscar al aeropuerto. **The dessert is (still) to come,** todavía falta el postre. (expressing possibility) **What are we to do?,** ¿qué podemos hacer? **He wasn´t to know,** no tenía cómo saberlo. (expressing obligation) Deber. **Tell her she´s to stay here,** dile que debe quedarse aquí o tiene que quedarse aquí, dile que se quede aquí. **You are not to tell Susan!,** ¡no debes decírselo a Susana! **I´m not to be disturbed!,** ¡que nadie me moleste! (in hypotheses) **What would happen if she o was to die?,** ¿qué pasaría si ella muriera? (in tag questions) **She´s right, isn´t she?,** tiene razón, ¿no? o ¿verdad? o ¿no es cierto? **So that´s what you think, is it?,** de manera que es eso lo que piensas. (in elliptical uses) **Are you disappointed? Yes, I am/No, I´m not,** ¿estás desilusionado? Sí, (lo estoy)/No, (no lo estoy). **She was told the news, and so was he/but I wasn´t,** a ella le dieron la noticia, y también a él/pero a mí no. **I´m surprised, are you?/aren´t you?,** estoy sorprendido, ¿y tú?/¿tú no? **To be for,** inclinarse a. **To be out,** cortarse o perderse en alguna recitación, confundirse. **To be a great way off,** estar muy distante. **To be off,** *(Fam.)* irse a la francesa; echarse fuera; tomar las de Villadiego. **He is on and off,** tan pronto quiere como no quiere. **To be up to everything,** ser para todo, no asustarse por nada. **To be gone,** irse, haberse ido. **To be being,** estarse haciendo. **Secret meetings were being held,** se estaban celebrando juntas secretas. **To let, a house that is being finished in Fifth Street,** se alquila una casa que se está acabando, o está para acabarse, en la Calle Quinta.

be, prefijo. Por; cerca de; sobre. Sirve para hacer verbos activos de los neutros; para hacer más intenso el sentido del verbo: para formar verbos de adjetivos o sustantivos, etc.

beach [biːtʃ] [bich],s. Costa, ribera, playa, orilla; cabo. **A day at the beach,** un día en la playa. **Beach ball,** pelota de playa.

beach, *va.* Impelir a la playa, o arrastrar sobre ella. (boat). Hacer embarrancar (whale). -*vn.* Desembarcar en una playa o costa.

beachhead ['biːtʃhed] [bich-jed], s. Cabeza de playa.

beachy ['biːtʃɪ] [bi-chi], a. Que tiene riberas o playas.

beacon ['biːkən] [bi-kon], s. *(Mar.)* Faro (light), fanal, baliza, almenara (fire), señal que se pone o que se hace para dirigir a los navegantes u otros.

beaconage ['biːkɒeɪdʒ] [bi-ko-neich], s. Balizaje, derecho que se paga para mantener los fanales, balizas o almenaras.

beaconed ['biːkɒnd] [bi-kond], *a.* Lo que tiene balizas o almenaras.

bead [biːd] [bid], *s.* 1. Cuenta, cada una de las bolitas ensartadas, que componen el rosario. 2. Cuenta o cuentas, bolitas ensartadas formando collares (necklace, bracelet). 3. Cualquier cuerpo globoso. 4. Ornamento formado de una hilera de cuentas. **Glass bead,** mostacilla, chaquira, abalorio. **Steel beads,** abalorios de acero. 5. *(Carp.)* Filete, nervio, astrágalo. 6. *(Arq.)* Perla. 7. *(Joy.)* Grano, perla, cuenta. 8. Burbuja, espuma sobre un líquido. Gota (drop). **Beads of sweat,** gotas de sudor. **To draw a bead on,** apuntar cuidadosamente con un arma de fuego. **To tell o say, one's beads,** rezar el rosario.

bead, *va.* 1. Adornar con abalorios. 2. Ensartar cuentas. 3. En tornería, hacer rizos o filetes en la madera.

beading ['biːdɪŋ] [bi-din], *s.* 1. Guarnición o adorno de abalorios. *(Arq.)* Listón, pestaña, borde. 2. Preparación para formar espuma sobre licores. 3. Conjunto de cuentas o abalorios.

bead-tree [biːd'triː] [bid-tri], *s.* *(Bot.)* Coco de Indias, el árbol con cuyas semillas se hacen los rosarios.

beadle ['bi:dl] [bidel], *s.* Pertiguero o macero en las catedrales; muñidor en las parroquias o cofradías; bedel en las universidades; y alguacil, ministro o ministril en los tribunales.
beadleship ['bi:dlʃɪp] [bidel-ship], *s.* Bedelía.
beadroll ['bi:drɒl] [bid-rol], *s.* Catálogo o lista de los cofrades del rosario.
beadsman ['bi:dsmən] [bids-man], *s.* Hombre empleado en rezar por otros.
beadwork [bi:d'wɜ:k] [bid-uek], *s.* 1. Abalorio. 2. *(Arq.)* Listón, reborde.
beady ['bi:dɪ] [bi-di], *a.* 1. Parecido a cuentas. 2. Cubierto de cuentas. 3. Lo que tiene espuma o está cubierto de burbujas. **Beady eyes,** ojos redondos y brillantes.
beagle ['bi:gl] [bigel], *s.* 1. Sabueso, perro con el cual se cazan las liebres. 2. Alguacil. 3. Tiburón pequeño de ciertas especies.
beak [bi:k] [bik], *s.* 1. Pico, el extremo de la cabeza del ave que le sirve como de boca (of bird). 2. Pico o cañón de alambique. 3. *(Mar.)* Saltillo de proa; espolón de navío. 4. Pico, hocico, cualquier cosa que remata en punta. 5. Cabo, promontorio. *(Fam.)* (nose) Napia.
beaked [bi:kt] [bikt], *a.* Picudo, lo que tiene pico; encorvado.
beaker ['bi:kə^r] [bika^r], *s.* 1. Taza con pico. 2. *(Quím.)* Bocal con pico; vaso cilíndrico con fondo llano, de vidrio delgado; se usa en los análisis. (GB) Taza (alta y sin asa) (cup).
be-all ['bi:'ɔ:l] [bi-ol] *s.* **It´s the be-all and end-all of his life,** es su razón de ser. **Work isn´t the be-all and end-all,** el trabajo no lo es todo.
beam [bi:m] [bim], *s.* 1. *(Arq.)* Viga maestra de un edificio (in building). 2. Astil, brazo del peso de cruz, de cuyos extremos penden las balanzas. 3. Madero cilíndrico, en el cual los tejedores arrollan la tela al paso que la van tejiendo; enjullo o vara de empaño. 4. Rayo de luz (ray); haz de luz (broad). **A ray of light,** un rayo de luz. **Keep the headlights on high** o (GB) **full/main beam,** deja las (luces) largas (auto). 5. Lanza de coche. 6. Rama de venado. 7. Brazos de balanza. 8. Barra sueca o de equilibrio (in gymnastics). **Beams,** *(Mar.)* baos, vigas gruesas que mantienen firmes los costados del navío y sobre las cuales se asientan las cubiertas (in ship). Manga (widest part of ship. **Beams of the upper decks,** baos de las cubiertas altas. **Aftermost beam,** bao popero. **Foremost beam,** bao proel. **Midship beam,** bao maestro. **On the beam,** por el través. **Before the beam,** por la proa del través. **Abaft the beam,** por la popa del través. *(Fam.)* **To be broad in the beam,** ser culón, tener un buen trasero.
beam, *vn.* Emitir o arrojar rayos. Brillar (shine). Sonreír abiertamente (smile). **A beaming smile,** una sonrisa radiante. *va.* Transmitir (broadcast).
beaming [bi:mɪŋ] [bi-min], *a.* Radiante, que despide rayos de luz; luciente, luminoso; alegre, vivo.
beamless ['bi:mles] [bim-les], *a.* Sin rayos.
beamy [bi:mɪ] [bi-mi], *a.* 1. Radiante, lo que despide y arroja de sí rayos de luz. 2. Alegre, vivo. 3. Parecido a una viga; pesado como una lanza. 4. *(Mar.)* Que tiene baos anchos.
bean [bi:n] [bin], *s.* 1. Haba, 2. Judía, habichuela, fréjol, alubia. (Mex., Cuba) Frijol (dried). **String beans,** *(Mex.)* ejotes; habichuelas o judías tiernas o verdes (fresh, in pod) **Green bean. To be full of beans,** estar lleno de vida. **To spill the beans,** descubrir el pastel, levantar la liebre/la perdiz. **Coffee bean,** grano de café. (GB) *(Coloq.)* **It isn´t worth a bean,** no vale nada (scrap, trace). *(Fam.)* **Not to have a bean,** estar pelado. **Not to know beans about something,** no saber ni papa de algo. Coco, mate (head). **Beanbag** (chair), sillón formado por una gran bolsa de cuentas de poliestireno, etc. Pequeño saco relleno que se arroja para que otro lo ataje (toy). **Bean curd,** tofu, queso de soja. **Beanpole,** rodrigón (person). **She´s a beanpole,** es un espárrago, es muy larguirucha. **Beanshoot, bean sprout,** frijol germinado o judía germinada o poroto germinado. Brote germinado de soya o soja (of soy bean).
bean *va.* **To bean somebody,** darle un mamporro en la cabeza a alguien.
bean-fed ['bi:nfed] [bin-fed], *a.* Alimentado con habas.
bear [bɛə^r] [bea^r], *va.* (*pret.* BORE, *pp.* BORNE, o BORN). 1. Llevar alguna cosa como carga. 2. Llevar o mudar alguna cosa de una parte a otra (carry). **Our raft was borne along by the current**, la corriente arrastraba nuestra balsa. **She´s not one to bear a grudge**, no es rencorosa o resentida (harbor). 3. Usar alguna insignia de autoridad o distinción. **To bear a crown,** ceñirse una corona. 4. Cargar, llevar alguna cosa como carga; cargar con, imponerse una carga u obligación (responsibility). **You shall bear the guilt**, UD. cargará con la responsabilidad. 5. Sostener, apoyar, mantener alguna cosa para que no caiga (support). 6. Tener amor u odio a uno. **I can´t bear her**, no la soporto, no la aguanto, no la puedo ver. 7. Padecer, sufrir, aguantar, soportar, tolerar (endure) **The pain was too much to bear**, el dolor se hizo insoportable. **I can´t bear to watch,** no puedo mirar. 8. Llevar, producir. 9. Parir, dar a luz. **She bore him six children**, le dio seis hijos. En este sentido, el participio de *bear* es *born*. 10. Entretener, engañar. 11. Poseer poder u honra. 12. Animar, impeler. 13. *(Com.)* Hacer bajar el valor, jugar a la baja. **Bear a hand!** *(Mar.)*, socorrer pronto; coger, agarrar.
bear away, vencer, sobrepujar.
bear back, retirarse, hacerse atrás. **To bear company**, acompañar**. To bear date**, llevar fecha, estar fechado. **To bear in mind**, acordarse. *-vn.* 1. Padecer o sufrir algún dolor. 2. Aguantar, tolerar. 3. Tener virtud generativa, criar; llevar fruto. 4. Dirigirse o encaminarse a algún paraje, determinado. **To bear and forbear**, llevar y conllevar.
bear down, arrastrar; ahondar; tropezar, derribar, derrocar, echar por tierra, hacer bajar por fuerza: se dice de la mujer que está de parto.
bear off, (a) desviar el golpe o evitarle. (b) *(Mar.)* hacerse mar adentro.
bear in, ir a, dirigirse a.
bear out, mantener, sostener, apoyar; sacar de paso; justificar, afirmar; avanzar.
bear up, llevar, transportar, conducir, sostener; resistir; subir, crecer, elevarse, alzarse, sostenerse.
bear up against, resistir, oponerse fuertemente, hacer esfuerzos contra alguna cosa, arrostrar, mantenerse tieso o firme. **To bear up to a ship**, transportar a un navío.
bear upon, estribar.
To bring to bear upon, apuntar los cañones contra. **To bear a good price**, tener buen precio. **To bear a part**, paticipar, tener parte. **To bear faith**, ser fiel. **To bear likeness**, parecerse. **To bear resemblance to**, tener semejanza con, parecerse a. **To bear one a grudge, spite** o **ill-will**, querer mal a alguno, tenerle ojeriza. **To bear one good-will**, tener buena voluntad a alguno. **To bear sway** o **rule**, gobernar, dominar, mandar, tener el poder en su mano. **To bear the charges**, pagar los gastos, llevar las cargas. **To bear too hard upon one**, tratar a alguno con sobrada dureza. **To bear with one**, sufrir a alguno, perdonarle, ser indulgente para con él. **To bear witness**, atestiguar, testificar, dar testimonio, ser testigo. **To bear away**, *(Mar.)* arribar. **To bear away before the wind**, *(Mar.)* arribar todo o amollar viento en popa. **To bear away large**, *(Mar.)* arribar a escota larga. **To bear down on a ship**, *(Mar.)* arribar sobre un bajel. **Past bearing**, improductivo (hablando de árboles frutales y de animales); infecunda, la mujer que ha pasado la edad crítica.
bear, *s.* 1. Oso, animal fiero. **He´s a regular bear in the morning**, por la mañana está de un humor de perros. **To be like a bear with a sore head**, estar de un humor de perros. **To be loaded for bear**, estar listo para el ataque. **Bear cub**, osezno. 2. Bajista, el jugador de bolsa que juega a la baja de los fondos públicos u otros valores. **Great and Little Bear**, *(Astr.)* Osa Mayor y Menor. 3. *(Ento.)* Oruga lanuda del *tiger-moth*. **Brown bear**, oso pardo. **White** *o* **polar bear**, oso blanco, oso gris de América. **The Bear**, Rusia.

bearable ['bɛərəbl] [bea-ra-bol], *a.* Sufrible, soportable.

bear-berry ['bɛərberɪ] [bear-beri], *s.* 1. *(Bot.)* Gayuba, hierba medicinal. Uva, ursi. 2. La cáscara sagrada de California y el arbusto que la produce. Se llama también *bearwood.*

bear-binder ['bɛəbɪndə^{r}] [bear-bin-da^{r}], *s.* *(Bot.)* Correhuela.

beard [bɪəd] [bíard], *s.* 1. Barba (of person), el pelo que nace en la parte inferior de la cara. **A man with a beard**, un hombre con barba o de barba. **To have/wear a beard**, tener barba. 2. Cara, rostro. 3. *(Bot.)* Arista de espiga. 4. Barba de flecha.

beard, *va.* 1. Desbarbar, agarrar a uno por la barba, arrancarle las barbas. 2. Hacer frente, subirse a las barbas; oponerse fuertemente.

bearded ['bɪədɪd] [bíarded], *a.* 1. Barbado, el que tiene barbas (man). 2. Barbado, lo que tiene barbas, o aristas como el maíz y otras espigas de grano. 3. Armado con lengüetas, como la saeta, etc.

beardless ['bɪədlɪs] [bíard-les], *a.* 1. Imberbe, joven; barbilampiño. 2. Derraspado: se dice del trigo.

bearer ['bɛərə^{r}] [beara^{r}], *s.* 1. Portador, el que lleva o trae alguna cosa (carrier, porter). 2. Faquín, el que sirve para llevar cargas. 3. Sepulturero. 4. Árbol frutífero. 5. Apoyo, lo que sostiene alguna cosa, sostén, gancho, soporte. **A cross-bearer,** crucífero o crucero. **An ensign-bearer,** portaestandarte. Portador (of news), (holder of check). Titular (of passport).

bear-herd ['bɛəhəd] [bear-jed], *s.* Guarda de osos, el que los cuida.

bear hug ['bɛəhʌg] [bear-jag] *s.* **He gave me a bear hug**, me estrechó fuertemente entre sus brazos.

bearing ['bɛərɪŋ] [bea-rin], *s.* 1. Situación, colocación de una cosa respecto de otra. 2. Saledizo. 3. Porte exterior (way of standing), maneras, presencia. 4. Donaire, aire; gracia. 5. Relación, conexión, fuerza, valor de una expresión. **I do not see the bearing of that remark,** no veo la fuerza de esa observación. 6. *(Mec.)* Manga de eje, cojinete, soporte. 7. *(Arq.)* Apoyo, apuntalamiento. 8. *(Top.)* Ángulo formado en el punto de observación entre el meridiano magnético y el objeto; orientación. 9. *(Agr.)* Fruto. **Armorial bearing**, *(Her.)* escudo de armas. **Past bearing**, insufrible, inaguantable, insoportable, demasiado. Demora *(Aer.)* **To find/get one´s bearings**, orientarse. **To lose one´s bearings**, desorientarse, perderse. **That has no bearing on the subject**, eso no tiene ninguna relación con el tema (relevance).

bearish ['bɛərɪʃ] [bea-rish], *a.* Rudo, áspero, feroz como un oso.

bearlike ['bɛəlaɪk] [bea^{r}-laik], *a.* Semejante o parecido al oso.

bear´s ear ['bɛərzɪə^{r}] [bears-ia^{r}] *s.* *(Bot.)* Oreja de oso.

bear's-foot ['bɛərzfu:t] [bears-fut], *s.* *(Bot.)* Eléboro negro.

bearsking ['bɛəskɪŋ] [bear-skin], *s.* Piel de oso, especie de peletería.

bearwood ['bɛərwʊd] [bear-vud], *s.* Nombre común del arbusto, cuya corteza es la cáscara sagrada de California.

bearwort ['bɛərwɔ:t] [bear-uort], *s.* *(Bot.)* *V.* BALDMONEY.

beast ['bi:st] [bist], *s.* 1. Bestia, animal cuadrúpedo. 2. Animal irracional, a distinción del hombre. **Beast of burden**, bestia de carga, acémila. 3. Bestia, hombre brutal (unkind person). *(Fam.)* **Don´t be such a beast!**, ¡no seas malo o asqueroso! **Wild beast**, bestia feroz, fiera.

beastlike ['bi:stlaɪk] [bist-laik], *a.* Bestial, abrutado.

beastliness ['bi:stlɪnɪs] [bist-li-nes], *s.* Bestialidad, brutalidad, suciedad.

beastly ['bi:stlɪ] [bistli], *a.* Bestial, brutal, irracional; sucio. *(Fam.)* **That beastly brother of hers**, el asqueroso de su hermano. **What a beastly thing to say!**, ¡qué cosa más horrorosa de decir! *-adv.* Brutalmente, bestialmente.

beat [bi:t] [bit], *va.* 1. Apalear, golpear (hit repeatedly), sacudir (carpet), dar de palos. **He beats his children**, pega a sus hijos, maltrata a sus hijos (inflict blows on). 2. *(Mús.)* Llevar el compás. 3. Batir el soto o el monte. 4. Batir, mezclar unas cosas con otras, agitándolas y golpeándolas con frecuencia. 5. *(Mil.)* Batir una muralla o plaza. 6. Ganar, vencer o exceder a otro en alguna cosa. 7. Batir las alas. 8. Tocar un tambor. 9. Rebajar el precio que se pide por alguna cosa. Batir, superar (be better than, record). **Our prices can´t be beaten**, nuestros precios son imbatibles. 10. Pisar la senda. 11. Deprimir, abatir. 12. Empujar con violencia. Derrotar, vencer. **He always beats me at chess**, siempre me gana al ajedrez (defeat, opponent). *-vn.* 1. Moverse con pulsación o con movimiento pulsativo, como un reloj, las arterias, etc.; latir, palpitar (pulsate). 2. Rozar una cosa con otra. 3. Batir, golpear; batir, hablando del sol, del aire, del mar, etc.: dar o herir en alguna parte sin impedimiento alguno. 4. Fluctuar, estar en movimiento. 5. Tentar el vado, buscar todos los medios para la consecución de alguna cosa. 6. Dar con violencia con alguna cosa. **To beat up for** o **to raise soldiers**, *(Mil.)* reclutar tropas.

beat against, estrellarse, echarse contra o sobre.

beat away, ahuyentar a alguno a fuerza de golpes.

beat back, reverberar, rechazar.

beat down, abatir, derribar, demoler, destruir. Rebajar (seam). Rebajar, disminuir (price). (Art. y Of.) Apilar, amontonar.

beat in, cascar, machacar, moler: echar dentro. Hundir, echar hacia abajo o hacia dentro; desfondar, quitar el fondo.

beat into, inculcar, hacer entrar.

beat off, echar, arrojar, despedir, rechazar.

beat out, arrancar, lanzar. **To beat to powder**, reducir a polvo. **To beat black and blue,** acardenalar. **To beat one's brains**, romper a alguno los cascos, hacerle saltar la tapa de los sesos.

beat up, batir (eggs), sorprender (enemy). *-vn.* Dar una batida, levantar tropas.

beat upon, echarse contra, estrellarse; batir (sun). *(Fam.)* **He beats all**, el los gana a todos. **That beats all**, eso es más que todo.

beat, *a.* Fatigado, agotado, reventado, molido (exhausted). **To be dead beat**, estar reventado o molido.

beat, *s.* 1. Golpe o modo de golpear. 2. Pulsación, latido. *(Mús.)* Tiempo, ritmo (rhythmic accent) 3. Oscilación del péndulo de un reloj. 4. Toque de tambor, sonido. 5. Quiebro de la voz. 6. Ronda (of policeman), el distrito o cuartel al cuidado de un alguacil, o sereno.

beatchick ['bi:tʃɪk] [bit-chik], *s.* Tipo fémino que corresponde al de *Beatnik*, bohemio estrafalario de los E.U.A.

beaten ['bi:tn] [bi-ten], *part. adj.* Trillado, pisado. *-pp.* Batido, golpeado, apaleado: derrotado, vencido, etc.

beater ['bi:tə^{r}] [bita^{r}], *s.* 1. Martillo, maza, pisón, golpeador, batidor, el instrumento con que se bate, pisa o golpea. 2. Apaleador, el que apalea. **Egg-beater**, batidor de huevos.

beatific, beatifical [ˌbi:ə'tɪfɪk] [bia-ti-fik], *a.* Beatífico, lo que constituye la última felicidad.

beatifically [ˌbi:ə'tɪfɪklɪ] [bia-ti-fi-ka-li], *adv.* Beatíficamente.

beatification [bi:ˌætɪfɪ'keɪʃən] [bia-ti-fi-kei-shon], *s.* Beatificación, declaración del Papa de que alguna persona goza de la eterna bienaventuranza después de su muerte.

beatify [bi:'ætɪfaɪ] [bia-ti-fai], *va.* Beatificar, declarar bienaventurado.

beating ['bi:tɪŋ] [bi-tin], *s.* Paliza (thrashing) (defeat), zurra, de palos o golpes. Corrección; pulsación. Golpeo, batidura. **They gave us/we took a beating**, nos dieron una paliza. **Her time will take some/a lot of beating**, va a ser difícil/ muy difícil superar su marca.

beatitude ['bi:'ætɪtju:d] [bi-ati-tiud], *s.* Beatitud, felicidad. **The Beatitudes**, las Bienaventuranzas.

beatnik ['bi:tnɪk] [bit-nik], *s.* Bohemio estrafalario de los E.U.A.

beat-up ['bi:ʌp] [bit-ap] *a.* Destartalado (furniture), andrajoso (clothes).

beau [bəʊ] [bou], *s.* (en *pl.* BEAUX y BEAUS). 1. Petimetre, pisaverde, currutaco. *(Fr.)* **Beau-monde**, gente de moda. 2. Galán, chichisveador, cortejo, pretendiente.

beau-ideal [bəʊ'aɪdɪɪl] [bou-ai-dial], *s.* Bello ideal, concepción de la belleza perfecta tal como sólo existe en la imaginación.

beauish ['bəʊɪʃ] [bouish], *a.* Guapo, galán, lucido; lo que es propio de un petimetre o pisaverde.

beauteous ['bju:tɪəs] [biu-tios], *a.* Bello, hermoso, lo perfecto en su línea.

beauteously ['bju:tɪəslɪ] [biu-tios-li], *adv. V.* BEAUTIFULLY.

beauteousness ['bju:tɪəsnɪs] [biu-tios-nes], *s.* Belleza, encantos; gracia, elegancia.

beautician [bju:'tɪʃən] [biu-ti-shan] *s.* Esteticista.

beautification ['bju:tɪfɪ'keɪʃən] [biu-ti-fi-kei-shon], *s.* Acción y efecto de hermosear o adornar.

beautifier ['bju:tɪfaɪə^r] [biu-ti-faia^r], *s.* Hermoseador.

beautiful ['bju:tɪfʊl] [biu-ti-ful], *a.* Hermoso, precioso, bello (scenery, poem, colors). Precioso, guapísimo, hermoso, bello (woman, child, hair, voice). Estupendo , buenísimo (meal, weather). Encantador (person). **Small is beautiful**, lo bueno viene en frascos pequeños. *-s.* Lo bello.

beautifully ['bju:tɪfʊlɪ] [biu-ti-fu-li], *adv.* Hermosamente, con belleza, con perfección. Maravillosamente (bien) (excellently, very well). **She was beautifully dressed**, iba elegantísima. **The children behaved beautifully**, los niños se portaron estupendamente o a las mil maravillas. **The water was beautifully cool**, el agua estaba deliciosamente fresca (as intensifier).

beautifulness ['bju:tɪfʊlnɪs] [biu-ti-ful-nes], *s.* Hermosura, belleza.

beautify ['bju:tɪfaɪ] [biu-ti-fai], *va.* Hermosear, acicalar, componer, adornar, embellecer.

beautifying ['bju:tɪfaɪŋ] [biu-ti-fain], *s.* La acción de adornar o hermosear una cosa: afeite, compostura, adorno, aderezo.

beautiless ['bju:tɪlɪs] [biu-ti-les], *a.* Feo, falto de belleza.

beauty ['bju:tɪ] [biu-ti], *s.* 1. Belleza, hermosura. 2. Hermosura, persona hermosa o bella. 3. Encanto, embeleso. 4. *(Fam.)* Lo mejor, lo gracioso, lo singular. **The beauty of the story was**, lo mejor de cuento fue. **Beauty contest, beauty pageant,** concurso de belleza. **Beauty salon, Beauty parlor**, salón de belleza.

beautydom ['bju:tɪdʌm] [biu-ti-dam], *s.* Conjunto de hermosuras (mujeres bellas).

beauty-spot ['bju:tɪspɒt] [biu-ti-spot], *s.* Parche o lunar postizo (on face). Lugar pintoresco (place).

beaver ['bi:və^r] [bi-va^r], *s.* 1. *(Zool.)* Castor, animal cuadrúpedo anfibio. 2. Sombrero de castor, sombrero hecho de pelo de castor. 3. Visera, la parte de a armadura que cubre la cara. **To be an eager beaver**, ser muy entusiasta y trabajador. **Beaver away**, trabajar como una hormiguita.

beaverteen ['bi:vəti:n] [bi-var-tín], *s.* Piel de tusa, especie de fustán.

bebop ['bi:bɒp] [bi-bop], *s.* Variedad de jazz.

becalin ['bɪkəlɪn] [bi-ka-lin], *va.* 1. Serenar o calmar alguna tempestad o borrasca. 2. Serenar el ánimo, sosegar. *(Mar.)* Calmar, quedarse en calma.

becalming ['bɪkɑ:mɪŋ] [bi-kal-min], *s.* Calma.

became [bɪ'keɪm] [bi-keim], Pretérito del verbo TO BECOME.

because [bɪ'kɒz] [bi-kos], *conj.* Porque, por esta razón, a causa de. **Because he loves her, he doesn´t see it**, como la quiere, no se da cuenta. **because of** *(prep.)* Por, a causa de. **I was late because of him**, llegué tarde por su culpa.

bechance [bɪ'tʃæns] [bi-chans], *va.* y *vn.* Acaecer, suceder, acontecer.

becharm [bɪ'tɑ:m] [bi-charm], *va.* Encantar, captar, cautivar.

beck [bek] [bek], *va.* y *vn.* Hacer señas con la cabeza.

beck, *s.* 1. *V.* NOD. 2. Riachuelo. 3. Tanque para lejía, tinte o jabón. **To be at somebody´s beck and call**, estar siempre a entera disposición de alguien.

becket ['bekɪt] [be-ket], n. *(Mar.)* Vinatera, arraigado o manzanillo de aparejo.

beckon ['bekən] [be-kon], *vn.* Hacer seña con la cabeza. **She beckoned to him to follow**, le hizo señas para que le siguiera. *-va.* Hacer seña a. **To beckon with the hand**, hacer una seña con la mano. **To beckon somebody in/over**, hacerle señas a alguien para que entre o se acerque.

beckon, *s.* Seña con la cabeza.

becloud ['bɪklaʊd] [bi-klaud], *va.* Obscurecer, cubrir como con una nube, anublar. También se usa en sentido figurado. **Beclouded intellect**, una inteligencia obscurecida.

become [bɪ'kʌm] [bi-kam], *va.* Convenir, parecer, sentar, caer bien, ser propio, estar bien. *-vn.* 1. Hacerse, volverse, pasar de un estado o condición a otro, convertirse, venir a parar; ser lo que no era; ponerse a, meterse a. 2. **To become of,** parar en algo. **What will become of me?,** ¿qué será de mí? **What has become of my hat?,** ¿qué ha sido de mi sombrero? **To become warm in**, acalorarse en. **To become forfeited**, incurrir en alguna pena, confiscación o multa. **To become crazy**, perder el juicio, volverse loco; perder la chaveta. **Become** *o* **come to be**, llegar a ser. El verbo inglés *become* con un adjetivo se expresa a veces en español por medio de los prefijos *a* o *en*; p. ej. **To become warm**, enardecerse, acalorarse.

becoming [bɪ'kʌmɪŋ] [bi-ka-min], pa. 1. Gracioso, primoroso, decoroso, propio; decente, conveniente, acomodado, justo. 2. Lo que adorna, que sienta bien, que va bien. **A becoming dress**, un vestido que sienta bien. Apropiado, favorecedor.

becomingly [bɪ'kʌmɪŋlɪ] [bi-ka-min-li], *adv.* Decorosamente, decentemente, con garbo y elegancia, a propósito.

becomingness [bɪ'kʌmɪŋnɪs] [bi-ka-min-nes], *s.* Decencia, elegancia, en los modales; propiedad, garbo, compostura.

becurl ['bekɜ:l] [be-kerl], *va.* Formar rizos.

bed [bed] [bed], *s.* 1. Cama, lecho; el armazón de madera o hierro, ya por sí solo ya con ropa y colchones. **Bed of state**, cama de respeto. **Feather-bed**, colchón de plumas, plumón. **Flock-bed**, colchón de borra. **Straw-bed**, jergón de paja. **Folding-bed**, cama plegadiza. **Death-bed**, lecho mortuorio. 2. Cuadro de jardín; era, tablar, de una huerta. 3. Lecho, tongada, la capa o cama con que por su orden se ponen unas cosas sobre otras. 4. Madre de río, cauce, lecho. 5. Afuste de mortero. 6. Almohadilla de cureña. 7. Capa minera horizontal. 8. *(Carp.)* Asiento, armadura. 9. Mesa (de billar). **To lay to bed**, partear, ayudar la partera o comadrón al parto. **To be brought to bed**, *(Fam.)* Parir. **To make the bed**, hacer la cama. **A crazy bed**, una cama desvencijada, una mala cama. **To go to bed**, ir a acostarse. **To jump out of bed**, saltar de la cama. **To lie late in bed**, levantarse tarde. **To make one's (own) bed,** quien mala cama hace, en ella se yace.

bed, *va.* 1. Meter en la cama, acostar. 2. Acostarse, o irse a la cama con otra persona. 3. sembrar o plantar. 4. Poner una cosa en togadas o capas sobrepuestas. *-vn.* Cohabitar, hacer vida en común.

bedabble ['bedəbl] [be-da-bol], *va.* Rociar, mojar.

bed and breakfast [bed'æn'brekfast] [bed-and-brek-fast] *s.* **They do bed and breakfast**, dan alojamiento y desayuno. Pensión (establishment).

bedawi ['bedəwɪ] [be-da-ui], *s.* (*pl.* BEDAWIN). *V.* BEDOUIN.

bedazzle [bɪ'dæzəl] [bi-dasel], *va.* Deslumbrar, desvistar, quitar la vista o confundirla con el resplandor.

bedbug ['bedbʌg] [bed-bag], *s.* Chinche.

bedchamber ['bed,tʃeɪmbə^r] [bed-cheim-ba^r], *s.* Dormitorio, la alcoba o el aposento donde se duerme. *(Mex.)* Recámara. **A gentleman of the king's bedchamber**, gentilhombre de cámara.

bedclothes ['bedkləʊðz] [bed-klouds], *s. pl.* coberturas de cama, ropa de cama, mantas y sábanas.

bedded ['bedɪd] [be-ded], *pp.* 1. Con una o varias camas. **A single-bedded, a double-bedded room**, alcoba de una cama, de dos camas. 2. *(Geol.)* Estratificado, dividido en capas. 3. Que crece en tongadas, lechos o tablares; reunión o recogido en un tablar, lecho o tongada (oysters, plants, etc.)

bedder ['bedəʳ] [be-daʳ], **bedetter** ['bedətəʳ] [be-de-taʳ], *s.* Piedra de los molinos sobre la cual se mueve la muela.

bedding ['bedɪŋ] [be-din], *s.* Ajuar o ropa de cama. Cama (for animals).

bedeck [bɪ'dek] [bi-dek], *va.* Adornar, asear. **To be bedecked with something**, estar adornado o engalanado con algo.

bedehouse ['bedhaʊs] [bed-jaus], *s.* Casa de misericordia.

bedel ['bedəl] [be-del], *s. (Ant.) V.* BEADLE.

bedelry ['bedəlrɪ] [be-del-ri], *s.* Jurisdicción del bedel.

bedevil [bɪ'devəl] [bi-de-val], *va.* 1. Endemoniar, endiablar, maleficiar; hechizar; enloquecer, volver loco o demente. 2. Endiablar, dañar, hacer sufrir abuso o tratamiento diabólico. **The project was bedeviled with problems**, el proyecto estaba plagado de problemas.

bedew [bɪ'dju:] [bi-diu], *va.* Rociar, esparcir alguna cosa sobre la tierra con la misma suavidad con que cae el rocío; regar.

bedfellow ['bedfeləʊ] [bed-fe-lou], *s.* Compañero o compañera de cama. **To make strange bedfellows**, hacer una extraña pareja.

bedhangings [bed'hæŋgɪŋs] [bed-jan-gings], *s.* Cortinas de cama.

bedhead ['bedhed] [bed-jed], *s.* Cabecera de cama.

bedight ['bedaɪt] [be-dait], *va.* (*pret.* y *pp.* BEDIGHT o BEDIGHTED). Adornar, hermosear.

bedim ['bedɪm] [be-dim], *va.* Oscurecer, ofuscar; desvistar, deslumbrar.

bedizen ['bedɪzən] [be-di-sen], *va. (Vulg.)* Adornar, aderezar, acicalar.

bedlam ['bedləm] [bed-lam], *s.* 1. Casa de orates, aquella en que hay mucho bullicio y poco gobierno; un gran tropel o bullicio, desbarajuste. 2. Casa de locos. **There was bedlam when he announced the news**, se armó la de S. Quintín cuando anunció la noticia. **It was bedlam in there!**, aquello era una locura.

bedlamite ['bedləmaɪt] [bed-la-mait], *s.* Loco.

bedmaker ['bedmeɪkəʳ] [bed-mei-kaʳ], *s.* Criada o persona que hace las camas.

bedmate ['bedmeɪt] [bed-meit], *s.* Compañero o compañera de cama.

bedmoulding ['bedməʊldɪŋ] [bed-moul-din], *s.* Moldura de cornisa.

bedouin ['bedʊɪn] [be-duin], *s.* 1. Beduino, árabe del desierto. 2. Vagabundo callejero.

bed-pan ['bedpæn] [bed-pan], *s.* 1. Vasija de loza para uso de los enfermos en el lecho. 2. Calentador de cama. *(Med.)* Cuña, chata.

bedplate ['bedpleɪt] [bed-pleit], *s.* Bancaza o cama de una máquina.

bedpost ['bedpəʊst] [bed-poust], *s.* Pilar o columna que sostiene el cielo de la cama.

bedpresser ['bedpresəʳ] [bed-pre-saʳ], *s.* Dormilón, el que duerme mucho.

bed-quilt ['bedkilt] [bed-kilt], *s.* Cobertor de cama.

bedraggle [bɪ'drægl] [bi-draguel], *va.* Ensuciar o manchar la ropa.

bedraggled [bɪ'drægld] [bi-dragueld] *a.* Desaliñado, despeinado, enmarañado.

bedrench [bɪ'drentʃ] [bi-drench], *va.* empapar, embeber.

bedrid o bedridden ['bedrɪdl] [be-drid], *a.* Postrado en cama, por vejez o enfermedad.

bed-right o **bed-rite** ['bedraɪt] [bed-rait], *s.* Derecho conyugal.

bed-rock ['bedrɒk] [bed-rok], *s.* La roca sólida que está debajo de minerales, etc. **The bed-rock of his theory**, los cimientos o la base de su teoría.

bedroom ['bedrʊm] [bed-rum], *s.* Recámara, dormitorio, alcoba. **Bedroom slippers**, pantuflas, zapatillas.

bedrop ['bedrɒp] [bed-rop], *va.* Rociar, salpicar.

bedside ['bedsaɪd] [bed-said], *s.* Lado de cama. **Bedside table**, mesita de noche, mesilla.

bedsit ['bedsɪt] [bed-sit] **bedsitter** ['bed'sɪtəʳ] [bed-si-taʳ] *s.* Habitación amueblada cuyo alquiler suele incluir el uso de baño y cocina comunes.

bedsore ['bedsɔ:ʳ] [bed-soʳ], *s.* Escara, úlcera de decúbito. Llaga causada por la prolongada permanencia en el lecho.

bedspread ['bedspred] [bed-spred], *s.* Colcha de cama; cubrecama.

bedspring ['bedsprɪŋ] [bed-sprin], *s.* Colchón de muelles o de resortes.

bedstead ['bedsted] [bed-sted], *s.* Armazón de cama, el catre o tablas con sus pies.

bed-straw ['bedstrɔ:] [bed-stro], *s.* 1. Paja de o para jergón. 2. *(Bot.)* cuajaleche, galio, hierba del género Galium.

bedswerver ['bedswɜ:vəʳ] [bed-suer-vaʳ], *s. (Des.)* Adúltero o adúltera.

bedtick, bedticking ['bedtɪk] [bed-tik], *s.* Cutí, tela para colchones.

bedtime ['bedtaɪm] [bed-taim], *s.* La hora de irse a la cama o de recogerse, de acostarse.

beduck ['bedʌk] [be-dak], *va.* Sumergir debajo del agua.

bedung ['bedʌŋ] [be-dan], *va.* Estercolar, cubrir con estiércol, engrasar y beneficiar la tierra con estiércol.

bedust ['bedʌst] [be-dast], *va.* Empolvar, polvorear, esparcir polvo o llenar de polvo.

bedward ['bedwɔ:d] [bed-uord], *adv.* Hacia la cama.

bedwarf ['bedwɔ:f] [bed-uorf], *va.* Achicar, reducir a menos el tamaño de alguna cosa.

bedwork ['bedwɜ:k] [bed-uek], *s.* Obra hecha en la cama; obra hecha sin trabajo, o la que no cuesta pena ni fatiga.

bee [bi:] [bí], *s.* 1. Abeja, insecto social himenóptero que fabrica la cera y la miel; en especial, la Apis mellifica. 2. *(Fam.)* reunión de vecinos o amigos para hacer algún trabajo o para divertirse. **Queen-bee**, abeja madre o reina. **Worker-bee**, abeja obrera. **Bee-bread**, polen almacenado. **Bee-fly**, mosca, abeja, díptero del género Bombylius. También, pero incorrectamente, la Eristalis, o *drone-fly*. **Swarm of bees**, enjambre de abejas. **Bee-culture**, cultivo o cuidado de las abejas, apicultura. **To have a bee in one´s bonnet about something**, tener manía a algo, tener algo metido entre ceja y ceja.

beech [bi:tʃ] [bích], *s. (Bot.)* Haya, árbol alto, grueso y copudo, de corteza blanca y madera tenaz y flexible.

beechen ['bi:tʃən] [bí-chen], *a.* De haya, compuesto o hecho de haya.

beech-mast o **beech-nut** [bi:tʃmɑ:st] [bi:tʃmɑ:stnʌt] [bích-mast] [bích-nat], *s.* Fabuco, el fruto que produce la haya.

beech-oil [bi:tʃɔɪl] [bích-oil], *s.* Aceite de fabuco, que se saca del fruto de la haya.

bee-eater [bi:tʃɪtəʳ] [bích-ítaʳ], *s. (Orn.)* Abejaruco, pájaro que se come las abejas y destruye los colmenares.

beef [bi:f] [bíf], *s.* Carne de res. **Beef broth**, consomé, caldo de carne. **Beef steak**, bistec, lomo de carne. **Roast beef**, carne de res para asar. **Beefburger**, hamburguesa.

beefeater ['bi:ˌi:təʳ] [bíf-ítaʳ], *s.* 1. Alabardero, especie de guardia del rey de Inglaterra. Corrupción de "buffeteer", el que sirve en el "buffet" o aparador; criado rollizo.

beef-witted ['bi:fwɪtd] [bíf-uíted], *a.* Lerdo, estúpido.

beefy ['bi:fɪ] [bí-fi] *a.* Fornido.

bee-garden [bi:'gɑ:dn] [bí-gar-den], *s.* Abejar, colmenar.

bee-glue [bi:'glu:] [bí-glu], *s.* Cera aleda. *V.* PROPOLIS.

bee-hive ['bi:haɪv] [bí-jaiv], *s.* Colmena, especie de caja en que se crían las abejas y donde labran la miel y la cera.

bee-line [bi:'laɪn] [bí-lain], *s.* Línea recta. **To make a bee-line for somebody/something**, irse derechito a alguien/algo.
bee-master [bi:'mɑ:stəʳ] [bí-mas-taʳ], *s.* Colmenero o abejero, el que tiene abejas y colmenas, o el que las cuida.
bee-moth ['bi:moθ] [bí-moz], *s.* Mariposa cuyas larvas se crían en los colmenares y destruyen los panales.
been [bi:n] [bín], *pp.* del verbo TO BE.
beep [bi:p] [bíp] *s.* Pitido. *va/vn.* Pitar. **To beep one´s horn**, pitar.
beeper ['bi:pəʳ] [bípaʳ] *s.* Buscapersonas, busca, bip, bíper.
beer [biəʳ] [bíaʳ], *s.* Cerveza, bebida fermentada que se hace de cebada y hombrecillo o lúpulo. **Small beer**, cerveza floja. **Strong beer**, cerveza fuerte. **Stale beer**, cerveza agriada. **Lager beer**, cerveza que contiene poco lúpulo. *V.* LAGER. **Pale beer**, cerveza blanca. *(Fam.)* **Beer belly, beer gut**, panza (de bebedor de cerveza). **Beer garden**, jardín o patio abierto de un bar. **Beer mat**, posavasos (de cartón).
beer-house, *s. V.* ALE-HOUSE.
beestings, biestings ['bi:stɪŋz] [bís-tings], *s.* Calostro, la primera leche que se ordeña de la vaca después de parir.
beeswax ['bi:zwæks] [bís-uaks], *s.* Cera de abejas.
beet [bi:t] [bít], *s. (Bot.)* Acelga, remolacha. *(Mex.)* Betabel. **Sugar-beet**, remolacha. **Beet-sugar**, azúcar de remolacha. **As red as a beet**, rojo o colorado como la grana o como un tomate.
beetle ['bi:tl] [bí-tel], *s.* 1. *(Zool.)* Escarabajo, o cualquier insecto coleóptero. 2. Pisón, maza, instrumento que sirve para apretar la tierra, piedras, etc. **Colorado beetle**, dorífera, insecto del Colorado, coleóptero que causa grandes destrozos en la patata. Llamado también potato-bug.
beetle, *vn.* 1. Hacer barriga; colgar sobre. 2. Sobresalir.
beetle-browed ['bi:tl'braʊd] [bí-tel-braud], *a.* Cejudo, el que tiene las cejas muy salidas.
beetle-headed ['bi:tl'hedɪd] [bí-tel-je-did], *a.* Lerdo, pesado.
beetle-stock ['bi:tl'stɒk] [bí-tel-stok], *s.* Mango de pisón.
beetling ['bi:tlɪŋ] [bí-tlin], *a.* Saliente, pendiente, colgante.
beetling-machine ['bi:tlɪŋ'matʃɪn] [bí-tlin-machín], *s.* Sacabocados mecánico, estampador mecánico.
beet-radish ['bi:t'radɪʃ] [bít-radish], **beet-rave** ['bi:t'reɪv] [bít-reiv], *s.* Betarraga o remolacha.
beetroot ['bi:tru:t] [bi-trut] *s.* (GB) *V.* BEET.
beet-sugar ['bi:tʃʊgəʳ] [bit-shu-gaʳ], *s.* Azúcar de remolacha.
beeves ['bi:vz] [bívs], *s. pl.* Ganado mayor.
befall [bɪ'fɔ:l] [bi-fol], *vn.* (*pret.* BEFELL, *pp.* BEFALLEN). Suceder, acontecer, sobrevenir. Se usa generalmente para significar un acontecimiento desgraciado. **Whatever befalls**, suceda lo que quiera. **The worst that can befall**, lo peor que puede acontecer.
befit [bɪ'fɪt] [bi-fit], *va.* Venir bien, convenir, acomodarse a. **As befits a princess**, como corresponde a una princesa.
befitting [bɪ'fɪtɪŋ] [bi-fi-tin], *pa.* y *a.* Conveniente, propio, digno, que se aviene con. **With a magnificence befitting the occasion**, con un esplendor acorde con/a la ocasión.
befoamed [bɪ'fəʊmd] [bi-foumd], *a.* Cubierto de espuma.
befog [bɪ'fɒg] [bi-fog], *va.* Envolver en niebla; confundir, oscurecer.
befool [bɪ'fu:l] [bi-ful], *va.* Infatuar, entontecer.
before [bɪ'fɔ:ʳ] [bi-foʳ], *prep.* 1. Más adelante, hablando de lugar. 2. Delante, enfrente. 3. Delante, ante, en presencia de una persona (in front of). 4. Antes de (preceding in time). **Before nightfall**, antes de anochecer. 5. Antes o delante. **Look before you leap**, antes que te cases, mira lo que haces. 6. Anterior a; superior a. *-adv.* 1. Antes, primero, hablando de tiempo (preceding). I **was there before him**, yo estuve allí antes que él. 2. Antes, en tiempo pasado. **I have never seen him before**, nunca le he visto antes de ahora. 3. Antes, en algún tiempo recién pasado. **A little before**, poco antes. 4. Antes, hasta ahora. **Before it was not so**, antes no era así. 5.Ya. **To get before one**, adelantarse a alguno. **I told you so before**, ya se lo he dicho a usted **Before cited**, ya citado. **Before mentioned**, mencionado más arriba, de que queda hecha mención. **She puts her work before her family**, antepone el trabajo a su familia (in rank, priority).
beforehand [bɪ'fɔ:hænd] [bi-for-jand], *adv.* 1. De antemano (in advance), a prevención, anticipadamente. **To be beforehand with one**, llevar la delantera a uno. 2. Primeramente, antes (earlier), ya. 3. Con muchos ahorros. **I know beforehand that**, ya sé que.
beforetime [bɪ'fɔ:taɪm] [bi-for-taim], *adv.* En tiempo pasado, en otro tiempo, tiempo atrás.
befoul [bɪ'faʊl] [bi-faul], *va.* Ensuciar, emporcar, embadurnar.
befriend [bɪ'frend] [bi-frend], *va.* Favorecer, patrocinar, amparar, ayudar, proteger. **To befriend oneself**, mirar por sí; hacerse amigo de.
befringe [bɪ'frɪndʒ] [bi-frinch], *va.* Guarnecer con franjas.
befuddle [bɪ'fʌdl] [bi-fadel] *va.* Aturdir, ofuscar. **He was befuddled by drink**, estaba ofuscado por la bebida.
beg [beg] [beg], *vn.* Mendigar, pordiosear vivir de la limosna; hacer la cuestación o colecta (money, food). *-va.* 1. Rogar, pedir con sumisión suplicar. **I beg it as a favor**, se lo suplico a usted por favor. Suplicarle a, rogarle a (person). **I beg you!**, ¡te lo suplico!, ¡te lo ruego! **They live by begging**, viven de la mendicidad. **She taught the dog to beg**, enseñó al perro a levantar las patitas. **To beg for mercy**, pedir o suplicar clemencia. 2. Suponer, dar por supuesto. (Lógica) **To beg the question**, dar por admitido el punto que se discute, dar por supuesto.
began [bɪ'gæn] [bi↓gan] *pret.* del verbo TO BEGIN.
beget [bɪ'get] [bi-guet], *va.* (*pret.* BEGA -ant.BEGAT *-pp.* BEGOTTEN). 1 Engendrar (father). 2 Producir, causar, provocar (give raise to). **To beget strifes**, suscitar contiendas.
begetter [bɪ'getəʳ] [bi-gue-taʳ], *s.* Engendrador, el que engendra.
begetting [bɪ'getɪŋ] [bi-gue-tin], *s.* Generación; producción.
beggar ['begaʳ] [be-gaʳ], *s.* 1. Mendigo, el pobre que pide limosna y vive de ella. 2. Suplicante. 3. Miserable; gorrón. *(Prov.)* **It is better to be a king among beggars than a beggar among kings**, más vale ser cabeza de ratón que cola de león. **Beggars can´t be choosers**, a veces no se está en situación de elegir nada. *(Coloq,)* **You lucky beggar!**, ¡qué suertudo eres!, ¡qué potra tienes!
beggar, *va.* 1. Empobrecer, arruinar, reducir a pobreza o mendicidad. 2. Apurar, agotar. **To beggar description**, ser indescriptible, no haber palabras para describir.
beggarliness ['begəlɪnɪs] [be-gar-li-nes], *s.* Mezquindad, pobreza, miseria, mendicidad.
beggarly ['begəlɪ] [be-gar-li] *a.* Pobre, miserable. **Beggarly action**, bajeza. *-adv.* Mezquinamente, pobremente.
beggary ['begərɪ] [be-gar-ri], *s.* Mendicidad o mendiguez.
begging ['begɪŋ] [be-guin], *a.* Mendicante. **To go begging**, pedir limosna. *(Met.)* Carecer de valor; no hallar comprador.
begilt ['begɪlt] [be-guilt], *pa.* Dorado.
begin [bɪ'gɪn] [bi-guin], *va.* Empezar, comenzar, principiar, dar principio a alguna cosa. **To begin the world**, empezar a vivir. **To begin one's march**, ponerse en camino. **To begin afresh** *o* **again**, volver a empezar o empezar de nuevo; proseguir lo que se había empezado y dejado. *-vn.* Nacer, principiar a existir.
beginner [bɪ'gɪnəʳ] [bi-gui-naʳ], *s.* 1. Autor, inventor, el que da principio a alguna cosa. 2. Principiante, el sujeto que empieza a aprender o ejercer algún arte o facultad. **Beginner´s luck**, la suerte del principiante.
beginning [bɪ'gɪnɪŋ] [bi-gui-nin], *s.* 1. Principio, origen o causa (in time, place) **The beginning of the end**, el principio del fin. **From beginning to end**, de principio a fin. 2. Principios o rudimentos de alguna facultad.
begird [bɪ'gɜ:d] [bi-guerd], **begirt** [bɪ'gɜ:t] [bi-guert], *va.* (*pret.* y *pp.* BEGIRT). 1. Ceñir, atar. 2. Ceñir, rodear, abrazar al rededor. 3. Sitiar o poner sitio a alguna plaza.
begnaw [beg'nə] [beg-no], *a.* Roer.

begone! [bɪ'gɒn] [bi-gon], inter. ¡Fuera, apártate de ahí, quita allá!
begonia [bɪ'gəʊnɪə] [bi-go-nia], *s.* Begonia.
begored [bɪ'gɔːd] [bi-gord], *a.* Manchado con sangre.
begot [bɪ'gɒt] [bi-got], *pret.* **Begotten**, *pp.* del verbo TO BEGET.
begrime [bɪ'graɪm] [bi-graim], *va.* Encenagar, ensuciar con cieno; ennegrecer.
begrudge [bɪ'grʌdʒ] [bi-grach], *va.* Envidiar la posesión de (envy); repugnar. **I don´t begrudge your success**, no te envidio del éxito que tienes (resent). **I begrudge paying so much**, me da rabia o me duele pagar tanto.
beguile [bɪ'gaɪl] [bi-gail], *va.* Engañar (deceive), seducir, cautivar (charm); entretener con falsas esperanzas. **To beguile the time**, hacer pasar el tiempo. **He was beguiled into signing the contract**, le engatusaron para que firmara el contrato.
beguiler [bɪ'gaɪlə^r] [bi-gai-la^r], *s.* Engañador, seductor, impostor.
begum [bɪ'gʌm] [bi-gam], *va.* Engomar, empapar o cubrir de goma.
begun [bɪ'gʌn] [bi-gan], *pp.* del verbo TO BEGIN.
behalf [bɪ'hɑːf] [bi-jalf], *s.* 1. Favor, patrocinio, consideración, beneficio. **In behalf of**, a favor o en nombre de. 2. Defensa, amparo. **In his behalf**, en su defensa.
behave [bɪ'heɪv] [bi-jeiv], *va.* y *s.* Proceder, obrar, conducirse, comportarse o portarse bien o mal (act, esp. of children). **He behaves very ill**, él se porta muy mal. *(Fam.)* **Behave!** ¡estése usted quieto!, ¡no moleste usted! *(Fam.)* ¡no sea Vd. majadero! **Well-behaved**, de buena conducta, de buenas maneras. **Ill-behaved**, de mala conducta. **To behave oneself**, portarse bien, comportarse. **Behave yourself!**, ¡pórtate bien!
behavior, behaviour [bɪ'heɪvjə^r] [bi-jei-vio^r], *s.* 1. Proceder, conducta, el modo de portarse o de gobernarse uno en sus acciones. 2. Continente, gesto. 3. Modal, acción particular y propia de algún sujeto con que se hace reparar. 4. Crianza; porte, maneras, aire. **What extraordinary behavior!** ¡qué proceder tan extraordinario! **He was on his best behavior**, se portó mejor que nunca.
behavioral, behavioural [bɪ'heɪvjərəl] [bi-jei-vio-ral] *a.* De conducta, conductual.
behead [bɪ'hed] [bi-jed], *va.* Degollar, decapitar.
beheading [bɪ'hedɪŋ] [bi-je-din], *s.* Decapitación, degollación, acto y efecto de decapitar.
beheld [bɪ'held] [bi-jeld], *pret.* y *pp.* del verbo TO BEHOLD.
behest [bɪ'hest] [bi-jest], *s.* Mandato, precepto, requirimiento. **At the behest of somebody/At somebody´s behest**, a instancias de alguien.
behind [bɪ'haɪnd] [bi-jaind], *prep.* 1. Detrás, tras (to the rear of). **Behind the curtain**, detrás del telón, en la escena o entre bastidores. **Behind one's back**, en ausencia o a espaldas de una persona. **She´s well behind the rest of the class**, está muy atrasada con respecto al resto de la clase. 2. Atrás (to the other side of) 3. Inferior. **To ride behind one**, montar a las ancas o en ancas. **I know who´s behind this**, yo sé quién está detrás de esto (responsible for). **The theory behind it is that...**,la teoría sobre la que se basa es que... (underlying). **We´re all behind the police**, todos respaldamos a la policía (in support of). **I´m behind schedule**, voy atrasado o retrasado. *-adv.* 1. Atrás, detrás (to the rear, following). **To follow behind**, ir o seguir atrás de otro. **I was attacked from behind**, me atacaron por la espalda. **Keep an eye on the car behind**, no pierdas de vista al coche de atrás. 2. Atrasadamente. 3. No a la vista; sin tocar, de reserva. **England was two goals behind**, Inglaterra iba perdiendo por dos goles (in race, competition). **I´m behind my work**, estoy atrasado con el trabajo (in arrears). **Buenos Aires is five hours behind**, Buenos Aires tiene cinco horas de retraso (in time). *(Fam.)* Trasero.
behindhand [bɪ'haɪndhænd] [bi-jaind-jand], *adv.* Atrasadamente, con atraso.
behold [bɪ'həʊld] [bi-jold] *va.* Ver, mirar, contemplar, considerar, notar. *vn.* (only in imperative) Mirar. See LO.
behold! ¡He! ¡he aquí! ¡aquí está! ¡vele ahí!
beholden [bɪ'həʊldən] [bi-jol-den], *a.* Deudor, obligado por gratitud. **To be beholden to somebody**, estar en deuda con alguien.
beholder [bɪ'həʊldə^r] [bi-jol-da^r], *s.* Espectador, mirón.
beholding [bɪ'həʊldɪŋ] [bi-jol-din], *a.* Obligado, deudor.
behoney [bɪ'hʌnɪ] [bi-ja-ni], *va.* Dulcificar, endulzar (con miel).
behoof [bɪ'huːf] [bi-júf], *s.* Provecho, utilidad, ventaja.
behoove, behove [bɪ'huːv] [bi-júv], *vn.* Este verbo sólo se usa impersonalmente, y significa convenir, importar, ser útil, ser necesario. **It behoves us to be prepared for death**, nos importa estar preparados para la muerte. **It behoves us to support him**, nos corresponde apoyarlo.
behooveful, behoveful [bɪ'huːvfʊl] [bi-júv-ful], *a.* Provechoso, útil; idóneo, necesario, expediente.
behovable [bɪ'həvəbl] [bi-jo-va-bol], *a.* Ganancioso, útil.
beige [beɪʒ] [beish], *s.* Beige, color natural de la lana. Color arena, entre gris y pardo.
Beijing ['beɪ'dʒɪŋ] [bei-yin] *N. (Geogr.)* Beijing.
beild [beɪld] [beild], v. y *s. V.* BIELD.
being ['biːɪŋ] [bí-ing], *s.* 1. Existencia, el ser o esencia actual de alguna cosa (existence, life). 2. Estado o condición particular. 3. Ente, ser (person, creature). 4. Vivienda, morada, habitación. **A man's first being**, el primer momento de la vida. **The well-being**, la felicidad, el bienestar. *-conj.* Ya que, puesto que, supuesto. *-part.* del verbo TO BE. **I do no good by being here**, mi presencia no sirve de nada aquí, yo no hago aquí nada. **To keep a thing from being done**, impedir que una cosa se haga; no dejar hacer una cosa. **Such being the case**, ya que tal es el caso. **For the time being**, por el momento.
bejade [bɪ'jeɪd] [bi-yeid], *va.* Cansar.
bejeweled, (GB) **bejewelled** [bɪ'dʒu·əld] [bi-yueld] *a.* Enjoyado.
bel [bel] [bel], *s.* El dios supremo, o uno de los dioses principales de los Babilonios: forma caldaica de *Baal*, y aun el mismo Baal según algunos escritores.
belabor, belabour [bɪ'ləbə^r] [bi-la-bo^r], *va.* Apalear, dar de puñadas cascar, fustigar.
belaced [bɪ'leɪst] [bi-leist], *a.* Adornado con encaje, galoneado.
belarus [belə'rʊs] [be-la-ros] *N. (Geogr.)* Bielorrusia.
belate [bɪ'leɪt] [bi-leit], *va.* 1. Tardar, retardar hasta pasada la hora debida, o de costumbre. 2. Cogerle uno la noche.
belated [bɪ'leɪtɪd] [bi-lei-tid], *a.* El que anda de noche, el que llega tarde; retardado, tardío.
belatedly [bɪ'leɪtɪdlɪ] [bi-lei-tid-li] *adv.* Con retraso (arrive). Tardíamente (respond).
belatedness [bɪ'leɪtɪdnɪs] [bi-lei-tid-nes],s. Tardanza; frialdad.
belay [bɪ'leɪ] [bi-lei], *va.* 1. Bloquear. 2. Asechar, poner asechanzas, armar emboscadas. 3. *(Mar.)* Amarrar o dar vuelta. **To belay a running rope**, amarrar un cabo de labor. **Belaying-pins**, cavillas.
belch [beltʃ] [belch], *vn.* 1. Regoldar, eructar (person); vomitar. 2. Salir o aparecer violentamente de dentro a fuera, como salen, por ejemplo, las llamas de un horno. *-va.* Arrojar, echar de sí (flames, shots). **Belch out**, escupir.
belch, belching ['beltʃɪŋ] [bel-chin], *s.* Regüeldo, eructo, eructación, la acción de regoldar.
beldam, beldamo [beldəm] [bel-dam], f. 1. Vejezuela, la mujer vieja, fea o maliciosa. 2. Bruja.
beleaguer [bɪ'liːgə^r] [bi-li-ga^r], *va.* Asediar (besiege), sitiar, bloquear, oprimir. **Beleaguered**, atribulado (harassed).
belee [bɪ'liː] [bi-lí], *va. (Mar.)* Sotaventar.
belemnite [belem'naɪt] [be-lem-nait], *s. (Min.)* Belerunita, molusco fósil, puntiagudo, en forma de dedo; cefalópodo.
belfry ['belfrɪ] [bel-fri], *s.* Campanario, la torre o paraje en que están las campanas.

Belgian ['beldʒən] [bel-chan], *a.* De Bélgica. *-s.* Belga.
Belgium ['beldʒəm] [bel-yam] *N. (Geogr.)* Bélgica.
belgrade [bel'greɪd] [bel-greid] *N. (Geogr.)* Belgrado.
Belial [bɪ'lɪəl] [bi-lial], *s.* Belial, Satanás, el espíritu del mal.
belibel [bɪ'lɪbəl] [bi-li-bal], *va.* Calumniar.
belie [bɪ'laɪ] [bi-lai], *va.* 1. Contrahacer, fingir, remedar. No dejar traslucir, ocultar (disguise). 2. Desmentir, decirle a uno que miente. 3. Calumniar, acusar falsamente. 4. Representar alguna cosa falsamente. **To belie oneself**, contradecirse; cortarse. **His looks belie his words**, sus miradas desmienten sus palabras.
belief [bɪ'li:f] [bi-líf], *s.* 1. Fe, creencia que se da respecto de las cosas que no vemos (conviction, opinion). **Contrary to popular belief**, contrariamente a lo que comúnmente se cree. **It´s my belief that he lied**, creo que mintió. **He acted in the belief that...**, actuó convencido de que... **Their attitude irritated me beyond belief**, su actitud me irritó increíblemente o sobremanera. 2. Creencia, lo que cada uno cree en su religión. 3. Credo. 4. Opinión, parecer, sentimiento. **Past all belief**, increíble. **Light of belief**, crédulo. **Hard of belief**, incrédulo. **In the firm belief that**, en la firme creencia (o convicción) de que.
believable [bɪ'li:vəbl] [bi-lí-va-bol], *a.* Creíble, que se puede creer (story, account).
believe [bɪ'li:v] [bi-lív], *va.* Creer, dar asenso o crédito a alguna cosa (statement, story). **I don´t believe a word he says**, no le creo ni una palabra. **I don´t believe he´s capable of that**, no le creo capaz de eso. **Believe it or not**, aunque no lo creas, aunque parezca mentira. **Don´t you believe it!**, ¡créetelo! *(Coloq,)* **Would you believe it!**, ¡habráse visto!,¡será posible! **I don´t believe it!**, ¡no puedo creerlo! **Believe you me!**, ¡te lo juro! *-vn.* 1. Creer, estar firmemente persuadido de la verdad de alguna cosa. **I believe in discipline**, soy partidario de la disciplina. 2. Creer, ejercer la virtud teologal de la fe. **To believe in God**, creer en Dios. 3. Pensar, imaginar, creer (think). **I believe so/not**, creo que sí/no, tengo entendido que sí/no. **The police believe him to be dangerous**, la policía cree que es peligroso. **It was believed to be harmless**, se creía que era inofensivo. 4. Fiarse.
believer [bɪ'li:vəʳ] [bi-lí-vaʳ], *s.* 1. Creyente, el que cree o da crédito a lo que se le dice. 2. *(Rel.)* Creyente, fiel, cristiano, el que profesa la ley de Cristo.
believing [bɪ'li:vɪŋ] [bi-lí-vin], *s.* Fe, creencia.
believingly [bɪ'li:vɪŋlɪ] [bi-lí-vin-li], *adv.* Con fe o creencia.
belike [bɪ'laɪk] [bi-laik], *adv.* Probablemente, quizá, acaso; aparentemente.
belime [bɪ'laɪm] [bi-laim], *va.* Enligar, enviscar, untar con liga.
belittle [bɪ'lɪtl] [bi-li-tel], *va.* Deprimir, hacer poco caso, dar escasa importancia. Menospreciar (achievements). Denigrar, rebajar (person). **To belittle oneself**, menospreciarse, tenerse en menos.
Belize [be'li:z] [be-lis] *N. (Geogr.)* Belice.
bell [bel] [bel], *s.* 1. Campana (of church, clock). **Clapper of a bell**, badajo de campana. **Wing of bells**, son o toque de campanas. **Passing-bell**, campana que toca a muerto. 2. Campana, cualquier cosa que tiene semejanza de campana. **Diving** *o* **diver's bell**, campana de buzo, aparato para bucear. 3. Cascabel (on cat, toy). **To bear away the bell**, llevar el cencerro, ser el primero, ganar el premio. **To lose the bell**, ser vencido; rendirse. 4. Pabellón de un instrumento de viento. 5. Timbre (door, bicycle, telephone, timer). **Chime of bells**, repique de campanas, juego de campanas. **To set the bells going**, echar las campanas al vuelo. **To ring the bell**, (a) tocar la campana, tocar a rebato. (b) Tirar de la campanilla. **His voice was as clear as a bell**, lo oía como si estuviera a mi lado. **The name rings a bell**, me suena el nombre. **Bell tower**, campanario. **He was saved by the bell**, lo salvó la campana. **Bell-bottoms**, pantalones de pata de elefante.
bell, *vn. (Bot.)* Crecer una planta o una parte de la planta en figura de campana.
belladonna [ˌbelə'dɒnə] [be-la-do-na], *s. (Bot.)* Belladama o belladona; hierba mora.
bellboy ['belbɔɪ] [bel-boi], *s.* Botones, mozo de hotel.
bell-buoy ['belbɔɪ] [bel-boi], *s.* Boya de campana.
belle [bel] [bel], *sf.* Señorita : una mujer joven y hermosa. Belleza, beldad. **The belle of the ball**, la reina de la fiesta.
bellhop ['belhɒp] [bel-jop] *s.* Botones.
belles-lettres ['bel'letr] [bel-letr], *s.* Bellas letras, literatura.
bell-fashioned ['bel'faʃənd] [bel-fa-shond], *a.* Campaniforme, lo que tiene la forma o figura de campana.
bell-flower ['belflaʊəʳ] [bel-flauaʳ], *s. (Bot.)* 1. Ruiponce o repónchigo; campanilla. 2. Variedad de manzana.
bell-founder ['belfaʊndəʳ] [bel-faun-daʳ], *s.* Campanero, el artífice que vacía y funde las campanas.
bell-glass ['belglɑ:s] [bel-glas], *s.* Campana de cristal.
bell-hanger ['belhægəʳ] [bel-jan-gaʳ], *s.* Campanillero, instalador de campanillas.
bell-horse ['belhɔ:s] [bel-jors], *s. Cf.* BELLWETHER.
bellicose ['belɪkəʊs] [be-li-kous], *a.* Belicoso, bélico, guerrero.
bellied ['beli:d] [be-lid], *a.* 1. Ventrudo. 2. *(Arq.)* Combado, acombado, con barriga, convexo.
belligerent [bɪ'lɪdʒərənt] [bi-li-che-rent], *a.* Beligerante, belicoso, marcial, guerrero, agresivo.
belligerently [bɪ'lɪdʒərəntlɪ] [bi-li-che-rent-li] *adv.* Agresivamente.
bellipotent [bɪ'lɪpɒtənt] [bi-li-po-tent], *a.* Poderoso en la guerra.
bell-man [bel'mən] [bel-man], *s.* Pregonero de campana, el que pregona alguna cosa al son de una campana, avisador, despertador al toque de campana.
bell-metal [bel'metl] [bel-me-tal],s. Metal campanil, el metal de que se hacen las campanas.
bell-mouthed [bel'məʊθ] [bel-mauz], a. 1. Abocinado, de boca de campana. 2. De voz sonora y profunda.
bellow ['beləʊ] [be-lou], *vn.* 1. Bramar. 2. Vociferar, gritar. 3. Bramar, embravecerse o estar agitado el mar o el viento. **To bellow at somebody**, gritarle a alguien.
bellower ['beləʊəʳ] [be-lou-aʳ], *s.* Bramador, gritador.
bellow, bellowing ['beləʊɪŋ] [be-louin], *s.* Bramido, rugido; grito.
bellows ['beləʊz] [be-lous], *s.* Fuelle, instrumento para soplar y encender el fuego; fuelle del órgano.
bell pepper [bel'pepəʳ] [bel-pe-paʳ], *s.* CAPSICUM.
bell-pull ['belˌpʊl] [bel-pul], *s.* Botón, tirador de campanilla. *V.* BELL-ROPE.
bell-punch [bel'pʌntʃ] [bel-panch], *s.* Sacabocados.
bell-ringer ['belˌrɪngəʳ] [bel-rin-gaʳ], *s.* Campanero, tocador de campana.
bell-rope ['belrəʊp] [bel-roup], *s.* Cuerda o soga de campana.
bell-shaped ['belʃeɪpt] [bel-sheipt], *a.* Campaniforme.
belluine ['belʊɪn] [be-luin], *a. (Ant.)* Bestial, brutal.
bell-wether [bel'weðəʳ] [bel-ue-daʳ], *s.* Manso, el carnero que lleva el cencerro, y va delante, guiando a los demás.
belly ['belɪ] [be-li], *s.* 1. Vientre, barriga (of person), panza (of animal), la parte del cuerpo humano desde el pecho al empeine. 2. Seno, entrañas. 3. Barriga, la parte de alguna cosa que sobresale a lo demás de ella. **Belly-band**, cincha, ventrera, cinto. **Bellyful**, panzada, hartazgo de comida, hartura. **Belly-god**, glotón, el que come mucho y desordenadamente. **Belly-slave**, esclavo de su apetito. **Belly-worm**, lombriz del vientre. *-a.* **Belly-bound**, estreñido de vientre. **Belly-pinched**, hambriento. **Belly button**, ombligo. **belly dance**, danza del vientre. **A belly laugh**, una sonora carcajada.
belly, *vn.* Hacer barriga; hartarse. *-a.* Llenar, inflar, hinchar.
bellyache ['belɪeɪk] [be-li-eik] *s.* Cólico o dolor de vientre. *vn.* Rezongar, refunfuñar. **To bellyache about somebody/ something**, quejarse constantemente de alguien/algo.
bellyful ['belɪfʊl] [be-li-ful] *s.* **To have had a bellyful (of somebody/something)**, estar hasta la coronilla (de alguien/algo).

belong [bɪ'lɒŋ] [bi-lon], *vn.* 1. Pertenecer, tocar a alguno o ser propia de él alguna cosa (be property). **It belongs to her**, es de ella, le pertenece (a ella). **Does this belong to you?**, ¿esto es tuyo? 2. Tocar a alguno por oficio u obligación. 3. Concernir, mirar a, tocar a. 4. Residir, estar domiciliado en, ser natural de; tener lugar o esfera particular. **He belongs in Quito**, reside en Quito. **That jug belongs in the cupboard**, esa jarra va en el armario (have as usual place). **It belongs to the reptile family,** pertenece a la familia de los reptiles (in category). **I don´t feel I belong here**, no me siento a gusto aquí (socially).

belongings [bɪ'lɒŋɪŋz] [bi-lon-guings], *s.* pl. Efectos, enseres, posesiones. **You and all your belongings**, usted y todo lo que le pertenece. **Personal belongings**, efectos u objetos personales.

belove ['bɪlʌv] [bi-lav], *va.* Amar; usado solamente en la voz pasiva.

beloved [bɪ'lʌvɪd] [bi-la-vid], *a/s.* Querido, amado. *pp.* de BELOVE.

below [bɪ'ləʊ] [bi-lou], *prep.* 1. Debajo, en par (under). 2. Debajo, inferior en dignidad o excelencia (inferior, junior to). **The room directly below this one**, la habitación justo debajo o abajo de ésta. *-adv.* Abajo (underneath), por bajo, por debajo de (less than). **Below average**, inferior a o por debajo de la media. **Below zero**, bajo cero. **Put it on the shelf below**, ponlo en el estante de abajo. **See diagram below**, véase el diagrama más abajo (in text). **He is there below**, él está allá abajo. **The regions below**, las regiones infernales. **Below par**, desigual; a descuento; pierde o está más bajo que el valor figurado, hablando de letras de cambio o del papel moneda.

belt [belt] [belt], *s.* 1. Cinto o cinturón, faja (clothing). **To have something under one´s belt**, tener algo a las espaldas, tener algo en el haber. **To hit below the belt**, dar un golpe bajo. **To tighten one´s belt**, apretarse el cinturón. 2. Correa de transmisión. 3. Zona, región ancha sobre un globo o esfera; extensión considerable de terreno que tiene forma de banda (area). **A belt of low pressure**, un frente de bajas presiones. **The industrial belt**, el cinturón industrial. **The cotton belt**, la zona o región algodonera. 4. Toda fuerza o influencia que restriñe. **Sword-belt**, biricú, o cinturón. **Shoulder-belt**, tahalí.

belt, *va.* 1. Cercar, rodear con una correa. 2. Azotar con una correa, dar latigazos. Darle una paliza a. **He belted me on the ear** o (GB) **round the ear**, me dio un tortazo o un trancazo. *Vn. (Fam.)* **To belt along/in**, ir/entrar zumbando. **To belt down**, tomarse una. **He´s belting them down**, está empinando el codo. **Belt out**, cantar a grito pelado (sing); tocar muy fuerte (play). *(Fam.)* **Belt up**, callarse la boca, cerrar el pico (be quiet). Ponerse el cinturón (auto).

belt-saw [belt'sɔː] [belt-so], *s.* Sierra sin fin, sierra de cinta. *V.* BAND-BAW.

belting ['beltɪŋ] [bel-tin], *s.* 1. Correaje, correas motoras o de transmisión. 2. Material de que se hacen las correas. *(Coloq,)* Paliza.

beltway ['beltweɪ] [belt-uei] *s.* Carretera o ronda de circunvalación, periférico.

beluga ['beləgə] [be-lu-ga], *s.* 1. La ballena blanca de los mares árticos. 2. El gran esturión blanco.

belvedere ['belvədərə] [bel-ve-de-re], *s.* Belvedere, glorieta.

bemangle ['bemæŋl] [be-man-gel], *va.* Lacerar. *V.* MANGLE.

bemask ['bɪmɑːsk] [bi-maks], *va.* Esconder, tapar, ocultar.

bemaze ['bɪmeɪz] [bi-meis], *va.* Confundir, enredar; descaminar.

bemire ['bɪmaɪəʳ] [bi-maiaʳ], *va.* Enlodar, encenegar, emporcar.

bemoan [bɪ'məʊn] [bi-moun], *va.* Lamentar, deplorar, plañir.

bemoanable [bɪ'məʊnəbl] [bi-mouna-bol], *a.* Lamentable.

bemoaner [bɪ'məʊnəʳ] [bi-mounaʳ], *s.* Lamentador, plañidor.

bemoaning [bɪ'məʊnɪŋ] [bi-mounin], *s.* Lamentación.

bemock ['bɪmɒk] [bi-mok], *va.* Mofarse, reírse de.

bemuse [bɪ'mjuːz] [bi-mius], *va.* Embriagar ligeramente, dejar algo atontado, como con los efectos del licor. Desconcertar (puzzle). **Bemused**, de desconcierto (expression).

bench [bentʃ] [bench], *s.* 1. Banco (seat), asiento largo con respaldo o sin él. **Work bench**, mesa de trabajo. 2. *(Law)* Tribunal de justicia en Inglaterra. **The bench** o **the Bench**, la judicatura (judges collectively); el tribunal (tribunal). *s.* Las personas sentadas en un banco. **King's** o **Queen´s Bench**, un tribunal principal de justicia, y una prisión de Londres. **Bench show**, exposición de perros, bajo cubierto, en casetas colocadas sobre bancos. **Bench warrant**, auto de prisión expedido por uno de los tribunales superiores. **To play to empty benches**, representar para las butacas, es decir, ante muy reducido público. **The bench**, el banquillo o la banca (sport).

bench *va.* 1. Hacer bancos o asientos. 2. Asentar sobre un banco. 3. Mandar al banquillo o a la banca.

bencher [bentʃəʳ] [ben-chaʳ], *s.* 1. Nombre de los decanos de los colegios de abogados. 2. Individuo de algún ayuntamiento. 3. Asesor.

bend [bend] [bend], *va.* (*pret.* y *pp.* BENT). 1. Encorvar, doblar, plegar o torcer alguna cosa poniéndola corva. **Do not bend**, no doblar. **He was bent double with pain**, se retorcía de dolor. 2. Dirigir, inclinar o encaminar a cierto o determinado paraje. 3. Sujetar, vencer. 4. Tender, estirar. 5. *(Fig.)* Dirigir, aplicar; concentrar (energies, attention). 6. *(Mar.)* Entalingar, amarrar (cable), envergar (sail). *-vn.* 1. Encorvarse, doblarse. 2. Inclinarse, bajar o encorvar el cuerpo para significar rendimiento, sumisión o cortesía. 3. Ceder, doblarse. **The beam bent under the weight**, la viga cedió bajo el peso. **Bent on mischief**, determinado a hacer mal. **To bend back**, encorvar o doblar hacia atrás. **To bend one's brows**, fruncir o arrugar las cejas. **To bend the head**, inclinar o bajar la cabeza. **To bend the knee**, doblar la rodilla. **To bend one's efforts** *o* **endeavors**, dirigir o encaminar sus esfuerzos. **To bend down**, inclinarse, torcerse, pandearse, ladearse. **To bend to something**, ceder a algo (submit). **Bend down**, agacharse. **Bend over**, inclinarse.

bend *s.* 1. Comba, encorvadura. 2. Venda. Bends, *(Mar.)* Las ligazones de cada una de las cuadernas de una embarcación, desde la quilla hasta el remate del costado. *(Her.)* Bandas. **Bend sinister**, *(Her.)* Barm, figura ordinaria del escudo que coge desde el ángulo izquierdo superior al derecho inferior.

bendable ['bendəbl] [ben-da-bol], *a.* Flexible, se puede doblar; plegable.

bender ['bendəʳ] [ben-daʳ], *s.* El que encorva o tuerce alguna cosa. *(Coloq,)* Juerga. **To go on a bender**, irse de juerga.

bending ['bendɪŋ] [ben-din], *s.* Pliegue, doblez, encorvadura, comba; pendiente, declive; rodeo vuelta.

bendlet ['bendlɪt] [bend-let], *s.* *(Her.)* Banda pequeña, de media anchura.

bendwith ['bendwɪt] [bend-uit], *s.* *(Bot.)* Viburno, especie de arbusto.

beneaped ['beniːpt] [be-nípt], *a.* *(Mar.)* Varado, encallado.

beneath [bɪ'niːθ] [bi-níz], *adv.* y *prep.* Bajo o en paraje más bajo, debajo, abajo; del centro, de lo más hondo (under). **The city lay spread out beneath us**, la ciudad se extendía a nuestros pies. **Those beneath him**, los que están por debajo de él (inferior to). **She married beneath her**, no se casó bien. **It´s beneath her**, es indigno de ella (unworthy of). **You´re beneath contempt**, no mereces ni desprecio. **I wondered what lay beneath**, me preguntaba qué habría debajo o abajo.

benedictine [ˌbenɪ'dɪktɪn] [be-ni-dik-tin], *s.* y *a.* Benedictino, benito.

benediction [ˌbenɪ'dɪkʃən] [be-ni-dik-shon], *s.* Bendición.

benefactor ['benɪfæktəʳ] [be-ni-fak-toʳ], *s.* Bienhechor, benefactor; fundador; patrón.

benefaction ['benɪfækʃən] [be-ni-fak-shon], *s.* Beneficio, favor, gracia.

benefactress ['benɪfækreɪs] [be-ni-fak-tres], *sf.* Bienhechora, benefactora; fundadora, patrona.

benefice ['benɪfɪs] [be-ne-fis], *s.* 1. Beneficio, el bien que se hace a otro. 2. Beneficio eclesiástico.

beneficed ['benɪfɪst] [be-ne-fist], *a.* Beneficiado, el que goza algún beneficio eclesiástico.

beneficence [bɪ'nrfɪsənst] [bi-ni-fi-sens], *s.* Beneficencia; liberalidad, largueza.

beneficent [bɪ'nrfɪsənt] [bi-ni-fi-sent], *a.* Benéfico, el que o lo que hace bien.

beneficently [bɪ'nrfɪsəntlɪ] [bi-ni-fi-sent-li], *adv.* Benéficamente.

beneficial [ˌbenɪ'fɪʃəl] [be-ni-fi-shal], *a.* Beneficioso, provechoso, útil, ventajoso. **To be beneficial to somebody/ something**, ser beneficioso para alguien/algo.

beneficially [ˌbenɪ'fɪʃəlɪ] [be-ni-fi-sha-li], *adv.* Benéficamente, provechosamente.

beneficialness [ˌbenɪ'fɪʃəlnɪs] [be-ni-fi-shal-nes], *s.* Utilidad, provecho.

beneficiary [ˌbenɪ'fɪʃərɪ] [be-ni-fi-sha-ri], *s.* 1. Beneficiario, persona que recibe un beneficio, a manera de privilegio o concesión caritativa. 2. Beneficiado, el que está en posesión de algún beneficio eclesiástico.

benefit ['benɪfɪt] [be-ni-fit], *s.* 1. Beneficio (good), el bien que se hace o recibe; bondad, favor, gracia, servicio. 2. Utilidad, provecho, ventaja (advantage). **It will be of great benefit to them**, será muy beneficioso para ellos, les beneficiará mucho. **To give somebody the benefit of the doubt**, darle a alguien el beneficio de la duda. 3. Prestación. **He´s on unemployment benefits**, recibe subsidio de desempleo o de cesantía, está cobrando el paro. Beneficio o ventaja (extrasalarial).

benefit, *va.* Beneficiar, hacer bien. *-vn.* Aprovecharse a utilizarse, prevalerse, beneficiarse. **He didn´t benefit much from the experience**, no sacó mucho (provecho) de la experiencia. **You will all benefit from the change**, todos se van a beneficiar con el cambio.

Benelux ['benɪlʌks] [be-ni-luks] *N. (Geogr.)* Benelux.

benet ['benet] [be-net], *va.* Asechar, hacer caer en el lazo: poner asechanzas, lazos.

benevolence [bɪ'nevələns] [bi-ne-vo-lans], *s.* 1. Benevolencia, bondad, amor, buena voluntad, afecto, amistad. 2. Benevolencia, el bien hecho o recibido; donativo gratuito, servicio.

benevolent [bɪ'nevələnt] [bi-ne-vo-lent], *a.* Benévolo (person, smile), el que tiene buena voluntad o afecto a otro; dulce, clemente. De benevolencia (gesture). Benéfico, de beneficencia (society, organization).

benevolently [bɪ'nevələntlɪ] [bi-ne-vo-lent-li], *adv.* Benignamente, con benevolencia.

bengal [beŋ'gɔːl] [ben-gal], *s.* Bengala, especie de tela delgada de Bengala. **Bengal light**, luz de Bengala.

Bengali [beŋ'gɔːlɪ] [ben-ga-lí], *s.* Bengalí, lengua que se habla en Bengala. *-a.* Bengalí, de Bengala.

benight [bɪ'naɪt] [bi-nait], *va.* Cogerle a uno la noche, anochecerse a uno; oscurecer.

benighted [bɪ'naɪtɪd] [bi-nai-tid], *pp.* Anochecido. **We were benighted about four miles from town**, nos anocheció a unas cuatro millas de la ciudad. *(Fig.)* **To be benighted**, (a) estar ciego o sin luz, descarriado, extraviado, errante. (b) Estar sin saber, ignorante.

benign [bɪ'naɪn] [bi-nain], *a.* 1. Benigno, afable, generoso, liberal, dulce, humano, obsequioso, servicial, benévolo (person, attitude). 2. Benigno, saludable.

benignant [bɪ'nɪgnənt] [bi-nig-nant], *a.* Benéfico, propicio.

benignity [bɪ'nɪgnɪtɪ] [bi-nig-ni-ti], *s.* 1. Benignidad, bondad, dulzura. 2. Benignidad, salubridad.

benignly [bɪ'nainlɪ] [bi-nain-li], *adv.* Benignamente, con benevolencia, benévolamente.

benison [bɪ'nɪsən] [bi-ni-son], *s. V.* BENEDICTION.

benjamin ['bendʒəmɪn] [ben-ya-min], *s.* Corrupción de BENZOIN.

bennet, herb bennet ['benet] [be-net], *s. (Bot.)* Gariofilata o gariofilea.

ben-nut ['benʌt] [be-nat], *s.* Nuez de ben o behén de que se saca un aceite fragante.

benorth ['bɪnɔːθ] [bi-norz], *prep. (Esco.)* Al norte de.

bent [bent] [bent], *s.* 1. Encorvadura, la acción de poner o estar una cosa en figura corva y torcida. 2. Último esfuerzo. 3. Disposición, inclinación propensión, determinación, dirección, tendencia (determined). **To be bent on doing something**, estar empeñado en hacer algo. 4. Pendiente, declive, cuesta. 5. *(Carp.)* Una sección del maderamen de un edificio que se arma y concierta en tierra, y luego se alza y coloca en posición de una vez. También, una viga grande. **To follow one's bent**, seguir su inclinación, sus gustos. **People with an artistic bent**, personas con inclinaciones artísticas. **To be bent**, ser del otro bando (homosexual).

bent, *pp.* 1. Dirigido o inclinado a determinado paraje. 3. Determinado, resuelto. *V.* BEND. 3. Inclinado, encorvado, tendido. **To be bent upon**, tener mucho empeño en; estar determinado o decidido a; no penar más que en.

benumb [bɪ'nʌmb] [bi-namb], *va.* Entorpecer, dejar torpe o casi sin movimiento. **Benumbed with cold**, yerto, traspasado de frío.

benumbedness [bɪ'nʌmbɪdnɪs] [bi-nam-bid-nes], *s.* Entorpecimiento.

benzene ['benziːn] [ben-sín], *s. V.* BENZOLE.

benzin, benzine ['bænziːn] [ben-sín], *s.* Bencina, sustancia, líquida, incolora, de olor penetrante, inflamable y algo volátil, compuesta de carbono y de hidrógeno; la cual se obtiene de varias materias y principalmente de la brea o del aceite de hulla.

benzoic ['benzɔɪk] [ben-soik], *a.* Benzoico, perteneciente o relativo al benjuí.

benzoin ['benzɔɪn] [ben-soin], *s.* 1. Benjuí o menjuí, especie de resina aromática y medicinal que viene de las Indias orientales. *V.* STYRAX. 2. *V.* SPICEBUSH. 3. *(Quím.)* Compuesto cristalizable ($C_{14}H_{12}O_2$) que se obtiene por diversos procedimientos.

benzole ['bensəʊl] [ben-soul], o **benzol**, *s.* Benzole, líquido volátil, muy inflamable, obtenido por destilación de ácido benzoico.

bepaint [bɪ'peɪnt] [bi-peint], *va.* Colorar, dar color, teñir alguna cosa.

bepinch [be'pɪntʃ] [be-pinch], *va.* Pellicar, señalar con pellizcos.

bepowder [bɪ'paʊdə^r] [bi-pau-da^r], *va.* Empolvar (los cabellos).

bepraise [bɪ'preɪs] [bi-preis], *va.* Lisonjear hiperbólicamente.

bepurple [bɪ'pɜːpl] [bi-par-pel], *va.* Purpurar, teñir de púrpura.

bequeath [bɪ'kwuiːð] [bi-kuiz], *va.* 1. Mandar, legar o donar alguna cosa a otro en testamento. 2. Transmitir a la posteridad.

bequeather [bɪ'kwuiːðə^r] [bi-kuiza^r], *s. V.* TESTATOR.

bequest [bɪ'kwest] [bi-kuest], *s.* Manda, donación legado que alguno deja a otro en su testamento.

berate [bɪ'reɪt] [bi-reit], *va.* Zaherir, reñir, poner a uno como nuevo. **To berate somebody**, reprender o amonestar a alguien.

berber ['bɜːbə^r] [ber-ba^r], *s.* Berberí o Bereber.

berberry ['bɜːberɪ] [ber-beri], *s.* Berberís, agracejo. *V.* BARBERRY.

bere [bɜː^r] [ba^r], *s. (Esco.)* Especie de cebada, farro.

bereave [bɪ'riːv] [bi-rív], *va.* 1. Depojar, quitar o privar a alguno de lo que goza y tiene, o desposeerle con violencia de ello; arrebatar. 2. Desolar, acongojar.

bereaved [bɪ'riːvd] [bi-rívd] *a.* Desconsolado, afligido (due to a death). *s.* **The bereaved**, los deudos, la familia del difunto.

bereavement [bɪ'riːvmənt] [bi-rív-ment], *s.* Privación, despojo, desamparo: aflicción, dolor, pesar (for a death).

They have suffered o **had a bereavement in the family**, han sufrido la pérdida de un familiar.
bereft [bɪ'reft] [bi-reft] *a.* **To be bereft of something**, verse privado de algo. **Totally bereft of inspiration**, desprovisto de toda inspiración.
beret ['bereɪ] [be-rei], *s.* Boina.
berg [bɜːg] [berg], *s.* Gran masa o témpano de hielo.
bergamot ['bɜːgəmɒt] [ber-ga-mot], *s.* *(Bot.)* 1. Bergamota, variedad de pera. 2. Bergamota, especie de lima muy aromática, de cuya corteza se extrae el aceite esencial de su nombre. 3. Especie de rapé o tabaco en polvo rociado con la esencia de bergamota.
bergmaster ['bɜːgmɑːstə[r]] [berg-mas-ta[r]], *s.* Burgomaestre, bailío.
berhyme ['bɜːhaɪm] [ber-jaim], *va.* Elogiar a uno en verso rimado.
berk [bɜːk] [berk] *s.* (GB) Imbécil.
Berlin [bɜː'lɪn] [ber-lin], *s.* Berlina, coche de dos asientos. **Berlin blue**, azul de Prusia. **Berlin wool**, estambre. *N. (Geogr.)* Berlín.
bermuda shorts [bɜː'mjuːdə] [ber-miu-da], *s. pl.* Cierto estilo de calzones que llegan a la rodilla. *N.* las (islas) Bermudas. **The Bermuda Triangle**, el triángulo de las Bermudas.
Bermudas [bɜː'mjuːdəz] [ber-miu-das] *s. pl.* Bermudas.
Bern, Berne [bɜːn] [bern] *N. (Geogr.)* Berna.
bernicle ['bɜːnɪkl] [ber-ni-kel], *s.* Bernacho, especie de ánsar.
berry ['berɪ] [be-ri], *s.* *(Bot.)* Baya, fruta pequeña, que crían varios árboles y arbustos: grano. *(Culin.)* Fresas, frambuesas, moras, etc. **As brown as a berry**, negro como el carbón. **Avignon, French** *o* **yellow berries**, granas de Aviñón, pizacantas.
berry, *vn.* Producir bayas.
berry-bearing ['berɪ'bɛərɪŋ] [be-ri-bea-rin], *a.* Bacífero, que lleva bayas; se dice de los árboles.
berserk ['bə'sɜːk] [ber-sek] *a.* **To go bersek**, ponerse como una fiera o como un loco.
berth [bɜːθ] [berz], *s.* 1. Camarote de marinero (cabin). 2. Anclaje, estación de un buque. 3. *(Fam.)* Empleo, destino. 4. Cada una de las literas, camas o catres fijos construídos en los camarotes de los buques; cama en coche dormitorio de ferrocarril (couchette, bunk). 5. Atracadero (mooring). **To give somebody a wide berth**, eludir o rehuir a alguien. **A starting berth**, un puesto de (jugador) titular (sport).
berth, *va.* Proporcionar o dar un *berth*, ya en sentido literal ya en el de colocación, destino o empleo.
bertha [bɜːθə] [ber-ta], *s.* 1. Berta, pañoleta de mujer. 2. Bert, nombre propio.
berthage ['bɜːθeɪgʒ] [ber-zeich], *s.* 1. Derechos de anclaje o de estación de un buque. 2. El lugar destinado a cada buque en un puerto.
bertram ['bɜːtrəm] [ber-tram], *s.* *(Bot.)* Agerato o alterreina.
beryl ['berɪl] [be-ril], *s.* Berilo, piedra preciosa; agua marina.
berylline ['berɪliːn] [be-ri-lin], *a.* Lo perteneciente al berilo.
bescrawl ['beskrɔːl] [bes-krol], *va.* Escarabajear, garabatear, garrapatear.
bescribble ['beskrɪbl] [bes-kri-bol], *va.* Borrajear.
beseech [bɪ'siːtʃ] [bi-sich], *va.* Suplicar, rogar, pedir, implorar, hacer instancias, conjurar.
beseecher [bɪ'siːtʃə[r]] [bi-si-cha[r]], *s.* Rogador, suplicante, implorante.
beseeching [bɪ'siːtʃɪŋ] [bi-si-chin], *s.* Ruego, instancia, súplica.
beseem [bɪ'siːm] [bi-sim], *va.* Convenir, parecer bien. *-vn.* Aparecerse, parecer.
beseeming [bɪ'siːmɪŋ] [bi-si-min], *s.* Gracia, donaire, decencia, decoro, bienparecer, propiedad. *-part. adj.* Conveniente, decoroso.
beseemly [bɪ'siːmlɪ] [bi-sim-li], *a.* Decoroso, gracioso, decente.
beset [bɪ'set] [bi-set], *va.* (*pret.* y *pp.* BESET). 1. Sitiar, rodear. 2. Acosar, perseguir, acechar, espiar. **Beset with troubles**, lleno de disgustos. **A besetting sin**, vicio habitual y dominante, flaco de una persona. **He was besetted by doubts**, lo acosaban las dudas. **The way ahead is besetted with difficulties**, tenemos (o tienen) muchos obstáculos por delante.
beside [bɪ'saɪd] [bi-said], *prep.* 1. Cerca, al lado de otro (at the side of). **She´s the one beside me in the photograph**, es la que está a mi lado o junto a mí en la foto. 2. Excepto. 3. Sobre; fuera de. *-adv.* Además, a más de esto, por otra parte, aun, fuera de esto o ello, fuera de que. **To be beside oneself**, estar loco o fuera de sí, haber perdido la cabeza o el juicio; estar desatinado. **That´s beside the point**, eso no tiene nada que ver, eso no viene al caso.
besides [bɪ'saɪdz] [bi-saids] *prep.* Además de (in addition to) **There are five others coming besides you**, además de o aparte de ti, vienen otros cinco. Excepto, aparte de, fuera de (apart from). **No one knows besides you**, nadie lo sabe aparte de ti, excepto tú o fuera de ti. *adv.* Además. **And plenty more besides**, y mucho más todavía.
besiege [bɪ'siːdʒ] [bi-sidch], *va.* 1. Sitiar, poner sitio a alguna plaza. 2. *(Met.)* Sitiar, asediar, acosar a alguno. **Besieged by applicants for office**, asediado de pretendientes. **An angry crowd besieged the embassy**, una muchedumbre enfurecida rodeó o cercó la embajada. **The village was besieged by reporters**, el pueblo se vio asediado por periodistas.
besieger [bɪ'siːdʒə[r]] [bi-sicha[r]], *s.* Sitiador, el que pone sitio a alguna plaza.
besieging [bɪ'siːdʒɪŋ] [bi-si-chin], *s.* Sitio, cerco.
beslave ['bɪsleɪv] [bis-leiv], *va.* Esclavizar.
beslobber ['bɪslɒbə[r]] [bis-lo-ba[r]], *va.* Salpicar o ensuciar.
besmear [bɪ'smiːə[r]] [bis-mia[r]], *va.* 1. Salpicar, ensuciar. 2. Embadurnar.
besmearer [bɪ'smiːərə[r]] [bis-mia-ra[r]], *s.* Ensuciador.
besmirch [bɪ'smɜːtʃ] [bis-merch], *va.* 1. Manchar, ensuciar. 2. Deshonrar, despreciar, mancillar.
besmoke [bɪ'sməʊk] [bis-mouk], *va.* 1. Ahumar, llenar de humo alguna cosa. 2. Ahumar, poner al humo alguna cosa para que la cure.
besmut [bɪ'smʌt] [bis-mat], *va.* Tiznar con humo u hollín.
besnuffed [bɪ'snʌft] [bis-naf], *a.* Manchado con tabaco en polvo o rapé.
besom ['biːzəm] [bi-sem], *s.* Escoba, manojo de ramillas que se usa para barrer.
besot [bɪ'sɒt] [bi-sot], *va.* Infatuar, entontecer; embrutecer.
besotted [bɪ'sɒtɪd] [bi-so-tid] *a.* **He´s totally besotted with her**, está perdidamente enamorado de ella, está loco por ella.
besottedly [bɪ'sɒtɪdlɪ] [bi-so-tid-li], *adv.* Tontamente.
besottedness [bɪ'sɒtɪdnɪs] [bi-so-tid-nes], *s.* Entontecimiento, fatuidad; embrutecimiento.
besought [bɪ'sɔːt] [bi-sot], *pret.* y *pp.* del verbo TO BESEECH.
bespangle [bɪ'spæŋl] [bis-pangel], *va.* Matizar, adornar con matices o con lentejuelas.
bespatter [bɪ'spætə[r]] [bi-spa-ta[r]], *va.* 1. Salpicar, manchar con agua, lodo o suciedad. 2. Disfamar, desacreditar.
bespeak [bɪ'spiːk] [bis-pik], *va.* 1. Encomendar, mandar, ordenar, encargar a otro alguna cosa para que la haga; apalabrar alguna cosa. Mandar hacer; apalabrar. **To bespeak a pair of shoes**, encargar un par de zapatos. 2. Predecir, adivinar. 3. Hablar a alguno. 4. Demostrar, da a conocer. **His behaviour bespeaks a composed mind**, su porte demuestra un ánimo tranquilo 5. Alquilar. 6. Prevenir, advertir.
bespeaker [bɪ'spiːkə[r]] [bis-pika[r]], *s.* El que encarga alguna cosa.
bespeckle [bɪ'spekl] [bis-pi-kel], *va.* Abigarrar, gayar, pintorrear o pintarrajear alguna cosa.
bespectacled [bɪ'spektɪklɪd] [bis-pek-ta-kled] *a.* De anteojos o lentes, con gafas.
bespew [bɪ'spjuː] [bis-piu], *va.* Ensuciar alguna cosa con vómito.

bespice [bɪ'spi:s] [bis-pis], *va.* Condimentar, sazonar con especias o condimentos.

bespit [bɪ'spɪt] [bis-pit], *va.* Escupir; ensuciar con saliva, escupidura o gargajos. *-s.* Salivazo.

bespoke [bɪ'spəʊk] [bis-pouk], **bespoken**, *pret.* y *pp.* del verbo TO BESPEAK. Mandado, ordenado, alquilado, prevenido; mandado a hacer. (GB)**Bespoke tailor**, trajes a medida.

bespot [bɪ'spɒt] [bis-pot], *va.* Abigarrar, salpicar de manchitas.

bespread [bɪ'spred] [bis-pred], *va.* Cubrir, tender una cosa sobre otra.

besprent [bɪ'sprent] [bis-prent], *a.* *(Poét.)* Rociado, esparcido.

besprinkle [bɪ'spɪŋkl] [bis-prinkl], *va.* Rociar, esparcir alguna cosa sobre otra.

besprinkler [bɪ'spɪŋklə^r] [bis-prinkla^r], *s.* Rociador, el que rocía o esparce.

besputter [bɪ'spʌtə^r] [bis-pa-ta^r], *va.* Salpicar o ensuciar con escupiduras o saliva.

best [best] [best], *a.* Superlativo de *Good* (bueno). Óptimo, superior, lo mejor, lo más bueno. **He was the best**, él era el mejor. **For the best part of an hour**, durante casi una hora. **Best of all was the windsurfing,** lo mejor de todo fue el windsurf. **The best things in life are free**, los mejores placeres no cuestan dinero (set phrase). **May the best man/ team win**, que gane el mejor (set phrase). **She knows what´s the best for you**, ella sabe qué es lo que más te conviene. **Best before July 29**, consumir preferentemente antes del 29 de julio. *-adv.* (sup. of WELL) Más bien, mejor y rectamente, más oportunamente. **Which color suits me the best?**, ¿qué color me queda mejor? **I love that best of all**, prefiero aquello a todo lo demás. **To do one's best**, hacer todo lo que se puede, o cuanto se puede. **The second best**, el segundo en los premios, es decir, el mejor después del primero. **To make the best of a bad game**, salir de un mal paso o negocio lo mejor posible. **He had the best of it**, se llevó la mejor parte, sacó para sí toda la ventaja. **At best, at the best**, a lo más, lo más; cuando mejor. **It´s best forgotten**, más vale olvidarlo. *-s.* Lo mejor. **Choose ABC hotels when only the best will do**, si usted exige lo mejor, escoja hoteles ABC. **He is in the best of health**, está en excelente estado de salud. **It´s the best I can do**, no lo puedo hacer mejor. **To the best of my knowledge**, que yo sepa. **It all turned out for the best in the end**, al final todo fue para bien. **Even the best of us are wrong sometimes**, todos nos equivocamos. **They´re the best of friends**, son de lo más amigos. **She´s not at her best in the morning**, la mañana no es su mejor momento del día. **It´s British theater at its best**, es un magnífico exponente del teatro británico. **The roses were past their best**, las rosas ya no estaban en su mejor momento. **All the best!**, ¡buena suerte!, ¡que te vaya bien! (in greetings). Récord. **A personal best for Flynn**, un récord para Flynn (sport).

bestain ['bestein] [bes-tein], *va.* Manchar, llenar de manchas.

bestial ['bestɪəl] [bes-tial], *a.* Bestial, brutal; carnal. Salvaje (cruelty, crime).

bestiality [ˌbestɪ'ælɪtɪ] [bes-tia-li-ti], *s.* Bestialidad, brutalidad, irracionalidad (cruelty). Bestialidad (sex with animals).

bestialize ['bestɪəlaɪz] [bes-tia-lais], *va.* Obrar como bestia.

bestir [bɪ'stɜ:^r] [bis-ta^r], *va.* Mover, menear, incitar. *-vn.* Removerse, intrigar.

best man [ˌbes'mæn] [best-man], *s.* Padrino de boda. Amigo que acompaña al novio el día de la boda. Padrino, testigo.

bestow [bɪ'stəʊ] [bis-tou], *va.* 1. Dar, conferir, otorgar (title, award). 2. Dar de limosna. 3. Dar en matrimonio. 4. Regalar, dar como presente o dádiva. 5. Emplear, gastar. **He bestowed his affections on her**, la hizo depositaria de su amor.

bestowal [bɪ'stoʊəl] [bis-toual], *s.* Acción de dar, o presentar; dádiva presentación.

bestower [bɪ'stoʊə^r] [bis-toua^r], *s.* Regalador.

bestraddle [bɪ'strædl] [bis-tra-del], **bestride** [bɪ'straɪd] [bis-traid], *va.* 1. Montar a horcajadas. 2. Zanquear, atrancar. 3. Atravesar. *V.* STRIDE. *-pret.* BESTODE, *pp.* BESTRIDDEN.

bestrew, bestrow [bɪ'stru:] [bis-tru], *va.* Rociar, esparcir, derramar sobre.

best-seller ['best'selə^r] [best-se-la^r] *s.* Bestseller, superventas (book). Superventas (product). Autor de bestsellers (author).

best-selling ['best'selɪŋ] [best-se-lin] *a.* **A best-selling book**, un libro de gran éxito de ventas, un superventas. **A best-selling writer**, un escritor que tiene gran éxito de ventas.

bet [bet] [bet], *s.* Apuesta, acción de apostar (wager); cantidad o premio de la apuesta. **I had/made a bet with Charlie that Brazil would win**, le aposté a Charlie que ganaría Brasil. **Your best bet is to stay here**, lo mejor que puedes hacer es quedarte aquí (option). **It´s a pretty/good fair bet that someone here speaks English**, es casi seguro que aquí alguien habla inglés. **To hedge one´s bets**, cubrirse. 1**bet**, *va.* Apostar (gamble). **How much will you bet?** ¿cuánto quiere usted apostar? **David bet him $5 the Liberals would win**, David le apostó cinco dólares a que ganaban los liberales. Jugarse, apostar (be sure). **I bet he doesn´t even remember my name**, apuesto a que ni se acuerda de mi nombre. **I had a hard time persuading him- I´ll bet you did!**, me costó mucho convencerlo- ¡me lo puedo imaginar! **I can do it!- I bet you can´t!**, ¡a que puedo hacerlo!, ¡a que no! *(Fam.)* **You can bet your life** o **your bottom dollar**, apuesto o me juego la cabeza o camisa. *-vn.* Jugar (gamble). **I´m not a betting man, but...**, no soy jugador, pero... **I wouldn´t bet on it**, yo no estaría tan seguro, no me fiaría (be sure). **Do you want to bet?**, ¿qué o cuánto te apuestas?, ¿quieres apostar? *(Coloq,)* **I bet!**, sí, seguro. 1**betake** [bɪ'teɪk] [bi-teik], *va.* (*pret.* BETOOK, *pp.* BETAKEN. 1. Recurrir, acudir. 2. Irse a un lugar o punto determinado. **To betake oneself to study**, aplicarse o darse al estudio. **To betake oneself to one's heels**, huir, escapar, tomar las de Villadiego.

beta particle ['bi:təˌpɑ:tɪkl] [bi-ta-par-ti-kel], *s.* Partícula beta.

beta ray [bi:ta'reɪ] [bi-ta-rei], *s.* Rayo beta.

betaron ['betərən] [be-ta-ron], *s.* Betatrón.

betel o betle ['bi:təl] [bi-tel], *s.* *(Bot.)* Betel.

bête noire ['beɪt'nwɑ:^r] [beit-nua^r], *s.* Coco, espantajo; objeto espantoso que causa terror. *(Gal.)* Bestia negra (period).

bethel ['beθəl] [be-zel], *s.* 1. Iglesia o capilla para marineros. 2. En Inglaterra, capilla de los disidentes. 3. Lugar santificado por la presencia de Dios.

bethink [bɪ'θɪŋk] [bi-zink], *va.* Recapacitar, recordar algo, volver a reflexionar sobre alguna cosa. *-vn.* Considerar, pensar, examinar.

Bethlehem ['beθlɪhem] [bez-li-jem], *s.* Belén. *V.* BEDLAM.

Bethlehemite ['beθlɪhemaɪt] [bez-li-je-mait], *s.* *V.* BEDLAMITE.

bethought [bɪ'θɔ:t] [bi-zot], *pret.* y *pp.* del verbo TO BETHINK.

bethump [bɪ'θʌmp] [bi-zamp], *va.* Dar de puñadas.

betide [bɪ'taɪd] [bi-taid], *vn.* Suceder, acontecer, acaecer, llegar al lance, verificarse alguna cosa. *-va.* Presagiar, indicar. (liter. & arch.) WOE.

betime [bɪ'taɪm] [bi-taim], **betimes** [bɪ'taɪmz] [bi-taims], *adv.* 1. Con tiempo, en sazón. 2. Pronto, antes de mucho. 3. Temprano.

betoken [bɪ'təʊkən] [bi-tou-ken], *va.* 1. Significar, representar. 2. Anunciar, pronosticar, presagiar. 3. Marcar, designar.

betokening [bɪ'təʊkənɪŋ] [bi-tou-ke-nin], *s.* Presagio, pronóstico.

betony [bɪ'təʊnɪ] [bi-to-ni], *s.* *(Bot.)* Betónica., planta labiada. Stachys Betonica.

betook [bɪ'tʊk] [bi-tuk], *pret.* del verbo *To* BETAKE.

betoss [bɪ'tɔs] [bi-tos], *va.* Agitar, mover alguna cosa con violencia.

betray [bɪ'treɪ] [bi-trei], *va.* 1. Traicionar, hacer traición, vender a uno o entregarle alevosamente en manos del enemigo. **He betrayed us to the enemy**, nos vendió al enemigo. **To betray somebody´s trust**, defraudar la confianza que alguien ha puesto en uno. 2. Revelar, delatar (reveal), descubrir o divulgar algún secreto. **His voice betrayed him**, su propia voz le descubrió o le vendió. 3. Exponer, arriesgar. 4. Mostrar, hacer ver.

betrayal [bɪ'treɪəl] [bi-treial], *s.* Traición (of secrets), delación. La acción y efecto de traicionar, de revelar, de mostrar, etc. **A betrayal of confidence/trust**, abuso de confianza.

betrayed [bɪ'treɪd] [bi-treid], *pp.* Vendido, descubierto engañado alevosamente. *V.* BETRAY.

betrayer [bɪ'treɪə^r] [bi-treiar], *s.* Traidor.

betrim [bɪ'trɪm] [bi-trim], *va.* Acicalar, pulir, adornar.

betroth [bɪ'trəʊð] [bi-trouz], *va.* 1. Desposar, contraer esponsales. 2. Dar palabra de casamiento, prometer en matrimonio.

betrothal [bɪ'trəʊðəl] [bi-trou-zal], *s.* Esponsales, promesa de matrimonio; el acto de contraer esponsales.

better ['betə^r] [be-tar], *a.* (comp. of GOOD) Mejor, lo que es superior a otra cosa con que se compara. **He´s better at playing the guitar than at singing**, toca la guitarra mejor de lo que canta. **Fruit´s much better for you than candy**, la fruta es mucho más sana que los caramelos. **Things couldn´t be better**, todo va de maravilla. **To get better**, mejorar. **The bigger the better**, cuanto más grande, mejor. **The best said about it the better**, cuanto menos se hable del tema mejor. **If they can both come, so much the better**, si pueden venir los dos, mucho/tanto mejor *-adv.* (comp. of WELL) Mejor, más bien. **She swims better than I do/me**, nada mejor que yo. **We get on better than before**, nos llevamos mejor que antes. **To be better**, estar mejor de salud; ser de mejor conducta; valer más. **To make better**, mejorar una cosa o hacerla de más valor de lo que era; enmendar, corregir, reformar. **To grow better**, irse mejorando alguna cosa, enmendarse. **To grow better and better,** ir de mejor a mejor. **The better way is to**, el mejor modo o medio es. **To be better off**, estar en mejor posición, más acomodado. **Had better**(ought). **Hadn´t you better phone them?**, ¿no deberías llamarlos? **Well, I´d better be off**, bueno, me tengo que ir. **You´d better not complain!**, ¡más te vale no quejarte! *(Coloq,)* **You´d better believe it!**, más vale que lo creas. **It cost me better than $100**, me costó más de 100 dólares.

better, *va.* 1. Mejorar (improve), adelantar, reformar, aumentar. 2. Sobrepujar, exceder. 3. Mejorar, superar (surpass) (record, score). **To better oneself**, superarse.

better, *s.* 1. El mejor o lo mejor, de más suposición; ventaja, mejoría (superior of two). **The better of the two**, el mejor de los dos. **For the better**, para bien, para mejor. **Things took a turn for the better**, las cosas dieron un giro positivo. **My curiosity got the better of me**, la curiosidad fue más fuerte que yo/pudo más que yo. 2. Superior, persona de rango más elevado o de mayor mérito. Superiores (superiors). **Our betters**, nuestros superiores. **His elders and betters**, sus mayores.

better, *s.* Apostador.

bettering ['betərɪŋ] [be-te-rin], *s.* Mejoría.

betterment ['betəmənt] [be-ter-ment], *s.* Mejora, mejoramiento, en especial de bienes raíces.

better-off ['betə,ɒf] [be-ter-of] *a.* De mejor posición económica (financially). **He´s better-off than her**, tiene mejor posición económica que ella, es de posición más acomodada que ella. Mejor (emotionally, physically). **I´m better-off divorced**, estoy mejor divorciado.

betting ['betɪŋ] [be-tin], *s.* Apuesta. **What´s the betting he won´t turn up?**, ¿qué (te) apuestas (a) que no viene? **Betting shop**, agencia de apuestas.

bettor ['betə^r] [be-ta^r], *s.* Apostador.

betty ['betɪ] [be-ti], *s.* 1. Maricón, cominero, el hombre que se entremete en los quehaceres de mujeres. 2. *(E.U.)* Matraz, botella que tiene el cuello muy largo. 3. *(Ger.)* Pie de cabra , instrumento de hierro para romper y derribar puertas; ganzúa romana, corchete, garabato. *-n. pr.* Belica, Belita, dim. de *Elizabeth*.

between [bɪ'twiːn] [bi-tuin], *prep.* 1. Entre, en medio de una y otra cosa (between two points, times, numbers). **Between now and Thursday**, de aquí al jueves. **It´s closed between 1 and 3**, está cerrado de 1 a 3. **Nothing can come between us**, nada podrá separarnos. **Between decks**, *(Mar.)* entre puentes. 2. Entre, perteneciente a dos que están en compañía. **Between whiles**, *(Vulg.)* a ratos. **The space between**, intermedio, espacio, hueco. **Between now and then**, de aquí a allá. **They divided the money between the two**, se repartieron el dinero entre los dos. **This is strictly between you and me**, esto debe quedar entre nosotros. **We spent $250 between us**, gastamos 250 dólares entre los dos (jointly, in combination). **Between them they managed to lift it**, entre los dos consiguieron levantarlo. **Between working and training I´ve no time for reading**, entre el trabajo y el entrenamiento no tengo tiempo para leer (what with). *adv.* **The one between**, el/la de en medio. **There are very large houses and very small apartments and nothing (in) between**, hay casas muy grandes o apartamentos muy pequeños, pero no hay nada entre ambos.

betwixt [bɪ'twɪkst] [bi-tuikst], *prep.* (liter. & arch.) Entre *V.* BETWEEN. *adv.* **They´re betwixt and between, neither children nor adults**, no son ni una cosa ni otra, ni niños ni adultos.

bevatron ['bevətrɒn] [be-va-tron], *s. (Fís.)* Bevatrón.

bevel ['bevəl] [be-vel], *s.* Cartabón, instrumento que sirve para medir y formar ángulos de toda especie. **Bevel edge**, borde biselado, bisel, chaflán. **Bevel gear**, engranaje cónico: ruedas o piñones cónicos o en ángulo. **Bevel rule**, falsa regla, falsa escuadra.

bevel, *va.* Cortar un ángulo al sesgo o en chaflán, chaflanar, achaflanar, biselar.

bevelling ['bevəlɪŋ] [be-ve-lin], *s.* Sesgadura, chaflán, bisel, bies, corte al sesgo.

beverage ['bevərɪdʒ] [be-va-rich], *s.* 1. Brebaje, bebida. 2. Estrena. 3. (Dial. brit.) Propina.

bevy ['bevɪ] [be-vi], *s.* 1. Bandada, número crecido de aves o pájaros que vuelan juntos. 2. Compañía o junta de mujeres; corro, corrillo.

bewail [bɪ'weɪl] [bi-ueil] *va.* Llorar (loss), lamentar, lamentarse de (lack, decline), sentir, deplorar. *vn.* Plañir.

bewailing [bɪ'weɪlɪŋ] [bi-uei-lin] *s.* Lamentación, lloro, sentimiento, pesar, pena.

beware [bɪ'weə^r] [bi-uea^r], *va.* Cuidar de, mirar por. *-vn.* Guardarse, recelarse y precaverse de algún riesgo o peligro; recatarse. **Beware!**, ¡(ten) cuidado!, ¡atención! **Beware of the dog**, cuidado con el perro. **He was told to beware of pickpokets**, le dijeron que se cuidara de los carteristas o bolsistas. **Beware of imitations**, desconfíe de las imitaciones.

beweep [bɪ'wiːp] [bi-uip], *va.* Llorar, lamentar con lágrimas. *-vn.* Plañir.

bewet [bɪ'wet] [bi-uet], *va.* Mojar, humedecer alguna cosa.

bewilder [bɪ'wɪldə^r] [bi-uil-da^r], *va.* Descaminar, descarriar, separar del camino recto o hacer perder a uno en parajes escabrosos y sin salida. Desconcertar (confuse), dejar perplejo, apabullar (overwhelm).

bewildered [bɪ'wɪldəd] [bi-uil-ded] *a.* Desconcertado, perplejo, apabullado (overwhelmed).

bewildering [bɪ'wɪldərɪŋ] [bi-uil-de-rin] *a.* Desconcertante, apabullante (overwhelming).

bewilderment [bɪ'wɪldəmənt] [bi-uil-der-ment] *s.* Perplejidad, desconcierto. **The children looked around in bewilderment**, los niños miraban perplejos a su alrededor.

bewitch [bɪ'wɪtʃ] [bi-uich], *va.* 1. Encantar, maleficiar, embrujar, hechizar (cast spell on). 2. Encantar, embelesar, cegar, hechizar, arrobar, cautivar (entrance, delight).
bewitcher [bɪ'wɪtʃə[r]] [bi-ui-cha[r]], *s.* 1. Encantador, brujo, hechicero. 2. Halagador, encantador, hechicero.
bewitchery [bɪ'wɪtʃərɪ] [bi-uiche-ri], **bewitchment** [bɪ'wɪtʃmənt] [bi-uich-ment], *s.* Encantamiento, hechizo; embeleso, encanto, gracia.
bewitching [bɪ'wɪtʃɪŋ] [bi-ui-chin], *s.* Encanto, hechizo; halago, embeleso. *-a.* Atractivo; encantador, hechicero (smile), cautivador (beauty).
bewitchingly [bɪ'wɪtʃɪŋlɪ] [bi-ui-chin-gli], *adv.* Halagüeñamente.
bewray [bɪ'wrɪ] [bi-vrei], *va.* *(Des.)* 1. Traicionar, hacer traición. 2. Hacer ver, descubrir.
bewrayer [bɪ'wreɪə[r]] [bi-reia[r]], *s.* Traidor.
bey [beɪ] [bei], *s.* Bey, el gobernador entre los turcos.
beyond [bɪ'jɒnd] [bi-yond], *prep.* 1. (on the other side of) Más allá, a la parte de allá, allende, más adelante. **I live just beyond the station**, vivo justo pasando la estación. **Beyond this point**, de aquí en adelante, más allá. 2. (further than) Fuera. **Beyond my reach**, fuera de mis alcances. **Beyond the hour**, pasada la hora. **Beyond measure**, desmesuradamente. **Beyond dispute**, incontestable. **Beyond doubt**, fuera de duda. **Beyond comprehension**, incomprensible. **I can´t tell you anything beyond that**, no te puedo decir nada más que eso (more than, apart from). **It´s beyond repair**, ya no tiene arreglo (past, no longer permitting). **Beyond the reach of the law**, fuera del alcance de la ley (outside reach, scope of). **Circumstances beyond our control**, circunstancias ajenas a nuestra voluntad. **His integrity is beyond question**, su integridad está fuera de toda duda. **To live beyond one´s means**, vivir por encima de sus (o mis, etc.) posibilidades (surpassing). **It´s beyond belief**, es increíble, es de no creer. *-adv.* Lejos. Más allá (in space, time) **We´re planning for the year 2010 and beyond**, estamos haciendo planes para el 2010 y más allá del 2010.
bezel, bezil ['bɪzɪl] [bi-sil], *s.* Chatón, la parte de un anillo en que se engasta la piedra.
bezel ['bɪzɪl] [bi-sil], *va.* 1. Cortar un ángulo al sesgo. 2. Poner chatón, engarzar.
bezique [bɪ'ziːk] [bi-saik], *s.* Juego de naipes.
bezoar ['bɪzɔː[r]] [bi-so[r]], *s.* Bezar, bezaar o bezoar, piedra medicinal.
bezoardic ['bɪzɔːdɪk] [bi-sor-dik], *a.* Bezoárdico.
bhp = brake horsepower.
bi- [baI] [bai], prefijo que significa dos, dos veces o doble. Algunas veces *bin*, por eufonía.
biangular [baɪ'æŋgjuːlə[r]] [bai-an-giu-la[r]], (preferido) o **biangulated** [baI'æŋgjuːleɪtɪd] [bai-an-giu-lei-tid], *a.* Biangular, lo que tiene dos ángulos.
biannual [baɪ'anjʊəl] [bai-a-niual], *a.* Semestral (report), semianual. Que se celebra dos veces al año (event, festival).
biannually [baɪ'anjʊəlɪ] [bai-a-niua-li] *adv.* Dos veces al año.
bias ['baɪəs] [baias], *s.* 1. Sesgo, sentido oblicuo, oblicuidad. 2. Carga o peso que se echa en un lado de un bolo para que al tirarlo se desvíe de la línea recta. 3. Propensión, inclinación, disposición; sesgo. **His scientific bias**, su inclinación por las ciencias (leanings, tendency). 4. *(Fig.)* Preocupación, prejuicio, parcialidad (prejudice, unfairness). **To be without bias**, ser imparcial, no ser tendencioso o parcial. **The firm´s bias in favor of younger applicants**, la preferencia de la compañía por los candidatos más jóvenes. *-adv.* Al sesgo. **To cut on the bias**, cortar al sesgo (in sewing).
bias *va.* 1. Inclinar, ladear hacia una parte determinada. **Passions bias the judgment**, las pasiones arrastran o tuercen el juicio. 2. Prevenir, preocupar. 3. Ganar, atraer la voluntad de alguno. *(Fig.)* Preocupar, inducir a una opinión o juicio sin el debido examen. Influir en, afectar (judgment).
biased, biassed['baɪəst] [baiast], *a.* Tendencioso, parcial (report, criticism, judge). **To be biased against something/somebody**, estar predispuesto en contra de algo/alguien, tener prejuicio en contra de algo/alguien. **To be biased towards something/somebody**, estar predispuesto a favor de algo/alguien.
bib [bɪb] [bib], *s.* Babador, babero (for baby), un pedazo de lienzo que para más limpieza se pone a los niños en el pecho. **To put on one´s best bib and tucker**, ponerse sus mejores galas.
bib, *va.* Beber frecuentemente, beborrotear.
bibacious [bɪ'beɪʃəs] [bi-bei-shos], *a.* Dado al vicio de beber, bebedor, borracho. *(Fam.)* Cuero.
bibasic [bɪ'beɪsɪk] [bi-bei-sik], *a.* *(Quím.)* Bibásico, de dos bases o de doble base.
bibb [bɪb] [bib], o **bibecock**, *s.* Grifo, llave curva de agua.
Bible ['baɪbl] [bai-bol], *s.* 1. Biblia, la Sagrada Escritura; ejemplar de la Biblia; también, una edición particular de las Escrituras. 2. Los libros sagrados de cualquier pueblo. **The Holy Bible**, la Sagrada o Santa Biblia. **The feminist´s bible**, la biblia o el libro de cabecera de las feministas.
Bible Belt ['baɪbl,belt] [bai-bol-belt], *s.* Zona de los EEUU donde impera un fundamentalismo protestante.
biblical ['bɪblɪkəl] [bi-bli-kal], *a.* 1. Bíblico, que pertenece a la Biblia. 2. En consonancia con la Biblia.
bibliographer [,bɪblɪ'ɒgrəfə[r]] [bi-blio-gra-fa[r]], o *s.* Bibliógrafo.
bibliographical [,bɪblɪəʊ'græfɪkəl] [bi-bliou-gra-fi-kal], **bibliographic** [,bɪblɪəʊ'græfɪk] [bi-bliou-gra-fik] *a.* Bibliográfico.
bibliography [,bɪblɪ'ɒgrəfɪ] [bi-blio-gra-fi], *s.* Bibliografía.
bibliomania [,bɪblɪəʊ'meɪnɪə] [bi-bliou-mei-nia], *s.* Bibliomanía.
bibliomaniac [,bɪblɪəʊ'meɪnɪək] [bi-bliou-mei-niak], *s.* Bibliómano.
bibliophile ['bɪblɪəʊfaɪl] [bi-bliou-afil], *s.* Bibliófilo, aficionado a los libros.
bibliopolist [,bɪblɪəʊ'pɒlɪst] [bi-bliou-po-list], *s.* Librero.
bibulous ['bɪbjʊləs] [bi-biu-los], *a.* 1. Poroso, esponjoso. **Bibulous paper**, papel secante, papel de filtro. 2. Bebedor, borrachín.
bicapsular ['bɪkæpsələ[r]] [bi-kap-su-la[r]], *a.* *(Bot.)* Bicápsula, la planta cuya cápsula está dividida en dos partes.
bicarbonate [baɪ'lɑːbənɪt] [bai-kar-bo-neit], *s.* Bicarbonato, sal que contiene doble cantidad de ácido carbónico que el carbonato neutro. **Bicarbonate of soda**, bicarbonato de sodio, o de soda, o de sosa.
bice [baɪs] [bais], *s.* Azul de Armenia.
bicentenary [,baɪsen'tiːnərɪ] [bai-sen-ti-na-ri], **bicentennial** [baɪsen'tenɪəl] [bai-sen-te-nial] *s.* Bicentenario.
bicephalous ['baɪsefələs] [bai-se-fa-los], *a.* Bicéfalo de dos cabezas.
biceps ['baɪseps] [bai-seps], *s.* Biceps.
bichloride [bɪklɔːraɪd] [bi-klo-raid], *s.* *(Quím.)* Bicloruro. Se llama también DI-CHLORID.
bichromate ['bɪkrɒmeɪt] [bi-kro-meit], *s.* *(Quím.)* Bicromato.
bicipital, bicipitous ['baɪsɪpɪtəl] [bai-si-pi-tal], *s.* Bicípite, lo que tiene dos cabezas.
bicker ['bɪkə[r]] [bi-ka[r]], *vn.* 1. Escaramucear, pelear a veces acometiendo y a veces retirándose; reñir, disputar. 2. Correr rápidamente con algún ruido, como un arroyo; chisporrotear; charlar, gorjear como los pájaros. *-va.* Dar o golpear muchas veces.
bicker, *s.* (GB) Vasija de madera para alimento y bebidas.
bickerer ['bɪkərə[r]] [bi-ke-ra[r]], *s.* Escaramuzador, el que pelea haciendo escaramuzas; pendenciero.
bickering ['bɪkərɪŋ] [bi-ke-rin], *s.* Escaramuza; pendencia, riña, disputa, contestación. Peleas, discusiones.

bickern ['bɪkɜːn] [bi-kern], *s.* Pico de bigornia.
bicolor ['bɪkələʳ] [bi-ko-loʳ], *a.* Bicolor, de dos colores.
biconcave ['bɪkənkeɪv] [bi-kon-keiv], *a.* Bicóncavo, de dos caras cóncavas.
biconvex ['bɪkənveks] [bi-kon-veks], *a.* Biconvexo, de dos caras convexas.
bicornous ['bɪkɔːnəs] [bi-kor-nos], *a.* Bicorne, que tiene dos cuernos.
bicorporal ['bɪkɔːpərəl] [bi-kor-po-ral], *a.* Bicorpóreo, de dos cuerpos.
bicuspid [baɪ'kʌspɪd] [bai-kas-pid], *a.* Bicúspide, que tiene dos cúspides. *-s.* La muela inmediata al colmillo.
bicycle ['baɪsɪkl] [bai-si-kol], *s.* Bicicleta, biciclo. **To ride a bicycle**, andar o montar en bicicleta. **Bicycle race**, carrera ciclista o de bicicletas. *vn.* Ir en bicicleta.
bicycling ['baɪsɪklɪŋ] [bai-si-klin], *s.* Ciclismo, arte y práctica de andar en bicicleta.
bicyclist, bicycler ['baɪsɪklɪst] [bsi-si-klist], *s.* Ciclista.
bid [bɪd] [bid], *s.* 1. Postura, el precio o valor que se ofrece en una venta, o almoneda pública. Oferta, puja (at auction). 2. La puja o valor que se ofrece sobre otra puja. 3. Declaración (in bridge). **No bid**, paso. 4. Intento, tentativa (attempt); intentona, conato, intento, tentativa (successful). **An escape bid**, un conato o intentona de fuga. **Their bid for power**, su intento de hacerse con el poder. **He made one last bid for freedom**, hizo un último intento de escapar.
bid, *va.* (*pret.* BADE, BAD o BID; *pp.* BIDDEN o BID). 1. Pedir, rogar, convidar. 2. Mandar, ordenar. 3. Ofrecer, proponer, dar, pujar (at auction). **To bid for something**, pujar por algo. 4. Sobrepujar, exceder. 5. Pronunciar, publicar, declarar (in bridge). **To bid adieu/ farewell**, despedirse. **To bid defiance to**, atreverse con. **To bid somebody welcome**, darle la bienvenida a alguien (wish, say). **To bid somebody to**, pedirle a alguien algo (request).
bidden ['bɪdn] [biden], *pp.* del verbo TO BID. Invitado; comandado.
bidder ['bɪdəʳ] [bidaʳ], *s.* El postor, el que ofrece, propone o puja el precio de alguna cosa. **The highest bidder**, el mejor postor.
bidding ['bɪdɪŋ] [bi-din], *s.* 1. Orden, mandato. 2. Ofrecimiento de precio por alguna cosa, postura. **Who will open the bidding at $1,000?**, ¿quién ofrece 1.000 dólares para empezar? **Bidding was brisk**, la puja estaba muy animada. **They had servants to do their bidding**, tenían criados para lo que se les antojara (wishes). **At his father´s bidding**, a petición de su padre.
bide [baɪd] [baid], *va.* Sufrir, aguantar. *-vn.* Residir, vivir de asiento en alguna parte. **To bide one´s time**, esperar o aguardar el momento oportuno.
bidental [baI'dentl] [bai-den-tal], *a.* Bidentado, que tiene dos dientes.
bidentate [baɪ'denteɪt] [bai-den-teit], *a.* De dos dientes, bidentado.
bidet ['biːdeɪ] [bi-dei], *s.* 1. Bidé, bañadera de asiento para uso de las señoras. 2. Jaca, caballo pequeño.
biding ['baɪdɪŋ] [bai-din], *s.* Residencia, mansión.
biennial [baɪ'enɪəl] [bai-enial], *a.* Bienal, que dura dos años o que sucede cada dos años. *-s.* 1. Planta bienal que produce hojas y raíces el primer año, y flores con fruto el segundo, y enseguida muere. 2. Examen que se verifica una vez cada dos años en los colegios.
bier [bɪəʳ] [biaʳ], *s.* Andas, féretro, el ataúd en que llevan a enterrar los muertos. **On a bier**, en andas.
biff [bɪf] [bif] *s.* *(Coloq,)* Puñetazo. *va.* *(Coloq.)* Pegarle un puñetazo a.
bifarious ['bɪfərɪəs] [bi-fa-rios], *a.* Duplicado; de dos maneras.
bifer [bɪfəʳ] [bi-faʳ], *s.* Planta que produce flores o frutos dos veces al año.
biferous ['bɪfərəs] [bi-fe-ros], *s.* Que da dos cosechas al año.
bifocal ['baɪ'fəʊkəl] [bai-fou-kal], *a.* Bifocal. **Bifocal glasses**, lentes o anteojos bifocales.
bifocals ['baɪ'fəʊkəlz] [bai-fou-kals] *s. pl.* Anteojos o gafas bifocales.
bifold ['baɪfəʊld] [bai-fould], *a.* Doble.
biform ['baɪ'fɔːm] [bai-form], **biformed** ['baɪ'fɔːmd] [bai-formd], *a.* Biforme, que tiene dos formas.
bifurcate ['baɪfəkeɪt] [bai-for-keit], o **bifurcated** ['baɪfəkeɪtɪd] [bai-for-kei-tid], *a.* Bifurcado, que tiene dos cabezas; que está dividido a modo de horca.
bifurcation ['baɪfəkeɪʃən] [bai-for-kei-shon], *s.* División en dos partes, bifurcación.
big [bɪg] [big], *a.* 1. Grande (in size), abultado, espeso, lleno, grueso. **A big garden**, un jardín grande, un gran jardín. **Her big blue eyes**, sus grandes ojos azules. 2. Embarazada. **A woman big with child**, una mujer embarazada. 3. Hinchado, inflado. **To talk big**, echar bravatas, fanfarronadas. **To look big**, entonarse. 4. Grande, noble, generoso, valeroso, magnánimo. **Big bug**, persona de importancia o que cree serlo. **The big bang**, el big bang, la gran explosión. **Big-bellied**, ventrudo, ventroso; preñado. **Big-bodied**, grueso, gordo, repleto. **Big-boned**, huesudo, robusto. **Big business**, el gran capital. **Big cheese**, pez gordo. **Big Dipper**, la Osa Mayor. **Big-corned**, lleno de granos muy gruesos. **Big gun**, pez gordo. **Big-head**, *(Vulg.)* estado de presumido y arrogante. **Big-hearted**, de gran corazón, generoso. **Big-sounding**, altisonante. **Big league**, liga mayor. **Big mouth**, fanfarrón, chismoso, cotilla, hocicón. **Big-name**, de renombre, importante. **Big-swollen**, túmido, hinchado. **Big shot**, pez gordo. **Bigwig**, *s.* *(Vulg.)* Persona de importancia. **She´s really big in Europe**, es muy conocida en Europa. **He´s getting too big for his boots/breeches**, se le han subido los humos a la cabeza. **My big brother**, mi hermano mayor (older, grown up). **A big decision**, una gran decisión, una decisión importante (significant, serious). **I´m a big fan of his**, soy un gran admirador suyo (great). **A big explosion**, una gran explosión (in scale, intensity). *adv.* **To think big**, ser ambicioso, planear las cosas a lo grande (ambitiously). **To make it big**, tener un gran éxito. **Big-screen**, para la pantalla grande (version), de la pantalla grande (actor). **Big-ticket**, caro, costoso. **The big time**, el estrellato. **Big top**, carpa de circo. **Big wheel**, rueda gigante, o de la fortuna, o de Chicago, noria.
bigg, *s.* *(Bot.)* Especie de cebada.
bigamist ['bɪgəmɪst] [bi-ga-mist], *s.* Bígamo, el que tiene dos mujeres a un tiempo.
bigamous ['bɪgəməs] [bi-ga-mos] *a.* Bígamo.
bigamy ['bɪgəmɪ] [bi-ga-mi], *s.* 1. Bigamia, el delito de tener dos mujeres a un tiempo. 2. Bigamia, el estado de ser casado dos veces.
biggin ['bɪgɪn] [bi-guin], *s.* 1. Cafetera. 2. Capillo de niño.
biggish ['bɪgɪʃ] [bi-guish], *a.* Algo grande o grueso.
bighearted ['bɪg'hɑːtɪd] [big-jar-tid], *a.* Generoso, magnánimo, de gran corazón.
bighorn ['bɪghɔːn] [big-jorn], *s.* *(Zool.)* Carnero de grandes cuernos de las Montañas Roqueñas, América del Norte.
bight [baɪt] [bait], *s.* *(Mar.)* 1. Seno de un cabo. 2. Caleta, pequeña ensenada.
bigly [bɪglɪ] [bi-gli], *adv.* Orgullosamente, con orgullo y altivez, extremadamente.
bigness ['bɪgnɪs] [big-nes], *s.* 1. Grandeza, el exceso que tiene alguna cosa sobre lo regular y común. 2. Grandor, espesor, grosor, el tamaño de alguna cosa, sea pequeña o grande.
bigot ['bɪgət] [bi-got], *s.* 1. Intolerante. Fanático, el hombre que sigue un partido u opinión religiosa con preocupación y entusiasmo. 2. Beatón, santurrón, hipócrita, mojigato.
bigoted ['bɪgətɪd] [bi-go-tid], *a.* Ciegamente preocupado a favor de alguna cosa. Intolerante, prejuicioso.
bigotry ['bɪgətrɪ] [bi-go-tri], *s.* 1. Fanatismo, celo indiscreto y excesivo o preocupación en materias religiosas. 2. Hipocresía. Intolerancia.

bijou ['bi:dʒu:] [bi-yu] *a.* (GB) Monísimo.
bike [baɪk] [baik] *(Coloq,)* Bici (bicycle). Moto (motorcycle).
biker ['baɪkəʳ] [bai'kaʳ] *s.* Motociclista, motorista.
bikini [bɪ'ki:nɪ] [bi-ki-ni], *s.* Bikini, brevísimo traje de baño femenino. **Bikini bottom/top**, parte de abajo/arriba del bikini. **Bikini line**, entrepierna, ingle.
bilander [bɪ'ləndəʳ] [bi-lan-daʳ], *s.* Embarcación pequeña de dos palos que se usa para portear géneros.
bilateral [baɪ'lætərəl] [bai-la-te-ral], *a.* Bilateral, de dos lados.
bilberry ['bɪlbərɪ] [bil-be-ri], *s.* Arándano, fruta silvestre; mirtil.
bilbo ['bɪlbə] [bil-bo], *s.* Estoque.
bile [baɪl] [bail], *s.* 1. Bilis. 2. *(Met.)* Cólera, ira, enojo; mal genio (bad temper).
bile-duct [baɪl'dʌkt] [bail-dakt], *s.* Conducto biliar, por donde pasa la bilis.
bilge [bɪldʒ] [bilch], *vn.* *(Mar.)* Hacer agua.
bilge, *s.* *(Mar.)* 1. Pantoque (part of hull). **Bilge-water**, agua de pantoque. **Bilge-pumps**, bombas de carena. 2. Barriga de barril. 3. *(Coloq,)* (GB) Paparruchas.
biliary ['bɪlɪərɪ] [bi-lia-ri], *a.* Biliario, que pertenece a los órganos que secretan la bilis.
bilingual [baɪ'lɪŋgwəl] [bai-lin-gual], *a.* 1. Bilingüe, en dos lenguas. 2. Que habla dos idiomas.
bilious ['bɪlɪəs] [bi-lios], *a.* Bilioso, lo que abunda en bilis. **To feel bilious**, sentirse descompuesto. **Bilious attack**, ataque al/de hígado.
biliousness ['bɪlɪəsnɪs] [bi-lios-nes], *s.* Biliosidad, estado bilioso.
bilk [bɪlk] [bilk], *va.* Engañar, defraudar, pegarla, chasquear, no pagar lo que se debe.
bilk, *s.* 1. Traición, engaño, 2. *(Vulg.)* Engañador, trampista, el que defrauda a sus acreedores.
bill [bɪl] [bil], *s.* 1. Pico de ave. 2. Honcejo o podadera corva. **Bill-hook** *o* **hedging bill**, podadera corva con dos filos. 3. Papel, escrito, billete, cédula. 4. *(Com.)* Cuenta, factura (invoice). **The telephone bill**, la cuenta o el recibo del teléfono. Cuenta, nota, adición (in a restaurant). 5. Billete (banknote), pagaré, letra. **A dollar bill**, un billete de un dólar. **Bill of exchange**, letra de cambio. 6. **Private bill**, proyecto de ley o estatuto, que se presenta al Parlamento de Inglaterra o al Congreso de los Estados Unidos para su aprobación. 7. Cartel, anuncio, (poster), programa (program). **To head/top the bill**, encabezar el reparto. 8. Hacha de armas. **Bill-broker**, corredor de cambios. **Bill of rights**, una de las leyes fundamentales de Inglaterra. **Play-bill**, cartel de teatro. **Bill of lading**, conocimiento de embarque; resguardo de un capitán de buque. **Bill of fare**, lista de los manjares dispuestos para comer. **Bill of health**, patente de sanidad. **Bill of mortality**, lista o relación de los muertos que ha habido en algún distrito en un tiempo determinado. **Bills payable**, letras pagaderas. **Bills receivable**, letras a cobrar. **Bill head**, encabezamiento de factura. **To sell somebody a bill of goods**, darle, pasarle, meterle gato por liebre a alguien.
bill, *vn.* Arrullar, como las palomas cuando se enamoran; acariciar. **To bill and coo**, estar como dos tortolitos. *-va.* 1. Avisar al público o publicar alguna cosa por medio de periódicos, carteles, etc. (advertise) (play, performer). 2. Pasarle la cuenta o la factura a (invoice, charge).
bill of sale [bɪl,ɒf'seɪl] [bil-of-seil], *s.* Escritura de venta. (certificate).
billboard ['bɪlbɔ:d] [bil-bord], *s.* Cartelera, cartel para anuncios. Valla publicitaria.
billet ['bɪlɪt] [bi-lit], *s.* 1. Billete, esquela. 2. Zoquete de leña para chimenea u horno. 3. Boleta.
billet, *va.* Alojar o aposentar soldados.
billet-doux ['bɪleɪ'du:] [bi-lit-du], *s.* Carta o esquela amorosa.
billfold ['bɪlfəʊld] [bil-fould], *s.* Billetera, cartera.
billiard ['bɪlɪəd] [bi-liard] *a.* De billar. **A billiard ball/table**, una bola/mesa de billar.
billiards ['bɪlɪədz] [bi-liards], *s.* Billar, juego a modo del de los trucos. **Billiard ball**, billa, bola de billar. **Billiard cue**, taco. **Billiard-cloth**, paño de billar. **Billiard-pocket**, tronera de billar. **Billiard-table**, mesa de billar.
billing ['bɪlɪŋ] [bi-lin] *s.* Orden de importancia en un reparto.
billion ['bɪlɪən] [bi-lion], *s.* *(Arit.)* 1. Billón, millón de millones. 2. Mil millones, en el sistema de enumeración actual, que es el francés y americano; un millón de millones en el inglés y español.
billionaire [,bɪlɪə'nɛəʳ] [bi-lio-niaʳ], *s.* Billonario, multimillonario.
billionth ['bɪlɪənθ] [bi-lionz], *a.* Billonésimo.
billow ['bɪləʊ] [bi-lou], *s.* Oleada, ola grande.
billow, *vn.* Crecer o hincharse como una ola. **Billow out**, hincharse, inflarse (sail, parachute). **Smoke billowed from the window**, nubes de humo salían de/por la ventana. **Billowing**, hinchado, inflado. **Billowing smoke**, nubes de humo.
billowy ['bɪləʊɪ] [bi-loui], *a.* Hinchado como las olas.
billposter ['bɪl,pəʊstəʳ] [bil-pous-taʳ] (GB) **billsticker** ['bɪlstɪkəʳ] [bil-sti-kaʳ] *s.* Persona que pega carteles.
billy ['bɪlɪ] [bi-li], *s.* Macho cabrío (goat). **Billy can**, cacerola, cazo. **Billy club**, palo corto con extremidad gruesa; cachiporra de agente de policía.
bilobate ['bɪləbeɪt] [bi-lo-beit], *a.* De dos lóbulos; bilobulado.
bilocular [bɪ'ləkju:ləʳ] [bi-lo-kiu-laʳ], *a.* Bilocular, de dos celdillas.
bimana ['bɪmənə] [bi-ma-na], *s.* *(Zool.)* Bimano, el orden más elevado de los mamíferos: es decir, el hombre.
bimbo ['bɪmbəʊ] [bim-bou] *s.* *(Coloq,)* Joven bonita y tonta.
bimetallic ['bɪmɪtælɪk] [bi-me-ta-lik], *a.* Bimetálico, que consiste de dos metales o se refiere a ellos.
bimetallism ['bɪmɪtælɪzm] [bi-me-ta-lisem], *s.* Uso del oro y la plata como dinero, en una razón fija.
bimonthly ['baɪ'mʌnθlɪ] [bai-monzli], *a.* Bimestral (every two months), bimensual, quincenal (twice a month). *adv.* Bimestralmente (every two months), bimensualmente, quincenalmente (twice a month).
bin [bɪn] [bin], *s.* 1. El lugar o sitio donde se guarda pan, vino, carbón o granos. 2. Hucha, arcón, arca. 3. Cubo, tacho, bote, caneca o tobo de la basura (for kitchen refuse, etc.); papelera, papelero, caneca, basurero (litter bin).
binary ['baɪnærɪ] [bai-na-ri], *a.* Binario, doble, el número que consta de dos unidades. **Binary code**, código binario.
binaural ['bɪnərəl] [bi-no-ral], *a.* 1. Para los dos oídos. 2. De dos orejas.
bind [baɪnd] [baind], *va.* 1. Atar, apretar, amarrar con cadenas u otra cosa (tie, fasten). **The ties that bind us**, los lazos que nos unen. 2. Ceñir, envolver, ribetear, galonear. 3. *(Culin.)* Unir, ligar juntar una cosa con otra. 4. Encuadernar, empastar (book). 5. Vendar una herida. 6. Obligar (law), precisar, constreñir, empeñar. 7. Estreñir, desecar. 8. Impedir, embarazar. 9. Poner a uno a servir. **To bind one apprentice**, escriturar a alguno como aprendiz de un oficio. 10. **To bind over**, obligar a comparecer ante el juez. **They were bound over to keep the peace**, quedaron bajo apercibimiento. *-(For.)* Condenar a. *-vn.* 1. Encogerse una cosa poniéndose dura. 2. Astringir, estreñir. 3. Ser obligatorio.
bind s. 1. Tallo o vástago de lúpulo. 2. Aprieto, apuro (difficult situation). **To be in a bind**, estar en un aprieto o apuro, estar metido en un lío. 3. *(Fam.)* Lata, plomo, rollo (nuisance).
binder ['baɪndəʳ] [bain-daʳ], *s.* 1. Encuadernador, el que encuaderna libros. 2. Atadero, lo que sirve para atar alguna cosa. 3. Atador, entre los segadores el que ata los haces en gavillas; en particular, agavilladora, apéndice de una máquina segadora para agavillar las mieses. 4. *(Carp.)* Traviesa, ligazón, amarra. 5. Carpeta (file, folder).
bindery ['baɪndərɪ] [bain-de-ri], *s.* Taller de encuadernación.

binding ['baɪndɪŋ] [bain-din], *s.* 1. Venda, tira, faja, cinta ancha y larga que sirve para atar o ligar cubriendo alguna cosa. **Bindings**, *(Mar.)* herrajes de las vigas. 2. Ribete de costura (tape). 3. Encuadernación. 4. Tapa, cubierta (book cover).

binding, *a.* 1. Obligatorio, lo que obliga, vinculante (law). Que hay que cumplir (promise, commitment) 2. Astringente, lo que estriñe. **Binding screw**, *(Elec.)* Tornillo de conexión.

bindweed ['baɪndwiːd] [baind-uíd] *s.* Convólvulo, correhuela.

binge [bɪndʒ] [bindch] *s. (Coloq,)* **To go on a binge**, irse de juerga o parranda o farra. **She dieted for two weeks and then had a huge binge**, estuvo dos semanas a régimen y después se dio una tremenda comilona. *-vn.* Darse una comilona. **To binge on something**, atiborrarse o hartarse de algo.

bingo ['bɪŋgəʊ] [bin-gou] *s.* Bingo, lotería (de cartones). *interj.* ¡Zas!, ¡sorpresa! (describing sudden effect).

binliner ['bɪnlaɪnə[r]] [bin-lai-na[r]] *s.* Bolsa de la basura.

binnacle ['bɪnəkl] [bi-na-kol], *s. (Mar.)* Bitácora, la caja en que se pone la aguja de marear.

binocle ['bɪnəkl] [bi-na-kol], *s. (Opt.)* Binóculo, anteojo doble de larga vista, gemelo.

binocular [bɪ'nɒkjulə[r]] [bi-no-kiu-la[r]], *a.* Binocular. **Binoculars**, *s. pl.* Gemelos, binóculares, prismáticos, largavistas, anteojos de larga vista.

binomial [baɪ'nəʊmɪəl] [bi-nou-mial], *s. (Alg.)* Raíz binomia, la que consta de dos partes o números.

bio- ['baɪəʊ] [baiou] *pref.* Bio-

biochemical ['baɪəʊ'kemɪkəl] [baiou-ke-mi-kal], *a.* Bioquímico.

biochemist ['baɪəʊ'kemɪst] [baiou-ke-mist] *s.* Bioquímico.

biochemistry ['baɪəʊ'kemɪstrɪ] [baiou-ke-mis-tri]. Bioquímica.

biodegradable [ˌbaɪədɪ'greɪdəbl] [baio-di-grei-da-bol] *a.* Biodegradable, hecho de compuestos que se descomponen por la acción de bacterias.

biodynamics ['baɪəʊ'dɪnæmɪks] [baio-di-na-miks], *s.* Biodinámica.

bioecology ['baɪəʊ'ɪkəlɒdʒɪ] [baio-e-ko-lo-chi], *s.* Bioecología.

biogenesis ['baɪəʊ'dʒenɪsɪs] [baio-ye-ni-sis], *s.* Biogénesis, doctrina de que la vida se produce únicamente por medio de seres vivientes.

biogeny ['baɪəʊ'dʒenɪ] [baio-ye-ni], *s.* Biogenia, la evolución de los organismos o cosas vivientes.

biographer [baɪ'ɒgrəfə[r]] [baiou-gra-fa[r]], *s.* Biógrafo, escritor de vidas.

biographical [baɪ'ɒgrəfɪkl] [baiou-gra-fi-kal] **biographic** [baɪ'ɒgrəfɪk] [baiou-gra-fik] *a.* Biográfico.

biography [baɪ'ɒgrəfɪ] [baiou-gra-fi], *s.* Biografía.

biologic, biological [ˌbaɪə'lɒdʒɪk] [baio-lo-chik], *a.* Biológico, perteneciente a la biología.

biologist [baɪ'ɒlədʒɪst] [baio-lo-chist], *s.* Biólogo.

biology [baɪ'ɒlədʒɪ] [baio-lo-chi], *s.* Biología, ciencia de la vida, o de los organismos vivientes; comprende la zoología y la botánica.

bionic [baɪ'ɒnɪk] [baio-nik] *a.* Biónico.

bionics [baɪ'ɒnɪkz] [baio-niks], *s. (Biol.)* Biónica.

bionomy [baɪ'ɒnəmɪ] [baio-no-mi], *s.* Bionomía, ciencia de las leyes a que obedecen las funciones de los seres vivientes.

biophysical [ˌbaɪəʊ'fɪzɪkl] [baio-fi-si-kal], *a.* Biofísico.

biophysics [ˌbaɪəʊ'fɪzɪks] [baio-fi-siks], *s.* Biofísica.

biopsy ['baɪɒpsɪ] [baiop-si], *s.* Biopsia.

biorhythm ['baɪəʊrɪðəm] [baiou-ri-zem] *s.* Biorritmo.

biosphere [ˌbaɪəˌsfɪə[r]] [baios-fia[r]], *s.* Biosfera.

biotin [baɪə'tɪn] [baio-tin], *s.* Biotina.

biotechnology [ˌbaɪəʊ'tek'nɒlədʒɪ] [baiou-tek-no-lo-yi] *s.* Biotecnología (in industry). Ergonomía (ergonomics).

biparous ['bɪpərəs] [bi-pa-ros], *a.* La hembra que pare dos hijos a un tiempo.

bipartisan [ˌbaɪ'pɑːtɪzæn] [bai-par-ti-san], *a.* Representante de dos partidos políticos.

bipartition [ˌbaɪ'pɑːtɪən] [bai-par-ti-shon], *s.* División en dos pedazos o partes.

bipartite [baɪ'pɑːtaɪt] [bai-par-tait], *a.* Que consta de dos partes correspondientes. Bipartito (bilateral) (contract, treaty).

biped ['baɪped] [bai-ped], *s.* Bípedo, animal de dos pies.

bipedal ['baɪpedl] [bai-pe-dal], *a.* Bípede, que tiene dos pies.

bipennated ['baɪpeneɪtɪd] [bai-pe-nei-tid], *a.* Que tiene dos alas.

bipetalous ['baɪpetələs] [bai-pe-ta-los], *a.* Bipétalo, que tiene dos pétalos.

biplane ['baɪpleɪn] [bai-plein], *s.* Biplano.

bipolar [baɪ'pəʊlə[r]] [bai-pou-la[r]], *a.* Bipolar, que tiene dos polos.

bipyramidal [ˌbaɪpɪ'ræmɪdl] [bai-pi-ra-mi-dal], *a.* Bipiramidal, formado por dos pirámides, unidas por sus bases.

biquadrate ['baɪkwadreɪt] [bai-kua-dreit], **biquadratic** ['baɪkwadreɪtɪk] [bai-kua-drei-tik], *s. (Alg.)* Bicuadrática, la cuarta potencia que proviene de la multiplicación del cuadrado por sí mismo.

birch [bɜːtʃ] [berch], *s.* 1. Abedul, cualquier árbol o arbusto del género Betula, de las cupulíferas. 2. Varilla de abedul para azotar a los niños.

birchen ['bɜːtʃən] [ber-chen], *a.* Abedulino, perteneciente al abedul; hecho de abedul.

bird [bɜːd] [berd], *s.* Ave (large), término general para todo animal de pluma que vuela; pájaro (small). **Bird of passage**, ave de paso. **Bird of prey**, ave de rapiña. **Song bird**, pájaro cantor. **Birds of a feather**, pájaros de una misma pluma, gente de una calaña. **A bird in the hand is worth two in the bush**, más vale pájaro en mano que ciento volando. **A little bird told me**, me lo dijo un pajarito. **The bird has flown**, el pájaro ha volado (set phrase). **He told us about the birds and the bees**, nos contó de dónde venían los niños. **To kill two birds with one stone**, matar dos pájaros de un tiro. **It´s the early bird that catches the worm**, a quien madruga Dios le ayuda. **He´s an odd bird**, es un bicho raro. **Bird of paradise**, ave del Paraíso. **Bird seed**, alpiste.

bird, *vn.* Andar a caza de pájaros.

bird-bolt ['bɜːdˌbɒlt] [berd-bolt], *s.* 1. Saetilla o dardo pequeñito. 2. *V.* BURBOT.

bird-brained ['bɜːdbreɪnd] [berd-brein] *a. (Fam.)* Lelo.

bird-cage ['bɜːdkeɪdʒ] [berd-keich], *s.* Jaula de pájaros.

bird-call ['bɜːdkɔːl] [berd-kol], *s.* Reclamo.

bird-catcher ['bɜːdkɑːtʃə[r]] [berd-ka-cha[r]], **birder** ['bɜːddə[r]] [berda[r]], s. Pajarero, el que caza pájaros.

bird-dog ['bɜːddɒg] [berd-dog] *va.* Controlar, vigilar. *s.* Perro de caza (in hunting). Guardián, guardiana (person).

bird-eyed ['bɜːdaɪd] [berd-aid], *a.* Dotado de ojo vivo como el de los pájaros.

bird-fancier ['bɜːdˌfænsɪə[r]] [berd-fan-siar], *s.* 1. El aficionado a los pájaros. 2. Pajarero, el que se dedica a la cría y venta de pájaros.

birdie ['bɜːdɪ] [ber-di],s. 1. En el juego de golf, golpe menos de par en un agujero. 2. Pajarito (used esp. to or by children).

bird-like ['bɜːdlaɪk] [berd-laik], *a.* Semejante a pájaro.

bird-lime ['bɜːdlaɪm] [berd-laim], *s.* Liga, materia viscosa con la cual, untando unas varillas o espartos, se cazan pájaros; ajonje.

bird-limed ['bɜːdlaɪmd] [berd-laimd], *a. (Fig.)* Cogido como con liga.

bird-man ['bɜːdmən] [berd-man], *a.* Pajarero; dedicado al estudio de las aves.

bird's-eye ['bɜːdzaɪ] [berds-ai], *s. (Bot.)* Ojo de pájaro. **Bird's-eye view**, vista de pájaro. **Bird's-eye diaper**, género moteado (lienzo adamascado). **Bird's-eye maple**, arce moteado. *-a.* 1. Moteado, salpicado de motas que semejan ojos de pájaro. 2. Visto de una ojeada, y desde lo alto, como ven los pájaros.

bird's-foot ['bɜːdzfiːt] [berds-fút], *s.* *(Bot.)* Pie de pájaro, planta del género Ornithopus.
bird´s-nest ['bɜːdznest] [berds-nest], *s.* 1. Nido de ave. 2. *(Bof.)* Planta.
bird watcher ['bɜːdwɒtʃəʳ] [berd-uo-chaʳ] *s.* Observador de aves. **Bird watching**, observación de las aves (como hobby).
birgander ['bɜːgændəʳ] [ber-gan-daʳ], *s.* *(Orn.)* Ganso silvestre.
Biro ['baɪrəʊ] [bai-rou] *s.* (GB) Bolígrafo, lápiz de pasta, boli.
birr [bɪr] [bir], *s.* Zumbido, ruido continuado, como el que hace el torno al hilar.
birr, *vn.* Zumbar, moverse con ruido continuado y bronco.
birt [bɪrt] [birt], *s.* *V.* TURBOT.
birth [bɜːθ] [berz], *s.* 1. Nacimiento, el acto de nacer. 2. Nacimiento, alcurnia, el origen y descendencia de alguna persona en orden a su calidad. **He is a gentleman by birth**, es caballero de nacimiento. Parto, el feto que ha nacido. 4. Parto, la acción o acto de parir (childbirth). **To give birth**, dar a luz, parir. **At birth**, al nacer. 5. Camada. 6. Causa, principio. **To give birth to something**, dar origen a algo. **A new birth**, renacimiento, regeneración. **Birth certificate**, partida, acta, certificado de nacimiento. **Date of birth**, fecha de nacimiento. **Birth right**, derecho de nacimiento; primogenitura (of the eldest child).
birth control ['bɜːθkən'trəʊl] [berz-kon-troul], *s.* Control de natalidad.
birthday ['bɜːθdeɪ] [berzdei], *s.* Cumpleaños, el aniversario del día en que alguno ha nacido. Cumpleaños (of person), aniversario (of institution). **Birthday present**, cuelga, regalo. **Happy birthday!**, ¡feliz cumpleaños! De cumpleaños (cake, card, party). **The boy/girl birthday**, el (niño), la (niña) del cumpleaños, el cumpleañero, la cumpleañera. **In one´s birthday suit**, tal como Dios lo trajo al mundo, tal como vino al mundo, en traje de Adán/Eva.
birthdom ['bɜːθdɒm] [berz-dom], *s.* Derechos de nacimiento, los privilegios que corresponden a uno por su nacimiento.
birth-mark ['bɜːθmɑːk] [berz-mark], *s.* Marca o señal corporal de nacimiento, antojo.
birthnight ['bɜːθnaɪt] [berz-nait], *s.* La noche en que alguno nace.
birthplace ['bɜːθpleɪs] [berz-pleis], *s.* Suelo nativo, el paraje donde uno nace. Lugar de nacimiento (of person); cuna (of movement, fashion, idea).
birth rate ['bɜːθreɪt] [berz-reit], *s.* Natalidad (índice o tasa).
birthright ['bɜːθraɪt] [berz-rait], *s.* 1. Derechos de nacimiento, los privilegios que corresponden a uno por su nacimiento. 2. Primogenitura, la prerrogativa del primogénito. 3. Mayorazgo.
birthwort ['bɜːθwɔːt] [berz-uort], *s.* *(Bot.)* Aristoloquia.
bis-. Prefijo latino que equivale a dos veces.
Biscay ['bɪskeɪ] [bis-kei] *N.* *(Geogr.)* **The Bay of Biscay**, el Golfo de Vizcaya.
Biscayan ['bɪskeɪən] [bis-keian], *a.* Vizcaíno, de Vizcaya.
biscuit ['bɪskɪt] [bis-kit], *s.* 1. Galleta o bizcocho, pan que se cuece una segunda vez para que dure por mucho tiempo. Galleta, galletita (cracker). 2. Bizcocho, masa compuesta de la flor de harina, almendras y azúcar. 3. Porcelana cocida antes de ser vidriada. **To take the biscuit**, ser el colmo o el acabóse, llevarse la palma (person).
bise. *V.* BICE.
bisect [baɪ'sekt] [bai-sekt], *va.* Dividir en dos partes iguales. Bisecar.
bisection [baɪ'sekʃən] [bai-sek-shon], *s.* Bisección, la división de alguna cantidad en dos partes iguales.
bisector [baɪ'sektəʳ] [bai-sek-toʳ], *s.* Bisector, bisectriz.
bisexual ['baɪ'seksjʊəl] [bai-seksiual], *a./s.* *(Bot.)* De dos órganos; flor que tiene estambres y pistilos.
bishop ['bɪʃəp] [bi-shop], *s.* 1. *(Rel.)* Obispo, prelado. 2. Alfil, pieza de juego de ajedrez (in chess). 3. Bebida compuesta de vino, azúcar y zumo de naranjas. **Bishop's lawn**, linón, batista; especie de tela muy fina.
bishop, *va.* Confirmar o administrar la confirmación.
bishop-like ['bɪʃəplaɪk] [bi-shop-laik], **bishoply** ['bɪʃəplɪ] [bi-sho-pli], *a.* Episcopal, lo que es propio de un obispo o pertenece a él.
bishopric ['bɪʃəprɪk] [bi-sho-prik], *s.* Obispado, el territorio o distrito asignado a cada obispo; diócesis.
bishopsweed ['bɪʃəpswiːd] [bi-shop-suíd], **bishopswort** ['bɪʃəpswɔːt] [bi-shop-suort], *s.* *(Bot.)* Amijistro.
bisk [bɪsk] [bisk], *s.* Sopa o caldo; guisado a modo de pepitoria.
bismuth ['bɪzməθ] [bis-maz], *s.* Bismuto, metal de color blanco rojizo. **Magistery of bismuth** *o* **pearl white**, el nitrato de bismuto.
bison ['baɪsən] [bai-son], *s.* Bisonte, o búfalo de la América del Norte, muy parecido al toro : raza casi extinguida.
bisque [bɪsk] [bisk], *s.* Porcelana blanca no vidriada. (De BISCUIT, 3ª acep.)
bissextile [baɪ'sekstaɪl] [bai-seks-tail], *s.* y *a.* Bisiesto.
bister o **bialre** ['bɪstəʳ] [bis-taʳ], *s.* Tinta de China: hollín desleído.
bistort ['bɪstɔːt] [bis-tort], *s.* *(Bot.)* Bistorta, dragoncia o dragúnculo.
bistoury ['bɪstərɪ] [bis-to-ri], *s.* Bisturí.
bisulcous ['bɪsʌlkəs] [bi-sal-kous], *a.* Partihendido, bisulco.
bisulphate ['bɪsʌlfeɪt] [bi-sal-feit], *s.* Bisulfato.
bit [bɪt] [bit], *s.* 1. Bocado. **Tit-bit**, trozo delicado. 2. Pedacito, pedazo pequeño de alguna cosa, trozo (fragment, scrap). **In tiny bits**, en trocitos o pedacitos. **Bits and pieces**, cosas (assorted items), bártulos (belongings), pedazos (broken fragments). **A bit of**, un poco de (some, little). **A bit of peace**, un poco de paz. **We had a bit of difficulty finding a hotel**, nos resultó algo difícil encontrar un hotel. **We had a bit of an argument**, tuvimos una pequeña discusión. **She´s a bit of an expert**, es casi una experta. **A bit** (as an adverb). Un poco (somewhat). **a bit faster**, un poco más rápido. **The town has changed a bit**, la ciudad ha cambiado algo/un poco. **Were you worried?- Not a bit**, ¿estabas preocupado?- en absoluto. **Two bits**, veinticinco centavos de dólar. **I don´t care/give two bits what she thinks**, me importa un bledo/un comino lo que piense. **A 50p bit**, una moneda de 50 peniques. 3. Barrena de berbiquí. 4. Freno, brida. **Bit of a bridle**, bocado del freno. **Bit of a key**, paletón de llave. **Bit of an auger**, gusanillo de taladro. **Bit of a cable**, *(Mar.)* bitadura del cable. **Bits**, *(Mar.)* *V.* BITTS. **Not a bit**, nada, ni miaja. **Extension** o **expansion bit**, *(Mec.)* barrena de extensión. **Taper-bit**, alisador cónico. **Bit by bit**, poco a poco. **I´m every bit as disappointed as you**, estoy tan decepcionado como tú. **He was champing at the bit**, lo consumía la impaciencia, estaba que no se podía aguantar. **She has the bit between her teeth**, está que no la para nadie. *(Comp.)* Bit. **1bit**, *va.* 1. Enfrenar, echar el freno al caballo. 2. *(Mar.)* Tomar la bitadura con el cable, bitar.
bit, *pret.* y *pp.* del verbo TO BITE.
bitch [bɪtʃ] [bich], *sf.* 1. Perra, la hembra del perro. 2. *(Vulg.)* Zorra, nombre contumelioso que se da a las mujeres perdidas (spiteful woman). (Ame) *(vulg.)*, (GB) *(sl.)* Puta, *(vulg.)* bruja, *(Fam.)* arpía. Lata, coñazo, chingadera (difficult, unpleasant thing). *(Fam.)* **To have a malicious bitch**, chismear de lo lindo (malicious talk). *(Coloq,)* Queja (complaint).
bitch, *vn.* *(Coloq,)* Quejarse, refunfuñar (complain). **To bitch about something/somebody**, quejarse de algo/alguien. *(Fam.)* (GB) Chismear (talk maliciously). **To bitch about something/somebody**, hablar pestes de algo/alguien.
bitchy ['bɪtʃɪ] [bi-chi] *a.* *(Coloq,)* Malicioso, rencoroso, de mala leche (remark).

bite [baɪt] [bait], *va/vn.* (*pret.* BIT, *pp.* BITTEN o BIT). 1. Morder, asir con los dientes haciendo presa con ellos, o cortando y despedazando alguna cosa; roer (person, dog). **To bite one´s nails**, morderse/comerse las uñas. **The dog bit his finger off**, el perro le arrancó el dedo de un mordisco. **To bite off more than one can chew**, tratar de abarcar más de lo que se puede. **Once bitten, twice shy**, el gato escaldado del agua fría huye. **To bite the dust**, morder el polvo, morir, caer vencido. **To bite the bait**, picar el anzuelo. 2. Punzar, picar (bug). **This mustard bites my tongue**, esta mostaza me quema la boca. 3. Murmurar o satirizar, hiriendo la fama de alguno. 4. Engañar, clavar, defraudar. **To bite into something**, darle un mordisco a algo, hincarle el diente a algo. **To bite on something**, morder algo. **He bit back his words**, se mordió la lengua, fue a decir algo pero se contuvo.

bite, *s.* 1. Mordedura (act), tarascada (fierce), la acción de morder. **Take a bite of this,** prueba esto. **To have/get two bites at the cherry**, tener una segunda oportunidad. 2. Mordedura, la acción de picar el pez el cebo del anzuelo. 3. Bocado. 4. Engaño. 5. *(Ger.)* Engañador, impostor, ladrón, ratero. 6. Picadura (wound from insect). Mordedura (dog, snake). 7. Bocado (snack). **To have a snack (to eat)**, comer un bocado, comer algo. 8. Lo fuerte (of flavor). Mordacidad (sharpness).

biter ['baɪtəʳ] [baitaʳ], *s.* 1. Mordedor, el que muerde. 2. Pez que muerde o pica el cebo. 3. Engañador, impostor.

biting ['baɪtɪŋ] [bai-tin], *s.* 1. Mordimiento, mordedura, tarascada. 2. El acto de dañar a uno censurándoles. Mordaz (sarcasm, criticism); picante. Cortante, penetrante (wind).

bitingly ['baɪtɪŋlɪ] [bai-tin-li], *adv.* Mordazmente, con mofa; satíricamente.

bit part *s.* Papel pequeño.

bitt [bɪt] [bit], *s. V.* BITTS.

bitten [bɪtn] [bi-ten], *pp.* del verbo TO BITE.

bitter ['bɪtəʳ] [bi-taʳ], *a.* 1. Amargo (in taste), áspero, lo que tiene amargor o gusto desapacible. 2. Amargo, cruel, severo. Glacial, muy frío (weather). Cortante, penetrante (wind, frost). **It´s bitter**, hace un frío glacial. 3. Calamitoso, miserable. Resentido, amargo (person). 4. Mordaz, satírico, rudo. 5. Penoso, desagradable. **Bitter words**, palabras mayores, frases picantes, insultos. -s. Alguna cosa amarga. **To taste bitter**, ser de gusto amargo. **A bitter criticism**, o **critique**, una crítica amarga, severa, mordaz. **Bitter enmity**, odio encarnizado. **Bitter cold,** frío picante. **Bitters**, licor en cuya composición entran diversa plantas y raíces amargas. Tipo de cerveza ligeramente amarga. **They fought on to the bitter end**, lucharon valientemente hasta el final.

bitterish ['bɪtərɪʃ] [bi-te-rish], *a.* Amargoso. ligeramente amargo.

bitterly ['bɪtəlɪ] [bi-ter-li], *adv.* 1. Amargamente, con amargura o sabor amargo. 2. Con angustia o pena. 3. Agriamente, severamente. **It was bitterly cold**, hacía un frío glacial.

bittern ['bɪtɜːn] [bi-tern], *s.* 1. *(Orn.)* Alcaraván o bitor, especie de garza. 2. Agua madre de sal que contiene sulfato de magnesia.

bitterness ['bɪtɜːnɪs] [bi-ter-nes], *s.* 1. Amargor o amargura, sabor o gusto amargo (of taste). 2. Odio, rencor, tirria, ojeriza, mala voluntad. 3. Severidad, dureza de genio. 4. Mordacidad lenguaje que zahiere. 5. Pena, dolor, angustia, amargura (of disappointment), resentimiento (of person).

bitters ['bɪtəz] [bi-ters], *V.* BITTER, ad finem.

bittersweet ['bɪtəswiːt] [bi-ter-suít], *s.* Dulcamara, planta de las solanáceas. Agridulce; amargo (chocolate).

bitterwort ['bɪtəwɔːt] [bi-ter-uort], *s. (Bot.)* Genciana, una planta.

bitts [bɪtz] [bits], *s. pl. (Mar.)* Bitas, barraganetes, dos pedazos de vigas alrededor de los cuales se asegura el cable cuando se ha aferrado el áncora. **Lining of the bitts**, forro de las bitas. **Pawl bitts**, bitas del linguete. **Top-sail bitts**, abitones.

bitumen ['bɪtjʊmɪn] [bi-tiu-min], *s.* Betún, materia combustible, algo semejante a las resinas.

bituminize ['bɪtjʊmɪnaɪz] [bi-tiu-mi-nais], *va.* Embetunar, cubrir o impregnar de betún.

bituminous ['bɪtjʊmɪnəs] [bi-tiu-mi-nos], *a.* Bituminoso, que contiene betún o participa de él.

bivalence, **bivalency** ['baɪ'veɪləns] [bai-vei-lans], *s.* Equivalencia de dos en los compuestos químicos.

bivalent ['baɪ'veɪlənt] [bai-vei-lant], *a. (QUIM.)* Que tiene el valer o poder de dos, en sus combinaciones.

bivalve ['baɪvælv] [bai-valv], **bivalvular** ['baɪvælvjʊləʳ] [bai-val-viu-laʳ], *a.* 1. Bivalvo, de dos conchas, que tiene dos conchas, como las ostras, etc. 2. *(Bot.)* Vaina de dos ventanas.

bivouac ['bɪvʊæk] [bi-vuak], *s. (Mil.)* Vivac o vivaque, guardia extraordinaria que se hace de noche para la seguridad de un campo, de una plaza o de un puesto militar. Campamento.

bivouac, *vn. (Mil.)* Vivaquear, pasar la noche al sereno o a campo raso.

biweekly ['baɪ'wiːklɪ] [bai-uí-kli], *a.* Quincenal, cada dos semanas. Bisemanal (twice a week) *-adv.* Quincenalmente, cada dos semanas (every two weeks). Bisemanalmente, dos veces por semana (twice a week). *-s.* Publicación quincenal.

bizarre [bɪ'zɑːʳ] [bi-zaʳ], *a.* Raro, caprichoso. Extraño (story, coincidence). Estrambótico, estrafalario (appearance, behavior).

blab [blæb] [blab], *va.* Parlar, revelar, decir o divulgar lo que se debía callar. Descubrir el pastel (reveal secrets). Parlotear (prattle). *-vn.* Chismear.

blab, **blabber** ['blæbəʳ] [bla-baʳ], *s.* Chismoso, el que se emplea en traer y llevar chismes. Hablador. **Blabbermouth**, bocazas.

blabbing ['blæbɪŋ] [bla-bin], *s.* Habladuría.

black [blæk] [blak], *va.* Dar de negro. *(Fig.)* Denigrar, deshonrar. **To black somebody´s eye**, ponerle el ojo morado a alguien (bruise). Boicotear (boycott). **Black out**, perder el conocimiento (lose consciousness). *V.* BLACKEN.

black, *s.* 1. Negro, el efecto producido en la vista por la falta de luz. 2. Luto. 3. Negro, el etíope. **Bone-black**, negro animal. **Ivory black**, negro de marfil (marfil carbonizado). **Lampblack** negro de humo. **Black and blue**, cardenal, contusión. **To be in the black**, no estar en números rojos (freedom from debt). **It´s here in black and white**, aquí está escrito bien claro. **She sees things in black and white**, para ella no hay términos medios. **Black-and-white**, en blanco y negro.

black, *a.* 1. Negro, obscuro (dress, hair, drink, sky)) **Black cloud**, nubarrón, nube negra. . 2. Ceñudo, tétrico, grave y melancólico. 3. Horrible, malvado, atroz. 4. Triste, funesto. 5. Negro, sucísimo (dirty). 6. Negro, solo, tinto, puro, sin leche (coffee). **Black and blue**, lívido, amoratado. **To look black at**, mirar de través, con ceño. **The black economy**, la economía informal/paralela, la economía sumergida. **Things were looking pretty black**, las cosas tomaban mal cariz o se estaban poniendo feas (sad, hopeless).

blackamoor ['blækəmʊəʳ] [blak-a-muaʳ], *s.* Negro, el etíope.

black art ['blækɑːt] [blak-art], *s.* Nigromancia, magia negra.

blackball ['blækbɔːl] [blak-bol], *s.* Bola negra para votar.

blackball, *va.* Echar o dar bola negra; votar en contra.

black bear ['blækbɛəʳ] [blak-baʳ] *s.* Oso negro americano.

black belt ['blækbelt] [blak-belt] *s.* Cinturón negro, cinta negra.

blackberry ['blækberɪ] [blak-be-ri], *s.* 1. *(Bot.)* Zarza, mata espinosa. 2. Zarzamora, el fruto de la zarza. **To go blackberrying**, ir a recoger moras.

blackbird ['blækbɜːd] [blak-berd], *s. (Orn.)* Mirlo o merla. Totí.

blackboard ['blækbɔːd] [blak-bord], *s.* Pizarra, encerado de las escuelas, pizarrón, tablero.

black box ['blækbɒks] [blak-boks] *s. (Aer.)* Caja negra.

black-browed ['blækbaʊd] [blak-braud], *s.* Cejinegro; triste, tenebroso.
black-cap ['blækkæp] [blak-cap], *s.* 1. El que lleva una gorra negra. 2. Alondra, silvia, de cabeza negra. 3. Frambueso negro y su fruta. 4. Enea, espadaña común.
black cattle ['blækkætl] [blak-ka-tel], *s.* Ganado vacuno.
black-cock ['blækkɒk] [blak-kok], *s.* Gallo silvestre.
black currant ['blækkʌrənt] [blak-ka-rent], *s.* Grosella negra.
black death ['blækdeθ] [blak-dez] *s.* La peste negra.
black draught ['blækdrɔːt] [blak-drot], *s.* Infusión de sen.
blacken ['blækən] [blaken], *va.* 1. Dar de negro o teñir de negro. 2. Tildar, obscurecer o difamar. **To blacken one's character**, denigrar, quitar a uno la estimación. 3. Negrecer o ennegrecer.
blackener ['blækənəʳ] [bla-ke-naʳ], *s.* Ennegrecedor, el que ennegrece alguna cosa; denigrador.
black eye ['blækaɪ] [blak-ai] *s.* Ojo morado, ojo a la funerala, ojo en compota, ojo en tinta (bruise). **To give somebody a black eye**, ponerle un ojo morado (o a la funerala, etc.) a alguien. Mala fama (bad reputation).
black-eyed ['blækaɪd] [blak-aid], *a.* Ojinegro.
black-faced ['blækfeɪst] [blak-feist], **black-visaged** ['blækvɪseɪdʒ] [blak-vi-seich], *a.* Carinegro, moreno.
black flag ['blækflæg] [blak-flag], *s.* Bandera negra, pabellón pirata.
Black Forest *s.* **The Black Forest**, la Selva Negra.
black friars ['blækfrɪəz] [blak-friars], *s.* 1. Frailes negros, apodo dado a los domicanos.
blackguard ['blækgɑːd] [blak-gard], *s.* *(Faro.)* Pillastrón, pelagatos, galopo, tunante, pillo. Villano (dated). Canalla.
black-haired ['blækhɛəd] [blak-jead], *a.* Pelinegro.
blackhead ['blækhed] [blak-jed], *s.* Espinilla, punto negro, comedón.
black hole ['blækhəʊl] [blak-joul], *s.* Agujero negro.
black ice ['blækaɪz] [blak-ais], *s.* Capa fina de hielo en las carreteras.
blacking ['blækɪŋ] [bla-kin], *s.* Betún, unto o lustre de zapatos; bola.
blackish ['blækɪʃ] [bla-kish], *a.* Negruzco, lo que tira a negro.
black-jack ['blækdʒæk] [blak-yak], *s.* 1. Pequeño roble. 2. *V.* BLENDE. 3. Pabellón pirata. 4. Cachiporra pequeña. 5. Jarro o escudilla charolada que era antiguamente de piel
black-lead ['blækliːd] [blak-lid], *s.* Lápiz-plomo, mineral que se usa para lapiceros; es el grafito de los mineralogistas.
blackleg ['blækleg] [blak-leg], *s.* 1. Petardista, fullero, tramposo. 2. Enfermedad pestilente del ganado vacuno; morriña negra. 3. Esquirol (strikebreaker).
black-letter ['blækletəʳ] [blak-le-taʳ], *s.* Letra gótica antigua de imprenta; impresión en caracteres góticos: p.ej., Esta línea está en black-letter.
black list ['blæklɪst] [blak-list], *s.* Lista negra. *va.* Poner en la lista negra.
blackly ['blæklɪ] [blak-li], *adv.* Atrozmente.
blackmail ['blækmeɪl] [blak-meil], *s.* Chantaje, extorsión de dinero amenazando con escándalo, denuncia o censura. *-va.* Chantajear, amenazar con chantaje.
blackmailer ['blækmeɪləʳ] [blak-mei-laʳ], *s.* Chantajista, persona que practica el chantaje.
Black Maria ['blækmərɪə] [blak-ma-ria] *s.* Coche o furgón celular, cuca, jaula, julia.
black mark ['blækmɑːk] [blak-mark], *s.* Punto en contra.
black market ['blækmɑːkɪt] [blak-mar-ket], *s.* Mercado negro.
black-mouthed ['blækmaʊθɪð] [blak-mau-zid], *a.* Grosero, vil, bajo, el que usa de un lenguaje indecente.
blackness ['blæknɪʃ] [blak-nes], *s.* 1. Negrura color negro. 2. Oscuridad.
blackout ['blækaʊt] [blak-aut], *s.* Oscurecimiento. *(Mex.)* Apagón (power failure). **A news blackout**, un bloqueo informativo (embargo). Desvanecimiento, desmayo (loss of consciousness). **To have a blackout**, tener o sufrir un desvanecimiento. Oscurecimiento de la ciudad para que ésta no sea visible desde los aviones (in wartime).
black-pudding ['blækpʊdɪŋ] [blak-pu-din], *s.* Morcilla.
Black Sea *s.* El Mar Negro.
black-sheep ['blækʃiːp] [blak-ship], *s.* Oveja sarnosa. *(Met.)* El peor entre todos, el malo entre los buenos.
blacksmith ['blæksmɪθ] [blak-smiz], *s.* Herrero.
blacksonake ['blæksɒneɪk] [blak-so-neik], *s.* 1. Cierta clase de serpiente negra o negruzca. 2. Azote pesado, flexible, hecho de cuero acordonado.
blackthorn ['blækθɔːn] [blak-zorn], *s.* Endrino, el árbol que lleva las endrinas.
black tie ['blæktaɪ] [blak-tai], *s.* Traje de etiqueta, smoking, esmoquin (on invitation).
blacktop ['blæktɒp] [blak-top] *s.* Asfalto (material); pista (surface). *va.* Asfaltar, pavimentar.
black vomit ['blækvəmɪt] [blak-vo-mit], *s.* Vómito negro, de la fiebre amarilla.
blackwell hall ['blækwelhɔːl] [blak-uel-jol], *s.* Sala donde se vende paño o telas de lana. **Blackwell-hall factor**, factor o agente de los fabricantes de lana.
black widow ['blæk'wɪdəʊ] [blak-ui-dou], *s.* Viuda negra.
blad [blæd] [blad], *va.* *(Esco.)* Herir, dar: dar una bofetada, golpear; de aquí, maltratar.
blad, *s.* 1. Pedazo o porción grande. 2. Teleta, papel secante. 3. Manotada, golpe dado con la mano.
bladder ['blædəʳ] [bla-daʳ], *s.* 1. Vejiga, bolsa muscular y membranosa que sirve de receptáculo a la orina. 2. Vejiga, ampolla. **Bladder-senna**, *(Bot.)* Espantalobos.
bladdered ['blædəd] [bla-de-red], *a.* Hinchado como vejiga.
bladderwort [blædəwɔːt] [bla-der-uort], *s.* Utricularia, planta acuática.
blade [bleɪd] [bleid], *s.* 1. La punta tierna del grano antes de granar. 2. Hoja, la parte cortante de algún arma o instrumento (of knife, razor). 3. Pala de remo. 4. Jaquetón, el valentón y guapo. **Cunning blade**, zorrastrón. **Old blade**, viejo muy experto y marrullero. **Stout blade**, bravo, valiente. **Blade of a propeller**, ala o paleta de la hélice. **Blade of grass**, tallo de hierba.
blade-bone ['bleɪdbəʊn] [bleid-boun], *s.* Escápula, espaldilla u omoplato.
bladed ['bleɪdɪd] [blei-did], *a.* Entallecido, lo que tiene tallos.
bladesmith ['bleɪdsmɪθ] [bleids-miz], *s.* Espadero, fabricante de espadas.
blah [blɑː] [bla] *s.* *(Coloq,)* Pamplinas (nonsense). *interj.* **blah, blah, blah**, bla, bla, bla, etcétera, etcétera. **To have the blahs**, estar con la depre. *a.* *(Fam.)* Pesado, plomizo.
blamable ['bleɪməbl] [blei-ma-bol], *a.* Culpable, digno de culpa, vituperable.
blamableness ['bleɪməblnɪs] [blei-ma-bol-nes], *s.* Culpabilidad.
blame [bleɪm] [bleim], *va.* Culpar, echar la culpa; condenar, vituperar, reprender; censurar; tachar. **Don´t blame me**, no me eches la culpa a mí, no me culpes a mí. **To blame somebody for something**, culpar a alguien de algo, echarle la culpa de algo a alguien. **She blames herself for the accident**, se siente culpable del accidente. **To be to blame for something**, tener la culpa de algo. **No one´s to blame**, no es culpa de nadie. **I´m not having any more to do with him- I don´t blame you**, no quiero saber nada más de él y con toda la razón (disagree, criticize). **You can´t blame me for getting upset**, es normal que me molestara ¿no?
blame, *s.* 1. Culpa, vituperación, imputación de algún delito o defecto, reprobación, censura. 2. Culpa, delito (responsibility). **It´s always me that gets the blame**, siempre me echan la culpa a mí. **To take the blame for something**, asumir la responsabilidad de algo.
blameful ['bleɪmfʊl] [bleim-ful], *a.* Reo, culpable.
blameless ['bleɪmlɪs] [bleim-les], *a.* Inocente, el que está libre de culpa, irreprensible, puro (guiltless). Intachable, sin tacha (irreproachable).

blamelessly ['bleɪmlɪslɪ] [bleim-les-li], *adv.* Inocentemente, sin culpa.

blamelesness ['bleɪmlɪsnɪs] [bleim-les-nes], *s.* Inocencia, carencia de culpa.

blamer ['bleɪməʳ] [blei-maʳ], *s.* Reprensor, censurador.

blameworthy ['bleɪmwɜːθɪ] [bleim-uer-zi], *a.* Culpable (person). Censurable (act).

blameworthiness ['bleɪmwɜːθɪnɪs] [bleim-uer-zi-nes], *s.* Culpabilidad.

blanch [blɑːntʃ] [blanch], *va.* 1. Blanquear, poner blanca alguna cosa. *(Culin.)* Escaldar, blanquear. 2. Pelar, mondar, quitar la cascarilla. 3. Dejar o pasar en blanco. 4. Eludir, paliar, colorear, cohonestar. *-vn.* Blanquear, ponerse blanco, perder el color; palidecer (person). **He blanched at the sight of the body**, palideció al ver el cadáver.

blanch, *s.* Mineral de plomo incrustado en la roca.

blancher ['blɑːntʃəʳ] [blan-chaʳ], *s.* Blanqueador, el que blanquea

blanching ['blɑːntʃɪŋ] [blan-chin], *s.* Blanquición, la operación de blanquear la moneda, blanqueo. **Blanching liquor,** agua de blanquear, solución de cloruro de cal.

blanc-mange [blə'mɒnʒ] [bla-manch], *s.* Manjar blanco, compuesto de gelatina, musgo marino u otra sustancia viscosa, fécula de maíz, leche, azúcar, etc.

bland [blænd] [bland], *a.* Blando, suave, dulce (mild; diet, food). Soso, insípido, desabrido (food, taste). Soso, insulso, desabrido (colors, music). Anodino, que no dice nada (statement, reply). Insulso (smile, manner).

blandation ['blændeɪʃən] [blan-dei-shon], *s.* Blandura, lisonja, caricia.

blandiloquence ['blændɪləkwens] [blan-di-lo-kuens], *s.* Agasajo; blandura; lenguaje lisonjero, cumplimiento, lisonja.

blandish ['blændɪʃ] [blan-dish], *va.* 1. Ablandar, suavizar. 2. Engatusar, acariciar, halagar, lisonjear.

blandisher ['blændɪʃəʳ] [blan-di-shaʳ], *s.* Halagador, lisonjero.

blandishing ['blændɪʃɪŋ] [blan-di-shin], *s.* Blandura, caricia. *V.* BLANDISHMENT.

blandishment ['blændɪʃmənt] [blan-dish-ment], *s.* Halago, requiebro, caricia, agasajo, demostración afectuosa, sea de palabra o de obra, lisonjas (flatteries). Incentivos (inducements).

blandly ['blændlɪ] [blan-dli] *adv.* De manera insulsa (smile).

blank [blæŋk] [blank], *a.* 1. Blanco. 2. En blanco, no escrito (page, space) (empty); virgen (tape). **The screen went blank**, se fue la imagen de la pantalla. **My mind went blank**, me quedé en blanco. **A blank expression**, un rostro carente de expresión (lifeless). **He stared at me in blank amazement**, me miró perplejo. 3. *(Poet.)* Suelto o sin rima, hablando de verdad. 4. Confuso, turbado, desconcertado, pálido. Rotundo , tajante (uncompromising) (refusal, rejection). *(Mil.)* De fogueo (ammunition). **Blank out**, borrar. *-s.* 1. Blanco, espacio, hueco. 2. Suerte o cédula de la lotería que no gana nada. 3. Papel en blanco. 4. Blanco, la señal fija y determinada a que se tira. 5. Pedazo de plata u oro destinado a la acuñación. 6. Carta blanca, el naipe sin figura. **Blank cards**, tarjetas. **Blank-book**, libro en blanco. **Blank cartridge**, cartucho sin bala. **To draw a blank**, no obtener ningún resultado. *(Mil.)* Cartucho de fogueo.

blank, *va.* 1. Perturbar, confundir. 2. Anular, cancelar, borrar.

blank check ['blæŋktʃek] [blank-chek], (GB) **cheque** *s.* Cheque en blanco. **To give somebody a blank check**, dar a alguien carta blanca.

blanket ['blæŋkɪt] [blan-ket], *s.* 1. Manta, cubierta de lana para la cama y otros usos; cobertor, colcha o cobertura. *(Mex.)* cobija. **A blanket of snow**, un manto de nieve. 2. Mantilla, envoltura de las criaturas. 3. Mantilla, el cordelate que se pone en las imprentas entre el tímpano y timpanillo. *a.* Global (measure).

blanket, *va.* 1. Cubrir con manta. 2. Mantear, levantar en el aire a alguna persona poniéndola en una manta.

blanketing ['blæŋkɪtɪŋ] [blan-ke-tin], *s.* Manteamiento, el acto de mantear.

blankly ['blæŋklɪ] [blan-kli], *adv.* En blanco. **To look at somebody blankly**, mirar a alguien sin comprender.

blankness ['blæŋknɪs] [blank-nes]. 1. Blanco, hueco. 2. Turbación, confusión. **Blank verse** *s.* Verso blanco.

blare [blɛəʳ] [blaʳ], *s.* Ruido, fragor; sonido como de trompeta. Estridencia, estruendo. *vn.* Atronar. **Blaring horns**, bocinas atronadoras. **The radio was blaring out music**, la radio emitía música retumbante. **To blare out an order**, dar una orden a gritos. Resonar, bramar (voice).

blarney ['blɑːnɪ] [blar-ni], *s.* Lenguaje adulador, zalamería, caricia mentida, labia, coba.

blasé ['blɑːzeɪ] [bla-sei], *a.* Hastiado de placeres o disipación. *(Gal.)*. Disciplente (manner, remark). **You sound very blasé about your exams**, no parecen preocuparte mucho tus exámenes.

blaspheme [blæs'fiːm] [blas-fim], *va.* 1. Blasfemar, hablar con impiedad de Dios y de todo lo sagrado. 2. Hablar mal de alguna persona. *-vn.* Decir blasfemias, jurar.

blasphemer [blæs'fiːməʳ] [blas-fi-maʳ], *s.* Blasfemo, blasfemador.

blaspheming [blæs'fiːmɪŋ] [blas-fi-min], *s.* Blasfemia, la acción de blasfemar.

blasphemous [blæs'fiːməs] [blas-fi-mos], *a.* Blasfemo, impío.

blasphemously [blæs'fiːməslɪ] [blas-fi-mos-li], *adv.* Blasfemamente, impíamente, con blasfemia o impiedad.

blasphemy [blæs'fɪmɪ] [blas-fi-mi], *s.* Blasfemia, palabra injuriosa contra Dios o cualquier cosa sagrada.

blast [blɑːst] [blast], *s.* 1. Ráfaga, ventarrón, golpe de aire, (air, wind). Chorro (water). 2. Ventolera. 3. Soplo, aire impelido por un fuelle, soplete, etc. 4. Carga de pólvora o dinamita; explosión (de una mina), vuelo. Explosión (explosion), onda expansiva (shock wave). 5. Son de cualquier instrumento músico de viento. 6. Golpe o influjo de astro maligno. 7. Tizón, añublo. **He had the TV on full blast**, tenía la tele a todo lo que daba (sound). **It will be a blast**, será el desmadre (enjoyable event).

blast, *va.* 1. Castigar con alguna calamidad repentina. 2. Infamar. 3. Marchitar, secar. 4. Espantar, atacar, arremeter contra. 5. Volar, dar barreno, abrir las rocas con pólvora. **They used dynamite to blast the safe open**, usaron dinamita para volar o hacer saltar la caja fuerte. 6. Arruinar. 7. Anieblar, anublar, atizonar los granos. **Blast it!**, ¡maldición! (expressing annoyance). **Blast the exam!**, ¡al diablo con el examen! **Blast off**, despegar. **Blast out**, emitir a todo volumen (message); tocar a todo lo que da (music).

blasted ['blɑːstɪd] [blas-tid] *a.* Maldito, condenado.

blaster ['blɑːstəʳ] [blastaʳ], *s.* El que arruina, infama o marchita repentinamente.

blast furnace ['blɑːst'fɜːnɪs] [blast-fer-nis], *s.* Alto horno.

blasting ['blɑːstɪŋ] [blas-tin], *s.* 1. El acto de abrir o hender las rocas. 2. Voladura.

blastoderm ['blɑːstədɜːm] [blas-to-derm], *s.* Blastoderma, membrana germinal del embrión.

blast-off [blɑːstɒf] [blast-of], *s.* *(Aer.)* Despegue.

blatant ['bleɪtənt] [blei-tant], *a.* Mugiente o bramante a manera de becerro. Vocinglero. Descarado, ostensible, flagrante (prejudice, disrespect) (unconcealed). **They´re so blatant about it**, lo hacen o dicen con tanto descaro o tanta desfachatez. Patente (obvious) (incompetence).

blatantly ['bleɪtəntlɪ] [blei-tant-li] *adv.* Descaradamente, abiertamente, ostensiblemente (openly). **It´s blatantly untrue**, está claro que no es cierto (clearly). **It´s blatantly obvious that…**, está clarísimo que…

blate ['bleɪt] [bleit], *a.* (GB) 1. Sin agudeza de ingenio o ánimo; tonto. 2. Atrasado o vergonzoso.

blather ['blæðəʳ] [bla-daʳ], *va.*y *vn.* Charlar, hablar mucho sin sustancia; balbucear, parlotear. **What are you blathering (on) about?**, ¿qué tonterías dices? *-s.* Charla, desatino, disparate.

blatherskite ['blæðəskaɪt] [bla-da-skait], *s.* (E.U. y Esco.) 1. Matamoros, fanfarrón.2. Fanfarronada, baladronada.
blaw [blɔ:] [blo], *va. (Esco.)* 1. Jactarse, fanfarronear. 2. Adular, lisonjear.
blaze [bleɪs] [bleis], *s.* 1. Llama o llamarada (flames). Fuego (in grate), fogata, hoguera (bonfire). Incendio (dangerous fire). 2. Publicación o divulgación de alguna cosa. 3. Ruido, rumor. 4. Estrella, la mancha blanca en la frente del caballo o la vaca. 5. Mancha, estrella o señal hecha en los troncos do los árboles, comúnmente por los agrimensores y cazadores, para servirles de marca o guía. **A blaze of glory**, una gloria brillante. **A blaze of color**, un derroche de color (dazzling display). *(Fam.)* **How/what the blazes...?**, ¿cómo/qué demonios o diablos...? *(Fam.)* **Like blazes**, como un bólido (very fast).
blaze, *vn.* 1. Encenderse en llama. 2. Brillar, resplandecer, lucir (lights), arder (fire). **The sun blazed down**, el sol abrasaba. Centellear (eyes). **She blazed with anger**, ardía de indignación. *-va.* 1. Inflamar o hacer llama. 2. Publicar, divulgar. 3. Marcar los árboles 4. Fuego o concortes y seriales, para que sirvan de guía.
blazer ['bleɪsəʳ] [blei-saʳ], *s.* 1. Prenda de vestir, chaqueta ligera de franela o seda, que se usa comúnmente en los juegos al aire libre. 2. Brasero, braserillo. 3. Charlador, cuentero.
blazing ['bleɪzɪŋ] [bleisin], *a.* Flameante, en llamas; resplandeciente (lights), deslumbrador. Abrasador (sun), centelleante (eyes), *(Coloq,)* violento (row). **Blazing-star**, (a) Cometa. (b) *(E.U.)* Hierba de las liliáceas.
blazon ['bleɪzn] [bleisn], *va.* 1. Blasonar, disponer los escudos de armas según las reglas del arte. 2. Explicar la significación de los escudos de armas. 3. Adornar, decorar. 4. Celebrar, alabar. 5. Publicar o hacer notorio, explicar.
blazon, *s.* 1. *V.* BLAZONRY. 2. Divulgación, publicación, celebración.
blazoner ['bleɪzənəʳ] [blei-so-naʳ], *s.* 1. Autor de heráldica. 2. Genealogista, heraldo. 3. Difamador, Infamador.
blazonry ['bleɪzənrɪ] [blei-son-ri], *s.* Blasón, el arte de explicar y describir los escudos de armas.
bleach ['bli:tʃ] [blích], *va.* Blanquear al sol, poner blanca alguna cosa. *-m.* Blanquear (with bleach).
bleacher ['bli:tʃəʳ] [blí-chaʳ], *s.* 1. Blanqueador, lejía, lavandina. *V.* BLEACHERY. 2. pl. *(E.U.)* Gradas o asientos descubiertos para espectadores.
bleachery ['bli:tʃərɪ] [blí-cha-ri], *s.* Blanquería, el sitio donde se ponen las cosas a blanquear.
bleaching ['bli:tʃɪŋ] [blí-chin], *s.* Blanqueo, blanqueamiento, blanqueadua.
bleak [bli:k] [blík], *a.* 1. Abierto, desabrigado, expuesto a la intemperie. 2. Frío, helado.
bleak, *s.* Albur, pez pequeño de río. *a.* Inhóspito (landscape), lóbrego (room), crudo (winter), gris y deprimente (day). Sombrío, funesto (miserable, cheerless) (prospects, news).
bleakly ['bli:klɪ] [blíkli] *adv.* Sombríamente.
bleakness ['bli:knɪs] [blík-nes], *s.* Intemperie, destemplanza; frío, frialdad.
blear [blɪəʳ] [blíaʳ], **bleared** [bli:əd] [blíad], *a.* Lagañoso o legañoso.
blear, *va.* Hacer legañoso; ofuscar la vista.
blear-eyed [bli:əˌaɪd] [blíad-aid], *a.* 1. Legañoso. 2. Confuso de entendimiento.
bleardness ['bli:ədnɪs] [blíad-nes], *s.* Legaña; ofuscación o turbación que padece la vista.
bleary ['blɪərɪ] [blía-ri] *a.* **Bleary with tears**, tenía los ojos empañados o nublados de lágrimas.
bleary-eyed ['blɪəraɪd] [blía-aid] *a.* Con cara de sueño. **To be bleary-eyed from sleep**, tener cara de sueño.
bleat [bli:t] [blít], *s.* Balido, la voz que forman la oveja, el carnero y el cordero.
bleat, *vn.* Balar, dar balidos la oveja o el cordero.
bleating ['bli:tɪŋ] [blí-tin], *s.* Balido, el acto de balar.
bleb [bleb] [bleb], *s.* Ampolla, vejiga.
bled, *pret.* y *pp.* del verbo TO BLEED.
bleed [bli:d] [blíd], *vn.* 1. Sangrar, echar sangre. **My nose is bleeding**, me sale sangre de la nariz. 2. Morir, fallecer. *-va.* Sangrar, sacar sangre, chorrear sangre. *(Fig.)* Renovarse, abrirse otra vez, presentarse, hacerse sentir de nuevo. 3. Perder el jugo o la savia (hablando de la vid, o de los árboles). *-va.* Arrancar dinero de una persona. **To bleed to death**, morir de una hemorragia. **My heart bleeds for you**, ¡qué lástima me das! **To bleed somebody dry**, chuparle la sangre a alguien.
bleeder ['bli:dəʳ] [blí-daʳ], *s.* Sangrador, el que sangra.
bleeding ['bli:dɪŋ] [blí-din], *s.* Sangría; fin. Hemorragia. **A bleeding heart**, un corazón traspasado de dolor. *-a.* Tierno, afectuoso, simpático. *a./adv.* BLOODY.
bleep [bli:p] [blíp] *s.* Pitido. *vn.* Emitir un pitido.
bleper ['bli:pəʳ] [blí-paʳ] *s.* Buscapersonas, busca, bip, bíper.
blemish ['blemɪʃ] [ble-mish], *va.* 1. Afear, poner fea alguna cosa, manchar, ensuciar, ajar. 2. Denigrar, deshonrar, infamar, quitar el crédito (honor, reputation).
blemish, *s.* 1. Tacha o defecto físico. Imperfección (on skin). 2. Deshonra, infamia, mancha en la reputación, tacha en las cualidades morales. **Without blemish** *or* **defect**, sano y sin tacha. **A blemish on his reputation**, una mancha en su reputación.
blemishless ['blemɪʃlɪs] [ble-mish-les], *a.* Irreprensible, sin defecto.
blench [blentʃ] [blench], *vn.* 1. Cejar, recular, retroceder; estremecerse (recoil), palidecer (turn pale). 2. *(Obs.)* Obstruir, impedir.
blencher ['blentʃəʳ] [blenchaʳ], *s.* El que espanta o sobresalta.
blend [blend] [blend], *va.* (*pret.* BLENDED, *pp.* BLENDED o BLENT). 1. Mezclar, trabar unas cosas con otras o confundirlas. Licuar (in blender). 2. Manchar, echar a perder. 3. *(Pint.)* Mezclar, combinar, casar colores. *-vn.* Unirse, casarse; se dice de los colores. **Blend together**, armonizar (flavors, colors). **The house blends (in) well with its surroundings**, la casa forma un conjunto armonioso con su entorno. **He learned to blend into the background**, aprendió a pasar desapercibido. **Blend in**, añadir, agregar, mezclar (ingredients). Difuminar, extender (make-up). Armonizar, no desentonar.
blend, *s.* Acción y efecto de mezclar; mezcla, mixtura (colors, hues).
blended ['blendɪd] [blen-ded] *a.* De mezcla (whisky).
blender ['blendəʳ] [blen-daʳ], *s.* 1. Mezclador, licuadora. 2. Brocha para casar.
blennorrhoea ['blenərɪə] [ble-no-ria], *s.* *(Med.)* Blenorrea, flujo abundante mucoso; leucorrea.
blent [blent] [blent], *pret.* y *pp.* de BLEND.
bless [bles] [bles], *va.* 1. Bendecir (give benediction), prosperar, hacer feliz. 2. Bendecir, desear o pedir la felicidad y prosperidad de otra persona. 3. Alabar, dar alabanzas por los beneficios recibidos. **He´s blessed with good health**, goza de buena salud. **Bless you!**, ¡salud!, ¡Jesús! (to somebody who sneezes), muchísimas gracias (expressing gratitude). **Bless me/my soul!**, ¡válgame Dios! **Bless the Lord!**, ¡bendito, alabado sea el Señor!
bless me, ['blesmɪ] [bles-mi], *inter.* ¡Buen Dios! ¡Gran Dios! ¡Válgame Dios!
blessed ['blesɪd] [ble-sid], *a.* 1. Bendito, santo; dichoso. 2. Bienaventurado el que goza de la eterna felicidad. **Blessed thistle**, *(Bot.)* cardo bendito. **The blessed Virgin**, la Santísima Virgen. **Blessed are the poor**, bienaventurados los pobres (fortunate, happy). **It´s a blessed nuisance**, es un latazo.
blessedly ['blesɪdlɪ] [ble-sid-li], *adv.* Bienaventuradamente, dichosamente, felizmente.
blessedness ['blesɪdnɪs] [ble-sid-nes], *s.* Felicidad, santidad, beatitud.
blesser ['blesəʳ] [ble-saʳ], *s.* El que bendice.

blessing ['blesɪŋ] [ble-sin], *s.* Bendición (benediction), la acción de bendecir; bien, prosperidad; gracias, favores del cielo. Aprobación, consentimiento (approval). Consagración (bread, wine). Bendición del cielo (fortunate thing). **This may turn out to be a blessing in disguise**, puede que todo sea para bien o para mejor. **To be a mixed blessing,** tener sus pros y sus contras. **You should count your blessings**, deberías dar gracias por lo que tienes.

blest [blest] [blest], *part. adj. V.* BLESSED.

blet [blet] [blet], *vn.* Pasarse, echarse a perder (fruit).

blet, *s.* Picadura, mancha de una fruta demasiado madura; podredumbre incipiente.

blether ['bleðəʳ] [blezaʳ] *vn.* BLATHER.

blethering ['blezerɪŋ] [ble-ze-rin], *a.* Chirlador, chirladora.

blew [blu:] [blu], *pret.* del verbo TO BLOW.

blight [blaɪt] [blait], *s.* 1. Tizón; pulgón. 2. *(Agr.)* Añublo; alheña, roña. 3. Todo lo que marchita las esperanzas o expectativas. 4. Peste (loosely), plaga, cáncer (curse).

blight, *va.* 1. Atizonar, abrasar, esterilizar, anieblar las mieses. Arruinar, infestar (plant, crop), asolar (region). Arruinar (career, health), malograr (hopes). 2. Ajar, marchitar. *-vn* Atizonarse.

blighter ['blaɪtəʳ] [blai-taʳ] *s. (Fam.)* Tipo. **You lucky blighter!**, ¡qué suertudo eres!, ¡qué potra tienes!

blimey ['blaɪmɪ] [blai-mi] *interj.* ¡Caray!

blimp [blɪmp] [blimp], *s.* **Blimp,** pequeño dirigible.

blind [blaɪnd] [blaind], *a.* 1. Ciego, privado de la vista. **Blind of one eye**, tuerto. **He´s been blind since birth**, es ciego de nacimiento. **To go blind**, quedarse ciego. **How could I have been so blind?**, ¿cómo pude haber sido tan ciego? **Nobody took a blind bit of notice**, nadie le hizo ni p zca de caso. 2. Ignorante, insensato.

blind, *va.* Cegar, quitar la vista; turbar o extinguir la luz de la razón, deslumbrar. **He was blinded in an accident**, perdió la vista en un accidente. Cegar, enceguecer (passion, ambition). Deslumbrar, encandilar (light, wealth). **He was blinded by her beauty**, su belleza lo deslumbró o encandiló. **Love blinded her to his faults**, el amor le impedía ver sus defectos.

blind, *s.* 1. Velo, cualquier cosa que estorba la vista u ofusca el entendimiento. 2. Escondite. 3. Pretexto. 4. Máscara. 5. Tabla, biombo, etc. **Window-blind**, transparente, persianas. **Purblind**, muy corto de vista. **Blinds**, *pl. (For.)* Rindajes. **Venetian blinds**, celosías. **The blind**, los ciegos, los invidentes. **It´s a case of the blind leading the blind**, tan poco sabe el uno como el otro.

blind *adv.* **To swear blind that...**, jurar y perjurar que... (as intensifier). **To be blind drunk**, estar más borracho que una cuba.

blind alley [blaɪnd'ælɪ] [blaind-a-li], *s.* 1. Callejón sin salida. 2. Atolladero, atascadero, obstáculo insuperable.

blind date ['blaɪndeɪt] [blaind-eit] *s.* Cita con un desconocido.

blinders ['blaɪndəz] [blain-ders], *s. pl.* Anteojeras, viseras de caballo.

blind flying ['blaɪndflaɪŋ] [blaind-flai-in], *s.* 1. Vuelo a ciegas, vuelo ciego. 2. Vuelo dirigido por radar.

blindfold ['blaɪn*d*fəʊld] [blaind-foul], *va.* Vendar los ojos.

blindfold, *a.* Que tiene los ojos vendados. *-adv.* Con los ojos vendados. **I could do it blindfold**, podría hacerlo con los ojos vendados.

blindfolded ['blaɪn*d*fəʊldɪd] [blaind-foul-ded] *a.* Con los ojos vendados.

blinding ['blaɪndɪŋ] [blain-din] *a.* Cegador, deslumbrador, enceguecedor (light). Atroz (headache, pain).

blindly ['blaɪndlɪ] [blaind-li], *adv.* Ciegamente, a ciegas, precipitadamente, sin conocimiento ni reflexión.

blindman's-buff ['blaɪn*d*mænz'bʌf] [blainds-baf], *s.* Juego de la gallina ciega.

blindness ['blaɪndnɪs] [blain-nes], *s.* 1. Ceguedad o ceguera, privación o falta de la vista. 2. Ceguedad, alucinación, afecto que ofusca y obscurece la razón.

blind side ['blaɪnsaɪd] [blain-said], *s.* Debilidad, fragilidad, flaqueza, el flaco o la parte débil de una persona.

blind spot ['blaɪnspɒt] [blain-spot] *s.* Punto flaco o débil (weak point). Punto ciego (auto).

blind-worm ['blaɪndwɜːm] [blain-uerm], *s.* Cecilia, serpiente pequeña que parece ciega.

blink [blɪŋk] [blink], *vn.* 1. Pestañear, parpadear. 2. Cerrar los ojos, disimular; eludir, evadir. *-va.* 1. Eludir. 2. Paliar, colorear, cohonestar. 3. Guiñar. **If you blink, you´ll miss it**, si te descuidas, te lo pierdes. **To blink back tears**, contener las lágrimas.

blink, *s.* Ojeada, mirada pronta y ligera; vislumbre. Parpadeo, pestañeo. En plural significa las ramas que se rompen cazando. **To be on the blink**, no marchar, no andar. **To go on the blink**, estropearse, descomponerse.

blinker [blɪŋkəʳ] [blin-kaʳ], *s.* Luz intermitente. *-pl.* Anteojeras.

blinkered ['blɪŋkəd] [blin-ked] *a.* De miras estrechas (attitude). Estrecho (view, outlook).

blinking ['blɪŋkɪŋ] [blin-kin] *a.* Intermitente (light). **What a blinking nerve!**, ¡qué cara! **What a blinking idiot!**, ¡qué tipo más imbécil!

blip [blɪp] [blip] *s.* Pitido, bip (sound). Accidente (irregularity). Problema pasajero (problem).

bliss [blɪs] [blis], *s.* 1. Gloria, bienaventuranza, felicidad eterna. 2. Gusto y placer vehemente.

blissful ['blɪsf*ʊ*l] [blis-ful], *a.* Bienaventurado, feliz en sumo grado, dichoso.

blissfully ['blɪsfəlɪ] [blis-fu-li], *adv.* Felizmente. Con gran felicidad. **They were blissfully happy**, eran completamente felices.

blissfulness ['blɪsfəlnɪs] [blis-ful-nes], *s.* Suprema felicidad. *V.* BLISS.

blissless ['blɪsnɪs] [blis-nes], *a.* Infeliz, desgraciado.

blister ['blɪstəʳ] [blis-taʳ], *s.* 1. Vejiga, ampolla, flictena. 2. Vejigatorio, cantárida. 3. Ampolla o burbuja de aire. **These shoes give me blisters**, estos zapatos me hacen ampollas.

blister, *vn.* Ampollarse, levantarse ampollas en alguna parte del cuerpo. *-va.* Ampollar, hacer ampollas, aplicar un vejigatorio o cantárida.

blistering ['blɪst ərɪŋ] [blis-te-rin] *a.* Abrasador (heat, sun). **A blistering hot day**, un día de calor achicharrante. Virulento (harsh, angry) (attack). **Blistering plaster**, *s.* Vejigatorio o parche de cantáridas.

blithe [blaɪð] [blaiz], **blitheful** ['blaɪðfʊl] [blaiz-ful], *a.* Alegre, contento, gozoso, lleno de alegría natural. Despreocupado (unconcerned), risueño (happy, carefree).

blithely ['blaɪðlɪ] [blaiz-li], *adv.* Alegremente, con alegría. **They seemed blithely unconcerned**, tenían un aire risueño y despreocupado.

blitheness ['blaɪðnɪs] [blaiz-nes], **blithesomeness** ['blaɪðsʌmnɪs] [blaiz-som-nes], s. Alegría, júbilo, contento del ánimo.

blithering ['blaɪðərɪŋ] [blai-ze-rin] *a.* **You blithering idiot!**,¡imbécil!

blithesome ['blaɪðsʌm] [blaiz-som], *a. V.* BLITHE.

blitz [blɪts] [blits] *s. (Aer. Mil.)* Bombardeo aéreo. **The Blitz**, el bombardeo alemán de Londres en 1940-41. **This weekend we´re going to hav a blitz on the garden**, este fin de semana vamos a atacar el jardín. Carga (defensiva) (in American football).

blitz, *va.* Bombardear desde el aire (area). *(Sport)* Hacerle una carga defensiva a (quarterback).

blitzkrieg ['blɪtskri:g] [blits-krig], *s.* **Blitz-krieg,** guerra relámpago. *(Al.)*

blizzard ['blɪzəd] [bli-sard], *s. (E.U.)* 1. Viento huracanado y agudamente frío, con abundante nevada. 2. Descarga ruidosa de armas de fuego; golpe que echa a tierra; desastre repentino.

bloat [bləʊt] [blout], *va.* Hinchar. *-vn.* Entumecerse, hincharse.

bloat, *va.* Ahumar, curar por medio del humo, como se hace con el arenque.
bloat, *a.* Ahumado.
bloatedness ['bləʊtɪdnɪs] [blou-tid-nes], *s.* Turgencia, hinchazón con encendimiento del cutis.
bloated ['bləʊtɪd] [blou-tid] *a.* Hinchado, abotagado. **I feel bloated after all that food**, me siento hinchado de tanto comer.
bloater ['bləʊtəʳ] [blou-taʳ], *s.* Arenque ahumado.
blob [blɒb] [blob], *s.* 1. Gota, masa esférica blanda. 2. Burbuja, ampolla de aire. 3. Masa redonda de hierro que sirve de base a un poste de hierro en los buques. Gota, goterón (drip), mancha, borrón (indistinct shape).
blobber ['blɒbəʳ] [blo-baʳ], *s.* Burbuja, la ampolla que se levanta en el agua.
blobber-lip ['blɒbəlɪp] [blo-ber-lip], *s.* Bezo, labio grueso.
bloc [blɒk] [blok], *s.* Bloque, agrupación de fuerzas políticas.
block [blɒk] [blok], *s.* 1. Zoquete, pedazo de madera grueso y corto. **Hatter's block**, horma de sombrero. 2. Tajo, pedazo de madera sobre el cual eran degollados los reos. **The executioner´s block**, el tajo del verdugo. **To knock somebody´s block off**, romperle la crisma a alguien. **Chopping-block**, tajo de cocina. 3. Boliche. 4. *(Mar.)* Motón, garrucha de madera de diversas formas y tamaños por donde laborean los cabos. **Block and block**, *(Mar.)* abesar. 5. Modrego, el sujeto desmañado y que no tiene habilidad. 6. Obstáculo, impedimento. 7. Canto, piedra, trozo de granito, trozo de mármol sin pulir. 8. Polea, garrucha. 9. Molde. 10. *(Mar.)* Motón, cuadernal. **Block of houses**, manzana de casas. **An office block**, un edificio de oficinas. **Block and tackle**, polea con aparejo. **Double block**, motón de dos ojos. **Single block**, motón sencillo. **Snatch block**, pasteca. **Swivel block**, motón giratorio. **Block letter**, tipo de madera. **Block pulley**, carillo, motón, polea. **To be first off the blocks**, ser el primero en la salida.
block, *va.* Bloquear, poner bloqueo a alguna plaza o costa. **To block up**, bloquear, obstruir, cerrar, tapiar, condenar una puerta o ventana. *(Tip.)* Montar una plancha. (Art y Of.) Conformar un sombrero. **You´re blocking my way**, me estás impidiendo o bloqueando el paso. **This fat man is blocking my view**, ese gordo no me deja ver. **My nose is blocked**, tengo la nariz tapada. **Block in**, cerrarle el paso a (hem in). **Block off**, cortar (street). **Block out**, ahuyentar, borrar de la mente (shut out) (thought). Tapar (obstruct) (light). **Block up**, cerrar, tapiar (seal) (entrance, window). Atascar, tapar (cause obstruction in) (drain, sink). Atascarse, taparse (become obstructed).
blockade [blɒ'keɪd] [blo-keid], *s.* Cerco que se pone a alguna plaza, bloqueo de un puerto o litoral.
blockade, *va.* Bloquear, poner bloqueo o cerco a alguna plaza.
blockage ['blɒkɪdʒ] [blo-keich] *s.* Obstrucción (in pipe, road). *(Med.)* Oclusión.
blockbuster ['blɒkˌbʌstəʳ] [blok-bas-taʳ] *s.* Éxito de taquilla (movie). Bestseller, superventas (book).
block capitals ['blɒkˌkæpɪtəls] [blok-ka-pi-tals] *s. pl.* Letras mayúsculas de imprenta.
blocked ['blɒkt] [blokt] *a.* Obstruido (pipe, artery). Bloqueado, cerrado (road). Bloqueado o congelado (account, currency).
blockhead ['blɒkhed] [blok-jed], *s.* Bruto, necio, tonto, bolonio.
blockheaded ['blɒkhedɪd] [blok-je-ded], *a.* Lerdo; tardo, estúpido, tonto.
blockheadly ['blɒkhedlɪ] [blok-jed-li], *adv.* Lerdamente, tontamente.
block-house ['blɒkhaʊs] [blok-jaus], *s.* Fortaleza colocada en medio de un paso para cerrarlo; blocao.
blockish ['blɒkɪʃ] [blo-kish], *a.* Estúpido, tonto, bobo, estólido.
blockishness ['blɒkɪʃnɪs] [blo-kish-nes], *s.* Estolidez, incapacidad, estupidez, grosería, tontería, necedad; indecencia.
block-like ['blɒklaɪk] [blok-laik], *a.* Como un tonto; parecido a un zoquete.
block system ['blɒksɪstəm] [blok-sis-tem], *s.* División de una vía férrea en trozos o tramos, para organizar y dirigir el movimiento de los trenes por medio de determinadas señales.
block tin ['blɒktɪn] [blok-tin], *s.* Estaño puro, tejo.
bloke [bləʊk] [blouk] *s.* *(Fam.)* Tipo, tío.
blond, blonde [blɒnd] [blond], *a.* y o. Rubio, rubia. *(Mex.)* Güero, güera, mono, catire.
blond-lace ['blɒndleɪs] [blond-leis], *s.* Encaje o blonda hecha de seda.
blood [blʌd] [blad], *s.* 1. Sangre. 2. Sangre, alcurnia, linaje o parentesco. 3. Ira, cólera, indignación. 4. Jugo o zumo de alguna cosa. 5. Vida. 6. Asesinato, muerte violenta. 7. Hombre animoso. **To let blood**, sangrar. **Blue blood**, casta pura; linaje aristocrático. **Music is in his blood**, lleva la música en la sangre. **Bad blood**, resentimiento, animosidad. **Blood and guts**, violencia. **In cold blood**, a sangre fría. **You can´t get blood out of a stone**, no se le puede pedir peras al olmo. **I makes my blood boil to think that...**, me hierve la sangre cuando pienso que... **His laugh made my blood run cold**, su risa hizo que se me helara la sangre. **To sweat blood**, sudar sangre o tinta, sudar la gota gorda (hard work). **Blood donor**, donante de sangre. **We´re not blood relations**, no tenemos lazos de sangre. **Blood bath**, masacre. **Bloodcurdling**, espeluznante, aterrador. **Bloodhound**, sabueso.
blood, *va.* 1. Ensangrentar, teñir o manchar con sangre. 2. Ensangrentar, exasperar. 3. Sangrar, sacar sangre.
bloodbank ['blʌdbæŋk] [blad-bank], *s.* Banco de sangre.
blood-consuming [blʌd'kənsjuːmɪŋ] [blad-kon-siu-min], *a.* Lo que gasta sangre.
blooded ['blʌdɪd] [bla-did], *a.* 1. Que tiene sangre de tal o cual carácter determinado. **Fishes are cold-blooded**, los peces tienen la sangre fría. 2. De pura casta, de buena raza.
blood-flower [blʌdflaʊəʳ] [blad-flauaʳ], *s.* *(Bot.)* Flor de la sangre.
blood-frozen ['blʌdfrəʊzn] [blad-frousn], *s.* El que tiene la sangre helada.
blood-guiltiness [blʌd'gɪltɪnɪs] [blad-guil-ti-nes], *s.* Homicidio, asesinato.
blood-heat ['blʌdhiːt] [blad-jít], *s.* El calor natural de la sangre: es decir, 37.6° C/100° Fahr.
blood-horse ['blʌdhɔːz] [blad-jors], *s.* Caballo de buena casta, especialmente de la raza anglo-árabe.
bloodhound ['blʌdhaʊnd] [blad-jaund], *s.* Sabueso, especie de podenco.
bloodily ['blʌdɪlɪ] [bla-di-li], *adv.* Cruelmente, inhumanamente. **The rebellion was bloodily suppressed**, la rebelión fue sofocada de forma sangrienta.
bloodiness ['blʌdɪnɪs] [bla-di-nes], *s.* 1. El estado de lo que echa sangre o está sanguinolento. 2. Crueldad.
bloodless ['blʌdlɪs] [blad-les], *a.* 1. Exangüe, desangrado, muerto. 2. Sin efusión de sangre. Sin derramamiento de sangre (without blooshed). Sin sangre en las venas (person) (lacking vitality).
bloodletter ['blʌdletəʳ] [blad-le-taʳ], *s.* Sangrador, flebotomista.
bloodletting ['blʌdˌletɪŋ] [blad-le-tin], *s.* Sangría, flebotomía, abertura de una vena para sacar sangre.
blood mobile [blʌd'məʊbaɪl] [blad-mou-bail] *s.* Unidad móvil de extracción de sangre.
blood-money ['blʌdmʌnɪ] [blad-ma-ni], *s.* Precio de un homicidio.
blood orange ['blʌdˌɒrɪndʒ] [blad-o-rindch] *s.* Naranja sanguina o de sangre.
blood platelet ['blʌdpləṭlɪt] [blad-plat-lit], *s.* Plaqueta, plaqueta sanguínea.
blood poisoning ['blʌdˌpɔɪznɪŋ] [blad-poi-so-nin], *s.* Envenenamiento de la sangre, septicemia.
blood pressure ['blʌdˌpreʃəʳ] [blad-pre-shaʳ], *s.* Presión arterial. **High blood pressure**, hipertensión, presión alta.

blood-red ['blʌd'red] [blad-red], *a.* Encarnado o rojo como la sangre.
blood-relation ['blʌdrɪ'leɪʃən] [blad-ri-lei-shon], *s.* Pariente consanguíneo.
blood-relationship [ˌblʌdrɪ'leiʃənʃɪp] [blad-ri-lei-shon-ship], *s.* Parentesco de consanguinidad.
blood-root ['blʌd'ru:t] [blad-rut], *s.* Sanguinaria, planta medicinal perenne de América. Sanguinaria Canadensis.
bloodshed ['blʌdʃed] [blad-shed], *s.* Efusión de sangre; matanza.
bloodshedder ['blʌdʃedəʳ] [blad-she-daʳ], *s.* Homicida, asesino.
bloodshedding ['blʌdʃedɪŋ] [blad-she-din], *s.* Derramamiento de sangre.
bloodshot ['blʌdʃɒt] [blad-shot], *a.* Ensangrentado. Inyectado de sangre: se dice, por lo común, de los ojos.
bloodsport ['blʌdspɔ:t] [blad-sport] *s.* Deporte sangriento.
blood-stained ['blʌdsteɪnd] [blad-steind], *a.* Manchado con sangre; cruel.
bloodstone ['blʌdstəʊn] [blad-stoun], *s.* Hematites, piedra de color verde con venas o manchas sanguinolentas.
bloodstream ['blʌdstri:m] [blad-strím] *s.* El torrente sanguíneo.
bloodsucker ['blʌdsʌkəʳ] [blad-sa-kaʳ], *s.* 1. Sanguijuela. 2. Homicida, asesino. 3. Avaro.
bloodsucking ['blʌdsʌkɪŋ] [blad-sa-kin], *a.* Que chupa sangre.
bloodthirstiness ['blʌdˌθɜ:stɪnɪs] [blad-zers-ti-nes], *s.* Inclinación, tendencia y prontitud a derramar sangre.
bloodthirsty ['blʌdθɜ:stɪ] [blad-zers-ti], *a.* Sanguinario, cruel, inclinado a derramar sangre.
blood transfusion ['blʌdtræns'fju:ʒən] [blad-trans-fiu-shon], *s.* Transfusión de sangre.
blood-type ['blʌdtaɪp] [blad-taip], *va.* Determinar el tipo de sangre.
blood vessels ['blʌd'veslz] [blad-vesels], *s. pl.* Vasos sanguíneos. **She nearly burst a blood vessel when he told her**, casi le dio un ataque cuando se enteró.
blood-warm ['blʌdwɔ:m] [blad-uorm], *a.* A la temperatura de la sangre.
bloody ['blʌdɪ] [bladi], *a.* Sangriento, manchado con sangre, ensangrentado (hands, clothes); cruel. Que sangra, sangrante (wound). Sangriento (battle). *(Vulg. o Coloq.)* (GB) **Where´s that bloody dog?**, ¿dónde está ese maldito o puñetero perro? (expressing annoyance, surprise). *(Fam.)* **I didn´t understand a bloody word**, no entendí ni jota. *(Vulg.)* **Bloody hell!**, ¡coño!, ¡chingado! **Bloody-faced**, el que tiene cara de asesino. **Bloody flux**, disentería. **Bloody-minded**, cruel, sanguinario. **Bloody-red**, sanguíneo rojo obscuro. **Bloody-sceptred**, el de centro o corona ensangrentada.
bloody, *adv. (Vulg. o Colloq,)* (GB) **The weather was bloody awful!**, ¡hizo un tiempo horrible! **Not bloody likely!**, ¡ni loco!
bloody, *va.* Ensangrentar, manchar con sangre.
bloody-minded ['blʌdɪ'maɪndɪd] [bladi-main-ded] *a.* Difícil, empecinado, atravesado.
bloody-mindedness ['blʌd'maɪndɪdnɪs] [bladi-main-ded-nes] *s.* Empecinamiento. **He did it out of sheer bloody-mindedness**, lo hizo sólo para fastidiar.
bloom [blu:m] [blúm], *s.* 1. Flor de los árboles y plantas. 2. Flor, hablando de la edad; belleza, lindeza, frescura. 3. Changote, trozo de hierro en bruto o después de la primera operación del mazo. 4. Pelusilla muy suave que cubre algunas frutas y hojas. **To be in bloom**, estar en flor. **To be in full bloom**, estar en plena floración. **To lose one´s bloom**, ajarse.
bloom, *va.* Echar o producir flor. *-vn.* 1. Florecer. 2. Ser joven.
bloomery ['blu:mərɪ] [blú-me-ri], *s.* La primera forjadura del hierro en goas o changotes.
bloomer ['blu:məʳ] [blú-maʳ] *s. (Coloq,)* (GB) Metedura o metida de pata (mistake).
bloomers ['blu:məz] [blú-maʳ], *s. pl.* Pantalones bombachos de mujer.
blooming ['blu:mɪŋ] [blú-min] *a.* **I missed the blooming bus!**, ¡perdí el condenado o maldito autobús! Radiante (happy and healthy).
bloomingly ['blu:mɪŋlɪ] [blú-min-li], *adv.* Floridamente.
blooper ['blu:pər] [blú-paʳ] *s.* Metedura o metida de pata.
blossom ['blɒsəm] [blo-som], *s.* La flor de los árboles y plantas (mass of flowers). Flor (by single bloom).
blossom, *vn.* Florecer, echar flor. Alcanzar su plenitud (person, relationship). **Our friendship blossomed into love**, nuestra amistad se transformó en amor.
blot [blɒt] [blot], *va.* 1. Borrar, testar o tachar lo escrito. 2. Cancelar. 3. Manchar, ensuciar, empañar. 4. Denigrar. **To blot out**, rayar lo escrito, testar o borrar. Emborronar, borronear (stain, smear) (page, word). Secar con papel secante (ink).
blot, *s.* 1. Canceladura de alguna cosa escrita, testadura. 2. Borrón, mancha (of ink). **The factory is a blot on the landscape**, la fábrica afea o estropea el paisaje.
blotch [blɒtʃ] [bloch], *s.* 1. Mancha (on skin), borrón, manchón (of paint), lunar, pintarrojo. 2. Roncha, mancha, el bultillo que se eleva en el cutis.
blotch, *va.* Marcar o cubrir con manchas o ronchas. Emborronar, borronear (page).
blotchy ['blɒtʃɪ] [blo-chi] *a.* Lleno de manchas (skin).
blotter ['blɒtəʳ] [blo-taʳ], *s.* 1. Borrador, libro en que los mercaderes y hombres de negocios hacen sus anotaciones (record book). 2. Papel secante. 3. Carpeta, cartapacio (on desktop). **Police blotter**, fichero de la policía.
blotting ['blɒtɪŋ] [blo-tin], *s.* El acto de manchar o borronear papel.
blotting paper ['blɒtɪŋˌpeɪpəʳ] [blo-tin-pei-paʳ], *s.* Papel secante, teleta.
blotto ['blɒtəʊ] [blo-tou] *a. (Coloq,)* Como una cuba, tomado.
blouse [blaʊz] [blaus], *s.* Blusa.
blow [bləʊ] [blou], *s.* 1. Golpe (shock, setback). **His death came as a blow to us**, su muerte fue un duro golpe para nosotros. **Blows of fortune**, reveses de fortuna. 2. Acaecimiento repentino, desastre, desdicha. 3. Florescencia, estado de florecer las plantas; las flores en general. 4. Ventarrón. 5. Huevo de mosca depositado en carne. Esta voz se expresa a menudo en español por el sufijo -azo, así: **Blow with the fist**, puñetazo. **Blow with a stick**, bastonazo. **To come to blows**, venir a las manos. **At a blow**, **at a single blow**, de un golpe, de un solo golpe, de una vez. **To give one´s nose a blow**, sonarse la nariz.
blow, *vn.* (*pret.* BLEW. *pp.* BLOWN). 1. Soplar el viento haciéndose sentir. **A gust blew the door shut**, una ráfaga de viento cerró la puerta. **Her umbrella was blown away by the wind**, el viento tiró lejos su paraguas. 2. Jadear, arrojar con vehemencia y congoja el aliento o respiración. 3. Sonar, hacer ruido armonioso algún instrumento músico de viento. 4. Florecer, abrirse las flores. 5. Pasar. *-va.* 1. Soplar, impeler alguna cosa a fuerza de aire. **She blew the ash into the floor**, sopló y echó la ceniza al suelo. **To blow bubbles**, hacer pompas de jabón. 2. Inflar, henchir algo de aire. 3. Dar figura a alguna cosa llenándola de aire. 4. Hacer sonar a un instrumento de viento. 5. Calentar algo con el aliento. 6. Divulgar algo. 7. Hacer florecer.
blow away, apartar o llevar soplando.
blow down, hacer caer alguna cosa soplándola; derribar, echar por tierra.
blow in, (1) introducir alguna cosa soplando. (2) (Jerga E.U.) Gastar inconsideramente, malgastar, despilfarrar.
blow off, disipar con soplos.
blow out, expeler o separar a soplos. **To blow out a candle**, apagar una vela a soplos o soplarla.
blow over, derribar (tree), tumbar (crops), calmarse (storm), olvidarse (scandal).

blow up, volar (destroy), ampliar (photo), reventar (to burst), aventar (fire).
blow it upon, dañar, desacreditar, disfamar. **To blow a trompet**, tocar una trompeta. **To blow one's nose**, sonarse las narices. -v. imp. **It blows**, hace viento. **To blow fresh**, refrescar el viento.
blow-by-blow [bləʊbaɪ'bləʊ] [blou-bai-blou] *a.* Con pelos y señales (account).
blow-dry ['bləʊˌdraɪ] [blou-drai] *va.* **To blow-dry one´s hair**, hacerse un brushing (secarse el pelo con secador de mano y cepillo. *s.* Brushing.
blower ['bləʊəʳ] [blouaʳ], *s.* Soplador, el que sopla; aventador, fuelle. Calefactor (fan). Teléfono (telephone).
blow-fly ['bləʊflaɪ] [blou-flai], *s.* Corónida, mosca grande que deposita sus huevos sobre carne.
blow-gun ['bləʊˌgʌn] [blou-gan], *s.* Bodoquera; cañuto con el cual se puede arrojar una flecha soplando con fuerza; cerbatana.
blowhard ['bləʊhɑːd] [blou-jard] *s.* Fanfarrón.
blowing ['bləʊɪŋ] [blouin], *s.* Soplo, soplido; sonido de la respiración bronca. Sopleo de vidrio. -a. Que sopla. **Blowing weather**, tiempo tempestuoso. **Blowing-fan**, aventador.
blown [bləʊn] [bloun], *pp.* del verbo TO BLOW.
blowout [bləʊ'əʊt] [blou-aut], *s.* Reventón de neumático o de llanta. Comilona.
blow-pipe ['bləʊpaɪp] [blou-paip], *s.* Soplete. **Glass-blower's pipe**, cafia, cartón desoplar. Cerbatana.
blowsy ['bləʊzɪ] [blou-si] *a.* BLOWZY.
blowtorch ['bləʊtɔːtʃ] [blou-torch], *s.* Soplete para soldar.
blow up ['bləʊʌp] [blou-ap] *s.* *(Coloq,) (phot.)* Ampliación.
blowy ['bləʊɪ] [bloui] *a.* Ventoso, de mucho viento (day).
blowzy ['bləʊzɪ] [blaousi], *a.* 1. Quemado o tostado por el sol 2. Desaliñado, puerco. **A blowzy woman**, una mujer con pinta de ordinaria.
blubber ['blʌbəʳ] [bla-baʳ], *s.* 1. Grasa o unto de ballena (whale fat). *(Coloq,)* Grasa (on person). 2. Ortiga marina. 3. Gimoteo, acción de gimotear.
blubber, *vn.* y *a.* Llorar hasta hincharse los carrillos; gimotear, lloriquear.
bludgeon ['blʌdʒən] [blad-yion], *s.* Cachiporra o porra, palo corto *que* tiene un extremo grueso. *va.* Aporrear (strike). Coaccionar (bully).
blue [bluː] [blú], *s.* 1. Azul, uno de los siete colores originales. 2. Materia colorante que se emplea para dar un color azul. **The blues**, esplín, melancolía, abatimiento de espíritu. *-a.* 1. Azul, de color azul, (dress, sea, sky).; cerúleo. 2. Abatido, desalentado. falto de buen humor; triste, melancólico, desconfiado. 3. Severo, estricto, puritánico. 4. Fiel, leal, genuino. 5. Lívido, amoratado, como por una contusión. 6. Pedante; se dice de las mujeres. 7. Que designa el polo sur de un imán: opuesto a rojo. 8. Verde, porno, colorado (pornographic). **Blue with cold**, amoratado de frío. **She went blue in the face**, se le amoratό la cara. **Sky blue**, azul celeste. **To look blue**, quedarse confuso, chafado, aturullado o consternado. **Blue devils, blues**, dolencia del bazo; hipocondría. **Blue-gum**, eucalipto. **True blue**, leal, constante, adicto, fiel; sin mezcla, sincero, recto. **Blue grass**, hierba del género Poa, particulamente la de Kentucky. **Blue light**, (a) Luz de señales. (b) Preparación pirotécnica que arde con llama azul resplandeciente. **Blue-stone**, sulfato de cobre.
blue, *va.* 1. Azular, teñir de azul. 2. Pavonar, dar color azulado oscuro al hierro o acero.
blue baby ['bluːbeɪbɪ] [blú-bei-bi], *s.* Niño atacado de cianosis congénita.
blue-bell ['bluːbel] [blú-bel], **bluebottle** ['bluːˌbɒtl] [blú-bo-tel], *s.* *(Bot.)* Campanilla o coronilla, flor. Jacinto silvestre.
blueberry ['bluːberɪ] [blu-be-ri], *s.* *(Bot.)* Arándano azul.
blue-bird ['bluːbɜːd] [blú-berd], *s.* Pájaro cantor, muy común en los Estados Unidos; azulejillo, azulejo.
blue-blooded ['bluːblʌdɪd] [blu-bla-ded] *a.* De sangre azul.
bluebottle ['bluːˌbɒtl] [blú-bo-tel], *s.* *(Ent.)* Corónida, mosca de vientre azul.
blue-collar ['bluːˌkɒləʳ] [blu-ko-laʳ] *a.* Obrero (union). Manual (job). **Blue-collar workers**, los obreros.
blue-eyed ['bluːˌaɪd] [blú-aid], *a.* Ojizarco, ojiazul. De ojos azules. **Blue-eyed boy**, niño mimado.
blue grass ['bluːˌgrɑːs] [blu-gras] *s.* Hierba que se usa como forraje.
bluejeans ['bluːˌdʒiːnz] [blu-yins] *s.* vaqueros (pantalones); jeans (blue).
blueness ['bluːnɪs] [blu-nes], *s.* Propiedad del color azul.
bluenose ['bluːˌnəʊz] [blú-nous] *s.* *(Coloq,)* Puritano.
blueprint ['bluːprɪnt] [blu-print], *s.* 1. Cianotipia, cianotipo; heliografía. 2. Plan detallado. 3. Plano, proyecto (of technical drawing); programa (plan of action).
blueprint, *va.* Copiar a la cianotipia.
blue-ribbon ['bluːˌrɪbɒn] [blu-ri-bon] *a.* De élite, selecto (goup, panel).
blues ['bluːz] [blús], *s. pl.* 1. *(Fam.)* Melancolía, tristeza (depression). **To have the blues**, estar deprimido. 2. Canciones con letra triste y ritmo sincopado.
blue tit ['bluːtɪt] [blu-tit] *s.* Alionín, herrerillo.
bluff [blʌf] [blaf], *a.* 1. Agreste, áspero, rústico. 2. *(Mar.)* Obtuso. 3. Rudo, firme. 4. Escarpado, amogotado. 5. *(Fam.)* Francote, campechano (person).
bluff, *s.* 1. Colina o risco escarpado, por lo general inmediato a las orillas de un río o del mar (cliff). 2. Fanfarronada. **Bluff, blof** (pretence). **To call somebody´s bluff**, poner a alguien en evidencia.
bluff, *va.* Engañar simulando recursos de que se carece. Alardear, fanfarronear. Hacer un bluff o blof. **He managed to bluff his way out of it**, logró salir del apuro embaucándolos.
bluffness ['blʌfnɪʃ] [blaf-nes], *s.* Asperidad.
bluing ['bluːɪŋ] [bluin], *s.* 1. Sustancia colorante azul como el añil, que se emplea en el lavado de ropa; azul en pasta para lavandera. 2. Acto o procedimiento de dar un matiz azul al hierro o acero; el mismo matiz azul.
bluish ['bluːɪʃ] [bluish], *a.* Azulado, lo que tira a azul.
blunder ['blʌndəʳ] [blan-daʳ], *vn.* 1. Desatinar, disparatar, hacer o decir desatinos o despropósitos. 3. Desatinar, perder el tino (move clumsily, stumble) **He blundered into the table**, se tropezó con la mesa. **He blundered around in the dark**, andaba dando tumbos en la oscuridad. 4. Cometer un error garrafal (make a mistake). *(Fam.)* **That blundering idiot!**, ¡ese idiota perdido! *-va.* Confundir una cosa con otra sin consideración. **To blunder about**, hacer las cosas a tientas. **To blunder a thing** out, divulgar alguna cosa inconsideradamente; dejar escapar algún secreto sin pensar. **To blunder upon a thing**, desatinar sobre algo, razonar sin conocimiento acerca de una cosa.
blunder, *s.* Desatino, disparate, despropósito, error craso (mistake); atolondramiento, ligereza, indiscreción, falta. Metedura o metida de pata.
blunderbuss ['blʌndəbʌs] [blan-der-bas], *s.* Trabuco, escopeta corta y de boca ancha que calza muchas balas a un tiempo.
blunderer ['blʌndərəʳ] [blan-de-raʳ], **blunderhead** ['blʌndəhed] [blan-der-jed], *s.* Desatinado, imprudente.
blunderingly ['blʌnderɪŋlɪ] [blan-de-rin-li], *adv.* Desatinadamente.
blunge ['blʌndʒ] [blandch], *va.* (Art. y Of.) Mezclar (arcilla) con agua por medio de un *Blunger* o en una artesa. *Cf.* PLUNGE.
blunger ['blʌndʒəʳ] [bland-chaʳ], *s.* Paleta para mezclar la pasta.
blunt [blʌnt] [blant], *a.* 1. Embotado, falto de filo, obtuso; desafilado, que no tiene punta, mocho (knife). Romo (tip, edge). **A blunt instrument**, un objeto contundente. 2. Lerdo, tardo. 3. Bronco, áspero, descortés, tosco, grosero, rudo. Directo, franco (straightforward) (person). Rotundo, categórico (refusal). **To grow blunt**, entorpecerse,

embrutecerse, hablando de personas; embotarse, hablando de instrumento.
blunt, *va.* 1. Embotar, engrosar los filos o puntas de las armas y otros instrumentos cortantes o agudos. 2. Enervar, debilitar. 3. Adormecer, calmar o mitigar un dolor. Despuntar (pencil), desafilar (knife, scissors). Embotar (make dull) (senses, intellect).
bluntly ['blʌntlɪ] [blant-li], *adv.* 1. Sin filo. 2. Lisa y llanamente, sin artificio; sin rodeos, claramente (say); bruscamente, sin delicadeza. 3. Obtusamente, rotundamente (refuse). **To put it bluntly, you bore me**, hablando en plata, me aburres.
bluntness ['blʌntnɪs] [blant-nes], *s.* 1. Embotadura o embotamiento, falta de filo (of blade) o punta en algún arma o instrumento; lo poco afilado, lo mocho (of point). Franqueza (straightfowardness). 2. Grosería, falta de urbanidad; prontitud o viveza de genio con sequedad, aspereza.
blunt-witted ['blʌntwɪtd] [blant-uited], *a.* Estúpido, lerdo.
blur [blɜːʳ] [blaʳ], *s.* 1. Apariencia, forma indistinta o confusa. 2. Borrón o mancha. **Everything became a blur**, todo se volvió borroso. **A blur of colors**, una masa de colores indistintos.
blur, *va.* 1. Hacer obscuro o indistinto; desdibujar, hacer borroso (outline). Hacer menos claro (distinction). Hacer borroso (memory). 2. Embotar , entorpecer. 3. Manchar. *vn.* Desdibujarse, hacerse borroso (outline).
blurb [blɜːb] [blerb] *s.* Propaganda, nota publicitaria (en folleto, tapa de libro, etc.)
blurred [blɜːd] [blerd] *a.* Borroso (outline, vision). **The photos were blurred**, las fotos habían salido mal enfocadas. **I felt dizzy and then everything went blurred**, me mareé y empecé a verlo todo borroso.
blurry [blərɪ] [bla-ri] *a.* Borroso.
blurt [blɜːt] [blert] *va.* Decir o soltar alguna cosa de una manera abrupta e inesperada. **To blurt out**, hablar sin consideración.
blush [blʌʃ] [blash], *vn.* Abochornarse, sonrojarse, ponerse colorado, mostrar en la cara rubor, vergüenza o confusión tener empacho o vergüenza. *-va.* Sonrojar, abochornar a alguno.
blush, *s.* 1. Rubor, bochorno, sonrojo, los colores que la vergüenza pinta en la cara. **Spare my blushes!**, no me hagas pasar vergüenza, no hagas que me ruborice. 2. Color rojo o purpúreo.
blusher ['blʌʃəʳ] [bla-shaʳ] *s.* Colorete, rubor.
blushing ['blʌʃɪŋ] [bla-shin], *s.* Sonrojo, sonroseo, bochorno.
blushless ['blʌʃlɪs] [blash-les], *a.* Desvergonzado, descarado.
bluster, **blustering** ['blʌstəʳ] [blas-taʳ] ['blʌstərɪŋ] [blas-te-rin], *s.* Ruido, tumulto; jactancia. **Blustering weather**, tempestad, tiempo tempestuoso. **A blustering wind**, viento fuerte, vehemente o furioso. **A blustering fellow**, espíritu violento, inquieto o turbulento. **A blustering style**, estilo hinchado.
bluster, *vn.* 1. Bramar, rugir (wind) hacer ruido tempestuoso. 2. Bravear, echar fieros o bravatas, bravuconear (talk threateningly). *-va.* Proferir, articular ruidosa y coléricamente.
bluster, *s.* Bravatas, bravuconería.
blusterer ['blʌstərəʳ] [blas-te-raʳ], *s.* Matasiete, el fanfarrón que se precia de valiente y animoso.
blustery ['blʌstərɪ] [blas-te-ri], *a.* Borrascoso (wind); tempestuoso (night).
blvd. = **Boulevard** , Blvar., Br.
b-movie ['bɪˌmuːviː] [bi-mu-vi], *s.* Película de serie B o de bajo presupuesto.
bn = **billion**.
boa [bɔː] [bo], *s.* 1. *(Zool.)* Boa. 2. Boa, cuello de pieles que usan las mujeres. **A boa constrictor**, una boa constrictor.
boar [bɔːʳ] [boʳ], *s.* Verraco, el cerdo padre (pig). **A wild boar**, jabalí.
board [bɔːd] [bord], *s.* 1. Tabla, tablón (plank), pedazo de madera más ancho y largo que grueso; tabla del suelo (floor). **As stiff as a board**, más tieso que un palo, o que una tabla. **To tread the boards**, pisar las tablas. Tabla de madera (for chopping). Tabla, base (circuit). Trampolín (diving). Tabla de surf (for surfing, windsurfing). Tablero (games). **To sweep the boards**, arrasar con o llevarse todos los premios. Tablero de anuncios (notice); letrero, cartel, (sign). Marcador (score). Pizarra, pizarrón, tablero (blackboard). 2. Mesa. 3. La mesa a que se sientan para despachar los ministros de algún tribunal. 4. Tribunal, consejo, junta (committee). **Board of admiralty**, el consejo del almirantazgo. **Board of trade**, junta de comercio. **Board of trustees**, junta directiva. **Board of Education**, junta de Educación. **Board of Health**, junta de Sanidad; la que, con carácter oficial, cuida de mantener y mejorar las condiciones sanitarias de una población. 5. *(Mar.)* Bordo, el lado o costado de un navío. Bordada, el camino o derrota que recorre una embarcación entre dos viradas, para ganar el barlovento. **To make a good board**, barloventear bien. **On board**, a bordo. **To board to a ship**, embarcarse. 6. Alimento; pensión (provision of meals). **Board and lodging**, comida y alojamiento. **Full/half board**, pensión completa/media pensión. 7. Cartón. *(Enc.)* **Bound in boards**, encartonado. **Bristol-board**, cartulina de Bristol. **Cardboard**, cartón. **Free on board** (f. o. b.) libre de gastos a bordo. *-pl.* **Boards**, las tablas, la escena de un teatro. **Head-board**, cabecera de cama. **Paddle-boards**, paletas (de las ruedas). **Straw board**, cartón de paja. **Chess-board**, tablero para jugar al ajedrez. **Falling board**, trampa. **Side-board**, alacena, bufete. **Sounding-board**, tornavoz. **To go by the board**, *(Mar.)* (1) caer un mástil roto por el costado del buque. (2) Arruinarse por completo. **They have promised to reduce taxation across the board**, han prometido una reducción general de impuestos. **All these precautions tend to go by the board**, todas estas precauciones suelen dejarse a un lado. **To take something on board**, asumir algo.
board, *va.* 1. *(Mar.)* Abordar. 2. Acometer, acercarse a. 3. Entablar, entarimar, cubrir el suelo con tarimas o tablas. *-vn.* 1. Estar de pupilo. 2. Tomar pupilos. **Board up**, cerrar con tablas.
boardable ['bɔːdəbl] [bor-da-bol], *a.* Accesible.
board game ['bɔːdgeɪm] [bord-gueim] *s.* Juego de mesa.
boarder ['bɔːdəʳ] [bor-daʳ], *s.* Pensionista, huésped, pupilo.
boarding ['bɔːdɪŋ] [bor-din], *s.* *(Mar.)* Abordaje. **Boarding-pikes**, chuzos.
boarding card ['bɔːdɪŋˌkɑːd] [bor-din-kard] *s.* BOARDING PASS.
boarding-house ['bɔːdɪŋhaʊs] [bor-din-jaus], *s.* Casa de pupilos o de huéspedes, posada.
boarding pass ['bɔːdɪŋˌpɑːs] [bor-din-pas] *s.* Tarjeta de embarque, pase de abordar.
boarding pupil ['bɔːdɪŋˌpʊpɪl] [bor-din-pu-pil], *s.* Interno, discípulo, pensionista.
boarding-school ['bɔːdɪŋskuːl] [bor-din-skúl], *s.* Internado.
boardroom ['bɔːdrʊm] [bord-rum] *s.* Sala o salón de juntas.
boardwalk ['bɔːdwɔːk] [bord-uok] *s.* Paseo marítimo entarimado.
boarish ['bɔːrɪʃ] [bo-rish], *a.* Brutal, cruel, áspero, bronco.
boast [bəʊst] [boust], *vn.* Jactarse, vanagloriarse, alabarse, prorrumpir en alabanzas propias. **To boast about/of something**, alardear, jactarse o vanagloriarse de algo. *-va.* 1. Ponderar. 2. Exaltar, magnificar. 3. Alabar excesivamente, decantar.
boast, *s.* Alarde, fanfarronada (claim); *(Fam.)* **It´s her proud boast that...**, se jacta de que... (cause of pride).
boaster ['bəʊstəʳ] [bous-taʳ], *s.* Fanfarrón, jactancioso, presumido.
boastful ['bəʊstfʊl] [boust-ful], *a.* Jactancioso, baladrón.
boasting ['bəʊstɪŋ] [bous-tin], *s.* Jactancia, expresión de ostentación, vanagloria, bravata.

boastingly ['bəʊstɪŋlɪ] [bous-tin-li], *adv.* Jactanciosamente, ostentosamente.

boastless ['bəʊstlɪs] [boustles], *a.* Simple, sencillo.

boat [bəʊt] [bout], *s.* Bote, barca o lancha, batel, chalupa (small). Vapor de río. **Ballast-boat**, *(Mar.)* bote de lastrar. **Ferry-boat**, bote de pasaje. **Fishing boat**, bote de pescar. **Shipwright's boat**, bote de maestranza. **Boat in frame**, bote en piezas de armazón. **To bale the boat**, *(Mar.)* achicar el bote. **To trim the boat**, *(Mar.)* adrizar el bote. **To moor the boat**, *(Mar.)* Amarrar el bote. **Boat-rope**, cordel de bote. **Packet-boat**, paquebote o paquebot. **Boat-hook,** bichero, botador. **Boat-house**, casilla de botes. **Boat-load**, barcada. **Gun-boat**, lancha cañonera. **Jolly-boat**, canoa pequeña y ligera. **Life-boat**, bote salvavidas. **Steamboat**, bote de vapor. **Tow-boat** o **tug** (boat), remolcador.

boating ['bəʊtɪŋ] [bou-tin], *s.* 1. El acto de guiar o manejar un bote, ir en bote. 2. Transporte de carga o pasajeros en bote.

boatload ['bəʊtləʊd] [bout-loud] *s.* cargamento. **A boatload of tourists**, un barco cargado de turistas.

boatman ['bəʊtmən] [bout-man], **boatsman** ['bəʊtzmən] [bouts-man], *s.* Barquero.

boat race ['bəʊtreɪs] [bout-reis] *s.* Regata.

boatswain ['bəʊtsn] [bout-suein], *s.* Contramaestre. **Boatswain's mate**, segundo contramaestre.

bob [bɒb] [bob], *va.* 1. Apalear, golpear con algún objeto redondeado o nudoso. 2. Sacudir con el codo o la mano. 3. *va.* y *vn.* Mover, agitar, mover(se) de un lado a otro, o de arriba abajo, de una manera súbita y rápida. **The cork bobbed up and down on the water**, el corcho cabeceaba en el agua. 4. Cortar la cola de un caballo. *(Coloq,)* **Bob up**, aparecer. *-vn.* 1. Bambolear, moverse alguna cosa de un lado a otro sin salir de su sitio; estar pendiente, colgar. 2. Pescar con boya o flotador ligero de corcho o madera.

bob, *s.* 1. Pingajo o colgajo; pendiente de oreja. 2. Estrambote, copla añadida a alguna composición poética. 3. Golpe. 4. Un toque de campanas. 5. Corcho de caña para pescar. Cebo para pescar. 6. Lenteja, disco o parte más pesada del péndulo. 7. *(Fam.)* Chelín (en Inglaterra hasta 1.971). **She´s not short of a few bob/bob or two**, está forrada. 8. Balancín de bomba o de máquina de vapor. 9. La cola cortada de un caballo. 10. Inclinación (movement of head), reverencia (curtsy). 11. Melena (haircut).

bob, *(Coloq,)* (GB) **Bob´s your uncle!**, ¡listo!, ¡ya está!

bobbin ['bɒbɪn] [bo-bin], *s.* 1. Bolillo, pedacito de palo delgado con una cabecilla. 2. Canilla, en que los tejedores devanan el hilo o la seda; broca entre bordadores; carrete diminuto de algunas máquinas de coser. **Lace bobbins**, palillos o majaderitos. **Bobbin-work**, obra o fábrica hecha con palillos, canillas o brocas. 3. Carrete, bobina. *(Elec.)* Rollo de alambre aislado que contiene generalmente un centro de hierro dulce, el cual se magnetiza cuando atraviesa el alambre una corriente eléctrica.

bobbinet (o **bobbin net**) ['bɒbɪnet] [bo-bi-net], *s.* Punto de bobiné, labor de adorno.

bobble ['bɒbl] [bo-bel] *s.* Borla, pompón (on hat). *(Sport)* Fomble.

bobby ['bɒbɪ] [bo-bi] *s.* Bobby, policía británico.

bobby pin ['bɒbɪˌpɪn] [bo-bi-pin], *s.* Variedad de horquilla para el pelo.

bobby socks, bobby sox ['bɒbɪsɒks] [bo-bi-soks], *s. pl.* Tobilleras, medias tobilleras, calcetines cortos.

bobbysoxer ['bɒbɪsɒksə[r]] [bo-bi-sok-sa[r]] *s. (Coloq,) (Fam.)* Quinceañera, calcetinera.

bobcat ['bɒbkæt] [bob-kat], *s. (Zool.)* Variedad de lince. Lince rojo.

bobolink ['bɒbəlɪŋk] [bo-bo-link], *s.* Pájaro migratorio famoso por su canto alegre y retozón.

bobsled ['bɒbsled] [bob-sled], (GB) **bobsleigh** ['bɒbsleɪh] [bob-slei] *s.* Trineo.

bob-stay ['bɒbsteɪ] [bob-stei], *s. (Mar.)* Barbiquejo. **Bob-stay-holes**, grueras de tajamar.

bobtail ['bɒbteɪl] [bob-teil], *s.* Rabón, descolado; cola cortada. **Bobtail car**, *(Fam.)* Carro urbano pequeño, sin conductor o cobrador y por lo general con un solo caballo.

bobtailed ['bɒbteɪld] [bob-tei-lid], *a.* Rabón, descolado; con cola cortada.

bob-white ['bɒbwaɪt] [bob-uait], *s.* Codorniz, perdiz.

bobwig ['bɒbwɪg] [bob-uig], *s.* Peluca redonda; peluquín.

bocasine ['bɒkəsi:n] [bo-ka-sin], *s.* 1. Especie de bocací delgado. 2. *V.* CALLIMANCO.

bod [bɒd] [bod] *s.* Cuerpo, figura (body). (GB) Tipo (person). *(Fam.)* **An odd bod**, un bicho raro.

bodacious ['bɒdəʃəs] [bo-da-shos] *a.* Voraz (appetite); espantoso (hurry).

bode [bəʊd] [boud], *va.* Presagiar, pronosticar. **To bode well/ill**, ser buena/mala señal. *-vn.* Predecir.

bodega [bəʊ'deɪgə] [bou-dei-ga] *s.* Tienda de comestibles o de abarrotes; almacén (grocery store).

bodement ['bəʊdmənt] [boud-ment], *s.* Presagio, pronóstico.

bodice ['bɒdɪs] [bo-dis], *s.* Corpiño (undergarment), jubón ajustado al cuerpo, parte del vestido de mujer; almilla atada con cordones. Canesú (of dress).

bodied ['bɒdɪd] [bo-did], *a.* Corpóreo, lo que tiene cuerpo. **Big-bodied**, corpulento. **Green-bodied**, de cuerpo verde. See also ABLE-BODIED.

bodiless ['bɒdɪlɪs] [bo-di-les], *a.* Incorpóreo, lo que no tiene cuerpo.

bodily ['bɒdɪlɪ] [bo-di-li], *adv.* Corpóreo, corporal, real, verdadero. **Bodily functions**, funciones fisiológicas.

bodily, *adv.* Corporalmente, con el cuerpo. **They dragged him bodily into the car**, lo agarraron y lo metieron en el coche a la fuerza.

boding ['bɒdɪŋ] [bo-din], *s.* Presagio, pronóstico.

bodkin ['bɒdkɪn] [bod-kin], *s.* 1. Punzón de sastre. 2. Agujeta o aguja de jareta. 3. *(Ant.)* Daga, puñal. 4. Horquilla para los cabellos. 5. *(Tipo.)* Punzón para sacar tipos de una forma.

body ['bɒdɪ] [bo-di], *s.* 1. Cuerpo, la sustancia material del hombre y de los demás animales. **Body and soul**, en cuerpo y alma. **Body language**, lenguaje corporal. 2. Tronco, el cuerpo humano con excepción de la cabeza, brazos y piernas (trunk); cadáver (corpse). **A dead body**, un cadáver. **Over my dead body!**, ¡tendrán que pasar por encima de mi cadáver. 3. Materia, en oposición al espíritu. 4. Una persona, un individuo. 5. Realidad, como opuesta a una mera representación. 6. Cuerpo, la masa colectiva o el agregado de las partes que componen un todo, el grueso de algo (majority, bulk). 7. Cuerpo o gremio, el agregado de personas que forman un pueblo, república o comunidad. 8. Cuerpo, la parte principal de alguna cosa (main part); carrocería (auto), fuselaje (plane), casco (ship). **Body shop**, taller de carrocería. 9. Colección general. 10. Cuerpo, espesor, fortaleza. **They walked out in a body**, salieron en masa o en bloque (unit). **A body of evidence**, un conjunto de pruebas (colection). **Foreign body**, cuerpo extraño (object). **Heavenly body**, cuerpo celeste. **A busybody**, entremetido. **Anybody**, Cualquiera. **Somebody**, alguien, alguno, **Everybody**, cada uno, todos. **Nobody**, Ninguno, nadie. **Body of a church,** nave de una iglsia. **Body of a tree**, tronco. **The main body of an army**, el grueso de un ejército. **Body-clothes**, manta que se pone a los caballos. **Body-color**, primera mano de color. **Body-guard**, (1) Guardia de corps. (2) *(Fig.)* Seguridad. Salvaguardia. **Body builder**, fisiculturista. **Body building**, fisiculturismo. **Body search**, cacheo. **Body shirt**, blusa (blouse); body, maillot (leotard). **Body stocking**, body. **Body work**, carrocería; trabajo de carrocería (repairing).

body, va, Dar cuerpo, forma u orden a alguna cosa. Able-bodied, Sano, robusto, sin tacha.

boetian ['bəʊʃən] [bou-shan], *a.* De Beocia, provincia de Grecia; beocio.

boer ['bəʊə[r]] [baua[r]], *s.* Agricultor holandés; persona blanca de raza holandesa en la República del Transvaal.

bog [bɒg] [bog], *s.* Pantano, ciénaga (swamp). **To be bogged down with work**, estar inundado de trabajo. **Bog-bean**, *(Bot.)* trifolio fibrino. **Bog-moss**, esfagno, musgo de pantano. **Bog-ore**, **bog-iron** ore, limonita, peróxido de hierro hidratado. **Bog-land**, el que vive en país pantanoso. Tierra pantanosa. **Bog-oak**, lignito de encina. **Bog-trotter**, el que vive entre pantanos. (GB) *(Sl.)* Retrete (lavatory).

bogey o **bogy** ['bəʊgɪ] [bou-gui], *s.* Duende, espantajo (evil spirit) BOGEYMAN. (GB) Moco.

bogeyman ['bəʊgɪˌmæn] [bo-gui-man] *s.* *(Fam.)* Coco, cuco.

boggle ['bɒgl] [bogl], *vn.* 1. Recular, cejar, retroceder. 2. Cejar, fluctuar, titubear, vacilar, balancear. **The mind boggles**, uno se queda helado o pasmado, uno alucina.

boggle, *s.* Fantasma, espectro, objeto espantoso.

bogglish ['bɒglɪʃ] [bo-glish], *a.* Irresoluto, indeciso.

boggy ['bɒgɪ] [bo-gui], *a.* Pantanoso, lleno de pantanos, cenagoso.

bogie ['bəʊgɪ] [bou-gui], *s.* Carretilla. **Bogie-engine**, Locomotora de balaste.

bogus ['bɒgəs] [bo-gus], *a.* Falso (claim, name), espúreo; postizo. Falaz (argumento). **A bogus company**, una empresa fantasma.

bohemian [bəʊ'hiːmɪən] [bou-í-mian], *s.* Bohemio (unconventional), bohemiano, de Bohemia.

boil [bɔɪl] [boil], *vn.* Hervir, cocer; se dice de todo lo que hierve o cuece (be at boiling point) (water, vegetables). **The rice has boiled dry**, el arroz se ha quedado sin agua. 2. Bullir; se dice de los líquidos. **Boiling water**, agua hirviendo. 3. Estar extraordinariamente agitado o hervirle a uno la sangre (be excited). **He was boiling with rage**, le hervía la sangre de rabia. 4. Estar lleno de fervor. **To boil away**, consumir un líquido a fuerza de cocerlo, reducir (stock, sauce). **To boil down to**, reducirse a. **What it boils down to is**, en resumidas cuentas, lo que pasa es esto. **To boil down**, reducir por medio de la cocción (milk, pan). Perder el control (person). **To boil over**, bullir o salirse fuera de la vasija con el calor. **To boil up**, estarse preparando. *-va.* Cocer (cook in boiling water) (vegetables). **Boil the eggs for three minutes**, cocer o hervir los huevos tres minutos. Hervir (bring to boiling point), dejar hervir (keep to boiling point). **Boiled**, hervido (potatoes, rice), cocido (ham), pasado por agua (egg) (soft), duro (hard). **Boiled sweet**, caramelo de fruta.

boil, *s.* *(Med.)* Divieso, furúnculo, tumor doloroso. (Cuba) Nacido. *(Mex.)* Clacote. **The vegetables are on the boil**, las verduras se están haciendo (boiling point). **He has another project on the boil**, tiene un nuevo proyecto entre manos. **Bring the water to the boil**, dejar que el agua rompa el hervor. **Interest in the affair has gone off the boil**, ha decaído el interés en el asunto.

boiler ['bɔɪləʳ] [boi-laʳ], *s.* 1. Cocedor, el que cuece alguna cosa. 2. Marmita, olla o caldero. 3. Caldera, calentador (water, heater), caldera (in steam engine). **Large boiler,** cazo, caldera, paila. **Steam-boiler**, hervidero para vaho; caldera de vapor. **Sugar boilers**, (Cuba) tachos. **Boiler compound**, pasta o polvos desincrustadores para las calderas. **Boiler-shell** o **jacket**, camisa o cubierta de una caldera. **Boiler-iron**, hierro en planchas para calderas.

boiler maker [bɔɪlə'meɪkəʳ] [boilar-mei-kaʳ], *s.* Calderero. *(Fam.)* Whisky con cerveza. **Boilermaker room**, sala de calderas. **Boilermaker suit**, mono, overol.

boilery ['bɔɪlərɪ] [boi-le-ri], *s.* En las salinas, el lugar donde está el caldero para secar la sal.

boiling ['bɔɪlɪŋ] [boi-lin], *s.* Hervor; ebullición; cocción, acción de hervir. *a.* *(Coloq,)* **This coffee is boiling**, este café está hirviendo. *(Fam.)* **I´m boiling**, estoy asado. **It´s boiling hot today**, hace un calor espantoso hoy.

boiling, *va.* Hirviendo. **Boiling hot**, hirviendo a borbollones o borbotones. **Boiling-kettle**, caldera. **Boiling-point**, punto de ebullición (del agua), centígrado, 100°; Fahrenheit 212°; Réaumur, 80°, al nivel del mar. **To be at/reach boiling point**, estar, ponerse al rojo vivo (situation).

boisterous ['bɔɪstərəs] [bois-te-ros], *a.* 1. Vocinglero rudo, clamoroso, ruidoso, tumultuoso, bullicioso (child/game). 2. Borrascoso, tempestuoso. **A boisterous youth**, un aturdido.

boisterously ['bɔɪstərəslɪ] [bois-te-ros-li], *adv.* Ruidosamente, tumultuosamente, curiosamente.

boisterousnes ['bɔɪstərəsnɪs] [bois-te-ros-nes], *s.* Turbulencia, tumulto, vocinglería; vehemencia, impetuosidad.

bold [bəʊld] [bould], *a.* 1. Intrépido, arrojado, ardiente, falto de temor, bravo, valiente. 2. Audaz, atrevido, osado, temerario (daring). 3. Impudente, descarado, desvergonzado (smile, advances). **If I may be so bold as to...**, si me permite el atrevimiento... 4. *(Mar.)* Saltado, alto, escarpado, acantilado; se dice de la ribera del mar. 5. Llamativo (pattern); fuerte, vivo (color).

bold-face ['bəʊldfeɪs] [bould-feis], *s.* 1. Descaro, desvergüenza, impudencia. 2. Negrita.

bold-faced ['bəʊldfeist] [bould-fei-sid], *a.* Descarado, desvergonzado. **Bold-faced type**, letra negra, negrita, como ésta: **Bold-face**. Lo mismo que FULL-fACE.

boldly ['bəʊldlɪ] [bould-li], *adv.* 1. Intrépidamente, audazmente (daringly). 2. Descaradamente, con descaro (impudently).

boldnes ['bəʊldnɪs] [bould-nes], *s.* 1. Arresto, arrojo o determinación para comprender alguna cosa árdua; intrepidez, aliento, ánimo, resolución, valentía. 2. Descaro, desvergüenza (impudence). 3. Libertad, atrevimiento, avilantez, osadía (daring). 4. Confianza en Dios.

bole [bəʊl] [boul], *s.* 1. Tronco, la parte inferior de un árbol. 2. Bol o bolo, especie de tierra que se usa para los tintes, las pinturas y el bruñido de oro. 3. Antigua medida inglesa para grano, de seis fanegas; dos hectolitros.

bolero [bə'lɛərəʊ] [bo-le-rou], *s.* 1. Bolero, aire musical popular español y el baile correspondiente. 2. Bolero, chaquetilla corta de señora, abierta al frente.

bolide ['bɒlɪd] [bo-lid], *s.* Bólido, meteoro ígneo que cruza el espacio con gran velocidad. *(Gal.)*

Bolivian [bə'lɪvɪən] [bo-li-vian] *a./s.* Boliviano.

boll [bəʊl] [bol], *s.* Tallo. **Boll of flax** o **hemp**, tallo o cápsula de lino o cáñamo. **Boll** *o* **bole of salt**, medida de sal que consta de dos fanegas.

bollard ['bəʊləd] [bou-lard] *s.* Noray, bolardo. (GB) Baliza (by road).

bollix ['bəʊlɪks] [bou-liks] *va.* (AmE) *(Sl.)* **Try not to bollix up this time!**, ¡esta vez intenta no cagarla! **The numbers are all bollixed up**, los números están todos liados.

bolloking ['bɒləkɪŋ] [bo-la-kin] *s.* (GB) *(Sl.)* **To give somebody a bollocking**, echarle una bronca a alguien.

bollocks ['bɒləks] [bo-loks] *s. pl.* (GB) *(Vulg.)* Huevos, pelotas, cojones, (testicles). Pendejadas o gilipolleces, pelotudeces, boludeces, huevadas (nonsense).

boll weevil ['bəʊlwiːvɪl] [boul-ui-vil], *s.* Picudo, gorgojo del algodón.

Bologna [bə'ləʊnɪə] [bo-lou-nia] *s.* Tipo de salchicha ahumada. **Bologna sausage**, salchichón de Bolonia.

bolognese [bɒlə'njeɪz] [bo-lo-ñeis], *a.* Bolonés, de Bolonia. **Bolognese sauce**, salsa boloñesa, tuco.

Bolshevik ['bɒlʃəvɪk] [bol-she-vik], *s.* y *a.* Bolchevique.

Bolshevism ['bɒlʃəvɪzəm] [bol-she-visem], *s.* Bolchevismo.

bolshie, bloshy ['bɒlʃɪ] [bol-shi] *a.* (GB) *(Coloq,)* Rebelde, díscolo.

bolster ['bəʊlstəʳ] [bouls-taʳ], *s.* 1. Travesero, almohadón para recostar la cabeza en la cama; almohada de forma cilíndrica. 2. Colcha. 3. Cabezal, lienzo de varios dobleces que se pone encima de la herida. 4. *(Mar.)* Almohada de los palos. 5. Borrenes, las almohadillas de la silla de montar. 6. Solera de carro. *(F.C.)* 7. Nabo; canecillo; caballete.

bolster, *va.* 1. Recostar la cabeza en el travesero. 2. Aplicar el cabezal a una herida. 3. Sostener, mantener, apoyar; reforzar (popularity, economy), reafirmar (argument), levantar (morale).

bolsterer ['bəʊlstərəʳ] [bouls-te-raʳ], *s.* Mantenedor, sostenedor.

bolstering ['bəʊlstərɪŋ] [bouls-te-rin], *s.* Apoyadero, apoyo.

bolt [bəʊlt] [boult], *s.* 1. Dardo, flecha. 2. Rayo; proyectil largo y cilíndrico para un cañón; lo que aparece o sobreviene de repente. 3. Cerrojo, pasador de una puerta. 4. Pestillo de cerradura. 5. *(E.U.)* Disidencia, acto de separarse de un partido político, o de negarse a apoyar a un candidato, medida o política de un partido. 6. Partida o salto repentino. **A bolt for home**, partida súbita de una persona con rumbo a su casa. 7. Rollo (de tela). 8. *(Mar.)* Perno, cavillas de hierro. **Bolts**, grillos, prisiones para los pies. 9. Clavija, perno, tolete. 10. Tamiz muy fino para separar la harina del salvado. 11. Relámpago, rayo (of lightning). **Bolt of cloth**, rollo. **Bolt and nut**, perno y tuerca. **Countersunk bolt**, perno de cabeza perdida. **Round-headed bolt**, perno de cabeza de hongo. **Square-headed bolt**, perno de cabeza, de diamante. **Bolt up right**, derecho, recto como un dardo.

bolt, *va.* 1. Cerrar con cerrojo. 2. Cerner, separar con el cedazo las partes más finas de cualquier materia reducida a polvo. 3 Examinar, escudriñar. 4 (E.U) Rehusar uno su apoyo al partido político a que pertenece; rechazar candidato o una medida de partido. 5. Charlar, hablar sin discreción ni tacto, descubrir por imprudencia lo que se debe callar. 6. Engullir, tragar sin mascar. 7. Lanzar, arrojar, echar, expeler de repente. **To bolt together**, asegurar con pernos (fasten with bolts). **To bolt down**, engullir (food, meal). *-vn.* 1. Saltar de repente. 2. Lanzarse, arrojarse. 3. Caer como un rayo. **To bolt in**, entrar de repente. **To bolt oral**, salir de golpe.

bolt, *adv.* **Bolt upright**, muy erguido. **He suddenly sat bolt upright in bed**, se irguió de repente en la cama.

bolter ['bəʊltəʳ] [boul-taʳ], *s.* 1. Cedazo. 2. Especie de red. 3. El que niega su apoyo a una candidatura debidamente acordada o designada.

bolthead ['bəʊlthed] [boult-jed], *s.* *(Quím.)* Recipiente.

bolting ['bəʊltɪŋ] [boul-tin], *s.* 1. Cernido o cernidura, la acción de pasar por cedazo. 2. Cerramiento. 3. Acción de negar su apoyo a un candidato o a una medida de partido. **Bolting-cloth**, cedazo, tamiz, criba. **Bolting-house**, cernedero. **Bolting-hutch**, **bolting-tub**, tina para cerner harina.

bolus ['bələs] [bo-lus], *s.* 1. Bolo, píldora gruesa; de aquí, dosis o medicamento difícil de tomar. 2. Cuerpo esférico de cualquier materia.

bomb [bɒm] [bom], *s.* Bomba (explosive device). **Bomb scare**, amenaza de bomba. **Bomb squad**, brigada antiexplosivos o de explosivos. **The room looked as if a bomb had hit it**, la habitación estaba toda patas arriba. (GB) *(Coloq,)* **To cost a bomb**, costar un dineral (large sum).

bomb, *vn.* Zumbar, sonar como una bomba. *(Fam.)* Ser un fracaso, tronar (flop, play). (GB) *(Fam.)* **To bomb along**, ir a todo lo que da (go fast). *-va.* Bombardear (from air). Colocar una bomba en (plant bomb in). *(Fam.)* Poner por los suelos (condemn).

bomb-chest ['bɒmtʃest] [bom-ches], *s.* Caja de bombas que se pone en algún paraje subterráneo para volarlo.

bombard [bɒm'bɑːd] [bom-bard], *s.* 1. Bombarda, una máquina militar antigua. 2. *(Ant.)* Vasija para conservar vino.

bombard, *va.* *(Mil.)* Bombardear, tirar bombas (assail). **She was bombarded with questions**, la acribillaron o bombardearon a preguntas.

bombardier [ˌbɒmbə'dɪəʳ] [bom-bar-diaʳ], *s.* Bombardero. **Bombardier beetle**, escarabajo bombardero o escopetero.

bombardment [bɒm'bɑːdmənt] [bom-bard-ment], *s.* Bombardeo, el acto de bombardear.

bombast ['bɒmbɑːst] [bom-bast], *s.* 1. Hinchazón, estilo hinchado. 2. Especie de estofa blanda y ligera.

bombast, **bombastic**, *a.* Altisonante, pomposo, retumbante, hinchado. Grandilocuente, bombástico.

bombax ['bɒmbɑːks] [bom-baks], *s.* Árbol americano de los trópicos, familia de las malváceas; la ceiba de Cuba. Bombax.

bombazette ['bɒmbəziːt] [bom-ba-sít], *s.* Alepín.

bombazine ['bɒmbəziːn] [bom-ba-sín], *s.* Alepín, tela fina de lana y seda.

bomb disposal ['bɒmdɪs'pəʊzəl] [bomb-dis-pou-sal] *s.* Desactivación de explosivos. **Bomb disposal expert**, artificiero.

bombed ['bɒmd] [bombd] *a.* *(Fam.)* **To be bombed**, estar como una cuba, estar tomado.

bomber ['bɒməʳ] [bom-baʳ], *s.* 1. Bombardero, avión de bombardeo. (aircraft). 2. Terrorista que perpetra atentados colocando bombas (terrorist). **Bomber jacket**, chaqueta, cazadora, chamarra o campera de aviador.

bombic ['bɒmbɪk] [bom-bik], *a.* Perteneciente al gusano de seda (bombice) o que se deriva de él.

bombing ['bɒmbɪŋ] [bom-bin] *s.* Bombardeo (from aircraft). Atentado terrorista (from terrorists).

bomb-proof ['bɒmpruːf] [bomb-prúf], *a.* *(Mil.)* A prueba de bomba. **Bomb release**, *s.* *(Acr.)* Lanzabombas.

bombshell ['bɒmʃel] [bomb-shel], *s.* 1. Bomba, granada. 2. *(fig.)* Sorpresa devastadora. **The news about their divorce came as a bombshell**, la noticia de su divorcio cayó como una bomba. *(Coloq,)* **A blonde bombshell**, una rubia explosiva.

bomb shelter ['bɒmˌʃeltəʳ] [bomb-shel-taʳ], *s.* Refugio antiaéreo.

bombsight ['bɒmsaɪt] [bomb-sait], *s.* Mira de bombadero, visor.

bombyx ['bɒmbɪks] [bom-biks], *s.* *(Ent.)* Gusano de seda en el estado de mariposa, bómbice.

bona-fide ['bəʊnə'faɪdɪ] [bouna-faidi], *(Lat.)* De buena fe, sin engaño. *(Coro.)* Verdad sabida, y buena fe guardada. Genuino, auténtico.

bonanza [bə'nænzə] [bo-nan-sa] *s.* Filón, mina de oro (piece of luck). Superabundancia, gran oferta (plentiful supply).

bonbon ['bənbən] [bon-bon], *s.* Confite, dulce, caramelo.

bond [bɒnd] [bond] *s.* 1. La cadena o soga con que está atado alguno. 2. Ligadura, vínculo, unión (link). **The bond between mother and child**, el vínculo afectivo entre madre e hijo. *s.* Prisión, cautiverio. 4. Obligación, la escritura, promesa o cédula que uno hace a favor de otro, de que cumplirá aquello que ofrece o a que se obliga. **My word is my bond**, puedes fiar de o confiar en mi palabra. 5. Bono, obligación (debt certificate); título de la deuda de una corporación o una nación. **To bond**, poner en depósito. **In bond**, en depósito. 6. Depósito. -a. Cautivo, siervo. **Bonds**, cadenas (fetters).

bond, *vn.* Adherirse (stick); establecer vínculos o lazos afectivos (form relationship). *va.* **To bond something to something**, adherir o pegar algo a algo.

bondage ['bɒndɪdʒ] [bon-dich], *s.* Cautiverio, esclavitud, servidumbre, estado a que pasa la persona que, perdida su libertad, vive en poder de otro (enslavement); obligación.

bonded ['bɒndɪd] [bon-did], *pp.* 1. Garantizado por obligación escrita; asegurado; protegido por seguro de infidelidad (guard/salesperson). 2. En depósito aduanero (goods). **Bonded goods**, mercancías en depósito **Bonded-warehouse**, almacén en depósito. **Bond-holder** , almacén de depósito. **Bond-holder**, tenedor de bonos u obligaciones.

bondmaid ['bɒndmeɪd] [bond-meid], *s.* Esclava, sierva, mujer puesta en esclavitud.

bondman ['bɒndmən] [bond-man], *s.* Esclavo, siervo.

bondservant [bɒnd'sɜːvənt] [bond-ser-vant], *s.* El esclavo o esclava que sirve como tal.

bondservice [bɒnd'sɜːvɪs] [bond-ser-vis], *s.* Esclavitud.

bondslave [bɒnd'sleɪv] [bond-sleiv], *s.* *V.* BOND-MAN.

bondsman [bɒnds'mən] [bonds-man], *s.* 1. Fiador, seguridad, el que da fianza por otro. 2. Esclavo.

bone [bəʊn] [boun], *s.* 1. Hueso, la parte sólida y dura del animal. 2. Raspa o espina del pez. 3. Hueso, fragmento de carne. **I can feel it in my bones**, tengo ese presentimiento. **To pick a bone**, roer un hueso. **To have a bone to pick with anyone**, tener que hacer con alguno; tener alguna queja de él, alguna diferencia, o satisfacción que pedirle. **A Spaniard to the backbone**, español de pies a cabeza. **He makes no bones about being an atheist**, no esconde o no oculta que es ateo. **To be close to the bone**, pasarse de castaño oscuro. 4. Dado. **The back-bone**, la espina dorsal. **The cheek-bone**, el hueso malar, apófisis del pómulo. **The jaw-bone**, la quijada. **To be skin and bones**, no tener más que la piel y los huesos. **Whale-bone**, barba de ballenas. **Boneblack**, negro animal. **Bones**, restos, huesos (of dead person).

bone, *va.* 1. Desosar, quitar o apartar los huesos de la carne; quitar las espinas a (fish). 2. Emballenar, poner ballenas a un corpiño, corsé, etc. 3. Abonar con huesos pulverizados. *(Coloq,)* **Bone up on**, estudiar. **Bone china**, porcelana fina. **Bone dry**, completamente seco. **Bonehead**, **boneheaded**, estúpido. (GB) *(Coloq,)* **Bone idle**, haragán, flojo.

bone, *-va.* Nivelar con un instrumento.

bone-ache [bəʊn'eɪk] [boun-eik], *s.* Dolor de huesos.

boned [bəʊnd] [bound], *a.* Osudo, huesudo, ososo; robusto.

bonelace ['bəʊnleɪs] [boun-leis], *s.* Encaje de hilo.

boneless ['bəʊnlɪs] [boun-les], *s.* Pulposo, sin huesos.

boner ['bəʊnəʳ] [bounaʳ] *s.* *(Coloq,)* Metedura o metida de pata.

boneset ['bəʊnset] [boun-set], *s.* Eupatorio, hierba medicinal amarga y tónica. Eupatorium perfoliatum.

bone-setter ['bəʊnsetəʳ] [boun-se-taʳ], *s.* Cirujano, curandero, el que concierta los huesos dislocados.

bonfire ['bɒnfaɪəʳ] [bon-faiaʳ], *s.* Hoguera o fogata encendida al aire libre, ya para quemar basura, ya por diversión o en señal de regocijo. **Bonfire night,** (in UK) GUY FAWKES NIGHT.

bonhomie ['bɒnɒmi:] [bon-o-mi] *s.* Cordialidad.

bonito ['bɒnɪtə] [bo-ni-to], *s.* Pez semejante al atún.

bonk [bɒŋk] [bonk] *vn.* *(Coloq,)* **To bonk somebody on the nose**, pegarle o darle a alguien en la nariz.

bonkers ['bɒŋkəz] [bon-kers] *a.* **To be bonkers**, estar chiflado. **To go bonkers**, perder la chaveta.

bonnet ['bɒnɪt] [bo-nit], *s.* 1. Gorra, gorro; sombrero de mujer (clothing); gorrito (for baby). 2. Solideo, bonete. 3. *(Fort.)* Bonete de clérigo, pequeño baluarte avanzado. 4. *(Mar,)* Borietas, los pedazos de velas que se añaden por la parte inferior a la vela mayor, mesina y trinquete.

bonnily ['bəʊnɪlɪ] [bouni-li], *adv.* Bonitamente, alegremente, hermosamente.

bonny ['bɒnɪ] [bo-ni], *a.* 1. Bonito, lindo, galán, gentil. 2. Alegre, festivo. Es voz usada hoy casi exclusivamente en Escocia.

bon-ton [bɒn'tɒn] [bon-ton], *s.* 1. El gran mundo, la alta sociedad. 2. Buen tono, buenas maneras. (Gal,)

bonus ['bəʊnəs] [bo-nos], *s.* 1. Adehala, lo que se da de gracia sobre el precio principal. 2. Regalo en dinero para obtener un favor, un privilegio o suministro. 3. Prima; bonificación (payment to employee). **For a bonus of two points**, para ganar dos puntos extra (in competition).

bony ['bəʊnɪ] [bou-ni], *a.* Huesudo (knee); óseo (made of bone).

boo [bu:] [bú] *interj.* (GB) ¡Bu! **He wouldn´t say boo to a goose**, es incapaz de matar una mosca. *s.* Silba, rechifla.

boo, boos, booing, booed, *va.* **She was booed off the stage**, le abuchearon y tuvo que abandonar el escenario. *-vn.* Abuchear.

boob [bu:b] [búb] *s.* *(Coloq,)* Metedura o metida de pata (blunder). *(Fam.)* **To make a boob**, meter la pata. *(Fam. o vulg.)* Teta, pechuga (breast). Bobo (foolish person).

boo-boo [bu:'bu:] [bú-bu] *s.* BOOB.

booby ['bu:bɪ] [bú-bi], *s.* Zote, hombre bobo, necio e ignorante. **Booby hatch**, loquero. **Booby prize**, premio al peor.

booby trap ['bu:bɪtræp] [bu-bi-trap], *s.* *(Mil.)* Granada o mina disimulada que estalla al moverse el objeto que la oculta. Bomba trampa. **His car was booby trapped**, le pusieron una bomba en el coche.

boodle ['bu:dl] [bú-del], *s.* (Ger. E. U.) 1. Dinero, especialmente dinero pagado como soborno; producto de un hurto o malversación. 2. Agregado, totalidad, colección; cuadrilla. Se escribe también *caboodle*. Se dice más comúnmente de personas. 3. *(Ger.)* Moneda falsa.

booger ['bu:gəʳ] [bú-gaʳ] *s.* Moco (seco).

boogey-man ['bu:gɪmən] [bu-gui-man] *s.* BOGEYMAN.

boogie ['bu:gɪ] [bú-gui] *vn.* *(Coloq,)* Bailar.

boogie-woogie ['bu:gɪˌwu:gɪ] [bu-gui-vu-gui], *s.* Forma de tocar *blues* en el piano caracterizada por un ritmo grave y persistente.

boo-hoo [ˌbu:'hu:] [bu-ju] *interj.* ¡buuah!

booing ['bu:ɪŋ] [buin] *s.* Abucheo.

book [bʊk] [buk], *s.* 1. Libro (printed book), volumen de papel cosido y cubierto para leer o escribir en él; cuaderno (exercise book), libreta o cuaderno de apuntes (notebook); Guía, directorio (telephone book). Muestrario (set of samples); librito (of matches, stamps) 2. Libro, las partes principales en que se divide algún volumen o tratado. 3. Libro de asiento, el libro en que un negociante asienta sus cuentas. **To keep the books**, llevar los libros, la contabilidad. Registro (of club, agency). **Are you on our books?**, ¿está usted inscrito aquí? **Day-book**, diario. **Invoice-book**, libro de facturas. **Pocket-book**, cartera. **Memorandum-book**, librito de memoria. **Cash-book**, libro de caja. **Old book**, maulán, maula. **A paperbook**, libro en blanco. **Second-hand books**, libros de ocasión. **Schoolbooks**, libros de enseñanza. **It sounds like something out of a book**, parece de cuento. **The good Book**, la Biblia. **By/according to the book**, ciñéndose a las reglas o normas. **In my book**, a mi modo de ver. **To be a closed book to somebody**, ser un misterio para alguien. **To be an open book**, ser (como) un libro abierto. **I´m in her bad books now**, en este momento no soy santo de su devoción. **To bring somebody to book**, pedirle cuentas a alguien. **To be brought to book**, tener que rendir cuentas. **Don't tell me stories, I can read you like a book**, a mí no me vengas con historias, que yo ya te conozco. **To throw the book at somebody**, castigar a alguien duramente. **Book club**, club del libro, círculo de lectores. **Book review**, reseña de un libro. **I´d make books they´ll lose the game!**, me apuesto/juego la cabeza a que pierden el partido.

book, *va.* Asentar en un libro, notar en un registro. **To book one's place**, retener un asiento (en un carruaje público, etc.). Reservar (room, seat, flight). **The hotel/flight is fully booked**, el hotel/vuelo está completo. **We´re fully booked until June**, hasta junio no nos queda nada. Concertar (appointment). Multar, ponerle una multa a (record charge against). Amonestar (in soccer). **Book in**, inscribirse, registrarse (register arrival). **She´d booked us in at the Hilton**, nos había reservado habitación en el Hilton (reserve room for).

book up: **The hotels are all booked up**, los hoteles están todos completos. **Tonight's performance is booked up**, no quedan localidades para la función de esta noche.

bookable ['bʊkəbl] [bu-ka-bol] *a.* Que se puede reservar (seat). Que se sanciona con tarjeta amarilla (sport, offence).

bookbinder ['bʊkˌbaɪndəʳ] [buk-bain-daʳ], *s.* Encuadernador de libros.

bookbinding ['bʊkˌbaɪndiŋ] [buk-bain-din], *s.* Encuadernación de libros. **Bookbinding case**, biblioteca, estantería, librería, librero. **Bookbinding end**, sujetalibros.

bookcase ['bʊkkeɪs] [buk-keis], *s.* Armario o estante para libros; biblioteca.

bookie ['bʊkɪ] [bu-ki], *s.* *(Fam.)* Corredor de apuestas (en las carreras de caballos). BOOKMAKER.

booking ['bʊkɪŋ] [bu-kin], *s.* Registro, asiento. **Booking clerk**, *(Ingl.)* vendedor de billetes de pasaje o teatro. **Booking office**, *(Ingl.)* registro y despacho de pasajes, expendeduría de billetes. Reserva, reservación (reservation). **Booking fee**,

suplemento, recargo. Compromiso (engagement). **Booking office**, (GB) *(Teat.)* Taquilla, boletería.
bookish ['bʊkɪʃ] [bu-kish], *a.* 1. Estudioso, aficionado a los libros; entendido o versado en libros. 2. Teórico, poco práctico, especulativo. Libresco (style). **One of those bookish types**, un ratón de biblioteca.
bookishness ['bʊkɪʃnɪs] [bu-kish-nes], *s.* Aplicación intensa a los libros; estudiosidad; falta de sentido práctico.
bookkeeper ['bʊk,kɪpəʳ] [buk-kí-paʳ], *s.* Tenedor de libros, el dependiente que en una casa de comercio está encargado de los libros; contable.
bookkeeping ['bʊk,kɪpɪŋ] [buk-kí-pin], *s.* La teneduría de libros, el arte de hacerlos asientos en los libros de comercio; contabilidad.
book-learned ['bʊk,lɜːnɪd] [buk-ler-nid], *a.* Leído,versado en libros, erudito.
book-learning['bʊk,lɜːnɪŋ] [buk-ler-nin], *s.* Literatura, conocimiento de las letras o ciencias.
bookless ['bʊklɪs] [buk-lis], *a.* Sin libros; desaplicado.
booklist ['bʊklɪst] [buk-list] *s.* Catálogo de libros (of bookseller, publisher); bibliografía (reading list).
bookmaker ['bʊkmeɪkəʳ] [buk-mei-kaʳ], *s.* 1. El que compila o escribe libros sólo por la ganancia o lucro; el que los imprime y encuaderna. 2. Apostador de profesión; se dice en especial del que solicita y anota apuestas en las carreras de caballos.
bookmaking ['bʊkmeɪkɪŋ] [buk-mei-kin], *s.* La ocupación de compilar o escribir libros a destajo.
bookman ['bʊkmən] [buk-man], *s.* Hombre estudioso o dedicado al estudio.
bookmark ['bʊkmɑːk] [buk-mark], *s.* Marcador de libros, señalador.
bookmate ['bʊkmeɪt] [buk-meit], *s.* Condiscípulo.
bookmobile ['bʊkməʊ,biːl] [buk-mou-bil] *s.* Biblioteca ambulante.
book-muslin ['bʊkməslɪn] [buk-mus-lin], *s.* Percalina plegada en la pieza a manera de libro.
bookplate ['bʊkpleɪt] [buk-pleit] *s.* ex libris.
bookseller ['bʊk,seləʳ] [buk-se-laʳ], *s.* Librero, el que vende libros. **Book trade**, el comercio de libros. **Book-store**, librería, almacén de libros.
bookshelf ['bʊkʃelf] [buk-shelf] *s.* Estante, balda para libros (shelf).
bookshop ['bʊkʃɒp] [buk-shop] *s.* Librería.
bookstall ['bʊkstɔːl] [buk-stol] *s.* Quiosco de prensa y libros (in station).
bookstand ['bʊkstænd] [buk-stand], *s.* Puesto de libros.
bookstore ['bʊkstɔːʳ] [buk-stoʳ], *s.* Librería.
book token ['bʊk,təʊkən] [buk-tou-ken] *s.* (GB) Cheque regalo, vale canjeable por libros.
bookworm ['bʊkwɜːm] [buk-uerm], *s.* 1. Polilla o gusano que roe los libros. 2. *(Met.)* Estudiante demasiado aplicado a los libros; buquinista, ratón de biblioteca.
boom [buːm] [bum], *s.* 1. *(Mar.)* Botalón, palo largo con un motón hecho firme en una cabeza para pasar las escotas de las alas. 2. Cadena para cerrar un puerto. 3. Estampido, estrépito, estruendo (of guns, explosion), bramido (sound of waves, wind). 4. Jirafa (de micrófono). 5. Bonanza, auge, prosperidad repentina. **Boom town**, ciudad que está en auge. **Boom times**, época de gran prosperidad comercial. **Boom industry**, industria en auge.
boom, *vn.* 1. Hacer ruido profundo y resonante, como el de las olas del mar, o el estampido de un cañón; tronar, retumbar. 2. Moverse con violencia; ir a velas desplegadas. 3. (Fam. E.U.) Aumentar rápidamente de valor en el mercado o ganar en favor. Vivir un boom (market, industry). *-va.* Favorecer, anunciar y fomentar algo muy enérgicamente. **Boom out**, retumbar, resonar.
boomerang ['buːməræŋ] [bu-me-ran], *s.* 1. Bumerang, arma arrojadiza muy singular de los indígenas de Australia y de algunas partes de la India. 2.Todo acto o proceder cuyas malas consecuencias recaen sobre el autor del mismo. *-vn.* Tener el efecto contrario al buscado.
booming ['buːmɪŋ] [bu-min] *a.* Retumbante (sound). En auge (industry).
boon [buːn] [bun], *s.* Dádiva, presente, regalo; gracia, merced, favor; dicha, bendición (blessing).
boon, *a.* 1. Alegre, festivo. 2. Liberal, generoso. 3. Dichoso, afortunado, próspero.
boondocks ['buːndɒks] [bun-doks], **boonies** ['buːnɪs] [bu-nis] *s. pl.* **The boondocks/boonies**, los quintos infiernos.
boondoggle ['buːndɒgl] [bun-do-gol] *s.* *(Coloq.)* Despilfarro.
boor [bʊəʳ] [buaʳ], *s.* 1. Patán, aldeano, villano, grosero.
boorish ['bʊərɪʃ] [bua-rish], *a.* Rústico, agreste ; grosero, zafio.
boorishly ['bʊərɪʃnɪs] [bua-rish-li], *adv.* Rústicamente, toscamente.
boorishness ['bʊərɪʃnɪs] [bua-rish-nes], *s.* Rusticidad, tosquedad, falta de cultura.
boose [buːz] [bus], *s.* (Prov. Ingl.) 1. Boyeriza, establo para los bueyes. 2. Cierta mezcla de tierra y minerales.
boost [buːst] [bust], *va.* (Fam. E. U.) Empujar, levantar, alzar desde abajo. Estimular (economy, production); aumentar, incrementar (sales); levantar (morale). **To boost somebody's confidence**, darle más confianza en sí mismo a alguien. *s.* Alza; ayuda, asistencia. **To give a boost to something**, dar empuje a algo, estimular algo (uplift). **It was a tremendous boost to her confidence**, le dio mucha más confianza en sí misma.
booster ['buːstəʳ] [bus-taʳ], *s.* Fomentador, secuaz. **Booster rocket**, cohete impulsor. **Booster shot**, *(Med.)* inyección estimulante, vacuna de refuerzo. Repetidor (Rad., Telec., TV). Booster (auto). **Booster cable**, cable de arranque.
boot [buːt] [but], *va.* y *vn.* 1. Aprovechar, ser de algún uso o utilidad, valer, servir, ser útil, importar. 2. Calzarse las botas, ganar. 3. Darle un puntapié a. **He booted the ball into the net**, metió el balón en la red de una patada. *(Comput.)* **Boot up**, cargar, hacer el cebado de. *(Coloq,)* **Boot out**, echar, poner de patitas en la calle.
boot, *s.* 1. Ganancia, provecho, utilidad, ventaja. 2. Bota (clothing), botín (short), todo calzado que cubre parte de la pierna. **A pair of boots**, unas botas, un par de botas. **The boot's on the other foot now**, se ha vuelto la tortilla. **To die with/in one's boots**, morir con las botas puestas. *(Coloq,)* **To lick somebody's boots**, adular a alguien, hacerle la pelota, la barba o la pata a alguien; chuparle las medias a alguien, lambonear a alguien. (GB) *(Coloq,)* **To put/stick the boot in**, dar patadas. *(Coloq,)* **To give somebody the boot**, echar a alguien, darle la patada a alguien. **Boot-jack**, sacabotas. **Boot-legs**, Cortes de botas. **Boot-hose**, calcetones. **Boot-tree**, horma de bota. *(Fam.)* **To boot** (Cuba), De ñapa, de contra; de más a más; encima. *(Mex.)* De ganancia, de pilón. 3. Pesebrón de un coche. Maletero, portamaletas, cajuela, baúl, maleta, maletera (Auto). **To boot**, para rematarla, por si fuera poco (hum) (as linker).
bootblack ['buːtblæk] [but-blak], *s.* Limpiabotas. *(Mex.)* Bolero.
boot camp ['buːtkæmp] [but-kamp] *s.* Campamento de entrenamiento de reclutas de Marina.
booted ['buːtɪd] [bu-ted], *a.* Puesto de botas, calzado con botas.
bootee [buː'tiː] [bu-ti], o **bootie** *s.* Botita de lana para infantes(for baby). Botín (for woman).
booth [buːθ] [buz], *s.* 1. Barraca (stall at fair) o casa hecha de tablas, choza, cabaña. 2. Puesto, stand (at exhibition), tabladillo, mesilla de feria o mercado. Cabina (cabin). **Ticket booth**, taquilla, boletería. **Photo booth**, fotomatón. **Polling booth**, cabina de votación. **Telephone booth**, cabina de teléfono.
bootleg ['buːtleg] [but-leg], *va.* y *vn.* Contrabandear, dedicarse al contrabando (esp. en licores). **To bootleg tapes**, grabar y vender cintas piratas.

bootleg, *a.* De contrabando (liquor); pirata (tape).
bootlegger ['bu:tlegəʳ] [but-legaʳ], *s.* Contrabandista (esp. de licores).
bootlegging ['bu:tlegɪŋ] [but-le-guin], *s.* Contrabando (esp. de licores).
bootless ['bu:tlɪs] [but-les], *a.* 1. Inútil, sin provecho. 2. Sin botas.
boots [bu:ts] [buts], *s.* Limpiabotas (de una fonda)
booty ['bu:tɪ] [bu-ti], *s.* Botín, presa, saqueo. **To play booty**, jugar fraudulentamente, o estar de inteligencia con uno para engañar a otro.
booze [bu:z] [bus], *vn.* Embriagarse, emborracharse. *-s.* Borrachera; bebida espirituosa.
boozer ['bu:zəʳ] [bu-saʳ] *s. (Coloq,)* Borrachín. (GB) bar (pub).
booze-up['bu:zˌʌp] [bus-ap] *s. (Coloq,)* (GB) Juerga.
boozy['bu:zɪ] [busi], *a.* Embriagado, beodo. **A boozy meal**, una comida regada con abundante alcohol.
bop [bɒp] [bop] *s. (Coloq,)* (GB) **To go for a bop**, ir a bailar. **A bop on the head**, un coscorrón (blow). *vn.* Bailar.
bopeep ['bɒpi:p] [bo-pip], *s.* 1. El acto de mirar al soslayo, de harto o de reo. 2. Escondite.
boracic acid [bə'ræsɪk] [bo-ra-sik], *s.* Acido borácico, o bórico.
boracite [bə'rəsaɪt] [bo-ra-sait], *s. (Min.)* Borácita o borato de magnesia.
borate ['bəreɪt] [bo-reit], *s.* Borato, sal compuesta de ácido borácico unido a alguna base.
boratto [bə'reɪtə] [bo-rei-to], *s.* Tela de seda y lana semejante a bombasí o alepín.
borax ['bɔ:ræks] [bo-raks], Bórax,atíncar mineral compuesto de borato de sosa y agua.
borborygm [bɔ:bə'rɪdʒm] [bor-bo-ri-chem], *s.* Borborigmo, ruido de tripas.
bordello ['bədelə] [bor-de-lo] *s.* Burdel.
border ['bɔ:dəʳ] [bor-daʳ], *s.* 1. Orilla, borde (edge), margen o extremidad de alguna cosa. 2. *(Pol.)* Frontera, límite o confín de algún país. **Paraguay has borders with three countries**, Paraguay limita con tres países. Fronterizo (dispute, town). 3. Guarnición de vestido, florón, ribete, cenefa (edging-on fabric, plate), franja, farfalá. 4. Borde o lomo de un jardín plantado de flores; arriate, cantero (in garden).
border, *vn.* 1. Confinar, lindar. 2. Aproximarse, acercarse. *-va.* 1. Guarnecer, ribetear (edge with ribbon, binding). **The plates were bordered with a blue band**, los platos tenían una cenefa azul. 2. Alcanzar, tocar o lindar con (fields, lands); limitar con (country, state). **To border on/upon**, confinar, tocar, limitar. **France borders upon Spain**, Francia confina con España. De aquí, acercarse en carácter, asemejarse.
bordering ['bɔ:dərɪŋ] [bor-de-rin], *s.* Guarnicionado. *-a.* Fronterizo, contiguo, cercano, vencino. **A bordering town**, ciudad fronteriza.
borderland ['bɔ:dəlænd] [bor-der-land] *s.* Zona fronteriza.
borderline ['bɔ:dəlaɪn] [bor-der-lain], *s.* Límite, orilla, frontera. *-a.* Incierto, dudoso (case, score); en el límite entre el aprobado y el reprobado o el suspenso (candidate). **A borderline pass**, un aprobado muy justo. **A borderline case**, caso entre lo normal y lo subnormal.
bore ['bɔ:ʳ] [boʳ], *va.* Taladrar; barrenar, excavar, abrir (shaft, tunnel). **They bore a hole into the rock**, hicieron una perforación en la roca. *-vn.* 1. Hacer agujeros, perforar, taladrar. **They are boring for oil**, están haciendo perforaciones en busca de petróleo. 2. Adelantarse avanzar gradualmente. 3. Llevar la cabeza baja los caballos. *(Fam.)* **To bore**, molestar, incomodar, jorobar, aburrir (weary).
bore, *pret.* del verbo TO BEAR.
bore, *s.* 1. Taladro, barreno, el agujero que se hace taladrando o barrenando. 2. Taladro, barreno o barrena, el instrumento con que se taladra o barrena. 3. Calibre, el hueco de un cañón (of cylinder, gun barrel). (GB) **12-bore shotgun**, escopeta de calibre 12. 4. *(Fam.)* **A bore**, o **A perfect bore**, majadero, jorobón, pelma, pesado, molienda, insufrible, pelmazo, plomo (person). Aburrimiento, pesadez, lata (thing). 5. Ola que forma la subida de la marea por el cauce de un río.
boreal ['bɔ:rɪəl] [bor-rial], *a.* Septentrional, boreal.
boreas ['bɔ:rɪəz] [bor-dias], *s.* Norte, uno de los vientos.
borecole ['bɔ:kəʊl] [bor-koul], *s. (Bot.)* Especie de berza.
bored ['bɔ:d] [bord] *a.* Aburrido. **To be bored with something**, estar aburrido de algo. **To get bored**, aburrirse.
boredom ['bɔ:dəm] [bor-dom], *s.* 1. Los pesados, y majaderos, como clase. 2. La condición de verse y estar fastidiado y molestado. Aburrimiento.
borer ['bɔ:rəʳ] [boraʳ]], *s.* 1. Barreno o taladro. 2. Lo que excava, como escarabajo, cansado.
boresome ['bɔ:sʌm] [bor-som], *a.* Fastidioso, aburrido. 2. *(Fam.)* Latoso.
boring ['bɔ:rɪŋ] [bo-rin] *a.* Aburrido, aburridor.
born ['bɔ:n] [born], *pp.* of BEAR. Nacido; destinado. **To be born**, nacer. **Since I was born**, desde que nací. **To be born again**, renacer. **The first-born**, el primogénito. **High-born, low-born**, de elevado, de humilde nacimiento. **To be born lucky**, nacer con suerte. **Poets are born not made**, los poetas nacen, no se hacen. **He was born (to a life) of luxury**, nació para ser rico. **I wasn't born yesterday, you know!**, ¡oye, que no nací ayer! **There's one born every minute!**, hay tontos para repartir.
born, *a.* Nato (teacher/leader). *(Coloq,)* **In all my born days**, en toda mi vida. **He's a born looser**, siempre ha sido y será un perdedor.
-born *suff.* **Austrianborn/Dallasborn**, nacido en/oriundo de Austria/Dallas.
born-again ['bɔ:nəˌgen] [born-e-guein] *a.* **Born-again Christian**, cristiano convertido especialmente a una secta evangélica.
borne [bɔ:n] [born], *pp.* de TO BEAR. Llevado, sostenido.
boron ['bɔ:rɒn] [bo-ron], *s.* Boro, elemento químico no metálico; origen del ácido bórico.
borough ['bʌrə] [ba-ro], *s.* 1. Ciudad o villa. 2. *(Ingl.)* Corporación municipal, no una ciudad, dotada por real cédula de ciertos privilegios (municipal borough). Municipio (in New York, London). **The five Boroughs**, la ciudad de Nueva York. 3. *(Ingl.)* Pueblo constituido o no en corporación legal, pero con derecho de representación en el Parlamento (parliamentary borough). 4. Distrito municipal (in US), municipio (in UK), condado (in Alaska).
borrow ['bɒrəʊ] [bo-rou], *va.* 1. Tomar fiado o prestado. 2. Pedir prestado (have on loan); lo contrario de *to lend*, prestar. **May I borrow your pencil?**, ¿me prestas o me dejas el lápiz? **The ladder is borrowed**, la escalera es prestada. **I borrowed $5,000 from the bank**, pedí un préstamo de 5.000 dólares al banco. **He was living on borrowed time**, tenía los días contados. 3. Usar prendas ajenas, servirse de lo que pertenece a otro. Sacar (from library) (idea). Tomar (word). **A term borrowed from German**, un préstamo del alemán, una palabra tomada del alemán.
borrower ['bɒrəʊəʳ] [bo-rouaʳ], *s.* El que pide prestado. *(Fin.)* Prestatario. Usuario (from library).
borrowing ['bɒrəʊɪŋ] [bo-rouin], *s.* Empréstito, préstamo, el acto de pedir prestado o la cosa que se pide prestada.
borstal ['bɔ:stl] [borstal] *s.* Reformatorio (formerly in UK).
boscage ['bɒskeɪdʒ] [bos-keich], *s.* 1. Boscaje, soto, floresta, arboleda, el conjunto de árboles y plantas. 2. *(Pint.)* Paisaje poblado de árboles.
bosh [bɒʃ] [bosh], *s.* 1. Galimatías, necedad. 2. Atalaje de alto horno; embudo del cabilote. (Turco).
bosk ['bɒsk] [bosk], *s.* Bosque pequeño; matorral.
bosket ['bɒskɪt] [bos-kit], *s.* Bosquecillo, bosquete, grupo de árboles en un jardín extenso.
Bosnia Herzegovina ['bɔznɪəˌhɜ:tsəgəʊ'vi:nə] [bos-nia-jer-se-gou-vi-na] *N. (Geogr.)* Bosnia Herzegovina.
Bosnian ['bɔznɪən] [bos-nian], *a./s.* Bosnio, de Bosnia.
bosom ['bʊzəm] [bo-som], *s.* 1. Seno, (heart, center), el pecho, (breast, chest, bust), el corazón. 2. Amor, inclinación,

afecto, cariño. **Bosom friend**, amigo íntimo o de la mayor confianza. 3. Pecho, la parte del vestido de mujer que está sobre el pecho. **Bosom of the church**, El gremio de la Iglesia. 4. Pechera, en costura. **Bosom of a shirt**, Pechera de la camisa.

bosom, *va.* 1. Guardar en el pecho. 2. Ocultar o tener secreta alguna cosa.

boson ['bɒsən] [bo-son], *s. V.* **BOATSWAIN.**

Bosphorus ['bɒsfərəs] [bos-fo-ros], *s.* Bósforo, el estrecho, canal o garganta de mar entre dos tierras firmes, por donde un mar se comunica con otro.

boss [bɒs] [bos], *s.* 1. Clavo o tachón; giba, joroba, corcova, abolladura. **Boss of a bridle**, copa de freno. **Boss of a book**, lomo de un libro. 2. Patrón (employer, factory owner), maestro: capataz de obreros. Jefe (superior). **You decide, you're the boss**, decídelo tú que eres el que manda. **I want to be my own boss**, quiero ser mi propio patrón. 3. Dictador o cacique político. Dirigente (leader). **Union bosses**, dirigentes sindicales. **A Mafia boss**, un capo de la Mafia. **Boss around**, (GB) **boss about**, *(Coloq,)* Mandonear.

boss, *va.* 1. Trabajar en relieve. *V.* EMBOSS. 2. *(Fam.) (E.U.)* (a) Dirigir obras. (b) Tener y ejercer poder o influencia.

bossage ['bɒsɪdʒ] [bo-sich], *s.* Relieve o proyectura de alguna piedra.

bossed ['bɒst] [bost], **bossy** ['bɒsɪ] [bo-si], *a.* Saltado, tachonado; turgente, abultado, saliente.

bossily ['bɒsɪlɪ] [bo-si-li] *adv.* En tono autoritario (say); de manera autoritaria (behave).

bossy ['bɒsɪnɪs] [bo-si-nis] *a. (Coloq,)* Mandón.

bosun ['bəʊsən] [bou-son] *s. V.* BOATSWAIN.

bot [bɒt] [bot], *s.* 1. Larva de estro. 2. Estro. *V.* BOT-FLY.

botanic, botanical [bə'tænɪk] [bo-ta-nik] [bə'tænɪkl] [bo-ta-nikl], *a.* Botánico, que pertenece a la botánica. **Botanic gardens**, jardín botánico.

botanically [bə'tænɪklɪ] [bo-ta-nikli], *adv.* Botánicamente.

botanist ['bɒtənɪst] [bo-ta-nist], *s.* Botánico, el que profesa la botánica o tiene conocimiento de las plantas.

botanize ['bɒtənaɪz] [bo-ta-nais], *va.* Explorar en busca de ejemplares botánicos o para estudiar la vida de plantas. *-vn.* Herborizar, buscar plantas y estudiarlas; ocuparse en botánica.

botany ['bɒtənɪ] [bo-ta-ni], *s.* Botánica, la parte de la biología que trata de las plantas, sus clases, géneros y especies (subject). Flora (of particular place).

botch [bɒtʃ] [boch], *s.* 1. Roncha, el bultillo que se eleva en el cuerpo del animal. 2. Remiendo, cualquiera cosa mal acabada añadida a otra. 3. Landre, úlcera. 4. *(Poét.)* ripio. **To make a botch-up of something**, hacer una chapuza de algo.

botch, *va.* 1. Remendar ropa chapuceramente (repair). 2. Juntar o unir alguna cosa chabacanamente. 3. Chapuzar, chafallar, hacer un trabajo apresuradamente. Estropear (plan). 4. *(Poét.)* Llenar de ripios el verso.

botcher ['bɒtʃəʳ] [bo-chaʳ], *s.* Sastre remendón.

botchy ['bɒtʃɪ] [bo-chi] *a.* Señalado con ronchas.

bot-fly [bɒt'flaɪ] [bot-flai], *s.* Estro, insecto díptero de la familia Oestridae, de muchas especies diferentes; algunas de ellas son nocivas al caballo, al buey y a la oveja, en cuyos cuerpos depositan sus huevos.

both [bəʊθ] [bouz], *a.* Ambos, los dos, entrambos, ambos a dos. **On both sides**, por ambos lados, por ambas partes, de uno y otro lado. **Both of them**, ellos dos. **Both of us**, nosotros dos. **Both his sons**, sus dos hijos.

both, *conj.* Tanto como, así como. **Both in time of peace and war**, tanto en tiempo de paz como de guerra. **Both Paul and John are in Italy**, tanto Paul como John están en Italia, Paul y John están los dos en Italia.

both, *pron.* Ambos, ambas, los dos, las dos. **Both of them wanted to go**, los dos o ambos querían ir. **Both of my brothers can swim**, mis dos hermanos saben nadar. **We both like chess**, a los dos nos gusta el ajedrez. **The coats are both too big**, los dos abrigos son demasiado grandes. **She sends her love to you both**, les manda recuerdos a los dos.

bother ['bɒθəʳ] [bo-zaʳ], *va. (Fam.)* Aturullar, confundir, perturbar, enojar, aturdir con ruido; molestar (irritate), incomodar, jorobar, fastidiar (pester). **Does my smoking bother you?**, ¿te molesta que fume? **Sorry to bother you**, perdone (que le moleste). Preocupar (trouble). **What's bothering you?**, ¿qué es lo que te preocupa? **She's very quiet, but don't let it bother you**, es muy callada, no te inquietes por ello. **Don't bother writing a long letter**, no hace falta que escribas una carta larga (making effort). **I don't bother cooking any more**, ya no me molesto en cocinar más. *-vn.* Molestarse (make effort). **You shouldn't have bothered**, no debiste haberte molestado. **Why bother?**, ¿para qué molestarse? **I don't usually bother with lunch**, normalmente no como nada al mediodía. **To bother about something/somebody**, preocuparse por algo/alguien (worry).

bother, *s.* Molestia (trouble), trabajo (work), problemas (problems). **It isn't worth the bother**, no vale la pena. (GB) *(Coloq,)* **A spot of bother**, un problemita. **If it isn't too much of a bother for you**, si no es mucho problema o demasiada molestia para usted (nuisance).

bother, *interj. (Coloq,)* (GB) **Bother (it)!**, ¡maldito sea!

bothered ['bɒðəd] [bo-derd] *a.* **I can't be bothered to go**, me da pereza ir. **She yelled at him, but he wasn't a bit bothered**, le pegó un berrido, pero él ni se inmutó. (GB) **I'm not bothered**, me da igual o lo mismo (I don't mind).

bothersome ['bɒðəsʌm] [bo-der-sam] *a.* Molesto (demands); pesado, fastidioso (person).

Bothnian ['bɒθnɪən] [boz-nian], *a.* Botniano.

botryoidal ['bɒtrɪəɪdəl] [bo-trioi-dal], *a.* Botrioideo, que tiene la forma de un racimo; se aplica comúnmente a los minerales. (Gr. botrys, racimo).

bots [bɒts] [bots], *s. pl.* Lombrices en las entrañas de los caballos. Larvas de varias especies de moscas (*botfly*), que molestan a las caballerías.

bottle ['bɒtl] [botel], *s.* 1. Botella (container, contents), frasco (of perfume), redoma de vidrio. **Return empty bottles**, devuelva los envases o los cascos. **A milk bottle**, una botella de leche (el envase). 2. Botella, la cantidad de vino que se echa en dicha vasija, que viene a ser algo menos de dos cuartillos. 3. Haz o gavilla de heno o verde. **Bottle friend** o **companion**, compañero en el beber, bebedor. **Nursing-bottle** o **baby's/feeding bottle**, mamadera, biberón, tetero, mamila. **Stone bottle**, botella de greda. **Bottle brush**, cepillo o escobilla para limpiar botellas. **Bottle opener**, abrebotellas, destapador. *(Coloq,)* **To hit the bottle**, darle a la bebida, al trago (alcohol). (GB) *(Coloq,)* Agallas (courage, nerve). *(Fam.)* **To lose one's bottle**, achicarse.

bottle, *va.* 1. Embotellar (wine, milk), enfrascar, poner alguna cosa en botellas o frascos. **Bottled milk**, leche en o de botella. **Bottled water**, agua embotellada. 2. Agavillar. 3. (GB) Poner en conserva (fruit, vegetables). **Bottle out**, rajarse, acobardarse. **Bottle up**, reprimir (emotion), **Don't bottle it all up inside you**, no te lo guardes dentro. **Bottle bank**, contenedor de recogida de vidrio. **Bottlefeed**, alimentar o criar con biberón, mamila, mamadera o tetero.

bottled ['bɒtld] [boteld], *a.* Embotellado, enfrascado.

bottleflower ['bɒtl'flaʊəʳ] [botel-flauaʳ], *s. (Bot.)* Centaurea.

bottlegreen ['bɒtl'griːn] [botel-grín], *s.* Verde botella, un color.

bottleneck ['bɒtlnek] [botel-nek], *s.* 1. Cuello de botella (narrow stretch of road). 2. Cuello de estrangulación (en el tránsito); embotellamiento (hold-up). 3. *(Fig.)* Angostura, obstrucción. *va.* Obstaculizar.

bottlescrew ['bɒtlskruː] [botel-skrú], *s.* Tirabuzón o sacatrapos para extraer los tapones de los frascos y botellas.

bottling ['bɒtlɪŋ] [bo-tlin], *s.* Embotellamiento.

bottom ['bɒtəm] [bo-tom], *s.* 1. Fondo (box, bottle, drawer), suelo, la parte inferior o más baja de alguna cosa (underneath). Final, pie (of page). Parte de abajo (of pile).

At the bottom of the list, al final de la lista. *(Coloq,)* **Bottoms up!**, ¡al centro y pa'dentro! **From the bottom of one's heart**, de todo corazón. **To get to the bottom of something**, llegar al fondo de algo. **To knock the bottom out of something**, echar por tierra algo. 2. Zanja, el cimiento o fundamento de alguna cosa. Fondo (of garden, sea, river, lake). **To hit/touch bottom**, tocar fondo. 3. Cañada o valle. 4. Hondonada, ovillo, globo o pelota compuesta de hilo, seda, etc. 5. Embarcación o buque. 6. Fin, designio, motivo. 7. Culo, trasero (of person), traste. **The bottom of the belly**, el empeine. 8. Asentaderas, nalgas. 9. Asiento de una silla. 10. Pie (hill, stairs); base, fundamento. 11. Pantalón, pantalones (of pyjamas, tracksuit); parte de abajo (of bikini). 12. Parte baja, segunda (in baseball). **Bottoms**, valle, vega (river valley). **Bottom out**, tocar fondo. **He's at the bottom of the class**, es el último de la clase (of hierarchy). **The team is at the bottom of the league**, el equipo está a la cola de la liga. **She started out at the bottom**, empezó desde abajo.

bottom, *a.* De más abajo (shelf, layer); más bajo (grade); inferior, de abajo (part/edge/lip). **The bottom left-hand corner**, el ángulo inferior izquierdo.

bottomed ['bɒtəmd] [bo-tomd], *a.* Lo que tiene fondo o suelo. Forrado.

bottomless ['bɒtəmlɪs] [bo-tom-les], *a.* 1. Insondable, lo que no se puede sondear. Sin fondo (well, shaft). **Bottomless pit**, abismo. **He's a bottomless pit**, tiene la solitaria, es un barril sin fondo. 2. Excesivo, desmesurado, impenetrable.

bottom line ['bɒtəmlaɪn] [bo-tom-lain] *s.* **The bottom line is that...**, en pocas palabras o en resumidas cuentas, esto implica que... (result).

bottomry ['bɒtəmrɪ] [bo-tom-ri], *s. (Mar.)* Casco y quilla, el acto de tomar dinero prestado hipotecando todo el barco.

botulism ['bɒtjʊlɪzəm] [bo-tiu-lisem], *s.* Botulismo.

boudoir ['bu:dwɑ:^{r}] [bu-dua^{r}], *s.* Tocador o recámara de señora.

bouffe ['bu:f] [buf], *a.* Cómico. *V.* **OPERA.**

bough [bɔ:] [bo], *s.* Brazo del árbol, las ramas mayores que parten del tronco.

bought *pret.* y *pp.* del verbo TO BUY.

bought [bɔ:t] [bot], *s.* 1. Torcedura, nudo, corvadura o curvatura. 2. La parte de la honda que contiene la piedra.

bougie ['bədʒi:] [bo-chi], *s.* 1. Candelilla, cilindro flexible para superar obstrucciones de la uretra, esófago u otros conductos del cuerpo, o para dilatarlos en casos de estrechez. 2. Candelilla de gelatina, u otra substancia, impregnada de un medicamento para su introducción en la uretra, u otro conducto. *(Gal.)*

bouillon ['bu:jɔ:n] [bui-yon], *s.* Caldo claro de carne. *(Gal.)*

boulder o bowlder ['bəʊldə^{r}] [boul-da^{r}], *s.* Peña, piedra desprendida de una masa de roca. Guijarro grande. Roca grande alisada por la erosión.

boulder-wall ['bəʊldə'wɔ:l] [boul-de^{r}-uol], *s. (Arq.)* Muralla o pared compuesta de grandes cantos rodados.

boulevard ['bu:ləvɑ:^{r}] [bu-le-var], *s.* Bulevar, avenida ancha o paseo público.

bounce [baʊns] [bauns], *vn.* 1. Arremeter, acometer con ímpetu. 2. Brincar, saltar, dar un salto repentino; rebotar, picar, botar (ball, object). **The box was bouncing around on the back seat**, la caja iba dando tumbos en el asiento de atrás. **The child was bouncing up and down on the sofa**, el niño saltaba o daba brincos en el sofá. **She bounced into the room**, entró a la habitación saltando, brincando, dando brincos. 3. Bravear, echar fieros o bravatas; jactarse. 4. Ser devuelto o rechazado, rebotar (check). **Bouncing**, sano, rozagante (baby). *-va.* 1. Hacer saltar o botar, darle botes a, hacer picar. **She bounced the child on her knee**, le hacía el caballito al niño. 2. (Fam. E.U.) Despedir, privar de algún empleo u oficio; echar, botar (drunk, employee). 3. Devolver, rechazar (check). *(Coloq,)* **Bounce back**, levantarse, recuperarse (recover).

bounce, *s.* 1. Golpazo, golpe fuerte. 2. Estallido, ruido o estruendo. 3. Bravata, fanfarronada, amenaza con arrogancia para intimidar a otro. 4. Brinco. 5. Bote, salto de una pelota u otro cuerpo elástico; rebote, bote, pique (action). **He hit the ball on the bounce**, le dio a la pelota de rebote. **This shampoo puts the bounce back into your hair**, este champú les da nueva vida a sus cabellos (springiness, vitality). **She's full of bounce**, es una persona llena de vida. *(Coloq,)* **To give somebody the bounce**, poner a alguien de patitas en la calle, botar a alguien (dismissal). 6. Bola, mentira grosera.

bouncer ['baʊnsə^{r}] [baun-sa^{r}], *s.* El guapo que echa bravatas y fieros; fanfarrón. *(Coloq,)* Gorila, sacabullas.

bouncing ['baʊnsɪŋ] [baun-sin], *a.* 1. Fuerte, vigororso, bien formado. **A bouncing baby**, un niño robusto. 2. Exagerado, desmesurado. 3. Fanfarrón, valentón; mentiroso.

bouncy ['baʊnsɪ] [baun-si] *a.* Que rebota o bota bien (ball); firme y elástico (mattress); movido (ride). Animado, lleno de vida (person) (cheerful, lively); alegre (tune).

bound [baʊnd] [baund], *s.* 1. Límite, término, confín o lindero. 2. Bote, brinco, corcovo, salto (jump). 3. Resalto, repercusión. **Bounds**, límites. **Her generosity knows no bounds**, su generosidad no tiene límite(s). **Within the bounds of possibility**, dentro de lo posible.

bound, *vn.* 1. Deslindar o poner límites, delimitar (area, country). 2. Confinar. 3. Limitar, ceñir. 4. Hacer saltar. *-va.* 1. Saltar, dar saltos (leap). **The dog bounded along behind the bicycle**, el perro iba dando saltos detrás de la bicicleta. 2. Resaltar. 3. Botar. **To bound in/out/away**, entrar/salir/irse dando saltos.

bound, a; *pret.* y *pp.* del verbo TO BIND. 1. Atado, amarrado (tied up), ligado; confinado. **My hands were bound**, tenía las manos atadas o amarradas. 2. Moralmente o legalmente obligado o forzado (obliged). **You're still bound by your promise**, sigues estando obligado a cumplir lo que prometiste. **He felt bound to tell his mother what happened**, se sintió obligado a decirle a su madre lo que había sucedido. 3. Encuadernado, o que tiene cobertura. 4. *(Fam.)* Destinado; sentenciado (certain). **It was bound to happen sooner or later**, tarde o temprano tenía que suceder. **She's bound to be elected**, seguro que sale elegida. **It was bound to go wrong**, no cabía duda de que iba a salir mal. 5. *(Fam. E.U.)* Decidido, resuelto. 6. Puesto en aprendizaje. 7. Estreñido, cerrado de vientre. *-a.* Destinado (headed). **Our ship is bound for Venice**, nuestra embarcación está destinada a Venecia o va a Venecia. **The truck was bound for Italy**, el camión iba rumbo a Italia.

-bound [] *suff.* **Passengers for the Birmingham-bound train**, los pasajeros con destino a Birmingham (headed for). **It crashed into the Moscow-bound train**, chocó con el tren que se dirigía a Moscú. *(Publ.)* **Leather-bound**, encuadernado en cuero. **Snow-bound**, paralizado por la nieve (immobilized by). **Wheelchair-bound**, confinado a una silla de ruedas (confined to).

boundary ['baʊndərɪ] [baun-de-ri], *s.* Límite o linde, frontera. **Boundary line**, línea divisoria, linde.

bounden ['baʊndn] [baun-den], *a.* Obligado, precisado; indispensable.

bounder ['baʊndə^{r}] [baun-da^{r}], *s.* El que pone límites, medidor.

bounding-stone ['baʊndɪŋ'stəʊn] [baun-din-stoun], **boundstone** ['baʊndstəʊn] [baund-stoun], *s.* 1. Mojón, piedra que sirve como señal para dividir los términos, lindes o caminos. 2. Piedra de jugar, piedra de saque.

boundless ['baʊndlɪs] [baund-les], *a.* Ilimitado, inagotable (resources), lo que no tiene límites ni término; infinito (universe). Sin límites (love, patience).

boundlessness ['baʊndlɪsnɪʃ] [baund-les-nes], *s.* Inmensidad, infinidad de espacio.

bounteous ['baʊntɪəs] [baun-tios], *a.* Liberal, generoso.

bounteously ['baʊntɪəslɪ] [baun-tios-li], *adv.* Liberalmente, generosamente.

bounteousness ['baʊntɪəsnɪs] [baun-tios-nes], *s.* Munificencia, liberalidad, generosidad.

bounteth ['baʊnteθ] [baun-tez], *s. (Esco.)* Propina, recompensa sobre el salario regular.

bountiful ['baʊntɪfəl] [baun-ti-ful], *a.* Liberal, generoso, bienhechor. Munificente, pródigo (king, nature); copioso, abundante (harvest, gifts). (GB) **To play Lady Bountiful**, hacerse la dadivosa.

bountifully ['baʊntɪfəlɪ] [baun-ti-fuli], *adv.* Liberalmente, generosamente, copiosamente.

bountifulness ['baʊntɪfəlnɪs] [baun-ti-ful-nes], *s.* Generosidad, lberalidad, largueza.

bounty ['baʊntɪ] [baun-ti], *s.* 1. Generosidad, liberalidad, munificencia (generosity), bondad. 2. Premio, recompensa (reward). 3. Ayuda de costa. **Bounty money**, enganche. **Bounty hunter**, cazador de recompensas.

bouquet ['bʊkeɪ] [bu-kei], *s.* 1. Ramo de flores; ramillete (small). 2. Perfume, bouquet (of wine), aroma del vino.

bouquet garni ['bʊkeɪˌgɑːnɪ] [bu-kei-gar-ni] *s.* Ramito compuesto.

Bourbon ['bʊəbən] [bur-bon], *s.* 1. Borbón, miembro de la antigua casa de Borbón en Francia; o de sus ramas en España y Nápoles. 2. (Ger. E.U.) Porfiado en sus ideas políticas conservadoras; opuesto al progreso. 3. Bourbon.

bourdon ['bʊədən] [bur-don], *s. (Fr.)* Bordón, registro de órgano.

bourgeois ['bʊəʒwɑː] [bur-yua], *a.* Burgués, el que pertenece a la clase media o comercial; de aquí, común, ordinario, poco cultivado. *-s.* Burgués, ciudadano de la clase media; vecino de una ciudad; comerciante, tendero. *(Gal.)*

bourgeois, *s.* Tipo medio entre breviario y entredós; carácter de nueve puntos.

bourgeoisie ['bʊəʒwɑː'ziː] [bur-yua-si], *s.* Burguesía. *(Fr.)*

bourgeon ['buːʒən] [bur-yon], *vn.* Brotar o echar ramas. *-s.* Yema. *(Fr.)*

bourn [bɔːn] [born], *s.* 1. Límite o linde. 2. Arroyo.

bourse [bɔːs] [bors], *s.* 1. Bolsa, lonja; especialmente la de París. 2. *(Anat.)* Cualquier receptáculo en forma de bolsa, como el pericardio.

bouse ['buːz] [bus], *vn.* Beber con intemperancia. *V.* **BOOZE.**

bousy ['buːsɪ] [bu-si], *a.* Borracho, embriagado. *V.* **BOOZY.**

bout [baʊt] [baut], *s.* 1. Vez, la relación de una cosa con otra sucesiva o anterior; un rato. 2. Ataque de borrachera, o de enfermedad (period, spell). **I had a bout of flu**, tuve una gripe muy mala. **Bouts of depression**, frecuentes depresiones. **A bout of activity**, una racha de actividad. **A drinking bout**, una borrachera o juerga. 3. Curva o vuelta de una cuerda. 4. Combate, encuentro (in boxing, wrestling). **A bout at fencing**, un asalto de esgrima.

boutique [buː'tiːk] [bu-tik] *s.* Boutique.

bovate ['bəveɪt] [bo-veit], *s.* El espacio de tierra que puede arar un par de bueyes en un año; medida antigua.

bovine ['bəʊvaɪn] [bou-vain], *a.* Bovino, relativo al buey, o al ganado vacuno.

bow [bəʊ] [bau], *va.* 1. Hacer reverencia o cortesía: expresar por medio de la inclinación del cuerpo. **To bow to somebody**, hacerle una reverencia a alguien, inclinarse ante alguien. **We must bow to her experience**, debemos tratarla con la deferencia que su experiencia merece. 2. Escoltar o acompañar haciendo reverencias. 3. Agobiar, oprimir, agravar. *-vn.* 1. Doblarse, torcerse o encorvarse. 2. Agobiarse. 3. Ceder, someterse. **He bowed his head**, inclinó la cabeza. **Bow down**, doblegarse. **To bow down to somebody/ something**, someterse a algo/alguien. **Bow out**, retirarse.

bow, *s.* 1. Reverencia, cortesía, inclinación del cuerpo o parte de él que se hace en señal de respeto (movement). **The actress took a bow**, la actriz salió a saludar al público/hizo una reverencia. 2. *(Mar.)* Proa, toda la figura exterior de la embarcación de la nave a la roda. **On the bow**, *(Mar.)* por la serviola. **Bow-oar**, *-s.* el remo más cercano a la proa de una lancha, o la persona que lo maneja. **To make a bow**, saludar, hacer un saludo.

bow, *s.* 1. Arco, arma para disparar flechas (weapon). **Bow and arrow**, arco y flecha. 2. El arco iris. 3. *(Mús.)* Arco, el instrumento con que se tocan los violines y violones. 4. Lazo, de corbata, de cinta, etc. (knot). **To tie a bow**, hacer un lazo. 5. Arzón de silla.

bow, *va.* Encorvar en forma de arco; doblar y torcer alguna cosa. Arquear (branch, beam). *-vn.* Arquearse, doblarse, pandearse (branch, plank).

bow-bent [bəʊ'bent] [bau-bent], *a.* Arqueado.

bowdlerize ['bəʊdləraɪz] [baudla-rais] *va. (Pej.)* Expurgar.

bowel ['baʊəl] [bauel], *va. (Des.)* Traspasar las entrañas, destripar, despanzurrar.

bowel, *s.* 1. *(Anat.)* Intestino, entraña, tripa. **Large bowel**, intestino grueso. 2. *pl.* Entrañas, lo más escondido o más interior de una cosa. **In the bowels of the earth**, en las entrañas de la tierra. 3. *(Ant.)* Entrañas, ternura, compasión. **To open the bowels**, hacer moverse el vientre. **A bowel complaint**, enfermedad de los intestinos.

bowelless ['baʊəlɪs] [baue-les], *a.* Inhumano, sin ternura o compasión.

bower ['baʊə^r] [baua^r], *s.* 1. Glorieta, emparrado o enramada de jardín; bóveda. 2. Morada, domicilio; retrete, aposento retirado. **Bower-bird**, ave de enramada; tilonorinco, pájaro australiano de la familia de los córvidos, notable por la pequeña enramada o choza que construye en el suelo aparte de su nido, y que adorna con conchas, plumas, huesos y objetos de colores brillantes.

bower, *s.* 1. Tocador con arco. 2. Arquero. *V.* **BOWYER.**

bower, *s.* **Right bower, left bower**, los dos naipes más altos en el juego llamado euchre.

bower, *va.* EMBOWER.

bower-anchor ['baʊəˌæŋkə^r] [bauer-an-ko^r], *s. (Mar.)* Ancla de servidumbre.

bowery ['baʊərɪ] [baue-ri], *a.* Lleno de emparrados o enramadas; sombrío.

bow-hand ['baʊhænd] [bau-jand], *s.* La mano del arco, la que tiene el arco para herir las cuerdas de los instrumentos músicos.

bowie-knife ['baʊɪnaɪf] [baui-naif], *s.* Cuchillo de monte; puñal largo y ancho.

bowing ['baʊɪŋ] [bauin], *a.* Inclinado.

bow-knot ['baʊnɒt] [bau-not], *s.* Lazo corredizo, o escurridizo.

bowl [bəʊl] [boul], *s.* 1. *(Culin.)* Taza, cuenca, bol, tazón (container); palangana, barreño (for washing). **Fruit bowl**, frutero. **Soup bowl**, sopero. 2. Hueco o cóncavo de alguna cosa. 3. Tazón de fuente. 4. Bolo, esfera de madera o hierro que se hace rodar por el suelo para jugar a los bolos o a las bochas. **Bowl of a pipe**, hornillo de la pipa. **Bowl of a spoon**, paleta de la cuchara. 5. *pl.* Juego de bolos. 6. Taza, inodoro (of toilet).

bowl, *va.* 1. Voltear como una bola. 2. Bolear, tirar los bolos. Lanzar (ball). Eliminar (in cricket, batsman). *-vn.* Jugar a las bochas. Lanzar (throw); **To go bowling**, ir a jugar a los bolos, la petanca, las bochas, etc. **Bowl over**, derribar, tirar al suelo (knock down). **We were bowled over by the beauty of the island**, la belleza de la isla nos dejó pasmados o boquiabiertos (impress).

bowlder. *V.* **BOULDER.**

bow-legged ['bəʊˌlegɪd] [bou-legd], *a.* Patiestevado, el que tiene las piernas estevadas; patizambo. **Bowleg**, pierna corva.

bowler ['bəʊlə^r] [bou-la^r], *s.* Jugador de bochas o de bolos. Lanzador (in cricket); jugador (in bowlin, bowls).

bowline ['bəʊlɪn] [bou-lin], **bowling** ['bəʊlɪn] [bou-lin], *s. (Mar.)* Bolina, cabo que se fija en las púas que nacen de las relingas de las velas mayores. **To haul the bowlines**, *(Mar.)* polinear.

bowling ['bəʊlɪŋ] [bou-lin], *s.* Bolos (in bowling alley); *V.* BOWLS (in grass). El arte o acto de jugar a las bochas; el juego de bolos. **Bowling-alley**, bolera, sitio cubierto para jugar a los bolos. **Bowling-green, bowling-ground**, plano para jugar a las bochas, juego de bolos; calle en los jardines cubierta de céspedes.

bowls ['bəʊlz] [bouls] *s.* Juego semejante a la petanca que se juega sobre césped.
bowman ['bəʊmən] [bou-man], *s.* Arquero, el soldado que peleaba con arco y flechas.
bownet [bəʊ'net] [bou-net], *s.* Nasa o cesta para pescar.
bowse [bəʊs] [bous], *vn. (Mar.)* Halar a un tiempo.
bow-shot ['bəʊʃɒt] [bou-shot], *s.* La distancia a que una flecha puede ser arrojada del arco.
bowsprit ['bəʊsprɪt] [bou-sprit], *s. (Mar)* Bauprés, palo que sale inclinado de la proa de un bajel.
bowstring ['bəʊstrɪŋ] [bous-trin], s. Cuerda de arco.
bow tie ['bəʊ'taɪ] [bou-tai] *s.* Corbata de moño, pajarita.
bow-window ['bəʊ'wɪndəʊ] [bou-uin-dou], s. Ventana arqueada o saliente en forma de arco.
box [bɒks] [boks], s. 1. *(Bot.)* Box o boj, árbol cuya madera se llama también así. 2. Caja, cajita o cajón; excusabaraja; pieza hueca de madera, metal, piedra u otra materia para meter dentro alguna cosa (container, contents); cajón (large); estuche (for pen, watch); urna (ballot box); alcancía, hucha (collection box); joyero, alhajero (jewelry box); caja de herramientas (tool box). 3. *(Mar.)* Bitácora. 4. Palco de teatro. Cabina (booth). **Witness box**, estrado. 5. Puñete, manotada o puñada dada en la cabeza. 6. Cuarto muy reducido en una taberna o botillería. 7. Cajetín en las imprentas. 8. Banquillo de castigo (in ice hockey penalty box); área de penalty o de castigo (in soccer); área (in baseball). *(Fam.)* **The box**, la tele. **What's on the box?**, ¿qué dan en la tele? **A box around the ears**, un sopapo (thump). **Band-box**, caja de cartón. **Hat-box,** sombrerera. **Jewel-box**, caja para joyas. **Letter-box**, buzón del correo. **Strong box**, cofre fuerte. **Box car**, carro de cajón, furgón. **Christmas-box**, aguinaldo. **Alms-box**, cepillo de limosna. **Coach-box**, pescante de coche. **Dice-box**, cubilete. **Dust-box**, salvadera. **Snuff-box**, tabaquera. **Box of a pump**, émbolo de una bomba. **Box plaiting**, *(Cost.)* plegado que consiste en dobleces o pliegues hechos a derecha e izquierda alternadamente. **Box-elder**, árbol norteamericano semejante al arce, pero con hojas de tres o cinco hojuelas.
box, *va.* 1. Encajonar, poner en una caja, embalar (put in boxes). 2. Apuñear, dar manotazos. *-vn. (Sport)* Boxear (fight); combatir o pelear a puñadas, andar a trompis. **To box somebody around the ears**, darle un sopapo a alguien (hit). **To box the compass**, *(Mar.)* cuartear. **Box in**, cerrarle el paso a (restrict, surround); esconder tapando con una tabla, etc. (enclose pipes).
boxen ['bɒksən] [bok-sen], a. Hecho de boj o semejante a él.
boxer ['bɒksə^r^] [bok-sa^r^], s. 1. Púgil, boxeador, el que combate a puñadas. 3. El que pone géneros en cajas. 4. Bóxer (dog).
boxer shorts [bɒksə'ʃɒts] [bok-ser-shorts] *s.* Calzoncillos, calzones interiores.
boxhaul ['bɒkshəʊl] [boks-joul], *va. (Mar.)* dar vuelta la nave cuando no se puede virar.
boxing ['bɒksɪŋ] [bok-sin], s. Boxeo, pugilato. **Boxing ring**, cuadrilátero.
Boxing Day ['bɒksɪŋdeɪ] [bok-sin-dei] *s.* El 26 de diciembre, día festivo en Gran Bretaña.
box number ['bɒks,nʌmbə^r^] [boks-nam-ba^r^] *s.* Apartado de correos, apartado postal, casilla postal o de correo (at post office).
box office ['bɒksɒfɪs] [boks-o-fis], s. Taquilla, boletería.
box seat ['bɒk,si:t] [bok-sít], s. Palco (en un teatro).
boxwood ['bɒkwʊd] [boks-wud], s. Madera, amarillenta del box; también, el mismo árbol.
boy [bɔɪ] [boi], s. 1. Muchacho o niño, chico (baby, child). **Is it a boy or a girl?**, ¿es niño o niña?, ¿es varón o nena? **Boys will be boys**, así son los chicos o los niños. **His wife was delivered of a boy**, su mujer parió un varón. 2. Muchacho, el que no ha llegado a la edad adulta y ha pasado de la de niño (young man). *(Coloq,)* **A good old boy**, un sureño típico. **A night out with the boys**, una noche de juerga con los muchachos. (GB) *(Coloq,)* **Jobs for the boys**, amiguismo. **The boys in blue**, la policía. 3. Muchacho, voz de desprecio con que se moteja a los jóvenes. 4. Criado, lacayo, mozo (servant). **Cabin-boy**, paje de escoba. **School-boy**, muchacho de escuela. **Choir-boy**, niño de coro. **Soldier's boy**, galopín, galopo. **A little boy**, muchachito, chico. **My dear boy**, mi querido niño. **Bad, naughty boy**, chico travieso. **Boy's play**, pasatiempo o juego de muchachos.
boy, *interj.* ¡vaya!
boycott ['bɔɪkɒt] [boi-kot], *va.* Boicotear. Desacreditar, excluir, coligarse contra una persona, por ejemplo, un propietario o tendero. (Del capitán Boycott, así tratado en Irlanda en 1880).
boycott *s.* Boicoteo. Coalición organizada contra un propietario, comerciante u otra persona, negándose a sostener con ella relaciones sociales o de negocios.
boyfriend ['bɔɪfrend] [boi-frend] *s.* Novio, amigo.
boyhood ['bɔɪhʊd] [boi-jud], s. Muchachez, el estado de muchacho; niñez.
boyish ['bɔɪɪʃ] [boi-ish], a. Pueril, propio de niño (enthusiasm, smile). **His boyish looks**, su aspecto juvenil o de chico. De muchacho, de chico (used of woman).
boyishly ['bɔɪɪʃlɪ] [boi-ishli], *adv.* Puerilmente, como niño.
boyishness ['bɔɪɪʃnɪʃ] [boi-ish-nes], *s.* Puerilidad, muchachada, niñada o cosa propia de niños.
boy scout [,bɔɪ'skaʊt] [boi-skaut], *s.* Explorador, muchacho o niño explorador.
bozo ['bɒzə] [bo-so] *s. (pej.)* Sujeto.
bra [brɑ:] [bra] *s.* Sostén, sujetador, brasier, corpiño, soutien.
brabble ['brɑ:bl] [bra-bel], *vn.* Armar camorra. *-s.* Camorra, riña o pendencia; debate.
braccate ['brɑ:keɪt] [bra-keit], *a. (Orn.)* Paticalzado, el ave que tiene las patas cubiertas de plumas.
brace [breɪs] [breis], *va.* 1. Atar, ligar, amarrar. 2. *(Mar.)* Bracear, halar las brazas o poner las vergas según es menester. 3. Cercar, rodear. 4. Fortificar, vigorizar (los nervios). Apuntalar (support). **Brace up**, animarse. **Brace up!**, ¡arriba ese ánimo! *vn.* **To brace for something**, prepararse para algo.
brace, s. 1. Abrazadera, laña, grapón, broche, lo que mantiene alguna cosa firme (support). **Carpenter's brace**, barbiquejo; berbiquí (drill), barbiquí; tornapunta. **Brace and bits**, berbiquí con sus barrenas. 2. Tirante, la vigueta que va de solera a solera en una fábrica. 3. Sopanda de coche, cada una de las correas que sostienen la caja. 4. Par. **Brace of partridges**, un par de perdices. 5. *(Imp.)* Corchete, llave, rasgo que abraza dos o más renglones en lo escrito o impreso. 6. *(Arq.)* Anclaje, silla, mordaza; can, canecillo. -**Braces of a rudder**, *(Mar.)* hembras del timón. (2) Tirantes del pantalón; cargadores, tiraderas, suspensores. *(Dent.)* Aparatos, fierros, frenos, frenillos. (GB) Par (pair).
bracelet ['breɪslɪt] [breis-let], s. 1. Brazalete, adorno para el brazo. *(Méx.)* Pulsera, manilla. 2. Brazalete, brazal, armadura del brazo.
bracer ['breɪsə^r^] [brei-sa^r^], *s.* 1. Brazal, armadura del brazo. 2. *(Med.)* Un medicamento tónico, fortificante y astringente. 3. Abrazadera, laña; cinto, venda. 4. Braguero.
braces ['breɪsɪs] [brei-sis], *s. pl.* Abrazadera, freno para dientes.
brachial ['brækɪəl] [bra-kial], *a.* Braquial, que pertenece o toca el brazo.
brachiopod ['brækɪəpəd] [bra-kio-pod], *s.* Braquiópodo, ejemplar de la familia de moluscos bivalvos que tienen dos brazos carnosos dotados de extensión y contractilidd, que les sirven para moverse.
brachium ['brækɪəm] [bra-kiom], *s. pl.* BRACHIA. El brazo superior o lo que lo representa en cualquier animal.
brachygrapher ['brækɪgræfə^r^] [bra-ki-gra-fa^r^], *s.* Braquiógrafo, el que escribe en abreviatura.
brachygraphy ['brækɪgræfɪ] [bra-ki-gra-fi], *s.* Braquiografía, el arte de escribir en abreviatura.

bracing ['breɪsɪŋ] [brei-sin], *a.* Fortificante, tónico, confortante. *-s. (Tec.)* Amarra, ligazón, refuerzo trabazón.
brack ['bræk] [brak], *s.* Rotura; pelo o mancha en los metales.
bracken ['brækən] [braken], *s. (Bot.)* 1. Helecho grande de las regiones templadas; en particular la Pteris aquilina. 2. Helechal, sitio poblado de helechos.
bracket ['brækɪt] [bra-ket], *s.* 1. Puntal, el madero en cuya corona o cabeza estriba otra cosa; listón, listoncillo; can, repisa. **Can-head brackets**, *(Mar.)* Aletas de las serviolas. 2. Paréntesis, angulares; así [], corchete (square bracket). (GB) Paréntesis (parenthesis). **In brackets**, entre paréntesis. 3. *(Mec.)* Bloque, garfio. 4. Repisa, rinconera, codillo. 5. Brazo de lámpara. **Tax bracket**, banda impositiva (category). **Income bracket**, nivel de ingresos. **The best car in this price bracket**, el mejor coche dentro de esta gama de precios.
bracket *va.* Poner entre corchetes (word, phrase); poner entre paréntesis (in parentheses). Catalogar (categorize). **You can't bracket these two cases together**, no se puede equiparar estos dos casos.
brackish ['brækɪʃ] [bra-kish], *a.* Salobre, que por naturaleza tiene sabor de sal; áspero.
brackishness ['brækɪʃnɪs] [bra-kish-nes], *s.* Sabor salobre; saladura; aspereza.
bract ['brækt] [brakt], *s. (Bot.)* Bráctea, hoja de cuya axila se levanta un tallo de flor, o pedúnculo.
bractlet ['bræktlɪt] [brakt-let], *s. (Bot.)* Bracteola, bractea pequeña o secundaria.
brad [bræd] [brad], *s.* Clavo de ala de mosca; puntilla.
brad-awl [bræd'ɔːl] [brad-oul], *s.* Punzón afilado, lesna.
brag [bræg] [brag], *s.* 1. Jactancia. 2. La cosa de que se jacta uno. 3. Un juego de naipes.
brag, *vn.* Jactarse, fanfarronear. *(Fam.)* **To brag about/of something**, alardear o jactarse de algo. **That's nothing to brag about**, eso no es como para enorgullecerse. *va.* Fanfarronear. *(Fam.)* **To brag that**, hacer alarde o jactarse de que.
braggadocio [brægə'dɔːsɪə] [bra-ga-do-sio], *s.* Fanfarrón, el que echa fanfarronadas.
braggardism ['brægɑːdɪzm] [bra-gar-disem], *s.* Jactancia, vana ostentación.
braggart ['brægət] [bra-gart], *a.* Jactancioso, el que se jacta, fanfarrón.
braggart, bragger ['brægə^r^] [bra-ga^r^], *s.* Fanfarrón, el que echa fanfarronadas.
bragget ['bræget] [bra-guet], *s.* Aguamiel, una bebida dulce.
braggingly ['brægɪŋlɪ] [bra-guin-li], *adv.* Jactanciosamente.
Brahman ['brɑːmən] [bra-man], *s.* Bracmán, nombre que se da a los filósfos y sacerdotes de la India.
Brahmanical, Braminical ['brɑːmənɪkəl] [bra-ma-ni-kal], *a.* Bracmánico, perteneciente a los bracmanes. *V.* BRAHMAN.
braid [breId] [breid], *va.* 1. Trenzar, hacer trenzas. 2. Acordonar, bordar con cordoncillo o de realce; galonear.
braid, *s.* 1. Galón, fleco, alamar. 2. Trenza (of hair); cordoncillo. **She wears her hair in braids**, lleva el pelo trenzado. *-a.* Astuto, fraudulento, falso. *(Esco.)* Ancho. **Braidclaith**, paño ancho.
brail [breɪl] [breil], *va. (Mar.)* Cargar las velas; halar por medio de candelizas.
Braille [breɪl] [breil] *s.* Braille.
brails [breɪlz] [breils], *va. (Mar.)* Candelizas o cargaderas, los cabos pequeños que pasan por los motones.
brain [breɪn] [brein], *s.* 1. Cerebro (organ), sesos, la colección de vasos y órganos contenidos en la cavidad del cráneo. **Brain damage**, lesión cerebral. **Brain surgeon**, neurocirujano. **Brain tumor**, tumor cerebral. 2. Entendimiento, seso, juicio, cordura, talento; cerebro (clever person). **The brain drain**, la fuga de cerebros. **She's got a good brain**, es muy inteligente (intellect). *(Coloq,)* **To have something on the brain**, tener algo metido en la cabeza. **To blow out one's brains**, levantarse la tapa de los sesos. *V.* BRAINS.
brain, *va.* Descerebrar, matar a uno haciéndole saltar la tapa de los sesos. *(Coloq,)* Romperle la crisma a. **Hare-brained**, aturdido, sin seso. *(Ant.)* **Scatter-brained**, o **shittle-brained**, veleidoso, voltario, ligero, inconstante. (GB) *(Coloq,)* **Brain box**, cerebrito. **Brainchild**, creación. **Brain-dead**, clínicamente muerto.
brainish ['breɪnɪʃ] [brei-nish], *a.* Loco, furioso.
brainless ['breɪnlɪs] [brein-les], *a.* Tonto, insensato; estúpido.
brainpan [breɪn'pæn] [brein-pan], *s.* Cráneo o casco.
brains [breɪnz] [breins] *s.* Sesos (substance). *(Culin.)* Sesos. Inteligencia (intelligence). **I'd like to pick your brains about something**, quisiera hacerte unas preguntas o consultas acerca de algo. **To rack one's brains (over something)**, devanarse los sesos (con algo). Cerebro, autor, intelectual (mastermind). **She's the brains behind the operation**, es el cerebro o la autora intelectual de la operación. **He's the brains of the family**, es la lumbrera de la familia.
brainsick ['breɪnsɪk] [brein-sik], *a.* Alegre de cascos, inconstante, mala cabeza; frenético.
brainsickly ['breɪnsɪklɪ] [brein-sik-li], *adv.* Con debilidad de cabeza.
brainsickness ['breɪnsɪknɪs] [brein-sik-nes], *s.* Inconstancia, instabilidad; vértigo, veleidad, ligereza.
brainstorm ['breɪnstɔːm] [breins-torm], *s.* 1. Agitación transitoria. 2. Confusión mental. (GB) *(Coloq,)* **He had a brainstorm**, se le cruzaron los cables. 3. Repentina idea genial.
brainteaser ['breɪnˌtiːzə^r^] [brein-tí-sa^r^] *s.* Rompecabezas.
brain trust ['breɪnˌtrʌst] [brein-trast] *s.* Grupo de expertos.
brainwash ['breɪnwɒʃ] [brein-uosh] *va.* Hacerle un lavado de cerebro a, lavarle el cerebro a.
brainwashing ['breɪnˌwɒʃɪŋ] [brein-uoshin], *s.* Lavado cerebral imposición por persuasión o tortura de ciertas ideas políticas.
brainwave ['breɪnweɪv] [brein-ueiv] *s. (Coloq,)* Idea genial o brillante, lamparazo.
brainy ['breɪnɪ] [breini] *a. (Coloq,)* Inteligente, listo.
braise [breɪz] [breis] *va.* Estofar.
brake [breɪk] [breik], *s.* 1. Helecho del género *Pteris*, particularmente Pteris aquilina. *V.* BRACKEN. 2. Agramadera, instrumento para agramar lino o cáñamo. 3. Maleza, zarzal, matorral. 4. *(F.C.)* Freno; retranca (on vehicle). Freno de mano (handbrake). *(Coloq,)* **To put the brakes/a brake on something**, poner freno a algo. **Brake lights**, luces de freno o de frenado. 5. *(Mar.)* Guimbalete de bomba. 6. Amasadera, la artesa de amasar. 7. Bocado de canutillo para caballo. 8. Palanca, espeque. **Brake beam**, barra del freno. **Brake-man**, guardafreno, retranquero. **Air-brake**, freno atmosférico o de aire. **Automatic brake**, freno automático.
brake, *va./vn.* Frenar. *pret.* del verbo TO BREAK.
braking ['breɪkɪŋ] [brei-kin] *s.* Frenado. **Braking distance**, distancia de frenado.
braky ['breɪkɪ] [breiki], *a.* Espinoso, áspero, lleno de malezas.
bramble ['bræmbl] [bram-bol], *s.* Zarza o cualquier otro arbusto espinoso. Zarzamora (blackberry bush)
brambled ['bræmbld] [bram-bold], *a.* Breñoso, zarzoso, cubierto de zarzas o arbustos espinosos.
brambling ['bræmblɪŋ] [bram-blin], *s.* Pinzón, especie de pájaro.
brambly ['bræmblɪ] [bram-bli], *a.* Zarzoso, lleno de zarzas.
bran [bræn] [bran], *s.* Salvado, la cáscara del trigo después de molido; afrecho.
bran-new [bræn'njuː] [bran-niu], *a.* Enteramente nuevo, flamante.
branch [brɑːntʃ] [branch], *s.* 1. Rama o ramo del árbol. 2. Ramo, la parte separada de algún todo con dependencia y relación a él. 3. Brazo, parte de un río que desemboca en

otro mayor. 4. Rama, cualquier persona con relación al tronco de que trae su descendencia u origen. Rama (of family, field of study). 5. Pitón, asta. 6. Cama del freno. 7. Brazo del candelero. 8. Brazo de trompeta. **Vine branch**, sarmiento. **Branch pease**, arvejones enramados. 9. Sucursal (of company, bank). **The American branch of the company**, la división americana de la compañía. 10. *(F. C.)* Ramal, bifurcación (of river, road, railway). **Branches**, (colectivamente) Ramas, ramaje. **The three branches of the armed forces**, los tres cuerpos del ejército. *-a.* Divergente de un tronco o parte principal o tributario de ella.

branch, *vn.* 1. Ramificarse, esparcirse y dividirse en ramas alguna cosa (river, family); bifurcarse (road). **A path branches (off) to the right**, un sendero sale a la derecha. **Branch out**, diversificar sus actividades (take on new activity). **The company has branched out into publishing**, la compañía ha diversificado sus actividades lanzándose al campo editorial. 2. Hablar difusamente. **He has branched out on his own**, se ha establecido por su cuenta (business partner - become independent). 3. Echar pitones, astas o ramas. *-va.* 1. Ramificar, dividir en ramas. 2. Bordar alguna cosa con figuras de ramos.

brancher ['bræn*t*ʃəʳ] [bran-chaʳ], *s.* 1. El que divide en ramos. 2. *(Cetr.)* Halcón ramero.

branchery ['bræn*t*ʃərɪ] [bran-che-ri], *s.* Las partes vasculosas de algunos frutos.

branchiae ['brænkɪə] [bran-kia], *s. pl.* Branquias, órganos respiratorios de los peces, crustáceos y muchos moluscos.

branchial ['brænkɪəl] [bran-kial], *a.* Branquial.

branchiness ['bræntʃɪnɪs] [bran-chi-nes], *s.* Frondosidad.

branchless ['bræntʃlɪs] [branch-les], *a.* Sin ramas; desnudo.

branchlet ['bræntʃlɪt] [branch-let], *s. dim.* Rama pequeña, ramilla.

branchy ['bræntʃɪ] [bran-chi], *a.* Ramoso, lo que tiene muchos ramos o ramas.

brand [brænd] [brand], *s.* 1. Tizón o tea, palo encendido o propio para encenderse (torch). 2. Espada. 3. Rayo. 4. Marca o sello que se pone a las reses y que se ponía a los reos con un hierro ardiendo (identification mark). Marca; tipo (type); estilo (style). **Her brand of socialism**, su tipo de socialismo. 5. Tizón, nota de infamia. **To cast a brand upon one**, difamar a alguno, quitarle la reputación.

brand, *va.* 1. Herrar, marcar o sellar con un hierro ardiendo (cattle). 2. Tiznar, infamar, desdorar, manchar, empañar la reputación. **To brand something/somebody as something**, tachar o tildar algo/a alguien de algo (label). **Branded gray horse**, caballo con manchas irregulares.

brand goose [brænd'guːz] [brand-gús], *s.* Oca silvestre. *V.* BRANT.

brandiron ['brændɪrən] [bran-di-ron], **branding iron**, *s.* Marca, el hierro para marcar a los animales o a los malhechores.

brandish ['brændɪʃ] [bran-dish], *va.* Blandir, jugar con; sacudir con la mano.

brandish, *s.* Floreo; movimiento rápido y de corta duración.

brandling ['brændɪŋ] [brand-lin], *s.* Especie de gusano que sirve para cebo.

brand name [brænd'neɪm] [brand-neim] *s.* Marca.

brand new ['bræn*d*'njuː] [brand-niu] *a.* Nuevo, flamante (toy, car).

brandrith [brænd'rɪθ] [brand-riz], *s.* Antepecho o brocal de pozo.

brandy, brandy-wine [brændɪ] [bran-di], *s.* Aguardiente, coñac, brandy.

brandyshop ['brændɪʃɒp] [bran-di-shop], *s.* Aguardentería, la tienda en que se vende aguardiente.

brangle ['bræŋgl] [bran-guel], *vn.* Vocinglear, disputarse. *V.* WRANGLE.

brank [bræŋk] [brank], *s.* (Dial. ingl.) *V.* BUCKKWHEAT.

brankursine ['brænkɜːsaɪn] [bran-kur-sain], *s.* *(Bot.)* Branca ursina, acanto.

branlin ['brænlɪn] [bran-lin], *s.* Salmón pequeño antes de ir al mar.

branny [brænɪ] [bra-ni], *a.* Casposo, parecido al salvado.

brant [brænt] [brant], *s.* Especie de ganso, u oca silvestre. Se llama también *brent.*

brasen, brazen [breɪsn] [brei-sen], *a.* Hecho de bronce.

brash [bræʃ] [brash], *a.* Impetuoso, temerario. Excesivamente desenvuelto, de gran desparpajo. *-s.* 1. Ramas sueltas de árboles. 2. Enfermedad repentina.

brasier, brazier ['breɪsɪəʳ] [brei-siaʳ], *s.* 1. Latonero, el que trabaja en latón, azófar, alambre o cobre. 2. Brasero o coda.

Brasil, Brazil ['brəsɪl] [bra-sil], *s.* Palo del Brasil.

brass [bræs] [bras], *s.* 1. Latón, cobre (metal). Dorado (button). 2. Descaro, desvergüenza. **To be as bold as brass**, ser muy descarado. 3. *(Fam.)* Altos jefes militares. 4. *(Mús.)* Bronces, metales. **Brass instrument**, instrumento de metal. **The brass section**, los bronces, los metales. **Brass band**, banda de instrumentos de viento, charanga.

brassfounder [bræs'fəʊndəʳ] [bras-faun-daʳ], *s.* Fundidor de bronce.

brassie [bræsɪ] [bra-si], *s.* Maza que se emplea en el juego de golf.

brassiere ['bræsɪəʳ] [brasiaʳ], *s.* Brassière, soporte para senos.

brassiness ['bræsɪnɪs] [bra-si-nes], *s.* Bronceada, apariencia de bronce.

brass knuckles [ˌbrɑːs'nʌklz] [bras-nakols] *s. pl.* Nudilleras de metal, manoplas.

brass rubbing [ˌbrɑːs'rʌbɪŋ] [bras-ra-bin] *s.* Técnica de calcar por frotación un BRASS 2 (activity); calco por frotación de un BRASS 2 (product).

brass-visaged [braːs'vɪseɪdʒ] [bras-vi-seich], *a.* Descarado, descocado, desvergonzado.

brassy ['brɑːsɪ] [bra-si], *a.* 1. Que participa de la naturaleza del latón. 2. Descarado, desvergonzado, ordinario, chabacano. 3. *V.* BRAZEN.

brat ['bræt] [brat], *s.* 1. Rapaz, el muchacho pequeño de edad; chulo, chiquillo; angelito; mocoso (child), niño mimado (spoilt person). 2. (Despect.) Prole.

brattle ['brætl] [bratel], *vn.* Hacer ruido rápidamente repetido y poco sonoro ; correr con estruendo; poner en polvorosa.

brattle, *s.* Ruido resonante, como el de un tambor, el correr de personas o el de un ataque. (Onomatopéyico.)

bravado [brə'vɑːdəʊ] [bra-va-dou], *s.* Bravata, baladronada, bravuconada.

brave [breɪv] [breiv], *a.* 1. Bravo, valiente, esforzado, animoso, atrevido, intrépido. **That was brave of you!**, ¡qué valiente! 2. Garboso, airoso. 3. Bravo, elegante, hábil, honrado.

brave, *va.* 1. Desafiar, provocar a duelo. 2. Bravear, echar bravatas. 3. Ofender, insultar. 4. Arrostrar. Afrontar, hacer frente a. **To brave the weather**, hacer frente al mal tiempo.

brave, *s.* 1. Bravonel, el guapo que echa bravatas y fieros, fanfarrón. 2. Bravata, amenaza con arrogancia. 3. Guerrero piel roja (North American Indian). **The brave**, los valientes.

bravely ['breɪvlɪ] [breiv-li], *adv.* Bravamente, valientemente, con valor; perfectamente.

bravery ['breɪvərɪ] [brei-ve-ri], *s.* 1. Esfuerzo, valentía, valor, coraje, ánimo. 2. Lustre, galantería, esplendor, magnificencia. 3. Pompa, ostentación. 4. Bravata.

bravingly ['breɪvɪŋlɪ] [brei-vin-li], *adv.* En desafío.

bravo ['brɑː'vəʊ] [bra-vou], *s.* Asesino asalariado. *-inter.* Voz de aplauso. ¡Bueno; bueno; bravo va!

bravura [brə'vʊərə] [bra-vua-ra], *s.* *(Mús.)* Aire o canción difícil de cantar.

braw [brɔː] [bro], *a.* *(Esco.)* Bravo, garboso, elegantemente vestido; espléndido, hermoso.

brawl [brɔːl] [brol], *s.* 1. Quimera, alboroto, disputa, camorra, pelea, reyerta. 2. Baile, y la música que lo acompaña.

brawl, *vn.* 1. Alborotar, armar quimera con voces desentonadas; vocinglear; pelearse, armar camorra. 2. Hacer ruido. *-va.* Expeler por medio de ruido; aterrar.
brawler ['brɔːlər] [brou-lar], *s.* Quimerista o camorrista.
brawling ['brɔːlɪŋ] [brou-lin], *s.* Alboroto, el acto de alborotar, vociglería.
brawn [brɔːn] [bron], *s.* 1. Pulpa, carne mollar, la parte carnosa y muscular del cuerpo. Músculos (strength). 2. El brazo, llamado así por ser musculoso. 3. Carnosidad, carne maciza y musculosa. 4. Carne de verraco o cerdo padre.
brawner ['brɔːnər] [bro-nar], *s.* El verraco que se mata para comer.
brawniness ['brɔːnɪnɪs] [bro-ni-nes], *s.* Fortaleza o dureza de músculos; partes carnosas.
brawny ['brɔːnɪ] [bro-ni], *a.* Carnoso, musculoso, membrudo.
braxy ['bræksɪ] [braksi], *s.* Fiebre carbuncular de los carneros y las ovejas; también una res lanar atacada de este mal. *-a.* Atacado de dicha fiebre.
bray [breɪ] [brei], *va.* 1. Majar, triturar, moler, machacar o pulverizar. 2. Emitir. *-vn.* 1. Rebuznar (donkey); cacarear (person). 2. Hacer ruido desapacible.
bray, *s.* 1. Rebuzno, la voz desapacible del asno. 2. Ruido bronco. 3. Monte de tierra, trinchera. **False bray**, *(Mil.)* Falsabraga.
brayer ['breɪər] [breiar], *s.* Rebuznador. 2. *(Imp.)* Moledor de tinta.
braying ['breɪɪŋ] [brei-in], Grito, clamor; rebuzno.
braze [breɪz] [breis], *va.* 1. Soldar con latón o azófar. 2. Broncear. 3. Hacer desvergonzado o descarado a alguno.
brazen ['breɪzn] [breisn], *a.* 1. Bronceado; hecho de bronce. 2. Descarado, desvergonzado. **The brazen hussy!**, ¡esa fresca o descarada!
brazen, *va.* Hacerse descarado. **To brazen out a thing**, sostener alguna cosa con impudencia. **To brazen one down**, desconcertar, aturdir, confundir a uno.
brazen-browed ['breɪznˌbraʊd] [breisn-broud], **brazen-faced** ['breɪznˌfeɪst] [breisn-feist], *a.* Descarado, desvergonzado, impudente.
brazen-face ['breɪznˌfeɪs] [breisn-feis], *s.* Cara de vaqueta, la persona que no tiene vergüenza.
brazeness ['breɪznɪs] [breis-nes], *s.* Descaro, desvergüenza.
brazier ['breɪzɪər] [brei-siar], *s.* Brasero. *V.* BRASIER.
Brazil [brə'zɪl] [bra-sil] *N. (Geogr.)* Brasil.
Brazilian [brə'zɪlɪən] [bra-si-lian] *a./s.* Brasileño.
Brazil (nut) [brəzɪl'nʌt] [bra-sil-nat] *s.* Coquito del Brasil, castaña del Pará.
Brazil-wood [brəzɪl'wuːd] [bra-sil-wud], *s.* Madera palo del Brasil.
braziletto ['brəzɪletə] [bra-si-le-to], *s.* Brasilete madera inferior al brasil.
breach [briːtʃ] [brích], *s.* 1. Rotura o rompimiento, el acto de romper alguna cosa; ruptura (break). 2. Brecha, la rotura o abertura que se hace en la muralla (gap, opening). **To step into/fill the breach**, llenar el hueco. 3. Contravención de alguna ley o contrato, infracción, violación (of law); ofensa, perjuicio, detrimento de la honra, reputación, derechos o privilegios. **Breach of contract**, incumplimiento de contrato. **A breach of confidence**, un abuso de confianza. **Breach of promise**, falta de palabra. **Breach of duty**, violación del deber.
breach , *va.* Infringir, violar (rule); poner en peligro (security). Abrir una brecha en (defenses).
bread [bred] [bred], *s.* 1. Pan, alimento que se hace de la harina de diversas semillas. 2. Pan, todo lo que en general sirve para el sustento diario del hombre. 3. *(Sl. & dated)* Guita, lana, pasta (money). **Bread and butter**, pan con mantequilla. **Teaching is his bread and butter**, se gana la vida enseñando. **To take the bread out of somebody's mouth**, quitarle el pan de la boca a alguien. **To want one's bread buttered on both sides**, querer el oro y el moro. **To earn one's bread**, ganarse la vida. **Household bread**, pan casero, pan bazo. **Light bread**, pan esponjoso. **Shipbread**, galleta, bizcocho de mar. **Batch of bread**, hornada de pan. **Soft bread**, mollete. **Sow bread**, criadilla de tierra. **Unleavened bread**, azimo. **Bread-stuffs**, la harina, trigo, maíz, y en general todos los granos que sirven para hacer pan. **New bread**, pan tierno. **Stale bread**, pan duro o sentado. **Slice of bread**, rebanada de pan. **Corn bread**, pan de maíz. **Brown bread**, pan moreno.
breadbasket ['bredˌbɑːskɪt] [bred-baskit] *s.* Panera (container).
breadbin ['bredbɪn] [bred-bin], **breadbox** ['bredbɒks] [bred-boks] *s.* Panera para guardar el pan.
breadboard ['bredbɔːd] [bred-bord], *s.* Tabla para cortar el pan o para amasarlo.
bread-corn ['bredkɔːn] [bred-korn], *s.* Pan, la semilla de que se hace pan.
breadcrumb ['bredkrʌm] [bred-kram] *s.* Miga de pan. *(Culin.)* **Breadcrumbs**, pan rallado o molido.
breaden ['bredn] [breden], *a.* (Poco us.) Hecho de pan.
bread-fruit ['bredfruːt] [bred-frut], *s.* Árbol del pan y su fruto.
bread line ['bredlaɪn] [bred-lain], *s.* Cola que se forma para recibir alimentos gratuitamente. *(Coloq,)* **They're on the bread line**, apenas tienen/les alcanza para vivir.
bread room ['bredrʊm] [bred-rum], *s.* *(Mar.)* Pañol del pan.
breadstuff ['bredstʌf] [bred-staf], *s.* Material para hacer pan; grano, harina, etc.
breadth [bredθ] [bredz], *s.* 1. Anchura, la dimensión contrapuesta a lo largo (width); amplitud (extent). **The breadth and length of anything**, lo ancho y largo de alguna cosa. 2. Catolicidad, liberalidad. 3. Paño, lo ancho de una tela. **There are five breadths in that skirt**, hay cinco paños en esa saya o falda.
breadthwise ['bredθwaɪz] [bredz-uais], *adv.* A lo ancho.
bread-winner ['bredˌwɪnər] [bred-wi-nar], *s.* El que se mantiene a sí mismo y a otros con su sueldo, jornal o ganancias; productor. **She's the breadwinner of the family**, es la que mantiene/sostiene a la familia.
break [breɪk] [breik], *va.* (*pret.* BROKE o BRAKE *(Poét.)*; *pp.* BROKEN o BROKE. 1. Romper (window, plate), partir, quebrar (stick), abrir o hender alguna cosa a la fuerza. Forzar (get into/safe). **We broke the toolbox open**, abrimos la caja de herramientas forzándola. **I've broken my pencil**, se me ha roto la punta del lápiz. **He broke his wrist**, se rompió la muñeca. 2. Vencer, sobrepujar. 3. Abrir brechas batiendo; horadar. Roturar (breach/pierce). 4. Quebrantar o destruir alguna cosa. Romper, descomponer (render useless - machine). 5. Abatir el espíritu. 6. Imposibilitar, inutilizar. 7. Domar (tame/horse). 8. Causar quiebra o bancarrota. 9. Quebrantar, violar algún contrato o promesa; infringir, quebrantar una ley (rule); no cumplir, faltar a (promise). Incumplir, romper (promise). 10. Arruinar o destruir a uno (ruin) (person, company); destroza, deshacer (crush- person), marchitar. 11. Interceptar, interrumpir, cortar (interrupt/ circuit); romper (fast/silence), impedir. Poner fin a (end) (strike); desarticular (drug ring); salir de (impasse); dejar (habit). Escaparse o fugarse (escape from). *-vn.* 1. Romperse (window, plate), partirse, quebrarse (stick), dividirse una cosa. **My watch broke**, se me rompió el reloj. 2. Abrirse, reventarse algún tumor, descargando materia. 3. Prorrumpir, exclamar. 4. Quebrar, hacer bancarrota, 5. Decaer, tener la salud o las fuerzas quebrantadas. Desmoronarse, venirse abajo (give in/resistance). **She broke under constant interrogation**, no resistió el constante interrogatorio. 6. Romper, enemistarse. 7. Separarse, apartarse con violencia. 8. Entrar de repente, apuntar, abrir (p. ej. el día). 9. Estallar (v. gr. una tempestad), romper, apuntar, despuntar (day). Cambiar (change) (weather). 10. Mudar, perder calidad música, hablando de la voz. 11. Parar, hacer una pausa. **To break for lunch**, parar para almorzar. 12. Abrir el juego (in

snooker, pool). **Things are breaking well for me**, me están saliendo bien las cosas. **To break asunder**, partir, dividir, separar en dos partes. **To break cover**, salir de un bosque, de la espesura (hablando de la caza), de un escondite. **To break forth**, brotar, saltar, salir de la tierra. **To break open**, romper, fracturar. **To break the law**, infringir la ley. **To break open a door**, desherrajar una puerta. *(Mar.)* Desbaratar. **To break a business**, abrir una disensión, proponer un asunto. **To break a custom**, desacostumbrar, hacer perder algún hábito o costumbre. **To break a horse**, domar un caballo. **To break a jest**, decir un chiste de repente. **To break prison**, forzar o escalar la cárcel. **To break bulk**, sacar parte de la carga. **To break ground**, abrir la trinchera; arar. *(Fig.)* Comenzar una empresa, un trabajo. **To break a lance with**, oponerse a, entrar en la lucha contra. **To break loose**, desatar o desatarse, escapar, huir. **To break one's back**, derrengar. **To break one's fast**, desayunarse. **To break one's heart**, matar a pesadumbres. **To die broken hearted**, morir de pesadumbre, o de pena. **To break the spirit**, deprimir, abatir el espíritu o el corazón. **To break one's oath**, ser traidor o perjuro, faltar al juramento. **To break the bank**, hacer saltar la banca (en el juego). **To break open a house**, forzar una casa. **To break with sorrow**, consumirse de tristeza. **To break wind**, peer, ventosear, soltar el preso.

break away, desprenderse (piece); escindirse o separarse (faction/region). **The boat broke away from its moorings**, el barco se soltó de las amarras.

break down, abatir, derribar, demoler, arruinar; (y como neutro) caer, desplomarse, arruinarse; volcar (un carruaje); cortarse (en un discurso).Estropearse, averiarse, descomponerse, quedarse varado/en pana (vehicle/machine); fallar, venirse abajo (system); fracasar (talks). Perder el control (lose composure). **It breaks down as follows**, el total puede desglosarse de la siguiente manera. Echar abajo, derribar (door/barrier). Desglosar (divide up / expenditure); descomponer (sentence). **The process can be broken down into three steps**, el proceso puede dividirse en tres pasos.

break in o **into**, arrojarse, asaltar, acometer; horadar; forzar; penetrar adentro, entrar por fuerza, meterse para robar (intruder); **our house was broken into**, nos entraron a robar. Cargar al enemigo o cerrar con él; mezclarse en negocios de otros; interrumpir al que está ocupado (interrupt). **I didn't mean to break in on your conversation**, no quería interrumpirles la conversación. **To break in**, enseñar, acostumbrar, formar; domar un caballo. Cambiar (banknote). **They had to break into their savings**, tuvieron que echar mano de sus ahorros. **To break into a run**, echarse a correr. **To break into applause**, romper o prorrumpir en aplausos.

break off, romper (engagement/ diplomatic relations); dejar por acabar, sin concluir; desgajar, desprenderse (snap off, come free). **The handle broke off**, se le rompió el asa. Partir (detach); parar de hablar, detenerse (stop talking) **To break of**, (una cosa) corregir, reforzar.

break out, desenfrenarse, darse o entregarse a los vicios; salir o dejarse ver; llenarse de úlceras. **A rash broke out on his face**, le salió un sarpullido en la cara. **He broke out in spots**, le salieron granos. **To break out in a sweat**, empezar a sudar. Estallar (war, epidemic, rioting); reventar, rebosar, salir de madre; exclamar, prorrumpir; declararse; encolerizarse; abrir camino; salir con violencia; escalar la cárcel, escaparse, fugarse (prisoner).

break through, pasar por medio de, romper, superar, abrirse camino, vencer dificultades o peligros. *(Mil.)* Penetrar en las defensas enemigas. Salir (sun). **The sun broke through the clouds**, el sol se abrió paso entre las nubes.

break up, 1. *va.* Demoler, derribar, abatir; romper, desgarrar, partir. 2. *vn.* Decampar, levantar el campo, tomar las de Villadiego, poner pies en polvorosa; principiar las vacaciones en las escuelas. **We break up on the 21st.**, las clases terminan el 21. 3. Levantar una sesión; interrumpir; disolver (demonstration), despedir una asamblea, terminar (meeting), dispersarse (crowd). **He broke up the fight**, separó a los niños (o los hombres, etc.), que se estaban peleando. Separarse (lovers, band). **Their marriage broke up**, su matrimonio fracasó. **To break up with somebody**, romper o terminar con alguien. **To break up an officer**, *(Mil.)* desaforar a un oficial, echarle del regimiento. **To break up an army**, licenciar las tropas. Romperse, deshacerse (boat, ship).

break with, romper con (tradition).

break, *s.* 1. Rotura, abertura, fractura (fracture). 2. Pausa (Rad., TV) (comercial), parada, intervalo, interrupción (gap), vacío. *(Teat.)* Entreacto, intermedio. Descanso (rest period); recreo (at school). **We have a coffee break at 11**, a las once paramos para tomar un café. Vacaciones (short vacation); cambio (change, respite). **I need a break from all this**, necesito descansar de todo esto; necesito un cambio de aires (a holiday). Ruptura, corte (in circuit). Oportunidad (chance, opportunity). **He got a break**, se le presentó una oportunidad. Ruptura (separation, rift). **To make a clean break**, cortar por lo sano. **He made a break for the door**, corrió hacia la puerta (sudden move). Tacada, serie (in snooker, pool); ruptura, quiebre (in tennis). 3. Una línea que ponen los ingleses al fin de algunas oraciones para denotar que no está completo su sentido. 4. Blanco en los escritos. **The break of the day**, la aurora.

breakable ['breɪkəbl] [breik-abol], *a.* Quebradizo, frágil.

breakables ['breɪkəblz] [breikabols] *s. pl.* Objetos frágiles.

breakage ['breɪkeɪdʒ] [breik-eich], *s.* 1. Fractura, rotura o quebrantamiento (action). 2. Objetos quebrados, roturas (objects broken). 3. Indemnización por cosas quebradas.

breakaway ['breɪkəweɪ] [breik-auei] *s.* Ruptura, escisión (separation). Disidente, escindido (faction). *(Sport)* Escapada.

breakdown ['breɪkdaʊn] [breik-daun], *s.* 1. Parada imprevista, avería repentina, pana (failure of car, machine). **They had a breakdown on the highway**, se les estropeó el coche en la autopista. **Breakdown service**, servicio de asistencia en carretera. Interrupción (of service, communications); fracaso, ruptura. (of negotiations). *(Comput.)* **The system suffered a complete breakdown**, el sistema colapsó. 2. *(Med.)* Colapso, crisis. **Nervous breakdown**, crisis nerviosa. 3. Derrumbamiento, falta de éxito o mal éxito, fracaso. 4. *(Quím.)* Descomposición (into constituent elements), análisis. **A breakdown of expenditure**, un desglose de los gastos.

breaker ['breɪkə^r] [brei-ka^r], *s.* 1. El que rompe o labra tierra de labor. 2. Infractor, quebrador, rompedor. -**Breakers**, *pl.* Embate de las olas, cuando se retiran de los escollos. Reventazones, rompientes. (GB) *(Auto)* **Breaker's yard**, cementerio de automóviles.

break-even point [ˌbreɪk'iːvənˌpɔɪnt] [breik-iven-point], *s.* Punto en que un negocio empieza a cubrir los gastos que ocasiona.

breakfast ['brekfəst] [brek-fast], *vn.* Desayunar, almorzar.

breakfast, *s.* Desayuno, almuerzo, el alimento que se toma por la mañana; alimento. **To have breakfast**, desayunar, tomar el desayuno. **Breakfast television**, televisión matinal.

breakfront ['breɪkfrʌnt] [breik-front] *s.* Mueble con estantes en la parte superior y armarios cerrados debajo.

break-in ['breɪkˌɪn] [breik-in] *s.* Robo (con escalamiento). **They had a break-in next door**, entraron a robar en la casa de al lado.

breaking ['breɪkɪŋ] [breikin], *s.* 1. Bancarrota. 2. Irrupción; disolución. 3. Rompimiento de tierra. 4. Principio de las vacaciones en las escuelas. 5. Fractura, rompimiento. **Breaking up of the Parliament**, suspensión de las sesiones del Parlamento. **Breaking and entering**, allanamiento de morada. **Breaking point**, límite. **The soldiers were at breaking point**, los soldados habían llegado al límite de sus fuerzas.

breakneck ['breɪknek] [breik-nek], *s.* Despeñadero, paraje en que está alguno expuesto a despegarse ; precipicio, ruina. *-a.* Precipitado, rápido. **At breakneck speed**, a una velocidad vertiginosa.

breakout ['breɪkaʊt] [breik-aut], fuga, evasión (from prison).

breakthrough ['breɪkθruː] [breik-zru], *s.* 1. Descubrimiento o hipótesis que permite un adelanto científico o tecnológico. **A major breakthrough**, un avance o adelanto importantísimo. 2. *(Mil.)* Ruptura, brecha. 3. Oportunidad.

breakup ['breɪkʌp] [breik-ap] *s.* Desintegración (of structure, family); desmembramiento (of empire, company); disolución (of political parties); fracaso (talks). **The breakup of their marriage**, su separación o ruptura.

breakvow ['breɪkvəʊ] [breik-vau], *s.* El que falta a sus votos; embustero.

breakwater ['breɪk,wɔːtəʳ] [breik-uotaʳ], *s.* Rompeolas, tajamar, muralla o construcción de piedra a la entrada de un puerto para impedir las oleadas.

bream [briːm] [brím], *s.* Sargo, pez de agua dulce. **Sea bream**, besugo.

bream, *va.* Limpiar algo, p. ej. los fondos de un buque, de conchas, algas, fango, etc., por medio de fuego y raedura. Cf. BROOM.

breast [brest] [brest], *s.* 1. Pecho, seno, la parte del cuerpo humano desde la garganta hasta el estómago. 2. Testera, los extremos delanteros de las gualderas de una cureña de campaña. 3. Pecho o teta en la mujer. **Breast cancer**, cáncer de mama o de pecho. 4. Pecho, el corazón, el interior del hombre. **To beat one's breast**, darse golpes de pecho. **To make a clean breast of something**, confesar algo. 5. Toro, moldura del pie de la columna. 6. Frente o cara de veta o filón. 7. Comba del cubo de una rueda. **A child at the breast**, un niño de pecho. 8. Pechuga (of chicken, turkey); **breast of lamb**, pecho de cordero.

breast, *va.* Acometer de frente o presentarse de frente.

breastbone ['brestbəʊn] [brest-boun], *s.* Esternón, el hueso que constituye la parte anterior del pecho.

breast-deep ['brest'diːp] [brest-díp], **breast-high** ['brest'haɪ] [brest-jai], *a.* Alto hasta el pecho; antepecho.

breasted ['brestɪd] [bres-tid], *a.* Lo que tiene pecho. **Narrow-breasted**, hundido de pecho. **Pigeon-breasted**, de pecho abultado.

breastfeed ['brestfiːd] [brest-fid] *va.* Darle el pecho a, darle de mamar a, amamantar. **A breastfed baby**, un niño amamantado. *vn.* Dar el pecho a, dar de mamar a.

breasthooks ['bresthuːks] [brest-juks], *s.* *(Mar.)* Buzardas, piezas de madera que se colocan en la proa para sujetar la unión de los costados.

breastknot ['brestnɒt] [brest-not], *s.* Lazo o lazada, adorno de cintas en forma de lazo que llevan las mujeres al pecho.

breastpin ['brestpɪn] [brest-pin], *s.* Broche, alfiler de pecho, sostén y adorno de diferentes formas que llevan las mujeres al pecho.

breastplate ['brestpleɪt] [brest-pleit], *s.* 1. Peto, armadura del pecho. 2. Pretal de una cabalgadura. 3. Pectoral.

breast-plow o **breast-plough** ['brestplɔː] [brest-plou], *s.* Arado de pecho, especie de arado pequeño que se empuja a fuerza de pecho.

breast-pump ['brestpʌmp] [brest-pamp], *s.* Extractor de leche.

breastrail ['brestreɪl] [brest-tril], *s.* *(Mar.)* Antepecho.

breastrope ['brestrəʊp] [brest-roup], *s.* 1. *(Mar.)* Guardamancebo de sondar. 2. *(Mar.)* Nervio de las redes de combate.

breaststroke ['brestrəʊk] [bres-trouk] *s.* Pecho, braza (estilo).

breast-wheel ['brestwiːl] [brest-uíl], *s.* Rueda hidráulica de costado.

breastwork ['brestwɜːk] [brest-uek], *s.* 1. *(Fort.)* Parapeto, terraplén que defiende el pecho contra los golpes del enemigo. 2. *(Mar.)* Propao.

breath [breθ] [brez], *s.* 1. Aliento (air exhaled or inhaled), respiración, resuello, huelgo. 2. Soplo de aire. 3. Vida. 4. Pausa; sobreseimiento. 5. Instante; un momento. **To have bad breath**, tener mal aliento. **Take a deep breath**, respire hondo. **To be short of breath**, ser corto de resuello, respirar con dificultad **Under one's breath**, en voz baja. **In a breath**, de un tirón, de una vez. **At every breath**, a cada instante. **To gasp for breath**, jadear. **To be out of breath**, estar sin aliento, sofocado. **To run oneself out of breath**, correr hasta perder el aliento. **Foul breath**, mal aliento. **To waste one's breath**, gastar saliva. **With bated breath**, con el corazón en un puño.

breathable ['briːðəbl] [bri-za-bol], *a.* Respirable, que se puede respirar.

breathalyze ['breθəlaɪz] [bre-za-lais] *va.* (GB) Hacerle la prueba del alcohol o de la alcoholemia a.

breathalyzer, **breathalyser** ['breθəlaɪzəʳ] [bre-za-laisaʳ] *s.* Alcohómetro, alcoholímetro. **Breathalyzer test**, prueba del alcohol o de la alcoholemia.

breathe [briːð] [bríz], *vn.* 1. Alentar, respirar o arrojar el aliento (person, animal). **To breath deeply**, respirar hondo. Dejar pasar el aire (fabric, leather). 2. Vivir. 3. Respirar, descansar. 4. Soplar, arrojar el aliento dentro de alguna cosa. 5. Exhalar, echar el aliento hacia fuera. 6. Secar al aire. *-va.* 1. Inspirar, respirar (air, fumes); exhalar (exhale) **She breathed garlic all over me**, me echó todo su aliento a ajo; dar aire o desahogo. 2. Decir o revelar secretamente alguna cosa. **To breathe after**, anhelar, desear, ansiar. **To breathe a vein**, abrir las venas, sangrar. **To breathe one's last**, dar el último suspiro, morir. **Don't breathe a word of this to anyone**, no le digas ni una palabra de esto a nadie. **Breathe in**, aspirar, respirar (air, fumes). **Breathe out**, espirar. Expeler (smoke); exhalar, expulsar (air).

breather ['briːðəʳ] [brí-zaʳ], *s.* 1. El que respira o vive. 2. Revelador. 3. El que inspira. **To have/take a breather**, tomar un respiro o descanso.

breathful ['briːðfʊl] [bríz-ful], *a.* Lleno de aire, lleno de olor.

breathing ['briːðɪŋ] [brí-zin], *s.* 1. Aspiración. 2. Respiradero, abertura por donde entra o sale el aire. 3. Respiración.

breathing-place ['briːðɪŋpleɪs] [brí-zin-pleis], *s.* Pausa, respiradero, descanso, parada.

breathing space ['briːðɪŋspeɪs] [brí-zin-speis], *s.* Respiro.

breathing spell ['briːðɪŋspel] [brí-zin-spel], *s.* Reposo, lapso para descansar.

breathing-time ['briːðɪŋtaɪm] [brí-zin-taim], *s.* Relajación, reposo; el tiempo de alentar o descansar; descanso, parada; interrupción o cesación del trabajo; intervalo, intermisión, alivio en el dolor.

breathless ['breθlɪs] [brezles], *a.* 1. Falto de aliento, sin aliento; desalentado. **The blow left me breathless**, el golpe me dejó sin aliento. **He arrived breathless**, llegó jadeando. 2. Muerto.

breathlessly ['breθlɪslɪ] [brezles-li] *adv.* Entrecortadamente, jadeando.

breathlessness ['breθlɪsnɪs] [brezles-les-nes], *s.* Desaliento, muerte. Dificultad al respirar.

breathtaking ['breθteɪkɪŋ] [brez-tei-kin], *a.* Fascinador, emocionante, conmovedor. Impresionante, imponente.

breccia ['bretʃia] [bre-chia], *s.* *(Min.)* Piedras conglutinadas o compuestas, como el mármol colorado.

brechan ['bretʃən] [bre-chan], *s.* *(Esco.)* *V.* BRACKEN.

bred [bred] [bred], *pret.* y *pp.* del verbo TO BREED.

breech [briːtʃ] [brích], *s.* 1. Trasero, nalgas, posaderas. 2. Culata de cañón o fusil ; recámara. *a.* De nalgas (birth).

breech, *va.* 1. Poner los calzones a uno. 2. Azotar. 3. Poner culata a un cañón o fusil.

breeches ['briːtʃɪz] [brí-ches], *s. pl.* Calzones, parte del vestido del hombre, que cubre desde la cintura hasta la rodilla, bombachos (knee breeches). Pantalones de montar (riding breeches). **To wear the breeches**, ponerse los calzones; se dice de la mujer que gobierna a su marido.

breeches-buoy ['briːtʃɪzbʊɔɪ] [bríchis-buoi], *s.* Aparato salvavidas que consiste en unas bragas de lona aseguradas por la cintura a una boya de salvamento, la cual pende de un cable tendido desde la orilla a un buque náufrago.

breeching ['briːtʃɪŋ] [bríchin], *s.* 1. Grupera del arnés. 2. *(Mar.)* Bragueros de cañón.

breech-loader ['briːtʃˌləʊdə^r] [brich-lou-da^r], *s.* Arma de retrocarga, que se carga por la recámara.

breech-loading ['briːtʃˌləʊdɪŋ] [brich-lou-din], *a.* Que se carga por la recámara (hablando de armas).

breed [briːd] [brid], *va.* 1. Criar, procrear, engendrar, multiplicar (animals). 2. Ocasionar, causar, producir, engendrar, generar (violence). **Success breeds success**, el éxito llama al éxito. 3. Criar, educar, enseñar (raise, educate). **I'm a Londoner born and bred**, nací y me crié en Londres. *-vn.* Criar. hacer cría o multiplicarla. Reproducirse.

breed, *s.* 1. Casta, raza, progenie (of animals); variedad (of plants). 2. Progenie, generación. **A new breed of athletes**, una nueva generación de atletas. **A dying breed**, una especie en vías de extinción.

breeder ['briːdə^r] [brí-da^r], *s.* 1. Lo que cría o produce alguna cosa. 2. La persona que cría y educa a otro. 3. Paridera, la hembra fecunda de cualquier especie. 4. Criador, el que cría caballos, mulas u otros animales. Cultivador (of plants). **Breeder reactor**, reactor reproductor.

breeding ['briːdɪŋ] [brídin], *s.* 1. Crianza, urbanidad. atención, cortesía. 2. Educación, enseñanza, forma dada a la inteligencia y a los modales (upbringing). 3. Reproducción (reproduction); cría (raising of animals); cultivo (of plants). **A woman of breeding**, una mujer de buena cuna. **Politness is a sign of good breeding**, la cortesía es señal de buena educación. **Breeding-cage**, jaula de criar, criadera. **Cross breeding**, cruzamiento de razas. **Good breeding**, buena educación. **Bad breeding**, modales groseros, de mal tono.

breeding ground ['briːdɪŋˌgraʊnd] [brídin-graund] *s.* *(Zool.)* Lugar de cría. **A breeding ground for revolutionaries**, un semillero de revolucionarios. **A breeding ground for violence**, un caldo de cultivo para la violencia.

breeze [briːz] [brís] **breeze-fly** *s.* Tábano, especie de moscón. Se escribe también *breese y brize.*

breeze, *s.* 1. Brisa, viento suave (light wind). 2. *(Fam.)* Ligera agitación o alarma; confusión, quimera. *(Coloq,)* **To be a breeze**, ser pan comido, ser un bollo (something easy).

breeze, *s.* Cenizas calientes, rescoldo. Carboncillo, cisco de *coke. (Ingl.)*

breeze, *vn.* *(Coloq,)* **To breeze in/out**, entrar/salir tan campante, tan pancho. *(Fam.)* **He breezed into the office**, entró en la oficina como Pedro o Perico por su casa.

breeze through ['briːzθruː] [brís-tru], *(Coloq,)* **They breezed through the exam**, el examen les resultó un paseo.

breezeless ['briːzlɪs] [bríz-les], *a.* Inmoble, sin movimiento o brisa.

breezily ['briːzɪlɪ] [brí-si-li], *adv.* Alegremente, jovialmente (cheerfully).

breezy ['briːzɪ] [brí-si], *a.* Refrescado con brisas. Ventoso (spot - windy). **It was pleasantly breezy**, soplaba una agradable brisa. **It's a bit breezy today**, hace un poco de vientecito hoy. *(Coloq,)* Dinámico (lively - person); alegre y simpático (smile/greeting).

brent [brent] [brent], *a.* Liso, no arrugado; también, alto, prominente.

brethren ['breθrɪn] [brez-ren], *s. pl.* de BROTHER. Hermanos, en estilo grave o hablando de todos los hombres.

Breton ['bretən] [bre-ton], *a.* Natural de la Bretaña francesa, o perteneciente a ella; bretón. *-s.* 1. Un bretón. 2. Idioma de los bretones.

breve [briːv] [briv], *s.* *(Mús)* 1. Breve, nota de música: hoy poco usada. 2. *V.* BRIEF.

brevet [briːvɪt] [brívit], *va.* En el ejército, la milicia y la marina, conceder un grado superior al empleo efectivo; dar un ascenso honorífico.

brevet, *s.* *(Mil.)* Nombramiento o comisión honoraria, grado honorífico. **Brevet rank**, graduación militar sin el sueldo correspondiente ni empleo efectivo. **Brevet colonel**, coronel graduado.

breviary ['briːvɪərɪ] [brívia-ri], *s.* 1. Compendio, extracto, epítome, resumen. 2. Breviario, el libro que contiene el rezo u oficio divino diario de todo el año.

breviate ['briːvɪeɪt] [brívi-eit], *s.* 1. Compendio corto. 2. *V.* BRIEF.

brevier ['briːvɪə^r] [brivia^r], *s.* Breviario, grado de letra muy menuda, tipo o carácter de letra de ocho puntos. El de nueve puntos se llama en inglés *bourgeois.*

brevirostrate, brevirostral ['brevɪrəstreɪt] [bre-vi-ros-treit], *a.* Que tiene pico corto.

brevity ['brevɪtɪ] [bre-vi-ti], *s.* Brevedad (shortness), concisión (conciseness). **Brevity is the soul of wit**, lo bueno, si breve, dos veces bueno.

brew [bruː] [brú], *va.* 1. Hacer licores mezclando varios ingredientes; fabricar, hacer (beer); preparar, hacer (tea). 2. Urdir o tramar algún designio, maquinar, fraguar (mischief). 3. Menear a fuerza de brazo; batir, preparar; mezclar. **A storm is brewing**, se prepara una tempestad; habrá borrasca. *-vn.* Hacer o fabricar cerveza (make beer); fermentar los licores. **The tea is brewing**, el té se está haciendo. Avecinarse (storm); gestarse (trouble).

brew, *s.* Mezcla; modo de mezclar o de hacer fermentar los licores; brebaje.

brewage ['bruːeɪdʒ] [brúeich], Brebaje, bebida en que entran muchos ingredientes.

brewer ['bruːə^r] [brúar], *s.* Cervecero.

brewery ['bruːərɪ] [brúeri], **brew-house** ['bruːhaʊs] [brú-jaus], *s.* Cervecería, la casa o fábrica en que se hace la cerveza.

brewing ['bruːɪŋ] [brúin], *s.* 1. La cantidad de cerveza que se hace de una vez. 2. *(Mar.)* Apariencia de borrasca; reunión de nubes negruzcas.

brewis ['bruːɪs] [brúis], *s.* Rebanada de pan mojada en caldo de vaca salada mientras está hirviendo.

briar ['braɪə^r] [braia^r] *s.* *V.* BRIER.

bribe [braɪb] [braib], *s.* Cohecho, soborno. **To take/accept a bribe**, dejarse sobornar, aceptar un soborno.

bribe, *va.* Cohechar, sobornar, ganar para un fin malo, corromper. **To bribe somebody to**, sobornar a alguien para que.

briber ['braɪbə^r] [brai-ba^r], *s.* Cohechador, sobornador, corruptor.

bribery ['braɪbərɪ] [brai-be-ri], *s.* Cohecho, soborno.

bric-a-brac ['brɪkəbræk] [brik-a-brak], *s.* Bric-a-brac: objetos de arte, artículos curiosos y de gusto. Baratijas, chucherías.

brick [brɪk] [brik], *s.* 1. *(Const.)* Ladrillo, pedazo de tierra amasado y cocido. 2. Ladrillo de pan; una clase de pan que tiene la figura de un ladrillo. **Sundried brick**, *(Mex.)* adobe. 3. *(Ger.)* Un buen sujeto, un real mozo. **Bath** o **Bristol brick**, piedra hecha de arena muy fina, en forma de ladrillo, para limpiar cuchillos. (GB) **To drop a brick**, meter la pata.

brick, *va.* Enladrillar, solar o cubrir alguna cosa con ladrillos. **To brick a floor**, enladrillar el suelo. **Brick in, brick up**, tabicar, tapiar.

brickbat ['brɪkbæt] [brik-bat], Pedazo de ladrillo.

brick-clay ['brɪkkleɪ] [brik-klei], **brick-earth** ['brɪkˌɜːθ] [brik-erz], *s.* Tierra para hacer ladrillos.

brickdust ['brɪkdʌst] [brik-dast], *s.* Ladrillo molido.

brick-kiln ['brɪkˌkɪln] [brik-kiln], *s.* Horno de ladrillo, que se llama también ladrillar o ladrillal.

bricklayer ['brɪkleɪə^r] [brik-leia^r], *s.* Albañil, el que hace paredes u otras fábricas de ladrillo. **Bricklayer's boy**, peón de albañil.

brickmaker ['brɪkmeɪkə^r] [brik-mei-ka^r], *s.* Ladrillero, el que hace ladrillos.

brickred ['brɪkred] [brik-red] *a.* Rojo teja, rojo ladrillo.

brickwork ['brɪkwɜːk] [brik-uek], Enladrillado, obra de ladrillos (bricks). Aparejo (way bricks are laid).

bricky ['brɪkɪ] [briki], *a.* Ladrilloso, lleno de ladrillos.
brickyard ['brɪkjɑːd] [brik-yard], *s.* Ladrillar.
bridal ['braɪdl] [braidal], *a.* Nupcial, perteneciente a las bodas; nupcial (procession); para novias (shop). **Bridal gown**, traje de novia. *-s.* Boda, fiesta nupcial. **Bridal song**, epitalamio.
bride ['braɪd] [braid], *s.* Novia, desposada, la mujer recién casada, o la que va a casarse. **The bride and groom**, los novios; los recién casados, los novios (after ceremony). **Bride-bed**, tálamo, la cama de los desposados. **Bride-cake**, torta o pan de la boda. **Bride-chamber**, cámara nupcial.
bridegroom ['braɪdgrʊm] [braid-grum], *s.* Novio, el recién casado, o el que va a casarse.
bridesmaid ['braɪdzmeɪd] [braids-meid], *sf.* Madrina de boda; dama de honor. Niña que acompaña a la novia (child).
bridesman ['braɪdzmən] [braids-man], *s.* Padrino de boda, el que acompaña al novio en la ceremonia del matrimonio. Son nombres más usuales los de *best man y groomsman.*
bridge [brɪdʒ] [brich], *s.* 1. Puente, fábrica construida sobre los ríos, fosos, etc., para pasarlos. **Drawbridge**, puente levadizo. **Bridge of boats**, puente de barcas. **To build bridges**, tender un puente de unión. **We'll cross that bridge when we come to it**, ese problema lo resolveremos cuando llegue el momento. 2. El caballete de la nariz (of nose); puente (of glasses). 3. Puente de violín, violón, guitarra u otro instrumento de cuerda. 4. Balanza de Wheatstone, artificio para medir la resistencia eléctrica. **Cantilever bridge**, puente de contra peso. **Suspension bridge**, puente colgante. *(Dent.)* Puente. Bridge (card game).
bridge, *va.* Construir o levantar un puente en algún paraje. Tender o construir un puente (river); salvar (differences).
bridgehead ['brɪdʒhed] [brich-jed], *s.* Cabecera de puente, entrada de puente.
bridgeward ['brɪdʒwɑːd] [brich-uard], *s.* 1. Custodio de puente. 2. Guarda principal de una llave.
bridgework ['brɪdʒwɜːk] [brich-uek], *s.* 1. Construcción de puentes. 2. Puente dental.
bridle ['braɪdl] [brai-dol], *s.* 1. Brida o freno. 2. Freno, sujeción. **Bridle-cutter**, el que corta cuero para los silleros y freneros. **Bridle hand**, mano izquierda, la mano del jinete que tiene las riendas. **Bridle-path**, senda angosta, que sólo permite pasar a las caballerías o acémilas una tras otra. Camino de herradura.
bridle, *va.* 1. Guiar un caballo con el freno. 2. Embridar, poner la brida a un caballo. 3. Reprimir, refrenar. *-vn.* Levantar la cabeza. **To bridle it**, remilgarse, erguirse. **To bridle at something**, molestarse por algo.
bridler ['braɪdləʳ] [braidlaʳ], *s.* El que gobierna, dirige o refrena.
bridles ['braɪdlz] [braidels], *s. pl. (Mar.)* Poas.
brief [briːf] [bríf], *a.* Breve (interlude, reign), conciso (statement, summary), corto, sucinto, sumario; estrecho. **His report was brief and to the point**, su informe era breve e iba al grano. **In brief**, en resumen. Diminuto (scanty).
brief, *s.* 1. Epítome, resumen o compendio. 2. *(Law)* Alegato, memorial ajustado, informe, el apuntamiento en que se contiene todo el hecho de algún pleito o causa; auto jurídico. Expediente entregado por el abogado al BARRISTER. 3. *(Mús.)* Breve, nota que vale dos compases del tiempo que se llama compasillo. 4. Breve, buleto apostólico. 5. Despacho, sumario, informe. Licencia para pedir socorros públicamente por alguna pérdida o desgracia. 6. Instrucciones (instructions); competencia (area of responsibility).
brief, *va.* Instruir (lawyer); darle instrucciones u órdenes a (pilot/spy); informar (committee). **The president had been badly briefed for the meeting**, el presidente no había sido bien preparado para la reunión.
brief case ['briːfkeɪs] [bríf-keis], *s.* Cartera grande, porta-folio, maletín.
briefing ['briːfɪŋ] [brífin], *s.* Instrucciones breves. Sesión para dar instrucciones (briefing session). Reunión informativa para la prensa (press briefing).
briefless ['briːflɪs] [bríf-les], *a.* Sin causas o pleitos: sin clientes.
briefly ['briːflɪ] [brífli], *adv.* Brevemente, sucintamente (reply/speak), compendiosamente, en pocas palabras, en resumen (indep). Por poco tiempo (visit/rule). **She biefly wondered what he was doing there**, se preguntó por un momento qué hacía él allí.
briefness ['briːfnɪs] [bríf-nes], *s.* Brevedad, concisión.
briefs ['briːfz] [brífs] *s. pl.* Calzoncillos, slip (man's); calzones, bragas, bombachas, pantaletas (woman's).
brier ['braɪəʳ] [braiaʳ], *s.* 1. Escaramujo, agavanzo, rosal silvestre (wild rose). 2. Zarza, mata espinosa (thornbush).
briery ['braɪərɪ] [braie-ri], *a.* Zarzoso, lleno de zarzas.
brig, brigantine [brɪg] [brig] ['brɪgətiːn] [bri-gan-tin], *s. (Mar.)* Bergantín. **Brig**, calabozo (prison).
brigade [brɪ'geɪd] [bri-gueid], *s.* Brigada, cierto número de batallones o escuadrones. *(Coloq,)* **The brown rice brigade**, los fanáticos de la cocina macrobiótica.
brigadier [ˌbrɪgə'dɪəʳ] [briga-diaʳ] *s.* General de brigada (in UK). **Brigadier general**, *s.* Brigadier, el oficial que tiene el grado inmediatamente inferior al de mariscal de campo. General de brigada (in US).
brigand ['brɪgənd] [bri-gand], *s.* Ladrón público, salteador de caminos, bandido, bandolero.
brigandine ['brɪgəndaɪn] [bri-gan-dain], *s.* Cota de malla de que usaban antes los ladrones y rufianes y algunas tropas ligeras.
brigantine ['brɪgəntiːn] [bri-gan-tin], *s. V.* BRIG.
bright [braɪt] [brait], *a.* 1. Claro, reluciente, luciente, resplandeciente, lustroso, brillante (star); brillante, fuerte (light); con mucha luz (room). **Draw the curtains, it's too bright**, corre las cortinas, hay demasiada luz. **It was a bright, sunny day**, era un día de sol radiante. Fuerte, vivo, brillante (color). **A bright red shirt**, una camisa de un rojo fuerte, vivo o brillante. 2. Claro, evidente. 3. Esclarecido, ilustre. 4. Ingenioso, agudo, perspicaz, vivo; lleno de vida, vivaracho (cheerful/eyes). **To make bright**, pulimentar, poner brillante, reluciente. *(Coloq,)* **To get up bright and early**, levantarse tempranito. Prometedor (hopeful/future). **The prospects are not very bright**, las perspectivas no son muy prometedoras. **To look on the brighter side of something**, mirar o ver el lado bueno de algo. Inteligente (intelligent/person). **Whose bright idea was it to...?**, ¿quién tuvo la brillante idea de...?
brighten ['braɪtn] [brai-ten], *va.* 1. Pulir, bruñir, dar lustre. 2. Avivar, dar viveza. 3. Ilustrar, ennoblecer. 4. Aguzar el ingenio. 5. Iluminar (make brighter). **Brighten up**, alegrar (room); animar (occasion/party). *-vn.* Aclarar, ponerse claro lo que estaba obscuro, realzar. Hacerse más brillante o más fuerte (become brighter). **Her eyes brightened**, se le iluminaron los ojos. Animarse, alegrarse (person/become cheerful); mejorar (situation/prospects). **It brightened up in the afternoon**, por la tarde salió el sol.
bright-eyed ['braɪt'aɪd] [brait-aid], *a.* Ojialegre. De ojos vivos o vivarachos. **Bright-eyed and bushy tailed**, lleno de vida y energía.
bright-haired ['braɪthɛəd] [brait-jead], *a.* Que tiene los cabellos relucientes.
bright-harnessed [braɪt'hɑːnest] [brait-jar-nest], *a.* El de armadura brillante.
brightly ['braɪtlɪ] [braitli], *adv.* Espléndidamente, con esplendor y lustre. Intensamente, vivamente (shine). **A brightly polished table**, una mesa resplandeciente. Alegremente (say/smile).
brightness ['braɪtnɪs] [braitnis], *s.* 1. Lustre, esplendor, brillo, brillantes. 2. Agudeza o viveza de ingenio. 3. Resplandor, brillo (of light, star), claridad, luminosidad (of morning). Alegría (cheerfulness); inteligencia (intelligence).
brights ['braɪtz] [braits], *s. pl. (Auto)* Luces de carretera.
bright's disease ['braɪtzdɪsiːs] [braits-di-sis], *s.* Mal de Bright, nefritis crónica.

bright spark ['braɪtspɑːk] [brait-spark] *s.* (GB) Lumbrera, genio *(iro.)*.

brill [brɪl] [bril], *s.* Mero, pez semejante al rodaballo, muy estimado como alimento. *V.* BRET.

brilliance ['brɪljəns] [bri-lians], **brilliancy** ['brɪljənsɪ] [bri-liansi], *s.* Brillantez, brillo, el resplandor o luz que da de sí alguna cosa (brightness); esplendor, lustre. Brillantez (skill, intelligence).

brilliant ['brɪljənt] [bri-liant], *a.* Brillante, lo que brilla (light); radiante (sunshine); brillante, luminoso (red/green). (GB) *(Coloq,)* Genial, fenomenal (person/party). **¡Brilliant!**, ¡genial! *-s.* 1. Brillante, el diamante abrillantado. 2. El tipo de menor tamaño que se funde y se emplea en la impresión: 31/2 puntos. 3. Tela de algodón, con dibujo alzado y tejido.

brilliantine ['brɪljəntiːn] [bri-lian-tin], *s.* Brillantina, para tela vestidos parecida a la alpaca, pero de calidad superior.

brilliantly ['brɪljəntlɪ] [bri-liantli], *adv.* Espléndidamente. Intensamente (shine); con brillantez (write); extraordinariamente (funny). *(Coloq,)* **He played brilliantly**, jugó genial o fenomenal.

brilliantness ['brɪljəntnɪs] [bri-liant-nes], *s.* Brillantez.

brills ['brɪls] [brils], *s. pl. (Des.)* Las pestañas del caballo.

brim [brɪm] [brim], *s.* Borde, extremo u orilla de alguna cosa (of vessel); labio de un vaso; ala de sombrero.

brim, *va.* Llenar hasta el borde. *-vn.* Estar de bote en bote; estar llena alguna vasija hasta no caber más. **Her eyes were brimming with tears**, tenía los ojos llenos de lágrimas. **To be brimming with happiness**, estar rebosante o desbordante de felicidad. **Brim over**, desbordarse, rebosar (cup). **He was brimming over with enthusiasm**, estaba rebosante o desbordante de entusiasmo.

brimmer ['brɪməʳ] [bri-maʳ], *s.* Copa o vaso lleno.

brimful ['brɪm'fʊl] [brim-ful], *a.* Lleno hasta el borde, lleno de bote en bote. **To be brimful of something**, estar repleto de algo (of ideas); estar rebosante o desbordante de algo (of energy).

brimfulness ['brɪm'fʊlnɪs] [brim-ful-nes], *s.* El estado de estar lleno hasta el borde.

brimming ['brɪmɪŋ] [bri-min], *a.* Sin labio o borde.

brimming, *a.* Lleno hasta el borde.

brimstone ['brɪmstəʊn] [brim-stoun], *s.* Azufre se dice del azufre vivo o amoldado en canelones. *V.* FIRE.

brindle ['brɪndl] [brin-dol], *s.* Variedad de colores como la que tiene el tigre.

brindled ['brɪndld] [brin-dold], *a.* Abigarrado. *V.* BRINDED.

brine [braɪn] [brain], *s.* 1. Salmuera (saltwater); agua salada o de mar (seawater). 2. *(Poét)* El mar (the sea). **The brine**, el piélago. 3. Lágrimas.

brine, *va. (Agr.)* Embeber en salmuera el trigo antes de sembrarlo, para impedir el tizón.

brinepit ['braɪnpɪt] [brain-pit], *s.* Pozo de salina o de agua salada.

bring [brɪŋ] [brin], *va.* (*pret.* y *pp.* BROUGHT). 1. Llevar o traer. **Bring this to the kitchen**, lleva esto a la cocina. 2. Traer (convey, carry), hacer venir. **She's bringing Lucy with her**, va a venir con Lucy, o va a traer a Lucy. **Bring your passport with you**, traiga el pasaporte. **Bring her**, hazla pasar o entrar. 3. Atraer, traer hacia sí alguna cosa; acarrear; recoger. Atraer (attract, cause to come). **What brings you here?**, ¿qué te trae por aquí? Traer (result in, produce). **It will bring enormous benefits**, va a traer o reportar enormes beneficios. **You've brought so much happiness to those children**, les has dado tanta alegría a esos niños. **To bring a smile to somebody's face**, hacer sonreír a alguien. **It brought tears to my eyes**, hizo que se me llenaran los ojos de lágrimas. 4. Poner en un estado determinado. 5. Inducir, persuadir (persuade). **I couldn't bring myself to do it**, no pude hacerlo. **To bring pressure to bear on somebody**, ejercer presión sobre alguien. **He brought his experience to bear on the problem**, hizo uso de toda su experiencia para resolver el problema.

bring about, efectuar, poner por obra, salir con el intento. Dar lugar a, ocasionar (cause/downfall, crisis). **To try to bring about change in society**, tratar de lograr que se produzcan cambios en la sociedad.

bring again, volver, conducir o traer de nuevo.

bring along, traer.

bring around, traer (take along). Convencer (persuade). **We finally brought her around to our point of view**, finalmente conseguimos convencerla. **I brought the conversation around to James**, llevé la conversación al tema de James (steer). Hacer volver en sí (restore consciousness).

bring away, llevarse, quitar, sacar una cosa de donde estaba; hacer salir; alzar.

bring back, (return). **I'll bring your book back tomorrow**, te devolveré o te regresaré el libro mañana. **Crying won't bring him back**, con llorar no vas a conseguir que vuelva. **To bring back to life again**, volver a la vida, hacer revivir. **To bring back**, traer de vuelta, devolver. Traer (gift/ souvenir); volver a introducir (reintroduce/custom); recordar (recall). **It brought back memories**, me trajo recuerdos.

bring by the lee, *(Mar.)* tomar por la luna sobre la arribada.

bring down, abatir, deprimir, humillar; disminuir; reducir, hacer bajar (lower/price); hacer bajar (temperature); llevar una cosa baja; bajar; tirar o echar abajo. (cause to fall/ tree, wall); derribar (player, opponent, plane); derrocar, hacer caer (government). **To bring down the house**, derribar la casa.

bring forth, producir (fruit), dar de sí, parir; dar a luz (child); poner de manifiesto.

bring forward, empujar, dar empuje. *(Com.)* Llevar una suma a otra cuenta. **Brought forward**, suma y sigue, referencia, partida referente. Hacer comparecer (witness); presentar (evidence, idea); adelantar (to earlier time/ appointment).

bring home, her letter brought home to me the seriousness of the situation, su carta me hizo dar cuenta cabal de la gravedad de la situación.

bring in, reclamar; dejar utilidad o ganancia (earn). **His job doesn't bring in much money**, no saca mucho dinero con su trabajo; reducir; introducir, implantar (introduce) (regulation/system); presentar (bill); meter. *(Law)* **To bring in a verdict of guilty**, declarar culpable a alguien. Atraer (attract/ customers). **They had to bring the police in,** tuvieron que hacer intervenir a la policía (involve). **We have to bring in extra staff in the summer**, tenemos que contratar personal extra en verano. Servir (una comida). **To bring dinner in**, servir la cena. Introducir (una moda).

bring into, comprometer.

bring low, abatir, humillar; debilitar. **To bring word**, informar, dar noticia.

bring off, desempeñar o desempeñarse; rescatar; desembarazar ; disuadir, desviar, apartar. Conseguir, lograr (feat, victory); llevar a cabo (plan); conseguir (deal).

bring on, transportar; agigantar empeñar, inducir; empeñarse, obligarse. Provocar (cause/attack/breakdown). **What brought this on?**, ¿esto a qué se debe? Hacer salir (introduce/player). **He brought it all on himself**, él (mismo) se lo buscó (cause to befall).

bring out, salir; recitar; mostrar, echar fuera, descubrir; hacer salir, sacar, extraer. Sacar al mercado (product, model); publicar, sacar (edition, book). **Children bring out the best in her**, el trato con los niños hace resaltar o pone de manifiesto sus mejores cualidades (accentuate). Hacer florecer (make bloom). (GB) **It brought me out in spots,** hizo que me salieran granos. **I tried to bring her out a bit**, traté de ayudarla a vencer su timidez (make less shy).

bring over, ganar, atraer a alguno a su partido; transportar, hacer atravesar.

bring round, *V.* BRING AROUND.

bring to, someter; resolver; llevar a. Ponerse a la capa. **To bring to bed**, parir.

bring together, *(Fig.)* reunir, reconciliar. **The conference will bring together scientists from all over the world**, el congreso reunirá o congregará a científicos de todo el mundo. **A tragedy like this can bring a family together**, una tragedia así puede unir a una familia. **They were brought together by chance**, el destino quiso que se conocieran (o se encontraran, etc.).

bring under, sojuzgar, sujetar, avasallar, someter a su mando. **To bring an action**, poner una demanda.

bring up, hacer subir, hacer avanzar o adelantarse; poner a la moda; llevar en alto; educar, enseñar, criar (rear a child). **I was brought up in India**, me crié en la India. **You were badly brought up**, te criaron muy mal. **They brought us up to respect authority**, desde niños nos enseñaron a respetar la autoridad. Sacar (mention/subject). **Did you have to bring that up?**, ¿por qué tuviste que sacar ese tema? **I wanted to bring out the matter of...**, quería mencionar el asunto de... Vomitar, devolver (vomit).

bring upon, atraer; exponer. **To bring upon oneself**, buscarse (cause to befall), causarse, atraerse, procurarse.

bringer ['brɪŋgəʳ] [brin-gaʳ], *s.* Portador, la persona que lleva o trae alguna cosa. **Bringer in**, el que introduce alguna cosa. **Bringer up**, instructor. *(Mil.)* El soldado postrero de cada fila. **Bringing forth**, producción.

brinish ['braɪnɪʃ] [brai-nish], *a.* Salado, lo que tiene sabor de sal.

brink [brɪŋk] [brink], *s.* Orilla, margen, borde. **The country stood on the brink of war**, el país estaba al borde de la guerra. **To be on the brink of**, estar a punto de. Extremidad, extremo. **Brink of a well**, pozal o brocal de pozo.

brinkmanship ['brɪŋkmənʃɪp] [brink-man-ship] *s.* Política arriesgada o suicida.

briny ['braɪnɪ] [brai-ni], *a.* Salado, del sabor del agua del mar. Salobre. **The briny deep**, mar, el océano.

briquette [brɪ'ket] [bri-ket], *s.* Briqueta, conglomerado de carbón en forma de ladrillo.

brisk [brɪsk] [brisk], *s.* 1. Vivo, alegre, despejado, jovial, festivo, juguetón. 2. Vigoroso, fuerte. 3. Enamorado, alegre de cucos, alegrillo, alumbrado por haber bebido un poco más de lo regular. 4. Rápido y enérgico, brioso (pace/lively, quick); a paso ligero (walk). **Ice-cream sellers did a brisk trade**, los vendedores de helado vendieron muchísimo. 5. Enérgico, dinámico y eficiente (efficient, person/manner). Fresco (wind, morning). **A brisk gale of wind**, viento fresco.

brisk up, *vn.* Avanzar con viveza presentarse con garbo y aire; regocijarse, alegrarse. *-va.* Vivificar, avivar.

brisket ['brɪskɪt] [bris-ket], *s.* El pecho de un animal o un pedazo cortado de él (corte de carne del cuarto delantero).

briskly ['brɪsklɪ] [briskli], *adv.* Vigorosamente; alegremente. Con brío (walk); con tono de eficiencia (say). **It's selling briskly**, se está vendiendo muy bien.

briskness ['brɪsknɪs] [brisk-nes], *s.* 1. Viveza, actividad, vigor, vivacidad. 2. Viveza, garbo, gallardía. 3. Alegría, humorada. 4. Desenvoltura, desahogo.

bristle [brIsl] [brisel], *s.* 1. Cerda, seta, el pelo duro y recio que crían los cerdos. 2. Pelusa, especie de vello de ciertas plantas. **His face was covered in bristle(s)**, tenía la barba crecida.

bristle, *va.* Erizar, levantar o poner derechas las cerdas o púas el animal que las tiene. *-vn.* Erizarse, ponerse derechas las cerdas o púas de un animal, como las del cerdo y del erizo. Erizarse, ponerse de punta (stand up/hair). **She bristled at his rudeness**, su grosería la irritó. **The place was bristling with tourists**, el lugar estaba repleto o plagado de turistas (have many). **To bristle with difficulties**, estar erizado de dificultades. **To bristle a thread**, poner seta al hilo de zapatero.

bristly ['brɪslɪ] [brisli], *a.* Cerdoso, lleno de cerdas. Hirsuto (beard). **Don't kiss me, you're too bristly**, no me beses, que tu barba está muy rasposa.

Bristol-board ['brɪstəl'bɔːd] [bristol-bord], *s.* Cartulina; calidad fina de cartón satinado. (De Bristol, ciudad inglesa).

Bristol-stone ['brɪstəl'stəʊn] [bristol-stoun], *s.* Diamante de Bristol.

brit [brɪt] [brit], *s.* 1. El alimento de las ballenas; consta de entomostráceos y otros animalillos que nadan en la superficie. 2. Arenque pequeño. *(Coloq,)* Británico.

Britain ['brɪtən] [briten] *N.* Gran Bretaña.

Britannia [brɪ'tænɪə] [bri-ta-nia], *(Metal.) s.* Metal inglés, liga de estaño, antimonio, bismuto y cobre.

Britannic [brɪ'tænɪk] [bri-ta-nik], *a.* Británico, de la Gran Bretaña.

britches ['brɪtʃəz] [bri-ches] *s. pl. V.* BREECHES.

brite [braɪt] [brait], *va.* (Prov. Ingl.) Modorrarse, madurarse demasiado; desgranarse las mieses.

British ['brɪtɪʃ] [british], *a.* Británico, lo que pertenece a Gran Bretaña. **The British language**, la lengua de los antiguos celtas de la Gran Bretaña. **British Lion**, el león británico, emblema de la Gran Bretaña. **British Thermal Unit**, unidad termal británica.

Britisher ['brɪtɪʃəʳ] [britishaʳ], *s. (Fest.)* Inglés; particularmente un soldado o marinero inglés. Británico.

British Isles ['brɪtɪʃ'aɪlz] [british-ails], *s. pl.* Las Islas Británicas. **British Isles Summer Time**, hora de verano en Gran Bretaña, adelantada una hora con respecto a la hora de Greenwich.

Briton ['brɪtɒn] [bri-ton], *a.* y *s.* El natural de la Gran Bretaña, o lo que pertenece a este país. Ciudadano británico. **The ancien Britons**, los antiguos britanos.

Brittany ['brɪtənɪ] [bri-ta-ni], *N.* Bretaña.

brittle ['brɪtl] [bri-tol], *a.* Quebradizo, que con facilidad se quiebra (twigs, bones); frágil, precario (peace); crispado (laugh, voice).

brittleness ['brɪtlnɪs] [britel-nes], *s.* Fragilidad.

broach [brəʊtʃ] [brouch], *s.* 1. Asador. 2. Lezna, punzón. 3. Terraja, herramienta de gancho; broche. 5. *(Carp.)* Brocha, mecha. 6. *(Arq.)* Aguja, chapitel.

broach, *va.* 1. Mencionar por primera vez; introducir; hacer público. 2. Espetar, atravesar alguna cosa con otra que sea puntiaguda, como se atraviesa la carne con el asador. 3. Barrenar el tonel u otra vasija que tenga vino o cualquier licor, para sacarlo; barrenar, decentar. 4. Empezar a gastar alguna cosa que se tenía guardada o intacta. 5. Proferir; decir alguna cosa de la que es uno autor; inventar o propagar mentiras; sembrar una especie. 6. **To broach to**, *(Mar.)* tomar por la luna, por avante.

broacher ['brəʊtʃəʳ] [brou-chaʳ], *s.* 1. Asador. 2. Autor o inventor de alguna cosa.

broad [brɔːd] [broud], *a.* 1. Ancho (avenue); lo contrapuesto a lo angosto; extenso, amplio; grande (valley); despejado, amplio (forehead). De oreja a oreja (grin). **She has broad hips**, es ancha de caderas. Amplio (extensive/syllabus); numeroso, variado (interests). **In its broadest sense**, en su sentido más amplio. General (general/guidelines, conclusions). **A broad hint**, una indirecta muy clara, o muy directa. Cerrado (accent). 2. Claro, abierto. 3. Comprensivo; liberal, tolerante, de amplias miras e ideas. 4. Grosero, poco delicado, inmodesto, impuro. 5. Descomedido, atrevido; rudo de hablar, que habla un dialecto. *(Fam.)* Tipa, vieja (woman). **Broad as long**, igual en todo. **To grow broad**, ensancharse. **To speak broad**, hablar groseramente. **In broad day**, en pleno día: a la luz del día. **Broad Scotch**, el dialecto escocés fuertemente marcado. **Broad-blown**, enteramente formado. **Broad-breasted**, ancho de pechos. **Broad-brimmed**, que tiene el borde ancho; de alas anchas, hablando de sombreros. **Broad-eyed**, el que tiene vista muy larga. **Broad-faced**, **broad-fronted**, cariancho. **Broad-horned**, que tiene cuernos grandes o anchos. **Broad-leaved**, *(Bot.)* que tiene las hojas anchas. **Broad-shouldered**, espaldudo, la persona que tiene grandes espaldas, rechoncho. **Broad-tailed**, cosa o animal de cola ancha.

broad-axe [brɔːd'æks] [broud-aks], *s.* Hacha ancha de carpintero; doladera (de tonelería).

broad bean ['brɔːdbiːn] [broud-bin] *s.* Haba.

broad-brim ['brɔːdbrɪm] [broud-brim], *s.* 1. Sombrero de ala ancha. 2. *(Fam.)* Cuákero.
broadcast ['brɔːdkɑːst] [broud-kast], *s.* 1. Radiodifusión. Programa, emisión. 2. *(Agr.)* Siembra al vuelo. *-va.* 1. Radiodifundir. Transmitir, emitir (program). **The fight was broadcast live**, la pelea se transmitió o se retransmitió en directo. Difundir, divulgar (make known). 2. *(Agr.)* Sembrar al vuelo. 3. Esparcir a lo lejos, diseminar a gran distancia. *vn.* Transmitir, emitir.
broadcaster ['brɔːdkɑːstəʳ] [broud-kas-taʳ], *s.* Radiodifusor. Presentador, locutor de radio o televisión.
broadcasting ['brɔːdkɑːstɪŋ] [broud-kastin], *s.* Radiodifusión; televisión (TV).
broadcloth ['brɔːdklɒθ] [broud-kloz], *s.* Paño fino de más de 29 pulgadas de ancho.
broaden ['brɔːdn] [brouden], *vn.* Ensancharse, ponerse más ancha alguna cosa. Ampliarse (scope, interests); ensancharse (river). *va.* Ampliar (scope, horizons, interests). **Travel broadens the mind**, los viajes amplían los horizontes.
broad gauge ['brɔːd'geɪdʒ] [broud-gueich], a. 1. *(F.C.)* Vía ancha, de más de 564 pulgadas inglesas. 2. *V.* BROAD-MINDED.
broadish ['brɔːdɪʃ] [broudish], *a.* Algo ancho.
broad jump ['brɔːd'dʒʌmp] [broud-jamp], *s.* Salto de longitud.
broadloom ['brɔːdluːm] [broud-lúm], *a.* Tejido en telar ancho. **Broadloom rug**, alfombra de un solo color.
broadly ['brɔːdlɪ] [broud-li], *adv.* Anchamente. **The two systems are broadly similar**, en líneas generales, los dos sistemas son similares (generally, approximately). **Generally speaking**, en líneas generales, hablando en términos generales. De oreja a oreja (grin).
broad-minded ['brɔːd'maɪndɪd] [broud-maindid], *a.* Tolerante, de ideas liberales. De criterio amplio.
broadmindedness ['brɔːd'maɪndɪdnɪs] [broud-maindid-nes], *s.* Tolerancia, amplitud de miras.
broadness ['brɔːdnɪs] [broud-nes], *s.* 1. Ancho o anchura. 2. Grosería, falta de urbanidad.
broadsheet ['brɔːdʃiːt] [broud-shit] *s.* Periódico de formato grande.
broadshouldered ['brɔːd'ʃəʊldəd] [broud-shoulded] *a.* Ancho de espaldas.
broadside ['brɔːdsaɪd] [broud-said], *s.* *(Mar.)* 1. Costado de un buque. 2. Andanada (volley), la descarga de todos los cañones del costado de un navío hecha de una vez. 3. *(Imp.)* Cada lado de un pliego de papel. 4. Ataque, invectiva (verbal or written attack).
broadside, broadside on, *adv.* De lado, de costado.
broadsword ['brɔːdˌswɔːd] [broud-suord], *s.* Espada ancha, espadón.
broadwise ['brɔːdwaɪz] [broud-uais], *adv.* A lo ancho, o por lo ancho.
brocade [brəʊ'keɪd] [brokeid], *s.* Brocado, tela de seda tejida con oro o plata.
brocade, *va.* Tejer o hacer labor con dibujo de relieve; decorar; adornar como un brocado.
brocaded [brəʊ'keɪdɪd] [bro-kei-ded], *a.* Vestido de brocado; tejido como brocado.
brocage o **brokage** [brəʊ'keɪdʒ] [brokeidch], *s.* *V.* BROKERAGE.
brocatel [brəʊ'kətəl] [bro-ka-tel], *s.* Brocatel, tejido basto adamascado de seda y lana, cáñamo o algodón, que se emplea en muebles y colgaduras.
broccoli ['brɒkəlɪ] [bro-ko-li], *s.* Bróculi, brécol, especie de bretón.
brochure ['brəʊʃjʊəʳ] [brou-shiuaʳ], *s.* Librito de pocas hojas; folleto.
brock [brɒk] [brok], *s.* 1. Tejón, animal, cuadrúpedo. 2. Hombre sucio.
brocket ['brɒkɪt] [broket], *s.* Gamo de dos años.
brodekin ['brɒdəkɪn] [bro-de-kin], *s.* Borceguí.
brogan ['brɒgæn] [bro-gan], *s.* Zapato pesado y basto.
broggle ['brəgl] [bro-guel], *vn.* Enturbiar el agua para pescar anguilas.
brogue [brəʊg] [broug], *s.* 1. Especie de calzado. *V.* BROGAN. 2. Idioma corrompido, jerigonza, jerga, particularmente de los irlandeses.
brogue-maker [brəʊg'meɪkəʳ] [broug-mei-kaʳ], *a.* Zapatero.
broidery ['brɔɪdərɪ] [broi-de-ri], *s.* Bordadura, bordado. *V.* EMBROIDERY.
broil [brɔɪl] [broil], *s.* 1. Tumulto, quimera, camorra, riña, disensión. 2. Alboroto, debate; sedición; división.
broil, *va.* Asar carne sobre las ascuas o en parrilla; soasar. *vn.* Asarse, padecer calor.
broiler ['brɔɪləʳ] [broilaʳ], *s.* 1. Quimerista. 2. Parrilla, grill. 3. Pollo a propósito para asar.
broiling ['brɔɪlɪŋ] [broi-lin], *a.* Extremadamente cálido; tórrido.
broke [brəʊk] [brouk], *pret.* de TO BREAK. *-a.* *(vul.)* En quiebra, sin dinero. **To be broke** *(Mex.)* estar bruja. **To be flat/stony/stone broke**, estar pelado, planchado o sin un duro.
broken ['brəʊkən] [brouken], *pp.* Quebrado, roto (bone); interrumpido. Roto (window, vase, chair). **Broken glass**, vidrios o cristales rotos. Roto (not working). **Broken English**, inglés mal pronunciado, chapurrado. **Broken meat**, fragmentos de viandas, carne cortada. **A broken week**, una semana que tiene días de fiesta. **A broken voice**, una voz interrumpida. **Broken-bellied**, *a.* Quebrado, entrecortado (emotionally/voice). **He's a broken man**, está destrozado. Quebrado, el que padece hernias (poco usado). **Broken-backed**, *(Mar.)* quebrantado. Deshecho (home, marriage). Roto (not fulfilled/promise, contract); defraudado (trust). Accidentado (ground/irregular, rough).
broken-down, *a.* arruinado, quebrantado, descompuesto, deshecho. Averiado, en pana, varado (car, machine). Destartalado (shed, gate).
broken-handed, manco.
broken-hearted, *a.* aburrido de pesadumbre; contrito de corazón, traspasado de dolor. Destrozado, deshecho. **She died of a broken heart**, murió de pena.
broken language, lenguaje chapurrado o tosco. **broken line**, una línea discontinua.
broken sleep, sueño interrumpido. **She'd only had a few hours' broken sleep**, había dormido poco y mal, despertándose cada dos por tres (interrupted).
broken spirit, espíritu decaído, amilanado. **Broken winded**, corto de aliento.
brokenly ['brəʊkənlɪ] [brou-ken-li], *adv.* Interrumpidamente, a ratos y no de seguido.
brokenness ['brəʊkənnɪs] [brouken-nes], *s.* Desigualdad.
broker ['brəʊkəʳ] [broukaʳ], *s.* 1. Corredor, el que por oficio interviene en ajustes, compras y ventas de todo género de cosas. Agente (agent). **Insurance broker**, agente de seguros. Corredor de bolsa (stock broker). 2. Chamarilero, almonedero, ropavejero, el que vive de comprar y vender cuadros y trastos viejos, o ropa usada. 3. Alcahuete. 4. Trujamán.
broker, *va.* Hacer corretaje de (bonds, commodities).
brokerage ['brəʊkərɪdʒ] [brou-ke-reich], *s.* 1. Corretaje, el pago que se da al corredor por su diligencia y trabajo en los ajustes y ventas. 2. Corretaje, el estipendio que se da a los alcahuetes, espías y a otras personas empleadas para algún fin depravado o ilícito. 3. Ropavejería. 4. Comercio de mercancías viejas.
brokery ['brəʊkərɪ] [brou-ke-ri], *s.* Correduría, trujamanía.
brolly ['brɒlɪ] [bro-li] *s.* *(Coloq,)* (GB) Paraguas.
bromate ['brɒmeɪt] [bro-meit], *va.* Combinar con el bromo. *-s.* Sal formada con el ácido brómico.
bromide ['brɒmaɪd] [bro-maid], *s.* Bromuro.
bromine ['brɒmiːn] [bro-min], *s.* Bromo, elemento químico, que se relaciona con el cloro y el iodo. Es un líquido de olor sofocante.
bromoform ['brɒməfɔːm] [bro-mo-form], *s.* Bromoformo: análogo al cloroformo.

bronchi ['brɒŋkɪ] [bron-ki], pl. de BRONCHUS.
bronchial ['brɒŋkɪəl] [bron-kial], **bronchic** ['brɒŋkɪk] [bron-kik], *a.* Bronquial, que pertenece a los bronquios. **Bronchial tubes**, bronquios.
bronchitis ['brɒŋkaɪtɪs] [bron-kai-tis], *s.* Bronquitis, inflamación de la membrana mucosa que reviste los bronquios.
bronchopneumonia [ˌbrɒŋkənju:'məʊnɪa] [bron-ko-niu-mo-nia], *s.* *(Med.)* Bronconeumonia.
bronchotomy ['brɒŋkətəmɪ] [bron-ko-to-mi], *s.* *(Cir.)* Broncotomía. El acto de cortar la tráquea, o traquearteria.
bronchus ['brɒŋkəs] [bron-kos], *pl.* BRONCHI, *s.* Bronquio, ramal de la tráquea y sus subdivisiones. Las más pequeñas se llaman *bronchioles*.
bronco ['brɒŋkəʊ] [bron-kou] *s.* Potro salvaje.
bronze [brɒnz] [bronz], *s.* 1. *(Metal.)* Bronce, liga de cobre y estaño, de color moreno rojizo; a veces contiene otros metales en pequeña proporción. 2. Figura o estatua en bronce. 3. Color preparado para imitar al bronce. **The Bronze Age**, la Edad de Bronce. **Bronze medal**, medalla de bronce.
bronze, *va.* 1. Broncear, poner moreno, tostar por el sol. 2. Broncear, pavonar.
bronzed [brɒnzd] [bronzd] *a.* Bronceado.
broo [bru:] [brú], *s.* 1. *(Esco.)* La frente; opinión favorable. 2. Zumo; líquido, caldo.
brooch [brəʊtʃ] [brouch], 1. Broche o piocha de diamantes. 2. Aguada, diseño o dibujo hecho de un color.
brooch, *va.* Adornar con joyas o diamantes.
brood [bru:d] [brúd], *vn.* 1. Empollar, ponerse las aves sobre los huevos. 2. Cobijar, tapar los pollos con las alas, como las gallinas. 3. Considerar, pensar o rumiar alguna cosa con cuidado. **She sat brooding on the unfairness of life**, rumiaba lo injusta que era la vida. **Stop brooding on/ over it**, deja de darle vueltas al asunto. 4. Madurar alguna cosa con cuidado. *-va.* Criar con cuidado.
brood, *s.* 1. Progenie, generación, raza, casa, ralea; hablando de personas se toma en mala parte. Prole (of children). 2. Nidada (of birds), el conjunto de huevos puestos en el nido. Camada (of mammals). 3. Cría, los pajarillos o pollos criados a un tiempo o de una vez. 4. Producción, cualquier cosa producida.
brooder ['bru:dəʳ] [brú-daʳ], *s.* 1. Incubadora. 2. Gallina clueca.
broody ['bru:dɪ] [brúdi], *a.* Clueca o llueca. **Broody hen**, gallina clueca. *(Coloq,)* (GB) **It makes me feel broody**, me despierta el instinto maternal. Meditabundo (moody).
brook [brʊk] [bruk], *s.* Arroyo.
brook, *va.* Sufrir, aguantar, tolerar, admitir, llevar con paciencia.
brooklet ['brʊklɪt] [bruk-let], *s.* Arroyuelo.
brooklime ['brʊklaɪm] [bruk-laim], *s.* *(Bot.)* Becabunga o becabunca, especie de planta medicinal.
brookmint ['brʊkmɪnt] [bruk-mint], *s.* *(Bot.)* Menta de agua.
brooky ['brʊkɪ] [bru-ki], *a.* Lo que tiene muchos arroyos.
broom [brʊm] [brum], *s.* 1. *(Bot.)* Hiniesta, retama. 2. Escoba de hiniesta o retama (brush). **A new broom sweeps clean**, escoba nueva barre bien. **Broom cupboard/closet**, armario de los artículos de limpieza.
broom, *va.* *(Mar.)* *V.* CAREEN.
broom corn [brʊmˌkɔ:n] [brum-korn], *s.* Millo de escoba. Variedad de sorgo semejante al maíz, de que se usa para hacer escobas.
broom-land ['brʊmlænd] [brum-land], *s.* Retamal, el lugar o sitio en que se cría la retama.
broomstaff ['brʊmstɑ:f] [brum-staf], **broomstick** ['brʊmstɪk] [brum-stik], *s.* Palo de escoba.
broomy ['brʊmɪ] [bru-mi] *a.* Retamoso, lleno de retamas.
broth [brɒθ] [broz], *s.* Caldo, el agua en que se ha cocido carne.
brothel, brothel-house ['brɒðl] [brozl], *s.* Burdel, la casa pública de mujeres mundanas; mancebía.
brother ['brʌðəʳ] [bro-daʳ], *sm.* 1. Hermano, el que ha sido engendrado del mismo padre y madre que otro (relative). **Do you have any brothers and sisters?**, ¿tienes hermanos? **Brother-in-law**, cuñado. **Foster brother**, hermano de leche. 2. Hermano, el que está íntimamente unido con otro. 3. El que tiene la misma profesión que otro. Compañero (comrade). **Brother lawyer**, *(Fam.)* compañero, colega. **Half-brother**, hermanastro, medio hermano o hermano solamente por parte de padre o de madre. *(Coloq,)* Hermano, tío, mano (as form of address).
brother *interj.* **(oh) brother!**, ¡Dios mío!
brotherhood ['brʌðəhʊd] [brader-jud], 1. Hermandad . 2. Fraternidad, el parentesco que hay entre los hermanos. 3. Hermandad, cofradía, reunión de hombres con un mismo objeto y bajo las mismas reglas (association). 4. Confraternidad (fellowship). *(Rel.)* Cofradía.
brother-in-law ['brʌðərɪnlɔ:] [bro-daʳ-in-loa] *s.* Cuñado.
brotherless ['brʌðəlɪs] [bro-der-les], *a.* Se dice de la persona que no tiene ningún hermano.
brotherlike ['brʌðəlaɪk] [bro-dar-laik], *a.* Fraternal.
brotherly ['brʌðəlɪ] [bro-der-li], *a.* Fraternal, lo que es propio de hermanos. *-adv.* Fraternalmente.
brougham ['brɔ:gəm] [bro-gam], *s.* Coche cerrado de cuatro ruedas, para dos o cuatro personas.
brought [brɔ:t] [brot], *pret.* y *pp.* del verbo TO BRING. **Brought forward**, pasa al frente, o suma del frente; suma y sigue. **Brought over**, suma de la vuelta.
brow [braʊ] [brau], s. 1. Ceja, una porción de pelo corto en figura de arco que guarnece la extremidad superior del cóncavo del ojo. 2. Frente o rostro. 3. Cara o semblante. Frente (forehead). 4. Ceja, cima (of hill), la parte superior o la cumbre del monte o sierra. 5. Atrevimiento. 6. *(Met.)* **Brow**, sien, usado siempre en plural. **His brow was encircled with laurel**, sus sienes estaban coronadas de laurel. **To knit the brows**, fruncir las cejas, arrugar el entrecejo.
brow, *va.* Estar al borde o al canto de.
browbeat ['braʊbi:t] [brau-bit], *va.* 1. Imponer, intimidar. **They tried to browbeat me into joining them**, intentaron intimidarme para que me uniera a ellos. 2. Mirar con ceño; mirar con fiereza.
browbeating ['braʊbi:tɪŋ] [brau-bi-tin], *s.* Acto de mirar con ceño o desdén.
browbound [braʊ'baʊnd] [brau-baund], *a.* Coronado, el que tiene las sienes ceñidas con corona.
browless ['braʊlɪs] [brau-les], *a.* Descarado.
brown [braʊn] [braun], *a.* Moreno, castaño, bazo, que tira a encarnado o medio entre encarnado y negro, como el color de la pasa; pardo. Marrón, café, carmelito (shoe, dress, eyes); castaño (hair); moreno (naturally/skin, person); bronceado, moreno (suntanned). **To get brown**, broncearse, ponerse moreno. *-s.* Color moreno o pardo; el obtenido mezclando rojo, amarillo y negro en diferentes proporciones; matiz de las hojas marchitas. Marrón, café, carmelito. *va.* *(Culin.)* Dorar. Broncear (tan). *vn.* *(Culn.)* Dorarse. Broncearse, ponerse moreno (tan).
brown bear, oso pardo.
brown bread, pan bazo o moreno. Pan de harina de centeno con maíz; o de trigo con centeno y maíz.
brown coal, lignito, combustible fósil *V.* LIGNITE.
browned-off [braʊndˌɒf] [braund-of] *a.* (GB) *(Coloq,)* **To be browned-off**, estar harto.
brownian ['braʊnɪən] [brau-nian], *a.* *V.* BRUNONIAN.
brownie ['braʊnɪ] [brau-ni], *s.* 1. Especie de duende moreno, bondadoso, del que se supone que frencuenta las granjas y hace labores útiles por la noche. (Fam. de Escocia). 2. Bizcocho de chocolate y nueces. 3. **Brownie**, alita (in UK). **To earn Brownie points**, marcarse o anotarse puntos.
brownish ['braʊnɪʃ] [brau-nesh], *a.* Lo que tira a moreno o castaño.
brown-linnet [braʊnɪ'lɪnɪt] [brau-ni-li-net], *s.* *(Orn.)* Pardillo.

brownness ['braʊnnɪs] [braun-nes], *s.* Color moreno.
brownout [braʊn'aʊt] [braun-aut], *s.* Apagón (parcial).
brown paper [braʊn'peɪpəʳ] [braun-pei-paʳ], papel de estraza.
brown-red o **red ochre**, *V.* OCHRE.
brown rice ['braʊnraɪz] [braun-rais], arroz integral.
brown sauce ['braʊnsɔːs] [braun-sos], salsa hecha con jugo de carne (thickened stock). (GB) Salsa agridulce con especias (spicy relish).
brown stone ['braʊnstəʊn] [braun-stoun], s. Variedad de piedra arenisca, muy usada en la construcción de edificios. Piedra rojiza (stone); casa de piedra rojiza (building).
brown sugar ['braʊnʃʊgəʳ] [braun-shu-gaʳ], azúcar terciado; azúcar moreno.
brownwort ['braʊnwɔːt] [braun-uort], *s. (Bot.)* Escrofularia.
browse [braʊz] [braus], *va.* Ramonear, pacer, cortar o comer las ramas, pimpollos o renuevos, como hacen los venados, cabras, etc. *-vn.* Alimentarse. Mirar en una tienda, catálogo, etc. (look). **She was browsing through the records/a magazine**, estaba echando un vistazo a los discos/hojeando una revista.
browsing ['braʊzɪŋ] [brau-sin], *s.* El alimento o comida de los venados.
browst ['braʊst] [braust], *s. (Esco.)* Braceaje, trabajo de preparación de la cerveza.
brucia, brucine ['bruːʃə] [bru-sha] ['brʊsiːn] [bru-sin], *s.* Brucina, alcaloide vegetal que se halla en la nuez vómica.
bruin ['brʊɪn] [bruin], *s.* Oso; nombre usado en los cuentos populares.
bruise [bruːz] [brus], *va.* Magullar, mallugar (fruit), machacar, abollar, majar; pulverizar. Contusionar (body, arm); herir (feelings, ego). *vn.* Magullarse, mallugarse (fruit). **He bruises very easily**, le salen moratones o cardenales con mucha facilidad.
bruise, *s.* Magulladura, contusión, golpe, y también el cardenal que queda señalado, moretón, morado; confusión.
bruiser ['bruːzəʳ] [bru-saʳ], *s.* 1. Un instrumento de los ópticos. 2. *(Fest.)* Púgil. 3. *(Coloq,)* Muchachote; matón (aggressive).
bruisewort ['bruːzwɔːt] [brus-uort], s. Consuelda o suelda consuelda.
bruit [bruːt] [brut], *s.* 1. Ruido, rumor, noticia, fama. 2. *(Med.)* Sonido generalmente irregular y anómalo que se oye por la auscultación.
bruit, *va.* Esparcir, divulgar, pregonar, publicar; echar voz, dar fama.
brumal ['bruːməl] [bru-mal], *a.* Brumal, perteneciente al invierno.
brumous ['bruːməs] [bru-mos], *a.* Brumal, nebuloso, brumoso, invernal.
brunch [brʌntʃ] [branch], *s. (Coloq,)* Combinación de desayuno y almuerzo o comida.
brunette [bruː'net] [bru-net], *sf.* Morena, trigueña, mujer agraciada de tez morena.
brunonian ['bruːnəʊnɪən] [bru-nou-nian], *a.* Lo que pertence al Doctor John Brown, de Edimburgo: hallado o inventado por él.
brunswick black [bruːnswɪk'blæak] [brun-suik-blak], *s.* Charol negro. Se llama también *Japan black.*
brunt [brʌnt] [brant], *s.* 1. Choque o encuentro violento, combate, esfuerzo. 2. Golpe. 3. Desastre, accidente, desgracia. **To bear/take the brunt of something**, sufrir algo. **I had to bear the brunt of his anger**, tuve que sufrir su cólera. **The city has taken the full brunt of the recession**, la ciudad es la que más ha sufrido la crisis.
brush [brʌʃ] [brash], *s.* 1. Cepillo (for cleaning/hair), escobilla, limpiadera, bruza, pincel (paint), brocha (large). **To be tarred with the same brush**, estar cortados por la misma tijera o por el mismo patrón. Cola (of fox). 2. Asalto, choque, combate, zacapela, sarracina, riña de voces y golpes. 3. Haz de leña menuda. 4. Matorral, monte, breñal. Maleza (scrub); broza (cut branches). **I gave my hair a brush**, me cepillé el pelo. Roce (faint touch). **Brush with something/somebody**, roce con algo/alguien (encounter/with the law, the police). **She had had several brushes with death**, ha visto la muerte de cerca en varias ocasiones.
brush, *va.* 1. Acepillar, limpiar con el cepillo o escobilla (clean/groom; jacket, hair); restregar; rasar. 2. Pintar con brocha. **To brush one's teeth**, lavarse o cepillarse los dientes. **He brushed the crumbs off the table**, quitó las migas de la mesa (sweep). Rozar (touch lightly). *-vn.* 1. *(Joc.)* Mover apresuradamente. 2. Pasar ligeramente por encima. **To brush away**, quitar, como con cepillo. **To brush by one**, pasar bruscamente cerca de alguno sin hacer caso de él.
brush aside, apartar (person, obstacle); desdeñar (objection, suggestion).
brush down, (GB) Cepillar.
brusher ['brʌʃəʳ] [bra-shaʳ], *s.* Acepillador, limpiador.
brushfire war [brʌʃfaɪəʳ] [brash-faiaʳ], *s.* Guerra de escaramuzas, guerra limitada o acción militar menor.
brush off, quitar cepillando (mud, hair). No hacer caso de, hacer caso omiso de (advances, suggestions).
brush-off, *s. (Coloq,)* **To give somebody the brush-off**, darle calabazas a alguien.
brush stroke, *s.* Pincelada.
brush up, *(Coloq,)* darle un repaso a. **To brush up on something**, darle un repaso a algo.
brush-up, *s.* (GB) **To have a wash and brush-up**, lavarse y arreglarse un poco.
brushwood ['brʌʃwʊd] [brash-vud], *s.* Matorral, breñal, zarzal. Broza (cut branches); maleza (scrub).
brushy ['brʌʃɪ] [bra-shi], *a.* Cerdoso, cerdudo; áspero como el cepillo de cerdas; velludo, hablando de personas.
brusk [brʌsk] [brask], o **brusque**, *a.* Áspero, rudo.
brusquely ['brʌsklɪ] [brask-li] *adv.* Con brusquedad.
Brussels ['brʌslz] [bra-sels], *n. pr.* Bruselas, la capital de Bélgica. Da su nombre a varios artículos de comercio: **Brussels carpet**, alfombra de Bruselas. **Brussels lace**, encaje de Bruselas. **Brussels sprouts**, *s. pl.* Coles de Bruselas.
brutal ['bruːtl] [bru-tal], *a.* 1. Brutal (killer, attack), lo que pertenece a los brutos. 2. Salvaje, cruel, inhumnano. Crudo (truth, frankness); atroz (conditions). **A brutal sport**, un deporte salvaje.
brutality [bruː'tælɪtɪ] [bru-ta-li-ti], *s.* Brutalidad, la propiedad del bruto. **Police brutality**, malos tratos por parte de la policía.
brutalize ['bruːtəlaɪz] [bru-ta-lais], *vn.* Embrutecerse, entorpecerse. Insensibilizar, endurecer.
brutally ['bruːtəlɪ] [bru-ta-li], *adv.* Brutalmente (attack, treat). Crudamente, despiadadamente (mercilessly/frank, honest).
brute [bruːt] [brut], *s.* Bruto, animal, bestia (person). **He's a big brute of a man**, es un animal, un bestia. Bestia (animal).
brute, *a.* Salvaje, silvestre, montaraz, irracional, áspero, feroz, bestial. **Brute force**, fuerza bruta.
brute, *va. V.* BRUIT.
brutify ['bruːtɪfaɪ] [bru-ti-fai], *va.* Embrutecer, entorpecer.
brutish ['bruːtɪʃ] [bru-tish], *a.* 1. Brutal, bestial. 2. Brutal, fiero, feroz, salvaje (cruel), bruto (coarse). 3. Brutal, grosero, ignorante. 4. Insensible; frívolo. 5. Sensual.
brutishly ['bruːtɪʃlɪ] [bru-tish-li], *adv.* Brutalmente.
brutishness ['bruːtɪʃnɪs] [bru-tish-nes], *s.* Brutalidad.
BS *s.* = **Bachelor of Science.**
BSc *s.* (GB) = **Bachelor of Science.**
BSE = (**bovine spongiform encephalopathy**) Encefalopatía espongiforme bovina.
BSI *s.* = **British Standards Institution.**
BST = **British Summer Time.**
bryology ['braɪɒlɒdʒɪ] [brai-o-lod-chi], *s.* La parte de la bótanica que trata de los musgos.

bryozca ['braɪɒskə] [brai-os-ka], *s. pl. V.* POLYZOA.

bub [bʌb] [bab], *s.* 1. Muchachito. 2. *(Ger.)* Cerveza doble o fuerte.

bubble [bʌbl] [bab*e*l], *s.* 1. Burbuja, la ampolla que se levanta en el agua (of air, gas); pompa (of soap); ampolla (in paintwork). **To blow bubbles**, hacer pompas. **Speech/ thought bubble**, bocadillo, globito (en una historieta). 2. Bagatela, cosa de poca o ninguna firmeza. 3. Engañifa, apariencia falsa.

bubble, *vn.* 1. Burbujear, hacer burbujas o ampollas el agua; bullir (form bubbles); burbujear (champagne). **She bubbles with enthusiasm**, rebosa (de) o desborda entusiasmo, el entusiasmo le sale por los poros (person). 2. Correr con ruido manso. *-va.* Engañar.

bubble over, *(Coloq,)* **She was bubbling over with enthusiasm**, no cabía en sí de entusiasmo.

bubble bath ['bʌbl,bɑ:θ] [bab*e*l-baz] *s.* Baño de burbujas o espuma.

bubble gum ['bʌblgʌm] [ba.bel-gam] *s.* Chicle (de globos), chicle de bomba, chicle globero.

bubbler ['bʌbləʳ] [ba-blaʳ], *s.* Engañador, fullero.

bubbly ['bʌblɪ] [ba-bli], *a.* Espumoso. Lleno de vida (person); efervescente (personality). Burbujeante (full of bubbles).

bubbly, *s. (Coloq,)* Champán, champaña.

bubby ['bʌbɪ] [ba-bi], *s.* 1. Voz cariñosa que se aplica a un muchachito. Es corrupción de *brother*. 2. *(Vul.)* Teta o pecho de mujer.

bubo ['bju:bɒ] [biu-bo], *s.* Incordio, bubón, tumor que se forma en la ingle, producido generalmente por el virus venéreo.

bubonic [bju:'bɒnɪk] [biu-bo-nik], *a.* Bubónico. **Bubonic plague**, peste bubóncia.

buccal ['bju:kl] [biu-kal], *a.* Bocal, de la boca.

buccaneers [ˌbʌkə'nɪəz] [ba-ka-niars], *s. pl.* Filibusteros, nombre que tuvieron en otro tiempo los piratas de las Antillas. Bucaneros.

bucentaur ['bju:səntəʳ] [biu-sen-toʳ], *s.* 1. Bucentauro, animal mitológico, mitad toro, mitad hombre. 2. Bucentauro, galera del dux de Venecia.

buchu ['bʊku:] [bu-kú], *s.* Buchú, arbusto del África del Sur, con hojas pequeñas usadas en medicina. (Barosma).

buck [bʌk] [bak], *s.* 1. Gamo, animal parecido al ciervo. 2. El macho de algunos animales, como el ciervo, el antílope, la liebre, el conejo, etc. Indio o negro varón y adulto. *(Fam. E.U.A.)* 3. Petimetre atrevido y descarado. 4. Banquillo de aserrador de leña. *(Coloq,)* Dólar, verde (dollar). **To make a fast/quick buck**, hacer dinero o plata fácil. *(Coloq,)* **To pass the buck**, pasar la pelota (responsibility). **The buck stops here**, la responsabilidad es mía.

buck, *s.* 1. Lejía o colada en que se limpia y blanquea la ropa. 2. Colada, la porción de ropa que hay en la lejía.

buck, *va.* 1. Colar, lavar ropa en la colada. 2. *(Mil.)* Castigar atando entre sí los codos, las muñecas y las rodillas del delincuente, obligándolo a permanecer encorvado y en cuclillas. 3. Resistirse, oponerse a (trend). **To buck to the system**, ir contra la corriente. *-vn.* 1. Juntarse gamo y gama en tiempo de brama. 2. Saltar violentamente, cayendo con las patas delanteras rígidas, y la cabeza lo más baja posible: se dice del caballo o el mulo vicioso. Corcovear (horse). Dar sacudidas (move jerkly - car, deck). **To buck against something/somebody**, rebelarse contra algo/alguien (resist, oppose). *-va.* y *vn.* Romper el mineral con martillo. **Buck up**, levantar el ánimo (become cheerful). **Buck up!**, ¡levanta el ánimo!, ¡arriba ese ánimo! Esforzarse (make effort); (GB) Moverse, acelerar (hurry). Levantarle el ánimo a (person - cheer up). (GB) **To buck one's ideas up**, mejorar el comportamiento, ponerse a trabajar en serio.

buckbean ['bʌkbi:n] [bak-bin], *s.* Trifolio palustre o trébol de pantano.

buckboard ['bʌkbɔ:d] [bak-bord], *s. (E.U.)* Carretón de cuatro ruedas, sin muelles.

bucket ['bʌkɪt] [ba-ket], *s.* 1. Cubo, pozal, balde, herrada, vasija para sacar agua de los pozos; cubeta, tobo, balde. **A bucket of water**, un balde (cubo, etc.) de agua. **To rain buckets**, llover a cántaros. **To cry buckets**, llorar a lágrima viva o a moco tendido. *(Coloq,)* **To kick the bucket**, estirar la pata. 2. Cangilón de noria, arcaduz. 3. Paleta de rueda; válvula de bomba.

bucket, *vn.* (GB) *(Coloq,)* **It's bucking (down)**, está lloviendo a cántaros.

bucketful ['bʌkɪtfʊl] [baket-ful] *s.* Cantidad que puede contener un cubo.

bucket shop ['bʌkɪtʃɒp] [baket-shop], *s.* Agencia informativa de bolsa. (GB) *(Coloq,)* Agencia de viajes que vende boletos de avión a precios reducidos.

buckeye ['bʌkaɪ] [bak-ai] *s.* Nombre de ciertos árboles y arbustos americanos del género Aesculus y parecidos al Castaño de Indias.

buckle ['bʌkl] [bakel], *s.* 1. Hebilla, pieza de metal que sirve para prender las correas y para otros usos. 2. Bucle, el rizo de pelo en forma de anillo o sortija.

buckle, *va.* 1. Hebillar, afianzar alguna cosa con hebilla. Abrochar (fasten). Torcer, combar (bend). 2. Afianzar, agarrar, no soltar. 3. Juntar en batalla. 4. Hacer rizos en el pelo. *-vn.* Doblarse, encorvarse. Torcerse, combarse (bend, crumple/wheel, metal). **His knees buckled beneath him**, se le doblaron las rodillas. **To buckle to**, someterse, aplicarse a. **To buckle with**, empeñarse, encontrarse con. **To buckle for**, prepararse. **Buckle down**, ponerse a trabajar en serio. **Buckle up**, ponerse o abrocharse el cinturón de seguridad.

buckler ['bʌkləʳ] [baklaʳ], *s.* Escudo, broquel, adarga, arma defensiva.

buckmast ['bʌkmɑ:st] [bak-mast], *s.* Fabuco.

buck private [bʌk'prɪveɪt] [bak-pri-veit], *s. (Fam.)* Soldado raso.

buckram ['bʌkrəm] [bak-ram], *s.* Bocací, tela de lino engomada.

bucksaw ['bʌksɔ:] [bak-so], *s.* Sierra de bastidor.

buckshorn [bʌkzhɔ:n] [baks-jorn], *s. (Bot.)* Estrellamar, planta parecida en algo al llantén.

buckshot ['bʌkʃɒt] [bak-shot], *s.* Posta, perdigón.

buckskin ['bʌkskɪn] [bak-skin], *s.* Ante, el cuero de gamo curtido; también un cuero flexible, fuerte, pardo, amarillento, que hoy se hace principalmente de pieles de carnero. Gamuza. *-a.* Hecho de este cuero.

buckstall ['bʌkstɔ:l] [bak-stol], *s.* Red tumbadera.

buckteeth ['bʌkti:θ] [bak-tiz], *s. pl.* **To have buckteeth**, tener los dientes salidos.

buckthorn ['bʌkθɔ:n] [bak-zorn], *s. (Bot.)* Cambrón, espino cerval.

buckwheat ['bʌkwi:t] [bak-uit], *s.* Trigo negro o sarraceno, alforfón.

bucolic, bucolical [bju:'kɒlɪk] [biu-ko-lik], *a.* Bucólico, pastoril.

bud [bʌd] [bad], *s.* 1. Pimpollo, vástago, botón o yema de las plantas; capullo de una flor. **To be in bud**, tener brotes. *(Coloq,)* **To nip something in the bud**, cortar algo de raíz. 2. El acto o estado de brotar. 3. *(Zool.)* Parte parecida a un pimpollo o botón; prominencia semejante a un botón en varios animales, como los pólipos, etc., que se desarrolla y transforma en un nuevo individuo. 4. Lo que se asemeja a un pimpollo. 5. Algo no desarrollado. *(Fam.)* Una joven al ser presentada por primera vez en sociedad. *(Coloq,)* BUDDY (as form of address).

bud, *vn.* 1. Brotar, abotonar, arrojar el árbol o las plantas sus hojas, flores, botones o renuevos. 2. Estar en flor. *-va.* Inocular, ingertar o ingerir, de escudete.

Buddha [bʊdə] [bu-da], *s.* Buda, dios de la India. Gautama Siddartha, apellidado Buda.

Buddhism ['bʊdɪzəm] [bu-disem], *s.* Budismo, culto de Buda, doctrina religiosa en Asia.

Buddhist ['bʊdɪst] [bu-dist], *s.* Budista, persona que profesa las doctrinas del Budismo.

budding ['bʌdɪŋ] [badin], *s.* Injerto de escudete, la operación de injertar un botón o yema. *a.* En ciernes (artist, genius).

buddle ['bʌdl] [badel], *s.* Lavadero, artesa grande para lavar el mineral.

buddy ['bʌdɪ] [badi] *s.* Amigo compinche, cuate; hermano, macho, güey, gallo (as form of address).

buddy-buddy [bʌdɪ'bʌdɪ] [badi-badi] *a.* Muy compinche, cuate. **To be buddy-buddy with somebody**, estar a partir un piñón o a partir un confite con alguien.

budge ['bʌdʒ] [badch], *va.* Mover un poco. Correr (move). Convencer, hacer cambiar de opinión (persuade). *-vn.* Moverse, menearse, mudar de posición; hacer lugar. **He stood there and refused to budge**, se plantificó ahí y no hubo quien lo moviera. Cambiar de opinión (change opinion).

budge *a.* 1. Guarnecido con piel curtida de cordero o que la lleva. 2. Pomposo, imponente, formal. *-s.* 1. Piel curtida de cordero o cabrito. 2. *(Des.)* Ratero, ladronzuelo.

budgerigar ['bʌdʒərɪgɑːʳ] [badche-ri-gaʳ] *s.* Periquito.

budget ['bʌdʒɪt] [bachet] *s.* 1. Talego portátil, mochila. 2. Provisión de alguna cosa. 3. Presupuesto, cómputo de los ingresos y gastos de un estado. **The Budget**, los presupuestos generales del Estado (in UK). **The project ran over budget**, el proyecto costó más de lo presupuestado o excedió el presupuesto. **A big/low-budget production**, una producción con un gran presupuesto/con un presupuesto reducido.

budget, *vn.* Administrarse. **To learn to budget**, aprender a administrar el dinero. **I hadn't budgeted for staying in a hotel**, no había contado con, o no había previsto gastos de hotel.

budgie ['bʌdʒɪ] [bad-chi] *s.* (GB) *(Coloq,)* Periquito.

buff [bʌf] [baf], *s.* 1. Ante, la piel adobada y curtida del búfalo y algunos otros animales, de la cual se hacen ciertas prendas de vestir, cinturones, etc. **Buff leather**, gamuza. **In the buff**, en cueros (bare skin). 2. Búfalo. 3. Coleto de soldado hecho de cuero grueso. 4. Color amarillo ligero, beige. 5. Linfa cuajada. 6. *(Coloq,)* Aficionado (enthusiast). **Film buff**, cinéfilo. **Jazz buff**, aficionado al jazz. *-a.* 1. De color de ante, beige (buff colored). De gamuza (made of buff). 2. Sólido, firme, que no cede.

buff, *va.* Pulimentar con ante. Pulir (metal); sacar brillo a (shoes). 2. Adelgazar el cuero. 3. Disminuir la velocidd del movimiento, amortiguar los efectos de un choque. **Buffing-block,** cojinete o tope para amortiguar el choque entre los vagones de un tren.

buffalo ['bʌfələʊ] [ba-fa-lou], *s.* Búfalo, especie de toro salvaje (wild ox). Búfalo de agua, carabao (water buffalo). También se da este nombre al bisonte norteamericano, ya casi extinto. Bisonte (bison).

buffalo-moth ['bʌfələʊ,məθ] [ba-fa-lou-moz], *s.* Antreno, insecto coleóptero cuya larva ataca y destruye las alfombras. **Buffalo-robe**, piel del bisonte norteamericano adobada y con pelo, que se usa como manta de coche y de viaje.

buffer ['bʌfəʳ] [ba-faʳ], 1. Resorte, muelle en espiral. 2. *(F.C.)* Resortes para choques tope. Parachoques, paragolpes (auto). (GB) Tope (on train- rail); parachoques, amortiguador de choques (in station). **Buffer state**, estado tapón. **Buffer zone**, zona parachoques. *(Comput.)* Memoria intermedia o interfaz, tampón.

buffet ['bʌfɪt] [ba-fet], *s.* Puñada, el golpe que se da con el puño cerrado. Buffet (meal). (GB) Bar (in train). **Buffet car**, coche restaurante, coche comedor, vagón restaurante. Bar (cafetería, en una estación).

buffet, *va.* Combatir a puñadas. Zarandear, sacudir.

buffeting ['bʌfɪtɪŋ] [ba-fe-tin], *s.* Golpe: puñada. **The buffeting of the waves**, el embate de las olas. **The area took a buffeting during the storm**, la zona fue azotada o castigada por la tormenta.

buffoon [bə'fuːn] [ba-fun], *s.* Bufón, payaso, truhán, chocarrero, juglar, que sirve de hazmerreír; gracioso en los teatros.

buffoon, *va.* Burlar, chocarrear, chulear.

buffoonery [bə'fuːnərɪ] [ba-fu-ne-ri], **buffooning** [bə'fuːnɪŋ] [ba-fu-nin], *s.* Bufonada, bufonería, dicho o acción de bufón; chanzas bajas; chocarrería; majadería.

buffoonlike [bə'fuːnlaɪk] [ba-fun-laik], *a.* Truhanesco, chocarrero, burlesco, licencioso.

buffy ['bʌfɪ] [ba-fi], *a.* De color amarillo ligero; parecido al ante.

bug [bʌg] [bag], *s.* Chinche, insecto asqueroso y hediondo (biting insect); bicho (any insect). **To be as snug as a bug in a rug**, estar en la gloria. Nombre dado en general en inglés a los insectos hemípteros. **Potato-bug**, doryphora. Esta voz se usa también a menudo inexactamente para designar ciertos escarabajos, como *lady-bu* (mariquita o vaquilla de San Martín); o algunos crustáceos, como *sow-bug*, corredera; y aun como sinónimo de insecto en general. *(Coloq,)* **He caught/picked up a stomach bug**, se agarró algo al estómago (germ, disease). **She got the travel bug**, le entró la fiebre de los viajes (obsession). **A movie bug**, un cinéfilo, un amante del cine (enthusiast). *(Coloq,)* Micrófono oculto (listening device). Problema (fault).

bug, *va.* *(Coloq,)* Colocar micrófonos ocultos en (room/ telephone). Fastidiar (irritate, bother). **It really bugs me when you do that**, me saca de quicio que hagas eso. **What's bugging you?**, ¿qué mosca te ha picado? *-vn.* Salirse de las órbitas (eyes).

bugaboo o **bugbear** ['bʌgəbuː] [ba-ga-bú] [bʌgbɪəʳ] [bag-biaʳ], *s.* Fantasma, objeto espantoso que causa terror; espantajo, coco. Pesadilla.

bugger ['bʌgəʳ] [ba-gaʳ] *s.* (GB) *(Vulg.)* Hijo de puta (unpleasant person). *(Sl.)* **Poor bugger!**, ¡pobre tipo! (GB) *(Sl.)* **The exam was a real bugger**, el examen fue jodidísimo. *(Vulg.)* **She did bugger all**, no hizo un carajo.

bugger, *va.* *(Vulg.)* **(I'm) buggered if I know!**, ¡no tengo ni puta idea! (in interj. phrases). *(Vulg.)* Joder, chingar (spoil, ruin). Sodomizar (commit buggery with).

bugger about, (GB) *(Vulg.)* Joder (act foolishly) (inconvenience).

bugger off, (GB) *(Vulg.)* **Bugger off!**, ¡vete a la mierda! **He buggered off**, se largó.

bugger up, (GB) *(Vulg.)* Joder. **I buggered up my exam**, la cagué en el examen.

bugger, *interj.* ¡carajo!

buggery ['bʌgərɪ] [ba-gue-ri] *s.* Sodomía.

bugging device [,bʌgɪŋ'devaɪz] [ba-guin-de-vais] *s.* Micrófono oculto.

buggy ['bʌgɪ] [ba-gui], *a.* Chinchero, chinchoso, lleno de chinches.

buggy, *s.* Calesín, carruaje ligero de cuatro ruedas. Calesa (horse-drawn vehicle). Cochecito (baby carriage). (GB) Sillita de paseo (plegable) (pushchair).

bugle, buglehorn ['bʌgəlhɔːn] [baguel-jorn], *s.* Corneta de monte o trompa de caza; instrumento músico militar, corneta de órdenes. Clarín.

bugle, *s.* 1. Bolita de vidrio negro. **Bugles,** abalorios, 2. Búgula o consuelda media; planta.

bugler ['bjuːgləʳ] [biu-glaʳ], *s.* Corneta, trompetero.

bugloss ['bʌglɒs] [ba-glos], *s.* *(Bot.)* Buglosa, lengua de buey.

buhl [bʌl] [bal], **buhlwork** ['bʌlwɜːk] [bal-uek], *s.* Taracea, marquetería decorativa.

build [bɪld] [bild], *s.* Estructura, la forma o figura de algún edificio o fábrica. Complexión. **With a slim build**, de complexión delgada. **The build of a swimmer**, el físico de un nadador.

build, *va.* Construir, edificar, hacer (house). Construir (bridge, road, ship). Construir, levantar, hacer (wall). Hacer (fire, nest). Forjarse (career). Levantar, construir (empire). *-vn.* Edificar (erect buildings). Aumentar (increase/tension, pressure). **Build on**, agregar (extension, kitchen). **Build up**, fortalecer (make bigger, stronger/ muscles). **To build up one's strength**, fortalecerse. Acumular (accumulate/supplies, experience); acrecentar (reserves). **They're building up their forces in the area**, están intensificando su presencia militar en la zona. Forjarse (develop/reputation); desarrollar (confidence); agarrar o coger (speed). **To build up one's hopes**, hacerse ilusiones. **He built the firm up from nothing**, levantó la empresa de la nada. Poner por las nubes (praise). Acumularse, juntarse (dirt/accumulate). **Their debts had built up**, sus deudas se habían ido acumulando. Ir en aumento (increase/pressure, noise). **The tension builds up to a climax**, la tensión va en aumento hasta llegar a un punto culminante.

builder ['bɪldəʳ] [bil-daʳ], *s.* Arquitecto, alarife, maestro de obras. Contratista.

building ['bɪldɪŋ] [bild-in], *s.* Fábrica, edificio, inmueble (edifice). Construcción (construction). **Building contractor**, contratista de obras. **Building site**, obra. **The building trade**, la industria de la construcción. **Ship-building**, construcción de buques o arquitectura naval. **The art of building**, arquitectura. **Building society**, sociedad de crédito hipotecario.

buildup ['bɪldʌp] [bild-ap], *s.* Incremento; publicidad destinada a realzar una persona, producto u organización, popularización, propaganda, bombo (publicity). Aumento, intensificación, concentración (of tension, pressure). Acumulación (accumulation). Concentración (of troops).

built [bɪlt] [bilt], prep. y *pp.* del verbo TO BUILD.

built, *a.* **The school is built around a courtyard**, la escuela está construida alrededor de un patio (constructed). **To be built of/out of something**, estar hecho de algo. **He's built like an ox**, es muy corpulento (physically). **She's heavily built**, es de complexión robusta. **Athletically built**, con físico de atleta.

-built, *suff.* **Brickbuilt/stonebuilt**, hecho de ladrillo/piedra. **Sturdily built**, de complexión sólida.

built-in, *a.* Empotrado, encastrado (bookcase, desk). Fijo (equipment). Incorporado (mechanism, feature). Intrínseco (inherent/weakness, tendency). **Built-in furniture**, muebles empotrados.

built-up ['bɪltʌp] [bilt-ap] *a.* Urbanizado (area).

bulb [bʌlb] [balb], *s. (Bot.)* 1. Bulbo o cebolla, la raíz redonda formada de cascos o cubierta de telas. Bulbo, papa (of flower); cabeza (of garlic). 2. Cubeta del barómetro. 3.Ampolleta del termómetro. 4. Bombilla, foco, bombillo, bombita o lamparita, ampolleta, bujía (light bulb).

bulbar ['bʌlbəʳ] [balbaʳ], *a.* Perteneciente a un bulbo, y especialmente a la médula espinal.

bulbous ['bʌlbəs] [bal-bos], *a.* Bulboso, lo que tiene bulbos (growth); protuberante (nose).

Bulgarian [bʌl'gɛərɪən] [bal-guea-rian], *a./s.* Búlgaro, de Bulgaria (person, language).

bulge [bʌldʒ] [balch], *s.* Parte prominente o la más convexa; comba. Bulto. *(Mar.)* Abertura de agua.

bulge, *vn.* 1. *(Mar.)* Hacer agua la embarcación. 2. *(Arq.)* Hacer barriga o comba el muro o la pared. Sobresalir (protrude). **Her eyes bulged at the thought**, los ojos se le salían de las órbitas de sólo pensarlo. **The bag was bulging with books**, la bolsa estaba repleta de libros. **Bulging**, repleto (pocket, bag); saltón (eyes).

bulimia (nervosa) [bju:'lɪmɪə] [biu-li-mia] *s.* Bulimia (nerviosa).

bulimic [bju:'lɪmɪk] [biu-li-mik] *a.* Bulímico.

bulk [bʌlk] [balk], *s.* 1. Tamaño, bulto, masa, volumen, magnitud, grosor, el grandor de alguna cosa. Mole (large mass). 2. Corpulencia, talle. 3. La mayor parte. 4. Cabida de una fábrica. 5. Capacidad o carga de un buque. **By the bulk**, en grueso, por mayor. **In bulk**, en grandes cantidades (large quantity). **The bulk of something**, la mayor parte de algo, gran parte de algo (largest part).

bulk, *s. (Ingl.)* Barriga o comba en algún edificio; banco delante de las tiendas donde se ponen mercancías a vender.

bulkhead ['bʌlkhed] [balk-jed], *s. (Mar.)* Mampara, división de tablas que se forman en diferentes partes de la embarcación.

bulkiness ['bʌlkɪnɪs] [balki-nes], *s.* Volumen o bulto, masa, magnitud. *V.* BULK.

bulky ['bʌlkɪ] [balki], *a.* Voluminoso, grande (package); corpulento (person); macizo, repleto, pesado, abultado, grueso, gordo (sweater).

bull [bʊl] [bul], s. 1. Toro, el padre del ganado vacuno (male bovine). **To be like a bull in a china shop**, ser como un elefante en una cristalería. **To take the bull by the horns**, agarrar o coger al toro por los cuernos. Macho (male of other species). 2. *(Astr.)* Tauro, el segundo signo de los doce del zodíaco. 3. Bula pontificia. 4. Disparate, bola, dicho fuera de propósito, dicho absurdo; contradicción manifiesta, incongruidad, inconsecuencia. *(Sl.)* Estupideces, chorradas, macanas, jaladas. 5. Alcista, jugador a la alza. *John bull, (Fest.)* Apodo dado a la nación inglesa.

bulla [bʊlə] [bu-la], *s.* Flictena, ampolla, vejigüela cutánea transparente, que contiene un humor seroso.

bullace ['bʊleɪs] [bu-leis], *s.* Ciruela silvestre o bruna.

bullary ['bʊlərɪ] [bu-la-ri], *s.* Bulario, recopilación de las bulas de los Papas.

bull-baiting ['bʊlbaɪtɪŋ] [bul-bai-tin], *s.* Combate de toros y perros.

bull-beef ['bʊlbi:f] [bul-bif], *s.* Carne de toro.

bull-calf ['bʊlˌkɑ:f] [bul-kaf], *s.* 1. Ternero. 2. El hombre tosco y pusilánime.

bull-dog ['bʊldɒg] [bul-dog], *s.* 1. Alano, perro dogo o de presa. 2. Revólver de calibre grande.

bulldoze ['bʊldəʊz] [bul-dous], *va.* (Ger. E.U.) Intimidar con amenazas o violencia física: echar fieros. Demoler, derribar. **To bulldoze somebody into something**, forzar a alguien a algo.

bulldozer ['bʊldəʊzəʳ] [bul-dou-saʳ], *s.* 1. Niveladora, maquinaria empleada para movimiento y desplazamiento de tierra. Bulldozer, topadora. 2. *(Fam.)* Valentón, matón.

bullen ['bʊlən] [bu-len], *s.* Cañamiza; cañamazo.

bullet ['bʊlɪt] [bulit], *s.* Bala de metal.

bulletin ['bʊlɪtɪn] [bu-li-tin], *s.* 1. Boletín (newsletter); anuncio, comunicado (notice); noticias del día. Boletín informativo (report). 2. Publicación periódica sobre asunto o ramo especial. *(Fr.)*

bulletin board ['bʊlɪtɪnbɔ:d] [bu-li-tin-bord], *s.* Tablero para noticias. Tablón de anuncios, diario mural.

bullet-proof ['bʊlɪtpru:f] [bu-let-pruf], *a.* A prueba de bala. Antibalas (vest). Blindado (car).

bull-faced ['bʊlfeɪst] [bul-feist], *a.* Cariancho.

bull-feast ['bʊlfi:st] [bul-físt], **bull-fight** ['bʊlfaɪt] [bul-fait], s. Corrida de toros o fiesta de toros.

bullfight, *s.* Corrida de toros.

bullfighter ['bʊlfaɪtər] [bul-fai-taʳ] *s.* Torero.

bullgighting ['bʊlfaɪtɪŋ] [bul-fai-tin] *s.* (Deporte de) los toros. Toreo, tauromaquia. **Bullfighting is very popular here**, los toros o las corridas de toros son muy populares aquí.

bullfinch ['bʊlfɪntʃ] [bul-finch], *s.* Pinzón real; pájaro cantor del género Pyrrhula.

bullfrog ['bʊlfrɒg] [bul-frog], *s.* Rana norteamericana de unas ocho pulgadas de largo, y de estruendoso graznido. Rana catesbiana.

bull-head ['bʊlhed] [bul-jed], *s.* 1. Cabeza redonda, el de rudo entendimiento. 2. Gobio, pez. *V.* CATFISH. 3. Chorlito, ave zancuda.

bullhorn ['bʊlhɔ:n] [bul-jorn] *s.* Megáfono.

bullion ['bʊljən] [bulion], *s.* 1. Oro en tejos, o plata en barras y sin labrar. **Gold/silver bullion**, oro/plata en lingotes. 2. Canutillo briscado. **Bullion fringe**, franja de oro.

bullish ['bʊlɪʃ] [bu-lish], *a.* Disparatado.

bullock ['bʊlək] [bu-lok], *s.* Buey, en especial el de más de cuatro años (castrated bull). Novillo (younger bull).

bullpen ['bʊlpen] [bul-pen] *s.* Bull pen, zona de calentamiento en un diamante de béisbol (place) (in baseball). Pítchers o lanzadores de reserva. *(Coloq,)* Calabozo (prison cell).

bullring ['bʊlrɪŋ] [bul-rin] *s.* Plaza de toros.

bull session ['bʊlseʃən] [bul-se-shon] *s.* Charla.

bullseye ['bʊlzaɪ] [buls-ai] *s.* Diana. **To score a bullseye**, dar en el blanco, hacer diana.

bull's eye ['bʊlzaɪ] [buls-ai], *s.* 1. Claraboya, tragaluz, ventana redonda ú ovalada. 2. Linterna sorda. 3. Centro de blanco y tiro que da en el blanco. 4. *(Astr.)* Aldebarán estrella principal de la constelación de Tauro. 5. *(Mar.)* Ojo de buey u ojo de ciego.

bullshit ['bʊlʃɪt] [bul-shit] *s. (Vulg.)* Sandeces, pendejadas, gilipolleces, huevadas, boludeces, mamadas (nonsense).

bullshit, *vn.* Decir sandeces (o gilipolleces) (talk nonsense). Tirarse un farol (boast, brag).

bullshitter ['bʊlʃɪtəʳ] [bul-shi-taʳ] *s. (Sl.)* Farolero, fantasma, mandaparte, hocicón.

bull terrier [ˌbʊl'terɪəʳ] [bul-teriaʳ] *s.* Bulterrier.

bull-weed ['bʊlwiːd] [bul-uíd], *s. (Bot.)* Escoba, una mata.

bully ['bʊlɪ] [buli], *s.* Espadachín, el preciado de guapo y valentón, alborotador y amigo de pendencias, quimerista; matón, bravucón (thug, tyrant); rufián, tahur. Bully, salida (in field hockey).

bully, *a. (Ger.)* 1. Jovial; vistoso. 2. Magnífico, excelente.

bully, *va.* Echar plantas, fieros o bravatas; insultar. Intimidar, matonear. **She bullied him into doing it**, lo acosó hasta que lo hizo. *-vn.* Reñir, fanfarronear. **Bully off**, sacar (in field hockey).

bully, *interj.* **Bully for you/him!**, ¡bravo!

bullying ['bʊlɪɪŋ] [buliin] *s.* Intimidación, acoso.

bulrush ['bʊlrʌʃ] [bul-rash], *s.* Junco, enea, anea, totora, planta que se cría en los parajes acuosos. Junco marinero (rush).

bulwark ['bʊlwək] [bul-uork], *s.* 1. Baluarte, cuerpo de fábrica que en las plazas fortificadas se coloca en los ángulos para defender las murallas (defense). 2. *(Met.)* Baluarte, lo que sirve de amparo o defensa. **Bulwarks**, *(Naut.)* macarrones.

bulwark, *va.* Hacer girar y zumbar (una peonza). *-vn.* (Fam. E.U.) 1. Holgazanear, estar ocioso o hacer vida disipada (con la preposición *around*). 2. Beber a pote.

bum [bʌm] [bum], *s.* 1. Holgazán, vago (worthless person); vagabundo (vagrant). **Ski/tennis bum**, loco del esquí/tenis (enthusiast). **He's a beach bum**, se pasa el día en la playa. 2. *(vul.)* Nalgas, trasero, trasero, culo, traste, poto (buttocks).

bum, *va. (Sl.)* **To bum something form/off somebody**, gorronearle o gorrearle algo a alguien, pecharle a alguien. *-vn.* **To bum around**, vagabundear. **To bum off somebody**, gorronearle, gorrearle, garronearle o pecharle a alguien (cadge).

bum, *a. (Sl.)* De porquería (job, place). **A bum rap**, una acusación falsa. **It turned out to be a bum deal**, resultó ser un chanchullo.

bumbailiff [bʌm'baɪlɪf] [bum-bai-lif], *s.* Corchete, el ministro de justicia que lleva los presos a la cárcel.

bumble-bee o **bumble-bee** [bʌmbl'biː] [bam-bol-bi], *s.* Abejorro, abejón; abeja grande social del género Bombus; se llama así a causa de su zumbido.

bumbling ['bʌmblɪŋ] [bamblin] *a.* Torpe, incompetente.

bumboat ['bʌmbəʊt] [bam-bout], *s. (Mar.)* Bote vivandero.

bumf [bʌmf] [bamf] *s. (Coloq,)* (GB) Papelerío, papeles.

bumkin ['bʌmkɪn] [bam-kin], **boomkin** ['bumkɪn] [bum-kin], *s. (Mar.)* Pescante de la amura del trinquete.

bummer ['bʌməʳ] [bu-maʳ], *s.* Holgazán, ocioso, pillo. *(Sl.)* Latazo, plomo, plomazo, coñazo.

bump [bʌmp] [bamp], *s.* Hinchazón o bulto, protuberancia (lump in surface); giba joroba, corcova hablando de animales; bollo, chichón (on head); bodoque de golpes dados en la cabeza; abolladura, en el metal; barriga, en una pared. Bache (on road). Golpe (blow); sacudida (jolt); topetazo (collision). **That brought me back to reality with a bump**, eso me devolvió de golpe a la realidad. Golpe (sound). **Things that go bump in the night**, cosas que dan miedo.

bump, *va.* Dar estallido como una bomba. Golpear, dar golpes. **I bumped my elbow on/against the door**, me dí en el codo con/contra la puerta. **I bumped the post as I was reversing**, choqué con/contra el poste al dar marcha atrás (hit, knock lightly). Echar (remove, throw out). **We got bumped from the flight**, nos quedamos sin plaza en el vuelo. *vn.* **To bump against something/somebody**, darse o chocar contra algo/alguien (hit, knock).

bump into, darse o chocar contra (collide with). *(Coloq,)* toparse o tropezarse con, encontrarse con (meet by chance).

bump off, *(Sl.)* Liquidar.

bump up, *(Coloq,)* Aumentar.

bumper ['bʌmpəʳ] [bam-paʳ], *s.* 1. Lo que da golpes. 2. Tope para amortiguar los choques. 3. *(Auto)* Defensa o parachoques de un automóvil. **The cars were bumper to bumper**, los coches iban pegados unos a otros. **Bumper crop**, *(Fam.)* cosecha abundante.

bumper, *a.* Récord, extraordinario (crop, year); extra (edition); gigante (pack).

bumper car *s.* Coche de choque, carrito chocón, autito chocador, carro loco.

bumph [bʌmf] [bamf] *s. V.* BUMF.

bumpkin ['bʌm*p*kɪn] [bam-kin], *s.* Patán, el hombre zafio, tosco y campesino; villano, rústico. **(Country) bumpkin**, pueblerino, paleto, pajuerano.

bumpkinly ['bʌm*p*kɪnlɪ] [bam-kin-li], *a.* Zafio, rústico.

bumptious ['bʌm*p*ʃəs] [bamp-shos], *a. (Fam.)* Engreído, envanecido, presuntuoso.

bumpy ['bʌmpɪ] [bam-pi], *a.* Desigual, con desniveles (uneven/surface); lleno de baches (road). **We had a bumpy flight**, el avión se movió mucho (rough). **It was a bumpy ride and she felt sick**, se mareó con el traqueteo del autobús/coche.

bun [bʌn] [ban], *s.* 1. Bollo en forma de panecillo (sweetened). **Currant bun**, bollo con pasas. Panecillo, pancito, bolillo (bread roll). 2. Moño, rodete, chongo (hairstyle). **Buns**, *(Coloq,)* trasero, culo, traste, poto.

bunch [bʌntʃ] [banch], *s.* 1. Nudo, bulto o tumor, giba, corcova. 2. Racimo, (of bananas/grapes), penca, ristra, cacho. 3. Manojo (of keys), grupo (group), atado, hacecillo, gavilla; ramo (of flowers), ramillete (small), boncho. **They're a bunch of idiots**, son una panda de idiotas. **They're an odd bunch**, son gente de lo más rara. 4. Puñado, montón de hierba. 5. Penacho. 6. Montón, porrón, chorro (a lot). **Thanks a bunch!**, ¡gracias mil! **Bunch-grass**, ejemplar de varias plantas gramíneas del Oeste de la América del Norte, que crecen comúnmente en grupos. **Bunches**, (GB) coletas (hairstyle).

bunch, *vn.* Formar giba o corcova. **Bunch (together)**, amontonarse (runners, cars); fruncirse (cloth).

bunchbacked ['bʌntʃbakt] [banch-bakt], *a.* Gibado, corcovado.

bunchiness ['bʌntʃɪnɪs] [ban-chi-nes], *s.* La calidad de ser racimoso o nudoso.

bunchy ['bʌntʃɪ] [ban-chi], *a.* Racimoso, lo que se va formando en racimos; corcovado, gibado, giboso.

bunco, bunko ['bʌnkəʊ] [ban-kou], *s.* Lenguaje o discurso altisonante y ampuloso, sin más objeto que ganar el aplauso del público.

bundle ['bʌndl] [bandel], *s.* Atado, lío, fardo (of clothes); mazo, envoltorio; paquete (of newspapers, letters); fajo (of money); haz, atado (of sticks). **Software bundle**, paquete de software. **That child is a bundle of mischief**, ese niño es un diablillo. **She's a bundle of nerves**, es un manojo de nervios. **The play isn't exactly a bundle of laughs**, la obra no es precisamente muy cómica. *(Coloq,)* **A bundle**, un dineral, un platal, un pastón, un lanón (large sum of money).

bundle, *va.* Liar, atar, hacer un lío o atado (make into a bundle); empaquetar, envolver. **She bundled them off to school**, los despachó al colegio. **They bundled him into the car**, lo metieron a empujones en el coche.

bundle up, liar (clothes, paper); abrigarse.

bung [bʌŋg] [bang], *s.* Tapón o tarugo que se pone en la parte superior de las cubas o barriles.
bung, *va.* Taponar (put bung). (GB) *(Coloq,)* Poner, meter (put). **Just bung it out**, tíralo (a la basura). **Bung up**, (GB) *(Coloq,)* atascar, tapar (sink, pipe). **I'm really bunged up**, tengo la nariz tapada.
bungalow [bʌŋgələ] [ban-ga-lou], *s.* Casa, habitación de un solo piso rodeada de galerías o portales cubiertos.
bungee jumping [bʌŋdziː] [ban-yi] *s.* Banyi.
bunghole [bʌŋghəʊl] [bang-joul], *s.* Boca, el agujero por el cual se envasan los licores en las pipas, toneles y barriles, y se tapa con el tapón.
bungle [bʌŋgl] [bangl], *va.* Chapucear, chafallar, hacer alguna cosa chapuceramente; echar a perder una cosa, estropear. **A bungled attempt**, un intento fallido. *-vn.* Hacer algo chabacanamente.
bungler ['bʌŋgləʳ] [ban-glaʳ], *s.* Chapucero, chambón, el que hace mal y toscamente las cosas de su oficio.
bungling ['bʌŋglɪŋ] [ban-glin] *a.* Torpe.
bunglingly ['bʌŋglɪŋlɪ] [ban-glin-li], *adv.* Chapuceramente, chabacanamente, groseramente, toscamente.
bungy jumping, *s. V.* BUNGEE JUMPING.
bunion o bunyon ['bʌnjən] [ba-nion], *s.* Juanete del pie.
bunk [bʌŋk] [bank], *s.* 1. Tarima para dormir; litera (bed). 2. *(Fam.)* Palabrería, faramalla. (GB) *(Sl.)* Largarse. **Bunk off**, *V.* SKIVE OFF.
bunk bed *s.* Litera.
bunker ['bʌŋkəʳ] [ban-kaʳ], *s.* 1. *(Mil.)* Fortín. 2. *(Mar.)* Carbonera.
bunkum ['bʌŋkəm] [ban-kom] *s.* *(Coloq,)* Bobadas.
bunny ['bʌnɪ] [bani], **bunny rabbit** *s.* *(Fam.)* Un conejo, o una ardilla. Conejito (used to or by children).
bunt [bʌnt] [bant], *vn.* *(Mar.)* Hincharse.
bunt, *s.* Hongo parásito, especie de tizón que convierte el interior de los granos de trigo en fétido polvo negro. (burnt).
bunt, *va.* 1. Dar o empujar con la cabeza; topetar. 2. (Baseball) Golpear la pelota con la maza de una manera especial.
bunter ['bʌntəʳ] [ban-taʳ], *s.* Mujercilla, mujer vil y despreciable.
bunting ['bʌntɪŋ] [ban-tin], *s.* *(Mar.)* Lanilla, tejido del cual se hacen por lo común las banderas.
bunting, *s.* Pájaro del género Emberiza, del que hay varias especies. Verderón pintado.
bunting-iron ['bʌntɪŋˌaɪrən] [ban-tin-airon], *s.* Soplete de vidrio.
buntlines ['bʌntlaɪnz] [bant-lains], *s.* *(Mar.)* Brioles, cuerdas que sirven para cargar o recoger las velas de un buque.
buoy [buːɔɪ] [buoi], *s.* 1. *(Mar.)* Boya, el palo, corcho u otro objeto flotante que nada sobre el agua, sujeto a algún peso. 2. Boya, señal flotante para señalar la posición de algún objeto situado bajo el agua; o para indicar a los buques la dirección de un paso o canal. **Can-buoy**, boya cónica de baliza. **Wooden buoy**, boya de madera. **Buoy-rope**, orinque. **Buoy-slings**, eslingas o guarnimiento de la boya. **Bell-buoy**, boya de campana. **Whistling-buoy**, boya de pito de alarma. **Life-buoy**, boya salvavidas; guíndola.
buoy, *va.* Boyar, mantener sobre al agua. **To buoy the cable**, *(Mar.)* boyar el cable. **Buoy up**, mantener a flote (boat, person); animar (keep cheerful). **To buoy one up**, apoyar o sostener a alguno.
buoyage ['bɔɪədʒ] [boiach], *s.* Conjunto de boyas; sistema de boyas; acción de proveer de boyas.
buoyancy ['bɔɪənsɪ] [boian-si], *s.* Fluctuación, la propiedad de sobrenadar o flotar en el agua o de mantenerse sobre un gas. Flotabilidad (ability to float); sustentación hidráulica (of liquid); optimismo (resilience); *(Fin.)* solidez (of currency); tendencia alcista (of market).
buoyant ['bɔɪənt] [boiant], a. Boyante, lo que nada sobre el agua y no se va a fondo; flotante (able to float). Optimista (mood, spirits). *(Fin.)* Fuerte (currency); tendencia alcista (of market).
buprestis ['bʌprestɪs] [ba-pres-tis], *s.* Bupresto, insecto coleóptero, notable por la riqueza de sus colores. En estado de larva es muy perjudicial a los árboles.
bur [bɜːʳ] [baʳ], *s.* 1. Cadillo o cabeza áspera de alguna planta, como de la cardencha. 2. Envoltura de algunos frutos. *V.* BURR.
bur, *va.* 1. Desmontar, quitar los cadillos a la lana. 2. Disponer una cavidad con el buril del dentista.
burble ['bɜːbl] [ber-bol] *vn.* Borbotar, borbotear (stream, spring); parlotear, cotorrear (talk meaningless); hablar atropelladamente (talk excitedly).
burbot ['bɜːbət] [ber-bot], *s.* *(Ict.)* Mustela de río o agua dulce.
burdelais ['bɜːdəlɪs] [ber-de-les], *s.* Uva de parra gruesa, morada o blanca, que vulgarmente llaman de San Diego.
burden ['bɜːdn] [ber-d*e*n], *s.* 1. Carga, el peso que lleva sobre sí el hombre o la bestia (load). 2. Carga, cuidados y aflicciones del ánimo (encumbrance). **Life is a burden to him**, está cansado de vivir. 3. Carga o cargazón de buque. 4. Estrambote, estribillo, verso o copla que se repite al fin de alguna canción o estancia. **Beast of burden**, acémila, bestia de carga. **To be a burden on**, ser una carga para. **The burden of responsibility**, el peso de la responsabilidad.
burden, *va.* Cargar, agobiar, embarazar, oprimir. **To burden somebody with something**, cargarle a alguien con algo (with work). **I don't want to burden you with my problems**, no te quiero preocupar con mis problemas.
burdener ['bɜːdənəʳ] [ber-de-naʳ], *s.* Cargador, el que carga; opresor, el que oprime.
burdensome ['bɜːdnsʌm] [ber-den-som], *a.* Gravoso, pesado, molesto, incómodo. Oneroso.
burdensomeness ['bɜːdnsʌmnɪs] [ber-den-som-nes], *s.* Molestia, pesadez.
burdock ['bɜːdɒk] [ber-dok], *s.* *(Bot.)* Badana.
bureau [bjʊə'rəʊ] [biua-rou], *s.* 1. Armario con cajones, cómoda (chest of drawers); escritorio, buró (desk), bufete, papelera, escaparate. 2. Escritorio, oficina, despacho. **The Weather Bureau**, el departamento de Señales Meteorológicas en el Ministerio de Agricultura, (Estados Unidos de N.A.) 3. Agencia (agency); departamento (government department). **Bureau de change**, (casa de) cambio.
bureaucracy [bjʊə'rɒkrəsɪ] [biua-rou-kra-si], *s.* Sistema de gobierno por medio de oficinas departamentales, cada una de ellas bajo el jefe respectivo. Burocracia.
bureaucratic [ˌbjʊərəʊ'krætɪk] [biua-rou-kra-tik], *a.* Perteneciente o relativo a las oficinas públicas, a los empleados en general, y al sistema en que predomina esa clase de gobierno. Burocrático.
burette ['bjʊriːt] [biu-rit], *s.* *(Fr.)* Bureta, probeta para dividir los líquidos en partes decimales.
burg [bɜːg] [berg], *s.* Villa, aldea. *V.* BOROUGH.
burgage ['bɜːgeɪdʒ] [ber-gueich], *s.* Una clase de arriendo de tierras.
burgamot ['bɜːgəmɒt] [ber-ga-mot], *s. V.* BERGAMOT.
burganet ['bɜːgənɪt] [ber-ga-net], o **burgonet**, *s.* Borgoñota, armadura antigua de la cabeza.
burgeon ['bɜːdʒən] [ber-yon] *vn.* Florecer (grow, flourish).
burgeoning ['bɜːdʒənɪŋ] [ber-yo-nin], creciente (demand); pujante, floreciente (market).
burger ['bɜːgəʳ] [ber-gaʳ] *s.* *(Coloq,)* Hamburguesa.
burgess ['bɜːdʒɪs] [ber-guis], *s.* 1. Ciudadano, el que goza ciertos privilegios en alguna ciudad. 2. El diputado de la cámara de los comunes que representa uno de los pueblos que gozan del derecho de enviar diputados al Parlamento.
burgess-ship ['bɜːdʒɪsʃɪp] [ber-guis-ship], *s.* Oficio y calidad de diputado de villa o ciudad con derecho de representación.
burgh ['bʌrə] [bara], *s. V.* BOROUGH.
burgher ['bɜːgəʳ] [ber- gaʳ], *s.* Ciudadano, vecino.
burghership ['bɜːgəʃɪp] [ber-guar-ship], *s.* Ciudadanía, privilegio de ciudadano.

burglar ['bɜːglər] [ber-glar], *s.* Ladrón, ratero, salteador. **Burglar alarm,** alarma contra ladrones.

burglarious ['bɜːglərɪəʊs] [ber-gla-rious], *s.* Lo que pertenece al robo de casas por la noche: del robo en poblado.

burglarize ['bɜːgləraɪz] [ber-gla-rais] *va.* Robar.

burglary ['bɜːglərɪ] [ber-gla-ri], *s.* Robo, acción de robar. **Burglary insurance**, seguro contra robos.

burgle ['bɜːgl] [ber-guel] *va.* Robar. **Our house was/we were burgled**, nos entraron ladrones en casa, nos entraron a robar.

burgomaster ['bɜːgɒmɑːstər] [ber-go-mas-tar], *s.* Burgomaestre, el primer magistrado alguna ciudad, particularmente en los Países Bajos.

Burgundy ['bɜːgəndɪ] [ber-gan-di], *s.* Borgoña, antiguo ducado francés. **Burgundy wine**, vino de Borgoña. **Burgundy helmet**, celada borgoñona. **Burgundy pitch**, pez de Borgoña.

burial ['berɪəl] [berial], *s.* 1. Entierro, el acto de enterrar y dar sepultura a los cuerpos difuntos. 2. Enterramiento, la acción de poner alguna cosa debajo de la tierra. 3. Oficio de difuntos, exequias, las honras funerales que se hacen a los difuntos. **Burial rites**, ritos funerarios.

burial-ground ['berɪəlgraʊnd] [berial-graund], o **burial-place** ['berɪəlpleɪs] [berial-pleis], *s.* Cementerio.

burier ['berɪər] [beriar], *s.* Enterrador, sepulturero.

burin ['bərɪn] [berin], *s.* Buril, instrumento para grabar.

burl ['bɜːl] [berl], *va.* Batanar, golpear paños o telas en el batán; desnudar o quitar los nudos en el paño.

burlap ['bɜːlæp] [ber-lap], o **burlaps**, *s.* Especie de aspillera; tela basta de cáñamo, jute o lino.

burler ['bɜːlər] [ber-lar], *s.* El que quita los nudos en el paño.

burlesque [bɜː'lesk] [ber-lesk], *s.* y *a.* Lengua burlesca; burlesco, lo que mueve a risa. Obra burlesca.

burlesquer [bɜː'leskər] [ber-les-kar], *s.* Burlador.

burletta ['bɜːliːtə] [ber-li-ta], *s.* Entremés con música. *(Ital.)*

burliness ['bɜːlɪnɪs] [ber-li-nes], *s.* 1. Tosquedad. 2. Volumen.

burly ['bɜːlɪ] [ber-li], *a.* Voluminoso, túmido; jactancioso; turbulento; nudoso, repleto; gordo. Fornido, corpulento.

Burmese [bɜː'miːz] [ber-mís] *a.* Birmano. *s.* Birmano (person/language).

burn [bɜːn] [bern], *va.* (*pret.* y *pp.* BURNED o BURNT). 1. Quemar, abrasar o consumir con fuego (letter, rubbish). 2. Quemar, herir con fuego; incendiar (building, town). **I burned a hole in my sleeve**, me quemé la manga (con un cigarrillo). **To burn one's boats/bridges**, quemar las naves. **I've burned the cake**, se me ha quemado el pastel (overcook). *-vn.* 1. Quemarse, arder (fire, flame, building) (wood, coal). Quemarse (food/skin in sun). **Something is burning!**, ¡se está quemando algo! **I can smell burning**, huele o hay olor a quemado. 2. Estar enardecido por una pasión; secarse, consumirse. **She was burning with curiosity**, ardía de curiosidad. **She burned for revenge**, deseaba ardientemente vengarse. 3. Reducirse a cenizas. **To burn to ashes**, reducir a cenizas.

burn away, consumir una cosa quemándola.

burn down, incendiar, incendiarse.

burn off, quitar con llama (paint/varnish); quemar (gas, calories).

burn out, apagarse (fire, candle); quemarse (motor). **He's burnt himself out**, está acabado o quemado.

burn up, consumir (consume/fuel); quemar (calories). *(Coloq,)* Enfermar, poner enfermo (annoy, anger). Desintegrarse (meteorite/rocket).

burn with, abrasarse de o en. **He burnt his fingers there**, no le tuvo cuenta allí; se llevó chasco. **To burn to do a thing**, arder en deseo de hacer una cosa. **To burn oneself**, quemarse (injure). **I've burned my tongue**, me he quemado la lengua. **To be burned to death**, morir abrasado. Estafar, timar (swindle).

burn, *s.* 1. Quemadura, la llaga o herida que hace el fuego o una cosa muy caliente (on skin, surface). 2. (Esco. é Ingl. del Norte) Arroyo, riachuelo. 3. Un incendio y sus consecuencias.

burnable ['bɜːnəbl] [ber-na-bol], *a.* Combustible.

burner ['bɜːnər] [ber-nar], *s.* 1. Quemador, el que quema alguna cosa. 2. Quemador de lámpara piquera, mechero. **Bat's wing** o **butterfly burner**, quemador de abanico.

burnet ['bɜːnɪt] [ber-net], *s.* *(Bot.)* Sanguisorba; pimpinela.

burning ['bɜːnɪŋ] [ber-nin], *s.* 1. Ardor, inflamación. 2. Quemadura, abrasamiento, quema, incendio. **Burning-glass**, espejo o vidrio ustorio. *-a.* Abrasador (sun), ardiente (sand), vehemente; ardiente (intense/desire); violento (hatred); candente (urgent/issue, question). **It is a burning shame**, es una gran vergüenza. **It's burning hot**, está muy caliente, está ardiendo. **The burning hot sand**, la arena caliente.

burnish ['bɜːnɪʃ] [ber-nish], *va.* Bruñir, pulir o dar lustre a alguna cosa; gratar; satinar. *-vn.* 1. Tomar lustre. 2. Crecer, aumentarse.

burnisher ['bɜːnɪʃər] [ber-ni-shar], *s.* 1. Bruñidor, pulidor, el que bruñe. 2. Bruñidor, instrumento para bruñir; acicalador; satinador.

burnoose, burnous ['bɜːnuːz] [ber-nús], *s.* Albornoz, o capote de los árabes.

burnout ['bɜːnaʊt] [bern-aut] *s.* *(Coloq,)* Agotamiento, surmenage.

burnt ['bɜːnt] [bernt], *pp.* del verbo TO BURN. *a.* 1. Quemado (food, toast), abrasado; a quemado (smell, taste). 2. Consumido, reducido a cenizas. 3. Cocido. **A burnt child dreads the fire**, gato escaldado del agua fría huye.

burn-out ['bɜːnaʊt] [bern-aut] *a.* Calcinado.

burp [bɜːp] [berp] *s.* Eructo.

burp, *vn.* Eructar, soltar un eructo.

burr [bɜːr] [bar], *s.* 1. El filo delgado, o lomo, dejado por una herramienta al cortar o modelar el metal. 2. El capullo o cáscara de algunos frutos, como de la castaña; cadillo de la cardencha. 3. *(Dent.)* Buril. 4. *(Carp.)* Rondana de perno, virola. 5. Lóbulo o pulpejo de la oreja. 6. Raíz de las astas de un ciervo.

burr, *va.* y *vn.* Pronunciar o hablar con deje gutural, dejando oír el sonido de la erre. *-s.* 1. Articulación bronca gutural, como en un dialecto; en particular, el sonido gutural de la erre común en el Norte de Inglaterra. 2. Zumbido, zumbo.

burrel ['bɜːrəl] [berel], *s.* 1. Manteca de oro, especie de pera. (<su corol, buriel.) 2. **Burrel fly**, mosca de burro, especie de mosca muy molesta a los animales; el tábano del ganado: Hypoderma bovis. 3. **Burrel shot**, especie de metralla.

burrow ['bʌrəʊ] [ba-rou], *s.* 1. Madriguera, conejera (of rabbits). 2. Montón de tierra. 3. *(Des.)* *V.* BOROUGH.

burrow, *vn.* Minar como los conejos; esconderse en la madriguera. Cavar (in sand, soil); hurgar, escarbar (in handbag, drawer).

burrowing-owl ['bʌrəwɪŋɔːl] [ba-rowuin-oul], *s.* Búho peculiar de América.

burr-stone ['bʌrstəʊn] [bar-stoun], *s.* Roca silícea de la cual se obtienen las mejores piedras de molino.

bursa ['bʌrsə] [bar-sa], *s.* Bolsillo, bolsa o saco; particularmente un hueco sinovial situado entre los tendones y eminencias huesosas.

bursar ['bʌrsər] [bar-sar], *s.* 1. Tesorero de un colegio; administrador. 2. Colegial de beca en los colegios de Escocia.

bursarship ['bʌrsəʃɪp] [bar-sar-ship], *s.* 1. Tesorería de una institución pública o una orden religiosa. 2. Fondo para mantener a los estudiantes necesitados.

burse ['bʌrs] [bers], *s.* 1. Bolsa, divisa oficial del Lord Canciller de Inglaterra. 2. Cubierta, para cáliz, etc. 3. Fondo para mantener a los estudiantes necesitados.

burst [bɜːst] [berst], *vn.* (*pret.* y *pp.* BURST). Reventar, estallar, abrirse alguna cosa por el impulso de otra interior (pipe); rebosar; echarse con violencia; principiar repentinamente; prorrumpir. Reventarse (balloon, tire);

romperse (dam). **To burst open**, abrirse de golpe. **They burst into the room**, entraron de sopetón en la habitación. *-va.* Romper, quebrar alguna cosa, haciéndola reventar o saltar de repente. Reventar (balloon, bubble).

burst in, entrar de sopetón. **Don't come bursting in like that!**, ¡no se entra así de sopetón, sin llamar! **They burst in on the meeting**, irrumpieron en la reunión.

burst into. **To burst into tears**, deshacerse en lágrimas, prorrumpir en llanto. **To burst into flames**, estallar en llamas.

burst out, reventar, prorrumpir; brotar. **You're lying!, she burst out suddenly**, ¡estás mintiendo!, saltó de repente (cry). **He burst out laughing**, se echó a reír (start). Salir (exit).

burst, *s.* 1. Reventón, estallido, el acto de reventar o abrirse alguna cosa; rebosadura. 2. Esfuerzo repentino, carrera precipitada. Salva (of applause) (short surge). Arrebato, arranque (of activity). **A burst of energy**, un arranque de energía. **There was a burst of laughter from the table in the corner**, se oyeron carcajadas en la mesa del rincón. Ráfaga (of gunfire). Rotura (of pipe).

bursting ['bɜːstɪŋ] [bers-tin] *a.* **To be bursting with something**, estar repleto de algo (overflowing). **He was bursting with energy**, rebosaba energía. *(Coloq,)* **I'm bursting**, estoy que reviento (have eaten too much). **To be bursting to**, morirse por (anxious, impatient).

bursting (point), *s.* **To be filled/full to bursting (point) with something**, estar (lleno) hasta los topes o hasta el tope de algo.

burstwort ['bɜːstwɔːt] [berst-uort], *s.* Herniaria, planta que se usaba para curar las hernias.

burthen ['bɜːðn] [berzen], *s. V.* BURDEN.

burton ['bɜːtn] [berton], *s.* *(Mar.)* Aparejo o palanquín de polea y gancho. (GB) *(Coloq,)* **To go for a burton**, irse al traste o al diablo o al cuerno (plan).

bury ['berɪ] [be-ri], *va.* 1. Enterrar, sepultar, dar sepultura a los cuerpos de los difuntos. **To bury somebody at sea**, dar sepultura a alguien en el mar. 2. Sepultar, esconder, ocultar. **The village was buried by the avalanche**, el pueblo fue sepultado por la avalancha. **To bury the hatchet**, poner a un lado las armas de la guerra, y hacer la paz. Débese esta frase a una costumbre de los indios norteamericanos. **She buried the knife in his chest**, le enterró, hundió o clavó el cuchillo en el pecho (plunge, thrust). **He buried his head in his hands**, ocultó la cabeza entre las manos. **To bury oneself in something**, enfrascarse en algo (immerse oneself in one's work/books, etc.).

burying ['berɪŋ] [be-rin], *s.* Entierro; exequias.

burying-ground o **burying-place** ['berɪn↓graʊnd] [be-rin-graund], *s.* Cementerio, campo santo.

bus [bʌs] [bas], *s.* Autobús, ómnibus, bus, camión, colectivo, micro, guagua. **To look like/have a face like the back (end) of a bus**, ser feo con ganas. **Bus conductor**, cobrador, guarda de autobuses. **Bus driver**, conductor, chófer de autobús, camionero, colectivero, microbusero. **Bus stop**, parada, paradero de autobús (bus, etc.). Autobús, autocar, pullman (long distance).

bus, *va.* Transportar en autobús (o bus, etc.). Transportar a colegios fuera de su zona para favorecer la integración racial (schoolchildren).

busboy ['bʌsbɔɪ] [bas-boi] *s.* Ayudante de camarero.

bush [bʊʃ] [bash], *s.* 1. Arbusto, mata; espinal, breña; matorral, zarza. **To beat about the bush**, andarse con rodeos. **Stop beating about the bush!**, ¡déjate de rodeos! 2. Ramo, señal que se pone a las puertas de las tabernas. 3. Cola de zorra. 4. Guedeja. **Bushes**, matorrales, maleza. **To beat the bushes for something**, buscar algo por todas partes.

bush, *a.* Poco profesional.

bush, *vn.* Crecer espeso o contiguo. *-va.* 1. Aforrar con otro material, como se hace con la cámara del cañón, el cojinete del eje, etc. 2. Apoyar, sostener con matas. 3. Gradar o igualar el terreno arrastrando matas sobre él. 4. Labrar (piedra) a escuadra con un martillo de canto de acero.

bushbaby ['bʊʃˌbeɪbɪ] [bush-beibi] *s.* Gálago.

bushed [bʊʃt] [busht] *a.* *(Coloq,)* Hecho polvo, agotado.

bushel ['bʊʃl] [bushel], *s.* Fanega, medida de granos y otras semillas. *El bushel* imperial inglés equivale a 36,35 litros; el americano a 35 litros.

bushelage ['bʊʃledʒ] [bush-lech], *s.* Derecho que se paga por fanega.

bushiness ['bʊʃɪnɪs] [bu-shi-nes], *s.* 1. Espesor formado por los arbustos. 2. Estado de lo lanudo o peludo.

bushing ['bʊʃɪŋ] [bu-shin], *s.* Encaje de una pieza de metal dentro de otra, boquilla, anillo de guía.

bush league ['bʊʃˌliːg] [bush-líg] *s.* Liga menor.

bushy ['bʊʃɪ] [bushi], *a.* 1. Espeso, cerrado como el monte o arboleda cuyos arbustos o ramos están muy juntos y unidos; lleno de arbustos. 2. Lanudo; peludo. Poblado, espeso (beard); tupido, poblado (eyebrows); espeso (undergrowth).

busily ['bɪzɪlɪ] [bi-si-li], *adv.* Solícitamente, diligentemente; apresuradamente. **They were all working busily**, todos trabajaban afanosamente. **She was busily writing her journal**, estaba muy ocupada escribiendo en su diario.

business ['bɪznɪs] [bis-nes], *s.* Empleo, oficio; asunto (affair, situation, activity); **What's all this business about you leaving?**, ¿qué es eso de que te vas? **To give somebody the business**, echarle la bronca a alguien (reprimand); tomarle el pelo a alguien (tease). Negocio, empresa (firm); ocupación. **I'm in the insurance/antique business**, trabajo en el ramo de los seguros/en la compra y venta de antigüedades (branch of commerce). **She's the best designer in the business**, es la mejor diseñadora del ramo. **It's been a pleasure to do business with you**, ha sido un placer trabajar con usted (transactions). **She's away on business**, está fuera por negocios. **To mix business with pleasure**, mezclar el trabajo con la diversión. **Business before pleasure**, antes es la obligación que la devoción, primero el deber (y después el placer). **To get down to business**, ir al grano, entrar en materia. **To mean business**, decir algo muy en serio. **To talk business**, hablar de negocios. Negocios (world of commerce, finance). **Business studies**, (ciencias) empresariales. **Business school**, escuela de administración o gestión de empresas. **A course in business German**, un curso de alemán comercial. Comercio (commercial activity, trading). **The firm has been in business for 50 years**, la empresa tiene 50 años de actividad comercial. **To set up in business**, montar o poner un negocio. **They went into business together**, montaron o pusieron un negocio juntos. **To go out of business**, cerrar. **Business is good**, el negocio anda o marcha bien. **We open for business at nine o'clock**, abrimos al público a las nueve. **To lose business**, perder clientes o clientela (clients, custom). **What is your business here?**, ¿qué le trae a Ud. acá? **To do the business for**, liquidar (una cuenta) completamente; acabar; de aquí, matar o arruinar a alguno. Asunto, incumbencia (rightful occupation, concern). **It is not my business**, eso no me atañe; nada tengo que ver con eso. **Mind your own business!**, ¡no te metas en lo que no te importa! **I shall make it my business to find out**, yo me ocuparé o me encargaré de averiguarlo. *(Coloq,)* **She was getting through those chocolates like nobody's business**, les estaba dando duro a los bombones. **He was dashing around like nobody's business**, estaba corriendo como un loco de aquí para allá. **To attend to business**, aplicarse a los negocios. **To carry on business**, comerciar. **To do business**, hacer negocios. **To give up business**, retirarse del comercio. **Beginning business**, establecerse. **In business**, estar establecido. **Line of business**, ramo de negocios. De trabajo, de negocios (appointment, lunch). **Business letter**, carta comercial. **Business trip**, viaje de negocios. Asuntos, temas (items of agenda). **Any other business**, otros asuntos, ruegos y preguntas.

business-class, *adv.* En clase preferente o business-class.

businesslike, *a.* Formal, serio (serious/ person, manner); eficiente (efficient); serio (discussion).

businessman ['bɪznɪsmæn] [bis-nes-man], *s.* Hombre de negocios, negociante, comerciante, empresario.
businesswoman ['bɪznɪs,wʊmən] [bis-nes-uo-man], *s.* Mujer de negocios, empresaria.
busk [bʌsk] [bask], *s.* 1. Palo de cotilla. 2. Ballena de corsé.
busk, *vn.* (GB) *(Coloq,)* Cantar o tocar un instrumento en la calle o en estaciones del transporte público.
busker ['bʌskə^r] [bas-ka^r] *s.* (GB) Músico callejero.
buskin ['bʌskɪn] [bas-kin], *s.* Borceguí, especie de calzado; botín que llega a la mitad de la pierna; coturno.
buskined ['bʌskɪnd] [bas-kind], *a.* Calzado con borceguíes.
busload ['bʌsləʊd] [bas-loud] *s.* **A busload of schoolchildren**, un autobús (lleno) de escolares. **Tourists were arriving by the busload/in busloads**, iban llegando autocares (o autobuses, etc.) llenos de turistas.
buss [bʌs] [bas], *s.* 1. Beso, el acto o efecto de besarse. 2. *(Mar.)* Bucha pescadora.
buss, *va.* (Ant. o Prov.) Besar.
bust [bʌst] [bast], *s.* 1. Busto, estatua que representa medio cuerpo humano hasta el pecho (sculpture). 2. El pecho, particularmente el de mujer (bosom). 3. Caída, descalabro (collapse).
bust, *a.* *(Coloq,)* **To go bust**, quebrar, irse a la bancarrota, fundirse (bankrupt). **It's a gold medal or bust**, o la medalla de oro o nada (games). (GB) Roto, estropeado.
bust, *va.* *(Coloq,)* Romper (break). *(Sl.)* Agarrar, trincar (raid/ person); hacer una redada en (premises). *(Coloq,)* Dejar sin un centavo, o sin blanca, o sin un quinto (bankrupt). Darle un puñetazo a (punch). *(Sl.)* **Bust down**, degradar (demote). *vn.* Romperse, estropearse, sonar (object, machine).
bustard ['bʌstəd] [bas-tad], *s.* Avutarda, especie de pavo silvestre.
busted ['bʌstɪd] [bas-tid] *a.* Roto, estropeado.
buster ['bʌstə^r] [bas-ta^r] *s.* *(Coloq,)* Fulano, macho, güey, che (as form of address).
bustle ['bʌsl] [ba-sel], *vn.* Bullir, menearse con extrema viveza; no parar; hacer ruido o estruendo; entremeterse. **I could hear the bustling along the corridor**, le oía ir y venir afanosamente por el corredor. **To bustle around**, ir de aquí para allá, trajinar. **To bustle with something**, bullir de algo (be crowded, lively/ street, store).
bustle, *s.* 1. Bullicio, ruido, alboroto, ajetreo (activity). 2. Polisón, miriñaque (clothing, Hist.).
bustler ['bʌslə^r] [bas-la^r], *s.* Bullebulle, hombre inquieto y excesivamente vivo.
bustling ['bʌslɪŋ] [bast-lin] *a.* Animado, de mucho movimiento (street, shop).
busto, *s.* *V.* BUST.
bust-up ['bʌsʌp] [bast-ap] *s.* Ruptura (breakup). (GB) *(Coloq.)* Pelea, bronca (quarrel).
busty ['bʌstɪ] [bas-ti] *a.* *(Coloq.)* Pechugona.
busy ['bɪzɪ] [bi-si], *a.* 1. Ocupado, aplicado o empleado en alguna cosa (person/ occupied). **The children keep me very busy**, los niños me tienen muy atareada, o me dan mucho que hacer. **To get busy**, ponerse a trabajar. **I was busy writing a letter**, estaba ocupada escribiendo una carta. 2. Bullicioso, entremetido. Concurrido, de mucho movimiento (street, market). **I've had a busy day**, he tenido un día de mucho trabajo. **I've a busy schedule**, tengo un programa muy apretado. **A busy road**, una carretera con mucho tráfico o muy transitada. 3. *(Telec.)* Ocupado, comunicando.
busy, *v. refl.* **To busy oneself**, ponerse a. **To busy oneself with something**, entretenerse con algo.
busybody ['bɪzɪbɒdɪ] [bi-si-bo-di], *s.* Entremetido, el que se mete en todo sin ser llamado; metomentodo, metiche. **Busybody signal**, tono o señal de ocupado, señal de comunicando.
busybrain ['bɪzɪbreɪn] [bi-si-brein], *s.* Ingenio inventivo; proyectista.
but [bʌt] [bat], *conj.* 1. Excepto, menos. 2. Pero (however), mas, sin embargo, no obstante. **She was fired, but they were not**, la despidieron a ella, pero no a ellos. *(Coloq,)* **You're really bugging me but good!**, ¡qué manera de darme la lata! **But what made you say it?**, ¿pero por qué lo dijiste? (used for introductory emphasis). **Surely he doesn't believe that?-oh, but he does!**, no puede ser que se crea eso- pues sí que se lo cree. Pero (however, still). **But then** (as linker); pero entonces (in that case). **But then you never were very ambitious, were you?**, pero la verdad es que tú nunca fuiste muy ambicioso ¿no? **I don't want to, but then again I do**, no quiero, pero a la vez o al mismo tiempo sí quiero. 3. Solamente, no más que, que no. **I cannot but go**, no puedo dejar de ir. **He is but just gone**, no ha hecho más que salir. **But for**, si no fuera por, a no ser por. **It is but a poor shift**, es un pobre efugio. **But little**, muy poco. **But few**, muy pocos. **But yet**, sin embargo. **The last but one**, el penúltimo. **But a while since**, hace poco. **But just now**, inmediatamente. 4. *(Lóg.)* Es así que. **Not ... but ...**, no... sino ...; **It appears that she's not Greek but Albanian**, parece que no es griega, sino albanesa. **Not only did she hit him, but she also ...**, no sólo le pegó, sino que también ... *-prep.* Sin, excepto (except). **Everyone but me**, todos menos yo o excepto yo o salvo yo. **The last street but one**, la penúltima calle. **The next street but one**, la próxima calle no, la siguiente. **I had no alternative but to go**, no me quedó otra alternativa que irme. **There's nothing we can do but wait**, no podemos hacer otra cosa sino esperar, lo único que podemos hacer es esperar. **But for them, we'd have lost everything**, de no haber sido o si no hubiera sido por ellos, habríamos perdido todo. *-adv.* Solamente. **We can but try**, con intentarlo no se pierde nada. **He's but a child**, no es más que un niño. **One can't help but admire her audacity**, uno no puede (por) menos que admirar su audacia. *-inter.* Exclamación de sorpresa o admiración. *s.* **No buts: come here at once!**, no hay pero que valga, ¡ven aquí inmediatamente!
butane ['bju:teɪn] [biu-tein] *s.* Butano.
butch [bʊtʃ] [buch] *a.* *(Coloq,)* Machote (man); hombruna, machota (woman).
butcher ['bʊtʃə^r] [bu-cha^r], *s.* 1. Carnicero, el que mata animales y vende su carne (meat dealer). 2. Carnicero, el hombre cruel, sanguinario o inhumnano. Asesino (murderer). **Butcher's (shop)**, carnicería.
butcher, *va.* Matar atrozmente, hacer una carnicería, hacer pedazos, dar muerte cruel. Matar, carnear (cattle, pig). Masacrar (people).
butcher-bird ['bʊtʃəbɜ:d] [bu-char-berd], *s.* Pegareborda, alcaudón, especie de marica. Se llama así por su costumbre de impalar su presa, avecillas, insectos, etc., en espinas, para devorarla más fácilmente.
buchtering ['bʊtʃərɪŋ] [bu-che-rin], *s.* El acto de matar de un modo cruel; carnicería, matanza. *-a.* Cruel, inhumano.
butcherly ['bʊtʃəlɪ] [bu-cher-li], *a.* Sanguinario, bárbaro, cruel.
butchery ['bʊtʃərɪ] [bu-che-ri], *s.* 1. El trato y oficio de carnicero. 2. Carnicería o destrozo, mortandad de gente; degüello. 3. Matadero, el paraje en donde se matan las reses.
butler ['bʌtlə^r] [batla^r], *s.* 1. Mayordomo que sirve a la mesa. 2. Despensero, el que provee la mesa de vinos y los tiene a su cargo. **Butler's pantry**, despensa situada entre el comedor y la cocina.
butlerage ['bʌtləreɪdʒ] [batler-eich], *s.* 1. Departamento del despensero. 2. *(Ingl.)* Antiguamente, derecho sobre vinos.
butlership ['bʌtləʃɪp] [batlar-ship], *s.* Oficio de despensero; sumillería.
butlery ['bʌtlərɪ] [ba-tle-ri], *s.* Despensa.
butment ['bʌtmənt] [bat-ment], *s.* Estribo de un arco.
butt [bʌt] [bat], *s.* 1. Terreno, el objeto o blanco que se pone para tirar a él. 2. Blanco, hito, el fin u objeto a que se dirigen las acciones de alguno. 3. Hazmerreír, el que es objeto de la irrisión de otros (target of jokes or criticism). 4. Bota, pipa. 5. Culata (rifle). 6. Topetazo (from goat). *(Coloq,)* Trasero, culo, traste, poto. **To get off one's butt**, ponerse a trabajar. **Butt-leather**, cuero de buey. **Butt-end**, cabo o mango de

alguna cosa; término más pesado de alguna cosa. Regatón, contera. **Cigar-butt**, punta de cigarro.

butt, *va.* Topar o topetar, dar con la cabeza en alguna cosa; darle un topetazo a (goat). **Butt in**, interrumpir, meter la cuchara.

butt-ends ['bʌtendz] [bat-ends], **butts** [bötz] [bats], *s. pl.* Pie de árbol, la unión de dos extremos de los tablones.

butte ['bʌtɪ] [bati], *s.* Colina o altura, aislada por lo general, que se destaca conspicuamente a manera de torre natural.

butter ['bʌtə^r] [ba-ta^r], *s.* 1. Manteca; *(Amer.)* mantequilla. 2. *(Quím.)* Manteca, nombre que se daba antiguamente a varias preparaciones por su consistencia semejante a la de la manteca, como manteca de antimonio, arsénico, estaño, etc. **Fresh o salt butter**, manteca fresca o salada. **Draw butter**, manteca derretida. **Butter-boat**, bote o vasija para mantequilla derretida en la mesa. **Apple butter**, mermelada o dulce de manzana. **Butter wouldn't melt in his/her mouth**, es una mosquita muerta.

butter, *va.* 1. Untar con manteca o mantequilla, ponerle mantequilla a (bread). **Buttered toast**, tostadas con mantequilla. 2. Doblar las puestas, en el juego. **His bread is buttered on both sides**, él come a dos carrillos, o tiene un empleo que le da dobles emolumentos. **He knows on which side his bread is buttered**, él sabe por dónde va el agua al molino. **His bread is well buttered**, tiene el riñón bien cubierto, está rico. *(Coloq,)* **Butter up**, darle jabón a, hacerle la barba a, hacerle la pata a.

butter bean ['bʌtəˌbiːn] [bater-bín] *s.* Tipo de frijol blanco, poroto de manteca. Tipo de frijol fresco con vaina amarilla (wax bean).

butterbur ['bʌtəbɜː^r] [bater-ba^r], *s. (Bot.)* Fárfara o uña de caballo.

buttercup ['bʌtəkʌp] [bater-kap], *s.* Ranúnculo, botón de oro.

butter dish ['bʌtədɪʃ] [bater-dish], *s.* Mantequillera.

butterfat ['bʌtəfɑːt] [bater-fat], *s.* 1. Nata de la leche. 2. Grasa de la mantequilla.

butterfingers ['bʌtəˌfɪŋgədz] [bater-fin-guers] *s. (Coloq.)* Torpe, patoso.

butterfly ['bʌtəflaɪ] [ba-ta^r-flai], *s. (Zool.)* Mariposa, nombre general de los lepidópteros diurnos. Estilo de mariposa (swimming stroke). **Butterflies**, nervios (nervous feeling). **To get/have butterflies in one's stomach**, ponerse/estar nervioso.

butterin(e) ['bʌtəriːn] [ba-te-rin], *s.* Manteca artificial. *V.* OLEOMARGARINE.

buttermilk ['bʌtəmɪlk] [ba-ta^r-milk], *s.* Suero de manteca. Suero de la leche.

buttermold ['bʌtəməʊld] [ba-ta^r-mould], **butter-print** ['bʌtəprint] [bater-prInt], *s.* Molde para manteca, pieza de madera en que se vacía la figura de lo que se quiere estampar en las mantequillas.

butternut ['bʌtənʌt] [ba-ta^r-nat], *s.* Nuez oleagionosa, comestible, del nogal blanco americano; el árbol que la produce.

butterscotch ['bʌtəskɒtʃ] [ba-ta^r-skcoch], *s.* Mezcla de mantequilla y azúcar morena. Caramelo duro hecho con azúcar y mantequilla.

buttertooth ['bʌtətuːθ] [ba-ta^r-túz], *s.* Diente incisivo.

butterwife ['bʌtəwaɪf] [ba-ta^r-uaif], **butter-woman**, ['bʌtəwʊmən] [ba-ta^r-uo-man], *sf.* Mantequera, vendedora de manteca.

butterwort ['bʌtəwɔːt] [ba-ta^r-uort], *s. (Bot.)* Sanícula, hierba sin tallo del género Pinguicula. Sus hojas son anchas y gruesas y segregan una substancia oleosa.

buttery ['bʌtərɪ] [ba-te-ri], *s.* Despensa, el lugar o sitio donde se guardan los comestibles.

buttock ['bʌtək] [ba-tok], *s.* 1. Nalga, trasero. 2. *(Mar.)* Cucharros o llenos de popa, la parte de la embarcación comprendida entre el yugo principal y la línea superior del agua.

button ['bʌtn] [baton], *s.* 1. Botón (clothing), el que se pone al canto de los vestidos para que los afiance y abroche. 2. *(Art.)* Cascabel, el remate en forma casi esférica que tiene por la parte posterior el cañón de artillería. 3. (Prov. Ingl.) Botón o capullo que echan las plantas o flores. 4. Apéndice parecido a un nudo, como el término de la cola de la serpiente de cascabel, o la extremidad posterior de las orugas de ciertas mariposas. 5. Toda protuberancia parecida a un botón, como el llamador de un timbre eléctrico o el botón de un florete. 6. Botón, pequeño glóbulo o disco de metal que se halla en el crisol después de la fusión. **Button-hook**, abotonador, abrochador. **Button-maker**, botonero. **His answer was right on the button**, dio en el clavo con su respuesta. **She arrived on the button**, llegó en el punto o muy puntual. **To be as bright as a button**, ser muy despierto, ser más listo que el hambre. **Button mushroom**, champiñón pequeño. **Button nose**, nariz chata y pequeña.

button *va.* Abotonar, abrochar. *-vn.* Abotonarse, abrocharse. **Button up**, abotonar, abrochar.

button-down ['bʌtndaʊn] [baton-daun] *a.* **Button-down collar**, cuello cuyas puntas se abotonan a la camisa.

buttoned-down ['bʌtndˌdaʊn] [batond-daun] *a. (Coloq,)* Acartonado (staid, conventional).

button-hole ['bʌtnhəʊl] [baton-joul], *s.* Ojal. (GB) Flor que se lleva en el ojal (flower). *-va.* 1. Hacer o abrir ojales. 2. Asir a uno por la solapa a tiempo que se habla con él; fastidiar. **Button-hole scissors**, tijeras para hacer ojales.

button-wood ['bʌtndwuːd] [ba-ton-wud], *s.* 1. El plátano de América, o de Occidente. 2. Pequeño árbol siempre verde de las Antillas.

buttress ['bʌtrɪs] [ba-tres], *s.* 1. *(Arq.)* Contrafuerte, estribo, machón, arbotante, pedazo de pared fuerte a manera de pilar, que se pone arrimado a la misma pared o muralla para sostenerla. 2. Apoyo, sostén. **Flying buttress**, arbotante.

buttress, *va.* Estribar, afianzar con estribo. Reforzar con un contrafuerte (wall). Respaldar, apoyar (support/ argument, case).

butty ['bʌtɪ] [ba-ti] *s. (Coloq,)* (GB) Sandwich, bocata.

butyric ['bʌtɪrɪk] [ba-ti-rik], *a.* Perteneciente a la manteca, o derivado de ella.

buxom ['bʌksəm] [bak-som], *a.* 1. Vivo, alegre, jovial, juguetón. **A buxom lass**, moza retozona o juguetona. 2. Rollizo, regordete. 3. *(Des.)* Obediente, obsequioso, dócil; amoroso. 4. Con mucho pecho o busto.

buxomly ['bʌksəmlɪ] [bak-som-li], *adv.* Vivamente, jovialmente; amorosamente.

buy [baɪ] [bai], *va.* (*pret.* y *pp.* BOUGHT). Comprar, adquirir por dinero el dominio de alguna cosa (purchase). **Money can't buy happiness**, el dinero no hace la felicidad. **To buy somebody something**, comprarle algo a alguien. **Let me buy you a drink**, déjame invitarte a una copa. **I bought myself a hat**, me compré un sombrero. **To buy something from somebody**, comprarle algo a alguien. **I bought the radio from/ off a friend**, le compré la radio a un amigo. **To buy something for somebody**, comprar algo para alguien. **To buy upon trust, upon credit**, comprar al fiado. *(Coloq,)* Tragarse (accept, believe). *-vn.* Tratar de compra. **Buy in**, comprar para abastecerse (food, supplies). **Buy into**, adquirir participación en, comprar acciones en (company). **Buy off**, sobornar, comprar. **To buy one off**, ganar a alguno con presentes; corromperle, comprarle. **Buy out**, comprarle su parte a (partner, share-holder). **Buy up**, comprarse todas las existencias de.

buy, *s.* Compra.

buyer ['baɪə^r] [baia^r], *s.* Comprador, el que compra (customer). Encargado de compras (buying agent).

buz [bʌz] [bas], *inter.* Exclamación de disgusto al oír alguna cosa ya sabida.

buzz [bʌz] [bas], *s.* Susurro, soplo; zumbido (of insect); rumor, murmullo (of voices). **There was a buzz of excitement in the hall**, hubo un murmullo de agitación en la sala. Zumbido (as signal). *(Coloq,)* **To give somebody a buzz**, darle o pegarle o echarle un telefonazo a alguien, darle un toque a alguien (phone call). **I get a buzz out of surfing**, el surf me vuelve loco (thrill).

buzz, *vn.* 1. Zumbar, hacer un ruido sordo, como las abejas y moscardones. **My ears were buzzing**, me zumbaban los oídos. Sonar (telephone, alarm clock). **The town was buzzing with rumors**, la ciudad era un hervidero de rumores (be animated). **The Boston arts scene is really buzzing**, hay una actividad febril en el mundo artístico de Boston. 2. Cuchuchear, llevar chismes, o cuchichear, hablar al oído de alguno. *-va.* *(Aer.)* Bordonear. Llamar por el interfono (call on intercom). *(Coloq,)* Darle o pegarle o echarle un telefonazo a, darle un toque a (call on the phone). *(Coloq,)* **Buzz off**, largarse, picar (usu. in imperative).

buzzard ['bʌzəd] [baserd], *s.* 1. Buaro, especie de milano. 2. Modrego, majadero. **To be betwixt hawk and buzzard**, no ser ni carne ni pescado, nadar entre dos aguas. Águila ratonera (hawk); aura, gallinazo, zopilote (vulture).

buzzer ['bʌzəʳ] [ba-saʳ], **s.** *(Elec.)* Zumbador, vibrador. Timbre, chicharra.

buzz saw [bʌzˌsɔː] [bas-so], *s.* Sierra circular.

buzzword ['bʌzˌwɜːd] [bas-ued] *s.* Palabra de moda.

b/w = **black and white.**

by [baɪ] [bai], *prep.* 1. Por, preposición que significa el agente, el instrumento, la causa, el modo y el medio por el cual se ejecuta alguna cosa (via, through). **I came in by the back door**, entré por la puerta de atrás. **By land/sea/air**, por tierra/mar/avión. Por (indicating agent, cause) (with passive verbs). **She was brought up by her grandmother**, la crió su abuela, fue criada por su abuela. **She was accompanied by her father**, iba acompañada de su padre. **A play by Shakespeare**, una obra de Shakespeare. **It was written by Pinter**, fue escrita por Pinter. **Made by hand**, hecho a mano (indicating means, method). **To travel by car/train**, viajar en coche/tren. **To pay by credit card**, pagar con tarjeta de crédito. **By moonlight**, a la luz de la luna. **I'll begin by introducing myself**, empezaré por presentarme. **By chance**, por casualidad (owing to, from). **She's Spanish by birth**, es española de nacimiento. **He had two children by his second wife**, tuvo dos hijos con o de su segunda mujer. **By specializing, he has limited his options**, al especializarse, ha restringido sus posibilidades. **By that clock it's almost half past**, según ese reloj son casi y media (according to). **By the look of things**, por lo visto o al parecer. **That's fine by me**, por mí no hay problema. **I swear by Almighty God ...**, juro por Dios Todopoderoso (in oaths). **By God you'll be sorry you said that!**, te juro que te vas a arrepentir de haber dicho eso. Por (indicating rate). **We're paid by the hour**, nos pagan por hora(s). **They make them by the thousand**, hacen miles y miles de ellos. **She broke the record by several seconds**, batió el récord en o por varios segundos (indicating extent of difference). **One by one**, uno por uno (indicating gradual progression). **They went in two by two**, entraron de dos en dos. **Little by little**, poco a poco, de poco a poco. *(Mat.)* **Multiply two by three**, multiplica dos por tres. **Divide six by three**, divide seis por o entre tres. **North by northeast**, nornor(d)este (in compass directions). **By oneself**, solo (alone, without assistance). **I need to be by myself**, necesito estar solo o a solas. **They do their homework by themselves**, hacen los deberes solos. 2. A, en algún paraje. **By the river's side**, a la orilla del río. 3. Con, partícula que denota la diferencia de dos cosas cotejadas entre sí. 4. A: de, con, en. **By the laws of Castile**, a ley de Castilla. **By stealth**, a hurtadillas. **By dint of**, a fuerza de. **By all means**, absolutamente, cueste lo que cueste. **By no means**, de ningún modo. **By much**, con mucho. **I always keep some money by me**, siempre llevo algo de dinero encima (to hand). **By this time**, en este tiempo. **He told her to be home by eleven**, le dijo que volviera antes de las once (not later than). **They should be there by now**, ya deberían estar allí. **Will it be ready by 5?**, ¿estará listo para las 5? **By the time he arrived, Ann had left**, cuando llegó, Ann se había ido. 5. Cerca, junto; al lado de, junto a (at the side of, near to). **Come and sit by me**, ven a sentarte a mi lado o junto a mí. **It's right by the door**, está justo al lado de la puerta. **By day/night**, de día/noche (during, at). **Rome by night**, Roma de noche. *a.* **To sit by the fire**, sentarse cerca del fuego. 6. A solas. 7. Por, partícula con que se expresa el juramento. **To swear by God**, jurar por Dios. 8. A la mano. 9. Por, partícula que se usa en los ruegos o súplicas. 10. De. **He is abhorred by everybody**, es aborrecido de todos. **By this time twelve months**, de aquí a un año. **By day, by night**, de día, de noche. **By proxy**, por poder, por procuración. *-adv.* 1. Cerca. **My house is hard by**, mi casa está aquí cerca. 2. Presente, delante. **By and by**, pronto, luego, de aquí a poco, ahora. **By and by they came to the clearing**, al poco rato llegaron al claro. **It's going to rain by and by**, va a llover dentro de poco. 3. Al lado de. **By reason** o **by reason that**, porque. **By reason of**, a causa de, a fuerza de. **By then**, para entonces, en ese tiempo, o antes de él. **By the way**, (1) en el camino, junto al camino, o cerca de él; (2) de paso; entre paréntesis. **By and large**, por lo general, en general. **By oneself**, solo, aparte. **Set it by itself**, póngalo Vd. a un lado, aparte. **By and large**, por todos conceptos, de todos modos. **Let me by!**, ¡déjenme pasar! **She rushed by without seeing me**, pasó corriendo y no me vió. **They watched the parade march by**, vieron pasar el desfile. **To stand by**, (1) sostener, defender, apoyar; (2) *(Mar.)* mantenerse cerca, estar o quedarse allí; estar listo, pronto o preparado. **I put a little money by each week**, ahorro un poco de dinero cada semana (aside, in reserve). **Call/stop by on your way to work**, pasa por casa de camino al trabajo (to somebody's residence).

by, *s.* Asunto accidental o el que no es el objeto principal de la atención. **By the by**, de paso; entre paréntesis; escríbese también, *by the bye*.

by-blow [baI'blO:] [bai-blo], *s.* 1. Accidente imprevisto; chiripa. 2. Hijo natural, ilegítimo.

by-book [baI'bUk] [bai-buk], *s.* Libro de memoria.

by-corner [baI'kO:n@ʳ] [bai-kor-naʳ], *s.* Esquina retirada.

by-design [baI'desIn] [bai-de-sin], *s.* Designio casual o secreto.

bye [baI] [bai] *s.* **He mentioned it by the bye**, lo mencionó de pasada.

bye, *interj.* *(Coloq,)* ¡adiós!, ¡chao o chau!

bye-bye ['baɪ'baɪ] [bai-bai] *interj.* *(Coloq,)* ¡adiós!, ¡cahucito!, ¡chaíto!

bygone ['baɪgəʊn] [bai-goun], *a.* Pasado, de antaño (age, days). **Let bygones be bygones**, olvidemos lo pasado. (GB) **Bygone law**, ordenanza municipal.

by-lane [baɪ'leɪn] [bai-lein], *s.* Camino retirado y fuera del principal.

by-law ['baɪlɔː] [bai-lo], *s.* Ley privada o particular; estatutos o reglamentos interiores de un cuerpo o una sociedad.

by-matter [baɪ'mɑːtəʳ] [bai-ma-taʳ], *s.* Alguna cosa accidental.

by-name [baɪ'neɪm] [bai-neim], *s.* Apodo.

by-pass ['baɪpɑːs] [bai-pas], *s.* Desvío, desviación. (GB) Carretera de circunvalación, bypass, libramiento, carretera circunvalar. *(Med.)* Bypass. *-va.* 1. Desviar. 2. Pasar por alto. *-vn* Eludir (circumvent/person, difficulty). *(Transp.)* Circunvalar (road); evitar entrar en (driver).

by-past ['baɪpɑːst] [bai-past], *a.* Pasado.

by-path ['baɪpɑːθ] [bai-paz], *s.* Senda descarriada.

by-play ['baɪpleɪ] [bai-plei], *s.* Aparte escénico, acción o palabras de un actor, suponiendo que no le ven ni le oyen los demás.

by-product ['baɪˌprɒdəkt] [bai-pro-dukt], *s.* Subproducto, derivado, producto accesorio (in manufacture). Consecuencia (consequence). **Coal tar is a by-product in the manufacture of gas**, el alquitrán de hulla es un subproducto de la fabricación de gas.

by-road ['baɪrəʊd] [bai-roud], *s.* Camino apartado o no frecuentado. Carretera secundaria o vecinal.

by-speech [baɪ'spiːtʃ] [bai-spích], *s.* Digresión o arenga pronunciada por incidencia o casualidad.

byssus ['baɪsəs] [bai-sas], *s.* 1. Lienzo fino de Egipto. 2. Cirro de filamentos sedosos secretados por el pie de algunos moluscos, como los mejillones y que les sirve para adherirse a las peñas.

bystander ['baɪˌstændəʳ] [bai-stan-daʳ], *s.* Mirón, mirador; uno que está presente. **They opened fire, killing innocent**

bystanders, abrieron fuego y mataron a varias personas inocentes o a varios transeúntes.
by-street [baɪ'striːt] [bai-strít], *s.* Calle desviada.
byte [baɪt] [bait] *s. (Comp.)* Byte, octeto.
by-town [baɪ'taʊn] [bai-taun], *s.* Pueblo que no está en el camino principal o de posta.
by-turning [baɪ'tɜːnɪŋ] [bai-ter-nin], *s.* Senda obscura; rodeo.
by-view [baɪ'vɪuː] [bai-viu], *s.* Fin particular o propio interés.
by-walk [baɪ'wɔːk] [bai-uok], *s.* Paseo oculto, privado o reservado.
byway ['baɪweɪ] [bai-uei], *s.* Camino desviado.
by-wipe ['baɪwaɪp] [bai-uaip], *s.* Sarcasmo de dos sentidos, uno de los cuales es satírico y el otro puede tomarse a buena parte.
byword ['baɪwɜːd] [bai-ued], *s.* 1. Locución, persona, etc., que ha llegado a ser objeto de irrisión o escarnio. 2. Apodo, mote. 3. Dicho trillado. **To be a byword for something**, ser sinónimo de algo. **By-your-leave**, *-s.* **Without so much as a by-your-leave**, sin (ni) siquiera pedir permiso.
Byzant, Bizantine [baɪ'zæntaɪn] [bai-sen-tain], *s.* Besante, antigua moneda de oro acuñada en Bizancio (ahora Constantinopla), de un valor aproximado de 360 pesetas.
Byzantian, Byzantine [baɪ'zæntaɪn] [bai-sen-tain], *a.* Bizantino, de Bizancio.
Byzantium [baɪ'zænʒəm] [bai-sen-shom] *N.* Bizancio.

C

c [siː] [si], Tiene tres sonidos; el primero como la *c* castellana cuando precede a las letras *a, o, u, l, r;* v.g. en *cap, come, coo, clap, crop;* El segundo a modo de una *s* pronunciada con dulzura, como en *chap, chess, chin, chop, choose, much.* Las letras *ch* en las voces que se derivan del griego ó del latín, se pronuncian generalmente como *c* ó *k*, ó *que*, *qui*, como en castellano, v.g. *character, christian, monarchy, archaeology* (cáracter, crístian, mónarqui, arqueóloyi); y en las tomadas del francés se les da el sonido que tienen en esta lengua, como en chaise, machine (chéis, mashín).
c, vale ciento en los números romanos. *(Mús.)* Do, nota tónica de la gama natural, sin sostenido ni bemol. *Middle C,* el *do* que se halla en el centro del piano ú órgano entre el soprano y el bajo.
c *(Corresp.)* (= **copy to**): **c H. Palmer**, copia a H. Palmer. **cent(s)**, centavo(s) (in US). **circa**: **c. 800 B.C.**, hacia el 800 aC.
c (= **Celsius** o **centigrade**) C; **20°C**, 20°C.
ca = **circa.**
CA, ca = **California**
CAA *s.* (in UK) = **Civil Aviation Authority**.
cab [kæb] [kab], *s.* 1. Cab, medida hebraica. 2. Cabriolé, coche de alquiler de uno ó dos asientos, con pescante y por lo general de un solo caballo. 3. Garita, casilla del maquinista; la parte cubierta de una locomotora. Cabina (driver's compartment). 4. Taxímetro. Taxi. **To call a cab**, llamar a un taxi. **Cab driver**, taxista.
CAB *s.* = **Civil Aeronautics Board** (in US). **Citizens' Advice Bureau** (in UK).
cabal [kə'bæl] [ka-bal], *s.* 1. Cábala, la ciencia secreta de los rabinos. 2. Cábala, junta o sociedad de personas unidas para alguna conjuración o intriga. Conciliábulo (group); conspiración (plot). 3. Maquinación, trama, partido, manejo.
cabal, *vn.* Maquinar, tramar, enredar a uno ó muchos, formar alguna conjuración o partido.
cabala ['kəbælə] [ka-ba-la], *s.* Cábala de los judíos.
cabalism ['kəbælɪzm] [ka-ba-lisem], *s.* Cabalismo, ciencia de la cábala.
cabalist ['kəbælist] [ka-ba-list], *s.* Cabalista, el que está versado en las tradiciones judaicas.
cabalistic, cabalistical ['kəbælistɪk] [ka-ba-lis-tik], *a.* Cabalístico, oculto, secreto.**cabalistically** [kəbæ'listɪkəlɪ] [ka-ba-lis-ti-ka-li], *adv.* Cabalísticamente.
caballer ['kəbælər] [ka-ba-la^r], *s.* Pandillero, maquinador, sedicioso, pandillista, fomentador de tramas y partidos.
cabana ['kəbænə] [ka-ba-na], *s.* Cabaña.
cabaret ['kæbəreɪ] [ka-ba-rei], *s.* Cabaret, club nocturno.
cabas ['kæbəs] [ka-bas], *s.* 1. Bolsa de labor de mujer; saco de mano pequeño. 2. En Francia, esportilla o capacho para llevar higos, uvas, etc.
cabbage ['kæbɪdʒ] [ka-beich], *s.* 1. Berza, repollo, col (vegetable). **A head of cabbage**, repollo. **I found him in the cabbage patch**, lo trajo la cigüeña. 2. Los retales que los sastres se apropian de las telas que se les entregan. **Cabbage butterfly**, mariposa de berza del género Pieris, cuyas orugas devoran las hojas de la berza, y otras plantas parecidas. **Cabbage fly**, mosca que en estado de larva ataca las raíces de la berza. (GB) *(Coloq.)* Vegetal (person).
cabbage, *va.* Cercenar o hurtar retazos, como hacen los sastres; ratear, hurtar. *(Ger.) -vn.* Formar una cabeza redonda como la de las berzas, acogollase, apiñarse, apretarse las berzas y lechugas.
cabbage-tree ['kæbɪdʒtrɪː] [ka-beich-trí], *s. (Bot.)* Especie de palma, un árbol grande de las Antillas.
cabbage-worm ['kæbɪdʒwɜːm] [ka-beich-uerm], *s.* Gusano de berza, oruga de algunas especies de falensa y mariposas que devoran las hojas de la col.
cabby, cabbie ['kæbɪ] [ka-bi] *s. (Coloq.)* Taxista, ruletero, tachero.
cabdriver ['kæbˌdraɪvər] [kab-drai-ve^r], *s.* 1. *(Auto)* Taxista. 2. (Carruaje) Cochero.
cabin ['kæbɪn] [ka-bin], *s.* 1. Cabaña, choza (hut); bungalow (in motel). 2. *(Mar.)* Camarote. 3. *(Aerosp, Auto, Aviat.)* Cabina. **Cabin steward**, camarero.
cabin, *vn.* Vivir en cabaña o choza.
cabin-boy ['kæbɪnbɔɪ] [ka-bin-boi], *s.* 1. *(Mar.)* Paje de escoba de la cámara del capitán. 2. Muchacho de cámara; grumete. **Cabin cruiser**, yate de motor.
cabinet ['kæbɪnɪt] [ka-bi-net], *s.* 1. Gabinete, escritorio, conjunto de cajones y anaqueles en que se guardan cosas. Armario (cupboard). **Glass cabinet**, vitrina. **Medicine cabinet**, botiquín. 2. Gabinete, paraje retirado en una casa para tratar negocios, o para consultas. 3. Gabinete ministerial, ministerio, el cuerpo de ministros del Estado. **Cabinet minister**, ministro, secretario de Estado. 4. Caja, estuche. **Cabinet organ**, órgano de salón. **Cabinet piano**, gran piano vertical. **Cabinet-council**, consejo privado. **Cabinet-maker**, ebanista, el que trabaja en ébano y en otras maderas finas. **Cabinet-work**, ebanistería.
cabinet, *va. V. ENCLOSE.*
cable ['keɪbl] [kei-bol], *s.* 1. *(Mar.)* Cable, maroma muy gruesa que se asegura al ancla para dar fondo. 2. Cable, medida longitudinal. *V. CABLE'S-LENGTH.* 3. Cualquier maroma pesada de alambre. 4. Cable, conductor eléctrico, subacuático, aéreo o subterráneo, envuelto en una cubierta aisladora. *(Telec.)* Cable, telegrama. **Best bower cable**, cable del ayuste. **Small bower cable**, cable sencillo o de leva. **Sheet cable**, cable de esperanza. **Stream cable**, calabrote. **Cable-bit**, bitadura o media bitadura. **Weather-bit of a cable**, bitadura entera de cable. **To bit the cable**, tomar la bitadura con el cable. **To clap a messenger on the cable**, tomar margarita sobre el cable. **To heave in the cable**, virar el cable para abordo. **To pay away the cable**, arriar cable para afuera. **To part the cables**, partir los cables. **To serve the cable**, aforrar el cable. **To slip the cable**, alargar el cable por ojo o por el chicote. **Cable-car**, carro o vagón que corre sobre carriles movido por tracción de cable. **Cable grip**, grapa, fiador de cable. **Cable-laid**, guindareza acalabrotada. **Cable's-length**, cable, medida longitudinal equivalente al décimo de una milla marina o 120 brazas. **Cable rail-road**, ferrocarril en el cual la fuerza motriz, producida por una máquina fija, se comunica a un cable continuo que está situado debajo del pavimento o en una depresión del mismo. Los carros toman o sueltan el cable por medio de una grapa especial que pasa por una muesca en la calzada. Fué inventado en San Francisco de California. **Submarine cable**, cable telegráfico submarino.

cable, *va. (Telec.)* Cablegrafiar, telegrafiar (message, news). **She cabled me $2,000**, me envió un giro telegráfico de 2.000 dólares.
cable address ['keɪbl,ədres] [kei-bol-a-drés], *s.* Dirección cablegráfica.
cable car ['keɪblkɑ:r] [kei-bol-ka^r], *s.* Teleférico (suspended); funicular (funicular); tranvía (streetcar).
cabled ['keɪbld] [kei-bold], *a.* Atado o afirmado con cable.
cablegram ['keɪblgræm] [kei-bol-gram], *s. (Fam.)* Mensaje telegráfico enviado por cable; cablegrama.
cable railway ['keɪbl'reɪweɪ] [kei-bol-reil-uei] *s.* Funicular.
cable television ['keɪbl'televɪʃən] [kei-bol-te-le-vi-shon] *s.* Televisión por cable, cablevisión.
cabman ['kæbmən] [kab-man], *s.* Cochero de cabriolé; calesero, simón.
cabob ['kəbɒb] [ka-bob], *va.* Asar un lomo de carnero.
cabob, *s.* Pierna de carnero con salsa de arenques. Carne asada, en general.**caboodle** [kə'bu:dl] [ka-budl] *s. (Coloq.)* **The whole caboodle**, absolutamente todo.
caboose [kə'bu:z] [ka-bus], *s.* 1. *(Mar.)* El fogón o cocina a bordo de un barco. 2. *(F.C.)* Carro de conductor enganchado a un tren de mercancías. Furgón de cola, cabús.
cabotage ['kəbəteɪdʒ] [ka-bo-teich], *s. (Mar.)* Cabotaje, la navegación o el tráfico que se hace sin desviarse mucho de la costa del mar.
cabriolet ['kəbrɪəlɪt] [ka-brio-let], *s.* Cabriolé, especie de coche ligero de dos ruedas; corresponde también a birlocho, silla volante o carrocín. *V. CAB y GIG.*
caburn ['kəbɜ:n] [ka-bern], *s. (Mar.)* Cajeta, trenza de filástica o meollar, de la cual se hacen tomadores y rizos.
cacao [kə'kɑ:əʊ] [ka-kau], *s. (Bot.)* Cacao, árbol de la América tropical y su simiente, una almendra carnosa que se emplea como principal ingrediente del chocolate.
cachalot [kætʃəlɒt] [ka-cha-lot], *s.* Cachalote, especie de ballena.
cache [kæʃ] [kash], *va.* Depositar en un escondrijo; ocultar en la tierra, o debajo de un montón de piedras.
cache, *s.* 1. Escondite, escondrijo, lugar recóndito y a propósito para ocultar alguna cosa. 2. Alijo (of provisions). 3. *(Inform.)* Cache.
cachectic, cachectical ['kæʃetkɪk] [ka-shek-tik], *a.* Caquéctico, el que padece caquexia.
cachexia ['kæʃəksɪə] [ka-shek-sia], o **cachexy** ['kæʃəksɪ] [ka-shek-si], *s.* Caquexia, estado del cuerpo en el que está impedida la nutrición y por consiguiente debilitadas las funciones vitales y animales.
cachinnation ['kækinəʃən] [ka-ki-nei-shon], *s.* Carcajada, risotada.
cackhanded ['kæk'hændɪd] [kak-jen-ded] *a. (Coloq.)* (GB) Torpe, patoso.
cackle ['kækl] [kakol], *vn.* 1. Cacarear, cloquear la gallina, o graznar. 2. Reírse socarronamente (person). 3. Chacharear, picotear, hablar mucho y sin sustancia.
cackle, *s.* 1. Cacareo, la voz de la gallina u otra ave que cacarea. 2. Charla, cháchara. 3. Risa socarrona (laugh). *(Coloq.)* **Cut the cackle!**, ¡menos charla!
cackler ['kæklər] [kakla^r], *s.* 1. Cacareador, pájaro o ave que cacarea. 2. Cacareador, hablador, chismoso, parlanchín.
cackling ['kæklɪŋ] [ka-klin], *s.* 1. Cloqueo de la gallina. 2. Cháchara, parla.
cacochymic, cacochymical [kə'kɒkɪmɪk] [ka-ko-ki-mik], *a.* Cacoquímico, lleno de malos humores.
cacodemon [kə'kɒdɪmɒn] [ka-ko-di-mon], *s.* Diablo, espíritu maligno.
cacoethes ['kəkəθz] [ka-kezs], *s.* Mala costumbre; comezón.
cacography [kə'kɒgræfɪ] [ka-ko-gra-fi], *s.* Cacografía, mala ortografía.
cacophony [kə'kɒfənɪ] [ka-ko-fo-ni], *s. (Ling.)* Cacofonía, sonido desagradable al oído. Disonancia, algarabía (dissonance).
cactus ['kæktəs] [kak-tus], *s.* (*pl.* CACTI o CACTUSES). Cacto, género de plantas vasculares, crasas y perennes, de hojas carnosas y espinosas, familia de las cácteas; tales son la higuera de Indias y el nopal.
cacumen [kə'kju:mən] [ka-kiu-men], *s.* Ápice, cumbre.
cacuminate [kə'kju:mɪnɪt] [ka-kiu-mi-neit], *va.* Aguzar, acabar o terminar alguna cosa en punta o figura piramidal.
cad [kæd] [kad], *s.* 1. Hombre vulgar y malcriado, cualquiera que sea su posición social. Femenino, CADDESS. 2. Demandadero, mozo de esquina o de cordel. 3. *(Ingl.)* Conductor de ómnibus. 4. *(Coloq.)* Canalla, sinvergüenza.
CAD *s.* (= **Computer-aided design**) CAD.
cadaver [kə'deɪvər] [ka-dei-va^r], *s.* Cadáver, el cuerpo muerto.
cadaverous [kə'dævərəs] [ka-da-ve-rous], *a.* Cadavérico, pálido.
caddie ['kædɪ] [ka-di], *s. (Esco.)* Mensajero, recadero; dícese especialmente del muchacho que en el juego llamado *golf* lleva los bastones o mazas de que se sirven los jugadores.
caddie *vn.* Hacer de caddie. **To caddie for somebody**, ser el caddie de alguien.
caddis ['kædɪs] [ka-dis], *s.* 1. Jerguilla de lana. 2. Especie de cinta hecha de seda y estambre. 3. Gusano de la paja, larva de la frigana estriada, insecto neuróptero. Se escribe también, en este sentido, *caddis-worm.*
caddow ['kædəʊ] [ka-dou], *s.* 1. *(Orn.) V. JACKDAW.* 2. Vestidura basta de lana.
caddy ['kædɪ] [ka-di], *s.* Botecito, cajita para té (tea caddy). Carrito de la compra (for shopping). *V. CADDIE.*
caddy *vn. V. CADDIE.*
cade ['keɪd] [keid], *a.* Manso, domesticado, delicado, criado a la mano.
cade, *s.* 1. Barril; banasta. 2. Enebro. **Cade-oil**, aceite de enebro.
cade, *va.* Criar con blandura, mimar.
cadence ['keɪdəns] [keidans], *va.* Regular por medida música.
cadence, *s.* 1. Caída, declinación. 2. Cadencia, en la música, en la poesía o en las frases.
cadent ['keɪdənt] [keidant], *a.* Cayente.
cadet [kə'det] [ka-det], *s.* 1. Cadete, de un cuerpo militar. 2. El hermano menor con relación a otro mayor.
cadge [kædʒ] [kadch] *va. (Coloq.)* **To cadge something from/off somebody**, gorronearle, gorrearle, garronearle o bolsearle algo a alguien. Llevar un fardo. *-vn.* **To cadge from/off somebody**, gorronearle, gorrearle, garronearle o bolsearle a alguien.
cadger ['kædʒər] [kadcha^r], *s.* Placero, regatón. *V. HUCKSTER.*
cadi ['kædɪ] [kadi], *s.* Cadí, un magistrado entre los mahometanos.
Cadiz [kə'dɪz] [ka-dis] *N.* Cádiz.
cadmium ['kædmɪəm] [kad-mium], *s.* Cadmio, cuerpo simple metálico, parecido al estaño.
cadre ['kɑ:də] [ka-da^r] *s.* Cuadro.
caduceus [kə'dju:ʃəs] [ka-diu-shos], *s.* Caduceo, la vara de Mercurio.
caducity [kə'dju:sɪtɪ] [ka-diu-si-ti], *s.* Caducidad; lo que amenaza ruina; fragilidad.
caducous [kə'dju:kəs] [ka-diu-kos], *a.* 1. Caduco, perecedero, poco durable 2. En el derecho romano significaba lo que estaba sujeto a las leyes sobre herencias.
caecal ['si:kl] [sí-kal], *a.* Cecal, del intestino ciego.
caecum ['si:kəm] [sí-kum], *s.* Intestino ciego, el mayor de los intestinos gruesos.
Caesar ['si:zər] [sí-sa^r] *N.* César.
caesarean ['si:zərɪən] [si-sa-rian], **caesarean operation,** *s. (Med.)* Operación cesárea.
caesura [sɪ'sjʊərə] [si-sua-ra], *s. (Poét.)* Cesura, o pausa en un verso.
caesural [sɪ'sjʊərəl] [si-su-ral], *a.* Lo que pertenece a la cesura.
café ['kæfeɪ] [ka-fei], *s.* 1. Café, cafetería (coffee bar); restaurante económico (restaurant). 2. Cantina.

cafeteria [ˌkæfɪ'tɪərɪə] [ka-fi-tia-ria], *s.* Cafetería, cantina (in hospital, college); restaurante en que se sirve uno mismo, autoservicio (self-service).
caffeine ['kæfiːn] [ka-fin], *s.* Cafeína, alcaloide cristalizable que se extrae del café.
caftan ['kæftæn] [kaf-tan], *s.* Vestimenta que se estila entre los persas.
cage ['keɪdʒ] [keidch], *s.* 1. Jaula. 2. Jaula para fieras. 3. Jaula o cárcel, trena, prisión. 4. *(Anat.)* **Rib cage**, caja torácica. 5. Canasta, cesta (in basketball). 6. Portería, meta, arco (in ice hockey).
cage, *va.* Enjaular, encerrar en jaula.
cagey ['keɪdʒɪ] [kei-dchi] *a.* *(Coloq.)* Reservado, cauteloso (reply).
cagily ['keɪdʒɪlɪ] [kei-chi-li] *adv.* Cautelosamente (reply).
cagy ['keɪdʒɪ] [kei-chi] *a.* *V. CAGEY.*
cahoots [kə'huːts] [ka-huts]», *s. pl.* *(Coloq.)* **In cahoots**, cómplices, aliados. **To be in cahoots with**, conspirar con, complotar con.
caic o caique ['keɪk] [keik], *s.* Caique, esquife destinado al servicio de las galeras; lancha de los cosacos en el Mar Negro.
caiman ['keɪmən] [kei-man], *s.* Caimán, nombre que dan los americanos a una especie de cocodrilo.
cain ['keɪn] [kein] *N.* Caín. *(Coloq.)* **To raise Cain**, armar la de Dios es Cristo.
cairn [kɛən] [kearn], *s.* Montón de piedras sobre el sepulcro de alguna persona distinguida.
Cairo ['kaɪərəʊ] [kai-rou] *N.* El Cairo.
caisson ['keɪzən] [kei-son], *s.* 1. Arcón o cajón grande, que sirve en los ejércitos para las municiones, víveres, etc. 2. Cajón dentro del cual se hacen los estribos de los puentes. 3. *(Mar.)* Camello , aparato para poner un barco a flote, o para levantarlo y carenarlo.
cajeput, cajuput ['keɪdʒpʊt] [keich-put], *s.* Cayeput, árbol pequeño de las Molucas, familia de las mirtáceas, del cual se obtiene un aceite que destruye los insectos y se usa contra el dolor de muelas.
cajole [kə'dʒəʊl] [ka-youl], *va.* Lisonjear, adular; requebrar, engatusar, acariciar. Convencer con zalamerías o halagos.
cajolery [kə'dʒəʊlərɪ] [ka-you-le-ri], *s.* Adulación, lisonja; requiebro, zalamería.
Cajun ['keɪdʒən] [kei-yon] *a.* Cajún.
Cajun *s.* Cajún (person); descendiente de inmigrantes franceses en el estado norteamericano de Luisiana. *(Ling.)* Dialecto del francés hablado por los CAJUN.
cake [keɪk] [keik], *vn.* 1. Cocer o endurecer, pegarse. 2. Formar costra. **Our shoes were caked with mud**, teníamos los zapatos cubiertos de barro endurecido.
cake, *s.* *(Culin.)* Bollo, especie de pan delicado, tortita, hojaldre, pastelillo, masa (small, individual). Pastel, tarta, torta (large). **Cake of wax**, pan de cera. **Bride-cake, wedding cake**, tarta o pastel de boda. **Plum-cake, fruit-cake**, torta con pasas de Corinto. **Sponge cake**, bizcocho, queque, bizcochuelo, ponqué, panque. **The icing/frosting on the cake**, un extra. *(Coloq.)* **To be a piece of cake**, ser pan comido. **To take the cake**, ser el colmo; llevarse la palma (person). **To go/sell like hot cakes**, venderse como pan caliente o como rosquillas. **You can't have your cake and eat it too**, no puedes tenerlo todo, tienes que elegir. **Cake walk**, diversión originaria de los negros del Sur de los Estados Unidos; marcha o paseo en el que se da un pastel como premio a la pareja que mejor y más graciosamente se contonea. **Cake of soap**, pastilla de jabón.
cake tin ['keɪktɪn] [keik-tin] *s.* (GB) Molde para pastel (for baking). Lata para guardar pasteles (for storage).
cal (= **calorie(s)**) cal.
cal (= **Calorie(s)**) kcal.; = **California**.
CAL *s.* = **computer-aided learning**.
calabash ['kæləbæʃ] [ka-la-bash], *s.* 1. Calabaza, güira, tapara, totumo. 2. Calabacera, taparo.
caladium ['kəlædɪəm] [ka-la-dium], *s.* Caladio, planta que se da en los terrenos húmedos de la América del Sur. Se cultiva por sus hojas grandes, multicolores y sagitadas.
calamanco [kælə'mænkəʊ] [ka-la-man-kou], *s.* Calamaco, especie de tela de lana.
calamar, calamary ['kælmər] [kal-ma'], *s.* 1. Calamar, molusco que posee una secreción negra llamada tinta. 2. Su concha interior o casco córneo. *V. SQUID.*
calamine ['kæləmaɪn] [ka-la-main], *s.* Calamina o piedra calaminar. **Calamine lotion**, loción de calamina.
calamint ['kæləmɪnt] [ka-la-mint], *s.* *(Bot.)* Calamento.
calamitous ['kæləmɪtəs] [ka-la-mi-tos], *a.* Calamitoso, miserable, desgraciado, infeliz.
calamitousness ['kæləmɪtəsnɪs] [ka-la-mi-tos-nes],
calamity ['kæləmɪtɪ] [ka-la-mi-ti], *s.* Calamidad, infortunio, trabajo, miseria, desastre, desgracia.
calamus ['kæləməs] [ka-la-mos], *s.* *(Bot.)* Cálamo aromático.
calash ['kæləʃ] [ka-lash], *s.* 1. Calesa, carruaje pequeño. 2. Gorra que llevan las señoras en la cabeza para guardar el peinado.
calcarious [kæl'kɛərɪəs] [kal-kea-rios], *a.* Calcáreo, que tiene propiedad de cal.
calceated ['kælsiːtɪd] [kal-si-tid], *a.* Calzado, el que tiene puestos los zapatos.
calcedony ['kælsɪdənɪ] [kal-si-do-ni], *s.* Calcedonia, piedra preciosa.
calciferous ['kælsɪfərəs] [kal-si-fe-ros], *a.* Que produce o contiene cal.
calcification [ˌkælsɪfɪ'keɪʃən] [kal-si-fi-kei-shon], *s.* Conversión en sustancia pétrea por la deposición de sales de cal; v. gr. una petrificación.
calcify ['kælsɪfaɪ] [kal-si-fai], *va.* y *vn.* Calcificar, calcificarse.
calcimine ['kælsɪmiːn] [kal-si-min], *s.* Pintura de cola, lechada, mezcla de yeso o cal con cola y agua; a menudo se le mezcla también algún color. *-va.* Dar lechada, aplicar esta mezcla a las paredes o techos. Se escribe también KALSOMINE.
calcinable ['kælsɪnəbl] [kal-si-na-bol], *a.* Calcinable, capaz de ser calcinado.
calcination ['kælsɪnəʃən] [kal-si-nei-shon], *s.* Calcinación, la acción de calcinar.
calcinatory ['kælsɪnətərɪ] [kal-si-na-to-ri], *s.* Calcinatorio, vasija que se usa para calcinar.
calcine ['kælsiːn] [kal-sín], *va.* Calcinar, reducir a cal o ceniza los metales, piedras, etc.; quemar. *-vn.* Calcinarse.
calcite ['kælsaɪt] [kal-sait], *s.* Espato calcáreo, carbonato de cal.
calcitrate ['kælsɪtreɪt] [kal-si-treit], *vn.* Acocear, hollar, patear.
calcium ['kælsɪəm] [kal-siom], *s.* Calcio, metal ligero amarillo que combinado con el oxígeno, forma la cal.
calc-spar ['kælkspɑːr] [kalk-spa'], *s.* Espato calcáreo.
calculable ['kælkjʊləbl] [kal-kiu-la-bol], *a.* Calculable.
calculate ['kælkjʊleɪt] [kal-kiu-leit], *va.* Calcular (compute, estimate); contar, suputar; adaptar. *-vn.* Hacer cálculos. *(Fam.)* **Well calculated**, muy a propósito. **It is well calculated**, es lo que se necesita. **His remarks were calculated to offend**, lo dijo con la intención o el propósito de ofender.
calculated ['kælkjʊleɪtɪd] [kal-kiu-lei-ted] *a.* Calculado (risk); deliberado (act); dicho con toda intención (insult).
calculating ['kælkjʊleɪtɪŋ] [kal-kiu-lei-tin] *a.* Calculador.
calculation [ˌkælkjʊ'leɪʃən] [kal-kiu-lei-shon], *s.* Calculación, cálculo. **According to my calculation(s)**, según mis cálculos.
calculative ['kælkjʊlətɪv] [kal-kiu-la-tiv], *a.* Lo que pertenece al cálculo.
calculator ['kælkjʊleɪtər] [kal-kiu-lei-to'], *s.* 1. Calculador, persona que calcula. 2. Máquina calculadora. **Pocket calculator**, calculadora de bolsillo.

calculatory ['kælkjʊlətərɪ] [kal-kiu-la-to-ri], *a.* Lo que pertenece al cálculo.
calculous ['kælkjʊləs] [kal-kiu-los], **calculose** ['kælkjʊləs] [kal-kiu-los], *a.* Pedregoso, arenoso; calculoso.
calculus ['kælkjʊləs] [kal-kiu-los], *s.* Cálculo, piedra en la vejiga o en los riñones. *Calculi*, cálculos.
caldron, (GB) **cauldron** ['kældrən] [kal-dron], *s.* Caldera o caldero.
caledonian [ˌkælɪ'dəʊnɪən] [ka-li-dou-nian], *a.* Escocés, natural de, o perteneciente a Escocia.
calefacient ['kælɪfeɪʃənt] [ka-li-fei-shent], *a.* Lo que produce calefacción, que da calor.
calefaction ['kælɪfækʃən] [ka-li-fak-shon], *s.* Calefacción, la acción y efecto de calentar o calentarse.
calefactive ['kælɪfæktɪv] [ka-li-fak-tiv], **calefactory** ['kælɪfæktərɪ] [ka-li-fak-to-ri], *a.* Calefaciente, que calienta.
calefy ['kælɪfaɪ] [ka-li-fai], *vn.* *(Des.)* Calentarse, caldearse. *-va.* Calentar.
calendar ['kæləndər] [ka-len-da^r], *s.* 1. Calendario o almanaque. 2. Lista o tabla de los pleitos o causas que están para verse en los tribunales. **Calendar of events**, programa de actos. **Calendar month**, mes (del calendario).
calendar, *va.* Entrar o insertar en el calendario.
calender, *s.* Calandria o prensa recargada, máquina para dar lustre a las telas de seda o para satinar papel.
calender, *va.* Prensar con calandria, lustrar el papel o las telas pasándolas entre dos cilindros.
calenderer ['kæləndərər] [ka-len-de-ra^r], *s.* Aprensador, el que aprensa con calandria.
calends ['kæləndz] [ka-lends], *s. pl.* Calenda o calendas, el primer día de cada mes en el antiguo cómputo romano.
calendula ['kæləndjuːlə] [ka-len-diu-la], *s.* Caléndula, maravilla, planta crisantema del orden de las compuestas.
calendulin ['kæləndjʊliːn] [ka-len-diu-lin], *s.* Calendulin, goma o sustancia mucilaginosa, que se extrae de la caléndula.
calenture ['kæləntʃər] [ka-len-cha^r], *s.* Calentura, fiebre tropical violenta.
calf [kɑːf] [kalf], *s.* (*pl.* CALVES [kɑːvz] [kalvs]). 1. *(Zool.)* Ternero o ternera; cervatillo (animal). **To kill the fatted calf**, celebrar una gran fiesta de bienvenida. 2. *(Anat.)* Pantorrilla, la parte posterior de la pierna, la más carnosa y abultada. 3. Tonto; cobarde. **Calf's foot jelly**, gelatina de manos de ternero.
calfskin ['kɑːfskɪn] [kalfskin], *s.* Becerrillo, becerros o piel de ternero.
caliber, calibre ['kælɪbər] [ka-li-be^r], *s.* 1. Calibre, la abertura, hueco y diámetro del cañón de un arma de fuego. 2. Grado de capacidad, mérito o facultades intelectuales (quality). **A writer of his caliber**, un escritor de su calibre. 3. Peso total del armamento de un buque.
calibrate ['kælɪbreɪt] [ka-li-breit], *va.* Calibrar.
calibration ['kælɪbreɪʃən] [ka-li-brei-shon], *s.* Calibración, calibrado.
calico ['kælɪkəʊ] [ka-li-kou], *s.* 1. Calicó, indiana, una especie de tela de algodón estampada, percal; (GB) Lienzo, percal (white cotton). 2. Zaraza. *(Mex.)* Angaripola.
calico-printer ['kælɪkəʊˌprɪntər] [ka-li-kou-prin-ta^r], *s.* Estampador de tela de algodón.
calid ['kælɪd] [ka-lid], *a.* *(Des.)* Caliente; cálido, ardiente.
calidity ['kælɪdɪtɪ] [ka-li-di-ti], **calidness** ['kælɪdnɪs] [ka-lid-nes], *s.* *(Des.)* Calor, encendimiento.
calif, caliph ['kælɪf] [ka-lif], *s.* Califa, título que tomaron los sucesores de Mahoma.
Calif = California
California [ˌkælɪ'fɔːnɪə] [ka-li-for-nia] *N.* California.
Californian [ˌkælɪ'fɔːnɪən] [ka-li-for-nian], *a.* Califórnico, perteneciente a California. *-s.* Californio, california, natural de California, californiano.
caligraphy ['kælɪgræfɪ] [ka-li-gra-fi], *s.* *V. CALLIGRAPHY.*
calipash ['kælɪpɑːʃ] [ka-li-pash], *s.* Cierta parte de la tortuga próxima a la concha superior; una sustancia gelatinosa verdusca.
calipee ['kælɪpɪ] [ka-li-pi], *s.* Parte de la tortuga próxima a la concha inferior; sustancia gelatinosa amarillenta.
calipers, (GB) **callipers** ['kælɪpəz] [ka-li-pars], *s.* Compás, calibrador (for measuring). **Inside calipers**, compás de calibres. **Outside calipers**, compás de espesores. *(Med.)* Aparato ortopédico para la pierna.
caliphate ['kəlɪfeɪt] [ka-li-feit], *s.* Califato, dignidad o jurisdicción del califa.
calisaya ['kælɪsəɪə] [ka-li-sa-ya], *s.* Variedad de quina de las más estimadas.
calisthenic [ˌkælɪsθenɪks] [ka-lis-ze-niks], *a.* *V. CALLISTHENIC.*
caliver ['kælɪvər] [ka-li-va^r], *s.* *(Ant.)* Una especie de escopeta; pedrero, cantero.
calix ['kælɪks] [ka-liks], *s.* 1. Órgano o cavidad en forma de copa. 2. *V. CALYX.*
calk, caulk ['kɔːk] [kolk], *va.* 1. *(Mar.)* Calafatear un buque. **Calking mallet**, maceta de calafate. **Calking iron**, escoplo de calafate. 2. *(Vet.)* Hacer talones o proyecciones en la herradura del caballo.
calk, *va.* y *vn.* Marcar con tiza; de aquí, calcar, pasar un dibujo.
calker ['kɔːkər] [kolke^r], *s.* Calafate. **Calker's boy**, calafatín. **Calker's tool-box**, banqueta de calafate.
calkin ['kɔːkɪn] [kol-kin], *s.* *(Vet.)* La parte saliente en la herradura de los caballos para impedir que tropiecen.
calking ['kɔːkɪŋ] [kol-kin], *s.* Calafateo, acción y efecto de calafatear.
call [kɔːl] [kol], *va.* 1. Llamar, nombrar (shout). **To call somebody's name**, llamar a alguien. Llamar (name, describe as). **We call her Betty**, la llamamos o le decimos Betty. **What are you going to call the baby?**, ¿qué nombre le van a poner al bebé? **What is this called in Italian?**, ¿cómo se llama esto en italiano? **Are you calling me a liar?**, ¿me estás llamando mentiroso? 2. Llamar, decir a uno que venga (police, taxi, doctor). Llamar (contact by telephone, radio). **For more information call us on/at 341-6920**, para más información llame o llámenos al (teléfono) 341-6920. **Don't call us, we'll call you**, ya lo llamaremos. 3. Convocar (strike), citar, juntar, congregar. 4. Llamar, inspirar. 5. Invocar o apelar. 6. Proclamar, publicar, pregonar. 7. Poner apodos. 8. Visitar a uno; llamar a uno o darle voces. 9. Excitar, traer a la vista. 10. Ver (in poker); declarar (in bridge). *-vn.* 1. Pararse un rato: hacer visita. 2. Llamar (person). **She called to me for help**, me llamó para que la ayudara. Gritar. **To call after one**, llamar a alguno a voces. 3. Llamar (by telephone, radio). **Who's calling, please?**, ¿de parte de quién, por favor? **Madrid calling**, aquí Madrid. **To call again**, volver a llamar; hacer volver. **To call aloud**, dar voces, gritar. **To call aside**, llamar aparte, sacar aparte. **To call down**, hacer bajar. **To call over**, repasar, leer algo, leer alguna lista o catálogo. **To call to account**, pedir cuentas. **To call witness**, tomar por testigo.
call around, *(Telec.)* llamar (a varias personas). Pasar por casa (visit).
call at, parar, pasar por. **This train calls at all stations**, este tren para en todas las estaciones. **I called at your place yesterday**, ayer pasé por tu casa.
call away, hacer salir, echar fuera; llevar consigo. **She was called away from the meeting**, la llamaron y tuvo que salir de la reunión. **He was called away on business**, tuvo que ausentarse por motivos de trabajo.
call back, mandar volver, hacer volver, llamar a uno para que vuelva al punto de donde ha salido, o decirle que vuelva. **Can I call you back?**, ¿puedo llamarte más tarde? *(Telec.)* volver a llamar.
call for, llamar, preguntar por alguno, ir a buscarle. Requerir, exigir (require/skill, courage). **You won! This calls for champagne!**, ¿ganaste? ¡esto hay que celebrarlo con

champán! Pedir (demand); pedir a gritos (shout for). Pasar a buscar o a recoger (collect/goods, person).

call forth, hacer salir o venir. Provocar, dar lugar a (protest, criticism); inspirar (emotion).

call in, reasumir, volver atrás, llamar (summon/doctor, expert); introducir; retirar de circulación (withdraw); revocar. **He has called in his money**, ha retirado sus fondos. **To call in question**, poner en duda. **I'll call in later**, me paso luego (visit). **Shall we call in on the Rowsons?**, ¿por qué no pasamos a ver o a visitar a los Rowson?

call off, disuadir; divertir (la atención). Suspender (cancel). Retirar (men/order to stop); llamar (dog). **If that's what you feel, let's call the whole thing off**, mira, si eso es lo que piensas mejor olvidémoslo.

call on, solicitar; pronunciar con solemnidad el nombre de algún muerto o ausente llamándole; visitar a alguno, ir a ver a alguno (visit). *V. CALL UPON.*

call out, desafiar; llamar a uno para que salga; llamar fuerte, gritar. Llamar (summon/fire brigade); hacer intervenir a (army); llamar, hacer venir (doctor). (GB) Llamar a la huelga (on strike). **He called out her name**, la llamó, pronunció su nombre (utter).

call round, (GB) pasar (visit). *(Telec.)* Llamar a varias personas.

call up, traer a la memoria, evocar (cause to return/memory, image). Invocar, llamar (spirits). Llamar (telephone). *(Mil.)* Llamar a filas.

call upon, implorar, rogar, pedir; visitar; exhortar, animar; invocar. Apelar a (appeal to). **To call upon somebody to speak**, dar la palabra a alguien (invite).

call, *s.* 1. Llamada, la acción de llamar (by telephone). **To make a call**, hacer una llamada telefónica. **To give somebody a call**, llamar a alguien por teléfono. **Will you take the call?**, ¿le paso la llamada? (talk to somebody); ¿acepta la llamada? (accept charges). **Local/long distance call**, llamada urbana/interurbana. *(Fam.)* Visita (visit). **To pay a visit on somebody**, hacerle una visita a alguien. **I have some calls to make**, tengo que hacer algunas visitas. Llamada, llamado (of person- cry); grito (shout). 2. Instancia, llamamiento, llamado (demand). **There were calls for his resignation**, pidieron su dimisión; vocación. 3. Pretensión o alegación de derecho a alguna cosa. 4. Reclamo, instrumento para llamar los pájaros. **Call-bird**, pájaro de reclamo. 5. Inspiración divina. 6. *(Mar.)* Pito de contramaestre. 7. Demanda (de fondos). 8. *(Sport)* Decisión, cobro. **Be within call**, esté Vd. al alcance de la voz. **He had no call to do it**, él no tenía derecho a hacerlo. Motivo (reason). **He had no call to be rude**, no tenía por qué ser grosero. **There's not much call for this product**, no hay mucha demanda para este producto (demand). **There are too many calls on my time**, muchas cosas reclaman mi atención (claim). **To be on call**, estar de guardia (summons). **Beyond the call of duty**, más de lo que el deber exigía (o exige). **To answer/obey the call of nature**, hacer sus (o mis, etc.) necesidades. Llamada, atracción (lure).

call box ['kɔːlbɒks] [kol-boks] *s.* (GB) Cabina telefónica.

caller ['kɔːlər] [kole^{r}], *s.* Llamador, el que llama. **We didn't have many callers**, no vino mucha gente; *(Telec.)* no tuvimos o no hubo muchas llamadas. **The caller didn't leave his name**, la persona que llamó no dejó su nombre.

callgirl ['kɔːlgɜːl] [kol-guerl] *s.* *(Coloq.)* Call-girl, prostituta que da citas por teléfono.

callid ['kɔːlɪd] [ka-led], *a.* Astuto, sagaz.

calligraph ['kəlɪgræf] [ka-li-graf], *s.* Ejemplar o muestra de buena escritura.

calligraphic [ˌkəlɪ'græfɪk] [ka-li-gra-fik], *a.* Caligráfico, relativo a la caligrafía.

calligraphy [kə'lɪgræfɪ] [ka-li-gra-fi], *s.* Bella escritura, letra hermosa y elegante; caligrafía en general.

callimanco, *s. V. CALAMANCO.*

call-in ['kɔːlɪn] [ko-lin] *s.* Programa de radio o TV en el que el público participa por teléfono.

calling ['kɔːlɪŋ] [ko-lin], *s.* Profesión, vocación, el modo de vida que cada uno tiene, usa y ejerce públicamente; clase; oficio, ejercicio. **Calling card**, tarjeta de visita.

calliope ['kəlɪɒp] [ka-liop], *s.* Instrumento musical compuesto de una serie de silbatos que tocan mediante un teclado.

callipers ['kalɪpəz] [ka-lipers], *s.* Compás calibrador. *V. CALIPER.*

callisthenic [ˌkælɪs'tenik] [ka-lis-te-nik], *a.* Calisténico; perteneciente a la calistenia; lo que favorece la gracia y soltura del cuerpo.

callisthenics [ˌkælɪs'tenikz] [ka-lis-te-niks], *s.* Calistenia, ligeros ejercicios gimnásticos a propósito para las niñas y jóvenes, con objeto de aumentar la agilidad y el donaire del cuerpo.

callosity [kæ'lɒsɪtɪ] [ka-lo-si-ti], **callousness** ['kæləsnɪs] [ka-los-nes], *s.* Callosidad, dureza; insensibilidad.

callous ['kæləs] [ka-los], *a.* 1. Calloso, endurecido. 2. Insensible, cruel.

callously ['kæləslɪ] [ka-los-li], *adv.* Insensiblemente, duramente, cruelmente.

call-out ['kɔːl'aʊt] [kol-aut] *a.* (GB) Por desplazamiento (charge, fee); a domicilio (service).

callow ['kæləʊ] [ka-lou], *a.* 1. Pelado, desplumado. 2. Sin experiencia del mundo, joven. Inmaduro, inexperto.

callus ['kæləs] [ka-los], *s.* *(Med.)* Callo, callosidad, dureza en alguna parte del cuerpo; el punto por donde se unen otra vez los huesos después de rotos.

calm [kɑːm] [kalm], *s.* Calma (stillness); serenidad, tranquilidad (peace, tranquillity); quietud, bonanza, reposo, sosiego. **The calm before the storm**, la calma que precede a la tormenta. **Dead calm**, *(Mar.)* calma chicha. *-a.* Quieto, tranquilo, sosegado, sereno (person, voice). En calma, tranquilo, calmo (sea). **Keep calm!**, ¡tranquilo!, ¡calma! **To become calm**, *(Mar.)* calmar o comenzar a hacer calma.

calm, *va.* Tranquilizar, aquietar; apaciguar, calmar; aplacar, sosegar. **I had a drink to calm my nerves**, me tomé una copa para tranquilizarme o calmarme.

calm down, tranquilizar, calmar. Tranquilizarse. **Calm down!**, ¡tranquilízate!, ¡tranquilo!

calmer ['kɑːmər] [kal-ma^{r}], *s.* tranquilizador, apaciguador, sosegador, aquietador, pacificador.

calming ['kɑːmɪŋ] [kal-min] *a.* Tranquilizante.

calmly ['kɑːmlɪ] [kalm-li], *adv.* Serenamente, con serenidad, con calma.

calmness ['kɑːmnɪs] [kalm-nes], *s.* Tranquilidad, serenidad, calma (of person). Calma (of sea, wind).

calmy ['kɑːmɪ] [kal-mi], *a.* Tranquilo, pacífico.

calomel ['kɑːlɒməl] [ka-lo-mel], *s.* Calomelanos, calomel, cloruro mercurioso (Hg2, Cl2).

calor gas ['kɑːləgæz] [ka-lor-gas] *s.* (GB) Butano, supergás (gas).

caloric ['kɑːlərɪk] [ka-lo-rik], *s.* *(Quim.)* Calórico.

calorie ['kɑːləriː] [ka-lo-ri], *s.* *(Fís.)* Caloría. *(Culin.)* **Calorie**, (kilo)caloría. **A calorie-controlled diet**, una dieta o un régimen bajo en calorías.

calorific [ˌkælə'rɪfɪk] [ka-lo-ri-fik], *a.* Calorífico. **Calorific value**, contenido calorífico (of food).

calorimeter [ˌkælə'rɪmɪtər] [ka-lo-ri-mi-ta^{r}], *s.* Calorímetro, instrumento para medir el calor.

caltha ['kəlθə] [kal-za], *s.* *(Bot.)* Hierba centella, calta.

caltrop ['kəltrɒp] [kal-trop], *s.* 1. *(Mil.)* Abrojo, pieza de hierro con tres o cuatro puntas, una de las cuales queda siempre hacia arriba; se usa para impedir el paso de infantes y caballos, mutilándoles los pies. 2. *(Bot.)* Tríbulo, abrojo.

calumet ['kəljʊmɪt] [ka-liu-met], *s.* Pipa de los aborígenes de la América del Norte. Tiene la taza o cabeza de piedra y el tubo de caña.

calumniate ['kəlʌmnɪeɪt] [ka-lum-nieit], *va./vn.* Calumniar.

calumniation ['kəlʌmnɪeɪʃən] [ka-lum-niei-shon], *s.* Calumnia.

calumniator ['kəlʌmnɪeɪtər] [ka-lum-nieito^r], *s.* Calumniador, el que calumnia o acusa falsamente.
calumniatory ['kəlʌmnɪətərɪ] [ka-lum-nia-to-ri], **calumnious** ['kəlʌmnəʊs] [ka-lum-nous], *a.* Calumnioso, injurioso.
calumniously ['kəlʌmnəʊslɪ] [ka-lum-nous-li], *adv.* Injuriosamente, calumniosamente.
calumny ['kəlʌmnɪ] [ka-lum-ni], *s.* Calumnia.
calvary ['kəlvərɪ] [kal-va-ri], *s.* 1. Calvario, el lugar del suplicio de Jesucristo. 2. Calvario, Via crucis.
calve [kɑ:v] [kalv], *vn.* Parir la vaca.
calves [kɑ:vz] [kalvs] *pl.* of CALF.
calvinism ['kælvɪnɪzəm] [kal-vi-nisem], *s.* Calvinismo, la doctrina de Calvino.
calvinist ['kælvɪnɪst] [kal-vi-nist], *s.* Calvinista.
calvinize ['kælvɪnaɪz] [kal-vi-nais], *va.* Enseñar la doctrina de Calvino.
calvish ['kælvɪʃ] [kal-vish], *a.* Aternerado.
calvity ['kælvɪtɪ] [kal-viti], *s. V. BALDNESS.*
calx [kælks] [kalks], *s.* (*pl.* CALXES o CALCES). 1. Cenizas o residuos procedentes de la calcinación de minerales. 2. *(Anat.)* El hueso calcáreo, que forma el talón o calcañar.
calycle ['kælaɪkl] [ka-lai-kol], *s.* Calículo, cáliz accesorio de algunas flores.
calypso [kə'lɪpsəʊ] [ka-lip-sou], *s.* 1. *(Bot.)* Calipso. 2. *(Mús.)* Calipso, ritmo afro-antillano originario de la isla de Trinidad.
calyx ['keɪlɪks] [ka-liks], *s.* 1. *(Bot.)* Cáliz, envoltura exterior de las flores. 2. *(Anat.)* Pelvis del riñón.
cam [kæm] [kam], *s.* *(Mec.)* Álabe, excéntrica, leva.
camaraderie [ˌkæmə'rɑ:dərɪ] [ka-ma-ra-de-ri] *s.* Camaradería, compañerismo.
camber ['kæmbər] [kam-ba^r], *s.* *(Mar.)* Comba, combadura, alabeo de la cubierta. *-vn.* y *va.* Combar, hacer comba o tener arqueo hacia arriba.
cambist ['kæmbɪst] [kam-bist], *s.* *(Com.)* 1. Cambista, el que tiene por oficio dar o aceptar letras de cambio. 2. Cambiador, el que cambia las monedas.
cambium ['kæmbɪəm] [kam-bium], *s.* *(Bot.)* Sustancia viscosa, que se encuentra entre la albura y la corteza de los árboles.
cambric ['keɪmbrɪk] [kam-brik], *s.* Batosta, olán batista.
camcorder ['kæmkɔ:dər] [kam-kor-da^r] *s.* Videocámara, camcórder.
came [keɪm] [keim], *pret.* del verbo TO COME.
camel ['kæməl] [ka-mel], *s.* 1. *(Zool.)* Camello, bestia de carga en África y Oriente. **Camel's hair**, pelo o lana de camello. **Camel's hair pencil**, pincel de pelo de camello. **Camel's hay**, esquinante o esquinanto, junco oloroso medicinal. 2. *(Mar.)* Camello, aparato a manera de bote o barco, herméticamente cerrado, que sirve para levantar buques en los diques y para poner a flote las embarcaciones sumergidas. 3. Beige (color).
camellia [kə'mi:lɪə] [ka-mi-lia], *s.* Camelia, planta y flor.
camelopard ['kəmɪləpɑ:d] [ka-mi-lo-pard], *s.* Camello pardal, jirafa, animal algo parecido al camello.
cameo ['kæmɪəʊ] [ka-miou], *s.* 1. Camafeo, piedra preciosa con figuras labradas en relieve (jewelry). 2. Actuación especial (cine, TV). **A cameo performance**, una actuación especial.
camera ['kæmərə] [ka-me-ra], *s.* 1. Cámara, caja en la cual se refleja la imagen de los objetos exteriores sobre una superficie plana, por medio de una lente, o lentes. 2. *(Anat.)* Cavidad, como las del corazón. 3. (Ley inglesa) Cámara particular para los jueces. **Folding camera**, cámara plegadiza. **Hand camera**, cámara (fotográfica) de mano. **Camera stand**, pie, sostén de la cámara fotográfica. **Stereoscopic camera**, cámara estereoscópica. **Camera lucida**, cámara lúcida. **Camera obscura**, cámara obscura, aparato para mirar, trazar o fotografiar.
cameral ['kæmərəl] [ka-me-ral], *a.* Relativo a una cámara, un cuarto, oficina pública, o tesorería.
cameralistic ['kæmərəlɪstɪk] [ka-me-ra-lis-tik], *a.* Perteneciente a la hacienda y rentas del Estado.
cameraman ['kæmərəmæn] [ka-me-ra-man], *s.* Camarógrafo, cameraman, cámara.
camera-shy ['kæmərəˌʃaɪ] [ka-me-ra-shai] *a.* **He's camera-shy**, se cohíbe frente a una cámara.
camerated ['kæmərətɪd] [ka-me-ra-tid], *a.* Arqueado, abovedado.
cameration ['kæmərəʃən] [ka-me-ra-shon], *s.* Arqueo, abovedación.
camerawork ['kæmərəˌwɜ:k] [ka-me-ra-uek] *s.* Fotografía.
Cameroon [ˌkæmə'ru:n] [ka-me-rún] *N.* Camerún.
camisado ['kæmɪsədəʊ] [ka-mi-sei-dou], *s.* *(Ant.)* Encamisado, una estratagema militar.
camisated ['kæmɪseɪtɪd] [ka-mi-sei-tid], *a.* Encamisado, el que tiene la camisa puesta sobre el vestido.
camise ['kæmi:z] [ka-mís], *s.* Camisa holgada que usan los orientales; también una bata ligera y holgada. *Cf.* CHEMISE.
camisole ['kæmɪsəʊl] [ka-mi-soul] *s.* Camisola.
camlet ['kæmlɪt] [kam-lit], *s.* 1. Camelote o chamelote. 2. Barragán.
cammock ['kæmɒk] [ka-mok], *s.* *(Bot.)* Detienebuey, gatuña. (Ononis.)
camomile ['kæməʊmaɪl] [ka-mo-mail], *s.* *(Bot.)* Manzanilla, camomila, hierba amarga de flores medicinales.
camouflage ['kæməflɑ:z] [ka-mu-flash], *s.* Camuflaje, simulación, engaño. *-va.* Recurrir al camuflaje, fingir, simular (algo).
camp [kæmp] [kamp], *s.* *(Mil.)* Campo, campamento (tropa y terreno). **Summer camp**, campamento de verano, colonia de vacaciones o verano. **Army camp**, campamento militar. Bando (group, position). Amaneramiento, afectación (affected behavior, style).
camp, *vn.* *(Mil.)* Acampar, colocarse el ejército en tiendas. *-va.* Alojar un ejército; acampar. **To go camping**, ir de camping, de campamento o de acampada. **To camp out**, acampar. **To camp up**, actuar amaneradamente o con afectación.
camp, *a.* Amanerado, afeminado (effeminate). Afectado, exagerado (performance).
campaign [kæm'peɪn] [kam-pein], *s.* 1. Campaña, campiña, campo raso, llanura rasa. 2. *(Mil.)* Campaña, el tiempo que el ejército se mantiene en el campo. **To open the campaign**, empezar la campaña.
campaign, *vn.* Servir en campaña. **To campaign for/against something**, hacer una campaña a favor/en contra de algo.
campaigner [kæm'peɪnər] [kam-pei-ne^r], *s.* Campeador; veterano. *(Pol., Sociol.)* Defensor. **An old campaigner**, un veterano.
campaniform [ˌkæmpənɪ'fɔ:m] [kam-pa-ni-form], **campanulate** [kæm'pənjʊleɪt] [kam-pa-niu-leit], *a.* *(Bot.)* Campaniforme o campanuda, flor que tiene la figura de campana.
campanile [ˌkæmpə'ni:lɪ] [kam-pa-ni-li], *s.* Campanario de iglesia, especialmente cuando la torre se destaca aislada.
campanology [ˌkæmpə'nɒlɒdʒɪ] [kam-pa-no-lo-yi], *s.* Campanología, el arte de tocar o repicar las campanas.
campanula [kæm'pənjʊlə] [kam-pa-niu-la], *s.* *(Bot.)* Campánula.
campanulate [kæm'pənjʊleɪt] [kam-pa-niu-leit], *a. V. CAMPANIFORM.*
campeachy-wood [ˌkæmpi:tʃɪ'wu:d] [kam-pi-chi-wud, *s.* Palo de Campeche o Palo campeche.
camper ['kæmpər] [kam-pa^r] *s.* Campista, acampante (in tent). *(Transp.)* Cámper.
campfire [kæmp'faɪə] [kamp-faia], *s.* Hoguera en un campamento. Fogata, fogón.
campfollower ['kæmpəˌfɒləʊər] [kamp-fo-loue^r] *s.* Simpatizante (sympathizer). *(Mil.)* Prostituta (prostitute).
campground ['kæmpgraʊnd] [kamp-graund] *s.* Camping.
camphine ['kæmpfi:n] [kamp-fin], *s.* Aceite de trementina rectificado, que se usó antiguamente para el alumbrado.

camphor ['kæmfər] [kam-for], *s.* Alcanfor, sustancia blanca, volátil, parecida a la goma, de un olor característico, que se extrae del alcanforado, o laurel-alcanfor. **Camphor-tree**, alcanforero, alcanforado, o laurel alcanfor.

camphor, camphorate, *va.* Alcanforar, impregnar o lavar con alcanfor.

camphorate, *a.* Alcanforado.

camping ['kæmpɪŋ] [kam-pin], *s.* 1. Campamento. 2. *(Des.)* Antiguo juego de pelota con los pies. **I like camping**, me gusta ir de camping, de campamento o de acampada. **No camping**, prohibido acampar.

campion ['kæmpɪən] [kam-pion], *a.* *(Bot.)* Colleja, hierba de las cariofileas.

campsite ['kæmpsaɪt] [kamp-sait] *s.* Camping.

campus ['kæmpəs] [kam-pus], *s.* *(E.U.)* Terreno perteneciente a un colegio e inmediato a él, o el patio rodeado por los edificios dle colegio o universidad.

camshaft ['kæmpʃɑːft] [kamp-shaft], *s.* *(Mec.)* Árbol de levas, eje de levas.

camwood ['kæmpwuːd] [kamp-wud], *s.* Madera roja de África y del Brasil.

can [kæn] [kan], *s.* Lata, bote, tarro (container). **Can opener**, abridor de latas, abrelatas. **A can of worms**, un problema complicado. Bidón (for petrol, water); cubo, tacho, caneca, bote, tobo de la basura (for garbage). (GB) *(Coloq.)* **To carry the can**, pagar el pato. Cárcel, cana, bote, trullo (prison). **To be in the can**, estar a la sombra. Trono (toilet). *(Fam./vulg.)* Culo, trasero (buttocks).

can, *v mod.* (pret.COULD). 1. Poder (indicating ability). **She couldn't answer the question**, no pudo contestar la pregunta. **We can but try**, con intentarlo no se pierde nada. **If I can but see him**, con tal que yo le pueda ver. **As sure as can be**, sin duda, indudablemente, segurísimo. **As soon as can be**, al instante que se pueda; lo más pronto posible. **It can not be**, es imposible, no puede ser. **He can't (can not) pay**, él no puede pagar. **He is as like his father as can be**, el es tan parecido a su padre que más no puede ser. 2. Saber (referring to particular skills). **Can you swim/speak German?**, ¿sabes nadar/(hablar) alemán? **She can read and write**, ella sabe leer y escribir. **Nobody can tell**, nadie sabe nada. **I can't see very well**, no veo muy bien (with verbs of perception). **Can you hear me?**, ¿me oyes? **I can't understand it**, no lo entiendo, no logro o no puedo entenderlo (with verbs of mental activity). **Can't you tell he's lying?**, ¿no te das cuenta de que está mintiendo? Poder (indicating, asking etc. permission). **Can I come with you?**, ¿puedo ir contigo? **You can stay as long as you like**, te puedes quedar todo el tiempo o todo lo que quieras. Poder (in requests). **Can you turn that music down, please?**, ¿puedes bajar esa música, por favor? **Can I have two salads, please?**, ¿me trae dos ensaladas, por favor? **Can I help you?**, ¿me permite? (in offers); ¿le atienden?, ¿qué desea? (in shop). **Can I carry that for you?**, ¿quieres que te lleve eso? Poder (allow oneself to). **You can't blame her**, no puedes echarle la culpa. **I couldn't very well tell him just then**, no se lo podía decir justo en ese momento. **How could you?**, pero, ¿cómo se te ocurrió hacer una cosa así?, pero, ¿cómo pudiste hacer (o decir) una cosa así? **Can't you give it another try?**, ¿por qué no lo vuelves a intentar? (in suggestions, advice). **For a start, you can clean all this up**, puedes empezar por limpiar todo esto (in orders). Poder (indicating possibility). **Anything can happen now**, ahora puede pasar cualquier cosa. **What can she be doing in there?**, ¿qué estará haciendo ahí?; ¿qué puede estar haciendo ahí? **It can't be true!**, ¡no puede ser!, ¡no es posible! **You can't be serious!**, ¡no lo dirás en serio! **She can be charming when she wants to**, es encantadora cuando quiere, o cuando se lo propone (indicating characteristic). **She's as happy as can be**, está contentísima, está de lo más contenta.

can, *va.* Guardar algo en cajas de hoja de lata para conservarlo en buen estado. Enlatar (put in cans); preparar conservas de (fruit). **Canned goods**, carne preparada, hortalizas, pescado o frutas encerrados herméticamente en receptáculos de hoja de lata o de vidrio. Llámense generalmente en la Gran Bretaña, *tinned goods*. *(Coloq.)* Echar, correr (dismiss). **Can it!**, ¡basta ya! (stop).

Canada ['kænədə] [ka-na-da] *N.* Canadá.

canada balsam, *s.* *V. BALSAM*.

canadian [kə'neɪdɪən] [ka-nei-dian], *a./s.* Canadiense, del Canadá.

canal [kə'næl] [ka-nal], *s.* 1. Canal; conducto artifical por donde corre el agua (irrigation). 2. Canal, de navegación (for transport). 3. *(Anat.)* Canal, conducto por donde circulan la sangre y otros humores del cuerpo. 4. *(Arq.)* Estría, media caña.

canalage [kə'næleɪdʒ] [ka-na-leich], *s.* 1. Construcción de canales. 2. Coste, gastos del transporte por un canal.

canaliculate [kə'nælɪkjʊleɪt] [ka-na-li-kiu-leit], *a.* Acanalado, estriado, abierto en forma de media caña.

canaliculus [kə'nælɪkjʊləs] [ka-na-li-kiu-lus], *s.* Canal, o tubo, diminuto como los que hay en un hueso.

canard [kæ'nɑːd] [ka-nard], *s.* Embuste; noticia falsa, principalmente en un periódico.

Canaries [kə'nɛərɪz] [ka-na-ris] *N.* **The Canaries**, (las) Canarias.

canary [kə'nɛərɪ] [ka-na-ri], *s.* 1. Vino de Canarias. 2. Canario, un baile antiguo. 3. *(Fam.)* Soplón, chivato.

canary-bird ['kənɛərɪˌbɜːd] [ka-na-ri-berd], *s.* Canario, pájaro pequeño que canta primorosamente.

Canary Islands [kə'nɛərɪˌaɪləndz] [ka-na-ri-ailands], *s.* las Islas Canarias.

canary-seed [kə'nɛərɪˌsiːd] [ka-na-ri-síd], *s.* Alpiste.

canary-yellow [kəˌnɛərɪ'jeləʊ] [ka-na-ri-ye-lou], *a.* amarillo canario o patito.

canasta [kə'næstə] [ka-nas-ta], *s.* Canasta (juego de naipes).

can-buoy [kæn'bʊɔɪ] [kan-boi], *s.* *(Mar.)* Boya cónica de barril.

can-hooks [kæn'huːkz] [kan-juks], *s. pl.* *(Mar.)* Gafas.

cancel ['kænsəl] [kan-sel], *va.* 1. Cancelar (meeting, subscription, flight); borrar. 2. Cancelar un escrito. 3. Invalidar, anular (command, decree, check). 4. Limitar, encerrar, estrechar, poner límites. 5. *(Mat.)* Eliminar. *-vn.* **He cancelled at the last minute**, a último momento canceló la cita (o el viaje) (call off).

cancel out, *(Mat.)* Anular. Compensar (offset/deficit, loss); cancelar (debt). **Those advantages are called out by the practical difficulties**, las dificultades de orden práctico anulan estas ventajas.

cancel, *s.* *(Imp.)* Cartón, cuartilla, la hoja o las páginas que se rehacen, sea por corrección o por errata.

cancellate ['kænsəlɪt] [kan-se-leit], *a.* Reticular, celular, poroso como algunos huesos.

cancellation ['kænsəleɪʃən] [kan-se-lei-shon], *s.* Canceladura, cancelación. *(Teat.)* **There may be some cancellations on the night**, quizás haya alguna devolución esa misma noche.

cancer ['kænsər] [kan-sar], *s.* 1. *(Med.)* Cáncer, tumor maligno (disease). 2. *(Astr.)* Cáncer, el signo de solsticio de estío. Cáncer o canceriano (person). 3. Cangrejo.

cancerate ['kænsəreɪt] [kan-se-reit], *vn.* Cancerarse o encancerarse.

canceration ['kænsereɪʃən] [kan-se-rei-shon], **cancerousness** ['kænsərəsnɪs] [kan-se-rous-nes], *s.* Principio de cáncer, el estado o calidad cancerosa.

cancer-fighting [ˌkænsə'faɪtɪŋ] [kan-ser-fai-tin], *a.* Anticanceroso.

cancerous ['kænsərəs] [kan-se-rous], *a.* Canceroso, lo que tiene la malignidad de cáncer; virulento.

candelabrum [ˌkændɪ'læbrəm] [kan-di-la-brum], *s.* CANDELABRA, *pl.* 1. Hachero, blandón, el pie o soporte en que los antiguos ponían la lámpara. 2. Candelero con varios mecheros, mechero. Candelabro.

candent ['kændənt] [kan-dent], *a.* *(Ant.)* Candente, que está hecho un ascua.

candid ['kændɪd] [kan-ded], *a.* 1. Cándido, sencillo, ingenuo, sincero, franco, íntegro, abierto, sin doblez. 2. *(Des.)* Blanco.

candidacy ['kændɪdəsɪ] [kan-di-da-si] *s.* Candidatura.

candidate ['kændɪdeɪt] [kan-di-deit], *s.* Candidato, el que aspira a algún empleo; pretendiente, opositor, aspirante.

candidateship ['kændɪdeɪtʃɪp] [kan-di-deit-ship], *s.* Candidatura, estado de candidato.

candid camera ['kændɪd,kæmərə] [kan-did-ka-me-ra], *s.* Pequeña máquina fotográfica utilizada para tomar instantáneas inadvertidamente.

candidly ['kændɪdlɪ] [kan-did-li], *adv.* Cándidamente, ingenuamente, francamente.

candidness ['kændɪdnɪs] [kan-did-nes], *s.* Candidez, candor, sinceridad, pureza de ánimo.

candied ['kændɪd] [kan-did], *pp.* y *a.* Confitado, bañado en azúcar o conservado en almíbar. *V. CANDY.*

candle ['kændl] [kan-dol], *s.* 1. Candela, vela (for domestic use); cirio (for altar). 2. Luz. 3. Bujía. **To burn the candles at both ends**, tratar de abarcar demasiado, hacer de la noche día. **She can't/doesn't hold a candle to her sister**, no le llega ni a la suela del zapato a la hermana. **Candle power**, fuerza de iluminación de una standard candle. **Standard candle**, (a) vela de esperma que quema dos granos por minuto: se usa como tipo y medida de la luz; (b) la cantidad de luz que da esa vela o bujía. (c) La cantidad de luz emitida por 1/20 milímetro cuadrado de platino derretido. **Roman candle**, vela romana, juego artificial. **The game is not worth the candle**, no vale la pena. **To hold a candle to**, comparar una persona o cosa con otra. **Candle-holder**, palmatoria, portavela (for birthday cakes, etc.). **Candle-snuffers**, despabiladeras, instrumento para despabilar; cuando se aplica a personas, denota inutilidad o estupidez.

candlelight ['kændllaɪt] [kan-del-lait], la luz de una vela, bujía o candela; luz artificial, en general. **By candlelight**, a la luz de una vela/de las velas. **At early candlelight**, al punto de las oraciones; al tiempo preciso de encender las luces.

candlelit ['kændllɪt] [kan-del-lit], *a.* alumbrado con velas (room, restaurant). **A candlelit dinner**, una cena íntima a la luz de las velas.

candleberry-tree ['kændlberɪ,tri:] [kan-del-be-ri-trí], *s.* *(Bot.)* Árbol de la cera.

Candlemas ['kændlmæs] [kan-del-mas], *s.* Candelaria, fiesta que celebra la iglesia en honra de la Purificación de la Virgen.

candlepower ['kændl,paʊər] [kan-del-paua^r], *s.* *(Elec.)* Bujías.

candlestick ['kændlstɪk] [kan-del-stik], *s.* Candelero. **Chamber candlestick**, palmatoria. **Branched candlestick**, araña. *(Mex.)* Candil.

candlewick ['kændlwɪk] [kan-del-uik], *s.* Chenilla, mecha.

candor, candour ['kændər] [kan-do^r], *s.* Candor, sinceridad, integridad, sencillez, ingenuidad, franqueza.

C & W *s.* = **country and western**.

candy ['kændɪ] [kan-di], *va.* 1. Confitar, cubrir las frutas o pastas con un baño de azúcar o cocerlas en almíbar. **Lemon candy**, caramelos. **Peanut candy**, pepitoria. **Candied almonds**, almendras garapiñadas. 2. Garapiñar. *-vn.* Cristalizarse (el azúcar); secarse o endurecerse los dulces.

candy, *s.* Confite, confitura, dulce, golosina (confectionery). Caramelo, dulce (individual piece). **Candy bar**, golosina en barra. **Candy box**, caja de dulces o confites. **Candy dish**, confitera.

candy apple ['kændɪ,eɪpəl] [kan-di-eipol] *s.* Manzana acaramelada.

candyfloss ['kændɪflɒs] [kan-di-flos] *s.* Algodón (de azúcar).

candystriped ['kændɪstraɪpt] [kan-di-straipt] *a.* A rayas.

candytuft ['kændɪtʌft] [kan-di-taft], *s.* *(Bot.)* Carraspique ibéride, planta crucífera que se cultiva en los jardines como de adorno.

cane [keɪn] [kein], *s.* 1. Caña o junco de Indias, caña de Bengala (of bamboo). 2. Caña de azúcar (sugar cane). 3. Lanza, caña. 4. Junco o bastón (walking stick); palmeta (for punishment). **He got the cane**, le dieron con la palmeta. 5. Caña, planta hueca y nudosa que se cría en los lugares húmedos. Mimbre (for wickerwork). 6. Caña o bastón de caña de Bengala. 7. Rodrigón, tutor (for supporting plants). **Head of a cane**, puño de bastón. **Cane-brake**, cañaveral espeso. **Cane-field**, cañaveral. **Cane-juice**, zumo de la caña de azúcar, llamado en Cuba guarapo. **Canemill**, ingenio de azúcar.

cane, *va.* Apalear, dar de palos con un bastón o caña. Castigar con la palmeta.

canella ['kæni:lə] [ka-ni-la], *s.* 1. Canelero, canelo. 2. Canela, corteza aromática.

canescent ['kænəsənt] [ka-nesent], *a.* Que se pone blanco o cano.

canicular ['kænɪkjʊlər] [ka-ni-kiu-la^r], *a.* Canicular, perteneciente a la canícula.

canine ['kænaɪn] [ka-nain], *s.* *(Zool.)* Canino, cánido, perruno. **Canine tooth**, diente canino, colmillo. *-a.* Canino.

caning ['keɪnɪŋ] [kei-nin] *s.* **To give somebody a caning**, castigar a alguien con la palmeta.

canister ['kænɪstər] [ka-nis-ta^r], *s.* 1. Canastillo, cesta pequeña. 2. Bote, frasco, o caja, de plata u hoja de lata para guardar té, tabaco, etc. 3. *(Mil.)* Bote (de humo, metralla, etc.)

canker ['kæŋkər] [kan-ka^r], *s.* 1. Una llaga ulcerosa con tendencia a la gangrena; especialmente una pequeña úlcera en la boca. 2. Gangrena, enfermedad que padecen los árboles. **Canker sore**, afta.

canker, *vn.* Gangrenarse, corromperse, roerse. *-va.* Gangrenar, roer, corromper; contaminar.

cankerous ['kæŋkərəs] [kan-ke-rus], *a.* Gangrenoso, corrosivo, canceroso.

cankerworm ['kæŋkəwɔ:m] [kan-ker-uerm], *s.* Oruga que destruye los árboles y frutas, especialmente las larvas del género Anisopterix.

cannabis ['kænəbɪs] [ka-na-bis], *s.* 1. Cáñamo, planta de las cannabineas, antiguo orden incluido hoy en la familia de las urticáceas. **Cannabis plant**, cáñamo índico. 2. Hachís, cannabis (drug).

canned ['kænd] [kand] *a.* 1. Enlatado, en o de lata, en conserva (food). 2. *(Coloq.)* Enlatado (pre-recorded/music); grabado (laughter).

canned goods ['kænd,gu:dz] [kand-guds], *s. pl.* Conservas enlatadas, artículos enlatados.

cannel ['kænl] [kanel], *s.* Carbón duro. *V. COAL.*

cannelloni [,kænɪ'ləʊnɪ] [ka-ni-lou-ni] *s.* Canelones.

canner ['kænər] [ka-na^r], *s.* Enlatador.

cannery ['kænərɪ] [ka-ne-ri] *s.* Fábrica de conservas o enlatados.

cannibal ['kænɪbəl] [ka-ni-bal], *s.* Caníbal, caribe, antropófago, el que come carne humana.

cannibalism ['kænɪbəlɪzəm] [ka-ni-ba-lísem], *s.* Canibalismo, antropofagia, carácter y costumbres de los caníbales.

cannibalize ['kænɪbəlaɪz] [ka-ni-ba-lais] *va.* Canibalizar (machine, car); fusilarse, plagiar (material).

cannon ['kænən] [ka-non], *s.* 1. Cañón de artillería. 2. *(Ingl.)* Carambola en el juego de billar. **Cannon fodder**, carne de cañón. **Within cannon-shot**, a tiro de cañón. **Cannon-ball** o **Cannon-shot**, bala de cañón. **Cannon metal**, metal para cañones, que es generalmente bronce, pero algunas veces de hierro y acero.

cannon-hole ['kænənhəʊl] [ka-non-joul], *s.* *(Mar.)* Tronera.

cannon-proof ['kænənprʊf] [ka-non-pruf] *a.* A prueba de cañón.

cannonade [,kænə'neɪd] [ka-no-neid], *va.* Cañonear o acañonear, batir a cañonazos. *-s.* Cañoneo, acto de cañonear; la repetición de cañonazos.

cannoneer ['kænənɪər] [ka-no-nia^r], *va.* Cañonear.

cannoneer, *s.* Cañonero o artillero, el que carga, apunta y dispara el cañón.

cannot ['kænɒt] [ka-not], *vn.* De *can* y *not*. No poder. *V. CAN.*

canny, cannie ['kænɪ] [ka-ni], *a. (Esco.)* 1. Sagaz, prudente, cuerdo. Astuto (shrewd). 2. Agradable, placentero; garboso; digno.

canoe [kə'nuː] [ka-nu], *s.* Canoa, piragua.

canoe, *vn.* Ir en canoa o piragua.

canoeing [kə'nuːɪŋ] [ka-nuin] *s.* Piragüismo, canotaje.

canoeist [kə'nuːɪst] [ka-nuist] *s.* Piragüista, remero de canoas, canoero.

canon ['kænən] [ka-non], *s.* 1. Canon, regla, ley, estatuto (standard, criterion). 2. Canon o cánones, leyes establecidas por los concilios, que tratan de la disciplina eclesiástica (church decree). **Canon law**, derecho canónico. 3. Canónigo, el que posee una prebenda o canongía en las catedrales o colegiatas. 4. Canon, catálogo de los libros sagrados y auténticos aceptados por la Iglesia. 5. Canon, un grado de la letra de imprenta, letra gruesa. 6. Canónigo (clergyman).

canoness ['kænənnɪs] [ka-no-nes], *sf.* Canonesa, la doncella que posee una de las prebendas que hay en algunas partes, destinadas a mujeres.

canonic, canonical [kə'nɒnɪkəl] [ka-no-ni-kal], *a.* Canónico, según los cánones o según las leyes eclesiásticas; espiritual.

canonically [kə'nɒnɪkəlɪ] [ka-no-ni-ka-li], *adv.* Canónicamente.

canonicals [kə'nɒnɪkəlz] [ka-no-ni-kals], *s. pl.* Hábitos eclesiásticos, vestidos clericales.

canonicate [kə'nɒnɪkeɪt] [ka-no-ni-keit], *s.* Canonicato.

canonist [kə'nɒnɪst] [ka-no-nist], *s.* Canonista, profesor de derecho canónico.

canonization [ˌkænənaɪ'zeɪʃən] [ka-no-nai-sei-shon], *s.* Canonización, declaración del Sumo Pontífice, por la cual se pone en el número de los santos a alguno que ha vivido ejemplarmente.

canonize ['kænənaɪz] [ka-no-nais], *va.* Canonizar, poner en el número de los santos.

canonry ['kænənrɪ] [ka-non-ri], **canonship** ['kænənʃɪp] [ka-non-ship], *s.* Canongía o canonicato; prebenda.

canoodle [kə'nuːdl] [ka-nudel] *vn. (Coloq.)* Besuquearse.

canopied ['kænəpaɪd] [ka-no-paid], *a.* Endoselado.

canopy ['kænəpɪ] [ka-no-pi], *s.* Dosel, baldaquín, baldaquino (over bed, throne); pabellón. Palio, dosel (over person). *(Aer.)* Cabina cerrada, transparente. **Cannopy of a bed**, cielo de cama colgada.

canopy, *va.* Endoselar, cubrir con dosel.

canorous ['kænərəs] [ka-no-ros], *a.* Canoro, lo que produce un sonido agradable al oído; melodioso, musical.

canst ['kænst] [kanst] *s. (Arq.)* 2nd pers. sing. pres. of CAN.

cant ['kænt] [kant], *s.* 1. Jerigonza, germanía, modo de hablar usado entre gitanos y gente vaga. Jerga (jargon). 2. Hipocresía (insincere talk); fingimiento de piedad, virtud o devoción. 3. Almoneda pública. 4. Sesgo, posición oblicua, desviación de la línea vertical u horizontal. 5. *(Ant.)* Esquina, ángulo; escuadra.

can't ['kænt] [kant]. *(Fam.)* Abreviación de *cannot*. *V. CAN.*

cantaloup o **cantaloupe** ['kæntəluːp] [kan-ta-lup], *s. Cantaloup*, variedad de melón de cáscara rugosa y pulpa anaranjada.

cantankerous [kæn'tæŋkərəs] [kan-tan-ke-rus], *a. (Fam.)* Quimerista, pendenciero, propenso a poner faltas. Cascarrabias.

cantata [kæn'tɑːtə] [kan-ta-ta], *s.* Cantata, canción. *(Ital.)*

canted ['kæntɪd] [kan-ted], *a.* Oblicuo, inclinado.

canteen [kæn'tiːn] [kan-tin], *s.* 1. *(Mil.)* Cantina, bote de hoja de lata en que los soldados llevan agua o licor; cantimplora (water bottle). 2. Cantina, puesto en el campo donde se vende vino, cerveza y licores. 3. (GB) Cantina, comedor, casino (en un lugar de trabajo, colegio, etc.) (dining hall). 4. Estuche para guardar un juego de cubiertos. **Canteen of cutlery**, juego de cubiertos, cubertería.

cantel ['kæntl] [kan-tel], *s. V. CANTLE*, 1ª acep.

canter ['kæntər] [kan-teʳ], *s.* Medio galope.

canter, *vn.* Andar el caballo a paso largo y sentado.

cant-frames ['kæntfreɪmz] [kant-freims], *s. pl. (Mar.)* Cuadernas reviradas. **Cant-timbers**, o **cant-crotches**, piques capuchinos o revirados.

cantharides [kæn'θærɪdiːs] [kan-za-ri-dis], *s.* Cantáridas.

canthus ['kænθəs] [kan-zus], *s.* Canto o ángulo del ojo.

canticle ['kæntɪkl] [kan-ti-kol], *s.* 1. Cántico, canto o canción. 2. El Cantar de los Cantares de Salomón.

cantilever ['kæntɪliːvər] [kan-ti-le-vaʳ], *s. (Arq.)* Ménsula, viga voladiza. **Cantilever bridge**, puente voladizo.

cantingly ['kæntɪŋlɪ] [kan-tin.li], *adv.* Hipócritamente.

cantle, cantlet ['kæntl] [kan-tel] ['kæntlɪt] [kan-tlit], *s.* 1. Pedazo, fragmento o residuo. 2. Borrén, trasero del arzón de una silla de montar.

canto ['kæntəʊ] [kan-tou], *s.* Canto, parte de algún poema u obra de poesía.

canton ['kæntɒn] [kan-ton], *s.* Cantón, porción de territorio con el correspondiente número de habitantes; una de las 22 divisiones de la Confederación Suiza.

canton, cantonize ['kæntənaɪz] [kan-to-nais], *va.* Acantonar, acuartelar, distribuir en cuarteles separados.

cantonment ['kæntɒnmənt] [kan-ton-ment], *s.* Acuartelamiento, acantonamiento.

cantor ['kæntər] [kan-toʳ], *s.* Chantre, cantor principal.

canty ['kæntɪ] [kan-ti], *a. (Esco.)* Alegre, jovial, festivo.

canuck ['kænʊk] [ka-nuk] *s. (Slang)* Canadiense.

canvas ['kænvəs] [kan-vas], *s.* 1. Lona, tela tosca y fuerte hecha de cáñamo o algodón (cloth). **Under canvas**, en una tienda de campaña o en una carpa (in a tent). 2. Cañamazo, tela gruesa y clara sobre la que se borda con seda o lana. 3. Lienzo, tela tendida sobre un bastidor y preparada para recibir colores (for painting). 4. *(Mar.)* Lona, vela, velamen.

canvas-back ['kænvəsˌbæk] [kan-vas-bak], *s.* Pato marino de la América del Norte, muy estimado por su carne.

canvass ['kænvəs] [kan-vas], *s.* 1. El acto de solicitar votos para lograr algún destino; pretensión. 2. Examen, inspección oficial de alguna cosa. 3. Investigación circunstanciada.

canvass, *va.* 1. Escudriñar, examinar. 2. Disputar, conrovertir. **To canvass voters in an area**, hacer campaña entre los votantes de una zona. Sondear, hacer un sondeo de (opinion).**To canvass the votes**, hacer el escrutinio de los votos (scrutinize). *-vn.* Solicitar votos para lograr algún destino, pretender, ser candidato en alguna elección; ambicionar, escudriñar. Hacer campaña, hacer propaganda electoral. **To canvass for somebody**, hacer campaña a o en favor de alguien.

canvasser ['kænvəsər] [kan-va-seʳ], *s.* 1. Solicitador; particularmente el que solicita comercio o negocios yendo de casa en casa. 2. *(E.U.)* Agente electoral. Persona que solicita votos durante una campaña electoral.

canvassing ['kænvəsɪŋ] [kan-va-sin] *s.* Solicitación de votos.

canyon ['kænjən] [ka-nion], *s.* Cañón, desfiladero.

canzonet ['kænzənɪt] [kan-so-net], *s.* Cancioneta o cancioncilla, canción pequeña.

caoutchouc ['kəʊtʊk] [kau-chuk], *s.* Goma elástica, hule; jugo resinoso y lechoso de varios árboles tropicales.

cap [kæp] [kap], *s.* 1. Gorro o gorra, que se pone en la cabeza (hat). **Swimming cap**, gorro o gorra de baño. **Baseball/golf cap**, gorra de béisbol/golf. **Cap and gown**, toga y birrete. **If the cap fits wear it**, al que le caiga o le venga el sayo o saco, que se lo ponga; el que se pica ajos come. *(Coloq.)* **To put one's thinking cap on**, usar la materia gris. 2. Birreta o capelo, la insignia de cardenal. 3. Tapa (de lente). Tapa, tapón (of bottle); chapa, tapa (metal); capuchón, tapa (of pen). **Gas/petrol cap**, tapa del depósito o tanque de gasolina. (BrE) Diafragma (diaphragm). Tope (upper limit). **To put a cap on something**, poner un límite a algo. 4. *(Mar.)* Tamboretes, tablones gruesos, que se ponen al remate del palo. 5. Sombrero de mortero. 6. Reverencia hecha con la gorra. 7. Cima, cumbre, el punto más elevado. **Fool's cap**, (a) Nombre de una especie de papel para escribir, cuya dimensión corresponde al marquilla español. (b) (En las escuelas) Orejas de burro. **Percussion cap**, cápsula, pistón fulminante (for toy gun). **The cap fits**, viene de perilla. **To set one's cap for**, proponerse o procurar conquistarse el amor de un hombre; dícese de la mujer que anda en busca de marido. **Cap paper**, papel a propósito para escribir. *V. PAPER.*

cap, *va.* 1. Poner cima o remate a; cubrir la punta de. Tapar (bottle, tube). 2. Cubrir la cabeza. 3. Saludar a uno. 4. Dar la última mano, acabar; también, sobrepujar. 5. Rematar, coronar (crown, complete). **To cap it all off**, o (GB) **To cap it all...** para colmo de desgracias o de males ... , para rematarla ...6. Poner un tope a, limitar (set upper limit) (expenditure). *(Dent.)* **To have a tooth capped**, ponerse una funda o una corona. **They were always trying to cap each other's jokes**, estaban siempre tratando de contar un chiste mejor que el del otro (outdo). *-vn.* Quitarse el gorro en señal de reverencia o cortesía. **To cap verses**, recitar versos.

cap (= **capital city**) Cap.

CAP *s.* (= **Common Agricultural Policy**) PAC.

capability [ˌkeɪpəˈbɪlɪtɪ] [ka-pa-bi-li-ti], *s.* Capacidad, idoneidad, aptitud, inteligencia. **Capability to**, capacidad para. **Capabilities**, aptitudes (potential).

capable [ˈkeɪpəbl] [kei-pa-bol], *a.* 1. Capaz, idóneo, competente (competent). **I'll leave you in the capable hands of Mr. Smith**, lo dejo con el Sr. Smith que lo ayudará en todo lo que necesite. 2. Capaz, inteligente. 3. Capaz, lo que puede contener alguna cosa. 4. Suficiente, bastante, apto, bueno, propio. **To be capable of**, ser capaz de (able).

capableness [ˈkeɪpəblnɪs] [kei-pa-bol-nes], *s.* Capacidad, la propiedad de ser capaz.

capably [ˈkeɪpəblɪ] [kei-pa-bli] *adv.* Competentemente.

capacious [kəˈpeɪʃəs] [ka-pei-shos], *a.* 1. Capaz, ancho. 2. Capaz, extensivo, espacioso, extenso, grande, vasto.

capaciously [kəˈpeɪʃəslɪ] [ka-pei-shos-li], *adv.* Extensivamente.

capaciousness [kəˈpeɪʃəsnɪs] [ka-pei-shos-nes], *s.* Capacidad, cabida.

capacitate [kəˈpæsɪteɪt] [ka-pa-si-teit], *va.* Habilidad, hacer capaz, investir de autoridad conforme a la ley.

capacity [kəˈpæsɪtɪ] [ka-pa-si-ti], *s.* 1. Capacidad, cabida (maximum content). **A capacity crowd**, un lleno completo o total. Capacidad (output). **To operate at full capacity**, funcionar al límite de capacidad o a pleno rendimiento. 2. Inteligencia, poder, habilidad, capacidad, comprehensión, saber. **The job was beyond her capacity**, el trabajo estaba por encima de su capacidad. 3. Calidad (role), estado, condición, carácter. **In his capacity as union delegate**, en su calidad de delegado del sindicato. 4. Calidad, empleo, destino. **Cap and gown,** toga y birrete.

cap-a-pie [kæpəˈpaɪ] [kap-a-pai], *adv.* De pies a cabeza, de punta en blanco.

caparison [kəˈpærɪsn] [ka-pa-ri-son], *s.* Caparazón, cubierta que se pone a los caballos para tapar la silla y el aderezo.

caparison, *va.* 1. Enjaezar un caballo. 2. *(Fam.)* Vestir soberbiamente.

cape [keɪp] [keip], *s.* 1. Cabo, promontorio o punta de tierra. **To double o sail round a cape**, *(Mar.)* doblar o montar un cabo. **Cape Horn**, el Cabo de Hornos. **The Cape of Good Hope**, el Cabo de Buena Esperanza. 2. Capa corta, esclavina, manteleta (clothing).

caper [ˈkeɪpər] [kei-per], *s.* 1. Cabriola, salto o brinco (jump). 2. *(Bot., Culin.)* Alcaparra, fruta del alcaparro. 3. Corsario holandés del siglo XVII. 4. Travesura, broma (prank). **Cross capers**, desgracias, trabajos. **To cut a caper**, cabriolar, dar un brinco súbito.

caper, *vn.* 1. Cabriolar, cabriolear, hacer cabriolas. 2. *(Fam.)* Bailotear, brincar.

caperbush [ˈkeɪpəbʌʃ] [kei-per-bash], *s.* Danzador, saltador.

caper-spurge [keɪpˈˈspɜːdʒ] [kei-per-sperch], *s.* *(Bot.)* Tártago o catapacia menor.

Cape Town [keɪptaʊn] [keip-taun] *N.* Ciudad del Cabo.

capful [ˈkæpfʊl] [kap-ful] *s.* Contenido de una tapa (o un tapón, etc.).

capias [ˈkæpɪəs] [ka-pias], *s.* Auto ejecutivo o de ejecución. *(Lat.)*

capillaceous [kæpɪˈləʃəs] [ka-pi-la-shos], *a.* Capilar, delgado, semejante a un cabello.

capillaire [ˈkæpɪlər] [ka-pi-la], *s.* Jarabe de culantrillo.

capillament [ˌkəpɪˈlæmənt] [ka-pi-la-ment], *s.* Estambre o hebra de flor.

capillarity [ˌkæpɪˈlærɪtɪ] [ka-pi-la-ri-ti], *s.* Capilaridad, atracción capilar.

capillary [kəˈpɪlərɪ] [ka-pi-la-ri], *a.* 1. Semejante a un cabello, capilar, delgado. 2. Que pertenece a los vasos capilares. 3. Que pertenece a los fenómenos que se observan en los líquidos contenidos en tubos muy delgados, y a otros de atracción molecular. *-s.* *(Anat.)* Vaso capilar.

capillose [ˈkæpɪləʊz] [ka-pi-lous], *a.* Cabelludo.

capillation [ˈkæpɪleɪʃən] [ka-pi-lei-shon], *s.* Ramificación pequeña de vasos.

capital [ˈkæpɪtl] [ka-pi-tal], *a.* 1. Capital, que pertenece a la cabeza. 2. *(Law)* Que está sancionado con la pena de muerte; criminal, capital. **Capital punishment**, pena capital o de muerte. 3. *(Print.)* Mayúscula, hablando de letras. **He's into art with a capital A**, le interesa el Arte con mayúscula. 4. Excelente, brillante, magnífico. 5. Principal, primordial (major). *(Geog., Pol.)* **Capital city**, capital. *-s.* 1. Capitel o chapitel de una columna. 2. Capital, la ciudad principal o cabeza de algún gobierno (city). 3. *(Fin.)* Capital, fondo, principal, caudal productivo. **To make capital (out) of something**, sacar provecho o partido de algo. **Capital expenditure/investment**, gasto/inversión de capital. **Capital gains tax**, impuesto sobre la plusvalía. **Capital punishment**, Pena capital, pena de muerte.

capitalism [ˈkæpɪtəlɪzəm] [ka-pi-ta-lísem], *s.* Capitalismo.

capitalist [ˈkæpɪtəlɪst] [ka-pi-ta-list], *s.* Capitalista, el dueño de un capital, fondo o caudal productivo.

capitalize [kəˈpɪtəlaɪz] [ka-pi-ta-lais], *va.* 1. *(Fin.)* Capitalizar, agregar al capital el importe de los intereses; reducir la renta al capital. 2. *(Print.)* Principiar una palabra con mayúscula.

capitalize on, sacar provecho o partido de, capitalizar.

capitally [ˈkæpɪtəlɪ] [ka-pi-ta-li], *adv.* 1. Excelentemente, admirablemente. 2. Capitalmente con pena de muerte.

capitate [ˈkæpɪteɪt] [ka-pi-teit], *a.* *(Bot.)* Capitado, dispuesto en forma de cabezuela.

capitation [ˈkæpɪteɪʃən] [ka-pi-tei-shon], *s.* Encabezamiento o empadronamiento.

capitol [ˈkæpɪtɒl] [ka-pi-tol], *s.* 1. Capitolio, ciudadela antigua de Roma. 2. **Capitol Hill**, Capitolio, palacio del congreso en Washington, Estados Unidos de América; y edificio del poder legislativo en los diferentes Estados de la Unión.

capitoline [ˈkæpɪtɒliːn] [ka-pi-to-lin], *a.* Perteneciente al capitolio romano, capitolino.

capitular [ˈkæpɪtjʊlər] [ka-pi-tiu-la], *s.* Estatutos capitulares, o el libro capitular en que se ponen.

capitularly [ˈkəpɪtjʊləlɪ] [ka-pi-tiu-lar-li], *adv.* Capitularmente.

capitulary [ˈkəpɪtjʊlərɪ] [ka-pi-tiu-la-ri], *a.* Capitular.

capitulate [kəˈpɪtjʊleɪt] [ka-pi-tiu-leit], *vn.* 1. *(Mil.)* Capitular, rendirse o entregarse bajo ciertas condiciones. 2. *(Des.)* Escribir alguna cosa dividiéndola en capítulos.

capitulation [kəˌpɪtjʊˈleɪʃən] [ka-pi-tiu-lei-shon], *s.* 1. Capitulación, tratado, condición o términos con que se entrega alguna ciudad o plaza. 2. El acto de escribir por capítulos.

capitulator [kəˈpɪtjʊleɪtər] [ka-pi-tiu-lei-to], *s.* Capitulante, el que capitula.

caplet ['kæplɪt] [kap-let] *s.* Comprimido de forma ovalada.
capnomancy ['kæpnɒmənsɪ] [kap-no-man-si], *s.* Capnomancia, pretendida adivinación por medio de las formas y la dirección del humo.
capo ['keɪpə] [kei-po] *s.* Capotasto, ceja (for guitar).
capon ['keɪpən] [kei-pon], *s.* Capón o pollo castrado.
capot ['keɪpət] [kei-pot], *s.* Capote, en varios juegos es cuando un jugador no deja baza al contrario, así como en otros se llama bola.
capote ['kəpəut] [ka-pout], *s.* Capote, capota.
cappadine ['kəpədiːn] [ka-pa-din], *s.* Cadarzo, seda basta de capullo.
capparidaceous [ˌkəpærɪ'deɪʃəs] [ka-pa-di-ri-dei-shos], *a.* Caparídeo, que se parece o refiere al género alcaparra.
capper ['kəpər] [ka-per], *s.* 1. Gorrero, el que hace o vende gorras. 2. El que en las fábricas para conservar frutas, etc., solda las tapas sobre los botes de hoja de lata. 3. Herramienta para fijar las cápsulas en la cabeza de una granada.
capreolate ['kəprəleɪt] [ka-pro-leit], *a.* *(Bot.)* Que tiene zarcillos o se asemeja a ellos. Se dice de las vides y otras plantas.
caprice [kə'priːs] [ka-pris], *s.* Capricho, extravagancia; antojo, humor.
capricious [kə'prɪʃəs] [ka-pri-shos], *a.* Caprichoso, caprichudo; antojadizo, extravagante (person); variable (weather).
capriciously [kə'prɪʃəslɪ] [ka-pri-shos-li], *adv.* Caprichosamente o caprichudamente.
capriciousness [kə'prɪʃəsnɪs] [ka-pri-shos-nis], *s.* Capricho. *V. CAPRICE.*
Capricorn ['kæprɪkɔːn] [ka-pri-korn], *s.* *(Astr.)* Capricornio (sign); capricornio, capricorniano (person). **Capricorn-beetle**, *(Ent.)* Capricornio, especie de escarabajo.
caprification [ˌkæprɪfɪ'keɪʃən] [ka-pri-fi-kei-shon], *s.* Caprificación, la acción de impregnar a la higuera hembra con el polen de la higuera macho, para que se madure el fruto.
capriole ['kəprɪəul] [ka-prioul], *s.* Corveta, cabriola, salto que da un caballo.
caps = **capital letters**
capsicum ['kæpsɪkəm] [kap-si-kum], *s.* *(Bot.)* Pimiento, pimentero; pimiento de Guinea. Pimentón, ají.
capsize [kæp'saɪz] [kap-sais], *va.* y *vn.* Trabucar, trastornar, volcar, poner patas arriba, volver de arriba abajo, acostar, tumbar, quedar dormido, zozobrar. Hacer volcar; hacer dar una vuelta de campana (right over). Volcarse, dar una vuelta de campana (right over).
capstan ['kæpstən] [kap-stan] o **capstern** ['kæpstɜːn] [kap-stern], *s.* 1. Cabrestante, para levantar cosas de peso. 2. *(Mar.)* Cabrestante, máquina a bordo de un buque, por medio de la cual se levan las áncoras y se descargan los fardos más pesados. **Capstan-barrel**, cuerpo o eje de cabrestante. **Capstan-whelps**, guarda-infantes. **Capstan-chocks**, cuñas de cabrestante. **Capstan-drumhead**, cabeza de cabrestante. **Capstan-spindle**, pínola del cabrestante. **Step of the capstan**, concha o carlinga del cabrestante. **Capstan-bars**, barras del cabrestante. **Capstan-pins**, pernillos del cabrestante. **To rig the capstan**, guarnir el cabrestante. **To heave the capstan**, virar el cabrestante. **To pawl the capstan**, pasar linguete. En las minas de Méjico, *Malacate.*
capstone ['kæpstəun] [kap-stoun], *s.* Piedra que corona y remata un edificio o monumento.
capsular ['kæpsjʊlər] [kap-siu-lar], **capsulary** ['kæpsjʊlərɪ] [kap-siu-la-ri], *a.* Capsular, en forma de bolsa o caja.
capsulate, capsulated ['kæpsjʊleɪt] [kap-siu-leit], *a.* Cerrado en forma de cápsula.
capsule ['kæpsjʊl] [kap-siul], *s.* 1. *(Bot.)* Cápsula, hollejo que cubre el fruto de alguna planta. 2. *(Quím.)* Crisol para ensayar los minerales. 3. Cajita, bolsita. **Space capsule**, cápsula espacial.
capt = **Captain** (title).
captain ['kæptɪn] [kap-tein], *s.* *(Mil.)* 1. Capitán, el oficial que manda una compañía de soldados (rank). 2. Jefe, comandante (person in command); comandante (of airline plane). 3. Maître, jefe de comedor, capitán de meseros (headwater). **Captain of a ship of the line**, *(Mar.)* capitán de navío. **Captain of the top**, gaviero mayor.
captain, *va.* *(Naut., Sport)* Capitanear.
captaincy ['kæptənsɪ] [kap-tein-si], **captainship** ['kæptənʃɪp] [kap-tein-ship], *s.* Capitanía, el grado y empleo de capitán.
caption ['kæpʃən] [kap-shon], *s.* 1. Título, rótulo, introducción de un documento legal (headline); leyenda (pie de foto o ilustración). 2. Membrete, encabezamiento. 3. Captura, prisión, la acción de prender a alguno.
captious ['kæpʃəs] [kap-shos], *a.* 1. Susceptible, quisquilloso, caviloso. 2. Capcioso, sofístico, falaz.
captiousness ['kæpʃəsnɪs] [kap-shos-nes], *s.* Espíritu de contradicción; humor pendenciero o querellista.
captivate ['kæptɪveɪt] [kap-ti-veit], *va.* 1. Cautivar, hacer a alguno cautivo; esclavizar. 2. Cautivar, atraer la voluntad.
captivating ['kæptɪveɪtɪŋ] [kap-ti-vei-tin], *a.* Encantador, seductor, seductivo, atractivo.
captvation ['kæptɪveɪʃən] [kap-ti-vei-shon], *s.* Captura, la ación de hacer a uno prisionero o cautivo.
captive ['kæptɪv] [kap-tiv], *s.* 1. Cautivo o esclavo. 2. Prisionero. *-a.* Cautivo. **To hold somebody captive**, mantener cautivo o prisionero a alguien. **To have a captive audience**, tener un público que no tiene más remedio que escuchar.
captivity ['kæptɪvɪtɪ] [kap-ti-vi-ti], *s.* 1. Cautiverio o cautividad, prisión. 2. Sujeción mental; influencia ejercida por una persona sobre la mente o la voluntad de otra.
captor ['kæptər] [kap-tor], *s.* Apresador, el que coge un prisionero o una presa.
capture ['kæptʃər] [kap-char], *s.* 1. Captura, la acción de prender (of person, animal); conquista, toma (of city); apresamiento (of ship). 2. Presa, botín, apresamiento.
capture, *va.* 1. Apresar, capturar (seize by force/person, animal); apresar (ship); tomar (city). 2. Captar, atraer (attract, hold/attention, interest). Captar, reproducir (preserve, record/ mood, atmosphere).
capuchin ['kæpjʊʃɪn] [ka-piu-shin], *s.* 1. Capuchino, religioso reformado de la orden de San Francisco. 2. Capucha y capotillo, especie de vestido exterior de señoras, algo parecido al de los capuchinos. 3. *(Orn.)* Especie de copete de plumas sobre la cabeza de los pájaros, en forma de capucha. 4. Capuchino, mono de la América del Sur, sapajú con el pelo de la cabeza en forma de capucha de fraile.
capucin ['kæpjʊʃɪn] [ka-piu-shin], 1. Color rojizo anaranjado. 2. Capuchina, planta trepadora, y su flor.
car [kɑːr] [kar], *s.* 1. *(Rail, Transp.)* Vagón, coche, carro de ferrocarril; coche, automóvil, carro (Auto). **To go by car**, ir en coche, carro, etc. **Car bomb**, coche bomba. **Car seat**, asiento del coche (part of a car); asiento de bebé para el coche (for infant). 2. Carreta o carro de dos ruedas. 3. Carro militar, en que combatían antiguamente los héroes. 4. Caja de un ascensor, cabina (of elevator). 5. **Car of a balloon**, barquilla de globo aerostático. **Baggage-car**, coche de equipaje. **Dining-car**, coche comedor. **Flat car**, carro de plataforma. **Express car**, coche del expreso, para bultos y paquetes. **Sleeping-car**, coche dormitorio. **Cable-car**, *V. CABLE.* **Postal car**, coche estafeta. **Street car**, coche de tranvía, carro urbano.
carabine ['kærəbiːn] [ka-ra-bin], **carbine** ['kærbiːn] [kar-bin], *s.* Carabina, arma de fuego pequeña.
carabineer, carabinier ['kærəbɪnɪər] [ka-ra-bi-niar], *s.* *V. CARBINEER.*
carac ['kærək] [ka-rak], *s.* Carraca, navío grande y tardo en navegar.
caracole ['kærəkəul] [ka-ra-koul], *s.* 1. Caracol, la vuelta que hace el jinete con el caballo, como en medio torno. 2. Escalera de caracol.

caracole, *vn.* Caracolear.
carafe [kə'ræf] [ka-raf], *s.* Garrafa, botella de cristal (for wine); botella de boca ancha (for water).
caramel ['kærəməl] [ka-ra-mel], *s.* 1. Caramelo, pasta de azúcar hecho almíbar al fuego y endurecido (burnt sugar). **Caramel sauce**, caramelo hecho a base de leche y azúcar (confectionery). 2. Caramelo, azúcar quemado para colorar licores.
carapace ['kærəpeɪs] [ka-ra-peis], *s.* Carapacho, la concha (superior) de las tortugas y algunos otros animales.
carat ['kærət] [ka-rat], *s.* Quilate, ley, grado de bondad y perfección del oro; peso de cuatro granos con que se pesan los diamantes y perlas. **18-carat gold**, oro de 18 quilates.
caravan ['kærəvæn] [ka-ra-van], *s.* 1. Caravana, multitud de viajeros, peregrinos, traficantes, etc., que se juntaban para cruzar los desiertos (group). 2. Caravana, cada una de las cuatro campañas de mar que hacían los caballeros de Malta. 3. (GB) Caravana, rulot, casa rodante, tráiler (vehicle). **Gypsy caravan**, carromato de gitanos. **Caravan park/site**, camping para caravanas.
caravel [kærə'vel] [ka-ra-vel], **carvel** ['kærvel] [kar-vel], *s.* Carabela, antigua embarcación larga y angosta, de una cubierta, tres mástiles y espolón a proa.
caraway o **caraway-seed** ['kærəweɪ] [ka-ra-uei], *s.* *(Bot.)* Alcaravea. Carvi.
carbid(e) ['kɑːbaɪd] [kar-baid], *s.* Carburo, combinación de carbón y un elemento positivo.
carbine ['kɑːbaɪn] [kar-bain], *s.* Carabina, fusil pequeño.
carbineer ['kɑːbɪnɪər] [kar-bi-nia'], *s.* Carabinero, soldado de caballería ligera armado con carabina.
carbohydrate ['kɑːbəʊ'haɪdreɪt] [kar-bou-hai-dreit], *s.* Carbohidrato, hidrato de carbono.
carbolic [kɑː'bɒlɪk] [kar-bo-lik], *a.* Perteneciente al aceite de alquitrán. **Carbolic acid**, ácido carbólico o fénico. Llámase también *phenol.*
carbolize ['kɑːbɒlaɪz] [kar-bo-lais], *va.* Impregnar con ácido carbólico.
carbon ['kɑːbən] [kar-bon], *s.* *(Quím.)* Carbón o carbono. *V.* CARBON PAPER (paper); *V. CARBON COPY* (copy).
carbonate ['kɑːbənɪt] [kar-bo-neit], *s.* Carbonato, sal formada por el ácido carbónico unido a alguna base.
carbonated ['kɑːbənɪtɪd] [kar-bo-nei-ted], *a.* Carbonatado (water); gaseoso (drink).
carbon copy ['kɑːbənkɒpɪ] [kar-bon-ko-pi], *s.* Copia hecha con papel carbón. **To be a carbon copy of somebody/something**, ser un calco de alguien/algo.
carbon dating ['kɑːbəndeɪtɪŋ] [kar-bon-dei-tin] *s.* Datación mediante el método del carbono 14.
carbon dioxide [ˌkɑːbəndaɪ'ɒksaɪd] [kar-bon-dai-ok-said], *s.* *(Quím.)* Anhídrico carbónico, bióxido (o dióxido) de carbono.
carbon 14 ['kɑːbənfɔːtiːn] [kar-bon-for-tin], *s.* Carbono 14.
carbonic ['kɑːbənɪk] [kar-bo-nik], *a.* Carbónico.
carboniferous ['kɑːbənɪfərəs] [kar-bo-ni-fe-ros], *a.* Carbonífero, que contiene o da carbón o hulla.
carbonization [ˌkɑːbənaɪ'zeɪʃən] [kar-bo-nai-sei-shon], *s.* Carbonización, acción y efecto de carbonizar.
carbonize ['kɑːbənaɪz] [kar-bo-nais], *va.* 1. Carbonizar, reducir a carbón. 2. Cubrir papel con carbón, negro de humo, etc.
carbon monoxide ['kɑːbənmənɒksaɪd] [kar-bon-mo-nok-said] *s.* Monóxido de carbono.
carbon paper ['kɑːbənˌpeipər] [kar-bon-pei-pa'], *s.* Papel carbón; papel de calco.
carborundum [ˌkɑːbə'rʌndəm] [kar-bo-ran-dom], *s.* *(Quím.)* Carborundo.
carbuncle ['kɑːbʌŋkl] [kar-ban-kel], *s.* 1. Carbúnculo o carbunclo, piedra preciosa que brilla en la obscuridad. 2. *(Med.)* Carbunco, tumor puntiagudo y maligno con inflamación y dolor; forúnculo.
carbuncled ['kɑːbʌŋklɪd] [kar-ban-klid], *a.* 1. Engastado con carbunclos. 2. Lleno de granos.
carbuncular ['kɑːbʌŋkjʊlər] [kar-ban-kiu-la'], *a.* Encarnado como un carbunclo.
carburet ['kɑːbjʊret] [kar-biu-ret], *s.* Carbureto, combinación del carbono con una base. *V. CARBIDE.*
carburetor, (BrE) **carburettor** [ˌkɑːbjʊ'retər] [kar-biu-re-ta'], *s.* Carburador.
carburize ['kɑːbjʊraɪz] [kar-biu-rais], *va.* Combinar o impregnar con carbón.
carcanet ['kɑːkənɪt] [kar-ka-nit], *s.* Collar o gargantilla de perlas o de otras piedras.
carcass, carcase ['kɑːləs] [kar-kas], *s.* 1. Res muerta o el cuerpo de un animal muerto (dead animal); caparazón, hablando de aves ; res muerta (for meat); huesos (of poultry). 2. Armazón de una casa. 3. *(Mar.)* Casco o armazón de un embarcación. 4. *(Art.)* Carcasa, especie de bomba oblonga.
carcer ['kɑːsər] [kar-se'], *s.* Cárcel, lugar de encierro. *(Lat.)*
carceral ['kɑːsərəl] [kar-se-ral], *a.* Lo que pertenece a la cárcel.
carcinogen [kɑː'sɪnədʒen] [kar-si-no-yen], *s.* *(Med.)* Carcinógeno.
carcinogenic [ˌkɑːsɪnə'dʒenɪk] [kar-si-no-ye-nik] *a.* Cancerígeno, carcinógeno.
carcinoma ['kɑːsɪ'nəʊmə] [kar-si-nou-ma], *s.* Carcinoma, cáncer.
carcinomatous ['kɑːsɪ'nəʊmətəs] [kar-si-nou-ma-tos], *a.* Carcinomatoso, canceroso.
card [kɑːd] [kard], *s.* 1. Naipe, carta, cartón pintado con diversos colores y figuras para jugar a varios juegos. **Pack of cards**, una baraja de naipes. **To shuffle the cards**, barajar las cartas. **To deal the cards**, dar cartas. **To cut the cards**, alzar o cortar las cartas para darlas. **Court card**, figura. **Small card**, carta sencilla. **Trump card**, triunfo. **Card-table**, mesa de juego. **To play cards**, jugar a las cartas. **To lay/put one's cards on the table**, poner las cartas boca arriba o sobre la mesa. **To play one's cards right**, jugar bien sus cartas. **It was in/on the cards that something like this would happen**, se veía venir o era seguro que iba a pasar algo así. **Postal card**, tarjeta postal. 2. Rosa naútica, la división que se hace en un círculo de cartón para señalar los vientos; llámase también rosa de los vientos. 3. Tarjeta (for identification, access). **Business card**, tarjeta de visita. **Credit card**, tarjeta de crédito. (GB) *(Coloq.)* **To give somebody their cards**, echar a alguien, darle la patada a alguien. **Greeting card**, tarjeta de felicitación. **Birthday card**, tarjeta de cumpleaños. **Christmas card**, tarjeta de Navidad, tarjeta de Pascua. **Card catalog/index**, fichero. Cromo, estampa (for collecting); lámina, figurita. Cartulina (thin cardboard). 4. Cardencha, carda, instrumento para cardar lana.
card, *va.* 1. Cardar lana; mezclar; desenredar. 2. Peinar y limpiar el pelo de los caballos con una carda.
cardamine ['kɑːdəmaɪn] [kar-da-main], *s.* *(Bot.)* Mastuerzo de prado, hierba de las crucíferas.
cardamom ['kɑːdəmən] [kar-da-mon], *s.* Cardamomo o grana del paraíso.
cardass ['kɑːdəs] [kar-das], *s.* 1. Alanquia, carda grande de peinar seda. 2. Cardencha, carda para la lana.
cardboard ['kɑːdbɔːd] [kard-bord], *s.* Cartón (stiff); cartulina (thin). **Cardboard box**, caja de cartón. **Cardobard binding**, encuadernación en cartoné, encuadernación con pastas de cartón.
cardcarrying [kɑːdˌkærɪɪŋ] [kard-ka-rin] *a.* **He's a cardcarrying member of the party**, está afiliado al partido, es un miembro activo del partido.
card catalogue, *s.* Catálogo de tarjetas o fichas.
carder ['kɑːdər] [karde'], *s.* 1. Cardador. 2. **Carder**, o **carder-bee**, abejorro que carda y fieltra el musgo para su nido.
cardholder ['kɑːdˌhəʊldər] [kard-joul-da'] *s.* Titular de una tarjeta de crédito.

cardiac ['kɑːdɪæk] [kar-diak], *a.* Cardíaco (condition). **Cardiac arrest**, paro cardíaco.

cardialgia, cardialgy ['kɑːdɪældʒɪə] [kar-dial-yia], *s. (Med.)* Cardialgia.

cardigan ['kɑːdɪgən] [kar-di-gan] *s.* Cárdigan, chaqueta de punto, rebeca, saco, chaleca. **Cardigan sweater**, suéter o chaqueta tejida con botonadura al frente.

cardinal ['kɑːdɪnl] [kar-di-nal], *a.* 1. Cardinal, principal, primero. Fundamental, esencial (rule, idea). **Cardinal sin**, pecado capital. **Cardinal virtue**, virtud cardinal. **Cardinal point**, punto cardinal. 2. De color rojo vivo como el ropaje de los cardenales; bermellón. *-s.* 1. *(Rel.)* Cardenal, prelado de la Iglesia romana que tiene voz activa y pasiva en el cónclave para la elección del Pontífice. 2. Capa de mujer, del siglo XVIII. **Cardinal number**, número cardinal. **Cardinal-bird**, cardenal, pájaro rojo de la familia de los fringílidos. Cardinalis cardinales. **Cardinal-flower**, escurripa, hierba perenne norteamericana con flores de color rojo vivo.

cardinalate ['kɑːdɪnəleɪt] [kar-di-na-leit], **cardinalship** ['kɑːdɪnəlʃɪp] [kar-di-nal-ship], *s.* Cardenalato, empleo o dignidad de cardenal.

card index, *s.* Fichero, tarjetero.

carding ['kɑːdɪŋ] [kar-din], *s.* 1. El juego de naipes. 2. Cardadura, el acto de cardar lana o algodón.

cardiograph ['kɑːdɪəgræf] [kar-dio-graf], *s.* Cardiógrafo.

cardiogram ['kɑːdɪəʊˌgræm] [kar-dio-gram], *s.* Cardiograma.

cardiologist [ˌkɑːdɪ'ɒlədʒɪst] [kar-dio-lo-yist] *s.* Cardiólogo.

cardiology [ˌkɑːdɪ'ɒlədʒɪ] [kar-dio-lo-yi], *s.* Cardiología.

cardmaker ['kɑːdmeɪkər] [kard-mei-ka^r], *s.* Fabricante de naipes o de cardenchas.

cardoon ['kɑːduːn] [kar-dún], *s. (Bot.)* Cardo silvestre.

card-party [kɑːd'pɑːtɪ] [kard-par-ti], *s.* Partido o partida, el conjunto de los que participan en un juego de naipes.

cardphone ['kɑːdˌfəʊn] [kard-foun] *s.* (GB) Teléfono público que funciona mediante tarjetas prepagadas y/o de crédito.

cardsharp, cardshark ['kɑːdˌʃɑːp] [kard-sharp], Tahúr, tramposo, fulero.

care [kɛər] [kea^r], *s.* 1. Cuidado, solicitud, inquietud, zozobra, desasosiego. 2. Cuidado, cautela, atención (attention, carefulness). 3. Cuidado, cargo, objeto de cuidado. **Handle with care**, frágil. **To take care**, tener cuidado. **Take care!** ¡ten cuidado! **He took care that all the figures were correct**, se aseguró de que todas las cifras eran las correctas. **To cast away care**, olvidar penas, alegrarse, regocijarse. **Care-crazed**, consumido de cuidados. **Care-worn**, devorado de inquietud, lleno de zozobra. **Medical care**, asistencia médica (of people); cuidado (of animals, things). *(Soc. Admin.)* (GB) **Her children were taken into care**, le quitaron la patria potestad. **In care of**, (GB) **care of**, en casa de (on letters). **To take care of somebody/something**, atender a alguien, cuidar de alguien (look after/of patient); cuidar de alguien, ocuparse o encargarse de alguien (of children). Cuidar algo (pet, plant, machine). **Take care!**, ¡cuídate!, ¡que estés bien! (saying goodbye). **I can take care of myself**, yo sé cuidarme. Ocuparse o encargarse de alguien o de algo (deal with). **That takes care of that!**, ¡listo!, ¡esto ya está! Preocupación (worry).

care, *vn.* 1. Cuidar, tener cuidado o pena, inquietarse o fatigarse de o por alguna cosa. Preocuparse por algo. **All he cares about is sport**, lo único que le interesa es el deporte. 2. Estimar, apreciar, hacer caso. **Who cares!**, ¡y a mí qué!; **see if I care!**, ¡me da igual! **What care I?**, ¿a mí qué me importa? **Will you come to walk? I don't care if I do**, ¿quiere Vd. venir a pasear? como Vd. quiera; me importa poco el hacerlo o no; me es indiferente. **I do not care**, no se me da nada; no me importa, no me da cuidado. **He does not care to be seen there**, él se ríe de que le vean allí. **Not to take care of one**, no hacer caso de alguno, despreciarle, desairarle. *-va.* **I couldn't care less what he does**, me tiene o me trae sin cuidado lo que haga, no me importa en absoluto lo que haga. **Who cares what she thinks?**, ¿y a quién le importa lo que ella piense? **Would you care to join us for dinner?**, ¿le gustaría cenar con nosotros? (wish). **He needs her more than he cares to admit**, la necesita más de lo que está dispuesto a reconocer. **Care for**, cuidar de, atender (look after/patient); cuidar, encargarse, ocuparse de (house, garden). **Well cared for**, bien cuidado. Querer, sentir afecto o cariño por (be fond of). **The house was lovely, but I didn't care for the furniture**, la casa era preciosa, pero los muebles no me gustaron o no eran de mi gusto (like). **Would you care for a cigar?**, ¿puedo ofrecerle un puro? (in offers).

careen [kə'riːn] [ka-rín], *va. (Mar.)* Carenar o dar carena al navío, dar de lado a un barco para carenarle, o componerle. **Careening gear**, aparejo de carenar. **Careening wharf**, muelle de carenaje. *-vn.* Echarse de costado, dar a la banda. Ir a toda velocidad.

careening [kə'riːnɪŋ] [ka-rí-nin], *s. (Mar.)* Carenamiento, el acto y efecto de carenar.

career [kə'rɪər] [ka-ria^r], *s.* 1. Carrera o curso de alguna cosa. 2. Carrera, el acto de correr rápidamente. 3. Carrera, profesión (armas, letras o ciencias). **He made a career for himself as a journalist**, se forjó una carrera como periodista. **Career girl/woman**, mujer de carrera. 4. *(Des.)* Carrera o estadio, el terreno en que se corre una carrera.

career, *vn.* Correr a carrera tendida o a todo galope.

carefree ['kɛəfriː] [kea-fri], *a.* Despreocupado, sin cuidados.

careful ['kɛəfʊl] [kea-ful], *a.* 1. Cuidadoso, ansioso, lleno de cuidados, inquieto, prudente (cautious). **You should be more careful in future**, tendrías que tener más cuidado en el futuro. **You can't be too careful**, toda prudencia es poca. **Be careful**, ten cuidado. **Be careful what you say**, cuidado con lo que dices. 2. Diligente, cauteloso, vigilante, avisado, prudente, solícito. Cuidadoso (painstaking/planning); cuidado, esmerado, bien hecho (work); meticuloso (worker). **After careful consideration of all the options**, después de considerar detenidamente todas las opciones.

carefully ['kɛəfəlɪ] [kea-fu-li], *adv.* Cuidadosamente, con cuidado (handle, drive); detenidamente, cuidadosamente (plan, examine); con esmero (designed, chosen). **Think it over carefully**, piénsatelo bien. **Listen carefully**, presta atención.

carefulness ['kɛəfəlnɪs] [kea-ful-nes], *s.* Cuidado, vigilancia; cautela, atención, diligencia; ansiedad.

careless ['kɛəlɪs] [kea-les], *a.* 1. Descuidado, poco cuidadoso (inattentive, negligent/person); negligente (driving); omiso, indiferente, abandonado; poco cuidado (work). **You made some careless mistakes**, cometiste errores por descuido. **She seems careless of the danger**, no parece importarle o preocuparle el peligro (indifferent). 2. Alegre, tranquilo. 3. Desenfadado; sencillo. 4. Dejado, flojo, indolente, perezoso. 5. Inconsiderado, hecho o dicho sin reflexión.

carelessly ['kɛəlɪslɪ] [kea-les-li], *adv.* Descuidadamente, negligentemente; con indiferencia. Sin la debida atención (inattentively); de manera despreocupada (casually).

carelessness ['kɛəlɪsnɪs] [kea-lis-nes], *s.* Descuido, negligencia, abandono, indiferencia, dejadez, flojedad, incuria. Falta de atención o cuidado.

carer ['kɛərər] [kea-re^r] *s.* Persona que tiene a su cuidado a un anciano o a un incapacitado sin recibir por ello remuneración.

caress [kə'res] [ka-res], *va.* Acariciar, halagar.

caress, *s.* Caricia, halago.

caret ['kærət] [ka-ret], *s.* Nota de corrección interlineal.

caretaker ['kɛəˌteɪkər] [kea-tei-ka^r] *s.* Conserje. Provisional (government).

careworn ['kɛəwɔːn] [kea-uorn] *a.* Agobiado por las preocupaciones.

carfare ['kɑːfɛər] [kar-fea^r] *s.* Precio del boleto o del billete.

carful ['kɑːfʊl] [kar-ful]*s.* *V.* CARLOAD.

cargo ['kɑːgəʊ] [kar-gou], *s.* Carga, cargazón cargamento de un buque (load). Carga (goods). **Cargo ship**, carguero, barco de carga.
carhop ['kɑːhɒp] [kar-jop]*s.* (in US) Persona que atiende a los clientes en sus coches (in drive-in restaurants).
Caribbean [ˌkærɪ'biːən] [ka-ri-bian] *a.* Caribeño, del caribe.
caribbean, *s.* **The Caribbean Sea**, el (mar) Caribe. **The Caribbean**, el Caribe, las Antillas (region).
caribou ['kærɪbuː] [ka-ri-bu], *s.* El reno norteamericano.
caricature ['kærɪkətʃʊər] [ka-ri-ka-chuaʳ], *s.* Caricatura.
caricature, *va.* Caricaturizar.
caricaturist [ˌkærɪkə'tjʊərɪst] [ka-ri-ka-chua-rist], *s.* El que hace caricaturas.
caries ['kɛəriːz] [kea-ris], **cariosity** ['kɛərɪəsɪtɪ] [kea-rio-si-ti], *s.* Caries, ulceración o corrosión de los huesos o dientes.
carina ['kərɪnɑː] [ka-ri-na], *s.* Carena, pétalo inferior de ciertas flores; prolongación del tallo en las hojas.
carinate ['kərɪneɪt] [ka-ri-neit], *a.* Carenado; dícese de la flor que presenta la forma de una carena o quilla de buque.
caring ['kɛərɪŋ] [kea-rin] *a.* Humanitario (society, approach); bondadoso, generoso (person/kindly); comprensivo (sympathetic). **In the caring professions**, en las profesiones de vocación social.
carious ['kɛərɪəs] [kea-rious], *a.* Carioso, lo que tiene caries.
cark [kɑːk] [kark], *vn.* *(Ant.)* Ser muy cuidadoso; estar consumido a fuerza de cuidados.
carking ['kɑːkɪŋ] [kar-kin], *a.* Devorador, acerbo que causa cuidado o inquietud; penoso.
carl [kɑːl] [karl], *s.* Patán, rústico; hombre ruin, grosero, villano.
carline, carling ['kɑːlɪŋ] [kar-lin], *s.* Carlinga, madero fijo sobre la quilla, en el que entra la mecha del palo. *(Mar.)* Atravesaños de las latas. **Carlings of the hatchways**, *(Mar.)* galeotas de las escotillas.
carload ['kɑːkləʊd] [kar-loud], *s.* *(F.C.)* Furgón entero. **We were driving with a carload of children**, íbamos con el coche lleno de niños (auto). **A carload of oranges**, un vagón lleno o cargado de naranjas.
carlock ['kɑːlɒk] [kar-lok], *s.* Variedad de colapez rusa.
carman ['kɑːmæn] [kar-man], *s.* Carretero, carromatero.
carmelite ['kɑːməlaɪt] [kar-me-lait], *s.* 1. Carmelita, religioso o religiosa del Carmen. 2. Tela fina de lana, ordinariamente de color gris. 3. Especie de pera.
carminative ['kɑːmɪnətiːv] [kar-mi-na-tiv], *a.* Carminante o carminativo, lo que pertenece a los remedios contra los flatos.
carmine ['kɑːmaɪn] [kar-main], *s.* Carmín, color rojo muy encendido; la materia colorante de la cochinilla.
carnage ['kɑːnɪdʒ] [kar-neich], *s.* Carnicería, mortandad.
carnal ['kɑːnl] [kar-nal], *a.* 1. Carnal, lo que pertenece a la carne por contraposición a lo que es espiritual. 2. Carnal, lujurioso, sensual, brutal. **Carnal-minded**, sensual, mundano.
carnalist ['kɑːnəlɪst] [kar-na-list], *s.* El que es lujurioso o lascivo.
carnality ['kɑːnəlɪtɪ] [kar-na-li-ti], *s.* 1. Carnalidad, sensualidad, lujuria, concupiscencia, lascivia. 2. Propensión o acto carnal.
carnalize ['kɑːnəlaɪz] [kar-na-lais], *va.* Hacer carnal, excitar la sensualidad; atribuir carnalidad.
carnally ['kɑːnəlɪ] [kar-na-li], *adv.* Carnalmente.
carnation [kɑː'neɪʃən] [kar-nei-shon], *s.* 1. *(Pint.)* Encarnación, color natural de la carne. 2. Clavel doble, flor muy fragante y hermosa.
carnationed [kɑː'neɪʃənd] [kar-nei-shond], *a.* Encarnado como un clavel.
carnelian [kɑː'niːlɪən] [kar-ni-lian], *s.* Cornerina, piedra preciosa, variedad de calcedonia.
carneous ['kɑːnəʊs] [kar-nous], *a.* Carnoso, carnudo, lleno de carne.
carnification [ˌkɑːnɪfɪ'keɪʃən] [kar-ni-fi-kei-shon], *s.* Carnificación, una alteración patológica de los órganos.
carnify ['kɑːnɪfaɪ] [kar-ni-fai], *vn.* Carnificarse, criar carne.
carnival ['kɑːnɪvəl] [kar-ni-val], *s.* 1. Carnaval (festival); feria ambulante (traveling fair). 2. Parque de atracciones.
carnivora ['kɑːnɪvərə] [kar-ni-vo-ra], *s. pl.* Carnívoros, orden de animales que se alimenta de carne. -CARNIVOR, uno de los carnívoros.
carnivore ['kɑːnɪvɔːr] [kar-ni-voʳ] *s.* Carnívoro.
carnosity ['kɑːnəsɪtɪ] [kar-no-si-ti], *s.* Carnosidad.
carnous ['kɑːnəs] [kar-nous], *a.* Carnoso, carnudo. *V.* CARNEOUS.
carob ['kærəb] [ka-rob], *s.* *(Bot.)* 1. Algarroba, árbol, y su fruto. 2. Algarroba, planta anal y su semilla.
carob-bean ['kærəbɪən] [ka-ro-bin], *s.* Algarroba, el fruto del algarrobo.
carol ['kærəl] [ka-rol], *s.* Villancico, canción alegre y piadosa.
carol, *va.* Cantar, celebrar la Navidad con canciones o villancicos.
carom ['kærəm] [ka-rom], *s.* Carambola (en el juego de billar). *-vn.* Hacer carambola (in billiards). **The car caromed off the fence into a tree**, el coche rebotó contra la valla y dio contra un árbol.
carotid, carotidal [kə'rɒtɪd] [ka-ro-tid], *a.* Carótidas, dos arterias que nacen del tronco ascendente de la aorta.
carousal [kə'raʊzəl] [ka-rou-sal], *s.* 1. Festín, o función de alboroto y gresca. 2. Francachela, comida alegre entre amigos. 3. Jarana, gresca.
carouse [kə'raʊz] [ka-rous] *va.* y *s.* Jaranear, alborotar. *(Fam.)* Correrla. Beber excesivamente, embriagarse.
carouse, *s.* Borrachera, jarana. *vn.* Estar de juerga o jarana.
carousel [ˌkæruː'sel] [ka-ru-sel], *s.* 1. *V.* MERRY-GO-ROUND. 2. Liza, justa o torneo. 3. Cinta o correa transportadora, carrusel (for baggage). Expositor giratorio (in shops).
carouser [ˌkæruː'ser] [ka-ru-saʳ], *s.* Bebedor, jaranero.
carp [kɑːp] [karp], *s.* Carpa, pez de agua dulce.
carp, *vn.* Censurar, criticar (find fault); vituperar, afear; sutilizar; regañar. Quejarse (complain).
carpal ['kɑːpəl] [kar-pal], *a.* De, o cerca de la muñeca. *-s.* Hueso de la muñeca.
car park ['kɑːpɑːk] [kar-park] *s.* (GB) *V.* PARKING LOT (open space). *V.* PARKING GARAGE (Building).
Carpathians [kɑː'peɪθɪənz] [kar-pei-shians] *N.* **The Carpathians**, los (montes) Cárpatos.
carpel ['kɑːpl] [kar-pel], *s.* *(Bot.)* Carpelo, cada uno de los frutos o pistilos parciales de una misma flor.
carpenter ['kɑːpɪntər] [kar-pen-taʳ], *s.* Carpintero. **Ship-carpenter**, carpintero de ribera o de buque.
carpentry ['kɑːpɪntrɪ] [kar-pen-tri], *s.* 1. Carpintería. 2. Maderaje, maderamen. **Carpenter and joiner**, carpintero ensamblador, ebanista.
carper ['kɑːpər] [kar-paʳ], *s.* Regañón, criticón, censurador; maldiciente, murmurador.
carpet ['kɑːpɪt] [kar-pet], *s.* 1. Tapete de mesa. 2. Alfombra o tapiz; moqueta, moquette (wall-to-wall). Alfombra (of flowers, leaves, moss). **Carpet beater**, sacudidor de alfombras. **To be on the carpet**, estar examinándose algún negocio o cuestión; hablarse mucho de alguna cosa; traer a alguna persona o suceso de boca en boca. **Carpet-beetle**, antreno, escarabajo cuya larva destruye alfombras y telas de lana.
carpet, *va.* Alfombrar, entapizar, enmoquetar (floor, room).
carpetbagger ['kɑːpɪtˌbægər] [kar-pet-ba-guaʳ] *s.* Político oportunista que logra o pretende representar a una localidad que no es la suya.
carpet bombing ['kɑːpɪtˌbɒmɪŋ] [kar-pet-bom-bin] *s.* Bombardeo por saturación.
carpeting ['kɑːpɪtɪŋ] [kar-pe-tin], *s.* 1. Materia o tela para alfombras; alfombra o tapete, en general. 2. El acto o la acción de alfombrar.

carpet slipper ['kɑːpɪtˌslɪpər] [kar-pet-sli-par] *s.* Zapatilla o pantufla de felpa.

carpet sweeper ['kɑːpɪtˌswiːpər] [kar-pet-sui-par], *s.* Barredor de alfombras.

carpet-walk ['kɑːpetˌwɔːk] [kar-pet-uok], **carpet-way** ['kɑːpɪtweɪ] [kar-pet-uei], *s.* Camino alfombrado o cubierto de césped.

carphology ['kɑːfəlɒdʒɪ] [kar-fo-lo-yi], *s.* *(Med.)* Carfología, acción inconsciente de arañar y plegar el enfermo las ropas de la cama; obsérvase en casos de delirio y fiebre lenta y se considera como síntoma mortal.

carphone ['kɑːfəʊn] [kar-foun] *s.* Teléfono de automóvil.

carping ['kɑːpɪŋ] [kar-pin], *a.* Capcioso, porfiado, caviloso, criticón. *-s.* Efugio, censura.

carpingly ['kɑːpɪŋlɪ] [kar-pin-li], *adv.* Mordazmente.

car pool ['kɑːpuːl] [kar-pul], *s.* Transporte colectivo en automóvil a prorrata. Acuerdo entre varias personas que se trasladan juntas al lugar de trabajo, etc. utilizando por turnos el coche de cada uno.

car-pool *vn.* Organizar o formar un CAR POOL.

carport ['kɑːpɔːt] [kar-port], *s.* Cobertizo para automóvil.

carpus ['kɑːpəs] [kar-pus], *s.* Carpo, muñeca, la parte que está entre el antebrazo y la palma de la mano.

carriage ['kærɪdʒ] [ka-rich], *s.* 1. Porte, conducción, acarreo o transporte de alguna cosa de una parte a otra. 2. Porte, presencia, continente, aire de una persona. 3. Porte, conducta o modo de proceder. 4. Coche, carroza; vehículo, carruaje (horse-drawn). Cochecito, carriola (baby carriage). 5. Carga. 6. Cureña de cañón. 7. En la Gran Bretaña, vagón de ferrocarril. 8. Pieza de una máquina sobre la cual descansa y funciona otra, como en los tornos, taladros, etc. **Carriage paid**, porte pagado. **Carriage free**, franco de porte. **Carriage and four**, carroza de cuatro caballos.

carrier ['kærɪər] [ka-riar], *s.* 1. Portador, el que lleva alguna cosa. Portador (of disease, gene). 2. Arriero, ordinario, carretero o conductor de mercaderías. 3. Mensajero, el que lleva algún recado, despacho o noticia de otro. Compañía o empresa de transportes (company). *(Aviat.)* Línea aérea. (GB) **Carrier bag**, bolsa de plástico o papel. **Carrier-pigeon**, paloma mensajera.

carrion ['kærɪən] [ka-rion], *s.* 1. Carroña, la carne corrompida. 2. Carne muerta que no sirve para alimento. 3. Pulpón, pelleja, desollada; dícese de una mujer abandonada. *-a.* Mortecino, podrido.

carron-oil [ˌkærən'ɔɪl] [ka-ron-oil], *s.* Mezcla de una parte de agua de cal y dos de aceite de linaza: se usa en casos de quemaduras recientes.

carrot ['kærət] [ka-rot], *s.* *(Bot.)* Zanahoria.

carroty ['kærətɪ] [ka-ro-ti], *a.* Pelirrojo, el que tiene el pelo de color de zanahoria.

carry ['kærɪ] [ka-ri], *va.* 1. Llevar, conducir de una parte a otra. Llevar (bear, take). **I can't carry this, it's too heavy**, no puedo llevar esto, pesa demasiado. **She was carrying her baby in her arms**, llevaba a su hijo en brazos. Llevar, transportar, acarrear (convey/goods, passengers). **The car can carry four people**, el coche tiene cabida para cuatro personas, en el coche caben cuatro personas. **She was carried along by the crowd**, fue arrastrada por la multitud. **As fast as his legs would carry him**, tan rápido como pudo. Llevar (channel, transmit/oil, water, sewage). **The wind carried her voice to him**, el viento le hizo llegar su voz. Ser portador de (disease). Soportar, resistir (support, weight). Cargar con (take responsibility for/cost, blame). 2. Llevar encima (have with one), tener consigo (be provided with) (guarantee). **Every pack carries the logo of the company**, todos los paquetes vienen con o traen el logotipo de la compañía. 3. Llevar, arrebatar o quitar. 4. Llevar a efecto alguna cosa. Aprobar (gain support for/bill, motion). *(Pol.)* Hacerse con (win/constituency, city). **Carry all before one**, hacerse dueño de todo; vencer o sobrepujar todos los obstáculos, apoderarse de todo, alcanzar cuanto se desea, arrasar con todo. 5. Llevar adelante. **The leading actress carried the play**, la protagonista sacó la obra adelante (sustain). 6. Buscar y traer, como hacen los perros de agua. 7. Conseguir, lograr. 8. Contener, importar, mostrar. Tener, vender (stock, model); *(Journ.)* Traer, publicar (include). Conllevar (involve, entail/responsibility); Acarrear, traer aparejado (consequences, penalty). 9. Estar embarazada o encinta de (be pregnant with). **The fighting was carried over the border**, la lucha se extendió más allá de la frontera (extend, continue). **Never carry a diet too far**, no hay que exagerar con los regímenes. *-v. refl.* **Carry oneself: She carries herself well**, tiene buen porte (in bearing). Comportarse, actuar (behave). *-vn.* Alcanzar, llegar (hablando de armas de fuego). **Sound carries further in the mountains**, en la montaña los sonidos llegan más lejos. **Her voice carries well**, su voz tiene mucha proyección.

carry about, llevar de un lado a otro, o llevar de una parte a otra.

carry along, alzar, llevarse una cosa. **To carry arms**, (a) pertenecer al ejército; (b) llevar o portar armas. (c) *(Mil.)* Cuadrarse, sosteniendo el fusil, espada u otra arma en posición vertical, a lo largo del cuerpo y apoyada contra el hombro.

carry away, llevarse, quitar, mudar una cosa de un lugar a otro, alzar. **To carry away by force**, arrebatar, quitar de delante, tomar por fuerza, llevar tras sí con violencia alguna cosa, robar. **They were carried away by the excitement of the occasion**, se dejaron llevar por lo emocionante de la ocasión. **I got carried away and painted the window as well**, me entusiasmé y pinté la ventana también. **There is no need to get carried away**, no te pases.

carry back, restituir, traer a la mano, volver a llevar, traer o sacar, devolver, acompañar a alguno al paraje de donde se le había sacado. **To carry coals to Newcastle**, llevar leña al monte; llevar géneros a donde los hay de sobra.

carry down, hacer bajar, descender, conducir, acarrear, portear.

carry forth, sacar, mostrar, hacer parecer, hacer salir de alguna parte, hacer progresar una cosa; sostener una opinión.

carry forward, llevar a la columna o página siguiente (total). **Carried forward**, (en las cuentas), pasa al frente, o pasa a la vuelta; suma y sigue.

carry in, introducir meter o llevar adentro, hacer entrar.

carry into, llevar a efecto, poner en ejecución o en planta.

carry off, alzar, llevarse una cosa; arrastrar, disipar. Llevarse (abduct/victim, hostage). Kill (disease). Hacerse con (win/trophy, cup). **She carried off all the prizes**, barrió o arrasó con todos los premios. **She carried the interview off very well**, salió muy airosa o muy bien parada de la entrevista (succeed with). **She tried to appear disinterested but failed to carry it off**, intentó aparentar desinterés pero no lo logró o consiguió.

carry on, mantener (conversation, correspondence); sostener, fomentar; promover, continuar, seguir (continue); mantener, sostener, conducir, llevar adelante, empujar; proseguir. **To carry on with something**, seguir con algo. *(Coloq.)* **What a way to carry on!**, ¡qué manera de hacer escándalo, por favor! (make a fuss). **There's no need to carry on about it!**, ¡no hay necesidad de seguir dale que te dale con el asunto! *(Coloq.)* **They've been carrying on for years**, hacía años que tenían un enredo (have affair).

carry out, llevar a cabo, desarrollar, realizar, hacer (work, repairs); sacar, mostrar, hacer parecer, hacer salir de alguna parte; hacer progresar alguna cosa; sostener una opinión. Cumplir (order); cumplir con (duty).

carry over, transportar; hacer atravesar. Postergar, posponer (business); transferir (surplus, debt).

carry through, sostener; vencer dificultades, llevar a cabo o a buen término, ejecutar (bring to completion); realizar (reform); poner en práctica (idea). **Enough supplies to carry them through the winter**, suficientes provisiones que les permitan sobrevivir el invierno (enable to survive).

His determination carried him through, su resolución lo alentó a seguir.
carry to and fro, llevar de un lado a otro o llevar de aquí para allí.
carry up, hacer subir, elevar. *(Fam.)* Dejar atrás, echar el pie atrás a. **Carry it high**, afectar señorío o grandeza, hacer de persona. **To carry the cause**, ganar la sentencia. **To carry the day**, quedar victorioso, alcanzar victoria. **To carry oneself well**, saber vivir, conducirse debidamente, portarse bien. **A pillar that carries false**, una columna que falsea o se está cayendo.
Carry, *s. (Prov.)* Movimiento de las nubes.
carry-all [ˌkærɪ'ɔl] [ka-ri-ol], *s.* 1. *(E.U.)* Carruaje de familia, ligero, cubierto, de cuatro ruedas y generalmente tirado por un solo caballo. 2. Bolso de viaje, bolsón.
carrycot ['kærɪkɒt] [ka-ri-kot] *s.* (GB) Cuna portátil, capazo.
carryings-on ['kærɪɪŋˌɒn] [ka-ri-ins-on] *s. pl. (Coloq.)* Enredos, líos.
carry-on [ˌkærɪ'ɒn] [ka-ri-on] *s.* (GB) *(Coloq.)* Lío, jaleo, follón. *a.* De mano (bag, baggage).
carryout ['kærɪˌaʊt] [ka-ri-aut] *s.* Comida preparada o bebida que se vende para consumir fuera del lugar de venta.
carsick ['kɑːˌsɪk] [kar-sik] *a.* Mareado. **I get carsick**, me mareo (cuando viajo) en coche.
cart [kɑːt] [kart], *s.* Carro, carreta (waggon); carromato, carruaje. Carrito (in supermarket, airport). **Cart-horse**, caballo de tiro. **Cart-wheel**, rueda de carro. **Garbage** o **Offal cart**, carro de basura. **Cart-load**, carretada, carga de carro o carreta. **Cart-rope**, cuerda gorda. **Cart-way**, carril, camino carretero. **To put the cart before the horse**, empezar la casa por el tejado. **Handcart**, carretilla.
cart, *va.* Carretear, acarrear con carros o carretas. *(Coloq.)* **I had to cart the books around all day**, tuve que cargar con los libros todo el día. **They were carted off to prison**, se los llevaron a la cárcel. *-vn.* Usar carretas o carros.
cartage ['kɑːtɪdʒ] [kart-eich], *s.* Carretaje, paga por el uso de un carro.
carte-blanche ['kɑːtˌblɑːnʃ] [kart-blansh], *s.* 1. Carta blanca, papel o firma en blanco, para que ponga en él lo que quiera la persona a quien se da. 2. Autorización verbal o escrita ilimitada; amplias facultades.
cartel [kɑː'tel] [kar-tel], *s.* 1. Cartel, reglas acordadas entre dos enemigos para el rescate, canje o cambio de prisioneros; se llama también así el buque que lleva prisioneros canjeados. 2. Cartel de desafío. 3. Cartel, papel escrito o cartelón impreso; anuncio, tablilla.
carter ['kɑːtər] [kar-te^r], *s.* Carretero.
cartesian [kɑː'tiːzɪən] [kar-ti-sian], *s.* y *a.* Cartesiano, el que sigue el sistema filosófico de Cartesio o Descartes y de sus discípulos.
carthorse ['kɑːthɔːs] [kart-jors] *s.* Caballo de tiro.
carthusian [kɑː'θjuːzɪən] [kar-ziu-sian], *s.* Cartujo, el monje de la orden de San Bruno.
cartilage ['kɑːtɪlɪdʒ] [kar-ti-leich], *s. (Anat.)* Cartílago, ternilla.
cartilaginous [ˌkɑːtɪ'lædʒɪns] [kar-ti-la-yi-nous], *a.* Cartilaginoso, ternilloso.
cartographer [kɑː'tɒgræfər] [kar-to-gra-fa^r], *s.* Cartógrafo. Véase su equivalente CHARTOGRAPHER.
cartography [kɑː'təʊgrəfɪ] [kar-to-gra-fi], *s.* Cartografía, dibujo de mapas.
carton ['kɑːtən] [kar-ton], *s.* Caja de cartón fino, o el cartón para hacer esas cajas. Envase de cartón (of milk, fruit juice, eggs); cartón (of cigarettes).
cartoon [kɑː'tuːn] [kar-tún], *s.* 1. Cartón, dibujo hecho en papel grueso, que representa el asunto o adorno que después ha de ejecutarse en pintura al fresco, mosaicos, tapices, vidrios, etc. 2. Dibujo o caricatura, por lo general de carácter político o satírico. Chiste (humourous drawing); viñeta, mono (gráfico); *(Cin.)* dibujos animados. (GB) Historieta, tira cómica, monitos (strip cartoon).
cartouch ['kɑːtuːtʃ] [kar-túch], *s.* 1. Cartucho de balas o metralla. 2. Cartuchera. 3. Cartón, adorno de diferentes formas con una inscripción en el centro.
cartridge ['kɑːtrɪdʒ] [kar-tridch], *s.* Cartucho de pólvora para cargar cañones o fusiles. **Cartridge-box**, cartuchera, caja para llevar cartuchos. **Blank cartridge**, cartucho sin bala. Cartucho (for gun, pen). **Cartridge belt**, cartuchera.
cart-rut ['kɑːtˌrʊt] [kart-rut], *s.* Carril, rodada, el vestigio o señal que deja la rueda de un carro.
cartulary ['kɑːtʊlərɪ] [kar-tu-la-ri], *s.* 1. Cartulario, el libro donde se asientan y copian los privilegios y donaciones otorgados a favor de una iglesia o convento. 2. Guarda de cartulario. 3. Papelera.
cartwheel ['kɑːtwiːl] [kart-uil] *s.* Voltereta lateral (in gymnastics); rueda, vuelta de carro, rueda de carro, medialuna.
cartwright ['kɑːtraɪt] [kart-rait], *s.* Carretero, el carpintero que hace carros, carretas y carretones.
caruncle ['kɑːr̩ʌŋkl] [ka-run-kel], *s.* Carúncula, excrecencia pequeña de carne.
carve [kɑːv] [karv], *va.* 1. *(Art.)* Esculpir en madera o piedra; cincelar, tallar, entallar; abrir de talla; embutir. Esculpir, tallar (figure, bust). **Carved work**, entallado, obra de talla. 2. Trinchar, cortar o dividir las viandas en la mesa. 3. Grabar (initials). 4. Distribuir. 5. Apropiar. *-vn.* 1. Cortar cualquier material. 2. Trinchar, cortar (meat).
carve out, forjarse (reputation); hacerse (name).
carve up, dividir, repartir (divide/country, company).
carvel ['kɑːvl] [kar-vel], *s. (Mar.)* Carabela. *V.* CARAVEL.
carven ['kɑːvn] [kar-ven], *a. (Poét.)* Esculpido, entallado, grabado.
carver ['kɑːvər] [kar-va^r], *s.* 1. Escultor, el artífice que esculpe en madera o piedra; grabador, entallador, tallista. 2. Trinchante, el que trincha las viandas en la mesa.
carving ['kɑːvɪŋ] [kar-vin], *s.* 1. Escultura o figuras esculpidas; talla. 2. El arte de trinchar. 3. La acción de trinchar. **Carving knife**, trinchante, cuchillo de trinchar.
caryatid [ˌkærɪ'ætɪd] [ka-ri-a-tid], **caryatides** [ˌkærɪ'ætɪdz] [ka-ri-a-tids], *s. pl.* Cariátide, especie de columna o pilastra en figura de mujer, que sirve para sostener el arquitrabe.
casal ['keɪsəl] [kei-sal], *a. (Gram.)* Perteneciente a un caso o casos.
Casanova [ˌkæsə'nəʊvə] [ka-sa-nou-va] *N.* Casanova. *(Coloq.)* **He's a real Casanova**, es un casanova o un Don Juan.
cascabel ['kæskəbl] [kas-ka-bel], *s.* 1. Cascabel, remate esférico de la parte posterior del cañón de artillería. 2. Serpiente de cascabel, o el cascabel mismo.
cascade [kæs'keɪd] [kas-keid], *s.* Cascada, salto o despeñadero de agua desde un lugar elevado.
cascade, *vn.* Caer en cascada.
cascara sagrada [kæs'kɑːrə] [kas-ka-ra], *s. (Bot.)* Cáscara sagrada.
cascarilla [kæs'kɑːrɪjə] [kas-ka-ri-ya], *s.* Cascarilla, corteza aromática de un arbusto de las Antillas.
case [keɪs] [keis], *s.* 1. Caso (matter); suceso, acontecimiento. **The Greene case**, el caso Greene. **to lose/win a case**, perder/ganar un pleito o juicio. **An open-and-shut case**, un caso claro. **To be on somebody's case**, estar encima de alguien. **Get off my case!**, ¡déjame tranquilo o en paz! **To make a federal case out of something**, hacer un drama de algo. 2. Casualidad, caso, lance, coyuntura. 3. Estado o condición de alguna cosa; situación. **It was a case of doing what we were told**, era cuestión de hacer lo que se nos mandara. **As the case may be**, según (sea) el caso. **That is the case**, así es, esa es la cuestión. **In that case, I'm not interested**, en ese caso, no me interesa. 4. Enfermedad, mal. *(Coloq.)* **A hopeless case**, un caso perdido. 5. Contingencia. 6. Caso, cuestión relativa a personas o cosas particulares. 7. *(Gram.)* Caso, las diversas inflexiones de los nombres. **The case in point**, el caso en cuestión, el asunto de que se trata. **In any**

case, a todo evento, en todo caso; de todas maneras, de cualquier modo, en cualquier caso. **In the case of**, en cuanto a, respecto a. **In a sad case**, en una triste posición. **To make out one's case**, demostrar lo que uno se proponía. **A case in law**, un proceso, una causa, un pleito. **In case**, si acaso. **Make a note in case you forget**, apúntalo por si te olvidas. **In case of**, en caso de. *(Fam.)* Gordo o lucio. **The case for the prosecution/defense**, la acusación/la defensa (argument). **She has a good/strong case**, sus argumentos son buenos/poderosos. **There's a case for doing nothing**, hay razones para no hacer nada. **To make (out) a case for something**, exponer los argumentos a favor de algo. **To put/state one's case**, dar/exponer sus razones. **I rest my case**, a las pruebas me remito.

case, *s.* 1. Caja (hard container for large objects), estuche (for small objects); vaina, funda (soft container); cubierta. Caja, cajón, jaba (crate). Maleta, petaca, valija (suitcase); maletín (attaché case). 2. Caja, y el contenido de ella. Caja de 12 botellas (of wine, liquor). 3. Caja de imprenta. **Upper case**, caja alta, de mayúsculas o versales, versalitas y signos. **Lower case**, caja baja, de minúsculas, números, puntuación y espacios. **Book-case**, estante de libros. **Dressing-case**, tocador. **Jewel-case**, cofrecito de joyas. **Needle-case**, alfiletero. **Glass-case**, vidriera, mostruario. **Cigar-case**, tabaquera. **Pillow-case**, funda de almohada. **Pistol-case**, pistolera, funda de pistolas. **Case-knife**, cuchillo de mesa.

case *va.* 1. Encajar, poner en caja o estuche alguna cosa. 2. Cubrir, resguardar. *(Sl.)* **To case the joint**, reconocer el terreno (antes de cometer un delito).

casebook ['keɪsbʊk] [keis-buk] *s.* Registro.

caseharden [keɪs'hɑːdn] [keis-jar-den], *va.* Endurecer por fuera, templar la superficie del hierro, convirtiéndola en acero.

case history ['keɪs'hɪstərɪ] [keis-jis-to-ri] *(Med.)* Historial médico o clínico, historia clínica.

casein ['keɪsiːn] [kei-sin], *s.* 1. Caseína, principio albuminoso de la leche de que se forma el queso. 2. Legúmina, albúmina vegetal.

caseload ['keɪsləʊd] [keis-loud] *s.* Número de casos (atendidos por un médico, abogado, etc.).

casemate ['keɪsmeɪt] [keis-meit], *s.* *(Fort.)* Casamata, caserna, construcción abovedada para protección de las tropas, depósito de víveres, etc,; también, mampara acorazada de a bordo horadada para los cañones de banda.

casement ['keɪsmənt] [keis-ment], *s.* 1. Puerta ventana. Marco (de ventana con bisagras). **Casement window**, ventana cuya hoja u hojas se abren por medio de bisagras. 2. *(Fort.)* Barbacana. 3. Cubierta, caja.

casern ['kəsɜːn] [ka-sern], *s.* 1. Caserna, alojamiento inmediato al terraplén. 2. Cuartel, edificio donde se alojan los soldados de una guarnición.

case-shot [keɪs'ʃɒt] [keis-shot], *s.* Balas encajonadas.

case study ['keɪsˌstʌdɪ] [keis-sta-di] *s.* Estudio, monografía, trabajo.

casework ['keɪswɜːk] [keis-uek] *s.* Trabajo de asistencia social individual.

case-worker ['keɪsˌwɜːkər] [keis-uor-ka[r]], *s.* 1. Investigador, estudioso de los antecedentes de un caso sociológico. 2. Asistente social.

cash [kæʃ] [kash], *s.* 1. Dinero contante, dinero contante y sonante; dinero (en) efectivo (notes and coins). **We pay cash for gold**, compramos oro al contado. **(In) cash**, en efectivo, en metálico. **Cash on delivery**, entrega contra reembolso. **Cash in hand**, (saldo de) caja. *(Coloq.)* **Cash on the barrelhead**, dinero contante y sonante, dinero en mano. En efectivo (payment); al contado (refund). **A cash sale**, una venta pagada en efectivo. 2. Fondos disponibles. **Cash discount**, descuento en efectivo. 3. *(Coloq.)* Dinero, lana, plata, tela (funds).

cash, *va.* Cambiar, convertir en moneda o dinero contante (un billete, un cupón, etc.); hacer efectiva (una letra). Cobrar (check). **Cash in**, canjear, cobrar (exchange for money). **To cash in (on something)**, aprovecharse o sacar provecho (de algo), sacar tajada (de algo).

cash and carry ['kæʃæn'kærɪ] [kash-and-ka-ri] *s.* Tienda de venta al por mayor.

cash-book ['kæʃbʊk] [kash-buk], *s.* Libro de caja.

cashbox ['kæʃbɒks] [kash-boks] *s.* Caja (del dinero).

cashcard ['kæʃkɑːd] [kash-kard] *s.* (GB) Tarjeta del cajero automático.

cash crop ['kæʃkrɒp] [kash-krop] *s.* Cultivo industrial o comercial.

cash desk ['kæʃdesk] [kash-desk] *s.* (GB) Caja.

cash dispenser ['kæʃdɪsˌpensər] [kash-dis-pen-sa[r]] *s.* Cajero automático.

cashew [kæ'ʃuː] [ka-shu], *s.* Anacardo, árbol de las Antillas. **Cashew-nut**, anacardo, fruto medicinal del árbol del mismo nombre; castaña de cajú, nuez de la India.

cash flow ['kæʃˌfləʊ] [kash-flou] *s.* Flujo de caja, cash-flow. **Cash flow problem**, problema de liquidez.

cashier [kæ'ʃɪər] [ka-shia[r]], *s.* Cajero, el que guarda o tiene a su cargo el dinero.

cashier, *va.* Destituir, quitarle a uno su empleo. *(Mil.)* Desaforar, esto es, arrojar ignominiosamente de un regimiento o cuerpo a uno de sus oficiales.

cashier's check [ˌkæʃɪəz'ʃek] [kashiar-chek], *s.* Cheque de caja, o gerencia, o bancario.

cashmere [kæʃ'mɪər] [kash-mia[r]], *s.* 1. Casimir, tela fina y suave de lana para vestidos. 2. Tela fina suave y costosa hecha con lana de cabras de Cachemira, en la India. 3. Mantón o chal de cachemira.

cash on delivery ['kæʃˌɒf'delɪvərɪ] [kash-of-de-li-ve-ri], *s.* Entrega contra reembolso, cóbrese al entregar.

cashoo ['kæʃuː] [ka-shu], *s.* *V.* CATECHU.

cashpoint ['kæʃˌpɔɪnt] [kash-point] *s.* (GB) Cajero automático.

cash register ['kæʃˌredʒɪstər] [kash-re-chis-ta[r]], *s.* Caja registradora.

casing ['keɪsɪŋ] [kei-sin], *s.* 1. Cubierta, lo que recubre o afora (cover); caja (case); estuche, envoltura. 2. Guarnición de una ventana o puerta.

casings ['keɪsɪŋz] [kei-sins], *s. pl.* Boñiga seca para combustible.

casino [kə'siːnəʊ] [ka-si-nou], *s.* 1. Casino, salón de baile y de juego. 2. Casino, club social. 3. Variedad de juego de naipes.

cask [kɑːsk] [kask], *s.* 1. Barril o tonel; cuba; casco. 2. Casco o casquete.

cask, *va.* Entonelar.

casket ['kɑːskɪt] [kas-ket], *s.* 1. Cajita para joyas, casquete, estuche. **Wedding-casket**, las donas. 2. *(E.U.)* Ataúd de metal o madera, pero de igual anchura en toda su extensión (coffin).

casket, *va.* Poner en cajita.

caskets [kɑːskɪtz] [kas-kets], *s.* *(Mar.)* *V.* GASKET.

Caspian Sea ['kæspɪənˌsiː] [kaspian-si] *N.* **The Caspian Sea**, el mar Caspio.

casque [kɑːsk] [kask], *s.* Casquete o casco, armadura que cubre y protege la cabeza. Antiguamente almete, capacete, morrión, casquete.

cassation [kə'seɪʃən] [ka-sei-shon], *s.* 1. La acción de anular alguna cosa. 2. *(For.)* Casación, anulación de una sentencia o de un fallo judicial.

cassava [kə'sɑːvə] [ka-sa-va], *s.* *(Bot.)* Cazabe, harina gruesa de América, hecha con la raíz de la yuca. Mandioca.

casserole ['kæsərəʊl] [ka-se-roul], *s.* Cacerola, cazuela, fuente de horno (con tapa). *(Food)* Guiso, guisado. **Casserole, casserole dish**, guiso a la cacerola.

cassette [kæ'set] [ka-set] *s.* *(Audio)* Cassette. **Cassette deck**, platina, pletina. **Cassette player**, pasacintas, cassette, pasacassettes, tocacassettes. **Cassette recorder**, grabadora o grabador (de cassettes), cassette. *(Video)* Videocassette, cinta de video, videocinta.

cassia ['kæsɪə] [ka-sia], *s.* Casia, especie de canela, **Cassia buds**, flores de casia.

cassimere ['kæsɪmɪər] [ka-si-miaʳ], *s.* Casimir, casimira o casimiro, tela de lana muy fina.
cassino [kə'si:nəʊ] [ka-si-nou], *s.* Un juego de naipes. *V.* CASINO.
cassiterite [kæsɪtəri:t] [ka-si-te-rit], *s.* Casiterita, óxido de estaño; el más importante mineral de estaño.
cassock ['kæsək] [ka-sok], *s.* Sotana o balandrán, vestidura talar que usan los eclesiásticos debajo del manteo.
cassoon ['kæsu:n] [ka-sún], *s.* *(Arq.)* Artesón, que se pone ordinariamente en las bóvedas o vueltas de los arcos.
cassowary ['kæsəvɛərɪ] [ka-so-ua-ri], *s.* *(Zool.)* Casoar, ave zancuda parecida al avestruz.
cassweed ['kæsui:d] [ka-suid], *s.* *(Bot.)* Bolsa de pastor.
cast [kɑ:st] [kast], *va.* (*pret.* y *pp.* CAST). 1. Tirar, arrojar, lanzar alguna cosa con la mano (stone). Lanzar (line); echar (net). Proyectar (shadow, light). Emitir (vote). **To cast doubt on something**, poner algo en duda. **To cast your eye over this**, échale una mirada o una ojeada o un vistazo a esto. 2. Tirar alguna cosa como inútil o dañosa. 3. Echar, verter. 4. Tirar dados o echar suertes. 5. Tumbar o derribar a uno luchando con él. 6. Mudar o estar de muda (shed/skin, snake). **The horse cast a shoe**, al caballo se le salió una herradura. 7. Desechar ropa. 8. Sobrepujar o exceder en el peso. 9. Ganar el pleito a su adversario. 10. *(Metal)* Fundir, derretir; *(Art.)* vaciar (mold). 11. Abortar, hablando de animales.12. Modelar. 13. Comunicar por reflexión. 14. Ceder enteramente. 15. Imponer una pena. 16. Adicionar (an account), computar, calcular. 17. *(Cine, Teat.)* Asignar, distribuir (rolls in a comedy, etc.) **She was cast as the princess**, le dieron el papel de la princesa. **He's well cast as Iago**, está bien elegido para el papel de Yago. *-vn.* 1. Idear o maquinar alguna cosa, discurriendo los medios para ejecutarla. 2. Amoldarse, recibir otra forma o figura. 3. Alabearse o torcerse la madera. 4. Vomitar.
cast about, esparcir, derramar, arrojar por todos los lados; considerar, meditar, revolver proyectos en la imaginación. **Cast about for**, tratar de encontrar, buscar (for idea, excuse).
cast against, reprochar, dar en rostro, echar en cara, vituperar, afear.
cast aside, desechar, dejar o poner a un lado. **To cast away**, desechar, apartar de sí (doubts, worries); dejar, abandonar; desterrar; echar a un lado, dejar de lado (person); arrojar.
cast away, naufragar. **They were cast away on a desert island**, llegaron a una isla desierta tras naufragar.
cast back, Cast your mind back, trata de recordar, rememora.
cast down, abatir, derribar, echar por tierra: *(fig.)* Afligir, desanimar; abatir, humillar.
cast forth, exhalar; centellear, relumbrar, echar rayos de luz.
cast off, abandonar, dejar (abandon/friend, lover); desamparar; despojar; mudar la pluma; descartar; echar de sí. Cerrar (in knitting/stitch). *(Naut.)* Soltar amarras.
cast on, poner o montar los puntos (in knitting). Montar, poner (stitch).
cast out, echar fuera, arrojar; espantar. Expulsar (expel).
cast up, calcular, sumar o ajustar alguna cuenta; vomitar; improperar; exhalar. **To cast up a bank**, construir un dique. **To cast up one's eyes**, levantar los ojos.
cast upon, empañar, deslucir; recurrir, acudir. **To cast a fault upon**, culpar, echar la culpa. **To cast an account**, ajustar una cuenta. **To cast headlong**, precipitar. **To cast her young**, malparir (se dice de los animales). **To cast his coat**, mudar pellejo. **To cast into a form**, dar la forma de. **To cast into sleep**, adormecer. **To cast one behind**, adelantarse a alguno, dejarle atrás. **To cast scorn upon**, despreciar. **To cast the eyes on**, mirar, poner la vista o los ojos; echar la vista o los ojos. **Cast it in his teeth**, arrójele Vd. eso al rostro, o a la faz. **To cast lots**, echar suertes. **To cast a glance at** o **on**, echar una ojeada hacia o sobre. **To cast a statue in bronze**, vaciar una estatua en bronce. **Casting vote**, voto decisivo o de calidad. **Casting-house**, fundería, fundición. **Casting-net**, esparavel, red redonda para pescar.
cast, *s.* 1. Tiro, golpe. 2. Ojeada o mirada. 3. Molde, forma (mold). *(Art)* Vaciado (molded object). **A plaster cast of the footprint**, un molde de yeso de la huella. Yeso, escayola (for broken limb). 4. Aire o modo de presentarse; también, tinte, tono, matiz. 5. Modo de echar o tirar. 6. Echamiento. 7. Tendencia a; apariencia exterior, aspecto, semblante, mirada. 8. Temple. 9. Fundición. *(Metal)* Pieza fundida. 10. La distribución de los papeles para la representación de alguna pieza en el teatro. Reparto, elenco. **She met the cast**, le presentaron a los actores. **That has a greenish cast**, eso tiene un tinte verdusco. **To have a cast in one's eye**, bizcar, torcer la vista, mirar bizco o atravesado.
castanets [ˌkæstə'nets] [kas-ta-nets], *s. pl.* Castañetas o castañuelas.
castaway ['kɑ:stəweɪ] [kas-ta-uei], *s.* 1. Náufrago. 2. Desecho, zupia, desperdicio. 3. Réprobo.
caste [kɑ:st] [kast], *s.* 1. Casta, raza; clase hereditaria del Indostán. 2. Clase social, división de la sociedad en virtud de principios convencionales, como el derecho hereditario, la riqueza, etc...
castellan ['kæstəleɪn] [kas-te-lein], *s.* Castellano, el alcaide de un castillo.
castellany ['kæstələnɪ] [kas-te-la-ni], *s.* Castellanía.
castellated ['kəstəleɪtɪd] [kas-te-lei-tid], *a.* Hecho en forma de castillo; encerrado dentro de murallas, encastillado.
castelry ['kæstəlrɪ] [kas-tel-ri], *s.* El gobierno, derecho de posesión o jurisdicción de un castillo; territorio sometido al señor del castillo.
caster, castor ['kɑ:stər] [kas-taʳ], *s.* 1. Tirador, el que tira. 2. Adivino; calculador. 3. Fundidor. 4. Ruedecilla con eje de eslabón giratorio para rodar por todos lados (wheel). 5. Ampolleta destinada a contener aceite, vinagre pimienta o sal para el servicio de la mesa. **Casters**, vinagreras.
caster sugar [ˌkæstə'ʃʊgər] [kas-ter-shu-gaʳ] *s.* (GB) Azúcar blanca de granulado muy fino.
castigate ['kæstɪgeɪt] [kas-ti-gueit], *va.* Castigar; corregir. Reprender (pupil); fustigar, criticar severamente (government).
castigation [ˌkæstɪ'geɪʃən] [kas-ti-guei-shon], *s.* 1. Castigo o pena. 2. Corrección, enmienda.
castigator [ˌkæstɪ'geɪtər] [kas-ti-guei-toʳ], *s.* Enmendador, castigador.
castigatory [ˌkæstɪ'gətərɪ] [kas-ti-ga-to-ri], *a.* Penal, lo que sirve para castigar.
Castile ['kæsti:l] [kas-til], *s.* Castilla, una provincia de España.
Castilian ['kæsti:lɪən] [kas-ti-lian], *s.* y *a.* Castellano, habitante o natural de Castilla, y su idioma. Castellano (person, language).
casting ['kɑ:stɪŋ] [kas-tin], *s.* 1. Tiro, el acto de tirar o arrojar. 2. Invención, distribución, arreglo; plan, modelo. 3. Fundición. 4. Moldaje, forma que se da a un metal vaciado; y la operación de dejar correr el metal y vaciarlo. 5. Curalle, medicamento usado en cetrería.
casting vote ['kæstɪŋvəʊt] [kas-tin-vout] *s.* Voto de castidad.
cast-iron ['kæstˌaɪrɒn] [kast-aironl], *s.* Hierro fundido o colado. *a.* 1. Hecho de hierro colado. 2. Parecido al hierro colado; rígido, que no cede, inflexible. Sólido (guarantee); férreo (will); irrefutable (evidence); a toda prueba (alibi). **A cast-iron constitution**, una salud de hierro.
castle ['kɑ:sl] [ka-sel], *s.* 1. Castillo, fortaleza. 2. Palacio, morada de un hombre opulento. 3. Roque o torre, cierta pieza del juego de ajedrez. *-va.* Enrocar (en el juego de ajedrez). **(To build) castles in the air/in Spain**, (construir) castillos en el aire.
castle-builder ['kɑ:slbildər] [ka-sel-bil-daʳ], *s.* Proyectista imaginario, el que hace castillos en el aire.
castled ['kɑ:sld] [ka-seld], *a.* Lleno de castillos; fortificado con castillo.
castleguard ['kɑ:slˌwɑ:d] [ka-sel-guard], *s.* Especie de feudo.

castlet ['kɑːslɪt] [kas-lit], *s.* Castilluelo, castillejo.
castling ['kɑːslɪŋ] [kas-lin], *s.* Aborto, lo que nace antes de tiempo.
castoff ['kɑːstɒf] [kast-of] *s.* **She gave me her castoffs**, me dio la ropa que ya no quería.
castor ['kɑːstər] [kas-tor], *s.* 1. Castor, animal anfibio. 2. Sombrero fino hecho del pelo de castor. 3. Castóreo. *V.* CASTOREUM. 4. *V.* CASTER. **Castor and pollux**, (Meteor.) 1. Cástor y Pólux, especie de meteoro que los marineros llaman fuego de Santelmo. 2. Constelación de los Gemelos (Gemini).
castoreum ['kɑːstərɪəm] [kas-to-rium], *s.* Castóreo, sustancia aceitosa y de olor fuerte que tiene el castor en bolsas en el vientre.
castor-oil ['kɑːstəˌɔɪl] [kas-tor-oil], *s.* Aceite de palmacristi o ricino; aceite de castor, usado en la medicina como purgante.
castrametation ['kæstrəmɪtreɪʃən] [kas-tra-mi-trei-shon], *s.* *(Mil.)* Castrametación, arte de acampar un ejército con ventaja.
castrate [kæs'treɪt] [kas-treit], *va.* 1. Castrar, capar. 2. Expurgar un escrito.
castration [kæs'treɪʃən] [kas-treishon], *s.* Capadura, la acción de capar.
castrel ['kætrəl] [kas-trel], *s.* *(Orn.)* Especie de halcón. *V.* KESTREL.
castrensian ['kæstrənsɪən] [kas-tren-sian], *a.* Castrense.
casual ['kæʒjʊəl] [ka-shiual], *a.* Casual, fortuito, accidental. Superficial (inspection). **A casual acquaintance**, un conocido, una conocida. **Casual sex**, relaciones sexuales promiscuas. Ocasional (chance/visit, caller, reader); Informal (informal); de sport, informal (clothes). Despreocupado (unconcerned/attitude, tone); hecho al pasar (remark). **She seemed very casual about the whole thing**, parecía como si no tuviera nada que ver con ella. Eventual, ocasional (not regular/employment, labor). **Casual worker**, jornalero (on farm); obrero, eventual (in factory).
casually ['kæʒʊjəlɪ] [ka-shiua-li], *adv.* Casualmente, fortuitamente. De manera informal, informalmente (informally/dressed); informalmente (chat). Con indiferencia (with indifference).
casualness ['kæʒjʊəlnɪs] [ka-shiual-nes], *s.* Contingencia.
casuals ['kæʒjʊəlz] [ka-shiuals] *s. pl.* Ropa de sport (clothing).
casualty ['kæʒjʊəltɪ] [ka-shiual-ti], *s.* Casualidad, aventura, contingencia, acaso, accidente. Herido (injured person); víctima (dead person); *(Mil.)* Baja. (GB) Urgencias (hospital department).
casuist ['kæzjʊɪst] [ka-shuist], *s.* Casuista, el que escribe, trata o estudia casos de conciencia, y los resuelve y determina.
casuistical ['kæzjʊɪstɪkl] [ka-shuis-ti-kal], *a.* Casuístico, lo que pertenece a casos de conciencia.
casuistry ['kæzjʊɪstrɪ] [ka-shuis-tri], *s.* Teología moral, la ciencia de los casuistas. Casuística.
casus ['kæsəs] [ka-sus], *s.* *(Lat.)* Contingencia, acaecimiento, suceso. **Casus belli**, caso o motivo de guerra.
cat [kæt] [kat], *s.* 1. Gato (domestic animal); felino (lion, tiger). **The big cats**, los felinos mayores. **A wild cat**, un gato montés. **To bell the cat**, poner el cascabel al gato. *(Coloq.)* **Has the cat got your tongue?**, ¿te ha comido la lengua el gato? **He thinks he's the cat's whiskers/pajamas**, se cree el no va más. **You look like something the cat dragged in**, ¡parece que vinieras de la guerra! (GB) *(Coloq.)* **Not to have a cat in hell's chance**, no tener la más mínima posibilidad. **There's not enough/no room to swing a cat**, no cabe ni un alfiler. **To fight like cat and dog**, andar como el perro y el gato. **To grin like a Cheshire cat**, sonreír de oreja a oreja. **To let the cat out of the bag**, descubrir el pastel, levantar la liebre o la perdiz. **To play cat and mouse (with somebody)**, jugar al gato y al ratón (con alguien). **To rain cats and dogs**, llover a cántaros o a mares. **To set/put the cat among the pigeons**, levantar un revuelo. **Civet-cat**, algalia. **Polecat**, veso, animal cuadrúpedo parecido a la garduña, pero de pelo negro. 2. *(Mar.)* Gata. **Cat-tackle**, *(Mar.)* aparejo de gata. **Cat-harpings**, *(Mar.)* jaretas. **Cat-heads**, *(Mar.)* serviolas. **Cat's-paw**, *(Mar.)* soplo. *(Fam.)* Mano de gato: se aplica al que se deja engañar y sirve, sin conocerlo, de medio o anzuelo para que otro consiga lo que desea. *(Fam.)* **To make one a cat's-paw**, sacar las castañas del fuego con mano de gato. **Cat-o'-nine-tails**, disciplina o azote con nueve ramales. **Cat's-eye**, *(Min.)* ojo de gato; especie de ágata. **Cat's-foot**, *(Bot.)* hiedra terrestre.
catabolism [kætəbɒ'lɪzm] [ka-ta-bo-lisem], *s.* Catabolismo.
catachresis ['kætəkrɪsɪs] [ka-ta-kri-sis], *s.* Catacresis, empleo defectuoso de metáforas o epítetos.
cataclysm ['kætəklɪzəm] [ka-ta-kli-sem], *s.* Cataclismo, diluvio, inundación.
cataclysmal, cataclysmic ['kætəklɪsməl] [ka-ta-klis-mal], *a.* Lo que se refiere al cataclismo.
catacombs ['kætəkuːmz] [ka-ta-kums], *s. pl.* Catacumbas, lugares subterráneos y especie de grutas para enterrar a los muertos.
catacoustics ['kætəkʊstɪks] [ka-ta-kus-tiks], *s.* Catacústica, ciencia de los sonidos reflejos.
catadioptric, catadioptrical ['kætədaɪˌɒptrɪk] [ka-ta-dai-op-trik], *a.* Catadióptrico.
catafalque ['kætəfælk] [ka-ta-falk], *s.* Catafalco, túmulo muy elevado y magnífico para las exequias de altos personajes.
Catalan ['kætəlæn] [ka-ta-lan] *a./s.* Catalán (person, language).
catalectic ['kætəlektɪk] [ka-ta-lek-tik], *a.* *(Ret.)* Cataléctico, verso falto de una sílaba.
catalepsy ['kætəlepsɪ] [ka-ta-lep-si], *s.* Catalepsia, suspensión de las sensaciones e inmovilidad del cuerpo, debidas a un accidente nervioso repentino.
cataleptic [ˌkætə'leptɪk] [ka-ta-lep-tik], *a.* Cataléptico, referente a la catalepsia; que la padece.
catalog, catalogue ['kætəlɒg] [ka-ta-log], *s.* Catálogo, lista o memoria que contiene muchos nombres propios de hombres, títulos de libros u otros objetos (list, book). **A catalog of disasters**, un desastre detrás de otro.
catalog, catalogue, *va.* Catalogar, poner en catálogo.
Catalonia [ˌkætə'ləʊnɪə] [ka-ta-lou-nia] *N.* Cataluña.
Catalonian [ˌkætə'ləʊnɪən] [ka-ta-lou-nian] *a.* Catalán.
catalpa ['kætəlpə] [ka-tal-pa], *s.* Árbol de adorno, originario de la América del Norte. Tiene hojas ovaladas y acorazonadas de gran tamaño y flores grandes y campaniformes.
catalysis [kə'tælɪsɪs] [ka-ta-li-sis], *s.* 1. *(Quím.)* Catalisis, descomposición y nueva combinación de los cuerpos químicos compuestos, efectuadas por un agente que permanece inalterable. 2. *V.* DISSOLUTION.
catalyst ['kætəlɪst] [ka-ta-list], *s.* Catalizador, agente catalítico.
catalytic [ˌkætə'lɪktɪk] [ka-ta-lik-tik], *a.* Catalítico, perteneciente a la catalisis. **Catalytic converter**, *s.* Catalizador.
catalyzer ['kætəlɪzər] [ka-ta-li-sa'], *s.* *(Quím.)* Catalizador.
catamaran [ˌkætəmə'ræn] [ka-ta-ma-ran], *s.* 1. Almadía larga y estrecha de la India. 2. Embarcación de vela o vapor formada por dos cascos paralelos unidos entre sí; catamarán.
catamenia [ˌkætə'miːnɪə] [ka-ta-mi-nia], *s.* Menstruación, reglas.
catamite ['kætəmaɪt] [ka-ta-mait], *s.* Catamita, sodomita.
catamount ['kætəmaʊnt] [ka-ta-maunt], *s.* Gato montés.
cataphract ['kætəfrakt] [ka-ta-frakt], *s.* Armadura antigua hecha con chapas de metal a manera de escamas, fijadas sobre cuero, etc.
cataplasm ['kætəplɑːzm] [ka-ta-plasm], *s.* Cataplasma.
catapult ['kætəpʌlt] [ka-ta-palt], *s.* Catapulta, máquina antigua de guerra para arrojar piedras, lanzas, etc... *(Aviat., Mil.)* Catapulta; (GB) tirachinas, honda, resortera, cauchera, tiragomas.

catapult, *va.* Catapultar. **The crash catapulted her through the windshield**, el choque la hizo saltar disparada por el parabrisas.
cataract ['kætərækt] [ka-ta-rakt], *s.* 1. Cascada, catarata (over a precipice); rápido (in a river). 2. *(Med.)* Catarata, opacidad de la lente cristalina del ojo o de su cápsula, que produce la ceguera, parcial o total. *(Fam.)* **A cataract of tears**, un diluvio de lágrimas.
catarrh [kə'tɑːr] [ka-ta[r]], *s.* Catarro, romadizo, resfriado, constipado, fluxión, reuma.
catarrhal [kə'tɑːrəl] [ka-ta-ral], **catarrhous** [kæ'tərəs] [ka-ta-rous], *a.* Catarral.
catastrophe [kə'tæstrɒfɪ] [ka-tas-tro-fi], *s.* 1. Catástrofe, la mutación o revolución imprevista que se hace en un poema dramático y que por lo común le da fin. 2. Catástrofe, por lo común cosa infeliz, desgraciada y funesta.
catastrophic [kə'tæstrɒfɪk] [ka-tas-tro-fik] *a.* Catastrófico.
catatonic [ˌkætə'tɒnɪk] [ka-ta-to-nik] *a.* Catatónico.
catbird ['kætbɜːd] [kat-berd], *s.* Tordo mimo, de color de pizarra; se halla desde el Canadá hasta Méjico y Cuba.
cat burglar ['kætbɜːglər] [kat-ber-gla[r]] *s.* Ladrón que escala paredes para entrar a un edificio.
catcall ['kætkɔːl] [kat-kol], *s.* 1. Silbo, silbido, con que se hace burla de lo que se desaprueba en las representaciones públicas. *(Mex.)* Chiflido, chiflo y el silbido que sirve para avisar cuando deben correrse o descorrerse los telones. 2. Reclamo. **Catcalls**, abucheo, silbatina.
catch [kætʃ] [kach], *va.* (*pp.* y *pret.* CAUGHT). 1. Coger, agarrar (ball, object); asir, arrebatar. **He caught her by the arm**, la agarró o cogió del brazo. 2. Coger al vuelo. 3. Coger, alcanzar (intercept/person). **Catch you later**, nos vemos. Tomar, coger (take/train, plane); alcanzar (be in time for). **I only just caught it**, lo alcancé con el tiempo justo, por poco lo pierdo. **We'll just catch the end of the game**, todavía podemos pescar el final del partido. **We could catch a movie before dinner**, podríamos ir al cine antes de cenar. 4. Coger o detener alguna cosa para que no caiga. 5. Coger, atrapar (capture/mouse, lion); pescar, coger (fish); atrapar (thief). **I caught my skirt on a nail**, se me enganchó o atoró, o se me atoró la falda en un clavo (entangle, trap). **I caught my finger in the drawer**, me pillé o me agarré el dedo en el cajón. **I got caught in a traffic jam**, me agarró o me cogió un atasco. 6. Comprender, discernir. 7. Agradar, dar gusto. 8. Coger algún mal por infección o por contagio; contagiarse de (become infected with/disease). **To catch a cold**, resfriarse, agarrar o coger, pescar o pillar un resfriado. **I caught the measles from him**, me contagió o me pegó el sarampión. 9. Asir repentinamente o ansiosamente. 10. Pillar, agarrar, pescar (take by surprise); clavar; albardar. **To catch somebody in the act**, agarrar o pillar a alguien infraganti o con las manos en la masa. **She caught him reading her mail**, lo pilló leyendo sus cartas. *(Coloq.)* **You won't catch me going there again!**, ¡a mí no me vuelven a ver el pelo por ahí! **We got caught in the rain**, nos sorprendió o nos pilló o nos pescó la lluvia. 11. Sorprender. 12. Ganar. **To catch a tartar**, caer en la trampa que se ha puesto para otro. **Try to catch his attention**, trata de atraer su atención (attract). **The dress caught her fancy**, se encaprichó con el vestido. **Did you catch what she said?**, ¿oíste o entendiste lo que dijo? (hear or understand clearly). Captar, reflejar (mood, likeness). **He caught his head on the beam**, se dio en la cabeza con la viga (hit). **You really catch it if he sees you!**, ¡si te ve, te mata! **He caught his breath in surprise**, se le cortó la respiración de sorpresa (hold back). **To catch oneself**, contenerse (restrain). *-vn.* 1. Agarrarse a; con *at*. Agarrar, coger (grasp). ~~2. Cerrarse,~~ enredarse o engancharse algo (become hooked); engranar (bite, take hold). Prender, agarrar (fire/ignite). 3. Pegarse, ser pegajoso o contagioso. **To catch a cold**, resfriarse. **To catch a distemper**, Infeccionarse, contagiarse; enfermar. **To catch one's death**, causarse la muerte.
catch at, buscar, inquirir, procurar, coger u obtener una cosa, en sentido figurado; y llevar las manos hacia alguna cosa con intención de agarrarla, en sentido propio. **To catch hold of**, agarrarse a, apoderarse de. **To catch it**, *(Fam.)* ganarse una zurra, una reprimenda, etc.
catch on, *(Fam.)* entender, comprender, caer (understand). **To catch on to something**, darse cuenta de algo, entender algo. Imponerse (become popular/fashion, idea). Ponerse de moda (game, style).
catch out, pillar, agarrar (trick). **To catch somebody out**, pillar o agarrar a alguien desprevenido.
catch up, coger, asir, empuñar; alcanzar (physically). **To catch up with somebody/something**, alcanzar a alguien/algo. Ponerse al corriente de algo (on gossip/news). **She had to catch up with/on the rest of the class**, tuvo que ponerse al nivel del resto de la clase. **I missed three weeks' classes, and it was a struggle to catch up**, perdí tres semanas de clase y me costó ponerme al día (draw level). **All those late nights eventually caught up on/with me**, todas esas trasnochadas finalmente pudieron más que yo. Alcanzar (draw level with); recoger (pick up). **To be/get caught up in something**, estar/quedar enganchado/atrapado en algo (trap, involve/in barbed wire, thorns); verse envuelto en algo (scandal, dispute); estar absorto o ensimismado en algo (in thoughts); contagiarse de algo (in excitement, enthusiasm).
catch, *s.* 1. Presa; captura, prisión o prendimiento; es también aprensión, hablando de contrabandos; la acción de prender o coger. Pesca (of fish). *(Sport)* Atrapada, parada, atajada. Trampa (hidden drawback). **I knew there'd be a catch in/to it somewhere**, ya sabía yo que tenía que haber gato encerrado. 2. Taravilla de picaporte. Pestillo, pasador (fastening device/on door). Cierre (on window, box, necklace). **Safety catch**, seguro. 3. Provecho, ventaja; atracción. **It is no great catch**, no es gran cosa, no vale la pena. *(Coloq.)* **He/she's a good catch**, es un buen partido (potential partner). 4. Alzaprima, palanca de rueda. 5. Gancho. 6. Canción con estribillo. 7. Cuaiche, especie de embarcación de dos palos o masteleros. *V.* KETCH. Temblor (in voice). **With a catch in her voice**, con la voz entrecortada o temblorosa. **To be** o **lie upon the catch**, espiar o acechar la presa.
catchable ['kætʃəbl] [ka-cha-bol], *a.* Expuesto a ser pillado o cogido.
catch-all ['kætʃˌɔːl] [kach-ol], *s.* *(Fam.)* Armario, cesto, cajón o saco destinado a recibir indistintamente toda clase de objetos, retazos, etc. Cajón de sastre. Comodín (clause, phrase, term).
catcher [kætʃər] [ka-cha[r]], *s.* 1. Cogedor, el que coge o con lo que se coge alguna cosa. 2. Agarrador. 3. Jugador de pelota. Receptor, catcher (in baseball).
catchfly ['kætʃflaɪ] [kach-flai], *s.* *(Bot.)* Especie de colleja.
catching ['kætʃɪŋ] [ka-chin], *s.* 1. El endentado de una rueda en que deben entrar o engranar los dientes de otra. 2. Presa, captura. *-a.* Contagioso.
catchment ['kætʃmənt] [kach-ment], *s.* Desagüe. **Catchment basin**, cuenca o territorio desaguado por un río.
catchment area [ˌkætʃmənt'ærɪə] [kach-ment-e-ria] *s.* Zona de captación (of hospital, school). Distrito que corresponde a un hospital, colegio, etc.).
catchpenny ['kætʃˌpenɪ] [kach-pe-ni], *s.* Engañifa, baratija, alguna cosa de poco valor hecha para venderse muy barata.
catchphrase ['kætʃfreɪz] [kach-freis] *s.* Latiguillo (of person); eslogan (political party).
catchpoll ['kætʃˌpɔːl] [kach-pol], *s.* Corchete, alguacíl.
catchup ['kætʃʌp] [ka-chap], *s.* Salsa picante hecha de setas o tomates. *V.* CATSUP.
catchword ['kætʃwɜːd] [kach-ued], *s.* Reclamo, la palabra o sílaba que se pone al fin de cada plana, que es la misma con que ha de empezar la plana siguiente. 2. Palabra o frase

de efecto destinada a llamar la atención pública. Eslogan (slogan).

catchy ['kætʃɪ] [ka-chi] *a.* Pegadizo, pegajoso.

catechetic, catechetical ['kætɪketɪk] [ka-ti-ke-tik], *a.* 1. Catequístico, lo que tiene preguntas y respuestas.

catechetically ['kætɪketɪklɪ] [ka-ti-ke-ti-ka-li], *adv.* Por preguntas y respuestas.

catechism ['kætɪkɪzəm] [ka-ti-kisem], *s.* 1. Catecismo, compendio de un credo religioso puesto en forma de preguntas y respuestas. 2. Manual de instrucción en forma de diálogo. Catequesis (instruction); catecismo (book).

catechist ['kætɪkɪst] [ka-ti-kist], *s.* Catequista o catequizante.

catechistical ['kætɪkɪstɪkl] [ka-ti-kis-ti-kal], *s.* Catequístico.

catechize ['kætɪkaɪz] [ka-ti-kais], *va.* 1. Catequizar, preguntar, examinar. 2. Catequizar, instruir en los artículos fundamentales de la religión cristiana.

catechizer ['kætɪkaɪzər] [ka-ti-kai-sa[r]], *s.* Catequizante.

catechizing ['kætɪkaɪzɪŋ] [ka-ti-kai-sin], *s.* Examen, interrogación.

catechu ['kætɪkjʊ] [ka-ti-kiu], *s.* Cato, tierra japónica o catecú, un medicamento astringente.

catechumen ['kætɪkjʊmən] [ka-ti-kiu-men], *s.* Catecúmeno, el que aprende los principios de la religión.

catechumenical ['kætɪkjʊmɪnɪkl] [ka-ti-kiu-mi-ni-kal], *a.* Catecuménico, lo que pertenece a los catecúmenos.

categoric, categorical [ˌkætɪ'gɒrɪk] [ka-ti-go-rik] [ˌkætɪ'gɒrɪkl] [ka-ti-go-ri-kal], *a.* Categórico, absoluto, positivo, explícito. Terminante, rotundo (refusal).

categorically [əkætɪ'gɒrɪkəlɪ] [ka-ti-go-ri-ka-li], *adv.* Categóricamente (state, say); rotundamente (refuse, deny).

categorize ['kætɪgəraɪz] [ka-ti-go-rais] *va.* Clasificar (things); catalogar, calificar (people).

category ['kætɪgərɪ] [ka-ti-go-ri], *s.* Categoría, clase; orden de ideas; predicamento.

catenary ['kætɪnærɪ] [ka-ti-na-ri], *s. (Geom.)* La línea curva formada por una cuerda o cadena perfectamente flexible, suspendida por ambos extremos.

catenate ['kætɪneɪt] [ka-ti-neit], *va.* Encadenar.

catenation ['kætɪneɪʃən] [ka-ti-nei-shon], *s.* Encadenamiento, encadenadura.

cater ['keɪtər] [kei-ta[r]], *vn.* Abastecer, proveer de víveres o procurar diversión y entretenimiento. *(Culin.)* Encargarse del servicio de comida y bebida para fiestas, cafeterías, etc. *-va.* Encargarse del buffet de. **Cater to,** (GB) **cater for people of all ages**, ofrecer servicios para gente de todas las edades. **We try to cater to/for all needs**, tratamos de satisfacer todas las necesidades.

cater-corner ['keɪtəˌkɔːnər] [keita-kor-na[r]], **cater-cornered** ['keɪtə'kɔːnəd] [keita-kor-nad] *a.* Diagonal.

cater-cousin['keɪtə'kuːzɪn] [keita-ku-sin], *s.* 1. Un favorito. 2. Primo cuarto, dícese familiarmente de dos que son parientes en grado muy remoto.

caterer['keɪtərər] [kei-ta-ra[r]], *s.* Proveedor, abastecedor. En el estilo familiar significa propiamente la persona que va a la plaza a comprar los mejores comestibles; y en el figurado, el sujeto que procura las mejores divesiones, etc. Persona o firma que se encarga del servicio de comida y bebida para fiestas, cafeterías, etc.

cateress ['keɪtərəs] [kei-ta-res], *sf.* Proveedora, abastecedora.

catering ['keɪtərɪŋ] [kei-ta-rin] *s.* **To do the catering**, encargarse del servicio de comida y bebida (provision of food). Restauración (trade, department).

caterpillar ['keɪtə'pɪlər] [keita-pi-la[r]], *s.* 1. Oruga, gusanillo muy nocivo que se engendra en las hojas y frutas; larva de un insecto himenóptero. 2. *(Bot.)* Oruga. **Caterpillar tractor,** tractor de oruga.

caterwaul ['kætə'wɔːl] [keita-uol], *vn.* 1. Maullar, como los gatos en celo. 2. Dar chillidos o hacer algún ruido desapacible, como el maullido de los gatos.

cates ['keɪtz] [keits], *s. pl.* Provisiones en general, y especialmente platos o manjares delicados.

cat-eyed ['kætˌaɪd] [kat-aid], *a.* El que tiene ojos de gato o como gato.

catfish ['kætˌfɪʃ] [kat-fish], *s.* Siluro, pez de cabeza ancha; barbo.

catflap ['kætˌflæp] [kat-flap] *s,* Gatera.

catgut ['kætˌgʌt] [kat-gat], *s.* 1. Hilo que se forma de tripa de carnero retorcida y sirve en los instrumentos músicos de cuerda. 2. Merli, especie de tela (del siglo XVIII) más basta que la gasa.

catharist ['kæθərɪst] [ka-za-rist], *s.* Puritano, persona que hace gran ostentación de pureza de vida o de principios.

catharsis [kə'θɑːsɪs] [ka-zar-sis], *s. (Med.)* Catarsis, operación de purgar.

cathartic, cathartical [kə'θɑːtɪk] [ka-zar-tik], *a.* Catártico, purgante.

cathartic s. Catártico o medicina purgante.

catharticalness ['kə'θɑːtɪkəlnɪs] [ka-zar-ti-kal-nes], *s.* Calidad purgante de alguna cosa.

cathedra [kə'θiːdrə] [ka-zi-dra], *s.* 1. Sillón de un obispo en la iglesia catedral de su diócesis. 2. Silla de profesor o catedrático.

cathedral [kə'θiːdrəl] [ka-zi-dral], *s.* Catedral, iglesia principal o matriz de un obispado.

catherine-wheel [kə'θəriːnˌwiːl] [ka-zi-rin-uil], *s. (Arq.)* 1. Rosa, gran ventana circular, cerrada por lo común con vidrieras de colores. 2. Rueda de fuegos artificiales; girándula.

catheter ['kæθɪtər] [ka-zi-ta[r]], *s.* Catéter, algalia, instrumento hueco de que se usa para dar curso a la orina, cuando hay una retención de ella, o para introducir en otros conductos del cuerpo.

catheterize ['kæθɪtəˌraɪz] [ka-zi-ta-ra-is], *va.* Introducir el catéter.

cathetus ['kæθɪtəs] [ka-zi-tos], *s. (Geom.)* Línea perpendicular imaginaria que pasa por el centro de un cuerpo cilíndrico.

cathode ['kæθəʊd] [ka-zoud], *s.* Polo negativo de una batería galvánica; opuesto a *anode*. **Cathode rays**, cf. ROENTGEN RAYS. **Cathode-ray tube**, tubo o válvula de rayos catódicos.

catholic ['kæθəlɪk] [ka-zo-lik], *a.* 1. Católico, universal o general; ortodoxo. 2. Perteneciente a la iglesia romana, a la anglicana, o a la griega. 3. Liberal, de amplias miras e ideas. **The Roman Catholic Church**, la iglesia católica (apostólica romana). Variado (interests, tastes). *-s.* Católico romano, el que profesa la religión católica.

catholicism [kə'θɒlɪsɪzəm] [ka-zo-li-si-zem], *s.* Catolicismo, la profesión de la religión católica.

catholicize [kə'θɒlɪzaɪz] [ka-zo-li-sais], *vn.* Hacerse católico.

catholicly [kə'θɒlɪklɪ] [ka-zo-li-kli], *adv.* Católicamente, generalmente.

catholicness [kə'θɒlɪknɪs] [ka-zo-lik-nes], *s. (Des.)* Universalidad. *V.* CATHOLICITY.

catkin ['kætkɪn] [kat-kin], *s.* Trama, amento, flores imperfectas que cuelgan de los árboles a manera de látigo, como se ve en los sauces; candelilla. *V.* AMENT.

catlike ['kætlaɪk] [kat-laik], *a.* Gateado, gatuno.

catling ['kætlɪŋ] [kat-lin], *s.* 1. Legra, especie de cuchillo de que se sirven los cirujanos. 2. Cuerdas de violón o guitarra.

catmint ['kætmɪnt] [kat-mint], **catnip** ['kætnɪp] [kat-nip], *s. (Bot.)* Gatera, calamento, calaminta, especie de planta del género Nepeta.

catnap ['kætnæp] [kat-nap], *s.* Siesta, siesta corta, cabezada, sueño ligero o corto, somnolencia, modorra. **To have/take a catnap**, echarse una siestecita o cabezada.

catnap, *vn.* Adormecerse, dormitar, estar amodorrado.

catnip ['kætnɪp] [kat-nip], *s.* Calamento. Nébeda.

catonian ['kætənɪən] [ka-to-nian], *a.* Grave, serio; riguroso.

cat-o'-nine-tails, *s.* Látigo de tiras con nueve nudos.

catoptrical ['kætəptrɪkəl] [ka-top-tri-kal], *a.* Catóptrico.

catoptrics ['kætəptrɪks] [ka-top-triks], *s.* Catóptrica, ciencia que enseña el modo de ver los objetos por medio de la reflexión de los rayos de la luz en los espejos y otras superficies tersas.
cat's cradle ['kætks,kreɪdl] [kats-kradel] *s.* **To play cat's cradle**, jugar a hacer cunitas.
cat's eyes ['kæts,aɪz] [kats-ais] *s. (Transp.)* Catafaros, ojo de gato, estoperol.
catsilver ['kætsɪlvər] [kat-sil-va^r], *s.* (Min. Ant.) *V.* MICA.
cat's-tail ['kæts,teɪl] [kats-teil] o **cattail** ['kæteɪl] [ka-teil], *s. (Bot.)* Espadaña, hierba acuática.
cat suit ['kætsu:t] [kat-sut] *s.* (GB) Malla (entera).
catsup ['kætsəp] [kat-sap], *s.* Salsa de setas o de tomate. *V.* CATCHUP. *V.* KETCHUP.
cattail ['kæteɪl] [ka-teil] *s.* Enea, totora.
cattish ['kætɪʃ] [ka-tish], *a.* Gatuno, gatesco.
cattle ['kætl] [katel], *s.* 1. Ganado, reses, toda especie de bestias que pacen juntas. **Neat cattle**, black cattle, o **honed cattle**, ganado vacuno. 2. Se dice por desprecio de las personas. **Small cattle**, ganado lanar y cabrío. **Cattle plague**, fiebre tifoidea contagiosa que ataca al ganado vacuno. **Cattle range**, terreno dilatado y no cercado para apacentar el ganado mayor. **Cattle breeder**, ganadero. **Cattle breeding**, ganadería. **Cattle guard**, (GB) **grid**, rejilla en la carretera que permite pasar a los vehículos pero no al ganado.
cattle car ['kætl,kɑ:r] [katel-kar] *s.* Vagón de ganado.
cattle market ['kætl,mɑ:kɪt] [katel-mar-ket] *s.* Feria de ganado.
cattle truck ['kætl,trʌk] [katel-trak] *s. (Transp.)* Camión de ganado. (GB) *(Rail.)* Vagón de ganado.
catty ['kætɪ] [ka-ti], *s.* Cati, medida de peso de la China que equivale a 6 hectogramos. *a. (Coloq.)* Malicioso, venenoso.
catwalk ['kæt,wɔ:k] [kat-uok] *s.* Pasarela (for models, on scaffolding).
caucasian [kɔ:'keɪzɪən] [kou-kei-shian], *a.* Caucásico, del Cáucaso. Caucasiano. *s.* Caucásico. **The suspect is a male Caucasian**, el sospechoso es un hombre de raza blanca.
caucasus ['kɔ:kəsəs] [kou-ka-sus] *N.* **The Caucasus (Mountains)**, el Cáucaso.
caucus ['kɔ:kəs] [kou-kos], *s.* 1. Conventículo o junta secreta de los directores o accionistas de una compañía, banco, ferrocarril o sociedad, para resolver en todo lo que se relaciona con la empresa. 2. Junta privada para designar candidatos o discutir medidas o asuntos políticos. 3. Entruchada.
caudad ['kɔ:dəd] [kou-dad], *adv.* Hacia la cola.
caudal ['kɔ:dl] [kou-dal], *a.* Lo que pertenece a la cola.
caudex ['kɔ:deks] [kou-deks], *s.* (*pl.* CAUDICES). Tallo en forma de cola; tallo de una palma.
caudle ['kɔ:dl] [koudel], *s.* Bebida confortante, compuesta de vino y otros ingredientes, que se da a las recién paridas y a otros enfermos.
caudle, *va.* Componer una bebida confortante; confortar.
cauf ['kɔ:f] [kof], *s.* Vivero de pescado, canasta o cajón lleno de agujeros en que se tienen peces vivos dentro del agua.
caught, *pret.* y *pp.* del verbo TO CATCH.
caul ['kɔ:l] [koul], *s.* 1. Redecilla, cofia o toca, red en que las mujeres recogen el pelo. 2. Redecilla, cualquier red pequeña. 3. Membrana o tela que cubre la cabeza de algunas criaturas cuando nacen. 4. Omento.
cauldron ['kɔ:ldrən] [kol-dron] *s.* (GB) *V.* CALDRON.
caulescent ['kɔ:lesənt] [kou-lesent], *a. (Bot.)* Cuadelescente, que tiene un tallo bien definido.
cauliferous ['kɔ:lɪferəs] [kou-li-fe-ros], *a.* Colífero; se dice de las plantas que tienen tallos como la coliflor.
cauliflower ['kɒlɪflaʊər] [kou-li-flaua^r], *s.* Coliflor, especie de col o berza. (GB) **Cauliflower cheese**, colifor gratinada con queso. **To have a cauliflower ear**, tener la oreja deformada (por golpes).
caulk, *va. V.* CALK.
cauma ['kɔ:mə] [kou-ma], *s. (Ant.)* Calor de fiebre; fiebre.
caup ['kəʊp] [koup], *va.* Cambiar, trocar.
caup, *s. (Esco.)* Copa; taza.
causable ['kɔ:zəbl] [kou-sa-bol], *a.* Causable.
causal ['kɔ:zəl] [kou-sal], *a.* Causal, perteneciente a una causa.
causality ['kɔ:zəlɪtɪ] [kou-sa-li-ti], **causation** [kɔ:'zeɪʃən] [kou-sei-shon], *s.* Causalidad; causa, origen, principio, modo o acción con que se causa u obra un efecto.
causally ['kɔ:zəlɪ] [kou-sa-li], *adv.* De un modo causal.
causative ['kɔ:zətɪv] [kou-sa-tiv], *a.* Causal, causativo, causante.
causatively ['kɔ:zətɪvlɪ] [kou-sa-tiv-li], *adv.* Efectivamente.
cause [kɔ:z] [kous], *s.* 1. Causa, origen, principio (of accident, event, death). **Cause and effect**, causa y efecto. 2. Autor, causa; motivo, razón (reason, grounds); pretexto. **There's some cause for concern**, existen motivos o razones para preocuparse. **There's no cause for concern**, no hay por qué preocuparse. **Without (good) cause**, sin causa (justificada) o motivo (justificado). 3. Acción o pleito incoado ante un tribunal, y también todo un procedimiento judicial. 4. Partido. **The cause is over**, se ha visto la causa. **To espouse one's cause**, abrazar la causa de alguno, tomar su partido. Causa (ideal, movement). **To fight/die for the cause**, luchar/morir por la causa. **It's a good cause**, es una buena causa. **They fought in the cause of freedom**, lucharon en pro de la libertad.
cause, *va.* Causar, hacer, excitar, producir algún efecto. **To cause love**, inspirar amor. **To cause sorrow**, dar pesadumbre. **To cause to**, hacer, expedir. **To cause somebody problems**, causarle u ocasionarle problemas a alguien.
cause célèbre [,kɔ:zseɪ'lebr] [kos-sei-lebr] *s.* Caso famoso o célebre. **The strike became a cause célèbre**, la huelga dio mucho que hablar.
causeless ['kɔ:slɪs] [kos-les], *a.* 1. Que tiene su origen en sí mismo y no reconoce causa. 2. Infundado, injusto, sin razón.
causelessly ['kɔ:slɪslɪ] [kos-lis-li], *adv.* Infundadamente, sin causa, motivo ni fundamento.
causelessness ['kɔ:slɪsnɪs] [kos-les-nes], *s.* Motivo o causa injusta.
causer ['kɔ:zər] [kou-sa^r], *s.* 1. Causador. 2. Autor.
causeway ['kɔ:zweɪ] [kos-uei], **causey** ['kɔ:zeɪ] [kous-ei], *s.* Arrecife, camino real, o calzada empedrada. Paso elevado (path); carretera elevada (road).
causidical ['kɔ:sɪdɪkl] [kou-si-di-kal], *a.* Causídico, perteneciente a la prosecución de causas y pleitos.
caustic, caustical ['kɔ:stɪk] [kous-tik], *a. (Quím.)* Cáustico, que quema y destruye todo aquello a que se aplica. Cáustico, mordaz (wit, remark).
caustic, *s.* Cáustico, medicamento corrosivo.
causticity ['kɔ:stɪsɪtɪ] [kos-ti-si-ti], *s.* Mordacidad; calidad de caústico.
causticness ['kɔ:stɪknɪs] [kos-tik-nes], *s. V.* CAUSTICITY.
cautelous ['kɔ:tɪləs] [ko-ti-lous], *a.* Cauteloso, cauto, astuto, prudente, socarrón.
cauterant ['kɔ:tɪrənt] [ko-te-rant], *s.* y *a.* Cauterio, medicamento cáustico.
cauterism ['kɔ:tərɪzəm] [kau-te-risem], **cauterization** ['kɔ:tərɪseɪʃən] [kau-te-ri-sei-shon], *s.* Cauterización, cauterio.
cauterize ['kɔ:təraɪz] [kau-te-rais], *va.* Cauterizar, dar cauterio.
cauterizing ['kɔ:təraɪzɪŋ] [kau-te-raisin], *s.* Cauterización.
cautery ['kɔ:tərɪ] [kau-te-ri], *s.* Cauterio.
caution ['kɔ:ʃən] [kau-shon], *s.* 1. Caución, cautela, prudencia (care, prudence), precaución, circunspección, atención. **To use/exercise caution**, tener mucho cuidado. **To throw caution to the wind(s)**, echar la precaución por la borda. 2. Amonestación (Law, Sport); prevención; advertencia, aviso (warning). 3. Aviso, miramiento, recato.
caution, *va.* 1. Caucionar, precaver, prevenir; advertir (warn); avisar, amonestar. 2. Caucionar, afianzar, dar fianza. 3. Informar de sus derechos (inform of rights). **To caution**

somebody about something, llamarle la atención a alguien por algo (reprimand). *(Law, Sport)* **To caution somebody for**, amonestar a alguien por.

cautionary ['kɔːʃənərɪ] [ko-sho-na-ri], *a.* 1. Amonestador, admonitorio, avisador; que amonesta. 2. Caucionado, dado en fianza o en rehenes; aviso. **Cautionary words/remarks**, advertencias. **Cautionary tale**, cuento con moraleja.

cautious ['kɔːʃəs] [ko-shos], *a.* Cauto, vigilante, circunspecto, cauteloso. **The senator was cautious about committing himself**, el senador se cuidó de comprometerse.

cautiously ['kɔːʃəslɪ] [ko-shos-li], *adv.* Cautamente, prudentemente, cautelosamente. **I'm cautiously optimistic**, soy prudentemente optimista.

cautiousness ['kɔːʃəsnɪs] [ko-shos-nes], *s.* Cautela, vigilancia, circunspección, previsión, prudencia, precaución.

cavalcade [ˌkævəl'keɪd] [ka-val-keid], *s.* Cabalgata o procesión a caballo.

cavalier [ˌkævə'lɪər] [ka-va-lieʳ], *s.* 1. Caballero. Cuando las guerras civiles de Inglaterra en el reinado de Carlos I, se llamaron *Cavaliers* los realistas, y los del partido contrario *Round-heads*; así como en España en el tiempo de las Comunidades llamaron *caballeros* a los que seguían el partido del rey, y *comuneros* a los que seguían el del pueblo. 2. Hombre galante, que sirve de escolta a una dama o de pareja en el baile. 3. Jinete, caballero, y especialmente un jinete armado. 4. *(Fort.)* Caballero, el terraplén que se levanta para colocar los cañones. *-a.* 1. Caballeresco, bravo, belicoso. Disciplente. 2. Altivo, desdeñoso, alegre, libre.

cavaliery [ˌkævə'lɪərɪ] [ka-va-lie-ri], *adv.* Altívamente, a lo caballero, caballerosamente.

cavalry ['kævəlrɪ] [ka-val-ri], *s.* Caballería, cuerpo de milicia que va a caballo.

cavalryman ['kævəlrɪmən] [ka-val-ri-man], *s.* *(Mil.)* Soldado de caballería.

cavatina ['kævətiːnə] [ka-va-ti-na], *s.* Aria corta y sencilla; pieza musical cantada por una sola persona.

cave [keɪv] [keiv], *s.* Cueva, caverna, antro; bodega; cualquier lugar hueco y subterráneo. **Cave dweller**, cavernícola, troglodita (prehistoric); habitante de las cuevas (modern). **Cave painting**, pintura rupestre.

cave, *vn.* 1. Hundirse, abismarse. 2. *(Fam.)* Ceder, rendirse. *-va.* Excavar. **To cave in**, caer en un hoyo. Derrumbarse, hundirse (collapse/roof, tunnel). *(Coloq.)* Ceder (person/ yield).

caveat ['keɪvɪæt] [kei-viet], *s.* 1. *(For.)* Intimación o notificación formal hecha a un juez o funcionario público, para que suspenda todo procedimiento ulterior hasta haber oído al peticionario. 2. *(E.U.)* Descripción de un invento no perfeccionado todavía, archivada en la Oficina de Patentes en Washington. 3. Advertencia (warning). **With the caveat that...**, con la salvedad de que ...

caveman ['keɪvmæn] [keiv-man] *s.* Hombre de las cavernas (prehistoric).

cavendishe ['keɪvəndɪʃ] [keivan-dish], *s.* Un tabaco norteamericano.

cavern ['kævən] [ka-vern], *s.* Caverna, concavidad hecha en la tierra.

cavernede ['kævəniːd] [ka-ver-nid], **cavernouse** ['kævənəʊz] [ka-ver-nous], *a.* 1. Cavernoso, lleno de cavernas o concavidades. **Caverned**, el que vive en caverna o cueva. 2. Grande y tenebroso (building, hall); profundo y oscuro como la boca de un lobo (pit).

cavessone ['keɪvsən] [keiv-son], *s.* Cabezón, cabezada con muserola y provista de argolla para rienda o cuerda, por medio de la cual se obliga al caballo a trotar o andar en círculo, entorno del domador.

caviar, **caviaree** ['kævɪɑːr] [ka-viar] ['kævɪəriː] [ka-via-ri], *s.* Cavial, caviar, especie de embuchado que se hace con las huevas de esturión saladas.

cavil ['kævɪl] [ka-vil], *s.* Efugio, evasión, cavilación, sofistería, vanas sutilezas, quisquillas: triquiñuelas en el juego; trampa legal.

cavil, *vn.* Cavilar, querer hallar dificultades donde no las hay: armar pleitos o enredos; sutilizar o buscar escapatorias para salir de alguna dificultad. Buscar quisquillas. (GB) **To cavil at/about something**, ponerle reparos a algo. *-va.* Poner faltas quisquillosamente.

caviller ['kævɪlər] [ka-vi-laʳ], *s.* Sofista; trapacero, enredador.

cavilling ['kævɪlɪŋ] [ka-vi-lin], *s.* Cavilación, sofistería. *V.* CAVIL.

cavillingly ['kævɪlɪŋlɪ] [ka-vi-lin-li], *adv.* Cavilosamente.

cavilous ['kævɪləs] [ka-vi-los], *a.* Caviloso, quisquilloso.

caving ['keɪvɪŋ] [kei-vin] *s.* Espeleología.

cavitary ['kævɪtərɪ] [ka-vi-ta-ri], *a.* Que tiene una cavidad, hueco; que tiene un conducto intestinal, como ciertos gusanos.

cavity ['kævɪtɪ] [ka-vi-ti], *s.* Cavidad, espacio cóncavo o vacío. *(Dent.)* Caries.

cavort [kə'vɔːt] [ka-vort], *vn.* *(E.U.)* Cabriolar como el caballo. Retozar. **He's cavorting with his secretary**, está tonteando con su secretaria.

caw [kɔː] [ko], *vn.* Graznar, crascitar, como el grajo o el cuervo; jadear. *s.* Graznido.

cay [keɪ] [kei], *s.* Cayo, peñasco o isleta en las Antillas. Cf. KEY.

cayenne pepper ['keɪenˌpepər] [keie-pe-paʳ], *s.* *(Bot.)* Pimentón; pimiento, guindilla. Pimienta de cayena.

cayman ['keɪmən] [kei-man], *s.* Caimán, cocodrilo de América.

CBS *s.* (in US) = **Columbia Broadcasting System**, la CBS.

cc (= **cubic centimeter** o (GB) **centimeter**), c.c.; **copies to** (corresp.).

CD *s.* (= **compact disc/disk**) CD.

cease [siːs] [sis], *vn.* 1. Cesar (noise); desistir, parar. 2. Fenecer, acabarse; interrumpirse (production); detenerse (work). 3. Descansar. *-va.* Parar, suspender, interrumpir (production, publication). **His naiveté never ceases to amaze me**, no me explico cómo puede ser tan ingenuo.

cease-fire [ˌsiːs'faɪər] [sis-faiaʳ], *s.* Alto el fuego, cese del fuego.

ceaseless ['siːslɪs] [sis-les], *a.* Incesante, perpetuo, continuo, perenne.

ceaselessly ['siːslɪslɪ] [sis-lis-li], *adv.* Perpetuamente, incesantemente.

ceasing ['siːsɪŋ] [sisin], *s.* Cesación.

cecils ['sesɪls] [se-sils], *s. pl.* Pisto, picadillo de carne.

cecity ['sesɪtɪ] [se-si-ti], *s.* Ceguedad, ceguera, privación de la vista.

cedar ['siːdər] [si-daʳ], *s.* Cedro, árbol fragante de las coníferas; también, tuya.

cedar-bird [ˌsiːdə'bɜːn] [si-dar-berd], *s.* *(Orn.)* Pájaro del cedro (de América).

cedarlike [ˌsiːdə'laɪk] [si-dar-laik], *a.* Semejante al cedro.

cedarn ['siːdən] [si-darn], *a.* 1. *V.* CEDRINE. 2. Hecho o revestido con cedros.

cede [siːd] [sid], *va.* Ceder, traspasar a otro una cosa o un derecho; transferir territorio. **To cede something to somebody**, cederle algo a alguien.

cedilla [sɪ'dɪlə] [si-di-la], *s.* Zedilla, virgulilla debajo de una *c*, que servía para expresar un sonido parecido al de la zeda.

cedrine [sɪ'draɪn] [si-drain], *a.* Cedrino, que se refiere o pertenece al cedro.

ceil [siːl] [sil], *va.* Cubrir o techar con cielo raso.

ceiling ['siːlɪŋ] [si-lin], *s.* 1. Techo o cielo raso de una habitación. 2. *(Mar.)* Revestimiento interior de la bodega. 3. *(Aer.)* Cielo, cielo máximo, techo. Límite, tope (upper limit).

ceiling price [siːlɪŋˌpraɪz] [si-lin-prais], *s.* Precio tope.

celature ['selətʃʊər] [se-la-chuaʳ], *s.* Grabado, el arte de grabar sobre los metales.

celebrant ['selɪbrənt] [se-li-brant], *s.* Celebrante, el sacerdote que dice la misa.

celebrate ['selɪbreɪt] [se-li-breit], *va.* 1. Celebrar, festejar (birthday, success); alabar, aplaudir, loar (praise/virtues,

deeds). 2. Celebrar, solemnizar. 3. Hacer elogio o elogiar. *vn.* **We won: let's celebrate!**, ¡ganamos, vamos a celebrarlo!
celebrated ['selıbreıtıd] [se-li-brei-ted], *a.* Célebre, famoso.
celebration [ˌselı'breıʃən] [se-li-brei-shon], *s.* 1. Celebración, acción hecha con solemnidad; tiempo de celebrar. Fiesta (event). **He attended the celebrations**, asistió a los festejos o festividades. **We ought to have a little celebration**, deberíamos celebrarlo o festejarlo. 2. Celebración (praise); celebridad, aplauso. **The play is a celebration of life**, la obra es un canto o una loa a la vida. 3. Elogio, panegírico, alabanza.
celebrator ['selıbreıtər] [se-li-brei-to^r], *s.* Celebrador, celebrante.
celebratory [ˌselı'breıtərı] [se-li-brei-to-ri] *a.* **We had a celebratory drink**, nos tomamos una copa para celebrarlo o festejarlo.
celebrious ['selıbrıəs] [se-li-brios], *a.* Célebre, famoso, renombrado
celebrity [sı'lebrıtı] [se-li-bri-ti], *s.* Celebridad, fama, renombre. 2. Personaje, persona renombrada.
celeriac [sə'lerıæk] [se-li-riak], *s.* *(Bot.)* Apio napiforme.
celerity [sı'lerıtı] [se-li-ri-ti], *s.* Celeridad, ligereza, prontitud, velocidad, rapidez.
celery ['selərı] [se-le-ri], *s.* *(Bot.)* Apio. **A stick/head of celery**, una rama/mata de apio.
celestial [sı'lestıəl] [si-les-tial], *a.* 1. Celestial, célico, celeste. 2. Divino, excelente. *-s.* 1. Habitador del cielo. 2. Chino.
celestial mechanics ['sılestıəlˌmætʃi:nz] [si-les-tial-me-ka-niks], *s.* Mecánica celeste.
celestialize [sı'lestıəlaız] [si-les-tia-lais], *va.* Hacer celestial o celeste.
celestially [sı'lestıəlı] [si-les-tia-li], *adv.* Celestialmente.
celestins ['sılestınz] [si-les-tins], *s.* Celestinos, una orden religiosa.
celiac ['sılıək] [si-liak], *a.* *(Med.)* Celíaco, perteneciente al vientre. **Celiac axis**, arteria corta que surte al hígado, al estómago y al bazo.
celibacy ['selıbəsı] [se-li-ba-si], *s.* Celibato, soltería, el estado de los que no están casados.
celibate ['selıbıt] [se-li-beit], *a.* Célibe, soltero. *-s.* 1. Celibato, estado de la persona que no ha tomado estado de matrimonio. 2. Célibe.
cell [sel] [sel], *s.* 1. *(Biol.)* Célula, el elemento mínimo de planta o animal que manifiesta libre acción vital; unidad de estructura. Celular (division, wall). 2. Nicho, cavidad pequeña; alveolo. 3. Celdilla de abejas en los panales. 4. Celda, habitación de un religioso o religiosa. Celda (in prison, monastery, honeycomb). 5. Celdilla, cavidad donde se hallan encerradas ciertas semillas. 6. *(Ant.)* Cavidad de los tejidos esponjosos. 7. Celda, par de una batería galvánica. *(Elec.)* Célula; elemento, pila (in battery).
cellar ['selər] [se-la^r], *s.* Sótano, bodega de una casa (for wine); carbonera (for coal). *(Coloq.)* **To be/ finish in the cellar**, estar/llegar en el último lugar.
cellarage ['selərıdʒ] [se-la-reich], *s.* 1. Cueva, sótano, la parte subterránea de un edificio destinada a poner el carbón, el vino y otras cosas. 2. Alquiler que se paga por poner el vino en la bodega de otro.
cellarer ['selərər] [se-la-ra^r], **cellarist** ['selərıst] [se-la-rist], *s.* Cillerero, el despensero de un monasterio.
cellaret ['selərıt] [se-la-rit], *s.* Frasquera, caja de licores.
cellist ['selıst] [se-list] *s.* Violoncelista, violonchelista, chelista.
cello ['tʃeləʊ] [che-lou], *s.* Violoncelo, bajo; abreviatura de violoncello. Violonchelo, chelo.
cellophane ['seləfeın] [se-lo-fein], *s.* Celofán.
cellphone ['selˌfəʊn] [sel-foun] *s.* Teléfono celular.
cellular ['seljʊlər] [se-liu-la^r], *a.* Celular, lo que se compone de varias celdillas o cavidades.
cellule ['seljʊl] [se-liul], *s.* Celdita.
cellulite ['seljəlaıt] [se-la-lait] *s.* Celulitis.
celluloid ['seljʊlɔıd] [se-liu-loid], *s.* Celuloide, compuesto duro elástico, que se forma sometiendo algodón pólvora, alcanfor y otras sustancias a presión hidráulica.
cellulose ['seljʊləʊs] [se-liu-lous], *s.* Celulosa, sustancia insoluble en agua que cubre las células; materia fundamental de las plantas.
celsitude ['selsıtju:d] [sel-si-tiud], *s.* Celsitud, elevación, altura, alteza.
celsius ['selsıəs] [sel-sius] *a.* **20 degrees Celsius**, 20 grados centígrados o Celsio(s).
celt, kelt [kelt] [kelt], *s.* Celta, nombre de los antiguos habitantes de la parte occidental de Europa.
celtic ['keltık] [kel-tik], **keltic** ['keltık] [kel-tik], *a.* Céltico, lo que pertenece a los celtas.
celticism ['keltısızm] [kel-ti-sizem], *s.* Celticismo, costumbre de los celtas.
cement [sə'mənt] [se-ment], *s.* 1. Cemento, argamasa o mezlca muy fuerte para pegar, tapar, etc. 2. Cal arcillosa que se endurece en el agua. 3. Lo que sirve para unir dos cuerpos entre sí. 4. Enlace o vínculo de amistad.
cement, *va.* *(Const.)* Pegar, unir una cosa con otra por medio de una mezcla; argamasa; asegurar, estrechar, solidar. **To cement something (over)**, revestir algo de cemento, cementar algo. Consolidar, fortalecer (make firm/friendship, alliance). *-vn.* Unirse, hacer liga.
cementation [ˌsi:mən'teıʃən] [si-men-tei-shon], *s.* 1. Ligazón, la acción de unirse una cosa con otra. 2. *(Quím.)* Cimentación, afinación de un metal por medio de un cemento; se dice particularmente de la transformación del hierro en acero.
cementer [sı'məntər] [si-men-ta^r], *s.* Ligador, pegador.
cement mixer ['səməntˌmiksər] [se-ment-mik-sa^r] *s.* Hormigonera.
cemetery ['semıtrı] [se-mi-tri], *s.* Cementerio.
cenobite ['senəbaıt] [se-no-bait], *s.* Cenobita, religioso o monje.
cenobitic o cenobitical [senəbaıtık] [se-no-bi-tic], *a.* Cenobítico, el que vive en comunidad.
cenobium ['senəbıəm] [se-no-bium], *s.* 1. Morada de cenobitas. 2. *(Zool.)* Grupo o colonia de protozoarios. 3. *(Bot.)* Entre las algas unicelulares, colonia de individuos independientes unidos por una matriz común.
cenotaph ['senəta:f] [se-no-taf], *s.* Cenotafio, monumento sepulcral erigido para honrar la memoria de algún difunto.
cense [səns] [sens], *va.* Incensar, perfumar con incienso.
censer [sənsər] [sen-sa^r], *s.* Incensario, braserillo con que se inciensa.
censor [sənsər] [sen-sa^r], *s.* 1. Censor, magistrado de Roma que formaba el censo y tenía cuidado de la corrección de las costumbres. 2. Censor, el que todo lo censura y critica. *-va.* Censurar.
censorial ['sənsərıəl] [sen-so-rial], **censorian** ['sənsərıən] [sen-so-rian], *a.* Censorio, lo perteneciente al censor o a su oficio.
censorious ['sənsɔ:rıəs] [sen-so-rios], *a.* Severo, rígido; crítico, maldiciente, sofístico.
censoriously ['sənsɔ:rıəslı] [sen-so-rios-li], *adv.* Severamente, críticamente.
censorship ['sənsəʃıp] [sen-sor-ship], *s.* Censura, el oficio o dignidad de censar.
censual ['sənsʊəl] [sen-sual], *a.* Censual, lo perteneciente al censo.
censurable ['sənʃərəbl] [sen-shu-ra-bol], *a.* Censurable, digno de censura.
censurableness ['sənʃərəblnıs] [sen-shu-ra-bol-nes], *s.* La calidad de ser censurable.
censurably ['sənʃərəblı] [sen-shu-ra-bli], *adv.* Censurablemente.
censure ['senʃər] [sen-sha^r], *s.* 1. Censura, reprensión, crítica. 2. Censura, parecer, opinión. 3. Censura, pena espiritual o eclesiástica como la excomunión, suspensión, etc.

censure, *va.* 1. Censurar, culpar, reprender. 2. Criticar, condenar. 3. Juzgar.
censurer ['senʃərər] [sen-sha-ra[r]] **s.** Censurador, censurante.
censuring ['sensərɪŋ] [sen-sha-rin], *s.* Improperio, censura.
census ['sensəs] [sen-sas], *s.* Censo.
cent [sent] [sent], *s.* 1. Centavo, moneda de cobre de los Estados Unidos, cuyo valor es un centavo o la centésima parte de un peso o dólar. 2. Ciento, en la frase *per cent*, que quiere decir por ciento. **Six per cent** (interés de), seis por ciento. 3. Centésima parte de la unidad en otros sistemas monetarios, como céntimo de franco. **I don't have/it isn't worth a red cent**, no tengo/no vale ni un céntimo o centavo. **To put in one's two cent's worth**, meter baza o cuchara, dar su opinión.
cental ['sentl] [sen-tal], *s.* Quintal, peso de cien libras. *-a.* Perteneciente a un ciento.
centare ['sentɑːr] [sen-ta[r]], *s.* Centiárea, la centésima parte de un área, o sea el metro cuadrado. 1 1/3 yardas cuadradas.
centaur ['sentɔːr] [sen-to[r]], *s.* 1. *(Poét.)* Centauro, monstruo mitad hombre y mitad caballo. 2. Centauro, un signo del zodíaco.
centaurea ['sentərɪə] [se-tau-ria], *s.* *(Bot.)* Centaurea, género de plantas compuestas.
centaury ['sentɔːrɪ] [sen-to-ri], *s.* *(Bot.)* Centaura, o centaurea, planta medicinal.
centenarian [ˌsentɪ'nɛərɪən] [sen-ti-nea-rian], *s.* Centenario, la persona que llega a la edad de cien años.
centenary [sen'tiːnərɪ] [sen-ti-na-ri], *s.* Centena, centenar, centenario, tiempo o plazo de cien años.
centennial [sen'tenɪəl] [sen-te-nial], *a.* Del centenario. *s.* Centenario.
center, (GB) **centre** ['sentər] [sen-ta[r]], *s.* 1. Centro, punto que está en medio de una esfera o de una figura circular; el punto medio de otras figuras (middle point, area). **To be the center of attention**, ser el centro de atención. 2. Punto de atracción o convergencia; punto focal. 3. Punto de emanación; núcleo, origen. 4. Cimbra. 5. *(Pol.)* **He's left of center**, es de centro izquierda. 6. Relleno (filling). **Community center**, centro cívico (site of activity). *(Sport)* Centro (in US football, rugby); pivot, pivote (basketball).
center, (GB) **centre**, *va.* Centrar, colocar o fijar en un centro (position); *(Sport)* lanzar un centro con (ball). **To center something on something/somebody**, centrar algo en algo/alguien (concentrate, focus). **The major industries are centered on Chicago**, las principales industrias están concentradas en Chicago y sus alrededores. *-vn.* 1. Descansar o reposar sobre alguna cosa. 2. Terminar, rematar, confinar; reunirse. **To center on/upon something/somebody**, centrarse en algo/alguien. **His hopes centered on being promoted**, cifraba todas sus esperanzas en que lo ascendieran. **To center on/around something/somebody**, girar alrededor de o en torno a algo/alguien. *-vr.* Colocarse en el centro o en medio.
center-board [ˌsentə'bɔːd] [sen-tar-bord], *s.* *(Mar.)* Orza de deriva, usada especialmente en los yates.
centered ['sentəd] [sen-te-red], *pp.* Concentrado, reunido en centro.
center field [sentə'fiːld] [sen-tar-fild] *s.* Jardín central, centro campo (area/in baseball).
center fielder ['sentəˌfiːldər] [sen-ter-fil-da[r]] *s.* Jardinero centro, centro campo (in baseball).
centerfold [sentə'fəʊld] [sen-ter-fould] *s.* Póster o encarte central.
center forward [sentə'fɔːwɑːd] [sen-ter-for-uard] *s.* Delantero centro.
center half [sentə'hɑːf] [sen-ter-jalf] *s.* Medio centro.
centering ['sentərɪŋ] [sen-te-rin], *s.* 1. Acto u operación de colocar un objeto en el foco del microscopio o anteojo. 2. Acto de practicar un hueco poco profundo en el centro de un objeto. 3. *(Arq.)* Cimbra de arco o bóveda.
center of gravity [sentə'ɒfgrævɪtɪ] [sen-tar-of-gra-vi-ti] *s.* Centro de gravedad.
centerpiece ['sentəpiːs] [sen-ta-pis] *s.* Centro de mesa (decoration); eje (main feature).
centesimal [sen'təsɪməl] [sen-te-si-mal], *a.* Centésimo que llega al número de ciento.
centi- [sentɪ] [sen-ti] *pref.* Centi-
centifolious [ˌsentɪ'fəlɪəs] [sen-ti-fo-lios], *a.* Centifolio, que tiene cien hojas.
centigrade ['sentɪgreɪd] [sen-ti-greid], *a.* Centígrado, de cien grados. En el termómetro centígrado el punto de congelación se marca cero y el de ebullición del agua 100°.
20 degrees centigrades, 20 grados centígrados.
centigram (o **Centigramme**) ['sentɪgræm] [sen-ti-gram], *s.* Centigramo, el peso de la centésima parte de un gramo.
centiliter o centilitre ['sentɪˌliːtər] [sen-ti-li-ta[r]], *s.* Centilitro, la centésima parte de un litro.
centimeter o centimetre ['sentɪˌmiːtər] [sen-ti-mi-ta[r]], *s.* Centímetro, la centésima parte de un metro.
centipede ['sentɪpiːd] [sen-ti-pid], *s.* Cientopiés o ciempiés, insecto venenoso.
centner [sentnər] [sent-ne[r]], *s.* 1. Peso de cien libras = 45.36 kilos. 2. En docimástica, una dracma.
cento ['sentə] [sen-to], *s.* Centón, obra literaria compuesta por la mayor parte de pensamientos entresacados de diferentes autores.
centrad ['sentrəd] [sen-trad], *adv.* *(Zool.)* Hacia el centro.
central ['sentrəl] [sen-tral], *a.* 1. Central, lo que se refiere o pertenece al centro. Central (main); fundamental, principal (problem). **This is central to the success of the project**, esto es fundamental para que el proyecto sea un éxito. 2. Céntrico (in the center/area, street). **Our office is very central**, nuestra oficina está en una zona céntrica o en un lugar muy céntrico. **In central Chicago**, en el centro de Chicago.
Central African Republic [ˌsentrəlˌæfrɪkənrɪ'pʌblɪk] [sen-tral-a-fri-kan-ri-pa-blik] *N.* La República Centroafricana.
Central America ['sentrələ'merɪkə] [sen-tral-a-me-ri-ka] *N.* Centroamérica, América Central.
Central American ['sentrələ'merɪkən] [sen-tral-a-me-ri-kan] *a./s.* Centroamericano, de América Central.
Central Europe ['sentrəl'jʊərəp] [sen-tral-iu-rop] *N.* Europa Central.
Central European ['sentrəl'jʊərəpɪən] [sen-tral-iu-ro-pian] *a./s.* Centroeuropeo, de Europa Central.
central heating ['sentrəlˌhiːtɪŋ] [sen-tral-ji-tin] *s.* Calefacción central.
centralism ['sentrəlɪzm] [sen-tra-lisem], *s.* Centralización.
centrality [sen'trælɪtɪ] [sen-tra-li-ti], *s.* Centralidad, posición central.
centralization [ˌsentrəlaɪ'zeɪʃən] [sen-tra-lai-sei-shon], *s.* Centralización.
centralize ['sentrəlaɪz] [sen-tra-lais], *va.* Centralizar.
centrally ['sentrəlɪ] [sen-tra-li], *adv.* Centralmente. **Centrally heated**, con calefacción central. **It's centrally located**, está en una zona céntrica o en un lugar céntrico.
central reservation ['sentrəlˌrezə'veɪʃən] [sen-tral-re-ser-vei-shon] *s.* (GB) Mediana, bandejón (central).
Central Standard Time ['sentrəlˌstændəd'taɪm] [sen-tral-stan-dard-taim] *s.* Horario de la zona central.
centre ['sentər] [sen-ta[r]] (GB) *V.* CENTER.
centric, centrical ['sentrɪk] [sen-trik], *a.* Central.
centrically ['sentrɪkəlɪ] [sen-tri-ka-li], *adv.* Centralmente.
centricalness ['sentrɪkəlnɪs] [sen-tri-kal-nes], *s.* Situación central.
centrifugal [sen'trɪfjʊgəl] [sen-tri-fiu-gal], *a.* Centrífugo, lo que se aparta o se aleja del centro.
centrifuge ['sentrɪfjuːʒ] [sen-tri-fiush] *s.* Centrifugador.
centripetal [sen'trɪpɪtl] [sen-tri-pi-tal], *a.* Centrípeta, lo que se acerca o tiene tendencia al centro.
centuple ['sentʌpl] [sen-ta-pel], *a.* Céntuplo, centuplicado, cien veces tanto.

centuplicate ['sentʌplɪkeɪt] [sen-ta-pli-keit], *va.* Centuplicar, aumentar cien veces más alguna cosa.
centurial ['sentjʊrɪəl] [sen-iu-rial], *a.* 1. Perteneciente a una centuria del pueblo romano. 2. Secular, referente a un espacio de cien años.
centuriator ['sentjʊrɪətər] [sen-tiu-ria-to^r], **centurist** ['sentjʊrɪʃt] [sen-tiu-rist], *s.* El que distingue los tiempos por siglos.
centurion ['sentjʊrɪən] [sen-tiu-rion], *s.* Centurión, capitán, oficial militar romano que mandaba cien hombres.
century ['sentjʊrɪ] [sen-tiu-ri], *s.* 1. Centuria, siglo; el número de cien años. **In the 19th**, en el siglo XIX. **A centuries-old tradition**, una tradición secular o de siglos. Centena (in cricket). 2. Centuria, cuerpo o fuerza militar romano que un tiempo constó de cien hombres.
CEO *s.* = **chief executive officer**
cephalalgia ['sefələldʒɪə] [sen-tral], *s.* Cefalagia, dolor de cabeza.
cephalic ['sefəlɪk] [se-fa-lik], *a.* Cefálico, útil o perteneciente a la cabeza.
cephalopod ['sefəlɒpɒd] [se-fa-lo-pod], *a.* Perteneciente a los cefalópodos.
cephalopoda ['sefəlɒpɒdə] [se-fa-lo-po-da]», *s. pl.* Cefalópodos, clase de moluscos caracterizados por largos brazos o tentáculos.
cepheus ['sefɪəs] [se-fios], *s.* Cefeo, constelación boreal, cerca del Dragón y Casiopea.
ceraceous ['serəʃəs] [se-ra-shos], *a.* Ceráceo, de la naturaleza de la cera o semejante a ella.
ceramic ['seræmɪk] [se-ra-mik], *a.* Cerámico, relativo al arte de la fabricación de objetos de tierra, loza y porcelana. De cerámica (pot). **Ceramic tile**, azulejo (for walls); baldosa (for floors). **Ceramic art**, arte cerámica.
ceramics ['seræmɪks] [se-ra-miks], *s.* 1. Arte cerámica, alfarería; el arte de modelar barro, etc. (art, process). 2. Alfarería, los objetos hechos de barro o porcelana (objects).
cerasin ['serəsiːn] [se-ra-sin], *s.* Cersina, goma del cerezo, ciruelo, etc.
cerastes ['serəstəs] [se-ras-tes], *s.* Cerasta o cerastes, una especie de culebra venenosa de África.
cerate ['sereɪt] [se-reit], *s.* Cerato, composición de cera, aceite o resina, con medicamentos; permanece siempre sólida.
cerated ['sereɪtɪd] [se-rai-tid], *a.* Encerado.
cerberean ['sərbɪrɪən] [ser-bi-rian]», *a.* Parecido al cancerbero o relativo a él.
cere ['siːr] [si^r], *va.* Encerar, dar con cera.
cereal ['sɪərɪəl] [si-rial], *a.* Cereal, lo que pertenece a los granos farináceos. *-s.* Planta farinácea, como el trigo, centeno, cebada, etc., y el grano que produce. Cereal (plant, grain); cereales (breakfast).
cerebellar ['serɪbelər] [se-ri-be-la^r], *a.* Relativo o perteneciente al cerebelo.
cerebellum [ˌserɪ'beləm] [se-ri-be-lum], *s.* Cerebelo, la parte posterior del cerebro.
cerebral ['sentrəl] [sen-tral], *a.* Cerebral. **Cerebral palsy**, parálisis cerebral, diplejía espástica.
cerebrate ['serɪbreɪt] [se-ri-breit], **vn**. Exhibir actividad mental, pensar.
cerebration [ˌserɪ'breɪʃən] [se-ri-brei-shon], *s.* Función cerebral, sea o no consciente y voluntaria.
cerebrum ['serəbrəm] [se-ri-brum], *s.* Cerebro; encéfalo.
cerecloth ['serɪklɒθ] [se-ri-kloz], *s.* Encerado, hule, lienzo aderezado con cera, goma o cualquier otra materia glutinosa.
ceremonial [ˌserɪ'məʊnɪəl] [se-ri-mou-nial], *a.* y *s.* Ceremonial; rito externo; conjunto de formalidades o ceremonias de un acto público y solemne (occasion). Ceremonial (robes).
ceremonialness [ˌserɪ'məʊnɪəlnɪs] [se-ri-mou-nial-nes], **ceremoniousness**, [ˌserɪ'məʊnɪəsnɪs] [se-ri-mou-nios-nes], *s.* Ceremoniosidad.
ceremonious [ˌserɪ'məʊnɪəs] [se-ri-mou-nios], *a.* 1. Ceremonial, lo que toca o pertenece al uso de ceremonias. 2. Ceremonioso, cumplimentero, etiquetero. 3. Ceremoniático, importuno a fuerza de ceremonias.
ceremoniously [ˌserɪ'məʊnɪəslɪ] [se-ri-mou-nios-li], *adv.* Ceremoniosamente.
ceremony ['serɪmənɪ] [se-ri-mo-ni], *s.* 1. Ceremonia, los ritos y fórmulas que se usan en el culto divino. 2. Ceremonia, cumplido, especie de cortesía que usan los hombres unos con otros. 3. Ceremonias, fórmulas exteriores que se observan por razón de estado. **The book of ceremonies**, ceremonia. **Without ceremony**, con franqueza, con toda libertad. **Master of ceremonies**, maestro de ceremonias. **To stand on ceremony**, ser muy ceremonioso. **Don't stand on ceremony**, déjate de ceremonias.
cereous ['serɪəɪs] [se-rious], *a.* Hecho de cera o parecido a ella.
cereus ['siːrɪəs] [si-rios], *s.* Género de los cactos con flores grandes, laterales, tubulares y a menudo nocturnas. El *Cereus giganteus*, de Arizona, es a veces de sesenta pies de alto y dos de diámetro.
cerinthian ['serɪntɪən] [se-rin-zian], *s.* Cerintio, el que sigue la herejía de Cerinto, mezcla de cristianismo, judaísmo y paganismo.
cerise [sə'riːz] [se-ris] *a./s.* Color guinda.
cerite [sə'raɪt] [se-rait], *s.* Cerita, silicato de cerio, mineral muy escaso, resinoso.
cerium [sə'rɪəm] [se-rium], *s.* Cerio.
cernuous [sə'nʊəs] [ser-nuos], *a.* Que tiene la extremidad superior inclinada; que se dobla e inclina, como una flor.
cerograph ['serəgræf] [se-ro-graf], *s.* Grabado o escritura sobre cera.
ceroplastic [serə'plæstɪk] [se-ro-plas-tik], *s.* Ceroplástica, arte de modelar en cera.
cerris [sə'riːz] [se-ris], *s. (Bot.)* Especie de encina.
cert [sɜːt] [sert] *s.* (GB) *(Sl.)* **He's a dead cert to win an award**, seguro que se lleva un premio.
certain ['sɜːtən] [ser-tein], *a.* 1. Cierto, claro, evidente, manifiesto, indudable, incontestable, lo que no admite duda. Seguro (definite). **They were heading for certain death**, iban a una muerte segura. **She made certain of a good seat by arriving early**, llegó temprano para asegurarse una buena localidad. **It's not certain (that) they'll approve of the idea**, no es seguro que aprueben la idea. **It's certain to rain**, seguro que llueve. **For certain**, con certeza. **I can't say for certain**, no lo puedo decir a ciencia cierta. 2. Cierto, alguno, un tal. **A certain Jill Brown**, una tal Jill Brown. 3. Cierto, determinado, fijo. **It's only open certain days**, está abierto solamente ciertos días. **He has a certain something**, tiene un no sé qué o un algo especial. **A certain person refused to go**, cierta persona se negó a ir, alguien que yo conozco se negó a ir. 4. Cierto, seguro. **To be certain for something**, estar seguro de algo (convinced). **I feel certain that it was a mistake**, tengo la seguridad o la certeza de que fue un error. **I checked the list to make certain (that)...**, revisé la lista para asegurarme de que...
certain, *pron.* **Certain of his colleagues/her works**, ciertos colegas suyos/ciertas obras suyas.
certainly ['sɜːtənlɪ] [ser-tein-li], *adv.* 1. Ciertamente, indudablemente, sin duda, a la verdad. 2. Seguramente, sin falta. **We're almost certainly going to win**, es casi seguro que vamos a ganar (definitely). **Do you see what I mean?-Certainly**, ¿te das cuenta de lo que quiero decir?-desde luego. **He's certainly intelligent but...**, no hay duda de que es inteligente, pero...; es cierto que es inteligente, pero... **I certainly won't be buying anything there again!**, por cierto que, o por supuesto que no voy a volver a comprar nada allí (emphatic). **He may be rich, but he certainly isn't generous**, será rico, pero de generoso no tiene nada. **Certainly, sir**, por supuesto o cómo no, señor. **Certainly not!**, ¡de ninguna manera!, ¡por supuesto que no!
certainness ['sɜːtənnɪs] [ser-tein-nes], **certainty** ['sɜːtəntɪ] [ser-tein-ti], *s.* 1. Certeza, seguridad (conviction, belief); certidumbre, conocimiento cierto de alguna cosa y que

excluye toda duda. 2. Seguridad, verdad. **There is no certainty in him**, no se puede tener confianza en él; no hay que confiar en él. **Defeat is now a certainty**, la derrota es algo seguro o es cosa segura (certain event).

certes ['sɜːtəs] [ser-tes], *adv. (Ant.)* Ciertamente, en verdad.

certifiable [ˌsɜːtɪ'faɪəbl] [ser-ti-fai-eibol] *a.* Demente.

certificate [sə'tɪfɪkɪt] [ser-ti-fi-ket], **certification** [ˌsɜːtɪfɪ'keɪʃən] [ser-ti-fi-kei-shon], *s.* Certificación, testimonio, certificado. **Certificate of baptism**, Fe de bautismo.

certificate, *va.* Certificar.

certify ['sɜːtɪfaɪ] [ser-ti-fai], *va.* Certificar (facts, claim, death); atestiguar, afirmar. **This is to certify that...**, por la presente certifico o doy fe de que... Declarar demente (declare insane). **He isn't certified to teach in this state**, no está habilitado para ejercer la docencia en este estado (license). **Certified milk**, leche con garantía sanitaria. **Certified public accountant**, contador público, censor jurado, de cuentas.

certiorari ['sɜːtɪərərɪ] [ser-tio-ra-ri], *s. (For.)* Auto de uno de los tribunales superiores de justicia avocando a sí la causa que pende en un tribunal inferior.

certitude ['sɜːtɪtjuːd] [ser-ti-tiud], *s.* Certidumbre, certeza.

cerulean [sɪ'ruːlɪən] [si-ru-lian], *a.* Cerúleo, azul obscuro.

cerulific ['sɪrəlɪfɪk] [si-ru-li-fik], *a.* Lo que puede dar color cerúleo.

cerumen [sɪ'ruːmen] [se-ru-men], *s.* Cera de los oídos, cerilla.

ceruse ['səruːs] [se-rus], *a.* 1. Cosa que tiene albayalde. 2. Mujer que usa el albayalde u otro afeite.

cervical ['sɜːvɪkəl] [ser-vi-kal], *a.* Cervical, lo que pertenece al cuello. Del cuello del útero. **Cervical smear**, citología.

cervix ['sɜːvɪks] [ser-viks], *s.* Cerviz, el cuello, o lo que a él se parece, y en especial la parte posterior del cuello. Cuello del útero.

cesarean (section) [siː'zɛərɪən] [si-sea-rian] *s.* Cesárea.

cespititious ['sespɪtɪʃəs] [ses-pi-ti-shos], *a.* Hecho de césped.

cespitose ['sespɪtəs] [ses-pi-tous], *a.* De césped, lo que crece en grupos o espesuras como el césped.

cess [ses] [ses], *va.* Amillarar.

cessation ['sezeɪʃən] [se-sei-shon], *s.* Cesación, interrupción, suspensión, intermisión, parada.

cession ['seʃən] [se-shon], *s.* Cesión, la acción de ceder o la acción con que un hombre cede a otro el derecho que tiene alguna cosa.

cessionary ['seʃənərɪ] [se-sho-na-ri], *a.* y *s.* Cesionario, que hace cesión.

cessor ['seʃər] [se-shoʳ], *s. (For.)* 1. El que descuida cumplir con lo que debe dentro del término legal. 2. Asesor. 3. Tasador. 4. Repartidor, amillarador.

cesspool o **cesspit** ['sespuːl] [ses-pul] ['sespɪt] [ses-pit], *s.* Sumidero, pozo de letrina, hoyo cubierto para recibir las inmundicias de un edificio. Pozo negro, séptico, o ciego.

cest [sest] [sest], *s.* Ceñidor.

cestus ['sestəs] [ses-tus], *s.* 1. Ceñidor de Venus. 2. Manopla guarnecida de hierro.

cesura, *s. V.* CAESURA.

cetacean ['setəʃən] [se-ta-shan], *s.* Uno de los cetáceos, como la ballena.

cetaceous ['setəʃəs] [se-ta-shos], *a.* Cetáceo, de la especie de la ballena.

Ceylon [sɪ'lɒn] [si-lon] *s. (Hist.)* Ceilán.

cf (compare) cf.

CFC *s.* = **chlorofluorocarbon**

ch *s.* (*pl.* **chs**) (= **chapter**) c.

cha ['tʃɑː] [cha], *s.* El té; especie de té arrollado que se usa en el Asia central.

chablis ['tʃɑːblɪs] [cha-blis], *s.* Nombre de un vino blanco hecho cerca de Chablis, en Francia.

chafe [tʃeɪf] [cheif], *va.* 1. Rozar, frotar, estregar, ludir, escaldar, calentar alguna cosa frotándola. 2. Enojar, enfadar, irritar. *-vn.* 1. Enojarse, enfadarse, acalorarse; fricarse; desollarse. 2. Rozar (rub). 3. Irritarse. **He chafed at the restrictions**, le irritaban las trabas.

chafe *s.* Acaloramiento, rabia, furor, cólera, ardor.

chafer ['tʃɑːfər] [cha-feʳ], *s.* 1. Especie de escarabajo. 2. Escalfador, jarro de metal para calentar agua.

chafery ['tʃɑːfərɪ] [cha-fe-ri] *s.* Fragua o forja en la herrería.

chaff [tʃɑːf] [chaf], *s.* 1. Zurrón u hollejo, la cáscara del grano que se separa después de trillado y aventado. 2. Arista, cascabillo, gluma o funda exterior de las gramíneas; también paja menuda. 3. *(Met.)* Paja, broza, tamo, lo que es de ningún valor o entidad (worthless material). Barcia, ahechaduras (husks). 4. Befa, burla, zumba.

chaffer ['tʃɑːfər] [cha-faʳ], *vn.* Regatear, baratear.

chaffinch ['tʃæfɪntʃ] [cha-finch], *s. (Orn.)* Pinzón, pájaro. Fringilla coelebs.

chaffless ['tʃɑːflɪs] [chaf-les], *a.* 1. Sin zurrón u hollejo; mondado. 2. Sólido, profundo, lo que no tiene paja.

chaffy ['tʃɑːfɪ] [cha-fi], *a.* Pajizo, lleno de zurrón u hollejo.

chafing ['tʃɑːfɪŋ] [cha-fin], *s.* Desolladura, escaldadura, fricción.

chafing dish ['tʃɑːfɪŋˌdɪʃ] [cha-fin-dish], *s.* Infiernillo, anafe.

chagas' disease [ˌtʃɑːgæs'dɪsiːs] [cha-gas-di-sís], Enfermedad de Chagas.

chagrin ['ʃægrɪn] [sha-grin], *s.* 1. Mal humor o mala condición, enfado, pesadumbre, disgusto, desazón, pena. 2. Disgusto, desilusión. **To my/his chagrin**, para mi/su disgusto.

chagrin *va.* Enfadar o provocar la ira, vejar, entristecer, desazonar, enfadar, amohinar.

chain [tʃeɪn] [chein], *s.* 1. Cadena, serie de muchos anillos o eslabones unidos unos a otros; serie o sucesión (series). **A chain of events**, una cadena o concatenación de acontecimientos. **Mountain chain**, cadena montañosa o de montañas. **To be in chains**, estar encadenado. **Chain of office**, collar que es atributo de un cargo oficial. 2. Encadenamiento, enlace de causas, ideas, etc. 3. Cadena, grillete. 4. Cadena de agrimensor; también medida de 66 pies ingleses o 20.1164 metros. 5. Cadena entre los tejedores; los hilos por donde pasa la trama. **Chain of rocks**, arrecife de piedras. En plural es servidumbre, cautiverio, esclavitud. **Chain-gang**, cadena de presidiarios. **Chain-plates**, *(Mar.)* cadenas de las vigotas. **Chain-pump**, *(Mar.)* bomba de cadena. **Chain-shot**, *(Art.)* balas encadenadas o balas entramadas.

chain, *va.* 1. Encadenar. 2. Esclavizar. 3. Poner cadena a alguna cosa. 4. Enlazar, unir, juntar. **To chain something/somebody to something**, encadenar algo/alguien a algo. **Chain up**, encadenar.

chain letter ['tʃeɪnˌletər] [chein-le-tar] *s.* Carta (de una cadena).

chain mail ['tʃeɪn'meɪl] [chein-meil] *s.* Cota de malla.

chain reaction ['tʃeɪnriː'ækʃən] [chein-riak-shon], *s.* Reacción en cadena.

chain saw ['tʃeɪnˌsɔː] [chein-so] *s.* Motosierra, sierra de cadena.

chainsmoke ['tʃeɪnʃsməʊk] [chein-smouk] *vn.* Fumar un cigarrillo tras otro.

chainsmoker ['tʃeɪnsməʊkər] [cheins-mou-kaʳ] *s.* Persona que fuma un cigarrillo tras otro.

chainstore ['tʃeɪnstɔːr] [cheinstoʳ] *s.* Tienda de una cadena.

chainwork ['tʃeɪnˌwɔːk] [chein-uork], *s.* Cadeneta, labor o trabajo hecho en figura de cadena.

chair [tʃɛər] [cheaʳ], *s.* 1. Silla o taburete, asiento portátil (seat). 2. Silla, asiento de juez u otra persona constituida en autoridad. 3. Silla de manos. 4. Sillón, asiento de la presidencia en una asamblea o cuerpo legislativo: por extensión, presidente (de una asamblea o congreso). **Arm chair**, silla de brazos o poltrona; sillón, butaca. **Privy-chair**, sillico o servicio. 5. Silla volante. **Hair-bottomed chairs**, sillas con asientos de crin. **Cane-bottomed chairs**, sillas de junquillo. **Rocking-chair**, mecedora. (Cuba) Columpio. **Pivot-chair**, silla giratoria. 6. Calesín, volanta o volante,

quitrín. 7. Cojinete (de ferrocarril). **The chair is taken**, se ha abierto la sesión. **Professor's chair**, cátedra (at university). **To be in/take the chair**, presidir.
chair lift ['tʃɛəlɪft] [chea-lift], *s.* 1. Telesilla, telesquí. 2. Montaescaleras.
chairman ['tʃɛəmən] [chear-man], *s.* 1. Presidente de una junta o reunión. 2. Silletero, el que está asalariado para llevar silla de manos; o sillero, el que hace o vende sillas.
chairmanship ['tʃɛəmənʃɪp] [chear-man-ship], *s.* Presidencia (de un comité, una asamblea, etc.)
chairperson ['tʃɛə,pɜːsn] [chea-per-son] *s.* Presidente, presidenta.
chairwoman ['tʃɛə,wʊmən] [chea-uo-man] *s.* Presidenta.
chaise ['ʃeɪz] [sheis], *s.* 1. Silla volante. 2. Coche de cuatro ruedas. **Post-chaise**, silla de posta.
chaise longue ['ʃeɪz] [sheis], *s.* Canapé, tipo de sofá muy cómodo.
chalaza ['ʃəlæsə] [sha-la-sa], *s.* 1. *(Zool.)* Chalaza, cada uno de los ligamentos que unen la yema del huevo a los polos del mismo. 2. *(Bot.)* Chalaza, cordón de algunas semillas.
chalcedony ['tʃəlsɪdɒnɪ] [chal-si-do-ni], *s.* Calcedonia, cuarzo no cristalizado y muy translúcido.
chaldaic ['tʃəldaɪk] [chal-daik], **chaldean** ['tʃaldɪən] [chal-dian], *a.* Caldaico, caldeo, lo que pertenece a Caldea. *-s.* **Chaldaic, chaldee**, idioma caldeo.
chaldron ['tʃældrɒn] [chal-dron], *s.* Chaldrón, peso o medida de carbón y cok.
chalet ['ʃæleɪ] [sha-lei], *s.* 1. Casita de labrador suizo. 2. Quinta de forma y construcción parecidas a las de las casas suizas. 3. Chalet de montaña (cabin). 4. (GB) Bungalow (in motel).
chalice ['tʃælɪs] [cha-lis], *s.* Cáliz.
chalk [tʃɔːk] [chok], *s.* *(Geol.)* Creta, caliza. **To be as different as chalk and cheese**, ser (como) la noche y el día o (como) el día y la noche. Greda, marga; clarión, tiza (for writing). **A piece of chalk**, una tiza. (GB) *(Coloq.)* **Not by a long chalk**, ni mucho menos. *(Amer.)* Tizate. **French chalk**, espuma de mar. Jaboncillo de sastre, esteatita usada para marcar sobre telas. **Chalk-cutter**, cavador de greda. **Chalk-pit**, pozo del que se saca la greda. **Chalk-stone**, pedazo de greda, o tiza.
chalk, *va.* 1. Engredar. 2. Señalar, marcar o dibujar con lápiz o yeso; escribir con tiza (write with chalk). 3. Margar, abonar con greda o con marga.
chalk up, Escribir, anotar (write on blackboard). Apuntarse, anotarse (win, success). *(Coloq.)* **To chalk something up to somebody**, anotar algo en la cuenta de alguien.
chalkboard ['tʃɔːkbɔːd] [cholk-bord] *s.* *V.* BLACKBOARD.
chalky ['tʃɔːkɪ] [chol-ki], *a.* Gredoso, yesoso, lo que tiene greda o yeso; calcáreo (containing chalk); terroso (like chalk); lleno de tiza (covered in chalk).
challenge ['tʃælɪndʒ] [cha-lendch], *va.* 1. Desafiar, retar, provocar a combate o desafío: poner a prueba (summon). **To challenge somebody to**, desafiar a alguien a. **No one can challenge the leaders**, nadie puede hacer peligrar la posición de los líderes. 2. Acusar, imputar. Cuestionar (question/authority, findings); poner en entredicho o en duda o en tela de juicio (assumption/theory). 3. Recusar, tachar o poner excepción a un juez, ministro o testigo. 4. Alegar derecho a alguna cosa; pedir pretender. 5. Citar a uno para el cumplimiento de alguna condición. 6. *(Mil.)* Dar el quién vive; darle el alto a (stop). 7. Suponer o constituir un reto o un desafío para (stimulate/job).
challenge, *s.* 1. Desafío, reto (to duel, race); el papel, billete o cartel de desafío. **To issue a challenge to somebody**, desafiar o retar a alguien. 2. Demanda, pretensión, la acción de pedir lo que se debe. 3. Recusación 4. Concurso, de los que se disputan algún premio o destino; reto, desafío (stimulation). 5. Alto (by policeman, sentry).
challengeable ['tʃælɪndʒəbl] [cha-len-cha-bol], *a.* Sujeto o expuesto a desafío o acusación, recusable.
challenger ['tʃælɪndʒər] [cha-len-ye[r]], *s.* Desafiador, duelista, agresor; demandante. Contendiente, rival. **The challenger for the title**, el/la aspirante al título.
challenging ['tʃælɪndʒɪŋ] [cha-lind-yin] *a.* 1. Que da que pensar, que cuestiona ideas establecidas (movie, book). 2. Que supone o constituye un reto o un desafío (task). 3. Desafiante, retador (look, tone).
challis ['tʃælɪs] [cha-lis], *s.* Chalí, tela ligera de lana.
chalumeau ['tʃæləmɔː] [cha-lu-mo], *s.* El registro más bajo del clarinete.
chalybean ['tʃælɪbiːn] [cha-li-bin], *a.* Calibeado, lo perteneciente a los antiguos calibes en Asia menor, famosos artífices en hierro y acero.
chalybeate ['tʃælɪbiːt] [cha-li-bit], *a.* Impregnado con hierro o acero. *-s.* Agua ferruginosa.
chama ['tʃæmə] [cha-ma], *s.* El molusco de mayor tamaño conocido hasta el día, que llega a pesar 500 libras.
chamade ['tʃæmɑːd] [cha-mad], *s.* *(Mil.)* Llamada, señal que se hace con la caja o clarín para parlamentar y a veces para rendirse.
chamber ['tʃeɪmbər] [cheim-ba[r]], *s.* 1. Cámara, cuarto, habitación, aposento, pieza habitable de una casa. **Bed-chamber**, alcoba, dormitorio. *(Mex.)* Recámara. **Chamber-pot**, orinal. 2. Cámara, tribunal o sala de justicia. 3. **Chamber of commerce**, Cámara de Comercio. 4. **Chamber of a pump**, *(Mar.)* almacén de una bomba. 5. *(Art.)* Cámara, la parte hueca del cañón que ocupa la carga, recámara (of gun). 6. *(Art.)* Cámara de mina, la cavidad en donde se pone pólvora en una mina. **Chamber of London**, cámara o ayuntamiento de Londres, o su tesoro público. **Chamber of presence**, sala de estrado. **Judge's chamber**, gabinete del juez. **Condensing chamber**, condensador. **Chamber-council** (a) comunicación confidencial; (b) junta o consejo secreto. **Chamber-counsel**, jurisconsulto, abogado que da su parecer sin presentarse ante el tribunal. **Chamber-organ**, órgano portátil. **Chamber-practice**, la práctica del jurisconsulto o consejero que da su parecer sin presentarse en los tribunales.
chamber, *va.* 1. Hacer la cámara de un cañón. 2. Ajustar a la cámara. *-vn.* 1. Ajustarse de una manera compacta los perdigones de un cartucho. 2. *(Ant.)* Entregarse a la lascivia.
chamberer ['tʃeɪmbərər] [cheim-ba-ra[r]], *s.* *(Ant.)* Galancete, hombre faldero, mujeriego y galanteador; libertino, disoluto.
chamber-fellow ['tʃeɪmbə'feləʊ] [cheim-ba-fe-lou], *s.* Compañero de cuarto, el que duerme en la misma pieza que otro.
chambering ['tʃeɪmbərɪŋ] [cheim-ba-rin], *s.* 1. División en compartimientos. 2. *(Des.)* Lascivia, liviandad.
chamberlain ['tʃeɪmbəlɪn] [cheim-ba-lin], *s.* 1. Jefe de cámara. **Lord chamberlain**, gran chambelán; camarlengo o camarero mayor. 2. Recibidor de rentas.
chamberlainship ['tʃeɪmbə'lɪnʃɪp] [cheim-ba-lin-ship], *s.* Oficio de camarero.
chamber-lye, *s.* *V.* URINE.
chamber-maid ['tʃeɪmbə'meɪd] [cheim-ba-meid], *sf.* 1. Doncella de una señora; camarera. 2. Criada de sala.
chamber music ['tʃeɪmbəmjuːsɪk] [cheim-ba-miu-sik] *s.* Música de cámara.
chambray ['tʃæmbreɪ] [cham-brei], *s.* Cambray, o batista, lienzo blanco muy delgado.
chameleon [kə'miːlɪən] [ca-mi-lion], *s.* Camaleón, especie de lagarto.
chamfer ['tʃæmfər] [cham-fa[r]], *va.* Acanalar, arrugar, estriar.
chamfer, chamfret ['tʃæmfret] [cham-fret], *s.* Canal, arruga, estría, bisel.
chamfrain ['tʃæmfreɪn] [cham-frein], *s.* Testera, armadura para la frente de un caballo de guerra o de batalla. *Cf.* CHANFRIN.
chamois ['ʃæmwɑː] [sha-mua], *s.* *(Zool.)* Gamuza, especie de cabra montés. **Chamois leather**, gamuza.

chamomile ['kæməʊmaɪl] [ka-mou-mail], *s.* Manzanilla; camomila, hierba de flores medicinales. **Chamomile tea**, manzanilla.
champ [tʃæmp] [champ], *va.* Morder, mascar, mordiscar (chew).
champ, *s. (Coloq.)* Campeón.
champagne [ʃæm'peɪn] [sham-pein], *s.* 1. Vino de Champaña; champán. Color champán (color). 2. *s.* Campiña, campo descubierto, llanura.
champak ['tʃəmpæk] [cham-pak], *s.* Árbol sagrado del Indostán con flores color de oro y muy fragantes. Pertenece a las magnoliáceas.
champertor ['ʃæmpektər] [sham-pek-to^r], *s.* Pleitista o litigante que quiere tener parte de la cosa litigada.
champerty ['ʃampətɪ] [sham-per-ti], *s.* Mantenimiento de un pleito para recibir parte de la cosa litigada.
champion ['tʃæmpɪən] [cham-pion], *s.* 1. Defensor de una causa, doctrina o persona. **She's a champion of lost causes** es una defensora de pleitos perdidos o de causas perdidas. 2. *(Hist.)* Paladín, campeón, el que mantenía contienda o batalla por medio de las armas. 3. Héroe, guerrero. 4. *(Sport)* Campeón.
champion, *va.* Abogar por, defender.
championess ['tʃæmpɪənnɪs] [cham-pion-nes], *s.* Campeona, defensora; abogada.
championship ['tʃæmpɪənʃɪp] [cham-pion-ship] *s. (Sport)* Campeonato.
chance [tʃɑːns] [chans], *s.* 1. Fortuna, ventura, suerte. 2. Acaso, suceso, lance, accidente, casualidad, azar (fate), contingencia. **It was pure chance that we met**, nos encontramos por pura casualidad. **To leave nothing to chance**, no dejar nada al azar. 3. Riesgo, peligro (risk). **Don't take any chances**, no te arriesgues, no corras riesgos. 4. *(Mat.)* Probabilidades. 5. Oportunidad, ocasión (opportunity). **To jump/leap at the chance**, aprovechar o no dejar escapar la oportunidad u ocasión. **The chance of a lifetime**, la oportunidad de su vida. **Give them half a chance and they'll fleece you**, en cuanto te descuidas te despluman. 6. Posibilidad, chance (likelihood). **They don't stand much of a chance**, lo tienen difícil. *(Coloq.)* **Not a chance/no chance!**, ¡ni en broma! **It's a million-to-one chance** o **a chance in a million**, las posibilidades son muy remotas. *(Coloq.)* **(The) chances are (that)...**, lo más probable es que ... (GB) **To be in with a chance**, tener posibilidades o chances. **By chance**, por ventura, casualmente, por acaso, por casualidad. **Have you seen my hat by any chance?**, ¿has visto mi sombrero por casualidad? **There is no chance**, no hay esperanza, remedio, escape. **He met me by chance**, me encontró por casualidad. **The main chance**, lo sólido, lo esencial. **To stand a chance**, tener suerte. **To take one's chance**, correr el riesgo, aventurarse. **The doctrine of chances**, el cálculo de las probabilidades.
chance, *a.* Fortuito, casual (meeting, occurrence); accidental. *-adv.* Casualmente, por acaso.
chance, *vn.* Acaecer, suceder, acontecer. **If my letter should chance to be lost**, si acaso se perdiese mi carta. *va.* **To chance it**, arriesgarse, correr el riesgo (risk). **I just chanced to be passing your office**, pasaba por tu oficina por casualidad (happen). **Chance on, chance upon**, encontrar por casualidad (object); encontrarse por casualidad con (person).
chancel ['tʃɑːnsəl] [chan-sel], *s.* Presbiterio en la iglesia.
chancellor ['tʃɑːnsələr] [chan-se-lo^r], *s.* 1. Canciller (premier); cancelario. **Chancellor of the Exchequer**, *(Ingl.)* ministro de hacienda. **Lord High Chancellor**, ministro de Justicia o gran canciller. 2. Rector (at university).
chancellorship ['tʃɑːnsələˌʃɪp] [chan-se-lor-ship], *s.* Cancillería, el empleo y la dignidad de canciller.
chance-medley [tʃɑːns'medlɪ] [chans-med-li], *s. (For.)* Homicidio, casual; propiamete, es el homicidio cometido en defensa propia en una riña repentina.
chancery ['tʃɑːnsərɪ] [chan-se-ri], *s.* 1. Cancillería. 2. Tribunal de justicia que conoce de casos no contemplados por el derecho consuetudinario o el escrito.
chancre ['ʃæŋkər] [shan-ke^r], *s.* Úlcera venérea. *(Vul.)* Chancro.
chancrous ['tʃænkrəs] [chan-kros], *a.* Ulceroso.
chancy ['tʃɑːnsɪ] [chan-si], *a. (Fam.)* Expuesto a riesgo; incierto; aventurado, peligroso.
chandelier [ˌʃændəlɪər] [shan-de-lia^r], *s.* Araña de luces, candelero cornupia. *(Méx.)* Candil.
chandler ['tʃɑːndlər] [chand-la^r], *s.* Cerero o velero, el que hace o vende velas de cera o sebo. **Chandler's shop**, lonja, abacería, tienda de víveres. *(Am.)* Pulpería. *(Mex.)* Tienda. **Ship-chandlery**, abastecedor de buques. **Wax-chandler**, cerero. **Tallow-chandler**, velero. **Corn-chandler**, triguero, el que vende trigo y granos.
chandlery ['tʃɑːndlərɪ] [chand-le-ri], *s.* Todas las cosas que se venden en las tiendas de granos, velas, etc.; mercería. **Ship-chandlery**, almacén donde se vende toda especie de artículos necesarios para los barcos.
chanfrin ['tʃɑːnfrɪn] [chan-frin], *s.* Frente o faz del caballo.
change [tʃeɪndʒ] [cheinch], *va.* 1. Poner una cosa en lugar de otra. 2. Cambiar, trocar una cosa por otra. 3. Cambiar, reducir una moneda mayor a varias menores (into smaller denominations). **Can anyone change $20?**, ¿alguien me puede cambiar 20 dólares? **To change something into something**, cambiar algo en algo o a algo (into foreign currency). 4. Convertir, transmutar, cambiar (appearance, rules, situation/tire, oil, sheets). **The sorcerer changed him into a stone**, el mago le convirtió en piedra. **To change one's address/doctor**, cambiar de dirección/médico. **To change one's clothes**, cambiarse de ropa. **To change color**, cambiar de color. **Let's change the subject**, cambiemos de tema. **I wouldn't want to change places with her**, no quisiera verme en su lugar (exchange). **He changed it for a red one**, lo cambió por uno rojo. 5. Mudar de genio o de vida. 6. *(Transp.)* **You have to change trains at Nice**, tienes que hacer transbordo o cambiar de trenes en Niza. *-vn.* 1. Mudar, variar, alterarse, corregirse. Cambiar (become different). **I can't believe how much she has changed**, me parece increíble lo mucho que ha cambiado. **To change into something**, convertirse o transformarse en algo. **The scene changes to wartime Rome**, la escena pasa o se traslada a Roma durante la guerra (from one thing to another). **Changing**, cambiante (needs, role, moods). 2. Cambiarse (put on different clothes). **She changed into a black dress**, se cambió y se puso un vestido negro. **I'm going to change into something more comfortable**, me voy a poner algo más cómodo. **To get changed**, cambiarse. *(Transp.)* Cambiar, hacer transbordo.
change around [ˌtʃeɪndʒə'raʊnd] [cheinch-araund] Cambiar de sitio o de lugar (rearrange). Cambiar.
change over [ˌtʃeɪndʒ'əʊvər] [cheinch-ou-va^r] Cambiar (change function, system). **To change over to something**, cambiar a algo, adoptar algo.
change round, *V.* CHANGE AROUND.
change, *s.* 1. Mudanza, variedad, conversión, variación de estado que tienen las cosas; cambio (alteration). Muda (of clothes). **A change in temperature**, un cambio de temperatura. **There's been a change in the weather**, ha cambiado el tiempo. **To make changes to something**, hacerle cambios a algo. **A change for the better/worse**, un cambio para mejor/peor. **A change of address**, un cambio de dirección (replacement). **To have a change of heart**, cambiar de idea. **For a change**, para variar. **To ring the changes**, introducir variaciones. **A change is as good as a rest**, con un cambio de actividad se renuevan las energías. 2. Vicisitud. 3. Cambio, dinero menudo, sencillo, feria, menudo (coins). **One dollar in change**, un dólar en monedas. Cambio, vuelto, vuelta, vueltas (money returned). **Keep the change**, quédese con el cambio. **You won't get much change from/out of $1,000**, no te costará mucho menos de

1.000 dólares. 4. Lonja o bolsa, lugar donde se reunen los comerciantes a tratar sus negocios. En este sentido es abreviatura de EXCHANGE. **I have no change**, no tengo suelto o no tengo cambio. **Change of the moon**, interlunio, cuarto de luna. **Change of clothes**, muda de ropa. **Change of life**, la edad crítica, cesación final del menstruo.

changeability [ˌtʃeɪndʒəˈbɪlɪtɪ] [cheinch-a-bi-li-ti], *s.* Mutabilidad.

changeable [ˈtʃeɪndʒəbl] [chein-cha-bol], *a.* 1. Voluble, variable, inconstante, veleidoso. 2. Mudable, lo que se puede mudar. 3. Cambiante, tornasolado, hablando de géneros.

chageableness [ˈtʃeɪndʒəblnɪs] [chein-cha-bol-nes], *s.* Mutabilidad, volubilidad, inconstancia.

changeably [ˈtʃeɪndʒəblɪ] [chein-cha-bli], *adv.* Inconstantemente.

changeful [ˈtʃeɪndʒfʊl] [cheinch-ful], *a.* Inconstante, variable, voltario, veleidoso.

changeless [ˈtʃeɪndʒlɪs] [cheinch-les], *a.* Constante, inmutable.

changeling [ˈtʃeɪndʒəlɪŋ] [chein-cha-lin], *s.* 1. Un niño cambiado por otro, sea por equivocación o de intento. 2. Loco, tonto. 3. Inconstante, el que es mudable, persona irresoluta, sin carácter.

changeover [ˈtʃeɪndʒəʊvər] [cheinch-ou-var] *s.* **Changeover from something to something**, cambio de algo a algo (transition). **Changeover purse**, monedero, portamonedas.

changing room [ˈtʃeɪndʒɪŋˌrʊm] [chein-yin-rum] *s.* (GB) *(Sport)* Vestuario, vestidor. Probador (in shop).

channel [ˈtʃænl] [cha-nel], *s.* 1. Canal (strait); álveo, la madre de un río. Cauce (course of river). Canal (navigable course). 2. Canal, cualquier cavidad hecha longitudinalmente. *(Arq.)* Estría, mediacaña. Acequia (for irrigation). 3. Canal, trozo de mar estrecho. **British Channel**, el canal de la Mancha. 4. Vía (system, method). **Through diplomatic channels**, por la vía diplomática. **You must go through the official channels**, tiene que hacer el trámite por los conductos o las vías oficiales. **Distribution channels**, canales de distribución. 5. *(Comput, TV)* Canal. **Channels**, *(Mar.)* mesas de guarnición. **Fire-channels**, *(Mar.)* canales de fuego. **Channel out of soundings**, *(Mar.)* Foso. **Channel of a block**, *(Mar.)* cajera.

channel, *va.* 1. Acanalar, estriar; surcar. 2. Conducir o llevar por, o como por un canal; canalizar, encauzar, dirigir.

Channel Islands [ˈtʃænlˌaɪlændz] [cha-nel-ailands] *s. pl.* Las Islas Anglonormandas, las islas del Canal de la Mancha.

channel-surf, *vn.* *(TV)* Hacer zapping.

Channel Tunnel [ˈtʃænlˌtʌnl] [cha-nel-ta-nel] *s.* El eurotúnel, el túnel del Canal de la Mancha.

channer [ˈtʃænər] [cha-ner], *vn.* *(Esco.)* Refunfuñar, quejarse.

chant [tʃɑːnt] [chant], *va.* y *vn.* 1. Cantar. 2. *(Mús., Relig.)* Salmodiar, cantar el servicio en una iglesia catedral. 3. Gritar (crowd).

chant *s.* Canto; canto llano, melodía. Consigna (of demonstrators); alirón, canción (of sports fans).

chanter [ˈtʃɑːntər] [chan-tar], *s.* 1. Cantor, el que canta. 2. Chantre.

chantey [ˈʃæntɪ] [shan-ti], *s.* Canto monótono de los marineros cuando halan y en otras maniobras.

chanticleer [ˈʃæntɪkliːər] [shan-ti-klier], *s.* Quiquiriquí, el gallo, así llamado por su modo de cantar.

chantress [ˈʃɑːntrɪs] [shan-tres], *s.* Cantora, cantante, cantatriz.

chantry [ˈʃæntrɪ] [shan-tri], *s.* 1. Capilla, especialmente una dotada para decirse en ella misas diarias. 2. Vallado, enrejado o estructura que contiene una tumba.

chanukah [ˈʃæjuːkɑː] [sha-nu-ka] *s.* *V.* HANUKKAH.

chaos [ˈkeiɒs] [keios], *s.* 1. Caos, la mezcla confusa en que se hallaban todos los elementos antes de la creación. 2. Caos, confusión, mezcla irregular, desorden.

chaotic [ˈkeiɒtɪk] [keio-tik], *a.* Caótico, confuso, desordenado, irregular.

chap [ˈtʃæp] [chap], *va.* Hender, rajar, resquebrajar; abrir grietas o rajas en el cutis, en la madera, etc. *-vn.* 1. Rajarse o hendirse la tierra por el excesivo calor. 2. Hacerse grietas en la cara o en las manos por la frialdad. 3. *(Esco.)* *V.* CHEAPEN.

chap *s.* 1. Grieta, abertura, rendija, hendidura. 2. *(Esco.)* Golpe seco sobre la puerta; choque. 3. Mozo, joven, muchacho. **Chap-book**, folleto vendido por un pacotillero. 4. *(Fam.)* Mozo, chico. En este sentido es abreviatura de «chapman». **A queer chap**, un original, un hombre extravagante. *(Coloq.)* Tipo (man). **The poor little chap!**, ¡pobrecito!

chap *s.* 1. Mandíbula, quijada inferior o superior de un animal. *V.* CHOP. 2. Quijada de un tornillo de banco.

chap. *s.* (*pl.* **chaps**) = (**chapter**) c.; cap.

chaparral [ˈtʃæpərəl] [cha-pa-ral], *s.* (E.U. del Oeste) Chaparral, el sitio poblado de chaparros.

chape [ˈtʃeɪp] [cheip], *s.* Chapa de cinturón; contera de espada; charnela de hebilla.

chapel [ˈtʃæpəl] [cha-pel], *s.* 1. Capilla, iglesia pequeña (building). 2. Capilla, dependencia de una iglesia con su altar (area in church). 3. Edificio consagrado al culto de los disidentes. Templo (nonconformist church). 4. El cuerpo organizado de los cajistas e impresores de una imprenta dada. **Chapel-master**, maestro de capilla. *V.* KAPELLMEISTER.

chapeless [ˈtʃeɪplɪs] [cheip-les], *a.* Sin contera.

chapelet [ˈtʃeɪplɪt] [cheip-let], *s.* 1. *(Equit.)* Doble estribo. 2. Máquina para elevar agua, o para dragar el fondo de un puerto, por medio de cubos sujetos a una cadena sin fin.

chapelry [ˈtʃeɪpəlrɪ] [chei-pel-ri], *s.* La jurisdicción o límites de una capilla.

chaperon, **chaperone** [ˈʃæpərəʊn] [sha-pe-roun], *s.* 1. Señora que acompaña a una o más jóvenes en público, o en reuniones, viajes, etc.; acompañante (for children). Rodrigón, hombre de edad que acompaña a una señora, por el buen parecer. Acompañante (of young lady). 2. Caperuza, capirote.

chaperon, **chaperone**, *va.* Acompañar a una o más señoras a las tertulias o reuniones o tener cuidado de ellas.

chapfallen, chopfallen [ˈtʃæpfɔːlən] [chap-fo-len], *a.* Boquihundido, el que tiene hundidos los labios. *(Fig.)* **To be chapfallen**, estar triste, abatido, desanimado. *(Fam.)* estar con las orejas gachas.

chapiter [ˈtʃæpɪtər] [cha-pi-tar], *s.* *(Arq.)* Capitel. *V.* CAPITAL.

chaplain [ˈtʃæplɪn] [chaplin], *s.* 1. Capellán, el sacerdote que se dedica al servicio de una capilla; limosnero. 2. Capellán castrense.

chaplaincy [ˈtʃæplənsɪ] [cha-plan-si], **chaplainship** [ˈtʃəplənʃɪp] [cha-plan-ship], *s.* Capellanía.

chapless [ˈtʃeɪplɪs] [cheip-les], *a.* Boquiseco.

chaplet [ˈtʃæplɪt] [chap-let], *s.* 1. Guirnalda, corona de flores. 2. Rosario. 3. *(Arq.)* Moldura de cuentas. 4. Penacho. 5. Capilleja.

chapman [ˈtʃæpmən] [chap-man], *s.* Buhonero, vendero, traficante en géneros baratos; pacotillero.

chapped [tʃæpt] [chapt] *a.* Agrietado, partido (lips).

chaps [tʃæps] [chaps] *s. pl.* Zahones, chaparreras, p(i)erneras, zamarros.

chapter [ˈtʃæptər] [chap-tar], *s.* 1. Capítulo, una de las partes de que se compone un libro. 2. Capítulo, categoría, lista, serie; asunto de que se trata. 3. Capítulo, cabildo, junta del clero de una catedral. 4. Ramificación o sucursal de una sociedad o confraternidad. **And so on to the end of the chapter**, y así lo demás. **Chapter-house**, sala capitular. **To read one a chapter** *(fig.)* poner a alguno como nuevo, zaherirle. **To the end of the chapter**, hasta el fin. **To quote chapter and verse**, citar textualmente o palabra por palabra.

char [ˈtʃɑːr] [char], *va.* 1. Hacer carbón de leña; carbonizar. 2. Trabajar a jornal.

char, *s*. 1. *(Des.)* Jornal, trabajo a jornal. (GB) Mujer de la limpieza, asistenta (cleaner). 2. Umbra, especie de pescado de agua dulce.

character ['kærɪktər] [ca-rak-ta[r]], *s*. 1. Carácter, la índole, genio y condición de cada uno (temperament, nature/of person). **To be in/out of character**, ser/no ser típico. **She's a good judge of character**, es buena psicóloga. 2. Carácter, nombre, fama, calidad, reputación. **Character reference**, referencias. 3. Informe, testimonio de conducta. 4. Retrato, descripción, representación de una pesona o cosa. Carácter (of place, thing). **Her face is full of character**, tiene una cara con mucha personalidad. 5. Personaje, persona, individualidad. Carácter (strength of personality). 6. Papel, la parte de un actor en el teatro; personaje, carácter (in novel, play, movie). **He doesn't react in character**, su reacción no es la que cabría esperar de su personaje. 7. Carácter, marca, distintivo o señal (symbol). 8. Carácter o forma de la letra. **Persons of bad character**, personas de mala vida o reputación. 8. Tipo (person). Caso (eccentric person). **He's a nasty character**, es un mal tipo. **Character**, *va*. Grabar, esculpir, señalar, imprimir.

character-assassination ['kærɪktə,əsæsɪ'neɪʃən] [ka-rak-ta-a-sa-si-nei-shon], *s*. Difamación, calumnia, descrédito público (public slander).

characteristic, characteristical [,kærɪktə'rɪstɪk] [ka-rak-te-ris-tik] [,kærɪktə'rɪstɪkl] [ka-rak-te-ris-ti-kal], *a*. Característico.

characteristic *s*. Característico.

characteristically [,kærɪktə'rɪstɪklɪ] [ka-rak-te-ris-ti-ka-li], *adv*. Característicamente.

characteristicalness [,kærɪktə'rɪstɪkəlnɪs] [ka-rak-te-ris-ti-kal-nes], *s*. Propiedad característica.

characterization [,kærɪktərɪ'zeɪʃən] [ka-rak-te-ri-sei-shon], *s*. El acto, procedimiento o efecto de caracterizar.

characterize ['kærɪktəraɪz] [ka-rak-te-rais], *va*. 1. Caracterizar (be typical of); calificar (describe). **To characterize something/somebody as something**, calificar algo/a alguien de algo. 2. Grabar, esculpir, señalar.

characterless ['kærɪktəlɪs] [ka-rak-ter-les], *a*. Sin carácter (restaurant, town).

charactery ['kærɪktərɪ] [ka-rak-te-ri], *s*. 1. Carácter, impresión o señal. 2. Sistema de caracteres; representación.

charade [ʃə'rɑːd] [sha-rad], *s*. Charada (game), especie de enigma, acertijo. Farsa (farse), payasada.

charbon ['kɑːbən] [kar-bon], *s*. 1. Fiebre esplénica, ántrax. 2. Mancha negra en los dientes de los caballos después que cierran.

charcoal ['tʃɑːkəʊl] [kar-koul], *s*. Carbón (vegetal). Carbón de leña. **Animal charcoal**, carbón animal, negro de marfil. *(Art)* Carboncillo, carbonilla.

chard [tʃɑːd] [chard], *s*. *(Bot.)* 1. Hoja de alcachofa, o acelga, aporcada. 2. Acelga suiza.

chardoon ['tʃɑːdʊn] [char-dun], *s*. *V*. CARDOON.

charge [tʃɑːdʒ] [charch], *va*. 1. Cargar, poner una carga o peso sobre alguna cosa. 2. Cargar, introducir la carga en un arma de fuego. 3. Encargar, comisionar, confiar al cuidado de alguno. 4. Cargar, poner en cuenta; poner precio, pedir por; cobrar (ask payment). **They charged him $15 for a haircut**, le cobraron 15 dólares por el corte de pelo. **She never carries cash, she just charges everything**, nunca lleva dinero, lo compra todo con tarjeta (de crédito)/lo carga todo a su cuenta (obtain on credit). **To charge something to somebody**, cargar algo a la cuenta de alguien. 5. Cargar, atarear. 6. Cargar, acometer. *(Mil.)* Cargar contra. Embestir o arremeter contra (animal). 7. Censurar, acusar, imputar, denunciar. **To charge somebody with something**, acusar a alguien de algo (accuse). 8. Mandar, exhortar, instruir. Encomendar (entrust). **To charge somebody with something**, encomendarle a alguien algo. **To charge somebody to**, ordenarle a alguien que (command). Aducir (allege). 9. Hacer gastar. 10 *(Elec.)* Cargar (battery). *-vn*. 1. Demandar o fijar precio. 2. Atacar. *(Mil.)* Cargar; arremeter o embestir (animal). **Charge!**, ¡al ataque!, ¡a la carga! *(Coloq.)* **He charged straight into me**, se abalanzó hacia mí (rush). **Don't all charge off at the end of the lesson**, no salgan en estampida al acabar la clase. 3. Agacharse, acuclillarse; dícese de los perros de caza.

charge, *s*. 1. Carga, tiro, la cantidad de pólvora y balas con que se carga un arma de fuego (of explosive). 2. Cargo, partida, cláusula. 4. Precepto, mandato, orden, instrucción (command, commission); cargo, comisión. **Who's in charge?**, ¿quién es el/la responsable? **I left Paul in charge**, dejé a Paul a cargo. **To be in charge of something/somebody**, tener algo/a alguien a su cargo. **In the charge of somebody, in somebody's charge**, a cargo de alguien. **She took charge of the situation**, se hizo cargo de la situación. 5. *(Law)* Cargo, acusación. **He's being tried on a charge of murder**, se le juzga por homicidio. **To bring/press charges against somebody**, formular o presentar cargos contra alguien. **To drop charges**, retirar la acusación o los cargos. 6. Ataque, embestida, carga (attack). Ofensiva en la que se gana mucho terreno (in US football). 7. Carga, medicina que se aplica a los caballos. 8. Encargo, depósito. 9. Acto y posición de agacharse los perros de caza o la orden de agacharse. 10. Precio (price); honorario (fee). **There is no charge for the service**, no se cobra por el servicio, el servicio es gratis. **Free of/without charge**, gratuitamente, gratis, sin cargo. **At no extra charge**, sin cargo adicional. **Electricity charges are going up again**, las tarifas eléctricas vuelven a subir. 11. *(Elec., Phys.)* Carga.

chargeable ['tʃɑːdʒəbl] [char-ye-bol], *a*. 1. Imputable, lo que se puede imputar, como una deuda o un delito. 2. Acusable, sujeto a cargos y acusaciones. 3. *(Ant.)* Costoso, caro, dispendioso, lo que cuesta mucho.

chargeableness ['tʃɑːdʒəblnɪs] [char-yei-bol-nes], *s*. Gasto, coste.

charge account [,tʃɑːdʒ'akaʊnt] [charch-a-kaunt], *s*. Cuenta corriente, cuenta de crédito.

charge card [tʃɑːdʒ'kɑːd] [charch-kard] *s*. Tarjeta de pago.

charged [tʃɑːdʒd] [chardchd] *a*. Cargado. **A voice charged with emotion**, una voz cargada de emoción.

chargé d'affaires [,tʃɑːdʒeɪdæ'fɛɑr] [char-yei-da-fears] *s*. Encargado de negocios.

charger ['tʃɑːdʒər] [char-ya[r]], *s*. 1. Fuente o plato grande. 2. Corcel, caballo criado para la guerra. 3. Cargador (battery).

charily ['tʃɛərɪlɪ] [chea-ri-li] *adv*. Cautelosamente, cuidadosamente.

chariness ['tʃærɪnɪs] [cha-ri-nes], *s*. Cautela, cuidado, precaución.

chariot [tʃærɪət] [cha-riot], *s*. 1. Carroza de paseo o de ceremonia. *(Prov.)* Faetón o carrocín; 2. Carro militar, en que combatían antiguamente. 3. Coche ligero o cochecillo. **Chariot-race**, carrera de carros.

charioteer [,tʃærɪə'tɪər] [cha-rio-tia[r]], *s*. Cochero; carretero; auriga.

charisma [kæ'rɪzmə] [ka-ris-ma] *s*. Carisma.

charismatic [kæ'rɪzmətɪk] [ka-ris-ma-tik] *a*. Carismático.

charitable ['tʃærɪtəbl] [cha-ri-ta-bol], *a*. 1. Caritativo, limosnero (generous, giving). 2. Benigno, bueno (kind/ person); benévolo, generoso (interpretation). **A charitable organization**, una organización de beneficencia, una obra benéfica (for charity).

charitableness ['tʃærɪtəblnɪs] [cha-ri-ta-bol-nes], *s*. Caridad.

charitably ['tʃærɪtəblɪ] [cha-ri-ta-bli], *adv*. Caritativamente; benignamente, con caridad o generosidad.

charity ['tʃærɪtɪ] [cha-ri-ti], *s*. 1. Caridad, ternura, benevolencia, amor. 2. Caridad, virtud teologal que consiste en amar a Dios y al prójimo. 3. Caridad, limosna, el socorro que se da a los pobres (generosity, kindness). 4. Organización benéfica o de beneficencia, obra benéfica (organization); obras de beneficencia (relief). **To raise money for charity**, recaudar dinero para un fin benéfico. **A charity performance**, una función benéfica o de beneficencia, un beneficio. **To be in charity with all men**, querer a todo el mundo, no desear el mal de nadie. **Charity begins at home**, la caridad bien ordenada empieza por uno mismo.

charivari ['ʃærɪvərɪ] [sha-ri-va-ri], *s.* Cencerrada, ruido discorde para dar broma a los recién casados.

chark [tʃɑːk] [chark], *va.* Carbonizar, reducir a carbón. *Cf.* CHAR.

charlady ['tʃɑːleɪdɪ] [char-lei-di] *s.* (GB) Mujer de la limpieza.

charlatan ['ʃɑːlətən] [shar-la-tan], *s.* Charlatán, saltimbanco, curandero, empírico.

charlatanic ['ʃɑːlətənɪk] [shar-la-ta-nik], *a.* Empírico, propio de un charlatán.

charlatanry ['ʃɑːlətənrɪ] [shar-la-tan-ri], *s.* Charlatanería, engaño; picotería.

Charles' wain [tʃɑːlz] [chals], *s.* *(Astr.)* Osa mayor, constelación boreal.

charley horse ['tʃɑːlɪhɔːs] [char-li-jors] *s.* Calambre.

charlock [tʃɑːlɒk] [char-lok], *s.* *(Ingl.)* Mostaza silvestre, planta común en los sembrados.

charlotte ['ʃɑːlət] [shar-lot], *s.* Compota de fruta, nata, etc., contenida en un molde de bizcocho. **Charlotte russe**, nata batida o flan en un molde de bizcocho.

charm [tʃɑːm] [charm], *s.* 1. Encanto, atractivo (attractiveness); hechizo o maleficio. **To turn on the charm**, ponerse encantador. 2. Embeleso, atractivo, gracia, hechizo (spell); encanto (attractive quality, feature). **To work/ go like a charm**, funcionar, ir o andar a las mil maravillas. 3. Amuleto, fetiche (amulet); dije (on bracelet).

charm, *va.* 1. Ensalmar, hechizar, encantar (bewitch/ snake). 2. Encantar, embelesar, cautivar, atraer, hechizar, arrobar (delight); captar o arrebatar la vista, los oídos o el ánimo. **He can charm the birds off/out of the trees**, es capaz de convencer a cualquiera con sus encantos. **To lead a charmed life**, tener mucha suerte en la vida. *-vn.* Sonar armoniosamente.

charmed [tʃɑːmd] [sharmd], *a.* Encantado; complacido, embelesado.

charmer ['tʃɑːmər] [char-ma^r], *s.* 1. Encantador, hechicero. 2. Hechicero, la persona que atrae las voluntades. 3. Persona encantadora, encanto.

charmful ['tʃɑːmfʊl] [charm-ful], *a.* Lleno de encantos, gracioso.

charming ['tʃɑːmɪŋ] [char-min], *a.* Agradable, hechicero, encantador, maravilloso, pasmoso (person); precioso, encantador (room, house).

charmingly ['tʃɑːmɪŋlɪ] [char-min-li], *adv.* Agradablemente, deleitosamente.

charmingness ['tʃɑːmɪŋnɪs] [char-min-nes], *s.* Encanto, embeleso, atractivo.

charm school ['tʃɑːm,skuːl] [charm-skul] *s.* Escuela para señoritas donde se enseña a comportarse en sociedad.

charnel ['tʃɑːnl] [char-nel], *a.* Del osario, lo que contiene huesos de difuntos.

charnel-house ['tʃɑːnlhaʊs] [char-nel-jaus], *s.* Carnero, u osario, el paraje en que se ponen los huesos de los difuntos.

charpie ['tʃɑːpɪ] [char-pi], *s.* Hilas, las hebras que se van sacando de los trapos de lienzo.

charr [tʃɑːr] [cha^r], *s.* Umbra, trucha asalmonada, pez de agua dulce.

charry ['tʃɑːrɪ] [cha-ri], *a.* Carbonoso, de la naturaleza del carbón.

chart [tʃɑːt] [chart], *va.* Poner en una carta hidrográfica. Trazar el mapa de (make map of); trazar (plan, plot); seguir atentamente (follow closely/progress, changes); registrar gráficamente (record). *-s.* *(Mar.)* Carta de navegar o de mareas; carta hidrográfica. *(Meteo)* Mapa, carta; gráfico (diagram, graph); tabla (table). **The charts**, la lista de éxitos, el hit parade (best-selling records).

chartaceous ['tʃɑːtəʃəs] [char-ta-shos], *a.* Que tiene la textura de papel de escribir.

charter ['tʃɑːtər] [char-ta^r], *s.* 1. Escritura auténtica. Estatutos (of university); fuero (of city); escritura de constitución (of company). 2. Cédula, título, privilegio, exclusivo (guarantee of rights). 3. Carta constitucional. 4. *(Transp.)* Contrato de fletamento; chárter (flight, plane).

charter, *va.* 1. Establecer por ley, incorporar o reconocer como un cuerpo legítimo. Aprobar los estatutos de (grant charter to). 2. *(Mar.)* Fletar un barco por un tanto. Fletar, alquilar (plane, ship, bus). (GB) **Chartered**, colegiado (engineer, surveyor). **Chartered accountant**, contador público, censor jurado, de cuentas.

chartered ['tʃɑːtəd] [char-ted], *a.* Privilegiado. *(Mar.)* Fletado.

charter-party [ˌtʃɑːtə'pɑːtɪ] [char-ta^r-par-ti], *s.* Contrata, instrumento o papel con que las partes aseguran algún convenio, quedándose cada una con una copia.

chartography, cartography ['kɑːtəgræfɪ] [kar-to-gra-fi], *s.* Cartografía, arte de construir las cartas marinas o mapas.

chartreuse ['kartrəs] [kar-tros], *s.* 1. Cartuja, monasterio de cartujos. *V.* CARTHUSIAN. 2. Un licor estomacal.

chartulary, *s.* *V.* CARTULARY.

char-woman ['tʃɑː,wʊmən] [char-uo-man], *s.* Mujer asalariada para las faenas domésticas por uno o pocos días.

chary ['tʃɛərɪ] [chea-ri], *a.* Cuidadoso, cauteloso, circunspecto; económico, frugal. **She's chary of making commitments**, es reacia a contraer compromisos.

chasable ['tʃeɪsəbl] [chei-sa-bol], *a.* Cazadero, cazable.

chase [tʃeɪs] [cheis], *va.* 1. Cazar. 2. Dar caza, perseguir o seguir al enemigo por mar o tierra (follow, pursue/thief). *(Coloq.)* **They're both chasing the same woman**, ambos andan detrás de la misma mujer. 3. Engastar, montar una piedra preciosa. 4. Cincelar (el oro y la plata). *V.* ENCHASE. 5. Seguir. **To chase away**, hacer huir, espantar. **To chase after**, correr tras de, o en seguimiento de. *-vn.* **We chased after the thief**, fuimos o salimos tras el ladrón. **To chase after girls**, ir o andar detrás de las chicas.

chase up [tʃeɪs'ʌp] [cheis-ap] *(Coloq.)* **Chase up this order for me, please**, averíguame qué pasó con este pedido, por favor. **I'll have to chase him up about the report**, voy a tener que recordarle lo del informe.

chase, *s.* 1. Caza. 2. Caza, seguimiento o la acción de seguir al enemigo; persecución (pursuit). **Car chase**, persecución en coche. **to give chase**, salir en persecución de alguien/ algo, ir tras alguien/algo, darle caza a alguien/algo. 3. Caza, los animales o aves que se cazan. 4. Cazadero, el sitio en que se hace la caza. 5. Partida de cazadores que van a cazar. 6. *(Mar.)* Caza. **Bow-chase**, cañón de mira. **Stern-chase**, guardatimón, cañón de a popa. **Wild-goose chase**, a caza de ilusiones, en seguimiento de lo inasequible. **The chase**, la caza (hunting).

chase, *s.* 1. Rama, cerco de hierro, con que se sujeta el molde en la prensa. 2. Cualquier muesca o encaje. 3. *(Art.)* Calibre de un cañón.

chaser ['tʃeɪsər] [chei-sa^r], *s.* 1. Cazador. 2. Engastador.

chasing ['tʃeɪsɪŋ] [chei-sin], *s.* 1. Cinceladura, arte de cincelar; trabajo en relieve. 2. Seguimiento, caza.

chasm ['kæzəm] [kasem], *s.* 1. Hendidura, grieta, rajadura, abertura. 2. Vacío, hueco, cóncavo u hondo. Abismo. 3. En los libros de cuentas, laguna, falta, blanco.

chasmed ['kæzəmd] [kasemd], *a.* Hendido, rajado, lleno de grietas.

chassis ['ʃæsɪ] [sha-sis], *s.* *(Auto)* Chasis, armazón, bastidor.

chaste [tʃeɪst] [cheist], *a.* 1. Casto, puro, honesto, continente, púdico, opuesto a la sensualidad. 2. Castizo, neto, limpio y puro; dícese del estilo.

chaste-eyed [ˌtʃeɪst'aɪd] [cheist-aid], *a.* El que tiene el mirar modesto.

chastely ['tʃeɪstlɪ] [cheist-li], *adv.* 1. Castamente; decorosamente. 2. Correctamente, de una manera castiza (hablando del estilo).

chasten ['tʃeɪsn] [chei-sen], *va.* 1. Corregir, castigar. 2. Depurar, limpiar, las faltas o errores; purificar por medio de aflicción. 3. Limpiar, elevar.

chastener ['tʃeɪsənər] [chei-se-na[r]] Castigador, corrector, depurador, limpiador.

chasteness ['tʃeɪstnɪs] [cheist-nes], *s.* Pureza, castidad, continencia.

chastening ['tʃeɪstnɪŋ] [cheist-nin], *s.* Castigo, corrección, reprimenda; disciplina.

chaste-tree ['tʃeɪst,tri:] [cheist-tri], *s. (Bot.)* Agnocasto, sauzgatillo o pimiento loco.

chastisable ['tʃæstɪsəbl] [chas-ti-sa-bol], *a.* Punible, castigable.

chastise ['tʃæsti:s] [chas-tis], *va.* Castigar, reformar, corregir. Reprender, reprobar (verbally); castigar (physically).

chastisement ['tʃæstɪzmənt] [chas-tis-ment], *s.* Castigo, pena, corrección.

chastiser ['tʃæstɪsər] [chas-ti-sa[r]], *s.* Castigador, castigadora.

chastity ['tʃæstɪtɪ] [chas-ti-ti], *s.* Castidad, pureza, continencia. **Chastity belt**, cinturón de castidad.

chasuble [tʃæzjʊbl] [cha-su-bol], *s.* Casulla, vestidura sagrada que se pone el sacerdote sobre el alba; manta sin mangas.

chat [tʃæt] [chat], *vn.* Charlar, parlotear. **To chat to/with somebody**, charla, hablar, conversar o platicar con alguien.

chat up [tʃæt'ʌp] [chat-ap] (GB) *(Coloq.)* Tratar de ligar con, llevarle la carga a.

chat *s.* 1. Charla, locuacidad, cháchara, parla, lujo de hablar, garrulidad. **To have a chat with somebody**, charlar o hablar o conversar o platicar con alguien. 2. Pájaro cantor americano.

chateau ['tʃætɔ:] [cha-to], *s. V.* CASTLE.

chatelaine ['tʃætlaɪn] [chat-lain], *s.* 1. Cadena o cadenas que cuelgan del cinturón de la mujer. *(Fr.)* 2. Castellana, la señora de un castillo.

chatellany ['tʃætlænɪ] [chat-la-ni], *s.* Castellanía.

chat show [tʃæt'ʃɔ:] [chat-sho] *s.* (GB) Programa de entrevistas.

chattel [tʃætl] [chatel], *s.* Bienes muebles.

chatter ['tʃætər] [cha-ta[r]], *vn.* 1. Cotorrear, parlar como una cotorra (birds); parlotear (monkeys). 2. Rechinar los dientes. 3. Charlar, parlotear, parlar, chacharear, cotorrear (person). **His teeth are chattering**, le castañean los dientes.

chatter, *s.* 1. Chirrido. 2. Charla, cháchara, parloteo, parla; conversación ociosa (idle talk).

chatterbox ['tʃætəbɒks] [cha-ter-boks], *s.* Parlero, parlador, charlatán, charlador, guapetón, hablador; especialmente un niño.

chatterer ['tʃætərər] [cha-te-ra[r]], *s.* Charlador o charlante, garrulo.

chattering ['tʃætərɪŋ] [cha-te-rin], *s.* 1. Chirrido de los pájaros. 2. Rechinamiento de dientes. 3. Garrulidad.

chattering, *a.* Locuaz, hablanchín.

chatty ['tʃætɪ] [cha-ti], *a.* Dispuesto a hablar; conversador, hablador (person); informal, llano (style); simpático y lleno de noticias (letter). *-s.* (Anglo-indio) Jarra, olla porosa de la India.

chauffeur ['ʃəʊfər] [sho-fa[r]], *s.* Chofer o chófer. **A chauffeur-driven limousine**, una limusina con chofer o con chófer.

chauffeur, *va.* Hacer de chófer para. **A chauffeured car**, un coche con chófer.

chauvinism ['ʃəʊvɪnɪzəm] [sho-vi-nisem] *s.* Chauvinismo (chovinismo), patriotería (jingoism). **Male chauvinism**, machismo (sexism).

chauvinist ['ʃəʊvɪnɪst] [sho-vi-nist], *s.* El que demuestra celo exagerado por la honra y el buen nombre de su patria. Chovinista, patriotero (jingoist). **Male chauvinist**, machista (sexist).

cheap [tʃi:p] [chip], *a.* 1. Barato, lo que se vende o compra a poco precio (inexpensive); económico (restaurant, hotel). (GB) Económico, de precio reducido (fare/ticket). **It's cheap at the price**, a ese precio resulta barato, a ese precio resulta económico. **Cheap and cheerful**, bonito y barato. **On the cheap**, gastando lo menos posible. 2. Barato, lo que no tiene estimación. Ordinario, de baratillo (shoddy/merchandise, jewelry); chapucero (mechanic, electrician). 3. Común, de poco valor, de poco aprecio. De mal gusto (vulgar, contemptible/joke, gimmick). Bajo, rastrero (trick, tactics); vil (liar, crook). 4. Fácil. (worthless/flattery, promises). **Words are cheap**, es fácil hablar. *(Coloq.)* Agarrado, apretado (stingy). *-s. (Des.)* Mercado; compra, una cosa barata. *adv.* **The house was going cheap**, la casa se vendía barata.

cheapen ['tʃi:pən] [chi-pen], *va.* 1. Regatear alguna cosa antes de comprarla. 2. Abaratar, minorar o rebajar el precio de alguna cosa. 3. Quitarle valor a, degradar. **To cheap oneself**, rebajarse, degradarse.

cheapener ['tʃi:pnər] ['chi-pe-na[r]], *s.* Regatón, traficante.

cheaply ['tʃi:plɪ] [chipli], *adv.* Barato, a bajo precio. (buy, sell, get); con poco dinero, económicamente (dress, eat, live).

cheapness ['tʃi:pnɪs] [chip-nes], *s.* Baratura.

cheap shot ['tʃi:pʃɒt] [chip-shot] *s.* Golpe bajo.

cheapskate ['tʃi:pskeɪt] [chip-skeit] *a. (Coloq.)* Agarrado, apretado.

cheat [tʃi:t] [chit], *va.* 1. Engañar, defraudar, estafar, entrampar, cometer fraude o engaño, timar (deceive). **They were cheated (out) of their land**, los estafaron, engañaron o timaron quitándoles las tierras. 2. Trampear, trapacear, no jugar limpio o hacer fullerías en el juego. 3. Chasquear. 4. Burlar (avoid). **He cheated death**, burló a la muerte. *-vn.* Hacer trampas (act deceitfully). **To cheat on somebody**, engañar a alguien (be unfaithful).

cheat, *s.* 1. Trampa, fraude, estafa (trick, fraude); impostura, engaño, ratería, droga. 2. Trampista, petardista, droguero. Estafador (swindler); tramposo, fulero (at cards); tramposo (in exam). **Cheat-bread**, pan blanco.

cheatableness ['tʃi:təblnɪs] [chi-ta-bol-nes], *s.* Engaño, trapacería, fullería, impostura, fraude.

cheater ['tʃi:tər] [chi-ta[r]], *s.* Tramposo, bribón, estafador, ratero, petardista, fullero, trapacero.

cheatery ['tʃi:tərɪ] [chi-te-ri], *s.* Fraude sistemático; trampa, fullería (en el juego).

cheating ['tʃi:tɪŋ] [chi-tin], pa. y *s.* Engaño, fraude, trampa, añagaza.

check [tʃek] [chek], *va.* 1. Reprimir, refrenar (restrain/enemy advance); moderar, detener; contener, controlar (anger, impulse); atajar, sofocar, ahogar. 2. Confrontar o examinar un talón de banco, las partidas de una cuenta, los nombres de una lista, etc. Revisar, controlar (inspect/passport, ticket); inspeccionar (machine, product); controlar (quality); comprobar, chequear, checar (temperature, pressure, volume); revisar, comprobar (accounts, bill); comprobar, verificar (verify/facts, information). **To check something against something**, cotejar o chequear algo con algo. **Check that it's closed**, asegúrate de que o comprueba que esté cerrado. 3. Dar jaque en el juego de ajedrez. 4. Poner talón o contraseña a un bulto u objeto, para su expedición. Marcar, hacer un tic, poner un visto en (tick). 5. *(Ant.)* Regañar, reñir, desaprobar algún dicho o hecho. 6. Dejar en el guardarropa (deposit/in cloakroom); dejar o depositar en consigna (in baggage office); *(Aviat.)* facturar, chequear (register/baggage). *-vn.* 1. Pararse o detenerse. 2. Meterse o mezclarse en alguna cosa. 3. Comprobar, verificar, chequear, checar. **Just checking!**, sólo me quería asegurar. **To check with something**, coincidir o concordar con algo (tally).

check in, 1. Facturar o chequear el equipaje (register/at airport); registrarse (at hotel). **He usually checks in after lunch**, generalmente llama/pasa después de comer (make routine contact). 2. Facturar, chequear (register/luggage). **The girl who checked us in**, la chica que nos atendió (o nos facturó el equipaje). Devolver (return/book, equipment).

check off, Ir marcando (items, details).
check out, 1. **He checked out (of the hotel) this morning**, dejó el hotel esta mañana (habiendo pasado la factura, etc.). 2. Cuadrar (story/tally). 3. Verificar, comprobar, chequear, checar (facts, story). *(Coloq.)* **We must check out the new film**, tenemos que ir a ver qué tal es la nueva película. 4. Pagar (shopping/customer); cobrar (cashier).
check up, **Have you been checking up on me?**, ¿me has estado vigilando o espiando? **We checked up and found out he was lying**, hicimos averiguaciones y comprobamos que mentía. **Can you check up on that?**, ¿puedes comprobarlo o confirmarlo?
check, *s.* 1. Rechazo, resistencia. 2. Restricción, control, freno (stop, restrain). **To keep/hold something/somebody in check**, controlar a alguien o contener algo. **To put a check to something**, impedir algo. 3. Obstáculo, impedimento; contratiempo, descalabro, derrota. 4. La persona, cosa o causa que impide; alguna interrupción. 5. *(Fin.)* (GB) **cheque** Cheque, documento en forma de mandato de pago, para recibir dinero de un banco. **To pay by check**, pagar con cheque o con talón. **A check for $50**, un cheque de 50 dólares o por valor de 50 dólares. 6. Talón, conocimiento o contraseña de que se usa en los ferrocarriles. 7. Contraseña, billete de salida en los entreactos de los teatros. 8. Jaque, en el ajedrez. 9. Listado, lienzo tejido en cuadros o listas de azul y blanco; paño de varios colores (cloth); a cuadros (jacket, shirt). 10. Control, revisión (inspection/of passport, documents); examen, revisión (of work); inspección (of machine, product). **To keep a check on something**, controlar o vigilar algo. Verificación (of facts). 11. Cuenta, adición (restaurant, bill). 12. Marca, tic, visto, palomita. **Check-book**, libro de cheques o talones. **Check-list**, check-roll, lista para la confrontación de nombres, lista de electores, rol de obreros, etc.
check, *interj.* ¡Jaque! (in chess). *(Coloq.)* ¡sí, señor! (expressing confirmation.
checkbook, (GB) **chequebook** ['tʃekbʊk] [chek-buk], *s.* Talonario, libro talonario, libro talonado, talonario de cheques.
checked [tʃekt] [chekt] *a.* A cuadros (material, shirt).
checker o **chequer** ['tʃekər] [che-ke[r]], *va.* 1. Taracear, formar cuadros de varios colores. 2. Diversificar.
checker o **chequer**, *s.* 1. Una de las piezas usadas en el juego de damas, por lo común un pequeño disco. 2. Uno de los cuadros en una superficie taraceada. 3. Reprensor, amonestador. 4. *pl.* Damas, juego de damas; nombre más común en los Estados Unidos que *draughts*. *V.* DRAUGHTS. 5. Cajero (cashier). **Checker-board**, tablero.
checkered ['tʃekəd] [che-kerd], (GB) **chequered**, *pp.* y *a.* 1. Dividido en cuadros de diferentes colores; ataraceado. A cuadros (pattern, design). 2. Diversificado, variado entre lo bueno y lo malo. 3. Accidentado, con altibajos (career, history).
checkers ['tʃekəz] [che-ka[r]] *s.* Damas.
check-in ['tʃekɪn] [chek-in] *s.* Facturación de equipajes (at airport). **Check-in desk/counter**, mostrador de facturación (at airport); recepción (in hotel). **Check-in time**, hora de facturación.
checking account ['tʃekɪŋˌəkaʊnt] [che-kin-a-kaunt], *s.* Cuenta corriente.
checkless ['tʃeklɪs] [chek-les], *a.* Violento, desgobernado.
checklist ['tʃeklɪst] [chek-list] *s.* Lista de control.
checkmate ['tʃekmeɪt] [chek-meit], *va.* 1. Dar jaque mate. 2. Deshacer, derrotar completamente al enemigo. -*s.* Mate, jaque mate, el último lance del ajedrez.
checkout ['tʃekaʊt] [chek-aut] *s.* Caja (in supermarket). **Checkout counter**, caja. **Checkout girl**, cajera. **Checkout time**, hora en que se debe dejar libre la habitación (in hotel).
checkpoint ['tʃekpɔɪnt] [chek-point], *s.* Sitio o lugar de revisión o inspección. Control.
check room ['tʃekrʊm] [chek-rum], *s.* Guardarropa. **Check-room attendant**, guardarropa.
check stub ['tʃekstʌb] [chek-stab], *s.* Talón. -*pl.* Libro talonario, talonario.
checkup ['tʃekʌp] [chek-ap] *s.* *(Med.)* Chequeo, revisión, reconocimiento médico. **To have a checkup**, hacerse un chequeo. *(Dent.)* Chequeo, revisión. *(Auto)* Revisión, servicio.
cheddar [tʃedər] [che-dar] *s.* Queso (de) Cheddar.
cheek [tʃi:k] [chík], *s.* 1. Carrillo, mejilla, cachete (of the face). *(Coloq.)* Nalga, cachete (buttock). **Cheeks of a window** o **door**, jambas de ventana o puerta; derrame. 2. *(Art.)* Gualdera de cureña. 3. **Cheeks of a mast**, *(Mar.)* cacholas, guarnición de madera que se pone sobre el cuello de los palos mayores. **Cheek of the pump**, *(Mar.)* picota. **Cheeks of the head**, *(Mar.)* tajamar. **Cheek by jowl**, *(Vul.)* cara a cara. **To turn the other cheek**, dar la otra mejilla. 4. *(Ger.)* Descaro, frescura, cara, desvergüenza, impudencia. **To have plenty of cheek**, tener cara de baqueta, ser desvergonzado. **What a cheek!**, ¡qué cara (más dura)!, ¡qué caradura es!
cheek-bone ['tʃi:kbəʊn] [chík-boun], *s.* Pómulo, juanete de la mejilla.
cheekily ['tʃi:kɪlɪ] [chi-ki-li] *adv.* Descaradamente.
cheeky ['tʃi:kɪ] [chí-ki] *a.* Fresco, atrevido, descarado (boy, girl); pícaro (grin); impertinente (remark).
cheep [tʃi:p] [chíp], *vn.* Piar, chirriar, las aves pequeñas. -*s.* Gorjeo débil. Piada, piído.
cheer [tʃɪər] [chia[r]], *s.* 1. Banquete, festín. 2. Convite a un festín o banquete. 3. Alegría, buen humor; ánimo, vigor. 4. Gesto, aire, ademán. 5. Vivas, vítores, aplausos. Ovación, aclamación (of encouragement, approval). **To give three cheers for somebody**, vitorear a alguien. **Three cheers for Fred!**, ¡viva Fred! 6. Hurra (cheerleaders' routine). 7. **Cheers**, ¡salud! (drinking toast). (GB) *(Coloq.)* Gracias (thanks). Alegría, animación (cheerfulness). **Be of good cheers**, ¡ánimo!, ¡levanta el ánimo!
cheer, *va.* 1. Excitar, animar, alentar, dar ánimos (shout encouragement at). 2. Consolar, alegrar, dar consuelo o alegría; reconfortar (gladden, comfort). 3. Vitorear, aclamar (shout in approval); aplaudir. -*vn.* Alegrarse, ponerse alegre. **To cheer up**, tomar o cobrar ánimo. **Cheer up!** ¡vamos, valor! Aplaudir, gritar entusiasmadamente.
cheer up, Animarse; animar, levantarle el ánimo a (person). **Some bright curtains would cheer the room up**, unas cortinas en colores vivos alegrarían el cuarto.
cheerer ['tʃɪərər] [chia-ra[r]], *s.* Alegrador, regocijador, vitoreador, aplaudidor.
cheerful ['tʃɪəfʊl] [chia[r]-ful], **cheerly** ['tʃɪəlɪ] [chia[r]-li], *a.* Alegre, vivo, lleno de ánimo. 2. Placentero, jovial. 3. Alentador (news, prospect).
cheerfully ['tʃɪfʊlɪ] [chia[r]-fu-li], **cheerly** ['tʃɪəlɪ] [chia[r]-li] *adv.* Alegremente, con alegría. **I could have cheerfully murdered him**, lo hubiera matado.
cheerfulness ['tʃɪəfʊlnɪs] [chia[r]-ful-nes] *s.* Alegría, buen humor, jovialidad.
cheerily ['tʃɪərɪlɪ] [chia-ri-li] *adv* Con alegría.
cheering ['tʃɪərɪŋ] [chia-rin] *a.* Alentador. *s.* Ovaciones, aplausos, vítores.
cheerio ['tʃɪrɪ'əʊ] [chi-ri-ou] *interj* (GB) *(Coloq.)* Hasta luego, chao (goodbye).
cheerleader ['tʃɪəˌli:dər] [chia-lí-da[r]] *s.* Animador, animadora (en encuentros deportivos, mítines políticos); porrista.
cheerless ['tʃɪəlɪs] [chia[r]-les], *a.* Triste, melancólico, falto de alegría. Triste, sin alegría (room, house). Triste (day, landscape).
cheery ['tʃɪərɪ] [chia-ri] *a.* De felicidad, alegre (smile); lleno de alegría (greeting); risueño y optimista (manner).
cheese [tʃi:z] [chís], *s.* Queso. **Cream cheese**, queso fresco. **Cheese curds**, cuajadas. **Cheese-mite**, ácaro de queso. **Cheese rennet**, cuajaleche, gallote, género de plantas rubiáceas. **Cheese-cake**, quesadilla. **Cheese-monger**, quesero, el que hace o vende queso. **Cheese-paring**, raedura

de queso. **Cheese-parings and candle-ends**, gajes del oficio. **Cheese-press**, prensa de queso. **Cheese-vat**, quesera, la tabla formada a propósito para hacer queso. *(Fotog.)* **Say cheese!**, ¡sonría!, (o ¡sonrían!, etc.). **Hard cheese**, mala pata.

cheese off, *(Coloq.)* **To be cheesed off**, estar mosqueado.

cheeseboard ['tʃi:zbɔ:d] [chís-bord] *s.* Tabla de quesos (course).

cheeseburger ['tʃi:zˌbɜ:gər] [chís-ber-gaʳ], *s.* Emparedado de queso y carne molida. Hamburguesa con queso.

cheesecake ['tʃi:zkeɪk] [chis-keik], *s.* 1. Pastel de queso. 2. *(Fam.)* Fotografías que exhiben desnudeces femeninas.

cheese cloth [tʃi:zklɒθ] [chis-kloz], *s.* Estopilla (tela). Bambula.

cheeseparing ['tʃi:zˌpɛərɪŋ] [chis-pea-rin] *a.* Tacaño.

cheesy ['tʃi:zɪ] [chí-si], *a.* Caseoso, de la calidad del queso. (Como) a queso (smell, taste). De mala calidad, rasca (shoddy).

cheetah ['tʃi:tə] [chí-ta], *s.* Leopardo de Asia y norte de África; suele adiestrarse para la caza. Guepardo, chita.

chef [ʃef] [shef] *s.* Chef, jefe de cocina.

chemical ['kemɪkəl] [ke-mi-kal], *a.* Químico. *-s.* Producto químico.

chemise [ʃə'mi:z] [she-mis], *s.* 1. Camisa de mujer. 2. *(Fort.)* Camisa o revestimiento exterior de la muralla. 3. (Art. y of.) La manga de hierro laminado de que se usa para hacer los cañones de escopeta.

chemisette [ʃə'mɪsi:t] [she-mi-sít], *s.* Prenda de ropa interior de mujer, que sólo cubre el cuello y los hombros.

chemism ['kemizm] [ke-misem], *s.* Afinidad química.

chemist ['kemɪst] [kemist], *s.* Químico, el que profesa la química (scientist). (GB) Farmacéutico (pharmacist). **Dispensing chemist**, farmacéutico. **At the chemist's**, en la farmacia.

chemistry ['kemɪstrɪ] [ke-mis-tri], *s.* Química (science). Sintonía, vibraciones (interaction). **Good/bad chemistry**, buena/mala sintonía.

chemotherapy ['keməʊ'θerəpɪ] [ke-mou-ze-ra-pi] *s.* Quimioterapia.

chenille [ʃə'ni:l] [she-nil], *s.* Felpilla, cordón tejido con pelo, como la felpa, y lecho de algodón, seda, estambre o lana.

chenopodium ['kenəpɒdɪəm] [ke-no-po-diom], *s.* Ceñiglo, hierba común.

cheque [tʃek] [chek], *s.* Cheque o talón (GB). *V.* CHECK, quinta acepción. **Write a cheque**, extender un cheque.

chequebook ['tʃekbʊk] [chek-buk] *s.* (GB) *V.* CHECKBOOK.

chequered ['tʃekəd] [che-ked] *a.* *V.* CHECKERED.

cherish ['tʃerɪʃ] [che-rish], *va.* 1. Criar, mantener, fomentar, proteger. 2. Mantener, preservar vivo, mantener (cling to/ memory, hope); apreciar, estimar, valorar (care for, value); acordarse con placer. Abrigar, acariciar (illusion, dream). **Cherised**, preciado. **A long cherished ambition**, una ambición albergada durante largo tiempo.

cherisher ['tʃerɪʃər] [che-ri-shaʳ], *s.* Entrañable.

cherishing ['tʃerɪʃɪŋ] [che-ri-shin], *s.* Apoyo, fomento, protección, estima.

cheroot [ʃə'ru:t] [she-rut], *s.* Filipino, especie de cigarro puro de perilla cortada. Puro cortado en ambos extremos.

cherry ['tʃerɪ] [cherri], *s.* 1. Cereza, la fruta del cerezo. 2. Cerezo, árbol de varias especies del género Prunus. 3. La madera del cerezo. **Cherry-stone**, cuesco o hueso de cereza. **Cherry-tree**, cerezo. **Black cherry**, guinda. **Cherry brandy**, aguardiente de cerezas. **Cherry blossom**, flor de cerezo. **Cherry orchard**, cerezal.

cherry, *a.* Lo que tiene color de cereza. **Cherry-cheeks**, mejillas encarnadas. **Cherry-brandy**, aguardiente de cerezas.

cherry-pit ['tʃerɪpɪt] [cherri-pit], *s.* 1. Hueso de cereza. 2. Hoyuelo, juego de niños.

cherry-red ['tʃerɪred] [cherri-red] *a.* Rojo cereza, color guinda.

chert ['tʃert] [chert], *s.* *(Min.)* Horsteno, variedad de cuarzo.

cherty ['tʃertɪ] [cher-ti], *a.* Lo que tiene cuarzo o pedernal.

cherub ['tʃerəb] [che-rab], *s.* Querubín, espíritu angélico. *-pl.* CHERUBIM, Querubines.

cherubic, cherubical [tʃe'ru:bɪk] [che-ru-bik], *a.* Angelical.

chervil ['tʃɜ:vɪl] [cher-vil], *s.* *(Bot.)* Perifolio o cerafolio, hierba semejante al perejil.

chess [tʃes] [ches], *s.* El juego del ajedrez. **Chess-board**, ajedrez, el tablero en que se juega a dicho juego. **Chess-man**, pieza de ajedrez. **Chess-player**, jugador de ajedrez.

chess-trees [tʃes'tri:s] [ches-tris], *s. pl.* *(Mar.)* Castañuelas de las amuras.

chest [tʃest] [chest], *s.* 1. Arca, arcón, caja de madera u otro material (box). 2. (Art. y Of.) Receptáculo para gases o líquidos: como **steam-chest**, caja de vapor. 3. *(Com.)* Caja, cantidad determinada. 4. *(Anat.)* Pecho, tórax. 5. Tesorería (treasury); fondos (funds). **To get something off one's chest**, desahogarse contando/confesando algo. **To play/keep one's cards close to one's chest**, no soltar prenda. **Chest of drawers**, cómoda, buró, guardarropa con cajones; armario con gavetas. En los Estados Unidos se llama generalmente *bureau.*

chest, *va.* Depositar o meter alguna cosa en una cómoda.

chested ['tʃestɪd] [ches-ted], *a.* De pecho; usado en composición: como, **Narrow-chested**, estrecho de pecho. **Hollow-chested**, de pecho hundido.

chestnut ['tʃesnʌt] [ches-nat], *s.* 1. Castaña (nut). 2. Color de castaña. 3. Pequeña callosidad en la superficie interior de la pierna del caballo. 4. (E.U., fest.) Broma vetusta, chanza o dicho muy repetido y sabido de todos. *(Coloq.)* **An old chestnut**, una historia muy vieja o pasada (old story).

chestnut, *a.* Castaño, zaino (horse); castaño (hair).

chestnut-tree ['tʃesnʌttri:] [ches-nat-tri], *s.* *(Bot.)* Castaño.

chesty ['tʃestɪ] [ches-ti] *a.* (GB) *(Med.)* De pecho (cough, cold).

cheval ['ʃəvæl] [she-val], *s.* Caballo, caballete; apoyo, sostén. **Cheval-glass**, psiquis, espejo que gira sobre un eje horizontal. **Cheval-de-frise**, *V.* CHEVAUX-DE-FRISE.

chevalier ['ʃəvælɪər] [she-va-liaʳ], *s.* Caballero.

chevaux-de-frise ['ʃəvɔ:ˌdefi:s] [she-vo-de-fris, *s.* *(Mil.)* Caballo de frisa, madero con púas que se usa como defensa contra la caballería.

cheveril ['ʃevərɪl] [she-ve-ril], *s.* *(Des.)* 1. Cabritillo o cabrito, choto. 2. Cabritilla, la piel del cabrito.

chevron ['ʃevrən] [she-vron], *s.* 1. Galón, figura de dos o tres barras en forma de V, que llevan en las mangas las clases del ejército. 2. Cheurrón, cabrio, la figura o pieza en forma de ángulo que se pone en los escudos.

chew [tʃu:] [chu], *va.* 1. Mascar, masticar o desmenuzar con los dientes (food); morder (nails, pencils); mascar (tobacco, gum). 2. Rumiar, meditar, considerar despacio; reflexionar. *(Coloq.)* **To chew the fat/rag**, charlar, conversar, platicar. *-vn.* Rumiar. **To chew at/on something**, mordiscar o mordisquear algo.

chew out Regañar, reñir (scold, reprimand).

chew over *(Coloq.)* Considerar (suggestion, offer); darle vueltas a (problem).

chew up Masticar o mascar bien (when eating). **The dog had chewed up the carpet**, el perro había destrozado la alfombra a mordiscos.

chew, *s.* Mascadura, y la cosa masticada.

chewing ['tʃu:ɪŋ] [chuin], *s.* Masticación.

chewing gum ['tʃu:ɪŋgʌm] [chuin-gam], *s.* Chicle, goma de mascar.

chewink ['tʃu:ɪŋk] [chuink], *s.* *(Orn.)* Emberiza.

chewy ['tʃu:ɪ] [chui] *a.* Duro, correoso, latigudo; masticable (candy).

chiaroscuro [kɪˌɑ:rəs'kʊərəʊ] [kia-ros-kua-rou], *s.* Claroscuro, acertada distribución de la luz y sombras de un cuadro.

chic [tʃɪk] [chik], *a.* 1. Gentil, bonito, bien hecho, bien parecido, elegante. 2. Vivo, listo, impertinente; mono, fino. -

s. 1. Elegancia, buen tono, originalidad y buen gusto, como en decorar y vestirse. 2. Facilidad y habilidad de ejecución. 3. Viveza, vivacidad y petulancia de maneras.

chicane [tʃɪˈkeɪn] [chi-kein], *s.* Tramoya, enredo, embrollo, cavilación, trampa, aritificio. *(For.)* Trampa legal.

chicane *vn.* 1. Entretener, tener a uno en suspenso dilatando la decisión de algún pleito o demanda. 2. Armar enredos, sutilizar, buscar escapatorias.

chicaner [ˈtʃɪkənər] [chi-ka-ne[r]], *s.* Sofista, trampista, enredador, trapacero.

chicanery [ˈtʃɪkənərɪ] [chi-ka-ne-ri], *s.* Sofistería, trapacería, enredo, trapaza, embrollo, trampa legal, efugio, quisquilla, vanas sutilezas; argucia.

chick [tʃɪk] [chik] *s.* Polluelo, pichón (young bird); pollito (young chicken). Muchacha, chavala, pebeta, cabra (young woman).

chickadee [ˈtʃɪkədiː] [chi-ka-di], *s.* Pavo americano sin cresta, y con el cuello y parte superior de la cabeza negros.

chicken [ˈtʃɪkɪn] [chi-ken], *s.* 1. Polluelo o pollo; gallina (hen); pollo (as generic term). **To play chicken**, jugar a ver quién es más gallito. **Don't count your chickens (before they're hatched)**, no cantes victoria antes de tiempo. 2. *(Fig.)* Jovencito; niño. **She's no (spring) chicken**, no es ninguna niña/nena.

chicken out *(Coloq.)* Acobardarse, achicarse, rajarse. **She chickened out of telling him**, no se atrevió a decírselo.

chicken *a. (Coloq.)* Gallina.

chickenfeed [ˈtʃɪkɪnfiːd] [chi-kin-fíd] *s. (Coloq.)* Una miseria, calderilla.

chicken-hearted [ˈtʃɪkɪnˌhɑːtɪd] [chi-kin-jar-tid], *a.* Cobarde, miedoso, gallina, medroso, mandria.

chicken-pox [ˈtʃɪkɪnpɒks] [chi-kin-poks], *s.* Viruelas locas. Varicela.

chicken wire [ˈtʃɪkɪnˌwaɪər] [chi-kin-uaia[r]] *s.* Alambrera.

chickling [ˈtʃɪklɪŋ] [chi-klin], *s.* Pollito, polluelo.

chickpea [ˈtʃɪkpiː] [chik-pí], *s. (Bot.)* Garbanzo.

chickweed [ˈtʃɪkwiːd] [chik-uíd], *s. (Bot.)* Alsine, planta anual.

chicle [ˈtʃɪkl] [chikol], *s. (Bot.)* Chicle, goma de mascar.

chicory [ˈtʃɪkərɪ] [chi-ko-ri], *s. (Bot.)* Endivia. Achicoria (in coffee); planta, cuya raíz se usa para la adulteración del café.

chide [tʃaɪd] [chaid], *va.* (*pret.* CHID o CHODE, *pp.* CHID o CHIDDEN). Reprobar, culpar, echar en cara, regañar, refunfuñar. **To chide somebody for something**, reprender o censurar a alguien por algo. *-vn.* Regañar, reñir, alborotar.

chide, *s.* Murmullo, reprensión, reprimenda.

chider [ˈtʃaɪdər] [chai-da[r]], *s.* Regañón, regañador.

chiding [ˈtʃaɪdɪŋ] [chai-din], *s.* Reprensión, regaño, reprimenda.

chidingly [ˈtʃaɪdɪŋlɪ] [chai-din-li], *adv.* Con reprensión o reprimenda.

chief [tʃiːf] [chíf], *a.* 1. Principal (main), capital, eminente, jefe. 2. Superior, supremo (highest in rank). **Chief constable**, jefe de policía. **The chief man in the town**, el primer personaje de la población. **Our chief happiness**, nuestra mayor felicidad. **Chief-clerk**, oficial mayor; primer dependiente. **Chief-justice**, presidente de sala o del tribunal.

chief, *s.* 1. Jefe, líder (head), principal; cabeza de tribu, familia, ejército, escuadra, departamento del Estado, etc.; el que tiene autoridad. **Chief of police**, jefe de policía. 2. Actor, agente principal. 3. Parte principal, la mayor parte de una cosa.

chiefest [ˈtʃiːfəst] [chíf-fest], *a. sup. (Ant.)* Principalísimo.

chiefless [ˈtʃiːflɪs] [chíf-les], *a.* Sin jefe o superior.

chiefly, chief, *(Poét.)*, [ˈtʃiːflɪ] [chíf-li], *adv.* Principalmente, particularmente, sobre todo.

chieftain [ˈtʃiːftən] [chíf-ten], *s.* 1. Jefe, comandante. 2. Caudillo, capitán; cabeza de bando. 3. Cacique (of tribe).

chieftainship [ˈtʃiːftənʃɪp] [chíf-ten-ship], *s.* Jefatura, la dignidad u oficio de jefe.

chiffer, chiffre [tʃiːf] [chíf], *s.* Cifra, como en música escrita con números.

chiffon [ˈʃɪfɒn] [shi-fon], *s.* Gasa, tela de seda muy transparente.

chiffonier [ˈʃɪfɒnɪər] [shi-fo-nia[r]], *s.* Cómoda, cajonería, guardarropa con cajones.

chignon [ˈʃiːnjɔːŋ] [shi-ñon], *s.* Penca o moño de pelo que llevaban las mujeres.

chigoe [ˈʃɪguː] [shi-gu], *s.* Nigua, pulga pequeñísima de las Antillas y Sudamérica.

chilblains [ˈtʃɪlbleɪnz] [chil-bleins], *s. pl.* Sabañones.

child [tʃaɪld] [chaild], *s.* (*pl.* CHILDREN). 1. Infante, el niño pequeño y de muy poca edad. Infantil (psychology). 2. Hijo (son) o hija (daughter). Niño (boy); niña (girl). 3. Parto, el efecto o producto de otra cosa. **From a child**, desde niño. **With child**, preñada, embarazada. **To be child's play**, ser un juego de niños. **Child benefit**, (in UK) Prestación que se recibe del Estado por cada hijo independientemente del ingreso de los padres; asignación familiar. **Child labor**, trabajo de menores; *V.* ABUSE. **Have you any children?**, ¿tiene hijos?

childbearing [ˈtʃaɪldˌbɛərɪŋ] [chaild-bea-rin], *s.* Parto. Maternidad. **To be of childbearing age**, estar en edad fértil

childbed [ˈtʃaɪldbed] [chaild-bed], *s.* Sobreparto.

childbirth [ˈtʃaɪldbɜːθ] [chaild-berz], *s.* Parto o dolores de parto. Alumbramiento. **To die in childbirth**, morir de parto.

childcare [ˈtʃaɪldkeər] [chaild-kea[r]] *s.* Cuidado de los niños, puericultura.

childermas-day [ˌtʃaɪldəmæsˈdeɪ] [chail-der-mas-dei], *s.* Día de inocentes, el 28 de Diciembre.

childhood [ˈtʃaɪldhʊd] [chaild-jud], *s.* Infancia, niñez; puerilidad, niñería.

childish [ˈtʃaɪldɪʃ] [chail-dish], *a.* Frívolo, trivial; infantil, pueril, propio de niño (immature). Infantil (typical of a child). **Childish trick**, muchachada.

childishly [ˈtʃaɪldɪʃlɪ] [chail-dish-li], *adv.* Puerilmente. De una manera infantil o pueril, como un niño.

childishness [ˈtʃaɪldɪʃnɪs] [chail-dish-nes], *s.* Puerilidad, cosa propia de niños.

childless [ˈtʃaɪldlɪs] [chaild-les]», *a.* Sin hijos, infecundo.

childlike [ˈtʃaɪldlaɪk] [chaild-laik], *a.* Pueril, propio de niño o muchacho. Ingenuo, de niño.

childminder [ˈtʃaɪldˌmaɪndər] [chaildmain-de[r]] *s.* (GB) Niñero, niñera que cuida a un niño mientras sus padres trabajan; madre del día.

child molester [ˈtʃaɪldˌmɒləstər] [chaild-mo-les-ta[r]] *s.* Persona que somete a un niño a abusos deshonestos.

childproof [ˈtʃaɪldˌpruːf] [chaild-pruf] *a.* A prueba de niños.

children [ˈtʃɪldrən] [chil-dren], *s. pl.* de CHILD. Niños. *(Prov.)* **Children and fools speak the truth**, los niños y los locos dicen las verdades.

Chile [ˈtʃɪlɪ] [chi-li] *N. (Geogr.)* Chile.

chilean [ˈtʃɪlɪən] [chi-lian], *a.* y *s.* Chileno, chileño.

chiliast [ˈtʃɪlɪəst] [chi-liast], *s.* Milenario, sectario que espera la venida de un período de mil años, en que todo el mundo será justo y vivirá feliz.

chili, chilli [ˈtʃɪlɪ] [chi-li] *s.* Ají, chile. **Chili powder**, ají o chile en polvo.

chili sauce [ˈtʃɪlɪˌsɔːs] [chi-li-sos], *s.* Salsa de tomate con chile.

chill [tʃɪl] [chil], *a.* 1. Frío, friolento. 2. Desanimado, desalentado, abatido; rudo. *-s.* Frío, fresco (coldness, weather); escalofrío, sensación de frío que a veces precede a la fiebre. *(Med.)* Enfriamiento, resfriado. **To catch a chill**, resfriarse. **To take the chill off/out of something**, quitar el frío, templar o calentar algo. *(Fig.)* Estremecimiento. **A chill came over the assembly**, un estremecimiento recorrió la asamblea.

chill, *va.* 1. Enfriar, poner fría alguna cosa. Poner a enfriar (wine, food). **Serve chilled**, sírvase frío. **We were chilled to the bone**, estábamos congelados (de frío). 2. helar. 3. Desanimar, desalentar. *-vn.* Escalofriarse.

chilli *s. V.* CHILI.

chilliness [ˈtʃɪlɪnɪs] [chi-li-nes] *s.* Principio o entrada del escalofrío; tiritón.

chilling ['tʃɪlɪŋ] [chi-lin] *a.* Escalofriante, espeluznante.
chillness ['tʃɪlnɪs] [chil-nes], *s.* Frío, falta de calor.
chilly ['tʃɪlɪ] [chi-li], *a.* Friolento. Frío (room, weather). **Chilly today, isn't it?**, hace fresquito hoy ¿no? Frío (greeting). *-adv.* Fríamente.
chimaera *s. V.* CHIMERA.
chimaphila ['kaɪməfɪlə] [kai-ma-fi-la], *s.* Quimafila.
chime [tʃaɪm] [chaim], *s.* 1. Armonía de sonidos, como los de las campanas o de un instrumento; melodía; ritmo (de un discurso o poema). Repique (sound/of bells); campanada (of clock); campanilla (of doorbell). Carillón (device). 2. Juego de campanas dispuestas de modo que producen sonidos armónicos. 3. Conformidad, analogía.
chime, *s.* 1. Jable o gárgol de tonel, barril o cuba, salida dormada por las extremidades de las duelas. 2. Muesca, ranura de la duela.
chime, *vn.* 1. Sonar con armonía; repicar (bell); dar la hora, sonar (clock). 2. Convenir, concordar. 3. Tañer, repicar las campanas. *-va.* Tocar o mover alguna cosa con compás y armonía (tune).
chime in *(Coloq.)* Meter (la) cuchara.
chimer ['tʃaɪmər] [chai-ma^r], *s.* Campanero; repicador o tañedor de campanas.
chimera [kaɪ'mɪərə] [kai-mia-ra], *s.* 1. Quimera, monstruo fabuloso. 2. Quimera, ilusión, imaginación vana.
chimere [kaɪ'mɪər] [kai-mia^r], *s.* Sobrepelliz, vestidura exterior y sin mangas de un obispo.
chimerical [kaɪ'merɪkəl] [kai-me-ri-kal], Quimérico, imaginario.
chimerically [kaɪ'merɪkəlɪ] [kai-me-ri-ka-li], *adv.* Quiméricamente, imaginariamente.
chimney ['tʃɪmnɪ] [chim-ni], *s.* 1. Cañón de chimenea. 2. Chimenea u hogar, lugar en que se enciende el fuego en las casas. 3. Tubo o cañón de vidrio, para las lámparas. **Flue of a chimney**, cañón, humero de una chimenea. **Mantlepiece of a chimney**, campana de la chimenea; repisa. *(Coloq.)* **To smoke like a chimney**, fumar como una chimenea.
chimney-corner ['tʃɪmnɪˌkɔːnər] [chim-ni-kor-na^r], *s.* Rincón de chimenea.
chimney-piece ['tʃɪmnɪˌpiːs] [chim-ni-pis], *s.* Las jambas y el dintel que sirven para adorno de las chimeneas.
chimney-sweeper ['tʃɪmnɪswiːpər] [chim-ni-sui-pa^r], *s.* Deshollinador o limpiachimeneas.
chimney-top ['tʃɪmnɪtɒp] [chim-ni-top], *s.* La parte superior del cañón de la chimenea.
chimp [tʃɪmp] [chimp] *s. (Coloq.)* Chimpancé.
chimpanzee [ˌtʃɪmpæn'ziː] [chim-pan-si], *s.* Chimpancé, mono antropomorfo.
chin [tʃɪn] [chin], *s.* Barba. Barbilla, mentón, pera. **To keep one's chin up**, no perder el ánimo. *(Coloq.)* **Chin up!**, ¡ánimo! **To take it on the chin**, sufrir las consecuencias, pagar el pato. (GB) **To take something on the chin**, aguantar algo con resignación (suffer stoically). **Chin-cloth** o **bib**, babero.
China ['tʃaɪnə] [chaina] *N. (Geogr.)* China.
china, chinaware ['tʃaɪnəwɛər] [chai-na-uea^r], *s.* China, porcelana loza de China. **China o India ink**, *s.* Tinta de China.
china-root ['tʃaɪnəruːt] [chai-na-rut], *s. (Bot.)* China, planta y raíz que se trae de la China.
chinchilla [tʃɪn'tʃɪlə] [chin-chi-la], *s.* Chinchilla y su piel.
chincough ['tʃɪnkɔː] [chin-ko], *s. (Des.)* Tos convulsiva, tos ferina.
chine ['tʃaɪn] [chain], *s.* 1. Espinazo. 2. Lomo en los animales. 3. Solomo.
chine, *va.* Deslomar, romper por el espinazo.
chinese ['tʃaɪ'niːz] [chai-nís], *a.* Chino, chinesco, de la China, o parecido a las cosas de aquel país. **Chinese white**, blanco de China, óxido de cinc. *-s.* 1. Chino, natural de la China. 2. La lengua china.
chink [tʃɪŋk] [chink], *s.* 1. Grieta, abertura (crack/in fence, wall); rendija, resquicio (of door); hendedura, rajadura, abertura. **A chink of light entered through the shutters**, la luz entraba por las rendijas de la persiana. 2. **They found a chink in his armor**, le encontraron un punto flaco o débil. 3. Tintineo (of glasses).
chink *vn.* Henderse, abrirse; sonar, resonar. Hacer tintinear (glasses); hacer sonar o tintinear (coins).
chinkapin ['tʃɪŋkəpɪn] [chin-ka-pin], *s.* Castaño enano, y su fruto; arbusto del Este de los Estados Unidos.
chinky ['tʃɪŋkɪ] [chin-ki], *a.* Hendido, rajado, lleno de hendeduras.
chinned ['tʃɪnɪd] [chi-nid], *a.* Barbado.
chinse [tʃɪnz] [chins], *va. (Mar.)* Calafatear.
chints, chintz [tʃɪnts] [chints], *s.* Zaraza, tela de algodón con dibujos en colores.
chintzy ['tʃɪntsɪ] [chin-tsi] *a.* Barato, ordinario (shoddy, cheap); coquetón (flowery, pretty/decor, furnishings).
chinwag ['tʃɪnwæg] [chin-uag] *s. (Coloq.)* Cháchara. **To have a chinwag**, chacharear.
chip [tʃɪp] [chip], *va.* 1. Desmenuzar, hacer pedazos menudos una cosa; es hacer astillas, si se habla de leña o madera, y picar, si de carne. Desportillar, cascar, saltar (damage/crockery); romper un trocito de (tooth); hacer, abrir (hole/cut, break). **I chipped off the old plaster**, quité el yeso viejo quebrándolo. 2. *(Culin.)* Cortar (slice). **Chipped beef**, carne de vaca ahumada y cortada en rodajas finas. 3. Levantar la pelota mediante un golpe corto y preciso (in golf, tennis, soccer). *-vn.* 1. Romperse, abrirse; dícese de los huevos empollados. 2. Quebrarse; dícese de la loza o del vidrio. Desportillarse, cascarse, saltarse (china/cup); saltarse, desconcharse (paint, varnish).
chip in *(Coloq.)* Meter la cuchara (speak); contribuir (contribute).
chip, *s.* 1. Brizna, astilla (of wood); esquirla (of stone); raspaduras de la corteza del pan; barbas de los libros cuando se igualan sus cortes; viruta de la madera cuando se cepilla, llamada también doladura o cepilladura. Desportilladura, muesca (crack, break). **To have a chip on one's shoulder**, ser un resentido. 2. *(Culin.)* Papas o patatas fritas, patatas a la inglesa, papas chip (thin, crisp, slice); (French fry). **Chip shop**, pescadería donde se vende pescado frito y papas fritas. 3. Ficha (games). **To be in the chips**, ser rico o boyante. (GB) *(Coloq.)* **I thought I'd had my chips**, creí que me había llegado la hora. **When the chips are down**, a la hora de la verdad. 4. *(Comput., Electron.)* chip. **Silicon chip**, pastilla de silicio. **Chip-axe**, azuela. **Chip-hat**, sombrero de virutas, o de hoja de palma; sombrero jíbaro. **Chip of the same block**, de tal palo tal astilla.
chipboard ['tʃɪpbɔð] [chip-bord] *s.* Madera prensada o aglomerada, aglomerado (of wood); cartón prensado (of paper).
chipmunk ['tʃɪpmʌŋk] [chip-mank], *s.* Ardilla terrícola listada.
chipper ['tʃɪpər] [chi-pa^r], *a.* (E.U.Fam.) Vivo, alegre, jovial; sano, robusto.
chipping ['tʃɪpɪŋ] [chi-pin], *s.* 1. Brizna, la parte pequeña que se separa de alguna cosa. 2. Acto de desmenuzar. 3. (GB) Gravilla, cascajo.
chirk [tʃɜːk] [cherk], *a. (Fam.)* Alegre, jovial.
chirk, *s.* Petrosílex, horsteno. *V.* CHERT.
chirograph [kaɪrəʊ'græf] [kai-rou-graf], *s.* 1. Contrato que se hacía formando dos copias idénticas sobre un mismo pergamino y cortándolas o separándolas después. 2. Quirógrafo, documento autorizado con una firma autógrafa.
chirographer [kaɪrəʊ'græfər] [kai-rou-gra-fa^r], *s.* Escribano, escribiente; el vale o escritura hecho de propia mano.
chirography [kaɪrəʊ'græfɪ] [kai-rou-gra-fi], *s.* Quirografía; el arte de escribir y la atestación de escribir de propia mano; modo de escribir.
chiromancer ['kaɪərəmænsər] [kai-ro-man-sa^r], *s.* Quiromántico, el que profesa la quiromancia.
chiromancy ['kaɪərəmænsɪ] [kaia-ro-man-si], *s.* Quiromancia, supuesta adivinación por las rayas de la mano.

chironomy [kɪ'rɒnəmɪ] [ki-ro-no-mi], *s.* Quironomía, arte o teoría de los movimientos y de la gesticulación dramática y oratoria.

chiropodist [kɪ'rɒpədɪst] [ki-ro-po-dist], *s.* Pedicuro, el que tiene por oficio la extirpación y curación de los callos y uñeros y otras dolencias de los pies. Podólogo, callista.

chiropody [kɪ'rɒpədɪ] [ki-ro-po-di] *s.* Podología.

chiropractor ['kaɪrəʊˌpræktər] [kai-rou-prak-to^r], *s.* Quiropráctico.

chirp [tʃɜːp] [cherp], *vn.* Gorjear o piar como los pájaros; chirriar, como los insectos. *va.* Decir alegremente.

chirp, *s.* 1. Chirrido, gorjeo. 2. Canto, piada, piído (of birds).

chirper ['tʃɜːpər] [cher-pa^r], *s.* Chirriador, el que chirría o gorjea.

chirping ['tʃɜːpɪŋ] [cher-pin], *s.* Chirrido, el canto sin melodía de los pájaros e insectos.

chirpy ['tʃɜːpɪ] [cher-pi] *a.* *(Coloq.)* (GB) Alegre, animado.

chirrup ['tʃɪrəp] [chi-rop], *va.* y *vn.* Gorjear, con nota sostenida; trinar.

chirurgeon [kɪ'rərdʒɪən] [ki-rur-yion], *s.* Cirujano. *V.* SURGEON.

chirurgery [kɪ'rədʒərɪ] [ki-rur-ye-ri], *s.* Cirugía. *V.* SURGERY.

chirurgical [kɪ'rərdʒɪkl] [ki-rur-yi-kal], *a.* Quirúrgico. *V.* SURGICAL.

chisel ['tʃɪzl] [chisol], *s.* Escoplo o formón (for wood); cincel (for stone).

chisel, *va.* Escoplear o cincelar, esculpir. Cincelar (stone); labrar, tallar (wood). **His finely chiseled features**, sus finamente cincelados o dibujados rasgos.

chiseler ['tʃɪzlər] [chi-se-la^r], *s.* Estafador.

chit [tʃɪt] [chit], *s.* 1. Chiquilla, muchacha. 2. Tallo, germen, botones, yema, el pitoncillo que arroja el grano. 3. Peca en la cara. 4. Recibo, resguardo (receipt); nota (note); vale (to exchange for something).

chit *va.* Quitar los brotes o tallos tiernos de los bulbos, tubérculos y plantas. *-vn.* Brotar, echar botones o yemas las plantas.

chitchat ['tʃɪttʃæt] [chit-chat], *s.* Charla. *(Fam.)* Cuchicheo, palique, cháchara.

chitin ['tʃɪtɪn] [chi-tin], *s.* Quitina, la parte esencial del carapacho de los insectos y crustáceos.

chitinous ['tʃɪtɪnəs] [chi-ti-nos], *a.* Quitinoso.

chitterlings ['tʃɪtəlɪŋz] [chi-ter-lins], *s. pl.* 1. Despojos; el vientre, asadura, cabeza y manos de las reses que se matan en las carnicerías. 2. Pechera, guirindola o chorrera de camisola.

chitty ['tʃɪtɪ] [chi-ti], *a.* 1. Lo que tiene gérmenes o botones. 2. *(Des.)* Pecoso.

chivalric ['ʃɪvəlrɪk] [shi-val-rik], *a.* Caballeresco, perteneciente a la caballería.

chilvalrous ['ʃɪvəlrəs] [shi-val-rous], *a.* Caballeroso, cortés, propio de caballero.

chivalry ['ʃɪvəlrɪ] [shi-val-ri], *s.* 1. *(Hist.)* Caballería, grado y dignidad de caballero militar. 2. Caballería andante; caballerosidad, cortesía, hidalguía (in conduct). 3. Proeza, hazaña.

chive [tʃaɪv] [chaiv], *s.* 1. Cebolleta, cebollino, especie de cebolla pequeña. 2. *(Des.)* Estambre, filamento.

chivvy ['tʃɪvɪ] [chi-vi] *va. V.* CHIVY.

chivy [tʃɪvɪ] [chi-vi] *va.* *(Coloq.)* Meterle prisa a, apurar (person). **She had to chivy me into applying**, me tuvo que empujar para que hiciera la solicitud.

chlamys ['kləmɪz] [kla-mis], *s.* 1. Clámide, capa corta y ligera de los griegos y romanos. 2. Capa pluvial de color de púrpura.

chloracetic ['klɔːrəsɪtɪk] [klo-ra-se-tik], *a.* *(Quím.)* Cloracético. **Chloracetic acid**, ácido cloracético, obtenido por la acción del cloro sobre el ácido acético.

chloral ['klɔːrəl] [klo-ral], *s.* Cloral, líquido incoloro, aceitoso, con olor penetrante; obtenido por la acción del cloro sobre el alcohol. **Chloral hydrate** (o simplemente *chloral*), hidrato de cloral, compuesto blanco, cristalizado, picante, que se usa en medicina como narcótico.

chloramphenicol ['klɔːrəˌfenɪkl] [klo-ra-fe-ni-kol], *s.* *(Med.)* Cloramfenicol.

chlorate ['klɔːreɪt] [klo-reit], *s.* Clorato, sal de ácido clórico.

chloremia ['klɔːriːmɪə] [klo-ri-mia], *s.* *(Med.)* Cloremia.

chloric ['klɔːrɪk] [klo-rik], *a.* Clórico, combinado con el cloro. **Chloric acid**, ácido clórico.

chlord, chloride ['klɔːraɪd] [klo-raid], *s.* Cloruro, combinación del cloro con metal o metaloide.

chlorinate ['klɒrɪneɪt] [klo-ri-neit] *va.* Clorar, tratar con cloro.

chlorination [ˌklɔːrɪ'neɪʃən] [klo-ri-nei-shon], *s.* Tratamiento al cloro.

chlorine ['klɔːriːn] [klo-rin], *s.* *(Quím.)* Cloro, gas amarillo verdoso, venenoso y de olor desagradable.

chlorite ['klɔːraɪt] [klo-rait], *s.* *(Min.)* Clorita, ejemplar de varios silicatos hidratados, de color verdoso.

chlorofluorocarbon ['klɔːrəʊ'flʊərəʊ'kɑːbən] [klo-ro-fluo-ro-kar-bon] *s.* Clorofluorocarbono.

chloroform ['klɔːrəfɔːm] [klo-ro-form], *s.* Cloroformo, líquido incoloro, volátil, algo dulce, que se emplea como poderoso anestésico y anodino. *-va.* Administrar cloroformo: cloroformizar.

chloromycetin ['klɔːrəˌmɪsətɪn] [klo-ro-mi-se-tin], *s.* *(Med.)* Cloromicetina.

chlorophyl, chlorophyll ['klɔːrəfɪl] [klo-ro-fil], *s.* Clorofila, la materia colorante verde de las hojas de los vegetales.

chlorosis ['klɔːrəʊsɪs] [klo-rou-sis], *s.* *(Med.)* Clorosis, enfermedad de las adolescentes caracterizada por palidez del rostro y empobrecimiento de la sangre, y comúnmente por amenorrea.

chlorotic ['klɔːrətɪk] [klo-ro-tik], *a.* Clorótico, clorótica, perteneciente o relativo a la clorosis. Se dice de la mujer que la padece.

clorous ['klɔːrəs] [klo-rus], *a.* Combinado con el cloro y en especial en su valor de tres.

choc-ice ['tʃɒkaɪs] [chok-ais] *s.* (GB) Bombón helado.

chock [tʃɒk] [chok] 1. Calzo, cuña, pedazo de madera u otro objeto a propósito para calzar un barril tonel, etc. 2. *(Mar.)* Choque, calzo fijo sobre la cubierta de un buque o sobre un muelle, con quijadas por las cuales se puede pasar un cable o cadena. 3. *V.* CHUCK.

chock, *va.* 1. Afianzar, soportar, proveer con calzos. *-vn.* Cerrar, tapar, llenar un hueco o juntura.

chock-a-block [tʃɒk] [chok] *a.* *(Coloq.)* **To be chock-a-block with something/somebody**, estar hasta los topes de algo/alguien.

chock-full, chuck-full [tʃɒk] [chok], *a.* Colmado, lleno hasta el tope; de bote en bote. **To be chock-full of/with something**, estar hasta los topes de algo.

chocolate ['tʃɒklɪt] [choklit], *s.* 1. Chocolate, pasta hecha de cacao, azúcar, etc.; bombón (candy, sweet). **Milk/dark** o (GB) **plain chocolate**, chocolate con/sin leche. De chocolate (egg, cake). **Chocolate bar**, chocolatina, chocolatín. **Chocolate-chip cookie**, galleta con pedacitos de chocolate. **Chocolate liqueur**, bombón de licor. 2. Chocolate, el compuesto líquido de la pasta desleída por medio de agua caliente o leche. **A cup of hot chocolate**, una taza de chocolate caliente. 3. Color chocolate, marrón, café o carmelito oscuro (color).

chocolate *a.* Color chocolate, marrón, café o carmelito oscuro (in color).

choice [tʃɔɪs] [chois], *s.* 1. Escogimiento, elección (act, option); preferencia; el acto, facultad o cuidado de elegir, escoger o preferir una cosa a otra. **I had no choice but to obey**, no tuve más remedio o alternativa que obedecer. **To make one's choice**, elegir, escoger. **I'm single by choice**, no me he casado porque no he querido o por decisión propia. **You can take any two books of your choice**, puede llevarse dos libros a elección. 2. La cosa elegida, lo selecto, lo más escogido (de personas). **She's a possible choice for**

the job, es una de las candidatas posibles para el puesto (person, thing chosen). **It was an unfortunate choice of words**, no fue la mejor manera de decirlo. Surtido, selección (variety). **To be spoiled for choice**, tener mucho donde elegir. **Hobson's choice**, o tal cosa, o nada; o tomarlo o dejarlo.

choice, *a.* 1. Escogido, selecto (fruit, vegetables, wine); de primera (beef, veal); exquisito (language, phrase); excelente. **He used some choice language when he found out**, soltó unas perlitas cuando se enteró *(iró.)* 2. Cuidadoso, frugal, parco, económico.

choiceless ['tʃɔɪslɪs] [chois-les], *a.* Limitado, el que no tiene facultad de elegir.

choir ['kwaɪər] [kuaia^r], *s.* 1. Coro, unión o conjunto de voces. 2. Coro, los que cantan salmos, himnos y otras composiciones sagradas. 3. Coro, la parte de la iglesia en que se juntan los que cantan. **Choir-service**, oficio de coro.

choirboy ['kwaɪəbɔɪ] [kuaia-boi] *s.* Niño que canta en un coro de iglesia.

choke [tʃəʊk] [chouk], *va.* 1. Ahogar, sofocar, quitar la respiración. Estrangular, ahogar, asfixiar (stifle). **A voice choked by sobs**, una voz ahogada en llanto. 2. Cerrar alguna comunicación o paso. 3. Suprimir, oprimir. **To choke up**, obstruir, tapar. **The garden is choked with weeds**, el jardín está invadido de malezas (overwhelm). *-vn.* Ahogarse, asfixiarse. **To choke on something**, atragantarse o atorarse con algo.

choke back Contener, tragarse (tears). **I choked back my anger**, me contuve.

choke up Obstruir, atascar, tapar (block/drain, pipe). *(Coloq.)* Fallar (fail).

choke, *s.* 1. Hebra de alcachofa. 2. *(Auto)* Choke, estárter, cebador, chupete.

choked ['tʃəʊkt] [choukt] *a.* **Goodbye, he said in a choked voice**, adiós - dijo, con la voz entrecortada por la emoción.

choke-full ['tʃəʊkfʊl] [chouk-ful], *a.* Lleno enteramente hasta los bordes. *V.* CHOCK-FULL.

choke-pear ['tʃəʊkpɪər] [chouk-pia^r], *s.* 1. Ahogadera, especie de pera áspera al paladar. 2. # *(Met.)* Tapaboca, cualquier dicho picante que obliga a alguno a callarse.

choker ['tʃəʊkər] [chou-ka^r], *s.* 1. Ahogador, el que ahoga; el que hace callar a otro; tapaboca, argumento sin réplica. 2. Corbata grande. 3. Gargantilla (necklace).

choky ['tʃəʊkɪ] [chou-ki], *a.* Lo que puede ahogar; sofocante.

choler ['kɒlər] [ko-la^r], *s.* Ira, enojo.

cholera ['kɒlərə] [ko-le-ra], *s.* 1. *(Med.)* Cólera-morbo, enfermedad aguda, epidémica, causada por un bacilo; cólera asiático. 2. Cólera-morbo, enfermedad no epidémica, esporádica. *Cholera morbus*, *V.* 2ª acep.

choleric ['kɒlərɪk] [ko-le-rik], *a.* Colérico, enojado.

cholericness ['kɒlərɪknɪs] [ko-le-rik-nes], *s.* Cólera, ira, enojo.

cholerine ['kɒləri:n] [ko-le-rin], *s.* 1. Colerina, primer período del cólera epidémico. 2. Tipo ligero de esta enfermedad; diarrea coleriforme.

cholesterol [kə'lestərɒl] [ko-les-te-rol], *s.* (Bioquímica) Colesterol.

chomp ['tʃɒmp] [chomp] *va.* Mascar, masticar.

chondroid ['kɒndrɔɪd] [kon-droid], *a.* Parecido al cartílago.

choose [tʃu:z] [chus], *va.* Escoger, tomar o elegir con preferencia (select); predestinar. Elegir (candidate). **To choose to**, decidir, optar por (decide). *-vn.* Tener facultad para elegir, hacer o dejar de hacer alguna cosa; preferir, querer. Elegir, escoger. **You can choose from this range**, puede elegir o escoger dentro de esta gama. **There's little** o **not much to choose between them**, no hay gran diferencia entre ellos. **Why don't you tell me your age?-because I don't choose**, ¿por qué no me dice Ud. su edad? -porque no quiero, porque no me place. **To choose rather**, preferir. **The chosen ones**, los mejores, los más granados, los escogidos.

chooser ['tʃu:zər] [chu-sa^r], *s.* Escogedor; elector.

choosing ['tʃu:zɪŋ] [chu-sin], *s.* Escogimiento, elección.

choosy ['tʃu:zɪ] [chu-si] *a.* *(Coloq.)* Exigente, difícil de contentar.

chop [tʃɒp] [chop], *va.* 1. Tajar, cortar o separar; picar; desbastar un madero. Cortar (cut/wood); cortar en trozos pequeños (meat, apple); picar (parsley, onion). **Chopped**, picado (onions, herbs); molido o picado (meat). 2. Rajar, hender. 3. Mudar, cambiar, trocar; comprar. 4. Articular de un modo rápido y entrecortado. *-vn.* Hacer alguna cosa con movimiento veloz; tropezar. Golpear, cortar (strike). Cambiar, variar, mudarse; dícese del viento. **Chop-logic**, argumentación llena de argucias y sutilezas. *(Coloq.)* **To chop and change**, cambiar continuamente. **To chop off**, tronchar. **To chop at**, pillar, zampar, atrapar con la boca. **To chop in**, entrar de repente con la intención de sorprender. **To chop about**, girar, rodear, mudar. **To chop meat**, picar la carne. **Chopped hands**, manos agrietadas.

chop down Cortar, talar (tree); cortar (branch, pole).

chop off Cortar (branch); cortar, cercenar (finger).

chop up Picar (onion, parsley); cortar en trozos pequeños (meat, apple).

chop, *s.* 1. Porción, parte; tajada de carne; chuleta o costilla de ternera, carnero, etc.; raja. 2. Hachazo (with ax, cleaver); manotazo (with hand); *(Sport)* golpe cortado; golpe (in karate). (GB) *(Coloq.)* **To give somebody the chop**, echar a alguien (dismissal, cancellation). **They all got the chop**, los echaron a todos. 3. *(Coloq.)* **Chops**, boca, jeta, morro (of person). **To lick/smack one's chops**, relamerse. **To bust somebody's chops**, arremeter contra alguien.

chop-fallen *V.* CHAP-FALLEN.

chop-house [ˌtʃɒp'haʊs] [chop-jaus], *s.* Bodegón, figón.

chopper ['tʃɒpər] [cho-pa^r], *s.* 1. Cuchilla de carnicero; hacha pequeña (hatchet). 2. *(Coloq.)* Helicóptero (helicopter). 3. *(Coloq.)* **Choppers**, dientes postizos, comedor.

chopping ['tʃɒpɪŋ] [cho-pin], *a.* 1. Que se cambia de repente a otra dirección (viento). 2. Lleno de olas pequeñas. 3. *(Ant.)* Rollizo, robusto. *-s.* Tajadura, cortadura. **Chopping-block**, tajo de cocina, tajadera. **Chopping-board**, tajador; tabla de picar. **Chopping-knife**, cuchilla, tajadera.

choppy ['tʃɒpɪ] [cho-pi], *a.* 1. Rajado, hendido, lleno de grietas, agujereado. 2. Lleno de olas pequeñas y agitadas; picado (sea).

chops ['tʃɒpz] [chops], *s.* *(Vul.)* Boca; quijadas. **Chops of the channel**, *(Mar.)* boca de un canal.

chop-sticks ['tʃɒpstɪks] [chop-stiks], *s. pl.* Varillas delgadas, de que se sirven los chinos y japoneses para llevar los alimentos a la boca; palillos.

chop suey [ˌtʃɒp'sʊɪ] [chop-sui], *s.* Guiso popular en E.U. que se supone de origen chino.

choral ['kɔ:rəl] [ko-ral], *a.* Coral, perteneciente al coro; cantado en coro.

chord [kɔ:d] [kord], *s.* 1. *(Mús.)* Cuerda. Cuando esta voz quiere decir cordel o soga se escribe *cord*. 2. *(Mús.)* Acorde, combinación de sonidos escogidos según las leyes de la armonía. 3. *(Geom.)* Cuerda, línea recta que une los dos extremos de un arco de círculo. **That struck a chord with her**, eso le tocó la fibra sensible. **His speech struck the right chord with the audience**, su discurso estuvo en perfecta sintonía con el sentir del público.

chord, *va.* *(Mús.)* Encordar, poner cuerdas en alguna cosa.

chore [tʃɔ:r] [cho^r], *s.* Tarea o trabajo de poco momento; especialmente del servicio doméstico (routine task). Lata (tedious task).

choreographer [ˌkɒrɪ'ɒgrəfər] ko-ri-o-gra-fe^r], *s.* Coreógrafo, maestro de baile.

choreography [ˌkɒrɪ'ɒgrəfɪ] [ko-ri-o-gra-fi], *s.* Coreografía.

choriambic [kɒrɪ'æmbrɪk] [ko-ri-am-brik], *s.* Coriambo. *-a.* Coriámbico.

chorion ['kɒrɪən] [ko-rion], *s.* *(Anat.)* Corion, membrana exterior que envuelve el feto en el útero.

chorographer ['kɒrɒgrəfər] [ko-ro-gra-feʳ], *s.* Corógrafo.
chorography ['kɒrɒgrəfɪ] [ko-ro-gra-fi], *s.* Corografía, ciencia que enseña a formar el mapa particular de una región o provincia.
choroid ['kɒrɔɪd] [ko-roid], *a.* Coroideo, parecido al corion. -*s.* Túnica media del ojo.
chortle ['tʃɔːtl] [chor-tel] *vn.* **To chortle over something**, reírse de algo.
chortle *s.* Risa de satisfacción.
chorus ['kɔːrəs] [ko-rus], *s.* 1. Coro (in musical, opera, tragedy). **Chorus girl**, corista. **Chorus line**, coro. 2. Coro, estrambote o estribillo (refrain); coral (choral piece). 3. Coro (outburst). **A chorus of protest**, un coro de protestas.
chose, chosen, *pret.* y *pp.* del verbo TO CHOOSE.
chose ['tʃəʊz] [chous], *s.* *(For.)* Cada uno de los objetos que constituyen propiedad mueble. **Chose in action**, derecho de una persona sobre propiedad mueble o dinero no en su posesión pero reivindicable por medio de procedimiento legal.
chosen [tʃəʊzən] [chousen] *a.* **Only a chosen few were invited to attend**, sólo invitaron a una selecta minoría. **God's chosen people**, el pueblo elegido.
chough [tʃʌf] [chaf], *s.* *(Orn.)* Chova, especie de grajo de color negro y patas rojas.
chouse [tʃuːz] [chus], *va.* Engañar, embaucar, engatusar.
chouse, *s.* 1. Primo, tonto, bobalicón, el bobo o simple que se deja engañar. 2. Engaño, fraude, chasco, pieza, burla.
chousing ['tʃəʊzɪŋ] [chou-sin], *s.* Bellaquería, engaño, fraude.
chow [tʃaʊ] [chau] *s.* *(Sl.)* Comida (food).
chow-chow [tʃaʊ'tʃaʊ] [chau-chau], *s.* Mezcla, olla podrida; alimentos divididos a la manera china; en especial, encurtidos de diferentes legumbres con mostaza. (Chino)
chowder ['tʃaʊdər] [chau-daʳ], *s.* Sopa de pescado o de mariscos.
chow mein [tʃaʊ'meɪn] [chau-mein], *s.* Guiso de tallarines chinos, carne y verduras. Se supone de origen chino.
chrestomthy ['tʃrestɒmθɪ] [chres-tom-zi], *s.* Crestomatía, colección de escritos selectos, especialmente la destinada a la enseñanza en un idioma determinado.
chrism [krɪzm] [krisem], *s.* Crisma, aceite consagrado.
chrismatory ['krɪzmətərɪ] [kris-ma-to-ri], *s.* Crismera.
Chrissake ['krɪseɪk] [kri-seik] *interj.* *(Sl.)* **For Chrissake!**, ¡por Dios!, ¡por favor!
Christ [kraɪst] [kraist], *s.* *(Rel.)* Cristo o Jesucristo, nuestro Salvador. *(Coloq.)* ¡Jesús! (as interj.); **for Christ sake!**, ¡por amor de Dios!
christ-cross-row [kraɪst'krɒsrɔː] [kraist-kros-ro], *s.* *(Ant.)* El Crístus o la cartilla.
christen ['krɪzn] [kr-isen], *va.* 1. Dar nombre al tiempo de bautizar. 2. Bautizar, practicar las ceremonias por medio de las cuales uno se hace cristiano (baptize). 3. Cristianar, hacer cristiano por medio del bautismo. 4. *(Fam.)* Estrenar, empezar a usar una cosa (use for first time).
christendom ['krɪsndəm] [kri-sen-dom], *s.* Cristianismo, cristiandad.
christening ['krɪsnɪŋ] [kris-nin] *s.* Bautismo, bautizo. -*a.* Bautismal.
christian ['krɪstɪən] [kris-tian], *s.* Cristiano, el que profesa la fe de Jesucristo. -*a.* Cristiano, lo que pertenece a la religión cristiana. **Christian name**, nombre de bautismo o de pila. **Christian Scientist**, científico cristiano.
christianism ['krɪstɪənɪzm] [kris-tia-nisem], **christianity** ['krɪstɪənɪtɪ] [kri-tia-ni-ti], *s.* Cristianismo (faith); los cristianos, el cristianismo (believers).
christianization [ˌkrɪstɪənaɪ'zeɪʃən] [kris-tia-nai-zi-shon], *s.* Cristianización.
christianize ['krɪstɪənaɪz] [kris-tia-nais], *va.* Cristianizar, cristianar.
christianlike ['krɪstɪənlaɪk] [kris-tian-laik], *a.* Propio de cristiano.
christianly ['krɪstɪənlɪ] [kris-tian-li], *adv.* Cristianamente.
christless ['krɪstlɪs] [krist-les], *a.* Anticristiano, impío, herético.
Christmas ['krɪsməs] [kris-mas], *s.* 1. La Navidad o Natividad, conmemoración anual del nacimiento de nuestro Señor Jesucristo. Pascua; las Navidades, la Navidad, la Pascua (Christmas time). **Merry** (GB) **happy Christmas!**, ¡Feliz Navidad!, ¡Felices Pascuas! 2. El día de Navidad. 3. Aguinaldo o regalo de Navidad. **Christmas pudding**, pudin de Navidad. **Christmas carol**, villancico, cántico de Navidad. **Christmas card**, tarjeta de Navidad, tarjeta de Pascua, crismas. **Christmas cracker**, sorpresa que se abre durante la comida de Navidad. **Christmas Day**, día de Navidad o de Pascua. **Christmas Eve**, la víspera de Navidad; Nochebuena (evening). **Christmas holidays**, vacaciones de Pascuas. **Christmas tree**, árbol de Navidad o de Pascua.
christmas-box ['krɪsməsbɒks] [kris-mas-boks], *s.* Cajita para recoger el aguinaldo; el aguinaldo mismo.
christ's-thorn ['kraɪs'θɜːn] [kraist-zern], *s.* *(Bot.)* Espino amarillo.
chroma ['krəmə] [kro-ma], *s.* Intensidad de color; el mayor o menor grado de color respecto del blanco.
chromate [krə'meɪt] [kro-meit], *s.* Cromato, sal del ácido crómico.
chromatic [krə'mætɪk] [kro-ma-tik], *a.* 1. Cromático, relativo a los colores. 2. *(Mús.)* Cromático, que procede por semitonos. -*s.* *(Mús.)* Nota modificada por un bemol o sostenido.
chromatics [krə'mætɪkz] [kro-ma-tiks], *s.* Cromática, ciencia del colorido.
chromatography [ˌkrəʊmə'tɒgrəfɪ] [kro-ma-to-gra-fi], *s.* Cromatografía, descripción de los colores.
chrome [krəʊm] [kroum], *s.* 1. Cromo. 2. *V.* CHROMIUM.
chromic ['krəʊmɪk] [kro-mik], *a.* Crómico, que pertenece al cromio en su mayor grado de combinación con otros cuerpos. **Chromic acid**, *(Quím.)* Acido crómico.
chromium [krə'mɪəm] [kro-mium], *s.* *(Quím.)* Cromio, metal que se halla mineralizado con plomo, hierro y piedras preciosas. **Chromium plating**, cromado.
chromo ['krəʊmə] [krou-mo], *s.* *V.* CHROMO-LITHOGRAPH.
chromo lithograph ['krəʊməlɪ'tɒgræf] [krou-mo-li-to-graf], *s.* Estampa o lámina en colores, obtenida por la cromolitografía.
chromosome ['krəʊməsəʊm] [krou-mo-soum], *s.* *(Biol.)* Cromosoma.
chronic, chronical ['krɒnɪk] [kro-nik] ['krɒnɪkl] [kro-ni-kal], *a.* 1. Crónico, lo que pertenece al tiempo. Crónico (employment, shortages); empedernido (smoker, liar). 2. *(Med.)* Crónico, de larga duración. 3. (GB) *(Coloq.)* Pésimo, terrible (terrible).
chronicity ['krɒnɪsɪtɪ] [kro-ni-si-ti], *s.* Estado o calidad de crónico.
chronicle ['krɒnɪkl] [kro-nikl], *s.* Crónica, historia compuesta por orden de fechas.
chronicler ['krɒnɪklər] [kro-niklaʳ], *s.* Cronista, historiador.
chronogram ['krɒnəgræm] [kro-no-gram], *s.* Cronograma, inscripción en la que las letras numerales forman la fecha de algún suceso.
chronograph ['krɒnəgræf] [kro-no-graf], *s.* Cronógrafo, aparato eléctrico indicador del tiempo o duración de un acontecimiento.
chronographer ['krɒnəgræfər] [kro-no-gra-feʳ], *s.* Cronologista.
chronography ['krɒnəgræfɪ] [kro-no-gra-fi], *s.* Cronografía, descripción del tiempo pasado.
chronologer ['krɒnələgər] [kro-no-lo-gaʳ], **chronologist** ['krɒnəlɒdʒɪst] [kro-no-lo-yist], *s.* Cronologista, cronólogo, el que es versado en la cronología.
chronologic, chronological [krə'nɒlədʒɪ] [kro-no-lo-yi], *a.* Cronológico. **In chronological order**, en orden cronológico.

chronologically [ˌkrɒnə'lɒdʒɪkəlɪ] [kro-no-lo-yi-ka-li], *adv.* Cronológicamente.

chronology [krə'nɒlədʒɪ] [kro-no-lo-yi], *s.* 1. Cronología, ciencia que determina el orden y fecha de los sucesos históricos. 2. Manera de computar los tiempos.

chronometer [krɒ'nəmɪtər] [kro-no-mi-taʳ], *s.* Cronómetro, instrumento para medir el tiempo; reloj de longitudes que mide exactamente el tiempo.

chronometric, chronometrical [krə'nɒmɪtrɪk] [kro-no-mi-trik], *a.* Cronométrico, referente al cronómetro o determinado por medio de él.

chronometry [krə'nɒmɪtrɪ] [kro-no-mi-tri], *s.* Cronometría, la acción de medir el tiempo; ciencia de la medición del tiempo.

chronoscope ['krɒnəskəʊp] [kro-nos-koup], *s.* Cronógrafo, u otro instrumento para medir un intervalo muy corto de tiempo.

chrysalis ['krɪsəlɪs] [kri-sa-lis], *s.* Crisálida, ninfa o dormida, la oruga y otros insectos en su capullo antes de transformarse en mariposas.

chrysanthemun [krɪ'sænθəməm] [kri-san-ze-mum], *s.* *(Bot.)* Crisantemo, género de plantas compuestas que se cultivan como de adorno.

chrysoberyl ['krɪsɒbərɪl] [kri-so-be-ril], *s.* *(Min.)* Crisoberilo, piedra preciosa.

chrysolite ['krɪsəlaɪt] [kri-so-lait], *s.* Crisólito, piedra preciosa.

chrysoprace['krɪsɒpreɪs] [kri-so-preis], *s.* *(Min.)* Crisoprasa o crisopracio, especie de calcedonia de color verde manzana.

chub [tʃʌb] [chab], *s.* Coto, pez de agua dulce. **Chub-faced**, carianchо.

chubbed ['tʃʌbd] [cha-bed], *a.* Cabezudo, el que tiene cabeza grande. *V.* CHUBBY.

chubby ['tʃʌbɪ] [cha-bi], *a.* Gordo, gordiflón, regordete, rechoncho (person); regordete (legs, cheeks, face). **Chubby-cheeked**, mofletudo.

chuck [tʃʌk] [chak], *vn.* Cloquear, cacarear la gallina cuando está clueca. *-va.* 1. Dar una sobarbada o golpe debajo de la barba a alguno. **To chuck somebody under the chin**, darle una palmadita en la barbilla a alguien. 2. Arrojar diestramente. 3. Cloquear, llamar la gallina a sus pollos. 4. *(Coloq.)* Tirar, aventar (throw); tirar, botar (throw away); dejar, plantar (give up/job); plantar, botar, largar (boyfriend/girlfriend).

chuck away *(Coloq.)* Derrochar, despilfarrar, tirar (squander, waste/money); desperdiciar (opportunity). *V.* CHUCK OUT.

chuck in (GB) *(Coloq.)* Dejar, mandar al diablo (job, studies).

chuck out 1. *(Coloq.)* Tirar, botar (rubbish); rechazar (reject/plan, suggestion). 2. Echar (expel).

chuck up *(Sl.)* Abandonar, renunciar, vomitar.

chuck, *s.* 1. Cloqueo. 2. Cariño. 3. Sobarbada. 4. Rumor repentino. 5. Corte de carne vacuna del cuarto delantero.

chuck, *s.* (Art. y Of.) 1. Mandril, mangote, plato de un torno; invento para asir un objeto de tal manera que pueda girar. 2. Cuña, calzo.

chuck-farthing [tʃʌk'fɑːθɪŋ] [chak-far-zin], *s.* Hoyuelo, especie de juego de los muchachos en que meten el dinero en un hoyo.

chuckle ['tʃʌkl] [cha-kel], *vn.* Reír entre dientes; sonreír de satisfacción; fisgar sonriéndose. *-va.* 1. Cloquear, llamar la gallina a sus pollos. 2. Acariciar, hacer fiestas a alguno; requebrar.

chuckle, *s.* Risa ahogada, risita. **They had a chuckle over/about that**, se estuvieron riendo de eso. *-a.* Grueso o tosco (hablando de la cabeza). **Chuckle-head**, tonto, estúpido, cabeza de chorlito.

chuck wagon [tʃʌk'weɪgɒn] [chak-ua-gon] *s.* Furgón en el que se transportan víveres y utensilios de cocina.

chuff [tʃʌf] [chaf], *s.* *(Ant.)* Patán, rústico.

chuffed [tʃʌft] [chaft] *a.* (GB) *(Coloq.)* Contento.

chuffily ['tʃʌfɪlɪ] [cha-fi-li], *adv.* Groseramente.

chuffiness ['tʃʌfɪnɪs] [cha-fi-nis], *s.* Rusticidad, falta de urbanidad.

chuffy ['tʃʌfɪ] [cha-fi], *a.* Grosero, desatento.

chug [tʃʌg] [chag] *vn.* **The engine chugged up the hill**, la locomotora subió la cuesta dando resoplidos. **The project is chugging along**, el proyecto sigue marchando.

chugalug ['tʃʌgəlʌg] [cha-ga-lag] *va.* *(Coloq.)* Beberse o tomarse de un trago.

chum [tʃʌm] [cham], *vn.* Compartir una habitación con otro; ser íntimo. *-s.* 1. Camarada, compañero; condiscípulo. *(Coloq.)* Amigo, compinche. 2. Carnada, cebo (bait).

chump [tʃʌmp] [champ], *s.* 1. Tajo, tronco, leño grueso. 2. La extremidad gruesa de alguna cosa, por ejemplo, el lomo del carnero. 3. *(Ger.)* Leño, tonto, naranjo, mastuerzo.

chunk [tʃʌŋk] [chank], *s.* 1. Pedazo grueso y corto; persona o bestia rechoncha. 2. Pedazo, trozo, cacho (of bread, meat). **A chunk of bread**, un zoquete de pan.

chunky [tʃʌŋkɪ] [chan-ki], *a.* 1. Corto, rechoncho, abundante en carnes. *(E.U.)* Fornido, macizo (person); grueso, gordo (sweater). 2. Con trozos grandes de cáscara (marmalade).

chunnel ['tʃʌnl] [cha-nel] *s.* *(Coloq.)* **The Chunnel**, el Eurotúnel, el túnel del canal de la Mancha.

church [tʃɜːtʃ] [cherch], *s.* 1. Iglesia, templo, edificio consagrado al culto (building). 2. Iglesia, la congregación de los fieles; cuerpo determinado de cristianos. 3. Culto público, oficio divino regular. 4. El clero; la Iglesia (as organization). **The church of England/Scotland**, la iglesia Anglicana/Presbiteriana Escocesa. **To go to church**, ir a misa, asistir al oficio divino. **A church service**, un oficio religioso. **He wants a church wedding**, quiere casarse por la Iglesia. **Eastern Church**, la Iglesia griega. *V.* GREEK CHURCH. **Western Church**, la iglesia del imperio romano de occidente en la edad media, hoy la Iglesia católica romana. **Church of Jesus Christ of Latter-day Saints**, Título oficial de la iglesia de Mormón, que quiere decir: Iglesia de Jesucristo de los Modernos Santos. **Church militant**, la iglesia militante, congregación de los fieles que viven en este mundo. **Church-ale**, aniversario o fiesta solemne en memoria de la consagración de una iglesia **Church-book, church register**, registro de parroquia, libro de bautizos. **Church-burial**, entierro, según los ritos de la iglesia. **Church-land**, tierras beneficiales, bienes eclesiásticos. **Church-music**, Música sagrada. **Church-preferment**, beneficio o renta eclesiástica. **Church-robbing**, sacrilegio. **Church-way**, camino a la iglesia. **Church-work**, la obra del Escorial; dícese de algún trabajo que procede lentamente.

church, *va.* Purificar, ejecutar las ceremonias de la purificación de una mujer recién parida.

churchdom [tʃɜːtʃ'dʌm] [cherch-dam], *s.* Dominio o autoridad de la iglesia.

churchgoer ['tʃɜːtʃˌgəʊər] [cherch-gouaʳ] *s.* Practicante, feligrés.

churchlike [tʃɜːtʃ'laɪk] [cherch-laik], *a.* Eclesiástico, propio de un sacerdote.

churchman ['tʃɜːtʃmən] [cherch-man], *s.* Sacerdote, eclesiástico; miembro de la Iglesia anglicana o católica.

churchwardens ['tʃɜː'wɔːdnz] [cherch-uardens], *s. pl.* Mayordomos, los que se eligen anualmente para que cuiden de las cosas de la iglesia, capilleros.

chuchyard ['tʃɜːtʃjɑːd] [cherch-yard], *s.* Cementerio de parroquia.

churl [tʃɜːl] [cherl], *s.* Patán, rústico, payo. Charro; hombre ruin, miserable tacaño.

churlish ['tʃɜːlɪʃ] [cher-lish], *a.* Rudo, agreste; ruin, escaso, rústico, grosero, maleducado, brutal, avaro.

churlishly ['tʃɜːlɪʃlɪ] [cher-lish-li], *adv.* Rudamente, brutalmente.

churlishness ['tʃɜːlɪʃnɪs] [cher-lish-nes], *s.* Rusticidad; rudeza, grosería, descortesía.

churn [tʃɜːn] [chern], *s.* Mantequera, vasija en que se hace la manteca.

churn, *va.* 1. Agitar o menear alguna cosa con violencia. 2. Batir o menear la nata de la leche para hacer manteca. Batir (milk); hacer (butter); agitar, revolver (water, mud). *-vn.* Arremolinarse (water). **My stomach was churning**, tenía un nudo en el estómago (with nerves); tenía el estómago revuelto (with nausea).
churn out *(Coloq.)* Producir como salchichas.
churn up Revolver.
churning ['tʃɜːnɪŋ] [cher-nin], *s.* Batido.
churn-staff ['tʃɜːstɑːf] [chern-staf], *s.* Batidera, instrumento con el cual se bate la nata en la mantequera.
chuse, *v. V.* CHOOSE.
chute [ʃuːt] [shut], *s.* 1. Caída, plano inclinado o cualquier conducto de arriba hacia abajo. *(Fr.)* 2. Tolva, vertedor; tobogán, rodadero (in swimming pool, amusement park). **Chutes and ladders** *s.* Juego de la oca, serpientes y escaleras.
chutney ['ʃʌtnɪ] [shat-ni] *s.* Chutney, conserva agridulce que se come con carnes, queso, etc.
chylaceous ['kɪləʃəs] [ki-la-shos], *a.* Quiloso.
chyle [kiːl] [kil], *s.* Quilo, fluido lechoso que se extrae del quimo y que se mezcla con la sangre.
chylifaction, chylification ['kɪlɪfækʃən] [ki-li-fak-shon], *s.* Quilificación.
chylifactive ['kɪlɪfæktiːv] [ki-li-fak-tiv], *a.* Quilificativo.
chylopoietic ['kɪləɔɪətɪk] [ki-lo-poi-e-tik], *a.* Quilopoyético, que tiene poder de hacer quilo.
chylous ['kɪləs] [ki-lous], *a.* Quiloso.
chyme [kiːm] [kim], *s.* Quimo, la masa de alimentos disgregados y reblandecidos por la digestión, de que se forma el quilo.
chymic ['kɪmɪk] [ki-mik], **Chymistry**, etc., *a. V.* CHEMIC, etc.
CIA *s.* (= **Central Intelligence Agency**) CIA
cibol ['siːbəl] [si-bol], *s.* 1. Cebolleta, cebolla gala o puerro de piedra. 2. Chalota, especie de ajo.
ciborium ['sɪbərɪəm] [si-bo-rium], *s.* 1. Dosel de altar. 2. Copón, vaso que encierra el Santísimo Sacramento en el sagrario.
cicada [sɪ'kɑːdə] [si-ka-da], *s.* Cigarra, insecto hemíptero; llámase también *harvest-fly*.
cicatrice ['sɪkətriːz] [si-ka-tris],**cicatrix** ['sɪkətriːz] [si-ka-tris], *s.* Cicatriz.
cicatrisant ['sɪkətriːzənt] [si-ka-tri-sant], *s.* Cicatrizante.
cicatrisive ['sɪkətrɪziːv] [si-ka-tri-siv], *a.* Cicatrizativo.
cicatrization ['sɪkətriːzeɪʃən] [si-ka-tri-sei-shon], *s.* Cicatrización.
cicatrize ['sɪkətraɪz] [si-ka-trais], *va.* Cicatrizar.
cicely ['sɪsəlɪ] [si-se-li], *s.* Perifollo, cerafollo, planta de las umbelíferas. **Sweet cicely**, perifollo, planta aromática.
cicerone ['sɪsərəʊn] [si-se-roun], *s.* Guía que enseña los monumentos, las instituciones y cosas dignas de verse en algún lugar. Se dice en plural *ciceroni,* y es voz moderna italiana.
cicuta ['sɪkuːtə] [si-ku-ta], *s.* Cicuta, hierba umbelífera cuya raíz es venenosa.
CID *s.* (in UK) = **Criminal Investigation Department**
cider ['saɪdər] [sai-daʳ], *s.* Sidra (alcoholic); Sidra, bebida hecha del zumo de manzanas (non-alcoholic). **Sweet cider**, jugo o zumo de manzana. **Hard cider**, sidra fermentada.
ciderist ['saɪdərɪst] [sai-de-rist], *s.* Fabricante o conocedor de sidra.
ciderkin ['saɪdəkɪn] [si-der-kin], *s.* Aguapié, la sidra que se saca de la manzana ya exprimida.
ci-devant [sɪ'diːvənt] [si-di-vant], *a.* Del tiempo pasado; anterior, antecedente.
cigar [sɪ'gɑːr] [si-gaʳ], *s.* Cigarro, puro, tabaco. **Cigar store**, cigarrería, tabaquería, estanco de cigarros.
cigarette [ˌsɪgə'ret] [si-ga-ret], *s.* Cigarrillo, cigarro. **Cigarette case**, cigarrera. **Cigarette lighter**, encendedor automático. **Cigarette paper**, librillo. **Cigarette butt/end**, colilla. **Cigarette holder**, boquilla.
cilia ['sɪlɪə] [si-lia], *s.* Plural de CILIUM.
ciliary ['sɪlɪərɪ] [si-lia-ri], *a.* Ciliar, lo que pertenece o se refiere a las pestañas.
ciliate ['sɪlɪeɪt] [si-lieit], *a.* Ciliado, pestañoso, provisto de pelitos.
cilicious ['sɪlɪəs] [si-li-sios], *a.* Cerdoso.
cilium ['sɪlɪəm] [si-liom], *s.* (Más usado en plural) 1. Pelito, por lo común microscópico, semejante a una pestaña. 2. Pestaña; barbilla de las plantas.
cima ['sɪmə] [si-ma], *s. V.* CYMA.
cimbric ['sɪmbrɪk] [sim-brik], *s.* Címbrico, el lenguaje de los antiguos habitantes de Jutlandia.
cimeter ['sɪmɪtər] [si-mi-taʳ], *s.* Cimitarra, arma de acero a manera de sable, de hoja ancha y corva.
cimmerian ['sɪmərɪən] [si-me-rian], *a.* Lo perteneciente a los cimerios, pueblos de Italia de los que relata Homero que vivían en obscuridad perpetua. **Cimmerian darkness**, obscuridad espantosa.
cinch [sɪntʃ] [sinch], *va.* (Fam. E.U.) Cinchar; apretar, forzar; asegurar (make sure of). *-s.* 1. Cincha (de cabalgadura). 2. *(Fam.)* Cosa segura, cosa hecha; ganga. *(Coloq.)* **It's a cinch**, es pan comido, es tirado, es una papa o un bollo, es botado. **It's a cinch that she will get the part**, (de) fijo que le dan el papel (certainty).
cinchona [sɪŋ'kəʊnə] [sin-kou-na], *s.* Cinchona, nombre científico de la quina.
cincture ['sɪŋktʃər] [sink-chaʳ], *va.* Ceñir, como con un cinto o ceñidor; cercar, rodear. *-s.* Cinto, ceñidor, cíngulo, cincho; cercado, cerca.
cinder ['sɪndər] [sin-daʳ], *s.* 1. Carbón, cualquier cosa quemada al fuego, pero no reducida a cenizas. Carbonilla, carboncillo (ember). 2. Cernada o ceniza gruesa y caliente. **The dinner was burnt to a cinder**, la cena estaba carbonizada. **Cinders**, ceniza, rescoldo (ashes).
Cinderella [ˌsɪndə'relə] [sin-de-re-la] *s.* (la) Cenicienta.
cinder track ['sɪndətræk] [sin-der-trak] *s.* Pista de ceniza.
cinecamera ['sɪnɪ'kæmərə] [si-ni-ka-me-ra] *s.* (GB) Filmadora, tomavistas; cámara cinematográfica (large, professional).
cinema ['sɪnəmə] [si-ne-ma], *s.* Cinema, cinematógrafo; cine (building). **What's on at the cinema?**, ¿qué echan en el cine? Cine (films). **French cinema**, el cine francés.
cinemagoer ['sɪnəməˌgəʊər] [si-ne-ma-go-aʳ] *s.* **He's a keen cinemagoer**, es muy aficionado al cine.
cineraceous ['sɪnərəsəs] [si-ne-ra-sous], *a.* Cinéreo, de ceniza o parecido a ella.
cineraria ['sɪnərərɪə] [si-ne-ra-ria], *s.* Cineraria.
cinerary ['sɪnərərɪ] [si-ne-ra-ri], *a.* Cinerario, relativo a las cenizas o que contiene cenizas.
cinereous ['sɪnərəs] [si-ne-rous], *a.* Ceniciento, cinéreo.
cineritious ['sɪnərɪʃəs] [si-ne-ri-shos], *a.* Cenizoso, ceneríceo, de la naturaleza de las cenizas; de su color.
cinnabar ['sɪnəbər] [si-ne-baʳ], *s.* Cinabrio o bermellón, sulfuro rojo de mercurio.
cinnamic ['sɪnəmɪk] [si-na-mik], *a.* De la canela, o derivado de canela.
cinnamon ['sɪnəmən] [si-na-mon], *s.* Canela, la corteza fragante de un árbol que se cría en la isla de Ceilán. **Cinnamon bag**, churla de canela. **Cinnamon stick**, trozo de canela en rama. Canela (color).
cinnamon-tree ['sɪnəmənˌtriː] [si-na-mon-trí], *s.* Árbol de la canela.
cinquefoil ['sɪŋkwə'fɔɪl] [sin-cue-foil], *s.* 1. *(Arq.)* Pentalóbulo, adorno o ventana de cinco puntas. 2. *(Bot.)* Cincoenrama, planta del género Potentilla.
cion ['sɪən] [sion], *s. V.* SCION.
cipher ['saɪfər] [sai-far], *s.* Cifra, carácter aritmético. 2. Cero, cifra aritmética que ni por sí, ni puesta antes de otro número, tiene valor alguno. 3. Cifra, código, carácter arbitrario y convenido con que se escriben dos personas en secreto. Clave (code). 4. Cifra, enlace de letras para expresar un nombre en abreviatura. 5. *(Mús.)* Prolongación indebida del sonido de un cañón de órgano, causada por el imperfecto

funcionamiento de una válvula. **He is a mere cipher**, es un cero a la izquierda.
cipher, *va.* 1. Numerar, usar de cifras o números para contar o formar algún cómputo. 2. Sonar un cañón de órgano, sin que el organista toque la tecla correspondiente. *-va.* Cifrar, escribir en cifra.
circa ['sɜːkə] [ser-ka], *prep.* Alrededor de, hacia.
circensial ['sɜːsənsɪəl] [ser-sen-sial], **circensian** ['sɜːsənsɪən] [ser-sen-sian], *a.* Circense, relativo a los juegos o espectáculos de los romanos en el circo.
circinate ['sɜːsɪneɪt] [ser-si-neit], *a. (Bot.)* Arrollado hacia dentro; se aplica a la vernación.
circle ['sɜːkl] [ser-kel], *s.* 1. Círculo (shape), circunferencia, curva planta, cerrada, cuyos puntos equidistan de otro interior llamado centro. **To come/go full circle**, volver al punto de partida. **The negotiations seem to be going around in circles**, las negociaciones están estancadas o en un impasse. **I was running around in circles trying to get everything ready**, estaba (dando vueltas) como loco tratando de tenerlo todo listo. 2. Círculo, área o superficie contenida dentro de la circunferencia. 3. Corro, corrillo, el cerco formado por un número de personas reunidas formando círculo (group). **Their circle of friends**, su círculo de amigos. **In business circles**, en el mundo de los negocios. 4. Reunión, asamblea, junta, congreso de muchos en un mismo lugar. 5. Circunlocución, circunloquio, rodeo, ambages. 6. Círculo, cinturón (of trees, houses); ojera (around eye). 7. (GB) *(Teat.)* **Dress circle**, primer piso, platea alta. **Upper circle**, segundo piso.
circle, *va.* 1. Mover alguna cosa circularmente. 2. Circundar, rodear, cercar (be around); dar vueltas alrededor de (move around). **We circled the landing site**, sobrevolamos en círculo el lugar de aterrizaje. 3. Cercar, ceñir, abrazar todo alrededor. 4. Trazar un círculo alrededor de (draw circle around). *-vn.* Circular, dar vueltas como en círculo. Volar en círculos, circunvolar (aircraft, bird). **To circle around something**, dar vueltas alrededor de algo.
circled ['sɜːklɪd] [ser-klid], *a.* Redondo, en forma de círculo.
circlet ['sɜːklɪt] [ser-klit], *s.* 1. Círculo pequeño, anillo. 2. Disco; corona.
circling ['sɜːklɪŋ] [ser-klin], *a.* Circular, redondo.
circuit ['sɜːkɪt] [ser-kit], *s.* 1. Circuito, revolución, la vuelta que se da alrededor de alguna cosa. Recorrido, vuelta (passage around). **The athlete ran six circuits of the track**, el atleta dio seis vueltas a la pista. 2. Circuito, recinto, el espacio contenido dentro de un círculo. Autódromo, pista (motor racing track). 3. *(Elec. y Radio)* Circuito. **Circuit breaker**, *(Elec.)* cortacircuitos.
circuit, *vn.* Moverse circularmente. *-va.* Andar alrededor.
circuit board ['sɜːkɪtˌbɔːd] [ser-kit-bord] *s.* Placa base.
circuiteer ['sɜːkɪtɪər] [ser-ki-tia^r], *s.* El juez que recorre un distrito para administrar justicia.
circuitous ['sɜːkjʊɪtəs] [ser-kui-tos], *a.* Tortuoso, rodeado, indirecto. Poco directo (route); que no conduce a nada (argument).
circuitously ['sɜːkjʊɪtəslɔ] [ser-kui-tos-li], *adv.* Tortuosamente.
circuit training ['sɜːkɪt'treɪnɪŋ] [ser-kit-trei-nin] *s.* Tabla de gimnasia.
circuitry ['sɜːkʊɪtrɪ] [ser-kui-tri] *s.* Sistema de circuitos.
circulable ['sɜːkjʊləbl] [ser-kiu-la-bol], *a.* Capaz de ser puesto en circulación.
circular ['sɜːkjʊlər] [ser-kiu-la^r], *a.* 1. Circular, redondo (round); de circunvalación (making a circuit/route). **A circular tour**, un circuito. 2. Circular, lo que siempre vuelve al punto donde empieza. 3. Viciado (argument). **Circular letter**, circular, carta, aviso, orden, etc., que se envía a muchas personas a un tiempo, dándoles conocimiento de alguna cosa. *-s.* Circular, carta o aviso circular.
circularity [ˌsɜːkjʊ'lærɪtɪ] [ser-kiu-la-ri-ti], *s.* Forma o figura circular.
circularize ['sɜːkjʊləraɪz] [ser-kiu-la-rais], *va.* Hacer circular (algo).
circular saw ['sɜːkjʊlər'sɔː] [ser-kiu-lar-so] *s.* Sierra circular.
circulate ['sɜːkjʊleɪt] [ser-kiu-leit], *va.* 1. Hacer circular, esparcir; diseminar; poner en circulación. 2. Cercar, circundar. *-vn.* 1. Circular, dar vueltas como en círculo, moverse alrededor. 2. Circular, pasar de mano en mano, propagarse, esparcirse. Hacer circular, divulgar (disseminate/report, news). 3. Pasar de un sitio a otro por curso indirecto, como el vapor por un sistema de tubos. **Circulating decimal**, fracción continua o periódica. **Circulating medium**, moneda corriente. **Circulating library**, librería circulante, esto es, librería en donde depositando el precio del libro, y por un pequeño interés, se prestan los libros por tiempo determinado.
circulation ['sɜːkjʊleɪʃən] [ser-kiu-lei-shon], *s.* 1. Circulación. 2. Mudanza recíproca de sentido. 3. Circulación de moneda. **To be in/out of circulation**, estar en/fuera de circulación.
circulatory ['sɜːkjʊlətərɪ] [ser-kiu-la-to-ri], *a.* Circular, circulante.
circum, Prefijo latino que significa alrededor.
circumambiency ['sɜːkəmæmˌbɪənsɪ] [ser-kum-am-bien-si], *s.* Circumambiencia.
circumambient ['sɜːkəmæmbɪənt] [ser-kum-am-bient], *vn.* Circumambular, pasear o andar alrededor.
circumcise ['sɜːkəmsaɪz] [ser-kum-sais], *va.* Circuncidar.
circumciser ['sɜːkəmsɪsər] [ser-kum-si-sa^r], *s.* Circuncidador.
circumcision [ˌsɜːkəm'sazən] [ser-kum-si-son], *s.* 1. Circuncisión. 2. Purificación espiritual. 3. Los judíos, como pueblo circuncidado.
circumduct ['sɜːkəmdʌkt] [ser-kum-dakt], *va.* 1. Circunducir. 2. Contravenir; anular, revocar, abrogar.
circumduction ['sɜːkəmdʌkʃən] [ser-kum-dak-shon], *s.* 1. Anulación, abolición. 2. Circunducción.
circumference [sə'kəmfərəns] [ser-kum-fe-rens], *s.* Circunferencia, periferia; perímetro, cerco, circuito.
circumferential [ˌsəkəmfə'rənʃəl] [ser-kum-fe-ren-shal], *a.* Circunferencial
circumferentor ['sɜːkəmfərəntər] [ser-kum-fe-ren-to^r], *s.* 1. Grafómetro, instrumento para medir tierras. 2. Plancheta, instrumento para levantar planos.
circumflex ['sɜːkəmfleks] [ser-kum-fleks], *s.* Acento circunflejo. *-a.* 1. *(Gram.)* Pronunciado o marcado con el acento llamado circunflejo. 2. *(Anat.)* Circunflejo, encorvado en forma curvilínea, arqueado; como algunos vasos y nervios.
circumflexion ['sɜːkəmflekʃən] [ser-kum-flek-shon], *s.* Encorvamiento, encorvadura, acción de encorvar, de dar a un objeto forma o dirección curvilínea.
circumfluence ['sɜːkəmflʊəns] [ser-kum-fluens], *s.* Acción de correr las aguas en torno de algo, rodeándolo.
circumfluent ['sɜːkəmflʊənt] [ser-kum-fluent], *a.* Circunfluente.
circumfluous ['sɜːkəmfləs] [ser-kum-flos], *a.* Lo que rodea o circunda con agua.
circumfuse ['sɜːkəmfjuːz] [ser-kum-fius], *va.* Verter o derramar alrededor.
circumfusile ['sɜːkəmfjʊsɪl] [ser-kum-fiu-sil], *a.* Lo que puede vaciarse o verterse alrededor.
circumfusion ['sɜːkəmfjʊʃən] [ser-kum-fiu-shon], *s.* El acto de esparcir alguna cosa en torno de otra.
circumgyrate ['sɜːkəmgɪreɪt] [ser-kum-gui-reit], *va.* Girar, dar vueltas alrededor.
circumgyration ['sɜːkəmgɪreɪʃən] [ser-kum-gui-rei-shon], *s.* Giro o vuelta alrededor.
circumjacent ['sɜːkəmjɑːsənt] [ser-kum-ya-sent], *a.* Lo que está en torno de alguna cosa.
circumlittoral ['sɜːkəmlɪtərəl] [ser-kum-li-to-ral], *a.* Circunlitoral, adyacente a la costa.

circumlocution [ˌsɜːkəmlə'kjuːʃən] [ser-kum-lo-kiu-shon], *s.* Circunlocución, circunloquio, rodeo de palabras, perífrasis.
circumlocutory [ˌsɜːkəmlə'kjuːtərɪ] [ser-kum-lo-kiu-to-ri], *a.* Circunlocutorio.
circummure ['sɜːkəmmɪʊər] [ser-kum-miuaʳ], *va.* Rodear de murallas.
circumnavigable [ˌsɜːkəm'nævɪgəbl] [ser-kum-na-vi-ga-bol], *a.* Navegable alrededor.
circumnavigate [ˌsɜːkəm'nævɪgeɪt] [ser-kum-na-vi-gueit] *va.* Circunnavegar.
circumnavigation [ˌsɜːkəm'nævɪgeɪʃən] [ser-kum-na-vi-guei-shon], *s.* Navegación alrededor.
circumnavigator [ˌsɜːkəm'nævɪgeɪtər] [ser-kum-na-vi-guei-toʳ], *s.* El que navega alrededor.
circumoral ['sɜːkəmərəl] [ser-kum-mo-ral], *a.* Que rodea o circunda la boca.
circumpolar ['sɜːkəmpɒlər] [ser-kum-po-laʳ], *a.* Circumpolar, alrededor del polo.
circumposition ['sɜːkəmpɒsɪʃən] [ser-kum-po-si-shon], *s.* Colocación circular de alguna cosa.
circumrenal ['sɜːkəmriːnl] [ser-kum-ri-nal], *a.* Que rodea o circunda los riñones.
circumrotation ['sɜːkəmrɒ'teɪʃən] [ser-kum-ro-tei-shon], *s.* Rotación; circunvolución.
circumrotatory ['sɜːkəm'rɒtətərɪ] [ser-kum-ro-ta-to-ri], *a.* Giratorio, lo que se mueve en rotación.
circumscissile ['sɜːkəmsɪsiːl] [ser-kum-si-sil], *a.* *(Bot.)* Dehiscente, separable a manera de cápsula.
circumscribe ['sɜːkəmskraɪb] [ser-kum-skraib], *va.* Circunscribir. Limitar, restringir.
cirumscription ['sɜːkəmskrɪpʃən] [ser-kum-skrip-shon], *s.* 1. Circunscripción. 2. Limitación. 3. Inscripción circular.
circumscriptive ['sɜːkəmskrɪptɪv] [ser-kums-krip-tiv], *a.* Circunscriptivo.
circumspect ['sɜːkəmspekt] [ser-kums-pekt], *a.* Circunspecto, prudente, cauto, mirado, reservado, discreto, recatado, contenido.
circumspection ['sɜːkəmspekʃən] [ser-kum-spek-shon], *s.* Circunspección, miramiento, prudencia, reserva, comedimiento, recato, moderación.
circumspective ['sɜːkəmspektɪv] [ser-kum-spek-tiv], *a.* Circunspecto, mirado.
circumspectively ['sɜːkəmspektɪvlɪ] [ser-kum-spek-tiv-li], **circumnspectly** ['sɜːkəmspektlɪ] [ser-kum-spek-tli], *adv.* Circunspectamente, con cautela y vigilancia.
circumspectness ['sɜːkəmspektnɪs] [ser-kum-spekt-nes], *s.* Cautela, vigilancia, recato.
circumstance ['sɜːkəmstəns] [ser-kum-stans], *s.* 1. Accidente, cosa adventicia, incidente, acontecimiento; lo que sucede o existe incidentalmente. 2. Circunstancia, incidente, estado o condición en que se halla alguna cosa (condition, fact). **Circumstances beyond our control**, circunstancias ajenas a nuestra voluntad. **In/under the circumstances**, dadas las circunstancias. **In/under no circumstances**, bajo ningún concepto, bajo ninguna circunstancia. 3. Circunstancia; tomado absolutamente en plural es el estado o condición de los negocios públicos (financial position). **A person in my circumstances**, una persona en mi situación o posición económica. **To be in easy circumstances**, estar acomodado, en buena posición.
circumstance, *va.* Colocar en buen o mal estado, en una posición cualquiera; se usa comúnmente en el participio pasado. **Circumstanced as we were, we could not escape**, en las circunstancias en que nos encontrábamos, era imposible escapar.
circumstantial ['sɜːkəmstənʃəl] [ser-kum-stan-shal], *a.* 1. Accidental, casual; accesorio. Circunstancial (evidence). 2. Circunstanciado, puesto con todas las circunstancias y menudencias precisas; particular.
circumstantiality ['sɜːkəmstənʃəlɪtɪ] [ser-kum-stan-sha-li-ti], *s.* 1. Circunstancialidad. 2. Detalles minuciosos.
circumstantially ['sɜːkəmstənʃəlɪ] [ser-kum-stan-sha-li] *adv.* Circunstanciadamente, con toda menudencia. 2. Eventualmente, según las circunstancias.
circumstantiate ['sɜːkəmstənʃeɪt] [ser-kum-stan-sieit], *va.* 1. Contar, referir o explicar una cosa con todas su circunstancias. 2. Notar o señalar las circunstancias de cualquier cosa, circunstanciar, detallar.
circumterraneous ['sɜːkəmtɪrənɪəs] [ser-kum-ti-ra-nious], *a.* Lo que está alrededor de la tierra.
circumvallate ['sɜːkəmvəleɪt] [ser-kum-va-leit], *va.* Circunvalar, rodear algún paraje con trincheras o fortificaciones.
circumvallation [ˌsɜːkəmvə'leɪʃən] [ser-kum-va-lei-shon], *s.* Circunvalación, cerco o línea de defensa o ataque de una plaza fuerte, campamento.
circumvent [ˌsɜːkəm'vent] [ser-kum-vent], *va.* Entrampar, enredar, engañar a alguno con artificio; burlar (law, rule); sortear, salvar (difficulty, obstacle).
circumvention [ˌsɜːkəm'venʃən] [ser-kum-ven-shon], *s.* Engaño, fraude, impostura, trampa, enredo, embrollo.
circumventive [ˌsɜːkəm'ventɪv] [ser-kum-ven-tiv], *a.* Engañoso, delusorio.
circumvolation [ˌsɜːkəmvə'leɪʃən] [ser-kum-vo-lei-shon], *s.* Vuelo alrededor.
circumvolution ['sɜːkəmvəljʊʃən] [ser-kum-vo-liu-shon], *s.* Circunvolución, la vuelta que en redondo hace una cosa.
circumvolve ['sɜːkəmvɔːv] [ser-kum-volv], *va.* Enrollar una cosa en torno de otra.
circus ['sɜːkəs] [ser-kus], *s.* 1. Circo, recinto circular destinado a los ejercicios de equitación y de gimnástica. 2. Circo, edificio que servía entre los romanos para carreras, juegos y otros espectáculos. 3. *(Teat.)* Circo.
cirrhosis [sɪ'rəʊsɪs] [si-rou-sis], *s.* *(Med.)* Cirrosis, lesión en las vísceras, especialmente en el hígado. **Cirrhosis of the liver**, cirrosis del hígado o hepática.
cirripeds, cirripedia [sɪ'rɪpeds] [si-ri-peds], *s. pl.* Cirrópodos, orden de crustáceos encerrados en envolturas calcáreas.
cirro-, forma de combinación. *V.* CIRRUS.
cirrus ['sɪrəs] [si-rus], *s.* 1. Cirrus: nombre dado a las nubes que presentan el aspecto de fibras extendidas como los hilos de una madeja. 2. *(Bot.)* Cirro, zarcillo, el apéndice en forma de espiral que tienen muchas plantas. 3. *(Anat.)* Apéndice parecido a un zarcillo o hilo que sirve como órgano del tacto. **Cirro-cumulus, cirro-stratus**, nubes que parecen ser mezclas de cirrus con cúmulos o estratus. El primero se llama vulgarmente cielo aborregado.
CIS *s.* (= **Commonwealth of Independent States**) CEI.
Cisalpine ['sɪsˌɑlpiːn] [sis-al-pin], *a.* Cisalpino.
cissy ['sɪsɪ] [si-si], *s.* (GB) *V.* SISSY.
cist [sɪst] [sist], *s.* *(Ant.)* 1. Cista, o canastillo de ofrendas. 2. Caja de metal para contener artículos de tocador.
cistercian [sɪs'tɜːʃən] [sis-ter-shan], *s.* Cisterciense, religioso de la orden de San Bernardo.
cistern ['sɪstɜːn] [sis-tern], *s.* 1. Cisterna, aljibe, receptáculo de agua (water tank); (GB) cisterna (of lavatory). 2. Arca de agua.
cistoscope ['sɪstəskəʊp] [sis-tos-koup], *s.* Cistoscopio.
cistus ['sɪstəs] [sis-tus], *s.* *(Bot.)* Cisto, jara, juagarzo, estepa, planta ramosa.
cit [sɪt] [sit], *s.* *(Fam.)* Ciudadano. *V.* CITIZEN.
citable ['sɪtəbl] [si-ta-bol], *a.* Citable, que se puede citar, o digno de ser citado.
citadel ['sɪtədl] [si-ta-del], *s.* Ciudadela.
citation [saɪ'teɪʃən] [sai-tei-shon], *s.* 1. Citación, comparendo, emplazamiento judicial, con señalamiento de tiempo y circunstancia. 2. Cita, la acción de alegar o citar alguna ley o autor. 3. Mención de alguna cosa (commendation); cita (quotation).
citatory ['saɪtətərɪ] [sai-ta-to-ri], *a.* Citatorio, que cita.
cite [saɪt] [sait], *va.* 1. Citar a juicio, llamar a alguno ante el juez. 2. Alegar alguna ley, autoridad, texto e ejemplo. 3. Citar, referirse, mencionar (quote).

citer ['saɪtər] [sai-taʳ], *s.* Citador.
cithara ['siːθərə] [si-za-ra], *s.* Cítara, especie de laúd.
citified ['sɪtɪfaɪd] [si-ti-faid], *a.* Con las maneras propias de la ciudad.
citizen ['sɪtɪzn] [si-tisen], *s.* 1. Ciudadano, el que goza de los derechos civiles. 2. Habitante o vecino de una ciudad. **Fellow-citizen**, conciudadano. **The citizens of Cuenca**, los habitantes o vecinos de Cuenca, los conquenses.
citizen's arrest ['sɪtɪzn,ərest] [si-tisen-a-rest] *s.* Detención llevada a cabo por un ciudadano común.
citizen's band ['sɪtɪznzbænd] [si-tisens-band] *s. (Rad.)* Banda ciudadana.
citizenship ['sɪtɪznʃɪp] [si-tisen-ship], *s.* Ciudadanía, naturalización. **Citizenship papers**, documentos de naturalización.
citrate ['sɪtreɪt] [si-treit], *s. (Quím.)* Citrato, sal formada del ácido cítrico unido a una base.
citric ['sɪtrɪk] [si-trik], *a. (Quím.)* Cítrico, derivado del limón o frutas semejantes. **Citric acid**, ácido cítrico.
citrine ['sɪtriːn] [si-trin], *a.* 1. Cetrino, color de limón. 2. Perteneciente al limón.
citron ['sɪtrən] [si-tron], *s.* Cidra, toronja, fruta semejante al limón.
citron-tree ['sɪtrən,triː] [si-tron-tri], *s.* Cidro, acitrón, toronjal, árbol que produce las cidras.
citron-water ['sɪtrən,wɔːtər] [si-tron-uo-taʳ], *s.* Aguardiente destilado de cidras.
citrus ['sɪtrəs] [si-trus], *a. (Bot.)* Auranciáceo, cítrico. **Citrus fruits**, agrios, frutas agrias (como el limón, la toronja, la naranja, etc.)
city ['sɪtɪ] [si-ti], *s.* Ciudad. En Gran Bretaña tienen el nombre de *city* todas las poblaciones donde hay silla episcopal; en los Estados Unidos toda población que tiene ayuntamiento establecido por las leyes del respectivo estado. **City center**, centro de la ciudad. **City council**, ayuntamiento, municipio. **City planner**, urbanista. **City planning**, urbanismo. (in UK) **The City**, la City (de Londres), el centro financiero londinense. *-a.* Ciudadano.
city fathers ['sɪtɪ,fɑːðəz] [si-ti-fa-dars] *s.* Concejales y mandatarios municipales.
city hall ['sɪtɪ,hɔːl] [si-ti-jol], *s.* Palacio municipal, ayuntamiento, casa consistorial, municipio.
city planning ['sɪtɪ,plɑːnɪŋ] [si-ti-pla-nin], *s.* Urbanización, planificación.
citywide ['sɪtɪ,waɪd] [si-ti-uaid] *a.* Que abarca toda la ciudad (network).
civet ['sɪvɪt] [si-vit], *s.* 1. Civeta, gato de algalia. 2. Algalia, el perfume que despide de sí la civeta.
civic ['sɪvɪk] [si-vik], *a.* Cívico, lo que pertenece o se refiere a una ciudad, a un ciudadano o a la ciudadanía. Civil (authorities); de la ciudad (leader); cívico (duty, virtues). **Civic center**, edificios municipales.
civics ['sɪvɪks] [si-viks], *s.* Instrucción cívica.
civies ['sɪvɪz] [si-vis] *s. pl. V.* CIVVIES
civil ['sɪvɪl] [si-vil], *a.* 1. Civil, lo que pertenece al gobierno, vida o intereses de los ciudadanos de un estado (of society, citizens). **Civil unrest**, malestar social. 2. Civil, lo contrario a criminal en términos forenses, y lo que no es eclesiástico ni militar. **Civil death**, la privación de los derechos civiles a consecuencia de una sentencia o pena. 3. Civil, intestino, doméstico. 4. Civil, atento, urbano, cortés (polite), afable. **That's very civil of you**, es muy gentil de su parte. **Civil service**, los departamentos del servicio público que no son militares ni navales. **Civil law**, *V.* LAW. **Civil defense**, (GB) **defence**, defensa civil. **Civil disobedience**, desobediencia civil.
civil engineer ['sɪvlendʒɪ'nɪər] [si-vil-en-yi-niaʳ], *s.* Ingeniero civil o de caminos.
civilian ['sɪvɪlɪən] [si-vi-lian], *s.* 1. El que no pertenece al ejército, la marina ni el clero. 2. Jurisperito, jurisconsulto, el que está versado en el derecho civil. *a.* Entre la población civil (casualties). *(Mil.)* **In civilian dress**, vestido de civil o de paisano.
civility [sɪ'vɪlɪtɪ] [si-vi-li-ti], *s.* Civilidad, urbanidad, cortesía, buena crianza, educación (courtesy); política, sociabilidad; decoro, afabilidad, atención. Cortesía, cumplido (act, utterance).
civilization [,sɪvɪlaɪ'zeɪʃən] [si-vi-lai-sei-shon], *s.* Civilización.
civilize ['sɪvɪlaɪz] [si-vi-lais], *va.* Civilizar, instruir; suavizar el lenguaje, la condición y las costumbres de alguno; hacer razonables, cultas y sociables a las personas o naciones; humanizar.
civilized ['sɪvɪlaɪzd] [si-vi-laisd], *pp.* y *a.* Civilizado, el que ya se ha acostumbrado al lenguaje, usos y modales de la gente culta; en estado de civilización (society). Educado (person). **Please call back at a more civilized hour**, por favor llame a una hora más decente.
civilizer ['sɪvɪlaɪzər] [si-vi-lai-ser], *s.* Civilizador, el o lo que civiliza.
civil liberties ['sɪvɪl,lɪbətiːz] [si-vi-li-ber-tis] *s. pl.* Derechos civiles.
civil list ['sɪvɪl,lɪst] [si-vil-list] *s.* **The civil list** (in UK), presupuesto anual asignado por el Parlamento a la familia real.
civilly ['sɪvɪlɪ] [si-vi-li], *adv.* Civilmente, cortésmente.
civil rights ['sɪvɪl,raɪts] [si-vil-raits] *s. pl.* Derechos civiles.
civil servant ['sɪvɪl,sɜːvənt] [si-vil-ser-vant] *s.* Funcionario (del Estado).
civil service ['sɪvɪl,sɜːvɪs] [si-vil-ser-vis] *s.* **The civil service**, la administración pública; el funcionariado del Estado (employees).
civil war ['sɪvɪlwɑːr] [si-vil-uaʳ] *s.* Guerra civil. **The Civil War**, la guerra civil; (in US) la guerra de Secesión.
civism ['sɪvɪzm] [si-vism], *s.* 1. Civismo, patriotismo, devoción al interés público. 2. Ciudadanía.
civvies ['sɪvɪs] [si-vis] *s.pl. (Coloq.)* **In civvies**, de civil, de paisano.
cl (= **centiliter**(s), (GB) **centilitre**(s)) cl.
clabber, bonny-clabber ['klæbər] [kla-baʳ], *s.* Cuajo, leche cuajada. *-vn.* Cuajarse, como la leche.
clack [klæk] [klak], *s.* Cualquier cosa que hace un ruido o estrépito continuo e importuno.
clack, *vn.* 1. Cencerrear, hacer un ruido importuno; crujir, restallar; castañetear. Tabletear, taconear (high heels). 2. Charlar, picotear, hablar demasiado.
clad [klæd] [klad], *a.* Vestido, cubierto, aderezado. **Scantily clad**, ligero de ropa. **Clad in something**, vestido de algo. *(Arq.)* Past and past p. of CLOTHE.
-clad *suff.* Con ropa de cuero.
claim [kleɪm] [kleim], *va.* 1. Demandar, pedir en juicio, reclamar, reivindicar, pretender como cosa debida. Reclamar (assert title to/throne, inheritance, land); reivindicar (right). **To claim diplomatic immunity**, alegar inmunidad diplomática. Reclamar (lost property/ demand as being one's own). **The earthquake claimed many lives**, el terremoto se cobró muchas vidas. Solicitar (apply for/social security, benefits); cobrar (receive). **He's going to claim compensation**, va a exigir que se lo indemnice, va a reclamar una indemnización. **You can claim your expenses back**, puedes pedir que te reembolsen los gastos. 2. **No one has claimed responsibility for the attack**, nadie ha reivindicado el atentado (allege, profess). **No one can yet claim victory**, nadie puede cantar victoria todavía. **He claimed (that) he knew nothing about it**, aseguraba o afirmaba no saber nada de ello. **They claim to have found the cure**, dicen o aseguran haber encontrado la cura. **I can't claim to be an intellectual**, no pretendo ser un intelectual. 3. Reclamar (attention, interest). *-vn.* Presentar una reclamación. **To claim for something**, reclamar algo. **You can claim on the insurance**, puedes reclamar al seguro.
claim, *s.* 1. Pretensión, título, derecho, reclamación, reivindicación (to right, title). **Claim to something**, derecho a algo. **That's her only claim to fame**, eso es lo único por lo que se destaca. **To lay claim to something**, reivindicar

algo. **Wage/pay claim**, reivindicación salarial, demanda de aumento salarial (demand). **Insurance claim**, reclamación al seguro. **To put in a claim for expenses**, presentar una solicitud de reembolso de gastos. **She makes enormous claims on my time**, me quita muchísimo tiempo. 2. Demanda, la acción o propuesta que se hace a un juez para que ponga al demandante en posesión de lo que otro tiene.

claimable ['kleɪməbl] [klei-ma-bol.], *a.* Lo que se puede demandar o pedir en justicia como debido.

claimant ['kleɪmənt] [klei-mant], **claimer** [kleɪmer] [kleima^r], *s.* Demandante, el que demanda o pide. Solicitante (Soc. Adm.); pretendiente (to throne).

clairvoyance [klɛə'vɔɪəns] [klea-voians], *s.* Lucidez, facultad atribuida a las personas magnetizadas de ver los objetos distantes u ocultos.

clairvoyant [klɛɑ'vɔɪənt] [klea-voiant], *a.* Lúcido, en estado de lucidez magnética, vidente; clarividente.

clam [klæm] [kl{m], *s.* Marisco, almeja, molusco de dos conchas, muy estimado como alimento. *(Coloq.)* **To shut up like a clam**, quedarse como una tumba.

clam, *va. (Prov.)* Empastar, pegar con alguna cosa viscosa o glutinosa. *-vn.* 1. Mojarse; hambrear. 2. Excavar para sacar de la playa los moluscos llamados *clams* 3. Repicar, echar las campanas a vuelo.

clam up *(Coloq.)* Ponerse muy poco comunicativo.

clamant ['klæmənt] [kla-mant], *a.* 1. Clamante, que da voces lastimosas pidiendo auxilio. 2. *(Poét.)* Clamoroso; resonante.

clambake ['klæmbeɪk] [klam-beik] *s.* (in US) Picnic en la playa en el que se cuecen almejas.

clamber ['klæmbər] [klam-ba^r], *vn.* Gatear, trepar, encaramarse. **They clambed over the wall**, treparon o se encaramaron al muro y saltaron.

clamminess ['klæmɪnɪs] [kla-mi-nes], *s.* Viscosidad, materia viscosa.

clammy ['klæmɪ] [kla-mi], *a.* Viscoso, pegajoso. Húmedo (handshake); bochornoso, pegajoso (weather). *-s.* 1. Clamor, grito, vociferación. 2. Clamoreo. 3. Algarabía, alboroto.

clamor, (GB) **clamour** *vn.* Gritar. **To claim for justice**, clamar por justicia.

clamorous ['klæmərəs] [kla-mo-ros], *a.* Clamoroso, ruidoso, tumultuoso, estrepitoso.

clamorously ['klæmərəslɪ] [kla-mo-rous-li], *adv.* Clamorosamente; ruidosamente.

clamp [klæmp] [klamp], *s.* 1. Torno de mano, tornillo. Tornillo de banco (in carpentry). 2. Abrazadera (const); cuchillero. 3. *(Med.)* Pinza hemostática, clamp. (GB) **Wheel clamp**, cepo.

clamp, *va.* 1. Sujetar con abrazadera (join, fasten). 2. Asegurar con el torno de mano. 3. Imponer. **To clamp down on,** apretar los tornillos a; cohibir, refrenar, reprimir. (GB) *(Coloq. Auto)* **To clamp a car**, ponerle el cepo a un coche.

clampdown ['klæmpdaʊn] [klamp-daun], *s.* Cohibición, refrenamiento, represión. *(Coloq.)* **A clampdown on illegal immigrants**, medidas drásticas contra los inmigrantes ilegales. **There's been a clampdown on loans**, se ha restringido severamente la concesión de créditos.

clan [klæn] [klan], *s.* 1. Clan. Familia, tribu, casta o raza de muchas personas enlazadas por sangre o parentesco. 2. Secta, grupo.

clandestine [klæn'destɪn] [klan-des-tin], *a.* Clandestino, secreto, oculto.

clandestinely [klæn'destɪnlɪ] [klan-des-tin-li], *adv.* Clandestinamente.

clandestineness [klæn'destɪnnɪs] [klan-des-tin-nes], *s.* Secreto, estado oculto.

clang [klæŋ] [klang], *s.* 1. Rechino, sonido desapacible resultante del choque de una cosa con otra. Sonido metálico fuerte. 2. Ruido de armas, de cadenas, etc. 3. *V.* CLANGTINT.

clang, *vn.* Rechinar, hacer o causar un sonido agudo y retumbante; sonar, repicar (bells). **The gate clanged shut**, la verja se cerró con gran estruendo. *-va.* Hacer resonar, tocar.

clanger ['klæŋər] [klan-gua^r] *s.* (GB) *(Coloq.)* Metedura de pata. **To drop a clanger**, meter la pata.

clangor, clangour ['klæŋər] [klan-ga^r], *s.* Ruido estridente, agudo, penetrante; ruido de armas, cadenas o campanas; clamor.

clang-tint [klæŋ'tɪnt] [klang-tint], *s.* Calidad de sonido; timbre: color acústico.

clank [klæŋk] [klank] *s.* Rechinamiento, ruido estridente, poco musical, pero no retumbante como el *clang*; producido por el choque de metales entre sí.

clank, *vn.* Rechinar, producir un ruido agudo y penetrante. *-va.* Hacer rechinar, hacer sonar.

clannish ['klænɪʃ] [kla-nish], *a.* Del *clan* o tribu o semejante a él; estrechamente unido.

clansman ['klænzmən] [klans-man], *s.* Miembro de un *clan.*

clap [klæp] [klap], *va.* 1. Batir, golpear una cosa contra otra. 2 Pegar, encajar, encasquetar una cosa a otra; juntar, aplicar. 3. Palmear, palmotear, vitorear. **She clapped her hands together**, batió palmas o dio una palmada de alegría o de satisfacción. **To clap up**, concluir una cosa instantáneamente. **To clap up a peace**, hacer una paz simulada. **To clap up together**, empaquetar. **To clap in prison**, encarcelar. **To clap up a bargain**, rematar un trato o ajuste. **To clap in**, empujar, hacer entrar por fuerza. *-vn.* 1. Cerrarse ruidosamente. 2. Arrojarse con violencia o impetuosidad en. 3. Aplaudir, dar palmadas. **He clapped me on the back**, me dio una palmada en la espalda (slap). **To clap on all the sails**, cargar todas las velas. **To clap the door to**, cerrar la puerta con violencia. **To clap spurs to one's horse**, poner espuelas al caballo. **He clapped his hand over my eyes**, me tapó los ojos con la mano (put, place).

clap, *s.* 1. Estrépito, ruido o golpe causado por el encuentro repentino de dos cuerpos. 2. Trueno, el estruendo o ruido que causa la exhalación eléctrica al dividir el aire. 3. Palmoteo, palmada, el acto de palmotear, aplauso. **To give somebody a clap**, aplaudir a alguien (applaud). 4. *(Vul.)* gonorrea o purgaciones. **Clap of thunder**, trueno, rayo.

clapboard ['klæpbɔːd] [klap-bord], *s.* Tabla de chilla, comúnmente más gruesa en su borde inferior que en el superior.

clapped-out [ˌklæpt'aut] [klapt-aut] *a.* (GB) *(Coloq.)* Destartalado (machine). **A clapped-out car**, un cacharro, una carcacha, una tartana. **To be/feel clapped-out**, estar reventado o hecho polvo.

clapper ['klæpər] [kla-pa^r], *s.* 1. Palmoteador, el que palmea o palmotea. 2. Badajo de campana. 3. Taravilla o cítola de molino. 4. Aldaba de una puerta. 5. *(Mar.)* Chapaleta de la bomba. 6. *(Mar.)* Chapaletas de los imbornales. (GB) *(Coloq.)* **It was going like the clappers**, iba como una bala o como un bólido.

clapperboard ['klæpəˌbɔːd] [kla-per-bord] *s.* Claqueta.

clapper-claw [klæpə'klɔː] [kla-per-klo], *va. (Vul.)* 1. Golpear (con la mano), rascar y desgarrar; atacar con el pico y las uñas. 2. Regañar; maltratar de palabra.

clapping ['klæpɪŋ] [kla-pin], *s.* Aleteo; palmoteo, palmada, aplauso.

clap-trap [klæp'træp] [klap-trap], *a.* Engañador, que causa sensación, pero sin mérito verdadero. *-s.* Recurso, lenguaje, conducta encaminados a evocar aplauso; artificio indigno. *(Coloq.)* Paparruchas.

claque [klæk] [klak], *s. (Teat.)* Claque, aplaudidores pagados.

clarabella ['klærəbelə] [kla-ra-be-la], *s.* Clarabela, registro melodioso del órgano; se hace de madera.

clarence ['klærəns] [kla-rens], *s.* Cupé, clarence, carruaje de cuatro ruedas, provisto comúnmente de un frente de vidrio.

clarendon ['klærəndən] [kla-ren-don], *s.* Carácter de tipo algo grueso y compacto. La voz CLARENDON a la cabeza de este título está impresa en dicha letra, negrita.

clare-obscure [klærəbs'kjʊər] [kla-robs-kiua[r]], *s.* Claroscuro.

claret ['klærət] [kla-ret], *s.* Clarete, vino tinto o rojo; vino tinto de Burdeos. Granate (color).

clarification [ˌklærɪfɪ'keɪʃən] [kla-ri-fi-kei-shon], *s.* Clarificación. Aclaración (explanation).

clarify ['klærɪfaɪ] [kla-ri-fai], *va.* 1. Clarificar, aclarar, poner claro lo que está turbio (purify/fat, wine). Aclarar (explain, make clear). 2. Ilustrar, dar lustre o esplendor a alguna cosa.

clarinet [ˌklærɪ'net] [kla-ri-net], *s.* Clarinete, instrumento músico de viento.

clarinettist [ˌklærɪ'netɪst] [kla-ri-ne-tist], *s.* Clarinetista, el que toca el clarinete.

clarion ['klærɪən] [kla-rion], *s.* Clarín, instrumento de música, especie de trompeta de agudo sonido.

clarionet ['klærɪənɪt] [kla-rio-net], *s. V.* CLARINET.

clarity ['klærɪtɪ] [kla-ri-ti], *s.* Claridad, resplandor, luz. Claridad (of thought, expression).

clary ['klærɪ] [kla-ri], *s. (Bot.)* Salvia silvestre.

clash [klæʃ] [klash], *vn.* 1. Chocar, entrechocarse, tropezar o encontrarse con violencia. 2. Encontrarse; contradecir, oponerse. Estar en conflicto o en pugna (aims, interests); chocar (personalities); desentonar (colors, patterns). 3. Chocar (armies, factions, leaders). **To clash with somebody over something**, chocar con alguien acerca de algo. **Police clashed with demonstrators**, hubo choques entre la policía y los manifestantes. 4. Coincidir (dates). **The concert clashes with the film tonight**, el concierto y la película de esta noche son a la misma hora. 5. Sonar al entrechocar (make noise/cymbals, swords); chocar (collide). *-va.* Batir, golpear una cosa contra otra, entrechocar (weapons); tocar (cymbals).

clash, *s.* 1. Choque, fragor, crujido colisión de una cosa contra otra con ruido o estrépito. 2. Oposición, contradicción; disputa, debate, choque (of cultures, personality); conflicto (of interests); disparidad (of opinions, views). **I missed the lecture because of a timetable clash**, me perdí la conferencia porque tenía otra cosa a la misma hora o por un problema de coincidencia de horarios. 2. Enfrentamiento, choque (between armies, factions). 3. **The clash of swords**, el sonido de choque de espadas. **The clash of the cymbals**, el sonido de los platillos (noise).

clashing ['klæʃɪŋ] [kla-shin], *s.* Oposición, contradicción, enemistad, contienda; choque, ruido.

clashingly ['klæʃɪŋlɪ] [kla-shin-li], *adv.* En oposición en contradicción.

clasp [klɑːsp] [klasp], *s.* 1. Broche, cierre (fastening); chapeta, botoncito, especie de corchete que sirve para abrochar y asegurar alguna cosa; hebilla. 2. Abrazo.

clasp, *va.* 1. Abrochar, cerrar o unir con broche o corchete. 2. Abrazar, coger alguna cosa entre los brazos (grip, embrace). **She clasped her bag firmly**, sujetó o agarró firmemente el bolso. **They clasped hands**, se dieron un fuerte apretón de manos. **He clasped her in his arms**, la estrechó entre sus brazos. 3. Cercar, incluir.

clasp-knife [klɑːspnaɪf] [klap-naif], *s.* Navaja, especie de cuchillo que se dobla entrando el corte en el mango.

class [klɑːs] [klas], *s.* 1. Clase, orden o número de personas del mismo grado, calidad y oficio (social stratum). **The class struggle**, la lucha de clases. 2. Rango, categoría; *(Coloq.)* Clase, estilo (style). 2. Clase en las escuelas (lesson); conjunto de personas que se han graduado juntas en un colegio o universidad, o que esperan graduarse a la vez; cada clase toma el nombre del año de su graduación, y así se dice, por ejemplo, la clase de 1998 (group of students). **The class of '98**, la promoción del 98. 4. Orden de cosas pertenecientes a una misma especie (group, type). **To be in a class of one's/its own**, ser único o inigualable. **They're not in the same class as their opponents**, no están a la altura de sus contrincantes. 5. *(Biol.)* Clase, subdivisión intermedia entre reino y género. 6. *(Transp.)* Clase; (in UK) *(Post.)* **Send the letter first/second class**, manda la carta por correo preferente/normal; *(Educ.)* Tipo de título que se concede según las calificaciones obtenidas durante la carrera y/o exámenes finales. **He got a first class degree**, se recibió con la nota más alta, sacó matrícula de honor en la carrera. **The working class**, la clase trabajadora, los artesanos, operarios, etc. **The upper class**, la clase alta, la clase elevada. **Class-room**, sala de enseñanza, local de una clase.

class, *va.* Clasificar, coordinar, ordenar, distribuir, catalogar.

class-conscious ['klɑːs'kɒnʃəs] [klas-kon-shous] *a. (Pol., Soc.)* Con conciencia de clase; clasista, consciente de las condiciones sociales (classist).

classic ['klæsɪk] [kla-sik] *a.* Clásico; memorable (scene, line). *s.* Autor clásico. Clásico (play, film, book). *V.* CLASSICS. Prenda clásica (clothing).

classical ['klæsɪkəl] [kla-si-kal], *a.* 1. Clásico (of Greece, Rome), relativo a los antiguos autores griegos y latinos de primer orden, y a los de primer rango entre los modernos. **A classical scholar**, un humanista especializado en lenguas clásicas. 2. Clásico, de primera clase, en la literatura o arte. 3. Compuesto por los grandes maestros de música. Clásico (traditional). **Classical music**, música clásica.

classically ['klæsɪkəlɪ] [kla-si-ka-li], *adv.* Clásicamente.

classicism ['klæsɪsɪzəm] [kla-si-sisem], *s.* 1. Clasicismo, estilo o idiotismo clásico. 2. Erudición clásica.

classicist ['klæsɪsɪst] [kla-si-sist], *s.* Clásico, el partidario de las obras de la antigüedad; el que sigue las doctrinas del clasicismo.

classics ['klæsɪks] [kla-siks] *s.* Clásicas.

classification [ˌklæsɪfɪ'keɪʃən] [kla-si-fi-kei-shon], *s.* Clasificación; coordinación o distribución de algunas cosas en clases.

classified ['klæsɪfaɪd] [kla-si-faid] *a.*1. Clasificado (categorized). **Classified advertising**, anuncios por palabras, avisos clasificados. 2. Secreto, confidencial (secret/information).

classify ['klæsɪfaɪ] [kla-si-fai], *va.* Clasificar, coordinar o distribuir algunas cosas en clases (categorize/books, data).

classis ['klɑːsɪs] [kla-sis], *s.* 1. Consejo o tribunal en algunas iglesias reformadas. 2. Clase biológica.

classist ['klɑːsɪst] [kla-sist] *a.* Clasista.

classless ['klɑːslɪs] [klas-les] *a.* Sin clases (society).

classmate ['klɑːsmeɪt] [klas-meit], *s.* Condiscípulo, compañero de clase.

classroom ['klɑːsrʊm] [klas-rum], *s.* Sala de clase, aula.

classy ['klɑːsɪ] [kla-si] *a. (Coloq.)* Con estilo o clase.

clastic ['klɑːstɪk] [klas-tik], *a.* 1. Que se rompe en partes. 2. Compuesto de fragmentos.

clatter ['klætər] [kla-ta[r]], *vn.* 1. Resonar, hacer sonido o ruido (pans); chacolotear, hacer ruido (hooves); repiquetear (typewriter). 2. Charlar, picotear; disputar. *-va.* 1. Golpear alguna cosa haciéndola retumbar; hacer ruido con (pans, cutlery). 2. Gritar, vocear, reñir.

clatter, *s.* 1. Ruido, estruendo, fracaso. 2. Gresca, trapisonda, alboroto, bulla y confusión. 3. Traqueteo (of trains); repiqueteo (of typewriters); chacoloteo (of hooves).

clatterer ['klætərər] [kla-te-ra[r]], *s.* El que hace ruido; soplón.

claudicate ['klɔːdɪkeɪt] [klo-di-keit], *vn.* Claudicar, cojear, ser o estar defectuoso.

clause [klɔːz] [klos], *s.* 1. Cláusula, punto, miembro de un período. 2. Artículo, estipulación particular de un contrato. 3. Condición. 4. *(Ling.)* Oración, cláusula.

claustral ['klɔːstrəl] [klos-tral], *a.* Claustral.

claustrophobia [ˌklɔːstrə'fəʊbɪə] [klos-tro-fou-bia] *s.* Claustrofobia.

claustrophobic [ˌklɔːstrə'fəʊbɪk] [klos-tro-fo-bik] *a.* Claustrofóbico.

clausure ['klɔːʒər] [klo-sha[r]], *s.* 1. Clausura, encierro. 2. Broche para libro.

clavate ['kæveɪt] [kla-veit], **clavated** ['kæveɪtt] [kla-vei-tid], *a.* 1. Clavado, en forma de maza o clava. 2. Claveteado.

clavichord ['klævɪkɔːd] [kla-vi-kord], *s.* Clavicordio, instrumento músico de cuerda que precedió al piano.

clavicle ['klævɪkl] [kla-vi-kol], *s.* Clavícula, hueso que está sobre el pecho más abajo del cuello.

clavicular ['klævɪkjʊlər] [ka-vi-kiu-la^r], *a.* Clavicular, de las clavículas.

clavier ['klævɪər] [kla-via^r], *s.* 1. *(Mús.)* Teclado (del órgano). 2. Instrumento con teclado, particularmente el clavicordio o el piano de mesa u horizontal.

claw [klɔː] [klo], *s.* 1. Garra; garfa. Zarpa, garra (of tiger, lion); garra (of eagle); pinza (of crab, lobster). *(Coloq.)* **He won't stand a chance if she gets her claws into him**, es hombre muerto si cae en sus garras. 2. Garra, la mano del hombre; en este sentido es voz despectiva. 3. *(Mar.)* Uñas de espeque o pie de cabra. 4. *(Bot.)* Uña de un pétalo. **Claw-bar**, palanca de uña. **Claw-hammer**, martillo de orejas. **Claw-hammer coat**, frac, casaca de cola de bacalao; llámase así por su forma. **Claw for tacks**, arrancador de puntillas.

claw, *va.* 1. Desgarrar. 2. Arañar, rasgar, despedazar. **The cat had clawed the rug to shreds**, el gato había destrozado la alfombra con las uñas. 3. Reñir, regañar. 4. *(Des.)* Lisonjear. 5. **To claw off**, *(Mar.)* desempeñarse de una costa; por extensión, escapar. **To claw it off**, hacer una cosa con diligencia. **They clawed their way through the rubble**, se abrieron camino como pudieron entre los escombros. **He clawed his way to the top**, no reparó en medios para llegar a la cima. *-vn.* Arañar. **To claw at something**, arañar algo.

claw back (esp. GB) Recuperar (money, revenue).

clawed [klɔːd] [klod], *a.* Armado de garras o zarpas.

clay [kleɪ] [klei], *s.* Arcilla, tierra crasa y pegajosa. Plastilina, plasticina (for children). **Potter's clay**, marga, barro de olleros o alfareros. **Clay-stone**, concreción de diversas formas que se halla en la arcilla aluvial. **Clay-ground**, tierra arcillosa. **Clay-marl**, marga, tierra gredosa. **Clay-pit**, barrizal, el paraje de donde se saca barro, tierra o arcilla. *(Sport)* **Clay court**, cancha de arcilla, pista de tierra batida. **Clay pipe**, pipa de cerámica o barro. *-a.* **Clay-cold**, frío, sin vida.

clay, *va.* Cubrir alguna cosa con arcilla; abonar las tierras con arcilla.

clayey ['kleɪɪ] [kleiyi], **clayish** ['kleɪɪʃ] [klei-yish], *a.* Arcilloso, lleno de arcilla o barro.

claymore ['kleɪmɔːr] [klei-mo^r], *s.* Espada de dos filos, larga y ancha, de los antiguos escoceses.

clay pigeon [kleɪ'pɪdʒən] [klei-pichon] *s.* Plato (de tiro). **Clay pigeon shooting**, tiro al plato.

cleading ['kliːdɪŋ] [kli-din], *s.* (Art. y Of.) Cubierta o envoltura exterior de tablas, forro de fieltro, u otro material para dar mayor resistencia e impermeabilidad. Se aplica a la presa de un molino, a una caldera de vapor, al pozo o galería de un ascensor, etc.

clean [kliːn] [klin], *a.* 1. Limpio, claro, exento de suciedad (not soiled). **Are your hands clean?**, ¿tienes las manos limpias? **She wiped the table clean**, limpió la mesa. 2. Limpio, casto, inocente (morally/joke). **Keep it clean**, no te pases. Limpio (fair/game, player). 3. Curioso, aseado; desembarazado, despejado, claro, distinto. 4. Entero. Limpio (not used/clothes, towel). **Use a clean sheet of paper**, usa una hoja de papel nueva. Limpio, puro (pure, non-polluting/ air, water). A limpio (smell); refrescante (taste). 5. Diestro; donde no constan infracciones (unblemished/driver's license). *(Coloq.)* **To come clean about something**, confesar algo. 6. Bien proporcionado, que tiene simetría. Bien definido, nítido (well defined/stroke, features). **A clean break**, una fractura limpia. **She made a clean break with the past**, cortó radicalmente con el pasado. *-adv.* Enteramente, perfectamente, completamente. **I clean forgot about it**, se me olvidó por completo. **They got clean away**, se escaparon sin dejar ni rastro. Limpio, limpiamente (fairly/fight, play). **To make clean**, limpiar. **To make a clean breast**, hacer una confesión plena y sin reservas; aliviar el ánimo. **Clean up**, (a) aseo general; (b) la acción de recoger el oro después de lavado y triturado; y el oro así recogido. **To show a clean pair of heels**, escapar huyendo, dejar atrás en fuga.

clean, *va.* Limpiar (remove dirt from); asear, desembarazar de toda suciedad o materia extraña; **To clean one's teeth**, lavarse los dientes. **She cleaned the splashes off the windows**, limpió las salpicaduras que había en las ventanas. Desenlodar; lavar (la vajilla, etc.); borrar, limpiar (blackboard); desengrasar las telas; depurar (el oro). Limpiar en seco, llevar a la tintorería (dry-clean). Limpiar (fish, chicken). *-vn.* Limpiar (remove dirt/substance, device).

clean out 1.Vaciar y limpiar a fondo (clean thoroughly). 2. *(Coloq.)* Dejar pelado (leave with no money); desplumar (steal everything from).

clean up 1. Limpiar (make clean/room, garden). **I'll just clean myself up a bit**, voy a arreglarme o lavarme un poco. Limpiar (morally). 2. Limpiar (make clean). **I'm tired of cleaning up after you**, estoy harto de limpiar lo que tú ensucias.

clean, *s.* *(Coloq.)* Limpieza. **Just give it a quick clean**, dale una repasadita.

clean-cut [kliːn'kʌt] [klin-kat], *a.* 1. Cortado con claridad. 2. Bien definido, nítido. **Clean-cut person**, persona de aspecto nítido y agradable (appearance).

cleaner [[kliːn] [klin]kliːnər] [kli-na^r], *s.* Limpiador, el que limpia (person); producto de limpieza (substance); tintorero (dry cleaner). **Take it to the cleaner's/cleaners**, llévalo a la tintorería. *(Coloq.)* **To take somebody to the cleaner's/ cleaners**, dejar limpio o pelado a alguien.

cleaning ['kliːnɪŋ] [kli-nin], *s.* Limpieza, aseo. **Dry-cleaning**, tintorería, lavado en seco. **Cleaning rod**, baqueta para limpiar (armas de fuego). **Cleaning fluid**, líquido limpiador. **The cleaning lady/woman**, la señora o mujer de la limpieza.

cleanliness ['kliːnlɪnɪs] [klin-li-nes], *s.* 1. Limpieza, aseo (bodily hygiene); limpieza (of surroundings). **Personal cleanliness**, el aseo personal. 2. Curiosidad en el vestir.

clean-living [kliːn'liːvɪŋ] [klin-li-vin] *a.* Sin vicios, de vida sana.

cleanly ['kliːnlɪ] [klin-li], *a.* Limpio, aseado; puro, delicado. *-adv.* Primorosamente, aseadamente. Limpiamente (evenly/cut, snap). Limpio, limpiamente, con limpieza (fairly/fight, play).

cleanness ['kliːnnɪs] [klin-nes], *s.* Limpieza, aseo (absence of dirt); pureza (of air, water); inocencia.

cleanse [klenz] [klens], *va.* 1. Limpiar, purificar. 2. Purgar de algún reato o delito. 3. Librar de malos humores. 4. Fregar, limpiar.

cleanser ['klenzər] [klen-sar], *s.* Evacuante, purgante. Producto de limpieza (for household use); leche o crema limpiadora o de limpieza (for skin).

clean-shaven [kliː'ʃeɪvən] [klin-shei-ven] *a.* Bien afeitado o rasurado (face). **A clean-shaven man**, un hombre sin barba ni bigote.

cleansing ['klenzɪŋ] [klen-sin], *s.* Purificación; limpieza. *a.* Limpiador. **Cleansing lotion**, loción limpiadora o de limpieza.

cleanup ['klenʌp] [klenap] *s.* Limpieza (clean). *(Coloq.)* Tajada (large profit).

clear [klɪər] [klia^r], *a.* 1. Claro, transparente, diáfano. Despejado, claro (sky); despejado (day); transparente (liquid, glass). **Clear soup**, consomé. **To have a clear conscience**, tener la conciencia tranquila o limpia. **She has very clean skin**, tiene muy buen cutis. **To keep a clean head**, mantener la mente despejada. 2. Alegre, sereno. 3. Evidente, indisputable, palpable (plain, evident). **It's a clear case of suicide**, es un caso evidente o claro de suicidio. **The Bears are clear favorites**, los Osos son, sin lugar a dudas, el equipo favorito. **It became clear that...**, se hizo evidente que... 4. Patente, manifiesto, claro, fácil de comprender (explanations, instructions). **Is that clear?**, ¿está claro? **Let's get this clear**, entendámonos bien. **Do I make myself clear?**, ¿me explico?, ¿está claro? 5. Libre de culpa, puro, inocente, fuera de riesgo. 6. Neto, líquido. **We've got two clear days**, tenemos dos días enteros. **He makes a clear $650 a week**, saca 650 dólares netos o limpios a la semana.

7. Desempeñado, sin deudas. 8. Desenredado. Despejado (free, unobstructed/space, road). **Keep clear**, no obstruya el paso. **All clear!**, ¡el campo está libre! 9. Claro, sonoro; nítido, claro (distinct/outline, picture); claro (voice). **Clear reputation**, reputación sin mancha, buen nombre. **To be in the clear**, estar fuera de peligro (free from danger); estar libre de deudas (free from debt); estar libre de toda sospecha (free from suspicion). Sin faltas (in showjumping/round). **A clear sky**, un cielo despejado. **A clear style**, un estilo claro, inteligible. **Clear weather**, tiempo sereno, apacible.

clear *adv.* 1. Claramente, enteramente, absolutamente. **Once you're clear of the town**, una vez que hayas salido de la ciudad (beyond, outside). **Stand clear of the doors**, manténganse alejados de las puertas. **He leapt clear of the oncoming car**, se apartó de un salto del coche que venía. **The curtains should hang clear of the radiators**, las cortinas no deben tocar los radiadores. 2. (As intensifier) **The cargo sank clear to the bottom**, la carga se fue a pique hasta el fondo. **He fell clear through the ceiling**, se cayó y atravesó el techo. 3. **To keep/stay/steer clear of something**, mantenerse alejado de algo. **Keep clear!**, ¡no se acerquen! **I advised her to steer clear of him**, le aconsejé que no tuviera nada que ver con él. 4. (Distinctly) *V.* LOUD.

clear, *s.* Claro, el espacio no interrumpido entre dos cosas.

clear, *va.* 1. Clarificar, dar lustre y esplendor a alguna cosa. 2. Aclarar, disipar alguna obscuridad. Vaciar (make free, unobstructed/room); despejar (surface); desatascar, destapar (drain, pipe); desalojar (building). **To clear the table**, levantar o quitar la mesa. **To clear one's throat**, carraspear, aclararse la voz. **To clear a space for something**, hacer sitio o lugar para algo. **An agreement that clears away for increasing trade**, un acuerdo que abre camino para un mayor intercambio comercial. **Let's clear all this paper off the desk**, quitemos todos estos papeles del escritorio. *(Inform.)* Despejar (screen); borrar (data). 3. Justificar, purificar, absolver de una acusación (free from suspicion). **He was cleared of all charges**, lo absolvieron de todos los cargos. **She's determined to clear her name**, está decidida a limpiar su nombre. 4. Desembarazar o librar de lo que ofende. 5. Clarificar, poner claro algún licor. 6. Limpiar, blanquear. 7. Sacar los géneros de la aduana. 8. Desembrollar (un negocio); satisfacer (una hipoteca). Liquidar, saldar (settle/debt, account); sacar (earn); liquidar (sell off/stock). (GB) **Reduced to clear**, rebajas por liquidación. 9. Saltar por encima; pasar por encima de algo, sin tocarlo (fence, ditch). **The plane just cleared the trees**, el avión pasó casi rozando los árboles. **To clear customs**, pasar por la aduana. 10. Cortar o arrancar los árboles y malezas de un terreno; preparar para la labranza; despoblar de árboles, desmontar (land). 11. *(Sport)* Despejar (ball, puck). *-vn.* 1. Aclararse, volver a ponerse claro lo que estaba obscuro. Despejarse (sky, weather); aclararse (water). **Her head began to clear**, se le empezó a despejar la cabeza. Levantarse, disiparse (disperse/fog, smoke); despejarse (traffic, congestion). 2. Desembarazarse, desenredarse. 3. *(Fin.)* Ser compensado (check). **It clears up**, va aclarando. **To clear the room**, desocupar un cuarto, hacer salir de él a los que están dentro. **To clear the way**, abrir camino. **To clear accounts**, liquidar cuentas. **To clear off**, desbastar, pulir. **To clear a vessel or merchandise in the custom-house**, despachar un barco o géneros en la aduana. **To clear a wood**, desmontar un bosque.

clear off 1. *(Coloq.)* Largarse (go away). 2. Liquidar (pay/debt); echar de (remove).

clear out 1. Vaciar y ordenar (cupboard). 2. *(Coloq.)* Largarse (leave).

clear up 1. Esclarecer, resolver (resolve, crime); aclarar (misunderstandings, doubts); recoger (tidy/rubbish). **Can you clear up this mess?**, ¿puedes ordenar todo esto? 2. Ordenar (tidy); despejar (weather); mejorarse, irse (get better/cough, cold). **The rash has cleared up**, se le ha ido el sarpullido.

clearage ['klɪəreɪdʒ] [klia-reich], *s.* El acto de remover alguna cosa; despejo.

clearance ['klɪərəns] [klia-rans], *s.* 1. Despejo; desmonte, despeje (of building, land). 2. *(Com.)* Despacho de aduana (from customs); autorización (authorization). 3. *(Com.)* Utilidad líquida. 4. *(Aer.)* Espacio (free space). 5. Liquidación (of stock). **Clearance sale**, liquidación, barata. 6. Compensación (of check).

clear-cut ['klɪəkʌt] [kliar-kat], *a.* Claro, bien definido.

clearer ['klɪərər] [klia-ra^r], *s.* Lo que aclara, purifica o ilumina.

clear-headed ['klɪəhedɪd] [klia-je-ded] *a.* Lúcido.

clearing ['klɪərɪŋ] [klia-rin], *s.* 1. Justificación, vindicación. 2. Claro, raso, sitio sin árboles en un bosque. 3. Arreglo, liquidación de los balances en el banco de liquidación.

clearing bank ['klɪərɪŋbæŋk] [kliarin-bank] *s.* (in UK) Banco de compensación.

clearing house ['klɪərɪŋhaʊz] [kliarin-jaus], *s.* *(Com.)* Bolsa o banco de compensación; cámara de compensación.

clearly ['klɪəli] [klia-li], *adv.* Claramente (distinctly/visible, marked); con claridad, claramente (write, speak, think)/(without ambiguity/speak, show); evidentemente (obviously) **It's clearly impossible**, es a todas luces imposible, está claro que es imposible. **Clearly, this must stop**, evidentemente, o desde luego, esto se tiene que terminar. Libremente; llanamente; abiertamente, sin reserva.

clearness ['klɪənɪs] [klia-nes], *s.* 1. Claridad, transparencia; lustre, esplendor; luz. 2. Perspicuidad, perspicacia. 3. Sinceridad. **Clearness of the air**, serenidad del aire.

clear-out ['klɪəraʊt] [klia-aut] *s.* (GB) *(Coloq.)* Limpieza (deshaciéndose de trastos, etc.).

clear-sighted ['klɪə'saɪtɪd] [klia-sai-tid], *a.* Previsor, perspicaz, juicioso, despierto, avispado, de gran lucidez.

clear-sightedness ['klɪə'saɪtɪdnɪs] [klia-sai-tid-nes], *s.* Perspicacia, discernimiento, penetración.

clearstarch ['klɪəstɑːtʃ] [klia-starch], *va.* Almidonar.

clearstarcher ['klɪəstɑːtʃər] [klia-star-che^r], *s.* Almidonador, la persona que almidona ropa fina.

clearstory ['klɪəstɒrɪ] [klia-sto-ri], *s.* 1. Piso más alto de la nave y del coro de una iglesia, con una serie de pequeñas ventanas. 2. Piso semejante en edificios de otro carácter, o sobretecho de un coche de ferrocarril con claraboyas a los costados para darle luz y ventilación.

clear-voiced ['klɪəvɔɪsd] [klia-voisd], *a.* El que tiene la voz clara.

clearway ['klɪəweɪ] [klia-uei] *s.* (in UK) Tramo de carretera en el que está prohibido detenerse.

clearwing ['klɪəwɪŋ] [klia-uin], *s.* Falena diurna con alas casi transparentes.

cleat [kliːt] [klit], *s.* 1. Listón de madera o hierro que se asegura sobre otro material para sujetarlo, cubrirlo, impedir que se deslice. 2. *(Mar.)* Tojino. 3. *(Mar.)* Galápago de las palomas.

cleavage ['kliːvɪdʒ] [klia-vich], *s.* 1. La acción de hendirse o el estado de hendido o hendidura, división. 2. Tendencia de una roca o cristal a partirse en determinadas direcciones. 3. Escote (bosom).

cleave [kliːv] [kliv], *vn.* 1. Pegarse o unirse una cosa a otra. 2. Ajustarse una cosa con otra. 3. Adherir, arrimarse, atenerse al dictamen o parecer de otro. 4. Abrirse en rajas, dividirse. **To cleave through something**, abrirse camino a través de algo (crowd, enemy); surcar (waves). **To cleave to something/somebody**, serle fiel a algo/alguien (be faithful). *-va.* Rajar, hender, partir naturalmente.

cleaver ['kliːvər] [kli-va^r], *s.* 1. Cuchilla de carnicero. 2. Hacha para rajar madera.

cleavers ['kliːvəz] [kli-vers], *s. pl.* *(Bot.)* Galio. *V.* BEDSTRAW.

cleek ['kliːk] [klik], *s.* 1. Gancho. 2. Maza empleada para el juego de golf.

clef [klef] [klef], *s.* *(Mús.)* Clave, signo que indica el tono al principio de la pauta.

cleft [kleft] [kleft], *past and past p. of* CLEAVE. *s.* Rajadura, hendedura, abertura, grieta. **Clefts**, grietas, aberturas que se forman en los pies de las caballerías. *a.* Partido (chin). **Cleft palate**, fisura del paladar.
cleftgraft [kleft'græft] [kleft-graft], *va.* Injertar en tronco.
clematis ['klemətɪs] [kle-ma-tis], *s.* *(Bot.)* Clemátide, género de plantas de las ranunculáceas.
clemency ['klemənsɪ] [kle-man-si], *s.* Clemencia (mercy); misericordia, indulgencia, bondad; benignidad (of weather).
clement ['klemənt] [kle-ment], *a.* Clemente, piadoso, benigno, indulgente, misericordioso.
clementine ['kleməntaɪn] [kle-men-tain] *s.* (GB) Clementina.
clench [klentʃ] [klench], *va.* 1. Asir fuertemente o resueltamente; apretar, agarrar (grip). 2. Cerrar con estrechez o convulsivamente, como el puño o los dientes; apretar (close/fist, jaw). **He spoke through clenched teeth**, mascullό algo, dijo algo entre dientes. 3. Hacer firme, asegurar. 4. *V.* CLINCH. *-s.* La acción de asir fuertemente.
clencher ['klentʃər] [klen-cha^r], *s.* 1. El que o lo que ase; herramienta para asir. 2. *(Fig.)* Argumento sin réplica.
clepsydra ['klepsɪdrə] [klep-si-dra], *s.* Clepsidra, reloj de agua.
clerestory ['klerəstərɪ] [kle-res-to-ri], *s.* *V.* CLEAR-STORY.
clergy ['klɜːdʒɪ] [kler-yi], *s.* Clero.
clergyman ['klɜːdʒɪmən] [kler-yi-man], *s.* Clérigo, eclesiástico.
cleric ['klerɪk] [kle-rik], *s.* Clérigo, eclesiástico. *-a.* Clerical.
clerical ['klerɪkəl] [kle-ri-kal], *a.* 1. *(Rel.)* Clerical, eclesiástico. 2. De oficina (of a clerk/job, work). **Clerical assistant**, oficinista, empleado. **Clerical staff**, personal administrativo.
clerk [klɜːrk] [klerk], *s.* 1. Oficial de secretaría; amanuense, escribiente. 2. Dependiente, mancebo de tienda (sales clerk); empleado de oficina; empleado administrativo, oficinista (in office); empleado bancario (in bank); recepcionista (desk clerk). 3. Eclesiástico, clérigo. 4. Escolar, estudiante. **Clerk of a ship**, contador de navío. **Clerk of a parish**, sacristán. **The clerk of the king's great wardrobe**, el primer ayuda de cámara del rey. **Clerk of a countinghouse or shop**, dependiente, cajero, mancebo, mozo de tienda o almacén. **Clerk of a court of justice**, escribano de cámara o secretario de tribunal.
clerk *vn.* Trabajar de dependiente (o de oficinista, etc.).
clerkly ['klɜːklɪ] [kler-kli], *a.* Diestro, literato. *-adv.* Ingeniosamente.
clerkship ['klɜːkʃɪp] [klerk-ship], *s.* 1. Literatura, educación literaria. 2. El oficio, empleo u ocupación de dependiente, clérigo, estudiante o escribiente. 3. Escribanía de cámara, secretaría.
clever ['klevər] [kle-ve^r], *a.* 1. Diestro, experto, hábil, ingenioso (skilful, adept/player, politician); ingenioso (invention, solution); avispado, mañoso; listo, inteligente (intelligent); capaz, listo (artful). **Don't try to be clever with me**, no te hagas el listo conmigo. 2. (Fam. E.U.) bien dispuesto, complaciente. 3. *(Ant.)* Justo, apropiado, cómodo, apto, propio. **To be clever at something**, ser bueno para algo. **She's clever with her hands**, es hábil con las manos.
clever dick, clever Dick *s.* (GB) *(Coloq.)* Sabelotodo, sabihondo.
cleverly ['klevəli] [kle-ver-li], *adv.* Diestramente, hábilmente, ingeniosamente.
cleverness ['klevənɪs] [kle-vr-nes], *s.* Destreza, habilidad (skill); conocimiento, maña; garbo, gracia. Lo ingenioso (of design, plan); inteligencia (of person/intelligence).
clevis ['klevɪs] [kle-vis], *s.* Abrazadera, pieza de hierro sujeta al timón del arado o a las boleas de un coche, y a la cual se asegura la cadena de tiro. *(Mec.)* Correón.
clew [kluː] [klú], *s.* 1. Hilo ovillado, ovillo de hilo, seda o lana. 2. Guía, norte. En sentido de guía, escríbese a menudo «clue» **To give a clew to**, guiar, enseñar el camino. 3. **Clew of a sail** *(Mar.)* puño, extremo o ángulo donde forman gazas las relingas de las velas.
clew-lines ['kluːlaɪnz] [klu-lains], *s. pl.* *(Mar.)* Chafaldetes de los puños.
cliché ['kliːʃeɪ] [kli-shé], *s.* 1. Clisé, pieza de metal de imprenta con letra o dibujo, clisada para imprimir. 2. Negativo fotográfico. 3. Lugar común, cliché, tópico.
clichéd ['kliːʃeɪd] [kli-sheid] *a.* Estereotipado.
click [klɪk] [klik], *va.* Retiñir, hacer un ruido acompasado y sucesivo como el del reloj. Chasquear, tronar (fingers); chasquear (tongue). **To click one's heels**, dar un taconazo. *-vn.* 1. Hacer un ruidito seco, hacer «clic» (make clicking sound). **It clicks into place**, encaja en su lugar haciendo «clic». 2. *(Coloq.)* **It suddenly clicked**, de repente caí en la cuenta o lo vi todo claro (strike home). Congeniar (relate well). **We just clicked**, congeniamos o nos entendimos desde un principio. Tener éxito (succeed).
click, *s.* 1. Sonido breve, agudo y seco que es comúnmente resultado de un choque o golpe; chasquido (sound/of fingers, tongue); taconazo (of heels); clic (of camera, switch). 2. Linguete, retén o fiador de rueda. 3. Articulación especial a manera de chasquido.
clicker ['klɪkər] [kli-ka^r], *s.* 1. El que hace o lo que produce el sonido seco llamado *click*. 2. *(Impr.)* Compaginador.
clicket ['klɪkɪt] [kli-ket], *s.* Llamador o aldaba de puerta.
client ['klaɪənt] [klaient], *s.* 1. Cliente, el litigante que se aconseja con un letrado para que le defienda. 2. Ahijado, hechura, protegido, el que debe su fortuna o empleo a la protección de algún poderoso.
cliental [klaɪ'əntəl] [klai-en-tal], *a.* Dependiente.
cliented [klaɪ'əntɪd] [klai-en-tid], *a.* Provisto de clientes.
clientele [ˌkliːɑːn'tel] [klian-tél], *s.* 1. Clientela, conjunto de personas acogidas a la protección de un poderoso o de una institución. 2. Conjunto de personas que se valen de los servicios de un médico o letrado, o que concurren de ordinario a un mismo establecimiento o tienda, hotel, teatro, etc.
clientship ['klaɪəntʃɪp] [klaiant-ship], *s.* Clientela, patrocinio.
cliff [klɪf] [klif], *s.* Peñasco, roca escarpada; costa acantilada; acantilado, precipicio.
cliffhanger ['klɪfˌhæŋgər] [klif-jan-ga^r] *s.* Situación de suspenso o suspense (at end of episode).
cliffy ['klɪfɪ] [kli-fi], **clifty** ['klɪftɪ] [klif-ti], *a.* Acantilado, escarpado; escabroso.
clift [klɪft] [klift], *s.* 1. *(Ant.)* *V.* CLIFF. 2. *(Des.)* *V.* CLEFT.
climacteric [klaɪ'mæktərɪk] [klai-mak-te-rik], *s.* Época peligrosa y crítica. **Grand climacteric**, la edad de sesenta y tres años.
climacteric [klaɪ'mæktərɪk] [klai-mak-te-rik], **climaterical** [klaɪ'mæktərɪkl] [klai-mak-te-ri-kal], *a.* Climatérico, perteneciente a un clima.
climate ['klaɪmɪt] [klai-met], **climature** ['klaɪmətʃər] [klai-ma-chua^r], *s.* 1. Clima, las condiciones atmosféricas de una región. 2. Clima, país diferente de otro por razón de su temperatura, humedad, etc.
climatic [klaɪ'mætɪk] [klai-ma-tik], **climatical** [klaɪ'mætɪkl] [klai-ma-ti-kal], *a.* Del clima, relativo al clima. Climático, climatológico.
climatology [klaɪmə'tɒlɒdʒɪ] [klai-ma-to-lo-yi], *s.* Climatología, el estudio o tratado de los climas.
climax ['klaɪmæks] [klai-maks], *s.* 1. Clímax, figura retórica por la cual una sentencia va ascendiendo por grados. 2. Colmo, culminación, cenit, punto más alto o de mayor intensidad en una progresión ascendente; punto culminante, orgasmo (orgasm).
climb [klaɪm] [klaim], *va.* Trepar, subir ayudándose de pies y manos, o (una planta) por medio de zarcillos; escalar, subir a (mountain); trepar a, subirse a, treparse a (tree); subir (stairs). *-vn.* 1. Trepar, treparse (clamber); ascender, subir (rise); elevarse. 2. Elevarse, ascender regularmente (en posición o dignidad) por medio de continuo esfuerzo.

(Sport) **To go climbing**, hacer alpinismo o andinismo, ir a escalar o de escalada. **She climbed onto the table**, se subió a la mesa, trepó o se trepó a la mesa. **To climb into/out of bed**, meterse en/levantarse de la cama. **He climbed into his pajamas**, se puso el pijama.

climb down 1. Bajarse por (descend/rope); bajarse de (tree). 2. Bajar(se), descender (descend). *(Coloq.)* Ceder (withdraw, concede).

climb up 1. Trepar a, treparse a (tree); subir (hill); escalar (rockface); subir o trepar por (rope). 2. Subir.

climb [klaɪm] [klaim] *s.* Subida (ascent); *(Sport)* escalada. Ascenso, subida (gradient). *(Aviat.)* Ascenso.

climbable [klaɪm] [klaim], *a.* Lo que se puede ascender.

climb-down [klaɪm] [klaim] *s.* (GB) Marcha o vuelta atrás.

climber ['klaɪmər] [klaimar], *s.* 1. Trepador, escalador (rock climber); alpinista, andinista (mountaineer). 2. Enredadera, planta trepadora. 3. *(Zool.)* Trepador, nombre genérico de un orden de pájaros. 4. *(Pej.)* Arribista, trepador (social climber).

climbing ['klaɪmɪŋ] [klaimin], *s.* Subida, el acto de subir. *(Sport)* Alpinismo, montañismo, andinismo. *a.* Trepador.

clime [klaɪm] [klaim], *s.* *(Poét.)* 1. Porción o región de la tierra. 2. *(Des.)* Clima.

clinch [klɪntʃ] [klinch], *va.* 1. Remachar un clavo. 2. Agarrarse, pelear forcejeando. 3. Afirmar, fijar, afianzar, establecer, confirmar. *(Mar.)* Entalingar. 4. *V.* CLENCH. 5. Cerrar (deal); ganar, hacerse con (title). **This clinched the argument**, esto resolvió la discusión de forma contundente. *-vn.* 1. Agarrarse. 2. Remacharse, ser remachado. 3. Ganar (assure victory).

clinch, *s.* 1. Remache, o lo que remacha; *(fig.)* argumento sin réplica. 2. *(Mar.)* Entalingadura, la parte del cable que se ata al ancla. 3. *(E.U.)* Forcejeo, lucha, cuerpo a cuerpo. 4. *(Des.)* *V.* PUN. 5. Clinch (in boxing); *(Coloq.)* abrazo, achuchón, apercolle, apapacho (embrace).

clincher ['klɪntʃər] [klin-char], *s.* Laña. *V.* CRAMP.

clinching ['klɪtʃɪŋ] [klin-chin], *s.* *(Mar.)* Solapadura, especie de calafateo ligero.

cling [klɪŋ] [kling], *vn.* (*pret.* y *pp.* CLUNG). 1. Adherirse, pegarse, unirse, fuertemente una cosa a otra. 2. Adherirse, unirse o amistarse por interés o afecto. 3. *(Prov.)* Secarse, consumirse. **To cling to something/somebody**, estar aferrado a algo/alguien. **She still clings to that hope/belief**, sigue aferrada a esa esperanza/creencia. **The boy clung on to her hand**, el niño no le soltaba la mano. **To cling to somebody**, pegársele a alguien (be dependent). **To cling to something**, pegarse o adherirse a algo (stick) *-va.* *(Ant.)* Encoger, estrechar.

clingfilm ['klɪŋfɪlm] [kling-film] *s.* (GB) Plástico para envolver alimentos.

clinging ['klɪŋɪŋ] [klin.guin] *a.* Poco independiente (child); pegajoso, pesado (person); que se pega o se ciñe al cuerpo (dress).

clingstone ['klɪŋstəʊn] [kling-stoun], *a.* Que se pega al hueso; se dice de un melocotón. *-s.* Pavía, variedad del pérsico, cuya pulpa se pega al hueso.

clingy ['klɪŋɪ] [klin-gui], *a.* Colgante, pendiente, adhesivo.

clinic ['klɪnɪk] [kli-nik], *s.* *(Med.)* Clínica (private hospital); consultorio (in state hospital). **Dental clinic**, clínica dental.

clinical ['klɪnɪkəl] [kli-ni-kal], *a.* Un enfermo habitual que guarda cama, y el que le asiste. **Clinical lecture**, lectura médica hecha a la cabecera de los enfermos. *(Med.)* Clínico. Frío (unemotional/manner, detachment).

clink [klɪŋk] [klink], *vn.* Retiñir, resonar, retumbar, tañer, tocar. *-va.* Hacer tintinear. **We clinked glasses**, entrechocamos los vasos.

clink, *s.* 1. Tañido, retintín, sonido o golpe que deja la campana u otro cuerpo metálico sonoro; tintineo (sound). 2. Cárcel, trullo, bote, cana.

clinker ['klɪnkər] [klin-kar], *s.* 1. Lo que retiñe; específicamente, escoria de fundición. 2. Lava irregular porosa, semejante a la escoria de los hornos. 3. Ladrillo refractario. 4. Baldosa de Holanda. 5. *(Sl.)* Metedura o metida de pata, pifia, pifiada. Porquería, basura (bad product).

clinometer [klɪnɒ'mi:tər] [kli-no-mi-tar], *s.* Clinómetro, instrumento para medir la inclinación de toda línea o plano con respecto a un plano horizontal.

clinometric [klɪnɒ'mɪtrɪk] [kli-no-me-trik], *a.* Clinométrico, del clinómetro y de su medida.

clinometry [klɪnɒ'mɪtrɪ] [kli-no-me-tri], *s.* Clinometría, arte de medir la inclinación de las capas o estratos.

clinquant ['klɪŋkwənt] [klin-kuant], *a.* Brillante, reluciente. *-s.* Oropel.

clip [klɪp] [klip], *va.* 1. Trasquilar o cortar con tijeras, esquilar (sheep, dog); cortar (cut/hair, nails, grass, hedge); recortarle el pelo a (dog); picar, perforar (punch, ticket). Recortar (cut out). 2. Cortar a raíz; escatimar, acortar; omitir sílabas de las palabras; chapurrear, estropear un idioma. 3. Cercenar o minorar alguna cosa. **To clip a coin**, tallar o cercenar una moneda. 4. Abrazar, dar un abrazo. 5. Confinar, tener agarrado. 6. Golpear (hit). **To clip somebody round the ear**, darle una torta o un tortazo a alguien. 7. Sujetar con un clip (attach). *-vn.* **The lid clips on**, la tapa se ajusta con unos ganchos.

clip, *s.* 1. Tijeretada, tijeretazo, talla. 2. Esquileo, y el producto de esta operación; la acción de esquilar. 3. Cercenadura. 4. Abrazo.

clip, *s.* 1. Pieza o herramienta que sirve para asir o tener firme; grapa, pinza (fotográfica), grapas de resorte, sujetapapeles. 2. Clip, gancho (device). *V.* HAIRCLIP, PAPERCLIP. 3. Fragmento, clip (from film). 4. Bloqueo por la espalda (fuera de la zona legal) (foul). 5. **To give somebody a clip on/round the ear**, darle una torta o un tortazo a alguien (blow). 6. *(Coloq.)* **A clip**, cada uno (item).

clipboard ['klɪpbɔ:d] [klip-bord] *s.* Tablilla con sujetapapeles.

clip-clop ['klɪp'klɒp] [klip-klop] *s.* Ruido de cascos.

clip-on [klɪp'ɒn] [klip-on] *a.* Que se engancha (brooch, sunglasses); de clip (earrings).

clipped [klɪpt] [klipt] *a.* Cortado (accent, speech).

clipper ['klɪpər] [kli-par], *s.* 1. Tallador, cercenador de monedas, el que las cercena en circuito para dejarlas en su peso. 2. Maquinilla o aparato que se usa para cortar el pelo, particularmente de los caballos. 3. Esquilador. 4. Barco de vela de mucho andar; clíper.

clippers ['klɪpəz] [kli-pers], *s. pl.* Maquinilla para cortar el pelo (for hair); cortaúñas (for nails); podadera, tijeras de podar (for hedge, lawn).

clipping ['klɪpɪŋ] [kli-pin], *s.* Cercenadura, cortadura, retal; tijereteo. Recorte de prensa (press clipping). **Clipping-machine**, maquinilla de atusar. *V.* CLIPPER. 2ª acep. **Clippings**, recortes, pedazos (clipped pieces). **Grass clippings**, hierba cortada. **Nail clippings**, pedazos de uñas.

clique [klɪk] [klik], *s.* Corrillo, pandilla, pequeña reunión de personas, por lo común de gente aviesa, camarilla.

clitoris ['klɪtərɪs] [kli-to-ris] *s.* Clítoris.

cloaca ['kləʊəkə] [klou-a-ka], *s.* 1. *(Zool.)* Cloaca, cavidad en la que convergen el canal alimenticio y los conductos urinarios y genitales de las aves y de algunos peces, insectos, etc. 2. Cloaca, conducto por donde van las aguas sucias.

cloak [kləʊk] [klouk], *s.* 1. Capa (clothing); tapadera (disguise). 2. Capa, cualquier cosa que tapa o encubre. 3. Pretexto, excusa. **Cloak-bag**, portamanteo, especie de maleta para llevar ropa. **Cloak-loop**, cordoncillo para atar la capa.

cloak, *vn.* 1. Encapotar. 2. Ocultar, encubrir (purpose, activities); paliar. **To be cloaked in something**, estar envuelto en algo (in darkness, mist). **The whole affair was cloaked in secrecy**, todo el asunto estuvo rodeado de un velo o un manto secreto.

cloakroom [kləʊkrʊm] [klouk-rum] *s.* Guardarropa (for coats). (GB) Lavabo, baño de las visitas (lavatory).

clobber [kləʊk] [klouk] *va.* *(Coloq.)* Darle una paliza a, cascar. Darle una paliza a (defeat heavily).

clobber *s.* (GB) *(Coloq.)* Bártulos.

clock [klɒk] [klok], *s.* 1. Reloj, máquina para medir el tiempo (timepiece). **To work around/round the clock**, trabajar las veinticuatro horas del día, trabajar día y noche. **Around-the-clock/round-the-clock surveillance**, vigilancia las veinticuatro horas del día. **To put the clocks back/forward**, atrasar/adelantar los relojes. **To turn/put the clock back**, volver atrás. **Tower clock**, reloj de torre. **Alarm-clock**, *V.* ALARM. **What time is it?**, ¿qué hora es? **Nine o'clock in the morning**, las nueve de la mañana. **To wind up a clock**, dar cuerda a un reloj. 2. Cuadrado, adorno que se pone en las medias. 3. Reloj registrador o checador (time clock); *(Auto.) (Coloq.)* Cuentakilómetros (mileometer); velocímetro (speedometer); taxímetro (in taxi). **Clock-maker**, relojero. **Clock-setter**, el que da cuerda y arregla el reloj.

clock, *va. (Coloq.)* Registrar, hacer (achieve, reach/speed, time); cronometrar (time/athlete, race). (Gran Bretaña) *V.* CLUCK.

clock in, (GB) **clock on** Fichar, marcar o checar tarjeta al entrar al trabajo (register time of arrival). Entrar al trabajo (arrive at work).

clock out, (GB) **clock off** Fichar, marcar o checar tarjeta al salir del trabajo (register time of departure). Salir del trabajo (leave work).

clock up *(Coloq.)* Hacer (accumulate/miles, hours); apuntarse, anotarse (successes).

clock radio [klɒk'reɪdɪəʊ] [klok-rei-diou] *s.* Radio despertador.

clocktower ['klɒk,taʊər] [klok-tauaʳ] *s.* Torre de reloj.

clockwise ['klɒkwaɪz] [klok-uais], *a.* y *adv.* Con movimiento circular a la derecha. Dirección/en el sentido de las agujas del reloj.

clockwork ['klɒkwɜːk] [klok-uek], *s.* Movimiento causado por medio de pesos y resortes, como el del reloj. Mecanismo de relojería. **The organization runs like clockwork**, la organización funciona como un reloj. *(Coloq.)* **As regular as clockwork**, como un reloj. **Clockwork toy**, juguete de cuerda. *-a.* Que tiene regularidad de movimiento; que se mueve con precisión automática.

clod [klɒd] [klod], *s.* 1. Terrón (of earth), césped; y de aquí tierra, suelo. 2. Masa, trozo de alguna cosa. 3. El cuerpo del hombre. 4. Cualquier cosa baja, vil y despreciable. 5. Idiota, zoquete, zopenco (oaf). **Clod-crusher**, desterronador.

clod, *vn.* Convertirse en terrones. *-va.* Tirar terrones.

cloddy [klɒdɪ] [klo-di], *a.* 1. Lleno de terrones. 2. *(Fig.)* Terrenal, bajo, grosero.

clodhopper ['klɒd,hɒpər] [klod-jo-paʳ], **clodpoll** ['klɒdpɒl] [klod-pol], *s.* Zoquete, rústico. Patán (yokel). Zapatón (heavy shoe).

clodpate ['klɒdpeɪt] [klod-peit], *s.* Idiota, zoquete.

clodpated [klɒd'peɪtɪd] [klod-pei-ted], *a.* Negado, necio, ignorante.

clog [klɒg] [klog], *va.* Cargar, embarazar, empachar, impedir, cargar con alguna cosa que impide el movimiento. Obstruir, atascar (pipe, filter); atascar (wheels). *-vn.* 1. Apiñarse, atestarse, agolparse, estrecharse y unirse una cosa con otra. Obstruirse, atascarse (pipe); atascarse (wheel). 2. Embarazarse, hallarse embarazada o impedido.

clog, *s.* 1. Traba, embarazo, impedimiento, obstáculo. 2. Carga, hipoteca. 3. Galocha, especie de calzado como zueco o chapín que se usa para andar por el lodo, la nieve o el agua; zuecos, chanclos.

clogginess ['klɒdʒɪnɪs] [klo-yi-nes], *s.* Embarazo, impedimiento, obstáculo.

cloggy ['klɒdʒɪ] [klo-yi], *a.* Embarazoso.

cloister ['klɔɪstər] [klois-taʳ], *s.* 1. Claustro, galería que cerca el patio. 2. Monasterio, convento.

cloisteral ['klɔɪstərəl] [klois-te-ral], **cloistral** *a.* Claustral, del claustro; solitario, retirado.

cloistered ['klɔɪstəd] [klois-terd], *a.* 1. Solitario, enclaustrado. **He had led a cloistered existence**, había vivido muy enclaustrado. 2. Cercado de tránsitos, columnas o galerías.

cloisterer ['klɔɪstərər] [klois-te-raʳ], *s.* Monje, religioso.

cloisteress ['klɔɪstərəs] [klois-te-res], *sf.* Monja, una religiosa.

cloke ['kləʊk] [klouk] *s. (Des.) V.* CLOAK.

clomb, *pp.* de TO CLIMB.

clone [kləʊn] [klaun] *s.* Clon.

clone *va.* Clonar.

clonic ['klənɪk] [klo-nik], *a.* Clónico, convulsivo, relajante. **Clonic spasm**, espasmo clónico.

close [kləʊs] [klous], *va.* 1. Cerrar (window, book, value); **He closed his mouth/eyes**, cerró la boca/los ojos. Juntar, unir, consolidar. 2. Cerrar, ajustar (terminate, wind up/branch, file, account), encajar, poner en contacto, hacer continuo. 3. Concluir, terminar, acabar, poner fin a (conclude/deal, debate, meeting). 4. Incluir, contener. 5. Unir o juntar los pedazos rotos de alguna cosa. 6. *(Ant.)* Encerrar. *V.* INCLOSE. 7. Cerrar (block/road). *-vn.* 1. Cerrarse, unirse las partes que estaban separadas (door, window). Cerrarse (gap, wound). **Her eyes closed and she fell asleep**, se le cerraron los ojos y se quedó dormida. 2. Convenirse, estar de acuerdo. 3. Darse a partido. 4. Cerrar (shop, library, museum). 5. Terminar, concluir (finish, end/lecture, book). 6. Acercarse (get closer). **To close on somebody/something**, acercarse a algo/alguien. **To close in**, cercar (un jardín), poner una cerca. **To close with one**, acordarse o estar de acuerdo con uno. **To close in with the people**, ser el partido del pueblo. **To close in**, encerrar. **To close up**, cerrar completamente. **To close up a wound**, cicatrizar una herida.

close down 1. Cerrar (factory, shop). 2. Cerrar (cease operations/shop, factory).

close in Acercarse, aproximarse (pursuers, enemy). **To close in on something/somebody**, cercar algo/a alguien. Acercarse (winter). **Night was closing in**, estaba oscureciendo o anocheciendo, caía la noche. Acortarse (get shorter/days).

close off Clausurar, cerrar.

close on Acercarse a (reduce gap).

close out Liquidar.

close up Cerrar (shop, museum). Cerrarse, cicatrizar (wound/gash). **Come on, everybody close up a bit!** ¡vamos, pongánse un poco más juntos!

close with Enfrentarse a (engage/enemy).

close, *s.* 1. Fin, conclusión, término (conclusion, end). **To come/draw to a close**, llegar/acercarse a su fin. **To bring something to a close**, poner o dar fin a algo. **At the close of day**, al caer el día. 2. Pausa, cesación. 3. Riña, lucha cuerpo a cuerpo. 4. Cierre, la manera de cerrarse. 5. (GB) Calle sin salida (in residential area).

close, *s.* 1. Cercado, huerta, prado u otro sitio rodeado de vallado o tapias. 2. Atrio, el espacio cercado que hay en algunas iglesias y abadías.

close, *a.* 1. Cerrado, apretado, perfectamente ajustado, sin abertura. 2. Sofocante, sin respiradero. 3. Compacto, denso. Detenido, detallado (careful/examination). **To pay close attention to something**, prestar mucha atención a algo. **To keep a close watch on something/somebody**, vigilar algo/a alguien de cerca. 4. Incomunicado (hablando de un preso). 5. Inmediato, contiguo; unido. Próximo, cercano (near). **At close range/quarters**, de cerca. **Close to something/somebody**, Próximo o cercano a algo/alguien, cerca de algo/alguien. Estrecho (link, connection); directo (contact); cercano (relative). **They're close friends**, son muy amigos, son amigos íntimos. **They've always been very close**, siempre han sido o estado muy unidos. **Sources close to the government**, fuentes allegadas o cercanas al gobierno. 6. Estrecho, angosto; ajustado. Al ras, apurado (shave). *(Coloq.)* **That was a close shave/call**, se salvó por un pelo o por los pelos. 7. Breve, compendioso. 8. Oculto, secreto. **It was kept a close secret**, se mantuvo en el más absoluto o riguroso secreto (strictly guarded). 9. Apretado, avaro, interesado, tacaño. 10. Retirado, solitario; aplicado. 11. Nublado, obscuro, cubierto. 12. Reservado, callado. 13. Casi a la par o igual. **A close election**, una elección muy reñida.

It's not the same color but it's a close match, no es el mismo color, pero es casi igual (in similarity). **He bears a close resemblance to his brother**, tiene un gran parecido con su hermano. **That's the closest thing to a hammer I've got**, esto es lo más parecido a un martillo que tengo. 14. *(Com.* y *fam.)* Difícil de obtener: se dice del dinero. 15. Limitado a determinadas personas, restringido, o cerrado por la ley; no abierto o libre. 16. Que se ajusta estrechamente. Ajustado, ceñido (fit). 17. Observador atento, riguroso. 18. Reñido (contest/finish). **He finished a close second**, llegó en segundo lugar, muy cerca del ganador. **Close study**, aplicación. **Close connection**, intimidad. **Close substance**, sustancia compacta. **Close piece of cloth**, paño tupido. **Close weather**, tiempo pesado, sofocante, bochornoso (weather, atmosphere). **Close discourse**, discurso conciso. **Close-fisted**, escaso, tacaño, poco dispuesto a dar. **Close-grained**, denso, compacto, sólido. **Close-hauled**, *(Mar.)* de bolina, ciñendo el viento. **Close-season**, la época del año en que la ley prohibe la caza o pesca de ciertos animales, para favorecer su propagación.

close, *adv.* De cerca, estrechamente, apretadamente. Cerca (in position). **To draw/get/come close**, acercarse. **To hold somebody close**, abrazar a alguien. **They're following close behind**, nos siguen de cerca. **Phew, that was close!**, ¡uf, nos salvamos por poco o por los pelos! (In intimacy) **The tragedy brought them closer together/to each other**, la tragedia los acercó o unió más. (In approximation) **It's not my favorite but it comes pretty close**, no es mi favorito pero casi. **The temperature is close to ...**, la temperatura es de casi ... **He must be close to 50**, debe tener cerca de 50 años. **He was close to tears**, estaba a punto de llorar. **To live close**, vivir económicamente. **To study close**, estudiar con mucha aplicación. **Close to the ground**, pegado a la tierra, a raíz de la tierra. **Close by**, muy arrimado, pegado, junto, cerca. **To sail close to the wind**, ceñir el viento, navegar de bolina. **Close together**, juntos (physically). **Our birthdays are close together**, nuestros cumpleaños caen por las mismas fechas o muy cerca. **Close up**, de cerca.

close-bodied [kləʊs'bʌdɪd] [klous-bo-did], *a.* Ajustado al cuerpo.

closecropped ['kləʊskrɒpt] [klous-kropt] *a.* Muy corto (grass). **To have a closecropped hair, to be closecropped**, llevar el pelo (cortado) al rape.

close-curtained [kləʊs'kɜːteɪnd] [klous-ker-teind], *a.* Rodeado de cortinas.

closed [kləʊst] [kloust] *a.* 1. Cerrado (door, book, flower). **His eyes were closed**, tenía los ojos cerrados. 1. Cerrado (not operating, trading). 3. Cerrado (road); a puerta(s) cerrada(s) (meeting). 4. Cerrado (case, matter).

closed-circuit [kləʊzd'sɜːkwɪt] [klous-ser-kuit], *a. (Elec.)* En circuito cerrado. **Closed-circuit television**, televisión en circuito cerrado. **Closed-circuit door**. A puerta(s) cerrada(s) (meeting, briefing).

close-down ['kləʊzdaʊn] [klous-daun] *s.* Cierre (of factory).

closed shop [kləʊzd'ʃɒp] [klous-shop], *s.* Contrato de trabajo según el cual pueden ocuparse sólo obreros sindicalizados.

close-fisted ['kləʊs'fɪstɪd] [klous-fis-tid], **close-handed** [kləʊs'hændɪd] [klous-jan-ded], *a.* Apretado, avariento, mezquino, tacaño, agarrado.

close-fitting [kləʊs'fɪtɪŋ] [klous-fi-tin], *a.* Entallado, ajustado al cuerpo, ceñido.

close-knit ['kləʊsnɪt] [klous-nit] *a.* Unido.

closely ['kləʊslɪ] [klous-li], *adv.* 1. Estrechamente (connected, associated); contiguamente. **We're closely related**, somos parientes cercanos. **They worked closely with the French**, trabajaron en estrecha colaboración con los franceses. 2. Estrechamente, fuertemente, sólidamente. 3. Estrictamente, exactamente. 4. Secretamente, atentamente. 5. De cerca (at a short distance/follow, mark). Detenidamente (carefully/study, examine). De cerca, atentamente (watch); a fondo (question). **A closely guarded secret**, un secreto muy bien guardado. 6. **Somebody who resembled her closely**, alguien que se le parecía mucho (in approximation). **A closely fought/contested game**, un partido muy reñido (nearly equally). **To pursue any one closely**, irle a uno a los alcances, seguirle de cerca. **Closely packed**, sólidamente empaquetado. **A page closely printed**, una página de impresión compacta. **To examine closely**, examinar atentamente, de cerca.

closemouthed [kləʊs'maʊθd] [klous-mau-zd], *a.* Reservado, discreto, incomunicativo.

closeness ['kləʊsnɪs] [klous-nis], *s.* 1. Encierro. 2. Estrechez, falta de lugar. 3. Espesura, condensación, apretamiento. 4. Falta de aire o ventilación. 5. Solidez, firmeza. 6. Reclusión, soledad; secreto. 7. Tacañería, avaricia, ruindad. 8. Conexión, dependencia, unión. 9. Amistad, intimidad. 10. Exactitud, fidelidad (copy, translation).

closeout [kləʊsaʊt] [klous-aut]*s.* Liquidación.

close-pent [kləʊspent] [klous-pent], *a.* Cerrado estrechamente.

close quarters [kləʊs'kwɔːtəz] [klous-kuar-tars], *s. pl.* Espacio limitado, lugar estrecho.

close-run [ˌkləʊs'rʌn] [klous-ran] *a.* Muy reñido (race).

closer ['kləʊsər] [klou-sa[r]], *s.* El que acaba o concluye.

close-set ['kləʊsˌset] [klous-set] *a.* Junto (eyes).

closet ['klɒzɪt] [klo-sit], *s.* 1. Retrete, cuarto pequeño; habitación retirada de una casa. 2. Gabinete. 3. Secreta, común, excusado, letrina (a la inglesa; abreviación de *water-closed*). 4. Armario, placard (cupboard); armario, closet, placard (for clothes). *(Coloq.)* **To come out of the closet**, destaparse, declararse abiertamente homosexual. **Understairs closet**, covacha.

closet *a.* Encubierto, de closet, de tapadillo (gay, racist).

closet, *va.* Encerrar o esconder en un retrete o gabinete; deliberar o conferenciar en gabinete. **To closet oneself** o **to be closeted**, Encerrarse. **To be closeted with somebody**, estar encerrado con alguien.

close-tongued [kləʊs'tɒŋd] [klous-tongd], *a.* Cauteloso en el hablar.

close-up ['kləʊsʌp] [klous-ap], *s.* 1. Fotografía de cerca; primer plano. 2. Algo visto muy de cerca.

closing ['kləʊzɪŋ] [klousin], *s.* 1. Cierre. 2. Clausura.

closing date [kləʊzɪŋ'deɪt] [klousin-deit] *s.* Fecha límite, fecha tope.

closing time [kləʊzɪŋ'taɪm] [klousin-taim] *s.* Hora de cierre.

closure ['kləʊʒər] [klou-sa[r]], *s.* 1. *(Neol.)* Procedimiento por el cual se pone fin al debate en un cuerpo deliberante. 2. Cierre; cerca. *V.* INCLOSURE. 3. Fin, conclusión. 4. Completamiento de un circuito eléctrico. 5. Cierre (of hospital, factory, road).

clot [klɒt] [klot], *s.* 1. Grumo, parte de lo líquido que se coagula. 2. Cuajarón de sangre; coágulo (of blood). 3. (GB) *(Coloq.)* Bobalicón (idiot).

clot, *vn.* 1. Coagularse, cuajarse (blood). 2. Engrumecerse, hacerse grumos el líquido.

cloth [klɒθ] [kloz], *s.* 1. Tela, género (fabric); paño, tela de lana (thick, woolen); seda, lino, algodón, etc., tejida en telar. **To be made (up) out of whole cloth**, ser pura invención o puro invento. Trapo (for cleaning). 2. Porción o parte de una de esas telas, como un mantel o manteles (tablecloth). 3. Vestido o ropa clerical; y de aquí, el clero, el conjunto de eclesiásticos en general. **The cloth**, el clero. **A man of the cloth**, un clérigo. **Cloth-prover**, contador, cuentahilos, microscopio de tejedores para contar el número de hilos en una pulgada cuadrada. **Cloth-yard**, antigua medida para el paño, de 27 pulgadas. **Cloth-shearer**, tundidor de paños.

cloth binding [klɒθ'bɪndɪŋ] [kloz-bin-din], *s.* Encuadernación en tela.

clothe [kləʊð] [klouz], *va.* 1. Vestir, cubrir el cuerpo con vestido, adornar con vestidos (provide clothes for); vestir, ataviar (dress). *V.* CLAD. 2. Cubrir; investir. **To clothe with authority**, investir de autoridad. *-vn.* Llevar ropa.

cloth-eared ['klɒθɪəd] [kloz-iad] *a. (Coloq.)* Sordo como una tapia.

clothes ['kləʊðz] [klouzs], *s. pl.* 1. Vestido, vestidura, ropaje, vestuario, ropa de toda especie. **To put on/take off one's clothes**, ponerse/quitarse la ropa. **She jumped in with her clothes on**, se metió vestida. **He had no clothes on**, estaba desnudo. **Clothes brush**, cepillo para o de la ropa, escobilla de ropa. 2. Ropa de cama. **Cast-off clothes**, ropa usada. **A suit of clothes**, un vestido completo. **Clothes-horse**, percha de colgar ropa. **Clothes-line**, tendedera. **Clothes-pins**, ganchos de tendedera. **Clothes-press**, guardarropa, gabinete para vestidos. **Clothes-wringer**, exprimidor de ropa. **Clothes shop**, tienda o casa de modas. **Clothes tree**, perchero.

clothesbrush ['kləʊðzbrʌʃ] [klozs-brash], *s.* Cepillo de ropa.

clothes hanger ['kləʊðz,hæŋər] [klozs-jan-ga^r], *s.* Colgador o gancho de ropa.

clothesman ['kləʊðzmæn] [klozs-man], *s.* 1. Ropero. 2. Ropavejero.

clothier ['kləʊðɪər] [klou-zia^r], *s.* Fabricante de paños; pañero.

clothing ['kləʊðɪŋ] [klou-zin], *s.* 1. Vestidos, ropa de toda especie. **The clothing industry**, la industria de la confección. 2. Revestimiento o cubierta no conductora que envuelve el cilindro de una máquina de vapor, una cañería o una caldera.

clotted, clotty [klɒtd] [klotid] [klɒtɪ] [kloti], *a.* Grumoso, coagulado. **Clotted cream**. Crema muy espesa.

cloud [klaʊd] [klaud], *s.* 1. *(Meteo.)* Nube (single); nubes, nubosidad (mass). **There's not a cloud in the sky**, está totalmente despejado. **The only cloud on the horizon is my exam**, la única nube en el horizonte o el único nubarrón es mi examen. *(Coloq.)* **To be on cloud nine**, estar en el séptimo cielo o en la gloria. **Under a cloud**, en circunstancias sospechosas o poco claras. **Every cloud has a silver lining**, no hay mal que por bien no venga. 2. Nublado, nublo, nubarrón; se dice de la nube obscura o de tempestad. 3. Nube, manchita, sombra que se nota en algunas piedras preciosas y en otros cuerpos. Nube (of gas, smoke, dust); halo, nube (of suspicion, ambiguity). 4. Cualquier cosa que obscurece o encubre a otra. 5. Acumulación o hacinamiento parecido al de las nubes: muchedumbre, multitud, montón. **A cloud of witnesses**, una multitud de testigos.

cloud, *va.* 1. Anublar, encubrir la luz del sol. 2. Anublar, obscurecer, cegar. Nublar (dim, blur/view, vision). **Emotion clouded his judgement**, la emoción lo ofuscaba, estaba obnubilado por la emoción. **To cloud the issue**, embrollar el asunto, crear confusión. Empañar (spoil, mar/enjoyment, relationship). 3. Abigarrar con venas obscuras. 4. Manchar, difamar. *-vn.* Anublarse; obscurecerse, tomar aire sombrío y triste.

cloud over Nublarse.

cloudberry ['klaʊdbərɪ] [klaud-be-ri], *s. (Bot.)* Camemoro.

cloudburst ['klaʊdbɜːst] [klaud-berst], *s.* Turbión, chaparrón, tormenta de lluvia, aguacero.

cloud-capt [klaʊd'kæpt] [klaud-kapt], **cloud-covered** [klaʊd'kʌvəd] [klaud-ka-verd], **cloud-topt** [klaʊd'tɒpt] [klaud-topt], *a.* Nublado, cubierto de nubes.

cloud-cuckoo-land [,klaʊd'kʊkuː,lænd] [klaud-ku-ku-land] *s.* **She lives in cloud-cuckoo-land**, vive en las nubes o en otro mundo.

cloud-dispelling [klaʊd'dɪspəlɪŋ] [klaud-dis-pe-lin], *a.* Lo que disipa y separa las nubes.

cloud-kissing [klaʊd'kɪsɪŋ] [klaud-ki-sin], *a.* Lo que es tan alto que llega a las nubes; dícese de las cumbres más elevadas de los montes.

cloudily ['klaʊdɪlɪ] [klau-di-li], *adv.* Obscuramente; con mucha niebla.

cloudiness ['klaʊdɪnɪs] [klau-di-nes], *s.* 1. Nebulosidad, calidad de nebuloso, obscurecido por las nubes. 2. Obscuridad, falta de claridad o brillantez.

cloudless ['klaʊdlɪs] [klaud-les], *a.* Sin nubes, claro, sereno, despejado.

cloudy ['klaʊdɪ] [klau-di], *a.* 1. Nublado, nubloso, obscurecido por las nubes (day); nublado, nuboso (sky). Turbio (liquid); poco claro (memory). 2. Obscuro, difícil de entenderse. 3. Tétrico, sombrío, triste, melancólico. 4. Nubarrado, colorido en figura de nubes.

clout [klaʊt] [klaut] *s.* 1. *(Coloq.)* Tortazo (blow). 2. Peso, influencia (power, influence).

clout, *va.* 1. Remendar toscamente alguna cosa. 2. Tapar o cubrir con algún paño o trapo. 3. Chapucear. 4. Abofetear. *(Coloq.)* **To clout somebody**, darle un tortazo a alguien.

clove [kləʊv] [klouv], *s.* 1. Clavo, especia aromática (spice). 2. Diente de ajo, las partes en que se divide la cabeza del ajo (of garlic). 3. *(Prov.)* Peso de siete libras, usado para pesar lana o queso.

clove *(Arq.)* Past of CLEAVE.

cloven ['kləʊvn] [klauvn] *(Arq.)* Past p. of CLEAVE.

cloven-foot, cloven-footed [,kləʊvn'fʊt] [klau-ven-fut], **cloven-hoofed** [kləʊvn'huːfd] [klau-ven-jufd], *a.* Patihendido, el animal que tiene el pie dividido en dos partes. **To betray** o **show the cloven foot**, *(Fam.)* eneseñar la oreja, sacar la pata.

cloven hoof [kləʊvn'huːf] [klauvn-juf] *s.* Pezuña partida o hendida.

clove-gilly-flower [kləʊv'gɪlɪ,flaʊər] [klauv-gui-li-flaua^r], *s. (Bot.)* Especie de clavel de flores dobles. Se llama también *Clove-pink*.

clove-hitch ['kləʊvhɪtʃ] [klauv-jich], *s. (Mar.)* Trincafía, ballestrinque.

clover ['kləʊvər] [klo-ve^r], *s. (Bot.)* Una de varias especies de trébol. **To be** o **live in clover**, vivir lujosamente, en la abundancia. **Four-leaf** o **four-leaved clover**, trébol de cuatro hojas.

clovered ['kləʊvəd] [klau-ved], *a.* Cubierto con trébol.

cloverleaf ['kləʊvəliːf] [klauver-lif], *s.* Hoja de trébol. **Cloverleaf (highway intersection)**, hoja de trébol (en la carretera).

clove-tree ['kləʊvtriː] [klov-tri], *s.* Árbol del clavo, clavero.

clown [kləʊn] [klaun], *s.* Patán, hombre zafio, rústico y agreste; el gracioso de teatro; el payaso de los circos ecuestres.

clown *vn.* **Clown around/about**, hacer payasadas, payasear, hacer el payaso.

clownery ['kləʊnərɪ] [klau-ne-ri], *s.* 1. Rusticidad, mala crianza. 2. Bufonada, payasada.

clownish ['kləʊnɪʃ] [klau-nish], *a.* 1. Villano, rústico, agreste. 2. Rudo, malcriado, grosero. 3. Tosco, basto, desmañado, inculto.

clownishly ['kləʊnɪʃlɪ] [klau-nish-li], *adv.* Toscamente, groseramente.

clownishness ['kləʊnɪʃnɪs] [klau-nish-nes], *s.* Rusticidad, falta de crianza, grosería, brutalidad, impolítica, rustiquez.

cloy [klɔɪ] [kloi], *va.* 1. Saciar, hartar, ahitar, empalagar. 2. Clavar cañones. 3. *(Des.)* Tapar, obstruir. 4. Clavar, punzar a un caballo herrándole.

cloying ['klɔɪɪŋ] [kloiin] *a.* Empalagoso.

cloyless ['klɔɪlɪs] [kloi-les], *a.* Ligero, lo que no puede ahitar.

cloyment ['klɔɪmənt] [kloi-ment], *s.* Saciedad, hartura.

club [klʌb] [klab], *s.* 1. Clava, cachiporra, garrote (cudgel); tranca, maza. **Golf club**, palo de golf. 2. *(Games)* Basto o bastos, uno de los cuatro palos de que se compone la baraja de naipes; tréboles. 3. Escote, la parte o cantidad que a prorrata cabe a cada uno de los que se han divertido o comido juntos. 4. Club, junta de personas para elegir los oficiales o funcionarios públicos, o para otras medidas en los asuntos de una sociedad o de una población (society, association). **Sports club**, club deportivo. **To join a club**, hacerse socio de un club. **I'm fed up-join the club!**, estoy harto-¡no eres el único!, ¡ya somos dos! 5. Tertulia, junta de cierto número de personas. **Club of hair**, castaña. **Club-house**, el edificio de un casino o tertulia. **Club-moss**, *(Bot.)* pinillo. **Indian clubs**, mazas de hacer gimnasia.

club, *vn.* 1. Contribuir, o concurrir a gastos comunes, unirse o juntarse para un mismo fin. **To go clubbing**, ir de nightclubs

(visit nightclubs). *-va.* 1. Escotar, pagar a prorrata la parte que a cada uno le toca. 2. Aporrear, darle garrotazos a.
club together (GB) **They clubbed together to buy her a present**, le compraron un regalo entre todos (contribute money).
clubbed ['klʌbɪd] [kla-bed], *a.* En forma de clava o maza, más grueso hacia un extremo: v.g. *Clubbed antennae*, Antenas en forma de maza. *-pp.* de TO CLUB.
clubbist ['klʌbɪst] [kla-bist], *s.* Individuo de algún club o junta, reunión o tertulia particular; socio de un casino.
club-foot ['klʌb'fʊt] [klab-fut], *s.* Pateta, patitueto, el que tiene un torcimiento congénito de los pies. Pie deforme.
club-footed ['klʌbˌfʊtɪd] [klab-fu-ted], *a.* Patituerto.
club-headed [klʌb'hedɪd] [klab-je-did], *a.* Cabezudo, cabezorro.
clubhouse ['klʌbhaʊs] [klab-jaus] *s.* Casa club (building for club); club de tribuna (of grandstand, stadium).
club-law [klʌb'lɔː] [klab-loa], *s.* La ley del más fuerte.
club-room ['klʌbrʊm] [klab-rum], *s.* La pieza o sala en donde se reune la junta o tertulia llamada club.
club sandwich [klʌb'sændwɪtʃ] [klab-san-uich] *s.* Sandwich club o de dos pisos.
cluck [klʌk] [klak], *vn.* Cloquear la gallina, dar su voz cuando llama a los pollos (hen); chascar o chasquear la lengua (person). *-va.* Cloquear.
cluck *s.* 1. Cloqueo (of hen); chasquido de la lengua (of person). 2. *(Coloq.)* Idiota (fool).
clue [kluː] [klu], *s.* 1. Guía, norte; todo lo que sirve de guía en medio de la duda o perplejidad. 2. Cualquier indicio provechoso; indicación, aviso; pista (indication); clave (in crosswords); rastro. **Not to have a clue**, no tener ni la más mínima o menor idea (not know, be incompetent). En sentido náutico y como verbo. *V.* CLEW.
clued-up [kluːd'ʌp] [klud-ap] *a.* *(Coloq.)* **To be clued-up about something**, estar muy al tanto de algo.
clueless ['kluːlɪs] [klu-les] *a.* Sin pistas (not having found clue). (GB) *(Coloq.)* Negado (incompetent).
clump ['klʌmp] [klamp], *s.* 1. Grupo (de árboles o arbustos); macizo (of flowers); terrón (of earth). 2. Trozo de madera, etc., sin forma de figura particular.
clump *vn.* *(Coloq.)* Caminar pisando fuerte (walk heavily).
clumsily ['klʌmsɪlɪ] [klam-si-li], *adv.* Zafiamente, groseramente. Torpemente, con torpeza (handle, apologize); toscamente (made); con poca fluidez (written).
clumsiness ['klʌmsɪnɪs] [klam-si-nes], *s.* Zafiedad, falta de destreza; tosquedad, rusticidad, rustiquez, grosería. Torpeza (of movement, words); tosquedad (of construction, design).
clumsy ['klʌmsɪ] [klam-si], *a.* Basto, ordinario, tosco, pesado; inculto, sin arte. Torpe, patoso (person, movement); tosco (tool, shape); burdo (translation, forgery); falto de fluidez (writing).
clung, *pret.* y *pp.* del verbo TO CLING.
cluniac ['kluːnɪæk] [klu-ni-ak], *s.* Cluniacense, monje benedictino de Cluni en Borgoña.
clunk [klʌŋk] [klank] *vn.* Golpetear.
clunk *s.* Golpetazo (metal).
cluster ['klʌstər] [klas-ta^r], *s.* 1. Racimo. 2. Manada, hato, caterva o multitud de animales que se juntan en un paraje; enjambre de abejas. 3. Agregado, colección por regla general de limitado número. 4. Grupo (of people, buildings); racimo (of berries, bananas); grupo (of stars). 5. *(Fam.)* Piña. **Cluster-cups**, pequeñas cápsulas amarillentas y por lo general agrupadas, que contienen esporos.
cluster, *vn.* Arracimarse, agruparse, apiñarse. *-va.* Apiñar, juntar y estrechar unas cosas con otras. **All the hotels are clustered around the station**, todos los hoteles están agrupados o concentrados alrededor de la estación.
clustery ['klʌstərɪ] [klas-te-ri], *a.* Arracimado; apiñado; agrupado.
clutch [klʌtʃ] [klach], *va.* 1. Agarrar o asir con la mano. 2. Empuñar, agarrar con el puño cerrado; apretar.
clutch *s.* 1. Toma, presa, apresamiento. 2. Garra, mano. **To be in/fall into somebody's clutches**, estar/caer en las garras de alguien. 3. Embrague, clutch (de un automóvil) (device). **Clutch pedal**, pedal del embrague. **To let out the clutch**, desembragar, soltar el embrague. 4. Nidada (of eggs); puñado (group, bunch). *(Coloq.)* **In the clutch**, en las emergencias (difficult, crucial situation). **Clutch situation**, situación de emergencia.
clutch *va.* Tener firmemente agarrado. **She clutched the child to her breast**, estrechó o apretó al niño contra su pecho. *-vn.* **To clutch at something**, tratar de agarrarse a algo.
clutch bag [klʌtʃ'bæg] [klach-bag] *s.* Bolso sin asas, sobre.
clutter ['klʌtər] [kla-ta^r], *s.* *(Fam.)* 1. Baraúnda, ruido y confusión grande, batahola. 2. Desorden, enredo, confusión. **The room was full of clutter**, la habitación estaba abarrotada o atestada de cosas. **A clutter of books and papers**, un revoltijo de libros y papeles.
clutter, *vn.* Alborotar, hacer ruido o estrépito; atroparse, reunirse en desorden. **Clutter up**, abarrotar. **To clutter something with something**, abarrotar algo de algo. **Don't clutter your essay with unnecessary detail**, no recargues el trabajo con detalles superfluos.
cluttered ['klʌtəd] [kla-ted] *a.* Abarrotado o atestado de cosas.
clyster ['klɪstər] [klis-te^r], *s.* Clístel o clíster, jeringazo; lavativa.
cm (= **centimeter(s)** o (GB) **centimetre(s)** cm.
cmdr = **Commander** (title).
CND *s.* (in UK) (= **Campaign for Nuclear Disarmament**) Campaña pro Desarme Nuclear.
c/o (= **in care of**, (GB) **care of**). **John Smith, c/o Ana Mas**, John Smith, en casa de Ana Mas, para entregar a John Smith.
Co (**Company**) Cía. *(Geog.)* **County**
CO 1. *(Geog.)* = **Colorado** 2. *(Mil.)* = **Commanding Officer**.
coach [kəʊtʃ] [kouch], *s.* 1. Coche, carroza, carruaje, coche de caballos (horse-drawn carriage); diligencia (stage coach). Autobús, autocar, pullman (long distance bus). 2. Preceptor que prepara a un pupilo para un examen, profesor particular (tutor); entrenador, director técnico, el que dirige los ejercicios preparatorios de los que han de participar en regatas, carreras, etc. (team manager). 3. *(Rail)* Coche o carro de viajeros en los ferrocarriles. Vagón de tercera clase; de tercera (fare, passanger). **Hackney-coach**, coche de alquiler o coche simón. **Coach and four**, coche tirado por cuatro caballos. **Coach-box**, pescante de coche. **Coach-dog**, perro dalmático, que corre debajo o a lo largo de un coche. **Coach-hire**, alquiler de coche. **Coach-horse**, caballo de coche. **Coach-house**, cochera. **Coach-maker**, carrocero. **Coach-office**, administración de diligencias. **Coach-stand**, estación de carruajes.
coach, *va.* 1. Instruir, enseñar; adiestrar. Preparar, darle clases a (pupil, student, singer). Entrenar (team, player). 2. Llevar en coche. *-vn.* 1. Pasearse en coche. 2. Estudiar con un preceptor.
coaching ['kəʊtʃɪŋ] [kou-chin] *s.* Entrenamiento (training); preparación, clases (tutoring); ayuda (prompting).
coachload ['kəʊtʃləʊd] [kouch-laud] *s.* (GB) *V.* BUSLOAD.
coachman ['kəʊtʃmæn] [kouch-man], *s.* Cochero.
coachmanship ['kəʊtʃmænʃɪp] [kouch-man-ship], *s.* El arte de cochear.
coact [kəʊkt] [koukt], *va.* Forzar juntamente, compeler o refrenar. *-vn.* Cooperar, obrar de acuerdo o de concierto.
coaction ['kəʊækʃən] [kouak-shon], *s.* 1. Coacción, necesidad, fuerza. 2. Acción concertada.
coactive ['kəʊæktiːv] [kou-ak-tiv], *a.* Coactivo; cooperante.
coadjument [kəʊæd'jʌdʒmən] [kouad-ya-ment], *s.* Mutua y recíproca asistencia.
coadjutant ['kəʊædjʊtənt] [kouad-yu-tant], *a.* Coadyuvante, auxiliar, lo que coadyuva o auxilia.
coadjutor ['kəʊædjuːtər] [kouad-yu-to^r], *s.* 1. Coadjutor, compañero. 2. Coadjuntor, el que ayuda a una persona en dignidad, regularmente eclesiástica, a ejercer sus funciones.

coadjutrix [kəʊæd'ju:trɪks] [kouad-yu-triks], *sf.* Coadjutora; abadesa.
coadjuvancy [kəʊtdju:vænsɪ] [kod-yu-van-si], *s.* Coadjutoría; ayuda, socorro.
coadunation ['kəʊdəneɪʃən] [kou-du-nei-shon], **coadunition** ['kəʊdənɪʃən] [kou-du-ni-shon], *s.* Coadunación, unión.
coagent [kəʊ'ɑ:dʒent] [kou-ad-yent], *s.* Coagente, cooperador.
coagulability [ˌkəʊægjʊlə'bɪlɪtɪ] [kou-a-guiu-la-bi-li-ti], *s.* La propiedad de coagularse.
coagulable [kəʊ'ægjʊləbl] [kou-a-guiu-la-bol], *a.* Coagulable.
coagulant [kəʊ'ægjʊlænt] [kou-a-guiu-lant], *a.* y *s.* Coagulante, lo que produce la coagulación.
coagulate [kəʊ'ægjʊleɪt] [kou-a-guiu-leit], *va.* Coagular, cuajar, condensar. *-vn.* Coagularse, cuajarse, espesarse (blood).
coagulation [kəʊˌægjʊleɪʃən] [kou-a-guiu-lei-shon], *s.* Coagulación; coágulo; espesamiento.
coagulative [kəʊ'ægjʊlətɪv] [kou-a-guiu-la-tiv], *a.* Coagulativo.
coagulator [kəʊ'ægjʊleɪtər] [kou-a-guiu-lei-to[r]], *s.* Coágulo, lo que causa la coagulación.
coagulum [kəʊ'ægjʊləm] [kou-a-guiu-lum], *s.* Coágulo, masa coagulada; dícese comúnmente de un cuajarón de sangre.
coak [kəʊk] [kouk], *s.* 1. Dado o macho de madera dura para unir piezas de la arboladura. 2. *(Mar.)* Dado de roldana. 3. *V.* COKE.
coak, *va.* Unir por medio de dados.
coal [kəʊl] [koul], *s.* 1. Carbón de piedra. **Anthracite coal**, carbón de antracita, mineral muy duro, sin humo, y de un ardor intenso. **Tibuminous coal**, carbón bituminoso, hulla. **Cannel coal**, hulla grasa. 2. Brasa, fuego, alguna cosa inflamada o encendida. *(Prov.)* **To carry coals to Newcastle**, llevar hierro a Vizcaya, llevar algo allí donde lo hay de sobra. **Coal-black**, negro como el carbón. **Coal-box**, caja del carbón, carbonera. **Coal-hole**, carbonera. **Coal-man**, carbonero. **Coal-mine**, mina de carbón. **Coal-miner**, carbonero. *V.* COLLIER. **Coal-pit**, carbonera, hoya de donde se saca el carbón de piedra. **Coal-ship**, barco carbonero. *V.* COLLIER. **Coal-tar**, alquitrán de hulla. Produce los tintes de anilina, y compuestos semejantes. **Coal-work**, carbonera, obras en las minas de carbón. **To haul somebody over the coals**, reprender severamente a alguien. **Coal bin/bunker**, carbonera. **Coal cellar**, carbonera. **Coal dust**, carbonilla. **Coal fire**, fuego de o a carbón. **Coal shed**, carbonera.
coal, *va.* 1. Proveer de carbón. 2. Reducir a carbón, carbonizar. 3. Dibujar o señalar con carbón. *-vn.* Hacer provisión de carbón.
coal-black ['kəʊl'blæk] [koul-blak], *a.* Negro como el carbón.
coalesce [ˌkəʊə'les] [kou-les], Unirse, juntarse, incorporarse.
coalescence [ˌkəʊə'lesəns] [kouk], *s.* Unión, enlace, coyuntura, coalescencia.
coalface ['kəʊl'feɪs] [koul-feis], *s.* Tajo, frente de explotación del carbón.
coalfield ['kəʊlfi:ld] [koul-fild], *s.* Yacimiento de carbón; área o zona de minas (area of working mines).
coalheaver [kəʊl'hi:vər] [koul-ji-va[r]], *s.* Trabajador que descarga los barcos de carbón.
coalition [ˌkəʊə'lɪʃən] [koua-li-shon], *s.* 1. Unión, enlace, o trabazón de unas cosas con otras. 2. Coalición, confederación.
coalman ['kəʊlmən] [koul-man] *s.* Carbonero.
coal mining [kəʊl'maɪnɪŋ] [koul-mai-nin] *s.* Explotación hullera o de las minas de carbón. **Coal-mining area**, zona minera.
coal scuttle ['kəʊlskʌtl] [koul-ska-tel] *s.* Cubo del carbón.
coal tar ['kəʊl'tɑ:r] [koul-ta[r]] *s.* Alquitrán de hulla. **Coal tar soap**, jabón de brea.
coaming ['kəʊmɪŋ] [kou-min], *s.* Brazola de escotilla; brocal de un pozo.
coaptation [ˌkəʊæp'teɪʃən] [kou-ap-tei-shon], *s.* Arreglo, ajuste, el acto de ajustar o proporcionar las partes de un todo para que venga bien.
coarctate ['kɔ:kteɪt] [kork-teit], *a.* Comprimido, estrechado; contraído, especialmente en la base.
coarctation ['kɔ:kteɪʃən] [kork-tei-shon], *s.* *(Med.)* Contracción, estrechamiento de un canal.
coarse [kɔ:s] [kors], *a.* 1. Grueso (sand, filter); basto (bread); ordinario. Tosco (features). 2. Tosco, rústico, grosero; bajo, vil, descortés (person); ordinario, basto, tosco (manners); ordinario, basto, grosero (language, joke). 3. Grueso, gordo, basto, hablando de tejidos.
coarsely ['kɔ:səlɪ] [kor-se-li], *adv.* Toscamente (weave); groseramente. En trozos grandes (chop); de manera ordinaria, con ordinariez (speak, behave).
coarsen ['kɔ:sn] [kor-sen] *va.* Poner áspero (skin); volver ordinario, tosco o basto (person, manners). *vn.* Volverse áspero (skin); volverse más ordinario o basto (person, language).
coarseness ['kɔ:snɪs] [kor-se-nes], *s.* 1. Tosquedad, falta de finura. 2. Grosería, falta de crianza; bajeza.
coassume [kəʊæ'zju:m] [kou-a-sium], *va.* Asumir en unión de otro juntamente.
coast [kəʊst] [koust], *s.* 1. Costa, ribera u orilla del mar (shoreline). Costa, litoral (region). **From coast to coast**, de costa a costa. 2. *(Ant.)* Término, límite; lado. **The coast is clear**, ha pasado el peligro, no hay moros en la costa.
coast, *vn.* 1. *(Mar.)* Costear, ir navegando por la costa. 2. *(E.U.)* Bajar una cuesta o declive, v.gr. en un trineo. *-va.* Costear algún país o litoral. Deslizarse sin llevar el motor en marcha (freewheel/car). **She coasted through her exams**, superó fácilmente los exámenes (proceed effortlessly).
coastal ['kəʊstəl] [kous-tal] *a.* Costero.
coaster ['kəʊstər] [kous-ta[r]], *s.* 1. Piloto práctico en las costas. 2. Bajel o buque costanero. Barco de cabotaje (ship). 3. Posavasos (drink mat).
coaster brake [kəʊstə'breɪk] [kous-ter-breik], *s.* Freno de bicicleta.
coastguard ['kəʊstgɑ:d] [koust-gard] *s.* **The Coastguard**, los guardacostas (organization). Guardacostas (person).
coasguardsman ['kəʊstgɑ:dmən] [koust-gard-man] *s.* *V.* COASTGUARD.
coasting ['kəʊstɪŋ] [kous-tin], *s.* Cabotaje, navegación costera.
coast line [kəʊst'laɪn] [koust-lain], *s.* Costa, litoral. **Coastline to coastline**, a lo largo y ancho del país.
coastwise [kəʊst'waɪz] [koust-uais], *a.* y *adv.* A lo largo de la costa.
coat [kəʊt] [kout], *s.* 1. Levita, casaca, frac; chaqueta (jacket), chaquetón (heavier); prenda de vestir que cubre la parte superior del cuerpo: llevado comúnmente por los hombres. 2. Cubierta o envoltura, como el pelo, lana y plumas que cubren a los animales y aves; túnica del ojo; capa o mano de pintura, yeso, alquitrán, etc. **Coat of mail**, cota de malla. **Great-coat, overcoat, top-coat**, sobretodo, abrigo. **Dress-coat**, frac, casaca. **Coat of arms**, escudo de armas. **Frock-coat**, levita. **To turn one's coat**, *(Met.)* volver casaca, mudar de partido, cambiar de opinión. **White coat**, bata blanca (doctors). **To cut one's coat according to one's cloth**, vivir según sus posibilidades, adaptarse a las circunstancias. **Coat hanger**, percha. **Coat stand**, perchero.
coat, *va.* Cubrir, vestir. **Sugar-coated**, garapiñado, cubierto con azúcar.
-coated *suff.* *(Culin.)* **Sugarcoated**, cubierto de azúcar. **Chocolatecoated**, cubierto de chocolate, bañado en chocolate.
coatee ['kəʊti:] [koutí], *s.* Casaquilla, levitín, casaca muy corta.
coating ['kəʊtɪŋ] [kou-tin], *s.* Revestimiento, capa, mano de pintura, barniz, cal, etc., sobre una pared u otra superficie

cualquiera. Capa (of dust, grease). *(Culin.)* Capa, baño. **Protective coating**, revestimiento de protección.
coat of arms [kəʊtˌɒf'ɑːmz] [kout-of-arms] *s.* Escudo de armas.
coax [kəʊks] [kouks], *va.* Engaitar, engatusar, mimar, acariciar, halagar. **I coaxed the child into going to bed**, convencí al niño para que se acostara. **I coaxed the animal into the cage**, con paciencia logré que el animal se metiera en la jaula. **She coaxed them to eat**, con paciencia intentó que comieran. **To coax something from/out of somebody**, sonsacarle algo a alguien. **A coaxing voice**, una voz persuasiva.
coaxer ['kəʊksər] [kouk-sa^r], *s.* Engatusador, mimador, gaitero.
coaxial [ˌkəʊ'æksɪəl] [kou-aksial], *a.* Coaxial. **Coaxial cable**, cable coaxial.
coaxing ['kəʊksɪŋ] [kouksin], *s.* Engatusamiento, adulación, caricia. Persuasión, mano izquierda.
cob [kɒb] [kob], *s.* 1. Masa casi redonda, montón; cabeza. 2. Mazorca de maíz, choclo, elote (corncob). 3. Jaco, caballo fuerte, rechoncho y de piernas cortas. 4. El cisne. 5. Araña. 6. Peso duro de España. 7 Gaviota de Inglaterra. 8. Mezcla de arcilla y paja para hacer paredes y la pared hecha con ella.
cob, *va. (Mar.)* Azotar con una paleta. **Cobbing-board**, paleta de azotar.
cobalt ['kəʊbɒlt] [kou-bolt], *s.* Cobalto, un metal duro, de color gris, estimado por los colores azules que produce.
cobalt bomb [kəʊbɒlt'bɒm] [kobu-bolt-bomb], *s.* Bomba de cobalto.
cobble ['kɒbl] [kobel], *va.* 1. Chapucear, remendar o hacer alguna cosa sin pulidez. 2. Remendar zapatos. **Cobbled**, adoquinado (street).
cobble together *(Coloq.)* Improvisar (meal); redactar a las carreras (essay, speech).
cobbler ['kɒblər] [kobla^r], *s.* 1. Zapatero de viejo, remendón (shoe repairer). 2. Chapucero, chambón, mal oficial. 3. Galopín, persona vil y baja. **Cobblers**, (GB) *(Sl.)* Estupideces (nonsense).
cobblestone [kɒbl'stəʊn] [ko-ble-stoun], *s.* Guijarro, piedra, redondeada por la acción del agua. Adoquín.
cobelligerent [kɒ'bəlɪdʒərənt] [ko-be-li-ye-rent], *a.* y *s.* Cobeligerante, que hace la guerra en unión y de acuerdo con otra potencia.
cobirons ['kɒbːrənz] [ko-bi-rons], *s. pl. (Prov.)* Morillos, caballetes de hierro que se ponen en el hogar para sustentar la leña o el asador.
cobishop ['kɒbɪʃɒp] [ko-bi-shop], *s.* Obispo coadjutor o auxiliar.
cobra ['kəʊbrə] [kou-bra], *s. (Zool.)* Cobra.
cobwed ['kɒbweb] [kob-ueb], *s.* 1. Telaraña. 2. Trama, tramoya.
cobwebbed ['kɒbwebd] [ko-uebd], *a.* Entelarañado, cubierto con telarañas.
coca ['kəʊkə] [kou-ka], *s.* Coca, las hojas del arbusto Erythroxylon Coca, estimulante enérgico procedente de América del Sur.
cocain, cocaine [kə'keɪn] [ko-kein], *s.* Cocaína, acaloide blanco, amargo, cristalino, que se halla en la coca: muy empleada en medicina como anestésico local.
cocainize [kə'keɪniːz] [ko-kei-nis], *va.* Poner bajo la infuencia anestésica de la cocaína.
cocciferous ['kɒksɪfərəs] [kok-si-fe-ros], *a.* Lo que produce o cría bayas.
cocculus indicus [kɒkələs'ɪndɪkəs] [ko-ku-lus-in-di-kus], *s. (Bot.)* Baya narcótica que se usa para emborrachar los peces.
coccus ['kɒkəs] [ko-kus], *s.* 1. Bacteria, esférica, o casi esférica. 2. Cóccido, insecto escamoso del orden de los hemípteros.
coccygeal ['kɒksɪdʒɪəl] [kok-si-yial], *a.* Relativo, o cerca del coxis o la cola.
coccyx ['kɒksɪks] [kok-sis], *s.* Coxis, hueso en que termina la columna vertebral.
cochineal ['kɒtʃɪniːl] [ko-chi-nil], *s.* 1. Cochinilla, insecto del cual se obtine el color de grana. 2. Cochinilla, el color que se obtiene de este insecto.
cochlea ['kɒklɪə] [ko-klia], *s.* Cóclea, conducto interior del oído, generalmente de forma espiral.
cochleary ['kɒklɪərɪ] [ko-klia-ri], **cochleated** [kɒklɪ'eɪtɪd] [ko-kli-ei-ted], *a.* Caracoleado.
cock [kɒk] [kok], *s.* 1. Gallo, el macho de la gallina (male fowl). 2. Macho, ave del sexo masculino entre los pájaros (male bird); en este sentido se usa ordinariamente en composición. 3. Veleta, giraldilla, pedazo de hierro que señala la dirección del viento. 4. Llave, instrumento de metal que sirve para sacar los licores de las vasijas o el agua de las fuentes; grifo, grifón, espita. 5. *(Ingl.)* Caudillo, campeón. 6. Montoncillo de heno 7. Pie de gato de escopeta; y la posición en que se halla el gatillo cuando está levantado. 8. Estilo de reloj de sol. 9. Armazón de sombrero. 10. Aguja de romana. 11. *(Vulg.)* Verga, pija, polla, pico (penis). **A cock and bull story**, cuento pesado; embuste. **Cockspurs**, navajas de gallo. **Cock-sparrow**, gorrión. **Turkey-cock**, pavo, guanajo.
cock, *va.* 1. Enderezar o poner derecho hacia arriba. Ladear (head); levantar, parar (ears). **The dog cocked its leg at each tree**, el perro levantaba la pata en cada árbol. 2. Encandilar el sombrero, armar el sombrero. 3. Amartillar, preparar un arma de fuego para dispararla (gun). 4. Hacinar o amontonar heno. *-vn.* 1. Entonarse, engreírse. 2. Criar o enseñar gallos para pelear. **Cocked hat**, (a) sombrero de tres picos; (b) juego de bochas con tres piezas que se ponen en los ángulos de un triángulo. **To knock into a cocked hat**, *(Vul.)* aporrear, dar de palos de suerte que algo pierda su forma; vencer; demoler.
cock up (GB) *(Sl.)* Fastidiar, joder.
cockade [kɒ'keɪd] [ko-keid], *s.* Escarapela o cucarda.
cock-a-doodle-doo ['kɒkəduːdl'duː] [ko-ka-du-del-du] *interj.* ¡quiquiriquí!
cock-a-hoop ['kɒkə'huːp] [kok-a-jup] *a.* **To be cock-a-hoop about something**, estar contentísimo o como unas castañuelas con algo (exultant).
cockamamy ['kɒkəməmɪ] [ko-ka-ma-mi] *a. (Coloq.)* Absurdo, disparatado.
cock-and-bull ['kɒkən'bʊl] [kok-an-bul] *a. (Coloq.)* **Cock-and-bull story/tale**, cuento chino, camelo.
cockatoo [ˌkɒkə'tuː] [kok-a-tu], *s. (Orn.)* Cacatoes, especie de papagayo de la India y Australia, que tiene un copete eréctil. Cacatúa.
cockatrice ['kɒkətriːz] [ko-ka-tris], *s.* Basilisco; animal fabuloso.
cockboat ['kɒkbəʊt] [kok-bout], *s. (Mar.)* Bote pequeño de remo.
cock-brained [kɒk'breɪnd] [kok-breind], *s.* Ligero, temerario, travieso.
cock-broth [kɒk'brɒθ] [kok-broz], *s.* Caldo de gallo.
cockchafer [kɒk'tʃeɪfər] [kok-chei-fa^r], *s. (Ento.)* Abejorro, escarabajo.
cock-crowing [kɒk'krəʊɪŋ] [kok-krouin], *s.* El canto del gallo; la aurora.
cocked hat [kɒkt'hɑːtk] [kokt-jat] *s.* **To knock somebody/something into a cocked hat**, darle cien o cien mil vueltas a alguien/algo, ser muchísimo mejor que alguien/algo.
cocker ['kɒkər] [koka^r], *va.* Acariciar, mimar.
cocker, *s.* 1. Sabueso pequeño que se emplea para cazar la chochaperdiz y otras aves. 2. El que es aficionado a las peleas de gallos.
cockerel ['kɒkrəl] [ko-krel], *s.* Gallipollo; gallito.
cockering ['kɒkərɪŋ] [ko-ke-rin], *s.* Indulgencia excesiva, mimo.
cocker spaniel [kɒkə'spɑːnɪəl] [ko-ker-spa-niel] *s.* Cocker (spaniel).
cocket ['kɒkɪt] [ko-ket], *s.* 1. Sello de la aduana. 2. Certificación de pago de la aduana. *-a. (Des.)* Vivo; atrevido.

cock-eyed [kɒk'aɪd] [kok-aid], *a.* 1. Bizco. 2. Disparatado (ridiculous). 3. Torcido, chueco (askew).
cock-fight, cock-fighting ['kɒkfaɪt] [kok-fait], *s.* 1. Riña o pelea de gallos. 2. Juego de gallos.
cock-fighter ['kɒkfaɪtər] [kok-fai-ta^r^], **cock-master** [kɒk] [kok], *s.* Gallero, el que tiene y cría gallos para pelear.
cockfighting ['kɒkfaɪtɪŋ] [kok-fai-tin] *s.* Peleas de gallos, riñas de gallos.
cock-horse [kɒk'hɔːz] [kok-jors], *s.* Caballito mecedor de juguete; palo o caña con que juegan los niños montándolo a horcajadas.
cocking ['kɒkɪŋ] [ko-kin], *s.* La riña de gallos.
cockle ['kɒkl] [kokel], *s.* 1. *(Zool.)* Berberecho, una especie de caracol de mar comestible. 2. *(Bot.)* Vallico, zizaña, joyo, hierba que nace entre los trigos y cebadas. **To warm the cockles of somebody's heart**, enternecer a alguien.
cockle, *va.* Arrugar, hacer arrugas; doblar una cosa en figura espiral. -Plegarse, doblarse.
cockled ['kɒkld] [kokeld], *a.* Espiral, hecho en figura de caracol.
cockler ['kɒklər] [kokla^r^], *s.* El que vende los caracoles de mar llamados *cockle.*
cock-loft [kɒk'lɒft] [kok-loft], *s.* Desván, zaquizamí.
cock-match [kɒk'mɑːtʃ] [kok-mach], *s.* Riña o pelea de gallos.
cockney ['kɒknɪ] [kok-ni], *s.* 1. Londinense, tradicionalmente de clase obrera. 2. Hombre afeminado.
cockpit ['kɒkpɪt] [kok-pit], *s.* 1. Reñidero de gallos. Gallera, reñidero, palenque (for cockfights). 2. *(Mar.)* Entarimado del sollado. 3. *(Aviat.)* Cabina de mando. *(Naut.)* Puente de mando. Cabina (in racing car).
cockroach ['kɒkrəʊtʃ] [kokrouch], *s.* Cucaracha, corredera, insecto ortóptero que infesta las cocinas y despensas.
cockscomb ['kɒkskəʊm] [kok-skoum], *s.* *(Bot.)* 1. Amaranto, moco de pavo, flor. 2. *V.* COXCOMB.
cockspur ['kɒkspɜːr] [kokspa^r^], *s.* 1. Espolón natural o navaja de gallo. 2. *(Bot.)* Especie de níspero.
cock-sure ['kɒk'ʃʊər] [kok-shua^r^], *a.* *(Vul.)* Confiado, cierto, seguro. *(Coloq.)* Creído, petulante, engreído.
cockswain ['kɒkzweɪn] [koks-uein], *s.* *(Mar.)* Patrón de bote. *V.* COXSWAIN.
cocktail ['kɒkteɪl] [kok-teil], *s.* Cóctel, bebida alcohólica compuesta (drink). **Cocktail bar**, coctelería. **Cocktail cabinet**, mueble-bar. **Cocktail party**, cóctel. **Cocktail stick**, palillo, mondadientes, escarbadientes. **Shrimp** o (GB) **prawn cocktail**, cóctel de camarones o de gambas o de langostinos, langostinos con salsa golf (food).
cock-up ['kɒkʌp] [kok-ap] *s.* (GB) *(Coloq.)* Lío, follón. **I made a cock-up of it**, la fastidié, la embarré.
cocky ['kɒkɪ] [ko-ki] *a.* *(Coloq.)* Gallito, chulo.
cocoa ['kəʊkəʊ] [kou-kou], *s.* 1. Coco, palma de América. 2. Cacao, árbol de América y la bebida preparada con sus simientes. Cacao, cocoa (powder); chocolate, cocoa (drink).
cocoa-nut, coconut ['kəʊkənʌt] [ko-ko-nat], *s.* 1. Coco, fruto del árbol llamado coco. 2. Cacao, el fruto del cacao. **Coconut milk,** agua de coco. **Coconut palm,** cocotero, palma de coco. **Coconut shy,** tiro al coco. **Coconut tree**. *V.* COCONUT PALM.
cocoon [kə'kuːn] [ko-kun], *s.* *(Zool.)* Capullo del gusano de seda, y de otros insectos en estado de oruga.
cocoon, *va.* **To cocoon somebody in something**, arrebujar o arropar a alguien con algo.
coction ['kɒkʃən] [kok-shon], *s.* Cocción, la acción de cocer, el acto de hervir.
cod, codfish [kɒd] [kod], *s.* Abadejo, bacalao. **Cod-liver oil**, aceite de hígado de bacalao.
cod, *s.* 1. *(Bot.)* Vaina, vainilla, la corteza tierna y larga en que están encerradas algunas legumbres o semillas. *V.* POD. 2. *(Anat.)* Bolsa; panza; el escroto.
cod, *va.* Envainar, encerrar en vaina u hollejo.
C.O.D., Abreviatura de **cash/collect on delivery**, entrega contra reembolso, cóbrese al entregar.
coddle ['kɒdl] [ko-del], *va.* 1. Cuidar con mucho cuidado o ternura; mimar. 2. Cocer a medias.
code [kəʊd] [koud], *s.* 1. Código, compilación de leyes (Law). 2. Clave, sistema de señales o de caracteres para representar palabras o frases. Código (for identification). *(Telec.)* Código, prefijo. *(Inform.)* Código. Clave, código (cipher). **In code**, en clave, cifrado. 3. Colección de preceptos o reglas de conducta: como **Code of honor**, código de honor. Código (social, moral). **Code of practice**, código de práctica.
code *va.* Cifrar, poner en clave (encipher). Codificar (give identifying number, mark). *(Inform.)* Codificar.
codein ['kəʊdeɪn] [kou-dein], *s.* Codeína, alcaloide obtenido del opio.
codger ['kɒdʒər] [kod-ya^r^], *s.* Hombre tacaño y avariento; se usa despreciativamente. *(Coloq.)* **Old codger**, vejete.
codicil ['kɒdɪsɪl] [ko-di-sil], *s.* Codicilo, escrito auténtico por el cual se quita o añade algo a un testamento.
codification [kəʊdɪfɪ'keɪʃən] [kou-di-fi-kei-shon], *s.* Codificación (de las leyes).
codify ['kəʊdɪfaɪ] [kou-di-fai], *va.* Codificar, compilar leyes, formar códigos de leyes, señales o reglas.
coding ['kəʊdɪŋ] [kou-din] *s.* Cifrado, notación en clave. *(Inform.)* Codificación.
codling ['kɒdlɪŋ] [kodlin], *s.* Manzana medio cocida. **Codling- (o codlin) moth**, mariposa tortrícida cuya oruga es el gusano de la manzana.
co-driver ['kəʊdraɪvər] [kou-drai-va^r^] *s.* Copiloto.
codswallop ['kɑdzwɑləp] [kad-sua-lop] *s.* (GB) *(Coloq.)* Paparruchas.
coeducation ['kəʊˌedjʊ'keɪʃən] [kou-e-diu-kei-shon], *s.* Coeducación.
coeducational ['kəʊˌedjʊ'keɪʃənl] [kou-e-diu-kei-sho-nal], **coed** [kəʊed] [koued] *a.* Coeducativo. Mixto.
coefficiency [ˌkəʊɪ'fɪʃənsɪ] [kou-i-fi-shen-si], *s.* Cooperación, concurso.
coefficient [ˌkəʊɪ'fɪʃənt] [kou-i-fi-shient], *a.* Coeficiente.
coefficiently [ˌkəʊɪ'fɪʃəntlɪ] [kou-i-fi-shient-li], *adv.* Cooperativamente.
coemption ['kəʊempʃən] [kou-emp-shon], *s.* Compra mutua, cierta forma de matrimonio en el derecho romano.
coequal [kəʊ'ɪkwəl] [kou-i-kual], *a.* Igual. Coigual, hablando de las personas de la Santísima Trinidad.
coerce [kəʊ'ɜːs] [kou-ers], *va.* 1. Forzar, obligar. 2. Contener, refrenar. **To coerce somebody into**, coaccionar a alguien para que, compeler a alguien.
coercible [kəʊ'ɜːsɪbl] [kou-er-si-bol], *a.* Lo que puede o debe ser refrenado.
coercion [kəʊ'ɜːʃən] [kou-ershon], *s.* Coerción, violencia, fuerza, sujeción, opresión. Coacción.
coercive [kəʊ'ɜːsɪv] [kou-er-siv], *a.* Coercitivo; coactivo.
coessential [kəʊ'ɪsenʃəl] [kou-i-sen-shal], *a.* Coesencial.
coessentially [kəʊ'ɪsenʃəlɪ] [kou-i-sen-sha-li], *adv.* Coesencialmente.
coetaneous [kəʊ'ɪtænɪəs] [kou-i-ta-nious], *a.* Coetáneo, contemporáneo.
coeternal [kəʊ'ɪtɜːnl] [kou-i-ter-nal], *s.* Coeternidad.
coeval [kəʊ'iːvəl] [kou-i-val], *a.* Coevo, contemporáneo. -*s.* *V.* CONTEMPORARY.
coexist ['kəʊɪg'zɪst] [kou-ik-sist], *vn.* Coexistir. **To coexist with somebody/something**, coexistir o convivir con alguien/algo.
coexistence ['kəʊɪg'zɪstəns] [kou-ik-sis-tans], *s.* Coexistencia, convivencia.
coexistent ['kəʊɪg'zɪstənt] [kou-ik-sis-tant], *a.* Coexistente.
coextend ['kəʊɪkstənd] [kou-iks-tend], *va.* Coextenderse.
coextension ['kəʊɪk'stenʃən] [kou-iks-ten-shon], *s.* Coextensión.
coextensive [ˌkəʊɪks'tensɪv] [kou-iks-ten-siv], *a.* Coextensivo.
coextensively ['kəʊɪks'tensɪvlɪ] [kou-iks-ten-siv-li], *adv.* Coextensivamente.

coffee [kɒfɪ] [ko-fi], *s.* 1. Café, haba o haya del árbol así llamado. 2. Café, bebida hecha con las bayas de café tostadas, molidas e infundidas en agua hirviendo. Café (beans, granules, drink). 3. Café con leche (color). **Coffee-bean** o **berry**, grano de café. **Coffee break**, pausa para tomar café. **Coffee mill/grinder**, molinillo de café. **Coffee plantation**, cafetal, plantillo de café. **Coffee planter** o **seller**, cafetero. **Coffee store**, cafetería. **Coffee table**, mesita para el servicio de café en las salas. **Black coffee**, café negro, solo, puro o tinto. **White coffee**, café con leche. **Coffee percolator**, cafetera de filtro.
coffee bar [kɒfɪ'bɑːr] [ko-fi-ba[r]] *s.* (GB) Cafetería.
coffee cake [kɒfɪ'keɪk] [ko-fi-keik] *s.* Bizcocho con fruta seca (in US); pastel de café (in UK).
coffee-house ['kɒfɪˌhaʊs] [ko-fi-jaus], *s.* Café, casa o sitio donde se vende café.
coffee klatsch ['kɒfɪˌklɑːtʃ] [ko-fi-klash] *s.* Tertulia.
coffee maker ['kɒfɪˌmeɪkər] [ko-fi-mei-ke[r]] *s.* Cafetera, máquina para preparar café.
coffee-pot ['kɒfɪpɒt] [ko-fi-pot], *s.* Cafetera, vasija en que se hace el café.
coffee table ['kɒfɪˌteɪbl] [ko-fi-tei-bol] *s.* Mesa de centro, mesa ratona. **Coffee-table book**, libro ilustrado de gran formato.
coffee-tree [kɒfɪ'triː] [ko-fi-tri], *s.* *(Bot.)* Cafeto, el árbol que produce el café.
coffer ['kɒfər] [ko-fe[r]], *s.* 1. Arca, cofre o caja (chest). 2. *(Fort.)* Cofre, cierta excavación que se hace en medio del foso seco, para contener al enemigo al llegar a la contraescarpa. 3. Tesoro; en este sentido se usa más comúnmente en plural. **Coffers**, fondos (funds). 4. *(Arq.)* Artesón hondo. *V.* CAISSON.
coffer *va.* 1. Atesorar o meter dinero en arcas. 2. Adornar con artesones. 3. Proveer de un cofre o cofres.
coffer-dam ['kɒfədæm] [ko-fer-dam], *s.* Represa encofrada, malecón, construcción que se introduce en el agua para que los trabajadores puedan hacer los estribos de los puentes y otras obras parecidas.
coffin ['kɒfɪn] [ko-fin], *s.* 1. Ataúd, féretro, cajón. 2. La parte de casco del caballo que cubre un hueso. **Coffin-bone**, el hueso que se halla dentro del casco del caballo.
coffin-maker ['kɒfɪnˌmeɪkər] [ko-fin-mei-ka[r]], *s.* El que hace ataúdes.
cofounder ['kəʊ'faʊndər] [ko-faun-da[r]], *s.* El que funda alguna cosa con otro u otros.
cog [kɒg] [kog], *va.* 1. Puntear una rueda, ponerle puntos o dientes. 2. Engañar, engaitar, trampear. **To cog a dice**, cargar un dado, poner plomo en él para que se incline a un lado. -*vn.* Mentir engañar con lisonjas.
cog, *s.* 1. Punto, diente de rueda con el cual se mueven otras. Piñón, rueda dentada (wheel). Diente (tooth). **To be a cog in the machine**, ser una pieza más en el engranaje del organismo (o del partido.). 2. Fraude, engaño. 3. Ramplón de herradura. 4. Botequín, o barca de pescador.
cogency ['kəʊdʒənsɪ] [ko-yen-si], *s.* Fuerza lógica o moral, urgencia, evidencia.
cogenial, *a. V.* CONGENIAL.
cogent ['kəʊdʒənt] [kou-yent], *a.* 1. Convincente, podersoso, urgente. Contundente. 2. Fuerte, potente (en sentido físico).
cogently ['kəʊdʒəntlɪ] [kou-yent-li], *adv.* Convincentemente.
cogger ['kɒgər] [ko-gua[r]], *s.* Adulador, engañador, lisonjero; fullero, tahur.
cogging ['kɒgɪŋ] [ko-guin], *s.* Lisonja, adulación, fullería.
cogitable ['kɒdʒɪtəbl] [ko-yi-ta-bol], *a.* Cogitable, lo que puede ser objeto del pensamiento.
cogitate ['kɒdʒɪteɪt] [ko-yi-teit], *vn.* Pensar, meditar, reflexionar. **To cogitate on/upon something**, cavilar o meditar sobre algo.
cogitation ['kɒdʒɪteɪʃən] [ko-yi-tei-shon], *s.* Pensamiento, reflexión, meditación.
cogitative ['kɒdʒɪtətɪv] [ko-yi-ta-tiv], *a.* Discursivo, pensativo, reflexivo.
cogglestone ['kɒglɪstəʊn] [kog-lis-toun], *s.* Guijarro.
cognac ['kɒgnæk] [kog-nak], *s.* Coñac, aguardiente francés.
cognate ['kɒgneɪt] [kog-neit], *a.* 1. Cognado, consanguíneo. 2. Semejante, análogo. 3. Pariente colateral por la línea femenina.
cognation ['kɒgneɪʃən] [kog-nei-shon], *s.* Cognación, parentesco de consanguinidad.
cognition [kɒg'nɪʃən] [kog-ni-shon], *s.* Conocimiento, experiencia, convicción.
cognitive ['kɒgnɪtɪv] [kog-ni-tiv], *a.* Cognoscitivo, capaz de conocer.
cognizable ['kɒgnɪzəbl] [kog-ni-za-bol], *a.* 1. Lo que se puede comprender, percibir o conocer. **Cognizable by the senses**, perceptible por medio de los sentidos. 2. Lo que se puede examinar jurídicamente; de la competencia.
cognizance ['kɒgnɪzəns] [kog-ni-sans], *s.* 1. Conocimiento, acto de conocer o juzgar una cosa. 2. Divisa, señal o distintivo con que uno es conocido. 3. *(For.)* Conocimiento, competencia, derecho a conocer de una causa o negocio.
cognizant ['kɒgnɪzənt] [kog-ni-sant], *a.* Que nota o advierte; sabedor, que tiene conocimiento.
cognizee ['kɒgɪziː] [kog-ni-si], *s.* *(For. Ant.)* El censualista que tiene derecho de cobrar una multa por la venta o trueque de las tierras o posesiones sujetas al pago del censo.
cognizor ['kɒgnɪzər] [kog-ni-so[r]], *s.* *(For. Ant.)* El censualista que pasa su derecho de cobrar multas por ventas o trueques o otra persona.
cognominal ['kɒgnəʊmɪnl] [kog-nou-mi-nal], *a.* Tocayo.
cognominate, *va. V.* DENOMINATE.
cognomination ['kɒgnəʊmɪˌneɪʃən] [kog-nou-mi-nei-shon], *s.* Sobrenombre que se da a alguno a casua de sus virtudes o vicios, v.g. *Alfonso el Sabio*.
cognosce ['kɒgnəs] [kog-nos], *va.* y *vn.* Conocer o entender jurídicamente, adjudicar.
cognoscible ['kɒgnəsɪbl] [kog-nos-si-bol], *a.* Conocible, cognoscible.
cognoscitive ['kɒgnəsɪtɪv] [kog-nos-si-tiv], *a.* Cognoscitivo, lo que es capaz de conocer.
cognovit ['kɒgnəvɪt] [kog-no-vit], *s.* *(For.)* Convenio o acuerdo escrito por el cual el demandado reconoce justa la reclamación del demandante, o parte de ella, y acepta la decisión del tribunal.
cog-wheel [kɒg'wiːl] [kog-uil], *s.* Rueda dentada.
cohabit [kəʊ'hæbɪt] [kou-ja-bit], *vn.* 1. *(Ant.)* Vivir en compañía de otro. 2. Cohabitar, vivir como marido y mujer. **To cohabit with somebody**, cohabitar con alguien.
cohabitant [kəʊ'hæbɪtənt] [kou-ja-bi-tant], *s.* El que es convecino de otro.
cohabitation [kəʊ'hæbɪteɪʃən] [kou-ja-bi-tei-shon], *s.* 1. El estado de vivir en compañía. 2. Cohabitación, vida maridable.
coheir ['kəʊ'hɛər] [ko-jea[r]], *s.* Coheredero.
coheiress ['kəʊ'hɛəres] [kou-jea-res], *sf.* Coheredera.
cohere ['kəʊ'hɪər] [kou-jia[r]], *vn.* Adherirse, pegarse, unirse, adaptarse. *(Des.)* Convenir, conformarse. Formar una unidad (form unit). **To cohere with something**, se coherente o congruente con algo.
coherence, coherency ['kəʊ'hɪərəns] [kou-jia-rans], *s.* Cohesión, coherencia, conexión, unión (logical conexion); consecuencia; consistencia, relación. Cohesión (of group).
coherent ['kəʊ'hɪərənt] [kou-jia-rent], *a.* Coherente, congruente; consecuente, consiguiente; ligado, unido.
cohesion ['kəʊ'hiːʒən] [kou-ji-shon], *s.* 1. Cohesión, coherencia, adherencia. 2. Cohesión, fuerza de adherencia entre las moléculas de un cuerpo 3. Hilación, enlace, conexión.
cohesive ['kəʊ'hiːsɪv] [kou-ji-siv], *a.* Coherente, adherente. *a.* Unido (group).
cohesively ['kəʊ'hiːsɪvlɪ] [kou-ji-siv-li], *adv.* Coherentemente.
cohesiveness ['kəʊ'hiːsɪvnɪs] [kou-ji-siv-nes], *s.* Calidad o propiedad coherente.

cohibit ['kəʊ'hiːbɪt] [kou-ji-bit], *va.* (Raro) Cohibir, refrenar, impedir.

cohobate ['kəʊhɒeɪt] [kou-jo-beit], *va.* *(Quím.)* Destilar repetidas veces una misma cosa.

cohort ['kəʊ'hɔːt] [kou-jort], *s.* *(Hist., Mil.)* Cohorte. Seguidor (follower).

coif [kɔɪf] [koif], *va.* Adornar la cabeza con una cofia.

coifed ['kɔɪfd] [koi-fid], *a.* Lo que tiene o está adornado con cofia o escofieta.

coiffure, *s.* Tocado, peinado. *V.* HEADDRESS.

coil [kɔɪl] [koil], *va.* Recoger, doblar en redondo; arrollar en espiral. Enrollar (rope, wire). **To coil something/oneself around something**, enrollar algo/enrollarse o enroscarse alrededor de algo. **To coil a cable**, *(Mar.)* adujar un cable. *-vn.* Formar círculos. **Smoke coiled into the air**, el humo se alzaba en volutas o en espiral.

coil, *s.* 1. Rollo, serie de círculos o espiral, que se forma doblando algo en redondo (series of loops - of rope, wire). Espiral, volutas (of smoke). Moño, chongo, rodete (of hair). 2. *(Mar.)* Adujada, cable o cabo adujado. 3. Pliegue (de serpiente o culebra); lío (de cuerdas). 4 *(Elec.)* Alambre conductor enrollado en un carrete. 5. Lazada, vuelta (single loop). 6. (GB) Espiral (contraceptive).

coiling ['kɔɪlɪŋ] [koi-lin], *s.* *(Mec.)* Arrollamiento.

coin [kɔɪn] [koin], *va.* 1. Acuñar moneda. 2. Falsificar, falsear, contrahacer. Acuñar (invent/word, expression). **To coin words**, inventar palabras. **To coin a lie**, forjar una mentira. **To coin a phrase**, como se suele decir (set phrase).

coin, *s.* 1. Moneda acuñada con cuño real o autoridad pública. **The other side of the coin**, la otra cara de la moneda. 2. Pago de dinero contante. 3. *(Arq.)* Rincón, cuando significa el ángulo entrante; esquina, cuando indica el ángulo saliente. *V.* QUOIN.

coinage ['kɔɪnɪdʒ] [koi-nich], *s.* 1. Acuñación. 2. Moneda, dinero. Sistema monetario (system). 3. Braceaje, los gastos de acuñación. 4. Falsificación, la acción de falsear o contrahacer alguna cosa. 5. Invención, cuento forjado. 6. Palabra o frase de nuevo cuño (invented word, phrase).

coin box [kɔɪn'bɒks] [koin-boks] *s.* Depósito de monedas.

coincide [,kəʊɪn'saɪd] [kouin-said], *vn.* 1. Coincidir, concurrir, convenir. 2. Con *with*: convenirse, estar o ponerse de acuerdo.

coincidence [kəʊ'ɪnsɪdəns] [kouin-si-dans], *s.* 1. Coincidencia, concurrencia, casualidad. **By coincidence he was there**, dio la casualidad de que estaba allí. 2. Contemporaneidad.

coincidency [kəʊ'ɪnsɪdənsɪ] [kouin-si-dan-si], *s.* 1. Concurrencia, acaecimiento o concurso de varios sucesos al mismo tiempo. 2. Tendencia de muchas cosas al mismo fin.

coincident [kəʊ'ɪnsɪdənt] [kouin-si-dans], *a.* Coincidente, concurrente.

coincidental [kəʊ'ɪnsɪdəntəl] [kouin-si-den-tal] *a.* Casual, fortuito.

coincidentally [,kəʊɪnsɪ'dentəlɪ] [kouin-si-den-ta-li] *adv.* Por casualidad, casualmente.

coincider [kəʊ'ɪnsɪdər] [kouin-si-da^r], *s.* Lo que coincide con otro.

coindicant [kəʊ'ɪnsɪkænt] [kouin-di-kant], *a.* Concurrente, confirmante de otra indicación previa.

coindication [,kəʊɪndɪ'keɪʃən] [kouin-di-kei-shon], *s.* Coindicante.

coined ['kɔɪnd] [koind], *pp.* 1. Acuñado. 2. Inventado, forjado. **Newly coined words**, palabras nuevamente introducidas, neologismos.

coiner ['kɔɪnər] [koi-na^r], *s.* 1. Acuñador de moneda. 2. Monedero falso. 3. Inventor, fabricador.

coin-operated ['kɔɪn'ɒpɪreɪtɪd] [koin-o-pe-rei-ted] *a.* Que funciona con monedas.

coir [kɔːr] [ko^r], *s.* Estopa de coco, la cáscara fibrosa de su nuez y la cuerda hecha con esa fibra.

coition ['kɔɪʃən] [koi-shon], *s.* La acción de juntarse; especialmente el coito, la cópula.

coitus ['kɔɪtəs] [koi-tos] *s.* Coito.

cojuror ['kjʊərər] [ko-yuo-ro^r], *s.* Compurgador, el que confirma bajo juramento la declaración de otro.

coke [kəʊk] [kouk], *s.* 1. Cok, coque, hulla calcinada en hornos o retortas. Carbón de coque (fuel). 2. *(Coloq.)* Coca (cocaine). 3. *(Coloq.)* **Coke**, Coca-cola.

coke, *va.* y *vn.* Cambiar o cambiarse en coque.

col (= **Colonel**)Coronel. (title).

colaborer ['kɒləbərər] [ko-la-bo-ra^r], *s.* Colaborador, el que trabaja con otro.

colander [kʌ'lændər] [ka-lan-da^r], *s.* Coladera, coladero, coldador, cedazo. Escurridor (de pasta, verduras).

colation ['kʌleɪʃən] [ka-lei-shon], **colature** ['kʌlətʃər] [ko-la-chua^r], *s.* Coladura, la acción y efecto de colar.

colchicum ['kɔːlkɪkəm] [kol-ki-kum], *s.* *(Bot.)* Cólquico, azafrán rumí o bastardo; planta medicinal; *(ant.)* villorita.

colcothar ['kɔːlkəθər] [kol-ko-za^r], *s.* *(Quím.)* Colcótar, peróxido de hierro rojo que se prepara calcinando la caparrosa. Cf. CROCUS y ROUGE.

cold [kəʊld] [kould], *a.* 1. Frío (water, weather, drink). **I'm cold**, tengo frío. **My feet are cold**, tengo los pies fríos, tengo frío en los pies. **It's cold today/in here**, hoy/aquí hace frío. **The soup is cold**, la sopa está fría. **I'm getting cold**, me está entrando frío. **It's getting cold**, está empezando a hacer frío. **The engine starts straight from cold**, el motor arranca en frío. **The trail had gone cold**, se habían borrado las huellas. 2. Frío, indiferente, insensible; sereno; casto, sin pasiones (unfriendly, unenthusiastic). **I got a very cold reception**, me recibieron con mucha frialdad o muy fríamente. **To be cold to/with somebody**, tratar a alguien con frialdad, estar/ser frío con alguien. *(Coloq.)* **That leaves me cold**, (eso) me deja frío o tal cual, (eso) no me da ni frío ni calor. 3. Frío, insulso, soso, desagradable, sin energía ni gracia. 4. Frío, tibio, flojo. 5. Reservado, esquivo, serio, poco tratable, seco en el trato. Frío (impersonal, logic). **To be cold**, tener frío (hablando de personas); hacer frío (hablando del tiempo). **In cold blood**, a sangre fría. **To turn the cold shoulder**, proceder con tibieza; ser indiferente. **To throw cold water on**, desanimar con tibieza o frialdad. **Cold-chisel**, cortafrío. **Cold-cream**, pomada o ungüento para el cutis. (El ungüento de agua rosada). **I came to the job cold**, empecé el trabajo sin ninguna preparación (without preparation).

cold, *s.* 1. Frío (low temperature). **To shiver with cold**, temblar de frío. **To feel the cold**, ser friolero, sentir el frío. 2. Frío, frialdad, sensación de frío. 3. *(Med.)* Resfriado, constipado, catarro, resfrío. **To have a cold**, estar resfriado. **To catch a cold**, resfriarse, coger un resfriado; constiparse, tener una fluxión. **A cold in the head**, un romadizo. **To leave out in the cold**, dejar a uno a la luna de Valencia; menospreciar con premeditación.

cold, *adv.* (as intensifier). **I've got the part down cold now**, ahora me sé el papel perfectamente o de pe a pa.

cold-blooded ['kəʊld'blʌdɪd] [kould-bla-ded], *a.* 1. De sangre fría; deficiente en calor vital. 2. *(Zool.)* Que tiene una temperatura baja casi igual a aquella en la que viven; dícese de los peces y reptiles. 3. Inhumano, atroz, cruel, despiadado, desalmado (killer). A sangre fría (murder).

cold calling ['kəʊld'kɔːlɪŋ] [kould-ko-lin] *s.* Venta en frío.

cold cream ['kəʊld'kriːm] [kould-krím] *s.* Crema limpiadora o de limpieza, cold cream.

cold cuts ['kəʊld'kʌts] [kould-kats] *s.* Fiambres.

cold-hearted ['kəʊld'hɑːtɪd] [kould-jar-ted], *a.* Insensible, frío, desamorado, hurón.

coldly ['kəʊldlɪ] [kould-li], *adv.* Fríamente; indiferentemente, con frialdad.

coldness ['kəʊldnɪs] [kould-nes], *s.* 1. Frialdad (of person, attitude). Frío (temperature). 2. Tibieza, indiferencia, lentitud, descuido. 3. Frialdad, esquivez. 4. Castidad.

cold shoulder ['kəʊld'ʃəʊldər] [kould-shoul-da^r] *vn.* *(Coloq.)* Hacerle el vacío a.

cold sore ['kəʊldʃɔːr] [kould-shoa] *s.* Herpes (labial), boquera, fuego, pupa.
cold storage ['kəʊld'stəreɪdʒ] [kould-sto-reich], *s.* Cámara frigorífica. Almacenamiento en cámaras frigoríficas.
cold turkey ['kəʊld'tɜːkɪ] [kould-ter-ki] *adv. (Sl.)* **To go cold turkey**, estar con el mono.
cold war [kəʊld'wɑːr] [kould-ua^r], *s.* Guerra fría.
cole [kəʊl] [koul], *s. (Bot.)* Col, berza.
coleoptera [kəʊlɪ'ɒptɪrə] [kou-li-op-ti-ra], *s. pl.* Coleópteros, orden de insectos cuyas alas anteriores son córneas y forman como un estuche; los escarabajos.
coleopterous [kəʊlɪ'ɒptɪrəs] [kou-li-op-ti-rus], *a.* Coleoptéreo, con las alas encerradas en un estuche.
coleslaw [kəʊlɪs'lɔː] [kou-lis-loa], *s.* Ensalada de col cortada menudamente. Ensalada de repollo, zanahoria y cebolla con mayonesa.
colessee ['kəʊlɪsiː] [kou-li-si], *s.* Mediero, el que toma a medias una finca en arriendo.
colessor ['kəʊlɪsər] [kou-li-sa^r], *s.* Una de dos o más personas que otorgan un contrato de arrendamiento.
colewort ['kəʊlɪwɔːt] [kou-li-uort], *s. (Bot.)* Especie de berza.
colic ['kɒlɪk] [ko-lik], *s.* Cólico o dolor cólico. *-a.* Cólico, que afecta al intestino grueso.
colitis [kɒ'laɪtɪs] [ko-lai-tis], *s. (Med.)* Colitis.
collaborate [kə'læbəreɪt] [ko-la-bo-reit], *vn.* Colaborar.
collaboration [kə'læbəreɪʃən] [ko-la-bo-rei-shon], *s.* Colaboración (cooperation); colaboracionismo (with enemy). **In collaboration with**, en colaboración con.
collaborator [kə'læbəreɪtər] [ko-la-bo-rei-ta^r], *s.* Colaborador (partner); colaboracionista (with enemy).
collage [kɒ'lɑːdʒ] [ko-lech], *s. (Gal.)* Arte de colaje.
collapse [kə'læps] [ko-laps], *va.* Hacer derrumbarse, contraerse o decaer. *-vn.* 1. Desplomarse, desmoronarse, derrumbarse, hundirse por completo (fall down/ building). 2. Salir con mal éxito; acabarse desastrosamente. Fracasar, venirse abajo (fail). 3. Postrarse, debilitarse. 4. Desalentarse, desanimarse; quedar rendido. Desplomarse (fall/person). **We collapsed with laughter**, nos desternillamos de risa. *(Med.)* Sufrir un colapso (person). 5. Plegarse (fold/table, chair). **Collapsing**, plegable (table, chair).
collapse, *s.* 1. Derrumbamiento, desplome, hundimiento, caída completa y simultánea (de un edificio.) (of building). 2. *(Med.)* Colapso, ostración repentina de la energía cerebral y de las fuerzas vitales. 3. Fracaso, mal resultado (of plan); ruina, quiebra (company).
collapsible [kə'læpsɪbl] [ko-lap-si-bol] *a.* Plegable (table, bed).
collar ['kɒlər] [ko-la^r], *s.* 1. Cuello, parte de ciertas prendas de vestir que rodea el pescuezo; cuello de camisa, frac, levita, etc. (clothing). *(Med.)* Collarín, cuello ortopédico. 2. Collar, cadena que rodea el pescuezo del cuello de ciertos animales. 3. Collera, el collar para las caballerías de tiro. 4. Collar, insignia que usan los caballeros de varias órdenes militares. 5. *(Mar.)* Collar, encapilladura. 6. *(Arq.)* Anillo, moldura convexa. **To slip the collar**, escaparse, desenlazarse, desenredarse, librarse de alguna dificultad. **To get hot under the collar**, sulfurarse, ponerse hecho una furia.
collar, *va.* 1. Agarrar a uno por los cabezones. 2. Proveer de un cuello o collar. **To collar beef**, arrollar y ceñir un pedazo de carne. *(Coloq.)* **He collared me as I was leaving**, me agarró o pescó cuando salía.
collar-bone ['kɒlə'bəʊn] [ko-lar-boun], *s.* Clavícula, hueso transversal de la parte superior y anterior del pecho.
collate [kɒ'leɪt] [ko-leit], *va.* 1. Comparar, confrontar, cotejar una cosa con otra de la misma especie. 2. Colar un beneficio, conferirle canónicamente. 3. Reunir, recopilar (assemble); poner en orden, compaginar (order).
collateral [kɒ'lætərəl] [ko-la-te-ral], *a.* 1. Colateral. 2. Colateral, el pariente que lo es por línea transversal. 3. Indirecto, accesorio. 4. Subsidiario. **Collateral security**, garantía subsidaria. 5. *(Fin.)* Garantía, fianza.
collaterally [kɒ'lætərəlɪ] [ko-la-te-ra-li], *adv.* Colateralmente, indirectamente, transversalmente, subsidiariamente.
collateralness [kɒ'lætərəlnɪs] [ko-la-te-ral-nes], *s.* Colateralidad.
collation [kə'leɪʃən] [ko-lei-shon], *s.* 1. Cotejo, comparación, paralelo de una copia con el original o con otra copia para asegurarse de que se hallan conformes. 2. Colación, título o provisión de un beneficio. 3. Colación, merienda; originalmente, refacción que se solía tomar por la noche cuando se ayunaba.
collative [kɒ'lætətɪv] [ko-la-tiv], *a.* Colativo, dícese del patronato en que el patrón y el obispo son la misma persona.
collator [kɒ'lætər] [ko-lei-to^r], *s.* 1. El que coteja copias o manuscritos. 2. Colador de beneficio.
colleague [kɒ'liːg] [ko-lig], *va.* Unir, juntar, reunir. *-vn.* Coligarse.
colleague, *s.* Colega, compañero.
collect [kə'lekt] [ko-lekt], *va.* 1. Recoger, juntar; coleccionar (plantas, libros, insectos, monedas.) (as hobby). Reunir, recopilar (gather together/information, evidence, data). **We're collecting old clothes for charity**, estamos juntando ropa usada para una obra benéfica. **We collected (up) our belongings**, recogimos nuestras cosas. Acumular, juntar (attract, accumulate, dust). *(Coloq.)* Sacarse, ganarse (earn). 2. Sumar, juntar muchos números para saber cuánto componen. 3. Cobrar (obtain payment/rent, fine, subscription); recaudar (taxes). 4. *(Des.)* Colegir, inferir, deducir. **To collect himself**, volver en sí; sosegarse, reponerse, reposarse. 5. Recoger (fetch, pick up) **They collect the garbage every Monday**, todos los lunes pasan a recoger la basura. **She collects her from school every day**, la recoge del colegio, o la va a buscar al colegio todos los días. **Give me some time to collect my thoughts**, déjame pensar un momento (put in order). *-vn.* 1. Congregarse, reunirse (gather, assemble/people); acumularse, juntarse (accumulate/dust, water). 2. Recaudar dinero, hacer una colecta (solicit contributions).
collect, *s.* Colecta, oración breve.
collect *a./adv.* A cobro revertido, por cobrar (call, cable).
collectable, *a. V.* COLLECTIBLE.
collectaneous [kə'lektənɪəs] [ko-lek-ta-nious], *a.* Congregado, juntado, unido.
collected [kə'lektɪd] [ko-lek-ted], *a.* 1. Reunido, junto. 2. Sosegado, vuelto en sí. Sereno, compuesto (composed). **The collected works of Jane Austen**, las obras completas de Jane Austen. *-pp.* de COLLECT.
collectedly [kə'lektɪdlɪ] [ko-lek-tid-li], *adv.* Juntamente, todo unido a la vista.
collectedness [kə'lektɪdnɪs] [ko-lek-ted-nes], *s.* El acto de rehacerse de una sorpresa.
collectible [kə'lektɪbl] [ko-lek-ti-bol], *a.* Cobrable, que puede cobrarse, recaudarse o recogerse.
collection [kə'lekʃən] [ko-lek-shon], *s.* 1. Colección, el conjunto de las cosas recogidas. 2. Colección; recopilación (of evidence), cobro (of debts, rent), recaudación (of taxes). **A debt collection agency**, una agencia de cobro a morosos. 3. Cuestación o colecta, petición con objeto piadoso y la suma recogida (of money). **To make/hold a collection for something**, hacer una colecta para algo. **Collection box**, alcancía, hucha. *(Rel.)* **Collection plate**, bandeja, cepillo. 4. Compilación. **The goods are ready for collection**, puede recoger o pasar a buscar las mercancías (act of fetching). 5. Recogida (of mail, refuse). 6. Colección (group of objects); grupo (of people).
collective [kə'lektɪv] [ko-lek-tiv], *a.* 1. Colectivo, congregado, agregado; opuesto a individual. 2. Lo que siendo en sí singular denota pluralidad. **People, army are collective nouns**, pueblo, ejército son nombres colectivos. 3. Que puede juntar o unir.
collective *s.* Colectivo, cooperativa.
collectively [kə'lektɪvlɪ] [ko-lek-tiv-li], *adv.* Colectivamente, en masa.

collectivism [kə'lektɪvɪzm] [ko-lek-ti-visem], *s.* Colectivismo.
collectivization [kə,lektɪvaɪ'zeɪʃən] [ko-lek-ti-vai-zei-shon], *s.* Colectivización.
collectivize [kə'lektɪvaɪz] [ko-lek-ti-vais], *va.* Colectivizar.
collector [kə'lektər] [ko-lek-to^r], *s.* 1. Colector, el que recoge. 2. Colector, recaudador de contribuciones, cobrador (official). **Tax collector**, recaudador de impuestos. 3. Compilador. 4. Coleccionista. **A collector's item/piece**, una pieza de colección.
collectorate [kə'lektəreɪt] [ko-lek-to-reit], **collectorship** [kə'lektəʃɪp] [ko-lek-tor-ship], *s.* Colecturía, oficio o jurisdicción de colector o recaudador.
college ['kɒlɪdʒ] [ko-lech], *s.* 1. Colegio, casa de educación. Universidad (university); universitario (education, life, lecturer). Escuela, instituto (for vocational training). *V.* TEACHERS COLLEGE. Facultad, departamento (department of university); colegio universitario (in Britain). 2. Edifico o serie de edificios poseídos y usados por un colegio. 3. Colegio, cuerpo de asociados, colegas o compañeros; como el colegio de cardenales.
college-like ['kɒlɪdʒ,laɪk] [ko-lich-laik], *a.* Colegial.
collegial ['kɒlɪdʒɪəl] [ko-li-yial], *a.* Colegial, lo que pertenece a colegio.
collegian ['kɒlɪdʒɪən] [ko-li-yian], **collegiate** [kə'li:dʒɪɪt] [ko-li-yieit], *a.* Colegiado, lo que pertence a un colegio. Universitario.
collet ['kɒlɪt] [ko-lit], *s.* 1. Cuello o collar. 2. Engaste, la parte de la sortija en que está engastada la piedra.
collide [kə'laɪd] [ko-laid], *vn.* 1. Chocar; colisionar (crash/ vehicle). **To collide with something/somebody**, chocar con algo/alguien. 2. Contradecir, estar en oposición. **To collide with somebody over something**, tener un enfrentamiento con alguien acerca/sobre algo (disagree).
collie ['kɒlɪ] [ko-li], *s.* Perro pastor, procedente de Escocia.
collier ['kɒlɪər] [ko-lia^r], *s.* 1. Minero, carbonero o cavador de carbón de piedra. 2. Barco carbonero. 3. Mercader de carbón. 4. Carbonero, el que hace o vende carbón.
colliery ['kɒlɪərɪ] [ko-lie-ri], *s.* Carbonera, mina de carbón. 2. Comercio de carbón.
colliflower ['kɒlɪflaʊər] [ko-li-flaua^r], *s.* *(Des.)* Coliflor. *V.* CAULIFLOWER.
colligate ['kɒlɪgeɪt] [ko-li-gueit], *va.* Atar, juntar, amarrar, una cosa con otra.
colligation ['kɒlɪgeɪʃən] [ko-li-guei-shon], *s.* Coligación, la acción y efecto de coligarse.
collimate ['kɒlɪmeɪt] [ko-li-meit], *va.* Poner en línea, como los ejes de dos lentes; hacer paralelos (rayos de luz); ajustar la visual de un telescopio.
collimation ['kɒlɪmeɪʃən] [ko-li-mei-shon], *s.* Acción de poner en línea recta.
collimator ['kɒlɪmeɪtər] [ko-li-mei-to^r], *s.* 1. Telescopio fijo que se emplea para ajustar otro. 2. Tubo del espectroscopio que hace paralelos los rayos de luz.
collineate ['kɒlɪnɪɪt] [ko-li-nieit], *va.* *V.* COLLIMATE. *-vn.* Hallarse en línea recta.
collineation ['kɒlɪnɪɪʃən] [ko-lini-i-shon], *s.* Acción o procedimiento de alinear; posición en línea recta.
collinsia ['kɒlɪnsɪə] [ko-lin-sia], *s.* *(Bot.)* Género de plantas de las escrofulariáceas, que se cultivan para adorno.
colliquate ['kɒlɪkweɪt] [ko-li-kueit], *va.* Colicuar, derretir. *-vn.* Colicuarse.
colliquative ['kɒlɪkwətɪv] [ko-li-kua-tiv], *a.* Colicuante, colicuativo.
colliquefaction [,kɒlɪkwə'fækʃən] [ko-li-kue-fak-shon], *s.* Colicuefacción, el acto de colicuar o colicuarse muchas cosas juntas.
collish ['kɒlɪʃ] [ko-lish], *s.* (Art. y Of.) Herramienta para pulir las suelas de calzado.
collision [kə'lu:ʃən] [ko-lu-shon], *s.* Colisión, ludimiento; choque, encuentro (crash/of cars, trains); abordaje, colisión (of boats). **To be in collision with something**, chocar o colisionar con algo. **The two ships were on a collision course**, los dos barcos llevaban rumbo de colisión. 2. Oposición, contradicción; enfrentamiento, confrontación (disagreement).
collocate ['kɒlə,keɪt] [ko-lo-keit], *va.* Colocar.
collocate, *a.* Colocado; puesto.
collocation [,kɒlə'keɪʃən] [ko-lo-kei-shon], *s.* Colocación, situación.
collocution ['kɒlə,kju:ʃən] [ko-lo-kiu-shon], *s.* Conferencia, conversación.
collocutor ['kɒləkju:tər] [ko-lo-kiu-to^r], *s.* Interlocutor, dialoguista.
collodion ['kɒlədɪən] [ko-lo-dion], *s.* Colodio, solución de algodón pólvora en éter y alcohol, que se emplea en cirugía y fotografía.
colloid ['kɒlɔɪd] [ko-loid], *s.* y *a.* *(Quím.)* Coloide.
collop ['kɒləp] [ko-lop], *s.* 1. Bocado delicado, tajada pequeña de carne. **A collop of bacon**, torrezno. 2. Pedacito, pequeña porción de cualquier cosa.
colloquial [kə'ləʊkwɪəl] [ko-lou-kial], *a.* Familiar, de uso común, en contraposición al literario.
colloquialism [kə'ləʊkwɪəlɪzəm] [ko-lo-kia-lisem], *s.* Vulgarismo, expresión familiar.
colloquially [kə'ləʊkwɪəlɪ] [ko-lou-kia-li] *adv.* Coloquialmente.
colloquist ['kɒlɪəkwɪst] [ko-lo-kist], *s.* Interlocutor.
colloquy ['kɒləkwɪ] [ko-lo-ki], *s.* Coloquio, conversación, plática.
collotype ['kɒlətaɪp] [ko-lo-taip], *s.* Colotipia.
collude [kə'lu:d] [ko-lud], *vn.* Obrar de concierto, convenirse o entenderse secretamente con una de las partes litigantes en perjuicio de la otra.
colluder [kə'lu:dər] [ko-lu-de^r], *s.* Colusor, cómplice en un engaño.
collusion [kə'lu:ʒən] [ko-lu-shon], *s.* Colusión, inteligencia fraudulenta entre dos o más personas; connivencia. **To be in collusion with somebody**, estar coludido con alguien, estar en colusión o connivencia con alguien.
collusive [kə'lu:sɪv] [ko-lu-siv], *a.* Colusorio, concertado con fraude y en daño de tercero.
collusively [kə'lu:sɪvlɪ] [ko-lu-siv-li], *adv.* Colusoriamente.
collusiveness [kə'lu:sɪvnɪs] [ko-lu-siv-nes], *s.* Convenio fraudulento, colusión.
collusory [kə'lu:ʃərɪ] [ko-lu-so-ri], *a.* Colusorio.
colly [kɒlɪ] [ko-li], *va.* *(Des.)* Manchar, ennegrecer o ensuciar con hollín.
collyrium ['kɒlɪrɪəm] [ko-li-rium], *s.* Colirio, remedio para los males de los ojos.
collywobbles ['kɒlɪ,wɒblz] [ko-li-uolbols] *s. pl.* **To have the collywobbles**, estar nerviosísimo, tener canguelo, tener culillo, tener ñáñaras (nerves).
colo = Colorado
colocynth [kɒləsɪŋθ] [ko-losinz], *s.* *(Bot.)* Coloquíntida, especie de cohombro, y su fruto; purgante violento.
cologne [kə'ləʊn] [ko-loun] *s.* Colonia (eau de cologne).
Colombia [kə'lɒmbɪə] [ko-lom-bia] *N.* *(Geogr.)* Colombia.
colombian [kə'lɒmbɪən] [ko-lom-bian] *a./s.* Colombiano.
colon ['kəʊlən] [kou-lon], *s.* 1. *(Gram.)* Dos puntos (:). 2. *(Anat.)* Colon, parte del intestino grueso.
colonel ['kɜ:ln] [ko-lo-nel], *s.* Coronel, el jefe de un regimiento.
colonelcy [kɜ:lnəlsɪ] [ko-lo-nel-si], **colonelship** [kɜ:lnəlʃɪp] [ko-lo-nel-ship], *s.* Coronelía.
colonial [kə'ləʊnɪəl] [ko-lou-nial], *a.* Colonial.
colonialism [kə'ləʊnɪəlɪzəm] [ko-lou-nia-lisem], *s.* Colonialismo.
colonialist [kə'ləʊnɪəlɪst] [ko-lou-nia-list], *s.* & *a.* Colonialista.
colonist ['kɒlənɪst] [ko-lo-nist], *s.* Colono, habitante de una colonia.
colonization [,kɒlənaɪ'zeɪʃən] [ko-lo-nai-sei-shon], **colonizing** ['kɒlənaɪzɪŋ] [ko-lo-nai-sin], *s.* Colonización.

colonize ['kɒlənaɪz] [ko-lo-nais], *va.* Colonizar, formar o establecer colonias. *-vn.* Establecerse en un país lejano.

colonizer ['kɒlənaɪzər] [ko-lo-nai-sa^r], *s.* Colonizador, uno de los fundadores de una colonia.

colonnade ['kɒləneɪd] [ko-lo-neid], *s.* Columnario o persitilo, columnata.

colony ['kɒlənɪ] [ko-lo-ni], *s.* 1. Colonia, conjunto de colonos. 2. Colonia, el país habitado por colonos.

colophon ['kɒləfən] [ko-lo-fon], *s.* La fecha de una impresión y el nombre de lugar e impresor puestos al fin del libro; colofón.

colophony ['kɒləfənɪ] [ko-lo-fo-ni], *s.* Colofonía, especie de resina negra.

color, colour ['kʌlər] [ko-lo^r], *s.* 1. Color (shade). **What color is the ball?**, ¿de qué color es la pelota? **Her hair is reddish-brown in color**, tiene el pelo (de color) castaño-rojizo. Color (not monochrome) **In full color**, a todo color. En colores o a color (photograph/television). **Color supplement**, suplemento a todo color o en color. Color, colorido (vividness). **Local color**, el color local. 2. Color, colores, la coloración de la tez, la tez misma (racial feature). **Color prejudice**, prejuicio racial. 3. Color o colores, materiales de varios colores que preparan los pintores para pintar. 4. Color, pretexto, motivo, colorido, excusa. 5. Palo, en los naipes. **-Colors**, *pl.* bandera, la insignia bajo la cual militan los soldados. **To hoist the colors**, *(Mar.)* enarbolar la bandera. **The colors of the regiment**, el estandarte del regimiento. **She showed her true colors**, se mostró tal cual era en realidad. *(Sports)* (GB) **The team colors**, los colores del equipo. **Oil-color**, color al óleo. **Water-color**, acuarela. **Under color of**, so color de, bajo capa o con pretexto de. **There was no color of excuse**, no tenía ni sombra de excusa. **With flying colors**, a banderas desplegadas. **To bring the color back to somebody's cheeks**, devolverle el color o los colores a alguien. *V.* OFF-COLOR.

color, colour *va.* 1. Colorar, colorir, teñir o dar color (dye); dar los colores a lo que se pinta; iluminar un dibujo. *(Art)* Pintar, colorear. **To color something blue**, pintar algo de azul. 2. Paliar, extenuar. Empañar (atmosphere/influence). **You shouldn't let that color your judgment**, no deberías dejar que eso influyera en tu opinión. *-vn.* 1. Colorearse, tomar color. 2. Ponerse colorado, ruborizarse, encenderse, sonrojarse (blush).

color in Colorear.

colorableness ['kʌləreɪblnɪs] [ko-lo-rei-bol-nes], *s.* Lo que es plausible.

colorably ['kʌlərəblɪ] [ka-lo-ra-bli], *adv.* Plausiblemente, especiosamente.

colorado beetle ['kɒlə'rɑːdəʊˌbiːtl] [ko-lo-ra-dobi-tel] *s.* Escarabajo de la papa o patata.

coloration [ˌkʌlə'reɪʃən] [ko-lo-rei-shon], *s.* Coloración.

colorature [ˌkɒlərə'tʊər] [ko-lo-ra-tua^r], *s.* Floreos, variaciones y cadencias caprichosas en el canto.

color-blind ['kʌləblaɪnd] [ko-lor-blaind], *a.* Daltoniano, daltónico.

color blindness ['kʌləˌblaɪndnɪs] [ko-lor-blaind-nes], *s.* Daltonismo.

colorcast ['kʌləkɑːst] [ko-lor-kast], *s.* Un programa de televisión en color.

colorcast, *va.* Transmitir en color un programa de televisión.

color-coded ['kʌlə'kəʊdɪd] [ko-lor-kou-did] *a.* Codificado con colores.

color-coordinated ['kʌlə'kɔːdɪˌneɪtɪd] [ko-lor-kor-di-nei-tid] *a.* Haciendo juego, con colores coordinados.

colored, coloured [ˌkʌləd] [ko-lord], *a.* 1. Colorado, que tiene color; pintado o teñido. De color (walls, blouse). 2. Persona de color, (non-white); mestizo (in S Africa). 3. Especioso, embellecido, exagerado. 4. Parcial (biased).

colored, coloured *s.* Persona de color (non-white/often offensive). Hijo de padres de distinta raza (Cape Colored/in S Africa). **Coloreds** *pl.* Ropa de color.

-colored, -**coloured**, *suff.* **Slate/colar colored**, de color pizarra/coral. **A dark colored hat**, un sombrero de (un) color oscuro.

colorfast, **colourfast** ['kʌləfɑːst] [ko-lor-fast] *a.* Que no destiñe, de colores sólidos o inalterables.

colorful, **colourful** ['kʌləfəl] [ko-lor-ful] *a.* De colores muy vivos o vistosos (clothes, plumage); lleno de color o de colorido, vistoso (parade/description). **He's a very colorful character**, es un hombre de lo más pintoresco u original.

colorfully, **colourfully** ['kʌləfʊlɪ] [ko-lor-fu-li] *adv.* Vistosamente, con colores vivos o brillantes (with bright colors); con gran colorido (in vivid terms).

colorific ['kʌlərɪfɪk] [ko-lo-ri-fik], *a.* Colorativo, lo que tiene virtud para producir colores.

colorimeter [ˌkʌlərɪ'miːtər] [ko-lo-ri-mi-ta^r], *s.* Colorímetro, aparato para medir la intensidad de los colores.

coloring, **colouring** ['kʌlərɪŋ] [ko-lo-rin], *s.* 1. Colorante, lo que da color o tinte (food coloring); coloración, acción de colorar. 2. Estilo o aire particular. 3. *(Pint.)* Colorido (of picture). **Coloring book**, libro de o para colorear. 4. Color, tono (of skin); colorido (of fur, plumage).

colorist ['kʌlərɪst] [ko-lo-rist], *s.* Colorista, el que es hábil en dar colorido.

colorless, **colourless** ['kʌləlɪs] [ko-lor-les], *a.* Descolorido, sin color, incoloro. Anodino, gris (dull/person, life).

colorman ['kʌləmæn] [ko-lor-man], *s.* El que hace y vende toda especie de colores, barniz, afeite, aceites, etc.

color scheme, **colour scheme** ['kʌləˌskiːm] [ko-lor-skím] *s.* Combinación de colores.

colossal [kə'lɒsl] [ko-lo-sal], **colossean** [kə'lɒsɪən] [ko-lo-sian], *a. (Coloq.)* Colosal, descomunal.

colosseum [kə'lɒsɪəm] [ko-lo-sium], *s.* Coliseo, el anfiteatro de Vespasiano en Roma.

colossus [kə'lɒsəs] [ko-lo-sus], *s.* Coloso, estatua de magnitud desmesurada.

colostrum [kə'lɒstrəm] [ko-los-trum], *s.* Calostro, la primera leche de las recién paridas.

colour, *s.* y v. *V.* COLOR. Así se escribe generalmente en Inglaterra.

colt [kəʊlt] [koult], *s. (Equ.)* 1. Potro, caballo que no pasa de cuatro años. 2. Mozuelo sin juicio. 3. Soga, con un nudo al extremo, para castigar. 4. Revólver.

colter ['kəʊltər] [koul-ta^r], *s.* Cuchilla, reja de arado.

coltish ['kɒltɪʃ] [koul-tish], *a.* Juguetón, retozón.

colt's-foot ['kəʊltsfʊt] [koults-fut], *s. (Bot.)* Tusílago, fárfara.

colt's-tooth ['kəʊltstʊθ] [koults-tuz], *s.* 1. Diente imperfecto del potro. 2. Niñada o niñadas, placeres pueriles, boberías.

colubrine ['kəlʊbriːn] [ko-lu-brin], *a.* Culebrino; astuto.

columbian ['kɒləmbɪən] [ko-lom-bian], *a.* 1. Colombiano, de la República de Colombia. 2. Relativo a Cristóbal Colón; colombino.

columbine ['kɒləmbaɪn] [ko-lom-bain], *s.* 1. *(Bot.)* Aguileña o pajarilla, planta de las ranunculáceas. 2. La actriz que hace el papel de graciosa en las pantomimas.

columbium ['kɒləmbɪəm] [ko-lom-bium], *s. (Min.)* Columbio, elemento metálico, de color gris; se llama también niobio.

columbo ['kɒləmbə] [ko-lom-bo], *s.* Medicamento tónico hecho de columbo o colombo.

Columbus [kə'lʌmbəs] [ko-lom-bos] *s.* **Christopher Columbus**, Cristóbal Colón.

Columbus Day [kə'lʌmbəsˌdeɪ] [ko-lom-bos-dei] *s.* (in US) El día de la Raza o de la Hispanidad.

columella ['kɒləmbəs] [ko-lom-bos], *s.* 1. *(Anat.* y *Zool.)* Varita, pequeña columna o eje central; como la varilla central de la cóclea. 2. *(Bot.)* Eje central, como el de un musgo.

column ['kɒləm] [ko-lum], *s.* 1. *(Arq.)* Columna, especie de pilar cilíndrico, que sirve para sostener o adornar algún edificio, altar, etc. 2. *(Fig.)* Columna, cantidad de fluido de figura cilíndrica. 3. Algo parecido a una columna; sostén. En anatomía, la espina dorsal. 4. *(Imp.)* Columna, división perpendicular de una página (on grid, chart, screen). **He writes a column for «The Globe»** , es columnista de «The Globe». 5. *(Mil.)* Columna, cuerpo de tropas formadas en secciones de poco frente y mucho fondo.

columnar ['kɒləmnɑːr] [ko-lum-na^r], *a.* Columnario, en forma de columna; parecido al fuste de columna; con columnas.

columned ['kɒləmnd] [ko-lum-nd], *a.* Con columnas, o arreglado en columnas.

columnist ['kɒləmnɪst] [ko-lum-nist] *s.* Articulista, columnista, encargado de una sección especial de un periódico.

colure ['kɒlʊər] [ko-lua^r], *s.* *(Astr.)* Coluro, uno de los dos círculos máximos que en la esfera se cortan en ángulos rectos por los polos del globo, pasando por los signos Aries y Libra.

colza ['kɒlzə] [kol-sa], *s.* Colza, especie de berza de que se extrae un aceite estimado.

com-, Prefijo, que en composición significa con o en compañía de otro.

coma ['kəʊmə] [kou-ma], *s.* 1. *(Med.)* Coma, letargo, sopor profundo con estertor. **To be in/to go into coma**, estar/entrar o caer en coma. 2. *(Astr.)* Cabellera, atmósfera luminosa que rodea o sigue al núcleo de un cometa. 3. *(Bot.)* Manojito de hebras sedosas que hay al extremo de algunas semillas.

comate ['kəʊmeɪt] [kou-meit], *s.* Camarada, compañero.

comate, *a.* Cabelludo. *V.* HAIRY.

comatose ['kəʊmətəʊs] [kou-ma-tous], *a.* *(Med.)* Comatoso, letárgico.

comb [kəʊm] [koum], *s.* 1. Peine, instrumento con que se limpia y compone el pelo. Peineta (worn in hair). **Carved** or **cut shell comb**, peineta de carey calada. **Braid shell comb**, peineta de carey para rizo. **Carved horn comb**, peineta de cuerno calada. **Cockscomb**, cresta de gallo. **Honey-comb**, panal de miel. **Flax-comb**, rastrillo. 2. Carda, rastrillo, para preparar el lino, el cáñamo, o la lana. 3. Cresta carnosa o carúncula del gallo o de la gallina. 4. Alvéolo, celdilla donde la abeja deposita su miel. *V.* HONEY-COMB. 5. CURRY-COMB. **Fine-toothed comb**, peine fino, lendrera. **To go over something with a fine-toothed comb**, examinar o revisar algo minuciosamente o con lupa. **Comb-foundation**, hoja delgada de cera, copia exacta de la pared media del panal, sobre la cual acaban las abejas el panal. **Your hair needs a comb**, tienes que peinarte.

comb, *va.* 1. Peinar, limpiar y componer el pelo; cardar la lana; rastrillar el lino. **To comb somebody's hair**, peinar a alguien. **To comb one's hair**, peinarse (pass a comb through). 2. Peinar, rastrear (search/area, field); rebuscar en (files, archives). **They combed the area for survivors**, peinaron o rastrearon la zona en busca de supervivientes.

combat ['kɒmbæt] [kom-bat], *s.* Combate, batalla, pelea, desafío. **Single combat**, duelo, desafío, combate singular. **Combat jacket**, guerrera.

combat, *vn.* Combatir, luchar. *-va.* Resistir, impugnar.

combatant ['kɒmbətənt] [kom-ba-tant], *s.* Combatiente; campeón. *-a.* Dispuesto a pelear.

combater ['kɒmbətər] [kom-ba-tar], *s.* Combatidor, campeador.

combative ['kɒmbətɪv] [kom-ba-tiv], *a.* Dispuesto a combatir.

combativeness ['kɒmbətɪvnɪs] [kom-ba-tiv-nes], *s.* Combatividad, predisposición a la lucha.

comb-bursh [ˌkɒm'bɜːʃ] [kom-bersh], *s.* Limpiadera, bruza para limpiar los peines, cepillo de peines.

comber ['kɒmbər] [kom-ba^r], *s.* 1. Cardador o peinador de lana. 2. Ola de cresta (o cumbre) larga; marejada. *V.* BREAKER.

combinable ['kɒmbɪnəbl] [kom-bi-na-bol], *a.* Combinable, que se puede combinar.

combination [ˌkɒmbɪ'neɪʃən] [kom-bi-nei-shon], *s.* Combinación, unión, liga; mezcla (mixture). Combinación (of lock). **Combination lock**, cerradura de combinación.

combinative ['kɒmbɪnətɪv] [kom-bi-na-tiv], *a.* Combinatorio.

combine ['kɒmbaɪn] [kom-bain], *va.* Combinar (elements), juntar, unir; ajustar. *(Culin.)* Mezclar (ingredients). Aunar (efforts). **She combines charm and intelligence**, reúne encanto e inteligencia. **This, combined with the fact that ...**, esto, unido o sumado al hecho de que ... *-vn.* Unirse, juntarse; maquinar, conspirar. Combinarse (elements); mezclarse (ingredients); unirse (teams, forces).

combine *s.* 1. *(Agr.)* Cosechadora (combine harvester). 2. Alianza, coalición (coalition).

combined [kəm'baɪnd] [kom-baind] *a.* Conjunto. **Our combined efforts led to success**, la suma de nuestros esfuerzos nos condujo al éxito. **It's a pen, watch and calculator combined**, es bolígrafo, reloj y calculadora a la vez.

combing ['kɒmbɪŋ] [kom-bin], *s.* 1. La acción de peinar, de cardar, de rastrillar, etc. 2. Postizo, cabello sobrepuesto para cubir la calva.

combless ['kɒmblɪs] [kom-les], *a.* Descrestado.

comb-maker ['kɒmbmeɪkər] [kom-mei-ka^r], *s.* Peinero, el que hace peines.

combo ['kɒmbəʊ] [kom-bou], *s.* Pequeña orquesta de jazz, con combinación especial de instrumentos.

combustibility [ˌkɒmbʌstɪ'bɪlɪtɪ] [kom-bas-ti-bi-li-bi], *s.* Combustibilidad.

combustible ['kɒmbʌstɪbl] [kom-bas-ti-bol], *a.* Combustible, inflamable. *-s.* Combustible, todo lo que puede servir para mantener el fuego.

combustibleness [ˌkɒm'bʌstɪblnɪs] [kom-bas-ti-bol-nes], *s.* Combustibilidad.

combustion [kəm'bʌstʃən] [kom-bas-chun], *s.* 1. Combustión, quema, incendio, acción del fuego sobre las sustancias inflamables. 2. Combustión, combinación química acompañada de calor y luz. **Combustion engine**, motor de combustión.

combustion chamber ['kəm'bʌstʃənˌtʃæmbər] [kom-bas-chun-cham-ba^r], *s.* *(Mec.)* Cámara de combustión.

come [kʌm] [kam], *vn.* (*pret.* CAME, *pp.* COME). 1. Venir, llegar, aproximarse (advance, approach, travel). **Come here**, ven aquí. **Have you come far?**, ¿vienes de lejos? **As I was coming up/down the stairs**, cuando subía/bajaba por las escaleras. **We've come a long way since ...**, hemos avanzado mucho desde que ... (made much progress), ha llovido mucho desde que .... (many things have happened). **He came running into the room**, entró corriendo en la habitación. **Come and look at this**, ven a ver esto. Venir (be present, visit, accompany). **Can I come with you?**, ¿puedo ir contigo?, ¿te puedo acompañar? **Sue's coming as a clown**, Sue va a venir (vestida) de payaso. 2. Moverse a la vista; hacerse perceptible. 3. Llegar, estar presente, existir; llegar a ser o conseguir alguna cosa (become). **It's come loose**, se ha aflojado. **My dream has come true**, mi sueño se ha hecho realidad. **It'll come, just keep practicing**, ya te va a salir o lo vas a lograr, sigue practicando (be gained). **Sugar comes in half-pound bags**, el azúcar viene en paquetes de media libra (be available, obtainable). **The car comes with the job**, el coche te lo dan con el trabajo. **It comes with instructions**, viene con o trae instrucciones. **He's as silly as they come**, es de lo más tonto que hay. 4. Proceder, venir (arrive). **What time are you coming?**, ¿a qué hora vas a venir? **After a while, you'll come to a crossroads**, al cabo de un rato llegarás a un cruce. **I'm coming, I won't be a moment**, enseguida voy. **To come about something**, venir por algo. **To come for something/somebody**, venir a buscar algo/a alguien; venir a por algo/alguien. **To come and go**, ir y venir. **You can come and go as you please**, puedes salir y entrar a tu antojo. *(Fam.)* **She doesn't know whether she's coming or going**, está hecha un lío. **Three o'clock**

came and went and he still hadn't arrived, pasaron las tres y no llegaba. 5. Acontecer, suceder (occur in time, context). **Christmas comes but once a year**, sólo es Navidad una vez al año. **Christmas is coming**, ya llega Navidad. **This coming Friday**, este viernes que viene. **It came as a complete surprise**, fue una sorpresa total. **To take life as it comes**, aceptar la vida tal (y) como se presenta. **Come what may**, pase lo que pase. **He had it coming (to him)**, se lo tenía merecido. Para (as prep.). **I'll be tired out come Friday**, estaré agotado para el viernes. **To come** (in the future/as adverb). **In years to come**, en años venideros, en el futuro. **A taste of things to come**, una muestra de lo que nos espera. **The best is yet to come**, todavía nos queda lo mejor. 6. Llegar (extend, reach). **The water only came up to our knees**, el agua sólo nos llegaba a las rodillas. 7. (in sequence, list, structure). **Cancer comes between Gemini and Leo**, Cáncer está entre Géminis y Leo. Llegar (in race, competition). **To come first**, llegar el primero (in a race); quedar o salir el primero (in an exam). Estar (be ranked). **My children come first**, primero están mis hijos. 8. *(Coloq.)* Venirse, correrse o acabar (have orgasm). *va.* **Don't come the victim with me!**, no te hagas la víctima conmigo. *Come*, en imperativo, sirve para llamar la atención o animar. **Come on!**, ¡vamos! ¡adelante! ¡valor! ¡ánimo!, expresión que se usa para alentar a alguno. **To come on**, adelantarse, avanzar; aprovechar en el estudio; cerrar con el enemigo; engordar.

come about, girar, rodear; acontecer, acaecer, suceder; efectuar, conseguir; venir por rodeo; ocurrir, suceder (happen). **How does it come about that...?**, ¿cómo es que ...?

come across, encontrar, hallar por casualidad. **He eats nothing but what comes up**, vomita cuanto come. **How comes that?**, ¿cómo es eso? **To come**, por venir. **In time to come**, en tiempo venidero. **In the world to come**, en el otro mundo. **come across** 1. Encontrar(se) (find); encontrarse con (meet/person). **I'd never come across the word before**, era la primera vez que oía o leía la palabra. 2. Ser comprendido (comunicate, be comunicated/meaning); transmitirse (feelings). **He came across very well in the interview**, hizo muy buena impresión en la entrevista.

come after, seguir, venir detrás, venir después. **To come after one**, suceder a, o ser sucesor de alguno.

come again, volver, venir otra vez.

come asunder, deshacerse, hacerse pedazos, desunirse; dislocarse, desnucarse.

come along 1. (Hurry up/in imperative) **Come along, children!**, ¡vamos, niños!, ¡de prisa, niños!, ¡apúrense, niños! **Come along!**, ¡vamos! (as encouragement, rebuke). 2. Andar, caminar con otro (accompany). **Come along with me**, venga Vd. conmigo. Llegar (arrive). **You came along just at the right time**, llegaste justo en el momento adecuado. **Grab the first taxi that comes along**, toma el primer taxi que pase o venga. 3. Ir, marchar (progress).

come apart Deshacerse (fall apart); desmontarse, desarmarse (have detachable parts).

come around, (GB) **come round** 1. Tomar (bend); doblar (corner). 2. Venir (visit). Volver en sí (recover consciousness). **He'll come around eventually**, ya se va a convencer (change mind). **To come around to somebody's point**, aceptar el punto de vista de alguien. **Winter is coming around again**, ya vuelve el invierno (occur). **To come round**, venir por rodeos; llegar a ser, conseguir una cosa, obtener el puesto que se esperaba ocupar; convenir, asentir, después de haber hecho oposición; restablecerse, cobrar nuevo vigor. *(Fam.)* Obrar con doblez.

come at, alcanzar, conseguir, adquirir, obtener, tener, ganar, llegar a.

come away 1. Salir (leave, depart). **To come away from something**, salir de algo (from meeting, stadium). **I came away with the impression that ...**, me quedé con la impresión de que ... **Come away from there!**, ¡apártate de ahí!, ¡no te acerques ahí! 2. Salirse (become detached/handle); despegarse (wallpaper). **To come away**, retirarse, irse.

come back, volver, retroceder. **come back** 1. Volver (return). **To come back**, volver, venir otra vez. **To come back again**, volver a venir. **Would you like to come back to my place for a drink?**, ¿quieres venir a casa a tomar algo? **It's all coming back to me**, estoy volviendo a recordarlo todo (remember). 2. **I'll come back to you with the results**, ya le comunicaré los resultados (with reply, comment).

come before, llegar antes, anteponerse, ponerse delante.

come between, interponerse entre, separar; intervenir, sobrevenir.

come by, conseguir, hacerse con (get, acquire). **How did he come by it?**, ¿cómo lo ha obtenido? **To be easy/hard to come by**, ser fácil/difícil de conseguir. **To come by**, pasar junto, cerca o arrimado a; obtener.

come down 1. Bajar (descend). Llegar (reach). **Her hair came down to her waist**, el pelo le llegaba hasta la cintura. Caerse, venirse abajo (collapse/ceiling, wall). Aterrizar (plane); caer (in accident). Bajar, descender; desplomarse, desmoronarse. **To come down again**, volver a bajar. **To come down on** o **upon**, caerse pesadamente. 2. Bajar (decrease/price). **She's come down in my estimation**, ha bajado en mi estima. **They've come down in the world**, (se) han venido a menos. 3. Venir (from the north). 4. **To come down against/in favor of something/somebody**, fallar en contra/a favor de algo/alguien (decide/judge, court). 5. **The ring came down to her from her mother**, heredó el anillo de su madre (be passed down, inherited). 6. **The firm comes down severely on absenteeism**, la empresa trata el ausentismo con mano dura (deal with).

come down to, ser cuestión de (be a question of).

come down with, caer enfermo de (become ill with).

come for, venir a buscar, venir por.

come forth, salir, aparecer; adelantarse.

come forward, presentarse, salir al frente. **Come forward,** presentarse (witness); ofrecerse, presentarse (volunteer). **To come forward with a solution**, ofrecer o sugerir una solución. **To come forward**, adelantar, aprovechar, hacer progresos; adelantarse, llegar primero.

come from 1. Venir de (originate from); ser de (person). **Where do you come from?**, ¿de dónde eres? **I want to know where you're coming from on this**, quiero saber qué te propones con esto. 2. Resultar de, surgir de.

come home to (strike, convince). **It suddenly came home to him that ...**, de pronto se dio cuenta de que ...

come high or **low**, venderse caro o barato. **To come home**, volver a casa. *(Fig.)* Dar en la tecla, tocar la cuerda sensible.

come in, entrar, llegar; desembocar; ceder, rendirse, someterse, acceder; venir a parar, hacerse de moda una cosa; llegar a hacerse parte de una cosa; adelantar o medrar en intereses; parir la vaca; empezar a dar leche. **To come in as an heir**, presentarse como heredero, reclamar una herencia. **To come in the way**, presentarse al paso, ofrecerse; sobrevenir. **To come in for**, pretender. **To come in for a share**, tocar a uno cierta porción de cualquier cosa repartida. 1. Entrar (enter). **Come in!**, ¡adelante!, ¡pase! 2. Llegar (arrive/boat). Subir (tide). Venir (to work). Llegar (in race). **She came in last**, llegó la última. 3. Recibirse (be received/ signal). Llegar (applications/reports/donations). Entrar, recibirse (as income/revenue). **They have $600 coming in each month**, les entran 600 dólares al mes. 4. Entrar en vigor (be implemented/law); entrar en vigencia (regulations). Ponerse de moda (become fashionable). 5. Intervenir (join in). **They came in on the deal**, participaron en el negocio. **Where do I come in?**, ¿cuál es mi papel? (play useful role). **To come in handy**, venir bien, resultar útil. 6. Subir al poder (come to power). **Come in for,** ser objeto de (be subject to/criticism).

come into, entrar en, entrar a (enter into). Heredar (inherit). **Principles don't come into it**, no es cuestión de principios (be become relevant). **I want to know where I come into this**, quiero saber cuál es mi papel en todo esto. **Come into**, juntarse a socorrer, venir al socorro; consentir, condescender; acordarse o ponerse de acuerdo en una cosa. **To come into business**, comenzar a negociar; comenzar a tener salida o despacho en la venta de los géneros, o principiar a tener parroquianos, coresponsales, clientes, etc. **To come into trouble**, meterse en líos, tomar algún empeño trabajoso. **To come into danger**, exponerse al peligro. **To come into the world**, venir al mundo, nacer. **To come in unto**, tener coito el hombre con la mujer. **To come it**, *(Fam.)* manejar o efectuar algo. **To come near**, acercarse, allegarse. **To come next**, venir inmediatamente después, seguir inmediatamente.

come of, proceder, venir de. **It was a good idea, but nothing came of it**, era una buena idea, pero todo quedó en la nada (result). **No good can come of it**, nada bueno puede salir de ello.

come off 1. Soltarse (detach itself/handle); desprenderse, caerse (button); despegarse (wallpaper); quitarse, salir (dirt, grease). Caerse de (fall off/horse, motorcycle). 2. Suceder (take place). Tener éxito (succeed). **To come off badly**, salir mal parado (fare, acquit oneself). **He always comes off worst**, siempre sale perdiendo. **She doesn't come off as very bright**, no da la impresión de ser muy inteligente (appear, seem). 3. Dejar de tomar (stop taking/drug). *(Coloq.)* **Come off it!**, ¡anda!, ¡no digas tonterías! (be serious). **To come off**, librarse, desembarazarse, separarse, salir de un cuidado, negocio, etc.; caer; acontecer, suceder. (Fam. E.U.) Dejarse de necedades; ser razonable. (Usase en imperativo). **Come off from**, dejar, omitir.

come on 1. (urging/only in imperative). **Come on!**, ¡vamos!, ¡date prisa!, ¡apúrate!, ¡órale! **Come on! you can do it!**, ¡vamos, que lo puedes hacer! **Hi! come on in/up**, hola, pasa/sube (inviting somebody). Avanzar (advance). 2. Entrar, empezar (begin/night, winter). **I can feel a headache coming on**, me está empezando un dolor de cabeza. Encenderse, ponerse en funcionamiento (begin to operate/heating, appliance); encenderse (light). 3. Avanzar (progress). 4. Aparecer, salir a escena (actor/performer). Empezar, salir al aire (Radio, TV). *(Sport)* Entrar (player).

come out, salir, trascender, parecer; apuntar el día, brotar las plantas; salir algo a luz: descubrirse o hacerse una cosa pública. **To come short of**, faltar, salir mal de, ser desafortunado. **Come out with**, dar salida, dejar escapar, soltar aflojar. **come on to**, pasar a. **Come out** 1. Salir (from inside, indoors). **To come out of something**, salir de algo. **If you take this route, you come out at Park Lane**, por este camino se sale a Park Lane. Salir (from prison, hospital). 2. Caerse (tooth, hair); salir (stain). 3. Salir (appear/sun, stars). Florecer, salir (flowers). 4. Salir (be said, spoken). **I tried to say it in French but it came out all wrong**, quise decirlo en francés, pero me salió mal. **I didn't mean to say it, it just came out**, no lo dije a propósito, se me escapó. Revelarse, salir a la luz (be revealed, emphasized/secret, truth). 5. Declararse (declare oneself). **To come out on strike**, declararse en huelga, ir a la huelga. Destaparse, declararse abiertamente homosexual (as being gay). 6. Salir (be published, become available/ newspaper, record, product). 7. Salir (have as outcome, total). **Everything came out right in the end**, al final todo salió bien. **To come out well/badly**, salir bien/mal parado (fare, acquit oneself). 8. *(Fot.)* Salir. **come out in**, **I/she came out in spots**, me/le salieron granos. **He came out in a cold sweat**, le entró un sudor frío.

come out with 1. Salir con (say/excuse, allegation).

come over (to somebody's home). **Telephone me, or better still, come over**, llámame o, mejor aún, pásate o ven por casa. Venir (from overseas). **She came over to our side**, se pasó a nuestro bando (change sides, opinions). **He came over all shivery**, de repente le dieron escalofríos (have sudden feeling). 2. **A feeling of nausea came over her**, le dieron náuseas (affect, afflict). **I don't know what came over me**, no sé qué me pasó.

come over, volver, disiparse, irse; alborotarse; atravesar, pasar; volver disiparse, irse. *(Fam.)* Sorprender, engañar.

come round (GB) *V.* COME AROUND.

come through Pasar (into room, office, etc.). Llegar (be received/message, news, supplies). **You're coming through loud and clear**, te recibimos u oímos muy bien. **In the end they came through with the money**, al final pusieron el dinero (not fail). **When the chips where down, you came through for me**, a la hora de la verdad, tú no me fallaste. 2. Penetrar, entrar (penetrate/water, light); oírse (sound, noise). 3. Salir de (survive/ordeal, illness); sobrevivir (war). **He came through the ordeal greatly scarred**, salió de la experiencia muy marcado.

come to, acercarse; llegar a obtener, alcanzar (reach certain state); consentir; llegar a, lograr, conseguir; estar reducido a; pasar a alguna parte; ascender, montar o importar cuando se trata de cantidades; parar en. **How do you come to here?**, ¿cómo es que estás aquí? **To come to an estate**, heredar, suceder a uno en la posesión de una hacienda. **To come to and fro**, pasar y repasar. **To come to grief**, salir mal parado. **To come to hand**, ser recibido, llegar a manos de; ofrecerse. **To come to himself**, volver en sí. **To come to nothing**, reducirse a nada una conversación, discurso, etc.; no quedar en nada, no valer nada, echarse a perder, ir en decadencia. **To come to an end**, estar a punto de acabarse, morir. **To come to life**, nacer. **To come to life again**, resucitar. **To come to mind**, ocurrir, presentarse a la memoria. **To come to pass**, acontecer, acaecer, suceder. **To come to terms**, someterse a algunas condiciones. **To come to one**, acercarse o llegar a uno, dirigirse a él. **To come short**, estar bajo la dependencia de otro; ser desafortunado; faltar.

come to 1. Llegar a (reach). **What's the world coming to!**, ¡hasta dónde vamos a llegar!, ¡adónde vamos a ir a parar! Ocurrirse (occur/idea, answer, name). **It come to me in a flash**, se me ocurrió de repente. **When it comes to ...**, cuando se trata de ... (be a question of). 2. Ascender a (amount to/ total). **It comes to $15 exactly**, son 15 dólares justos. **The plan never came to anything**, el plan nunca llegó a nada. **I comes to the same thing**, viene a ser lo mismo. 3. Volver en sí, recobrar el conocimiento (recover consciousness).

come together, 1. venir junto, juntarse; casarse; 2. reunirse (group, people). Cuajar (idea, plan).

come under Caer bajo (domination/spell). Ir bajo (be classified under).

come up 1. Subir (ascend, rise/person); salir (sun/moon). Acercarse (approach). **To come up to somebody**, acercársele a alguien. 2. Crecer (grow/seed, plant). Quedar (after cleaning). **The sheets have come up beautifully**, las sábanas han quedado muy bien. (GB) Hincharse (swell). 3. Surgir, presentarse (occur, arise/problem). **Something important has just come up**, acaba de surgir algo importante. **Two hamburgers, coming up**, dos hamburguesas, marchando. Surgir (be raised, mentioned/subject, point); ser mencionado (name). *(Law)* **My case comes up next Wednesday**, mi caso se ve el próximo miércoles. **come up**, subir; aparecer; establecerse una cosa; brotar o nacer las plantas. **To come up to**, acercarse a, llegar a, subir a; juntarse con; abordar un buque. **To come up with**, alcanzar a uno.

come up against Enfrentarse a, toparse o tropezarse con (opposition, prejudice).

come up for. **The car is coming up for its annual service**, dentro de poco hay que hacerle la revisión anual al coche. **I should come up for promotion next year**, me deberían considerar para un ascenso el año que viene. **To come up for re-election**, presentarse a la re-elección.

come upon Encontrarse con (encounter, reach). **Come upon**, embestir, atacar, sorprender, coger de repente; agarrar, asir, coger.

come up to Llegar a o hasta. **The water came up to my chest**, el agua me llegaba al pecho. Alcanzar, llegar a (attain/ standard). **Her performance didn't come up to expectations**, su actuación no estuvo a la altura de lo que se

esperaba. **It's coming up to four o'clock**, son cerca de las cuatro (be nearly). **We're coming up to the end of this stage**, nos estamos acercando al final de esta etapa.
come up with Idear (find/plan, scheme); presentar, plantear (proposal); conseguir (money). **If you can come up with a better idea**, si a ti se te ocurre algo mejor.
comeback ['kʌmbæk] [kam-bak] *s.* 1. Vuelta, retorno (return, revival). **He made/staged a comeback at 60**, volvió a la escena (o a la política.) a los 60 (años). 2. **The trouble is that you have no comeback at all**, el problema es que no puedes hacer ninguna reclamación o no puedes exigir reparación (redress). 3. Respuesta, réplica (retort).
comedian [kə'miːdɪən] [ko-mi-dian], *s.* 1. Comediante, representante, cómico, actor o actriz; humorista. 2. Escrito de comedias. *V.* DRAMATIST.
comedienne [kəˌmiːdɪ'en] [kam], *s.* Cómica, actriz, humorista.
comedown ['kʌmdaʊn] [kam-daun], *s. (Fam.)* Cambio desfavorable de circunstancias, descenso en la escala social. Degradación, humillación.
comedy ['kɒmɪdɪ] [ko-mi-di], *s.* Comedia (play, film); humorismo (comic entertainment); humorístico, de humor (show, program); comicidad, lo cómico (of situation.
comelily ['kɒmɪlɪlɪ] [ko-mi-li-li], *adv.* Donosamente, cortésmente.
comeliness ['kɒmɪlɪnɪs] [ko-mi-li-nes], *s.* 1. Gracia, donaire, hermosura, garbo, modestia. 2. Honestidad, decencia.
comely ['kʌmlɪ] [kam-li], *a.* Garboso, bien parecido, hermoso, decente, honesto, modesto. Bonito, lindo. *-adv.* 1. *V.* COMELILY. 2. Decentemente.
come-off [kʌm'ɒf] [kam-of], *s.* Salida, pretexto, excusa, escapatoria.
come-on [kʌmˌɒn] [kam-on] *s. (Coloq.)* **To give somebody the come-on**, insinuársele a alguien, tirarle los tejos a alguien.
comer ['kʌmər] [ka-maʳ], *s.* Viniente, el que viene. **The contest is open to all comers**, el certamen está abierto al público en general o a todos los que quieran participar. *(Coloq.)* **She/he/it looks like a comer**, parece que tiene posibilidades o futuro, parece prometedor (promising person, thing).
comestible [kə'mestɪbl] [ko-mes-ti-bol], *a.* Comestible. *-zs.* Comestible, mantenimiento.
comet ['kɒmɪt] [ko-mit], *s.* 1. Cometa, cuerpo celeste. 2. Cometa, juego de naipes.
cometarium ['kɒmɪtərɪəm] [ko-mi-ta-rium], *s.* Instrumento para mostrar la revolución de un cometa.
cometary ['kɒmɪtərɪ] [ko-mi-ta-ri], *a.* Perteneciente a un cometa.
comet-like ['kɒmɪtˌlaɪk] [ko-mit-laik], *a.* Semejante a un cometa; cosa que causa espanto o admiración.
cometography [ˌkɒmɪ'təʊgræfɪ] [ko-mi-tou-gra-fi], *s.* Cometografía.
come-uppance [ˌkʌm'ʌpəns] [kam-a-pans] *s. (Coloq.)* **To get one's come-uppance**, llevarse su merecido.
comfit ['kɒmfɪt] [kom-fit], *s.* Confite, pasta echa de azúcar.
comfit, *va.* Confitar.
comfiture ['kɒmfɪtʃʊər] [kom-fi-chuaʳ], *s.* Confitura.
comfort ['kʌmfət] [kom-fort], *va.* 1. Confortar, fortificar, dar fuerza, espíritu y vigor. 2. Animar, alentar, consolar al afligido (bereaved person); consolar (child). **I was comforted by the knowledge that you'd be there**, me reconfortó saber que estarías allí. 3. Alegrar, divertir, dar gozo y placer al que está triste. 4. *(For.)* Ayudar, apoyar. Cf. ABET.
comfort, *s.* 1. Confortación, auxilio, asistencia, favor, ayuda. 2. Consuelo, alivio, en alguna pena o aflicción (mental); placer, satisfacción. **He was a great comfort to me**, me sirvió de mucho consuelo. **To give aid and comfort to terrorists**, cooperar con terroristas. **To make comfort from something**, consolarse con algo. **Too close for comfort**, peligrosamente cerca. **To be cold comfort**, no servir de consuelo. 3. Comodidad, confort (physical, material); conveniencia, regalo. **To live in comfort**, vivir desahogadamente o con holgura. Comodidad (something pleasant, luxury). 4. *(For.)* Ayuda, apoyo en la perpetración de un crimen.
comfortable ['kʌmfətəbl] [kom-for-ta-bol], *a.* 1. Agradable, cómodo, consolador, consolatorio, consolante, dulce. 2. Cómodo (chair/clothes); confortable, cómodo (house, room). **I'm not very comfortable in this dress**, no estoy muy cómoda con este vestido. **Make yourself comfortable!**, ¡ponte cómodo! *(Med.)* Estable. Cómodo (at ease). **To feel comfortable with somebody**, sentirse cómodo o a gusto con alguien. 3. Bueno (income). **A comfortable lifestyle**, una vida desahogada. 4. Amplio, holgado (margin, majority). *-s. (E.U.)* Bufanda.
comfortableness ['kʌmfətəblnɪs] [kom-for-tei-bol-nes], *s.* 1. Comodidad, bienestar. 2. Consuelo, dulzura, agrado.
comfortably ['kʌmfətəblɪ] [kom-for-ta-bli], *adv.* Agradablemente; cómodamente, confortablemente (lie, sit). Holgadamente, con holgura (live). **To be comfortably off**, vivir holgadamente, tener una posición desahogada. Holgadamente, sin problemas (win).
comforter ['kʌmfətər] [kom-for-taʳ], *s.* 1. Consolador. 2. El Espíritu Santo. 3. *(E.U.)* Sobrecama o manta acolchada; edredón (bedcover). 4. Bufanda larga de lana. 5. (BrE) *V.* PACIFIER (for baby).
comforting ['kʌmfətɪŋ] [kom-for-tin], *a.* Consolador, confortante. De consuelo, reconfortante (words). **It's a comforting thought**, es reconfortante pensarlo o es un consuelo pensarlo.
comfortless ['kʌmfətlɪs] [kom-fort-les], *a.* Desconsolado, sin consuelo, inconsolable, desesperado, desagradable.
comfortress ['kʌmfətres] [kom-for-tres], *sf.* Consoladora.
comfort station ['kʌmfətˌsteɪʃən] [kom-fort-stei-shon] *s.* Baño público, servicios públicos.
comfy ['kʌmfɪ] [kom-fi] *a. (Coloq.)* Cómodo.
comic ['kɒmɪk] [ko-mik] *a.* Cómico (actor, scene); humorístico (writer). **Comic opera**, ópera bufa o cómica. **Comic relief**, toque de humor.
comic *s.* 1. Cómico, humorista (comedian). 2. (GB) Comic, libro de historietas (book); *V.* COMIC BOOK (magazine). **Comics**, *pl.* tiras cómicas, historietas, monitos.
comical ['kɒmɪkəl] [ko-mi-kal], *a.* Cómico, burlesco, alegre.
comically ['kɒmɪkəlɪ] [ko-mi-ka-li], *adv.* Burlescamente, cómicamente.
comic book ['kɒmɪkbʊk] [ko-mik-buk] *s.* Revista de historietas, tebeo, revista de chistes; comic (for adults).
comic strip ['kɒmɪkstrɪp] [ko-mik-strip], *s.* Historieta, tira cómica.
coming ['kʌmɪŋ] [ka-min], *s.* 1. Venida, llegada. 2. *(Rel.)* Advenimiento. **There was a lot of coming and going**, había mucho ir y venir de gente, había mucho movimiento.
coming, *a.* 1. El o lo que viene, venidero, viniente. 2. En camino de la celebridad o del poder. 3. Próximo, entrante (approaching/week, year). **This coming Monday**, este lunes, el lunes que viene, el lunes próximo. **The coming election**, las próximas elecciones.
coming-in ['kɒmɪŋˌɪn] [ko-min-in], 1. Introducción, principio, entrada. 2. Renta. 3. sumisión.
coming-of-age ['kʌmɪŋəv'eɪdʒ] [ko-min-eich] *s.* Mayoría de edad.
coming-out ['kʌmɪŋ'aʊt] [ko-min-aut] *s.* Presentación en sociedad, puesta de largo (of debutante).
comitative ['kɒmɪtətɪv] [ko-mi-ta-tiv], *a.* Que indica asociación o acompañamiento.
comitial ['kɒmɪʃəl] [ko-mi-shial], *a.* Perteneciente a comicios o asambleas.
comity ['kɒmɪtɪ] [ko-mi-ti], *s.* Cortesía, urbanidad.
comma ['kɒmə] [ko-ma], *s.* 1. Coma, el signo (,) que sirve para dividir los miembros más cortos de la oración o del período. 2. *(Mús.)* Coma, ligera diferencia en el tono. **Turned comma**, (') virgulilla. *V.* QUOTATION-MARK.

command [kə'mɑːnd] [ko-mand], *va.* 1. Mandar, comandar, ordenar, regir, gobernar (order). **To command somebody to**, ordenarle a alguien que. Estar al o tener el mando de (army, ship). 2. Dominar, hablando de un paraje elevado con relación a las llanuras que lo rodean. 3. Contar con, disponer de (wealth, resources). 4. Imponer, infundir, inspirar (respect); exigir (fee); alcanzar (price). *-vn.* Tener poder o autoridad suprema, gobernar.

command, *s.* 1. Mando (authority); poder, dominio (mastery); comando. 2. Mandamiento; orden (order). **To be at somebody's command**, estar a las órdenes de alguien. **Who's in command of this ship?**, ¿quién manda en este barco? **She's in command of the situation**, es dueña de la situación. **Under somebody's command**, bajo las órdenes de alguien. 3. Autoridad, imperio. 4. Cuerpo de tropas bajo un comandante. 5. Dominación; y de aquí, alcance de vista. 6. Facilidad, recursos. 7. Mando (leadership). **Command post**, puesto de mando. 8. *(Inform.)* Orden, comando. **To have command of** o **over oneself**, saber dominarse. **Yours to command**, su seguro servidor.

commandant [ˌkəmɑːn'dænt] [ko-man-de[r]], *s.* Comandante.

commandeer [kə'mɑːndɪər] [ko-man-dia[r]], *va. (Mil.)* Confiscar, expropiar. Reclutar forzosamente (personnel). Requisar (vehicle, building, supplies). Apropiarse de (take arbitrarily).

commander [kə'mɑːndər] [ko-man-da[r]], *s.* 1. Comandante (officer in command). Capitán de fragata (navy rank). 2. Maza o mazo para empedrar.

commander-in-chief [kə'mɑːndərɪn'tʃiːf] [ko-man-der-in-chif], *s.* Comandante en jefe.

commandery [kə'mɑːndərɪ] [ko-man-de-ri] *s.* 1. Comandancia, el cuerpo de los caballeros de Malta de una misma nación. 2. Residencia de algún cuerpo de caballeros. 3. Encomienda, en las órdenes militares.

commanding ['kɒmə] [ko-ma], *pa.* 1. Dominante, imperativo. 2. Imponente. 3. *(Mil.)* Comandante. **A commanding presence**, una presencia imponente. **The commanding officer**, comandante en jefe. *a.* De superioridad, dominante (dominant, position); considerable (lead). Que impone (authoritative/presence); autoritario, imperioso (tone). Prominente (overlooking/position).

commandingly [kə'mɑːndɪŋlɪ] [ko-man-din-li], *adv.* Imperativamente, en tono de mando.

commanding officer [kə'mɑːndɪŋ'ɒfɪsar] [ko-man-din-o-fi-sa[r]] *s.* Oficial al mando.

commandment ['kɒməndmənt] [ko-mand-mant], *s.* Mandato, precepto. **The ten Commandments**, los diez Mandamientos.

commando [kə'mɑːndəʊ] [ko-man-dou], *s.* Comando, comandos, soldado o tropa entrenados especialmente para misiones difíciles (unit, soldier).

commandress [kə'mɑːndres] [ko-man-dres], *sf.* Comendadora, mandante.

commatism ['kəmætɪzm] [ko-ma-tisem], *s.* Concisión, brevedad.

commeasurable [kə'mɪəʒərəbl] [ko-mia-su-rei-bol], *a.* Conmensurable.

commemorable [kə'memərəbl] [ko-me-mo-ra-bol], *a.* Memorable, digno de ser recordado.

commemorate [kə'memərеɪt] [ko-me-mo-reit], *va.* Conmemorar, recordar.

commemoration [kəˌmemə'reɪʃən] [ko-me-mo-reishon], *s.* Conmemoración, recuerdo.

commemorative [kə'memərətɪv] [ko-me-mo-ra-tiv], *a.* Conmemorativo.

commemoratory [kə'memərətərɪ] [ko-me-mo-ra-to-ri], *a.* Conmemoratorio.

commence [kə'mens] [ko-mens], *vn.* Comenzar, empezar. Dar comienzo, iniciarse (session, celebration); comenzar (person). *-va.* Comenzar, principiar, entablar. Dar comienzo a, iniciar, comenzar (work, discussion).

commencement [kə'mensmənt] [ko-mens-ment], *s.* 1. Principio, inicio, comienzo (beginning). 2. El día de recibir grados en las universidades y la celebración que hacen los graduados en ese día. Ceremonia de graduación.

commend [kə'mend] [ko-mend], *va.* 1. Encomendar, recomendar; encargar algún negocio o persona al cuidado de otro (entrust). **To commend somebody/something to somebody**, encomendarle alguien/algo a alguien. 2. Alabar, hablar en favor de alguna persona; elogiar (praise). **To commend somebody for something**, elogiar a alguien por algo. **Highly commended**, mención de honor, accésit. 3. Ensalzar, 4. Enviar. 5. Recomendar (recommend). **It has little/much to commend it**, tiene pocos/muchos méritos. **To commend something to somebody**, recomendar(le) algo a alguien.

commendable [kə'mendəbl] [ko-men-da-bol], *a.* Recomendable, loable, encomiable, digno de alabanza.

commendably [kə'mendəblɪ] [ko-men-da-bli], *adv.* Loablemente.

commendatary [kə'mendətərɪ] [ko-men-da-ta-ri], *s.* Comendatario, beneficiado.

commendation [ˌkɒmen'deɪʃən] [ko-men-dei-shon], *s.* Recomendación, encomio, alabanza, elogios (praise). Mención de honor, accésit (award).

commendator [kə'mendeɪtər] [ko-men-dei-to[r]], *s.* Comendatario, el eclesiástico que tenía en encomienda algún beneficio.

commendatory [kə'mendətərɪ] [ko-men-da-to-ri], *a.* 1. Recomendatorio. 2. Encomendero. *-s.* Encomio, recomendación.

commender [kə'mendər] [ko-men-da[r]], *s.* La persona que recomienda; alabador.

commensal [kə'mensl] [ko-men-sal], *a.* 1. Comensal, el que come a la mesa y a expensas de otro. 2. *(Biol.)* Asociado a otro o que vive con él, pero no como parásito; por ejemplo, una anémona marina y un cangrejo ermitaño.

commensalism [kə'mensəlɪʒm] [ko-men-sa-lisem], o **commensality** [kə'mensəlɪtɪ] [ko-men-sa-li-ti], *s.* Comensalía, la compañía de casa y mesa.

commensurability [kə'menʃərəbɪlɪtɪ] [ko-men-shu-ra-bi-li-ti], **commensurableness** [kə'menʃərəblnɪs] [ko-men-shu-ra-bol-nes], *s.* Comensurabilidad.

commensurable [kə'menʃərəbl] [ko-men-shu-ra-bol], *a.* 1. Conmensurable, o que tiene una medida común. 2. Proporcionado, a propósito.

commensurate [kə'menʃərɪt] [ko-men-shu-reit], *va.* Conmensurar, medir o tomar la proporción de alguna cosa reduciéndola a medida común.

commensurate, *a.* Conmensurativo, proporcionado. Acorde. **Commensurate with something**, acorde o en proporción con algo.

commensurately [kə'menʃərɪtlɪ] [ko-men-shu-reit-li], *adv.* Proporcionadamente.

comment ['kɒment] [ko-ment], *va.* 1. *(Ant.)* Comentar, hacer un comentario, glosar, observar. 2. *-vn.* Anotar, hacer notas críticas, explicar. **To comment on something**, hacer comentarios sobre algo.

comment *s.* 1. Comento, explicación, glosa, exposición. 2. Comentario, observación (remark). **The film is a comment on modern society**, la película es una reflexión sobre la sociedad actual. Comentarios (reaction). **To pass comment on something**, hacer comentarios sobre algo. **The minister is unavailable for comment**, el ministro no desea hacer ningún comentario. **No comment**, sin comentarios.

commentary ['kɒmentərɪ] [ko-men-ta-ri], *s.* 1. Comentario, glosa; interpretación. *(Rad, TV, Sport)* Comentarios, crónica. Comentario (anlysis). 2. Comentario, relación histórica de alguna expedición. 3. Notas explicatorias del texto, escolio.

commentate ['kɒmenteɪt] [ko-men-teit], *vn.* Glosar, anotar. **To commentate on something**, hacer los comentarios o la crónica de algo.

commentator ['kɒmenteɪtər] [ko-men-tei-to'], **commenter** ['kɒmentər] [ko-men-ta'], *s.* Comentador, expositor. Comentarista.

commentitious ['kɒmentɪʃəs] [ko-men-ti-shos], *a.* Imaginario, fingido, falso.

commerce ['kɒmɜːs] [ko-mers], *s.* 1. Comercio (trade); negociación, tráfico. 2. Trato familiar, correspondencia, amistad, unión amistosa. 3. Comercio, un juego de naipes. **Foreign commerce**, comercio exterior. **Domestic commerce**, comercio interior. **To enter into commerce with**, entrar en relaciones con. **To carry on a commerce**, hacer tráfico de, comerciar en.

commerce, *vn.* 1. Mantener trato o correspondencia. 2. *(Des.)* Comerciar, traficar, negociar, tratar con.

commercial [kə'mɜːʃəl] [ko-mer-shal], *a.* Comercial, comerciante, mercantil. **Commercial flying**, aviación comercial. **Commercial law**, derecho mercantil o comercial. *-s.* Anuncio comercial (en la radio, en la televisión, etc.). Spot publicitario.

commercialism [kə'mɜːʃəlɪzəm] [ko-mer-sha-lisem] *s.* Comercialismo.

commercialize [kə'mɜːʃəlaɪz] [ko-mer-sha-lais], *va.* 1. Mercantilizar. Comercializar. 2. Explotar un negocio. 3. Comerciar un producto.

commercially [kə'mɜːʃəlɪ] [ko-mer-sha-li], *adv.* Comercialmente (manufacture, sell). **Commercially viable**, rentable.

commercial paper ['kɒmɜːʃəl'peɪpər] [ko-mer-shal-pei-pa'] *s.* Efectos negociables, papel comercial.

commercial traveler ['kɒmɜːʃəl'trævlər] [ko-mer-shal-trav-le'] *s.* (GB) Viajante de comercio, corredor.

commerge ['kɒmɜːdʒ] [ko-merch], *va.* y *vn.* Mezclar, unir o unirse.

commie, commie ['kɒmɪ'kɒmɪ] [ko-mi-ko-mi] *s.* *(Sl.)* Rojo, comunista.

commigrate ['kɒmɪgreɪt] [ko-mi-greit], *vn.* Emigrar juntos, en compañía de otros.

commination ['kɒmɪneɪʃən] [ko-mi-nei-shon], *s.* Conminación, amenaza.

comminatory ['kɒmɪnətərɪ] [ko-mi-na-to-ri], *a.* Conminatorio.

commingle ['kɒmɪŋl] [ko-mingl], *va.* Mezclar, hacer mezcla de cosas diversas. *-vn.* Mezclarse, unirse una cosa con otra.

comminute ['kɒmɪnuːt] [ko-mi-nut], *va.* Moler, pulverizar, desmenuzar, romper, quebrar, dividir. **Comminuted fracture**, fractura conminuta, rotura del hueso en varios fragmentos.

comminution ['kɒmɪnuːʃən] [ko-mi-nu-shon], *s.* 1. Pulverización; división. 2. *(Cir.)* Fractura conminuta. 3. Atenuación, pérdida gradual.

commiserable ['kəmɪzərəbl] [ko-mi-se-ra-bol], *a.* Lastimoso, digno de compasión.

commiserate [kə'mɪzəreɪt] [ko-mi-se-reit], *va.* Apiadarse, tener lástima o compasión, compadecerse. *vn.* **I commiserated with him about losing his job**, le dije cuánto sentía que se hubiera quedado sin trabajo.

commiseration [kə,mɪzə'reɪʃən] [ko-mi-se-rei-shon], *s.* Conmiseración, compasión, piedad.

commiserative [kə'mɪzərətɪv] [ko-mi-se-ra-tiv], *a.* Compasivo.

commiserator [kə'mɪzəreɪtər] [ko-mi-sa-rei-to'], *s.* Apiadador.

commissariat [,kɒmɪsɛərɪət] [ko-mi-sea-riat], *s.* 1. Comisaría, el empleo o la oficina del comisario. 2. El cuerpo de Administración Militar, que se encarga de proveer a la subsistencia del ejército. 3. Los víveres y demás artículos necesarios abastecidos por la Administración Militar.

commissary ['kɒmɪsərɪ] [ko-mi-sa-ri], *s.* 1. Comisario, delegado. 2. *(Mil.)* Comisario de guerra, oficial que tiene a su cargo el aprovisionamiento de las tropas. **Commissary-general**, jefe superior de Administración Militar.

commissaryship ['kɒmɪsərɪʃɪp] [ko-mi-sa-ri-ship], *s.* Comisaría, comisariato.

commission [kə'mɪʃən] [ko-mi-shon], *s.* 1. Comisión, la acción de cometer a otro alguna cosa. 2. Comisión, encargo. (for music, painting, building). Cargo (office). 3. Patente, despacho, nombramiento en virtud del cual se designa o constituye a un oficial en algún empleo militar. 4. Comisionados, cierto número de personas a quienes se les confía alguna comisión. Comisión (grupo). **The European Commission**, la Comisión Europea o de las Comunidades Europeas. 5. *(Com.)* Mando o autoridad de algún comisionista o agente. 6. Paga o sueldo de comisionista. Comisión (for sales). **To sell something on commission**, vender algo a comisión. 7. Comisión, perpetración. **To put in** o **into commission**, poner un buque de guerra bajo el mando directo de un oficial determinado para el servicio activo. 8. Servicio (use). **To be out of commission**, estar fuera de servicio (ship); no funcionar (machine).

commission , *va.* 1. Comisionar, dar comisión o poder a alguno para que en su virtud obre; autorizar, encargar, apoderar. Encargar, comisionar (painting, novel, study). **To commission somebody to**, encargarle a alguien que (artist, writer, researcher). 2. *(Mil.)* Nombrar oficial. **Commissioned officer**, oficial del ejército con grado de teniente o superior a teniente. *(Naut.)* Poner en servicio (ship).

commission agent [kə'mɪʃən'eɪdʒənt] [ko-mi-shon-ei-yent], *s.* Agente comisionista.

commissionaire [kə,mɪʃə'nɛər] [ko-mi-sho-nea'] *s.* (GB) Conserje, portero.

commissional [kə'mɪʃənəl] [ko-mi-sho-nal], **commissionary** [kə'mɪʃənərɪ] [ko-mi-sho-na-ri], *a.* Comisionado.

commissioner [kə'mɪʃənər] [ko-mi-sho-na'], *s.* Comisionado, apoderado. Comisionado, miembro de la comisión (commission member). **EC Commissioner**, comisario de la CE. (GB) Inspector, jefe (of police). *(Sport)* Presidente de una federación deportiva.

commissure ['kəmɪʃər] [ko-mi-shua'], *s.* *(Anat.)* Comisura, punto de unión de ciertas partes similares del cuerpo, como los labios y los párpados. El adjetivo de este vocablo es *Commissural*.

commit [kə'mɪt] [ko-mit], *va.* 1. Cometer, perpetrar algún delito o yerro (perpetrate/crime, error, sin). **To commit suicide**, suicidarse. 2. Cometer, confiar. 3. Depositar, entregar (send). **To commit somebody to an asylum**, internar a alguien en un manicomio. **She was committed to trial**, se dictó auto de procesamiento o auto de sujeción a proceso contra ella. 4. Encarcelar, poner preso. 5. Encargar, encomendar. Asignar, consignar (funds, time, resources). **To commit something to paper/writing**, poner/consignar algo por escrito. **To commit something to somebody's care**, confiar algo al cuidado de alguien. 6. Aprender de memoria. **To commit something to memory**, memorizar algo. 7. Comprometer, obligar (bind). *v. refl.* **To commit oneself**, comprometerse (bind). Comprometerse (state views). **He wouldn't commit himself**, no quiso comprometerse.

commitment [kə'mɪtmənt] [ko-mit-ment], *s.* 1. Auto de prisión. 2. Fianza, seguridad, prenda. 3. Perpetración (de un delito). 4. Remisión de un proyecto de ley a una comisión. 5. Responsabilidad (responsibility); obligación (obligation). **Family commitments**, obligaciones o cargas familiares. **There's no commitment to join**, no hay (ninguna) obligación de afiliarse. Compromiso (engagement). 6. **Commitment to something**, dedicación o entrega a algo (dedication).

committal [kə'mɪtl] [ko-mi-tal], *s.* 1. *V.* COMMITMENT, 1ª y 3ª aceps. 2. Consignación. 3. Encarcelamiento.

committed [kə'mɪtɪd] [ko-mi-tid] *a.* Comprometido (dedicated/Christian, Communist, feminist); entregado a su trabajo, dedicado (teacher, worker). Comprometido (under obligation, pledged). **I am committed to helping her**, me he comprometido a ayudarla.

committee [kə'mɪtɪ] [ko-mi-ti], *s.* Junta de comisión o meramente comisión encargada de un negocio particular. Comité (of club, society); comisión (of parliament). **To be on a committee**, ser miembro de un comité o una comisión. **Committee of arrangements**, comisión de arreglos, junta o diputación de personas para disponer una función. **Committee,** *(For.)* guardián o cuidador judicial de la persona o bienes de un lunático o un menor. Del comité o de la comisión (meeting, member).

committeeman [kə'mɪtɪmən] [ko-mi-ti-man] *s.* Miembro de una comisión o de un comité.

committee woman [kə'mɪtɪwʊmən] [ko-mi-ti-uo-man] *sf.* Miembro de una comisión o de un comité.

commiteeship [kə'mɪtɪʃɪp] [ko-mi-ti-ship], *s.* El empleo de comisión.

committer [kə'mɪtər] [ko-mi-ta^r], *s.* Perpetrador, agresor, el que hace o comete algún delito; autor.

committible [kə'mɪtɪbl] [ko-mi-ti-bol] *a.* Lo que se puede cometer.

commix [kə'mɪks] [ko-miks], *va.* Mezclar. *-vn.* Unir.

commixture [kə'mɪkstʃər] [ko-miks-chua^r], *s.* Mezcla, mixtura, compuesto.

commode [kə'məʊd] [ko-moud], *s.* 1. Cómoda, mueble con cajones para guardar ropa y otras cosas (chest of drawers). 2. Lavabo cubierto con aljofaina, etc. 3. Sillico o servicio. Silla con orinal (for invalid). Inodoro, taza (toilet). 4. Tocado que usaron las mujeres por los años de 1700.

commodious [kə'məʊdɪəs] [ko-mou-dios], *a.* Cómodo, conveniente, útil, apropiado para su objeto, especialmente en el sentido de espacioso, dilatado. Espacioso, amplio.

commodiously [kə'məʊdɪəslɪ] [ko-mou-dios-li], *adv.* Cómodamente, aptamente.

commodiousness [kə'məʊdɪəsnɪs] [ko-mou-dios-nes], *s.* Conveniencia, comodidad; extensión.

commodity [kə'mɒdɪtɪ] [ko-mo-di-ti], *s.* 1. Interés, ventaja, utilidad, provecho. 2. Comodidad, conveniencia de tiempo o lugar. 3. *pl.* Géneros, mercaderías, productos, frutos, producciones (product). *(Fin.)* Materia prima.

commodore ['kɒmədɔːr] [ko-mo-dor], *s.* *(Mar.)* Comodoro, grado inmediatamente inferior al de contraalmirante; jefe de escuadra.

common ['kɒmən] [ko-mon], *a.* 1. Común, corriente, usual (widespread, prevalent). **The commom cold**, el resfriado común. **To be in common use**, ser de uso corriente. **The common man**, el hombre medio o de la calle (average, normal). **The common people**, la gente común y corriente. **I was treated like a common criminal**, me trataron como a un vulgar delincuente. **It's common decency**, es una cuestión de elemental (buena) educación. 2. Común, ordinario, vulgar (low class, vulgar). 3. Público, general. 4. Bajo, inferior, de poco valor. 5. Común (shared, mutual). **Common ground**, puntos en común o de coincidencia. **To be common to something**, ser común a. **It's common knowledge**, todo el mundo lo sabe (public). **By common consent he's the best**, todos coinciden en que es el mejor. **The common good**, el bien común o de todos. *-adv. V.* COMMONLY. **Common council**, ayuntamiento, consejo. **Common councilman**, regidor. **Common hall**, casa consistorial. **Common Pleas Court**, uno de los tribunales de justicia para las causas civiles. **Common law**, la ley no escrita (de Inglaterra), costumbre que tiene fuerza de ley. **Common Prayer**, liturgia de la Iglesia anglicana. **Common sense**, sentido común, sensatez, inteligencia práctica. **Common crier**, pregonero. **Common carrier**, conductor público de mercancías de un lugar a otro; en particular un ferrocarril, vapor, o compañía de expreso. **Common sewer**, albañal. **Common soldier**, soldado raso. **Common-place topics**, lugares u observaciones comunes.

common, *s.* 1. Común, comunal, pastos comunes; terreno perteneciente al municipio. 2. **In common**, en común. **To have something in common with somebody**, tener algo en común con alguien. **In common with** (as prep.) al igual que. *V.* COMMONS.

commonable ['kɒmənəbl] [ko-mo-na-bol], *a.* Común, comunal.

commonage ['kɒmənɪdʒ] [ko-mo-neich], *s.* Derecho de pastar ganados en terreno común.

commonality ['kɒmənælɪtɪ] [ko-mo-na-li-ti], *(Des.)*, **commonalty** ['kɒmənæltɪ] [ko-mo-nal-ti], *s.* El común, el vulgo o pueblo; la mayor parte del género humano; sociedad, comunidad.

commoner ['kɒmənər] [ko-mo-na^r], *s.* 1. Plebeyo, el que es del estado llano. 2. Individuo o miembro de la cámara baja o de los comunes en Inglaterra. 3. Estudiante de segunda clase en la universidad inglesa de Oxford. 4. Comunero, el que tiene parte en alguna heredad o pasto común.

common law ['kɒmən,lɔː] [ko-mon-lo] *s.* Derecho consuetudinario. **Common-law wife**, concubina, conviviente.

commonly ['kɒmənlɪ] [ko-mon-li], *adv.* Comúnmente, frecuentemente. **A commonly held belief**, una creencia muy generalizada o extendida.

Common Market ['kɒmən,mɑːkɪt] [ko-mon-mar-ket] *s.* El Mercado Común.

commonness ['kɒmənnɪs] [ko-mon-nes], *s.* 1. Comunidad; igual participación de una cosa entre muchos. 2. Frecuencia (frequency). Ordinariez (vulgarity).

common-or-garden ['kɒmənɔː,gɑːdn] [ko-mon-or-garden] *a.* (GB) *(Coloq.)* Vulgar o común y corriente.

commonplace ['kɒmənpleɪs] [ko-mon-pleis], *a.* Común, vulgar, trivial, corriente (ordinary); banal, trillado (trite). *-s.* 1. Memento, nota. 2. Lugares comunes, en los escritos. Tópico (platitude). Cosa frecuente, común o corriente (common occurrence).

commonplace, *va.* Escribir en libros de memoria.

commons ['kɒmənz] [ko-mons], *s. pl.* 1. El vulgo o pueblo bajo. 2. La cámara baja en Inglaterra; **The Commons**, la Cámara de los Comunes. 3. Ordinario, la comida usual de todos los días.

commonsense ['kɒmən,sens] [ko-mon-sens] *a.* Lleno de sentido común. **He has a commonsense attitude to things**, ve las cosas con mucho sentido común. **Common sense**, *s.* sentido común.

common stock ['kɒmənstɒk] [ko-mon-stok], *s.* *(Com.)* Acciones ordinarias.

commonwealth ['kɒmənwelθ] [ko-mon-uelz], *s.* 1. Todo el pueblo del Estado, el cuerpo político. 2. República, gobierno en el cual el poder supremo reside en el pueblo. **The British Commonwealth**, la Commonwealth.

commorance ['kɒmərəns] [ko-mo-rans], **commorancy** ['kɒmərənsɪ] [ko-mo-ran-si], *s.* *(For.)* Morada, estancia, residencia.

commorant ['kɒmərənt] [ko-mo-rant], *a.* *(For.)* Residente, habitante, vecino.

commotion [kə'məʊʃən] [ko-mou-shon], *s.* 1. Agitación, movimiento del mar y de aquí perturbación del ánimo. 2. Conmoción, levantamiento, tumulto, sublevación, sedición. Alboroto, jaleo (noise). Conmoción (outrage). **To cause a commotion**, producir o causar una conmoción.

commotioner [kə'məʊʃənər] [ko-mou-sho-na^r], *s.* Commovedor, perturbador, revolucionario, agitador.

commove ['kɒmuːv] [ko-muv], *va.* Conmover, perturbar, turbar, agitar, revolver.

communal ['kɒmjuːnl] [ko-miu-nal], *a.* 1. Referente a un distrito municipal (de Francia) llamado *commune*. 2. Que pertenece a la comunidad; comunal, público (shared/land, ownership); común (kitchen, bathroom); comunitario (in community/life). Interno, intestino (between groups/ violence).

communally ['kɒmjuːnəlɪ] [ko-miu-na-li] *adv.* En comunidad.

commune ['kɒmjuːn] [ko-miun], *s.* 1. La menor división política de Francia, distrito municipal. 2. Comunidad organizada para gobernarse por sí misma. Comuna. 3. Plática íntima.

commune, *vn.* 1. Conversar, platicar, conferir, hablar familiarmente. 2. Comulgar, recibir la comunión. **To commune with God/nature**, estar en íntima comunión con Dios/la naturaleza.

communicability [kə'mju:nɪkə'bɪlɪtɪ] [ko-miu-ni-ka-bi-li-ti], **communicableness** [kə'mju:nɪ'keɪblnɪs] [ko-miu-ni-kei-bol-nes], *s.* Comunicabilidad.

communicable [kə'mju:nɪkəbl] [ko-miu-ni-ka-bol], *a.* 1. Comunicable, lo que se puede comunicar, susceptible de comunicarse o pasar de uno a otro; transmisible. 2. Distribuído, poseído con otros. 3. *V.* COMMUNICATIVE.

communicant [kə'mju:nɪkənt] [ko-miu-ni-kant], *s.* Comunicante, comulgante, el que recibe la comunión.

communicate [kə'mju:nɪkeɪt] [ko-miu-ni-keit], *va.* 1. Comunicar, decir a otro lo que uno sabe. **To communicate something to somebody**, comunicarle algo a alguien (make known/knowledge, idea); transmitirle o comunicarle algo a alguien (transmit/feeling). 2. Descubrir, revelar o enseñar a uno; paticipar, transmitir. *-vn.* 1. Comulgar. 2. Comunicarse, tener comunicación (person, aircraft). **To communicate with something**, comunicarse con algo (conect, room). **Communicating**, que se comunican (rooms); de comunicación (doors).

communication [kə,mju:nɪ'keɪʃən] [ko-miu-ni-kei-shon], *s.* 1. Comunicación (act). **To be in/get into communication with somebody**, estar/ponerse en comunicación o en contacto con alguien. *(Educ.)* **Communication skills**, aptitud para comunicarse. 2. Comunicación, entrada, paso de un lugar a otro. 3. Participación recíproca de lo que se sabe. 4. Trato o correspondencia entre dos o más personas; plática, conversación. **Communications**, *pl.* comunicaciones (means of communicating). **Communications satellite**, satélite de comunicaciones.

communicative [kə'mju:nɪkətɪv] [ko-miu-ni-ka-tiv], *a.* 1. Comunicativo, el que tiene aptitud, inclinación y propensión natural a comunicar a otros lo que sabe, o a dividir lo que posee. 2. Franco, sociable, accesible al trato de los demás.

communicativeness [kə'mju:nɪkətɪvnɪs] [ko-miu-ni-ka-tiv-nes], Comunicabilidad.

communicatory [kə'mju:nɪkətərɪ] [ko-miu-ni-ka-to-ri], *a.* Comunicatorio, que da a conocer.

communion [kə'mju:nɪən] [ko-miu-nion], *s.* 1. Comunión, trato familiar; relaciones amistosas (exchange of ideas, fellowship); confraternidad. 2. *(Rel.)* Comunión, el acto de recibir la sagrada eucaristía. **Holy Communion**, la Santa o Sagrada Comunión. **To take Communion**, recibir la comunión o la eucaristía, comulgar. 3. Comunión, congregación de muchas personas unidas por una creencia uniforme.

communiqué [kə'mju:nɪkeɪ] [ko-miu-ni-kei], *s.* Comunicación oficial; comunicado.

communism ['kɒmjʊnɪzəm] [ko-miu-ni-sem], *s.* 1. El sistema social de la comunidad de bienes. 2. Comunismo, doctrina que proclama la abolición del derecho de propiedad particular y la absoluta autoridad del cuerpo político para dirigir todo lo relativo al trabajo, la religión, las relaciones sociales, etc.

communist ['kɒmjʊnɪst] [ko-miu-nist], *s.* Comunista, el partidario del comunismo.

communistic [kə'mju:nɪstɪk] [ko-miu-nis-tik], *a.* 1. Perteneciente al comunismo. 2. Dividido en común.

community [kə'mju:nɪtɪ] [ko-miu-ni-ti], *s.* 1. Comunidad, el cuerpo político, el público; la sociedad en general. **The community**, la comunidad (society at large). **Community service**, trabajo comunitario prestado en lugar de cumplir una pena de prisión. **Community spirit**, espíritu de comunidad. 2. Conjunto de personas que tienen intereses comunes, por ejemplo una comunidad de frailes; comunidad (people in a locality). Colectividad (large grouping). **The city's black community**, la población o comunidad negra de la ciudad. 3. Comunidad, propiedad o goce común de una cosa; igualdad, conformidad. Comuna (people living together).

community center, (GB) **centre** *s.* Centro social.

community chest [kə'mju:nɪtɪ,tʃest] [ko-miu-ni-ti-chest], *s.* Fondo de caridad para beneficio de la comunidad.

community college [kə'mju:nɪtɪ,kʌlɪdʒ] [ko-miu-ni-ti-ko-lech] *s.* (in US) Establecimiento donde se imparten cursos de nivel terciario de dos años de duración.

community property [kə'mju:nɪtɪ,prɒpɜ:tɪ] [ko-miu-ni-ti-pro-per-ti] *s.* (in US) Bien ganancial.

commutable [kə'mju:təbl] [ko-miu-ta-bol], *a.* Conmutable.

commutation ['kɒmjʊ'teɪʃən] [ko-miu-tei-shon], *s.* 1. Mudanza, alteración. 2. Cambio, trueque, el acto de dar una cosa por otra. 3. Conmutación, el trueque de una pena corporal en otra pecuniaria. 4. Iguala, ajuste, el precio que se da por la franquicia de pasar un río, camino, etc., por cierto tiempo. **Commutation ticket**, billete de abono, válido para viajar por tiempo determinado, a precio reducido.

commutative [kə'mju:tətɪv] [ko-miu-ta-tiv], *a.* Conmutativo.

commutatively [kə'mju:tətɪvlɪ] [ko-miu-ta-tiv-li], *adv.* Conmutativamente.

commutator [kə'mju:teɪtər] [ko-miu-tei-to^r], *s.* Conmutador, aparato para cambiar la corriente en una máquina dinamoeléctrica.

commute [kə'mju:t] [ko-miuti], *va.* 1. Conmutar, permutar, trocar, cambiar; rescatar. Conmutar (sentence, punishment). **To commute something to something**, conmutar algo por algo. 2. Igualarse, ajustarse, pagar un tanto por ciento tiempo por el peaje, pasaje de un río, etc. con el objeto de no tener que hacerlo cada vez. *-vn.* 1. Conmutar, resarcir por medio de conmutación. 2. Viajar todos los días entre el lugar de residencia y el de trabajo.

commuter [kə'mju:tər] [ko-miu-ta^r], *s.* La persona que viaja con billete de abono, a precio reducido. Persona que viaja diariamente una distancia considerable entre su lugar de residencia y el de trabajo. **The commuter belt**, los barrios periféricos.

commutual [kə'mju:tʊəl] [ko-miu-tual], *a.* Mutuo, recíproco.

comose [kə'məʊz] [ko-mous], *a.* Peludo.

compact ['kɒmpækt] [kom-pakt], *s.* 1. Pacto, convenio, concierto, ajuste, acuerdo (agreement). 2. **Powder compact**, polvera. 3. **Compact car**, coche compacto.

compact, *va.* 1. Consolidar, juntar y unir unas cosas con otras con solidez y firmeza. 2. Pactar, hacer algún pacto o convenio. 3. Compaginar, ordenar y componer unas cosas con otras hasta reducirlas a sistema. 4. Compactar, comprimir (soil, snow).

compact, *vn.* Coligarse, unirse a o con.

compact, *a.* 1. Compacto (small and neat); firme, sólido, denso; cerrado, apretado (tightly packed). 2. Breve, compendioso. Conciso (concise/style of writing). 3. Pulido, hermoso. 4. Compuesto o hecho de, consistente en.

compact disc, **compact disk** ['kɒmpækt,dɪsk] [kom-pakt-disk] *s.* Disco compacto, compact-disc. **Compact disc player**, reproductor de compact-disc.

compacted ['kɒmpæktɪd] [kom-pak-ted], *a.* Consolidado, apretado, firme.

compactedly [kəm'pæktɪdlɪ] [kom-pak-ted-li], *adv.* *V.* COMPACTLY.

compactedness [kəm'pæktɪdnɪs] [kom-pak-ted-nes], *s.* Firmeza, estrechez, solidez, densidad.

compactible ['kɒmpæktɪbl] [kom-pak-ti-bol], *a.* Lo que se puede unir, estrechar, hacer compacto.

compactly [kəm'pæktlɪ] [kom-pakt-li], *adv.* Estrechamente, unidamente, pulidamente, en pocas palabras.

compactness [kəm'pæktnɪs] [kom-pakt-nes], *s.* Firmeza, densidad, unión, estrechez, pulidez.

compages ['kɒmpeɪdʒəs] [kom-pei-yes], *s.* Trabazón, juntura, enlazamiento, enlace.

compaginate [kɒm'pædʒɪneɪt] [kom-pa-yi-neit], *va.* Compaginar, juntar, adaptar.

compagination [ˌkɒmpædʒɪ'neɪʃən] [kom-pa-yi-nei-shon], *s.* Compaginación.

companion [kəm'pænɪən] [kom-pa-nion], *s.* 1. Compañero, socio (associate, comrade). **A traveling companion**, un compañero de viaje. **A boon companion**, un compañero alegre y jovial. 2. Compañero, camarada, la persona con quien uno se acompaña; compañero, pareja (accompanying item). 3. Caballero de una orden. 4. Dama de compañía, señorita/señora de compañía. 5. Guía, manual (guide).

companion, *s. (Mar.)* 1. Lumbrera, chupeta de escala en los buques mercantes. 2. Carroza, cubierta de popa. **Companion-ladder**, escala de toldilla. **Companion-way**, escalera de la cámara.

companionable [kəm'pænɪəbl] [kom-pa-nia-bol], *a.* Sociable, amigable.

companionably [kəm'pænɪəblɪ] [kom-pa-nia-bli], *adv.* Sociablemente.

companionship [kəm'pænɪənʃɪp] [kom-pa-nion-ship], *s.* Sociedad, compañía, reunión de amigos; camaradería, compañerismo (fellowship); compañía (company of others).

company ['kʌmpənɪ] [kom-pa-ni], *s.* 1. *(Busn.)* Compañía o sociedad; empresa. 2. Compañía, junta o tertulia de personas que se reunen para divertirse o hablar de algún asunto (companionship). **In somebody's company**, en compañía de alguien. **The dog will be company for her**, el perro le hará compañía (companion, companions). **She's excelent company**, es muy agradable o divertido estar con ella. **Present company excepted**, exceptuando a los presentes, mejorando lo presente. **We've got company**, tenemos visita (guests). 3. Compañía, número de personas que se unen para un fin determinado. 4. Compañía de comercio. 5. Gremio, cuerpo. 6. *(Mil.)* Compañía, cierto número de soldados que militan al mando de un capitán. 7. *(Mar.)* **Ship's company**, tripulación, dotación. **To join company**, *(Mar.)* incorporarse. 8. *(Theat).* Compañía. **To keep company**, frecuentar. **To keep company with**, (a) asociarse, acompañar; (b) *(Prov.)* cortejar, galantear o recibir galanteos. **To bear company**, acompañar, o asistir. *a.* **A joint stock company**, una sociedad por acciones. **Limited company**, *V.* LIABILITY (*limited*). **To part company (with)**, separarse. **By companies**, en cuadrilla, en tropel.

company, *va. V.* ACCOMPANY. *-vn.* Asociarse. *V.* ACCOMPANY.

comparable ['kɒmpərəbl] [kom-pa-ra-bol], *a.* Comparable, equiparable. **Comparable with/to something**, comparable o equiparable a algo.

comparably ['kɒmpərəblɪ] [kom-pa-ra-bli], *adv.* Comparablemente. De modo análogo o similar.

comparate ['kɒmpəreɪt] [kom-pa-reit], *s.* Una cosa que está comparada con otra.

comparative [kəm'pærətɪv] [kom-pa-ra-tiv], *a.* 1. Comparativo, respectivo, relativo, no absoluto (relative). 2. Comparativo, lo que tiene capacidad para comparar. 3. Comparado (literature, linguistics); comparativo, comparado (analysis, study). **Comparative degree**, *(Gram.)* Comparativo, grado que expresa la mayor o menor intensidad de calidad en una cosa que en otra; v.g. Juan es menos hábil que Pedro; la mano derecha es más fuerte que la izquierda.

comparative, *s. (Ling.)* Comparativo.

comparatively [kəm'pærətɪvlɪ] [kom-pa-ra-tiv-li], *adv.* Comparativamente, relativamente.

compare [kəm'pɛər] [kom-pea^r], *va.* Comparar, cotejar, confrontar, colacionar, comprobar. Comparar (make comparison between). **To compare something/somebody to** o **with something/somebody**, comparar algo/a alguien con algo/alguien. **It's tiny compared to your house**, es pequeñísima comparada o en comparación con tu casa. *-vn.* **How do the two models compare for speed?**, en cuanto a velocidad, ¿qué diferencia hay entre los dos modelos? **Nothing compares with good home cooking**, la comida casera no se puede comparar con nada. **It compares favorably with your previous efforts**, este trabajo está mejor que los anteriores.

compare, *s.* (Poét. o Ant.) Comparación, cotejo, comprobación; símil. **Beyond compare**, sin comparación, incomparable.

comparer [kəm'pɛərər] [kom-pea-ra^r], *s.* Comparador.

comparing [kəm'pɛərɪŋ] [kom-pea-rin], *s.* Comparación.

comparison [kəm'pærɪsn] [kom-pa-rison], *s.* 1. Comparación, la acción y efecto de comparar, cotejo, confrontación, comprobación. 2. Símil; parábola. **Beyond comparison**, sin comparación; sin igual. **There's no comparison between them**, no tienen comparación, no hay ni punto de comparación entre ellos. **By/in comparison with something/somebody**, en comparación con algo/alguien.

compart [kəm'pɑːt] [kom-part], *va.* Compartir, dividir, distribuir.

compartment [kəm'pɑːtmənt] [kom-part-ment], *s.* 1. Compartimiento o compartimento (of bag, desk, refrigertator); cada una de las partes en que se subdivide un espacio cerrado, por ejemplo el interior de un buque. (GB) *(Rail)* Compartimento (in train). 2. Compartimiento, división o distribución de una pintura o diseño. 3. Cajoncito, gaveta de un escaparate o cómoda. 4. *(Her.)* División de un escudo de armas, cuartel.

compartmentalize [ˌkɒmpaːt'mentəlaɪz] [kom-par-men-ta-lais] *va.* Compartimentar.

compartition [kəm'pɑːtɪʃən] [kom-par-ti-shon], *s.* Compartimiento; división.

compass ['kʌmpəs] [kom-pas], *va.* 1. Conseguir, lograr, alcanzar, obener. 2. Trazar, idear, maquinar, conspirar contra. 3. Comprender, entender, concebir. 4. *(Ant.)* Circuir, cercar, rodear, circundar; sitiar.

compass, *s.* 1. Círculo, circuito, ámbito; alcance; extensión, espacio encerrado entre límites. 2. Circunferencia. 3. Moderación, límites, la justa medida y término razonable que deben tener las cosas. Alcance (limits, scope). **It falls within the compass of the board**, cae dentro de la competencia de la junta. 4. Compás de la voz o de un instrumento. 5. Intención, designio, propósito. 6. Compás, instrumento que sirve para formar círculos, tirar líneas y otros usos. En este sentido se usa generalmente en plural. **A pair of compasses**, un compás. **Caliber compasses**, compás de calibres. **Proportional compasses**, compás de reducción. 7 Compás de mar, brújula, aguja de marcar (magnetic compass). **The points of the compass**, los puntos cardinales. **Azimuth compass**, brújula de azimut. **Hanging compass**, brújula revirada de cámara. **Compass-box**, caja de brújula. **Compass-card**, rosa de los vientos. **Compass-timber**, *(Mar.)* madera de vuelta. **Compass-saw**, *(Carp.)* serrucho angosto para cortar circularmente.

compassable ['kʌmpəsəbl] [kom-pa-sa-bol], *a.* Asequible, que se puede alcanzar u obtener.

compassion [kəm'pæʃən] [kom-pa-shon], *s.* Compasión, conmiseración, piedad. **Compassion toward somebody**, compasión con alguien.

compasssionable [kəm'pæʃənəbl] [kom-pa-sho-na-bol], *a.* Lastimoso, digno de compasión.

compassionate [kəm'pæʃənɪt] [kom-pa-sho-neit], *a.* Compasivo, el que con facilidad se mueve a compasión. (GB) **Compassionate leave**, permiso por motivos familiares.

compassionately [kəm'pæʃənɪtlɪ] [kom-pa-sho-neit-li], *adv.* Tiernamente.

compaternity [kɒmpə'tɜːnɪtɪ] [kom-pa-ter-ni-ti], *s.* Compaternidad, compadrazgo.

compatibility [kəmˌpætə'bɪlɪtɪ] [kom-pa-te-bi-li-ti], **compatibleness** [kəm'pætɪblnɪs] [kom-pa-ti-bol-nes], *s.* Compatibilidad, cualidad de las cosas que no se oponen entre sí.

compatible [kəm'pætɪbl] [kom-pa-ti-bol], *a.* Compatible, que puede coexitir (people, ideas, principles); congruo, apto. **To be compatible with somebody/something**, ser compatible con alguien/algo. *(Inform.)* Compatible. **An IBM compatible computer**, una computadora o un ordenador compatible con IBM.
compatibly [kəm'pætɪblɪ] [kom-pa-ti-bli], *adv.* Compatiblemente.
compatriot [kəm'pætrɪət] [kom-pa-triot], *s.* Compatriota. *-a.* Lo que es de la misma patria.
compeer [kəm'pɪər] [kom-pia^r], *s.* Compañero, colega; compadre.
compel [kəm'pel] [kom-pel], *va.* 1. Compeler, obligar, constreñir, precisar, forzar. 2. Predominar. 3. Arrancar, tomar por fuerza o con violencia. 4. Imponer (command/obedience, respect). **To compel somebody to**, obligar o forzar a alguien a (force). **I feel compelled to warn you that ...**, me veo en la obligación de advertirle que ...
compellable [kəm'peləbl] [kom-pe-la-bol], *a.* Lo que puede ser compelido, obligado o violentado.
compellably [kəm'peləblɪ] [kom-pe-la-bli], *adv.* A viva fuerza.
compellation [kəm'peleɪʃən] [kom-pe-lei-shon], *s.* 1. Tratamiento, el título de cortesía que se da a alguno; apóstrofe. 2. Acción de dirigir la palabra.
compeller [kəm'pelər] [kom-pe-la^r], *s.* Compulsor, el que compele.
compelling [kəm'pelɪŋ] [kom-pe-lin] *a.* Convincente, persuasivo (argument, evidence); absorbente (book); imperioso (need).
compend [kəm'pend] [kom-pend], *s.* Compendio, resumen, epítome, sumario que se hace de un libro, causa o proceso.
compendiarious [kəm'pendɪærɪəs] [kom-pen-dia-rious], *a. V.* COMPENDIOUS.
compendious [kəm'pendɪəs] [kom-pen-dious], *a.* 1. Compendioso, breve, sucinto, reducido. 2. *(Des.)* Directo, sin rodeos.
compendiously [kəm'pendɪəslɪ] [kom-pen-dious-li], *adv.* Compendiosamente.
compendiousness [kəm'pendɪəsnɪs] [kom-pen-dious-nes], *s.* Brevedad.
compendium [kəm'pendɪəm] [kom-pen-dium], *s.* 1. Compendio (book); resumen, epítome, extracto. 2. Juegos reunidos (of games).
compensable ['kɒmpensəbl] [kom-pen-sa-bol], *a.* Compensable.
compensate ['kɒmpenseɪt] [kom-pen-seit], *va.* Compensar, dar o tomar el equivalente de una cosa; indemnizar, resarcir, reparar (indemnify). **To compensate somebody for something**, indemnizar o compensar a alguien por algo, resarcir a alguien de algo. *-vn.* (Con la preposición for.) Compensarse las pérdidas con las ganacias, o los males con los bienes. **To compensate for something**, compensar algo.
compensation [ˌkɒmpen'seɪʃən] [kom-pen-sei-shon], *s.* Compensación, acción con que una cosa se sustituye y compensa con otra equivalente; indemnización, resarcimiento, reparación. **Compensation for something**, indemnización o compensación por algo (recompense). **I received $20,000 as/in compensation for the damage**, me dieron 20.000 dólares de indemnización o en compensación por los daños. Remuneración, retribución (remuneration). **Compensation package**, paquete salarial. **Compensation balance, bar** o **pendulum**, volante o balanza, barra o péndulo de compensación de un reloj.
compensative ['kɒmpensətɪv] [kom-pen-sa-tiv], **compensatory** ['kɒmpensətərɪ] [kom-pen-sa-to-ri], *a.* Equivalente, lo que compensa.
compensator ['kɒmpenseɪtər] [kom-pen-sei-to^r], *s.* El que o lo que compensa, compensador, v.g. de una brújula.
compense ['kɒmpəns] [kom-pens], *va. V.* COMPENSATE.
compere, compère ['kɒmpɛər] [kom-pea^r] *s.* (GB) Presentador, animador. *va.* Presentar, animar.
compete [kəm'piːt] [kom-pít], *vn.* Competir, participar, contender dos o más sujetos entre sí, aspirar unos y otros con empeño a una misma cosa. **To compete with**, competir, rivalizar con. **To compete for something**, competir por algo, disputarse algo. **To compete against somebody/something**, competir contra alguien/algo. **We can't compete with the big firms**, no podemos competir con las grandes firmas, no podemos hacerle la competencia a las grandes firmas.
competence, competency ['kɒmpɪtəns] [kom-pi-tens], *s.* 1. Lo bastante, lo suficiente; tanto cuanto basta. 2. Lo necesario, bienes suficientes para un mediano pasar. 3. *(Law)* Competencia, la jurisdicción que pertenece a un juez o tribunal (jurisdiction). 4. Competencia, capacidad (ability). **Level of competence in French**, nivel (de conocimientos) de francés.
competent ['kɒmpɪtənt] [kom-pi-tent], *a.* Competente, adecuado, bastante, suficiente, capaz, propio, apto, calificado (person). **To be competent to**, estar capacitado para. Aceptable (adequate). *(Law)* Competente (court); hábil (witness).
competently ['kɒmpɪtəntlɪ] [kom-pi-tent-li] *adv.* Competentemente.
competition [ˌkɒmpɪ'tɪʃən] [kom-pi-ti-shon], *s.* 1. Competencia, competición, disputa o contienda entre dos o más personas acerca de alguna cosa que se pretende; rivalidad, concurrencia en un mismo empeño (competing). **To be in competition with somebody/something**, competir con alguien/algo. Competencia (opposition). 2. Concurso (contest); certamen, concurso (literary); *(Sport)* Competencia, competición.
competitive [kəm'petɪtɪv] [kom-pe-ti-tiv], *a.* De la competencia, referente a la competencia. Competitivo. **Competitive examination**, examen de concurso u oposición.
competitively [kəm'petɪtɪvlɪ] [kom-pe-ti-tiv-li] *adv.* Con espíritu competitivo (play). *(Busn.)* **Competitively priced**, a precios competitivos.
competitor [kəm'petɪtər] [kom-pe-ti-to^r], *s.* 1. Competidor, rival, antagonista (rival). 2. Participante, concursante (contestant). *(Sport)* Contrincante, rival.
competitress [kəm'petɪtres] [kom-pe-ti-tres], **competitrix** [kəm'petitriks] [kom-pe-ti-triks], *sf.* Competidora.
compilation [ˌkɒmpɪ'leɪʃən] [kom-pi-lei-shon], *s.* Compilación, colección de varios autores; conjunto de algunas cosas (of list); recopilación (of information); recopilación (collection).
compilator [ˌkɒmpɪ'leɪtər] [kom-pi-lei-to^r], **compiler** ['kɒmpɪlər] [kom-pi-lar], *s.* Compilador; redactor.
compilatory ['kɒmpɪlətərɪ] [kom-pi-la-to-ri], *a.* Perteneciente a un compilador o a una compilación.
compile [kəm'paɪl] [kom-pail], *va.* Compilar, juntar en un cuerpo varias noticias o materias (dictionary, index); recopilar, reunir, recabar (information). *(Inform.)* Compilar (program).
compilement [kəm'paɪlmənt] [kom-pail-ment], *s.* Compilación.
complacence, complacency [kəm'pleɪsəns] [kom-plei-sens], *s.* Complacencia, placer, gusto, satisfacción; deferencia al gusto o parecer de otro; condescendencia. **Self-complacency**, satisfacción de sí mismo.
complacent [kəm'pleɪsənt] [kom-plei-sent], *a.* Afable, cortés, urbano, condescendiente. Satisfecho de sí mismo (person); disciplente (attitude).
complacently [kəm'pleɪsəntlɪ] [kom-plei-sent-li], *adv.* Afablemente, urbanamente. Con suficiencia (smile).
complain [kəm'pleɪn] [kom-plein], *vn.* 1. Quejarse, lamentarse, querellarse. **To complain to somebody about something**, quejarse a alguien por algo. **I can't complain**, no me puedo quejar. **To complain of something**, quejarse de algo. 2. *(For.)* Querellarse, poner acusación contra alguno en justicia, por agravio, injuria o delito; demandar, por daños y perjuicios. 3. Quejarse, afirmar que se siente dolor; estar enfermo. *va.* **You're hurting me, she complained**, me haces

daño-protestó o se quejó. **He complained that ...**, se quejó de que...

complainable [kəm'pleɪnəbl] [kom-plei-na-bol], *a.* Lastimero.

complainant [kəm'pleɪnənt] [kom-plei-nant], *s.* Querellante, demandante.

complainer [kəm'pleɪnər] [kom-plei-na'], *s.* Lamentador.

complaining [kəm'pleɪnɪŋ] [kom-pleinin], *s.* Lamento.

complaint [kəm'pleɪnt] [kom-pleint], *s.* 1. Queja, expresión de dolor, pena o sentimiento; lamento, llanto, quejido (grievance). **To make a complaint**, quejarse, reclamar. 2. Causa u objeto de algún agravio. 3. Mal, enfermedad. Dolencia (ailment). 4. Queja, querella. **Ground of complaint**, motivo de queja. 5. *(For.)* Demanda. **To lodge a complaint**, presentar una demanda en justicia.

complaisance [kəm'pleɪzəns] [kom-plei-sans], **complaisantness** [kəm'pleɪzəntnɪs] [kom-plei-sant-nes], *s.* Civilidad, cortesía, urbanidad, cumplimiento y muchas veces adulación.

complaisant [kəm'pleɪzənt] [kom-plei-sant], *a.* 1. Cortés, atento, complaciente. 2. Cumplimentero.

complaisantly [kəm'pleɪzəntlɪ] [kom-plei-sant-li], *adv.* Cortésmente.

complanate [kəm'plənеɪt] [kom-pla-neit], *va.* Aplanar, allanar. *-a.* Aplanado, llano; que está situado en el mismo plano.

complected [kəm'plektɪd] [kom-plek-ted], *a.* Entretejido, enlazado, complicado.

complement ['kɒmplɪmənt] [kom-pli-ment], *s.* 1. Complemento, perfección o colmo de alguna cosa. 2. Complemento, lo que acaba de completar alguna cosa. *(Mil.)* Contingente, fuerza numérica. 3. Apéndice, o cosa accesoria que sirve de adorno. 4. Colmo, total. **The orchestra had the full complement of strings**, la orquesta contaba con una sección de cuerdas completa (full number). **Complement of the course**, *(Mar.)* complemento de la derrota, los puntos que faltan a la derrota para ser igual a noventa grados o a ocho rumbos, que son los que componen el cuarto del compás de la brújula. **The ship's complement**, la tripulación o dotación completa.

complement, *va.* Suplir una falta, acabar, hacer perfecto o cabal. Complementar. **Those colors complement each other**, esos colores se complementan entre sí.

complemental ['kɒmplɪmentl] [kom-pli-men-tal], *a.* Completivo, lo que completa o llena.

complementary [ˌkɒmplɪ'mentərɪ] [kom-pli-men-ta-ri], *a.* Complementario, que completa, que suple lo que falta. *-s.* Algo que suple lo que falta; color complementario.

complete [kəm'pliːt] [kom-plít], *a.* 1. Completo (set, edition/ entire); acabado, perfecto, cabal, consumado. **It comes complete with batteries**, viene con las pilas incluidas. Terminado, concluido (finished). 2. Total, completo (thorough, absolute). **It came as a complete surprise**, fue una auténtica sorpresa. **A complete waste of time**, una pérdida de tiempo total y absoluta.

complete, *va.* Completar, acabar, concluir, consumar. Acabar, terminar (finish/building, education); cumplir (sentence); completar, concluir (investigations). Completar (make whole/ set, collection). Llenar, rellenar (fill in/form).

completely [kəm'pliːtlɪ] [kom-plít-li], *adv.* Completamente, perfectamente, totalmente. **I completely forgot**, me olvidé completamente.

completement [kəm'pliːtmənt] [kom-plít-ment], *s.* Complemento, acabamiento.

completeness [kəm'pliːtnɪs] [kom-plít-nes], *s.* Perfección, complemento.

completion [kəm'pliːʃən] [kom-plí-shon], *s.* Complemento, acabamiento, colmo. Finalización, terminación. **To bring something to completion**, terminar algo, llevar algo a término. **The building is nearing completion**, falta poco para terminar el edificio.

completive [kəm'pliːtɪv] [kom-plí-tiv], **completory** [kəm'pliːtərɪ] [kom-li-to-ri], *a.* Completivo.

completory [kəm'pliːtərɪ] [kom-li-to-ri], *s.* Completas. *(Ant.) V.* COMPLIN.

complex ['kɒmpleks] [kom-pleks], *a.* Complejo, compuesto; complicado, enredado (complicated/person, issue, situation). Complejo (intricate/system, pattern, design).

complex, *s.* 1. Complicación, suma, total; reunión, colección. 2. Complejo (buildings); *(Psych.)* Complejo.

complexion [kəm'plekʃən] [kom-plek-shon], *s.* 1. Tez, color de las partes exteriores del cuerpo, y particularmente del rostro. 2. Aspecto general, estado; carácter o calidad. **Political complexion of a legislature**, carácter político de un cuerpo legislativo. **To put a different/new complexion on something**, darle otro/un nuevo cariz a algo. 3. *(Ant.)* Complexión, temperamento y constitución de los humores del cuerpo humano. 4. *(Ant.)* Complejo, el conjunto de varias cosas. **A fine complexión**, un hermoso cutis, un bello color. **A fresh complexion**, una tez fresca, rosada.

complexional ['kɒmpleʃənl] [kom-plek-sho-nal], *a.* Complexional.

complexionally [kəm'plekʃənlɪ] [kom-plek-sho-na-li], *adv.* Por complexión.

complexioned [kəm'plekʃənd] [kom-plek-shond], *a.* De tal o cual tez; dotado de cierto color. **Dark-complexioned**, de tez morena.

complexity [kəm'pleksɪtɪ] [kom-plek-si-ti], **complexness** [kəm'pleksnɪs] [kom-pleks-nes], *s.* Complejidad, estado complejo.

complexly ['kɒmplekslɪ] [kom-pleks-li], *adv.* Complexamente.

complexus ['kɒmpleksəs] [kom-plek-sus], *s.* 1. Complicación, sistema complicado. 2. Complexo, gran músculo del cuello y de la espalda.

compliable [kəm'plaɪəbl] [kom-plaia-bol], *a.* Complaciente, rendido, sumiso; acorde, conforme.

compliance [kəm'plaɪəns] [kom-plaians], *s.* 1. Sumisión, obediencia. Conformidad (acquiescence). **In compliance with your wishes**, conforme a o en conformidad con sus deseos. Docilidad (submissiveness). 2. Cumplimiento, rendimiento, condescendencia, consentimiento, complacencia.

compliant [kəm'plaɪənt] [kom-plaiant], *a.* Rendido, sumiso; atento, cortés, condescendiente, fácil, complaciente, oficioso, obsequioso, servicial, galante. Dispuesto a acatar los deseos de otros.

compliantly [kəm'plaɪəntlɪ] [kom-plaiant-li], *adv.* Rendidamente.

complicacy ['kɒmplɪkəsɪ] [kom-pli-ka-si], *s.* Complicación, lo que es complicado y el estado o la calidad de serlo.

complicate ['kɒmplɪkeɪt] [kom-pli-keit], *va.* 1. Complicar, enredar una cosa con otra. 2. Mezclar, confundir, embrollar, crear dificultades.

complicated ['kɒmplɪkeɪtɪd] [kom-pli-kei-ted] *a.* Complicado, enredado; difícil de entender o explicar.

complicately ['kɒmplɪkeɪtlɪ] [kom-pli-keitli], *adv.* Complicadamente.

complicateness ['kɒmplɪkeɪtnɪs] [kom-pli-keit-nes], *s.* Complicación, perplejidad, enredo.

complication [ˌkɒmplɪ'keɪʃən] [kom-pli-kei-shon], *s.* Complicación. **Complications set in**, surgieron complicaciones.

complicative ['kɒmplɪkətɪv] [kom-pli-ka-tiv], *a.* Que produce, o puede producir, complicaciones.

complice ['kəmplɪs] [kom-plis], *s.* Cómplice, compañero en el delito.

complicity [kəm'plɪsɪtɪ] [kom-pli-si-ti], *s.* 1. Complicidad, la calidad de cómplice. 2. Estado complexo.

complier ['kəmplɪər] [kom-plia'], *s.* Hombre dócil, condescendiente y complaciente; consentidor, contemporizador.

compliment ['kɒmplɪmənt] [kom-pli-ment], *s.* 1. Cumplimiento, obsequio, regalo, fineza que se hace por urbanidad o cortesía. Cumplido, halago (expression of praise). **To pay somebody a compliment**, hacerle un cumplido a alguien, halagar a alguien. **She returned the compliment**, me devolvió el cumplido. **My compliments to the chef**, felicitaciones al cocinero. 2. Cumplimiento, cumplido, muestra de urbanidad; más usado en plural. **Compliments**, saludos (best wishes). **With the compliments of the management**, gentileza o cortesía de la casa, con los mejores deseos de la dirección. **Compliments slip**, tarjeta.

compliment, *va.* 1. Cumplimentar, dirigir frases de cortesía o afecto; felicitar; hacer un regalo por cumplido o muestra de afeto. 2. Cumplimentar, obsequiar, lisonjear. **To compliment somebody on something**, felicitar a alguien por algo. **She complimented him on his new suit**, le alabó el traje nuevo. *-vn.* Hacer cumplimientos, usar de ceremonias.

complimental ['kɒmplɪməntl] [kom-pli-men-tal], *a. (Ant.) V.* COMPLIMENTARY.

complimentary [ˌkɒmplɪ'mentərɪ] [kom-pli-men-ta-ri], *a.* 1. Cumplido, cortés, obsequioso. 2. Cumplimentero, ceremonioso. Elogioso, halagüeño (flattering/remark, review). **She wasn't very complimentary about her teacher**, no habló muy bien de su profesora. 3. De obsequio o regalo (free/copy).

complin, compline ['kɒmplɪn] [kom-plin], *s.* Completas, la parte del oficio divino con que determinan las horas canónicas del día.

complore ['kɒmplɔːr] [kom-plo^r], *vn.* Condolerse.

complot ['kɒmplɒt] [kom-plot], *s.* Trama, confederación o conspiración secreta; maquinación, cábala.

complot, *va.* Tramar, conspirar, conjurar.

complotment ['kɒmplɒtmənt] [kom-plot-ment], *s.* Conjuración, conspiración.

complotter ['kɒmplɒtər] [kom-plo-ta^r], *s.* Conspirador, conjurado.

comply [kəm'plaɪ] [kom-plai], *vn.* Cumplir, obedecer, satisfacer, llenar; ceder, condescender, consentir, someterse, conformarse, acomodarse. A menudo va seguido de la preposición *with*. **To comply with the necessary formalities**, llenar las formalidades necesarias. **To comply with the times**, contemporizar. **To comply with a request**, acceder a una solicitud. **To comply with an order**, cumplir una orden. **To comply with the law**, acatar la ley. **All machinery must comply with safety regulations**, toda la maquinaria debe cumplir con o llenar los requisitos de seguridad.

component [kəm'pəʊnənt] [kom-pou-nent], *a.* Componente, lo que compone o entra en la composición de un todo. Constituyente (element). **Component part**, componente, parte integrante. *-s.* Parte constitutiva (constituent part); *(Auto)* pieza. *(Electron.)* Componente.

comport [kəm'pɔːt] [kom-port], *vn.* y *va.* 1. Convenir, concordar. 2. *(Des.)* Sufrir, tolerar, aguantar. 3. Comportarse, portarse.

comportable [kəm'pɔːtəbl] [kom-por-ta-bol], *a.* Conforme.

comportment [kəm'pɔːtmənt] [kom-port-ment], *s.* Porte, conducta, comportamiento.

compose [kəm'pəʊz] [kom-pous], *va.* 1. Componer, formar de varias cosas una juntándolas con método. 2. Colocar alguna cosa en su debida forma y según método. **To be composed of something**, estar compuesto de algo, componerse de algo (constitute). 3. Componer, hacer alguna obra de ingenio; escribir, inventar. Componer (music); redactar (letter). 4. Apaciguar, sosegar, serenar, calmar. **To compose one's thoughts**, poner en orden sus ideas (calm, control). **To compose oneself**, serenarse, recobrar la compostura. 5. Ajustar, concertar, reglar, ordenar. 6. *(Imp.)* Componer, formar dicciones colocando las letras o caracteres. 7. Componer, poner alguna cosa en música. *-vn.* Ocuparse en la composición de obras literarias o musicales, o en componer o parar tipo de imprenta. **Composing frame** o **stand**, chivalete de imprenta. **Composing rule**, regleta o filete de cajista. **Composing-stick**, componedor de cajista.

composed [kəm'pəʊzd] [kom-pousd], *a.* Compuesto, sosegado, tranquilo, cachazudo, sereno. *-pp.* de COMPOSE.

composedly [kəm'pəʊzɪdlɪ] [kom-pou-sid-li], *adv.* Tranquilamente, serenamente, sosegadamente.

composedness [kəm'pəʊzɪdnɪs] [kom-pou-sid-nes], *s.* Compostura, modestia, tranquilidad, serenidad, calma.

composer [kəm'pəʊzər] [kom-pou-sa^r], *s.* 1. Autor, escritor, compositor (de música); cajista. 2. Conciliador, el que arregla una diferencia, la persona que calma, apacigua y serena.

composite ['kɒmpəzɪt] [kom-pou-sit], *a.* 1. Compuesto, formado de partes distintas, mezclado, no sencillo. 2. *(Arq.)* Compuesto, uno de los cinco órdenes de arquitectura. *-s.* 1. Compuesto, mezcla o unión de varios miembros. 2. *(Bot.)* Una de las flores o plantas compuestas.

composition [ˌkɒmpə'zɪʃən] [kom-pou-si-shon], *s.* 1. Composición. 2. Compuesto, la masa que resulta de la mezcla de varios ingredientes. 3. Composición, obra compuesta, escrita o impresa. 4. Composición, el acto de quedar el deudor solvente con el acreedor pagándole solamente parte de la deuda. 5. Convención, acomodamiento, ajuste.

compositive ['kɒmpəzɪtɪv] [kom-pou-si-tiv], *a.* Componente, que puede combinar o componer, sintético.

compositor [kəm'pɒzɪtər] [kom-pou-si-to^r], *a.* 1. *(Imp.)* Compositor, cajista. 2. El que arregla o pone en orden.

compossible ['kɒmpəzɪbl] [kom-pou-si-bol], *a.* Que puede existir con otra cosa.

compost ['kɒmpɒst] [kom-post], *s.* Abono, estiércol; mezcla para abonar la tierra; abono orgánico o vegetal. **Compost heap**, lugar donde se amontonan desechos para preparar abono.

composure [kəm'pəʊʒər] [kom-pou-sha^r], *s.* 1. Compostura, serenidad, tranquilidad, calma, sangre fría, presencia de espíritu. **To lose/regain one's composure**, perder/recobrar la compostura. 2. *(Des.)* Colocación, combinación; hechura. 3. *(Des.)* Composición o compostura, trato amigable con que se avienen las partes en un pleito o desavenencia.

compound ['kɒmpaʊnd] [kom-paund], *va.* 1. Componer, formar de varias cosas una mezcládolas; arreglar, acomodar. **To be compounded with something**, ir acompañado de algo (combine). 2. Componer un pleito o desavenencia. 3. Componerse un deudor con sus acreedores pagándoles solamente parte de la deuda. 4. Agravar, exacerbar (make worse/problem); acrecentar, aumentar (risk, difficulties). *-vn.* 1. Componerse, concertarse, rebajando una de las partes o ambas alguna cosa. 2. Ajustar, comprar o vender por entero. 3. Capitular.

compound, *a.* Compuesto (number, interest, leaf). Compuesto, formado de dos o más ingredientes, de varias partes. *(Gram.)* Formado de dos o más palabras. *-s.* 1. Mezcla, compuesto, agregado de varias cosas que componen un todo. *(Quím.)* Compuesto. 2. Palabra compuesta (word). 3. Complejo habitacional (residence); barracones (for prisoners).

compoundable ['kɒmpaʊndəbl] [kom-paun-da-bol], *a.* Componible, que se puede componer, arreglar o conciliar.

compounder ['kɒmpaʊndər] [kom-paun-da^r], *s.* 1. Compositor, mezclador. 2. Arbitrador, mediador.

comprehend [ˌkɒmprɪ'hend] [kom-pri-jend], *va.* 1. Comprender, contener, encerrar, incluir en sí alguna cosa, abarcar (include). 2. Comprender, conocer, entender, penetrar, concebir (understand).

comprehensible [ˌkɒmprɪ'hensəbl] [kom-pri-jen-si-bol], *a.* 1. Comprensible, inteligible, fácil de comprender. 2. *(Des.)* Comprensible, que puede ser comprendido, contenido o incluído en otra cosa.

comprehensibleness [ˌkɒmprɪ'hensəblnɪs] [kom-pri-jen-si-bol-nes], *s.* Comprensibilidad.

comprehensibly [ˌkɒmprɪ'hensɪblɪ] [kom-pri-jen-si-bli], *adv.* Comprensiblemente.

comprehension [ˌkɒmprɪ'henʃən] [kom-pri-jen-shon], *s.* 1. Comprensión, el acto o propiedad de comprender, contener o incluir. 2. Comprensión, inteligencia, concepción, conocimiento (understanding). **It's beyond my comprehension**, me resulta incomprensible. (GB) Ejercicio de comprensión (school exercise). 3. *V.* COMPREHENSIVENESS.

comprehensive [ˌkɒmprɪ'hensɪv] [kom-pri-jen-siv], *a.* 1. Comprensivo, inclusivo, de mucha cabida, de gran alcance de inteligencia, de gran amplitud de simpatías, de miras, etc. 2. Compendioso, corto. Exhaustivo, global (survey, report); integral, de conjunto (view); completo (list, range); contra todo riesgo (insurance, cover). 3. *(Biol.)* Sintético. 4. *(Educ.)* (in UK) Relativo al sistema educativo en el cual no se separa a los alumnos según su nivel de aptitud.

comprehensively [ˌkɒmprɪ'hensɪvlɪ] [kom-pri-jen-siv-li], *adv.* Comprensivamente.

comprehensiveness [ˌkɒmprɪ'hensɪvnɪs] [kom-pri-jen-siv-nes], *s.* 1. Extensión, alcance, cabida. 2. Comprensión, perspicacia y capacidad para comprender o penetrar. 3. Energía, precisión, brevedad, cualidad de contener mucho en pocas palabras.

comprehensive (school) *s.* (in UK) Instituto de segunda enseñanza para alumnos de cualquier nivel de aptitud.

compress ['kɒmpres] [kom-pres], *va.* 1. Comprimir, apretar, estrechar, condensar. 2. Abreviar, reducir, hacer breve o acortar una cosa. **Compressed air**, aire comprimido.

compress ['kɒmpres] [kom-pres], *s.* Cabezal, compresa, lienzo de varios dobleces que se pone encima de una herida.

compressibility [ˌkɒmpresɪ'bɪlɪtɪ] [kom-pre-si-bi-li-ti], **compressibleness** ['kɒmpres] [kom-pres], *s.* Compresibilidad.

compressible ['kɒmpresɪbl] [kom-pre-si-bol], *a.* Compresible, comprimible.

compression [kəm'preʃən] [kom-pre-shon], *s.* Compresión, la acción de estrechar, apretar y unir la partes de un cuerpo con violencia; condensación, construcción.

compressive [kəm'presɪv] [kom-pre-siv], *a.* Compresivo, que puede comprimir.

compressor [kəm'presər] [kom-pre-so^{r}], *s.* El o lo que comprime; en particular: 1. Máquina o aparato para comprimir el aire, gases u otras sustancias, como el heno o algodón. 2. Compresor, instrumento para comprimir los vasos o un miembro en las operaciones quirúrgicas. 3. Aparato para el microscopio que produce una presión graduada sobre el objeto que se examina. En este sentido se llama a menudo **Compressorium.**

compressure ['kɒmpreʃər] [kom-pre-sha^{r}], *s.* Compresión.

comprisal [kəm'praɪsl] [kom-prai-sal], *s.* Inclusión, comprensión.

comprise [kəm'praɪz] [kom-prais], *va.* Comprender, contener, incluir, encerrar, constar de (consist of); componer (constitute, make up).

compromise ['kɒmprəmaɪz] [kom-pro-mais], *s.* Compromiso, el acto y efecto de comprometerse; convenio entre litigantes por el cual ajustan o zanjan su litigio mediante concesiones recíprocas; arreglo, acuerdo mutuo (agreement). **To come to/to reach a compromise**, llegar a un acuerdo mutuo.

compromise, *va.* 1. Comprometer, comprometerse, allanarse o convenir en la decisión de un tercero; terminar un desacuerdo por medio de concesiones mutuas. Comprometer (discredit/person, organization, reputation). 2. Comprometer, exponer, arriesgar un negocio por algún acto o declaración, poner en peligro (endanger). *-vn.* Transigir, transar, someterse a un compromiso (make concessions). **We cannot compromise on this point**, en este punto no podemos ceder o transigir (give way).

compromiser ['kɒmprəmaɪzər] [kom-pro-mai-sa^{r}], *s.* Compromisario.

compromising ['kɒmprəmaɪzɪŋ] [kom-pro-mai-sin] *a.* Comprometedor (evidence); comprometido (situation).

compromissorial ['kɒmprəmɪsərɪəl] [kom-pro-mi-so-rial], *a.* Compromisario.

compromit, *va.* *(Ant.)* Comprometer.

comprovincial ['kɒmprəvɪnʃəl] [kom-pro-vin-shal], *a.* *(Ant.)* Comprovincial.

compt [kɒmpt] [kompt], *s.* *(Des.)* Cuenta, cálculo.

comptometer [kən'təmiːtər] [kon-to-mi-ta^{r}], *s.* Contómetro, máquina calculadora.

comptrol, v. y *s.* *V.* CONTROL.

comptroller [kən'trəʊlər] [kon-trou-la^{r}], *s.* Controlador, interventor, inspector.

comptrollership [kən'trəʊləʃɪp] [kon-trou-ler-ship], *s.* Contraloría.

compulsative [kəm'pʌlsɪv] [kom-pal-siv], **compulsatory** [kəm'pʌlsatərɪ] [kom-pal-sa-to-ri], *a.* Compulsorio, coactivo, que tiene fuerza o autoridad para compeler.

compulsatively [kəm'pʌlsatɪvlɪ] [kom-pal-sa-tiv-li], **compulsively** [kəm'pʌlsɪvlɪ] [kom-pal-siv-li], *adv.* Por fuerza.

compulsion [kəm'pʌlʃən] [kom-pal-shon], **compulsiveness** [kəm'pʌlsɪvnɪs] [kom-pal-siv-nes], *s.* Compulsión (obsession); apremio, coacción (force, duress).

compulsive [kəm'pʌlsɪv] [kom-pal-siv] *a.* **The book is compulsive reading**, es uno de esos libros que se empiezan y no se pueden dejar. **The film is compulsive viewing**, es una película que no hay que perderse (compelling). Compulsivo (obsessive/behavior). **He's a compulsive eater/liar**, come/miente por compulsión. **A compulsive gambler**, un jugador empedernido.

compulsory [kəm'pʌlsərɪ] [kom-pal-so-ri], *a.* Compulsorio. Obligatorio (attendance); forzoso (retirement). **Compulsory purchase**, (GB) expropiación.

compulsively [kəm'pʌlsɪvlɪ] [kom-pal-siv-li], **compulsorily** [kəm'pʌlsərɪlɪ] [kom-pal-so-ri-li], *adv.* Por fuerza.

compunction [kəm'pʌŋkʃən] [kom-pank-shon], *s.* Compunción, contrición, arrepentimiento, remordimiento. Reparo. **To have no compunction about**, no tener ningún reparo en.

compunctious [kəm'pʌŋkʃəs] [kom-pank-shos], *a.* Compungido, arrepentido, contrito.

compurgation [kəm'pɜːgeɪʃən] [kom-per-guei-shon], *s.* Compurgación, justificación de la veracidad de alguno por medio del testimonio del otro.

compurgator [kəm'pɜːgeɪtər] [kom-per-guei-ta^{r}], *s.* Compurgador, el que en la prueba llamada compurgación canónica, afirmaba bajo juramento la inocencia de un acusado.

computable [kəm'pjʊtəbl] [kom-piu-ta-bol], *a.* Computable, estimable, que se puede computar o calcular.

computation [ˌkɒmpjʊ'teɪʃən] [kom-piu-tei-shon], *s.* Computación, cómputo, cuenta, cálculo.

compute ['kɒmpjʊt] [kom-piut], *va.* Computar, contar, calcular, estimar.

computer [kəm'pjuːtər] [kom-piu-ta^{r}], *s.* Calculador, computador, computista; máquina calculadora; computador, ordenador. **All the data is on computer**, todos los datos están computarizados o computerizados. De la informática (society, age, revolution); de computadora o de ordenador (program, game); por computadora o por ordenador (graphics, animation). **Computer programmer**, programador. **Computer programming**, programación. **Computer science**, informática. **Computer studies**, informática, computación.

computer-aided [ˌkəmpjʊtə'aɪdɪd] [kom-piu-ter-aidid], **computer-assisted** [ˌkəmpjʊtə'æsɪstɪd] [kom-piu-ter-a-sis-ted] *a.* Asistido por computadora o por ordenador (learning/design).

computerization [kəm'pjʊtəbl] [kom-piu-ta-bol] *s.* Computarización, computerización (of data); informatización (of business).

computerize [kəmˌpjuːtəraɪ'zeɪʃən] [kom-piu-te-rai-sei-shon], *va.* Habilitar con computadoras. Computarizar, computerizar; informatizar (company/department).

computer-operated [ˌkəmpjuːtə'ɒpereɪtɪd] [kom-piu-ter-o-pe-rei-ted] *a.* Operado por computadora o por ordenador, computarizado, computerizado.

computing [kəm'pjuːtɪŋ] [kom-piu-tin] *s.* Informática, computación. **Computing skills**, competencia en el uso de computadoras u ordenadores.

comrade ['kɒmrɪd] [kom-rid], *s.* Camarada, compañero, asociado o amigo.

comradeship ['kɒmrɪdʃɪp] [kom-rid-ship], *s.* Camaradería.

con [kɒn] [kon], *prep.* Con, partícula inseparable, como en *concourse*, concurso. Toma la forma de COMP- antes de c, de, f, g, i, j, n, q, s, t, w. Este prefijo indica en general ya la unión, como en *conjoin*, juntar, ya la compañía de otro como en *contend*, discutir; *consort*, asociarse. *V.* COM-.

con, *adv.* Contra. **Neither pro nor con**, ni a favor ni en contra.

con, *va.* 1. Estudiar, reflexionar, meditar, fijar en la memoria. 2. *(Mar.)* Dirigir la acción de gobernar el buque. 3. *(Des.)* Conocer, saber. 4. *(Coloq.)* Timar, estafar (deceive); engatusar, embaucar, camelar (sweet-talk). **I was conned into it**, me embaucaron o me camelaron para que lo hiciera (o para que fuera, etc.). **I was conned into thinking that ...**, me engatusaron haciéndome creer que ... **He conned the old ladies out of their savings**, embaucó a las ancianas y les quitó los ahorros.

concamerate [kɒn'kæməreɪt] [kon-ka-me-reit], *va.* 1. Dividir en cámaras. 2. *(Des.)* Abovedar, cubrir con bóveda.

concamerated [ˌkɒnkæmə'reɪtɪd] [kon-ka-me-rei-tid], *a.* *(Zool.)* Dividido en cámaras, como una concha o un hueso.

concameration [kɒn'kæməreɪʃən] [kon-ka-me-rei-shon], *s.* *(Zool.)* 1. División en cámaras, y la cámara misma. 2. Arco, bóveda; firmamento.

concatenate [kɒn'kætɪˌneɪt] [kon-ka-te-neit], *va.* Concatenar, encadenar.

concatenation [kɒnˌkætɪ'neɪʃən] [kon-ka-ti-nei-shon], *s.* Concatenación.

concave ['kɒn'keɪv] [kon-keiv], *a.* Cóncavo, hueco, vacío, lo contrario de convexo.

concave, *va.* Hacer cóncava alguna cosa.

concave, *s.* Hueco, hondón.

concaveness ['kɒn'keɪvnɪs] [kon-keiv-nes], *s.* Concavidad.

concavity ['kɒn'kævɪtɪ] [kon-ka-vi-ti], *s.* Concavidad, profundidad.

concavo-concave ['kɒn'kævəˌkɒnkeɪv] [kon-ka-vo-kon-keiv], *s.* Cóncavo-cóncavo, esto es, por ambos lados.

concavo-convex ['kɒn'kævə'kɒnveks] [kon-ka-vo-kon-veks], *s.* Cóncavo-convexo, cóncavo por un lado y convexo por el otro.

concavous ['kɒn'kævəs] [kon-ka-vos], *a.* *(Des.)* *V.* CONCAVE.

concavously ['kɒn'kævəslɪ] [kon-ka-vos-li], *adv.* *(Des.)* Con hueco.

conceal [kən'siːl] [kon-sil], *va.* Callar, tapar; ocultar (object, fact, truth); esconder, tener secreto; disimular, ocultar (emotions). **With barely concealed hatred**, con mal disimulado odio. **Concealed weapons**, armas prohibidas que se llevan ocultamente, en violación de la ley. **Concealed**, *past p.* Oculto (door, camera); indirecto (lighting).

conceable [kən'siːləbl] [kon-si-la-bol], *a.* Ocultable, escondible.

concealedness [kən'siːldnɪs] [kon-sild-nes], *s.* Obscuridad, secreto, retiro.

concealer [kən'siːlər] [kon-si-la[r]], *s.* Ocultador, encubridor.

concealing [kən'siːlɪŋ] [kon-si-lin], *s.* 1. Escondimiento, ocultación. 2. Disimulo, acción de ocultar; encubrimiento (de una cosa robada).

concealment [kən'siːlmənt] [kon-sil-ment], *s.* 1. Ocultación, secreto, encubrimiento. 2. Escondrijo, escondite. 3. Reticencia. 4. Retiro, misterio.

concede [kən'siːd] [kon-sid], *va.* Conceder (allow/right, privilege); asentir, convenir en lo que otro dice o afirma; reconocer (admit). Conceder (give away/game, penalty). **To concede defeat**, admitir la derrota, darse por vencido. *-vn.* Admitir la derrota, darse por vencido (admit defeat).

conceit [kən'siːt] [kon-sit], *s.* 1. Amor propio, presunción, arrogancia, alto concepto de sí mismo, engreimiento, encaprichamiento. 2. Concepto, capricho, fantasía, imaginación, pensamiento. 3. Concepción, facilidad o aptitud del entendimiento para comprender. 4. Concepción pensamiento, idea. (Ant. o Amer.) **To be out of conceit with anything**, perder el gusto por alguna cosa. **Idle conceits**, boberías, necedades.

conceited [kən'siːtɪd] [kon-si-ted] *a.* Engreído, presuntuoso, creído. Afectado, vano, porfiado, vanaglorioso, fantástico, presumido, caprichoso. *(Prov.)* Conceptuoso, ingenioso.

conceitedly [kən'siːtɪdlɪ] [kon-si-tid-li] *adv.* Vanamente, fantásticamente, afectadamente.

conceitedless [kən'siːtɪdlɪs] [kon-si-tid-lnes] *a.* Atolondrado, estúpido, sin ideas.

conceitedness [kən'siːtɪdnɪs] [kon-si-tid-nes] *s.* Presunción, amor propio, pertinacia, porfía, obstinación, vanidad.

conceivable [kən'siːvəbl] [kon-si-va-bol] *a.* Concebible, lo que se puede concebir o imaginar; inteligible, creíble. Imaginable. **Every conceivable means**, todos los medios imaginables. **It's just conceivable that he forgot**, cabe la posibilidad de que se haya olvidado.

conceivably [kən'siːvəblɪ] [kon-si-va-bli] *adv.* De un modo conceptible. **They may conceivably have decided to sell it**, cabe la posibilidad de que hayan decidido venderlo.

conceive [kən'siːv] [kon-siv] *va.* 1. Concebir (devise, plan); formar idea, entender alguna cosa, comprender. 2. Recibir, abrigar en el espíritu ciertas impresiones y afectos. 3. Crear, imaginar, pensar (imagine); darse cuenta de. Considerar (consider). 4. Engendrar, originar. Concebir (child). 5. Expresar, formular (hablando de palabras). **I can't conceive why you did it**, no concibo o no me cabe en la cabeza por qué lo hiciste.*vn.* 1. Concebir, imaginar, pensar. 2. Concebir, hacerse preñada la hembra (become pregnant).

conceive of, imaginar, concebir.

conceiver [kən'siːvər] [kon-si-va[r]] *s.* El que concibe o comprende.

conceiving [kən'siːvɪŋ] [kon-si-vin] *s.* Entendimiento, comprensión, concepción.

concent [kən'sent] [kon-sent] *s.* Armonía, concepto, consonancia.

concentrate ['kɒnsəntreɪt] [kon-sen-treit] *va.* Concentrar, impeler alguna cosa hacia el centro. **To concentrate something (on something)**, concentrar algo (en algo) (energies, attention).**To concentrate something in/into something**, concentrar algo en algo (gather, bring together). *-vn.* 1. Concentrarse (focus attention/person). **Concentrate on getting this finished**, concéntrate en terminar esto. 1. Concentrarse (converge/people).

concentrate *s.* Concentrado.

concentrated ['kɒnsəntreɪtɪd] [kon-sen-trei-ted] *a.* Intenso y continuado (effort); concentrado (solution, juice).

concentration ['kɒnsəntreɪʃən] [kon-sen-trei-shon] *s.* Concentración. **Concentration camp**, campo de concentración. **Power of concentration**, poder de concentración.

concentrator ['kɒnsəntreɪtər] [kon-sen-trei-to[r]] *s.* Concentrador, máquina o aparato para concentrar o separar los minerales.

concentre ['kɒnsəntər] [kon-sen-ta[r]] *vn.* Reconcentrarse. *va.* Concentrar. **Concentred all in self**, reconcentrado en sí mismo.

concentric, concentrical ['kɒnsəntrɪk] [kon-sen-trik] *a.* Concéntrico.

concentrically ['kɒnsəntrɪkəlɪ] [kon-sen-tri-ka-li] *adv.* Concéntricamente.

concentricity ['kɒnsəntrɪsɪtɪ] [kon-sen-tri-si-ti] *s.* Concentricidad, estado concéntrico.

concentual ['kɒnsəntʊəl] [kon-sen-tual] *a.* *(Des.)* Armonioso.

concept ['kɒnsept] [kon-sept] *s.* 1. Concepto, idea general que comprende todos los atributos comunes a los individuos que componen una clase. 2. En acepción menos propia, concepto, idea que concibe o forma la inteligencia.
conceptacle ['kɒnseptəkl] [kon-sep-ta-kol] *s.* 1. Receptáculo. 2. Cavidad que contiene esporos reproductores en muchas algas, hongos, helechos, etc.
conception [kən'sepʃən] [kon-sep-shon] *s.* 1. Concepción, la acción de concebir la hembra (of baby). Concepción (of plan). 2. Concepción, idea que se forma, imagen, noción (idea). **They have no conception of ...**, no tienen noción o idea de ... 3. Concepto, sentimiento. 4. Conocimiento, comprensión.
conceptive ['kɒnseptɪv] [kon-sep-tiv] *a.* Conceptible.
conceptual [kən'septjʊəl] [kon-sep-tual] *a.* Referente a una concepción o idea general.
conceptualize [kən'septjʊəlaɪz] [kon-sep-tua-lais] *va.* Conceptuar.
concern [kən'sɜːn] [kon-sern] *va.* 1. Concernir, tocar, importar o pertenecer, interesar, incumbir (affect, involve). **The people concerned**, la gente en cuestión. **Those concerned know who they are**, los interesados ya saben quiénes son. **To be concerned with something**, ocuparse de algo. **Where money is concerned ...**, en lo que respecta al dinero ... **As far as I'm concerned**, en lo que a mí respecta, por mi parte. 2. Mover, excitar alguna de las pasiones humanas, interesar. 3. Inquietar, preocupar (worry, bother). 4. Interesar (interest). **I'm more concerned with quality than quantity**, me interesa más la calidad que la cantidad. **To be concerned for**, tomar mucho interés por. **To be much concerned**, sentir vivamente, en el alma; estar muy interesado. **What does it concern you?**, ¿qué le va o le viene a Vd. en eso?, ¿qué le importa a Vd. eso? 5. **My fears concerning her health were unfounded**, mis temores en cuanto a o respecto a su salud eran infundados. **Item one concerns the new office**, el primer punto trata de la nueva oficina. *v. refl.* **To concern oneself about somebody/something**, preocuparse por alguien/algo. **To concern oneself with something**, ocuparse de algo (be busy with something). **I don't concern myself with their affairs**, yo no me inmiscuyo en sus asuntos.
concern *s.* 1. Negocio, ocupación. Asunto (business, affair). **That's no concern of yours**, eso no es asunto tuyo. 2. Interés o parte que se tiene en alguna cosa, incumbencia. **Concern for somebody/something**, interés por alguien/algo (interest). **To be of concern to somebody**, importarle o preocuparle a alguien. 3. Empresa, casa de comercio, negocio (firm). 4. Importancia, consecuencia. 5. Afecto, amor, cariño. 6. Inquietud, sentimiento, pesar, preocupación (anxiety). **Cause for concern**, motivos de preocupación o para preocuparse. **That is no concern of mine**, eso no es cuenta mía, no es de mi incumbencia, o no me concierne.
concerned [kən'sɜːnd] [kon-sernd] *a.* 1. Interesado, comprometido. 2. Inquieto, apesarado. Preocupado (person). De preocupación (look). **To be concerned about/for somebody/something**, estar preocupado por alguien/algo.
concernedly [kən'sɜːndlɪ] [kon-sernd-li] *adv.* Tiernamente, con cariño.
concerning [kən'sɜːnɪŋ] [kon-ser-nin] *prep.* Por lo concerniente, tocante a, respecto a. Sobre, acerca de, con respecto a. *s. (Des.)* Negocio, interés.
concernment [kən'sɜːnmənt] [kon-sern-ment] *s.* Interés, negocio; importancia, momento, entidad; pena, cuidado; pasión; interposición; trato; influencia, relación.
concert [kən'sɜːt] [kon-sert] *va.* 1. Concertar, acordar, ajustar. 2. Concertar, tomar medida en unión con otros; deliberar de común acuerdo. **We made a concerted effort,** coordinamos o concertamos nuestros esfuerzos para ...
concert *s.* 1. Concierto, convenio; comunicación de designios. 2. Concierto de música (performance). **Concert hall**, sala de conciertos, auditorio. **Concert pianist**, concertista de piano. **In concert**, en vivo, en concierto (performing live). **To act in concert with**, obrar de concierto o de inteligencia con. **Concert pitch**, *V.* PITCH
concertina [ˌkɒnsə'tiːnə] [kon-ser-ti-na] *s.* Concertina, instrumento músico parecido a un acordeón, pero de forma poligonal.
concertina *vn.* Aplastarse como un acordeón.
concertmaster ['kənsətˌmɑːstər] [kon-sert-mas-ta^r] *s.* Primer violín, concertino.
concerto [kən'tʃεətəʊ] [kon-cher-tou] *s.* Concierto, composición de música de varios instrumentos, en que uno desempeña la parte principal. *(Ital.)* **Violin concerto**, concierto para violín.
concession [kən'seʃən] [kon-se-shon] *s.* Concesión, gracia, licencia, cesión, privilegio.
concessionary [kən'seʃənərɪ] [kon-se-sho-na-ri] *s.* Concesionario, la persona a quien se hace una concesión. *a.* Otorgado por concesión; de una concesión. A precio reducido, con descuento (fare).
concessive [kən'sesɪv] [kon-se-siv] *a.* Que contiene o denota concesión: concedido, implicando concesión o gracia. *s.* Palabra o cláusula que concede.
concessively [kən'sesɪvlɪ] [kon-se-siv-li] *adv.* Por vía de concesión.
concessory [kən'seʃərɪ] [kon-se-sho-ri] *a.* Concedente, otorgante.
conch [kɒntʃ] [konch] *s.* 1. Concha. 2. Caracol marino de gran tamaño que se usa como bocina. 3. *(Arq.)* Concha, bóveda de concha. 4. *V.* CONCHA
concha [kən'tʃə] [kon-cha] *s.* 1. Concha, la cavidad que se halla en el fondo del pabellón de la oreja. 2. Uno de los cornetes o láminas huesosas de la nariz. 3. *(Arq.) V.* CONCH
conchite [kən'tʃiːt] [kon-chit] *s.* Conchita, concha petrificada.
conchoid [kən'kɔɪd] [kon-koid] *s.* Concoide, especie de curva de cuarto grado.
conchoidal [kən'kɔɪdl] [kon-koi-dal] *a.* Lo que pertenece a la concoide.
conchologist [kən'kələdʒɪst] [kon-ko-lo-yist] *s.* Conquiliólogo, la persona versada en la conquiliología, o estudio y clasificación de las conchas.
conchology [kən'kələdʒɪ] [kon-ko-lo-yi] *s. (Zool.)* Conquiliología, ramo de la zoología que trata de las conchas de los moluscos.
concierge [ˌkənsɪ'εəʒ] [kon-sierch] *s. V.* JANITOR. *(Fr.)*
conciliate [kən'sɪlɪeɪt] [kon-si-lieit] *va.* Conciliar, granjear, ganar, atraer.
conciliation [kən'sɪlɪeɪʃən] [kon-si-liei-shon] *s.* Conciliación.
conciliator [kən'sɪlɪeɪtər] [kon-si-liei-to^r] *s.* Conciliador.
conciliatory [kən'sɪlɪətərɪ] [kon-si-lia-to-ri] *a.* Reconciliatorio, conciliador, conciliatorio.
concinnity [kən'sɪnɪtɪ] [kon-si-ni-ti] *s.* 1. Aptitud, decencia, propiedad. 2. Armonía.
concinnous [kən'sɪnəs] [kon-si-nous] *a.* Decente, apto, propio, armonioso.
concise [kən'saɪs] [kon-sais] *a.* Conciso (instructions, writing); breve, compendioso, lacónico, sucinto, corto. **Concise dictionary**, diccionario abreviado.
concisely [kən'saɪslɪ] [kon-sais-li] *adv.* Concisamente, lacónicamente, en pocas palabras.
conciseness [kən'saɪsnɪs] [kon-sais-nes] *s.* Concisión, brevedad, laconismo.
concision [kən'sɪʃən] [kon-si-shon] *s.* 1. Corte, cortadura. 2. Concisión. *V.* CONCISENESS. 3. *(Ant. Biblia)* Circuncisión.
concitation [kənsɪ'teɪʃən] [kon-si-tei-shon] *s. (Des.)* Revuelta, alteración, conmoción.
conclamation [ˌkənklə'meɪʃən] [kon-kla-mei-shon] *s.* Clamor, vocería, griterío.
conclave ['kɒnkleɪv] [kon-kleiv] *s.* 1. Conclave, el lugar en que se hace la elección del Papa, y la asamblea de todos los cardenales para dicha elección. 2. Conclave, junta o congreso de gentes que se reunen para tratar de algún asunto.

conclude [kən'klu:d] [kon-klud] *va.* 1. Concluir, inferir por raciocinio (infer). 2. Decidir, determinar. Cerrar (settle/deal); llegar a (agreement); firmar (treaty); pactar (alliance). 3. Concluir, terminar, acabar, finalizar (end). 4. Restringir, coartar; en derecho, y por lo regular en forma pasiva. 5. *(Ant.)* Incluir. *vn.* 1. Finalizar. Concluir, terminar (come to an end). **To conclude, I would like to ...**, para concluir, querría. 2. Argumentar, juzgar, decidir. **Concluding** *pres p.* Final (remarks, chapter).

concluder [kən'klu:dər] [kon-klu-da[r]] *s.* El que determina o decide.

concludible [kən'klu:dɪbl] [kon-klu-di-bol] *a.* Determinable.

concludingly [kən'klu:dɪŋlɪ] [kon-klu-din-li] *adv.* Con evidencia incontrovertible, concluyentemente.

conclusion [kən'klu:ʒən] [kon-klu-shon], *s.* 1. Conclusión (end), determinación. **In conclusion**, para concluir, como conclusión. 2. Terminación, término, fin o remate de alguna cosa, desenlace, catástrofe. 3. Consecuencia sacada de las premisas. Conclusión (decision, judgment). **To come to/ reach a conclusion**, llegar a una conclusión. **I've come to the conclusion that ...**, he llegado a la conclusión de que ... **To draw a conclusion**, sacar una conclusión. **To jump to conclusions**, precipitarse (a sacar conclusiones).

conclusive [kən'klu:sɪv] [kon-klu-siv], *a.* Concluyente (evidence, argument); decisivo, contundente (victory); final, conclusivo.

conclusively [kən'klu:sɪvlɪ] [kon-klu-siv-li], *a.* Concluyentemente; de manera concluyente.

conclusiveness [kən'klu:sɪvnɪs] [kon-klu-siv-nes], *s.* Resolución o determinación.

conclusory [kən'klu:ʒərɪ] [kon-klu-so-ri], *a.* *V.* CONCLUSIVE.

concoct [kən'kɒkt] [kon-kokt], *va.* 1. Preparar algo mezclando sus ingredientes, como una bebida, una sopa, etc. 2. *(Fig)* Trazar, proyectar, urdir, tramar (plan); inventarse (story). 3. *(Des)* Cocer, digerir, purificar con fuego o calor; madurar.

concoction [kən'kɒkʃən] [kon-kok-shon], *s.* 1. La acción y efecto de mezclar ingredientes, mezcla. 2. Maquinación, trama; trazo. **I'm not eating/drinking that concoction**, yo no me como ese mejunje/bebo ese brebaje. **One of Pierre's delicious concoctions**, una de las exquisitas creaciones de Pierre.

concoctive [kən'kɒktɪv] [kon-kok-tiv], *a.* Perteneciente a una mezcla, o un trazo.

concomitance, concomitancy [kən'kɒmɪtəns] [kon-ko-mi-tans], *s.* Concomitancia, concurrencia de una cosa con otra.

concomitant [kən'kɒmɪtənt] [kon-ko-mi-tant], *a.* Concomitante. *-s.* Compañero; persona o cosa concomitante.

concomitantly [kən'kɒmɪtəntlɪ] [kon-ko-mi-tant-li], *adv.* Concomitantemente, en compañía de otros.

concord ['kɒŋkɔ:d] [kon-kord], *s.* 1. Concordia, unión. 2. Concordia, paz, unión, armonía, buena inteligencia (harmony). 3. Concordancia, armonía en la música. 4. *(For)* Pacto, convención, convenio. 5. *(Gram.)* Concordancia, correspondencia de las palabras según las reglas gramaticales.

concordal [kɒŋ'kɔ:dəl] [kon-kor-dal], *a.* *(Gram.)* Relativo a la concordancia.

concordance [kən'kɔ:dəns] [kon-kor-dans], *s.* 1. Concordancia, índice alfabético de todas las palabras de la Biblia, con citas de los lugares en que se hallan, para buscar y cotejar lo que convenga. 2. Concordancia, conformidad, unión.

concordant [kɒn'kɔ:dənt] [kon-kor-dant], *a.* Concordante, consonante, conforme. *-s.* Correspondiente.

concordantly [kɒŋ'kɔ:dəntlɪ] [kon-kor-dant-li], *adv.* Concordemente, de común acuerdo.

concordat [kɒn'kɔ:dət] [kon-kor-dat], *s.* Concordato, el tratado o convenio que hace el gobierno de un Estado con la Santa Sede, acerca de asuntos eclesiásticos.

concourse ['kɒŋkɔ:s] [kon-kors], *s.* 1. Concurso, confluencia, concurrencia (gathering). 2. Junta, el conjunto de personas unidas multitud de personas unidas, multitud, gentío, muchedumbre. 3. Explanada (large hall).

concrement [kɒn'krɪmənt] [kon-kri-ment], *s.* Concremento; masa formada por concreción.

concresce ['kɒnkri:s] [kon-kris], *vn.* Unirse, aficionarse; estar estrechamente unidos, juntarse en una masa.

concrescence ['kɒnkri:səns] [kon-kri-sens], *s.* Concescencia, crecimiento.

concrescible ['kɒnkri:sɪbl] [kon-kri-si-bol], *a.* Concrescible, susceptible de hacerse concreto; condensable.

concrescive ['kɒnkri:sɪv] [kon-kri-siv], *a.* Uniéndose, que forma estrecha unión.

concrete ['kɒnkri:t] [kon-krit], *vn.* Cuajar, unirse o juntarse en una masa. *-va.* 1. Concretar, unir y juntar unas cosas con otras formando de ellas una masa. 2. Poner en forma concreta. 3. Cubrir con cemento o argamasa. Pavimentar con hormigón o concreto (path).

concrete, *a.* 1. Concreto; cuajado, formado en una masa por crecimiento o unión. 2. Concreto que existe actualmente en el sujeto, opuesto a abstracto. 3. Hecho de hormigón, hecho de cemento (Sp. Am). *-s.* 1. Concreción. 2. Hormigón, concreto (Sp. Am). Cemento (in loose usage). De hormigón o concreto (building). 3. Lo concreto. **Concrete mixer**, hormigonera. **Concrete number**, número concreto. **Concrete paint**, pintura para hormigón. **Reinforced concrete**, hormigón armado.

concretely ['kɒnkri:tlɪ] [kon-krit-li], *adv.* Concretamente.

concreteness ['kɒnkri:tnɪs] [kon-krit-nes], *s.* Calidad de lo concreto.

concretion ['kɒnkri:ʃən] [kon-kri-shon], *s.* 1. Concreción, agregado de diversas partículas en una masa. 2. *(Geol.)* Agregación de materia inorgánica de nudillo o disco, alrededor de un centro llamado núcleo. 3. *(Med.)* Concreción, cálculo.

concretionary ['kɒnkri:ʃənərɪ] [kon-kri-sho-na-ri], *a.* Perteneciente a una concreción.

concretive ['kɒnkrɪtɪv] [kon-kri-tiv], *a.* Formando concreciones.

concubinage [kɒŋ'kjʊbaɪneɪdʒ] [kon-kiu-bai-neich], *s.* Concubinato, amancebamiento.

concubine ['kɒŋkjʊbaɪn] [kon-kiu-bain], *sf.* Concubina.

concupiscence [kən'kju:pɪsəns] [kon-kiu-pi-sens], *s.* Concupiscencia, apetito desordenado de placeres deshonestos.

concupiscent [kən'kju:pɪsənt] [kon-kiu-pi-sent], *a.* Libidinoso, lascivo.

concur [kən'kɜ:r] [kon-ke[r]], *vn.* 1. Concurrir, encontrarse en un mismo punto. 2. Juntarse, obrar juntamente con otros. 3. Convenir, conformarse, estar de acuerdo. **To concur with somebody/something**, coincidir o estar de acuerdo con alguien/algo.

concurrence o **concurrency** [kən'kʌrəns] [kon-ka-rens], *s.* 1. Concurrencia, combinación, acuerdo. 2. Concurrencia, auxilio, asistencia, ayuda. 3. Concurrencia, pretensión recíproca de dos o más personas a un mismo empleo y otra cosa a que tienen igual derecho. 4. Consentimiento, relación aprobación.

concurrent [kən'kʌrənt] [kon-ka-rent], *a.* Concurrente, simultáneo (event); concomitante, coexistente.

concurrently [kən'kʌrəntlɪ] [kon-ka-rent-li], *adv.* Concurrentemente, simultáneamente.

concuss [kən'kʌs] [kon-kas], *va.* 1. Afectar o dañar (el cerebro) por concusión. **To be concussed**, sufrir una conmoción (cerebral) o una concusión. 2. Sacudir, agitar.

concussion [kən'kʌʃən] [kon-ka-shon], *s.* 1. Concusión, conmoción cerebral, impulso. 2. Peculado, cohecho.

concussive [kən'kʌsɪv] [kon-ka-siv], *a.* Lo que conmueve o sacude violentamente.

cond [kɒnd] [kond], *va.* *(Des. Mar.)* Guiar o gobernar un bajel. *V.* CON. *(Mar.)*

condemn [kən'dem] [kon-dem], *va.* 1. Desaprobar, censurar (censure); culpar, vituperar, reprobar, afear. 2. Condenar, sentenciar a una pena (sentence). **He was condemned to death**, lo condenaron o fue condenado a muerte. **The condemned man**, el condenado a muerte. 3. Prohibir oficialmente el uso de algo o el consumo de determinados comestibles o bebidas. 4. Ordenar jurídicamente la toma de posesión de algo para el uso público; declarar confiscado, expropiar por motivos de utilidad pública (building) (in US: convert to public use). Declarar ruinoso (declare unusable).

condemnable [kən'demneɪbl] [kon-dem-nei-bol], *a.* Culpable, censurable, vituperable, condenable.

condemnation [ˌkɒndem'neɪʃən] [kon-dem-nei-shon], *s.* Condenación, acción y efecto de condenar o condenarse. Condena, repulsa.

condemnatory [ˌkɒndem'neɪtərɪ] [kon-dem-nei-to-ri], *a.* Condenatorio, que contiene censura o represión; que expresa sentencia o condenación.

condemner [kən'demnər] [kon-dem-na^r], *s.* Condenador.

condensable [ˌkɒnden'seɪbl] [kon-den-sei-bol], *a.* Condensable.

condensate ['kɒndenseɪt] [kon-den-seit], *va.* y *vn.* Condensar, condensarse. *V.* CONDENSE.

condensate, *a.* Condensado, comprimido, espesado.

condensation [ˌkɒnden'seɪʃən] [kon-den-sei-shon], *s.* 1. Condensación (process); vapor, vaho (on windows, etc.). 2. Condensación (abridgment).

condesative ['kɒndensətɪv] [kon-den-sa-tiv], *a.* Lo que tiene poder de condensar.

condense [kən'dens] [kon-dens], *va.* 1. Condensar, comprimir, compendiar, resumir (abridge/ book, article). *(Quím.)* Condensar. 2. Hacer más denso, espeso o compacto, consolidar. 3. Abreviar, epitomar. *-vn.* Condensarse, comprimirse, espesarse. *(Quím.)* Condensarse.

condensed [kən'densd] [kon-densd], *a.* Condensado, resumido. **Condensed milk**, leche condensada. **Condensed soup**, sopa concentrada.

condenser [kən'densər] [kon-den-sa^r], *s.* Condensador; cualquier invento, máquina o aparato para condensar. 1. Recipiente de una máquina de vapor de condensación. 2. Recipiente de aire de una bomba. 3. Lente o lentes para concentrar lo rayos de luz, en un microscopio, linterna óptica, faro, etc. 4. Aparato para acumular electricidad. 5. Aparato para eliminar las adulteraciones de gas del alumbrado por medio de la condensación. **Bull's-eye condenser**, lente gruesa plano-convexa para el microscopio.

condenser pipe [kən'densəˌpaɪp] [kon-den-ser-paip], *s.* Tubo de condensador.

condensing [kən'densɪŋ] [kon-den-sin], *pa.* Condensante. **Condensing engine**, máquina de condensación.

condensity [kən'densɪtɪ] [kon-den-si-ti], *s.* *(Ant.)* Densidad.

conder ['kɒnder] [kon-da^r], *s.* El que avisa desde la costa a los pescadores de arenques el camino que lleva el cardume.

condescend [kən'desənd] [kon-de-send], *vn.* 1. Condescender, hacer más de lo que quiere la justicia, consentir. **To condescend to**, dignarse o condescender a (deign). **To condescend to somebody**, tratar a alguien con condescendencia (patronize). 2. Acomodarse a la voluntad de otro, someterse.

condescendence [kən'desəndəns] [kon-de-sen-dens], **condescension** [kən'desənd] [kon-de-send], *s.* Condescendencia.

condescending [kən'desəndɪŋ] [kon-de-sen-din], *s.* Condescendencia. *a.* Condescendiente (tone, smile). **To be condescending to/towards somebody**, tratar a alguien con condescendencia.

condescendingly [kən'desəndɪŋlɪ] [kon-de-sen-din-li], *adv.* Cortésmente, condescendientemente.

condescension [kən'desənʃən] [kon-de-sen-shon] *s.* Condescendencia.

condign ['kəndaɪn] [kon-dain], *a.* Condigno, merecido: se dice del castigo.

condignity ['kəndaɪnɪtɪ] [kon-dai-ni-ti], *(Teol.)* **condignness** ['kəndaɪnnɪs] [kon-dig-nis], *s.* Condignidad, merecimiento.

condignly ['kəndaɪnlɪ] [kon-dain-li], *adv.* Merecidamente.

condiment ['kɒndɪmənt] [kon-di-ment], *s.* Condimento, aliño, aderezo, guiso, salsa (relish).

condisciple [kən'dɪsɪpl] [kon-dis-si-pol], *s.* Condiscípulo, compañero, discípulo de un mismo maestro.

condite ['kəndaɪt] [kon-dait], *va.* *(Des).* Escabechar, adobar, condimentar, sazonar.

condition [kən'dɪʃən] [kon-di-shon], *s.* 1. Condición, cualidad. 2. Condición natural o genio de los hombres. 3. Condición, situación, estado, circunstancias; la naturaleza o constitución de las cosas. **Conditions** *pl.* Condiciones (circumstances). **Working/housing conditions**, condiciones de trabajo/vivienda. *(Meteo.)* **Weather conditions are good**, el estado del tiempo es bueno. 4. Condición, rango, esfera, calidad del nacimiento o estado de alguno (state). **To be in no condition to**, no estar en condiciones de. **To be in/out of condition**, estar/no estar en forma (state of fitness). *(Med.)* Afección, enfermedad. **A heart/liver condition**, una afección cardíaca/hepática. 5. Condición, artículo o cláusula de alguna escritura (stipulation, requirement). **On one condition**, con una condición. **On condition that**, con la condición de que, a condición de que. 6. Requisito necesario, dato necesario, condición *sine qua non*.

condition *va.* 1. Condicionar (influence, determine). **To condition somebody to**, condicionar a alguien a. Acondicionar (make healthy/hair). 2. Requerir antes, constituir la condición de algo. 3. Estipular, pactar.

conditional [kən'dɪʃənl] [kon-di-sho-nal], *a.* Condicional, lo que incluye y lleva consigo alguna condición o requisito; no absoluto (provisional/agreement, acceptance). **To be conditional on/upon something**, estar condicionado o supeditado a algo. *(Ling.)* Condicional. *-s.* Palabra, cláusula, etc. significativa de condición.

conditionally [kən'dɪʃnəlɪ] [kon-di-sho-na-li], *adv.* Condicionalmente.

conditionary [kən'dɪʃənərɪ] [kon-di-sho-na-ri], *a.* Estipulado, convenido, pactado.

conditionate [kən'dɪʃəneɪt] [kon-di-sho-neit], *va.* Calificar, regular.

conditionate *a.* Condicionado, establecido con alguna condición.

conditioned [kən'dɪʃənd] [kon-di-shond], *a.* Acondicionado, en buen o mal estado, de buena o mala condición.

conditioner [kən'dɪʃənər] [kon-di-sho-na^r] *s.* Acondicionador, enjuague, suavizante, bálsamo (hair conditioner); suavizante (fabric conditioner).

conditioning [kən'dɪʃənɪŋ] [kon-di-shon-in] *s.* *(Psych.)* Condicionamiento.

condo ['kɒndəʊ] [kon-dou] *s.* *(Coloq.)* *V.* CONDOMINIUM.

condolatory [kən'dəʊlətərɪ] [kon-do-la-to-ri], *a.* Que expresa pésame o duelo.

condole [kən'dəʊl] [kon-doul], *vn.* Condolerse, dolerse con otro, simpatizar con, dar el pésame.

condolence [kən'dəʊləns] [kon-dou-lens], *s.* 1. Compasión, lástima, dolor o pena por la aflicción ajena. 2. El pésame que se da a otro por haber perdido algún pariente o persona querida. **Letter of condolence**, carta de condolencia (sympathy). **Condolences** *pl.* Condolencias, pésame. **He offered/sent his condolences to the widow**, le dio/envió el pésame o sus condolencias a la viuda.

condoler [kən'dəʊlər] [kon-dou-ler], *s.* El que da el pésame a otro.

condom ['kɒndəm] [kon-dom] *s.* Preservativo, condón.

condominium ['kɒndə'mɪnɪəm] [kon-do-mi-nium], *s.* Condominio, cooperativa, propiedad en condominio, propiedad horizontal (ownership). Condominio, bloque de pisos (building); apartamento, piso (en régimen de propiedad horizontal) (apartment).

condonation. condonement ['kɒndəneɪʃən] [kon-do-nei-shon], *s.* Condonación, perdón, indulto.
condone [kən'dəʊn] [kon-doun], *va.* Condonar, perdonar o remitir alguna pena. Aprobar (violence, conduct).
condor ['kɒndɔːr] [kon-do^r^], *s.* Cóndor, especie de buitre grande que habita en los Andes.
conduce [kən'djuːs] [kon-dius], *vn.* Conducir, convenir, ser a propósito para el logro de alguna cosa (seguido de la preposicion *to*). *-va.* *(Des.)* Conducir, efectuar.
conducible [kən'djuːsɪbl] [kon-diu-si-bol], *a.* Conducente, útil, ventajoso.
conducibleness [kən'djuːsɪblnɪs] [kon-diu-si-bol-nes], **conduciveness** [kən'djuːsɪvnɪs] [kon-diu-siv-nes], *s.* La calidad de conducir o ser a propósito para el logro de alguna cosa; utilidad, conducencia.
conducibly [kən'djuːsɪblɪ] [kon-diu-si-bli], *adv.* Conducentemente.
conducive [kən'djuːsɪv] [kon-diu-siv], *a.* Conducente, oportuno, útil, conveniente. **To be conducive to something**, ser propicio para algo.
conduct ['kɒndʌkt] [kon-dakt], *s.* 1. Conducta, manejo, gobierno, economía. 2. Conducción de tropas. 3. Conducta o convoy. 4. Conducta, proceder, porte, manera como uno dirige su vida y acciones, comportamiento (behavior). **Her conduct of the investigation**, la manera o el modo en que condujo la investigación (management).
conduct, *va.* 1. Conducir (heat, electricity); guiar (visitor, tour, party); dirigir, acompañar. 2. *(Mús.)* Dirigir, manejar. 3. Mandar un ejército. 4. Llevar a cabo, realizar (inquiry, experiment); mantener (conversation). **To conduct business**, llevar a cabo actividades comerciales. *vn.* *(Mús.)* Dirigir. *v. refl.* **To conduct oneself**, conducirse, comportarse.
conductible ['kɒndʌktɪbl] [kon-dak-ti-bol], *a.* Conductible, que se puede conducir.
conduction ['kɒndʌkʃən] [kon-dak-shon], *s.* Transmisión del sonido, el calórico o la electricidad por medio de un cuerpo conductor, sin movimiento de dicho cuerpo; conducción en general.
conductive ['kɒndʌktɪv] [kon-dak-tiv], *a.* 1. Conductivo, que tiene la facultad de conducir. 2. *(Elec.)* Que procede por conducción.
conductivity [ˌkɒndʌk'tɪvɪtɪ] [kon-dak-ti-vi-ti], *s.* Conductividad, virtud de conducir; conductibilidad.
conductor ['kɒndʌktər] [kon-dak-to^r^], *s.* 1. Conductor. 2. Jefe o general de un ejército. 3. Conductor, guía, director. *(Mús.)* Director de orquesta. 4. *(E.U.)* Conductor de un tren o de un carro de ferrocarril urbana o tranvía. Cobrador, guarda (on bus, train). *Cf. GUARD.* 5. Ductor; instrumento de cirugía. 6. Conductor eléctrico.
conductress [kən'dʌktrɪs] [kon-dak-tres], *sf.* Conductora. Cobradora, guarda (on bus, train).
conduit ['kɒndɪt] [kon-dit], *s.* 1. Conducto, encañado. 2. Caño, el tubo o cañón por el cual se saca el agua de una fuente.
conduplicate ['kɒndjʊplɪkeɪt] [kon-diu-pli-keit], *va.* Duplicar, replegar. *-a.* Duplicado, replegado.
conduplication [kɒńdiuplɪ'keɪʃən] [kon-diu-pli-kei-shon], *s.* Duplicación, duplicado.
condyle ['kɒndaɪl] [kon-dail], *s.* *(Anat.)* Cóndilo, nudillo de las articulaciones.
condyloma ['kɒndaɪləmə] [kon-dai-lo-ma], *s.* *(Med.)* Condiloma, excrecencia como una verruga que suele formarse cerca del ano o de los órganos genitales de uno y otro sexo.
cone [kəʊn] [koun], *s.* 1. *(Auto, Math)* Cono, cuerpo sólido que tiene un círculo por base y termina por la parte superior en vértice o punta. 2. Piña, el fruto y simiente de algunas especies de pinos. 3. Cima simétrica de una montaña. 4. Cucurucho, barquillo, barquilla o cono (ice-cream cone). **Cone wheel**, rueda cónica. **Friction cone**, cono de fricción. **Cone-shaped**, cónico, en forma de cono.
coney *s. V.* CONY.
confabcone [kɒnfæb'kəʊn] [koun-fab-koun], *s.* *(Fam.)* Abreviatura de *Confabulation.* *(Coloq.)* Charla.
confabulatecone [kənˌfæbjʊleɪtˌkəʊn] [kon-fa-biu-leit-koun], *vn.* Confabular, hablar dos o más personas juntas; platicar, hablar familiarmente.
confabulation [kənˌfæbjʊ'leɪʃən] [kon-fa-biu-lei-shon], *s.* Confabulación, plática.
confabulatory [kənˌfæbjʊlətərɪ] [kon-fa-biu-la-to-ri], *a.* Lo que pertenece a la confabulación.
confarreation [kɒnfærɪ'ækʃən] [koun-fa-ri-ak-shon], *s.* Confarreación, una de las formas de matrimonio entre los antiguos romanos.
confect ['kɒnfekt] [koun-fekt], *va.* 1 Confitar. 2. Preparar, confite.
confection [kən'fekʃən] [kon-fek-shon], *s.* Confitura, confección, dulce; la fruta que está confitada.
confectionary [kən'fekʃənərɪ] [kon-fek-sho-na-ri], *a.* Perteneciente a los confites, o parecido a ellos.
confectioner [kən'fekʃənər] [kon-fek-sho-na^r^], *s.* 1. Confitero, el que tiene por oficio vender y hacer dulces y confituras. 2. Confeccionador.
confectionery [kən'fekʃənərɪ] [kon-fek-sho-ne-ri], *s.* 1. Confitura, confite, dulce. Productos de confitería. 2. Confitería, tienda de confitero.
confederacy [kən'fedərəsɪ] [kon-fe-de-ra-si], **confederation** [kən'fekʃən] [kon-fek-shon], *s.* Confederación, alianza, liga, unión: cábala.
confederate [kən'fedərɪt] [kon-fe-de-rit], *va.* Confederar, unir, formar una liga o confederación. *-vn.* Confederarse, unirse, aliarse.
confederate, *a.* y *s.* Confederado, aliado, ligado.
confer [kən'fɜːr] [kon-fa^r^], *vn.* Conferenciar, conferir, hablar o tratar con otro sobre algún asunto. Consultar (discuss). **To confer with somebody about something**, consultar algo con alguien. *-va.* 1. Conferir, comparar, confrontar, cotejar. 2. Conferir; dar. Conceder, conferir (bestow). **To confer something on/upon somebody/something**, concederle o conferirle algo a alguien/algo. 3. Conducir, convenir, ser conducente o conveniente.
conference ['kɒnfərəns] [kon-fe-rens], *s.* 1. Conferencia, conversación formal en que se trata algún asunto o negocio. Congreso, conferencia (large assembly, convention). **Conference center** o (GB) **centre**, centro de conferencias. **To be in conference with somebody**, estar reunido o en reunión, o en conferencia con alguien. **Conference room**, sala de juntas o reuniones. **At the conference table**, en la mesa de negociaciones. 2. Cuerpo organizado de predicadores y legos; y en la Iglesia católica, asamblea de clérigos para discutir cuestiones teológicas. 3. *(Sport)* Liga.
conferrable [kən'ferəbl] [kon-fe-ra-bol], *a.* Que puede ser conferido.
conferrer [kən'ferər [kon-fer-ra^r^], *s.* 1. Conferidor, colador. 2. Regalador, el que regala.
conferring [kən'ferɪŋ] [kon-fe-rin], *s.* Colocación, acción de conferir.
conferva [kən'fɜːvə] [kon-fer-va], *s.* *(Bot.)* Conferva, el tejido de filamentos verdes que sobrenadan sobre el agua estancada; género de algas, terrestres o de agua dulce.
confervoid [kən'fɜːvɔɪd] [kon-fer-void], *a.* Parecido a una conferva.
confess [kən'fes] [kon-fes], *va.* 1. Confesar, manifestar algún delito; reconocer y declarar una falta. 2. Confesar, oír en confesión, oír las culpas del penitente. 3. Declarar abiertamente, Reconocer; probar. **I must confess**, debo decir. *-vn.* 1. *(Rel.)* Confesarse. 2. Confesar (admit). **He confessed to five murders**, confesó haber cometido cinco asesinatos.
confessant, confessary [kən'fesənt] [kon-fe-sant], *s.* 1. El que confiesa o hace una confesión. 2. Penitente, el que confiesa.
confessed [kən'fest] [kon-fest], *a.* 1. Incontestable, indudable, evidente. 2. Confesado, declarado, manifiesto (thief, liar).

confessedly [kən'fesdlɪ] [kon-fes-li], *adv.* 1. Conocidamente, cierta e infaliblemente, sin contradicción. 2. Manifiestamente, por confesión propia.

confession [kən'feʃən] [kon-fe-shon], *s.* 1. Confesión, declaración de algún delito (statement). **A signed confession**, una confesión por escrito. 2. Confesión, profesión de fe. 3. Confesión sacramental (of sins). **To go to confession**, ir a confesarse. 4. Reconocimiento de una falta.

confessionary [kən'feʃənərɪ] [kon-fe-sho-na-ri], *s.* Confesionario, el lugar destinado para oír la confesión sacramental.

confessionary *a.* Lo que pertenece a la confesión.

confessor [kən'fesər] [kon-fe-so'], *s.* 1. Confesor, el que declara su fe. 2. Confesor, el sacerdote que oye en confesión. 3. Penitente; confeso, el que confiesa sus delitos.

confest [kən'fest] [kon-fest], *a.* *(Ant.* o *poét.)* Confesado, manifiesto, reconocido por todos. *V.* CONFESSED.

confetti [kən'fetiː] [kon-fe-ti], *s.* Confeti, chaya o papel picado, papelillos.

confidant [ˌkɒnfɪ'dænt] [kon-fi-dent], *s.* Confidente, amigo íntimo a quien se confían los secretos.

confidante [ˌkɒnfɪ'dænt] [kon-fi-dent] *s.f.* Confidente.

confide [kən'faɪd] [kon-faid], *vn.* Confiar, fiarse, entregarse o referirse a la fidelidad de otro. **To confide in somebody**, confiarse a alguien (tell secrets). **To confide in somebody/something**, confiar en alguien/algo (trust). *-va.* Confiar, depositar, decir o dar a guardar a otro alguna cosa sin otra seguridad que la buena fe. **To confide something to somebody**, confiarle algo a alguien.

confidence ['kɒnfɪdəns] [kon-fi-dens], *s.* 1. Confianza, seguridad fundada en la discreción o probidad de otro (trust, faith). **Confidence in somebody/something**, confianza en alguien/algo. 2. Confianza, ánimo, aliento y valor. Confianza en sí mismo, seguridad en sí mismo (self-confidence). 3. Atrevimiento; presunción. 4. Conversación particular; secreto, confidencia (secret). **They exchanged confidences**, se hicieron confidencias. **He took her into his confidence**, se confió a ella (confidenciality). **In confidence**, en confianza. **In strict confidence**, con absoluta reserva.

confidence game, **confidence trick** *s.* Estafa, timo.

confident ['kɒnfɪdənt] [kon-fi-dent], *a.* 1. Cierto, seguro. Hecho con confianza y seguridad (sure/statement, forecast). **I am confident she won't disappoint us**, tengo (la) plena confianza de que no nos defraudará. **To be confident of something**, confiar en algo. 2. Confiado, terco, dogmático. Seguro de sí mismo (self-confident/person). 3. *(Ant.)* Descarado, atrevido, resuelto. *-s.* Confidente, a quien se confía un secreto.

confidential ['kɒnfɪdənʃəl] [kon-fi-den-shal], *a.* 1. Reservado, secreto, confidencial (secret/information). 2. Seguro; de confianza (private/secretary); íntimo, confidencial (intimate/tone).

confidentiality [ˌkɒnfɪˌdenʃɪ'ælɪtɪ] [kon-fi-den-sha-li-ti] *s.* Confidencialidad.

confidentially [ˌkɒnfɪ'dənʃəlɪ] [kon-fi-den-sha-li] *adv.* Confidencialmente.

confidently ['kɒnfɪdəntlɪ] [kon-fi-dent-li], *adv.* Confidentemente, confidencialmente, secretamente. Con seguridad o confianza.

confider ['kɒnfɪdər] [kon-fi-da'], *s.* El que confía.

confiding ['kɒnfɪdɪŋ] [kon-fi-din], *a.* Fiel, seguro.

configurate ['kɒnfɪgjʊreɪt] [kon-fi-guiu-reit], *va.* Configurar, dar forma o figura. *-vn.* Ser congruo o apto.

configuration [kənˌfɪgjʊ'reɪʃən] [kon-fi-guiu-rei-shon], *s.* 1. Configuración, figura, forma exterior. 2. *(Astr.)* Aspecto, posición relativa de los planetas.

configure ['kɒngjʊr] [kon-fi-ga'], *va.* Configurar, dar forma o figura.

confinable ['kɒnfɪnəbl] [kon-fi-na-bol], *a.* Limitable, lo que se puede limitar.

confine [kən'faɪn] [kon-fain], *s.* Confín, límite, término, frontera o línea que divide un teritorio de otro.

confine, *vn.* Confinar, lindar, estar contiguo o inmediato a otro territorio. *-va.* 1. Limitar, poner límite a alguna cosa (limit, restrict). **To confine something to something**, limitar o restringir algo a algo. **Drug addiction is not confined to large cities**, la drogadicción no afecta únicamente a las grandes ciudades. **The fire was confined to the basement**, el incendio sólo afectó al sótano. 2. Encerrar, aprisionar, poner preso. Confinar, recluir (shut in, imprison/person); encerrar (animal). 3. Restringir, estrechar, reducir. **He is confined to his bed**, no puede dejar la cama, o está enfermo en cama. **To be confined**, estar de parto.

confined [kən'faɪnd] [kon-faind] *a.* Limitado, reducido (space).

confineless [kən'faɪnlɪs] [kon-fain-les], *a.* Ilimitado.

confinement [kən'faɪnmənt] [kon-fain-ment], *s.* 1. Prisión, encierro, destierro, cautividad. Reclusión, confinamiento (act, state). 2. Estreñimiento, restricción dentro de determinados límites; abstención de salir por causa de enfermedad. 3. Parto; sobreparto, tiempo que la parida guarda cama (in childbirth).

confiner ['kɒnfaɪnər] [kon-fai-na'], *s.* 1. La persona o cosa que limita, encierra, o restringe. 2. *(Des.)* Vecino; la cosa que está confinante o rayando con otra.

confines ['kɒnfaɪnz] [kon-fains] *s. pl.* Confines, límites.

confinity [kən'faɪnɪtɪ] [kon-fai-ni-ti], *s.* Cercanía, comarca, proximidad, inmediación.

confirm [kən'fɜːm] [kon-ferm], *va.* 1. Confirmar, comprobar, corroborar (substantiate/report, reservation). 2. *(Rel.)* Confirmar, administrar la confirmación. 3. Establecer; revalidar, ratificar (ratify/treaty, agreement). 4. Confirmar, fortificar, dar mayor firmeza y seguridad.

confirmable [kən'fɜːməbl] [kon-fer-ma-bol], *a.* Capaz de ser confirmado o ratificado.

confirmation [ˌkɒnfə'meɪʃən] [kon-fer-mei-shon], *s.* 1. Confirmación, la acción de confirmar o corroborar la verdad de una cosa; prueba, testimonio convincente (substantiation); ratificación (ratification). 2. *(Rel.)* Confirmación, la acción de confirmar por la imposición de manos del obispo. 3. Revalidación.

confirmative [kən'fɜːmətɪv] [kon-fer-ma-tiv], *a.* Confirmativo.

confirmatory [kən'fɜːmətərɪ] [kon-fer-ma-to-ri], *a.* Confirmativo o confirmatorio.

confirmed [kən'fɜːmd] [kon-fermd], *a.* y *pp.* 1. Comprobado, corroborado; ratificado. 2. Establecido, demostrado. 3. Inveterado, consumado, empedernido (bachelor, liar).

confirmedness [kən'fɜːmdnɪs] [kon-fermd-nes], *s.* Certeza, firmeza.

confirmer [kən'fɜːmər] [kon-fer-ma'], *s.* Confirmador, establecedor.

confirmingly [kən'fɜːmɪŋlɪ] [kon-fer-min-li], *adv.* Confirmativamente.

confiscable [kən'fɪskəbl] [kon-fis-ka-bol], *a.* Confiscable, lo que puede ser confiscado.

confiscate ['kɒnfɪskeɪt] [kon-fis-keit], *va.* Confiscar, privar de sus bienes a algún reo y aplicarlos al fisco; decomisar. **To confiscate something from somebody**, confiscarle o decomisarle algo a alguien.

confiscate, **confiscated** ['kɒnfɪskeɪtɪd] [kon-fis-kei-tid], *a.* Confiscado, entregado al fisco.

confiscation [ˌkɒnfɪs'keɪʃən] [kon-fis-kei-shon], *s.* Confiscación, decomiso, la adjudicación de los bienes de un reo al fisco.

confiscator ['kɒnfɪskeɪtər] [kon-fis-kei-to'], *s.* Confiscador.

confiscatory ['kɒnfɪskətərɪ] [kon-fis-ka-to-ri], *a.* Lo que se confisca.

confiture ['kɒnfɪtʃʊər] [kon-fi-chua'], *s.* Confitura, dulce.

confix ['kɒnfɪks] [kon-fiks], *va.* Atar, ligar, enclavar una cosa con otra.

confixure ['kɒnfɪksər] [kon-fiksua'], *s.* Atadura, aseguramiento.

conflagrant ['kɒnfləgrænt] [kon-fla-grant], *a.* Incendiado.

conflagration [ˌkɒnflə'greɪʃən] [kon-fla-grei-shon], *s.* Conflagración, fuego o incendio general.

conflate [kən'fleɪt] [kon-fleit], *va.* Combinar varias lecciones, lecturas o párrafos para componer con ellos una sola lección; se usa en forma pasiva. Refundir, combinar.

conflation [kən'fleɪʃn] [kon-flei-shon], *s.* 1. Combinación de dos lecciones variantes para formar una nueva lección. 2. Toque de muchos instrumentos de viento a tiempo.

conflict ['kɒnflɪkt] [kon-flikt], *vn.* Luchar, contender, combatir; estar en oposición; chocar, entrechocar. Discrepar, estar reñido.

conflict, *s.* 1. Conflicto, encuentro violento de una cosa con otra; combate, pelea, contienda. 2. Conflicto, combate o angustia de ánimo, pena, dolor, pesar. **To come into conflict with something/somebody**, estar en conflicto con algo/alguien. **A conflict of interests**, un conflicto de intereses.

conflicting ['kɒnflɪktɪŋ] [kon-flik-tin] *a.* Opuesto, encontrado (interests); contradictorio (views, accounts, emotions).

confluence ['kɒnflʊəns] [kon-fluens], *s.* 1. Confluencia, el lugar o sitio en que un río se une con otro. 2. Concurso, concurrencia de muchas personas o cosas.

confluent ['kɒnflʊənt] [kon-fluent], *a.* 1. Confluente, que confluye o se junta. 2. Confluente; dícese de la erupción simultánea de granos, pústulas, etc. **Confluent smallpox**, viruela confluente. *-s.* Corriente que se une con otra; confluencia de un río.

conflux ['kɒnflʊks] [kon-fluks], *s.* Confluencia de varios ríos; concurso o concurrencia de muchas personas o cosas.

confocal ['kɒnfəʊkəl] [kon-fou-kal], *a.* Que tiene foco o focos comunes.

conform [kən'fɔ:m] [kon-form], *va.* Conformar hacer una cosa conforme o semejante; ajustar, concordar. *-vn.* 1. Conformarse, allanarse, cumplir con algún rito, ceremonia, uso o costumbre. **To conform to/with something**, ajustarse a o cumplir con algo (be in accordance). 2. Conformarse, ceder, someterse. Ser conformista (act in a conformist way). **He usually conforms to their wishes**, por lo general se aviene a sus deseos.

conformability, conformableness [kənˌfɔ:mə'bɪlɪtɪ] [kon-for-ma-bi-li-ti], *s.* Conformidad, cualidad o estado de lo que es conforme, correspondiente, consistente, armonioso o semejante.

conform, conformable [kən'fɔ:məbl] [kon-for-ma-bol], *a.* Conforme semejante; conveniente, proporcionado; dócil, obsequioso.

conformably [kən'fɔ:məblɪ] [kon-for-ma-bli], *adv.* Conformemente.

conformation [kən'fɔ:meɪʃən] [kon-for-mei-shon], *s.* Conformación, figura, arreglo.

conformer [kən'fɔ:mər] [kon-for-ma^r], *s.* El que conforma.

conformist [kən'fɔ:mɪst] [kon-for-mist], *s.* 1. Conformista, el que se conforma con el culto autorizado por las leyes de Inglaterra o con los ritos de la Iglesia anglicana. 2. El que se somete. *a.* Conformista.

conformity [kən'fɔ:mɪtɪ] [kon-for-mi-ti], *s.* Conformidad, consistencia, conveniencia, igualdad. **In conformity with**, conforme a, en conformidad con.

confound [kən'faʊnd] [kon-faund], *va.* 1. Confundir, desconcertar (perplex/person); frustrar (thwart/attempt); echar por tierra (plan). 2. Enredar, embrollar; turbar, consternar. 3. *(Ant.)* Atolondrar, atontar; desconcertar, avergonzar. 4. *(Des.)* Destruir, arruinar. *(Coloq.)* **Confound it!**, ¡maldita sea! (damn).

confounded [kən'faʊndɪd] [kon-faun-ded], *a.* Maldito, abominable, detestable, aborrecible, odioso, enorme. *(Coloq.)* Maldito, condenado.

confoundedly [kən'faʊndɪdlɪ] [kon-faun-did-li], *adv.* Destestablemente, horriblemente.

confoundedness [kən'faʊndɪdnɪs] [kon-faun-did-nis], *s.* Abatimiento, confusión.

confounder [kən'faʊndər] [kon-faun-da^r], *s.* 1. Enredador. 2. Exterminador, desolador.

confraternity [ˌkənfrə'tɜ:nɪtɪ] [kon-fra-ter-ni-ti], *s.* 1. Cofradía, confraternidad, hermandad, sociedad. 2. Confraternidad, relaciones amistosas entre los individuos de una sociedad.

confrère [kən'frɛər] [kon-frea^r], *s.* Compañero, colega.

confrication [ˌkənfrɪ'keɪʃən] [kon-fri-kei-shon], *s.* *(Des.)* Confricación, acción y efecto de estregar.

confront [kən'frʌnt] [kon-front], *va.* 1. Confrontar, afrontar, hacer frente a (come face to face with/danger, problem). **Police were confronted by a group of demonstrators**, la policía se vio entrentada a un grupo de manifestantes. Hacer frente a, enfrentarse a (face up to/enemy, fear, crisis). **I decided to confront him on the matter**, decidí plantearle la cuestión cara a cara. **I intend to confront him with it tomorrow**, pienso encararme con él mañana y decírselo. 2. Carear. 3. Cotejar o comparar una cosa con otra.

confrontation [ˌkɒnfrən'teɪʃən] [kon-fron-tei-shon], *s.* Confrontación, careo (encounter); enfrentamiento, confrontación (conflict).

confucian [kən'fju:ʃən] [kon-fiu-shan], *a.* Relativo a Confuncio, el sabio chino.

confuse [kən'fju:z] [kon-fius], *va.* 1. Confundir, desconcertar (bewilder); complicar, enredar (blur/situation) desordenar; obscurecer. 2. Inquietar, atropellar. 3. Confundir (mix up, be unable to distinguish/ideas, sounds). **To confuse something/somebody with something/somebody**, confundir algo/a alguien con algo/alguien.

confused [kən'fju:zd] [kon-fiusd], *a.* 1. Confuso, confundido, desorientado, perplejo (perplexed). **To get confused**, confundirse. **What are you confused about?**, ¿qué es lo que te tiene confundido? 2. Confuso (unclear/argument).

confusedness [kən'fju:znɪs] [kon-fius-nis], *s.* Atropellamiento, confusión, desorden.

confusing [kən'fju:zɪŋ] [kon-fiu-sin] *a.* Confuso, poco claro.

confusion [kən'fju:ʒən] [kon-fiu-shon], *s.* 1. Confusión (turmoil); desorden (disorder); tumulto, caos, embarazo. **The meeting ended in confusion**, la reunión terminó en medio de la confusión general. 2. Perturbación, vergüenza. Confusión, desconcierto (perplexity); turbación (embarrassment). **Her presence threw him into confusion**, su presencia lo turbó. 3. *(Des.)* Ruina, destrucción.

confutable [kən'fju:təbl] [kon-fiu-ta-bol], *a.* Refutable.

confutant [kən'fju:tənt] [kon-fiu-tant], *s.* Refutador

confutation [ˌkənfju:'teɪʃən] [kon-fiu-tei-shon], *s.* Confutación, refutación.

confute [kən'fju:t] [kon-fiut], *va.* Confutar, impugnar, refutar.

conga ['kɒŋgə] [kon-ga], *s.* Conga, ritmo y baile afro-cubanos.

con game [kən'geɪm] [kon-gueim] *s.* Timo, estafa.

congé [kən'dʒeɪ] [kon-yei], *s.* Salutación, reverencia; el acto de despedir o despedirse, despedida.

congeal [kən'dʒi:l] [kon-yil], *va.* 1. Congelar, helar o cuajar alguna cosa líquida. 2. Helar, dejar a uno suspenso, pasmarle, sobrecogerle. *-vn.* Congelarse, helarse, cuajarse alguna cosa líquida. Solidificarse, cuajar (fat). **Congealed blood**, sangre coagulada.

congealable [kən'dʒi:ləbl] [kon-yi-la-bol], *a.* Congelable, que es capaz de congelarse.

congealment [kən'dʒi:lmənt] [kon-yil-ment], *s.* Congelación.

congee [kən'dʒeɪ] [kon-yei], *vn.* Despedirse cortésmente; saludar.

congee [kən'dʒi:] [kon-yíi] **conjee**, *s.* *(Ind.)* Atole o gachas de arroz, maíz, etc.

congelation [kən'dʒəleɪʃən] [kon-ye-lei-shon], *s.* Congelación.

congener [kən'dʒənər] [kon-ye-na'], **congeneric** [kən'dʒənərɪk] [kon-ye-ne-rik], **congenerous** [kən'dʒɪnərɪəs] [kon-yi-ne-rous], *a.* Congénere, idéntico, de la misma especie o género; congenérico.
congeneracy [kən'dʒənərəsɪ] [kon-ye-ne-ra-si], **congenerousness** [kən'dʒənərəsnɪs] [kon-ye-ne-ros-nis], *s.* Descendencia de un mismo origen, congeneración.
congenetic [kən'dʒənətɪk] [kon-ye-ne-tik], *a.* Semejante en origen.
congenial [kən'dʒiːnɪəl] [kon-yi-nial], *a.* 1. Congenial, análogo, de especie o naturaleza semejante, cognado. 2. Congenial, de igual genio o inclinaciones. 3. Simpático, agradable (person). **A congenial atmosphere**, un ambiente amigable.
congeniality [kən'dʒenɪəlɪtɪ] [kon-ye-nia-li-ti], **congenialness** [kən'dʒenɪəlnɪs] [kon-ye-nial-nes], *s.* Semejanza de genio.
congenital [kən'dʒenɪtl] [kon-ye-ni-tal], *a.* Congénito, que nace con el individuo o existe desde el nacimiento.
conger, conger-eel [kən'dʒər] [kon-ya'], *s.* Congrio, pescado de mar.
congeries [kən'dʒɪrɪəs] [kon-yi-ries], *s.* Congerie, cúmulo o montón de cosas.
congest [kən'dʒest] [kon-yest], *vn.* Hacerse obstruido, acumular, amontonar.
congested [kən'dʒestɪd] [kon-yes-tid] *pa.* *(Med.)* 1. Congestionado, obstruido por sangre o humores. 2. *(Fig.)* Apretado, apiñado, obstruido por la muchedumbre como sucede en las calles. Congestionado (with traffic); abarrotado o repleto de gente (with people).
congestible [kən'dʒestɪbl] [kon-yes-ti-bol], *a.* Acumulable, amontonable.
congestion [kən'dʒestʃən] [kon-yes-chon], *s.* Congestión (with traffic); abarrotamiento (with people). *(Med.)* Congestión.
congestive [kən'dʒestɪv] [kon-yes-tiv], *a.* *(Med.)* Perteneciente a la congestión. **Congestive chill**, escalofrío congestivo.
congiary [kən'dʒɪərɪ] [kon-yia-ri], *s.* Congiario, don que solían distribuir al pueblo los emperadores romanos.
conglobate [kən'gləbeɪt] [kon-glo-beit], *a.* Conglobado, amontonado en forma esférica más o menos perfecta.
conglobate, *va.* Conglobar, formar en figura de globo.
conglobately [kən'gləbeɪtlɪ] [kon-glo-beit-li], *adv.* Conglobosamente.
conglobation [kən'gləbeɪʃən] [kon-glo-bei-shon] *s.* Conglobación, globo.
conglobulate [kən'gləbjʊleɪt] [kon-glo-biu-leit], *vn.* Conglobarse.
conglomerate [kən'glɒmərɪt] [kon-glo-me-reit], *va.* Conglomerar, aglomerar, redondear.
conglomerate, *a.* Conglomerado; congregado, redondeado. *-s.* 1. Masa o colección de sustancias heterogéneas; colección de cosas o de ideas, confusamente acumuladas. 2. Roca compuesta de guijarros redondeados y desgastados por las aguas; se llama también *pudding-stone*. 3. *(Neg.)* Conglomerado de empresas.
conglomeration [kənˌglɒmə'reɪʃən] [kon-glo-me-rei-shon], *s.* 1. Conglomeración. Acumulación, conglomerado. 2. Entretejedura, mezcla.
conglomeritic, conglomeratic [kən'glɒmərɪtɪk] [kon-glo-me-ri-tik], *a.* De una roca conglomerada o parecido a ella; formado por conglomeración.
conglutinate [kən'glətɪneɪt] [kon-glu-ti-neit], *a.* Conglutinado, unido por medio de una sustancia viscosa.
conglutination [kənˌglətɪ'neɪʃən] [kon-glu-ti-nei-shon], *s.* Conglutinación.
conglutinative [kən'glətɪnətɪv] [kon-glu-ti-na-tiv], *a.* Conglutinativo, que tiene virtud de conglutinar.
conglutinator [kənˌglətɪ'neɪtər] [kon-glu-ti-nei-to'], *s.* Conglutinador, agente medicinal que sirve para unir o cerrar los bordes de las heridas.
Congo ['kɒŋgəʊ] [kon-gou] *N.* *(Geogr.)* El Congo.
congratulant [kən'grætjʊlənt] [kon-gra-tiu-lant], *a.* Congratulorio, que expresa congratulación.
congratulate [kən'grætjʊleɪt] [kon-gra-tiu-leit], *va.* Congratular, felicitar. **To congratulate somebody on something**, felicitar o darle la enhorabuen a alguien por algo. *-vn.* *(Des.)* Congratularse, alegrarse. *vr.* *refl.* **To congratulate oneself on something**, felicitarse o congratularse por algo o de algo.
congratulation [kənˌgrætjʊ'leɪʃən] [kon-gra-tiu-lei-shon], *s.* Congratulación; felicitación (praise). **Congratulations**, *pl.* enhorabuena, felicitaciones. **(My) congratulations!**, ¡enhorabuena!, ¡felicitaciones!
congratulator [kən'grætjʊleɪtər] [kon-gra-tiu-lei-to'], *s.* Congratulador; congraciador.
congratulatory [kən'grætjʊlətərɪ] [kon-gra-tiu-la-to-ri], *a.* Congratulatorio, que expresa congratulación. De enhorabuena o felicitación.
congregate ['kɒŋgrɪgeɪt] [kon-gri-gueit], *va.* Congregar, convocar, reunir. *-vn.* Juntarse.
congregate, a Agregado, reunido.
congregation ['kɒŋgrɪgeɪʃən] [kon-gri-guei-shon], *s.* 1. Congregación, concurso, auditorio, asamblea, reunión. 2. Agregado, colección, masa. 3. *(Rel.)* Fieles (attending service); feligreses (parishioners).
congregational [ˌkɒŋgrɪ'geɪʃənl] [kon-gri-guei-sho-nal], *a.* 1. Lo que pertenece a alguna congregación o asamblea de cristianos. 2. Congregacional, perteneciente a la denominación protestante del congregacionalismo o a los congregacionalistas.
congregationalism [ˌkɒŋgrɪ'geɪʃnlɪzm] [kon-gri-guei-sho-na-lisem], *s.* 1. Congregacionalismo, la forma de gobierno eclesiástico que reconoce como suprema la autoridad de la congregación local dentro de su jurisdicción. 2. Sistema de creencia y práctica de la secta congregacionalista.
congregationalist [ˌkɒŋgrɪ'geɪʃnlɪst] [kon-gri-guei-sho-na-list], *s.* Partidario del congregacionalismo; miembro de la Iglesia congregacionalista.
congress ['kɒŋgres] [kon-gres], *s.* 1. Congreso, junta de soberanos o ministros para tratar asuntos comunes (conference). 2. Congreso, cámara de los diputados. En los Estados Unidos del Norte, Cámara de Representantes y Senado, el cuerpo legislativo nacional. 3. Conferencia, entrevista, congreso de varias personas; como acepción especial, ayuntamiento de hombre y mujer.
congression ['kɒŋgreʃən] [kon-gre-shon], *s.* Compañía, asamblea.
congressional ['kɒŋgreʃnl] [kon-gre-sho-nal], *a.* Del congreso, relativo a un congreso, congresional (committee). **Congressional district**, distrito electoral. **Congressional elections**, elecciones parlamentarias. **Congressional debates**, debates del congreso. **The Congressional Record**, las Actas del Congreso (de los EEUU).
congressive ['kɒŋgresɪv] [kon-gre-siv], *a.* Juntado, unido, pegado.
congressman ['kɒŋgresmən] [kon-gres-man], *s.* Miembro del congreso de los Estados Unidos; especialmemte uno de los diputados.
congresswoman ['kɒŋgresˌwʊmən] [kon-gres-uo-man] *s.f.* (in US) Miembro del Congreso.
congruence, congruency ['kɒŋgrʊəns] [kon-gruens], **congruity** ['kɒŋgrʊɪtɪ] [kon-grui-ti], Congruencia, congruidad, conformidad.
congruent ['kɒŋgrʊənt] [kon-gruent], *a.* Congruente, conveniente, conforme.
congruous ['kɒŋgrʊəs] [kon-gruos], *a.* Congruo, apto, proporcionado.
congruously ['kɒŋgrʊəslɪ] [kon-gruos-li], *adv.* Congruentemente.
conic, conical ['kɒnɪk] [ko-nik], *a.* Cónico.
conically ['kɒnɪklɪ] [ko-ni-ka-li], *adv.* En forma cónica.

conicalness ['kɒnɪkəlnɪs] [ko-ni-kal-nes], *s.* Conicidad, calidad de cónico.

Conic section ['kɒnɪk,sekʃən] [ko-nik-sek-shon], *s.* *(Geom.)* Sección cónica. **Conics**, la ciencia de medir conos y sus curvas.

conifer ['kɒnɪfər] [ko-ni-fa^r], *s.* Conífero, el árbol que produce fruto en forma de cono.

coniferae ['kɒnɪfərə] [ko-ni-fe-ra], *s. pl.* Coníferas, orden de plantas resinosas, siempre verdes por lo común, que dan el fruto en forma de cono; v.g. el pino, el cedro, el abeto, etc.

coniferous ['kɒnɪfərəs] [ko-ni-fe-ros], *a.* Conífero, que produce pericarpos de forma cónica. De coníferas (forest). **A coniferous tree**, una conífera.

coniform ['kɒnɪfɔːm] [ko-ni-form], *a.* Coniforme, cónico.

conirostral ['kɒnɪrəstrəl] [ko-ni-ros-tral], *a.* Conirrostra, ave de pico cónico.

conium ['kɒnɪəm] [ko-nium], *s.* Cicuta, planta venenosa de las umbelíferas.

conjecturable ['kən'dʒektʃərəbl] [kon-yek-cha-re-bol], *a.* Conjeturable.

conjectural ['kən'dʒektʃərəl] [ko-yek-cha-ral], *a.* Conjetural.

conjecturally ['kən'dʒektʃərəlɪ] [kon-yek-chua-ra-li], *adv.* Conjecturalmente, por conjetura, sin prueba.

conjecture ['kən'dʒektʃʊər] [ko-yek-chua^r], *s.* Conjetura (guess); apariencia, suposición, sospecha. **Conjecture was at fault**, salieron fallidas las conjeturas. **It's pure conjecture**, no son más que conjeturas o suposiciones (guesswork).

conjecture *va.* Conjecturar; sospechar, pronosticar.

conjecturer ['kən'dʒektʃʊərər] [ko-yek-chua-re^r], *s.* Conjeturador.

conjoin [kən'dʒɔɪn] [ko-yoin], *va.* 1. Juntar, unir; asociar. 2. Asociar, conectar. *-vn.* Confederarse, unirse, ligarse.

conjoint [kən'dʒɔɪnt] [ko-yoint], *a.* Asociado, confederado.

conjointly [kən'dʒɔɪntlɪ] [ko-yoint-li], *adv.* Unidamente, de mancomún.

conjugable [kən'dʒʊgəbl] [ko-yu-ga-bol], *a.* *(Gram.)* Que puede ser conjugado.

conjugal ['kɒndʒʊgəl] [ko-yu-gal], *a.* Conyugal, matrimonial.

conjugally ['kɒndʒʊgəlɪ] [ko-yu-ga-li], *adv.* Conyugalmente.

conjugate ['kɒndʒʊgeɪt] [ko-yu-geuit], *va.* 1. *(Gram.)* Conjugar, variar las terminaciones de los verbos. 2. Juntar, unir (en matrimonio). *-vn.* 1. Conjugarse (verb). 2. *(Biol.)* Unirse en conjugación.

conjugate, *s.* La palabra que tiene la misma derivación que otras. *-a.* 1. Juntado en pares, apareado. 2. *(Mat.)* Conjugado, recíprocamente coordinado, recíproco.

conjugation [,kɒndʒʊ'geɪʃən] [ko-yu-guei-shon], *s.* 1. Conjunción, unión. 2. *(Gram.)* Conjugación. 3. *(Biol.)* Unión o fusión de dos o más celdillas o individuos para la reproducción, como sucede con los animales y las plantas más sencillos, *p.* ej. las algas.

conjunct [kɒn'dʒʌŋkt] [ko-yankt] *a.* Conjunto, allegado, unido.

conjunction ['kɒndʒʌŋkʃən] [ko-yank-shon] *s.* 1. Conjunción, unión, asociación, liga Combination. 2. *(Gram.)* Conjunción. 3. *(Astr.)* Conjunción de dos planetas.

conjuctiva [kən'dʒʌktɪvə] [ko-yak-ti-va], *s.* Conjuntiva, membrana mucosa que cubre la superficie posterior de los párpados y la parte anterior del globo del ojo.

conjunctival ['kɒndʒəktɪvl] [ko-yak-ti-val], *a.* Relativo a la conjuntiva.

conjunctive ['kɒndʒʌŋktɪv] [ko-yank-tiv], *a.* 1. Conjunto; conjuntivo. 2. *(Gram.)* Subjuntivo. **Conjunctive mode**, modo subjuntivo.

conjunctively ['kɒndʒʌŋktɪvlɪ] [ko-yank-tiv-li], *adv.* Conjuntamete, de mancomún.

conjunctivitis ['kɒndʒʌŋktɪ'vaɪtɪs] [ko-yank-ti-vai-tis], *s.* Inflamación de la conjuntiva, conjuntivitis.

conjunctly ['kɒndʒʌŋktlɪ] [ko-yankt-li], *adv.* Juntamente.

conjuncture [kən'dʒʌŋktʃər] [ko-yank-cha^r], *s.* 1. Conyuntura. 2. Ocasión, sazón, crisis. 3. Modo de unión, Conexión.

conjuration [,kəndʒʊə'reɪʃən] [ko-yua-rei-shon], *s.* 1. Depreciación, petición, súplica ardiente. 2. Conjuro, imprecación supersticiosa. 3. Conjuración, conspiración. 4. La forma o acto de citar a alguno en nombre de Dios.

conjure ['kən'dʒʊər] [ko-yua^r], *va.* 1. Hechizar, encantar, efectuar algo por arte mágica. 2. Citar, ahuyentar, por arte supernatural o mágica. **To conjure something out of thin air**, hacer aparecer algo como por arte de magia. *-vn.* Practicar la mágica, hacer juegos de manos. Hacer magia (perform tricks). **To conjure away**, exorcizar. **To conjure up**, evocar, llamar con invocaciones supersticiosas. **To conjure up difficulties**, suscitar dificultades u obstáculos.

conjure, *va.* 1. Conjurar o citar en nombre de Dios; pedir con instancia y ruegos. 2. *(Des.)* Conjurarse, conspirar. 3. *(Ant.)* Encantar, hechizar.

conjure up Evocar, traer a la memoria (evoke). **It conjures up images of ...**, hace pensar en ...

conjurer ['kən'dʒʊərər] [ko-yua-ra^r], *s.* 1. Conjurador, encantador. Prestidigitador, mago. 2. *(Irón.)* Hombre sagaz. **He is not a conjurer**, no es adivino.

conjuring ['kən'dʒʊərɪŋ] [ko-yua-rin] *s.* Prestidigitación, magia. **Conjuring trick**, truco de magia.

conjuror *s. V.* CONJURER

conker ['kɒŋkər] [kon-ka^r] *s.* (GB) *(Coloq.)* Castaña de Indias.

conk out ['kɒŋk'aʊt] [konk-aut] *vn.* *(Coloq.)* Averiarse, descomponerse (engine, car).

con man ['kɒnmæn] [kon-man] *s.* Estafador, timador.

conn = **Connecticut**

connate ['kəneɪt] [ko-neit], *a.* 1. Del mismo parto, nacido con otro. 2. *(Bot.)* Connato, unido desde su origen, formando un mismo cuerpo. 3. Innato, que se tiene al nacer.

connation ['kəneɪʃən] [ko-nei-shon], *s.* Calidad de connato; unión congénita.

connatural ['kənætjʊrəl] [ko-na-tu-ral], *a.* Connatural.

connaturality ['kənætə'rælɪtɪ] [ko-na-tu-ra-li-ti], **connaturalness** ['kənætərəlnɪs] [ko-na-tu-ral-nes], *s.* Participación de la misma naturaleza.

connaturalize ['kənætʃərəlaɪz] [ko-na-chua-lais], *va.* Unir con lazos naturales, con los que impone la naturaleza.

connaturally ['kənætʃəlɪ] [ko-na-chua-li], *adv.* Connaturalmente.

connect [kə'nekt] [ko-nekt], *va.* 1 Juntar, unir, enlazar, atar, trabar. **To connect something to something**, conectar algo a algo (attach). Comunicar (link together/ rooms, buildings); conectar (towns). 2. Coordinar, combinar, poner en orden y método alguna cosa. 3. Aparear, juntar, reunir; relacionar, asociar (associate/ people, ideas, events). *(Mec.)* Engargantar, poner en comunicación dos ruedas, dos piezas de una máquina. *(Telec.)* **I'm trying to connect you**, un momento que lo comunico o le pongo el número. Conectar (phone, gas). *-vn.* 1. Comunicarse (be joined together/rooms); empalmar (pipes). **To connect to something**, estar conectado a algo (be fitted). 2. *(Transp.)* **To connect with something**, enlazar con algo, conectar con algo (train, flight). 3. Unirse, juntarse; asociarse. **Connecting-rod**, biela, barra de conexión, biela motriz, vástago oscilante de un émbolo.

connect up 1. Conectar (wires, apparatus). 2. Conectarse (wires). **It all connects up**, todo está relacionado.

connected [kə'nektɪd] [ko-nek-ted] *a.* Relacionado (ideas, events). **The two firms are in no way connected**, las dos empresas no tienen conexión o relación alguna. **She's very well connected**, está muy bien relacionada o conectada, tiene muy buenas conexiones. **To be connected with something**, estar relacionado o conectado con algo.

connecting [kə'nektɪŋ] [ko-nek-tin] *a.* **Connecting rooms**, habitaciones que se comunican entre sí. **The connecting door was locked**, la puerta que comunicaba las dos habitaciones estaba cerrada con llave. **Connecting flight**, vuelo de enlace.

connection [kə'nekʃən] [ko-nek-shon], *s.* 1. Conexión, enlace (link). *(Elec.)* Conexión. 2. Atadura, trabazón. 3. Afinidad, parentesco; familia. Conexión (relationship). 4. Conjunto de personas reunidas; compañía; secta o comunión religiosa. 5. Relación, analogía, conexión (relation). **She's wanted in connection with the killing**, se la busca en conexión o en relación con el asesinato. 6. *(Transp.)* Conexión o enlace; empalme, traspaso de un ferrocarril a otro sin demora. **I missed my conexion**, perdí la combinación o conexión. **Connections**, *pl.* Lazos (links, ties); contactos, conexiones (influential people); familiares, parientes (relations).

connective [kə'nektɪv] [ko-nek-tiv], *a.* Conexivo. **Connective tissue**, *(Anat.)* El tejido fibroso que atraviesa el cuerpo entero y sirve para unir y sostener las diversas partes. *-s.* 1. *(Gram.)* Conjunción. 2. *(Bot.)* La parte del estambre que une los lóbulos de la antena. 3. *(Zool.)* Pieza de conexión.

connectively [kə'nektɪvlɪ] [ko-nek-tiv-li], *adv.* Conjuntamente, unidamente.

conner ['kənər] [ko-na^r], *s.* 1. El que examina atentamente; inspector. 2. El que dirige el gobierno y rumbo de un buque desde un punto elevado o conveniente. 3. (a) Esparo, crenilabro, pez europeo; (b) *V.* CUNNER.

connexion [kə'nekʃən] [ko-nek-shon], *s.* 1. Conexión, unión, coherencia, ligazón, corespondencia, enlace. 2. *(Mar.)* Ligazón. *V.* CONNECTION.

connexive [kə'neksɪv] [ko-nek-siv], *a.* Conexivo, conjuntivo.

conning tower [ˌkənɪŋ'taʊər] [ko-nin-taue^r], *s.* Caseta blindada del piloto en barco de guerra.

conniption, **conniption fit** [kə'nɪpʃən] [ko-nip-shon], *s.* *(Fam.)* Pataleta, rabieta, ataque de histerismo.

connivance [kə'naɪvæns] [ko-nai-vans], *s.* Connivencia, complicidad, disimulo, permisión tácita de un delito.

connive [kə'naɪv] [ko-naiv], *vn.* 1. Tolerar, disimular una falta; permitir, hacer la vista gorda. 2. Disimular, fingir ceguedad o ignorancia. **To connive with somebody**, actuar en complicidad o en connivencia con alguien (plot). **To connive at something**, ser cómplice en algo.

connivence, **connivency**, *s.* *V.* CONNIVANCE.

connivent [kə'naɪvənt] [ko-nai-vent], *a.* Descuidado, disimulado.

conniver [kə'naɪvər] [ko-nai-va^r], *s.* Cómplice, el que está en connivencia con otro.

conniving [kə'naɪvɪŋ] [ko-nai-vin] *a.* Maniobrero, maquinador.

connnoisseur [ˌkɒnə'sɜːr] [ko-no-si^r], *s.* Perito, entendido, conocedor, inteligente.

connoisseurship [ˌkɒnəsɜː'ʃɪp [ko-no-ser-ship], *s.* Inteligencia, pericia, conocimiento, habilidad por juzgar de una cosa.

connotate [kɒ'nəʊteɪt] [ko-nou-teit], *va.* 1. Designar indirectamente. 2. *(Lóg.)* Connotar, significar algo más de lo que las palabras expresan por sí mismas.

connotation [kɒ'nəʊteɪʃən] [ko-nou-tei-shon], *s.* *(Lóg.)* Connotación, designación indirecta.

connote [kɒ'nəʊt] [ko-nout], *va.* *(Lóg.)* Connotar, significar indirectamente.

connubial [kə'njuːbɪəl] [ko-niu-bial], *a.* Conyugal, matrimonial.

connumeration [ˌkənjʊme'reɪʃən] [ko-niu-me-rei-shon], *s.* Connumeración.

conoid ['kɒnɔɪd] [ko-noid], *s.* 1. Conoide, cuerpo que se semeja al cono y cuya base es una elipse. 2. Conoide, sólido formado por la revolución de una sección cónica sobre su eje.

conoidal ['kɒnɔɪdəl] [ko-noi-dal], **conoidical** ['kɒnɔɪdɪkl] [ko-noi-di-kal], *a.* Conoidal, lo que pertenece al conoide.

conquer ['kɒŋkər] [kon-ke^r], *va.* 1. Conquistar (country, mountain). 2. Vencer (enemy); rendir, sujetar, sojuzgar, domar; superar, vencer (fear). **The conquering army**, el ejército victorioso. *-vn.* Vencer, ganar la victoria.

conquerable ['kɒŋkərəbl] [kon-ke-ra-bol], *a.* Vencible, conquistable, domable.

conqueress ['kɒŋkərəs] [kon-ke-res], *sf.* Conquistadora.

conquering ['kɒŋkərɪŋ] [kon-ke-rin], *a.* Victorioso, triunfador, triunfante.

conqueror ['kɒŋkərər] [kon-ke-ro^r], *s.* Vencedor, conquistador.

conquest ['kɒŋkwest] [kon-kuest], *s.* 1. Conquista. 2. Conquista, la cosa conquistada.

conquistador [kɒn'kwɪstədɔː] [kon-kuis-ta-do^r] *s.* Conquistador.

consanguineous [ˌkɒnsæŋ'gwɪnɪəs] [kon-san-gui-nios], *a.* 1. Consanguíneo, que tiene parentesco de consanguinidad. 2. Se dice en inglés de los que tienen el mismo padre, pero diferentes madres.

consanguinity [ˌkɒnsæŋ'gwɪnɪtɪ] [kon-san-gui-ni-ti], *s.* Consanguinidad, parentesco natural o de sangre.

conscience ['kɒnʃəns] [kon-sens], *s.* 1. Conciencia, ciencia o conocimiento íntimo e interior del bien que debemos hacer y del mal que debemos evitar. **To have a clean conscience**, tener la conciencia tranquila o limpia. **She has a guilty conscience**, no tiene la conciencia tranquila, le remuerde la conciencia. **Her conscience was troubling her**, le remordía la conciencia. **I don't want that on my conscience**, no quiero tener ese cargo de conciencia. 2. Escrúpulo, dificultad; justicia; veracidad. 3. *(Fam.)* Razón. **For conscience' sake, to satisfy one's conscience**, para descargo de la conciencia.

conscienced ['kɒnʃənst] [kon-senst], *a.* Concienzudo.

conscientious ['kɒnʃənʃəs] [kon-sen-shos], *a.* 1. Concienzudo, serio (work); aplicado, serio (student). 2. Escrupuloso. **Conscientious objector**, objetor de conciencia.

conscientiously [ˌkɒnʃɪ'enʃəslɪ] [kon-si-en-shos-li], *adv.* Escrupulosamente. A conciencia, concienzudamente.

conscientiousness [ˌkɒnʃɪ'enʃəsnɪs] [kon-si-en-shos-nes], *s.* 1. Rectitud de conciencia, equidad, justicia. 2. Escrúpulo.

conscionable ['kɒnʃənəbl] [kon-sho-na-bol], *a.* Justo, razonable.

conscionably ['kɒnʃənəblɪ] [kon-sho-na-bli], *adv.* En conciencia razonablemente.

conscious ['kɒnʃəs] [kon-shos], *a.* 1. Consciente, sabedor de sus propios pensamientos y acciones; que tiene conciencia de sus actos (awake, alert). **To be conscious of something**, ser o estar consciente de algo, tener conciencia de algo (aware). **To become conscious of something**, tomar conciencia de algo. 2. Que tiene excesiva conciencia de sí mismo; turbado o cohibido por el sentimiento exagerado de la propia individualidad. 3. *V.* COGNIZANT. **I am concious of it**, lo sé muy bien o estoy convencido de ello; estoy cierto de ello, lo conozco. 4. Deliberado (deliberate/decision). **She made a conscious effort to be nice**, se esforzó por ser amable.

-conscious *suff.* **Safety-conscious**, preocupado por la seguridad. **A fashion-conscious girl**, una chica que sigue o siempre va a la última moda. *V.* CLASS-CONSCIOUS.

consciously ['kɒnʃəslɪ] [kon-shos-li], *adv.* Con cierta ciencia o conocimiento de sus propias acciones; a sabiendas sinceramente. Deliberadamente (choose, avoid).

consciousness ['kɒnʃəsnɪs] [kon-shos-nes], *s.* 1. Ciencia o conocimiento interior, sentimiento interior. 2. Conocimiento (state of being awake, alert) **To recover** o **return to consciousness**, recobrar el sentido, volver en sí. 3. Conciencia (awareness). **To raise somebody's consciousness**, concientizar o concienciar a alguien.

consciousness-raising *s.* Concientización, concienciación.

conscript ['kɒnskrɪpt] [kons-kript], *a.* Conscripto; registrado, notado en algún registro. **Conscript fathers**, padres conscriptos, los senadores de la antigua Roma. *-s.* Conscripto, recluta francés.

conscript, *va.* Reclutar, obligar al servicio militar (soldiers, army). **He was conscripted into the army**, lo llamaron a filas; lo llamaron a cumplir el servicio militar (for national service).

conscription ['kɒnskrɪpʃən] [kons-krip-shon], *s.* Reclutamiento, quinta, alistamiento forzoso del ejército.

consecrate ['kɒnsɪkreɪt] [kon-si-kreit], *va.* 1. Consagrar, destinar una cosa profana a usos piadosos; dedicar, poner aparte solemnemente. 2. Dedicar o destinar alguna cosa a un fin particular. 3. Canonizar. 4. Hacer reverendo o venerable.

consecrate, *a. (Poét.)* Consagrado.

consecration [ˌkɒnsɪ'kreɪʃən] [kon-si-krei-shon], *s.* 1. Consagración, el rito de consagrar o destinar alguna cosa al servicio de Dios. 2. Canonización.

consecrator [ˌkɒnsɪ'kreɪtər] [kon-si-krei-to[r]], *s.* Consagrante, consagrador.

consecratory ['kɒnsɪkrətərɪ] [kon-si-kra-to-ri], *a.* Sacramental, lo que pertenece a la consagración.

consecutive [kən'sekjʊtɪv] [kon-se-kiu-tiv], *s.* 1. Consecutivo, consiguiente; sucesivo (successive/numbers). **He was absent on three consecutive days**, faltó tres días seguidos. 2. Consecuente; con la preposición *to*.

consecutively [kən'sekjʊtɪvlɪ] [kon-se-kiu-tiv-li], *adv.* Consecutivametne.

consension [kən'senʃən] [kon-sen-shon], *s. (Ant.)* Convenio, ajuste, reconocimiento.

consensual [kən'sensjʊəl] [kon-sen-siual], *a.* 1. *(For.)* Que existe solamente a causa de aquiescencia o consentimiento. 2. *(Fisiol.)* Excitado por medio de acción simpática o refleja.

consensus [kən'sensəs] [kon-sen-sus], *s.* 1. Consenso, opinión colectiva, consentimiento general. 2. *(Fisiol.)* La relación simpática de los órganos del cuerpo en la ejecución de una función cualquiera.

consent ['kənsent] [kon-sent], *s.* 1. Consentimiento, asenso, convenio, correspondencia, conexión; aprobación, permiso, beneplácito, acuerdo, **Silence gives consent**, quien calla otorga. **By mutual consent**, de común acuerdo. **He gave his consent to their marriage**, dio su consentimiento para que se casaran. *(Law)* **Age of consent**, edad a partir de la cual es válido el consentimiento que se da para tener relaciones sexuales. 2. *(Ant.) V.* CONSENSUS.

consent, *vn.* Consentir, cooperar; obrar de concierto con otro; conceder, permitir; avenirse. Acceder. **To consent to something**, acceder a o consentir en algo. *(Law)* **Consenting adult**, adulto que realiza un acto por su propia y libre voluntad.

consentaneous ['kənsentənɪəs] [kon-sen-ta-nious], *a.* Conforme, conveniente, acorde, consentáneo, de acuerdo con; simultáneo.

consentaneously [ˌkənsen'tənɪəslɪ] [kon-sen-ta-nious-li], *adv.* Conformemente, convenientemente.

consentaneousness [ˌkənsen'tənɪəsnɪs] [kon-sen-ta-nious-nes], *s.* Conformidad, proporción, correspondencia.

consenter ['kənsentər] [kon-sen-ta[r]], *s.* Consentidor.

consentient ['kənsenʃənt] [kon-sen-shent], *a.* Acorde, unido y convenido en el modo de pensar; uniforme, de opinión unánime.

consenting ['kənsentɪŋ] [kon-sen-tin], *s.* Consentimiento.

consequence ['kənsɪkwəns] [kon-si-kuens], *s.* 1. Consecuencia, resulta, efecto (result). **To be a consequence of something**, ser consecuencia o resultado de algo. **To have consequences**, tener o traer consecuencias. **To take consequences**, atenerse a o aceptar las consecuencias. **He neglected the business, with the consequences that ...**, descuidó el negocio y a consecuencia de ello ... 2. Consecuencia, proposición sacada de las premisas de un silogismo. 3. Consecuencia, encadenamiento de causas y efectos. 4. Importancia, momento; influencia, tendencia; trascendencia (importance). **To be of consequence to somebody**, tener trascendencia o ser de importancia para alguien. **That's of no consequence**, eso no tiene importancia. **By** o **in consequence**, de consiguiente. **In consequence**, en, a, o por consecuencia.

consequent ['kənsɪkwənt] [kon-si-kuet], *a.* 1. Consiguiente, lo que sigue, depende o se deduce de otra cosa. 2. Lógico, lo que está caracterizado por la exactitud del raciocinio. *-s.* 1. Consecuencia, efecto. 2. Consiguiente, la segunda proposición de un entimema.

consequential ['kənsɪkwənʃəl] [kon-si-kuen-shal], *a.* 1. Consecutivo, consiguiente, concluyente, resultante (resultant). 2. Necesario, lógico, producido por el encadenamiento de los efectos con las causas. 3. Pomposo, altivo, importante, trascendental (important).

consequentially ['kənsɪkwənʃəlɪ] [kon-si-kuen-sha-li], *adv.* Consiguientemente, consecuentemente; pomposamente.

consequentialness ['kənsɪkwənʃəlnɪs] [kon-si-kuen-shal-nes], *s.* Coherencia, conexión.

consequently ['kənsɪkwəntlɪ] [kon-si-kuent-li] *adv.* Consiguientemente, por consiguiente.

conservable ['kənsɜːvəbl] [kon-ser-va-bol], *a.* Lo que se puede conservar.

conservancy [kən'sɜːvənsɪ] [kon-ser-van-si], *s.* 1. Conservación. 2. Junta para la conservación y fomento de las pesquerías.

conservant ['kənsɜːvənt] [kon-ser-vant], *a.* Lo que conserva.

conservation ['kənsɜːveɪʃən] [kon-ser-vei-shon], *s.* Conservación, el acto de conservar, continuar o guardar; preservación, defensa, protección. *(Ecol.)* Protección o conservación del medio ambiente; conservacionista (group, scheme). **Conservation area**, (GB) zona protegida por su interés ecológico o arquitectónico.

conservationist [ˌkɒnsə'veɪʃənɪst] [kon-ser-vei-sho-nist] *s.* Conservacionista.

conservatism ['kənsɜːvətɪzm] [kon-ser-va-tisem], *s.* Disposición a ser conservador, opuesto a la mudanza. Conservadurismo.

conservative [kən'sɜːvətɪv] [kon-ser-va-tiv] *a.* 1. Conservador, que se adhiere al orden actual de cosas; opuesto a la mudanza y en cierto modo al progreso (traditional). **The Conservative (and Unionist) Party**, el Partido Conservador. 2. Conservativo, preservativo, que tiene el poder de preservar. 3. Cauteloso, prudente (cautious). **At a conservative estimate**, calculando por lo bajo.

conservative *s.* Conservador (traditionalist). **The Conservatives**, los conservadores, el Partido Conservador.

conservator [kən'sɜːvəteɪtər] [kon-ser-vei-to[r]], *s.* Conservador, defensor, protector.

conservatory [kən'sɜːvətərɪ] [kon-ser-va-to-ri], *a.* Conservatorio, a propósito para conservar. *-s.* 1. Invernáculo, pieza o casa cubierta y abrigada artificialmente para conservar las plantas delicadas; jardín de invierno (greenhouse). 2. Conservatorio, establecimiento público para enseñar y fomentar la música u otras artes (school of music).

conservatrix [kən'sɜːvətrɪks] [kon-ser-va-triks], *sf.* Conservadora.

conserve [kən'sɜːv] [kon-serv], *va.* 1. Conservar, cuidar, guardar, mantener alguna cosa paa que no se pierda o consuma. Proteger, conservar (preserve/wildlife, rivers). Conservar (save/energy, resources). **To conserve one's strength**, ahorrar energías. 2. Disponer las frutas para hacer conserva.

conserve, *s.* 1. Conserva dulce que se hace con frutas y azúcar. 2. *(Farm.)* Confección.

conserver [kən'sɜːvər] [kon-ser-va[r]], *s.* Conservador; confitero.

consider [kən'sɪdər] [kon-si-da[r]], *va.* 1. Considerar, pensar, meditar, examinar, reflexionar (examine/advantages, offer). **It's my considered opinion that ...**, lo he pensado mucho y considero u opino que ... Considerar, plantearse, contemplar (contemplate, possibility). **I wouldn't even consider it!**, ¡yo ni me lo plantearía! **We're considering Ann for the job**, estamos pensando en Ann para el puesto.

Tener en cuenta, considerar (take into account). **All things considered, I think that ...**, bien considerado o bien mirado, creo que ... 2. Recompensar, atender o premiar el trabajo o mérito de alguno. 3. Estimar, querer (regard as). **It's considered to be the best of its class**, está considerado como el mejor de su clase. **Consider yourself lucky!**, puedes darte por afortunado. **Consider it done!**, ¡dalo por hecho! 4. Ser de opinión, creer; seguido de una cláusula complemental. *-vn.* 1. Considerar, pensar con madurez. 2. Considerar, deliberar, dudar, resolver consigo mismo. **To consider of**, examinar, deliberar, discutir o pensar detenidamente. **To consider again**, pensar o deliberar de nuevo. **To consider one**, considerar o estimar a alguno, mostrarle consideración. **Consider what you do**, mire Vd. lo que hace.

considerable [kən'sɪdərəbl] [kon-si-de-ra-bol], *a.* 1. Considerable, digno de consideración; respetable. 2. Importante, notable, considerable (achievement, risk). 3. Considerable, cuantioso, importante (sum). **With considerable difficulty**, con bastante dificultad. **To a considerable extent**, en gran parte.

considerableness [kən'sɪdərəblnɪs] [kon-si-de-ra-bol-nes], *s.* Importancia, entidad, valor.

considerably [kən'sɪdərəblɪ] [kon-si-de-ra-bli], *adv.* Considerablemente, importantemente.

considerate [kən'sɪderɪt] [kon-si-de-reit] *a.* Atento, considerado.

considerateness [kən'sɪdereɪtnɪs] [kon-si-de-reit-nes], *s.* Prudencia, circunspección, moderación.

consideration [kən,sɪde'reɪʃən] [kon-si-de-reishon], *s.* 1. Consideración (thoughtfulness). 2. Consideración, reflexión, miramiento; examen, deliberación (attention, thought). **Their case has been given careful consideration**, su caso ha sido estudiado o considerado detenidamente. **The report is under consideration**, el informe está siendo estudiado. **In consideration of**, en consideración a. 3. Importancia, valor, mérito, consecuencia (importance). **Of little/no importance**, de poca/ninguna importancia o trascendencia. 4. Recompensa, remuneración (payment). **For a small consideration**, por una módica suma o cantidad. 5. *(For.)* Motivo, respeto, razón, causa; la condición de un contrato sin la cual es nulo. **To take into consideration**, cuidar de; tomar en consideración. **A major consideration is the cost**, un factor muy a tener en cuenta es el costo (factor).

considerative [kən'sɪdərətɪv] [kon-si-de-ra-tiv], *a.* *(Ant.)* Considerado.

considerer [kən'sɪdərər] [kon-si-de-ra[r]], *s.* Hombre de reflexión; considerador.

considering [kən'sɪderɪŋ] [kon-si-de-rin] *prep.* y *conj.* En atención a, en consideración a, a causa de , visto que, en razón a; teniendo en cuenta. Por origen es participio. **Considering she is a woman**, visto que es mujer. **Considering she is only two years**, teniendo en cuenta que sólo tiene dos años. *-a.* Pensativo, considerado, juicioso. *adv.* *(Coloq.)* **It's not too bad considering**, no está tan mal, si te pones a pensar o después de todo.

consideringly [kən'sɪderɪŋlɪ] [kon-si-de-rin-li], *adv.* Seriamente, atinadamente.

consign [kən'saɪn] [kon-sain], *va.* 1. Consignar o entregar a otro alguna cosa. 2. *(For. y Com.)* Cosignar, enviar, confiar, o fiar a otro mercaderías u objetos para vender, transferir o guardar (send/goods). 3. Ceder, transferir a otro el dominio de alguna cosa; entregar, relegar. **The boy was consigned to the care of his aunt**, el niño fue encomendado a su tía, el niño fue confiado al cuidado de su tía. **To consign one to punishment**, castigar a uno; entregarle a la ley.

consignation [,kənsaɪ'neɪʃən] [kon-sai-nei-shon], *s.* 1. Consignación, el acto de consignar o entregar. 2. *(Des.)* El acto de firmar. 3. En las Iglesias griega, asiria, cóptica y nestoriana, la acción de consagrar o bendecir con la señal de la cruz.

consignatory [kən'saɪnətərɪ] [kon-sai-na-to-ri], *s.* El que firma en unión con otros.

consignee [kən'saɪniː] [kon-sai-ni], *s.* Consignatorio, corresponsal, depositario.

consigner [kən'saɪnər] [kon-sai-na[r]], *s.* *(Com.)* Consignador. *V.* CONSIGNOR.

consignification [,kənsaɪnɪfɪ'keɪʃən] [kon-sai-ni-fi-kei-shon], *s.* Significación semejante a otra.

consignify [kən'saɪnɪfaɪ] [kon-sai-ni-fai], *va.* y *vn.* 1. Significar, con otro vocablo (el mismo sentido); como «negociar» y «pactar». 2. Significar un sentido, en unión con otra palabra o señal.

consignment [kən'saɪnmənt] [kon-sain-ment], *s.* 1. Consignación, la acción de consignar, dar, entregar o ceder. 2. La propiedad o los ojetos consignados y la escritura de consignación, cesión o traspaso. 3. Envío, remesa (goods sent); envío (sending).

consignor [kən'saɪnər] [kon-sai-no[r]], *s.* Consignador, el que consigna sus mercancías o buques a un corresponsal suyo.

consiliary [kən'sɪlɪərɪ] [kon-si-lia-ri], *a.* Relativo o perteneciente a consejo, aviso o dictamen.

consimilar [kən'sɪmɪlər] [kon-si-mi-la[r]], *a.* Semejante, igual, parecido.

consist [kə'sɪst] [kon-sist], *vn.* 1. Consistir, subsistir, permanecer, continuar. 2. Componerse, constar, estar contenido en otra cosa. 3. Coexistir. 4. Convenir, corresponder, acordarse. **Consisting**, compuesto. **To consist of**, consistir en, estar compuesto de, componerse de. **To consist with**, ser compatible, acordarse o estar de acuerdo y conformidad.

consistence, consistency [kə'sɪstəns] [kon-sis-tens], *s.* 1. Consistencia, conformidad; estado o existencia de alguna cosa. 2. Grado de densidad o raridad; consistencia (of mixture). 3. Forma sustancial. 4. Permanencia, estabilidad, regularidad (regularity). 5. Relación, compatibilidad, conveniencia.

consistent [kən'sɪstənt] [kon-sis-tent], *a.* 1. Consistente, conveniente, conforme. 2. Firme, sólido, estable, constante (constant/excellence, failure); sistemático, constante (denial). **We have to be consistent in our approach**, tenemos que ser coherentes o consecuentes en el enfoque. 3. Compatible; plausible. **To be consistent with something**, concordar con algo (compatible/statements, beliefs).

consistently [kən'sɪstəntlɪ] [kon-sis-tent-li], *adv.* Conformemente; consecuentemente (behave); coherentemente (without change); sistemáticamente, constantemente (constantly/claim, refuse).

consistorial [kən'sɪstərɪəl] [kon-sis-to-rial], *a.* Consistorial.

consistory [kən'sɪstərɪ] [kon-sis-to-ri], *s.* 1. Tribunal, sala de justicia de una curia eclesiástica. 2. Consistorio, la junta o consejo que celebra el Papa con asistencia de los cardenales. 3. Junta, asamblea, congreso.

consociate [kən'səʃɪeɪt] [kon-so-shieit], *vn.* Juntar, unir, pegar. *-vn.* Asociarse, unirse, juntarse con otros.

consociate, *a.* Asociado, confederado, unido.

consociation [kən'səʃɪeɪʃən] [kon-so-shiei-shon], *s.* Alianza, liga; unión, intimidad; asociación, sociedad.

consol [kən'səl] [kon-sol], *s.* *V.* CONSOLS.

consolable [kən'sələbl] [kon-so-la-bol], *a.* Consolable.

consolate [kən'səleɪt] [kon-so-leit], *va.* Consolar. *V.* CONSOLE.

consolation [kən'səleɪʃən] [kon-so-lei-shon], *s.* Consolación, consuelo, alivio. **If it's any consolation to you**, si te sirve de consuelo. **Consolation prize**, premio de consolación, premio de consuelo.

consolatory [kən'sələtərɪ] [kon-so-la-to-ri], *s.* Consolador, consolatorio, que da consuelo o tiende a consolar. *-s.* Discurso o escrito consolatorio.

console [kən'səʊl] [kon-soul] *s.* Consola (control panel).

console, *va.* Consolar; confortar, aliviar la tristeza o la pena. **I consoled myself with the thought that ...**, me consolé pensando que ...

consoler [kən'səʊlər] [kon-sou-la^r], *s.* Consolador, el o la que consuela.
consolidant [kən'səʊlɪdənt] [kon-so-li-dant], *a.* Consolidativo, lo que tiene virtud de consolidar.
consolidate [kən'sɒlɪdeɪt] [kon-so-li-deit], *va.* 1. Consolidar, dar firmeza y solidez a alguna cosa (reinforce/support, position). 2. Reunir dos beneficios. Fusionar (combine companies); consolidar (debts). *-vn.* Consolidarse, ponerse firme, dura o sólida alguna cosa. **Consolidated annuities**, *V.* CONSOLS.
consolidation [kən,sɒlɪ'deɪʃən] [kon-so-li-dei-shon], *s.* Consolidación, reunión, conjunción (reinforcement). Fusión (merging of companies).
consolidative [kən'sɒlɪdətɪv] [kon-so-li-da-tiv], *a.* Consolidativo.
consoling [kən'səʊlɪŋ] [kon-so-lin] *a.* De consuelo (words).
consommé [kən'sɒmeɪ] [kon-so-mei], *s.* Consomé, caldo de carne. **Chicken consommé**, consommé de pollo, caldo de pollo.
consonance ['kɒnsənəns] [kon-so-nans], **consonancy** ['kɒnsənənsɪ] [kon-so-nan-si], *s.* Consonancia, congruencia, conformidad; rima, armonía; relación.
consonant ['kɒnsənənt] [kon-so-nant], *a.* 1. Consonante, conforme, cónsono. 2. *V.* CONSONANTAL.
consonant, *s. (Gram.)* Consonante, letra que no puede pronunciarse sin el auxilio de alguna vocal.
consonantal [,kɒnsə'næntl] [kon-so-nan-tal], *a.* Perteneciente a una consonante.
consonantly ['kɒnsənəntlɪ] [kon-so-nan-tli], *adv.* Conformemente.
consonantness ['kɒnsənəntnɪs] [kon-so-nant-nes], *s.* Consonancia, conformidad.
consonous ['kɒnsənəs] [kon-so-nos], *a. (Mús.)* Cónsono, acorde, armonioso.
consopite ['kɒnsəpaɪt] [kon-so-pait], *va.* Adormecer, arrullar para hacer dormir.
consort ['kɒnsɔ:t] [kon-sort] *s.* Consorte (spouse). **Prince consort**, príncipe consorte.
consort with Tener trato con (associate with). **To consort with the enemy**, confraternizar con el enemigo.
consort, *vn.* Asociarse, acompañarse. *-va.* 1. Casar, unir el hombre a la mujer por medio del matrimonio. 2. Acompañar, hacer compañía a otro, vivir juntos.
consortable ['kɒnsɔ:təbl] [kon-sor-ta-bol], *s.* Compañía, estado de consorte.
consortium ['kɒnsɔ:ʃəm] [kon-sor-shium] *s.* Consorcio.
conspectus [kɒn'spektəs] [kons-pek-tus], *s.* 1. Ojeada abarcadora y completa; vista general. 2. Resumen, compendio, digesto.
conspicuity [kən'spɪkwɪtɪ] [kons-pi-kui-ti], *s.* Claridad, visibilidad; evidencia; eminencia.
conspicuous [kən'spɪkjʊəs] [kons-pi-kuos], *a.* 1. Conspicuo, claro, visible, aparente. 2. Eminente, ilustre, esclarecido, notable, famoso, distinguido. 3. Llamativo (hat, badge); manifiesto, evidente (differences, omissions). **To make oneself conspicuous**, llamar la atención. **To be conspicuous by one's absence**, brillar por su ausencia. **To be conspicuous for something**, destacar por algo (for bravery, loyalty).
conspicuously [kən'spɪkjʊəslɪ] [kons-pi-kuos-li], *adv.* 1. Visiblemente, manifiestamente. 2. Claramente, eminentemente. **She was conspicuously dressed**, iba vestida de forma muy llamativa.
conspicuousness [kən'spɪkjʊəsnɪs] [kons-pi-kuos-nes], *s.* Claridad, celebridad, fama, nombre, reputación.
conspiracy [kən'spɪrəsɪ] [kons-pi-ra-si], *s.* 1. Conspiración, cooperación, conjuración. 2. Concurrencia.
conspirant [kən'spɪrənt] [kons-pi-rant], *a.* Conjurado, conspirador.
conspiration [kən'spɪreʃənɪs] [kons-pi-rei-shon], *s.* Conspiración; unión.
conspirator [kən'spɪrətər] [kons-pi-ra-to^r], *s.* Conspirado, conspirador.
conspiratorial [kən,spɪrə'tɔ:rɪəl] [kons-pi-ra-to-rial] *a.* De complicidad.
conspire [kən'spaɪər] [kons-paia^r], *vn.* Conspirar, maquinar (plot); concurrir, convenir; ligarse, conjurarse. **Conspiring**, conspirante. **Conspiring powers**, *(Mec.)* fuerzas conspirantes, todas las que obran simultáneamente para producir un movimiento o un resultado cualquiera. **To conspire against somebody**, conspirar contra alguien.
conspirer [kən'spaɪərər] [kons-paia-ra^r], *s.* Conspirador.
conspiringly [kən'spɪrɪŋlɪ] [kons-pi-rin-li], *adv.* Conspirando criminalmente.
constable ['kʌnstəbl] [kons-ta-bol], *s.* 1. Condestable. 2. Comisario de barrio. (GB) Agente de policía. **Constable of the Tower**, gobernador de la Torre de Londres. En los Estados Unidos *constable* es simplemente un alguacil. **First constable**, alguacil mayor.
constableship ['kʌnstəblʃɪp] [kons-ta-bol-ship], *s.* Condestablía.
constablewick ['kʌnstəblwɪk] [kons-ta-bol-uik], *s.* La jurisdicción del condestable o la de un comisario de barrio.
constabulary [kəns'tæbjʊlərɪ] [kons-ta-bu-la-ri], *a.* Perteneciente a un alguacil o esbirro; que se compone de ellos. *-s.* El conjunto de alguaciles; fuerza militar de policía. (GB) Policía.
constancy ['kɒnstənsɪ] [kons-tan-si], *s.* 1. Constancia (steadfastness); perseverancia, firmeza, fuerza; fidelidad, lealtad (fidelity); permanencia, estabilidad. 2. Fortaleza de alma, intrepidez. 3. Realidad, veracidad.
constant ['kənstənt] [kons-tant], *a.* 1. Constante, firme, sólido; permanente. Constante, continuo (continual/pain, complaints). **It's in constant use**, se usa continuamente. 2. Firme, resuelto, inmutable, perseverante, invariable; cierto, indudable. Constante (unchanging/temperature, speed). Fiel, leal (loyal).
constant *s.* Constante.
constantly ['kənstəntlɪ] [kons-tant-li], *adv.* 1. Constantemente, igualmente, invariablemente; asiduamente. **A constantly changing world**, un mundo en constante cambio. 2. Ciertamente, indudablemente.
constellate ['kənstəleɪt] [kons-te-leit], *vn. (Ant.)* Resplandecer o lucir en gurpos, brillar como una constelación. *-va.* Unir o juntar varios cuerpos resplandecientes en uno.
constellation ['kənstəleɪʃən] [kons-te-lei-shon], *s.* 1. *(Astr.)* Constelación, grupo de estrellas fijas. 2. Conjunto de resplandores o excelencias.
consternation [,kɒnstɜ:'neɪʃən] [kons-ter-nei-shon], *s.* Consternación, atolondramiento, aturdimiento, terror, sorpresa.
constipate ['kɒnstɪpeɪt] [kons-ti-peit], *va.* 1. Cerrar alguna cosa en paraje estrecho. 2. *(Des.)* Espesar, condensar; obstruir. *-vn.* 1. Constiparse. 2. Estreñirse el vientre.
constipated ['kɒnstɪpeɪtɪd] [kons-ti-pei-tid] *a.* Estreñido.
constipation ['kɒnstɪpeɪʃən] [kons-ti-pei-shon], *s.* 1. Apretura de alguna cosa en paraje estrecho. 2. Estreñimiento de vientre que los médicos suelen llamar constipación. 3. *(Des.)* Condensación, obstrucción.
constituency [kən'stɪtjʊənsɪ] [kons-ti-tuen-si] *s.* Circunscripción o distrito electoral (area). Electores potenciales (supporters).
constituent [kən'stɪtʊənt] [kons-ti-tuent], *s.* 1. Elector, votante. 2. Constituyente (el que diputa o sustituye a otro para que en su nombre haga alguna cosa), comitente, delegante, poderdante. 3. Constitutivo, parte o elemento necesario, componente (component). *-a.* Constituyente, elemental, esencial, constitutivo (part, element).
constitute ['kɒnstɪtjʊt] [kons-ti-tiut], *va.* 1. Constituir, formar un todo, o ser de la sustancia de; componer (compose, make up). 2. Constituir, señalar (represent). 3. Erigir, establecer (establish). 4. Constituir, diputar, dar poder en forma.
constituter ['kɒnstɪtjʊtər] [kons-ti-tiu-ta^r], *s.* Constituidor.

constitution ['kɒnstɪtjʊʃən] [kons-ti-tiu-shon], *s.* 1. Constitución (of country). 2. Estado, situación o conjunto de circunstancias. 3. Constitución, ley fundamental, estatutos (of association, party). 4. Constitución, ley, ordenanza. 5. Complexión, temperamento, constitución, hablando de personas.

constitutional [ˌkɒnstɪ'tjʊʃənl] [kons-ti-tiu-sho-nal], *a.* 1. Constitucional, relativo a la constitución o composición de una persona o cosa en general; inherente a la constitución o complexión corporal o al carácter del individuo. 2. Constitucional, legal, conforme a la Constitución de un Estado. *-s. (Fam.)* Paseo a pie por motivos de salud, como recurso higiénico.

constitutionalist [ˌkɒnstɪ'tjʊʃənəlɪst] [kons-ti-tiu-sho-na-list], *s.* Constitucional, el partidario de la constitución de un Estado.

constitutionally [ˌkɒnstɪ'tju:ʃənəlɪ] [kons-ti-tiu-sho-na-li], *adv.* Constitucionalmente, legalmente.

constitutionist [ˌkɒnstɪ'tjʊʃənɪst] [kons-ti-tiu-sho-nist], *s.* Constitucional, el defensor celoso de la constitución de su país.

constitutive [ˌkɒnstɪ'tjʊtɪv] [kons-ti-tiu-tiv], *a.* Constitutivo, legislativo; esencial.

constrain [kən'streɪn] [kons-trein], *va.* 1. Constreñir, obligar, forzar (compel). **She felt constrained to be polite**, se sintió obligada a ser cortés. 2. Restringir, impedir, detener. 3. Comprimir, apretar.

constrainable [kən'streɪnəbl] [kons-trei-na-bol], *a.* Constreñible.

constrainedly [kən'streɪndlɪ] [kons-trei-ned-li], *adv.* Constreñidamente; por compulsión, por fuerza.

constrainer [kən'streɪnər] [kons-trei-na[r]], *s.* El que obliga o precisa.

constraint [kən'streɪnt] [kons-treint], *s.* 1. Constreñimiento, coartación, apremio; compulsión, fuerza, violencia, tormento. Coacción (compulsion). 2. Incomodidad; necesidad. 3. Restricción, limitación (restriction). **Without constraint**, sin restricciones o limitaciones.

constrict [kən'strɪkt] [kons-trikt], *va.* 1. Constreñir, apretar, ligar, atar. 2. Constreñir, estrechar (opening/channel); arrugar, encoger. Dificultar (flow, breathing). Coartar, restringir (freedom). 3. Sofocar o sufocar.

constricted [kən'strɪktɪd] [kons-trik-tid] *a.* Estrecho, angosto (opening/channel); coartado (inhibited).

constriction [kən'strɪkʃən] [kons-trik-shon], *s.* Contracción, encogimiento, constricción, sofocación. Estrechamiento (narrow part); opresión (tightness). *(Med.)* Constricción. Restricción, limitación (limitation, hampering).

constrictive [kən'strɪktɪv] [kons-trik-tiv], *a.* Constrictivo, que tiende a constreñir o sofocar.

constrictor [kən'strɪktər] [kons-trik-to[r]], *s.* 1. Constrictor, constringente, sofocante. 2. *(Anat.)* Constrictor, músculo que estrecha o cierra ciertos conductos o cavidades del cuerpo. 3. *(Zool.)* Boa constrictor.

constringe [kən'strɪndʒ] [kons-trinch], *va.* Constreñir, comprimir, estrechar, ligar.

constringent [kən'strɪndʒənt] [kons-trin-yent], *a.* Constrictivo, constringente.

construct [kən'strʌkt] [kons-trakt], *va.* 1. Construir, edificar (build); hacer o formar alguna cosa, montar, armar (put together/model). 2. Idear, imaginar, componer: v.g. **To construct a theory**, idear una teoría.

construct, *a.* Relativo a, o que expresa construcción. **Construct state**, anexión, estado constructo, en la gramática semítica, expresión de la relación del genitivo.

constructer, constructor [kən'strʌktə[r]] [kons-trak-to[r]], *s.* Constructor, el que construye.

construction [kən'strʌkʃən] [kons-trak-shon], *s.* 1. Construcción, la acción de construir (of building); de la construcción (industry, worker). 2. *(Gram.)* Construcción, colocación y régimen de las palabras según las reglas de la sintaxis. 3. Interpretación, explicación.

consubstantiate [kənˌsʊbstənsɪ'eɪt] [kon-subs-tan-sieit], *va.* Unir en una misma sustancia o naturaleza.

consubstantiation [kənˌsʊbstansɪ'eɪʃən] [kon-subs-tan-siei-shon], *s.* Consubstanciación.

consuetude [kən'sʊətu:d] [kon-sue-tud], *s.* Costumbre; *(ant.)* consuetud; asociación.

consuetudinary [kən'sʊətu:dɪ'nærɪ] [kon-sue-tu-di-na-ri], *a.* Consuetudinario, lo que es de costumbre; lo que viene de uso inmemorial. *-s.* Ritual de las devociones ordinarias o de costumbre.

consul ['kɒnsəl] [kon-sul], *s.* 1. Cónsul, nombre de dos magistrados que tenían la primera autoridad con la república romana. 2. Cónsul, oficial o empleado público nombrado por el gobierno para proteger el comercio, la navegación y los súbditos o ciudadanos de un país en los puertos y plazas principales de otras naciones.

consular ['kɒnsjʊlər] [kon-su-la[r]], *a.* Consular, perteneciente a un cónsul.

consulate ['kɒnsəleɪt] [kon-su-leit] *s.* Consulado.

consult [kən'sʌlt] [kon-sult], *vn.* 1. Consultarse, pedir parecer uno a otro recíprocamente. **They consulted and decided to leave**, se consultaron entre sí y decidieron irse. 2. Aconsejarse con o de. **I ought to consult with my wife first**, primero debería consultárselo a o consultarlo con mi mujer. *-va.* 1. Consultar, pedir parecer, dictamen o consejo a otro. **We were not consulted about the office move**, no se nos consultó sobre el traslado de la oficina. 2. Mirar, escudriñar, examinar. 3. Idear, deliberar, discurrir.

consult, *s.* 1. Consulta, parecer o dictamen que se pide o se da sobre una cosa. 2. Consulta, junta de personas para deliberar y determinar algún asunto.

consultancy [kən'sʌlttənsɪ] [kon-sul-tan-si] *s. (Busn.)* Asesoría, consultoría. **Consultancy fees**, honorarios por asesoría.

consultant [kən'sʌltənt] [kon-sul-tant], *a.* Consultante. *-s.* 1. Consultante, el que consulta con otro. 2. Asesor, consultor (adviser). 3. *(Med.)* (GB) Especialista.

consultation [ˌkɒnsʌl'teɪʃən] [kon-sul-tei-shon], *s.* 1. Consulta, junta, número de personas unidas a quienes se pide parecer. **Consultation of physicians**, junta de médicos. 2. Deliberación, opinión o parecer dado en consulta. Consulta (with doctor, lawyer); consulta (of dictionary, notes). **There was no consultation with the tenants**, no se consultó a los inquilinos. **In consultation with somebody**, en conferencia con alguien.

consultative, consultatory [kən'sʌltərɪ] [kon-sul-to-ri], *a.* Consultivo.

consulter [kən'sʌlt] [kon-sult], *s.* Consultante.

consulting [kən'sʌltɪŋ] [kon-sul-tin], *a.* Consultor, consultora, el que da su parecer, consultado sobre algún asunto. *(Med.)* **Consulting hours**, horario u horas de consulta. **Consulting room**, consultorio, consulta.

consumable [kən'sju:məbl] [kon-siu-ma-bol], *a.* Consumible.

consume [kən'sju:m] [kon-sium], *va.* Consumir, acabar, destruir, disipar, gastar (eat, drink); consumir (use up/electricity, resources, energy). *(Econ.)* Consumir (commodity, product). Reducir a cenizas (destroy/fire). **He was consumed by/with jealousy**, lo consumían los celos. *-vn.* Consumirse, deshacerse, acabarse, aniquilarse, perecer.

consumer [kən'sju:mər] [kon-siu-ma[r]], *s.* 1. Consumidor; disipador. 2. (Econ. Polit.) Consumidor, comprador; el que consume un artículo de valor variable. **Consumer demand**, demanda de consumo. **Consumer goods**, artículos o bienes de consumo. **Consumer research**, estudio de mercado. **Consumer rights**, derechos del consumidor. **The consumer society**, la sociedad de consumo. **Consumer Price Index**, índice de precios al consumo o al consumidor.

consuming [kən'sju:mɪŋ] [kon-siu-min] *a.* Devorador (passion); arrollador, absorbente (interest).

consummate [kən'sju:mɪt] [kon-siu-mit], *va.* Consumar, acabar, terminar, completar.

consummate, *a.* Consumado (actor, liar); completo, perfecto, cabal.
consummately [kən'sju:mɪtlɪ] [kon-siu-mit-li], *adv.* Consumadamente.
consummation [ˌkɒnsʌ'meɪʃən] [kon-siu-]ei-shon], *s.* Consumación, perfección completa; desarrollo perfecto, fin.
consumption [kən'sʌmpʃəm] [kon-samp-shon], *s.* 1. Consunción, disipación, destrucción, ruina; consumo, gasto. 2. Consunción, tisis (tuberculosis); marasmo. **To be in a consumption**, estar tísico. 3. (Econ. Polít.) Consumo, destrucción o gasto que se hace de comestibles, telas y otros géneros que ofrece el mercado, para el uso individual (eating, drinking). **It's fit/unfit for human consumption**, es/no es apto para el consumo. Consumo (use). **Water consumption**, consumo de agua.
consumptive [kən'sʌmptɪv] [kon-sam-tiv], *a.* Consuntivo, destructivo; hético. Tísico.
consumptively [kən'sʌmptɪvlɪ] [kon-sam-tiv-li], *adv.* A manera de consunción.
consumptiveness [kən'sʌmptɪvnɪs] [kon-sam-tiv-nis], *s.* Principio de consunción.
cont (= **continued**) sigue.
contabescence ['kɒntæbənsns] [kon-ta-be-sens], *s.* 1. *(Med.)* Tabes, marasmo, atrofía. 2. *(Bot.)* Esterilidad de los estambres y el polen; ocurre a menudo en las plantas híbridas.
contact ['kɒntækt] [kon-takt], *s.* 1. Contacto, tocamiento (physical). **To come in/into contact with something**, hacer contacto con algo. **The plane's wheels made contact with the ground**, las ruedas del avión tocaron tierra. **Point of contact**, punto de contacto. **Contact sport**, deporte de choque. 2. Contacto (communication). **To come in/into contact with somebody**, tratar a alguien. **To be/get in contact with somebody**, estar/ponerse en contacto con alguien. **To lose contact with somebody**, perder el contacto con alguien. 3. *(Elec.)* Contacto. 4. Contacto (influential person).
contact *va.* Ponerse en contacto con, contactar con.
contact lens ['kɒntækt,lenz] [kon-takt-lens], *s.* Lente de contacto.
contact print ['kɒntækt,prɪnt] [kon-takt-print] *s.* Contacto.
contagion [kən'teɪdʒən] [kon-tei-chon], *s.* 1. Contagio, peste, pestilencia, infección. 2. Contagio, infición, el daño y corrupción que propagan las malas doctrinas o el mal ejemplo. 3. Contagión, el medio de transmisión de una enfermedad específica.
contagious [kən'teɪdʒəs] [kon-tei-chos], *a.* Contagioso, que se pega y comunica por contagio.
contagiousness [kən'teɪdʒəsnɪs] [kon-tei-chos-nes], *s.* Carácter contagioso.
contain [kən'teɪn] [kon-tein], *va.* 1. Contener, comprender, caber; incluir, abrazar, encerrar (hold). **That bottle contains six pints**, en aquella botella caben seis cuartillos. 2. Reprimir, contener, refrenar (enemy, fire, epidemic); contener (anger, laughter). **To contain oneself**, contenerse, aguantarse. 3. *(Mat.)* Ser exactamente divisible. *-vn.* Contenerse, abstenerse, vivir en continencia.
containable [kən'teɪnəbl] [kon-tei-na-bol], *a.* Contenible.
container [kən'teɪnər] [kon-tei-na^r^], *s.* 1. Envase (as packaging). 2. Recipiente (receptacle). 3. *(Transp.)* Contenedor, contáiner. **Container ship**, buque portacontenedores.
containment [kən'teɪnmənt] [kon-tein-ment] *s.* Contención.
contaminate [kən'təmɪneɪt] [kon-ta-mi-neit], *vn.* 1. Contaminar, manchar, corromper; contagiar, inficionar. **To become contaminated**, contaminarse. 2. Corromper, viciar, pervertir.
contaminate, *a.* Contaminado, manchado, corrompido.
contamination [kən,tæmɪ'neɪʃən] [kon-ta-mi-nei-shon], *s.* Contaminación.
contd (= **continued**) sigue.
contemn [kən'tem] [kon-tem], *va.* Despreciar, menospreciar, desestimar, tener en poco alguna cosa.
contemper [kən'tempər] [kon-tem-pa^r^], *va.* Contemperar, templar, moderar.
contemplate ['kɒntempleɪt] [kon-tem-pleit], *va.* 1. Contemplar, estudiar, meditar (ponder/position, alternatives). 2. Proyectar, formar intención. **She's contemplating a trip to China**, está pensando o proyectando hacer un viaje a la China (consider possibility). **I contemplated phoning her**, pensé (en) llamarla. 3. Contemplar (look at). *-vn.* Contemplar, detener el entendimiento en la consideración de alguna cosa; meditar, divagar.
contemplation [ˌkɒntem'pleɪʃən] [kon-tem-plei-shon], *s.* 1. Contemplación (observation); meditación estudiosa; estudio, consideración, reflexión (reflection). 2. Proyecto; expectación. 3. Meditación sagrada.
contemplative [kən'templətɪv] [kon-tem-pla-tiv], *a.* 1. Contemplativo, estudioso, discursivo. 2. Pensativo, meditabundo.
contemplatively [kən'templətɪvlɪ] [kon-tem-pla-tiv-li], *adv.* Con atención y cuidado.
contemplator [ˌkəntem'pleɪtər] [kon-tem-plei-to^r^], *s.* Contemplador.
contemporaneity, contemporariness [kən,tempəræ'nɪtɪ] [kon-tem-po-ra-ni-ti], [kən,tempəræ'rɪnɪs] [kon-tem-po-ra-ri-nes], *s.* Contemporaneidad, sincronismo, existencia al mismo tiempo.
contemporaneous [kən,tempə'reɪnɪəs] [kon-tem-po-rei-nios], *a.* Contemporáneo, que existe al mismo tiempo que una persona o cosa. *V.* CONTEMPORARAY.
contemporaneously [kən,tempə'reɪnɪəslɪ] [kon-tem-po-rei-nios-li], *adv.* Contemporáneamente, al mismo tiempo, en una misma época.
contemporary [kən,tempərərɪ] [kon-tem-po-ra-ri], *a.* Contemporáneo, coetáneo (person/of the same period); de la época (object). **To be contemporary with somebody/something**, ser contemporáneo o coetáneo de alguien/algo. Contemporáneo, actual (present day).
contemporary *s.* Contemporáneo, coetáneo (somebody living at same time). *Contemporaneous*, se dice principalmente de hechos y sucesos; *contemporary*, de personas. **He looks older than his contemporaries**, parece mayor que la gente de su edad o generación.
contemporize [kən,tempərəraɪz] [kon-tem-po-ra-rais], *va.* Hacer dos o más cosas de un mismo siglo o era; considerar como contemporáneo.
contempt [kən'tempt] [kon-tempt], *s.* Desprecio, desdén (scorn); menosprecio, vilipendio. **To hold something/somebody in contempt**, despreciar, desdeñar algo/a alguien. **To be beneath contempt**, ser despreciable o deleznable. *(Law)* **Contempt of court**, contumacia; rebeldía. Desacato al tribunal.
contemptibility [kən'temptɪblɪ] [kon-temp-ti-bli], *s. V.* CONTEMPTIBLENESS.
contemptible [kən'temptəbl] [kon-temp-ta-bol], *a.* Despreciable, deleznable, despreciado, desestimado, vil.
contemptibleness [kən'temptəblnɪs] [kon-temp-ta-bol-nes], *s.* Vileza, bajeza, abyección; torpeza.
contemptibly [kən'temptəblɪ] [kon-temp-ti-bli], *adv.* Vilmente.
contemptuous [kən'temptʊəs] [kon-temp-tuos], *a.* Desdeñoso, despectivo, altivo, insolente, despreciador. **Contemptuous words**, palabras ofensivas. **To be contemptuous of something/somebody**, despreciar o desdeñar algo/a alguien.
contemptuously [kən'temptʊəslɪ] [kon-temp-tuos-li], *adv.* Desdeñosamente, con menosprecio, con desdén.
contemptuousness [kən'temptʊəsnɪs] [kon-temp-tuos-nes], *s.* Desdén, desprecio, altanería.
contend [kən'tend] [kon-tend], *va.* Sostener, argüir, afirmar; va seguido de *that* con una cláusula complemental. *-vn.* Contender, pleitear, disputar, pretender; competir, lidiar,

altercar. **Contending parties**, partes contenciosas, o litigantes. **To contend with somebody for something**, competir con alguien por algo (compete). **To contend with something**, lidiar con o enfrentarse a algo (face). **Contending**, contrario, rival (teams); en pugna, antagónico, opuesto (interests).

content [kən'tent] [kon-tent], *a.* Cotento, satisfecho. **To be content with something**, estar contento con algo. **Not content with raising taxes ...**, no contentos con subir los impuestos ... En la Cámara de los Pares de Inglaterra, voto afirmativo. **The contents have it**, la proposición queda aprobada.

content, *va.* Contentar, satisfacer, complacer, agradar. *v. refl.* **To content oneself with something**, contentarse o conformarse con algo.

content, *s.* 1. Contento, contentamiento, satisfacción, agrado (contentment). **Content is the philosopher's stone, that turns all it touches into gold**, el contento es un tesoro, es la verdadera piedra filosofal. 2. Contenido, lo que se encierra en una cosa; cabida, capacidad; generalmente en plural (amount contained). Contenido (substance). **Sugar content**, contenido de azúcar. 3. *(Geom.)* Area contenida, extensión; cabida. **Table of contents**, tabla de materias de un libro en el orden en que se suceden, lo cual la diferencia de un índice alfabético. **Contents**, el o lo contenido, tabla de materias. Contenido (of box, bottle, book). **She read the contents of the letter**, leyó la carta. **Table of contents**, índice de materias, sumario (of book); sumario (in magazine).

contented [kən'tentɪd] [kon-ten-tid], *a.* 1. Contento, satisfecho, agradado, tranquilo. 2. Resignado, paciente. 3. De satisfacción (sigh/purr); satisfecho (person, workforce). **To be contented with something**, contentarse o conformarse con algo.

contentedly [kən'tentɪdlɪ] [kon-ten-tid-li], *adv.* Tranquilamente, contentamente; con satisfacción.

contentedness [kən'tentɪdnɪs] [kon-ten-tid-nes], *s.* Contento, satisfacción.

contentful [kən'tentfʊl] [kon-tent-ful], *a.* Perfectamente contento, dichoso, feliz.

contention [kən'tenʃən] [kon-ten-shon] *s.* 1. Contención, contienda, debate, competencia, contestación, altercado; esfuerzo. **There's considerable contention over ...**, existe un gran desacuerdo sobre ... (dispute). 2. Opinión (assertion). **It's her contention that ...**, ella sostiene que ... 3. **All three cyclists are in contention for the title**, los tres ciclistas compiten por el título.

contentious [kən'tenʃəs] [kon-ten-shos], *a.* Contencioso, litigioso; polémico, muy discutido (issue). Discutidor (person).

contentiously [kən'tenʃəslɪ] [kon-ten-shos-li], *adv.* Contenciosamente.

contentless [kən'tentlɪs] [kon-tent-les], *a.* 1. Sin contenido o significación. 2., Descontento, desagradado.

contentment [kən'tentmənt] [kon-tent-ment], *s.* Contentamiento, contento, gusto, satisfacción.

conterminable [kən'tɜːmɪnəbl] [kon-ter-mi-na-bol], *a.* Lo que es capaz de ser contenido en los mismos límites que otra cosa.

conterminal [kən'tɜːmɪnl] [kon-ter-mi-nal], *a. V.* CONTERMINOUS.

conterminate [kən'tɜːmɪneɪt] [kon-ter-mi-neit], *a.* Lo que tiene el mismo límite que otra cosa.

conterminous [kən'tɜːmɪnəs] [kon-ter-mi-nos], *a.* 1. Contérmino, vecino, limítrofe. 2. Contendio dentro de los mismos límites, coextensivo. Lo mismo significa *Coterminous*.

contest ['kɒntest] [kon-test] *s.* Concurso (games/competition). *(Sport)* Competencia o competición; combate (in boxing). Lucha, contienda (struggle).

contest, *va.* 1. Contestar, disputar, litigar. Refutar (allegation); impugnar (will); protestar contra (decision). 2. Presentarse como candidato a (election). *-vn.* Contender, competir; emular.

contestable ['kɒntestəbl] [kon-tes-ta-bol], *a.* Contestable, disputable; dudoso, contencioso.

contestant [kən'testənt] [kon-tes-tant], *s.* 1. Contestante, disputador, litigante; especialmente el que disputa una elección o un testamento. 2. Concursante.

contestation ['kɒntes,teɪʃ˛n] [kon-tes-tei-shon], *s.* 1. Contestación. 2. Testimonio, prueba.

contestingly ['kɒntestɪŋlɪ] [kon-tes-tin-li], *adv.* Contenciosamente.

contestless ['kɒntestlɪs] [kon-test-les], *a.* Indisputable, incontestable.

context ['kɒntekst] [kon-tekst], *s.* Contexto, contenido; contextura. **Out of context**, fuera de contexto.

contextual [kɒn'tekstjʊəl] [kon-teks-tual], *a.* Del contexto, relativo al contexto.

contextural ['kɒntekstərəl] [kon-teks-tu-ral], *a.* Perteneciente a la contextura o entretejido.

contexture ['kɒntekstʃʊər] [kon-teks-chua[r]], *s.* Contextura, orden o disposición de las partes entre sí, tejido, entretejido, enlazamiento.

contignation ['kɒntɪgneɪʃən] [kon-tig-nei-shon], *s. (Arq.)* Contignación, trabazón de vigas que forma los pisos y techos. *V.* FRAMEWORK.

contiguity ['kɒntɪgjuːɪtɪ] [kon-ti-güi-ti], *s.* Contigüidad, inmediación de una cosa a otra.

contiguous [kən'tɪgjʊəs] [kon-ti-guos], *a.* Contiguo, junto.

contiguously [kən'tɪgjʊəslɪ] [kon-ti-guos-li], *adv.* Contiguamente.

contiguousness [kən'tɪgjʊəsnɪs] [kon-ti-guos-nes], *s.* Contigüidad, vecindad.

continence o continency ['kɒntɪnəns] [kon-ti-nens], *s.* Continencia, temperancia, templanza, castidad; dominio sobre sí mismo, especialmente respecto a la pasión sexual.

continent ['kɒntɪnənt] [kon-ti-nent], *a.* 1. Continente, casto, puro. 2. *(Ant.)* Lo que contiene alguna cosa.

continent, *s.* Continente, gran exptensión de tierra, mayor de lo que suelen ser las islas y penínsulas (land mass). **The Continent**, Europa (continental).

continental [,kɒntɪ'nentl] [kon-ti-nen-tal], *a.* 1. *(Geogr.)* Continental. 2. **Continental** (European) de Europa (continental). **Continental breakfast,** desayuno continental (café o té y bollos con mantequilla y mermelada).

continently ['kɒntɪnentlɪ] [kon-ti-nent-li], *adv.* Castamente.

contingence o contingency [kən'tɪndʒəns] [kon-tin-yens], *s.* 1. Contingencia, acontecimiento o cosa que puede suceder o no. 2. Eventualidad, accidente o caso imprevisto (eventuality). De emergencia, para imprevistos (fund). **We've made contingency plans**, hemos tomado medidas previendo cualquier contingencia o eventualidad.

contingent [kən'tɪndʒəns] [kon-tin-yens], *s.* 1. Contingencia, casualidad. 2. Contingente, cuota.

contingent, *a.* Contingente, casual, accidental. **To be contingent on something**, estar supeditado a algo, depender de algo (dependent).

contingently [kən'tɪndʒəntlɪ] [kon-tin-yent-li], *adv.* Contingentemente, casualmente, accidentalmente.

contingentness [kən'tɪndʒəntnɪs] [kon-tin-yent-nes], *s.* Contingencia, casualidad.

continual [kən'tɪnjʊəl] [kon-ti-niual], *a.* 1. Continuo, frecuente, repetido a menudo. 2. Continuo, que dura o se hace sin interrupción; sin intermisión, incesante.

continually [kən'tɪnjʊəlɪ] [kon-ti-niua-li], *adv.* Continuamente, constantemente.

continualness [kən'tɪnjʊəlnɪs] [kon-ti-niual-nes], *s.* Permanencia.

continuance [kən'tɪnjʊəns] [kon-ti-niuans], *s.* 1. Continuación, permanencia. 2. Demora, duración, dilación, perseverancia. 2. Continuidad o coherencia; plazo. 4. Morada.

continuate [kən'tɪnjʊeɪt] [kon-ti-niu-eit], *a.* Continuado, unido inmediatamente, no interrumpido.

continuation [kən,tɪnjʊ'eɪʃən] [kon-ti-niu-ei-shon] *s.* 1. Continuación, duración, seguida, serie. 2. Mantenimiento (maintenance). Reanudación, continuación (resumption). 3. Prolongación, continuación (extension/of street, canal). Continuación (of story, film).

continuative [kən'tɪnjʊətɪv] [kon-ti-niua-tiv], *s.* Expresión que denota continuación o permanencia.

continuator [kən'tɪnjʊeɪtər] [kon-ti-niu-ei-to[r]], *s.* Continuador, el que o lo que continúa o prosigue una obra o sucesión.

continue [kən'tɪnju:] [kon-ti-niu], *vn.* 1. Continuar, seguir (carry on) durar, ser durable. **We continued on our way**, reanudamos el camino 2. Permanecer en un estado o lugar. 3. Perseverar; detenerse; persistir, morar. 4. Continuar, seguir, proseguir (resume). 5. Continuar, seguir (go, extend/ road, canal). *-va.* 1. Continuar; prolongar, perpetuar. 2. Continuar, seguir con (keep on). **Her health continues to improve**, su salud continúa o sigue mejorando. 3. Continuar, seguir con, proseguir (resume). **To be continued**, continuará. **Continued on page 96**, continúa en la pág. 96. 4. Prolongar (extend, prolong).

continued [kən'tɪnju:d] [kon-ti-niud], *a.* Continuo, no interrumpido (success); constante (support). **A continued fever**, fiebre continua. *-pp.* de CONTINUE.

continuedly [kən'tɪnju:dlɪ] [kon-ti-niud-li], *adv.* Continuadamente.

continuer [kən'tɪnju:ər] [kon-ti-niua[r]], *s.* Continuador, perseverador.

continuing [kən'tɪnjʊɪŋ] [kon-ti-niuin] *a.* Continuado.

continuity [ˌkɒntɪ'nju:ɪtɪ] [kon-ti-nui-ti], *s.* 1. Continuidad, continuación, coherencia. 2. Unión, enlace, dependencia. **Solution of continuity**, *(Med.)* solución de continuidad, la división o destrucción de alguna parte del cuerpo humano.

continuous [kən'tɪnjʊəs] [kon-ti-niuos], *a.* 1. Continuo, unido o junto, sin espacio intermedio o interrupción aparente (line). *(Cin.)* **Continuous performance**, función continua, sesión continua, función continuada. 2. *(Ling.)* Continuo.

continuous *s.* *(Ling.)* **The continuous**, el continuo.

continuously [kən'tɪnjʊəslɪ] [kon-ti-niuos-li] *adv.* Continuamente, sin interrupción.

continuum [kən'tɪnjʊəm] [kon-ti-niuom] *s.* Continuo.

contort [kən'tɔ:t] [kon-tort], *va.* Torcer, contorcer. Contraer, crispar (face). **To contort one's body**, contorsionarse. *V.* CONTORTED. *vn.* Crisparse, contraerse. **His face contorted with pain**, se le crispó o se le contrajo el rostro de dolor.

contorted [kən'tɔ:tɪd] [kon-tor-ted], *a.* y *pp.* 1. Torcido, retorcido. **His face was contorted with pain**, tenía el rostro contraído o crispado de dolor (twisted). 2. *(Bot.)* Arrollado, envuelto. *V.* CONVOLUTE.

contortion [kən'tɔ:ʃən] [kon-tor-shon], *s.* 1. Contorsión, retorcimiento. 2. Dislocación parcial. 3. *(Bot.)* Retorcimiento irregular del tallo o ramas de las plantas, a causa de interrupción en su crecimiento.

contortionist [kən'tɔ:ʃənɪst] [kon-tor-sho-nist], *s.* Acróbata ejercitado en retorcer cuerpo o miembros. Contorsionista.

contour ['kɒntʊər] [kon-tua[r]], *s.* Contorno o perfil (outline). **Contours**, *pl.* Curvas (curves). **Contour line**, curva de nivel, cota. **Contour map**, mapa acotado o topográfico.

contra ['kɒntrə] [kon-tra] *prep. insep.* Contra.

contraband ['kɒntrəbænd] [kon-tra-band], *s.* Contrabando, matute. **Contraband goods**, géneros de contrabando o prohibidos. *-a.* Prohibido, ilegal.

contrabandism ['kɒntrəbændɪzm] [kon-tra-ban-disem], *s.* Contrabando, importación de géneros prohibidos.

contrabandist ['kɒntrəbændɪst] [kon-tra-ban-dist], *s.* Contrabandista, matutero.

contrabass ['kɒntrəbɑ:s] [kon-tra-bas], *s.* Contrabajo, instrumento de cuerda, una octava más bajo que el violón.

contraception [ˌkɒntrə'sepʃən] [kon-tra-sep-shon], *s.* Medidas anticoncepcionales. Anticoncepción, contracepción.

contraceptive [ˌkɒntrə'septɪv] [kon-tra-sep-tiv], *s.* y *a.* Contraceptivo, anticoncepcional; anticonceptivo, contraconceptivo.

contract ['kɒntrækt] [kon-trakt], *va.* 1. Contraer, apretar, estrechar, encoger, plegar; abreviar, compendiar. 2. Contraer algún vicio, hábito o costumbre. Contraer (debt, disease, muscle). 3. Contratar (person/place under contract). 4. Contraer esponsales. *-vn.* 1. Contraerse, encogerse (become smaller). 2. Contratar, pactar. **To contract with somebody for something**, celebrar un contrato con alguien para algo (enter into an agreement).

contract out Subcontratar (job, work).

contract, *s.* 1. Contrato, pacto, convención o convenio entre partes (agreement, document). Contrata (for public works, services). **To be under contract to somebody/ something**, estar bajo contrato con alguien/algo. **To put something out to contract**, otorgar la contrata de o para algo. **To exchange contracts**, suscribir el contrato de compraventa (in UK: on property deal). **Contract law**, derecho contractual. **To sign a contract**, firmar o suscribir un contrato. 2. Esponsales. 3. Contra, escritura. 4. **To put out a contract on somebody**, ponerle precio a la cabeza de alguien (for murder). **Contract killer**, asesino a sueldo, sicario. *-a.* Prometido, afianzado.

contracted ['kɒntræktɪd] [kon-trak-ted], *a.* 1. No ancho o amplio; encogido. 2. Contraído, apretado, estrecho.

contractedly ['kɒntræktɪdlɪ] [kon-trak-tid-li], *adv.* De una manera apretada, contraída.

contractedness ['kɒntræktɪdnɪs] [kon-trak-tid-nes], *s.* 1. Contracción: apretamiento, opresión. 2. Estrechez de miras, ruindad, mezquindad.

contractibility ['kɒntræktɪ'bəlɪtɪ] [kon-trak-ti-bi-li-ti], **contractibleness** [ˌkɒntræk'təblnɪs] [kon-trak-ta-bol-nes], *s.* Contractilidad.

contractible ['kɒntræktɪbl] [kon-trak-ti-bol], *a.* Que se puede contraer, susceptible de contracción.

contractile ['kɒntræktɪl] [kon-trak-til], *a.* *(Med.)* Contráctil, lo que puede contraerse; lo que puede producir contracción.

contracting ['kɒntræktɪŋ] [kon-trak-tin], *a.* Contratante. **The contracting parties**, las partes contratantes, los contrayentes.

contraction ['kɒntrækʃən] [kon-trak-shon], *s.* 1. Contracción. 2. *(Gram.)* La reducción de dos vocales o sílabas en una; abreviatura o abreviación.

contractor ['kɒntræktər] [kon-trak-to[r]], *s.* 1. Contratante. 2. Contratista, persona que por contrata ejecuta una obra material. **A firm of building contractors**, una empresa de construcciones.

contract-dance ['kɒntræktˌdɑ:ns] [kon-trakt-dans], *s.* Contradanza y la música de ese baile.

contradict [ˌkɒntrə'dɪkt] [kon-tra-dikt], *va.* 1. Contradecir, negar lo que otro da por cierto; oponerse, contrariar (assert the opposite of/statement, person). **To contradict oneself**, contradecirse. 2. Contradecirse con (be inconsistent with/ principles, spirit).

contradicter [ˌkɒntrə'dɪktər] [kon-tra-dik-ta[r]], *s.* Contradictor, el que contradice o se opone.

contradiction [ˌkɒntrə'dɪkʃən] [kon-tra-dik-shon], *s.* Contradicción, oposición, implicación, contrariedad, incongruencia, repugnancia. **A contradiction in terms**, un contrasentido.

contradictorily [ˌkɒntrədɪk'tərɪlɪ] [kon-tra-dik-to-ri-li], *adv.* Contradictoriamente.

contradictory [ˌkɒntrə'dɪktərɪ] [kon-tra-dik-to-ri], *a.* Contradictorio, contrario, opuesto, que implica contradicción. *-s.* Contrariedad, inconsistencia. *(Lóg.)* Contradictoria, una de dos proposiciones, de las cuales la una afirma lo que la otra niega y no pueden ser a un mismo tiempo verdaderas, ni a un mismo tiempo falsas. **Contradictory temper**, espíritu de contradicción.

contradistinct [ˌkɒntrə'dɪstɪŋkt] [kon-tra-dis-tinkt], *a.* Distinguido por calidades opuestas, contradistinto.

contradistinction [ˌkɒntrədɪs'tɪŋkʃən] [kon-tra-dis-tink-shon], *s.* Distinción por calidades opuestas. **In contradistinction**, por oposición, por contradistinción.

contradistinctive [ˌkɒntrəˈdɪstɪŋktɪv] [kon-tra-dis-tink-tiv], *a.* Contradistintivo.
contradistinguish [ˌkɒntrəˈdɪstɪngwɪʃ] [kon-tra-dis-tin-güish], *va.* Contradistinguir. *-vn.* Poner en oposición, distinguir por calidades opuestas.
contrafissure [ˌkɒntrəˈfɪʃʊər] [kon-tra-fi-shuaʳ], *s.* Contrafractura, abertura del cráneo por la parte opuesta a aquella donde se ha recibido un golpe.
contrail [ˌkɒntreɪl] [kon-treil], *s.* Estela de vapor.
contraindicant [ˌkɒntrəˈɪndɪkənt] [kon-tra-in-di-kant], **contraindication** [ˌkɒntrəˌɪndɪˈkeɪʃən] [kon-tra-in-di-kei-shon], *s.* Contraindicante, contraindicación, síntoma que indica la impropiedad de un remedio dado o tratamiento seguido.
contraindicate, *va.* Contraindicar.
contralto [kənˈtræltəʊ] [kon-tral-tou], *s.* y *a.* Contralto, la voz media entre el tiple y el tenor.
contranatural [kɒntrəˈnætʃrəl] [kon-tra-na-tu-ral], *a.* Contranatural.
contraposition [kɒntrəˈpɒsɪʃən] [kon-tra-po-si-shon], *s.* Contraposición.
contraption [kɒnˈtræpʃən] [kon-trap-shon] *s.* *(Coloq.)* Artilugio, artefacto.
contraregularity [kɒnˌtrəregjʊˈlærɪtɪ] [kon-tra-re-guiu-la-ri-ti], *s.* Contrariedad.
contrariant [kənˈtrɛərɪən] [kon-trea-rian], *a.* Repugnante, contradictorio.
contraries [kənˈtrɛərɪəs] [kon-tra-ries], *s. pl.* Contrarios, calidades o proposiciones opuestas o contrarias.
contrariety [kənˈtrərɪətɪ] [kon-tra-rie-ti], *s.* Contrariedad, repugnancia, oposición, inconsistencia, incompatibilidad.
contrarily [kənˈtrɛərɪlɪ] [kon-trea-ri-li], *adv.* Contrariamente, en contrario. **She behaves so contrarily**, hace todo lo contrario de lo que se le dice.
contrariness [kənˈtrɛərɪnəs] [kon-tra-ri-nes], *s.* Contrariedad.
contrariwise [kənˈtrɛərɪwaɪz] [kon-tra-uais], *adv.* Al contrario, al revés.
contrary [kənˈtrɛərɪ] [kon-tra-ri], *a.* Contrario, opuesto (opposed, opposite); contradictorio, discorde. **To be contrary to something**, ir en contra de algo. **Contrary to** (as prep.), contrariamente a, al contrario de. **He's so contrary**, siempre tiene que llevar la contraria (child, person). *-s.* Contrario (opposite). **The contrary**, lo contrario. **On the contrary**, al contrario o por el contrario. **I can say nothing to the contrary**, nada tengo que oponer a eso. **Unless you hear to the contrary**, a menos que se te informe de lo contrario. **Despite his assertions to the contrary ...**, a pesar de sus declaraciones en sentido contrario ...
contrary, *va.* *(Prov.)* Oponer, contradecir, impedir.
contrary-minded [kənˈtrɛərɪˌmaɪndɪd] [kon-tra-ri-main-did], *a.* De diverso parecer.
contrast [ˈkɒntrɑːst] [kon-trast], *s.* 1. Contraste, oposición. 2. Oposición, diferencia (difference). 3. *(Ret.)* Cf. ANTITHESIS. 4. *(Art, Cin., Fot.)* Contraste. **To be a contrast to somebody/something**, contrastar con alguien/algo. **By contrast**, por contraste, en comparación. **In contrast to/with**, en contraste con, a diferencia de.
contrast, *va.* Contrastar, comparar, oponer, demostrar desemejanza. **To contrast something/somebody with something/somebody**, comparar algo/a alguien con algo/alguien. *-vn.* Variar, quedar claramente diferenciado de otra cosa por medio de comparación (con la prep. *with*). Contrastar (differ). **Contrasting**, contrastante, opuesto (opinions, approaches).
contravallation [ˌkɒntrəvəˈleɪʃən] [kon-tra-va-lei-shon], *s.* Contravalación, construcción de una línea fortificada por el frente de los sitiadores de una plaza.
contravene [ˌkɒntrəˈviːn] [kon-tra-vin], *va.* Contravenir, ir en contra de lo que está mandado y dispuesto, infringir o violar un mandato o una ley.
contravener [ˌkɒntrəˈviːnər] [kon-tra-vi-naʳ], *s.* Contraventor, infractor; el que contraviene.
contravention [ˌkɒntrəˈvenʃən] [kon-tra-ven-shon], *s.* Contravención, infracción, quebrantamiento de lo mandado.
contraversion [ˌkɒntrəˈvɜːʃən] [kon-tra-ver-shon], *s.* Vuelta al lado opuesto.
contrayerva [ˌkɒntrəˈjɜːvə] [kon-tra-yer-va], *s.* *(Bot.)* Contrahierba, dorstenia, planta medicinal de la América tropical.
contretemps [ˌkɒntrəˈtəmpz] [kon-tre-temps] *s.* Contratiempo.
contributary [kənˈtrɪbjʊtərɪ] [kon-tri-biu-ta-ri], *a.* (Poco us.) Contribuyente, contributario.
contribute [kənˈtrɪbjuːt] [kon-tri-biut], *va.* Contribuir, dar o pagar cada uno la cuota que le corresponde. Contribuir con, aportar, hacer una aportación o un aporte de (money, time). Aportar (suggestions, ideas). Escribir (article, poem, paper). *-vn.* Contribuir, ayudar, cooperar o concurrir con otros al logro de algún fin. **To contribute to something**, contribuir a algo (play significant part). Contribuir (give money). **They all contributed to his present**, todos contribuyeron con dinero para su regalo. **To contribute to something**, participar en algo. *(Journ.)* **To contribute to something**, escribir para algo.
contributer, *s.* *V.* CONTRIBUTOR.
contribution [ˌkɒntrɪˈbjuːʃən] [kon-tri-biu-shon], *s.* 1. Cooperación, contribución, la acción de contribuir o suministrar con otros para algún fin; también lo que se contribuye; la cuota o cantidad que se da entre muchos para algún fin público. Contribución (participation, part played). **To make a contribution to something**, hacer una contribución a algo. **His contribution to the debate**, su intervención en el debate. **Contribution-box**, caja para recibir dádivas o cuotas, p. ej. en una reunión pública. 2. Contribución (payment, donation); aportación, aporte (to a fund).
contributive [kənˈtrɪbjuːtɪv] [kon-tri-biu-tiv], *a.* Cooperante, lo que coopera; contribuyente, contribuidor.
contributor [kənˈtrɪbjʊtər] [kon-tri-biu-toʳ], *s.* Contribuidor, contribuyente. Colaborador (writer). **He's a regular contributor to the local paper**, escribe regularmente para el periódico local. Donante (donor).
contributory [kənˈtrɪbjʊtərɪ] [kon-tri-biu-to-ri], *a.* 1. Cooperante o contribuyente. 2. Que contribuye (factor, circumstance). De aportación obligatoria por parte del empleado (pension plan).
con trick [kənˈtrɪkt] [kon-trikt] *s.* *(Coloq.)* Timo, estafa.
contrite [ˈkɒntraɪt] [kon-trait], *a.* 1. Contrito, pesaroso, arrepentido, penitente. *Contrite*, entre los teólogos, es el penitente que tiene dolor de contricción, y *attrite*, el que tiene dolor de atrición. 2. *(Des.)* Quebrantado, machacado, magullado.
contriteness [ˈkɒntraɪtnɪs] [kon-trait-nes], *s.* Contrición, arrepentimiento.
contrition [kənˈtrɪʃən] [kon-tri-shon], *s.* 1. Contrición, arrepentimiento, pesar de haber ofendido a Dios por ser quien es. 2. *(Des.)* Pulverización.
contriturate [kənˈtrɪtjʊrəns] [kon-tri-tiu-rans], *va.* Triturar, pulverizar juntamente (con otra cosa).
contrivable [kənˈtraɪvəbl] [kon-trai-va-bol], *a.* Imaginable, que puede inventarse o proyectarse.
contrivance [kənˈtraɪvəns] [kon-trai-vans], *s.* 1. Idea, plan, designio, discurso, invención. Artilugio, aparato (device). 2. Traza, maña, treta, artificio (stratagem); concepto, maquinación.
contrive [kənˈtraɪv] [kon-traiv], *va.* 1. Idear, inventar, imaginar, discurrir medios para el logro de algún intento, darse maña. 2. Maquinar, tramar. *-vn.* Trazar, delinear, concertar, buscar un medio, maquinar.
contrivement [kənˈtraɪvmənt] [kon-traiv-ment], **s.** Traza, invención.
contriver [kənˈtraɪvər] [kon-trai-vaʳ], *s.* Trazador, autor, inventor.

control [kən'trəʊl] [kon-troul], *s.* 1. Control, contrarregistro que se tiene en algunas oficinas para servir de comprobante. 2. Sujeción, freno, dominio; control (ability to control, restrain); autoridad (authority). **To be beyond somebody's control**, estar fuera del control de alguien. **Circumstances beyond our control**, circunstancias ajenas a nuestra voluntad. **To be out of control**, estar fuera de control. **To get out of control**, descontrolarse. **He lost control of the car**, perdió el control del coche. 3. Censura, inspección (regulation, restriction). **Price control(s)**, control de precios. 4. Poder, autoridad, control (command). **Who's in control here?**, ¿quién manda aquí? **To be in control of something**, dominar o controlar algo. **To gain/take control of something**, hacerse con el control de algo. **To have/lose control of something**, tener/perder el control de algo. **Without control**, sin control, sin límites. **Remote control**, control remoto. **He has no self-control**, carece de dominio sobre sí mismo, no puede contenerse. **To control oneself**, dominarse, contenerse, controlarse. **He is under control**, lograron dominarlo. 5. Botón de control (knob, switch). **Controls**, *pl.* mandos (of vehicle). 6. Control (headquarters, checkpoint). 7. Patrón de comparación (in experiment). **Control group**, grupo de control. 8. Dominio (skill, mastery).

control, *va.* 1. Reprimir, restringir, predominar; gobernar; refutar. 2. Registrar; examinar, criticar. 3. Controlar, ejercer control sobre (command/country, people); controlar, regular (regulate/temperature, flow); dirigir (traffic); controlar (inflation, growth). 3. Controlar (curb, hold in check/animal, fire); controlar, dominar (emotion). **To control oneself**, controlarse, dominarse. Controlar (manage, steer/vehicle, boat); controlar, dominar (horse). **Controlling interest**, *(Com.)* mayoría, interés predominante.

control column [kən'trəʊl,kʌləm] [kon-troul-ka-lom] *s.* Palanca de mando.

control key [kən'trəʊl'ki:] [kon-troul-ki] *s.* Tecla de control.

controllable [kən'trəʊləbl] [kon-trou-la-bol], *a.* Sujeto a vista, registro, inspección o examen. **Controllable by**, sometido al imperio de.

controller [kən'trəʊlər] [kon-trou-la[r]], *s.* 1. Contralor, director, superintendente, mayordomo, veedor, registrador, censurador. **Controller of the Currency**, *(E. U.)* funcionario del gobierno que ejerce superintendencia sobre los bancos nacionales. 2. Controlador (device).

controllership [kən'trəʊləʃɪp] [kon-troula[r]-ship], *s.* Contraloría, oficio y oficina de contralor; mayordomía, veeduría.

controlling [kən'trəʊlɪŋ] [kon-trou-lin] *a.* **Controlling interest**, participación mayoritaria o de control.

controlment [kən'trəʊlmənt] [kon-troul-ment], *s.* Restricción, sujeción.

control room [kən'trəʊl,rʊm] [kon-troul-rum] *s.* *(Mil., Naut.)* Centro de operaciones. *(Audio, Rad., TV)* Sala de control.

control tower [kən'trəʊl,taʊər] [kon-troul-taua[r]], *s.* *(Aer.)* Torre de control.

controversial [,kɒntrə'vɜ:ʃəl] [kon-tro-ver-shal], *a.* Perteneciente a las controversias o disputas; polémico, contencioso, controvertido.

controversialist [,kɒntrə'vɜ:ʃəlɪst] [kon-tro-ver-sha-list], *s.* Controversista, contendor literario.

controversy [kɒn'trɒvəsɪ] [kon-tro-ver-si], *s.* Controversia, disputa, debate, pleito, contradicción.

controvert ['kɒntrəvɜ:t] [kon-tro-vert], *va.* Controvertir, disputar o altercar sobre alguna cosa.

controverter ['kɒntrəvɜ:tər] [kon-tro-ver-ta[r]], **controvertist** ['kɒntrəvɜ:tɪst] [kon-tro-ver-tist], *s.* Controversista, argumentador.

controvertible ['kɒntrəvɜ:tɪbl] [kon-tro-ver-ti-bol], *a.* Controvertible, disputable.

contumacious [,kɒntjʊ'meɪʃəs] [kon-tu-mei-shos], *a.* Contumaz, rebelde, porfiado, obstinado, terco, tenaz, inflexible.

contumaciously [,kɒntjʊ'meɪʃəslɪ] [kon-tiu-mei-shos-li], *adv.* Contumazmente, pertinazmente.

contumaciousness [,kɒntjʊ'meɪʃəsnɪs] [kon-tiu-mei-shos-nis], *s.* Contumacia, obstinación, terquedad.

contumacy ['kɒntjʊməsɪ] [kon-tiu-ma-si], *s.* 1. Contumacia, rebeldía, resistencia a comparecer en juicio o a obedecer la ley. 2. Contumacia, tenacidad, dureza, terquedad; obstinación, porfía.

contumelious [,kɒntjʊ'məlɪəs] [kon-tiu-me-lios] *a.* Contumelioso, sarcástico, afrentoso.

contumeliousness [,kɒntjʊ'məlɪəsnɪs] [kon-tiu-me-lios-nes], **contumely** [,kɒntjʊ'məlɪ] [kon-tiu-me-li], *s.* Contumelia, baldón, ultraje, desprecio, injuria, menosprecio, insulto.

contuse [kɒn'tju:z] [kon-tius], *va.* Contundir, magullar, machacar, causar o hacer contusión.

contusion [kən'tju:ʒən] [kon-tiu-shon], *s.* 1. Contusión, magullamiento. 2. Golpe y el cardenal que de él resulta.

conundrum [kə'nʌndrəm] [ko-nan-drom], *s.* 1. Acertijo, adivinanza. 2. Cuestión o cosa intrincada.

conurbation [,kɒnɜ:'beɪʃən] [ko-nur-bei-shon] *s.* Conurbación.

conure [kɒ'nʊər] [ko-nue[r]], *s.* Papagayo americano del género Conurus; a él pertenece la cotorra de Carolina.

convalesce [,kɒnvə'les] [kon-va-les] *vn.* Recuperarse, convalecer. **To convalesce after/from something**, convalecer o recuperarse de algo.

convalescence o convalescency [,kɒnvə'lesəns] [kon-va-le-sens], *s.* Convalecencia, restablecimiento de la salud, mejoría de una enfermedad.

convalescent [,kɒnvə'lesənt] [kon-va-le-sent], *a.* Convaleciente.

convalescent *s.* Convaleciente. **Convalescent home**, clínica de reposo.

convallaria [,kɒnvə'lærɪə] [kon-va-la-ria], *s.* *(Bot.)* Convalaria, el lirio de los valles.

convection [kən'vekʃən] [kon-vek-shon], *s.* El acto de llevar o transportar; convección, difusión del calor por un líquido o gas por medio del movimiento de sus partes componentes, lo cual la diferencia de la conducción. **Convection heater**, estufa o calentador de convección.

convective [kən'vektɪv] [kon-vek-tiv], *a.* Perteneciente o relativo a la difusión por convección.

convector [kən'vektər] [kon-vek-ta[r]]*s.* Estufa o calentador de convección.

convenable [kən'vi:nəbl] [kon-vi-na-bol], *a.* Lo que puede juntarse.

convene [kən'vi:n] [kon-vin], *va.* 1. Convocar, congregar, juntar, unir. 2. Citar, emplazar o convocar jurídicamente. -*vn.* Convenir, juntarse, reunirse.

convener [kən'vi:nər] [kon-vi-na[r]], *s.* Convocador, el que convoca a una reunión.

convenience o **conveniency** [kən'vi:nɪəns] [kon-vi-niens], *s.* Conveniencia, comodidad (comfort, practicality); oportunidad, conformidad. **Does it suit your convenience?**, ¿le conviene a Vd.? **It is a great convenience**, es de gran comodidad. **At your convenience**, cuando le resulte conveniente. *(Corresp.)* **At your earliest convenience**, a la mayor brevedad posible, a la brevedad. **With every modern convenience**, con todas las comodidades modernas (amenity, appliance).

convenience food [kən'vi:nɪəns'fʊd] [kon-vi-niens-fud] *s.* Comida de preparación rápida.

convenient [kən'vi:nɪənt] [kon-vi-nient], *a.* Conveniente, apto, cómodo, oportuno, conforme, propio (opportune, suitable). **Would it be convenient for me to call tomorrow?**, ¿estaría bien que pasara mañana? **His resignation was most convenient for the firm**, su dimisión fue muy oportuna para la firma. Práctico, cómodo (neat, practical). **It's very convenient having the school so near**, resulta muy práctico tener la escuela tan cerca (handy).

conveniently, *adv.* Cómodamente; convenientemente (handily); útil y oportunamente. **It's conveniently situated**, está convenientemente situada. **The government conveniently forgets its election promises**, le resulta muy cómodo al gobierno olvidarse de sus promesas electorales. **Conveniently for him, the banks were closed**, le vino muy bien o le convino que los bancos estuvieran cerrados.

convening [kən'vi:nɪŋ] [kon-vi-nin], *s.* Convención; reunión.

convent ['kɒnvənt] [kon-vent], *s.* 1. Convento; comunidad de personas religiosas que viven en una misma casa. 2. Casa que habita una comunidad. **Convent school**, colegio de monjas.

convent, *va. (Des.)* Citar o emplazar delante del juez. *-vn.* Concurrir, juntar.

conventicle ['kɒnvəntɪkl] [kon-ven-ti-kol], *s.* Conventículo, conciliábulo, junta clandestina e ilícita.

conventicler ['kɒnvəntɪklər] [kon-ven-ti-kla^r], *s.* El que sostiene o frecuenta conventículos o conciliábulos.

convention [kən'venʃən] [kon-ven-shon], *s.* 1. Convención, asamblea, congreso, junta. 2. El acto de juntarse; cita, conferencia (conference). 3. Asenso o convenio general o tácito. 4. Contrato, capitulación, tratado, convención (agreement). 5. Convenciones, convencionalismos (social code). **Convention dictates that one should wear black on such occasions**, es costumbre vestir de negro en tales ocasiones. 6. Convención (established practice). **Literaty convention**, convención literaria.

conventional [kən'venʃənl] [kon-ven-sho-nal], *a.* 1. Convencional, estipulado (behavior, method, arms). 2. Convenido, establecido por costumbre, formal. 3. Elegido o considerado arbitrariamente como emblemático de alguna cosa. 4. (Bellas artes) Aceptado como habitual y acostumbrado, pero no necesariamente verdadero y natural; basado sobre la tradición. Tradicional, clásico (design, style).

conventionalism [kən'venʃənəlɪzm] [kon-ven-sho-na-lisem], *s.* Consideración y respeto para con lo que es de uso y costumbre; artificio, forma o ficción aceptada generalmente.

conventionality [kən'venʃənælɪtɪ] [kon-ven-sho-na-li-ti], *s.* Carácter artificial; algo establecido y aceptado por costumbre.

conventionally [kən'venʃənəlɪ] [kon-ven-sho-na-li] *adv.* De manera convencional (dress, behave); de manera tradicional o clásica (built, designed).

conventionist [kən'venʃənɪst] [kon-ven-sho-nist], *s.* Contratista.

conventual [kən'ventʃjʊəl] [kon-ven-shual], *s.* Conventual, el que reside en un convento o es individuo de una comunidad. *-a.* Conventual, lo que pertenece al convento.

converge [kən'vɜ:dʒ] [kon-verch], *vn.* Converger, dirigirse a un mismo punto, convergir (lines, roads); reunirse (crowd, armies). **They all converged on the square**, todos se reunieron en la plaza.

convergence, **convergency** [kən'vɜ:dʒəns] [kon-ver-chens] *s.* Convergencia, tendencia hacia un mismo punto.

convergent [kən'vɜ:dʒənt] [kon-ver-chent], **converging** [kən'vɜ:dʒɪŋ] [kon-ver-chin], *a.* Convergente, que tiende hacia un mismo punto.

conversable [kən'vɜ:səbl] [kon-ver-sa-bol], *a.* Conversable, sociable.

conversableness [kən'vɜ:səblnɪs] [kon-ver-sa-bol-nes], *s.* Sociabilidad.

conversably [kən'vɜ:səblɪ] [kon-ver-sa-bli], *adv.* Sociablemente, afablemente.

conversant [kən'vɜ:sənt] [kon-ver-sant], *a.* 1. Versado en, experimentado, familiar, conocedor de. 2. Empleado activamente, ocupado en, interesado. **To be conversant with something**, ser versado en algo.

conversation [ˌkɒnvə'seɪʃən] [kon-ver-sei-shon], *s.* 1. Conversación, conferencia, trato, familiaridad. **They were deep in conversation**, estaban en plena conversación. **To make polite conversation**, conversar como un gesto de amabilidad. **Conversation piece**, tema de conversación. 2. Conducta, porte. 3. Trato carnal.

conversational [ˌkɒnvə'seɪʃənl] [kon-ver-sei-sho-nal] *a.* Familiar, coloquial (manner, tone).

conversationalist [ˌkɒnvə'seɪʃnəlɪst] [kon-ver-sei-shona-list] *s.* Conversador. **He's not much of a conversationalist**, no es muy buen conversador.

conversative [kɒn'vɜ:sətɪv] [kon-ver-sa-tiv], *a.* Conversable, sociable.

converse [kən'vɜ:s] [kon-vers], *vn.* 1. Conversar, vivir con otro y tratar con él. 2. Conversar, tener conocimiento con alguno. 3. Platicar, hablar familiarmente sobre algún asunto. **To converse on/about something**, conversar sobre/acerca de algo. 4. Tratar con, tener trato ilícito con persona de otro sexo.

converse, *s.* 1. Conversación, plática, comunicación, familiaridad, trato, comercio. 2. Conversa, proposición opuesta a la directa; lo que existe en relación recíproca a otra cosa. 3. **The converse**, lo contrario o lo opuesto.

converse *a.* Contrario, inverso.

conversely [kɒn'vɜ:səlɪ] [kon-ver-se-li], *adv.* 1. Mutuamente, recíprocamente. 2. A la inversa (as linker).

conversion [kɒn'vɜ:ʃən] [kon-ver-shon], *s.* 1. Conversión, transmutación de una cosa a otra (transformation). **Conversion table**, tabla de conversión o de equivalencias. **Conversion from something to something**, conversión de algo a algo (change, switch). 2. Conversión, arrepentimiento. 3. *(Rel.)* Mudanza de una religión a otra; cambio de opinión, de partido. 4. *(For)* Apropiación ilícita de los bienes de otro para uso propio.

conversive [kɒn'vɜ:sɪv] [kon-ver-siv], *a.* Conversivo, que causa conversión o que resulta de ella.

convert ['kɒnvɜ:t] [kon-vert], *va.* 1. Convertir, transmutar. Remodelar, reformar (building); transformar (vehicle). **A converted barn**, un granero convertido en vivienda. **To convert pounds into/to kilos**, convertir libras a/en kilos. 2. Convertir, reducir al vicioso a la prática de las buenas costumbres (cause to change view). **To convert somebody to something**, convertir a alguien a algo. **A converted Jew**, un judío converso. 3. Convertir, volver, dirigir una cosa hacia una parte diversa de donde estaba antes. 4. Dar una cosa destino diverso del que antes tenía. 5. *(Com.)* Convertir o cambiar en valor de otra forma. 6. *(Sport)* Transformar, convertir. *-vn.* Convertirse, transformarse en algo (change into); mudarse.

convert, *s.* Converso o convertido, la persona que se ha convertido de una religión o parecer a otro diferente. **New convert**, neófito, recién convertido, converso, convertido; religioso lego.

converter, **convertor** [kən'vɜ:tər] [kon-ver-tor], *s.* 1. Convertidor, el que convierte. 2. *(Metal.)* Convertido, retorta de cementación, aparato de Bessemer par convertir el hierro en acero. 3. Convertidor, transformador eléctrico. *V.* TRANSFORMER.

convertibility [kənˌvɜ:tə'bɪlɪtɪ] [kon-ver-ti-bi-li-ti], *s.* Capacidad de conversión.

convertible [kən'vɜ:təbl] [kon-ver-ti-bol], *a.* Convertible, transmutable. *-s.* Convertible, automóvil convertible, descapotable. Sofá-cama (sofa bed).

convertibly [kən'vɜ:tɪblɪ] [kon-ver-ti-bli], *adv.* Recíprocamente, mutuamente.

convertite [kən'vɜ:taɪt] [kon-ver-tait], *s.* Neófito, recién convertido.

convex ['kɒn'veks] [kon-veks], *a.* Convexo, que tiene superficie curva más elevada en el centro que en los bordes u orillas; es lo contrario de cóncavo. *-s.* Cuerpo o superficie convexa.

convexed [kɒn'vekst] [kon-vekst], *a.* Convexo, elevado en figura circular.

convexedly [kɒn'veksdlɪ] [kon-vek-sed-li], *adv.* En forma o figura convexa.

convexity [kɒn'veksɪtɪ] [kon-vek-si-ti], *s.* 1. Convexidad, superficie exterior de un cuerpo convexo; forma esférica o convexa. 2. Combadura, comba.

convexly [kɒn'vekslɪ] [kon-veks-li], *adv.* Convexamente.

convexness [kɒn'veksnɪs] [kon-veks-nes], *s.* Convexidad.

convexo-concave ['kɒn'veksə'kɒn,keɪv] [kon-veksou-kon-keiv], *a.* Convexo-cóncavo.

convey [kən'veɪ] [kon-vei], *va.* 1. Transportar, conducir o llevar una parte a otra (goods, people, electricity). 2. Transmitir, llevar (sound); enviar; expresar, transmitir (opinion, feeling); hacer llegar (thanks). 3. Transferir, traspasar a otro. 4. Participar, dar parte o noticia de alguna cosa. 5. Comunicar, expresar (el sentido de las palabras). **To convey away**, quitar del miedo, hacer desaparecer, llevarse una cosa, ocultar. **To convey out**, poner fuera de alcance, salvar. **To convey out of danger**, sacar del peligro. **To convey his sense**, expresar su pensamiento.

conveyable [kən'veɪəbl] [kon-ve-ya-bol], *a.* Capaz de ser transportado o conducido.

conveyance [kən'veɪəns] [kon-ve-yans], *s.* 1. Conducción, transporte (transport); vehículo, medio de transporte (vehicle). 2. Conducción, modo o manera de conducir o transportar. 3. Entrega. 4. Traspaso o traslación de dominio. 5. Escritura de traspaso.

conveyancer [kən'veɪənsər] [kon-ve-yan-sa[r]], *s.* El escribano que hace la escritura de traspaso, enajenación o traslación de dominio.

conveyancing [kən'veɪənsɪŋ] [kon-ve-yan-sin], *s.* El oficio de preparar las escrituras de traspaso, incluyendo la pesquisa de títulos.

conveyor [kən'veɪər] [kon-ve-ya[r]], *s.* 1. Conductor, mensajero. 2. Portador, invento mecánico para transportar material, como en molinos, elevadores, etc. 3. *(Des.)* Truhán, impostor; ladrón. **Conveyor belt**, correa o cinta transportadora, banda transportadora.

convict ['kɒnvɪkt] [kon-vikt], *va.* 1. Convencer, probar la culpabilidad; declarar culpable después de un proceso judicial, condenar. **A convicted murderer**, un asesino convicto. **To be convicted of something**, ser condenado por algo. 2. Confutar, refutar, destruir los argumentos del contrario.

convict, *s.* Convicto, el reo a quien legalmente se le ha probado su delito; recluso, presidiario.

convictible ['kɒnvɪktɪbl] [kon-vik-ti-bol], *a.* Convencible.

conviction [kən'vɪkʃən] [kon-vik-shon], *s.* 1. Convicción, demostración de culpabilidad; juicio basado en pruebas suficientes: proposición firmemente creída. 2. Convicción, la prueba de un delito. 3. Confutación, refutación. 4. *(Law)* Condena. 5. Convicción (certainty, strong belief). **To speak without conviction**, hablar sin convicción. **Their claims carry little conviction**, lo que sostienen es poco convincente.

convictive [kɒn'vɪktɪv] [kon-vik-tiv], *a.* (Poco us.) Convincente.

convictively [kɒn'vɪktɪvlɪ] [kon-vik-tiv-li], *adv.* Convincentemente.

convince [kən'vɪns] [kon-vins], *va.* 1. Convencer, precisar a otro con razones a que mude de dictamen; hacer creer. **To convince somebody of something**, convencer a alguien de algo. **To convince somebody that**, convencer a alguien de que. **To convince somebody to**, convencer a alguien para que. 2. Poner en evidencia, juzgar. 3. *(Des.)* Declarar culpable. *V.* CONVICT.

convinced [kən'vɪnst] [kon-vinst] *a.* **To be convinced of something**, estar convencido de algo. **To be convinced that**, estar convencido de que.

convincement [kən'vɪnsmənt] [kon-vins-ment], *s.* Convicción.

convincer [kən'vɪnsər] [kon-vin-sa[r]], *s.* El o lo que convence.

convincible [kən'vɪnsəbl] [kon-vin-se-bol], *a.* Convencible; convincente, incontestable.

convincing [kən'vɪnsɪŋ] [kon-vin-sin] *a.* Convincente.

convincingly [kən'vɪnsɪŋlɪ] [kon-vin-sin-li], *adv.* Convincentemente.

convincingness [kən'vɪnsɪŋnɪs] [kon-vin-sin-nes], *s.* Convicción, evidencia y fuerza de la razón que convence.

convivial [kən'vɪvɪəl] [kon-vi-vial], *a.* 1. Festivo relativo a festín o convite. 2. Convivial, festivo, jovial. 3. Cordial, de camaradería (atmosphere); simpático, sociable (person).

conviviality [kən'vɪvɪəlɪtɪ] [kon-vi-via-li-ti], *s.* Jovialidad, buen humor.

convocate ['kɒnvəkeɪt] [kon-vo-keit], *va.* Convocar, citar, llamar a muchos que deben juntarse en un lugar determinado para algún fin.

convocation [,kɒnvə'keɪʃən] [kon-vo-kei-shon], *a.* 1. Convocación, acción de convocar o de reunir. 2. Asamblea así convocada, especialmente junta de clero o sínodo.

convoke ['kɒnvəʊk] [kon-vouk], *va.* Convocar, citar, juntar, reunir.

convolute, convoluted ['kɒnvə,lu:t] [kon-vo-lut], *a.* 1. Arrollado, envuelto, replegado. 2. Intrincado, enrevesado (story, argument). *-s.* Lo que está arrollado.

convolution [,kɒnvə'lu:ʃən] [kon-vo-lu-shon], *s.* 1. La acción de arrollar o envolver. 2. Repliegue, enroscadura. *(Anat.)* Una de las sinuosidades o senos de un órgano, especialmente del cerebro o del intestino.

convolve ['kɒnvɔ:lv] [kon-volv], *va.* Arrollar, revolver, retorcer una cosa en sí misma. *-vn.* Revolver o enlazarse sobre sí mismo.

convolvulaceous [kən'vɒlvjʊləʃəs] [kon-vol-viu-la-shos], *a.* *(Bot.)* Convolvuláceo, semejante o relativo al convólvulo.

convolvulus [kən'vɒlvjʊləs] [kon-vol-viu-lus], *s.* Convólvulo, género de plantas cuyo tipo es la correhuela o albohol y que comprende también el dondiego, la batata, la jalapa, etc.

convoy ['kɒnvɔɪ] [kon-voi], *va.* Convoyar, escoltar lo que se conduce por mar o por tierra para que vaya resguardado.

convoy, *s.* 1. Convoy o conserva, escolta o guardia que se destina para la segura conducción por mar o por tierra. 2. Convoy, los efectos, valores o pertrechos que van escoltados (of ship, vehicles). 3. La acción de convoyar; el estado de ser convoyado.

convulse [kən'vʌls] [kon-vals], *va.* 1. Convulsar, causar la contradicción de los músculos; afectar espasmódicamente; agitar violentamente. **He was convulsed with pain**, se retorcía de dolor (contort). **Their antics convulsed the audience**, el público se desternillaba de risa con sus payasadas. 2. Convulsionar, sacudir (shake, rock). *-vn.* Convelerse, convulsarse, irritarse, alterarse o ponerse en convulsión las fibras del cuerpo **To be convulsed with laughter**, morirse de risa.

convulsion [kən'vʌlʃən] [kon-val-shon], *s.* 1. Convulsión, espasmo (spasm). **Their antics had us in convulsions**, nos desternillamos de risa con sus payasadas. 2. Agitación violenta, inquietud. 3. Conmoción, alboroto, revolución, tumulto. 4. *(Geol.)* *V.* CATACLYSM.

convulsionary [kən'vʌlʃənərɪ] [kon-val-sho-na-ri], *a.* De la convulsión; que causa convulsiones o es resultado de ellas.

convulsive [kən'vʌlsɪv] [kon-val-siv], *a.* Convulsivo. **He collapsed into convulsive laughter**, le dio un ataque de risa.

convulsively [kən'vʌlsɪvlɪ] [kon-val-siv-li], *adv.* Tumultuariamente; convulsivamente.

cony ['kəʊnɪ] [kou-ni], *s.* Conejo. **Cony-skins** o **wool**, *V.* RABBIT-SKINS O WOOL.

cony-burrow [kəʊnɪ'bʌrəʊ], *s.* Conejera, vivar o madriguera donde se crían los conejos.

coo [ku:] [ku], *vn.* 1. Arrullar, cantar, como paloma o tórtola, zurear (dove, pigeon). **Everyone was cooing over the baby**, todos estaban bobos con el bebé. 2. Decir ternezas. *(Fam.)* Enamorar. *va.* Susurrar.

cooing ['ku:ɪŋ] [kuin], *s.* 1. Arrullo de palomas o tórtolas. 2. *(Fig.)* Arrullo, halago, caricia.

cook [kʊk] [kuk], *va.* 1. Cocinar, guisar, aderezar las viandas. Hacer, preparar (food, meal). 2. Falsificar, alterar para engañar, amañar (falsify/books, accounts). *-vn.* Guisar, cocinar (prepare food); hacerse (become ready/food).
cook up, Tramar, maquinar en secreto (scheme); inventarse (alibi).
cook *s.* Cocinero. **He's a good cook**, cocina muy bien, es muy buen cocinero. **Too many cooks spoil the broth**, muchas manos en un plato hacen mucho garabato. **Cook's shop**, bodegón. **Cook-maid**, cocinera. **Cook-room**, cocina; *(Mar.)* fogón de un buque.
cookbook ['kʊkbʊk] [kuk-buk] *s.* Libro de cocina o de recetas, recetario.
cooked [kʊkt] [kukt] *a.* Cocido (ham); caliente (meal, breakfast). **It's not quite cooked yet**, le falta un poco todavía. **Cooked meats**, fiambres.
cooker ['kʊkər] [ku-ka^r] *s.* (GB) Cocina o estufa (stove).
cookery ['kʊkərɪ] [ku-ke-ri], *s.* Arte de cocina, el arte de componer las viandas; también, lugar para cocinar. **Cookery book**, *V.* COOKBOOK.
cookie ['kʊkɪ] [ku-ki] *s.* Galleta, galletita (biscuit). **That's the way the cookie crumbles**, ¡qué se le va a hacer!, ¡así es la vida! **He was caught with his hand in the cookie jar**, lo agarraron o lo pillaron con las manos en la masa. *(Coloq.)* **She's a smart cookie**, es más lista que el hambre (person). **He's a tough cookie**, es un tipo durísimo.
cooking ['kʊkɪŋ] [ku-kin], *s.* 1. Cocina, arte de cocinar. **To do the cooking**, cocinar. **It's used in cooking**, se usa para cocinar o en cocina. **Home cooking**, la cocina casera. **His cooking is awful**, cocina muy mal. **Spanish cooking**, la cocina o la gastronomía española. 2. Comestible (oil); para cocinar (sherry, apple); de cocina (utensils). *-a.* De cocina. **Cooking range, cooking stove**, estufa, cocina económica. **Cooking utensils**, batería o enseres de cocina.
cookout ['kʊkaʊt] [kuk-aut] *s.* Comida al aire libre.
cooky ['kʊkɪ] [ku-ki], *s.* Pequeño bollo dulce. *V.* COOKIE.
cool [ku:l] [kul], *a.* 1. Frío, fresco (drink); fresco (cold/climate, air, clothes). **It's cool outside**, hace o está fresco fuera. 2. Tibio, flojo, indiferente, poco fervoroso (reserved, hostile/reception, behavior). **To be cool to/toward somebody**, estar frío con alguien. 3. Sereno, tranquilo (calm). **Keep cool!**, ¡tranquilo!, no te pongas nervioso. **Cool, calm and collected**, tranquilo y sereno. **To play it cool**, tomarse las cosas con calma. 4. Impasible (unperturbed). **He's a very cool customer**, tiene una sangre fría impresionante. *(Sl.)* **She's really cool**, está muy en la onda (trendy, laid-back). *(Coloq.)* **A cool one million dollars**, la friolera de un millón de dólares.
cool *s.* 1. Frescura o fresco. **Let's stay here in the cool**, quedémonos aquí al fresco (low temperature). **In the cool of the evening**, por la tarde cuando está o hace fresco. 2. Calma (composure). **To keep/lose one's cool**, mantener/perder la calma.
cool, *va.* Enfriar, refrescar, entibiar, atemperar, dulcificar, sosegar o templar la ira (enthusiasm); enfriar (engine, food); refrigerar (air, room). **To cool somebody's temper**, apaciguar a alguien. **Cool it, you two! we don't want any fights in here**, ya está bien, que aquí no queremos peleas. **Cool it! he's watching us**, disimula, que nos está mirando. *-vn.* 1. Refrescar, enfriarse, templarse, moderarse el enojo o cualquier pasión. **To cool the heels**, estar aguardando mucho tiempo, hacer antesala cansada y larga. 2. Refrigerarse (air, room); enfriarse (engine, food, enthusiasm). **To cool toward somebody/something**, perder el entusiasmo por alguien/algo.
cool down 1. Enfriarse (become cooler/food, iron); refrescarse (person); calmarse (become calmer/temper, person). 2. Enfriar (make cooler/food); refrescar (person); calmar (make calmer/person).
cool off Refrescarse (become cooler/person); calmarse (become calmer); enfriarse (lose enthusiasm, passion).
coolant ['ku:lənt] [ku-lant] *s.* Líquido refrigerante.
cool-cup [ku:l'kʌp] [kul-kap] *s.* Bebida hecha de vino, agua, azúcar y borraja.
-cooled [ku:ld] [kuld] *suff.* **Air/water-cooled**, enfriado por aire/agua. **Gas-cooled reactor**, reactor enfriado por gas.
cooler ['ku:lər] [ku-la^r], *s.* 1. Enfriadera garapiñera, garrafa. La vasija en que se enfría alguna cosa. Refrigerador (container, device). 2. *(Med.)* Regrigerante. *(Sl.)* **In the cooler**, a la sombra (in jail); en el calabozo (in a cell).
cool-headed ['ku:lˌhedɪd] [kul-je-did], *a.* Tibio, no fácilmente perturbado o excitado; que obra con calma y deliberación. Sereno.
coolie ['ku:lɪ] [ku-li], *s.* Peón chino o de la India que trabaja con contrata.
cooling ['ku:lɪŋ] [ku-lin], *a.* 1. Refrescante, fresco, refrigerativo (drink, swim). 2. Tibio, flojo.
cooling-off [ˌku:lɪŋ'ɒf] [ku-lin-of] *s.* Enfriamiento. **Cooling-off period**, período de reflexión. **Cooling-off tower**, torre de refrigeración.
coolish ['ku:lɪʃ] [ku-lish], *a.* Fresco, un poco frío.
coolly ['ku:lɪ] [ku-li], *adv.* Frescamente, serenamente, fríamente, con frialdad (with reserve, hostility). Con serenidad o calma (calmly); descaradamente, con la mayor frescura (boldly).
coolness ['ku:lnɪs] [kul-nes], *s.* 1. Fresco, frío; frescor, frescura (in temperature). 2. Frialdad, tibieza. 3. Frescura, serenidad de ánimo; sangre fría (calmness); descaro, frescura (boldness). 4. Frialdad (reserve, hostility).
coom [ku:m] [kum], *s.* 1. Hollín de horno. 2. El unto negro que despiden los ejes de las ruedas de carros y coches.
coomb [ku:m] [kum], *s.* Antigua medida inglesa de cuatro fanegas.
coon [ku:n] [kun], *s.* *V.* RACCOON. **A coon's age**, mucho tiempo. **An old coon**, persona astuta y mañosa. **A gone coon**, *(E.U.)* persona o cosa en situación o condición desesperada.
coop [ku:p] [kup], *s.* 1. Caponera, gallinero, jaula para capones y otras aves. **Chicken/hen coop**, gallinero. 2. Redil para ganado lanar. 2. Tonel, barril grande de madera para líquidos. 4. *(Esco.)* Chirrión. *V.* TUMBREL.
coop, *va.* Enjaular, encarcelar.
coop up Encerrar.
co-op ['kəʊ'ɒp] [kou-op] *s.* Cooperativa.
cooper ['ku:pər] [ku-pe^r], *s.* Tonelero, el que hace o fabrica toneles, pipas o cubas.
cooperage ['ku:pərɪdʒ] [ku-pe-rich], *s.* 1. Jornal de tonelero, el dinero que se le da por su trabajo. 2. Todo lo perteneciente a la tonelería.
cooperant [kəʊ'ɒpərənt] [kou-o-pe-rant], *a.* Cooperante, el que o lo que coopera.
cooperate [kəʊ'ɒpereɪt] [kou-o-pe-reit], *vn.* 1. Cooperar, colaborar, obrar de consumo para un mismo fin. 2. Contribuir con algo o de alguna manera para la perfección o consecución de una cosa y objeto.
cooperation [kəʊˌɒpə'reɪʃən] [kou-o-pe-rei-shon], *s.* Cooperación, colaboración.
cooperative [kəʊ'ɒpərətɪv] [kou-o-pe-ra-tiv], *a.* 1. Cooperativo; cooperante. De colaboración, cooperativo (obliging/attitude). **He was very cooperative**, se mostró muy dispuesto a cooperar o colaborar. 2. Conjunto (effort, venture); en régimen de cooperativa (collective/farm). **Cooperative society/store**, cooperativa.
cooperative, *s.* Cooperativa.
cooperator ['kəʊ'ɒpereɪtər] [kou-o-pe-rei-to^r], *s.* Cooperador.
coopering [kəʊ'ɒperɪŋ] [kou-o-pe-rin], *s.* Tonelería el arte de tonelero.
co-opt ['kəʊ'ɒpt] [kou-opt] *va.* **To co-opt somebody onto a committee**, invitar a alguien a formar parte de una comisión.
co-optate ['kəʊ'ɒpteɪt] [kou-op-teit], *va.* Adoptar por acción mutua, admitir, agregar.

coordinate ['kəʊ'ɔːdɪnɪt] [kou-or-di-neit] *a.* Coordinado. *s. (Mat.)* Coordenada. **Coordinates**, *pl.* prendas para combinar, coordinados.
coordinate *va.* 1. Coordinar (make function together). 2. Combinar, coordinar (clothes).
coordinately ['kəʊ'ɔːdɪnrɪtlɪ] [kou-or-di-neit-li], *adv.* Coordinadamente.
coordinateness ['kəʊ'ɔːdɪnrɪtnɪd] [kou-or-di-neit-nes], **coordination** [kəʊˌɔːdɪ'neɪʃən] [kou-or-di-nei-shon], *s.* Coordinación, método, colocación o distribución de alguna cosa.
coordinator ['kəʊ'ɔːdɪneɪtər] [kou-or-di-nei-toʳ] *s.* Coordinador.
coot [kuːt] [kut], *s. (Orn.)* Negreta, especie de ánade de color muy obscuro.
cootie ['kuːtɪ] [ku-ti] *s. (Sl.)* Piojo (louse).
cop [kɒp] [kop], *s.* 1. Cima, cumbre, punta. 2. Moño, copa, copete. 3. (Art. y Of.) Penacho, manojito de hilos que se forma sobre el huso de una máquina de hilar.
cop, *s. (Ger.)* 1. Agente de policía. *(Coloq.)* Poli, tira, cana, cachaco, paco, bofia, madero (police officer). **To play cops and robbers**, jugar a policías y ladrones. 2. **To be not much cop**, no ser nada del otro mundo o del otro jueves (good, use).
cop *va.* 1. Llevarse (win/medal, prize). *(Coloq.)* (GB) **Cop (a load of) this/him/her!** ¡no te lo pierdas! (get). **You'll cop it if they find out**, como se enteren estás arreglado, o te vas a llevar una buena. 2. Agarrar, pillar, pescar (catch, seize).
cop out *(Sl.)* Rajarse, evadirse. **To cop out of something**, escabullirse de algo, sacarle el cuerpo a algo (of responsibility, task).
copal ['kɒpəl] [ko-pal], *s.* Goma copal o ánime; resina dura y transparente empleada para barnices.
coparcenary ['kɒpɑːsənərɪ] [ko-par-se-na-ri], **coparceny** ['kɒpɑːsənɪ] [ko-par-se-ni], *s. (For.)* Derecho igual por sucesión a alguna herencia.
copartner ['kɒpɑːtnər] [ko-part-naʳ], *s.* Compañero, socio, asociado, el que tiene parte en una empresa o comercio.
copartnership ['kɒpɑːtnə'ʃɪp] [ko-part-ner-ship], *s.* Compañía, sociedad, asociación; parte o interés en una empresa, negocio, etc.
cope [kəʊp] [koup], *s.* 1. Lo que cubre formando arco o curva, como la bóveda del cielo, la cima de cúpulas, paredes, etc.; albardilla. 2. Capa pluvial.
cope, *va. (Des.)* Contener, disputar, pleitear. *-vn.* Competir o lidiar con otro en condiciones iguales; hacer cara; sobresalir. **To cope with stress**, saber sobrellevar el estrés. **I can't cope with all this work**, no doy abasto o no puedo con tanto trabajo. **How do you cope without a washing machine?**, ¿cómo te las arreglas sin lavadora? **I just can't cope any more**, ya no puedo más.
cope, *va.* 1. Cubrir o vestir con capa pluvial. 2. Poner albardilla o caballete sobre un muro. 3. *(Ant.)* Recompensar, dar en cambio, cambiar, trocar.
copeck ['kɒpek] [ko-pek], *s.* Moneda rusa de un rublo. *V.* KOPEK.
Copenhagen [ˌkəʊpn'heɪgən] [kou-pen-ja-guen] *N. (Geogr.)* Copenhague.
copernican [kə'pɜːnɪkn] [ko-per-ni-kan], *a.* Copernicano, lo que pertenece al sistema de Copérnico.
copestone ['kəʊpstəʊn] [koup-stoun], *s.* Piedra de una pared que sirve de cima o tope.
copier ['kɒpɪər] [ko-piaʳ], *s.* 1. Copiante, copista. 2. Copiador, plagiario. 3. Fotocopiadora.
copilot ['kəʊp'paɪlət] [kou-pai-lot] *s.* Copiloto.
coping ['kəʊpɪŋ] [kou-pin], *s.* Albardilla, el caballete que se forma sobre una pared para que no la penetren y calen las lluvias; cumbre de edificio.
copious ['kəʊpɪəs] [kou-pios], *a.* Copioso, abundante, difuso, rico.
copiously ['kəʊpɪəslɪ] [kou-pios-li], *adv.* Copiosamente, ampliamente.
copiousness ['kəʊpɪəsnɪs] [kou-pios-nes], *s.* Abundancia, redundancia; difusión; profusión, copia.
copivi ['kəʊpɪvɪ] [kou-pi-vi], *s. V.*COPAIBA.
cop-out ['kɒpaʊt] [kop-aut] *s. (Coloq.)* **That's just a cop-out**, eso es evadirse.
copped ['kɒpt] [kopt], *a.* Copado, copetudo.
coppel ['kəʊpəl] [kou-pel] **s.** *V.*CUPEL.
copper ['kɒpər] [ko-paʳ], *s.* 1. Cobre, un metal, rojizo y dúctil. 2. Calderón, caldera grande. 3. Vellón, moneda de cobre; centavo, penique. **Coppers**, *pl.* peniques, perras, quintos, chauchas, vintenes. **Copper-colored**, color cobrizo; se aplica especialmente a los indios americanos. **Copper-nickel**, *V.* NICOOLITE. 4. *V.* COP (police officer).
copper, *va.* 1. Encobrar, cubrir o revestir con hojas de cobre; forrar de cobre un buque. 2. En el juego de faraón, poner un centavo sobre las monedas o las fichas apuntadas a una carta; lo cual significa apostar en contra.
copperas ['kɒpərəs] [ko-pe-ras], *s.* Caparrosa, vitriolo verde, sulfato de hierro.
copperhead ['kɒpəhed] [ko-per-jed], *s.* Culebra norteamericana muy venenosa, parecida a la cascabel.
copperish ['kɒpərɪʃ] [ko-pe-rish], **coppery** ['kɒpərɪ] [ko-pe-ri], *a.* Cobrizo, cobreño, lo que contiene cobre, se le asemeja o es de su color.
copperplate ['kɒpəpleɪt] [ko-paʳ-pleit], *s.* Lámina de cobre, la plancha de cobre de que se sirven los grabadores para grabar. **Copperplate prints**, estampas, láminas o grabados. **Copperplate handwriting**, letra de caligrafía.
coppersmith ['kɒpəsmɪθ] [ko-pes-miz], *s.* Calderero.
copper sulphate ['kɒpə'sʌlfeɪt] [ko-per-sal-feit], *s.* Sulfato de cobre, vitriolo azul.
copper-work ['kɒpəwɔːk] [ko-per-uek] *s.* Fábrica de cobre.
copperworm ['kɒpəwɔːm] [ko-per-uem], *s.* 1 Broma, gusano que agujerea la madera de los buques. 2. Polilla, insecto que roe la ropa. 3. Arador, insecto que produce comezón en la piel.
coppice ['kɒpɪs] [ko-pis], **copse** ['kɒpz] [ko-z] *s.* Bosquecillo. Soto, tallar, monte bajo, bosque que se corta a menudo.
copple-dust [kɒpl'dʌst] [ko-pel-dast], *s. V.* CUPELDUST.
coppied ['kɒpɪd] [ko-pid], *a.* Lo que se eleva en forma cónica. *V.*COPPED.
copra ['kɒprə] [ko-pra], *s.* Copra, médula del coco de la palma.
coproprietor [ˌkɒprəpɪ'eɪtər] [ko-pro-pi-ei-toʳ], *s.* Copropietario, el que posee juntamente con otro alguna cosa.
copse [kɒps] [kops], *va.* Conservar los bosques recién cortados.
copsy ['kɒpsɪ] [kop-si], *a.* Lo que pertenece a los montes bajos.
copt [kɒpt] [kopt], *s.* Copto, descendiente de los antiguos egipcios.
coptic ['kɒptɪk] [kop-tik], *a.* Cóptico, relativo a los coptos. *-s.* Copto, la lengua antigua de los egipcios cristianos.
copula ['kɒpjʊlə] [ko-piu-la], *s.*(Gram. y Lóg.) 1. Cópula, el verbo que une el predicado con el sujeto. 2. En un órgano, *V.*COUPLER. 3. *(Anat.)* Parte que une o junta.
copulate ['kɒpjʊleɪt] [ko-piu-leit], *va.* Unir, juntar o estrechar una cosa con otra de modo que no pueda haber mediación o cosa intermedia. *-vn.* Ayuntarse o unirse; tener coito el macho con la hembra o el hombre con la mujer.
copulation [ˌkɒpjʊ'leɪʃən] [ko-piu-lei-shon], *s.* Cópula, coito, unión del macho con la hembra y en particular del hombre con la mujer; conjunción.
copulative ['kɒpjʊlətɪv] [ko-piu-la-tiv], *a. (Gram.)* Copulativo, conjuntivo. *-s. (Gram.)* Conjunción.
copulatory ['kɒpjʊlətərɪ] [ko-piu-la-to-ri], *a.* 1. De la cópula o perteneciente a ella. 2. *V.* COPULATIVE.
copy ['kɒpɪ] [ko-pi], *s.* 1. Copia, traslado sacado a la letra de cualquier escrito original. 2. Original, el manuscrito que se da a imprimir (unprinted matter). 3. Instrumento legal de entrega. 4. Copia de una pintura o modelo de una estatua. 5.

Ejemplar de algún libro (of newspaper, book). **Back copy**, número atrasado. 6. Muestra. **A fair copy**, copia en limpio. **Rough copy**, borrador, minuta. **Good news doesn't make good copy**, las buenas noticias no se venden bien.

copy, *va.* Copiar, trasladar algún escrito (reproduce, transcribe); imitar, copiarle a (imitate/painter, singer); copiar (style, behavior). **To copy something from/off somebody**, copiarle algo a alguien. **To copy something from/out of something**, copiar algo de algo. Fotocopiar (photocopy). *-vn.* Imitar, contrahacer.

copybook ['kɒpɪbʊk] [ko-pi-buk], *s.* 1. Cuaderno para planas u otros usos. 2. Cuaderno de escritura; copiador de cartas, libro en que se copian las cartas. **To blot one's copybook**, manchar su reputación.

copycat ['kɒpɪkæt] [ko-pi-kat] *s.* Copión, imitamonos; inspirado en otros (journ./murder).

copyer ['kɒpɪər] [ko-pier], **copyist** ['kɒpɪɪst] [ko-pi-ist], *V.* COPIER.

copyhold ['kɒpɪhəʊld] [ko-pi-jold], *s.* *(For.)* Especie de enfiteusis, arrendamiento temporal, tenencia de tierras por censo o por feudo.

copyholder [ˌkɒpɪ'həʊldər] [ko-pi-jol-dar], *s.* 1. Aparato para colocar el original (en las imprentas). 2. El que lee en voz alta al corrector de pruebas. 3. *(For.)* Arrendador.

copying ['kɒpɪɪŋ] [ko-pi-in], *s.* y *pa.* de TO COPY. **Copying-ink**, tinta de copiar, que contiene azúcar, glicerina o sustancia parecida, y se usa en la prensa de copiar. **Copying-paper**, papel muy delgado que se usa en el copiador de cartas. **Copying-press**, prensa de copiar o copiador de cartas; también, aparato que sirve para sacar numerosas reproducciones de cartas, circulares, etc.

copyright ['kɒpɪraɪt] [ko-pi-rait], *s.* La propiedad de una obra literaria. Copyright, derechos de reproducción. **Copyright law**, ley de propiedad intelectual.

copywriter ['kɒpɪraɪtər] [ko-pi-rai-tar] *s.* Redactor publicitario.

coquet ['kɒket] [ko-ket], *va.* y *vn.* 1. Coquetear, hacer coqueterías, tener ademanes o conducta de coqueta. 2. Cocar, hacer cocos, requebrar, cortejar, galantear.

coquetry ['kɒketrɪ] [ko-ke-tri], *s.* Coquetería, afectación en el vestir y hablar para agradar y perecer bien; insconstancia o veleidad en las mujeres.

coquette [kə'ket] [ko-ket], *sf.* 1. Coqueta, dama presumida de hermosa, petimetra. 2. Carantoñera, mujer que gusta verse cortejada, y hace lo posible para serlo de muchos a un tiempo.

coquettish [kə'ketɪʃ] [ko-ke-tish], *a.* De coqueta; dispuesta a hacer coqueterías.

coracoid ['kɒrəkɔɪd] [ko-ra-koid], *s.* *(Anat.)* Coracoides, apófisis del omoplato.

coral ['kɒrəl] [ko-ral], *s.* 1. Coral, despojo sólido de una agregación de pólipos. 2. Coral, género de pólipo zoofitario cuyo polípero es arborizado. **Coral reef**, arrecife de coral, barrera coralina. 3. Coral (color). *-a.* Coralino, de coral; parecido al coral.

coralline ['kɒrəliːn] [ko-ra-lin], *a.* Coralino, lo que tiene coral. *-s.* Coralina, musgo marino, planta de mar; es una concha de zoófitos, así como el coral.

coralloid, coralloidal ['kɒrəlɔɪd] [ko-ra-loid] *a.* Coralino.

corban ['kɔːbən] [kor-ban], *s.* 1. Entre los antiguos judíos, ofrenda a Dios, especialmente en cumplimiento de un voto. 2. Cepillo o cestillo para pedir limosna.

corbeil ['kɔːbeɪl] [kor-beil], *s.* *(Mil.)* Cestón, tejido de mimbres lleno de tierra para parapetarse contra el fuego del enemigo.

corbel ['kɔːbəl] [kor-bel], **corbil** ['kɔːbɪl] [kor-bil], *s.* 1. *(Arq.)* Cesta sobre la cabeza de la cariátide. 2. *(Arq.)* Saledizo fuera de las paredes.

corbie ['kɔːbɪ] [kor-bi], *s.* *(Esco.)* Cuervo.

cord [kɔːd] [kord], *s.* 1. Cuerda, cuerdecita, bramante, cabo; cordel, lazo (string, rope). 2. Cordoncillo, en los tejidos (of pajamas, curtains). *(Elec.)* Cordón, cable. 3. Cuerda, haz o montón de leña para quemar, que tiene ocho pies de largo, cuatro de alto y cuatro de ancho. **Spermatic cord, spinal cord, umbilical cord**, véanse los adjetivos. 4. Pana, corderoy, cotelé. **Cords**, pantalones de pana (clothing).

cord, *va.* Encordelar, atar o amarrar con cordeles o cuerdas.

cordage ['kɔːdeɪdʒ] [kor-deich], *s.* Cordaje. **Twicelaid cordage**, cabos contrahechos. **Plaited cordage**, cajetas.

cordate ['kɔːdeɪt] [kor-deit], *a.* Cordiforme, en forma de corazón.

corded ['kɔːdɪd] [kor-ded], *a.* Hecho de cuerdas.

cordelier ['kɔːdəlɪər] [kor-de-liar], *s.* Fraile franciscano.

cordial ['kɔːdɪəl] [kor-dial], *s.* Cordial, remedio confortativo; refresco concentrado (soft drink).

cordial, *a.* 1. Sincero, de corazón, amistoso, afectuoso. 2. Cordial, confortativo.

cordiality [ˌkɔːdɪ'ælɪtɪ] [kor-dia-li-ti], *s.* Cordialidad, sinceridad.

cordially ['kɔːdɪəlɪ] [kor-dia-li], *adv.* Cordialmente, sinceramente.

cordialness ['kɔːdɪəlnɪs] [kor-dial-nes], *s.* Sinceridad, afecto cordial.

cordiform ['kɔːdɪfɔːm] [kor-di-form], *a.* *V.* CORDATE.

cordite ['kɔːdaɪt] [kor-dait], *s.* *(Quím.)* Cordita.

cordless ['kɔːdlɪs] [kord-les] *a.* Inalámbrico.

cord-maker['kɔːˌmeɪkər] [kord-mei-kar], *s.* Cordelero, soguero.

cordon ['kɔːdn] [kordn], *s.* 1. Cordón, serie o línea extensa de hombres o buques, colocados de tal manera que bloqueen una entrada o dominen una frontera. 2. Cordón, cíngulo. 3. *(Arq.)* Cordón, moldura saliente y horizontal.

cordon off Acordonar.

cordovan ['kɔːdəvən] [kor-do-van], **cordwain** ['kɔːweɪn] [kord-uein], *s.* Cordobán, para hacer zapatos; cuero curtido de caballo.

corduroy ['kɔːdərɔɪ] [kor-du-roi], *s.* Pana, tela gruesa y durable de algodón, acordonada o rayada. **Corduroy road**, camino con piso de troncos. **Corduroys**, *pl.* pantalones de pana (clothing).

cordwainer ['kɔːweɪnər] [kord-uei-nar], *s.* Zapatero.

cord-wood ['kɔːd'wʊd] [kord-wud], *s.* Cuerda de leña, la porción que está ya medida y hacinada para vender.

core [kɔːr] [kor], *s.* 1. Corazón; fondo, interior o centro de una cosa (of apple, pear); centro, núcleo (of Earth); núcleo (of nuclear reactor. **The organization is rotten to the core**, la organización está totalmente corrompida. 2. Cuesco o hueso, lo que está debajo de la carne de la fruta y encierra la almendra o semilla. 3. Anima, macho de de un molde. 4. Cascote o roca cilíndrica que se saca con un taladro anular. 5. Corazón, los alambres asilados de conducción de un cable eléctrico. Alma (of electric cable). 6. Enfermedad del ganado lanar. 7. Núcleo (central, essential part); meollo (of problem). **A hard core of resistance**, un foco de resistencia férrea. *(Educ.)* Básico (subject, vocabulary). **Core curriculum**, plan de estudios común. *(Inform.)* Núcleo magnético. **Core memory**, memoria central.

core *va.* Quitarle el corazón o el centro a (apple).

coregency [ˌkɔːrə'dʒənsɪ] [ko-re-yen-si], *s.* Corregencia, calidad del que es regente con otro.

corelative *a.* *V.* CORRELATIVE.

coreopsis [ˌkɔːrɪ'ɒpsɪs] [ko-ri-op-sis], *s.* *(Bot.)* Género de plantas americanas de la familia de las compuestas, con hermosas flores amarillas y color de rosa; corcópsida, planta de este género.

corer ['kɔːrər] [ko-rar], *s.* Despepitador; instrumento para quitar las pepitas o los huesos de las frutas.

correspondent ['kəʊrɪs'pɒndənt] [kou-ris-pon-dent], *s.* 1. *(For.)* Correspondiente, el que responde con otros. 2. *(For.)* La persona a quien se acusa como cómplice del demandado en una demanda de divorcio.

coriaceous [ˌkərɪ'eɪʃəs] [ko-ri-ei-shos], *a.* Coriáceo, de cuero o parecido al cuero; correoso.

coriander [ˌkɒrɪ'ændər] [ko-ri-an-dar], *s.* *(Bot.)* Cilandro, culantro.

corinthian ['kɒrɪnθɪən] [ko-rin-zian], *a.* 1. *(Arq.)* Corintio, el cuarto orden de arquitectura. 2. Libidinoso.
corival ['kərɪvəl] [ko-ri-val], *s.* Rival, competidor juntamente con dos o más personas. *-va.* Rivalizar.
cork [kɔːk] [kork], *s.* 1. Alcornoque, árbol parecido a la encina. 2. Corcho, la corteza del alcornoque. 3. Corcho, tapón de botella.
cork, *va.* Tapar botellas con corchos.
corkage ['kɔːkɪdʒ] [kor-kich] *s.* Precio que cobra un restaurante por abrir botellas que el cliente trae consigo.
corkcutter [kɔːk'kʌtər] [kor-ka-ta^r], *s.* Taponero, el que hace tapones de corcho; también la heramienta especial que usa.
corkscrew ['kɔːkskruː] [kork-skru], *s.* Tirabuzón, sacacorchos, instrumento para sacar los corchos de las botellas. *-a.* En forma de tirabuzón, en espiral.
cork-tree ['kɔːktriː] [kork-tri], *s.* Alcornoque.
corm [kɔːm] [korm] *s.* Bulbo.
cormorant ['kɔːmərənt] [kor-mo-rant], *s.* 1. Corvejón, cuervo marino; cormorán. 2. *(Fig.)* Glotón o avaro.
corn [kɔːn] [korn], *s.* 1. Grano, fruto y semilla de las mieses (cereal crop in general); en Inglaterra, trigo, cebada, avena (oats) y centeno, especialmente el trigo (wheat). En Escocia, la avena por lo general. En América, el maíz (maize), cereal propio del hemisferio occidental. **Green corn**, mazorca de maíz tierno. *(Mex.)* Helote. 2. Mies que aún está por segar o trillar. 3. Cualquier partícula menuda. **Corn-cob**, mazorca de maíz, la espiga alrededor de la cual crecen los granos del maíz. **Corn-crib**, granero de rejilla para el maíz. **Corn-meal**, harina de maíz. **Corn-shuck** o **husk**, cáscara o vaina del maíz. **Corn-starch**, almidón de maíz, especialmente purificado para la mesa. **Corn-sheller**, desgranadora de maíz. **Broom corn**, millo de scoba. **Indian corn**, maíz.
corn *s.* Callo, dureza que se forma en los pies.
corn *va.* 1. Salar. 2. Desmenuzar alguna cosa hasta reducirla a granos pequeños.
cornage ['kɔːnɪdʒ] [kor-neich], *s.* La obligación que en lo antiguo tenían ciertas personas de tocar la corneta cuando invadían los enemigos.
corn-bind [kɔːn'baɪnd] [korn-baind], *s.* *(Bot.)* Especie de correhuela.
cornchandler [kɔːn'tʃændlər] [korn-chand-la^r] Revendedor de granos.
corn-crake ['kɔːnkreɪk] [korn-kreik] *s.* *(Orn.)* *V.* LAND-RAIL.
corn-cutter ['kɔːnkʌtər] [korn-ka-ta^r], *s.* 1. Máquina para cortar el maíz. 2. Pedicuro, callista.
cornea ['kɔːnɪə] [kor-nia], *s.* Córnea, la parte anterior transparente del ojo.
corned [kɔːnd] [kornd] *a.* 1. Salado, conservado en salmuera. **Corned beef**, carne de vaca en media salmuera. 2. Borracho, chispo.
cornel [kɔːnl] [kornl], **o cornelian-tree** [kɔːnəlɪən'triː] [kor-ne-lian-tri], *s.* *(Bot.)* Cornejo, corno.
cornelian ['kɔːnəlɪən] [kor-ne-lian], *s.* Cornerina, piedra preciosa. *V.* CARNELIAN.
cornemuse ['kɔːnəmuːz] [kor-ne-mus], *s.* 1. Cornamusa. 2. Gaita. 3. Oboe.
corneous ['kɔːnɪəs] [kor-nios], *a.* 1. Córneo, hecho de cuerno. 2. Calloso.
corner ['kɔːnər] [kor-na^r], *s.* 1. Ángulo, esquina (outside angle/of street, page); esquina, punta (of table); curva (bend in road). **He took the corner too fast**, tomó la curva demasiado rápido. **The inner corner**, rincón. **The outer corner**, esquina. 2. Rincón (inside angle/of room, cupboard); esquina (of field); comisura (of mouth). Rincón, escondrijo o lugar retirado. **A quiet corner of Hampshire**, un tranquilo rincón de Hampshire. 3. Extremidad, la parte más remota de alguna cosa. 4. Aprieto, apuro situación difícil. 5. *(E.U.)* Estado del mercado respecto a un valor o artículo que ha sido monopolizado en gran parte para especular con él. **In all corners of the earth**, por toda la tierra. **Corner house**, casa en la esquina de la calle. **Corners of a river**, vueltas, rodeos o sinuosidades de un río. **In a corner**, secretamente; en situación difícil. **Out of the corner of one's eyes**, con el rabillo del ojo. **Around the corner**, a la vuelta de la esquina. **Corner shop**, tienda de la esquina, tienda de barrio. 6. Córner, tiro o saque de esquina (in soccer). 6. Esquina (in boxing).
corner, *va.* 1. Arrinconar, forzar o empujar hacia un rincón. Acorralar (trap). **I cornered her in the corridor**, la abordé en el pasillo. 2. Poner en situación difícil o embarazosa. 3. *(E.U.)* Monopolizar, comprar o contratar la compra de ciertos valores o de un artículo de necesario consumo, para dominar el mercado y dictar el precio de dichos valores o mercaderías; acaparar (monopolize). *-vn.* Lindar con una esquina. Tomar una curva. **This car corners well**, este coche tiene buen agarre en las curvas.
cornered ['kɔːnəd] [kor-nerd], *a.* Angulado, esquinado. **Three-cornered hat**, sombrero de tres candiles.
cornerstone ['kɔːnəstəʊn] [kor-ner-stoun], *s.* 1. *(Arq.)* Piedra angular; mocheta. 2. Algo fundamental y de primera importancia.
cornerwise ['kɔːnəwaɪz] [kor-ner-uais], *adv.* Diagonalmente.
cornet ['kɔːnɪt] [kor-net], *s.* 1. Corneta, instrumento de música y boca. 2. Portaestandarte, oficial de caballería que lleva el estandarte. 3. Toca de mujer. 4. Cucurucho, papel arrollado en forma de cono para envolver géneros menudos. 5. V CORONET, 3ª acep.
cornetcy ['kɔːnetsɪ] [kor-net-si], *s.* Empleo y grado de portaestandarte.
corneter ['kɔːnətər] [kor-ne-ta^r], *s.* El que toca la corneta.
cornfield ['kɔːnfiːld] [korn-fild], *s.* Sembrado, el pedazo de terreno sembrado de granos. Maizal (in US); Trigal (in UK/ of wheat); avenal (in UK/of oats).
cornflag ['kɔːnflæg] [korn-flag], *s.* *(Bot.)* Gladiolo, gladio o espadaña.
cornflakes ['kɔːnfleɪkz] [korn-fleiks] *s.* Copos u hojuelas de maíz.
corn-floor ['kɔːnflɔːr] [korn-flo^r], *s.* Suelo de granero.
cornflour ['kɔːnflaʊər] [korn-flaue^r] *s.* Maizena.
cornflower ['kɔːnflaʊər] [korn-flaue^r], Azulejo, aciano, coronilla, flores que nacen en los sembrados.
corn-heap ['kɔːnhiːp] [korn-jip], *s.* Hacina, pila de grano.
cornice ['kɔːnɪs] [kor-nis], *s.* 1. *(Arq.)* Cornisa. 2. Sobrepuerta.
cornicle ['kɔːnɪkl] [kor-ni-kel], *s.* Cuernecito.
corniculate ['kɔːnɪkjʊleɪt] [kor-ni-kiu-leit], *a.* *(Bot.)* Flor corniculada.
corniflic ['kɔːnɪflɪk] [kor-ni-flik], *a.* Cornífico, que produce cuernos o sustancia córnea.
cornigerous ['kɔːnɪdʒərəs] [kor-ni-ye-ros], *a.* Cornígero, que tiene cuernos.
corning-house [kɔːnɪŋ'haʊs] [kor-nin-jaus], *s.* La casa donde se reduce a grano la pólvora.
cornish ['kɔːnɪʃ] [kor-nish], *a.* Perteneciente al condado de Cornuelles o Cornwall, Inglaterra. *-s.* Antiguo dialecto céltico de Cornualles.
cornish *s.* Córnico.
corn-land ['kɔːnlænd] [korn-land], *s.* Tierra sembrada o destinada y a propósito para sembrar; tierra de pan llevar.
corn-loft ['kɔːnlɒft[korn-loft], *s.* Granero, cámara donde se encierran los granos.
corn-marigold [kɔːn'mərɪgəʊld] [korn-ma-ri-gould], *s.* *(Bot.)* Especie de caléndula.
corn-meter [kɔːn'miːtər] [korn-mi-ta^r], *s.* Antiguamente, medidor de granos.
corn-mill ['kɔːnmɪl] [korn-mil], *s.* Molino, máquina para moler el trigo y otros granos, o el edificio donde se muelen.
corn-pipe ['kɔːnpaɪp] [korn-paip], *s.* Especie de silbato hecho con el tallo del trigo o de la avena.
corn-plaster [kɔːn] [korn], *s.* Emplasto para los callos.
corn-popper [kɔːn] [korn], *s.* Tostador de maíz.

corn-poppy [kɔːn] [korn], *s. (Bot.)* Ababa, abadol, amapola, planta que nace en los sembrados.

corn-rose [kɔːnrəʊz] [korn-rous], *s. (Bot.)* Ababa, abadol, amapola.

corn-salad ['kɔːnsæləd] [korn-sa-lad], *s. (Bot.)* Macha, valerianilla.

cornstarch ['kɔːnstɑːtʃ] [korn-starch] *s.* Maizena.

cornucopia [ˌkɔːnjʊ'kəʊpɪə] [kor-niu-ko-pia], *s.* 1. Cornucopia, cuerno de la abundancia. 2. Alcartaz, cucurucho.

cornuted ['kɔːnjʊtɪd] [kor-niu-tid], *a.* Cornudo, lo que tiene cuernos; en figura de cuerno.

cornuto ['kɔːnjʊtə] [kor-niu-to], *s.* Cornudo, el marido cuya mujer ha faltado a la fidelidad conyugal.

corn-violet *s. (Bot.)* Especie de campánula.

cornwall ['kɔːnwəl] [korn-uol] *N. (Geogr.)* Cornualles.

corny ['kɔːnɪ] [kor-ni], *a.* 1. Hecho de cuerno, córneo, calloso . 2. Que produce o contiene grano. 3. *(Coloq.)* Cursi, sensiblero (song, movie); (GB) malo (joke).

corolla [kə'rɒlə] [ko-ro-la], *s.* Corola.

corollary [kə'rɒlərɪ] [ko-ro-la-ri], *s.* 1. Corolario, consectario. 2. Sobrante.

corona [kə'rəʊnə] [ko-rou-na], *s.* 1. *(Arq.)* Corona de entablamiento, una de las partes de que se compone la cornisa. 2. Corona, halo, especie de meteoro circular que aparece alrededor del sol o de la luna. 3. *(Bot.)* Eminencia parecida a una corona en el ápice de algunos pétalos. *(Biol.)* Parte o estructura parecida a una corona.

coronal [kə'rəʊnəl] [ko-rou-nal], *s.* Coronal, el hueso de la frente; corona, guirnalda. *-a.* Coronal, lo perteneciente al hueso coronal.

coronary ['kɒrənərɪ] [ko-rou-na-ri], *a.* Coronario, lo que pertenece a la corona.

coronary *s.* Infarto de miocardio.

coronation [ˌkɒrə'neɪʃən] [ko-ro-nei-shon], *s.* Coronación.

coroner ['kɒrənər] [ko-rou-na[r]], *s.* Córoner; se llama así un empleado cuyo deber es indagar las causas de las muertes repentinas y violentas, con presencia indispensablemente del cadáver. Juez de instrucción.

coronet ['kɒrənɪt] [ko-ro-net], *s.* 1. La corona particular que corresponde a los títulos nobiliarios según su clase. Corona de príncipe, duque, etc. (small crown); diadema (tiara). 2. Guirnalda para la cabeza. 3. Margen superior del casco del cabello.

corp = corporation

corporal ['kɔːpərəl] [kor-po-ral], *s.* Cabo o caporal, el que manda una de las escuadras en que se divide la compañía. *-a.* 1. Corporal, corpóreo, lo que pertenece al cuerpo. 2. Material, no espiritual.

corporality ['kɔːpərəlɪtɪ] [kor-po-ra-li-ti], *s.* Corporalidad, corporeidad.

corporally ['kɔːpərəlɪ] [kor-po-ra-li], *adv.* Corporalmente.

corporal punishment ['kɔːpərəlˌpənɪʃmənt] [kor-po-ral-pu-nish-ment] *s.* Castigos corporales.

corporate ['kɔːpərɪt] [kor-po-reit] 1. Formado en cuerpo o en comunidad. 2. General; unido. 3. Perteneciente a una corporación; colectivo (join, collective/action, decision). 4. De la empresa o compañía (of a company/headquarters, lawyer). **The corporate image**, la imagen de la empresa o compañía. Empresarial (mentality, jargon).

corporately ['kɔːpərɪtlɪ] [kor-po-reit-li], *adv.* 1. Corporalmente; unidamente. 2. En cuerpo.

corporateness ['kɔːpərɪtnɪs] [kor-po-reit-nes], s. Comunidad, incorporación.

corporation [ˌkɔːpə'reɪʃən] [kor-po-rei-shon], *s.* 1. Corporación, cuerpo político o civil, con capacidad legal para obrar como una sola persona. Sociedad anónima (in US/company); compañía, empresa, corporación (in GB). 2. Cabildo, ayuntamiento, corporación municipal, municipio (municipal council); comunidad de personas eclesiásticas o seculares; cuerpo, sociedad, gremio, v. gr. gremio de sastres, zapateros, etc. 3. *(Fest.)* El cuerpo humano cuando es grande y pesado.

corporeal [kɔː'pɔːrɪəl] [kor-po-rial], *a.* 1. Corpóreo; material, lo opuesto a inmaterial o espiritual. 2. *(For.)* Perceptible por los sentidos corporales, sustancial y permanente; material, tangible.

corporealist ['kɔː'pərɪəlɪst] [kor-po-ria-list], *s.* Materialista, el que niega la inmaterialidad del alma.

corporeality ['kɔːpərɪ'ælɪtɪ] [kor-po-ri-a-li-ti] *s.* Corporeidad.

corporeally ['kɔːpərɪəlɪ] [kor-po-ria-li], *adv.* Materialmente, corporalmente.

corporeity ['kɔːpərɪtɪ] [kor-po-rei-ti], *s.* Corporeidad, materialidad.

corporeus ['kɔːpərɪəs] [kor-po-rios], *a.* Corpóreo.

corporosity ['kɔːpərəsɪtɪ] [kor-po-ro-si-ti], *s.* (Ger.E.U.) El cuerpo de una persona; Corpulenta, gran barriga.

corposant ['kɔːpəsənt] [kor-po-sant], *s. (Mar.)* Fuego de Santelmo, meteoro de naturaleza eléctrica que aparece en noches tempestuosas sobre los palos o las vergas de los buques.

corps [kɔːps] [korps], *s. 1.* Número de personas que obran juntas de algún modo. 2. Cuerpo del ejército; cuerpo de guardia.

cough [kɒf] [kof] *s.* Tos. **To have a cough**, tener tos. **He gave a loud cough**, tosió ruidosamente. **Cough drop**, pastilla para la tos. **Cough mixture/syrup**, jarabe para la tos. **Cough sweet**, caramelo para la tos. **Whooping-cough**, tos ferina, sofocante, o convulsiva.

cough *vn.* Toser. *-va.* Arrancar o arrojar del pecho lo que a uno le molesta, a fuerza de toser. **Cough (up)**, expectorar, esputar.

cough up *(Coloq.)* Soltar, aflojar (pay, money). Soltar la plata, la pasta o la lana.

coughing ['kɒfɪŋ] [ko-fin] *s.* Tosidura, acción y efecto de toser. **Fit of coughing**, acceso de tos.

could [kʊd] [kud], *pret.* imp. del verbo CAN. 1. Poder (indicating possibility). **If I took a taxi, I could get there on time**, si tomara un taxi, podría llegar a tiempo. **I would help you if I could**, te ayudaría si pudiera. **You could be right**, puede que tengas razón. **They couldn't be happier**, están contentos a más no poder. **I could not do it**, no pude o no podría hacerlo. **Could you do it?**, ¿podría Vd. hacerlo? *Could*, y su presente *Can*, corresponden frecuentemente a *saber*; v.g. **He did not sign, because he could not write**, el no firmó por no saber escribir. 2. **Could I use your phone?**, ¿podría o me permitiría usar el teléfono? (asking permission). **Could you sign here, please?**, ¿quiere firmar aquí por favor? (in requests). 3. Poder (in suggestions). **You could try doing it this way**, podrías tratar de hacerlo de esta manera. **You could at least apologize!**, ¡al menos podrías pedir perdón! Poder (indicating strong desire). **I could have killed her**, la hubiera matado; la podría o podía haber matado.

couldn't = could not

coulomb ['kuːlɒm] [ku-lom] *s.* Culombio.

coulter ['kuːltər] [kul-te[r]] *s.* Cuchilla, reja de arado. *V.* COLTER.

council ['kaʊnsl] [kaun-sil] *s.* 1. Concilio o consejo (advisory group), junta de personas que se unen para consultar y deliberar; ayuntamiento, municipio. **Council housing**, viviendas de alquiler subvencionadas por el ayuntamiento. 2. Sínodo, junta del clero. **Common council**, ayuntamiento, cuerpo legislativo municipal. **Councilman**, concejal, individuo de un consejo municipal. **The Council of Europe**, el Consejo de Europa.

council-board ['kaʊnslˌbɔːd] [kaun-sil-bord] *s.* Reunión o sesión del consejo.

councilor, councillor ['kaʊnslər] [kaun-si-lo[r]] *s.* Consejero, concejal.

council tax ['kaʊnsltæks] [kaun-sil-taks] *s.* Contribución municipal o inmobiliaria.

councilwoman ['kaʊnslˌwʊmən] [kaun-sil-vu-man] *s.* Concejala.

counsel ['kaʊnsəl] [kaun-sel] *s.* 1. Consejo (advice); aviso, parecer, dictamen, deliberación, determinación. **To hold/take counsel with somebody**, asesorarse o aconsejarse con alguien. **To keep one's own counsel**, reservarse la opinión. 2. Prudencia, secreto, sigilo. 3. Trama, designio. 4. *(Law)* Abogado. **Counsel for the defense**, abogado defensor. **Counsel for the prosecution**, fiscal. 5. Consultor.

counsel *va.* Aconsejar, recomendar, dirigir, avisar. **To counsel somebody to**, aconsejar a alguien que.

counseling, (GB) **counselling** ['kaʊnsəlɪŋ] [kaun-se-lin] *s. (Educ., Psych)* Orientación psicopedagógica.

counsel-keeper ['kaʊnsl,kiːpər] [kaun-sel-ki-pa^r] *s.* El que guarda un secreto.

counselor, (GB) **counsellor** ['kaʊnsələr] [kaun-se-lo^r] *s.* 1. *(Educ., Psych)* Consejero, aconsejador, orientador. 2. Confidente. 3. *(Law)* Consejero; abogado.

counselor-at-law ['kaʊnsələ'ætlɔː] [kaun-se-lor-at-loa] *s.* Abogado.

counsellable ['kaʊnsələbl] [kaun-se-la-bol] *a.* Dócil, dispuesto a recibir y seguir los consejos de otro.

counsellorship ['kaʊnsələʃɪp] [kaun-se-lor-ship] *s.* El empleo, oficio, plaza o dignidad de consejero.

count ['kaʊnt] [kaunt] *va.* 1. Contar, numerar (enumerate, add up). **I'm counting the hours till he arrives**, 2. Considerar, calcular, reputar, contar (include). **Not counting the driver**, sin contar el conductor. **There will be fourteen of us, counting you and me**, seremos catorce, tú y yo incluidos. **He counts himself a learned man**, él se tiene por hombre docto. **To count oneself lucky**, darse por afortunado. 3. Imputar, atribuir. *-vn.* 1. Idear, trazar, tramar. 2. Contar, confiar o poner la esperanza en alguna cosa. 3. Contar (enumerate); contar (be valid matter. **That doesn't count**, eso no cuenta o no vale. **Every minute counts**, cada minuto cuenta.

count against Perjudicar. **His age counted against him**, su edad fue un factor negativo o lo perjudicó.

count for Contar. **Your opinion counts for a great deal/ won't count for much**, tu opinión importa mucho/no va a contar mucho.

count in Incluir. **You can count me in**, yo me apunto, yo me anoto, cuenten conmigo.

count on 1. Contar con (rely on (friend, help). **I wouldn't count on it**, yo que tú no me confiaría. **We were counting on her for support**, contábamos con que nos apoyaría. 2. Esperar (expect). **We hadn't counted on that happening**, no esperábamos que fuera a pasar eso.

count out 1. **You can count me out**, a mí no me incluyan, no cuenten conmigo. 2. Contar uno por uno (money, objects).

count toward, (GB) **count towards** Contar para.

count *s.* 1. Cuenta o cálculo, partida, cláusula. 2. El acto de dar atención a los detalles; cuidado. 3. *(For.)* Demanda, cargo, capítulo. **To be found guilty on all counts**, ser declarado culpable de todos los cargos (point). **It's been criticized on several counts**, ha sido criticado por varios motivos. 4. Recuento, cómputo (act of counting); escrutinio, recuento, cómputo, conteo (of votes); cuenta, conteo (in boxing). **At the last count**, en el último recuento. **We'll begin at the count of four**, a los cuatro empezamos. **To be out for the count**, estar fuera de combate. 5. Total (total). **The final count**, el recuento o cómputo final (of votes).

count, *s.* Conde, título de nobleza que desde el principio correspondió al de *earl* en Inglaterra (rank).

countable ['kaʊntəbl] [kaun-te-bol] *a.* Contadero, contable. *(Ling.)* Numerable.

countdown ['kaʊntdaʊn] [kaunt-daun] *s. (Aer.)* Cuenta inversa. Se usa especialmente para explosiones nucleares y lanzamientos de cohetes. Cuenta atrás o regresiva, conteo regresivo. **In the countdown to the Olympic Games**, en los días que precedieron o preceden a los Juegos Olímpicos.

countenance ['kaʊntɪnəns] [kaun-ti-nans] *s.* 1. Semblante, cara, rostro, continente, aspecto (face, expression). 2. Buena o mala cara, en cuanto indica el estado de ánimo de una persona. 3. Patrocinio, amparo, protección, apoyo, favor. 4. Aire de presunción y arrogancia. **Out of countenance**, abochornado, desconcertado, turbado, consternado, confuso, corrido, chafado. **To be out of countenance**, *-vr.* abochornarse, correrse, desconcertarse, turbarse, confundirse; sonrojarse. **To give countenance**, apoyar, favorecer, proteger, auxiliar.

countenance *va.* Sostener, patrocinar, apoyar, proteger, fomentar, favorecer, mantener. Tolerar, aceptar.

counter ['kaʊntər] [kaun-ta^r] *s.* 1. Contador, contante. 2. Mostrador (in shop); barra (in café); ventanilla (in bank, post office); encimera (in kitchen); tablero, contador. **That drug is not available over the counter**, esa medicina no se puede comprar sin receta. 3. Ficha (games); tanto, monedilla que sirve para contar. **Counter**, tantos, fichas, piedras. 4. *(Mar.)* Bovedilla. **Upper counter**, *(Mar.)* bovedilla superior. 5. Lo opuesto, lo contrario. 6. La porción del zapato que ciñe el talón. 7. Pecho del caballo. 8. *(Mús.)* La parte de canto puesta en contraste inmediato con el tono.

counter *adv.* Contra, al contrario, al revés. También es partícula que se usa en composición, y por lo común significa oposición o contrariedad. **To run counter**, Oponerse; violar, faltar a.

counter *va.* Contrarrestar (oppose, trend). Rebatir, refutar (in debate/idea, statement). **To counter that**, responder o replicar que.

counter- *pref.* Contra.

counteract [,kaʊntə'ækt] [kaun-tar-akt] *va.* Contrariar, impedir, estorbar el efecto de alguna cosa, frustrar. Contrarrestar.

counteraction [,kaʊntə'ækʃən] [kaun-tar-ak-shon] *s.* Oposición; impedimiento.

counteractive [,kaʊntə'æktɪv] [kaun-tar-ak-tiv] *a.* Que tiende a contrariar o frustrar; contrario, opuesto. *-s.* Opositor.

counter-approach [,kaʊntə'əprəʊtʃ] [kaun-tar-a-prouch] *s. (Fort.)* Contraaproches o contraataques, trabajos con que los sitiados impiden que los sitiadores se acerquen.

counterattack ['kaʊntərə,tæk] [kaun-tar-a-tak] *s.* Contraataque.

counterattack *vn.* Contraatacar.

counter-attraction [,kaʊntərə'trækʃən] [kaun-tar-a-trak-shon] *s.* Atracción opuesta.

counterbalance ['kaʊntə,bæləns] [kaun-tar-ba-lans] *s.* Contrapeso, equilibrio, compensación.

counterbalance *va.* Contrapesar, servir de contrapeso.

counter-bond ['kaʊntəbɒnd] [kaun-tar-bond] *s.* Contrafianza, obligación dada a un fiador por la persona a quien fio.

counterbuff ['kaʊntəbʊf] [kaun-tar-buf] *va.* Rechazar, repeler.

counterbuff, *s.* Rechazo.

counterchange ['kaʊntə'tʃændʒ] [kaun-tar-cheinch] *s.* Contracambio, recompensa recíproca.

counterchange, *va.* Trocar, cambiar, dar y tomar recíprocamente.

countercharge ['kaʊntətʃɑːdʒ] [kaun-tar-charch] *s.* Recriminación, acusación del acusado contra el que acusa.

countercharge, *va.* 1. *(Mil.)* Cargar, atacar a los que dan una carga. 2. Hacer cargos, el acusado contra el acusador.

countercharm ['kaʊntətʃɑːm] [kaun-tar-charm] *s.* Desencanto.

countercharm, *va.* Desencantar.

countercheck ['kaʊntətʃek] [kaun-tar-chek] *va.* Contrastar, contrarrestar.

countercheck, *s.* Oposición, repulsa.

counterclaim ['kaʊntəkleɪm] [kaun-ter-kleim] *s.* Contrarreclamación.

counter clerk ['kaʊntəklɜːk] [kaun-tar-klerk] *s.* Empleado (in post office); (GB) cajero (in bank).

counterclockwise ['kaʊntə'klɒwaɪz] [kaun-tar-klok-uais] *a.* y *adv.* Con movimiento circular a la izquierda. En sentido contrario a las agujas del reloj.

countercunning ['kauntəkʌnɪŋ] [kaun-tar-ka-nin] *s.* Contraastucia, astucia opuesta a otra.
countercurrent ['kauntəkʌrənt] [kaun-tar-ka-rent] *s.* Contracorriente, corriente contraria a otra.
counterdeed ['kauntədi:d] [kaun-tar-did] *s.* Contraescritura, escrito o acto particular que deshace en todo o en parte algún otro acto público.
counterdistinction *s. V.* CONTRADISTINCTION.
counterdraw ['kauntədrɔ:] [kaun-tar-dro] *va.* Calcar, pasar un dibujo por medio de un material transparente.
counterespionage ['kauntə'respɪənɑ:dʒ] [kaun-tar-es-pio-nech] *s.* Contraespionaje.
counterevidence ['kauntə'revɪdəns] [kaun-ter-e-vi-dens] *s.* Contraevidencia, el testimonio de un segundo testigo, opuesto al que otro dio antes.
counterfeit ['kauntəfi:t] [kaun-ter-fit] *va.* 1. Falsear, contrahacer, copiar alguna cosa con intención de pasarla por original. 2. Imitar, falsificar, forjar; hacer una cosa tan parecida a otra que con dificultad se distingan. *-vn.* Fingir, disimular.
counterfeit, *s.* 1. Impostura, engaño, falsificación, contrahacimiento. 2. Mentira, disimulo, artimaña, bellaquería, trapacería. 3. Falseador, impostor, falsificador. *-a.* Contrahecho, falsificado, falseado, engañoso, fingido. **Counterfeit coin**, moneda falsa.
counterfeiter ['kauntəfi:tər] [kaun-tar-fi-ta[r]] *s.* Falsario, falsificador, contrahacedor, forjador, flaseador, imitador. **Counterfeiter of coin**, monedero falso.
counterfeitly ['kauntəfi:tlɪ] [kaun-ter-fit-li] *adv.* Falsamente, fingidamente.
counterfoil ['kauntəfɔɪl] [kaun-ter-foil] *s.* Talón, matriz.
counterguard ['kauntəgɑ:d] [kaun-ter-gard] *s.* *(Fort.)* Contraguardia, obra exterior compuesta de dos caras que forman ángulo, edificiada delante de los baluartes.
counterinfluence ['kauntərɪn'flu:əns] [kaun-ter-in-fluens] *va.* Influir en contrario.
counterinfluence *s.* Influencia opuesta.
counterintelligence ['kauntərɪnˌtelɪdʒəns] [kaun-ter-in-te-li-yens] *s.* Contraespionaje.
counter-irritant ['kauntərˌɪrɪtənt] [kaun-ter-i-ri-tant] *s.* Agente medicinal que se emplea para excitar irritación en una parte del cuerpo a fin de aliviar el dolor en otra parte.
counterlight ['kauntəlaɪt] [kaun-ter-lait] *s.* Contraluz, la luz contraria a la propia para ver el objeto que se presenta.
countermand ['kauntəmænd] [kaun-tar-mand] *va.* Contramandar; revocar, invalidar; retirar las invitaciones para un convite, una junta, etc.
contermand, *s.* Contramandato, contraorden; nulidad.
countermarch ['kauntəmɑ:tʃ] [kaun-tar-march] *s.* 1. Contramarcha, retroceso del camino andado. 2. Contramarcha, cambio de frente. 3. Mudanza de ideas o conducta.
countermarch, *vn.* Contramarcha, desandar lo andado.
countermark ['kauntəmɑ:k] [kaun-tar-mark] *s.* 1. Contramarca, segunda o tercera señal que se hace sobre una bala o un fardo de mercaderías. 2. Contramarca del gremio de plateros en Inglaterra.
countermine ['kauntəmaɪn] [kaun-tar-main] *s.* 1. Contramina, la mina que se hace en oposición a las del enemigo, a fin de inutilizarlas. 2. Contramina, medida adoptada para frustrar el intento de otro.
countermine,» *va.* 1. Contraminar, hacer minas para encontrar las del enemigo. 2. Deshacer o impedir la ejecución de lo que otro intenta, estorbar.
countermotion ['kauntəməuʃən] [kaun-tar-moushon] *s.* 1. Movimiento contrario. 2. Proposición contraria.
countermove ['kauntəmu:v] [kaun-tar-muv] *va.* y *vn.* Mover o moverse en dirección contraria u opuesta a otra.
countermovement ['kauntəmu:vˌmənt] [kaun-tar-muv-ment] *s.* Movimiento opuesto a otro.
countermure ['kauntəmuər] [kaun-tar-muar] *s.* Contramuro, falsabraga.
counternatural ['kauntəˌnætjuərəl] [kaun-ter-na-tiu-ral] *a.* Contranatural.
counternoise ['kauntənɔɪs] [kaun-tar-nois] *s.* Un sonido que impide que se oiga otro.
counteroffensive ['kauntərə'fensɪv] [kaun-taro-fen-siv] *s.* Contraofensiva.
counteropening ['kauntər'ɒpənɪŋ] [kaun-tar-o-pe-nin] *s.* *(Cir.)* Contraabertura.
counterpace ['kauntəpeɪs] [kaun-tar-peis] *s.* Contrapaso.
counterpane ['kauntəpeɪn] [kaun-tar-pein] *s.* Colcha de cama, sobrecama; cobertor.
counterpart ['kauntəpɑ:t] [kaun-tar-part] *s.* 1. Contraparte; duplicado, traslado, copia, imagen. 2. Homólogo (person); equivalente (thing).
counterpetition ['kauntəpe'tɪʃən] [kaun-tar-pe-ti-shon] *s.* Petición opuesta, contrainstancia.
counterpetition *vn.* Hacer una petición o súplica contraria a otra.
counterplea ['kauntəpli:] [kaun-tar-pli] *s.* Segunda instancia.
counterplot ['kauntəplɒt] [kaun-tar-plot] *va.* Contraminar; oponer una astucia a otra.
counterplotting ['kauntəˌplɒtɪŋ] [kaun-tar-plo-tin] *s.* Trama inventada para contrarrestar otra.
counterpoint ['kauntəpɔɪnt] [kaun-tar-point] *s.* 1. *(Mús.)* Contrapunto, concordancia armoniosa de voces contrapuestas. 2. Punto o método opuesto.
counterpoise ['kauntəpɔɪz] [kaun-tar-pois] *va.* Contrapesar, contrarrestar, contrabalancear.
counterpoise, *s.* 1. Contrapeso. 2. Equilibrio. 3. Pilón, pesa movible que corre por el ástil de una romana y determina el peso de una cosa igualando el fiel.
counterpoison ['kauntəpɔɪzn] [kaun-tar-poi-son] *s.* Contraveneno; antídoto.
counterpractice ['kauntəˌpræktɪs] [kaun-tar-prak-tis] *s.* Práctica en oposición a otra.
counterpressure ['kauntəpreʒər] [kaun-tar-pre-sha[r]] *s.* Fuerza opuesta o contraria.
counterproductive ['kauntəfi:t] [kaun-tar-fit] *a.* Contraproducente.
counteproject ['kauntəprəjekt] [kaun-tar-pro-yekt] *s.* Proyecto opuesto a otro.
counterproof ['kauntəpru:f] [kaun-tar-pruf] *s.* Contraprueba, la segunda prueba que sacan los impresores, grabadores y estampadores.
counterprove ['kauntəpru:v] [kaun-tar-pruv] *va.* Sacar los perfiles de una estampa o dibujo calcándolo.
counterrevolution ['kauntərevə'lu:ʃən] [kaun-tar-re-vo-lu-shon] *s.* Contrarrevolución.
counterrevolutionary ['kauntərevə'lu:ʃənərɪ] [kaun-tar-re-vo-lu-sho-na-ri]*a.* Contrarrevolucionario.
counterrevolutionist ['kauntərevə'lu:ʃənɪst] [kaun-tar-re-vo-lu-sho-nist] *s.* Contrarrevolucionario.
countersalute ['kauntəˌsəlju:t] [kaun-tar-sa-liut] *s.* Contrasalva, salva en respuesta a otra hecha anteriormente.
counterscarf ['kauntəˌskɑ:f] [kaun-tar-skarf], **counterscarp** ['kauntəˌskɑ:p] [kaun-tar-skarp], s. *(Fort.)* Contraescarpa, el declive hecho junto al foso, al lado de la esplanada y opuesto a la escarpa.
counterseal ['kauntəˌsi:l] [kaun-tar-sil] *va.* Contrasellar.
countersecure ['kauntəˌsekju:r] [kaun-tar-se-kiu[r]] *va.* Asegurar más.
countersense ['kauntəsəns] [kaun-tar-sens] *s.* Contrasentido, sentido opuesto.
countersign ['kauntəsaɪn] [kaun-tar-sain] *va.* Refrendar, firmar algún decreto o despacho de alguna autoridad superior para darle mayor autenticidad (document).
countersign, *s.* 1. *(Mil.)* Santo y seña, contraseña. 2. Refrendata, la firma del que subscribe por autoridad pública después del superior.
countersignal ['kauntəsaɪnəl] [kaun-tar-sig-nal] *s.* *(Mar.)* Señal que corresponde a otra.

countersignature ['kaʊntəsaɪnə,tʃʊər] [kaun-tar-sig-na-chua^r] *s. V.* COUNTERSIGN, 2ª acep.
countersink ['kaʊntəsɪŋk] [kaun-tar-sink] *va.* Avellanar. *-s.* 1. Avellanador. 2. Dilatación de un hueco para recibir la cabeza de un tornillo, de un perno, etc.
counterstatute ['kaʊntəstətju:t] [kaun-tar-sta-tiut] *s.* Ordenanza o estatuto contrario a otro.
counterstroke ['kaʊntəstrəʊk] [kaun-tar-strouk] *s.* Golpe retornado.
countersway ['kaʊntəzweɪ] [kaun-tars-uei] *s.* Influencia que obra en oposición de otra.
counter-surety *s. V.* COUNTER-BOND
counter-tally ['kaʊntətælɪ] [kaun-tar-ta-li] *s.* Contratarja.
counter-taste ['kaʊntəteɪst] [kaun-tar-teist] *s.* Gusto falso o ficticio.
counter-tenor ['kaʊntə,tenər] [kaun-tar-te-nor] *s. (Mús.)* Contralto.
counter-tide ['kaʊntətaɪd] [kaun-tar-taid] *s. (Mar.)* Contramarea, una marea contraria a otra.
countertime ['kaʊntətaɪm] [kaun-tar-taim] *s.* Defensa, oposición; contratiempo.
countertop ['kaʊntəstɒp] [kaun-tar-top] *s.* Encimera.
counter-trench ['kaʊntətrentʃ] [kaun-tar-trench] *s. (Mil.)* Contratrinchera.
counter-turn ['kaʊntətɜ:n] [kaun-tar-tern] *s.* Desenlace, desenredo de un lance de comedia.
countervail ['kaʊntəveɪl] [kaun-tar-veil] *va.* Contrapesar, contrarrestar, compensar.
counter-view ['kaʊntəvɪu:] [kaun-tar-viu] *s.* Postura en que dos personas se miran cara a cara, o se hallan frente a frente.
counter-vote ['kaʊntəvəʊt] [kaun-tar-vout] *va.* Oponer, ganar por pluralidad de votos.
counter-weigh [,kaʊntə'weɪ] [kaun-tar-uei] *vn.* Contrapesar.
counter-weight [,kaʊntə'weɪt] [kaun-tar-ueit] *s.* Contrapeso.
counter-wheel ['kaʊntəwi:l] [kaun-tar-uil] *va. (Mil.)* Evolucionar en diversas direcciones.
counter-work ['kaʊntə'wɜ:k] [kaun-tter-uek] *va.* Contrarrestar, contrariar, resistir o impedir, contraminar.
countess ['kaʊntes] [kaun-tes] *sf.* Condesa, la esposa del conde, o la que por sí tiene este título.
counting-house ['kaʊntɪŋ,haʊs] [kaun-tin-jaus] *s.* Despacho, escritorio, en que los comerciantes tienen sus libros y cuentas.
countless ['kaʊntles] [kaunt-les] *a.* Innumerables, sin número, incontables (stars, hours).
countrified ['kaʊntrɪfaɪd] [kaun-tri-faid] *a.* y *pp.* Rústico, campesino, rural.
countrify ['kaʊntrɪfaɪ] [ken-tri-fai] *va.* hacer rútstico o campesino, especialmente en el aspecto.
country ['kaʊntrɪ] [ken-tri] *s.* 1. País, región; pueblo (people). 2. Campo, campiña (en oposición a ciudad); provincia, región (en oposición a capital o metrópoli). **The country**, el campo (rural area). **To go into the country**, ir al campo. 3. País (nation), patria (native land), tierra; el país natal o el suelo nativo de alguno. 4. Los habitantes de algún país. 5. *(For.)* La comunidad donde se convocan o de donde proceden los miembros de un jurado; y de aquí el jurado mismo. 6. Terreno, territorio (region). **Cattle-farming country**, región ganadera. *-a.* Rústico, rural, campesino, rudo, agreste, campestre. **Country merchant**, comerciante del interior, o de tierra adentro.
country-and-western ['kaʊntrɪænd'westɜ:n] [ken-tri-an-ues-tern] *s.* Música country.
country bumpkin ['kaʊntrɪ,bʌmpkɪn] [ken-tri-bamp-kin] *s.* Pueblerino, paleto, pajuerano.
country cousin ['kaʊntrɪkʌzn] [ken-tri-kasn] *s.* Pueblerino.
country-dance ['kaʊntrɪdæns] [ken-tri-dans] *s.* Contradanza. *V.* CONTRA-DANCE.
country dancing ['kaʊntrɪ,dænsɪŋ] [ken-tri-dan-sin] *s.* (BrE) Danzas folklóricas.
country-house ['kaʊntrɪhaʊs] [ken-tri-jaus] *s.* Casa de campo, granja, quinta. **The king's country palace**, real sitio.
countryman ['kaʊntrɪmæn] [ken-tri-man] *(pl.* COUNTTRYMEN) *s.* 1. Paisano, compatriota, conciudadano. 2. Paisano, aldeano, patán; labrador. 3. Ganso, paleto. (Cuba) Montero, guajiro. *(Mex.)* Payo.
country mile ['kaʊntrɪmaɪl] [ken-tri-mail] *s. (Coloq.)* **To miss something by a country mile**, errar por mucho o por una legua, errarle feo.
countryside ['kaʊntrɪsaɪd] [ken-tri-said] *s.* Campiña, campo.
country squire ['kaʊntrɪskwaɪər] [ken-tri-skuai-a^r] *s.* Caballero de provincia.
country store ['kaʊntrɪstɔ:r] [ken-tri] *s.* Tienda de pueblo en la que se vende de todo.
countrywide ['kaʊntrɪ] [ken-tri-uaid] *a./adv.* A escala nacional.
country-woman ['kaʊntrɪ,wʊmən] [kaun-tri-uo-man] *sf.* Compatriota, paisana; aldeana. *V.* COUNTRYMAN.
county ['kaʊntɪ] [kaun-ti] *s.* Condado, distrito territorial. En los Estados Unidos, subdivisión civil de un estado; también, sus habitantes. En Inglaterra se llama también *county* al *shire*. *V.* SHIRE. **County line**, límite del condado. **County-seat**, capital de condado o distrito, cabeza de partido. **County town**, capital del condado.
county council ['kaʊntɪ,kaʊnsl] [kaun-ti-kaun-sil] *s.* Corporación de gobierno a nivel de condado. **County court**, (in US) juzgado comarcal; (in UK) juzgado comarcal que conoce de causas de derecho civil.
coup [ku:] [ku] *s.* Golpe maestro (successful action). *(Pol.)* **Coup d' état**, golpe de estado. **Coup de grâce**, golpe de gracia.
couple ['kʌpl] [kapol] *s.* 1. Par, dos seres o cosas de cualquier especie, siendo de igual calidad. Un par de algo (two or small number). **I think he'd had a couple**, creo que ha tomado unas copas de más. **A couple hundred books**, unos doscientos libros. 2. Par, macho y hembra. **Married couple**, matrimonio, marido y mujer. 3. Pareja, compañero y compañera, dos personas unidas temporalmente, p. ej. en un baile; dos animales apareados. **The happy couple**, la feliz pareja, los recién casados.
couple *va.* 1. Parear, unir, juntar, encadenar; *(Rail)* enganchar (connect); asociar (theories, events). **To couple something/ somebody with something/somebody**, asociar algo/a alguien con algo/alguien. **The fall in demand, coupled with competition from abroad**, el descenso de la demanda, unido a la competencia extranjera. 2. Casar, solemnizar el matrimonio, el sacerdote o funcionario autorizado para ello. *-vn.* Tener cópula o coito, unirse o juntarse carnalmente.
couple up Enganchar.
couple-beggar ['kʌpl,begər] [kapl-be-ga^r] *s.* El clérigo o funcionario que casa clandestinamente.
coupler ['kʌplər] [ka-ple^r] *s.* Aparato de conexión; enganche, acopladura.
couplet ['kʌpl] [kapl] *s.* 1. Par, pareja. 2. Copla; pareado, el verso que rima con el que le sigue.
coupling ['kʌplɪŋ] [ka-plin] *s.* 1. Ayuntamiento, cópula. 2. Lazo; unión, enganche; ensambladura, conexión. **Coupling-pin**, *(F.C.)* pasador del enganche. **Friction-coupling**, manguito de fricción, unión friccional. **Shaft-coupling**, embrague, conexión de los ejes de transmisión.
coupon ['ku:pɒn] [ku-pon] *s.* Cupón, parte de un vale o crédito con interés; parte separable de un billete, etc. (voucher for discount); cupón de racionamiento (in rationing). Cupón (form/in advertisement); boleto (for competition).
courage ['kʌrɪdʒ] [ka-rich] *s.* Coraje, valor, intrepidez, brío, bravura. **To have/lack the courage of one's convictions**, ser/no ser fiel a sus convicciones. **To lose one's courage**, acobardarse. **He took courage from her smile**, su sonrisa

le dio ánimo. **To take one's courage in both hands**, hacer de tripas corazón.

courageous [kə'reɪdʒəs] [ko-rei-chos] *a.* Animoso, valiente, valeroso, brioso, intrépido (person); valiente (words); valeroso, de valor o de valentía (act).

courageously [kə'reɪdʒəslɪ] [ko-rei-chos-li] *adv.* Valerosamente, con valor o valentía.

courageousness [kə'reɪdʒəsnɪs] [ko-rei-chos-nes] *s.* Animo, aliento, valor, intrepidez.

courgette [kɔː'dʒeɪ] [kor-yei] *s.* (GB) *V.* ZUCCHINI. Calabacín.

courier 'kʊrɪər] [ku-rie^r] *s.* Correo, expreso, ordinario. Guía (guide); mensajero, correo, rutero (messenger). **Courier service**, servicio de mensajero.

course [kɔːs] [kors] *s.* 1. Corrida, curso, carrera. Curso (of river); recorrido (of road). **The only course open to us**, el único camino que tenemos, nuestra única opción (ways of proceeding). **In the normal course of events**, normalmente, en circunstancias normales (progress). **In the course of time**, con el tiempo. **I changed the course of history**, cambió el curso de la historia. **To run/take its course**, seguir su curso. 2. Tránsito, paso de un paraje a otro, camino, ruta, tirada, paseo; viaje, correría, excursión. 3. Estadio. *(Sport)* Hipódromo, pista (de carreras); campo o cancha de golf (golf course). **To last/stay the course**, aguantar hasta el final (persist to the end). 4. *(Mar.)* Rumbo, derrotero o derrota de una embarcación. **To set course for**, poner rumbo a. **To go off course**, desviarse de rumbo. **To change course**, cambiar de rumbo. 5. Curso, los principios y elemento de alguna ciencia o arte explicados metódicamente. *(Educ.)* Curso. **A short course**, un cursillo. **To take/do a course**, hacer un curso. **To go on a course**, ir a hacer un curso. *(Med.)* **A course of treatment**, un tratamiento. 6. Método o género de vida o modo de obrar; conducta, porte, costumbre. 7. Entrada, servicio, cubierto, el número de platos que se ponen de una vez en la mesa. Plato (part of a meal). **Main course**, plato principal o fuerte o central. **As a/for the first course**, de primer plato, de entrada. **Dinner of ten courses**, comida o mesa de diez entradas. 8. Indole. 9. Estructura regular; serie o hilera de piedras o ladrillos en una pared. 10. Regularidad, orden; marcha, progresión; medios ordenados para alcanzar alguna cosa. 11. Ceremonia, cumplimientos. *-pl.* 1. *(Mar.)* Papahigos o velas mayores. **To be under the courses**, andar con los papahigos. 2. *(Fam.)* Reglas, menstruación. **Of course**, por supuesto, sin duda, indudablemente, por sabido por descontado, por consiguiente, de juro. **Matter of course**, cosa de cajón. **Course of physic**, método curativo. **Main course**, *(Mar.)* la vela mayor de un buque. **Words of course**, ceremonias, cumplimientos. **The last course**, los postres. **Everyone in his course**, cada uno a su vez. **It is our common course**, es nuestro modo de obrar, es nuestra costumbre.

course *va.* 1. Correr por, o sobre. 2. Hacer correr, excitar a correr. 3. Cazar, dar caza, perseguir. *-vn.* Corretear, andar de casa en casa o de calle en calle, disputar, argumentar. **To course over**, ir encima de. **He felt the blood coursing through his veins**, sentía correr la sangre por sus venas.

courser ['kɔːsər] [kor-sa^r] *s.* 1. Corcel ligero o veloz. 2. Corredor o cazador de liebres, el que las corre con perros.

courses *s. pl. V.* COURSE.

coursing ['kɔːsɪŋ] [kor-sin] *s.* La caza.

court [kɔːt] [kort] *s.* 1. Corte, comitiva. 2. Corte, el lugar donde reside el monarca; palacio. 3. Corte, se toma por el soberano y sus ministros, y en esta significación se llama también gabinete. 4. Corte, consejo, tribunal de justicia, el conjunto de jueces que forman un tribunal y la sala, donde se juntan a administrar justicia, que también se llama estrados. *(For.)* **Supreme Court**, consejo o tribunal supremo; en los Estados Unidos y en cada uno de los estados es el tribunal de último recurso. **Superior court**, en los Estados Unidos, tribunal de segunda instancia, correspondiente a la Audiencia. **Court of Common Pleas**, juzgado o tribunal de primera instancia. **Court-martial**, consejo de guerra, tribunal militar. **To appear in court**, comparecer ante el tribunal o los tribunales. **To take somebody to court**, demandar a alguien, llevar a alguien a juicio. **The court is adjourned**, se levanta la sesión. **Court case**, causa, juicio. **Court order**, orden judicial. **Court guide**, guía de forasteros. 5. Corte, el acompañamiento obsequioso que se hace a alguna persona constituida en dignidad. 6. Corte, cortejo, el obsequio o galanteo que se hace a una mujer. 7. Patio, atrio de una casa (courtyard). 8. *(Sport)* Cancha, pista.

court *va.* 1. Cortejar, enamorar, requebrar, acariciar; hacer la corte; engatusar. 2. Solicitar, adular, rogar. 3. Buscar (seek/ danger, favor); exponerse a (disaster). *-vn.* Estar de novios, noviar, pololear (dated).

court-breeding ['kɔːtˌbriːdɪŋ] [kort-bri-din] *s.* Educación de corte, cortesanía.

court-card ['kɔːtkɑːd] [kort-kard] *s.* Una figura en los naipes. Es corrupción de *coat-card.*

court-chaplain ['kɔːtˌtʃɑːpleɪn] [kort-cha-plein] *s.* Capellán de palacio.

court-cupboard ['kɔːtkʌpˌbɔːd] [kort-kap-bord] *s.* Especie de alacena.

court-day ['kɔːtdeɪ] [kort-dei] *s.* 1. Día de junta general de los tribunales de justicia. 2. Día de besamanos.

court-dress ['kɔːtdres] [kort-dres] *s.* 1. Ayuda de cámara o camarista de las personas de la corte. 2. Lisonjeador.

courteous ['kɜːtɪəs] [kor-tios] *a.* Cortés, atento, político, civil, sociable, afable, urbano, bien criado; benigno, humano, benévolo; cortesano.

courteously ['kɜːtəslɪ] [kor-tios-li] *adv.* Cortésmente, con cortesía, civilmente.

courteousness ['kɜːtəsnɪs] [kor-tios-nes] *s.* Cortesía, cortesanía, atención, agrado, urbanidad, buena crianza, benevolencia.

courter ['kɔːtər] [korta^r] *s.* 1. Cortejador, cortesano. 2. Pretendiente, aspirante.

courtesan [ˌkɔːtɪ'zæn] [ker-ti-san] *sf.* Cortesana, mujer pública.

courtesy ['kɜːtɪsɪ] [ker-ti-si] *s.* 1. Cortesía (politeness). **It's common courtesy**, es de (simple) cortesía o de buena educación. **You could have had the courtesy to inform us**, podría haber tenido la gentileza de avisarnos. 2. Gracia, favor, merced; atención, gentileza (favor). **By courtesy of**, por atención o gentileza de. 3. Bondad, benignidad. 4. Cortesía, reverencia que hacen las mujeres. **They exchanged courtesies**, se saludaron con las cortesías de rigor (greeting). *V.* CURTSY.

courtesy *vn.* Hacer una cortesía o reverencia. *-va.* Hablar o tratar con cortesía.

court-fashion ['kɔːtfæʃən] [kort-fa-shion] *s.* Moda o traje de corte.

court-favor ['kɔːtfeɪvər] [kort-fei-vor] *s.* Gracia, merced o distinción que dispensa el poder supremo.

court-hand ['kɔːthænd] [kort-jand] *s.* Letra de curia.

court-house ['kɔːthaʊs] [kort-jaus] *s.* Edificio público destinado a los tribunales judiciales. En los estados del sur se llama también así a la capital de condado.

courtier ['kɔːtɪər] [kort-tier] *s.* Cortesano, palaciego; cortejo, cortejante.

court-lady ['kɔːtleɪd] [kort-leidi] *s.* Dama de corte o de palacio.

courtlike ['kɔːtlaɪk] [kort-laik] *a.* Cortesano, propio de corte, elegante, urbano.

courtliness ['kɔːtlaɪnəs] [kert-lai-nes] *s.* Cortesanía, cortesía, urbanidad; elegancia, gracia.

courtly ['kɔːtlɪ] [kort-li] *a.* Cortesano, elegante, insinuante, cortés; distinguido, fino. **Courtly love**, el amor cortés.

court-martial ['kɔːt'mɑːʃəl] [kort-mar-shal] *s.* Consejo de guerra.

court-martial *va.* Formarle consejo de guerra a (soldier).

court-minion ['kɔːtmiːnɪən] [kort-mi-nion] *s.* Valido, privado, favorito.

court-plaster ['kɔːtplɑːstər] [kort-plas-taʳ] *s.* Tafetán inglés.
courtroom ['kɔːtrʊm] [kort-rum] *s.* Sala de un tribunal.
courtship ['kɔːtʃɪp] [kort-ship] *s.* 1. Corte, cortejo; galantería, obsequio y galanteo; el acto de pretender a una mujer en matrimonio. 2. *(Zool.)* Cortejo.
court shoe ['kɔːtʃuː] [kort-shu] *s.* Zapato de salón.
courtyard ['kɔːtjɑːd] [kort-yard] *s.* Patio.
cousin ['kʌzn] [ka-sin] *s.* Primo o prima. **Cousin german** o **first cousin**, primo hermano. **Second cousin**, primo segundo.
cove [kʌv] [kav] *s.* 1. *(Mar.)* Caleta, ensenada. 2. *(Arq.)* Bovedilla, toda especie de moldura cóncava. 3. *(Ger.)* Hombre, mozo, chaval.
cove *va.* Abovedar, arquear.
coven ['kʌvən] [ka-ven] *s.* Aquelarre.
covenant ['kʌvɪnənt] [ka-ve-nant] *s.* Contrato, convención, estipulación, pacto, tratado, ajuste; alianza, liga; escritura de contrato. **The new covenant**, el nuevo testamento, o la nueva alianza.
covenant *va.* Estipular, contratar. *-vn.* Convenir, pactar, estipular.
covenantee '[kʌvɪnəntiː] [ka-vi-nan-ti] *s.* Contratante.
covenanter, covenantor ['kʌvɪnəntər] [ka-vi-nan-tor] *s.* Confederado, coligado, conjurado.
Coventry ['kɒvəntrɪ] [ko-ven-tri] *s.* Nombre de una ciudad en Warwickshire, Inglaterra. **Coventry blue**, hilo de marcar. **To send to Coventry**, desterrar, echar de la sociedad.
cover ['kʌvər] [ka-vaʳ] *va.* 1. Cubrir, tender una cosa sobre otra (overlay); tapar, ocultar; abrigar, proteger. **To be covered in something**, estar cubierto de algo. Tapar (hole, saucepan). Poner una funda a (cushion); forrar (book); tapizar, recubrir (sofa). Techar, cubrir (passage, terrace). 2. Empollar, ponerse las aves sobre los huevos para sacar cría. 3. Resarcir, compensar, indemnizar. *(Fin.)* Cubrir (cost, expenses); hacer frente a (liabilities). **Will $100 cover it?**, ¿alcanzará con 100 dólares? Cubrir, asegurar (insurance). 4. Apuntar y retener a uno al alcance de un arma de fuego; dominar tropas o cañones; apuntarle a (point gun at). **We've got you covered!**, ¡te estamos apuntando! Cubrir (guard, protect). **I'll keep you covered**, yo te cubro. *(Sport)* Marcar (opponent); cubrir (shot, base). 5. Pasar, atravesar; dícese de un espacio o distancia. Recorrer, cubrir (travel, distance); llenar (page); cubrir (extend over/area, floor). 6. Cubrir, juntarse el macho de algunos animales con la hembra. 7. Cubrirse, ponerse el sombrero; tapar (hide). **She covered her eyes**, se tapó los ojos. **To cover one's head**, cubrirse (la cabeza). 8. Paliar, disfrazar, disimular (mask/surprise, ignorance); ocultar, tapar (mistake). 9. Cubrir (deal with/syllabus); tratar (topic); contemplar (eventuality). *(Journ.)* Cubrir (report on). **Covered way**, camino cubierto. *-vn.* **To cover for somebody**, sustituir o suplir a alguien (deputize); encubrir a alguien (conceal truth).vr. **To cover oneself**, cubrirse las espaldas.
cover over 1. Techar, cubrir (roof). 2. Tapar, cubrir (conceal).
cover up 1. Cubrir, tapar (cover completely); ocultar, tapar (conceal/facts, truth); disimular (mistake). 2. Disimular (conceal error). **To cover up for somebody**, encubrir a alguien (conceal truth).
cover *s.* 1. Cubierta, tapadera (lid, casing); tapa, cubierta (of book); portada, carátula (of magazine). **Back cover**, contraportada. **Cover of a letter**, cubierta de una carta, sobre, sobrescrito. **To read something from cover to cover**, leer algo de cabo a rabo. **Under separate cover**, por separado (envelope). 2. Capa o pretexto, velo. 3. Cubierta, lo que cubre o defiende, abrigo, techado, albergue, cobertizo. **Under cover**, (a) bajo cubierto; al abrigo; (b) bajo sobre, cerrado (pliego, carta). 4. Cubierto (tenedor, cuchillo y cuchara) (in restaurant); consumición mínima (in nightclub). 5. Funda (cushion, sofa, typewriter); forro (book); cubrecama, colcha (bed cover). **Covers**, (bedclothes). **The covers**, las mantas, las cobijas, las frazadas. 6. Maleza, matorral. **Cover-glass**, cubierta de vidrio muy delgado para muestras microscópicas. 7. Cobertura (insurance). **To take cover**, guarecerse o ponerse a cubierto (shelter, protection). **To run for cover**, correr a guarecerse o a ponerse a cubierto. **Under cover of darkness/night**, al abrigo o amparo de la oscuridad o de la noche.
coverage ['kʌvərɪdʒ] [ka-ve-rich] *s.* *(Journ.)* Cobertura. **Press/television/news coverage**, cobertura periodística, televisiva, informativa. **There will be live coverage of the game**, el partido será transmitido o retransmitido en directo.
coveralls ['kʌvərɔːlz] [ka-va-rols] *s. pl.* Mono de trabajo.
coverer ['kʌvərər] [ka-ve-raʳ] *s.* Lo que cubre o protege.
cover girl ['kʌvəgɜːl] [ka-ver-guel] *s.* Modelo de portada.
covering ['kʌvərɪŋ] [ka-ve-rin] *s.* Ropa o vestido, lo que cubre el cuerpo para abrigarle. **Use it as a covering for the floor**, úsalo para cubrir o tapar el suelo. **A covering of dust**, una capa de polvo.
covering letter [kʌvərɪŋˌletər] [ka-ve-rin-le-taʳ] *s.* Carta adjunta.
coverlet, covelid ['kʌvəlɪt] [ka-ve-lit] *s.* Colcha, sobrecama o cobertura de cama.
coversed sine [kʌvɜːst'saɪn] [ka-verst-sain] *s.* *(Mat.)* Coseno verso, seno verso del complemento de un ángulo o de un arco.
cover story ['kʌvəˌstɔːrɪ] [ka-va-sto-ri] *s.* Tema de portada (in magazine); noticia de primera plana (in newspaper).
covert ['kʌvət] [ka-vert] *s.* 1. Cubierto o cubierta. 2. Refugio, asilo, guarida. 3. Matorral o espesura de matas en que se oculta o se esconde alguno. 4. Bandada, en la caza de aves. *-a.* 1. Cubierto, oculto, tapado, secreto, escondido.
covertly ['kʌvətlɪ] [ka-vert-li] *adv.* Secretamente, en secreto.
covertness ['kʌvətnɪs] [ko-vert-nes] *s.* Secreto, sigilo; escondrijo.
coverture ['kʌvətʃʊər] [ka-ver-chuaʳ] *s.* Escondrijo, escondite; antiguamente, cubierta.
covert-way [kʌvət'weɪ] [ka-vert-uei] *s.* *(Fort.)* Camino cubierto, el espacio que media entre la contraescarpa y la esplanada. Lo mismo que *covered way*.
cover-up ['kʌvərʌp] [ka-ver-ap] *s.* Encubrimiento (of crime). **There has been a cover-up**, ha habido una maniobra para encubrir el asunto.
covet ['kʌvɪt] [ka-vit] *va.* Codiciar, desear con ansia, apetecer, ambicionar. *-vn.* Desear, anhelar, aspirar.
covetable ['kʌvɪtəbl] [ka-vi-ta-bol] *a.* Codiciable.
coveted ['kʌvɪtɪd] [ka-vit-nes] *a.* Codiciado.
coveting ['kʌvɪtɪŋ] [ka-vi-tin] *s.* Codicia desordenada.
covetingly ['kʌvɪtɪŋlɪ] [ka-vi-tin-li] *adv.* Codiciosamente.
covetous ['kʌvɪtəs] [ka-vi-tos] *a.* Codicioso, avariento, ambicioso, sórdido, interesado, avaro, roñoso, mezquino, mísero, ávido, ansioso. **To be covetous of something**, codiciar algo.
covetously ['kʌvɪtəslɪ] [ka-vi-tos-li] *adv.* Codiciosamente.
covetousness ['kʌvɪəsnɪs] [ka-vi-tos-nes] *s.* Codicia, avaricia; ambición, avidez, mezquindad, miseria, sordidez.
covey ['kʌvɪ] [kavi] *s.* Nidada, pollada; banda o bandada, número crecido de aves o pájaros que vuelan juntos.
cow [kaʊ] [kau] *va.* Acobardar, amedrentar, intimidar, causar o poner miedo. **He wasn't cowed by their treats**, no se dejó acobardar o intimidar por sus amenazas. **A cowed look**, una mirada acobardada.
cow 1. Vaca. **Milch-cow**, vaca de leche. *(Coloq.)* **Till/until the cows come home**, hasta el día del juicio final. 2. Hembra (female whale, elephant, seal). (GB) *(Coloq.)* **Stupid cow!**, ¡imbécil! (woman).
coward ['kaʊəd] [kaued] *s.* Cobarde, collón. *(Vul.)* Pendejo. *-a.* Cobarde, medroso, pusilánime.
cowardice ['kaʊədɪs] [kaued-is], **cowardliness** ['kaʊədlɪnɪs] [kaued-li-nes] *s.* Cobardía, timidez, poquedad de alma, pusilanimidad, pendejada.
cowardlike ['kaʊədlaɪk] [kaued-laik] *a.* Acobardado, amilanado.
cowardly ['kaʊədlɪ] [kauedli] *a.* Cobarde, medroso, miedoso, pusilánime, tímido. **Cowardly action**, acción vil. *-adv.* Cobardemente.

cowboy ['kaʊbɔɪ] [kau-boi] *s.* 1. Muchacho empleado como pastor de vacas. Vaquero, gaucho. 2. *(E.U.)* Vaquero montado. **To play cowboys and Indians**, jugar a indios y vaqueros. 3. De vaquero, de cowboy (hat). **Cowboy boots**, botas camperas o tejanas. (GB) *(Coloq.)* Pillo, pirata (unscrupulous trader).

cow-catcher ['kaʊəˌkɑːtʃər] [kau-ka-cher] *s.* Botaganado o trompa de locomotora; armazón en forma de cuña que iba al frente de la locomotora. *V.* PILOT.

cower ['kaʊər] [kauaʳ] *vn.* Agacharse, bajarse doblando las rodillas. Encogerse de miedo.

cowgirl ['kaʊəgɜːl] [kaua-guel] *s.* Vaquera.

cowhand ['kaʊəhænd] [kau-jand] *s.* Peón de campo.

cow-herd ['kaʊhɜːd] [kau-jerd] *s.* Vaquero, pastor del ganado vacuno.

cowhide ['kaʊhaɪd] [kau-jaid] *s.* Cuero, piel de vaca curtida. *-va.* Azotar, dar azotes con un látigo de cueros.

cow-house ['kaʊhaʊs] [kau-jaus] *s.* Boyera, boyeriza, el establo en que se guardan vacas o bueyes.

cow-keeper ['kaʊˌkiːpər] [kau-ki-paʳ] *s.* Vaquero, el que tiene vacas de leche.

cowl [kaʊl] [kaul] *s.* 1. Cogulla de monje, capuz, capilla, capucha de fraile. Hábito con capucha (monk's cloak). **To throw off the cowl**, colgar los hábitos. 2. Caperuza de chimenea. 3. Tina, vasija para agua; cuba, cubeta.

cowled ['kaʊld] [kauld] *a.* Lo que tiene cogulla o capucha.

cowlick ['kaʊlɪk] [kau-lik] *s.* Tupé, mechón de cabellos levantado sobre la parte superior de la frente; remolino.

cowlike ['kaʊlaɪk] [kau-laik] *a.* Semejante a una vaca.

cowl-staff [kaʊlstɑːf] [kaul-staf] *s.* Palo para llevar alguna cosa entre dos hombres.

cowman ['kaʊmən] [kau-man] *s.* (in US) Ganadero (ranch owner); vaquero, peón (ranch worker).

coworker [kaʊ'wɔːkər] [kau-uor-keʳ] *s.* *V.* FELLOW-LABORER. Colega, compañero de trabajo (workmate); colaborador (collaborator).

cowpat ['kaʊpæt] [kau-pat] *s.* Boñiga, bosta de vaca.

cowpoke ['kaʊpəʊk] [kau-pouk] *s.* *(Coloq.)* Vaquero.

cowpox ['kaʊpɒks] [kau-poks] *s.* Vacuna, viruela que sale a las vacas en las tetas. *V.* VACCINE.

cowry, cowrie ['kaʊrɪ] [kau-ri] *s.* Cuaris, concha usada como dinero en Africa y en la India.

cowshed ['kaʊʃed] [kau-shed] *s.* Establo de las vacas.

cowslip ['kaʊslɪp] [kau-slip] *s.* Prímula o primavera, vellorita.

cow-wheat ['kaʊ'wiːt] [kau-wit] *s.* Trigo vacuno.

coxcomb ['kɒkskəʊm] [koks-kom] *s.* 1. Mequetrefe, mozuelo prsumido, pisaverde; currutaco; lechuguino. 2. *(Des.)* Coronilla, la parte más alta de la cabeza; cresta de gallo.

coxcombly ['kɒkskəʊmblɪ] [koks-kom-bli], **coxcomical** ['kɒkskəʊmɪkl] [koks-ko-mi-kal] *a.* Presumido, fantástico,fatuo, impertinente, currutaco.

coxcombry ['kɒkskəʊmbrɪ] [koks-kom-bri] *s.* Presunción, petimetrería, currutaquería.

coxswain ['kɒksweɪn] [koks-wein] *s.* *(Naut.)* Timonel.

coy, coyish [kɔɪ] [koi] *a.* Recatado, modesto; reservado, esquivo; retrechero. Tímido (shy); evasivo (evasive). **A coy little smile**, una sonrisita tímida y coqueta.

coy *va.* Halagar, lisonjear, acariciar. *-vn.* Esquivarse, desdeñarse.

coyly ['kɔɪlɪ] [koi-li] *adv.* Con esquivez. Con (coqueta) timidez.

coyness ['kɔɪnɪs] [koi-nes] *s.* Esquivez, despego, extrañeza; recato, modestia.

coyote [kɔɪ'əʊtɪ] [koi-ou-ti] *s.* Coyote.

coypu ['kɔɪpuː] [koi-pu] *s.* Coipo.

coz [kɒz] [koz] *s.* Voz familiar que significa lo mismo que *cousin*. *V.* COUSIN.

cozen ['kɒzn] [kozn] *va.* Engañar, defraudar.

cozenage ['kəʊzɪnɪdʒ] [kou-zi-nis] *s.* Fraude, engaño, trampa, supercheria.

cozener ['kəʊzənər] [kou-ze-naʳ] *s.* Engañador, defraudador.

cozily ['kəʊzɪlɪ] [kou-zi-li] *adv.* Reducida pero cómodamente. Agradablemente.

cozy ['kəʊzɪ] [kou-zi] *a.* 1. Cómodo, manejable, agradable; sociable, tranquilamente instalado. 1. Acogedor (room). **In her cozy bed**, en su cama cómoda y calentita. 3. Intimo y agradable (chat). 4. *(Pej.)* De lo más conveniente (convenient).

cozy, (BrE) **cosy** *s.* **Tea cozy**, cubreteteras.

cozy up to Adular, tratar de quedar bien con.

CPA *s.* (in US) = **Certified Public Accountant**

cpl (title) = **Corporal**

CPU *s.* = **(central processing unit)** CPU

crab [kræb] [krab] *a.* Agrio, áspero. *-s.* 1. Cangrejo, jaiba (animal, meat). 2. Manzana silvestre. 3. Hombre de mal genio. 4. *(Mar.)* Cabrestante sencillo o volante. 5. *(Astr.)* Cáncer. **Crab-apple**, manzana pequeña y agria que sirve principalmente para hacer conservas. *V.* 2ª acep. **Crabs**, *pl.* ladillas (pubic lice). **Crab-louse**, ladilla. **To catch a crab**, hundir demasiado el remo o no tocar con él en el agua, y caerse hacia atrás al dar la remada.

crabbed ['kræbɪd] [kra-bid] *a.* Impertinente, áspero, ceñudo, duro, severo, austero, bronco, tosco; escabroso, desigual.

crabbedly ['kræbɪdlɪ] [kra-bid-li] *adv.* Impertinentemente; ásperamente, secamente.

crabbedness ['kræbɪdnɪs] [kra-bid-nes] *s.* 1. Aspereza. 2. Rigidez o austeridad.

crabby ['kræbɪ] [kra-bi] *a.* *(Coloq.)* Rezongón, refunfuñón.

crabs'-eyes ['kræbz'aɪs] [krabs-ais] *s. pl.* *(Fam.)* Ojos de cangrejo. *V.* CRABSTONE.

crabsidle ['kræbsɪdl] [krab-sidol] *vn.* *(Fest.)* Moverse de lado, como un cangrejo.

crabstone ['kræbstəʊn] [krab-stoun] *s.* Ojo de cangrejo, concreción calcárea que se forma en el estómago de los cangrejos cuando están para mudar la piel.

crack [kræk] [krak] *s.* 1. Hendedura, rendija (chink, slit); grieta (in ice, wall, pavement); raja, rajadura (in glass, china); quebraja, rotura. **To paper/paste over the cracks**, ponerle parches al problema o a la situación. 2. Crujido (of bones); chasquido (sound/of whip, twig); castañetazo, estallido (of rifle shot); estruendo (of thunder); estampido. (GB) **To give somebody a fair crack of the whip**, darle todas las oportunidades a alguien. 3. Golpe retumbante (blow). 4. Locura, mentecatez. 5. La mudanza de la voz al llegar a la pubertad. 6. Persona de viso en cierto concepto o esfera. 7. (Ant. Ger.) Impureza, cochinada, indecencia. 8. Intento. *(Coloq.)* **To have a crack at something**, intentar algo (attempt). 9. Comentario socarrón (wisecrack). 10. Crack (drug). **At the crack of dawn**, al amanecer, al despuntar el día (instant). *-a.* *(Fam.)* De calidad superior; de primer orden. De primera (shot, troops).

crack *va.* 1. Hender, rajar (cup, glass); agrietar, resquebrajar (ground, earth); agrietar (skin). **He cracked a rib**, se fracturó una costilla. 2. Decir alguna cosa con jovialidad; contar (joke). 3. Romper, destruir. Cascar, romper (break open/egg); cascar, partir (nut); forzar (safe); desmantelar, desarticular (drugs ring, spy ring). **To crack a bottle**, despachar una botella. *(Coloq.)* **To crack a book**, abrir un libro. **To crack a smile**, sonreír. 4. Volverle a uno el juicio, volverle loco. *(Amer.)* Chiflarse. 5. Descifrar, dar con (decipher, solve/code); resolver (problem). *(Coloq.)* **I've cracked it!**, ¡ya lo tengo! 6. Hacer chasquear o restallar (make cracking sound with/whip); hacer crujir (finger, knuckle). *-vn.* 1. Reventar, saltar, abrirse alguna cosa. Rajarse (cup, glass); agrietarse (rock, paint, skin). 2. *(Fam.)* Arruinarse. 3. Crujir, dar crujidos o estallidos algún cuerpo cuando se rompe; estallar. Chasquear, restallar (make cracking sound); crujir (bones, twigs). Quebrarse (voice). 4. *(Ant.)* Jactarse, echar bravatas o balandronadas. **She cracked under the strain**, sufrió una crisis nerviosa a causa de la tensión (break down). *(Coloq.)* **To get cracking**, ponerse manos a la obra. **Come on, get cracking!**, ¡vamos, muévete!

crack down, **To crack down on somebody/something**, tomar medidas enérgicas contra alguien/algo.

crack up 1. Sufrir un ataque de nervios, sucumbir a la presión (person/break down). *(Coloq.)* Soltar una carcajada (burst out laughing). 2. *(Coloq.)* Matar de la risa (make laugh). 3. **It isn't all it's cracked up to be**, no es tan bueno como lo pintan.

crack-brained [kræk'breɪnd] [krak-breind] *a.* Alocado, alelado, mentecato, estúpido, chiflado.

crackdown ['krækdaʊn] [krak-daun] *s.* **Crackdown on something/somebody**, ofensiva o campaña contra algo/alguien. Medidas enérgicas contra algo/alguien.

cracked [krækt] [krakt] *pp.* de CRACK. **Cracked wheat**, trigo resquebrajado.

cracked *a.* Rajado (cup, glass); fracturado (rib); con grietas, resquebrajado (wall, ceiling); partido, agrietado (lips); agrietado (skin). *(Coloq.)* Loco, chiflado (crazy/person). Cascado (voice).

cracker ['krækər] [kra-ka^r] *s.* 1. Lo que da crujidos. 2. Cohete de China; triquitraque; petardo (firecracker). (GB) Sorpresa que estalla al abrirla. 3. *(Amer.)* Galletica, bizcocho delgado y quebradizo; cracker, galleta salada (biscuit). 4. Anade marino o faisán acuátil. 5. El pedacito de papel que se pone en cada rizo para hacerlo.

cracker-barrel [krækə'bærəl] [kra-kar-ba-rel] *a.* Sin sofisticaciones (humor, philosopher).

crackerjack ['krækədʒæk] [kra-ker-jak] *s.* *(Coloq.)* As; fuera de serie (person, idea, car).

crackers ['krækəz] [kra-kars] *a.* (GB) *Coloq.)* Chiflado (crazy).

crack-hemp [kræk'hemp] [krak-jemp], **crack-rop** ['krækrɒp] [krak-rop] *s.* Hombre digno de ser ahorcado.

cracking ['krækɪŋ] [kra-kin] *a.* *(Coloq.)* **At a cracking pace**, a toda pastilla, a un ritmo endemoniado.

crackle ['krækl] [krakol] *vn.* Crujir (twigs, paper); chasquear, das chasquidos. Crepitar, chisporrotear (fire). **The line is cracling a lot**, hay mucho ruido en la línea.

cracle *s.* Crujido (of twigs, paper); chisporroteo (of fire).

crackling ['kræklɪŋ] [kra-klin] *s.* 1. Estallido; crujido (noise of paper); chisporroteo (of fire). 2. *(Culin.)* Piel crujiente y tostada del cerdo asado. **Cracklings**, chicharrones. *-pa.* de CRACKLE.

cracknel ['kræknɪl] [krak-nel] *s.* Especie de rosca o bollo duro y quebradizo.

crackpot ['krækpɒt] [krak-pot] *a.* *(Coloq.)* Chiflado, chalado. **A crackpot idea**, una idea descabellada.

crackup ['krækʌp] [krak-ap] *s.* Crisis nerviosa (mental breakdown); choque (collision).

cradle ['krædl] [kra-del] *s.* 1. Cuna (for baby). **To rock the cradle**, mecer o mover la cuna. 2. Niñez, infancia; *(fig.)* cuna, origen o principio de alguna cosa. 3. *(Cir.)* Caja o tablilla para un hueso roto. 4. *(Agr.)* Segadora de mano; arco unido al mango de la guadaña. 5. *(Min.)* Andamio colgante; artesa móvil para lavar el oro. 6. Carro salvavidas. 7. *(Mar.)* Cuna, parte del aparato empleado para lanzar un buque al agua. 8. Horquilla (for telephone receiver). **Cradle scythe**, hoz de rastra.

cradle *va.* 1 Meter en cuna; acostar a un niño en la cuna; acunar, mecer (baby); sostener contra el pecho (guitar). 2. Segar las mieses con segadora de mano. *-vn.* Reposar como en cuna.

cradle-clothes [krædl'klɒθs] [kra-del-klozs] *s. pl.* Ropa de cuna.

craft [krɑːft] [kraft] *s.* 1. Arte (skill), oficio (trade), el trabajo y ejercicio en que se emplean los artesanos. **Craft fair**, feria artesanal o de artesanía. **Crafts**, *pl.* artesanía. 2. Arte, maña, artificio, astucia, treta, fraude, engaño; artimañas (guile, deceit). 3. Embarcación, barco; cualquier género de nave. También es el conjunto de naves. **Small craft**, *(Mar.)* navichuelos, sean barcos, barcas, bateles, esquifes o lanchas.

craft *va.* Trabajar.

craftily ['krɑːftɪlɪ] [kraf-ti-li] *adv.* Astutamente, con astucia (act); artificiosamente, mañosamente.

craftiness ['krɑːftɪnɪs] [kraf-ti-nes] *s.* Astucia, treta, estratagema, maña.

craftsman ['krɑːftsmæn] [krafts-man] *s.* Artífice, artesano.

craftsmanship [krɑːftsmæn'ʃɪp] [krafts-man-ship] *s.* Destreza, conocimiento del oficio (skill). Trabajo (workmanship).

craftsmaster ['krɑːftsˌmɑːstər] [krafts-mas-te^r] *s.* Maestro, el artífice o artesano.

crafty ['krɑːftɪ] [kraf-it] *a.* Astuto, artificioso, taimado (person); hábil, artero (methods, tactics).

crag [kræg] [krag] *s.* 1. Despeñadero, risco, roca o peñasco lleno de precipicios. 2. Cima de un despeñadero.

cragged ['krægɪd] [kra-guid] *a.* Escabroso, áspero, peñascoso.

craggedness ['krægɪdnɪs] [kra-guid-nes], **cragginess** ['krægɪnɪs] [kra-gui-nes] *s.* Escabrosidad, desigualdad, aspereza, fragosidad.

craggy ['krægɪ] [kra-gui], *a.* Escabroso, áspero, desigual, fragoso, escarpado (rocks, mountains). **He had a craggy, weather-beaten face**, tenía un rostro curtido y de facciones bien marcadas.

cram [kræm] [kram], *va.* 1. Rellenar, henchir. 2. Atestar, llenar demasiado (stuff). **I crammed all my things into a case**, metí o embutí todas mis cosas en una maleta. **The room was crammed with people/books**, la habitación estaba abarrotada o atiborrada de gente/libros. 3. Atracar, embutir, llenar una cosa hasta no poder más; hartar, atracar de comida. **To cram oneself with food**, atiborrarse de comida. 4. Empujar, meter una cosa en otra con fuerza y violencia. *-vn.* 1. Atracarse de comida. **To cram poultry**, engordar o cebar capones o pavos. 2. Sobrecargar la inteligencia y la memoria con un cúmulo de conocimientos adquiridos apresuradamente. Empollar, zambutir, tragar, matearse, empacarse (for exam). 3. Meterse (get in). **We all crammed into the room**, nos metimos todos en la habitación.

crambo ['kræmbəʊ] [kram-bou], *s.* Un juego en el cual dada una palabra hay que hallar una consonante para ella.

cramming ['kræmɪŋ] [kra-min], *s.* Repaso; término usado en los colegios para designar la acción de preparar a un estudiante para los éxamenes.

cramp [kræmp] [kramp], *s.* 1. Calambre, rampa, pasmo o encogimiento de nervios que impide el movimiento. **I've got a cramp in my leg**, me ha dado un calambre o una rampa en la pierna. **Stomach cramps**, retorcijones o retortijones en el estómago. 2. Sujeción, estrechez, aprieto. 3. Laña, especie de grapa de hierro que sirve para unir y trabajar dos cosas. *-a.* Dificultoso, nudoso.

cramp, *va.* 1. Dar o causar calambre. 2. Sujetar, tener en sujeción. 3. Lañar, trabar, asegurar, unir o afianzar con lañas. 4. Constreñir, apretar, enganchar, aferrar. Entorpecer (limit/work, progress). **To cramp somebody's style**, cortarle los vuelos a alguien. **To cramp out**, arrancar.

cramped [kræmpt] [krampt] *a.* Apretado (handwriting). **I'm cramped for space**, tengo poco sitio o lugar. **They work in cramped conditions**, están muy estrechos en el trabajo. **We were a bit cramped in the car**, íbamos algo apretujados o apretados en el coche.

cramp-fish ['kræmpfɪʃ] [kramp-fish], *s.* Torpedo, tremielga.

cramp-iron [kræmp'aɪrən] [kramp-airon], *s.* Gatillo de hierro, laña. *V.* CRAMP.

crampon, crampoon ['kræmpən] [kram-pon], *s.* 1. Un hierro con garfio en la punta que sirve para levantar con la grúa los maderos, piedras y otras cosas de peso. 2. Raíz aérea para trepar, como en la hiedra. 3. Púa asegurada al calzado para andar sobre el hielo o para escalar postes o muros.

cranage ['krænɪdʒ] [kra-nich], *s.* 1. Permiso para tener pescante o grúa en algún muelle. 2. Derechos de grúa o pescante, el dinero que se paga por sacar géneros de alguna embarcación con la grúa.

cranberry ['krænbərɪ] [kran-be-ri], *s. (Bot.)* Arándano.
crane [kreɪn] [krein], *s.* 1. *(Zool.)* Grulla, ave de paso, de alto vuelo, con pico largo, recto y agudo. 2. Grúa, máquina para elevar toda clase de pesos (for lifting). 3. Pescante, instrumento compuesto de poleas, cuerdas y ganchos, para subir y levantar cosas de peso. **Wheel-crane**, pescante o grúa con rueda. 4. Sifón, cañón o tubo corvo que sirve para sacar licores de una vasija. 5. Cigüeña o aguilón de chimenea.
crane *va.* **To crane one's neck**, estirar el cuello. **To crane up**, subir una cosa con la grúa o el pescante. *-vn.* Estirarse.
crane-fly ['kreɪnflaɪ] [krein-flai], *s. (Ent.)* Especie de típula; zancudo.
crane's-bill [kreɪnz'bɪl] [kreins-bil], *s.* 1. *(Bot.)* Geranio, pico de cigüeña. 2. Tenazas puntiagudas de los cirujanos.
cranial ['krænɪəl] [kra-nial], *a.* Del cráneo o perteneciente a él.
craniology [krænɪ'ɑlɒdʒɪ] [kra-nio-lo-yi], *s.* Craneología.
cranium ['krænɪəm] [kra-nium], *s.* Cráneo, casco de la cabeza.
crank [kræŋk] [krank], *s.* 1. *(Mech Eng.)* Biela, manubrio, cigüeñal; invento para comunicar movimiento de rotación a un eje, o para convertir el movimiento rotatorio en recíproco, y vice versa. 2. Cigüeñal, el hierro a que se asegura el cordel de la campana para tocarla. 3. Capricho, concepto. 4. (E.U. Fam.) Mentecato, maniático, raro; cascarrabias (bad-tempered person). **He is a crank**, está algo tocado, le falta un tornillo. **Crank-pin**, botón de manubrio. *-a.* 1. Sano, alegre; vigoroso, dispuesto. 2. *(Mar.) V.* CRANK-SIDED.
crank, *va.* 1. *(Auto)* Poner en marcha (un motor) con biela o manubrio (car). 2. Encorvar para dar forma de manubrio.
crankcase ['kræŋkkeɪs] [krank-keis], *s. (Mec.)* Cárter (de un automóvil).
crankness ['kræŋknɪs] [krank-nes], *s.* Salud, robustez, vigor; alegría, vivacidad.
crankshaft ['kræŋkʃɑːft] [krank-shaft], *s. (Mec.)* Cigüeñal.
crank-sided [kræŋk'saɪdɪd] [krank-sai-did], *a. (Mar.)* Celoso, el bajel que con facilidad se tumba a la banda y no aguanta la vela, si el viento es algo recio y viene por el costado.
cranky ['kræŋkɪ] [kran-ik], *a.* 1. Caprichoso, lleno de extravagancias, lunático; maniático, raro (eccentric); estrafalario, raro (idea); malhumorado (bad-tempered). 2. Torcido, corvo. 3. Destartalado, titubeante, expuesto a venirse a abajo.
crannied ['krænɪəd] [kra-nied], *a.* Hendido, abierto, lleno de grietas o aberturas.
cranny ['krænɪ] [kra-ni], *s.* Grieta, hendedura, raja, abertura, agujero.
crap [kræp] [krap] *s. (Vulg.)* Mierda (excrement); estupideces, gilipolleces, pendejadas, huevadas, boludeces (nonsense).
crape [kreɪp] [kreip], *s.* 1. Crespón, tela de seda a modo de gasa. 2. Cendal. *(Amer.)* Espumilla. **Canton crape**, burato.
crape, *va.* 1. Encrespar, rizar el cabello encrespándolo. 2. Revestir con crespón, poner crespón como señal de luto.
crappy [kræpɪ] [kra-pi] *a. (Vulg.)* Malo, de porquería, de mierda.
craps [kræpz] [krasp], *s.* Un juego de dados. **To shoot craps**, jugar al crap.
crapshooting [kræp'ʃuːtɪŋ] [krap-shu-tin], *s.* Un juego de dados.
crapula ['kræpjʊlə] [kra-piu-la], *s.* Crápula, glotonería, embriaguez o borrachera.
crapulent ['kræpjʊlənt] [kra-piu-lent], **crapulous** ['kræpjʊləs] [kra-piu-los], *a.* Crapuloso, dado a la crápula; borracho, el que anda en borracheras o comilonas.
crash [kræʃ] [krash], *va.* 1. Estrellar, hacer añicos (smash). **He crashed the car**, tuvo un accidente con el coche, chocó. 2. *(Fam.)* Colarse en. **To crash a party**, colarse en una fiesta. *-vn.* 1. *(Aer.)* Estrellarse (collide). **To crash into something**, estrellarse o chocar contra algo. 2. Desplomarse con gran estrépito. 3. Chocar. 4. Dar estallido, retumbar (make loud noise/thunder). **The dishes crashed to the floor**, los platos se cayeron al suelo estrepitosamente. 5. *(Fin.)* Caer a pique, colapsar (shares). 6. *(Coloq.)* Quedarse a dormir (spend the night). 7. *(Inform.)* Fallar.
crash out, quedarse a dormir.
crash, *s.* 1. Estrépito, estruendo, estampido (loud noise). **The crash of the waves**, el estruendo de las olas al romper. 2. Fracaso repentino. 3. Choque, accidente (collision, accident). **Plane/car crash**, accidente aéreo/de automóvil. 4. Derrumbe, desplome. 5. Crac, crack (financial failure). 6. *(Aer.)* Aterrizaje violento.
crash barrier *s.* Barrera de protección.
crash helmet *s.* Casco protector.
crash-landing *s.* Aterrizaje forzoso o de emergencia.
crass [kræs] [kras], *a.* 1. Grueso, gordo; basto, tosco, grosero (remark); espeso; burdo (joke). 2. Rudo, torpe, tardo en comprender.
crassamentum [kræsə'mentəm] [kra-sa-men-tum], *s.* Parte espesa y coagulable de la sangre.
crassitude ['kræsɪtjuːd] [kra-si-tiud], *s.* Crasitud, tosquedad; espesor, espesura.
crate [kreɪt] [kreit], *s.* Cuévano, cesto grande; también la carga o suma de objetos que contiene. **Crate of earthenware**, canasto de loza. *(Mex.)* Guacal de loza. *(Amer.)* Jaba, cajón de embalaje, jaula (container). *(Sl.)* Cascajo, cacharro (old plane, car).
crater ['kreɪtər] [krei-ta^r], *s.* 1. Cráter, boca de volcán. 2. Copa en antigüedades clásicas. 3. La Copa, constelación del hemisferio astral.
cravat [krə'væt] [kra-vat], *s.* Corbata.
crave [kreɪv] [kreiv], *va.* Rogar, suplicar, implorar, pedir, encarecidamente, desear con antojo; importunar; ansiar (admiration, flattery); tener ansias de (affection); morirse por (food, drink). **To crave indulgence**, implorar indulgencia.
craven ['kreɪvn] [krei-ven], *s.* Un bajo cobarde. *-a.* Acobardado, pusilánime.
craven, *va.* Amilanar, acobardar, intimidar.
craver ['kreɪvər] [krei-va^r], *s.* Pedidor, pedigón, el que es pedigüeño o pide con importunidad.
craving ['kreɪvɪŋ] [krei-vin], *s.* Deseo vehemente, ardiente; ansias, sed (strong desire); antojo (in pregnancy). *-a.* Insaciable; pedigüeño.
craw [krɔː] [kro], *s.* Buche, bolsa o seno en que reciben las aves la comida.
crawfish ['krɔːfɪʃ] [kro-fish], *s.* Cangrejo de agua dulce; crustáceo parecido a la langosta. *-vn.* (Fam. E. U.) Andar hacia atrás, como el cangrejo; de aquí, recular, retroceder, abandonar la posición o actitud que antes se tenía.
crawl [krɔːl] [krol] . 1. Arrastrar, moverse con lentitud (creep). 2. Gatear (baby); andar (insect); avanzar muy lentamente (go slowly/traffic, train). 3. *(Coloq.)* Arrastrarse, rebajarse (demean oneself). **To crawl to somebody**, arrastrarse o rebajarse ante alguien. **To crawl up**, trepar. **To crawl forth**, avanzar rastreando. **The beach was crawling with tourists**, la playa estaba plagada de turistas, la playa hervía de turistas (teem).
crawl, *s.* 1. Arrastre, movimiento lento. **To go at a crawl**, avanzar muy lentamente, ir a paso de tortuga. 2. Acto de gatear. 3. Brazada de pecho (en natación); crol (swimming stroke).
crawler ['krɔːlər] [kro-le^r], *s.* 1. Reptil, el que va arrastrándose como los reptiles. 2. *(Coloq.)* Pelota, chupamedias, lambiscón, lambón.
crayfish ['kreɪfɪʃ] [krei-fish], *s.* Cangrejo de río, ástaco (freshwater); langosta pequeña (marine); cigala. *V.* CRAWFISH.
crayon ['kreɪən] [kre-yon], *s.* 1. Lápiz, piedra o pasta de varios colores para dibujar al pastel. 2. Dibujo de lápiz. 3. Clarión, tiza.
craze [kreɪz] [kreis], *va.* 1. Alelar, embobar, entontecer. 2. Hacer pequeñas grietas o hendeduras en; literal y

figuradamente. 3. *(Des.)* Quebrantar, debilitar. *-vn.* Henderse, llenarse de grietas la alfarería.

craze, *s.* 1. Locura, demencia, manía. 2. Extravagancia loca de la moda; capricho. 3. Antojo, capricho, fantasía o manía que no raciocina. 4. Grieta, falta, defecto en el lustre de la alfarería o vajilla de barro.

crazed [kreɪzt] [kreist] *a.* De loco (expression); enloquecido (person).

crazedness [kreɪz] [kreines], *s.* 1. Calidad de loco. 2. Calidad de grietoso.

craziness ['kreɪzɪnɪs] [krei-si-nes], *s.* Debilidad, sea de cuerpo o entendimiento; locura; enajenación mental; condición de lo desvencijado.

crazy ['kreɪzɪ] [krei-si], *a.* 1. Lelo, fatuo, simple, loco; acometido de enajenación mental (mad, foolish). **That's crazy**, es una locura. **To go crazy**, volverse loco. **To drive somebody crazy**, volver loco a alguien. **Like crazy**, como un loco. 2. Quebrantado, decrépito, cascado, caduco. 3. **A crazy thing** or **article**, alguna cosa desvencijada, coja o imperfecta; miserable, pobre. 4. *(Fam.)* Exageradamente deseoso o ansioso; deseoso de un modo insensato (very enthusiastic). **To be crazy about/for/over somebody**, estar loco por alguien. **I'm not crazy about the idea**, la idea no me enloquece o no me vuelve loco.

crazy paving *s.* Enlosado de diseño irregular.

crazy quilt *s.* Colcha de patchwork o de retazos, centón.

creak [kriːk] [krik], *vn.* Crujir, hacer un ruido áspero (bedsprings/floorboards/joints); estallar. Chirriar (door).

creak *s.* Chirrido, crujido.

creaking ['kriːkɪŋ] [kri-kin], *s.* Crujido, estallido.

creaky ['kriːkɪ] [kri-ki] *a.* Que chirría, chirriante (door); que cruje (stairs).

cream [kriːm] [krim], *s.* 1. Crema, la nata y flor de la leche. **Light/single cream**, crema líquida. **Heavy/double cream**, crema doble, nata para montar. **Cream tea**, té servido con scones, mermelada y crema batida (in UK). 2. Lo mejor, lo más estimado y escogido de alguna cosa (elite). **The cream of society**, la flor y nata o la crema de la sociedad. 3. Crema (lotion). **Face cream**, crema para la cara. 4. Color cema (color). **Cream of tartar**, crémor tártaro, bitartrato de potasa. **Whipped cream**, nata batida. **Cold-cream**, *V.* COLD.

cream *a.* Color crema.

cream, *vn.* Hacer nata, levantar espuma. *-va.* 1. Quitar la crema de la leche o la flor de cualquier cosa. 2. Batir hasta obtener una consistencia cremosa (sugar, butter). **Creamed potatoes**, puré de papas o de patatas.

cream off, *(Coloq.)* (GB) Llevarse, quedarse con (profits).

cream cake *s.* Tarta o torta con crema o con nata (gateau); pastel o bollo de crema o de nata, masa de crema (individual).

cream cheese [kriːm'tʃiːs] [krim-chis] *s.* Queso crema, queso para untar.

cream cracker [kriːm'krækər] [krim-kra-ke^r] *s.* (GB) Galleta salada, cracker.

creamer ['kriːmər] [kri-ma^r] *s.* 1. Jarrita para crema (jug). 2. Leche en polvo (powder).

cream soda [kriːm'səʊdə] [krim-so-da] *s.* Gaseosa con sabor a vainilla.

creamery ['kriːmərɪ] [kri-me-ri], *s.* 1. El edificio y la habitación donde se conserva la leche a la debida temperatura para obtener la nata. 2. Establecimiento donde se hace la manteca o mantequilla. 3. Lechería, lugar donde se vende la nata.

creamy ['kriːmɪ] [kri-mi], *a.* Parecido a la crema o nata o que la contiene; cremoso.

crease [kriːs] [kris], *s.* Pliegue, la doblez o arruga que se hace en alguna cosa; plegadura.

crease, *va.* Plegar, señalar con pliegues (paper); arrugar (clothes). *vn.* Arrugarse.

crease up *(Coloq.)* (GB) Desternillarse o partirse de risa (laugh).

creassote , *s. V.* OBEOSOTE.

create [kriː'eɪt] [kri-eit], *va.* 1. Criar o crear, producir algo de la nada; dar ser a lo que antes no lo tenía (bring into existence). **To create jobs**, crear o generar empleo. 2. Criar, producir, ocasionar, causar. 3. Engendrar, procrear. 4. Crear, elevar a alguna nueva dignidad, constituir, elegir. *vn.* Armar jaleo (make a fuss).

creation [kriː'eɪʃən] [kri-ei-shon], *s.* 1. Cración, el acto de crear o sacar alguna cosa de la nada. 2. Elevación a nueva dignidad, nombramiento, elección. 3. Cración; el universo. 4. Cualquier cosa producida o causada; los seres creados; especie.

creative [kriː'eɪtɪv] [kri-ei-tiv], *a.* Creativo, creador, lo que puede crear. **Creative writing**, creación literaria.

creativeness [kriː'eɪtɪvnɪs] [kri-ei-tiv-nes], *s.* Facultad creadora, genio inventivo.

creativity [kriː'eɪtɪvɪtɪ] [kri-ei-ti-vi-ti] *s.* Creatividad.

creator [kriː'eɪtər] [kri-ei-tor], *s.* 1. Creador, Criador, el Ser supremo que creó todas las cosas. 2. Lo que crea o causa.

creatress [kriː'ətres] [kri-a-tres], *s.* Creadora.

creature ['kriːtʃər] [kri-cha^r], *s.* 1. Criatura, ente criado o creado. 2. Criatura, voz de desprecio que a veces se aplica a una persona. 3. Criatura, voz que expresa ternura o compasión. **Poor creature!** ¡pobrecito! 4. Criatura, hechura, el que debe a otro su elevación, empleo o fortuna; dependiente. 5. Bestia, animal. **Our fellow-creatures**, nuestros semejantes. **Creature comforts**, las cosas que confortan o refrescan el cuerpo.

creatureship [kriːtʃə'ʃɪp] [kri-char-ship], *s.* Estado de criatura.

creche, crèche [kreɪʃ] [kreish] *s.* 1. Orfanato, orfelinato, orfanatorio (hospital for foundings). Guardería infantil (day nursery). 2. Nacimiento, pesebre, belén (Nativity scene).

credence ['kriːdəns] [kri-dans], *s.* Creencia, asenso, fe; crédito. **To give/lend credence to something**, dar crédito a algo.

credendum, plur. CREDENDA [kriː'dendəm] [kri-den-dom], *s.* Creencia; artículos de fe.

credent ['kriːdəns] [kri-dans], *a.* *(Ant.)* Creyente, crédulo, acreditado.

credentials [krɪ'denʃəlz] [kri-den-shals], **credential letters**, *s. pl.* Cartas credenciales (of ambassador); referencias (references); documentos de identidad (identifying papers).

credibility [ˌkredə'bɪlətɪ] [kre-di-bi-li-ti], *s.* Credibilidad, probabilidad, verosimilitud.

credible ['kredɪbl] [kre-di-bol], *a.* Creíble, probable, verosímil; digno de confianza.

credibleness ['kredɪbnɪsl] [kre-di-bol-nes], *s.* Credibilidad; veracidad.

credibly ['kredɪblɪ] [kre-di-bli], *adv.* Creíblemente, probablemente.

credit ['kredɪt] [kre-dit], *s.* 1. Crédito, asenso, fe, creencia. 2. Crédito, reputación, buena opinión; influencia. Mérito (honor, recognition). **She deserves some credit for trying**, merece que se le reconozca el mérito de haberlo intentado. **Your children are a credit for you**, puedes estar orgulloso de tus hijos. **The results do credit to the school**, los resultados hablan muy bien del colegio o le hacen honor al colegio. 3. Confianza, seguridad que uno tiene en otro. 4. Influjo, autoridad, poder, aunque no coactivo. 5. *(Fin.)* Crédito (in store). **Credit account**, credicuenta, cuenta de o a crédito. **Credit balance**, saldo positivo. **If your account is in credit...**, si está en números negros..., si tiene fondos en su cuenta ... **Letter of credit**, carta de crédito. **Open credit**, letra abierta. **To buy goods on credit**, comprar géneros al fiado. **To sell on credit**, vender al fiado. 6. *(Educ.)* Crédito, unidad de valor de una asignatura dentro de un programa de estudios. 7. *(Cine, TV, Video)* **Credits**, créditos, rótulos de crédito.

credit, *va.* 1. Creer, honrar, fiar, confiar, acreditar, dar fama, dar fe, dar crédito a (believe). **Can you credit it?**, ¿te lo puedes creer?, ¿no te parece increíble? **I credited you with more common sense**, te creía con más sentido común (ascribe to). **They are credited with having invented the game**, se les atribuye la invención del juego. 2. Prestar o vender a crédito, dar al fiado. 3. *(Com.)* Acreditar, abonar una partida en el libro de cuentas (sum, funds). **To credit something to something**, abonar o ingresar algo en algo.

creditable ['kredɪtəbl] [kre-di-ta-bol], *a.* Apreciable, estimable, honorífico; encomiable, meritorio.

creditableness ['kredɪtəblnɪs] [kre-di-ta-bol-nes], *s.* Reputación, estimación.

creditably ['kredɪtəblɪ] [kre-di-ta-bli], *adv.* Honorablemente, honrosamente.

credit balance ['kredɪt'bæləns] [kre-dit-ba-lans], *s.* Saldo acreedor.

credit card ['kredɪt,kɑːd] [kre-dit-kard], *s.* Tarjeta de crédito.

credited ['kredɪtɪd] [kre-di-tid], *pp.* y *a.* 1. Acreditado, estimado, tenido en buena opinión. 2. Creído. 3. *(Com.)* Acreditado, abonado en cuenta; pasado al haber.

creditor ['kredɪtər] [kre-di-to[r]], *s.* 1. Acreedor. 2. *Com.)* Haber, una de las dos partes en que se dividen las cuentas corrientes.

creditress o **creditrix** ['kredtrɪs] [kre-di-tris], *sf.* Acreedora.

creditworthy ['kredɪt'wɔːθɪ] [kre-dit-uor-zi] *a.* Con capacidad de pago, solvente.

credo ['kredəʊ] [kre-dou], *s.* 1. Credo, profesión, especialmente la de los Apóstoles. 2. Música para cantar el credo.

credulity ['kredjʊlɪtɪ] [kre-diu-li-ti], *s.* Credulidad, demasiada facilidad en creer.

credulous ['kredjʊləs] [kre-diu-los], *a.* Crédulo, que cree fácilmente; sin desconfianza.

credulousness ['kredjʊləsnɪs] [kre-diu-los-nes], *s.* Credulidad.

creed [kriːd] [krid], *s.* Credo, creencia, símbolo. **There is my creed**, esa es mi profesión de fe.

creek [kriːk] [krik], *s.* 1. Cala, caleta, ensenada. 2. *(E.U.)* Corriente formada por la marea creciente o que cursa por un valle y cuya dimensión varia entre arroyo y río. **To be up the creek**, estar mal, estar equivocado. *(Coloq., vulg.)* **To be up shit creek (without a paddle)**, estar en aprietos o en apuros, estar jodido (in difficulty)

Creek, *n. pr.* Tribu de indios norteamericanos que en otro tiempo habitaron gran parte de los Estados de Georgia y Alabama.

creeky ['kriːkɪ] [kri-ki], *a.* Tortuoso, lleno de caletas o entradas.

creel [kriːl] [kril], *s.* 1. Cesta de pescador. 2. Jaula de mimbres, para coger langostas. 3. Estizola de urdidor.

creep [kriːp] [krip], *vn.* (*pret.* y *pp.* CREPT). 1. Arrastrar, serpear, ratear. Arrastrarse (crawl). 2. Andar lenta o imperceptiblemente; andar secretamente; insinuarse, entrar a escondidas (move stealthily). **To creep into a room**, entrar en un cuarto sigilosamente. **Several mistakes have crept in**, se han deslizado varios errores. 3. Tener sensación nerviosa como de hormigueo sobre la piel. 4. Incensar, lisonjear, adular con bajeza, complacer bajamente (ingratiate oneself). **To creep to somebody**, adular a alguien, hacerle la pelota a alguien, hacerle la pata a alguien, chuparle las medias a alguien. **To creep in** o **into**, insinuarse; deslizarse en; *(fam.)* escaparse de; meterse en, escurrirse. **To creep out**, salir sin hacer ruido. **To creep on**, acercarse insensiblemente. **To creep and crouch**, hacer la gata ensogada. **To creep up**, trepar a; encaramarse. *-s.* 1. Acción de serpear. 2. *pl.* Sensación nerviosa como de hormigueo sobre la piel.

creep up on, **They crept up on him**, se le acercaron sigilosamente. **Old age creeps up on you**, vas envejeciendo sin darte cuenta.

creep *s.* 1. *(Coloq.)* Asqueroso (unpleasant person); adulador, pelota, chupamedias, lambiscón, lambón (favor-seeking person). 2. **Creeps**, *pl.* *(Coloq.)* **To give somebody the creeps**, ponerle los pelos de punta a alguien, darle escalofríos a alguien.

creeper ['kriːpər] [kri-pa[r]], *s.* 1. El que o lo que anda arrastrándose. 2. *(Bot.)* Planta enredadera; solano trepador. 3. Un ave pequeña; las hay de varias especies. 4. Garfio, garabato para sacar objetos de un pozo o estanque. 5. Ramplón de zapato. Cf. CRAMPON, acep. 3.

creep-hole ['kriːphəʊl] [krip-joul], *s.* 1. Huronera, hueco o agujero que sirve de refugio a un animal cualquiera. 2. Pretexto excusa, escapatoria.

creepingly ['kriːpɪŋlɪ] [kri-pin-li], *adv.* A paso de tortuga, muy lentamente.

creepy ['kriːpɪ] [kri-pi] *a.* *(Coloq.)* Escalofriante, espeluznante (story, film); repulsivo, asqueroso (person).

creepy-crawly [kriːpɪ,krɔːlɪ] [kri-pi-kro-li] *s.* *(Coloq.)* Bicho.

cremate [krɪ'meɪt] [kri-meit], *va.* Quemar (los cadáveres, los desechos, etc.), reducir a cenizas; incinerar.

cremation [krɪ'meɪʃən] [kri-mei-shon], *s.* Cremación, quema, el acto de quemar, especialmente de quemar los cadáveres.

crematorium [,kremə'tɔːrɪəm] [kre-ma-to-rium] *s.* Crematorio.

crematory ['kremətərɪ] [kre-ma-to-ri], *s.* Crematorio, quemadero, lugar para quemar los cadáveres; el edifico y el horno.

crème caramel ['krem'kærəməl] [krem-ka-ra-mel] *s.* Flan.

crème de la crème ['kremdəlɑː'krem] [krem-da-la-krem] *s.* La flor y nata, la crema.

crème de menthe ['kremdəmɒːnθ] [kem-de-monz] *s.* Crema de menta.

cremor ['kremər] [kre-mo[r]], *s.* Crémor.

crenate, crenated [krɪ'neɪt] [kri-neit], *a.* *(Bot.)* Crenífero, dentado con dientes redondeados.

crenelate ['krenɪleɪt] [kre-ni-leit], *va.* 1. Almenar, coronar de almenas un edificio, muralla, etc. 2. Dentar, festonear, recortar en festón.

creole ['kriːəʊl] [kri-oul], *s.* y *a.* Criollo.

creosote ['krɪəsəʊt] [krio-sout], *s.* Creosota.

crepe, crêpe [kreɪp] [kreip], *s.* 1. Crep, crepé (fabric). Crespón. **Crêpe de chine**, crespón de seda. 2. *(Culin.)* Crep, crêpe, panqueque, crepa (pancake).

crêpe paper [kreɪp'peɪpər] [krep-pei-pa[r]], *s.* Papel crepé.

crepitate ['krepɪteɪt] [kre-pi-teit], *vn.* Crepitar, chisporrotear, arder chispeando, como la sal en el fuego; chirriar.

crept, *pret.* y *pp.* de TO CREEP.

crepuscule [krɪ'pʌskjʊl] [kri-pius-kiul], *s.* Crepúsculo.

crepuscular, crepusculine [krɪ'pʌskjʊlər] [kri-pius-kiu-la[r]], **crepusculous** [krɪ'pʌskjʊləs] [kri-pius-kiu-los], *a.* Crepuscular.

crescendo [krɪ'ʃendəʊ] [kri-shen-dou], *a.* *(Mús.)* Que va aumentándose gradualmente en fuerza. *-s.* Aumento gradual del volumen del sonido. Punto culminante (climax).

crescent ['kresnt] [kresnt], *a.* Creciente. *-s.* 1. Creciente, el primer cuarto de la luna. 2. Cualquier cosa que tiene figura semicircular. Media luna (shape).

crescive ['kresɪv] [kre-siv], *a.* *(Ant.)* Creciente.

cress [kres] [kres], *s.* *(Bot.)* Lepidio, mastuerzo. **Water-cress**, berro.

cresset ['kresɪt] [kre-sit], *s.* 1. Fanal o farol. 2. Antorcha, lámpara. 3. Trébedes.

crest [krest] [krest], *s.* 1. Crestón de celada o cimera de morrión; cresta o copete. 2. Orgullo, altanería. **Crest of a horse**, el cuello del caballo. 3. *(Her.)* Emblema, divisa. **Crest of a coat of arms**, cimera sobre el escudo de armas. 4. Cresta (of wave); cima of mountain). **To be on/ride (on) the crest of a wave**, estar en la cresta de la ola.

crest, *va.* Señalar alguna cosa con rayas; coronar; encopetar, erguir.

crested ['krestɪd] [kres-tid], *a.* Crestado, encopetado, coronado.

crestfallen ['krest,fɔːlən] [krest-fo-len], *a.* Acobardado, amedrentado, amilanado, abatido de espíritu, caído; con el rabo entre las piernas; con las orejas gachas.

crestless ['krestlɪs] [krest-les], *a.* Sin cimera, sin divisa; sin escudo de armas, de humilde estirpe.
cretaceous [krɪ'teɪʃəs] [kri-tei-shos], *a.* Gredoso, cretáceo, de la naturaleza de la greda.
cretan ['kri:tən] [kri-tan], *a.* Cretense, perteneciente a la isla de Creta.
cretated [krɪ'teɪtɪd] [kri-tei-tid], *a.* Dado de greda.
cretin ['kretɪn] [kre-tin], *s.* 1. *(Med.)* Cretino, la persona afectada de cretinismo. 2. Estúpido, imbécil (stupid person).
cretinism ['kretɪnɪzm] [kre-ti-nisem], *s.* Cretinismo, enfermedad incurable, caracterizada por deformidad del cuerpo y alteración de la mente. Ataca a los habitantes de regiones montañosas.
cretonne [kre'tɒn] [kre-ton], *s.* Cretona, tela de algodón, de superficie mate y estampada en colores.
cretose [kre'təʊs] [kre-tous], *a.* Cretáceo, gredoso.
crevasse [krɪ'væs] [kri-vas], *s.* 1. Grieta, hendedura profunda en un ventisquero. 2. *(E.U.)* Brecha en el dique de un río.
crevice [krɪ'vaɪs] [kri-vais], *s.* Raja, hendedura, grieta, abertura.
crevice, *va. V.* CRACK.
crew [kru:] [kru], *s.* 1. Cuadrilla, banda, tropa, reunión de personas congregadas para algún intento, (gag, band). 2. *(Mar. Aer.)* Tripulación. **Cabin/flight/ground crew**, personal de cabina/vuelo/tierra. **Crew member**, miembro de la tripulación, tripulante. 3. Equipo (team). *(Cin.)* **Crew film**, equipo de rodaje o filmación.
crew, *pret.* ant. del verbo TO CROW.
crewcut ['kru:kʌt] [kru-kat], *s.* Corte de pelo al cepillo.
crewneck ['kru:nek] [kru-nek] *s.* Cuello redondo.
crewel ['kru:əl] [kruel], *s.* Ovillo de estambre.
crib [krɪb] [krib], *s.* 1. Pesebre, belén, nacimiento (Nativity's scene). 2. Camita de niño con barandilla por los lados. Cuna (child's bed). **Rattan crib**, camita de junquillo o bambú. 3. Arcón, arca para las mieses; granero de rejilla (for storing grain). 4. *(Min.)* Brocal de entibación. 5. *(Hid.)* Cofre, cajón; balsa pequeña. 6. Fuerte base o estribo flotante. 7. Robo de menor cuantía, y el objeto robado; plagio. 8. *(Des.)* Choza, casucha, chiribitil. 9. *(Coloq.)* Chuleta o acordeón o torpedo (for cheating in exam). Refrito, plagio (plagiarism). Traducción (translation).
crib, *va.* 1. Enjaular, encerrar como en un pesebre. 2. Quitar, hurtar. 3. Copiar (answer). *vn.* Copiar.
cribbage ['krɪbɪdʒ] [kri-bich], *s.* Un juego de naipes.
crib death ['krɪbdeθ] [krib-dez] *s.* Muerte de cuna, muerte súbita (infantil).
cribble ['krɪbl] [kribol], *s.* Criba, harnero; aventador.
crible, *va.* Cerner, pasar por el cedazo o criba.
cribriform [krɪbrɪ'fɔ:m] [kri-bri-form], *a.* Cribiforme, que tiene forma de criba.
crick [krɪk] [krik], *s.* 1. Chirrido o chirrio. 2. Calambre, afección espasmódica local del cuello o espalda. **Crick in the neck**, tortícoli.
crick *va.* **To crick one's neck**, hacer un mal movimiento con el cuello.
cricket ['krɪkɪt] [kri-ket], *s.* 1. *(Ent.)* Grillo. 2. Vilorta, un juego. *(Sport)* Críquet (game). **That's not cricket**, eso no es jugar limpio. 3. Cáncana, banquillo, escabelito.
cricketer ['krɪkɪtər] [kri-ki-ta[r]], *s.* Vilortero.
crier ['kraɪər] [kraia[r]], *s.* Pregonero.
crime [kraɪm] [kraim], *s.* 1. Crimen (murder); delito (wrongful act); culpa. **It's a crime to waste such talent**, es un crimen o un pecado desperdiciar un talento así. 2. Delincuencia (criminal activity). **Crime doesn't pay**, no hay crimen sin castigo. De criminalidad (rate, figures). **Crime wave**, ola delictiva.
criminal ['krɪmɪnl] [kri-mi-nal], *a.* 1. *(Law)* Delictivo (act/ of crime); criminal (organization, mind). **Criminal court**, juzgado en lo penal. **Criminal law**, derecho penal. **Criminal lawyer**, abogado criminalista o penalista. **To start criminal proceedings against somebody**, iniciar proceso criminal o enjuiciamiento contra alguien. 2. *(Coloq.)* Vergonzoso (shameful).
criminal *s.* Delincuente; criminal (serious offender).
criminality [ˌkrɪmɪ'nælɪtɪ] [kri-mi-na-li-ti], *s.* Criminalidad.
criminally ['krɪmɪnəlɪ] [kri-mi-na-li], *adv.* Criminalmente. **An institution for the criminally insane**, una institución penitenciaria para delincuentes psicóticos.
criminalness ['krɪmɪnəlnɪs] [kri-mi-nal-nes], *s.* Criminalidad.
criminal record *s.* Antecedentes penales, prontuario.
criminate ['krɪmɪneɪt] [kri-mi-neit], *va.* Acriminar, acusar.
crimination ['krɪmɪneɪʃən] [kri-mi-nei-shon], *s.* Criminación o acriminación.
criminatory ['krɪmɪnətərɪ] [kri-mi-na-to-ri], *a.* Acriminatorio, acusatorio.
criminology [ˌkrɪmɪ'nɒlədʒɪ] [kri-mi-no-lo-yi], *s.* Criminología, estudio e investigación científicos de materias referentes a los crímenes y a los delincuentes.
criminous ['krɪmɪnəs] [kri-mi-nos], *a.* Criminal, malvado, inicuo, criminoso.
criminously ['krɪmɪnəslɪ] [kri-mi-nos-li], *adv.* Criminalmente.
crimosin *(Des.) V.* CRIMSON.
crimp [krɪmp] [krimp], *a.* 1. Quebradizo, desmenuzable, fácil de desmenuzarse. 2. Contradictorio, fácil de contradecir. 3. Tieso, rígido, como almidonado y planchado.
crimp, *s.* 1. Lo que está encrespado; rizo; se usa en plural. 2. Aparato o instrumento para rizar o encrespar. 3. Sargento que engancha reclutas; también el que con engaño conduce a otros a un sitio determinado para robarlos o maltratarlos. *(Coloq.)* **To put a crimp in something**, obstaculizar o dificultar algo.
crimp, *va.* Torcer, rizar o encrespar; alechugar, dar una forma ondeada. Rizar, ondular con tenacillas (hair).
crimping ['krɪmpɪŋ] [krim-pin], *pa.* de TO CRIMP. **Crimping-iron**, tenacillas, hierros para rizar. **Crimping-machine**, máquina de estampar en relieve.
crimple [krɪmpl] [krimpl], *va.* Encrespar, encoger, arrugar, rizar.
crimpy ['krɪmpɪ] [krim-pi] *a.* Que presenta la aparición de rizado; encrespado.
crimson ['krɪmzn] [krim-son], *a.* Carmesí. **To turn/flush crimson**, ponerse colorado o rojo. *-s.* Carmesí.
crimson, *va.* Teñir de carmesí.
cringe [krɪndʒ] [krinch], *s.* Bajeza.
cringe, *vn.* 1. Incensar, lisonjear, adular con bajeza. 2. Encogerse (shrink, cower). **I cringed at his jokes**, sus chistes me hacían sentir vergüenza ajena. 3. Arrastrarse (grovel). *-va.* Estrechar.
cringer ['krɪndʒər] [krin-cha[r]], *s.* Adulador servil.
cringing ['krɪndʒɪŋ] [krin-chin], *a.* Bajo, vil.
crinigerous ['krɪnɪdʒərəs] [kri-ni-che-ros], *a.* Peludo, lleno de pelo, cabelludo.
crinkle ['krɪŋkl] [krin-kol], *vn.* Serpentear; arrugar. *-va.* Hacer desigualdades, arrugarse.
crinkle, *s.* 1. Vuelta y revuelta, recodo; sinuosidad. 2. Arruga.
crinkly ['krɪŋklɪ] [krin-kli] *a.* Arrugado (material, face); rizado (hair).
crinoid ['krɪnɔɪd] [kri-noid], *s.* Crinóideo, género de equinodermos.
crinoline ['krɪnəlaɪn] [kri-no-lain], *s.* 1. Tela de crin. 2. Crinolina, ahuecador o miriñaque de mujer, de tela de crin.
crinose ['krɪnəʊs] [kri-nous], *a.* Peloso, peludo, cabelludo.
cripple [krɪpl] [kri-pel], *s.* y *a.* Cojo, manco, tullido, estropeado. *(Mar.)* Desarbolado, desmantelado.
cripple, *va.* 1. Derengar, estropear, encojar, tullir, baldar, estropear. **He was crippled for life**, quedó lisiado de por vida (lame, disable). **He's crippled with arthritis**, la artritis lo tiene casi inmovilizado. **A crippled arm**, un brazo tullido. 2. Inutilizar (make inactive, ineffective/ship, plane); paralizar (industry).

crippling ['krɪplɪŋ] [kri-plin] *a.* Agobiante (costs, debts); de consecuencias catastróficas (losses, strike); atroz (pain).
crisis ['kraɪsɪs] [krai-sis], *s.* Crisis; momento crítico; cambio decisivo en una enfermedad, negocio, etc. **An identity crisis**, una crisis de identidad. **She's good in a crisis**, reacciona bien en los momentos difíciles. **To reach crisis point**, hacer crisis.
crisp [krɪsp] [krisp], *a.* 1. Crespo, rizado. 2. Vivo; quebradizo, frágil. 3. Achicharrado, tostado. **Crisp almonds**, almendras tostadas. 3. Crujiente, crocante (brittle/toast, bacon); fresco (fresh/lettuce); limpio y almidonado (sheets). 4. Frío y vigorizante (cold/air). 5. Seco (brisk, concise/manner); escueto (style).
crisp *s.* Papa o patata frita de bolsa, chip. **To burn something to a crisp**, achicharrar algo.
crisp, *va.* 1. Crespar, encrespar, torcer, rizar; ondular. 2. Hacer quebradizo o frágil. 3. Trenzar, entrelazar.
crispate ['krɪspeɪt] [kris-peit], *a.* Desigual, sinuoso, arrugado.
crispation ['krɪspeɪʃən] [kris-pei-shon], *s.* 1. Contracción ligera o constricción espasmódica; acción de arrugar. 2. *(Des.)* Encrespadura, crispatura.
crispbread ['krɪspbred] [krisp-bred] *s.* Galleta delgada y crujiente, generalmente de centeno.
crisping-iron [krɪspɪŋ'aɪrən] [kris-pin-ai-on], **crisping-pin** [krɪspɪŋ'pɪn] [kris-pin-pin], *s.* Encrespador.
crispness ['krɪspnɪs] [krisp-nes], *s.* Rizado, encrespadura, fragilidad.
crispy ['krɪspɪ] [kris-pi], *a.* Crespo, rizado, desmenuzable, frágil.
crisscross ['krɪskrɒs] [kris-kros], *a.* Cruzado o entrelazado en diferentes direcciones; dícese de líneas, etc. *-s.* 1. Cruz o firma del que no sabe escribir. 2. Líneas cruzadas entre sí. 3. Juego de niños. *-va.* Cruzar líneas. Entrecruzar.
criss-cross-row ['krɪskrɒsrəʊd] [kris-kros-roud], *s.* Cristus. *V.* CHRIST-CROSS-ROW.
criterion [krɪtərɪən] [kri-te-rion], *s.* Crisis, crítica o criterio.
critic, critical ['krɪtɪk] [kri-tik], *a.* 1. Crítico, exacto, escrupuloso (censorious/remark, report). **Critical affair**, negocio delicado. **To be critical of something/somebody**, criticar a algo/alguien. 2. *(Med.)* Crítico, que indica una crisis; difícil, peligroso, decisivo. 3. Crítico, relativo al examen y censura de las obras literarias o de arte. 4. Quisquilloso, caviloso. 5. Crítico (very serious/condition, shortage); crítico (decisive, crucial/period); de importancia fundamental (decision).
critic, *s.* 1. *(Art, Theat., Lit.)* Crítico, censor. 2. Crítica, observación crítica, examen crítico.
critically ['krɪtɪkəlɪ] [kri-ti-ka-li], *adv.* 1. Exactamente, rigurosamente. **She looked critically at her reflection**, miró con ojo crítico la imagen que le devolvía el espejo. **She spoke rather critically of him**, habló de él en tono d crítica (censoriously). 2. Gravemente (ill).
criticalness ['krɪtɪkəlnɪs] [kri-ti-kal-nes], *s.* Crítica.
criticism ['krɪtɪsɪzəm] [kri-ti-si-zem], *s.* 1. Crítica, juicio fundado en las reglas del buen gusto. 2. Crítica, censura de las acciones ajenas.
criticize, criticise ['krɪtɪsaɪz] [kri-ti-sais], *vn.* Criticar. *-va.* Censurar.
criticizer ['krɪtɪsaɪzər] [kri-ti-sai-sa[r]], *s.* Crítico.
critique [krɪ'tiːk] [kri-tik], *s.* 1. Crítica, examen crítico de alguna cosa; revista. 2. Crítica, el arte de juzgar el mérito de las obras.
critter ['krɪtər] [kri-ta[r]] *s.* *(Sl.)* Bicho.
croak [krəʊk] [krouk], *vn.* 1. Graznar, crascitar o crocitar (raven); cantar, croar (frog); hablar con voz ronca (person). 2. Gruñir, murmurar entre dientes, presagiar mal. 3. *(Sl.)* Estirar la pata (die). *va.* Decir con voz ronca (utter).
croak, *s.* Graznido (of raven); croar, canto (of frog); voz ronca, graznido (of person).
croaker ['krəʊker] [krou-ka[r]], *s.* Gruñidor, refunfuñador; nombre de desprecio con que se moteja al que da demasiada importancia a los acontecimientos políticos.
croaking ['krəʊkɪŋ] [krou-kin], *pa.* de TO CROAK. *-s.* 1. Graznido del cuervo; canto de la rana. 2. *(Fam.)* Gruñido, refunfuño.
croat ['krəʊt] [krout], *s.* Croata, habitante o natural de Croacia.
croatian ['krəʊ'eɪʃɪən] [krou-ei-shian], *a.* Croata, de Croacia. *s.* Croata.
croceous ['krəʊsɪəs] [krou-sios], *a.* (Poco us.) Azafranado.
crochet ['krəʊʃeɪ] [krou-shei], *va.* y *vn.* Tejer con gancho, hacer cierta labor de aguja con hilo de lana, seda o algodón. *-s.* Tejido de gancho; crochet, ganchillo. **Crochet needle**, gancho para tejer.
crock [krɒk] [krok], *s.* 1. Escudilla, cazuela, orza; olla de barro (earthen vessel). 2. *(Sl.)* **Ain't that a crock!**, ¡qué estupidez! (nonsense). Antigualla, cacharro (decrepit thing); *(GB Coloq.)* Vejestorio (decrepit person).
crockery ['krɒkərɪ] [kro-ke-ri], *s.* Vidriado, loza, todo género de vasijas de barro; vajilla.
crocodile ['krɒkədaɪl] [kro-ko-dail], *s.* Cocodrilo, crocodilo o caimán. **To shed/weep crocodile tears**, derramar o llorar lágrimas de cocodrilo.
crocus ['krəʊkəs] [krou-kos], *s.* 1. *(Bot.)* Azafrán. 2. Azafrán croco o de Marte; rojo de pulir.
croft [krɒft] [kroft], *s.* Campo pequeño cercano a una casa; huerta o tierra pequeña cercada.
croissant ['krwʌsɑːŋ] [krua-san] *s.* Croissant, medialuna, cachito, cuernito.
cromlech ['krɒmletʃ] [krom-lech], *s.* Círculo de piedras verticales que a menudo rodean un dolmen; monumento megalítico. *V.* DOLMEN.
crone ['krəʊn] [kroun], *s.* 1. Mujer vieja. *(Fam.)* Una tía, una comadre. 2. Oveja vieja.
crony ['krəʊnɪ] [krou-ni], *s.* Compinche, camarada, amigo y conocido antiguo. **An old crony**, un amigo de muchos años; un conocido viejo.
crook [krʊk] [kruk], *s.* 1. Curvatura, curva; cosa encorvada. Parte interior del codo (of the arm). 2. Gancho, garfio. 3. Gancho o cayado de pastor. 4. Artificio, trampa. 5. *(Fam.)* Un criminal de profesión; fullero, petardista; sinvergüenza, pillo (criminal).
crook, *va.* 1. Encorvar, torcer. Doblar (finger, arm). 2. *(Ant.)* Pervertir, separar del camino recto. *-vn.* Estar encorvado.
crook-backed ['krʊkˌbeɪkɪd] [kruk-bei-kid], *a.* Jorobado, corcovado, gibado, giboso.
crooked ['krʊkɪd] [kru-kid], *a.* 1. Corvo, encorvado (back); torcido, chueco (line, legs); oblicuo. Sinuoso, lleno de curvas (path). Torcido (smile). **She gave me a crooked grin**, me hizo una mueca. 2. *(Fig.)* Perverso, pervertido, malvado. *(Coloq.)* Deshonesto, chueco (dishonest/person, deal). **Crooked legs**, patituerto o piernas tuertas. **Crooked line**, línea curva. **To go crooked**, encorvarse, torcerse.
crookedly ['krʊkɪdlɪ] [kru-kid-li], *adv.* Torcidamente de través; de mala gana.
crookedness ['krʊkɪdnɪs] [kru-kid-nes], *s.* 1. Corvadura, corcova. 2. Perversidad, maldad, iniquidad. 3. Vueltas, sinuosidades, anfractuosidades.
crook-neck ['krʊknek] [kruk-nek], *a.* Que tiene el cuello torcido. *-s.* Variedad de calabaza que toma el nombre de cuello largo y retorcido.
croon [kruːn] [krun], *va.* Cantar o canturrear suavemente, con delicadeza. *-vn.* 1. Cantar en tono bajo y monótono. 2. Gruñir sordamente.
crooner ['kruːnər] [kru-ne[r]] *s.* Cantante melódico.
crop [krɒp] [krop], *s.* 1. Cosecha (quantity of produce); cultivo (type of produce); las mieses. **Crop rotation**, rotación de cultivos. *(Coloq.)* Tanda (batch). 2. Crecimiento de cabellos o barba. 3. Cortadura. Corte de pelo muy corto (haircut). 4. Empuñadura de látigo; fusta, fuete (riding crop). 5. Caballo desorejado. 6. Buche de ave.
crop, *va.* 1. Segar o cortar las mieses o hierba. 2. Pacer o roer la hierba. 3. Desorejar, cortar las orejas o los cabellos; esquilar (los perros o las caballerías). Cortar muy corto (cut/hair).

crop up *(Coloq.)* Surgir (occur, present itself). **Something must have cropped up at work**, debe haber surgido algún problema en el trabajo. **One phrase that crops up again and again**, una frase que se repite constantemente.
crop-eared [krɒp'ɛərd] [krop-eard], *a.* Desorejado.
cropful ['krɒpfʊl] [krop-ful], *a.* Harto, hartado, ahíto.
cropper ['krɒpər] [kro-par], *s.* 1. Especie de paloma que tiene el buche grande. *V.* POUTER. 2. *(Coloq.)* **To come a cropper**, darse o pegarse un porrazo (fall). Fracasar por completo (suffer defeat, disaster).
cropping ['krɒpɪŋ] [kro-pin], *s.* 1. Corta, acción de cortar. 2. Pasto, acción de pastar. 3. Esquileo de los animales. 4. Siega, cultivación de una cosecha. 5. Porción aparente de un estrato en un terreno.
cropsick ['krɒpsɪk] [krop-sik], *a.* Ahíto, ahitado, relleno.
croquet ['krəʊkeɪ] [krou-kei], *s.* Raqueta, croquet, juego al aire libre con bolas, mazos y arcos de alambre. Pueden jugarlo de dos a ocho personas. *-va.* Hacer cierta jugada especial en el juego de este nombre.
croquette [krəʊ'ket] [krou-ket], *s.* Croqueta. **Chicken croquettes**, croquetas de pollo.
crosier ['krəʊʒər] [krou-siar], *s. V.* CROZIER.
cross [krɒs] [kros], *s.* 1. Cruz, instrumento de suplicio entre los antiguos. 2. *(Rel.)* Cruz, emblema del cristianismo. **To make the sign of the cross**, hacer la señal de la cruz. 3. Peso, carga, trabajo; oposición; pena, aflicción, desgracia, tormento, revés. **We all have our cross to bear**, todos cargamos con o llevamos nuestra cruz. 4. Cruz, insignia honorífica de algunas órdenes militares y civiles (mark, sign). 5. *(Biol.)* Cruce, mezcla de las diferentes especies de plantas o de las castas de animales (hybrid). 6. *(Sport)* Pase cruzado (in soccer). Cruzado, cross (in boxing). **Crosses are ladders leading to heaven**, *(Prov.)* las cruces llevan al cielo. **The cross on the breast and the devil in action**, la cruz en la frente y el diablo en la obra. **The Southern Cross**, la Cruz del Sur, constelación del hemisferio austral.
cross, *a.* 1. Contrario, opuesto, atravesado. 2. Malhumorado, enojado, enfadado, picado; caprichoso, cabezudo, impertinente, revoltoso, regañón. **To get cross**, enojarse, enfadarse. **It makes me cross**, me da rabia. **To be cross about something**, estar enojado o enfadado por algo. 3. Desgraciado, infausto. 4. Alternado, cruzado; dícese de una raza o linaje. 5. Displicente, desabrido, de mal genio o natural. *(For.)* **Cross-question, cross-interrogatory**, repregunta, examen de la parte contraria.
cross, *prep.* Al través; de una parte a otra.
cross, *va.* 1. Trazar una línea al través de. **To cross the t**, ponerle el palito a la t (put line through). 2. Borrar, cancelar, rayar: con las preposiciones *off o out*. 3. Cruzar, poner o trazar en forma de cruz. Cruzar (arms, legs). *(Telec.)* **We have a crossed line**, se han cruzado las líneas. *(Coloq.)* **I think maybe we've got our wires crossed**, me parece que no hablamos de lo mismo. **The two streets cross each other**, las dos calles se cruzan. 4. Atravesar, cruzar, pasar de una parte a otra (go across/road). Cruzar, atravesar (river, desert). **It crossed my mind that ...**, se me ocurrió que ..., me pasó por la cabeza que ... 5. Señalar con la señal de la cruz. 6. Vejar; frustrar (plans); desbaratar. Contrariar (go against/ person). 7. Contradecirse uno a sí mismo. 8. Cruzar, mezclar las castas (plants, breeds). *(Sport)* Cruzar, tirar cruzado (ball). *-vn.* Estar al través, cruzarse (paths, roads, letters). **To cross over**, atravesar de un lado a otro pasando por encima de una cosa; pasar del lado de allá al de acá. *-vr.* **To cross oneself**, persignarse, santiguarse, hacerse la señal de la cruz.
cross off Tachar (name, item). **She crossed it off the list**, lo tachó de la lista.
cross out Tachar (name, item).
cross-armed [krɒs'ɑːmd] [kros-armd], *a.* 1. Cruzado de brazos. 2. *(Bot.)* Los árboles y arbustos, cuyas ramas se cruzan.
crossbar ['krɒsbɑːr] [kros-bar] *s.* Barra (on bicycle); larguero, travesaño horizontal (of goal); listón (in pole vaulting, high jump).
cross-barred ['krɒsbɑːrəd] [kros-ba-red], *a.* Atravesado, atorado.
cross-bar-shot [ˌkrɒsbɑː'ʃɒt] [kros-bar-shot], *s.* *(Mar.)* Palanqueta.
cross-bearer [krɒs'bɪərər] [kros-bea-rar], *s.* Crucífero.
cross-bill ['krɒsbɪl] [kros-bil], *s.* 1. Escrito o cargo producido por el demandado contra el demandante. 2. **Cross-bill** o **cross-beak** *(Orn.)* picogordo.
cross-bow ['krɒsbəʊ] [kros-bou], *s.* Ballesta.
cross-bower ['krɒsbəʊər] [kros-bouar], **cross-bowman** ['krɒsbəʊmən] [kros-bou-man], *s.* Ballestero.
crossbred ['krɒsbred] [kros-bred] *a.* Cruzado.
crossbreed ['krɒsbriːd] [kros-brid] *s.* Cruce, cruza.
cross-bun ['krɒsbʌn] [kros-ban], *s.* Bollo señalado con una cruz.
cross-chanel ['krɒsˌtʃænl] [kros-cha-nel] *a.* Que cruza el Canal de la Mancha (ferry/traffic).
cross-check ['krɒstʃek] [kros-chek] *va.* Verificar consultando otras fuentes (facts, references). **To cross-check something against something**, cotejar algo con algo. *-vn.* Hacer una comprobación o verificación.
cross-check *s.* Comprobación, verificación.
cross-country ['krɒs'kʌntrɪ] [kros-ken-tri] *a.* Campo a través, a campo traviesa, a campo través (across countryside/ route, drive); de fondo (skiing). **Country-cross race**, cross.
cross-country *adv.* Campo través, a campo traviesa, a campo través (across countryside/travel, drive).
cross-cut ['krɒskʌt] [kros-kat], *va.* Intersectar, cortar al través. *-s.* Senda traviesa, camino más corto.
cross-examination ['krɒsɪgˌzæmɪ'neɪʃən] [kros-ek-sa-mi-nei-shon], *s.* *(For.)* Repreguntas que se hacen a un testigo sobre la declaración que ha dado.
cross-examine ['krɒsɪg'zæmɪn] [kros-ek-sa-min], *va.* Examinar o repreguntar a un testigo sobre su declaración.
cross-eye ['krɒsai] [kros-ai], *s.* Estrabismo.
cross-eyed ['krɒsaid] [kros-aid], *a.* Bizco, bisojo.
cross-fertilize ['krɒs'fɜːtɪlaɪz] [kros-fer-ti-lais], *va.* Fertilizar una flor por medio del polen de otra.
crossfire ['krɒsfaɪər] [kros-faiar] *s.* Fuego cruzado.
cross-flow ['krɒsflaʊ] [kros-flau], *vn.* Fluir o correr en dirección contraria, al través de.
cross-grained ['krɒsgreɪnd] [kros-greind], *a.* 1. Vetado o veteado; (madero) de fibras atravesadas y difícil de cortar y trabajar. 2. *(Fig.)* Perverso, intratable, desabrido, de mal natural.
crossing ['krɒsɪŋ] [kro-sin] *s.* 1. El acto de señalar con la cruz, oposición. 2. Travesía, paso; lugar donde se puede cruzar, pasar o vadear algo. 3. Cruzado de una tela; encrucijada, cuatro calles; en los ferrocarriles, cruce de vía, vía diagonal.
cross-jack ['krɒsjæk] [kros-yak], *s.* *(Mar.)* Vela seca.
cross-legged ['krɒslegd] [kros-legd], *a.* Patizambo. *-adv.* Con las piernas cruzadas.
crossly ['krɒslɪ] [kros-li], *adv.* Contrariamente; enojadamente. **No, she said crossly**, no, dijo enojada.
crossness ['krɒsnɪs] [kros-nes], *s.* 1. Mal humor; enfado, enojo. 2. Malicia, perversidad. 3. Travesía.
cross-piece ['krɒspiːs] [kros-pis], *s.* *(Mar.)* Cruz de las bitas; *(Carp)* Travesaño, cruceta. **Cross-piece of the forecastle**, *(Mar.)* atravesaño del propao del castillo.
cross-purpose ['krɒspɜːpəs] [kros-per-pos], *s.* 1. Disposición contraria. **We're talking at cross-purposes**, estamos hablando de cosas distintas. 2. Enigma, juego, diversión casera.
cross-question ['krɒs'kwestʃən] [kros-kues-tion], *va.* *(For.)* Repreguntar. *V.* CROSS-EXAMINE.
cross reference ['krɒs'refərəns] [kros-re-fe-rens], *s.* Referencia cruzada, remisión del lector de una parte de un texto a otra.
cross-road ['krɒsrəʊd] [kros-roud], *s.* Atajo, trocha, camino que acorta una distancia. **Cross-roads**, encrucijada, cuatro caminos; ocurre a menudo en las aldeas pequeñas.

cross-row ['krɒsrəʊ] [kros-rou], *s.* Alfabeto, cartilla.

cross-section ['krɒs'sekʃən] [kros-sek-shon], *s.* Corte transversal. Sección. **A cross-section of society**, una muestra representativa de los distintos estratos sociales.

cross-staff ['krɒsstæf] [kros-staf], *(Mar.)* Ballestilla.

crosstown ['krɒsstaʊn] [kros-staun] *a.* Que cruza o atraviesa la ciudad.

cross-trees ['krɒstriːs] [kros-tris], *s. pl. (Mar.)* Crucetas, baos de gavia.

crosswalk ['krɒswɔːk] [kros-uok] *s.* Cruce o paso de peatones.

cross-way ['krɒsweɪ] [kros-uei], *s.* Senda; camino de travesía. *V.* CROSS-ROAD.

cross-wind ['krɒswɪnd] [kros-uind], *s.* Viento atravesado.

crosswise ['krɒswaɪz] [kros-uais], *adv.* 1. De través, al través; de una parte a otra. 2. En forma de cruz.

crossword puzzle ['krɒswɔːd'pʌzl] [kros-ued-pasol], *s.* Crucigrama.

crosswort ['krɒswɔːt] [kros-uort], *s. (Bot.)* Cruzciata.

crotch [krɒtʃ] [kroch], *s.* 1. Gancho, corchete; horquilla, cruz. 2. Entrepierna.

crotchet ['krɒtʃɪt] [kros-chit], *s.* 1. Capricho, entusiasmo; idea o pensamiento extravagante. **It/he has its/his little crotchets!**, ¡tiene sus mañas! 2. Corchea, nota musical cuyo valor es una cuarta parte de la semibreve. 3. Garfio pequeño. 4. Corchete, carácter o signo de imprenta así []. *V.* BRACKET. 5. Instrumento de obstetricia.

crotchety ['krɒtʃɪtɪ] [kro-chi-ti], *a.* Caprichoso, extravagante, raro. Cascarrabias, malhumorado.

crouch ['krəʊtʃ] [krouch], *va.* Agacharse, ponerse en cuclillas (person) **To crouch down**, agacharse; abatirse, bajarse; adular con bajeza.

croup [kruːp] [krup], *s.* 1. Obispillo o rabadilla de ave; anca, grupa (de caballo). 2. Crup, garrotillo, enfermedad de los conductos respiratorios que ataca a los niños.

croupier ['kruːpɪəɪ] [kru-piei] *s.* Crupier, croupier.

crouton ['kruːtən] [kru-ton] *s.* Crutón, picatoste.

crow [krəʊ] [krou], *s.* 1. *(Zool.)* Cuervo, ave de rapiña. 2. **Crow, crowbar**, barra, palanca de hierro; pie de cabra. 3. Cacareo (cry/of rooster). **As the crow flies**, en línea recta. **To eat crow**, *(E.U.)* desdecir uno sus palabras, contradecirse.

crow, *vn.* 1. Cantar el gallo. 2. Gallear, jactarse, cantar victoria, hacer alarde de, pavonearse (exult). **To crow over one**, afectar superioridad sobre alguno; bravear, echar bravatas. *-va.* Alardear.

crowd [kraʊd] [kraud], *s.* 1. Tropel, gentío, turba, concurso; apretura; muchedumbre, tumulto, (gathering of people); populacho, vulgo. **There was quite a crowd**, había mucha gente. **Crowd of shoppers**, multitud de clientes. 2. Antiguo instrumento músico de Irlanda y Gales, parecido al violín. Fue el primero de su clase que se tocó con arco. **To get through the crowd**, atravesar o abrirse camino por medio del gentío. **To go with/follow the crowd**, seguir a la manada, dejarse arrastrar o llevar por la corriente (masses, average folk). *(Coloq.)* **They're a nice crowd**, son gente simpática (group, set).

crowd *vn.* Aglomerarse. **They crowded around him**, se aglomeraron a su alrededor. **They crowded into the hall**, entraron en tropel a la sala. *-va.* Llenar, abarrotar (people/ hall, entrance). **Don't try to crowd everything onto one page**, no trates de meter todo en una página.

crowded ['kraʊdɪd] [krau-ded] *a.* Abarrotado, atestado, lleno de gente (street, room, bus). **The beach gets very crowded**, la playa se llena de gente.

crowd-puller ['krəʊd,pʊlər] [kraud-pu-la^r] *s. (Coloq.)* Gran atracción, espectáculo o persona que atrae mucho público.

crowfoot ['krəʊfʊt] [krou-fut], *s.* 1. *(Bot.)* Ranúnculo. 2. *(Mar.)* Araña. 3. *(Mil.)* Abrojo. *V.* CALTROP. 4. *(Elec.)* Cierta clase de cinc de batería que se usa en una celda de gravedad.

crown [kraʊn] [kraun], *s.* 1. Corona, ornamento honorífico de los reyes y príncipes soberanos; y por extensión, la monarquía, el poder real y la dignidad de monarca. *(Law, Govt.)* **The Crown**, la corona. 2. Premio. 3. Guirnalda de flores. 4. Coronilla (of head); copa (of hat). 5. Copa (of tree); cima (top/of hill). Centro (of road). 6. Complemento, colmo. 7. *(Fin.)* Moneda de plata en Inglaterra del valor de cinco chelines. 8. Corona, parte del diente que se halla fuera de la encía. 9. *(Arq.)* Corona, coronamiento de bóveda o arco; parte de la cornisa que está debajo del cimacio y la gola. **Crown lands**, *(Ingl.)* bienes raíces que pertenecen al soberano.

crown, *va.* 1. Coronar (make monarch); recompensar, premiar; completar, dar la última mano. 2. Coronar, rematar (surmount). Coronar (be culmination of). **To crown it all, I lost my wallet**, y para rematarla, perdí la billetera. 3. *(Dent.)* Poner una corona en (tooth). 4. *(Coloq.)* Darle un coscorrón a (hit).

crown court [kraʊn'kɜːt] [kraun-kort] *s.* (in UK) Juzgado que conoce de causas de derecho penal.

crownet, *s. V.* CORONET.

crown-glass [kraʊnglɑːs] [kraun-glas], *s.* Vidrio fino para vidrieras. *V.* GLASS.

crowning ['kraʊnɪŋ] [krau-nin], *s. (Arq.)* Remate. *a.* Supremo, mayor (success, achievement).

crown jewels [kraʊn'juːəlz] [kraun-yuels] *s. pl.* Joyas de la corona.

crown prince ['kraʊnprɪns] [kraun-prins] *s.* Príncipe heredero.

crown princess [kraʊn'prɪnsəs] [kraun-prin-ses] *s.* Princesa heredera.

crown-wheel ['kraʊnwiːl] [kraun-uil], *s.* Rueda superior próxima al volante del reloj.

crown-works ['kraʊnwɜːks] [kraun-uerks], *s.* Obra coronada, la que está separada del cuerpo de la plaza para defender algún puesto.

crow's-foot ['krəʊzfʊt] [krous-fut], *s.* 1. Pata de gallo, arruga que se forma en el ángulo externo del ojo. 2. Abrojo. *V.* CALTROP. 3. Punto de hacer bordado.

crozier ['kruːzɪər] [kru-sia^r], *a.* Cayado o báculo pastoral del obispo.

crucial ['kruːʃəl] [kru-shal], *a.* 1. Decisivo, conclusivo, final; que determina absolutamente la verdad o la falsedad de algo. 2. Cruzado, atravesado.

cruciate ['kruːʃɪeɪt] [kru-shieit], *a.* 1. Cruciforme, en forma de cruz. 2. Atormentado.

crucible ['kruːʃɪbl] [kru-sibol], *s.* Crisol, vasija que resiste la acción del fuego y sirve para fundir metales y otras cosas.

cruciferous ['kruːʃɪfərəs] [kru-si-fe-ros], **crucigercus** ['kruːʃɪgɜːkəs] [kru-si-guer-kus], *a.* 1. Crucífero, lo que lleva cruz. 2. *(Bot.)* Crucíferas, familia de plantas con flores de cuatro pétalos que forman cruz.

crucifier ['kruːsɪfəɪ] [kru-si-fia^r], *s.* Crucificador.

crucifix ['kruːʃɪfɪks] [kru-si-fiks], *s.* Crucifijo, la efigie o imagen de nuestro Señor crucificado.

crucifixion [,kruːʃɪ'fɪkʃən] [kru-si-fik-shon], *s.* Crucifixión.

cruciform ['kruːʃɪfɔːm] [kru-si-form], *a.* Cruciforme, en forma de cruz.

crucify ['kruːʃɪfaɪ] [kru-si-fai], *va.* 1. Crucificar (execute). 2. Atormentar, enojar. 3. *(Coloq.)* **They were crucified in the press**, la prensa los destrozó (treat severely).

crud [krʌd] [krad], *s.* 1. Porquería (impurities). 2. *V.* CURD.

crude [kruːd] [krud], *a.* 1. Crudo, indigesto, imperfecto. 2. Crudo, no refinado (oil/containing impurities); en estado que necesita preparación antes de ser usado. Rudimentario, burdo (unsophisticated). 3. *(Fig.)* Imperfecto, mal elaborado, mal concebido, superficial. 4. Ordinario, grosero (vulgar). *s.* Crudo.

crudely ['kruːdəlɪ] [kru-de-li] *adv.* 1. Groseramente (vulgarly). **To put it crudely**, hablando en plata. 2. De un modo rudimentario (roughly).

crudeness [kruːdnɪs] [krud-nes], **crudity** ['kruːdɪtɪ] [kru-di-ti], *s.* Crudeza, falta de madurez, imperfección. **Crudity**, lo crudo, lo indigesto o informe.

cruel [krʊəl] [kruel], *a.* Cruel, inhumano, bárbaro, terrible, feroz, sanguinario, despiadado, inclemente, atroz. Crudo (winter); duro (blow). **To be cruel to somebody**, ser cruel con alguien.

cruelly ['krʊəlɪ] [krue-li], *adv.* Cruelmente, dolorosamente, inhumanamente.

cruelness ['krʊəlnɪs] [kruel-nes], **cruelty** ['krʊəltɪ] [kruel-ti], *s.* Crueldad, inhumanidad, barbarie; tiranía, dureza.

cruet ['kruːɪt] [kruit], *s.* Ampolleta para aceite o vinagre; vinagrera, aceitera, alcuza.

cruet-stand [kruːɪt'stænd] [kruit-stand], *s.* Angarillas, vinagreras, salvilla en que se colocan las ampolletas de aceite, vinagre, mostaza, etc.

cruise [kruːz] [krus], *s.* 1. Travesía marítima. **To go on a cruise**, hacer un crucero. 2. Paseo por tierra. 3. Viaje en avión.

cruise, *vn.* 1. *(Mar.)* Navegar por el mar o a lo largo de la costa, hacer un crucero. 2. Patrullar (police car). 3. Volar, desplazarse (travel at a steady speed/plane); ir a una velocidad constante (car).

cruiser ['kruːzər] [kru-se^r], *s.* La persona o nave que hace viaje por mar; especialmente crucero, buque de guerra próximo en fuerza al *battle-ship* o acorazado y más ligero que éste.

cruising speed ['kruːzɪŋspiːd] [kru-sin-spid], *s.* Velocidad de crucero.

crum o crumb [krʌm] [kram], *s.* Miga, migajón (of bread, cake).

crum, crumb, *va.* 1. Migar, desmigajar, reducir a migajas. 2. Desmenuzar.

crumble ['krʌmbl] [kram-bel], *va.* Migar, desmigajar (bread); desmenuzar (earth, cake). *-vn.* Desmigajarse; desmoronarse (wall). Desmenuzarse (cake, soil); desmoronarse, derrumbarse (democracy, resolve). **To crumble pieces**, irse desmoronando.

crummy ['krʌmɪ] [kra-mi], *a.* 1. Blando, tierno; que tiene mucha miga; que se desmigaja. 2. *(Coloq.)* Malo, horrible.

crump ['krʌmp] [kramp], *a.* 1. *V.* CRISP. 2. *(des.)* Corcovado, gibado, giboso, el que tiene giba o corcova.

crumpet ['krʌmpɪt] [kram-pit], *s.* Buñuelo o bollo blando. Panecillo de levadura que se come tostado.

crumple ['krʌmpl] [kram-pol] *va.* Arrugar (paper, clothes); abollar (metal). **She crumpled the sheet of paper into a ball**, hizo una bola estrujando la hoja de papel. *-vn.* Arrugarse (become creased/fabric, shirt).

crumpled ['krʌmpld] [kram-peld], *pp.* y *a.* Arrugado, ajado; contraído.

crumpling ['krʌmplɪŋ] [kram-plin], *s.* Manzana pequeña arrugada.

crunch [krʌntʃ] [kranch], *va.* Mascar, ronchar, ronzar (eat noisily); crujir, cascar con los dientes. Aplastar haciendo crujir (crash). **To crunch something up**, triturar algo. *vn.* Mascar, ronchar, ronzar (eat noisily). **Our footsteps crunched on the gravel**, nuestros pasos hacían crujir la grava.

crunch *s.* 1. Crujido (noise). 2. **When it comes/came to the crunch**, a la hora de la verdad (crisis).

crunchy ['krʌntʃɪ] [kran-chi] *a.* Crujiente.

cruor ['krʊər] [kruo^r], *s.* Cruor, sangre coagulada.

crupper ['krʌpər] [kra-pa^r], *s.* 1. Crupera, ataharre. 2. Grupa.

crural ['krʊrəl] [kru-ral], *a.* Crural, perteneciente a la pierna o al muslo. **Crural artery**, arteria crural.

crus [kruːs] [krus], *s.* 1. Pierna, la parte del animal que está entre el pie y la rodilla. 2. Parte parecida a la pierna; pedúnculo; comúnmente en plural, CRURA.

crusade [kruː'seɪd] [kru-seid], **crusado** ['kruːseɪdəʊ] [kru-sei-dou], *s.* *(Hist.)* Cruzada; cruzada, campaña (campaign). -**Crusado**, cruzado, moneda de Portugal.

crusader [kruː'seɪdər] [kru-sei-da^r], *s.* *(Hist.)* Cruzado; defensor (campaigner).

cruse ['kruː' [kruːs], *s.* Ampolleta, cantarillo, frasco, redomita, botellita.

cruset ['kruːsɪt] [kru-sit], *s.* Crisol de orífice o platero.

crush [krʌʃ] [krash], *va.* 1. Aplastar (squash/box, car, person, fingers); machacar (garlic); moler; prensar, pisar (grapes); arrugar (dress, suit). Triturar (pound, pulverize). **Crushed ice**, hielo picado o frappé. *(Fam.)* Despachurrar. 2. Apretar, comprimir, oprimir. Aplastar (subdue/resistance, enemy). 3. Amilanar, arruinar, trastornar, destruir; sojuzgar completamente. *-vn.* Estar comprimido: condensarse. Arrugarse (fabric).

crush, *s.* 1. Colisión, choque. 2. Aglomeración (crowd). **Three people were injured in the crush**, tres personas resultaron heridas en el tumulto. 3. *(Coloq.)* Enamoramiento (infatuation). **To have a crush on somebody**, estar chiflado por alguien. 4. **Orange crush**, naranjada. **Lemon crush**, limonada (drink).

crush barrier ['krʌʃˌbærɪər] [krash-ba-ria^r] *s.* Valla de protección o de contención.

crusher ['krʌʃər] [kra-sha^r], *s.* 1. Apretador; opresor. 2. Bocarte, triturador, instrumento para machacar el mineral antes de fundirlo.

crushing ['krʌʃɪŋ] [kra-shin] *a.* Aplastante (defeat); apabullante (reply, contempt).

crust [krʌst] [krast], *s.* 1. Costra. 2. Corteza. **The earth's crust**, la corteza terrestre. 3. Pedazo o fragmento de pan ya duro. **A crust of bread**, un mendrugo. *(Coloq.)* **To earn a/one's crust**, ganarse el pan o los garbanzos. 4. Pasta de una torta, de un pastel. 5. Capa (del globo). 6. Carapacho, concha: el tegumento duro de los cangrejos e insectos.

crust, *va.* Encostrar, cubrir con costra, revestir, incrustar. *-vn.* Encostrarse.

crustacea [krʌs'teɪʃɪə] [kras-tei-shia], *s. pl.* *(Zool.)* Crustáceos, clase de animales articulados que comprende langostas, cangrejos, langostinos, camarones, percebes y otros.

crustacean [krʌs'teɪʃən] [kras-tei-shan], *a.* y *s.* Crustáceo. *V.* CRUSTACEA.

crustaceous [krʌs'teɪʃəs] [kras-tei-shos], *a.* Crustáceo; conchado, cubierto de conchas.

crustate ['krʌsteɪt] [kras-teit], *a.* Cubierto con corteza o costra.

crustation [krʌs'teɪʃən] [kras-tei-shon], *s.* Incrustración, cobertura.

crustily ['krʌstɪlɪ] [kras-ti-li], *adv.* Enojadamente, broncamente.

crustiness ['krʌstɪnɪs] [kras-ti-nes], *s.* 1. Dureza de la costra. 2. Mal genio, aspereza de carácter.

crusty ['krʌstɪ] [kras-ti], *s.* 1. Costroso. 2. Bronco, rudo, impertinente, inquieto; brusco, áspero. Malhumorado (irascible). 3. Crujiente (crispy/bread).

crutch [krʌtʃ] [krach], *s.* 1. Muleta (walking aid). **To be/walk on crutches**, andar con muletas. 2. *(Mar.)* Horquilla del cangrejo. -**Cruches**, *(Mar.)* Horquetas. 3. Muleta, apoyo (support). **Crutched man**, un cojitranco.

crutch, *va.* Andar con muletas.

crux [krʌks] [kraks] *s.* Quid. **The crux of the matter**, el quid de la cuestión.

cry [kraɪ] [krai], *vn.* 1. Gritar, vocear, llamar a voces (person); chillar (bird). *(Coloq.)* **For crying out loud!**, ¡por el amor de Dios! 2. Pregonar, publicar. 3. Exclamar: lamentarse. 4. Llorar (weep), gimotear. 5. Aullar, bramar. *-va.* 1. Llorar (weep). **He cried himself to sleep**, lloró hasta quedarse dormido. 2. Gritar (call). 3. Pregonar, publicar la pérdida o hallazgo de alguna cosa. **To cry aloud**, levantar la voz; llorar a gritos. **To cry down**, culpar; hacer callar a uno a fuerza de voces; menospreciar; reprimir; rebatir o responder con demasiada violencia; prohibir. **To cry for**, (a) gritar, pedir llorando; (b) llorar a causa de. **To cry for joy**, llorar de alegría. **To cry off**, renunciar, no querer más. **To cry out**, gritar fuertemente, vocear, exclamar; llorar dando quejidos; estar de parto; publicar las faltas de alguno. **To cry out upon one**, avergonzar a alguno. **To cry one's eyes out**, llorar amargamente. **To cry unto**, invocar, reclamar. **To cry**

up, aplaudir, alabar; pondear, exagerar, exaltar. **To cry one up for a saint**, hacer pasar a alguno por santo.

cry off Echarse atrás. **Several of the guests cried off at the last minute**, a último momento varios de los invitados dijeron que no podían venir.

cry out Gritar (call out). **To cry out for something**, pedir algo a gritos (need).

cry, *s.* (*pl.* CRIES) 1. Alarido, grito (exclamation). **To give/ let out a cry**, dar/soltar un grito. **She heard cries for help**, oyó gritos de socorro. 2. Lamento, lloro o llanto (weep). **To have a cry**, llorar. 3. Gritería, clamor, grito; aplauso. Chillido (call of seagull). 4. Pregón (of street vendor; promulgación, publicación. Lema, slogan (slogan). 5. Aclamación. 6. Llamada importuna. 7. Muta, cuadrilla de perros de caza. **A far cry**, camino largo. **Great cry and little wool**, mucho ruido y pocas nueces.

cry-baby ['kraɪˌbeɪbɪ] [krai-bei-bi], *s.* Niño llorón.

cryer ['kraɪər] [kraia^r], *s.* 1. *V.* CRIER. 2. Halcón gentil, neblí.

crying ['kraɪɪŋ] [krai-in], *s.* Grito, lloro, dolores de parto. **Crying down**, desestimación, desprecio, hablando de personas; desaprecio, ningún aprecio, hablando de cosas. *-a.* 1. Enorme, atroz, lo que pide venganza al cielo por injusto o tiránico. 2. Apremiante (need, urgency). **It's a crying shame!**, es una verdadera pena o lástima.

cryogenics [ˌkraɪə'dʒenɪks] [kraio-ye-niks], *s.* Criogenía, física de muy bajas temperaturas.

crypt [krɪpt] [kript], *s.* 1. Bóveda subterránea en que antiguamente acostumbraban enterrar los muertos y a la que llamaban cript. 2. *(Anat.)* Cripta, pequeño folículo, saquillo secretorio de la piel o de las membranas mucosas.

cryptic, cryptical ['krɪptɪkəl] [krip-ti-kal], *a.* Escondido, secreto. Enigmático, críptico (remark, reference); críptico (crossword).

cryptically ['krɪptɪkəlɪ] [krip-ti-ka-li], *adv.* Ocultamente.

crypto-. del griego cryptos, oculto: forma de combinación.

cryptogam ['krɪptəʊgæm] [krip-to-gam], *s.* Criptógama, planta de la clase de ese nombre.

criptogamia ['krɪptəʊgæmɪə] [krip-to-ga-mia], *s. pl.* Criptogamia, la clase de plantas cuyos órganos sexuales están ocultos o son poco aparentes.

cryptogram ['krɪptəʊgræm] [krip-to-gram], *s.* Escritura secreta por medio de signos convenidos, cifra.

criptography ['krɪptɒgræfɪ] [krip-to-gra-fi], *s.* Criptografía; caracteres secretos, el arte de escribir en cifra.

criptology ['krɪptɒlədʒɪ] [krip-to-lo-yi], *s.* Criptología, lenguaje enigmático.

crystal ['krɪstl] [kris-tal], *s.* 1. Cristal, forma regular poliedra en que se presentan las sales, piedras, metales y otros cuerpos. 2. Cristal, vidrio incoloro y muy transparente. 3. *V.* GLASS (Flint). 4. Cristal de reloj.

crystal, crystalline ['krɪstəlaɪn] [kris-ta-lain], *a.* 1. Cristalino, hecho o compuesto de cristal. 2. Claro, transparente.

crystal ball ['krɪstlbəl] [kris-tal-bol] *s.* Bola de cristal.

crystal-clear ['krɪstl'klɪər] [kris-tal-klia^r] *a.* Cristalino (water); nítido, claro (sound, image). **It's crystal-clear that ...**, está clarísimo que ..., está más claro que el agua que ...

crystallizable ['krɪstəlaɪzəbl] [kris-ta-lai-sa-bol], *a.* Cristalizable.

crystallization ['krɪstəlaɪzeɪʃən] [kris-ta-lai-se-shon], *s.* Cristalización.

crystallize ['krɪstəlaɪz] [kris-ta-lais], *va.* *(Quím., Geol.)* Cristalizar; materializar (idea, plan). *(Culin.)* Confitar, escarchar, abrillantar, cristalizar (fruit). *-vn.* Cristalizarse, formar un sólido cristalino.

crystallizer ['krɪstəlaɪzər] [kris-ta-lai-sa^r], *s.* Lo que ayuda a cristalizarse; receptáculo para cristalizarse.

crystalloid ['krɪstəlɔɪd] [kris-ta-loid], *a.* Cristaloide, parecido a un cristal. *-s.* Ejemplar de una sustancia cristalizable, cuyas soluciones son de fácil difusión: lo opuesto a *colloid.*

CS gas *s.* Gas lacrimógeno.

CST (in US) = **Central Standard Time**

CT = **Connecticut**

cu = **cubic**

cub [kʌb] [kab], *s.* 1. Cachorro (young animal). 2. Ballenato, el hijuelo de la ballena. 3. Cachorro, voz con que se moteja a un zopenco o a un hombre de modales rudos. 4. (Prov. Ingl.) Establo de ganado.

cub, *vn.* Parir la osa o zorra.

Cuba ['kju:bəb] [kiu-ba] *N.* *(Geogr.)* Cuba.

Cuban ['kju:bən] [kiu-ban], *s.* y *a.* Cubano, de Cuba; natural de Cuba.

cubation [kju:'beɪʃən] [kiu-bei-shon], *s.* 1. *V.* CUBATURE. 2. *(Des.)* Acostamiento, el acto de acostarse.

cubature ['kju:bətʃər] [kiu-ba-cha^r], *s.* *(Geom.)* Cubicación.

cubbyhole ['kʌbɪhəʊl] [ka-bi-joul], *s.* Casilla, compartimiento pequeño. Cuchitril (for storage).

cube [kju:b] [kiub], *s.* 1. Cubo, el sólido cuyas caras son seis cuadrados perfectos (solid shape); dado, cubito (of meat, cheese); terrón (of sugar). 2. Cubo, la tercera potencia de una cantidad, el producto de tres factores iguales. *-va.* 1. *(Mat.)* Cubicar, elevar a la tercera potencia. **Cube root**, raíz cúbica. 2. Cortar en dados o cubitos (cut into cubes).

cubeb ['kju:bɪb] [kiu-bib], *s.* Cubeba o carpo, semilla aromática.

cubic, cubical ['kju:bɪk] [kiu-bik], *a.* Cúbico (of mesure, shape). **Cubic capacity**, volumen; cilindrada, cubicaje (of engine).

cubically ['kju:bɪkəlɪ] [kiu-bi-ka-li], *adv.* Cúbicamente.

cubicle ['kju:bɪkəl] [kiu-bi-kol] *s.* Cubículo (in dormitory, toilets); cabina (booth); probador (in store).

cubicular [ˌkju:bɪ'kjʊlər] [kiu-bi-kiu-la^r], *a.* Lo perteneciente a la alcoba.

cubiform ['kju:bɪfɔ:m] [kiu-bi-form], *a.* Cúbico.

cubism ['kju:bɪzm] [kiu-bism], *s.* Cubismo.

cubist ['kju:bɪst] [kiu-bist] *a.* Cubista.

cubit ['kju:bət] [kiu-bit], *s.* Codo, antigua medida lineal que se tomó de la distancia que media desde el codo a la extremidad de la mano.

cubital ['kju:bɪtəl] [kiu-bi-tal], *a.* Cubital, lo que tiene la medida de un codo; relativo o perteneciente al codo.

cubited ['kju:bɪtɪd] [kiu-bi-tid], *a.* Lo que tiene un codo de largo.

cub scout ['kju:bˌskaʊt] [kiub-skaut], *s.* Cachorro, lobato, (de los exploradores).

cuckold ['kʌkəld] [ka-kold], *s.* Cornudo, el marido de una adúltera. Se llama así del cuco o cuclillo, a causa de la costumbre de esa ave de poner sus huevos en el nido de otra.

cuckold, *va.* Hacer cornudo. Ponerle los cuernos a.

cuckoldmaker ['kʌkəldˌmeɪkər] [ka-kold-mei-ka^r], *s.* Encornudador.

cuckoldom ['kʌkəldɒm] [ka-kol-dom], *s.* 1. Adulterio, el acto de cometer adulterio. 2. El estado y la calidad de cornudo.

cuckoldly ['kʌkəldlɪ] [ka-kold-li], *a.* Vil, despreciable, cobarde.

cuckoo ['kʊku:] [ku-ku], *s.* *(Orn.)* Cuclillo o cuco (bird). **A cuckoo in the nest**, un usurpador. *a.* *(Coloq.)* Chiflado, chalado.

cuckoo clock ['kʊku:klɒk] [ku-ku-klok] *s.* Reloj de cuco o cucú.

cuckoo-flower ['kʊku:flaʊər] [ku-ku-flaua^r], *s.* *(Bot.)* Cardámina.

cuckoo-spittle ['kʊku:spɪtl] [ku-ku-spitl], *s.* Baba de cuclillo, exudación que se halla sobre algunas plantas y que proviene de las larvas de ciertos insectos.

cucullate, cucullated ['kʊkəleɪt] [ku-ku-leit], *a.* Cubierto con capilla; en forma de capucho o capucha.

cucumber ['kʊkʌmbər] [ku-kam-ba^r], *s.* Cohombro o pepino. **As cool as a cucumber**, fresco como una lechuga.

cucurbit ['kʊkɜːbɪt] [ku-ker-bit], *s.* 1. Cucúrbita, retorta de alambique en forma de calabaza. 2. Una planta cualquiera de la familia cuyo tipo es la calabaza.
cucurbitaceous ['kʊkəbɪ'teɪʃəs] [ku-kur-bi-tei-shos], *s.* *(Bot.)* Cucurbitáceo.
cud [kʌd] [kad], *s.* 1. El alimento contenido en el estómago de los animales rumiantes, antes de masticarlo por segunda vez. **To chew the cud**, rumiar, meditar, reflexionar. 2. *(Vul.)* Chicote, pedazo de tabaco para mascar. *V.* QUID. 3. Rumen, el primer estómago de un rumiante.
cudbear ['kʌdbɪər] [kad-bea[r]], *s.* 1. Tinte purpúreo parecido a la orchilla, que se hace de algunas especies de líquenes. 2. El liquen mismo.
cuddle [kʌdl] [kadol], *va.* Proteger, acariciar, abrazar. *-vn.* Agacharse, agazaparse, esconder el cuerpo para no ser visto. **To cuddle up to somebody**, acurrucarse contra alguien.
cuddle, *s.* Abrazo.
cuddly ['kʌdlɪ] [kadli] *a.* Adorable (person/baby). **Cuddly toy**, muñeco de peluche.
cuddy ['kʌdɪ] [ka-di], *s.* *(Mar.)* 1. Camarote de proa: carroza de barco abierto. 2. Pañol del cocinero. 3. Rústico, patán.
cudgel ['kʌdʒəl] [kad-yel], *s.* Garrote o palo, porra.
cudgel, *va.* Apalear, dar golpes con garrote, palo o bastón. **To cudgel one's brains**, devanarse los sesos.
crudgel-play ['kʌdʒəlpleɪ] [kad-yel-plei], *s.* Juego con garrotes.
cudgel-proof ['kʌdʒəlprʊf] [kad-yel-pruf], *a.* A prueba de garrotazos.
cudgeller ['kʌdʒələr] [kad-ye-la[r]], *s.* Apaleador.
cudweed ['kʌdwiːd] [kad-uid], **cudwort** ['kʌdwɔːt] [kad-uort], *s.* *(Bot.)* Gnafalio, algodonera.
cue [kjuː] [kiu], *s.* 1. Cola, rabo, la punta o extremidad de alguna cosa: particularmente una larga trenza de cabello. En este sentido se escribe a menudo *queue*. 2. *(Mús.)* Entrada. *(Teat.)* Pie, apunte, el acto de leer o indicar el apuntador al actor lo que ha de decir. **To miss one's cue**, no salir a escena en el momento debido. **To take one's cue from somebody**, seguir el ejemplo de alguien. 3. Indirecta, sugestión. 4. Genio, humor. 5. Taco de billar. **Cue ball**, bola blanca.
cue *va.* Darle el pie a (actor); darle entrada a (musician).
cuff [kʌf] [kaf], *s.* 1. Puñada, manotada o bofetón: golpe (blow on face); coscorrón (on head). 2. Puño de camisa: vuelta o bocamanga de una prenda de vestir; bastilla, dobladillo. **A cuff on the ear**, un sopapo. **To go to cuffs**, principiar a darse golpes. **Handcuffs**, manillas, esposas con que se maniata a los reos. **He spoke off the cuff**, habló improvisando. **An off-the-cuff speech**, un discurso improvisado. **He let me have the beer on the cuff**, me fió la cerveza.
cuff, *va.* Golpear con la mano abierta: dar golpes, abofetear (strike). *-vn.* Dar de puñadas, luchar, boxear: herir con las garras como las aves de rapiña.
cuff-links ['kʌflɪŋkz] [kaf-links], *s. pl.* Gemelos (para los puños de camisa).
cuirass ['kwɪræs] [kui-ras], *s.* Coraza, armadura que cubre el pecho y la espalda.
cuirassier ['kwɪræsɪər] [kui-ra-sia[r]], *s.* Coracero, soldado armado de coraza.
cuish [kwɪʃ] [kuish], *s.* Escarcela, quijote, armadura de los muslos.
cuisine [kwɪziːn] [kui-sin], *s.* La cocina, pieza o piezas de una casa destinadas a guisar: el departamento culinario. 2. Cocina, estilo o clase de cocina, manera de guisar. *(Fr.)*
cul-de-sac ['kʌldə'sæk] [kal-de-sak] *s.* Calle sin salida o ciega o cortada.
culinary ['kʌlɪnərɪ] [ka-li-na-ri], *a.* Culinario, perteneciente a la cocina.
cull [kʌl] [kal], *va.* 1. Escoger, elegir, echar mano de lo mejor, entresacar, extraer; seleccionar (facts, information). 2. Sacrificar de forma selectiva (seals, deer).
cullender ['kʌləndər] [ka-len-da[r]], *s.* *V.* COLANDER.
culler ['kʌlər] [ka-la[r]], *s.* El que escoge o elige.
cullion ['kʌlɪən] [ka-lion], *s.* 1. Raíz semejante a un bulbo: órquide. 2. *(Vul.)* Belitre, pícaro, tunante.
cullis ['kʌlɪs] [ka-lis], *s.* 1. Gotera, canalón en un tejado. 2. Muesca, como para un bastidor de teatro.
cully [kʌlɪ] [ka-li], *va.* Engaitar, engañar, engatusar.
cully, *s.* Bobo, el que se deja engañar.
culm [kʌlm] [kalm], *s.* 1. *(Bot.)* Caña, especie particular de tallo propio de las gramas. 2. Carbón de piedra en polvo; cisco.
culmen, *s.* *V.* SUMMIT.
culmiferous ['kʌlmɪfərəs] [kal-mi-fe-ros], *a.* Culmífero: dícese de las plantas cuyo tallo está articulado y envainado por la base de las hojas.
culminate ['kʌlmɪneɪt] [kal-mi-neit], *vn.* 1. Culminar, pasar por el meridiano. 2. Lograr, alcanzar el punto o grado más alto (reach peak). **To culminate in something**, culminar en algo. *va.* Ser la culminación de.
culmination [ˌkʌlmɪ'neɪʃən] [kal-mi-nei-shon], *s.* 1. Culminación, el punto del paso de un astro por el meridiano. 2. Apogeo, la situación o el punto más alto a que puede llegar una persona o cosa. Punto culminante (of events, efforts).
culpability [ˌkʌlpə'bɪlɪtɪ] [kal-pa-bi-li-ti], *s.* Culpabilidad.
culpable ['kʌlpəbl] [kal-pa-bol], *a.* Culpable, el que es delincuente, criminal.
culpableness ['kʌlpəbl] [kal-pa-bol], *s.* Culpa, delito.
culpably ['kʌlpəblɪ] [kal-pa-bli], *adv.* Culpablemente, criminalmente.
culpatory ['kʌlpətərɪ] [kal-pa-to-ri], *a.* Lo que culpa o reprende.
culprit ['kʌlprɪt] [kal-prit], *s.* Reo, culpado, criminal.
cult [kʌlt] [kalt], *s.* 1. Culto, sistema de prácticas religiosas (belief, worship); secta (sect); culto (craze). 2. Adoración de una persona o una cosa: homenaje extravagante. 3. El objeto de gran admiración o devoción. **Personality cult**, el culto a la personalidad. **Cult figure**, ídolo. **Cult movie**, película de culto.
cultivable ['kʌltɪvəbl] [kal-ti-va-bol], *a.* Cultivable.
cultivate ['kʌltɪveɪt] [kal-ti-veit], *va.* 1. Cultivar, labrar: mejorar la tierra con el cultivo. 2. Adelantar, perfeccionar por el estudio o instrucción y ejercicio. **She cultivated an air of indiference**, adoptaba un estudiado aire de indiferencia. 3. Prestar atención asidua: consagrarse.
cultivated ['kʌltɪveɪtɪd] [kal-ti-vei-tid] *a.* Cultivado.
cultivation [ˌkʌltɪ'veɪʃən] [kal-ti-vei-shon], *s.* 1. *(Agr., Hort.)* Cultivación, cultivo: las labores y beneficios que se dan a la tierra y a las plantas. **Under cultivation**, en cultivo. 2. Mejora, adelantamiento. 3. Cultura, el estudio y enseñanza con que se perfecciona y mejora. Cultivo (of friendship); refinamiento (refinement).
cultivator ['kʌltɪveɪtər] [kal-ti-vei-to[r]], *s.* 1. Cultivador, labrador, agricultor. 2. Cultivadora, arado de cultivar; especie de mielga.
cultural ['kʌltʃərəl] [kal-chu-ral], *a.* Perteneciente a la cultura o al cultivo.
culture ['kʌltʃər] [kal-cha[r]], *s.* 1. Cultura (civilization). **Culture shock**, choque cultural o de culturas. Cultura (intellectual activity). 2. Arte de mejorar las tierras, artes, ciencias o costumbres. 3. *(Agr., Biol.)* Cultivo.
culture, *va.* Educar, enseñar, criar; refinar. Cultivar.
cultured ['kʌltʃəd] [kal-cherd] *a.* Culto (person, mind); refinado, propio de una persona culta (tastes). **Cultured pearls**, perlas cultivadas o de cultivo.
culture vulture ['kʌltʃəˌvʌltʃər] [kal-cha-val-cha[r]] *s.* *(Coloq.)* Devorador de cultura.
culverin ['kʌlvərɪn] [kal-ve-rin], *s.* Culebrina, pieza de artillería usada en el siglo XVI.
culvert ['kʌlvət] [kal-vert], *s.* Alcantarilla, conducto artificial para el paso de las aguas construido debajo de un camino o ferrocarril.
culvertail, *s.* *V.* DOVETAIL.
cum [kʌm] [kam] *prep.* **A study-cum-library**, un estudio-biblioteca. **My secretary-cum-assistant**, mi secretaria y ayudante a la vez.

cumbent ['kʌmbənt] [kam-bent], *a.* Acostado, recostado.
cumber ['kʌmbər] [kam-ba[r]], *va.* Embarazar, obstuir, embrollar, estorbar: impedir; incomodar; sujetar.
cumbersome ['kʌmbəsəm] [kam-be-som], *a.* Engorroso, embarazoso, enfadoso, pesado, incómodo, fastidioso, molesto. Pesado y torpe (movements, gait).
cumbersomely ['kʌmbəsəmlɪ] [kam-be-som-li], *adv.* Embarazosamente.
cumbersomeness ['kʌmbəsəmnɪs] [kam-be-som-nes], *s.* Embarazo, impedimento.
cumbrance ['kʌmbrəns] [kam-brans], *s.* Carga, peso, impedimento, obstáculo, molestia.
cumbrous ['kʌmbrəs] [kam-bros], *a.* Engorroso, pesado, confuso.
cumbrously ['kʌmbrəslɪ] [kam-bros-li], *adv.* Pesadamente, fastidiosamente.
cumfrey ['kʌmfrɪ] [kam-bri], *s.* *(Bot.)* Consuelda.
cumin ['kʌmɪn] [ka-min], *s.* *(Bot.)* Comino, planta anual que produce semillas de olor aromático y sabor acre. La simiente es medicinal y se usa también como condimiento.
cum laude [kʊm'laʊdeɪ] [kum-lau-dei] *adv.* Cum laude.
cummerbund ['kʌməbʌnd] [ka-mer-bund] *s.* Faja de smoking.
cumulate ['ku:mjʊleɪt] [kiu-miu-leit], *va.* Acumular, cumular, amontonar, hacinar.
cumulation ['kju:mjʊleɪʃən] [kiu-miu-lei-shon], *s.* Acumulación, amontonamiento, hacinamiento.
cumulative ['kju:mjʊlətɪv] [kiu-miu-la-tiv], *a.* Acumulativo.
cumulus ['kju:mjʊləs] [kiu-miu-los] *s.* Cúmulo.
cunctation [kʌŋk'teɪʃən] [kank-tei-shon], *s.* Demora, tardanza, retardo.
cuneal ['kiu:nɪəl] [kiu-nial], *a.* Lo que pertenece a cuña: en forma de cuña.
cuneiform ['kju:nɪfɔ:m] [kiu-ni-form], *a.* Cuneiforme, en forma de cuña: (a) Nombre de tres huesos del tobillo. (b) Antiguos caracteres asirios inscritos sobre bronce, hierro, ladrillos, piedra y otros materiales.
cunner ['kʌnər] [ka-na[r]], *s.* Pez lábrido muy abundante en la costa atlántica de Norte América.
cunning ['kʌnɪŋ] [ka-nin], *a.* 1. Sabio, experto. 2. Artificioso, mañoso, ingenioso (ingenious/device); astuto (clever, sly); malicioso (smile); maulero, artero, marrullero, trapacero, sutil, diestro, hábil: disimulado, capcioso, intrigante, sagaz. 3. *(E. U.)* Fino, gracioso, divertido, mono. **A cunning child**, un niño gracioso. **A cunning guy**, un tipo guapo o buen mozo (cute, attractive). -*s.* 1. Astucia, ardid, maña, treta, disimulo, artificio, manejo, artimaña, maulería, bellaquería, marrullería, artería, trapaza. 2. *(Ant.)* Arte, habilidad, destreza, sutileza.
cunningly ['kʌnɪŋlɪ] [ka-nin-li], *adv.* Astutamente: expertamente.
cunningness ['kʌnɪŋnɪs] [ka-nin-nes], *s.* Astucia, fraude, engaño, maña, treta. *V.* CUNNING.
cunt [kʌnt] [kant] *s.* *(Vulg.)* Coño, concha, pucha.
cup [kʌp] [kap], *s.* 1. Copa (goblet); taza, jícara (container, contents, cupful). **He isn't my cup of tea**, no es santo de mi devoción. **A cup of tea** o **coffee**, una taza de té o café. **A cup of chocolate**, una jícara de chocolate. **Cup made of a gourd**, (Cuba) güiro. *(Mex.)* Tecomate. **Cup and can**, la maza y la mona. **Cups**, convite de bebedores. 2. Cáliz, que sirve en la misa para echar el vino que ha de consagrarse: y el vino mismo. 3. *(Fig.)* Suerte, fortuna: toda aflicción o alegría extraordinaria. 4. Bebida embriagante. 5. Premio, comúnmente una copa de oro o plata que se da al vencedor en las carreras o juegos atléticos, tiro al blanco y regatas (trophy). **The cup final**, la final de copa. 6. Cualquier objeto o cavidad en forma de copa. 7. *(Med.)* Ventosa. *V.* CUPPING-GLASS. **There's many a slip 'twixt the cup and the lip**, de la mano a la boca se pierde la sopa.
cup, *va.* 1. Pegar, echar o aplicar ventosas sajadas o secas. 2. *(Art. y Of.)* Ahuecar en forma de taza. **To cup one's hands**, ahuecar las manos (to drink); hacer bocina con las manos (to shout).
cupbearer ['kʌpbɪərər] [kap-bia-ra[r]], *s.* Copero o escanciador.
cupboard ['kʌpbɔ:d] [kap-bord], *s.* Armario o alacena con anaqueles para guardar loza o comestibles. Aparador (in dining-room); armario (cabinet). Armario, closet o placard (full-length, built-in).
cupboard love ['kʌplʌv] [kap-lov] *s.* (GB) Cariño interesado.
cupel [kʌpl] [ka-pel], *s.* Copela, vaso pequeño preparado para ensayar y afinar el oro y la plata.
cupel-dust [kʌpl'dʌst] [ka-pel-dast], *s.* Polvo de copela.
cupellation [kʌpə'leɪʃən] [ka-pe-lei-shon], *s.* *(Quím.)* Copelación, afinación del oro y de la plata en una copela.
cupful ['kʌpfʊl] [kap-ful], *s.* El contenido de una taza o copa.
cupid ['kju:pɪd] [kiu-pid], *s.* Cupido, el dios del amor de los antiguos romanos.
cupidity ['kju:pɪdɪtɪ] [kiu-pi-di-ti], *s.* 1. Apetito, deseo inmoderado de poseer: codicia, avaricia. 2. (Poco us.) Concupiscencia.
cupola ['kju:pələ] [kiu-po-la], *s.* 1. Cúpula, bóveda o media esfera que remata algunos grandes edificios. 2. Horno de fundición para el hierro. 3. Torre blindada giratoria, provista de cañones de grueso calibre, v.gr. la de un monitor (buque de guerra).
cuppa ['kʌpə] [ka-pa] *s.* (GB) *(Coloq.)* Taza de té.
cupper ['kʌpər] [ka-pA[r]], *s.* Aplicador de ventosas sajadas o secas.
cupping-glass ['kʌpɪŋ,glɑ:s] [ka-pin-glas], *s.* *(Cir.)* Ventosa, escarificador.
cupreous ['kʌprɪəs] [ka-prios], *a.* Cobrizo, cosa de cobre o que tiene su color.
cupric ['kʌprɪk] [ka-prik], *a.* *(Quím.)* Cúprico, relativo al cobre.
cuprous ['kʌprəs] [ka-pros], *a.* *(Quím.)* Del cobre en su menor facultad de combinación.
cup-shaped [kʌp'ʃeɪpt] [kap-sheipt], *a.* Acopado, en forma de copa.
cupule ['kju:pʊl] [kiu-pul], *s.* 1. Hueco acopado o cóncavo. 2. *(Bot.)* Parte acopada: cúpula o copa, la cascarilla que rodea la base de la bellota, avellana, etc.
cur [kɜ:r] [ke[r]], *s.* 1. Perro inútil o de mala ralea; perro callejero. 2. Perro, hombre vil y despreciable; bellaco (despicable man).
curable ['kjʊərəbl] [kiu-ra-bol], *a.* Curable.
curableness ['kjʊərəblnɪs] [kiu-ra-bol-nes], *s.* Capacidad de curarse.
curacy ['kjʊərəsɪ] [kiu-ra-si], *s.* Tenencia, vicariato, vicaría.
curare [kjʊə'rɑ:rɪ] [kiu-a-ra-ri], *s.* Curare, veneno vegetal muy violento que preparan y usan los indios de América del Sur.
curate ['kjʊəreɪt] [kiu-reit], *s.* Teniente de cura: beneficiado. Coadjutor.
curateship, *s.* *V.* CURACY.
curative ['kjʊərətɪv] [kiu-ra-tiv], *a.* Curativo.
curator [kjʊə'reɪtər] [kiu-ra-to[r]], *s.* Curador; guardián, conservador (of museum, art gallery); comisario (of exhibition).
curb [kɜ:b] [kerb], *s.* 1. Barbada, cadena de hierro que abraza al barboquejo del caballo para sujetarle. 2. Freno, sujeción, restricción (restraint). **To put a curb on something**, poner freno o coto a algo. 3. Brocal de pozo: orilla (de una acera); borde de la banqueta, cuneta, sardinel, cordón de la vereda. *V.* CURB-STONE.
curb, *va.* Refrenar, dominar (control/anger); contener, reprimir; poner freno a, moderar (spending/prices).
curbable ['kɜ:bəbl] [ker-ba-bol], *a.* (Poco us.) Restringible.
curbing ['kɜ:bɪŋ] [ker-bin], *s.* Obstáculo, restricción, freno, oposición.
curb-stone ['kɜ:bstəʊn] [kerb-stoun], *s.* Cada una de las piedras gruesas, o el conjunto de ellas, que se ponen verticalmente donde termina el empedrado de las calles y que forman el reborde, canto u orilla de la acera; guardacantón.

curd [kɜːd] [kerd], *s.* 1. Cuajada (from milk). 2. Requesón. (GB) **Bean curd**, tofu, queso de soja (paste). **Lemon curd**, crema de limón.

curd, *va.* Cuajar, coagular, condensar.

curdle ['kɜːdl] [kerdl], *vn.* Cuajarse (milk/from curds); coagularse, espesarse, condensarse. Cortarse (go bad, separate/milk, sauce). *-va.* Coagular, cuajar (cause to form curds); espesar. Cortar (cause to go bad).

curdy ['kɜːdɪ] [ker-di], *a.* Cuajado, coagulado, espeso.

cure [kjʊər] [kiua[r]], *s.* 1. Cura (remedy for disease); remedio (for problem); restablecimiento, curación (return to health); medicina, medicamento . 2. Cura de almas. 3. Salazón de pescados o carnes.

cure, *va.* 1. *(Med.)* Curar, sanar. **To cure somebody of something**, curar a alguien de algo; quitarle algo a alguien (of habit, idea). Remediar, poner remedio a (problem). 2. Preservar; salar, ahumar: preparar, componer, curar (meat). Vulcanizar (rubber).

cure-all ['kjʊərɔːl] [kiua-rol], *s.* Panacea, curalotodo. **Cured** «[kiürd]», *a.* Salado. **Cured fish**, pescado salado.

cureless ['kjʊəlɪs] [kiua-les], *a.* Incurable.

curer ['kjʊərər] [kiua-ra[r]], *s.* 1. El que prepara alguna cosa para que se conserve. 2. Médico.

curfew ['kɜːfjuː] [ker-fiu], *s.* Toque de queda. La retreta, la queda.

curia ['kjʊrɪə] [kiu-ria], *s.* Curia, tribunal de justicia.

curio ['kjʊərɪəʊ] [kiu-riou], *s.* Curiosidad, objeto curioso y raro: cosa de bric-a-brac (Abreviación de *curiosity*).

curiosity [ˌkjʊrɪ'ɒsɪtɪ] [kiu-ri-o-si-ti], *s.* 1. Curiosidad, deseo de saber o averiguar alguna cosa (inquisitive interest). **Curiosity killed the cat**, por querer saber, la zorra perdió la cola. 2. Curiosidad, objeto curioso y raro, rareza. Curiosidad (novelty). **Curiosity value**, valor de pieza rara.

curioso, *s. V.* VIRTUOSO.

curious ['kjʊrɪəs] [kiu-rios], *a.* 1. Curioso, deseoso de saber y averiguar las cosas (inquisitive). **Why do you ask? -oh, I'm just curious**, ¿por qué lo preguntas?-sólo por curiosidad. 2. Cuidadoso, exacto. 3. Delicado, primoroso, exquisito, admirable, raro, singular, extraño (strange); elegante. 4. *(Des.)* Difícil de agradar; riguroso.

curiously ['kjʊrɪəslɪ] [kiu-rios-li] *adv.* Con curiosidad (with curiosity); curiosamente (strangely). **Curiously enough**, curiosamente ..., aunque parezca mentira ...

curiousness ['kjʊrɪəsnɪs] [kiu-rios-nes], *s.* Curiosidad, exactitud, delicadeza, primor.

curl [kɜːl] [kerl], *s.* 1. Bucle o rizo, rulo, chino (of hair); bucle, tirabuzón (ringlet). Voluta (of smoke). 2. Tortuosidad, sinuosidad, ondulación. (Cuba) Crespo. 3. Enfermedad de los melocotones. 4. Alabeo (de la madera).

curl, *va.* 1. Rizar o encrespar, formar rizos o bucles, enchinar, enrular (hair). 2. Ensortijar, torcer. 3. Ondear, formar ondas u ondulaciones en alguna cosa. **To curl the lip**, fruncir el labio, hacer una mueca, torcer el gesto (twist, bend). **The snake curled itself around the branch**, la serpiente se enroscó en la rama. *-vn.* Rizarse, ensortijarse, encresparse, enchinarse, enrularse (hair); ondearse, enroscarse, ondularse, rizarse (paper, leaf, edge). Formar o hacer volutas, subir en espirales (smoke).

curl up Ondularse, rizarse (twist/leaf, pages). **The cat curled up in front of the fire**, el gato se hizo un ovillo frente a la chimenea. **To curl up in a chair**, acurrucarse en un sillón. *(Coloq.)* **I wanted to curl up and die**, quería que la tierra me tragara.

curled pate [kɜːld'peɪt] [kerld-peit], **curly-headed**, *a.* El que tiene rizado el pelo.

curler ['kɜːlər] [ker-la[r]] *s.* Rulo, rulero, marrón, tubo (for hair).

curlew ['kɜːljuː] [ker-liu], *s.* Chorlito, ave acuátil.

curlicue ['kɜːlɪkjuː] [ker-li-kiu], *s.* 1. Algo ondeado o torcido de un modo raro, como los rasgos o adornos hechos con una pluma. 2. Cabriola, brinco.

curliness ['kɜːlɪnɪs] [ker-li-nes], *s.* El estado de las cosas rizadas o formadas en bucles.

curling-irons [kɜːlɪŋ'aɪrɒnz] [ker-lin-ai-rons], **curling-tongs** [kɜːlɪŋ'tɒŋz] [ker-lin-tongs], *s.* Encrespador, tenacillas de hierro para rizar el pelo. **Curl-paper**, papel a propósito para hacer rizos.

curlingly ['kɜːlɪŋlɪ] [ker-lin-li], *adv.* A manera de rizos.

curly ['kɜːlɪ] [ker-li], *a.* Lo que cae en forma de rizos o sortijas, y lo que es fácil de rizarse. Rizado, ensortijado, crespo, chino (hair); enroscado (tail).

curmudgeon ['kɜːlmʌdʒən] [ker-mad-yion], *s.* Hombre tacaño, mezquino y miserable.

curmudgeonly ['kɜːmʌdʒənlɪ] [ker-mad-yon-li], *a.* Codicioso, mezquino, avariento.

currant ['kʌrənt] [ka-rent], *a.* 1. Grosellero, el arbusto que produce la grosella. 2. Grosella, fruta del grosellero. 3. Uva o pasa de Corinto.

currency ['kʌrənsɪ] [ka-ren-si], *s.* El medio circulante, la moneda que está en circulación, ya sea acuñada o en papel. Moneda (type of money). **Foreign currency**, moneda extranjera, divisas. 2. Circulación. 3. Aceptación general o uso corriente de alguna cosa. Difusión (prevalence). **To gain currency**, extenderse, ganar adeptos (view, fashion). 4. Valor corriente de alguna cosa. **Fractional currency**, menudo, moneda de valor menor que la moneda tipo, ya sea ésta el peso o dolar, el franco, la peseta, etc. **Paper currency**, papel moneda.

current ['kʌrənt] [ka-rent], *a.* 1. Corriente, común; admitido, en boga; en general popular. 2. Presente, del día, de actualidad. Actual (existing/situation, prices); en curso (year); último (most recent/issue). **The current year**, el año corriente. 3. Vigente (valid/license, membership); corriente, común, habitual (prevailing/opinion, practice). *-s.* 1. Corriente (flow of water, air). **Against the current**, contra la corriente. **With the current**, en el sentido de la corriente. Corriente (general trend). **To go with the current**, dejarse llevar por la corriente. 2. Curso, progresión, marcha. 3. *(Elec.)* Corriente. **To run off household current**, funcionar con electricidad.

current account ['kʌrəntəˌkaʊnt] [ka-rent-a-kaunt] *s.* (GB) Cuenta corriente.

current affairs ['kʌrəntə'fɛəz] [ka-rent-a-fears] *s. pl.* Sucesos de actualidad.

currently ['kʌrəntlɪ] [ka-rent-li], *adv.* Corrientemente; generalmente, a la moda. Actualmente (at present); comúnmente (commonly).

currentness ['kʌrəntnɪs] [ka-rent-nes], *s.* Circulación; facilidad en pronunciar; aceptación general.

curricle ['kʌrɪkl] [ka-ri-kel], *s.* Carro abierto de dos ruedas, con lanza o pértiga.

curriculum [kə'rɪkjʊləm] [ka-ri-kiu-lom], *s.* Curso de estudios en un colegio; plan de estudios (range of courses); programa de estudio, currículo, currículum (for single course).

curriculum vitae [kə'rɪkjʊləmˌviːte] [ka-ri-kiu-lo-vi-tem *s.* (GB) Currículum, historial personal, hoja de vida.

currier ['kʌrɪər] [ka-ria[r]], *s.* Curtidor, zurrador.

currish ['kʌrɪʃ] [ka-rish], *a.* 1. Perruno, parecido a un perro; arisco; dispuesto a morder. 2. *(Fig.)* Brutal, regañón, áspero.

currishly ['kʌrɪʃlɪ] [ka-rish-li], *adv.* Brutalmente, ásperamente.

currishness ['kʌrɪʃnɪs] [ka-rish-nes], *s.* Morosidad, malignidad, mezquindad: carácter arisco.

curry ['kʌrɪ] [ka-ri], *va.* 1. Zurrar, adobar el cuero después de curtido; prepararlo para usarlo. 2. Zurrar, dar una zurra. 3. Almohazar, estregar las caballerías con las almohazas para limpiarlas. 4. Hacer cosquillas; agradar, lisonjear. **To curry favor**, insinuarse, ganar el ánimo o la voluntad de alguno. **To curry with one**, cortejar a alguno. 5. *(Culin.)* Preparar al curry. **Curried chicken**, pollo al curry.

curry, *s.* Curri, salsa picante muy usada en la India; guisado preparado con esta salsa. **Curry-powder**, polvo de ciertas especias para preparar el curri.

curry-comb ['kʌrɪkɒm] [ka-ri-kom], *s.* Almohaza, instrumento para limpiar las caballerías.

currying ['kʌrɪɪŋ] [ka-ri-in], *s.* 1. El acto de almohazar. 2. Zurrar, el acto de zurrar las pieles después de curtirlas: remojarlas y desengrasarlas.
curse [kɜːs] [kers], *va.* 1. Maldecir (put spell on/express annoyance at); echar maldiciones a alguno. **Curse her!**, ¡maldita sea! 2. Afligir, atormentar. 3. Insultar (swear at). **To be cursed with something**, estar aquejado de algo, padecer de algo (afflict). *-vn.* Imprecar, negar o afirmar con imprecaciones, blasfemar; maldecir, soltar palabrotas.
curse, *s.* 1. Maldición (evil spell); juramento, palabrota (oath); imprecación, anatema. **To put a curse on somebody**, echar una maldición a alguien. 2. Castigo, pena, grave aflicción; maldición (burden) **The curse of unemployment**, la lacra del desempleo. **The curse**, la regla (menstruation).
cursed ['kɜːst] [kerst], *a.* Maldito, aborrecible, perverso, malvado, detestable, abominable, execrable: molesto, enfadoso.
cursedly ['kɜːsɪdlɪ] [ker-sid-li], *adv.* Miserablemente, abominablemente.
cursedness ['kɜːsɪdnɪs] [ker-sid-nes], *s.* Estado de maldición; malicia, perversidad; abominación.
curser ['kɜːsər] [ker-sa[r]], *s.* Maldiciente.
curship ['kɜːʃɪp] [ker-ship], *s.* Vileza, bajeza, ruindad, brutalidad.
cursing ['kɜːsɪŋ] [ker-sin], *s.* Execración, maldición.
cursitor [kɜːsɪtər] [ker-si-to[r]], *s.* Antiguamente un empleado en el tribunal de la Chancillería que extendía los originales.
cursive ['kɜːsɪv] [ker-siv], *a.* y *s.* Cursivo, corriente.
cursor ['kɜːsər] [ker-so[r]] *s.* Cursor.
cursorily ['kɜːsərɪlɪ] [ker-so-ri-li], *adv.* Precipitadamente, de paso.
cursory ['kɜːsərɪ] [ker-so-ri], *a.* Precipitado, inconsiderado. Rápido (glance); somero (description); superficial (interest). **Cursory view**, vista por encima, o de paso.
curt [kɜːt] [kert], *a.* Corto, conciso, lacónico; brusco en su expresión. Cortante, seco.
curtail ['kɜːteɪl] [ker-teil], *va.* Cortar, abreviar (cut short); restringir (restrict); reducir (reduce); cercenar, mutilar; estrecharse, economizar; desmembrar. **To curtail a privilege**, restringir un privilegio.
curtailing ['kɜːtɪlɪŋ] [ker-tei-lin], *s.* Abreviatura.
curtailment ['kɜːteɪlmənt] [ker-teil-ment], *s.* Reducción (of spending); restricción (of freedom); abreviación, acortamiento (cutting short).
curtain ['kɜːtn] [ker-ten], *s.* 1. Cortina (at window); cualquier cosa que tapa u oculta como una cortina. **Curtain-lecture**, reconvención de la mujer a su marido en particular; originalmente, regaño dado en la cama. **To draw the curtain**, correr la cortina; correr un velo, ocultar. 2. *(Fort.)* Cortina, el lienzo de muralla que está entre dos bastiones. 3. *(Teat.)* Telón de boca en los teatros. **Curtain in a play-house**, telón de teatro. **To raise the curtain**, levantar el telón. **To drop the curtain**, correr o bajar el telón. 4. Cortina (of rain); manto (of fog); halo, velo (of mystery, secrecy). *(Coloq.)* **It's curtains for you**, estás acabado.
curtain off Separar con una cortina.
curtain, *va.* Rodear o proveer de cortinas.
curtain call ['kɜːtnkɔːl] [ker-ten-kol] *s.* Salida a escena o al escenario para saludar.
curtly ['kɜːtlɪ] [kert-li], *adv.* Brevemente, lacónicamente. De manera cortante.
curtness ['kɜːtnɪs] [kert-nes], *s.* Concisión, brevedad; brusquedad.
curtsy ['kɜːtsɪ] [kert-si], *s.* Reverencia o saludo especial que solían hacer las mujeres doblando las rodillas.
curtsy, *vn.* Hacer una reverencia.
curule ['kərjuːl] [ke-riul], *a.* Curul, de la magistratura romana. **Curule chair**, silla curul, asiento oficial de los magistrados romanos de más alto rango.
curvate, curvated ['kɜːveɪt] [ker-veit], *a.* Corvo, encorvado.
curvature ['kɜːvətʃʊər] [ker-va-chua[r]], *s.* Curvatura, comba combadura, cimbra. **Curvature of the spine**, desviación de columna.
curve ['kɜːv] [kerv], *va.* Encorvar, formar curva o curvatura. *-vn.* Estar curvado o combado (surface); describir una curva (river, ball). **The path curves down to the sea**, el sendero tuerce y baja hacia el mar.
curve, *a.* Corvo, torcido, encorvado. *-s.* Corva, curva, comba o combadura. **To throw somebody a curve**, agarrar o coger a alguien desprevenido.
curved ['kɜːvd] [kervd] *a.* Curvo.
curvet ['kɜːvɪt] [ker-vit], *s.* 1. Corveta, corcovo, salto que da el caballo. 2. Ventolera, capricho.
curvet, *vn.* 1. Corcovear, dar corcovos. 2. Cabriolar, hacer cabriolas. 3. Saltar de alegría: ser revoltoso.
curvilinear ['kɜːvɪ'liːnɪər] [ker-vi-li-nia[r]], *a.* Curvilíneo.
curvity ['kɜːvɪtɪ] [ker-vi-ti], *s.* Curvatura, combadura.
curvy ['kɜːvɪ] [ker-vi] *a.* Curvo (line); curvilíneo (figure).
cushat ['kɜːʃæt] [ker-shat], *s.* Paloma torcaz.
cushion ['kʊʃən] [ku-shion], *s.* 1. Cojín, almohadón (of chair). **Cushion cover**, funda de almoadón o cojín. 2. *(Mec.)* Cojinete, soporte, chumacera.
cushion, *va.* 1. Amortiguar, amortecer, suavizar (blow). **To cushion something/somebody against something**, proteger algo/a alguien contra algo (protect). 2. Mitigar, disminuir. 3. Colocar sobre cojines.
cushioned ['kʊʃənd] [ku-shiond], *a.* Encojinado.
cushionet ['kʊʃənɪt] [ku-shio-nit], *s.* Cojinete, cojinillo.
cushy ['kʊʃɪ] [ku-shi] *a.* *(Coloq.)* Cómodo, fácil.
cusp [kʌsp] [kasp], *s.* 1. Punta o cuerno de la luna u otro astro. 2. Punta o cúspide de un diente, o una planta.
cuspated ['kʌspeɪtɪd] [kas-pei-tid], *V.* CUSPIDATE.
cuspidal ['kʌspɪdl] [kas-pi-dal], *a.* Puntiagudo, lo que remata en punta.
cuspidate, *va.* *V.* SHARPEN.
cuspidate, cuspidated ['kʌspɪdeɪt] [kas-pi-deit], *a.* Cuspidada o apuntillada, dícese de las plantas.
cuspidor ['kʌspɪdər] [kas-pi-do[r]], *s.* Escupidera.
cuspis ['kʌspɪs] [kas-pis], *s.* Cúspide, remate puntiagudo.
cuss [kʌs] [kas] *s.* (Fam. E. U.) Corrupción de CURSE. Palabrota, mala palabra, taco (curse). **I don't give/care a cuss**, me importa un comino.
cuss *va.* **She cussed us for being late**, nos puso de vuelta y media por llegar tarde. *-vn.* Despotricar (complain). Maldecir, soltar palabrotas (swear).
cuss word ['kʌswɔːd] [kas-uord] *s.* Palabrota, mala palabra, taco.
custard ['kʌstəd] [kas-tard], *s.* Flan, leche crema o quemada; crema confeccionada con huevos y azúcar, especie de flan (egg sauce). Natillas (cold, set). Crema (sauce).
custodial ['kʌstədɪəl] [kas-to-dial], *a.* Lo que pertenece a la custodia o guarda.
custodian ['kʌstədɪən] [kas-to-dian] *s.* Conservador (of museum, library).
custody ['kʌstədɪ] [kas-to-di], *s.* 1. Custodia, encierro, prisión, cárcel: cuidado; seguridad. **To be in custody**, estar detenido (detention). **To take somebody into custody**, detener a alguien. 2. Custodia (of child); custodia, cuidado (safekeeping).
custom ['kʌstəm] [kas-tom], *s.* 1. Costumbre, uso (conventio, tradition, habit). **He broke with custom**, rompió con la tradición. 2. Costumbre de comprar lo que uno necesita de ciertas personas o en determinadas tiendas: parroquia de una tienda. **If they value our custom**, si no nos quieren perder como clientes. **I'll take my custom elsewhere**, dejaré de ser su cliente. 3. Venta, salida, despacho. 4. *(For.)* Consuetud, ley o derecho no escrito, pero establecido por el uso de cien años. 5. *plur.* Derechos de aduana o arancelarios (tax). **Custom-free**, libre de derechos. Aduana (organization, place). **To go through customs**, pasar por la aduana. **Customs officer/official**, agente u oficial de aduanas.
custom *a.* Que trabaja por encargo (tailor); A la medida (suit); hecho de encargo (car).
custombale ['kʌstəmbeɪl] [kas-tom-beil], *a.* Común, habitual.
customableness ['kʌstəmeɪblnɪs] [kas-to-mei-bol-nes], *s.* Frecuencia, costumbre, hábito.

customably ['kʌstəməblɪ] [kas-to-ma-bli], *adv*. Según costumbre.
customarily ['kʌstəmərɪlɪ] [kas-to-ma-ri-li], *adv*. Comúnmente, ordinariamente; habitualmente.
customariness ['kʌstəmərɪnɪs] [kas-to-ma-ri-nes], *s*. Frecuencia, hábito, costumbre.
customary [kʌstəmərɪ] [kas-to-ma-ri], *a*. 1. Usual, acostumbrado, habitual, ordinario, usado. 2. *(For. Ingl.)* Consuetudinario, de costumbre, a fuero.
custom built ['kʌstəm,bɪlt] [kastom-bilt], *a*. Hecho a la orden o a la medida.
customed ['kʌstəmd] [kas-tomd], *a*. *(Poét.)* Acostumbrado, ordinario, común, acreditado.
customer ['kʌstəmər] [kas-to-ma[r]], *s*. 1. Parroquiano, marchante. 2. *(Fam.)* Persona con quien uno se habla, trata o se encuentra; se usa comúnmente con adjetivo. **An ugly customer**, (a) un bribón, un mal pájaro. (b) Adversario temible, duro de pelar. 3. Cliente (client).
custom-house ['kʌstəmhaʊs] [kas-tom-jaus], *s*. Aduana. **Custom-house officer**, aduanero, vista de la aduana.
custom made ['kʌstəm'meɪd] [kas-tom-meid], *a*. Hecho a la orden o a la medida (suit, shoes). Hecho de encargo (furnishings, furniture).
custrel ['kʌstrɪl] [kas-tril], *s*. 1. Escudero. 2. Vasija de vino.
cut [kʌt] [kat], *va*. 1. Cortar (wood, paper, wire, rope); hender; esculpir, tallar (shape/stone, glass), hacer (key). **They cut a path through the undergrowth**, abrieron un camino a través de la maleza. **To cut something in half**, cortar algo por la mitad. **I cut my finger**, me corté el dedo. 2. Separar, destruir, estropear, herir, mutilar. 3. Partir, dividir; reducir (reduce/level, number); rebajar, reducir (price, rate); recortar (budget); hacer recortes en (service, workforce). 4. Picar, preparar por medio de un instrumento cortante. 5. Quitar, separar. *V. To cut away o to cut off*. 6. Encontrar o pasar a alguno intencionadamente aparentando no conocerlo (ignore). *(Coloq.)* **To cut somebody dead**, dejar a uno con el saludo en la boca. 7. Desunir, interrumpir una relación o conexión. 8. Castrar. 9. Alzar o cortar los naipes. 10. Cortar (trim/hair, nails); cortar, segar (grass, corn). **To get one's hair cut**, cortarse el pelo. 11. Acortar (shorten/text); cortar (remove/scene); editar (film/edit); hacer cortes en (censors). **A tunnel cut into the mountain**, un túnel excavado en la montaña (excavate). *-vn*. 1. Hacer cortadura, operar por incisión. Cortar (knife, scissors). **The rope cut into her wrists**, la cuerda le estaba cortando o lastimando las muñecas. **To cut loose**, romper las ataduras (break free). **Her remarks cut deep**, sus palabras lo (o la etc.) hirieron en lo más vivo. **It cuts easily**, se corta fácilmente (be cuttable). 2. Ser a propósito para dividir o dividirse. 3. Cortar, perforar las encías (dícese de los dientes). 4. *(Ger.)* Tomar soleta, tomar el tole. 5. *(Cin., Rad.)* **Cut!**, ¡corte! 6. Cortar (in cards). **To cut asunder**, rasgar, hacer pedazos, destrozar, despedazar, quebrar. **To cut away**, quitar, cercenar, separar. **To cut short**, acortar, cercenar, disminuir; interrumpir, cortar la palabra; abreviar, resumir, compendiar. **To cut to**, cortar de raíz. picar; afligir, lastimar, herir profundamente. **To cut capers**, cabriolar. **To cut small**, desmenuzar. **To cut to the heart**, afligir, enojar, enfadar, molestar. **To cut a figure**, hacer papel o también hacer figura. **To cut the lots**, echar pajas. **To cut over the face**, acuchillar la cara. **To cut one's hair too short**, pelar al rape. **To cut the ground**, abrir la tierra, labrarla por la primera vez.
cut across Cortar al través, tomar por el atajo (take shortcut across); trascender (cross boundaries off).
cut back 1. Podar, recortar (prune/hedge); recortar, reducir (reduce/spending). 2. Hacer economías constreñirse (make reductions). **To cut back on something**, reducir algo.
cut down 1. Abatir; aserrar; cortar una cosa hasta que caiga al suelo, derribar, echar abajo, cortar, talar (fell/tree); destrozar un ejército; exceder, sobrepujar. 2. Matar (kill). **He was cut down in his prime**, su vida fue segada en flor. 3. Reducir, recortar (reduce/expenditure); reducir, disminuir (consumption). **Cigarette?-no, thanks, I'm trying to cut down**, ¿un cigarrillo?-no, gracias, estoy tratando de fumar menos. **You should cut down on carbohydrates**, deberías reducir el consumo de hidratos de carbono.
cut in Interrumpir (interrupt); atravesarse (auto).
cut off Cortar completamente, hacer pedazos, destruir, extirpar, cortar (sever/branch, limb); separar, tajar, trinchar; matar a alguno; interceptar; poner fin a una cosa; interrumpir, cortar (interrupt, block/supply, route); abreviar; imponer silencio a uno que está hablando. Aislar (separate, isolate). **To feel cut off**, sentirse aislado. **The town was cut off**, la ciudad quedó sin comunicaciones. **We were cut off**, se cortó la comunicación (telephone). **To cut off a leg**, amputar una pierna. **To cut off an heir**, desheredar a alguno. **To cut off all contentions**, prevenir o impedir toda disputa. **To cut off delays**, despacharse, apresurarse.
cut out Tajar o cortar; formar, hacer, proporcionar o disponer alguna cosa en debida proporción; proyectar, trazar; adoptar; excluir, privar; exceder, aventajar. Recortar (article, photograph). Cortar (dress, cookies). Eliminar, suprimir (exclude/noise, carbohydrates). **He cut me out of his will**, me excluyó de su testamento. **Cut it out!**, ¡basta ya! **I'm not cut out to be a teacher**, no estoy hecho para la enseñanza. Pararse, calarse (stop working/engine). Apagarse (switch off).
cut through Abrirse camino por entre (overcome). Cortar camino por, atajar por (take shortcut).
cut up Cortar, partir, trinchar, hacer tajadas, cortar en pedazos (vegetables, wood); disecar; arrancar de raíz, desarraigar. *(Fam.)* Hacer de las suyas, travesear. *(Coloq.)* **To be cut up about something**, estar disgustado por algo.
cut, *a*. 1. Cortado (flowers); tajado. 2. Interceptado, interrumpido. 3. Trinchado; tallado (glass). 4. Preparado.
cut, *s*. 1. Corte, cortadura, tajo (wound); corte (incision). Corte (of meat/type); trozo (piece). **A wage cut**, un recorte salarial (reduction). **To make cuts in essential services**, hacer recortes en los servicios esenciales. 2. Atajo de camino. 3. Estampa o grabado. 4. Hechura, forma, figura. 5. Tajada, parte (share); lonja. 6. Cuchillada (blow/with knife), herida; hendedura. 7. Corto, pasaje o paso. 8. Desgracia, afrenta. *(Coloq.)* **He thinks himself a cut above the rest**, se cree superior a los demás.
cut-and-dried [ ] *a*. Preparado de antemano (arrangements). Preconcebido (opinions). **Her election isn't cut and dried**, no se puede dar por sentado que vaya a salir elegida.
cutaneous [kjuː'teɪnɪəs] [kiu-tei-nios], *a*. Cutáneo.
cutback ['kʌtbæk] [kat-bak] *s*. Corte, reducción (reduction).
cute [kjuːt] [kiut], *a*. (Contracción de ACUTE). *(Fam.)* Atractivo, gracioso, mono, cuco, rico (sweet/baby, face). Guapo (attractive). Listo, vivo (clever, person). Afectado, efectista (contrived).
cutesy ['kjuːtsɪ] [kiu-te-si] *a*. Cursi.
cut glass ['kʌtglɑːs] [kat-glas], *s*. Cristal cortado. *a*. De cristal tallado.
cuticle ['kʌtɪkl] [ka-ti-kel], *s*., 1. Cutícula, epidermis, lapa. 2. Película, viscosidad que cubre algunas plantas; capa que se forma en la superficie de un líquido.
cuticular [kjuːtɪkjʊlər] [kiu-ti-kiu-la[r]], *a*. Cuticular, de la epidermis.
cutie [kjuːtɪ] [kiu-ti] *s*. *(Coloq.)* Bombón, churro (woman). **He/She's a little cutie**, es una monada (child).
cutlass ['kʌtləs] [kat-las], *s*. Alfanje, machete.
cutler ['kʌtlər] [ka-tla[r]], *s*. Cuchillero.
cutlery ['kʌtlərɪ] [kat-le-ri], *s*. Cuchillería, mercadería o géneros de cuchilleros, cubertería, cubiertos.
cutlet ['kʌtlɪt] [kat-lit], *s*. Chuleta, costilla o costillita asada de carnero, ternera, etc.
cutoff ['kʌtɒf] [kat-of], *s*. *(E. U.)* 1. Atajo de un camino (shorcut). 2. Cortavapor, invento para interceptar el vapor en el cilindro en un punto fijo. 3. Límite. **Cutoff date**, fecha límite o tope. **Cutoffs**, shorts, vaqueros.
cutout ['kʌtaʊt] [kat-aut] *s*. Recortable, figura para recortar (image, silhouette).

cut-price ['kʌtpraɪs] [kat-prais], **cut-rate** [ˌkʌt'reɪt] [kat-reit] *a.* (GB) A precio rebajado (goods, travel); de ocasión (shop).

cutpurse ['kʌtpɜ:s] [kat-pers], *s.* Cortabolsa, ladrón, un ratero.

cutter ['kʌtər] [ka-ta^{r}], *s.* 1. Cortador (worker). 2. Lo que corta; herramienta o máquina para cortar, tenazas (tool for wire). 3. Cúter, embarcación ligera o velera semejante a una falúa. 4. Buque guardacostas. 5. *(E. U.)* Pequeño trineo.

cutthroat ['kʌtθrəʊt] [kat-zrout], *s.* Asesino, el que mata o quita la vida a otro alevosamente (murderer). **Cutthroat razor**, (GB) navaja. *-a.* 1. Cruel, bárbaro. 2. Feroz, salvaje (competition).

cutting ['kʌtɪŋ] [ka-tin], *s.* 1. Cortadura; incisión. 2. *(Cir.)* Talla, operación de la piedra. 3. Alce de naipes. 4. Algo obtenido o hecho por cortadura; recorte (from newspaper); esqueje (from plant); cercenadura, viruta, retazo. 5. Zanja (GB) (for road, railway). 6. *(Cin., Rad., TV)* Montaje, edición. **Cutting down**, *(Mar.)* astilla muerta. **Cutting-down line**, *(Mar.)* arrufo de astilla muerta. **Cutting of the teeth**, dentición, salida de los dientes.

cutting, *a.* 1. Cortante, que corta (tool, blade). 2. Helado, picante, áspero, cortante (cold, wind). 3. Incisivo, mordaz, picante, satírico, hiriente (hurtful, remark). **At the cutting edge of technology**, a la vanguardia de la tecnología.

cuttle ['kʌtl] [katel], o **cuttle-fish**, *s.* Jibia, sepia, molusco marino, voraz, carnívoro, del género de los cefalópodos, del cual se extrae el color llamado sepia. *V.* CUTTLE-BONE.

cuttle-bone [kʌtl'bəʊn] [ka-tel-boun], *s.* Jibión.

CV *s.* = **curriculum vitae**

cut-water [kʌt'wɔ:tər] [kat-uo-ta^{r}], *s.* *(Mar.)* Tajamar, un tablón algo corvo que sale de la quilla y va endentado en la parte exterior de la roda, cuyo uso es cortar el agua. **Beak of the cut-water**, *(Mar.)* espolón del tajamar. **Forepiece of the cut-water**, *(Mar.)* azafrán del tajamar. **Doublings of the cut-water**, *(Mar.)* batideros de proa.

cut-work ['kʌtwɔ:k] [kat-uek], *s.* 1. Obra de bordadura. 2. Impresión de grabados y láminas.

cut-worm ['kʌtwɔ:m] [kat-uem], *s.* Larva de una mariposa (Agrotis) que por las noches destroza las plantas tiernas, por lo general cerca de la superficie y roe las yemas de los árboles.

cyanic ['saɪənɪk] [sai-a-nin], *a.* Ciánico, perteneciente al cianógeno. **Cyanic acid**, ácido ciánico.

cyanid, cyanide ['saɪənɪd] [sai-a-nid], *s.* Cianuro, compuesto de cianógeno y un metal.

cyanogen ['saɪənɒdʒən] [sai-a-no-yen], *s.* Cianógeno, gas incoloro, venenoso y licuable (C_2N_2)de olor semejante al de la almendra y que arde con llama purpúrea. Entra en la composición del azul de Prusia.

cyanuret ['saɪənʊret] [sai-a-nu-ret], *s.* Antiguo nombre del *cyanide* o cianuro.

cybernetics [ˌsaɪbə'netɪkz] [sai-ba-ne-tiks], *s.* *(Med., Elec.)* Cibernética.

cyberspace ['saɪbəspeɪs] [sai-ba-speis] *s.* Ciberespacio.

cyclamen ['sɪkləmən] [si-kla-men], *s.* *(Bot.)* Pamporcino, ciclamino, artanita, planta de adorno.

cycle ['saɪkl] [sai-kel], *s.* 1. *V.* CIRCLE. 2. *(Astr.)* Ciclo (process), período de tiempo o número de años que, acabados, se vuelven a contar de nuevo, y durante los cuales se reproducen fenómenos idénticos a los del período anterior. **The life cycle**, el ciclo de la vida. 3. Curso. 4. Biciclo o triciclo; bicicleta (bicycle). 5. Programa (of washing machine). 6. *(Elec., Comput.)* Ciclo.

cycle *vn.* Ir en bicicleta (person).

cyclic, cyclical ['saɪklɪk] [sai-klik], *a.* Cíclico, perteneciente a un ciclo o período.

cycling ['saɪklɪŋ] [sai-klin] *s.* Ciclismo. **To go cycling**, salir en bicicleta, ir a andar en bicicleta.

cyclist ['saɪklɪst] [sai-klist], *s.* El que va montado en un biciclo o triciclo.

cycloid ['saɪklɔɪd] [sai-kloid], *s.* *(Geom.)* Cicloide, curva geométrica.

cyclometer ['saɪkləmi:tər] [sai-klo-mi-ta^{r}], *s.* 1. Ciclómetro. 2. Odómetro.

cyclometry ['saɪkləmɪtrɪ] [sai-klo-mi-tri], *s.* El arte de medir ciclos o círculos.

cyclone ['saɪkləʊn] [sai-kloun], *s.* 1. Ciclón, torbellino espiral (storm). 2. *(Fam.)* Huracán, tifón. 3. Zona de bajas presiones (low-pressure area).

cyclopaedia ['saɪklə'pi:dɪə] [sai-klo-pi-dia], *s.* Enciclopedia, colección de todas las ciencias.

cyclopean ['saɪkləpɪən] [sai-klo-pian], **cyclopic** ['saɪkləpɪk] [sai-klo-pik], *a.* 1. Gigantesco, enorme; de gran dificultad. 2. Perteneciente a los cíclopes.

cyclops ['saɪklɒps] [sai-klops], *s.* Cíclope, gigante fabuloso que tenía un ojo en la frente.

cyclotron ['saɪklətrən] [sai-klo-tron], *s.* *(Elec.)* Ciclotrón.

cygnet ['sɪgnɪt] [saig-net], *s.* Pollo del cisne.

cylinder ['sɪlɪndər] [si-lin-da^{r}], *s.* 1. *(Mat.)* Cilindro. 2. Rollo, rollete, tambor (component/of gun). 3. Tanque, bombona, garrafa, balón (container/for liquid gas). 4. Cilindro (of engine).

cylindric, cylindrical ['sɪlɪndrɪk] [si-lin-drik], *a.* Cilíndrico.

cylindroid ['sɪlɪndrɔɪd] [si-lin-droid], *s.* *(Geom.)* Cilindroide, cilindro con bases elípticas.

cyma ['saɪmə] [sai-ma], **cymatium** ['sɪmeɪʃən] [si-mei-shon], *s.* *(Arq.)* Cimacio, moldura.

cymbal ['sɪmbəl] [sim-bal], *s.* Címbalo, platillo, instrumento de percusión.

cyme ['saɪm] [saim], *s.* 1. *(Bot.)* Cima, grupo o ramo de flores que en su parte superior forman una superifice plana: corimbo. 2. *(Arq.)* Cimacio.

cynegetic ['saɪnə'dʒetɪk] [sai-ner-ye-tik], *a.* Perteneciente o relativo a la caza con perros.

cynic, cynical ['sɪnɪk] [si-nik], *a.* Cínico.

cynic, *s.* Cínico, filósofo secuaz de Diógenes: misántropo.

cynically ['sɪnɪkəlɪ] [si-ni-ka-li] *adv.* Cínicamente.

cynicism ['sɪnɪsɪzm] [si-ni-si-zem], *s.* Cinismo.

cinosure ['sɪnəʃʊər] [si-no-shua^{r}], *s.* 1. Objeto o centro de la atención o las miradas de todos. 2. *(Astr.)* Osa Menor.

cypher, *s.* *V.* CIPHER.

cypress ['saɪprɪs] [sai-pris], *s.* *(Bot.)* Ciprés. **Cypress**, *(Fig.)* luto.

Cyprian ['sɪprɪən] [si-prian], *a.* 1. Ciprio, chipriota, de la isla de Chipre. 2. Lascivo. *-s.* 1. Chipriota, natural o el idioma de Chipre. 2. Cortesana.

Cypriot ['sɪnprɪət] [si-priot], *s.* 1. Ciprio, chipriota, natural o habitante de Chipre. 2. La antigua lengua de Chipre, dialecto del griego.

Cyprus ['saɪprəs] [sai-prus] *N.* *(Geogr.)* Chipre.

cyrillic [sɪ'rɪlɪk] [si-ri-lik] *a.* Cirílico.

cyst, cystis ['ɪst] [sist], *s.* Quiste o quisto, saco o vejiga membranosa.

cystic ['sɪstɪk] [sis-tik], *a.* 1. Cístico, contenido en el quiste. 2. Que tiene quistes. **Cystic fibrosis**, fibrosis cística o pancreática.

cystitis ['sɪstaɪtɪs] [sistai-tis], *s.* *(Med.)* Cistitis.

cytase ['sɪstəs] [sis-tas], *s.* Citasa.

cytisus ['sɪtɪsəs] [si-ti-sos], *s.* *(Bot.)* Citiso, cantueso.

cytological ['saɪtə'lɒdʒɪkl] [si-to-lo-yi-kal], *a.* Citológico.

cytology ['saɪtɔlədʒɪ] [si-to-lo-yi], *s.* Citología.

czar [zɑ:r] [za^{r}], *s.* Zar, emperador de Rusia.

czardas ['zɑ:dəs] [zar-das], *s.* Danza nacional de los magiares, en dos tiempos, uno lento y otro rápido.

Czarevitch, Czarowitz ['zarevɪtʃ] [za-re-vich], *s.* Zarevitz, título que se da al hijo primogénito del zar de Rusia: antiguamente cualquier hijo del zar.

czarina ['zɑ:'ri:nə] [za-ri-na], *sf.* Zarina o zaritza, la esposa del zar de Rusia.

czarish ['zɑ:rɪʃ] [za-rish], *a.* Zariano.

czech [ ] *a./s.* Checo (person/language).

Czechoslovakia ['tʃekəʊ'sləʊvækɪə] [che-kous-lou-va-kia] *N.* *(Geogr.)* Checoslovaquia.

czechoslovakian ['tʃekəʊ'sləʊvækɪən] [che-kous-lou-va-kian] *a.* Checoslovaco.

Czech Republic *s.* La Républica Checa.

D

d [dɪ] [di], Se pronuncia en inglés como la *d* española en Castilla. La D usada como abreviatura, quiere decir, *doctor*; **D.D.**, doctor en Teología; **I.L.D.**, doctor en Leyes, o en ambos derechos; **D. M.**, doctor en Medicina; como numeral romano vale 500. *(Mus.)* Re.
da *s.* (in US) District attorney.
dab [dæb] [dab], *va.* Dar o estregar suavemente con alguna cosa húmeda o blanda. **Dab antiseptic on the cut**, dése unos toques de antiséptico en la herida.
dab, *s.* 1. Pedazo pequeño de alguna cosa. 2. Salpicadura; cualquier golpe dado con alguna cosa blanda. 3. Barbada, pez marino en figura de rombo. 4. *(Vul.)* Artista. 5. Toque (small amount/cream, paint). **He gave his tie a dab with a damp cloth**, se frotó un poco la corbata con un trapo húmedo (pat).
dabber ['dæbəʳ] [da-baʳ], *s.* El que o lo que da suavemente; clisador del impresor.
dabbing ['dæblɪŋ] [da-blin], *s.* La acción de indentar la superficie de una piedra.
dabble [dæbl] [da-bol], *va.* Rociar, salpicar; mojar, humedecer. **We dabbled our hands/feet in the river**, chapoteamos en el río. *vn.* Chapotear, golpear en el agua o lodo de modo que salpique; entrometerse, meterse alguno donde no le llaman. **To dabble in politics/journalism**, tener escarceos con la política/el periodismo.
dabbler ['dæbləʳ] [da-blaʳ], *s.* 1. Chapuzador; chapucero. 2.Chisgarabís, el que se mete en lo que no sabe ni debe.
dab hand [dæb'hænd] [dab-jand] *s.* (GB) *(Coloq.)* **To be a dab hand at something**, tener buena mano para algo.
dabster ['dæbstəʳ] [dabs-taʳ], *s.* La persona diestra, hábil, experta.
dace ['deɪs] [deis], *s.* Albur, pez de río.
dachshund ['dækshʊnd] [dak-shund], *s.* Dachshund, perro tejonero alemán.
dacker ['dækəʳ] [da-kaʳ], *vn.* 1. Hacer trabajo de pieza, 2. Trocar, traficar permutando géneros. 3. Asir. 4. *V.* LOITER. 5. *V.* Ransack.
dactyl ['dæktɪl] [dak-til], *s.* *(Poét.)* Dáctilo, pie de verso que consta de tres sílabas, la primera larga y las otras dos breves.
dactylic ['dæktɪlɪk] [dak-ti-lik], *a.* Dactílico.
dactylist ['dæktɪlɪst] [dak-ti-list], *s.* El que escribe versos con pies dáctilos.
dactylology ['dæktɪl] [dak-tilo-lo-chi], *s.* Dactilogía, el arte de hablar con los dedos.
dactylonomy ['dæktɪˌlənɒmɪ] [dak-ti-lo-no-mi], *s.* Dactilonomía, la ciencia de contar por los dedos.
dactyloscopic ['dæktɪˌləskɒpɪk] [dak-ti-los-ko-pik], *a.* Dactiloscópico, relativo a las huellas digitales.
dad, daddy [dæd] [dad] ['dædɪ] [da-di], *s.* Papá. *(Fam.)* Tata, taitica, padrecito. Palabra usada solamente entre niños y rústicos.
dadaism ['dɑːdɑːɪzəm] [da-da-ism], *s.* Dadaísmo, movimiento literario.
daddy longlegs ['dædɪ] [da-di], *s.* 1. Arácnido de cuerpo corto y largas patas. 2. Típula. *V.* CRANEFLY. 3. Segador, falangio (harvestman).
dado ['dædəʊ] [da-dou], *s.* *(Arch.)* Dado, cubo.
daemon ['dæmən] [da-mon], *s.* Demonio. *V.* DEMON.
daffodil, daffodilly ['dæfədɪl] [da-fo-dil], *s.* *(Bot.)*, Narciso.
daft [dæft] [daft] *a.* (GB) *(Coloq.)* Tonto, bobo. **That was a daft thing to do/say**, hiciste una tontería, decir eso fue una tontería.
dagger ['dægəʳ] [da-gaʳ], *s.* 1. Daga, puñal. **To look** o **to speak daggers to one**, comerse a uno con los ojos. 2. *(Imp.)* Cruz [#].
dago ['deɪgəʊ] [dei-gou], *s.* (Ger. E.U.) Extranjero de piel morena; especialmente un italiano, español o portugués.
daguerreotype [də'gɛrəʊˌtaɪp] [da-gue-rou-taip], *s.* Daguerrotipo, procedimiento primitivo para nombrar las imágenes obtenidas en la cámara oscura y fijarlas sobre una plancha metálica plateada. También, la imagen misma así obtenida.
dahlia ['dælɪə] [da-lia], *s.* 1. Dalia, planta y flor. 2. Color violado obtenido del alquitrán de carbón.
daily ['deɪlɪ] [dei-li], *a.* Diario (newspaper, prayers); diario, cotidiano (walk, visit). **Employed/paid on a daily basis**, contratado/pagado por días. *-adv.* Diariamente, cada día; con frecuencia. *s.* Diario, periódico.
dainties ['deɪntɪs] [dein-tis], *s.* Chochos, confites, golosinas.
daintily ['deɪntɪlɪ] [dein-ti-li], *adv.* Regaladamente, delicadamente.
daintiness ['deɪntɪnɪs] [dein-ti-nis], *s.* Elegancia, pulidez, delicadeza, golosina, afectación.
dainty ['deɪntɪ] [dein-ti], *a.* 1. Delicado (delicate/flowers, vase); delicado, refinado (appearance); delicado (physique); espléndido, elegante. 2. Regalado, sabroso, exquisito (delicious). 3. Melindroso; afectado. *s.* Regalo, manjar delicado, bocado exquisito, golosina; se usaba antiguamente como expresión de cariño.
daiquiri ['daɪkɪrɪ] [dai-ki-ri], *s.* Daiquirí, bebida alohólica compuesta.
dairy ['dɛərɪ] [dea-ri], *s.* 1. Lechería (on farm); lugar donde se prepara la leche para hacer queso y manteca; quesera o quesería, el lugar donde se prepara la leche para hacer quesos. 2. Lácteo (produce); de granja (butter, cream); lechero (cow/ industry). 3. Lechería (shop); central lechera (company). **Dairy farm**, granja lechera. **Dairyman**, lechero.
dairymaid ['dɛərɪˌmeɪd] [dea-ri-meid], *sf.* Lechera, mantequera, la mujer que trabaja en una lechería o vende la leche.
dais ['deɪɪs] [deiis], *s.* 1. Tablado o gradas a la cabecera de un salón; tarima, estrado (rostrum). 2. Silla elevada, bajo dosel.
daisy ['deɪzɪ] [dei-si], *s.* 1. *(Bot.)* Margarita (cultivated); margarita de los prados, maya (wild). **As fresh as a daisy**, tan fresco como una lechuga. **To be pushing up (the) daisies**, estar criando malvas. 2. *(Ger.)* Persona o cosa muy admirada.
daisy wheel *s.* Margarita, impresora de margarita.
dale ['deɪl] [deil], *s.* Cañada, valle pequeño, llanura de tierra entre montes.
dalliance ['deɪlɪəns] [dei-lians], *s.* 1. Regodeo, diversión, fiesta; trato familiar enre los casados; juguete, retozo; devaneo, escarceos. 2. Tardanza, dilación.
dallier ['deɪlɪəʳ] [dei-liaʳ], *s.* Retozón o juguetón.
dally ['dælɪ] [da-li], *vn.* 1. Bobear, acariciarse, juguetear, requebrar, divertirse; retozar. 2. Burlarse, hacer mofa de; retardarse, retrasarse, tardar. *-va.* Dilatar, suspender; hacer pasar el tiempo con gusto.
dalmatian [dæl'meɪʃən] [dal-mei-shan], *a.* y *s.* Dálmata, de la Dalmacia, dalmático.
dalmatic ['dælmætɪk] [dal-ma-tik], *s.* Dalmática, vestidura sagrada de los diáconos.
dam [dæm] [dam], *s.* 1. La madre en los animales; yegua. (Despectivo) Madre, mujer. 2. Presa o represa de agua, dique. 3. Límite, linde.
dam, *va.* Represar, detener o estancar el agua corriente; cerrar, tapar. **To dam up**, contener el agua con diques. **To dam a neighbor's lights**, impedir la libre entrada de la luz en casa de un vecino.
damage ['dæmɪdʒ] [da-mich], *s.* 1. Daño, perjuicio, detrimento (to reputation, cause). Daño (to object). **Storm/ fire damage**, daños ocasionados por una tormenta/un incendio. **The damage is done**, el daño ya está hecho. 2. Resarcimiento de daño. 3. Pérdida; retribución. 4. Desventaja. 5. *(Com.)* Avería. *-pl.* *(Law)* Daños y perjuicios.
damage, *va.* Dañar (building, vehicle); perjudicar, ser perjudicial para la salud (health); perjudicar, dañar

(reputation, cause). **Damaged**, dañado, averiado (stock). -*vn.* Dañarse, averiarse.

damageable ['dæmɪdʒəbl] [da-mi-cha-bol], *a.* Susceptible de daño; perjudicial, pernicioso, dañoso, dañino.

damaging ['dæmɪdʒɪŋ] [da-ma-chin] *a.* Perjudicial. **To be damaging to somebody/something**, ser perjudicial para alguien/algo.

damascene ['dæməsi:n] [da-ma-sin], *va. V.* DAMASKEEN. *a.* Damasceno de la ciudad de Damasco.

Damascus ['dæməskəs] [da-mas-kus] *N. (Geogr.)* Damasco.

damask ['dæməsk] [da-mask], *s.* 1. Damasco, tela de seda o lino bastante doble, con dibujo del mismo color. 2. Damasco, tela de lino que se llama así por la semejanza de sus flores a las del damasco de seda. **Damask tablecloth**, mantel adamascado o alemanisco. **Damask steel**, acero damasquino.

damask, *va.* 1. Adamascar. *V.* DAMESKEEN. 2 Tejer con patrones abundantes en flores. 3. Diversificar, matizar.

damask-plum ['dæməsk,pləm] [da-mask-plum], *s.* Ciruela damascena.

damask-rose ['dæməsk,rəʊz] [da-mask-rous], *s.* Rosa de damasco o encarnada.

damaskeen ['dæməski:n] [da-mas-kin], *va.* Adornar con incrustaciones metálicas una superficie de hierro o acero; ataujiar; adornar un metal con líneas ondeantes.

damaskeening ['dæməski:'nɪŋ] [da-mas-ki-nin], *s.* Ataujía, el arte o acto de embutir unos metales en otros.

damassin ['dæməsi:n] [da-ma-sin], *s.* Damasina, tejido de seda parecido al damasco en el dibujo y la labor.

dame [deɪm] [deim], *sf.* 1. Dama, señora, ama. *(Fam.)* Tía. 2. Maestra de niñas.

dame's-violet [deɪmz'vaɪəlet] [deims-vaio-let], *s. (Bot.)* Violeta matronal, hespéride, planta aromática de las crucíferas.

dammar ['dæmə^r] [da-ma^r], *s.* Damar, resina usada en las artes.

dammit ['dæmɪt] [da-mit] *interj. (Coloq.)* ¡Caray! **As near as dammit**, poco más o menos.

damn [dæm] [dam], *va.* 1. *(Rel.)* Condenar, castigar con las penas eternas del infierno. Condenar (condemn). 2. Maldecir, echar maldiciones. 3. Vituperar; silbar o reprobar; mofar, despreciar. *(Coloq.)* **(God) damn it!**, ¡caray!, ¡maldita sea! **Well, I'll be damned!**, ¡vaya! -*s.* Maldición. **I don't give a damn what they think**, me importa un bledo o un pito o un comino lo que piensen. -*a.* Condenado, maldito, pinche.

damnable ['dæmnəbl] [dam-na-bol], *a.* 1. Damnable, condenable. 2. Detestable, pernicioso; infame.

damnably ['dæmnəblɪ] [dam-na-bli], *adv.* Horriblemente, de un modo indigno, infame o abominable.

damnation [dæm'neɪʃən] [dam-nei-shon], *s.* Damnación, condenación.

damnatory ['dæmnətərɪ] [dam-na-to-ri], *a.* Condenatorio.

damned [dæmd] [damnd], *a.* Condenado (souls); maldito; detestable, aborrecible: reprobado; dañado; silbado. **The damned**, los condenados.

damnedest ['dæmnɪdest] [dam-ni-dest] *s. (Coloq.)* **She did her damnedest to stop it**, hizo todo lo que pudo para impedirlo.

damnify ['dæmnɪfaɪ] [dam-ni-fai], *va.* Dañar, injuriar; debilitar, malear. (Más usado como voz forense.)

damning ['dæmnɪŋ] [dam-nin] *a.* Condenatorio (condemnatory/evidence). Crítico (critical/appraisal).

damp [dæmp] [damp], *a.* 1. Húmedo. **There are damp patches on the ceiling**, hay manchas de humedad en el techo. **To smell damp**, oler a humedad. 2. Triste, abatido, melancólico, amilanado. *s.* 1. Niebla, humedad; exhalación nociva. Como exhalación nociva se llama también *Choke-amp.* 2. Desaliento, cobardía, pusilanimidad, abatimiento, aflicción, consternación.

damp, *va.* 1. Mojar, humedecer. 2. Desanimar, abatir, acobardar; entorpecer; entibiar, aflojar, amainar, amortiguar, apagar. 3. Sofocar (fire); apagar, enfriar (enthusiasm, excitement).

dampen ['dæmpən] [dam-pen], *va.* 1. Humedecer, poner húmedo, mojar (moisten). 2. Enfriar, desanimar, desalentar (discourage/hopes, enthusiasm); poner el apagador sobre algo, apagar. **To dampen somebody's spirits**, desanimar o desalentar a alguien.

dampened ['dæmpənd] [dam-pend], *a.* Humedecido. 2. Desanimado, desalentado.

damper ['dæmpə^r] [dam-pa^r], *s.* 1. Lo que se apaga o reprime; registro, llave del humero de una chimenea para regular el tiro; regulador de tiro. 2. Apagador del piano; sordina. 3. Desalentador, el que desalienta. **The bad news put a damper on the celebrations**, la mala noticia estropeó las fiestas.

dampish ['dæmpɪʃ] [dam-pish], *a.* Algo humedecido.

dampishness ['dæmpɪʃnɪs] [dam-pish-nes], **dampness** ['dæmpnɪs] [damp-nes], *s.* Humedad.

damp-proof ['dæmppru:f] [damp-pruf] *va.* Proteger contra la humedad.

damsel ['dæmzəl] [dam-sel], *sf.* 1. Damisela, señorita; en lo antiguo, doncel y doncella. 2. Reborde de la muela.

damson ['dæmsən] [dam-son], *s.* Ciruela damascena.

dan [dæn] [dan], *s.* 1. Palabra antigua que equivale a Master. Cf. DON. 2. Carretón, en las minas de carbón de piedra.

dance [dɑ:ns] [dans] *vn.* 1. Bailar, danzar. 2. Saltar, brincar (skip). -*va.* Hacer bailar; hacer saltar. **To dance attendance**, *(Vul.)* servir con prontitud y atención, hacer plantón. **They danced the night away**, bailaron durante toda la noche.

dance, *s.* Danza, baile. **To lead somebody a merry dance**, darle a alguien quebraderos de cabeza.

dance hall ['dɑ:nshɔ:l] [dans-jol], *s.* Salón de baile.

dancer ['dɑ:nsə^r] [dan-sa^r], *s.* 1. Danzador, bailador. 2 Danzarín, bailarín.

dancing ['dɑ:nsɪŋ] [dan-sin], *s.* La accción de danzar o bailar. **Dancing-master**, maestro de baile o danza, **Dancing-school**, escuela de baile. **Dancing-room**, sala de baile.

dandelion ['dɑ:ndɪlaɪən] [dan-di-laion], *s. (Bot.)* Diente de león, o amargón.

dander ['dɑ:ndə^r] [dan-da^r], *s.* 1. *V.* DANDRUFF. 2. *(Vul.)* Ira, cólera.

dandify ['dɑ:ndɪfaɪ] [dan-di-fai], *va.* Hacer a otro petimetre o currutaco; vestirlo con elegancia exagerada, a lo lechuguino.

dandiprat ['dɑ:ndɪpræt] [dan-di-prat], *s. (Ant.)* Hombrecito; hombrezuelo cachigordete.

dandle ['dændl] [dan-del], *va.* 1. Mecer, menear a un niño en los brazos o sobre las rodillas; hacer saltar sobre las rodillas. 2. Mimar, acariciar; tratar a uno como a un niño. 3. Entretener, dar largas.

dandler ['dændlə^r] [dan-dla^r], *s.* Niñero.

dandruff ['dændrəf] [dan-druf], *s.* Caspa, escamilla que se forma en la cabeza.

dandy ['dændɪ] [dan-di], *s.* 1. Petimetre, currutaco, elegante exagerado en el vestir y afectado en sus maneras. 2. *(Ger.)* Cualquier cosa especialmente fina o agradable en su clase. *V.* DAISY. 3. **Dandy** o **dandy-fever**, *V.* DENGUE.

Dane [deɪn] [dein], *s.* Danés, dinamarqués, natural o ciudadano de Dinamarca. **Great Dane**, perro danés, de raza grande y fuerte.

dang [dæŋ] [dan], *va.* Maldecir; eufemismo rústico en lugar de *damn.*

danger ['deɪndʒə^r] [dein-cha^r], *s.* Peligro, riesgo, contingencia. *(Fam.)* **There is no danger**, no hay miedo, no hay cuidado. **Out of danger**, fuera de peligro. **To be on/off the danger list**, encontrarse en estado grave/estar fuera de peligro. **Danger signal/zone**, señal/zona de peligro.

danger money *s.* (GB) Plus o prima de peligrosidad.

dangerless ['deɪndʒəlɪs] [dein-char-les], *a.* Seguro, sin peligro.

dangerous ['deɪndʒrəs] [dein-che-ros], *a.* Peligroso, arriesgado. **Dangerous driving**, conducción con imprudencia temeraria.

dangerously ['deɪndʒrəslɪ] [dein-che-ros-li], *adv.* Peligrosamente. **To live dangerously**, llevar una vida arriesgada. **She came dangerously close to losing her life**, estuvo a un paso de la muerte.

dangerousness ['deɪndʒrəsnɪs] [dein-che-ros-nes], *s.* Peligro, calidad de peligroso.

dangle ['dæŋgl] [dan-gol], *va.* 1. Colgar algo libremente en el aire. 2. Hacer oscilar. **He dangled the possibility of promotion in front of her**, quiso tentarla con la posibilidad de un ascenso. *-vn.* 1. Pender, fluctuar, bambolearse; estar colgado en el aire. 2. Hacer a alguno la corte con adulación.

dangler ['dæŋgləʳ] [dan-glaʳ], *s.* Juan de las damas, el que continuamente está haciendo la corte a las damas; Perico entre ellas, Don Precioso.

Danish ['dænɪʃ] [da-nish], *a.* Danés, dinamarqués, perteneciente a Dinamarca.*s.* Idioma de Dinamarca.

danish blue *s.* Tipo de queso azul. **Danish pastry**, bollo cubierto de azúcar glaseado.

dank [dæŋk] [dank], *a.* Frío y húmedo. *V.* DAMP.

dankish ['dæŋkɪʃ] [dan-kish], *a.* Algo húmedo.

dankness, *s.* *V.* DAMPNESS.

dantesque ['dæntesk] [dan-tesk], *a.* Dantesco, propio y característico de Dante, poeta insigne italiano.

Danube ['dænju:b] [da-niub] *s.* **The Danube**, el Danubio.

dap [dæp] [dap], **dape** [deɪp] [deip], *vn.* Dejar caer alguna cosa muy despacio en el agua; pescar con caña en la superficie del agua.

daphne ['dæfnɪ] [daf-ni], *s.* 1. Dafne, ninfa de Diana, transformada en laurel. 2. Dafne, género de arbustos de la familia de las timéleas.

dapper ['dæpəʳ] [da-paʳ], *a.* Gentil, bonito, limpio, aseado; gallardo; pequeño y vivaz.

dapperling ['dæpəlɪŋ] [da-per-lin], *s.* Enano, chicuelo, monigote.

dapple , *va.* Varetear, señalar con varios colores, abigarrar.

dapple, *a.* Vareteado, rucio. **Dapple-gray horse**, rucio rodado, o moro azul.

dappled [dæplt] [da-pelt] *a.* Rodado, pinto (horse); veteado (pattern).

dare, dart, *s.* (Local, Ingl.) *V.* DACE.

dare [dɛəʳ] [deaʳ], *vn.* (*pret.* DURST o DARED; *pp.* DARED). Osar, atreverse, arriesgarse, emprender alguna cosa con atrevimiento. **Just you dare!**, ¡atrévete y verás! **How dare you!**, ¡cómo te atreves! **I dare say you've had enough**, estarás harto (me imagino). *-va.* 1. Arrostrar, hacer frente. 2. Desafiar, provocar contender o competir con otro. **To dare larks**, *(Des.)* coger calandrias con espejo.

dare, *s.* Desafío, reto. **She did it on/for a dare**, lo hizo porque la retaron o la desafiaron. *V.* CHALLENGE.

dare-devil ['dɛəˌdevl] [dea-de-vil], *a.* y *s.* Atrevido, temerario (feat, exploit); descuidado, atolondrado.

dareful ['dɛəfʊl] [dea-ful], *a.* Atrevido, osado.

darer ['dɛərəʳ] [dea-raʳ], *s.* Desafiador.

darg [dɑ:g] [darg], *s.* *(Esco.)* El trabajo de un día; trabajo cansado.

daring ['dɛərɪŋ] [dea-rin], *a.* Osado, atrevido, intrépido, arriesgado, temerario, emprendedor (explorer, pilot); audaz (plan); atrevido (dress, film).

daringly ['dɛərɪŋlɪ] [dea-rin-li], *adv.* Atrevidamente, osadamente.

dark [dɑ:k] [dark], *a.* 1. Desprovisto de luz en parte o totalmente; opaco; oscuro (unlit/room, night). **It's getting dark**, está oscureciendo, se está haciendo de noche. **The dark side of the moon**, el lado oculto de la luna. **Dark blue**, azul oscuro. 2. Moreno, bruno, lo que tira a negro; oscuro (in color). **Dark chocolate**, chocolate sin leche. 3. Oscuro (evil, sinister/deeds, threats); difícil de entenderse, enigmático; secreto. **There's a dark side to his nature/his activities**, hay algo de siniestro en él/sus actividades. Sombrío (somber/thoughts). **To keep something dark**, mantener algo en secreto. 4. Ignorante, falto de conocimiento. 5. Triste, melancólico, tétrico. 6. Moreno de tez morena. 7. *(Poét.)* Ciego, ignorante. **Dark room**, pieza o cuarto oscuro, falto de luz actínica; a propósito para trabajos fotográficos. **The dark ages**, la época de la superstición y la ignorancia. **A dark saying**, enigma. **Dark lantern**, linterna sorda.

dark, *s.* 1. Oscuridad, tinieblas (absence of light). **The dark**, la oscuridad. **To wait until dark**, esperar hasta que anochezca. **After dark**, de noche. 2. Ignorancia, falta de ciencia o conocimiento; mancha. **To leave one in the dark**, dejar a uno a oscuras.

Dark Ages *s. pl.* La Alta Edad Media, la Edad de las tinieblas. **They're living in the Dark Ages**, viven en la prehistoria.

darken ['dɑ:kən] [dar-ken], *va.* 1. Oscurecer (make dark); poner oscuro, sombrío, ensombrecer (make somber). 2. Anublar, cubrir de nubes. 3. Confundir, embrollar. 4. Denigrar, manchar. 5. *(Fig.)* Contristar, entristecer. *-vn.* Oscurecerse (grow dark/room, colour); oscurecerse, nublarse (sky). Ensombrecerse (grow somber).

darkener ['dɑ:kənəʳ] [dar-ke-naʳ], *s.* El que oscurece o confunde.

dark-field microscope ['dɑ:kfi:lˌmaɪkrəskəʊp] [dark-fil-mai-kros-koup], *s.* Ultramicroscopio.

dark horse ['dɑ:khɔ:s] [dark-jors], *s.* 1. En la política, candidato de transacción que surge inesperadamente; ganador sorpresa (surprise victor). 2. Enigma (unknown quantity).

darkish ['dɑ:kɪʃ] [dar-kish], *a.* Algo oscuro, ofusco.

darkling ['dɑ:klɪŋ] [dar-klin], *a.* 1. Oscurecido, visto ofuscadamente; lo que está en tinieblas. 2. Incapaz de ver.

darkly ['dɑ:klɪ] [dar-kli], *adv.* Oscuramente, secretamente, misteriosamente (hint).

darkness ['dɑ:knɪs] [dark-nes], *s.* 1. Oscuridad (of night, room); tinieblas; densidad, opacidad. **The building was in complete/total darkness**, el edificio estaba totalmente a oscuras. **When darkness fall**, al caer la noche. 2. Ignorancia; secreto; dominio de Satanás. 3. Tinieblas (evil). **The powers of dark**, los poderes del mal.

dark room ['dɑ:krʊm] [dark-rum], *s.* Cuarto oscuro, cámara oscura (para fotografías).

dark-skinned [ˌdɑ:k'skɪnd] [dark-skind] *a.* De piel oscura.

darksome ['dɑ:ksɒm] [dark-som], *a.* *(Poét.)* Oscuro, opaco, sombrío.

darling ['dɑ:lɪŋ] [dar-lin], *s.* El predilecto, el querido, el favorito; cariño (as form of address). **She was the darling of the public**, era la niña mimada del público. *a.* Querido, amado (beloved); mono (delightful).

darn [dɑ:n] [dan], *va.* Zurcir (mend). *interj.* *(Coloq.)* **Darn it!**, ¡caray!

darn, *va.* Maldecir: (forma atenuada de *damn*).

darn, darned ['dɑ:nd] [darnd] *a.* *(Coloq.)* Maldito. **I can't see a darn/darned thing**, no veo ni medio. *-adv.* (as intensifier). **He's too darn/darned clever**, se pasa de listo.

darnel ['dɑ:nl] [dar-nel], *s.* *(Bot.)* Zizaña, cizaña, una planta cualquiera del género Lolium.

darner ['dɑ:nəʳ] [dar-naʳ], *s.* Zurcidor o zurcidora.

darning ['dɑ:nɪŋ] [dar-nin], *s.* Zurcidura. Zurcido (action). Ropa para zurcir (things to be darned).

dart [dɑ:t] [dart], *s.* Dardo (weapon, Games); venablo. Pinza (clothing).

dart, *va.* Lanzar (look); arrojar, tirar, echar de sí alguna cosa con violencia. *-vn.* Lanzarse, arrojarse, precipitarse; volar como dardo o saeta. **To dart into/out of a room**, entrar como una flecha en/salir como una flecha de una habitación.

dartars ['dɑ:təz] [dar-tars], *s.* Roña o llaga que padecen los corderos.

dartboard ['dɑ:tbɔ:d] [dart-bord] *s.* Diana.

darter ['dɑ:təʳ] [dar-taʳ], *s.* 1. El que arroja dardos. 2. Pez pequeño americano, de vivos colores. 3. El pájaro-culebra americano.

darts ['dɑ:tz] [darts] *s. pl.* Dardos.

Darwinism ['dɑ:vɪnɪzəm] [dar-vi-nisem], *s.* Darwinismo, transformismo, sistema de Darwin que explica el origen de las especies animales mediante la transformación y la selección natural.

dash [dæʃ] [dash], *va.* 1. Arrojar, tirar con ímpetu alguna cosa contra otra. 2. Estrellar, chocar, romper; magullar. **She dashed the plate to pieces**, hizo añicos o trizas el plato. **The ship was dashed against the rocks**, el barco se estrelló contra las rocas. 3. Rociar, salpicar con agua u otro líquido. 4. Mezclar, mudar alguna cosa por medio de alguna mezcla. 5. Bosquejar, escribir apresuradamente (con *off*). 6. Confundir, avergonzar; frustrar; defraudar (disappoint/ hopes). *-vn.* 1. Chocar, estrellarse, romperse (crash/waves). **I dashed to the rescue**, me lancé al rescate. **I must dash**, tengo que irme corriendo. 2. Saltar, dar un salto. 3. Estallar, saltar en pedazos dando un estallido. 4. Zambullirse en el agua de golpe haciéndola saltar.

dash away, desechar, arrojar de sí.

dash down, rechazar; precipitar; volcar, echar por tierra.

dash out, levantar la tapa de los sesos; hacer saltar; borrar o testar lo escrito; salir precipitadamente. **To dash one's confidence**, turbar a alguno, cortarle, desconcertarle. **To dash to pieces**, hacerse añicos, hacerse una tortilla.

dash off 1. Escribir corriendo (write hurriedly). 2. Irse corriendo (leave hastily).

dash, *s.* 1. Movimiento repentino hacia adelante (sudden movement); arranque, ataque; incursión. **To make a dash for safety/shelter**, correr a ponerse a salvo/a cobijarse. **To make a dash for it**, salir a toda velocidad. 2. Colisión, choque, encuentro violento de dos cuerpos. 3. Guión (-), raya o línea, señal que se usa en lo escrito y en lo impreso (punctuation mark); Raya (in Morse code). 4. Ostentación vanagloriosa, gran papel. 5. Infusión, mezcla, tintura. 6. Golpe; rasgo. **Dash of a pen**, rasgo de pluma. 7. Poquito (small amount). **A dash of milk/salt**, un chorrito de leche/ una pizca de sal. 8. Brío (nerve, spirit). *(Dep.)* **The 100 m dash**, los 100 metros lisos.

dashboard ['dæʃbɔːd] [dash-bord], *s.* 1. Guardafango. 2. Tablero de instrumentos (en un automóvil o avión).

dashing ['dæʃɪŋ] [da-shin], *a.* Precipitado, arrojado; gallardo (lively); elegante (smart).

dastard ['dæstɑːd] [das-tard], *s.* Collón, hombre bajo y cobarde.

dastardize ['dæstədaɪz] [das-tar-dais], *va.* Acobardar, amedrentar.

dastardly ['dæstədlɪ] [das-tard-li], *a.* Cobarde, pusilánime, tímido; ruin (deed).

dastardliness ['dæstədlɪnɪs] [das-tard-li-nis], **dastardy** ['dæstədɪ] [das-tar-di], *s.* Cobardía, pusilanimidad.

data ['deɪtə] [dei-ta], *s. pl.* (de DATUM, *V.* infra). 1. Cosas o principios dados, fijos o determinados; datos, información (facts, information). 2. *(Inform.)* Datos. **A piece of data**, un dato. **Data bank**, banco de datos. **Data capture**, toma de datos. **Data protection**, protección de datos o de la información.

database ['deɪtəbeɪs] [dei-ta-beis] *s.* Base de datos.

data processing [deɪtə'prəsesɪŋ] [dei-ta-pro-se-sin], *s.* Procesamiento de información; proceso de acumulación, ordenación y presentación de datos.

datary ['dætərɪ] [da-ta-ri], *s.* Datario; dataría.

date [deɪt] [deit], *s.* 1. Data, fecha (of appointment, battle). **What's the date today?**, ¿a qué fecha estamos?. 2. Duración, continuación; fin, conclusión. **A thing out of date**, cosa que no se estila, fuera de uso. 3. *(Coloq.)* Cita (appointment). **Greg has a date with Ana on Sunday**, Greg sale con Ana el domingo. **He's my regular date**, estoy saliendo con él (person). **He's playing three dates in London**, va a actuar tres veces en Londres (booking).

date, *s.* 1. Dátil, el fruto de la palmera. 2. Palmera. *V.* DATE-PALM.

date, *va.* 1. Datar, fechar (mark with date); notar la data de alguna escritura o acaecimiento (give date to/remains, pottery, fossil). *(Coloq.)* **That song really dates you**, eso demuestra tu edad, eso demuestra lo viejo que eres. 2. Salir con (go out with). *-vn.* 1. Contar, computar. 2. Datar (originate in). **It dates from the 14th century**, data del siglo XIV. 3. Pasar de moda (become old-fashioned). 4. Salir con chicas, chicos (go on dates).

dated ['deɪtɪd] [dei-ted] *a.* Anticuado (fashion, word). **His plays are dated**, sus obras han perdido actualidad.

dateless ['deɪtlɪs] [deit-les], *a.* Sin data, fecha o tiempo señalado.

date line ['deɪtlaɪn] [deit-lain], *s.* 1. Línea internacional de cambio de fecha. 2. Fecha de publicación de un periódico, una revista, etc.

date-palm o date-tree ['deɪtpɑːm] [deit-palm] [deɪt'triː] [deit-tri], *s. (Bot.)* Palmera, el árbol que produce los dátiles.

dater ['deɪtəʳ] [dei-taʳ], **date stamp** ['deɪtstæmp] [deit-stamp] *s.* Sello fechador.

date rape ['deɪtreɪp] [deit-reip] *s.* Violación cometida durante una cita.

dative ['deɪtɪv] [dei-tiv], *a.* y *s.* Dativo el tercer caso del nombre. *-a. (For.)* Lo que es dado, en posesión a lo que es hereditario.

datum ['deɪtəm] [dei-tum], *s.* Dato, algo asumido o conocido; fundamento para formar juicio o deducir consecuencias. *-pl.* DATA.

daub [dɔːb] [dob], *va.* 1. Embadurnar (smear); untar con alguna substancia pegajosa; bañar, cubrir con yeso; de aquí manchar, ensuciar, embarrar; 2. Pintorrear, pintar toscamente. 3. Cubrir, disfrazar. 4. *(Des.)* Adular con vileza.

daub *s.* 1. Aplicación viscosa; mancha grasienta (smear). *V.* WATTLE. 2. Argamasa barata. 3. Pintarrajo, mamarracho.

daubing ['dɔːbɪŋ] [do-bin], *s.* Mortero, estuco; afeite.

dauby ['dɔːbɪ] [do-bi], *a.* Viscoso, glutinoso, pegajoso.

daugther ['dɔːtəʳ] [do-taʳ], *sf.* Hija. **Daughter-in-law**, nuera. **Grand-daugther**, nieta. **God-daugther**, ahijada.

daugterly ['dɔːtəlɪ] [do-tar-li], *a.* Semejante a hija; obediente.

daunt [dɔːnt] [dont], *va.* Acobardar, desanimar, amilanar; espantar, intimidar, atemorizar. **Nothing daunted, we carried on**, impertérritos, seguimos adelante.

daunting ['dɔːntɪŋ] [duon-tin] *a.* Desalentador, sobrecogedor (prospect); de enormes proporciones (task).

dauntless ['dɔːntlɪs] [daunt-les], *a.* Intrépido.

dauntlessness ['dɔːntlɪsnɪs] [dont-lis-nes], *s.* Intrepidez, valor.

dauphin ['dɔːfɪn] [do-fin], *s.* Delfín, título que se daba en otro tiempo al primogénito y heredero del rey de Francia.

dauphiness ['dɔːfɪnɪs] [do-fi-nes], *sf.* Delfina, la mujer del delfín.

davenport ['dævnpɔːt] [daven-port] *s.* Sofá grande.

davit ['dævɪt] [da-vit], *s. (Mar.)* Pescante de bote, cada una de las pequeñas grúas en forma de efe que van en pares a los costados del buque.

daw [dɔː] [do], *s.* Corneja.

dawdle [dɔːdl] [do-del], *vn.* Gastar tiempo; holgazanear, haraganear; entretenerse. **She dawdled over her meal**, comió con gran parsimonia.

dawdler ['dɔːdləʳ] [do-dlaʳ] *s.* Persona lenta o cachazuda, lerdo.

dawn [dɔːn] [don], *vn.* 1 Amanecer, apuntar el día. 2. Empezar lentamente a manifestar lustre o brillo. 3. Apuntar, comenzar a crecer, a espaciarse, a dar muestras de inteligencia. **To dawn on, It gradually dawned on me that ...**, fui cayendo en la cuenta de que ...

dawn *s.* 1. Alba, albor, amanecer (daybreak). **At dawn**, al amanecer, al alba. **From dawn till dask**, de sol a sol. **Since the dawn of civilization**, desde los albores de la civilización. De madrugada (patrol, start). 2. Principio u origen de alguna cosa. **The dawn of reason**, la luz de la razón.

dawning ['dɔːnɪŋ] [do-nin], *s.* Alba, el amanecer.

day [deɪ] [dei] *s.* 1. Día (unit of time); luz. **Twice a day**, dos veces al día. **A tree-day-old chick**, un pollito de tres días. 2. Día, el espacio de tiempo que emplea la tierra (o un astro) en dar una vuelta completa sobre su eje (daylight hours). **All day**, todo el día. **We went to the beach for the day**, fuimos a pasar el día a la playa. **Day and night**, día y noche. 2. La parte del día destinada al trabajo. 4. Tiempo o período (period of time); siglo. **Up to the present day**, hasta el día de hoy. **The burning issues of the day**, los temas candentes del día. **In days to come**, en días venideros. **In the old days**, antiguamente. 5. Jornada, batalla. 6. Día señalado o en el que ha sucedido alguna cosa extraordinaria (point in time). **What day is it today?**, ¿qué día es hoy? **Every day**, todos los días. 7. Vida. **Days**, lifetime. **His days are numbered**, tiene los días contados. **In our days**, en nuestros tiempos. **To gain the day**, ganar la batalla. **Daytime**, día, el tiempo que hay luz natural. **By day**, de día. **From day to day**, de día en día; de un día para otro; sin certeza o continuación. **St. John's Day**, día de San Juan. **Every other day**, cada tercer día, un día sí y otro no. **Today**, hoy. **To this day**, hasta el día de hoy. **The day before yesterday**, antes de ayer, anteayer. **This day week**, hoy hace ocho días; de hoy en ocho días. **Dog-days**, la canícula. **At daybreak**, al romper el día, al ser de día. **Days of grace**, días de gracia o de cortesía, cierto número de días que se concede para el pago de una letra de cambio después de haber vencido. **The day before**, la víspera. **All day long**, todo el día. **Good-day!**, ¡buenos días! **To gain the day**, ganar la batalla. **The Lord's Day**, el domingo, el día del Señor. **Work day**, día de trabajo. **A meagre day**, día de vigilia. **A fast-day**, día de ayuno. **Lay days**, *(Mar.)* días de demora o de estadía. **An off day**, un día de más, no del número. **To carry/win the day**, prevalecer (contest). **Her quick thinking saved the day**, su rapidez mental nos sacó del apuro. **That will be the day**, cuando las ranas críen pelo.

day-book ['deɪbʊk] [dei-buk], *s.* Diario, libro de mercaderes o mercantes.

daybreak ['deɪbreɪk] [dei-breik], *s.* Alba, amanecer. **At daybreak**, al alba, al amanecer. *V.* DAWN.

day care ['deɪkɛə^r] [dei-kea^r] *s.* 1. Servicio de guardería infantil (for children). 2. (GB) Atención prestada durante el día a ancianos, minusválidos, etc. (for old/disabled people). **Day-care center**, guardería infantil. (GB) **Day-care centre**, centro diurno para ancianos, minusválidos, etc.

daydream ['deɪdriːm] [dei-drim], *vn.* Soñar despierto, hacerse ilusiones. *-s.* Sueño, ilusión, quimera.

day-labor (GB) **day-labour** [deɪləbə^r] [dei-la-ba^r], *s.* 1. El trabajo de un día; jornada. 2. Jornal.

day-laborer, (GB) **day-labourer** [deɪləbərə^r] [dei-la-bo-ra^r] *s.* Jornalero, gañán.

dayletter ['deɪletə^r] [dei-le-ta^r], *s.* Carta telegráfica diurna.

daylight ['deɪlaɪt] [dei-lait], *s.* 1. Luz del día, luz. 2. Amanecer, alba. **To scare the daylighs out of**, *(Fam.)* meter los monos a. **That dog scares the daylights out of me**, ese perro me da pánico o terror. **In broad daylight**, a plena luz del día. **Before daylight**, antes de que amanezca.

daylight-saving time [deɪlaɪt'seɪvɪŋ,taɪm] [dei-lat-sei-vin-taim], *s.* Hora oficial (para aprovechar mejor la luz del día).

day nursery ['deɪ,nɜːsərɪ] [dei-ner-se-ri], *s.* Guardería, casa cuna para niños cuyas madres trabajan.

day release [,deɪrɪ'liːs] [dei-re-lis] *s.* Sistema que permite a un empleado ausentarse regularmente de su trabajo para seguir estudios relacionados con el mismo.

dayroom ['deɪrʊm] [dei-rum] *s.* Sala de estar comunal en hospitales, prisiones, etc.

day's run [deɪs'rʌn] [deis-ran], *s.* *(Mar.)* Singladura, el camino que hace un buque en 24 horas.

day-scholar [deɪ'skɔlə^r] [dei-sko-la^r], *s.* Externo, alumno de una escuela que no vive en ella.

day school [deɪskuːl] [dei-skul], *s.* Escuela diurna.

day service ['deɪsɜːvɪs] [dei-ser-vis], *s.* Servicio diurno.

dayspring ['deɪsprɪŋ] [dei-sprin], *s.* Alba, primera luz del día.

day-star ['deɪstɑː^r] [dei-sta^r], *s.* Lucero.

daytime ['deɪtaɪm] [dei-taim] *s.* **In/during daytime**, de día o durante el día. **Daytime trip**, excursión de un día. **Daytime-tripper**, excursionista.

day work ['deɪwɜːk] [dei-uek], *s.* Trabajo diurno.

daze [deɪz] [deis], *va.* Deslumbrar, ofuscar con una luz demasiado viva. *-s.* Deslumbramiento, ofuscamiento. **To go about in a daze**, estar en las nubes.

dazed [deɪzt] [deist] *a.* Aturdido.

dazzle ['dæzl] [da-sel], *va.* 1. Deslumbrar, ofuscar con luz intensa. 2. Ofuscar, turbar, encantar,v.g. con brillantes promesas o expectativas. *(Vul.)* Encandilar.

dazzle, *s.* Resplandor, brillo (of lights); hechizo (of publicity).

dazzlement ['dæzlmənt] [da-sel-ment], *s.* Deslumbramiento; desvanecimiento, ofuscamiento.

dazzling ['dæzlɪŋ] [das-lin], *a.* Deslumbrador, resplandeciente, que encandila (bright/light, glare); deslumbrante, deslumbrador (impressive/wit, looks).

db, dB (= **decibel**) dB.

d-day [dɪdeɪ] [di-dei] *s.* Día D, día del desembarco aliado en Normandía (in World War II); el día señalado (important day).

D.D.T. ['dɪdɪtɪ] [di-di-ti], D.D.T.

DEA *s.* (= **Drug Enforcement Administration**) DEA.

deacon ['diːkən] [di-kon], *s.* 1. Diácono. 2. Sobrestante de pobres en Escocia.

deaconry ['diːkənrɪ] [di-kon-ri], **deaconship** ['diːkənʃɪp] [di-kon-ship], *s.* Diaconato.

deactivate [diː'æktɪveɪt] [di-ak-ti-veit], *va.* Desactivar.

dead [ded] [ded], *a.* 1. Muerto, sin vida (no longer alive). **He's dead**, está muerto. **Dead body**, cadáver, cuerpo sin vida. **He was dead on arrival at the hospital**, cuando llegó al hospital ya había muerto, ingresó cadáver. **To drop dead**, caerse muerto. **When I'm dead and gone**, cuando yo me muera. 2. *(Coloq.)* Muerto (very tired, ill); flojo , entorpecido, pesado. Dormido (numb). **To go dead**, dormirse (limb). **To be dead to something**, ser sordo a algo (unresponsive). 3. Vacío, lo que está desocupado; inútil estéril. 4. Apagado, sin fuego; *(Fig.)* sin espíritu. Desolado, despoblado; marchito, que no está animado. 5. Apagado, sin brillo; mate. 6. Sin variación, plano, monótono. 7. Completo, acabado, absoluto. Muerto (obsolete/language); en desuso (custom); pasado (past, finished with/issue); 8. Cierto, seguro, indudable. 9. No para ser contado. 10. Que no da luz; que no permite abrirse. Desconectado (not functioning/ wire, circuit); desconectado, cortado (telephone); descargado (battery). **The line went dead**, se cortó la comunicación. Apagado (not alight/fire, match). Muerto (not busy/town, hotel, party). 11. Que no da movimiento; gastado, frío. 12. Sumido en el pecado. 13. *(For.)* Desprovisto de la vida civil. 14. *(Elec.)* Que no transmite corriente. 15. Que ya no fermenta. 16. Sin elasticidad: sin eco, no retumbante (un suelo, techo, etc.). 17. *(Tip.)* Material muerto o para distribuir. *-s.* 1. Personas muertas. **The dead**, los muertos. **In the** o (GB) **at the dead of night**, a altas horas de la noche o de la madrugada. 2. Silencio profundo; el centro o medio de alguna cosa. **A dead calm**, una calma profunda. *(Mar.)* Calma chicha. **A dead town**, una ciudad muerta, sin movimiento, sin animación. **A dead coal**, carbón apagado. **Dead-drunk**, borracho, hecho un cuero.

dead *adv.* 1. Justo (exactly). (GB) **She was dead on time**, llegó puntualísima. Justo, directamente (directly). **Dead ahead**, justo delante. **To stop dead**, parar en seco (suddenly). 2. *(Coloq.)* Completamente (absolutely/straight, level). **Dead slow**, lentísimo. **Dead tired**, muerto de cansancio, cansadísimo. **You're dead right**, tienes toda la razón. **To be dead certain/sure**, estar totalmente seguro. *(Sl.)* **It was dead easy**, estuvo regalado o tirado. **Dead boring/expensive**, aburridísimo/carísimo.

deadbeat ['ded'biːt] [ded-bit] *s.* *(Coloq.)* Vago, bueno para nada, flojo (lazy person); aprovechado, gorrón (scrounger).

deaden ['dedn] [de-den], *va.* 1. Amortiguar, amortecer, quitar las fuerzas o espíritu de alguna cosa (impact). 2 Retardar, disminuir la velocidad del movimiento. Reducir (noise, vibration); atenuar, aliviar (pain); insensibilizar (nerve); entorpecer (faculties). 3. Hacer incapaz de transmitir el sonido; como una pared o un piso. 4. Apagar o quitar el brillo, la viveza del colorido o del pulimento. 5. Hacer insípido (el vino, la cerveza).

dead end ['ded'end] [ded-end] *s.* Callejón sin salida. *(Coloq.)* **A dead-end job**, un trabajo sin porvenir o futuro.

dead head ['dedhed] [ded-jed] *s.* *(Coloq.)* Pánfilo.

dead-killing [ded'ki:lɪŋ] [ded-ki-lin], *a.* Que mata instantáneamente.

dead-letter office [dedletə'əfɪs] [ded-le-ta-o-fis], *s.* El departamento de la administración general de correos donde se examinan las cartas no reclamadas, para remitirlas a los que las franquearon o para destruirlas, según el caso.

dead lift ['dedlɪft] [ded-lift], *s.* El acto de alzar algo en peso, sin ayuda alguna; de aquí, esfuerzo inútil o hecho en condiciones adversas.

dead-lights ['dedlaɪts] [ded-laits], *s. (Mar.)* Postigos o portas de correr que se colocan exteriormente en las ventanas de popa.

deadline ['dedlaɪn] [ded-lain], *s.* 1. Fecha y hora de cierre de una publicación. 2. Límite de fecha para terminar alguna operación, transacción; plazo, término. **To meet a deadline**, entregar un trabajo dentro del plazo previsto.

deadliness ['dedlaɪnɪs] [ded-lai-nes], *s.* Peligro mortal; calidad de venenoso, destructivo o mortífero.

dead load ['dedləʊd] [ded-loud], *s.* Carga fija o permanente.

deadlock ['dedlɒk] [ded-lok], *s.* Paro, interrupción o estancamiento por desacuerdo. Punto muerto, impasse.

deadly ['dedlɪ] [ded-li], *a.* 1. Destructivo, mortal (fatal/disease, poison); mortífero (weapon); terrible, implacable. Enorme (seriousness); a muerte (enemy, rival). **A deadly silence**, un silencio sepulcral. 2. *(Coloq.)* Aburridísimo, terriblemente aburrido (dull). *-adv.* Mortalmente, implacablemente. Terriblemente (dull). **I'm deadly serious**, lo digo muy en serio. Se usa a veces como argumentativo.

deadness ['dednɪs] [ded-nes], *s.* Frío, frialdad, debilidad, flojedad, inercia; pérdida de vida; amortiguamiento.

dead-nettle ['dednetl] [ded-ne-tel], *s. (Bot.)* Ortiga muerta.

deadpan ['dedpæn] [ded-pan] *a.* De póquer o de palo (expression); deliberadamente inexpresivo (voice, delivery).

dead-reckoning ['dedrekənɪŋ] [ded-re-ko-nin], *s. (Mar.)* Estima, juicio que forma el piloto del camino que ha andado la embarcación y del paraje en que se halla, sin observación de los cuerpos celestes, y sólo por medio de la barquilla y corredera.

dead-rising ['dedraɪsɪŋ] [ded-rai-sin], *s. (Mar.)* Línea del arrufo del cuerpo principal.

Dead Sea ['dedsi:] [ded-si] *s.* El Mar Muerto.

dead-struck ['dedstrʌk] [ded-strak], *a.* Espantado, confundido, aterrado, anonadado.

dead water ['dedwɔ:təʳ] [ded-uo-taʳ], *s. (Mar.)* Reveses de las aguas de un bajel.

dead weight ['dedweɪt] [ded-ueit], *s.* 1. Peso muerto. 2. Carga onerosa.

deadwood ['ded'wʊd] [ded-wud], *s.* 1. Leña seca; ramas secas (dead branches). 2. Material inutilizable. 3. Miembros ineficientes de una organización. **To get rid of the deadwood among the staff**, sacarse de encima al personal inútil.

dead-work ['dedwɜ:k] [ded-uek], *s. (Mar.)* Obras muertas.

deaf [def] [def], *a.* Sordo, el que está privado del sentido del oído. **To make deaf**, aturdir, ensordecer, dejar sordo. **To turn a deaf ear**, hacerse el sordo. **Born deaf**, sordo de nacimiento. **Deaf and dumb**, sordomudo. **The deaf**, los sordos.

deaf, deafen [defn] [de-fen], *va.* Ensordar, ensordecer.

deaf-aid ['defeɪd] [def-eid] *s.* (GB) Audífono.

deafening [defnɪŋ] [def-nin] *a.* Ensordecedor.

deafly ['deflɪ] [de-fli], *adv.* Sordamente; oscuramente.

deaf-mute [def'mju:t] [def-miut], *s.* Sordomudo; especialmente el que es mudo a causa de sordera.

deafness ['defnɪs] [def-nes] *s.* Sordera.

deal [di:l] [dil], *s.* 1. Parte; cantidad indefinida, grado de más o menos, poco o mucho. **It makes a great/good deal of difference**, cambia mucho/bastante las cosas. **I've given it a great deal of thought**, he reflexionado mucho sobre el asunto. **A great deal of money**, mucho dinero. 2. *(Games)* Mano, distribución de las cartas en juego. **It's my deal**, me toca a mí dar o repartir, doy o reparto yo. 3. Madera de pino, tabla, tabla de chilla. 4. *(E.U.)* Pacto o convenio secreto en la política o en el comercio, en provecho exclusivo de los interesados. Trato, acuerdo (agreement). **It's a deal!**, ¡trato hecho! *(Coloq.)* **What's the deal?**, ¿qué pasa?. Acuerdo (financial arrangement). **She got a very good deal when she left the company**, llegó a un buen arreglo económico al dejar la compañía. **You'll get a better deal if you shop around**, lo conseguirás más barato si vas a otras tiendas (bargain). **A great deal**, mucho. **A good deal**, bastante. **A great deal better**, mucho mejor.

deal, *va.* (*pret.* y *pp.* DEALT). 1. Distribuir, repartir, desparramar, esparcir, 2. Dar, hablando de repartir naipes en el juego (cards). *-vn.* 1 Traficar, comerciar, tratar, negociar. 2. Intervenir, mediar. 3. Portarse bien o mal en cualquier asunto. 4. *(Games)* Dar, repartir. **To deal in contraband goods**, hacer contrabando. **To deal in all sorts of commodities**, comerciar en todo género de mercancías. **To deal with**, tratar con; contender con. **To deal by**, portarse, conducirse de cierto modo; usar de. **To deal in**, mezclarse en, ocuparse en; usar de; comerciar en.

deal in *(Neg.)* Dedicarse a la compra y venta de, comerciar en.

deal out Repartir, distribuir (gifts, money). **The punishment that was dealt out to them**, el castigo que se les aplicó o impuso.

deal with 1. Tener relaciones comerciales con (do business with/company). **I prefer to deal with her**, yo prefiero tratar con ella. **To deal fairly with somebody**, tratar a alguien con justicia (behave toward). 2. Ocuparse de, atender (tackle, handle/complaint); manejar (situation). **The problem must be dealt with now**, hay que ocuparse del o hay que resolver el problema ahora mismo. **I know how to deal with him**, yo sé cómo tratarlo. **Let me deal with her**, yo me encargo de ella. Ocuparse o encargarse de (be responsible for). **Your mother will deal with you**, ya te las verás con tu madre (punish). 3. Tratar (issue/discuss, treat); tratar de (have as subject).

dealbate ['di:lbeɪt] [dil-beit], *a. (Bot.)* Blanqueado; cubierto con polvo blanco.

dealer ['di:ləʳ] [di-laʳ], *s.* 1. Interventor. 2. Comerciante, mercader, negociante, traficante (trader). **A dealer in livestock**, un consignatario o tratante de ganado. **She's a car dealer**, se dedica a la compra-venta de coches. **Drug dealer**, traficante de drogas. 3. *(Games)* **The dealer**, el que da las cartas en el juego; repartidor. *(Fin.)* Corredor de bolsa o de valores. **Plain-dealer**, hombre sincero. **False dealer**, hombre doble. **Double-dealer**, hombre de dos caras, engañador; que come a dos carrillos.

dealership ['di:ləʃɪp] [di-ler-ship] *s.* Concesión, representación.

dealing ['di:lɪŋ] [di-lin], *s.* 1. Modo de obrar o proceder, conducta (business methods). **Honest dealing**, hombre de bien. 2. Trato, comunicación. 3. Tráfico, comercio, negocio (trafficking). (GB) Transacciones (on stock exchange). 4. *pl.* Negocios relaciones de adquisición y de venta; relaciones, trato. **The company has dealings with the Far East**, la compañía tiene negocios en el Lejano Oriente. **Fair dealing**, buena fe. **Foul dealing**, doblez.

dealt [delt] [delt], *pret.* y *pp.* de TO DEAL. **Easy to be dealt with**, tratable, fácil de contentar. **Hard to be dealt**, descontentadizo.

dean [di:n] [din], *s.* 1. Deán, dignidad eclesiástica. En la iglesia católica el cabeza del cabildo después del obispo. 2. Decano de un colegio o universidad, o de una facultad.

deanery ['di:nərɪ] [di-ne-ri], **deanship**, *s.* Decanato.

dear [dɪəʳ] [diaʳ], *a.* 1. Querido (loved); predilecto, caro, amado. **Dear (old) Jane**, la buena de Jane. **Memories that are very dear to him**, recuerdos que le son muy queridos o que significan mucho para él. 2. Caro, costoso (expensive). **Was it very dear?**, ¿te costó muy caro? 3. Escaso; difícil de hallar. 4. *(Des.)* Peligroso, fatal. **A dear creature**, buena alhaja. 5. Adorable (lovable). **He's such a dear little thing!**, ¡es una ricura o monada de niño! **Dear Mr. Jones**, estimado

Sr. Jones. **Dear Jimmy**, querido Jimmy (in letter writing). *s.* 1. Querido, voz expresiva de cariño (as form of address). **My dear**, querido mío, querida mía. **Dear me!**, ¡de veras! ¡cierto! ¡Dios mío! ¡Válgame Dios! 2. *(Coloq.)* **He's such a dear**, es un ángel o un cielo. *interj.* **Oh, dear!**, ¡ay!, ¡qué cosa!

dear-bought [ˌdɪəˈbəʊt] [dia-bot], *a.* Caro, lo que ha costado mucho.

dear-loved [ˌdɪəˈlʌvd] [dia-lavd], *a.* Muy amado.

dearly [ˈdɪəlɪ] [dia-li], *adv.* 1. Caramente, tiernamente, cariñosamente, amorosamente. **I love him dearly**, lo quiero mucho o de verdad. *(Rel.)* **Dear beloved**, amados hermanos (as form of address). 2. Caro (at great cost). **He paid dearly for his generosity**, pagó cara su generosidad.

dearness [ˈdɪənɪs] [diar-nes], *s.* 1.Cariño, amor, afecto, benevolencia. 2. Carestía, el precio muy subido de las cosas.

dearth [dɜːθ] [derz], *s.* 1. Carestía. 2. Hambre, carestía y falta de bastimentos; esterilidad.

dearticulate [ˌdɪɑːtɪˈkjʊleɪt] [diar-ti-kiu-leit], *va.* Desmembrar, desunir, separar.

deary [ˈdɪərɪ] [dia-ri], *s.* Expresión de cariño; queridito.

death [deθ] [dez], *s.* 1. Muerte, fallecimiento, mortalidad. **He died a horrible death**, tuvo una muerte horrible. **To put somebody to death**, ejecutar a alguien. **At death's door**, a las puertas de la muerte. **To be the death of somebody**, acabar con alguien. 2. Mortandad, estrago causado por la muerte. 3. Asesinato. 4. Condenación, muerte eterna. **At the point of death**, a las puertas de la muerte. **On pain of death**, bajo pena de muerte. **To grieve oneself to death**, morirse de pesadumbre.

deathbed [ˈdeθbed] [dez-bed], *s.* Lecho de muerte; agonía. In extremis, in artículo mortis (confession).

death blow [ˈdeθbləʊ] [dez-blo] *s.* Golpe mortal.

death-boding [ˈdeθbədɪŋ] [dez-bo-din], *a.* Lo que pronostica la muerte.

death certificate [deθˈsɜːtɪfɪkeɪt] [dez-ser-ti-fi-keit] *s.* Certificado de defunción.

death dealing [ˈdeθdiːlɪŋ] [dez-di-lin] *a.* Mortífero.

death duties [ˈdeθdɪʊtiːs] [dez-diu-tis] *s. pl.* (GB) Impuesto sobre sucesiones o a la herencia.

deathful [ˈdeθfʊl] [dez-ful], *a.* Mortal, mortífero.

deathfulness [ˈdeθfʊlnɪs] [dez-ful-nes], *s.* Apariencia de muerte.

deathless [ˈdeθlɪs] [dez-les], *a.* Inmortal.

deathlike [ˈdeθlaɪk] [dez-laik], *a.* Quedo, inmóvil, silencioso como la muerte; letárgico; cadavérico.

deathly [deθlɪ] [dez-li] *a.* De muerte, sepulcral (silence); cadavérico (pallor). *adv.* **She looked deathly white/pale**, estaba blanca como el/un papel, estaba lívida.

death penalty [deθˈpenəltɪ] [dez-pe-nal-ti] *s.* **The death penalty**, la pena de muerte.

death row [ˈdeθrɔː] [dez-rou] *s.* Pabellón de los condenados a muerte, corredor de la muerte.

death's door [ˈdeθsdɔːʳ] [dezs-doʳ] *s.* *(Fam.)* Las puertas de la muerte, cercanía a la muerte; agonía. **He has been at death's door**, ha estado en las garras de la muerte, al borde de la tumba.

death-shadowed [deθˈʃədəʊd] [dez-sha-doud], *a.* Rodeado de las sombras de la muerte.

death's-head [ˈdeθshed] [dezs-jed], *s.* Calavera, armazón de los huesos de la cabeza. **Death's-head moth**, atropos mariposa «cabeza de muerto».

death's-man [ˈdeθsmæn] [dezs-man] *s.* Verdugo. **Man of death**, asesino.

death squad [ˈdeθskɔd] [dez-skuod] *s.* Escuadrón de la muerte.

death throes [deθˈθruːs] [dez-zrus] *s. pl.* Agonía. **To be in one's death throes**, agonizar.

death-token [deθˈtəʊkən] [dez-tou-ken], *s.* Presagio de muerte.

death toll [ˈdeθtɔːl] [dez-tol] *s.* Número de víctimas mortales o de muertos.

death trap [ˈdeθtræp] [dez-trap] *s.* Edificio, vehículo, etc. muy poco seguro.

deathward [ˈdeθwɔːd] [dez-uord], *adv.* A la muerte.

death-warrant [ˈdeθwərənt] [dez-ua-rant], *s.* 1. Orden oficial para la ejecución de un reo; sentencia de muerte. 2. El fin de toda esperanza.

deathwatch [ˈdeθwɒtʃ] [dez-uach], *s.* 1. Últimas horas pasadas acompañando a un moribundo; velación de un cadáver. 2. Guardia que se pone a vigilar al reo antes de su ejecución.

deathwatch *s.* *(Ento.)* Carcoma; anobio, insecto coleóptero que produce un sonido acompasado parecido al tic-tac de un reloj y al que los supersticiosos consideran como precursor de próxima muerte.

death-wound [ˈdeθwʊnd] [dez-vund], *s.* Herida mortal.

deaurate [ˈdeəreɪt] [deo-reit], *va.* Dorar.

deaurate, *a.* *(Ento.)* Dorado.

debacle [deɪˈbɑːkl] [dei-bakol], *s.* Desbordamiento de las aguas fuera de sus límites naturales. 2. Terror pánico; caída, ruina. Debacle, descalabro.

debar [dɪˈbɑːʳ] [di-baʳ], *va.* Excluir, no admitir, privar, prohibir. **The fact that she didn't have a degree debarred her from promotion**, el hecho de no tener un título universitario le impedía ascender. **He was debarred from taking his final exam**, se le prohibió rendir el examen final.

debark [dɪˈbɑːk] [di-bark], *va.* Desembarcar. V. DISEMBARK.

debarkation [dɪˈbɑːkeɪʃən] [di-bar-kei-shon], *s.* Desembarco.

debase [dɪˈbeɪs] [di-beis], *va.* 1 Abatir, deprimir, humillar, envilecer, degradar, deshonrar (devalue/ideal, principle); corromper, viciar (language); degradar, rebajar (demean/ person). 2. Adulterar, viciar, falsificar, alterar.

debasement [dɪˈbeɪsmənt] [di-beis-ment], *s.* Abatimiento, envilecimiento; adulteración, falsificación.

debaser [dɪˈbeɪsəʳ] [di-bei-saʳ], *s.* El que abate o envilece; falsificador.

debatable [dɪˈbeɪtəbl] [di-bei-ta-bol], *a.* Disputable; discutido, sujeto a controversia.

debate [dɪˈbeɪt] [di-beit], *s.* 1. Discusión, debate, contienda, disputa, contestación, controversia (discussion); debate (public, parliamentary). 2. *(Des.)* Querella, conflicto. *va.* Debatir, discutir (question, topic, motion); darle vueltas a, considerar (weigh up/idea, possibility).

debateful [dɪˈbeɪtfʊl] [di-beit-ful], *a.* Litigioso; reñido.

debatefully [dɪˈbeɪtfʊlɪ] [di-beit-fu-li], *adv.* Litigiosamente.

debater [dɪˈbeɪtəʳ] [di-bei-taʳ], *s.* Controversista, el que debate.

debating [dɪˈbeɪtɪŋ] [di-bei-tin] *s.* Discusión. **Debating society**, círculo de debate y discusión.

debauch [dɪˈbɔːtʃ] [di-boch], *va.* 1. Corromper, viciar, relajar, pervertir, estragar. 2. Corromper o seducir a una doncella; sobornar o sonsacar criados, dependientes, etc.

debauch , *s.* 1. Exceso, desorden, desarreglo, especialmente en comer y beber. 2. Vida disoluta, el vicio de la lujuria.

debauched [dɪˈbɔːtʃt] [di-bocht] *a.* Vicioso, libertino.

debauchedly [dɪˈbɔːtʃlɪ] [di-boch-li], *adv.* Licenciosamente, de una manera disoluta.

debauchedness [dɪˈbɔːtʃnɪs] [di-boch-nes], *s.* Intemperancia, lascivia.

debauchee [dɪˈbɔːtʃiː] [di-bo-chi], *s.* Hombre libertino, disoluto, licencioso, desarreglado, relajado.

debaucher [dɪˈbɔːtʃəʳ] [di-bo-chaʳ], *s.* Seductor, corrompedor.

debauchery [dɪˈbɔːtʃərɪ] [di-bo-che-ri], *s.* Disolución, libertinaje, desorden, licencia, relajación. **To lead a life of debauchery**, llevar una vida disipada o disoluta.

debauchment [dɪˈbɔːtʃmənt] [di-boch-ment], *s.* Corrupción, corrompimiento.

debenture [dɪˈbentʃəʳ] [di-ben-chaʳ], *s.* *(Com.)* 1. Vale, acción, obligación, papel que hace constar el crédito que uno tiene contra otro y en cuya virtud lo reclama. 2. Remisión o restitución de los derechos al tiempo de exportar los géneros que se han importado anteriormente. 3. Orden de pago del gobierno.

debile ['dɪbɪl] [di-bil], *a.* Débil.

debilitate [dɪ'bɪlɪteɪt] [di-bi-li-teit], *va.* Debilitar, extenuar, enervar.

debilitating [dɪ'bɪlɪteɪtɪŋ] [di-bi-li-tei-tin] *a.* Debilitante (disease); extenuante (climate). **Her debilitating shyness**, su timidez enfermiza.

debilitation [dɪ'bɪlɪteɪʃən] [di-bi-li-tei-shon] *s.* Debilitación, extenuación.

debility [dɪ'bɪlɪtɪ] [di-bi-li-ti], *s.* Debilidad, extenuación, imbecilidad, languidez.

debit ['debɪt] [de-bit], *s.* Balance o alcance; débito, cargo. **Debit balance**, saldo deudor. **Debit card**, tarjeta de cobro automático. **Debit note**, nota de cargo.

debit *va. (Fin.)* Adeudar, cargar.

debit balance ['debɪt,bəlæns] [de-bit-ba-lans], *s.* Saldo deudor.

debonair [,debə'nɛə'] [de-bo-nea'], *a.* Garboso, cortés, afable (courteous); urbano, bien criado; elegante, desenvuelto (suave); político, honrado, dulce, complaciente.

debonairness ['debənɛənɪs] [de-bo-near-nes], *s.* Civilidad, cortesía.

debouch [dɪ'baʊtʃ] [di-bauch], *va.* Desembocar, descargar; salir.

debouchure [dɪ'baʊtʃə'] [di-bau-cha'], *s.* Salida, boca de un desfiladero. etc. *(Fr.)*

debrief [,di:'bri:f] [di-brif] *va.* **He was debriefed by his captain**, rindió informe o dio parte de su misión al capitán.

debriefing [,di:'bri:fɪŋ] [di-bri-fin] *s.* **They were sent for debriefing**, los llamaron para que rindiesen informe o diesen parte de su misión.

debris ['debri:] [de-bri], *s.* 1. Restos, ruinas. Escombros (rubble); restos (of plane, ship); desechos (rubbish). 2. *(Geol.)* Despojos, detritos, restos de las rocas.

debt [debt] [debt], *s.* 1. Deuda o débito; endeudamiento (indebtedness). **I'm $200 in debt**, debo 200 dólares, tengo deudas por 200 dólares. **To be in somebody's debt/in debt to somebody**, estarle en deuda a alguien, estar en deuda con alguien. **To get/be out of debt**, salir de/no tener deudas. Deuda (money owning). **Foreign debt**, deuda externa. **A debt of honor**, una deuda de honor. 2. Obligación, lo que uno debe hacer por buena correspondencia. **A small debt**, deudilla. **Debt collector**, cobrador de deudas o de morosos.

debted, *a. V.* INDEBTED.

debtless ['debtlɪs] [debt-les], *a.* Sin deuda o débito.

debtor ['debtə'] [deb-ta'], *s.* 1. Deudor. 2. Cargo, el lado de las cuentas en que se sientan las partidas que debe una persona.

debug [,di:'bʌg] [di-bag] *va.* 1. *(Inform.)* Depurar. 2. Localizar y retirar los micrófonos de (room, building).

debunk ['di:'bʌŋk] [di-bank] *va. (Coloq.)* Desacreditar.

début ['deɪbu:] [dei-bu], *s.* Estreno de actor, cantatriz, etc.; primer paso, entrada en la sociedad. **To make one's début**, debutar, hacer su debut (on stage, etc.).

débutant, *m.* **débutante** ['deɪbu:tənt] [dei-bu-tant] *f.* Principiante, el que se presenta al público por primera vez.

decade ['dekeɪd] [di-keid], *s.* 1. Decenio, curso de diez años. 2. Década, decena.

decadence, decadency ['dekədəns] [de-ka-dens], *s.* Decadencia, descaecimiento.

decadent ['dekədənt] [de-ka-dent] *a.* Decadente.

decaffeinated [,di:'kæfɪneɪtɪd] [di-ka-fi-nei-tid] *a.* Descafeinado.

decagon [di:'kægən] [di-ka-gon], *s. (Geom.)* Decágono.

decagram, decagrame ['dekəgræm] [de-ka-gram], *s.* Decagramo, peso de diez gramos.

decahedron [dɪkə'ɪdrən] [di-ka-i-dron] , *s.* Decaedro, figura que tiene diez caras planas.

decal [dɪkl] [d-kal] *s.* Calcomanía.

decaliter, decalitre ['dekə,li:tə'] [di-ka-li-ta'], *s.* Decalitro, medida de diez litros.

decalogist [de'kələdʒɪst] [de-ka-lo-yist], *s.* Decalogista, expositor del decálogo.

decalogue ['dekəlɒg] [de-ka-log], *s.* Decálogo, los diez mandamientos de la ley de Dios dados a Moisés.

decameter, decametre ['dekə,mi:tə'] [di-ka-mi-ta'], *s.* Decámetro, medida de diez metros.

decamp [dɪ'kæmp] [di-kamp], *vn.* 1. *(Mil.)* Decampar, levantar el campo; mudar un ejército de campamento. 2. Escapar, tomar las de Villadiego, poner pies en polvorosa. Esfumarse, hacerse humo (abscond, hum).

decampment [dɪ'kæmpmənt] [di-kamp-ment], *s.* El acto de levantar un campo o campamento; la acción de decampar.

decanal [dɪ'kænəl] [di-ka-nal], *a.* Lo que pertenece al decanato.

decant [dɪ'kænt] [di-kant], *va.* Decantar, mudar los licores u otros líquidos de una vasija a otra, quedando las heces en la primera; trasegar.

decantation [dɪ'kænteɪʃən] [di-kan-tei-shon], *s.* Decantación; trasiego.

decanter [dɪ'kæntə'] [di-kan-ta'], *s.* 1. Botella par el vino, etc. de cristal , garrafa adornada. 2. Vaso para líquidos trasegados.

decapitate [dɪ'kæpɪteɪt] [di-ka-pi-teit], *va.* Degollar, decapitar.

decapitation [dɪ,kæpɪ'teɪʃən] [di-ka-pi-tei-shon], *s.* Decagüello, decapitación.

decapod [dɪ'kæpɒd] [di-ka-pod], Decápodo, crustáceo que tiene diez patas.

decarbonize, decarburize [di:'kɑ:bənaɪz] [di-kar-bo-nais], *va.* Descarbonizar, descarburar.

decasyllable ['dekəsɪləbl] [de-ka-si-la-bol], *s.* Decasílabo, línea o verso de diez sílabas.

decathlon [dɪ'kæθlən] [di-ka-zlon] *s.* Decatlón.

decay [dɪ'keɪ] [di-kei], *vn.* 1. Decaer, descaecer, declinar (empire, culture, civilization); empeorar, ir a menos; deteriorarse (deteriorate/building, machine); pudrir, degenerar, pasarse, marchitarse. 2. Descomponerse, pudrirse (rot/foodstuffs, corpse); pudrirse (wood); cariarse, picarse (tooth). *-va.* Arruinar, destruir, echar a perder. Descomponer (rot/food, corpse). Pudrir (wood); picar, cariar (tooth).

decay, *s.* 1. Descaecimiento, menoscabo, decadencia, declinación, caimiento, disminución; pobreza. 2. Deterioro (of building); decadencia (of culture). 3. Descomposición (of organic matter); caries (tooth decay).

decayer [dɪ'keɪə'] [di-keia'], *s.* Lo que produce decadencia.

decaying [dɪ'keɪɪŋ] [di-keiin], *s.* Decadencia.

decease [dɪ'si:s] [di-sis], *s.* Muerte, fallecimiento.

decease *vn.* Morir, fallecer.

deceased [dɪ'si:st] [di-sist], *a.* Difunto, muerto, fallecido. *-s.* Finado, difunto, fallecido. **Her deceased husband**, su difunto marido. **William Jones, deceased**, el difunto Willian Jones.

decedent ['dɪsɪdənt] [di-si-dent], *s. (For.)* Una persona fallecida, y en especial una persona cuyos bienes están en manos de un administrador.

deceit [dɪ'si:t] [di-sit], *s.* 1. Engaño, dolo, fraude, falacia; impostura, superchería. 2. Artificio, treta, estratagema.

deceitful [dɪ'si:tfʊl] [di-sit-ful], *a.* Fraudulento, engañoso (action); falso, embustero (person); ilusorio, falaz.

deceitfully [dɪ'si:tfʊlɪ] [di-sit-fu-li], *adv.* Fraudulentamente, falsamente.

deceitfulness [dɪ'si:tfʊlnɪs] [di-sit-ful-nes], *s.* Falsedad; atractivos falaces.

deceivable [dɪ'si:vəbl] [di-si-va-bol], *a.* 1. Engañadizo, bobalicón. 2. Engañoso.

deceive [dɪ'si:v] [di-siv], *va.* Engañar, alucinar, burlar; defraudar; privar de toda esperanza. **He was deceived by her story**, se dejó engañar por lo que le contó. **To deceive oneself**, engañarse.

deceiver [dɪ'si:və'] [di-si-va'], *s.* Engañador, impostor.

deceiving [dɪ'siːvɪŋ] [di-si-vin], *a.* Engañador.
decelerate [dɪ'seləreɪt] [di-se-le-reit] *vn.* Reducir o aminorar la velocidad (vehicle, driver).
deceleration ['diːˌselə'reɪʃən] [di-se-la-rei-shon], *s.* Deceleración, desceleración.
December [dɪ'sembəʳ] [di-sem-baʳ], *s.* 1. Diciembre, el último mes del año. 2. *(Fig.)* Época de decadencia; vejez.
decempedal [dɪ'sempedəl] [di-sem-pe-dal], *a.* 1. Que tiene diez patas. 2. *(Des.)* Lo que tiene diez pies de largo.
decemvir [dɪ'semvɪːʳ] [di-sem-viʳ], *s.* (*pl.* VIRS [verz] o VIRI [Vi-rai]). 1. Decenviro, uno de los diez magistrados superiores de la antigua Roma. 2. Miembro de un cuerpo cualquiera compuesto de diez personas.
decemvirate [dɪ'semvɪːreɪt] [di-sem-vi-reit], *s.* Decemvirato.
decency ['diːsənsɪ] [di-sen-si] *s.* 1. Decencia, decoro, adorno (of dress, conduct); buena educación, consideración (propriety). **She didn't even have the decency to ask me**, ni siquiera tuvo la consideración de preguntarme. 2. Recato, modestia, decoro; propiedad. 3. **Decencies**, *pl.* **To observe the decencies**, guardar las formas (proper conduct).
decennary [dɪ'sənərɪ] [di-se-na-ri], *a.* Que contiene diez, o pertenece al diezmo.
decennial [dɪ'sɪnɪəl] [di-si-nial], *a.* Decenal, lo que comprende o dura diez años; que sucede cada diez años.
decent ['diːsənt] [di-sent], *a.* 1. Decente, decoroso, razonable (appropriate/language, conduct, dress); acomodado, propio, conveniente. **Are you decent?**, ¿estás presentable? **To do the decent thing**, hacer lo que corresponde o es correcto. Decente (respectable). 2. Pasable, aceptable (acceptable/person); decente, como es debido (meal, housing). 3. Amable (kind). **He's being very decent about it all**, se está portando muy bien.
decently ['diːsəntlɪ] [di-sent-li], *adv.* 1. Decentemente, con decencia (respectably/dress, behave). **We couldn't recently refuse**, hubiera sido descortés o una descortesía el no aceptar (reasonably). 2. Bastante bien (acceptably/perform, cook). 3. Amablemente (kindly).
decentness ['diːsəntnɪs] [di-sent-nes], *s.* Decencia, modestia, decoro; propiedad.
decentralization [diːˌsentr@laI'zeIS@n] [di-sen-tra-lai-sei-shon], *s.* Descentralización.
decentralize ['diːsentrəlaɪz] [di-sen-tra-lais], *va.* Descentralizar.
deception [dɪ'sepʃən] [di-sepshon] *s.* Decepción, engaño, impostura, superchería, dolo, fraude; charlatanería. **To obtain something by deception**, obtener algo mediante o valiéndose de engaños.
deceptive [dɪ'septɪv] [di-sep-tiv], *a.* Falaz, engañoso. **Appearances can be deceptive**, las apariencias engañan.
deceptively [dɪ'septɪvlɪ] [di-sep-tiv-li], *adv.* Falazmente, de una manera engañosa. **It's deceptively simple**, es aparentemente simple.
decern ['dɪsɜːn] [di-sern], *va.* 1. *(For., Esco)* Juzgar, decretar. 2. *(Des.) V.* DISCERN.
decharm ['dɪtʃɑːm] [di-charm], *va.* Desencantar.
decibel ['desɪbel] [de-si-bel] *s.* *(Fis.)* Decibel, decibelio.
decidable [dɪ'saɪdəbl] [di-sai-da-bol], *a.* Decidible.
decide [dɪ'saɪd] [di-said], *va.* y *vn.* 1. Decidir (make up one's mind); determinar, resolver, juzgar. **I can't decide which I prefer**, no puedo decidir cuál prefiero, no sé por cual decidirme. **What finally decided me was the price**, lo que me decidió o me hizo decidir fue el precio. 2. Acabar o poner término a alguna cosa. Decidir (settle/question, issue); determinar (outcome). 3. Sentenciar algún caso, duda, cuestión o pleito. 4. Decidirse. **We decided in favor of the cheaper one**, nos decidimos por el más barato. **She decided against buying**, decidió no comprarlo.
decide on, decide upon Decidir (date/venue); decidirse por (candidate).
decided [dɪ'saɪdɪd] [di-sai-did], *a.* 1. Decidido (determined/character, tone); terminado, resuelto, incontestable, indudable. 2. Claro, marcado (definite/improvement, advantage).
decidedly [dɪ'saɪdɪdlɪ] [di-sai-did-li], *adv.* 1. Decididamente (definitely); con decisión (determinedly/speak, act). 2. Determinadamente. 3. Indudablemente.
decider [dɪ'saɪdəʳ] [di-sai-daʳ], *s.* 1. Árbitro, determinante. *(Dep.)* El partido de desempate (match); el tanto decisivo (point, goal).
deciding [dɪ'saɪdɪŋ] [di-sai-din] *a.* Decisivo (factor).
deciduous [dɪ'sɪdjʊəs] [di-si-duos], *a.* Deciduo, decedente, que se desprende y cae algún tiempo después de su desarrollo; sujeto a desprenderse en épocas periódicas, v.g. las hojas, los cuernos, los dientes, etc.; de hoja caduca.
deciduousness [dɪ'sɪdjʊəsnɪs] [di-si-duos-nes], *s.* La facilidad en ser caedizo o en caer; la caída de las hojas en el otoño.
decigram, decigramme ['desɪgræm] [de-si-gram], *s.* Decigramo, peso de un décimo de gramo: cerca de 1.54 gramos.
deciliter, decilitre ['desɪˌlɪtəʳ] [de-si-li-taʳ], *s* Decilitro, medida de un décimo de litro.
decimal ['desɪməl] [de-si-mal], *a.* Decimal, cuya base es diez; lo que se aumenta o disminuye por decenas. **Accurate to three decimal places**, exacto hasta la tercera cifra decimal. *-s.* Decimal, fracción decimal.
decimalization [ˌdesɪməlaɪ'zeɪʃən] [de-si-ma-lai-sei-shon] *s.* Decimalización, conversión al sistema decimal.
decimalize ['desɪməlaɪz] [de-si-ma-lais] *va.* Decimalizar, convertir al sistema decimal.
decimally ['desɪməlɪ] [de-si-ma-li], *adv.* Por decenas; por medio de los decimales.
decimal point ['desɪməlˌpɔɪnt] [de-si-mal-point] *s.* Coma decimal o de los decimales; punto decimal.
decimate ['desɪmeɪt] [de-si-meit], *va.* 1 Matar uno de cada diez; *(Fam.)* destruir gran parte de una población. 2. *(Des.)* Diezmar.
decimation [ˌdesɪ'meɪʃən] [de-si-mei-shon], La acción y efecto de matar uno de cada diez; gran destrucción.
decimator ['desɪmeɪtəʳ] [de-si-mei-taʳ], *s.* Gran destructor.
decimeter, decimetre ['desɪˌmiːtəʳ] [de-si-mi-taʳ] *s.* Decímetro, la décima parte de un metro.
decipher [dɪ'saɪfəʳ] [di-sai-faʳ], *va.* 1. Descifrar. 2. Cifrar, poner en cifra. 3. Estampar o señalar con caracteres. 4. Desenrollar, desembrollar, desenmarañar. 5. Aclarar o interpretar lo que está oscuro, describir lo oculto, explicar lo dudoso.
decipherable [dɪ'saɪfərəbl] [di-sai-fe-ra-bol], *a.* Descifrable, que se puede descifrar o aclarar.
descipherer [dɪ'saɪfərəʳ] [di-sai-fe-raʳ], *s.* Descifrador.
decision [dɪ'sɪʃən] [di-si-shon], *s.* 1. Decisión, determinación, resolución. **To make/take a decision**, tomar una decisión. **On/by a decision**
decision-making [dɪ'sɪʃənˌmeɪkɪŋ] [di-si-shon-mei-kin] *s.* Toma de decisiones; decisorio (body/process).
decisive [dɪ'saɪsɪv] [di-sai-siv] *a.* 1. Decisivo (conclusive/battel, factor); conclusivo, terminante; contundente (victory). 2. Decidido, resuelto (purposeful, person); firme (lidership, answer).
decisively [dɪ'saɪsɪvlɪ] [di-sai-siv-li], *adv.* Decisivamente; contundentemente (convincingly/beat, win); con decisión (purposefully/speak, act).
decisiveness [dɪ'saɪsɪvnɪs] [di-sai-siv-nes], *s.* Autoridad decisiva.
decisory [dɪ'saɪsərɪ] [di-sai-so-ri], *a.* Decisorio, decisivo.
deck [dek] [dek], *va.* 1. Cubrir. 2. Ataviar, componer, asear, adornar, embellecer. **To deck something (out) with something**, engalanar o adornar algo con algo (adorn). **He was all decked out in his Sunday best**, iba muy endomingado, iba de punta en blanco. 3. *(Coloq.)* Tumbar (knock dowm).

deck *s.* 1. *(Mar.)* Cubierta, cada uno de los suelos que dividen las estancias de un buque. **Between decks**, entre puentes. 2. Tejado de un coche o carro. 3. *(Min.)* Plataforma de jaula. 4. *(Games)* Baraja, el conjunto de cartas de que consta el juego de naipes. *(Inform.)* Lote, paquete. 5. (GB) Piso (of bus) **Gun-deck**, cubierta principal, batería. **On deck**, sobre cubierta. **Quarter-deck**, alcázar, castillo de popa. **Spar-deck**, cubierta alta o de guindaste. **Deck-hand**, estibador en buque de vapor, marinero. **To be on deck**, estar esperando turno, estar en el círculo de espera (in baseball); estar a mano (ready, to hand). **Let's clear the decks before we start the new project**, despejemos el camino antes de embarcarnos en el nuevo proyecto. *(Sl.)* **To hit the deck**, caerse al suelo (fall flat).

deck chair ['dek,tʃɛəʳ] [dek-cheaʳ], *s.* Silla de cubierta (en un barco); silla de playa, perezosa, reposera.

decker ['dekəʳ] [de-kaʳ], *s.* 1. Cubridor, adornador, aseador. 2. Navío, carro, etc., con cubierta; se usa solamente en composición. **A two-decker**, navío de dos puentes.

decking ['dekɪŋ] [de-kin], *s.* Adorno.

deckle [dekl] [de-kel], *s.* 1. En la fabricación de papel, cubierta, bastidor rectangular. 2. Banda de caucho flexible y continua. 3. Barba, borde sin cortar del papel hecho a mano.

declaim [dɪ'kleɪm] [di-kleim], *va.* Recitar en público. *-vn.* 1. Declamar, recitar de una manera oratoria, arengar. 2. Recitar (de memoria).

declaimer [dɪ'kleɪməʳ] [di-klei-maʳ] *s.* Declamador.

declaiming [dɪ'kleɪmɪŋ] [di-klei-min] *s.* Arenga, oración.

declamation [,deklə'meɪʃən] [de-kla-mei-shon] *s.* Declamación, arenga.

declamatory [dɪ'klæmətərɪ] [di-kla-ma-to-ri] *a.* Declamatorio.

declarable ['dekləreɪbl] [de-kla-rei-bol] *a.* Lo que se puede declarar.

declaration [,deklə'reɪʃən] [de-kla-rei-shon] *s.* 1. Declaración (statement); manifestación, publicación; explicación, exposición. **A customs declaration**, una declaración de aduanas. 2. *(Law)* Pronunciamiento oficial (finding); declaración (statement).

declarative [de'klərətɪv] [di-kla-ra-tiv] *a.* Declaratorio, expositivo.

declaratorily [de'klərətərɪlɪ] [de-kla-ra-to-ri-li] *adv.* En forma de declaración.

declaratory [deklərətərɪ] [de-kla-ra-to-ri] *a.* Declaratorio; afirmativo, demostrativo.

declare [dɪ'klɛəʳ] [di-kleaʳ] *va.* 1. Declarar, (state, announce/intention); manifestar (opinion). **To declare war**, declarar la guerra. **The museum was oficially declared open**, el museo fue inaugurado oficialmente. Declarar (tax, goods, income). **Nothing to declare**, nada que declarar. 2. Publicar, proclamar. 3. Afirmar, asegurar, confesar. *-vn.* 1. Declarar, deponer, testificar; decidirse en favor de. **To declare for/against somebody/something**, declararse o pronunciarse a favor/en contra de alguien/algo. 2. Anunciar su (o mi, etc.) candidatura.

declared [dɪ'klɛəd] [di-kleard] *a.* Declarado (aim, motive).

declaredly [dɪ'klɛədlɪ] [di-klead-li] *adv.* Declaradamente, deponente.

declarer [dɪ'klɛərəʳ] [di-klea-raʳ], *s.* Declarador, declarante, deponente.

declaring [dɪ'klɛərɪŋ] [di-klea-rin], *s.* Declaración.

declension [dɪ'klenʃən] [di-klen-shon] *s.* 1. Declinación, decadencia, caimiento, disminución, decremento, menoscabo. 2. *(Gram.)* Declinación, la serie de los casos del nombre. 3. Inclinación, oblicuidad, declivio.

declinable [dɪ'klaɪnəbl] [di-klai-na-bol] *a.* Declinable.

declination [,dɪklaɪ'neɪʃən] [di-klai-nei-shon] *s.* 1. Declinación; descenso, declive; inclinación. 2. Decadencia, decremento; desvío. 3. *(Mar.)* declinación de la aguja de marear, lo que la aguja se aparta de la dirección al polo hacia oriente o poniente. 4. *(Gram.)* Declinación. 5. Negativa: falta de aceptación excusa.

declinator [dɪ'klaɪneɪtəʳ] [di-klai-nei-taʳ], **Declinatory** *s.* Declinatorio, instrumento para medir el ángulo de declinación.

declinatory [dɪ'klaɪnətərɪ] [di-klai-na-to-ri] *a.* Que envuelve o lleva excusa. **Declinatory plea**, *(For.)* Declinatoria.

decline [dɪ'klaɪn] [di-klain] *va.* 1. Rehusar, rechazar, repulsar (refuse/offer, invitation). **He declined to comment**, declinó hacer declaraciones. 2. Inclinar una cosa hacia abajo, bajarla. 3. *(Gram.)* Declinar. 4. *(Ant.)* Huir, evitar. *-vn.* 1. Rehusar, rechazar (refuse). **I invited him, but he declined**, lo invité pero rehusó o declinó mi invitación. 2. Declinar, inclinarse hacia abajo. 3. Decaer, desmejorar. 4. Huir, eludir, desviar. 5. Disminuir, decrecer (decrease/production, strength); disminuir, decaer (interest). **To decline in importance**, perder importancia. **Declining**, en declive, en decadencia (industry, region, standards). **In his declining years**, en sus últimos años.

decline *s.* 1. Declinación, decadencia, caimiento; descenso, disminución (decrease). 2. *(Med.)* Enfermedad que va cediendo de su violencia. 3. Menoscabo, decadencia de las fuerzas físicas o mentales por causa de enfermedad; *(Fam.)* consunción. 4. Declive, decadencia, deterioro (downward trend). **To be in decline**, estar en declive o en decadencia. **To go into a decline**, entrar en decadencia.

declivity [dɪ'klɪvɪtɪ] [di-kli-vi-ti] *s.* Declive, declivo, pendiente de algún terreno.

declivitous, declivous [dɪ'klɪvɪtəs] [di-kli-vi-tos], *a.* Inclinado, que está en declive o en pendiente.

declutch [diː'klʌtʃ] [di-klatch] *vn.* Desembragar, sacar el clutch.

decoct [dɪ'kɒkt] [di-kokt], *va.* 1. Cocer, hervir. 2. *(Ant.)* Asimilar, digerir.

decoction [dɪ'kɒkʃən] [di-kok-shon], *s.* 1 Cocción o hervor. 2. Decocción de plantas o drogas para sacar la substancia.

decocture [dɪ'kɒktʃəʳ] [di-kok-chaʳ], *s.* 1. Cocción o hervor. 2. Decocción. *V.* DECOCTION.

decode ['diː'kəʊd] [di-koud] *va.* Descifrar (message); descodificar (signal).

decoder ['diː'kəʊdəʳ] [di-kou-daʳ] *s.* Descodificador.

decollate [,diːkə'leɪt] [di-ko-leit] *va.* Degollar.

decollation [,diːkə'leɪʃən] [di-ko-lei-shon] *s.* Degollación.

decolor, decolour, decolorate [,diːkələʳ] [di-ko-loʳ] *va.* Quitar el color, blanquear; clarificar (azúcar).

decoloration [,diːkələ'reɪʃən] [di-ko-lo-rei-shon], *s.* Descoloramiento.

decompose [,diːkəm'pəʊz] [di-kom-pous] *va.* Descomponer, reducir un cuerpo a sus principios, separar las partes de algún cuerpo o mezcla, destruir la unión química de las partículas de los cuerpos; pudrir. *-vn.* Pudrirse, corromperse, descomponerse.

decomposite [,diːkɒm'pəsaɪt] [di-kom-po-sait] *a.* Compuesto de nuevo.

decomposition [,diːkɒmpə'zɪʃən] [di-kom-po-si-shon] *s.* 1. Descomposición, separación. 2. Segunda composición, combinación de cosas ya compuestas.

decompound [,diːkəm'pəʊnd] [di-kom-pound] *va.* 1. Componer de cosas ya compuestas. 2. Descomponer, separar cosas compuestas.

decompound, *a.* *(Bot.)* Dos veces compuesto.

decompression [,diːkəm'preʃən] [di-kom-pre-shon] *s.* *(Mar.)* Descompresión. **Descompression chamber**, cámara de descompresión.

decongestant [,diːkən'dʒestənt] [di-kon-yes-tant] *s.* Descongestionante, anticongestivo.

decontaminate [,diːkən↓təmɪneɪt] [di-kon-ta-mi-neit] *va.* Descontaminar.

decontamination [,diːkən↓təmɪneɪʃən] [di-kon-ta-mi-nei-shon] *s.* Descontaminación.

decor, décor ['deɪkɔːʳ] [dei-koʳ] *s.* Decoración (furnishings). *(Teat.)* Decorado, escenografía.

decorate ['dekəreɪt] [de-ko-reit] *va.* Decorar (cake); hermosear, adornar (Christmas tree); pulir; pintar (room/

house/with paint); empapelar (with wallpaper). **To decorate somebody for something**, condecorar a alguien por algo (award medal). *vn.* Pintar (paint); empapelar (hang wallpaper).
decorating ['dekəreɪtɪŋ] [de-ko-rei-tin] *s.* **He helped me with the decorating**, me ayudó a decorar la casa.
decoration ['dekəreɪʃən] [de-ko-rei-shon], *s.* 1. Decoración, adorno o lustre; ornamento (ornamentation); decoración (act). **For decoration**, de adorno. 2. Divisa (de honor). **Decoration Day**, *(E.U.)* el 30 de Mayo, día señalado para decorar las sepulturas de los soldados y marinos que murieron en la guerra civil (1861-65). 3. *(Mil.)* Condecoración.
decorative ['dekərətɪv] [de-ko-ra-tiv] *a.* Ornamental, de adorno (object). **The decorative arts**, las artes decorativas.
decorator ['dekəreɪtə^r] [de-ko-rei-to^r], *s.* Decorador, adornista, interiorista (designer); pintor (painter); empapelador (paperhanger).
decorous ['dekərəs] [de-ko-ros], *a.* Decente. decoroso, honesto; convincente.
decorously ['dekərəslɪ] [de-ko-ros-li], *adv.* Decorosamente.
decorousness ['dekərəsnɪs] [de-ko-ros-nes], *s.* Decoro, circunspección, conveniencia de conducta.
decorticate ['dekɔːtɪkeɪt] [de-kor-ti-keit], *va.* 1. Descortezar. 2. Pelar, mondar.
decortication ['dekɔːtɪkeɪʃən] [de-kor-ti-kei-shon], *s.* Descortezamiento.
decorum ['dekərəm] [de-ko-rum] *s.* Decoro, honor, decencia, compostura; propiedad, conveniencia.
decoy ['diːkɔɪ] [di-koi], *va.* 1. Atraer algún pájaro a la jaula con señuelo o añagaza (lure). 2. Atraer con falsos halagos, embaucar, engañar, pillar, clavar.
decoy *s.* 1. Seducción, incitación a hacer alguna cosa mala. 2. Cazadero con señuelo (lure/in hunting).
decoy-duck ['diːkɔɪˌdʌk] [di-koi-dak] *s.* Pato de reclamo.
decrease [diː'kriːs] [di-kris] *vn.* 1. Decrecer, menguar, ir a menos, minorarse, disminuir (in quantity/amount, numbers); bajar (prices); disminuir (speed). 2. Disminuir, bajar (in intensity, quality); disminuir, decrecer (power, effectiveness); disminuir, decaer (interest). *-va.* Disminuir, minorar, reducir.
decrease *s.* 1. Decremento, disminución; descaecimiento, decadencia, descrecimiento, mengua, merma, bajada. **Crime is on the decrease**, la delincuencia está disminuyendo. 2. Menguante de la luna.
decreasing [diː'kriːsɪŋ] [di-kri-sin] *a.* Decreciente.
decree [diː'kriː] [di-kri] *vn.* Decretar, mandar por decreto o edicto; determinarse, resolverse. *-va.* Decretar, determinar, mandar, ordenar.
decree *s.* 1. *(Law)* Decreto (command), ley, edicto, mandato; regla establecida. 2. Decreto, resolución, determinación, decisión de algún pleito. 3. Decreto del Papa y sus cardenales.
decrement [diː'kriːmənt] [di-kri-ment] *s.* Decremento, disminución.
decrepit [dɪ'krepɪt] [di-kre-pit] *a.* 1. Decrépito, cargado de años, consumido por la vejez (infirm/person, animal). 2. Destartalado (dilapidated/bus, furniture); deteriorado, viejo y en mal estado.
decrepitate [dɪ'krepɪteɪt] [di-kre-pi-teit] *va.* y *vn.* Decrepitar, henderse o saltar con ruido alguna cosa echada al fuego, como la sal, etc.
decrepitation [dɪ'krepɪteɪʃən] [di-kre-pi-tei-shon] *s.* *(Quím.)* Decrepitación.
decrepitness [dɪ'krepɪtnɪs] [di-kre-pit-nes], **decrepitude** [dɪ'krepɪtjuːd] [di-kre-pi-tiud], *s.* Decrepitud (infirmity); senectud, caducidad. Deterioro (dilapidation).
decrescendo [dɪ'kresəndəʊ] [di-kres-sen-dou], *a.*, *s.* y *adv.* *(Ital.)* *V.* DIMINUENDO.
decrescent [dɪ'kresənt] [di-kre-sent], *a.* Lo que decrece o mengua.
decretal [dɪ'kretəl] [di-kre-tal], *s.* 1. Decretal, epístola pontificia en la que el Papa declara alguna duda. 2. Decretero, libro de decretos; rescripto. *a.* Decretal, lo que pertenece a un decreto.
decretion [dɪ'kreʃən] [di-kre-shon], *s.* Minoración, merma.
decretist [dɪ'kretɪst] [di-kre-tist], *s.* Decretista, decretalista, expositor o intérprete de las decretales.
decretive [dɪ'kretɪv] [di-kre-tiv], *a.* Decretal, decretivo, de la naturaleza de un decreto.
decretorily [dɪ'kretərɪlɪ] [di-kre-to-ri-li], *adv.* Definitivamente.
decretory [dɪ'kretərɪ] [di-kre-to-ri], *a.* Decretorio, definitivo, decisivo, perentorio; crítico.
decrial [dɪ'krɪəl] [di-krial], *s.* Gritería y confusión contra alguna persona; insulto.
decrier [dɪ'krɪə^r] [di-kria^r], *s.* El que censura precipitadamente o ruidosamente.
decriminalize [diː'krɪmɪnəlaɪz] [di-kri-mi-na-lais] *va.* Despenalizar.
decrown [dɪ'krəʊn] [di-kraun], *va.* *V.* DISCROWN.
decrustration [dɪ'krʌsˌteɪʃən] [di-kras-tei-shon], *s.* La acción de quitar la costra.
decry [dɪ'kraɪ] [di-krai], *va.* Desacreditar, culpar o censurar públicamente; gritar contra alguna persona o cosa. Condenar, censurar (condemn); menospreciar (disparage).
decubation [ˌdɪkjʊ'beɪʃən] [di-kiu-bei-shon], *s.* El acto de acostarse.
decubitus [dɪ'kjʊbɪtəs] [di-kiu-bi-tos], *s.* Decúbito, posición del cuerpo de una persona echada o recostada; posición del enfermo en la cama.
decumbence, decumbency [dɪ'kʌmbəns] [di-kam-bens], *s.* La acción de estar acostado y la postura que se tiene en la cama.
decumbent [dɪ'kʌmbənt] [di-kam-bent] *a.* 1. *V.* RECUMBENT. 2. Echado en la cama; enfermo.
decumbiture [dɪ'kʌmbɪtʃə^r] [di-kam-ba-chua^r], *s.* 1. Tiempo que el enfermo guarda cama. 2. *(Astrol.)* Pronóstico que se toma del aspecto del cielo para predecir la mejoría o la muerte del enfermo.
decuple ['dɪkʌpl] [di-ka-pel] *a.* Décuplo, diez veces tanto como otra cantidad.
decurion [dɪ'kjuːrɪən] [di-kiu-rion] *s.* Decurión, el jefe de diez soldados entre los romanos.
decurrent [dɪ'kʌrənt] [di-ka-rent], *a.* *(Bot.)* Decurrente; se dice de la hoja cuyo limbo se prolonga a lo largo del tallo, adheriéndose a él.
decursive [dɪ'kɜːsɪv] [di-ker-siv], *a.* V DECURRENT.
decussate [dɪ'kjuːseɪt] [di-kiu-seit], *vn.* Cortarse dos líneas en ángulos agudos o en forma de X; cruzarse como las mallas de una red. *a.* Entrecuzado; en botánica, decusativo; se dice de las hojas opuestas cuyos pares se cruzan formando ángulo recto.
decussation [ˌdɪkjʊ'seɪʃən] [di-kiu-sei-shon], *s.* Decusación, el punto donde se cruzan varias líneas o radios; se dice particularmente de los nervios del ojo.
dedal, daedal ['dɪdəl] [di-dal], *a.* 1. Primorosamente hecho, intricado, artístico, ingenioso. 2. Artificioso, taimado, engañoso.
dedicate ['dedɪkeɪt] [de-di-keit], *va.* 1. Dedicar, aplicar, consagrar alguna cosa a Dios (devote). 2. Dedicar, destinar una persona a algún empleo u ocupación, o una cosa a alguna persona o uso determinado (consecrate/church, shrine, memorial); inaugurar (declare open/building, fair). 3. Dedicar (poem, book), ofrecer alguna obra o trabajo de la inteligencia a un personaje para que lo patrocine.
dedicated ['dedɪkeɪtɪd] [de-di-kei-tid] *a.* 1. Consagrado, dedicado, de gran dedicación, entregado a su trabajo (musician, nurse, teacher). 2. *(Inform.)* Dedicado.
dedication [ˌdedɪ'keɪʃən] [de-di-kei-shon] *s.* 1. Dedicación, consagración, entrega (devotion). 2. Dedicatoria que precede a una obra (written message). 3. Dedicación (consecration); inauguración (opening).
dedicator ['dedɪkeɪtə^r] [de-di-kei-ta^r] *s.* Dedicante, el que dedica.

dedicatory ['dedɪkətərɪ] [de-di-ka-to-ri] *a.* Que contiene o presenta la forma de dedicatoria; que se refiere o pertenece a la dedicatoria.

deduce [dɪ'dju:s] [di-dius] *va.* Deducir, sacar por orden o serie regular y conexa; concluir o inferir por consecuencias legítimas, derivar; substraer.

deducement [dɪ'dju:smənt] [di-dius-ment] *s.* Deducción, conclusión, consecuencia.

deducible [dɪ'dju:sɪbl] [di-diu-si-bol] *a.* Deducible, que puede ser deducido, inferido.

deducive [dɪ'dju:sɪv] [di-diu-siv] *a.* Deductivo; concluyente, ilativo.

deduct [dɪ'dʌkt] [di-dakt], *va.* Deducir, substraer, descontar, rebajar, bajar, desfalcar, rebatir.

deductible [dɪ'daktɪbl] [di-dak-ti-bol] *a.* Deducible, desgravable. *s.* Franquicia.

deduction [dɪ'dʌʃən] [di-dak-shon], *s.* 1. Deducción, ilación, consecuencia (reasoning, conclusion). 2. Deducción, descuento (substraction), rebaja, desfalco. **He gets $260 a week after deductions**, gana 260 dólares semanales netos.

deductive [dɪ'dʌktɪv] [di-dak-tiv], *a.* Deductivo que obra o procede por deducción, ilativo.

deductively [dɪ'dʌktɪvlɪ] [di-dak-tiv-li], *adv.* Por ilación o consecuencia.

deed [di:d] [did], *s.* 1 Acción, operación, acto, hecho (action); realidad. **Deeds, not words**, hechos y no palabras. **Good deeds**, buenas acciones, buenas obras. 2. Hazaña, acción heroica. 3. Instrumento auténtico que hace fe. **In deed, in very deed**, de veras, en verdad; de hecho. 4. *(Law)* Escritura. **The deed/deeds to the house**, la escritura de la casa. *-va.* Ceder, transferir.

deedless ['di:dlɪs] [did-les], *a.* Omiso, descuidado, inerte, oscuro, sin nombre, que no se ha dado a conocer por ningún hecho.

deedy ['di:dɪ] [didi] *a.* Activo, industrioso.

deejay ['di:dʒeɪ] [di-yei] *s.* *(Coloq.)* Disc-jockey, pinchadiscos.

deem [di:m] [dim], *va.* y *vn.* Juzgar, hacer o formar dictamen o juicio de alguna cosa, imaginar, suponer, pensar, creer, estimar; determinar.

deemster ['di:mstə^r] [dims-ta^r], *s.* Juez, magistrado en la isla inglesa de Man.

deep [di:p] [dip], *a.* 1. Hondo, profundo, lo que se considera medido desde lo más alto a lo más bajo (water, hole, pit). Profundo (gash); hondo (dish); alto (pan). **The ditch is 6 ft deep**, la zanja tiene 6 pies de profundidad. Profundo (horizontally/shelf). **The soldiers were standing 12 deep**, los soldados formaban columnas de 12 en fondo. Ancho (broad/edge). 2. Profundo, lo que profundiza o penetra mucho (thoughts, mystery, secret). *(Coloq.)* **She's a deep one**, es un enigma. 3. Sagaz, hábil, penetrador. 4. Artificioso, insidioso. 5. Grave, oscuro. 6. Profundo, silencioso, taciturno. Profundo, hondo (sigh/groan). **Take a deep breath**, respire hondo. **Deep in debt**, cargado de deudas. 7. Oscuro; se dice del color. 8. Grave, en sonido, profundo (voice); grave (note). Intenso, subido (color). Profundo (intense/sleep, love, impression). **It's with deep regret that ...**, es con gran o profundo pesar que ... **To be in deep trouble**, estar en un serio apuro o en un buen lío. 9. Cenagoso, lodoso; se dice, p.ej., de un camino. *-s.* 1. Piélago, abismo, lo más profundo del mar o de alguna cosa. 2. Misterio. **Deep of night**, el horror de las tinieblas, la oscuridad más profunda.

deep *adv.* 1. **To dig deep**, cavar hondo. **He thrust his hands deep into his pockets**, hundió las manos en los bolsillos (of penetration). **To go deeper into something**, ahondar o profundizar más en algo (thoroughly). 2. **Deep in the forest**, en lo profundo del bosque (situated far from edge). **Deep down you know I'm right**, en el fondo sabes que tengo razón. **I found her deep in her book**, la encontré absorta o ensimismada en su libro (greatly involved). *(Coloq.)* **You're in this too deep**, estás metido en esto hasta el cuello. 3. **To drink deep of something**, embeberse de o en algo (extensively).

deep-drawing [di:p'drəʊɪŋ] [dip-drouin], *a.* Que está muy profundo en el agua; de mucho calado.

deepen ['di:pən] [di-pen], *va.* 1. Profundizar o ahondar en (knowledge); aumentar (concern); estrechar (friendship); hacer más profundo u hondo (canal, well). 2. Oscurecer. 3. Entristecer. *-vn.* 1. Descender gradualmente; profundizarse, hacerse o volverse más hondo o profundo (gorge, river). 2. Hacerse más profundo, aumentar (concern, love); estrecharse (friendship); crecer, aumentar (mystery); acentuarse (crisis); hacerse más profundo (darkness).

deep end [di:p'end] [dip-end] *s.* **The deep end**, la parte honda, lo hondo (of swimming pool). *(Coloq.)* **To go/jump off the deep end**, ponerse hecho una furia. **To throw somebody in (at) the deep end**, meter a alguien de lleno en lo más difícil.

deepening ['di:pənɪŋ] [di-pe-nin] *a.* Cada vez más profundo (waters, darkness, mystery); creciente, cada vez mayor (crisis, dismay).

deep freeze ['di:pfri:z] [dip-fris] *s.* 1. Congelación rápida. 2. Congelador (in shop, home). **The proposal is in deep freeze**, la propuesta ha sido congelada (state).

deep-freeze, *va.* Congelar, almacenar en congeladora; ultracongelar (commercially). **Deep-frozen cod**, bacalao ultracongelado.

deeply ['di:plɪ] [di-pli], *adv.* 1. Profundamente, muy hondo, a una gran profundidad. 2. Profundamente (sigh); sumamente, en sumo grado. **To breathe deeply**, respirar hondo. **He cut deeply into the wood**, hizo un corte profundo en la madera. 3. Gravemente, tristemente, oscuramente. 4. Sagazmente, con profunda atención; a fondo (think); profundamente (concerned); sumamente (interested). **I was deeply offended by his remarks**, me sentí muy ofendida por sus comentarios.

deep-mouthed [di:p'maʊθɪd] [dip-mau-zid], *a.* Ronco, el que tiene la voz profunda y bronca.

deep-musing [di:p'mʌsɪŋ] [dip-ma-sin], *a.* Pensativo, contemplativo.

deepness ['di:pnɪs] [dip-nes], *s.* Profundidad, la extensión de cualquier cosa de su superficie hasta su fondo.

deep-read ['di:pred] [dip-red], *a.* Muy leído, profundamente versado en los libros.

deep-rooted ['di:p'ru:tɪd] [dip-ru-tid] *a.* Profundamente arraigado (belief).

deep-sea diving [ˌdi:psi:'daɪvɪŋ] [dip-si-dai-vin] Buceo de altura o en alta mar.

deep-sea fishing [ˌdi:psi:'fɪʃɪŋ] [dip-si-fi-shin], *s.* Pesca de alta mar.

deep-sea-line [ˌdi:psi:'laɪn] [dip-si-lain] *s.* *(Mar.)* Escandallo, sonda o plomada para medir la cantidad de brazas de agua que hay hasta el fondo.

deep-seated ['di:p'si:tɪd] [dip-si-tid] *a.* Profundamente arraigado (prejudice, conviction); profundo, de raíces profundas (problem).

deer [dɪə^r] [dia^r] *s.* Ciervo o venado, un animal cualquiera del género cerval. **Fallow deer**, gamo, gama. **Red deer**, ciervo común. **Deer-fold**, parque de ciervos. **Deerhound**, galgo, perro corredor. **Deer-skin**, gamuza, piel de gamo. **Deer-stalking**, caza al acecho.

deerstalker ['dɪəˌstɔ:kə^r] [dias-to-ka^r] *s.* Gorra de cazador.

de-escalate [ˌdi:'eskəleɪt] [di-es-ka-leit] *va.* Desescalar, reducir (bombing); desacelerar (crisis). *-vn.* Disminuir, reducirse (violence); mejorar (situation).

deface [dɪ'feɪs] [di-feis] *va.* 1. Desfigurar, mutilar la faz o la superficie de una cosa. Pintarrajear (wall, notice). 2. Borrar, destruir, afear.

defacement [dɪ'feɪsmənt] [di-feis-ment] *s.* Violación, injuria; rasadura, destrucción, ruina.

defacer [dɪ'feɪsə^r] [di-fei-sa^r] *s.* Destructor o destruidor.

de facto [deɪ'fæktəʊ] [de-fak-tou] *a./adv.* De hecho, actual, en oposición a *de jure*.

defalcate ['diːfælkeɪt] [di-fal-keit] *va.* Desfalcar, descabalar, deducir, quitar parte o porción de alguna cosa. *-vn.* Tomar para sí, apropiarse uno el dinero.
defalcation [ˌdiːfælˈkeɪʃən] [di-fal-kei-shon] *s.* 1. Desfalco, malversación, hurto. 2. Deducción, disminución. 3. Déficit.
defamation [ˌdefəˈmeɪʃən] [de-fa-mei-shon] *s.* Difamación, disfamación, calumnia.
defamatory [dɪˈfæmətərɪ] [di-fa-ma-to-ri] *a.* Infamatorio, calumnioso, difamatorio.
defame [dɪˈfeɪm] [di-feim], *va.* Difamar, desacreditar, deshonrar, denigrar; calumniar.
defamer [dɪˈfeɪməʳ] [di-fei-maʳ] *s.* Infamador, calumniador.
defaming *s. V.* DEFAMATION.
default [dɪˈfɔːlt] [di-folt], *s.* 1. Omisión (omission), descuido, negligencia, mora (on payments); incomparecencia (failure to appear). *(Dep.)* **She won by default**, ganó por incomparecencia de su rival. 2. Culpa, delito. 3. Defecto, falta. **In default whereof**, en cuyo defecto. 4. *(For.)* Rebeldía, la acción de no comparecer en juicio dentro del plazo de la citación. 5. Falta (lack). **He was elected by default**, fue elegido por ausencia de otros candidatos. *(Inform.)* **Default option**, opción por defecto.
default *va.* Faltar, no cumplir algún contrato o estipulación. *-vn.* 1. *(Law)* Caer en rebeldía o contumacia. 2. *(Des.)* Ofender, ser descuidado. 3. *(Fin.)* **To default on something**, no pagar algo. 4. *(Dep.)* No presentarse.
defaulter [dɪˈfɔːltəʳ] [di-fol-taʳ] *s.* El que falta o no cumple su deber. 1. *(For.)* Rebelde, contumaz, el que no comparece en juicio dentro del término de la citación. 2. *(Fin.)* Malversador, moroso.
defeasible [dɪˈfiːsɪbl] [di-fi-si-bol] *a.* Anulable, revocable.
defeat [dɪˈfiːt] [di-fit] *s.* Derrota (by opponent); rota, vencimiento, destrucción o ruina; p. ej. de un ejército o un partido. Rechazo (of motion, bill). **To accept/admit defeat**, darse por vencido.
defeat *va.* 1. Derrotar, vencer (opponent); deshacer, destruir. 2. Frustrar (hopes, plans); privar a alguno de lo que se le debía o esperaba. **That would defeat the object of the exercise**, eso iría en contra de lo que se pretende lograr. 3. *(For.)* Anular, abrogar. 4. *(Des.)* Abolir, exterminar. 5. Derrotar (opposition); rechazar (bill, motion). *(Coloq.)* **It defeats me**, no alcanzo a comprenderlo.
defeatism [dɪˈfiːtɪzm] [di-fi-ti-sem] *s.* Derrotismo.
defeatist [dɪˈfiːtɪst] [di-fi-tist] *s./a.* Derrotista.
defecate [ˈdefəkeɪt] [de-fe-keit] *va.* Purgar, purificar, limpiar; depurar. *-vn.* 1. Limpiarse de impurezas. 2. Exonerar el vientre, defecar.
defecate *a.* Depurado, aclarado.
defecation [ˌdefəˈkeɪʃən] [de-fe-kei-shon] *s.* 1. Defecación, se dice de los líquidos cuando se van aclarando por irse posando las heces en el fondo; purificación, clarificación. 2. Exoneración del vientre, defecación.
defect [ˈdiːfekt] [di-fekt] *s.* Defecto, falta, tacha, imperfección; omisión. **A speech/birth defect**, un defecto en el habla/de nacimiento.
defect *vn.* Desertar, defeccionar (period). **Their key man has defected to a rival team**, su mejor hombre se ha pasado a un equipo rival.
defectible [ˈdiːfektɪbl] [di-fek-ti-bol] *a.* Defectible; imperfecto.
defection [dɪˈfekʃən] [di-fek-shon] *s.* 1. Defección, apostasía; conjuración, rebeldía, desobediencia, levantamiento, sublevación. 2. Separación, deserción, abandono.
defective [dɪˈfektɪv] [di-fek-tiv] *a.* Defectivo, defectuoso, imperfecto, culpable.
defectively [dɪˈfektɪvlɪ] [di-fek-tiv-li] *adv.* Defectuosamente.
defectiveness [dɪˈfektɪvnɪs] [di-fek-tiv-nes] *s.* Defecto, culpa, falta, delito.
defence [dɪˈfens] [di-fens], f, defensa.
defend [dɪˈfend] [di-fend] *va.* 1. Defender, preservar, proteger, conservar. **To defend oneself**, defenderse. 2. Sostener alguna opinión. 3. Fortalecer, asegurar. 4. Repeler. *vn.* 1. *(Law)* Actuar por la defensa. 2. *(Dep.)* **He's better at defending**, juega mejor como defensa.
defendable [dɪˈfendəbl] [di-fen-da-bol] *a.* Defendible.
defendant [dɪˈfendənt] [di-fen-dant] *a.* Defensivo. *s.* 1. *(For.)* El demandado (in civil case); acusado (in criminal case). 2. El que defiende.
defender [dɪˈfendəʳ] [di-fen-daʳ] *s.* 1. Defensor (of cause, course of action, opinion); abogado; campeón; afirmador, protector, patrón. 2. *(Dep.)* Defensa.
defending [dɪˈfendɪŋ] [di-fen-din] *a.* **The defending champion**, el actual campeón. *(Law)* **Defending counsel**, abogado defensor.
defensative [dɪˈfensətɪv] [di-fen-sa-tiv] *s.* *(Ant.)* Defensiva, defensa, guardia, reparo.
defense, defence [dɪˈfens] [di-fens], *s.* 1. Defensa, la acción y afecto de defender, protección (protection); sostén, apoyo. (in US) **Secretary of Defense**, Ministro, Secretario de Defensa. (in UK) **Defence Minister**, Ministro o Secretario de Defensa. 2. Defensa, vindicación, justificación, apología. 3. Resistencia, resguardo con que se evita o repele algún riesgo; cualquier cosa que defiende. *(Dep.)* Defensa. Defensa (in chess). 4. *(For.)* Defensa, la respuesta del demandado. **Defense councel**, abogado defensor. 5. *(Mil., Med., Psych.)* **Defenses**, *pl.* defensas. **To low/drop one's defenses**, bajar la guardia.
defenseless [dɪˈfenslɪs] [di-fens-les] *a.* Indefenso, sin armas, sin defensa, impotente: incapaz de resistir.
defenselessness [dɪˈfenslɪsnɪs] [di-fens-les-nes] *s.* Desvalimiento, desamparo, abandono.
defensible [dɪˈfensɪbl] [di-fen-si-bol] *a.* Defendible, que se puede defender o sostener (theory, conduct).
defensive [dɪˈfensɪv] [di-fen-siv] *a.* Defensivo. *s.* Defensiva, la situación o estado del que sólo trata de defenderse. **To be/to stand upon the defensive**, estar o ponerse a la defensiva.
defensively [dɪˈfensɪvlɪ] [di-fen-siv-li] *adv.* Defensivamente.
defensory [dɪˈfensərɪ] [di-fen-so-ri], *a.* Defensivo, justificativo.
defer [dɪˈfɜːʳ] [di-faʳ] *vn.* 1. Diferir, dilatar, suspender, posponer. 2. Deferir, ceder, condescender por atención o respeto. *-va.* 1. Diferir, retardar, atrasar. 2. Remitirse al parecer de otro; ofrecer. *(Fin.)* **Deferred**, diferido (charges, taxation); de dividendo diferido (shares). *(Law)* Aplazado (sentence). **He was deferred on medical grounds**, le concedieron una prórroga por razones médicas.
defer to Deferir a.
deference [dɪˈferəns] [di-fe-rens] *s.* Deferencia, sumisión, respeto, consideración, condescendencia. **Out of deference**, por deferencia, en consideración a.
deferent [dɪˈferənt] [di-fe-rent], *a.* 1. Deferente, que lleva o se lleva. 2. *V.* DEFERENTIAL. *-s.* Vehículo, lo que lleva o conduce. *(Anat.)* Canal deferente, conducto excretor.
deferential [ˌdefəˈrenʃəl] [de-fe-ren-shal] *a.* Deferente, respetuoso.
deferment [dɪˈfɜːmənt] [di-fer-ment] *s.* Dilatación, tardanza. Aplazamiento (of decision, payment). *(Mil.)* Prórroga.
deferrer [dɪˈfɜːrəʳ] [di-fe-raʳ] *s.* Tardador, holgazán; el que difiere o dilata.
deferring [dɪˈferɪŋ] [di-fe-rin] *s.* Dilatación, la acción de diferir.
defiance [dɪˈfaɪəns] [di-faians] *s.* 1. Desafío, cartel o reto, provocación a duelo o combate. **An act of defiance**, un desafío, un acto de rebeldía. **In defiance of her orders**, haciendo caso omiso de sus órdenes. 2. El acto de retar a otro a que pruebe una acusación. 3. Expresión de menosprecio o vilipendio. **To bid defiance**, retar, provocar a desafío; bravear, echar plantas, fieros o bravatas; contradecir, oponerse abiertamente o cara a cara. **To set at defiance**, befar, hacer befa o mofa.
defiant [dɪˈfaɪənt] [di-faiant] *a.* Desafiante (attitude, tone); rebelde (person).

defiantly [dɪ'faɪəntlɪ] [di-faiant-li] *adv.* Con actitud desafiante.
defibrinate [dɪ'fɪbrɪneɪt] [di-fi-bri-neit] *va.* Desfibrinar, quitar la fibrina de la sangre.
deficiency, deficience [dɪ'fɪʃənsɪ] [di-fi-shen-si] *s.* 1. Defecto, imperfección. 2. Falta; defecto, deficiencia (shortcoming). 3. Escasez, déficit (shortage). *(Med.)* Deficiencia.
deficient [dɪ'fɪʃənt] [di-fi-shent] *a.* Deficiente, insuficiente, defectuoso, falto, incompleto. **Foods deficient in vitamins**, alimento de bajo contenido vitamínico. **A plan deficient in imagination**, un plan carente de imaginación.
deficiently [dɪ'fɪʃəntlɪ] [di-fi-shent-li] *adv.* Defectuosamente.
deficit ['defɪsɪt] [de-fi-sit] *s.* Déficit, la falta, alcance o descubierto que resulta comparando el haber con el fondo puesto en la empresa; o la cantidad que falta para pagar las cargas del Estado; descubierto con el fisco.
defile [dɪ'faɪl] [di-fail] *va.* 1. Manchar, ensuciar. 2. Violar; *(Rel.)* profanar; viciar. 3. Corromper, envilecer (mind, spirit); violar, deshonrar (woman). Profanar (memory). *-vn.* Desfilar, marchar o ir en filas.
defile, *s.* Desfiladero, sitio o pasaje estrecho. **A defile between two hills**, garganta de montaña.
defilement [dɪ'faɪlmənt] [di-fail-ment] *s.* Contaminación, violación, suciedad, corrupción, profanación.
defiler [dɪ'faɪlə^r] [di-fai-la^r] *s.* Corruptor, violador, contaminador, profanador.
defiling [dɪ'faɪlɪŋ] [di-fai-lin] *s.* Contaminación, corrupción, profanamiento.
definable [dɪ'faɪnəbl] [di-fai-na-bol] *a.* Definible, lo que se puede definir.
define [dɪ'faɪn] [di-fain] *va.* 1. Definir, describir (state meaning of, describe/word, position). 2. Circunscribir, señalar términos o límites; determinar, delimitar (powers, duties). Distinguir (characterize). Definir (outline). *-vn.* Decidir, juzgar.
definer [dɪ'faɪnə^r] [di-fai-na^r] *s.* Definidor, el que explica o define una cosa.
definite ['defɪnɪt] [de-fi-nit] *a.* 1. Definido, exacto, preciso, determinado, limitado, cierto; seguro, confirmado (certain). 2. Definitivo, en firme (final/date, price, offer). 3. Firme, terminante (firm, categorical/tone). **She was very definite about wanting to come**, dijo categóricamente que quería venir. **It's a definite advantage/possibility**, es, sin duda, una ventaja/posibilidad. *(Gram.)* **Definite article**, artículo determinado o definido. *-s.* Definido, la cosa definida.
definitely ['defɪnɪtlɪ] [de-fi-nit-li] *adv.* Definitivamente (definitively/arrange, agree); determinantemente, categóricamente (firmly/speak, say); con firmeza (act); ciertamente (without doubt). **It's definitely true/an improvement**, es indudablemente cierto/una mejoría. **He definitely said we should meet here**, seguro que dijo que nos encontráramos aquí.
definiteness ['defɪnɪtnɪs] [de-fi-nit-nes] *s.* Limitación fija de alguna cosa.
definition ['defɪnɪʃən] [de-fi-ni-shon] *s.* 1. Definición, descripción breve y clara (statement of meaning). **What's your definition of good music?**, ¿tú qué entiendes por buena música?. **By definition**, por definición. 2. Decisión, determinación. 3. *(Opt.)* Propiedad de una lente de dar una imagen clara y distinta. *(Cin., Phot., TV)* Nitidez, definición. **The plot lacked definition**, la trama argumental no estaba bien definida (focus). 4. Definición, delimitación (categorization).
definitive [dɪ'fɪnɪtɪv] [di-fi-ni-tiv] *a.* Definitivo (final/ victory, verdict); decisivo, perentorio. De mayor autoridad (authoritative/biography, study). *-s.* Lo que define.
definitively [dɪ'fɪnɪtɪvlɪ] [di-fi-ni-tiv-li] *adv.* Definitivamente, decisivamente, resolutivamente.
definitiveness [dɪ'fɪnɪtɪvnɪs] [di-fi-ni-tiv-nes] *s.* Autoridad decisiva.
deflagrable ['defləgrəbl] [de-fla-gra-bol] *a.* Combustible.
deflagrate ['defləgreɪt] [de-fla-greit] *va.* Incendiar, abrasar, efectuar una combustión, especialmente si es repentina y rápida. *-vn.* Arder con combustión repentina y rápida; crepitar.
deflagration ['defləgreɪʃən] [de-fla-grei-shon] *s.* Deflagración, combustión total por medio del fuego.
deflagrator ['defləgreɪtə^r] [de-fla-grei-to^r] *s.* *(Elec.)* Deflagrador, instrumento para efectuar muy rápida combustión.
deflate [diː'fleɪt] [di-fleit] *va.* 1. Desinflar (balloon, tire). **To deflate somebody/somebody's ego**, bajarle los humos a alguien (humble). Deprimir (depress). **I felt deflated**, me sentí por los suelos. 2. *(Econ.)* Deflactar. *vn.* Desinflarse (balloon, tire).
deflation [diː'fleɪʃən] [di-flei-shon] *s.* Desinflación, deflación.
deflect [dɪ'flekt] [di-flekt] *va.* Desviar, apartar, separar del camino o curso. *-vn.* Desviarse, apartarse, ladearse, separarse del camino o carrera que se llevaba.
deflection, deflexion [dɪ'flekʃən] [di-flek-shon], *s.* 1. Desvío, rodeo, desviación (of ball, bullet); refracción (of light); deflexión (of particle). 2. Declinación de la aguja de marear.
deflex [dɪ'fleks] [di-fleks] *va.* Desviar, ladear, doblar repentinamente hacia abajo.
deflexure [dɪ'flekʃə^r] [di-flek-sha^r] *s.* Combadura, torcimiento.
deflorate [dɪ'fləreɪt] [di-flo-reit] *a.* *(Bot.)* 1. Se dice de la planta que ha cesado de florecer. 2. Que ha emitido o depositado su polen.
defloration [dɪ'fləreɪʃən] [di-flo-rei-shon] *s.* 1. Defloración. 2. Escogimiento, elección de lo más florido o precioso.
deflower [diː'flaʊə^r] [di-flaua^r] *va.* 1. Quitar la flor de las plantas. 2. Ajar, deslustrar, quitar la flor o lustre a alguna cosa. 3. Desflorar, estuprar, corromper o forzar a una doncella.
deflowerer [diː'fləʊərə^r] [di-flou-e-ra^r] *s.* Estuprador.
defluxion [diː'flʌkʃən] [di-flak-shon] *s.* Fluxión copiosa o abundante, destilación; derramamiento por demasiada abundacia.
defog [diː'fɒg] [di-fog] *va.* Desempañar.
defogger [diː'fɒgə^r] [di-fo-gua^r] *s.* Desempañador.
defoliate [diː'fəʊlɪeɪt] [di-fou-lieit] *a.* Deshojado, privado de hojas. *-va.* Quitar o privar de las hojas; deshojar.
defoliation [ˌdiːfəʊlɪ'eɪʃən] [di-fou-liei-shon] *s.* *(Bot.)* Época de la caída de las hojas.
deforce [dɪ'fɔːs] [di-fors] *va.* Usurpar la posesión de bienes raíces.
deforcement [dɪ'fɔːsmənt] [di-fors-ment] *s.* Usurpación, posesión ilegítima de los bienes de otro.
deforest [diː'fɒrɪst] [di-fo-rest] *va.* Desboscar, arrancar árboles, talar bosques.
deforestation [diːˌfɒrə'steɪʃən] [di-fo-res-tei-shon] *s.* Deforestación, despoblación forestal.
deform [dɪ'fɔːm] [di-form] *va.* 1. Deformar, desfigurar, afear. 2. Deshonrar, quitar el honro, estimación o fama.
deformation [dɪ'fɔːmeɪʃən] [di-for-mei-shon] *s.* Deformación, alteración.
deformed [dɪ'fɔːmd] [di-formd] *a.* 1. Deformado, desfigurado; contrahecho. 2. *(Des.)* Feo; bajo, vergonzoso.
deformedness [dɪ'fɔːmɪdnɪs] [di-for-mid-nes], **deformity** [dɪ'fɔːmɪtɪ] [di-for-mi-ti] *s.* 1. Deformidad (disfigurement, malformation), fealdad; ridiculez. Deformación (of mind, character). 2. Deshonor; acción o idea disparatada y opuesta al buen sentido.
defraud [dɪ'frɔːd] [di-frod] *va.* Defraudar, usurpar fraudulentamente a alguna persona lo que le toca y pertenece de derecho; frustrar. Estafar (person). **To defraud the state**, defraudar al estado. **To defraud somebody of something**, estafarle algo a alguien.
defraudation [dɪ'frɔːdeɪʃən] [di-fro-dei-shon] *s.* Defraudación.
defrauder [dɪ'frɔːdə^r] [di-fro-da^r] *s.* Defraudador, engañador.

defrauding [dɪ'frɔːdɪŋ] [di-fro-din], **defraudment** [dɪ'frɔːdmənt] [di-frod-ment] *s.* Defraudación, fraude.

defray [dɪ'freɪ] [di-frei] *va.* Costear, hacer el gasto o la costa de alguna cosa; satisfacer, sufragar (cost).

defrayer [dɪ'freɪəʳ] [di-freiaʳ] *s.* El que hace la costa o el gasto de alguna cosa.

defrayment [dɪ'freɪmənt] [di-frei-ment] *s.* Gasto, el pago de lo que se ha gastado.

defrock [diː'frɒk] [di-frok] *va.* *(Rel.)* **He was defrocked**, lo apartaron del sacerdocio.

defrost [diː'frɒst] [di-frost] *va.* Descongelar (food); deshelar, descongelar (refrigerator); desempañar (windshield). *-vn.* Descongelarse (meat); deshelarse, descongelarse (refrigertator).

defroster [diː'frɒstəʳ] [di-fros-taʳ], *s.* Descongelador.

deft [deft] [deft] *s.* Diestro, gallardo, hábil (movement); mañoso, apto.

deftly ['deftlɪ] [deft-li] *adv.* Hábilmente, con destreza.

deftness ['deftnɪs] [deft-nes] *s.* Garbo, gracia, maña en hacer una cosa.

defunct [dɪ'fʌŋkt] [di-fankt] *a.* 1. Difunto, muerto (dead). 2. Caduco (extinct/idea, theory); desaparecido, extinto, fenecido (institution). *-s.* Difunto.

defunctionalize [deˌfʌŋkʃənə'laɪz] [de-fan-sho-na-lais] *va.* Privar de una función o funciones.

defuse [diː'fjuːz] [di-fius] *va.* Desactivar (bomb); distender (situation); calmar (crisis).

defy [dɪ'faɪ] [di-fai], *va.* 1. Desafiar, ignorar (danger, death); provocar a singular combate, retar; arrostrar. 2. Despreciar, tratar con desprecio. 3. *(Des.)* Desdeñar, negar, renunciar. 4. Desacatar, desobedecer (order, authority). **To defy understanding/description**, ser incomprensible/ indescriptible (resist). **To defy all logic/reason**, no tener ninguna lógica, ir en contra de toda lógica.

degeneracy [dɪ'dʒenərəsɪ] [di-ye-ne-ra-si] *s.* 1. Degeneración, bastardía, abandono, bajeza. 2. Despravación, corrupción, envilecimiento.

degenerate [dɪ'dʒənərɪt] [di-ye-ne-reit] *vn.* 1. Degenerar, no corresponder a las virtudes de los antepasados. 2. Degenerar, descaecer, desdecir. Deteriorarse (health). 3. Degenerar, ir perdiendo una cosa su primera calidad o naturaleza por deteriorarse, como sucede con algunos animales, semillas y plantas.

degenerate *a.* Degenerado, el que degenera de sus antepasados; vil, bajo, indigno, infame. *-s.* Degenerado.

degenerately [dɪ'dʒənərɪtlɪ] [di-ye-ne-reit-li] *adv.* Bajamente, indignamente.

degenerateness [dɪ'dʒənərɪtnɪs] [di-ye-ne-reit-nes] *s.* Degeneración, abandono

degenerating [dɪ'dʒənərɪtɪŋ] [di-ye-ne-rei-tin] *s.* La acción de degenerar.

degeneration [dɪˌdʒənə'reɪʃən] [di-ye-ne-rei-shon] *s.* Degeneración, empeoramiento, deterioración (deterioration); envilecimiento. *(Med.)* Degeneración (of tissue, organs).

degenerative [dɪ'dʒənərətɪv] [di-ye-ne-ra-tiv] *a.* Degenerativo.

deglutinate [dɪ'glʊtɪneɪt] [di-glu-ti-neit] *va.* 1. Despegar, separar las substancias adheridas entre sí. 2. Extraer o separar el gluten, ej. del trigo.

deglutition [dɪ'glʊtɪʃən] [di-glu-ti-shon] *s.* Deglución, la acción de tragar los alimentos.

degradation [ˌdegrə'deɪʃən] [de-gra-dei-shon] *s.* 1. Degradación, privación de grado y honores, deposición. 2. Degeneración. 3. Disminución de fuerza o valor. 4. Envilecimiento, corrupción. 5. *(Pint.)* Degradación de tintas, colores y sombras.

degrade [dɪ'greɪd] [di-greid] *va.* 1. Degradar, privar, deponer a alguna persona de las dignidades, honores y privilegios que tenía. **To degrade oneself**, degradarse, rebajarse. 2. Minorar, rebajar, reducir. 3. Envilecer, deshonrar, hacer despreciable una cosa. 4. *(Pint.)* Degradar, atenuar colores o tintas. 5. *(Biol.)* Reducir de rango superior a uno inferior. *-vn.* 1. Degenerar. 2. *(Biol.)* Degenerar, pasar de rango superior a uno inferior.

degrading [dɪ'greɪdɪŋ] [di-grei-din] *a.* Degradante.

degradingly [dɪ'greɪdɪŋlɪ] [di-grei-din-li] *adv.* Degradantemente.

degree [dɪ'griː] [di-gri] *s.* 1. Grado, calidad. estimación de una cosa; grado, nivel (level, amount). **It's a matter/ question of degree**, es cuestión de grados. **There's a degree of truth in what she says**, hay cierta verdad en lo que dice. **To a certain/limited degree**, hasta cierto punto. **To a degree**, en grado sumo (extremely); hasta cierto punto (to some extent). 2. Estado, rango, condición; grado (grade, step). **First/third degree burns**, quemaduras de primer/tercer grado. **First/second degree murder**, homicidio en primer/ segundo grado. 3. Grado, escalón. 4. Grado de parentesco. 5. Grado, proporción. 6. Grado, la graduación y título que se da a quien ha cursado en alguna universidad. **First degree**, licenciatura. **To take a philosophy degree**, hacer la carrera de filosofía, licenciarse en filosofía. 7. *(Gram.)* Grado (de comparación). 8. *(Math., Geog., Meteo., Phys.)* Grado; cada una de los 360 partes en que se divide el círculo, en álgebra, la potencia de un término; es también la medida de calor, frío, humedad, etc. **It was 40 degrees in the shade**, hacía 40 grados a la sombra. **12 degrees below zero**, 12 grados bajo cero. 9. *(Mús.)* Grado, línea o espacio del pentagrama. **To take one's degrees**, graduarse. **By degrees**, *adv.* gradualmente.

dehisce [dɪ'hiːs] [di-his] *vn.* Hendirse, abrirse en grietas.

dehiscence [dɪ'hiːsəns] [di-hi-sens] *s.* 1. Hendidura, grieta. 2. *(Bot.)* Dehiscencia, la manera y acto de abrirse los frutos para dar salida a las semillas.

dehiscent [dɪ'hiːsənt] [di-hi-sent] *a.* Dehiscente, (ovario) que se abre espontáneamente.

dehorn [dɪ'hɔːn] [di-jorn] *va.* Descornar, quitar los cuernos a un animal.

dehort [dɪ'hɔːt] [di-jort] *va.* Disuadir, desaconsejar.

dehortation [dɪ'hɔːteɪʃən] [di-hor-tei-shon] *s.* Disuasión; distracción.

dehorter [dɪ'hɔːtəʳ] [di-jor-taʳ] *s.* El que disuade.

dehumanize [diː'hjuːmənaɪz] [di-jiu-ma-nais] *va.* Privar de las cualidades a los atributos humanos, embrutecer.

dehumidify [ˌdiːhjuː'mɪdɪfaɪ] [di-jiu-mi-di-fais] *va.* Deshumedecer.

dehydrate [diː'haɪdreɪt] [di-jai-dreit] *va.* Deshidratar.

dehydrated [diː'haɪdreɪtɪd] [di-jai-drei-tid] *a.* Deshidratado. **To become dehydrated**, deshidratarse.

dehydration [diː'haɪdreɪʃən] [di-jai-drei-shon] *s.* Deshidratación.

dehydrogenate [diː'haɪdrədʒeneɪt] [di-jai-dro-ye-neit] *va.* Deshidrogenar.

deice [diː'aɪs] [di-ais] *va.* Descongelar, deshelar.

deicer [diː'aɪsəʳ] [di-ai-saʳ] *s.* Descongelante.

deictic ['daɪktɪk] [daik-tik] *a.* Lo que prueba por razonamiento directo; lo que es directo.

deific, deifical ['diːɪfɪk] [di-i-fik] *a.* 1. Que deifica. 2. Deífico, de los dioses; divino.

deification ['diːɪfɪkeɪʃən] [di-i-fi-kei-shon] *s.* Deificación, la acción de deificar; apoteosis.

deifier ['diːɪfaɪəʳ] [di-i-faiaʳ] *s.* El que deifica; idólatra.

deiform ['diːɪfɔːm] [di-i-form] *a.* Deiforme, divino.

deify ['diːɪfaɪ] [di-i-fai] *va.* 1. Deificar, colocar a alguno en el número de los dioses, adorarle como Dios. 2. Endiosar, divinizar, alabar a alguno hasta ponerle en las nubes. 3. Adorar como a un Dios.

deign [deɪn] [dein] *va.* Conceder, admitir, permitir; considerar digno. *-vn.* Dignarse, condescender. **He did not deign to speak to me**, tuvo a menos hablarme.

deigning ['deɪnɪŋ] [dei-nin] *s.* El acto de condescender o considerar digno.

deipara ['diːpərə] [di-ipa-ra] *a.* Deípara, epíteto de la madre de Dios. Equivale al griego Theotokos.

deism ['di:ɪzəm] [di-i-sem] *s.* Deísmo, la opinión de los que creen en un Dios sin admitir la religión revelada ni el cistianismo.
deist ['di:ɪst] [di-ist] *s.* Deísta, partidario del deísmo.
deistical ['di:ɪstɪkəl] [di-is-ti-kal] *a.* Deístico.
deity ['di:ɪtɪ] [di-i-ti] *s.* 1. Deidad, divinidad, naturaleza divina, calidades divinas. 2. Dios fabuloso; falsa deidad de los idólatras. **The Deity**, Dios.
déjà vu [deɪdʒɑ:'vu:] [dei-ya-vu] *s.* Ya visto.
deject [dɪ'dʒekt] [di-yekt] *va.* Abatir, afligir, contristar, entristecer; desanimar, desalentar, acobardar, descorazonar.
deject, dejected [dɪ'dʒektɪd] [di-yek-tid], *a.* Abatido, acobardado, amilanado, desanimado, desalentado, afligido. **To look dejected**, mostrar en el semblante aflicción o consternación.
dejecta [dɪ'dʒektə] [di-yek-ta], *s.pl.* Excrementos; materias evacuadas.
dejectedly [dɪ'dʒektɪdlɪ] [di-yek-tid-li] *adv.* Abatidamente, tristemente; con desaliento o desánimo.
dejectedness [dɪ'dʒektɪdnɪs] [di-yek-tid-nes] *s.* Abatimiento, desaliento, amilanamiento.
dejecter [dɪ'dʒektə[r]] [di-yek-ta[r]] *s.* El que abate, aflige o envilece.
dejection [dɪ'dʒekʃən] [di-yek-shon] *s.* 1. Melancolía, tristeza, aflicción, abatimiento de espíritu, desánimo. 2. Debilidad, extenuación. 3.*(Med.)* Deyección, cámara, la deposición de un enfermo.
dejectory [dɪ'dʒektərɪ] [di-yek-to-ri] *a.* 1. Que tiende a abatir o descorazonar. 2. *(Med.)* Lo que produce cámaras o las promueve.
dejecture [dɪ'dʒektʃə[r]] [di-yek-cha[r]] *s.* *(Med.)* Excremento, deyección.
de jure [ˌdeɪ'dʒʊərɪ] [dei-yua-ri] *(For.)* Legalmente, legítimamente; en contraposicíon a de facto.
dekagram, dekaliter, etc. *V.* DECAGRAM, etc.
delaine [dɪ'leɪn] [di-lein] *s.* Muselina de lana; chalí.
delapsed [dɪ'læpsd] [di-laps] *a.* *(Med.)* Caído, inclinado hacia abajo.
delate [dɪ'leɪt] [di-leit] *va.* 1. (Ley escocesa ecles.) Delatar, denunciar, acusar. 2. *(Des.)* Llevar, conducir.
delation [dɪ'leɪʃən] [di-lei-shon] *s.* 1. *(For.)* Delación, acusación, denunciación. 2. *(Ant.)* Porte, conducción.
delator [dɪ'leɪtə[r]] [di-lei-to[r]] *s.* Delator, delatante, denunciador.
delay [dɪ'leɪ] [di-lei] *va.* 1. Dilatar, diferir, suspender. Retrasar, demorar (defer/decision, payment). **We delaying signing the contract**, retrasamos o demoramos la firma del contrato. 2. Retardar, retrasar, demorar (make late, hold up); estorbar. **I don't want to delay you**, no quiero entretenerte. **Delaying**, *pres. p.* dilatorio (action, tactics). **Delayed**, *past p.* retardado (action, effect, reaction). *-vn.* Detenerse, pararse, cesar de obrar; tardar, demorar. **There's no point in delaying any longer**, no tiene sentido esperar más tiempo.
delay *s.* 1 Dilación, tardanza, demora (waiting); plaza, aplazamiento, prórroga (extra time); lapso, intervalo (interval). **And now, without further delay ...**, y ahora, sin más preámbulos ... 2. Detención, demora, retraso (holdup); retardo, retardación; atraso. **Delays can be expected on major roads**, se puede esperar embotellamientos en las principales carreteras.
delayed action [dɪ'leɪd'ækʃən] [di-leid-ak-shon] *s.* Acción retardada. **Delayed-action mechanism**, mecanismo de acción retardada.
delayer [dɪ'leɪə[r]] [di-leia[r]] *s.* Temporizador, entretenedor, que gana tiempo dilatando.
dele [dɪ'li:] [di-li] Borrar, tachar.
deleble ['dɪləbl] [di-le-bol] *a.* Lo que se puede borrar.
delectable [dɪ'lektəbl] [di-lek-ta-bol] *a.* Deleitable, delicioso, exquisito (delicious); delicioso, encantador (delightful).
delectableness [dɪ'lektəblnɪs] [di-lek-ta-bol-nes] *s.* Delicia, gusto o placer especial que se percibe en alguna cosa.
delectably [dɪ'lektəblɪ] [di-lek-ta-bli] *adv.* Deleitosamente.
delectation [ˌdi:lek'teɪʃən] [di-lek-tei-shon] *s.* Delectación o deleitación, deleite, placer vivo.
delegate ['delɪgɪt] [de-le-gueit] *va.* 1. Delegar, diputar, dar sus veces a otro (duties, powers, responsibility). 2. Enviar a una embajada. 3. Comisionar, señalar o nombrar un representante. *-vn.* Delegar.
delegate *s.* Delegado, diputado, comisionado, comisario. **Court of delegates**, un tribunal de apelación en Inglaterra. *-a.* Delegado, diputado.
delegation [ˌdelɪ'geɪʃən] [de-le-guei-shon] *s.* 1. Delegación (deputation), diputación, comisión. (in US) Grupo de representantes de un estado en el Congreso. 2. Delegación (act of delegating).
delete [dɪ'li:t] [di-lit] *va.* Borrar, testar, tachar (by crossing out); suprimir, eliminar.
deleterious [ˌdelɪ'tɪərɪəs] [de-li-ti-rious] *a.* Deletéreo, mortal, mortífero, destructivo, emponzoñado, venenoso; pernicioso, nocivo, perjudicial.
deletion [dɪ'li:ʃən] [di-li-shon] *s.* Canceladura, la acción de cancelar o borrar; destrucción, ruina.
deletory [dɪ'li:tərɪ] [di-li-to-ri], *s.* Lo que borra.
delf [delf] [delf] *s.* 1. Desaguadero; zanja de derivación. 2. Césped, hierba menuda y espesa. 3.*(Ant.)* Mina, cantera.
delf, delft [delft] [delft] *s.* Loza fina que se parece a la china. **Delftware**, loza vidriada.
Delfic, Delphian ['delfɪk] [del-fik] ['delfɪən] [del-fian] *a.* Délfico, referente a Delfos y al célebre oráculo de su templo.
deliberate [dɪ'lɪbərɪt] [di-li-be-reit] *va.* Deliberar, discurrir, considerar, premeditar, determinar alguna cosa con premeditación. *-vn.* Pausar, pensar, dudar, deliberar sobre.
deliberate *a.* 1. Pensado, reflexionado, hecho con reflexión y madurez; circunspecto, cauto. Deliberado, intencionado (act, attempt). **It was a deliberate insult**, lo dijo (o lo hizo) con (la) intención de insultar. 2. Tardo, lento, pausado. 3. Prudente, avisado.
deliberately [dɪ'lɪbərɪtlɪ] [di-li-be-reit-li] *adv.* 1. Deliberadamente, prudentemente, gradualmente. Adrede, a propósito (intentionally). 2. Pausadamente, con parsimonia (unhurriedly).
deliberateness [dɪ'lɪbərɪtnɪs] [di-li-be-reit-nes] *s.* Deliberación, circunspección, cautela, precaución, reflexión, premeditación, sangre fría.
deliberation [dɪˌlɪbə'reɪʃən] [di-li-be-rei-shon] *s.* 1. Deliberación (consideration), el acto de consultar con otro acerca del mejor modo de hacer una cosa. **After long deliberation**, tras largas deliberaciones o una larga deliberación. **Deliberations**, *pl.* deliberaciones (decision-making). 2. Parsimonia, calma (unhurried manner).
deliberative [dɪ'lɪbərətɪv] [di-li-be-ra-tiv] *a.* 1. Deliberativo, de la naturaleza de deliberación. 2. Deliberante, el que delibera. *-s.* Discurso deliberativo.
delicacy ['delɪkəsɪ] [di-li-ka-si] *s.* 1. Delicadeza, lo que es delicado fino, frágil o tenue (fineness, intricacy); finura, delicadeza, flaqueza, falta de vigor o robustez; fragilidad (fragility). 2. Delicadeza, nimiedad, escrupulosidad en el comer. 3. Delicadeza, la cosa que agrada a los sentidos. 4. Hermosura mujeril, blandura. 5. Aseo y gusto en el vestir, elegancia. 6. Urbanidad, cortesía; suavidad, dulzura, consideración para con otros. Delicadeza (tact); lo delicado (subtleness). 7. Ternura; escrupulosidad. 8. Manjar, exquisitez (choice food).
delicate ['delɪkɪt] [de-li-keit] *a.* 1. Delicado (fine, intricate/ lace, features); fino y ligero en textura, esmerado (workmanship); armonioso en color y figura; hermoso; regalado. 2. Delicado (subtle/shade, taste); exquisito, escogido, excelente. 3. Cortés, urbano, suave, que manifiesta consideración para con otros; delicado, discreto (tactful). 4. Afeminado, incapaz de aguantar fatiga o trabajo. 5. Puro, claro; fino, casto. 6. Tierno, sensible; frágil, flaco; delicado (fragile, needing care). **A delicate child**, un niño delicado de salud. 7. Delicado, difícil, expuesto a contingencias (needing skill).

delicately ['delɪkɪtlɪ] [di-li-keit-li], *adv.* 1. Delicadamente, con delicadeza (carve, paint). 2. Exquisitamente, cortésmente, afeminadamente, con delicadeza (behave, treat). 3. Delicadamente (patterned, perfumed).

delicateness ['delɪkɪtnɪs] [di-li-keit-nes] *s.* Delicadeza, molicie.

delicatessen [ˌdelɪkə'tesn] [de-li-ka-tesn] *s. pl.* Delicadezas, golosinas, manjares delicados. *(Al.)* Charcutería, rotisería, salsamentaría, salchichonería.

delicious [dɪ'lɪʃəs] [di-li-shos] *a.* Delicioso, ameno, agradable, exquisito, riquísimo (food, smell). **It tastes/it's delicious**, está delicioso, o exquisito, o riquísimo. Delicioso (delightful/breeze, feeling).

deliciously [dɪ'lɪʃəslɪ] [di-li-shos-li] *adv.* Deliciosamente, gustosamente.

deliciousness [dɪ'lɪʃəsnɪs] [di-li-shos-nes] *s.* Delicia, suavidad, gusto, placer.

deligation [dɪ'lɪgeɪʃən] [di-li-guei-shon] *s.* Ligadura, la acción de ligar.

delight [dɪ'laɪt] [di-lait] *s.* Delicia, deleite, placer, gozo, alegría (joy); satisfacción, encanto. **To take delight in reading**, tener gusto en leer. **Her happiness was a delight to see**, era un placer o daba gusto verla tan feliz.

delight *va.* Deleitar (give pleasure to); agradar, contentar, causar placer, divertir; llenar de alegría (make very happy). **His success delighted them**, su éxito los llenó de alegría. **The clown delighted the children**, el payaso hizo las delicias de o deleitó a los niños. *-vn.* Deleitarse, tener deleite en alguna cosa; divertirse, complacerse.

delighted [dɪ'laɪtɪd] [di-lai-ted] *a.* De alegría (grin, look). **I told him the news and he was delighted**, le di la noticia y se alegró muchísimo. **I'm delighted that you can come**, me alegra mucho que puedas venir. **To be delighted with something/somebody**, estar encantado con algo/alguien.

delighter [dɪ'laɪtə^r] [di-lai-ta^r] *s.* El que se complace o deleita en alguna cosa.

delightful [dɪ'laɪtfʊl] [di-lait-ful] *a.* Delicioso, deleitoso, ameno, agradable, deleitable, grato, divertido, encantador (person); embelesador, exquisito; precioso (dress). Muy agradable, delicioso (weather, evening).

delightfully [dɪ'laɪtfʊlɪ] [di-lait-fu-li] *adv.* Deliciosamente, deleitosamente; divinamente, de maravilla.

delightfulness [dɪ'laɪtfʊlnɪs] [di-lait-ful-nes] *s.* Delicia, suavidad, placer, encanto.

delightless [dɪ'laɪtlɪs] [di-lait-les] *a.* Sin placer o deleite.

delightsome [dɪ'laɪtsɒm] [di-lait-som] *a.* Delicioso, deleitoso, placentero.

delightsomely [dɪ'laɪtsɒmlɪ] [di-lait-som-li] *adv.* Deliciosamente, deleitablemente.

delightsomeness [dɪ'laɪtsɒmnɪs] [di-lait-som-nes] *s.* Delicia, gusto delicioso, deleite, placer; amenidad.

delimit ['delɪmɪt] [de-li-mit] *va.* Delimitar.

delineament ['delɪnɪmənt] [de-li-ni-ment] *s.* Delineamiento, representación por líneas; bosquejo; descripción verbal.

delineate ['delɪnɪeɪt] [de-li-nieit] *va.* 1. Delinear, trazar, diseñar, dibujar (draw). 2. Pintar con diversos colores. 3. Representar alguna cosa como es. 4. Delinear, describir. 5. Definir, describir (problem).

delineation ['delɪnɪeɪʃən] [de-li-nei-shon] *s.* 1. Delineación, delineamiento. 2. Bosquejo, esquicio; descripción, pintura, representación por medio de la palabra.

delineator ['delɪnɪeɪtə^r] [de-li-nei-ta^r] *s.* Delineador, dibujante, descriptor.

delinquency [dɪ'lɪŋkwənsɪ] [di-lin-kuen-si] *s.* Descuido u omisión en el cumplimiento del deber; delito, culpa, falta. *(Law, Sociol.)* Delincuencia.

delinquent [dɪ'lɪŋkwənt] [di-lin-kuent] *a.* 1. Descuidado, negligente en sus deberes, culpable, defectuoso. 2. Debido y no pagado; se dice de las contribuciones de un gobierno, del pago de intereses, censos, etc. 3. Delincuente (youth); delictivo (activities). *-s.* Delincuente, el que descuida su obligación; criminal.

deliquate ['dɪlɪkweɪt] [di-li-kueit] *vn.* Derretirse, liquidarse. *-va.* Disolver. *V.* DELIQUESCE.

deliquation ['dɪlɪkweɪʃən] [di-li-kuei-shon] *s.* Derretimiento, liquidación, el acto de derretir o liquidarse alguna cosa.

deliquesce ['dɪlɪkwəs] [di-li-kues] *vn.* Liquidarse, hacerse líquido; deshacerse poco a poco por la acción de la humedad.

deliquescence ['dɪlɪkwəsəns] [di-li-kue-sens] *s. (Quim.)* Derretimiento, delicuescencia, la tendencia de algunas sales a derretirse, y el estado líquido a que se reducen a consecuencia de esta tendencia.

deliquescent ['dɪlɪkwəsənt] [di-li-kue-sent] *a.* Delicuescente, se dice de las sales que se liquidan expuestas al aire.

deliquiate ['dɪlɪkieɪt] [di-li-kieit] *vn. V.* DELIQUATE.

deliquium ['dɪlɪkiʊm] [di-li-kium] *s.* 1. Liquidación; estado líquido de alguna sal. 2. Defecto, estado debilitado de la mente. 3. *(Des.)* Deliquio.

deliriant [dɪ'lɪrɪənt] [di-li-riant] *s. (Med.)* 1. Veneno que produce un delirio persistente. 2. Delirante, el que delira.

delirious [dɪ'lɪrɪəs] [di-li-rios] *a.* Delirante, el que delira o desvaría. **To be delirious**, delirar, desvariar. *(Coloq.)* Loco de alegría (wildly excited, happy).

deliriously [dɪ'lɪrɪəslɪ] [di-li-rios-li] *adv.* Delirantemente (mutter). *(Coloq.)* **She was deliriously happy**, estaba loca de alegría.

delirium [dɪ'lɪrɪəm] [di-li-riom] *s. (Med.)* Delirio, perturbación del cerebro; locura, demencia, destemple de la imaginación o fantasía. **Delirium tremens**, delírium tremens, enfermedad del cerebro producida por el abuso de bebidas alcohólicas o de narcóticos.

delitescence [dɪ'lɪtəsəns] [di-li-te-sens] *s. (Ant.)* 1. Disminución repentina de una inflamación. 2. Retiro, oscuridad.

deliver [dɪ'lɪvə^r] [di-li-va^r], *va.* 1. Librar (save); libertar, salvar, soltar a un preso, poner a alguno en libertad, sustraerlo a la sujeción o el predominio de otro. **To deliver somebody from something**, librar a alguien de algo. 2. Dar, entregar (hand over); repartir a domicilio (distribute); ceder, rendir. **We have our paper delivered every day**, nos traen el periódico a casa todos los días. 3. *(Med.)* Partear, ayudar o asistir facultativamente a un parto (se usa a menudo con la prep. of). **Her husband delivered the baby**, su marido la asistió en el parto. 4. Recitar, hablar, decir, relatar. 5. Tirar, arrojar. *(Dep.)* Lanzar (ball). 6.- Propinar, asestar (administer/ blow, punch); dar (issue/ultimatum, lecture, sermon); hacer (warning); pronunciar (speech); dictar, pronunciar, emitir (judgment). **He promised much, but he delivered little**, cumplió muy poco de lo mucho que había prometido (produce, provide). **To deliver over**, transmitir; poner entre las manos de otro; pasar. **To deliver up**, entregar, resignar, abandonar. *vn.* 1. *(Neg.)* **We deliver free of charge**, hacemos reparto(s) a domicilio gratuitamente. 2. *(Coloq.)* Cumplir (produce the necessary).

deliverance [dɪ'lɪvərəns] [di-li-ve-rans] *s.* 1. Rescate; salida de prisión o cautiverio; preservación de un mal, de un peligro. 2. Prolación, la acción de proferir o pronunciar; expresión de parecer u opinión. *V.* DELIVERY. 3. Parto, el acto de parir.

deliverer [dɪ'lɪvərə^r] [di-li-ve-ra^r] *s.* 1. El que entrega. 2. Libertador, salvador. 3. Narrador, relator, el que narra o relata.

delivery [dɪ'lɪvərɪ] [di-li-ve-ri] *s.* 1. Libramiento, rescate, la acción de librar o libertar. Liberación (freeing). 2. Entrega (act). **Cash on delivery**, entrega contra reembolso. **To take delivery of something**, recibir algo. **Delivery man**, repartidor. **Delivery note**, nota de entrega, albarán de entrega. **Delivery period**, plazo de entrega. **Delivery service**, servicio de reparto a domicilio. Reparto (occasion). **Is there a delivery on Saturdays?**, ¿hay reparto los sábados?. 3. Rendición, el acto de rendir alguna cosa. 4. Alumbramiento, parto, el acto de parir. **Delivery room**, sala de partos. 5.

Prolación, la acción de proferir palabras; el modo de producirse. Expresión oral (manner of speaking). 6. Expedición, desembarazo, la facilidad en producirse. 7. *(For.)* Entrega, el acto de poner en posesión. *(Com.)* Remesa, partida (consignment). 8. Proyección, descarga; fuerza propulsora; descarga de un cañón. 9. *(Dep.)* Lanzamiento (throw); estilo de lanzamiento (manner of trowing).

dell [del] [del] *s.* Barranco, paraje profundo; valle hondo, hondonada, foso.

delouse *va.* Despiojar

delphian *a. V.* DELFIC.

delta ['deltə] [del-ta] *s.* 1. Delta, cuarta letra del alfabeto griego que corresponde a la D. 2. Delta, isla de figura triangular formada en la desembocadura de algunos ríos; depósito aluvial.

deltoid ['deltɔɪd] [del-toid] *a.* Deltoide, triangular, en forma de delta. *-s. (Anat.)* Deltoides; se dice de uno de los músculos que levantan el brazo.

deludable [dɪ'lju:dəbl] [di-liu-da-bol] *a.* Engañadizo.

delude [dɪ'lu:d] [di-lud] *va.* Engañar, entrampar, chasquear, embaucar; frustar. **They deluded him into believing that he had talent**, le hicieron creer que tenía talento. **To delude oneself**, hacerse ilusión.

deluded [dɪ'lu:dɪd] [di-lu-did] *a.* Engañado.

deluder [dɪ'lu:dəʳ] [di-ludaʳ] **s.** Delusor, engañador, impostor.

deluding [dɪ'lu:dɪŋ] [di-lu-din] *s.* Colusión, falsedad, engaño, impostor.

deluge ['delju:dʒ] [de-ludch] *s.* 1. Diluvio (downpour); inundación (flood), copiosa abundancia de agua e inundación de la tierra. **The Deluge**, el diluvio universal. 2. Creciente avenida, el aumento de agua que toman los ríos. 3. Golpe, infortunio, calamidad, desgracia o infelicidad repentina. 4. Aluvión, avalancha (of protests, questions, letters).

deluge *va.* 1. Diluviar, llover a cántaros. Inundar (flood). 2. Abrumar, oprimir (overwhelm). **They were deluged with protests/letters**, recibieron un aluvión de protestas/cartas. **He was deluged with offers**, le llovieron las ofertas.

delusion [dɪ'lu:ʒ|n] [di-liu-shon] *s.* 1. Error (mistaken idea), el estado del que está engañado. 2. Ilusión, prestigio, falsa imaginación, falsa ilusión (vain hope). 3. Dolo, decepción, engaño, acción de engañar. 4. *(Psych)* Idea delirante. **He has delusions of grandeur**, tiene delirios de grandeza.

delusive [dɪ'lɪu:sɪv] [di-liu-siv] **delusory** [dɪ'lɪu:sərɪ] [di-liu-so-ri], *a.* Engañoso, falaz, fraudulento, ilusorio.

de luxe [dɪ'lʌks] [di-laks] *a.* De lujo.

delve [delv] [delv] *va.* 1. Cavar, levantar y mover la tierra con la azada o azadón. 2. Sondear, inquirir, rastrear con cautela (research). **To delve into the past**, ahondar en el pasado. 3. Hurgar, escarbar (rummage).

delve, *s.* Foso, hoyo, barranco, hondón; zanja; madriguera.

delver ['delvəʳ] [del-vaʳ] *s.* Cavador, el que tiene por oficio cavar la tierra.

demagnetize [di:'mægnɪtaɪz] [di-mag-ni-tais] *va.* Desmagnetizar, privar del magnetismo.

demagog, (GB) **demagogue** ['deməgɒg] [de-ma-gog] *s.* Demagogo.

demagogic [ˌdeməgɒgɪk] [de-ma-go-guik] *a.* Demagógico, perteneciente a la demagogia o al demagogo.

demagogism ['deməgɒgɪsm] [de-ma-go-guism] *s.* Demagogia, dominación tiránica de la plebe o de una facción popular.

demain ['dɪmeɪn] [di-mein], **demesne** [dɪ'mesn] [di-mesn] *s.* Tierras patrimoniales, las que uno posee heredadas; tierra solariega.

demand [dɪ'mɑ:nd] [di-mand] *s.* 1. Demanda, súplica, petición, pedido (request); exigencia (claim). *(Lab Rel., Pol.)* Reivindicación, reclamo. **By popular demand**, a petición o pedido del público. **The demands of the job**, las exigencias del trabajo. **Abortion on demand**, libre aborto. **Payable on demand**, pagadero a la vista. 2. Alegación de derecho a alguna cosa. 3. *(Ant.)* Demanda, pregunta, interrogación. 4. Petición jurídica de una deuda. 5. Venta continuada, buen despacho. Demanda (requirement). **These shoes are much in demand**, estos zapatos tienen gran demanda o se venden mucho. **He's in great demand**, está muy solicitado, es muy popular. **In full of all demands**, ajustadas todas las cuentas.

demand, *va.* 1. Demandar, reclamar, pedir con autoridad o exigir como de derecho (person/call on, insist on); procesar. **The unions are demanding better conditions**, los sindicatos reclaman mejores condiciones. **She demanded to know the reason**, quiso saber el porqué, exigió que se le dijera el porqué. 2. Demandar, exigir con urgencia, necesitar. 3. *(Ant.)* Preguntar, interrogar. 4. Exigir, requerir (require/determination, perseverance).

demandable [dɪ'mɑ:ndəbl] [di-man-da-bol] *a.* Exigible, demandable.

demandant [dɪ'mɑ:ndənt] [di-man-dant] *s. (For.)* Demandante, demandador.

demander [dɪ'mɑ:ndəʳ] [di-man-daʳ] *s.* 1. Exactor, demandador, el que pide, demanda o requiere alguna cosa con autoridad. 2. Pedigüeño, pedigon, el que pide con importunidad.

demanding [dɪ'mɑ:ndɪŋ] [di-man-din] *a.* Que exige mucho (job); difícil (book, music); exigente (teacher). **She's a very demanding child**, es una niña que exige mucha atención. **It's physically demanding**, es agotador.

demandress [dɪ'mɑ:ndrɪs] [di-man-res] *sf.* Demandadora.

demarcate [ˌdi:mɑ:'keɪt] [di-mar-keit] *va.* Demarcar (frontier, area, limit); delimitar (concept).

demarcation [ˌdi:mɑ:keɪʃən] [di-mar-kei-shon] *s.* 1. Demarcación(delimitation), señalamiento de confines o límites; separación, distinción. **Demarcation line,** línea de demarcación. 2. Límite, confín. 3. (GB) (Lab Rel) Delimitación de atribuciones.

demarch [dɪ'mɑ:ch] [di-march] *s. (Des.)* El paso, el andar o modo de andar.

demean [dɪ'mi:n] [di-min] *va.* y *vr.* 1 Portarse, gobernarse bien o mal, conducirse. 2. *(Ant.)* Dirigir, conducir; registrar. *-va.* Envilecer, desestimar, degradar. **To demean oneself**, rebajarse, degradarse.

demean, *vr.* Rebajarse, degradarse; acepción errónea de *Demean*.

demeanor, demeanour [dɪ'mi:nəʳ] [di-mi-noʳ] *s.* Porte (bearing); conducta, comportamiento, el modo de gobernarse, portarse o conducirse (behavior).

demency [dɪ'mənsɪ] [di-men-si] *s.V.* DEMENTIA.

dement [dɪ'mənt] [di-ment] *va.* Enloquecer, volver loco o demente, trastornar a uno el juicio.

dementate [dɪ'mənteɪt] [di-men-teit] *vn.* Dementarse, volverse loco.

demented [dɪ'məntɪd] [di-men-tid] *pp.* y *a.* Demente (insane/person), falto de razón, loco. Enloquecido, de demente (screams, mutterings). *(Coloq.)* Histérico (very worried, irritated).

dementia [dɪ'menʃə] [di-men-sha] *s.* Demencia, locura, pérdida o trastorno de la facultad de pensar con coherencia.

demephitize [dɪ'mɪfɪtaɪz] [di-mi-fi-tais] *va.* Desinfectar, purificar el aire mefítico o malsano.

demerit [di:'merɪt] [di-me-rit] *s.* Demérito (fault), desmerecimiento; lo que es opuesto al mérito. Sanción (black mark).

demerit *va.* Desmerecer, hacerse indigno de algún bien.

demersed [dɪ'mɜ:st] [di-merst] *a. (Bot.)* Sumergido, situado en el agua o que crece en ella.

demersion [dɪ'mɜ:ʃən] [di-mer-shon] *s.* 1. *(Ant.)* Inmersión, sumersión o sufocación en el agua. 2. El acto de poner una medicina en algún menstruo o disolvente.

demi ['demɪ] [de-mi] Partícula inseparable que significa la mitad de alguna cosa, y a veces también lo mismo que casi.

demi-devil ['demɪdevɪl] [de-mi-de-vil] *s.* Medio demonio.

demi-god ['demɪgɒd] [de-mi-god] *s.* Semidiós.

demijohn ['demɪjɒn] [de-mi-yon] *s.* Garrafón, damajuana.

demi-lance ['demɪlæns] [de-mi-lans] *s.* Lanza ligera.

demilitarize ['di:'mɪlɪtəraɪz] [di-mi-li-ta-rais] *va.* Desmilitarizar. **Demilitarized zone**, zona desmilitarizada.
demi-monde [ˌdemɪ'mɒ:nd] [de-mi-mond] *s.* Cierta clase de persona de reputación equívoca: se aplica en especial a las queridas o concubinas que no son mujeres públicas.
demi-rep ['demɪrep] [de-mi-rep] *sf.* Mujer sospechada, pero no convicta de incontinencia.
demise [dɪ'maɪz] [di-mais] *s.* 1. Muerte, fallecimiento, deceso (death). Desaparición (end). 2. Transmisión de la corona o de la autoridad real. 3. *(For.)* Traslación de dominio por arriendo o legado.
demise, *va.* 1. Legar, dejar en testamento. 2. Transferir, ceder el derecho o dominio que se tiene sobre una cosa; arrendar, dar en arriendo.
demission ['demɪʃən] [de-mi-shon], *s.* Degradación, destitución de una dignidad, dimisión; decadencia.
demissory *a. V.* DIMISSORY.
demist ['demɪst] [de-mist] *va.* (GB) Desempañar.
demister ['demɪstə^r] [de-mis-ta^r] *s.* (GB) Desempañador.
demit ['demɪt] [de-mit], *va.* 1. Ceder, renunciar, resignar. 2. *(Des.)* Soltar; despedir. 3. *(Des.)* Deprimir, abatir, envilecer, humillar.
demi-wolf ['demɪwʊlf] [de-mi-vulf] *s.* Mediolobo; cruzado de perro y loba.
demo ['deməʊ] [de-mou] *s.* 1. *(Mus.)* Demostración. **Demo tape**, cinta de demostración. 2. (GB) *(Coloq.)* Manifestación (protest).
demobilize [di:'məʊbɪlaɪz] [di-mou-bi-lais] *va.* *(Mil.)* Desmovilizar.
democracy [dɪ'mɒkrəsɪ] [de-mo-kra-si] *s.* Democracia, gobierno en que el pueblo ejerce la soberanía.
democrat ['deməkræt] [de-mo-krat] *s.* Demócrata, el partidario de la democracia (believer in democracy).
democratic, democratical ['deməkrætɪk] [de-mo-kra-tik] *a.* Democrático (country, election).
democratically ['deməkrætɪklɪ] [de-mo-kra-ti-ka-li] *adv.* Democráticamente.
democratization [dɪˌmɒkrətaɪ'zeɪʃən] [de-mo-kra-tai-sei-shon] *s.* Democratización.
democratize [dɪ'mɒkrətaɪz] [de-mo-kra-tais] *va.* Democratizar.
demographer [dɪ'mɒgrəfə^r] [de-mo-gra-fa^r] *s.* Demografo.
demographic [ˌdemə'græfɪk] [de-mo-gra-fik] *a.* Demográfico.
demography [dɪ'mɒgrəfɪ] [di-mo-gra-fi] *s.* Demografía.
demoiselle ['demʊəsel] [de-mua-sel] *s. V.* DAMSEL. Damisela, doncella.
demolish [dɪ'mɒlɪʃ] [di-mo-lish] *va.* 1. Demoler, derribar, echar abajo (structure, building); deshacer, arruinar, echar por tierra (argument, theory); arrasar. 2. *(Coloq.)* Hacer polvo (defeat); zamparse (eat up).
demolisher [dɪ'mɒlɪʃə^r] [di-mo-li-sha^r] *s.* Arruinador, destructor, el que demuele.
demolishment [dɪ'mɒlɪʃmənt] [di-mo-lish-ment] *s.* Destrucción, ruina.
demolition [ˌdemə'lɪʃən] [di-mo-li-shon] *s.* Demolición, derribo (of building); demolición, destrucción (of theory). **Demolition squad**, cuadrilla de demolición.
demon ['di:mən] [di-mon] *s.* Demonio, espíritu maligno, diablo. *(Coloq.)* **She worked like a demon all week**, trabajó como una bestia toda la semana.
demoness ['di:mənɪs] [di-mo-nes] *sf.* Mujer diabólica.
demonetize [di:'mʌnɪtaɪz] [di-ma-ni-tais] *va.* Desmonetizar, quitar su valor legal a la moneda o papel moneda.
demoniac, demoniacal [dɪ'məʊnɪæk] [di-mou-niak] [ˌdi:mə'naɪəkəl] [di-mo-nai-a-kal] *a.* 1. Demoníaco, perteneciente al demonio. 2. Poseso, obseso, endemoniado, afligido o atormentado por el espíritu maligno.
demoniac *s.* Energúmeno, el que está poseído del demonio.
demonism [ˌdɪmə'nɪzm] [di-mo-nísem] *s.* 1. La creencia en demonios. 2. Naturaleza o carácter de demonio.
demonocracy [ˌdi:mə'nɒkræsɪ] [di-mo-no-kra-si] *s.* Poder o gobierno del demonio.
demonolatry [ˌdi:mə'nɒlətrɪ] [di-mo-no-la-tri] *s.* Culto del demonio.
demonology [ˌdi:mə'nɒlədʒɪ] [di-mo-no-lo-yi] *s.* Demonología, demonomanía.
demonstrable ['demənstrəbl] [de-mons-tra-bol] *a.* Demostrable.
demonstrableness ['demənstrəblnɪs] [de-mons-tra-bol-nes] *s.* Capacidad de demostración
demonstrably ['demənstrəblɪ] [de-mons-tra-bli] *adv.* Demostrablemente, demostrativamente; ciertamente. **A demonstrably true/false statement**, una afirmación cuya verdad/falsedad es demostrable.
demonstrate ['demənstreɪt] [de-mons-treit] *va.* Demostrar (show/need, ability); probar y hacer ver alguna cosa con el mayor grado de certeza. Hacer una demostración de (Marketing)-vn. *(Pol.)* Manifestarse.
demonstration [ˌdemən'streɪʃən] [de-mons-trei-shon] *s.* 1. Demostración, muestra, evidencia, prueba de alguna cosa por principios ciertos (expression). 2. Manifestación, señalamiento. 3. *(Mil)* Demostración o despliegue de fuerza: especialmente en un ataque simulado. 4. Manifestación pública, sea aprobatoria o condenatoria; asamblea en masa. 5. Demostración (display).
demonstrative [dɪ'mɒnstrətɪv] [di-mons-tra-tiv], *a.* 1. Demostrativo, que prueba de una manera evidente. 2. Demostrativo, el que declara con gran fuerza de expresión sus ideas o sentimientos; efusivo, expresivo (expressive). 3. *(Gram.)* Demostrativo.
demonstrator ['demənstreɪtə^r] [de-mons-trei-t^r], *s.* 1. Demostrador, mostrador, enseñador (Marketing). 2. *(Pol.)* Manifestante.
demonstratory [ˌdeməns'tratərɪ] [de-mons-tra-to-ri] *a.* Lo que tiende a demostrar.
demoralization [dɪˌmɒrəlaɪ'zeɪʃən] [de-mo-ra-lai-sei-shon] *s.* Desmoralización; corrupción, estragamiento de costumbres.
demoralize [dɪ'mɒrəlaɪz] [di-mo-ra-lais] *va.* 1. Desmoralizar, hacer perder la buena moral, corromper las costumbres. 2. Desanimar, descorazonar, acobardar. p.ej. a un ejército, a una multitud.
demoralizing [dɪ'mɒrəlaɪzɪŋ] [di-mo-ra-lai-sin] *a.* Desalentador, desmoralizante.
demote [dɪ'məʊt] [di-mout] *va.* Bajar de categoría (in organization); *(Mil.)* Degradar.
demotic [dɪ'məʊtɪk] [di-mou-tik] *a.* Demótico, que concierne al pueblo; escrito con caracteres usuales, en contraposición a lo escrito en los jeroglíficos que usaban los sacerdotes egipcios.
demotion [dɪ'məʊʃən] [di-mou-shon] *s.* 1. *(Mil.)* Degradación. 2. Descenso de rango o categoría (in organization).
demountable [dɪ'məʊntəbl] [di-moun-ta-bol], *a.* Desarmable, desmontable.
demulcent [dɪ'mʌlsənt] [di-mal-sent] *a.* *(Med.)* Emoliente, demulcente, dulcificante. *-s.* Emoliente, medicamento dulcificante, como las substancias mucilaginosas y untuosas.
demur [dɪ'mɜ:^r] [di-ma^r] *vn.* 1. Objetar, poner tachas, objeciones o reparos; suspender el curso de alguna instancia en un tribunal con objeciones y dudas. 2. Vacilar, fluctuar; tener escrúpulo sobre alguna cosa *-va.* *(Ant.)* Dudar, tener duda de alguna cosa.
demur *s.* Duda, escrúpulo, hesitación, perplejidad, vacilación. **Without demur**, sin poner objeciones o reparos.
demure [dɪ'mjʊə^r] [di-miua^r] *a.* 1. Sobrio, moderado; reservado; decente. 2. Grave, serio, formal. 3. Gazmoño, modesto con afectación; pacato, recatado.
demurely [dɪ'mjʊəlɪ] [di-miua-li] *adv.* Modestamente, con gazmoñería; recatadamente, con recato.
demureness [dɪ'mjʊənɪs] [di-miua-nes] *s.* Gazmoñería, modestia afectada o verdadera, seriedad, gravedad de aspecto.

demurrage [dɪ'mʌrɪdʒ] [di-ma-rich] *s.* Demora o gastos de demora, gastos extraordinarios que debe abonar el comerciante al patrón de un buque por el tiempo que se detiene en un puerto fuera de lo estipulado; estadía.

demurral [dɪ'mʌrəl] [di-ma-ral] *s.* Demora, detención; sobreseimiento, cesación; interrupción o tardanza en sentenciar un pleito a causa de alguna duda.

demurrer [dɪ'mʌrəʳ] [di-ma-raʳ] *s.* 1. El que pone tachas, objeciones o reparos. 2. *(For.)* Excepción perentoria, cuestación de derecho; alegación que admite los hechos alegados por la parte contraria, pero niega que constituyen causa suficiente de acción.

demy [di:'mɪ] [di-mi] *s.* Marquilla, nombre de una clase de papel.

demystify [di:'mɪstɪfaɪ] [di-mis-ti-fai] *va.* Desmitificar.

den [den] [den] *s.* Caverna, antro; cueva de fieras. Guarida, cubil (lair); guarida (of thieves). **A den of iniquity**, un antro de perdición. *(Coloq.)* Cuarto de estar; estudio, gabinete (for study, work).

denary [dɪ'nərɪ] [di-na-ri] *a.* Lo que contiene diez; decimal. -*s.* Decena.

denationalize [di:'næʃnəlaɪz] [di-na-sho-na-laiz] *va.* Desnacionalizar, quitar a uno los privilegios de la nación a que pertenece.

denatured [di:'neɪtʃəd] [di-nei-ched] *a.* Desnaturalizado. **Denatured alcohol**, alcohol desnaturalizado.

dendriform [ˌdendrɪ'fɔ:m] [den-dri-form] *a.* *V.* DENDRITIC.

dendrite ['dendraɪt] [den-drait] *s.* *(Min.)* Dendrita, piedra con figuras estampadas de árboles y plantas.

dendritic [den'draɪtɪk] [den-drai-tik] *a.* Dendrítico, con arborizaciones que imitan la forma de un arbusto.

dendrology [den'drəlɒdʒɪ] [den-dro-lo-yi] *s.* Dendrología, historia natural de los árboles.

dengue ['deŋgɪ] [den-gui] *s.* Dengue, enfermedad tropical aguda y epidémica. Se llama también *break-bone fever o dandy-fever*.

deniable [dɪ'naɪəbl] [di-naia-bol] **a.** Negable, lo que se puede negar.

denial [dɪ'naɪəl] [di-naial] *s.* 1. Denegación (of request, rights). 2. Negación, rechazo, repulsa (repudiation). 3. Renuncia, abnegación (abstinence). **Self-denial**, abnegación de sí mismo. **To issue a denial of something**, desmentir algo (of accusation, fact).

denier [dɪ'naɪəʳ] [di-naiaʳ] *s.* Contradictor, negador.

denier, *s.* Dinero, antigua moneda de plata en Francia, que valía un penique.

denigrate ['denɪgreɪt] [de-ni-greit] *va.* Denegrecer, denegrir, ennegrecer; denigrar (character, person); infamar. Menospreciar (effort).

denim ['denɪm] [de-nim] *s.* Mezclilla, tela basta y resistente de algodón; tela vaquera o de jeans. Vaquero, tejano, de mezclilla (jacket, shirt). **Denims**, *(Coloq.)* vaqueros, jeans, bluyines (jeans); pantalón de peto, mono, overol (overalls).

denization [denɪ'zeɪʃən] [de-ni-sei-shon] *s.* Naturalización, ciudadanía acción de naturalizar a uno en Inglaterra.

denizen ['denɪzn] [de-nisen], *s.* 1. Ciudadano, habitante, residente. 2. (Der.ingl.) El extranjero naturalizado.

denizen, *va.* 1. Naturalizar. 2. Eximir, otorgar ciertos privilegios al extremo naturalizado.

Denmark ['denmɑ:k] [de-mark] *N.* *(Geogr.)* Dinamarca.

denominate [dɪ'nɒmɪneɪt] [di-no-mi-neit], *va.* Denominar, nombrar.

denomination [dɪˌnɒmɪ'neɪʃən] [di-no-mi-nei-shon], *s.* 1. Denominación, título, nombre, designación. 2. Secta, grupo de cristianos que no está de acuerdo con una Iglesia establecida. 3. *(Rel.)* Confesión. 4. Valor, denominación (of currency). **Bills in $10 and $20 denominations**, billetes de 10 y 20 dólares.

denominational [dɪˌnɒmɪ'neɪʃənl] [di-no-mi], *a.* Confesional.

denominative [dɪˌnɒmɪ'nætɪv] [di-no-mi-na-tiv], *a.* Denominativo.

denominator [dɪ'nɒmɪneɪtəʳ] [di-no-mi-nei-toʳ], *s.* *(Arit.)* Denominador.

denotable [dɪ'nəʊtəbl] [di-nou-ta-bol], *a.* Capaz de ser notado o distinguido.

denotation [ˌdi:nəʊ'teɪʃən] [di-nou-tei-shon], *s.* Designación, marca, señal, indicio, notabilidad.

denote [dɪ'nəʊt] [di-nout], *va.* Denotar, indicar, anunciar, significar, designar, marcar, señalar.

denotement [dɪ'nəʊtmənt] [di-nout-ment], *s.* Señal, indicación.

denouement [deɪ'nu:mɒn] [di-nu-men], *s.* Éxito, salida, fin; desenredo, desenlace.

denounce [dɪ'naʊns] [di-nauns], *va.* Denunciar, delatar. 2. Acusar; amenazar; proclamar con amenazas. 3. Promulgar, publicar, declarar alguna cosa solemnemente.

denouncement [dɪ'naʊnsmənt] [di-nauns-ment], *s.* Denunciación; acusación o delatación.

denouncer [dɪ'naʊnsəʳ] [di-naun-saʳ], *s.* 1. Denunciador, acusador. 2. Amenazador.

dense [dens] [dens], *a.* 1. Denso, espeso (closely spaced/ forest, jungle); compacto, cerrado, apretado (crowd). Denso (population, traffic). Denso, espeso (thick/fog, mist, smoke). Denso (complicated/prose, article). 2. *(Coloq.)* Burro, duro de entendederas (stupid).

densely ['denslɪ] [dens-li] *adv.* Densamente (populated, forested); apretadamente (packed).

densimeter [ˌdensɪ'mi:təʳ] [den-si-mi-taʳ], *s.* Densímetro, aerómetro.

density ['densɪtɪ] [den-si-ti], *s.* Densidad, solidez. Lo espeso, densidad (fog).

dent [dent] [dent], *s.* Abolladura, abollón (in metal); marca (in wood). *(Coloq.)* **It's made a big dent in our savings**, se ha llevado o se ha comido una buena parte de nuestros ahorros.

dent, *va.* Abollar (metal); hacer una marca en (wood). Afectar (popularity); hacer mella en (pride). *vn.* Abollarse (metal). *V.* INDENT.

dental ['dentl] [den-tal], *a.* 1. Dental, lo que pertenece a los dientes. **Dental floss**, hilo o seda dental. **Dental surgeon**, cirujano, dentista. 2. *(Gram.)* Dental, la letra cuya pronunciación requiere que la lengua toque en los dientes, como la d y th. -*s.* *(Ict.)* Dentón, pescado.

dentate, dentated ['denteɪt] [den-teit] *a.* Dentado.

dentelli *s.* *V.* MODILLIONS.

denticle ['dentɪkl] [den-ti-kol], *s.* Dientecillo, punto saliente.

denticulate [den'tɪkjʊleɪt] [den-ti-kiu-leit], **denticulated** [den'tɪkjʊleɪtɪd] [den-ti-kiu-lei-tid], *a.* *(Bot.)* Dentado, provisto de pequeños dientes.

denticulation [den'tɪkjʊleɪʃən] [den-ti-kiu-lei-shon], *s.* Dentadura, la fila de dientes pequeños que tienen algunas máquinas o instrumentos.

dentifrice ['dentɪfrɪs] [den-ti-fris], *s.* Dentífrico, lo que sirve para limpiar los dientes.

dentil ['dentɪl] [den-til], *s.* *(Arq.)* Dentículo, moldura o adorno en figura de diente.

dentirostral [ˌdentɪ'rəstrəl] [den-ti-ros-tral], *a.* Dentirrostro, (pájaro) de pico dentado.

dentist ['dentɪst] [den-tist], *s.* Dentista, odontólogo. **To go to the dentist('s)**, ir al dentista.

dentistry ['dentɪstrɪ] [den-tis-tri] *s.* Odontología.

dentition ['dentɪʃən] [den-ti-shon], *s.* 1. Dentición, el procedimiento o la época de endentecer. 2. Dentadura peculiar a un animal.

dentoid ['dentɔɪd] [den-toid], *a.* Parecido a un diente; en figura de diente.

denture ['dentʃəʳ] [den-chaʳ] *s.* Prótesis dental (dental plate). **Dentures**, *pl.* dentadura postiza. **A set of dentures**, una dentadura postiza.

denudate [dɪ'nju:deɪt] [di-niu-deit], *a.* Desnudo; despojado, quitado; en especial, sin escamas, follaje u otra cubierta.

denudation [dɪˌ'njuː'deɪʃən] [di-niu-dei-shon], *s.* 1. Despojo de ropa, la acción de desnudar o quitar la ropa. 2. *(Cir.)* Denudación. 3. *(Geol.)* Erosión, desprendimiento de la parte sólida de la tierra de suerte que los estratos en otro tiempo cubiertos quedan expulsados a la vista.
denude [dɪ'njuːd] [di-niud], *va.* Desnudar, despojar, privar.
denunciate [dɪ'nʌnsɪeɪt] [di-nan-sieit], *vn.* Denunciar, amenazar
denunciation [dɪˌnʌnsɪ'eɪʃən] [di-nan-si-ei-shon], *s.* 1. Denunciación, acusación; proceso, autos. 2. Publicación, declaración.
denunciator [dɪ'nʌnsɪeɪtəʳ] [di-nan-siei-toʳ], *s.* Denunciador, denunciante, delator.
deny [dɪ'naɪ] [di-nai], *va.* 1. Negar (accusation, fact); contradecir, desmentir (rumors). **There's no denying that ...**, es innegable, o no se puede negar que ... **She denied stealing/having stolen it**, negó haberlo robado. 2. Rehusar, no conceder. 3. Renunciar, renegar de (disavow/faith, country); no reconocer, desconocer. 4. Abjurar, renegar (refuse/request); desdecirse. 5. Negarse a, no dejarse ver de *-vn.* Decir que no; replicar negativamente; declarar algo no verdadero. **To deny oneself**, (a) Hacer abnegación de sí mismo, negarse lo agradable o lo necesario; (b) negarse, no dejarse ver de, no recibir a.
deobstruct [dɪ'ɒbstrʌkt] [di-obs-trakt], *va.* Desembarazar, desobstruir, abrir.
deodant [dɪ'əʊdənt] [di-ou-dant], *s.* (Ant. Ley inglesa) El animal o cosa causante de la muerte de una persona y que, por lo mismo, era confiscada a favor de la corona para usos piadosos.
deodorant [diː'əʊdərənt] [di-ou-do-rant], *s.* Desodorante, agente que destruye los malos olores.
deodorize [diː'əʊdəraɪz] [di-ou-do-rais], *va.* Modificar o disipar el olor de algo, p.ej. con el empleo de desinfectante; se dice especialmente de olores perjudiciales a la salud.
deontology [ˌdiːɒn'tɒlədʒɪ] [di-on-to-lo-yi], *s.* Deontología, ciencia que trata de los deberes y obligaciones morales.
deoxidize [diː'ɒksɪdaɪz] [di-ok-si-dais], **deoxidate** [diː'ɒksɪdeɪt] [di-ok-si-deit], *va.* *(Quím.)* Desoxigenar, desoxidar.
deoxyribonucleic acid [dɪ'ɒksɪˌraɪbəʊnjuː'kleɪɪkˌæsɪd] [di-ok-si-rai-bo-niu-kleik-a-sid], *s.* Ácido deoxiribonucleico.
depaint [dɪ'peɪnt] [di-peint] *(Ant.)* Pintar, describir, representar una cosa.
depart [dɪ'pɑːt] [di-part], *vn.* 1. Parti, marcharse, empezar a caminar. 2. Desistir, renunciar o dejar alguna cosa a que uno estaba antes acostumbrado; desviarse, 3. Perderse, desaparecer. 4. Desertar, apostatar. 5. Apartarse de algún intento u opinión. 6. Morir, fallecer. *-va. (Ant.)* Dejar. **To depart from,** desviarse, alejarse, apartarse, desistir.
departed [dɪ'pɑːtɪd] [di-par-ted] *a.* Difunto (dead); perdido (happiness, joys, youth). *s.* **The departed**, el difunto, los difuntos.
departer [dɪ'pɑːtəʳ] [di-par-taʳ], *s.* 1. El que se marcha. 2. Refinador de metales.
departing [dɪ'pɑːtɪŋ] [di-par-tin], *s.* Partida, ida.
department [dɪ'pɑːtmənt] [di-part-ment], *s.* 1. Departamento, parte de un todo muy extenso; sudivisión de una empresa, organización o gobierno; ramo de una ciencia. 2. Negociado, despacho. Ministerio, secretaría. **The Department of Education**, el Ministerio de Educación. **The police/fire department**, el cuerpo de policía/bomberos. 3. Departamento, provincia o distrito de algún país; distrito de marina. 4. Sección (of store); departamento, sección (of company). 5. *(Coloq.)* **Cooking is my husband's department**, la cocina es cosa de mi marido (area of competence, responsibility).
departmental [ˌdiːpɑːt'mentl] [di-part-men-tal], *a.* Departamental.
department store *s.* Grandes almacenes, tienda de departamentos.
departure [dɪ'pɑːtʃəʳ] [di-par-chaʳ], *s.* 1. *(Transp.)* Partida, el acto de partir, de alejarse de un lugar. **Point of departure**, punto de partida. **Departure time**, hora de salida. **Departure gate/lounge**, puerta/sala de embarque. 2. Muerte. 3. Partida, ida (of person). 4. Desamparo, abandono; desistimiento. 5. *(Mar.)* Diferencia de meridiano. 6. **A departure from the norm**, una desviación de la norma (deviation). **It's a new departure for this government**, es una nueva orientación de este gobierno.
depauperate [dɪ'pɔːpereɪt] [di-po-pe-reit], *va.* Empobrecer, hacer pobre a alguno.
depend [dɪ'pend] [di-pend], *vn.* 1. Pender, colgar, estar alguna cosa pendiente de otra. 2. Depender, estar sujeto o dependiente de algún superior (rely, be dependent). **To depend on something**, depender de algo (be determined by). 3. Necesitar del auxilio o apoyo de alguna persona. **To depend on/upon**, contar con (count on), confiar, esperar con confianza, descuidar en una persona, dejar a su cuidado una cosa, estar seguro de
dependable [dɪ'pendəbl] [di-pen-da-bol], *a.* Digno de confianza, seguro, formal (person). Digno de confianza, con el que se puede contar (ally, workman).
dependance, dependancy, *s. V.* DEPENDENCE, DEPENDENCY.
dependant [dɪ'pendənt] [di-pend] **dependent** [dɪ'pend] [di-pen-dant], *s.* Dependiente, subalterno. **Your children and other dependants**, sus hijos y otras personas a su cargo/cargas familiares *-a.* 1. Dependiente, subalterno. Dependiente (territory). **To be dependant on something/somebody**, depender de algo/alguien (reliant). 2. Contingente, causal, accidental. 3. Que necesita socorro o ayuda; necesitado. **Dependant relative**, carga familiar, familiar a su (o mi, etc.) cargo. 4. Pendiente, colgante, que cuelga.
dependence [dɪ'pendəns] [di-pen-dans] *s.* 1. Dependencia, estado de dependiente; de aquí, seguridad, esperanza firme (reliance). 2. Dependencia, sujeción, inferioridad. *(Med.)* Dependencia (addiction). **Drug dependence**, drogodependencia. 3. Aquello con que uno cuenta, o en que confía, o en lo que descansa; apoyo. **He was their main dependence**, el que fue su principal apoyo. 4. La acción y efecto de pender o estar una cosa pendiente de otra.
dependency [dɪ'pendənsɪ] [di-pen-dan-si], *s.* 1. La cosa dependiente de otra. 2. Lugar, territorio o estado sometido a otro. 3. Edificio auxiliar, cerca del principal. 4. Dependencia, sujeción.
depender [dɪ'pendəʳ] [di-pen-daʳ], *s.* Dependiente.
depending [dɪ'pendɪŋ] [di-pen-din], *pa.* Pendiente.
depersonalize [diː'pɜːsənəlaɪz] [di-per-so-na-lais], *va.* Hacer impersonal. Despersonalizar.
depehlegmate [dɪ'peləgmeɪt] [di-pe-leg-meit], *va.* *(Quím.)* Deflegmar, separar la parte acuosa contenida en los líquidos espirituosos.
depict [dɪ'pɪkt] [di-pikt], *va.* Pintar, representar, retratar, describir (portray); describir, pintar (describe).
depiction [dɪ'pɪkʃən] [di-pik-shon] *s.* Representación (representation); descripción (description).
depicture [dɪ'pɪktʃəʳ] [di-pik-chaʳ], *va.* Representar por medio de la pintura o de las palabras; pintar, retratar, describir.
depilate [dɪ'pɪleɪt] [di-pi-leit], *va.* Quitar el vello o pelo.
depilation [ˌdɪpɪ'leɪʃən] [di-pi-lei-shon], *s.* La acción y el efecto de arrancar o quitar el vello o pelo.
depilatory [dɪ'pɪlətərɪ] [di-pi-la-to-ri], *s.* Atanquía, ungüento para hacer caer el cabello. *-a.* Depilatorio.
deplane [diː'pleɪn] [di-plein] *vn.* Desembarcar, descender del avión.
deplete [dɪ'pliːt] [di-plit], *va.* 1. Reducir (reduce/supply, stock); disminuir, agotar (exhaust/energy, source); disipar; vaciar. 2. Disminuir la cantidad de sangre, p. ej. en los vasos del cuerpo.
depletion [dɪ'pliːʃən] [di-pli-shon], *s.* 1. Vaciamiento. Reducción, disminución (reduction); agotamiento

(exhaustion). 2. *(Med.)* Depleción, la acción de disminuir la cantidad de sangre en los vasos del cuerpo.

depletive, depletory [dɪ'pli:tɪv] [di-pli-tiv], *a.* Depletivo, que causa la depleción o tiende a ella.

deplorable [dɪ'plɔ:rəbl] [di-plo-ra-bol], *a.* 1. Deplorable, vergonzoso (disgraceful); lamentable (regrettable); miserable. 2. Despreciado; lastimoso.

deplorableness [dɪ'plɔ:rəblnɪs] [di-plo-ra-bol-nes], *s.* Estado deplorable.

deplorably [dɪ'plɔ:rəblɪ] [di-plo-ra-bli], *adv.* Deplorablemente, lastimosamente, infelizmente.

deplore [dɪ'plɔ:ʳ] [di-ploʳ], *va.* Deplorar, condenar (condemn); lamentar, llorar, deplorar (regret).

deploredly [dɪ'plɔ:rɪdlɪ] [di-plo-rid-li], *adv.* Vilmente.

deplorer [dɪ'plɔ:rəʳ] [di-plo-raʳ], *s.* Lamentador, llorón.

deploy [dɪ'plɔɪ] [di-ploi], *va.* y *vn.* 1. *(Mil.)* Desplegar (position), extender el frente de batalla; marchar a la derecha o a la izquierda o por ambos lados. 2. Utilizar, hacer uso de (distribute, use) *-s.* Acción de desplegar.

deployment [dɪ'plɔɪmənt] [di-ploi-ment] *s.* 1. *(Mil.)* Despliegue. 2. Utilización (distribution, use).

deplumation [dɪ'plʊ'meɪʃən] [di-plu-mei-shon], *s.* 1. Muda, tiempo o acto de mudar las aves sus plumas. 2. Caída de las pestañas.

deplume [dɪ'plu:m] [di-plim], *va.* Desplumar, quitar las plumas; despojar de plumaje.

depolarization [di:ˌpəʊləraɪ'zeɪʃən] [di-pou-la-rai-sei-shon], *s.* Desporalización.

depone [dɪ'pəʊn] [di-poun], *va.* Deponer, testificar, declarar en justicia.

deponent [dɪ'pəʊnənt] [di-pou-nent], *s.* 1. Deponente, declarante. 2. *(Gram.)* Verbo deponente.

depopulate [di:'pɒpjʊleɪt] [di-po-piu-leit], *va.* Despoblar, devastar, asolar, destruir, arruinar *-vn.*Despoblarse.

depopulation ['di:ˌpɒpjʊ'leɪʃən] [di-po-piu-lei-shon], *s.* Despoblación; devastación.

depopulator [di:'pɒpjʊleɪtəʳ] [di-po-piu-lei-toʳ], *s.* Despoblador, asolador.

deport [dɪ'pɔ:t] [di-port], *va.* Deportar, desterrar por castigo a un punto lejano.- *vr. (Con oneself)* Portarse, conducirse, gobernarse.

deportation [ˌdi:pɔ:'teɪʃən] [di-por-tei-shon], *s.* Deportación, destierro, estrañamiento de un país.

deportment [dɪ'pɔ:tmənt] [di-port-ment], *s.* Porte (carriage), conducta (conduct), manejo.

deposable [dɪ'pəʊzəbl] [di-po-sa-bol], *a.* Capaz de ser depuesto.

deposal [dɪ'pəʊzəl] [di-pou-sal], *s. (Ant.)* Destronamiento, deposición; destitución, degradación de honores.

depose [dɪ'pəʊz] [di-pous], *va.* 1. Deponer. 2. Destronar, privar del trono; derrocar (overthrow, unseat/dictator, rules); destronar (champion, king). 3. Deponer, degradar o destituir a alguna persona de los empleos, dignidades y honores que tenía. 4. Deponer, testificar. *-vn.* Ser testigo.

deposer [dɪ'pəʊzəʳ] [di-pou-saʳ], *s.* 1. Desposeedor, el que depone o degrada. 2 Testigo, deponente.

deposing [dɪ'pəʊzɪŋ] [di-pou-sin], *s.* Deposición.

deposit [dɪ'pɒzɪt] [di-po-sit], *va.* 1. Depositar, poner (set down); resguardar; consignar; apartar. 2. Confiar a la guarda de alguien; poner dinero en un banco, depositar (leave). **I deposited the will with my lawyer**, dejé el testamento en manos de mi abogado. Depositar, ingresar (money). 3. *(Geol.)* Depositar (silt).

deposit *s.* 1. Depósito (accumulation of silt, mud); capa (of dust); sedimiento, poso, heces, precipitado. 2. Depósito, cosa confiada como fianza; fianza, prenda (security). Depósito, entrega inicial (down payment/on large amounts); depósito, señal, seña (on small amounts). 3. Depósito, ingreso (payment into account). **Deposit slip**, comprobante o boleta de depósito, resguardo de ingreso. 4. *(Min.)* Depósito (of gas); yacimiento (of gold, copper).

deposit account *s.* Cuenta de ahorros.

depositary [dɪ'pɒzɪtərɪ] [di-po-si-ta-ri], *s.* 1. Depositario, guardián. 2. Almacén sitio o paraje donde se hacen los depósitos.

depositing [dɪ'pɒzɪtɪŋ] [di-po-si-tin], *s.* El acto de apartar o depositar.

deposition [ˌdi:pɒ'zɪʃən] [di-po-si-shon], *s.* 1. *(Law)* Deposición, testimonio, declaración ante juez o escribano. 2. Deposición, el acto de deponer o desposeer a un príncipe de su corona. 3. Destitución (of leader), privación del empleo u honores que gozaba alguna persona. Destronamiento (of king).

depositor [dɪ'pɒzɪtəʳ] [di-po-si-toʳ], *s.* Depositante (en un banco, etc.). Inversionista, ahorrista, ahorrante.

depository [dɪ'pɒzɪtərɪ] [di-po-si-to-ri], *s.* 1. Depositaría, sitio o paraje donde se hacen los depósitos. 2. (Poco us.) Depositario.

depositum *s. V.* DEPOSIT.

depot ['depəʊ] [de-pau], *s.* 1. Pósito, almacén público o principal (storehouse). 2. Despacho, oficina de la administración de diligencias, coches de camino, etc.; en los E.U del Norte, estación de un ferrocarril. En este sentido la palabra es menos usada que otro tiempo. Terminal o estación de autobuses (bus station); estación (train station). 3. Estación, almacén o depósito militar. 4. Garaje, cochera, depósito (storage area/for buses); depósito de locomotoras (for trains).

depravation [ˌdeprə'veɪʃən] [de-pra-vei-shon], *s.* 1.El acto de depravar. 2. Depravación, corrupción, estragamiento del gusto o costumbres.

deprave [dɪ'preɪv] [di-preiv], *va.* Depravar, pervertir. corromper, viciar, estrangar; alterar, falsificar; difamar.

depraved [dɪ'preɪvd] [di-preivd], *a.* Depravado, viciado, abandonado, corrompido.

depravedly [dɪ'preɪvdlɪ] [di-preivd-li], *adv.* Corrompidamente, depravadamente.

depravedness [dɪ'preɪvdnɪs] [di-preivd-nes], *s.* Depravación, corrupción, estragamiento, malignidad.

depraver [dɪ'preɪvəʳ] [di-prei-vaʳ], *s.* Depravador.

depraving [dɪ'preɪvɪŋ] [di-prei-vin], *s.* Depravación.

depravity [dɪ'prævɪtɪ] [di-pra-vi-ti], *s.* Depravación, desorden, estragamiento de costumbres, gusto. etc; corrupción, desorden; maldad, ruindad, malignidad.

deprecable ['deprɪkəbl] [de-pri-ka-bol], *a.* Capaz de ser suplicado.

deprecate ['deprɪkeɪt] [de-pri-keit], *va.* 1. Deprecar, rogar, suplicar con eficacia o instancia; pedir o desear que no suceda algún mal o verse libre de él. 2. Reprobar, criticar (express disapproval of); menospreciar, despreciar (belittle).

deprecating ['deprɪkeɪtɪŋ] [de-pri-kei-tin] *a.* De desaprobación, reprobatorio (disapproving/remark); de desprecio (belittling/smile, laugh).

deprecation ['deprɪkeɪʃən] [de-pri-kei-shon], *s.* Súplica para conjurar o evitar los males; deprecación, ruego, petición.

deprecative ['deprɪkətɪv] [de-pri-ka-tiv], **deprecatory** ['deprɪkətərɪ] [de-pri-ka-to-ri], *a.* Deprecativo, deprecatorio, suplicante.

deprecator ['deprɪkeɪtəʳ] [de-pri-kei-toʳ], *s.* Deprecante.

depreciate [dɪ'pri:ʃɪeɪt] [di-pri-shieit], *va.* 1. Rebajar el valor o precio de alguna cosa. *(Fin.)* Depreciar. 2. Despreciar, menospreciar, deprimir. *-vn.* Desvalorizarse, amortizar. *(Fin.)* Depreciarse.

depreciation [dɪˌpri:ʃɪ'eɪʃən] [di-pri-shiei-shon], *s.* Depreciación, descrédito, desestimación; baja, reducción de precio. *(Fin.)* Depreciación.

depreciative, depreciatory [dɪ'pri:ʃɪətɪv] [di-pri-shia-tiv] [dɪ'pri:ʃɪətərɪ] [di-pri-shia-to-ri], Despreciativo, que causa desprecio.

depreciator [dɪ'pri:ʃɪeɪtəʳ] [di-pri-shiei-toʳ], *s.* Despreciador.

depredate ['deprɪdeɪt] [de-pri-deit], *va.* 1. Saquear, robar, pillar. 2. Desolar, destruir, arruinar, asolar.

depredation ['deprɪdeɪʃən] [de-pri-dei-shon], *s.* Depredación, pillaje, saqueo, saco, devastación.

depredator ['deprɪdeɪtəʳ] [de-pri-dei-toʳ], *s.* Saqueador; rapiñador, ladrón.

depredatory ['deprɪdətərɪ] [de-pri-da-to-ri], *a.* Que pilla, roba o saquea.

depress [dɪ'pres] [di-pres], *va.* 1. Bajar (press down/lever), comprimir, apretar hacia abajo, pulsar (button); dejar caer. 2. Bajar, minorar, disminuir; reducir el precio. 3. Desalentar, desanimar; entristecer. Deprimir, abatir (sadden). 4. *(Econ.)* Deprimir (market); reducir, hacer bajar (prices, wages).

depressed [dɪ'prest] [di-prest], *a.* 1. Deprimido, comprimido. 2. Rebajado, disminuido. 3. Desanimado, entristecido, deprimido, abatido (dejected). **To get/become depressed**, deprimirse, dejarse abatir. 4. *(Biol.)* Deprimido, hundido, hondo. 5. *(Econ.)* Deprimido, en crisis (economy, market); deprimido, de gran desempleo (area). 6. De calidad inferior (substandard/stock). **His reading skills are depressed**, en lectura está por debajo de lo normal.

depressing [dɪ'presɪŋ] [di-pre-sin] *a.* Deprimente.

depressingly [dɪ'presɪŋlɪ] [di-pre-sin-li] *adv.* **The crime rate is depressingly high**, el índice de criminalidad ha alcanzado unos niveles deprimentes.

depression [dɪ'preʃən] [di-pre-shon], *s.* 1. Compresión, la acción de comprimir o apretar hacia abajo. 2. Depresión, abatimiento (despondency). **To suffer from depression**, sufrir depresiones. 3. Lo que está apretado hacia abajo; concavidad ligera, hueco poco profundo. Depresión (in flat surface). 4. *(Econ.)* Depresión, crisis. 5. *(Meteo.)* Depresión atmosférica, borrasca.

depressive [dɪ'presɪv] [di-pre-siv], *a.* Depresivo.

depressor [dɪ'presəʳ] [di-pre-soʳ], *s.* 1. Depresor. 2.Opresor.

depressurize [dɪ'preʃəraɪz] [di-pre-sha-rais] *va.* Despresurizar.

deprivation [ˌdeprɪ'veɪʃən] [de-pri-vei-shon], *s.* 1. Privación (lack, loss); privaciones, penurias (hardship). **To suffer deprivation(s)**, pasar o sufrir privaciones o penurias. 2. Pérdida. 3. Amovilidad.

deprive [dɪ'praɪv] [di-praiv], *va.* 1. Privar, despojar, quitar a uno algo. **To deprive oneself of something**, privarse de algo. 2. Excluir; impedir. 3. Librar, libertar.

deprived [dɪ'praɪvd] [di-praivd] *a.* Carenciado, desventajado (child); carenciado (region).

depriver [dɪ'praɪvəʳ] [di-prai-vaʳ], *s.* El que priva, despoja o quita.

depth [depθ] [depz], *s.* 1. Hondura, profundidad (of hole, water); abismo. **When it comes to computers I'm out of my depth**, estoy muy flojo en informática. **Don't go out of your depth**, no vayas donde no haces pie o no tocas fondo (in water). Profundidad, fondo (of shelf, cupboard); ancho (of hem). *(Dep.)* Alcance (of shot). 2. Espesor; extensión o distancia hacia dentro, hacia atrás o hacia arriba (del cielo). 3. Centro, punto medio, corazón, fondo de una cosa. **In the depth of winter**, en el rigor del invierno. 4. Oscuridad o riqueza, viveza, del color; gravedad del sonido. 5. Sagacidad, penetración, conocimiento; profundidad (of emotion, knowledge). **To study something in depth**, estudiar algo a fondo o en profundidad. 6. Profundidad, extrema extensión; inmensidad. Profundidad (of voice); intensidad (of sound). **Beyond one's depth**, *(Fig.)* más allá o fuera, en exceso de las fuerzas o la capacidad de uno. **Depths**, *s. pl.* **In the depths of the ocean/forest**, en las profundidades del océano/ la espesura del bosque. **In the depths of despair**, en lo más hondo de la desesperación. **To plumb the depths of despair**, hundirse en la desesperación.

depth bomb [depθ'bɒm] [depz-bom], *s.* Bomba de profundidad.

depthless ['depθlɪs] [depz-les], *a.* Superficial, sin profundidad.

depurant ['depjuːrænt] [de-piu-rant], *a.* Depuratorio, depurativo.

depurate ['depjuːreɪt] [de-piu-reit], *va.* Depurar, limpiar, purgar, purificar.

depurate, *a.* Depurado, limpio, purificado, puro; libre.

depuration ['depjuːreɪʃən] [de-piu-rei-shon], *s.* Depuración.

depurative ['depjuːrətɪv] [de-piu-ra-tiv], *a.* *V.* DEPURANT.

deputation [ˌdepjʊ'teɪʃən] [de-piu-tei-shon], *s.* Diputación, comisión, delegación.

depute [dɪ'pjuːt] [di-piut], *va.* Diputar, destinar, señalar, enviar, detener. **To depute somebody to something**, encomendarle algo a alguien, comisionar a alguien para algo.

deputize ['depjʊtaɪz] [de-piu-tais], *va.* *(E.U.)* Diputar. *V.* DEPUTE. Nombrar como segundo (appoint as deputy). *vn.* **To deputize for somebody**, desempeñar las funciones de alguien.

deputy ['depjʊtɪ] [de-piu-ti], *s.* 1. Diputado, comisario, delegado, enviado, agente. **Lord deputy**, virrey. **Deputy governor**, teniente gobernador. 2. Segundo (second-in-command); suplente, reemplazo (substitute). **Deputy director**, subdirector, director adjunto.

deracinate [dɪ'ræsɪneɪt] [di-ra-si-neit], *va.* Desarraigar, arrancar de raíz; abolir, extirpar.

derail [dɪ'reɪl] [di-reil], *va.* Hacer descarrilar, echar fuera de los carriles (train); desbaratar (upset/plan). *-vn.* Descarrilarse, o desviarse del carril en las vías férreas.

derailment [dɪ'reɪlmənt] [di-reil-ment], *s.* Descarrilamiento, desvío de los carriles.

derange [dɪ'reɪndʒ] [di-reinch], *va.* Desarreglar, desordenar, desconcertar.

deranged [dɪ'reɪndʒd] [di-rein-chd] *a.* Trastornado, desquiciado.

derangement [dɪ'reɪndʒmənt] [di-reinch-ment], *s.* Desarreglo, desorden; enajenamiento del ánimo: confusión, desbarato.

derby ['dɑːbɪ] [da-bi], *s.* 1. Derby, famosa carrera anual de caballos en Epsom, condado de Surrey. **A local derby**, enfrentamiento de dos equipos vecinos a nivel nacional (in soccer). 2. *(E.U.)* Sombrero hongo, bombín (hat).

deregulate [diː'regjʊleɪt] [di-re-guiu-leit] *va.* Desregular, liberalizar.

deregulation [diːˌregjʊ'leɪʃən] [di-re-guiu-lei-shon] *s.* Desregulación, liberalización.

derelict ['derɪlɪkt] [de-ri-likt], *a.* Abandonado y en ruinas. *-s.* 1. *(For.)* Toda propiedad abandonada voluntariamente al mar. 2. Marginado (vagrant).

dereliction [ˌderɪ'lɪkʃən] [de-ri-lik-shon], *s.* 1. Desamparo, abandono (of property, area). 2. **Dereliction of duty**, negligencia en el cumplimiento del deber.

deride [dɪ'raɪd] [di-raid], *va.* Burlar, mofar, escarnecer; zumbar o dar zumba, poner en ridículo.

derider [dɪ'raɪdəʳ] [di-rai-daʳ], *s.* Burlón, zumbón, soflamero.

deridingly [dɪ'raɪdɪŋlɪ] [di-rai-din-li], *adv.* Irriosoriamente, con zumba.

de rigueur [dərɪ'gɜːʳ] [da-ri-gaʳ] *a.* **To be de rigueur**, ser de rigor.

derision [dɪ'rɪʒən] [de-ri-shon], *s.* Irrisión, mofa, escarnio, burla, chulada. **To make something/somebody the object of derision**, ridiculizar algo/a alguien.

derisive [dɪ'raɪsɪv] [di-rai-siv], **derisory** [dɪ'raɪsərɪ] [di-rai-so-ri], *a.* Irrisorio, hecho por mofa o escarnio. Burlón (smile, laughter); desdeñoso y burlón (attitude, remark).

derisively [dɪ'raɪsɪvlɪ] [di-rai-siv-li], *adv.* Irrisoriamente, burlonamente, con sorna.

derivable ['derɪvəbl] [de-ri-va-bol], *a.* 1. Lo que se puede adquirir por derecho de descendencia. 2. Derivable, deducible, lo que se puede derivar o deducir.

derivation [ˌderɪ'veɪʃən] [de-ri-vei-shon], *s.* 1. Derivación, (process); origen (origin). 2. Etimología de una voz. 3. *(Biol.)* Derivación, descendencia. 4.*(Med.)* Derivación, reducción de la inflamación por medio de un vejigatorio. 5.*(Des.)* La acción de sacar o desviar agua de un río para formar una acequia.

derivate ['derɪveɪt] [de-ri-veit], *a.* 1. Derivativo. 2. Carente de originalidad (unoriginal/novel); manido, trillado (plot/theme); adocenado (artist/writer). *s.* Derivado (in industry); derivado (word); lengua derivada (language).
derive [dɪ'raɪv] [di-raiv], *va.* 1. Derivar, repartir o distribuir el agua de algún canal en otros muchos. 2. Derivar, deducir o sacar una cosa de algún origen, causa o principio: recibir por transmisión. **Children can derive great enjoyment from the simplest things**, las cosas más simples pueden dar enorme placer a un niño. **Penicillin is derived from mold**, la penicilina se obtiene del moho. **The name is derived from the Greek**, el nombre viene o deriva del griego. 3. Comunicar.-*vn.* (Con *from.*) Derivar, derivarse, nacer; descender, proceder (stem from/attitude, problem); participar.
deriver [dɪ'raɪvəʳ] [di-rai-vaʳ], *s.* El que deriva o deduce.
derm [dɜːm] [derm], *s.* Dermis, cutis. Equivalentes: DERMA, DERMIS.
dermal, dermic ['dɜːməl] [der-mal], *a.* Dérmico, cutáneo, perteneciente al cutis.
derma-, dermato-, dermo. Prefijos o bien formas de combinación en voces científicas y que significan cutis.
dermatitis [ˌdɜːmə'taɪtɪs] [der-ma-tai-tis] *s.* Dermatitis.
dermatologist [ˌdɜːmə'tɒlədʒɪst] [der-ma-to-lo-yist], *s.* Dermatólogo.
dermatology [ˌdɜːmə'tɒlədʒɪ] [der-ma-to-lo-yi], *s.* Dermatología o dermología, ciencia que trata de la piel y sus enfermedades.
derogate [dɪ'rɒgeɪt] [di-ro-gueit], *va.* 1. Menospreciar, anular , abrogar, invalidar-*vn.* (Con *from*) Detraer, detractar.
derogate, *a.* Derogado; desacreditado, envilecido.
derogately [dɪ'rɒgeɪtlɪ] [di-ro-gueit-li], **derogatorily** [dɪ'rɒgeɪt] [di-ro-gueit], *adv.* Derogativamente.
derogation [dɪ'rɒgeɪʃən] [di-ro-guei-shon], *s.* Derogación; desestimación.
derogative [dɪ'rɒgətɪv] [di-ro-ga-tiv], *a.* Derogatorio, derogativo.
derogatoriness [dɪ'rɒgətərɪnɪs] [di-ro-ga-to-ri-nes], *s.* Derogación; detracción.
derogatory [dɪ'rɒgətərɪ] [di-ro-ga-to-ri], *a.* Derogatorio, despectivo, peyorativo.
derrick ['derɪk] [de-rik], *s.* 1. Grúa (derrick crane). 2. Torre de perforación (over oil well).
dervish ['dɜːvɪʃ] [der-vish], *s.* 1. Derviche, fakir, santón mendicante mahometano. 2. *(Neol.)* Partidario del Madí en el Sudán. (Turco)
descale ['deskeɪl] [des-keil] *va.* Quitarle el sarro a.
descant ['deskænt] [des-kant], *s.* 1. *(Mús.)* Discante, melodía; variación, modulación. 2. Discurso, comentario, paráfrasis, disertación.
descant, *vn.* Discantar: Discurrir, comentar larga y pesadamente.
descanting ['deskæntɪŋ] [des-kan-tin], *s.* Conjetura, presunción.
descend [dɪ'send] [di-send], *vn.* 1. Descender, bajar (move downwards); descender (set in/mist); caer (rain); abatirse (silence/gloom). 2. Descender, derivarse, traer o tomar su origen. Rebajarse a algo (stoop). **Don't descend to his level**, no te pongas a su nivel. 3. Descender, tocar o venir a algún sucesor por orden de herencia (be descended). **To descend from somebody**, descender de alguien, ser descendiente de alguien. 4. Pasar de lo general a lo particular. **In descending order of importance**, en orden decreciente o descendiente de importancia. -*va.* Descender, andar hacia abajo. **To descend to/into**, descender o entrar en; bajarse a. **To descend into oneself**, entrar en sí mismo.
descend on, descend upon. Lanzarse o caer sobre (attack). **A plague descended on the town**, una plaga se abatió sobre la ciudad. Invadir (invade). **The whole family will be descending on us at Christmas**, nos va a invadir o nos va a caer toda la familia para Navidad.
descendable, *a. V.* DESCENDIBLE.
descendant [dɪ'send] [di-send], *s.* 1. Descendiente. 2. Descendencia, posteridad.
descended [dɪ'sendɪd] [di-sen-did] *a.* **To be descended from somebody**, ser descendiente de alguien, descender de alguien.
descendent [dɪ'sendənt] [di-sen-dent], *a.* 1. Descendente, lo que se cae, hunde o viene abajo. 2. Descendiente que desciende de otro.
descendibility [dɪˌsendə'bɪlɪtɪ] [di-sen-da-bi-li-ti], *s.* Cualidad de ser transmisible como una herencia; conformidad con las leyes de descendencia.
descendible [dɪ'sendɪbl] [di-sen-di-bol], *a.* Lo que puede descender, bajar o bajarse; transmisible.
descension [dɪ'senʃən] [di-sen-shon], *s.* 1. Descendimiento, descensión, descenso, declinación caída. 2. Degradación.
descent [dɪ'sent] [di-sent], *s.* 1. Descenso, bajada (by climbers, plane); descendimiento; descensión; pendiente, declive, bajada (in terrain). 2. Alcurnia, descendencia, origen, nacimiento, linaje, ascendencia (lineage). 3. Descendencia, posteridad, herederos. **Of a noble descent**, de nacimiento ilustre. 4. Descendencia, sucesión. 5. Invasión, acción de invadir el enemigo. 6. Oblicuidad, inclinación, caída (decline); degradación.
descramble ['diː'skræmbl] [dis-kram-bol] *va.* Descodificar.
descrambler ['diː'skræmbləʳ] [dis-kram-blaʳ] *s.* Descodificador.
describe [dɪs'kraɪb] [dis-kraib], *va.* 1. Describir (put into words); delinear, figurar; explicar, definir, representar. 2. *(Math)* Trazar (draw); describir (move in shape of/curve, arc). 3. **He describes himself as a socialist**, se define como socialista (characterize). **I would describe the book as dull and repetitive**, yo diría que es un libro soso y repetitivo.
decriber [dɪs'kraɪbəʳ] [dis-krai-baʳ], *s.* descriptor.
descrier [dɪs'kraɪəʳ] [dis-kraiaʳ], *s.* Descubridor; averiguador.
description [dɪs'krɪpʃən] [dis-krip-shon], *s.* 1. Descripción, representación. **Powers of description**, talento para describir. **Her beauty was beyond description**, su belleza era indescriptible. 2. Clase, género, naturaleza, calidad. **We don't have anything of that description**, no tenemos nada de ese tipo.
descriptive [dɪs'krɪptɪv] [dis-krip-tiv], *a.* Descriptivo (passage, powers); calificativo (adjective).
descry [dɪs'kraɪ] [dis-krai],*va.* 1. Espiar, observar, reconocer de lejos. 2. Columbrar, avistar, divisar; describir; averiguar.
desecrate ['desɪkreɪt] [de-si-kreit], *va.* Profanar.
desecration [ˌdesɪ'kreɪʃən] [de-si-krei-shon], *s.* Profanación. **Desecration of a grave**, profanación de sepultura.
desegregation [ˌdesɪ'greɪʃən] [de-si-grei-shon], *s.* Supresión de la segregación racial.
desert [dɪ'zɜːt] [di-sert], *s.* Desierto, yermo; soledad. -*a.* Desierto, desamparado, despoblado, inhabilitado, solitario. Desértico (region, climate); del desierto (tribe, sand).
desert, *s.* (Muy usado en plural) 1. Merecimiento. 2. Mérito, virtud.
desert, *va.* 1. Desamparar, dejar, abandonar (family); huir de (place). 2. Desertar de (cause).-*vn.* *(Mil.)* Desertar; ausentarse; apartarse.
deserted [dɪ'zɜːtɪd] [di-ser-ted] *a.* Desierto (street, village); abandonado (husband, wife).
deserter [dɪ'zɜːtəʳ] [di-ser-taʳ], *s.* Desertor; tránsfuga.
desertion [dɪ'zɜːʃən] [di-ser-shon], *s.* *(Mil.)* Deserción; abandono (of family, place).
desertless [dɪ'zɜːtlɪs] [di-sert-les], *a.* Indigno, sin mérito.
desertlessly [dɪ'zɜːtlɪslɪ] [di-sert-les-li], *adv.* Desmerecidamente.
deserts [dɪ'zɜːts] [di-serts] *s. pl.* **To get one's just deserts**, recibir su (o tu, etc.) merecido.
deserve [dɪ'zɜːv] [di-serv], *va.* Merecer, tener derecho a (success, praise, criticism). **They deserve each other**, ser tal para cual. **They got what they deserved**, se llevaron su

merecido. Merecer, ser digno de (attention, investigation) *vn.* **They deserved better of us all**, merecían que los tratáramos mejor.
deservedly [dɪ'zɜːvdlɪ] [di-ser-ved-li] *adv.* Merecidamente.
deserving [dɪ'zɜːvɪŋ] [di-ser-vin], *a.* Meritorio, digno de recompensa o de elogio (cause, case). **The deserving poor**, los pobres dignos de ayuda. **To be deserving of something**, ser merecedor de algo. *-s.* Mérito. *V.* DESERT.
deservingly [dɪ'zɜːvɪŋlɪ] [di-ser-vin-li], *adv.* Dignamente, merecidamente.
desiccant [desɪ'kænt] [de-si-kant], *a.* Desecante, que enjuga o deseca. *-s. (Med.)* Desecante.
desiccate [desɪ'keɪt] [de-si-keit], *va.* Desecar, enjugar, quitar la humedad a alguna cosa, hacer evaporar; secar, hacer secar. *-vn.* Secarse.
desiccative [de'sɪkətɪv] [de-si-ka-tiv], *a.* Desecativo, que tiene la propiedad de desecar.
desideratum [dɪˌzɪdə'rɑːtuːm] [de-si-de-ra-tum], *s.* Desiderátum, lo que hace mucha falta o que mucho se desea.
design [dɪ'zaɪn] [di-sain], *va.* 1.Proponer, pensar, tener intención de; dedicar. 2. Diseñar, hacer el diseño de alguna cosa (dress, product); planear, estructurar (course, program). 3. Designar, idear, determinar, proyectar (devise/house, garden). 4. Tramar, maquinar. **Designed**, diseñado (created). **A well designed chair/machine**, una silla/máquina bien diseñada o de buen diseño. *-vn.* 1. Proponerse. 2. Tener por empleo hacer diseños, ya sean artísticos o para la industria.
design, *s.* 1. Dibujo, diseño (of product, car, machine); trazo. Diseño, boceto (drawing). **A design fault**, un defecto de diseño. Diseño, motivo, dibujo (pattern, decoration). Modelo (product, model). 2. Designio, mira, intento, intención. 3. Empresa; fin, motivo, objeto. 4. Plan, proyecto; treta en perjuicio de otro. **Through design**, expresadamente, con toda intención, adrede. **Designs**, *pl.* propósitos, designios. **To have designs on something/somebody**, tener los ojos puestos en algo/alguien.
designable [dɪ'zaɪnəbl] [di-sai-na-bol], *a.* Lo que se puede designar o señalar; distinguible.
designate [dɪ'zaɪnɪt] [di-sai-nit], *va.* 1. Apuntar, señalar; distinguir. 2. Designar (call), nombrar, identificar por el nombre; indicar (indicate). 3. Designar, destinar alguna persona o cosa para determinado fin (name officially). **The area was designated a national park**, la zona fue declarada parque nacional.
designate *a.* **The governor designate**, quien ha sido nombrado gobernador.
designation [ˌdezɪg'neɪʃən] [di-sai-nei-shon], *s.* 1. Designación, señalamiento, título. 2. Nombramiento, nominación, designación (naming); denominación, nombre (name). 3. Nombramiento, designación (appointment). 4. *(Ant.)* Descripción, carácter, suerte o clase.
designative [de'zɪgnətɪv] [di-sai-na-tiv], *a.* Designativo, especificante.
designedly [dɪ'zaɪnɪdlɪ] [di-sai-nid-li], *adv.* Adrede, de propósito, de caso pensado, de intento.
designer [dɪ'zaɪnə^r] [di-sai-na^r], *s.* 1. Dibujante, diseñador; inventor; proyectista. **A fashion/furniture designer**, un diseñador de modas/muebles. De diseño exclusivo (clothes, jeans); de diseño (furniture, pen). 2. Maquinador.
designing [dɪ'zaɪnɪŋ] [di-sai-nin], *a.* Insidioso, mal intencionado; astuto, artero. *-s.* Dibujo, diseño, acto o arte de diseñar.
designingly [dɪ'zaɪnɪŋlɪ] [di-sai-nin-li], *adv.* Insidiosamente.
designless [dɪ'zaɪnlɪs] [di-sain-lis], *a.* Inadvertido; sin intención.
desinence [dɪ'zaɪnəns] [di-sai-nens], *s.* Terminación, sufijo, afijo, desinencia.
desirability [dɪˌzaɪrə'bɪlɪtɪ] [di-sai-ra-bi-li-ti], *s.* Calidad de lo apetecible. Conveniencia (of action, idea); atractivo (of person). *V.* DESIRABLENESS.
desirable [dɪ'zaɪərəbl] [di-saia-ra-bol], *a.* 1. Agradable, gustoso, deseable, apetecible, atractivo (sexually/man, woman). 2. Deseable, conveniente (outcome); conveniente, aconsejable (option). 3. Atractivo (property, location).
desirableness [dɪ'zaɪrəblnɪs] [di-sai-ra-bol-nes], *s.* Ansia, afán; calidad de apetecible.
desirably [dɪ'zaɪərəblɪ] [di-saia-ra-bli] *a.* De manera deseable o ideal. **Desirably located,** en una situación ideal.
desire [dɪ'zaɪə^r] [di-saia^r], *s.* Deseo, anhelo (wish); ansia, apetito. Deseo (lust). **He expressed a desire to see his family**, dijo que deseaba ver a su familia. **It leaves much to be desired,** deja muchoa que desear.
desire, *va.* Desear (want/happiness, success); apetecer, rogar, suplicar, pedir. Desear (lust after/person). **To leave nothing to be desired**, no dejar nada que desear. **I desire you to come immediately**, ruego a Ud. que venga en seguida. **To have the desired effect**, surtir el efecto deseado.
desireless [dɪ'zaɪəlɪs] [di-saia-les], *a.* Sin deseo, sin ansia, indiferente.
desirer [dɪ'zaɪərə^r] [di-saia-ra^r], *s.* Deseador.
desiring [dɪ'zaɪərɪŋ] [di-saia-rin], *s.* Deseo.
desirous [dɪ'zaɪərəs] [di-saia-ros], *a.* Desesoso, ansioso. **To be desirous of honors or riches**, tener ambición de honores o riquezas. **To be desirous that,** querer que.
desirously [dɪ'zaɪərəslɪ] [di-saia-ros-li], *adv.* Ansiosamente.
desirousness [dɪ'zaɪərəsnɪs] [di-saia-ros-nes], *s.* Deseo vivo, anhelo.
desist [dɪ'zɪst] [di-sist], *vn.* Desistir, dejar o cesar de hacer alguna cosa; detenerse, abstenerse (abstain). **To desist from something,** desistir de algo.
desistance [dɪ'zɪstəns] [di-sis-tans], *s.* Desistencia, desistimiento, cesación.
desk [desk] [desk], *s.* 1. Bufete, mesa de escribir, escritorio (table). 2. Pupitre (in school); de escritorio, de sobremesa (lamp). **Roll-top desk**, escritorio de tapa corrediza. **Desk diary**, agenda de escritorio. **A desk job**, un trabajo de oficina. 3. Mostrador (service counter). **Information desk**, mostrador de información. **Reception desk**, recepción.
deskbound ['deskbaʊnd] [desk-baund] *a.* Sedentario.
deskclerk ['deskklɜːk] [des-klerk] *s.* Recepcionista.
desktop ['desktɒp] [desk-top] *a.* De escritorio, de sobremesa (calculator, computer).
desmid ['desmɪd] [des-mid], *s.* Desmidia, planta de hermoso color verde, tipo de un orden de algas microscópicas.
desmo-. Forma de combinación, derivada del griego desmos, lazo, ligamento.
desmography ['desmɒgrəfɪ] [des-mo-gra-fi], *s.* Desmografía, descripción de los ligamentos del cuerpo.
desolate ['desəlɪt] [de-so-lit], *a.* Desolado, desierto (deserted/place, landscape); despoblado, solitario, abandonado, arruinado, destruido. Desconsolado, desolado (person); sombrío, lúgubre (outlook, existence).
desolate, *va.* Desolar, despoblar, devastar, arruinar.
desolately ['desəlɪtlɪ] [de-so-lit-li], *adv.* De un modo desolador.
desolateness ['desəlɪtnɪs] [de-so-lit-nes], *s.* Desolación condición desolada.
desolater, desolator ['desəlɪtə^r] [de-so-li-ta^r], *s.* Desolador, asolador.
desolating ['desəlɪtɪŋ] [de-so-li-tin], *s.* El acto de desolar.
desolation [ˌdesə'lɪʃən] [de-so-li-shon], *s.* 1. Desolación (of land, area); desolamiento, estrago, ruina, destrucción. 2. Desolación, aflicción, desconsuelo (misery); melancolía; destitución. 3. Desierto.
despair [dɪs'pɛə^r] [dis-pea^r], *s.* Desconfianza, desesperación. **To be in despair**, estar desesperado.
despair, *vn.* Desesperar, perder la esperanza. **He despaired of ever seeing his family again**, perdió las esperanzas de volver a ver a su familia. **Don't despair!,** ¡ánimo!
despairer [dɪs'pɛərə^r] [dis-pea-ra^r], *s.* Desesperado.
despairing [dɪs'pɛərɪŋ] [dis-pea-rin] *a.* Desesperado (look, cry). **His despairing mother**, su desconsolada madre.
despairingly [dɪs'pɛərɪŋlɪ] [dis-pea-rin-li], *adv.* Desesperadamente.

despatch [dɪs'pætʃ] [dis-pach], *va.* 1. Despachar, aviar, enviar con prisa y diligencia. 2. Despachar, matar, quitar la vida. 3. Despachar, abreviar, concluir una cosa con prontitud.

despatch, dispatch, *s.* 1. Despacho, embarque. 2. Expedición, prontitud. 3. Despacho, oficio o mensaje enviado rápidamente, generalmente por medio del telégrafo. **Despatch boat**, aviso, embarcación ligera para llevar despachos de gobierno o de un buque de guerra a otro. *-va.* Despachar, embarcar, remitir, enviar.

despatcher [dɪs'pætʃəʳ] [dis-pa-chaʳ], *s.* 1. Despachador, el que despacha. 2. Expedidor, el que envía géneros de un punto a otro. 3. El que ejecuta algún negocio.

despatchful [dɪs'pætʃfʊl] [dis-pach-ful], *a.* Diligente, expedito.

desperado [ˌdespə'rɑːdəʊ] [des-pe-ra-dou], *s.* Hombre desesperado, atrevido, furioso; un rufián, un perdido.

desperate ['despərɪt] [des-pe-reit], *a.* 1. Desesperado, sin esperanza (frantic, reckless/person, attempt). **To be desperate**, estar desesperado. 2. Arrojado, arriesgado. 3. Desesperado, grave, lo que no tiene remedio (critical/state, situation); apremiante (need). 4. Furioso, inconsiderado, violento, terrible. 5. *(Fam.)* Consumado, rematado. *-s.* Perdido, el que es atrevido y no tiene esperanza ni miedo.

desperately ['despərɪtlɪ] [des-pe-reit-li], *adv.* Desesperadamente (struggle); furiosamente. Urgentemente, con urgencia (need). **She's desperately ill**, está gravemente enferma. **They desperately need it,** lo necesitan urgentemente.

desperateness ['despərɪtnɪs] [des-pe-reit-nes], *s.* Precipitación, temeridad, arrojo, furia, violencia.

desperation [ˌdespə'reɪʃən] [des-pa-rei-shon], *s.* Desesperación, furor, encarnizamiento.

despicable ['despɪkəbl] [des-pi-ka-bol], *a.* Despreciable, vil, bajo.

despicableness ['despɪkəblnɪs] [des-pi-ka-bol-nes], *s.* Bajeza, vileza.

despicably ['despɪkəblɪ] [des-pi-ka-bli], *adv.* Vilmente, bajamente.

despisable ['despɪsəbl] [des-pi-sa-bol], *a.* Despreciable.

despisal ['despɪsəl] [des-pi-sal], *s.* Desdén, desprecio.

despise ['despaɪs] [des-pais], *va.* Despreciar, desestimar, menospreciar; desdeñar.

despised ['despaɪst] [des-paist], *a.* Desestimado, despreciado; detestado.

despisedness ['despaisnɪs] [des-pai-nes], *s.* Envilecimiento, bajeza, abatimiento.

despiser ['despaɪsəʳ] [des-pai-saʳ], *s.* Despreciador.

despising [dɪs'paɪsɪŋ] [des-pai-sin], *s.* Desdén, desprecio.

despite [dɪs'paɪt] [des-pait], *s.* Despecho, ira, enojo; desdén con reto; malicia, malignidad, malevolencia.

despite, *va. (Ant.)* Molestar, enfadar.

despite, *prep.* A despecho de, a pesar de.

despiteful [dɪs'paɪtfʊl] [des-pait-ful], *a.* Malicioso, rencoroso, vengativo, maligno.

despitefully [dɪs'paɪtfʊlɪ] [des-pait-fu-li], *adv.* Malignamente, maliciosamente.

despitefulness [dɪs'paɪtfʊlnɪs] [des-pait-ful-nes], *s.* Malignidad, rencor, odio, mala voluntad, malicia.

despoil [dɪs'pɔɪl] [des-poil], *va.* (Con *of*) 1. Despojar, saquear; privar. 2. *(Ant.)* Desnudar.

despoiler [dɪs'pɔɪləʳ] [des-poi-laʳ], *s.* Pillador, saqueador, robador.

despoliation [dɪsˌpəlɪ'eɪʃən] [des-po-li-ei-shon], *s.* Despojo, la acción de despojar.

despond [dɪs'pɒnd] [des-pond], *vn.* Desconfiar, desalentarse, abatirse; desesperanzar, decaer de ánimo.

despondency [dɪs'pɒndənsɪ] [des-pon-den-si], *s.* Desconfianza, temor; desaliento, abatimiento, desmayo; decaimiento de ánimo. Se escribe también **Despondence.**

despondent [dɪs'pɒndənt] [des-pon-dent], *a.* Abatido, melancólico, desanimado.

desponder [dɪs'pɒndəʳ] [des-pon-daʳ], *s.* El que no tiene esperanza.

despondingly [dɪs'pɒndɪŋlɪ] [des-pon-din-li], *adv.* Desconfiadamente.

despot [dɪs'pɒt] [des-pot], *s.* Déspota, señor, absoluto.

despotic, despotical [dɪs'pɒtɪk] [des-po-tik], *a.* Despótico, absoluto, independiente.

despotically [dɪs'pɒtɪklɪ] [des-po-tik-li], *adv.* Despóticamente, arbitrariamente.

despoticalness [dɪs'pɒtɪklnɪs] [des-po-ti-kal-nes], *s.* Despotismo, absolutismo.

despotism [dɪs'pɒtɪzm] [des-po-tísem], *s.* Despotismo, tiranía, gobierno arbitrario.

despumate [dɪs'pjʊmeɪt] [des-piu-meit], *vn.* Arrojar, desembarazarse de las impurezas en forma de espuma. *-va.* Espumar, despumar, quitar la espuma de algún líquido.

despumation [ˌdɪspjʊ'meɪʃən] [des-piu-mei-shon], *s.* Despumación.

desquamate [dɪs'kwəmeɪt] [des-kua-meit], *vn.* Despojarse de las escamas o de la epidermis; exfoliarse.

desquamation [ˌdɪskwə'meɪʃən] [des-kua-mei-shon], *s.* Descamación, exfoliación de la epidermis, como en el sarampión y la escarlatina.

dessert [dɪ'zɜːt] [di-sert], *s.* Postres, las frutas, dulces y otras cosas que se sirven al fin de las comidas; ramillete en las mesas de lujo.

destabilization [diːˌsteɪbɪlaɪ'zeɪʃən] [dis-tei-bi-lai-sei-shon] *s.* Desestabilización.

destabilize [dɪs'təbɪlaɪz] [dis-ta-bi-lais] *a.* Desestabilizar.

destinate ['destɪneɪt] [des-ti-neit], *va. (Des.) V.* DESTINE.

destination [ˌdestɪ'neɪʃən] [des-ti-nei-shon], *s.* Destinación, destino (end of journey); paradero. Meta (purpose).

destine ['destɪn] [des-tin], *va.* 1. Destinar, señalar, determinar. 2. Dedicar, consagrar. 3. Preordinar, predestinar, prescribir, decretar.

destined ['destɪnd] [des-tind] *a.* 1. **It was destined to fail**, estaba condenado al fracaso (fated). 2. **Destined for the West Indes**, con destino al Caribe (bound, on way).

destiny ['destɪnɪ] [des-ti-ni], *s.* Destino, hado, fatalidad, fortuna, suerte; signo, estrella, hablando vulgarmente.

destitute ['destɪtjuːt] [des-ti-tiut], *a.* Destituído, abandonado, desamparado; falto, desprovisto, privado; olvidado, indigente. **She was left destitute**, quedó en la indigencia o miseria.

destitution [ˌdestɪ'tjuːʃən] [des-ti-tiu-shon], *s.* 1. Destitución, privación, desamparo, abandono. 2. Pobreza extrema.

destroy [dɪs'trɔɪ] [dis-troi], *va.* 1. Destruir (ruin, wreck/building, forest); asolar, arrasar, demoler; arruinar, destrozar (life); matar, quitar la vida, sacrificar (animal); acabar con (reputation, confidence); aniquilar. 2. Demostrar ser falso; confutar. 3. *(Coloq.)* Aplastar, darle una paliza a (defeat/opposition); decepcionar (disappoint).

destroyable [dɪs'trɔɪəbl] [dis-troia-bol], *a.* Destruíble.

destroyer [dɪs'trɔɪəʳ] [dis-troiaʳ], *s.* 1. Torpedo de alta mar. 2. Destructor.

destruct [dɪ'strʌkt] [dis-trakt] *s. (Aerosp., Mil.)* (auto)destrucción; de (auto)destrucción (mechanism, system).

destructibility [dɪs'trʌtɪbɪlɪtɪ] [dis-trak-ti-bi-li-ti], *s.* Destructibilidad.

destructible [dɪs'trʌktɪbl] [dis-trak-ti-bol], *a.* Destruíble, destructible.

destruction [dɪs'trʌkʃən] [dis-trak-shon], *s.* 1. Destrucción (of city, books, forest); ruina (of reputation, civilization); asolamiento, exterminación (slaughter). 2. Mortandad, destrozos, estragos, destrucción (damage). 3. Causa de desolación. 4. Perdición, ruina (cause of downfall); muerte eterna.

destructive [dɪs'trʌktɪv] [dis-trak-tiv], *a.* Destructivo (tendency), destructor (storm, weapon), ruinoso, fatal. Destrozón (child); destructivo, negativo (criticism).

destructively [dɪs'trʌktɪvlɪ] [dis-trak-tiv-li], *adv.* Destructivamente.
destructiveness [dɪs'trʌktɪvnɪs] [dis-trak-tiv-nes], *s.* 1. Propiedad de destruir. 2. *(Frenol.)* Destructibilidad, inclinación a destruir o matar.
destructor [dɪs'trʌktəʳ] [dis-trak-toʳ], *s.* 1. Horno para quemar los desperdicios. 2 *(Des.)* Destructor, consumidor.
desudation [dɪ'sjʊdeɪʃən] [di-siu-dei-shon], *s.* Sudor excesivo.
desuetude [dɪ'sjʊɪtju:d] [di-siui-tiud], *s.* Desuso; desuetud. **To fall into desuetude,** caer en desuso.
desultoriness ['desəltərɪnɪs] [de-sal-ta-ri-nes], *s.* 1. Inconstancia, el estado de ser inconstante, irregular o variable. 2. Variación; falta de ilación, orden y método.
desultory ['desəltərɪ] [de-sal-ta-ri], *a.* 1. Pasajero, mudable, variable, irregular, inconstante. 2. Vago, suelto, inconexo, no seguido; desganado (effort, attempt). **In a desultory fashion**, sin estusiasmo, con desgana o desgano.
detach [dɪ'tætʃ] [di-tach], *va.* 1. Separar, apartar, quitar (separate); despegar (unstick). **The headrest can be detached**, el apoyacabezas se puede desmontar o quitar. 2. Destacar, separar un número de soldados del cuerpo principal.
detachable [dɪ'tætʃəbl] [di-ta-cha-bol] *a.* De quita y pon, de quitar y poner (cover); desmontable (lining).
detached [dɪ'tætʃəbl] [di-ta-cha-bol], *pp.* de DETACH. *-a.* 1. Suelto, distinto, aparte. 2. Distante, indiferente (person, manner/aloof); objetivo, imparcial (objective). 3. No adosado (house).
detaching [dɪ'tætʃɪŋ] [di-ta-cha-chin], *s.* El acto de separar o destacar.
detachment [dɪ'tætʃmənt] [di-tach-ment], *s.* 1. Separación, apartamiento; distancia, indiferencia (aloofness); objetividad, imparcialidad (objectivity). 2. Lo que está apartado o separado. 3. *(Mil.)* Destacamento, cuerpo de tropas separadas del ejército, o parte de una escuadra, para servicio especial. 4. Desprendimiento (act of detaching).
detail ['di:teɪl] [di-teil], *va.* 1. Detallar, especificar, particularizar, referir por menor, circunstanciar, contar con sus pelos y señales (describe). 2. *(Mil.)* Destacar.
detail, *s.* 1. Detalle, pormenor, cuenta circunstanciada de alguna cosa (particular). **He asked for further details**, pidió más información o información más detallada. Detalle (embellishment); minucia, detalle sin importancia (insignificant matter). 2. Detalles (minutiae). **To go into detail**, entrar en detalles o pormenores. **To describe/explain something in detail**, describir/explicar algo detalladamente o minuciosamente. 3. *(Mil.)* Destacamento poco numeroso (de tropas), cuadrilla. 3. *(Arte y Arq.)* Porción menor y accesoria de una obra; detalle.
detain ['di:teɪn] [di-tein], *va.* 1 Detener (arrest), retardar, suspender, impedir. **Don't let me detain you**, no quiero entretenerlo o demorarlo. Detener (in custody). 2. Retener, guardar o conservar lo que pertenece a otro.
detainee ['di:teɪni:] [di-tei-ni] *s.* Detenido.
detainer ['di:teɪnəʳ] [di-tei-naʳ], *s.* *(For.)* Detentador, retenedor; detención.
detect [dɪ'tekt] [di-tekt], *va.* Descubrir, averiguar algún delito, fraude o trama; revelar, declarar, manifestar; detectar (object, substance). **I detected a note of sarcasm in his voice**, noté cierto tonillo sarcástico en su voz.
detectable [dɪ'tektəbl] [di-tek-ta-bol] *a.* Perceptible, detectable.
detecter [dɪ'tektəʳ] [di-tek-taʳ], *s.* Descubridor, averiguador, revelador, delator.
detection [dɪ'tekʃən] [di-tek-shon], *s.* 1. Averiguación, descubrimiento (of act, crime, criminal); manifestación revelación, declaración. **To escape detection**, pasar desapercibido o inadvertido. 2. Detección (of substance).
detective [dɪ'tektɪv] [di-tek-tiv], *a.* 1. Con aptitud especial para descubrir lo que es secreto. 2. Denunciador, delator de una cosa secreta; referente a la policía secreta; espía asalariado. 3. Detective (private); agente oficial (in police force). **Detective story**, novela policíaca o policial. **Detective work**, pesquisas, investigaciones.
detent ['dɪtent] [de-tent], *s.* Fiador, retén seguro; escape de un reloj.
detention [dɪ'tenʃən] [de-ten-shon], *s.* 1. Detención (in custody), retención; limitación; encierro, cautividad; tardanza. **Detention order**, orden de arresto. 2. *(Educ.)* **To be in detention**, estar castigado. **Detention home**, **detention center**, reformatorio, correccional o de menores.
detentive [dɪ'tentɪv] [di-ten-tiv], *a.* Que puede detener, detenedor; o que sirve y se emplea para asir, retener o afianzar.
deter [dɪ'təʳ] [di-taʳ], *va.* 1. Desanimar, desalentar, acobardar; disuadir, hacer disuadir (person); impedir (crime, war). 2. Disminuir, desviar, impedir. **Don't let him deter you,** no dejes que te desanime.
detege [dɪ'tedʒ] [di-tech], *va.* Limpiar una llaga.
detergent [dɪ'tɜ:dʒənt] [di-ter-yent], *a.* *(Quím.)* Detergente, lo que tiene poder de limpiar. *-s.* Detersorio, detergente (for clothes); lavavajillas (for dishes).
deteriorate [dɪ'tɪərɪəreɪt] [di-tia-rio-reit], *va.* desmejorar, deteriorar. *vn.* Deteriorarse (health, relationship, material); empeorar (weather, work). **To deteriorate into something**, degenerar en algo.
deterioration [dɪ'tɪərɪəreɪʃən] [di-tia-rio-rei-shon], *s.* Deterioración, deterioro, desmejoramiento.
determent [dɪ'tɜ:mənt] [di-ter-ment], *s.* La acción y efecto de desanimar; lo que impide o desalienta; desaliento, descaecimiento de ánimo; impedimento.
determinable [dɪ'tɜ:mɪnəbl] [di-ter-mi-na-bol], *a.* Determinable, lo que puede determinarse o decidirse.
determinably [dɪ'tɜ:mɪnəblɪ] [di-ter-mi-na-bli], *adv.* Determinadamente, resueltamente.
determinant [dɪ'tɜ:mɪnənt] [di-ter-mi-nant], *a.* Determinante, que hace tomar una determinación. *-s.* 1. Lo que causa una determinación. 2. *(Biol.)* Una de las unidades secundarias del plasma, del germen o substancia hereditaria.
determinate [dɪ'tɜ:mɪnɪt] [di-ter-mi-neit], *a.*
determinately [dɪ'tɜ:mɪnətlɪ] [di-ter-mi-na-tli], *adv.* Determinadamente, inmutablemente.
determination [dɪ'tɜ:mɪneɪʃən] [di-ter-mi-nei-shon], *s.* 1. Determinación, resolución, decisión (resoluteness). **With an air of determination**, con aire resuelto o decidido. 2. Resolución, entereza. 3. *(For.)* Auto definitivo, decisión judicial. 4. *(Lóg.)* Especificación. 5. *(Med.)* Congestión, acumulación de sangre o humores en alguna parte del cuerpo. 6. *(Ant.)* Terminación, término.
determinative [dɪ'tɜ:mɪnətɪv] [di-ter-mi-na-tiv], *a.* Determinativo.
determinator [dɪ'tɜ:mɪneɪtəʳ] [di-ter-mi-nei-toʳ], *s.* Determinante; juez árbitro.
determine [dɪ'tɜ:mɪn] [di-ter-min], *va.* 1. Determinar, fijar (date); limitar, reglar, establecer (ascertain); decidir (resolve), juzgar, resolver definitivamente. 2. Determinar, condicionar (influence). **Determining factor**, factor determinante. Definir, demarcar (mark/boundary, limit). *-vn.* Terminar, acabar, concluir; determinarse, resolverse, decidirse, tomar una resolución. **To be determined by,** depender de. **To determine what is to be done,** decidir lo que se debe hacer. **Determine on, determine upon** Decidirse por.
determined [dɪ'tɜ:mɪnd] [di-ter-mind], *a.* Decidido, resuelto (mood/person). **We must make a determined effort to prevent it**, debemos poner todo nuestro empeño en impedirlo.
determiner [dɪ'tɜ:mɪnəʳ] [di-ter-mi-naʳ], *s.* El que toma alguna determinación.
determining [dɪ'tɜ:mɪnɪŋ] [di-ter-mi-nin] *a.* Determinante, decisivo.
deterration [dɪ'təreɪʃən] [di-te-rei-shon], *s.* Desentierro, desenterramiento.
deterrence [dɪ'tərəns] [di-te-rens], *s.* Disuasión.
deterrent [dɪ'tərənt] [di-te-rent], *a.* Disuasivo; que refrena o impide. *-s.* Elemento disuasivo. **It may act as a deterrent**

to thieves, puede servir para disuadir a los ladrones. **The nuclear deterrent**, las armas nucleares como fuerza disuasoria. **To act as a deterrent to,** ser una amenaza a, servir como freno para.

detersion [dɪ'tɜrʃən] [di-ter-shon], *s.* Detersión, el acto y efecto de limpiar y purificar, p.ej. una llaga.

detersive [dɪ'tɜrsɪv] [di-ter-sin], *a.* Detersivo, detersorio, detergente. *-s.* Remedio detersivo.

detest [dɪ'test] [di-test], *va.* Detestar, abominar, aborrecer, odiar, execrar.

detestable [dɪ'testəbl] [di-tes-ta-bol], *a.* Detestable, aborrecible, abominable, odioso, exerable.

detestably [dɪ'təstəblɪ] [di-tes-ta-bli], *adv.* Detestablemente.

detestation [ˌdi:tes'teɪʃən] [di-tes-tei-shon] *sf.* Aborrecimiento, odio. **To hold in detestation,** odiar, aborrecer.

detester [dɪ'testəʳ] [di-tes-taʳ], *s.* Aborrecedor, el que aborrece.

dethrone [di:'θrəʊn] [di-zroun], *va.* Destronar, privar a alguno del trono y la potestad real.

dethronement [di:'θrəʊnmənt] [di-zroun-ment], *s.* Destronamiento.

detinue [di:'tɪnu:] [di-ti-nu], *s.* *(For.)* Auto contra el detentador de alguna cosa.

detonate ['detəneɪt] [de-to-neit], *va.* Hacer detonar o estallar súbitamente. *-vn.* Detonar, inflamarse súbitamente y con estrépito.

detonation [ˌdetə'neɪʃən] [de-to-nei-shon], *s.* Detonación, fulminación.

detonator ['detəneɪtəʳ] [de-to-nei-taʳ], *s.* Detonador, fulminante.

detorsion ['dɪtɔ:ʃən] [di-tor-shon], *s.* Apartamiento, separación o desvío del primer designio.

detour ['di:tʊəʳ] [di-tuaʳ], *s.* 1. Vuelta, rodeo (deviation), revuelta, recodo. *(Transp.)* Desvío, desviación. **To make a detour**, dar un rodeo, desviarse. 2. Rodeo, tergiversación, subterfugio.

detour *va.* Desviar (traffic).

detoxicate [di:'tɒksɪkeɪt] [di-tok-si-keit] *vt.* Desintoxicar.

detoxification [ˌdi:tɒksɪfɪ'keɪʃən] [di-tok-si-fi-kei-shon] *s.* Desintoxicación (of addict); eliminación de la toxicidad (substance, material).

detoxify [di:'tɒksɪfaɪ] [di-tok-si-fai] *va.* Desintoxicar (addict, alcoholic); eliminar la toxicidad de (substance, material).

detract [dɪ'trækt] [di-trakt], *va.* Detraer, disminuir, quitar. *-vn.* Detraer, detractar, infamar, quitar el crédito, denigrar (con *from*, por lo común). **I didn't wish to detract from her achievement**, no quise quitarle méritos o restarle valor a su logro.

detracter [dɪ'træktəʳ] [di-trak-taʳ], *s.* Detractor, infamador, murmurador.

detraction [dɪ'trækʃən] [di-trak-shon], *s.* 1. La acción de detraer, de quitar parte de alguna cosa. 2. Detracción, maledicencia, murmuración, calumnia, denigración.

detractive [dɪ'træktɪv] [di-trak-tiv], *a.* Difamatorio, derogarotio, denigrante, que lastima la reputación.

detractor [dɪ'træktəʳ] [di-trak-taʳ], *s.* Difamador; detractor.

detractress [dɪ'træktrɪs] [di-trak-tres], *sf.* Detractora, murmuradora.

detrain [dɪ'treɪn] [di-trein], *va.* y *vn.* Salir o hacer salir un tren.

detriment ['detrɪmənt] [de-tri-ment], *s.* Detrimento, daño, perjuicio, pérdida. **To the detriment of somebody/something**, en detrimento o perjuicio de alguien/algo. **Without detriment to,** sin perjuicio de.

detrimental [ˌdetrɪ'mentl] [de-tri-men-tal], *a.* Perjudicial; desventajoso, dañoso.

detrital ['detrɪtəl] [de-tri-tal], *a.* Detrítico, compuesto de detritus o perteneciente a ellos.

detrition ['detrɪʃən] [de-tri-shon], *s.* Rozadura, desgaste por frotamiento.

detritus [dɪ'traɪtəs] [di-trai-tus], *s.* 1. *(Geol.)* Detritus, los restos del desgaste de las rocas y del deterioro de los vegetales esparcidos por la superfie de la tierra. 2. Cualquier conjunto de substancias desagregadas; desperdicios; inmundicias.

de trop [də'trəʊ] [de-trou] *adv.* **To be de trop,** sobrar, estar de más.

detrude [de'trju:d] [de-triud], *va.* Hundir, empujar alguna cosa hacia abjo; precipitar.

detruncate ['detrʌnkeɪt] [de-tran-keit], *va.* Podar, cortar, quitar las ramas superfluas de ls árboles.

detruncation ['detrʌnkeɪʃən] [de-tran-kei-shon], *s.* Poda.

detrusion ['detrʌʃən] [de-tra-shon], *s.* La acción de precipitar alguna cosa.

deturbation [ˌdetɜ:'beɪʃən] [de-tar-bei-shon], *s.* 1. El acto de arrojar al suelo alguna cosa. 2. Degradación.

deuce [dju:s] [dius], *s.* 1. Dos en los juegos, como para decir, dos ases, el dos de espadas; dos puntos en dados; deuce, cuarenta iguales (in tennis). 2. *(Vul.)* El demonio, el diantre, dianche. **How the deuce!**, ¡cómo diablos! **The deuce take me if I have not forgotten it!**, ¡el diablo me lleve si no lo he olvidado!

deuterium [dju:'tɪərɪəm] [diu-tia-rium], *s.* *(Quím.)* Deuterio.

deutero-, deuto-, forma de combinación derivada del griego *deuteros,* segundo.

deuterogamy [dju:ˌtərə'gæmɪ] [diu-te-ro-ga-mi],

devalue ['di:'vælju:] [di-va-liu] *vt.* Devaluar, desvalorizar.

devaluation [dɪˌvælju:'eɪʃən] [di-va-liu-ei-shon] *sf.* Desvalorización.

devastate ['devəsteɪt] [de-vas-teit] *vt.* 1. Asolar, devastar. 2. Deprimirse, hundir en depresión (person).

devastating ['devəsteɪtɪŋ] [de-vas-tei-tin] *a.* Devastador, arrollador (argument, news), contundente (defeat), irresistible (beautiful, charm).

devastation ['devəsteɪʃən] [de-vas-tei-shon] *sf.* Devastación, desolación, destrucción, ruina, saqueo.

develop [dɪ'veləp] [di-ve-lop], *va.* 1. Desenvolver, desarrollar, descoger, abrir, desplegar; descubrir. 2. En fotografía, revelar, desarrollar, hacer visible la imagen latente. *-vn.* 1. Progresar; avanzar, pasar de un estado inferior al superior. 2. Hacerse patente, descubrirse (el enredo de una novela); asomar (la imagen fotográfica).

developed [dɪ'veləpt] [di-ve-lopt] *a.* Desarrollado (country), profundo.

developer [dɪ'veləpəʳ] [di-ve-lo-paʳ], *s.* Revelador, desarrollador; baño químico para revelar una fotografía.

developing [dɪ'veləpɪŋ] [di-ve-lo-pin] *a.* **Developing country,** país en vías de desarrollo.

development [dɪ'veləpmənt] [di-ve-lop-ment], *s.* 1. Desarrollo, revelación. Acción de descubrir lo oculto o secreto. 2. Desarrollo, revelación *(fot.)* 3. Adelanto, progreso, mejoría, evolución, desarrollo (progress).

devest [dɪ'vest] [di-vest], *va.* 1. *(Des.)* Desnudar. 2. *(For.)* Privar de los bienes o del título; enajenar.*-vn.* Perderse o enajenarse (el título o la herencia).

deviate ['di:vɪeɪt] [di-vi-eit], *vn.* 1. Desviarse, salir del camino derecho. 2. Descarriarse, ir errando; pecar.

deviation [ˌdi:vɪ'eɪʃən] [di-vi-ei-shon], *s.* 1. Desvío, la acción y efecto de desviarse; extravio, error; falta, pecado. 2. Mala conducta. 3. *(Astr.)* Deviación.

device [dɪ'vaɪs] [di-vais], *s.* 1. Plan, proyecto. 2. Dispositivo. 3. Estratagema, ardid. 4. Divisa, lema.

deviceful [dɪ'vaɪsfʊl] [di-vais-ful], *a.* Inventivo, ingenioso, especulativo.

devicefully [dɪ'vaɪsfʊlɪ] [di-vais-fu-li], *adv.* Curiosamente ideado.

devil ['devl] [de-vil], *s.* 1. Diablo, demonio, espíritu maligno. 2. Diablo, hombre o mujer del mal natural. 3. Se usa como interjección, para indicar sorpresa o enfado. 2. Aprendiz de impresor. **The devil!** ¡demonio! ¡diantre! **The devil take you!** ¡el diablo te lleve! ¡vete al diablo! **Devil-fish,** animal marino de gran tamaño y repulsivo aspecto, especialmente

el octópodo o pulpo. **The devil to pay,** gran confusión o mala suerte, perplejidad. **To whip the devil round the stump,** la cupa del asno, echarla a la albarda. **To play the devil with,** causar gran perjuicio o daño. **To go to the devil,** llevárselo a uno la trampa, insecto neuróptero; (2) Peine de Venus, planta umbelífera.
devil, *va.* 1. Condimentar, preparar pescados y carnes para la mesa sazonándolos con pimienta y mostaza, etc. y sobreasándolos o friéndolos. 2. Hacer diabólico. **Deviled ham,** jamón en latas, con salsa muy picante.
deviled eggs [ˌdevɪld'egs] [de-vi-lid-egs], *s. pl.* Huevos cocidos y rellenos con salsa picante.
deviling ['devlɪŋ] [de-vi-lin], *s.* Diablillo.
devilish ['devlɪʃ] [de-vi-lish], *a.* 1. Diabólico. 2. Excesivo; se dice en burla. 3. Epíteto para expresar aborrecimiento o desprecio.
devilishly ['devlɪʃlɪ] [de-vi-lish-li], *adv.* Diabólicamente, endiabladamente.
devilishness ['devlɪʃnɪs] [de-vi-lish-nes], *s.* Diablura.
devilkin ['devlkɪn] [de-vil-kin], *s.* Diablillo.
devilship ['devlʃɪp] [de-vil-ship], *s.* Calidad o estado de demonio o diablo.
deviltry ['devltrɪ] [de-vil-tri], *s.* Diablura, diablería, y el espíritu que conduce al mal.
devious ['diːvɪəs] [di-vios], *a.* Desviado, descarriado, descaminado, extraviado, errado, tortuoso; errante.
deviously ['diːvɪəslɪ] [di-vios-li], *adv.* A través, de una manera torcida; tortuosamente.
deviousness ['diːvɪəsnɪs] [di-vios-nes], *s.* Extravío, descarrío; desviación del camino recto.
devisable [dɪ'vaɪzəbl] [di-vai-sa-bol], *a.* 1. Imaginable, lo que se puede trazar o idear. 2. Transmisible, lo que se puede legar por testamento.
devisal ['dɪvaɪzl] [di-vai-sal], *s.* El acto de inventar; el de legar por testamento.
devise ['dɪ'vaɪz] [di-vais], *va.* 1. Trazar, idear, inventar, proyectar, pensar (invent, think), tener ánimo o intención de alguna cosa. 2. Legar. *-vn.* Pensar, considerar, maquinar.
devise, *s. (For.)* 1. Legado, manda de bienes ríces. 2. Testamento o cláusula del mismo que lega bienes raíces.
devisee ['dɪ'vaɪziː] [di-vai-si], *s.* Legatario.
deviser [dɪ'vaɪzəʳ] [di-vai-saʳ], *s.* Inventor, autor.
devisor [dɪ'vaɪzəʳ] [di-vai-soʳ], *s.* Testador, el que deja un legado de bienes raíces.
devitalize [diː'vaɪtəlaɪz] [di-vai-ta-lais], *va.* Privar del poder vital o de la fuerza para sostener la vida.
devoid [dɪ'vɔɪd] [di-void], *s.* 1. Obsequio. 2. Cumplimiento, cumplido.
devoir ['dɪ'vʊəʳ] [di-vuaʳ], *s.* 1. Obsequio. 2. Cumplimiento, cumplido.
devolution [ˌdiːvə'luːʃən] [di-vo-lu-shon], *s.* 1. Mudanza de mano en mano; transmisión, traspaso a un sucesor. *(For.)* Devolución o derecho devoluto. 2. *(Neol.)* Denegación, lo contrario de *evolution.*
devolve [dɪ'vɒlv] [di-volv], *va.* 1. Transmitir, traspasar, remitir, pasar de una mano a otra. 2. *(Ant.)* Rodar hacia abajo o hacia adelante.*-vn.* Recaer en alguno por devolución o derecho devoluto (seguido de *to, on o upon).*
devonian [de'vəʊnɪən] [de-vou-nian], *a.* Devoniano, perteneciente al condado de Devon en Inglaterra. **Devonian age,** *(Geol.)* edad devoniana o de los peces, subsiguiente a la silúrica.
devote [dɪ'vəʊt] [di-vout], *va.* 1. Dedicar, consagrar; aplicar, entregar completamente. 2. Maldecir, execrar.
devoted [dɪ'vəʊtɪd] [di-vou-tid], *a.* 1. Dedicado, consagrado, aplicado, destinado. 2. Apegado, aficionado, consagrado a. 3. Infeliz, malhadado, desdichado.
devotedly [dɪ'vəʊtɪdlɪ] [di-vou-tid-li] *adv.* Con devoción.
devotedness [dɪ'vəʊtɪdnɪs] [di-vou-tid-nes], *s.* 1. Devoción, dedicación, afecto a alguna persona. 2. Sacrificio voluntario.
devotee [ˌdevəʊ'tiː] [de-vou-ti], *s.* 1. Devoto, devota, partidario. 2. Santón, saturrón, mojigato.
devoter [dɪ'vəʊtəʳ] [di-vou-taʳ], *s.* 1. El que dedica o consagra. 2. *(Des.)* Adorador.
devotion [dɪ'vəʊʃən] [di-vou-shon], *s.* 1. Devoción, piedad. 2. Adoración, lealtad, veneración. 3. Oración (preach). 4. Elevación del alma a Dios reconociéndose su criatura. 5. Disposición. 6. Oblación de caridad. 7. Afecto o amor ardiente (love). 8. Ardor, anhelo, ansia.
devotional [dɪ'vəʊʃənl] [di-vou-sho-nal], *a.* Devoto, religioso, piadoso.
devotionalist [dɪ'vəʊʃənlɪst] [di-vou-sho-na-list], *s.* Santón, santurrón.
devotionist [dɪ'vəʊʃənɪst] [di-vou-sho-nist], *s.* Santón; persona piadosa.
devour [dɪ'vəʊəʳ] [di-vouaʳ], *va.* 1. Devorar, tragar, engullir; comer con avidez, con voracidad, como un animal carnívoro. 2. Devorar, destruir, consumir, consumir sin reparo, deshacerse temerariamente de algo. 3. Mirar con avidez o deleite, devorar con la vista. **To be devoured with jealous,** morirse de celos.
devourer [dɪ'vəʊərəʳ] [di-voua-raʳ], *s.* Devorador, tragón; destructor.
devouring [dɪ'vəʊərɪŋ] [di-voua-rin] *a.* Absorbente.
devouringly [dɪ'vəʊərɪŋlɪ] [di-voua-rin-li], *adv.* De un modo devorador.
devout [dɪ'vəʊt] [di-vout], *a.* Devoto, piadoso, fervoroso.-*s. V.* DEVOTEE.
devoutlessness [dɪ'vəʊtlɪsnɪs] [di-vout-les-nes], *s.* Falta de devoción, tibieza en las cosas espirituales.
devoutly [dɪ'vəʊtlɪ] [di-vout-li], *adv.* Devotamente, piadosamente.
devoutness [dɪ'vəʊtnɪs] [di-vout-nes], *s.* Piedad, devoción.
dew [djuː] [diu], *s.* Rocío, relente, sereno.
dew *va.* Rociar, mojar como son rocío; de aquí, apaciguar, refrescar.
dew-bent [djuː'bent] [diu-bent], *a.* Inclinado con el rocío, cargado de rocío.
dewberry [djuː'berɪ] [diu-be-ri], *s. (Bot.)* Zarzamora, el fruto de la zarza rastrera, y la planta de la misma.
dew-besprent [djuː'besprənt] [diu-bes-prent], *a.* Rociado.
dewdrop ['djuːdrɒp] [diu-drop], *s.* Gota de rocío.
dew-dropping [djuː'drɒpɪŋ] [diu-dro-pin], *a.* Lo que cae a gotas como el rocío; lo que deja caer el rocío.
dew-impearled [djuːɪm'pɜːld] [diu-im-perld], *a.* Aljofarado, cubierto con las gotas de rocío.
dewlap ['djuːlæp] [diu-lap], *s.* Papada.
dewlapt ['djuːlæpt] [diu-lapt], *a.* Papudo, el que tiene papada.
dew-plant ['djuːplænt] [diu-plant], *s.* Planta de adorno con gruesas hojas relucientes.
dew-point [djuː'pɔɪnt] [diu-point], *s.* La temperatura a que se forma el rocío, humedad relativa de cien grados.
dew-pond ['djuːpɒnd] [diu-pond] *sf.* Charca que forma el rocío.
dew-worn ['djuːwɔːn] [diu-uorn], *s.* Lombriz de tierra.
dewy ['djuːɪ] [diui], *a.* Rociado, humedecido con rocío; semejante al rocío, lleno de rocío.
dexter ['dextaʳ] [deks-taʳ], *a.* 1. Diestro o derecho. 2. Favorable, propicio.
dexterity ['dexterɪtɪ] [deks-te-ri-ti], *s.* Destreza, agilidad, habilidad, maña y arte; primor, gracia.
dexterous ['dexterəs] [deks-te-ros], *a.* Diestro, sagaz, hábil, experto.
dexterously ['dexterəslɪ] [deks-te-ros-li], *adv.* Diestramente, hábilmente.
dexterousness ['dexterəsnɪs] [deks-te-ros-nes], *s.* Habilidad, conocimiento práctico.
dextrad ['dextræd] [deks-trad], *adv.* A la derecha; al lado derecho.
dextral ['dextrəl] [deks-tral], *a.* Derecho, diestro.

dextrality ['dextrælɪtɪ] [deks-tra-li-ti], *s.* Situación a la mano derecha.
dextrin, dextrine ['dextri:n] [deks-trin], *s.* *(Quím.)* Dextrina, substancia parecida a la goma, y que se usa en sustitución de la goma arábiga.
dextrose ['dextrəs] [deks-tros], *s.* Dextrosa, glucosa, azúcar de uvas. Azúcar contenida en la miel de abejas y en muchas frutas. Se utiliza en dulces y en la fermentación del tabaco.
dey [deɪ] [dei], *s.* Bey o dey, el jefe supremo de Argel antes de la conquista francesa de 1830. Los gobernantes de Túnez y Trípoli.
dg *Abreviatura de* **decigram,** decigramo.
diabetes [ˌdaɪə'bi:ti:z] [daia-bi-tis], *s.* *(Med.)* Diabetes, enfermedad caracterizada por una secreción abundante de orina más o menos cargada de glucosa.
diabetic [ˌdaɪə'betɪk] [daia-be-tik], *a.* Diabético, de la diabetes o relativo a ella.
diabolic, diabolical [ˌdaɪə'bɒlɪk] [daia-bo-lik] [ˌdaɪə'bɒlɪkəl] [daia-bo-li-kal], *a.* Diabólico.
diabolically [ˌdaɪə'bɒlɪkəlɪ] [daia-bo-li-ka-li], *adv.* Diabólicamente.
diabolicalness [ˌdaɪə'bɒlɪkəlnɪs] [daia-bo-li-kal-nes], *s.* La calidad de diablo.
diabolism [ˌdaɪə'bɒlɪzm] [daia-bo-li-sem], *s.* 1. Diablura. 2. Posesión, el estar poseído por los demonios.
diachylon [ˌdaɪə'kɪlɒn] [daia-ki-lon], **diachylum** [ˌdaɪə'kɪləm] [daia-ki-lum], *s.* Diaquilón, ungüento con que se hacen emplastos, compuesto de óxido de plomo, aceite y agua.
diaconal [ˌdaɪə'kɒnl] [daia-ko-nal], *a.* Diaconal, relativo o perteneciente a un diácono o diaconato.
diacoustics [ˌdaɪə'kʌstɪks] [daia-kas-tiks], *s.* Diacústica, ciencia que trata de la refracción de los sonidos.
diacritic, diacritical [ˌdaɪə'krɪtɪk] [daia-kri-tik], *a.* Diacrítico, distinguido por un punto, signo o señal.
diadem ['daɪədem] [daia-dem], *s.* Diadema, corona.
diademed ['daɪədemd] [daia-de-md], *a.* 1. Coronado. 2. *(Her.)* Diademado.
diaeresis o dieresis [daɪ'erɪsɪs] [dai-e-ri-sis], *s.* *(Gram.)* Diéresis, figura por la cual se disuelve un diptongo, formando sus vocales dos sílabas en vez de una.
diagnose ['daɪəgnəʊz] [daiag-nous], *va.* *(Med.)* Diagnosticar, formar el diagnóstico de una enfermedad.
diagnosis ['daɪəgnəʊsɪs] [daiag-nou-sis], *s.* 1. *(Med.)* Diagnosis, conocimiento de los síntomas característicos de las enfermedades. 2. Discernimiento entre cosas o condiciones de análoga naturaleza.
diagnostic [ˌdaɪəg'nɒstɪk] [daiag-nos-tik], *s.* *(Med.)* Diagnóstico, signo característico por el cual se distingue una enfermedad de otra. -*a.* Diagnóstico, distintivo, característico.
diagnostics [ˌdaɪəg'nɒstɪks] [daiag-nos-tiks] *sf.* Diagnóstica.
diagnosticate [ˌdaɪəg'nɒstɪkeɪt] [daiag-nos-ti-keit], *va.* Diagnosticar, distinguir entre las enfermedades.
diagonal [daɪ'ægənl] [dai-a-go-nal], *a.* Diagonal. -*s.* Diagonal.
diagonally [daɪ'ægənəlɪ] [dai-a-go-na-li], *adv.* Diagonalmente.
diagram ['daɪəgræm] [dai-a-gram], *s.* Diagrama; perfil, bosquejo, recorte, traza; borrón o diseño de un mapa o de una proyección.
diagrammatic [ˌdaɪəgrə'mætɪk] [dai-a-gra-ma-tik] *a.* Esquemático.
diagraph ['daɪəgræf] [dai-a-graf], *s.* Diágrafo, instrumento de reducción de un imagen con el que puede trazar toda clase de líneas y figuras.
diagraphic o diagraphical ['daɪəgræfɪk] [dai-a-gra-fik] ['daɪəgræfɪkl] [dai-a-gra-fi-kal], *a.* Descriptivo.
dial ['daɪəl] [daial], *s.* 1. Reloj de sol. 2. Esfera (de un reloj). 3. Brújula. **Dial code,** prefijo. **Dial phone,** teléfono automático. **Dial tone,** tono (de marcación). **Luminous dial,** esfera luminosa (de un reloj).
dial, va, Marcar.
dialect ['daɪəlekt] [daia-lekt], *s.* Dialecto, lenguaje propio de una provincia o región; variedad de un idioma, a diferencia de la lengua general y literaria.
dialectic [ˌdaɪə'lektɪk] [daia-lek-tik], s, Dialéctica.-*a.* Arguyente.
dialectical [ˌdaɪə'lektɪkəl] [daia-lek-ti-kal], *a.* Dialéctico.
dialectician [ˌdaɪə'lektɪʒən] [daia-lek-ti-shan], *s.* Dialéctico.
dialist ['daɪəlɪst] [daia-list], *s.* Constructor de relojes solares.
dialling ['daɪəlɪŋ] [daia-lin], *s.* 1. Marcación. 2. Gnomónica, la ciencia de hacer relojes de sol o cuadrantes.
dialog ['daɪəlɒg] [daia-log] *s.* y *vn.* Diálogo.
dialogism ['daɪəlɒgɪzm] [daia-lo-gui-sem], *s.* Dialogismo, el arte del diálogo.
dialogist ['daɪəlɒgɪst] [daia-lo-guist], *s.* Dialoguista, el que pone en diálogo una cosa.
dialogistically ['daɪəlɒgɪstɪkəlɪ] [daia-lo-guis-ti-ka-li], *adv.* A manera de diálogo.
dialogize ['daɪəlɒgaɪz] [daia-lo-gais], *vn.* Dialogar, dialogizar, hacer diálogos.
dialogue ['daɪəlɒg] [daia-log], *s.* Diálogo, interlocución; conversación, conferencia, coloquio.
dialogue *vn.* Dialogar.
dialogue-writer ['daɪəlɒgˌwraɪtəʳ] [daia-log-vrai-taʳ], *s.* Dialoguista.
dial-plate ['daɪəlˌpleɪt] [daial-pleit], *s.* Muestra de un reloj.
dial telephone ['daɪəlˌtelɪfəʊn] [daial-te-li-foun], *s.* Teléfono automático.
dial tone ['daɪəlˌtəʊn] [daial-toun] *s.* Tono de marcar o de discado.
dialysis [daɪ'æləsɪs] [daia-li-sis], *s.* 1. Diálisis, separación de partes; solución de continuidad. 2. *(Quím.)* Diálisis, procedimiento de separación fundamento en la propiedad que ciertas substancias poseen de atravesar fácilmente las membranas porosas, en tanto que otras quedan retenidas por dichas membranas. 3. *(Gram.)* Diérisis, crema. 4. *(Ret.)* Asíndeton. 5. *(Méd.)* Disolución, languidez, dificultad de mover los miembros. 6. *(Cir.)* Herida abierta.
dialytic [daɪ'ælɪtɪl] [daia-li-tik], *a.* Dialítico, perteciente a la diálisis.
dialyze [daɪ'ælaɪs] [daia-lais], *va.* Dialisar, separar las substancias susceptibles de desprenderse de una mezcla.
dialyzer [daɪ'ælaɪzəʳ] [daia-lai-saʳ], *s.* Dialisador, instrumento propio para practicar la diálisis.
diamentine [di:'əmentaɪn] [dia-men-tain], *a.* Adamantino, diamantino.
diameter [daɪ'æmɪtəʳ] [daia-mi-taʳ], *s.* Diámetro.
diametral [daɪ'æmɪtrəl] [daia-mi-tral], *a.* Diametral; opuesto, contrario.
diametrically [ˌdaɪə'metrɪkəlɪ] [daia-mi-tri-ka-li], *adv.* Diametralmente.
diamond ['daɪəmənd] [daia-mond], *s.* *(Min.)* Diamante, piedra preciosa; brillante, diamante (cut). **Diamond ring,** anillo o sortija de brillantes o diamantes. 2. Punta de diamante, instrumento que sirve para cortar vidrio. 3. Oros, uno de los palos de que se compone la baraja de naipes. 4. Nombre de un grado muy pequeño de letra de imprenta, muy próximo a la letra «brillante»; 4 o 4 1/2 puntos, corpus cuatro. 5. *(Geom.)* Rombo (shape). 6. Diamante, cuadro; rombo del juego de pelota llamado baseball (area inside bases). Campo de béisbol (entire field). **Diamond-cutter**, diamantista. **Diamond-drill**, taladro de punta de diamante.
diamond, *a.* Diamantado: adiamantado
diapason [ˌdaɪə'peɪzən] [daia-pei-son], *s.* 1. Diapasón, registro fundamentalmente del órgano. 2. Diapasón, armonía comprensiva o fundamental; tono justo, acuerdo.
diaper ['daɪəpəʳ] [daia-paʳ], *s.* 1. Lienzo adamascado; servilleta. 2. Arabesco, adorno en pintura y escultura, hecho con dibujos de flores, figuras geométricas, etc. 3. Pañal,

sabanilla de niño. **She has diaper rash**, está escaldada o rozada.
diaper , *va.* 1. Matizar una tela de diferentes colores. 2. Adamascar.
diaphaneity ['daɪəfənɪtɪ] [daia-fa-ni-ti], *s.* Diafanidad, transparencia.
diaphanous [daɪ'æfənəs] [dai-a-fa-nos], *a.* Diáfano, transparente, terso, claro.
diaphoresis ['daɪəfərɪsɪs] [daia-fo-ri-sis], *s. (Med.)* Diaforesi, transpiración copiosa , sudor (en especial la transpiración artificial).
diaphoretic, diaphoretical ['daɪəfəretɪk] [daia-fo-re-tik], *a.* Diaforético, sudorífico.
diaphragm ['daɪəfræm] [daia-fram], *s.* 1. *(Anat.)* Diafragma, músculo que sirve para la respiración y que separa el tórax del abdomen; es característico de los mamíferos. 2. Diafragma; división o separación, como el diafragma vibratorio del teléfono. 3. Diagragma (contraceptive).
diaphragmatic ['daɪəfrə,mætɪk] [daia-fra-ma-tik], *a.* Diafragmático, perteneciente al diafragma.
diarrhea, diarrhoea [,daɪə'riːə] [daia-ria], *s.* Diarrea, flujo de vientre, cámaras, despeño. *(Vul.)* Evacuaciones, cursos. **Verbal diarrhea**, verborrea, diarrea verbal.
diarist ['daɪərɪst] [daia-rist], *s.* Diarista.
diary ['daɪərɪ] [daia-ri], *s.* 1. Diario, relación de los acontecimientos de cada día (personal record). 2. Agenda (book for appointments).
diastase ['daɪəstɑːs] [daias-tas], *s.* Diastasa, principio componente de la saliva, que se halla también en los cereales en estado de germinación; es un fermento que convierte el almidón en dextrina y azúcar.
diastyle ['daɪəstaɪl] [daia-fram], *s. (Arq.)* Diástilo.
diatessaron ['daɪətesərən] [daia-te-sa-ron], *s.* Diatesarón, el intervalo compuesto de dos tonos, mayor y menor, y de un semitono mayor: también es cuarta en la música.
diathermy ['daɪəθɜːmɪ] [daia-zer-mi], *s.* Diatermina.
diatom ['daɪətɒm] [daia-tom], *s.* Diátomo, planta unicelular del orden de las Diatomáceas, algas microscópicas. Crecen en las aguas dulces y saladas y se distinguen de las desmidias por sus válvulas silicosas y su color aureo pardo u oscuro.
diatomaceous ['daɪətɒmeɪʃəs] [daia-to-mei-shos], *a.* Diatomáceo, perteneciente a los diátomos.
diatomic ['daɪətɒmɪk] [daia-to-mik], *a. (Quím.)* 1. Diatómico, que consiste sólo de dos átomos. 2. Bivalente, cuyo poder de combinación es de dos unidades.
diatribe ['daɪətrɪb] [daia-trib], *s.* Diatriba, invectiva, sátira mordaz.
dibble ['dɪbl] [di-bel], *s.* Plantador, almocafre, instrumento que sirve a los jardineros y hortelanos par plantar.
dibs [dɪbz] [dibs], *s.* Jarabe que se hace hirviendo el zumo de uvas o dátiles. *V.* DIBSTONE.
dibstone ['dɪbztəʊn] [dib'stoun], *s.* Piedra que los niños usan en uno de sus juegos para mover a otras; taba.
dice [daɪs] [dais], *s. pl.* de DIE. Dados.
dice, *vn.* Jugar con o a los dados. **To dice with death**, jugar con la muerte. *va. (Culin.)* Cortar en dados o cubitos.
dice-box ['daɪsbɒks] [dais-boks], *s.* Cubilete de dados.
dicer ['daɪsə^r] [dai-sa^r], *s.* Jugador de dados.
dicey ['daɪsɪ] [dai-si] *a. (Coloq.)* Arriesgado, riesgoso (risky); dudoso, incierto (uncertain).
dichotomize [dɪ'kɒtəmaɪz] [di-ko-to-mais], *va.* Separar, dividir.
dichotomous [dɪ'kɒtəməs] [di-ko-to-mus], *a.* Dicotómico, lo que se divide y subdivide por parejas, de dos en dos.
dichotomy [dɪ'kɒtəmɪ] [di-ko-to-mi], *s.* Dicotomía, distribución de una cosa en dos partes.
dick [dɪk] [dik] *s. (Vulg.)* Verga, pija, polla, pico.
dickens ['dɪkɪnz] [di-kens], *s. (Vul.)* Diantre, dianche, demonio.
dicker ['dɪkə^r] [di-ka^r], *va. (E.U.)* Hacer un trueque sin importancia: regatear. *-s.* 1. Cambio, trueque de poca monta. 2. *(Des.)* Decenar o decenario.
dickey ['dɪkɪ] [di-ki], *s.* Peto, pechera.
dickhead ['dɪkhed] [dik-jed] *s. (Vul.)* Huevón, pelotudo, pendejo, gilipollas.
dicky ['dɪkɪ] [di-ki] *a.* (GB) *(Coloq.)* **He's got a dicky heart**, tiene problemas cardíacos.
dicotyledon [,dɪkɒ'tɪlɪdən] [di-ko-li-li-don], *s.* Dicotiledón, vegetal que tiene dos lóbulos o cotiledones.
dicotyledonous [,dɪkɒtɪlɪ'dənəs] [di-ko-ti-li-do-nos], *a.* Dicotiledóneo. *V.* DICOTYLEDON.
dictate ['dɪkteɪt] [dik-teit], *va.* 1. Dictar, declarar a otro alguna cosa con autoridad. Establecer, dictar (prescribe, lay down); dictar (common sense). **To dictate terms**, imponer condiciones. 2. Dictar, decir a otro lo que ha de escribir o hablar (read out). *vn.* Dictar.
dictate to Mandar, darle órdenes a.
dictate, *s.* Dictamen, máxima autorizada, precepto; sugestión; lección, doctrina, documento; dictado, nota, mandato.
dictation [dɪk'teɪʃən] [dik-tei-shon], *s.* 1. *(Corresp.)* Dictado, acción de dictar. **She asked her secretary to take dictation**, llamó a la secretaria para dictarle una carta (o informe, etc.). *(Educ.)* Dictado. 2. Precepto, prescripción.
dictator [dɪk'teɪtə^r] [dik-tei-to^r], *s.* 1. Dictador, el que ejerce una autoridad absoluta, especialmente en época turbulenta o peligrosa. 2. Dictador, el que dicta o prescribe.
dictatorial [,dɪktə'tɔːrɪəl] [dik-ta-to-rial], *a.* Autoritativo, arrogante, altivo, imperioso, absoluto, magistral, dogmático, dictatorial.
dictatorship [dɪk'teɪtəʃɪp] [dik-tei-tor-ship], *s.* Dictadura; arrogancia, presunción.
dictatory [dɪk'teɪtərɪ] [dik-tei-to-ri], *a.* Dominante, arrogante, dogmático.
diction ['dɪkʃən] [dik-shon], *s.* Dicción, estilo, expresión; locución, lenguaje.
dictionary ['dɪkʃənərɪ] [dik-sho-na-ri], *s.* Diccionario, colección alfabética de las palabras de una lengua, arte o ciencia, con sus definiciones o explicaciones.
dictograph ['dɪktəgræf] [dik-to-graf], *s.* Máquina para dictar.
dictum ['dɪktəm] [dik-tum], *s.* (*pl.* DICTA). Sentencia o dicho positivo o dogmático. 2. *(For.)* Fallo, la sentencia de un juez, sobre un punto no esencial a la decisión del juicio principal.
did, *pret.* del verbo TO DO, hacer. -Did se emplea como indicación del tiempo pasado de los verbos, particularmente en las frases interrogativas y negativas.
didactic, didactical [daɪ'dæktɪk] [dai-dak-tik] [daɪ'dæktɪkl] [dai-dak-ti-kal], *a.* Didáctico.
didapper ['daɪdəpə^r] [dai-da-pa^r], *s.* Somorgujo, somormujo o somormujón, ave acuática.
diddle ['dɪdl] [di-dol], *va. (Coloq.)* Engañar, entrampar, estafar, timar. **He diddled me out of $50**, me sacó o me estafó 50 dólares. *-vn. (Prov.)* Vacilar, anadear.
die [daɪ] [dai], *vn.* (pa.DYING, *pret.* y *pp.* DIED). 1. Morir, expirar (stop living); matarse, morir (violently). **He died of cancer**, (se) murió de cáncer. *(Coloq.)* Morirse (be overcome). **To die laughing**, morirse de risa. 2. Fenecer, acabar del todo. 3. Padecer violentamente algún afecto o pasión; padecer la muerte. 4. Marchitarse, perder el jugo y secarse los vegetales. 5. Evaporar o evaporarse, perder el espíritu y fuerza los licores. 6. *(Teol.)* Perecer eternamente. 7. Descaecer; desmadejarse, devanecerse. 8. Cesar, extinguirse (hablando de las pasiones y de afectos morales). Extinguirse, apagarse (be extinguished/fire, light). Apagarse, dejar de funcionar (stop functioning/engine, motor). 9. *(Coloq.)* Quedarse embasado, ser dejado de base (in baseball). *(Coloq.)* **To be dying for something**, morirse por algo (want very much). *va.* **To die a natural death**, morir de muerte natural. **To die a violent death**, tener o sufrir una muerte violenta. (GB) *(Coloq.)* **To die a death**, quedar en la nada.
die away, debilitarse gradualmente; extinguirse, caer, cesar; disiparse; borrarse, desaparecer. Amainar (storm, wind);

pasar (anger). **Her voice died away**, su voz se fue apagando o extinguiendo.

die down, irse apagando (fire, noise); amainar (storm/wind); calmarse (anger, excitement).

die off, ir muriendo.

die out, extinguirse (race, species); morir, caer en desuso (custom).

die, *s*. 1. Dado, pieza de hueso u otra materia que se usa para jugar: en este sentido su plural es *dice*. **The die is cast**, la suerte está echada. 2. Dado, suerte. **To cog a die**, cargar un dado para que se ladee o se incline. 3. Cuño, el sello con que se acuña la moneda: su plural en este sentido es *dies*. 4. *(Arq.)* Cubo. **Die-sinker**, Grabador en hueco.

dieresis, *s. V.* DIAERESIS.

diesel ['di:zəl] [di-sel] *s*. Coche (o camión, etc.) diesel. Diesel, gasóleo, gas-oil (fuel).

diesel engine ['di:zəl,endʒɪn] [di-sel-en-yin], *s*. Locomotora Diesel.

diet ['daɪət] [daiet], *s*. 1. Alimento, comida, manjar, vianda; alimentación, dieta alimenticia (nourishment). **They live on a diet of rice and fish**, se alimentan de arroz y pescado. 2. Dieta, régimen (special food). **To be/go on a diet**, estar/ponerse a régimen o a dieta. 3. Ración de víveres. 4. Dieta, asamblea de los príncipes y estados del imperio de Alemania.

diet, *vn*. Estar a o de dieta, poner a dieta; comer, alimentarse. *va*. 1. Comer parcamente. 2. Dar de comer.

dietary ['daɪətərɪ] [daie-ta-ri], *a*. Dietético (fiber); alimenticio (habits). *-s*. Dieta medicinal.

diet-drink ['daɪətdrɪŋk] [daiet-drink], *s*. Bebida medicinal.

dieter ['daɪətə^r] [daie-ta^r], *s*. El que da reglas para guardar la dieta.

dietetic, dietetical ['daɪətɪk] [daie-tik], *a*. Dietétio.

dietetics ['daɪətɪks] [daie-tiks], *s*. Dietética.

dietician, dietitian [,daɪə'tɪʃən] [daie-ti-shan] *s*. Dietista, experto en dietética.

dieting ['daɪətɪŋ] [daie-tin], *s*. Adietación.

diffarreation [,daɪfərɪ'ækʃən] [dai-fa-ri-ak-shon], *s*. Difarreación, la ceremonia que hacían los romanos de partir un bollo cuando se divorciaban.

differ ['dɪfə^r] [di-fa^r], *vn*. 1. Diferenciarse, distinguirse; diferir (be at variance). **How do they differ?**, ¿en qué difieren? Ser distinto o diferente (be unlike). 2. Contener, lidiar, altercar. 3. Contradecir; discrepar, diferir (disagree). **I beg to differ, but ...**, lamento discrepar (de su opinión), pero ... *-va*. Diferenciar, variar.

difference ['dɪfrəns] [di-frens], *s*. 1. Diferencia (dissimilarity); diversidad, distinción, desemejanza, disparidad. **To tell the difference**, notar o ver la diferencia. **It will no difference to you**, a ti no te va a afectar. *(Mat.)* **To split the difference**, dividirse la diferencia (a partes iguales). 2. Diferencia (disagreement); riña, pendencia. **To settle/resolve one's differences**, saldar o resolver sus diferencias. 3. Distinción.

difference, *va*. Diferencia, hacer diferencia, distinguir.

different ['dɪfrənt] [di-ferent], *a*. 1. Diferente, distinto, diverso; desemejante (not the same). 2. Diferente, original (unusual).

differential [,dɪfə'renʃəl] [di-fe-ren-shal], *a*. *(Mat., Fin.)* Diferencial. **Differential calculus**, cálculo diferencial. *-s*. *(Mec.)* Diferencial.

differentiate [,dɪfə'renʃɪeɪt] [di-fe-ren-shieit], *va*. 1. Diferenciar, hacer diferencia. 2. Constituir diferencia entre; ser señal distintiva. 3. *(Biol.)* Hacer diferencia, hacer especial en forma o función; desarrollar variación en (plantas que se cultivan. etc.).-*vn*. Adquirir carácter diverso y diferente. Distinguir.

differently ['dɪfrəntlɪ] [di-fren-tli], **differingly** ['dɪfrərɪŋlɪ] [di-fe-rin-li], *adv*. Diferentemente. **They think differently**, no piensan igual o del mismo modo.

difficult ['dɪfɪkəlt] [di-fi-kult], *a*. 1. Difícil, dificultoso, oscuro; penoso. **We'll make things difficult for him**, le haremos la vida imposible. **He's difficult to live with**, es difícil convivir con él. 2. Áspero, agrio de condición, difícil de contentar.

difficulty ['dɪfɪkəltɪ] [di-fi-kul-ti], *s*. 1. Dificultad (of situation, task). **He has difficulty in understanding English**, tiene dificultad para entender el inglés. 2. Oposición, obstáculo, repugnancia; calamidad. 3. Dificultad, enredo, problema (problem). **To be in difficulties**, estar en apuros. **To make difficulties**, crear problemas. 4. Duda, argumento, reparo, objeción.

diffide ['dɪfaɪd] [di-faid], *vn*. Desconfiar, recelarse de alguno.

diffidence ['dɪfɪdəns] [di-fi-dens], *s*. Difidencia, desconfianza; timidez, pusilanimidad; falta de seguridad en sí mismo, retraimiento.

diffident ['dɪfɪdənt] [di-fi-dent], *a*. 1. Corto, corto de genio, vergonzoso, tímido. 2. *(Ant.)* Desconfiado, dudoso, receloso. 3. Poco seguro de sí mismo (person); tímido (smile).

diffidently ['dɪfɪdəntlɪ] [di-fi-dent-li], *adv*. Modestamente, tímidamente.

diffluence, diffluency ['dɪflʊəns] [di-flu-ens], *s*. Fluidez.

diffluent ['dɪflʊənt] [di-flu-ent], *a*. Que fluye por todas partes; que difluye o se difunde; que se deslíe o disuelve.

difform ['dɪfɔ:m] [di-form], *a*. Disforme, deforme.

difformity ['dɪfɔ:mɪtɪ] [di-for-mi-ti], *s*. Deformidad, irregularidad; diversidad de forma.

diffraction ['dɪfrækʃən] [di-frak-shon], *s*. Difracción, fenómeno luminoso producido por el cambio de dirección que experimentan los rayos solares cuando rozan los borde de un cuerpo muy tenue o penetran por una hendidura muy estrecha.

diffranchisement ['dɪfrænʃɪsmənt] [di-fran-shis-ment], *s*. El acto de privar a alguna ciudad de sus franquicias o privilegios. *V.* DISFRANCHISEMENT.

diffuse ['dɪfju:z] [di-fius], *va*. Difundir, esparcir (heat); esparramar; derramar, verter; repartir; propagar, publicar, difundir (knowledge). Tamizar, difuminar (light). *vn*. Difundirse. *a*. Difuso.

diffused ['dɪfju:zd] [di-fiusd], *a*. Difundido, extendido, derramado. 2. *(Zool.)* Que se desvanece por los bordes, como sucede con las manchas o colores de algunos animales; borroso.

diffusedly ['dɪfju:zdlɪ] [di-fiusd-li], *adv*. Difusamente, latamente.

diffusedness ['dɪfju:zdnɪs] [di-fiusd-nes], *s*. Dispersión, esparcimiento, separación.

diffusely ['dɪfju:zlɪ] [di-fius-li], *adv*. Extensivamente. copiosamente, ampliamente, prolijamente.

diffuser ['dɪfju:zə^r] [di-fiu-sa^r], *s*. Difundidor, esparcidor.

diffusible ['dɪfju:zɪbl] [di-fiu-si-bol], *a*. Difusivo, capaz de difusión o extensión.

diffusion ['dɪfju:ʒən] [di-fiu-shon], **s.** Difusión, prolijidad; esparcimiento, dispersión, diseminación.

diffusive ['dɪfju:sɪv] [di-fiu-siv], *a*. Difusivo, difundido, difuso, extendido; esparcido.

diffusively ['dɪfju:sɪvlɪ] [di-fiu-siv-li], *adv*. Difusamente.

diffusiveness ['dɪfju:sɪvnɪs] [di-fiu-siv-nes], *s*. Dispersión; difusión, extensión.

dig [dɪg] [dig], *va*. (*pret*. y *pp*. DUG o DIGGED). 1. Cavar o ahondar (ground); cavar (by hand/hole, trench); excavar (by machine). **To dig the garden**, cavar en el jardín. 2. Cultivar la tierra; sacar (potatoes). 3. Extraer, sacar de la tierra; beneficiar una mina. *(Archeol.)* Excavar. 4. Penetrar con una punta. 5. *(Fig.)* Buscar y extraer por medio del trabajo. **To dig again**, binar. **To dig deeper**, profundizar. **To dig out/up**, desenterrar. **He dug his way out**, escapó cavándose una salida. **To dig somebody in the ribs**, darle o pegarle un codazo en las costillas a alguien (jab, thrust). *-vn*. 1. Trabajar con azadón o azada; cavar (by hand/excavate); excavar (by machine); escarbar (dog). **To dig for oil**, hacer prospecciones petrolíferas. *(Arheol.)* Hacer excavaciones, excavar. 2. Buscar (search). **She dug in her pockets for the key**, buscó la llave en los bolsillos.

dig around *(Coloq.)* Revolver, escarbar buscando algo.

dig in *(Mil.)* Atrincherarse. *(Coloq.)* **Dig in!**, ¡al ataque!, ¡ataquen! (start eating).

dig into *(Coloq.)* 1. Atacar (start eating). 2. Investigar (investigate). 3. Echar mano de (resources, reserves).

dig out 1. Sacar de entre los escombros, la nieve, etc. (remove); desenterrar (from soil). 2. *(Coloq.)* sacar, desempolvar (find).

dig up 1. Levantar (lawn); arrancar (weeds, tree). 2. Desenterrar (body, treasure). 3. *(Coloq.)* Sacar a la luz (facts).

dig *s.* 1. *(Archeol.)* Excavación. 2. Codazo (jab/with elbow); pinchazo (with pin). **To give somebody a dig in the ribs**, darle un codazo en las costillas a alguien. 3. *(Coloq.)* Pulla (critical remark); indirecta (hint). **To have a dig at somebody/something**, meterse con alguien/algo. (GB) **To live in digs**, vivir en una habitación alquilada, una pensión, etc. (lodgings).

digamma ['dɪgæmə] [di-ga-ma], *s.* Digama, la letra F, sexta del alfabeto griego originalmente, pero que muy pronto cayó en desuso.

digastric ['dɪgæstrɪk] [di-gas-trik], *a.* Digástrico, se dice de dos músculos de la quijada inferior.

digest ['daɪdʒest] [dai-yest], *s.* 1. Digesto, recopilación de las decisiones de la jurisprudencia romana; también, resumen o extracto de escritos literarios u otros. 2. Compendio (summary); boletín, revista (journal).

digest, *va.* 1. Digerir el alimento en el estómago para convertirlo en quimo y quilo (food). 2. Digerir, pensar, meditar, rumiar. 3. Digerir, sufrir con paciencia, tragar o tolerar una afrenta (assimilate mentally). 4. Digerir, ordenar, disponer, distribuir, colocar. 5. *(Quim.)* Digerir, cocer alguna cosa por medio de un calor templado. *-vn.* 1. *(Quím.)* Ser preparado por medio del calor y de la humedad para ulterior manipulación. 2. *(Cir.)* Supurar.

digester ['daɪdʒestəʳ] [dai-yes-tAʳ], *s.* 1. El que digiere lo que come. 2. Digeridor; aparato para reducir los huesos y toda la materia animal o vegetal a jalea o líquido. 3. Cualquier cosa que ayuda la digestión.

digestible [dɪ'dʒestɪbl] [di-yes-ti-bol], *a.* 1. *(Physiol.)* Digerible, que es fácil de digerir. 2. Fácil de asimilar o digerir (comprehensible). **Easily digestible**, fácil de digerir.

digestion [dɑɪ'dʒestʃən] [dai-yes-chon], *s.* 1. Digestión, la acción y efecto de digerir. 2. La acción de ordenar y colocar metódicamente o de reducir a método u orden: recepción y asimilación mentales. 3. *(Quím.)* Fermentación lenta que se produce por medio de un calor artificial. 4. Maduración de un tumor para que supure, por medio de medicinas.

digestive [dɪ'dʒestɪv] [di-yes-tiv], *a.* Digestivo; metódico. **The digestive system**, el aparato digestivo. *-s.* Medicamento digestivo.

diggable ['dɪgəbl] [di-ga-bol], *a.* Que puede ser cavado.

digger ['dɪgəʳ] [di-gaʳ], *s.* Cavador. **Gravedigger**, sepulturero. Excavadora (machine); excavador (person).

dight ['daɪt] [dait], *va.* 1. (Poét. o Prov.) Adornar, embellecer, vestir. 2. Preparar; alisar, limpiar.

digit ['dɪdʒɪt] [di-yit], *s.* 1. *(Anat.)* Dedo (de la mano o del pie). 2. Cualquier número denotado por una cifra solamente. 3. *(Astr.)* Dígito, la duodécima parte del diámetro del sol o de la luna. 4. *(Mat.)* Dígito, antigua medida longitudinal de tres cuartos de pulgada.

digital ['dɪdʒɪtəl] [di-yi-tal], *a.* Digital

digital computer [ˌdɪdʒɪtəlkɒm'pju:təʳ] [di-yit], *s.* Computadora digital, máquina calculadora digital.

digitalis [ˌdɪdʒɪ'teɪlɪs] [di-yi-tei-lis], *s.* Dedalera, digital purpúrea, planta medicinal y sus hojas, usadas como tónico cardíaco.

digitate [ˌdɪdʒɪ'teɪt] [di-yi-tet], **digitated** [ˌdɪdʒɪ'teɪtɪd] [di-yi-te-tid], *a.* Dividido como los dedos.

digitrigade [ˌdɪdʒɪ'trɪgeɪd] [di-yi-tri-gueid], *a.* Digitígrado, que anda sobre los dedos.

diglyph ['dɪglɪf] [di-glif], *s.* *(Arq.)* Diglifo, cartela ornada en su frete con dos muescas, semejantes a las tres del triglifo.

dignified ['dɪgnɪfaɪd] [dig-ni-faid], *a.* Dignificado. Digno, circunspecto (person, reply); digno (silence, attitude). **It's not very dignified**, no es muy decoroso o elegante. Majestuoso (stately).

dignify ['dɪgnɪfaɪ] [dig-ni-fai], *va.* 1. Dignificar (grace); exaltar, condecorar, elevar, promover. 2. Darle categoría a (make respectable). **I would not dignify that question with an answer**, esa pregunta no es digna de respuesta.

dignitary ['dɪgnɪtərɪ] [dig-ni-ta-ri], *s.* Dignidad, el que en alguna iglesia catedral obtiene alguna dignidad o beneficio preeminente. Dignatario.

dignity ['dɪgnɪtɪ] [dig-ni-ti], *s.* 1. Dignidad (dignified air/of person); cargo, empleo; rango, elevación; carácter, aire noble, aire de grandeza; solemnidad (of occasion). **To stand on one's dignity**, mantener las distancias. 2. Dignidad, categoría (status, worth). **She considers it to be beneath her dignity**, lo considera una degradación.

digress [daɪ'gres] [dai-gres], *vn.* Hacer digresión, separarse o apartarse del asunto, extraviarse. **If I may digress for a moment**, si me permiten hacer un breve inciso o paréntesis. **But I digress**, pero estoy divagando.

digression [daɪ'greʃən] [dai-gre-shon], *s.* 1. Digresión. 2. Desvío, separación. **By way of a digression**, a modo de inciso o paréntesis.

digressional [daɪ'greʃənl] [dai-gre-sho-nal], *a.* Lo que se separa del asunto principal; caracterizado por la digresión.

digressive [daɪ'gresɪv] [dai-gre-siv], *a.* Digresivo, discursivo.

digressively [daɪ'gresɪvlɪ] [dai-gre-siv-li], *adv.* Por vía de digresión.

dihedral [daɪ'hɪdrəl] [dai-hi-dral], *a.* Diedro (ángulo) formado por dos superficies planas.

dijudicate [dɪ'dʒʊdɪkeɪt] [di-yu-di-keit], *va.* 1. Fijar con autoridad, juzgar entre dos partes, decidir. 2. Discernir, distinguir, desarrollar.

dike [daɪk] [daik], *a.* 1. Dique (to keep out water); malecón, defensa contra el ímpetu de las aguas; terraplén (causeway); acequia (ditch). 2. *(Min.)* Vena o pared de otra materia que corta o impide la del mineral en alguna mina. 3. *(Ant.)* Canal de desagüe.

dike, *va.* Represar, contener por medio de un dique o represa; abrir un canal de desagüe.

dilacerate [dɪ'ləsəreɪt] [di-la-se-reit], *va.* Dilacerar, romper, rasgar, lacerar, despedazar.

dilaceration [dɪ'ləsəreɪʃən] [di-la-se-rei-shon], *s.* Despedazamiento, dilaceración.

dilapidate [dɪ'ləpɪdeɪt] [di-la-pi-deit], *va.* Dilapidar, arruinar, destruir, derribar. *-vn.* Arruinarse.

dilapidated [dɪ'ləpɪdeɪtɪd] [di-la-pi-dei-ted] *a.* Ruinoso (building); destartalado, desvencijado (car).

dilapidation [dɪˌlæpɪ'deɪʃən] [di-la-pi-dei-shon], *s.* Dilapidación, destrucción, daño; deterioro.

dilapidator [dɪ'ləpɪdeɪtəʳ] [di-la-pi-dei-toʳ], *s.* Dilapidador.

dilatability [ˌdɪlətə'bɪlɪtɪ] [di-la-ta-bi-li-ti], *s.* Dilatabilidad, la capacidad de dilatación.

dilatable [daɪ'lətəbl] [dai-la-te-bol], *a.* Dilatable.

dilatant [daɪ'lətənt] [dai-la-tant], *a.* Dilatador, que dilata o extiende. *-s.* Instrumento o substancia usada para dilatar.

dilatation [daɪ'ləteɪʃən] [dai-la-tei-shon], *s.* Dilatación, extensión.

dilate [daɪ'leɪt] [dai-leit], *va.* y *vn.* 1. Dilatar, extender, alargar. 2. Hablar difusamente. 3. Dilatarse, explayarse o extenderse. 4. Dilatarse, ensancharse, extenderse.

dilated [daɪ'leɪtɪd] [dai-lei-tid], *pp.* y *a.* 1. Dilatado, extendido. 2. Explayado, prolijo, difuso. **His pupils were dilated**, tenía las pupilas dilatadas.

dilater [daɪ'leɪtəʳ] [dai-lei-taʳ], *s.* Dilatador, el que dilata o agranda.

dilation [daɪ'leɪʃən] [dai-lei-shon], **dilatation** [daɪ'ləteɪʃən] [dai-la-tei-shon] *s.* 1. Dilatación. 2. *(Des.)* Dilatación, retardación. *(Med.)* **Dilation and curettage**, dilatación y legrado o raspaje.

dilative [daɪ'lətɪv] [dai-la-tiv], *a.* Dilativo, que tiene virtud de dilatar o de causar extensión.
dilatorily [daɪ'lərəlɪ] [dai-la-to-ri-li], *adv.* Lentamente, perezosamente.
dilatoriness [daɪ'lərənɪs] [dai-la-to-ri-nes], *a.* Lentitud, tardanza, pesadez.
dilatory [daɪ'lərɪ] [dai-la-to-ri] *a.* Dilatorio (causing delay); tardío (not prompt).
dilemma [daɪ'lemə] [dai-le-ma], *s.* 1. Dilema. 2. Suspensión, dificultad o duda en escoger o elegir; embarazo.
dilettante [ˌdɪlɪ'tæntɪ] [di-li-tan-ti], *s.* Diletante, aficionado a las artes y ciencias. Voz italiana cuyo plural es *dilettanti.*
diligence ['dɪlɪdʒəns] [di-li-yens], *s.* 1. Aisiduidad, aplicación al trabajo. 2. Diligencia, cuidado, esmero, exactitud. 3. (Der) (a) Citación, orden, mandato; (b) embargo, secuestro por deudas.
diligence, *s.* Diligencia, coche grande dividido en dos o tres departamentos, que cubre la carrera ordinaria con relativa rapidez. Tiran de ella cuatro, seis o más caballos o mulas.
diligent ['dɪlɪdʒənt] [di-li-yent], *a.* Diligente, cumplidor (worker); aplicado, diligente (student); asiduo, activo, exacto, cuidadoso; esmerado, concienzudo (work, study).
diligently ['dɪlɪdʒəntlɪ] [di-li-yent-li], *adv.* Diligentemente, cuidadosamente.
dill [dɪl] [dil], *s. (Bot.)* Eneldo, hierba umbelífera anual, con semillas aromáticas.
dilly-dally ['dɪlɪdælɪ] [di-li-da-li], *vn. (Fam.)* Malgastar el tiempo; entretenerse en bagatelas.
dilucidate [daɪ'luːsɪdeɪt] [dai-lu-si-deit], *va.* Dilucidar, aclarar. *V.* ELUCIDATE.
diluent [dɪ'luːənt] [di-luent], *a.* y *s.* Diluyente, lo que diluye.
dilute [daɪ'luːt] [dai-lut], *va.* 1. Desleír, diluir, deshacer, disolver; atenuar. 2. Templar, debilitar. 3. Remojar, clarificar. -*vn.* Desleírse, deshacerse, hacerse menos concentrado.
dilute, *a.* Atenuado, diluído; desleído, disuelto, adelgazado, templado.
diluter [daɪ'luːtə^r] [dai-lu-ta^r], *s.* Diluyente, lo que diluye.
dilution [daɪ'luːʃən] [dai-lu-shon], *s.* Desleidura, dilución.
diluvial, diluvian ['dɪlʊvɪən] [di-lu-vian], *a.* Diluviano, lo que pertenece al diluvio: producido por medio de un diluvio o inundación. **Diluvian**, en sentido geológico significa arcaico, antiguo.
dim [dɪm] [dim], *a.* 1. Oscuro, poco iluminado (dark/room); opaco, falto de brillo; débil, tenue (light). Borroso (indistinct/ memory, shape). Vago (idea). **In the dim and distant past**, en el pasado remoto. 2. Confuso, indistinto; sombrío, nublado. 3. Turbio de vista; corto de vista; lerdo, falto de inteligencia, tardo en comprender (stupid). 4. Falto de brillantez, deslumbrado. Nada halagüeño, nada prometedor (gloomy).
dim, *va.* Ofuscar, quitar la luz, atenuar (lights); oscurecer, hacer alguna cosa menos resplandeciente; ofuscar, turbar la inteligencia; ir debilitando (eyesight); ir borrando (memory). **To dim one's headlights**, poner las luces cortas o de cruce o luces bajas. *vn.* Irse atenuando (light); irse borrando (memory); irse debilitando (sight).
dime [daɪm] [daim], *s.* 1. Moneda de plata de los Estados Unidos cuyo valor es diez centavos o dos reales de vellón. **It's not worth a dime**, no vale nada. **They are a dime a dozen**, son baratísimos (very cheap); los hay a patadas o a montones (very common). 2. Décimo, el número diez.
dimension [dɪ'menʃən] [di-men-shon], *s.* 1. Dimensión, medida, extensión. **A problem of enormous dimensions**, un problema de enormes dimensiones. 2. *(Alg.)* Dimensión, grado de una potencia o ecuación; cantidad que entra como factor de un término algebraico.
dimensionless [dɪ'menʃənlɪs] [di-men-shon-les], *a.* Lo que no tiene dimensión determinada.
dimensity [dɪ'mensɪtɪ] [di-men-si-ti], *s.* (Poco us.) Extensión, capacidad.
dimensive [dɪ'mensɪv] [di-men-siv], *a.* Lo que señala las dimensiones.
dime store [daɪm'stɔː^r] [daim-sto^r] *s.* Tienda que vende artículos de bajo precio.
dimeter [dɪ'miːtə^r] [di-mi-ta^r], *a.* y *s.* Verso que consta de dos medidas o cuatro pies.
dimidiate ['dɪmɪdɪeɪt] [di-mi-dieit], *va.* Dimidiar, promediar, partir en dos mitades.
diminish [dɪ'mɪnɪʃ] [di-mi-nish], *va.* 1. Disminuir, reducir (size, cost); minorar. Disminuir (enthusiasm). 2. Desmejorar, debilitar. -*vn.* Disminuirse, reducirse (cost, number); decrecer; debilitarse; degenerar. Disminuir, apagarse (enthusiasm). **To diminish in value**, disminuir de valor, depreciarse. **Diminishing**, cada vez menor (amount, importance). *(Econ.)* **The law of diminishing returns**, la ley de los rendimientos decrecientes.
diminished [dɪ'mɪnɪʃt] [di-mi-nisht] *a.* Más limitado (expectations). **To plead diminished responsibility**, alegar una atenuante de responsabilidad.
diminishingly [dɪ'mɪnɪʃɪŋlɪ] [di-mi-ni-shin-li], *adv.* Escasamente.
diminuendo [dɪˌmɪnjɪ'endəʊ] [di-mi-niu-en-dou], *a.* y *adv. (Mús.)* Que va disminuyendo gradualmente en volumen del sonido; lo opuesto a crescendo y denominado pro dim., dimin, o el signo.
diminution [ˌdɪmɪ'njuːʃən] [di-mi-niu-shon], *s.* Disminución; degradación,; descrédito.
diminutive [dɪ'mɪnjʊtɪv] [di-mi-niu-tiv], *s.* y *a.* 1. Diminutivo; pequeño; mezquino; diminuto, minúsculo. 2. Diminutivo, lo que tiene cualidad de disminuir o reducir a menos alguna cosa.
diminutively [dɪ'mɪnjʊtɪvlɪ] [di-mi-niu-tiv-li], *adv.* Diminutivamente.
diminutiveness [dɪ'mɪnjʊtɪvnɪs] [di-mi-niu-tiv-nes], *s.* Pequeñez.
dimissory [dɪ'mɪsərɪ] [di-mi-so-ri], *a.* 1. Dimisorio. 2. Lo que da permiso para retirarse.
dimity ['dɪmɪtɪ] [di-mi-ti], *s.* Fustán, cotonía.
dimly ['dɪmlɪ] [dim-li], *adv.* Ofuscadamente, oscuramente. Débilmente (shine). **A dimly lit room**, una habitación poco iluminada o iluminada por una luz tenue.
dimmed headlight [dɪm'hedlaɪt] [dim-jed-lait], *s.* Faro de automóvil con luz amortiguada.
dimmer ['dɪmə^r] [di-ma^r], *s.* Amortiguador (de la luz de un automóvil). Potenciómetro, dimmer. *(Elec.)* **Dimmer switch**, potenciómetro, conmutador de las luces.
dimming ['dɪmɪŋ] [di-min], *s.* Oscuridad.
dimmish ['dɪmɪʃ] [di-mish], *a.* Algo ofuscado, oscuro o turbio.
dimness ['dɪmnɪs] [dim-nes], *s.* 1. Ofuscamiento u oscurecimiento de la vista. 2. Torpeza, estupidez.
dimorph ['dɪmɔːf] [di-morf], *s.* Una de las formas de una substancia dimorfa.
dimorphism ['dɪmɔːfɪzm] [di-mor-fi-sem], *s.* Diformismo, propiedad de existir en dos formas como la tienen ciertas substancias cristalizables, ciertos insectos, una palabra de doble ortografía (v. g. *quay y key*), etc.
dimorphous ['dɪmɔːfəs] [di-mor-fos], *a.* Dimorfo, lo que existe o se presenta en dos formas; caracterizado por el dimorfismo.
dimple ['dɪmpl] [dim-pel], *s.* Hoyuelo, cavidad pequeñas en la mejilla, barba u otra parte (in cheeks, chin).
dimple, *vn.* Formarse hoyos en alguna parte del cuerpo.
dimpled ['dɪmpld] [dim-peld], **dimply** ['dɪmplɪ] [dim-pli], *a.* Lleno de hoyos.
dims [dɪmz] [dims], *s. pl.* Luces de cruce.
dim-sighted ['dɪmˌsaɪtəd] [dim-sai-tid], *a.* Cegato.
dimwit ['dɪmwɪt] [dim-uit] *s. (Coloq.)* Tarado mental.
dimwitted ['dɪm'wɪtɪd] [dim-ui-ted] *a. (Coloq.)* Tonto, idiota.
din [dɪn] [din], *s.* Ruido violento y continuado; barullo, bulla (of conversation, voices); son, sonido; estruendo, ruido (of drill, traffic).
din, *va.* Atolondrar o aturdir con ruido.

dine [daɪn] [dain], *vn.* Hacer o tomar la comida principal del día. *-va.* Dar de comer, proveer con la comida principal, dar un convite.

dine out Cenar (a)fuera. **You'll be dining out on that for years**, te va a dar tema de conversación para quién sabe cuántas ocasiones.

diner ['dɪnəʳ] [di-naʳ], *s.* 1. Carro comedor (trains). 2. Comensal (person). 3. Cafetería (restaurant).

dinette set [dɪ'net,set] [di-net-set] Juego de comedor diario.

ding [dɪŋ] [ding], *va.* 1. Instar, urgir repetidamente. 2. Arrojar violentamente, chocar con violencia. *-vn.* 1. Echar fieros o bravatas. 2. Resonar a intervalos regulares, como los toques de una campana; repicar.

ding-dong ['dɪŋ'dɒŋ] [din-don], *s.* Dindán, tintín, voz onomatopéyica para imitar el sonido de las campanas.

dinghy, dingy o dingey ['dɪndʒɪ] [din-yi], *s.* 1. Bote de remos de las Indias Orientales. 2. Esquife. 3. Bote salvavidas.

dingle ['dɪŋl] [din-gol], *s.* Cañada, espacio entre dos alturas.

dingle-dangle [dɪŋl'dæŋl] [dingl-danguel], *adv.* *(Vul.)* Se dice de lo que está mal colgado o que estando pendiente se menea por no estar bien firme.

dinginess ['dɪdzɪnɪs] [din-yi-nes], *s.* La calidad de ser deslustrado o moreno.

dingy ['dɪdzɪ] [din-yi], *a.* 1. Empañado, deslucido (furnishings); manchado, sucio (dirty). Lúgubre, deprimente (building, room). 2. Moreno, oscuro, negruzco.

dining car ['daɪnɪŋkɑːʳ] [dai-nin-kaʳ] *s.* Carro comedor trains.

dining hall ['daɪnɪŋhɔːl] [dai-nin-jol] *s.* Refectorio.

dinning room ['daɪnɪŋrʊm] [dai-nin-rum], *s.* Comedor, la pieza destinada para comer; refectorio, en los conventos, colegios, etc.

dining table ['daɪnɪŋ,teɪbl] [dai-nin-tei-bol] *s.* Mesa de comedor.

dinky ['dɪŋkɪ] [din-ki] *a.* 1. *(Coloq.)* De mala muerte (town). **A dinky appartment/room**, un cuchitril. 2. *(Coloq.)* (GB) Mono, lindo (cute).

dinna ['dɪnə] [di-na], *v.* *(Esco.)* No hacer.

dinner ['dɪnəʳ] [di-naʳ], *s.* 1. La comida principal del día; el acto de comer; cena, comida (in evening). **To eat/have dinner**, cenar, comer. **To go out to dinner**, salir a cenar fuera. 2. Banquete, cena de gala (formal). 3. Almuerzo, comida (at midday). *(Coloq.)* **He's had more girlfriends than you've had hot dinners**, ¡cambia de novia como de camisa!

dinner dance ['dɪnə,dæns] [di-nar-dans] *s.* Cena con baile, comida bailable, cena-baile.

dinner jacket ['dɪnə,dʒækɪt] [di-na-ya-kit] *s.* (GB) Esmoquin, smoking.

dinner party ['dɪnə,pɑːtɪ] [di-na-par-ti] *s.* Cena, comida.

dinner plate ['dɪnə,pleɪt] [di-na-pleit] *s.* Plato llano o plano, playo o bajo.

dinner service, dinner set *s.* Vajilla.

dinnertime ['dɪnətaɪm] [di-na-taim], *s.* La hora de comer o almorzar (at midday); la hora de cenar (in evening).

dinosaur ['daɪnəsɔːʳ] [dai-na-soʳ], *s.* Dinosaurio; pieza de museo (outdated thing).

dint [dɪnt] [dint], *s.* 1. Abolladura, marca, señal o impresión de un golpe. 2. Fuerza, violencia, poder. 3. *(Des.)* Golpe, choque. **By dint of argument**, a fuerza de argumentos.

dint, *va.* V.DENT.

diocesan [daɪ'sɪsən] [daio-si-san], *s.* Diocesano. *-a.* Diocesano.

diocese [daɪ'sɪs] [daio-sis], *s.* Diócesis, distrito o territorio de la jurisdicción espiritual de un obispo; distrito.

diode ['daɪəʊd] [daioud] *s.* Diodo.

dioecious [daɪ'sɪsəs] [daio-si-shos], *a.* *(Biol.)* Dioico, dioica; se dice de las plantas y de los moluscos cuyos sexos se hallan en distintos individuos.

dioicous [daɪ'ɔɪkəs] [daioi-kos], *a.* *V.* DIOECIOUS.

dioptic, dioptical [daɪ'ɒptrɪk] [dai-op-trik], **dioptric, dioptrical** [daɪ'ɒptrɪkl] [dai-op-tri-kal], *a.* Dióptrico.

dioptrics [daɪ'ɒptrɪkz] [dai-op-triks], *s.* Dióptrica, la ciencia que trata de la refracción de la luz.

diorama [daɪ'ɒræmə] [dai-o-ra-ma], *s.* Diorama, vistas de perspectiva, y el local donde se enseñan o exponen.

dioramic [daɪ'ɒræmɪk] [dai-o-ra-mik], *a.* Diorámico, relativo al diorama.

diorite [daɪ'ɒraɪt] [dai-o-rait], *s.* Diorita, roca plutónica compuesta de feldespato y anfíbol.

dioxide [daɪ'ɒksaɪd] [dai-ok-said], *s.* *(Quím.)* Bióxido, óxido de segundo grado. Se llama también binoxide.

dioxin [daɪ'ɒksɪn] [dai-ok-sin] *s.* Dioxina.

dip [dɪp] [dip] *va.* 1. Mojar, remojar, bañar, chapuzar, zampuzar, chapotear, sumergir; mojar en algo (into liquid). **Dip it in flour**, páselo por harina, enharínelo. 2. Ojear, repasar ligeramente algún libro, escrito, etc.; examinar de prisa alguna cosa. 3. Bajar o volver a alzar un objeto, p. ej. una bandera; agachar, bajar (lower/head). (GB) *(Auto)* **To dip one's headlights**, poner las luces cortas o de cruce o bajas. 4. Alzar, levantar para vaciar; sacar líquidos. 5. *(Des.)* Hipotecar, empeñar, dar alguna cosa en hipoteca o prenda. *(Agr.)* Desinfectar (haciendo pasar por un baño) (sheep). *vn.* 1. Sumergirse, meterse debajo del agua. 2. Empeñarse o meterse en algún negocio. 3. Declinar, inclinarse hacia abajo. Bajar (decrease/sales, prices). Bajar en picado (move downward/aircraft, bird). **The sun dipped below the horizon**, el sol desapareció o se escondió tras el horizonte. Descender, bajar (slope, land). 4. *(Geol.)* Yacer, quedarse o hallarse formando ángulo con el horizonte; se dice de las capas de terreno, estratos, etc.

dip into Echar mano de (reserves, savings); hojear, leer por encima (book).

dip, *s.* 1. Inmersión, la acción de sumergir; baño corto, chapuzón (swim). **To take a dip**, darse un chapuzón. 2. La acción del verbo *dip* en cualquiera de sus acepciones; depresión, hondonada (depression, hollow). Caída, descenso (in sales, production). 3. Baño, líquido en que algo está sumergido. 4. Inclinación de la aguja magnética (vertical), de una capa o estrato, de un eje de carruaje, etc. 5. Profundidad de inmersión de una rueda de paleta, de un hélice, etc. 6. *(Culin.)* Salsa en la que se mojan diferentes bocaditos (en una fiesta, etc.).

dipetalous [dɪ'petələs] [di-pe-ta-los], *a.* *(Bot.)* Dipétalo o dipétala.

diphtheria [dɪf'θɪərɪə] [dif-zia-ria], *s.* Difteria, difteritis, enfermedad caracterizada por la formación de falsas membranas.

diphthong ['dɪfzɒŋ] [dif-zong], *s.* *(Gram.)* Diptongo.

diploe ['dɪplɔː] [di-plo], *s.* 1. Diploe, tejido esponjoso de los huesos del cráneo. 2. *(Bot.)* Parenquima de una hoja entre dos capas epidérmicas.

diploma [dɪ'pləʊmə] [di-plou-ma], *s.* Diploma, despacho, privilegio, título, autorizado con sello.

diplomacy [dɪ'pləʊməsɪ] [di-plou-ma-si], *s.* 1. Diplomacia, conocimiento de los intereses o relaciones de unas potencias con otras. 2. El cuerpo de los embajadores o ministros extranjeros.

diplomat [dɪ'pləʊmæt] [di-plou-mat], *s.* Diplomático, representante de un Estado soberano en la capital o en la corte de otro; miembro de una legación.

diplomatic [,dɪpləʊ'mætɪk] [di-plou-ma-tik], *a.* 1. Diplomático, relativo o perteneciente a la diplomacia. **The diplomatic corps**, el cuerpo diplomático. **Diplomatic immunity**, inmunidad diplomática. 2. Diplomático, lo que pertenece al estudio de los diplomas y documentos antiguos o importantes. 3. Diplomático (tactful).

diplomatics [,dɪpləʊ'mætɪkz] [di-plou-ma-tiks], *s.* (Arqueología) Diplomática, el arte de conocer y distinguir los diplomas y otros documentos de importancia.

diplomatist [,dɪpləʊ'mætɪst] [di-plou-ma-tist], *s.* 1. *V.* DIPLOMAT. 2. Diplomático, el que es versado y hábil en diplomacia. 3. Se dice de la persona disimulada, astuta y sagaz.

diplopia [dɪ'pləʊpɪə] [di-plou-pia], *s.* *(Med.)* Diplopia, visión doble; fenómeno morboso que hace ver dobles los objetos.
dipper ['dɪpəʳ] [di-paʳ], *s.* 1. El que moja, sumerge o baña. 2. Cucharón para sacar líquidos en cantidad (ladle). 3. Echa y saca líquidos. 4. *(Fam.)* Osa mayor. 5. *(Zool.)* Tordo de agua.
dipping-needle [ˌdɪpɪŋ'niːdl] [di-pin-ni-dol], *s.* Aguja magnética sobre un eje horizontal.
dipsas ['dɪpsəs] [dip-sas], *s.* Serpiente fabulosa, cuya mordedura producía una sed inextinguible.
dipsomania [ˌdɪpsəʊ'meɪnɪə] [dip-sou-mei-nia], *s.* Dipsomanía, deseo irresistible de bebidas alcohólicas.
dipsomaniac [ˌdɪpsəʊ'meɪnɪək] [dip-sou-mei-niak]] *a.* Dipsómano.
dipterous ['dɪptərəs] [dip-te-ros], *a.* *(Ent.)* Díptero, se dice de los insectos que tienen dos alas.
dipstick ['dɪpstɪk] [dip-stik] *s.* Varilla medidora del aceite.
dip switch ['dɪpswɪtʃ] [dip-suich] *s.* (GB) Conmutador de las luces.
diptych ['dɪptɪk] [dip-tik], *s.* Díptica, registro de obispos y mártires.
dire ['daɪəʳ] [daiaʳ], *a.* 1. Horrendo, horroroso, horrible, espantoso, atroz (very bad); cruel, inhumano; funesto, nefasto (news, consequences). **To be in dire straits**, estar en una situación desesperada. 2. Serio, grave (ominous, warning). 3. Extremo (desperate/need, misery).
direct [daɪ'rekt] [dai-rekt], *a.* 1. Directo (route, flight); derecho; directo (contact); directo (cause, consequence). *(Telec.)* **Direct dialing**, (GB) **dialling**, servicio automático, discado directo o automático. *(Elec.)* **Direct current**, corriente continua. **He's a direct descendant of the duke**, desciende del duque por línea directa (in genealogy). 2. Abierto, claro, patente; franco, directo (frank, straightforward/person, manner); directo (question). 3. Exacto (exact/equivalent, quotation). **To score a direct hit**, dar en el blanco. 4. *(Gram.)* En estilo directo (question, command). **Direct discourse**, (GB) **speeech**, estilo directo. *-adv.* 1. En línea recta; directamente (write, phone); directo, directamente (go, travel). *(Telec.)* **To dial direct**, marcar o discar directamente el número. 2. Directamente (straight). *(Rad., TV)* **Direct from Paris**, en directo desde París. 3. Directamente, sin rodeos (straightforwardly).
direct, *va.* 1. Dirigir (aim); apuntar, enseñar, enderezar, guiar. **It was directed at us**, iba dirigido a nosotros. 2. Dirigir, mostrar la dirección; indicarle el camino a (give directions); mandar, dirigir (address/letter, parcel). 3. Dirigir (play, orchestra, traffic); gobernar, regir, reglar, conducir, ordenar. *-vn.* *(Cin., Teat.)* Dirigir.
direct access [daɪˌrekt'æksəs] [dai-rekt-ak-ses] *s.* Acceso directo.
direct action [daɪˌrekt'ækʃən] [dai-rekt-ak-shon] *s.* Acción directa.
direct billing [daɪ'rektbɪlɪŋ] [dai-rekt-bi-lin] *s.* Débito bancario o domiciliación de pagos.
direct current [daɪˌrekt'kʌrənt] [dai-rekt-ka-rent] *s.* Corriente continua.
direction [dɪ'rekʃən] [dai-rek-shon], *s.* 1. Dirección, la acción y efecto de dirigir, encaminar, etc. 2. Dirección (course, compass, point); movimiento causado por algún impulso. **Sense of direction**, sentido de la orientación. **It's a step in the right direction**, es un paso positivo. 3. Dirección (supervision), consejo; orden, instrucción, mandato, 4. Curso de una línea, rumbo, dirección. 5. Designio, mira, fin; tendencia. **He lacks direction**, no tiene un norte (purpose). 6. El sobrescrito o sobre de una carta; señas, dirección, residencia. **Directions**, indicaciones (for route); instrucciones, indicaciones (for task, use, assembly).
directional signal [dɪ'rekʃənlˌsaɪnl] [dai-rek-sho-nal-sai-nal], *s.* Luz intermitente, luz direccional.
direction indicator [dɪ'rekʃənˌɪndɪkeɪtəʳ] [dai-rek-shon-in-di-kei-toʳ], *s.* *(Aer.)* Indicador de dirección.
directive [dɪ'rektɪv] [dai-rek-tiv], *s.* Directiva, directorio. *-a.* Directivo, que dirige; indicativo.
directly [dɪ'rektlɪ] [dai-rekt-li], *adv.* 1. Directamente, en línea recta. Directamente (without stopping/go, drive, fly). 2. Sin medianero, sin intervención de tercero; directamente (without intermediaries/report, deal). **He's directly responsible**, es el responsable directo. 3. Inmediatamente, en seguida; al instante, ahora mismo (now, at once). 4. Por línea directa (in genealogy/related, descended). 5. Directamente, (frankly, straightforwardly/ask); con franqueza (speak).
direct mail [ˌdaɪrekt'meɪl] [dai-rekt-meil] *s.* Publicidad por correo.
directness [daɪ'rektnɪs] [dai-rekt-nes], *s.* 1. Derechura, línea recta. 2. Franqueza (of character, remark); lo directo (of aim, attack).
director [daɪ'rektəʳ] [dai-rek-taʳ], *s.* Director (of department, project); directivo (of company). 2. Regla, ordenanza. 3. Director, el que dirige o instruye; director espíritual. 4. *(Cin., Teat.)* Director.
directorate [daɪ'rektərɪt] [dai-rek-to-reit], *s.* Dirección, el cuerpo de directores de un ramo, empresa o institución.
directorial [daɪrek'tɔːrɪəl] [dai-rek-to-rial], *a.* 1. Directorio, directivo. 2. De dirección (techniques, tricks); en dirección, como director (experience); como director (debut).
directorship [dɪ'rektəʃɪp] [di-rek-tor-ship] *s.* Dirección, cargo de director.
directory [dɪ'rektərɪ] [dai-rek-to-ri], *s.* 1. Directorio, guía (index, yearbook); guía de forasteros. **A city**, (BG) **street directory**, una guía de calles, un callejero. 2. Añalejo, librito que señala el orden del rezo y oficio divino. 3. Directorio comercial, lista alfabética de los habitantes de una ciudad. Guía telefónica o de teléfonos, directorio telefónico. **Directory assistance**, (GB) **enquiries**, servicio de información telefónica. 4. Directorio, nombre del poder ejecutivo en Francia en 1795.
direful ['daɪəfʊl] [daia-ful], *a.*
direfulness ['daɪəfʊlnɪs] [daia-ful-nes], *s.* Horribilidad, espanto; fiereza, crueldad.
direness ['daɪənɪs] [daia-nes], *s.* Horror, espanto; fiereza.
dirge ['dɜːdʒ] [derch], *s.* Endecha; canto fúnebre; canción triste y lamentosa.
dirigible ['daɪrɪdʒəbl] [dai-ri-yi-bol], *s.* Dirigible, globo dirigible.
dirk [dɜːk] [derk], *s.* Especie de daga.
dirt [dɜːt] [dert], *s.* 1. Cieno, lodo, barro, basura. Suciedad, mugre (unclean substance). 2. Excremento. 3. Tierra suelta (earth, soil). **To hit the dirt**, caerse al suelo. De tierra (road, track). 4. Vileza, bajeza. 5. **To dig up dirt on/about somebody**, sacarle los trapos sucios a relucir o al sol a alguien (scandal); *(Coloq.)* Inmundicia (obscenity). **Dirt cheap**, *(fam.)* excesivamente barato. **Dirt farmer**, agricultor que trabaja su propia tierra.
dirtily ['dɜːtɪlɪ] [der-ti-li], *adv.* 1. Puercamente, suciamente, vilmente, indignamente. 2. Lascivamente (laugh, leer); sin modales (eat).
dirtiness ['dɜːtɪnɪs] [der-ti-nes], *s.* Suciedad; sordidez, bajeza, villanía.
dirty ['dɜːtɪ] [der-ti], *a.* 1. Sucio (soiled). **The floor is dirty**, el suelo está sucio. **My hands are dirty**, tengo las manos sucias. **To get dirty**, ensuciarse. Puerco, asqueroso, cochino (obscene/story, book); lascivo (leer, grin); verde o colorado (joke); porno (magazine). **To have a dirty mind**, tener una mente de cloaca. Sucio (shameful/ job, work). **Dirty money**, dinero sucio o negro. **To do somebody's dirty work**, hacerle el trabajo sucio a alguien. 2. Sórdido, vil, bajo, despreciable, villano, indigno. **He played a dirty trick on me**, me jugó una mala pasada (despicable). Sucio (unfair, tactis). **He's a dirty player**, juega sucio. 3. **A dirty look**, una mirada asesina (angry, accusing).
dirty *va.* Ensuciar; manchar (reputation).

dirty *adv.* 1. *(Coloq.)* Sucio (unfairly/fight, play). **To talk dirty**, decir cochinadas (indecently). 2. (as intensifier) **Dirty great**, tremendo.

dirty old man *s. (Coloq.)* Viejo verde.

dirty tricks *s. pl.* Chanchullos.

dirty word *s.* Palabrota, mala palabra.

dis [dɪs] [dis], **des** [dɪs] [dis], Partícula prepositiva que quiere decir aparte; denota separación, negación o fuerza intensiva.

disability [ˌdɪsə'bɪlɪtɪ] [di-sa-bi-li-ti], *s.* Impotencia; inhabilidad, incapacidad; discapacidad, invalidez (state). Por invalidez (pension, allowance); problema (particular handicap).

disable [dɪs'eɪbl] [di-sei-bol], *va.* 1. Disminuir las fuerzas naturales. Dejar inválido (illness, accident, injury). 2. Inhabilitar, inutilizar (machine, weapon); incapacitar; arruinar. **To disable a ship**, *(Mar.)* desaparejar un navío. **To disable the guns of battery**, desmontar una batería. 3. Incapacitar legalmente.

disabled [dɪs'eɪbld] [di-sei-bold] *a.* Discapacitado, minusválido.

disabled *s. pl.* **The disabled**, los discapacitados, los minusválidos.

disablement [dɪs'eɪblmənt] [di-sei-bol-ment], *s.* Impedimento legal; inhabilitación.

disabuse [ˌdɪsə'bjuːz] [di-sa-bius], *va.* Enmendar, desengañar, sacar de un error. **I tried to disabuse him of the notion that ...**, intenté sacarlo del error de que ...

dissaccommodate [ˌdɪsə'kɒmədeɪt] [di-sa-ko-mo-deit], *va. (Ant.)* Incomodar.

disaccommodation [dɪsəˌkəmə'deɪʃən] [di-sa-ko-mo-dei-shon], *s.* Ineptitud.

disaccord [ˌdɪsə'kɔːd] [di-sa-kord], *va.* Desacordar, discordar.

disaccustom [ˌdɪsə'kʌstəm] [di-sa-kas-tom] *va.* Desacostumbrar, deshabituar.

disadjust [dɪs'ədʒʌst] [dis-ad-yast], *va.* Transtornar el arreglo ordenado de algo; desarreglar, poner en desorden.

disadorn [dɪs'ədɔːn] [dis-a-dorn], *va.* Desadornar.

disadvantage [ˌdɪsəd'vɑːntɪdʒ] [dis-ad-van-tich], *s.* 1. Desventaja, inconveniente (hindrance, drawback); menoscabo o pérdida. **To be at a disadvantage**, estar en desventaja. 2. Disminución de alguna cosa apreciable. 3. Desprevención.

disadvantage, *va.* Menoscabar, dañar, perjudicar.

disadvantaged [ˌdɪsəd'vɑːntɪdʒd] [dis-ad-van-tichd] *a.* Desfavorecido, carenciado (children, area).

disadvantageous [ˌdɪsæd'vɑːn'teɪdʒəs] [dis-ad-van-tei-chos] *a.* Desventajoso, desfavorable.

disadvantageously [ˌdɪsæd'vɑːn'teɪdʒəslɪ] [dis-ad-van-tei-chos-li], *adv.* Desventajosamente.

disadvantageousness [ˌdɪsæd'vɑːn'teɪdʒəsnɪs] [dis-ad-van-tei-chos-nes], *s.* Menoscabo, desventaja.

dissaffect [ˌdɪsə'fekt] [dis-a-fekt], *va.* Descontentar; inquietar, tener hastío, enfermar; desaprobar; indisponer, malquistar.

disaffected [ˌdɪsə'fektɪd] [dis-a-fek-tid], *a.* Desaficionado, desinclinado, disgustado, descontento, desafecto; mal intencionado.

disaffectedness [ˌdɪsə'fektɪdnɪs] [dis-a-fek-tid-nes], *s.* Desafecto, desamor.

disaffection [ˌdɪsə'fekʃən] [dis-a-fek-shon], *s.* Desafecto, deslealtad, desamor, descontento, desafección.

disaffectionate [ˌdɪsə'fekʃənɪt] [dis-a-fek-sho-neit], *a.* Desaficionado.

disaffirm [ˌdɪsə'fɜːm] [dis-a-ferm], *va.* 1. Contradecir, negar, impugnar una afirmación. 2. *(For.)* Invalidar, anular, hacer nulo; desconocer, renunciar, rechazar.

disaffirmance [ˌdɪsə'fɜːməns] [dis-a-fer-mens], *s.* Confutación, impugnación.

disaffirmation [ˌdɪsəfɜː'meɪʃən] [dis-a-fer-mei-shon], *s.* *V.* DISAFFIRMANCE.

disafforest [ˌdɪsə'fɔrɪst] [dis-a-fo-rest], *va.*(Der. inglés) Abrir un bosque o hacerlo de uso común.

disaggregate [ˌdɪsə'grəgeɪt] [dis-a-gri-gueit], *va.* Desagregar, separar en sus partes constitutivas.

disagree ['dɪsə'griː] [disa-gri], *vn.* 1. Desconvenir; discordiar, oponerse mutuamente, desavenirse; no estar de acuerdo con algo, discrepar de algo (differ in opinion). 3. Contender, lidiar, ser contrario; altercar, discutir con alguien (quarrel). 3. No ser conveniente, no sentar bien, ser dañoso o perjudicial (cause discomfort). **Onions disagree with her**, las cebollas le sientan o le caen mal. 4. No coincidir, discrepar (conflict/figures, accounts).

disagreeable [ˌdɪsə'griːəbl] [disa-gri-a-bol], *a.* 1. Contrario, opuesto. 2. Desagradable (smell, experience, person); ofensivo. Ingrato, desagradable (task, job).

disagreeableness [ˌdɪsə'griːəblnɪs] [disa-gri-a-bol-nes], *s.* Oposición, desagrado, disgusto, desplacer.

disagreeably [ˌdɪsə'griːəblɪ] [disa-gri-a-bli], *adv.* Desagradablemente; de mala manera, de manera desagradable (look, say). **It was disagreeable hot**, hacía un calor desagradable.

disagreement [ˌdɪsə'griːmənt] [disa-gri-ment], *s.* 1. Desacuerdo, disconformidad (difference of opinion); desavenencia, disensión, discusión (quarrel). 2. Desemejanza, diferencia; discrepancia (disparity). 3. Discordia, contrariedad.

disallow ['dɪsə'laʊ] [di-sa-lou], *va.* 1. Negar la autoridad de alguno. *(Law)* Rechazar, desestimar (claim, evidence); anular (goal). 2. Desaprobar, reprobar, censurar, culpar. *-vn.* Negar o no dar permiso, prohibir.

disallowable ['dɪsə'laʊəbl] [di-sa-loua-bol], *a.* Negable; inadmisible; culpable, censurable.

disallowance ['dɪsə'laʊəns] [di-sa-louans], *s.* Prohibición, vedamiento.

disanimate ['dɪsə'nɪmeɪt] [di-sa-ni-meit], *va.* 1. *(Ant.)* Desanimar, desalentar, acobardar. 2. *(Des.)* Matar.

disannul [ˌdɪsə'nuːl] [di-sa-nul], *va. (Ant.)* Anular, invalidar.

disannuller [ˌdɪsə'nuːlə^r] [di-sa-nu-la^r], *s.* Anulador.

disannulling [ˌdɪsə'nuːlɪŋ] [di-sa-nu-lin], *s.* Anulación.

disannulment [ˌdɪsə'nuːlmənt] [di-sa-nul-ment], *s.* Anulación.

disanoint [ˌdɪsə'nɔɪnt] [di-sa-noint], *va.* Profanar; degradar al que está ordenado.

disapparel [ˌdɪsə'pɛərəl] [di-sa-pea-rel], *va.* Desnudar, quitar el vestido; desguarnecer.

disappear [ˌdɪsə'pɪə^r] [di-sa-pia^r], *vn.* Desaparecer, perderse de vista (become invisible); ausentarse. **The ship disappeared over the horizon**, el barco desapareció o se perdió en el horizonte. Desaparecer, irse (go away/pain, problems); desvanecerse (worries, fears).

disappearance [ˌdɪsə'pɪərəns] [di-sa-pia-rans],

disappearing [ˌdɪsə'pɪərɪŋ] [di-sa-pia-rin], *s.* Desaparecimiento, desaparición.

disappoint [ˌdɪsə'pɔɪnt] [di-sa-point], *va.* Frustrar, privar a alguno de lo que esperaba o dejar sin efecto su intento; faltar a la palabra; engañar; chasquear. Decepcionar (person); defraudar (hopes, desires). **To be disappointed**, llevarse chasco, salir mal en una empresa; ser contrariado. *(Fam.)* Quedar o dejar plantado, colgado o chasqueado; petardear.

disappointed [ˌdɪsə'pɔɪntɪd] [di-sa-poin-tid] *a.* De desilusión (look, sigh). **She was disappointed at losing the match**, se llevó una desilusión al perder el partido. **I'm disappointed with the results**, los resultados me han decepcionado. **She was disappointed in love**, tuvo un desengaño amoroso. **I'm disappointed in you**, me has decepcionado o defraudado.

disappointing [ˌdɪsə'pɔɪntɪŋ] [di-sa-poin-tin] *a.* Decepcionante.

disappointment [ˌdɪsə'pɔɪntmənt] [di-sa-point-ment], *s.* Chasco, decepción (letdown); contratiempo, petardo, revés, disgusto. Desilusión, decepción (emotion). **Much to my disappointment**, para mi gran desilusión.

disapprobation [ˌdɪsəprə'beɪʃən] [di-sa-pro-bei-shon], *s.* Desaprobación, reprobación.

disapprobatory [ˌdɪsə'prəbətərɪ] [di-sa-pro-ba-to-ri], *s.* Desaprobador, que desaprueba.

disapproval [ˌdɪsə'pru:vəl] [di-sa-pru-val], *s.* 1. Desaprobación (dislike); censura. **To voice/express one's disapproval of somebody/something**, mostrar o expresar su desaprobación respecto de alguien/algo. 2. No aprobación (rejection/of bill); denegación (of grant).

disapprove [ˌdɪsə'pru:v] [di-sa-pruv], *vn.* 1. Desaprobar, reprobar, condenar, censurar (Usase a menudo con *of*). **She wants to be a singer but her parents disapprove**, quiere ser cantante pero a sus padres no les parece bien o sus padres desaprueban la idea. **He disapproves of smoking**, está en contra del tabaco o del cigarrillo. 2. Invalidar, revocar. *va.* Rechazar, no aprobar (plan, expenditure).

disapproving [ˌdɪsə'pru:vɪŋ] [di-sa-pru-vin] *a.* De reproche (tone, look).

disapprovingly [ˌdɪsə'pru:vɪŋlɪ] [di-sa-pru-vin-li] *adv.* Con desaprobación.

disarm [dɪs'ɑ:m] [dis-arm], *va.* 1. Desarmar, despojar de armas (troops, opposition); desactivar (bomb, mine); desbaratar (criticism). 2. Privar del poder de hacer daño; calmar, apaciguar; desarmar (win confidence of). *-vn.* Desechar o poner a un lado las armas, desarmarse; licenciar tropas o fuerzas marítimas, ponerlas en pie de paz.

disarmament [dɪs'ɑ:məmənt] [dis-ar-ma-ment], *s.* Desarme. **Nuclear disarmament**, desarme nuclear. **Total disarmament**, desarme total.

disarmer [dɪs'ɑ:məʳ] [dis-ar-maʳ], *s.* El que desarma.

disarming [dɪs'ɑ:mɪŋ] [dis-ar-min], *s.* Desarme, desarmadura; que desarma.

disarmingly [dɪs'ɑ:mɪŋlɪ] [dis-ar-min-li] *adv.* **She's disarmingly frank**, es de una franqueza que desarma.

disarrange [ˌdɪsə'reɪndʒ] [di-sa-reindch], *va.* Desarreglar, desordenar.

disarrangement [ˌdɪsə'reɪndʒmənt] [di-sa-reindch-ment], *s.* Desarreglo, desorden, confusión.

disarray [ˌdɪsə'reɪ] [di-sa-rei], **s.** 1. Desarreglo, desorden, confusión; desorganización (of political party); desaliño (of appearance). **The troops were in disarray**, entre las tropas reinaba la confusión o el caos. **Her papers were in total disarray**, sus papeles estaban completamente desordenados. 2. Ropa de levantar, paños menores, trapillo, desabillé.

disarray, *va.* Desnudar; desarreglar; derrotar, desordenar.

disarticulate [ˌdɪsɑ:'tɪkjʊleɪt] [di-sar-ti-kiu-leit], *va.* Desarticulr, separar las articulaciones. *-vn.* Desarticularse, descoyuntarse.

disassociate [ˌdɪsə'səʊʃɪˌeɪt] [di-sa-sou-shieit], *va.* Desunir.

disaster [dɪ'zɑ:stəʳ] [di-sas-taʳ], *s.* 1. Desastre, mala estrella. 2. Desgracia, aflicción, miseria, desdicha, infortunio, revés (misfortune). **Disaster struck**, ocurrió o se produjo una catástrofe. 3. Catástrofe, desastre (flood, earthquake); siniestro, desastre (crash, sinking). **Disaster fund**, fondo para los damnificados. 4. Desastre (fiasco); *(Coloq.)* Desastre (hopeless person).

disaster area [dɪ'zɑ:stə'ærɪə] [di-sas-ter-a-ria] *s.* Zona siniestrada, zona de desastre. **My room is a real disaster area**, mi habitación está hecha un desastre.

disastrous [dɪ'zɑ:strəs] [di-sas-tros], *a.* Desastroso, infeliz, desgraciado, desastrado, ominoso, calamitoso, infausto, funesto, triste, fatal.

disastrously [dɪ'zɑ:strəslɪ] [di-sas-tros-li], *adv.* Desastrosamente.

disastrousness [dɪ'zɑ:strəsnɪs] [di-sas-tros-nes], *s.* Desgracia, desdicha.

disavouch [dɪ'zɑ:svɔ:tʃ] [di-sa-voch], *va.* *(Ant.)* Retractar, desdecirse.

disavow ['dɪsə'vaʊ] [di-sa-vau], *va.* Denegar, negar; desconocer; desaprobar.

disavowal [ˌdɪsə'vaʊəl] [di-sa-vauel], **disavowment** [ˌdɪsə'vaʊmənt] [di-sa-vau-ment], *s.* Denegación.

disauthorize ['dɪsə'θəraɪz] [di-so-zo-rais], *va.* Desautorizar.

disband [dɪs'bænd] [dis-band], *va.* Despedir de un servicio colectivo, especialmente licenciar del servicio militar. Disolver (organization); licenciar (army). *-vn.* Retirarse, separarse, desmandarse; desbandarse (group); disolverse (organization).

disbar [ˌdɪs'bɑ:ʳ] [dis-baʳ], *va.* Excluir del colegio de abogados; privar del derecho de comparecer ante un juez o tribunal como abogado.

disbarment [dɪs'bɑ:mənt] [dis-bar-ment], *s.* La acción y efecto de excluir a uno del colegio de abogados.

disbark [dɪs'bɑ:k] [dis-bark], *va.* *(Mar.)* Desembarcar.

disbelief ['dɪsbə'li:f] [dis-bi-lif], *s.* Incredulidad, repugnancia en creer, falta de fe, terquedad en no creer; escepticismo. **She looked at me in disbelief**, me miró incrédula o sin dar crédito a lo que veía (u oía, etc.).

disbelieve ['dɪsbə'li:v] [dis-bi-liv], *va.* Descreer, no creer (statement); desconfiar, dudar; no creerle a (person).*-vn.* Rehusar, no consentir en creer (p. ej. una doctrina religiosa).

disbeliever ['dɪsbə'li:vəʳ] [dis-bi-li-vaʳ], *s.* Descreído, incrédulo.

disbelieving ['dɪsbə'li:vɪŋ] [dis-bi-li-vin] *a.* Incrédulo.

disbench ['dɪsbentʃ] [dis-bench], *va.* (Der. inglés) Desbancar.

disbowel ['dɪsbəʊəl] [dis-bouel], *va.* *(Ant.)* *V.* DISEMBOWEL.

disbranch ['dɪsbræntʃ] [dis-branch], *va.* *(Ant.)* Desgajar, arrancar las ramas del tronco.

disbud ['dɪsbʌd] [dis-bad], *va.* Desyemar, desborrar, quitar los botones o tallos a las plantas.

disburden [dɪs'bɜ:dn] [dis-bar-den], *va.* Descargar, aligerar, desembarazar de un peso. *-vn.* Descargar o aquietar el ánimo.

disbursable [dɪs'bɜ:səbl] [dis-bar-sa-bol], *a.* Desembolsable, pagable, que se puede desembolsar.

disburse [dɪs'bɜ:s] [dis-bers] *va.* Desembolsar.

disbursement [dɪs'bɜ:smənt] [dis-bers-ment] *s.* Desembolso (payment). **Disbursements**, *pl.* gastos (expenses).

disburser [dɪs'bɜ:səʳ] [dis-ber-saʳ], *s.* El que desembolsa, pagador.

disc, *s.* *V.* DISK.

discal ['dɪskəl] [dis-kal], *a.* De disco; perteneciente o parecido a un disco.

discalced ['dɪskəlst] [dis-kalst], *a.* Descalzado, descalzo (se aplica a los carmelitas).

discant [dɪs'kænt] [dis-kant], *v.* y *s.* *V.* DESCANT.

discard ['dɪskɑ:d] [dis-kard], *va.* 1. Descartar, desechar como inútil, deshacerse de (dispose of); desechar (idea, belief); despedir o echar a un criado. Mudar (shed/skin, leaves); Desembarazarse de (take off/clothing). 2. Descartar, deponer, apear de algún empleo o destino. *-vn.* Descartarse (en el juego de naipes).

discase ['dɪskeɪs] [dis-keis], *va.* *(Ant.)* Desenvainar, quitar la cubierta; desnudar.

discern [dɪ'sɜ:n] [di-sern], *va.* 1. Columbrar, alcanzar a ver de lejos. 2. Discernir, conocer, percibir, descubrir. *-vn.* Discernir, distinguir.

discerner [dɪ'sɜ:nəʳ] [di-ser-naʳ], *s.* Discernidor, el que discierne.

discernible [dɪ'sɜ:nɪbl] [di-ser-ni-bol], *a.* Perceptible (fault, drawback); aparente, visible, sensible; apreciable, ostensible (likeness/change).

discernibleness [dɪ'sɜ:nɪblnɪs] [di-ser-ni-bol-nes], *s.* Visibilidad, perceptibilidad.

discernibly [dɪ'sɜ:nɪblɪ] [di-ser-ni-bli], *adv.* Perceptiblemente, visiblemente.

discerning [dɪ'sɜ:nɪŋ] [di-ser-nin], *a.* Juicioso, sagaz, perspicaz, despierto, avisado, advertido; exigente, con criterio (reader, customer); exigente, fino (palate, taste); educado (ear, eye). *-s.* Discernimiento.

discerningly [dɪ'sɜ:nɪŋlɪ] [di-ser-nin-li], *adv.* Juiciosamente.

discernment [dɪ'sɜːnmənt] [di-sern-ment], *s.* Discernimiento, conocimiento; gusto; agudeza, juicio recto.

discerp [dɪ'sɜːp] [di-serp], *va. (Ant.)* Despedazar; separar, escoger.

discerptible [dɪ'sɜːptɪbl] [di-serp-ti-bol], *a.* Separable.

discerption [dɪ'sɜːpʃən] [di-serp-shon], *s.* Despedazamiento; separación.

discharge [dɪ'tʃɑːdʒ] [di-charch], *va.* 1. Descargar o aliviar la carga. 2. Descargar o sacar a tierra la carga de una embarcación (unload/cargo). 3. Descargar, soltar; disparar (shoot/volley, broadside). 4. Pagar una deuda, saldar, liquidar (debt); cumplir con (duty). 5. Exonerar, eximir de alguna obligación, dispensar; absolver, dar libertad (release/prisoner); desembarazar de alguna dificultad. Dar de alta (patient); dispensar (juror); rehabilitar (bankrupt). **I discharged myself from hospital**, me di de alta yo mismo del hospital. 6. Ejecutar, cumplir. 7. Cancelar, borrar. 8. Descartar, despedir, privar de algún empleo u oficio (dismiss); desempeñar, cumplir, llenar bien. 9. Emitir, despedir (send out/fumes); descargar (electricity); verter (sewage, waste). . -*vn.* 1. Descargarse, soltarse. **To discharge the officers and crew**, despedir la tripulación de un buque. **To discharge one's duty**, cumplir con su obligación. 2. Desembocar, descargar (river). Descargarse (battery).

discharge, *s.* 1. *(Elec.)* Descarga. 2. Descargo, finiquito, carta de pago; liquidación, pago (of debt, liabilities); cumplimiento (of duty). 3. Dimisión de algún empleo; exención. 4. Descargo, absolución; puesta en libertad (from prison); baja (release/from army); alta (from hospital). 5. Perdón de algún delito. 6. Rescate. 7. Ejecución. 8. Derrame, desagüe, cantidad o volumen de agua que sale por un orificio en un tiempo dado; emisión (of toxic fumes, gases); vertido (of sewage, waste).

discharger [dɪ'tʃɑːdʒəʳ] [di-char-aʳ], *s.* Descargador, disparador.

disciple [dɪ'sɪpl] [di-si-pol], *s.* 1. Discípulo, alumno, estudiante. 2. Discípulo, partidario, el que sigue una doctrina.

disciple, *va.* Disciplinar, criar, amaestrar.

disciple-like [dɪ'sɪplˌlaɪk] [di-si-pol-laik], *a.* Semejante a un discípulo, o propio de él.

discipleship [dɪ'sɪplʃɪp] [di-si-pol-ship], *a.* Disciplinable, lo que es capaz o digno de disciplina o correción.

disciplinableness [dɪ'sɪplɪnəblnɪs] [di-si-pli-na-bol-nes], *s.* Capacidad de instrucción o de ser instruído.

disciplinant [dɪ'sɪplɪnənt] [di-si-pli-nant], *s.* Disciplinante.

disciplinarian [dɪ'sɪplɪnærɪən] [di-si-pli-na-rian],

disciplinary [dɪ'sɪplɪnərɪ] [di-si-pli-na-ri], *a.* Lo que pertenece a la disciplina.

disciplinarian, *s.* 1. El que gobierna y enseña con rigor y exactitud. 2. *(Des.)* Puritano, presbiteriano.

discipline [dɪ'sɪplɪn] [di-si-plin], *s.* 1. Disciplina, doctrina, instrucción, enseñanza; orden, regla, conducta, educación; arte, ciencia. 2. Rigor, castigo; mortificación, corrección.

discipline, *va.* 1. Disciplinar, educar, instruir (control/child, pupils); controlar (emotions). 2. Reglar, gobernar, tener en orden. 3. Castigar, corregir, reformar; sancionar (punish/employee); disciplinar (train/body, mind).

disciplined [dɪ'sɪplɪnd] [di-si-plind] *a.* Disciplinado.

disc jockey ['dɪskˌdʒɒkɪ] [disk-jo-ki], *s.* Anunciador de programas de radio a base de discos fonográficos. Pinchadiscos.

disclaim [dɪs'kleɪm] [dis-kleim], *va.* 1. Negar, desconocer, renunciar, rechazar. 2. *(For.)* Denegar, renunciar (pretensión, derecho); declinar; negar, desconocer (responsabilidad de un acto). **He disclaimed any connection with him**, negó tener ninguna relación con él.

disclaimer [dɪs'kleɪməʳ] [dis-klei-maʳ], *s.* 1. Negador, desconocedor. 2. *(For.)* Renuncia, abandono; el acto, la declaración o escritura en que se hace renuncia o denegación.

disclose [dɪs'kləʊz] [dis-klous], *vn.* 1. Descubrir, destapar; abrir. 2. Revelar, publicar.

discloser [dɪs'kləʊzəʳ] [dis-klou-saʳ], *s.* Descubridor, revelador.

disclosure [dɪs'kləʊʒəʳ] [dis-klou-shaʳ], *s.* Descubrimiento, revelación, declaración.

disco ['dɪskəʊ] [dis-kou] *s.* Discoteca, disco.

discoid ['dɪskɔɪd] [dis-koid], **discoidal** ['dɪskɔɪdl] [dis-koi-dal], *a.* Que tiene la figura de un disco; perteneciente a un disco.

discolor [dɪs'kʌləʳ] [dis-ka-loʳ], *va.* 1. Descolorar, amortiguar, quitar o comer el color a una cosa (fade); descolorir, dejar amarillento, manchar (stain). 2. Descolorar, descolorir, apagar, robar el color, dar color no natural; se dice de las cosas y personas. Decolorarse (lose color); volverse amarillento (become stained).

discoloration [dɪsˌkʌlə'reɪʃən] [dis-ka-lo-rei-shon], *s.* Descoloramiento (fading); mancha, alteración de color (stain).

discolored [dɪs'kʌləd] [dis-ka-led], *a.* Descolorido, descolorado, manchado, emborronado, empañado.

discomfit [dɪs'kʌmfɪt] [dis-kam-fit], *va.* 1. Derrotar, vencer, deshacer, romper un ejército o tropas. 2. Turbar, desconcertar.

discomfiture [dɪs'kʌmfɪtʃəʳ] [dis-kam-fi-chaʳ], *s.* 1. Derrota, vencimiento. 2. Turbación, desconcierto.

discomfort [dɪs'kʌmfət] [dis-kom-fort], *s.* 1. Incomodidad, malestar (lack of comfort); inquietud, pesar, desasosiego (emotional, mental); molestia, malestar (pain). **To be in discomfort**, tener molestias. 2. Desconsuelo, aflicción.

discomfort, *va.* Incomodar, molestar; desconsolar, apesadumbrar, afligir, entristecer.

discommend [dɪs'kʌmənd] [dis-ko-mend], *va. (Ant.)* Vituperar, censurar, culpar.

discommendable [dɪs'kʌməndəbl] [dis-ko-men-da-bol], *a.* Culpable, censurable.

discommendation [dɪsˌkʌmən'deɪʃən] [dis-ko-men-dei-shon], *s.* Culpa, censura; oprobio.

discommender [dɪs'kʌməndəʳ] [dis-ko-men-daʳ], *s.* Censor, censurador.

discommode [dɪs'kʌməd] [dis-ko-mod], *va.* Incomodar, molestar, hacer mala obra.

discommodious [dɪs'kʌmədɪəs] [dis-ko-mo-dios], *a.* Incómodo, molesto, importuno.

discommodity [dɪs'kʌmədɪtɪ] [dis-ko-mo-di-ti], *s.* Incomodidad, inconveniente.

discommon [dɪs'kʌmən] [dis-ko-mon], *va.* Privar de algún prvilegio común.

discompose [dɪs'kʌmpəs] [dis-kom-pous], *va.* 1. Descomponer, desconcertar, sacar de quicio. 2. Turbar, inmutar, inquietar, ofender. 3. Desordenar, desarreglar.

discomposure [ˌdɪskəm'pəʊʒəʳ] [dis-kom-pou-shaʳ], *s.* Descomposición, confusión, desorden, desarreglo; emoción, inquietud.

disconcert [ˌdɪskən'sɜːt] [dis-kon-sert], *va.* Desconcertar, descomponer, confundir, turbar, perturbar; hacer perder a uno el tino; avergonzar, correr, cortar.

disconcerting [ˌdɪskən'sɜːtɪŋ] [dis-kon-ser-tin], *a.* Desconcertante, perturbador.

disconformity [ˌdɪskən'fɔːmɪtɪ] [dis-kon-for-mi-ti], *s. (Ant.)* Desconformidad, desconveniencia. *V.* NONCONFORMITY.

discongruity [ˌdɪskən'grʊɪtɪ] [dis-kon-grui-ti], *s.* Incongruencia, incongruidad. *V.* INCONGRUITY.

disconnect [ˌdɪskə'nekt] [dis-ko-nekt], *va.* Desunir, separar. Desconectar. **I didn't pay my bills, so I was disconnected**, me cortaron el teléfono (o el gas, etc.) por no pagar.

disconnected [ˌdɪskə'nektɪd] [dis-ko-nek-tid] *a.* Inconexo, sin ilación (remarks, thoughts).

disconnection [ˌdɪskə'nekʃən] [dis-ko-nek-shon], *s.* Desunión, separación.

disconsolate [dɪs'kɒnsəlɪt] [dis-kon-so-lit], *a.* Desconsolado, apesadumbrado, inconsolable, triste, abatido, afligido.

disconsolately [dɪs'kɒnsəlɪtlɪ] [dis-kon-so-lit-li], *adv.* Desconsoladamente.

disconsolateness [dɪs'kɒnsəlɪtnɪs] [dis-kon-so-lit-nes], *s.* Desconsuelo, tristeza.

discontent ['dɪskən'tent] [dis-kon-tent], *s.* Descontento (dissatisfaction); sinsabor, desagrado. **Discontents**, *pl.* quejas (grievances). *-a.* Descontento, malcontento, desazonado, disgustado.

discontent, *va.* Descontentar, desagradar, inquietar.

discontented ['dɪskən'tentɪd] [dis-kon-ten-tid], *a.* Descontentadizo, disgustado; malcontento.

discontentedly ['dɪskən'tentɪdlɪ] [dis-kon-ten-tid-li], *adv.* De mala gana, a regañadientes.

discontentedness ['dɪskən'tentɪnɪs] [dis-kon-ten-tid-nes], *s.* Descontento, inquietud.

discontenting ['dɪskən'tentɪŋ] [dis-kon-ten-tin], *a.* Disgustado, malcontento.

discontentment ['dɪskən'tentmənt] [dis-kon-tent-ment], *s.* Descontentamiento.

discontinuance ['dɪskən'tɪnu:əns] [dis-kon-ti-nuens], *s.* 1. Descontinuación, cesación, interrupción, intermisión. 2. Desunión, separación, división.

discontinuation ['dɪskən,tɪnu:'eɪʃən] [dis-kon-ti-nu-ei-shon], *s.* 1. Descontinuación, el acto y efecto de descontinuar. 2. Desunión, separación.

discontinue ['dɪskən'tɪnju:] [dis-kon-ti-niu], *va.* y *vn.* 1. Descontinuar o discontinuar; interrumpir, suspender (production); separarse, cesar. 2. Cesar de recibir un periódico. 3. *(Law)* Desistir de (action, suit).

discontinuity ['dɪskɒn'tɪnju:ɪtɪ] [dis-kon-ti-nui-ti], *s.* Desunión, falta de coherencia o de continuidad.

discontinuous ['dɪskən'tɪnjʊəs] [dis-kon-ti-nuos], *a.* Descontinuo, interrumpido; separado, no continuo, abierto.

discord ['dɪskɔ:d] [dis-kord], *s.* 1. Discordia (conflict); disensión. 2. Desacuerdo, discordancia, falta de acuerdo. 3. *(Mús.)* Discordancia, disonancia, sonido desagradable que ofende al oído (lack of harmony); acorde disonante (chord).

discordance, discordancy ['dɪskɔ:dəns] [dis-kor-dans], *s.* Discordancia, contrariedad, disensión.

discordant ['dɪskɔ:dənt] [dis-kor-dant], *a.* Discorde, incompatible, incongruo, inconsecuente; discordante (music, color); de discordia (atmosphere).

discordantly ['dɪskɔ:dəntlɪ] [dis-kor-dant-li], *adv.* Incongruentemente.

discotheque ['dɪskəʊtek] [dis-kou-tek], *s.* Discoteca.

discount ['dɪskəʊnt] [dis-kaunt], *s.* Descuento, rebaja, desfalco. **I got a 10% discount/a discount of 10%**, me hicieron un 10% de descuento/un descuento del 10%. **Cash discount**, descuento por pago en efectivo o al contado. **At a discount**, con descuento, a precio reducido (sell); de saldos (store); de saldo (goods).

discount, *va.* 1. Descontar (amount), rebajar (goods), reducir (price). 2. Descontar una letra de cambio. 3. Descartar (disregard/possibility); pasar por alto, no tener en cuenta (claim, criticism). **Discount rate**, tasa de descuento.

discountable ['dɪskəʊntəbl] [dis-kaun-ta-bol], *a.* *(Com.)* Descontable, que se puede descontar.

discountenance ['dɪskəʊntənəns] [dis-kaun-te-nans], *va.* 1. Poner mala cara, reprobar, condenar, desalentar. 2. *(Ant.)* Avergonzar, sonrojar; mirar de reojo.

discountenancer ['dɪskəʊntə,nænsəʳ] [dis-kaun-te-nan-saʳ], *s.* Desalentador, el que desalienta a otro con su mala acogida; un vinagre.

discounter ['dɪskəʊntəʳ] [dis-kaun-taʳ], *s.* Prestamista, el que presta dinero a interés.

discourage [dɪs'kʌrɪdʒ] [dis-kau-rich], *va.* 1. Desalentar, desanimar (depress); acobardar, amedrentar, intimidar. **To become discouraged**, desanimarse. 2. Reprimir, impedir, frustar; apartar de un propósito (con *from*); poner freno a (deter/crime, speculation); ahuyentar, disuadir (burglar). **He discouraged me from taking the exam**, trató de convencerme de que no me presentara al examen (dissuade).

discouragement [dɪs'kʌrɪdʒmənt] [dis-kau-rich-ment], *s.* Desaliento, desánimo (dejection); descaecimiento de ánimo; cobardía; freno (deterrent); impedimento (obstacle).

discourager [dɪs'kʌrɪdʒəʳ] [dis-kau-ri-chaʳ], *s.* Desalentador, desanimador.

discouraging [dɪs'kʌrɪdʒɪŋ] [dis-kau-ri-chin] *a.* Desalentador, descorazonador (news, result).

discourse ['dɪskɔ:s] [dis-kors], *s.* 1. Discurso, plática, conversación (talk); disertación (dissertation). 2. *(Log.)* Razonamiento.

discourse, *va.* 1. Conversar, hablar. 2. Discurrir. *-va.* Hablar de; pronunciar.

discoursing ['dɪskɔ:sɪŋ] [dis-kor-sin], *s.* Discurso, plática, conversación.

discourteous ['dɪskɔ:təs] [dis-kor-tos], *a.* Descortés, grosero.

discourteously ['dɪskɔ:təslɪ] [dis-kor-tos-li], *adv.* Descortésmente.

discourtesy ['dɪskɜ:tɪsɪ] [dis-kor-ti-si], *s.* Descortesía, grosería.

discous ['dɪskəs] [dis-kos], *a.* Discoidal, discoide, a manera o en forma de disco. *V.* DISCOID.

discover [dɪs'kʌvəʳ] [dis-ko-vaʳ], *va.* 1. Descubrir (find/planet, cure); descubrir, darse cuenta de (error); descubrir, hallar (find out/reason, solution, culprit); descubrir (talent, star). 2. Revelar, manifestar; exhibir o exponer a la vista, descorrer el velo, hacer patente. 3. Descubrir, ver alguna cosa a lo lejos o de lejos. **To discover ahead**, *(Mar.)* descubrir por la proa.

discoverable [dɪs'kʌvərəbl] [dis-ka-ve-ra-bol], *a.* 1. Lo que se puede descubrir. 2. Patente, manifiesto.

discoverer [dɪs'kʌvərəʳ] [dis-ka-ve-raʳ], *s.* Descubridor, explorador.

discovery [dɪs'kʌvərɪ] [dis-ka-ve-ri], *s.* 1. Descubrimiento, invento, hallazgo. **She's Hollywood's newest discovery**, es el último descubrimiento o la última revelación de Hollywood. 2. Revelación, manifestación.

discredit [dɪs'kredɪt] [dis-kre-dit], *s.* 1. Descrédito, diminución o pérdida de la reputación; deshonor, oprobio, ignominia. 2. Desconfianza.

discredit, *va.* 1. Discreer, dudar. 2. Desacreditar, infamar, deshonrar, difamar.

discreditable [dɪs'kredɪtəbl] [dis-kre-di-ta-bol], *a.* Vergonzoso, ignominioso.

discreet [dɪs'kri:t] [dis-kriit], *a.* 1. Discreto (tactful/person, inquiries); cuerdo, circunspecto. **I followed at a discreet distance**, seguí a una distancia prudencial. 2. Discreto, sobrio (restrained/elegance, colors).

discreetly [dɪs'kri:tlɪ] [dis-kriit-li], *adv.* Discretamente, cuerdamente.

discreetness [dɪs'kri:tnɪs] [dis-kriit-nes], *s.* Discreción, prudencia, juicio, seso.

discrepance, discrepancy [dɪs'krepəns] [dis-kre-pans], *s.* Discrepancia, diferencia; divergencia, desacuerdo. (La forma *Discrepance* es menos usada).

discrepant [dɪs'krepənt] [dis-kre-pant], *a.* Discrepante.

discrete [dɪs'kri:t] [dis-kriit], *a.* 1. Distinto, diferenciado (events, units); desunido, separado, hecho de distintas unidades: *(Med.)* discreto. 2. Descontinuo. 3. Contrario, que denota oposición.

discretion [dɪs'kreʃən] [dis-kre-shon], *s.* 1. Discreción (tact), prudencia, miramiento, circunspección. 2. Arbitrio, criterio (judgment). **Use your discretion**, usa tu criterio, haz lo que mejor te parezca. **Discretion is the better part of the valor**, la prudencia es la madre de la ciencia. **Age of discretion**, *(For.)* la edad legal, cumplida la cual se responde criminalmente ante los tribunales de justicia. Varía en los diferentes países.

discretional [dɪs'kreʃənl] [dis-kre-sho-nal], **discretionary** [dɪs'kreʃənərɪ] [dis-kre-sho-na-ri], *a.* Discrecional, arbitrario, ilimitado, que se hace libre y prudencialmente.

discretionally [dɪs'kreʃənlɪ] [dis-kre-sho-na-li], *adv.* Discrecionalmente, a discreción.

discretive [dɪs'kretɪv] [dis-kre-tiv], *a.* 1. Disyuntivo, que denota oposición lógica. 2. Distinto; separado.

discretively [dɪs'kretɪvlɪ] [dis-kre-tiv-li], *adv.* Disyuntivamente, separadamente, cada cosa de por sí.

discriminable [dɪs'krɪmɪnəbl] [dis-kri-mi-na-bol], *a.* Discernible, distinguible.

discriminate [dɪs'krɪmɪneɪt] [dis-kri-mi-neit], *vn.* 1. Discriminar, distinguir (distinguish); discernir, utilizar el sentido crítico (be discerning). 2. Discriminar, hacer discriminaciones (act with predudice).

discriminate, *a.* 1. Que nota o advierte diferencias; escogedor, que distingue. 2. Distinguido, diferenciado, escogido entre otros.

discriminately [dɪs'krɪmɪneɪtlɪ] [dis-kri-mi-neit-li], *adv.* Distintamente; particularmente.

discriminateness [dɪs'krɪmɪneɪtnɪs] [dis-kri-mi-neit-nes], *s.* Diversidad, diferencia.

discriminating [dɪs'krɪmɪneɪtɪŋ] [dis-kri-mi-nei-tin], *pa.* 1. Capaz de distinguir claramente; mirado, fino, exigente (discerning/critic, customer); sagaz (judgment); refinado, educado, que sabe distinguir (taste). 2. Distintivo, particular, que sirve para distinguir. 3. Lo que establece distinción; diferencial.

discrimination [dɪsˌkrɪmɪ'neɪʃən] [dis-kri-mi-nei-shon], *s.* 1. Discriminación, distinción; criterio, discernimiento (discernment). 2. Discriminación (unfair treatment). **Racial/ sexual discrimination**, discriminación racial/sexual.

discriminative [dɪs'krɪmɪnətɪv] [dis-kri-mi-na-tiv], *a.* Distintivo, característico.

discriminatively [dɪs'krɪmɪnətɪvlɪ] [dis-kri-mi-na-tiv-li], *adv.* De un modo distintivo.

discriminatory [dɪs'krɪmɪnətərɪ] [dis-kri-mi-na-to-ri], *a.* Discriminador.

discrown [dɪs'kraʊn] [dis-kraun], *va.* Destronar, privar de la corona.

discubitory [dɪs'kjʊbɪtərɪ] [dis-kiu-bi-to-ri], *a.* Reclinatroio.

disculpate [dɪs'kʌlpeɪt] [dis-kal-peit], *va.* Disculpar. *V.* EXCULPATE.

discumbency [dɪs'kʌmbənsɪ] [dis-kam-ben-si], *s.* *(Ant.)* Reclinación, acción de recostarse para comer, como lo hacían los antiguos.

discurrent [dɪs'kʌrənt] [dis-ka-rent], *a.* Estancado, no corriente.

discursion [dɪs'kɜːʃən] [dis-ker-shon], *s.* 1. «Razonamiento, el acto de razonar. 2. *(Des.)* El acto de andar o correr de una parte a otra.

discursive [dɪs'kɜːsɪv] [dis-ker-siv], *a.* 1. Errante, vagabundo; discursivo. 2. Que raciocina; que denota pensamiento conexo.

discursively [dɪs'kɜːsɪvlɪ] [dis-ker-siv-li], *adv.* Por ilación, por deducción, por inferencia.

discursiveness [dɪs'kɜːsɪvnɪs] [dis-ker-siv-nes], *s.* 1. Calidad de digresivo. 2. El hilo o curso de un argumento.

discursory [dɪs'kɜːsərɪ] [dis-ker-so-ri], *a.* Argumentativo, racional, dircursivo.

discus [dɪs'kʌs] [dis-kas], *s.* (*pl.* DISCI). 1. Disco, tejo de metal o piedra usado en los juegos gimnásticos. 2. *(Biol.)* Disco. *V.* DISK.

discuss [dɪs'kʌs] [dis-kas], *va.* 1. Examinar alguna cosa; discutir, agitar o ventilar. Hablar de (talk about/person); hablar de, tratar (topic); debatir (debate); discutir (plan, problem). 2. *(Fam.)* Catar; probar o juzgar una cosa comiéndola o bebiéndola; p. ej. una comida.

discusser [dɪs'kʌsə^r] [dis-ka-sa^r], *s.* El que discute o examina.

discussing [dɪs'kʌsɪŋ] [dis-ka-sin], *s.* Examen; debate.

discussion [dɪs'kʌʃən] [dis-ka-shon], *s.* Discusión, examen, debate. **It's still under discussion**, todavía se está discutiendo o estudiando. **She suggested a topic for discussion**, sugirió un tema para debatir.

discussive [dɪs'kʌsɪv] [dis-ka-siv], *a.* *(Med.)* Discusivo.

discutient [dɪs'kʌʃənt] [dis-ka-shent], *s.* Resolutivo o resolvente.

disdain [dɪs'deɪn] [dis-dein], *va.* Desdeñar, menospreciar, despreciar, tener a o en menos.

disdain, *s.* Desdén, desprecio, menosprecio.

disdainful [dɪs'deɪnfʊl] [dis-dein-ful], *a.* Desdeñoso, despectivo (manner, tone); altivo, altanero.

disdainfully [dɪs'deɪnfəlɪ] [dis-dein-fu-li], *adv.* Desdeñosamente, con desprecio, con desdén, de una manera altiva.

disdainfulness [dɪs'deɪnfənɪs] [dis-dein-ful-nes], *s.* Desprecio altanero.

disdaining [dɪs'deɪnɪŋ] [dis-dei-nin], *s.* Vilipendio, desprecio.

disease [dɪ'ziːz] [di-sis], *s.* 1. Mal, enfermedad, achaque, indisposición. 2. Malestar, sufrimiento.

disease, *va.* 1. Enfermar, causar enfermedad; contagiar. 2. *(Des.)* Afligir, incomodar; hacer daño.

diseased [dɪ'ziːzt] [di-sist] *a.* Afectado (organ, tissue); enfermo (plant, animal); enfermizo, morboso (abnormal, mind); enfermo (society).

diseasedness [dɪ'ziːztnɪs] [di-sist-nes], *s.* Enfermedad, indisposición.

disedge [dɪ'zədʒ] [di-sedch], *va.* Desafilar, embotar.

disembark [ˌdɪsɪm'bɑːk] [di-sim-bark], *vn.* Desembarcar. -*va.* Desembarcar, sacar a tierra lo que está embarcado.

disembarkation, disembarcation [ˌdɪsɪmbɑː'keɪʃən] [di-sim-bar-kei-shon], *s.* Desembarque (of cargo); desembarco (of people).

disembarrass [ˌdɪsɪm'bərɑːs] [di-sim-ba-ras], *va.* Desembarazar.

disembarrassment [ˌdɪsɪm'bərɑːsmənt] [di-sim-ba-ras-ment], *s.* Desembarazo.

disembay ['dɪsɪmbeɪ] [di-sim-bei], *va.* Salir de la bahía.

disembitter [ˌdɪsɪm'bɪtə^r] [di-sim-bi-ta^r], *va.* Dulzurar, dulcificar.

disembodied ['dɪsɪm'bɒdɪd] [di-sim-bo-did], *a.* Separado del cuerpo; incorpóreo.

disembody ['dɪsɪm'bɒdɪ] [di-sim-bo-di], *va.* 1. Librar, separar del cuerpo o de la carnalidad. 2. Licenciar temporalmente algún cuerpo de ejército o de milicias.

disembogue ['dɪsɪm'bɒg] [di-sim-bog], *va.* Desembocar, descargar o desaguar en algún río o en el mar. -*vn.* *(Mar.)* Desembocar, salir de una bahía o un estrecho.

disembosom ['dɪsɪm'bɒsəm] [di-sim-bo-som], *va.* Sacar del seno o del fondo del corazón.

disembowel [ˌdɪsɪm'baʊəl] [di-sim-bauel], *va.* Desentrañar, destripar.

disembroil ['dɪsɪm'brɔɪl] [di-sim-broil], *va.* Desembrollar, desenredar, desenmarañar.

disenable ['dɪsɪnəbl] [di-si-na-bol], *va.* *(Des.)* Debilitar, incapacitar.

disenchant ['dɪsɪn'tʃɑnt] [di-sin-chan-t], *va.* Desencantar.

disenchantment ['dɪsɪn'tʃɑːntmənt] [di-sin-chant-ment] *s.* Desencanto, desilusión.

disenclose ['dɪsɪnt'kləʊz] [di-sin-klous], *va.* Descercar.

disencumber ['dɪsɪn'kʌmbə^r] [di-sin-kam-ba^r], *va.* Desembarazar, librar de obstáculos o estorbos.

disencumbrance ['dɪsɪn'kʌmbrəns] [di-sin-kam-brans], *s.* Desembarazo.

disenfranchise ['dɪsɪn'frænt∫aɪz] [di-sin-fran-chais] *va.* Privar del derecho al voto (person); privar del derecho de representación (place).

disengage ['dɪsɪn'geɪdʒ] [di-sin-gueich], *va.* Desunir; desocupar; libertar de algún poder u obligación; desenredar, librar a alguno de un embarazo o peligro. **He disengaged his hand from hers**, se soltó de su mano. 2. *(Mil.)* Retirar (troops, forces). 3. *(Tech.)* Desconectar (gears, mechanism). **To disengage the clutch**, desembragar, soltar el embrague. -*vn.* 1. Libertarse de, separarse, desembarazarse. 2. *(Tech.)* Desconectarse (gears, mechanism).

disengaged ['dɪsɪn'geɪdʒt] [di-sin-gueicht], *a.* Desembarazado, libre; desunido; desocupado; sin empeño.
disengagedness ['dɪsɪn'geɪdʒnɪs] [di-sin-gueich-nes], *s.* Desembarazo; desocupación.
disengagement ['dɪsɪn'geɪdʒmənt] [di-sin-gueich-ment], *s.* Desempeño, desembarazo; vacío.
disennoble ['dɪsɪnɒbl] [di-si-no-bel], *va. (Ant.)* Desennoblecer, degradar, envilecer.
disenroll ['dɪsɪnrəʊl] [di-sin-roul], *va. (Ant.)* Borrar algún nombre de una lista.
disenslave ['dɪsɪn'sleɪv] [di-sin-sleiv], *va.* Rescatar de esclavitud.
disentangle ['dɪsɪn'tæŋgl] [di-sin-tan-guel], *va.* Desenredar, desenlazar, desasir, desenmarañar (rope, hair, wool); separar cosas revueltas o mezcladas sin orden, desembarazar; esclarecer, desentrañar (mistery).
disentanglement ['dɪsɪn'tæŋglmənt] [di-sin-tan-guel-ment], *s.* Desenredo, desembarazo, desempeño.
disentail ['dɪsɪn'teɪl] [di-sin-teil], *va.* Anular el vínculo u orden de sucesión, librar del vínculo.
disenthrall ['dɪsɪn'θrəl] [di-sin-zrol], *va.* Libertar, sacar de la esclavitud, librar de la opresión, emancipar. Se escribe también, **Disenthral.**
disenthrone ['dɪsɪn'θrəʊn] [di-sin-zroun], *va.* Destronar.
disentitle ['dɪsɪn'taɪtl] [di-sin-tai-tol], *va.* Privar de un título o derecho.
disentrance ['dɪsɪn'trəns] [di-sin-trans], *va.* Despertar de un sueño profundo; hacer volver a alguno en sí.
disepalous ['dɪsɪpələs] [di-si-pa-los], *a.* Disépalo, de dos sépalos.
disespouse ['dɪsɪspəʊs] [di-sis-pous], *va. (Poét.)* Invalidar, anular los esponsales de presente o de futuro.
disestablish ['dɪsɪs'tæblɪʃ] [di-sis-ta-blish], *va.* Privar del estado o carácter establecido; quitar a una Iglesia el apoyo del Estado.
disestablishment ['dɪsɪs'tæblɪʃmənt] [di-sis-ta-blish-ment], *s.* La acción y efecto de privar del apoyo de un Estado.
disesteem ['dɪsɪs'ti:m] [di-sis-tim], *s.* Desestima, desestimación.
disesteem, *va.* Desestimar, tener en poco, desaprobar, no apreciar alguna cosa.
disestimation ['dɪsɪs'tɪmeɪʃən] [di-sis-ti-mei-shon], *s.* Desestimación.
disfame [dɪs'feɪm] [dis-feim], *s.* Descrédito, infamia, mala reputación.
disfavor [dɪs'feɪvə^r] [dis-fei-va^r], *va.* Desairar; desfavorecer, privar a alguno del favor que gozaba; desfigurar, afear o poner fea a alguna persona.
disfavor, *s.* Disfavor, disgusto; fealdad, deformidad. Desaprobación. **To view/look on something with disfavor**, desaprobar algo, no ver algo con buenos ojos. **To fall into disfavor**, caer en desgracia (person).
disfavorer [dɪs'feɪvərə^r] [dis-fei-vo-ra^r], *s.* Desfavorecedor.
disfiguration [ˌdɪsfɪgə'reɪʃən] [dis-fi-gu-rei-shon], *s.* Desfiguración, deformidad.
disfigure [dɪs'fɪgə^r] [dis-fi-ga^r], *va.* Desfigurar (face, person); afear, estropear (landscape, building).
disfigurement [dɪs'fɪgəmənt] [dis-fi-ga-ment], *s.* Desfiguración (of person); afeamiento (of scenery, building).
disforest [dɪs'fərɪst] [dis-fo-rest], *va.* 1. Desmontar, privar de árboles. 2. *V.* DISAFFOREST.
disfranchise ['dɪs'fræntʃaɪz] [dis-fran-chais], *va.* Privar de los derechos de ciudadano: quitar franquicias, privilegios o inmunidades.
disfranchisement ['dɪs'fræntʃaɪzmənt] [dis-fran-chais-ment], *s.* Privación de los derechos de ciudadanía y de otros privilegios e inmunidades.
disfurnish ['dɪs'fɜ:nɪʃ] [dis-fer-nish], *va. (Ant.)* Desproveer, despojar, desamueblar.
disgarnish ['dɪs'gɑ:nɪʃ] [dis-gar-nish], *va. (Ant.)* Desguarnecer.
disgarrison *va.* Desguarnicionar.
disgorge ['dɪs'gɔ:dʒ] [dis-gorch], *va.* 1. Vomitar. 2. Arrojar con violencia. 3. Entregar o devolver por fuerza, necesidad o temor.
disgorgement ['dɪs'gɔ:dʒənt] [dis-gorch-ment], *s.* Vómito; entrega, devolución.
disgrace [dɪs'greɪs] [dis-greis], *s.* Ignominia, infamia, oprobio, deshonra; vergüenza. **It's a disgrace**, es una vergüenza, es un escándalo. **He brought disgrace on his family**, trajo la deshonra a su familia. **To be a disgrace**, ser una vergüenza.
disgrace, *va.* 1. Deshonrar, disfamar, atraer vergüenza, causar oprobio (bring shame on/person, family, school). **I disgraced myself by getting drank**, hice un papelón emborrachándome. 2. Hacer caer en desgracia; despedir con ignominia. Desacreditar (destroy reputation of/enemy, politician).
disgraceful [dɪs'greɪsfʊl] [dis-greis-ful], *a.* Vergonzoso, deshonroso, oprobioso, ignominioso.
disgracefully [dɪs'greɪsfʊlɪ] [dis-greis-fu-li], *adv.* Vergonzosamente.
disgracefulness [dɪs'greɪsfʊlnɪs] [dis-greis-ful-nes], *s.* Ignominia, afrenta.
disgracer [dɪs'greɪsə^r] [dis-grei-sa^r], *s.* Deshonrador.
disgruntle [dɪs'grʌntl] [dis-gran-tel], *va. (Fam.)* Descontentar; dejar plantado, enfadar.
disgruntled [dɪs'gʌntld] [dis-gran-teld] *a.* Contrariado (child, look); descontento (employee).
disguise [dɪs'gaɪz] [dis-gais], *va.* 1. Disfrazar, enmascarar (person); cambiar (voice). **To disguise oneself as something**, disfrazarse de algo. 2. Encubrir, solapar, tapar, ocultar (conceal/mistake); disimular (disapproval, contempt); desfigurar, alterar la forma. 3. Embriagar (eufemismo).
disguise *s.* Disfraz. **In disguise**, disfrazado.
disguiser [dɪs'gaɪzə^r] [dis-gai-sa^r], *s.* El que disfraza, encubre, etc.
disguising [dɪs'gaɪzɪŋ] [dis-gai-sin], *s.* 1. Máscara. 2. El acto de dar apariencia de verdad a lo que es falso.
disgust [dɪs'gʌst] [dis-gast], *s.* Disgusto, desazón; repugnancia, asco (physical, stronger); displicencia, sinsabor, aversión, tedio; indignación (revulsion). **Much to my disgust, they ate it raw**, se lo comieron crudo, lo cual me dio un asco espantoso. **She stormed out of the meeting in disgust**, salió indignada o furiosa de la reunión.
disgust, *va.* Disgustar, repugnar, enfadar; darle asco a.
disgusted [dɪs'gʌstɪd] [dis-gas-ted] *a.* Indignado; asqueado (stronger). **She's disgusted with him**, está indignada o furiosa con él.
disgustful [dɪs'gʌstfʊl] [dis-gast-ful], *a.* Desabrido, fastidioso, enfadoso, asqueroso, desagradable.
disgusting [dɪs'gʌstɪŋ] [dis-gas-tin] *a.* 1. Asqueroso, repugnante (smell, taste, food). **How disgusting!**, ¡qué asco! 2. Vergonzoso (conduct, attitude).
disgustingly [dɪs'gʌstɪŋlɪ] [dis-gas-tin-li], *adv.* Desagradablemente, asquerosamente, desabridamente. **He's disgustingly rich**, está podrido de dinero, está podrido en plata.
dish [dɪʃ] [dish], *s.* 1. Fuente (serving dish); plato grande o platón (plate). 2. Plato, la vianda o manjar que se sirve en los platos (amount). 3. Concavidad de la forma; copera, reborde de llanta. **A chafing-dish**, chofeta, escalfador. **Side dish**, un plato de entrada, principio. **Soupdish**, sopera. *-pl.* **Dishes**, vajilla, servicio de mesa (crokery). **To wash/do the dishes**, lavar los platos. *(Telec.)* Antena parabólica.
dish, *va.* 1. Servir las viandas en fuente o plato grande. 2. Ponerle copera a una rueda. 3. *(Ger.)* Atrapar, engañar, dar gato por liebre.
dish out 1. *(Culin.)* Servir. 2. *(Coloq.)* Repartir (distribute); dar (advice).
dish up *(Culin.)* Servir.
dishabille [ˌdɪsæ'bi:l] [di-sa-bil], *s.* Paños menores, trapillo; ropa de mañana o de casa.

disharmonious [ˌdɪs'hɑːmənɪəs] [dis-ar-mo-nios], *a.* Desacordado, destemplado, desafinado.

disharmony [ˌdɪs'hɑːmənɪ] [dis-ar-mo-ni], *s.* Discordancia, disonancia.

dishcloth ['dɪʃklɒθ] [dish-kloz], *s.* Paño para lavar los platos.

dishclout [dɪʃ'klaʊt] [dish-klaut], *s.* Rodilla, el trapo con que se limpian los platos.

dishearten [dɪs'hɑːtn] [dis-jar-ten], *va.* Desanimar, desalentar, descorazonar.

disheartening [dɪs'hɑːtnɪŋ] [dis-jar-te-nin] *a.* Descorazonador, desalentador.

dished ['dɪʃt] [disht], *pp.* de DISH. 1. Servido en un plato; puesto en la mesa. 2. Se dice de la rueda con copera.

dishevel [dɪ'ʃevəl] [dish-e-vel], *va.* Desgreñar, desmelenar.

disheveled [dɪ'ʃevəld] [dish-e-veld] *a.* Despeinado.

dishful ['dɪʃfʊl] [dish-ful], *s.* Cantidad que puede contener un plato; el contenido de un plato lleno.

dishing ['dɪʃɪŋ] [di-shin], *a.* Cóncavo.

dishonest [dɪs'ɒnɪst] [dis-ho-nest], *a.* 1. Pícaro, malo; desleal, falto de integridad, indigno de confianza; deshonest (person, answer). 2. Fraudulento, falso, injusto, deshonesto (dealings, means). 3. *(Des.)* Lascivo, impuro, deshonesto.

dishonestly [dɪs'ɒnɪstlɪ] [dis-ho-nes-tli], *adv.* Fraudulentamente, de mala fe; injustamente.

dishonesty [dɪs'ɒnɪstɪ] [dis-ho-nes-ti], *s.* 1. Picardía, dolo, fraude. Deshonestidad, falta de honradez; falsedad (of statement); fraudulencia (of dealings). 2. Violación de la confianza o del fideicomiso.

dishonor [dɪs'ɒnə^r] [dis-ho-na^r], *s.* Deshonor, deshonra, ignominia (disgrace).

dishonor, *va.* 1. Deshonrar, infamar (bring disgrace on). 2. Desflorar. 3. Despreciar; desadornar. 4. No respetar (renege on/agreement, treaty); no cumplir, faltar a (promise).

dishonorable [dɪs'ɒnərəbl] [dis-ho-no-ra-bol], *a.* 1. Deshonroso, afrentoso, indecoroso. 2. Deshonrado, infamado, sin honra; de reputación perdida.

dishonorably [dɪs'ɒnərəblɪ] [dis-ho-no-ra-bli], *adv.* Ignominiosamente; de manera deshonrosa. **To be dishonorably discharged**, ser dado de baja con deshonor.

dishonorer [dɪs'ɒnərə^r] [dis-ho-no-ra^r], *s.* 1. Seductor. 2. Deshonrador.

dishouse [dɪs'haʊz] [dis-haus], *va.* Privar de la casa; desalojar.

dishpan [dɪʃ'pæn] [dish-pan] *s.* Palangana para lavar los platos. **Dishpan hands**, manos de fregona.

dishrag ['dɪʃræg] [dish-rag], *s.* Paño o trapo para lavar los platos.

dish soap ['dɪʃsəʊp] [dish-soup] *s.* Lavavajillas, detergente.

dishwasher ['dɪʃˌwɒʃə^r] [dis-uo-sha^r], *s.* 1. Lavaplatos, lavador o lavadora de platos. 2. Lavadora de platos (machine).

dishwater ['dɪʃˌwɒtə^r] [dis-uo-ta^r], *s.* Agua en que se lavan los platos.

disillusion, disillusionize [dɪsɪ'luːʃən] [di-si-lu-shon] [dɪsɪ'luːʃənaɪz] [di-si-lu-sho-nais], *va.* Desencantar, quitar la ilusión; desilusionar. *-s.* Desilusión, pérdida de la ilusión.

disincarcerate ['dɪsɪn'kɑːsɪreɪt] [di-sin-kar-se-reit], *va.* Desencarcelar.

disincentive [ˌdɪsɪn'sentɪv] [di-sin-sen-tiv] *s.* Falta de incentivos. **It's a disincentive to savers**, no fomenta el ahorro.

disinclination [ˌdɪsɪnlɪ'neɪʃən] [di-sin-kli-nei-shon], *s.* Desafecto, desamor; aversión.

disincline ['dɪsɪn'klaɪn] [di-sin-klain], *va.* Desinclinar, desviar la inclinación o afecto de alguno.

disinclined ['dɪsɪn'klaɪnd] [di-sin-klaind], *a.* Desinclinado, averso, indispuesto con. **She was disinclined to listen to him**, no se sentía inclinada a escucharlo.

disincorporate [ˌdɪsɪn'kɔːpərɪt] [di-sin-kor-po-reit], *va.* 1. Desincorporar, quitar las franquicias de una corporación. 2. Disolver una corporación.

disinfect [ˌdɪsɪn'fekt] [di-sin-fekt], *va.* Desinfectar, destruir la infección.

disinfectant [ˌdɪsɪn'fektənt] [di-sin-fek-tant], *a.* Desinfectante. *-s.* Desinfectante, substancia usada para desinfectar; como el cloro, el ácido sulfuroso, o la formalina.

disinfection [ˌdɪsɪn'fekʃən] [di-sin-fek-shon], *s.* Desinfección, el acto y efecto de desinfectar.

disinfector [ˌdɪsɪn'fektə^r] [di-sin-fek-to^r], *s.* Agente o aparato desinfectante. 2. Desinfectador, el que desinfecta.

disinflation [ˌdɪsɪn'fleɪʃən] [di-sin-flei-shon] *s.* Desinflación.

disinformation [ˌdɪsɪnfə'meɪʃən] [di-sin-for-mei-shon] *s.* Desinformación.

disingenuous [ˌdɪsɪn'dʒenjʊəs] [di-sin-ye-ni-os], *a.* Doble, falso, disimulado, insincero.

disingenuously [ˌdɪsɪn'dʒenjʊəslɪ] [di-sin-ye-nios-li], *adv.* Doblemente, falsamente, traidoramente.

disinhabited [ˌdɪsɪn'hæbɪtɪd] [di-sin-ja-bi-ted], *a.* Despoblado, desierto, deshabitado.

disinherison [ˌdɪsɪn'herɪʃən] [di-sin-je-ri-shon], *s.* Desheredamiento. *V.* DISINHERITANCE.

disinherit ['dɪsɪn'herɪt] [di-sin-je-rit], *va.* Desheredar (heir). **To disinherit somebody of/from something**, despojar a alguien de algo (deprive).

disinheritance [ˌdɪsɪn'herɪtəns] [di-sin-je-ri-tans], *s.* Desheredación, acción de desheredar.

disintegrate [dɪs'ɪntɪgreɪt] [dis-in-ti-greit], *va.* Desagregar, desintegrar, desmoronar. *-vn.* Desmoronarse, desintegrarse (fragment), desagregarse, hacerse o caerse a pedazos.

disintegration [dɪsˌɪntɪ'greɪʃən] [dis-in-ti-grei-shon], *s.* Desagregación, desintegración, desmoronamiento.

disinter [dɪs'ɪntə^r] [dis-in-ta^r], *va.* Exhumar, desenterrar.

disinterested [dɪs'ɪntrɪstɪd] [dis-in-te-res-tid], *a.* Desinteresado (action); neutral, imparcial (decision, advice).

disinterestedly [dɪs'ɪntrɪstɪdlɪ] [dis-in-te-res-tid-li], *adv.* Desinteresadamente.

disinterestedness [dɪs'ɪntrɪstɪdnɪs] [dis-in-te-res-tid-nes], *s.* Desinterés, abnegación.

disinterment [ˌdɪsɪn'tɜːmənt] [dis-in-ter-ment], *s.* Exhumación, desenterramiento.

disinthrall, *va. V.* DISENTHRALL.

disintricate [ˌdɪsɪn'trɪkeɪt] [dis-in-tri-keit], *va.* Desenredar.

disinvolve [ˌdɪsɪn'vɔːlv] [dis-in-volv], *va.* Desenredar, destapar.

disjoin [dɪs'dʒɔɪn] [dis-yoin], *va.* Desunir, desasir, apartar, separar.

disjoint [dɪs'dʒɔɪnt] [dis-yoint], *va.* 1. Dislocar, descoyuntar, desencajar, desmembrar. 2. Desunir, separar, desarreglar, desordenar. Trinchar un ave. *-vn.* Desmembrarse, caer a pedazos.

disjoint, disjointed [dɪs'dʒɔɪntɪd] [dis-yoin-ted], *a.* Dividido; inconexo, deshilvanado.

disjointly [dɪs'dʒɔɪnlɪ] [dis-yoin-tli], *adv.* Desunidamente.

disjunct [dɪs'dʒʌŋkt] [dis-yankt], *a.* Descoyuntado, dislocado.

disjunction [dɪs'dʒʌŋkʃən] [dis-yank-shon], *s.* Disyunción, descoyuntamiento, dislocación.

disjunctive [dɪs'dʒʌŋktɪv] [dis-yank-tiv], *a.* y *s.* disyuntivo.

disjunctively [dɪs'dʒʌŋktɪvlɪ] [dis-yank-tiv-li], *adv.* Disyuntivamente.

disk [dɪsk] [disk], *s.* 1. Disco, figura circular y plana; superficie circular o casi circular y achatada. *(Comp.)* Disco. 2. *(Bot.)* Disco, cualquier órgano casi plano y circular, centro de una flor compuesta. 3. Patena, platillo sagrado de la eucaristía. 4. *(Anat./Zool.)* Parte o estructura circular y achatada. 5. *V.* DISCUS y QUOIT. 6. *(Art. y Ofic.)* Disco; rueda de vidrio de la máquina eléctrica.

disk drive [dɪsk'draɪv] [disk-draiv] *s.* Unidad de disco.

diskette [dɪs'ket] [dis-ket] *s.* Disquete.

diskindness [dɪs'kaɪndnɪs] [dis-kaind-nes], *s.* (Poco us.) Descariño; agravio ligero.

dislike [dɪs'laɪk] [dis-laik], *s.* Aversión, aborrecimiento, repugnancia, antipatía. **To take a dislike to anyone**, tener o tomar a uno entre ojos o entre ceja y ceja. **I have a strong dislike of dogs**, no me gustan nada los perros. **You'll have to tell us all your likes and dislikes**, tendrás que decirnos lo que te gusta y lo que no te gusta.

dislike, *va.* Tener aversión a alguna persona, desaprobar. **I dislike dogs**, no me gustan los perros. **He disliked her intensely**, no la podía ver, le tenía verdadera aversión. **He dislikes wearing a tie**, le desagrada o no le gusta llevar corbata.

disliker [dɪs'laɪkəʳ] [dis-lai-k], *s.* El que desaprueba algo.

dislimb [dɪs'lɪmb] [dis-limb], *va.* Desmembrar.

dislimn [dɪs'lɪm] [dis-lim], *va.* *(Ant.)* Borrar una pintura.

dislocate ['dɪsləʊkeɪt] [dis-lou-keit], *va.* *(Med.)* Dislocar, descoyuntar.

dislocation ['dɪsləʊkeɪʃən] [dis-lou-keit-shon], *s.* *(Med.)* Dislocación, descoyuntamiento.

dislodge [dɪs'lɒdʒ] [dis-lodch], *va.* 1. Desalojar, sacar o hacer salir de un lugar a una persona o cosa (shift, remove). **The wind dislodged some tiles**, el viento causó que se soltaran varias tejas. 2. Desalojar, echar al enemigo de algún puesto. *-vn.* Desalojar, mudarse a otra parte.

disloyal ['dɪs'lɔɪəl] [dis-loial], *a.* 1. Desleal. 2. Infiel, falso.

disloyally ['dɪs'lɔɪəlɪ] [dis-loia-li], *adv.* Deslealmente.

disloyalty ['dɪs'lɔɪəltɪ] [dis-loial-ti], *s.* Deslealtad, infidelidad; perfidia, inconstancia.

dismal ['dɪzməl] [dis-mal], *a.* Triste, funesto (very bad/news, prophecy); sombrío, deprimente, lúgubre (gloomy/place, tone) deplorable, espantoso, malísimo (weather); pésimo (results, performance); horrendo, horroroso, terrible, infeliz, aciago.

dismally ['dɪzməlɪ] [dis-mal-li], *adv.* Funestamente, tristemente.

dismalness ['dɪzməlnɪs] [dis-mal-nes], *s.* Tristeza, melancolía; aspecto siniestro, infelicidad.

disman ['dɪzmən] [dis-man], *va.* 1. Privar de hombres, desguarnecer. 2. *(Des.)* *V.* UNMAN.

dismantle [dɪs'mæntl] [dis-man-tel], *va.* Desguarnecer, desamueblar; desmantelar una plaza, desaparejar una embarcación; despojar de adornos, etc. Desmontar (machinery, furniture); desmantelar (organization).

dismantling [dɪs'mæntlɪŋ] [dis-man-tlin], *s.* El acto de desmantelar.

dismast [dɪs'mɑːst] [dis-mast], *va.* Desarbolar un bajel.

dismay [dɪs'meɪ] [dis-mei], *s.* Desmayo, deliquio, congoja, espanto, terror, consternación. **They looked at him in dismay**, lo miraron consternados. **Much to my dismay**, para mi desgracia.

dismay, *va.* Desmayar, espantar, desanimar, consternar. **I was dismayed at her reaction**, su reacción me dejó consternado.

dismayedness [dɪs'meɪdnɪs] [dis-meid-nes], *s.* Desmayo, desaliento, aterramiento, espanto, deliquio.

dismember [dɪs'membəʳ] [dis-mem-baʳ], *va.* 1. Desmembrar, separar un miembro del cuerpo, despedazar. 2. Separar del cuerpo de una sociedad, iglesia, etc.

dismemberment [dɪs'membəmənt] [dis-mem-ba-ment], *s.* Desmembramiento.

dismettled [dɪs'metld] [dis-me-teld], *a.* *(Des.)* Desanimado, sin espíritu o animación.

dismiss [dɪs'mɪs] [dis-mis], *va.* 1. Despedir, echar (employee); destituir (executive, minister); licenciar a un soldado; dejar salir (send away/class). 2. Descartar, desechar (possibility, suggestion); despachar, enviar; desestimar, rechazar (request, petition, claim). *(Law)* Desestimar (charge, appeal). **To dismiss a case**, sobreseer una causa. 3. Disolver una reunión, asamblea, etc. 4. Repudiar, rechazar. **To dismiss abruptly**, echar a uno con cajas destempladas. **To dismiss/send one about his business**, enviar a uno a paseo. *vn.* **Dismiss!**, ¡rompan filas!

dismissal [dɪs'mɪsəl] [dis-mi-sal], *s.* 1. Dimisión; despido (of employee); destitución (of executive, minister). 2. Permiso para salir, marcharse o retirarse (sending away). 3. Rechazo (of theory, request). 4. *(Law)* Desestimación.

dismission [dɪs'mɪʃən] [dis-mi-shon], *s.* 1. Despedimiento, despedida. 2. Dimisión; deposición, privación de un empleo.

dismissory, dismissive [dɪs'mɪsərɪ] [dis-mi-so-ri], *a.* 1. Que despide, destituye o licencia; dimisorio. 2. Desdeñoso (attitude, smile); disciplente (tone).

dismount [dɪs'maʊnt] [dis-maunt], *va.* 1. Desmontar, sacar el caballo de la silla a su jinete. 2. Hacer que los soldados de a caballo presten servicio a pie. 3. Desmontar, desarmar una máquina, un cañón, etc., quitándole su montaje. *-vn.* Desmontar, apearse del caballo, bajar, descender.

disnaturalize [dɪs'nætralaɪz] [dis-na-tu-ra-lais], *va.* Desnaturalizar.

disobedience [ˌdɪsə'biːdɪəns] [dis-o-bi-dians], *s.* Desobediencia.

disobedient [ˌdɪsə'biːdɪənt] [dis-o-bi-diant], *a.* Desobediente.

disobey ['dɪsə'beɪ] [dis-o-bei], *va.* y *vn.* Desobedecer.

disoblige ['dɪsə'blaɪdʒ] [dis-o-blaidch], *va.* Desobligar, disgustar; librar de la obligación.

disobliger ['dɪsə'blaɪdʒəʳ] [dis-o-blai-yaʳ], *s.* Ofensor.

disobliging ['dɪsə'blaɪdʒɪŋ] [dis-o-blai-yin], *a.* Desagradable, ofensivo.

disobligingly ['dɪsə'blaɪdʒɪŋlɪ] [dis-o-blai-yin-li], *adv.* Desagradablemente.

disobligingness ['dɪsə'blaɪdʒɪŋnɪs] [dis-o-blai-yin-nes], *s.* Desagrado, desatención.

disorder [dɪs'ɔːdəʳ] [dis-or-daʳ], *s.* 1. Desorden, desarreglo, confusión, desconcierto (confusion); desórdenes, disturbios (unrest). 2. Indisposición, desazón, disgusto. 3. Enfermedad, indisposición; enajenamiento del ánimo. 4. Motín o tumulto; alboroto.

disorder,, *va.* 1. Desordenar, confundir, descomponer, desconcertar. 2. Causar alguna enfermedad. 3. Inquietar, perturbar el ánimo, enojar, enfadar, alterar.

disordered [dɪs'ɔːdəd] [dis-or-de-red], *a.* Desordenado, disoluto, confuso.

disorderedness [dɪs'ɔːdədnɪs] [dis-or-de-red-nes], *s.* Irregularidad, confusión.

disorderly [dɪs'ɔːdəlɪ] [dis-or-der-li], *a.* Desordenado, desarreglado (untidy); confuso, ilegal; alborotado (unruly/crowd); revoltoso (person). *-adv.* Desordenamente, ilegalmente.

disorganization [dɪsˌɔːgənaɪ'zeɪən] [dis-or-ga-nai-sei-shon], *s.* Desorganización.

disorganize [dɪs'ɔːgənaɪz] [dis-or-ga-nais], *va.* Desorganizar, destruir o romper la estructura orgánica de, derribar.

disorganized [dɪs'ɔːgənaɪzt] [dis-or-ga-naist] *a.* Desorganizado.

disorganizer [dɪs'ɔːgənaɪzəʳ] [dis-or-ga-nai-saʳ], *s.* Desorganizador.

disorient, disorientate [dɪs'ɔːrɪənt] [dis-o-ri-ent] [dɪs'ɔːrɪənteɪt] [dis-o-rien-teit], *va.* 1. Desviar del este; en especial, construir una iglesia sin el altar al lado oriente. *V.* ORIENTATE. 2. Desorientar, hacer perder el conocimiento de la posición que se ocupa en el terreno; de aquí *(Fig.)* extraviar, confundir, hacer confuso en la mente. **To become disoriented**, desorientarse.

disorientated [dɪsˌɔːrɪən'teɪtɪd] [dis-o-rien-tei-ted], *a.* Desorientado, desatentado.

disorientation [dɪsˌɔːrɪən'teɪʃən] [dis-o-rien-tei-shon] *s.* Desorientación.

disown [dɪs'əʊn] [dis-oun], *va.* Negar, desconocer, renunciar, no reconocer (deny responsibility for); renegar de, repudiar (repudiate).

disparage [dɪs'pærɪdʒ] [dis-pa-rich], *va.* 1. Rebajar, difamar, injuriar a alguno por compararle o juntarle con otro inferior, rebajar, disminuir el valor de una cosa comparándola

con otra de mala calidad. *V.* BELITTLE. 2. Desdorar, quitar el crédito de alguna persona.
disparagement [dɪs'pærɪdʒmənt] [dis-pa-rich-ment], *s.* 1. Desdoro; unión o comparación injuriosa de una cosa inferior con otra superior. 2. Censura, infamia. 3. Desprecio, murmuración, conversación denigrativa.
disparager [dɪs'pærɪdʒəʳ] [dis-pa-ri-chaʳ], *s.* El que desdora, mancilla o deslustra.
disparaging [dɪs'pærɪdʒɪŋ] [dis-pa-ri-chin] *a.* Desdeñoso, despreciativo. **She was very disparaging about their efforts**, habló de sus intentos en tono desdeñoso o despreciativo.
disparagingly [dɪs'pærɪdʒɪŋlɪ] [dis-pa-ri-chin-li], *adv.* Desdeñadamente, de un modo que rebaja y desdora; en tono desdeñoso o despreciativo.
disparate [dɪs'pærɪt] [dis-pa-rit], *a.* Desigual, discorde, desemejante, dispar (varied); distinto (distinct, separate).
disparates [dɪs'pærɪtz] [dis-pa-rits], *s. pl.* Cosas tan desemejantes que no admiten comparación entre sí.
disparity [dɪs'pærɪtɪ] [dis-pa-ri-ti], *s.* Disparidad, desigualdad; desemejanza (inequality); discrepancia (difference).
dispark [dɪs'pɑːk] [dis-park], *va. (Ant.)* Descercar, abrir una cerca.
dispart [dɪs'pɑːt] [dis-part], *va.* 1. Despartir, apartar, dividir, separar. 2. Señalar el punto de mira en los cañones. *-vn.* Partirse, dividirse, rajarse.
dispart, *s.* 1. Mira, pieza del cañón que sirve para dirigir la vista y asegurar la puntería. Se llama también DISPART-SIGHT. 2. Vivo de un cañón.
dispassion [dɪs'pæʃən] [dis-pa-shon], *s. (Ant.)* Calma, serenidad de ánimo.
dispassionate [dɪs'pæʃənɪt] [dis-pa-sho-nit], *a.* Desapasionado, objetivo (account); sereno, fresco, templado, sosegado; imparcial (adjudication, onlooker); moderado.
dispassionately [dɪs'pæʃənɪtlɪ] [dis-pa-sho-nit-li], *adv.* Serenamente, tranquilamente, sin apasionamiento.
dispassioned [dɪs'pæʃənd] [dis-pa-shond], *a.* (Poco us.) Sereno. *V.* DISPASSIONATE.
dispatch [dɪs'pætʃ] [dis-pach], *va.* 1. Despachar, enviar (send). 2. Despachar (carry out/task, duty); despachar (kill/person, animal); despacharse (consume/food, drink). *s.* 1. Despacho (message); *(Mil.)* Parte. 2. Despacho, envío, expedición (sending). **To be mentioned in dispatches**, recibir una mención de honor. *V.* DESPATCH.
dispatch case [dɪs'pætʃˌkeɪs] [dis-pach-keis] *s.* Portafolios.
dispatch rider [dɪs'pætʃˌraɪdəʳ] [dis-pach-rai-daʳ] *s.* Mensajero (on motorcycle).
dispel [dɪs'pel] [dis-pel], *va.* Dispersar, esparcir; disipar, hacer desvanecer (doubts, fear); disipar (fog); expeler, desechar.
dispend [dɪs'pend] [dis-pend], *va.* Gastar.
dispensable [dɪs'pensəbl] [dis-pen-sa-bol], *a.* Dispensable, prescindible.
dispensableness [dɪs'pensəblnɪs] [dis-pen-sa-bol-nes], *s.* La calidad de dispensable.
dispensary [dɪs'pensərɪ] [dis-pen-sa-ri], *s.* 1. Dispensario, farmacia (in hospital); enfermería (in school). 2. Casa o botica de barrio o distrito donde los enfermos pobres reciben gratuitamente o a precio barato los auxilios facultativos y los medicamentos que necesitan.
dispensation [ˌdɪspen'seɪʃən] [dis-pen-sei-shon], *s.* 1. Distribución o reparto de alguna cosa. Administración (of justice). 2. Dispensación, dispensa; exención (exemption). **He was granted a dispensation from military service**, lo declararon exento del servicio militar. 3. Dispensación o ley divina; sistema de principios o ritos prescritos en una religión.
dispensative [dɪs'pensətɪv] [dis-pen-sa-tiv], *a. (Ant.)* Lo que dispensa.
dispensator [dɪs'penseɪtəʳ] [dis-pen-sei-toʳ], *s.* Dispensador.
dispensatory [dɪs'pensətərɪ] [dis-pen-sa-to-ri], *s.* Farmacopea, el libro que prescribe la composición de las medicinas. *-a.* Lo que tiene poder de dispensar o dar dispensas.
dispense [dɪs'pens] [dis-pens], *va.* 1. Dispensar, distribuir, repartir; ofrecer, dar (advice); dar (grants, alms); conceder (favors); expender (machine/coffee, soap). 2. Componer un medicamento de varios ingredientes; despachar, preparar (drugs, prescription). 3. Dispensar, exceptuar; excusar. 4. Administrar (justice). **To dispense with**, dispensar de, permitir que no se haga alguna cosa, renunciar la observancia de; privarse de alguna cosa, ceder, dejar, renunciar a algo.
dispenser [dɪs'pensəʳ] [dis-pen-saʳ], *s.* 1. Dispensador, el que inventa disculpas para no hacer alguna cosa. 2. **A cash dispenser**, un cajero automático (device). 3. Farmacéutico (pharmacist).
dispeople [dɪs'piːpl] [dis-pi-pol], *va.* Despoblar.
dispeopler [dɪs'piːpləʳ] [dis-pi-plaʳ], *s.* Despoblador.
dispersal [dɪs'pɜːsəl] [dis-per-sal], *s. V.* DISPERSION.
disperse [dɪs'pɜːs] [dis-pers], *va.* 1. Dispersar, esparcir, desparramar. 2. Disipar. 3. Distribuir. 4. Separar la luz en sus colores componentes. *-vn.* 1. Dispersarse, separarse, retirarse. 2. Disiparse; desaparecer.
dispersedly [dɪs'pɜːsɪdlɪ] [dis-per-sid-li], *adv.* Esparcidamente.
dispersedness [dɪs'pɜːsɪdnɪs] [dis-per-sid-nes], *s.* Dispersión.
disperser [dɪs'pɜːsəʳ] [dis-per-saʳ], *s.* Esparcidor, sembrador.
dispersion [dɪs'pɜːʃən] [dis-per-shon], *s.* 1. Dispersión, esparcimiento, acción y efecto de dispersar. 2. Desviación de los rayos de luz.
dispersive [dɪs'pɜːsɪv] [dis-per-siv], *a.* Esparcidor, lo que tiene el poder de esparcir.
dispirit [dɪs'pɪrɪt] [dis-pi-rit], *va.* Desalentar, desanimar, amilanar.
dispirited [dɪs'pɪrɪtɪd] [dis-pi-ri-tid] *a.* Desanimado, abatido (person). **To become dispirited**, desanimarse.
dispiritedness [dɪs'pɪrɪtɪdnɪs] [dis-pi-ri-tid-nes], *s.* Desaliento, desánimo.
dispiriting [dɪs'pɪrɪtɪŋ] [dis-pi-ri-tin] *a.* Desalentador, descorazonador.
displace [dɪs'pleɪs] [dis-pleis], *va.* 1. Dislocar, desordenar; desplazar (liquid, volume). 2. Tomar el lugar de (destituyendo); reemplazar (replace). 3. Desplazar (force from home/refugees, workers).
displaced person [dɪs'pleɪstˌpɜːsən] [dis-pleist-per-son], *s.* Persona desplazada.
displacement [dɪs'pleɪsmənt] [dis-pleis-ment], *s.* 1. Desarreglo, trastorno, mudanza; desplazamiento (of refugees); sustitución, reemplazo (replacement). 2. Cambio aparente de posición, v. gr. de una estrella. 3. *(Mar.)* Desplazamiento, el peso del agua que desaloja el casco de un buqe. 4. *(Quím. y Farm.)* Coladura. *V.* PERCOLATION. 5. *(Geol.)* Falla. *V.* FAULT.
displacer [dɪs'pleɪsəʳ] [dis-plei-saʳ], *s.* 1. El que desordena. 2. *(Quím.)* Colador. *V.* PERCOLATOR.
displant [dɪs'plænt] [dis-plant], *va.* Transplantar, trasponer; expeler; arrancar.
displantation [ˌdɪsplæn'teɪʃən] [dis-plan-tei-shon], *s.* 1. Trasplante, trasplantación. 2. *(Fig.)* Expulsión (de una raza, de un pueblo).
displanting [dɪs'plæntɪŋ] [dis-plan-tin], *s.* Deposición, expulsión.
display [dɪs'pleɪ] [dis-plei], *va.*
display, *s.* 1. Despliegue (of courage, strength, knowledge); acción de desplegar o extender; ostentación, manifestación, fausto; demostración (of ignorance). Exposición, muestra (exhibition); show (show). **Fireworks display**, fuegos artificiales. **To be on display**, estar expuesto (painting, wares). **A display of flowers**, un arreglo floral (arrangement); exteriorización, demostración (of feelings). 2. *(Inform., Electron.)* Display, visualizador. **Digital/analog**

display, visualizador digital/analógico; de visualización de datos (screen, panel). 3. *(Journ., Print)* **Display advertising**, anuncios destacados.
displayer [dɪs'pleɪəʳ] [dis-pleiaʳ], *s.* Ostentador.
display window [dɪs'pleɪ,wɪndəʊ] [dis-plei-uin-dou], *s.* Vitrina, aparador.
displeasant [dɪs'pli:sənt] [dis-pli-sant], *a.* Desagradable, ofensivo.
displease [dɪs'pli:z] [dis-plis], *va.* y *vn.* Desplacer, enfadar, desazonar, incomodar, inquietar; ofender; desagradar, contrariar.
displeased [dɪs'pli:zt] [dis-plist], *a.* Ofendido, disgustado, incomodado, enojado.
displeasing [dɪs'pli:zɪŋ] [dis-pli-sin], pa. Displicente, ofensivo; desagradable.
displeasingness [dɪs'pli:zɪŋnɪs] [dis-pli-sin-nes], *s.* Ofensa, displicencia.
displeasure [dɪs'pleʒəʳ] [dis-pli-shaʳ], *s.* Desplacer, disgusto, inquietud, ofensa; indignación, desgracia, disfavor. **He incurred the king's displeasure**, contrarió al rey.
displeasure, *va. (Ant.)* Desagradar, disgustar.
displode [dɪs'pləʊd] [dis-ploud], *va. V.* EXPLODE.
dispondee [dɪs'pɒndi:] [dis-pon-di], *s.* Dispondeo, pie de verso que consta de dos espondeos o cuatro sílabas largas.
disport [dɪs'pɔ:t] [dis-port], *s.* Diversión, pasatiempo.
disport, *va.* Juguetear, travesear. *-vn.* Entretenerse, retozar, divertirse, recrearse.
disposable [dɪs'pəʊzəbl] [dis-pou-sabl], *a.* 1. Disponible (income). 2. Desechable, de usar y tirar (cup, razor, pen).
disposal [dɪs'pəʊzəl] [dis-pou-sal], *s.* 1. Disposición, colocación, arreglo. Desactivación (of bomb). *(Fin.)* Enajenación. 2. Venta; donación; desembolso; libramiento. **The problem of the disposal of waste**, el problema de cómo deshacerse de residuos (removal, riddance). 3. Poder de restringir, gobierno, dirección. 4. Despliegue (of troops). 5. Disposición (power to use). **To have something at one's disposal**, disponer de algo, tener algo a su disposición.
dispose [dɪs'pəʊz] [dis-pous], *va.* 1. Disponer, dar, colocar, adaptar, arreglar. 2. Cultivar el entendimiento.
dispose of 1. Aplicar; transferir; vender, enajenar (sell/house, car, land); entregar; desembarazarse de, deshacerse de (get rid of/refuse, evidence); deshacerse de, liquidar (rival, opponent); dar; dirigir; conducir; poner en alguna condición. Despachar (deal with). 2. Disponer de (have use of/funds, resources). **To dispose of a house**, ceder, transferir, vender una casa. **To dispose of another man's money**, servirse del dinero ajeno. **To dispose of one**, librarse o zafarse de uno. *(Fig.)* Matar a uno. **To dispose of one's time**, emplear su tiempo.
disposed [dɪs'pəʊzt] [dis-poust], *pp.* Dispuesto, preparado, inclinado. **Disposed of**, dado, dispuesto a (inclined); vendido; alquilado. **I don't feel disposed to help him**, no me siento inclinada a ayudarlo. **To be disposed to something**, ser propenso a algo, tener propensión a algo.
disposer [dɪs'pəʊzəʳ] [dis-pou-saʳ], *s.* Disponedor, regulador, director.
disposing [dɪs'pəʊzɪŋ] [dis-pou-sin], *s.* Dirección.*-part. adj.* Disponente.
disposition [,dɪspə'zɪʃən] [dis-po-si-shon], *s.* 1. Disposición, orden, método (arrangement). 2. Aptitud, proporción. 3. Genio, natural, índole; manera o modo de ser, temperamento (personality). 4. Buena o mala intención. 5. Inclinación dominante. **Disposition of body**, el estado de salud.
disposses ['dɪspə'zes] [dis-po-ses], *va.* Desposeer, privar a uno de la posesión o goce de alguna cosa.
dispossession ['dɪspə'zeʃən] [dis-po-se-shon], *s.* Desposeimiento, despojo.
disposure ['dɪspəʃəʳ] [dis-po-shaʳ], *s. V.* DISPOSAL Y DISPOSITION.
dispraise ['dɪspreɪs] [dis-preis], *va. (Des.)* Vituperar, condenar, afear.
dispraise, *s.* Desprecio, censura, vituperación, reprobación.
dispraiser ['dɪspreɪsəʳ] [dis-prei-saʳ], *s.* Censor.
dispraisingly ['dɪspreɪsɪŋlɪ] [dis-prei-sin-li], *adv.* Vituperiosamente.
dispread ['dɪspred] [dis-pred], *va.* Desplegar. *-vn.* Extenderse.
dispreader ['dɪspredəʳ] [dis-pre-daʳ] *s.* Pregonero, publicador.
disprize ['dɪspreɪs] [dis-prais], *va. (Ant.)* Despreciar.
disprofit ['dɪsprəfɪt] [dis-pro-fit], *s. (Ant.)* Pérdida, daño.
disproof ['dɪspru:f] [dis-pruf], *s.* 1. Confutación. 2. Refutación, impugnación.
disproperty ['dɪsprəpətɪ] [dis-pro-per-ti], *va.* Desposesionar, desposeer a uno de la posesión o dominio de alguna finca.
disproportion [,dɪsprə'pɔ:ʃən] [dis-pro-por-shon], *s.* Desproporción, desigualdad.
disproportion, *va.* Desproporcionar.
disproportionable [,dɪsprə'pɔ:ʃənbl] [dis-pro-por-sho-na-bol], **disproportional** [,dɪsprə'pɔ:ʃənl] [dis-pro-por-sho-nal]. Out of proportion **disproportionate** [,dɪsprə'pɔ:ʃnɪt] [dis-pro-por-sho-nit], *a.* 1. Desproporcionado (number, size); desigual, falto de proporción y simetría. 2. Insuficiente.
disproportionableness [,dɪsprə'pɔ:ʃənblnɪʃ] [dis-pro-por-sho-na-bol-nes], **disproportionality** [,dɪsprə'pɔ:ʃənlɪtɪ] [dis-pro-por-sho-na-li-ti], **disproportionateness** [,dɪsprə'pɔ:ʃənɪtnɪs] [dis-pro-por-sho-nit-nes], *s.* Desproporción, desigualdad.
disproportionably [,dɪsprə'pɔ:ʃənblɪ] [dis-pro-por-sho-na-bli], **disproportionally** [,dɪsprə'pɔ:ʃənlɪ] [dis-pro-por-sho-na-li], **disproportionately** [,dɪsprə'pɔ:ʃənɪtlɪ] [dis-pro-por-sho-neit-li], *adv.* Desproporcionadamente.
disprovable [dɪs'prəvəbl] [dis-pro-va-bol], *a.* Refutable, que puede refutarse o impugnarse.
disprove [dɪs'pru:v] [dis-pruv], *va.* Confutar; desaprobar, impugnar. Desmentir (claim, assertion, charge); rebatir, refutar (doctrine, theory).
disprover [dɪs'pru:vəʳ] [dis-pru-vAʳ], *s.* Impugnador; censurador.
dispunishable [dɪs'pʊnɪʃəbl] [dis-pu-ni-sha-bol], *a. (Ant.)* No punible.
disputability, disputableness [dɪs'pjʊtə,bɪlɪtɪ] [dis-piu-ta-bi-li-ti] [dɪs'pju:təblnɪs] [dis-piu-ta-bol-nes], *s.* Disputabilidad, condición que permite controversia.
disputable [dɪs'pju:təbl] [dis-piu-ta-bol], *a.* Disputable, controvertible, problemático.
disputant [dɪs'pju:tənt] [dis-piu-tant], *a.* Disputante. *-s.* Disputador.
disputation [dɪs'pju:teɪʃən] [dis-piu-tei-shon], *s.* Disputa, controversia.
disputatious [dɪs'pju:teɪʃəs] [dis-piu-tei-shos], **disputative** [dɪs'pju:tætɪv] [dis-piu-ta-tiv], *a.* Disputador; quisquilloso; caviloso.
dispute [dɪs'pju:t] [dis-piut], *vn.* Disputar, controvertir. *-va.* 1. Disputar, pleitear; argüir. Impugnar (will, decision). 2. Contestar, resistir. 3. Discutir, cuestionar (contest). **I don't dispute that it was a mistake**, no discuto que fue un error. 4. Debatir, discutir (argue/point, question). **Disputed**, discutido, polémico (decision); en litigio (territory).
dispute, *s.* 1. Disputa, controversia, polémica (controversy, clash). 2. Discusión, debate (debate); disputa (quarrel); contienda, altercación. 3. *(Lab Rel)* Conflicto laboral. **An industrial dispute**, un conflicto laboral. **The territory in/under dispute**, el territorio en litigio. **Beyond/without dispute**, sin disputa, sin la menor duda.
disputeless [dɪs'pju:tlɪs] [dis-piut-les], *a.* Indisputable.
disputer [dɪs'pju:təʳ] [dis-piu-taʳ], *s.* Disputador; controversista.
disputing [dɪs'pju:tɪŋ] [dis-piu-tin], *s.* Disputa, altercación.
disqualification [dɪs,kwɒlɪfɪ'keɪʃən] [dis-kua-li-fi-kei-shon], *s.* Inhabilitación (from office, service); inhabilidad, incapacidad. Descalificación (from exam, competition). **A**

tree-year disqualification from driving, la inhabilitación para manejar o conducir por tres años.
disqualify [dɪs'kwɒlɪfaɪ] [dis-kuo-li-fai], *va.* Inhabilitar, declarar a uno inhábil para una cosa (incapaz de ejercer los derechos de ciudadano, etc.); imposibilitar; privar. *(Dep.)* Descalificar (debar). **As a professional she was disqualified from entering the Olympics**, el hecho de ser profesional le impedía participar en las Olimpíadas.
disquiet [dɪs'kwaɪət] [dis-kua-iet], *s.* Inquietud, intranquilidad, desasosiego, desazón. *-a.* Inquieto, desasosegado.
disquiet, *va.* Inquietar, desasosegar, molestar, atormentar, no dejar en paz.
disquieter [dɪs'kwaɪətə[r]] [dis-kua-ieta[r]], *s.* Inquietador.
disquietful [dɪs'kwaɪətfʊl] [dis-kua-iet-ful], *a.* Que produce inquietud o molestia.
disquieting [dɪs'kwaɪətɪŋ] [dis-kua-ietin], *s.* Vejación, molestia. *-pa.* de DISQUIET. *a.* Inquietante, intranquilizante.
disquietly [dɪs'kwaɪətlɪ] [dis-kua-iet-li], *adv.* Inquietamente.
disquietness [dɪs'kwaɪətnɪs] [dis-kua-iet-nes], **disquietude** [dɪs'kwaɪɪtjuːd] [dis-kua-ietiud], *s.* Inquietud, desasosiego.
disquisition [ˌdɪskwɪ'zɪʃən] [dis-kui-si-shon], *s.* Disertación, ensayo, tratado o discurso sistemático sobre cualquier materia.
disrate [dɪs'reɪt] [dis-reit], *va. (Mar.)* Degradar, rebajar del grado.
disregard ['dɪsrɪ'gɑːd] [dis-ri-gard], *va.* Destender, no hacer caso, descuidar, pasar por alto, menospreciar. Ignorar, despreciar (danger, difficulty); hacer caso omiso de, no prestar atención a (advice); no tener en cuenta (feelings, wishes).
disregard *s.* Desatención, descuido, omisión, negligencia, desprecio, indiferencia. **With complete disregard for her own safety**, sin ni siquiera considerar su propia seguridad.
disregarder ['dɪsrɪ'gɑːdə[r]] [dis-ri-gar-da[r]] *s.* Despreciador, menospreciador.
disregardful ['dɪsrɪ'gɑːdfʊl] [dis-ri-gard-ful] *a.* Desatento, negligente.
disregardfully ['dɪsrɪ'gɑːdfʊlɪ] [dis-ri-gard-fu-li], *adv.* Desatentamente.
disrelish ['dɪsrelɪʃ] [dis-re-lish], *s.* 1. Disgusto, desazón, desabrimiento causado en el paladar. 2. Desgana, tedio, hastío, aversión, inapetencia.
disrelish, *va.* 1. Disgustar, causar disgusto y desabrimiento al paladar. 2. Dar un gusto desabrido o ingrato a alguna cosa; tener tedio o aversión.
disrepair ['dɪsrɪ'pɛə[r]] [dis-ri-pea[r]] *s.* Mal estado. **To be in/fall into (a state of) disrepair**, estar en mal estado/deteriorarse.
disreputable [dɪs'repjʊteɪbl] [dis-re-piu-tei-bol], *a.* Deshonroso, dañoso a la reputación; desacreditado, despreciado. De dudosa reputación, de mala fama (person, firm); de mala fama (nightclub, district); vergonzoso (conduct, action).
disrepute ['dɪsrɪ'pjuːt] [dis-ri-piut], *s.* Descrédito, ignominia, mala fama, mal nombre. **To fall into disrepute**, caer en descrédito.
disrepute, *va.* Deshonrar, quitar el crédito; desatender.
disrespect ['dɪsrɪs'pekt] [dis-ris-pekt], *s.* Irreverencia, desacato, falta de respeto; desatención.
disrespect, *va. (Fam.)* Desacatar; desatender, despreciar.
disrespectful ['dɪsrɪs'pektʊl] [dis-ris-pekt-ful], *a.* Irreverente (attitude); descortés, irrespetuoso (person); desatento, falto de respeto.
disrespectfully ['dɪsrɪs'pektfʊlɪ] [dis-ris-pekt-fu-li], *adv.* Desacatadamente, irreverentemente, desatentamente.
disrober ['dɪsrɒbə[r]] [dis-ro-ba[r]], *s.* Desnudador.
disroot ['dɪsruːt] [dis-rut], *va.* Desarraigar, arrancar de raíz; arrancar de los cimientos.
disrupt [dɪs'rʌpt] [dis-rapt], *va.* Romper, hacer pedazos, rajar. Perturbar el desarrollo de (meeting, class); crear problemas de, afectar a (traffic, communications); desbaratar, trastocar (plans).
disruption [dɪs'rʌpʃən] [dis-rap-shon], *s.* Rompimiento; dilaceración; reventón; trastorno. **This caused serious disruption to our schedules**, esto desbarató nuestro calendario de trabajo, esto ocasionó graves trastornos en nuestro calendario de trabajo.
disruptive [dɪs'rʌptɪv] [dis-rap-tiv], *a.* Rajante, que revienta o estalla. Perjudicial, negativo (influence). **A disruptive pupil**, un alumno problema.
dissatisfaction ['dɪsˌsætɪs'fækʃən] [di-sa-tis-fak-shon] *s.* Descontento, insatisfacción, disgusto.
dissatisfactoriness ['dɪsˌsætɪs'fæktərɪnɪs] [di-sa-tis-fak-to-ri-nes], *s.* Incapacidad de contentar.
dissatisfactory ['dɪsˌsætɪs'fæktərɪ] [di-sa-tis-fak-to-ri], **a.** Desplaciente, enojoso, fastidioso.
dissatisfied ['dɪs'sætɪsfaɪd] [di-sa-tis-faid] *a.* Descontento, insatisfecho (customer).
dissatisfy ['dɪs'sætɪsfaɪ] [di-sa-tis-fai], *va.* Descontentar, desagradar.
disseat [dɪ'siːt] [di-sit], *va.* Echar del asiento.
dissect [dɪ'sekt] [di-sekt], *va.* 1. Cortar o dividir en pedazos; dividir y examinar por menor, anatomizar, disecar. Diseccionar, hacer la disección de (cut up/animal, body). 2. *(Fig.)* Criticar, analizar minuciosamente, diseccionar (analyze/theory, book).
dissection [dɪ'sekʃən] [di-sek-shon], *s.* 1. Disección, anatomía. 2. Examen minucioso de una cosa, análisis. 3. Objeto disecado, preparación anatómica.
dissector [dɪ'sektə[r]] [di-sek-to[r]], *s.* Anatómico, disector.
disseize [dɪ'saɪz] [di-sais], *va. (For.)* Desposeer, usurpar el dominio.
disseisin [dɪ'saɪsɪn] [di-sai-sin], *s. (For.)* Usurpación de las tierras o heredades ajenas.
disseizor [dɪ'saɪzə[r]] [di-sai-sa[r]], *s. (For.)* Usurpador, el que desposee a otro de su propiedad.
dissemblance [dɪ'sembləns] [di-sem-blans], *s. (Ant.)* Desemejanza, disimilitud.
dissemble [dɪ'sembl] [di-sem-bel], *va.* Disimular (emotions); ocultar (truth, motive); encubrir, dar a entender lo que no es. *-vn.* Disimular, ocultar, hacer el papel de hipócrita. Fingir.
dissembler [dɪ'semblə[r]] [di-sem-bla[r]], *s.* Hipócrita, disimulador.
dissembling [dɪ'semblɪŋ] [di-sem-blin], *s.* Disimulación.
dissemblingly [dɪ'semblɪŋlɪ] [di-sem-blin-li], *adv.* Disimuladamente.
disseminate [dɪ'semɪneɪt] [di-se-mi-neit], *va.* Diseminar (virus, spores); sembrar, esparcir; *(fig.)* diseminar, divulgar, promulgar, difundir (idea, information).
dissemination [dɪ'semɪneɪʃən] [di-se-mi-nei-shon], *s.* Diseminación, sembradura; divulgación.
disseminator [dɪ'semɪneɪtə[r]] [di-se-mi-nei-to[r]], *s.* Diseminador; sembrador.
dissension [dɪ'senʃən] [di-sen-shon], *s.* Disensión, contienda, desunión, pendencia, cizaña, querella, división, discordia; oposición.
dissensious [dɪ'senʃəs] [di-sen-shos], *a. V.* DISSENTIOUS.
dissent [dɪ'sent] [di-sent], *vn.* 1. Disentir, discrepar, diferir de opinión, variar, diferenciarse, disidir. 2. Rehusar, adhesión a una iglesia establecida.
dissent, *s.* Disensión, oposición, o contrariedad en los pareceres. Desacuerdo, disconformidad.
dissentaneous [dɪ'senteɪnəs] [di-sen-tei-nos], *a.* Discorde; contrario.
dissenter [dɪ'sentə[r]] [di-sen-ta[r]], *s.* 1. Disidente, el que se separa del modo de pensar del mayor número. 2. Disidente, hereje entre los católicos; no conformista.
dissentient [dɪ'senʃɪənt] [di-sen-shient], *a.* Desconforme, opuesto.
dissenting [dɪ'sentɪŋ] [di-sen-tin], *s.* Declaración de un parecer u opinión diferente; discrepante.

dissentous [dɪ'sentəs] [di-sen-tos], *a.* Contencioso, pendenciero.
dissertation [ˌdɪsə'teɪʃən] [di-ser-tei-shon] *s.* Disertación, discurso en que se presentan razones a favor de una opinión y se impugnan las contrarias. Tesis doctoral (in US; for PhD); tesis, tesina (in UK; for lower degree).
dissertator [ˌdɪsə'teɪtəʳ] [di-ser-tei-taʳ] *s.* Disertador.
disserve ['dɪsɜːv] [di-serv] *va.* Dañar, injuriar, perjudicar.
disservice ['dɪs'sɜːvɪs] [di-ser-vis] *s.* Deservicio, perjuicio. **This report does him a disservice**, este informe no le hace justicia.
disserviceable ['dɪs'sɜːvɪsəbl] [di-ser-vi-sa-bol] *a.* Perjudicial, dañoso.
disserviceableness ['dɪs'sɜːvɪsəblnɪs] [di-ser-vi-sa-bol-nes] *s.* Injuria, daño.
dissettle ['dɪsetl] [di-se-tel], *va.* Descomponer. *V.* UNSETTLE.
dissever ['dɪsevəʳ] [di-se-vaʳ], *va.* Partir, dividir en dos partes, separar, desunir, desmembrar.
dissevering ['dɪsevərɪŋ] [di-se-ve-rin], *s.* Separación, desunión.
dissidence ['dɪsɪdəns] [di-si-dens], *s.* Discordia, disidencia, desunión.
dissident ['dɪsɪdənt] [di-si-dent], *a.* Opuesto, desconforme, disidente.
dissilience, dissiliency ['dɪsɪlɪəns] [di-si-liens], *s.* Reventón, el acto de reventar, o abrirse súbitamente.
dissilient ['dɪsɪlɪənt] [di-si-lient], *a.* Reventado, lo que se abre en dos partes o revienta.
dissimilar ['dɪ'sɪmɪləʳ] [di-si-mi-laʳ], *a.* Desemejante, diferente, heterogéneo.
dissimilarity [ˌdɪsɪmɪ'lærɪtɪ] [di-si-mi-la-ri-ti], **dissimilitude** [ˌdɪsɪmɪ'lɪtjuːd] [di-si-mi-li-tiud] *s.* 1. Desemejanza, disimilitud, diversidad, diferencia. 2. Comparación entre dos cosas contrarias.
dissimulation [dɪˌsɪmjʊ'leɪʃən] [di-si-miu-lei-shon], *s.* Disimulación, hipocresía.
dissimulate [dɪˌsɪmjʊ'leɪt] [di-si-miu-leit] *va.* Disimular, encubrir (feelings, intention).
dissipable ['dɪsɪpəbl] [di-si-pei-bol], *a.* Disipable, lo que es fácil de disiparse o esparcirse.
dissipate ['dɪsɪpeɪt] [di-si-peit], *va.* 1. Disipar, dilapidar (squander, inheritance); esparcir, dispersar; disipar, hacer desvanecer (dispel, anxiety). 2. Desparramar, desperdiciar (enery, talents); malgastar, derrochar. *-vn.* 1. Disiparse, desvanecerse (anger, doubts); esparcirse, evaporarse, desaparecer. 2. Ser pródigo o disoluto.
dissipated ['dɪsɪpeɪtɪd] [di-si-pei-ted], *a.* Disipado, disoluto, perdido, relajado. *-pp.* de DISSIPATE.
dissipation [ˌdɪsɪ'peɪʃən] [di-si-pei-shon], *s.* 1. Disipación, la acción y efecto de disipar; evaporación, pérdida. 2. Distracción, dispersión. 3. Relajación, devaneo, vida relajada, disoluta.
dissociable [dɪ'səʊʃɪeɪbl] [di-sou-shiei-bol], *a.* 1. Que no está bien ordenado o asociado, incongruo, insociable. 2. Que permite separarse o desunirse.
dissocial [dɪ'səʊʃɪəl] [di-sou-shial], *a.* Insociable, intratable, huraño.
dissociate [dɪ'səʊʃɪeɪt] [di-sou-shieit], *va.* Desunir, disociar, dividir, separar; separar las partes cuya aglomeración forma un cuerpo.
dissociation [dɪˌsəʊʃɪ'eɪʃən] [di-sou-shiei-shon], *s.* Disociación, separación, desunión. Desvinculación (from opinion, act).
dissoluble [dɪ'sɒljʊbl] [di-so-liu-bol], *(Quím.) a.* 1. Disoluble. 2. Separable en partes.
dissolubility [dɪ'sɒljʊbɪlɪtɪl] [di-so-liu-bi-li-ti], *s.* Disolubilidad.
dissolute ['dɪsəljuːt] [di-so-liut], *a.* Disoluto, libertino, licencioso.
dissolutely ['dɪsəljuːtlɪ] [di-so-liut-li], *adv.* Disolutamente.
dissoluteness ['dɪsəljuːtnɪs] [di-so-liut-nes], *s.* Disolución, relajación de la vida y costumbres, enviciamiento.
dissolution [ˌdɪsə'ljuːʃən] [di-so-liu-shon], *s.* 1. Disolución, acción de disolver, de desleír. 2. *(Quím.)* Descomposición, separación de las moléculas que componen un cuerpo; desagregación. 3. Disolución de una sociedad o de un parlamento; desintegración (of empire). 4. Muerte.
dissolvable, dissolvible [dɪ'zɒlvəbl] [di-sol-va-bol], *a.* Disoluble, que se puede disolver o desatar.
dissolve [dɪ'zɒlv] [di-solv], *va.* 1. Disolver (in liquid), deshacer, desleír. 2. Disolver, terminar una asamblea; levantar una sesión (dismiss/assembly, parliament). 3. Desencantar. 4. *(For.)* Anular, abrogar; disolver (break up/company, marriage). 5. Desatar, deshacer un lazo o nudo, separar, desunir, relajar. 6. Destruir. *-vn.* 1. Disolverse (in liquid), derretirse, evaporarse. 2. Descomponerse; desvanecerse (vanish). **To dissolve into tears**, deshacerse en lágrimas (emotionally). 3. Descaecer, ir a menos, perderse de vista. 4. Languidecer, enervarse, aniquilarse.
dissolvent [dɪ'zɒlvənt] [di-sol-vent], *a.* y *s.* Disolvente, resolutivo.
dissolver [dɪ'zɒlvəʳ] [di-sol-vaʳ], *s.* 1. Disolvente. 2. El que resuelve una dificultad.
dissonance, dissonancy ['dɪsənəns] [di-so-nans], *s. (Mus.)* Disonancia; desconcierto, discordia; discordancia (lack of agreement).
dissonant ['dɪsənənt] [di-so-nant], *a.* Disonante, discordante (discordant/music); contrario, diferente, opuesto. Discrepante (dissenting/opinions, beliefs). Discordante (clashing/colors, characteristics).
dissuade [dɪ'sweɪd] [di-sueid], *va.* Disuadir, desviar, procurar apartar a uno de su intento o hacerle mudar de dictamen (con *from*).
dissuader [dɪ'sweɪdəʳ] [di-suei-daʳ], *s.* Disuadidor.
dissuasion [dɪ'sweɪʒən] [di-suei-shon], *s.* Disuasión, consejo o persuasión.
dissuasive [dɪ'sweɪsɪv] [di-sua-siv], *a.* Disuasivo. *-s.* Disuasión, consejo.
dissyllabic [dɪ'sɪlæbɪk] [di-si-la-bik], *a.* Disílabo, que consta de dos sílabas.
dissyllable [dɪ'sɪləbl] [di-si-la-bol], *s. (Gram.)* Disílabo.
distad ['dɪstəd] [dis-tad], *adv. (Anat.)* Hacia la periferia o la extremidad.
distaff ['dɪstɑːf] [dis-taf], *s.* 1. Rueca. 2. *(Fig.)* El sexo femenino. **On the distaff side**, por línea materna, por parte de madre.
distain ['dɪsteɪn] [dis-tein], *va.* Manchar, teñir; deslustrar.
distal ['dɪstəl] [dis-tal], *a.* Relativamente distante del cuerpo o del punto de adherencia.
distance ['dɪstəns] [dis-tans], *s.* 1. Distancia (space between two points). **Within easy distance walking**, a poca distancia a pie. **From a distance of 12 miles**, a una distancia de 12 millas. **I can't walk long distances**, no puedo caminar mucho. Distancia (in time). **From a distance of ten years**, a diez años de distancia, después de diez años. 2. Alejamiento; distanciamiento (emotional). **To keep one's distance**, guardar las distancias (remain aloof). 3. Lontananza. 4. Respeto, miramiento. 5. Esquivez, extrañeza; frialdad, altivez. 6. Contrariedad. 7. *(Dep.)* Distancia. **Distance runner**, corredor de fondo. **The fight went the distance**, la pelea duró hasta el último round. **At a distance**, de lejos o a lo lejos. **Not to come within any distance from anyone**, no llegarle a la suela del zapato. **To keep at a distance**, tener a distancia, no tratar con familiaridad.
distance, *va.* Alejar, apartar, desviar; sobrepasar; espaciar; tomar la delantera, dejar atrás, sobresalir. **To distance oneself from somebody/something**, distanciarse de alguien/algo (emotionally); desvincularse de alguien/algo (deny involvement). *-vn.* Adelantarse.
distant ['dɪstənt] [dis-tant], *a.* 1. Distante, apartado, lejano, remoto (in space/spot, country). **I could hear the distant sound of bells**, oía campanas a lo lejos. **In the distant past/future**, en el pasado remoto/en un futuro lejano (in time). 2. Esquivo, extraño; distante, frío (aloof); ausente,

ido (absent-minded/expression, tone). 3. Lejano (relative); remoto (resemblance, connection). **To be distant with one**, tratar a uno con frialdad. **A distant relative**, un pariente lejano. **A distant hope**, una esperanza remota. **Distant manners**, maneras reservadas.

distantly ['dɪstəntlɪ] [dis-tan-tli], *adv.* 1. A distancia, de lejos; en lontananza, en la lejanía (in the distance/hear, see). **We're distantly related**, somos parientes lejanos (loosely). 2. Con frialdad (coldly/nod, greet). **Yes, she replied distantly**, -sí-respondió distante (absent-mindedly).

distaste ['dɪsteɪst] [dis-teist], *s.* Hastío, fastidio, aversión, disgusto, tedio, desagrado.

distasteful ['dɪsteɪstfʊl] [dis-teist-ful], *a.* Desabrido, enfadoso, desagradable (unpleasant/task, chore); maligno. De mal gusto (offensive/remark, picture).

distastefulness ['dɪsteɪstfʊlnɪs] [dis-teist-ful-nes], *s.* Aversión, desagrado.

distemper [dɪs'tempəʳ] [dis-tem-paʳ], *s.* 1. Mal, indisposición, incomodidad, enfermedad; se aplica principalmente a los animales, moquillo. 2. Perversidad de ánimo. 3. Inquietud, desasosiego. 4. *(Pint.)* Distemple; pintura al temple. 5. Falta de la proporción debida.

distemper, *va.* Destemplar, desordenar, perturbar; causar una enfermedad.

distemperature ['dɪstempətʃəʳ] [dis-tem-pa-chaʳ], *s.* 1. Destemplanza, perturbación, confusión, agitación de espíritu, desarreglo. 2. Indisposición, dolencia o desarreglo del cuerpo. 3. Desorden, mezcla de elementos incongruos.

distend [dɪs'tend] [dis-tend], *va.* Extender, ensanchar; inflar, hinchar con aire; dilatar, hinchar. *vn.* Dilatarse, hincharse.

distensible [dɪs'tensɪbl] [dis-ten-si-bol], *a.* Dilatable, que se puede dilatar o extender.

distension, distention [dɪs'tenʃən] [dis-ten-shon], *s.* Ensanche, dilatación, anchura.

distich ['dɪstɪk] [dis-tik], *s.* Dístico; dos versos que forman sentido completo.

distil, distill [dɪs'tɪl] [dis-til], *va.* 1. Destilar (liquid, spirits); extraer o producir por medio de la vaporización y la condensación. **Distilled water**, agua destilada. 2. Purificar, rectificar. 3. Dar, emitir, exhalar en gotas. 4. Extraer (information, ideas). *-vn.* 1. Destilar, gotear, caer gota a gota, manar poco a poco. 2. Extraer substancias volátiles por medio de la vaporización y la condensación.

distillable [dɪs'tɪləbl] [dis-ti-la-bol], *a.* Destilable.

distillate [dɪs'tɪleɪt] [dis-ti-leit], *s.* Destilado,el producto separado o condesando por la destilación.

distillation [ˌdɪstɪ'leɪʃən] [dis-ti-lei-shon], *s.* 1. Destilación (process), el acto de destilar o de caer gota a gota. Destilado (product). 2. Síntesis (of facts, experiencies).

distillatory [dɪs'tɪlətərɪ] [dis-ti-la-to-ri], *a.* Destilatorio, lo que toca a la destilación. *-s.* Aparato para destilar; alambique.

distiller [dɪs'tɪləʳ] [dis-ti-laʳ], *s.* Destilador, refinador.

distillery [dɪs'tɪlərɪ] [dis-ti-le-ri], *s.* Destilatorio, establecimiento en que se hacen las destilaciones; destilería.

distinct [dɪs'tɪŋkt] [dis-tinkt], *a.* 1. Distinto, diferente, diverso (different, separate); inconfundible (unmistikable). **We're talking about English people as distinct from British people**, nos referimos a los ingleses en particular y no a los británicos. 2. Preciso, expreso; formal, exacto, ajustado; definido, claro, nítido (shape, outline); obvio, marcado (likeness); decidido, marcado (improvement); nada desdeñable (possibility).

distinction [dɪs'tɪŋkʃən] [dis-tink-shon], *s.* 1. Distinción, diferencia (difference); distinción (act of differenciating). **Without distinction of race or creed**, sin distinción de raza o credo. 2. Prerrogativa. 3. Discernimiento, juicio, penetración. 4. Seña o designación de honor (merit, excellence). **A writer of distinction**, un distinguido o destacado escritor. **A car of distinction**, un coche de categoría. Distinción (distinguished appearance). **He has an air of distinction**, tiene un aire distinguido o de distinción. Honor, distinción (mark of recognition). 5. Superioridad de cualquier clase o forma; posición honorífica.

distinctive [dɪs'tɪŋktɪv] [dis-tink-tiv], *a.* Distintivo, característico (marking, plumage); personal, inconfundible (gesture, laugh); particular (decor, dress).

distinctively [dɪs'tɪŋktɪvlɪ] [dis-tink-tiv-li], **distinctly** [dɪs'tɪŋktlɪ] [dis-tink-tli], *adv.* Distintamente, claramente. De manera muy particular o personal (dress, behave); con personalidad (dressed, furnished).

distinctly [dɪs'tɪŋktlɪ] [dis-tink-tli] *adv.* Con claridad (speak, enunciate); perfectamente, claramente (hear). **I distinctly remember telling you**, me acuerdo perfectamente o muy bien de que te lo dije. **He sounded distinctly Scottish**, tenía un inconfundible acento escocés (decidedly).

distinctness [dɪs'tɪŋktnɪs] [dis-tinkt-nes], *s.* Distinción, claridad.

distinguish [dɪs'tɪŋgwɪʃ] [dis-tin-güish], *va.* 1. Distinguir, conocer la diferencia que hay entre las cosas (differentiate). 2. Distinguir, marcar, hacer que una cosa se diferencie de otra (make out). 3. Distinguir, manifestar con el aprecio o estima la preeminencia de alguna cosa. 4. Distinguir, hacer particular estimación de una persona o cosa. 5. Discernir. *vn.* Distinguir. **He can't distinguish between green and blue**, no distingue entre el verde y el azul.

distinguishable [dɪs'tɪŋgwɪʃəbl] [dis-tin-güi-sha-bol], *a.* Distinguible, que se puede distinguir, perceptible.

distinguished [dɪs'tɪŋgwɪʃt] [dis-tin-güisht], *a.* 1. Distinguido, eminente, notable, famoso, ilustre. 2. Especial, marcado, señalado.

distinguisher [dɪs'tɪŋgwɪʃəʳ] [dis-tin-güi-shaʳ], *s.* Hombre de discernimiento.

distinguishingly [dɪs'tɪŋgwɪʃɪŋlɪ] [dis-tin-güi-shin-li], *adv.* Distintamente.

distinguishment [dɪs'tɪŋgwɪʃmənt] [dis-tin-güish-ment], *s.* Distinción.

distort [dɪs'tɔːt] [dis-tort], *va.* Tergiversar, falsear, interpretar o describir falsamente (misrepresent/facts, statement). Deformar (deform/metal, object). **His face was distorted by/with pain**, tenía el rostro crispado de dolor. Deformar, distorsionar (image, reflection); *(Electron.)* distorsionar (signal, sound).

distort, *a. (Des.)* Torcido.

distortion [dɪs'tɔːʃən] [dis-tor-shon], *s.* 1. Esguince, contorsión, torcimiento; deformación (of metal, object); distorsión (of features). 2. Perversión, alteración de la significación; tergiversación, distorsión (of facts, news).

distract [dɪs'trækt] [dis-trakt], *va.* 1. Distraer, apartar la atención de (divert/person). 2. Separar, apartar. 3. Perturbar, enloquecer, poner fuera de sí. 4. Interrumpir. 5. Entretener, distraer (amuse).

distracted [dɪs'træktɪd] [dis-trak-tid] *a.* Trastornado (person); enajenado (look).

distractedly [dɪs'træktɪdlɪ] [dis-trak-tid-li], *adv.* Locamente, como un loco.

distractedness [dɪs'træktɪdnɪs] [dis-trak-tid-nes], *s.* 1. Turbación, embarazo. 2. Locura, demencia.

distracter [dɪs'træktəʳ] [dis-trak-taʳ], *s.* Perturbador, interruptor.

distraction [dɪs'trækʃən] [dis-trak-shon], *s.* 1. Distracción (interruption); confusión. 2. Perturbación de ánimo. 3. Frenesí. 4. Discordia. 5. Entretenimiento, distracción (entertainment). 6. **To drive somebody to distraction**, sacar a alguien de quicio. **To love somebody to distraction**, estar perdidamente enamorado de alguien (madness).

distractive [dɪs'træktɪv] [dis-trak-tiv], *a.* Lo que perturba o confunde.

distrain [dɪs'treɪn] [dis-trein], *va.* y *vn. (For.)* Embargar, secuestrar.

distrainer [dɪs'treɪnəʳ] [dis-trei-naʳ], *s.* Embargador.

distraint [dɪs'treɪnt] [dis-treint], *s.* Embargo, secuestro.

distraught [dɪs'trɔːt] [dis-trot], *a.* Distraído, atolondrado; turbado, desconcertado; consternado, angustiado (voice,

person). **To be distraught with grief/worry**, estar consternado por el dolor/por la preocupación.
distream [dɪs'tri:m] [dis-trim], *vn. (Des. Poét.)* Fluir.
distress [dɪs'tres] [dis-tres], *s.* 1. Pena, dolor, sufrimiento agudo; angustia, aflicción (mental). **He was in great distress**, sufría mucho. **In distress**, en peligro (danger). De socorro (call, signal). 2. Calamidad, miseria, apuro, conflicto, escasez. 3. *(For.)* Embargo, secuestro. **To put in in distress**, *(Mar.)* entrar de arribada.
distress, *va.* 1. Angustiar, afligir, congojar (upset); consternar (grieve). **Please, don't distress yourself**, por favor no se aflija. 2. Constreñir, obligar por medio de la miseria o la penuria. 3. *(For.)* Embargar, secuestrar.
distressed [dɪs'tres] [dis-tres] *a.* Afligido (upset); envejecido (leather, wood). **To be in distressed circumstances**, pasar estrecheces (poor).
distressedness [dɪs'trestnɪs] [dis-trest-nes], *s.* Aflicción, congoja, angustia, apuro, conflicto.
distressful [dɪs'tresfʊl] [dis-tres-ful], *a.* Miserable, desdichado, lleno de trabajos.
distressfully [dɪs'tresfʊlɪ] [dis-tres-fu-li], *adv.* Miserablemente, infelizmente.
distressing [dɪs'tresɪŋ] [dis-tre-sin], *a.* Penoso, congojoso, aflictivo, angustiante (news, circumstance). **It was distressing to see him like that**, daba angustia verlo así.
distribute [dɪs'trɪbju:t] [dis-tri-biut], *va.* 1. Distribuir, repartir (hand out/leaflets, food); dividir, repartir (share out/ profits); distribuir (tasks, responsibilities). *(Neg.)* Distribuir (supply). Distribuir (spread out). **The weight must be evenly distributed**, el peso debe estar bien distribuido. 2. Clasificar, arreglar en orden; separar de una colección y localizar. 3. *(Lóg.)* Aplicar a todos los miembros de una clase tomados separadamente; opuesto a «usar colectivamente». *-vn.* 1. Hacer distribución; hacer un acto de caridad, dar limosna. 2. *(Imp.)* Distribuir, deshacer los moldes, repartiendo las letras entre los cajetines.
distributer [dɪs'trɪbju:təʳ] [dis-tri-biu-taʳ], *s.* Distribuidor, repartidor.
distribution [dɪs'trɪbju:ʃən] [dis-tri-biu-shon], *s.* 1. Distribución, repartimiento, división; reparto (of dividends). **Distribution network**, red de distribuidores. 2. Arreglo, disposición, colocación oportuna; esparcimiento. 3. Distribución, lo que está distribuído. 4. *(Arq.)* Colocación y dependencia mutua de las subdivisiones interiores, etc.; en este sentido se distingue de *disposition*.
distributive [dɪs'trɪbju:tɪv] [dis-tri-biu-tiv], *a.* Distributivo. **The distributive trades**, el sector de la distribución.
distributively [dɪs'trɪbju:tɪvlɪ] [dis-tri-biu-tiv-li], *adv.* Distributivamente.
distributiveness [dɪs'trɪbju:tɪvnɪs] [dis-tri-biu-tiv-nes], *s.* El deseo de distribuir.
distributor [dɪs'trɪbju:təʳ] [dis-tri-biu-taʳ], *s.* 1. *(Neg.)* Distribuidor. *(Cin.)* Distribuidora. 2. *(Auto, Elec.)* Distribuidor del encendido.
district ['dɪstrɪkt] [dis-trikt], *s.* Distrito, comarca o territorio; región, zona (region); jurisdicción; barrio (locality). **Financial district**, distrito financiero. **District attorney,** fiscal del distrito (in US). **District court**, tribunal de distrito (in US). **District nurse,** enfermero que tiene a su cuidado a los pacientes de un distrito (in UK).
distrust [dɪs'trʌst] [dis-trast], *va.* Desconfiar, sospechar, rehusar la confianza en (alguien o algo).
distrust, *s.* Desconfianza, recelo, sospecha.
distrustful [dɪs'trʌstfʊl] [dis-trast-ful], *a.* 1. Desconfiado, receloso; sospechoso. 2. Modesto, que desconfía de sí mismo.
distrustfully [dɪs'trʌstfʊlɪ] [dis-trast-fu-li], *adv.* Desconfiadamente.
distrustfulness [dɪs'trʌstfʊlnɪs] [dis-trast-ful-nes], *s.* Desconfianza, sospecha.
distrusting [dɪs'trʌstɪŋ] [dis-tras-tin], *s.* Estado de desconfianza.
distrustless [dɪs'trʌstlɪs] [dis-trast-les], *a.* Sin sospecha, confiado.
disturb [dɪs'tɜ:b] [dis-terb], *va.* 1. Perturbar, inquietar, llenar de inquietud (trouble); desordenar (disarrange); estorbar, interrumpir (interrupt). **The noise disturbed my concentration**, el ruido me hizo perder la concentración. **He found that his papers had been disturbed**, notó que alguien había tocado sus papeles. 2. Molestar (inconvenience); atormentar, inquietar; sorprender (burst in upon). **I'm sorry to disturb you, but...**, perdone que le moleste, pero ...
disturbance [dɪs'tɜ:bəns] [dis-ter-bans], *s.* Disturbio, confusión, desorden, alboroto, tumulto (riot); perplejidad, irresolución; Alteración (of routine); interrupción (interruption). **To cause/create a disturbance**, provocar/ armar un alboroto (noisy disruption). **The aircraft are a continual disturbance**, los aviones son una molestia constante.
disturbed [dɪs'tɜ:bd] [dis-terbd] *a.* 1. Trastornado (person, mind). **She's emotionally disturbed**, tiene problemas emocionales. **I was greatly disturbed to hear of his misfortunes**, la noticia de su desgracia me impresionó o afectó muchísimo (perturbed). 2. Agitado, inquieto (restless/ sleep). **I had a disturbed night**, dormí muy mal.
disturber [dɪs'tɜ:bəʳ] [dis-ter-baʳ], *s.* Perturbador, inquietador.
disturbing [dɪs'tɜ:bɪŋ] [dis-ter-bin] *a.* Inquietante, perturbador (worrying, upsetting); alarmante (alarming).
disulfid, disulphid, disulphide [dɪ'sʊlfɪd] [di-sul-fid], *s.* Bisulfuro. Equivalente. **disulphure**,
disuniform [dɪs'jʊnɪfɔ:m] [di-siu-ni-form], *a.* Heterogéneo.
disunion [dɪs'jʊnɪən] [dis-iu-nion], *s.* Desunión, discordia, desavenencia, división, separación.
disunite [dɪs'jʊnaɪt] [dis-iu-nait], *va.* Desunir, dividir, separar, enajenar, desavenir. *-vn.* Desunirse, separarse, desavenirse.
disuniter ['dɪsjʊ'naɪtəʳ] [dis-iu-nai-taʳ], *s.* El que desune.
disunity [ˌdɪs'ju:nɪtɪ] [dis-iu-ni-ti], *s.* Desunión, separación.
disusage [dɪs'jʊsədʒ] [dis-iu-sach], *s.* Desuso, falta de uso o ejercicio.
disuse [dɪs'ju:s] [dis-ius], *s.* Desuso, cesación de algún uso o costumbre. **To fall into disuse**, caer en desuso (costums, words); dejar de utilizarse (building, port).
disuse, *va.* Desusar, desacostumbrar.
disused ['dɪs'ju:st] [dis-iust] *a.* Abandonado (factory, quarry); en desuso (machinery).
disvaluation [ˌdɪsvæljʊ'eɪʃən] [dis-va-liu-ei-shon], **disvalue** [dɪs'vælju:] [dis-va-liu], *s.* Desestimación.
disvalue, *va.* Despreciar.
disyoke ['dɪs'dʒəʊk] [dis-youk], *va.* Quitar el yugo a; desuncir.
dit [dɪt] [dit], *va. (Esco.)* Cerrar.
ditch [dɪtʃ] [dich], *s.* 1. Zanja, canal que se hace en la tierra para proteger los sembrados, etc; cuneta (at roadside); acequia (for irrigation). 2. *(Fort.)* Foso, zanja que circunda alguna plaza o fortaleza.
ditch, *va.* 1. Abrir zanjas o fosos. 2. *(Coloq.)* Plantar, botar (girlfriend, boyfriend); deshacerse de, botar, tirar (object); abandonar, desechar (plan). 3. *(Aviat.)* **To ditch a plane**, hacer un amarizaje o amerizaje forzoso. *-vn.* Hacer fosos, especialmente como ocupación habitual.
ditcher ['dɪtʃəʳ] [di-chaʳ], *s.* Cavador de zanjas o fosos.
ditheism ['dɪθeɪzm] [di-ze-isem], *s.* Diteísmo, doctrina de los que admiten dos dioses iguales; maniqueísmo, sistema de Zoroastro.
dither ['dɪðəʳ] [di-zaʳ] *vn. (Coloq.)* Ponerse muy nervioso (become agitated); titubear, vacilar (be indecisive). **I was dithering over whether to go or not**, no sabía si ir o no ir.
dithyramb [ˌdɪðɪ'ræm] [di-zi-ram], *s.* Ditirambo, himno en honor de Baco.
dithyrambic [ˌdɪðɪ'ræmbɪk] [di-zi-ram-bik], *s.* Ditirambo. *-a.* Ditirámbico, en forma de ditirambo; apasionado.

dittany ['dɪtənɪ] [di-ta-ni], *s.* *(Bót.)* 1. Pequeño arbusto perenne americano. Cunila Mariana. 2. Cualquier planta del género Dictamnus. **Dittany of Crete**, díctamo. **White dittany**, fraxinela.

dittied ['dɪtɪɪd] [di-ti-id], *a.* Cantado, adaptado a la música.

ditto ['dɪtəʊ] [di-tou], *a.* Dicho o dicha, lo mismo, palabra que se usa más frecuentemente en los libros de comercio y cuentas, y equivale a *idem*. **I'm fed up - ditto!**, estoy harto - ¡y yo ídem de ídem!.

ditty ['dɪtɪ] [di-ti], *s.* Cancioneta, composición música corta y sencilla para cantar.

diuresis [ˌdaɪjʊə'resɪs] [dai-ua-re-sis], *s.* *(Med.)* Diuresis, secreción excesiva de la orina.

diuretic [ˌdaɪjʊə'retɪk] [dai-ua-re-tik], *a.* y *s.* Diurético, lo que tiene virtud para facilitar la secreción de la orina.

diurnal [daɪ'ɜːnl] [dai-er-nal], *a.* 1. Diurno, diario, cotidiano. 2. Diurno, que pertenece al día. 3. *(Zool.)* Activo durante el día. 4. *(Bot.)* Que se abre de día y se cierra por la noche; que dura solamente veinticuatro horas, efímero. *-s.* 1. Diurno, libro del rezo eclesiástico que contiene las horas menores. 2. *(Des.)* Diario, jornal, libro en que se escribe lo que se hace cada día.

diurnalist, *s.* *V.* JOURNALIST.

diurnally [daɪ'ɜːnlɪ] [dai-er-na-li], *adv.* Diariamente.

diuturnal [daɪ'tɜːnl] [dai-ter-nal], *a.* Diuturno, que ha durado mucho tiempo.

diuturnity [daɪ'tɜːnɪtɪ] [dai-ter-ni-ti], *s.* Diuturnidad, espacio dilatado de tiempo.

divan [dɪ'væn] [di-van], *s.* 1. Diván, el supremo consejo entre los turcos. 2. Cámara del consejo. 3. Café, cuarto de fumar. 4. Diván, especie de sofá sin respaldo y con cojines. Cama turca.

divaricate [dɪ'værɪkeɪt] [di-va-ri-keit] *vn.* y *va.* 1. Dividirse en dos partes o ramos. 2. *(Biol.)* Divergir marcadamente. *V.* DIVERGE.

divarication [dɪ'værɪˌkeɪʃən] [di-va-ri-kei-shon], *s.* División en dos partes; extensión.

dive [daɪv] [daiv], *vn.* 1. Zambullirse, sumergirse o meterse voluntariamente debajo del agua, tirarse al agua (from height). Sumergirse, zambullirse (from surface/person, whale); sumergirse (submarine). **She dived into the water**, se zambulló, se tiró al agua. 2. Bucear, sacar alguna cosa de lo profundo del agua. Bajar en picado (swoop/plane, bird). **To dive for treasure**, bucear buscando tesoros. **To go diving**, ir a hacer submarinismo o a bucear. 3. Sumergirse, enfrascarse en los negocios, etc. 4. Profundizar o estudiar a fondo alguna cuestión o ciencia. 5. Caer en picada o en picado, pegar un bajón (drop sharply/currency, sales). 6. **He dived for cover under the table**, se tiró o se metió debajo de la mesa para protegerse (lunge, move suddenly).

dive in *(Coloq.)* Tirarse de cabeza al agua, tirarse o echarse un clavado (into water).

dive, *s.* 1. Zambullidura, clavado (into water). *(Dep.)* Salto de trampolín, clavado. Inmersión (of submarine, whale). Descenso en picado (swoop). 2. Buceo, acción de bucear o mantenerse debajo del agua. 3. Enfrascamiento, absorción en los negocios, etc. 4. *(Fam.)* Timba, leonera, antro (disreputable club, bar). 5. *(Coloq.)* **He made a dive for the gun**, se abalanzó sobre la pistola (lunge, sudden movement).

dive bomber ['daɪvˌbɒmə^r] [daiv-bom-ba^r], *s.* *(Aer.)* Bombardero en picado.

diver ['daɪvə^r] [dai-va^r], *s.* 1. Buzo, submarinista (deep-sea); saltador, clavadista (from diving board). 2. Ave que se zambulle; en especial, el colimbo, especie de mergio.

diverge [daɪ'vɜːdʒ] [dai-verch], *vn.* 1. Divergir, divergirse, apartarse (lines, paths); divergir (opinions, explanations). 2. Desviarse de un rumbo, dirección o modelo dado. 3. *V.* DIFFER.

divergence, divergency [daɪ'vɜːdʒəns] [dai-ver-yens], *s.* Divergencia.

divergent [daɪ'vɜːdʒənt] [dai-ver-yent], *a.* Divergente.

divers ['daɪvɜːz] [dai-vers], *a.* Varios, diversos, diferentes, muchos, más de uno, pero no numerosos.

divers-colored ['daɪvɜːzˌkʌləd] [dai-vers-ka-led], *a.* De muchos o varios colores.

diverse ['daɪvɜːs] [dai-vers], *a.* 1. Diverso, diferente, distinto, multiforme, variado (interests, tastes). **Plant life in the area is extremely diverse**, la vegetación en la zona es muy variada. 2. Diferente, distinto (unlike).

diversely ['daɪvɜːslɪ] [dai-vers-li], *adv.* Diversamente, distintamente, en diferentes direcciones.

diversification [daɪˌvɜːsɪfɪ'keɪʃən] [dai-ver-si-fi-kei-shon], *s.* Diversificación, acción de diversificar; variación o variedad de formas o colores.

diversify [daɪ'vɜːsɪfaɪ] [dai-ver-si-fai], *va.* Diversificar, variar, cambiar, diferenciar; matizar, abigarrar. *vn.* Diversificarse. **They diversified into sportswear**, diversificaron su producción introduciéndose en el mercado de ropa de deporte.

diversion [daɪ'vɜːʃən] [dai-ver-shon], *s.* 1. Desviación (of river); malversación (of funds). 2. Diversión, entretenimiento, pasatiempo (amusement). 3. *(Mil.)* Diversión, divertimento estratégico (distraction). **You create a diversion and I'll make my escape**, tú los distraes mientras yo me escapo.

diversity [daɪ'vɜːsɪtɪ] [dai-ver-si-ti], *s.* Diversidad, variedad, diferencia, desemejanza.

divert ['daɪvɜːt] [dai-vert], *va.* 1. Desviar, apartar, alejar, divertir (redirect/stream, flow, traffic); eludir, esquivar (ward off/blow, attack). **I tried to divert the conversation away from the topic**, intenté desviar la conversación hacia otro tema. 2. Desviar, distraer (distract/attention, thoughts). 3. Divertir, regocijar, recrear, entretener (amuse).

diverter ['daɪvɜːtə^r] [dai-ver-ta^r], *s.* Quitapesares, consuelo, alivio.

diverticle [daɪ'vɜːtɪkl] [dai-ver-ti-kol], *s.* Camino o senda desviada, vuelta.

diverticulum [ˌdaɪvɜː'tɪkjʊləm] [dai-ver-ti-kiu-lum], *(pl.* LA) *s.* *(Biol.)* Divertículo, apéndice (vertical), bolsillo ciego.

divertisement [daɪ'vɜːtɪzmənt] [dai-ver-tis-ment], *s.* 1. Diversión, holgura. 2. Intermedio de baile (en los teatros).

divertive ['daɪvɜːtɪv] [dai-ver-tiv], *a.* Divertido.

divest [daɪ'vest] [dai-vest], *va.* Desnudar, privar de autoridad; despojar, desposeer.

divestiture [daɪ'vestɪtʃə^r] [dai-ves-ti-cha^r], *s.* 1. Despojo. 2. *(For.)* Desposeimiento, el acto y efecto de privar a alguno de sus bienes o hacienda.

dividable [dɪ'vaɪdəbl] [di-vai-da-bol], *a.* Divisible.

divide [dɪ'vaɪd] [di-vaid], *va.* 1. Dividir (split up); distribuir, repartir (share/cake, money, work). **I divide my time between England and Italy**, paso parte del tiempo en Inglaterra y parte en Italia. 2. Desunir, separar, meter cizaña, dividir (cause to disagree). 3. *(Mat.)* Dividir. **To divide 10 by 5**, dividir 10 entre 5. **10 divided by 5 is 2**, 10 dividido entre 5 es (igual a) 2. *-vn.* 1. Romper, reñir con alguno; desunirse, dividirse. 2. Dividirse (fork/road, river); dividirse (split/group, particles, cells). 3. *(Mat.)* Dividir.

divide off, separar.

divide up 1. Dividir. 2. Dividirse.

divide, *s.* Vertiente de una montaña; línea divisoria de las aguas. **The Great Divide**, *(Fam. E. U.)* la vertiente de las Montañas Rocosas.

divided [dɪ'vaɪdɪd] [di-vai-did] *a.* Dividido (opinion). **They are divided on the issue**, sus opiniones al respecto están muy divididas.

divided highway [dɪ'vaɪdɪdˌhaɪweɪ] [di-vai-did-jai-uei] *s.* Autovía.

divided skirt [dɪ'vaɪdɪdˌskɜːt] [di-vai-did-skert] *s.* Falda pantalón, pollera pantalón.

dividedly [dɪ'vaɪdɪdlɪ] [di-vai-did-li], *adv.* Separadamente, por separado.

dividend ['dɪvɪdend] [di-vi-dend], *s.* 1. Dividendo, la parte o porción que toca a cada uno en el repartimiento de alguna cosa. **To pay dividends**, pagar dividendos, reportar beneficios. 2. *(Arit.)* Dividendo.

divider [dɪ'vaɪdəʳ] [di-vai-daʳ], *s.* 1. Partidor, el instrumento que parte; mampara (screen); separador (in filing system). **Dividers**, compás de división. 2. Partidor el que parte o divide. 3. *(Arit.)* Divisor, partidor. 4. Distribuidor, repartidor.

dividing [dɪ'vaɪdɪdɪŋ] [di-vai-di-din], *s.* Separación. **Dividing line**, línea divisoria.

dividual [dɪ'vɪdjuːəl] [di-vi-dual], *a.* *(Ant.)* Dividido.

divination [ˌdɪvɪ'neɪʃən] [di-vi-nei-shon], *s.* Divinación, adivinación.

divinator [dɪvɪ'neɪtəʳ] [di-vi-nei-taʳ], *s.* Adivinador, adivino.

divinatory [dɪ'vɪnətərɪ] [di-vi-na-to-ri], *a.* Divinatorio.

divine [dɪ'vaɪn] [di-van], *a.* 1. Divino, lo que pertenece a Dios o a los falsos dioses. **It was divine justice**, fue un castigo de Dios. 2. Divino, admirable, sublime, precioso (wonderful). *-s.* Predicador, teólogo.

divine, *va.* Adivinar (discover, guess); descubrir con una varita de zahorí (minerals, water). *-vn.* Conjeturar, presentir, pronosticar, profetizar; sospechar.

divinely [dɪ'vaɪnlɪ] [di-vain-li], *adv.* Divinamente; excelentemente.

divineness [dɪ'vaɪnnɪs] [di-vain-nes], *s.* 1. Divinidad, participación de la naturaleza divina. 2. Excelencia, perfección.

diviner [dɪ'vaɪnəʳ] [di-vai-naʳ], *s.* Adivino, adivinador, conjeturador.

diving ['daɪvɪŋ] [dai-vin], *s.* 1. Buceo. 2. Zambullimiento, zambullida, zambullidura. 3. Saltos de trampolín, clavados (from height); submarinismo, buceo (under water). **Diving bell**, campana de buzo, campana de salvamento. **Diving board**, trampolín. **Diving suit**, escafandra.

divining rod [dɪ'vaɪnɪŋrɒd] [di-vai-nin-rod] *s.* Varita de zahorí.

divinity [dɪ'vɪnɪtɪ] [di-vi-ni-ti], *s.* 1. Divinidad (divine nature, being). 2. Dios (verdadero o falso). 3. La teología (theology). 4. Atributo, virtud o cualidad que se supone ser de carácter divino.

divisibility [ˌdɪvɪsɪ'bɪlɪtɪ] [di-vi-si-bi-li-ti], **divisibleness**. Divisibilidad.

divisible [dɪ'vɪzəbl] [di-vi-sa-bol], *a.* Divisible. **21 is divisible by 3**, 21 es divisible entre o por 3.

division [dɪ'vɪʒən] [di-vi-shon], *s.* 1. División, la acción o efecto de dividir, separar o repartir (distribution). **The division of labor**, la división del trabajo. División (boundary). **Linguistic/classes division**, divisiones lingüísticas/de clase. 2. División, separación, desunión, discordia, desacuerdo (disagreement). 3. *(Arit.)* División, partición. **Long division**, división larga o desarrollada. 4. *(Mil.)* División, parte de un ejército o de una armada que obran o marchan separadamente. 5. Lo que separa o divide; división, sección (department). 6. Votación de un cuerpo legislativo (como del Parlamento británico). 7. *(Dep.)* Categoría (in boxing); zona (in US: area); división (in UK: by standard).

divisional, divisionary [dɪ'vɪʒənl] [di-vi-sho-nal], *a.* Divisional, referente a la división.

divisive [dɪ'vaɪsɪv] [di-vi-siv], *a.* Divisivo, que sirve para dividir.

divisor [dɪ'vaɪʒəʳ] [di-vi-saʳ], *s.* *(Arit.)* Divisor.

divorce [dɪ'vɔːs] [di-vors], *s.* 1. Divorcio, disolución legal del matrimonio. 2. Divorcio, separación, desunión. **Divorce proceedings**, trámites de divorcio. **To get a divorce from somebody**, conseguir el divorcio de alguien.

divorce, *va.* 1. Divorciar, autorizar la separación de dos esposos, pronunciar el divorcio. *(Law)* Divorciarse de. **To get divorced**, divorciarse. 2. Divorciar; separar alguna cosa de lo que estaba unido con ella; arrancar violentamente una cosa de otra (separate).

divorced [dɪ'vɔːst] [di-vorst] *a.* *(Law)* Divorciado. **To be divorced from something**, estar divorciado de algo (detached).

divorcee [dɪ'vɔːsiː] [di-vor-si] *s.* Divorciado.

divorcement [dɪ'vɔːsmənt] [di-vors-ment], *s.* Divorcio.

divorcer [dɪ'vɔːsəʳ] [di-vor-saʳ], *s.* Divorciador; el que o lo que divorcia.

divorcive [dɪ'vɔːsɪv] [di-vor-siv], *a.* Lo que tiene poder de divorciar.

divulgate [daɪ'vʌlgeɪt] [di-val-gueit], *va.* *(Des.)* Divulgar, publicar.

divulge [daɪ'vʌldʒ] [dai-valch], *va.* 1. Divulgar, publicar, descubrir, revelar. **To divulge something to somebody**, revelarle algo a alguien. 2. Proclamar, pregonar.

divulger [daɪ'vʌldʒəʳ] [dai-val-yaʳ], *s.* Divulgador; pregonero.

divulsion [daɪ'vʌlʒən] [dai-val-shon], *s.* Arranque, la acción y efecto de arrancar.

divulsive [daɪ'vʌlsɪv] [dai-val-siv], *a.* *(Des.)* Divulsivo, lo que tiene poder de arrancar o separar violentamente una cosa de otra.

diwan [daɪ'wən] [dai-uan], *s.* Colección de poemas cortos de un solo autor; ciclo, antología. (Persa)

dixie o dixieland ['dɪksɪ] [dik-si], *s.* 1. Región integrada por los estados del sur de E. U. 2. Canto de guerra de dicha región en la Guerra de Secesión.

DIY *s.* (GB) (= **do-it-yourself**) bricolaje.

dizen [daɪ'zən] [dai-sen], *va.* 1. Ataviar, adornar. 2. Poner el lino en la rueca (Uso propio).

dizziness ['dɪzɪnɪs] [di-si-nes], *s.* Vértigo, vahido, desvanecimiento, mareo.

dizzy ['dɪzɪ] [di-si], *a.* 1. Vertiginoso (causing dizziness/ speed). De vértigo (height) 2. Desvanecido, atacado de un vértigo; que causa vértigo; de mareo (sensation/giddy). **I had a dizzy spell**, me dio un mareo. **To feel dizzy**, estar mareado. 3. *(Ant.)* Ligero, voluble, aturdido. *(Coloq.)* Tarambana (scatterbrained).

dizzy, *va.* Causar vértigos o vahidos de cabeza, girar alrededor. *-vn.* Aturdirse, desvanecerse, írsele a uno la cabeza.

DJ *s.* = **disc jockey**

DNA *s.* (= **deoxyribonucleic acid**) ADN, DNA.

do [duː] [du], *va.* (*pret.* DID, *pp.* DONE). 1. Hacer, ejecutar, obrar. **Do something!**, ¡haz algo! **Are you doing anything this evening?**, ¿vas a hacer algo esta noche? **It was a silly thing to do**, fue una estupidez. **Can I do anything to help?**, ¿puedo ayudar en algo? 2. Finalizar, concluir (achieve, bring about); despachar, rematar, hacer (carry out/job, task). **To do the cooking**, cocinar. **Let me do the talking**, déjame hablar a mí. **She's done it: it's a new world record**, lo ha logrado: es una nueva marca mundial. **What do you do?**, ¿usted qué hace o a qué se dedica? (as job). 3. Producir algún efecto; preparar, hacer (meal); arreglar, modificar (fix, arrange, repair); verter, traducir, hacer (drawing, translation). **He doesn't do live concerts any more**, ya no da más conciertos en vivo. **I have to do my nails**, me tengo que arreglar las uñas. Lavar (clean, dishes); limpiar (brass, windows). 4. Servir, aprovechar; emplear el poder, alargar la mano. 5. *(Ger.)* Estafar, petardear; engañar (cheat); también, injuriar, agraviar, matar. **I've been done!**, ¡me han estafado o timado! 6. *(Teat.)* Hacer el papel de (play role of); actuar en (play, take part in); imitar (impersonate). 7. *(Fam.)* Bastar, ser suficiente para (suffice for, suit). **Fifty dollars will do me for the present**, me bastarán cincuenta pesos por ahora. 8. **The car has only done 4,000 miles**, el coche sólo tiene 4.000 millas (travel). 9. Estudiar (study); visitar (visit/sights, museum). **We're doing Balzac**, estamos estudiando Balzac. **We did Europe last year**, el año pasado recorrimos Europa. 10. Cumplir (serve in prison). **He's doing eight years for armed robbery**, está cumpliendo ocho años por atraco a mano armada. 11. Agarrar (catch, prosecute). **He was done for speeding**, le encajaron una multa por exceso de velocidad. 12. **To do drugs**, drogarse, consumir drogas (use). 13. *(Coloq.)* Terminar (finish). **have you done complaining?**, ¿has terminado de quejarte? *-vn.* 1. Conducirse, comportarse, portarse, proceder, hacer (act, behave). **Do as you are told!**, ¡haz lo que se te dice! 2. Pasarlo, estar, hallarse, cuando se trata de la salud o de un empeño (get along, manage). *V.* FARE. **How do you do?** ¿cómo le va a Ud.?, ¿cómo se halla Ud.?, ¿cómo está Ud.? (as greeting). **She did well/badly in her exams**, le fue bien/ mal en los exámenes. **He's done well for himself**, ha sabido abrirse camino. 3. Salir bien o mal en una cosa: v. g. **In the drawing I did badly**, salí mal en el sorteo. **He does well in his new enterprise**, sale bien en su nuevo empleo. 4. Darse maña, discurrir trazas para adelantar, ingeniarse. 5. Servir al designio de uno; ser a propósito. 6. **Look, this won't do!**, ¡mira, esto no puede ser! **It's not ideal, but it will do**, no es lo ideal, pero sirve (be suitable, acceptable). 7. Ser suficiente, alcanzar, bastar (be enough). **One bottle will do**, con una botella basta o es suficiente. **One egg will do for me**, un huevo es suficiente para mí. 8. Terminar (finish). **I haven't done it yet!**, no he terminado todavía. 9. **His concern to do well for his son**, su preocupación por hacer todo lo posible por su hijo. **Do as you would be done by**, trata a los demás como tú quisieras ser tratado. -Este verbo es auxiliar, y se emplea como tal en los tiempos presente y pasado para señalar la negación o la interrogación. **I do not read**, no leo. **I did not read**, no leí. **Do I read?**, ¿leo yo? **Did my brother go?**, ¿fue mi hermano? -En las oraciones afirmativas se emplea *To do* para dar más energía a la oración, para expresar con más fuerza la oposición y como expletivo. **I do hate him**, le aborrezco de veras. **I did love her, but I scorn her now**, la amé ciertamente, mas ahora la aborrezco. -También se usa para evitar repeticiones. **I shall come, but if I do not, go away**, yo vendré, mas si no vengo, márchate. -Se emplea también para mandar con imperio o pedir una cosa con ansia. **Make haste, do**, vamos, dése Ud. prisa, despáchese. **Do, pray, go and tell him I am here**, tenga Ud. la bondad de ir a decirle que estoy aquí. **To do again**, rehacer, volver a hacer. **To do off**, deshacer; quitar; sacar. **To do on**, poner una cosa sobre otra; meter. **To do one's best**, esmerarse. **To do one's utmost**, hacer cuanto es posible. **That will do**, eso es bastante, suficiente o a propósito. **That won't do**, eso no vale, eso no sirve; ni por esas. **To have done with**, dejar o abandonar; cesar, descontinuar. **Parents wish their children to do well**, los padres desean que sus hijos prosperen o sean felices.

do away with, abolir, suprimir (abolish/privilege, tax); eliminar, acabar con (need); llevar, borrar. *(Coloq.)* Eliminar, liquidar (kill).

do down Menospreciar, hacer de menos.

do for, ser a propósito, servir para; tener cuidado de, cuidar del bienestar personal o intereses de; *(Ger.)* matar, herir o lastimar mortalmente. **He is done for**, han acabado con él. **They've spotted us, we're done for!**, ¡nos han visto, estamos perdidos! (cause collapse of). **To do for oneself**, sostenerse sin ayuda ajena, ganarse la vida.

do in 1. *(Coloq.)* Eliminar, liquidar (kill); agotar, reventar (tire out). **To be done in**, estar reventado o molido o hecho polvo. 2. Hacerse daño en, embromarse (injure, ruin/back, shoulder); estropear, arruinar, cargarse (engine).

do out Hacer una limpieza a fondo de (clean out/room). **The bedroom was done out in pink**, el dormitorio estaba pintado de/empapelado en rosa.

do out of *(Coloq.)* Quitar, birlar. **He was done out of his share**, le quitaron o le birlaron su parte.

do over 1. Hacer de nuevo, volver a hacer; cubrir completamente con algún material extendido o disuelto. 2. Darle una paliza a, sacarle la mugre a (beat up). **To do over with gold**, dorar. **To do over with silver**, platear.

do up Liar, empaquetar, envolver (wrap up/parcel); arreglar, enrollar, como los cabellos; almidonar y planchar, como una tela; fatigarse, cansarse. Abrochar (fasten/coat, necklace, button); subir (zipper). Arreglar (pintando, etc.)(hous). **To do up one's shoes**, atarse los cordones o las agujetas o los pasadores de los zapatos. **Do up your tie**, hazte el nudo de la corbata. **She was all done up**, estaba muy elegante.

do with Conducirse, arreglarse para; disponer de; usar en provecho de (benefit from). **That door could do with a coat of paint**, no le vendría mal una mano de pintura a esa puerta. **You could do with a change**, te hace falta o te vendría bien un cambio. **What's that got to do with it?**, ¿y eso qué tiene que ver?. **It's to do with your son**, se trata de su hijo (expressing connection).

do without, Pasar sin; dispensar de. Arreglárselas. **Her coming to stay is something I can do without!**, ¡ni falta que me hace que ella se venga a quedar!. **You really think you could do without me?**, ¿te las puedes arreglar sin mí?, ¿te las puedes arreglar sólo?.

do, *s.* 1. Do, primera voz de la escala musical que sustituye al *ut*. 2. *(Coloq.)* Fiesta, reunión (party, gathering). 3. *(Coloq.)* **Fair does all round**, a partes iguales para todos; ¡seamos justos! (state of affairs). 4. **do's and don'ts**, normas (rules). **The do's and don'ts of foreign travel**, qué hacer y qué evitar cuando se viaja al extranjero.

DOA *a.* = **dead on arrival**

DOB *s.* = **date of birth**

doc *s. (Coloq.)* Doctor.

docibility [dəsɪ'bɪlɪtɪ] [do-si-bi-li-ti], *s.* Docilidad.

docible [dəʊ'sɪbl] [dou-si-bol], *a.* Dócil, flexible, obediente, deferente; el que aprende con facilidad lo que le enseñan.

docile ['dəʊsaɪl] [dou-sail], *a.* Dócil, sumiso; apacible.

docility [dəʊ'sɪlɪtɪ] [dou-si-li-ti], *s.* Docilidad.

docimastic [dəʊsɪ'mæstɪk] [dou-si-mas-tik], *a.* Docimástico, referente a la docimasia.

docimasy, docimacy [dəʊ'sɪməsɪ] [dou-si-ma-si], *s.* Docimasia, docimástica, el arte de ensayar los minerales para determinar los metales que contienen y en qué proporción.

dock [dɒk] [dok], *s.* 1. Muelle, desembarcadero (wharf, quay); dársena (for cargo ships); portuario (worker, strike). **To be in dock**, estar en puerto. **Dry dock**, astillero, dique seco. **Docks**, puerto. 2. *(Law)* **The dock**, el banquillo de los acusados. 3. *(Bot.)* Acedera.

dock, *va.* 1. Entrar en muelle; fondear, atracar (vessel, ship). 2. Rescindir (wages). **To dock one's wages**, descontar a alguien parte de su sueldo. 3. Descolar, quitar o cortar la cola al animal. 4. Cercenar, cortar, rebajar. 5. *(Mar.)* Meter o poner una embarcación en el dique. *vn. (Naut.)* Atracar, fondear (ship, vessel). *(Aerosp.)* Acoplarse.

dockage ['dɒkeɪdʒ] [do-keich] *s.* 1. La acción de poner un buque en el dique. 2. Cantidad que se paga por el uso de un dique.

docket ['dɒkɪt] [do-kit], *s.* 1. Rótulo, extracto, etiqueta (label); resguardo de entrega (delivery note). **To strike a docket**, *(Com.)* declarar a un comerciante en bancarrota. 2. *(For.)* Lista, tablilla, enumeración o registro de los pleitos y causas pendientes. 3. Marbete.

docket, *va.* 1. Extractar, hacer el sumario de una obra, papeles o documentos. 2. Rotular, poner rótulo o nombre a un cuaderno, paquete, etc., indicando su contenido. 3. Incluir en la lista o registro de las causas y pleitos pendientes.

docking ['dɒkɪŋ] [do-kin] *s. (Aerosp.)* Acoplamiento.

dockland ['dɒklænd] [dok-land] *s.* Zona portuaria.

dock-yard ['dɒkjɑːd] [dok-yard], *s. (Mar.)* Arsenal; astillero.

doctor ['dɒktəʳ] [dok-taʳ], *s.* 1. Doctor, médico, facultativo. 2. Doctor, el que ha recibido en una universidad el grado más alto en una facultad, como derecho, teología, etc. **Doctor's office**, consultorio del médico o del doctor. **Doctor of Law**, doctor en Leyes. **Medical doctor**, doctor en Medicina. **Doctor of Philosophy**, doctor en Filosofía.

doctor, *va.* 1. *(Fam.)* Medicinar, recetar. 2. Alterar, adulterar (food, drink). 3. Reparar, componer, arreglar (text); falsificar, amañar (results, evidence). 4. Operar (neuter/cat, dog). *-vn.* 1. Tomar medicinas o recibir tratamiento médico. 2. Practicar la medicina.

doctoral ['dɒktərəl] [dok-to-ral], *a.* Doctoral que pertenece al grado de doctor (thesis, dissertation).

doctorally ['dɒktərəlɪ] [dok-to-ra-li], *adv*. A modo de doctor.
doctorate ['dɒktərɪt] [dok-to-rit], *s*. Doctorado.
doctorate, *va*. Doctorar, conferir el grado de doctor.
doctoress ['dɒktərɪs] [dok-to-res], *sf*. Doctora.
doctorship ['dɒktəʃɪp] [dok-tor-ship], *s*. Doctorado.
doctrinaire [ˌdɒktrɪ'nɛə^r] [dok-tri-nea^r], *a*. y *s*. Doctrinario.
doctrinal [dɒk'traɪnl] [dok-trainl], *a*. 1. Doctrinal, lo que contiene o pertenece a la doctrina. 2. Didáctico, referente a la enseñanza; instructivo. -*s*. Parte de doctrina; doctrinal.
doctrinally ['dɒktraɪnəlɪ] [dok-trai-na-li], *adv*. Magistralmente.
doctrine ['dɒktrɪl] [dok-trin], *s*. 1. Doctrina, dogma, creencia, especialmente en religión. 2. *(Ant.)* Enseñanza, erudición, saber.
document ['dɒkjʊmənt] [do-kiu-ment], *s*. Documento, escritura, testimonio, documento auténtico.
document, *va*. Documentar, proveer de documentos; probar por medio de documentos o escrituras.
documental ['dɒkjʊməntl] [do-kiu-men-tal], *a*. Documental, procedente de los documentos.
documentary [ˌdɒkjʊ'mentərɪ] [do-kiu-men-ta-ri], *a*. Documental.
documentation [ˌdɒkjʊmen'teiʃən] [do-kiu-men-tei-shon], *s*. Documentación.
dodder ['dɒdə^r] [do-da^r], *s*. *(Bot.)* Cuscuta, planta parásita sin hojas, que se usa en medicina. *vn*. *(Coloq.)* Andar tambaleándose o con paso inseguro (totter). *(Fam., pej.)* **Doddering**, chocho
doddered ['dɒdəd] [do-derd], *a*. Cubierto de cuscuta o plantas parásitas.
doddery ['dɒdərɪ] [do-de-ri] *a*. *(Coloq.)* Temblequeante.
doddle ['dɒdl] [do-del] *s*. *(Fam.)* **It's a doddle**, está tirado, está regalado.
dodecagon ['dɒdəkægɒn] [do-de-ka-gon], *s*. *(Geom.)* Dodecágono, figura que consta de doce lados iguales.
dodecahedron ['dɒdəkæˌhiːdrən] [do-de-ka-ji-dron], *s*. *(Geom.)* Dodecaedro.
dodecatemory ['dɒdəkəˌteməri] [do-de-ka-te-mo-ri], *s*. *(Astr.)* Dodecatemoria, la duodécima parte de un círculo o signo del zodíaco.
dodge [dɒdʒ] [dodch], *va*. 1. Escabullirse, escapar mediante un cambio súbito de posición; evadir, diestramente; eludir (pursuer); esquivar (blow); esquivar, soslayar (question); soslayar (problem, issue); eludir (work, responsibility); evadir (tax). **We dodged our fare**, viajamos sin pagar. 2. Seguir o perseguir mañosa y evasivamente. -*vn*. Moverse rápidamente a un lado, apartarse. **She dodged behind the car**, se escondió rápidamente detrás del coche. 2. Trampear, entrampar.
dodge *s*. 1. *(Coloq.)* Treta, truco, artimaña (trick). 2. Esquive (sidestep).
dodger ['dɒdʒə^r] [dod-cha^r], *s*. 1. Trampista, el que saca de continuo dinero con engaños y estafas. **Tax dodger**, evasor de impuestos. **Fare dodger**, persona que intenta viajar sin pagar en un medio de transporte público. 2. *(E. U.)* Cartel o anuncio pequeño.
dodgy ['dɒdʒɪ] [dod-chi] *a*. Arriesgado, riesgoso (risky). **The brakes are a bit dodgy**, los frenos no andan muy bien (unreliable, dubious). **He's a dodgy character**, no es un tipo de fiar.
dodman ['dɒdmən] [dod-man], *s*. Especie de pescado; caracol.
dodo ['dəʊdəʊ] [dou-dou], *s*. *(Orn.)* Dido, ave algo parecida a un palomo de gran tamaño, con alas rudimentarias.
doe [dəʊ] [dou], *sf*. Gama, la hembra del gamo (of deer); de la liebre, del conejo (of rabbit); del canguro y del antílope.
doer ['dʊːə^r] [doua^r], *s*. 1. Hacedor, el que hace o ejecuta alguna cosa. **He is a great talker but little doer**, todo se le va por el pico. 2. Actor, agente. 3. La persona que es activa o valiente, emprendedora o dinámica (active person). **Evil-doer**, el que hace mal.
does [dʌz] [das], Tercera persona del verbo TO DO.
doeskin ['dəʊskɪn] [dous-kin], *s*. 1. Ante, la piel de una gama. 2. Tejido fino de lana.
doff [dɒf] [dof], *va*. Quitar la ropa, deshacer, sacar. **He doffed the cassock for the cuirass**, él cambió la sotana por la coraza. **To doff one's hat to somebody**, quitarse el sombrero ante alguien. (Contracción de *do off*).
dog [dɒg] [dog], *s*. 1. Perro, perra. **Bull-dog**, perro de presa. **Setting-dog**, podenco. **Lap-dog**, perro faldero o perrito de faldas. 2. Perro, nombre que se da por ignominia y afrenta o jocosamente a un hombre. 3. Se usa para designar el macho de algunos animales, v. g. **The dog fox**, el zorro. 4. Herramienta, pequeña pieza que sirve para asir y asegurar, fiador, retén. 5. Morillo, caballete de hierro que se pone en el hogar para sostener la leña. 6. Gatillo de un arma de fuego. **To give/send to the dogs**, echar a perros, dar a los diablos, tirar por la ventana, disipar la hacienda, malbaratar. **To go to the dogs**, estar arruinado. **To make dog's ears in books**, *(Fam.)* hacer orejones. **To play the dog in the manger**, ser como el perro del hortelano. **A dog's life**, una vida de perros. **It's a case of dog eat dog**, hay una competencia brutal. **To treat somebody like a dog**, tratar a alguien como a un perro. **You can't teach an old dog new tricks**, loro viejo no aprende a hablar. **Dog show**, exposición canina.
dog, *va*.
dog-bane [dɒg'beɪn] [dog-bein], *s*. *(Bot.)* Matacán.
dog-brier [dɒg'braɪə^r] [dog-braiA^r], *s*. *(Bot.)* Zarza perruna, escaramujo.
dog-cart ['dɒgkɑːt] [dog-kart], *s*. Coche de dos ruedas para un caballo, con dos asientos unidos por el respaldo, y espacio para perros debajo de los asientos.
dog-cheap [dɒg'tʃiːp] [dog-chip], *a*. Muy barato, a bajo precio, por nada. *(Cuba.)* De guagua.
dog collar ['dɒgˌkɒlə^r] [dog-ko-la^r] *s*. Alzacuello, clergyman (clerical collar).
dog-days ['dɒgdeɪz] [dog-deis], *s. pl*. La canícula, los días caniculares, del 15 de Julio al 25 de Agosto.
doge [dəʊdʒ] [douch], *s*. Dux, jefe de las antiguas repúblicas de Venecia y Génova.
dog-eared ['dɒgɪəd] [dog-iad] *a*. Sobado y con las esquinas dobladas.
dog-end ['dɒgend] [dog-end] *s*. Colilla, pucho.
dog-fight ['dɒgfaɪt] [dog-fait], *s*. Riña de perros (between dogs). *(Aviat.)* Combate aéreo.
dog-fish ['dɒgfɪʃ] [dog-fish], *s*. Tiburón.
dogged ['dɒgɪd] [do-guid], *a*. 1. Duro, inflexible, tenaz; obstinado, emperrado. 2. *(Des.)* Ceñudo, intratable, áspero.
doggedly ['dɒgɪdlɪ] [do-guid-li], *adv*. Tenazmente, con dureza; obstinadamente.
doggedness ['dɒgɪdnɪs] [do-guid-nes], *s*. Tenacidad, inflexibilidad.
dogger ['dɒgə^r] [do-ga^r], *s*. *(Mar.)* Barca de pescador.
doggerel ['dɒgərəl] [do-gue-rel], *a*. Prosaico, de bajo estilo, bajo, hablando de versos. -*s*. Coplas de ciego. Ripios.
doggish ['dɒgɪʃ] [do-guish], *a*. Perruno, brutal, regañón.
doggo ['dɒgəʊ] [do-gou] *adv*. **To lie doggo**, quedarse escondido sin hacer ruido.
doggone [ˌdɒg'gɒn] [do-goun] *a*. Maldito.
doggy ['dɒgɪ] [do-gui] *s*. Guauguau, perrito (used to or by children). **Doggy bag**, bolsita que proporcionan en algunos restaurantes para llevarse las sobras a casa.
dog-hearted ['dɒgˌhɑːtɪd] [dog-jar-ted], *a*. Sanguinario, cruel, inhumano.
dog-hole ['dɒgˌhəʊl] [dog-joul], **dog-kennel** *s*. Perrera, casa de perros; la casa en que se encierran los perros de caza; tabuco, camaranchón.
doghouse ['dɒghaʊs] [dog-jaus] *s*. Casa o casilla, caseta o casucha del perro, perrera. **To be in the doghouse**, haber caído en desgracia. **Don't be a doghouse in the manger**, no seas como el perro del hortelano (que ni come ni deja comer).
dogie ['dɒgɪ] [do-gui], *s*. Ternero huérfano.

dog-keeper ['dɒgkɪːpəʳ] [dog-ki-paʳ], *s.* Perrero.
Dog-Latin ['dɒg'lætɪn] [dog-la-tin], *s.* Latín bárbaro o macarrónico.
dog-leech ['dɒg'liːtʃ] [dog-lich], *s.* El albéitar que cura los males de los perros. Se dice también de los malos médicos o cirujanos, por desprecio.
dog-louse ['dɒgləʊz] [dog-lous], *s.* Piojo perruno.
dogma ['dɒgmə] [dog-ma], *s.* Dogma, máxima, axioma; punto de doctrina.
dogmatic, dogmatical [dɒg'mætɪk] [dog-ma-tik] [dɒg'mætɪkl] [dog-ma-ti-kal], *a.* Dogmático, magistral; autoritario, arrogante.
dogmatically [dɒg'mætɪklɪ] [dog-ma-ti-ka-li], *adv.* Dogmáticamente.
dogmaticalness [dɒg'mætɪkəlnɪs] [dog-ma-ti-kal-nes], *s.* Magisterio, calidad de dogmático.
dogmatism ['dɒgmætɪzəm] [dog-ma-ti-sem], *s.* 1. Presunción de los que quieren que sus teorías o aseveraciones, expresadas con imperio y arrogancia, sean aceptadas sin discusión. 2. Escuela filosófica opuesta al escepticismo. 3. Sistema médico de la antigua escuela dogmática.
dogmatist ['dɒgmætɪst] [dog-ma-tist], *s.* Dogmatista, dogmatizador, dogmatizante.
dogmatize ['dɒgmætaɪz] [dog-ma-tais], *vn.* Dogmatizar; afirmar.
dogmatizer ['dɒgmætaɪzəʳ] [dog-ma-tai-saʳ], *s.* Dogmatizador.
do-gooder ['duː'gʊdəʳ] [du-gu-daʳ] *s.* Hacedor de buenas obras.
dog paddle ['dɒg,pædl] [dog-pa-del] *s.* Estilo de perro o perrito.
dogsbody ['dɒgzbɒdɪ] [dogs-bo-di] *s.* *(Coloq.)* **I'm just the general dodsbody around here**, yo aquí no soy más que el botones. **I'm fed up with being his dogsbody**, estoy harta de ser su sirvienta.
dog-rose ['dɒgrəʊz] [dog-rous], *s.* *(Bot.)* Escaramujo, rosal silvestre.
dog's-ears ['dɒgz,ɪəz] [dog-iars], *s. pl.* Orejones en los ángulos de las hojas de un libro.
dog-sick ['dɒgsɪk] [dog-sik], *a.* Enfermo o malo como un perro.
dog-skin ['dɒgskɪn] [dog-skin], *a.* Hecho de pellejo de perro.
dog-sleep ['dɒgsliːp] [dog-slip], *s.* Sueño fingido.
dog's-meat ['dɒgzmiːt] [dogs-mit], *s.* Perruna, pan para perros.
dog-star ['dɒgstɑːʳ] [dog-staʳ], *s.* Sirio, canícula, la más brillante de las estrellas fijas; su salida coincide con la del sol en los días caniculares.
dog's-tongue ['dɒgztɒŋ] [dogs-tong], *s.* *(Bot.)* Cinoglosa, hierba medicinal.
dog's tooth ['dɒgztuːθ] [dogs-tuz], *s.* *(Bot.)* Diente de perro.
dog tag ['dɒgtæg] [dog-tag] *s.* *(Mil.)* Placa de identificación.
dog-teeth ['dɒgtiːθ] [dog-tiz], *s. pl.* Dientes caninos.
dog-tired ['dɒg'taɪəd] [dog-taiad], *a.* Rendido de cansancio.
dog-trick ['dɒgtrɪk] [dog-trik], *s.* Perrería, tratamiento brutal.
dog-trot ['dɒgtrɒt] [dog-trot], *s.* Trote lento, como el de un perro.
dog-watch ['dɒgwɒtʃ] [dog-uach], *s.* *(Mar.)* Una de las dos guardias de a bordo, de dos horas cada una, entre las cuatro de la tarde y las ocho de la noche.
dog-weary ['dɒgwɛərɪ] [dog-uea-ri], *a.* Cansado como un perro.
doily ['dɔɪlɪ] [doi-li], *a.* 1. Especie de servilleta pequeña para los postres, o para colocar sobre ellas floreros, jarrones, etc.; tapete, pañito, carpeta (under plate, ornament); blonda (on plate). 2. *(Des.)* Especie de tela de lana.
doing ['duːɪŋ] [duin] *s.* **It'll take a bit/lot of doing**, va a dar un poco de/mucho trabajo. **That takes some doing**, eso no es nada fácil. **It was none of our doing**, nosotros no tuvimos nada que ver (action).
doings ['duːɪŋz] [duins], *s. pl.* Hechos, acciones; eventos; acontecimientos; bullicio; función. Actividades (activities, events).
doit ['duːɪt] [duit], *s.* Moneda pequeña de muy poco valor.
do-it-yourself ['duːɪtjə'self] [duit-yur-self] *s.* Bricolaje. **Do-it-yourself enthusiast**, aficionado al bricolaje, bricolero.
doldrums ['dɒldrəmz] [dol-drams] *s.* **To be in the doldrums**, estar de capa caída.
dole [dəʊl] [doul], *s.* 1. Distribución, repartimiento. **The dole**, el subsidio de desempleo, el paro, la cesantía. **To be on the dole**, estar cobrando subsidio de desempleo o de cesantía, estar en el paro. 2. Parte, porción; dádiva, don. 3. Limosna u otra cosa repartida. 4. Dolor, angustia, congoja. 5. Golpes. 6. *(Ant.)* Miseria. 7. Límite, linde. 8.Vacío en la cría de ganado.
dole, *va.* Repartir, distribuir.
dole out Dar, repartir (food, money).
doleful ['dəʊlf*Ul*] [doul-ful], *a.* Doloroso, lastimoso, lúgubre (sound, voice); triste, compungido (face, look).
dolefulness ['dəʊlfəlnɪs] [doul-ful-nes], *s.* Tristeza, melancolía; miseria.
dolent ['dəʊlənt] [dou-lent], *a.* Doliente.
dolerite ['dəʊlərɪt] [dou-le-rit], *s.* *(Min.)* Dolerita, roca granítica de color negruzco.
dolesome ['dəʊlsʌm] [doul-sam], *a.* Lastimoso, triste.
dolesomely [dəʊl'sʌməlɪ] [doul-sa-me-li], *adv.* Desconsoladamente, tristemente.
do-little [duː'lɪtl] [du-litel], *s.* Capitán araña, manda mucho y no hace nada; nombre despectivo con que se moteja al que hablando mucho obra poco.
doll [dɒl] [dol], *s.* 1. Muñeca (toy). 2. Muñeca (pretty little girl); muñeca (attractive woman); encanto (pleasant person). 3. Abreviatura de Dorothy o Dorotea.
dollar ['dɒləʳ] [do-laʳ], *s.* Dólar, moneda de los Estados Unidos de América y el Canadá. **Hard dollar**, peso duro o fuerte. **Current dollar**, peso sencillo. **It's dollars to doughnuts they'll come**, te apuesto lo que quieras a que vienen. *(Coloq.)* **To be as sound as a dollar**, funcionar como un reloj (heart, engine); estar como un toro (person). **She looked like a million dollars**, estaba despampanante. **Top dollar**, el mejor precio, sueldo, etc.
dollhouse ['dɒlhaʊs] [dol-jaus] (GB) **doll's house** *s.* Casa de muñecas.
dollop ['dɒləp] [do-lop] *s.* *(Coloq.)* Cucharada (served with a spoon); porción (serving, mesure).
dolly ['dɒlɪ] [do-li], *s.* 1. Muñequita (used to or by children). 2. Relinchador. 3. Plataforma con rodillos para cargar cosas pesadas.
dolman ['dəʊlmæn] [doul-man], *s.* 1. Dolmán, prenda exterior de vestir de los turcos, larga, abierta por delante y de mangas ceñidas. 2. Dormán, especie de chaqueta corta, adornada con alamares; chaqueta de húsar. 3. Capa de mangas perdidas que usan las mujeres.
dolmen ['dəʊlmən] [dol-men], *s.* Dolmen, monumento druídico consistente en una gran piedra sobrepuesta a dos o más verticales.
dolomite ['dɒləmaɪt] [do-lo-mait], *s.* Dolomita, caliza magnesiana.
dolomitic ['dɒləmaɪtɪk] [do-lo-mai-tik], *a.* Dolomítico, que contiene dolomita o es parecido a ella.
dolor ['dɒləʳ] [do-laʳ], *s.* Dolor, angustia; llanto.
doloriferous ['dɒlərɪfərəs] [do-lo-ri-fe-ros], **dolorific, dolorifical** ['dɒlərɪfɪk] [do-lo-ri-fik], *a.* Doloroso; triste, lúgubre.
dolorous ['dɒlərəs] [do-lo-ros], *s.* Doloroso, lastimoso, lamentable.
dolphin ['dɒlfɪn] [dol-fin], *s.* 1. Delfín, cetáceo. Cf PORPOISE. 2. Pez grande de alta mar, notable por sus cambios de color cuando se le saca del agua. 3. La constelación boreal Delfín.
dolt ['dəʊlt] [doult], *s.* El hombre bobo, tonto o imbécil.

doltishness ['dəʊltɪʃnɪs] [doul-tish-nes], *s.* Estupidez, tontería, imbecilidad.
domain [dəʊ'meɪn] [dou-mein], *s.* 1. Dominio, imperio, soberanía. 2. Bienes, estados, posesión de tierras. 3. Campo, esfera (sphere of influence, activity). **In the public domain**, del dominio público.
domal ['dəʊməl] [dou-mal] *a.* Lo perteneciente a la casa; se usa en astrología.
dome [dəʊm] [doum], *s.* 1. *(Arq.)* Cúpula, cimborrio, dombo, domo, media naranja. 2. Toda cubierta en forma de copa invertida o de cimborrio. 3. *(Poét.)* Casa, edificio majestuoso.
domed [dəʊmd] [doumd] *a.* Con cúpula (building); abovedado (roof).
domestic, domestical [də'mestɪk] [do-mes-tik] *a.* 1. Doméstico, de la casa, de la familia; familiar (life, problems); casero, hogareño (home-loving). **They live in domestic bliss**, la felicidad de su hogar es perfecta. **Domestic violence**, violencia en el hogar. 2. Civil, intestino. 3. Domesticado y domado por el hombre (animal). 4. *(Econ., Pol.)* Interno (affairs, policy, market); nacional (produce). **Domestic flight**, vuelo nacional.
domestic, *s.* Doméstico, criado, sirviente.
domestically [dəʊ'mestɪkəlɪ] [do-mes-ti-ka-li], *adv.* Domésticamente.
domesticate [də'mestɪkeɪt] [do-mes-ti-keit], *va.* Domesticar, acostumbrar a un animal salvaje a la vista y compañía del hombre. *-vn.* Adquirir costumbres y gustos domésticos.
domesticated [də'mestɪkeɪtɪd] [do-mes-ti-kei-tid] *a.* 1. Domesticado (animal, species). 2. **He's not very domesticated**, no es un hombre muy de su casa (of person).
domesticity [ˌdəʊmes'tɪsɪtɪ] [do-mes-ti-si-ti], *s.* Calidad de doméstico, domesticidad.
domestic science *s.* Economía doméstica.
domicile ['dɒmɪsaɪl] [do-mi-sail], *s.* Domicilio, casa, habitación permanente de un individuo o una familia. **To have domicile in England**, estar domiciliado en Inglaterra. *-va.* Domiciliarse, establecer una residencia fija.
dominance ['dɒmɪnəns] [do-mi-nans] *s.* 1. Dominio, dominación (supremacy). 2. Predominio, preponderancia (predominance).
dominant ['dɒmɪnənt] [do-mi-nant], *a.* 1. Dominante (more powerful/nation, influence). 2. Predominante, preponderante (predominant/crop, industry). 3. *(Biol., Ecol.)* Dominante.
dominate ['dɒmɪneɪt] [do-mi-neit], *vn.* Dominar, predominar. *-va.* Gobernar, dominar (have control). **To dominate over something**, predominar sobre algo (predominate).
domination [ˌdɒmɪ'neɪʃən] [do-mi-nei-shon], *s.* Dominación, imperio; tiranía; gobierno, autoridad.
dominative ['dɒmɪnətɪv] [do-mi-na-tiv], *a.* Dominativo, dominante; imperioso, altivo.
dominator ['dɒmɪneɪtə^r] [do-mi-nei-ta^r], *s.* Dominador; gobernador.
domine ['dɒmɪn] [do-min], *s.* Clérigo, eclesiástico.
domineer [ˌdɒmɪ'nɪə^r] [do-mi-nia^r], *vn.* Dominar, señorear, mandar, avasallar. *-va.* Gobernar.
domineering [ˌdɒmɪ'nɪərɪŋ] [do-mi-nia-rin] *a.* Dominante.
dominical ['dəmɪnɪkl] [do-mi-ni-kal], *a.* Dominical, perteneciente a los días consagrados al Señor. *-s.* Domínica.
Dominican [də'mɪnɪkən] [do-mi-ni-kan] *a.* 1. *(Rel.)* Dominico, domínico. 2. Dominicano (from the Dominican Republic).
Dominican Republic [də'mɪnɪkənrɪ'pʌblɪk] [do-mi-ni-kan-ri-pa-blik] *s.* La República Dominicana.
dominie [də'mɪni:] [do-mi-ni], *s.* 1. Dómine, maestro de escuela, pedagogo. 2.*(Fam.)* *V.* DOMINE.
dominion [də'mɪnɪən] [do-mi-nion], *s.* 1. Dominio (power); soberanía, imperio, gobierno; potencia. **To have/hold dominion over something/somebody**, tener/mantener algo/ a alguien bajo dominio. 2. Territorio, distrito. 3. Predominio, ascendiente.
domino ['dɒmɪnɪəʊ] [do-mi-nou], *s.* 1. Dominó, traje talar para máscaras. 2. Pieza del juego de dominó (counter). 3. *pl.* DOMINOES. Dominó, juego en que se emplean veintiocho fichas rectangulares, numeradas de uno a seis. **Domino effect**, efecto dominó.
don [dɒn] [don], *va.* Vestir, revestir; ponerse una prenda sobre otra. Abrev. de *Do on.*
don, *s.* 1. Don, antes título honorífico y de dignidad en España y hoy tratamiento usual y corriente, como Señor, o Mister en inglés. 2. Profesor universitario (esp. in Oxford and Cambridge). *va.* Ponerse (put on).
donary ['dɒnərɪ] [do-na-ri], *s.* Donación piadosa.
donate [dəʊ'neɪt] [dou-neit], *va.* Donar, hacer una donación o dádiva, particularmente cuando es de considerable valor.
donation [dəʊ'neɪʃən] [dou-nei-shon], *s.* Donación (act); don, dádiva, presente, regalo (gift).
donatism ['dɒnətɪzm] [do-na-tisem], *s.* Donatismo, herejía de los donatistas.
donatist ['dɒnətɪst] [do-na-tist], *s.* Donatista.
donative ['dɒnətɪv] [do-na-tiv], *s.* Donativo, don, presente, dádiva.
donator ['dɒneɪtə^r] [do-nei-ta^r], *s.* Donador.
done [dʌn] [dan], *pp.* del verbo TO DO. 1. Hecho, ejecutado, llevado a cabo (finished). **I must have this done by five o'clock**, tengo que tener esto hecho o terminado para las cinco. 2. Acabado, concluído. 3. Bien cocido o asado (cooked). 4. Fatigado, consumido; lastimado mortalmente o gravemente enfermo. **That may be done**, lo que es factible, lo que puede hacerse (accepted). **That turkey is not done enough**, ese pavo no está bastante cocido o asado. **To have done with**, finalizar, concluir, acabar; cesar de, cortar relaciones. *-adv. (Fam.)* De acuerdo; corriente, convenido, adelante.
done, *inter.* Cosa hecha, muy bien; ya está; expresión que denota conformidad con lo que alguno dice o propone, o bien la conclusión de alguna cosa. ¡Trato hecho!, ¡vale!
donee [dəni:] [do-ni], *s.* Donatario, el que recibe una donación.
donjon, *s. V.* DUNGEON.
donkey ['dɒŋkɪ] [don-ki], *s.* Asno, burro, borrico. *(Coloq.)* **Donkey's years**, siglos. **Donkey jacket**, chaquetón de trabajo con un refuerzo impermeable en los hombros. *(Coloq.)* **Donkey work**, trabajo pesado.
donnerd ['dɒnɜ:d] [do-nerd], *s.* *(Esco.)* Persona perezosa e inútil; diablo.
donor ['dɒnə^r] [do-no^r], *s.* Donador, dador.
donship ['dɒnʃɪp] [don-ship], *s.* Nobleza, caballería, la calidad o rango de caballero.
don't *abrev. de DO NOT.*
donzel , *s. (Des.)* Paje, doncel.
doodle ['du:dl] [du-del], *va.* y *vn.* Borrajear, garrapatear, garabatear. *s.* Garabato.
doom [du:m] [dum], *va.* 1. Sentenciar, mandar, juzgar, ordenar judicialmente. 2. Destinar, determinar, resolver absolutamente; condenar (fate). **The project was doomed from the start**, el proyecto estaba condenado al fracaso desde el principio. **Doomed**, condenado, sentenciado (man). **Doomed to failure**, predestinado o condenado al fracaso.
doom, *s.* 1. Sentencia, juicio, condena. 2. Determinación. 3. Suerte, destino, hado; sino (fate); muerte (death); fatalidad (ruin). 4. Perdición, ruina. **The crack of doom**, la señal del juicio final. **The profets of doom**, los catastrofistas o agoreros.
doomsday ['du:mzdeɪ] [dums-dei], *s.* Día del juicio universal.
doomsday-book [ˌdu:mzdeɪ'bʊk] [dums-dei-buk], *s.* Gran catastro de Inglaterra, libro hecho por orden del rey Guillermo I de Inglaterra, en el cual se registraban todas las tierras feudales del reino.
door [dɔ:^r] [do^r], *s.* 1. Puerta. **To knock at the door**, tocar o llamar a la puerta. **To turn out of doors**, echar de casa. **She was at the door**, estaba en la puerta. **The meeting went on**

behind closed doors, la reunión se celebró a puerta(s) cerrada(s). 2. Portal o zaguán; entrada, pasillo (doorway, entrance). **Tickets are available at the door**, se pueden comprar las localidades en la puerta o a la entrada. **Doors open at six**, entrada a partir de las seis. 3. Avenida. 4. *(Fam.)* Casa. **Back door**, puerta trasera. *(Fam.)* Puerta falsa. 5. Puerta (means of access). **When one door shuts, another opens**, donde una puerta se cierra, otra se abre. **To lock the door**, cerrar la puerta con llave; echar llave a la puerta. **Out of doors**, fuera de casa, en la calle, al aire libre. **Doorbell**, campanilla de puerta; timbre. **Door-jam**, jamba de puerta, quicial. **Door knob**, pomo de la puerta. **Doormat**, felpudo de puerta, estera para limpiarse los pies. **I'm fed up with being a doormat**, estoy harta de que me pisoteen. **Doorplate**, plancha con el nombre del que habita una casa. **Doorsill, doorstep**, umbral. **To lie at one's door**, ser carga para alguno, imponerle responsabilidad. **To go from door to door**, ir de puerta en puerta.

doorcase ['dɔːkeɪs] [dor-keis], *s.* Marco de la puerta.

doorframe ['dɔːfreɪm] [dor-freim], *s.* Dintel o marco de una puerta.

doorkeeper ['dɔːkiːpəʳ] [dor-ki-paʳ], *s.* Portero.

door-nail ['dɔːneɪl] [dor-neil], *s.* Clavo sobre el cual golpea el aldabón o llamador de una puerta.

door-post ['dɔːpəʊst] [dor-poust], *s.* Jamba, puerta.

doorway ['dɔːweɪ] [dor-uei] *s.* Entrada, puerta, portal. **The doorway to fulfillment**, la senda o el camino que lleva a la realización.

dope [dəʊp] [doup], *s.* 1. Narcótico, droga heroica (drugs); hachís, chocolate (cannabis). 2. *(Fam.)* Información, datos sobre alguna cosa (information). **So what's the dope on Brian?**, ¿qué hay de Brian? 3. *(Fam.)* Zonzo, tonto; imbécil, tarugo (stupid person). 4. *(Dep.)* Estimulante, droga, doping; antidoping (test).

dope *va. (Coloq.)* Dopar, drogar (person, racehorse); poner droga en (food, drink).

dopehead ['dəʊphed] [doup-jed] *s. (Sl.)* Drogata, pichicatero, grifo.

dopey, dopy ['dəʊpɪ] [dou-pi] *a. (Coloq.)* Lelo, bobo (stupid); atontado, grogui (befuddled).

dor, dor-bug [dəɫbʌg] [dor-bag], *s.* Escarabajo estercolero que produce fuerte zumbido al volar.

dorian ['dɒrɪən] [do-rian], **doric** ['dɒrɪk] [do-rik] *a.* Dórico, lo que pertenece a los dóricos.

doricism ['dɒrɪsɪzm] [do-ri-si-zem], **dorism** ['dɒrɪzm] [do-ri-sem] *s.* Frase peculiar del dialecto dórico.

dormancy ['dɔːmənsɪ] [dor-man-si], *s.* Quietud, descanso.

dormant ['dɔːmənt] [dor-mant], *a.* 1. Durmiente. 2. Secreto, oculto; latente (idea, emotion). 3. Sin movimiento, parado, sin giro. Aletargado (animal, plant); inactivo (volcano). 4. Inusitado; ineficaz.

dormant, dormer ['dɔːməʳ] [dor-maʳ], *s.* 1. Viga maestra. 2. **Dormer-window**, buharda, ventana de guardilla o desván.

dormitory ['dɔːmɪtərɪ] [dor-mi-to-ri], *s.* 1. Dormitorio (in school, hostel); edificio perteneciente a un colegio o escuela y destinado a estudiar y dormir, también, cualquier pieza de gran tamaño donde duermen varias personas. **Dormitory town/suburb**, ciudad/barrio dormitorio. 2. Residencia de estudiantes (students' residence). *(Mex.)* Recámara.

dormouse ['dɔːmaʊs] [dor-maus], *s.* Lirón; en plural DORMICE

dorr ['dɔːʳ] [doʳ], *s. V.* DOR.

dorsad ['dɔːsæd] [dor-sad], *adv. (Anat. y Zool.)* Hacia la espalda, atrás.

dorsal ['dɔːsl] [dor-sal], *a.* Dorsal, perteneciente al dorso, espalda o lomo; colocado en o cerca de la espalda.

dorsel, dorser *s.* Serón, especie de sera o espuerta.

dorsiferous, dorsiparous ['dɔːsɪfərəs] [dor-si-fe-ros], *a.* 1. Que lleva algo a la espalda o lomo. 2. *(Bot.)* Dorsífero, se dice de las plantas que tienen las semillas en el dorso de las hojas.

dorsum ['dɔːsəm] [dor-som], *s.* 1. Dorso, revés o espalda de alguna cosa. 2. Cuesta.

DOS *s.* (= **disc-operating system**) DOS.

dosage ['dəʊsɪdʒ] [dou-sidch], *s.* La administración de un medicamento en dosis regulares. **Dosage: one every three hours**, posología: uno cada tres horas.

dose [dəʊs] [dous], *s.* 1. Dosis (of medication). **He's fine in small doses**, se le puede aguantar en pequeñas dosis. *(Coloq.)* **Like a dose of salts**, en menos que canta un gallo. 2. Porción (portion, amount). *(Coloq.)* **A bad dose of flu**, una gripe muy mala.

dose, *va.* Disponer las dosis de un remedio cualquiera; proporcionar un medicamento al estado o fuerza del enfermo. **I'm all dosed up with painkillers**, me he tomado no sé cuántos analgésicos.

doss [dɒs] [dos] *vn. (Coloq.)* Dormir (sleep); haraganear, rascarse, flojear (be lazy).

dossal, dosel ['dəʊsl] [dou-sal], *s.* Retablo, colgaduras o tapices ricos colocados detrás del altar.

dosser ['dəʊsəʳ] [dou-saʳ] *s. (Coloq.)* Vagabundo (tramp); vago, flojo, manta (idler).

dosshouse ['dɒshəʊs] [dos-haus] *s.* (GB) *(Coloq.)* Albergue para vagabundos o pobres.

dossier ['dɒsɪeɪ] [do-siei] *s.* Dossier, expediente.

dost [dəst] [dost], Segunda persona del singular del presente indicativo del verbo *To Do*; forma solemne o arcaica.

dot [dɒt] [dot] *s.* 1. Tilde, virgulita o nota que se pone sobre alguna letra; punto (spot). **On the dot**, en punto. **Dot dot dot**, puntos suspensivos. 2. *(Mús.)* Punto que puesto después de una nota aumenta o prolonga su valor en una mitad. 3. Punto (in Morse code).

dot, *va.* 1. Tildar, poner tildes a las letras que los deben tener; puntuar. 2. Salpicar (scatter). **Her family is dotted about all over Europe**, su familia está desperdigada por toda Europa. **Dotted**, de puntos (line). **To sign on the dotted line**, firmar la línea punteada o de puntos. 3. *(Mús.)* Con puntillo (note).

dotage ['dəʊtɪdʒ] [dou-tich], *s.* 1. Chochera, chochez, debilidad de juicio. **To be in one's dotage**, estar chocho, chochear. 2. Cariño excesivo. 3. Extravagancia, delirio, visiones, desvarío.

dotal [dɒtl] [do-tal], *a.* Dotal, lo que pertenece a la dote.

dotard [dɒtɑːd] [do-tard], *s.* El viejo que chochea.

dotardly ['dɒtɑːdlɪ] [do-tard-li], *a.* Estúpido, chocho.

dotation [dɒ'teɪʃən] [do-tei-shon], *s.* 1. Dotación, la acción y efecto de dotar. 2. Dotación, la consignación de renta perpetua para algún establecimiento, fundación, etc.

dote [dəʊt] [dout], *vn.* Chochear, caducar. **To dote upon**, amar con exceso; poner el corazón en alguna persona.

doter ['dəʊtəʳ] [dou-taʳ] *s.* El que ama con exceso. *V.* DOTARD.

doth [dəθ] [doz], Tercera persona del singular del presente indicativo del verbo *To Do*; forma solemne o arcaica.

doting ['dəʊtɪŋ] [dou-tin], *a.* Choco, excesivamente cariñoso. **His doting mother**, su madre, que lo adora.

dotingly ['dəʊtɪŋlɪ] [dou-tin-li], *adv.* Con cariño excesivo, ciegamente.

dot matrix [dɒt'meɪtrɪks] [dot-mei-triks] *s.* Matriz de puntos. **Dot-matrix printer**, impresora matricial.

dottard ['dɒtɑːd] [do-tard], *s. (Ant.)* Árbol bajo o decaído.

dotterel ['dɒtərəl] [do-te-rel], *s. (Orn.)* Calandria marina.

dotty ['dɒtɪ] [do-ti] *a. (Coloq.)* Chiflado (person); descabellada (idea).

double ['dʌbl] [da-bel], *a.* 1. Doble, doblado, duplicado. **A double brandy**, un coñac doble. **We get double pay on Sundays**, los domingos nos pagan el doble. **To be double the age of**, tener doble edad que. 2. Doble (dual); falso (false); traidor, engañoso. **A double purpose**, un doble propósito. **To lead a double life**, llevar una doble vida. 3. Doble (for two/room); de matrimonio, de dos plazas (bed). 4. Doble (folded). **To fold something double**, doblar algo por la mitad. **He was bent double with the pain**, se retorcía de dolor. *-adv.* Dos veces; el doble (twice as much/pay, earn, cost). **She spends double what she earns**, gasta el doble de lo que gana. **To see double**, ver el doble (two together).

double, *va.* 1. Doblar, duplicar, multiplicar por dos (increase twofold/earnings, profits). Redoblar (efforts). **I'd double the amount of sugar**, yo le pondría el doble de azúcar. **I'll double that offer**, yo ofrezco el doble. 2. Doblar, plegar; por lo común con *up, over, etc.* 3. Redoblar, repetir. 4. Ser dos veces otra cosa. 5. *(Games)* Doblar (stake, call, bid). **To double a cape** *(Mar.)* doblar o montar un cabo. **To double a ship's bottom**, *(Mar.)* Embonar. *-vn.* 1. Doblarse, duplicarse (increase twofold/price, amount). 2. Jugar una mala partida o pegar petardo. 3. Disimular, usar de artificios, obrar con doblez. 4. Volver atrás. 5. **The table doubles as a desk**, la mesa también se usa como escritorio (have dual role).

double back Volver sobre sus pasos (person, animal). **The path doubled back on itself**, el camino doblaba sobre sí mismo.

double up 1. Doblar (redouble). 2. **To double up with laughter**, morirse o desternillarse de risa (bend). **She was doubled up with pain**, se retorcía de dolor.

double, *s.* 1. Doble (hotel room); duplo. Doble (of spirits). **I'll have a double**, déme uno doble. 2. Pliegue, doblez en la ropa. 3. Doblez; impostura, engaño, treta, artificio. 4. Duplicado, semejanza, homónimo, doble (lookalike); *(Fig.)* aparecido, fantasma. **His double**, su mismo retrato. 5. Doble (in bridge, dice, dominoes, darts); doble, doblete (in baseball). 6. *(Mil.)* **At/on the double**, a paso ligero. **Come here at the double!**, ¡ven aquí inmediatamente!

doubleact ['dʌbl'ækt] [da-bel-akt] *s.* **They do/are a doubleact**, actúan en pareja.

double agent ['dʌbl'eɪdʒənt] [da-bel-ei-yent] *s.* Doble agente.

double-barreled ['dʌbl,bærəld] [da-bel-ba-reld], *a.* 1. De dos cañones (shotgun). 2. *(Fig.)* De dos propósitos. 3. Compuesto (surname).

double-bass ['dʌbl'beɪs] [da-bel-beis], *s.* Contrabajo, instrumento grande de cuerda, de la figura de un violín.

double bill ['dʌbl'bɪl] [da-bel-bil] *s.* Programa doble.

double boiler ['dʌbl'bɔɪlə^r] [da-bel-boi-la^r], *s.* Baño María.

double-book ['dʌbl'bʊk] [da-bel-buk] *va.* **The room had been double-booked**, la habitación ha sido reservada para dos personas distintas. **Double booking**, doble reserva. **We have a double booking for the 27th**, nos hemos comprometido con dos personas a la vez para el 27.

double-buttoned ['dʌbl'bʌtənd] [da-bel-ba-tond], *a.* Lo que tiene dos hileras de botones.

double-charge ['dʌbl'tʃɑːdʒ] [da-bel-charch], *va.* Echar doble carga.

double-check ['dʌbl'tʃek] [da-bel-chek] *vn.* Volver a mirar, verificar dos veces. *va.* Volver a revisar (facts, information).

double-chin ['dʌbl'tʃɪn] [da-bel-chin], *s.* Papada.

double cream [,dʌbl'kriːm] [da-bel-krim] *s.* Crema doble, nata para montar, doble crema.

double-dealer [,dʌbl'diːlə^r] [da-bel-di-la^r], *s.* Hombre doble, traidor y falso; engañador, embustero.

double-dealing ['dʌbl'diːlɪŋ] [da-bel-di-lin], *s.* Doblez, trato doble, simulación, dolo, fraude.

double-decker (bus) ['dʌbl'dekə^r] [da-bel-de-ka^r], Autobús de dos pisos. **Double-decker (sandwich)**, sandwich doble o de dos pisos.

double-dye ['dʌbl'daɪ] [da-bel-dai], *va.* Reteñir.

double-eagle [,dʌbl'iːgl] [da-bel-i-guel], *s.* Moneda de oro de los Estados Unidos; su valor es de dos águilas o 20 pesos.

double-edged ['dʌbl'edʒd] [da-bel-echt], *a.* Instrumento de dos cortes o filos; de doble filo (knife, blade, scheme); de doble sentido (remark, comment).

double-ender ['dʌbl'endə^r] [da-bel-en-da^r], *s.* Lo que tiene las dos extremidades parecidas, como un vapor de río, una canoa.

double-entry ['dʌbl'entrɪ] [da-bel-en-tri], *s.* *(Com.)* Partida doble.

double-eyed ['dʌbl'aɪd] [da-bel-aid], *a.* El que mostrando bondad en su semblante es áspero y cruel.

double-faced ['dʌbl'feɪst] [da-bel-feist], *a.* De dos caras: pérfido, doble.

double feature ['dʌbl'fɪətʃə^r] [da-bel-fi-cha^r], *s.* Dos películas cinematográficas en una sola función, programa doble.

double-formed ['dʌbl'fɔːmd] [da-bel-formd], *a.* Biforme.

double-glaze [,dʌbl'gleɪz] [da-bel-gleis] *va.* Instalar doble ventana en. **Double glazing**, doble ventana.

double-hearted ['dʌbl'hɑːtɪd] [da-bel-jar-tid], *a.* Pérfido, doble, disimulado.

double-lock ['dʌbl'lɒk] [da-bel-lok], *va.* Echar dos vueltas a la llave.

double-meaning ['dʌbl'miːnɪŋ] [da-bel-mi-nin], *s.* Ambigüedad, equívoco, sentido doble. *-a.* Con dos sentidos, ambiguo, de doble sentido.

double-minded ['dʌbl'maɪndɪd] [da-bel-main-did], *a.* Insidioso, doloso, indeciso, irresoluto. *(Fam.)* Dos caras.

doubleness ['dʌblnɪs] [da-bel-nes], *s.* Doblez, dobladura.

double-parked [,dʌbl'pɑːkt] [da-bel-parkt] *a.* Estacionado o aparcado en doble fila.

double play [,dʌbl'pleɪ] [da-bel-plei], *s.* Maniobra en el beisbol que pone fuera de juego a dos jugadores.

double-quick [,dʌbl'kwɪk] [da-bel-kuik], *a.* *(Mil.)* A paso redoblado. *-s.* Marcha o movimiento a razón de unos 165 a 180 pasos por minuto, cada paso de una vara (33 pulgadas). Hoy sustituído en los Estados Unidos por *double-time. adv. (Coloq.)* Volando.

doubler ['dʌblə^r] [da-bla^r], *s.* El que dobla alguna cosa.

doubles ['dʌbls] [da-bels], *s. pl.* Juego de dobles en el tenis.

double standard [,dʌbl'stædəd] [da-bel-stan-dard] *s.* **To apply/have double standards**, aplicar una ley para unos y otra para otros.

doublet ['dʌblɪt] [da-blit], *s.* 1. Par, pareja. 2. Justillo, almilla; casaca; prenda de vestir de los siglos XV a XVII.

double time [,dʌbl'taɪm] [da-bel-taim], *s.* 1. *(Mil.)* Paso doble, muy rápido. 2. *(Neg.)* Paga doble. **On Sundays we're on double time**, los domingos nos dan paga doble o nos pagan el doble.

double-tongued [,dʌbl'tɒŋd] [da-bel-tongd], *a.* Doble, falso, engañoso. *(Fam.)* Doslenguas.

doubling ['dʌblɪŋ] [da-blin], *s.* Vuelta para huir, rodeo; artificio. **Doubling of the gits**, *(Mar.)* Almohadas de las bitas. **Doubling of a ship's bottom**, *(Mar.)* embón, refuerzo del fondo de un buque. **Doubling of the cutwater**, *(Mar.)* batideros de proa.

doubloon ['dʌbluːn] [da-blun], *s.* Doblón, moneda antigua de oro.

doubly ['dʌblɪ] [da-bli], *adv.* 1. Doblemente, en doble, por duplicado (difficult, dangerous, interesting). **Make doubly sure you lock the door**, asegúrate bien de cerrar la puerta. 2. Con doblez, disimuladamente, dolosamente.

doubt [daʊt] [daut], *vn.* Dudar, temer, recelar, sospechar, vacilar. *-va.* Dudar de (fact, truth); dudar (consider unlikely); temer, desconfiar. **I doubted my own eyes**, no daba crédito a mis propios ojos. **I very much doubt it**, lo dudo mucho. **I doubt he'll agree**, dudo que vaya a acceder.

doubt, *s.* Duda, incertidumbre (uncertainty); escrúpulo, sospecha, dificultad, reparo. **No doubt she'll phone**, con seguridad que llama, seguro que llama. **To entertain doubts of, as to**, recelarse de, concebir dudas sobre. *(Law)* **Beyond reasonable doubt**, más allá de toda duda fundada. **When in doubt**, en caso de duda. **I have my doubts**, tengo mis dudas.

doubtable ['daʊtəbl] [dau-ta-bol], *a.* Dudable.

doubter ['daʊtə^r] [dau-ta^r], *s.* El que duda, escéptico.

doubtful ['daʊtfʊl] [daut-ful], *a.* 1. Dudoso (in doubt); dudable, ambiguo, incierto, receloso. **The outcome remains doubtful**, el resultado sigue siendo dudoso o incierto. 2. De indecisión o duda, dubitativo. **I'm doubtful as to its value**, tengo mis dudas acerca de su valor. 3. Dudoso (questionable). **A man of doubtful character**, un hombre de moral dudosa.

doubtfully ['daʊtfʊlɪ] [daut-fu-li], *adv.* Dudosamente, ambiguamente; sin convicción (say); con reserva (agree).
doubtfulness ['daʊtfʊlnɪs] [daut-ful-nes], *s.* Duda, ambigüedad; incertidumbre, irresolución.
doubting ['daʊtɪŋ] [dautin], *s.* Duda, dubitación.
doubtingly ['daʊtɪŋlɪ] [dau-tin-li], *adv.* Dudosamente.
doubtless ['daʊtlɪs] [daut-les], *a.* Seguro, confiado. *-adv.* Indubitablemente, sin duda.
doubtlessly ['daʊtlɪslɪ] [daut-les-li], *adv.* Indubitablemente.
douce ['du:s] [dus], *a. (Esco.)* 1. Serio, reposado, no frívolo. 2. *(Des.)* Dulce.
doucet ['du:sɪt] [du-sit], *s.* Flan, una especie de manjar dulce.
douceur [du:'sɜ:ʳ] [du-saʳ], *s.* Halago, señuelo; cohecho; premio, recompensa; gratificación.
douche [du:ʃ] [dush], *s.* 1. Ducha, chorro de agua dirigido sobre una parte del cuerpo. Irrigación o ducha vaginal (jet of liquid) 2. *(Fr.)* Instrumento para administrar la ducha. Irrigador vaginal (syringe).
dough [dəʊ] [dau], *s.* 1. *(Culin.)* Masa, amasijo (para hacer pan, bollos, etc.). 2. Masa, mezcla pastosa, como de arcilla, etc. 3. *(Sl.)* Guita, lana, plata, pasta (money). **My cake is dough**, me he llevado chasco, mi empresa se ha frustrado.
doughnut ['dəʊnʌt] [do-not], *s.* Especie de rosquilla o buñuelo frito.
doughtiness ['dəʊtɪnɪs] [do-ti-nes], *s.* Valentía, esfuerzo.
doughty ['dəʊtɪ] [dau-ti], *a.* 1. Bravo, valeroso; esforzado; ilustre, noble. 2. Jactancioso, fanfarrón.
doghy ['dəʊɪ] [daui], *a.* Crudo, blando.
douse [dəʊz] [daus], *va.* 1. Zambullir. *V.* DUCK 2. Dar, dar golpes. 3. *(Mar.)* Recoger; arriar. 4. (Ger. de marineros) Extinguir. Sofocar (flames). **He doused himself with petrol**, se roció con gasolina. *-vn.* Zambullirse, caer de repente dentro del agua.
dove [dʌv] [dav], *s.* Palomo o paloma.
dove's-foot [dʌvz'fu:t] [davs-fut], *s. (Bot.)* Geranio columbino.
dove-cot [dʌvkɒt] [dav-kot], **dove-house** [dʌv'haʊs] [dav-jaus], *s.* Palomar.
dovelike [dʌv] [dav], *a.* Columbino.
dovetail [dʌv'teɪl] [dav-teil], *s.* Cola de milano, o de pato. *-va.* Ensamblar a cola de pato o de milano, machihembrar.
dovetailed [dʌv'teɪlɪd] [dav-tei-lid], *a.* Ensamblado.
dovish ['dʌvɪʃ] [da-vish], *a.* Columbino, inocente como el palomo.
dowable ['daʊəbl] [daua-bol], *a.* Capaz de ser dotado.
dowager ['daʊədʒəʳ] [daua-chaʳ], *s.* La viuda que goza el título de su marido. **Queen dowager**, la reina viuda.
dowdy ['daʊədɪ] [dau-di], *a.* Zafio, desaliñado, sucio; mal vestido; sin gracia, sin estilo (woman). **She wears dowdy clothes**, se viste con poca gracia. *-s.* Maritornes, mujer desaliñada.
dowel ['daʊəl] [dauel], *s.* 1. Botón, macho de madera, espiga de un pie derecho. 2. Trozo de madera introducido en una pared para clavar algo en él.
dower, dowery ['daʊəʳ] [dau-aʳ] ['daʊərɪ] [daua-ri], *s.* 1. Dote. 2. Viudedad, porción vitalicia de los bienes del marido (la tercera parte por regla general) que gozan las viudas en ciertos casos en Inglaterra. 3. Dotación, don.
dowered ['daʊəd] [daued], *a.* Dotado.
dowerless ['daʊəlɪs] [daua-les], *a.* Sin dote.
dowie ['daʊɪ] [daui], *a. (Esco.)* Murrio, alicaído, triste.
dowlas ['daʊləs] [dau-las], *s.* Lienzo basto que se usaba antiguamente.
down [daʊn] [daun], *s.* 1. Plumón (on bird); flojel. 2. Vello, lana fina o pelo suave, blando y corto (on face, body); pelusa (on plant, fruit). 3. Llanura. 4. *(Ingl.)* Cuesta que tiene la cima ancha, sin árboles y cubiertas de hierba; el espacio raso en su cima. 5. Duna, montecillo de arena en la costa. **Downs**, colinas.
down, *a.* 1. Que va hacia abajo (literal o figuradamente); pendiente. **The down escalator**, la escalera mecánica de bajada o para bajar. 2. Abatido; sombrío, melancólico, deprimido (depressed). *-prep.* Abajo (in downward direction). **We ran down the slope**, corrimos cuesta abajo. **To come down the stairs**, bajar por la escalera. **Halfway down the page**, hacia la mitad de la página (at lower level). **We drove on down the coast**, seguimos por la costa (along). **The library is just down the street**, la biblioteca está un poco más allá o más adelante (further along). **I saw her down the pub yesterday**, ayer la vi en el bar (to, in). **Down the centuries**, a través de los siglos (through).
down, *adv.* 1. Abajo, en la parte inferior, hacia abajo (in downward direction). **I ran all the way down to the bottom**, corrí hasta abajo. **Can you come down?**, ¿puedes bajar? (downstairs). 2. En tierra, por tierra; tendido a la larga. Abajo (on position). **Down in the valley**, abajo en el valle. **Two floors down**, dos pisos más abajo. 3. En sujeción, bajo la dependencia de. 4. Bajo el horizonte. 5. A un volumen menor. **With the volume down low**, con el volumen al mínimo. **Circulation is down**, la circulación ha bajado. 6. A precio o paso reducido. 7. Al contado. 8. En un papel (in writing). **She's down for tomorrow at ten**, está apuntada o anotada para mañana a las diez. **To jot down**, anotar en un papel. 9. *(Mar.)* A sotavento o hacia sotavento; **To put the helm down**, poner el timón a sotavento. 10. En aplicación fija; **To get down to work**, aplicarse resueltamente al trabajo. 11. Bajado (lowered, pointing downward). **With the blinds down**, con las persianas bajadas. **Face down**, boca abajo. **Down from**, desde. **To go down**, ir abajo, bajar, descender; *(Fig.)* Tragar, creer sin examen, aceptar. **To be downstairs**, estar abajo, haber bajado. **Down the river/stream**, río abajo, agua abajo. **Up and down**, de arriba abajo; acá y allá. **Upside down**, patas arriba, lo de arriba abajo. **To lie down**, echarse. **To sit down**, sentarse. **To set down**, sentar o notar en un papel. **He had his ups and downs**, tuvo sus altos y bajos. **This will not go down with me**, lo que es esa no la trago. *-inter.* ¡Abajo! ¡a tierra! **Down with him!**, ¡a tierra con él! **Down to**, hasta. **Down on your knees!**, ¡de rodillas!
down, *va.* 1. *(Fam.)* Derribar, echar por tierra (knock down/person); vencer, domar. 2. Beberse o tomarse rápidamente (drink). **To be down and out**, estar en la miseria.
down-bed ['daʊnbed] [daun-bed], *s.* Cama de plumón.
downcast [daʊn'kɑ:st] [daun-kast], *a.* Alicaído, abatido (dejected); apesadumbrado, mustio, cabizbajo, encorvado. **With downcast eyes**, con la mirada baja (directed downward). *-s.* 1. (Poco us.) Tristeza, abatimiento. 2. (Minería) Galería descendente; pozo de entrada de aire.
downed ['daʊnəd] [dau-nd], *a.* Cubierto o henchido con plumón.
downer ['daʊnəʳ] [dau-naʳ] *s. (Sl.)* Sedante (barbiturate); palo (depressing experience). **To be on a downer**, estar con la depre.
downfall ['daʊnfɔ:l] [daun-fol], *s.* Caída (of king, dictator); ruina, decadencia, perdición (of person).
downfallen [daʊn'fɔ:lən] [daun-fo-len], *a.* Caído, arruinado.
downgrade [daʊn'greɪd] [daun-greid] *s.* 1. Bajada, cuesta abajo. **A downgrade of 1 in 40**, una pendiente del 2,5%. **To be on the downgrade**, ir cuesta abajo, ir de mal en peor. 2. Descenso a un grado inferior. *va.* Bajar de categoría (employee/hotel).
downhaul [daʊn'haʊl] [daun-jaul], *s. (Mar.)* Cargadera.
downhaul-tackle [ˌdaʊnhaʊl'tækl] [daun-jol-ta-kel], *s. (Mar.)* Aparejo de cargadera.
down-hearted [daʊn'hɑ:tɪd] [daun-jar-ted], *a.* Abatido, desmayado, desanimado, alicaído, desmoralizado.
downhill ['daʊnhɪl] [daun-jil], *a.* 1. Pendiente, inclinado, en declive; cuesta abajo (downward/path). **A downhill slope**, una bajada, una pendiente. De descenso contra reloj (in skiing). 2. **It's all downhill from here**, de aquí en adelante todo va a marchar sobre ruedas o todo va a ser coser y cantar (easy, pleasant). *-s.* Declive o declivio, bajada, rampa. **The downhill**, el descenso contra reloj (in skiing). *adv.* Cuesta abajo (walk, run). **To go downhill**, ir cuesta abajo.

down-home [daʊn'həʊm] [daun-joum] *a.* Sureño (del sur de los EEUU) (entertainment, sound); casero (cooking); rústico (appearance); de las cosas sencillas (appeal).
Downing Street [ˌdaʊnɪŋ'striːt] [dau-nin-strit] *s.* Downing Street (calle de Londres donde se encuentra la residencia oficial del primer ministro británico.
download [daʊn'ləʊd] [daun-loud] *va. (Inform.)* Trasvasar.
down-looking [daʊn'luːkɪŋ] [daun-lu-kin], *a.* Cabizbajo, murrio, melancólico, triste, duro de genio.
down-lying [daʊn'laɪɪŋ] [daun-laiin], *a.* Parturienta. *-s.* 1. El tiempo de dormir o reposar. 2. Parto.
downmarket [daʊn'mɑːkɪt] [daun-mar-ket] *adv.* **The paper has gone downmarket**, el diario ha perdido categoría; el diario se dirige ahora a un sector más popular del público (deliberately). *a.* Popular (newspaper); barato (store).
down payment [daʊn'peɪmənt] [daun-pei-ment], *s.* Pago oficial. *(Mex.)* Enganche. Cuota o entrada inicial, pie.
downpour ['daʊnpɔːʳ] [daun-poʳ], *s.* Chaparrón, fuerte aguacero.
downright ['daʊnraɪt] [daun-rait], *adv.* Perpendicularmente, a plomo; claramente, llanamente. **It was downright dangerous!**, ¡fue peligrosísimo! **He was downright rude!**, ¡estuvo de lo más grosero!. *-a.* 1. Abierto, manifiesto, patente, claro, palpable, evidente. 2. Descarado (lie, insolence); redomado, de tomo y lomo (crook, liar, rogue); total y absoluto (madness). 3. Derecho, perpendicular. 4. Franco, abierto, sincero. 5. Llano, liso. **Downright booby**, solemnísimo bobo.
downrightly ['daʊnraɪtlɪ] [daun-rait-li], *adv.* Llanamente.
downriver ['daʊn'rɪvəʳ] [daun-ri-vaʳ] *adv.* Río abajo.
downside ['daʊnˌsaɪd] [daun-said] *s.* Inconveniente, desventaja. **On the downside, it is expensive**, tiene el inconveniente de ser caro.
down's syndrome ['daʊnˌsɪndrəʊm] [daun-sin-droum] *s.* Síndrome de Down; afectado por el síndrome de Down (child).
downstairs ['daʊn'stɛəz] [daun-stears], *s.* 1. Abajo. 2. Piso inferior, planta baja. *adv.* Abajo. **The kitchen's downstairs**, la cocina está abajo o en el piso de abajo. **He went downstairs to open the door**, bajó a abrir la puerta.
downstream ['daʊn'striːm] [daun-strim], *adv.* Aguas abajo.
down-to-earth ['daʊntʊ'ɜːθ] [daun-tu-erz] *a.* Realista, práctico.
downtown ['daʊntaʊn] [daun-taun], *s.* Centro, parte céntrica de una ciudad. **A downtown restaurant**, un restaurante céntrico o del centro. *adv.* **To go/live downtown**, ir al/vivir en el centro.
downtrod, downtrodden ['daʊntrɒd] [daun-trod] ['daʊntrɒdn] [daun-trodn] *a.* Pisado, pisoteado, oprimido.
downward ['daʊnwɑːd] [daun-uard], **downwards** ['daʊnwɑːdz] [daun-uards], *adv.* Hacia abajo.
downward, *a.* 1. Inclinado, pendiente; hacia abajo (direction, pressure). 2. Descendente, que va hacia abajo (movement, spiral). *(Fin.)* A la baja (tendency). **A downward path**, un camino en bajada o cuesta abajo.
downwind ['daʊnˌwɪnd] [daun-uind] *adv.* En la dirección del viento.
downy ['daʊnɪ] [dau-ni] *a.* Velloso, felpudo, blando, suave, dulce, tranquilo.
dowry ['daʊrɪ] [dau-ri], *s.* 1. Dote. 2. Antiguamente, cantidad o recompensa pagada por una esposa. 3. Dotación, dádiva o posesión.
doxological ['dəksə'lɒdʒɪkl] [dok-so-lo-yi-kal], *a.* Lo que se refiere o pertenece a la alabanza de Dios.
doxology ['dəksə'lɒdʒɪ] [dok-so-lo-yi], *s.* Himno de albanza a Dios, el gloria patri.
doxy ['dəksɪ] [dok-si], *s. (Ger.)* Querida, manceba; y a menudo, ramera, prostituta.
doze [dəʊz] [dous], *vn.* Dormitar, cabecear, estar medio dormido; vivir en la ociosidad o en la inacción. *-va.* Pasar sin darse cuenta de ello, o dormitado.
doze off Quedarse dormido, dormirse.
doze, *s.* Sueño ligero, sopor, adormecimiento.
dozen [dəʊzn] [dousen], *s.* Docena. **Baker's dozen**, docena de fraile, trece. **Four dollars a/per dozen**, cuatro dólares la docena. *a.* Docena de. **A dozen/two dozen eggs**, una docena/dos docenas de huevos.
doziness ['dəʊzɪnɪs] [dou-si-nes], *s.* Somnolencia, entorpeciminto, modorra.
dozing ['dəʊzɪŋ] [dou-sin], *s.* Somnolencia o soñolencia.
dozy ['dəʊzɪ] [dou-si], *a.* 1. Soñoliento, amodorrado, adormecido (sleepy). 2. Dormido (quiet). **A dozy village**, un pueblecito dormido. 3. *(Coloq.)* Tonto, abombado (stupid).
drab [dræb] [drab], *a.* 1. Pardo, de color pardo. 2. Soso, sin gracia (clothing, decor, appearance). **A drab green**, un verde apagado. 3. Gris, monótono (humdrum/life, occupation). *-s.* 1. Color entre gris y amarillento, color pardo. 2. *(Ant.)* Pelleja, mujercilla. 3. En las salinas, cajón para desaguar la sal; pipa de saladar.
drab, *va.* Acompañar a mujerzuelas.
drabbing ['dræbɪŋ] [dra-bin] *s.* El acto de asociarse con mujerzuelas.
drachm ['dræm] [dram], *s. V.* DRAM.
drachma ['drækmə] [drak-ma], *s.* 1. Dracma, moneda de plata entre los griegos. 2. Antigua medida de peso. 3. En el griego moderno, gramo.
draconian ['drækənɪən] [dra-ko-nian], *a.* Draconiano, alusivo a Dracón; inexorable, cruel.
draff [drɑːf] [draf], *s.* Residuo de los granos que se emplean en las cervecerías y destilatorios, desperdicios, heces.
draft [drɑːft] [draft], *s.* 1. Giro, libranza, letra de cambio. **Sight draft**, giro a la vista. 2. Borrador, bosquejo. **A rough draft**, un borrador. 3. Diseño, plan; versión (formulation). **The final draft of my speech**, la versión final de mi discurso. 4. Corriente de aire (cold air). 5. *(Mil.)* El llamamiento o llamado a filas.
draft, *va.* 1. Bosquejar, delinear los contornos de, trazar, diseñar. 2. Bosquejar, hacer borrador, componer la primera forma (de un escrito) (formulate/document, contract, letter); preparar (speech). 3. *(Mil.)* Destacar, separar para cualquier servicio, reclutar; hacer alistamiento forzoso. 4. En tejeduría, hacer pasar entre los lizos del telar.
draft dodger [ˌdrɑːft'dɒdʒəʳ] [draft-do-yaʳ] *s.* Prófugo, insumiso, remiso.
draftee ['drɑːftiː] [draf-ti], *s.* Conscripto, quinto, recluta.
draftsman, draughtsman ['drɑːftzmən] [drafts-man], *s.* Diseñador, dibujador, delineante.
drafty, (GB) **draughty** ['drɑːftɪ] [draf-ti] *a.* Con corrientes de aire.
drag [dræg] [drag], *va.* 1. Arrastrar, tirar, llevar a rastras (haul). **To drag somebody's name/reputation through the mud/dirt**, cubrir de fango/manchar el buen nombre de alguien. **To drag for an anchor**, *(Mar.)* rastrear un ancla. *(Coloq.)* **I dragged myself out of bed**, me forcé a salir de la cama (force). 2. Arrastrar (allow to trail/tail, garment, anchor). **I don't want to drag the kids around with me all day**, no quiero ir con los niños a cuestas todo el día. 3. Dragar (dredge/river, lake). *-vn.* 1. Arrastrar por el suelo. 2. Ir tirando, avanzar penosa o lentamente. 3. Garrar (trail, anchor); arrastrar (coat); rezagarse (lag). 4. Hacerse pesado (go on slowly/work, conversation); hacerse largo (film, play). 5. *(Coloq.)* Echarse un pique (race cars).
drag down Arrastrar (morally). **He tries to drag everyone down to his level**, quiere arrastrar a los demás a su nivel.
drag in Sacar a colación (subject, topic).
drag on Alargarse interminablemente.
drag out Alargar.
drag up Sacar a relucir (recall); críar (child).
drag, *s.* 1. Carretilla. 2. Instrumento con garfio o gancho. 3. **What a drag!**, ¡qué lata! (tiresome thing). 4. Resistencia al avance (resistant force). 5. *(Coloq.)* Pitada, calada (on cigarette). 6. **In drag**, vestido de mujer; de travestis o

transformistas (act show). **Drag queen**, reinona. 7. *(Sl.)* **The main drag**, la calle principal.

drag chute [dræg'tʃu:t] [drag-chut], *s.* *(Aer.)* Paracaídas de frenado.

draggle ['drægl] [dra-guel], *va.* Emporcar alguna cosa arrastrándola por el suelo. *-vn.* Ensuciarse alguna cosa por llevarla arrastrando.

dragman [drægmən] [drag-man], *s.* Pescador con red barredera.

dragnet ['drægnet] [drag-net] *s.* 1. Red barredera (large net). 2. Operación u operativo policial de captura (police operation).

dragoman [drægə'mæn] [dra-go-man], *s.* Dragomán, trujamán, intérprete que emplean los viajeros en Levante, en especial el intérprete de una embajada o consulado.

dragon ['drægən] [dra-gon], *s.* 1. Dragón. **Dragon's blood/gum dragon**, sangre de dragón/goma de India. 2. Hombre o mujer feroz. 3. *(Astr.)* Dragón, una de las constelaciones boreales.

dragonfly ['drægənflaɪ] [dra-gon-flai], *s.* *(Ent.)* Libélula, *(Fam.)* caballito del diablo, insecto volador neuróptero; tiene la cabeza grande y los ojos enormes.

dragonish ['drægənɪʃ] [dra-go-nish], *a.* Dragontino.

dragon-like ['drægən,laɪk] [dra-gon-laik], *a.* Fiero, furioso, violento.

dragonnade ['drægəneɪd] [dra-go-neid], *s.* 1. Dragonadas, persecuciones dirigidas contra los calvinistas franceses por los dragones de Luis XIV. 2. Cualquier persecución militar.

dragoon [drə'gu:n] [dra-gun], *s.* *(Mil.)* Dragón, soldado de a caballo; originalmente soldado que servía igualmente a pie que a caballo.

dragoon, *va.* Acosar o perseguir por medio de dragones; gobernar despóticamente, intimidar.

dragooning [drə'gu:nɪŋ] [dra-gu-nin], *s.* Saqueo, pillaje; asolamiento.

drain [dreɪn] [drein], *va.* 1. Desaguar. Vaciar (container, tank); drenar, avenar (land, swamp); drenar (blood); extraer (sap, water). *(Med.)* Drenar. 2. Desangrar; empobrecer o agotar poco a poco. 3. Agotar, secar, escurrir, enjugar. *(Culin.)* Escurrir, colar (vegetables, pasta). 4. Vaciar, apurar (drink up/glass, cup). 5. Agotar, consumir (consume, exhaust/resources, strength. **Draining-trough**, *(Mar.)* Coladera. *vn.* Escurrirse (dry/dishes); **All the strength seemed to drain from my limbs**, los brazos y las piernas se me quedaron como sin fuerzas (disappear). Desaguar (discharge/pipes, river).

drain away Irse agotando (strength, resources). **The bathwater takes ages to drain away**, la bañera tarda mucho en vaciarse. **The rain gradually drains away into the soil**, la lluvia se va filtrando en la tierra.

drain off 1. Escurrirse (rainwater). 2. *(Culin.)* Escurrir. *(Tec.)* Extraer.

drain, *s.* 1. Desaguadero, canal de desagüe, sumidero (pipe). **The drains**, el alcantarillado (of town); las tuberías de desagüe (of building). Sumidero (grid). 2. Tajea, reguera. Fuga (outflow, loss). 3. Zanja de derivación para desecar un terreno. 4. *(Mar.)* Colador. 5. Desagüe (plughole). **That's money down the drain**, eso es tirar el dinero. 6. **A drain on the country's resources**, una sangría para el país. **The extra work is an enormous drain on my energy**, el trabajo extra me está agotando.

drainable ['dreɪnəbl] [drei-na-bol], *a.* Desaguable.

drainage ['dreɪnɪdʒ] [drei-nich], *s.* 1. La acción u operación de desaguar; drenaje, avenamiento (fields, marshes). 2. Desagüe (of household waste); canalización (of rainwater); desecación. **Drainage system**, alcantarillado. 3. Desecamiento, sistema de desecar las tierras por medio de zanjas y canales de desagüe. 4. Lo que está desaguado, derrame de agua. 5. La superficie desaguada, cuenca de un río.

drainboard [dreɪn'bɔ:d] [drein-bord] (GB) **draining board** [dreɪn] [drein] *s.* Escurridero.

drainpipe [dreɪn'paɪp] [drein-paip] *s.* Tubo o caño del desagüe.

drake [dreɪk] [dreik], *s.* 1. El ánade macho. 2. Piedra plana que se usa en el juego de *ducks and drakes* (= cabrillas). *V.* DUCK.

dram [dræm] [dram], *s.* 1. Dracma, la octava parte de una onza, sesenta gramos peso farmacéutico o 27.34 del peso comercial (setenta y dos en España). 2. *V.* DRACHMA. 3. *(Fam.)* Un trago, una copita de licor espirituoso. 4. Parte o porción pequeña de alguna cosa.

dram, *vn.* Beber aguardiente u otro licor destilado. **Dram-drinker** *s.* Bebedor de licores espirituosos.

drama ['drɑ:mə] [dra-ma], *s.* 1. *(Teat.)* Obra dramática (play), drama; teatro, drama (plays collectively); arte dramático (dramatic art). 2. Dramatismo (excitement). **Hijack drama continues**, continúan los dramáticos sucesos en torno al secuestro (exciting event, story).

dramatic, dramatical [drə'mætɪkl] [dra-ma-ti-kal], *a.* 1. *(Teat.)* Dramático, teatral; dramático, histriónico (exaggerated/pause, entrance). 2. Espectacular, drástico (striking/change, improvement); espectacular (increase); dramático (momentous/events, development).

dramatically [drə'mætɪklɪ] [dra-ma-ti-ka-li], *adv.* Dramáticamente, de manera teatral o histriónica (exaggeratedly/pause, announce); de manera espectacular (strikingly/change, improve, increase).

dramatics [drə'mætɪks] [dra-ma-tiks] *s.* *(Teat.)* **Amateur dramatics**, teatro amateur o de aficionados. **His dramatics are very wearing**, hace tanto teatro o es tan teatral que uno llega a cansarse (histrionics).

dramatist ['dræmətɪst] [dra-ma-tist], *s.* Dramático, el autor de composiciones dramáticas.

dramatization [,dræmətaɪ'zeɪʃən] [dra-ma-tai-sei-shon] *s.* *(Teat.)* Dramatización, adaptación teatral.

dramatize ['dræmətaɪz] [dra-ma-tais], *va.* 1. *(Teat.)* Dramatizar, dar un giro dramático; hacer drama de; hacer una adaptación teatral de (story, novel). *(Cin.)* Llevar al cine. 2. Referir o representar de una manera dramática; dramatizar, exagerar (exaggerate/situation, event).

dramaturge, dramaturgist ['dræmətɜ:dʒ] [dra-ma-turch], *s.* Dramaturgo, autor o director de obras dramáticas.

drank ['dræŋk] [drank], *pret.* del verbo TO DRINK.

drap [dræp] [drap], *v.* y *s.* *(Esco.)* *V.* DROP.

drape [dreɪp] [dreip], *va.* 1. Cubrir con un ropaje, revestir con telas colgantes (cover). 2. Arreglar, disponer los pliegues de un vestido, de un cortinaje, o el ropaje de una estatua (arrange). Diseñar o arreglar colgaduras o ropajes. **They draped a flag over the tomb**, colocaron una bandera formando pliegues sobre la tumba.

drape, *s.* Cortina, colgadura. *V.* DRAPERY.

draper ['dreɪpəʳ] [drei-paʳ], *s.* Pañero, mercader de paños. **Linen-draper**, lencero, mercader de lienzos.

drapery ['dreɪpərɪ] [drei-pe-ri], *s.* 1. Paños o telas de lana. 2. *(Esc. y Pint.)* Ropaje, también cortinas, colgaduras, tapicería, etc. (covering). 3. Oficio y tráfico de un pañero; mercería, pañería (shop); mercería (merchandise).

drastic ['dræstɪk] [dras-tik], *a.* 1. *(Med.)* Drástico. 2. Drástico, radical (radical/solution, mesure). 3. Radical, drástico, espectacular (striking/change, effect).

drastically ['dræstɪkəlɪ] [dras-ti-ka-li] *adv.* Drásticamente.

draught [drɑ:ft] [draft] *s.* 1. Corriente de aire, aire colado. 2. Trago (of water, beer); la porción de cualquier licor que se bebe de una vez. **Beer on draught**, cerveza de barril (storage under pressure). 3. Poción, bebida medicinal, toma, dosis. **A sleeping draught**, una pócima para dormir (of drug). 4. Tiro, la acción de tirar o arrastrar carruajes. **Draught-horse**, caballo de tiro. 5. *(Pint.)* Dibujo, diseño. **Rough draught**, borrador. **Draught of a ship**, plano de un buque. 6. *(Mil.)* Destacamento. 7. *(Des.)* Sentina, albañal. 8. *(Mar.)* Cala o calado de un buque, o el fondo que necesita en el agua. 9. Libranza o letra de cambio. *V.* DRAFT, que es como se escribe siempre en los Estados Unidos. 10. **Draught-hooks**, *(Art.)* ganchos de telera. 11. **Draught-hook of a washer**, gancho de volandera. **Draughts**, tirantes, las cuerdas o correas que sirven para tirar de un carruaje; juego de damas. *Draft* tiene mucha aceptación, especialmente en los Estados Unidos.

draught, *va. V.* DRAFT.

daught-house [drɑːft'haʊs] [draft-jaus], *s.* Estercolero, sitio para arrojar las inmundicias.

draughtsman ['drɑːftsmən] [drafts-man], *s.* 1. Dibujante, delineante. 2. Peón, pieza del juego de damas.

draw [drɔː] [dro], *va.* (*pret.* DREW, *pp.* DRAWN). 1. Tirar, traer hacia sí; atraer. **He drew her aside/to one side**, la llevó a un lado, la llevó aparte. **To draw one's chair up**, acercar o arrimar la silla a la mesa (in specified direction). 2. Atraer (attract/customers, crowd); ganar, persuadir; conseguir (ellicit, praise); provocar, suscitar (criticism, protest). **To draw tears/a smile from somebody**, hacer llorar/hacer sonreír a alguien. 3. Arrastrar, tirar de (pull along/cart, sled). 4. Chupar, mamar. 5. Aspirar, respirar, inspirar, el aliento. **To draw breath**, respirar (cause to flow). 6. Sacar, extraer, arrancar (pull out/tooth, cork); desenfundar, sacar (gun); desenvainar, sacar (sword). **To draw blood**, sacar sangre, hacer sangrar. *(Games)* Sacar, robar (card, domino). **Italy has been drawn to play France**, a Italia le ha tocado en el sorteo jugar contra Francia (in contest, tournament). 7. Poner de manifiesto, sacar a la luz; sacar de. 8. Correr las cortinas, abriéndolas o cerrándolas (move by pulling/curtains, bolt); descorrer (open), correr (shut); tensar (bow). 9. Dibujar, bosquejar, delinear, representar (sketch/flower, picture). 10. Deducir, inferir, sacar (derive/strength, lesson). **She drew comfort from the fact that ...**, se consoló pensando que ... 11. Escribir o extender. 12. Destripar, desentrañar. 13. Tirar, alargar, estirar; a menudo va seguido de *out*. 14. *(Fin.)* Librar, girar una letra de cambio (check); cobrar, percibir (salary, pension). **To draw money from/out of the bank**, retirar o sacar dinero del banco. 16. Tender (un arco). 17. Preparar por medio de infusión. 18. Establecer (establish/distintion, parallel). 19. *(Dep.)* Empatar. *-vn.* 1. Tirar, arrastrar como los animales que tiran de un carruaje. 2. Encogerse, arrugarse. 3. Adelantarse, moverse, acercarse (move). 4. *(Art.)* Dibujar, diseñar. 5. Sortear. 6. Calar una embarcación, hundirse en el agua hasta cierto punto. 7. Moverse libremente a fuerza de succión o atracción; tener libre corriente de aire. 8. Salir algo a fuerza de tirar de ello; ser extraído. Tirar (take in air/chimney, cigar). 9. Atraer la sangre o los humores a la superficie, como lo hace un vejigatorio. 10. Moverse como si tirasen de ello; venirse, irse; se usa con adverbios. 11. (GB) *(Jueg., Dep.)* Empatar; hacer tablas (in chess game). **To draw nigh**, acercarse. **To draw again**, volver a tirar. **To draw a bridge**, levantar un puente. **To draw along**, arrastrar. **To draw asunder**, separar, dividir. **To draw forward**, atraer. **To draw forth**, hacer salir, sacar. **To draw near to an end**, fenecer. **To draw to an issue**, acabar, concluir. **To draw over**, persuadir. **To draw so many feet of water**, *(Mar.)* calar (una embarcación) tantos pies de agua.

draw away, quitar, llevar; disuadir, divertir, distraer; enajenar. **To draw away from something**, alejarse de algo (move off). **To draw away from somebody**, alejarse o distanciarse de alguien (in competition, race).

draw back, retroceder, volver hacia atrás (recoil); perder terreno, retirarse (retreat); ceder, aflojar, desistir; volverse atrás; recular, cejar; hacer retroceder o retirarse; hacer cejar o volver hacia atrás.

draw down, bajar, tirar hacia abajo; hacer bajar (blind).

draw in 1. Atraer, seducir, inducir, granjear, ganar; arrastrar tras sí, involucrar (into quarrel, war); darle participación a (into conversation). 2. Esconder, retraer (retract/claws). 3. Llegar (arrive/train); hacerse más corto (days, nights).

draw off, sacar, extraer (drain/beer, sap); trasegar; distraer, disuadir, separar; retirarse; ganar a alguno a su partido haciéndole abandonar el que seguía antes; confundir (divert/pursuers); quitarse (remove/glove, stocking).

draw on 1. Conducir; causar; incitar, empeñar a alguno, arrastrar a uno a que haga lo que no quiere, obligar; acercarse; estar en el último trance. 2. Ponerse (glove, stocking). 3. Recurrir a, hacer uso de (make use of/resources, reserves). **She drew on her own experiences**, se inspiró en sus propias experiencias. 4. **Night is drawing on**, está anocheciendo (approach, advance).

draw out 1. sacar, extraer, tirar (extract, remove/tooth, horn); sacar (wallet, handkerchief); sacar, sonsacar (information); arrancar (confession); sacar (withdraw/money). 2. Alargar, dilatar, diferir, extraer, extender, desarrollar, hacerse más largo (become longer). 3. **See if you can draw him out of himself**, a ver si logras que se muestre un poco más comunicativo.

draw together 1. Juntar, amontonar, apretar. 2. Reunirse, acercarse.

draw up 1. Tirar hacia arriba, acercar, arrimar (bring near/chair). Componer algún libro, discurso o informe; hacer o extender una escritura; redactar, preparar (prepare, draft/contract, treaty); hacer (list). Ordenar para el combate; alinear, formar (arrange in formation/troops, competitors). 2. Detenerse, parar (car). 3. **To draw oneself up**, erguirse (straighten oneself).

draw, *s.* 1. El acto de tirar, sacar o entresacar. **The fastest draw in Texas**, el pistolero más rápido de Texas. **To be quick on the draw**, ser rápido en desenfundar (with gun); pescarlas al vuelo (with reply). 2. Jugada, suerte o mano; sorteo (raffle). **The second draw**, a la segunda carta, jugada o sorteo. 3. Tablas; empate. 4. Gancho, atracción (attraction).

drawable ['drɔːəbl] [droua-bol], *a.* Capaz de ser tirado, sacado o sorteado.

drawback ['drɔːbæk] [drou-bak], *s.* 1. Rebaja o descuento, cierta cantidad de dinero que se abona al pagador por pagar al contado o antes del tiempo estipulado. 2. Rebaja o descuento de derechos de aduana, la rebaja que se hace al extraer las manufacturas del país o ciertas mercancías extranjeras que ya han pagado los derechos de entrada. 3. Desventaja, inconveniente, menoscabo, lo que detrae.

drawbridge ['drɔːbrɪdʒ] [drou-brich], *s.* Puente levadizo.

drawee [drɔː'iː] [droui], *s.* La persona a cuyo cargo está girada una letra de cambio.

drawer [drɔːʳ] [drouaʳ], *s.* 1. Gaveta, naveta, cajoncito de un escritorio (in furniture). 2. *(Com.)* Librador, el que libra o gira una letra de cambio (of check). 3. *(Ant.)* Aguador. 4. *(Des.)* Mozo de taberna. **Drawers**, calzoncilos (clothing). *(Prov.)* Paños menores. 5. *(Art)* Dibujante.

draw-head ['drɔːhed] [dro-jed], *s.* (Ferrocarril) Cabeza de la barra de tracción.

drawing ['drɔːɪŋ] [droin], *s.* 1. Dibujo. **Drawing board**, tablero, mesa de dibujo. 2. Tiro. 3. Sorteo (de una lotería).

drawing-room ['drɔːɪŋrʊm] [droin-rum], *s.* 1. Salón o sala de estrado. 2. Sala principal de una casa.

drawl [drɔːl] [drol], *vn.* Pronunciar con pesadez y lentitud. **To drawl out**, arrastrar las palabras. **To drawl out his time**, haraganear. *va.* Decir arrastrando las palabras.

drawl, *s.* El acto de hablar como arrastrando las palabras; articulación tarda, falta de energía. **A Southern drawl**, un acento sureño.

drawn [drɔːn] [dron], *pp.* del verbo TO DRAW. *a.* 1. Desenvainado, destripado, desentrañado; demacrado (features, face). 2. Movido, inducido. 3. Tablas, juego nulo, sin resultado. *(Mil.)* Indeciso, hablando de un encuentro o batalla. 4. Abierto. 5. En estado de fusión, fundido, derretido. **Drawn butter**, manteca derretida. 6. Desenvainado, desnudo, fuera de.

drawn-out [drɔːn'aʊt] [droun-aut] *a.* Larguísimo, interminable.

drawstring ['drɔːstrɪŋ] [drou-strin] *s.* Cordón del que se tira para cerrar algo. Fruncido con un cordón o una cinta (bag, waist).

draw-well [' drɔːwel] [dro-uel] *s.* Pozo.

dray, dray-cart [dreɪ] [drei], *s.* 1. Carro que sirve para llevar cargas; carromato, carretón; por lo común más bajo hacia atrás que al frente. 2. *(Ingl.)* Narria, rastra.

drayage ['dreɪədʒ] [dreiech], *s.* 1. Acarreo, carretaje, el acto de conducir por carretón. 2. Carretaje, lo que se paga por ese servicio.
dray-horse [dreɪ'hɔːz] [drei-jors], *s.* Caballo de carro.
drayman ['dreɪmən] [drei-man], *s.* Carromatero, carretero, el que guía los caballos que tiran de los carros.
dread [dred] [dred], *s.* Miedo, terror, espanto. *-a.* Terrible, espantoso, tremendo, formidable; augusto, respetable.
dread, *va.* Temer, tener miedo o temor a. **I dread to think what might have happened**, no quiero ni pensar en lo que podría haber pasado. *-vn.* Temer, recelar.
dreadable ['dredəbl] [dre-da-bol], *a.* Temible, temedero.
dreader ['dredəʳ] [dre-daʳ], *s.* Temedor.
dreadful ['dredfʊl] [dred-ful], *a.* Terrible, espantoso (news, experience, weather); horroroso, formidable, espantador. **I feel dreadful about not having helped**, me siento muy mal por no haber ayudado. **You look dreadful**, tienes muy mala cara.
dreadfulness ['dredfʊlnɪs] [dred-ful-nes], *s.* Terribilidad, horror.
dreadfully ['dredfəlɪ] [dred-fu-li], *adv.* Terriblemente, enormemente (upset, late); espantosamente mal (write, sing). **I'm dreadfully sorry**, lo siento muchísimo o en el alma.
dreadless ['dredlɪs] [dred-les], *a.* Intrépido, arrojado.
dreadlessness ['dredlɪsnɪs] [dred-les-nes], *s.* Intrepidez, arrojo.
dreadlocks ['dredlɒks] [dred-loks] *s. pl.* Rizos al estilo de los rastafaris.
dreadnaught ['drednɔːt] [dred-not], *s.* 1. El que no teme nada. 2. Tela muy doble y el capote de capucha hecho con ella. (*dread y naught*, cero).
dream [driːm] [drim] *s.* 1. Sueño (while sleeping); ensueño, suceso o especie que se representa en la fantasía de uno mientras duerme. **A bad dream**, una pesadilla. **Sweet dreams!**, ¡que duermas bien!, ¡que sueñes con los angelitos! 2. Desvarío, cosa fantástica sin fundamento ni razón; sueño (fantasy, ideal, aspiration). **It was beyond my wildest dreams**, ni en sueños lo hubiera imaginado. **A dream come true**, un sueño hecho realidad. **Your dream home**, la casa de sus sueños. 3. Sueño, ensueño (daydream). **He goes around in a dream**, vive en las nubes. 4. *(Coloq.)* Sueño (something wonderful). **To go like a dream**, salir a las mil maravillas (event); funcionar de maravilla (car).
dream, *vn.* (*pret.* y *pp.* DREAMED y DREAMT). 1. Soñar (in sleep); desvariar, discurrir fantásticamente, estar en las nubes (daydream). 2. **I dreamed of going to live in the country**, soñaba con irme a vivir al campo (imagine). **I wouldn't dream of borrowing money**, ni se me ocurriría pedir dinero prestado (contemplate). *-va.* 1. Soñar, ver en sueños (in sleep). **I dreamed that I was drowning**, soñé que me ahogaba. 2. Imaginarse (imagine). **I never dreamed he'd be so rude**, nunca me imaginé que iba a ser tan grosero.
dream away Pasarse soñando.
dream up Idear (plan).
dreamer ['driːməʳ] [dri-maʳ], *s.* Soñador; visionario, iluso.
dreamful ['driːmfʊl] [drim-ful], *a.* El que sueña mucho.
dreamily, dreamingly ['driːmɪlɪ] [dri-mi-li] ['driːmɪŋlɪ] [dri-min-li], *adv.* Negligentemente, perezosamente, lentamente.
dreamland ['driːmlænd] [drim-land], *s.* El reino de los sueños.
dreamless ['driːmlɪs] [drim-les], *a.* Sin sueños; tranquilo (sleep).
dreamt ['driːmt] [dremt], *pret.* y *pp.* de TO DREAM.
dream-world ['driːmˌwɔːld] [drim-ueld], *s.* El mundo de las ilusiones.
dreamy ['driːmɪ] [dri-mi], *a.* 1. Desvariado, perteneciente a los ensueños; dado a soñar. 2. Peculiar de los sueños. 3. Soñador, fantasioso (abstracted/person); distraído (gaze); etéreo, sutil (music).
drear ['drɪəʳ] [driaʳ], *a. (Poét.) V.* DRARY.
drearily ['drɪərɪlɪ] [dria-ri-li], *adv.* Funestamente, tristemente.
dreariness ['drɪərɪnɪs] [dria-ri-nes], *s.* Tristeza; melancolía; aspecto lúgubre o murrio.
dreary ['drɪərɪ] [dria-ri], *a.*
dredge [dredʒ] [drech], *va.* 1. Limpiar, excavar, labrar profundamente por medio de draga; dragar. 2. Rastrear, recoger por medio de la red barredera; pescar con dicha red. 3. Esparcir harina sobre alguna cosa al guisarla; enharinar, polvorear.
dredge up Dragar (mud, sand); desenterrar, sacar a relucir (story, scandal).
dredge, *s.* 1. Aparato para levantar o sacar algo que se halla debajo del agua: (a) draga, aparato para excavar los puertos, canales, etc; (b) red barredera. 2. *V.* DREDGER, 3ª acep. 3. *(Ant.)* Mezcla de cebada y avena sembradas juntamente.
dredger ['dredʒəʳ] [dre-chaʳ] *s.* 1. El que draga o rastrea; pescador de ostras. 2. **Dredger/dredging-machine**, draga, máquina y el barco de fondo llano que la lleva para limpiar los puertos o ríos. 3. Cajita para espolvorear harina sobre las viandas.
dreen ['driːn] [drin], *v.* y *s.* (Dialecto) *V.* DRAIN.
dregginess ['dregɪnɪs] [dre-gui-nes], *s.* Posos, heces; feculencia.
dreggish ['dregɪʃ] [dre-guish], **dreggy** ['dregɪ] [dre-gui], *a.* Feculento, turbio.
dregs [dregz] [dregs], *s. pl.* 1. Heces. 2. Escoria, barreduras, morralla, zupia, desperdicio; posos, cunchos, conchos (sediment). **The dregs of the people**, el populacho, la gentuza, la canalla. *(Mex.)* Los léperos.
drench [drentʃ] [drench], *va.* 1. Empapar, humedecer completamente. **To get drenched**, empaparse. 2. *(Vet.)* Purgar con violencia. 3. Abrevar, bañar, embeber.
drench, *s.* 1. Tragantada. 2. *(Vet.)* Bebida purgante que se da a un animal. 3. Volumen de líquido suficiente para ahogar; diluvio. 4. Solución para empapar o remojar.
drencher ['drentʃəʳ] [dren-chaʳ], *s.* El que remoja alguna cosa.
drenching ['drentʃɪŋ] [dren-chin] *s.* **To get a drenching**, empaparse.
dress [dres] [dres], *va.* (*pret.* y *pp.* DRESSED y DREST) 1. Vestir (put clothes on); ataviar, adornar. **To get dressed**, vestirse. **He was dressed in white**, iba vestido de blanco. 2. *(Med.)* Curar las heridas; vendar (wound). 3. almohazar. 4. Componer; ajustar; arreglar, poner en orden. 5. Cocinar, guisar, adobar, aderezar, disponer las cosas para comer; aliñar (season/salad); preparar (prepare/chicken, fish). **Dressed crab**, cangrejo preparado. 6. Adobar y curtir pieles. 7. Preparar lino o cáñamo. 8. Arreglar o disponer una cosa de modo que sirva para un uso particular. *(Albañ.)* Allanar, aplanar. 9. Alinear, poner en línea recta, v. gr. a una compañía de soldados. *-vn.* 1. Vestirse (put on, wear clothes). **He always dresses in black**, siempre se viste de negro. **She dresses very well**, viste muy bien. **To dress for dinner**, cambiarse para cenar (dress formally) 2. *(Mil.)* Formar los soldados en hileras; alinearse. **To dress a child**, mudar de ropa a un niño. **To dress a dead body**, amortajar. **To dress a garden**, cultivar un jardín. **To dress a vine**, podar. **To dress a lady's hair**, peinar a una señora. *(Mil.)* **Dress left, right!**, ¡a la izquierada, a la derecha, alinearse!
dress up 1. Ponerse elegante (dress smartly). **All dressed up and no place/nowhere to go**, compuesta y sin novio. 2. Disfrazarse (in fancy dress). **To dress up as something**, disfrazarse de algo. 3. Disfrazar (idea, plan). **Criticism dressed up as advice**, críticas disfrazadas de consejos.
dress, *s.* 1. Vestido, traje (for woman, girl). 2. Atavío, tocado. 3. **They arrived in formal dressing**, llegaron vestidos de etiqueta (clothing, style of dressing). **Dress affair**, velada o reunión que requiere traje de gala. **Dress ball**, baile de gala. **Full dress**, traje de etiqueta, uniforme completo. **Dress suit**, frac. **Dress parade**, *(Mil.)* parada con uniforme completo.
dressage ['dresɑːdʒ] [dre-sach] *s.* Método de adiestramiento de caballos para que ejecuten ciertas maniobras.

dresser ['dresəʳ] [dre-saʳ], *s.* 1. Ayuda de cámara, moza de cámara. *(Teat.)* Ayudante de camerino. 2. Mesa de cocina. 3. Aparador (in kitchen); tocador (in bedroom. 4. Cocinero. 5. **He's a sloppy/stylish dresser**, se viste con mucho descuido/ estilo.
dressing ['dresɪŋ] [dre-sin], *s.* 1. La acción de vestir, ataviar, adornar; adorno. 2. *(Culin.)* Aderezo, aliño (for salad); relleno (stuffing). Lo que se usa para aderezar, etc.: (a) cura, curación, hilas, vendajes, etc.; (b) aderezo (de las telas, de los manjares, de las pieles); (c) *(Agr.)* bina, renda, segunda labor de las viñas; (d) estercoladura, estercuelo; (e) corte, poda de los árboles; cultivo de tierra, labrantía; (f) encoladura de paños; (g) labrado, talla de los cantos. 3. *(Fam.)* Castigo o regaño. 4. *pl. (Arq.)* Molduras, adornos. 5. *(Med.)* Apósito, gasa, vendaje (bandage). **Dressing-case**, tocador. **Dressing-gown**, peinador, bata, albornoz.
dressing-room [ˌdresɪŋ'rum] [dre-sin-rum], *s.* Cámara o gabinete para vestirse.
dressmaker ['dresmeɪkəʳ] [dres-mei-kaʳ], *s.* Costurera, modista; la que hace vestidos para las mujeres y niños.
dressmaking ['dresmeɪkɪŋ] [dres-mei-kin], *s.* El arete de hacer vestidos, el oficio de costurera.
dressy [dresɪ] [dre-si], 1. Acicalado, aficionado a ataviarse, amigo de compostura. 2. Elegante, distinguido en porte y aspecto.
drest [drest] [drest], *pp.* del verbo TO DRESS.
drew [druː] [dru], *pret.* de TO DRAW.
dribble ['drɪbl] [dri-bol], *vn.* 1. Gotear, caer gota a gota; destilar. 2. Babear (drool). **He dribbles**, se le cae la baba, babea. 3. *(Dep.)* Driblar, driblear. *-va.* 1. Hacer caer gota a gota. **To dribble saliva**, babear. 2. *(Dep.)* **He dribbled the ball past/around a defender**, dribló o dribleó o regateó a un defensa. *s.* Saliva.
dribbling ['drɪblɪŋ] [dri-blin], *s.* El acto de gotear.
driblet ['drɪblɪt] [dri-blit], *s.* 1. Pico, cantidad pequeña de dinero. 2. Quebrado o corto resto de alguna cantidad principal.
dried ['draɪd] [draid], *part.* de TO DRY. *a.* Seco (figs, flowers); salado, seco (fish); en polvo (milk, eggs).
drier ['draɪəʳ] [draiaʳ], *s.* Desecante, lo que tiene la propiedad de desecar: (a) substancia añadida a un color para que se seque más rápidamente.; (b) aparato para secar (las frutas, etc.). *V.* DRYER. *Drier, Driest*, comp. y super. de DRY.
drift [drɪft] [drift] *s.* 1. Impulso, violencia. 2. Todo objeto arrastrado por las aguas o arrebatado por el viento. 3. Montón de alguna cosa que junta el viento (of sand); ventisquero (of snow). 4. Objeto o blanco de algún discurso. 5. Designio, intento. Sentido (meaning). **I didn't quite catch your drift**, no entendí o capté muy bien lo que querías decir. 6. Manejo, entremetimiento. 7. *(Mar.)* La dirección de una corriente; deriva; ángulo de deriva; cambio a sotavento. 8. *(Arq.)* Empuje de un arco. 9. *(Min.)* Socavón, galería, cañón de desagüe. 10. *(Art. y Of.)* Broca, punzón para taladrar palastro. 11. **The drift from the land**, el éxodo rural (movement). **The drift of public opinion**, el cambio en la opinión pública. **Drifts of ice**, hielos flotantes. **Drifts of sand**, arena movediza. **To go adrift**, fluctuar a merced de los vientos. **To set adrift**, echar o dejar a la ventura. **Drifts of dust**, nubes de polvo. **Drift-wood**, madera o tronco flotante o echado a tierra por las aguas.
drift, *va.* Impeler, apilar, amontonar. *-vn.* 1. Ser llevado como por una corriente (on water); moverse empujado por el viento (in air/balloon). Ir a la deriva (be adrift/boat, person). 2. Formar en montones, amontonarse (pile up/sand, snow); esparcir, salpicar, moverse en varias direcciones. 3. **He drifted from job to job**, iba sin rumbo de un trabajo a otro. **The crowd began to drift away**, la muchedumbre comenzó a dispersarse (proceed aimlessly).
drifter ['drɪftəʳ] [drif-taʳ] *s.* 1. **He's a drifter**, va dando tumbos por la vida (person). 2. Trainera (boat).
drift-way ['drɪftweɪ] [drift-uei], *s.* Camino de ganado.
drift-wind ['drɪftwɪnd] [drift-uind], *s.* Viento que levanta o amontona alguna cosa.
driftwood ['drɪftwuːd] [drift-wud] *s.* Madera, tablas, etc. que flotan en el mar a la deriva o que arrastra el mar hasta la playa.
drill [drɪl] [dril], *va.* 1. Taladrar, barrenar, perforar (wood, metal); agujerear, perforar (hole); trabajar o limpiar con la fresa (tooth). 2. Sembrar, plantar, en hileras o surcos. 3. *(Mil.)* Disciplinar reclutas, enseñarles el ejercicio.*-vn.* 1. Estar ocupado en ejercicios militares u otros análogos. 2. Plantar en surcos. 3. Perforar, hacer perforaciones. **To drill for oil/ water**, perforar en busca de petróleo/agua.
drill, *va.* y *vn.* Hacer salir gota a gota; fluir lentamente.
drill, *s.* 1. Taladro, instrumento de varios tamaños, para agujerear o taladrar, terraja, parauso, taladro que usan los cerrajeros. *(Dent)* Torno, fresa. *(Eng. Min.)* Perforadora, barreno; broca (drill head). 2. Máquina para plantar y cubrir semillas menudas en hileras, sembradora de granos. 3. Hilera de semillas sembradas o surcos hechos con esa máquina. 4. Una especie de mono. 5. *(Mil.)* Instrucción de reclutas. *(Educ.)* Ejercicio. **Fire drill**, simulacro de incendio (rehearsal). **Drill-plough**, arado sembrador, sementero. (GB) *(Coloq.)* **What's the drill?**, ¿qué se hace? (correct procedure).
drilling ['drɪlɪŋ] [dri-lin], 1. El acto de usar un taladro o de taladrar. 2. Instrucción de reclutas. 3. Material extraído o excavado por un talador. 4. Dril, tela fuerte y cruzada de algodón o hilo. **Drilling platform**, plataforma de perforación.
drily ['drɪlɪ] [dri-li] *adv.* Secamente, con sequedad.
drink [drɪŋk] [drink], *va.* y *vn.* (*pret.* DRANK, antiguamente DRUNK; *pp.* DRUNK, antig. DRUNKEN). 1. Beber, tomar (swallow); apagar la sed, embriagarse, emborrachar o emborracharse; beber, tomar (consume alcohol). **Give me something to drink**, dame algo de beber o para tomar. 2. Chupar, embeber, absorber. 3. Ser habitualmente un borracho. **To drink away**, beber a porfía. **To drink away one's time**, malgastar el tiempo bebiendo. **To drink down**, tragar; *(Fig.)* borrar el recuerdo de algo bebiendo, emborracharse. **To drink down sorrow**, ahogar las penas en vino. **To drink hard**, beber mucho. **To drink huge draughts**, beber a tragantadas. **To drink off/out/up**, beber hasta la última gota. **To drink one's health**, brindar, beber a la salud de alguno. **To drink to somebody**, brindar por alguien (toast). **I'll bring to that!**, ¡brindo por que así sea!
drink in, embeber, chupar. Empaparse de (scenery). **Plants drink in water through their roots**, las plantas absorben el agua a través de sus raíces. **We drank in the fresh air**, respiramos el aire puro.
drink up Bebérselo o tomárselo todo, terminar su copa.
drink, *s.* 1. Bebida (any liquid). 2. Licor, copa, trago (alcoholic). 3. Trago, la cantidad que se puede tragar de una vez (amount drunk, served, sold). **Have a drink of water/ milk**, bebe o toma un poco de agua/leche. **To have a drink**, tomar una copa. **The drinks are on me!**, ¡yo invito!
drinkable ['drɪŋkəbl] [drin-ka-bol], *a.* Potable (water). **This is not drinkable!**, ¡esto no se puede beber!.
drinker ['drɪŋkəʳ] [drin-kaʳ], *s.* Bebedor, borracho. **He's a heavy drinker**, es un gran bebedor o un bebedor empedernido. **I'm a beer drinker myself**, yo prefiero la cerveza.
drinking ['drɪŋkɪŋ] [drin-kin], *s.* La acción de beber (of liquid). **His drinking is causing concern**, lo mucho que bebe está causando preocupación (of alcohol). **Drinking-glass**, vaso, copa. **Drinking-horn**, vaso de cuerno. **Drinking-house**, taberna, tienda de vinos, vinatería. **Drinking-pot**, jarro. **Drinking water**, agua potable.
drink-money [drɪŋk'mʌnɪ] [drink-ma-ni], *s.* Dinero para beber.
drip [drɪp] [drip], *vn.* 1. Gotear, destilar. **Water was dripping from the ceiling**, el techo goteaba, caían gotas del techo. 2. Chorrear, gotear (let drops fall/washing, hair); gotear (faucet, tap). **I'm dripping with sweat**, estoy chorreando de sudor. 3. **She was dripping with diamonds**, iba cubierta

de brillantes (display). *-va.* Despedir algún líquido a gotas, hacer gotear. **You're dripping coffee down your shirt**, te estás manchando la camisa de café, te estás chorreando la camisa con el café.

drip, *s.* 1. Lo que cae gota a gota; goteo (of rainwater, tap). **The steady drip/drip of the rain**, el continuo gotear de la lluvia. 2. *(Med.)* Suero, gota a gota. **He's on a drip**, le han puesto suero o el gota a gota. 3. *(Coloq.)* Soso (ineffectual person).

drip-dry ['drɪp'draɪ] [drip-drai] *a.* De lava y pon, de lavar y poner (fabric, garment).

dripping ['drɪpɪŋ] [dri-pin], *s.* Pringue, la grasa que chorrea de cualquier cosa crasa puesta al fuego. *a.* *(Coloq.)* Empapado. **To be dripping wet**, estar chorreando o empapado.

dripping-pan [drɪpɪŋ'pɑːn] [dri-pin-pan], *s.* Grasera, la cazuela en que se recoge el pringue.

drive [draɪv] [draiv], *va.* y *vn.* (*pret.* DROVE, *pp.* DRIVEN). 1. Impeler, empujar, arrojar; estimular, precisar. 2. Cochear; llevar en coche (convey in vehicle). **She drove me home/ into town**, me llevó en coche a casa/into town. 3. Llevar, manejar, conducir (car, bus, train); pilotar, pilotear (racing car, power boat); inducir, forzar a, reducir a. 4. Enclavar, clavar (make penetrate/nail); hincar (stake). **He drove the nail through the plank**, atravesó la tabla con el clavo. 5. Ser impelido o empujado. 6. Andar o ir en coche. 7. Apuntar o asestar. 8. Secuestrar. 9. Conducir, llevar, guiar (un tiro de caballos, un carruaje, una manada, un rebaño, etc.). 10. Excavar horizontalmente, perforar, abrir (open up/tunnel, shaft). 11. Transferir la fuerza a otra acción mecánica. 12. **The Indians were driven off their lands**, los indios fueron expulsados de sus tierras (cause to move). *(Dep.)* Mandar, lanzar (ball); hacer funcionar, mover (provide power for, operate). 13. Volver (cause to become). **Imprisonment drove him insane**, la prisión lo volvió loco o lo llevó a la locura. **She drives herself too hard**, se exige demasiado a sí misma (overwork). **To drive along**, empujar, llevar hacia adelante. **To drive away**, echar fuera, ahuyentar, desterrar; *(Fig.)* Trabajar diligentemente y con persistencia. **To drive back**, rechazar. **To drive in/into**, hacer entrar por fuerza, meter o encajar a golpe de martillo, echar adentro o a lo hondo; entrar en alguna parte en coche. **To drive out of heart**, desanimar. **To drive to leeward**, *(Mar.)* sotaventear.**To be driven to the wall**, verse entre la espada y la pared. **To drive mad**, hacer perder la cabeza, enloquecer.

drive at, tener puesta la mira en; rematar, terminar. Querer, decir, insinuar. **What are you driving at?**, ¿qué quieres decir?, ¿qué (es lo que) estás insinuando?

drive off 1. Ahuyentar (repel); arrojar, hacer salir de una parte; silbar, mofar; diferir, dilatar. 2. Irse, partir (car, driver); salir (in golf).

drive on, 1. Tocar; empujar, apresurar la ejecución de una cosa (incite). 2. Salir (adelante).

drive out Arrojar, hacer salir, expeler, expulsar.

drive up 1. Llegar (vehicle, driver). 2. Hacer subir (prices, demand).

drive, *s.* 1. Accionamiento, impulsión. Golpe fuerte (in golf, tennis). 2. Paseo en coche o en automóvil. **To go for a drive**, ir a dar un paseo o una vuelta en coche. 3. Calzada, paseo, camino, avenida (leading to house); entrada para coches (in front of house. 4. Urgencia, presión. 5. Empuje, dinamismo (energy). *(Psych.)* Impulso, instinto (compulsion). **The sex drive**, el apetito sexual. 6. Campaña (organized effort). **A sales drive**, una campaña de ventas. *(Mil.)* Ofensiva, avanzada (attacking move). Ataque (in US football). 7. Transmisión, propulsión (propulsion system). **Front-wheel/rear-wheel drive**, tracción delantera/trasera. **Four-wheel drive**, tracción en las cuatro ruedas. **Drive lever**, palanca de impulsión.

drive-in [draɪv'ɪn] [draiv-in], *a./s.* Accesible en automóvil. Se aplica a cines, restaurantes, bancos, etc., en que el automovilista ve o es atendido sin abandonar el vehículo.

drivel ['drɪvl] [dri-vel], *vn.* Babear, bobear, chochear, decir tonterías.

drivel, *s.* 1. Baba. 2. Cháchara necia, sandeces, vaciedades, tonterías, estupideces.

driveling ['drɪvlɪŋ] [dri-vlin], *a.* Baboso.

driveller ['drɪvələʳ] [dri-ve-laʳ], *s.* Fatuo, simple.

driven ['drɪvn] [driven], *pp.* de TO DRIVE.

driver ['draɪvəʳ] [drai-vaʳ], *s.* 1. Conductor, el que conduce o guía, chofer o chófer (of car, truck, bus); cochero, carretero, conductor de locomotora. Piloto (of racing car). **Drivers are asked to avoid this area**, se ruega a los automovilistas que eviten circular por esta zona. 2. Rueda o fuerza motriz. 3. *(Mar.)* Maricangalla o maría-cangalla, especie de vela latina que se pone en la mesana, cuando hay bonanza. **Driver-boom**, *(Mar.)* Botalón de maricangalla. 4. Arriero; porquero, vaquero o boyero.

driver's license [ˌdraɪvəz'laɪsəns] [drai-vers-lai-sens] *s.* Licencia o permiso de conducción; carné o permiso de conducir, libreta, licencia o pase, registro, brevete (less formally).

driver's seat [ˌdraɪvəz'siːt] [drai-vers-sit] *s.* Asiento del conductor. **To be in the driver's seat**, estar al frente, llevar las riendas.

driveway ['draɪvweɪ] [draiv-uei], *s.* Entrada para vehículos.

driving ['draɪvɪŋ] [drai-vin], *s.* 1. *(Mar.)* Garrar, se dice cuando el ancla no hace presa en el fondo. 2. Impulso, el acto de dar movimiento; tendencia a hacer alguna cosa. 3. *(Auto)* Conducción. **I don't think much of his driving**, no me gusta mucho como maneja o conduce. *-a.* 1. Motor, motriz. 2. Impetuoso, violento. Torrencial (rain); azotador (wind). **She's the driving force behind the project**, es el alma-máter o la impulsora del proyecto. **Driving-whip**, látigo de cochero. **Driving-shaft**, árbol motor. **Driving-wheel**, rueda motriz.

driving license ['draɪvɪŋˌlaɪsəns] [drai-vin-lai-sens], *s.* Licencia para manejar.

driving range ['draɪvɪŋˌreɪndʒ] [drai-vin-reinch] *s.* Campo de golf diseñado para practicar tiros de salida.

driving school ['draɪvɪŋskuːl] [drai-vin-skul], *s.* Autoescuela.

driving test ['draɪvɪŋtest] [drai-vin-test] *s.* Examen de conducir o de manejar.

drizzle ['drɪzl] [dri-sel], *vn.* Lloviznar, gotear, caer a gotas. *-va.* Echar o despedir en gotas menudas, rociar. **Drizzling rain**, llovizna.

drizzle, *s.* Llovizna.

drizzly ['drɪzlɪ] [dris-li], *a.* Lloviznoso. **Drizzly weather**, tiempo brumoso, de llovizna.

droll [drəʊl] [droul], *a.* Festivo, chancero, jocoso, chistoso, gracioso, con chispa (comic), raro; curioso (quaint, curious). **Droll saying**, dicho gracioso. **Droll affair**, cosa rara. *-s.* 1. Bufón, bufonada. 2. Farsa.

droll, *vn.* Chocarrear, chancearse.

drollery ['drəʊlərɪ] [drou-le-ri], *s.* Chocarrería bufonería o bufonada.

drollish ['drəʊlɪʃ] [drou-lish], *a.* Divertido, chistoso o gracioso.

dromedary ['drɒmɪdərɪ] [dro-mi-da-ri], *s.* Dromedario, camello de una sola giba.

drone [drəʊn] [droun], *s.* 1. Zángano de colmena, el macho de la abeja (bee). 2. Zángano, zangandungo, haragán. 3. Roncón de gaita. 4. *(Aer.)* Avión radioguiado. 5. Zumbido (sound of bees, traffic, aircraft); cantinela, sonsonete (of voice). **Drone-fly**, abejorro.

drone, *vn.* 1. Zanganear, holgazanear. 2. Producir un sonido sordo; zumbar (bee, engine, plane).

drone on *(Fam.)* **She droned on for hours**, estuvo horas con la misma perorata.

dronish ['drəʊnɪʃ] [drou-nish], *a.* Ocioso, perezoso, lento, tardo, flojo.

drool [dru:l] [drul], *vn.* Babear (dog, baby). **We drooled at the sight of the cakes**, se nos hizo la boca agua al ver los pasteles. *s.* Babas, baba (dribble). *(Sl.)* Bobadas (drivel).

droop [dru:p] [drup], *vn.* 1. Inclinarse, doblarse hacia el suelo, bajarse como obligado por debilidad o flaqueza. 2. Descaecer, decaer, amilanarse, desanimarse, entristecerse, acabarse, penar, consumirse, marchitarse, ponerse mustio (sag/flowers); flaquear, decaer (flag/spirits); desfallecer, decaer (person). **His shoulders drooped**, se encorvó. *-va.* Permitir caer; inclinar, bajar.

drooping ['dru:pɪŋ] [dru-pin], *s.* Languidez, tristeza, abatimiento. *-a.* Lánguido, triste, afligido. Gacho (head); mustio (flowers).

drop [drɒp] [drop], *s.* 1. Gota, glóbulo de un líquido cualquiera. **We haven't had a drop of rain for six weeks**, no ha caído una gota de agua en seis semanas. 2. Gota, pequeña porción de alguna cosa. **Can I have a drop?**, ¿me das una gotita?. **A drop in the ocean**, un grano de arena en el desierto, una insignificancia. 3. Pendiente con diamantes pequeños. 4. Caída, baja (fall/in prices), descenso (in temperature); pendiente, declive. Caída (a difference in height). **She had to take a drop in salary**, tuvo que aceptar un sueldo más bajo. **At the drop of a hat**, en cualquier momento. **A sheer drop**, una caída a plomo. 5. *-pl.* Medicamento líquido dado en gotas. **Ear/nose drops**, gotas para los oídos/la nariz. **Eye drops**, colirio. 6. Lanzamiento (of supplies). 7. Buzón (letter box); punto de recogida (collection point). **Drop-curtain**, telón de boca. **Drop-letter**, carta que ha de ser entregada al destinatario por la misma estafeta en que fué echada al correo. **Drop by drop**, gota a gota. **Drop of a sail**, *(Mar.)* caída de una vela.

drop, *va.* 1. Destilar. 2. Soltar, desprender, dejar caer de cualquier modo, literal o figuradamente (accidentally). Dejar caer, tirar (deliberately/cup, vase); lanzar (bomb, supplies). **Drop that gun!**, ¡suelta ese revólver! **I dropped the cup**, se me cayó la taza. **Don't drop it!**, ¡que no se te caiga! **To drop tears**, derramar lágrimas. 3. Soltar, proferir una palabra casualmente o como por incidencia (utter/hint, remark). **To let it drop that ...**, dejar escapar que... (inadvertedly); dejar caer que ... (deliberately). 4. Dejar de hacer o cesar en lo que se estaba haciendo; abandonar, (give up, abandon/case). Retirar (charges); abandonar, renunciar a (plan, idea); dejar de ver a (friends, associate). Omitir (omit/letter, syllable, word); suprimir algo (chapter, scene, article). **Let's drop the subject**, cambiemos de tema. **Just drop everything and come**, déjalo todo y vente. **To drop somebody from a team**, sacar a alguien de un equipo. 5. Dejar o desprenderse de algún dependiente o compañero; despedir, echar. 6. Dejar, sufrir que una cosa se pierda o se olvide. 7. Parir los animales. 8. *(Fam.)* Hacer caer, como con un arma de fuego. 9. Alargar, bajar (lower/hem); bajar (eyes, voice). 10. Dejar (set down/ passenger, cargo); pasar a dejar (deliver). **I can drop them there on my way home**, puedo pasar por allí a dejarlos de camino a casa. *-vn.* 1. Gotear, caer gota a gota; soltar gotas. 2. Caer (fall/object), bajar de un lugar alto a otro más bajo; caer sin ímpetu. Bajar, descender (plane). Desplomarse (collapse). **To be ready to drop**, estar cayéndose. **He dropped to the ground**, se tiró al suelo (deliberately); cayó de un golpe (fell). 3. Quedarse muerto o morir de repente. **To drop (down) dead**, caerse muerto. *(Coloq.)* **Drop dead!**, ¡vete al demonio! 4. Desvanecerse o disiparse alguna cosa. Amainar (decrease/wind); bajar, descender (temperature); bajar, experimentar un descenso (prices); bajar (voice); caer (in height/terrain). 5. Sobrevenir, venir de repente. **To drop a word unawares**, soltar alguna expresión incautamente; dejar escapar alguna palabra que no debía decirse. **To drop a courtesy**, hacer una cortesía. **To drop anchor**, anclar. **To drop in unexpectedly**, entrar en alguna parte de improviso. **To drop the curtain**, correr el telón. *(Met.)* Encubrir, ocultar.

drop away 1. Morir. 2. Caer (ground); disminuir (support, interest).

drop back Rezagarse, quedarse atrás. **She dropped back to third place**, se rezagó quedando en el tercer puesto.

drop behind Rezagarse, quedarse atrás; rezagarse con respecto a, quedarse atrás (competitors, classmates).

drop by *(Coloq.)* Pasar; pasar por. **Why don't you drop by for a cup of coffee some time?**, ¿por qué no pasas un día a tomar un café?. **I have to drop by the office**, tengo que pasar por la oficina.

drop in 1. Entrar, introducirse, meterse de rondón. 2. *(Coloq.)* Pasar. **I'll drop in sometime tomorrow**, pasaré mañana en algún momento. **To drop in on somebody**, pasar a ver a alguien, caerle a alguien.

drop off 1. Decaer, ir en decadencia; perder un empleo o acomodo. 2. Caerse (fall); dormirse, quedarse dormido (fall asleep). Disminuir (decrease/sales, numbers). 3. Dejar (person, goods).

drop out 1. Desaparecer, disiparse algún líquido. 2. No presentarse a un concurso, una carrera (before event); abandonar un curso, una carrera (during event). **To drop out of politics**, dejar o abandonar la política. **To drop out (of society)**, marginarse, convertirse en un marginado.

drop over, drop round (GB) *(Coloq.)* Pasar. **I'll drop over to her house**, pasaré por su casa.

dropcloth [drɒp'klɒθ] [drop-kloz] Cubierta para proteger muebles y suelos mientras se pinta.

drop-forge [drɒp'fɔ:dʒ] [drop-forch], *va.* Forjar a martinete.

drop hammer [drɒp'hæməʳ] [drop-ja-maʳ], *s.* Martinete.

drop kick ['drɒpkɪk] [drop-kik], *s.* 1. En el fútbol, puntapié que se da a la pelota al rebotar. 2. Botepronto (in rugby); patada voladora (in wrestling).

droplet [drɒplɪt] [drop-let], *s.* Gotita.

dropout ['drɒpaʊt] [drop-aut] *s.* Marginado.

dropper ['drɒpəʳ] [dro-paʳ], *s.* Cuentagotas.

dropping ['drɒpɪŋ] [dro-pin], *s.* 1. Lo que cae gota a gota. **Droppings of the nose**, moquita. 2. El acto de caer en gotas. 3. *pl.* *(Fam.)* Excrementos de los animales domésticos.

droppingly ['drɒpɪŋlɪ] [dro-pin-li] *adv.* A gotas, gota a gota.

dropstone ['drɒpstəʊn] [drop-stoun], *s.* Espato en figura de gotas.

dropsy ['drɒpsɪ] [drop-si] *s.* Hidropesía.

drop zone [drɒp'zəʊn] [drop-soun] *s.* Zona de lanzamiento.

dross [drɒs] [dros], *s.* 1. Escoria de metales; borra; espuma; hez. 2. Orín, moho, herrumbre. 3. Impurezas, residuo, heces; basura (waste).

drossy ['drɒsɪ] [dro-si], *a.* 1. Lleno de escoria, espuma o heces. 2. Vil, despreciable; impuro, puerco; grosero.

drought, drouth [drɑ:ft] [draft], *s.* 1. Seca, sequedad, sequía. 2. Sed.

droughtiness ['drɑ:ftɪnɪs] [draf-ti-nes], *s.* Sequedad, sequía.

droughty, drouthy [drɑ:ftɪ] [draf-ti], *a.* Seco; sediento; árido.

drove [drəʊv] [drouv], *s.* 1. Manada (of animals); hato, rebaño de ganado lanar. 2. Cualquier conjunto de animales; gentío, multitud, muchedumbre. **They came in droves**, vino gente a montones.

drove, *pret.* de TO DRIVE.

drover ['drəʊvəʳ] [drau-vaʳ], *s.* Ganadero, criador de ganado mayor y traficante en él.

drown [draʊn] [draun], *va.* 1. Ahogar (person, animal). **To be drowned**, ahogarse, morir ahogado. 2. Anegar, cubrir (landscape, fields); sumergir. **He drowned his meal in gravy**, se puso un montonazo de salsa en la comida. 3. Inundar. 4. Sofocar alguna cosa. **To drown one's sorrow in wine**, ahogar sus pesares en vino, embriagarse. **To be drowned in tears**, estar anegado en lágrimas. **Drown out**, ahogar (make inaudible/noise, cries, screams). *-vn.* Anegarse, ahogarse; morir ahogado.

drowner ['draʊnəʳ] [drau-naʳ], *s.* Anegador, sofocador.

drowning ['draʊnɪŋ] [drau-nin], *s.* 1. Ahogamiento, acción de ahogar o ahogarse. 2. Sumersión, inundación. *-pa.* de TO DROWN.

drowse [draʊz] [draus], *va.* Adormecer, causar pesadez o sueño. *-vn.* 1. Adormecerse. 2. Tener murria, estar murrio o cabizbajo.

drowsily ['draʊzɪlɪ] [drau-si-li], *adv.* Soñolientamente; lentamente.

drowsiness ['draʊzɪnɪs] [drau-si-nes] *s.* Somnolencia, pereza, indolencia, adormecimiento, lentitud.

drowsy ['draʊzɪ] [drau-si], *a.* Soñoliento, soporífero, lerdo, estúpido; pesado, somnoliento, adormecido (sleepy/person, look). Somnoliento, perezoso (peaceful, inactive/atmosphere, afternoon). **Wine makes me drowsy**, el vino me da sueño o me amodorra.

drowsy-headed [draʊzɪ'hedɪd] [drau-si-je-did], *a.* Lerdo, pesado, soñoliento.

drub [drʌb] [drab], *s.* Golpe, puñada.

drub, *va.* Apalear, sacudir, pegar.

drubbing ['drʌbɪŋ] [dra-bin], *s.* Paliza o zurra, tunda.

drudge ['drʌdʒ] [dradch], *vn.* 1. Afanarse, fatigarse, trabajar sin descanso. 2. Afanarse a trabajar en oficios u ocupaciones desagradables o viles, sin provecho ni honra. *-va.* Pasar el tiempo fastidiosamente o con trabajo.

drudge, *s.* 1. Ganapán; marmitón, grumete, galopín de cocina. 2. Esclavo.

drudgery ['drʌdʒərɪ] [drad-che-ri], *s.* Faena o trabajo vil, desagradable, ingrato. **This job is sheer drudgery**, este trabajo es una pesadez.

drudgingly ['drʌdʒɪŋlɪ] [drad-chin-li], *adv.* Laboriosamente, penosamente; desagradablemente.

drug [drʌg] [drag], *s.* 1. Droga, estupefaciente (narcotic). Medicamento, medicina, fármaco (medication). **To be on drug**, drogarse. **I don't do drugs**, yo no me drogo. **Drug dependence**, drogodependencia. *(Coloq.)* **Drug pusher**, camello, conecte, jíbaro. 2. Cualquier cosa de difícil salida, sin venta.

drug, *va.* 1. Mezclar con drogas, hacer narcótico por medio de drogas. 2. Jaropar, dar drogas o medicinas con exceso; sumir en torpor, entumecer. Drogar (person, animal). Adulterar con drogas (add drugs to/food, wine). **A drugged sleep**, un sueño pesado. *-vn.* Administrar o recetar drogas.

drug abuse ['drʌgə'bju:s] [drag-a-bius] *s.* Consumo de drogas o estupefacientes.

drug addict ['drʌg'ædɪkt] [draga-dikt] *s.* Drogadicto, toxicómano. **Drug addiction**, drogadicción, toxicomanía.

druggist ['drʌgɪst] [dra-guist], *s.* Farmacéutico, boticario.

drugstore ['drʌgstɔ:r] [drag-stor] Establecimiento que vende medicamentos, cosméticos, periódicos y una gran variedad de artículos.

druid ['dru:ɪd] [druid], *s.* Druida, sacerdote de los antiugos bretones y celtas.

drum [drʌm] [dram], *s.* 1. *(Mus.)* Tambor, atambor. **Drums**, batería (in band). 2. Tambor, uno de los diversos objetos cilíndricos en figura de tambor: v. g. un aparato para difundir el calor, el cilindro que comunica movimiento a una máquina (machine part); un cuñete o barrilito de pescado, de higos u otros frutos, etc. (machine part). 3. Tímpano del oído.

drum, *vn.* 1. *(Mus.)* Tocar el tambor; dar golpecitos, tamborilear (beat, tap/person); repiquetear (rain, hail, hooves). 2. Tamborilear, golpetear (table, floor). **To drum one's fingers**, tamborilear con los dedos. *-va.* 1. Batir sobre el tambor, batir sin intermisión. 2. *(Mil.)* Expeler a toque de tambor: (seguido de *out*). 3. Reiterar; aturdir. 4. Atraer parroquianos. **To drum up**, congregar o juntar a toque de tambor.

drum into. To drum something into somebody/somebody's head, hacerle aprender algo a alguien a fuerza de repetírselo o de machacárselo.

drum out of Expulsar de (of army, school).

drum up Conseguir, obtener (support).

drumble ['drʌmbl] [dram-bel], *vn.* 1. Sonar como un tambor. 2. Zanganear, golgazanear.

drum-major [ˌdrʌm'meɪdʒər] [dram-mei-yar], *s.* Tambor mayor.

drum-maker [ˌdrʌm'meikər] [dram-mei-kar], *s.* Tamborero.

drummer ['drʌmər] [dra-mar], *s.* 1. Tambor, el que toca el tambor. *(Mil.)* 2. Tamborilero. 3. *(Com. Amer.)* Agente vendedor de una casa de comercio. 4. Batería, baterista (pop, jazz). **To hear/move/march to a different drummer**, ir contra la corriente.

drummond light [ˌdrʌmən'laɪt] [dra-mon-lait], *s.* Luz de oxicalcio.

drumstick ['drʌmstɪk] [dram-stik], *s.* 1. Baqueta, palillo o bolillo de tambor. 2. *(Fam.)* Lo que se asemeja a una baqueta, como el hueso de la pierna de un pavo. 3. *(Culin.)* Muslo, pata.

drunk [drʌŋk] [drank], *a.* Embriagado, borracho, ebrio (intoxicated). **To be drunk**, estar borracho. *(Law)* **Drunk and disorderly**, en estado de embriaguez y alterando el orden público. **Drunk driver**, conductor en estado de embriaguez. **Drunk with success/power**, ebrio o borracho de gloria/poder (elated). *s.* Borracho.

drunkard ['drʌŋkəd] [dran-kard], *s.* Borrachón. *(Met.)* Cuero, el que bebe mucho.

drunk driving [ˌdrʌŋk'draɪvɪŋ] [drank-drai-vin] *s.* Delito de conducir bajo la influencia del alcohol.

drunken ['drʌŋkən] [dran-ken], *a.* Ebrio, borracho (person, mob); de borrachos (orgy, brawl). **In a drunken stupor**, en un sopor etílico.

drunkenly ['drʌŋkənlɪ] [dran-ken-li], *adv.* Ebriamente.

drunkenness ['drʌŋkənnɪs] [dran-ken-nes], *s.* Embriaguez; borrachera habitual (state); alcoholismo (alcoholism).

drupaceous ['dru:peɪʃəs] [dru-pei-shos], *a.* *(Bot.)* Drupáceo, que produce drupas o es parecida a ellas.

dry [draɪ] [drai], *a.* 1. Arido (dull, boring/lecture, book); seco; sin jugo. Seco (not wet/ground, washing). Seco (cough). **There wasn't a dry eye in the house**, no hubo quien no llorara. 2. Sediento. 3. Seco, estéril, frío (lacking natural moisture/leaves, skin, hair); 4. Duro, austero, satírico; mordaz, cáustico (ironic/humor, wit); seco (lacking warmth/laugh, style). 5. Apretado, agarrado, mísero, avariento. 6. Taciturno. 7. Privado de dulzura; seco (not sweet/wine, sherry); brut, seco (champagne). 8. Que no da leche, v. gr. una vaca. 9. Seco (dried up/well, river). Seco (not rainy, not humid/climate, weather, heat). **Tomorrow will be dry**, mañana no lloverá. Seco (using no fluid/cell). **A piece of dry bread**, una rebanada de pan sin mantequilla. **He had a dry shave**, se afeitó en seco. 10. Seco donde está prohibida la venta de bebidas alcohólicas (prohibiting sale of alcohol/state, county). **Dry land**, tierra firme. **Dry goods**, tejidos, telas, lienzos, ropa, lencería; *(Ingl.)* artículos que se venden por medida de capacidad, áridos; y también, en general, especierías, pinturas (colores), etc., en contraposición a otras mercancías y a los tejidos. **Dry style**, estilo seco, insípido.

dry, *va.* 1. Secar, quitar o extraer la humedad (clothes, crockery). Secar (preserve/fish, fruit, meat). **To dry oneself**, secarse. 2. Enjugar. 3. Abrasar con sed. 4. Desangrar, desaguar. *-vn.* Secarse, enjugarse (washes, dishes, paint). **You wash and I'll dry**, tú lavas y yo seco. **To dry up**, enjugar, desecar, agotar, privar enteramente de la humedad.

dry off Secarse.

dry out Secarse, secar (soil, clothes). *(Coloq.)* Curarse de alcoholismo, hacerse una cura de desintoxicación (alcoholic).

dry up Secarse completamente (stream, pond); agotarse (funds, resources, inspiration). *(Coloq.)* Quedarse en blanco (actor). Secar los platos (dry dishes).

dryad ['draɪəd] [draiad] *s.* 1. Dríada o dríade, ninfa de los bosques. 2. Lirón: Myoxus dryas.

dry battery [draɪ'bætərɪ] [drai-ba-te-ri], *s.* *(Elec.)* Pila o batería seca.

dry cell ['draɪ'sel] [drai-sel], *s.* *(Elec.)* Pila seca.

dry clean ['draɪ'kli:n] [drai-klin] *va.* Limpiar en seco. **I had my coat dry cleaned**, mandé el abrigo a la tintorería.

dry cleaner('s) ['draɪ'kli:nars] [drai-kli-nars] *s.* Tintorería.

dry cleaning ['draɪ'kli:nɪŋ] [drai-kli-nin], *s.* Limpieza en seco (action); **I collected my dry cleaning**, recogí mi ropa de la tintorería (clothes).
dry dock ['draɪ'dɒk] [drai-dok], *s.* Dique de carena, dique seco, astillero.
dryer ['draɪəʳ] [draiaʳ], *s.* 1. Secante. 2. *(Quím.)* Desecativo, desecante. 3. Secadora (machine/for clothes); tendedor, tendedero (rack); secadora centrífuga (spin dryer); secadora de aire caliente (tumble dryer).
dry-eyed ['draɪ'aɪd] [drai-aid], *a.* Ojienjuto. *adv.* Sereno, sin una lágrima.
dry farming ['draɪ'fɑ:mɪŋ] [drai-far-min], *s.* Cultivos de secano.
dry ice ['draɪ'aɪs] [drai-ais], *s.* Hielo seco, bióxido sólido de carbono.
dryly ['draɪlɪ] [drai-li], *adv.* Secamente, fríamente.
dryness ['draɪnɪs] [drai-nes], *s.* 1. Sequedad, aridez, cualidad o estado de lo que es seco (of ground, hair, skin, climate). 2. Sequedad, tibieza, aridez de estilo. Sequedad (of manner); lo mordaz o cáustico (of humor, wit). 3. Lo seco (of wine, sherry).
dry-nurse ['draɪ'nɜ:s] [drai-ners], *s.* Ama que cría aun niño sin darle de mamar.
dry-rot ['draɪ'rɒt] [drai-rot], *s.* 1. Carcoma, enfermedad de la madera causada por los ataques de algunas especies de hongos. 2. Enfermedad de los túberculos de la patata. 3. *(Fig.)* Corrupción interna y oculta, de las costumbres, de la moralidad, etc.
dry-rub ['draɪ'rʌb] [drai-rab], *va.* Estregar o limpiar una cosa sin humedecerla.
drysalter ['draɪ'sɑ:ltəʳ] [drai-sal-taʳ] *s.* Traficante en viandas saladas y secas, aceites, escabeches, materias de tinte, etc.
dry-shod ['draɪ'ʃɒd] [drai-shod], *a.* A pie enjuto.
dry-wall ['draɪ'wɔ:] [drai-uol], *a.* Con paredes de tipo seco. (Se aplica a construcción.)
dual ['djʊəl] [diual], *a.* 1. Doble (double/role, function); doble (nationality); compartido (joint/ownership, interest). **Dual carriageway**, autovía, carretera de doble pista. **Dual control**, doble mando, doble volante de mando (car, brakes). **Dual personality**, doble personalidad. 2. *(Gram.)* Dual, número dual.
dualism ['djʊəlɪzm] [diua-lism], *s.* 1. *V.* DUALITY. 2. Dualismo, todo sistema filosófico que admite en el universo dos principios activos, la materia y el espíritu, o el genio del bien y el del mal.
dualist ['djʊəlɪst] [diua-list], *s.* Dualista, sectario del dualismo.
duality ['djʊəlɪtɪ] [diua-li-ti], *s.* Dualidad, expresión del número dos; estado de ser dos; división, separación.
dual-purpose ['djʊəl'pɜ:pəs] [diual-per-pos] *a.* De doble uso (utensil); de doble acción (cleaner); de doble función o uso (furniture).
dub [dʌb] [dab], *va.* 1. *(Cin.)* Doblar (una película cinematográfica). *(Audio)* Mezclar. 2. **To dub somebody (a) knight**, armar a alguno caballero. 3. Conferir cualquier dignidad. 4. Titular, apodar, dar nombre (nickname). 5. Alisar, estregar, aderezar.
dub, *s.* 1. Golpe. 2. Lodazal.
dubbed ['dʌbɪd] [da-bid], *a.* *V.* BLUNT.
dubbing ['dʌbɪŋ] [da-bin] *s.* *(Cin.)* Doblaje. *(Audio)* Mezcla.
dubious ['dʌbɪəs] [da-bios], *a.* 1. Dudoso, discutible (questionable/honor, achievement); irresoluto, indeciso. 2. Dudoso, incierto, equívoco, problemático, oscuro, ambiguo; turbio (past); sospechoso (motives, person). **He seems a rather dubious character to me**, no me parece una persona de fiar.
dubiously ['dʌbɪəslɪ] [da-bios-li], *adv.* 1. Dudosamente. 2. Con recelo o desconfianza (doubtfully/look, say); sospechosamente (suspiciously/behave).
dubiousness ['dʌbɪəsnɪs] [da-bios-nes], *s.* Duda, incertidumbre.
dubitable ['dʊbɪəteɪbl] [du-biu-tei-bol], *a.* Dubitable, dudable.
dubitation ['dʊbɪ'teɪʃən] [du-bi-tei-shon], *s.* Dubitación, duda.
ducal ['dju:kəl] [diu-kal] *a.* Ducal.
ducat ['dju:kət] [diu-kat], *s.* Ducado, moneda de oro o plata y de diverso valor en los varios países en que se ha usado y se usa.
duchess ['dʌtʃɪs] [da-chis], *s.* Duquesa, la esposa o viuda de un duque; o la princesa soberana de un ducado.
duchy ['dʌtʃɪ] [da-chi], *s.* El territorio o estado sobre el que recae el título de duque.
duck [dʌk] [dak], *s.* 1. Anade, pato. También el pato hembra, en contraposición al *drake*, o macho. 2. Cabeceo, la acción de volver la cabeza a un lado y a otro. 3. Cabrillas, juego de muchachos. 4. Mona, querida; es voz de cariño. **A lame duck** (en la bolsa de Nueva York), el corredor, agiotista o especulador que no puede pagar sus pérdidas. **To make/to play at ducks and drakes**, cabrillear, jugar el juego de cabrillas; hacer saltar una piedra sobre el agua; *(Fig.)* gastar de una manera pródiga; comprometer inconsideramente. Usado con *of* o *with*. **A dead duck**, un asunto acabado. **He took to skiing like a duck to water**, empezó a esquiar como si lo hubiera hecho toda la vida.
duck, *s.* Lienzo fuerte no cruzado de hilo o algodón, más ligero y fino que la lona. *-pl.* *(Fam.)* Pantalones hechos de este tejido.
duck *vn.* Agacharse (bow down). **I ducked behind a pillar**, me escondí rápidamente detrás de una columna (hide). *va.* 1. Agachar, bajar (lower, head). 2. Hundir (submerge). 3. Eludir, esquivar (dodge, question); eludir, evadir (responsibility). **To duck out of something**, escabullirse de algo, eludir algo.
duck-bill ['dʌkbɪl] [dak-bil], *s.* 1. *(Zool.)* Ornitorrinco, mamífero acuático y ovíparo de Australia. (Ornithorhynchus paradoxus). 2. Lo que tiene figura de pico de ánade.
ducker ['dʌkəʳ] [da-kaʳ], *s.* Buzo; quitapelillos, zalamero.
ducking ['dʌkɪŋ] [da-kin], *s.* 1. Zambullidura, zabullidura, chapuzón. 2. *(Mar.)* Zambullida, especie de castigo que se da a bordo.
ducking-stool ['dʌkɪŋˌstu:l] [da-kin-stul], *s.* Silla de madera, fuerte y tosca, a la que ataban a una mujer para sumergirla en el agua. Antiguo castigo que se daba a las mujeres pendencieras, murmuradoras y gruñonas.
duck-legged ['dʌkɪŋˌlegɪd] [da-kin-le-guid], *a.* Corto de piernas.
duckling ['dʌklɪŋ] [da-klin], *s.* 1. Anadeja. 2. Monina; voz cariñosa. 3. *(Zool.)* Patito, anadón. *(Culin.)* Pato joven.
duck-meat ['dʌk'mi:t] [dak-mit], o **duck-weed** ['dʌkɪŋ] [da-kin], *s.* *(Bot.)* Lenteja acuática.
duck's-foot ['dʌkzfu:t] [daks-fut] *s.* *(Bot.)* Especie de serpentaria.
duct ['dʌkt] [dakt], *s.* *(Anat. Tech.)* Conducto, canal, tubo.
ductile ['dʌktɪl] [dak-til], *a.* 1. Dúctil, flexible, blando, correoso. 2. Tratable, obsequioso.
ductileness ['dʌktɪlnɪs] [dak-til-nes], **ductility** ['dʌktɪlɪtɪ] [dak-ti-li-ti] *s.* Ductilidad; docilidad.
dud [dʌd] [dad], *s.* 1. *(Mil.)* Bomba que no estalla (shell, bomb). 2. *(Vul.)* Persona o cosa que resulta un fracaso; birria, porquería (useless thing); calamidad, inútil (useless person). 3. **Duds**, *pl.* *(Vul.)* trapos, andrajos, ropa vieja. *a.* 1. *(Coloq.)* Falso (useless, valueless); sin fondos (check). **A dud battery**, una pila gastada o que no funciona. 2. *(Mil.)* Que no estalla (shell, bomb).
dude [dju:d] [diud] *(Sl.)* Petimetre, currutaco, tipo, tío.
dudgeon ['dʌdʒən] [dad-yon], *s.* 1. Ojeriza, desazón, enojo, cólera. **In high dudgeon**, indignadísimo, lleno de indignación. 2. La raíz de boj, cuya madera se usó antiguamente para los puños de las dagas; una madera cualquiera abigarrada o veteada.
due [dju:] [diu], *a.* 1. Debido, cumplido, devengado. **The rent is due**, hay que pagar el alquiler (payable). **The respect due to one's elders**, el respeto que se les debe a los mayores (owed). **It's all due to you**, todo gracias a ti, te lo debemos

todo a ti. 2. Debido, apto, propio, conveniente, oportuno (consideration, regard); exacto, caído; merecido (deserved/reward). **Without due cause**, sin causa justificada. **In due course**, en su debido tiempo, a su debido momento. 3. Aguardado, algo cuya llegada está señalada o prevista (scheduled). **When is the next train/flight due?**, ¿cuándo llega el próximo tren/vuelo?. **When is the baby due?**, ¿para cuándo espera o tiene fecha?. **She's due for promotion**, le corresponde un ascenso. 4. Que se puede atribuir o achacar. **Due to**, debido a. **All flights were canceled due to bad weather**, se cancelaron todos los vuelos debido al mal tiempo. **Due west**, *(Mar.)* poniente derecho. *-adv.* Exactamente. **We headed due north**, nos dirigimos derecho hacia el norte. *V.* DULY. *-s.* Lo que da derecho pertenece a alguno, deuda u obligación; derecho; tributo, impuesto. **King's dues**, derechos del rey. **In due time**, a su tiempo; a propósito. **To give him his due, he is efficient**, tienes que reconocer que es eficiente. **Dues**, *s. pl.* Cuota (subscription).

due date ['dju:deɪt] [diu-deit], *s.* Plazo; fecha de vencimiento. **When is your due date?**, ¿para cuándo esperas o tienes fecha? (of birth).

duel ['dju:əl] [diuel], *s.* Duelo. **To fight a duel**, batirse en duelo.

duel, *vn.* Combatir en duelo. *-va.* Acometer a otro en duelo o desafío.

dueller ['dju:ələʳ] [diue-laʳ], **duellist** ['dju:deɪt] [daiu-deit], *s.* Duelista.

duelling ['dju:əlɪŋ] [diue-lin], *s.* Desafío.

dueness ['dju:ənɪs] [diue-nes], *s.* Aptitud. *V.* FITNESS.

duenna ['dju:ənɑ:] [diue-na] *sf.* Dueña, mujer anciana encargada antiguamente de guardar doncellas.

duet [dju:'et] [diu-et], *s.* *(Mús.)* Dúo. **A violin duet**, un dúo de violín.

duff [dʌf] [daf] *a.* (GB) *(Coloq.)* Malo, chafa. *s.* *(Sl.)* Trasero, culo.

duff up, darle una paliza a.

duffel ['dʌfl] [da-fel], *s.* 1. Moletón, tejido velludo de lana. 2. Equipo, pertrechos. **Duffel bag**, talego, tula, bolso marinero.

duffer ['dʌfəʳ] [da-faʳ] *s.* *(Coloq.)* Inútil, zoquete, chambón.

dug [dʌg] [dag], *s.*, Teta o pezón de teta de algún animal. *-pret.* y *pp.* del verbo TO DIG.

dugong ['dʌgɒŋ] [da-gon], *s.* Mamífero acuático de la India y Australia. Muy parecido al manatí de la América tropical.

dugout ['dʌgaʊt] [dag-aut], *s.* 1. Piragua. 2. Cueva; dogaut, caseta (in baseball). 3. *(Mil.)* Refugio contra bombardeos.

duke [dju:k] [diuk], *s.* 1. Duque, título de los primeros entre la nobleza. 2. *(Ant.)* General, capitán.

dukedom ['dju:kdəm] [diuk-dom], *s.* Ducado.

dulcet ['dʌlsɪt] [dal-sit], *a.* 1. Dulce, agradable al paladar. 2. Dulce, suave, armonioso. 3 Agradable a la mente, lo que solaza o consuela. **I could hear her dulcet tones**, oía su dulce voz.

dulcification [dʌlsɪfɪ'keɪʃən] [dal-si-fi-kei-shon], *s.* 1. Dulcificación. 2. *(Quím.)* Dulcificación, la combinación de algún ácido mineral con el alcohol.

dulcified ['dʌlsɪfaɪd] [dal-si-faid], *a.* Dulcificado.

dulcify ['dʌlsɪfaɪ] [dal-si-fai], *va.* Dulcificar, dulzurar, endulzar.

dulcimer ['dʌlsɪməʳ] [dal-si-maʳ], *s.* Tímpano, salterio, instrumento músico.

dulcinea ['dʌlsɪnɪə] [dal-si-nia], *f.* Amada, dama y señora de los pensamientos de uno.

dulcoration ['dʌlkə'reɪʃən] [dal-ko-rei-shon], *s.* Dulcificación.

dulia ['dʌlɪə] [da-lia], *s.* Dulía, culto que se da a los santos.

dull [dʌl] [dal], *a.* 1. Embotado, obtuso, romo, sin filo o corte (edge, blade). 2. No agudo o violento; v. g. **A dull pain**, un dolor sordo. 3. Lerdo, estúpido, torpe, negado, insípido (faculties); sordo (pain, ache); sordo, amortiguado (pain). 4. Flojo, tardo, perezoso, pesado; lánguido, insensible. 5. Triste, melancólico, pensativo, murrio. 6. Opaco, oscuro, ofuscado; nebuloso, gris, feo (overcast/day, morning); apagado (not bright/color); sin brillo (eyes, complexion); pálido (light, glow); mate (not shiny/finish); sin brillo (hair). **It's rather dull out today**, hoy está bastante nublado. 7. Soñoliento; aburrido (boring/speech, person). **Dull of hearing**, algo sordo, tardo o duro de oído.

dull, *va.* 1. Embotar, engrosar los filos y puntas de instrumentos cortantes. 2. Entontecer, embotar (senses); entorpecer, obstruir; contristar. 3. Hacer menos agudo, aliviar, moderar, mitigar (make less sharp/pain). 4. Ofuscar, deslumbrar; empañar, deslustrar, deslucir; quitar el brillo a, opacar (make less bright/color, surface). *-vn.* 1. Embotarse, entontecerse. 2. Ofuscarse; entristecerse; mitigarse, entorpecerse.

dullard ['dʌləd] [da-lar ['dʌlsɪt] [dal-sit]d], *s.* Bestia, estólido; zopenco. *-a.* Estúpido.

dull-brained ['dʌl'breɪnd] [dal-breind], *a.* Estúpido, tonto.

dull-browed ['dʌlbraʊd] [dal-braud], *a.* El que tiene las cejas dispuestas de tal modo que atristan los ojos.

dulled ['dʌld] [dald], *a.* Oscurecido, no claro.

duller ['dʌlsəʳ] [da-laʳ], *s.* Lo que hace oscuro, lerdo o flojo.

dull-eyed ['dʌlˌaɪd] [dal-aid], *a.* El que tiene los ojos naturalmente apagados.

dull-head ['dʌlhed] [dal-jed], *s.* Zote, un hombre estúpido.

dull-witted ['dʌlwɪtɪd] [dal-uited], *a.* Lerdo, sin viveza.

dully ['dʌlɪ] [da-li], *adv.* Lentamente, torpemente, zafiamente, estúpidamente; débilmente, pálidamente (dimly/glow, shine); de manera aburrida (boringly/talk, write).

dulnes ['dʌlnɪs] [dal-nes], *s.* Estupidez, incapacidad, tontería, estolidez, torpeza, rudeza; somnolencia, negligencia, pereza, entorpecimiento, pesadez, deslustre; embotadura.

dulse ['dʌls] [dals], *s.* Alga marina abundante de color rojo claro, que se come en Escocia y en otros países.

duly ['dju:lɪ] [diu-li], *adv.* Debidamente (correctly, properly); regularmente, exactamente, puntualmente, a su tiempo. **Your comments have been duly noted**, se ha tomado debida nota de sus observaciones. **Permission was duly granted**, el permiso fue concedido, como era de esperar. **He duly arrived at four**, llegó a las cuatro, como estaba previsto (as expected, planned).

dumb [dʌm] [dam], *a.* 1. Mudo, privado del habla (unable to speak). **She's deaf and dumb**, es sordomuda. **To strike one dumb**, enmudecer a uno. 2. *(Coloq.)* Bobo (stupid). **To act dumb**, hacerse el tonto. **Dumb-bell**, halterio, pesas, aparato gimnástico, mancuerna. **Dumb creature**, bestia, bruto. **Dumb show**, pantomima por señas, signo, gesto. **Dumb motions**, señas mudas. **Dumb-waiter**, ascensor doméstico, montaplatos (elevator; estante giratorio para vajilla, mesa de servicio, mesita rodante (table).

dumb, *va.* Imponer silencio, mandar callar. **Dumbfound**, anonadar. **We were dumbfounded at the news**, la noticia nos dejó anonadadas.

dumbly ['dʌmblɪ] [dam-bli], *adv.* Mudamente.

dumbness ['dʌmnɪs] [dam-nes], *s.* Mudez; silencio.

dumdum ['dʌmdʌm] [dam-dam] **dumdum bulet** *s.* *(Mil.)* Bala expansiva.

dumfound, dumbfound ['dʌmfaʊn] [dam-faun], *va.* *(Fam.)* Confundir, enmudecer a alguno.

dummy ['dʌmɪ] [da-mi], *s.* 1. *(Fest.)* Mudo. 2. *(Mec.)* Locomotora de calles, pequeña y poco ruidosa. También un carro cuya parte delantera es la locomotora y la trasera coche de pasajeros. 3. En el juego de naipes, cuando el juego debe hacerse entre cuatro personas y hay sólo tres, se ponen a un lado las cartas del que falta; a esto los ingleses llaman *dummy*; mano del muerto (in bridge, whist); muerto (player). 4. Maniquí para vestidos, cabeza para pelucas, etc., que sirven de anuncio en las tiendas (in window display, for dressmaker); muñeco (in tests, stunts). **Ventriloquist's dummy**, muñeco de ventrílocuo. 5. *(Coloq.)* Bobo (fool).

dummy, *a.* 1. Fingido, falseado, imitado, de juguete (gun, telephone). **A dummy package**, un paquete vacío. 2. *(Neg.)* Que actúa como testaferro (shareholder). **A dummy firm**, una empresa fantasma. (GB) *(Coloq.)* **Dummy run**, *s.* Ensayo, prueba.

dump [dʌ] [damp], *s.* *(Vul.)* 1. Murria, tristeza. En este sentido se usa sólo en plural. **To be in the dumps**, tener murria, esplín: estar triste, alicaído, malhumorado. 2. Arrebato, rapto. 3. Asombro, susto. 4. *(E. U.)* Lugar donde se echan y amontonan las basuras, cenizas, etc.; y también el montón mismo de basuras; vertedero, basural, tiradero (place for waste). *(Mil.)* Depósito (temporary store). 5. *(Coloq.)* Lugar de mala muerte (unpleasant place). **Dump truck**, volquete, camión volteador o de volteo, voltqueta.

dump, *va.* 1. Vaciar de golpe; descargar, verter (set on ground/ load, sand). **Where can I dump my things?**, ¿dónde puedo dejar o poner mis cosas?. *(Inform.)* Volcar (data, disks). 2. Tirar, botar (get rid of/waste, refuse). *(Neg.)* **To dump goods/ products**, inundar el mercado con mercancías/productos a bajo precio. 3. *(Coloq.)* Plantar, botar, largar (boyfriend, girlfriend). *vn.* *(Inform.)* Volcar.

dump body [dʌmp'bɒdɪ] [damp-bo-di], *s.* Caja de volteo (de un camión).

dumping ['dʌmpɪŋ] [dam-pin] *s.* 1. **The dumping of nuclear waste**, el vertido de residuos nucleares. **No dumping**, prohibido arrojar o tirar basura (of waste). **Dumping ground**, vertedero, basural, tiradero. 2. *(Neg.)* Dumping.

dumpish ['dʌmpɪʃ] [dam-pish], *s.* Murrio, mustio, triste, melancólico.

dumpishness ['dʌmpɪʃnɪs] [dam-pish-nes], *s.* Tristeza, descontento, melancolía.

dumpling ['dʌmplɪŋ] [dam-plin], *s.* 1. Pudín de pasta rellena de fruta o carne. 2. (Prov. Ingl.) Un enano. 3. Bola de masa que se come en sopas o guisos. **Apple dumpling**, manzana al horno, envuelta en masa.

dumpster ['dʌmpstəʳ] [damps-taʳ] *s.* Contenedor para escombros.

dumpy ['dʌmpɪ] [dam-pi], *a.* Gordo, regordete.

dun [dʌn] [dan], *va.* Importunar a un deudor. *(Vul.)* Moler, jorobar, fastidiar.

dun, *s.* 1. Acreedor importuno. 2. Altura; seto. *a.* Pardo.

dunce [dʌns] [dans], *s.* Zote, zopenco, bolo, tonto, burro. **Dunce cap**, (GB) **dunce's cap**, capirote, orejas de burro.

dunderhead, dunderpate ['dʌndəhed] [dan-der-jed], *s.* Zote, zopenco, tonto.

dune [dju:n] [diun], *s.* Duna, marisma, médano, montecillo de arena suelta y movediza que se forma en las cercanías del mar.

dung [dʌŋ] [dan], *s.* Estiércol, fiemo, excremento animal. **Cow-dung**, boñiga. **Dog-dung**, canina. **Goat, rat, mice, dung**, cagarruta. **Hen-dung**, gallinaza. **Horse-dung**, cagajón.

dung, *va.* Estercolar. *-vn.* Estercolar, echar de sí la bestia el excremento o estiércol.

dungarees [ˌdʌŋgə'ri:z] [dan-ga-ris], *s. pl.* Pantalones o ropa de trabajo hechos de tela basta, overol (workman's); pantalon de peto (fashion).

dungcart [dʌŋ'kɑ:t] [dan-kart], *s.* Carro de basura.

dunged ['dʌŋgɪd] [dan-gued], *a.* Estercolado, engrasado.

dungeon ['dʌndʒən] [dan-yon], *s.* Calabozo, mazmorra. *(Mex.)* Bartolina.

dungeon, *va.* Encalabozar.

dung-fork [dʌŋ'fɔ:k] [dan-fork], *s.* Horca o pala para el estiércol.

dungheap ['dʌŋhi:p] [dan-jip], **dunghill** ['dʌŋhɪl] [dan-jil], *s.* 1. Estercolero, muladar. 2. Vivienda vil y ordinaria; situación vil o baja. **To raise one from the dunghill**, sacar a alguno de la nada o de la miseria. *-a.* Bajo, vil, indigno.

dungy ['dʌŋɪ] [dan-gui], *a.* Lleno de estiércol; vil.

dungyard [dʌŋ'jɑ:d] [dan-yard], *s.* Corral de estiércol o para el estiércol.

dunner ['dʌnəʳ] [da-naʳ], *s.* Cobrador de deudas atrasadas.

dunno [də'nəʊ] [da-nou] *(Coloq.)* **(I) dunno**, no sé, ni idea.

duo ['dju:əʊ] [diu-ou], *s.* Dúo, pieza que se canta o toca por dos voces o instrumentos. *V.* DUET.

duodecimal [ˌdju:əʊˌdesɪməl] [diuou-de-si-mal], *a.* Duodecimal, se dice del sistema de numeración que emplea doce carácteres, y cuya base es el número doce.

duodecimo ['dju:əʊ'desɪməʊ] [diuou-de-si-mal], *s.* Libro en dozavo, cuya página es de unas 4 1/2 por 7 1/2 pulgadas.

duodenal [ˌdju:əʊ'di:nl] [diuou-di-nal], *a.* Duodenal. **Duodenal ulcer**, *(Med.)* Úlcera duodenal.

duodenum [ˌdju:əʊ'di:nəm] [diuou-di-nom], *s.* Duodeno.

duotype ['dju:əʊ'taɪp] [diuou-taip], *s.* Dos fotograbados a media tinta obtenidos del mismo negativo.

dupe [dju:p] [diup], *s.* Crédulo; víctima de engaño o dolo; inocentón, primo.

dupe, *va.* Engañar, embaucar.

duple ['dju:pl] [diu-pal], *a.* Doble.

duplex ['dju:pleks] [diu-pleks], *a.* 1. Duplo, doble, dúplice. **Duplex apartment**, dúplex. **Duplex house**, casa de dos viviendas adosadas. 2. *(Mec.)* Dúplice, dúplex, que opera o actúa en dos direcciones, especialmente en las transmisiones opuestas simultáneas; v. g. telégrafo, dúplex.

duplicate ['dju:plɪkɪt] [diu-pli-keit], *va.* 1. Duplicar, hacer duplicado, reproducir exactamente; hacer copias de (copy/ letter, document); repetir en forma innecesaria. (repeat/work, efforts). 2. *(Biol.)* Dividirse en dos partes espontáneamente.

duplicate, *s.* 1. Duplicado, copia. **In duplicate**, por duplicado. 2. El número doble de un mismo objeto en las colecciones de historia natural, minerales, monedas y otras. *-a.* Duplicado, doble, en pares. **A duplicate key**, un duplicado o una copia de llave.

duplication [ˌdju:plɪ'keɪʃən] [diu-pli-kei-shon], *s.* Duplicación, copia (of document); plegadura, pliegue, doblez. Repetición innecesaria (of work, effort).

duplicative ['dju:plɪkətɪv] [diu-pli-ka-tiv], *a.* Que se refierre a la duplicación; que produce la duplicación o está producido por ella.

duplicature ['dju:plɪkətʃəʳ] [diu-pli-ka-chaʳ], *s.* Plegadura, pliegue, doblez.

duplicity ['dju:plɪsɪtɪ] [diu-pli-si-ti], *s.* Doblez, duplicidad, engaño.

dura mater ['dju:rəˌmɑ:təʳ] [diu-ra-ma-taʳ], *s.* *(Anat.)* Duramáter, membrana que envuelve el cerebro.

durability [ˌdjʊərə'bɪlɪtɪ] [diu-ra-bi-li-ti], *s.* Estabilidad, cualidad o estado de lo durable, duración.

durable ['djʊərəbl] [diu-ra-bol], *a.* Durable, duradero. *(Neg.)* **Durable goods**, bienes (de consumo) duraderos.

durableness ['djʊərəblnɪs] [diu-ra-bol-nes], *s.* Dura, duración.

durably ['djʊərəblɪ] [diu-ra-bli], *adv.* Duraderamente.

durance ['djʊrəns] [diu-rans], *s.* 1. Cautividad, encarcelación, sujeción personal.

durant ['djʊrənt] [diu-rant], *s.* Sempiterna, tejido fuerte de lana.

duration ['djʊreɪʃən] [diu-rei-shon], *s.* Duración, continuación, perseverancia. *(Mil.)* **For the duration**, mientras dure la guerra.

duress [djʊə'res] [diu-res], *s.* Compulsión, coacción, prisión. Encierro, maltrato. **Under duress**, bajo coacción.

durex ['djʊəreks] [diu-reks] *s.* 1. (GB) Preservativo, condón (condom). 2. *(Austral.)* Scotch Tape.

durham ['dɜ:hɑ:m] [der-jam], *s.* 1. Res de una casta de ganado vacuno de cuernos cortos, notable por la excelencia de su carne. 2. Barca de carga con fondo plano que se impele por medio de largas pértigas.

during ['djʊərɪŋ] [diu-rin], *prep.* Mientras, durante el tiempo que, entretanto, al mismo tiempo. **You never see them during the day**, nunca se los ve durante el día o de día. **She'll call during the week**, llamará durante la semana.

durst, *pret. irr.* del verbo TO DARE.

dusk [dʌsk] [dask], *a.* Oscurecido, fusco, oscuro. *-s.* 1. El anochecer o entre dos luces; crepúsculo vespertino. **At dusk**,

al anochecer. 2. Principio de oscuridad, color fusco, color negruzco.
duskily ['dʌskɪlɪ] [das-ki-li], *adv.* Oscuramente.
duskiness ['dʌskɪnɪs] [das-ki-nes], *s.* Principio de la oscuridad.
duskish ['dʌskɪʃ] [das-kish], *a.* Fusco, oscuro, negruzco, sombrío.
duskishness ['dʌskɪʃnɪs] [das-kish-nes], *s.* Oscuridad.
dusknes ['dʌsknɪʃ] [dask-nes], *s.* Ofuscamiento.
dusky ['dʌskɪ] [das-ki], *a.* 1. Oscuro, falto de luz. 2. Fusco; oscuro (pink); moreno, de tez morena (complexion). 3. (Raro) Murrio, triste, melancólico.
dust [dʌst] [dast], *s.* 1. Polvo, toda substancia reducida a partes muy menudas (particles of matter). **Gold dust**, oro en polvo. 2. Polvo, parte menuda de la tierra muy seca. 3. Nube, multitud de palabras o argumentos que turba y confunde; confusión controversia. **To kick up a dust**, *(Fig.)* levantar polvareda o cantera, causar disensiones. 4. Restos mortales, cenizas. 5. *(Fig.)* La tierra, la sepultura; polvo, estado o condición vil. 6. Basura, barreduras, residuos. 7. *(Fam.)* Oro en polvo, de aquí, dinero en general y dinero contante. **Sawdust**, serrín o aserraduras. **Pindust**, limaduras de alfileres. **Dust of a house**, barreduras de una casa. **To kick up/to raise a dust**, *(Fam.)* levantar polvareda, hacer disturbio. **To bite the dust**, morder el polvo, morir combatiendo (person); irse a pique (project, plan).
dust, *va.* 1. Despolvorear, sacudir o quitar el polvo (remove dust from). **To dust the furniture**, quitarle el polvo a los muebles, sacudir los muebles. 2. Polvorear, llenar de polvo (sprinkle). **She dusted her feet with talcum powder**, se echó o se puso talco en los pies.
dust down Sacudirle el polvo a.
dust off Quitarle el polvo a, sacudir (table, shelf); quitar (dirt); desempolvar (revive).
dustbin ['dʌstbɪn] [dast-bin], *s.* Receptáculo para polvo o ceniza; cubo o tacho, tambo o caneca, tobo de la basura.
dust-born ['dʌstbɔːn] [dast-born], *s.* Nacido del polvo.
dust bowl ['dʌstbəʊl] [dast-boul] *s.* Terreno semidesértico expuesto a la erosión causada por el viento.
dust-brush [dʌst'brʌʃ] [dast-brash], *s.* Plumero para quitar el polvo; cepillo.
dust cloth ['dʌstklɒθ] [dast-kloz] *s.* Trapo del polvo, trapo de sacudir, sacudidor.
dust cover ['dʌst,kʌvə^r] [dast-ko-va^r] *s.* Funda para proteger del polvo (for furniture); tapa (hard cover); funda (flexible cover); sobrecubierta (dust jacket).
duster ['dʌstə^r] [das-ta^r], *s.* 1. El que quita el polvo. 2. Plumero, atado de plumas u otro utensilio que sirve para despolvorear; borrador (for blackboard). 3. *(Clothing)* Sobretodo largo de lienzo que protege contra el polvo; guardapolvo (housecoat). 4. Utensilio para espolvorear veneno sobre las plantas con objeto de matar los insectos.
dustiness ['dʌstɪnɪs] [das-ti-nes], *s.* El estado de lo que se halla cubierto de polvo.
dustman ['dʌstmən] [dast-man], *s.* Basurero.
dust-pan ['dʌstpæn] [dast-pan], *s.* Pala de recoger la basura.
dust storm ['dʌststɔːm] [dast-storm], *s.* Tolvanera; tormenta de polvo.
dustup ['dʌstʌp] [dast-ap] *s.* *(Coloq.)* Pelea. **To have a dustup**, pelearse.
dusty ['dʌstɪ] [das-ti], *a.* Polvoriento (road, plain); polvoroso, lleno de polvo (furniture). **To get dusty**, llenarse de polvo, empolvarse.
Dutch [dʌtʃ] [dach], *a./s.* Holandés; lo perteneciente a Holanda, idioma que se habla en Holanda. **Dutch cheese**, queso de Flandes. **Dutch oven**, asador de vuelta. **Dutch tiles**, azulejos. **To go Dutch**, pagar a escote, pagar o ir a la americana, pagar o ir a la inglesa.
dutch cap *s.* (GB) Diafragma.
dutch courage [,dʌtʃ'kʌrɪdʒ] [dach-ka-rich] *s.* *(Coloq.)* Valentía o arrojo que se debe a la ingestión de una bebida alcohólica.
dutchman ['dʌtʃmən] [dach-man], *s.* 1. Holandés, el natural de Holanda. 2. (Fam. E. U.) Alemán.
duteous ['djuːtɪəs] [diu-tios], *a.* Obediente, obsequiso, respetuoso.
dutiable ['djuːtɪəbl] [diu-tia-bol], *a.* *(Der.)* Sujeto al pago de impuestos, o a derechos arancelarios.
dutiful ['djuːtɪfʊl] [diu-ti-ful], *a.* 1. Obediente, sumiso, rendido o humillado a cualquier superior. 2. Respetuoso, respetoso, reverente, sumiso, consciente de sus deberes.
dutifully ['djuːtɪfəlɪ] [diu-ti-fa-li], *adv.* Obedientemente, respetuosamente; diligentemente.
dutifulness ['djuːtɪfʊlnɪs] [diu-ti-ful-nes], *s.* Obediencia, respeto, sumisión.
duty ['djuːtɪ] [diu-ti], *s.* 1. Deber, obligación (obligation), *(Ant.)* respeto, homenaje. **To do one's duty**, cumplir con su deber u obligación. **Duty call/visit**, visita de cumplido. 2. Obligación. 3. Obediencia, sumisión, acatamiento. 4. *(Mil.)* Facción, acto del servicio militar. 5. Impuesto, los derechos que se pagan por la introducción o extracción de géneros, derechos de aduana o de puertas. 6. *(Mec.)* Trabajo mecánico, el hecho por una máquina comparado con los combustibles consumidos; efecto útil. 7. Servicio (service). **To do night duty**, hacer el turno nocturno. **To be on/off duty**, estar/no estar de turno o guardia (nurse, doctor); estar/no estar de servicio (policeman/fireman). **Duty roster**, lista de guardias. **Duties**, *s. pl.* Funciones, responsabilidades (responsibilities). **Duty free**, libre de derechos, exento. **Duty free shop**, duty free, tienda libre de impuestos.
duumvirate ['djuːəm'vɪreɪt] [diu-um-vi-reit], *s.* Duunvirato.
duvet ['djuːveɪ] [diu-vei] *s.* (GB) Edredón nórdico. **Duvet cover**, funda de edredón.
dwale ['dweɪl] [dueil], *s.* 1. *(Bot.)* Solano. 2. *(Her.)* Sable, negro.
dwarf [dwɔːf] [duorf], *s.* 1. Enano. 2. Cualquier animal o planta que no tiene su ordinario grandor. **Dwarfelder**, yezgo, especie de saúco.
dwarf, *va.* 1. Impedir que alguna cosa llegue a su tamaño natural. 2. Hacer aparecer pequeño en comparación con otra cosa (building). **Her achievements dwarf those of her rivals**, sus logros eclipsan los de sus rivales. *-vn.* Empequeñecerse, achicarse.
dwarfish ['dwɔːfɪʃ] [duor-fish], *a.* Enano, bajo, pequeño.
dwarfishly ['dwɔːfɪʃlɪ] [duor-fish-li], *adv.* Como un enano.
dwarfishness ['dwɔːfɪʃnɪs] [duor-fish-nes], *s.* Pequeñez de estatura.
dwell [dwel] [duel], *vn.* 1. Habitar, morar, residir, vivir en algún paraje. 2. Hallarse en algún estado o condición. 3. (Con *on* o *upon*) Pararse, detenerse, dilatarse, insistir hablando de cualquier asunto. *-va.* *(Des.)* Vivir, ocupar.
dwell on. Try not to dwell on the past, trata de no pensar demasiado en el pasado.
dweller ['dwelə^r] [due-la^r], *s.* Morador, habitante. **City dwellers**, la gente que vive en la ciudad.
dwelling ['dwelɪŋ] [due-lin], *s.* Habitación, domicilio, vivienda, morada.
dwelling-house ['dwelɪŋhaʊs] [due-linjaus], *s.* Domicilio, morada; casa.
dwelling-place ['dwelɪŋpleɪs] [due-lin-pleis], *s.* Residencia, morada, domicilio.
dwindle ['dwɪndl] [duin-dol], *vn.* 1. Mermar, disminuirse, reducirse, menguar (numbers, population). **To dwindle away to nothing**, irse reduciendo hasta quedar en la nada. 2. Degenerar; descaecer, decaer. 3. Aniquilarse, consumire. **Dwindling resources**, recursos cada vez más limitados. *-va.* Disminuir, rebajar, romper; disipar.
dwindled ['dwɪndld] [duin-deld], *a.* Contraído, disminuído.
dye [daɪ] [dai], *va.* Teñir (clothes). **She dyes her hair blonde**, se tiñe el pelo de rubio.
dye, *s.* Tinte; materia colorante, o fluido que se usa para teñir. **Dye-house**, tintorería. **Dye-works**, taller de tintorero.

dyed-in-the-wool [daɪdɪn'θewu:l] [daid-in-de-wul], *a.* Fanático, ferviente, convencido; recalcitrante.
dyer ['daɪə^r] [daia^r], *s.* Tintorero.
dyeing ['daɪɪŋ] [daiin], *s.* Tintorería, el arte de teñir; tinta, teñidura, tintura. *-a.* Colorante.
dyestuff ['daɪstʌf] [dai-staf], *s.* Materia de tinte, droga.
dyers'weed ['daɪswi:d] [dais-uid], *s. (Bot.)* Gualda.
dying ['daɪɪŋ] [daiin], *pa.* 1. Moribundo, agonizante (near death, extinction/person, animal). 2. Mortal, destinado a morir, en vías de extinción (race, art). 3. Mortal, que se refiere a la muerte; en el instante de morir; último, postrero (related to time of death/wish, words, breath). **To be in a dying state**, estar a la muerte. **The dying words of one**, las últimas palabras de alguno. **Dying eyes**, ojos lánguidos o angustiados, vista desfallecida o desmayada. *-s.* Muerte.
dyingly ['daɪɪŋlɪ] [daiin-li], *adv.* A manera de moribundo.
dyke ['daɪk] [daik], *s.* 1. *V.* DIKE. 2. *(Sl.)* Tortillera (lesbian).
dynamic, dynamical [daɪ'næmɪk] [dai-na-mik], *a.* 1. Dinámico, referente a la dinámica, opuesto a estática. 2. Referente a una fuerza mecánica de cualquier especie. 3. Motor, motriz, que causa actividad o movimiento, eficaz.
dynamics [daɪ'næmɪkz] [dai-na-miks], *s.* Dinámica, la ciencia que trata de la acción de las fuerzas motrices sobre los cuerpos sólidos.
dynamism ['daɪnəmɪzəm] [dai-na-misem] *s.* Dinamismo.
dynamite ['daɪnəmaɪt] [dai-na-mait], *s.* Dinamita, substancia de enorme fuerza explosiva, compuesta de una materia absorbente y nitroglicerina. **These latest disclosures are political dynamite**, estas nuevas revelaciones son políticamente explosivas. *va.* Dinamitar, volar con dinamita.
dynamo ['daɪnəməʊ] [dai-na-mou], *s.* Dinamo o dínamo, máquina para convertir la fuerza mecánica en fuerza eléctrica; abreviatura de *dynamo-electric machine*, máquina electrodinámica.
dynamo-electric ['daɪnəməʊɪ'lektrɪk] [dai-na-mou-i-lek-trik], *a.* Electrodinámico, que transforma la fuerza mecánica en eléctrica o viceversa.
dynamometer ['daɪnəməʊ,mi:tə^r] [dai-na-mou-mi-ta^r], *s.*
dynamometric ['daɪnəməʊmetrɪk] [dai-na-mou-me-trik], *a.* Dinamométrico.
dynasty ['dɪnəstɪ] [di-nas-ti], *s.* Dinastía, serie de príncipes de una misma familia.
dyne ['dɪn] [din], *s. (Fís.)* Dina.
dyscrasia, dyscrasy ['dɪskreɪʒɪə] [dis-krei-sia], *s.* Discrasia, mal temperamento.
dysenteric ['dɪsntərɪk] [di-sen-te-rik], *a.* Disentérico.
dysentery ['dɪsntərɪ] [di-sen-te-ri], *s.* Disentería, flujo de vientre o cámaras de sangre.
dysfunction ['dɪsfʌŋkʃən] [dis-fank-shon] *s.* Disfunción.
dysfunctional ['dɪsfʌŋkʃənl] [dis-fank-sho-nal] *a.* Disfuncional.
dyslexia [dɪs'leksɪə] [dis-lek-sia] *s.* Dislexia.
dyslexic [dɪs'leksɪk] [dis-lek-sik] *a.* Disléxico.
dyspepsia, dyspepsy [dɪs'peksɪə] [dis-lep-sia], *s.* Dispepsia, digestión laboriosa e imperfecta, por lo general de carácter crónico.
dyspeptic [dɪs'peptɪk] [dis-pep-tik], *a./s.* 1. Dispéptico, relativo a la dispepsia. 2. Enfermo de dispepsia, mórbido, quejoso. 3. Que tiende a la dispepsia, indigestible.
dysphagia [dɪs'feɪdʒɪə] [dis-fei-chia], *s.* Disfagia, dificultad de tragar.
dysphonia, dysphony [dɪs'fəʊnɪə] [dis-fou-nia], *s.* Disfonía, dificultad de hablar.
dyspnoea ['dɪspnɪə] [disp-nia], *s.* Disnea, dificultad de respirar.
dispnoeal, dyspnoeic [dɪs'fəʊnɪəl] [dis-fou-nial], *a.* Disneico, relativo a la disnea.
dysuria, dysury ['dɪʒjʊrɪə] [di-shiu-ria], *s.* Disuria, dificultad en la expulsión de la orina.

E

e [i:] [i], esta letra tiene tres sonidos en inglés; uno igual al de la letra *i* en castellano; v. g. en *each* [ɪtʃ] [ich], *eagle* ['i:gl] [i-guel], y otro como el de la *e* en español; v. g. *men, bed, ten.* El tercero no es más que una variación del segundo; v. g. *elegant* [i:] [i], *daughter* [i:] [i], . Es muda cuando finaliza alguna palabra, excepto en las monosílabas y en las derivadas inmediatamente del griego; y sólo sirve, cuando es final, para prolongar la vocal que precede, como en *mine, fate* [i:] [i], **e.** en la rosa náutica denota el este u oriente; en la música, mi. **E flat**, Mi bemol.
each [i:tʃ] [ich], *pron.* Cualquier o cualquiera, cada, cada uno. **Each other**, entrambos, mutuamente, unos a otros, el uno al otro; uno sí y otro no. **They hate each other**, se odian. **We read each other's book**, cada uno lee los libros del otro. **I'll have a little of each, please**, sírveme un poco de cada uno, por favor. *a.* Cada. **Each child received a gift**, cada niño recibió un regalo. *adv.* **The apples are 20 cents each**, las manzanas valen 20 centavos por pieza cada una.
eager ['i:gə^r] [i-gua^r], *a.* 1. Ansioso, impaciente (excited, impatient); entusiasta (keen); ahincado, deseoso. 2. Fogoso, ardiente, vehemente, impaciente. **She looked at their eager faces**, miró sus caras llenas de ilusión. **She's eager to learn**, tiene muchos deseos o muchas ganas de aprender. **He's eager to please**, está deseoso de complacer. 3. Vivo, pronto. 4. Acre, mordaz.
eagerly ['i:gəlɪ] [i-guer-li], *adv.* Ansiosamente, con ansiedad e impaciencia (await); con entusiasmo (accept, agree); con avidez (listen, read); vehementemente, ardientemente; acremente. **To be eagerly busied**, estar embebido en los negocios.
eagerness ['i:gənɪs] [i-guer-nes], *s.* 1. Ansia, anhelo, ahínco. 2. Vehemencia, violencia, ardor; apresuramiento. 3. Aspereza. 4. Entusiasmo; impaciencia (impatience). **Her eagerness to please**, su afán de agrado.
eagle ['i:gl] [i-guel], *s.* 1. *(Zool.)* Águila. 2. Águila, insignia de los romanos. 3. Águila, moneda de oro de los Estados Unidos.
eagle-eyed ['i:gl'aɪd] [i-guel-aid], **eagle-sighted** ['i:gl'saɪtɪd] [i-guel-sai-tid], *a.* De vista de lince.
eagle-speed ['i:gl'spi:d] [i-guel-spid], *s.* Velocidad de águila.
eagless ['i:glɪs] [ig-les], *f.* La hembra del águila.
eagle-stone ['i:gl'stəʊn] [iguel-stoun], *s.* Etites, piedra de águila, hierro oxidado moreno.
eaglet ['i:glɪt] [ig-let], *s.* Aguilucho.
eagle-winged ['i:gl'wɪndʒ] [iguel-wingd], *a.* Alado como águila.
eagle-wood ['i:gl'wu:d] [iguel-wud], *s.* Madera de águila.
ean, *vn. V.* YEAN.
ear ['ɪə^r] [ia^r], *s.* 1. *(Anat.)* Oreja, órgano del oído; pabellón de la oreja. **To be all ears**, ser todo oídos. **To be wet behind the ears**, estar verde, no tener experiencia. **To fall on deaf ears**, caer en oídos sordos. 2. Oído, sentido del oír. 3. Oído para la música. **To have a good ear for music/languages**, tener oído para la música/los idiomas. **To play something by ear**, tocar algo de oído. 4. Oído, la atención que se presta a lo que dice una persona. 5. Asa, asidero. 6. *(Bot.)* Espiga. **Dog's ears**, *(Fam.)* Orejones, las puntas de las hojas de los libros dobladas o arrolladas. **By ear**, de, o por oídas; de oído.
ear, *vn.* Espigar, empezar las semillas a crecer y echar espigas. *-va. (Des.)* Arar. **To set by the ears**, reñir, pelear.
earache ['ɪəreɪk] [iar-eik], *s.* Dolor de oídos.
ear-bored ['ɪə'bɔ:d] [iar-bord], *a.* El o la que tiene las orejas horadadas.
ear-deafening ['ɪə,dfnɪŋ] [iar-def-nin], *a.* Lo que ensordece.
eardrop ['ɪədrɒp] [iar-drop], *s.* Pendiente, zarcillo. *V.* EAR-RING. **Eardrops**, *s. pl.* Gotas para los oídos.
ear-drum ['ɪədrʌm] [iar-dram], *s.* Tímpano del oído.

eared ['ɪəd] [iard], *a.* 1. Lo que tiene orejas u oídos. 2. Espigado, provisto de espigas. 3. *(Des.)* Arado. 4. De las orejas. **Long-eared**, orejudo, de orejas largas. **Lap-eared**, de orejas pendientes.

earful ['ɪəfʊl] [iar-ful] *s.* *(Coloq.)* **My mother gave me an earful**, mi madre me echó un rapapolvo o me cafeteó.

earing ['ɪərɪŋ] [iarin] *s.* *(Ant.)* La acción de arar la tierra. **Earing of a sail**, *(Mar.)* empuñidura de una vela. **Head-earings**, *(Mar.)* empuñiduras de grátil. **Reef-earings**, *(Mar.)* empuñiduras de rizos.

earl [ɜːl] [erl], *s.* Conde, título de nobleza, hoy el tercero en Inglaterra. **Earl-marshal**, dignidad en la corte de Inglaterra que tiene a su cargo la dirección de las solemnidades militares y todos los asuntos respectivos a las armas y honores de las familias.

earlap [ɜːl] [erl], *s.* La punta de la oreja.

earldom ['ɜːldɒm] [erl-dom], *s.* Condado, señorío de conde.

earless ['ɪəlɪs] [ia-les], *a.* Desorejado; el que no quiere oír.

earlier, earliest ['ɜːlɪəʳ] [er-liaʳ], comparativo y superlativo de EARLY.

earliness ['ɜːlɪnɪs] [er-li-nes], *s.* 1. Precocidad, anticipación. 2. Presteza, prontitud.

earlobe ['ɪələʊb] [ia-loub] *s.* Lóbulo de la oreja.

earlock ['ɪəlɒk] [ia-lok], *s.* Una especie de bucle o rizo. *V.* LOVE-LOCK.

early ['ɜːlɪ] [er-li], *a.* 1. Primitivo, del principio (far back in time). **Early man**, el hombre primitivo. **His earliest memories**, sus primeros recuerdos. **From the earliest times**, desde los primeros tiempos. 2. Avanzado, precoz, anticipado (before expected time/arrival, elections). **To be early**, llegar temprano (person); adelantarse (baby). **The bus was early**, el autobús pasó o salió antes de la hora. 3. Temprano, matinal (before normal time); cercano, próximo a suceder o acontecer. Temprano, tempranero (crop, variety). **An early fruit**, un fruto temprano. **To rise early**, madrugar, levantarse temprano. **Early riser**, madrugador. **Early in the spring**, al principio de la primavera. **You are early**, es Ud. matinal. 4. Pronto (in near future). **At the earliest possible moment**, lo antes o lo más pronto posible. *adv.* 1. Temprano, de madrugada (before usual time). 2. Luego, tan pronto como (soon). **They won't be here till nine at the earliest**, por temprano que lleguen no estarán aquí antes de las nueve. 3. Al principio de. **Early in the morning**, muy de mañana, de madrugada. **As early as possible**, tan pronto como sea posible, a la mayor brevedad. 4. **Early in the morning/afternoon**, por la mañana/tarde temprano. **Early in the week/year**, a principios de semana/año (toward beginning of period).

ear-mark ['ɜːmɑːk] [ia-mark], *s.* 1. Señal en la oreja. 2. Toda señal que sirve para identificar.

ear-mark, *va.* 1. Marcar el ganado en las orejas. 2. Destinar (money, funds).

earmuff ['ɜːmʌf] [ia-maf], *s.* Orejera.

earn [ɜːn] [ern], *va.* 1. Ganar, adquirir caudal (money, wages); dar, devengar (interest); obtener, conseguir. 2. Merecer, hacer algo que merece recompensa. 3. Ganarse (respect, gratitude); ganar (promotion). *vn.* Trabajar, ganar dinero.

earner ['ɜːnəʳ] [er-naʳ] *s.* **He's the major/sole earner in the family**, es el que más dinero gana de la familia/es el único que gana dinero en la familia. (GB) *(Coloq.)* **It's a nice little earner**, ese negocio me/te/le gana un buen dinerito (source of income).

earnest ['ɜːnɪst] [er-nest], *a.* 1. Ardiente, fervoroso, ansioso, ferviente (wish). 2. Activo, diligente, atento, cuidadoso. 3. Serio, concienzudo (sincere/effort, attempt); importante; formal, de buena fe; serio (serious). **He's terribly earnest**, se lo toma todo muy en serio. *-s.* 1. Veras, seriedad, gravedad. 2. Buena fe, realidad. 3. Arras, el primer dinero que se recibe por lo que se vende. 4. Prenda segura, seguridad, señal, caparra, la parte de precio que se anticipa en cualquier concierto como prenda de seguridad. **To give earnest**, dar señal o arras. **In earnest**, de veras. **In good earnest**, de buena fe. *(Fam.)* Con formalidad, con seriedad.

earnestly ['ɜːnɪstlɪ] [er-nest-li], *adv.* Seriamente, de veras; encarecidamente; ansiosamente. Con seriedad (speak, look); de todo corazón (desire, believe).

earnestness ['ɜːnɪstnɪs] [er-nest-nes], *s.* 1. Ansia, anhelo, vehemencia, ardor, celo. 2. Gravedad, seriedad, formalidad. 3. Solicitud, cuidado, ahínco, diligencia.

earning ['ɜːnɪŋ] [er-nin], *s.* Salario, jornal, paga. **Earnings**, *s. pl.* Ingresos. **Earnings-related**, *a.* (GB) proporcional al sueldo.

earphone ['ɪəfəʊn] [ia-foun], *s.* Audífono.

ear-pick ['ɪə'pɪk] [iar-pik], *s.* Mondaorejas, escarbaoídos.

ear-piercing ['ɪə'piːsɪŋ] [iar-pir-sin], *a.* 1. Que penetra el oído (sonido agudo). *s.* Perforación del lóbulo de la oreja.

earplug ['ɪəplʌg] [iar-plag] *s.* Tapón para el oído.

earring ['ɪərɪŋ] [iar-ring], *s.* Zarcillo, pendiente, arracada. (Cuba y Méx.) Arete, aro, caravana.

earshot ['ɪəʃɒt] [iar-shot], *s.* Alcance del oído.

ear specialist ['ɪə'speʃəlɪst] [iar-es-pe-sha-list], *s.* Otólogo, especialista de oídos.

earsplitting ['ɪə,plɪtɪŋ] [iar-spli-tin] *a.* Estridente, que rompe los tímpanos (scream); ensordecedor (noise).

earth [ɜːθ] [erz], *s.* 1. Tierra, el globo terráqueo o terrestre. **The Earth**, la Tierra. **Nothing on earth would make me do it**, no lo haría por nada del mundo. (GB) *(Coloq.)* **To cost the earth**, costar un ojo de la cara. **To promise the earth**, prometer el oro y el moro. 2. Tierra, porción sólida de nuestro globo. 3. *(Quím.)* Tierra, substancia inorgánica y fósil; óxido metálico, como alúmina. **Fuller's earth**, tierra de batán, greda muy fina. 4. Tierra, espacio de terreno a propósito para el cultivo (land, the ground, soil). **To bring somebody down to earth**, hacer bajar de las nubes a alguien. 5. Mundo, los que habitan el globo. 6. Madriguera, la cuevecilla en que habitan ciertos animales (burrow, hole). **To go to earth**, esconderse (person) **Argillaceous earth**, tierra arcillosa, greda. **Run to earth**, cazado hasta la misma madriguera. **Why on earth didn't you warn me?**, ¿por qué diablos o demonios no me avisaste? **Who on earth would do that?**, ¿a quién puede ocurrírsele hacer eso? (as intensifier).

earth, *va.* Enterrar, cubrir con tierra. *(Elec.)* Conectar a tierra. *-vn.* Retirarse debajo de tierra.

earth-bank [ɜːθ] [erz], *s.* Especie de cercado de tierra para guardar los sembrados.

earth-board ['ɜːθ'bɔːd] [erz-bord], *s.* Orejera, la parte del arado que abre el surco. (Se llama más comúnmente MOLD-BOARD).

earth-born ['ɜːθ'bɔːn] [erz-born], *a.* 1. Terrestre, producido por la tierra. 2. El que es de bajo nacimiento.

earth-bound ['ɜːθbaʊnd] [erz-baund], *a.* Comprimido o apretado con tierra.

earth-bred ['ɜːθbred] [erz-bred] *a.* Vil, bajo.

earth-created ['ɜːθkrɪ'eɪtɪd] [erz-kri-eitid], *a.* Formado o hecho de tierra.

earthen ['ɜːθən] [er-zen], *a.* Térreo, terreno, terroso, de barro. **Earthenware**, loza de barro. **Glazed earthenware**, loza vidriada.

earth-fed ['ɜːθfed] [erz-fed], *a.* Bajo, vil.

earth-flax ['ɜːθflæks] [erz-flaks], *s.* Amianto, fósil; asbesto.

earthiness ['ɜːθɪnɪs] [er-zi-nes], *s.* Terrenidad; grosería.

earthliness ['ɜːθlɪnɪs] [erz-li-nes], *s.* Vanidad mundana.

earthly ['ɜːθlɪ] [erz-li], *a.* 1. Terreno, térreo, terrenal, terrestre, mundano (worldly, life). **All her earthly possessions**, todo lo que poseía o posee en este mundo. 2. Temporal, sensual, terrenal. 3. Grosero, basto, tosco. **It's no earthly use asking her**, es inútil preguntarle (as intensifier). *s.* (GB) *(Coloq.)* **You don't have/stand an earthly against her**, no tienes ni la más remota posibilidad de ganarle (chance). **I haven't got an earthly**, no tengo ni la menor idea o ni la más remota idea (idea).

earthly-minded [ˌɜːθlɪˈmaɪndɪd] [erz-li-main-did], *a.* Mundano, sensual.

earthly-mindedness [ˌɜːθlɪˈmaɪndɪdnɪs] [erz-li-main-did-nes], *s.* Grosería; sensualidad.

earth-nut [ˈɜːθnʌt] [erz-nat], *s.* 1. Criadilla de tierra; especie de hongo sin raíz, comestible, que se cría debajo de tierra. 2. Cacahuete, maní.

earthquake [ˈɜːθkweɪk] [erz-kueik], *s.* Temblor de tierra, terremoto.

earth-shaking [ɜːθʃeɪkɪŋ] [erz-shei-kin], **earth-shattering** [ɜːθˈʃætərɪŋ] [erz-sha-te-rin] *a.* 1. Lo que tiene poder de mover la tierra. 2. Que causa conmoción (event, news).

earthwork [ˈɜːθwɜːk] [erz-uerk], *s.* 1. Fortificación hecha en gran parte de tierra; terraplén. 2. Obra de ingeniería que necesita el movimiento de tierras.

earthworm [ɜːθˈwɜːm] [erz-uerm] *s.* 1. Lombriz de tierra. 2. Gusano, hombre vil y abatido.

earthy [ˈɜːθɪ] [erzi] *a.* Terroso (shade); a tierra (taste, smell); llano, campechano (person); desenfadado, directo (humor).

ear-wax [ˈɪəwæks] [ia-uaks], *s.* Cerilla o cera de los oídos.

earwig [ˈɪəwɪg] [ia-uig], *s.* 1. Tijereta, gusano del oído. Forfícula. 2. Cuchicheador, el amigo de cuchichear.

ear-witness [ˈɪəwɪtnɪs] [ia-uit-nes], *s.* Testigo auricular o de oídas.

ease [iːz] [is], *s.* 1. Quietud, tranquilidad, ocio, reposo; conveniencia, descanso, comodidad. 2. Alivio, descanso, desahogo. **A life of ease**, una vida desahogada (leisure). 3. Facilidad (facility), disposición para entender y hacer las cosas sin trabajo, despejo, desembarazo, donaire. **For ease of access**, para facilitar el acceso. **At ease**, con desahogo, descansadamente; a gusto. **I don't feel at ease with her**, con ella no me siento a gusto. **With ease**, con facilidad. **At heart's ease**, a pedir de boca. *(Mil.)* **(stand) at ease!**, ¡descansen!

ease, *va.* 1. Aliviar, calmar (relieve/pain); hacer disminuir, aliviar (tension); aligerar (burden); ablandar, mitigar, templar, suavizar, moderar. Paliar, mejorar (make easier/situation); facilitar (transition). **To ease the way for something**, preparar el terreno para algo. **He did it to ease his conscience**, lo hizo para descargarse la conciencia. 2. Dar alivio y descanso de algún trabajo corporal. **To ease oneself**, hacer de cuerpo. 3. Desembarazar, quitar algún estorbo o embarazo; relajar (rules, restrictions); aflojar (belt, rope). **Ease the ship**, *(mar.)* orza todo. **To ease off/away**, *(Mar.)* lascar o arriar. **They eased them into the weelchair**, lo sentaron con cuidado en la silla de ruedas (move with care). *vn.* Aliviarse, calmarse (pain); disminuir (tension).

ease off Amainar (rain); aliviarse, calmarse (pain); disminuir (pressure, traffic).

ease up Tomarse las cosas con más calma (slacken pace/of life); bajar el ritmo (of work, activity).

easel [ˈiːzl] [isel], *s.* Caballete, bastidor que sirve a los pintores para colocar el lienzo en que pintan.

easeless [ˈiːzlɪs] [ise-les], *a.* Inquieto, sin reposo.

easement [ˈiːzmənt] [is-ment], *s.* 1. *(For.)* Derecho incorpóreo distinto de la propiedad del suelo, como el que se tiene a una corriente de agua o al aire libre. 2. Alivio, apoyo, ventaja.

easily [ˈiːzɪlɪ] [isi-li], *adv.* 1. Fácilmente; sin dificultad, esfuerzo ni trabajo; sin inquietud, pesar o fastidio; quietamente, sosegadamente; prontamente. Con facilidad (readily/break, stain, cry). **You gave up too easily**, te diste por vencido demasiado pronto. **He's easily fooled**, es fácil de engañar. **It's easily obtainable**, se consigue sin problemas. **Languages come easily to him**, tiene facilidad para los idiomas. 2. Con mucho, fácil, de lejos (by far). Por lo menos, fácil (at least). **It must have cost easily $100**, debe de haber costado por lo menos 100 dólares. **There is easily enough for everybody**, hay de sobra para todos. 3. Perfectamente, fácilmente (very conceivably).

easiness [ˈiːzɪnɪs] [isi-nes], *s.* 1. Facilidad, presteza, diligencia (of task). 2. Libertad, quietud. 3. Comodidad, bienestar. 4. Despejo, desembarazo, gracia, facilidad de maneras; soltura, naturalidad (of manner, movement).

easing [ˈiːzɪŋ] [isin] *s.* **An easing of tension between the two countries**, un relajamiento de la tensión entre los dos países. **The easing of traffic congestion**, la descongestión del tráfico.

east [iːst] [ist], *s.* 1. Oriente; este (point of the compass, direction). **To the east of the city**, al este de la ciudad. **East wind**, viento del este o de levante. 2. En el comercio se designan con el nombre de Oriente las regiones y los pueblos del Asia que baña el Océano, y con el de Levante los que están en el Mediterráneo. 3. **East**, este (in bridge). *-a.* Oriental, de Oriente; del Este (wind). *adv.* Al este. **It's east of Dallas**, está al este de Dallas. **Back east**, (in US) en el este, en los estados del Este.

eastbound [ˈiːstbaʊnd] [ist-baun] *a.* Que va hacia el este o en dirección este.

east End [ˈiːstˈend] [ist-end] *s.* **The East End of London**, barrio del este de Londres de tradición obrera. **Eastender**, persona que vive o ha nacido en el East End.

easter [ˈiːstəʳ] [is-taʳ], *s.* Pascua de resurrección o florida. **Easter Eve**, sábado santo. **Easter Day**, día de Pascua. **Eastertide**, estación o época de la Pascua; tiempo que ésta dura. **Easter egg**, huevo de Pascua. **The Easter vacation**, las vacaciones de Semana Santa.

easterling [ˈiːstəlɪŋ] [is-ter-lin], *s.* Natural de algún país al oriente de otro.

easterly [ˈiːstəlɪ] [is-ter-li], *a.* Oriental, del este, hacia el este, situado al este, o viniendo de él. **Easterly wind**, aire de levante, solano.

eastern [ˈiːstən] [is-tern], *a.* 1. Oriental, de Oriente, o que habita el Oriente. **The eastern areas of the country**, las zonas orientales o este del país. **Eastern Europe**, europa oriental o del este. 2. *V.* EASTERLY. 3. Oriental (oriental/appearance, custom). **Easterner**, nativo o habitante del este del país o de la región.

easternmost [ˈiːstənməʊst] [is-tern-moust] *a.* Más al este (town, island). **The easternmost tip of the island**, el extremo este u oriental de la isla.

eastward [ˈiːstwɑːd] [ist-uard], *a.* Que se dirige o tiende hacia el este. *-adv.* Hacia el oriente, hacia el este (travel, turn).

easy [ˈiːzɪ] [isi], *a.* 1. Fácil (not difficult); cómodo, que no exige gran esfuerzo ni trabajo. **It's very easy to do**, es muy fácil de hacer. **To take the easy way out**, optar por el camino más fácil. **She was an easy winner**, ganó sin problemas. 2. Fácil, complaciente, condescendiente, cortés, sociable. 3. Libre, tranquilo; contento; aliviado, exento de penas, de cuidados. 4. Acomodado, en buena situación de fortuna. 5. Acomodado, liso, llano. 6. Fácil, natural, que no es forzado; fácil, desahogado (undemanding/life). *(Neg.)* **Easy terms**, facilidades de pago. **To be easy on the eye/ear**, ser agradable a la vista/al oído. 7. Condescendiente, suave (lenient). **To be easy on somebody**, ser poco exigente o severo con alguien. (GB) *(Coloq.)* **I'm easy**, me da igual o lo mismo (without strong opinion). 8. *(Com.)* No en gran demanda ni escaso; en libre circulación, como el dinero. **Easy sail**, *(Mar.)* poca vela. **Easy labor**, parto feliz. **Easy to be borne**, soportable, fácil de soportar. **Easy-going**, inalterable, sereno; de trato fácil, sin complicaciones.

easy *adv.* 1. **Love/money doesn't come easy**, el amor/dinero no es fácil de conseguir. **Easy come, easy go**, así como viene se va (without difficulty). 2. Despacio, con calma (slowly, calmly). **Easy does it**, despacito. **To take it easy**, tomárselo con calma. **Go easy on/with the sugar**, no te pases o llévatela suave con el azúcar (sparingly). **Go easy on him**, no seas muy duro con él (leniently).

easy chair [iːzɪˈtʃɛəʳ] [isi-cheaʳ], *s.* Silla poltrona, sillón, butaca.

eat [iːt] [it], *va.* (*pret.* ATE, *pp.* EATEN). 1. Comer (meal, food); masticar. **To eat one's breakfast/dinner/supper**, almorzar/comer/cenar. 2. Roer; consumir, usar, gastar.

What's eating her?, ¿a ésta qué le pica o qué bicho la picó? (upset, bother). 3. Retractar, desaprobar lo dicho o hecho desdiciéndose de ello. *-vn.* 1. Alimentarse, mantenerse, sustentarse; comer. **We usually eat at seven**, solemos cenar a las siete. 2. Desdecirse, retractarse; apacentarse el ganado. 3. *(Fam.)* Saber a, tener buen o mal gusto.

eat away, comer con ánimo; roer (rats, mice); carcomer, consumir; picar, comerse (moths); corroer (acid).

eat into Corroer (acid, rust); comerse (profits, savings).

eat up 1. Comer, devorar, hartarse; destruir, arruinar. 2. Comerse (finish/meal, food). **Eat it all up now!**, ¡cómetelo todo! 3. Terminar de comer (finish meal). 4. Consumir, gastar (fuel, electricity). 5. Consumir (curiosity, ambition). **She's eaten up with envy**, la envidia la carcome, la consume la envidia.

eatable ['i:təbl] [i-ta-bol], *a.* Comestible, bueno de comer, que se puede comer. *-s.* Comestibles víveres, vituallas, todo género de alimentos.

eater ['i:təʳ] [i-taʳ], *s.* Comedor (person). **A great eater**, tragón. **We're big meat eaters**, comemos mucha carne.

eating ['i:tɪŋ] [itin] *s.* (El) comer. **It is/makes very good eating**, es muy sabroso. De mesa (apple).

eating-house ['i:tɪŋhaʊs] [itin-jaus], *s.* Figón, bodegón, hostería.

eaves ['i:vz] [ivs], *s. pl.* Socarrén, alero o ala de tejado.

eavesdrop ['i:vzdrɒp] [ivs-drop], *vn.* Escuchar por la ventana lo que se habla dentro de la casa; escuchar a las puertas.

eavesdropper ['i:vzdrɒpəʳ] [ivs-dro-paʳ], *s.* Escuchador, el que se pone con curiosidad y ocultamente a escuchar lo que otros hablan.

ebb [eb] [eb] *vn.* 1. Menguar o retroceder la marea (tide). **To ebb and flow**, fluir y refluir, ir y venir. 2. Menguar, decaer, disminuir, irse consumiendo alguna cosa (dwindle).

ebb away, **His life was ebbing away**, se consumía poco a poco. **I felt my strength ebbing away**, sentí que me abandonaban las fuerzas.

ebb, *s.* 1. *(Mar.)* Menguante, reflujo de la marea. **The tide was at the ebb**, la marea estaba bajando. 2. Decadencia o decremento de alguna cosa. **Ebbtide**, *(Mar.)* marea menguante. **The ebb of life**, la vejez. **To be at a low ebb**, estar decaído (person); estar en un punto bajo (diplomatic relations). **His fortunes were at a low ebb**, atravesaba un mal momento.

ebionite ['ebɪənaɪt] [e-bio-nait], *s.* Ebionita, hereje que negaba la divinidad de Jesucristo.

ebon ['ebən] [e-bon], *a.* Hecho de ébano; negro, como el ébano.

ebonite ['ebənaɪt] [e-bo-nait], *s.* Ebonita, caucho negro endurecido o vulcanizado.

ebonize ['ebənaɪz] [e-bo-nais], *va.* Ebonizar, dar a la madera el color del ébano.

ebony ['ebənɪ] [e-bo-ni], **ebon**, *s.* Ebano, madera dura, negra, pesada y de mucho valor (wood); color de ébano (color); negro como el ébano (hair, skin).

ebriety ['ebrɪətɪ] [e-bri-e-ti], *s.* Ebriedad, embriaguez, borrachera.

ebullience, ebulliency [ɪ'bʌlɪəns] [i-ba-liens], *s.* Ebullición.

ebullient [ɪ'bʌlɪənt] [i-ba-lient], *a.* 1. Hirviente, lo que está hirviendo. 2. Vivaz, lleno de vida (person). **He was in an ebullient mood**, estaba lleno de energía.

ebullition ['ebəlɪʃən] [e-ba-li-shon], *s.* 1. Ebullición, hervor, fermentación. 2. *(Fig.)* Emoción profunda, viva agitación o exaltación del ánimo.

eburnated [ɪ'bɜ:neɪtɪd] [i-ber-nei-tid], *a.* Condensado y endurecido como el hueso.

eburnean [ɪ'bɜ:nɪən] [i-ber-nian], *a.* Ebúrneo, de marfil o que se parece a él.

EC *s.* (= **European Community**) CE.

eccentric, eccentrical [ɪk'sentrɪkl] [ik-sen-tri-kal], *a.* 1. Excéntrico, que está fuera del centro o tiene un centro diferente. 2. Extravagante, disparatado, particular, singular, estrafalario, raro. 3. Apartado o distante del centro nervioso.

eccentric, *s.* 1. *(Mec.)* Rueda excéntrica. 2. El desvío del centro; la persona que se desvía del modo común de obrar.

eccentricity, excentricity [ɪk'sentrɪsɪtɪ] [ik-sen-tri-si-ti] *s.* 1. Excentricidad. 2. Extravagancia, particularidad, singularidad, rareza, extravagancia.

ecchymosis [ɪkɪ'məʊsɪs] [i-ki-mou-sis], *s.* Equimosis, mancha acardenalada de la piel.

ecclesiastes [ɪ'klɪsɪəstəs] [i-kli-sias-tes], *s.* Eclesiastés, uno de los libros de la sagrada Escritura.

ecclesiastic, ecclesiastical [ɪ'klɪsɪəstɪk] [i-kli-sias-tik], *a.* Eclesiástico, lo que pertenece a la iglesia.

ecclesiastic, *s.* Eclesiástico, el que está ordenado y dedicado al ministerio de la iglesia.

ecclesiastically [ɪ'klɪsɪəstɪklɪ] [i-kli-sias-ti-ka-li], *adv.* Eclesiásticamente.

echape ['ekeɪp] [e-keip], *s.* Caballo hijo de caballo y yegua de diferentes castas.

echelon ['ekəlɒn] [e-ke-lon], *s.* 1. *(Mil.)* Escalón. 2. **Echelons**, *s. pl.* (levels). **The upper echelons of the civil service**, los niveles más altos del funcionariado público.

echinites ['ekɪnaɪtɪz] [e-ki-nai-tis], *s.* *(Min.)* Equino petrificado, botón de mar.

echin, echinc ['ekɪn] [e-kin], formas de combinación.

echinoderm ['ekɪnədʒ:m] [e-ki-no-derm], *a.* Equinodermo.

echinodermatous ['ekɪnədʒ:mətəs] [e-ki-no-der-ma-tous], *a.* Equinodermo, que tiene la piel erizada de púas, espinas o tubérculos.

echinus ['ekɪnəs] [e-ki-nos], *s.* 1. *(Arq.)* Cuarto bocel, miembro de moldura. 2. Erizo de mar; equino. 3.Erizo, animal cubierto de púas aguadas como espinas.

echo ['ekəʊ] [e-kou], *s.* Eco.

echo, *vn.* Resonar, formar eco, repetir (footsteps, voices). **The room echoed with/to the sound of laughter**, la sala resonaba o retumbaba con risas. *-va.* 1. Repercutir la voz o rechazarla (repeat). **To echo somebody's words**, repetir las palabras de alguien. 2. Hacerse eco de (express agreement with/opinion, criticism).

echometer ['ekəʊmi:təʳ] [e-kou-mi-taʳ], *s.* Ecómetro, instrumento para conocer la duración del sonido y distinguir sus intervalos.

eclair ['eɪklɛəʳ] [ei-kleaʳ] *s.* Pastel individual relleno de crema.

eclaircissement ['eiklearsɪsmənt] [ei-klea-sis-ment], *s.* Aclaración, explicación, ilustración; noticia.

eclat ['eɪklɑ:] [ei-kla], *s.* 1. Esplendor, lustre, magnificencia. 2. Aclamación, aplauso: renombre, celebridad.

eclectic [ɪ'klektɪk] [i-klek-tik], *a.* 1. Ecléctico; que analiza, escoge y concilia; se aplica al filósofo que elige y admite las opiniones o sistemas más probables. 2. Tolerante en materias de gusto, amplio, liberal. *-s.* Ecléctico, miembro de una secta de filósofos y médicos.

eclecticism [ɪ'klektɪsɪzəm] [i-klek-ti-si-sem], *s.* Eclecticismo, elección de lo mejor de toda doctrina o sistema, especialmente en medicina y filosofía.

eclipse [ɪ'klɪps] [i-klips], *s.* Eclipse, obscurecimiento de un cuerpo celeste por la interposición de otro que impide verlo bien o disminuye su luz.

eclipse, *va.* 1. Eclipsar, causar un astro la ocultación transitoria y total o parcial de otro, o de su luz, interponiéndose entre él y nuestra vista. 2. Eclipsar, extinguir, anublar; hacer desaparecer.

ecliptic [ɪ'klɪptɪk] [i-klip-tik], *s.* Eclíptica, círculo máximo de la esfera. *-a.* Eclíptico, obscurecido.

eclogue ['eklɒg] [e-klog], *s.* Egloga, poema pastoral.

ecological [ˌi:kəʊ'lɒdʒɪkəl] [i-kou-lo-chi-kal], *a.* Ecológico.

ecologically [ˌi:kəʊ'lɒdʒɪkəlɪ] [i-kou-lo-chi-ka-li] *adv.* Ecológicamente; desde el punto de vista ecológico, ecológicamente hablando.

ecologist [ɪ'kɒlədʒɪst] [i-ko-lo-chist], *s.* Ecólogo (student of ecology); ecologista (conservationist).

ecology [ɪ'kɒlədʒɪ] [i-ko-lo-chi], *s.* Ecología.

econometrics [ɪˌkɒnə'metrɪks] [i-ko-no-me-triks], *s.* Econometría.

economic, economical [ˌi:kə'nɒmɪk] [i-ko-no-mik], *a.* 1. Económico, frugal, parco, moderado (growth, policy, development); rentable (profitable, rent). 2. Económico, perteneciente o relativo a la ciencia de la economía.

economically [ˌi:kə'nɒmɪkəlɪ] [i-ko-no-mi-ka-li], *adv.* Económicamente (sound, secure); desde el punto de vista económico (indep); de manera económica (thriftily).

economics [ˌi:kə'nɒmɪks] [i-ko-no-miks], *s.* Economía, la ciencia que trata de la riqueza de las naciones, su producción y distribución, y de los medios y métodos de vivir bien, aplicable así al estado, como a la familia y al individuo; economía política.

economist [ɪ'kɒnəmɪst] [i-ko-no-mist], *s.* 1. Economista, el que maneja con economía sus bienes o rentas. 2. Economista, el que estudia o profesa la economía política.

economize [ɪ'kɒnəmaɪz] [i-ko-no-mais], *va.* Economizar, ahorrar, administrar o manejar con prudencia y discreción. *vn.* Economizar. **To economize on something**, economizar o ahorrar algo.

economy [ɪ'kɒnəmɪ] [i-ko-no-mi], *s.* 1. Economía, régimen y gobierno de una casa o familia (economic state or system of country). **A mixed/market economy**, una economía mixta/de mercado. 2. Economía, frugalidad, moderación en los gastos (savings). Economía (thrift); familiar (pack, size). **Economy class**, clase turista. **We're on an economy drive**, estamos tratando de economizar. **To make economies**, economizar, hacer economías. 3. Economía, disposición, arreglo u orden sea en sentido moral o físico. **Moral, political/rural economy**, economía moral, política o rural. **Political economy**, *V.* ECONOMICS.

ecosystem ['i:kəʊˌsɪstəm] [i-ko-no-mist] *s.* Ecosistema.

ecraseur [ɪ'krəsə[r]] [i-kra-sa[r]], *s.* Instrumento quirúrgico para extirpar los tumores sin efusión de sangre.

ecstasy ['ekstəsɪ] [eks-ta-si], *s.* 1. Extasi o éxtasis (state). **She was in ecstasy over Jane's new baby**, estaba embelesada con el bebé de Jane. 2. Gozo, alegría, entusiasmo. 3. Distracción. 4. Extasis, estado exaltado del ánimo que suele preceder inmediatamente a la muerte. 5. Extasis (drug).

ecstatic, ecstatical ['ekstətɪk] [eks-ta-tik], *a.* Extático, arrobado, absorto, gozoso, extasiado (look, expression); clamoroso, frenético (applause).

ecstatically ['ekstətɪkəlɪ] [eks-ta-ti-ka-li] *adv.* Con gran entusiasmo (applaud). **Ecstatically happy**, extático de felicidad.

ectoderm ['ektədɜ:m] [ek-to-derm], *s.* Ectoderma, la capa exterior del tegumento de un organismo.

ectropium ['ektrəpɪəm] [eks-tro-piom], *s.* Ectropión, inversión del párpado.

ecuador [ˌekwə'dɔ:[r]] [e-kua-do[r]] *N. (Geogr.)* Ecuador.

ecuadorean [ˌekwə'dɔ:rɪən] [e-kua-do-rian] *a./s.* Ecuatoriano.

ecumenical [ˌi:kjʊ'menɪkəl] [e-kiu-me-ni-kal], *a.* Ecuménico.

eczema ['eksɪmə] [ek-si-ma], *s.* Eccema o eczema, enfermedad inflamatoria del cutis, acompañada de picazón.

eczematous ['eksɪmətəs] [ek-si-ma-tos], *a.* Eccematoso o eczematoso.

edacious ['ɪdeɪʃəs] [i-dei-shos], *a.* Voraz, comedor, glotón.

edaciousness ['ɪdeɪʃəsnɪs] [i-dei-shos-nes], **edacity** *s.* Voracidad, glotonería.

eddish ['edɪʃ] [e-dish], *s.* (Prov. Ingl.) Heno tardío.

eddy ['edɪ] [e-di], *s.* 1. Reflujo de agua contra la corriente. 2. Remolino; olla de agua. **Eddy of a ship**, *(Mar.)* reveses de un buque. **Eddy of the tide**, *(Mar.)* reveses de la marea. *-a.* Remolinado. *vn.* Formar remolinos (water); arremolinarse (smoke, dust).

eddy-water ['edɪ'wɔ:tə[r]] [e-di-uo-ta[r]], *s. (Mar.)* Estela, agua muerta.

edelweiss ['eɪdlvaɪs] [ei-del-vais], *s. (Bot.)* **Edelweiss**, flor de los Alpes.

edema [ɪ'di:mə] [i-di-ma], *s.* Edema, hidropesía, hinchazón blanda producida por la obstrucción de los vasos linfáticos.

edematous [ɪ'dɪmətəs] [i-di-ma-tos], *a.* Edematoso, hinchado, lleno de humor seroso.

eden ['i:dn] [i-den], *s.* Edén, paraíso.

edenized ['i:dənaɪst] [i-de-naist], *a.* Admitido en el paraíso.

edentata ['i:dəntətə] [i-den-ta-ta], *s. (Zool.)* Desdentados, orden de los mamíferos que carecen de dientes incisivos; comprende los hormigueros, perezosos, armadillos y pangolines.

edentate ['i:dənteɪt] [i-den-teit], *a.* 1. Desdentado. 2. Perteneciente a los desdentados.

edge [edʒ] [ech], *s.* 1. Filo, el corte de un instrumento cortante (cutting part). **To be on edge**, estar nervioso, tener los nervios de punta. **His voice had a menacing edge to it**, su voz tenía un tono amenazante. 2. Punta, el extremo de alguna cosa que remata formando ángulo. 3. Canto (of coin); borde (of plate, table, chair); esquina, ángulo, margen (of page); ribete; orilla (of river, lake). **At the water's edge**, a la orilla del agua. **Frayed at the edges**, deshilachado en los bordes. 4. Punta, acrimonía. **To set the teeth on edge**, aguzar los dientes, destemplar los dientes. **Edge of the water**, la flor del agua. **To take off the edge**, embotar. **To set on edge**, aguzar, afilar.

edge, *va.* 1. Afilar, aguzar, adelgazar el corte o punta de un instrumento cortante. 2. Ribetear, guarnecer con franjas alguna cosa (border). **The collar was edged with fur**, el cuello estaba ribeteado de piel. 3. Aguijonear, incitar, hacer vehemente. 4. Avanzar, mover poco a poco de filo o de canto (move cautiously). **He edged his chair closer to hers**, fue acercando su silla a la de ella. *-vn.* Resistir, oponerse. **The child edged closer to his mother**, el niño se fue arrimando a su madre. **To edge away**, *(Mar.)* inclinarse a sotavento. **To edge in**, hacer entrar. **Two-edged sword**, espada de dos filos.

edge out Ganarle por la mano a o de la mano a (rival, opponent).

edged ['edʒt] [echt], *a.* Afilado.

edgeless ['edʒlɪs] [ech-les], *a.* Embotado, obtuso.

edge-tool ['edʒtu:l] [ech-tul], *s.* Herramienta afilada, instrumento afilado.

edgewise ['edʒwaɪz] [ech-uais], *adv.* De filo o de canto, de lado o sesgo.

edging ['edʒɪŋ] [ed-chin], *s.* Orla, orilla, ribete; encaje angosto. **The collar had an edge of lace**, el cuello tenía puntilla alrededor.

edgy ['edʒɪ] [ed-chi] *a.* Tenso, con los nervios de punta.

edible ['edɪbl] [e-di-bol], *a.* Comestible (safe to eat); pasable, comible (eatable).

edict [i:dɪkt] [i-dikt], *s.* Edicto, mandato, orden, decreto, ordenanza.

edificant ['edɪfɪkənt] [e-di-fi-kant], *a.* Edificador, fabricador.

edification [ˌedɪfɪ'keɪʃən] [e-di-fi-kei-shon], *s.* Edificación, aprovechamiento, ilustración, instrucción. **Here's a copy of the boss's memo for your edification**, aquí tienes una copia del memorándum del jefe para que te instruyas.

edificatory ['edɪfɪkətərɪ] [e-di-fi-ka-to-ri] *a.* Edificatorio, instructivo.

edifice ['edɪfɪs] [e-di-fis], *s.* Edificio, fábrica u obra de casa, palacio o templo, etc.

edificial ['edɪfɪʃəl] [e-di-fi-shal], *a.* Lo perteneciente a algún edificio o a su apariencia.

edifier ['edɪfaɪə[r]] [e-di-faia[r]], *s.* Edificador, edificante.

edify ['edɪfaɪ] [e-di-fai], *va.* Edificar, instruir, enseñar, mejorar, en materias de fe, religión y moral.

edifying ['edɪfaɪɪŋ] [e-di-fai-in], *s.* Edificación, buen ejemplo. *a.* Edificante.

edifyingly ['edɪfaɪɪŋlɪ] [e-di-fai-in-li], *adv.* Ejemplarmente.

edile ['ɪdaɪl] i-dail], *s.* Edil, magistrado de Roma.

Edinburgh ['edɪnbərə] [e-din-ba-ra] *N. (Geogr.)* Edimburgo.

edit ['edɪt] [e-dit], *va.* 1. Redactar, poner en orden y por escrito alguna cosa; corregir, editar (manuscript, correct); recortar, editar (cut). 2. Preparar para la imprenta; dirigir (manage/newspaper, magazine). 3. Montar, editar (movie, tape).
edit out Suprimir, eliminar.
editing ['edɪtɪŋ] [e-di-tin] *s.* 1. *(Publ.)* Redacción, dirección (managing); corrección, revisión, edición (correction); recorte (cutting). 2. *(Cin., Tv, Audio)* Edición.
edition [ɪ'dɪʃən] [i-di-shon], *s.* Edición, publicación o impresión de un libro.
editor ['edɪtəʳ] [e-di-toʳ], *s.* 1. Editor, el que prepara, compila y revisa alguna obra para su publicación; redactor principal (of text). 2. La persona que redacta una publicación periódica; la que se encarga de su impresión y circulación (of newspaper, magazine). 3. Editor (of movie, radio, show).
editorial ['edɪtərɪəl] [e-di-to-rial], *a.* Editorial, lo que pertenece al cargo de redactor. De redactor (assistant, director). *(Journ.)* Editorial (comment, decision, freedom). *-s.* Editorial, la parte escrita por la redacción en un periódico, el artículo de fondo.
editorship ['edɪtəʃɪp] [e-di-tor-ship], *s.* El cargo de redactor. Dirección.
educate ['edjʊkeɪt] [e-diu-keit], *va.* 1. Educar, criar; enseñar, instruir (teach, school). **She was educated in France**, se educó en Francia. 2. Concientizar, concienciar (make aware).
educated ['edjʊkeɪtɪd] [e-diu-kei-tid] *a.* Culto (person). **To make an educated guess**, hacer una conjetura hecha con cierta base.
education [ˌedjʊ'keɪʃən] [e-diu-kei-shon], *s.* 1. Educación, la crianza y doctrina con que se educan los niños y jóvenes (schooling, instruction). Educativo (system, policy). **He didn't have a university education**, no tuvo o no cursó estudios universitarios. 2. Pedagogía, teoría de la educación (academic subject). 3. Cultura (knowledge, culture).
educational ['edjʊkeɪʃənl] [e-diu-kei-sho-nal], *a.* Educador, educadora, perteneciente a la educación; docente, de enseñanza (establishment); educativo, instructivo (toy); instructivo (instructive).
educationalist ['edjʊkeɪʃnləɪst] [e-diu-kei-sho-na-list] *s.* Pedagogo.
educationally ['edjʊkeɪʃnəlɪ] [e-diu-kei-sho-na-li] *adv.* **Such methods are educationally unsound**, tales métodos carecen de una sólida base pedagógica. **Educationally, it makes no sense**, desde un punto de vista pedagógico, no tiene sentido.
educator ['edjʊkeɪtəʳ] [e-diu-kei-toʳ], *s.* Educador, instructor.
educe [ɪ'djuːs] [i-dius], *va.* Educir, sacar una cosa de otra; sacar a luz, extraer de la obscuridad.
eduction [ɪ'dʌkʃən] [i-dak-shon], *s.* Educción.
edulcorate ['edʌlkərɪt] [e-diu-keit], *va.* Edulcorar, dulzurar, endulzar.
edulcoration [ˌedʌlkə'reɪʃən] [e-dal-ko-rei-shon], *s.* 1. Edulcoración, dulcificación. 2. *(Quím.)* Purificación de alguna substancia lavándola con agua.
edulcorative ['edʌklərətɪv] [e-dal-ko-ra-tiv], *a.* Dulcificante.
EEC *s.* (= **European Economic Community**) CEE.
eek [iːl] [il], *va.* *(Des.)* v. EKE.
eel [iːl] [il], *s.* Anguila. **As slippery as an eel**, escurridizo como una anguila.
eel-pie ['iːlpaɪ] [il-pai], *s.* Empanada de anguilas.
eelpout ['iːlpaʊt] [il-paut], *s.* *V.* BURBOT.
eel-spear ['iːlspɪəʳ] [il-spiaʳ], *s.* Tridente o arpón para pescar anguilas.
een [iːn] [in], *s. pl.* *(Esco.)* Ojos.
e'en [iːn] [in], *adv.* Contracción de EVEN.
e'er [ɛəʳ] [eaʳ], *adv.* Contracción de EVER.
eery, eerie ['ɪərɪ] [ia-ri], *a.* 1. Que inspira miedo o temor; imponente. 2. Atemorizado, afectado por el miedo. 3. Inquietante, espeluznante (atmosphere, silence, cry); fantasmagórico (glow, place); inquietante, sobrecogedor (resemblance).
eff [ef] [ef] *vn.* *(Sl.)* **To eff and blind**, decir palabrotas, soltar tacos.
effable [ɪ'fəbl] [i-fa-bol], *a.* *(Ant.)* Decible, explicable.
efface [ɪ'feɪs] [i-feis], *va.* Borrar, cancelar, destuir.
effaceable [ɪ'feɪsəbl] [i-fei-sa-bol], *a.* Deleble, que puede borrarse.
effacement [ɪ'feɪsmənt] [i-feis-ment], *s.* Canceladura.
effect [ɪ'fekt] [i-fekt], *s.* 1. Efecto, consecuencia (consequence); fin, mira, intento, designio. **To take effect**, surtir efecto. **To be of little/no effect**, dar poco/no dar resultado. 2. Fortuna, ventaja. 3. Efecto, realidad; impresión (impression). **He only did it for effect**, lo hizo sólo para llamar la atención. 4. Vigor, operación activa; ejecución. **To come into effect/to take effect**, entrar en vigor o en vigencia. **To put something into effect**, poner en práctica algo. 5. *(Mec.)* Efecto o trabajo útil de una máquina. **Effects**, *-pl.* efectos, los bienes que alguno posee, sean muebles o raíces; caudal; *(Cin., Tv)* Efectos especiales; efectos (belongings). **Personal effects**, efectos personales. **To take effect**, salir bien una cosa, producir su efecto; ser puesto en vigor, hacer efectivo (v. g. una ley, un itinerario de trenes), etc. **Of no effect**, vano, inútil. **To this effect**, con este intento. **In effect**, efectivo, en operación, efectivamente.
effect, *va.* Efectuar (repairs), poner por obra, ejecutar, producir. Lograr (reconciliation, cure); llevar a cabo (escape); efectuar (payment).
effecter, *s.* *V.* EFFECTOR.
effectible [ɪ'fektɪbl] [i-fek-ti-bol], *a.* Factible, practicable.
effection [ɪ'fekʃən] [i-fek-shon], *s.* *(Geom.)* Construcción, problema derivado de alguna proposición general.
effective [ɪ'fektɪv] [i-fek-tiv], *a.* 1. Eficiente; eficaz; operativo, efectivo (producing the desired result/method, treatment). 2. Pasmoso, que produce viva impresión. 3. De mucho o gran efecto (striking/design, contrast). 4. Efectivo, real (real/control leader).
effectively [ɪ'fektɪvlɪ] [i-fek-tiv-li], *adv.* Eficientemente, eficazmente (manage, spend). **The cure worked effectively**, el tratamiento logró muy buenos resultados. 2. Efectivamente, realmente, de hecho (in effect). 3. Con mucho o gran efecto (contrast, decorate); convincentemente (speak).
effectiveness [ɪ'fektɪvnɪs] [i-fek-tiv-nes], *s.* 1. Efectividad, eficacia (of cure, treatment). 2. Eficiencia, eficacia (of plan). 3. Gran efecto (of color, display).
effectless [ɪ'fektlɪs] [i-fekt-les], *a.* Ineficaz, impotente.
effector [ɪ'fektəʳ] [i-fek-toʳ], *s.* Causador, criador, hacedor, autor.
effectual [ɪ'fektʃʊəl] [i-fek-chual], *a.* Eficiente; eficaz, activo.
effectually [ɪ'fektʃʊəlɪ] [i-fek-chua-li], *adv.* Eficientemente, eficazmente.
effectuate [ɪ'fektʃʊeɪt] [i-fek-chueit], *va.* Efectuar, poner por obra, hacer eficaz, ejecutar.
effeminacy [ɪ'femɪnəsɪ] [i-fe-mi-na-si], *s.* Afeminación, afeminamiento, molicie, delicadeza afeminada.
effeminate [ɪ'femɪnɪt] [i-fe-mi-neit], *a.* Afeminado, mujeril, adamado, enervado. *va.* Afeminar, enervar, debilitar. *vn.* Afeminarse, enervarse.
effeminately [ɪ'femɪnɪtlɪ] [i-fe-mi-neit-li], *adv.* Afeminadamente.
effeminateness [ɪ'femɪnɪtnɪʃ] [i-fe-mi-neit-nes], *s.* Afeminamiento, afeminación.
effendi [ɪ'fendɪ] [i-fen-di], *s.* Título de respeto entre los turcos; nombre con que honran a los letrados, a los hombres de ciencia, y a los funcionarios del orden civil; casi igual a Señor o Don.
effervesce [ˌefə'ves] [e-fer-ves], *vn.* Hervir, fermentar, estar en efervescencia, burbujear (liquid); estar eufórico (person).
effervescence [ˌefə'vesəns] [e-fer-ve-sens], *s.* Efervescencia.

effervescent [ˌefəˈvesənt] [e-fer-ve-sent] *a.* Efervescente (liquid, personality). **To be effervescent**, estar eufórico (person)
effete [ɪˈfiːt] [i-fit], *a.* 1. Estéril, infructuoso. 2. Usado, gastado, consumido, cascado. 3. Amanerado, afectado (manners, person). 4. Decadente (civilization, institution).
efficacious [ˌefɪˈkeɪʃəs] [e-fi-kei-shos], *a.* Eficaz, activo, poderoso para obrar.
efficaciously [ˌefɪˈkeɪʃəslɪ] [e-fi-kei-shos-li], *adv.* Eficazmente.
efficaciousness [ˌefɪˈkeɪʃəsnɪs] [e-fi-kei-shos-nes], *s.* Eficacia.
efficacy [ˈefɪkəsɪ] [e-fi-ka-si], *s.* Eficacia.
efficience, efficiency [ˈefɪʃəns] [e-fi-shens], *s.* Eficiencia (of person, system); actividad, rendimiento; virtud, influencia. **Efficiency apartment**, apartamento pequeño (gen. amueblado).
efficient [ˈefɪʃənt] [e-fi-shent], *a.* Eficiente, eficaz (person, system); de buen rendimiento (machine, engine). *-s.* Hacedor, causador.
efficiently [ˈefɪʃəntlɪ] [e-fi-shent-li], *adv.* Eficientemente, de manera eficiente.
effigies [ˈefɪdʒiːs] [e-fi-chis], **effigy** [ˈefɪdʒɪ] [e-fi-yi], *s.* Efigie, retrato, imagen.
efflation [ˈefleɪʃən] [e-flei-shon], *s.* Insuflación; soplo.
effloresce [ˈeflәres] [e-flo-res], *vn. (Quím.)* Eflorescer, disolverse una sal en polvo al contacto del aire, o cubrirse un cuerpo de partículas salinas en forma de moho.
efflorescence, efflorescency [ˌefləˈresns] [e-flo-resens] [ˌefləˈresnsɪ] [e-flo-resen-si], *s.* 1. Eflorescencia: cristales salinos que se pulverizan expuestos al aire libre. 2. Roncha, erupción que sale en el cutis. 3. Florescencia, la acción de florecer las plantas. 4. Excrecencia en forma de flor que se nota en algunos cuerpos.
efflorescent [ˌefləˈresnt] [e-flo-resent], *a.* Eflorescente: que entra o se halla en eflorescencia; en flor.
effluence [ˈefluəns] [e-fluens], *s.* 1. Emanación, efluvio; efusión. 2. *(Fís.)* Efluencia, emanación de los corpúsculos en los cuerpos eléctricos.
effluent [ˈefluənt] [e-fluent], *a.* 1. Efluente. 2. Efluente: epíteto dado a la calentura inflamatoria. 3. Vertidos (liquid waste); aguas residuales (sewage).
effluvium [eˈfluːvɪəm] [e-flu-vium], *pl.* EFFLUVIA, *s.* Efluvio, exhalación, emanación de partículas imperceptibles; especialmente las nocivas o hediondas.
efflux [ˈefluks] [e-fluks], *s.* Efusión, emanación; flujo, derrame.
efflux, *vn.* Fluir.
effort [ˈefət] [e-fort], *s.* 1. Esfuerzo, conato, empeño (attempt). **To make an effort**, hacer un esfuerzo, esforzarse. **She made no effort to hide her displeasure**, no hizo ningún esfuerzo para disimular su descontento. Esfuerzo (exertion, strain). **They've put a lot of effort into it**, han trabajado o se han esforzado mucho en ello. 2. **The war effort**, campaña solidaria de la población civil durante una guerra. *(Coloq.)* **What do you think of my latest effort?**, ¿qué te parece mi última obra o creación? (achievement).
effortless [ˈefətlɪs] [e-fort-les] *a.* Natural (grace); fluido (prose, style).
effortlessly [ˈefətlɪslɪ] [e-fort-les-li] *adv.* Sin esfuerzo (move, accomplish); con gracia o donaire (gracefully).
effrontery [ɪˈfrɒntərɪ] [i-fron-te-ri], *s.* Descaro, desfachatez, desvergüenza, impudencia.
effulge [ɪˈfuːldʒ] [e-fulch], *vn.* Brillar, lucir, resplandecer.
effulgence [ɪˈfuːldʒəns] [e-ful-chens], *s.* Resplandor, lustre, esplendor, fulgor.
effulgent [ɪˈfuːldʒənt] [e-ful-chent], *a.* Resplandeciente, lustroso, brillante, luminoso, efulgente.
effuse [ɪˈfjuːz] [e-fius], *va.* Derramar, verter, esparcir, desparramar.
effuse, *a.* 1. *(Bot.)* Divergente; que se extiende mucho y a gran distancia. 2. *(Des.)* Disipado, extravagante.
effusion [ɪˈfjuːʒən] [e-fiu-shon], *s.* 1. Efusión, derramamiento, desperdicio. 2. Efusión, manifestación afectuosa y cordial. 3. Flujo de palabras.
effusive [ɪˈfjuːsɪv] [e-fiu-siv], *a.* 1. Lleno de sentimiento, de afectos, impetuoso; demostrativo. 2. Difusivo, que derrama.
effusively [ɪˈfjuːsɪvlɪ] [e-fiu-siv-li] *adv.* Efusivamente.
effusiveness [ɪˈfjuːsɪvnɪs] [e-fiu-siv-nes] *s.* Efusividad.
EFL *s.* (= **English as a foreign language**) inglés para extranjeros.
eft [eft] [eft], *s.* 1. Salamandra acuática. *V.* NEWT. 2. Lagartija.
eftsoon, eftsoons [ˈeftsuns] [eft-suns], *adv.* Luego, después, prontamente; en seguida, de prisa.
e.g., eg p. ej. o vg. o e.g. (for example); por ejemplo (in speech).
egalitarian [ɪˌgælɪˈtɛərɪən] [i-ga-li-ta-rian] *a.* Igualitario.
egg [eg] [eg], *s.* 1. Huevo. **He's a good egg**, es buena gente, es un tipo bien. **To be left with egg on one's face**, quedar mal. 2. Huevo, el cuerpecito que cría la hembra de los peces, los insectos y la mayor parte de los reptiles. **To lay an egg**, poner un huevo, aovar. **Yolk of an egg**, yema de huevo. **White of an egg**, clara de huevo. **New-laid egg**, huevo fresco. **Addle egg**, huevo huero. **Egg-glass**, ampolleta de arena de tres minutos para cocer huevos. **Poached eggs**, huevos hervidos, echados sin cáscara en agua hirviendo. **Fried eggs**, huevos fritos o estrellados. **Soft-boiled eggs**, huevos pasados por agua. **Hard-boiled eggs**, huevos duros o cocidos. **Egg-laying**, que pone huevos, ovípara. **Egg-shell**, cáscara de huevo. **Egg-nog**, bebida compuesta de leche, huevos, azúcar y un licor espirituoso.
egg, *va.* Hurgar, incitar, provocar; cebar, atraer. (Islandés, eggja: *V.* EDGE, 3ª acep.)
egg, *va.* 1. Mezclar o cubrir con huevo. 2. *(E. U.)* Arrojar huevos a una persona. *-vn.* Coleccionar huevos de aves.
egg on, Incitar, azuzar.
egg beater [ˈegˌbiːtəʳ] [eg-bi-taʳ], *s.* Batidor de huevos.
egg cell [ˈegsel] [eg-sel], *s.* Célula embrionaria.
eggcup [ˈegkʌp] [eg-kap], *s.* Huevera.
egg custard [ˌegˈkʌstəd] [eg-kas-tard], *s.* Natillas.
egger [ˈegəʳ] [e-gaʳ], *s.* Incitador, instigador.
egghead [ˈeghed] [eg-jed], *s.* *(Coloq.)* Cerebro.
egging [ˈegɪŋ] [e-guin], *s.* Incitamiento.
eggnog [ˈegˈnɒg] [eg-nog], *s.* Ponche de huevo. (Mex. y C. A.) Rompope.
eggplant [ˈegplɑːnt] [eg-plant], *s.* Berenjena, planta y fruto.
eggroll [ˌegˈrəul] [eg-roul] *s.* Rollito de primavera.
eggshell [ˈegʃel] [eg-shel] *s.* Cáscara de huevo.
egg timer [ˈegˈˌtaɪməʳ] [eg-tai-maʳ] *s.* Reloj de arena (de tres minutos) (with sand); avisador (clockwork).
egg white [ˈegwait] [eg-uait] *s.* Clara de huevo.
egg yolk [ˈegjəuk] [eg-youlk] *s.* Yema de huevo.
egilops, *V.* AEGILOPS.
egis [ˈegɪs] [e-guis], *s.* Escudo, armadura defensiva; una influencia o poder protector cualquiera.
eglantine [ˈegləntaɪn] [e-glan-tain], *s.* *(Bot.)* 1. Eglantina, flor del escaramujo. 2. Agavanzo.
ego [ˈiːgəu] [i-gou] *s.* **The ego**, el yo, el ego. Amor propio, ego (self-regard). **To boost somebody's ego**, alimentar el ego de alguien.
egocentric [ˌegəuˈsentrɪk] [e-gou-sen-trik] *a.* Egocéntrico.
egoism [ˈegəuɪzəm] [e-gou-isem], *s.* 1. Egoísmo, el inmoderado y excesivo amor a sí mismo y al bien propio, sin atender al de los demás (selfishness). 2. Egoísmo, una especie de pirronismo o escepticismo que consiste en dudar de todo menos de la propia existencia.
egoist [ˈegəuɪst] [e-gouist], *s.* Egoísta, el partidario del egoísmo en uno y otro sentido (selfish person).
egoistic [ˈegəuɪstɪk] [e-gou-is-tik], *a.* 1. Egoísta, que sólo mira a su interés propio y no procura el de los demás (selfish). 2. Egotista. 3. Relativo al pirronismo o al idealismo subjetivo.
egotism [ˈegəutɪzəm] [e-gou-tisem], *s.* Egotismo, vanidad, prurito de hablar de sí mismo (self-importance).

egotist ['egəʊtɪst] [e-gou-tist], *s.* Egotista (self-important person).

egotistic, egotistical ['egəʊɪtɪstɪk] [e-gou-tis-tik] ['egəʊɪtɪstɪkl] [e-gou-tis-ti-kal], *a.* Vanaglorioso, uno que se alaba a sí mismo. Egotista (self-important).

egotize ['egəʊɪtaɪz] [e-gou-tais], *vn.* Hablar mucho de sí mismo.

egregious [ɪ'griːdʒəs] [i-gri-chos], *a.* 1. Egregio, insigne, extraordinario; famoso. 2. Mayúsculo, atroz.

egregiousness [ɪ'griːdʒəsnɪʃ] [i-gri-chos-nes], *s.* Eminencia.

egress ['iːgres] [i-gres], **egression** *s.* Salida.

egret ['iːgret] [i-gret], *s.* 1. *(Orn.)* Especie de garza. 2. Pluma o plumaje.

Egypt ['iːdʒɪpt] [i-yipt] *N. (Geogr.)* Egipto.

Egyptian [ɪ'dʒɪpʃən] [i-yip-shan], *a.* Egipcio, de Egipto. *-s.* 1. Egipcio: copto, a distinción del árabe. 2. Idioma de Egipto.

eh [eɪ] [eik], *inter.* ¿Qué? ¿he? interjección interrogativa. **So you went to Paris, eh?**, ah, ¿así que fuiste a París? (expressing interest). ¿eh?, ¿no? (inviting agreement). ¿eh?, ¿qué?, ¿cómo? (inviting repetition).

eider, eider-duck ['aɪdəʳ] [ai-daʳ] ['aɪdəkʌk] [ai-daʳ-dak], *s.* Eider, eidero, especie de ánade.

eider-down ['aɪdədaʊn] [ai-der-daun], *s.* Edredón, plumazón de varias aves del norte; almohadón, plumón, cubrepiés.

eidograph ['eɪdəgræf] [ei-do-graf], *s.* Eidógrafo, aparato para copiar y reducir dibujos.

eidolon ['eɪdəlɒn] [ei-do-lon], *s.* (*pl.* EIDOLA). 1. Representación, imagen. 2. Fantasma. (Gr. id. imagen).

eight [eɪt] [eit], *a.* Ocho. *-s.* 1. Isleta en un río. 2. El número ocho. *(Coloq.)* **To have had over the eight**, haber bebido de más.

eighteen ['eɪ'tiːn] [ei-tin], *a.* y *s.* Dieciocho.

eighteenth ['eɪ'tiːnθ] [ei-tinz], *a.* Décimoctavo. *adv.* En decimoctavo lugar. *s. (Mat.)* Dieciochoavo. Dieciochoava parte (part). **It's her eighteenth today**, hoy cumple dieciocho años (birthday).

eightfold [eɪt'fəʊld] [eit-fould], *a.* Ocho veces tanto.

eighth [eɪtθ] [eiz], *a.* Octavo. *adv.* En octavo lugar. *s. (Mat.)* Octavo. Octava parte (part). **Eighth note**, corchea.

eighthly ['eɪtθlɪ] [eiz-li], *adv.* En el octavo lugar.

eightieth ['eɪtɪɪθ] [ei-tiez], *a.* Octogésimo. *adv.* En octogésimo lugar. *s. (Mat.)* Ochentavo. Ochentava u octogésima parte (part).

eighty ['eɪtɪ] [ei-ti] *a./s.* Ochenta.

eire ['ɛərə] [e-re] *N. (Geogr.)* Eire, Irlanda.

eirie ['eɪriː] [ei-ri] *s. V.* AERIE.

either ['aɪðəʳ] [ai-daʳ], *a.* Cualquiera, cada uno o cada una, uno de dos, cualquiera de los dos. **You can take either route**, puedes tomar cualquiera de las dos rutas (one or the other). **On either side of the path**, a ambos lados o a cada lado del camino (each). *pron.* Cualquiera; ninguno (with neg.); alguno (in questions). **Either (one) would be suitable**, cualquiera (de los dos) serviría. **I couldn't wear either of those dresses**, no podría ponerme ninguno de esos vestidos. *-conj.* 1. O, sea, ya. **He is either a knave or a fool**, o es pícaro o tonto. **You can have either tea or coffee**, puedes tomar (o) té o café. 2. *(Fam.)* Por cierto, en todo caso, también; (precedido de una negación) tampoco. **He can't speak either Spanish or Italian**, no sabe hablar (ni) español ni italiano. *adv.* Tampoco (with neg.). **She can't cook and he can't either**, ella no sabe cocinar y él tampoco.

ejaculate [ɪ'dʒækjʊleɪt] [i-ya-kiu-leit], *va.* 1. Exclamar, pronunciar súbitamente, proferir (cry out). 2. *(Des. o Med.)* Arrojar, despedir, eyacular. *vn. (Physiol.)* Eyacular.

ejaculation [ɪˌdʒækjʊ'leɪʃən] [i-ya-kiu-lei-shon], *s.* 1. Jaculatoria. 2. La acción de arrojar alguna cosa con fuerza. 3. Eyaculación, emisión.

eject [ɪ'dʒekt] [i-yekt], *va.* Arrojar, expeler, despedir, desechar. Expulsar (troublemaker, cassette). *vn. (Aviat.)* Eyectarse.

ejection [ɪ'dʒekʃən] [i-yek-shon], *s.* 1. Expulsión (of troublemaker), eyección (by pilot); evacuación. 2. Deyección, la materia desechada.

ejection seat [ɪ'dʒekʃən'siːt] [i-yek-shon-sit], *s. (Aer.)* Asiento expulsor.

ejectment [ɪ'dʒektmənt] [i-yekt-ment], *s.* Auto de desahucio; expulsión de una casa, posesión, etc.

ejector [ɪ'dʒektəʳ] [i-yek-taʳ], *s.* Eyector, expulsor, desposeedor; el que o lo que expele o desposee.

eke [iːk] [ik], *va.* 1. Aumentar, suplir, integrar, ensanchar o añadir ligeramente, de manera que algo sea apenas suficiente, seguido de *out*. 2. Obtener, mantener o producir con dificultad, apenas, escasamente.

eke out 1. Estirar, hacer alcanzar (make last/resources, funds). 2. **To eke out a living**, ganarse la vida a duras penas (barely obtain).

elaborate [ɪ'læbərɪt] [i-la-bo-reit], *va.* Elaborar, trabajar con esmero y cuidado. *vn.* Dar más detalles, entrar en detalles o explicaciones.

elaborate, *a.* Elaborado, esmerado, acabado, limado (decoration, design, hairstyle); curioso, primoroso; de mucho trabajo (meal); minucioso, detallado (plan, arrangements). **In elaborate detail**, con todo detalle, muy minuciosamente

elaborately [ɪ'læbərɪtlɪ] [i-la-bo-reit-li], *adv.* Cuidadosamente, con mucho trabajo; minuciosamente, detalladamente (planned); muy elaboradamente (decorated).

elaboration [ɪ'læbə'reɪʃən] [i-la-bo-rei-shon], *s.* 1. Elaboración, la acción de elaborar o producir con primor y perfección en sus detalles (of a theory, plan). 2. Obra acabada.

élan [eɪ'lɑːn] [ei-lan] *s.* Impetu, brío, elán.

elapse [ɪ'læps] [i-laps], *vn.* Pasar, correr el tiempo, transcurrir.

elastic, elastical [ɪ'læstɪk] [i-las-tik], *a.* Elástico (waistband, garter); elastizado, elástico (stocking); elástico (fiber, properties); elástico (rule, definition). **Elastic gum,** *V.* INDIARUBBER. **Elastic fluids**, fluidos elásticos; se llaman así los vapores y los gases. *s.* Elástico; liga (garter).

elasticated [ɪ'læstɪkeɪtɪd] [i-las-ti-kei-tid] *a.* Con elástico.

elastic band [ɪ'læstɪkˌbænd] [i-las-tik-band] *s.* Goma elástica, gomita, liga, caucho, elástico, banda elástica.

elasticity [ˌiːlæs'tɪsɪtɪ] [i-las-ti-si-ti], *s.* Elasticidad, la propiedad de una cosa de recobrar su forma o posición original (después de haberse ejercido sobre ella presión, expansión o torcedura); elasticidad (of fiber, substance); flexibilidad (of rule, definition).

elasticized [ɪ'læstɪsaɪz] [i-las-ti-sais] *a.* Con elástico.

elate [ɪ'leɪt] [i-leit], *a.* Exaltado de espíritu, triunfante, gozoso.

elate, *va.* Exaltar, elevar, engreír, ensoberbecer.

elated [ɪ'leɪtɪd] [i-lei-ted] *a.* Eufórico.

elatedly [ɪ'leɪtɪdlɪ] [i-lei-ted-li], *adv.* Exaltadamente, triunfantemente.

elation [ɪ'leɪʃən] [i-lei-shon], *s.* Júbilo, exaltación del ánimo, viva alegría.

elbow ['elbəʊ] [el-bou], *s.* 1. Codo (of person, in pipe); recodo (on river, road). **My sweater is going at the elbows**, se me están gastando los codos del suéter. **To give somebody the elbow**, deshacerse de alguien. 2. Codo, cualquier cosa que forma ángulo saliente. **To be at the elbow**, estar a la mano, estar muy cerca.

elbow *va.* Darle un codazo a. **They elbowed us out of the way**, nos apartaron a empujones.

elbow grease ['elbəʊgriːs] [el-bou-gris], *s. (Vul.)* Ejercicio o trabajo constante que excita la transpiración; trabajo manual, duro esfuerzo. **Put some elbow grease into it!**, ¡dale con más fuerza!

elbow-room ['elbəʊrʊm] [el-bou-rum], *s.* Espacio para el libre movimimiento de los codos; *(Fig.)* anchura, alcance, desahogo.

elder ['eldəʳ] [el-daʳ], *a.* Mayor, más viejo, de más edad. *-Comp. irr.* es preferido a *older* cuando sólo se comparan dos objetos. *-s.* 1. Mayor, el que tiene más edad que otro.

She's my elder by two years, me lleva dos años, es dos años mayor que yo (older person). 2. *(Ecle.)* Príncipe o jefe de una tribu o familia; en el Nuevo Testamento, dignatario de la Iglesia cristiana; en el uso moderno, funcionario eclesiástico de rango y funciones diversos; miembro del consejo. *-pl.* Ancianos, mayores, antepasados. **The village/tribal elders**, los ancianos del pueblo/de la tribu.

elder, *s.* 1. *(Bot.)* Saúco, arbusto del género Sambucus. 2. Uno de varios árboles o plantas parecidos al saúco. **Elderberry**, la baya o grano del saúco. **Elder-blow**, la flor del saúco.

elderly ['eldəlɪ] [el-de-li], *a.* Mayor, el de edad ya madura, anciano. **An elderly lady**, una señora mayor o de edad, una anciana. **The elderly**, *s. pl.* los ancianos.

eldest ['eldɪst] [el-dest], *a.* Mayor (brother, sister, child). **The eldest**, el mayor, el de más edad. *V.* OLDEST.

elect [ɪ'lekt] [i-lekt], *va.* 1. Elegir, escoger, designar entre varios (choose). 2. Elegir, escoger por voto de la mayoría. **He was elected president**, lo eligieron o fue elegido presidente.

elect, *a.* Elegido, escogido, electo; predestinado. **The president elect**, el presidente electo.

election [ɪ'lekʃən] [i-lek-shon], *s.* 1. Elección (act); elecciones (event). **To call/hold an election**, convocar, celebrar elecciones. Electoral (campaign, speech); de las elecciones (day, results). 2. *(E. U.)* Nombramiento por votos. 3. Escogimiento, elección, en general. 4. En teología, predestinación.

electioneer [ɪˌlekʃə'nɪəʳ] [i-lek-sho-niaʳ] *vn.* Hacer campaña o propaganda electoral.

electioneering [ɪˌlekʃə'nɪərɪŋ] [i-lek-sho-nie-rin], *s.* El acto de solicitar personas para que voten por el individuo que el partido propone para un empleo; campaña electoral.

elective [ɪ'lektɪv] [i-lek-tiv], *a.* 1. Electivo (post, assembly). **Elective attraction**, atracción electiva o afinidad química. 2. Optativo (optional/course, subject). *s.* Optativa.

electively [ɪ'lektɪvlɪ] [i-lek-tiv-li], *adv.* Electivamente.

elector [ɪ'lektəʳ] [i-lek-toʳ], *s.* 1. Elector, el que tiene derecho de elegir. 2. Elector, antiguamente cualquiera de los príncipes del imperio germánico que tenía voto en la elección del emperador.

electoral [ɪ'lektərəl] [i-lek-to-ral], *a.* Electoral (system, reform). **Electoral college**, colegio electoral. **Electoral register/roll**, padrón o censo, registro o planilla electoral.

electorate [ɪ'lektərɪt] [i-lek-to-reit] *s.* Electorado.

electoress [ɪ'lektərɪs] [i-lek-to-res], **electress** *f.* Electriz, la mujer o viuda del elector.

electric, electrical [ɪ'lektrɪk] [i-lek-trik], *a.* 1. Eléctrico; electrificado (fence); electrizante (performance, atmosphere). **Electric bill**, cuenta o recibo de la luz o de la electricidad. 2. *(Fig.)* Vivo, fogoso, magnético. **Electric cable**, cable conductor. **Electric chair**, silla eléctrica. **Electric eye**, ojo eléctrico o fotocélula. **Electric fixtures**, dispositivos eléctricos de instalación fija. **Electric motor**, motor eléctrico. **Electric plant**, planta eléctrica. **Electrical engineering**, ingeniería eléctrica. **Electrical transcription**, grabación fonográfica eléctrica. **Electrical storm**, tormenta eléctrica.

electric blanket [ɪ'lektrɪkˌblæŋkɪt] [i-lek-trik-blan-ket] Manta o cobija o frazada eléctrica.

electric eel [ɪ'lektrɪkˌiːl] [i-lek-trik-il], *s.* *(Zool.)* Anguila eléctrica.

electrician [ɪlek'trɪʃən] [i-lek-tri-shan], *s.* 1. Electricista; individuo versado en la electricidad. 2. El que inventa, hace, abastece o tiene a su cargo aparatos eléctricos.

electricity [ɪlek'trɪsɪtɪ] [i-lek-tri-si-ti], *s.* Electricidad, agente natural imponderable, invisible y poderoso, que produce muy variadas manifestaciones de su fuerza. **It runs on electricity**, funciona con o a electricidad. **Electricity bill**, cuenta o recibo de la electricidad. **Electric shock**, descarga eléctrica.

electrification [ɪ'lektrɪfɪ'keɪʃən] [i-lek-tri-kei-shon], *s.* 1. Electrificación. 2. Electrización.

electrify [ɪ'lektrɪfaɪ] [i-lek-tri-fai], *va.* 1. Electrificar. 2. Electrizar (excite, thrill).

electrifying [ɪ'lektrɪfaɪɪŋ] [i-lek-tri-faiin] *a.* Electrizante.

electro-. Forma de combinación que representa la palabra *electric* en composición. Estas palabras son muy numerosas: sólo se insertan aquí algunas de las más usadas.

electrocardiogram [ɪ'lektrəʊ'kɑːdɪəgræm] [i-lek-tro-kar-dio-gram], *s.* Electrocardiograma.

electrocardiograph [ɪ'lektrəʊ'kɑːdɪəgræf] [i-lek-tro-kar-dio-graf], *s.* Electrocardiógrafo.

electro-chemical [ɪ'lektrəʊ'kemɪkəl] [i-lek-tro-ke-mi-kal], *a.* Electroquímico, relativo a la electroquímica.

electro-chemistry [ɪˌlektrəʊ'kemɪstrɪ] [i-lek-tro-ke-mis-tri], *s.* Electroquímica, el ramo de la química que trata de la producción de cambios químicos por medio de la electricidad.

electrocute [ɪ'lektrəʊ'kjuːt] [i-lek-tro-kiut], *va.* Electrocutar, matar por medio de una corriente eléctrica.

electrocution [ɪˌlektrəʊ'kjuːʃən] [i-lek-tro-kiu-shon], *s.* Electrocución.

electrode [ɪ'lektrəʊd] [i-lek-troud], *s.* Electrodo, cada uno de los polos de una batería galvánica o un dinamo; los extremos o cabos metálicos de los conductores que proceden de ambos polos eléctricos.

electro-deposit [ɪˌlektrəʊdɪ'pɒzɪt] [i-lek-trou-di-po-sit], *va.* Depositar químicamente por medio de una corriente eléctrica.

electro-dynamic [ɪˌlektrəʊdaɪ'næmɪk] [i-lek-trou-dai-na-mik], *a.* Electrodinámico, que puede producir una corriente eléctrica.

electrodynamics [ɪˌlektrəʊdaɪ'næmɪkz] [i-lek-trou-dai-na-miks], *s.* Electrodinámica.

electrolysis [ɪlek'trɒlɪsɪs] [i-lek-tro-li-sis], *s.* Electrólisis, electrolización, análisis o descomposición de un cuerpo por medio de la electricidad.

electrolyte [ɪlek'trɒlaɪt] [i-lek-tro-lait], *s.* Electrolito, cuerpo que puede descomponerse por la electricidad.

electrolytic [ɪlek'trɒlɪtɪk] [i-lek-tro-li-tik], *a.* Electrolítico, relativo a la electrólisis o a un electrolito.

electrolyzation [ɪˌlektrɒlaɪ'zeɪʃən] [i-lek-tro-lai-sei-shon], *s.* Electrolización.

electrolyze [ɪ'lektrɒlaɪz] [i-lek-tro-lais], *va.* Electrolizar, analizar o descomponer un cuerpo por medio de la electricidad.

electromagnet [ɪ'lektrəʊ'mægnɪt] [i-lek-tro-mag-net], *s.* Electroimán, centro de hierro dulce, convertido en imán mediante una corriente eléctrica.

electromagnetic [ɪ'lektrəʊ'mægnetɪk] [i-lek-tro-mag-ne-tik], *a.* Electromagnético, relativo al electroimán o al electromagnetismo.

electromagnetism [ɪ'lektrəʊ'mægnetɪzəm] [i-lek-tro-mag-ne-tisem], *s.* Electromagnetismo; la imantación o el magnetismo producido por medio de la electricidad; el estudio de las relaciones entre la electricidad y el magnetismo.

electrometallurgy [ɪˌlektrəʊmɪ'tæləd3ɪ] [i-lek-tro-mi-ta-lur-chi], *s.* Electrometalurgia.

electrometer [ɪlek'trɒmɪtəʳ] [i-lek-tro-mi-taʳ], *s.* Electrómetro, instrumento para medir la cantidad y determinar la calidad de la electricidad.

electro-motive [ɪˌlektrəʊ'məʊtɪv] [i-lek-tro-mo-tiv], *a.* Electromotor, electromotriz, que se refiere al movimiento de la electricidad o a las leyes que lo gobiernan. **Electro-motive force**, fuerza electromotriz, la que produce el movimiento de la electricidad por un conductor.

electro-motor [ɪˌlektrəʊ'mɒtəʳ] [i-lek-tro-mo-toʳ], *s.* 1. Motor eléctrico. 2. Todo aparato que desarrolla electricidad.

electron [ɪ'lektrɒn] [i-lek-tron], *s.* Electrón. **Electron microscope**, microscopio electrónico.

electronegative [ɪ'lektrɒnegətɪv] [i-lek-tro-ne-ga-tiv], *s.* y *a.* Electronegativo.

electronic [ɪlek'trɒnɪk] [i-lek-tro-nik], *a.* Electrónico. **Electronic data processing**, procesamiento electrónico de datos. **Electronic publishing**, edición electrónica.

Electronic cash, dinero electrónico. **Electronic engineer**, ingeniero electrónico. **Electronic mail**, correo electrónico.

electronics [ɪlek'trɒnɪkz] [i-lek-tro-niks], *s. pl.* 1. Electrónica (subject); electrónico (industry). 2. Sistema electrónico (circuitry).

electron microscope [ɪˌlektrɒn'maɪkrəskəʊp] [i-lek-tron-mai-kros-koup] *s.* Microscopio electrónico.

electroplate [ɪ'lektrəʊpleɪt] [i-lek-tro-pleit], *va.* Plaquear un metal por medio del galvanismo o de un dínamo; galvanoplatear, platear mediante electrólisis (with silver); electrodorar, dorar mediante electrólisis (with gold).

electroplating [ɪ'lektrəʊpleɪtɪŋ] [i-lek-tro-plei-tin], *s.* Electrochapeado, electrodeposición, electroplastia.

electropositive [ɪ'lektrəpɒsɪtɪv] [i-lek-tro-po-si-tiv], *s.* y *a.* Electropositivo.

electroscope [ɪ'lektrəskəʊp] [i-lek-tros-koup], *s.* Electroscopio, instrumento para determinar la presencia de la electricidad en un conductor.

electrostatics [ɪˌlektrəʊ'stætɪks] [i-lek-tros-ta-tiks], *s.* Electroestática, el ramo de la ciencia eléctrica que trata de los fenómenos de la electricidad en estado de reposo o la electricidad producida por fricción.

electrotechnics [ɪ'lektrəʊ'teknɪks] [i-lek-tro-tek-niks], *s.* Electrotecnia.

electro-telegraphy [ɪlek'trəʊtelɪ'græfɪ] [i-lek-tro-te-li-gra-fi], *s.* Telegrafía por medio de la electricidad.

electro-telegraphic [ɪlek'trəʊtelɪ'græfɪk] [i-lek-tro-te-li-gra-fik], *a.* Electrotelegráfico.

electro-therapeutic [ɪˌlektrəʊˌθerə'pju:tɪk] [i-lek-tro-ze-ra-piu-tik], *a.* Electroterapéutico, que se refiere a la electricidad considerada como medio terapéutico.

electro-therapeutics [ɪˌlektrəʊˌθerə'pju:tɪks] [i-lek-tro-ze-ra-piu-tiks], *s.* Electroterapéutica, la aplicación de la electricidad a la terapéutica.

electrotherapy [ɪˌlektrəʊ'θerəpɪ] [i-lek-tro-ze-ra-pi], *s.* Electroterapia.

electrotype [ɪ'lektrətaɪp] [i-lek-tro-taip], *s.* 1. Electrotipo, grabado tipográfico que se obtiene por medio de la electrotipia. 2. Impresión de dicho grabado. *-va.* Electrotipar, hacer un electrotipo; duplicar por medio de la electrotipia.

electrotypy [ɪ'lektrətɪpɪ] [i-lek-tro-ti-pi], *s.* Electrotipia, arte de cubrir de una capa metálica, por medio de la electroquímica, monedas u objetos semejantes.

electrum ['eləktrʊm] [e-lek-trum] *s.* 1. Plata alemana, liga de níquel, cinc y cobre; cualquier otra mezcla semejante. 2. Antiguamente, electro o ámbar.

electuary [e'lektʊərɪ] [e-lek-tua-ri] *s.* Electuario, confección farmacéutica.

eleemosynary ['eli:məsɪ'nærɪ] [e-li-mo-si-na-ri] *a. s.* 1. Caritativo, de caridad, de limosna. 2. Mendicante, que vive de limosna.

elegance, elegancy ['elɪgəns] [e-li-gans] *f.* Elegancia, hermosura, primor; buen gusto, garbo, aire.

elegant ['elɪgənt] [e-li-gant] *a.* Elegante, fino, delicado, pulido.

elegantly ['elɪgəntlɪ] [e-li-gant-li] *adv.* Elegantemente, pulidamente.

elegiac, elegiacal [ˌelɪ'dʒaɪək] [e-li-chiak], [ˌelɪ'dʒaɪəkl] [e-li-chi-kal] *a.* Elegíaco.

elegiast ['elɪdʒɪəst] [e-li-chiast] *s.* Elegíaco, escritor de elegías.

elegy ['elɪdʒɪ] [e-li-chi] *f.* Elegía, canto fúnebre o melancólico.

element ['elɪmənt] [e-li-ment] *f.* 1. Elemento. 2. Elemento, la esfera o situación propia de cualquier cosa. 3. Elemento, ingrediente. 4. *(Biol.)* Una de las unidades primitivas de un organismo; celdilla o unidad morfológica. 5. *(Elec.)* Elemento de pila o batería, par. 6. *(Chem.)* Cuerpo simple, aquella forma de la materia que no puede descomponerse por ninguno de los medios que conoce la ciencia. **Elements,** primeros principios o ideas fundamentales; rudimentos. **To be out of one's element,** estar fuera de su elemento, como pez fuera del agua. **It's the personal element that counts,** es el factor personal el que cuenta.

elemental [ˌelɪ'məntl] [e-li-men-tal] *a.* Elemental, primordial.

elementary ['elɪməntərɪ] [e-li-men-ta-ri] *a.* Elemental, inicial, primitivo; incipiente. **Elementary schooling,** primera enseñanza.

elemi ['elɪmɪ] [e-li-mi] *s.* Elemí, resina usada para emplastos y barnices.

elephant ['elɪfənt] [e-li-fant] *s.* Elefante.

elephantiasis ['elɪfəntɪəsɪs] [e-li-fan-tia-sis] *f.* Elefantiasis.

elephantine ['elɪfənti:n] [e-li-fan-tin] *a.* Elefantino, mastodóntico.

elevate ['elɪveɪt] [e-li-veit] *va.* 1. Elevar, alzar, levantar (rise). 2. Elevar, exaltar; promover, hacer adelantar (develop). 3. Excitar, animar, alegrar; inspirar (inspire). 4. Alzar el tono o aumentar la resonancia de la voz o de un instrumento musical.

elevated ['elɪveɪtɪd] [e-li-vei-ted] *a.* 1. Elevado, alzado, sublime. 2. Exaltado. **Elevated railroad,** tren elevado.

elevation ['elɪveɪʃən] [e-li-vei-shon] *f.* 1. Elevación. 2. Altura, encumbramiento. 3. Elevación de espíritu, grandeza de alma, alteza de pensamientos. 4. *(Arq.)* Alzado de un edificio. 5. *(Astr.)* Altura de algún cuerpo celeste.

elevator ['elɪveɪtəʳ] [e-li-vei-taʳ] *s.* 1. Elevador, ascensor, aparato que sirve para conducir personas o carga de uno a otro piso de un edificio. 2. Máquina a manera de noria para transferir granos desde los buques o carros de ferrocarril a los depósitos o graneros. *(E.U.)* **Elevator car,** caja de ascensor. *(E.U.)* **Elevator shaft,** hueco del ascensor.

elevator hoist ['elɪveɪtə'hɔɪst] [e-li-vei-taʳ-joist] *s.* Montacargas, malacate, ascensor para carga.

eleven [ɪ'levn] [i-le-ven] *a. s.* Once.

eleventh [ɪ'levnθ] [i-le-venz] *a.* Onceavo, onceno, undécimo. **At the eleventh hour,** a la última hora.

elf [elf] [elf] *s.* 1. Duende, trasgo o espíritu travieso. 2. Demonio, diablo. 3. Enano, elfo. En plural se escribe *elves.*

elf-arrow [elf'ærəʊ] [elf-arou] *s.* Pedernal en forma de flecha.

elfin ['elfɪn] [el-fin] *a.* Perteneciente a los duendes; mágico, encantado. *-s.* Diablillo, niño pequeño, travieso y enredador.

elfish ['elfɪʃ] [el-fish] *a.* Aduendado, que pertenece a duendes o demonios; travieso, fantástico, mágico.

elf-looks ['elf'lʊks] [elf-luks] *s. pl.* Greñas de duende, trenzas de pelo.

elicit [ɪ'lɪsɪt] [i-li-sit] *va.* Sacar de; atraer, sonsacar, obtener (obtain, achieve), hacer salir como por medio de la atracción; educir o extraer gradualmente y sin violencia.

elicit, *a. (Filos.)* Que resulta de la volición libre o del escogimiento.

elide [ɪ'laɪd] [i-laid] *va.* Elidir, suprimir una vocal en una o más palabras, v.g. *don't* por *do not, o* **'tis** por *it is.*

eligibility [ˌelɪdʒə'bɪlɪtɪ] [e-li-chi-bi-li-ti] *f.* Elegibilidad, reunión de cualidades para ser elegido.

eligible ['elɪdʒəbl] [e-li-yi-bol] *a.* 1. Elegible, preferible. 2. A propósito, digno de admisión o aceptación, deseable. **To be elegible for,** tener los requisitos para, tener derecho a.

eligibleness ['elɪdʒəblnɪs] [e-li-yi-bol-nes] *f.* Elegibilidad.

eliminate [ɪ'lɪmɪneɪt] [i-li-mi-neit] *va.* 1. rechazar, echar fuera, arrojar, especialmente como perjudicial, dañoso o inútil; eliminar, suprimir. 2. *(Alg.)* Eliminar, hacer desaparecer una cantidad de una ecuación.

elimination [ɪˌlɪmɪ'neɪʃən] [i-li-mi-nei-shon] *s.* Eliminación, acción de eliminar; excreción.

eliminator [ɪˌlɪmɪ'neɪtəʳ] [i-li-mi-nei-taʳ], *sm. (Boxeo)* Combate eliminatorio.

eliquation [ˌelɪ'kweɪʃən] [e-li-kuei-shon] *s.* Separación de dos metales por medio de un grado de calor que pueda derretir al uno y no al otro.

elision [ɪ'lɪʃən] [i-li-shon] *s.* 1. *(Gram.)* Elisión. 2. División.

elite [eɪ'li:t] [ei-lit] *s.* Lo mejor, lo escogido, lo selecto; la flor y nata.

elitism [ɪ'li:tɪzəm] [i-li-ti-sem], *sm.* Elitismo.

elitist [ɪ'li:tɪst] [i-li-tist], *a.* Elitista.

elixir [e'liksiʳ] [e-lik-siʳ] *s.* 1. Elixir, medicamento o tintura compuesta y extraída de varios ingredientes; cordial. 2. Extracto o quinta esencia de alguna cosa.
elk [elk] [elk] *f.* Alce o anta, cuadrúpedo muy corpulento de la familia del ciervo: habita en los bosques de los países del norte.
ell [el] [el] *s.* Ana, medida de longitud hoy rara vez usada.
ellipse [ɪ'lɪps] [i-lips] *s.* *(Geom.)* Elipse, curva cerrada que resulta de cortar un cono con un plano oblicuo a la dirección de su eje; óvalo.
ellipsis [ɪ'lɪpsɪs] [i-lip-sis] *s.* *(Gram.)* Elipsis, la omisión de una o más palabras necesarias para la recta construcción gramatical, pero sin que por eso se obscurezca el sentido de la oración.
ellipsoid [ɪ'lɪpsɔɪd] [i-lip-soid] *a.* Elipsoide, sólido formado por la revolución de la elipse sobre uno de sus dos ejes.
elliptic, elliptical [ɪ'lɪptɪk] [i-lip-tik] *s.* Elíptico.
elm [elm] [elm] *s.* *(Bot.)* Olmo, árbol de gran altura, tronco recto y madera fuerte y sólida.
elocution [ˌelə'kju:ʃən] [e-lo-kiu-shon] *f.* Elocución; habla, manera de hacer uso de la palabra.
eloge [ɪ'lɒdʒ] [i-loch] *s.* Oración fúnebre, panegírico.
elogist [ɪ'lɒdʒ] [i-lo-chist] *s.* Elogiador. *V.* EULOGIST.
elogy [ɪ'lɒdʒɪ] [i-lo-chi] *f.* Elogio, oración fúnebre; relación biográfica; se usa impropiamente en el sentido de encomio, alabanza.
elongate ['i:lɒngeɪt] [i-lon-gueit] *va.* Alargar. *-vn.* 1. Volverse más largo; alargarse, aumentarse. 2. Alejarse, desviarse un astro.
elongation [ˌi:lɒn'geɪʃən] [i-lon-guei-shon] *f.* 1. Prolongación, extensión. 2. El acto de alargarse alguna cosa. 3. *(Astr.)* Elongación.
elope [ɪ'ləʊp] [i-loup] *vn.* 1. Escapar, huir, evadirse (escape, evade). 2. Fugarse, huir una mujer de su casa en compañía de un amante o seductor. **To elope with,** fugarse con.
elopement [ɪ'ləʊpmənt] [i-loup-ment] *s.* Fuga, huída; evasión, escapada: se usa para expresar que una mujer casada se ha escapado con un seductor, o que una joven ha dejado la casa de sus padres para irse con su amante.
eloquence ['eləkwəns] [e-lo-kuens] *f.* Elocuencia, propiedad, pureza, buen empleo y distribución de palabras y pensamientos al hablar y escribir.
eloquent ['eləkwənt] [e-lo-kuent] *a.* Elocuente.
eloquently ['eləkwəntlɪ] [e-lo-kuent-li] *adv.* Elocuentemente.
else [els] [els] *a.* Otro. **Nobody else, no one else,** ningún otro, nadie más. **Nothing else,** nada más. *-adv.* 1. Más, además; en vez de. 2. De otro modo o manera; en otro caso; a menudo va precedido de *or* (o); si no. **Everything else, all else,** todo lo demás. **Anyone else would do it,** cualquier otra persona lo haría. **Somewhere else,** en otra parte. **What else?,** ¿qué más? **There was little else to do,** apenas quedaba otra cosa que hacer.
elsewhere ['els'wɛəʳ] [els-ueaʳ] *adv.* En cualquier otra parte, a otra parte, de otra parte.
elucidate [ɪ'lu:sɪdeɪt] [e-lu-si-deit] *va.* Dilucidar, explicar, aclarar, ilustrar (explain, show).
elucidation [ɪ'lu:sɪdeɪʃən] [e-lu-si-dei-shon], *f.* Elucidación, explicación, aclaración (explanation).
elucidative, elucidatory [ɪ'lu:sɪdətɪv] [e-lu-si-da-tiv] [ɪ'lu:sɪdətərɪ] [e-lu-si-da-to-ri] *a.* Explicativo, que se puede dilucidar.
elude [ɪ'lu:d] [e-lud], *va.* 1. Eludir, huir la dificultar. 2. Burlar a alguno huyendo de él. **The name eludes me,** se me escapa el nombre, no me acuerdo del nombre.
eludible [ɪ'lu:dɪbl] [i-lu-di-bol], *a.* Evitable.
elusion [ɪ'lu:ʃən] [i-lu-shon], *f.* Escapatoria; artificio para eludir.
elusive [ɪ'lu:sɪvnɪs] [i-lu-siv-nes], *a.* Que tiende a huir o escaparse; falaz, tenue, difícil de asir o de tener.
elusiveness [ɪ'lu:sɪvnɪs] [i-lu-siv-nes], *m.* Carácter esquivo.
elusorines [ɪ'lu:sərɪnɪs] [i-lu-so-ri-nes], *s.* Fraude, engaño; astucia.
elusory [ɪ'lu:sərɪ] [i-lu-so-ri], *a.* Falaz, engañador; hábil en artificios y subterfugios. *V.* ELUSIVE.
elutriate [ɪ'lu:trɪeɪt] [i-lu-trieit], *va.* Decantar; colar.
elutriation [ɪ'lu:trɪ'eɪʃən] [i-lu-triei-shon], *s.* La acción de lavar o limpiar con agua los minerales pulverizados.
elver ['elvəʳ] [el-vaʳ], *f.* Angula.
elvish, *a.* *V.* ELFISH.
elysian [ɪ'li:ʒən] [i-li-shan], *a.* Ameno, delicios. **Elisyan Fields,** Campos Elíseos.
elytron, elytrum [ɪ'li:trəm] [i-li-trum], *s.* *(pl. ELYTRA).* Élitro, estuche, cada una de las alas anteriores endurecidas de los coleópteros y ortópteros; también se da este nombre a las anchas escamas dorsales de ciertos gusanos.
em [em] [em], *s.* 1. Nombre de la letra M, la decimotercera del alfabeto inglés. 2. *(Impr.)* Eme, el cuadrado del cuerpo de un tipo, usado como unidad de medida.
'em, *pron.* *(Fam.)* Elisión de **them**, caso objetivo del pronombre **they**.
EM *Abreviatura de* **Engineer of Mines.**
emaciate [ɪ'meɪsɪeɪt] [i-mei-sieit], *va.* Extenuar, adelgazar. *-vn.* Enflaquecer, ponerse flaco o perder peso.
emaciate, *a.* Enflaquecido, flaco 2. *(Med.)* Emaciado, extenuado.
emaciation [ɪ'meɪsɪeɪʃən] [i-mei-siei-shon], *s.* Extenuación, flaqueza, enflaquecimiento.
email, e-mail [ɪ'meɪl] [i-meil], *m.* Correo electrónico.
emanant ['emənənt] [i-ma-nant], *a.* Emanante.
emanate ['eməneɪt] [i-ma-neit] *vn.* Emanar, preceder, derivarse.
emanation [ˌeməneɪʃən] [i-ma-nei-shon], *f.* Emanación; efluvio, efluencia.
emanative ['emənətɪv] [i-ma-na-tiv], *a.* Emanante.
emancipate [ɪ'mænsɪpeɪt] [i-man-si-peit], *va.* Emancipar; dar libertad, manumitir, libertar.
emancipation [ɪ'mænsɪ'peɪʃən] [i-man-si-pei-shon], *s.* Emancipación.
emancipator [ɪ'mænsɪpeɪtəʳ] [i-man-si-pei-taʳ], *s.* Libertador, manumisor.
emarginate [ɪ'mɑ:dʒɪneɪt] [i-mar-chi-neit], *va.* 1. Quitar el margen, recortar. 2. *(Bot.)* Hacer una escotadura en el ápice de una hoja u otro órgano plano de las plantas.
emarginate, *a.* *(Bot.)* Escotado, emarginado, que tiene el margen interrumpido o mellado.
emasculate [ɪ'mæskjʊleɪt] [i-mas-kiu-leit], *a.* Afeminado, viciado; castrado. *-vt.* Castrar, mutilar, emascular.
emasculation [ɪ'mæskjʊ'leɪʃən] [i-mas-kiu-lei-shon], *f.* Castradura, castración, capadura; afeminación, afeminamiento.
embale [ɪm'beɪl] [im-beil], *va.* Embalar, enfardar, liar, atar.
embalm [ɪm'bɑ:m] [im-balm], *va.* 1. Embalsamar, impregnar un cadáver de sustancias que impidan la putrefacción. 2. Conservar, impedir el decaimiento de alguna cosa; guardar afectuosamente un recuerdo. 3. Embalsamar, llenar de fragancia, aromatizar, perfumar.
embalmer [ɪm'bɑ:məʳ] [im-bal-maʳ], *s.* 1. Embalsamador. 2. Cualquier cosa que impide el decaimiento o menoscabo de otra.
embalment [ɪm'bɑ:ment] [im-bal-ment], *m.* Embalsamamiento, acción de embalsamar.
embalming [ɪm'bɑ:mɪŋ] [im-bal-min], *m.* Embalsamamiento.
embank ['ɪmbæŋk] [im-bank], *va.* Represar o contener por medio de una presa o dique.
embankment [ɪm'bæŋkmənt] [im-bank-ment], *m.* Presa, dique; terraplén.
embar [ɪm'bɑ:ʳ] [im-baʳ], *va.* 1. *(Ant.)* Barrear, cercar, cerrar. 2. Bloquear.
embarcation [ɪmbɑ:'keɪʃən] [im-bar-kei-shon], *s.* *(Mar.)* Embarco, embarque. *V.* EMBARKATION.
embargo [ɪm'bɑ:gəʊ] [im-bar-gou], *s.* 1. Embargo, secuestro de géneros. 2. Embargo, detención de buques. **To be under an embargo,** estar prohibido. **To lift an embargo,** levantar una prohibición.

embargo, *va.* Embargar, detener.

embark [ɪm'bɑːk] [im-bark], *va. (Mar.)* Embarcar, poner los géneros o personas a bordo de un buque. *-vn.* 1. *(Mar.)* Embarcarse, ir a bordo de una embarcación. 2. Empeñarse en algún negocio, dar principio a alguna ocupación; invertir el tiempo o el caudal; aventurarse. **To embark upon,** emprender, lanzarse.

embarkation [ɪmbɑː'keɪʃən] [im-bar-kei-shon], *s.* 1. Embarco, acto de embarcar o embarcarse personas. 2. Embarque, acción de embarcar géneros, provisiones, etc. 3. Lo que está embarcado; cargamento, fleto, carga.

embarrass [ɪm'bærəs] [im-ba-ras], *va.* 1. Avergonzar, aturdir, desconcertar (disarrange, disturb). 2. Embarazar, enredar.

embarrassed [ɪm'bærəst] [im-ba-rast], *a.* Apenado, cortado, avergonzado.

embarrassment [ɪm'bærəsmənt] [im-ba-ras-ment], *s.* 1. Aturdimiento, agitación de ánimo, desconcierto. 2. Embarazo, dificultad, perplejidad, enredo. 3. Embarazo, impedimento, estorbo, atascadero.

embassador [ɪm'bæsədɔːʳ] [im-ba-sa-daʳ], *sm.* Embajador. *V.* AMBASSADOR.

embassadress [ɪm'bæsədres] [im-ba-sa-dres], *f.* Embajadora.

embassy ['embəsɪ] [em-ba-si], *f.* Embajada.

embattle [ɪm'bætl] [im-ba-tel], *va.* 1. Formar en orden de batalla, preparar o equipar para la batalla. 2. Almenar, coronar con almenas. *-vn.* Ponerse en orden de batalla.

embattled [ɪm'bætld] [im-ba-teld], *a.* 1. En orden de batalla. **Here the embattled farmers stood,** aquí se posicionaron los granjeros en orden de batalla. 2. Que es o ha sido campo de un combate (city). 3. Almenado; cortado, recortado: se usa en arquitectura y en heráldica.

embattlement [ɪm'bætlmənt] [im-ba-tel-ment], *s.* Aspillera; parapeto aspillerado.

embay ['ɪmbeɪ] [im-bei], *va.* 1. *(Mar.)* Empeñar en una bahía. 2. Encerrar, cerrar con brazos protectores de tierra, como en una bahía.

embed [ɪm'bed] [im-bed], *va.* Poner, depositar en una cama o lecho; encajonar, encajar, incrustar (weapon); empotrar. Equivalente, **imbed.**

embellish ['embelɪʃ] [em-be-lish] *va.* 1. Hermosear, embellecer, adornar una cosa; ribetear, ataviar. 2. Exornar, añadir algo imaginario para realzar el interés, bordar un cuento.

embelishment ['embelɪʃmənt] [em-be-lish-ment], *sm.* Adorno, ornato.

embers ['embəz] [em-bers], *s. pl.* Rescoldo.

ember-week ['embəwiːk] [em-ber-uik], *s.* Semana de témporas. **Ember-days,** las cuatro témporas.

embezzle ['embəzl] [em-be-zel], *va.* Hurtar, apropiar o apropiarse alguna cosa ilícitamente.

embezzlement ['embəzlmənt] [em-be-zel-ment], *s.* 1. Hurto, robo, acto de ocultar a hurtadillas alguna cosa con intención de quedarse con ella. 2. La cosa hurtada o robada de esta manera. 3. *(For.)* Ocultación maliciosa de bienes pertenecientes a una herencia que aún no ha sido aceptada por el heredero; malversación, desfalco.

embezzler ['embəzləʳ] [em-bez-laʳ], *s.* Malversador, estafador, desfalcador; el que se apropia de dinero o bienes que otro ha confiado a su cuidado.

embitter ['embɪtəʳ] [em-bi-taʳ], *va.* 1. Hacer amargo al gusto. 2. Agriar, llenar de amargura, agravar, envenenar (relations). *V.* IMBITTER, como también se escribe.

embittering [ɪm'bɪtərɪŋ] [im-bi-te-rin], *a.* Amargo (experience).

emblaze ['embleɪz] [em-bleis], *va.* 1. Adornar con colores brillantes, esmaltar. 2. Proclamar, divulgar; celebrar, alabar. 3. Hacer resplandeciente o brillante.

emblazon ['emblæzən] [em-bla-son], *va.* 1. Blasonar, disponer el escudo de armas de alguna ciudad o familia según las reglas del arte. 2. Blasonar; esmaltar con colores brillantes, engalanar; adornar con blasones o piezas del escudo. 3. Blasonar, ensalzar, alabar, engrandecer.

emblazoner ['emblәzənəʳ] [em-bla-so-naʳ], *s.* 1. Blasonador, el que divulga alguna cosa pomposamente. 2. Heraldo, rey de armas.

emblem ['embləm] [em-blem], *s.* 1. Emblema, símbolo, signo. 2. Divisa, signo distintivo de una familia, un oficio, etc. 3. Emblema, pintura que encierra una alegoría. 4. Esmalte, labor de varios colores que se hace sobre oro o plata sobredorada.

emblematic, emblematical [ˌemblə'mætɪk] [em-ble-ma-tik], *a.* Emblemático, alusivo, simbólico.

emblematically [ˌemblə'mætɪklɪ] [em-ble-ma-ti-ka-li], *adv.* Emblemáticamente, figuradamente.

emblematicize ['embləmətɪsaɪz] [em-ble-ma-ti-sais], *va.* Dar a alguna cosa carácter emblemático; alegorizar.

emblematist ['embləmətɪst] [em-ble-ma-tist], *s.* Escritor o inventor de emblemas.

emblematize ['embləmətaɪz] [em-ble-ma-tais], *va.* Representar o figurar por emblemas.

emblements ['embləments] [em-ble-ments], *s. pl. (For.)* Las rentas, utilidad o beneficio que dejan las tierras o su cultivo.

emblemize ['embləmaɪz] [em-ble-mais], *va.* Representar por medio de un emblema, signo o figura.

embodiment [ɪm'bɒdɪmənt] [im-bo-di-ment], *s.* 1. Incorporación, el acto y efecto de incorporar. 2. Personificación, encarnación (personification, expression); expresión concreta.

embody [ɪm'bɒdɪ] [im-bo-di], *va.* 1. Dar cuerpo, revestir de materia; expresar concretamente, plasmar, expresar (express/ thought, idea); encarnar, personificar (personify). 2. Incorporar, formar un todo o cuerpo; reunir en colección. *-vn.* Unirse, incorporarse.

emboguing ['embɒgɪŋ] [em-bo-guing], *s.* Desembocadura o desembocadero de un río, canal o pantano, o el paraje por donde desaguan en el mar.

embolden [ɪm'bəʊldən] [im-boul-den], *va.* Animar, envalentonar.

embolism ['embəlɪzən] [em-bo-lisem], *s.* 1. *(Astr.)* Intercalación de ciertos días para igualar el calendario. 2. *(Med.)* Embolia, la obstrucción de un vaso sanguíneo por un coágulo arrastrado por la circulación de la sangre.

embolus ['embələs] [em-bo-los], *s.* 1. Émbolo. 2. Cualquier cosa que obra o funciona dentro de otra.

emborder ['embɔːdəʳ] [em-bor-daʳ], *va.* Guarnecer con marco o borde.

embosom ['embəsɒm] [em-bo-som], *va.* 1. Poner o meter en el seno, medio o centro de alguna cosa; envolver, encerrar, abrigar. 2. Tomar o recibir en el seno; querer, proteger.

emboss [ɪm'bɒs] [im-bos], *va.* 1. Relevar, formar o fabricar alguna cosa en realce o relieve; realzar, resaltar. 2. Grabar un realce, en hueco, o de relieve. Repujar (leather, metal). **Embossed**, con membrete en relieve (stationery); estampado en relieve (wallpaper).

embossment [ɪm'bɒsmənt] [im-bos-ment], *s.* Realce, relieve, resalte; resalto.

embouchure [ˌɒmbʊ'ʃʊəʳ] [om-bu-shuaʳ], *s.* 1. Boca o embocadura de un instrumento músico. 2. Embocadura, la posición o ajuste de la boca y la lengua al tocar un instrumento de viento.

embowel [ɪm'bɒwəl] [im-bo-uel], *va.* 1. Desentrañar, destripar, sacar las entrañas; hacer reventar. 2. Hundir alguna cosa en otra substancia.

emboweller [ɪm'bɒwələʳ] [im-bo-ue-laʳ], *s.* Desentrañador.

embower [ɪm'bɒwəʳ] [im-bo-uaʳ], *va.* Cubrir, encerrar o abrigar con una enramada, emparrado o follaje; emparrar.

embrace [ɪm'breɪs] [im-breis], *va.* 1. Abrazar, estrechar entre los brazos (hug). 2. Abrazar, rodear, ceñir, contener, comprender, abarcar (include/range, elements). 3. Admitir, recibir; aceptar de buena gana; asir o aprovechar (la ocasión, la oferta, etc.). Abrazar (idea, principle); adoptar, abrazar

(lifestyle, religion). *-vn.* 1. Abrazarse con alguna cosa. 2. Abrazarse mutuamente (couple, friends).
embrace, *va. (For.)* Influir o tratar de influir por medio del cohecho o la amenaza en la decisión de un juez, tribunal, árbrito o jurado.
embrace, embracement [ɪm'breɪsmənt] [im-breis-ment], *s.* Abrazo, recepción; las caricias conyugales.
embracer [ɪm'breɪʒəʳ] [im-brei-saʳ], *s.* Abrazador.
embracery [ɪm'breɪsərɪ] [im-brei-se-ri], *s. (For.)* El delito de influir en el ánimo del jurado por medios ilegales.
embracing [ɪm'breɪsɪŋ] [im-brei-sin], *s.* Abrazo.
embrasure [ɪm'breɪʃəʳ] [im-brei-shaʳ], *s. (Fort.)* Tronera, abertura; cañonera.
embrocate ['embrəʊkeɪt] [em-brou-keit], *va.* Embrocar, derramar algo lentamente sobre la parte enferma y frotarla al mismo tiempo.
embrocation ['embrəʊkeɪʃən] [em-brou-kei-shon], *s. (Med.)* Embrocación, linimento.
embroider ['embrɔɪdəʳ] [em-broi-daʳ] *va.* Bordar, adornar y enriquecer formando con la aguja figuras o labores (cloth, design); adornar (story). *vn.* Bordar.
embroiderer, embroideress [ɪm'brɔɪdərəʳ] [im-broi-de-raʳ], *s.* Bordador, bordadora.
embroidery [ɪm'brɔɪdərɪ] [im-broi-de-ri], *s.* Bordado, bordadura.
embroil [ɪm'brɔɪl] [im-broil], *va.* Embrollar, enredar; confundir; dividir, desunir. **To be/become embroiled in something**, estar/verse envuelto o enredado en algo.
embroilment [ɪm'brɔɪlmənt] [im-broil-ment], *s.* Alboroto, confusión; embrollo.
embrown ['embrəʊn] [em-broun], *va.* 1. Hacer moreno, castaño. 2. Obscurecer, ofuscar. *-vn.* Volverse moreno u obscuro.
embrue ['embruː] [em-bru], *va. V.* IMBRUE.
embryo ['embrɪəʊ] [em-briou], *s.* 1. Embrión, el feto que empieza a formarse. 2. El primer rudimento del animal o de la planta. 3. Principio, todavía informe, de una cosa. *-a.* En embrión.
embryogeny [ˌembrɪ'ɒdʒənɪ] [em-brio-che-ni], *s.* Embriogenia, la ciencia de la formación y desarrollo de los organismos; la generación de los organismos.
embryology [ˌembrɪ'ɒlədʒɪ] [em-brio-lo-chi], *s.* Embriología, el ramo de la biología que trata de los embriones o del desarrollo de los organismos.
embryonal ['embrɪənəl] [em-brio-nal], *a.* Embrionario.
embryonic [ˌembrɪ'ɒnɪk] [em-brio-nik], *a. (Biol.)* Embrionario, perteneciente a un embrión, o parecido a él; rudimentario, que no está desarrollado. En estado embrionario (plan, policy).
emcee ['em'siː] [em-si] *s. (Coloq.)* Presentador (of program); maestro de ceremonias (of function).
emend [ɪ'mend] [i-mend], *va.* Enmendar, corregir, emendar.
emendable [ɪ'mendəbl] [i-men-da-bol], *a.* Corregible.
emendation [ˌiːmen'deɪʃən] [i-men-dei-shon] *s.* Enmienda.
emendator [ɪ'mendeɪtəʳ] [i-men-dei-taʳ], *s.* Corrector.
emendatory [ɪ'mendətərɪ] [i-men-da-to-ri], *a.* Lo que contribuye a enmendar, corregir, etc.
emerald ['emərəld] [e-me-rald], *s.* 1. Esmeralda, piedra preciosa de color verde (gem); variedad del berilo. 2. Color verde vivo y claro como el de la esmeralda (color). 3. Tipo de letra. *-a.* 1. Del color verde claro de la esmeralda. 2. Impreso en el tipo llamado *emerald*.
emerge [ɪ'mɜːdʒ] [i-merch], *vn.* 1. Salir, surgir como de un fluido; salir de un escondrijo; aparecer, asomarse, presentarse a la vista (come out). 2. Salir de la opresión; salir de la obscuridad, salir a la luz (facts); revelarse (truth); dibujarse (pattern); surgir, aparecer (become evident, known/problem). 3. Surgir (come into being, evolve/idea, system). **Emerging**, emergente, joven (nation); naciente, incipiente (industries).
emergence [ɪ'mɜːdʒəns] [i-mer-chens], *s.* 1. Emersión, salida, aparición (coming out); el procedimiento o efecto de salir, aparición, emergencia (en sentido óptico); aparición, surgimiento (of movement, trend). 2. Emergencia (uso incorrecto). 3. Lo que sale o sobresale, excrecencia.
emergency [ɪ'mɜːdʒənsɪ] [i-mer-chen-si], *s.* 1. Emergencia, caso o incidente no previsto (serious situation). **It's an emergency**, es una situación de emergencia. *(Med.)* Urgencia; de urgencia (case, operation). 2. Aprieto, necesidad urgente. *(Govt.)* **A state of emergency was declared**, se declaró el estado de excepción. **Emergency exit**, salida de emergencia. **Emergency landing**, aterrizaje forzoso. **Emergency room**, sala de urgencias o de guardia. **Emergency stop**, parada de emergencia.
emergency outlet [ɪ'mɜːdʒənsɪˌaʊtlet] [i-mer-chen-si-aut-let], *s.* 1. Salida de emergencia. 2. Válvula de escape. 3. Aliviadero o vertedero.
emergent [ɪ'mɜːdʒənt] [i-mer-chent], *a.* Emergente, joven (nation); repentino, subitáneo. En vías de desarrollo (developing); incipiente, emergente (subculture, technology).
emeritus [ɪ'merɪtəs] [i-mi-ri-tus], *a.* Emérito, jubilado, el que después de haber servido en un cargo o una profesión cierto número de años, se retira gozando los honores y parte del sueldo. **Professor emeritus** o **emeritus professor**, profesor emérito.
emerods, emeroids, *V.* HEMORRHOIDS.
emersion [ɪ'mɜːʃən] [i-mer-shon] *s.* 1. Emersión, el acto de salir de algún fluido o de atrás de alguna cosa. 2. *(Astr.)* Emersión, reaparición.
emery ['emərɪ] [e-me-ri], *s.* Esmeril, variedad de corindón, piedra muy dura; en polvo se usa para bruñir los metales. **Emery board**, lima de esmeril. **Emery paper**, papel de lija.
emetic, emetical [ɪ'metɪk] [i-me-tik], *a.* Emético, vomitivo.
emetic, *s.* Emético, vomitivo.
emetically [ɪ'metɪkəlɪ] [i-me-ti-ka-li], *adv.* A manera de vomitivo.
emeu o emew ['emjuː] [e-miu], *s. (Orn.)* Dromeo. *V.* EMU.
emication [ˌemɪ'keɪʃən] [e-mi-kei-shon], *s.* (Poco us.) Chispeo.
emigrant ['emɪgrənt] [e-mi-grant], *s.* Emigrado, emigrante.
emigrate ['emɪgreɪt] [e-mi-greit], *vn.* Emigrar, transmigrar.
emigrate, *a.* Emigrado; vago, vagabundo.
emigration [ˌemɪ'greɪʃən] [e-mi-grei-shon], *s.* 1. Emigración, el acto de emigrar. 2. Los emigrados colectivamente. 3. *V.* MIGRATION.
émigré ['emɪgreɪ] [e-mi-grei] *s.* Exiliado.
eminence, eminency ['emɪnəns] [e-mi-nens], *s.* 1. Altura, elevación. 2. Cima, cuesta, sumidad. 3. Eminencia, distinción, excelencia; prestigio, renombre (fame). 4. Altura. 5. Eminencia, título de honor peculiar de los cardenales.
eminent ['emɪnənt] [e-mi-nent], *a.* 1. Eminente, exaltado, conspicuo, notable, distinguido, ilustre. 2. Independiente de otra autoridad, supremo; v. g. **Eminent domain**, el dominio supremo. 3. *(Ant.)* Alto, elevado, levantado. **Most eminent**, eminentísimo.
eminently ['emɪnəntlɪ] [e-mi-nent-li], *adv.* Eminentemente, conspicuamente, sumamente.
emir [e'mɪəʳ] [e-miaʳ], *s.* 1. Emir, título de dignidad en Turquía y el Oriente mahometano. 2. Fatimita, descendiente de Fátima, hija de Mahoma.
emirate ['emɪreɪt] [e-mi-reit] *s.* Emirato.
emissary ['emɪsərɪ] [e-mi-sa-ri], *s.* 1. Emisario, espía, agente secreto. 2. Canal, desaguadero como para el agua. 3. *(Anat.)* Conducto excretorio o de comunicación. *-a.* 1. Perteneciente al emisario. 2. Enviado por delante o afuera.
emission [ɪ'mɪʃən] [i-mi-shon], *s.* Emisión.
emissive ['emɪsɪv] [e-mi-siv], *a.* Emisivo, que lanza o emite; que echa rayos o centellas o despide calórico.
emissory ['emɪsərɪ] [e-mi-so-ri], *a.* Que emite o lanza; emisivo. *-s.* Desaguadero.
emit [ɪ'mɪt] [i-mit], *va.* 1. Emitir (heat, light, radiation, sound); echar de sí; arrojar, despedir (gas, smell, vapor); exhalar. 2. Emitir, poner en circulación, dar a luz autorizadamente.
emmanuel, *s. V.* IMMANUEL.

emmenagogue ['emɪnəgɒg] [e-mi-na-gog] *s.* Emenagogo, medicamento para provocar la menstruación detenida.

emmet ['emet] [e-met] *s.* Hormiga.

emollient [ɪ'mɒlɪənt] [i-mo-lient], *a.* Emoliente, lo que ablanda. *-s.* Emolientes, una clase de medicamentos, mucilaginosos u oleosos.

emolument [ɪ'mɒljʊmənt] [i-mo-liu-ment], *s.* Emolumento, gaje, utilidad, provecho.

emolumental [ɪ'mɒljʊməntl] [i-mo-liu-men-tal], *a.* Util, provechoso.

emotion [ɪ'məʊʃən] [i-mou-shon], *s.* 1. Emoción, perturbación o agitación del ánimo, conmoción. 2. La facultad de sentir; sensibilidad; sentimiento racional (feeling); emoción (strength of feeling).

emotional [ɪ'məʊʃənl] [i-mou-sho-nal], *a.* 1. Sensible, impresionable, que fácilmente cede a las impresiones o al sentimiento. 2. Lo que expresa la emoción; emocional, afectivo (disorder). **Emotional blackmail**, chantaje afectivo. Emotivo (sensitive/person, nature); emocionado (upset). **To get emotional**, emocionarse. Emotivo, conmovedor (moving/speech, experience, scene).

emotionalism [ɪ'məʊʃnlɪzən] [i-mou-sho-na-lisem], *s.* 1. La manifestación oral o la expresión de las emociones, de cualquier manera que se haga. 2. La tendencia a desarrollar el influjo de las emociones, o a ceder fácilmente a ellas.

emotionally [ɪ'məʊʃnəlɪ] [i-mou-sho-na-li] *adv. (Psych.)* Emocionalmente. **Emotionally deprived**, con carencias afectivas o emocionales. Con gran emotividad (behave, react, speak).

emotive [ɪ'məʊtɪv] [i-mou-tiv] *a.* Emotivo, cargado de emotividad.

empale [ɪ'mpeɪl] [im-peil], *va.* 1. Empalar, espetar a uno en un palo como se espeta el ave en el asador. 2. Cercar; rodear, encerrar con una estacada o cerca. 3. Poner uno al lado de otro, como iguales (v. g. en el blasón).

empalement [ɪ'mpeɪlmənt] [im-peil-ment], *s.* 1. Empalamiento. 2. Junta de armas en el blasón.

empanel, *va. V.* IMPANEL.

emparadise, *va. V.* IMPARADISE.

empathize ['empəθaɪz] [em-pa-zaiz] *vn.* **To empathize with somebody**, identificarse con alguien.

empathy ['empəθɪ] [em-pa-zi] *s.* Empatía.

emperor ['empərə[r]] [em-pe-ra[r]], *s.* 1. Emperador, el soberano de un imperio 2. Nombre de ciertas especies de mariposas diurnas y nocturnas. **Emperor-moth**, mariposa nocturna grande.

empery ['empərɪ] [em-pe-ri], *s.* 1. Soberanía, dominio. 2. Mando, autoridad de un emperador; imperio.

emphasis ['emfəsɪs] [em-fa-sis], *s.* Enfasis. **To lay/place/ put emphasis on something**, hacer hincapié o poner énfasis en la importancia de algo.

emphasize ['emfəsaɪz] [em-fa-sais], *va.* 1. Recalcar, acentuar, pronunciar con fuerza o intención, hacer hincapié en (fact, point, warning); enfatizar, poner énfasis en (phrase, word); poner de relieve (fault, value); resaltar, hacer resaltar (shape, feature). 2. Destacar, clara y fuertemente; hacer más distino, positivo o impresivo.

emphatic, emphatical ['emfətɪk] [em-fa-tik], *a.* Enfático; fuerte, enérgico (gesture, tone); categórico (assertion, refusal).

emphatically ['emfətɪklɪ] [em-fa-tik-li], *adv.* Enfáticamente, aparentemente. Enérgicamente (say, declare); categóricamente, rotundamente (deny).

emphysema ['emfɪ'siːmə] [em-fi-si-ma], *s. (Med.)* Enfisema, tumefacción producida por aire o gas en el tejido celular.

emphysematous ['emfɪ'siːmətəs] [em-fi-si-ma-tos], *a.* Enfisematoso, que ofrece o presenta los caracteres del enfisema.

emphyteutic ['emfɪ'tjʊtɪk] [em-fi-tiu-tik], *a. (For.)* Enfitéutico, que se da en enfiteusis o que pertenece a ella.

empire ['empaɪə[r]] [em-paia[r]], *s.* 1. Imperio. 2. Mando, autoridad, dominio.

empiric, empirical ['empɪrɪk] [em-pi-rik], *a.* Empírico; charlatán, medicastro, curandero.

empirically [em'pɪrɪkəlɪ] [em-pi-ri-ka-li], *adv.* Empíricamente.

empiricism ['empɪrɪsɪzəm] [em-pi-ri-sizem], *s.* Empirismo, charlatanería.

emplacement [ɪm'pleɪsmənt] [Im-pleis-ment], *s.* Emplazamiento, la posición destinada a los cañones o a una batería dentro de una fortificación.

emplastic ['ɪmplæstɪk] [em-plas-tik], *a.* Viscoso, glutinoso, pegajoso. *-s.* 1. Medicamento que estriñe el vientre. 2. Substancia adhesiva, pegajosa.

emplead, *va. V.* IMPLEAD.

employ [ɪm'plɔɪ] [im-ploi], *va.* 1. Emplear, contratar (person/ take on), ocupar; emplear, dar empleo (have working). **He's employed as a nightwatchman**, trabaja de vigilante nocturno. 2. Comisionar. 3. Emplear, llenar de ocupaciones; emplear, valerse de (methods, tactics, tool).

employ, *s.* Empleo, ocupación, puesto, oficio público, cargo. **To be in somebody's employ** o **in the employ of somebody**, trabajar para alguien.

employable [ɪm'plɔɪəbl] [im-ploia-bol], *a.* Empleable. **He's no longer employable**, ya nadie le va a dar trabajo.

employee, employe [ˌemplɔɪ'iː] [em-ploi-yi], *s.* Empleado, el que está al empleo de otro.

employer [ɪm'pɔlɪə[r]] [im-ploia[r]] *s.* Empleador, patrón, dueño, principal, amo. **Unions and employers**, los sindicatos y la patronal/los empresarios. **List your three most recent employers**, indique las tres últimas empresas para las que ha trabajado.

employment [ɪm'plɔɪmənt] [im-ploi-ment], *s.* Empleo (availability of work), ocupación, aplicación, cargo; trabajo (work); contratación (hiring, taking on); laboral (legislation). *(Fam.)* **You will not want employment**, no le faltará a Ud. qué hacer. **Employment agency**, agencia de trabajo o colocación.

empoison [em'pɔɪzən] [em-poi-son], *va. (Ant.)* Envenenar, atosigar, emponzoñar.

emporium [em'pɔːrɪəm] [em-po-rium], *s.* 1. Emporio, cualquier ciudad donde concurren muchos para el tráfico y comercio. 2. Bazar; emporio (comercial).

empoverish [em'pɒvərɪʃ] [em-po-ve-rish], *va.* Empobrecer, minorar la fertilidad de alguna cosa.

empoverisher, *s. V.* IMPOVERISHER.

empoverishment, *s. V.* IMPOVERISHMENT.

empower [ɪm'paʊə[r]] [im-paua[r]], *va.* Autorizar, comisionar, habilitar, dar poder; conferirle, otorgarle poderes a (authorize). **He's empowered to sign the contract on my behalf**, está autorizado a/para firmar el contrato en mi nombre. *(Pol., Sociol.)* **To empower somebody/oneself**, investir de poder a alguien/investirse de poder.

empress ['emprɪs] [em-pris], *f.* Emperatriz, emperadora.

emprise ['empraɪs] [em-prais], *s. (Ant.)* Empresa.

emprison, *va. V.* IMPRISON.

emptier ['em*p*tɪə[r]] [emp-tia[r]], *s.* Vaciador, el que vacía o instrumento para vaciar.

emptiness ['em*p*tɪnɪs] [emp-ti-nes], *s.* 1. Vaciedad. 2. Vacío o vacuo; vacuidad (meaninglessness). Ausencia de vegetación, habitantes, etc. (of landscape, region). 3. Futilidad.

emptins ['em*p*tɪns] [emp-tins], *s.* (Dial. E. U.) *V.* EMPTYINGS.

empty ['em*p*tɪ] [emp-ti], *a.* 1. Vacío (container, table); vacuo, hueco; desocupado, desalojado; vaco, vacante. Vacío (words, gestures, life). **Empty house**, una casa por alquilar. 2. Vano, inútil, infructuoso (threat, promise). 3. Corto, ignorante, falto de talento o conocimientos. 4. Hambriento. 5. Ligero, frívolo, superficial.

empty, *va.* Vaciar, evacuar, agotar, desocupar (container, warehouse). **She emptied the water down the sink**, tiró el agua por el fregadero (take or pour out). *-vn.* Vaciarse (room,

street). **To empty into something**, desaguar en algo (river, stream).
empty out Vaciar (bag, drawer, pockets); tirar, botar (garbage).
empty *s.* *(Coloq.)* Envase vacío, casco (bottle). **Empty-handed** *adv.* Con las manos vacías.
empty-headed ['emptɪ,hedɪd] [emp-ti-je-ded] *a.* **He's so empty-headed**, es una cabeza hueca.
emptyings ['emptɪŋz] [emp-tins], *s. pl.* Heces de la cerveza usadas en vez de levadura.
empurple ['empɜ:pl] [em-per-pol], *va.* Purpurar, teñir de púrpura.
empyema ['empɪɪmə] [em-piima] *s.* *(Med.)* Empiema, acumulación purulenta en la cavidad de la pleura.
empyreal ['empɪrɪəl] [em-pi-rial], *a.* Empíreo.
empyrean [ɛmpɪ'ri:ən] [em-pi-rian], *s.* Empíreo, el cielo de los bienaventurados. *-a.* Empíreo.
empyreuma ['emɪrju:mə] [em-pi-riu-ma], *s.* Empireuma, olor y sabor particulares y desagradables que toman las substancias animales y algunas vegetales sometidas a fuego violento.
emu ['i:mju:] [i-miu], *s.* 1. Dromeo, ave grande de Australia parecida al avestruz. 2. *(Des.)* Casoar. *V.* CASSOWARY.
emulate ['emjʊleɪt] [e-miu-leit], *va.* Emular, competir, imitar.
emulation ['emjʊ,leɪʃən] [e-miu-lei-shon], *s.* Emulación, pasión que nos excita a imitar y aun a exceder o superar a otros.
emulative ['emjʊ,lətɪv] [e-miu-la-tiv], *a.* Emulativo, inclinado a la emulación.
emulator ['emjʊ,leɪtəʳ] [e-miu-lei-taʳ], *s.* Emulo, rival, antagonista, competidor, emulador.
emulatress ['emjʊlətrɪs] [e-miu-la-tris], *f.* Emula, emuladora.
emulgent ['emʌldʒənt] [e-mal-yent], *a.* Emulgente, que cuela; antes se aplicaba a los vasos renales.
emulous ['emjʊləs] [e-miu-los], *a.* Emulo, competidor, rival. **To be emulous of**, rivalizar con.
emulously ['emjʊləslɪ] [e-miu-los-li], *adv.* Con emulación, a porfía, a competencia.
emulsifier [ɪ'mʌlsɪ,faɪəʳ] [e-mal-si-faiaʳ] *s.* Emulsionante, emulsivo.
emulsify [ɪ'mʌlsɪfaɪ] [e-mal-si-fai], *va.* Hacer o convertir en emulsión.
emulsion [ɪ'mʌlʃən] [e-mal-shon] *s.* 1. Emulsión, medicamento líquido de color de leche preparado de las almendras o de las semillas de algunas frutas. 2. Cualquier líquido lechoso. **Emulsion paint**, pintura al agua.
emulsive [ɪ'mʌlsɪv] [e-mal-siv], *a.* 1. Emulsivo, capaz de hacer emulsión. 2. De la naturaleza de una emulsión; dulcificante.
emunctory [ɪ'mʌŋktərɪ] [e-mank-to-ri], *a.* *(Med.)* Excretorio, que sirve para descargar materias excrementicias. *-s.* Emuntorio, el conducto o canal excretorio, emunctorio.
en [en] [en], *s.* 1. Nombre de la letra N, la décimocuarta del alfabeto inglés. 2. *(Impr.)* La mitad de una eme; la mitad del cuadrado del tipo.
en, partícula inseparable derivada del latín, escríbese a veces *en* o *in* indiferentemente.
enable [ɪ'neɪbl] [i-nei-bol], *vn.* Habilitar, proporcionar, facilitar, permitir, posibilitar (make possible); poner en estado de, hacer que.
enact [ɪ'nækt] [i-nakt], *va.* 1. Establecer, decretar, ordenar, mandar; *(Govt., Law)* promulgar. 2. Efectuar, poner en ejecución. 3. Hacer papel de, representar (play, role). **The scene being enacted before us**, la escena que se desarrollaba ante nosotros.
enactable [ɪ'næktəbl] [i-nak-ta-bol], *a.* Que puede ser establecido, efectuado o representado.
enactive [ɪ'næktɪv] [i-nak-tiv], *a.* Lo que establece o manda.
enactment [ɪ'næktmənt] [i-nakt-ment], *s.* 1. Ley establecida, estatuto. 2. El acto de decretar o establecer una ley.
enactor [ɪ'næktəʳ] [i-nak-taʳ], *s.* Legislador, ejecutor, establecedor.
enallage [ɪ'nælədʒ] [i-na-leich], *s.* *(Gram.)* Enálage, el uso de una parte de la oración por otra.
enambush [ɪ'næmbʌʃ] [i-nam-bash], *va.* Emboscar, armar celada o trampa.
enamel [ɪ'næməl] [i-na-mel], *va.* Esmaltar, labrar con esmalte de varios colores. **A meadow enamelled with flowers**, una pradera esmaltada de flores.
enamel, *s.* 1. Esmalte. 2. Labor que se hace con el esmalte sobre algún metal. 3. Lo que se parece al esmalte en la tersura, como el esmalte de los dientes, una capa de charol, de laca, etc.
enameler, enameller [ɪ'næmələʳ] [i-na-me-laʳ], *s.* Esmaltador.
enamelling [ɪ'næməlɪŋ] [i-na-me-lin], *s.* El arte de esmaltar.
enamelware [ɪ'næməlwɛəʳ] [i-na-mel-ueaʳ], *s.* Vasijas esmaltadas.
enamor, enamour [ɪ'næməʳ] [i-na-maʳ], *va.* Enamorar. Se usa raramente fuera del participio pasado, y con *of* o *with*; **He was enamoured of her**, estuvo enamorado de ella. **I'm not very enamored of/with the idea**, no estoy muy entusiasmado con la idea.
enarthrosis [,ɪnɑ:'θrəʊsɪs] [i-nar-zrou-sis], *s.* *(Anat.)* Enártrosis, especie de articulación floja y móvil de una cabeza huesosa que encaja en un alvéolo.
encage ['ɪnkeɪdʒ] [in-keich], *va.* Enjaular, encarcelar.
encamp [ɪn'kæmp] [in-kamp], *vn.* Acampar, alojarse un ejército en tiendas de campaña. *-va.* Acampar, alojar a un ejército o parte de él en tiendas de campaña.
encamping [ɪn'kæmpɪŋ] [in-kam-pin], *s.* Campamento, acampamento.
encampment [ɪn'kæmpmənt] [in-kamp-ment], *s.* Campamento, campo.
encapsulate [ɪn'kæpsjʊleɪt] [in-kap-siu-leit] *va.* Condensar, compendiar (story, problem).
encase [ɪn'keɪs] [in-keis], *va.* 1. Encajar, encajonar. *V.* INCASE. 2. Revestir, recubrir. **Encased in something**, revestido o recubierto de algo.
encash [ɪn'kæʃ] [in-kash] *va.* Hacer efectivo, cobrar.
encave [ɪn'keɪv] [in-keiv], *va.* Esconder en una cueva.
encaustic [ɪn'kɔ:stɪk] [in-kos-tik], *a.* 1. Encáustico, (pintura) hecha al encausto o con fuego. 2. Pintado con adustión, o por medio del fuego, con ceras de colores. *-s.* Encausto, adustión, combustión. **Encaustic painting**, pintura encáustica.
enceinte [ɪn'si:nt] [in-sint], *a.* Preñada, embarazada, encinta. Es voz francesa. *-s.* 1. Recinto, reunión de bastiones y cortinas de muralla de una plaza. 2. Cerca, cercado.
encenia [ɪn'si:nɪə] [in-si-nia], *s. pl.* Fiestas en aniversario de la consagración de algún templo.
encephalic [ensɪ'fælɪk] [en-si-fa-lik], *a.* Encefálico; del encéfalo o cerebro.
encephalitis [,ensefə'laɪtɪs] [en-se-fa-lai-tis], *s.* *(Med.)* Encefalitis, inflamación del cerebro.
encephalogram [ɪn'sefələgræm] [in-se-fa-lo-gram], *s.* Encefalograma.
encephaloid ['ensɪfəlɔɪd] [en-si-fa-loid], *a.* Encefaloideo, que se parece al cerebro en la materia o en el aspecto. **Encephaloid cancer**, cáncer encefaloideo; encefaloidea.
encephalon ['ensɪfələn] [en-si-fa-lon], *s.* Encéfalo, el cerebro.
encephalous ['ensɪfələs] [en-si-fa-los], *a.* Que tiene cabeza, p. ej. ciertos moluscos.
enchain [ɪn'tʃeɪn] [in-chein], *va.* Encadenar; aprisionar.
enchant [ɪn'tʃɑ:nt] [in-chant], *va.* 1. Encantar, practicar la hechicería, hacer cosas maravillosas en apariencia. 2. Encantar, deleitar en sumo grado; cautivar (delight, charm).
enchanted [ɪn'tʃɑ:ntɪd] [in-chan-tid] *a.* Encantado (under a spell). **Enchanted with/at something**, encantado con algo (delighted).
enchanter [ɪn'tʃɑ:ntəʳ] [in-chan-taʳ], *s.* Encantador, hechicero; mago.

enchantingly [ɪn'tʃɑ:ntɪŋlɪ] [in-chan-tin-li], *adv.* Como por encanto.
enchantment [ɪn'tʃɑ:ntmənt] [in-chant-ment], *s.* Encantación, encanto, magia, embeleso. Encanto, hechizo (charm); embeleso (delight); encantamiento, hechizo (spell).
enchantress [ɪn'tʃɑ:ntrɪs] [in-chan-tres], *f.* 1. Encantadora; maga, hechicera. 2. Seductora.
encharge [ɪn'tʃɑ:dʒ] [in-charch], *va.* Fiar a, cargar con.
enchase [ɪn'tʃeɪs] [in-cheis], *va.* 1. Engastar. 2. Adornar, incrustar, cincelar, adornar con relieves. 3. Grabar, retratar por medio de figuras grabadas o en relieve. 4. Empotrar.
enchiridion [ɪn'kɪrɪdɪən] [in-ki-ri-dion], *s.* Enquiridión, manual, libro pequeño; en especial, manual de devoción.
enchorial [ɪn'kərɪəl] [in-ko-rial], *a.* Propio de un país determinado. Demótico; endémico; indígena, autóctono.
encircle [ɪn'sɜ:kl] [in-ser-kel], *va.* Cercar, rodear (camp, house); ceñir (waist, wrist).
enclave [ɪn'kleɪv] [in-kleiv] *s.* Enclave.
enclitic [ɪn'klɪtɪk] [in-kli-tik], *a.* *(Gram.)* Enclítico; se dice de la partícula o del vocablo que se liga con el vocablo precedente, formando con él una sola palabra. *-s.* Partícula o voz enclítica.
encloister [ɪn'klɔɪstə^r] [in-klois-ta^r], *va.* Enclaustrar.
enclose [ɪn'kləʊz] [in-klous], *va.* 1. Cercar o circunvalar algún terreno (fence in); rodear, circundar; encerrar (surround). **A valley enclosed by high mountains**, un valle circundado o rodeado de altas montañas. 2. Incluir, poner una cosa dentro de otra; adjuntar, acompañar (in letter). 3. Disfrutar o apropiarse un terreno como por derecho exclusivo. *V.* INCLOSE. **Enclosed**, cerrado (area, space).
encloser [ɪn'kləʊzə^r] [in-klou-sa^r], *s.* Cercador.
enclosure [ɪn'kləʊʒə^r] [in-klo-sha^r], *s.* 1. Cercamiento (of land), cercado, vallado, tapia, corral, etc. 2. Cercado, espacio cerrado; el hurto, prado u otro lugar o espacio rodeado de una cerca; recinto (enclosed space). **A fenced enclosure**, un cercado. *(Dep.)* Recinto (for spectators). 3. La inclusa, lo incluso; se dice de las letras de cambio, cuentas, cartas, etc., contenidas en algún pliego o carta.
enclothe [ɪn'kləθ] [in-kloz], *va.* *V.* TO CLOTHE.
encode [ɪn'kəʊd] [in-koud] *va.* Codificar, cifrar.
encoffin [ɪn'kəfɪn] [in-ko-fin], *va.* Meter en un ataúd.
encomiast [ɪn'kəmɪəst] [in-ko-miast], *s.* Encomiasta, panegirista, elogiador, encomiador.
encomiastic, encomiastical [ɪn'kəmɪəstɪk] [in-ko-mias-tik] *a.* Encomiástico, eulogístico.
encomium [ɪn'kəʊmɪəm] [in-ko-mium], *s.* Encomio, elogio, alabanza, panegírico.
encompass [ɪn'kʌmpəs] [in-kam-pas] *va.* 1. Cercar, circundar, sitiar, rodear. 2. Circuir, encerrar. **To encompass the globe**, dar la vuelta al mundo.
encore [ɒŋ'kɔ:^r] [an-ko^r], *adv.* Otra vez, de nuevo, aún, además. *-inter.* ¡Otra! ¡otra vez! ¡que se repita! (Fr. < Lat. hanc, *esta* + horam, *hora*).
encore, *s.* El acto de pedir el público la repetición de una escena dramática o lírica; y la repetición de la misma por los actores o cantantes.
encore, *va.* Pedir que un actor repita lo que ha recitado o cantado; gritar *«encore!»*
encounter [ɪn'kaʊntə^r] [in-kaun-ta^r], *s.* 1. Encuentro, choque; entrevista, particularmente cuando es casual e imprevista. 2. Encuentro hostil; escaramuza; duelo, desafío; combate, pelea, batalla, refriega.
encounter, *va.* 1. Encontrar; encontrarse con (be faced with/danger, difficulty, opposition). 2. Acometer o embestir al enemigo. 3. Tropezar con alguno, hallarle por casualidad (come across). *-vn.* Pelear, combatir; encontrarse cara a cara, venir a las manos; oponerse.
encounterer [ɪn'kaʊntərə^r] [in-kaun-te-ra^r], *s.* Antagonista, adversario.
encourage [ɪn'kʌrɪdʒ] [in-ka-rich], *va.* 1. Animar, incitar, alentar (give hope, courage); favorecer. 2. Infundir ánimo y valor; inspirar confianza. 3. Fomentar (industry, competition, bad habit); fomentar, estimular (growth); intensificar (speculation). **She encouraged me to carry on**, me animó a seguir adelante (stimulate, inspire).
encouragement [ɪn'kʌrɪdʒmənt] [in-ka-rich-ment], *s.* Estímulo, incentivo, patrocinio, amparo, fomento; ánimo (heartening). **She doesn't need any encouragement**, no (le) hace falta que la animen a hacerlo.
encourager [ɪn'kʌrɪdʒə^r] [in-ka-ri-cha^r], *s.* Patrón, protector, favorecedor, incitador.
encouraging [ɪn'kʌrɪdʒɪŋ] [in-ka-ri-chin], *pa.* y *a.* Estimulante, que estimula, que excita y anima. Alentador, esperanzador (news, progress). **She's very encouraging**, me alienta mucho o me da muchos ánimos.
encouragingly [ɪn'kʌrɪdʒɪŋlɪ] [in-ka-ri-chin-li], *adv.* De una manera estimulante y animadora.
encradle [ɪn'krædl] [in-kra-del], *va.* Meter en la cuna.
encrimson [ɪn'krɪmsən] [in-krim-son], *va.* 1. Purpurar, teñir de púrpura. 2. Ruborizar, avergonzar, hacer salir los colores a la cara.
encrinite [ɪn'krɪnɪt] [in-kri-nit], *s.* Encrinita, encrino fósil.
encroach [ɪn'krəʊtʃ] [in-krouch], *va.* Usurpar, avanzar gradualmente, irse apoderando poco a poco, apropiarse lo ajeno. *-vn.* Pasar los límites de la confianza, etc. **To encroach upon kindness**, abusar de la bondad de alguno. **To encroach on/upon something**, invadir algo (on land); cercenar algo (on rights).
encroacher [ɪn'krəʊtʃə^r] [in-krou-cha^r], *s.* Usurpador.
encroachingly [ɪn'krəʊtʃɪŋlɪ] [in-krou-chin-li], *adv.* Por usurpación o intrusión.
encroachment [ɪn'krəʊtʃmənt] [in-krouch-ment], *s.* Usurpación, intrusión. Invasión (on land); intrusión (on rights).
encrust [ɪn'krʌst] [in-krast], *va.* *V.* INCRUST. Recubrir. **Encrusted with mud**, con una costra de barro. **Encrusted with jewels**, con incrustaciones de pedrería.
encumber [ɪn'kʌmbə^r] [in-kam-ba^r], *va.* Embarazar, cargar demasiado, abrumar con un peso (burden); estorbar, poner estorbos o impedimentos (hamper). **To be encumbered with something**, estar cargado o agobiado de algo (with debt, responsibility).
encumbrance [ɪn'kʌmbrəns] [in-kam-brans], *s.* Embarazo, impedimiento, cargo, estorbo (burden, hindrance); pensión, carga, gravamen. **Free from encumbrances**, libre de toda carga.
encyclical [en'sɪkɪkəl] [en-si-kli-kal], *a.* Encíclica, carta del Papa a los obispos.
encyclopaedia, encyclopedia [en,sɪkləʊ'pi:dɪə] [en-si-klou-pi-dia], *s.* Enciclopedia, colección de todas las ciencias; obra en que se trata de muchas ciencias; o tratado completo de un ramo especial de conocimientos. La distribución de las materias es sistemática y por lo general en orden alfabético.
encyclopedic, encyclopaedic [en,sɪkləʊ'pi:dɪk] [en-si-klou-pi-dik], *a.* Enciclopédico.
encyclopedist [en,sɪkləʊ'pi:dɪst] [en-si-klou-pi-dist], *s.* Enciclopedista; compilador de una enciclopedia o el que colabora en ella.
encysted [en'kɪstɪd] [en-kis-ted], *a.* *(Cir.)* Enquistado, metido en un quiste.
end [end] [end], *s.* 1. Fin, cabo, extremidad, remate; extremo, punta (extremity/of rope, stick); final (of street). **At the other/far end of the garden**, al otro extremo/al fondo del jardín. **The top end of the range**, lo mejor de la gama. **To stand something on its end**, poner algo vertical, parar algo. 2. Fin, conclusión, cesación, término; fin, final (finish, close). **She read it to the very end**, lo leyó hasta el final. **That was the end of the story**, ahí se acabó la historia. **In the end**, al final. 3. Destino, muerte (death, destruction). **They met a violent end**, tuvieron un final o un fin violento. **To come to a sticky end**, acabar o terminar mal. 4. Resolución, determinación final. 5. Objeto, mira, intento; fin (purpose). **An end in itself**, un fin en sí mismo. **To this end**, con/a este fin. 6.

Consecuencia inevitable o natural. 7. Pieza, fragmento. 8. Fondo, límite extremo de un objeto; final (outcome). **There were no end of people there**, había la mar o la tira de gente. **To the end that**, a fin de que, para que; con el objeto de. **To no end**, sin efecto, en vano. **On end**, de cabeza, en pie, erguido. *(Mar.)* En candela, a plomo. **End to end**, cabeza contra cabeza; topando. **End for end**, al revés. **End on**, *(Mar.)* flechado. **Fag end**, pestaña. **Gable end**, socarrén. **At loose ends**, en desorden, desarreglado. **At the end of the month, of next month**, a fines del corriente, del mes próximo. **My hair stands on end**, se me erizan los cabellos. **In the end**, en fin, al fin. **At the latter end**, a las últimas, al fin. **To make an end of**, acabar con. **To make both ends meet**, atar ambos cabos. *(Fig.)* Hacer que baste la renta propia, sin contraer deudas.

end, *va.* 1. Acabar o terminar con (gossip, speculation); terminar, concluir, dar o poner fin (stop/argument, discussion, fight); fenecer. Terminar, concluir (conclude). 2. Matar, quitar la vida. *-vn.* Acabarse, finalizarse, terminarse; morir, fenecer. Acabar, terminar. **It will all end in tears**, va a acabar o terminar mal.

end up Terminar, acabar. **I ended up doing it myself**, terminé o acabé haciéndolo yo mismo.

end-all [end'ɔːl] [end-ol], *s.* Último remate, conclusión final.

endanger [ɪn'deɪndʒəʳ] [in-dein-chaʳ], *va.* Poner en peligro, arriesgar (life); hacer peligrar (chances, reputation). **Endangered**, en peligro o en vías de extinción (species, wildlife).

endangerment [ɪn'deɪndʒəmənt] [in-dein-cheʳ-ment], *s.* Peligro, riesgo.

endear [ɪn'dɪəʳ] [in-diaʳ], *va.* 1. Hacer o hacerse amar, o querer. **To enderar oneself to somebody**, granjearse el cariño de alguien. 2. Encarecer.

endearing [ɪn'dɪərɪŋ] [in-dia-rin], *s.* Atractivo.

endearment [ɪn'dɪəmənt] [in-dia-ment], *s.* Encarecimiento. Expresión de cariño. **Terms/words of endearment**, palabras cariñosas o de cariño.

endeavor, endeavour [ɪn'devəʳ] [in-de-vaʳ], *s.* Esfuerzo, conato, empeño, intento. **He made every endeavor to help**, intentó ayudar por todos los medios.

endeavor, endeavour, *va.* Tentar, probar, experimentar, tratar de, procurar, hacer lo posible. (Por lo general con un infinitivo) *-vn.* Esforzarse, hacer un esfuerzo.

endeavorer [ɪn'devərəʳ] [in-de-vo-raʳ], *s.* El que procura el logro de una cosa o hace esfuerzos para conseguirla. En especial, miembro de la sociedad llamada **Christian Endeavor**, del Esfuerzo Cristiano.

endeavour, etc. Esta es la manera usual de escribir estas palabras en Inglaterra.

endecagon [en'dekəgɒn] [en-de-ka-gon], *s.* Endecágono. *V.* HENDECAGON.

endemial [en'demɪəl] [en-de-mial], *V.* ENDEMIC.

endemic, endemical [en'demɪk] [en-de-mik], *a.* Endémico: se aplica al mal o enfermedad propios de un clima determinado.

endenizen [en'denɪzən] [en-de-ni-sen], *va.* Naturalizar; franquear, hacer libre.

ender ['endəʳ] [en-daʳ], *s.* Acabador.

endermic [en'dɜːmɪk] [en-der-mik], *a.* Endérmico, que cura por medio de la aplicación del medicamento a la piel, sobre todo después de ampollarse ésta.

endictment [en'dɪktmənt] [en-dikt-ment], *s.* *(Des.)* Edicto, estatuto. *V.* INDICTMENT.

ending ['endɪŋ] [en-din], *s.* 1. Conclusión, cesación, final, desenlace (conclusion). **The story has a happy ending**, la historia tiene un final feliz. 2. Desinencia, terminación final de las palabras. **Verb endings**, desinencias verbales. 3. Fin de la vida.

endive ['endaɪv] [en-daiv], *s.* *(Bot.)* Escarola, endivia, endibia.

endless ['endlɪs] [end-les], *a.* Infinito, sin límites (plain, patience); interminable (journey, meeting); perpetuo, continuo, incesante (chatter, complaining). Innumerable (innumerable). **The possibilities are endless**, las posibilidades son infinitas.

endlessly ['endlɪslɪ] [end-les-li] *adv.* 1. Infinitamente, sin fin, perpetuamente (infinitely). **The plain/road stretched out endlessly before us**, la llanura/carretera se extendía interminablemente ante nosotros. 2. Constantemente, incesantemente, sin parar (incessantly/talk, chatter). 3. Hasta la saciedad (time and time again).

endlessness ['endlɪsnɪs] [end-lis-nes], *s.* Perpetuidad.

endlong ['endlɒŋ] [end-lon], *adv.* 1. A lo largo, extendido. 2. En línea recta, continuadamente. 3. De pie, en pie, a plomo.

endmost ['endmɒst] [end-most], *a.* Lo más lejos, remoto.

endo-, end-, Formato de combinación del griego *endon,* dentro.

endocardiac, endocardial ['endəkɑːdɪək] [en-do-kar-diak], *a.* Endocardíaco, perteneciente al endocardio; colocado o situado dentro del corazón

endocarditis ['endəkɑːˌdaɪtɪs] [en-do-kar-dai-tis], *s.* Endocarditis, inflamación aguda o crónica del endocardio.

endocardium [endəʊ'kɑːdɪəm] [en-dou-kar-dium], *s.* Endocardio, membrana que tapiza las cavidades del corazón.

endocrine ['endəʊkraɪn] [en-do-krain], *a.* Endocrino.

end-of-term ['endɒfˌtɜːm] [end-of-term] *a.* De final de trimestre.

endogen ['endɒdʒɪn] [en-do-chin], *s.* *(Bot.)* Vegetal cuyo crecimiento se verifica interiormente e irregularmente, en oposición a los exógeneos; endógeno.

endogenous [ˌen'dɒdʒɪnəs] [en-do-chi-nos], *a.* 1. *(Bot.)* Endógeno, endógena, monocotiledóneo; que crece interiormente. 2. Que crece en el interior de alguna cosa.

endorse [ɪn'dɔːs] [en-dors], *va.* 1. Rotular, refrendar, aprobar (approve/statement, decision); rubricar, autorizar. **I fully endorse that opinion**, comparto totalmente esa opinión. 2. Endosar o endorsar una letra de cambio (sign/check, bill). 3. *(Auto)* Anotar los detalles de una infracción de tráfico en el permiso de conducir.

endorsee [ɪnˌdɔː'siː] [en-dor-si], *s.* La persona a cuyo favor está endosada una letra de cambio. *V.* INDORSEE.

endorsement [ɪn'dɔːsmənt] [en-dors-ment], *s.* 1. Sobrescrito, rótulo; endoso de una letra de cambio; ratificación. Aprobación, aval (approval). *(Pol.)* Refrendo. *(Marketing)* Promoción. 2. Anotación de una fracción de tráfico (on driving licence).

endorse [ɪn'dɔːs] [en-dors], *s.* Endosante o endosador.

endosmose [ɪn'dɔsməʊz] [en-dos-mous], *s.* Endósmosis, corriente de fuera a dentro, que se establece cuando dos líquidos de distinta densidad están separados por una membrana.

endothelium [ˌendɒ'θelɪəm] [en-do-ze-lium], *s.* *(Anat.)* Endotelio, membrana compuesta de celdillas planas y delgadas, que tapiza los vasos sanguíneos, los linfáticos y las cavidades. Su adjetivo es **Endothelial.**

endothermic [en'dətɜːmɪk] [en-do-zer-mik] *a.* Endotérmico.

endow [ɪn'daʊ] [in-dau], *va.* 1. Dotar a una mujer. 2. Dotar a una iglesia, colegio, etc. (provide income for/college, school, hospital). 3. Dotar, dar la naturaleza prendas, talento o algún otro de sus dones.

endower [ɪn'daʊəʳ] [in-dauaʳ], *s.* Dotador.

endowment [ɪn'dəʊmənt] [in-dou-ment], *s.* 1. Dote, dotación. 2. Dotes, los dones que recibimos de la naturaleza; prendas, talentos, gracias. Atributo, dote (attribute). 3. *(Fin.)* Donación, legado. **Endowment mortgage**, hipoteca de inversión.

endue [ɪn'djuː] [in-diu] *va.* Dotar, privilegiar; investir.

endurable [ɪn'djʊərəbl] [in-diua-ra-bol], *a.* Sufrible, tolerable, soportable.

endurance [ɪn'dɪʊrəns] [in-diu-rens], *s.* 1. Duración, continuación; paciencia, sufrimiento. 2. Resistencia, aguante (physical); entereza, fortaleza (mental). **Powers of**

endurance, capacidad de aguante. **Endurance test**, capacidad de aguante.
endure [ɪn'djʊəʳ] [in-diuaʳ], *va*. 1. Soportar, sufrir el peso o la presión; resistir a. 2. Aguantar, sufrir, tolerar, soportar. -*vn*. 1. Durar, perseverar, continuar; perdurar (fame, friendship, memories). 2. Sufrir, tener paciencia.
endurer [ɪn'djʊərəʳ] [in-diua-raʳ], *s*. Sufridor; continuador.
enduring [ɪn'djʊərɪŋ] [in-diua-rin], *pa*. 1. Que demuestra duración, duradero (peace, change); durable, permanente; constante; imperecedero, perdurable (fame, memory). 2. Tolerante, paciente, sufrido.
endwise ['endwaɪz] [end-uais], *adv*. De punta, derecho; con la extremidad anterior. De canto, de lado (with end forward); a lo largo (end to end).
enema ['enɪmə] [e-ni-ma], *s*. Enema, lavativa, ayuda, inyección.
enemy ['enɪmɪ] [e-ni-mi], *s*. 1. Enemigo (adversary); antagonista; el diablo; toda cosa dañina o peligrosa. **She's her worst enemy**, su peor enemigo es ella. 2. **The enemy**, el enemigo (opponent in war); enemigo (action, forces, territory).
energetic, energetical [ˌenə'dʒetɪk] [e-ner-ye-tik], *a*. Enérgico (exercise); muy activo (vacation, day); vigoroso, lleno de energía (person); ardiente, activo. Enérgico (forceful/ denial, protest).
energetically [ˌenə'dʒetɪklɪ] [e-ner-ye-ti-ka-li], *adv*. Enérgicamente (argue, deny); con energía (work, dance).
energic ['enədʒɪk] [e-ner-yik], *a*. Enérgico; motor, activo.
energize ['enədʒaɪz] [e-ner-chais], *va*. Hacer obrar con energía, excitar o dar energía, dar vigor o actividad. -*vn*. Obrar con energía.
energizer ['enədʒaɪzəʳ] [e-ner-chai-saʳ], *s*. Confortante, excitante, lo que da energía y fuerza.
energumen ['enəgjʊmən] [e-ner-guiu-men], *s*. Energúmeno, energúmena, la persona que está poseída del demonio.
energy ['enədʒɪ] [e-ner-yi], *s*. Energía, fuerza, vigor, espíritu, resolución. Energías (power, effort). **Energy-saving**, de ahorro energético.
enervate ['enɜːveɪt] [e-ner-veit], *va*. 1. Enervar, debilitar, quitar las fuerzas. 2. Dejar sin efecto, hacer ineficaz. 3. Cortar los nervios o los tendones.
enervate, *a*. Debilitado, enervado.
enervating ['enɜːveɪtɪŋ] [e-ner-vei-tin] *a*. Debilitante.
enervation ['enɜːveɪʃən] [e-ner-vei-shon], *s*. Enervación; afeminación.
enfeeble [ɪn'fiːbl] [in-fi-bol], *va*. Debilitar, enervar; efeminar.
enfeeblement [ɪn'fiːbəlmənt] [in-fi-bol-ment], *s*. Debilidad, desfallecimiento, flojedad.
enfeoff ['enfɪəf] [en-fiof], *va*. Enfeudar, dar en feudo algún estado.
enfetter ['enfiːtəʳ] [en-fi-taʳ], *va*. Encadenar.
enfilade [ˌenfɪ'leɪd] [en-fi-leid], *s*. 1. Fuego o tiro enfilado o de enfilada. 2. Ringlera, fila, hilera.
enfilade, *va*. Enfilar, batir por el costado; tirar a lo largo de un cuerpo de tropas, o en la dirección de proa a popa de un buque.
enfold [ɪn'fəʊld] [in-fould] *va*. Envolver. *V*. INFOLD.
enforce [ɪn'fɔːs] [in-fors], *va*. 1. Esforzar, dar fuerza o vigor; poner en ejecución por la fuerza, como se hace con las leyes. 2. Violentar, ejecutar alguna cosa con violencia; forzar, obtener por fuerza. 3. Esforzar, apretar. 4. Demostrar, presentar fuertemente o convincentemente. 5. *(Ant.)* Compeler, obligar. Hacer respetar o cumplir (law, regulation). Hacer valer (claim, right). **Enforced**, forzoso, impuesto (leisure, silence).
enforceable [ɪn'fɔːsəbl] [in-for-sa-bol], *a*. Lo que es capaz de compeler u obligar.
enforcedly [ɪn'fɔːstlɪ] [in-forst-li], *adv*. Por fuerza, forzosamente.
enforcement [ɪn'fɔːsmənt] [in-fors-ment], *s*. Compulsión, coacción, fuerza; sanción; aprieto, estrecho. **They are responible for the enforcement of the law**, son responsables de hacer cumplir o respetar la ley. **Enforcement agencies**, departamentos de seguridad del estado. **Enforcement officers**, agentes de la ley.
enfranchise [ɪn'frænʧaɪz] [in-fran-chais], *va*. 1. Dar o conceder franquicia o privilegio político, como el derecho de votar; conceder los privilegios de la ciudadanía. 2. Poner en libertad, dar soltura al que estaba preso; manumitir, enfranquecer, emancipar. 3. Naturalizar, adoptar, v. g. palabras extranjeras.
enfranchisement [ɪn'frænʧɪzmənt] [in-fran-chis-ment], *s*. 1. Franquicia, privilegio de ciudadano. 2. Manumisión, emancipación. 3. Libertad dada a un preso.
enfranchiser [ɪn'frænʧaɪzəʳ] [in-fran-chai-saʳ], *s*. 1. Libertador, el que da libertad. 2. Manumisor.
engage [ɪn'geɪdʒ] [in-gueich], *va*. 1. Empeñar, comprometer, constituir a una persona en alguna obligación. Contratar (hire/staff, performer). 2. Atraer a otro a su partido; unir, traer a sí. Captar, atraer (attention, interest). **To engage somebody in conversation**, entablar una conversación con alguien. 3. Empeñar, obligar, precisar, hacer responsable. 4. Halagar, ganar con halagos. 5. Ocupar, emplear la atención. 6. Acometer, embestir. 7. *(Mec.)* Engranar, encajar los dientes de una rueda con otra (cog, wheel); engranar, meter (gear). 8. Empeñar, dar o dejar algo en prenda o seguridad del pago. 9. Apalabrar, mandar hacer, ajustar; alquilar (un cuarto, una casa); obtener promesa del uso de una cosa o de los servicios de una persona. -*vn*. 1. Empeñarse, obligarse, dar palabra, comprometerse a hacer alguna cosa. 2. Aventurarse o meterse en algún asunto o negocio. **To engage in politics**, dedicarse a la política. 3. Pelear, venir a las manos. 4. Engranar (cog, wheel). **She is engaged to Mr. N.**, ella ha dado palabra de matrimonio al Sr. N. **To be engaged**, estar ocupado, empeñado o comprometido; haber dado palabra de matrimonio, ser prometido o prometida de. **To engage deeply in an object**, empeñarse demasiado. *(Fam.)* Enfrascarse en.
engaged [ɪn'geɪdʒd] [in-gueichd] *a*. 1. Prometido, comprometido (betrothed). **To get engaged**, prometerse, comprometerse. 2. Ocupado (occupied). **I'm otherwise engaged**, tengo otro compromiso. **The work we are engaged on**, el trabajo que nos ocupa. (GB) Ocupado (toilet). *(Telec.)* Ocupado, comunicando. **The engaged tone/signal**, la señal de ocupado o de comunicando.
engagedly [ɪn'geɪdʒdlɪ] [in-gueichd-li], *adv*. Parcialmente; con empeño.
engagement [ɪn'geɪdʒmənt] [in-gueich-ment], *s*. 1. Empeño. 2. Empeño, comprometimiento, ajuste, contrato; en especial, promesa de casamiento, compromiso, noviazgo; esponsales. **They have broken off their engagement**, han roto su compromiso. **Engagement ring**, anillo de compromiso. **A new engagement**, nueva contrata. 3. Empleo de la atención hacia alguna cosa. 4. Batalla, combate, pelea. 5. Obligación, motivo; compromiso (appointment).
engager [ɪn'geɪdʒəʳ] [in-guei-chaʳ], *s*. El que se empeña en algún asunto, el que se compromete o constituye en algún empeño u obligación.
engaging [ɪn'geɪdʒɪŋ] [in-guei-chin], *a*. Atractivo, encantador, agraciado, insinuante, halagüeño; simpático. **She's very engaging**, es muy simpática.
engagingly [ɪn'geɪdʒɪŋlɪ] [in-guei-chin-li], *adv*. Atractivamente.
engarland [ɪn'gɑːlənd] [in-gar-land], *va*. Enguirnaldar, coronar con guirnalda.
engarrison [ɪn'gɑːrɪsən] [in-ga-ri-son], *va*. Guarnecer, poner guarnición en una plaza o fortaleza.
engender [ɪn'dʒəndəʳ] [in-yen-daʳ], *va*. 1. Engendrar, procrear. 2. Producir, formar, dar origen. -*va*. Engendrarse, producirse, causarse.
engenderer [ɪn'dʒəndərəʳ] [in-yen-de-raʳ], *s*. Engendrador.
engild [ɪn'gɪld] [in-guild], *va*. Aclarar, iluminar.
engine ['enʤɪn] [en-yin], *s*. 1. Ingenio, máquina; motor (motor); (f.c.) locomotora (locomotive). **To have engine**

trouble, tener problemas con el motor. **Steam-engine**, máquina de vapor. **Fire-engine**, bomba de incendio, aguatocha. **Pile-engine**, martinete. 2. Máquina complicada y bien acabada para hacer trabajos difíciles y superiores. 3. Mecanismo o aparato de gran tamaño, especialmetne para destruir o desagregar. 4. Instrumento, agente. **Condensing engine**, máquina condensadora. **Beam-engine**, máquina de balancín. **Expansion engine**, máquina de expansión. **Portable engine**, locomóvil, máquina portátil. **Rotary engine**, máquina de rotación. **Stationary engine**, máquina fija. **Engine builder, maker**, fabricante, constructor de máquinas. **Engine-driver**, *(Ingl.)* conductor de locomotora. **Engine-turned work**, trabajo hecho a máquina.

engineer [ˌendʒɪ'nɪəʳ] [en-che-niaʳ], *s.* Ingeniero (graduate); maquinista (AmE Rail); oficial (in factory); técnico, ingeniero (for maintenance). *va.* Urdir, tramar (plan); fraguar (defeat, downfall). **Genetically engineered**, creado por la ingeniería genética.

engine room ['endʒɪnrʊm] [en-chin-rum], *s.* Cuarto de máquinas. **Engine-room log**, cuaderno de máquinas.

engird ['engɜːd] [en-guerd], **engirt** ['engɜːt] [en-guert], *va.* Ceñir, cercar.

engirdle ['engɜːdl] [en-guer-del], *va.* Circundar, rodear, ceñir.

englify ['englɪfaɪ] [en-gli-fai], *va.* Hacer inglés; hacer que alguien o algo imite o se parezca a los ingleses en la figura o en los modales.

English ['ɪŋglɪʃ] [in-glish], *a.* Inglés, lo perteneciente a Inglaterra. *-s.* Inglés, el natural de Inglaterra y la lengua inglesa. **The English**, los ingleses, la nación inglesa. De inglés (lesson, teacher).

English, *va.* Traducir al idioma inglés.

English horn ['ɪŋglɪʃhɔːn] [in-glish-jorn], *s.* *(Mús.)* Corno inglés.

Englishman ['ɪŋglɪʃmən] [in-glish-man], *s.* Inglés, el natural o ciudadano de Inglaterra; persona de sangre inglesa. **An Englishman's home is his castle**, frase que señala la importancia que el inglés atribuye a la privacidad del hogar.

Englishwoman ['ɪŋglɪʃwʊmən] [in-glish-uo-man], *f.* Inglesa: la que es natural de Inglaterra o es de sangre inglesa.

englut ['ɪŋglʌt] [in-glat], *va.* 1. Engullir, tragar. 2. Atracar, llenar de comida, hartar.

engorge [ɪn'gɔːdʒ] [in-gorch], *va.* Atracar, engullir, devorar. *-vn.* Comer con ansia y voracidad.

engraft [ɪn'grɑːft] [in-graft], *va.* *V.* INGRAFT.

engrafted [ɪn'grɑːftɪd] [in-graf-ted], *a.* Injertado; plantado-

engrain [ɪn'greɪn] [in-grein], *va.* Teñir, dar color subido a alguna cosa. *V.* INGRAIN.

engrave [ɪn'greɪv] [in-greiv], *va.* 1. Grabar; esculpir; tallar. **She had the bracelet engraved with her name**, hizo grabar su nombre en la pulsera. 2. Grabar en el ánimo, causar impresión o sensación. 3. Enterrar, sepultar.

engravement [ɪn'greɪvmənt] [in-greiv-ment], *s.* Grabado, acción de grabar.

engraver [ɪn'greɪvəʳ] [in-grei-vaʳ], *s.* Grabador; escultor.

engraving [ɪn'greɪvɪŋ] [in-grei-vin], *s.* 1. Grabado, el acto, efecto y arte de grabar. 2. Grabado, lámina estampa, pintura. **Copper-plate engraving**, grabado en cobre o en talla dulce. **Steel engraving**, grabado sobre acero. **Wood engraving**, grabado en madera. **Photo-engraving**, fotograbado: grabado fotomecánico o fotoquímico.

engross [ɪn'grəʊs] [in-grous], *va.* 1. Escribir en caracteres grandes y de adorno; hacer transcripción formal de algo. 2. Absorber, ocupar o cautivar, tener posesión de. **To be engrossed in something**, estar absorto o enfrascado en algo. 3. Antiguamente monopolizar, agavillar. 4. *(Des.)* Condensar, espesar, abultar.

engrosser [ɪn'grəʊsəʳ] [in-grou-saʳ], *s.* 1. Pendolista, el que copia en letras hermosas y de adorno. 2. *(Ant.)* Monopolista.

engrossing [ɪn'grəʊsɪŋ] [in-grou-sin], *s.* 1. *(For.)* Compulsa, copia de un instrumento legal. 2. *(Com.)* Monopolio de algunos géneros para hacer subir su precio. **Engrossing clerk**, escribiente de letra grande y hermosa. *a.* Fascinante, apasionante.

engrossment [ɪn'grəʊsmənt] [in-grous-ment], *s.* 1. Monopolio. 2. Copia de un instrumento escrito. 3. Absorción, embebcimiento, embelesamiento, abstracción.

engulf [ɪn'gʌlf] [in-galf] *va.* Engolfar. *V.* INGULF. Envolver (flames, fire, waves); sepultar (lava); asaltar (feeling). **War engulfed the country**, el país se sumió en la guerra.

enhance [ɪn'hɑːns] [in-jans], *va.* Encarecer, aumentar la estimación de una cosa (value); levantar en alto; agravar; realzar, dar realce a (beauty, taste); mejorar (reputation, performance).

enhancement [ɪn'hɑːnsmənt] [in-jans-ment], *s.* 1. Encarecimiento, subida de valor o estimación. 2. Agravación, el acto de agravar alguna cosa. 3. Mejora (of quality, performance); realce (of flavor, beauty); aumento (of value).

enhancer [ɪn'hɑːnsəʳ] [in-jan-saʳ], *s.* Encarecedor.

enharmonic [ɪn'hɑːmənɪk] [in-jar-mo-nik], *a.* Enarmónico, uno de los tres géneros del sistema músico.

enigma [ɪ'nɪgmə] [i-nig-ma], *s.* 1. Enigma, dicho o frase cuyo sentido se encubre intencionadamente, haciéndolo obscuro y difícil de entender. 2. Suceso o acto de difícil explicación.

enigmatic, enigmatical [ˌenɪg'mætɪk] [i-nig-ma-tik], *a.* Enigmático.

enigmatically [ˌenɪg'mætɪkəlɪ] [i-nig-ma], *adv.* Enigmáticamente.

enigmatist [ˌenɪg'mætɪst] [i-nig-ma-tist], *s.* Enigmatista, el que habla con enigmas.

enigmatize [ˌenɪg'mætaɪz] [i-nig-ma-tais], *-vn.* Usar de enigmas.

enjoin [ɪn'dʒɔɪn] [in-yoin], *va.* Mandar, ordenar, encargar, prescribir; advertir. **To enjoin something on somebody**, encarecerle algo a alguien (strongly urge).

enjoiner [ɪn'dʒɔɪnəʳ] [in-yoi-naʳ], *s.* 1. Mandante. 2. El que da encargos, preceptos u órdenes.

enjoinment [ɪn'dʒɔɪnmənt] [in-yoin-ment], *s.* *(Des.)* Mandato, precepto, orden; encargo.

enjoy [ɪn'dʒɔɪ] [in-yoi], *va.* 1. Gozar, sentir o percibir alguna cosa con gusto, complacencia y alegría. **I enjoyed the book**, me gustó mucho el libro (like). **I enjoyed the party**, lo pasé bien en la fiesta. 2. Gozar, tener, poseer; disfrutar de, gozar de (have experience/good health). 3. Agradar, alegrar. **To enjoy oneself**, gozarse, vivir contento y alegre, divertirse. *-vn.* Vivir felizmente. **Enjoy!**, ¡buen provecho! (on serving food).

enjoyable [ɪn'dʒɔɪəbl] [in-yoia-bol], *a.* Gozable, deleitable, encantador. Agradable, placentero (day, meal, vacation). **An enjoyable book**, un libro de lectura muy amena.

enjoyer [ɪn'dʒɔɪəʳ] [in-yoiaʳ], *s.* Gozador.

enjoyment [ɪn'dʒɔɪmənt] [in-yoi-ment], *s.* Goce, fruición, felicidad, gusto, placer (pleasure). **She gets a lot of enjoyment from/out of reading**, disfruta mucho leyendo, le encanta leer.

enkindle [en'kɪndl] en-kin-del], *va.* 1. Encender, pegar fuego. 2. Inflamar, enardecer y avivar a uno. 3. Incitar, mover, estimular.

enlace [ɪn'leɪs] [in-leis], *va.* Rodear, circundar con encaje o bordado; atar con un encaje; entrelazar, enredar.

enlarge [ɪn'lɑːdʒ] [in-larch], *va.* 1. Agrandar (hole, area); engrandecer, aumentar, ensanchar. 2. Dilatar (gland, heart); extender, alargar; ampliar (room, office). 3. Ampliar, amplificar (print, photograph). 4. Soltar, desencarcelar, sacar de la prisión, poner en libertad a uno. *-vn.* Difundirse, extenderse; dilatarse en la narración o explicación de las cosas. **To enlarge on/upon something**, extenderse sobre algo.

enlargedly [ɪn'lɑːdʒ] [in-larch], *adv.* Extensamente, ampliamente.

enlargement [ɪn'lɑːdʒ] [in-larch], *s.* 1. Aumento, incremento, extensión, ampliación (of building). 2. Soltura, libertad, que se da al prisionero. 3. Dilatación, expansión; difusión. 4.

Amplificación, plenitud de relación. 5. Ampliación, fotografía mayor que su prueba negativa. 6. Dilatación (of gland, heart).

enlarger [ɪnˈlɑːdʒəʳ] [in-lar-chaʳ], *s.* Ampliador, amplificador.

enlarging [ɪnˈlɑːdʒɪŋ] [in-lar-chin], *s.* Extensión, ampliación. **Enlarging apparatus**, aparato para ampliar fotografías.

enlight [ɪnˈlaɪt] [in-lait], *va.* Alumbrar, iluminar.

enlighten [ɪnˈlaɪtn] [in-lai-ten], *va.* 1. *(Ant.)* Alumbrar, iluminar. 2. Iluminar, instruir, ilustrar (people, population); explicar, aclarar; comunicar o dar luz tanto en lo físico como en lo moral. **Would you care to enlighten me?**, ¿te importaría explicarme?

enlightened [ɪnˈlaɪtnd] [in-lai-tend] *a.* Progresista (person, view); inteligente (decision).

enlightener [ɪnˈlaɪtnəʳ] [in-lai-te-naʳ], *s.* Alumbrador; instructor, ilustrador.

enlightening [ɪnˈlaɪtnɪŋ] [in-lai-te-nin] *a.* Esclarecedor, instructivo.

enlightenment [ɪnˈlaɪtnmənt] [in-lai-ten-ment], *s.* Ilustración, instrucción, iluminación. **I turned to her for enlightenment**, recurrí a ella en busca de una explicación o una aclaración. *(Hist.)* **The Age of Enlightenment**, la Ilustración, el Siglo de las Luces.

enlink [ɪnˈlɪŋk] [in-link], *va.* Encadenar, eslabonar, ligar.

enlist [ɪnˈlɪst] [in-list], *va.* 1. Alistar, sentar o poner a alguno en una lista. 2. Alistar, reclutar soldados (soldiers, helpers, members); enrolar (sailors); conseguir (support, aid). **Enlisted man**, soldado raso. 3. Ganar el interés y apoyo de otro; empeñar. *-vn.* 1. Alistarse, entrar voluntariamente en el servicio militar o naval. *(Mil.)* Sentar plaza. 2. Adherirse, tomar partido por, empeñarse en algo con interés.

enlistment [ɪnˈlɪstmənt] [in-list-ment] *s.* *(Mil.)* Alistamiento, reclutamiento.

enliven [ɪnˈlaɪvn] [in-lai-ven], *va.* 1. Vivificar, animar (conversation, person). 2. Alentar. 3. Avivar, alegrar, darle vida o alegría a (room, place); regocijar, causar alegría.

enlivener [ɪnˈlɪvnəʳ] [in-liv-naʳ], *s.* Vivificador, animador.

enlivening [ɪnˈlɪvnɪŋ] [in-liv-nin], *s.* Lo que hace alegre, jovial o que causa placer.

en masse [ɑŋˈmæs] [en-mas] *adv.* En masa, en bloque.

enmesh [ɪnˈmeʃ] [in-mesh], *va.* Enredar, enmarañar, hacer caer en la red.

enmity [ˈenmɪtɪ] [en-mi-ti], *s.* Enemistad, odio, malevolencia; malicia; oposición.

enmoss [ˈenməʊs] [en-mous], *va.* Cubrir con musgo o con algo como musgo.

ennead [ɪnˈniːd] [in-nid], *s.* El número nueve; sistema o grupo de nueve objetos.

enneadic [ɪnˈniːdɪk] [in-ni-dik], *a.* Noveno, novena, relativo a nueve.

enneagon [ɪnˈnɪəgɒn] [in-nia-gon], *s.* *(Geom.)* Eneágono, polígono de nueve ángulos y nueve lados.

ennoble [ɪˈnəʊbl] [i-nou-bel], *va.* 1. Ennoblecer. 2. Ilustrar, engrandecer. 3. Elevar, levantar.

ennoblement [ɪˈnəʊblmənt] [i-nou-bel-ment], *s.* Ennoblecimiento.

ennui [əˈnwiː] [a-nui], *s.* Displicencia, aburrimiento, tedio, enfado, hastío.

enorm [ɪˈnɔːm] [i-norm], *a.* *(Ant.)* Irregular, enorme; perverso.

enormity [ɪˈnɔːmɪtɪ] [i-nor-mi-ti], *s.* Enormidad, exceso, demasía; atrocidad, delito enorme; fealdad, ruindad. **Enormities**, atrocidades horribles.

enormous [ɪˈnɔːməs] [i-nor-mos], *a.* 1. Enorme, inmenso, irregular, desmesurado; excesivo, demasiado. 2. Perverso, atroz, nefando. 3. Enorme (strength, courage).

enormously [ɪˈnɔːməslɪ] [i-nor-mos-li], *adv.* Enormemente (enjoy, benefit). **He's enormously fat/rich**, es gordísimo/riquísimo.

enormousness [ɪˈnɔːməsnɪʃ] [i-nor-mos-nes], *s.* Enormidad.

enough [ɪˈnʌf] [i-naf], *a.* Bastante, suficiente; bastantes, suficientes. **I don't have enough money to buy it**, no me alcanza el dinero para comprarlo. **I didn't get enough sleep**, no dormí bastante o lo suficiente. *pron.* **They don't pay us enough**, no nos pagan bastante o lo suficiente. **That's enough for me, thank you**, es suficiente, gracias. **Enough is enough!**, ¡ya basta! **I've had enough!**, ¡ya estoy harto! *-s.* Lo bastante, lo suficiente. *-adv.* Bastantemente, suficientemente. **You don't go out enough**, no sales lo suficiente (sufficiently). **Their house is more than big enough for three people**, su casa basta y sobra para tres personas. **Curiously enough**, curiosamente, aunque parezca curioso. **He seemed willing enough to help**, parecía muy dispuesto a ayudar (quite, very). **I like my job well enough but ...**, mi trabajo me gusta pero ... (tolerably, passably). *-inter.* ¡Basta!

enounce [ɪˈnəns] [i-nons], *va.* Declarar, publicar.

enow [ɪˈnɔː] [i-no], *a.*, *s.* y *adv.* (Ant. o Poét.) *V.* ENOUGH.

enquicken [ɪnˈkwɪkn] [in-kui-ken], *va.* *(Des.)* Avivar.

enquire [ɪnˈkwaɪəʳ] [in-kuaiaʳ], *va.* Inquirir. *V.* INQUIRE y sus derivados.

enquirer [ɪnˈkwaɪrəʳ] [in-kuai-raʳ], *s.* *V.* INQUIRER.

enrage [ɪnˈreɪdʒ] [in-reich], *va.* Enfurecer, irritar, provocar, encolerizar.

enraged [ɪnˈreɪdʒt] [in-reicht] *a.* Enfurecido. **He was enraged when he found out**, cuando se enteró se puso furioso, o se enfureció.

enrank [ɪnˈræŋk] [in-rank], *va.* Enfilar.

enrapt [ɪnˈræpt] [in-rapt], *a.* Arrebatado, entusiasmado: transportado, extasiado.

enrapture [ɪnˈræptʃəʳ] [in-rap-chaʳ], *va.* Arrebatar, elevar, transportar, arrobar, extasiar.

enravish [ɪnˈrævɪʃ] [in-ra-vish], *va.* Arrebatar, extasiar, enajenar.

enravishment [ɪnˈrævɪʃmənt] [in-ra-vish-ment], *s.* Arrobamiento, rapto, enajenamiento, pasmo, alborozo, éxtasis.

enregister [ɪnˈrɪdʒɪstəʳ] [in-ri-chis-taʳ], *va.* Registrar, empadronar.

enrich [ɪnˈrɪtʃ] [in-rich], *va.* 1. Enriquecer, hacer rico y opulento. 2. Fecundar, fertilizar. 3. Mejorar la calidad de algo, hacerle adiciones de valor. 4. Enriquecer, adornar, embellecer, aumentar la hermosura de alguna cosa.

enrichment [ɪnˈrɪtʃmənt] [in-rich-ment], *s.* 1. Enriquecimiento; abono, beneficio que se da a las tierras. 2. Adorno, embellecimiento.

enridge [ɪnˈrɪdʒ] [in-rich], *va.* Formar protuberancias longitudinales; formar surcos.

enring [ɪnˈrɪŋ] [in-rin], *va.* Cercar, rodear con anillos.

enrobe [ɪnˈrəʊb] [in-roub], *va.* Vestir, adornar o cubrir con vestidos.

enroll [ɪnˈrəʊl] [in-roul], *va.* 1. Alistar, sentar o escribir en una lista. 2. Registrar; matricular, inscribir (parents). **The club enrolled 20 new members last year**, el año pasado 20 personas se hicieron socias del club. 3. Envolver, arrollar. **To enroll oneself a soldier**, sentar plaza de soldado. *vn.* Matricularse, inscribirse.

enroller [ɪnˈrəʊləʳ] [in-rou-laʳ], *s.* Registrador.

enrollment, enrolment [ɪnˈrəʊlmənt] [in-roul-ment], *s.* 1. Registro, protocolo. 2. Inscripción, matrícula.

enroot [ɪnˈruːt] [in-rut], *va.* Arraigar, radicar.

en route [ɪnˈruːt] [in-rut], *adv.* En el camino, en ruta. *(Gal.)* **We were en route to/for Cambridge**, íbamos camino a Cambridge.

ens [ens] [ens], *s.* Ente, ser; entidad.

ensample [anˈsæmpl] [an-sam-pel], *s.* *(Ant.)* *V.* EXAMPLE.

ensample, *va.* *V.* EXEMPLIFY.

ensanguine ɪnˈsæŋgɪn] [in-san-guin], *va.* Ensangrentar.

ensate [ɪnˈseɪt] [in-seit], *a.* *(Biol.)* Ensiforme, en forma de espada.

enschedule [ɪn'sledu:l] [in-ske-dul], *va.* Insertar en algún escrito.

ensconce [ɪn'skɒns] [in-skons], *va.* 1. Cubrir, resguardar, poner a cubierto, establecer cómodamente. **I was comfortably ensconced in an armchair**, estaba cómodamente arrellanado o instalado en un sillón. Se usa a menudo como reflexiyo. **To ensconce oneself**, instalarse. 2. *(Ant.)* Defender, proteger con un fortín.

ensela [ɪn'skələ] [in-se-la], *va. (Ant.)* Imprimir, señarlar como con un sello.

enseam [ɪn'si:m] [in-sim], *va.* Coser o hacer costura.

ensemble [an'sæmbl] [an-sam-bel], *s.* 1. El conjunto, el total, la apariencia y efecto generales (whole). 2. Vestido de mujer de más de una pieza, conjunto (clothing). 3. Conjunto (group of performers).

ensheathe [ɪn'hi:θ] [ins-jiz], *va.* Envainar, meter en la vaina (sword); encerrar, incluir.

enshrine [en'ʃrain] [en-shrain], *va.* Guardar como reliquia.

enshroud [en'ʃrəud] [en-shroud], *va.* Cubrir, proteger. Envolver, esconder.

ensiform [en'sɪfɔ:m] [en-si-form], *a.* Ensiforme, en forma de espada.

ensign [ɪn'saɪn] [in-sain], *s.* 1. *(Mil.)* Bandera, insignia de un regimiento. 2. *(Mar.)* Bandera de popa. 3. Insignia, divisa; enseña, pabellón (flag). 4. *(Mil.)* Abanderado, el oficial que lleva la bandera; alférez (in US navy).

ensign *va.* 1. Señalar con algún indicio o nota; distinguir por algún adorno o divisa.

ensign-bearer [ˌɪnsaɪn'bɛərəʳ] [in-sain-bea-raʳ], *s.* Abanderado.

ensilage [ɪn'sɪlædʒ] [in-si-lach] *s.* Ensilaje, acción y efecto de ensilar; forraje conservado en un silo subterráneo.

enskied [ɪn'skaɪd] [in-skaid], *a. (ant. y poet.)* Celestial; encumbrado, puesto sobre las nubes.

enslave [ɪn'sleɪv] [in-sleiv], *va.* Esclavizar, cautivar.

enslavement [ɪn'sleɪvmənt] [in-sleiv-ment], *s.* Esclavitud, cautiverio, servidumbre.

enslaver [ɪn'sleɪvəʳ] [in-skons], *s.* Esclavizador.

ensnare [ɪn'snɛəʳ] [in-sneaʳ], *va.* 1. Entrampar, haer caer a algún animal en una trampa. 2. Engañar, tender un lazo.

ensphere [ɪn'sfɪəʳ] [in-sfiaʳ], *va.* Colocar en esfera, redondear.

enstamp [ɪn'stæmp] [in-stamp], *va.* Estampar o imprimir una señal.

ensue [ɪn'sju:] [in-siu], *-vn.* 1. Seguirse, inferirse. 2. Suceder o continuar una cosa a otra por turno o número. *-va. (Ant.)* Seguir, perseguir, ir en seguimiento de alguna cosa. **Seek peace and ensue it,** buscad la paz, y seguidla.

ensure [ɪn'sʊəʳ] [in-suaʳ], *va.* 1. Asegurar, dar seguridad y fianza de alguna cosa. 2. Asegurar, dar seguro. *V.* INSURE.

ensurer [ɪn'sʊərəʳ] [in-sua-raʳ], *s.* Asegurador.

entablature [ɪn'tæblətʃəʳ] [in-ta-bla-chaʳ], **entablement** [ɪn'tæbləmənt] [in-ta-bla-ment], *s. (Arq.)* Entablamento.

entad ['ɪntæd] [in-tad], *adv. (Anat. y Zool.)* Hacia el centro del cuerpo o de un órgano; opuesto a *ectad.*

entail [ɪn'taɪl] [in-teil], *s.* 1. Vínculo, mayorazgo. 2. Cualquier cosa transmitida como herencia inalienable.

entail, *va.* 1. Vincular, sujetar los bienes a vínculo. 2. Vincular, asegurar o fundar alguna cosa en otra; perpetuar, continuar, fincar, establecer. 3. Transmitir, legar; imponer, ocasionar, causar; traer sobre otro como consecuencia o legado.

ental [ɪn'təl] [in-tal], *a. (Anat. y Zool.)* De lo interior; opuesto a *ectal.*

entangle [ɪn'tæŋgl] [in-tan-gol], *va.* 1. Enredar, enmarañar, embrollar, embarazar, intrincar. 2. Multiplicar las dificultades de una obra.

entanglement [ɪn'tæŋglmənt] [in-tan-guel-ment], *s.* Enredo, embarazo, confusión, perplejidad.

entangler [ɪn'tæŋgləʳ] [in-tan-glaʳ], *s.* Enredador, embrollón.

entender [ɪn'tendəʳ] [in-ten-daʳ], *va. (Ant.)* Enternecer, ablandar, poner tierna y blanda una cosa.

enter ['entəʳ] [en-taʳ], *va.* 1. Entrar; penetrar. 2. Hacer empezar o emprender alguna cosa; introducir. 3. Asentar o poner por escrito, registrar. 4. Hacerse miembro de; unirse a; ser iniciado. 5. Ingerir, insertar. 6. *(Com.)* Declarar, hacer una declaración de géneros en la aduana. 7. *(For.)* Incoar (un procedimiento); notar, archivar. *-vn.* 1. Entrar, ir o venir adentro. 2. Penetrar, alcanzar con el discurso. 3. Meterse en algún asunto; dar principio a una cosa, empeñarse en algo.

enter, *prefijo. V.* INTER.

enterclose ['entəkləʊz] [en-ter-klous], *s. (Arq.)* Pasadizo, corredor, pasillo, comunicación entre dos piezas o cuartos.

enterer ['entərəʳ] [en-te-raʳ], *s.* El que entra o principia.

enteric [en'terɪk] [en-te-rik], *a.* Entérico, perteneciente a los intestinos. **Enteric fever,** fiebre tifoidea.

entering ['entərɪŋ] [en-te-rin], *s.* Entrada, paso.

enteritis [ˌentə'raɪtɪs] [en-te-rai-tis], *s.* Enteritis, inflamación de la mucosa de los intestinos.

enterocele ['enterəsi:l] [en-te-ro-sil], *s. (Cir.)* Enterocele, hernia inguinal o femoral.

enterocolitis [ˌenterəkɒ'laɪtɪs] [en-te-ro-ko-lai-tis], *s.* Enterocolitis, inflamación de los intestinos delgados y del colon.

entermphalos ['entɜ:mfələs] [en-zerm-fa-los], *s. (Cir.)* Enterónfalo, hernia umbilical producida por los intestinos.

enterotome ['enterətəʊm] [en-te-ro-toum], *s. (Med.)* Enterótomo, instrumento quirúrgico que sirve para abrir los intestinos.

enterozoa ['enterəʒə] [en-te-ro-so], *s. pl.* Los parásitos intestinales.

enterprise, enterprize ['entəpraɪz] [en-ter-prais], *s.* 1. Empresa, la determinación de emprender algún negocio arduo; tentativa difícil. 2. Resolución, energía e inventiva en los asuntos prácticos.

enterprise, *va.* Emprender.

enterpriser ['entəpraɪzəʳ] [en-ter-prai-saʳ], *s.* Emprendedor.

enterprising ['entəpraɪzɪŋ] [en-ter-prai-sin], *s.* Empresa. *-a.* Atrevido, enérgico, emprendedor.

entertain [ˌentə'teɪn] [en-ter-tein], *va.* 1. Conversar, hablar, tener conversación con alguno. 2. Convidar; tratar, dar de comer a los que se convida. 3. Hospedar, festejar, agasajar. 4. Mantener, tener alguna persona a su servicio; asistir con o dar asistencias. 5. Concebir, pensar alguna cosa. 6. Entretener, divertir; admitir con satisfacción a alguno.

entertainable [ˌentə'teɪnəbl] [en-ter-tei-na-bol], *a.* Abarcable o contenible en la mente, concebible (como opinión).

entertainer [ˌentə'teɪnəʳ] [en-ter-tei-naʳ], *s.* 1. Anfitrión, el que convida a otro a comer. 2. El que alegra, regocija o divierte a otros. 3. El que alberga con cordialidad; huésped.

entertaining [ˌentə'teɪnɪŋ] [en-ter-tei-nin], *a.* Entretenido, chistoso, alegre, divertido, agradable.

entertainingly [ˌentə'teɪnɪŋlɪ] [en-ter-tei-nin-li], *adv.* Divertidamente, chistosamente.

entertainment [ˌentə'teɪnmənt] [en-ter-tein-ment], *s.* 1. Conversación, plática familiar. 2. Convite, agasajo, festín, festejo; mantenimiento. **House of entertainment,** fonda, posada. 3. Hospedaje, acogida, recibimiento agradable. 4. Empleo, cargo, servicio. 5. Entretenimiento, diversión, pasatiempo en general. 6. Pensamiento, el acto de tener en la mente.

enthalpy ['enθəlfɪ] [en-zal-fi], *s.* Entalpía.

enthrall [ɪn'θrɔ:l] [in-zrol], *va.* 1. Poner bajo una influencia dominante: se dice del ánimo o de los sentidos. 2. Esclavizar, encadenar; sojuzgar.

enthrone [ɪn'θrəʊn] [in-zroun], **enthronize** [ɪn'θrənaɪz] [in-zro-nais], *va.* 1. Entronizar, colocar en el trono. 2. Elevar, instalar como obispo.

enthronization [ˌɪnθrənaɪ'zeɪʃən] [in-zro-nai-zei-shon], *s.* Entronización.

enthusiast [ɪn'θu:zɪæst] [in-zu-siast], *s.* Entusiasta; fanático.

enthusiastic, enthusiastical [ɪn'θu:zɪæstɪk] [in-zu-sias-tik], *a.* Entusiasmado; iluso, fanático, visionario; determinado.

enthymeme [ɪn'zɪmem] [in-zi-mem], *s.* Entimema, silogismo que consta de dos proposiciones; silogismo imperfecto.

entice [ɪn'taɪs] [in-tais], *va.* Halagar, acariciar; atraer con halagos o esperanzas; excitar, inducir. **To entice a girl,** corromper a una doncella. **To entice away,** tentar, inducir al mal; sonsacar; robar a una doncella.

enticement [ɪn'taɪsmənt] [in-tais-ment], *s.* .1 Incitación, instigación, sugestión de hacer alguna cosa mala; seducción. 2. Incitamiento; encantos o atractivos que incitan o inducen al mal.

enticer [ɪn'taɪsəʳ] [in-tai-saʳ], Incitador, instigador, seductor.

enticing [ɪn'taɪsɪŋ] [in-tai-sin], *s.* Incitamiento, a hacer algo malo.

enticingly [ɪn'taɪsɪŋlɪ] [in-tai-sin-li], *adv.* Halagüeñamente, seductoramente.

entire [ɪn'taɪəʳ] [in-taiaʳ], *a.* 1. Entero, cabal, cumplido, completo, perfecto. 2. Entero, robusto, sano, fuerte. 3. Entero, constante, firme, fiel, leal, adicto, afecto. 4. Íntegro, imparcial, sincero.

entirely [ɪn'taɪəlɪ] [in-taia-li], *adv.* Enteramente, totalmente, absolutamente, fielmente.

entireness [ɪn'taɪənɪs] [in-taia-nes], *s.* 1. Entereza, integridad, totalidad, estado completo. 2. *(Ant.)* Integridad, honradez.

entirety [ɪn'taɪətɪ] [in-taia-ti], *s.* Totalidad, integridad, entereza.

entitative [ɪn'tɪtətɪv] [in-ti-ta-tiv], *a.* *(Met.)* Lo que se considera por sí mismo separadamente de todas las circunstancias accesorias.

entitatively [ɪn'tɪtətɪvlɪ] [in-ti-ta-tiv-li], *adv.* Por sí mismo.

entitle [ɪn'taɪtl] [in-tai-tol], *va.* 1. Titular; intitular. 2. Tener derecho, habilitar, conceder o dar algún derecho, privilegio o pretexto; calificar; autorizar.

entity ['entɪtɪ] [in-ti-ti], *s.* Entidad, ente.

ento-, ent-. Formas de combinación: derivadas del griego *entos*, dentro de, interior.

entomb [ɪn'tu:m] [in-tum], *va.* Enterrar, sepultar, colocar un cadáver en el sepulcro.

entombment [ɪn'tu:mmənt] [in-tum-ment], *s.* Entierro, sepultura.

entomological, entomologic [ˌentəmə'lɒdʒɪkəl] [en-to-mo-lo-yi-kal], *a.* Entomológico, perteneciente a la entomología.

entomologist [ˌentəmə'lɒdʒɪkəl] [en-to-mo-lo-yi-kal], *s.* Entomólogo, naturalista consagrado a la entomología.

entomologize [ˌentə'məlɒdʒɪst] [en-to-mo-lo-chist], *-vn.* Estudiar la entomología; coleccionar insectos para investigación científica.

entomology [ˌentə'məlɒdʒɪ] [en-to-mo-lo-yi], *s.* 1. Entomología, la parte de la zoología que trata especialmente de los insectos. 2. Tratado sobre esta materia.

entomophagous [ˌentə'məfəgəs] [en-to-mo-fa-gos], *a.* Entomófago, insectívoro.

entozoa ['entəzu:] [en-to-su], *s. pl.* Entozoarios, los animales parásitos dentro de los cuerpos de otros.

entozoan ['entəzəʊn] [en-to-soun], *a. V.* ENTOZOIC. *-s.* Uno de los entozoarios.

entozoic ['entəzɔɪk] [en-to-soik], *a.* 1. Que vive dentro de otro animal; entozoico, de los entozoarios. 2. *(Bot.)* Que vive dentro de un animal.

entozoon ['entəzu:n] [en-to-sun], *s.* (*pl.* ZOA). Uno de los entozoarios.

entrails ['entreɪlz] [en-treils], *s. pl.* 1. Entrañas, las vísceras contenidas en las cavidades del cuerpo, y se da particularmente este nombre a las del vientre. 2. Lo más interior y oculto de alguna cosa. El singular *entrail* se usa rara vez.

entrammelled ['entrəmlɪd] [en-tram-lid], *a.* Encrespado, enredado.

entrance ['entrəns] [en-trans], *s.* 1. Entrada, el acto de entrar, en cualquier sentido. 2. Entrada, el sitio por donde se entra a alguna parte (door, way). 3. Permiso o facultad de entrar. 4. Principio, el acto de empezar; conocimiento anticipado. 5. Toma de posesión de un empleo o dignidad.

entrance, *va.* Extasiar, transportar, suspender o arrebatar el ánimo.

entrant ['entrənt] [en-trant], *a.* Entrante, que entra; que admite. *-s.* Principiante, el que empieza alguna cosa; novicio.

entrap [ɪn'træp] [en-trap], *va.* Entrampar; enmarañar, enredar; ngañar.

entreat [ɪn'tri:t] [en-trit], *va.* Rogar, pedir con instancia, suplicar; vencer o conseguir alguna cosa a fuerza de ruegos o instancias; tratar, comunicar. *-vn.* Hacer una súplica, pedir un favor.

entreatable [ɪn'tri:təbl] [en-tri-ta-bol], *a.* Tratable, accesible al ruego.

entreater [ɪn'tri:təʳ] [en-tri-taʳ], *s.* Suplicante.

entreative [ɪn'tri:tɪv] [en-tri-tiv], *a.* Suplicativo.

entreaty [ɪn'tri:tɪ] [en-tri-ti], *s.* Petición, ruego, súplica, instancia, solicitud.

entree ['ɒntreɪ] [an-trei], *s.* 1. Entrada, el acto de entrar. 2. Privilegio de entrar como visitador. 3. *(Coc.)* Cada uno de los principio o entradas, platos que se sirven en una mesa, entre la sopa y el asado.

entremets [ɪn'trɪmets] [in-tri-mets], *s. pl.* 1. Intermedios, platos que se sirven en una mesa entre el asado y los postres. 2. Entremés, intermedio, sainete, farsa. 3. *V.* INTERLUDE.

entrench [ɪn'trentʃ] [in-trench], *va.* 1. Atrincherar, proteger con trincheras. 2. Hacer trincheras en o sobre. *-vn.* Invadir, infringir. *V.* ENCROACH.

entrenchment [ɪn'trentʃmənt] [en-trench-ment], *s.* 1. Atrincheramiento, trinchera; parapeto de tierra. 2. Cualquier defensa o protección. 3. El acto y efecto de atrincherar. 4. Infracción, invasión, transgresión.

entrepot ['ɒntrəpəʊ] [an-tre-pou], *s.* 1. Centro comercial de distribución. 2. Almacén. *V.* DEPOT.

entrepreneur [ˌɒntrəprə'nɜ:ʳ] [an-tre-pre-naʳ], *s.* Empresario.

entropy ['entrəpɪ] [en-tro-pi], *s.* Entropía.

entrust [ɪn'trʌst] [en-trast], *va.* .1 Entregar con confianza, confiar, dar en fideicomiso. 2. Poner a cargo o al cuidado de. (Seguido de *with*). **To entrust one with a secret,** confiar un secreto a alguien.

entry ['entrɪ] [en-tri], *s.* 1. Entrada, vestíbulo, portal, pórtico por dondes se entra en alguna casa. 2. Entrada, el acto de entrar. 3. El acto de tomar posesión de una propiedad. 4. Asiento, anotación de alguna cosa por escrito. **A little entry,** el pasadizo, o el pasillo. 5. *(Mar.)* Registro, declaración de entrada de un barco. 6. *(Com.)* Partida. **Single entry, double entry,** partida simple, doble.

entwine [ɪn'twaɪn] [int-uain], *va.* Entrelazar, torciendo.

entwist ['entwɪst] [en-tuist], *va.* Torcer; enroscar.

enucleate ['enju:klɪeɪt] [e-niu-kli-eit], *va.* 1. Descascarar, extraer el núcleo; en cirujía, extraer de un saco o bolsa, extraer de raíz, extirpar. 2. Desenvolver o desarrollar claramente, aclarar; explicar.

enucleation ['enju:klɪˌeɪʃən] [e-niu-kli-ei-shon], *s.* Enucleación, acción de extirpar, de extraer un tumor en su totalidad.

enumerate [ɪ'nju:məreɪt] [e-niu-me-reit], *va.* Enumerar, numerar.

enumeration [ɪˌnju:mə'reɪʃən] [e-niu-me-rei-shon], *s.* 1. Enumeración, cómputo o cuenta numeral; y de aquí, catálogo. 2. *(Ret.)* Enumeración, recapitulación.

enumerative [ɪˌnju:merətɪv] [e-niu-me-ra-tiv], *a.* Enumerativo.

enunciate [ɪ'nʌnsɪeɪt] [i-nan-shieit], *va.* 1. Articular, pronunciar. 2. Enunciar, declarar, manifestar.

enunciation [ɪˌnʌnsɪ'eɪʃən] [i-nan-shie-shon], *s.* 1. Pronunciación, articulación de sonidos vocales; producción. 2. Enunciación, noticia, conocimiento, declaración pública; expresión en los escritos; prolación.

enunciative [ɪ'nʌnsɪətɪv] [i-nan-shia-tiv], *a.* Enunciativo, declarativo.
enunciatively [ɪ'nʌnsɪətɪvlɪ] [i-nan-shia-tiv-li], *adv.* Enunciativamente.
enunciatory [ɪ'nʌnsɪətərɪ] [i-nan-shia-to-ri], *a. V.* ENUNCIATIVE.
enure [ɪ'njʊəʳ] [i-niuaʳ], *-vn.* Ponerse en operación; tener efecto; servir para el uso o provecho de. *V.* INURE.
envelop ['envələʊp] [en-va-loup], *va.* Envolver, aforrar, esconder.
envelope ['envələʊp] [en-va-loup], *s.* 1. Envoltura, envolvedor. 2. Sobre de carta, cubierta, sobrescrito.
envelopment ['envələʊpmənt] [en-va-loup-ment], *s.* Envolvimiento; lo que envuelve, cubierta, envolvedor.
envenom [ɪn'venəm] [in-ve-nom], *va.* Envenenar, atosigar; enfurecer, irritar; hacer odioso.
enviable ['envɪəbl] [en-via-bol], *a.* Envidiable.
envier ['envaɪəʳ] [en-vaiaʳ], *s.* Envidiador, el que envidia.
envious ['envɪəs] [en-vios], *a.* Envidioso, lleno de envidia.
enviously ['envɪəslɪ] [en-vios-li], *adv.* Envidiosamente.
enviousness ['envɪəsnɪs] [en-vios-nes], *s.* Envidia; carácter envidioso.
environ [ɪn'vaɪərən] [in-vaia-ron], *va.* Rodear, cercar, bloquear, sitiar; envolver.
environment [ɪn'vaɪərənmənt] [in-vaia-ron-ment], *s.* Ambiente, medio ambiente. Todo lo que cerca y rodea; todas las circunstancias externas de un organismo.
environmental [ɪnˌvaɪərən'mentl] [in-vaia-ron-men-tal], *a.* Ambiental.
environs [ɪn'vaɪərənz] [in-vaia-ronz], *s. pl.* Contornos, alrededores, cercanías o inmediaciones, el terreno o sitios de que está rodeado cualquier lugar o población; afueras, suburbios.
envoy ['envɔɪ] [en-voi], *s.* Enviado, ministro público, inferior al embajador, mensajero.
envoyship ['envɔɪʃɪp] [en-voi-ship], *s.* Legación, dignidad de enviado.
envy ['envɪ] [en-vi], *va.* y *-vn.* 1. Envidiar, tener envidia, sentir el bien ajeno. 2. Envidiar, desear el goce del mismo bien que otro posee.
envy, *s.* Envidia; emulación; rencor.
envying ['envɪɪŋ] [en-vi-in], *s.* Malicia, malignidad.
enwheel ['enwiːl] [en-uil], *va.* Rodear, circuir.
enwomb ['enwɒm] [en-wom], *va.* 1. *(Ant. y Poét.)* Sepultar o esconder en las entrañas o en lo más profundo de alguna cosa. 2. *(Des.)* Empreñar.
enwrap ['enwræp] [en-rap], *va.* Envolver.
enwrapment ['enwræpmənt] [en-rap-ment], *s.* Cubierta, envolvedor.
enwreathe ['enwriːθ] [en-vriz], *va.* Rodear como con una guirnalda.
enzymatic, enzymic ['enzɪmætɪk] [en-si-ma-tik], *a.* Enzimático.
enzyme ['enzaɪm] [en-saim], *s.* Enzima.
enzymology ['enzɪməlɒdʒɪ] [en-si-mo-lo-chi], *s.* Enzimología.
eocene ['iːəʊsiːn] [iou-sin], *a. (Geol.)* Eoceno, eocena; se dice de la capa más antigua de los terrenos terciarios. *-s.* Época eocena.
eolian ['iːəʊlɪən] [iou-lian], **eolic** , *a.* Eólico, uno de los cinco dialecots de la lengua griega. **Eolian harp,** arpa de Eolo, instrumento músico de cuerdas que suenan movidas por el viento.
eolipile ['iːəlɪpiːl] [io-li-pil], *s.* Eolípila, instrumento de física; esfera hueca de metal con un tubo, que sirve para hacer experimentos con el vapor.
eon o Aeon [iːən] [ion], *s.* Eón, espacio incalculable de tiempo.
eosin [iːəsiːn] [io-sin], *s.* Eosina, nombre de una materia colorante rojiza (CHBrO). Se obtiene del alquitrán de hulla.
epact ['ɪpækt] [i-pakt] Epacta, el número de días en que el año solar excede al lunar común.
eparch [ɪ'pɑːtʃ] [i-parch], *s.* 1. Hiparcar, sátrapa, gobernador de una provincia griega. 2. Obispo ruso metropolitano u otro.
epaulet ['epɔːlet] [e-po-let], *s. (Mil.)* Charretera.
epaulement ['epɔːlmənt] [e-pol-ment], *s. (Fort.)* Espalda, espaldón.
epenetic ['epɪnətɪk] [e-pi-ne-tik], *a.* Laudatorio, panegírico.
epenthesis ['epɪnθɪsɪs] [e-pin-zi-sis], *s. (Gram.)* Epéntesis, interposiciòn de una letra o sílaba en medio de una palabra.
epergne ['epɜːn] [e-pern], *s.* Centro de mesa, adorno para la mesa del comedor.
ephah ['efɑː] [e-fa], *s.* Efa, medida hebraica de una fanega.
ephemera [ɪ'femərə] [i-fe-ma-ra], *s.* 1. Efémera o efímera, calentura que dura regularmente sólo un día. 2. Insecto efímero o que vive un solo día.
ephemeral [ɪ'femərəl] [i-fe-me-ral], **ephemeric** [ɪ'femərɪk] [i-fe-me-rik], *a.* Efímero, lo que empieza y acaba en un mismo día.
ephemerides [ɪ'femərɪdɪs] [i-fe-me-ri-dis], *s. pl.* Efemérides o tablas astronómicas.
ephemeris [ɪ'femərɪs] [i-fe-ma-ris], *s.* Efemérides, libro o comentario en que se refieren los hechos de cada día; diario.
ephemerist [ɪ'femərɪst] [i-fe-ma-rist], *s.* Astrólogo.
ephemerous [ɪ'femərəs] [i-fe-ma-ros], *a.* Efímero, efiemeral.
ephesian [ɪ'femiːsɪən] [i-fi-sian], *a.* Efesino, efesina, de Efeso.
ephialtes [ɪ'fɪəltz] [i-fialts], *s.* Pesadilla, opresión nocturna. *V.* NIGHTMARE.
ephod [e'fɒd] [e-fod], *s.* Efod, adorno de los sacerdotes hebreos.
ephor [e'fɔːʳ] [e-foʳ], *s.* (*pl.* EPHORS y EFORI). Éforo, nombre que se daba en Esparta y otras ciudades dóricas a los cinco magistrados elegidos por el pueblo.
epi-. Preposición griega usada como prefijo. Quiere decir en, sobre, al lado de, etc. Delante de una vocal se convierte en ep- y en eph- delante de la inspiración fuerte.
epic ['epɪk] [e-pik], *a.* Épico, lo que pertenece a la epopeya o poesía heroica. *-s.* Poema épico o epopeya.
epicarp ['epɪkɑːp] [e-pi-karp], *s. (Bot.)* Epicarpo, la membrana que exteriormente cubre el pericarpio.
epicede, epicedium ['epɪsiːd] [e-pi-sid], *s.* Epicedio, elegía.
epicedian ['epɪsiːdɪən] [e-pi-si-dian], *a.* Elegíaco.
epicene ['epɪsiːn] [e-pi-sin], *a. (Gram.)* Epiceno; de género común.
epicenter ['epɪsentəʳ] [e-pi-sen-taʳ], *s.* 1. Epicentro. 2. Cualquier punto focal.
epicure ['epɪkjʊəʳ] [e-pi-kiuaʳ], *s.* Epicúreo.
epicurean [ˌepɪkjʊ'riːən] [e-pi-kiu-rian], *a.* Epicúreo, el que se entrega a los placeres desordenadamente. *-s.* Sectario de Epicuro.
epicurism ['epɪkjʊərɪzm] [e-pi-kiua-ri-sem], *s.* Epicureísmo, sensualidad, la doctrina de Epicuro.
epicurize ['epɪkjʊraɪz] [e-pi-kiu-rais], *-vn.* Seguir la doctrina de Epicuro; deleitarse sensualmente; complacerse en el mal de otro.
epicycle ['epɪsaɪkl] [e-pi-sai-kol], *s.* Epiciclo, círculo cuyo centro se supone estar en la circunferencia de otro.
epicycloid ['epɪsɪklɔɪd] [e-pi-si-kloid], *s.* Epiciclode, curva descrita por el movimeinto de un círculo sobre la circunferencia de otro.
epidemic, epidemical [ˌepɪ'demɪk] [e-pi-de-mik], *a.* Epidémico, epidemial; general, universal. *-s.* Epidemia, enfermedad general, que se extiende a lo lejos.
epidemy ['epɪdemɪ] [e-pi-de-mi], *s.* Epidemia.
epidermal [ˌepɪ'dɜːməl] [e-pi-der-mal], *a.* Epidérmico, cuticular, de la epidermis.
epidermic, epidermical [ˌepɪ'dɜːmɪk] [e-pi-der-mik], *a.* Epidérmico, que cubre el cutis; semejante a la epidermis.
epidermis, epiderm [ˌepɪ'dɜːmɪs] [e-pi-der-mis], *s.* 1. Epidermis, cutícula. 2. *(Bot.)* Epidermis, capa exterior de celdillas que cubre la superficie de una planta.

epigastric [ˌepɪ'gæstrɪk] [e-pi-gas-trik], *a.* Epigástrico.

epigastrium [ˌepɪ'gæstrɪəm] [e-pi-gas-trium], *s.* Epigastrio, región superior del abdomen, especialmente la que queda sobre el estómago.

epigee ['epɪdʒiː] [e-pi-yi], *s.* Perigeo. *V.* PERIGEE.

epiglottis [ˌepɪ'glɒtɪs] [e-pi-glo-tis], *s.* Epiglotis, cartílago elástico, ovalado, que tapa la glotis al tiempo de la deglución.

epigram ['epɪgræm] [e-pi-gram], *s.* Epigrama.

epigrammatic, epigrammatical [ˌepɪgrə'mætɪk] [e-pi-gra-ma-tik], *a.* Epigramático.

epigrammatist ['epɪgræmətɪst] [e-pi-gra-ma-tist], *s.* Epigramatista.

epigraph ['epɪgrɑːf] [e-pi-graf], *s.* 1. Epígrafe, título, inscripción. 2. Epígrafe, la sentencia que suelen poner los autores a la cabeza de una obra o de sus capítulos.

epilepsy ['epɪlepsɪ] [e-pi-lep-si], *s.* Epilepsia, gota coral, mal caduco.

epileptic, epileptical ['epɪleptɪk] [e-pi-lep-tik], *a.* Epiléptico.

epilogistic ['epɪlɒdʒɪstɪk] [e-pi-lo-chis-tik], *a.* Epiogal.

epilogize ['epɪlɒdʒaɪz] [e-pi-lo-chais], *va.* Dar epílogo; proveer de un epílogo. *-vn.* Epilogar; recitar un epílogo.

epilogue ['epɪlɒg] [e-pi-log], *s.* Epílogo, conclusión o peroración de un discurso, o de un poema dramático.

epinicion ['epɪnɪʃən] [e-pi-ni-shon], *s.* Himno de victoria.

epiphany [ɪ'pɪfənɪ] [i-pi-fa-ni], *s.* Epifanía, día de Reyes, festividad que celebra la Iglesia el seis de Enero, en conmemoración de la Adoración de los Reyes.

epiphonema [ˌepɪfə'nɪmə] [e-pi-fo-ni-ma], *s.* Epifonema, exclamación.

epiphora ['epɪfərə] [e-pi-fo-ra], *s.* Epifora, lagrimeo involuntario y repentino.

epiphyllospermous [ˌepɪfɪləs'perməs] [e-pi-fi-los-per-mus], *a.* Epifilospermo o dorsífero; se dice de las plantas que tiene la semilla en el dorso de las hojas.

epiphysis ['epɪfɪsɪs] [e-pi-fi-sis], *s.* *(Anat.)* Epífisis, eminencia huesosa, separada del cuerpo principal del hueso por una capa cartilaginosa.

epiphytal ['epɪfɪtəl] [e-pi-fi-tal], *a.* Epífito, que crece sobre otros vegetales sin que le sirvan de alimento.

epiphyte ['epɪfɪfaɪt] [e-pi-fi-fait], *s.* Epífita, la planta no parásita que crece sobre otros vegetales.

episcopacy [ɪ'pɪskəpəsɪ] [i-pis-ko-pa-si], *s.* 1. Episcopado, el gobierno de una iglesia por obispos, especialmente por los órdenes de obispos, prebíteros y diáconos. 2. Episcopado, dignidad de obispo. 3. El conjunto de los obispos.

episcopal [ɪ'pɪskəpəl] [i-pis-ko-pal], *a.* 1. Episcopal, aquello cuyo gobierno se confía a los obispos. 2. Episcopal, perteneciente al obispo.

episcopalian [ɪ'pɪskəpəlɪən] [i-pis-ko-pa-lian], *a.* Episcopal, perteneciente a la Iglesia protestante episcopal, sus doctrinas, ceremonial, etc. *-s.* 1.Episcopal, el que no reconoce al Papa, y considera a cada obispo como cabeza de la iglesia. 2. Individuo de la Iglesia protestante episcopal.

episcopally [ɪ'pɪskəpəlɪ] [i-pis-ko-pa-li], *adv.* Episcopalmente.

episcopate [ɪ'pɪskəʊpət] [i-pis-kou-pat], *s.* Obispado.

episcopy [ɪ'pɪskəpɪ] [i-pis-ko-pi], *s.* Pesquisa, inspección.

episode ['epɪsəʊd] [e-pi-soud], *s.* Episodio, digresión.

episodic, episodical ['epɪsəʊdɪk] [e-pi-sou-dik], *a.* Episódico.

epispastic ['epɪspæstɪk] [e-pis-pas-tik], *a.* y *s.* Epispástico; vejigatorio.

episperm ['epɪspɜːm] [e-pis-perm], *s.* *(Bot.)* Episperma, tegumento exterior que envuelve la semilla.

epistaxis ['epɪstæksɪs] [e-pis-tak-sis], *s.* Epistaxis, flujo de sangre por las narices.

epistemology [ɪˌpɪstə'mɒlədʒɪ] [i-pis-te-mo-lo-yi], *s.* Epistemología.

epistle [ɪ'pɪsl] [i-pisel], *s.* Epístola, carta. (Voz más formal que *letter*, y aplicada especialmente a las epístolas apostólicas).

epistler [ɪ'pɪslə[r]] [i-pis-la[r]], *s.* Excritor de cartas; epistolero, el que lee o canta la epístola en el oficio divino.

epistolary [ɪ'pɪstələrɪ] [i-pis-to-la-ri], **epistolical** [ɪ'pɪstəlɪkl] [i-pis-to-li-kal], *a.* Epistolar.

epistrophe [ɪ'pɪstrəʊf] [i-pis-trouf], *s.* 1. *(Ret.)* Conversión. 2. *(Mús.)* Estribillo.

epistyle [ɪ'pɪstaɪl] [i-pis-tail], *s.* Epístilo, arquitrabe.

epitaph ['epɪtɑːf] [e-pi-taf], *s.* Epitafio.

epitaphian ['epɪtɑːfɪən] [e-pi-ta-fian], **epitaphic** ['epɪtɑːfɪk] [e-pi-ta-fik], *a.* Lo que pertenece al epitafio.

epitasis ['epɪtəsɪs] [e-pi-ta-sis], *s.* Epítasis, enredo, nudo, parte del poema dramático.

epithalamium ['epɪθələmɪəm] [e-pi-za-la-mium], *s.* Epitalamio, himno o canción nupcial.

epithelial ['epɪθelɪəl] [e-pi-ze-lial], *a.* Epitelial, relativo al epitelio.

epithelium ['epɪθelɪəm] [e-pi-ze-lium], *s.* *(Anat.)* Epitelio, capa o cubierta más superficial de las membranas mucosas; también la epidermis.

epithet ['epɪθet] [e-pi-zet], *s.* Epíteto.

epitome [ɪ'pɪtəmɪ] [i-pi-to-mi], *s.* Epítome, resumen, compendio.

epitomize [ɪ'pɪtəmaɪz] [i-pi-to-mais], *va.* Epitomar, abreviar, compendiar.

epitomizer [ɪ'pɪtəmaɪzə[r]] [i-pi-to-mai-sa[r]], **epitomist** [ɪ'pɪtəmɪst] [i-pi-to-mist], *s.* Abreviador, compendiador.

epitrope [ɪ'pɪtrəʊp] [i-pi-troup], *s.* *(Ret.)* Epítrope, concesón, figura por la que se concede una cosa, a fin de hacer admitir otra más importante.

epizootic [ɪ'pɪzuːtɪk] [i-pi-su-tik], *a.* Epizoótico. *-s.* Epizootia.

epizooty [ɪ'pɪzuːtɪ] [i-pi-su-ti], *s.* Epizootia, enfermedad contagiosa de los ganados.

epoch ['iːpɒk] [i-pok], **epocha**, *s.* Época, punto fijo y determinado de tiempo desde el cual se comienzan a numerar los años.

epode ['iːpəʊd] [i-poud], *s.* *(Poet.)* 1. Epodo, epoda, la última parte de la oda; y aunque sigue a la estrofa y antiestrofa. 2. Especie de composición lírica en la que un verso largo va seguido de uno corto.

epopee ['epəpɪ] [e-po-pi], *s.* Epopeya, poema épico

epsom salts ['epsəm'sɔːts] [ep-som-solts], *s. pl.* Epsomita, sal de Epsom, sal de Higuera, sulfato de magnesia.

epulotic [ɪ'pjʊlətɪk] [i-piu-lo-tik], *a.* Epulótico, cicatrizativo.

equability [ˌekwə'bɪlɪtɪ] [e-kua-bi-li-ti], *s.* Igualdad, uniformidad.

equable ['ekwəbl] [e-kua-bol], *a.* Igual, uniforme.

equableness ['ekwəblɪnɪs] [e-kua-bli-nes], *s.* *V.* EQUABILITY.

equably ['ekwəblɪ] [e-kua-bli], *adv.* Igualmente.

equal ['iːkwəl] [i-kual], *a.* 1. Igual, semejante. 2. Adecuado, propio para una cosa, en estado de. 3. Imparcial, justo, recto; neutral. 4. Indiferente. 5. Lo que es ventajoso a dos partes que tienen intereses contrarios. 6. *(Bot.)* Que tiene los dos lados semejantes, como las hojas; simétrico. *-s.* El que no es inferior ni superior a otro; igual.

equal, *va.* 1. Igualar, hacer igual una persona o cosa con otra. 2. Recompensar, compensar, satisfacer enteramente. **Not to be equalled,** sin igual.

equality ['ekwɒlɪtɪ] [e-kua-li-ti], *s.* 1. Igualdad, uniformidad, semejanza perfecta. 2. Calidad de nivelado, nivel.

equalize, equalise ['iːkwəlaɪz] [i-kua-lais], *va.* y *vn.* Igualar.

equalization, equalisation [ˌiːkwəlaɪ'zeɪʃən] [i-kua-lai-sei-shon], *s.* Igualamiento.

equally ['iːkwəlɪ] [i-kua-li], *adv.* Igualmente; imparcialmente, uniformemente.

equalness ['iːkwəlnɪs] [i-kual-nes], *s.* Uniformidad, igualdad, ecuanimidad.

equanimity [ˌekwə'nɪmɪtɪ] [e-kua-ni-mi-ti], *s.* Ecuanimidad, igualdad y serenidad de ánimo.

equanimous ['ekwənɪməs] [e-kua-ni-mos], *a.* (Poco us.) Igual, constante.

equation [ɪ'kweɪʒən] [i-kuei-shon], *s.* Ecuación.
equator [ɪ'kweɪtə[r]] [i-kuei-ta[r]], *s.* Ecuador.
equatorial [ˌekwə'tɔːrɪəl] [e-kua-to-rial], *a.* Ecuatorial, perteneciente al ecuador; relativo, cercano o determinado por un ecuador, especialmente el terrestre. *-s.* Ecuatorio, gran telescopio que gira sobre dos ejes en ángulo recto, uno de los cuales es paralelo al eje de la tierra; así se logra que un objeto dado permanezca constantemente en el campo del telescopio, a pesar del movimiento de rotación de la tierra.
equerry ['ekwərɪ] [e-kua-ri], *s.* 1. Caballerizo del rey. 2. Establo, de un príncipe.
equestrian [ɪ'kwestrɪən] [i-kues-trian], *a.* Ecuestre.
equi- ['iːkwɪ] [i-kui], Forma de combinación.
equiangular [ˌɪkwɪ'æŋgkʊlə[r]] [i-kui-an-gu-la[r]], *a.* Equiángulo.
equicrural [ˌɪkwɪ'krʊərəl] [i-kui-krua-ral], *a.* Lo que tiene sus miembros o lados iguales; isósceles.
equidistance ['iːkwɪ'dɪstəns] [i-kui-dis-tans], *s.* Equidistancia.
equidistant ['iːkwɪ'dɪstənt] [i-kui-dis-tant], *a.* Equidistante.
equidistantly ['iːkwɪ'dɪstəntlɪ] [i-kui-dis-tant-li], *adv.* A la misma distancia.
equiformity ['iːkwɪ'fɔːmɪtɪ] [i-kui-for-mi-ti], *s.* Uniformidad.
equilateral ['iːkwɪ'lætərəl] [i-kui-la-te-ral], *a.* y *s.* Equilátero, de lados iguales.
equilibrate ['iːkwɪ'lɪbreɪt] [i-kui-li-breit], *va.* 1. Equilibrar. 2. Contrapesar.
equilibration ['iːkwɪ'lɪbreɪʃən] [i-kui-li-brei-shon], *s.* Equilibración; equilibrio.
equilibrious ['iːkwɪ'lɪbrɪəs] [i-kui-li-brios], *a.* Equilibre, que está equilibrado.
equilibriously ['iːkwɪ'lɪbrɪəslɪ] [i-kui-li-brios-li], *adv.* En equilibrio.
equilibrist ['iːkwɪ'lɪbrɪst] [i-kui-li-brist], *s.* El que equilibra.
equilibrity ['iːkwɪ'lɪbrɪtɪ] [i-kui-li-bri-ti], *s.* Equilibrio, igualdad de peso.
equilibrium ['iːkwɪ'lɪbrɪəm] [i-kui-li-briom], *s.* Equilibrio, la posición igual que guardan los dos extremos de una palanca o balanza; contrapeso.
equine ['ekwaɪn] [ekuain], *a.* Caballuno, del caballo, que pertenece o se parece al caballo. *-s.* Caballo o animal parecido a él, como la cebra.
equinoctial [ˌiːkwɪ'nɒkʃəl] [i-kui-nok-shal], *a.* Equinoccial, lo perteneciente al equinoccio. *-s.* Línea equinoccial.
equinoctially [ˌiːkwɪ'nɒkʃəlɪ] [i-kui-nok-sha-li], *adv.* En dirección equinoccial.
equinox ['iːkwɪnɒks] [i-kui-dis-noks], *s.* Equinoccio, la entrada del sol en los puntos equinocciales.
equinumerant ['iːkwɪ'njʊmərənt] [i-kui-niu-me-rant], *a.* Igual en número.
equip [ɪ'kwɪp] [i-kuip], *va.* Equipar, pertrechar, proveer de lo necesario. **To equip one with money,** dar a alguno el dinero que necesita. **To equip a ship,** aprestar un navío.
equipage [ɪ'kwɪpeɪdʒ] [i-kui-peich], *s.* 1. Equipaje, los artículos esenciales para un objeto o fin determinado, como el conjunto de ropas y objetos que se llevan en los viajes. *V.* EQUIPMENT, 3ª acep. 2. Carroza. 3. Tren, el aparato de criados, etc., que lleva un personaje en las funciones de pompa y ostentación.
equipaged [ɪ'kwɪpeɪdʒɪd] [i-kui-peichd], *a.* *(Ant.)* Equipado, aparejado; decorado espléndidamente.
equipendency [ɪ'kwɪpendənsɪ] [i-kui-pen-den-si], *s.* Peso igual, equilibrio.
equipment [ɪ'kwɪpmənt] [i-kuip-ment], *s.* 1. Equipo, el acto de equipar. 2. Equipaje. 3. Apresto, hablando de buques; equipo o provisión para un objeto especial. 4. Fornitura, montura, uniformes.
equipoise ['iːkwɪpɔɪz] [i-kui-pois], *s.* 1. Equilibrio, igualdad de peso o de fuerza. 2. Contrapeso. *V.* COUNTERPOISE.
equipollence, equipollency [ɪ'kwɪpələns] [i-kui-po-lens], *s.* Equipolencia o equivalencia.
equipollent [ɪ'kwɪpələnt] [i-kui-po-lent], *a.* Equipolente o equivalente.
equipollently [ɪ'kwɪpələntlɪ] [i-kui-po-lent-li], *adv.* De un modo equivalente.
equiponderance, equiponderancy [ɪ'kwɪpɒndərəns] [i-kui-pon-de-rans], *s.* Igualdad de peso.
equiponderant [ɪ'kwɪpɒndərənt] [i-kui-pon-de-rant], *a.* Equiponderante.
equiponderate [ɪ'kwɪpɒndəreɪt] [i-kui-pon-de-reit], *vn.* Equiponderar, tener una cosa igual peso que otra.
equitable ['ekwɪtəbl] [e-kui-ta-bol], *a.* Equitativo, justo, imparcial.
equitableness ['ekwɪtəblnɪs] [e-kui-ta-bol-nes], *s.* Equidad, imparcialidad, justicia.
equitably ['ekwɪtəblɪ] [e-kui-ta-bli], *adv.* Equitativamente.
equitancy ['ekwɪtənsɪ] [e-kui-tan-si], *s.* Equitación.
equitant ['ekwɪtənt] [e-kui-tant], *a.* *(Bot.)* Acaballado; se dice de la posición de las hojas de algunas plantas.
equitation ['ekwɪteɪʃən] [e-kui-tei-shon], *s.* Equitación, el arte de montar a caballo; el manejo del caballo.
equity ['ekwɪtɪ] [e-kui-ti], *s.* Equidad, justicia, rectitud, imparcialidad.
equivalence, equivalency [ɪ'kwɪvələns] [i-kui-va-lens], *s.* 1. Equivalencia. 2. *(Quím.)* *V.* ALENCE.
equivalent [ɪ'kwɪvələnt] [i-kui-va-lent], *a.* Equivalente. *-s.* Equivalente, lo que iguala a otra cosa.
equivalently [ɪ'kwɪvələntlɪ] [i-kui-va-lent-li], *adv.* Equivalentemente.
equivocal [ɪ'kwɪvəkəl] [i-kui-vo-kal], *a.* Equívoco, ambiguo, de doble sentido. *-s.* Equívoco.
equivocally [ɪ'kwɪvəkəlɪ] [i-kui-vo-ka-li], *adv.* Equivocadamente, ambiguamente.
equivocalness [ɪ'kwɪvəkəlnɪs] [i-kui-vo-kal-nes], *s.* Equívoco, voz o frase dudosa.
equivocate [ɪ'kwɪvəkeɪt] [i-kui-vo-keit], *vn.* Usar de palabras o frases equívocas o de expresiones ambiguas que pueden entenderse de dos maneras; prevaricar. *-va.* Equivocar.
equivocation [ɪˌkwɪvə'keɪʃən] [i-kui-vo-kei-shon], *s.* Equívoco, vocabo equívoco de que se usa para engañar o divertir; sentido equívoco, ambigüedad de una frase, anfibología.
equivocator [ɪ'kwɪvəkeɪtə[r]] [i-kui-vo-kei-to[r]], *s.* El que usa de equívocos.
equivoke [ɪ'kwɪvəʊk] [i-kui-vouk], *s.* Equívoco.
-er [ə[r]] [a[r]]. Sufijo usado (a) para formar nombres de cosa o persona agente, como -dor en español. **To do,** hacer; **doer,** hacedor. (b) Para formar el grado comparativo; *long,* largo; *longer*, más largo. (c) Para formar los verbos llamados en inglés frecuentativos y diminutivos. (d) Para denotar una persona (agente, etc.), sin derivación de un verbo, v. g. *pensioner*, pensionista.
era ['ɪərə] [ia-ra], *s.* Era, época o fecha determinada desde la cual se empiezan a contar los años.
eradiate [ɪ'rædɪeɪt] [i-ra-dieit], *vn.* Radiar; centellar, relumbrar.
eradiation [ɪ'rædɪeɪʃən] [i-ra-diei-shon], *s.* Radiación; brillo, centelleo.
eradicate [ɪ'rædɪkeɪt] [i-ra-di-keit], *va.* Desarraigar, erradicar, destruir, extirpar.
eradication [ɪˌrædɪ'keɪʃən] [i-ra-di-kei-shon], *s.* Erradicación, extirpación.
eradicative [ɪ'rədɪkətɪv] [i-ra-di-ka-tiv], *a.* Erradicativo, lo que tiene la virtud de desarraigar.
erasable, erasible [ɪ'reɪsəbl] [i-rei-sa-bol], *a.* Borrable, que se puede borrar, rayar, raspar, etc.
erase [ɪ'reɪz] [i-reis], *va.* 1. Cancelar, borrar, rayar, raspar, testar. 2. *(Des.)* *V.* RAZE.
erasement [ɪ'reɪzmənt] [i-reis-ment], *s.* *(Ant.)* Canceladura, testadura. *V.* ERASURE.

eraser [ɪ'reɪzəʳ] [i-rei-saʳ], *s.* 1. Borrador, goma de borrar. 2. Raspador.
erasion [ɪ'reɪʒən] [i-rei-shon], *s.* Raspadura, borradura, canceladura; acción de borrar.
erasure [ɪ'reɪʒəʳ] [i-rei-shaʳ], *s.* Raspadura, acción y efecto de raspar, o lo que se quita de la superficie raspando.
ere [ɛəʳ] [eaʳ], *adv.* Antes, más pronto, más presto, antes que, más bien que. *-prep.* Antes de.
erebus ['ɛəbʌs] [ea-bas], *s.* *(Mitol.)* Erebo, el infierno; obscuridad, tenebrosidad.
erect [ɪ'rekt] [i-rekt], *va.* 1. Erigir, levantar, poner a plomo. 2. Construir, edificar; establecer. 3. Exaltar, elevar, alzar a una posición determinada o más elevada. 4. Dibujar sobre una base o plan, como un diseño arquitectónico o una figura geométrica. *-vn.* Erigirse, enderezarse, ponerse derecho.
erect, *a.* 1. Derecho, levantado hacia arriba, erquido, vertical. 2. Audaz, osado; vigoroso; vigilante, atento. 3. Firme. **To sit erect,** sentarse derecho. **To stand erect,** estar en pie.
erectile [ɪ'rektaɪl] [i-rek-tail], *a.* Eréctil, capaz de enderezarse o ponerse en erección.
erection [ɪ'rekʃən] [i-rek-shon], *s.* Erección, elevación, el acto o procedimiento de edificar o construir; fundación, construcción; estructura.
erective [ɪ'rektɪv] [i-rek-tiv], *a.* Levantado, lo que está alzado.
erectness [ɪ'rektnɪs] [i-rekt-nes], *s.* Erección, postura derecha.
erector [ɪ'rektəʳ] [i-rek-toʳ], *s.* 1. Erector, el que o lo que erige, levanta o endereza, v. gr. un arquitecto, un músculo. 2. Lente de inversión.
erelong ['ɪəlɒŋ] [ia-lon], *adv.* Antes de mucho, dentro de poco tiempo.
eremite [ɪ'rɪmaɪt] [i-ri-mait], *s.* Ermitaño.
eremitage [ɪ'rɪmɪteɪdʒ] [i-ri-mi-teich], *s.* Ermita.
eremitic, eremitical [ɪ'rɪmɪtɪk] [i-ri-mi-tik], *a.* Eremítico, solitario.
erenow [ɪ'rɪnəʊ] [i-ri-nou], *adv.* Antes de ahora.
ereption [ɪ'repʃən] [i-rep-shon], *s.* Arrebato; el acto de arrebatar alguna cosa.
erethism ['ɪrɪθɪzm] [i-ri-zi-sem], *s.* *(Med.)* Eretismo, exaltación anormal de las propiedades vitales de un órgano.
erewhile, erewhiles ['ɪrɪwaɪl] [i-ri-uails], *adv.* Rato ha, poco ha.
erg [ɜːg] [erg], *s.* *(Fís.)* Ergio, unidad medidora de trabajo y energía, que representa el esfuerzo necesario para mover un cuerpo del peso de dos gramos a razón de un centímetro por segundo.
ergo ['ɜːgəʊ] [er-gou], *adv.* Consiguientemente, luego; la conclusión de un argumento. Es voz latina.
ergonomics [ˌɜːgəʊ'nɒmɪks] [er-go-no-miks] *s.* Ergonomía (field of study).
ergot ['ɜːgət] [er-got], *s.* 1. Cornezuelo de centeno; honguillo parásito en forma de cuerno. 2. *(Vet.)* Especie de espolón en las patas de los caballos.
ergotism ['ɜːgətɪʒəm] [er-go-ti-sem], *s.* 1. *(Med.)* Ergotismo, estado de envenenamiento por el cornezuelo de centeno; enfermedad producida por cantidades excesivas del mismo. 2. Conclusión deducida silogísticamente.
eriach ['erɪək] [e-riak], **eric** ['erɪk] [e-rik], *s.* Multa pecuniaria.
erica ['erɪkə] [e-ri-ka], *s.* *(Bot.)* *V.* HEATH.
erinaceous ['erɪneɪʃəs] [e-ri-nei-shos], *a.* Del erizo o parecido a él.
eringo [ɪ'rɪŋgəʊ] [i-rin-gou], *s.* *(Bot.)* Eringe, cardo corredor.
eristic [ɪ'rɪstɪk] [i-ris-tik], *a.* 1. Erístico, relativo a la controversia. 2. Pendenciero.
eritrea [ˌerə'treɪə] [e-ri-tria] *N.* *(Geogr.)* Eritrea.
eritrean [erɪ'treɪən] [e-ri-trian] *a.* Eritreo.
ermelin ['ɜːməlɪn] [er-me-lin], *s.* *(Ant.)* *V.* ERMINE.
ermine ['ɜːmɪn] [er-min], *s.* 1. Armiño, cuadrúpedo pequeño, de piel muy suave. 2. La piel de este animal. 3. Toga oficial o dignidad de un juez; pureza ideal del cargo judicial.
ermined ['ɜːmɪnd] [er-mind], *a.* Armiñado.
erode [ɪ'rəʊd] [i-roud], *va.* 1. Corroer (acid, metal); roer; comer. Minar, socavar (confidence, faith). 2. *(Geol.)* Gastar, por medio de diversos agentes. Erosionar (water, wind, waves).
erodent [ɪ'rəʊdənt] [i-rou-dent], *a.* *(Med.)* Corrosivo, cáustico (hablando de un medicamento).
erogenous zone [ɪ'rɒdʒənəsˌzəʊn] [i-ro-chi-nos-soun] *a.* Zona erógena.
erosion [ɪ'rəʊʒən] [i-rou-shon], *s.* 1. Erosión (by water, wind, waves); corrosión (by acid); menoscabo, deterioro (of confidence, power, rights). 2. *(Geol.)* La acción de gastar o roer las rocas, como por medio del agua.
erosive [ɪ'rəʊzɪv] [i-rou-siv], *a.* Que obra por erosión, que tiene la facultad de roer o gastar; erosivo.
erotic, erotical [ɪ'rɒtɪk] [i-ro-tik], *a.* Erótico, amatorio.
erotica [ɪ'rɒtɪkə] [i-ro-ti-ka] *s.* Literatura erótica (literature); arte erótico (art).
eroticism [ɪ'rɒtɪsɪzəm] [i-ro-ti-si-zem] *s.* Erotismo.
eroticize [ɪ'rɒtɪsaɪz] [i-ro-ti-sais] *vt.* Erotizar.
erotomania [ɪˌrɒtəʊ'meɪnɪə] [i-ro-to-mei-nia], *s.* Erotomanía, delirio causado por el amor.
erpetology ['ɜːpə'tɔlɒdʒɪ] [er-pe-to-lo-chi], *s.* *V.* HERPETOLOGY.
err [ɜːʳ] [aʳ], *vn.* 1. Vagar, errar; desviarse. 2. Extraviarse, apartarse del buen camino, pecar. 3. Errar, no dar en el blanco, no acertar. **To err on the side of caution**, pecar de cauteloso o por exceso de precaución. **To err is human,** errar es de humanos.
errable ['erəbl] [e-ra-bol], *a.* Falible, capaz de errar.
errand ['erənd] [e-rand], *s.* 1. Recado, mensaje, mandado (short mission). **To run an errand for somebody**, hacerle un mandado o un recado a alguien. **Errand-boy**, muchacho para hacer mandados. 2. Misión (task). **An errand of mercy**, una misión de caridad o auxilio. **What errand brings you here?**, ¿qué le trae por aquí?
errant ['erənt [e-rant], *a.* 1. Errante, ambulante, vagabundo, vago. 2. Inconstante; vil, abandonado; descarriado (child); infiel (husband). **Knight-errant**, caballero andante.
errantry ['erəntrɪ] [e-ran-tri], *s.* Vida errante; caballería andante.
errata [e'rɑːtə] [e-ra-ta], *s. pl.* *V.* ERRATUM.
erratic, erratical [ɪ'rætɪk] [i-ra-tik], *a.* Errático (course), errante, vagante, vagabundo; irregular, desigual (performance, work); imprevisible (person, moods). **Erratic**, *s.* *(Des.)* Pícaro.
erratically [ɪ'rætɪkəlɪ] [i-ra-ti-ka-li], *adv.* Erradamente; irregularmente.
erratum [ɪ'rætəm] [i-ra-tum], (*pl.* ERRATA), *s.* Errata, equivocación que se halla en lo impreso o escrito. *-pl.* Erratas, fe de erratas.
errhine [e'riːn] [e-rin], *s.* Errino, remedio tomado por la nariz.
erring [e'rɪŋ] [e-rin], *a.* Errado, errante.
erroneous [ɪ'rəʊnɪəs] [i-rou-nios], *a.* 1. Errado, falso, erróneo. 2. Irregular, no de acuerdo con la forma legal.
erroneously [ɪ'rəʊnɪəslɪ] [i-rou-nios-li], *adv.* Erróneamente.
erroneousness [ɪ'rəʊnɪəsnɪs] [i-rou-nios-nes], *s.* Error.
error ['erəʳ] [e-roʳ], *s.* Error, yerro, equivocación, engaño, descuido; pecado. **By error,** por error. **A clerical/printer's error**, un error administrativo/de imprenta. **To make an error**, cometer un error. **To see the error of one's ways**, darse cuenta de que se ha actuado mal. **Errors and omissions excepted,** salvo error u omisión.
ersatz ['ɛəzæts] [ea-sachs], *a.* Sintético. **Ersatz fur**, imitación de piel, piel sintética. **Ersatz coffee**, sucedáneo o sustituto del café.
erse [ɜːs] [ers], *s.* Lenguaje de los montañeses de Escocia.
erst [ɜːst] [erst], *adv.* *(Ant. o Poét.)* Primero, primeramente, al principio, antiguamente, antes; hasta entonces, hasta ahora.
erstwhile ['ɜːstwaɪl] [erst-uail], *adv.* Hasta entonces; en otro tiempo. *-a.* Antiguo.

erubescence, erubescency ['erjʊbəsəns] [e-riu-be-sens], *s.* Erubescencia, rubor.
erubescent ['erjʊbəsənt] [e-riu-be-sent], *a.* Colorado; sonrojado, abochornado.
eruct ['ɪrʌkt] [i-rakt], *va.* Eructar, regoldar.
eructate ['ɪrʌkteɪt] [i-rak-teit], *va. (Ant.)* Eructar; vomitar.
eructation ['ɪrʌkteɪʃən] [i-rak-tei-shon], *s.* Eructación, eructo, regüeldo.
erudite ['erɪdaɪt] [e-riu-dait], *a.* Erudito, instruído, sabio.
erudition [ˌerʊ'dɪʃən] [e-riu-di-shon], *s.* Erudición, ciencia, doctrina.
eruginous ['erjʊdʒɪnəs] [e-riu-yi-nos], *a.* Ruginoso, de color de cardenillo, o parecido al moho del cobre; lo que participa del cobre.
erupt [ɪ'rʌpt] [i-rapt], *vn.* 1. Hacer erupción, entrar en erupción (volcano, geyser). 2. Salir o manar a chorros (water). 3. Estallar (break out/violence, fighting). **He erupted with anger at the news**, estalló en cólera al oír la noticia. **To erupt into a house,** irrumpir en una casa.
eruption [ɪ'rʌpʃən] [i-rap-shon], *s.* 1. Erupción (of volcano); emisión, salida. Brote (of violence); estallido (of anger). 2. Erupción cutánea. 3. Excursión hostil.
eruptive [ɪ'rʌptɪv] [i-rap-tiv], *a.* 1. Eruptivo, que estalla. 2. De, o perteneciente a, la acción volcánica. 3. *(Med.)* Eruptivo, que produce una erupción cutánea.
eryngo [ɪ'rɪŋgəʊ] [i-rin-gou], *s. (Bot.)* Eringe, cardo corredor.
erysipelas [ˌerɪ'sɪpɪləs] [e-ri-si-pi-las], *s.* Erisipela, afección inflamatoria exantemática o de la piel.
erysipelatous [ˌerɪ'sɪpɪlətəs] [e-ri-si-pi-la-tos], *a.* Erisipelatoso, lo que tiene las calidades de la erisipela o se asemeja a ella.
erythrocyte [ɪ'rɪθrəʊˌsaɪt] [i-ri-si-zrou-sait], *s.* Eritrocito.
escadrille ['eskədriːl] [es-ka-dril], *s.* 1. Escuadrilla naval. 2. Escuadrilla aérea.
escalade ['eskəleɪd] [es-ka-leid], *s.* Escalada, la acción de escalar o poner escalas en los muros.
escalate ['eskəleɪt] [es-ka-leit], *va.* Intensificar (fighting, tension); aumentar (demands). *vn.* Intensificarse (fighting, violence, dispute). Aumentar (prices, claims). **The scuffles escalated into a riot**, las refriegas terminaron en serios disturbios callejeros. **Escalating**, creciente (dispute, tension).
escalation ['eskəleɪʃən] [es-ka-lei-shon], *s.* Intensificación (of dispute); aumento (of prices). Escalada (of war, violence).
escalator ['eskəleɪtəʳ] [es-ka-lei-toʳ], *s.* Escalera mecánica.
escalop ['eskə'lɒp] [es-ka-lop], *s.* 1. *(Conq.)* Pechina, venera de peregrino. 2. Las desigualdades en forma de puntas o dientes en los bordes de alguna cosa. *V.* SCALLOP.
escalope ['eskə'lɒp] [es-ka-lop] *sm.* Escalope.
escapade [ˌeskə'peɪd] [es-ka-peid], *s.* 1. Escapada, travesura, campanada, extravagancia, acción inconsiderada (strangeness, piece of mischief). 2. Escapada, salida oculta, fuga, huída (escape, flight). 3. Escapada, el acto de dar manotadas y brincos el caballo que caracolea.
escape [ɪs'keɪp] [is-keip], *va.* Huir, evitar; escapar; eludir. Escaparse o librarse de (pursuer, police); salvarse de, escapar a (capture); librarse de (responsibilities, consequences). **They escaped punishment/prosecution**, se libraron de ser castigados/juzgados. **The name escapes me**, no puedo recordar el nombre. *-vn.* 1. Escapar, salir de algún aprieto o peligro, sustraerse, evadirse, salvarse. Escaparse (flee); fugarse, escaparse (prisoner). **To escape from something**, escapar(se) o fugarse de algo (from prison); escaparse de algo (from cage/zoo); escapar de algo (from danger, routine). 2. Salvarse (from accident, danger). **She escaped with minor injuries**, sólo sufrió heridas leves.
escape, *s.* 1. Escapada, huída, fuga (from prison). **To make one's escape**, escaparse. **Escape attempt**, intento de fuga. 2. Descuido, inadvertencia. 3. Avería, pérdida, merma de un líquido que sale por una abertura. Escape, fuga (of gas, water, air). **Escape valve,** válvula de escape. **Escape hatch,** escotilla de salvamento. 4. Escapatoria, los medios de fuga o de rescate. 5. Evasión (from reality). *(Inform.)* **Press escape**, pulse u oprima la tecla de escape. De escape (key, routine). **To have a narrow/miraculous escape**, salvarse o escaparse por muy poco/milagrosamente. **Escape chute,** rampa de emergencia. **There is no escape**, no hay escapatoria posible. **Escape artist**, escapista. **Escape clause**, cláusula de escape o evasión.
escape capsule [ˌɪskeɪp'kæpsjʊl] [is-keip-kap-siul], *s. (Aer.)* Cápsula de emergencia.
escaped [ɪs'keɪpt] [is-keipt] *a.* Huído, fugado (from prison).
escapee [ɪskeɪ'piː] [is-kei-pi] *s.* Fugitivo.
escapement [ɪs'keɪpmənt] [is-keip-ment], *s.* Escape, en relojería.
escaper [ɪs'keɪpəʳ] [is-kei-paʳ], *s.* El que escapa o evita.
escaping [ɪs'keɪpɪŋ] [is-kei-pin], *s.* Escape.
escapism [ɪs'keɪpɪzəm] [is-kei-pi-sem], *s.* Escapismo.
escapist [ɪs'keɪpɪst] [is-kei-pist], *s.* Soñador, fantaseador. *a.* Escapista.
escapologist [ˌeskəɪ'pɒlədʒɪst] [es-ka-po-lo-chist] *s.* Escapista.
escarp [ɪs'kɑːp] [is-karp], *va. (Mil.)* Escarpar, hacer escarpa.
escarpment [ɪs'kɑːpmənt] [is-karp-ment], *s.* Escarpa, el declive áspero de cualquier terreno.
eschar [ɪs'kɑːʳ] [is-kaʳ], *s.* Escar, costra o postilla producida por la mortificación o la cauterización.
escharotic [ɪs'kɑːrətɪk] [is-ka-ro-tik], *a.* Escarótico. *-s.* Caústico.
eschatology [ˌeskə'tɒlədʒɪ] [es-ka-to-lo-yi] *f. (Rel.)* Escatología.
escheat [ɪs'kiːt] [is-kit], *s. (For.)* Derecho a la sucesión o herencia de una persona por caducación, confiscación o falta de herederos legítimos.
escheat, *va.* 1. Confiscar, caducar a favor del fisco. *-vn.* 2. Adquirir el derecho a la sucesión o a la herencia de una propiedad, por confiscación, caducación o falta de herederos legítimos.
eschew [ɪs'tʃuː] [is-chu], *va.* Huir, evitar, abstenerse de, evadir.
escort ['eskɔːt] [es-kort], *s.* 1. Escolta (guard); convoy. **Under police/naval escort**, escoltado por la policía/la armada. De escolta (vessel, carrier, fighter). 2. El que por cortesía acompaña a una mujer; acompañante, caballero (male companion); señorita de compañía (hired companion/woman); acompañante (man). **Escort agency**, agencia de acompañantes.
escort, *va.* 1. Escoltar, convoyar, resguardar (for protection/politician, procession, ship). 2. Acompañar (accompany); llevar, conducir (prisoner, intruder).
escritoire [ˌeskrɪ'tʃwəʳ] [es-kri-tuaʳ], *s.* Escritorio, mesa para escribir.
escrow ['eskrəʊ] [es-krou], *s. (For.)* Plica, escrito sellado referente a alguna condición o requisito.
escudo [ɛs'kuːdəʊ] [es-ku-dou] *s.* Escudo.
esculapian [ɪs'kjʊlæpɪən] [is-kiu-la-pian], *a.* Medicinal, referente a Esculapio, dios de la medicina o al arte de curar.
esculent [ɪs'kjʊlənt] [is-kiu-lent], *a.* y *s.* Comestible; comedero.
escutcheon [ɪs'kʌtʃən] [is-ka-chan], *s.* Escudo de armas.
escutcheoned [ɪs'kʌtʃənd] [is-ka-chand], *a.* Blasonado.
eskimo, eskimau ['eskɪməʊ] [es-ki-mou], *s.* Esquimal, habitante de la región boreal de la América del Norte.
esophagus [ɪ'sɒfəgəs] [i-so-fa-gus], *s.* Esófago, conducto por donde pasan la comida y bebida al estómago.
esopian [ɪ'səʊpɪən] [i-sou-pian], *a.* Esópico, lo tocante a Esopo.
esoteric [ˌesəʊ'terɪk] [e-sou-te-rik], *a.* Esotérico, que se enseña a un número limitado de discípulos y es conocido solamente por ellos: de aquí, oculto, reservado; confidencial.
esoterism [ˌesɒtə'rɪzəm] [e-so-te-ri-sem], *s.* Doctrinas o principios esotéricos; lo oculto.
espadrille [ˌespə'drɪl] [es-pa-dril] *s.* Alpargata.

espalier [ɪ'spəelɪəʳ] [is-pa-liaʳ], *s.* 1. Espaldera, armazón de madera para servir de apoyo a ciertos árboles y plantas enredaderas. 2. Espaldera, cierta dirección dada a los árboles por medio de la poda.
espalier, *va. (Jard.)* Hacer o formar espalderas.
especial [ɪs'peʃəl] [is-pe-shal], *a.* Especial, particular; principal.
especially [ɪs'peʃəlɪ] [is-pe-sha-li], *adv.* Especialmente, principalmente, sobre todo. **Why did you choose that one especially?**, ¿por qué escogió ése precisamente o en particular? **Everyone was bored, especially me**, estaba todo el mundo aburrido, sobre todo yo o especialmente yo. **He especially ought to know**, él debería saberlo más que nadie.
esperanto [ˌespə'ræntəʊ] [es-pe-ran-tou] *s.* Esperanto.
espial [ɪs'paɪəl] [is-paial], *s.* Espía; observación, descubrimiento.
espier [ɪs'paɪəʳ] [is-paiaʳ], *s.* Espiador, espía, espiante.
espionage [ˌespɪə'nɑːdʒ] [es-pio-nash], *s.* Espionaje, la acción de espiar; el empleo de espías.
esplanade [ˌesplə'neɪd] [es-pla-neid], *s.* 1. Espacio llano y abierto, en especial a los bordes del agua, para pasear a pie o en coche. 2. *(Fort.)* Explanada. 3. *V.* LAWN.
espousal [ɪ'spəʊzl] [is-pou-sal], *s.* 1. Desposorio. 2. Adopción, protección. *-a.* Esponsalicio. **Espousals**, *-pl.* esponsales.
espouse [ɪ'spəʊz] [is-pou-sa], *va.* y *vn.* 1. Desposar o desposarse, contraer esponsales (marry). 2. Casarse, contraer matrimonio (to get married). 3. Defender, sostener, adoptar; apoyar, propugnar (plan). 4. Adherirse a (cause).
espouser [ɪ'spəʊzəʳ] [is-pou-saʳ], *s.* Mantenedor, soportador, defensor de alguna causa.
espresso [es'presəʊ] [es-pre-sou] *s.* Café exprés, expreso.
esprit ['espriː] [es-pri], *s.* 1. Espíritu. 2. Chiste, agudeza, gracia. *(Gal.)*
espy [ɪs'paɪ] [is-pai], *va.* Divisar, acechar; averiguar, percibir, descubrir; espiar. *-vn. (Des.)* Velar, mirar alrededor.
esquimau (*pl.* ESQUIMAUX) *s. V.* ESKIMO.
esquire [ɪs'kwaɪəʳ] [is-kuaiaʳ], *s.* 1. Escudero; título de honor en Inglaterra, como el de *Don* en España. 2. En Inglaterra, dueño de bienes raíces, propietario de provincia. *V.* SQUIRE.
esquire, *va.* Servir como escudero.
essay ['eseɪ] [e-sei], *va.* 1. Ensayar, tentar, intentar, probar, examinar (try, task). 2. Hacer prueba o ensayo de alguna cosa.
essay, *s.* 1. Conato, empeño, esfuerzo. 2. Ensayo, tentativa; obra suelta, ensayo (literary composition); obra o pieza irregular; trabajo, ensayo (academic composition); composición, redacción (language exercise). 3. Ensaye, prueba, experiencia.
essayer ['eseɪəʳ] [e-seiaʳ], *s.* Ensayista, escritor de ensayos u obras sueltas.
essayist ['eseɪɪst] [e-sei-ist] *s.* Ensayista.
essence ['esəns] [e-sens], *s.* 1. Esencia, el ser y naturaleza de las cosas (central feature, quality). **In essence**, en esencia, fundamentalmente, principalmente. **Of the essence**, de fundamental importancia **In essence**, principalmente, fundamentalmente. 2. Esencia, cierto licor espirituoso; perfume, aceite volátil. 3. Personificación (personification). **He's the very essence of a diplomat**, es la diplomacia personificada, es la personificación de la diplomacia. 4. *(Culin.)* **Vanilla essence** o **essence of vanilla**, esencia de vainilla.
essenes ['esiːnz] [e-sins], *s. pl.* Esenianos, una secta de judíos.
essential [ɪ'senʃəl] [i-sen-shal], *s.* Esencia. Imperativo, elemento esencial (something indispensable). **She brought only the bare essentials**, trajo sólo lo imprescindible. **Essentials**, *pl.* puntos esenciales o fundamentales (fundamental features). *-a.* Esencial, substancial, principal, importante, notable; puro, rectificado. **It is essential that/to**, es necesario/imprescindible que. **The essential thing**, lo esencial.
essentiality [ɪ'senʃəlɪtɪ] [i-sen-sha-li-ti], *s.* Esencialidad, naturaleza, los principios constituyentes.
essentially [ɪ'senʃəlɪ] [i-sen-sha-li], *adv.* Esencialmente, fundamentalmente; en lo esencial, esencialmente (indep).
essoin [ɪ'sɔɪn] [i-soin], *s.* (Derecho inglés) Excusa, exención; alegación de una persona legalmente citada para no comparecer en juicio.
essoin, *va. (For.)* Excusar, disculpar.
essoiner [ɪ'sɔɪnəʳ] [i-soi-naʳ], *s. (For.)* Excusador, disculpador.
establish [ɪs'tæblɪʃ] [is-ta-blish], *va.* 1. Establecer, fundar (colony, community, company); fijar, erigir; instituir, crear (committee, fund). 2. Afirmar, confirmar. 3. Probar, demostrar, establecer (prove/guilty, innocence); establecer (ascertain/motive, fact, identity). 4. Ratificar, sancionar. 5. Establecer (criteria, procedure, diplomatic relations). **To establish oneself**, establecerse (person). **To establish that,** comprobar, constatar que. **To establish itself,** consolidarse, arraigar.
established [ɪs'tæblɪʃt] [is-ta-blisht] *a.* 1. De reconocido prestigio (expert, company, person); de renombre (star); sólido (reputation); establecido (practice); comprobado (fact). 2. Oficial (church, religion).
establisher [ɪs'tæblɪʃəʳ] [is-ta-bli-shaʳ], *s.* Establecedor.
establishment [ɪs'tæblɪʃmənt] [is-ta-blish-ment], *s.* 1. Establecimiento, ley, ordenanza, estatuto. **The literary establishment**, las figuras consagradas del mundo literario (ruling group). 2. Fundación (of colony, business); creación (of committee); establecimiento (of criteria, relations); erección, institución; algo establecido, como la iglesia de un estado, una organización militar o naval, etc. 3. Establecimiento, la colocación o suerte estable de una persona; asiento, domicilio. 4. Renta, salario, fortuna que se da o proporciona a una persona. 5. El modo como está constituída una familia. 6. Establecimiento (club, hotel, shop). **Research establishment**, centro de investigación.
estafet [ɪs'tæfɪt] [is-ta-fit], *s.* Estafeta, correo militar.
estate [ɪs'teɪt] [is-teit], *s.* 1. Estado, el público, el interés general de alguna nación. 2. Estado, rango, la condición o calidad de una persona con respecto a sus circunstancias en general. 3. Caudal, bienes, propiedad, fortuna, hacienda, finca (land, property). **Man's estate**, la edad viril. **Personal estate**, bienes muebles. **She left a large estate,** dejó una gran fortuna. **Real estate**, bienes raíces o inmuebles. **Third estate**, el estado llano. **Fourth estate**, (jocoso), la prensa periódica; antiguamente la clase baja del estado llano. 4. (Law) Patrimonio; sucesión (of deceased person).
estate, *va.* Dotar, dar o señalar algún caudal o hacienda; establecer, fijar.
estate agent [ɪs'teɪtˌeɪdʒənt] [is-teit-ei-yent] *s.* Agente de la propiedad inmobiliaria.
esteem [ɪs'tiːm] [is-tim], *va.* 1. Estimar, valorar (quality); apreciar, considerar, honrar, reputar, contemplar, tener en gran estima (person). 2. Pensar, juzgar, ser de opinión. *-vn.* Apreciarse, reputarse, tenerse por.
esteem, *s.* Estimación, estima, aprecio. **I hold him in high/great esteem**, lo aprecio mucho, lo tengo en gran estima. **He's gone down in my esteem since that incident**, desde que pasó aquello no le tengo la misma estima.
esteemable [ɪs'tiːməbl] [is-ti-ma-bol], *a.* Estimable.
esteemed [ɪs'tiːmd] [is-timd] *a.* Estimado.
esteemer [ɪs'tiːməʳ] [is-ti-maʳ], *s.* Estimador.
ester ['estəʳ] [es-taʳ], *s. (Quím.)* Éster.
esthete, esthete ['iːsθiːt] [is-zit], *s.* Esteta, partidario o admirador del arte o de la estética.
esthetic, aesthetic ['iːsθiːtɪk] [is-zi-tik], *a.* Estético, estética, perteneciente a la ciencia de lo bello.
esthetical ['iːsθiːtɪkl] [is-zi-ti-kal], *a. V.* ESTHETIC.
esthetically, aesthetically ['iːsθiːtɪklɪ] [is-zi-ti-ka-li], *adv.* Estéticamente, de una manera estética.

esthetics, aesthetics ['i:sθi:tɪks] [is-zi-tiks], *s.* Estética, la ciencia que trata de la investigación y determinación de lo bello en la naturaleza y en el arte.
estimable ['estɪməbl] [es-ti-ma-bol], *a.* Estimable, digno de estimación, de aprecio.
estimableness ['estɪməblnɪs] [es-ti-ma-bol-nes], *s.* Estimabilidad, aprecio.
estimate ['estɪmɪt] [es-ti-meit], *va.* 1. Estimar, apreciar, tasar; calcular, computar (calculate aproximately/price, number, age). **The company estimates its losses at 7 million**, la compañía calcula que ha sufrido pérdidas del orden de 7 millones. 2. Juzgar, valorar (form judgment of/outcome, ability). 3. **Estimated**, aproximado (cost/speed). **Estimated time of arrival**, hora de llegada prevista.
estimate, *s.* 1. Estimación, tasa, aprecio. 2. Cálculo, cómputo (rough calculation); concierto; *(Neg.)* presupuesto (of costs). **At a rough estimate**, aproximadamente, haciendo un cálculo aproximado. 3. Opinión.
estimation [ˌestɪ'meɪʃən] [es-ti-mei-shon], *s.* 1. Estimación, calculación, valuación; honra. 2. Estimación. **To go up/down in somebody's estimation**, ganarse o perder la estima de alguien (esteem). 3. Opinión, juicio (judgment, opinion). **In my estimation**, a mi juicio.
estimative ['estɪmətɪv] [es-ti-ma-tiv], *a.* 1. Estimativo. 2. Lo que compara el valor o la estimación que debe darse a cosas diferentes entre sí para hallar cuál es la más apreciable o de más valor.
estimator ['estɪmeɪtəʳ] [es-ti-mei-taʳ], *s.* Estimador, computista.
estival ['estɪvəl] [es-ti-val], *a.* Estival, lo que pertenece al estío o verano; veraniego; estivo, lo que dura todo el estío.
estivate ['estɪveɪt] [es-ti-veit], *vn.* Veranear, pasar el verano.
estivation ['estɪveɪʃən] [es-ti-vei-shon], *s.* 1. El acto de pasar el tiempo de estío. 2. *(Zool.)* Descanso de ciertos animales durante el estío. 3. *(Bot.)* Prefloración, arreglo de las partes de una flor en la yema.
estonia [e'stəʊnɪə] [es-tou-nia] *N. (Geogr.)* Estonia.
estonian [e'stəʊnɪən] [es-tou-nian] *a./s.* Estonio (person/language).
estop [es'tɒp] [es-top], *va.* 1. *(For.)* Impedir en un procedimiento judicial la afirmación de lo que es contrario a los actos y admisiones hechos previamente. 2. Excluir o anular uno mismo su demanda en virtud del propio acto o declaración anterior.
estoppel [es'tɒpəl] [es-to-pel], *s.* 1. *(For.)* Impedimento, excepción, la acción o admisión que no puede ser negada legalmente. 2. Obstáculo, oposición.
estovers [es'tɒvəz] [es-to-vers], *s. pl. (Der. inglés)* Señalamiento o asignación de asistencias, alimentos, etc., por auto de un tribunal.
estrade [es'treɪd] [es-treid], *s.* 1. Estrado, tarima. *V.* DAIS. 2. *(Mil.)* Estrada.
estrange [ɪs'treɪndʒ] [is-treinch], *va.* Estrañar, apartar, enajenar (separate, divide). **She's estranged from her husband**, vive o está separada de su marido. **His estranged wife**, su mujer, de quien está separado.
estrangement [ɪs'treɪndʒmənt] [is-treinch-ment], *s.* Enajenamiento, extrañeza, distancia, separación voluntaria.
estray [ɪs'treɪ] [is-trei], *s. (For.)* Animal descarriado del rebaño o manada.
estreat ['estri:t] [es-trit], *va.* 1. *(Der. inglés)* Extraer, sacar traslado de un original. 2. Imponer una multa.
estrepement [es'tri:pmənt] [es-trip-ment], *s.* Deterioración de tierras o bosques con perjuicio del propietario.
estrogen, (GB) **oestrogen** ['i:strəʊdʒən] [is-trou-chen], *s. (Biol.)* Estrógeno.
estuary ['estjʊərɪ] [es-tiua-ri], *s.* Estuario, brazo de mar; ría, desembocadura de lago o río.
estuate ['estjʊeɪt] [es-tiu-eit], *va. (Des.)* Hervir, causar hervor.
estuation [ˌestjʊ'eɪʃən] [es-tiu-ei-shon], *s. (Des.)* Hervor, ebullición.
ETA *s.* 1. (Basque separatist organization) ETA. 2. *(Transp.)* = **estimated time of arrival**.
etagère [ˌeɪtə'dʒɛəʳ] [ei-ta-yaʳ], *s.* Estante, armario con anaqueles. *(Gal.)*
etc, &c. Contracción de las voces latinas *et cætera*, que significan lo mismo que, lo demás, lo que resta, lo que sigue.
et cetera [ɪt'setrə] [it-se-tra] *adv.* Etcétera.
etch [etʃ] [ech], *va.* 1. *(Art, Print.)* Grabar al agua fuerte. 2. Delinear, grabando las líneas por medio de un buril. **To be etched on somebody's mind/memory**, estar grabado en la memoria de alguien.
etcher ['etʃəʳ] [e-chaʳ], *s.* Aguafuertista, el que graba al agua fuerte.
etching ['etʃɪŋ] [e-chin], *s.* Aguafuerte, grabado hecho al agua fuerte y el procedimiento por el cual se hace.
eternal [ɪ'tɜ:nl] [i-ter-nal], *a.* Eterno, perpetuo, inmortal, inmutable. *(Coloq.)* Constante (noise, complaints). *-s.* El Eterno, Dios.
eternalist [ɪ'tɜ:nlɪst] [i-ter-na-list], *s.* El que sostiene o defiende la eternidad del mundo.
eternalize [ɪ'tɜ:nlaɪz] [i-ter-na-lais], *va.* Eternizar, perpetuar para siempre.
eternally [ɪ'tɜ:nəlɪ] [i-ter-na-li], *adv.* Eternamente, perennemente; para siempre (forever). *(Coloq.)* Permanentemente, constantemente (continually, complain).
eternity [ɪ'tɜ:nɪtɪ] [i-ter-ni-ti], *s.* Eternidad, duración sin fin. **The film seemed like an eternity,** parecía que la película no se iba a acabar nunca. **Eternity ring**, anillo o aro de brillantes (como símbolo de amor eterno).
eternize [ɪ'tɜ:naɪz] [i-ter-nais], *va.* Eternizar, inmortalizar, perpetuar.
etesian [ɪ'ti:sɪən] [i-ti-sian], *a.* Etesio, anualmente periódico; se dice de un viento.
ethane ['i:θeɪn] [i-zein], *sm.* Etano.
ethanol ['eθənɒl] [i-za-nol], *sm.* Etanol.
ether ['i:θəʳ] [e-zaʳ], *s.* 1. Eter, las regiones superiores de la bóveda celeste. 2. *(Quím.)* Eter, licor volátil formado por la destilación del alcohol con algún ácido; en especial éter sulfúrico. 3. Éter, fluido imponderable que llena el espacio, por el cual se propagan las vibraciones de la luz, del calor y de la electricidad.
ethereal [ɪ'θɪərɪəl] [i-zia-rial], **ethereous** [ɪ'θɪərɪəs] [i-zia-rios], *a.* 1. Etéreo, celeste. 2. De la naturaleza del éter o del aire; aéreo, ligero, fino, sutil, exquisito. 3. *(Quím.)* Etéreo, relativo a un éter.
etherealize [ɪ'θɪərɪəlaɪz] [i-zia-ria-lais], *va.* 1. Hacer etéreo, espiritualizar. 2. Convertir en éter. *-vn.* Hacerse etéreo.
etherification [ɪˌθɪərɪfaɪ'keɪʃən] [i-zia-ria-fi-kei-shon], *s.* Eterificación; la formación del éter.
etheriform [ɪ'θerɪfɔ:m] [i-ze-ri-form], *a.* Eteriforme, que tiene el carácter del éter.
etherify [ɪ'θerɪfaɪ] [i-ze-ri-fai], *va.* Eterificar, convertir en éter.
etherization [ɪ'θerɪzeɪʃən] [i-ze-ri-zei-shon], *s.* Eterización, la administración del éter por las vías respiratorias para practicar una operación quirúrgica sin dolor.
etherize, etherise [ɪ'θeraɪz] [i-ze-rais], *va.* Eterizar, someter a la influencia del éter.
ethic ['eθɪk] [e-zik] *s.* Ética.
ethical ['eθɪkəl] [e-zi-kal], *a.* Ético, relativo a la moral (dilemma); de conducta (code).
ethically ['eθɪkəlɪ] [e-zi-ka-li], *adv.* Moralmente.
ethics ['eθɪks] [e-ziks], *s. pl.* Ética, la parte de la filosofía comúnmente llamada *filosofía moral*. **Professional ethics**, ética profesional.
Ethiop [ɪ'θɪəʊp] [i-zioup], *s.* Etíope, negro.
Ethiopia [ˌi:θɪ'əʊpɪə] [i-ziou-pia] *N. (Geogr.)* Etiopía.
Ethiopian [ˌi:θɪ' əʊpɪən] [i-ziou-pian], *a.* Etiópico, etíope, etiopio; propio o natural de Etiopía. *-s.* Etíope, el natural de Etiopía.
Ethiopic [ɪ'θɪəʊpɪk] [i-ziou-pik], *s.* Lengua etiópica.
ethiops mineral ['ɪθɪəʊpsˌmɪnərəl] [i-zioups-mi-ne-ral], *s.* Etíope mineral.

ethmoid ['eθmɔɪd] [ez-moid], *s.* Etmóides, uno de los huesos de la cabeza.
ethmoidal ['eθmɔɪdəl] [ez-moid-al], *a.* *(Anat.)* Etmoidal, etmoides, parecido a una criba.
ethnic, ethnical ['eθnɪk] [ez-nik], *a.* Etnico (origin, group); pagano, gentil. De las minorías étnicas (culture, art, vote). **An ethnic minority**, una minoría étnica. **Ethnic cleansing**, limpieza étnica.
ethnicity ['eθnɪsɪtɪ] [ez-ni-si-ti] *s.* Origen étnico (origin); identidad étnica (identity).
ethnicism ['eθnɪsɪzm] [ez-ni-si-zem], *s.* Paganismo, gentilismo.
ethnics ['eθnɪks] [ez-niks], *s. pl.* Etnicos, los gentiles.
ethnocentric [ˌeθnəʊ'sentrɪk] [ez-nou-sen-trik] *a.* Etnocéntrico.
ethnocentrism [ˌeθnəʊ'sentrɪzəm] [ez-nou-sen-tri-sem], *sm.* Etnocentrismo.
ethnogeny ['eθnɒdʒənɪ] [ez-no-ye-ni], *s.* Etnogenía, la parte de la etnología que trata del origen de las razas.
ethnographer [eθ'nɒgrəfəʳ] [ez-no-gra-faʳ], *s.* Etnógrafo.
ethnographic, ethnographical [ˌeθnəʊ'græfɪk] [ez-nou-gra-fik], *a.* Etnográfico, referente a la etnografía.
ethnography [eθ'nɒgrəfɪ] [ez-no-gra-fi], *s.* Etnografía, la parte de la antropología cuyo objeto es el estudio y descripción de los diferentes pueblos del orbe.
ethnologic, ethnological [eθ'nəʊ'lɒdʒɪk] [ez-no-lo-yik], *a.* Etnológico, perteneciente a la etnología.
ethnologist ['eθnɒlədʒɪst] [ez-no-lo-chist], *s.* Etnólogo.
ethnology ['eθnɒlədʒɪ] [ez-no-lo-yi], *s.* Etnología, ciencia que trata del conocimiento del origen, usos, costumbres, etc., de las naciones en general o en particular.
ethological ['eθɒlədʒɪkl] [ez-zo-lo-yi-kal], *a.* Etológico, moral.
ethology ['eθɒlədʒɪ] [ez-zo-lo-yi], *s.* Etología, la ciencia que trata de la formación del carácter humano.
ethos ['i:θɒs] [i-zos] *s.* **The middle class ethos**, los valores y las actitudes de la clase media. **The ethos of free enterprise**, el espíritu de la libre empresa.
ethyl ['i:θaɪl] [i-zail], *s.* y *a.* Etilo, elemento monoatómico (C2H5) de la serie de parafinas, que existe en el alcohol común.
ethylene ['eθɪli:n] [e-zi-lin] *s.* Etileno.
ethylic ['eθɪlɪk] [e-zi-lik], *a.* Etílico.
etiolate ['eθɪəleɪt] [e-zio-leit], *va.* y *vn.* hacer o hacerse blanco, blanquear o blanquearse, v. g. una planta o persona privada de la luz del sol.
etiolated ['eθɪəleɪtɪd] [e-zio-lei-tid] *a.* *(Bot.)* Decolorado.
etiology [ˌi:tɪ'ɒlədʒɪ] [e-zio-lo-yi], *s.* *(Med.)* Etiología, ciencia de las causas en general, y especialmente de las enfermedades.
etiquette ['etɪket] [e-ti-ket], *s.* Etiqueta, honor profesional; protocolo. **It is medical/professional etiquette**, es de protocolo o es lo acostumbrado entre los médicos/en la profesión.
ettle ['etl] [e-tel], *va.* Ganar.
ettle, *va.* 1. *(Esco.)* Intentar, designar. 2. Conjeturar, suponer. *-vn.* 1. Apuntar (con *at*). 2. Dirigirse. 3. Hacer conato de. 4. Ser ambicioso.
etui, etwee ['etwi:] [e-tui], *s.* Estuche; caja; bolsa; vaina. *(Fr.)*
etymological [ˌetɪmə'lɒdʒɪkəl] [e-ti-mo-lo-chi-kal], *a.* Etimológico.
etymologically [ˌetɪmə'lɒdʒɪkəlɪ] [e-ti-mo-lo-chi-ka-li], *adv.* Etimológicamente.
etymologist [ˌetɪmə'lɒdʒɪst] [e-ti-mo-lo-chist], *s.* Etimologista, etimólogo.
etymologize [ˌetɪmə'lɒdʒaɪz] [e-ti-mo-lo-chais], *va.* Etimologizar.
etymology [ˌetɪmə'lɒdʒɪ] [e-ti-mo-lo-chi], *s.* Etimología, el origen, raíz o principio de las voces.
etymon ['etɪmɒn] [e-ti-mon], *s.* Forma radical de una palabra, voz primitiva.
EU *s.* = **European Union**.
eucalyptus [ˌju:kə'lɪptəs] [iu-ka-lip-tos], *s.* *(Bot.)* Eucalipto, género de árboles siempre verdes originarios de Australia. **Eucalyptus oil**, bálsamo de eucalipto.
eucharist ['ju:kərɪst] [yu-ka-rist], *s.* Eucaristía, la cena del Señor.
eucharistic, eucharistical ['ju:kərɪstɪk] [iu-ka-ris-tik], *a.* 1. Eucarístico. 2. Expresivo de gracias.
euchology ['ju:kəlɒdʒɪ] [iu-ko-lo-chi], *s.* Eucologio, formulario del rezo.
euchre ['ju:kəʳ] [iu-kaʳ], *s.* Juego de naipes.
euclid ['ju:klɪd] [iu-klid], *N.* Euclides
euclidean ['ju:kli:dɪən] [iu-kli-dian], *a.* Euclidiano.
eucrasy, eucrasia ['ju:krəsɪ] [iu-kra-si], *s.* Eucrasia, buen temperamento del cuerpo humano.
euclase ['ju:kleɪs] [iu-kleis], *s.* *(Min.)* Euclasa, piedra verde y muy dura del Perú.
eudemonic [ˌju:dɪ'məʊnɪk] [iu-di-mou-nik], *a.* Perteneciente a la felicidad, o que tiende a producirla.
eudemonics [ˌju:dɪ'məʊnɪks] [iu-di-mou-niks], *s.* 1. El ramo de la ética que trata de la felicidad. 2. Los medios de obtener o producir comodidad o felicidad.
eudiometer [ˌju:dɪ'mi:təʳ] [iu-di-mi-taʳ], *s.* *(Quím.)* Eudiómetro, instrumento para determinar la pureza del aire o del gas.
eudiometry [ˌju:dɪə'mɪtrɪ] [iu-dio-mi-tri], *s.* Eudiometría, el arte de medir o determinar la pureza o salubridad del aire.
Eugenics [ju:'dʒenɪks] [iu-che-niks], *s.* Eugenesia.
eulogic ['ju:lədʒɪk] [iu-lo-chik], *a.* *(Ant.)* Laudatorio.
eulogist ['ju:lədʒɪst] [iu-lo-chist], *s.* Elogista, aplaudidor.
eulogistic ['ju:lədʒɪstɪk] [iu-lo-chis-tik], *a.* Laudatorio, aprobador.
eulogize ['ju:lədʒaɪz] [iu-lo-chais], *va.* Elogiar, ensalzar, aplaudir.
eulogy ['ju:lədʒɪ] [iu-lo-chi], *s.* Elogio, loa, encomio, alabanza; panegírico.
eunomy ['ju:nəmɪ] [iu-no-mi], *s.* Eunomía, gobierno de buenas leyes.
eunuch ['ju:nək] [iu-nuk], *s.* Eunuco, capón, hombre castrado; oficial de un palacio oriental.
eunuchism ['ju:nəkɪzm] [iu-nu-ki-sem], *s.* Castradura, calidad y estado de eunuco.
euonymus ['ju:ənɪməs] [iuo-ni-mus], *s.* *(Bot.)* Bonetero, arbusto.
eupatorium ['ju:pətərɪəm] [iu-pa-to-rium], *s.* *(Bot.)* Eupatorio, agrimonia; género extenso de plantas compuestas.
eupepsia ['ju:pepsɪə] [iu-pep-sia], *s.* Sana digestión; opuesta a *dyspepsia*.
eupeptic ['ju:peptɪk] [iu-pep-tik], *a.* 1. Perteneciente a la buena digestión. 2. Que favorece la digestión.
euphemism ['ju:fɪmɪzəm] [iu-fi-misem], *s.* Eufemismo, la descripción de una cosa ofensiva con expresiones decorosas; nombre con que se designa delicadamente una cosa desagradable.
euphemistic, euphemistical [ˌju:fɪ'mɪstɪk] [iu-fi-mis-tik], *a.* Caracterizado por el eufemismo.
euphone ['ju:fɒn] [iu-fon], *s.* Registro melodioso de órgano.
euphonic, euphonical ['ju:fɒnɪk] [iu-fo-nik], *a.* Eufónico, música, agradable al oído.
euphonious ['ju:fɒnɪəs] [iu-fo-nios], *a.* Eufónico, agradable al oído, v. gr. una palabra o una frase.
euphoniously ['ju:fɒnɪəslɪ] [iu-fo-nios-li], *adv.* Eufónicamente, agradablemente al oído.
euphonium ['ju:fɒnɪəm] [iu-fo-nium], *s.* 1. Instrumento de viento de fuerte sonido. 2. Eufono, instrumento músico compuesto de 42 cilindros de vidrio.
euphony ['ju:fɒnɪ] [iu-fo-ni], *s.* Eufonía, sonido músico y agradable al oído.
euphorbium ['ju:fɔ:bɪəm] [iu-for-bium], *s.* 1. *(Bot.)* Euforbio. 2. Una especie de goma resinosa.
euphoria [ju:'fɔ:rɪə] [iu-fo-ria] *s.* Euforia.

euphoric [juː'fɔːrɪk] [iu-fo-rik] *a.* Eufórico.
euphrasia, euphrasy [juː'freɪʃə] [iu-frei-sha], *s.* *(Bot.)* Eufrasia, hierba medicinal.
euphuism [juː'fʊɪzəm] [iu-fui-sem], *s.* 1. Culteranismo, afectación de elegancia en el estilo; gongorismo. 2. Elegancia afectada en el vestir.
euphuistic [juː'fʊɪstɪk] [iu-fuis-tik], *a.* Culterano, culterana.
Eurasia [jʊə'reɪʃə] [iua-rei-sha] *N.* *(Geogr.)* Eurasia.
Eurasian [jʊə'reɪʃn] [iua-rei-shan], *s.* y *a.* Así europeo como asiático. (Se dice de las plantas y de los animales). Eurasiático.
eureka [jʊə'riːkə] [iua-ri-ka], *inter.* Lema del Estado de California: «¡Lo he hallado!» expresivo de la exultación que causa un descubrimiento.
euripus [jʊ'rɪpəs] [iua-ri-pus], *s.* Euripo, estrecho de mar.
euro [jʊ'rəʊ] [iu-rou], *m.* Euro (European currency).
eurobonds ['jʊərəbɒndʒ] [iua-ro-bonds] *sm. pl.* Eurobonos.
eurocentric ['jʊərəʊ'sentrɪk] [iua-rou-sen-trik], *a.* Eurocentrista.
eurocentrism ['jʊərəʊˌsentrɪzəm] [iua-rou-sen-tri-sem], *m.* Eurocentrismo.
eurocheque ['jʊərəʊtʃek] [iua-rou-chek] *s.* Eurocheque.
euroclydon ['jʊərəʊ'klaɪdən] [iua-rou-klai-don], *s.* Euroclidón, viento del nordeste peligroso en el Mediterráneo.
eurodollar ['jʊərəʊˌdɒlə^r] [iua-rou-do-la^r] *s.* Eurodólar.
euro-MP ['jʊərəʊˌemˌpiː] [iua-rou-em-pi] *s.* Eurodiputado.
Europe ['jʊərəp] [iua-rop] *N.* *(Geogr.)* Europa.
European [ˌjʊərə'piːən] [iua-ro-pian], *s.* y *a.* Europeo. **European Commission**, Comisión Europea, Comisión de las Comunidades Europeas. **European Currency Unit**, unidad monetaria europea. **European (Economic) Community**, Comunidad (Económica) Europea. **European Union**, Unión Europea.
eurovision ['jʊərəvɪʒən] [iua-ro-vi-shon] *s.* Eurovisión. **The Eurovision Song Contest**, el festival de Eurovisión.
eurus ['jʊərəs] [iua-ros], *s.* Euro, viento o aire solano.
eurythmics ['jʊərɪθmɪks] [iua-riz-miks], *s.* Euritmia, majestad y elegancia en alguna obra de las bellas artes.
eustachian [juː'steɪʃən] [ius-tei-shan], *a.* De Eustaquio, anatomista italiano. **Eustachian tube**, trompa de Eustaquio, canal de comunicación entre la faringe y el tímpano del oído.
eustyle ['jʊstaɪl] [ius-tail], *s.* *(Arq.)* Interecolumnio.
euthanasia [ˌjuːθə'neɪzɪə] [iu-za-nei-shia], **euthanasy** [ˌjuːθə'neɪzɪ] [iu-za-nei-shi], *s.* Eutanasia, muerte tranquila.
eutychian [juː'tɪkɪən] [yu-ti-kian], *a.* Eutiquiano.
evacuant [ɪ'vækʊənt] [i-va-kuant], *s.* *(Med.)* Evacuante.
evacuate [ɪ'vækjʊeɪt] [i-va-kueit], *va.* 1. Evacuar, desocupar, vaciar, desalojar (building, area); evacuar (residents, population). 2. Evacuar, desocupar, retirarse de. *-vn.* Vaciarse, fluir hacia afuera.
evacuation [ɪˌvækjʊ'eɪʃən] [i-va-kuei-shon], *s.* Evacuación, desalojo.
evacuative [ɪ'vækjʊətɪv] [i-va-kua-tiv], *a.* Purgativo, evacuativo.
evacuator [ɪ'vækʊeɪθə^r] [i-va-kuei-ta^r], *s.* El o lo que desocupa, evacúa o se retira de algún lugar.
evacuee [ɪˌvækʊ'iː] [i-va-kui] *s.* Evacuado
evade [ɪ'veɪd] [i-veid], *va.* y *vn.* 1. Evadir, huir, escapar, salvarse (arrest, enemy, responsibility). 2. Evadir, eludir, evitar (questions, issue). 3. Eludir, huir de la dificultad (regulations, military). Evadir (taxes).
evagation [ɪvə'geɪʃən] [i-va-guei-shon], *s.* Evagación; excursión.
evaluate [ɪ'væljʊeɪt] [i-va-liueit], *va.* Evaluar (ability, data); valorar, tasar, avaluar (value).
evaluation [ɪˌvæljʊ'eɪʃən] [i-va-liuei-shon] *s.* Evaluación (of data); tasación, valoración (of monetary value).
evanesce [ɪ'vənes] [i-va-nes], *vn.* Desaparecer gradualmente; disiparse; desvanecerse.
evanescence [ˌiːvə'nesns] [i-va-ne-sens], *s.* Desaparecimiento, desvanecimiento.
evanescent [ˌiːvə'nesnt] [i-va-ne-sent], *a.* 1. Imperceptible, lo que se desvanece o desaparece de la vista. 2. A punto de desaparecer. 3. *(Mat.)* Que se aproxima al cero. 4. *(Biol.)* No permanente, instable.
evangel, evangelly [ɪ'vændʒəl] [i-van-chel], *s.* Buena nueva, evangelio.
evangelic, evangelical [ɪ'vændʒəlɪk] [i-van-che-lik], *a.* Evangélico.
evangelism [ɪ'vændʒəˌlɪzən] [i-van-che-li-sem], *s.* La promulgación del evangelio. Evangelismo.
evangelist [ɪ'vændʒəlɪst] [i-van-che-list], *s.* 1. Evangelista, cada uno de los cuatro escritores sagrados que escribieron el Evangelio. **The four Evangelists**, los cuatro evangelistas. 2. Predicador del Evangelio que va de un lugar a otro y trata de despertar el fervor religioso de sus oyentes (preacher); evangelista (member of an evangelical church).
evangelistary [ɪ'vændʒəlɪstərɪ] [i-van-che-lis-ta-ri], *s.* La colección de los evangelios que deben leerse o cantarse durante el oficio divino en las Iglesias griega y romana.
evangelize [ɪ'vændʒɪlaɪz] [i-van-che-lais], *va.* Evangelizar.
evaporable [ɪ'væpəreɪbl] [i-va-po-rei-bol], *a.* Evaporable.
evaporate [ɪ'væpəreɪt] [i-va-po-reit], *vn.* 1. Evaporarse, disiparse en vapor, despedir los cuerpos sus partes más sutiles o espirituosas (liquid). 2. Desvanecerse (fear). 3. Evaporarse, esfumarse (support, opposition). 4. Esfumarse (confidence). *-va.* 1. Evaporar, despedir vapores. 2. Evaporar, exhalar, dar salida a alguna cosa. 5. Evaporar, hacer despedir a los cuerpos sus partes más sutiles o espirituosas por medio del calor.
evaporated [ɪ'væpəreɪtɪd] [i-va-po-rei-ted], *a.* Evaporado. **Evaporated milk**, leche evaporada, leche condensada.
evaporation [ɪˌvæpə'reɪʃən] [i-va-po-rei-shon], *s.* 1. Evaporación ; exhalación del vapor. 2. Desaparición, desvanecimiento (of support, confidence).
evaporator [ɪ'væpəreɪtə^r] [i-va-po-rei-to^r], *s.* Evaporador, aparato para desecar substancias por medio de la evaporación.
evasion [ɪ'veɪʒən] [i-vei-shon], *s.* 1. Evasiva (evasive statement); efugio, escapatoria, excusa; evasión (of responsibility). 2. *(Des.)* Evasión, salida, escape.
evasive [ɪ'veɪzɪv] [i-vei-siv], *a.* Evasivo (equivocal, reply); sofístico, ambiguo; engañoso. *(Mil.)* **To take evasive action**, realizar maniobras para eludir un ataque.
evasively [ɪ'veɪzɪvlɪ] [i-vei-siv-li], *adv.* Sofísticamente, evasivamente.
eve, even [iːv] [iv], *s.* Tardecita, la caída de la tarde, cerca del anochecer; vigilia, víspera (day, night before). **On the eve of**, la víspera de. **Christmas Eve**, víspera de Navidad. (La forma *Even* es poética o anticuada.)
evection ['iːvəkʃən] [i-vek-shon], *s.* 1. *(Astr.)* Evección, la mayor desigualdad periódica en el movimiento de la luna, por efecto de la atracción solar. 2. *(Des.)* Exaltación.
ev'n [iːvn] [iven]. Contracción de EVEN.
even ['iːvən] [i-ven], *a.* 1. Llano, liso, igual, raso, suave. Plano (flat, smooth/ground, surface); uniforme (coat of paint). **The floor isn't even**, el suelo no está nivelado. Uniforme, parejo (regular, uniform/color, lighting). Acompasado, regular (breathing). 2. Igual por ambos lados o partes; par. **To be even with**, estar en paz con, estar a mano, no deber nada. 3. Par, que se puede dividir exactamente por 2 (divisible by two). 4. Constante (temperature), firme; sereno, invariable en la disposición, acción o calidad. Equitativo, igual (equal/distribution). **After four rounds they're even**, tras cuatro vueltas están o van igualados o empatados. **To get even with**, desquitarse, vengarse. **I'll get even with her**, me las pagará. 5. Al mismo nivel o en la misma línea. **Even with the ground**, al nivel de la tierra. **To lay even with the ground**, arrasar, demoler. **To be even with,** ir igualados (game); estar en paz (with somebody). **To get even with one**, ajustar cuentas con alguien; vengarse, pagar con la misma moneda. **To make even**, allanar, igualar.

even, *adv.* 1. Aun, hasta, incluso. **Even a child could do it**, hasta un niño lo podría hacer. **Even now, five years later**, incluso ahora, cuando ya han pasado cinco años. 2. Aun cuando, supuesto que. 3. No obstante, sin embargo. 4. Lisamente, llanamente, regularmente (v. g. los versos). 5. Aún, todavía (with comparatives). **The next day was even colder**, al día siguiente hizo aún o todavía más frío. **Even you,** tú también. **Even as**, como. **Even down**, hacia abajo. **Even now**, ahora mismo. **Even on**, derechamente. **Even so**, lo mismo, de veras, así es; cierto; es verdad. **Not even**, ni siquiera. **You're not even trying**, ni siquiera lo estás intentando.

even, *va.* 1. Igualar, allanar, enrasar, nivelar (level, surface); unir; desquitar, liquidar cuentas. **To even with the ground**, arrasar. 2. Igualar (make equal/score); equilibrar (contest, situation).

even out 1. Compensar, nivelar. 2. Compensarse, nivelarse.

even up 1. Equilibrar (balance/numbers, accounts). 2. *(Coloq.)* **To even up with somebody**, arreglar cuentas con alguien (repay).

evene [ɪ'viːn] [i-vin], *vn.* Acontecer, acaecer, suceder.

evener ['iːvənəʳ] [i-ve-naʳ], *s.* 1. Reconciliador. 2. *(Mec.)* Aplanador, igualador.

evenhand ['iːvən'hænd] [i-ven-jand], *s.* Paridad de rango o grado.

even-handed ['iːvən'hændɪd] [i-ven-jan-did], *a.* Imparcial, ecuánime.

evening ['iːvnɪŋ] [iv-nin], *s.* Tardecita, el anochecer, el principio de la noches (before dark); noche (after dark). Se usa frecuentemente en sentido figurado, para significar fin, término. **At ten in the evening**, a las 10 de la noche. **Good evening**, buenas tardes (early on); buenas noches (later). **Every Tuesday evening**, todos los martes por la tarde/noche. **Last evening**, ayer tarde. **Saturday evening**, el sábado por la tarde. *-a.* Vespertino. **Evening classes,** clases nocturnas. **Evening dress,** traje de noche (women), traje de etiqueta (men). **Evening party**, tertulia. **Evening performance,** función nocturna. **Evening service,** misa vespertina. **Evening-song**, *V.* EVENSONG. **Evening tide**, *V.* EVENTIDE. **Evening primrose**, *(Bot.)* enotera, onagra, planta americana de flores grandes y amarillas que se abren al caer la tarde.

evening-star ['iːvnɪŋstɑːʳ] [iv-nin-staʳ], *s.* Héspero, véspero, estrella vespertina.

evenly ['iːvənlɪ] [i-ven-li], *adv.* 1. Igualmente, llanamente; sin accidentes ni asperezas, de una manera igual, uniforme (spread). Equitativamente, en o a partes iguales (equally/ distribute, divide). 2. Horizontalmente, a nivel. 3. Imparcialmente. 4. Sin alterar la voz (calmly/say, speak). Con regularidad (steadily/breathe).

evenness ['iːvənnɪs] [i-ven-nes], *s.* Igualdad, uniformidad, llanura, lisura (flatness), imparcialidad, serenidad de ánimo (temper).

evens ['iːvənz] [i-vens] *a.* Que paga la misma cantidad que se apuesta (favorite, bet).

even-song ['iːvənsɒŋ] [i-ven-son], *s.* 1. Vísperas, el oficio divino de la tarde o el tiempo de la tarde. 2. Canción vespertina, cantada por la tarde; himno de la tarde.

event [ɪ'vent] [i-vent], *s.* 1. Evento, acontecimiento (happening, incident), caso, suceso. **In the normal course of events**, en circunstancias normales. *(Dep.)* Prueba. 2. Éxito, consecuencia, resulta. **At all events**, sea lo que fuere, o en todo caso, a todo trance; sobre todo. **Coming events,** sucesos futuros. **In the event of**, en caso de. **After the event**, a posteriori. **In any event,** en todo caso. **The event will show,** ya veremos.

even-tempered ['iːvəntempəd] [i-ven-tem-perd] *a.* Ecuánime, sereno.

eventerate [ɪ'ventəreɪt] [i-ven-te-reit], *va.* Destripar.

eventful [ɪ'ventfʊl] [i-vent-ful], *a.* Lleno de acontecimientos, incidentes o sucesos (week); extraordinario, singular. Rico en experiencias (life). Crucial (momentous).

eventide [ɪ'vəntaɪd] [i-ven-taid], *s.* La tarde, la caída de la tarde; vigilia. **Eventide home,** hogar de ancianos.

eventual [ɪ'ventʃʊəl] [i-ven-chual], *a.* 1. Consiguiente, último, final. 2. Eventual, fortuito. **The eventual outcome was ...**, lo que sucedió finalmente fue ... **The eventual winners**, el equipo que acabó alzándose con la victoria.

eventuality [ɪˌventʃʊ'ælɪtɪ] [i-ven-chu-a-li-ti], *s.* Eventualidad, casualidad.

eventually [ɪ'ventʃʊəlɪ] [i-ven-chua-li], *adv.* Eventualmente, finalmente, últimamente; con el tiempo. **Eventually people became used to the idea**, con el tiempo, la gente se acostumbró a la idea.

eventuate [ɪ'ventʃʊeɪt] [i-ven-chueit], *vn.* 1. Tener desenlace, terminarse, concluir. 2. Acontecer, acaecer, suceder. **To eventuate in,** resultar en (EU).

ever ['evəʳ] [e-vaʳ], *adv.* 1. En cualquier tiempo (at any time). **Have you ever visited London?**, ¿has estado en Londres alguna vez? 2. Siempre; perpetuamente (always). **For ever and ever**, por siempre jamás, eternamente. **Forever**, perpetuamente, para siempre, de por vida. Se contrae muchas veces en *e'er*. **Ever since**, desde entonces, después. **Ever and anon** or **every now and then**, de cuando en cuando, de vez en cuando. **Did you ever see such a thing!**, ¡habráse visto cosa igual! (expressing incredulity, indignation). 3. En cualquier grado; en todo caso; generalmente. **I'm ever so grateful,** le estoy muy agradecido. **Be he ever so rich**, por rico que sea. **As ever**, tanto, tanto como, lo más. **Run as fast as ever you can**, corra Ud. lo más que pueda. **What ever do you want?**, ¿qué demonios quieres? (to emphasize). **Ever so**, en cualquier grado o extensión; muy. **He is ever so strong**, él es muy fuerte. **The patient is ever so much better**, el enfermo se halla muy mejorado. 4. Después de una voz negativa o limitativa, nunca, jamás. **Hardly/scarcely ever**, casi nunca. **I do not know if I shall ever see it**, no sé si jamás lo veré. **The situation is worst than ever**, la situación está peor que nunca (after comp. or superl.). **Ever so much,** muchísimo. **As quickly as ever you can,** lo antes que puedas. **They lived happily ever after**, vivieron felices y comieron perdices (in fairy tales). **When will you ever learn?**, ¿cuándo vas a aprender? **She's ever so beautiful,** es bellísima (as intensifier).

ever-burning [evə'bɜːnɪŋ] [eva-ber-nin], *a.* Inextinguible.

ever-changing [evə'tʃeɪndʒɪŋ] [eva-chein-yin], *a.* Infinitamente variable.

ever-during [evə'djuːrɪŋ] [eva-diu-rin], *a.* Eterno, sempiterno.

everglade ['evəgleɪd] [eva-gleid], *s.* Terreno bajo y pantanoso cubierto en su mayor parte por altas hierbas.

evergreen ['evəgriːn] [eva-grin], *a.* Siempre verde. De hoja perenne (tree/shrub). Favorito (story, song). Eterno, perenne (subject to conversation). *-s.* *(Bot.)* Siempreviva, planta que mantiene su verdor en todas las estaciones. Planta/árbol de hoja perenne (plant/tree). **Evergreen oak,** encina.

evergrowing ['evə'grəʊɪŋ] [eva-grouin], *a.* Que crece o aumenta continuamente.

everlasting [ˌevə'lɑːstɪŋ] [eva-las-tin], *a.* Eterno, sempiterno, perpetuo, perdurable (eternal/peace, love, gratitude); imperecedero (fame, glory); continuo, eterno (constant). *-s.* 1. Eternidad; ser eterno. 2. Sempiterna, especie de tela de lana. 3. Cualquier planta cuyas flores conservan sus formas y colores después de recogidas y secadas. **Everlasting-pea**, *(Bot.)* siemprehuele, siemprevivo.

everlastingly [ˌevə'lɑːstɪŋlɪ] [eva-las-tin-li], *adv.* Eternamente, perpetuamente, sin cesar.

everlastingness [ˌevə'lɑːstɪŋnɪs] [eva-las-tin-nes], *s.* Eternidad.

everliving [ˌevə'lɪvɪŋ] [e-vaʳ-li-vin], *a.* Inmortal, eterno, sempiterno.

evermore ['evə'mɔːʳ] [e-vaʳ-moaʳ], *adv.* Eternamente, para siempre jamás. **For evermore**, por siempre jamás.

ever-open [ˌevə'əʊpən] [e-vaʳ-ou-pen], *a.* Nunca cerrado, siempre abierto.

everpleasing [ˌevəˈpliːsɪŋ] [e-vaʳ-pli-sin], *a.* Lo que deleita siempre.
eversion [ˈɪvɜːʒən] [i-ver-shon], *s.* 1. El acto de volver lo de dentro afuera o hacia atrás. 2. Eversión, trastorno, subversión.
evert [ˈɪvɜːt] [i-vert], *va.* 1. Everter, volver de dentro afuera; volver hacia atrás o afuera. 2. *(Des.)* Subvertir, destruir, arruinar.
ever-watchful [ˌevəˈwɔːθʃfʊl] [eva-uoch-ful], *a.* Siempre vigilante.
every [ˈevrɪ] [e-vri], *a.* Cada uno o cada una; todo, todos. **Every room was searched**, se registraron todas las habitaciones, se registró cada una de las habitaciones (each). **Every now and again,** de vez en cuando. **Every one of you**, todos y cada uno de ustedes. **Every day**, todos los días, cada día (indicating recurrence). **Everywhere**, en o por todas partes. **Everybody**, todos, todo el mundo, cada uno. **Every other day**, cada dos días, día sí día no. **Everything**, todo, cada cosa. **Every so often,** cada cierto tiempo. **Every whit**, enteramente. **They have every confidence in us**, confían plenamente en nosotros (very great, all possible). **They gave me every assistance,** me ayudaron en todo lo que podían.
everybody [ˈevrɪbɒdɪ] [e-vri-bo-di] *pron.* Todos. **Is that everybody?**, ¿están todos?, ¿está todo el mundo?
everyday [ˈevrɪdeɪ] [e-vri-dei], *a.* Cotidiano, de todos los días, ordinario (occurrence, problems, activities); de diario (suit, clothes); corriente, de todos los días (expression). **Everyday life**, la vida diaria o cotidiana. **In everyday use**, de uso diario o corriente.
everyone [ˈevrɪwʌn] [e-vriuan] *pron. V.* EVERYBODY.
everyplace [ˈevrɪpleɪs] [e-vri-pleis] *adv. V.* EVERYWHERE.
ever-young [ˈevəjəʊŋ] [e-vaʳ-yaun], *a.* Siempre joven; nunca decaído.
everything [ˈevrɪθɪŋ] [e-vri-zin] *pron.* Todo. **Everything possible has been done**, se ha hecho todo lo posible.
everywhere [ˈevrɪwɛəʳ] [e-vriueaʳ] *adv.* **I've looked everywhere for it**, lo he buscado por todas partes o por todos lados. **They go everywhere by car**, van a todos lados o a todas partes en coche.
evesdropper [ˈevzdrɒpəʳ] [evs-dro-paʳ], *s.* *(Des.) V.* EAVESDROPPER.
evict [ɪˈvɪkt] [i-vikt], *va.* 1. Desposeer o privar a alguno de sus bienes en virtud de una sentencia legal; echar fuera, expulsar, desalojar (demonstrators); deshauciar, desalojar (tenant, squatter). 2. Arrebatar, arrancar, alienar, v. g. los bienes.
eviction [ɪˈvɪkʃən] [i-vik-shon], *s.* Desposesión de bienes por sentencia judicial. Desalojo, deshaucio (tenant, squatter). **Eviction order**, orden de desalojo.
evidence [ˈevɪdəns] [e-vi-dens], *s.* 1. Evidencia, certidumbre manifiesta; demostración. Indicio, señal (sign, indication). **He isn't much in evidence these days**, últimamente no se le ve mucho. 2. Testimonio (testimony); prueba (proof); pruebas (objects); deposición, declaración. **What evidence is there that ...?**, ¿qué prueba(s) hay de que ...? **To turn state's evidence,** descubrir, delatar a su cómplice. **On the evidence of those present**, según (el testimonio de) los que estaban presentes. 3. *(Des.)* Testigo. **Circumstancial evidence**, prueba circunstancial, indicios vehementes. **State's evidence**, el cómplice que, por librarse del castigo, declara contra los otros. **To give evidence**, dar testimonio; deponer, declarar. **To hold something in evidence,** llevar o citar algo como prueba. **To make evidence,** probar, patentizar, demostrar (prove).
evidence, *va.* Evidenciar, hacer patente, probar.
evidencer [ˈevɪdənsəʳ] [e-vi-den-saʳ], *s.* Testigo.
evident [ˈevɪdənt] [e-vi-dent], *a.* Evidente, claro, patente, notorio, manifiesto. **To be evident**, constar, ser evidente. **As is evident from his film,** como queda claro en su película.
evidential [ˈevɪdənʒəl] [e-vi-den-shal], *a.* Lo que produce evidencia o prueba.
evidently [ˈevɪdəntlɪ] [e-vi-dent-li], *adv.* Claramente, evidentemente, obviamente (embarrassed, unsuitable. Aparentemente, según parece. **Is she coming too?-evidently**, ¿ella también viene?-eso parece o según parece. **Evidently she can't join us,** por lo visto, no puede reunirse con nosotros.
evil [ˈiːvl] [i-vil], *a.* 1. Malo, maligno (wicked/demon, wizard) depravado, miserable, dañoso, pernicioso; de gran maldad (deeds, thoughts, character); maléfico, funesto (influence); diabólico, maléfico (plan, suggestion). **An evil spirit**, un espíritu maligno o maléfico. **The evil one**, el diablo, Satanás. **Evil communications corrupt good manners**, las malas conversaciones corrompen las buenas costumbres. 2. Asqueroso (unpleasant, smell). **To put off the evil day/ hour**, retrasar o posponer el día/momento fatídico o funesto. *-s.* 1. Maldad, acción malvada; mal (sin, wrong-doing), daño, injuria. **The lesser of two evils**, el menor de dos males. 2. Desgracia, infortunio, calamidad. 3. Enfermedad. **King's evil**, escrófula; en otro tiempo se suponía curable por el contacto de un rey. **The social evil**, impureza sexual, prostitución. *-adv.* Malamente, injuriosamente. **To do evil,** hacer el mal. **To speak evil of somebody,** hablar mal de alguien.
evil-affected [ˈiːvlˈəfektɪd] [i-vil-a-fek-ted], *a.* Desafecto, maligno.
evil-doer [ˈiːvlduːəʳ] [i-vil-doaʳ], *s.* Malhechor.
evil-eyed [ˈiːvlaɪd] [i-vil-aid], *a.* Lo que tiene la vista dañosa, que mira de mal ojo. **To put the evil eye on somebody**, echarle o hacerle mal de ojo a alguien.
evil-favored [ˈiːvlfeɪvəd] [i-vil-fei-vord], *a.* Disforme. *V.* ILL-FAVOURED.
evil-favoredness [ˈiːvlfeɪvədnɪs] [i-vil-fei-vord-nes], *s.* Deformidad.
evilly [ˈiːvɪlɪ] [i-vi-li], *adv.* Malamente.
evil-minded [ˈiːvlˈmaɪndɪd] [i-vil-main-ded], *a.* Malicioso, mal intencionado.
evilness [ˈiːvlnɪs] [i-vil-nes], *s.* Maldad.
evil-smelling [ˈiːvɪlɪ] [i-vi-li] *a.* Hediondo.
evil-speaking [ˈiːvlˈspiːkɪŋ] [i-vil-spi-kin], *s.* Maledicencia, murmuración, calumnia.
evil-tempered [ˈiːvlˈtempəd] [i-vil-tem-ped] *a.* Con un humor de perros.
evil-wishing [ˈiːvlˈwɪʃɪŋ] [i-vil-ui-shin], *a.* Malévolo, el que desea mal a otro.
evil-worker [ˈiːvlˈwɔːkəʳ] [i-vil-uor-kaʳ], *s.* Malhechor.
evince [ɪˈvɪns] [i-vins], *va.* Probar, justificar, demostrar, hacer patente y manifiesta alguna cosa (talent, qualities). Mostrar, manifestar (desire, astonishment). *-vn.* Probar.
evincible [ɪˈvɪnsɪbl] [i-vin-si-bol], *a.* Demostrable.
evincibly [ɪˈvɪnsɪblɪ] [i-vin-si-bli], *adv.* Evidentemente, indudablemente.
evincive [ɪˈvɪnsɪv] [i-vin-siv], *a.* Capaz de probar, convincente.
evirate [ɪˈvɪreɪt] [i-vi-reit], *va.* Castrar.
eviscerate [ɪˈvɪsəreɪt] [i-vi-sa-reit], *va.* Destripar, desentrañar, sacar las entrañas.
evitable [eˈvɪtəbl] [i-vi-ta-bol], *a.* Evitable.
eviternal [ɪˈvɪtɜːnəl] [i-vi-ter-nal], *a.* Eviterno, sempiterno.
evocation [ˌevəˈkeɪʃən] [e-vo-kei-shon], *s.* 1. Evocación. 2. *(For.)* Avocación, la transferencia de un litigio de un tribunal inferior a uno superior.
evocative [ˌevəˈkətɪv] [e-vo-ka-tiv] *a.* Evocador. **To be evocative of something**, evocar algo.
evoke [ɪˈvəʊk] [i-vouk], *va.* 1. Evocar, llamar a alguna para que dé favor o auxilio. 2. Avocar, remover a un tribunal diferente. 3. Provocar, suscitar (response, admiration, sympathy); evocar (memories, associations).
evolute [ɪˈvəluːt] [i-vo-lut] *s.* *(Geom.)* Evoluta, curva geométrica de muchos centros.
evolution [ˌiːvəˈluːʃən] [i-vo-lu-shon], *s.* 1. Desplegadura; evolución, desarrollo. 2. *(Biol.)* Evolución, desarrollo gradual, transformismo. 3. *(Alg.)* Extracción de una raíz. 4. *(Mil. y Mar.)* Evolución, movimientos que hacen las naves o los soldados para mudar de posición y tomar otra nueva.

evolutional [ˌiːvəˈluːʃənl] [i-vo-lu-sho-nal], *a.* De la evolución o que resulta de ella.
evolutionary [ˌiːvəˈluːʃnərɪ] [i-vo-lu-sho-na-ri], *a.* 1. Evolutivo, evolucionario, relativo a la evolución, en cualquier sentido. 2. Evolucionista (theory); evolutivo (development, process).
evolutionist [ˌiːvəˈluːʃənɪst] [i-vo-lu-sho-nist], *a.* Perteneciente a la evolución bilógica. *-s.* 1. Creyente en la evolución biológica o metafísica. 2. Jefe diestro en las evoluciones o maniobras militares.
evolve [ɪˈvɒlv] [i-volv], *va.* 1. Desenvolver, desplegar, desenredar, desarrollar (system, theory). 2. Producir por la evolución. 3. Echar fuera, v. gr. los gases. *-vn.* Abrirse, desplegarse, extenderse, desarrollarse (idea, system); evolucionar.
evolvement [ɪˈvɒlvmənt] [i-volv-ment], *s.* 1. Emanación, producción de gases. 2. Desplegadura, despliegue.
evolvent [ɪˈvɒlvənt] [i-vol-vent], *s. (Geom.)* Evolvente. *V.* INVOLUTE.
evulsion [ɪˈvʌlʃən] [i-val-shon], *s.* Arranque, la acción de arrancar alguna cosa, sea de raíz o de otra suerte.
ewe [juː] [iu], *f.* Oveja, la hembra del carnero.
ewer [ˈjuːə^r] [iua^r], *s.* Aguamanil, jarro, cántaro de boca ancha para servir agua.
ewry [ˈjuːrɪ] [iu-ri], *s. (Ant.)* Sausería, un oficio de palacio.
ex [eks] [eks], Preposición latina que quiere decir fuera, fuera de, afuera, más allá. Se usa muchas veces con fuerza intensiva y también para expresar que una persona o cosa no goza o tiene el empleo u oficio que tenía; v. g. *Exalt, ex*-altar, *re*-alzar; **ex-general**, exgeneral, o general que fue. **Ex-captain**, capitán retirado.
exacerbate [eksˈæsəbeɪt] [ek-sa-ser-beit], *va.* Exacerbar, exasperar, irritar.
exacerbation [eksˌæsəˈbeɪʃən] [ek-sa-ser-bei-shon], *s.* Exacerbación, irritación; paroxismo, aumento momentáneo en la fuerza de la enfermedad.
exacervation [eksˌæsəˈveɪʃən] [ek-sa-ser-vei-shon], *s.* Amontonamiento.
exact [ɪgˈzækt] [ik-sakt], *a.* Exacto (precise/number, size, time, date); cabal, metódico, puntual, esmerado, justo, estricto; preciso (accurate/description, definition). **The exact truth**, la estricta verdad. **Those were her exact words**, ésas fueron sus palabras textuales.
exact, *va.* Exigir; arrancar (promise). **The price they exacted from us**, el precio que nos hicieron pagar. *-vn.* Cometer exacciones, obtener por fuerza.
exacter [ɪgˈzæktə^r] [ik-sak-ta^r], *s.* Exactor, opresor.
exacting [ɪgˈzæktɪŋ] [ik-sak-tin] *a.* Que exige mucho (work, job); exigente (supervisor, employer); riguroso (standards, conditions).
exaction [ɪgˈzækʃən] [ik-sak-shon], *s.* Exacción, extorsión.
exactitude [ɪgˈzæktɪtjuːd] [ik-sak-ti-tiud], *s.* Exactitud, precisión, puntualidad y fidelidad.
exactly [ɪgˈzæktlɪ] [ik-sakt-li], *adv.* Exactamente, cabalmente, con precisión (measure, calculate). **At six thirty exactly**, a las seis y media en punto.
exactness [ɪgˈzæktnɪs] [ik-sakt-nes], *s.* Exactitud, precisión, puntualidad; conducta arreglada.
exactor [ɪgˈzæktə^r] [ik-sak-ta^r], *s.* Exactor, opresor.
exactress [ɪgˈzæktrɪs] [ik-sak-tres], *f.* Exactora.
exaggerate [ɪgˈzædʒəreɪt] [ik-sa-che-reit], *va.* 1. Exagerar, encarecer, abultar, ponderar una cosa, dando de ella idea mayor de la que en realidad merece. 2. Aumentar inmoderadamente; realzar el efecto, dibujo o diseño de una cosa.
exaggerated [ɪgˈzædʒəreɪtɪd] [ik-sa-che-rei-tid] *a.* Exagerado.
exaggeration [ɪgˈzædʒəreɪʃən] [ik-sa-che-rei-shon], *s.* Exageración.
exaggeratory [ɪgˈzædʒərətərɪ] [ik-sa-che-ra-to-ri], *a.* Exagerativo.
exalt [ɪgˈzɔːlt] [ik-solt], *va.* 1. Exaltar, elevar, levantar (elevate). 2. Alentar, alegrar (encourage). 3. Exaltar, alabar. 4. Exaltar, realzar, ilustrar, engrandecer (praise).
exaltation [ˌegzɔːlˈteɪʃən] [ik-sol-tei-shon], *s.* Exaltación, elevación; dignidad; júbilo (exaltation, joy).
exalted [ɪgˈzɔːltɪd] [ik-sol-ted], *pp.* y *a.* Exaltado, elevado (position, person); de aquí, eminente, noble, grande, sublime.
exaltedness [ɪgˈzɔːltɪdnɪs] [ik-sol-tid-nes], *s.* Exaltación, sublimidad.
exalter [ɪgˈzɔːltə^r] [ik-sol-ta^r], *s.* Loador, exaltador, elevador.
exam [ɪgˈzæm] [ik-sam] *s. V.* EXAMINATION.
examinable [ɪgˈzæmɪnəbl] [ik-sa-mi-na-bol], *a.* Investigable, averiguable.
examinant [ɪgˈzæmɪnənt] [ik-sa-mi-nant], *s.* 1. Examinador. 2. *(Des.)* Examinando, el que está para ser examinado.
examinate [ɪgˈzæmɪneɪt] [ik-sa-mi-neit], *s.* Examinado.
examination [ɪgˌzæmɪˈneɪʃən] [ik-sa-mi-nei-shon], *s.* 1. Examen, acción de examinar. **To take/sit an examination**, presentarse a, o dar, rendir o tomar un examen, examinarse. **To pass an examination**, aprobar o pasar un examen. **To fail an examination**, reprobar, suspender o perder un examen. 2. Examen interrogatorio (of witness); investigación, indagación, averiguación. 3. Revisión, inspección (inspection/of accounts); control (of passports); reconocimiento, examen, revisación (by doctor). Examen (study, investigation).
examine [ɪgˈzæmɪn] [ik-sa-min], *va.* 1. Examinar (inspect), escudriñar, investigar críticamente; inspeccionar, revisar (accounts); registrar, revisar (baggage); examinar, estudiar (document, dossier). 2. Examinar, tomar declaración al reo; examinar a algún testigo. 3. Investigar, probar o tantear por medio de preguntas y ejercicios la idoneidad y suficiencia de alguien, p. ej. de un discípulo o candidato. 4. Hacer pruebas, ensayar; analizar. *(Med., Dent.)* Examinar, revisar. 5. Interrogar (witness, accused).
examinee [ɪgˈzæmɪniː] [ik-sa-mi-ni] *s. (Educ.)* Examinando, alumno. Candidato, aspirante (for professional exam).
examiner [ɪgˈzæmɪnə^r] [ik-sa-mi-na^r], *s.* Examinador, escudriñador.
example [ɪgˈzɑːmpl] [ik-sam-pol], *s.* 1. Ejemplar, original, prototipo, muestra. 2. Caso precedente semejante a otro posterior. 3. Ejemplar, ejemplo, pauta de lo que se debe seguir o imitar (model). **To follow somebody's example**, seguir el ejemplo de alguien. 4. Ejemplo, el que ha sufrido un castigo para escarmiento de los demás (warning). **To make an example of somebody**, darle un castigo ejemplar a alguien. 5. Ejemplo, símil o comparación de que se usa para aclarar o apoyar alguna cosa (specimen, sample). **To set an example,** dar ejemplo. **For example**, por ejemplo.
exanimate [ɪgˈzænɪmeɪt] [ik-sa-ni-meit], *a.* 1. Exánime, muerto, sin vida, sin vigor. 2. Desmayado, acobardado, sin valor, sin ánimo.
exanimation [ɪgˌzænɪˈmeɪʃən] [ik-sa-ni-mei-shon], *s.* Muerte, pasmo.
exanthem, exanthema, *pl.* EXANTHEMATA, *s. (Med.)* Exantema, erupción, sarpullido. *V.* RASH.
exanthematous [ɪgˈzæntɪmətəs] [ik-san-zi-ma-tos], *a.* Eruptivo, exantemático.
exarch [ɪgˈzɑːtʃ] [ik-sarch], *s.* 1. Exarca o exarco, antiguo obernador de Italia delegado por los emperadores de Oriente. 2. Legado de un patriarca en la Iglesia griega.
exarchate [ɪgˈzɑːtʃeɪt] [ik-sar-cheit], *s.* 1. Exarcado, distrito sujeto a un exarca. 2. La dignidad y el cargo de exarca.
exarticulate [ɪgˈzɑːtɪkjʊleɪt] [ik-sar-ti-kiu-leit], *va.* 1. Dislocar, descoyuntar. 2. *(Cir.)* Desarticular, amputar por una coyuntura.
exarticulation [ɪgˌzɑːtɪkjʊˈleɪʃən] [ik-sar-ti-kiu-lei-shon], *s.* 1. Dislocación, descoyuntamiento. 2. Desarticulación, amputación.
exasperate [ɪgˈzɑːspəreɪt] [ik-sas-pe-reit], *va.* 1. Exasperar, irritar, enojar, provocar. 2. Exasperar, hacer más intenso, agravar, amargar.

exasperated [ɪg'zɑːspəreɪtɪd] [ik-sas-pe-rei-ted], *a.* Provocado, exasperado, irritado. *(Bot.)* Áspero.
exasperater [ɪg'zɑːspəreɪtəʳ] [ik-sas-pe-rei-taʳ], *s.* Provocador, provocante.
exasperating [ɪg'zɑːspəreɪtɪŋ] [ik-sas-pe-rei-tin] *a.* Exasperante. **It's so exasperating!,** es para volverse loco, es una locura.
exasperation [ɪg,zɑːspə'reɪʃən] [ik-sas-pe-rei-shon], *s.* Exasperación, provocación, irritación; enojo; agravación, recargo.
excamb [ɪks'kæm] [iks-kam], *va. (Der. esco.)* Cambiar, permutar, trocar, especialmente terrenos por terrenos.
excandescence, escandescency [eks'kændəsəns] [eks-kan-de-sens], *s.* 1. *(Quím.)* Excandecencia. 2. *(Des.)* Excandecencia, irritación vehemente, ira. *V.* INCANDESCENCE.
excarnate [eks'kɑːneɪt] [eks-kar-neit], *va.* Descarnar, despojar de carne.
excarnation, excarnification [eks'kɑːneɪʃən] [eks-kar-nei-shon], *s.* Descarnadura.
excavate ['ekskəveɪt] [eks-ka-veit], *va.* Excavar, ahondar.
excavation ['ekskəveɪʃən] [eks-ka-vei-shon], *s.* 1. Excavación, cavidad. 2. *(Agr.)* Excava.
excavator ['ekskəveɪtəʳ] [eks-ka-vei-taʳ], *s.* Excavador (person); excavadora (machine).
exceed [ɪk'siːd] [ik-sid], *va.* Exceder; sobrepujar, sobresalir; pasar los límites regulares o prescritos (be greater than); rebasar, sobrepasar (go beyond/limit, minimun); superar (expectations, fears, hopes); excederse en (powers). *-vn.* Excederse, propasarse; aventajarse.
exceeder [ɪk'siːdəʳ] [ik-si-daʳ], *s.* El que sobresale o excede.
exceeding [ɪk'siːdɪŋ] [ik-si-din], *a.* Excesivo. *-s.* Lo que sobrepuja los límites ordinarios. *-adv. (Ant.)* Eminentemente, en alto grado.
exceedingly [ɪk'siːdɪŋlɪ] [ik-si-din-li], *adv.* Excesivamente, sumamente, extremadamente.
exceedingness [ɪk'siːdɪŋnɪs] [ik-si-din-nes], *s.* Grandeza o tamaño excesivo, magnitud desmesurada; duración extraordinariamente larga; extensión muy grande.
excel [ɪk'sel] [ik-sel], *vn.* Sobresalir, sobrepujar, aventajarse a, tener buenas propiedades o calidades en sumo grado. **To excel in/at something**, destacar en algo. **To excel oneself**, lucirse. *-va.* Sobresalir, exceder singularmente a otra persona o cosa en cuanto a las buenas propiedades o calidades.
excellence, excellency ['eksələns] [ek-se-lens], *s.* 1. Excelencia, dignidad, rango, preeminencia. 2. Excelencia, un título de honor. 3. Pureza, bondad.
excellent ['eksələnt] [ek-se-lent], *a.* Excelente, selecto, sobresaliente, primoroso.
excellently ['eksələntlɪ] [ek-se-lent-li], *adv.* Excelentemente, primorosamente.
excelsior [ek'selʒɪɔːʳ] [ek-sel-siaʳ], *a.* Aún más alto; siempre hacia arriba; lema del Estado de Nueva York. *-s.* Madera en hebras y virutas delgadas para empaquetar y rellenar colchones (EU).
excentric ['eksəntrɪk] [ek-sen-trik], *a. V.* ECCENTRIC.
except [ɪk'sept] [ik-sept], *va.* Exceptuar, omitir, excluir; particularmente excluir la mención o consideración de alguien o algo (exclude). *-vn.* Excepcionar, poner excepciones a lo que se alega; recusar o declinar la jurisdicción de alguno.
except, *prep.* 1. Excepto, con exclusión de, a excepción de, fuera de, menos (apart from). **Except for**, si no fuera por (if it weren't for). 2. Si no, a menos que. *Conj.* **Except that**, pero (if it weren't that).
excepting [ɪk'septɪŋ] [ik-sep-tin], *prep.* A excepción de, fuera de, salvo, excepto (except). **We must invite everyone, not excepting Sam**, tenemos que invitarlos a todos, incluyendo a Sam.
exception [ɪk'sepʃən] [ik-sep-shon], *s.* 1. Excepción; la cosa exceptuada. **To make an exception**, hacer una excepción. **Without exception**, sin excepción. 2. Exclusión. 3. *(For.)* Excepción, recusación; objeción.
exceptionable [ɪk'sepʃənəbl] [ik-sep-sho-na-bol], *a.* Recusable, tachable, expuesto o sujeto a reparos y contradicciones.
exceptional [ɪk'sepʃənl] [ik-sep-sho-nal], *a.* Excepcional, que forma excepción a la regla común; poco común, no usual, superior.
exceptionally [ɪk'sepʃənəlɪ] [ik-sep-sho-na-li] *a.* Excepcionalmente.
exceptionless [ɪk'sepʃənlɪs] [ik-sep-shon-les], *s.* 1. Excepción; la cosa exceptuada. 2. Exclusión. 3. *(For.)* Excepción, recusación; objeción.
exceptious [ɪk'sepʃəs] [ik-sep-shos], *a.* Impertinente, ridículo; litigioso; delicado, resentido.
exceptiousness [ɪk'sepʃəsnɪs] [ik-sep-shos-nes], *s.* Impertinencia.
exceptive [ɪk'septɪv] [ik-sep-tiv], *a.* 1. Exceptivo, excepcional, de la naturaleza de una excepción. 2. Susceptible, quisquilloso, caviloso.
exceptor [ɪk'septəʳ] [ik-sep-toʳ], *s.* Exceptuador, el que pone excepciones.
excerpt ['eksɜːpt] [ik-serpt], *va.* Sacar, extraer, tomar, como se toma o cita de un libro (to take, to get). *-s.* Extracto, selección, cita de materia escrita o impresa. Pasaje.
excerption ['eksɜːpʃən] [ik-serp-shon], *s.* El acto de hacer extractos; selecciones, colecciones, extractos.
excerptive ['eksɜːptɪv] [ik-serp-tiv], *a.* Que extrae o entresaca.
excerptor ['eksɜːptəʳ] [ik-serp-taʳ], *s.* El que se aprovecha de los escritos de otros tomando trozos de ellos; plagiario.
excess [ɪk'ses] [ik-ses], *s.* 1. Exceso, excedente. 2. Exceso, la porción o parte que hay de más. Excedente (surplus). **In excess of**, superior a, por encima de. 3. Exceso, demasía en el comer o beber; destemplanza; transgresión de los límites debidos, desorden, desarreglo. **To eat and drink to excess**, comer y beber en exceso. **To carry something to excess**, llevar algo a la exageración. *a.* **Excess weight/profits**, exceso de peso/beneficios.
excess baggage [,ɪkses'bægɪdʒ] [ik-ses-ba-guich], *s.* Exceso de equipaje.
excess fare ['ɪksesfɛəʳ] [ik-ses-feaʳ], *s.* Suplemento (pagado en el transporte público).
excessive [ɪk'sesɪv] [ik-se-siv], *a.* Excesivo, vehemente, desarreglado, inmoderado, desmesurado.
excessively [ɪk'sesɪvlɪ] [ik-se-siv-li], *adv.* Excesivamente, extremadamente.
excessiveness [ɪk'sesɪvnɪs] [ik-se-siv-nes], *s.* Exceso, calidad de excesivo.
exchange [ɪks'tʃeɪndʒ] [ik-cheinch], *va.* 1. Cambiar; canjear. 2. Cambiar, trocar, permutar. **To exchange words,** cambiar, decirse algunas palabras. **To exchange guns, pisotols, o shots,** darse o tirarse pistoletazos. **To exchange cards,** desafiarse. **To exchange prisoners,** canjear prisioneros de guerra. **To exchange signs,** hacerse señas.
exchange, *s.* 1. Cambio, trueque o permuta; canje. 2. La cosa que se da o recibe en cambio de otra. 3. *(Com.)* Bolsa, lonja, plaza o casa de contratación. **Exchange control,** control de divisas. 4. *(Com.)* Cambio, el giro o conmutación de dinero de una parte a otra. **Exchange rate,** tipo de cambio. 5. *(Com.)* Cambio, el aumento o disminución de valor que se da a la moneda al tiempo de la paga en los parajes adonde se la destina. 6. *(Com.)* Cambio, el interés que lleva el cambista o banquero. *(Mil.)* **Exchange of prisoners,** canje de prisioneros. **Exchange of shots,** tiroteo. 7. Despacho central de teléfonos.
exchangeable [ɪks'tʃeɪndʒəbl] [ik-chein-cha-bol], *a.* Lo que se puede cambiar.
exchanger [ɪks'tʃeɪndʒəʳ] [ik-chein-chaʳ], *s.* Cambista o cambiante de letras o moneda, banquero.
exchequer [ɪks'tʃekəʳ] [ik-che-kaʳ], *s.* Hacienda, fisco, tesorería. **Exchequer bills,** vales de la tesorería que se libran y se pagan cada año; vales reales.
exchequer, *va.* Procesar en el tribunal de la hacienda.

excipient [ɪks'sɪpɪənt] [ik-si-pient], *s.* *(Med.)* Excipiente, substancia que sirve para incorporar otras a un medicamento o disolverlas en él.
excisable [ek'saɪzəbl] [ek-sai-za-bol], *a.* Sujeto al derecho de sisa, tasable.
excise, *va.* 1. Cortar, extirpar. 2. Sisar; aforar, exigir tributo sobre algo.
exciseman ['eksaɪzmæn] [ek-saiz-man], *s.* Sisero, el oficial o guarda que registra los géneros que deben pagar el derecho de sisa.
excision [ek'sɪʒən] [ek-si-shon], *s.* 1. *(Cir.)* Separación, corte o remoción de una parte; excisión. 2. Extirpación.
excitability [ɪk'saɪtə'bɪlɪtɪ] [ik-sai-ta-bi-li-ti], *s.* Excitabilidad, la capacidad de excitarse o de ser excitado.
excitable [ɪk'saɪtəbl] [ik-sai-ta-bol], *a.* Excitable.
excitant [ɪk'saɪtənt] [ik-sai-tant], *s.* y *a.* Estimulante, excitante.
excitation [eksɪ'teɪʃən] [ek-si-tei-shon], *s.* Excitación; instigación, incitamiento.
excitative, excitator [ɪk'saɪtətɪv] [ik-sai-ta-tiv], *a.* Excitativo.
excite [ɪk'saɪt] [ik-sait], *va.* Excitar, mover, animar, estimular. **Exciting cause,** *(Med.)* causa ocasional o concausa.
excited [ɪk'saɪtɪv] [ik-sai-ted], *a.* Entusiasmado, emocionado. **To get excited,** ilusionarse, entusiasmarse; alborotarse (crowd).
excitement [ɪk'saɪtmənt] [ik-sait-mant], *s.* Estímulo, incitamiento, instigación, motivo, agitación, conmoción (upheaval, commotion). **To cause great excitement,** causar gran emoción. **Why all the excitement,** ¿a qué se debe tanta conmoción?
exciter [ɪk'saɪtə^r] [ik-sai-ta^r], *s.* Motor, incitador, agitador, instigador.
exciting [ɪk'saɪtɪŋ] [ik-sai-tin], *a.* Estimulador, excitante, emocionante (moving, thrilling).
exclaim [ɪks'kleɪm] [iks-kleim], *vn.* Exclamar, dar gritos y voces, clamar mucho.
exclaim, *s.* Clamor, gritería.
exclamation [ˌekskləˈˌeɪʃən] [eks-kla-mei-shon], *s.* 1. Exclamación, grito, clamor. 2. Expresión precipitada o enfática del pensamiento o del sentido. 3. *(Gram.)* Interjección. 4. Admiración, el signo ortográfico !
exclamatory [eks'klæmətərɪ] [eks-kla-ma-to-ri], *a.* Exclamatorio.
exclude [ɪks'klu:d] [iks-klud], *va.* Excluir, echar fuera; exceptuar; rechazar; *(Biol.)* expeler, arrojar.
exclusion [ɪks'klu:ʒən] [iks-klu-shon], *s.* Exclusión, exclusiva, excepción; emisión.
exclusionist [ɪks'klu:ʒənɪst] [iks-klu-sho-nist], *s.* El que quiere excluir a otros.
exlusive [ɪks'klu:sɪv] [iks-klu-siv], *a.* Exclusivo, privativo; exceptuado. **Exclusive rights,** exclusiva.
exclusively [ɪks'klu:sɪvlɪ] [iks-klu-siv-li], *adv.* Exclusivamente, sin entrar en cuenta.
exclusiveness [ɪks'klu:sɪvnɪs] [iks-klu-siv-nes], *s.* Exclusiva, repulsa; calidad de exclusivo.
exclusivism [ɪks'klu:sɪvɪzm] [iks-klu-si-vi-sem], *s.* Sistema de exclusión.
exclusivity [ɪks'klu:sɪvɪtɪ] [iks-klu-si-vi-ti], *a.* Exclusividad.
excogitate [ɪks'kɒdʒɪteɪt] [iks-ko-chi-teit] *va.* Excogitar, pensar, imaginar, inventar. *-vn.* Pensar.
excogitation [ɪks'kɒdʒɪteɪʃən] [iks-ko-chi-tei-shon], *s.* Invención, pensamiento.
excommunicable [ˌekskə'mju:nɪkəbl] [eks-ko-miu-ni-ka-bol], *a.* Digno de excomunión.
excommunicate [ˌekskə'mju:nɪkeɪt] [eks-ko-miu-ni-keit], *va.* Excomulgar, descomulgar, anatematizar.
excommunicate, *a.* y *s.* Excomulgado, el que está apartado y excluído de la comunión de los fieles.
excommunication ['ekskəˌmju:nɪ'keɪʃən] [eks-ko-miu-ni-kei-shon], *s.* Excomunión, descomunión, anatema religioso.
excoriate [eks'kərɪeɪt] [eks-ko-rieit], *va.* Desollar; y de aquí, excoriar, gastar, arrancar o corroer el cutis quedando la carne descubierta.
excoriation [eks'kərɪeɪʃən] [eks-ko-riei-shon], *s.* Excoriación, desolladura.
excortication [eks'kərtɪkeɪʃən] [eks-kor-ti-kei-shon], *s.* Descortezadura, el acto de descortezar.
excreate [eks'krɪeɪt] [eks-krieit], *va.* *(Des.)* Escupir, expectorar.
excrement ['ekskrɪment] [eks-kri-ment], *s.* Excremento.
excremental ['ekskrɪmentl] [eks-kri-men-tal], *a.* Excrementoso.
excrementitial, excrementitious [ˌekskrɪmen'tɪʃəl] [eks-kri-men-ti-shal], *a.* Excrementicio.
excrescence, excrescency [ɪks'kresns] [iks-kre-sens], *s.* Excrecencia, carnosidad o superfluidad que se cría en animales y plantas.
excrescent [ɪks'kresnt] [iks-kre-sent], *a.* Superfluo, lo que forma una excrecencia.
excrete [eks'kri:t] [eks-krit], *va.* Excretar, echar fuera, arrojar los humores o materias fecales.
excrete, *s.* Excreta, lo que se excreta; materia inútil.
excretion [eks'kri:ʃən] [eks-kri-shon], *s.* 1. Excreción, la acción de excretar. 2. Excreta, la materia que se excreta.
excretive [eks'kri:tɪv] [eks-kri-tiv], *a.* Excretorio, lo que tiene virtud de preparar los fluidos destinados a ser expelidos del cuerpo.
excretory [eks'kri:tərɪ] [eks-kri-to-ri], *a.* Excretorio, perteneciente a la excreción; que lleva o conduce una materia excretada. *-s.* El órgano excretrio o que sirve para la excreción.
excruciable [ɪks'kru:ʃəbl] [eks-kru-sha-bol], *a.* Sujeto o expuesto a tormentos.
excruciate [ɪks'kru:ʃɪeɪt] [eks-kru-shieit], *va.* Atormentar, afligir o molestar corporalmente a otro.
excruciating [ɪks'kru:ʃɪeɪtɪŋ] [eks-kru-shiei-tin], *a.* 1. Que atormenta agudamente, que causa el dolor más violento; extremamente doloroso. 2. *(Fam. E. U.)* Extremadamente remilgado, exigente o presuntuoso.
excruciation [ɪks'kru:ʃɪeɪʃən] [eks-kru-shiei-shon], *s.* Tormento, molestia.
excubation [ɪks'kjʊbeɪʃən] [eks-kiu-bei-shon], *s.* *(Des.)* Vela, la acción de pasar toda la noche despierta.
exculpate ['ekskʌlpeɪt] [eks-kal-peit], *va.* Disculpar, excusar, justificar.
exculpation [ˌekskʌl'peɪʃən] [eks-kal-pei-shon], *s.* Disculpa.
exculpatory [ˌekskʌlpə'tərɪ] [eks-kal-pa-to-ri], *a.* Disculpador, justificativo.
excursion [ɪks'kɜ:ʃən] [iks-ker-shon], *s.* 1. Paseo, viaje corto o de poca duración. 2. Excursión, correría o entrada en país enemigo. 3. La acción de separarse del camino regular o trillado. 4. Digresión. 5. *(Fís.)* La mitad del movimiento de oscilación o vibración de un cuerpo. **Excursion ticket, train,** billete de ida y vuelta, tren de excursión.
excursionist [ɪks'kɜ:ʃənɪst] [iks-ker-sho-nist], *s.* El que hace una excursión; el que viaja por curiosidad y distracción.
excursive [ɪks'kɜ:sɪv] [iks-ker-siv], *a.* 1. Errante, vagante, paseante. 2. *(Fig.)* Digresivo, errático, pasajero, mudable.
excursively [ɪks'kɜ:sɪvlɪ] [iks-ker-siv-li], *adv.* De un modo vago, digresivo o errante.
excursiveness [ɪks'kɜ:sɪvnɪs] [iks-ker-siv-nes], *s.* El acto de pasar los límites acostumbrados.
excusable [ɪks'kju:zəbl] [iks-kiu-sa-bol], *a.* Excusable, disculpable.
excusableness [ɪks'kju:zəblnɪs] [iks-kiu-sa-bol-nes], *s.* Excusa, calidad de excusable.
excusatory [ɪks'kju:zətərɪ] [iks-kiu-sa-to-ri], *a.* Apologético, lo que excusa.
excuse [ɪks'kju:s] [iks-kius], *va.* 1. Excusar, disculpar, dar excusas. 2. Eximir, libertar, exentar, dispensar (exempt, free). 3. Perdonar, no exigir, remitir, tolerar (allow, bear). 4. Justificar, vindicar (justify). **Excuse me!,** con permiso,

perdón, disculpe. **I must ask to be excused this time,** esta vez les ruego me dispensen.

excuse, *f.* Excusa, disculpa, justificación (justification); pretexto (no sincere). **To make excuses for somebody,** presentar excusas de alguien. **There is no excuse for this,** esto no tiene disculpa.

excuseless [ɪks'kju:slɪs] [iks-kius-les], *a.* Inexcusable.

excuser [ɪks'kju:sə[r]] [iks-kiu-sa[r]], *s.* Excusador, intercesor; perdonador; apologista.

excuss [ɪks'kʌs] [iks-kas], *va.* 1. *(Ant.)* Echar de sí, arrojar. 2. Embargar los bienes a alguno.

excussion [ɪks'kʌʒən] [iks-ka-shon], *s.* *(Des.)* Ejecución, la aprehensión que se hace de la persona o bienes del que es deudor; embargo de bienes.

ex dividend [ˌeks'dɪvɪdend] [eks-di-vi-dend], *a.* Sin dividendo.

execrable ['eksɪkrəbl] [ek-si-kra-bol], *a.* Execrable, abominable, detestable, aborrecible.

execrably ['eksɪkrəblɪ] [ek-si-kra-bli], *adv.* Execrablemente.

execrate ['eksɪkreɪt] [ek-si-kreit], *va.* Execrar, maldecir, abominar.

execration [ˌeksɪ'kreɪʃən] [ek-si-krei-shon], *s.* Execración, maldición, abominación.

execratory ['eksɪkrətərɪ] [ek-si-kra-to-ri], *s.* Juramento execratorio.

executable ['eksɪkju:təbl] [ek-si-kiu-ta-bol], *a.* Ejecutable. **Executable file,** fichero ejecutable *(Inform.)*.

executant ['eksɪkju:tənt] [ek-si-kiu-tant], *s.* El que ejecuta o pone por obra; en especial, ejecutante.

execute ['eksɪkju:t] [ek-si-kiut], *va.* 1. Ejecutar, poner por obra lo que está ideado (plan). 2. Ejecutar, ajusticiar (crime). 3. Matar, asesinar (kill). *-vn.* 1. Ejecutar su deber. 4. Servir una cosa perfectamente para el fin a que se la destina. 5. Otorgar, conceder (document).

executer ['eksɪkju:tə[r]] [ek-si-kiu-ta[r]], *s.* Ejecutor, el que ejecuta o pone por obra alguna cosa.

execution [ˌeksɪ'kju:ʃən] [ek-si-kiu-shon], *s.* 1. Cumplimiento, ejecución, el acto de ejecutar. 2. Ejecución, embargo, la aprehensión que se hace en la persona o bienes del que es deudor por mandamiento de juez competente (distraint, seizure). **Writ of execution,** auto de ejecución. 3. Ejecución, justicia, el acto público de ejecutar en el reo la pena capital. 4. Destrucción, mortandad (destruction). 5. Agilidad, destreza para tocar un instrumento o cantar; de aquí, destreza técnica (performance). 6. Trabajo efectivo. 7. Comisión (act, crime).

excutioner [ˌeksɪ'kju:ʃnə[r]] [ek-si-kiu-sho-na[r]], *s.* 1. Ejecutor, la persona que pone por obra alguna cosa; especialmente, verdugo (hangman). 2. El instrumento o la agencia que sirve para ejecutar algo.

executive [ɪg'zekju:tɪv] [ik-se-kiu-tiv], *a.* Ejecutivo. *-s.* **The executive,** el poder ejecutivo, el gobierno; la corte; la autoridad suprema. **Executive car,** coche de ejecutivo. **Executive comittee,** junta directiva.

executor [ɪg'zekju:tə[r]] [ik-se-kiu-ta[r]], *s.* Albacea, testamentario.

executorship [ɪg'zekju:təʃɪp] [ik-se-kiu-tor-ship], *s.* Albaceazgo.

executory [ɪg'zekju:tərɪ] [ik-se-kiu-to-ri], *a.* 1. Ejecutorio, ejecutivo; administrativo. 2. Que se debe ejecutar o poner en vigor y efecto; que llega a tener fuerza y efecto en ocasión futura.

executress [ɪg'zekju:trɪs] [ik-se-kiu-tres], **executrix** [ɪg'zekju:trɪks] [ik-se-kiu-triks], *f.* Albacea, ejecutora, la mujer que ha sido nombrada testamentaria.

exegesis [ˌeksɪ'dʒi:sɪs] [ek-si-chi-sis], *s.* Explicación, exposición clara, exégesis; especialmente de la Sagrada Biblia.

exegetical [ˌeksɪ'dʒi:tɪkl] [ek-si-chi-ti-kal], *a.* Exegético, explicativo.

exegetically [ˌeksɪ'dʒi:tɪklɪ] [ek-si-chi-ti-ka-li], *adv.* Por vía de explicación.

exemplar ['ɪgzemplɑ:] [ig-sem-pla[r]], *s.* Ejemplar, original, modelo (model, example).

exemplarily ['ɪgzemplərɪlɪ] [ig-sem-pla-ri-li], *adv.* Ejemplarmente; por ejemplo.

exemplariness ['ɪgzemplərɪnɪs] [ig-sem-pla-ri-nes], *s.* Estado, situación o calidad que debe servir de ejemplar o modelo.

exemplarity ['ɪgzemplərɪtɪ] [ig-sem-pla-ri-ti], *s.* Ejemplo digno de imitación.

exemplary ['ɪgzemplərɪ] [ig-sem-pla-ri], *a.* 1. Ejemplar, lo que merece ser imitado (model). 2. Que sirve como ejemplo de amonestación o escarmiento.

exemplification [ɪgˌzemplɪfɪ'keɪʃən] [ig-sem-pli-fi-kei-shon], *s.* 1. Ejemplar, traslado; ejemplificación, declaración o ilustración hecha con ejemplos. 2. *(For.)* Copia certificada.

exemplifier [ɪg'zemplɪfaɪə[r]] [ig-sem-pli-faia[r]], *s.* El que da ejemplo; el que demuestra con ejemplos.

exemplify [ɪg'zemplɪfaɪ] [ig-sem-pli-fai], *va.* Ejemplificar, declarar, manifestar; trasladar, copiar.

exempt [ɪg'zem*p*t] [ig-sempt], *va.* Exentar, libertar, eximir, privilegiar a alguna persona o cosa. **He's exempt from paying,** está exento de pagar.

exempt, *a.* Exento; no sujeto, no obligado.

exemptible [ɪg'zem*p*tɪbl] [ig-semp-ti-bol], *a.* Exento, privilegiado, libre.

exemption [ɪg'zem*p*ʃən] [ig-semp-shon], *s.* Exención, franquicia, inmunidad.

exenterate [ɪg'zentəreɪt] [ig-sen-te-reit], *va.* Desentrañar, destripar.

exequatur [ɪg'zekwətʊ[r]] [ig-se-kua-tu[r]], *s.* Exequátur, la autorización que se da a un cónsul extranjero para que pueda ejercer el cargo de que se halla revestido.

exequial [ɪg'zekwɪəl] [ig-se-kuial], *a.* Lo tocante a las exequias o funerales; antiguamente, exequial.

exequies [ɪg'zekwi:z] [ig-se-kuis], *s. pl.* Exequias, honras fúnebres.

exercisable ['eksəsaɪzəbl] [ek-ser-sai-sa-bol], *a.* Ejercitativo.

exercise ['eksəsaɪz] [ek-ser-sais], *s.* 1. Ejercicio, trabajo **In the exercise of my duties,** en el ejercicio de mi cargo. 2. Ejercicio, ensayo; el acto de ejercitar alguna cosa. 3. Tarea. 4. Práctica, empleo o ejercicio de alguna cosa para adquirir conocimiento habitual de ella. **Physical exercises,** gimnasia. 5. Acto de hablar, leer, declamar, etc., como en los actos públicos de las escuelas y en las reuniones religisoas; se usa generalmente en plural **Exercises,** ceremonias (EU). Recreación, recreo. 6. *(Ant.)* El acto de dar culto a Dios.

exercise, *vn.* Hacer ejercicio; ejercitarse. *-va.* 1. Ejercitar, formar, adiestrar o habituar (dog, horse, team, sport). 2. Atarear; ejercer (influence, power). 3. Emplear (patience, right). 4. Causar ansiedad de ánimo. 5. Comunicar como efecto; dar parte. *-vr.* Emplearse, adiestrarse, ejercitarse. **To be exercised about something,** estar preocupado por algo.

exerciser ['eksəsaɪzə[r]] [ek-ser-sai-sa[r]], *s.* Ejercitante.

exercitation [ˌeksəsɪ'teɪʃən] [ek-ser-si-tei-shon], *s.* Ejercicio, ejercitación, práctica.

exergue [ɪg'sɜ:g] [ik-serg], *s.* Exergo, la leyenda que está en las medallas debajo del emblema o figura del anverso.

exert [ɪg'sɜ:t] [ik-sert], *va.* 1. Esforzar; ejecutar, poner por obra alguna cosa; poner en acción. 2. *vr.* **To exert oneself,** empeñarse, hacer esfuerzo, apurarse, darse trabajo (overdo).

exertion [ɪg'sɜ:ʃən] [ik-ser-shon], *s.* Esfuerzo, trabajo excesivo (effort). **Exertions,** *pl.* diligencias, pasos, medios.

exfoliant [eks'fəʊlɪənt] [eks-fou-liant], *s.* Exfoliante.

exfoliate [eks'fəʊlɪeɪt] [eks-fou-lieit], *vn.* 1. *(Cir.)* Exfoliarse, separarse de los huesos ciertas hojitas o láminas cariadas. 2. Escamarse, separarse de la superficie en hojas o láminas. *-va.* Quitar láminas, hojas o esquirlas de alguna cosa.

exfoliation [eksˌfəʊlɪ'eɪʃən] [eks-fou-liei-shon], *s.* Exfoliación, separación por hojas o láminas, como de las partes

cariadas de un hueso, de la corteza, de una lámina de mineral, o de la piel.
exfoliative [eks'fəʊlɪətɪv] [eks-fou-lia-tiv], *a.* Exfoliativo: se dice de los remedios que pueden ayudar la exfoliación.
ex-guardian [eks'gɑːdɪən] [eks-gar-dian], *s.* Ex-guardián.
exhalable [ˌeks*h*æ'ləbl] [eks-ja-la-bol], *a.* Exhalable, evaporable.
exhalation [ˌeks*h*æ'leɪʃən] [eks-ja-lei-shon], *s.* 1. Exhalación. 2. Exhalación, efluvio, vapor.
exhale [eks'heɪl] [eks-jeil], *va.* 1. Exhalar, echar de sí vapor o vaho; emitir (fume). 2. Evaporar, hacer evaporarse (evaporate). *-vn.* Disiparse en vapor; desvanecerse (disappear).
exhalement [eks'heɪlmənt] [eks-jeil-ment], *s.* *(Des.)* Exhalación, vapor o vaho.
exhaust [ɪg'zɔːst] [ik-sost], *va.* 1. Apurar, consumir el agua u otro licor. 2. Agotar; gastar, consumir, disipar (finish, drain). 3. Empobrecer; debilitar, enflaquecer (weaken). 4. Cansar (get tired). **To be exhausted,** no poder más. **Exhausted receiver,** recipiente de que se ha extraído el aire. **Exhaust pipe,** tubo de escape.
exhaust, *s.* Escape, descarga, expulsión. **Exhaust chamber,** cámara de escape. **Exhaust pipe,** tubo de escape.
exhauster [ɪg'zɔːstə^r] [ik-sos-ta^r], *s.* Agotador.
exhaustible [ɪg'zɔːstɪbl] [ik-sos-ti-bol], *a.* Agotable, capaz de ser apurado o agotado.
exhausting [ɪg'zɔːstɪŋ] [ik-sos-tin], *a.* Exhaustivo, agotador.
exhaustion [ɪg'zɔːsʃən] [ik-sos-shon], *s.* Agotamiento.
exhaustive [ɪg'zɔːstɪv] [ik-sos-tiv], *a.* Apurador, que tiende a agotar; cabal, completo en su ejecución, detallado.
exhaustively [ɪg'zɔːstɪvlɪ] [ik-sos-tiv-li], *adv.* Cabalmente, completamente.
exhaustiveness [ɪg'zɔːstɪvnɪs] [ik-sos-tiv-nes], *s.* Calidad de completo, de cabal.
exhaustless [ɪg'zɔːstlɪs] [ik-sost-les], *a.* Inagotable.
exheredate [esk'herədeɪt] [eks-je-re-deit], *va.* Desheredar.
exheredation [ˌeksherə'deɪʃən] [eks-je-re-dei-shon], *s.* *(For.)* Desheredamiento.
exhibit [ɪg'zɪbɪt] [ik-si-bit], *va.* 1. Exhibir, manifestar (emotion), ofrecer, presentar (book, film), mostrar **To be on exhibit,** estar expuesto. 2. *(Med.)* Administrar, recetar un medicamento.
exhibit, *s.* 1. Cualquier objeto o colección de objetos expuestos a la vista pública. 2. Manifestación. 3. *(For.)* Documento fehaciente presentado en un tribunal de justicia.
exhibiter, exhibitor [ɪg'zɪbɪtə^r] [ik-si-bi-ta^r], *s.* 1. Exponente, el que exhibe, que muestra alguna cosa en público. 2. El que presenta documento fehaciente en un tribunal de justicia.
exhibition [ˌeksɪ'bɪʃən] [ik-si-bi-shon], *s.* 1. Exhibición, manifestación o presentación de alguna cosa; exposición. **An exhibition of cleverness,** una demostración de inteligencia. 2. Espectáculo, la acción de presentar alguna cosa en público (art, sport). 3. *(Med.)* Administración de un remedio. 4. *(Ingl.)* Beca (school).
exhibitioner [ˌeksɪ'bɪʃənə^r] [ik-si-bi-sho-na^r], *s.* Estudiante que disfruta en las universidades de Inglaterra de una pensión para su sostenimiento. Esta palabra equivale a *Beca de merced o pensionado.*
exhibitionism [ˌeksɪ'bɪʃənɪzəm] [ik-si-bi-sho-nisem], *sm.* Exhibicionismo.
exxhibitionist [ˌeksɪ'bɪʃənɪst] [ik-si-bi-sho-nist], *a.* Exhibicionista.
exhibitive [ek'sɪbɪtɪv] [ik-si-bi-tiv], *a.* Representativo.
exhibitively [ek'sɪbɪtɪvlɪ] [ik-si-bi-tiv-li], *adv.* Representativamente.
exhibitor [ˌeksɪ'bɪtə^r] [ik-si-bi-ta^r], *s.* Expositor.
exhibitory [ˌeksɪ'bɪtərɪ] [ik-si-bi-to-ri], *a.* Exhibitorio, lo que exhibe o manifiesta.
exhilarant [ɪg'zɪlærənt] [ik-si-la-rant], *a.* Alegrador, que causa regocijo o alegría.
exhilarate [ɪg'zɪləreɪt] [ik-si-la-reit], *va.* Alegrar, causar alegría; causar sensación de viveza en; llenar de alegría (cheer up, gladden). *-vn.* Alegrarse.
exhilaration [ɪgˌzɪlə'reɪʃən] [ik-si-la-rei-shon], *s.* Alegría, buen humor, regocijo (joy).
exhort [ɪg'ʒɔːt] [ik-sort], *va.* Exhortar, inducir y mover con razones; excitar.
exhortation [ˌegzɔː'teɪʃən] [ek-sor-tei-shon], *s.* 1. Exhortación. 2. Aviso, consejo.
exhortative, exhortatory [ˌegzɔː'tətɪv] [ek-sor-ta-tiv], *a.* Exhortatorio.
exhorter [ɪg'ʒɔːtə^r] [ik-sor-ta^r], *s.* Exhortador.
exhumate ['eks*h*juːmeɪt] [ek-siu-meit], *va.* *(Fam.)* *V.* EXHUME.
exhumation [ˌeks*h*juː'ˌeɪʃən] [ek-siu-mei-shon], *s.* Exhumación, desentierro de un cadáver.
exhume [eks'hjuːm] [ek-sium], *va.* Exhumar, desenterrar.
ex-husband [ˌeks'hʌzbənd] [eks-jas-band], *sm.* Ex-marido.
exiccate ['eksɪkeɪt] [ek-si-keit], *va.* Desecar, secar. *V.* EXSICCATE.
exiccation [ˌeksɪ'keɪʃən] [ek-si-kei-shon], *s.* Desecación. *V.* EXSICCATION.
exiccative ['eksɪkətɪv] [ek-si-ka-tiv], *a.* Desecativo. *V.* EXSICCATIVE.
exigence, exigency ['eksɪdʒəns] [ek-si-yens], *s.* Exigencia, falta, necesidad (need), urgencia, aprieto (emergency), apuro, lance apretado; ocasión.
exigent ['eksɪdʒənt] [ek-si-yent], *a.* Exigente, urgente, que demanda acción inmediata (urgent); exigente, que pide demasiado. *-s.* Urgencia; embarazo, perplejidad; cabo, fin, remate.
exigible ['eksɪdʒɪbl] [ek-si-chi-bol], *a.* Exigible, que puede exigirse.
exiguity ['eksɪgʊɪtɪ] [ek-si-güi-ti], *s.* Pequeñez, parvedad, modicidad, exigüidad.-
exiguous [eg'zɪgjʊəs] [ek-si-guos], *a.* Exiguo, pequeño.
exile ['eksaɪl] [ek-sail], *s.* 1. Destierro. 2. Desterrado.
exile, *va.* Desterrar, deportar.
exiled ['eksaɪld] [ek-saild], *a.* Exiliado.
exility ['eksaɪlətɪ] [ek-sai-la-ti], *s.* *(Ant.)* Tenuidad, pequeñez.
eximious ['eksɪmɪəs] [ek-si-mios], *a.* Eximio, eminente, excelente.
exinanition [ˌeksɪnə'nɪʃən] [ek-si-na-ni-shon], *s.* Exinanición, gran falta de vigor y fuerza.
exist [ɪg'zɪst] [ik-sist], *vn.* Existir.
existence [ɪg'zɪstəns] [ik-sis-tens], *s.* 1. Existencia. 2. Vida, continuación de ser. 3. Ente. **To come into existence,** nacer, fundarse, formarse.
existent [ɪg'zɪstənt] [ik-sis-tent], *a.* Existente.
existential [ɪg'zɪstənʃəl] [ik-sis-ten-shal], *a.* Lo que tiene existencia.
existentialism [ɪg'zɪstənʃəlɪzm] [ik-sis-ten-sha-lisem], *s.* *(Fil.)* Existencialismo.
exit ['eksɪt] [ek-sit], *s.* 1. Sale: palabra que se pone en los argumentos de las comedias para indicar cuando el actor se retira de la escena. 2. Partida, muerte. 3. Salida, éxito. **To make one's exit,** marcharse, salir.
exitial ['eksɪʃəl] [ek-si-shal], **exitious** ['eksɪʃəs] [ek-si-shos], *a.* Destructivo, pernicioso.
exode ['eksɒd] [ek-sod], *s.* Exodo, una de las cuatro partes de la tragedia griega que contenía la conclusión trágica o catástrofe.
exodus ['eksədəs] [ek-so-dos], *s.* 1. Salida, emigración, éxodo. 2. Éxodo, el segundo libro del antiguo Testamento.
exogen ['eksədʒɪn] [ek-so-chin], *s.* *(Bot.)* Planta exógena, aquella cuyo tallo crece por la adición de capas externas concéntricas; dicotiledónea.
exogenous ['eksədʒɪnəs] [ek-so-chi-nos], *a.* Exógeno, exógena, que crece por la adición de capas externas.
exomphalos ['eksəmfələs] [ek-som-fa-los], *s.* *(Cir.)* Exónfalo, hernia umbilical.

exonerate [ɪg'zɒnəreɪt] [ik-so-ne-reit], *va.* 1. Vindicar de una acusación o censura. 2. Exonerar, descargar; aliviar del peso, cargo u obligación.
exoneration [ɪg,zɒnə'reɪʃən] [ik-so-ne-rei-shon], *s.* 1. Exoneración. 2. Vindicación de una censura o acusación.
exonerative [ɪg'zɒnərətɪʊ] [ik-so-ne-ra-tiv], *a.* Lo que puede exonerar.
exorable [ɪg'zɒnərəbl] [ik-so-ra-bol], *a.* Exorable, el que se mueve por ruegos.
exorbitance, exorbirtancy [ɪg'zɔːbɪtəns] [ik-sor-bi-tans], *s.* Exorbitancia, exceso desorde, enormidad, extravagancia.
exorbitant [ɪg'zɔːbɪtənt] [ik-sor-bi-tant], *a.* Exorbitante, excesivo, desproporcionado, enorme, extravagante.
exorbitantly [ɪg'zɔːbɪtəntlɪ] [ik-sor-bi-tant-li], *dv.* Exorbitantemente.
exorcise ['ekzɔːsaɪz] [ek-sor-sais], *va.* Exorcizar, conjurar.
exorciser ['ekzɔːsaɪzəʳ] [ek-sor-sai-saʳ], **exorcist** ['ekzɔːsɪst] [ek-sor-sist], *s.* Exorcista.
exorcism ['ekzɔːsɪzəm] ek-sor-si-sem], *s.* Exorcismo, la acción de exorcizar los espíritus malignos; también conjuro ordenado por la Iglesia contra el espíritu maligno.
exorcist ['ekzɔːsɪst] [ek-sor-sist], *s.* Exorcista.
exordium ['ekzɔːdɪəm] [ek-sor-dium], *s.* Exordio, principio o introducción de un discurso.
exosmose ['ekzəsməʊs] [ek-sos-mous], *s.* *(Fís.)* Exósmosis, corriente de dentro a fuera, que se establece al mismo tiempo que se contraria la endósmosis, cuando dos líquidos de distinta densidad están separados por una membrana.
exosmotic [,ekzəs'məʊtɪk] [ek-sos-mou-tik], *a.* Exosmótico, relativo a la exósmosis.
exosseous ['ekzəsɪəs] [eks-osious], *a.* Desosado, sin huesos.
exostosis ['ekzəstəʊsɪs] [ek-sos-to-sis], *s.* Exóstosis, tumor del hueso.
exoteric, exoterical [,ɪgzə'tərɪk] [ik-so-te-rik], *a.* Exotérico, público, común a todos, lo contrario de esotérico.
exotic, exotical [ɪg'zɒtɪk] [ik-so-tik], *a.* Exótico, extranjero; advenedizo. *-s.* *(Bot.)* Planta exótica.
exotically [ɪg'zɒtɪklɪ] [ik-so-ti-kli], *adv.* De manera exótica (dress, design, name, meal, etc).
exotic fuel [ɪg'zɒtɪk,fjuːl] [ik-so-tik-fiul], *s.* Combustible, inusual, combustible de alta potencia.
exoticism [ɪg'zɒtɪzɪzm] [ik-so-ti-si-zem], *s.* Exotismo.
expand [ɪks'pænd] [iks-pand], *va.* 1. Extender, dilatar, alargar, ensanchar la superficie. 2. Extender, desarrollar, esparcir; desplegar. *-vn.* Desarrollarse, dilatarse, ensancharse.
expanse [ɪks'pæns] [iks-pans], *s.* Extensión, espacio.
expansibility [,ɪkspænsɪ'bɪlɪtɪ] [iks-pan-si-bi-li-ti], *s.* Expansibilidad.
expansible [ɪks'pænsɪbl] [iks-pan-si-bol], *a.* Expansible, capaz de expansión.
expansion [ɪks'pænʃən] [iks-pan-shon], *s.* 1. Expansión. 2. Aumento de tamaño, dilatación; anchura, largura; desarrollo. 3. Extensión, inmensidad. 4. Aumento de volumen, como el del vapor. **Triple expansion engine,** máquina de vapor de triple expansión.
expansile [ɪks'pænsɪl] [iks-pan-sil], *a.* Capaz de extensión, que tiene poder de dilatarse.
expansive [ɪks'pænsɪv] [iks-pan-siv], *a.* Expansivo.
expansively [ɪks'pænsɪvlɪ] [iks-pan-siv-li], *adv.* 1. Ampliamente, extensamente (relate). 2. Calurosamente, cálidamente (welcome).
expansiveness [ɪks'pænsɪvnɪs] [iks-pan-siv-nes], *s.* Expansibilidad, propiedad de un cuerpo de ocupar mayor espacio.
ex parte [ɪks'pɑːt] [iks-part]. *(For.)* De una parte, de una de las partes.
expatiate [ɪks'peɪʃɪeɪt] [iks-pei-shieit], *vn.* 1. Espaciarse, dilatarse, difundirse, hacer digresiones. 2. Extenderse, discurrir con muchas palabras (be discursive, linger over). *-va.* Dar libre curso o alcance; extender (spread, extend).
expatiation [ɪks,peɪʃɪ'eɪʃən] [iks-pei-shi-ei-shon], *s.* Digresión, difusión, prolijidad.
expatiator [ɪks'peɪʃɪeɪtəʳ] [iks-pei-shi-ei-toʳ], *s.* Amplificador, el que habla larga y profusamente sobre un asunto.
expatiatory [eks'pænʃɪətərɪ] [iks-pei-shia-to-ri], *a.* Difuso, prolijo.
expatriate [ɪks'pætrɪeɪt] [iks-pa-trieit], *va.* Expatriar, desterrar.
expatriation [eks,pætrɪ'eɪʃən] [eks-pa-tri-ei-shon], *s.* Expatriación, destierro.
expect [ɪks'pekt] [iks-pekt], *va.* 1. Esperar, aguardar (wait). 2. Fiarse, descansar en, contar con, como cosa debida (suppose). 3. *(Fam.)* Suponer, en este sentido es un solecismo familiar. 4. *(Ant.)* Quedar, esperar. **I expect she's here by now,** me imagino que habrá llegado. **Just what I expected,** lo que yo esperaba, ya me lo figuraba. **As one might expect,** como era de esperar. **Don't expect me till you see me,** no contéis conmigo hasta que me veáis llegar. **To be expecting,** estar embarazada, estar encinta.
expectable [ɪks'pektəbl] [iks-pek-ta-bol], *a.* Expectable, lo que es de esperar o temer.
expectance, expectancy [ɪks'pektəns] [iks-pek-tans], *s.* Expectación, expectativa, esperanza, espera.
expectant [ɪks'pektənt] [iks-pek-tant], *a.* Expectante; se dice del que está en expectación de alguna cosa. **Expectant treatment,** tratamiento expectante. *-s.* Esperador; el que está en expectación de alguna cosa.
expectation [,ekspek'teɪʃən] [eks-pek-tei-shon], *s.* Expectación, expectativa, esperanza (hope, life, state). **A prince of great expectation,** un príncipe de grandes esperanzas. **Expectation of life**, esperanza de vida. **It's beyond my expectations,** es mejor de lo que esperaba.
expectative [ɪks'pektətɪv] [iks-pek-ta-tiv], *a.* Expectativo. *-s.* *(Des.)* Objeto de expectación.
expecter [ɪks'pektəʳ] [iks-pek-taʳ], *s.* Esperador.
expectorant [ɪks'pektərənt] [iks-pek-to-rant], *s.* *(Med.)* Expectorante, que promueve la expectoración, que hace expectorar. *-s.* Medicamento expectorante.
expectorate [ɪks'pektəreɪt] [iks-pek-to-reit], *va.* Expectorar, arrancar del pecho y arrojar por la boca flemas y otras materias viscosas.
expectoration [ɪks,pektə'reɪʃən] [iks-pek-to-rei-shon], *s.* Expectoración; esputo, gargajo.
expectorative [ɪks'pektərətɪv] [iks-pek-to-ra-tiv], *a.* Expectorativo, expectorante.
expedience, expediency [ɪks'piːdɪəns] [iks-pi-diens], *s.* Aptitud, propiedad; lo más practicable, o factible, o lo que más conviene hacer dadas las circunstancias, conveniencia, utilidad, oportunidad.
expedient [ɪks'piːdɪənt] [iks-pi-dient], *a.* 1. Oportuno, conveniente; prudente, propio. 2. *(Des.)* Expedito, pronto. *-s.* Expediente, medio, corte, recurso.
expediently [ɪks'piːdɪəntlɪ] [iks-pi-dient-li], *adv.* Aptamente, convenientemente.
expeditate [ɪks'piːdɪteɪt] [iks-pi-di-teit], *va.* Cortar una especie de espolones agudos que cierta clase de perros tienen en las patas y con los cuales desgarran la caza.
expeditation [,ɪkspɪdɪ'teɪʃən] [iks-pi-di-tei-shon], *s.* La acción de cortar los espolones y las uñas de las patas de los perros.
expedite ['ekspɪdaɪt] [eks-pi-dait], *va.* 1. Desembarazar, facilitar. 2. Acelerar, apresurar, dar prisa. 3. Expedir, dar curso y despacho a las causas o negocios.
expedite, *a.* *V.* EXPEDITIOUS.
expeditely ['ekspɪdaɪtlɪ] [eks-pi-dait-li], *adv.* Expeditamente.
expedition [,ekspɪ'dɪʃən] [eks-pi-di-shon], *s.* 1. Expedición, prisa, diligencia, celeridad. 2. Caminata, jornada de muchas personas con un objeto determinado y la colectividad de personas que la emprende. 3. Expedición, empresa de guerra.
expeditious [,ekspɪ'dɪʃəs] [eks-pi-di-shos], *a.* Pronto, veloz, expedito.
expeditiously [,ekspɪ'dɪʃəslɪ] [eks-pi-di-shos-li], *adv.* Expeditamente, prontamente.

expel [ɪks'pel] [iks-pel], *va.* Expeler, arrojar (things), expulsar (person), echar fuera por medio de la fuerza o autoridad; desterrar, excluir; despedir.

expellable [ɪks'peləbl] [iks-pe-la-bol], *a.* Expulsable, que puede ser expelido.

expeller [ɪks'peləʳ] [iks-pe-laʳ], *s.* El o lo que expele, expulsa, etc.

expend [ɪks'pend] [iks-pend], *va.* Expender, gastar (money), emplear dinero, tiempo, palabras (words), esfuerzos (efforts), etc, en alguna cosa; desembolsar.

expendable [ɪks'pendəbl] [iks-pen-da-bol], *s.* Que no es imprescindible. Sustituible, reemplazable.

expenditure [ɪks'pendɪtʃəʳ] [iks-pen-di-chaʳ], *s.* Gasto, desembolso.

expense [ɪks'pens] [iks-pens], *s.* Expensas, gasto, coste (spent). **At any expense,** a toda costa. **To be at expense, to go to expense,** meterse o ponerse en gastos. **At his expense,** a su costa. **With all expenses paid,** con todos los gastos pagados.

expenseless [ɪks'penslɪs] [iks-pens-les], *a.* Poco o nada costoso.

expensive [ɪks'pensɪv] [iks-pen-siv], *a.* 1. Pródigo, gastador, manirroto, amigo de gastar; liberal, generoso. 2. Costoso; dispendioso, de mucho precio.

expensively [ɪks'pensɪvlɪ] [iks-pen-siv-li], *adv.* Costosamente.

expensiveness [ɪks'pensɪvnɪs] [iks-pen-siv-nes], *s.* Prodigalidad, profusión; costa, coste, costo (spendings).

experience [ɪks'pɪərɪəns] [iks-pia-riens], *s.* 1. Experiencia, conocimiento, práctica. 2. Algo experimentado o gozado. 3. Ejercicio espiritual; conversión. **To learn by experience,** aprender por experiencia propia; hacer la prueba.

experience, *va.* Experimentar; conocer y reconocer por medio del uso.

experienced [ɪks'pɪərɪənst] [iks-pia-rienst], *a.* Experimentado, perito; hábil.

experiencer [ɪks'pɪərɪənsəʳ] [iks-pia-rien-saʳ], *s.* Experimentador.

experiment [ɪks'perɪmənt] [iks-pe-ri-ment], *s.* 1. Experimento, prueba, ensayo (test, essay). 2. Lo que va pasando por una prueba práctica. **He would not try the experiment,** no quiso hacer prueba, no quiso exponerse.

experiment, *vn.* Experimentar, hacer una prueba, un experimento.

experimental [ɪks'perɪmentl] [iks-pe-ri-men-tal], *a.* Experimental; sabido y conocido en virtud de repetidas pruebas y experiencias (well known).

experimentalist [ɪks'perɪmentəlɪst] [eks-pe-ri-men-ta-list], *s.* Experimentador.

experimentally [eks,perɪ'mentəlɪ] [eks-pe-ri-men-ta-li], *adv.* Experimentalmente.

experimentation [eks,perɪmen'teɪʃən] [iks-pe-ri-men-tei-shon], *s.* Experimento, la acción u operación de experimentar.

experimenter [ɪks'perɪmentəʳ] [eks-pe-ri-men-taʳ], *s.* Experimentador.

experimentist [ɪks'perɪmentɪst] [iks-pe-ri-men-tist], *s.* Experimentador.

expert ['ekspɜːt] [eks-pert], *a.* Experimentado, experto, práctico, pronto, diestro, hábil.

expertly ['ekspɜːtlɪ] [eks-pert-li], *adv.* Diestramente, hábilmente, mañosamente.

expertness ['ekspɜːtnɪs] [eks-pert-nes], *s.* Maña, destreza, habilidad.

expiable ['ekspɪəbl] [eks-pia-bol], *a.* Expiable, lo que se puede expiar.

expiate ['ekspɪeɪt] [eks-pieit], *va.* Expiar, limpiar y borrar un delito; pagar las penas debidas por las culpas, reparar un daño, dar satisfacción.

expiation [,ekspɪ'eɪʃən] [eks-pi-ei-shon], *s.* Expiación, el acto de expiar; reparación, resarcimiento de un daño cualquiera. *V.* ATONEMENT.

expiatist, expiator ['ekspɪətɪst] [eks-pia-tist], *s.* El que expía o hace expiación.

expiatory ['ekspɪətərɪ] [eks-pia-to-ri], *a.* Expiatorio.

expiration [,ekspaɪə'reɪʃən] [eks-paia-rei-shon], *s.* 1. Espiración, salida del aire, aspirado en los pulmones (exhalation). 2. Muerte, el último suspiro o aliento (death). 3. Remate, término (end), fin. 4. Vapor.

expire ['ɪks'paɪəʳ] [iks-paiaʳ], *va.* 1. Exhalar, despedir exhalaciones o vapores (breath out). 2. Expirar, respirar; concluir, acabar (end). *-vn.* Expirar, morir, dar el último aliento (die). 2. Acabarse alguna cosa, caducar (ticket).

explain [ɪks'pleɪn] [iks-plein], *va.* Explanar (plain), explicar, aclarar (speak clearly). **That explains it,** con eso queda todo aclarado. **Explain away,** explicar o razonar de manera convincente.

explainable [ɪks'pleɪnəbl] [iks-plei-na-bol], *a.* Explicable.

explainer [ɪks'pleɪnəʳ] [iks-plei-naʳ], *s.* Expositor, comentador, intérprete.

explanation [,eksplə'neɪʃən] [eks-pla-nei-shon], *s.* Explanación, explicación, interpretación (clarification). **There must be some explanation,** tiene que haber una explicación.

explanatory, explanative [ɪks'plænətərɪ] [iks-pla-na-to-ri], *a.* Interpretativo, explicativo, que sirve para explicar o tiende a ello.

expletive [eks'pliːtɪv] [eks-pli-tiv], *a.* Expletivo, que sirve para hacer más llena o armoniosa la locución, pero que no es necesario para el sentido de la frase. *-s.* 1. Interjección, a menudo profana. 2. Partícula expletiva. 3. Algo que sirve para hechir; añadidura.

expletory [eks'pletərɪ] [eks-ple-to-ri], *a.* Que sirve para llenar o hechir.

explicable [eks'plɪkəbl] [eks-pli-ka-bol], *a.* Explicable.

explicate ['eksplɪkeɪt] [eks-pli-keit], *va.* Explicar, aclarar, alguna cosa que está confusa; desenredar, interpretar.

explication [,ekspl'keɪʃən] [eks-pli-kei-shon], *s.* Explicación, ilustración, interpretación.

explicative ['eksplɪkətɪv] [eks-pli-ka-tiv], *a.* Explicativo.

explicator ['eksplɪkeɪtəʳ] [eks-pli-kei-toʳ], *s.* Expositor, antiguamente, exponedor, el que explica; ilustrador.

explicatory ['eksplɪkətərɪ] [eks-pli-ka-to-ri], *a.* Explicativo.

explicit [ɪks'plɪsɪt] [iks-pli-sit], *a.* Explícito, claro, formal, categórico (clear).

explicit. (Lat. en vez de *explicitus est*, está terminado) Antiguamente se ponía esta palabra a lo último de los libros en lugar de la voz *fin* que ahora se usa.

explicitly [ɪks'plɪsɪtlɪ] [iks-pli-sit-li], *adv.* Explícitamente (clearly).

explicitness [ɪks'plɪsɪtnɪs] [iks-pli-sit-nes], *s.* Claridad en el lenguaje; lucidez en las ideas (clear words).

explode [ɪks'pləʊd] [iks-ploud], *va.* 1. Hacer explosión, estallar, disparar con estallido. 2. Desacreditar, demostrar la falsedad de algo, difamar (rumor, theory). 3. Expeler con violencia y estrépito. *-va.* 1. Estallar, dar un estallido, hacer explosión, abrirse con estrépito (burst). 2. Silbar, como la pólvora. 3. Reventar, tener súbito fin; desplomarse (come crashing down). 4. *(Fisiol.)* Salir o dejarse ver súbitamente.

exploder [ɪks'pləʊdəʳ] [iks-plou-daʳ], *s.* Causa cualquiera de una explosión; el que o lo que hace explosión o estalla.

exploit ['eksplɔɪt] [eks-ploit], *s.* Hazaña, hecho heroico o famoso (achievement).

exploit, *va. (Neol.)* 1. Explotar, sacar todo el beneficio o producto posible de una cosa o persona; utilizar para su interés particular. 2. Buscar. 3. Referir con pormenores.

exploitable [eks'plɔɪtəbl] [eks-ploi-ta-bol], *a.* Explotable, que puede ser explotado.

exploitation [,eksplɔɪ'teɪʃən] [eks-ploi-tei-shon], *s.* 1. Explotación, la acción de explotar, de hacer uso de recursos naturales desatendidos hasta entonces. 2. Utilización en interés particular de alguien.

exploitative [eks'plɔɪtətɪv] [eks-ploi-ta-tiv], *a.* Explotador.

exploiting [eks'plɔɪtɪŋ] [eks-ploi-tin], *s.* Explotación.

exploration [ˌeksplɔːˈreɪʃən] [eks-plo-rei-shon], *s.* Exploración, examen; investigación científica, particularmente geográfica, en regiones poco conocidas.
explorator [ˌeksplɔˈreɪtəʳ] [eks-plo-rei-taʳ], *s.* Explorador, examinador.
exploratory [eksˈplɒrətərɪ] [eks-plo-ra-to-ri], *a.* Exploratorio.
explore [ɪksˈplɔːʳ] [iks-ploʳ], *va.* Explorar, averiguar, examinar, sondear, profundizar, observar.
explorer [ɪksˈplɔːrəʳ] [iks-plo-raʳ], *s.* Explorador.
explosion [ɪksˈpləʊʒən] [iks-plou-shon], *s.* Explosión.
explosive [ɪksˈpləʊzɪv] [iks-plou-siv], *a.* Explosivo, lo que tiene capacidad de hacer explosión. *-s.* Cualquiera substancia que puede causar explosión por su repentina combustión o descomposición.
explosiveness [ɪksˈpləʊzɪvnɪs] [iks-plou-siv-nes], *f.* Calidad de explosivo.
expoliation [ˌekspɒlɪˈeɪʃən] [eks-po-li-ei-shon], *s.* Despojo; gasto.
exponent [eksˈpəʊnənt] [eks-pou-nent], *s.* 1. *(Mat.)* Exponente. 2. Representante.
exponential [ˌekspəʊˈnenʃəl] [eks-pou-nen-shal], *a.* Exponencial.
export [ˈekspɔːt] [eks-port], *va.* Exportar, sacar o extraer géneros de un país para otro. **Export duty,** derechos de exportación. **Export trade,** comercio de exportación. **Export credit,** crédito a la exportación. *f.* Exportación.
exportable [ˈekspɔːtəbl] [eks-por-ta-bol], *a.* Exportable, lo que puede ser exportado.
exportation [ˌekspɔːˈteɪʃən] [eks-por-tei-shon], *s.* Exportación, extracción. **Bounty on exportation,** prima de exportación. **Channel of exportation,** punto de salida de géneros.
exporter [eksˈpɔːtəʳ] [eks-por-taʳ], *s.* Exportador, el que exporta.
exports [ˈekspɔːtz] [eks-ports], *s. pl.* Las mercancías o géneros de un país para otro.
expose [ɪksˈpəʊz] [iks-pous], *va.* 1. Exponer, poner de manifiesto alguna cosa, mostrar, descubrir, publicar, manifestar. 2. Exponer, poner en peligro, arriesgar. 3. Manifestar las cualidades de alguna persona de modo que se la exponga a ser censurada, burlada o despreciada; comprometer; ponerse en ridículo; descubrirse, faltar a la decencia (ridicule, compromise). 4. Abandonar una persona o cosa a su suerte. 5. Poner a descubierto, desenmascarar, descubrir y divulgar un enredo, abuso o escándalo (fake). **To expose oneself to,** exponerse a (danger).
exposé [ekˈspəʊzeɪ] [eks-pou-sei], *f.* Exposición.
exposed [ɪksˈpəʊzd] [iks-pousd], *pp.* y *a.* 1. Expuesto, mostrado, etc. 2. Descubierto, no abrigado.
exposer [ɪksˈpəʊzəʳ] [iks-pou-saʳ], *s.* Exponente, el que expone.
exposition [ˌekspəʊˈzɪʃən] [iks-pou-si-shon], *s.* 1. Exposición, la acción de exponer a la vista; exhibición pública de productos industriales, agrícolas, artísticos, etc (showing). 2. Exposición, explicación, interpretación (explanation). 3. Análisis retórico. 4. Desenlace de un drama. 5. Riesgo, peligro (danger, risk).
expositive [ɪksˈpəzɪtɪv] [iks-po-si-tiv], *a.* Expositivo.
expositor [ɪksˈpəzɪtəʳ] [iks-po-si-taʳ], *s.* Expositor; comentador, intérprete.
expository [ɪksˈpəsɪtərɪ] [iks-po-si-to-ri], *a.* Expositivo, explicativo.
ex post facto [eksˌpɒstˈfæktə] [eks-post-fak-to]. Expresión latina para calificar la resolución tomada acerca de una cosa que ha sucedido antes; v. gr. se llama una ley *ex post facto*, cuando se aplica a un caso o delito anterior a ella.
expostulate [ɪksˈpɒstjʊleɪt] [iks-pos-tju-leit], *vn.* Debatir seriamente, reconvenir a uno amigablemente; representar el error o los inconvenientes de un acto, una medida, etc., procurando hacer cambiar a otro de opinión: seguido de *with*. **Expostulate with,** Discutir con, intentar convencer a.
expostulation [ɪksˌpɒstjʊˈleɪʃən] [iks-pos-tju-lei-shon], *s.* Debate, reconvención, disuasión.
expostulator [ɪksˈpɒstjʊleɪtəʳ] [iks-pos-tju-lei-taʳ], *s.* El que ventila algún asunto con otro reconviniéndole amigablemente.
expostulatory [ˌɪkspɒsˈtjʊlətərɪ] [iks-pos-tju-la-to-ri], *a.* Lo que contiene cargos o reconvenciones amistosas.
exposure [ɪksˈpəʊʒəʳ] [iks-pou-shaʳ], *s.* 1. Manifestación, el acto de exponer (exposition). 2. Situación arriesgada o peligrosa (risk). 3. Aspecto; situación o posición con respecto a uno de los puntos cardinales. **The house has a southern exposure,** la casa da o mira al sur. 4. Escándalo; revelación de algo oculto y escandaloso, exhibición (Sex). **To die from exposure,** morir de frío.
exposure meter [ɪksˈpəʊʒəˈmiːtəʳ] [iks-pou-sha-mi-taʳ], *s.* En fotografía, medidor de exposición, fotómetro.
expound [ɪksˈpaʊnd] [iks-paund], *va.* Exponer, declarar, interpretar, comentar.
expounder [ɪksˈpaʊndəʳ] [iks-paun-daʳ], *s.* Expositor, comentador.
express [ɪksˈpres] [iks-pres], *va.* 1. Expresar; manifestar, dar a entender. 2. Representar, ser símbolo o imagen de alguna cosa. 3. Designar, denotar; declarar el pensamiento de uno, proferir, articular. 4. Exprimir, sacar o extraer el jugo de alguna cosa. 5. Enviar, expedir por expreso o mensajero.
express, *a.* 1. Expreso, claro, formal, explícito (clear). **Express warranty,** garantía escrita. 2. Pintiparado, copiado, parecido (similar). 3. Hecho o llevado por expreso; pronto, de prisa. **Express train,** (tren) rápido. *-s.* 1. Expreso, correo, mensajero, propio. 2. Expreso, el mensaje o aviso que lleva algún expreso o correo extraordinario. 3. Expreso, servicio organizado para el rápido transporte de mercancías y paquetes de un punto a otro.**4.** Exprimir (juice). **To send a letter express,** enviar una carta urgente. **To express oneself,** expresarse.
expressage [ɪksˈpreseɪdʒ] [iks-pre-seich], *s.* 1. Porte, coste de llevar por expreso. 2. Todo lo que se envía por expreso.
express car, *s.* Vagón expreso.
express company, *s.* Empresa de transportes rápidos.
expressible [ɪksˈpresɪbl] [iks-pre-si-bol], *a.* 1. Decible; expresable. 2. Exprimible, que puede exprimirse para sacar el jugo.
expression [ɪksˈpreʃən] [iks-pre-shon], *s.* 1. Expresión; gesto, acción de expresarse; expresión de la fisonomía que manifiesta los sentimientos, las emociones, etc. 2. Expresión, locución, voz o palabra; modo de expresar o hacer extender lo que se quiere o piensa. 3. Verdad y viveza con que están expresados los efectos en las artes. 4. *(Fam.)* Expresión, el acto de exprimir con prensa el zumo o aceite de las plantas (juice, oil). **As an expression of thanks,** en señal de agradecimiento.
expressionism [eksˈpreʃənɪzəm] [eks-pre-sho-ni-sem], *s.* Expresionismo.
expressionist [ɪksˈpreʃənɪst] [iks-pre-sho-nist], *a.* y *s.* Expresionista.
expressive [ɪksˈpresɪv] [iks-pre-siv], *a.* Expresivo, significativo, enérgico, enfático.
expressively [ɪksˈpresɪvlɪ] [iks-pre-siv-li], *adv.* Expresivamente, enérgicamente.
expressiveness [ɪksˈpresɪvnɪs] [iks-pre-siv-nes], *s.* Energía.
expressly [ɪksˈpreslɪ] [iks-pres-li], *adv.* Expresamente.
expressman [ɪksˈpresmæn] [iks-pres-man], *s.* Mensajero, empleado de una compañía de expreso.
expressness [ɪksˈpresnɪs] [iks-pres-nes], *s.* Calidad de exacto, específico y determinado.
expresso [ɪkˈspresəʊ] [iks-pre-sou], *f.* Espresso, café exprés.
express train, *s.* Expreso, tren expreso.
express way [ɪksˈpresweɪ] [iks-pres-uei], *s.* Autopista (EU).
exprobrate [eksˈprəbreɪt] [eks-pro-breit], *va.* *(Ant.)* Vituperar, afear, echar en cara, dar en rostro.

expropriate [eks'prəʊprɪeɪt] [eks-pro-prieit], *va.* Enajenar, expropiar.
expropriation [eks,prəʊprɪ'eɪʃən] [eks-pro-priei-shon], *s.* Enajenamiento, expropiación, renuncia o privación de la propiedad de algo.
expugn [ɪks'pʊgn] [iks-pugn], *va.* Expugnar, tomar por fuerza o asalto una ciudad o plaza.
expugnable [ɪks'pʊgnəbl] [iks-pug-na-bol], *a.* Expugnable, que se puede expugnar.
expugnation [,ɪkspʊg'neɪʃən] [iks-pug-nei-shon], *s.* Expugnación, toma por asalto.
expugner [ɪks'pʊgnər] [iks-pug-nar], *s.* Expugnador.
expulsion [ɪks'pʌlʃən] [iks-pal-shon], *s.* Expulsión.
expulsive [ɪks'pʌlsɪv] [iks-pal-siv], *a.* Expulsivo, que tiende a expulsar.
expunction [ɪks'pʊŋkʃən] [iks-punk-shon], *s.* Borradura, raspadura.
expunge [ɪks'pʊndʒ] [iks-punch], *va.* 1. Borrar, cancelar, rayar (cancel, score out). 2. Borrar, lavar las manchas o defectos. 3. Acabar, aniquilar.
expunging [eks'pʊndʒɪŋ] [eks-pun-chin], *s.* Cancelación, el acto de cancelar.
expurgate ['ekspɜːgeɪt] [eks-per-gueit], *va.* Expurgar, tachar u omitir las palabras o cláusulas censurables de un libro; limpiar, purificar de lo que es nocivo.
expurgation [,ekspɜː'geɪʃən] [eks-per-guei-shon], *s.* Expurgación, purificación, expurgo.
expurgatory [,ekspɜː'gətərɪ] [eks-per-ga-to-ri], *a.* Expurgatorio.
exquisite [eks'kwɪzɪt] [eks-kui-sit], *a.* 1. Exquisito, exquisitamente bello, de singular primor en su especie; consumado (delightful, excellent, precious). 2. Intenso, excesivo, atroz (intense, powerful). **Exquisite pain,** dolor excesivo, pena atroz. 3. Remilgado, exigente, quisquilloso, delicadamente sensible o impresionable. 4. Vivo, delicioso. **Exquisite pleasure,** vivo placer. *-s.* Elegante, petimetre, pisaverde.
exquisitely [eks'kwɪzɪtlɪ] [eks-kui-sit-li], *adv.* Exquisitamente, completamente.
exquisiteness [eks'kwɪzɪtnɪs] [eks-kui-sit-nes], *s.* Primor, delicadeza, excelencia, perfección.
exsanguinate [eks'sægɪneɪt] [eks-san-gui-neit], *va.* Desangrar, quitar la sangre.
exsanguine [eks'sæŋgiːn] [eks-san-guin], *a.* Que no tiene sangre; desangrado.
exscind [ek'sɪmd] [ek-sin], *va.* Cortar, extirpar.
exsect [ek'sekt] [ek-sekt], *va.* Cortar, extirpar, quitar.
exsection [ek'sekʃən] [ek-sek-shon], *s.* Cortadura, corte de una parte de un miembro o una corta extensión de hueso.
exserted [ek'sɜːtɪd] [ek-ser-tid], *a.* *(Bot.)*Exserto, que proyecta o sobresale de las partes que lo rodean, como los estambres, sin cubierta.
exsiccant [ek'sɪkənt] [ek-si-kant], *a.* Desecativo, desecante.
exsiccate [ek'sɪkeɪt] [ek-si-keit], *va.* Desecar, secar.
exsiccation [ek'sɪkeɪʃən] [ek-si-kei-shon], *s.* Desecación.
exsiccative [ek'sɪkətɪv] [ek-si-ka-tiv], *a.* Desecativo, desecante.
exspuition [eks'pʊɪʃən] [eks-pui-shon], *s.* Esputo, saliva.
exstipulate [eks'tɪpjuːleɪt] [eks-ti-piu-leit], *a.* *(Bot.)* Sin estípulas, que carece de estípulas.
exsuction [ek'sʊkʃən] [ek-suk-shon], *s.* Chupadura, chupetón.
extancy [eks'tænsɪ] [eks-tan-si], *s.* *(Ant.)* La parte que sobresale en alguna cosa.
extant [eks'tænt] [eks-tant], *a.* 1. Estante, existente; viviente (being). 2. *(Ant.)* Sobresaliente, lo que sobresale sobre las demás partes de la misma especie.
extasy ['ekstæsɪ] [eks-ta-si], *s.* Extasis o éxtasis. *V.* ECSTASY.
extatic, extatical [eks'tæntɪk] [eks-ta-tik], *a.* Extático, arrobado, fuera de sí. *V.* ECSTATIC.
extemporal [eks'tempərəl] [eks-tem-po-ral], *a.* *(Des.)* *V.* EXTEMPORANEOUS.
extemporaneous [eks'tempərənɪəs] [eks-tem-po-ra-nios], **extemporary** [eks'tempərərɪ] [eks-tem-po-ra-ri], *a.* 1. Repentino, improviso, ejecutado o hecho sin mucha o ninguna preparación; ocasional. 2. Dado a hablar en público sin apuntes, improvisando.
extemporaneously [eks'tempərənɪəslɪ] [eks-tem-po-ra-nios-li], *adv.* Repentinamente, de improviso.
extempore [eks'tempɔːr] [eks-tem-por], *a.* Sin estudio previo, improvisado. *-adv.* Extemporáneamente, de improviso, de repente, in promptu.
extemporiness [eks'tempərɪnɪs] [eks-tem-po-ri-nes], *s.* Improvisación, la facultad de decir alguna cosa extemporáneamente.
extemporize [eks'tempəraɪz] [eks-tem-po-rais], *va.* Improvisar, hablar, tocar o componer música extemporáneamente o de repente.
extend [ɪks'tend] [iks-tend], *va.* 1. Extender, tender, alargar; ensanchar, amplificar; prolongar el tiempo (increase). 2. Alargar el brazo, tender la mano (help). 3. Conceder, dar, comunicar (welcome, thanks). *-vn.* Alcanzar o extenderse a alguna distancia. **To extend the arm, the hand,** alargar el brazo; tender la mano. **To extend over,** abarcar, incluir. **To extend trade,** dar extensión al comercio. **To extend the time of payment,** dar prórroga, diferir la época del pago. **His power does not extend so far,** su poder no se extiende tan lejos, no llega a tanto.
extendable [ɪks'tendəbl] [iks-ten-da-bol], *a.* Extensible, alargable.
extended [ɪks'tendɪd] [iks-ten-did], *a.* y *pp.* 1. Extenso, prolongado en el espacio, tiempo o alcance **Extended forecast,** pronóstico a largo plazo. 2. *(Tip.)* Tipo abierto, ancho con relación a su altura; v. g. letra abierta. **Extended-play,** maxi-single.
extendedly [ɪks'tendɪdlɪ] [iks-ten-did-li], *adv.* Extensamente.
extender [ɪks'tendər] [iks-ten-dar], *s.* Extendedor.
extendible [ɪks'tendɪbl] [iks-ten-di-bol], *a.* Extendedor.
extensibility [ɪks,tensɪ'bɪlɪtɪ] [iks-ten-si-bi-li-ti], **extensibleness** [ɪks'tend] [iks-tend], *s.* Extensibilidad.
extensible [ɪks'tensɪbl] [iks-ten-si-bol], *a.* Extensivo, extensible.
extension [ɪks'tenʃən] [iks-ten-shon], *s.* 1. Extensión; aumento, prolongación; despliegue, ampliación (increase, building, stay, roads, etc.). 2. Anexo; cosa agregada. 3. Extensión, espacio, propiedad de la materia. 4. (LAm) Interno. **Extensión cable,** alargador eléctrico. **Extension ladder,** escalera extensible.
extensional [ɪks'tenʃənl] [iks-ten-sho-nal], *a.* Muy extendido, lo que tiene mucha extensión.
extensive [ɪks'tensɪv] [iks-ten-siv], *a.* Extenso, dilatado, espacioso, vasto, grande, de mucha extensión (roomy, vaste).
extensively [ɪks'tensɪvlɪ] [iks-ten-siv-li], *adv.* Extensivamente, comúnmente. **It is used extensively,** se utiliza commúnmente. **To travel extensively,** viajar por muchos lugares.
extensiveness [ɪks'tensɪvnɪs] [iks-ten-siv-nes], *s.* Extensión, anchura, capacidad, grandor; extensibilidad.
extensor [ɪks'tensər] [iks-ten-sor], *s.* *(Anat.)* Extensor, músculo que sirve para extender.
extent [ɪks'tent] [iks-tent], *s.* 1. Extensión (space), grado, compás, término. 2. Tamaño, magnitud (size). 3. *(For.)* Ejecución; embargo. 4. *(Des.)* Comunicación, distribución. **To a certain extent,** hasta cierto punto. **To the full extent,** en toda su extensión. **To a great extent,** en sumo grado, grandemente. **To what extent?**, ¿hasta qué punto?
extenuate [eks'tenjʊeɪt] [eks-te-nueit], *va.* 1. Disminuir, minorar, mitigar, atenuar, paliar (mitigate). 2. Extenuar, desengrosar, adelgazar.
extenuating [eks'tenjʊeɪtɪŋ] [eks-te-nuei-tin], *a.* Atenuante, paliativo (circumstance), excusador.

extenuation [eks'tenjʊeɪʃən] [eks-te-nuei-shon], *s.* Extenuación, mitigación, paliación, atenuación de una falta (mitigation, paliation); excusación.
exterior [eks'tɪərɪəʳ] [eks-te-rioʳ], *a.* 1. Exterior, de la parte de afuera. 2. Externo. 3. Disinguido o notado por los sentidos, manifiesto. *-s.* Lo exterior; la apariencia o aspecto de una persona o cosa.
exteriority [eks'tɪərɪrɪtɪ] [eks-te-rio-ri-ti], *s.* (Poco us.) Exterioridad.
exteriorize [eks'tɪərɪəraɪz] [eks-te-ria-rais], *vt.* Exteriorizar.
exteriorly [eks'tɪərɪəlɪ] [eks-te-rio-li], *adv.* Exteriormente.
exterminate [eks'tɜːmɪneɪt] [eks-ter-mi-neit], *va.* 1. Exterminar, dessarraigar, destruir, extirpar. 2. *(Alg.)* Hacer desaparecer. *V.* ELIMINATE.
extermination [eksˌtɜːmɪ'neɪʃən] [eks-ter-mi-nei-shon], *s.* Exterminación, destrucción, desolación, extirpación.
exterminator [eks'tɜːmɪneɪtəʳ] [eks-ter-mi-nei-toʳ], *s.* Exterminador.
exterminatory [eks'tɜːmɪnətərɪ] [eks-ter-mi-na-to-ri], *a.* Lo que extermina.
extern ['ekstɜːn] [eks-tern], *a.* *(Ant.)* Externo, exterior; extrínseco.
extern, externe, *s.* 1. Alumno externo de una escuela o colegio, el que no es pupilo. 2. Médico o practicante de un hospital que no habita en el edificio.
external ['ekstɜːnl] [eks-ter-nal], *a.* 1. Externo, exterior. **External audit,** auditoría externa. 2. Extranjero, exterior. **External trade,** comercio exterior o extranjero. **For external use,** para uso externo. *-s.* Lo exterior, la parte externa; símbolo, ceremonia, rito externo, v. gr. los de una religión. **Externals,** aspecto externo.
externality ['ekstɜːnəlɪtɪ] [eks-ter-na-li-ti], *s.* 1. Exterioridad, calidad de lo que es exterior. 2. Percepción externa. 3. Objeto externo; rito, símbolo.
externalize, externalise [ɪks'tɜːnəlaɪz] [iks-ter-na-lais], *va.* 1. Dar figura, dar cuerpo, incorporar. 2. Hacer real de una manera exterior y visible.
externally [eks'tɜːnəlɪ] [eks-ter-na-li], *adv.* Exteriormente.
extersion ['ekstɜːʃən] [eks-ter-shon], *s.* Borradura, raspadura.
extinct [ɪks'tɪŋ*k*t] [iks-tinkt], *a.* 1. Extinto, extinguido, apagado (volcano); destruído, desaparecido (person, animal). 2. Extinto, sin sucesión. 3. Abolido, suprimido (law, etc.). **To become extinct,** extinguirse, apagarse; morir, desaparecer.
extinction [ɪks'tɪŋ*k*ʃ*ə*n] [iks-tink-shon], *s.* 1. Extinción, apagamiento. 2. Destrucción, supresión, aniquilación, abolición.
extinguish [ɪks'tɪŋ*k*gwɪʃ] [iks-tin-güish], *va.* 1. Extinguir, apagar. 2. Suprimir, destruir; obscurecer.
extinguishable [ɪks'tɪŋ*k*gwɪʃəbl] [iks-tin-güi-sha-bol], *a.* Extinguible.
extinguisher [ɪks'tɪŋ*k*gwɪʃəʳ] [iks-tin-güi-shaʳ], *s.* Extinguidor, apagador, apagavelas (candle, fire). **Fire extinguisher,** extintor de incendios.
extinguishment [ɪks'tɪŋ*k*gwɪʃmənt] [iks-tin-güish-ment], *s.* .1 Apagamiento, extinción; abolición, aniquilamiento. 2. Anulación; amortización, p. ej. de una deuda pública.
extirpable ['ekstɜːpəbl] [eks-ter-pa-bol], *a.* Capaz de ser extirpado.
extirpate ['ekstɜːpeɪt] [eks-tir-peit], *va.* Extirpar, desarraigar.
extirpation [ˌekstə'peɪʃən] [eks-ter-pei-shon], *s.* 1. Extirpación, exterminio. 2. *(Cir.)* Excisión, extirpación, la acción de separar o cortar por completo un órgano, tumor, excrecencia, etc.
extirpator ['ekstɜːpeɪtəʳ] [eks-ter-pei-taʳ], *s.* Exterminador, extirpador.
extol [ɪks'tɒl] [iks-tol], *va.* Engrandecer, ensalzar, aplaudir, magnificar.
extoller [ɪks'tɒləʳ] [iks-to-laʳ], *s.* Ensalzador, alabador, loador.
extorsive [ɪks'tɔːsɪv] [iks-tor-siv], *a.* Que causa extorsión, que sirve para violentar; inicuo, injusto.
extorsively [ɪks'tɔːsɪvlɪ] [iks-tor-siv-li], *adv.* Con extorsión.
extort [ɪks'tɔːt] [iks-tort], *va.* Sacar u obtener por fuerza alguna cosa; arrancar, adquirir por violencia u opresión. *-vn.* Practicar extorsión.
extorter [ɪks'tɔːtəʳ] [iks-tor-taʳ], **extortioner** [ɪks'tɔːʃənəʳ] [iks-tor-sho-naʳ], *s.* Opresor, el que causa extorsión; concusionario.
extortion [ɪks'tɔːʃən] [iks-tor-shon], *s.* 1. Extorsión, el acto y efecto de obtener algo de otro por fuerza e indebidamente. 2. Lo que se ha obtenido por fuerza o violencia (violently obtained). 3. *(Der.)* Extorsión, el delito que comete un empleado público con exacciones injustas.
extortionary [ɪks'tɔːʃənərɪ] [iks-tor-sho-na-ri], *a.* Lo que tiene el carácter o implica una extorsión o acto ilegal.
extortionate [ɪks'tɔːʃəneɪt] [iks-tor-sho-neit], *a.* Opresivo, injusto, violento; excesivo (price).
extortionist [ɪks'tɔːʃənɪst] [iks-tor-sho-nist], *s.* *V.* EXTORTIONER.
extra ['ekstrə] [eks-tra], *a.* Extra, además, doble, de repuesto, adicional, suplementario. *-s.* Algo fuera de lo ordinario o lo exigido. Extra, edición suplementaria de un diario. **Extra charge,** recargo. **Extra work, extra pay,** trabajo, paga extraordinaria, sobresueldo. **Extra hand,** empleado supernumerario. **For extra security,** para mayor seguridad. **The coffe is extra,** el café no está incluído (price of a menu). *adv.* De manera extraordinaria, especialmente. **Extra beautiful,** más bello que de costumbre.
extra, *prefijo* Preposición latina que significa *afuera, más allá, o exceso*, y entra en composición de las voces.
extract ['ekstrækt] [eks-trakt], *va.* 1. Extraer, sacar algo de un lugar, tirar. 2. Extraer, separar por medio de una operación química. 3. Extractar, compendiar, hacer extractos. 4. *(Mat.)* Buscar, hallar una raíz. **Many beautiful colours are extracted from coal-tar,** se sacan muchos colores hermosos del alquitrán de hulla.
extract, *s.* 1. Extracto, sustancia que se saca de una planta. 2. Cita, mención *(Liter.)*.
extractable, extractible ['ekstræktɪbl] [eks-trak-ti-bol], *a.* Extraíble, que puede ser extraído.
extraction ['ekstrækʃən] [eks-trak-shon], *s.* 1. Extracción, origen, descendencia, linaje, alcurnia. 2. *(Quím.)* Extracción, acción de separar o extraer uno o varios de los diversos elementos que forman los cuerpos compuestos.
extractive ['ekstræktɪv] [eks-trak-tiv], *a.* Extractivo, que puede extraer o ser extraído. *-s.* *(Med.)* Extractivo, la porción de un extracto que se hace insoluble.
extractor ['ekstræktəʳ] [eks-trak-toʳ], *s.* 1. Extractor, extractador. 2. herramienta para extraer.
extradite ['ekstrədaɪt] [eks-tra-dait], *va.* Extraditar, entregar un reo refugiado en un país a las autoridades de su propia nación.
extradition [ˌekstrə'dɪʃən] [eks-tra-di-shon], *s.* Extradición, acción de entregar un reo, refugiado en país extranjero, al gobierno del suyo propio. **Extradition warrant,** orden de extradición.
extrados ['ekstrədəs] [eks-tra-dos], *s.* *(Arq.)* Tradós, curva exterior de una bóveda.
extrafoliaceous ['ekstrəfə'lɪeɪʃəs] [eks-tra-fo-lia-shos], *a.* Extrafoliáceo, el órgano que tiene su asiento en cualquier parte distinta del sobaco o axila de las hojas.
extrajudicial [ˌekstrə'dʒuːdɪʃəl] [eks-tra-yu-di-shal], *a.* Extrajudicial.
extrajudicially [ˌekstrəd'juːdɪʃəlɪ] [eks-tra-yu-di-sha-li], *adv.* Extrajudicialmente.
extramarital [ˌekstrə'mærɪtəl] [eks-tra-ma-ri-tal], *s.* Extramarital.
extramission [ˌekstrə'mɪʃən] [eks-tra-mi-shon], *s.* El acto de echar hacia fuera alguna cosa; emisión.
extramundante [ˌekstrə'mʊndənt] [eks-tra-mun-dant], *a.* Lo que está fuera del mundo.

extramural ['ekstrə'mjʊərəl] [eks-tra-mua-ral], *a.* Extramuros.
extraneous [eks'treɪnɪəs] [eks-trei-nios], *a.* Extraño, externo, extranjero, extrínseco.
extraordinarily [ɪks'trɔːdɪnərɪlɪ] [iks-tror-di-na-ri-li], *adv.* Extraordinariamente.
extraordinariness [ɪks'trɔːdɪnərɪnɪs] [iks-tror-di-na-ri-nes], *s.* Singularidad, estado o cosa extraordinaria.
extraordinary [ɪks'trɔːdɪnərɪ] [iks-tror-di-na-ri], *a.* 1. Extraordinario, singular, que no es nada común, que excede al tipo o uso común y normal. **It is that extraordinary that,** es increíble que. 2. Especial. *-s.* Cualquier cosa extraordinaria o no común: se usa igualmente en plurar. *-adv.* Extraordinariamente.
extraparochial ['ekstrəpə'rəʊkɪəl] [eks-tra-pa-ro-kial], *a.* Extraparroquial.
extrapolate [ɪks'trəpəleɪt] [iks-tra-po-leit], *va.* y *vn.* Extrapolar.
extrapolation [ɪksˌtræpə'leɪʃən] [iks-tra-po-lei-shon], *f.* Extrapolación.
extraregular [ɪks'trərɪgjʊləʳ] [iks-tra-re-guiu-laʳ], *a.* Irregular.
extrasensory ['ekstrə'sensərɪ] [iks-tra-sen-so-ri], *a.* Extrasensorio. **Extrasensory perception,** percepción extrasensorial.
extraspecial [ˌekstrə'speʃəl [iks-tras-pe-shal], *a.* Extremadamente especial.
extraterrestrial [ˌekstrətə'restrɪəl] [eks-tra-te-res-trial], *a.* Extraterrestre.
extraterritorial ['ekstrəˌterɪ'tɔːrɪəl] [eks-tra-te-ri-to-rial], *a.* Extraterritorial.
extravagance, extravagancy [ɪks'trævəgəns] [iks-tra-vagans], *s.* 1. Extravagancia, salida de los límites prescritos ; disparate, locura, desarreglo, desorden, desbarro. 2. Disipación, profusión, prodigalidad, gastos excesivos.
extravagant [ɪks'trævəgənt] [iks-tra-va-gant], *a.* 1. Extravagante, singular, estrafalario (eccentric); exorbitante, disparatado. 2. Profuso, pródigo (lavish), manirroto, gastador, despilfarrador (wasteful). *-s.* 1. Estrafalario, el que comete extravagancias o es extravagante. 2. *pl.* Extravagantes, ciertas constituciones pontificias.
extravagantly [ɪks'trævəgəntlɪ] [iks-tra-va-gant-li], *adv.* Extravagantemente, profusamente, exorbitantemente, costosamente; locamente.
extravaganza [eksˌtrævə'gænsə] [eks-tra-va-gan-sa], *s.* Pieza de música, o composición dramática, extravagante y fantástica (piece of art).
extravagate [ɪks'trævəgeɪt] [iks-tra-va-gueit], *vn.* Vaguear, andar a discreción o más allá de los límites debidos.
extravagation [ɪks'trævəgeɪʃən] [iks-tra-va-guei-shon], *s.* Vagancia.
extravasate [ɪks'trævəseɪt] [iks-tra-va-seit], *va.* y *vn.* Extravasarse, rebosar o derramarse fuera de los vasos naturales.
extravasate, *a.* Extravasado.
extravasation [ɪks'trævəseɪʃən] [iks-tra-va-sei-shon], *s.* *(Med.)* Extravasación.
extraversion [ˌekstrə'vɜːʃən] [eks-tra-ver-shon], *s.* *(Des.)* El acto de arrojar fuera alguna cosa.
extravert ['ekstrəvɜːt] [eks-tra-vert], *va.* Volver hacia afuera o a un lado.
extreme [ɪks'triːm] [iks-trim], *a.* 1. Extremo, excesivo, sumo. **In the extreme,** en sumo grado. 2. Último, extremo, postrero. 3. Riguroso, estricto, extremado (care); radical. *-s.* 1. Extremo, ápice; el grado más elevado de alguna cosa. 2. Fin, cabo (end).
extremely [ɪks'triːmlɪ] [iks-trim-li], *adv.* Extremamente, sumamente.
extremism [ɪks'triːmɪzəm] [iks-tri-mi-sem], *s.* Extremismo.
extremist [ɪks'triːmɪst] [iks-tri-mist], *s.* y *a.* Extremista.
extremity [ɪks'tremɪtɪ] [iks-tre-mi-ti], *s.* 1. Extremidad. 2. Suma violencia, rigor; necesidad, apuro. *-pl.* 1. Medidas extremas. 2. *(Zool.)* Extremidades; mano, pie, órgano locomotor o un apéndice. **To drive one to extremities,** apurar a uno la paciencia; ponerle entre la espada y la pared. **In this extremity,** en tal apuro.
extricable ['ekstrɪkəbl] [eks-tri-ka-bol], *a.* Capaz de ser desenredado, desembarazado; evitable.
extricate ['ekstrɪkeɪt] [eks-tri-keit], *va.* Desembarazar, desenredar (disentangle), desembrollar; sacar de un peligro, dificultad o apuro.
extrication [ˌekstrɪ'keɪʃən] [eks-tri-kei-shon], *s.* Desembarazo, desenredo.
extrinsic, extrinsical ['ekstrɪnsɪk] [eks-trin-sik], *a.* Extrínseco, exterior, lo que viene de afuera.
extrinsically [eks'trɪnsɪkəlɪ] [eks-trin-si-ka-li], *adv.* Extrínsecamente.
extrorse, extrorsal [ɪks'trɔːs] [iks-trors], *a.* 1. *(Bot.)* Extrorso, que se abre al lado exterior de la flor; se dice de la antera. 2. *(Zool.)* Vuelto afuera del cuerpo.
extrovert ['ekstrəʊvɜːt] [eks-trou-vert], *a.* Extravertido.
extroverted ['ekstrəʊvɜːtɪd] [eks-trou-ver-tid], *a.* Extrovertido (EU).
extrude [eks'truːd] [eks-trud], *va.* Rechazar, expulsar (force out, move), resistir un cuerpo a otro forzándole a retroceder en su curso o movimiento; empujar, echar adelante.
extrusion [eks'truːʒən] [eks-tru-shon], *s.* Rechazo, empuje, expulsión.
extuberant [ɪgz'tjuːbərənt] [iks-tiu-be-rant], *a.* (Poco us.) *V.* PROTUBERANT.
extuberance, exuberancy [ɪgs'tjuːbərənt] [iks-tiu-berant], *s.* Exuberancia, extrema fecundidad, superabundancia.
exuberant [ɪg'zuːbərənt] [ik-su-be-rant], *a.* Exuberante, eufórico (spirit), abundantísimo.
exuberantly [ɪg'zuːbərəntlɪ] [ik-su-be-rant-li], *adv.* Abundantemente, eufóricamente.
exuberate [ɪg'zuːbəreɪt] [ik-su-be-reit], *vn.* Sobreabundar.
exudation [ˌɪgzuː'deɪʃən] [ik-su-dei-shon], *s.* 1. Exudación, la acción y efecto de exudar o rezumarse. 2. Transpiración, sudor; lo exudado, lo rezumado.
exude [ɪg'zuːd] [ik-sud], *vn.* Sudar, exhalar (sweat). *-va.* Transpirar, echar hacia fuera.
exulceration [ˌɪgzʌlsə'reɪʃən] [ik-sal-se-rei-shon], *s.* *(Ant.)* Exulceración, enconamiento; corrosión.
exulceratory [ɪg'zʌlsərətərɪ] [ik-sal-se-ra-to-ri], *s.* *(Ant.)* Exulceratorio.
exult [ɪg'zʌlt] [ik-salt], *vn.* Triunfar, regocijarse sobremanera, alegrarse, hasta lo sumo. **To exult in/at,** regocijarse por.
exultance, exultancy [ɪg'zʌltəns] [ik-sal-tans], *s.* Recogijo, triunfo, rapto de alegría.
exultant [ɪg'zʌltənt] [ik-sal-tant], *a.* 1. Triunfante (winner). 2. Regocijado, regocijada, festivo, que indica o muestra gran alegría.
exultation [ˌegzʌl'teɪʃən] [ek-sal-tei-shon], *s.* Triunfo; exultación, regocijo grande, sumo placer; transporte, demostración o expresión de alegría.
exulting [ɪg'zʌltɪŋ] [ik-sal-tin], *a.* y *part. a.* Transportado, embriagado de alegría; triunfante.
exuveæ [ɪg'zjuːvæ] [ik-siu-ve], *s. pl.* 1. Los despojos de los animales. 2. *(Geol.)* Los restos animales petrificados o fósiles.
exuviate [ɪg'zjuːvɪeɪt] [ik-siu-vieit], *va.* Mudar, echar de sí alguna parte; como las plumas de las aves, el pelo, los cuernos, la concha o el carapacho de los crustáceos, etc.
exuviation [ɪg'zjuːvɪeɪʃən] [ik-siu-viei-shon], *s.* La muda de las aves, de los crustáceos.
eyas [eɪəs] [eias], *s.* Halcón niego; halconcillo recién sacado del nido. *-a.* *(Des.)* Implume.
eye [aɪ] [ai], *s.* 1. Ojo. 2. Ojo: tómase por la misma vista o el modo de mirar; mirada. 3. Ojo, la atención y vigilancia que se pone en alguna cosa (care, watch). 4. Miramiento, acatamiento, atención, estimación (considerateness). 5. La vista; el aspecto, frente o cara (look). 6. Ojo, el agujero que tienen algunas cosas, como la aguja. 7. Ventana redonda hecha en algún edificio. 8. *(Bot.)* Yema o botón de las plantas (yolk).

9. Matiz ligero de algún color. **One-eyed, blind of one eye,** tuerto. **Evil eyes,** ojos malos. **Red eyes,** ojos encarnizados. **Before one's eyes,** a la vista, en presencia de alguno. **With an eye to,** con la intención de, con miras a. **In the twinkling of an eye,** en un abrir y cerrar de ojos. **An eye for an eye,** ojo por ojo. **To catch the eye,** llamar la atención. **To have a thing in one's eyes,** aspirar a alguna cosa. **To keep a sharp eye on,** vigilar de cerca. **Black eye,** (a) ojo negro. (b) Ojo amoratado por un golpe. **Half an eye,** ojeada, mirada rápida y ligera. **To close one's eyes to,** *(Fig.)* hacer la vista gorda. **Eye of the anchor,** *(Mar.)* ojo, la parte de la caña del arganeo. **Eye of a strap,** *(Mar.)* ojo de gaza. **Eye of a stay,** *(Mar.)* ojo del estay. **An eye must be had to the laws of courtesy,** se han de observar las reglas de la cortesía. **To keep an eye out,** ir con cuidado, tener cuidado. **All in one's eye,** *(Ger.)* imaginario. **Eye-opener,** todo lo que sirve para abrir o hacer abrir los ojos, literal o figuradamente; cuento maravilloso, noticia increíble o inesperada. *(Fam.)* Lo que permite a uno comprender aquello de que antes no podía darse cuenta.

eye, *va.* 1. Ojear, echar los ojos y mirar con atención a una parte determinada; contemplar, observar (glance); velar. 2. Hacer un agujero en, como el de la aguja.

eye-ball ['aɪbɔ:l] [ai-bol], *s.* Globo del ojo.

eye-beam ['aɪbi:m] [ai-bim], *s.* Ojeada.

eye-bolt ['aɪbɔ:lt] [ai-bolt], *s.* *(Mar.)* Cáncamo del ojo.

eye-bright ['aɪbraɪt] [ai-brait], *s.* *(Bot.)* Eufrasia.

eye-brightening [aɪ'braɪtnɪŋ] [ai-brait-nin], *a.* Lo que aclara la vista.

eye-brow ['aɪbrɔ:] [ai-bro], *s.* Ceja.

eye-catching ['aɪ,kætʃɪŋ] [ai-ka-chin], *s.* Llamativo, vistoso.

eyecup ['aɪ,kʌp] [ai-kap], *s.* Lavaojos.

eyed [aɪd] [aid], *a.* Lo que tiene ojos. **Blue-eyed,** ojizarco, ojiazul, que tiene ojos azules. **Brown-eyed,** ojimoreno. **Blear-eyed,** lagañoso.

eye doctor ['aɪ,dɒktəʳ] [ai-dok-taʳ], *s.* Oculista (EU).

eye-drop [aɪ'drɒp] [ai-drop], *s.* Lágrima.

eye-dropper [aɪ'drɒpəʳ] [ai-dro-paʳ], *sm.* Cuentagotas.

eye-flap [aɪ'flæp] [ai-flap], *s.* Anteojera, cada una de las piezas de vaqueta que caen junto a los ojos de las caballerías de tiro.

eyeful ['aɪfʊl] [ai-ful], *s.* Ojeada, vistazo. **To get an eyeful of,** echar un vistazo a.

eye-glance ['aɪ,glɑ:ns] [ai-glans], *s.* Ojeada, mirada pronta y ligera.

eye-glass ['aɪglɑ:s] [ai-glas], *s.* 1. Ocular, cristal óptico de un anteojo, monóculo. 2. Ocular, la lente próxima al ojo en el microscopio o telescopio. 3. **Eye-glasses,** *pl.* lentes, quevedos.

eye-hole ['aɪhəʊl] [ai-joul], *s.* 1. Ojete, abertura pequeña y redonda por donde puede pasar un alfiler, un corchete o gancho, un cordón, etc. 2. Atisbadero, rendija o agujero por donde se puede atisbar.

eye-lash ['aɪlæʃ] [ai-lash], *s.* Pestaña.

eyeless ['aɪlɪs] [ai-les], *a.* Ciego; sin ojos o privado de la vista.

eyelet ['aɪlet] [ai-let], *s.* 1. Resquicio, cualquier abertura por donde entra la luz. 2. Ojete; y en especial un pequeño anillo metálico que protege los bordes de una agujero hecho en el lienzo, cañamazo, papel, etc. **Eyelet-holes of the reefs,** *(Mar.)* ollados de drizos.

eyeleteer ['aɪletɪəʳ] [ai-le-tiaʳ], *s.* Punzón para abrir ojetes.

eyelid ['aɪlɪd] [ai-lid], *s.* Párpado.

eyeliner ['aɪ,laɪnəʳ] [ai-lai-naʳ], *s.* Delineador de ojos.

eye-offending ['aɪ,ɒfendɪŋ] [ai-o-fen-din], *a.* Lo que hiere u ofende la vista.

eye-opener ['aɪ,əʊpnəʳ] [ai-oup-naʳ], *s.* Sorpresa, revelación.

eye-pencil ['aɪ,pensl] [ai-pen-sil], *s.* Lápiz de ojos.

eye-piece ['aɪpi:s] [ai-pis], *s.* Ocular, lente o combinación de lentes que se halla más próxima al ojo en un anteojo o microscopio.

eye-pleasing ['aɪpli:sɪŋ] [ai-pli-sin], *a.* Agradable a la vista.

eyer ['aɪəʳ] [aiaʳ], *s.* Mirador, el que mira atentamente.

eye-salve ['aɪsɑ:lv] [ai-salv], *s.* Ungüento para los males de los ojos.

eye-servant ['aɪsɜ:vənt] [ai-ser-vant], *s.* El criado que sólo trabaja en presencia de su amo, o cuando sabe que lo vigilan.

eye-service ['aɪsɜ:vɪs] [ai-ser-vis], *s.* Servicio hecho de mala gana y sólo cuando está presente quien lo manda.

eye-shade ['aɪʃeɪd] [ai-sheid], *s.* Visera, guardavista que sirve para proteger los ojos de una luz viva.

eyeshot ['aɪʃɒt] [ai-shot], *s.* Ojeada, alcance del ojo; la vista.

eyesight ['aɪsaɪt] [ai-sait], *s.* 1. Vista, el sentido de la vista. 2. Vista, alcance o extensión de la vista.

eye-sore ['aɪsɔ:ʳ] [ai-soʳ], *s.* 1. Mal de ojos. 2. Cosa que hiere, ofende u ofusca la vista; *(Fig.)* todo lo que disgusta o desagrada.

eyespot ['aɪspɒt] [ai-spot], *s.* 1. Órgano visual rudimentario de algunos invertebrados. 2. Mancha en forma de ojo.

eye-spotted ['aɪspɒtɪd] [ai-spo-tid], *a.* Abigarrado con manchas como ojos.

eye-stone ['aɪstəʊn] [ai-stoun], *s.* Piedra llamada del ojo, gránulo calcáreo que colocado debajo del párpado en el ángulo interno del ojo, sirve para hacer salir de éste las substancias extrañas que lo irritan.

eyestrain ['aɪstreɪn] [ai-strein], *s.* Vista cansada o fatigada.

eye-string ['aɪstrɪŋ] [ai-strin], *s.* Fibra del ojo.

eye-tooth ['aɪtu:θ] [ai-tuz], *s.* Colmillo.

eye-wash ['aɪwɒʃ] [ai-uosh], *s.* Loción para los ojos.

eye-water ['aɪwɔ:təʳ] [ai-uo-taʳ], *s.* Colirio, loción para los ojos.

eye-wink ['aɪwɪŋk] [ai-uink], *s.* Guiñada.

eye-witness ['aɪ,wɪtnɪs] [ai-uit-nis], *s.* Testigo ocular o presencial.

eyre ['aɪəʳ] [aiaʳ], *s.* *(Ant.)* 1. Vuelta, circuito. 2. Especie de juzgado en Inglaterra compuesto de jueces que iban de un punto a otro.

eyry, eyrie ['aɪərɪ] [aia-ri], *s.* Nido de ve de rapiña; el paraje en que pone sus huevos y cría.

F

f [ef] [ef]. Esta letra tiene el mismo sonido que en castellano, bien que pronunciado con más fuerza. Por abreviatura la *F.* equivale a *fellow*, miembro, socio.

fa [fɑ:] [fa]. Cuarta voz de la escala música.

FAA, *s. Abrev. de* **Federal Aviation Administration**. *(EU).*

Fabian ['feɪbɪən] [fei-bian], *a.* Fabiano, relativo a Fabio; que recurre a la dilación y la astucia, como lo hizo Fabio con Aníbal en la segunda guerra púnica.

fable ['feɪbl] [fei-bol], *s.* 1. Fábula, apólogo, ficción moral o histórica. 2. Fábula, la acción que sirve de asunto a los poemas épicos y dramáticos. 3. Ficción; fábula, mentira, cuento, falsedad.

fable, *vn.* Fingir, mentir, inventar una fábula. *-va.* Contar fábulas, mentiras o cuentos; fabular.

fabled ['feɪbld] [fei-bold], *a.* Fabuloso, celebrado en fábulas.

fabler ['feɪbləʳ] [fei-blaʳ], *s.* 1. Fabulista. 2. Cuentero, mentiroso.

fabric ['fæbrɪk] [fa-brik], *s.* 1. Fábrica, edificio (factory). 2. Material de uso o de adorno (material); tejido, tela, fieltro (cloth), etc. 3. Manufactura, fábrica; clase de construcción o fabricación, textura. **Fabric-lands,** tierras o rentas de fábrica, las que sirven para los reparos y gastos de la iglesia.

fabricate ['fæbrɪkeɪt] [fa-bri-keit], *va.* 1. Fabricar, edificar, construir por medio del trabajo manual o de una de las artes. 2. Forjar, fingir, inventar con falsedad (document).

fabrication [,fæbrɪ'keɪʃən] [fa-bri-kei-shon], *s.* 1. Fabricación, fábrica, el arte de fabricar, y lo que ha sido fabricado o construido; construcción; edificio (building); tisú, tejido (cloth). 2. Ficción, mentira, fábula (fiction). **All that he says is a fabrication,** todo lo que dice es mentira.

fabricator ['fæbrɪkeɪtəʳ] [fa-bri-kei-taʳ], *s.* Fabricante, fabricador.

fabricature ['fæbrɪkətʃəʳ] [fa-bri-ka-chaʳ], *s. V.* FABRICATION.

fabrile ['fæbrɪl] [fa-bril], *a.* Fabril.

fabulist ['fæbjʊlɪst] [fa-biu-list], *s.* Fabulista, autor de fábulas.

fabulize, fabulise ['fæbjʊlaɪz] [fa-biu-lais], *va.* Componer o narrar fábulas.

fabulous ['fæbjʊləs] [fa-biu-los], *a.* Fabuloso.

fabulously ['fæbjʊləslɪ] [fa-biu-los-li], *adv.* Fabulosamente.

fabulousness ['fæbjʊləsnɪs] [fa-biu-los-nes], *s.* Invención de mentiras, cuentos o cosas fabulosas.

facade [fə'sɑːd] [fa-ad], *s.* Fachada, parte frontal de un edificio.

face [feɪs] [feis], *s.* 1. Cara, rostro, faz. 2. Cara, lado, haz, superficie de una cosa (side); facie (de un cristal). 3. Semblante o facciones de la cara. **To put on a new face,** mudar de semblante. **Brazen face,** cara de vaqueta, desfachatado. 4. Fachada, frontis de un edificio (of building). 5. *(Mil.)* Frente. 6. Aspecto, semblante, estado o disposición que toman las cosas. 7. Apariencia, aspecto, presencia (look); conocimiento inmediato, vista. 8. Descaro, atrevimiento, desfachatez. 9. Mueca, gesto. **To make wry faces,** hacer muecas. 10. Cara, lo que está formalmente declarado en un documento; el valor neto, excluyendo el interés y el descuento. 11. *(Tip.)* Ojo de la letra. **To fly in the face of,** *(Fig.)* oponerse rotundamente a. **Face to face,** cara a cara. **In face of the sun,** a la faz del sol, o de todo el mundo; públicamente. **In my face,** en mi presencia, en mis barbas. **Face-ache, face-ague,** neuragia facial. **Face-card,** figura en la baraja. **Face downstairs,** boca abajo. **Face-value,** valor nominal, el que está escrito o impreso en un documento. **To make/pull faces,** hacer muecas. **On the face of it,** a primera vista.

face, *va.* y *vn.* 1. Aparentar, engañar haciendo el hipócrita. 2. Encararse; hacer frente. 3. Cubrir, aforrar. **To face a cloak,** poner embozo a una capa. **To face about,** volver la cara. **To face one out,** sostener alguna cosa a presencia de una persona que la niega, o ponerse ante su vista para insultarla descaradamente; turbar a fuerza de descaro. **To face out a lie,** sostener una mentira con impudencia. **To face out,** arrostrar, hacer frente, salir del paso a fuerza de descaro. *(Mil.)* Volver las espaldas. **To face the music,** hacer frente intrépidamente a las consecuencias. **Let's face it!** ¡seamos realistas! **Face this way!,** ¡vuélvase hacia aquí! **To face in a direction,** estar orientado en una dirección.

face about, *(Fig.)* cambiar de parecer, cambiar de postura.

face down, intimidar con la mirada (EU).

face-cloth ['feɪsklɒθ] [feis-kloz], *s.* Sudario, lienzo con que se cubre el rostro de un cadáver.

facecream ['feɪskriːm] [feis-krim], *sf.* Crema de belleza.

faced [feɪst] [feist], *a.* Lo que tiene cara o semblante; se usa casi siempre en composición. **Ill-faced,** mal encarado o engestado.

facelift [feɪs] [feis], *s.* 1. Estiramiento facial (beauty). 2. *(Fig.)* Mejora, reforma, modernización.

face-guard ['feɪsgɑːd] [feis-gard], *s.* Careta, con que se cubre el rostro para protegerlo en ciertos experimentos de química u operaciones mecánicas; máscara que se usa en los ejercicios de esgrima.

faceless ['feɪslɪs] [feis-lis], *a.* Sin cara, sin facha.

facepack ['feɪspæk] [feis-pak], *m.* Tratamiento facial.

face-painter [feɪs'peɪntəʳ] [feis-pein-taʳ], *s.* Retratista.

face-painting [feɪs'peɪtɪŋ] [feis-pein-tin], *s.* 1. Dar colorete al rostro, usar afeites. 2. El arte de retratar.

facer ['feɪsəʳ] [fei-saʳ], *s.* Golpe dado en la cara, entre pugilistas. Problema, dificultad. **What a facer!,** ¡menudo problemón!

facet ['fæsɪt] [fa-sit], *va.* Labrar una faceta o facetas sobre algo. -*s.* 1. Faceta, cada uno de los lados labrados de una piedra preciosa. 2. *(Arq.)* Filete plano pero saliente entre las estrías de una columna. 3. *(Zool.)* Faceta, cada una de las pequeñas divisiones del ojo compuesto; también, la superficie o córnea de dicho ojo, v. gr. en los insectos.

faceted [fæsɪtɪd] [fa-si-tid], *pp.* y *a.* 1. Labrado en facetas. 2. Que tiene facetas, p. ej. el ojo compuesto.

facetious [fə'siːʃəs] [fa-si-shos], *a.* Salado, chistoso, alegre, jocoso, gracioso (graceful, amusing, funny).

facetiously [fə'siːʃəslɪ] [fa-si-shos-li], *adv.* Chistosamente, alegremente.

facetiousness [fə'siːʃəsnɪs] [fa-si-shos-nes], *s.* Jocosidad, chiste, gracia, broma.

facial ['feɪʃəl] [fei-shal], *a.* Facial, que pertenece a la cara, que le afecta o que está cercano a ella. **Facial angle,** ángulo facial, el que sirve para medir la inclinación o depresión del cráneo, formado por dos líneas que van respectivamente desde los incisivos superiores a la parte media de la frente y al conducto auditivo.

facile ['fæsaɪl] [fa-sail], *a.* 1. Fácil (victory). 2. Obsequioso, obediente, dócil (animal, person). 3. Vivo, listo, diestro, hábil. 4. Accesible, afable. 5. Vulgar, común. 6. Ligero, superficial (expression).

facilely ['fæsaɪləlɪ] [fa-sai-le-li], *adv.* Fácilmente. *V.* EASILY.

facileness ['fæsaɪlnɪs] [fa-sail-nes], *s.* Docilidad.

facilitate [fə'sɪsɪteɪt] [fa-si-li-teit], *va.* Facilitar, allanar una dificultad, minorar el trabajo, posibilitar.

facilitation [fə'sɪsɪteɪʃən] [fa-si-li-tei-shon], *s.* Facilitación.

facility [fə'sɪsɪtɪ] [fa-si-li-ti], *s.* 1. Facilidad, destreza, habilidad (with languages); **credit facilities** facilidades (de pago); **public transport facilities** servicios de transporte público. 2. Docilidad, prontitud en someterse a una influencia cualquiera, ya sea buena o mala. 3. Afabilidad. 4. Lo que hace algo más fácil; ayuda, conveniencia.

facing ['feɪsɪŋ] [fei-sin], *s.* 1. Paramento *(Arq,)*, revestimiento. 2. Cubierta. 3. *prep* de cara a, frente a. 4. *a.* Opuesto.

facsimile [fæk'sɪmɪlɪ] [fak-si-mi-li], *s.* Facsímile, copia exacta. Se usa también como adjetivo.

fact [fækt] [fakt], *s.* 1. Hecho, acción, suceso (information); lo que se ve como actualmente existente; lo concreto opuesto a lo abstracto. 2. Realidad, verdad (not fiction); una cosa cualquiera estrictamente verdadera. 3. Dato, motivo. **In fact,** en efecto, en verdad. **In the very fact,** en el mero hecho. **Facts are stubborn things,** no hay nada tan terco como un hecho. **Matter of fact,** hecho positivo, cierto; verdad. **As a matter of fact man,** un hombre positivo, no imaginativo. *V.* MATTER.

faction ['fækʃən] [fak-shon], *s.* 1. Facción, bando, liga, parcialidad. 2. Alboroto, tumulto.3. Espíritu de partido, discordia, disensión.

factional ['fækʃənl] [fak-sho-nal], *a.* Faccionario, partidario.

factionist ['fækʃənɪst] [fak-sho-nist], *s.* El que excita facciones y discordias.

factious ['fækʃəs] [fak-shos], *a.* 1.Faccioso, sedicioso, revoltoso.2. Partidista.

factiously ['fækʃəslɪ] [fak-shos-li], *adv.* Sediciosamente, facciosamente.

factiousness ['fækʃəsnɪs] [fak-shos-nes], *s.* Espíritu de partido o de facción.

factitious [fæk'tɪʃəs] [fak-ti-shos], *a.* Facticio; artificial, hecho por mano o arte del hombre.

factitive ['fæktɪtɪv] [fak-ti-tiv], *a.* Factitivo.

factor ['fæktəʳ] [fak-taʳ], *s.* 1. *(Com.)* Factor, agente comisionado. 2. *(Mat.)* Factor, el multiplicador y multiplicando. 3. Una de las causas que producen un resultado.4. Administrador o depositario de bienes embargados.

factor *v.* *(Mat.)* Descomponer en factores.

factorage ['fæktəreɪdʒ] [fak-to-reich], *s.* 1. *(Com.)* Comisión o el tanto por ciento que se paga a los comisionistas. 2. Factoría, empleo y cargo de factor.

factoring ['fæktərɪŋ] [fak-to-rin] *(Mat.)* Descomposición en factores.

factorship ['fæktəʃɪp] [fak-tor-ship], *s.*1. Agencia, factoría. 2. Factoraje.

factory ['fæktərɪ] [fak-to-ri], *s.* 1. Fábrica, manufactura, taller, establecimiento para fabricar alguna cosa. 2. Factoría, establecimiento de comercio, especialmente el instalado en país extranjero. **Factory inspector,** inspector de trabajo. **Factory ship,** buque factoría. **Factory worker,** obrero, industrial.

factotum [fæk'təʊtəm] [fak-tou-tom], *s.* 1. Criado que hace todo. 2. La persona que por su habilidad y circunstancia se hace necesaria en una familia o sociedad. 3. Factótum.

factual ['fæktʃʊəl] [fak-chual], *a.* actual, relativo a hechos precisos.

facture ['fæktʃəʳ] [fak-chaʳ], *s.* 1. *(Com.)* Factura. *V.* INVOICE. 2. *(Des.)* Hechura.

facultative [fæ'kjʊltətɪv] [fa-kiul-ta-tiv], *a.* 1. Facultativo, que produce o da facultad o poder. 2. Que otorga autoridad o poder. 3. *(For.)* Potestativo.4. Contingente.

facula ['fækjʊlə] [fa-kiu-la], *s.* *(Astr)* Fácula, cada una de aquellas partes más brillantes que se observan en el disco del Sol.

faculty ['fækəltɪ] [fa-kul-ti], *s.* 1. Facultad, potencia o virtud para hacer alguna cosa. 2. Facultad, potencia o virtud natural. 3. Maña, talento, don, destreza, habilidad. 4. Propiedad, eficacia, fuerza. 5. Facultad, poder, autoridad, privilegio. 6. Facultad, el conjunto de doctores y profesores de las ciencias o facultades que se enseñan en las universidades.

facund ['fækənd] [fa-kund], *a.* Facundo, elocuente.

fad [fæd] [fad] *s.* Moda, novedad, manía afición pasajera.

faddist ['fædɪst] [fa-dist] *s.* persona caprichosa, con aficiones pasajeras.

faddle [fædl] [fa-del], *vn.* Juguetear, jugar, travesear.

fade [feɪd] [feid], *vn.* 1. Desaparecer gradualmente (eye sight, hearing, memory, hopes); palidecer, descolorarse. 2. Decaer, marchitarse (flower), acabarse poco a poco; durar poco. *-va.* 1. Marchitar, poner pálido, ofuscar; descolorar. 2. Debilitar, enflaquecer, desmejorar. **Day faded into twilight**, el día palideció hasta covertirse en crepúsculo. **To fade from sight**, perderse de vista.

fadeless ['feɪdlɪs] [feid-les], *a.* Que no palidece o se descolora; que no está mustio ni marchito, que no se pasa o decae.

fade out ['feɪdaʊt] [feid-aut], *s.* Desvanecimiento gradual de la imagen o escena (cine).

fadge ['feɪdʒ] [feich], *vn.* *(Ant.)* Adaptar; suceder; convenir.

fading ['feɪdɪŋ] [fei-din], *s.* 1. Decadencia, flojedad. 2. Desvanecimiento, pérdida gradual de color, intensidad. 3. Disminución o fluctuación de la intensidad de las señales (radio).

fadingness ['feɪdɪŋnɪs] [fei-din-nes], *s.* Tendencia a decaer o marchitarse.

fady ['fædɪ] [fa-di], *a.* Lo que decae o se marchita.

fæces ['fi:si:z] [fi-sis], *s. pl.* Heces, excrementos.

fæcula, fecula ['fi:kjʊlə] [fi-kiu-la], *s.* *(Quím.)* Fécula, almidón que se saca de las plantas farináceas.

faerie, faery ['fɛərɪ] [fea-ri], *a.* *(Ant.)* *V.* FAIRY.

fag [fæg] [fag], *va.* 1. Fatigar, cansar. 2. Emplear como ganapán, galopín o marmitón, exigir de uno faenas groseras. *-vn.* 1. Desfallecer o desmayarse de cansancio. 2. Trabajar o hacer faenas groseras en lugar de otro.

fag, *s.* 1. Esclavo, trabajador; marmitón, ganapán. 2. Nudo en el paño. **3.** Pitillo, cigarrillo.

fag-end [fæg'end] [fag-end], *s.* 1. Cadillos, pestañas, los primeros hilos de lanurdimbre de la tela. 2. Desecho, sobra o desperdicio de alguna cosa. 3. *(Mar.)* Cordón. 4. Colilla.

fagot, faggot ['fægət] [fa-got], *s.* 1. Haz o gravilla de leña. 2. Haz de barras de hierro o acero (de 120 libras de peso). 3. Montón de hierro viejo para fundirlo. 4. El tormento de ser quemado vivo. 5. Montón de pescado acumulado para secarlo o para cubrirlo y protegerlo. 6. *(GB)* vieja, bruja.

fagot, *va.* 1. Liar, hacer líos o haces. 2. Recoger, recaudar.

Fahrenheit ['færənhaɪt] [fa-ren-jait], *a.* Que designa, pertenece o se refiere a la escala termométrica en que el punto de congelación se marca a los 32° y el de ebullición a los 212°; es la escala usual en la Gran Bretaña y los Estados Unidos.

faience ['faɪəns] [faaiens], *s.* Fayenza, una variedad de mayólica o loza, por lo general muy adornada.

fail [feɪl] [feil], *va.* Faltar a la obligación; abandonar, descuidar o no cumplir con lo que se debe; omitir, olvidar; engañar, chasquear. *-vn.* 1. Faltar, no existir alguna cosa, calidad o circunstancia que debiera haber. 2. Consumirse, acabar, fallecer, desvanecerse, decaer, menguar; perecer, perderse (crops). 3. No corresponder uno a lo que es, o una cosa o efecto a lo que se esperaba; tener mal éxito; salir mal una cosa. 4. Quebrar, hacer bancarrota (business). 5. **To fail in one´s duty,** faltar, no cumplir con su obligación. **Not to fail**, no dejar de.

fail, *s.* Falta, omisión, en la locución. **Without fail**, sin falta u omisión.

failing ['feɪlɪŋ] [fei-lin], *s.* 1. Falta, desliz, defecto; decadencia, malogro. 2. El acto de hacer bancarrota; quiebra. *-prep.* a falta de, falto de.

failure ['feɪllәʳ] [fei-liaʳ], *s.* 1. Falta, culpa, omisión, descuido. 2. *(Com.)* Quiebra, bancarrota. 3. Concurso de acreedores. 4. Desliz. **It is a complete failure**, ha salido completamente mal. 5. Hablando de asuntos literarios, o cosas comunes, se dice: **It was a failure,** salió un disparate, quedó mal. *(Vul.)* Salió una plasta, se hizo un pastel. **Failure of issue**, carencia de descendientes a la muerte de la persona de que se trata.

fain [feɪn] [fein], *a.* 1. Alegre, contento. 2. Obligado, estrechado, precisado. 3. Dispuesto, conforme, resignado. *-adv.* Gustosamente, voluntariamente, de buena gana, alegremente, con gusto.

faint [feɪnt] [feint], *vn.* 1. Desmayarse, caer en síncope, pasmarse. 2. Acobardarse, extenuarse, desanimarse; dejarse abatir, desalentarse. 3. Descaecer, desvanecerse. **To faint with thirst, with hunger,** no poder aguantar la sed, el hambre.

faint, *a.* Lánguido, extenuado; indistinto o mal definido en color o sonido, opaco, oscuro; bajo, cobarde, abatido, perezoso. **Faint heart never won fair lady,** *(Prov.)* a los cobardes no los ayuda Dios, o Quien no se aventura no pasa la mar. **To grow faint,** desmayarse, sentirse mal de repente. **To be faint with hunger,** estar exánime, estar muerto de hambre.

faint-hearted ['feɪnt'hɑ:tɪd] [feint-jar-tid], *a.* Cobarde, medroso, pusilánime, apocado.

faint-heartedly [ˌfeɪnt'hɑ:tɪdlɪ] [feint-jar-tid-li], *adv.* Medrosamente.

faint-heartedness [ˌfeɪnt'hɑ:tɪdnɪs] [feint-jar-tid-nes], *s.* Cobardía, miedo, pusilanimidad.

fainting ['feɪntɪŋ] [fein-tin], *s.* Deliquio, desmayo, desfallecimiento.

faintish ['feɪntɪʃ] [fein-tish], *a.* Flojo, débil, que empieza a ponerse malo. **Are you faintish?,** ¿va Ud. a sentirse mal?, ¿se siente Ud. mal? *V.* FAINT.

faintly ['feɪntlɪ] [fein-tli], *adv.* Desmayadamente, débilmente, obscuramente, lánguidamente.

faintness ['feɪntnɪs] [feint-nes], *s.* Languidez, flaqueza, abatimiento, timidez.

faintly ['feɪntlɪ] [fein-tli], *a.* Lánguido, débil. *V.* FAINTISH.

fair [fɛəʳ] [feaʳ], *a.* 1. Claro, sereno, no oscurecido por nubes, favorable, próspero. 2. Blanco, rubio; no moreno ni descolorido. **Fair complexion,** tez blanca. 3. Hermoso, perfecto, bello. 4. Recto, justo, bueno, natural, sincero, honrado, razonable, abierto, franco, ingenuo. 5. Suave, dulce, blando; cortés, liberal. 6. Favorable, propicio, en buen estado; medianamente bueno o grueso, corriente, pasable, ordinario. 7. Bien formado, distinto; legible. **To play fair,** jugar limpio. **If the weather holds fair,** si el tiempo se mantiene despejado. **The fair sex,** el bello sexo. **A fair wind,** un viento favorable. **A fair name,** un nombre honrado, sin tacha. **You will make a fair copy of it**, lo pondrá Ud. en limpio. **To give one a fair hearing**, oír, escuchar con imparcialidad. **To be in a fair way to succeed,** estar en buen camino de prosperar. **By fair means,** por medios rectos, honrados. **A fair man, a fair woman**, un hombre rubio, una mujer rubia. **Fair and square**, honrado a carta cabal. **Fair-haired,** de cabellos blondos o rubios. (Equivalente, **light-haired**). **Fair-complexioned,** de tez blanca. **Fair play,** buena conducta, proceder leal. *-adv.* Decentemente, cortésmente, felizmente.

fair, *s.* 1. *(Ant. y Poét.)* Belleza, beldad, hermosura; honradez. 2. Feria, la concurrencia de mercaderes y negociantes en un lugar y día señalados para vender y comprar. 3. Exposición ocasional o periódica de objetos de arte o de capricho; o de productos de la agricultura, aves, caballos, perros, etc.

fairground ['fɛəgraʊnd] [fea-graund], *s.* 1. Campo donde se celebra una exposición o feria. 2. Parque de atracciones.

fairing ['fɛərɪŋ] [fea-rin], *s.*1. Ferias, dádiva o agasajos que se hacen en tiempo de ferias.2. *(Ingen.)* Miembro o estructura que da forma aerodinámica a un avion. etc.

fairish ['fɛərɪʃ] [fea-rish], *a.*1. Razonablemente justo; así. 2. Bastante bueno o grande, regular.

fairly ['fɛəlɪ] [fea-li], *adv.* 1. Bellamente, con primor y perfección. 2. Cómodamente, suavemente. 3. Justamente. 4. Ingenuamente, claramente. 5. Cabalmente. 6. Medianamente. 7. Limpiamente (according to the rules).

fair-minded ['fɛəmaɪndɪd] [fea-main-did], *a.* Imparcial, justo, equitativo.

fairness ['fɛənɪs] [fea-nes], *s.* 1. Hermosura, belleza. 2. Honradez, candor. 3. Justicia, equidad. **In all fairness,** a decir verdad.

fair-spoken ['fɛəspəʊkn] [fea-spou-ken], *a.* Bien hablado, cortés.

fairway ['fɛəweɪ] [fea-uei], *s.* 1. *(Mar.)* Canalizo, paso expedito de un canal. **That vessel lies in the fairway,** ese buque está anclado al través, a lo ancho del canalizo. 2. Parte expedita de un campo de golf.

fair-weather ['fɛəˌweθəʳ] [fea-ue-daʳ], *a.* Se dice de lo que anuncia prosperidad o buen tiempo. **A fair-weather friend**, un amigo de los días prósperos.

fairy ['fɛərɪ] [fea-ri], *s.* 1. Duende, trasgo. 2. Hada, bruja, encantadora. *-a.* Lo que pertenece a los duendes. **The fairy land,** la tierra de los duendes. **Fairy tales,** cuentos de hadas o de encantadoras. **Fairy queen,** reina de las hadas.

fairylike ['fɛərɪˌlaɪk] [fea-ri-laik], *s.* Aduendado, de las hadas.

faith ['feɪθ] [feiz], *s.* 1. Fe, creencia. 2. Fe, confianza en Dios. 3. Fidelidad, sinceridad. 4. Fe, palabra que se da. 5. Exactitud en cumplir con su obligación. **To break faith with one**, faltar a la palabra dada a alguien. **Upon my faith,** a fe mía. *-adv.* En verdad.

faithful ['feɪθfʊl] [feiz-ful], *a.* Fiel, leal (friend, servant, spouse); justo, recto.

faithfully ['feɪθfəlɪ] [feiz-fu-li], *adv.* Fielmente, firmemente, exactamente.

faithfulness ['feɪθfʊlnɪs] [feiz-ful-nes], *s.* 1. Fidelidad, honradez, lealtad. 2. Exactitud. 3. Fe

faithless ['feɪθlɪs] [feiz-les], *a.* 1. Infiel, sin fe, pérfido, desleal. 2. Traidor.

faithlessness ['feɪθlɪsbnɪs] [feiz-lis-nes], *s.* 1. Infidencia, traición, infidelidad, deslealtad. 2. Incredulidad.

faithworthy ['feɪθwɜːθɪ] [feiz-ue-zi], *a.* Fidedigno, veraz.

fake [feɪk] [feik], *s.* *(Mar.)* Aduja de cable; cada vuelta que forma el cable al recogerlo o arrollarlo.

fake, *va.* *(Ger.)* 1. Ocultar engañosamente los defectos de una cosa. 2. Fingir, inventar falsedades, fantasear. 3. Hurtar. *-s.* 1. Estafa; trampa, engaño; estafador. 2. Noticias ficticias, o inventadas.

faker ['feɪkəʳ] [fei-kaʳ], *s.* Imitador, falsificador, impostor.

fakir ['fɑːkɪəʳ] [fa-kiaʳ], *s.* 1. Alfaquí, religioso mendicante entre los mahometanos y en la India. 2. *(Vul.)* Buhonero.

falcade ['fɔːlkeɪd] [fol-keid], *s.* Falcada, especie de corveta del caballo. **To make falcades,** falcar, deslizarse un caballo repetidas veces sobre las ancas.

falcation [fɔːl'keɪʃən] [fol-kei-shon], *s.* Encorvadura en forma de hoz.

falchion ['fɔːlkɪən] [fol-kion], *s.* 1. Cimitarra.2. *(Poem.)* Espada.

falciform ['fɔːlsɪfɔːm] [fol-si-form], *a.* Falciforme, que tiene la forma de una falce o de una hoz.

falcon ['fɔːlkən] [fol-kon], *s.* 1. *(Orn.)* Halcón. 2. *(Art.)* Falcón, un cañón del siglo XVI.

falconer ['fɔːlkənəʳ] [fol-ko-naʳ], *s.* Halconero, cetrero.

falconet ['fɔːlkənɪt] [fol-ko-nit], *s.* *(Art.)* Falconete, cañoncito del siglo XVI.

falconry ['fɔːlkənrɪ] [fol-kon-ri], *s.* Halconería, cetrería.

falderal ['fɔːldərəl] [fol-de-ral], *s.* 1. Chuchería, fruslería. 2. Estribillo de una canción sin sentido.

faldstool ['fɔːldsˌtuːl] [fold-stul], *s.* 1. Fascitol, atril desde el cual se lee la letanía. 2. Faldistorio, asiento pequeño que usan los obispos en ciertas ceremonias; banquillo sobre el cual se arrodillan los soberanos de Inglaterra en su coronación. 3. Silla de tijera.

fall [fɔːl] [fol], *vn.* (*pret.* FELL, *pp.* FALLEN). 1. Caer, caerse. 2. Apostatar, apartarse de la fe o de la virtud. 3. Morir repentinamente o de muerte violenta. 4. Caer, perder el poder, empleo o valimiento. 5. Caer, pasar del estado de prosperidad al de desgracia o a un estado peor que el que se tenía antes; disminuir. 6. Pasar el cuerpo o alma a un nuevo estado. **To fall asleep**, dormirse. **To fall sick,** enfermar. **To fall in love**, enamorarse. 7. Aparecerse por casualidad; llegar o hallarse casualmente en alguna parte. 8. Principiar alguna cosa con ardor. 9. Apoderarse de alguno una pasión de ánimo. 10. Tocarle a alguien una propiedad. 11. Bajar, minorarse el precio de alguna cosa. 12. Acontecer, acaecer, suceder, tocar. **To fall to one's lot,** caber o caer en suerte, tocar. *-va.* 1. Soltar, dejar caer. 2. Hundir, abatir, bajar. 3. Parir la oveja. 4. *(fam.)* Derribar, derrocar, echar por tierra, cortar.

fall away, enflaquecer; apostatar; perecer; marchitarse.

fall back, retroceder, retirarse; *(Fig.)* faltar a su palabra, retractarse. *(fam.)* Llamarse andana.

fall backward, caer de espaldas. **To fall back on** o **upon**, (a) *(Mil.)* retirarse hacia o a (una posición, cuerpo de tropas, etc.). (b) Recurrir *a.*

fall behind, quedarse atrás, perder terreno.

fall down, prosternarse, postrarse, caer al suelo. **To fall flat**, no corresponder a lo que se esperaba, tener mal éxito.

fall from, abandonar, renunciar a favor de uno, rebelarse.

fall in, concurrir, coincidir; acceder; acordarse, conceder; alinearse los soldados.

fall in with, encontrarse.

fall into, acceder, conceder, entrar en las ideas o proyectos de alguno.

fall off, enflaquecer, menguar; desaparecer, disolverse; perecer; separarse; apostatar, degenerar.

fall on, principiar alguna cosa con empeño; asaltar, embestir, acometer. *(fam.)* Echarse sobre, fajar sobre. **To fall on one's feet**, salir del vado.

fall out, reñir, querellar, disputar, desamistarse; acaecer, acontecer, suceder.

fall over, desertarse de un partido a otro.

fall to, principiar a comer con ansia, irarse sobre; someterse, ponerse a hacer algo.

fall under, hacerse el objeto de; estar sujeto a; colocarse en, ser del número de, ser considerado como. **To fall under one's displeasure**, incurrir en la indignación de alguno, caer en desgracia.

fall upon, atacar, invadir, asaltar, embestir. **To fall upon an expediente**, echar un corte. **To fall short**, faltar, no corresponder a lo que se esperaba. No conseguir, no lograr, no llegar a, no alcanzar. *(Vul.)* Quedar chasqueado, llevarse un petardo.

fall through, salir mal una cosa. **To fall aboard**, *(Mar.)* abordar, caer sobre un bajel. **To fall astern**, *(Mar.)* dejarse caer por la popa. **To fall calm**, *(Mar.)* calmar. **To fall to**

leeward, *(Mar.)* dejarse caer a sotavento. **All the real property fell to the elder brother**, todos los bienes raíces le tocaron al hermano mayor. **When the note fell due**, cuando venció el pagaré. **Falling star**, estrella errante.

fall, *s.* 1. Caída. 2. Muerte, destrucción, ruina, desolación. 3. Decadencia, declinación. 4. Baja o disminución de precio; caída, pérdida en los fondos públicos. 5. Declive. 6. Desembocadura de un río. 7. Catarata, cascada, salto. 8. Otoño. 9. Corta de leña. **Fall of a tackle**, *(Mar.)* tira de aparejo. 10. Cadencia, en la música y en la oratoria; caída o bajada de tono, o disminución del volumen del sonido. *-a. (E.U.)* Del otoño, relativo o perteneciente al otoño. **Fall wheat**, trigo sembrado en el otoño. **A fall overcoat**, un sobretodo de medio tiempo.

fallacious [fə'leɪʃəs] [fa-lei-shos], *a.* Falaz, sofístico, ilógico, engañoso, vano, ilusorio.

fallaciously [fə'leɪʃəslɪ] [fa-lei-shos-li], *adv.* Falazmente, engañosamente.

fallaciousness [fə'leɪʃəsnɪs] [fa-lei-shos-nes], *s.* Falacia, engaño, fraude, sofisma.

fallacy ['fæləsɪ] [fa-la-si], *s.* falacia, sofistería, engaño, error. **To cherish a fallacy,** acariciar una ilusión; equivocarse, estar equivocado.

fallen ['fɔːlən] [fo-len], *pp.* y *a.* Caído, derribado, trastornado, disfamado, arruinado.

fallibility [ˌfælɪ'bɪlɪtɪ] [fa-li-bi-li-ti], *s.* Falibilidad, posibilidad de error.

fallible ['fæləbl] [fa-li-bol], *a.* Falible.

fallibly ['fælɪblɪ] [fa-li-bli], *adv.* Faliblemente.

falling ['fɔːlɪŋ] [fo-lin], *s.* y *ger.* de TO FALL. 1. Concavidad pequeña. 2. Caída y la cosa que cae. 3. *(Med.)* Caída, descenso; prolapso. **Falling away**, defección, apostasía; enflaquecimineto. **Falling down**, postración, prosternación; hundimiento, derrumbe. **Falling, in,** caída, desmoronamiento; hueco (de las mejillas). **Falling off**, caída, decadencia; apostasía, etc. *(Mar.)* **Falling tide**, reflujo, marea descendente. *V. To fall off* en FALL.

falling-sickness ['fɔːlɪŋˌsɪknɪs] [fo-lin-sik-nes], *s.* Epilepsia, gota coral, mal caduco.

fallout ['fɔːlaʊt] [fol-aut], *s.* 1. Descenso de partículas, frecuentemente radiactivas, excitadas o producidas por una explosión nuclear. 2. Conjunto de dichas partículas.

fallow ['fæəʊ] [fa-lou], *a.* 1. Flavo, leonado. **Fallow deer**, corzo. 2. Cultivable pero en descanso; no sembrado. 3. Barbechado, arado. 4. Desocupado, abandonado. *-s. (Agr.)* Barbecho; tierra que descansa. **To let lie fallow**, dejar en barbecho.

fallow, *va.* Barbechar.

fallow-finch ['fæləʊ'fɪntʃ] [fa-lou-finch], *s. (Orn.)* Triguero.

fallowness ['fæləʊnɪs] [fa-lou-nes], *s.* Esterilidad de algún terreno.

false [fɔːls] [fols], *a.* 1. Falso, contrario a la verdad o a los hechos. 2. Fingido, postizo, contrahecho, falseado. 3. No conforme a la regla, incorrecto, irregular, ilegal. 4. Mentiroso, falsificador. 5. Engañoso, falaz, pérfido, desleal, infiel, traidor, aleve. 6. *(Mec.)* Provisional, de sustitución, o imitado de; falso. 7. *(Bio.)* Cuasi, seudo; impropiamente nombrado o titulado; incompleto en su disposición o en sus funciones. 8. *(Mús.)* Falso, discordante, que hace violencia a las reglas de la armonía. *-adv.* Falsamente, infustamente. **False teeth,** dientes postizos. **A false claim**, una pretensión infundada. **False imprionment**, prisión, detención ilegal.

false bottom ['fɔːls'bɒtəm] [fols-bo-tom], *s.* Doble fondo.

false colors ['fɔːls'kʌləs] [fols-ka-lors], *s. pl.* 1. Bandera supuesta que se enarbola para engañar. 2. Fingimiento.

false-faced ['fɔːls'feɪsɪd] [fols-fei-sid], *a.* Hipócrita, falso.

false-hearted ['fɔːls'hɑːtɪd] [fols-jar-tid], *a.* Traidor, pérfido, aleve, falso.

falsehood ['fɔːlshʊd] [fols-jud], *s.* Falsedad, mentira, engaño, perfidia.

falsely ['fɔːlslɪ] [fols-li], *adv.* Falsamente, alevosamente, pérfidamente.

falseness ['fɔːlsnɪs] [fols-nes], *s.* Perfidia, falsedad, engaño.

falsetto [fɔːl'setəʊ] [fol-se-tou], *s. (Mús.)* Falsete, voz de cabeza.

falsies ['fɔːlsiːz] [fol-sis], *s. pl. (Vul.)* Senos postizos.

falsifiable [ˌfɔːlsɪfaɪ'eɪbl] [fol-si-fai-ei-bol], *a.* Falsificable.

falsification [ˌfɔːlsɪfɪ'keɪʃən] [fol-si-fi-kei-shon], *s.* Falsificación; confutación.

falsifier ['fɔːlsɪfaɪə^r] [fol-si-faia^r], **falsificator** [ˌfɔːlsɪfɪ'leɪtə^r] [fol-si-fi-kei-ta^r], *s.* Falsificador, embustero, falsario.

falsify ['fɔːlsɪfaɪ] [fol-si-fai], *va.* 1. Falsificar, representar falsamente. 2. Confutar, refutar, desmentir. 3. Falsear, contrahacer, adulterar. 4. *(For.)* Falsificar, alterar. 5. Violar, ser falso a alguno. *-vn.* Mentir, decer falsedades, fábulas, etc.

falsity ['fɔːlsɪtɪ] [fol-si-ti], *s.* Falsedad, mentira.

falter ['fɔːltə^r] [fol-ta^r], *va.* Balbucear, decir de una manera débil y balbuciente; se usa a menudo con la prep. *out. -vn.* Tartamudear; faltar; vacilar.

faltering ['fɔːltərɪŋ] [fol-te-rin], *s.* Debilidad, tartamudeo; vacilación.

falteringly ['fɔːltərɪŋlɪ] [fol-te-rin-li], *adv.* Vacilantemente, de una manera balbuciente.

fame ['feɪm] [feim], *s.* 1. Fama, celebridad, renombre. 2. *(Ant.)* Fama, noticia o voz común.

fame, *va.* 1. Afamar; divulgar. 2. Hacer famoso; celebrar.

famed ['feɪmd] [feimd], *a.* Afamado, celebrado, famoso, renombrado.

fameless ['feɪmlɪs] [feim-les], *a.* Oscuro.

familiar [fə'mɪlɪə^r] [fa-mi-lia^r], *a.* 1. Familiar, casero, común, ordinario. 2. Afable, agradable; no violento. 3. Acostumbrado, natural, fácil; versado, instruído (en este sentido va seguido de *with*). 4. Demasiado íntimo. *-s.* 1. Amigo íntimo. 2. Demonio familiar. 3. Familiar, criado o sirviente.

familiarity [fəˌmɪlɪ'ærɪtɪ] [fa-mi-lia-ri-ti], *s.* Familaridad, llaneza, intimidad, confianza.

familiarize [fə'mɪlɪəraɪz] [fa-mi-lia-rais], *va.* Familiarizar, acostumbrar.

familiarly [fə'mɪlɪəlɪ] [fa-mi-liar-li], *adv.* Familiarmente, amistosamente.

family ['fæmɪlɪ] [fa-mi-li], *s.* 1. Familia (en todos sus sentidos); linaje, sangre, raza. 2. *(Bio.)* Familia, agrupación de géneros naturales que poseen gran número de caracteres comunes. *-a.* Familiar, de la familia, relativo o perteneciente a ella. **Family man**, padre de familia; un hombre de costumbres domésticas. **Family tree**, árbol genealógico. **Family-way**, *(Fam.)* embarazo de una mujer. **To be in the family-way**, estar encinta, embarazada. **In a family way,** familiarmente, sin cumplidos, sin ceremonia.

famine ['fæmɪn] [fa-min], *s.* Hambre, carestía.

famish ['fæmɪʃ] [fa-mish], *va.* Hambrear, matar de hambre. *-vn.* hambrear, morirse de hambre, sufrir tormento de hambre y sed.

famous ['feɪməs] [fei-mos], *a.* Famoso, celebrado, afamado.

famously ['feɪməslɪ] [fei-mos-li], *adv.* Famosamente.

fan [fæn] [fan], *s.* 1. Abanico. 2. *(Agr.)* Aventador, el bieldo con que se avienta la paja. 3. *(Mec.)* Ventilador, aparato para renovar el aire; también, volante que sirve para mantener las aspas de un molino en la dirección del viento. **Fan-blast**, la corriente de aire producida por el fuelle en los altos hornos. **Fan-blower**, aventador, soplador de abanico. **Fan-palm**, palmera en forma de abanico; particularmente la Corypha umbraculifera de Ceilán; la Sabal palmetto de Florida y la Chamærops humilis del sur de Europa. **Fan wheel**, rueda aventadora, rueda de paletas. **Fan window**, ventana en forma de abanico.

fan, *va.* 1. Abanicar. 2. Aventar, abalear, aechar, separar la paja del grano con el aventador o bieldo. 3. En beisbol, hacer perder el tanto, cuando el lanzador procura que un jugador falle tres veces consecutivas al tratar de golpear la pelota.

fanatic [fə'nætɪk] [fa-na-tik], *s.* Fanático.

fanatic, fanatical [fə'nætɪkəl] [fa-na-ti-kal], *a.* Fanático, entusiasta, visionario.

fanatically [fə'nætɪklɪ] [fa-na-ti-ka-li], *adv.* Fanáticamente.

fanaticism [fə'nætɪsɪzm] [fa-na-ti-si-zem], *s.* Fanatismo; celo, ardor, extravagante o furioso.

fancied ['fænsɪd] [fan-sid], *a.*1. Imaginado, imaginario, concebido; no real.2. Querido, preferido.

fancier ['fæsɪə[r]] [fan-sia[r]], *s.* 1. Aficionado a; criador y vendedor de aves y animales. 2. Apasionado por. 3. Visionario, soñador.

fanciful ['fænsɪfʊl] [fan-si-ful], *a.* Antojadizo, imaginativo, caprichoso.

fancifully ['fænsɪfʊlɪ] [fan-si-fu-li], *adv.* Caprichosamente.

fancifulness ['fænsɪfʊlnɪs] [fan-si-ful-nes], *s.* Antojo, capricho.

fancy ['fænsɪ] [fan-si], *s.* 1. Fantasía, imaginación. 2. Anteojo, capricho ventolera. 3. Imagen, idea, concepción. 4. Inclinación, afición, afecto, amor, gusto. **To take a fancy to a thing**, anotársele a uno alguna cosa, prendarse de ella. **Fancy ball**, baile de trajes o disfraces. *(Mex.)* Una Jamaica.

fancy, *a.* 1. Relativo a la fantasía o el capricho en cualquier sentido; v. g. (a). Adornador, que sirve para adorno u ornamento. (b) Ideal, imaginario; bello, elegante. 2. *(Com.)* De capricho o de gusto; caracterizado por la variedad, la delicadeza de la última mano, etc.; opuesto a *staple* (regular, normal). 3. Caprichoso, fantástico; extravagante. **Fancy-framed**, creado por la fantasía. **Fancy-free**, libre del poder del amor, sin amor. **Fancy-monger**, hombre fantástico. **Fancy-sick**, enfermo imaginario. **Fancy-goods**, géneros de capricho o de gusto.

fancy, *va.* 1. Creer o suponer sin fundamento; imaginar. 2. Gustar, tener complacencia en, querer. 3. Tener idea, concebir en la fantasía. *-vn.* 1. Apasionarse, aficionarse con exceso a alguna persona o cosa; imaginar, figurarse, fantasear. 2. *(Fam. Ingl.)* Suponer, creer.

fancy-dress [ˌfænsɪ'dres] [fan-si-dres], *a.* De disfraces, de trajes.

fancy-free ['fænsɪ'friː] [fan-si-fri], *a.* Libre del poder del amor.

fancywork ['fænsɪ'wɜːk] [fan-si-uerk], *s.* Labores manuales.

fane ['feɪn] [fein], *s.* Templo, antiguamente fano.

fanfare ['fænfɛə[r]] [fan-fea[r]], *s.* 1. Tocata o sonata de trompas. 2. Procesión o parada ruidosa u ostentosa. 3. Encuadernación vistosa. *(Fr.)*

fanfaronade ['fænfərəneɪd] [fan-fa-ro-neid], *s.* Fanfarronada, fanfarronería.

fang [fæŋ] [fang], *s.* 1. Colmillo. 2. Garra, uña. 3. *(Mec.)* Gancho, prolongación, ganchuda.

fang, *va. (Ant.)* Asir, agarrar.

fanged ['fæŋɪd] [fan-guid], *a.* Lo que tiene colmillos o garras.

fangled ['fæŋlɪd] [fan-glid], *a.* Poco usado, excepto cuando se une con la voz *new*; como, **new-fangled**, novelero, aficionado a novedades o a acosas nuevas.

fangless ['fæŋlɪs] [fan-gles], *a.* Descolmillado, desdentado.

fanion ['fænɪən] [fa-nion], *s.* Banderola, bandera pequeña como las que usan los agrimensores.

fanlight ['fænlaɪt] [fan-lait], *s. V.* FAN WINDOW en la voz *fan*.

fanlike ['fænlaɪk] [fan-laik], *a.* Parecido a un abanico; en forma de abanico.

fannel ['fænl] [fa-nel], *s.* Manípulo.

fanner ['fænə[r]] [fa-na[r]] *s. (Agr.)* Aventador, abanicador.

fanning ['fænɪŋ] [fa-nin], *s.* Ventilación.

fanon ['fænən] [fa-non], *s.* 1. Uno de los dos colgantes o caídas de la mitra episcopal. 2. *(Liturg.)* Manípulo.

fantail ['fæntaɪl] [fan-tail], *s.* 1. Variedad de paloma que despliega la cola en forma de abanico. 2. Cola de abanico, pájaro, el matamoscas de Australia. 3. Mechero de abanico. 4. Ensambladura de cola de milano.

fantailed ['fæntaɪld] [fan-taild], *a.* En forma de cola de abanico.

fantasia [fæn'teɪzɪə] [fan-tei-sia], *s. (Mús.)* Fantasía, composición música de forma irregular.

fantasied ['fæntəsɪd] [fan-ta-sid], *a.* Fantástico, quimérico, caprichoso, imaginario.

fantasm ['fæntəzm] [fan-tasm], *s.* Fantasma.

fantastic, fantastical ['fæn'tæstɪk] [fan-tas-tik], *a.* 1. Fantástico, de apariencia caprichosa, grotesco. 2. Caprichoso, caprichudo. 3. Ilusorio, imaginario.

fantastic, *s.* Fantástico.

fantastically ['fæn'tæstɪklɪ] [fan-tas-tik-li], *adv.* Fantásticamente.

fantasticalness ['fæn'tæstɪklnɪs] [fan-tas-ti-kal-nes], *s.* Fantasía, humorada, capricho.

fantasy ['fæntəzɪ] [fan-ta-si], *s.* 1. Fantasía, imaginación, la facultad del ánimo de reproducir por medio de imágenes las cosas pasadas o lejanas. (En este sentido se escribe frecuentemente *phantasy*). 2. Idea fantástica, humorada, capricho. 3. Dibujo fantástico, como el de un bordado.

fantasy, *va.* Amar, tomar por fantasía un cariño extremado por alguno.

fantom, *s. V.* PHANTOM.

faquir ['fɑːkɪə[r]] [fa-kia[r]], *s. V.* FAKIR.

far [fɑː[r]] [fa[r]], *adv.* 1. Lejos, a lo lejos. 2. Lejos, a distancia, lejano de una época cualquiera. 3. En gran parte, en mucha proporción. 4. Desde lejos. **Far better**, mucho mejor. **Far be it from me**, lejos de mí, no permita Dios. **Far distant,** muy distante. **Far and wide**, por todas partes. **By far,** con mucho, en mucho. **So far**, tan lejos, hasta ahí, hasta ese punto. **Far beyond**, mucho más allá de. **Far off,** a gran distancia, a lo lejos. **As far as I see**, a lo que veo. **As far as, so far as,** *o* **in so far as**, en tanto que, tanto cuanto. **As far as I can**, en cuanto puedo o pueda. **Far from**, lejos de; muy lejos de eso, ni con mucho. **Are you happy? Far from it!,** ¿es Ud. feliz?, lejos de eso. **Far greater**, mucho mayor. **Far inferior**, mucho menor, muy inferior. **Far other**, muy diferente. **How far**, cuánto, cuán lejos, hasta dónde, hasta qué punto **How far is it?** *(thither)*, ¿cuánto hay de aquí a allí? **Thus far**, hasta aquí, hasta ahora; bastante. **Far too much**, demasiado, en demasía. **Far reaching**, de mucho alcance, que llega o se extiende a lo lejos. *-a.* 1. Lejano, distante, remoto. 2. Que se extiende a lo lejos; de gran alcance. 3. El más lejano de dos objetos. 4. Muy lejano del pensamiento o de la intención de uno.

far-about ['færəbaʊt] [far-abaut], *s.* Rodeo; digresión.

far-away ['fɑːrəweɪ] [far-a-uei], *a.* 1. Lejano, alejado. 2. Abstraído, distraído.

farad ['færəd] [fa-rad], *s. (Elect.)* Faradio, unidad de medida de la capacidad electromagnética de un cuerpo o de un sistema de cuerpos conductores, que con la carga de un culombio produce un voltio.

faradic ['færədɪk] [fa-ra-dik], *a.* Farádico, de Faraday; relativo a las corrientes inducidas alternantes.

faradization ['færədɪ'zeɪʃən] [fa-ra-di-sei-shon], *s.* Tratamiento de un nervio o músculo por una corriente farádica; faradización.

farce [fɑːs] [fars], *va.* 1. Embutir. 2. *(Des.)* Henchir, esparcir.

farce, *s.* 1. Farse, entremés, sainete. 2. Ridiculez, cosa vana, éxito absurdo. 3. Albóndiga.

farcical ['fɑːsɪkəl] [far-si-kal], *a.* Entremesado, burlesco, ridículo.

farcing ['faːsɪŋ] [far-sin], *s.* Embutido.

farcy ['fɑːsɪ] [far-si], *s.* Muermo, una enfermedad de los caballos. *V.* GLANDERS.

fard ['fɑːd] [fard], *va.* Pintar, colorar.

fardel ['fɑːdl] [far-del], *s.* Fardillo, lío o fardo pequeño.

fardel, *va.* Enfardelar.

fare [fɛə[r]] [fea[r]], *vn.* 1. Hallarse en cualquiera situación buena o mala; suceder, acontecer. 2. Comer, surtirse, tratarse en cuanto a la comida. 3. (Ant. o Poét.) Ir, andar, viajar. **He fares like a prince**, él se trata a cuerpo de rey.

fare, *s.* 1. Pasaje, precio que se paga por un viaje terrestre o marítimo. 2. Vianda, comida. 3. Viaje, pasaje. 4. Viajero. **Fare-box**, caja de depósito de pasajes (para carros urbanos). **Fare-indicator** *o* **register**, contador de pasajes.
farewell [fɛə'wel] [fea-uel], *inter.* Adiós; páselo Ud. bien, quede Ud. con Dios. Locución que se usa sólo para despedirse. El verbo y el adverbio están muchas veces separados por el pronombre, v. g. **fare thee well** (<FARE en imperativo y WELL). *-a.* Relativo a una partida, a una despedida o un adiós. **A farewell song**, una canción de despedida. *-s.* Despedida. **Last farewell**, el último adiós, la útlima despedida. **To bid one farewell** o **take farewel of**, despedirse de alguien.
far-famed [fɑː'feɪmd] [far-feimd], *a.* Célebre, famoso y conocido en luengas tierras; renombrado.
far-fetched ['fɑː'fetʃt] [fa-fecht], *a.* 1. Traído de lejos. 2. Alambicado, apurado, refinado; no obvio. 3. Rebuscado, forzado.
farina [fæ'riːnə] [fa-ri-na], *s.* 1. *(E.U.)* Harina de maíz, preparada para comerla. 2. Harina de los cereales o raíces amiláceas. 3. *(Bot)* Almidón, y antiguamente polen.
farinaceous [ˌfærɪ'neɪʃəs] [fa-ri-nei-shos], *a.* Harinoso, farináceo.
farinose ['færɪnəʊz] [fa-ri-nous], *a.* 1. Farináceo, que da harina. 2. Cubierto de una especie de sustancia blanca, parecida a la harina.
farm [fɑːm] [farm], *s.* 1. Heredad, finca de labranza; terreno destinado a la agricultura. 2. Sistema de arrendar las rentas o las contribuciones. **Farm-house**, alquería, cortijo, granja. *(Mex.)* Hacienda. **Grazing farm,** hacienda de ganados o de cría. (Cuba) Sitio. **Small farm,** una pequeña alquería o hacienda; un pequeño cortijo. *(Mex.)* Rancho. 3. (Cuba) Estancia.
farm, *va.* 1. Cultivar, dar a la tierra las labores que son necesarias para que fructifique. 2. Arrendar, tomar en arriendo. 3. Arrendar, dar en arrendamiento. 4. **To farm out**, dar a contrato a otros una parte del trabajo, etc., que uno tiene contratado.
farmable ['fɑːməbl] [far-ma-bol], *a.*1. Arrendable. 2. Cultivable.
farmer ['fɑːmə^r] [far-ma^r], *s.* 1. Labrador, agricultor, hacendado. 2. Arrendatario; rentero; el recaudador de ciertas contribuciones, derechos, etc., mediante un tanto por ciento. **Small farmer**, labrador, labriego. *(Mex.)* Ranchero. (Cuba) Sitiero, estanciero. **Farmer-general**, arrendador o recaudador encargado de imponer ciertas contribuciones en Francia antes de 1789. **-Farmeress,** *sf.* Arrendadora, labradora; la que dirige una hacienda rural.
farmhand ['fɑːmhænd] [farm-jand], *s.* Mozo de labranza, gañán
farmhouse ['fɑːmhaʊs] [farm-jaus], *s.* 1. Granja, casa de labor. 2. Casa donde se mantiene y cuidan niños.
farming ['fɑːmɪŋ] [far-min], *s.* 1. Explotación, cultivo, beneficio de una heredad; agricultura. 2. Recaudación o arrendamiento de las contribuciones o rentas por un tanto por ciento.
farmost ['fɑːməʊst] [far-moust], *adv.* Lo más lejos o distante.
farmstead ['fɑːmsted] [farm-sted], *s.* Granja, alquería con sus dependencias.
farmyard ['fɑːmjɑːd] [farm-yard], *s.* Corral de una granja o casa de campo.
farness ['fɑːnɪs] [far-nes], *s.* Distancia, lejanía.
faro ['fɑːrəʊ] [fa-rou], *s.* Faraón, juego de naipes en el cual los jugadores apuestan contra el que da las cartas, acerca del orden en que irán saliendo éstas al tomarlas de la parte superior de la baraja.
far-piercing [fɑː'piːrsɪŋ] [far-pir-sin], *a.* Lo que penetra mucho.
farraginous [fə'reɪdʒɪnəs] [fa-rei-yi-nos], *a.* Mezclado, abigarrado.
farrago [fə'rɑːgəʊ] [fa-ra-gou], *s.* Fárrago, broza, mezcla.
far-reaching [fɑː'riːtʃɪŋ] [far-ri-chin], *a.* De mucho alcance o trascendencia.
farreation, *s. V.* CONFARREATION.
farrier ['færɪə^r] [fa-ria^r], *s.* 1. Herrador. 2. Albéitar, el que profesa el arte veterinaria o tiene por oficio curar las enfermedades de las bestias.
farriery ['færɪərɪ] [fa-rie-ri], *s.* 1. Albeitería. 2. Taller de herrador, herrería.
farrow ['færəʊ] [fa-rou], *s.* Lechigada de puercos; parto de la marrana. *-a.* Que no queda preñada en un año dado, horra; también machorra, que no ha parido nunca; se aplica a las vacas y las puercas.
farrow, *va.* Parir la puerca o marrana.
far-seeing ['fɑː'siːɪŋ] [far-siin], *a.* Que ve a gran distancia; previsor, precavido.
far-shooting ['fɑː'ʃuːtɪŋ] [far-shu-tin], *a.* Lo que es de largo alcance, tratándose de armas.
far-sighted ['fɑː'saɪtɪd] [far-sai-tid], *a.* 1. Que ve de lejos; présbita. 2. Dotado de vista penetrante; presciente. 3. Perspicaz, sagaz.
farther ['fɑːθə^r] [far-da^r], *adv.* Más lejos, a mayor distancia; más adelante, además de, demás de. *-a.* 1. Más lejos. 2. Ulterior, más alejado. 3. Más extenso.
farther, *va.* Adelantar, promover. *V.* FURTHER.
fartherance ['fɑːθərəns] [far-de-rans], *s.* Adelantamiento. *V.* FURTHERANCE.
farthermore ['fɑːθə'mɔː^r] [far-der-ma^r], *adv.* Además, a más de. *V.* FURTHERMORE.
farthermost ['fɑːθəməʊst] [far-der-moust], *a.* El más lejano o distante.
farthest ['fɑːθəst] [far-dest], *adv.* A lo más lejos.
farthest, *a.* Remotísimo. *-adv. V.* FURTHEST.
farthing ['fɑːθɪŋ] [far-din], *s.* 1. Cuarto de penique. 2. Ardite. *(fam.)* Un octavo. **I don't care a farthing about it**, no se me da un pito o un bledo; me importa muy poco.
farthingale ['fɑːθɪŋgeɪl] [far-din-gueil], *s.* Verdugado; guardainfante.
farthings-worth ['fɑːθɪŋzˌwɔːθ] [far-dins-uez], *s.* Lo que se vende por un ochavo.
fasces ['fæsɪs] [fa-sis], *s. pl.* Fasces, un hacecillo de varas.
fascet ['fæsɪt] [fa-sit], *s.* Vara de hierro con que se ponen las botellas en el horno para templarlas.
fascia ['feɪʃə] [fei-sha], *s.* 1. *(Anat.)* Aponeurosis, membrana que cubre los músculos y los mantiene en su lugar. 2. *(Arq.)* Faja, banda de arquitrabe. 3. Faja, banda de arquitrabe. 3. Faja, venda, cinturón. 4. *(Astr.)* Nubecilla en forma de faja alrededor de un planeta.
fascial ['feɪʃəl] [fei-shal], *a.* 1. *(Anat.)* Fascial, relativo o perteneciente a la.
fasciated ['feɪʃɪeɪtɪd] [fei-shiei-tid], *a.* Fajado, vendado.
fascicle ['fæsɪkl] [fa-si-kol], *s.* 1. Racimo, manojo; hacecillo, haz pequeño. 2. *(Bot)* Glomérulo. 3. División de un libro publicado por entregas.
fascicled ['fæsɪklɪd] [fa-si-klid], *a.* Arracimado; fasciculado.
fascicular [fæ'sikjʊlə^r] [fa-si-kiu-la^r], *a.* Fascicular; unido en forma de copa o racimo.
fasciculus [fæ'siːkjʊləs] [fa-si-kiu-lus], *s.* *(Anat.)* Fascículo
fascinate ['fæsɪneɪt] [fa-si-neit], *va.* 1. Fascinar, hechizar, encantar, aojar o hacer mal de ojo. 2. Atraer irresistiblemente.
fascinating ['fæsɪneɪtɪŋ] [fa-si-nei-tin], *a.* Fascinador, encantador.
fascination [ˌfæsɪ'neɪʃən] [fa-si-nei-shon], *s.* Fascinación, aojo, hechizo, encanto, alucinación.
fascine ['fæsiːn] [fa-sin], *s.* Fagina.
fascism ['fæʃɪzəm] [fa-shi-sem], *s.* Fascismo.
fash [fɑːʃ] [fash], *va.* *(Scot.)* Enojar, irritar, enfadar. *-vn.* Irritarse, enfadarse.
fashion ['fæʃən] [fa-shon], *s.* 1. Forma, figura, hechura de alguna cosa. 2. Moda, uso, costumbre. 3. Rango,calidad, esfera, condición de nacimiento. **People of fashion**, gente de tono. *(Mex.)* Gente de sangre azul. **After** o **in a fashion**, a la manera de. **To be in fashion**, estar de moda. **It is out of**

fashion, ya no es de moda. **I do not like the fashion of the coat**, no me gusta el corte de ese abrigo. **After the English fashion,** a la inglesa. 4. **Fashion-pieces**, *(Mar.)* Aletas, piezas sujetas en los extremos de los yugos.

fashion, *va.* 1. Formar, amoldar. 2. Adaptar, ajustar. 3. Hacer o formar alguna cosa a la moda.

fashionable ['fæʃnəbl] [fa-sho-na-bol], *a.* 1. Establecido, usado, acostumbrado, practicado. 2. Hecho a la moda. **Fashionable hat**, sombrero a la moda. *-s.* Lechuguino, currutaco, petimetre. **The fashionables,** gente de porte o rango. *(Vul.)* La gente grande.

fashionableness ['fæʃnəblnɪs] [fa-sho-na-bol-nes], *s.* 1. Figura, forma y disposición de una cosa con respecto a su apariencia exterior. 2. Gentileza en el porte; la costumbre de ataviarse conforme a las modas predominantes. 3. Elegancia, buen tono.

fashionably ['fæʃnəblɪ] [fa-sho-na-bli], *adv.* A la moda, según la moda.

fashioner ['fæsʃnəʳ] [fa-sho-naʳ], *s.* Hacedor.

fashionist ['fæsʃnɪst] [fa-sho-nist], *s.* Lechuguino, petimetre.

fashion-monger ['fæsʃən,mʌŋgəʳ] [fa-shon-man-gaʳ], *s.* Modista.

fashion plate ['fæsʃən,pleɪt] [fa-shon-pleit], *s.* Figurín, persona que viste con elegancia.

fast [fɑːst] [fast], *vn.* Ayunar, hacer abstinencia.

fast, *s.* 1. Ayuno. **To break one's fast**, desayunarse. 2. Espacio de tiempo designado para el ayuno religioso. 3. De otra raíz, lazo, amarra. 4. Hielo fijo o inmóvil a lo largo de la ribera.

fast, *a.* 1. Firme, seguro, fuerte, inmoble, estable, apretado. 2. Constante, fiel. 3. Difícil de borrar o destruir; duradero. 4. Profundo. 5. Veloz, rápido, pronto, ágil, ligero. 6. Hecho o ejecutado rápidamente. 7. Adelantado, se dice de los relojes. **Your watch is three minutes fast**, su reloj adelanta tres minutos. 8. Gastador, derrochador; dado a la disipación, disoluto. **A fast friend**, un amigo seguro. **A fast color**, color sólido, de buen tinte, duradero. **A fast knot**, un nudo apretado, firme. **Fast and loose**, *(Prov.)* Anden y ténganse. *-adv.* 1. Fuertemente, firmemente. 2. Duraderamente; para siempre. 3. Profundamente. **Fast asleep**, profundamente dormido. 4. No lejos; cerca de. 5. Aprisa, de prisa. **To come fast on the heels of**, seguir muy de cerca.

fast-day ['fɑːstdeɪ] [fast-dei], *s.* Día de ayuno.

fasten ['fɑːsn] [fasen], *va.* 1. Afirmar, asegurar, atar, amarrar; trabar, unir. 2. Fijar, hacer pegarse. *-vn.* Fijarse, establecerse, pararse en alguna parte; agarrarse, asirse, pegarse a alguno. **To fasten a door**, cerrar una puerta. **To fasten one's eyes on**, fijar los ojos en. **To fasten in**, clavar, hincar, fijar, imprimir una cosa en otra. **To fasten upon**, unir o pegar una cosa a otra; imputar, cargar a alguno con obligaciones.

fastener ['fɑːsnəʳ] [fa-se-naʳ], *s.* El que afirma o asegura.

fastening ['fɑːstənɪŋ] [fas-te-nin], *s.* 1. *(Mar.)* Encapilladura. 2. Lo que asegura o sujeta: broche, cerradura, cierre, corchete, botón, etc. 3. Atadura, amarradura, amarra.

faster ['fɑːstəʳ] [fas-taʳ], *s.* Ayunador.

fast-handed ['fɑːst'hændɪd] [fast-jan-did], *a.* Agarrado, apretado, mezquino, avariento.

fastidious [fæs'tɪdɪəs] [fas-ti-dios], *a.* Fastidioso, desdeñoso, despreciador, melindroso, dengoso, descontentadizo.

fastidiously [fæs'tɪdɪəslɪ] [fas-ti-dios-li], *adv.* Fastidiosamente, melindrosamente.

fastidiousness [fæs'tɪdɪəsnɪs] [fas-ti-dios-nes], *s.* Escrupulosidad, delicadeza (en el vestir, etc.), exigencia, gusto exigente. 2. Desdén.

fastigiate [fæs'tɪdʒɪeɪt] [fas-ti-yieit], *a.* *(Bot.)* Llano e igual en la cumbre o en el ápice.

fastigium [fæs'tɪdʒɪəm] [fas-ti-yiom], *s.* Fastigio.

fasting ['fɑːstɪŋ] [fas-tin], *ger.* Ayunando, haciendo abstinencia. **To go out fasting**, salir en ayunas. *-s.* Ayuno, abstinencia de alimentos. **Fasting and prayer**, el ayuno y la oración.

fasting-day ['fɑːstɪŋdeɪ] [fas-tin-dei], *s.* Día de ayuno.

fastness ['fɑːstnɪs] [fast-nes], *s.* 1. Firmeza, seguridad, solidez; fuerza. 2. Fortaleza o plaza naturalmente fuerte. 3. Celeridad, prontitud, diligencia; velocidad, rapidez. 4. Disipación, lujuria, libertinaje. 5. *(Biol)* Resistencia a la acción de ciertas sustancias.

fat [fæt] [fat], *a.* 1. Gordo, pingüe, corpulento. 2. Tosco, lerdo, grosero. 3. Opulento, rico; ganancioso, provechoso, lucrativo. 4. Grosero, tonto, estúpido. *-s.* 1. Gordo, el cebo o manteca de la carne del animal; enjundia. 2. La parte más rica o más deseable de alguna cosa. **To live on the fat of the land**, tener lo mejor de todo. 3. *(Ant.)* Tina. *V.* VAT.

fat, *va.* Engordar, nutrir. *-vn.* Engrosarse.

fatal ['feɪtl] [fei-tal], *a.* 1. Fatal, mortal, funesto. 2. Inevitable, necesario.

fatalism ['feɪtəlɪzm] [fei-ta-lisem], *s.* Fatalismo.

fatalist ['feɪtəlɪst] [fei-ta-list], *s.* Fatalista.

fatality [fə'tælɪtɪ] [fa-ta-li-ti], *s.* 1. Fatalidad, predestinación. 2. Desgracia, infortunio. 3. Acontecimiento final, muerte. 4. Decreto del destino.

fatally ['feɪtəlɪ] [fei-ta-li], *adv.* Fatalmente.

fatalness ['feɪtəlnɪs] [fei-tal-nes], *s.* Fatalidad; necesidad inevitable.

fat-brained [,fæt'breɪnd] [fat-breind], **fat-headed** [fæt'hedɪd] [fat-je-did], *a.* Lerdo, tardo, torpe.

fat-cheeked [fæt'tʃiːkt] [fat-chikt], *a.* Cachetudo, molletudo, cachetón.

fate [feɪt] [feit], *s.* 1. Hado, destino, suerte, fortuna, providencia. 2. Hado, muerte, destrución. 3. *pl.* *(Mit)* las Parcas; los destinos.

fated ['feɪtɪd] [fei-tid], *a.* Lo que está dispuesto o decretado por los hados, antiguametne *hadado*; fatal, lo que necesariamente ha de suceder o cumplirse.

fateful ['feɪtfʊl] [feit-ful], *a.* 1. Determinado por el destino. 2. Fatal, funesto.

fatheaded ['feɪt,hedɪd] [feit-je-did], *a.* Torpe, estúpido.

father ['fɑːθəʳ] [fa-daʳ], *s.* 1. Padre. 2. El principal y cabeza de una familia. 3. Padre, nombre que se da a un anciano o a un hombre respetable. 4. Confesor, padre de almas, padre espiritual. 5. Padre, la primera persona de la santísima Trinidad; Dios como criador. 6. Padre, título de los senadores romanos. 7. Creador, inventor, autor de algo. **Grandfather**, abuelo. **Our fore-fathers,** nuestro padres, abuelos o antepasados. **God-father**, padrino. **Foster-father**, padre adoptivo. **Father-like,** como si fuera padre, con afecto paternal. **Father in God,** un obispo.

father, *va.* 1. Prohijar, adoptar, declarar por hijo. 2. Achacar, imputar o atribuir a uno un hijo o un escrito.

fatherhood ['fɑːðəhʊd] [fa-der-jud], *s.* Paternidad.

father-in-law ['fɑːðərɪlɔː] [fa-der-in-lo], *s.* Suegro, el padre del marido respecto de la mujer, o el de la mujer respecto del marido.

fatherland ['fɑːðəlænd] [fa-der-land], *s.* Patria, tierra natal, madre patria.

fatherless ['fɑːðəlɪs] [fa-der-les], *a.* 1. Huérfano de padre. 2. Desautorizado, lo que no tiene autoridad bastante para ser creído o para merecer consideración.

fatherliness ['fɑːðəlɪnɪs] [fa-der-li-nes], *s.* Ternura o amor paternal.

fatherly ['fɑːðəlɪ] [fa-der-li], *adv.* Paternal, lo que es propio de un padre. *-adv.* Paternalmente.

fathom ['fæðəm] [fa-dom], *s.* 1. Braza, medida de seis pies de largo. 2. Alcance, penetración, profundidad.

fathom, *va.* 1. Sondar, sondear. 2. Sondear, rastrear, penetrar, profundizar, examinar a fondo, tantear. 3. *(Des.)* Abrazar, ceñir con los brazos.

fathomable ['fæðəməbl] [fa-do-ma-bol], *a.* Sondable, sondeable.

fathomer ['fæðəməʳ] [fa-do-maʳ], *s.* Sondeador.

fathomless ['fæðəmlɪs] [fa-dom-les], *a.* Insondable; impenetrable.

fatidical [fə'tɪdɪkl] [fa-ti-di-kal], *a.* Fatídico, profético.

fatiferous [fə'tɪfərəs] [fa-ti-fe-ros], *a.* Fatal, funesto.

fatigue ['fətɪg] [fa-tig], *s.* 1. Cansancio. 2. Fatiga, trabajo. 3. **Fatigue** o **fatigue-duty,** *(Mil.)* Faena, todo trabajo que hacen los militares distinto del manejo de las armas y demás ejercicios de su profesión. **Spent with fatigue**, rendido de cansancio; aspeado. **Fatigue-party**, los soldados que están de faena, limpieza, etc.

fatigue, *va.* Fatigar, cansar, con el trabajo corporal o del entendimiento.

fatigued [fə'ti:gd] [fa-tigd], *a.* Fatigado, cansado.

fatiguing ['fətɪgɪŋ] [fa-ti-guin], *ger.* y *a.* Cansado, pesado, que produce cansancio.

fatiscent ['fətɪsənt] [fa-ti-sent], *a.* Lo que puesto al aire se convierte en polvo.

fatling ['fətlɪŋ] [fa-tlin], *s.* Cebón, animal que se ceba para comerlo. *-a.* Gordo, grueso, regordete.

fatly ['fətlɪ] [fat-li], *adv.* Corpulentamente, toscamente.

fatness ['fətnɪs] [fat-nes], *s.* 1. Gordura. 2. Gordo, grasa. 3 Fertilidad, fecundidad.

fatten ['fætn] [fa-ten], *va.* 1. Engordar, nutrir, alimentar. 2. Cebar. 3. Fertilizar, fecundar o engrasar la tierra. *-vn.* Criar o echar carnes, engrosarse.

fattener ['fətnə[r]] [fat-na[r]], *s.* Cebo, lo que engorda.

fattiness ['fətɪnɪs] [fa-ti-nes], *s.* Gordura, pringue.

fattish ['fætɪʃ] [fa-tish], *a.* Gordiflón, algo gordo; pingüedinoso.

fatty ['fætɪ] [fa-ti], *a.* Untoso, craso, pingüe.

fatuitous ['fætʊɪtəs] [fa-tui-tos], *a.* 1. Necio, fatuo. 2. Vano, ilusorio.

fatuity ['fætʊɪtɪ] [fa-tui-ti], *s.* Fatuidad, simpleza.

fatuous ['fætʊəs] [fa-tuos], *a.* Fatuo, insensato, simple, tonto.

fat-witted ['fæt'wɪtɪd] [fat-ui-tid], *a.* Torpe, lerdo, pesado.

fauces ['fɔ:sɪz] [fo-sis], *s. pl.* Fauces, la entrada del esófago; gaznate, garganta.

faucet ['fɔ:sɪt] [fo-sit], *s.* Espita, canilla, llave, grifo; canilla con una válvula para regular la salida de un líquido.

faugh [fɔ:] [fo], *inter.* Expresión de enfado o menosprecio: ¡puf! ¡bah!

fault [fɔ:lt] [folt], *s.* 1. Falta, culpa, desliz o defecto en obrar. 2. Falta, defecto o privación de algo. 3. *(Geol.)* Falla, interrupción y dislocación de las capas que forman la corteza terrestre por sacudimientos interiores. 4. *(Elec.)* Avería accidental. **To find fault**, tachar, criticar; poner faltas. **I find no fault in their opinion**, no hallo nada reprensible en su modo de pensar. 5. Pérdida de la pista o del rastro; se dice de los perros cazadores.

fault, *va.* 1. *(Geol.)* Hacer una falla en. 2. (Raro o fam.) Acusar; echar a uno la culpa de alguna falta o delito. *-vn.* *(Des.)* Faltar; no tener razón; extraviarse.

fault-finder ['fɔ:lt'faɪndə[r]] [folt-fain-da[r]], *s.* Censurador, criticón, que todo lo encuentra mal.

faultily ['fɔ:ltɪlɪ] [fol-ti-li], *adv.* Defectuosamente, erradamente, culpablemente.

faultiness ['fɔ:ltɪnɪs] [fol-ti-nes], *s.* Culpa, falta, vicio, defecto, ofensa. 2. Defectuosidad, imperfección.

faultless ['fɔ:ltlɪs] [fol-tles], *a.* Sin falta; sin tacha; perfecto,cumplido, acabado.

faultlessly ['fɔ:ltlɪslɪ] [fol-tles-li], *a.* Impecablemente, prefectamente, irreprochablemente.

faultlessness ['fɔ:ltlɪsnɪs] [fol-tles-nes], *s.* Perfección; inculpabilidad.

faulty ['fɔ:ltɪ] [fol-ti], *a.* Culpable, defectuoso, imperfecto.

faun ['fɔ:n] [fon], *s.* Fauno, especie de dios de las selvas.

fauna ['fɔ:nə] [fo-na], *s.* (*pl.* FAUNAE o FAUNAS). *(Zool.)* Fauna, conjunto de los animales de cada país o región (o su descripción científica).

faunist ['fɔ:nɪst] [fo-nist], *s.* Naturalista que estudia una fauna.

fautor ['fɔ:tə[r]] [fo-ta[r]], *s.* *(Ant.)* Fautor, favorecedor.

fautress ['fɔ:trɪs] [fo-tris], *sf.* Fautora, fomentadora.

favillous [fə'vɪləs] [fa-vi-los], *a.* Ceniciento.

favonian [fə'vəʊnɪən] [fa-vou-nian], *a.* Que sopla del oeste; perteneciente al favonio; favorable, próspero.

favor o **favour** ['feɪvə[r]] [fei-va[r]], *va.* y *vn.* 1. Favorecer, patrocinar, proteger, ayudar, amparar, socorrer. **Favor me with that,** hágame usted el favor de eso, favorézcame Ud. con eso. 2. Favorecer, ayudar, asistir con ventajas o conveniencias. **To favor an opinion**, apoyar una opinión. 3. *(fam.)* Asemejarse, parecerse. **Everybody owns that this gentleman favors his father,** todo el mundo conviene en que este caballero se parece a su padre. 4. Favorecer, conducir, contribuir, convenir para algún fin. 5. Usar con precaución, v.g. un miembro lastimado; abstenerse de usar, guardar, reservar. 6. *(Art.)* Atenuar, paliar, mitigar.

favor, *s.* 1. Favor, fineza, beneficio. 2. Favor, socorro, patrocinio, amparo. 3. Mitigación, lenidad, blandura en el castigo. 4. Gracia, beneficio otorgado a uno con exclusión de otros; parcialidad. 5. Permiso, licencia. **By your favor**, con su permiso, licencia, venia. 6. Conveniencia para alguna cosa, facilidad. 7. Favor, cinta, adorno, flor, etc., recibida de una dama como agasajo; los lazos de cinta que se llevan en Inglaterra en algunas ocasiones en señal de regocijo o como signo de pertenecer a un partido, en particular, una fruslería dada en el cotillón. 8. En la correspondencia (esp. comercial), carta; grata, atenta. 9. *(Ant.)* Facción, semblante. **With your favor** o **by your favor**, con licencia o permiso de Ud. 10. *(Com)* a favor de, pagadero a.

favorable ['feɪvərəbl] [fei-va-ra-bol], *a.* 1. Favorable, propicio, benévolo. 2. Favorable, benigno. 3. Bien encarado, bien parecido.

favorableness ['feɪvərəblnɪs] [fei-va-ra-bol-nes], *s.* Agrado, benignidad.

favorably ['feɪvərəblɪ] [fei-va-ra-bli], *adv.* Favorablemente, benignamente.

favored ['feɪvəd] [fei-vad], *a.* Favorecido, protegido, amparado. **Well-favored**, hermoso, bien parecido. **Ill-favored**, feo, mal carado.

favoredly ['feɪvədlɪ] [fei-vad-li], *adv.* Sólo se usa unido a los siguientes adverbios: **Well** o **ill favoredly**, con buena o mala apariencia.

favoredness ['feɪvədnɪs] [fei-vad-nes], *s.* (Poco us.) Apariencia, aspecto exterior. **Hard-favoredness**, dureza en la fisonomía; fealdad.

favorer ['feɪvərə[r]] [fei-vo-ra[r]], *s.* Favorecedor.

favorite, favourite ['feɪvərɪt] [fei-vo-rit], *s.* Favorito, predilecto, privado, valido; confidente. *-a.* Amado, favorecido.

favoritism ['feɪvərɪtɪzəm] [fei-vo-ri-tisem], *s.* Favoritismo, la influencia que el afecto por algún favorito o predilecto tiene en las acciones de una persona: se toma comúnmente en mal sentido.

favorless ['feɪvəlɪs] [fei-vo-les], *a.* Desfavorecido, desamparado; adverso, contrario.

favose ['feɪvəz] [fei-vos], *a.* Faveolado, guarnecido de celdillas como los alvéolos, del panal.

favour, favourable, favourite, etc. (es la forma común en Inglaterra). *V.* FAVOR, etc.

fawn [fɔ:n] [fon], *s.* 1. Cervato, enodio, el macho pequeño de los ciervos; gamo o gama en su primer año. 2. (Poco us.) Lisonja o adulación servil y baja. 3. Color del cervato.

fawn, *vn.* 1. Parir la cierva. 2. Halagar o hacer fiestas como el perro a su amo; adular servilmente.

fawner ['fɔ:nə[r]] [fo-na[r]], *s.* Lisonjero, zalamero, adulador, quitapelillos.

fawning ['fɔ:nɪŋ] [fo-nin], *s.* Aduación o lisonja vil y baja; bajeza.

fawningly ['fɔ:nɪŋlɪ] [fo-nin-li], *adv.* Lisonjeramente, zalameramente.

fay [feɪ] [fei], *s.* Duende. *V.* FAIRY.

fay, *va.* Empalmar, ajustar una pieza con otra. *-vn.* Cuadrar, venir bien una pieza con otra.

fealty ['fi:əltɪ] [fial-ti], *s.* Homenaje, fidelidad, lealtad.

fear [fɪə[r]] [fia[r]], *s.* 1. Miedo, perturbación originada por la aprehensión de algún peligro. 2. Miedo, temor, recelo. 3.

Causa, motivo de temor; carácter alarmante. 4. Respeto, veneración con relación a la autoridad constituída. **Fear of the world**, respeto humano. **To be in fear,** tener miedo. **There is fear**, hay que temer. **For fear**, por temor de, por miedo de.

fear, *va.* 1. Temer, tener miedo. 2. Mirar con temor respetuoso y reverencia. 3. *(Ant. y Poét.)* Amedrentar, espantar. *-vn.* 1. Temer, tener horror a algo. 2. Temer, estar inquieto o receloso.

fearful ['fɪəfʊl] [fia-ful], *a.* 1. Medroso, miedoso, temeroso, pusilánime. 2. Tímido, encogido y corto de ánimo. 3. Tremendo, horrendo, espantoso, terrible; respetuoso. 4. Digno de respeto y reverencia.

fearfully ['fɪəfəlɪ] [fia-fu-li], *adv.* Medrosamente, temerosamente, con miedo y temor; de un modo digno de reverencia; de una manera espantosa, terriblemente.

fearfulness ['fɪəfʊlnɪs] [fia-ful-nes], *s.* 1. Timidez, temor, miedo, pusilanimidad, encogimiento. 2. Temor, miedo, pasión del ánimo que nos hace evitar las cosas dañosas o peligrosas.

fearless ['fɪəlɪs] [fia-les], *a.* Impertérrito, intrépido, arrojado, ardiente, bravo, atrevido, audaz.

fearlessly ['fɪəlɪslɪ] [fia-les-li], *adv.* Intrépidamente, sin miedo.

fearlessness ['fɪəlɪsnɪs] [fia-les-nes], *s.* Intrepidez, arrojo, bravura, valentía.

fearsome ['fɪəsəm] [fia-som], *a.* 1. Temible, espantoso, que infunde miedo. 2. Tímido, miedoso, asustado.

feasibility [ˌfiːzə'bɪlɪtɪ] [fi-sa-bi-li-ti], *s.* Posibilidad o capacidad de poderse ejecutar alguna cosa.

feasible ['fɪəsɪbl] [fia-si-bol], *adv.* De un modo factible, practicable.

feasibly ['fɪəsɪblɪ] [fia-si-bli], *adv.* de un modo factible.

feast [fiːst] [fist], *s.* 1. Banquete, festín, convite, comida o cena espléndida. *(fam.)* Comilitona, comilona. 2. Fiesta solemne, regocijo en día señalado. **Church feast,** fiesta religiosa 3. Cualquier cosa agradable al paladar.

feast, *va.* 1. Festejar, recibir con agasajo en su casa, regalar al que viene a ella a comer. 2. Atracar de comida y bebida. *-vn.* 1. Comer opíparamente. 2. Gozarse, entretenerse.

feaster ['fiːstə[r]] [fis-ta[r]], *s.* 1. Comilitón, goloso. 2. Festejador, el que da banquetes, anfitrión, festejador.

feastful ['fiːstfʊl] [fist-ful], *a.* Festivo, placentero; suntuoso, voluptuoso.

feasting ['fiːstɪŋ] [fis-tin], *s.* Banquete; fiesta.

feast-rite [ˌfiːst'raɪt] [fist-rait], *s.* El ceremonial de los banquetes.

feat [fiːt] [fit], *s.* 1. Hecho, acción o hazaña notables. 2. Juego de manos, ligereza de manos. **Feats**, suertes. *-a. (Ant.)* 1. Apto, ingenioso. 2. Fino, pulido, galón; por ironía o desprecio. **To do feats,** hacer maravillas.

feat, *va. (Ds.)* Formar, amoldar.

feather ['feðə[r]] [fe-da[r]], *s.* 1. Pluma. 2. Algo que se parece a una pluma o plumas; particularmente en la mecánica, lengüeta, cuña, rayo; refuerzo de eje. 3. Género, clase, naturaleza, especie. **Birds of a feather**, pájaros de una misma pluma, lobos de la misma camada. 4. Bagatela, fruslería. 5. Al remar, la acción de volver la pala del remo poniéndola casi horizontal. 6. Cacería de animales de pluma en general. **To cut a feather**, *(Mar.)* llevar buen viento, navegar con rapidez. **To show the white feather**, mostrarse cobarde, volverse atrás (se dice porque el verdadero gallo de pelea no tiene plumas blancas). **To pluck a bird's feathers**, desplumar. **A plume of feathers**, plumaje. **To laugh at a feather**, reírse de nada. **Feather-bed,** colchón de plumas, plumón. **Imitation feathers**, plumas de imitación, encrespadas para penachos. **Birds of a feather flock together,** *(Prov.)* Cada oveja con su pareja; o Dios los cría y ellos se juntan. **To be a feather in one's cap**, dar realce o importancia a alguna persona o cosa. **Feather-edged**, en bisel, en perfil. **Feather-brain,** imbécil, tonto, casquivano. **Feather-weight**, púgil o atleta de mínimo peso; persona de escasa importancia. **In high feather**, vivo, alegre.

feather, *va.* 1. Emplumar, poner o adornar con plumas. 2. Enriquecer, adornar, como con plumas. 3. Volver la pala del remo al sacarla del agua, poniéndola casi horizontal. 4. *(Mec.)* Ajustar una lengüeta o rayo en algo. 5. Estabilizar un avión por medio de una forma de rotación de hélices o motores. *-vn.* 1. Cubrirse con plumas. 2. Descomponerse en forma emplumada. **To feather one's nest**, enriquecerse, particularmente a expensas de otro, juntar mucho caudal, hacer su agosto.

featherbrain ['feðəbreɪn] [fe-da-brein], *s.* Persona de poco seso.

featherbedding ['feðəˌbedɪŋ] [fe-da-be-din], *s.* Imposición por parte de sindicatos de trabajadores innecesarios.

feather duster ['feðə'dʌstə[r]] [fe-da-das-ta[r]], *s.* Plumero.

feathered ['feðəd] [fe-derd], *a.* 1. Plumado, emplumado. 2. Que tiene apéndices parecidos a plumas. 3. Alado; veloz como una flecha. **The feathered tribe**, los pájaros.

featheredged ['feðəredʒɪd] [fe-da-red-yid], *a.* 1. Achaflanado. 2. De borde muy delgado o afilado. 3. Cortado en cuña o bisel.

feathering ['feðərɪŋ] [fe-da-rin], *pa.* de TO FEATHER y *s.* (Se usa en composición.) **Feathering-wheel,** rueda de paletas movibles.

featherless ['feðəlɪs] [fe-da-lis], *a.* Desplumado, implume.

feather-seller ['feðəselə[r]] [fe-da-se-la[r]], *s.* Plumajero, vendedor de plumajes.

featherweight ['feðəweɪt] [fe-da-ueit], *s. (Box)* Peso pluma.

feathery ['feðərɪ] [fe-da-ri], *a.* 1. Plumado, cubierto con plumas. 2. Ligero como una pluma, o parecido a las plumas.

featness ['fiːtnɪs] [fit-nes], *s.* Pulidez, destreza, gentileza.

feature ['fiːtʃə[r]] [fi-cha[r]], *s.* 1. Semblante, rostro. 2. Facción del rostro, forma, figura. 3. Rasgo, carácter distintivo. *-pl.* Facciones, rostro, la cara entera.

feature, *va.* Asemejarse, parecerse en el semblante o cara.

featured ['fiːtʃəd] [fi-ched], *a.* 1. Lo que tiene buenas o malas facciones. 2. Se toma en sentido absoluto por el que tiene hermosas facciones. 3. Lo que se parece en el rostro o en las facciones. **Well-featured,** bien encarado, de facciones hermosas. **Ill-featured**, mal encarado o engestado.

featureless ['fiːtʃəlɪs] [fi-che-les], *a.* Que no tiene rasgos distinto ni fisonomía caracterizada; sin rasgos distintivos, poco interesante.

febricula ['febrɪkjʊlə] [fe-bri-kiu-la], *s. (Med)* Calenturilla, fiebre ligera.

febrific ['febrɪfɪk] [fe-bri-fik], *a.* Febrífico, febricitante, que causa fiebre.

febrifacient ['febrɪfeɪʃənt] [fe-bri-fei-shent], *a.* Febril, que causa o produce fiebre.

febrifugal ['febrɪfjʊgəl] [fe-bri-fiu-gal, *a.* Que tiene la cualidad de calmar la fiebre.

febrile ['fiːbraɪl] [fi-brail], *a. (Med.)* Febril, lo que indica o proviene de la fiebre.

February ['februərɪ] [fe-brua-ri], *s.* Febrero.

februation ['febrʊ'eɪʃən] [fe-bru-ei-shon], *s.* Purificación o sacrificio entre los paganos.

fecal ['fiːkəl] [fi-kal], *a.* Fecal.

feces ['fiːsiːz] [fi-sis], *s. pl.* Excrementos; heces.

feck [fek] [fek], *a. (Esco.)* Endurecido, fuerte, robusto. *-s.* 1. Fuerza, poder, vigor. 2. Cantidad, número o valor. 3. La parte principal.

fecula ['fekjʊlə] [fe-kiu-la], *s.* 1. Almidón. 2. *V.* CHLOROPHYL.

feculence, feculency ['fekkʊləns] [fe-kiu-lens], *s.* 1. Feculencia; porquería debida a las heces; la calidad de hacer mucho poso o dejar muchas heces. 2. Posos, heces, sedimento.

feculent ['fekkʊlənt] [fe-kiu-lent], *a.* Feculento, heciento, puerco, fecal.

fecund ['fiːkənd] [fi-kond], *a.* Fecundo, fértil, prolífico.

fecundate ['fiːkəndeɪt] [fi-kon-deit], *va.* Fecundar.

fecundation [ˌfiːkən'deɪʃən] [fi-kon-dei-shon], *s.* Fecundación.

fecundify ['fi:kəndıfaı] [fi-kon-di-fai], *va.* Fecunda, fecundizar.

fecundity ['fi:kʌndıtı] [fi-kan-di-ti], *s.* Fecundidad, fertilidad, abundancia.

fed [fed] [fed], *pret.* y *pp.* del verbo TO FEED. **To be full fed,** tener el vientre lleno.

federal ['fedərəl] [fe-de-ral], *a.* 1. Federal, perteneciente a liga o contrato. 2. Relativo a una confederación de estados. 3. Partidario de la federación; en especial, partidario de la Unión en la guerra civil norteamericana de 1861-1865.

federalism ['fedərəlızm] [fe-de-ra-lisem], *s.* Federalismo; principios de los federales.

federalist ['fedərəlıst] [fe-de-ra-list], *s.* Federalista, nombre dado en la América del Norte a los partidarios de la constitución de los Estados Unidos.

federalize, federalise ['fedərəlaız] [fe-de-ra-lais], *va.* Federalizar, formar una federación.

federate ['fedəreıt] [fe-de-reit], *a.* Confederado, aliado. *-va. V.* FEDERALIZE.

federative ['fedərətıv] [fe-de-ra-tiv], *a.* Federativo, unido por una liga.

federation ['fedəreıʃən] [fe-de-rei-shon], *s.* Confederación, liga, federación.

fedora [fə'dɔ:rə] [fe-do-ra], *s.* Sombrero de fieltro.

fee [fi:] [fi], *s.* 1. Recompensa o premio por algún trabajo. 2. Gratificación, paga extraordinaria que se da a las personas empleadas en los oficios públicos. 3. Derechos honorarios, salario, propina, estipendio que se da a los que ejercen alguna profesión por el ejercicio de ella. 4. *(Der.)* Bienes, hacienda de patrimonio. 5. *(For.)* Feudo. **Fee simple**, hacienda libre de condición.

fee, *va.* 1. Pagar, recompensar, premiar. 2. Alquilar, tener a sueldo. 3. Cohechar, sobornar. 4. Dar propina.

feeable ['fi:əbl] [fia-bol], *a.* Recompensable; se dice de la persona a quien se puede dar una retribución o propina, retibuible.

feeble ['fi:bl] [fi-bol], *a.* 1. Feble, débil, flaco, lánguido; enfermizo; debilitado por la edad o las desgracias. 2. Impotente, inválido. **To grow feeble**, debilitarse, enflaquecerse.

feeble, *va.* Debilitar. *V.* ENFEEBLE.

feeble-minded ['fi:bl'maındıd] [fi-bol-main-ded], *a.* 1. Falto de inteligencia, imbécil. 2. Irresoluto, vacilante. **Feeble-mindedness**, debilidad de entendimiento, idiotez; irresolución.

feebleness ['fi:blnıs] [fi-bol-nes], *s.* Debilidad, extenuación, flaqueza.

feebly ['fi:blı] [fi-bli], *adv.* Débilmente, flacamente, pobremente, escasamente.

feed [fi:d] [fid], *va.* 1. Dar de comer. 2. Pacer, apacentarse el ganado. 3. Nutrir, alimentar, v.g. una máquina; proveer, suplir lo que falta a alguna cosa. 4. Alimentar con esperanzas. 5. Deleitar, entretener. *-vn.* 1. Comer, alimentarse. 2. Pastar, comer la hierba del campo. 3. Engordar, cebar. **To feed on** o **upon**, alimentarse de.

feed, *s.* 1. Comida, alimento. 2. Pasto, hierba para alimentar los ganados. 3. *(Mec.)* Movimiento de empuje, y el material con que se alimenta una máquina; alimentación. **Feed-bag**, morral de pienso. **Feed-head**, *(Mec.)* depósito de agua para la alimentación de una máquina. **Feed-motion**, *(Mec.)* movimiento de alimentación. **Feed-pump**, bomba de alimentación para proveer de agua las máquinas de vapor.

feedback ['fi:dbæk] [fid-bak], *s. (Elect.)* Realimentación, regeneración.

feeder ['fi:dəʳ] [fi-daʳ], *s.* 1. El que da de comer; particularmente persona o aparato para surtir de material a una máquina. 2. Comedor, el que come; también gorrista, dependiente, criado. 3. Una cosa cualquiera que suple las necesidades de otra o aumenta su importancia; v.g. el afluente de un río. 4. Atizador, incitador. **Nice feeder**, melindroso en los manjares. **High** o **greedy feeder**, comilón, glotón. **Dainty feeder,** goloso, lamerón.

feedback ['fi:dbæk] [fid-bak], *s. (Elect.)* Regeneración, realimentación.

feedhead ['fi:dhed] [fid-jed], *s.* Depósito de alimentación de la máquina de vapor.

feeding ['fi:dıŋ] [fi-din], *s.* Herbaje, pastura, pasto; comida. **Feeding apparatus**, *(Mec.)* aparato de alimentación. **Feeding-bottle**, mamadera, biberón, botellita que sirve para la lactanacia artificial de los niños, corderos, etc.

fee-farm ['fi:fɑ:m] [fid-farm], *s.* 1. *(For.)* Enfiteusis o propiamente arrendamiento de un terreno feudal. 2. Escritura de arrendamiento de tierras feudales.

feel [fi:l] [fil], *vn.* 1. Sentir, percibir por el tacto. 2. Tentar, examinar, sondear. 3. Tener sensibilidad pronta para percibir la impresión grata o desagradable que causan los objetos. 4. Producir una cosa impresión al tacto. 5. Palpar, tentar, manosear. 6. Tomar el pulso. 7. Sentir placer o pena física o moralmente. 8. Conocerse. **To feel for,** condolerse de. **To feel soft,** ser suave al tacto. **To feel coarse**, ser áspero al tacto. **To feel mortified**, abochornarse, correrse, mortificarse. **How do you feel?,** ¿cómo se siente Ud.?, ¿cómo se encuentra Ud.?

feel, *s.* Tacto, palpamiento.

feeler ['fi:ləʳ] [fi-laʳ], *s.* 1. Tentador. 2. Un órgano del tacto; antena, cada una de las dos puntas que tienen en la cabeza algunos insectos; tentáculo. 3. Tentativa, acción con que se intenta experimentar, probar o tantear alguna cosa.

feeling ['fi:lıŋ] [fi-lin], *s.* 1. Tacto, el sentido del tacto, palpamiento. *V.* FEEL. 2. Sensibilidad, ternura, compasión. 3. Sensación, percepción, sentimiento. **To touch one's feelings,** (a) conmover el ánimo; tocar en vivo. (b) herir el amor propio. **Good, proper feeling**, buen sentimiento. **Wrong, improper feeling**, mal sentimiento. *-part. a.* Sensible, tierno, conmovedor, patético.

feelingly ['fi:lıŋlı] [fi-lin-li], *adv.* 1. Vivamente, con mucha expresión, con energía. **He spoke very feelingly**, habló al alma. 2. Sensiblemente, tiernamente; de un modo conmovedor. 3. Con compasión, tiernamente.

feet [fi:t] [fit], *s. pl.* de FOOT. Pies.

feetless ['fi:tlıs] [fit-lis], *a.* Sin pies.

feeze [fi:z] [fis], *va. (Scot.)* Destorcer el chicote de un cabo, hacer pedazos. *-vn.* 1. Destorcerse, deshacerse. 2. *(Fam. E.U.)* Enfadarse, inquietarse.

feign [feın] [fein], *va.* 1. Inventar, fingir, idear o imaginar lo que no existe. 2. Pretextar, valerse de algún pretexto. 3. Fingir, disimular. *-vn.* Fingir, referir falsedades imaginarias. **A feigned treble**, *(Mús.)* Falsete. *(Fam.)* **To feign ignorance**, hacerse chiquito.

feignedly ['feınıdlı] [fei-nid-li], *adv.* Fingidamente.

feignedness ['feınıdnıs] [fei-nid-nes], *s.* Ficción, fraude, engaño.

feigner ['feınəʳ] [fei-naʳ], *s.* Fingidor.

feigning ['feınıŋ] [fei-nin], *s.* Fingimiento, simulación, engaño.

feint ['feınt].[feint], *s.* 1. Ficción, disimulación, artificio, treta. 2. Finta, movimiento con la espada para distraer o engañar al contrario. *-vn.* Hacer finta, fingir un golpe o estocada.

feldspar ['feldspɑ:ʳ] [feld-spaʳ], *s.* Feldespato, silicato de alúmina y un álcali, que se encuentra en muchas rocas primitivas. (Escríbese también **Feldspath** y **Felspar**).

feldspathic [ˌfelds'pɑ:θık] [feld-spa-zik], *a.* Del feldespato, que lo contiene o se le asemeja.

felicitate [fı'lısıteıt] [fi-li-si-teit], *va.* 1. Felicitar, dar el parabién o la enhorabuena, congratularse de algo con otro. 2. *(Des.)* Hacer feliz o dichoso a alguno.

felicitation [fılısı'teıʃən] [fi-li-si-tei-shon], *s.* Felicitación, congratulación, parabién, enhorabuena.

felicitous [fı'lısıtəs] [fi-li-si-tos], *a.* Feliz, dichoso; bienaventurado.

felicitously [fı'lısıtəslı] [fi-li-si-tos-li], *adv.* Felizmente, dichosamente.

felicity [fı'lısıtı] [fi-li-si-ti], *s.* Felicidad, dicha, bienaventuranza.

felidæ ['felɪdæ] [fe-li-da], *s. pl. (Zool.)* Félidos, familia de mamíferos carnívoros que comprende el león, tigre, gato, etc.

feline ['fi:laɪn] [fi-lain], *a.* Gatuno, gatesco, que pertenece al género felino.

fell [fel] [fel], *a.* 1. Cruel, bárbaro, inhumano. 2. Fiero, sanguinario, feroz, sangriento.

fell, *s.* 1. Dobladillo, costura que tiene al lado una tira llana y lisa. 2. Remate del tejido. 3. Pelo, guedejas de pelo. 4. *(Ant.)* Cuero, piel, pellejo. 5. (Prov. Ingl.) Collado, sierra, peñasco.

fell, *pret.* de TO FALL.

fell, *va.* 1. Derrotar, derrocar, echar por tierra; acogotar (las reses). 2. Cortar para echar por tierra alguna cosa (heads, trees). **Felling of wood**, corta o corte de monte o leña. 3. Dobladillar, hacer un dobladillo.

fellah ['felə] [fe-la], *s.* (*pl.* FELLAHS o FELLAHEEN). En Egipto, Siria, etc., patán, labriego.

feller ['felə^r] [fe-la^r], *s.* 1. Derribante. 2. Pieza accesoria de una máquina de coser para hacer dobladillos; sobrecosedor. 3. Cortador de árboles.

felling ['felɪŋ] [fe-lin], *s.* 1. Tala de árboles. 2. Área talada o para ser talada.

fellmonger [fel'mɒŋə^r] [fel-mon-ga^r], *s. (Des.)* Pellejero, el que trata en pellejos.

fellness [fel] [fel, *s.* Crueldad, ferocidad, barbarie.

felloe ['felɔ:] [fe-lo], *s.* Pina de la rueda. *V.* FELLY.

fellow ['feləʊ] [fe-lou], *a.* Asociado; parecido, correspondiente. (Se usa frecuentemente para formar voces compuestas.). *-s.* 1. Persona, individuo. 2. Compañero, camarada, socio; igual. 3. Compañero, hermano, la cosa que hace juego con otra. **My cuff-buttons are not fellows**, mis gemelos no hacen juego o no son iguales. 4. Socio o individuo de algún colegio, sociedad o academia. 5. *(fam.)* Hombre, mozo, chico. A veces es expletivo cuando se une a los adjetivos, como, **a brave fellow**, un valiente. *(fam.)* Un buen chico, una buena alhaja. **A worthless fellow**, un inútil, un pícaro. **Dear little fellow**, querido, queridito mío. **A young fellow,** un joven, un mozo, un muchacho. **A clever fellow**, un mozo listo, entendido, de talento. 6. Pelafustán, hombre vulgar, persona inferior o desacreditada. **Fellow-being** o **creature**, el prójimo, nuestro semejante. *V.* F. Como abreviatura. **To be hail fellow, well met**, tratarse de igual a igual, como compañero.

fellow, *va.* 1. Hermanar, igualar una cosa con otra. 2. Convenir; hacer pareja; aparear.

fellow-citizen ['feləʊ'sɪtɪzən] [fe-lou-si-ti-sen], *s.* Conciudadano, compatriota.

fellow-commoner ['feləʊ'kʌmənə^r] [fe-lou-ka-mo-na^r], *s.* El que tiene los mismos derechos que otro.

fellow-counsellor ['feləʊ'kʌnsələ^r] [fe-lou-kan-se-la^r], *s.* Individuo del mismo consejo.

fellow-creature ['feləʊ'krɪətʃə^r] [fe-lou-kria-cha^r], *s.* Criatura de la misma especie.

fellow-feeling ['feləʊ'fi:lɪŋ] [fe-lou-fi-lin], *s.* 1. Simpatía, compasión. 2. Interés común.

fellow-heir ['feləʊ'hɛə^r] [fe-lou-jea^r], *s.* Coheredero.

fellow-helper ['feləʊ'helpə^r] [fe-lou-jel-pa^r], *s.* Coadjutor, coadyuvador.

fellow-laborer ['feləʊ'læbərə^r] [fe-lou-la-bo-ra^r], *s.* Colaborador, compañero en algún trabajo.

fellow-maiden ['feləʊ'meɪdn] [fe-lou-mei-den], *sf.* Doncella que vive o está con otra.

fellow-member ['feləʊ'membə^r] [fe-lou-mem-ba^r], *s.* Individuo de la misma sociedad; miembro del mismo cuerpo; compañero.

fellow-minister ['feləʊ'mɪnɪstə^r] [fe-lou-mi-nis-ta^r], *s.* El que sirve el mismo oficio.

fellow-partner ['feləʊ'pɑ:tnə^r] [fe-lou-part-na^r], *s.* Consocio con algún negocio o casa de comercio, donde hay más de dos compañeros.

fellow-peer ['feləʊ'pɪə^r] [fe-lou-pia^r], *s.* El que goza los mismos privilegios de nobleza, como sucede en Inglaterra, donde los pares tienen títulos y precedencia diferentes, aunque son iguales en los demás privilegios.

fellow-prisoner ['feləʊ'prɪsnə^r] [fe-lou-pri-so-na^r], *s.* Preso en la misma cárcel o por la misma causa.

fellow-scholar ['feləʊ'skɒlə^r] [fe-lou-sko-la^r], *s.* Condiscípulo.

fellow-servant ['feləʊ'sɜ:vənt] [fe-lou-ser-vant], *s.* Sirviente que tiene el mismo amo que otro.

fellowship ['feləʊʃɪp] [fe-lou-ship], *s.* 1. Intimidad, confraternidad, compañerismo; comunión. 2. Asociación, comunidad de intereses o de sentimientos; participación. 3. Compañía, cuerpo de individuos asociados. 4. Sociedad, compañía, reunión social. 5. *(Ingl.)* Beca, plaza de colegial en algún colegio; o *(E.U.)* fundación en las universidades para sostener a un estudiante que se dedica a una carrera universitaria. 6. *(Arit.)* Regla de compañía. **Good-fellowship,** espíritu de paz, de concordia. **Do it for good-fellowship**, hágalo Ud. en obsequio de la concordia. **The fellowship of the Holy Ghost**, la comunión del Espíritu Santo.

fellowship, *va.* y *vn.* Admitir, aceptar o unirse con otros en sociedad.

fellow-soldier ['feləʊ'səʊldɪə^r] [fe-lou-soul-dia^r], *s.* Comilitón.

fellow-student ['feləʊ'sju:dənt] [fe-lou-stiu-dent], *s.* Condiscípulo.

fellow-subject ['feləʊ'sʌbdʒekt] [fe-lou-sab-yekt], *s.* El que vive bajo el mismo gobierno que otro.

fellow-sufferer ['feləʊ'sʌfərə^r] [fe-lou-sa-fe-ra^r], *s.* El que sufre por la misma causa o al propio tiempo que otro.

fellow-traveler ['feləʊ'trævlə^r] [fe-lou-tra-ve-la^r], *s.* 1. Compañero de viaje. 2. Comunisoide, simpatizador de los comunistas.

fellow-worker ['feləʊ'wɜ:kə^r] [fe-lou-uer-ka^r], *s.* El que trabaja con el mismo propósito o en el mismo asunto que otro.

fellow-workman ['feləʊ'wɜ:kmən] [fe-lou-uek-man], *s.* Artesano que trabaja en la misma obra que otro.

felly, fellow ['felɪ] [fe-li], *s.* Pina, cada uno de los trozos curvos de madera que forman en círculo la rueda de un coche o carro.

felly, *adv.* Cruelmente, bárbaramente, ferozmente.

felo-de-se ['feləʊ'deɪsɪ] [fe-lou-dei-si], *s. (For.)* Suicida.

felon ['felən] [fe-lon], *s.* 1. Reo de algún delito capital o grave. 2. Panadizo, panarizo, uñero. *-a.* 1. Adquirido por felonía. 2. Malvado, criminal; traidor.

felonious ['felənɪəs] [fe-lo-nios], *a.* Malvado, perverso, traidor, villano, maligno, pérfido.

feloniously ['felənɪəslɪ] [fe-lo-nios-li], *adv.* Traidoramente, alevosamente, malvadamente.

felonry ['felənrɪ] [fe-lon-ri], *s.* El conjunto de malhechores; toda la pillería.

felony ['felənɪ] [fe-lo-ni], *s.* Crimen o delito que tenía originalmente por pena el embargo de los bienes muebles o inmuebles, y hoy tiene pena capital o la encarcelación en una prisión de estado.

felsite ['felsaɪt] [fel-sait], *s.* Mezcla de cuarzo y feldespato. *V.* FELDSPAR.

felspar ['felspɑ:^{r}] [fel-spa^r], *s.* Feldespato. *V.* FELDSPAR. (Forma más usada en Inglaterra.)

felt [felt] [felt], *s.* Fieltro, lana no tejida, sino unida e incorporada a fuerza de agua caliente, lejía y goma. *-pret.* del verbo TO FEEL.

felt , *adv.* Trabajar el fieltro para los sombreros.

felting ['feltɪŋ] [fel-tin], *s.* 1. Materiales para hacer fieltro. 2. Fieltro en cantidad. 3. Acción de aserrar o cortar la madera en la dirección de la vena.

felt-maker [ˌfelt'meɪkə^r] [felt-mei-ka^r], *s.* El oficial de sombrerero que trabaja el fieltro.

felter ['feltə^r] [fel-ta^r], *adv.* Unir alguna cosa como si fuese fieltro.

felucca ['felju:kə] [fe-liu-ka], *s.* Falucho, falúa, embarcación menor y de remos con dos palos y velas latinas.
female ['fi:meɪl] [fi-meil], *a.* 1. Femenino, del sexo femenino. 2. Femenino, propio y especial de las mujeres. 3. *(Bot.)* Que tiene pistilos. *-s.* 1. Hembra, mujer o animal del sexo femenino. 2. Hembra, en las plantas, la que está provista de un pistilo, y que fecundada por el polen del estambre da fruto. **Female screw**, tuerca, hembra de tornillo. *Female* se aplica al sexo de la mujer, *femenine* a sus cualidades, particularmente a las más delicadas, a sus intereses, empleos u ocupaciones, etc. **Female voice**, voz de mujer. **Femenine voice**, voz femenina.
femalize ['feməlaɪz] [fe-ma-lais], *adv.* Afeminar, inclinar a uno a parecerse a las mujeres por sus gustos, modales y acciones.
feme covert [fi:m'kʌvɜ:t] [fim-ka-vert], *s.* *(For.)* Mujer casada. **Feme sole**, (a) soltera. (b) Mujer que comercia sola o sin auxilio de su marido.
feminality [ˌfemɪ'nælɪtɪ] [fe-mi-na-li-ti], *s.* Femineidad.
femineity [fe'mɪnɪtɪ] [fe-mi-ni-ti], *s.* *V.* FEMINALITY.
feminine ['femɪni:n] [fe-mi-nin], *a.* 1. Femenino, femíneo. 2. Femenil, tierno, delicado. 3. Mujeril, afeminado. 4. *(Gram.)* Del género femenino.
femininity [ˌfemɪ'nɪnɪtɪ] [fe-mi-ni-ni-ti], *s.* 1. Calidad, o estado de femenino. 2. El conjunto de las mujeres.
feminity, *s.* *V.* FEMINALITY.
feminize ['femɪnaɪz] [fe-mi-nais], *adv.* Afeminar.
femoral ['femərəl] [fe-mo-ral], *a.* Femoral, perteneciente al muslo.
femur ['fi:məʳ] [fi-maʳ], *s.* (*pl.* FEMURS o FEMORA). 1. *(Anat.)* Fémur, hueso del muslo. 2. *(Ento.)* Fémur, la tercera pieza o artejo de las patas de los insectos.
fen [fen] [fen], *s.* 1. Marjal, pantano. 2. Enfermedad mohosa del lúpulo. **Fen-berry**, especie de zarzamora. **Fen-born**, nacido en país pantanoso. **Fen-cress**, *(Bot.)* berro pantanoso. **Fen-cricket**, grillotalpa. **Fen-duck**, especie de ánade silvestre.
fence [fens] [fens], *s.* 1. Defensa, reparo, resguardo. 2. Cerca, palizada, vallado que se pone alrededor de un terreno para dividirlo de otro y resguardarlo. 3. Cercamiento, el acto de cercar. 4. Esgrima, el arte de manejar la espada. **Fence of pales** o **stakes**, empalizada, estacada. **A coat of fence** o **mail,** cota de malla. **Fence-month**, tiempo de veda, el en que se prohibe la caza. **Fence-keeper,** prendero comprador de efectos robados.
fence, *adv.* 1. Cercar, avallar un sitio o heredad. 2. Defender, preservar, guardar, custodiar. *-vn.* 1. Esgrimir, pelear. 2. Defenderse, luchar, v. gr. en una discusión.
fenceful ['fensfʊl] [fens-ful], *a.* Lo que da defensa o reparo.
fenceless ['fenslɪs] [fens-les], *a.* Abierto, lo que no está cercado.
fencer ['fensəʳ] [fen-saʳ], *s.* 1. Esgrimidor, maestro de esgrima; tirador de florete. 2. Caballo ágil para saltar cercas.
fencible ['fensɪbl] [fen-si-bol], *a.* Defendible, capaz de defensa. **Fencibles**, *(Mil.)* Soldados destinados a la defensa particular del país o para algún servicio o tiempo señalado.
fencing ['fensɪŋ] [fen-sin], *s.* 1. Esgrima, ciencia de manejar la espada o el florete. 2. Los materiales para cercar o hacer vallados. 3. Conjunto de cercas o vallados.
fencing-master [ˌfensɪŋ'mɑ:stəʳ] [fen-sin-mas-taʳ], *s.* Esgrimidor, maestro de armas o de esgrima.
fencing-school [ˌfensɪŋ'sku:l] [fen-sin-skul], *s.* Escuela de esgrima.
fend [fend] [fend], *adv.* 1. Rechazar, reguardar; defenderse de. 2. Defender, preservar; parar. *-vn.* Esgrimir, defenderse, parar, rechazar los golpes del contrario.
fender ['fendəʳ] [fen-daʳ], *s.* 1. Guardafango, guardafuegos (chimney) guardabarros (car). *(Mex.)* Salpicadera. 2. Enrejado de metal delante de la chimenea. 3. Defensas de trozos de cable al costado de un barco. **Fender-bar** o **Fender-rail**, batayola de un buque por los costados. **Fender-board**, guardafangos, de escalera de carro. **Fender-pile**, estacada, empalizada.
fenestra ['fenɪstrə] [fe-nis-tra], *s.* *(Anat.)* Ventana del oído. Fenestra ovalis, ventana oval.
fenestral ['fenɪstrəl] [fe-nis-tral], *a.* Lo perteneciente a las ventanas.
fenestrate ['fenɪstreɪt] [fe-nis-treit], *a.* *(Ent.)* Se dice de las puntas trnasparentes en las alas de las mariposas.
fenian ['fenɪən] [fe-nian], *a.* Perteneciente o relativo a los fenianos. *-s.* 1. Individuo de una sociedad irlandesa llamada la Hermandad Feniana, establecida en Nueva York en 1857. 2. Persona que simpatiza con dicha sociedad.
fenland ['fenlənd] [fen-land], *s.* Tierra húmeda o pantanosa.
fennel ['fenl] [fe-nel], *s.* *(Bot.)* Hinojo. Fæniculum. **Fennel-seed**, la simiente de hinojo. **Giant fennel**, *(Bot.)* Cañaheja, férula.
fenny ['fenɪ] [fe-ni], *a.* 1. Palustre, pantanoso. 2. Empantanado.
fenugreek ['fenʊgri:k] [fe-nu-grik], *s.* *(Bot.)* Fenogreco, alholva.
feod, feodal, feodary, etc. *V.* FEUD, etc.
feoff ['fɪɒf] [fiof], *adv.* Enfuedar, investir, dar la investidura de un feudo.
feoff, *s.* Feudo. *V.* FIEF.
feoffee ['fɪɒfi:] [fio-fi], *s.* Feudatario, el que recibe la investidura de un feudo.
feoffer, feoffor ['fɪɒfəʳ] [fio-faʳ], *s.* El que da la investidura de un feudo.
feoffment ['fɪɒfmənt] [fiof-ment], *s.* Investidura, concesión y facultad que el señor da a su vasallo para obtener y poseer un feudo o dignidad. **Feoffment in trust**, *(For.)* Fideicomiso.
feracious ['fɪreɪʃəs] [fi-rei-shos], *a.* Feraz, fértil.
feracity ['ferəsɪtɪ] [fe-ra-si-ti], *s.* Feracidad, fertilidad, fecundidad.
feral ['ferəl] [fe-ral], *a.* Feral, salvaje, no domesticado, feroz; también silvestre.
fere ['fɛəʳ] [feaʳ], *s.* Compañero; consorte.
ferial ['ferɪəl] [fe-rial], *a.* Ferial, lo que pertenece a todos los días de la semana a excepción del domingo.
ferine ['feri:n] [fe-rin], *a.* 1. Salvaje, no domesticado, silvestre, en estado natural. 2. Maligno: se dice de una enfermedad. *-s.* Fiera, animal feroz.
ferineness ['feri:nnɪs] [fe-rin-nes], **ferity** ['feri:tɪ] [fe-ri-ti], *s.* Barbaridad, fiereza, ferocidad, crueldad.
ferment ['fɜ:ment] [fer-ment], *adv.* Hacer fermentar. *-vn.* 1. Fermentar, estar en fermentación. 2. Estar en conmoción, agitarse, estar excitado.
ferment, *s.* 1. Fermento. 2. Fermento, lo que hace fermentar a un cuerpo, como la levadura. 3. Fermentación, movimiento, agitación intestina; tumulto.
fermentable ['fɜ:mentəbl] [fer-men-ta-bol], *a.* Fermentable, capaz de fermentación.
fermentation [ˌfɜ:men'teɪʃən] [fer-men-tei-shon], *s.* 1. *(Quím.)* Fermentación. 2. *(Fig.)* Efervescencia, agitación de los ánimos.
fermentative ['fɜ:mentətɪv] [fer-men-ta-tiv], *a.* Fermentativo, que hace fermentar, que pone en fermentación.
fermentativeness [ˌfɜ:mentə'tɪvnɪs] [fer-men-ta-tiv-nes], *s.* Capacidad de fermentar.
fermentescible ['fɜ:mentəsɪbl] [fer-men-te-si-bol], *a.* Materia fermentable.
fermentible ['fɜ:mentɪbl] [fer-men-ti-bol], *a.* Fermentable. *V.* FERMENTABLE.
fermillet ['fɜ:mɪlɪt] [fer-mi-lit], *s.* Hebilla, broche.
fern [fɜ:n] [fern], *s.* *(Bot.)* Helecho, planta criptógama, tipo de una familia muy numerosa, que en su mayor parte echa semillas en el envés de las hojas.
fernery ['fɜ:nərɪ] [fer-ne-ri], *s.* Lugar donde se crían los helechos.

ferny ['fɜːnɪ] [fer-ni], *a.* Lleno de helechos, cubierto de helechos.

ferocious [fə'rəʊʃəs] [fe-ro-shos], *a.* Feroz, fiero; salvaje, rapaz, voraz.

ferociously [fə'rəʊʃəslɪ] [fe-ro-shos-li], *adv.* Ferozmente, fieramente.

ferociousness [fə'rəʊʃəsnɪs] [fe-ro-shos-nes], *s.* Ferocidad, crueldad.

ferocity [fə'rɒsɪtɪ] [fe-ro-si-ti], *s.* Ferocidad, fiereza.

ferreous, ferrean ['fəerəʊs] [fe-rous], *a.* Férreo, lo que es de hierro; relativo al hierro, o parecido a él.

ferret ['ferɪt] [fe-rit], *s.* 1. Hurón, animal que sirve para cazar conejos. 2. Un hierro con que se prueba el metal derretido para ver si está en estado de trabajarlo. 3. Listón, especie de cinta angosta. **Ferret** o **ferret ribbon**, (a) Hiladillo, cinta de hiladillo, ribecillo. *(Prov.)* Esterilla. (b) Seda floja.

ferret, *adv.* 1. Rastrear, indagar, averiguar, hallar después de haber buscado con empeño y persistentemente; suele ir seguido de *out*. 2. Cazar con hurones.

ferreter ['ferɪtəʳ] [fe-ri-taʳ], *s.* Hurón, el que averigua y descubre lo escondido y secreto.

ferriage, ferryage ['ferɪeɪdʒ] [fe-rieich], *s.* Barcaje, derecho por pasar en una barca.

ferric ['ferɪk] [fe-rik], *a.* 1. Perteneciente al hierro; férrico. 2. *(Quím.)* Férrico, relativo al hierro en sus más altas combinaciones.

ferricyanide ['ferɪsɪə'niːd] [fe-ri-sia-nid], *s. (Quím.)* Ferrocianuro.

ferriferous ['ferɪfərəs] [fe-ri-fe-ros], *a.* *(Min.)* Ferrugiento, que produce hierro: se dice de las rocas.

ferrocalcite ['ferəkəlsaɪt] [fe-ro-kal-sait], *s.* Ferrocalcita, especie de tierra calcárea que contiene mucho hierro.

ferrocyanid, ferrocyanide ['ferəsɪə'niːd] [fe-ro-sia-nid], *s.* Ferrocianuro, sal del ácido ferrociánico; ferrocianato. (A veces se escribe también **Ferrocyanate**).

ferrotype ['ferətaɪp] [fe-ro-taip], *s.* Ferrotipo; fotografía hecha sobre una placa delgada de hierro esmaltado. Se llama también *tintype*.

ferrous ['ferəs] [fe-ros], *a.* Ferroso, de hierro, relativo al hierro en sus más bajas combinaciones. **Ferrous sulphate**, caparrosa, sulfato de hierro.

ferruginous ['ferʊdʒɪnəs] [fe-ru-yi-nos], *a.* 1. Ferruginoso, lo que tiene propiedades o partículas de hierro. 2. Mohoso, enmohecido, es decir del color de la herrumbre.

ferrule ['feruːl] [fe-rul], *s.* 1. Regatón, virola, casquillo. 2. Zuncho o suncho. 3. Marco de una pizarra para escribir.

ferry ['ferɪ] [fe-ri], *adv.* 1. Sistema u organización para el transporte regular de pasajeros y mercancías por una extensión de agua de poca anchura. 2. El embarcadero. 3. *(Mar.)* Barco o vapor de transporte. **Ferry-boat**, barca de pasaje o vapor de río; por lo comúm con los dos extremos de igual forma.

ferryhouse ['ferɪhaʊs] [fe-ri-jaus], *s.* Embarcadero.

ferrying ['ferɪɪŋ] [fe-ri-in], *s.* Paso de un río, etc., en alguna embarcación.

ferryman ['ferɪmən] [fe-ri-man], *s.* 1. Barquero, el que gobierna una barca. 2. El que lleva géneros o pasajeros en un barco.

fertile ['fɜːtaɪl] [fer-tail], *a.* Fértil, fecundo, abundante.

fertilely ['fɜːtaɪlɪlɪ] [fer-tai-li-li], *adv.* Fértilmente, abundantemente.

fertileness ['fɜːtaɪlɪnɪs] [fer-tai-li-nes], **fertility** ['fɜːtaɪlɪtɪ] [fer-tai-li-ti], *s.* Fertilidad, fecundidad, copia, abundancia.

fertilization ['fertɪlaɪ'zeɪʃən] [fer-ti-lai-sei-shon], *s.* Fertilización, la acción de fertilizar o hacer productivo.

fertilize ['fɜːtɪlaɪz] [fer-ti-lais], *adv.* Fertilizar, hacer fértil.

fertilizers ['fɜːtɪlaɪzəz] [fer-ti-lai-sers], *s. pl.* Fertilizantes, abonos.

ferula ['ferjʊlə] [fe-riu-la], *s.* 1. *(Bot.)* Férula, cañaheja; género de plantas umbelíferas que comprende la asafétida. 2. Cetro de los emperadores romanos de Oriente.

ferule ['ferjuːl] [fe-riul], *s.* Férula, palma, palmet. Castigar con la férula. *-vn.* Palmetear.

fervency ['fɜːvənsɪ] [fer-ven-si], *s.* 1. Fervor, ardor, calor. 2. Celo, devoción ardiente.

fervent ['fɜːvənt] [fer-vent], *a.* 1. Ferviente, hirviente. 2. Ardiente, fogoso, vehemente. **Fervent temper**, genio vivo. 3. Fervoroso, que tiene mucho fervor y devoción.

fervently ['fɜːvəntlɪ] [fer-vent-li], *adv.* 1. Angiosamente, vehementemente. 2. Fervorosamente, fervientemente.

ferventness ['fɜːvəntnɪs] [fer-vent-nes], *s.* Ardor, fervor, celo.

fervid ['fɜːvɪd] [fer-vid], *a.* 1. Ardiente, fogoso, vehemente. 2. Encendido, incandescente.

fervidity, fervidness, *s.* *V.* FERVENCY.

fervor ['fɜːvəʳ] [fer-vaʳ], *s.* Fervor, celo, devoción ardiente; ardor, vehemencia.

fervour, *s.* (Es la forma preferida en Inglaterra.) *V.* FERVOR.

fescennine ['fesəniːn] [fe-se-nin], *a.* Obsceno, licencioso.

fescennine, *s.* 1. Un poema obsceno. 2. Fesceninos, versos obscenos que se cantaban en Roma en algunas fiestas.

fescue ['feskjuː] [fes-kiu], *s.* 1. Puntero, el palillo con que el maestro o el discípulo señalan las letras. 2. *(Bot.)* Festuca, género de plantas gramíneas. **Fescue-grass**, cualquier especie de festuca.

fesels ['fesəlz] [fe-sels], *s. pl.* Judías, habichuelas, frijoles, frisoles.

fess [fes] [fes], *s.* *(Her.)* Faja o lista que ocupa propiamente la tercera parte del escudo de armas.

festal ['festəl] [fes-tal], *a.* Festivo, alegre, juguetón.

fester ['festəʳ] [fes-taʳ], *vn.* Enconarse, ulcerarse, ponerse de peor calidad la llaga, herida o parte dañada. *-va.* Enconar, emponzoñar. *-s.* Llaga pequeña o tumorcillo ulceroso.

festival ['festɪvəl] [fes-ti-val], *a.* Festivo, lo que pertenece a las fiestas.

festival, *s.* Fiesta, día festivo; a menudo es en celebración del aniversario de un suceso del orden civil o religioso.

festive ['festɪv] [fes-tiv], *a.* Festivo, alegre, regocijado, gozoso.

festivity [fes'tɪvɪtɪ] [fes-ti-vi-ti], *s.* 1. Regocijo, festividad, animación (en un banquete), alegría. 2. Festividad, fiesta, celebración festiva.

festoon ['festuːn] [fes-tun], *s.* 1. Festón. 2. *(Arq.)* Adorno en forma de festones.

festucine ['festʊsiːn] [fes-tu-sin], *a.* 1. Relativo a las hierbas festucas. 2. *(Des.)* Pajizo, de color de paja.

festucous ['festʊkəs] [fes-tu-kos], *a.* *(Des.)* Pajizo, pajoso.

fetal, fætal ['fiːtl] [fi-tal], *a.* Fetal, relativo o perteneciente al feto.

fetch [fetʃ] [fech], *adv.* 1. Ir a traer algo, buscar y traer; también, traer o conducir de una manera cualquiera, literal o figuradamente. 2. Derivar, traer su origen, sacar, deducir. 3. *(fam.)* Traer a un arreglo, imponer condiciones *a*. 4. Herir desde lejos, pegar. 5. Ejecutar, hacer. 6. Obtener algo como precio; producir. *-vn.* Moverse, menearse; de aquí, *(Mar.)* arribar, llegar. **To fetch a compass**, hacer un rodeo, ir alrededor de.

fetch away, llevar, quitar; desatarse, v. g. a bordo.

fetch down, bajar; abatir, humillar; enflaquecer o debilitar.

fetch in o **within**, hacer entrar; llevar, traer o meter dentro.

fetch off, sacar, arrancar, llevarse, quitar; disuadir.

fetch out, sacar a luz, mostrar claramente; hacer salir, ir a tomar fuera alguna cosa.

fetch over, engañar, burlar.

fetch up, subir; recuperar, volver a ganar. **To fetch a walk**, dar un paseo. **To fetch one's breath**, tomar aliento, respirar. **To fetch a sigh**, dar un suspiro. **To fetch a leap blow,** tirar una estocada. **To fetch a circuit**, hacer un rodeo. **To fetch way,** *(Mar.)* Tener juego. **To fetch the pump,** *(Mar.)* Llamar la bomba.

fetch, *s.* 1. El acto de traer o de buscar y traer. 2. El espacio o la extensión de terreno por el cual se trae algo. 3. Estratagema, treta, artificio.
fetcher ['fetʃəʳ] [fe-chaʳ], *s.* Llevador o traedor.
fetching ['fetʃɪŋ] [fe-chin], *a.* Atractivo, encantador.
fête [feɪt] [feit], *adv.* Festejar, honrar con regocijos. *-s.* Fiesta. *(Fr.)* **Fête-day,** día de fiesta, día del santo de alguno, o día de cumpleaños.
fetial ['feɪʃəl] [fei-shal], *a.* Fecial, perteneciente al heraldo que entre los romanos anunciaba la paz y la guerra.
fetich ['fetɪtʃ] [fe-tich], *s. V.* FETISH.
fetid ['fetɪd] [fe-tid], *a.* Fétido, hediondo, que huele mal.
fetidness ['fetɪdnɪs] [fe-tid-nes], *s.* Fetor, hedor, mal olor.
fetish ['fetɪʃ] [fe-tish], *s.* 1. Fetiche, ídolo o genio que, según los pueblos de África, puede producir el bien y el mal. 2. Objeto de devoción o de afición ciega.
fetishism ['fetɪʃɪzəm] [fe-ti-shi-sem], *s.* Fetichismo, culto de los fetiches.
fetlock ['fetlɒk] [fet-lok], *s.* Corneja, el manojo de cerdas que se cría en la cuartilla del caballo.
fetor ['fetəʳ] [fe-taʳ], *s.* Hedor, fetor.
fetter ['fetəʳ] [fe-taʳ], *adv.* Engrillar, encadenar.
fetters ['fetəz] [fe-ters], *s. pl.* Grillos, manijas, cierto género de prisiones con que aseguran a los reos. **Fetters for horses,** trabas para caballos.
fetterless ['fetəlɪs] [fe-ter-les], *a.* Desenfrenado, destrabado.
fettle ['fetl] [fe-tel], *adv.* Alisar, poner liso. *-vn.* 1. Poner en buen estado. 2. Hacer poco o nada, emplearse en frioleras.
fettle, *s.* Buen reparo; condición vigorosa o próspera. **Fine fettle**, buena condición; buen humor, alegría.
fetus, fætus ['fiːtəs] [fi-tus], *s.* Feto.
feud [fjuːd] [fiud], *s.* 1. Riña, contienda, desunión, guerra civil, disensión, enemistad. 2. Feudo, tierra que se entrega a la buena fe de otro con carga de homenaje, renta o servicio militar.
feudal ['fjuːdl] [fiu-dal], *a.* Feudal.
feudalism [fjuːd] [fiud], *s.* Feudalismo, sistema feudal.
feudality [ˌfjuːdə'lɪzəm] [fiu-da-lisem], *s.* Feudalidad.
feudalize ['fjuːdəlaɪz] [fiu-da-lais], *adv.* Enfeudar, constituir en feudo.
feudary ['fjuːdərɪ] [fiu-da-ri], *a.* Feudatario. *-s.* 1. Vasallo, sujeto a pagar un feudo. 2. Antiguamente, procurador del rey en los tribunales feudales.
feudatary, feudatory ['fjuːdətərɪ] [fiu-da-ta-ri], *a.* y *s.* 1. Feudo. 2. Feudatario.
feudist ['fjuːdɪst] [fiu-dist], *s.* Feudista.
feuilleton ['fjuːɪlətən] [fiui-le-ton], *s.* Folletín, la novela u otra lectura amena que se publica por lo regular en la parte inferior de los periódicos.
fever ['fiːvəʳ] [fi-vaʳ], *s.* 1. *(Med.)* Fiebre, calentura. 2. Agitación, sobreexcitación producida por una causa que influye en las pasiones. **To be in a fever**, estar con calentura; tener calentura. **Yellow fever**, fiebre amarilla o tifo icteroides. **Burning fever**, calentura ardiente. **Spotted fever**, tabardillo pintado. **Puerperal** o **child-bed fever**, fiebre puerperal. **That sets one's blood in a fever**, eso quema la sangre. **Fever-weakened**, debilitado por la fiebre.
fever, *adv.* Causar calentura.
fever-cooling ['fiːvə'kuːlɪŋ] [fi-va-ku-lin], *s.* Lo que mitiga la calentura refrescando al que la padece.
feverfew [ˌfiːvə'fkuː] [fi-va-fiu], *s. (Bot.)* Matricaria, planta estimada en otro tiempo por sus propiedades tónicas.
feverish ['fiːvərɪʃ] [fi-ve-rish], *a.* 1. Febricitante, calenturiento. 2. Lo que principia a presentar los síntomas de calentura. 3. Vario, incierto, inconstatne; lo que está tan pronto frío como caliente. 4. Caliente, ardiente.
fevershness ['fiːvəʃnɪs] [fi-vesh-nes], *s.* Principio o amago de fiebre o calentura; desasosiego.
feverous ['fiːvərəs] [fi-ve-ros], *a.* Calenturiento.
fever-sick [ˌfiːvə'sɪk] [fi-va-sik], *a.* Calenturiento, febricitante.
few [fjuː] [fiu], *a.* 1. Poco, en corto número. 2. Unos, algunos. **A few,** (a) un corto número, algunos. (b) En algún grado, algo. **No few**, no pocos, muchos. **The few**, la minoría. (*Few* se emplea siempre con un nombre en plural.) **In few**, en substancia, en una palabra.
fewel ['fjuːəl] [fiuel], *s.* Leña, carbón. *V.* FUEL.
fewer ['fjuːəʳ] [fiuaʳ], *a.* Comparativo de FEW; menos. **The fewer the better**, cuantos menos mejor.
fewness ['fjuːnɪs] [fiu-nes], *s.* 1. Pequeño o corto número de personas o cosas. 2. Brevedad, concisión, corto número de palabras.
fey [feɪ] [fei], *a. (Scot.)* Moribundo; predestinado a morir de repente. *-va. (Des.)* Limpiar una zanja de lodo.
fez [fez] [fez], *s.* Fez, especie de gorro de lana, sin borde, encarnado por lo común, que se usa en Oriente y en el norte de África.
fiancé, *m.* **fiancée**, [fɪ'ɑːnseɪ] [fian-sei] *f.* Prometido, prometida, novio, novia. Desposado, desposada.
fiasco [fɪ'æskəʊ] [fi-as-kou], *s.* 1. Mal éxito de un espectáculo, etc. 2. Frasco, botella.
fiat ['faɪæt] [faiat], *s.* Fiat, orden, mandato absoluto.
fib [fɪb] [fib], *s.* Embuste, bola, falsedad, cuento, fábula; falsedad contada sin mala intención.
fib, *vn.* Mentir, contar mentiras, trapacear.
fibber ['fɪbəʳ] [fi-baʳ], *s.* Embustero, mentiroso, trapacero.
fiber, fibre, *s.* Fibra, hebra.
fibril ['fɪbrɪl] [fi-bril], *s.* Fibrita.
fibrin, fibrine ['fɪbrɪn] [fi-brin], *s.* Fibrina, la parte fibrosa de la sangre.
fibrinous ['fɪbrɪnəs] [fi-bri-nos], *a.* Fibrinoso, compuesto o de la anturaleza de la fibrina.
fibroid ['fɪbrɔɪd] [fi-broid], *a.* Fibroso, de la naturaleza o forma de la fibra. *-s.* (*Fibroid* o también **Fibroma**) Tumor, grosor, fibroso.
fibrous ['fɪbrəs] [fi-bros], **fibrose** ['fɪbrəʊs] [fi-brous], *a.* Fibroso, compuesto de fibras.
fibula ['fɪbjʊlə] [fi-biu-la], *s.* 1. *(Anat.)* Peroné, el hueso exterior y menor de la pierna. 2. *(Cir.)* Aguja empleada para coser las heridas. 3. *(Archeol.)* Corchete, broche; fíbula.
fibular ['fɪbjʊləʳ] [fi-biu-laʳ], *a.* Peroneo, que tiene relación con el peroné.
fichu ['fɪʃuː] [fi-shu], *s.* Pañoleta triangular llevada al cuello.
fickle ['fɪkl] [fi-kel], *a.* Voluble, variable, inconstante, mudable, veleidoso.
fickleness ['fɪklnɪs] [fi-kel-nes], *s.* Volubilidad, inconstancia, mutabilidad, veleidad.
fickly ['fɪklɪ] [fi-kli], *adv.* Inconstantemente.
fictile ['fɪktɪl] [fik-til], *a.* 1. Capaz de ser amoldado, plástico. 2. Cosa hecha de barro o por mano de alfarero.
fiction ['fɪkʃən] [fik-shon], *s.* 1. Ficción, invención. 2. Literatura novelesca. 3. Ficción, mentira, embuste, falsedad, fábula. 4. Ficción de derecho, acción de admitir o suponer lo que no es literalmente verdadero, a fin de poder pasar más rápidamente sobre lo que no se disputa y llegar a los puntos del litigio.
fictitious [fɪk'tɪʃəs] [fik-ti-shos], *a.* Ficticio, contrahecho; fingido; fabuloso.
fictitiously [fɪk'tɪʃəslɪ] [fik-ti-shos-li], *adv.* Fingidamente.
fictitiousness [fɪk'tɪʃəsnɪs] [fik-ti-shos-nes], *s.* Representación fingida.
fictive ['fɪktɪv] [fik-tiv], *a.* Fingido, ficticio, imaginario.
fictor ['fɪktəʳ] [fik-taʳ], *s.* Artista que modela en cera, barro u otra material blanda.
ficus ['fɪkəs] [fik-tos], *s.* Higuera, extenso género de árboles y arbustos de la familia de las urticáceas.
fid [fɪd] [fid], *s.* 1. Barra atravesada que sirve de sostén. 2. *(Mar.)* Pasador o burel; tarugo grande de madera. **Fid of a topmast**, cuña de mastelero. **Fid-hole**, ojo de la cuña de mastelero.
fiddle ['fɪdl] [fi-del], *s.* 1. Violín. 2. Utensilio mecánico; los hay de varias clases. **Fiddle-bow**, arco de violín. **To play**

first fiddle, llevar la batuta, ser el principal o la cabeza de una reunión, empresa, etc. **Fiddle-block**, montón de poleas diferenciales.

fiddle, *vn.* 1. Tocar el violín. 2. Enredar o jugar con las manos sin hacer nada. **Fiddling word,** trabajo en balde, tiempo perdido.

fiddle-de-dee ['fɪdldeɪ'diː] [fi-del-dei-di], *inter.* ¡Quiá! ¡oiga! ¡qué simpleza! *-s.* Disparate, necedad.

fiddle-faddle ['fɪdl'fædl] [fi-del-fa-del], *s.* *(fam.)* Bagatelas, frioleras.

fiddler ['fɪdləʳ] [fid-laʳ], *s.* Violinista.

fiddle-stick ['fɪdlstɪk] [fi-del-stik], *s.* 1. Arco de violín. 2. Bagatela.

fiddle-sticks! *inter.* ¡Oiga! ¡vaya! ¡vaya pues!

fiddle-string ['fɪdlstrɪŋ] [fi-del-strin], *s.* Cuerda de violín.

fidelity [fɪ'delɪtɪ] [fi-de-li-ti], *s.* Fidelidad, lealtad, veracidad.

fidget ['fɪdʒɪt] [fid-yit], *adv.* *(fam)* Molestar, inquietar. *-vn.* Moverse con impaciencia; mudar de posición frecuentemente; afanarse por nada.

fidget, *s.* Afán, agitación continua, ocupación inquieta e inútil.

fidgety ['fɪdʒɪtɪ] [fid-chi-ti], *a.* *(fam.)* Inquieto, agitado, impaciente.

fidicinal ['fɪdɪsɪnl] [fi-di-si-nal], *a.* Perteneciente o referente al arpa, a la viola o a un instrumento de cuerda parecido.

fiducial [fɪ'djuːʃɪəl] [fi-du-shial], *a.* 1. Fiduciario, que depende del crédito y confianza que merezca; de confianza práctica. 2. Relativo o referente a un cargo depósito o cosa confiada; fiduciario. 3. Fiducial; se dice del punto fijo, línea u objeto, real o imaginario, desde el cual se mide o que sirve para determinar la posición de otros objetos. 4. *(Ant.)* Confiado, lleno de confianza.

fiducially [fɪ'djuːʃɪəlɪ] [fi-du-shia-li], *adv.* Confiadamente; confidentemente.

fiduciary [fɪ'djuːʃɪərɪ] [fi-du-shia-ri], *a.* 1. Fiduciario, perteneciente a un guardián o depositario, o a sus deberes como tal. 2. Confiado, resuelto, que no vacila. *-s.* 1. Fideicomisario. *(For.)* La persona a cuya buena fe y probidad se encomienda la ejecución de una cosa. *V.* TRUSTEE. 2. El que cree que basta la fe sin las obras para salvarse.

fie! [faɪ] [fai], *inter.* ¡Uf! ¡Quita allá! ¡Qué asco! Expresa impaciencia, desaprobación o repugnancia.

fief [fiːf] [fif], *s.* Feudo.

field [fiːld] [fild], *s.* 1. Campo, campiña, campaña, llanura de tierra sin cerca ni población. 2. Campo, sembrado, trecho de terreno cultivado. 3. *(Mil.)* Campo de batalla. 4. Campaña. 5. Campo, el sitio que ocupa un ejército. 6. Campo, en la pintura y grabado el espacio que no tiene figuras. 7. Campo, extensión o espacio en que cabe alguna cosa; el espacio en que se ve alguna cosa en un telescopio o microscopio. 8. Extensión o espacio en que se ejerce una fuerza. 9. La colectividad de los competidores en los juegos públicos, apuestas, carreras, etc. **To take the field**, entrar en o salir a campaña. **Fields of ice**, bancos de hielo. **Corn-field**, maizal. **Field-artillery**, artillería de campaña. **Field-glass**, (a) Anteojo de campaña. (b) Lente interior del ocular de un telescopio o microscopio. **Field-book**, manual, cuaderno de agrimensor. **Field-day,** día de ejercicios atléticos o militares; también, un día de exploración científica al aire libre. **Field-gun,** cañón de campaña. **Field-magnet**, el imán de una máquina magneto-eléctrica. **Field-basil**, *(Bot.)* clinopodio, albahaca silvestre. **Field-bed,** pabellón, cama de campaña colgada como pabellón. **Field-marshal**, (a) Feldmariscal, el grado más elevado del ejército en Inglaterra. (b) El general en jefe de un ejército. **Field-mouse,** turón, ratón silvestre. **Field-officer,** oficial de ejército cuyo mando puede extenderse a un regimiento, como el coronel y el teniente coronel. **Field-piece**, artillería de campaña, los cañones de pequeñoo calibre que se usan en los combates. **Field-preacher**, predicador en los campos o al raso. **Field-preaching,** el acto de predicar o arengar al aire libre. **Field-room**, espacio abierto. **Field-sports**, los entretenimientos o diversiones de la caza y de la carrera. **Field-works,** *(For.)* obras de campaña, las que levanta un ejército para sitiar una plaza, o los sitiados para defenderse.

fielded ['fiːldɪd] [fil-did], *a.* 1. El que está en un campo de batalla. 2. Acampado.

fielder ['fiːldəʳ] ['fildaʳ], *s.* 1. En los juegos de *baseball* y *cricket*, el que están en pie en el campo para interceptar la pelota. 2. En las carreras de caballos, el que apuesta contra el favorito.

fieldfare ['fiːldfɛəʳ] [fild-feaʳ], *s.* *(Orn.)* Zorzal, pájaro del mismo género que el tordo.

fieldy ['fiːldɪ] [fil-di], *a.* Abierto, llano, como un campo.

fiend [fiːnd] [find], *s.* 1. Enemigo; por antonomasia, el demonio. 2. Ente infernal; furia. 3. Persona muy aficionada a una droga, un deporte, etc.

fiendful ['fiːndfʊl] [find-ful], *a.* Endemoniado, perverso.

fiendish ['fiːndɪʃ] [fin-dish], *a.* Diábolico; molo, perverso, malvado; semejante a un ente infernal.

fiendishness ['fiːndɪʃnɪs] [fin-dish-nes], *s.* Maldad, perversidad, malicia infernal.

fiend-like [ˌfiːnd'laɪk] [find-laik], *a.* Semejante al diablo o a un ente infernal; cruel, atroz, salvaje.

fierce [fɪəs] [fias], *a.* 1. Fiero, feroz, voraz. 2. Fiero, cruel, violento. 3. Fiero, furioso, vehemente, impetuoso, apasionado.

fiercely ['fɪəslɪ] [fias-li], *adv.* 1. Fieramente, furiosamente, ferozmente; con furia, con arrebato.2. Vivamente, intensamente.

fierce-minded [fɪəs'maɪndɪd] [fias-main-did], *a.* Arrebatado, que tiene movimientos impetuosos de ira o anhela con ansia el hacer daño.

fierceness ['fɪəsnɪs] [fias-nes], *s.*1. Fiereza, ferocidad. 2. Furia , violencia. 3. Vivencia, intensidad.

fieri-facias [ˌfɪərɪ'feɪʃəs] [fie-ri-fei-shas], *s.* *(For.)* El auto jurídico que manda la ejecución de las decisiones de un tribunal.

fieriness ['fɪərɪnɪs] [fia-ri-nes], *s.* 1. Fuego, calor, ardor, arrebato, fogosidad, vehemencia, pasión. 2. Ardimiento y gran viveza de ánimo.

fiery ['fɪərɪ] [fie-ri], *a.* 1. Igneo, cosa de fuego o perteneciente a él. 2. Ardiente, caliente como el fuego; encendido. 3. Ardiente, vehemente, activo. 4. Fogoso, colérico, impaciente, vivo. 5. Fiero, feroz, furibundo, indómito. 6. Que brilla o echa chispas como el fuego. **A fiery furnace**, un horno ardiente. **A fiery disposition**, un genio iracundo o violento. **A fiery courser**, un caballo fogoso. **A fiery red face**, un rostro muy encendido.

fife [faɪf] [faif], *s.* Pífano, instrumento militar que suele acompañar a las cajas o tambores.

fif [fɪf] [fif], *adv.* y *vn.* Tocar el pífano.

fifer ['fɪfəʳ] [fi-faʳ], *s.* Pífano, el que lo toca.

fifteen [fɪf'tiːn] [fif-tin], *a.* Quince. *-s.* Quince, número cardinal compuesto de diez y cinco, o el signo que lo representa. **She is fifteen**, ella tiene quince años.

fifteenth [fɪf'tiːnθ] [fif-tinz], *a.* 1. Décimoquinto, el ordinal de quince. 2. Quinceno; se dice de cada una de las quince partes iguales en que está dividida una cosa. *-s.* 1. Quincena; cada una de quince partes iguales; cociente de la unidad dividada por quince. 2. Quincena, registro del órgano. **The fifteenth century**, el siglo décimoquinto, el siglo quince.

fifth [fɪfθ] [fifz], *a.* Quinto, número ordinal de cinco. *-s.* El quinto, cada una de las cinco partes iguales de alguna cosa; cociente de la unidad dividida por cinco. **Charles the Fifth,** Carlos V.

fifth column [fɪfθ'kɒləm] [fifz-ko-lum], *s.* Quinta columna.

fifth columnist [fɪfθ'kɒləmnɪst] [fifz-ko-lum-nist], *s.* Quintacolumnista.

fifthly ['fɪfθlɪ] [fifz-li], *adv.* Lo quinto, en quinto lugar.

fiftieth ['fɪftɪɪθ] [fif-tiez], *a.* Quincuagésimo, lo que cumple el número de cincuenta.

fifty ['fɪftɪ] [fif-ti], *a.* y *s.* Cincuenta.

fig [fɪg] [fig], *s.* 1. Higuera, el árbol que produce higos. 2. Higo, la fruta que da la higuera. **A green fig**, higo fresco; breva. **A dry fig**, higo seco. 3. Berruga en la ranilla de un caballo. **Indian fig**, *(Bot.)* tuna, higo chumbo, fruto del nopal o higuera de Indias. **Infernal fig**, *(Bot.)* argémone, adormidera espinosa. **To give a fig for one**, dar una higa a alguno, hacer escarnio de él. **I do not care a fig for it**, no me importa un bledo. **A fig for him**, ¡vaya enhoramala! **Fig-eater**, (a) Escarabajo grande de color verde (allorhina nítida) y perjudicial a las frutas maduras. (b) Becafigo. **Fig-pecker**, becafigo.

fig, *adv.* *(Ant.)* Insultar o despreciar haciendo higas. *-vn.* *(Des.)* Moverse acelerada o repentinamente. **To fig up and down**, vagar.

figary ['fɪgərɪ] [fi-ga-ri], *s.* *V.* VAGARY.

fight [faɪt] [fait], *adv.* (*pret.* y *pp.* FOUGHT). 1. Pelear, guerrear, combatir, reñir. 2. Sostener con las armas; alcanzar por la fuerza de las armas; vencer. 3. Luchar, disputar, mantener sostener una contienda cualquiera. 4. Dirigir una batalla. 5. Hacer reñir (v.g. a los gallos). *-vn.* Batirse, defenderse, hacer la guerra. **To fight a battle**, dar batalla. **To fight another man's battles**, tomar la defensa de otro. **To fight it out**, terminar alguna contienda peleando. **To fight one's way**, hacerse o abrirse paso con las armas.

fight, *s.* Batalla, lid, combate, pelea. **Sea-fight**, batalla naval. **Running-fight**, retirada de las tropas peleando. **To pick a fight with,** meterse con, buscar camorra.

fighter ['faɪtə[r]] [fai-ta[r]], *s.* Guerrero, combatiente; duelista. **He is a great fighter**, es un gran espadachín.

fighter plane [ˌfaɪtə'pleɪn] [fai-tar-plein], *s.*1. Caza. 2. Avión de combate o de caza.

fighting ['faɪtɪŋ] [fai-tin], *a.* 1. Aguerrido, apto para la guerra; combatiente. 2. Ocupado en guerrear. 3. **Fighting cock**, gallo de pelea. *-s.* Contención, combate, querella, riña.

fig-leaf ['fɪgliːf] [fig-lif], *s.* 1. Hoja de higuera. 2. Cobertura endeble y ligera.

figment ['fɪgmənt] [fig-ment], *s.* Ficción, invención.

figurable ['fɪgjʊrəbl] [fi-guiu-ra-bol], *a.* Figurable, lo que se puede reducir a determinada forma o figura.

figural ['fɪgərəl] [fi-ga-ral], *a.* Lo que pertenece a la figura.

figurant ['fɪgjʊrənt] [fi-guiu-rant], *s.* Figurante de ópera.

figurante ['figjʊræntɪ] [fi-guiu-ran-ti], *s.* Bailarina de conjunto, figurante.

figurate ['fɪgjʊreɪt] [fi-guiu-reit], *a.* 1. Figurado, que tiene cierta y determinada figura; parecido a un objeto de una forma determinada. 2. *(Mús.)*Figurado, embellecido.

figuration ['fɪgəreɪʃən] [fi-gu-rei-shon], *s.* Figura, disposición de las partes de una cosa por la cual se diferencia de otras; el acto de dar forma determinada.

figurative ['fɪgərətɪv] [fi-gu-ra-tiv], *a.* 1. Figurativo, que sirve de representación o figura de otra cosa. 2. Figurativo, que no es literal; metafórico. 3. Figurativo, escrito con expresiones retóricas figuradas.

figuratively ['fɪgərətɪvlɪ] [fi-gu-ra-tiv-li], *adv.* Figuradamente.

figure ['fɪgə[r]] [fi-ga[r]], *s.* 1. Figura, forma exterior. 2. Figura, hechura, semejanza. 3. Figura, presencia, talle o disposición del cuerpo. 4. Figura, papel, viso. **To make a figure in the world**, hacer papel en el mundo. 5. Figura, estatua, imagen. 6. Figura, pintura que representa alguna cosa. 7. Cifra, guarismo o número. 8. *(Ret.)* Figura retórica. 9. *(Gram.)* Figura gramatical, desvío de las reglas de la analogía o sintaxis. 10. *(Geom.)* Figura que cierra un espacio con una o más líneas. 11. *(Astrol.)* Horóscopo. 12. *(Teol.)* Tipo, símbolo. 13. Impresión que produce una persona, facha. **To cut a poor figure**, hacer el ridículo, tener mala facha.

figure, *adv.* y *vn.* 1. Figurar, disponer, delinear y formar la figura de alguna cosa. 2. Figurar, cubrir o adornar con figuras alguna cosa. **Figured velvet**, terciopelo estampado. **Figured silk**, seda floreada. 3. Simbolizar, representar con semejanza simbólica o misteriosa. 4. Figurarse, pasar por la imaginación alguna cosa o formarla en ella. 5. Valerse de figuras retóricas; separarse del sentido literal. 6. Hacer papel.

figure-head ['fɪgəhed] [fi-ga-jed], *s.* 1. Figura o adorno que suelen tener los buques mercantes y de guerra en la roda, en lo más alto de la proa. 2. Caudillo o cabeza nominal, sin verdadera influencia o poder.

figuring ['fɪgərɪŋ] [fi-ga-rin], *s.* 1. Computación, acción de computar. 2. Acción de trazar figuras.

figurist ['fɪgərɪst] [fi-ga-rist], *s.* Figurista, el que emplea o explica las figuras de dicción.

figwort ['fɪgwɔːt] [fig-uort], *s.* *(Bot.)* Escrofularia, planta que da su nombre a la familia de las escrofulariáceas; cualquiera planta de esta familia.

fijian, feejeean ['fɪdʒɪən] [fi-yian], *a.* De Fijí, perteneciente a las islas de este nombre en el Océano Pacífico. *-s.* Habitante aborigen, o lengua aborigen de las Islas Fijí.

filaceous ['fɪləʃəs] [fi-le-shos], *a.* Hebroso, fibroso, filamentoso.

filament ['fɪləmənt] [fi-la-ment], *s.* 1. Hebra, fibra, filamento; hilo muy fino. 2. *(Bot.)* Filamento, tallo o sostén de la antera.

filamentous, filamentose ['fɪləməntəs] [fi-la-men-tos], *a.* Filamentoso, compuesto de hilos; semejante a un hilo; que tiene fibras o filamentos; parecido a una franja; fibroso.

filar ['fɪlə[r]] [fi-la[r]], *a.* 1. Perteneciente al hilo, caracterizado por hilos; semejante a un hilo. 2. Con fibras o hilos muy finos que cruzan el campo de la visual, p. ej. en un microscopio.

filaria ['fɪlærɪə] [fi-la-ria], *s.* *(Zool.)* Filaria.

filariasis ['fɪlərɪəsɪs] [fi-la-ria-sis], *s.* *(Med.)* Filariosis.

filature ['fɪlətʃə[r]] [fi-la-cha[r]], *s.* 1. Hilandería, la acción o modo de hilar (la seda, etc.). 2. Hilandería, gran fábrica de hilados.

filbert ['fɪlbɜːt] [fil-bert], *s.* 1. Avellana de cáscara delgada. 2. Avellano, árbol. **Filbert-shaped**, de la forma de una avellana.

filch [fɪltʃ] [filch], *vn.* Ratear, sisar, hurtar con sutileza y destreza cosas de poca monta.

filcher ['fɪltʃə[r]] [fil-cha[r]], *s.* Ratero, ladrón que hurta cosas de poco valor, ladroncillo.

filchingly ['fɪltʃɪŋlɪ] [fil-chin-li], *adv.* Ladronamente, rateramente.

file [faɪl] [fail], *s.* 1. Lima, instrumento de acero para alisar y pulir los metales. **Half-round file**, lima de media caña. 2. Cualquier aparato destinado a guardar papeles y cartas en orden; punzón para ensartar papeles. 3. Legajo de papeles arreglado sistemáticamente para consultarlo; colección de periódicos dispuestos en orden cronológico. 4. *(Mil.)* Fila, hilera. 5. Catálogo, lista. 6. **Indian** o **single file**, fila india. **File**, *-v.* 1. Limar, pulir. 2. Ensartar, enhilar, arreglar sistemáticamente para servir de consulta. 3. Registrar, asentar, notar; archivar; presentar de la manera reglamentaria de modo que vaya en el acta o en la minuta de los procedimientos. 4. Ensuciar, manchar. *-vn.* *(Mil.)* Marchar en fila. **To file off**, cortar una cosa limándola. *(Mil.)* Desfilar.

file cas ['faɪlkɑːs] [fail-kas], *s.* Archivador.

file-cutter [faɪl'kʌtə[r]] [fail-ka-ta[r]], *s.* Picador de limas.

filefish ['faɪlfɪʃ] [fail-fish], *s.* Lija.

filemot ['faɪlmɒt] [fail-mot], *s.* *(Ant.)* De color leonado; color de hoja seca.

filer ['faɪlə[r]] [fai-la[r]], *s.* Limador, el que lima los metales.

filial ['fɪlɪəl] [fi-lial], *a.* Filial, perteneciente al hijo; debido a los padres. **Filial duty**, deber filial. **Filial affection**, cariño filial.

filially ['fɪlɪəlɪ] [fi-lia-li], *adv.* Filialmente.

filiation [ˌfɪlɪ'eɪʃən] [fi-li-ei-shon], *s.* 1. Filiación, relación del hijo con el padre. 2. *(Jur.)* La determinación judicial del parentesco (padres).

filibuster ['fɪlɪbʌstə[r]] [fi-li-bas-ta[r]], *va.* y *vn.* 1. Ser filibustero y conducirse como tal. 2. *(E.U.)* aplazar o impedir la aprobación de leyes, etc. por medio de proposiciones o discursos dilatorios. Obstruccionista. *-s.* Filibustero, pirata;

aventurero que por la fuerza se apodera de territorio ajeno; el que procura impedir la legislación sobre una materia, poniéndole obstáculos.

filiform ['fɪlɪfɔːm] [fi-li-form], *a.* Filiforme, formado como hilo.

filigrane ['fɪlɪgreɪn] [fi-li-grein], *s.* Filigrana.

filigreed ['fɪlɪgriːd] [fi-li-grid], *a.* Afiligranado.

filings ['fɪlɪŋz] [fi-lins], *s. pl.* Limaduras.

fill [fɪl] [fil], *va.* 1. Llenar, rellenar, henchir. 2. Llenar, satisfacer, contentar. 3. Llenar, hartar. 4. Llenar una persona o cosa el hueco de otra, ocupar, empastar (teeth). **To fill the chair**, ocupar, desempeñar la cátedra. 5. Hinchar. 6. Terraplenar. *-vn.* 1. Echar de beber, dar de beber. 2 Llenarse, hartarse, atracarse. **To fill out**, echar algún líquido para beber; llenar. **To fill up**, colmar, llenar completamente, llenar a colmo; proveer un empleo vacante. **To fill one's place in his absence**, llenar u ocupar el puesto de alguno en su ausencia. **To fill up the time**, emplear el tiempo.

fill, *s.* 1. Lo que llena o es suficiente para llenar; terraplén; hartura, abundancia; satisfacción. 2. (Dialect) El hueco entre las varas de un carro o calesa. *V.* THILL.

filler ['fɪləʳ] [fi-laʳ], *s.* 1. Henchidor, llenador, el que o lo que llena; lo que se emplea para llenar. 2. Embudo. *V.* FUNNEL. **Fillers of tobacco,** tripas, relleno de tabaco.

fillet ['fɪlɪt] [fi-lit], *s.* 1. Venda, tira o faja, cinta puesta alrededor de alguna cosa. 2. Filete, solomillo; también, tajada de una pierna de ternera o carnero. 3. Carne arrollada y atada con bramante. 4. *(Arq.)* Filete, el adorno más delgado de una moldura. **Fillet of veal**, filete de ternera.

fillet, *va.* 1. Vendar, fajar, atar o ceñir con venda, faja o cinta. 2. *(Arq.)* Adornar con astrágalos.

filling ['fɪlɪŋ] [fi-lin], *s.* 1. Adición, suplemento, relleno. 2. Empastadura u orificación en los dientes.

filling station ['fɪlɪŋˌsteɪʃən] [fi-lin-stei-shon], *s.* Estación de gasolina.

fillip ['fɪlɪp] [fi-lip], *va.* 1. Dar un papirote. 2. Echar, arrojar, impeler, como un capirotazo; incitar, estimular.

fillip, *s.* 1. Papirote, el golpe que se da apoyando el dedo del corazón sobre el pulgar y soltando el del corazón con violencia. 2. Estímulo, aguijón.

filly ['fɪlɪ] [fi-li], *s.* 1. Potranca, la yegua que no pasa de tres años. 2. Doncellita o muchacha ligera y retozona: se usa despreciativamente.

film [fɪlm] [film], *s.* 1. Película, membrana o piel delgada. **A film on the eye**, tela o nube en el ojo. 2. *(Foto.)* Película, una capa muy delgada de materia sensibilizada; placa flexible, como de celuloide, para recibir una capa sensibilizada. **Film-carrier**, bastidor para mantener plana una película fotográfica.

film, *va.* Cubrir con una película.

filminess ['fɪlmɪnɪs] [fil-mi-nes], *s.* Calidad de membranoso; apariencia como de una película.

filmstrip ['fɪlmstrɪp] [film-strip], *s.* Tira de película. Película auxiliar de clases o conferencias.

filmy ['fɪlmɪ] [fil-mi], *a.* Membranoso, pelicular, compuesto de membranas o películas.

filose ['fɪləʊz] [fi-lous], *a.* *(Anat.)* Filiforme, que remata en hilillos.

filter ['fɪltəʳ] [fil-taʳ], *va.* Filtrar, depurar, hacer pasar los líquidos por entre los poros de un cuerpo sólido para purificarlos de las partes grasas o extrañas que contienen.

filter, *s.* 1. Filtro, la manga, lienzo o papel para filtrar. 2. Filtro, bebida con la cual se pretende excitar el amor. *V.* PHILTER.

filter-tip [ˌfɪltə'tɪp] [fil-tar-tip], *a.* De filtro con boquilla. (Se aplica a los cigarrillos).

filth ['fɪlθ] [filz], *s.* 1. Inmundicia, porquería; basura, suciedad, fango. 2. Corrupción, infección, impureza.

filthily ['fɪlθɪlɪ] [fil-zi-li], *adv.* Asquerosamente, suciamente.

filthiness ['fɪlθɪnɪs] [fil-zi-nes], *s.* Inmundicia, suciedad.

filthy ['fɪlθɪ] [fil-zi], *a.* 1. Sucio, puerco, asqueroso. 2. Poluto, inmundo, depravado o corrompido moralmente; obsceno, torpe.

filtrate ['fɪltreɪt] [fil-treit], *va.* Filtrar. *-s.* El líquido filtrado o separado por medio de la filtración.

filtration [fɪl'treɪʃən] [fil-trei-shon], *s.* *(Quím.)* Filtración, la acción de filtrar.

fimbriate ['fɪmbrɪeɪt] [fim-brieit], *va.* Franjear; ribetear.

fin [fɪn] [fin], *s.* 1. Aleta que tienen los peces en varias partes del cuerpo y con las cuales se ayudan para nadar. 2. Parte saliente o apéndice de un utensilio. 3. Pescados, peces. 4. Barba (de ballena)

finable ['faɪnəbl] [fai-na-bol], *a.* Multable, sujeto a multa.

final ['faɪnl] [fai-nal], *a.* 1. Final, último. 2. Final, conclusivo, decisivo. 3. Final, mortal. 4. Lo que pertenece al fin, motivo u objeto con que se hace una cosa. **A final answer,** respuesta decisiva. **A final stroke**, golpe decisivo.

finale ['fɪnɑːl] [fi-nal], *s.* 1. Acto último, escena última, final, fin. 2. *(Mús.)* Final, el último movimiento.

finality [faɪ'nælɪtɪ] [fai-na-li-ti], *s.* Finalidad, estado o calidad de final o completo; lo que es final, acto decisivo.

finally ['faɪnəlɪ] [fai-na-li], *adv.* Finalmente, últimamente, en fin, en conclusión, por último.

finance [faɪ'næns] [fai-nans], *s.* 1. Hacienda pública, la ciencia de los negocios monetarios; manejo pecuniario. 2. Renta, utilidad o beneficio que se saca anualment de alguna posesión; en plural por lo común. *-va.* y *vn.* *V.* FINANCIER.

financial [faɪ'nænʃəl] [fai-nan-shal], *a.* Rentístico, monetario, que pertenece a la hacienda o rentas públicas.

financially [faɪ'nænʃəlɪ] [fai-nan-sha-li], *adv.* Rentísticamente, en materia de rentas.

financier [faɪ'nænsɪəʳ] [fai-nan-siaʳ], *va.* y *vn.* Manejar los negocios monetarios de; conducir operaciones rentísticas. *-s.* Recaudador de rentas públicas y el que las maneja, el cual puede llamarse rentista, hacendista o financiero.

financing [faɪ'nænsɪŋ] [fai-nan-sin], *s.* Financiamiento.

finary ['faɪnərɪ] [fai-na-ri], *s.* *V.* FINERY, 2a.

fin-back [faɪ'bæk] [fain-bak], *s.* Ballena que tiene una aleta dorsal; se llama también, *rorqual y razor-back.*

finch [fɪntʃ] [finch], *s.* *(Orn.)* Pinzón, fringilino, pájaro de la familia de los fringílidos; picogordo, **goldfinch**, acanta. **Chaffinch**, pinzón. **Bull-finch**, pinzón real.

find [faɪnd] [faind], *va.* (*pret.* y *pp.* FOUND). 1. Encontrar, hallar, descubrir lo que se buscaba; tropezar o hallar por casualidad. 2. Encontrar una persona a otra. 3. Hallar una cosa perdida. 4. Hallar, conocer por experiencia, descubrir lo que estaba oculto, resolver, adquirir, saber, reconocer. 5. *(For.)* Juzgar, declarar, decidir según justicia; aprobar, admitir. 6. Surtir, abastecer, proveer, dar alguna cosa que se necesita. 7. Alimentar, mantener. *-vn.* *(Der.)* Fallar, dar sentencia. **Seek and ye shall find**, buscad y hallaréis. **To find fault** o **amiss**, desaprobar, criticar, hallar que decir. **To find in one's heart**, tener deseo de alguna cosa; estar de humor. **To find oneself**, hallarse, estar; mantenerse, alimentarse. **How do you find yourself!**, ¿cómo lo pasa Ud.?, ¿cómo se halla Ud.?, ¿cómo se siente Ud.? **To find one's way**, introducirse, conducirse. **To find out**, solver, desatar o resolver; hallar o descubrir; adivinar, imaginar, inventar, dar con, averiguar. **To find a person out**, llegar a saber quién es uno, o cual es su verdadero carácter. **To find a verdict for the plaintiff**, fallar o dar sentencia a favor del querellante o demandante. **To find a verdict for the defendant**, fallar o sentenciar a favor del demandado o acusado, o bien absolverle del cargo o de la demanda. **To find work for one**, dar ocupación a alguien.

find, *s.* Una cosa hallada, especialmente un descubrimiento útil.

finder ['faɪndəʳ] [fain-daʳ], *s.* 1. Hallador; descubridor, inventor, el que hace algún nuevo descubrimiento. 2. *(Opt.)* Buscador, hallador, el pequeño telescopio que va al lado de uno mayor; buscador, lente suplementario, con espejo, asegurado a una cámara fotográfica para ver el objeto en el campo de la visual; un portaobjetos para el microscopio, rayado con líneas muy finamente graduadas para colocar un objeto o un ejemplar de interés.

find-fault ['faɪndfɔ:lt] [faind-folt], *s.* Censurador, crítico.
finding ['faɪndɪŋ] [fain-din], *s.* 1. Descubrimiento, invención. 2. Fallo, sentencia, decisión de un tribunal o árbitro, o de una comisión. 3. Gasto, mantenimiento. 4. *pl.* Herramientas y avíos de un obrero, y particularmente de un zapatero.
fine [faɪn] [fain], *a.* 1. Fino, refinado, puro; agudo, cortante; claro, transparente; delicado, primoroso; sagaz, astuto, diestro; galán, lindo; bello, elegante, hermoso, bien parecido; cortés, bien criado, instruído; vistoso, espléndido. 2. **Fine gold,** oro fino o de ley , **fine sand**, arena fina. *-s.* 1. Multa, pena pecuniaria. 2. *(Des.)* Fin conclusión. **In fine**, finalmente, en conclusión, por fin.
fine, *va.* 1. Afinar, refinar, perfeccionar, purificar; aclarar. 2. Lustrar, dar lustre, esplendor, brillantez o transparencia a alguna cosa. 3. Multar. *-vn.* Pagar una multa.
fine-draw ['faɪndrɔ:] [fain-dro], *va.* Zurcir o unir dos pedazos de cualquier tela cosiéndolos sutil y curiosamente.
fine-drawer ['faɪndrəʊəʳ] [fain-drouaʳ], *s.* Zurcidor.
fine-drawing ['faɪndrɔɪŋ] [fain-droin], *s.* Zurcidura, la acción de zurcir o la unión y costura de la cosa zurcida.
fine-fingered ['faɪn'fɪŋgəd] [fain-fin-gued], *a.* Delicado, primoroso, el que es capaz de trabajar cosas primorosas o delicadas.
fineless ['faɪnlɪs] [fain-les], *a.* Sin fin. *V.* ENDLESS.
finely ['faɪnlɪ] [fain-li], *adv.* 1. Primorosamente, con elegancia; agudamente, sutilmente. 2. *(Irón.)* Miserablemente.
fine-looking ['faɪn'lu:kɪŋ] [fain-lu-kin], *a.* Guapo, bien parecido.
fineness ['faɪnnɪs] [fain-nes], *s.* Fineza, delicadeza, primor, lustre, hermosura, esplendor; agudeza, sutileza, ingenio, finura; pureza, perfección.
finer ['faɪnəʳ] [fai-naʳ], *s.* Refinador de metales. *-a.* Comparativo de fine; más fino.
finery ['faɪnərɪ] [fai-ne-ri], *s.* 1. Primor, vista, esplendor, elegancia; adorno, atavío, aderezo. 2. Antigua especie de fragua, hoy en desuso. **Finery cinder**, una especie de óxido negro de hierro en láminas pequeñas.
fine-spoken ['faɪnspəʊkən] [fain-spou-ken], *a.* El que usa palabras o frases muy escogidas o afectadas. Se toma casi siempre irónicamente.
fine-spun ['faɪnspʌn] [fain-span], *a.* Ingeniosamente ideado o delineado; inventado astutamente. *(fam.)* **Fine-spun**, tirado por los cabellos, alambicado.
finesse [fɪ'nes] [fi-nes], *vn.* Valerse de subterfugios y artificios. *-s.* 1. Artificio, treta, estratagema, astucia, sutileza. 2. Calidad de hábil, diestro o mafioso.
fin-footed ['faɪnfu:tɪd] [fain-fu-tid], *a.* Palmeado; se aplica a las aves que tienen los dedos unidos por membranas.
finger ['fɪŋgəʳ] [fin-gaʳ], *s.* 1. Dedo, miembro flexible de la mano. **Index finger**, dedo índice. **Middle finger**, dedo de en medio, dedo del corazón. **Ring finger**, dedo anular. **Little finger**, dedo meñique. 2. Parte parecida a un dedo; pequeña parte que sale o proyecta. 3. Medida de longitud, anchura del dedo, longitud del dedo medio. 4. Medida de profundidad, igual a la anchura del dedo. 5. Dedo, la mano, el instrumento de alguna obra. **Finger-stall**, dedal, apoyadedos. **Finger-ring**, anillo. **Finger-bowl, finger-glass**, enjuague, enjuagatorio, taza que se pone a cada convidado antes de alzar los manteles para limpiar los dedos y enjuagar la bota. **Finger-breadth**, anchura de un dedo; medida de longitud. **Finger-end**, punta del dedo. **Finger-mark**, marca, mancha hecha con el dedo; impresión del dedo pulgar que sirve para identificar las personas. **Finger-post**, poste indicador en el cual hay una mano o una flecha que indica el camino. **Finger-reading**, la lectura de letras en relieve por medio del tacto, con las puntas de los dedos, como lo hacen los ciegos. **His fingers are all thumbs**, usa de sus manos desmañadamente. **To have a finger in the pie**, meter la cuchara; tomar parte en un asunto.
finger, *va.* 1. Tocar, manosear; llegar a alguna cosa con la mano con ánimo de quitarla. 2. *(Mús.)* Tocar, pulsar, poner los dedos en algún instrumento de música; manejar, ejecutar alguna obra diestramente con las manos. **Light-fingered**, ligero de manos, dado al hurto.
finger-board ['fɪŋgəˌbɔ:d] [fin-gaʳ-bord], *s.* 1. La parte del mástil o mango del violín donde se ponen los dedos para tocar. 2. Teclado del órgano o pianoforte.
fingered ['fɪŋgəd] [fin-gued], *a.* Que tiene dedos.
fingering ['fɪŋgərɪŋ] [fin-gue-rin], *s.* 1. El acto de tocar ligeramente o de juguetear. 2. Modo de tocar o pulsar un instrumento de música; notación para indicar qué dedos han de emplearse. 3. La obra ejecutada primorosamente con los dedos. 4. Lana gruesa para medias.
fingerless ['fɪŋgəlɪs] [fin-gaʳ-les], *a.* Sin dedos.
fingernail ['fɪŋgəneɪl] [fin-gaʳ-neil], *s.* Uña del dedo de la mano. **Fingernail polish**, barniz para las uñas.
finger prints ['fɪŋgəˌprɪntz] [fin-gaʳ-prints], *s. pl.* Huellas digitales.
finger wave ['fɪŋgəˌweɪv] [fin-gaʳ-ueiv], *s.* Ondulado del cabello sin calor, ondulado al agua.
fingle-fangle ['fɪŋgəˌfæŋl] [fin-gaʳ-fan-guel], *s.* Bujería, friolera.
finial ['fɪnɪəl] [fi-nial], *s. (Arq.)* Florón de pináculo; pináculo; remate que se dirige hacia arriba.
finical ['fɪnɪkl] [fi-ni-kal], *a.* Delicado, afectado, nimio en el vestir, en los modales, etc.
finically ['fɪnɪklɪ] [fi-ni-kli], *adv.* Afectadamente.
finicalness ['fɪnɪklnɪs] [fi-ni-kal-nes], *s.* Demasiada delicadeza, afectación propia de un petimetre.
finicking ['fɪnɪkɪŋ] [fi-ni-kin], *a.* Afectado, melindroso, meticuloso, nimio en el vestir, en los modales, en el lenguaje, etc. *V.* FINICAL. *-s.* Especie de paloma con cresta.
finish ['fɪnɪʃ] [fi-nish], *va.* 1. Acabar, terminar, concluir, poner fin. 2. Pulir, perfeccionar, dar la última mano. 3. Completar la educación de. 3. *(Fam.)* Matar o hacer impotente; vencer, aniquilar. *-vn.* Llegar al fin; cesar, **to finish doing, writting**, acabar de hacer, de escribir.
finish, *s.* 1. Final, fin, término, acabamiento, colmo. 2. Pulimento, la última mano.
finished ['fɪnɪʃt] [fi-nisht], *a.* 1. Acabado terminado, pulido. 2. Aniquilado, muerto.
finisher ['fɪnɪʃəʳ] [fi-ni-shaʳ], *s.* Consumador, el que consume, perfecciona o da la última mano a alguna cosa; lo que acaba o decide alguna cosa. **The finisher of the law**, el ejecutor de la justicia.
finishing ['fɪnɪʃɪŋ] [fi-ni-shin], *s.* Acabamiento, consumación; colmo, perfección; la última mano o pincelada. *-a.* Que acaba, concluye o consuma. **Finishing blow**, golpe de gracia. **To give the finishing stroke to,** dar la última mano a.
finite ['faɪnaɪt] [fai-nait], *a.* Finito, lo que tiene fin; limitado.
finitely ['faɪnaɪtlɪ] [fai-nait-li], *adv.* Limitadamente.
finiteness ['faɪnaɪtnɪs] [fai-nait-nes], *s.* Limitación, restricción.
finless ['fɪnlɪs] [fin-les], *a.* Sin aletas, desaletado.
finlike ['fɪnlaɪk] [fin-laik], *a.* Aletado, que se parece a las aletas del pez.
Finn [fɪn] [fin], *s.* Finlandés, finlandesa, un miembro de la raza finlandesa; natural de Finlandia.
finned ['fɪnd] [find], *a.* Aletado, que tiene aletas como el pez.
finnic ['fɪnɪk] [fi-nik], *a.* Finés, perteneciente a los fineses, y a sus idiomas. *-s.* Lengua finesa.
finnish ['fɪnɪʃ] [fi-nish], *a.* Finlandés, perteneciente a Finlandia o a sus habitantes. *-s.* Idioma propio de los finlandeses.
finny ['fɪnɪ] [fi-ni], *a.* 1. Armado de aletas como los peces. 2. Abundante en peces.
fiord o **fjord** [fjɔ:d] [fiord], *s.* Fiordo.
fir [fɜ:ʳ] [faʳ], *s.* Abeto, árbol semejante al pino. **Fir-tree**, el árbol llamado abeto. **Spruce-fir**, pinabete. **Scotch fir**, pino.
fire [faɪəʳ] [faiaʳ], *s.* 1. Fuego, lumbre; combustión; llama, toda materia combustible que está ardiendo. 2. Descarga de armas de fuego. 3. Fuego, incendio, de algún edificio. 4.

Fuego, el ardor que excitan algunas pasiones de ánimo. 5. Fuego, ardor o viveza de la imaginación; actividad intelectual; fuerza de la expresión. 6. La tortura del fuego; los tormentos del infierno. 7. Cualquier desgracia o infortunio pesado; rabia. **Fire of love,** llama del amor. **Slow fire**, fuego lento. **Fire is a good servant, but a bad master**, *(Prov.)* sírvete del fuego, mas guardate de él. **Fire-alarm**, alarma o llamada de incendios, particularmente un sistema telegráfico. **Fire-annihilator,** *v.* FIRE-EXTINGUISHER. **Fire-back**, la pared posterior de un horno u hogar. **Fire-board**, delantera de chimenea; mampara o tabla con que se tapan las chimeneas en el verano. **Fire-box**, hogar, caja de fuego de una locomotora. **Fire-brick,** ladrillo refractario. **Fire-clay**, arcilla refractaria que resiste a la acción del fuego más intenso, con la cual se hacen los ladrillos refractarios. **Fire-damp**, fuego grisú, mofeta, hidrógeno carburado explosible en las minas. **Fire-dog**, morillo de hogar. **Fire-door**, puerta de horno u hornillo. **Fire-eater**, (a) Titiritero farsante que finge tragarse brasas ardiendo. (b). Jaque, matamoros, fierabrás; retador de profesión. **Fire-escape**, aparato de salvamento; escala de seguridad para bajar desde lo alto de un edificio incendiado. **Fire-extinguisher**, extinguidor o apagador portátil de incendios. *(Amer.)* Apagafuegos. **The fire of persecution**, la rabia, la violencia de la persecución. **To be on fire**, estar hecho un ascua, encendido, literal o figuradamente. **To put out the fire**, apagar el fuego. **To set fire to, to set on fire,** pegar fuego, quemar, incendiar. **By the fire**, a la lumbre, sentado junto al fuego. **To miss fire**, hacer fogonazo, no disparar. **He will never set the river on fire**, no inventó la pólvora; es decir, es de cortos alcances. **St. Anthony's fire**, erisipela. **Out of the frying-pan into the fire**, huir del fuego y dar en las brasas. **Under fire**, expuesto al fuego de fusil o de cañón; se usa también en sentido figurado. **Fire-arrow**, saeta incendiaria. **Fire-brush**, escobilla para barrer el hogar. **Fire-fan**, abanico de chimenea, pantalla que sirve para evitar que el calor de la lumbre dé en la cara. **Fire-fork**, hurgón. **Fire-insurance**, seguro contra incendios. **Fire-kiln**, hornillo. **Fire-lock**, fusil, carabina, escopeta. **Fire-maker**, cohetero. **Fire-master**, oficial de artillería que cuida de las obras de fuego. **Fire-new,** flamante, nuevo; recién salido de la fragua. **Fire-office**, oficina de seguros contra los incendios. **Fire-pan,** brasero, copa, chofeta para llevar fuego. **Fire-plug**, tapón de los encañados para apagar los incendios en las calles. **Fire-proof,** a prueba de incendio. **Fire-screen,** pantalla de chimenea, guardafuego. **Fire-ship,** *(Mar.)* brulote, bajel lleno de materias combustibles para quemar a otros. **Fire-shovel,** paleta, badil, badila. **Fire-stick**, tizón, tea. **Fire-stone,** pirita, piedra que puede resistir al fuego. **Fire-wood**, leña para la lumbre.

fire, *va.* 1. Encender, abrasar, quemar, inflamar, enardecer; avivar el fuego. 2. Encender, animar, excitar. 3. Cauterizar. **To set on fire** o **a-fire**, inflamar, incndiar. *-vn.* 1. Encenderse; dejarse dominar de alguna pasión, enojarse, enfadarse. 2. Tirar, disparar, descargar, hacer fuego.

fire-arm ['faɪərɑːm] [faiararm], *s.* Arma de fuego.

fire-ball ['faɪəbɔːl] [faia-bol], *s.* Granada real o de mano, globo lleno de pólvora, que revienta donde cae.

fireboat ['faɪəbəʊt] [faia-bout], *s.* Embarcación para combatir incendios.

firebox ['faɪəbɒks] [faia-boks], s. 1. Caja de fuegos, hogar (de caldera). 2. Caja que da la alarma de incendio.

firebrand ['faɪəbrænd] [faia-brand], *s.* 1. Tizón o tea. 2. Incendario, zizañero.

firebug ['faɪəbʌg] [faia-bag], *s.* Incendario.

firecracker ['faɪəˌkrækəʳ] [faia-kra-kaʳ], *s.* Cohete.

fire-cross ['faɪəkrɒs] [faia-kros], *s.* Símbolo de ataque o alarma en Escocia, que se figuraba con dos tizones encendidos y cruzados.

firedamp ['faɪədæmp] [faia-damp], *s.* Grisú, mofeta.

fire department ['faɪədɪˌpɑːtmənt] [faia-di-part-ment], *s.* Cuerpo de bomberos.

fire-drake ['faɪədreɪk] [faia-dreik], *s.* Serpiente de fuego; especie de meteoro.

fire-eater ['faɪəiːtəʳ] [faia-itaʳ], *s.* 1. Titiritero que finge comer fuego. 2. Matamoros, jaque. 3. *(E.U.)* Los que estaban con los Estados del Sur antes de la guerra de secesión.

fire-engine ['faɪəˌendʒɪn] [faia-en-yin], *s.* Bomba de apagar los incendios.

firefly ['faɪəflaɪ] [faia-flai], *s.* Luciérnaga.

fireless cooker ['faɪəlɪsˌkuːkəʳ] [faia-lis-ku-kaʳ], *s.* Vasija eléctrica para cocinar.

fireman ['faɪəmən] [faia-man], *s.* 1. Bombero. 2. Fogonero.

fire-place ['faɪəpleɪs] [faia-pleis], *s.* Hogar, la parte de la chimenea donde se enciende lumbre.

firer ['faɪərəʳ] [faia-raʳ], *s.* Incendiario.

fire-side ['faɪəsaɪd] [faia-said], *s.* Hogar, fogón de chimenea; la casa, el hogar doméstico.

fire truck ['faɪətrʌk] [faia-trak], *s.* Autocamión de bomberos.

firewater ['faɪəwɔːtəʳ] [faia-uo-taʳ], *s.* Aguardiente.

firewoods ['faɪəwʊdz] [faia-wuds], *s.* Leña.

firework ['faɪəwɜːk] [faia-uek], *s.* Fuego artificial, fiesta de pólvora.

fireworker ['faɪəwɜːkəʳ] [faia-ue-kaʳ], *s.* Oficial de artillería inferior al maestro de fuegos.

firing ['faɪərɪŋ] [faia-rin], *s.* 1. Leña, carbón, combustible. 2. Descarga.

firing-iron ['faɪərɪŋˌaɪrɒn] [faia-rin-aion], *s.* Cauterio.

firing lever ['faɪərɪŋˌlevəʳ] [faia-rin-li-vaʳ], *s.* Palanca del disparador.

firing party ['faɪərɪŋˌpɑːtɪ] [faia-rin-par-ti], *s.* *(Mil.)* Piquete de salvas.

firkin ['fiːkɪn] [fir-kin], *s.* 1. Cuñete, barril pequeño, que puede contener unos 36 cuartillos. 2. Cuñete o barrilete que se emplea para mantequilla y otros varios usos.

firm [fɜːm] [ferm], *a.* Firme, fuerte, estable, duro, constante, seguro. *-s.* *(Com.)* Firma, razón social, la denominación con que una casa de comercio hace sus negocios.

firmament ['fɜːməmənt] [fer-ma-ment], *s.* Firmamento.

firmly ['fɜːmlɪ] [ferm-li], *adv.* Firmemente, fuertemente.

firm name ['fɜːmˌneɪm] [ferm-neim], *s.* Razón social.

firmness ['fɜːmnɪs] [ferm-nes], *s.* Firmeza, dureza, consistencia, estabilidad, solidez; entereza, constancia, resolución.

first [fɜːst] [ferst], *a.* 1. Primero; temprano, delantero, primitivo. 2. Primero, excelente, grande, sobresaliente. -*adv.* Primero, en primer lugar, al principio, en el principio. **At first, at the first**, desde luego, al principio. **First o last,** tarde o temprano, un día u otro. **At first blush**, a primera vista, sin madura consideración. **First-begotten, first-born**, primogénito, el hijo o hija que nace primero. **First-class**, de primera clase, de primer orden. **First-cousin**, primo hermano, prima hermana. **First-created,** se dice de la primera cosa criada o producida de su especie. **First-fruits**, primicia, fruto primero. **First-hand**, lo que viene directamente del orígen o del productor. **First floor**, *(GB)* primer piso, principal; *(E.U.)* bajos, planta baja. **First night**, *(Teat.)* noche de estreno. **First quarter**, cuarto creciente (moon).

first aid ['fɜːst'eɪd] [ferst-eid], *s.* Primeros auxilios.

first-begotten ['fɜːstbe'gɒtn] [ferst-be-to-ten], *a.* Primogénito.

firstling ['fɜːstlɪŋ] [ferst-lin], *s.* 1. Primogénito. 2. La cosa que ha sido producida antes que ninguna otra de su especie. *-a.* 1. Primogénito, se dice del hijo que nace primero y de lo que le pertenece. 2. Primerizo, lo que es primero o se anticipa a otro; lo primero que se hace o piensa.

firstly ['fɜːstlɪ] [ferst-li], *adv.* En primer lugar.

first mate ['fɜːst'meɪt] [ferst-meit], *s.* *(Mar.)* Piloto.

first-rate ['fɜːst'reɪt] [ferst-reit], *a.* Preminente, de un mérito superior, de primera clase u orden.

firth [fɜːθ] [ferz], *s.* *V.* FRITH.

firwood ['fɜːwuːd] [fer-vud], *s.* Madera de abeto o pino.

fisc [fɪsk] [fisk], *s.* Fisco, el erario público, la tesorería, la real hacienda, la hacienda pública.

fiscal ['fɪskəl] [fis-kal], *s.* Ministro o Secretario de hacienda. *-a.* Fiscal, perteneciente al fisco, o al oficio del fiscal; rentístico.

fish [fɪʃ] [fish], *s.* 1. Pez. 2. Pescado: se dice de la carne de los peces como opuesta a la de los animales terrestres. 3. *(Mar.)* Jimelga. 4. gemelo, gaburón; *(Mec.)* refuerzo. **Food-fish,** pescado, pez comestible. **Sea-fish**, pez de mar. **Fresh-water fish**, pez de agua dulce. **Shell-fish**, pez de concha o testáceo. **Fish-car**, (a) Vivero, receptáculo sumergido en el agua, en el cual se pueden guardar los peces vivos. (b) Carro de ferrocarril para llevar pescado. **Fish-pond**, nansa, estanque de peces, vivero. **Flying fish**, pez volador. **A craw-fish**, cangrejo de río o de agua dulce. **An odd fish**, un estrambótico, hombre raro. **Fish of an anchor**, *(Mar.)* Pescante de ancla. **To have other fish to fry**, tener que atender a cosas más importantes tener otras cosas en qué pensar.

fish, *va.* 1. Pescar. 2. Buscar en, y sacar a luz; intentar, obtener una cosa. 3. Aprovechar de (una cosa) para pescar: v. g. una red. 4. Componer o reforzar con una pieza de madera que se llama gemelo o gaburón; *(Fer.)* empalmar (los rieles, etc.) afirmando planchas a lo largo de ellos.**To fish in trouble waters**, pescar en río revuelto.

fish bait ['fɪʃbeɪt] [fish-beit], *s.* Carnada para pescar.

fish-bone ['fɪʃbəʊn] [fish-boun], *s.* Espina de pescado.

fish-culture ['fɪʃkʌltʃəʳ] [fish-kal-chaʳ], *s.* La crianza artificial de los peces.

fish-day ['fɪʃdeɪ] [fish-dei], *s.* Día de abstinencia de carnes.

fisher ['fɪʃəʳ] [fishaʳ], *s.* 1. Pescador. 2. El *pekan*, marta de América. *V.* PEKAN.

fisher-boat ['fɪʃəbəʊt] [fisher-bout], *s.* Barca pescadora.

fisherman ['fɪʃəmən] [fisher-man], *s.* 1. Pescador. 2. Barca pescadora.

fishery ['fɪʃərɪ] [fi-she-ri], *s.* Pesca, pesquera.

fish-garth ['fɪʃgɑːθ] [fish-garz], *s.* Pesquera o pesquería, paraje cerrado en un río para pescar.

fish-glue ['fɪʃgluː] [fish-glu], *s.* Cola de pescado, colapez.

fish-hook ['fɪʃhuːk] [fish-juk], *s.* Anzuelo, garfio para pescar.

fishing ['fɪʃɪŋ] [fishin], *s.* 1. Pesca, arte o práctica de pescar; pesquera, pesquería. 2. El derecho de pescar, o el paraje donde se concurre a pescar. 3. Amordazamiento, barrotaje de los carriles; acción de enganchar el pescador en la cruz del ancla e izarla. **Fishing-line**, cordel de pescar. **Fishing-fly**, mosca artificial para carnada. **Fishing-smack**, queche para pescar en el mar. **Fishing village**, pueblo de pescadores. **Fishing-tackle**, avíos de pescar, aparejo de pesca.

fishing-net ['fɪʃɪŋnet] [fishin-net], *s.* Red de pescar.

fishing-rod ['fɪʃɪŋrɒd] [fishin-rod], *s.* Caña de pescar.

fish-joint ['fɪʃdʒɔɪnt] [fish-yoint], *s.* En los ferrocarriles, junta de mordaza; dos planchas de hierro aseguradas con pernos a los rieles.

fish-kettle ['fɪʃketl] [fish-ke-tel], *s.* Caldera larga para cocer los peces enteros.

fishlike ['fɪʃlaɪk] [fish-laik], *a.* Semejante a pescado.

fishmarket ['fɪʃmɑːkɪt] [fish-mar-kit], *s.* Pescadería, el sitio donde se vende pescado.

fish-meal ['fɪʃmiːl] [fish-mil], *s.* Comida de pescado.

fishmonger ['fɪʃmʌŋgəʳ] [fish-mon-gaʳ], *s.* Pescadero, el que vende pescado.

fishplate ['fɪʃpleɪt] [fish-pleit], *s.* Mordaza, plancha de unión de dos rieles. *V.* FISH-JOINT.

fishspear ['fɪʃpɪəʳ] [fish-speaʳ], *s.* Arpón, dardo.

fishskin ['fɪʃskɪn] [fish-skin], *s.* 1. Piel de pescado. 2. Zapa, lija o piel de lija.

fish-story ['fɪʃstɔːrɪ] [fish-sto-ri], *s.* *(E.U.)* Fábula, cuento increíble.

fishtail ['fɪʃteɪl] [fish-teil], *s.* Cola de pez.

fishwife ['fɪʃwaɪf] [fish-uaif], **fish-woman** ['fɪʃwʊmən] [fish-vu-man], *sf.* Pescadera, mujer que vende pescado; mujer de plazuela, disputadora, marimacho.

fishworm ['fɪʃwɔːm] [fish-uerm], *s.* Lombriz que sirve de cebo en la pesca.

fishy ['fɪʃɪ] [fi-shi], *a.* 1. Lo que tiene las calidades o la figura de pescado. 2. Perteneciente o parecido al pescado; o habitado por pescados. 3. Abundante en pescado.

fisk [fɪsk] [fisk], *s.* Fisco.

fissate ['fɪseɪt] [fi-seit], *a.* Dividido, hendido.

fissile ['fɪsaɪl] [fi-sail], *a.* Hendible, rajadizo.

fission ['fɪʃən] [fi-shon], *s.* 1. Fisión, el acto de henderse, hendimiento. 2. *(Bio.)* La espontánea división de una celdilla o de un organismo en nuevas celdillas u organismos, a manera de reproducción.

fissionable ['fɪʃənəbl] [fi-sho-na-bol], *a.* Fisionable.

fissiparous ['fɪsɪpərəs] [fi-si-pa-ros], *s.* y *a.* Fisíparo, que se reproduce por la división de su propio cuerpo.

fissipedal ['fɪsɪpedl] [fi-si-pe-dal], *a.* *(Zool.)* Fisípedo, que tiene el pie dividido en muchos dedos.

fissure ['fɪʃəʳ] [fi-shaʳ], *s.* Grieta, hendedura, abertura.

fist [fɪst] [fist], *s.* Puño. **To strike with the fist**, dar puñetazos. **With clenched fist,** a puño cerrado.

fistic ['fɪstɪk] [fis-tik], *a.* Relativo al puño; de pugilato, riña a puñadas.

fisticuff ['fɪstɪkʌf] [fis-ti-kaf], *v.* Dar puñetazos. 2. Riña a puñetazos.

fistula ['fɪstjʊlə] [fis-tiu-la], *s.* *(Cir.)* Fístula.

fistular ['fɪstjʊləʳ] [fis-tiu-laʳ], *a.* Fistular, fistuloso, afistolado.

fistulate ['fɪstjʊleɪt] [fis-tiu-leit], *a.* Hueco como un tubo; afistolado, fistuloso.

fistulous ['fɪstjʊləs] [fis-tiu-los], *a.* Fistuloso, lo que tiene la forma de fístula o su semejanza.

fit [fɪt] [fit], *s.* 1. *(Med.)* Acceso, paroxismo o parasismo. 2. Mal, enfermedad; mal de madre; pasión histérica; convulsión. 3. Transportamiento, rebato o arrebatamiento pasajero; capricho, humor. 4. Ataque, acceso, ímpetu, rebato, acometimiento repentino de algún mal o de alguna pasión de ánimo. 5. *(Ant.)* Cantos de un poema o partes de una canción que se repiten. **Fainting-fit**, desmayo. **By fits**, o **by fits and starts**, a ratos perdidos, a tontas y a locas, al tuntún; espasmódicamente. **To give one fits,** *(E. U. Fam.)* Poner a uno como nuevo. **Cold fit**, escalofrío de una fiebre intermitente; temblor. **A melancholy fit**, un acceso de melancolía. **To be in fits of laughter**, destornillarse de risa. **If the fit takes me**, *(Fig.)* Si me parece, si me da la gana.

fit, *s.* 1. Forma, corte; ajuste; conveniencia, conformidad, adaptación. 2. Acción de alistar, preparación.

fit, *a.* 1. Apto, idóneo, a propósito para algo, conveniente, aprestado, dispuesto. 2. Hábil, capaz. 3. Cómodo, justo, juicioso, decente. 4. Listo, en estado de preparación. 5. **Fit to be tied**, loco de atar; muy impaciente o encolerizado. **To laugh fit to kill**, desternillarse de risa. 6. Como si, casi, cuasi; uso familiar adverbial. **If you think fit**, si a Ud. le parece. **He was not fit for it**, el no era propio para ello, o él no era a propósito para el caso.

fit, *va.* 1. Ajustar, acomodar, conformar; igualar, adaptar una cosa a otra. 2. Surtir, proveer lo que se necesita. 3. Poner en estado o disposición de. 4. Hacer acomodar una cosa a alguno; calzar, vestir. 5. Convenir, venir bien. *V.* BEFIT. *-vn.* Convenir, ser a propósito, venir, sentar o caer bien o mal. **That suit fits you very well**, ese vestido le sienta a Ud. bien, o le está bien. **To fit out**, proveer de todas las cosas necesarias, equipar a uno; tripular; armar. **To fit up,** ajustar una cosa con otra, acomodar, componer; alhajar, adornar, amueblar.

fitch [fɪtʃ] [fich], *s.* *(Zool.)* 1.Turón, veso. 2. Pincel de pelo de turón.

fitchet ['fɪtʃɪt] [fi-chet], **fitchew** ['fɪtʃuː] [fi-chiu], *s.* *(Engl.)* Veso, turón mamífero europeo.

fitful ['fɪtfʊl] [fit-ful], *a.* 1. Alternado con paroxismos, espasmódico; caprichoso; incierto, vacilante. 2. Caprichoso, impulsivo.

fitfully ['fɪtfəlɪ] [fit-fu-li], *adv.* Por intervalos; caprichosamente, de un modo vacilante.
fitly ['fɪtlɪ] [fit-li], *adv.* Aptamente, cómodamente, justamente.
fitment ['fɪtmənt] [fit-ment], *s.* 1. Apresto, equipo, provisión. 2. Lo que conviene o es a propósito. 3. Mueblaje, conjunto de muebles.
fitness ['fɪtnɪs] [fit-nes], *s.* Propiedad, aptitud, idoneidad, conveniencia, proporción. **Fitness of time**, oportunidad.
fittedness, *s. V.* SUITABLENESS.
fitter ['fɪtəʳ] [fi-taʳ], *s.* Acoplador, disponedor, unidor, acomodador.
fitting ['fɪtɪŋ] [fi-tin], *a.* Propio para; adecuado, conveniente. *-s.* Guarnición; más usado en plural, herrajes; maniobras. **Fitting-shop**, taller de ajuste.
fittingly ['fɪtɪŋlɪ] [fi-tin-li], *adv.* Propiamente, aptamente.
fitty ['fɪtɪ] [fi-ti], *a.* Propenso a tener ataques o arrebatos.
fitz [fɪtz] [fich], *s.* Hijo: usado solamente en los compuestos de nombres propios, como, **fitzhugh**, hijo de Hugo, **fitzroy**, hijo del rey.
five [faɪv] [faiv], *a.* Cinco. **He will tell you how many black beans make five**, el te dirá cuántas son cinco.
five-bar ['faɪvbɑːʳ] [faiv-baʳ], **five-barred** [faɪv'bærɪd] [faiv-ba-rid], *a.* Lo que tiene cinco barras o palenques.
five-finger ['faɪvfɪŋgəʳ] [faiv-fin-gaʳ], **five-leaf** ['faɪvliːf] [faiv-lif], *s. (Bot.)* Cincoenrama.
fivefold ['faɪvfəʊld] [faiv-fould], *a.* Quíntuplo.
fives ['faɪvz] [faivs], *s.* Un juego de pelota.
fix [fɪks] [fiks], *va.* 1. Fijar, establecer; parar, detener. 2. Fijar, quitar la variedad que puede haber en alguna cosa. 3. Decidir definitivamente; señalar, determinar, establecer. 4. Tratar de suerte que se evite la acción de perder el color, de volatilizarse, o de deteriorarse. **To fix a negative**, fijar una prueba negativa fotográfica. 5. Dirigir con constancia hacia el mismo punto. 6. Arreglar el orden, poner en orden, ajustar. 7. *(Fam. E.U.)* Reparar, componer; colocar bien, de una manera conveniente. 8. Sobornar, cohechar, convencer. 9. Apretar las clavijas a alguien, ajustarle las cuentas. 10. Grabar en la mente, imprimir. 11. Atraer la atención, la mirada. *-vn.* 1. Fijarse, determinarse. 2. Fijarse, establecerse en alguna parte determinada. 3. Pasar un cuerpo del estado fluido al de sólido.
fix, *s. (Fam.)* Dificultad; aprieto, dilema. **To be in a bad fix**, hallarse en trance apurado.
fixable ['fɪksəbl] [fik-sa-bol], *a.* Fijable, que puede fijarse.
fixate ['fɪkseɪt] [fik-seit], *v.* fijar, fijarse.
fixation [fɪk'seɪʃən] [fik-sei-shon], *s.* 1. Fijación, el acto de fijar. 2. Firmeza, estabilidad. 3. Sujeción, restricción. 4. Residencia fija en algún paraje. 5. Paso de un cuerpo fluido al estado de solidez.
fixative ['fɪksətɪv] [fik-sa-tiv], *a.* Que sirve para fijar o hacer permanente.
fixedly ['fɪksɪdlɪ] [fik-sid-li], *adv.* Fijamente, ciertamente.
fixedness ['fɪksɪdnɪs] [fik-sid-nes], *s.* Firmeza, estabilidad.
fixing ['fɪksɪŋ] [fik-sin], *s.* 1. La acción del verbo **to fix** en cualquier sentido. 2. *(Foto.)* La acción de tratar una plancha desarrollada de suerte que no se altere la imagen por la acción ulterior de la luz. 3. *pl.* Adornos, decoraciones o jaeces de cualquier clase; también, cosas preparadas para el uso. **Table-fixings**, accesorios de la mesa.
fixity ['fɪksɪtɪ] [fik-si-ti], *s.* 1. Firmeza y coherencia de las partes. 2. *(Quím.)* La calidad de los cuerpos por la cual pueden sostener mucho calor sin volatizarse.
fixture ['fɪkstʃəʳ] [fiks-chaʳ], *s.* 1. Cosa fija, instalación fija, accesorio. 2. Persona que no se mueve de un lugar. **Fixtures**, *s. pl.* Muebles fijos. **Light fixtures**, instalaciones fijas para las luces. **Electric light fixture**, lámpara, brazo, araña, etc, eléctrica. 3. Fecha fija para algunos actos. 4. Instalación de gas, electricidad, sanitaria, etc.
fizgig ['fɪzgɪg] [fis-guig], *s.* 1. Arpón, dardo. 2. Especie de fuego artificial, cohete pequeño. 3. Gazmoña, coqueta, tontuela.
fizz, fizzle [fɪz] [fis], *vn.* Hacer un ruido sibilante; hacer un ruido sordo como la pólvora húmeda. **It is a fizzle**, ha hecho fiasco completo.
fizzle [fɪzl] [fi-sel], *s.* 1. *(fam.)* Estado acosado o cansado. 2. Mal éxito de alguna cosa.
fjord [fjɔːd] [fiord], *s. V.* FIORD.
flabbergast ['flæbəgɑːst] [fla-ber-gast], *v.* Asombrar, dejar estupefacto.
flabby ['flæbɪ] [fla-bi], *a.* Blando, flojo, lacio.
flabellate ['flæbɪleɪt] [fla-bi-leit], *a.* En forma de abanico.
flabelliform ['flæbɪlɪ'fɔːm] [fla-bi-li-form], *a. V.* FLABELLATE.
flaccid ['flæksɪd] [flak-sid], *a.* 1. Flojo, endeble, débil, flaco, lacio. 2. *(Med.)* Flácido.
flaccidity ['flæksɪdɪtɪ] [flak-si-di-ti], *s.* Flojedad, flaqueza, debilidad.
flag ['flæg] [flag], *vn.* 1. Pender, colgar. 2. Flaquear, amilanarse; debilitarse. *-va.* 1. Señalar por medio de una bandera, **To flag a car**, hacer señal de parada a un coche. 2. Poner una bandera sobre algo, por ejemplo encima de un edificio. 3. Enlosar, embaldosar.
flag, *s.* 1. Bandera; estandarte, insignia militar de los cuerpos de ejército. 2. Bandera o pabellón, insignia militar de las naves de guerra. 3. *(Bot.)* Gladiolo, espadaña. 4. Losa, baldosa. **Flag of truce, white flag**. Parlamentario, pabellón blanco, bandera de parlamento. **Green flag**, *(F.C.)* Banderín verde, señal de precaución. **Red flag**. *(F.C.)* Banderín encarnado, señal de peligro. **Black flag**, pabellón negro, el de los piratas. **Yellow flag**, bandera amarilla, insignia de cuarentena, o enfermedad contagiosa. **To strike** o **lower the flag**. Arriar la bandera.
flag-broom ['flægbruːm] [flag-brum], *s.* Escoba para barrer los enlosados.
flagellant ['flædʒələnt] [fla-che-lant], *a.* Flagelante. *-s. pl.* Flagelantes, secta religiosa.
flagellate ['flædʒəleɪt] [fla-che-leit], *va.* Azotar, flagelar.
flagellation [ˌflædʒə'leɪʃən] [fla-che-lei-shon], *s.* Flagelación, disciplina.
flagellator ['flædʒəleɪtəʳ] [fla-che-lei-taʳ], *s.* Flagelador.
flagelliform ['flædʒəlɪfɔːm] [fla-che-li-form], *a.* Flageliforme, que tiene la forma de un látigo, o del renuevo de una planta.
flagellum ['flægəlʊm] [fla-che-lum], *s.* 1. *(Bio.)* Apéndice parecido a un látigo; flagelo. 2. Azote. 3. *(Bot.)* Renuevo o vástago delgado de las plantas.
flageolet ['flædʒəlɪt] [fla-cheo-lit], *s.* Caramillo, flauta delgada; octavín.
flagginess ['flægɪnɪs] [fla-gui-nes], *s.* Flojedad, falta de tirantes o tensión.
flagging ['flægɪŋ] [fla-guin], *s.* 1. Enlosado, embaldosado. 2. Conjunto de baldosas. 3. La acción de embaldosar o enlosar. *-a.* Lánguido, flojo. *-pa.* de *o* **FLAG**.
flaggy ['flægɪ] [fla-gui], *a.* Flojo, lacio, endeble; insípido.
flagitious ['flædʒɪtɪəs] [fla-chi-tios], *a.* Facineroso, malvado; vicioso, corrompido; atroz, abominable.
flag-officer ['flæg'ɒfɪsəʳ] [flag-o-fi-saʳ], *s. (Mar.)* Almirante, vicealmirante o contra-almirante; tiene el privilegio de desplegar un pabellón que indica su rango.
flagon ['flægən] [fla-gon], *s.* Frasco, garrafa, botella, jarro.
flagrance ['flægrəns] [fla-grans], *s.* Flagrancia, la actualidad de cometer algún delito, notoriedad, escándalo, atrocidad.
flagrancy ['flægrənsɪ] [fla-gran-si], *s.* 1. Incendio, abrasamiento, calor, ardor, fuego. 2. Impudencia descarada.
flagrant ['flægrənt] [fla-grant], *a.* 1. Ardiente, flagrante. 2. Colorado, encendido, con muchos colores en la cara. 3. Rojo. 4. Notorio, públicamente conocido; grande, insigne. 5. Notorio, escandaloso.
flagrantly ['flægrəntlɪ] [fla-grant-li], *adv.* Ardientemente; notoriamente.
flagship ['flægʃɪp] [flag-ship], *s. (Mar.)* Navío almirante, el buque que monta el que manda una escuadra, buque insignia.

flagstaff ['flægstɑːf] [flag-staf], *s. (Mar.)* El asta de la bandera o pabellón.
flagstone ['flægstəʊn] [flag-stoun], *s.* Losa o baldosa, piedra ancha y llana a propósito para enlosar.
flail ['fleɪl] [fleil], *va.* Golpear, azotar.
flake [fleɪk] [fleik], *s.* 1. Cualquier cosa que está en pedacitos sueltos y planos. 2. Copo (snow), vedija de lana, algodón o seda; y copo se dice también de la nieve cuando cae de lo alto. 3. Lámina, capa, tonga, tongada. 4. **Flake of fire**, centella, chispa. **Flake of ice,** carámbano. 5. Clavel que tiene rayas de un solo color sobre fondo blanco. **Flake white**, albayalde.
flake, *s.* 1. Cañizo, andamio ligero; en particular, secadero de pescado. 2. Faldón de silla para mantener la rodilla del jinete fuera del caballo.
flake, *va.* Reducir una cosa a copos. *-vn.* Romperse o quebrarse en láminas.
flaky ['fleɪkɪ] [flei-ki], *a.* 1. Vedijoso, vedijudo. 2. Lo que está colocado en capas o lechos. 3. Lo que está roto en pequeñas láminas.
flam ['flæm] [flam], *s.* 1. Falsedad, mentira, embuste; chasco. 2. Capricho, fantasía.
flam, *va.* Mentir, engañar mintiendo.
flambeau ['flæmbɪəʊ] [flam-biou], *s.* 1. Antorcha, hachón. 2. Candelabro grande adornado. 3. Gran caldera para azúcar. *(Gal.)*
flamboyant [flæm'bɔɪənt] [flam-boiant], *a.* 1. Extravagante y llamativo; retumbante. 2. Flamígero, flamante. 3. En forma de llamas.
flame [fleɪm] [fleim], *s.* 1. Llama, llamarada, fuego. 2. Impulso vehemente del ánimo, fuego de la animación, ardor del temperamento; fuego del amor. 3. *(fam.)* Enamorada, enamorado; persona armada.
flame, *vn.* 1. Arder, quemarse alguna cosa levantando llama; brillar. 2. Inflamarse en alguna pasión violenta. *-va. (Des.)* Inflamar, excitar.
flame-color [fleɪm,kʌlə^r] [fleim-ka-la^r], *s.* Color de llama.
flame-colored [fleɪm,kʌləd] [fleim-ka-lord], *a.* Lo que tiene color de llama.
flame-eyed [fleɪm,aɪd] [fleim-aid], *a.* El que tiene los ojos centellantes.
flameless ['fleɪmlɪs] [fleim-les], *a.* Sin llama.
flame thrower [fleɪm,θrəʊə^r] [fleim-zroua^r], *s.* Lanzallamas.
flaming ['fleɪmɪŋ] [flei-min], *a.* 1. Flamante, que emite llamas. 2. Llamativo, faustoso. 3. Apasionado, que tiende a excitar.
flamingly ['fleɪmɪŋlɪ] [flei-min-li], *adv.* Espléndidamente, radiantemente.
flamingo [flə'mɪŋgəʊ] [fla-min-gou], *s. (Orn.)* Flamenco, ave palmípeda mayor que la cigüeña.
flanch, flanque ['flæntʃ] [flanch], *s. (Her.)* 1. Figura formada a cada lado del escudo por el segmento de un círculo. 2. Reborde, pestaña.
flange ['flændʒ] [flanch], *s.* 1. Realce, borde levantado para mantener alguna cosa en su lugar; repisa, borde saliente, reborde; reborde de una cañería o un tubo; pestaña de rueda de carro. 2. Plancha para cerrar la boca de un cañón.
flange, *va.* Proveer de realce o reborde.
flank ['flæŋk] [flank], *s.* 1. Ijada, delgado, vacío. 2. Lado, costado, porción lateral de cualquier cosa; ala, flanco de escuadra o ejército. 3. *(Fort.)* Flanco, la parte del baluarte que hace ángulo entrante con la cortina y saliente con la frente. 4. La parte delgada del pellejo que proviene de la ijada de un animal.
flank, *va.* 1. Lindar, confinar, estar inmediato a un límite; estar a un lado u otro de un confín o a ambos. 2. Atacar el flanco de un ejército o escuadra. 3. *(Fort.)* Flanquear. 4. Asegurar los flancos. *-vn.* Defender o atacar el flanco.
flanker ['flæŋkə^r] [flan-ka^r], *s.* 1. *(Fort.)* Flanco. 2. Flanqueador.
flanker, *va.* 1. Guarnecer o defender los costados, alas o flancos de un cuerpo, campamento o muralla. 2. Atacar de flanco.
flannel ['flænl] [fla-nel], *s.* Franela o flanela. **Canton** o **cotton flannel,** moletón, franela de algodón.
flannelette [,flænə'let] [fla-na-let], *s.* Muletón, tela de franela para ropa interior.
flap [flæp] [flap], *s.* 1. Pieza o parte ancha, flexible y que cuelga sueltamente; como falda, faldilla, faldón; válvula; labio de una herida; oreja de zapato; ala de un sombrero. 2. Mosqueador. 3. Cachete; alazo; golpe ligero. 4. La acción de aletear, de agitar. 5. *(Aer.)* Aleta.
flap, *va.* 1. Golpear, pegar; agitar, columpiar; mosquear, espantar las moscas con el mosqueador. 2. Dejar caer, rebajar alguna cosa. 3. Despertar, hacer, recordar algo a otro por medio de un ligero golpe. **To flap the wings**, aletear, sacudir las alas. *-vn.* 1. Columpiarse, o moverse de arriba abajo, como oscilante al viento. 2. Agitarse, menearse, sacudirse.
flap-dragon [flæp'dreɪgən] [flap-drei-gon], *va. (Vul.)* Comer vorazmente.
flapdoodle ['flæp,duːdl] [flap-du-del], *s. (Fam.)* Disparate, tontería.
flap-eared [flæp'ɪəd] [flap-iard], *a.* Orejudo, el que tiene las orejas grandes.
flapjack ['flæpdʒæk] [flap-yak], *s.* Especie de torta hecha a la sartén.
flap-mouthed [flæp'maʊθɪd] [flap-mauzd], *s.* Morrudo, bezudo, hocicudo.
flapper ['flæpə^r] [fla-pa^r], *s.* 1. Agitador, golpeador; el que o lo que sacude. 2. El que hace a otro acordarse de alguna cosa. 3. Avecilla que todavía no puede volar. 4. *(Fam.)* Jovencita, tobillera.
flapping ['flæpɪŋ] [fla-pin], *s.* La acción de aletear o de sacudirse.
flare [flɛə^r] [flea^r], *vn.* 1. Lucir, brillar, deslumbrar, relampaguear. 2. Brillar, lucir con colores muy vivos; vestirse de un modo faustoso y desagradable. 3. Abrirse o extenderse hacia fuera, como los bordes de un embudo. **To flare up**, encenderse; *(Fig.)* encolerizarse. **A flare up**, *(Fam.)* cólera, displicencia, incomodidad; jarana, disturbio.
flare, *s.* 1. Destello, resplandor, llamarada. 2. Señal luminosa, cohete de señales. 3. Arrebato de cólera. 4. Estruendo. 5. Ensanchamiento.
flash [flæʃ] [flash], *s.* 1. Relámpago, llamarada, rayo, ráfaga de luz, llama pronta y pasajera. 2. Llamarada, movimiento repentino del ánimo de corta duración. 3. Cualquier situación pasajera y corta; momento, instante, durante muy breve tiempo. 4. Borbollón, golpe de agua impelida con violencia. **Flash of the eye**, ojeada, vistazo. **Flash of wit**, agudeza, rasgo, dicho pronto y vivo. **Flash of hope**, rayo de esperanza. *-a.* 1. Que tiene relación con ladrones y su habla. **Flash language**, caló, jerigonza de gitanos. **Flash-house**, casa encubridora de hurtos, donde se acogen los ladrones. 2. Barato y de mal gusto.
flash, *vn.* 1. Relámpaguear. 2. Brillar con un brillo pasajero. 3. Saltar, romper con violencia. 4. Prorrumpir en chistes o agudezas. *-vn.* 1. Cubrir el vidrio liso con una capa delgada de vidrio de color. 2. Despedir agua a borbollones.
flashback ['flæʃbæk] [flash-bak], *s.* Interrupción de la continuidad de un relato; por ej., en una película cinematográfica, para presentar escenas anteriores.
flashboard ['flæʃbɔːd] [flash-bord], *s.* Alza de presa.
flashbulb ['flæʃbʌlb] [flash-balb], *s.* Bombilla de destello, luz relámpago.
flasher ['flæʃə^r] [fla-sha^r], *s.* 1. Luz intermitente, intermitente. 2. Interruptor intermitente. 3. **Flasher sign**, anuncio eléctrico intermitente.
flashily ['flæʃɪlɪ] [fla-shi-li], *adv.* Superficialmente, con vana ostentación.
flashing ['flæʃɪŋ] [fla-shin], *s.* 1. Producción de destellos. 2. Chorro fuerte de agua. 3. Tapajuntas (en la construcción de edificios).
flashlight ['flæʃlaɪt] [flash-lait], *s.* Linterna eléctrica de mano, lámpara portátil. **Flashlight photography**, fotografía instantánea con luz artificial.

flashy ['flæʃɪ] [fla-shi], *a.* 1. Superficial, aparente, presumido sin mérito. 2. Llamativo en apariencia, pero barato; de relumbrón.
flask [fla:sk] [flask], *s.* 1. Frasco, redoma, botella. 2. Frasco, el recipiente en que se llevaba antes la pólvora.
flasket ['flɑ:skɪt] [flas-kit], *s.* Fuente o plato grande.
flat [flæt] [flat]. *s.* 1. Llanura, plano. 2. Plano, lo ancho de algún instrumento cortante. 3. Bajío, escollo. **Flat of an oar**, *(Mar.)* Pala de remo. **Flat of a floor-timber**, *(Mar.)* Plan de una varenga. 4. *(Mús.)* Bemol, el signo b que baja en un semitono la entonación natural de una nota. 5. Cualquier cosa de forma achatada o plana, como una barca, un techo plano, un carro de plataforma, etc. 6. *(fam.)* Mentecato, fácil de embaucar. 7. Habitación, conjunto de cuartos en un solo piso. *-a.* 1. Llano, liso, plano; raso (country); chato (nose) , aplastado; **Flat food**, pie plano 2. Insulso, insípido. **Flat wine**, vino evaporado. 3. Triste, abatido. 4. Perentorio, absoluto. 5. Tendido, postrado en el suelo. **A flat lie**, una mentira premeditada. 6. En la lonja, sin interés. 7. *(Mús.)* (a) Debajo del diapasón; (b) menor, o disminuido. 8. Mate, sin lustre, como una superficie pintada.
flat, *va.* 1. *(Mús.)* Bajar, abajar un tono. 2. *(Mús.)* Hacer sonar (o cantar) una nota un poco más bajo de lo que está indicado o escrito (desafinar por bajo). 3. Allanar, poner llana la superficie de alguna cosa; aplastar, achatar. 4. Evaporar; desazonar. **To flat in**, *(Mar.)* Acuartelar, abroquelar. *-vn.* 1. *(Mús.)* Bajar el tono de lo que se canta o toca. 2. Aplastarse, aplanarse. 3. Atontarse.
flat back [flæt] [flat], *s.* y *a.* Lomo plano (encuadernación).
flatboat ['flætbəʊt] [flat-bout], *s.* Chalana, barcaza, barco o bote de fondo plano.
flat-bottomed ['flæt'bɒtəmd] [flat-bo-tomd], *a.* Lo que tiene el fondo plano: se dice de los botes y embarcaciones.
flatcar ['flætkɑ:ʳ] [flat-kaʳ], *s.* *(F.C.)* Plataforma.
flatfoot ['flætfʊt] [flat-fut], *s.* 1. Pie plano. 2. *(Fam.)* Resuelto, inflexible.
flat-footed ['flæt'fʊtɪd] [flat-fu-ted], *a.* 1. Que tiene los pies planos. 2. *(fam.)* Inflexible, resuelto, determinado.
flathead ['flæthed] [flat-jed] *s.* 1. Cabeza chata (de un perno, tornillo, etc). 2. Tornillo de cabeza chata. 3. Tonto, mentecato.
flatiron ['flæˌaɪən] [flat-aion], *s.* Plancha.
flatland ['flætlænd] [flat-land] *s.* Llano, llanura.
flatlong ['flætlɒŋ] [flat-lon], *adv.* De plano.
flatly ['flætlɪ] [flat-li], *adv.* 1. Horizontalmente, llanamente. 2. Fríamente. 3. Plano, absolutamente. **He flatly confessed it**, lo confesó de plano.
flatness ['flætnɪs] [flat-nes], *s.* 1. Llanura, lisura. 2. Desabrimiento, insipidez. 3. Abatimiento, apocamiento. 4. Insulsez, frialdad.
flat-nosed ['flætnəʊst] [flat-noust], *a.* Chato (nose), romo.
flatten ['flætn] [fla-ten], *va.* 1. Allanar, aplastar, achatar, poner chata una cosa. 2. Derribar, echar a tierra. 3. Evaporar; abatir. *-vn.* 1. Aplanarse, igualarse. 2. Atontarse, perder el espíritu y la viveza. 3. Hacerse plano o achatado en cualquier sentido. 4. Desbravarse, perder su espuma (champagne).
flatter ['flætəʳ] [fla-taʳ], *s.* Allanador, aplanador, laminador.
flatter, *va.* 1. Adular, lisonjear. 2. Agradar, causar gusto o placer. 3. Halagar o lisonjear a uno haciéndole formar esperanzas ilusorias. 4. Mimar. 5. Favorecer (portrait).
flatterer ['flætərəʳ] [fla-te-raʳ], *s.* Adulador, lisonjero, zalamero.
flattering ['flætərɪŋ] [fla-te-rin], *a.* Lisonjero, que lisonjea el amor propio; adulador que prodiga falsas alabanzas.
flatteringly ['flætərɪŋlɪ] [fla-te-rin-li], *adv.* Con zalamería, halagadoramente.
flattery ['flætərɪ] [fla-te-ri], *s.* Adulación, lisonja, carantoña, zalamería, halago.
flatting ['flætɪŋ] [fla-tin], *s.* 1. La acción del verbo *to flat* en sus varias acepciones, como el acto de bajar el tono de una nota musical, el aplanamiento o alisamiento de una cosa, etc. 2. Barniz mate, encoladura para preservar el dorado.
flat tire ['flæt'taɪəʳ] [flat-taiaʳ], *s.* Llanta desinflada, neumático desinflado, pinchazo.
flattish ['flætɪʃ] [fla-tish], *a.* 1. Chato, lo que está como aplastado. 2. Algo insípido.
flatting ['flætɪŋ] [fla-tin], *s.* Pintura sin brillo.
flattop ['flætɒp] [fla-top], *s.* Portaviones.
flatulency ['flætjʊlənsɪ] [fla-tiu-len-si], *s.* 1. Flatulencia, ventosidad. 2. Hinchazón, vanidad, presunción.
flatulent ['flætjʊlənt] [fla-tiu-lent], *a.* Flatulento; hinchado, vano.
flatuous ['flætjʊəs] [fla-tiuos], *a.* Ventoso, flatulento.
flatus ['flætɪəs] [fla-tus], *s.* 1. Flato, ventosidad en el cuerpo humano. 2. Soplo.
flatwise ['flætwaɪz] [flat-uais], *adv.* De llano; se dice del cuerpo que está descansando en el suelo por su parte más plana.
flatware ['flætwεəʳ] [flat-ueaʳ], *s.* 1. Vajilla de plata. 2. Vajilla de porcelana.
flaunt ['flɔ:nt] [flont], *vn.* Pavonearse, hacer ostentación de galas o vestidos.
flaunt, *s.* 1. Borla; cualquier cosa que cuelga airosamente. 2. Boato, ostentación, alarde.
flautist ['flɔ:tɪst] [flo-tist], *s.* Flautista.
flavescent ['flɔ:vəsnt] [flo-ve-sent], *a.* Que se vuelve amarillo; amarillento.
flavid ['flɔ:nt] [flont] *a.* Amarillo de oro
flavor, flavour ['fleɪvəʳ] [flei-vaʳ], *s.* 1. Sabor o gusto suave y delicado de alguna cosa. 2. Sainete, salsa o condimento apetitoso. 3. Calidad estética de una obra literaria.
flavor, flavour, *va.* 1. Saborear, comunicar buen sabor, añadir un sainete a un manjar. 2. Saber a, oler a. 3. *(Fig.)* Comunicar cualquier cualidad distintiva a una cosa.
flavored ['fleɪvəd] [flei-verd], *a.* Sabroso, gustoso.
flavoring ['fleɪvərɪŋ] [flei-vo-rin], *s.* Sainete, salsa que da buen sabor a los comestibles, condimento. También se usa en sentido figurado.
flavorless ['fleɪvəlɪs] [flei-va-les], *a.* Sin sabor, insípido, soso.
flavour, *s.* y *v.* *V.* FLAVOR. Manera usual de escribir esta palabra en Gran Bretaña.
flavous ['fleɪvəs] [flei-vos], *a.* *(Des.)* Flavo, amarillo.
flaw [flɔ:] [flo], *s.* 1. Resquebradura, hendedura, grieta, pelo, paño, paja. 2. Falta, defecto, tacha. 3. *(Mar.)* Ráfaga, soplo repentino de viento. 4.*(Geol.)* Falla.
flaw, *va.* 1. Rajar, hender. 2. Hacer grietas en el cutis. 3. Causar defecto o vicio, estropear, afear
flawless ['flɔ:lɪs] [flo-les], *a.* Sano, entero, exento de rajas, grietas u otro defecto.
flawy ['fləʊɪ] [floui] *a.* 1.Agrietado. 2. Defectuoso. 3. Propenso a ráfagas (wind).
flax [flæks] [flaks], *s.* Lino. **To brake flax**. Agramar lino. **To dress flax**, rastrillar lino. **Flaxseed**, grano de lino, linaza. **Flax-brake,** agramadera. **Flax-dressing**, rastrilleo del lino.
flax-comb [flæks'kɒm] [flaks-kom], *s.* Rastrillo.
flax-dresser [flæks'dresəʳ] [flaks-dre-saʳ], *s.* Rastrillador.
flaxen ['flæksn] [flak-sen], **flaxy** ['flæksɪ] [flak-si], *a.* 1. De lino, lo que está hecho de lino. 2. Blondo. **Flaxen-haired**, que tiene los cabellos rubios.
flaxseed ['flæksi:d] [flak-sid], *a.* *(Ento.)* Parecido a la linaza, como las ninfas del cecidomio. *-s.* Linaza.
flax-weed [flæks'wi:d] [flaks-uid], *s.* *(Bot.)* Linaria. *V.* TOADFLAX.
flay [fleɪ] [flei], *va.* 1. Desollar; descortezar. 2. *(Fig.)* Desollar vivo, robar. 3. Flagelar, fustigar.
flayer ['fleɪəʳ] [fleiaʳ], *s.* Desollador; descortezador.
flea [fli:] [fli], *s.* 1. Pulga, insecto parásito muy molesto. 2. Uno de ciertos escarabajos y crustáceos pequeños que saltan como las pulgas. **A flea in one's ear**, una amonestación; algunas veces, desaire, mala acogida. **To put a flea in one´s ear**, decir algo que molesta.

flea, *va.* Espulgar, quitar las pulgas.

fleabane ['fli:beɪn] [fli-bein], *s.* *(Bot.)* Coniza, pulguera.

flea-bite, flea-biting ['fli:baɪt] [fli-bait] ['fli:bɪtɪŋ] [fli-bitin], *s.* 1. Picadura o picada de pulga. 2. *(Fig.)* Pequeña molestia.

flea-bitten ['fli:bɪtn] [fli-biten], *a.* 1. Picado de pulgas. 2. Vil, bajo, menospreciable.

fleam ['fli:m] [flim], *s.* 1. Fleme, especie de lanceta para sangrar las bestias. 2. *(Prov.Ingl.)* Zanja, arroyo.

fleawort ['fli:wɔ:t] [fli-uort], *s.* *(Bot.)* Pulguera, zaragatona.

fleck o **flecker** [flek] [flek] ['flekəʳ] [fle-kaʳ], *va.* Abigarrar, varetear, señalar con rayas, manchas o lunares.

fleck, *s.* 1. Punto o lista; mancha, lunar, peca. 2. Copo, vedija de lana. 3. Lonja (de tocino).

fleckless ['fleklɪs] [flek-les], *a.* Sin mancha ni marca; inocente.

flection ['flekʃən] [flek-shon], *s.* 1. Flexión, la acción de doblar; inclinación. 2. La parte encorvada o torcida; corvadura, codo. 3. *(Gram.)* *V.* INFLECTION. 4. Ojeada o mirada.

flector, *s.* *V.* FLEXOR.

fled, *pret.* y *pp.* el verbo TO FLEE.

fledge [fledʒ] [fledch], *va.* (Poco us.) 1. Emplumar. 2. Criar (bird) hasta que puede volar. *-vn.* 1. Pelechar, emplumecer, emplumarse.

fledgling, fledgeling ['fledʒɪŋ] [fled-chin], *s.* Pajarito próximo a salir del nido. *-a.* Emplumecido hace poco; de aquí, novel, poco conocido, como un joven poeta o escritor.

flee [fli:] [fli], *va.* (*pret.* y *pp.* FLED). Huir, evitar, esquivar, escapar. *-vn.* 1. Huirse, apartarse de algún peligro, fugarse, escaparse. 2. No dejarse ver; cesar de ser visible; desaparecer. **He fled to Denmark**, huyó a Dinamarca.

fleece [fli:s] [flis], *s.* Vellón. **The order of the Golden Fleece**, la orden del Toisón de Oro. **Fleece-wool**, vellón, la lana cortada a las reses vivas.

fleece, *va.* 1. Esquilar la lana o pelo de los animales. 2. Desnudar, despojar a uno de lo que tiene. 3. Blanquear.

fleeced ['fli:st] [flist], *a.* 1. Velludo. 2. Esquilado.

fleecer ['fli:səʳ] [fli-saʳ], *s.* 1. Despojador, ladrón. 2. Esquilador. 3. Desplumador.

fleecy ['fli:sɪ] [fli-si], *a.* Lanudo, cubierto de lana o parecido al vellón; pálido. **Fleecy clouds**, nubes aborregadas, a modo de vellones de lana.

fleer ['flɪəʳ] [fliaʳ], *vn.* Mofarse de alguno; hacer muecas o gestos. *-va.* Mofar, burlar.

fleer, *s.* 1. Burla, mueca; risa falsa. 2. El que huye.

fleet [fli:t] [flit], *s.* 1. Escuadra de navíos de guerra, armada; *(Mar.)* flota de buques mercantes. 2. Número cabal de buques que pertenecen a una compañía o a un gobierno. 3. *(Avia.)* Flota, escuadrilla de aviones. 4. Conjunto de coches, camiones etc., que pertenecen a una persona. 5. Caleta, ensenada.

fleet, *a.* Veloz, ligero. **Fleet-footed**. Dotado de pies ligeros; rápido. **Fleet-winged**, dotado de alas ligeras; que vuela velozmente.

fleet, *va.* y *vn.* 1. Volar, desvanecerse, apartarse alguna cosa repentinamente de la vista. 2. Pasar, ser una cosa pasajera, rozar. 3. Flotar. 4. Pasar el tiempo sin sentir. 5. Vivir o pasar el tiempo alegremente.

fleet-foot [ˌfli:t'fu:t] [flit-fut], *a.* Veloz o ligero de pies; alípedo, alígero.

fleeting ['fli:tɪŋ] [fli-tin], *a.* Que pasa rápidamente, transitorio, momentáneo, pasajero.

fleeting-dish ['fli:tɪŋdɪʃ] [fli-tin-dish], *s.* Espumadera.

fleetly ['fli:tlɪ] [flit-li], *adv.* Velozmente, fugazmente.

fleetness ['fli:tnɪs] [flit-nes], *s.* Velocidad, ligereza, rapidez.

fleg [fleg] [fleg] *(Scot.)*, *va.* Aterrar, espantar. *-s.* Choque.

fleming ['flemɪŋ] [fle-min], *s.* Flamenco, el natural de Flandes.

Flemish ['flemɪʃ] [fle-mish], *a.* Flamenco, el natural de Flandes y lo que pertenece a este país. **Flemish linen**, holanda, lienzo muy fino.

flense [flens] [flens], *va.* *(Mar.)* Despedazar una ballena o foca y sacarles la grasa.

flesh [fleʃ] [flesh], *s.* 1. Carne (person or animal alive). 2. Carnalidad, sensualidad; las pasiones groseras del hombre. 3. En teología y bíblica, la naturaleza pecaminosa del hombre. 4. La parte material del hombre; el cuerpo, a distinción del espíritu. 5. Carne, pulpa, la parte mollar de las frutas y vegetales. 6. *(Ant.)* Parentela, parientes cercanos. **After the flesh,** conforme a la carne, de una manera carnal. **Flesh any blood**, (a) Carne y sangre, la naturaleza carnal. (b) Hijos; progenie, casta; los hermanos y parientes cercanos. **One flesh**, una misma carne, una sola persona. **Proud flesh**, tejido granuloso parecido a la carne que se forma en las heridas o llagas que están en vías de curación.

flesh, *va.* 1. Hartar; saciar. 2. Endurecer, habituar, acostumbrar. 3. Dar muestra o pedazo de carne al halcón, al perro; dar ralea a, cebar; *(Fig.)* mojar en sangre. 4. En las tenerías, descarnar, pelambrar. 5. *(Fig.)* Hundir un arma en la carne. 6. Dar cuerpo o forma a algo.

flesh-broth ['fleʃbrɒθ] [flesh-broz], *s.* Caldo de carne o hecho con carne.

flesh-brush [ˌfleʃ'brʌʃ] [flesh-brash], *s.* Cepillo para frotar la piel.

flesh-color [ˌfleʃ'kʌləʳ] [flesh-ka-laʳ], *s.* Color de carne; encarnación.

flesh-diet [flesh'daɪət] [flesh-daiet], *s.* Dieta de carne.

fleshed ['fleʃt] [flesht], *a.* Carnudo, carnoso; **hard-fleshed**, carne dura.

flesh-fly ['fleʃflaɪ] [flesh-flai], *s.* Mosca carnívora que deposita sus huevos en carne corrompida. Sarcophaga.

fleshful ['fleʃfʊl] [flesh-ful], *a.* Carnoso, gordo.

flesh-hook ['fleʃhʊk] [flesh-juk], *s.* Gancho o garabato para sacar la carne de la marmita.

fleshiness ['fleʃɪnɪs] [fle-shi-nes], *s.* Carnosidad.

fleshings ['fleʃɪŋz] [fle-shins], *s. pl.* 1. Calzón de punto muy ajustado que usan los bailarines, los acróbatas y lo actores en algunos papeles. 2. *(Ten.)* Descarnaduras, piltrafas.

fleshless ['fleʃlɪs] [flesh-les], *a.* Descarnado.

fleshliness ['fleʃlɪnɪs] [flesh-li-nes], *s.* Carnalidad.

fleshly ['fleʃlɪ] [flesh-li], *a.* 1. Carnoso, carnal, sensual, mundano. 2. Corporal. 3. Tierno, sensible.

flesh-meat ['fleʃmi:t] [flesh-mit], *s.* Carne, la de los animales o aves que se prepara para comer.

fleshment ['fleʃmənt] [flesh-ment], *s.* Ahínco, ardor, ufanía, por razón del buen éxito.

fleshmonger ['fleʃ'mɒŋgəʳ] [flesh-mon-gaʳ], *s.* 1. Carnicero. 2. Alcahuete.

fleshpot ['fleʃpɒt] [flesh-pot], *s.* 1. Marmita, olla. 2. **Fleshpots**, abundancia, vida regalada.

fleshy ['fleʃɪ] [fle-shi], *a.* 1. Gordo, grueso, corpulento. 2. Carnoso, mollar; pulposo; suculento. 3. Corporal; carnal, relativo a la naturaleza carnal.

fletch ['fletʃ] [flech], *va.* *(Des.)* Emplumar o empenachar una saeta.

fletcher ['fletʃəʳ] [fle-chaʳ], flechero, el que hace flechas y arcos.

fleur-de-lis ['fləˌdɪ'lɪs] [fler-di-lis], *s. sing.* y *pl.* Flor de lis, divisa heráldica de la casa de Borbón.

fleuron ['flu:rɒn] [flu-ron], *s.* *(Arq.)* Florón.

flew [flu:] [flu], *pret.* del verbo TO FLY.

flewed ['flu:əd] [flued], *a.* Boquihendido, que tiene belfos.

flews [flu:z] [flus], *s. pl.* Belfos, los labios grandes de un perro belfo.

flex [fleks] [fleks], *va.* Doblar, doblegar, encorvar. *-s.* Doblez.

flexibility [ˌfleksɪ'bɪlɪtɪ] [flek-si-bi-li-ti], *s.* 1. Flexibilidad. 2. Flexibilidad, docilidad de genio, condescendencia.

flexible ['fleksɪbl] [flek-si-bol] *a.* Flexible, correoso; dócil; dúctil; adaptable, conformado fácilmente, plástico; obediente; deferente.

flexibleness ['fleksɪblnɪs] [flek-si-bol-nes], *s.* Flexibilidad; docilidad.

flexile ['fleksɪl] [flek-sil], *a.* **Flexible.**

flexion ['flekʃən] [flek-shon], *s. V.* FLECTION.
flexor ['fleksəʳ] [flek-saʳ], *s. (Anat.)* Músculo flexor, el que sirve para doblar o encorvar ciertas partes del cuerpo.
flexuous ['fleksʊəs] [flek-suos], *a.* 1. Tortuoso, vario, inconstante. 2. *(Bot.)* Flexuoso, lo que muda de dirección en cada nudo.
flexure ['flekʒəʳ] [flek-shaʳ], *s.* Flexión, juntura, corvadura; zalamería.
flibbertigibbet ['flɪbətɪ'dʒɪbɪt] [fli-ba-ti-yi-bit], *s.* Veleta, persona voluble, casquivana.2. Persona habladora.
flick [flɪk] [flik], *va.* Tocar o dar ligeramente con un látigo o dedo, etc. *-s.* Latigazo súbito y poco fuerte. 2. Sacudir la ceniza de un cigarro.
flicker ['flɪkəʳ] [fli-kaʳ], *vn.* 1. Vacilar una llama, reavivarse y luego morir. 2. Aletear, menear las alas; fluctuar. 3. Ir de un lado a otro, corretear, revolotear. **The candle flickers**, la vela pavesea, se está acabando. **Flickering flame,** llama vacilante. **Flickering fire**, fuego chispeante, trémulo.
flicker, *s.* 1. Vacilación, titilación, luz trémula. 2. Parpadeo, aleteo. 3. *(Orn.)* Pico del género Colaptes, común en el este de la América del Norte.
flicker-mouse ['flɪkəmaʊz] [fli-keʳ-maus], *s. (Zool.)* Murciélago.
flies, *s. pl.* de FLY. Moscas.
flier ['flaɪəʳ] [flaiaʳ], *s.* 1 Volador, lo que vuela; ave volatne, etc. 2. Volante de reloj o de otra máquina cualquiera. 3. Escalón; y en plural, escalones de una escalera que va siempre en línea recta, sin dar vueltas. 4. *(fam.)* Lo que se mueve con gran velocidad, como un tren expreso. 5. Rueda de molina, aspa. 6. Prospecto que se distribuye. 7. Operación arriesgada en bolsa, aventura.
flight [flaɪt] [flait], *s.* 1. Vuelo, el acto o la facultad de volar. 2. Bandada de pájaros; el conjunto de aves o de cosas que vuelan moviéndose juntas, como una descarga de flechas. 3. Rapidez, velocidad o movimiento veloz de cualquier manera que sea; también el espacio recorrido por un proyectil, por un ave en su vuelo, etc. 4. Arrebato, ímpetu, arranque; fuego o vuelo de la imaginación; elevación de ideas. 5. Escalera, serie continua de peldaños; tramo de escalera. **An arrow-flight**, vuelo de una flecha.
flight, *s.* 1. Huída, fuga. 2. *(For.)* Evasión, escape, el acto de huir de la justicia o de fugarse de una cárcel. **To betake oneself to flight**, escapar, huir, apelar a la fuga.
flightiness ['flaɪtɪnɪs] [flai-ti-nes], *s.* Irregularidad; travesura; ligero delirio.
flight pattern [ˌflaɪt'pɑːtən] [flait-pa-tern], *s.* Esquema de vuelo.
flight plan ['flaɪtplæn] [flait-plan], *s.* Plan de vuelo, hoja de ruta.
flight-shot ['flaɪtʃɒt] [flait-shot], *s.* El alcance de una flecha o saeta.
flight strip ['flaɪtstrɪp] [flaitstrip], *s.* Pista para aterrizaje de emergencia al lado de una carretera.
flighty ['flaɪtɪ] [flai-ti], *a.* Veloz, acelerado, ligero, travieso, inconstante; delirante.
flimflam ['flɪmflæm] [flim-flam], *s. (Ger.)* 1. Embuste, ficcioncilla; superchería. 2. Engaño, necedad. *-va.* Engañar con astucia.
flimsiness ['flɪmsɪnɪs] [flim-si-nes], *s.* Textura débil y ligera; falta de solidez, fuerza o resistencia.
flimsy ['flɪmsɪ] [flim-si], *a.* Débil, endeble; fútil, insubstancial, poco sólido; ineficaz, frívolo. **A flimsy argument**, argumento frívolo. **Flimsies**, *s. pl.* Papel delgado de calcar; papel de tela de cebolla.
flinch [flɪntʃ] [flinch], *vn.* 1. Titubear, vacilar a causa de dolor o peligro; faltar a, echarse con la carga, desviar el cuerpo. 2. Echarse atrás, retroceder ante algo peligroso, desagradable. *(Mex.)* Echarse con las petacas. **To flinch away**, huirse, retirarse. **To flinch back,** retroceder, volver hacia atrás, abandonar el campo; desdecirse. *(fam.)* Rebajarse, echar pie atrás. *(Vul.)* Llamarse andana. **Without flinching**, sin titubear, sin vacilar.
flincher ['flɪntʃəʳ] [flin-chaʳ], *s.* El que se echa con la carga; el que se vuelve atrás de lo que había dicho o de lo que había emprendido.
flinching ['flɪntʃɪŋ] [flin-chin], *s.* Vacilación, titubeo, retroceso.
flinder ['flɪndəʳ] [flin-daʳ], *s.* Astilla, pedacito, pequeño fragmento, tira. **Blown to flinders**, volado en pedazos menudos.
fling [flɪŋ] [flin], *va.* (*pret.* y *pp.* FLUNG). 1. Arrojar, tirar, lanzar, esparcir. 2. Empujar, demoler, arruinar; dar en rostro; despedir. 3. Echar en el suelo, como en la lucha a brazo partido; arrojar de la silla: de aquí, sobrepujar, vencer. *-vn.* 1. Lanzar un arma arrojadiza de cualquiera clase. 2. Escarnecer, mofarse, murmurar entre dientes. 3. Alborotarse, cocear, como el caballo; brincar, saltar. 4. Entregarse a movimientos violentos con impaciencia o pasión; saltar impetuosamente.
fling away, desperdiciar, descartar, desechar; exponer, prodigar; retirarse.
fling down, demoler, arruinar.
fling off, engañar en la caza.
fling out, (a) Arrojar por la fuerza. (b) Hablar violentamente, echar chispas. Alborotarse, cocear, hablando de caballos. **To fling out to one**, poner a la vista.
fling up, abandonar, dejar.
fling, *s.* 1. Tiro, el acto de tirar. 2. Mueca, gesto, burla, sarcasmo, chufleta, pulla. 3. Salto o coz. 4. Libertad de acción, oportunidad de obrar a discreción, sin trabas. 5. Fogosa libertad de movimiento; bravata, atrevimiento. 6. Baile escocés muy vivo. 7. Prueba, tentativa. 8. Brinco, coz. 7. **To go on a fling**, echar una cana al aire.
flinger ['flɪŋgəʳ] [flin-gaʳ], *s.* 1. Tirador, arrojador. 2. Mofador, escarnecedor.
flint [flɪnt] [flint], *s.* 1. Pedernal, piedra de chispa o lumbre. 2. Cualquiera cosa sumamente dura. **Flint glass**, cristal; vidrio que contiene plomo. **Flint stone**, pedernal.
flint-heart, flint-hearted ['flɪnthɑːt] [flint-jart], *a.* Empedernido, cruel, duro, insensible.
flintiness ['flɪntɪnɪs] [flin-ti-nes], *s.* La cualidad o naturaleza del pedernal; dureza excesiva.
flintlock ['flɪntlɒk] [flint-lok] *s.* Llave de fusil de chispa.
flinty ['flɪntɪ] [flin-ti], *a.* 1. Apedernalado, silicoso, de pedernal. 2. Empedernido, endurecido, inexorable, duro, cruel, inflexible.
flip [flɪp] [flip], *va.* 1. Lanzar ligera y rápidamente; chasquear. 2. Dar o golpear con un movimiento ligero y pronto; quitar por medio de un golpe ligero. *-s.* Papirotada; también *V.* FILLIP y FLICK.
flip, *s.* 1.Una bebida hecha con cerveza, ron y azúcar. 2. Golpe vivo, capirotazo. 3. Salto mortal.
flippancy ['flɪpənsɪ] [fli-pan-si], *s.* Petulancia, locuacidad, ligereza, impertinencia, ademanes reprensibles.
flippant ['flɪpənt] [fli-pant], *a.* Ligero, petulante, locuaz, impertinente.
flippantly ['flɪpəntlɪ] [fli-pant-li], *adv.* Locuazmente, impertinentemente.
flipper ['flɪpəʳ] [fli-paʳ], *s.* 1. Aleta o miembro ancho y plano que sirve para nadar; pata de tortuga o de foca. 2. *(Vul.)* La mano. 3. Paleta.
flirt [flɜːt] [flert], *vn.* 1. Coquetear, cocar; ser una mujer muy amiga de verse cortejada. 2. Proceder o portarse con ligereza. 3. Corretear, correr continuamente de una parte a otra. 4. Mofar, hacer mofa de alguno. *-va.* 1. Tirar o arrojar alguna cosa con ligereza. 2. Mofar, burlar. 3. Manejar o mover velozmente.
flirt, *s.* 1. Coqueta, cocadora. 2. Golpe o movimiento ligero; gesto, gesticulación; cualquier juego de manos ejecutado con ligereza y de repente. 3. Mueca, burla. *-a. (Des.)* Vivo, petulante; lascivo.
flirtation [flɜː'teɪʃən] [fler-tei-shon], *s.* 1. Coquetería. 2. (Poco us.) Movimiento ligero, ligereza.
flit [flɪt] [flit], *vn.* 1. Volar, revolotear, pasar rápidamente o lanzarse de un paraje a otro. 2. En Escocia, mudar de domicilio. *-va. (Esco.)* Desposeer; hacer mudar de domicilio.

flitch [flɪtʃ] [flich], *s.* 1. Hoja de tocino; el costado del cerdo salado y ahumado. 2. Lonja o tira cortada del lado de ciertos pescados, ahumada o a propósito para ahumar. 3. *(Carp.)* Costero, costanera.

flite [flaɪt] [flait], *vn.* Reñir, regañar. *-s.* Riña.

flitter ['flɪtəʳ] [fli-taʳ], *s.* 1. Harapo, andrajo. 2. *V.* FLINDER. 3. Lentejuela, pedacito de metal brillante que sirve de adorno.

flitter-mouse [ˌflɪtə'maʊz] [fli-ter-maus], *s.* Murciélago, murciégalo o murceguillo.

flitting ['flɪtɪŋ] [fli-tin], *s.* Fuga, vuelo rápido; la acción en general del verbo *to flit*. *-a.* Pasajero, fugitivo, ligero.

flivver ['flɪvəʳ] [fli-vaʳ] *s.* Automóvil o avión pequeño y barato. 2. Cosa sin valor. **3.** Fiasco.

flix [flɪks] [fliks], *s.* Borrilla, pelusilla; forro blando de pieles.

float [fləʊt] [flout], *vn.* 1. Flotar. 2. Fluctuar. 3. Cernerse las aves. 4. Nadar; ser sostenido o llevado por un líquido o gas. *-va.* 1. Hacer flotar o nadar, hacer sobrenadar. 2. Transportar siguiendo el curso del río. 3. *(Com.)* Poner en circulación; hallar venta o mercado para una cosa. 4. Estropajear, enlucir o lavar una pared estucada. 5. Inundar, cubrir de agua.

float, *s.* 1. Cualquier cosa que flota sobre el agua; balsa, boya, masa flotante, alamadía. 2. Corcho de una caña de pescar. 3. Flotador de nivel de agua. 4. Regla para pulir o allanar una pared. 5. Boya, salvavidas, balsa. 5. Plataforma con ruedas que se usa en los espectáculos públicos. **Float-boards**, tableros de rodezno de agua.

floatable ['fləʊtəbl] [flou-ta-bol], *a.* Flotante, que puede flotar o ser llevado por la corriente.

floatage ['fləʊteɪdʒ] [flou-teich], *s. V.* FLOTAGE.

floater ['fləʊtəʳ] [flou-taʳ], *s.* Flotante.

floating ['fləʊtɪŋ] [flou-tin], *a.* 1. Flotante, boyante. 2. A flote, suelto, no anclado. 3. Movible, variable. 4. Flotante, no consolidado. 5. Plancha en natación. 6. Revestimiento. **Floating debt**, deuda flotante. **Floating dock**, dique flotante. **Floating policy**, póliza flotante. **Floating population**, población flotante. 7. Natillas adornadas con merengue.

floaty ['fləʊtɪ] [flou-ti], *a.* 1. Flotante. 2. El que cambia a menudo de ocupación, partido, residencia. 3. *(E.U.)* El que vota en unas elecciones fraudulentamente en varias secciones.

floccillation [ˌflɒksɪ'leɪʃən] [flok-si-lei-shon], *s.* Carfología, movimientos desordenados de las manos en el estado de delirio; síntoma grave.

floccose ['flɒkəʊz] [flo-kous], *a.* 1. *(Bot.)* Velludo, que tiene pelusa. 2. *V.* FLOCCULENT, 2ª acep.

flocculence ['flɒkjʊləns] [flo-kiu-lens], *s.* 1. La calidad de ser velludo o lanudo. 2. *(Ento.)* Substancia blanda y semejante a la cera que excretan ciertos insectos, como los pulgones.

flocculent ['flɒkjʊlənt] [flo-kiu-lent], *a.* 1. Velludo, lanudo. 2. *(Orn.)* Parecido al plumón de las avecillas. 3. *(Ento.)* Cubierto con una substancia viscosa.

flocculose ['flɒkjʊləs] [flo-kiu-los], *a.* Que tiene pelusa, algo velludo.

flock [flɒk] [flok], *s.* 1. Manada, rebaño, grey. 2. Conjunto o concurrencia de muchas personas. 3. Vedija de lana. **A flock of birds,** bandada de aves. 4. Paño deshilado. **Flock-bed,** lecho de borra; colchón lleno de lana o crin muy desmenuzada. **Flock-paper**, papel aterciopelado para cubrir las paredes.

flock, *vn.* Congregarse, unirse en manadas, atroparse.

floe [fləʊ] [flou], *s.* Amontamiento de hielos en el mar; masa de hielo flotante.

flog [flɒg] [flog], *va.* Azotar, vapulear, fustigar.

flogging ['flɒgɪŋ] [flo-guin], *s.* Tunda, felpa, zurra. *(Prov.)* Azotaina, pela. *(Cuba)* Monda. *(Vul.)* Bocabajo.

flood [flʌd] [flad], *s.* 1. Gran extensión o cantidad de agua, sea mar, río o laguna. 2. Diluvio, inundación. 3. Flujo o creciente de la mar en oposición al reflujo o menguante. 4. Menstruo excesivo. **Young flood**, marea baja. **High flood**, marea alta. **The Flood**, el Diluvio Universal.

flood, *va.* 1. Inundar, anegar. 2. Hacer subir el nivel del agua.

flood-gate ['flʌdgeɪt] [flad-gueit], *s.* Compuerta de esclusa.

flooding ['flʌdɪŋ] [fla-din], *s.* Inundación. *(Met.)* Hemorragia uterina.

floodlight ['flʌdlaɪt] [flad-lait], *s.* reflector, proyector de luz.

flood-mark ['flʌdmɑːk] [flad-mark], *s.* La señal que deja el mar en el sitio más alto adonde llega en la marea alta.

flook [fluːk] [fluk], *s.* *(Mar.)* *V.* FLUKE.

floor [flɔːʳ] [flaʳ], *s.* 1. Piso, suelo. 2. Piso de una casa. **The ground floor**, planta baja, primer piso. 3. **Fondo** (sea, swimming-pool). 4. Hemiciclo o lugar destinado a los diputados. **To ask for the floor**, pedir la palabra. 5. *(E.U.)* **Floor leader**, jefe de una fracción parlamentaria.

floor, *va.* 1. Solar, echar suelo o piso a una habitación. 2. Echar al suelo, tender en el suelo. 3. *(Fig.)* Vencer, superar (en un debate, etc.). *(Fam.)* Abrumar, dejar estupefacto.

floor-cloth ['flɔːklɒθ] [flor-kloz], *s.* Hule para cubrir el suelo.

flooring ['flɔːrɪŋ] [flo-rin], *s.* Suelo, piso, pavimento.

floorwalker [flɔːˌwɔːkəʳ] [flor-uo-kaʳ], *s.* Dependiente mayor de departamento en las grandes tiendas.

flop [flɒp] [flop], *va.* 1. Dar un golpe, hacer golpear. 2. Moverse, aletear. *-vn.* 1. Caer, caerse inciertamente, agitarse. *V.* FLAP. 2. Desplomarse, hundirse. 3. *(fam.)* Fracaso. *-s.* *(Fam.)* Persona o cosa fracasada.

flora ['flɔːrə] [flo-ra], *s.* 1. Flora, conjunto de las plantas indígenas de un país o región. 2. Flora, la diosa de las flores. 3. Flora, uno de los asteroides.

floral ['flɔːrəl] [flo-ral], *a.* Floral, perteneciente a la diosa Flora o a las flores.

Florence ['flɒrəns] [flo-rens] *s.* Florencia.

florence ['flɒrəns] [flo-rens], *s.* 1. Especie de vino tinto que proviene de Toscana. 2. Moneda antigua de oro. 3. Tafetán delgado.

florentine ['flɒrəntiːn] [flo-ren-tin], *s.* 1. Florentina, o Florentín, especie de tela de seda. 2. Florentino, el natural de Florencia.

florescence [flə'resns] [flo-re-sens] *s.* *(Bot.)* Florescencia.

florescent [flə'resnt] [flo-re-sent] *a.* Florescente.

floret ['flɒrət] [flo-ret], *s.* 1. Florecilla, cada una de las que forman una flor compuesta. 2. Cadarzo; filoseda. 3. *(Ant.)* Florete de esgrima.

floriculture ['flərɪ'kʌltʃəʳ] [flo-ri-kal-chaʳ], *s.* Floricultura.

floriculturist [flərɪ'kʌltʃərɪʃt] [flo-ri-kal-cha-rist], *s.* Floricultor.

florid ['flɒrɪd] [flo-rid], *a.* 1. Vivo, brillante; encarnado, de un rojo subido (face). 2. Embellecido con flores de retórica. 3. Sobrecargado de adornos. 4. Florido, lleno o adornado de flores. 5. Elegante, llamativo.

floridity ['flɒrɪdɪtɪ] [flo-ri-di-ti], **floridness** ['flɒrɪdnɪs] [flo-rid-nes], *s.* Frescura de color; estilo florido.

floridly ['flɒrɪdlɪ] [flo-rid-li], *adv.* Floridamente.

floriferous ['flɒrɪfərəs] [flo-ri-re-ros], *a.* Florífero, florígero.

florin ['flɒrɪn] [flo-rin], *s.* Florín.

florist ['flɒrɪst] [flo-rist], *s.* Florista, el que cultiva flores y las cuida; el que las vende.

floscule ['flɒskjʊl] [flos-kiul], *s.* Flósculo, cada una de las florecitas que forman una flor compuesta, como en la del girasol.

flosculous ['flɒskjʊləs] [flos-kiu-los], *a.* Compuesto de flores.

floss ['flɒs] [flos], *s.* 1. Seda floja; filoseda, la seda más fina, no torcida. 2. La borra o pelusa del maíz y de ciertas otras plantas. 3. *(Fund.)* Escorias que sobrenadan.

flossy ['flɒsɪ] [flo-si], *a.* 1. Ligero, suave. 2. Llamativo, cursi.

floss-silk ['flɒs'sɪlk] [flos-silk], *s.* Seda floja, atanquía, borra de seda.

flota ['flɒtə] [flo-ta], *s.* *(Mar.)* Flota.

flotage ['fləʊteɪdʒ] [flou-teich], *s.* 1. Flotante, lo que flota sobre el agua. 2. Propiedad de una cosa de flotar o hacer flotar a otra. 3. Barcos que frecuentan un río o un puerto.

flotation [flə℧'teɪʃən] [flou-tei-shon], *s.* 1. La acción o el estado de flotar. 2. Teoría de los cuerpos flotantes. **Line of flotation**, línea de flotación.
flotilla [flə'tɪlə] [flo-ti-la], *s.* Flotilla.
flotsam, flotson ['flɒtsəm] [flot-sam], *s.* 1. Los géneros lanzados o arrastrados al mar desde una embarcación y que se encuentran flotando. El dueño de esos efectos no pierde su derecho de propiedad. 2. Objetos de cualquier clase flotantes en el mar.
flounce [flaʊns] [flauns], *vn.* Pernear; saltar de enojo o enfado. *-va.* Guarnecer, adornar vestidos por las extremidades con algo que los embellezca. **To flounce out**, salir airadamente.
flounce, *s.* 1. Fleco, flueco, farfalá, cairel. 2. *(Cuba)* Vuelo. *(Mex.)* Olán. 3. Sacudida o movimiento rápido del cuerpo o de un miembro.
flounder ['flaʊndə^r] [flaun-da^r], *s.* Lenguado, pez marino de cuerpo aplanado y comestible.
flounder, *vn.* Patear, revolcarse en agua o cieno; revolverse, tropezar, andar de una manera incierta; se usa muchas veces en sentido figurado. *-s.* Tumbo, tropiezo.
flour ['flaʊə^r] [flaua^r], *s.* Harina. **Fine flour**, flor de harina o harina fina.
flourish ['flʌrɪʃ] [fla-rish], *vn.* 1. Florecer; gozar de prosperidad. 2. Jactarse, gloriarse, vanagloriarse. 3. Escribir haciendo rasgos y adornos con la pluma. 4. Usar un lenguaje florido; amplificar. 5. Agitar una cosa en el aire moviéndola irregularmente. 6. *(Mús.)* Florear, tocar sin regla determinada. *-va.* 1. Florear, blandir, mover alguna cosa con la mano con vibraciones aceleradas. 2. Exornar, embellecer. **To flourish a sword**, vibrar una espada.
flourish, *s.* 1. Muestra o señal de adorno; fausto, ostentación; cualquier cosa hecha exclusivamente por lucimiento y vano alarde, en especial los dibujos, rasgos o adornos que se hacen con la pluma. 2. *(Mús.)* Floreo, preludio. 3. La acción de blandir.
flourisher ['flʌrɪʃə^r] [fla-ri-sha^r], *s.* 1. La persona que se halla en un estado floreciente o muy próspero. 2. El que hace rasgos de adorno con la pluma.
flourishing ['flʌrɪʃɪŋ] [fla-ri-shin], *a.* Floreciente, que florece; próspero.
flourishingly ['flʌrɪʃɪŋlɪ] [fla-ri-shin-li], adv. Pomposamente; floridamente; prósperamente.
floury ['flʌrɪ] [fla-ri], *a.* Harinoso; que se parece a la harina, o está cubierto de ella.
flout [flaʊt] [flaut], *va.* Rechazar con menosprecio; hacer burla, befar, escarnecer. *-vn.* Burlarse, mofarse.
flout, *s.* Mofa, burla, escarnio, desprecio, insulto.
flouter ['flaʊtə^r] [flau-ta^r], *s.* Mofador; burlador.
floutingly ['flaʊtɪŋlɪ] [flau-tin-li], *adv.* Insolentemente.
flow [fləʊ] [flou], *vn.* 1. Fluir, correr lo líquido; manar. 2. *(Mar.)* Crecer la marea. 3. Dimanar, proceder, provenir; seguir como consecuencia. 4. Ondear, flotar. 5. Abundar. 6. Descargar sangre, como en la menstruación. *-va.* Inundar. **The tide flows and ebbs**, sube y baja la marea. **To flow into**, desaguar. **To flow away**, deslizarse, pasar. **Tears flowed from her eyes**, las lágrimas corrían de sus ojos.
flow, *s.* 1. *(Mar.)* Creciente de la marea. 2. Copia, abundancia, muchedumbre. 3. Flujo de palabras; torrente de voces.
flower ['flaʊə^r] [flaua^r], *s.* 1. Flor. 2. Flor, la parte primera y más floreciente, lo más puro, esmerado y perfecto de alguna cosa; figura retórica. 3. Flor, adorno, belleza. 4. Vigor de la edad viril. 5. *pl.* *(Quím.)* Flor, la parte más sutil de los cuerpos sólidos que se pega a la cabeza del aludel en forma de polvo fino al tiempo de sublimarlos. **Flower-stalk**, pedúnculo. **Flower of an hour**, hibisco. **Flower de luce**, flor de lis, iris. **Eternal flower**, perpetua. **Sun-flower**, girasol, perdiguera o flor del sol. **Sultan lower**, especie de centaura. **Trumpet-flower**, bignonia, arraigadora. **Wind-flower**, anémone. **Flower-bed**, cuadro de jardín. **Flower-bud**, capullo, botón de flor. **Flower-girl**, florera, ramilletera. **Flower-pot**, tiesto, florero, maceta de flores. **Bed of flowers**, lecho de flores. **She was the flower of the family**, ella era la mejor, la más perfecta de la familia.
flower, *vn.* 1. Florecer, echar flor los árboles y plantas. 2. Florecer, crecer en prosperidad. 3. *(Ant.)* Fermentar, hervir. *-va.* Florear, adornar con flores artificiales. 4. Cultivar plantas de flor.
flower-gentle ['flaʊəˌdʒəntl] [flauer-yen-tel], *s.* *(Bot.)* Especie de amaranto.
flower-inwoven [ˌflaʊəɪn'wəvn] [flauer-in-vouen], *a.* Adornado con flores.
flowerage ['fləʊəreɪdʒ] [floue-reich], *s.* 1. Acopio de flores, las flores colectivamente. 2. El acto o estado de florecer.
flowered ['flaʊəd] [flaued] *a.* Florido, floreado
floweret ['flaʊərɪt] [flaue-ret], *s.* Florecilla, florecita.
flower-garden ['flaʊəˌgɑːdn] [flaua-gar-den], *s.* Jardín de flores.
floweriness ['flaʊərɪnɪs] [flaua-ri-nes], *s.* Abundancia de flores; floreo de palabras.
flowering ['flaʊərɪŋ] [flaua-rin], *a.* Que tiene flores evidentes; fenógamo, opuesto a criptógamo. *-s.* Flor, o el conjunto de flores; también, eflorescencia, el acto o estado de florecer.
flowering-bush ['flaʊərɪŋˌblʌʃ] [flaua-rin-blash], *s.* *(Bot.)* Amaranto.
flowerless ['flaʊəlɪs] [flaua-les], *a.* Sin flores, que no tiene flores.
flowerpot ['flaʊəpɒt] [flaua-pot], *s.* Maceta, tiesto.
flowery ['flaʊərɪ] [flaua-ri], *a.* Florido, lleno de flores; florido, embellecido con figuras de retórica, poético.
flowing ['fləʊɪŋ] [flouin], *a.* 1. Corriente; fluctuante; que echa de sí. 2. Ondeante, movido por la brisa; colgante; pendiente, agitándose. 3. *(Fig.)* Fácil, suelto. *-s.* Derrame, escape de líquidos; flujo, creciente del agua.
flowingly ['fləʊɪŋlɪ] [flouin-li], adv. Abundantemente, copiosamente.
flowingness ['fləʊɪŋnɪs] [flouin-nes], *s.* Dicción fluida.
flown [fləʊn] [floun], *pp.* del verbo *to fly*. 1. Huido, escapado. 2. Hinchado, engreído.
flu [fluː] [flu], influenza, gripe, resfriado.
fluctuate ['flʊktʃʊeɪt] [fluk-chueit], *vn.* 1. Fluctuar, ondear, undular; mover, o moverse como las olas. 2. Fluctuar, avanzar y retroceder; vacilar o dudar en la resolución de alguna cosa; estar indeciso.
fluctuation ['flʊktʃʊ'eɪʃən] [fluk-tu-ei-son], *s.* Fluctuación, irresolución, instabilidad, agitación, incertidumbre, duda.
flue [fluː] [flu], *s.* 1. Cañón o campana de chimenea, humero. 2. Cañón de órgano con efectos de flauta. 3. Flus, tubo de caldera.
flue, flew [fluː] [flu], *s.* Pelusa, borra, polvillo que se desprende de las telas en las fábricas de tejidos.
fluency ['fluːənsɪ] [fluen-si], *s.* Fluidez; afluencia, facundia; copia, abundancia; volubilidad.
fluent ['fluːənt] [fluent], *a.* 1. Flúido, líquido. 2. Fluente, corriente. 3. Copioso, abundante. 4. Fácil, fluido de palabra. *-s.* Arroyo, agua corriente.
fluently ['fluːəntlɪ] [fluent-li], adv. Con afluencia, facundia o abundancia de expresiones.
fluff [flʌf] [flaf], *va.* 1. Mullir. 2. Olvidar un pasaje en una representación en el teatro, radio, etc.
fluff, *s.* 1.Pelusa, vello, lanilla. 2. Plumón. 3. *(Teat.)* Papel mal aprendido.
fluffy ['flʌfɪ] [fla-fi], *a.* Que consta o está cubierto de plumón o vello; blando y suelto.
fluid ['fluːɪd] [fluid], *s.* 1. Fluido. 2. Fluido, suco, jugo, los humores del cuerpo humano. *-a.* Fluido.
fluidity [fluː'ɪdɪtɪ] [flui-di-ti], **fluidness** ['fluːɪd] [fluid], *s.* Fluidez.
fluke [fluːk] [fluk] 1. Lombriz que se halla en las entrañas del ganado lanar. 2. *(Ingl.)* Acedía, pez de forma aplanada. 3. Uña de ancla, de arpón. 5. Chiripa. **To arrive by a fluke**, llegar por chiripa.
fluke (to), *v.* Chiripear.

flume [flu:m] [flum], *s.* 1. Caño, conducto por lo común de madera, para llevar agua al molino, etc.; caz, canal de esclusa. 2. Cañada o paso angosto por donde sale un torrente. 3. *V.* CHUTE.

flummery ['flu:mərɪ] [flu-me-ri], *s.* 1. Manjar blanco, plato ligero hecho con la harina o almidón de maíz. 2. Originalmente, jalea de harina de avena. 3. Lisonja grosera, hojarasca, patarata, cháchara.

flung, *pret.* y *pp.* del verbo TO FLING.

flunk [flʌŋk] [flank], *v. (vul. E.U.) va.* Faltar a la obligación; esquivar, evitar. *-vn.* Salir completamente mal; cejar, retroceder; cortarse, turbarse.

flunk, *s. (E.U.)* Fracaso, suspenso (examination), reprobación.

flunky, flunkey ['flʌŋkɪ] [flan-ki], *s.* 1. Lacayo. 2. *(Fig.)* Hombre rastrero, servil.

fluor [flʊəʳ] [fluaʳ], *s.* 1. Fluidez; fluido. 2. Menstruación. **Fluor-spar**, *(Min.)* Espato fluor.

fluorescence [flʊə'resns] [fluo-re-sens], *s.* Flourescencia, la cualidad que tienen algunos cuerpos transparentes, cuando están iluminados, de despedir una luz de color diferente del suyo propio y del de la luz que los ilumina.

fluorescent [flʊə'resnt] [fluo-re-sent], *a.* Fluorescente. **Fluorescent light**, luz flourescente. **Fluorescent lighting**, alumbrado fluorescente.

fluoric acid [ˌfluərɪk'æsɪd] [fluo-rik-asid], *s. (Quím.)* Acido fluórico.

fluorid, fluoride ['flʊəraɪd] [fluo-raid], *s. (Quím.)* Fluoruro.

fluoridation [ˌflʊərɪ'deɪʃən] [fluo-ri-dei-shon], *s.* Fluoruración.

fluorin, fluorine ['flʊəri:n] [fluo-rin], *s.* Fluor, elemento gaseoso de color verde pálido.

fluorit ['flʊərɪt] [fluo-rit], *s.* Fluorita.

fluoroscope ['fluərəskəʊp] [fluo-ros-koup], *s.* Fluoróscopo.

flurry ['flʌrɪ] [fla-ri], *s.* 1. Ráfaga, soplo repentino de viento. 2. Prisa, precipitación; agitación, conmoción, perturbación. 3. Chubasco o nevada con viento. 4. Estertor de la ballena herida por el arpón.

flurry, *va.* Confundir, atropellar; alarmar, poner en agitación; agitar, avergonzar.

flush [flʌʃ] [flash], *vn.* 1. Fluir con violencia; venir precipitadamente. 2. Ponerse colorado. *-va.* 1. Abochornar, poner colorado, sonrojar. 2. Engreír, dar alas a uno para que se entone. 3. Ser causa de que la sangre se suba a la cabeza. 4. Igualar, nivelar, llenar hasta la superficie (se usa a menudo en este sentido con la palabra *up*). 5. Echar a volar (birds).

flush, *va.* Inundar con agua; echar gran cantidad de agua para limpiar las cloacas. *-vn.* 1. Salirse, arrojarse, derramarse repentinamente. 2. Llenarse de agua.

flush, *a.* 1. Fresco, robusto, lleno de vigor; afectado. 2. Copioso, abundante; opulento, abundante en riquezas. **Flush-deck**, *(Mar.)* Puente corrido. 3. Nivelado, a nivel. *-s.* 1. Flujo rápido o copioso. 2. Flux, reunión de cartas o naipes de un mismo palo. 3. Copia, abundancia, afluencia. 4. Bandada de aves espantadas. 5. Frescura, rubor, bochorno. 6. Flor, florescencia.

flushing ['flʌʃɪŋ] [fla-shin], *s.* 1. Rubor, bochorno o rubicundez de la cara. 2. Acción de echar agua para limpiar un pozo, un albañal, etc.

fluster ['flʌstəʳ] [flas-taʳ], *va.* 1. Poner a uno colorado a fuerza de beber, achispar. 2. Confundir, atropellar; aturdirle a uno la cabeza.

flustered ['flʌstəd] [flas-terd], *a.* Medio borracho, calamocano, a medio vino o a medios pelos.

flute [flu:t] [flut], *s.* 1. Flauta. 2. *(Arq.)* Estría. 3. Rizado, pliegue.

flute, *va.* 1. Estriar. 2. Alechugar, rizar, plegar. *(Mex.)* Encarrujar, *-vn.* Tocar la flauta.

fluting ['flu:tɪŋ] [flu-tin], *s.* 1. *(Arq.)* Estriadura, acanaladura. 2. Rizado, pliegue, como en ciertas prendas de vestir de las mujeres. 3. El acto de hacer una estría, como en una columna. 4. Conjunto de estrías.

flutist ['flu:tɪst] [flu-tist], *s.* Flautista.

flutter ['flʌtəʳ] [fla-taʳ], *vn.* 1. Revolotear. 2. Pavonearse, hacer ostentación del tren o vestidos. 3. Agitarse con movimientos o undulaciones ligeras. 4. Estar agitado; hallarse en un estado de incertidumbre; moverse sin objeto fijo o irregularmente. *-va.* 1. Desordenar o poner en desorden, como se espanta a una bandada de pájaros. 2. Cambiar sin orden alguno el sitio o lugar de una cosa. 3. Agitar, alterar el ánimo. 4. *(Mar.)* Flamear. 5. Crujir.

flutter, *s.* Alboroto, tumulto, baraúnda, confusión; agitación, vibración, undulación.

fluttering ['flʌtərɪŋ] [fla-te-rin], *s.* Agitación, perturbación; confusión.

fluvial ['flu:vɪəl] [flu-vial], *a.* Fluvial, perteneciente a los ríos o formado por ellos.

flux [flʌks] [flaks], *s.* 1. Flujo, el acto de fluir. 2. Cambio, mudanza. 3. Concurso, confluencia. 4. Flujo o cámaras de materia líquida; disentería. 5. Fundente, lo que mezclado con un cuerpo lo hace derretir o fundirse. 6. Derretimiento, fusión de metales. *-a. (Ant.)* Inconstante, mudable.

flux, *va.* 1. Fundir, derretir. 2. Mezclar con, fundente.

fluxation [flʌk'seɪʃən] [flak-sei-shon], *s.* El acto de dejar de existir y dar lugar a otros; mudanza.

fluxibility [ˌflʌksɪ'bɪlɪtɪ] [flak-si-bi-li-ti], *s.* Fluxibilidad; fusibilidad.

fluxion ['flʌkʃən] [flak-shon], *s.* 1. *(Med.)* Fluxión, acumulación de los líquidos en alguna parte del cuerpo a consecuencia de la irritación; la hinchazón dolorosa de un órgano que no llega a supuración. 2. El acto de fluir. 3. *(Mat.)* Cálculo diferencial.

fluxional ['flʌkʃənl] [flak-sho-nal], *a.* 1. Que se refiere al cálculo diferencial. 2. Que se derrite o fluye fácilmente.

fluxionary ['flʌkʃənərɪ] [flak-sho-na-ri], *a.* Perteneciente al cálculo diferencial.

fluxionist ['flʌkʃənɪst] [flak-sho-nist], *a.* El matemático que es perito en la ciencia del cálculo diferencial.

fly [flaɪ] [flai], *va.* y *vn.* (*pret.* FLEW [flu:] [flu], *pp.* FLOWN [fləʊn] [flon]). 1. Volar. 2. Volar, desaparecerse de la vista. 3. Pasar ligeramente, moverse con rapidez. 4. Separar con violencia; hacer caer una cosa separándola de otra. 5. Acometer o embestir de repente. 6. Saltar, reventar, romperse alguna cosa con estallido. 7. Huir, escapar. 8. Fluctuar, sostenerse o ser sostenido en los aires o en el agua; desplegarse. 9. Hacer volar una cometa.

fly abroad o **about**, derramarse; esparcirse, propagarse.

fly at, echarse encima de, arrojarse o lanzarse sobre alguno; cazar o coger pájaros con halcón. **The woman flew at his face like a tigress**, la mujer le saltó a la cara como una tigresa.

fly away, volar, escaparse; dejar, abandonar.

fly back, quedarse parado sin poder andar; pegar coces un caballo; refugiarse, huir de la justicia; volver la espalda, retroceder; desdecirse.

fly down, bajar volando.

fly from, huir, escapar, evitar. **To fly from a danger**, evitar un peligro. **To fly in the face**, obrar o hacer algo atrevidamente, insultar. **To fly into a passion**, encenderse en cólera.

fly off, tomar un vuelo; desaparecer, evaporarse. **To fly off the handle**, *(fam.)* Perder los estribos, los nervios.

fly on, acometer violentamente.

fly open, abrirse una cosa de repente o con violencia. **To fly to pieces**, romperse en mil pedazos; *(Fig.)* Echar chispas o venablos.

fly out, desenfrenarse, entrar en furor. **To fly to arms**, recurrir a las armas. **Flying camp**, campo volante. **Flying coach**, diligencia. **With flying colors**, con banderas desplegadas; triunfante. **To let fly**, dejar marchar o volar; descargar, tirar; desplegar la bandera. **To let fly the top gallant sheets**, *(Mar.)* Volar las escotas de los juanetes.

fly, *s.* 1. Mosca. 2. Volante. *V.* FLYER. 3. Mosca artificial, el anzuelo cubierto de plumas, etc., que imitan un insecto. Se usa para pescar con caña. 4. Cabriolé, calesín, una especie de coche, ligero. **Fly of an ensign**, *(Mar.)* Vuelo de bandera. **Vegetable fly**, especie de hongo que se cría en las Indias. 5. Adulador. **6.** *(Fig.)* Algo insignificante que estropea una cosa agradable. **7.** Bragueta. 8. Toldo que se pone por encima de una tienda de campaña. **Gad-fly**, tábano. **Day-fly**, mosca efímera. **Spanish-fly**, cantárida. **Fly-paper**, papel para coger o matar moscas. **To die like flies**, morir como moscas.

fly, *s.* 1. Uno de los varios objetos, herramientas o utensilio que se mueven rápidamente por el aire; como, (a) el sacapliegos de una prensa; (b) brazo de romana; (c) volante de un péndulo o de una máquina; (d) la parte de la veleta que indica de qué lado sopla el viento. 2. Braguita, trampilla (de los pantalones.) 3. Vuelo. **Flies,** *(Teat.)* Telar.

flyaway ['flaɪweɪ] [flai-uei], *a.* 1. Ondeante, flameante, suelto. 2. Inconstante. 3. Casquivano.

fly-bitten ['flaɪbɪtn] [flai-bi-ten], *a.* Manchado o descolorado por las moscas.

fly-blow ['flaɪblɔːl] [flai-blo], *s.* Cresa, huevo de mosca.

fly-blow, *va.* 1. Depositar la mosca sus huevos. 2. Corromper la carne llenándola de cresas, contaminar.

flyblown ['flaɪbləʊn] [flai-bloun], *a.* Lleno de cresa o huevos de mosca. 2. *(Fig.)* Contaminado, corrompido.

fly-boat ['flaɪbəʊt] [flai-bout], *s.* *(Mar.)* Flibote, especie de embarcación velera.

fly-by-night ['flaɪbaɪnaɪt] [flai-bai-nait], *s.* 1. Persona poco fiable. 2. Noctámbulo. 2. El que se escapa por la noche.

fly-catcher ['flaɪˌkætʃəʳ] [flai-ka-chaʳ], *s.* Ave que atrapa insectos al vuelo; papamoscas; moscareta. Muscicapa.

flyer ['flaɪəʳ] [flaiaʳ], *s.* 1. Volador. 2. Fugitivo, el que huye. 3. El volante de un torno de asar. *V.* FLIER.

fly-fishing ['flaɪfɪʃɪŋ] [flai-fi-shin], *s.* Pesca con moscas artificiales.

flyflap ['flaɪflæp] [flai-flap], *s.* Mosqueador, espantamoscas.

flying ['flaɪɪŋ] [flai-in], *pa.* 1. Volante; volador; apto para el movimiento veloz y fácil. **Flying artillery**, artillería volante. 2. Flotante, undulante; desplegado. **Flying banners**, banderas desplegadas o flotantes. 3. Que se extiende más allá de lo ordinario, extra. 4. Rápido, veloz. **Flying-jib**, petifoque, cuarto foque. **Flying bridge**, puente volante. **Flying buttress**, *(Arq.)* Botares, arbotante. **Flying squadron**, escuadra ligera. *-s.* Vuelo, el acto de volar. **To shoot flying**, tirar al vuelo. *(Zool.)* dragón, dragón volador. **Flying field**, aeropuerto, campo de aviación. **Flying saucer**, platillo volante. **Flying sickness**, mal de altura. **To come off with flying colours**, salir triunfante, tener un éxito completo.

flying-fish ['flaɪɪŋfɪʃ] [flai-in-fish], *s.* Pez volador.

flying fortress ['flaɪɪŋ'fɔːtrɪs] [flai-in-for-tres], *s.* Fortaleza volante o aérea.

flying saucer ['flaɪɪŋ'sɔːsəʳ] [flai-in-so-saʳ], *s.* Plato volador, disco luminos volador.

fly-leaf ['flaɪliːf] [flai-lif], *s.* Guarda de un libro.

fly-net ['flaɪnet] [flai-net], *s.* 1. Red que llevan los caballos para librarlos de las moscas. 2. Mosquitero.

fly-speck ['flaɪspek] [flai-spek], *s.* Punto o mancha diminuta que hace el excremento de la mosca u otro insecto; cualquiera cosa insignificante.

flytrap ['flaɪtræp] [flai-trap], *s.* Atrapamoscas, trampa para moscas.

flyweight ['flaɪweɪt] [flai-ueit], *s.* *(Boxeo)* Peso mosca.

fly-wheel ['flaɪwiːl] [flai-uil], *s.* Rueda volante, voladora.

foal [fəʊl] [foul], *s.* Potro; potrillo; buche, el borrico mientras mama. **To be in foal** o **with foal**, estar preñada la yegua, burra, o camella.

foal, *va.* y *vn.* Parir una yegua o una burra; dar crías, producir potrillo o buches; procrear.

foal-foot ['fəʊlfuːt] [foul-fut], *s.* *V.* COLTSFOOT.

foam [fəʊm] [foum], *s.* Espuma. **Foam rubber**, hule de espuma.

foam, *vn.* 1. Espumar, criar o echar espuma. 2. Echar espumarajos por la boca, estar colérico. *-va.* Arrojar espuma.

foamy ['fəʊmɪ] [fou-mi], *a.* Espumajoso, espumoso.

fob [fɒb] [fob], *s.* 1. Faltriquera pequeña, como la del reloj. 2. Bolsillo de reloj. Fob chain, cadena de reloj. 3. Engaño.

fob, *va.* Engañar, defraudar, pegársela a uno; disimular.

F.O.B. (Abreviatura de Free on board) *a.* y adv. L.A.B. Libre a bordo.

focal ['fəʊkəl] [fou-kal], *a.* Focal, que pertenece al foco; céntrico. **Focal distance** o **length**, distancia focal, punto donde convergen los rayos luminosos.

focus ['fəʊkəs] [fou-kos], *s.* Foco, el punto céntrico en que se unen muchos rayos de luz en un espejo u otro cuerpo.

focus, *va.* Enfocar, afocar, acomodar en foco; poner en foco, hallar el foco. **Focusing-screen**, pantalla o visera para poner en foco una imagen.

fodder ['fɒdəʳ] [fo-daʳ], *s.* Forraje, alimento basto a propósito para los ganados, pienso.

fodder, *va.* Dar forraje a las bestias.

fodderer ['fɒdərəʳ] [fo-de-raʳ], *s.* Forrajeador.

foe [fəʊ] [fou], *s.* Enemigo, perseguidor, antagonista, adversario.

foelike ['fəʊlaɪk] [fou-laik], *a.* Que obra o procede con enemistad; como un enemigo, hostil.

foeman ['fəʊmən] [fou-man], *s.* Enemigo, antagonista.

fætus ['fiːtəs] [fi-tos], *s.* Feto, la criatura que está perfectamente formada en el vientre de su madre.

fog [fɒg] [fog], *s.* 1. Niebla, neblina, bruma, calina. 2. Extravío, confusión perplejidad. 3. *(Foto.)* Niebla o capa que obscurece una plancha revelada. **Fog-horn**, sirena.

fog, *va.* 1. Obscurecer; en sentido fotográfico, cubrir como con una niebla, empañar. *-vn.* 1. Hacerse brumoso, nebuloso. 2. *(Foto.)* Hacerse indistinto por una capa o película que oscurece. 3. En Escocia, criar musgo.

fog, fogge, foggage [fɒgiː] [fo-gui], *s.* 1. La segunda cosecha de hierba de una estación; también, hierba seca que permanece en el campo durante el invierno. 2. *(Scot.)* Musgo.

fogbank ['fɒgbæŋk] [fog-bank], *s.* Neblina sobre el mar.

fogbound ['fɒgbaʊnd] [fog-baund], *a.* Envuelto en la niebla. 2. Inmovilizado o parado por la niebla.

foggily ['fɒgɪlɪ] [fo-gui-li], *adv.* Obscuramente, con nieblas; brumosamente.

fogginess ['fɒgɪnɪs] [fo-gui-nes], *s.* La oscuridad que produce la niebla.

foggy ['fɒgɪ] [fo-gui], *a.* 1. Nebuloso, brumoso, lleno de nieblas. 2. *(Bot.)* Mohoso, lleno de musgo. 3. *(Foto.)* Oscurecido como por niebla.

foghorn ['fɒghɔːn] [fog-jorn], *s.* *(Mar.)* Sirena, bocina.

fogram ['fɒgræm] [fo-gram], *a.* Anticuado, atrasado.

fogy ['fɒgɪ] [fo-gui], *a.* Vejestorio, persona de ideas anticuadas.

fogysm ['fɒgɪzm] [fo-guism], *s.* Obscurantimo, afición a las ideas anticuadas.

foh! [fɔː] [fo], *inter.* ¡Quita allá! expresión de enojo o disgusto.

foible ['fɔɪbl] [foi-bol], *s.* 1. Debilidad, el flaco; defecto leve de carácter. 2. La porción de una espada o de un florete desde el medio hasta la punta.

foil [fɔɪl] [foil], *va.* 1. Hacer nulo, vano; frustrar, deshacer al enemigo aunque sin ganar una completa victoria. 2. Embotar; adormecer. 3. Confundir, derrotar.

foil, *s.* 1. Hoja delgada de metal; pan, hoja de oro o plata para dorar o platear. 2. Hoja de estaño, la que se pone a un espejo por medio del azogue. 3. El fondo del diamante u otra piedra preciosa, la lentejuela puesta para aumentar el brillo; de aquí, contraste, todo lo que da realce a alguna cosa. 4. *(Arq.)* Hoja, lóbulo. 5. Florete, espada que se usa en la esgrima.

foil, *s.* 1. Huella, pista, rastro que deja la caza. 2. Caída imperfecta en la lucha cuerpo a cuerpo. 3. *(Des.)* Chasco, suceso contrario o adverso.

foilable ['fɔɪləbl] [foi-la-bol], *a.* Vencible; lo que se puede inutilizar o deshacer.

foiler ['fɔɪləʳ] [foi-laʳ], *s.* Frustrador.

foiling ['fɔɪlɪŋ] [foi-lin], *s.* Rastro en la hierba.

foil-wrapped [fɔɪl'wræpt] [foil-rapt], *a.* Envuelto en papel estaño.

foin [fɔɪn] [foin], *vn.* Dar estocadas en la esgrima. *-va.* Punzar, aguijonear.

foin, *s.* 1. Garduña, fuina. 2. *(Des.)* Estocada, golpe dado con la punta de la espada o florete.

foist [fɔɪst] [foist], *va.* Insertar alguna voz o cláusula en un escrito; meterse, introducirse sin razón (seguido de *into* o *upon*). **To foist a candidate upon a party**, imponer injustamente un candidato a un partido.

foister ['fɔɪstəʳ] [fois-taʳ], *s.* Falsificador, mentiroso.

fold [fəʊld] [fould], *s.* 1. Redil, el cercado o corral para encerrar ovejas; hato de ganado lanar; y *(Fig.)* una iglesia o la totalidad de la Iglesia cristiana. 2. Doblez, pliegue, plegadura, arruga. 3. Otro tanto. 4. *(Des.)* Límite, lindero. **Twofold**, duplo. **Fourfold**, cuádruplo.

fold, *va.* 1. Doblar, plegar. 2. Poner una cosa junto a otra, ajustar. 3. Abrazar, enlazar; cerrar, incluir. 4. Envolver, encerrar. 5. Encerrar ganado lanar en el redil; incluir. *-vn.* Doblarse o plegarse una cosa sobre otra, como las vidrieras y puertas plegadizas de dos hojas, ciertas persianas, etc. **To fold the arms**, cruzar los brazos. **To fold a letter**, doblar una carta.

folder ['fəʊləʳd] [foul-daʳ], *s.* 1. Plegador, doblador. 2. Plegadera. 3. Folleto, mapa, etc., plegadizo en forma compacta. 4. Carpeta (papers).

folderol ['fəʊldərəl] [foul-de-rol], *a.* Absurdo, desatinado. *-s.* Desatino, pampirolada, pampringada.

folding ['fəʊldɪŋ] [foul-din], *a.* Plegadizo, dobladizo. *-s.* 1. La acción de plegar o doblar. 2. El acto de cerrar ganado lanar en tierra labrantía. **Folding door**, puerta de dos hojas o plegadiza. **Folding camera**, **foding chair**, cámara, silla plegadiza. **Folding-machine**, máquina de plegar, plegadora mecánica. **Folding screen**, biombo.

fold-net ['fəʊldnet] [fould-net], *s.* Arañuelo, red muy delgada para coger pájaros por la noche.

foliaceous [ˌfəlɪ'eɪʃəs] [fou-li-ei-shos], *a.* 1. Foliáceo, de la naturaleza o forma de una hoja. 2. Laminado, que se presenta en láminas, como ciertos minerales.

foliage ['fəʊlɪeɪdʒ] [fou-lieich], *s.* 1. Follaje, frondosidad. 2. Ramillete de hojas, flores y ramas. 3. Follaje, adorno de escultura y arquitectura.

foliate ['fəʊlɪeɪt] [fou-lieit], *va.* 1. Batir hojas de oro, plata u otro metal. 2. Azogar un espejo.3. Follar (formar en hojas). 4. Adornar con follaje.

foliation ['fəʊlɪeɪʃən] [fou-liei-shon], *s.* 1. El acto de batir las hojas de oro, plata u otro metal. 2. *(Bot.)* Foliación, la disposición que guardan las hojas en las plantas. 3. El acto de desenvolverse, salir o apuntar las hojas. 4. Laminación.

foliature ['fəʊlɪətʃəʳ] [fou-lia-chaʳ], *s. V.* FOLIATION en todas sus acepciones.

folio ['fəʊlɪəʊ] [fou-liou], *s.* 1. Infolio, libro o tomo en folio. 2. *(Com.)* Hoja, folio, página numerada de un libro o registro. 3. Número de palabras que sirve como unidad para medir la extensión de un escrito.

foliole ['fəʊlɪəʊl] [fou-lioul], *s. (Bot.)* Folíolo.

foliose ['fəʊlɪəz] [fou-lios], *a.* Hojudo, fronduoso.

folk [fəʊk] [fouk], *s.* 1. *(Fam.)* Gente, personas, el género humano. 2. Nación, raza, tribu, pueblo (raramente usado en plural). 3. *pl.* La gente; *(fam. E.U.)* parentesco, parientes, los que son de la misma familia. **Old folks**, viejos o gente vieja. **I never saw such folks**, nunca he visto gente semejante. **What will folks say?** ¿Qué dirá la gente? **Folk tale**, cuento popular.

folklore ['fəʊkkəɔːʳ] [fou-klaʳ], *s.* Folklore, conjunto de las tradiciones, creencias y costumbres populares.

folk music ['fəʊkˌmjuːzɪk] [fouk-miu-sik], *s.* Música folklórica.

folk song ['fəʊksɒŋ] [fouk-son], *s.* Canto folklórico, canción o balada folklórica.

folkway ['fəʊkweɪ] [fouk-uei], *s.* Costumbre tradicional de un pueblo o grupo social.

follicle ['fɒlɪkl] [fo-li-kol], *s.* 1. *(Anat.)* Folículo, un saquito o cuerpo pequeño membranoso cuyas paredes secretan un flúido que se derrama por la abertura diminuta que hay en uno de sus extremos. 2. *(Bot.)* Folículo, hollejo. 3. *(Ento.)* Capullo.

follicular ['fɒlɪkɪkjʊləʳ] [fo-li-kiu-laʳ], *a.* Folicular; foliculoso, que tiene o produce folículos.

follow ['fɒləʊ] [fo-lou], *va.* 1. Seguir, ir detrás de alguien; moverse, andar detrás de alguno en la misma dirección; acompañar, escoltar, ir en compañía. 2. Seguir, venir después, suceder en orden o tiempo. 3. Perseguir. 4. Imitar; obedecer, copiar. 5. Obrar conforme a; ponerse de parte de; tener, sostener las mismas opiniones. 6. Aplicarse, dedicarse a ; cuidar sus asuntos; poner en práctica. 7. Observar, tener en vista o en la mente. 8. Resultar, ser consecuencia de algo. 9. Procurar obtener lo que se desea. *-vn.* 1. Seguir, venir una persona o cosa tras otra. 2. Seguirse, suceder y continuar una cosa a otra. 3. Seguirse, originarse, resultar, provenir. **To follow the law**, estudiar el derecho. **To follow one's business,** cuidar de sus negocios. **To follow one's pleasures**, abandonarse a los placeres. **To follow again**, volver a seguir. **It follows**, síguese, resulta, la consecuencia de eso es. **As follows**, como sigue. **To follow up**, continuar, proseguir. **To follow on**, continuar prosiguiendo, perseverar.

follower ['fɒləʊəʳ] [fo-louaʳ], *s.* 1. Seguidor; acompañante. 2. Dependiente, criado. 3. Discípulo; imitador, copiador; secuaz, partidario; obsequiante, amante; adherente, allegado, compañero. 3. Criado. 4. *(Mec.)* Parte de una máquina que recibe el movimiento de otra. **Followers**, *pl.* Comitiva, séquito.

following ['fɒləʊɪŋ] [fo-louin], *a.* Siguiente, próximo, subsiguiente. 2. Resultante, consiguiente. 3. Adherentes, partidarios, secuaces. 5. Profesión, carrera.

follow-up ['fɒləʊ'ʌp] [fo-lou-ap], *s.* Recordatorio, continuidad. **Follow-up system**, sistema de cartas recordatorias para la correspondencia comercial, etc.

folly ['fɒlɪ] [fo-li], *s.* 1. Tontería, ignorancia, extravagancia, locura, patochada, bobería; disparate en lo que se hace o dice. 2. *(Des.)* Vicio, falta de rectitud. 3. Ligereza, debilidad, indiscreción, fragilidad.

foment [fəʊ'ment] [fou-ment], *va.* 1. Fomentar, dar calor natural o artificial; dar baños calientes. 2. Fomentar, proteger, patrocinar. 3. Provocar, excitar, instigar a la violencia.

fomentation [ˌfəʊmen'teɪʃən] [fou-men-tei-shon], *s.* 1. Fomentación, fomento. 2. Excitación, provocación, instigación.

fomenter ['fəʊmentəʳ] [fou-men-taʳ], *s.* Fomentador, instigador.

fond [fɒnd] [fond], *a.* 1. Apasionado, demasiadamente indulgente; enloquecido, atontado o loco de contento. 2. Afectuoso, amoroso, cariñoso. 3. Loco, vano, imprudente, extravagante, frívolo. 4. Aficionado. 5. *(Ant.)* Disparatado, indiscreto. **To be fond of**, gustar extraordinariamente de alguna cosa, estar apasionado, enamorado o loco por ella. **A fond mother**, una madre cariñosa.

fondant ['fɒndənt] [fon-dant], *s.* Pasta de azúcar.

fondle ['fɒndl] [fon-del], *va.* Mimar, hacer caricias y halagos a alguno.

fondler ['fɒndləʳ] [fond-laʳ], *s.* Mimador. *(fam.)* Mimón.

fondling ['fɒndlɪŋ] [fon-dlin], *s.* 1. Favorito, querido; niño mimado o mal criado. 2. Tonto.

fondly ['fɒndlɪ] [fon-dli], *adv.* Locamente, cariñosamente.

fondness ['fɒndnɪs] [fond-nes], *s.* 1. *(Ant.)* Tontería, locura, debilidad. 2. Terneza, pasión loca, apego poco racional; inclinación, afición, pasión por alguna cosa.

fonetic, *a. V.* PHONETIC.

font [fɒnt] [font], *s.* 1. Pila de bautismo. 2. Fuente o manantial. 3. Fundición, todo el surtido de caracteres de imprenta de un mismo grado.

fontanel [ˌfɒntə'nel] [fon-ta-nel], *s.* 1. *(Anat.)* Fontanela, cada uno de los espacios que, en los niños recién nacidos median entre algunos huesos del cráneo hasta que se completa su osificación. 2. *(Ant.)* Fuente. *V.* ISSUE.

fonticulus [fɒn'tɪkələs] [fon-ti-ko-los], *s.* Fontículo, hoyuela.

food [fu:d] [fud], *s.* 1. Alimento, comida; vituallas, víveres; pasto de los animales. 2. Lo que alimenta, mantiene activo o sostiene. **To give food for**, dar materia para.

foodful ['fu:dfʊl] [fud-ful], *a.* Fértil, fructífero.

foodless ['fu:dlɪs] [fud-les], *a.* Estéril, infructuoso.

foodstuffs [ˌfu:ds'tʌfs] [fud-stafs], *s. pl.* Comestibles.

fool [fu:l] [ful], *s.* 1. Insensato, bobo, idiota, mentecato; tonto, necio. 2. Persona de pocos alcances, sin llegar a ser bobo o idiota. 3. Bufón, truhán, chocarrero. **To play the fool**, hacer el bobo. **To make a fool of one**, mofarse de alguno, hacer burla de él; frustrar. 4. *(Teol.)* Malvado. 5. Hazmerreír, el que es objeto de la irrisión de otros. **April fool**, inocente, inocentón.

fool, *vn.* Tontear, divertirse, chancear, juguetear diciendo o haciendo tonterías. *-va.* 1. Despreciar, chasquear; entontecer. 2. Engañar, defraudar, chupar. **To fool one with promises**, traer entretenido o embaucado a alguno con vanas esperanzas. **To fool one of his money**, pelar o desollar a uno, robarle el dinero.

foolery ['fu:lərɪ] [fu-le-ri], *s.* Tontería, bobada, bobería.

fool-happy ['fu:lhæpɪ] [ful-ja-pi], *a.* Feliz por casualidad y sin haber puesto nada por su parte para serlo.

folhardiness ['fu:lˌhɑ:dɪnɪs] [ful-jar-di-nes], *s.* Temeridad, locura.

foolhardy ['fu:lˌhɑ:dɪ] [ful-jar-di], *a.* Arrojado, temerariamente audaz, locamente arriesgado.

fooling ['fu:lɪŋ] [fu-lin], *s.* Broma, engaño. **No fooling, without fooling**, en serio, hablando en serio.

foolish ['fu:lɪʃ] [fu-lish], *a.* 1. Fatuo, loco, escaso de juicio. 2. Bobo, tonto, indiscreto; malvado, necio. 3. Absurdo, ridículo.

foolishly ['fu:lɪʃlɪ] [fu-lish-li], *adv.* Fatuamente, bobamente, sin juicio.

foolishness ['fu:lɪʃnɪs] [fu-lish-nes], *s.* Tontería, necedad, bobería, imprudencia.

foolproof ['fu:lprʊf] [ful-pruf], *a.* 1. Muy sencillo, fácil, a prueba de inexpertos. 2. Fuerte, resistente.

foolscap ['fu:lskæp] [ful-scap], *s.* 1. Papel ministro; papel de escribir plegado de modo que haga páginas de casi 13 por 8 pulgadas. 2. Gorro de bufón.

fool-trap ['fu:ltræp] [ful-trap], *s.* Engañabobos.

foot [fʊt] [fut], *s.* (*pl.* FEET). 1. Pie; pata (of animal, chair). **Hind foot**, pata trasera. **From head to foot**, de pies a cabeza. 2. Pie, la parte inferior de alguna cosa; base. 3. *(Mil.)* Infantería; en este sentido no tiene plural. 4. Pie, fundamento, principio o escalón para adquirir otra cosa o ascender a ella. 5. Pie, medida de doce pulgadas, equivalente a 3,05 decímetros. 6. Paso, movimiento, acción. 7. Pie, cierto número de sílabas que constituyen parte de un verso. **On** o **by foot**, a pie. **The enemy disputed the ground foot by foot**, los enemigos disputaron el campo palmo a palmo. **On foot**, (a) De pie o a pie. (b) En estado de salud, activo. (c) Que va adelantando. **To be on foot**, estar haciendo alguna cosa; organizarse. **To know the length of one's foot**, conocer a uno, o comprenderle bien; saber los puntos que calza. **To put one's best foot foremost**, *(fam.)* esmerarse, hacer lo más que se pueda. **To put one's foot down**, *(fam.)* expresarse firmemente; tomar una resolución determinada. **To put one's foot in it**, meter la pata; hallarse en dificultades, por error o intervención oficiosa. **To set on foot**, poner en pie, empezar. **Under foot**, (a) Debajo de los pies. (b) *(Fig.)* En el camino (formando obstáculo); también, en poder de. **To trample** o **tread under foot**, pisotear.

foot, *vn.* 1. Bailar, saltar, brincar, andar a pie. 2. *(fam.)* Sumar, alcanzar un total de. *-va.* 1. Patear, tirar coces; pisar o pisotear. 2. Establecer, fijar; poner pies a alguna cosa. 3. *(Fam. E.U.)* Pagar una cuenta; pagar las costas; **To foot fhe bill**, pagar la cuenta, los gastos, las consecuencias. 4. Sumar una columna de guarismos y poner la suma al pie.

footage ['fʊteɪdʒ] [fu-teich], *s.* 1. Longitud o distancia en pies. 2. *(Cine)* metraje.

foot-ball ['fʊtbɔ:l] [fut-bol], *s.* 1. Pelota o balón para jugar con los pies. 2. Fútbol.

foot-band ['fʊtbænd] [fut-band], *s.* Destacamento de infantería.

footboard ['fʊtbɔ:d] [fut-bord], *s.* 1. Pedal de una máquina; estribo (car). 2. Tabla del pescante, de la parte delantera de un coche donde se apoyan los pies. 3. Pie de la cama.

foot-boy ['fʊtbɔɪ] [fut-boi], *s.* Volante, lacayo.

foot-breadth ['fʊtbredθ] [fut-bredz], *s.* El espacio o lugar que puede cubrir un pie.

foot-bridge ['fʊtbrɪdʒ] [fut-brich], *s.* Puente angosto por el que pueden pasar solamente gentes a pie.

foot-cloth ['fʊtklɒθ] [fut-kloz], *s.* Gualdrapa, alfombrilla.

footed ['fʊtɪd] [fu-tid], *a.* Formado como un pie.

footfall ['fʊtfɔ:l] [fut-fol], *s.* El sonido de un paso; paso, pisada.

foot-fight ['fʊtfaɪt] [fut-fait], *s.* Batalla de a pie.

footgear ['fʊtgɪəʳ] [fut-guiaʳ] *s.* Calzado; medias, calcetines.

foot-guards ['fʊtgɑ:dz] [fut-gards], *s. pl.* Guardias del rey que sirven a pie.

foothill ['fʊthɪl] [fut-jil], *s.* Cerro al pie de una montaña o colina.

foothold ['fʊthəʊld] [fut-jould], *s.* 1. Paraje o espacio en que cabe el pie; pie, fundamento seguro; posición establecida. **To lose one's foothold**, resbalar. 2. Chanclo de goma que no cubre el talón.

footing ['fʊtɪŋ] [fu-tin], *s.* 1. Pie, base, fundamento, lugar donde se pone el pie. 2. Piso, paso; baile, danza. 3. Establecimiento, estado, condición, posición fija. 4. Pie, fundamento, estribo, zócalo saliente. 5. Sumar de una columna. 6. El acto de añadir un pie a alguna cosa. **On a war footing**, bajo pie de guerra. **We are on equal footing**, en pie de igualdad, estamos en igualdad de condiciones. **To be on friendly footing with**, estar en relaciones amistosas con.

footless, *a. V.* FEETLESS. 1. Sin pie, sin base. 2. Torpe, desmañado.

foot-lights ['fʊtlaɪts] [fut-laits], *s. pl.* Candilejas, línea de luces en el proscenio del teatro.

foot-loose ['fʊtlu:s] [fut-lus], *a.* Libre, sin restricciones, ni obligaciones.

footman ['fʊtmən] [fut-man], *s.* 1. Lacayo. 2. *V.* FOOT-SOLDIERS.

footmark ['fʊtmɑ:k] [fut-mark], *s. V.* FOOTPRINT. Huella, pisada.

foot-note ['fʊtnəʊt] [fut-nout], *s.* Anotación debajo de un escrito, nota al pie.

foot-pace ['fʊtpeɪs] [fut-peis], *s.* Descanso de escalera; paso lento o corto.

foot-path ['fʊtpɑ:θ] [fut-paz], *s.* Senda, vereda; acera.

foot-post ['fʊtpəʊst] [fut-poust], *s.* Correo de a pie.

footprint ['fʊtprɪnt] [fut-print], *s.* Huella, pisada, vestigio, impresión del pie.

footrest ['fʊtrest] [fut-rest], *s.* Escabel, banco para descansar los pies.

footrope ['fʊtrəʊp] [fut-roup], *s.* 1. Marchapié. 2. *(Mar.)* Relinga del pujamen.

foot-rule ['fʊtru:l] [fut-rul], *s.* Regla o medida de doce pulgadas.

foots ['fʊtz] [futs], *s.* Sedimiento, heces.

foot-soldier ['fʊtˌsəʊldʒəʳ] [fut-soul-diaʳ], *s.* Soldado que marcha y pelea a pie.

footsore ['fʊtsɔ:ʳ] [fut-saʳ], *a.* Que tiene los pies doloridos o lastimados de tanto andar.

foot-stalk ['fʊtstɔ:k] [fut-stok], *s.* *(Bot.)* Pedúnculo, pezón.

foot-stall ['fʊtstɔ:l] [fut-stol], *s.* Estribo de mujer para montar.

footstep ['fʊtstep] [fut-step], *s.* 1. Paso, la acción del pie al andar; sonido de un paso. 2. Paso, vestigio, señal, indicio, huella.

foot-stool ['fʊtstu:l] [fut-stul], *s.* Escabelo, escabel, tarimilla, banqueta.

footway ['fʊtweɪ] [fut-uei], *s.* 1. Sendero, senda, camino para peatones. 2. *(Ingl.)* Acera.

footwear ['fʊtwɛəʳ] [fut-ueaʳ], *s.* Calzado.

footwork ['fʊtwɜ:k] [fut-uek], *s.* 1. Movimiento de los pies en el boxeo, el baile, juego de futbol, etc. 2. *(Fam.)* Trabajo que se hace a pie para alguna investigación periodística.

footworn ['fʊtwɔ:n] [fut-uorn], *a.* Estropeado por el paso de los pies. **Footworn carpet**, alfombra gastada por las pisadas. **Footworn traveler**, viajero cansado de caminar.

foozle ['fu:zl] [fu-sel], *v.* Hacer pifias. (Golf) Jugar mal, estropear la jugada.

foozler ['fu:zləʳ] [fus-laʳ], *s.* Chafallón, chambón.

fop [fɒp] [fop], *s.* 1. Petimetre, pisaverde, currutaco, lechuguino. 2. Presumido, casquivano.

foppery ['fɒpərɪ] [fo-pe-ri], *s.* Perifollos, afectación en el vestir.

fopling ['fɒplɪŋ] [fo-plin], *s.* Petimetrillo.

foppish ['fɒpɪʃ] [fo-pish], *a.* Vano, ocioso; vanidoso, afectado, presumido.

for [fɔ:ʳ] [faʳ], *prep.* (Palabra de muy amplia aplicación; indica por lo general la razón de un acto o el objeto que se procura o desea). 1. Por, a causa de. 2. En vista de, en consideración a; con respecto o con relación a; en cuanto a. 3. Para; lo que indica el objeto, el destino o la tendencia. 4. En busca de, según lo que, hacia; en favor o en provecho de; por motivo de; en honor o por el nombre de. 5. Con destino a. **Bound for Veracruz**, destinado a Veracruz. 6. Al grado, punto o número de; en lugar, en vez de; en concepto de. 7. A pesar de. 8. Mientras, durante; desde; por (en sentido futuro). *-conj.* 1. Porque, para que; pues. 2. Por cuanto, en atención a que. **As for me**, tocante a mí. **For as much**, respecto a, en cuanto a, por lo tocante a. **For why?** ¿por qué, para qué? ¿a qué? **For fear**, de miedo. **For pity**, de lástima. **For the present**, por ahora. **It is impossible for me to do it**, no puedo hacerlo, o me es imposible hacerlo. **For all that**, a pesar de eso; con todo eso. **For ever**, por o para siempre. **I took it for granted**, lo tomé por hecho, o por concedido. **To serve for**, servir de. **For the last five years of his life**, durante los últimos cinco años de su vida. **For the time to come**, en lo venidero, en lo futuro. **For aught**, en lo que, a lo que. **It is true for all that I know**, es verdad a lo que creo. **But for**, si no fuese por, a no ser por. **I should do it but for her**, lo haría, si no fuese por ella. **Thus much for**, esto por lo que a tal o cual cosa se refiere. **For shame!** ¡qué vergüenza! **For God's sake!** ¡por Dios, por amor de Dios! **Oh! for beter times!** ¡Oh! vengan tiempos mejores! **A remedy for headache**, un remedio para el dolor de cabeza.

for-. Prefijo que equivale a re- o muy. **Forbreak**, hacer añicos. **Forspend**, cansar al extremo, agotar. **Fordry**, reseco.

forage ['fɒrɪdʒ] [fo-reich], *vn.* 1. Forrajear, andar vagando en busca de forraje, particularmente en tiempo de guerra. 2. Proveer de forraje. *-va.* Recorrer una comarca para obtener forraje y víveres.

forage, *s.* 1. Forraje, pasto, toda especie de alimento para el ganado, particularmente para los caballos en tiempo de guerra. 2. *(Mil.)* **Forage cap**, gorra usada por la infantería.

forager ['fɒrɪdʒəʳ] [fo-rei-chaʳ], *s.* Forrajeador, *(ant.)* forrajero.

foraminifera [ˌfɒræmɪ'nɪfərə] [fo-ra-mi-ni-fe-ra], *s. pl.* Foraminíferos, protozoarios que forman el primer orden de la clase de los rizópodos. Son todos microscópicos y comprenden las especies primeras que aparecieron en el mundo.

foraminous ['fɒræmɪnəs] [fo-ra-mi-nos], *a.* Agujereado, lleno de agujeros.

foramuch ['fɒrəmʌtʃ] [fo-ra-mach], *conj.* **Foramuch as**, puesto que, ya que, visto que, por cuanto.

foray ['fɒreɪ] [fo-rei], *s.* Correría, irrupción; saqueo, pillaje. *-va.* Saquear, pillar, despojar.

forbade [fə'beɪd] [fo-beid], *pret.* del verbo FORBID.

forbear [fɔ:'bɛəʳ] [fo-beaʳ], *vn.* (*pret.* FORBORE ['fɔ:'bɔ:ʳ] [fo-baʳ], *pp.* FORBORNE ['fɔ:'bɔ:n] [fo-born]. 1. Pararse, detenerse, cesar, interrumpirse. 2. Abstenerse, dejar de reprimirse, guardarse. 3. *(Ant.)* Tener paciencia, contenerse. **I can not forbear laughing at it**, no puedo menos que reírme de ello. *-va.* 1. Omitir, dejar de hacer; evitar, abstenerse de; aguantar. 2. Tratar con dulzura.

forbearance [fɔ:'bɛərəns] [fo-bea-rans], *s.* 1. El acto de evitar y precaver que suceda alguna cosa, antiguamente evitación. 2. Intermisión, interrupción. 3. Cachaza. 4. Dulzura, suavidad, paciencia, indulgencia, clemencia. 5. *(Com.)* Espera, prórroga.

forbearer [fɔ:'bɛərəʳ] [fo-bea-raʳ], *s.* El que interrumpe o evita.

forbearing [fɔ:'bɛərɪŋ] [fo-bea-rin], *a.* Paciente, indulgente; dispuesto a abstenerse.

forbid [fə'bɪd] [fo-bid], *va.* (*pret.* FORBADE, *pp.* FORBIDDEN, algunas veces también FORBID). 1. Prohibir, vedar; mandar que no se haga una cosa, o la abstención de ella. 2. Impedir, estorbar. **God forbid**, Dios no quiera, no permita Dios. *-vn.* Prohibir.

forbiddance [fə'bɪdəns] [fo-bi-dans], *s.* (Poco us.) Prohibición.

forbiddenly [fə'bɪdənlɪ] [fo-bi-den-li], *adv.* Ilícitamente.

forbiddenness [fə'bɪdɪnnɪs] [fo-bi-den-nes], *s.* La calidad que hace a una cosa digna de prohibición.

forbidder [fə'bɪdəʳ] [fo-bi-daʳ], *s.* El que prohibe.

forbidding [fə'bɪdɪŋ] [fo-bi-din], *a.* Aborrecible, repugnante, prohibitivo, repusivo, desagradable. *-s.* Obstáculo, oposición.

forbore, *pret.* del verbo TO FORBEAR.

forby ['fɔ:bɪ] [fo-bi], *adv.* y *prep. (Scot.)* 1. Además, a más de esto, fuera que. 2. *(Irel.)* Cerca de, más allá de.

force [fɔ:s] [fors], *s.* 1. Fuerza, vigor, robustez, energía, virtud, poder, eficacia; firmeza de las leyes. 2. Fuerza, violencia, agravio. 3. Toda causa de movimiento. 4. Fuerzas, las armadas y ejércitos de un estado. 5. Necesidad, precisión, hado, destino. **Electromotive force**, fuerza electromotriz. **Main force**, fuerza mayor. **Motive, moving force**, fuerza motriz. **Forcepump**, bomba impelente. **Tensile force**, fuerza de tensión.

force, *va.* 1. Forzar, violentar; obligar o precisar por fuerza; coger alguna cosa a la fuerza. 2. Impeler, esforzar; constreñir. 3. Forzar, entrar y sujetar a fuerza de armas alguna plaza. 4. Forzar, dominar por la fuerza; violar, conocer a una mujer carnalmente contra su voluntad. 5. Mechar, rellenar, tratándose de guisados. 6. *(Hort.)* Forzar, apresurar, hacer madurar temprano. 7. Afinar, purificar los vinos. 8. *(Des.)* Reforzar un puesto, una guarnición, etc., con soldados. **To force along**, hacer avanzar o adelantar. **To force away**, obligar a alejarse. **To force back**, rechazar, hacer retroceder. **To force down**, obligar a bajar. **To force from**, obligar a salir, echar de alguna parte. **To force in**, clavar, meter un clavo, una espada, etc., romper, penetrar por un escuadrón o por un gentío; entrar por fuerza. **To force out**, arrancar, sacar u obtener por fuerza o con violencia; obligar a salir de alguna parte. **To force up**, hacer subir por fuerza.

forced [fɔ:st] [forst], *pp.*/*a.* Forzado, hecho con gran esfuerzo; afectado, exagerado, opuesto a lo natural. **Forced landing**, aterrizaje forzoso. **By forced marches**, a marchas forzadas.

forcedly ['fɔ:sɪdlɪ] [for-sid-li], *adv.* Forzadamente, de una manera forzada; de un modo contrario a lo natural.

forcedness ['fɔ:sɪdnɪs] [for-sid-nes], *s.* Constreñimiento, compulsión, apremio.

forceful ['fɔ:sfʊl] [fors-ful], *a.* 1. Fuerte, potente, poderoso. 2. Dado o impelido por la violencia; violento.

forcefully ['fɔ:sfʊlɪ] [fors-fu-li], *adv.* Forzosamente; violentamente.

forceless ['fɔ:slɪs] [fors-les], *a.* Endeble, débil.

forcemeat ['fɔ:smi:t] [fors-mit], *s.* Relleno, embutido, salpicón. (Voz culinaria).

forceps ['fɔ:seps] [for-seps], *s.* Fórceps, pinzas, tenaza. **Artery forceps**, *(Cir.)* Pinzas de torsión. **Bullet forceps**, sacabalas. **Dressing forceps**, pinzas de curación. **Obstetri-**

cal forceps, fórceps de comadrón, muy usado en los partos laboriosos. **Stage forceps**, pinzas para la plataforma del microscopio.

forcer ['fɔːsəʳ] [for-saʳ], *s.* 1. Forzador; vencedor. 2. Lo que fuerza, impele o violenta. 3. Embolo, el macho de la bomba impelent

forcible ['fɔːsɪbl] [for-si-bol], *a.* 1. Fuerte, potente; eficaz, poderoso; violento. 2. Enérgico; de gran peso; concluyente; obligatorio.

forcibleness ['fɔːsɪblnɪs] [for-si-bol-nes], *s.* Fuerza, violencia.

forcibly ['fɔːsɪblɪ] [for-si-bli], *adv.* Fuertemente, forzadamente; violentamente, por fuerza.

forcing ['fɔːsɪŋ] [for-sin], *a.* y *gerundio* de FORCE. 1. Impelente. 2. Madurador; clarificador del vino por un procedimiento rápido. *-s.* La acción del verbo *to force* en cualquier sentido. **Forcing-bed**, *v.* HOT-BED. **Forcing-house**, invernadero para apresurar el desarrollo de las plantas o hacer salir las flores antes del tiempo natural.

forcipate ['fɔːsɪpeɪt] [for-si-peit], *a.* Lo que tiene figura de pinzas o tenazas.

forcipation [ˌfɔːsɪ'peɪʃən] [for-si-pei-shon], *s.* El acto de atenacear o despedazar con tenazas; uno de los castigos que usaban antiguamente.

ford [fɔːsd] [ford], *s.* 1. Vado. 2. *(Ant.)* Corriente de agua; embarcadero.

ford, *va.* Vadear.

fordable ['fɔːdəbl] [for-da-bol], *a.* Vadeable.

fordo ['fɔːdəʊ] [for-dou], *va.* 1. *(Poét.)* Cansar. 2. *(Des.)* Arruinar.

fore [fɔːʳ] [faʳ], *a.* Anterior, delantero. **Fore foot,** pata delantera. *-adv.* 1. Anteriormente, delante, antes. 2. *(Mar.)* De proa. **Fore and aft**, de popa a proa.

fore. Prefijo que significa: (a) delante, ante, antes; (b) por, a causa de, en razón a; (c) en vez de.

foreallege [ˌfɔːrə'ledʒ] [foʳ-a-lech], *va.* Citar o mencionar antes.

foreappoint [ˌfɔːrə'pɔɪnt] [foʳ-a-point], *vn.* Preordinar.

foreappointment [ˌfɔːrə'pɔɪntmənt] [foʳ-a-point-ment], *s.* Preordinación, predestinación.

forearm ['fɔːrɑːm] [foʳ-arm], *s.* Antebrazo, la parte del brazo que media entre el codo y la mano.

forearm, *va.* Preparar, aparejar y disponer con anticipación armas y pertrechos. **Forewarned, forearmed**, hombre prevenido vale por dos.

forebay ['fɔːbeɪ] [for-bei], *s.* 1. Bocal, canalizo, abertura por donde sale el agua a una rueda hidráulica. 2. La enfermería de un buque.

forebode [fɔː'bəʊd] [for-boud], *vn.* y *va.* Pronosticar, saber de antemano, particularmente lo malo, enojoso o desagradable; presentir, antever; presagiar, indicar. *(Fam.)* **My heart forebodes it**, me lo dice el corazón.

forebodement [fɔː'bəʊdmənt] [for-boud-ment], *s.* Presentimiento, presagio.

foreboder [fɔː'bəʊdəʳ] [for-bou-daʳ], *s.* Adivino o pronosticador, generalmente de mal agüero.

foreboding [fɔː'bəʊdɪŋ] [for-bou-din], *s.* Presentimiento, presagio. *(Fam.)* Corazonada.

foreby ['fɔːbaɪ] [for-bai], *prep. V.* FORBY, 2ª.

forecast ['fɔːkɑːst] [for-kast], *va.* y *vn.* 1. Proyectar, formar o disponer proyectos; arreglar, preparar o trazar de antemano la ejecución de una cosa. 2. Prever, ver con anticipación, conocer o conjeturar de antemano. 3. Predecir, pronosticar.

forecast, *s.* 1. Previsión, penetración. 2. Proyecto, idea, plan trazado de antemano. 3. Pronóstico, pronosticación. *Weather forecast*, pronóstico del tiempo.

forecaster ['fɔːkɑːstəʳ] [for-kas-taʳ], *s.* 1. Previsor; en especial, el observador que predice las condiciones y los fenómenos atmosféricos. 2. El que traza, proyecta o forma la idea de una cosa que se ha de ejecutar después.

forecastle ['fɔːkɑːsl] [for-ka-sel], *s.* *(Mar.)* Castillo de proa.

forechosen ['fɔːtʃuːsn] [for-chu-sen], *pp.* Preelegido.

forecited ['fɔːsɪtɪd] [for-si-ted], *a.* Precitado, ya citado, arriba citado.

foreclose [fɔː'kləʊz] [for-klous], *va.* Cerrar, impedir el paso, excluir; en especial, *(For.)* vender por orden judicial la cosa hipotecada o privar judicialmente del derecho de redimirla.

foreclosure [fɔː'kləʊʒəʳ] [for-klo-shaʳ], *s.* *(For.)* Exclusión del derecho de redimir la cosa hipotecada.

foredate ['fɔːdeɪt] [for-deit], *va. V.* ANTEDATE.

foredeck ['fɔːdek] [for-dek], *s.* *(Mar.)* Proa, la parte delantera del navío.

foredesign ['fɔːdɪzaɪn] [for-di-sain], *va.* Prevenir, proyectar.

foredoom ['fɔːduːm] [for-dum], *va.* Predestinar, predeterminar, condenar de antemano.

fore end ['fɔː'end] [for-end], *s.* Delantera, la parte anterior de alguna cosa.

forefather ['fɔːˌfɑːðəʳ] [for-fa-daʳ], *s.* Abuelo, ascendiente, antecesor.

forefinger ['fɔːˌfɪŋgəʳ] [for-fin-gaʳ], *s.* Índice, el dedo segundo de la mano.

forefoot ['fɔːfʊt] [for-fut], *s.* 1. Mano, pie delantero de cualquier cuadrúpedo. 2. *(Mar.)* Gorja, tajamar.

forefront ['fɔːfrɒnt] [for-front], *s.* La parte más adelantada; la primera fila, el primer puesto. **The forefront of a battle**, lo más recio de una batalla.

foreganger ['fɔːgændʒəʳ] [for-gan-chaʳ], *s.* 1. Predecesor. 2. Cuerda de arpón.

foreglimpse ['fɔːglɪmpz] [for-glimps], *s.* Vislumbre del futuro.

forego ['fɔːgəʊ] [for-gou], *va.* (*pret.* FOREWENT, *pp.* FOREGONE). 1. Ceder, renunciar, perder; hacer dimisión de algo. 2. Anteceder, preceder. 3. Descuidar, olvidarse de.

foregoer ['fɔːgəʊəʳ] [for-gouaʳ], *s.* Abuelo, progenitor; precursor; el que hace cesión.

foregoing ['fɔːgəʊɪŋ] [for-gouin], *s.* Precedente; el que va delante.

foregone ['fɔːgəʊn] [for-goun], *pp.* y *a.* Predeterminado, decidido de antemano.

foreground ['fɔːgraʊnd] [for-graund], *s.* Delantera, primer plano, la parte del campo de una pintura que parece estar próximo al que mira.

forehand ['fɔːhænd] [for-jand], *s.* 1. Cuarto delantero del caballo. 2. Posición ventajosa. 3. Adelantado, anticipado. *-a. (Scot.)* Delantero, hacia adelante.

forehanded ['fɔːhændɪd] [for-jan-did], *a.* 1. Temprano, lo que se hace o sucede antes del tiempo ordinario; hecho en tiempo oportuno. 2. *(E.U.)* Que tiene dinero ahorrado; poseedor de recursos o bienes.

forehead ['fɔːhed] [for-jed], *s.* 1. Frente, el espacio que hay en el rostro desde las cejas hasta el cabello. 2. Descaro, desvergüenza, insolencia.

forehew ['fɔːhjuː] [for-jiu], *va.* Cortar alguna cosa por la parte anterior o delantera.

forehorse ['fɔːhɔːs] [for-jors], *s.* *(Des.)* Caballo delantero.

foreign ['fɒrɪn] [fo-rein], *a.* 1. Extranjero, que pertenece a otra nación, o que tiene relación con otros países. 2. Exótico, exterior; que procede de otro país. 3. Extraño, advenedizo. 4. Ajeno, remoto; excluído. **Foreign trade**, comercio extranjero. **Foreign Office**, *(Ingl.)* Ministerio de Estado o de negocios extranjeros. **Foreign products**, productos exóticos.

foreign-built ['fɒrɪnˌbɪlt] [fo-rein-bilt], *a.* Construido en el extranjero.

foreigner ['fɒrɪnəʳ] [fo-ri-naʳ], *s.* Extranjero, forastero.

foreignism ['fɒrɪnɪzm] [fo-ri-nism], *s.* Extranjerismo.

foreignness ['fɒrɪnnɪs] [fo-rin-nes], *s.* Inconexión, extrañeza, falta de conexión entre dos cosas.

forejudge, *va. V.* PREJUDGE.

forejudgment ['fɔː'dʒʌdʒmənt] [for-yach-ment], *s.* Juicio formado con antelación al completo conocimiento de una cosa; prevención.

foreknow ['fɔːnəʊ] [for-nou], *va.* Prever, tener presciencia de alguna cosa, conocer de antemano.

foreknowable ['fɔːnəʊəbl] [for-noua-bol], *a.* Lo que se puede prever.

foreknower ['fɔːnəʊer] [for-nouaʳ], *s.* Previsor, el que conoce o sabe lo que ha de acontecer.

foreknowledge ['fɔːnəʊlɪdʒ] [for-nou-lich], *s.* Presciencia, precognición.

foreland ['fɔːlænd] [for-land], *s.* Cabo, promontorio.

forelay ['fɔːleɪ] [for-lei], *va.* Poner asechanzas; prevenir.

foreleader ['fɔːliːdəʳ] [for-li-daʳ], *s.* El que guía a otros con su ejemplo.

foreleg ['fɔːleg] [for-leg], *s.* Brazo, pata delantera.

forelock ['fɔːlɒk] [for-lok], *s.* 1. Melena, mechón de pelo que cae sobre la frente. 2. *(Mar.)* Chaveta, cuñita de hierro que entra en el ojo del perno para afianzarlo. **Forelock bolts**, pernos de chaveta.

forelook ['fɔːluːk] [for-luk], *vn.* Mirar de antemano.

foreman ['fɔːmən] [for-man], *s.* 1. El presidente del jurado. 2. Capataz; regente de imprenta; jefe (de un taller, de una cuadrilla de trabajadores); dependiente principal de un establecimiento; oficial mayor en las oficinas públicas.

foremast ['fɔːmɑːst] [for-mast], *s.* *(Mar.)* Palo de trinquete.

forementioned ['fɔːmenʃənd] [for-men-shond], *a.* Ya citado, arriba citado.

foremost ['fɔːməʊst] [for-moust], *a.* Delantero; primero en situación o dignidad.

foremother ['fɔːmʌðəʳ] [for-ma-daʳ], *sf.* Abuela, ascendiente, antepasada.

forename ['fɔːneɪm] [for-neim], *s.* Prenombre, el nombre que precede al de familia, o apellido nombre de pila.

forenamed ['fɔːneɪmd] [for-neimd], *a.* Ya nombrado, susodicho.

forenoon ['fɔːnuːn] [for-nun], *s.* La mañana hasta mediodía.

forensic [fə'rensɪk] [fo-ren-sik], *a.* Forense, lo que pertenece al foro; empleado en los pleitos o las formas judiciales.

foreordain ['fɔː'ɔːdaɪn] [for-or-dain], *va.* Preordinar, predestinar.

foreordination ['fɔːrədaɪ'neɪʃən] [for-or-dai-nei-shon], *s.* Predeterminación.

forepart ['fɔːpɑːt] [for-part], *s.* Delantera; la primera parte. (Forma incorrecta; debe escribirse *Fore part.*)

forepromise ['fɔːprəmɪs] [for-pro-mis], *va.* Prometer de antemano.

foreprize ['fɔːpraɪz] [for-prais], *va.* Apreciar o estimar de antemano.

foreran, *pret.* de FORERUN.

fore-rank ['fɔːræŋk] [for-rank], *s.* Primera fila; frente, hilera del frente.

forereach ['fɔːriːtʃ] [for-rich], *va.* *(Mar.)* Navegar delante de otro buque.

fore-remembered ['fɔːrɪ'membəd] [for-ri-mem-berd], *a.* Ya acordado o mencionado.

forerun ['fɔːrʌn] [for-ran], *va.* (*pret.* FORERAN, *pp.* FORERUN, *ger.* FORERUNNING). 1. Preceder, ir delante como pronóstico o señal de lo que sigue. 2. Adelantarse, llegar antes que otro. 3. Anunciar.

forerunner ['fɔːrʌnəʳ] [for-ra-naʳ], *s.* 1. Precursor, el que va delante de otro; predecesor. 2. Presagio, pronóstico, anuncio, preludio. 3. Corredor, batidor. *(Mil.)* Explorador.

foresaid ['fɔːseɪd] [for-seid], *a.* Ya dicho, antedicho, susodicho.

foresail ['fɔːseɪl] [for-seil], *s.* Trinquete.

foresee ['fɔːsiː] [for-si], *va.* (*pret.* FORESAW, *pp.* FORESEEN). Prever, tener presciencia, anticipar.

foreseer ['fɔːsiːəʳ] [for-siaʳ], *s.* Previsor, el que prevé.

foreshadow [fɔː'ʃædəʊ] [for-sha-dou], *va.* Prefigurar, simbolizar.

foreship ['fɔːʃɪp] [for-ship], *s.* *(Mar.)* Proa, la parte delantera de una embarcación.

foreshorten ['fɔːʃɔːtən] [for-shor-ten], *va.* *(Pint.)* Escorzar, degradar, reducir la longitud de un cuerpo u objeto, según las reglas de la perspectiva.

foreshow ['fɔːʃəʊ] [for-shou], *va.* Exhibir de antemano; predecir, pronosticar.

foreshower ['fɔːʃawəʳ] [for-sha-uaʳ], *s.* El que predice algún acontecimiento.

foreside ['fɔːsaɪd] [for-said], *s.* 1. Apariencia superficial. 2. El frente, la parte anterior de una cosa.

foresight ['fɔːsaɪt] [for-sait], *s.* 1. Previsión, providencia, prevención, cuidado por lo que puede suceder. 2. Presciencia. 3. Entre los agrimensores, croquis de nivel.

foresightful ['fɔːsaɪtfʊl] [for-sait-ful], *a.* Próvido, prevenido, cuidadoso.

foresignify ['fɔːsaɪnɪfaɪ] [for-sai-ni-fai], *va.* Prefigurar, presagiar, simbolizar.

foreskin ['fɔːrskɪn] [fors-kin], *s.* Prepucio.

foreskirt ['fɔːrskɜːt] [fors-kert], *s.* Parte delantera de una falda o de un faldón.

foreslow ['fɔːrsləʊ] [fors-lou], *va.* *(Des.)* Tardar, retardar, impedir; omitir. *-vn.* Descuidar; detenerse.

forespeak ['fɔːrspiːk] [fors-pik], *vn.* 1. *(Prov. Ingl.)* Predecir; prohibir; consagrar. 2. *(Scot.)* *V.* BESPEAK.

forespent ['fɔːrspent] [fors-pent], *a.* 1. *(Ant.)* Pasado, gastado, coonsumido. 2. Cansado, fatigado.

forespurrer ['fɔːrspʊərəʳ] [fors-pue-raʳ], *s.* *(Des.)* Postillón, el que va a caballo delante de otro.

forest ['fɒrɪst] [fo-rist], *s.* Monte espeso, bosque, selva, foresta. **Forest-tree**, árbol del bosque, a diferencia de un árbol frutal. **Forest-born,** salvaje, nacido y criado en los bosques. **To thin a forest**, despejar o aclarar un bosque.

forest, *va.* Arbolar; formar un bosque.

forestaff ['fɔː'stɑːf] [fors-taf], *s.* *(Mar.)* Ballestilla, instrumento que usaban los náuticos para tomar las alturas del sol, la luna y las estrellas.

forestage ['fɔː'steɪdʒ] [for-steich], *s.* Un tributo pagado antiguamente en Inglaterra por los que vivían en los montes.

forestal ['fɒrɪstəl] [fo-ris-tal], *a.* Forestal, relativo a las selvas o proveniente de ellas.

forestall [fɔː'stɔːl] [fors-tol], *va.* 1. Anticipar. 2. Preocupar, prevenir. 3. Monopolizar, acaparar (los géneros de un mercado).

forestaller [fɔː'stɔːləʳ] [fors-to-laʳ], *s.* Monopolista; acopiador.

forestalling [fɔː'stɔːlɪŋ] [fors-to-lin], *s.* Monopolio, acopio.

forestation [fɔː'steɪʃən] [fors-tei-shon], *s.* Forestación.

forestay [fɔː'steɪ] [fors-tei], *s.* *(Mar.)* Estay del trinquete. **Forestay-tackle**, *(Mar.)* Candeletón.

forested ['fɒrɪstɪd] [fo-ris-tid], *a.* Arbolado, poblado de árboles.

forester ['fɒrestəʳ] [fo-res-taʳ], *s.* 1. Guardabosque. 2. Habitante de los bosques. 3. Árbol del bosque. 4. Mariposa del grupo de los cigénidos cuya oruga se alimenta de las hojas de la vid.

forestine ['fɒrɪstiːn] [fo-ris-tin], *a.* Natural de los bosques o hallado en ellos.

forestry ['fɒrɪstrɪ] [fo-ris-tri], *s.* Selvicultura, arte de plantar, cultivar y proteger las selvas.

foretackle ['fɔː'tækl] [for-ta-kel], *s.* *(Mar.)* Aparejo del gancho del trinquete.

foretaste ['fɔːteɪst] [for-teist], *va.* 1. Tener presciencia o conocimiento previo de alguna cosa. 2. Catar o gustar antes que otro.

foretaste, *s.* Goce por anticipación.

foretaster ['fɔːteɪstəʳ] [for-teis-taʳ], *s.* Catador, el que gusta o prueba alguna cosa antes que otro.

foretell [fɔː'tel] [for-tel], *va.* Predecir, prenunciar, profetizar, presagiar. *-vn.* Profetizar o ser profeta.

foreteller [fɔː'teləʳ] [for-te-laʳ], *s.* Profeta.

foretelling [fɔː'telɪŋ] [for-te-lin], *s.* Predicción, profecía, presagio.

forethink ['fɔːθɪŋk] [for-zink], *va.* *(Des.)* Premeditar, pensar o considerar anticipadamente. *-vn.* *(Des.)* Idear, proyectar, discurrir medios de antemano para el logro de algún intento.

forethought ['fɔːθɔːt] [for-zot], *s.* Presciencia, providencia; prevención; premeditación. *-a.* Premeditado, previsto, pensado con anticipación.
foretoken [fɔː'təukən] [for-tou-ken], *va.* Pronosticar; prefigurar.
foretoken, *s.* Pronóstico, presagio, señal anunciadora.
foretop ['fɔːtɒp] [for-top], *s.* 1. *(Mar.)* Cofa de trinquete. 2. Tupé. 3. Copete (of horse).
forever [fər'evəʳ] [for-evaʳ], *adv.* Siempre; para siempre (for always). (En Inglaterra se suele escribir en dos palabras, **for ever**). **Forevermore**, por siempre, para siempre. **Forever and a day** o **forever and ever**, para siempre jamás.
forewarn [fɔː'wɔːn] [for-uorn], *va.* 1. Prevenir o amonestar de antemano. 2. Advertir o avisar a alguno acerca de lo que ha de suceder. 3. Precautelar, precaver o prevenir contra alguna cosa. **Forewarned is forearmed,** persona prevenida vale por dos.
forewind [fɔː'wɪnd] [for-uind], *s.* Viento favorable.
forewoman [fɔː'wʊmən] [for-uo-man], *s.* Primera oficiala de un taller de mujeres; encargada.
foreword [fɔː'wɜːd] [for-ued], *s.* Preámbulo, prólogo, advertencia.
foreyard [fɔː'jɑːd] [for-yard], *s. (Mar.)* Verga del trinquete.
forfeit ['fɔːfɪt] [for-fit], *s.* 1. Multa, pena (fine), la cosa perdida por su dueño como castigo de una falta o contravención; pérdida legal de un derecho; decomiso. **To pay the forfeit**, sufrir la pena de. 2. Prenda, gaje (en los juegos). **Game of forfeits**, juego de prendas. *-a.* 1. Sujeto a multa o confiscación. 2. Confiscado, perdido (lost).
forfeit, *va.* 1. Perder el título a una cosa o la posesión de ella por dejar de cumplir alguna obligación o condición. 2. Perder o exponerse a perder alguna cosa por falta, omisión, contravención, etc.; incurrir en la pena de embargo o confiscación.
forfeitable ['fɔːfɪtəbl] [for-fi-ta-bol], *a.* Confiscable.
forfeiter ['fɔːfɪtəʳ] [for-fi-taʳ], *s.* 1. El que pierde una cosa por faltar a alguna de las condiciones bajo las cuales la poseía. 2. El que incurre en una pena por dejar de cumplir con su obligación.
forfeiture ['fɔːfɪtəʳ] [for-fi-taʳ], *s.* Confiscación; secuestro, decomiso, pérdida de bienes; multa (fine).
forfend ['fɔːfend] [for-fend], *va. (Ant.)* Impedir; desviar. **Heaven forfend!**, ¡líbreme el cielo!
forficula ['fɔːfɪkjʊlə] [for-fi-kiu-la], *s. V.* EARWIG.
forgather [fɔː'gæðəʳ] [for-ga-daʳ], *vi.* Reunirse.
forgave ['fɔːgeɪv] [for-gueiv], *pret.* del verbo TO FORGIVE.
forge [fɔːdʒ] [forch], *s.* 1. Fragua; fábrica de metales. 2. Forja, hornaza. **Forge-hearth**, atrio, hogar de fábrica.
forge, *va.* 1. Forjar, fraguar obras de herrería, cerrajería u otros metales. 2.Contrahacer, falsificar, falsear monedas, llaves, sellos, escritos, etc. 3. Forjar palabras, cuentos, etc. 4. Fraguar calumnias, falsedades, etc.; tramar, inventar. **To forge off**, *(Mar.)* franquear por encima de una roca o arrecife.
forger ['fɔːdʒəʳ] [for-yaʳ], *s.* Forjador, fraguador; falsificador, falsario.
forgery ['fɔːdʒərɪ] [for-ye-ri], *s.* 1. Falsificación; alteración de lo escrito con intención de defraudar; el acto de hacer moneda falsa; falsedad. 2. Forjadura, lo que se forja en la fragua.
forget [fə'get] [fo-guet], *va.* (*pret.* FORGOT, *pp.* FORGOTTEN). 1. Olvidar. **Forget it**, no piense más en ello, no se preocupe. 2. Descuidar, dejar de atender. **Don't you forget it!**, ¡que no se te olvide! **I forgot all about it,** se me olvidó por completo.
forgetful [fə'getfʊl] [fo-guet-ful], *a.* Olvidadizo, descuidado, desmemoriado.
fogetfulness [fə'getfʊlnɪs] [fo-guet-ful-nes], *s.* Olvido, descuido, negligencia.
forget-me-not [fə'getmɪnɒt] [fo-guet-mi-not], *s.* Raspilla, miosota, planta y su flor, llamada comúnmente Nomeolvides.
forgetter [fə'getəʳ] [fo-gue-taʳ], *s.* Olvidadizo, el que es negligente o descuidado.
forgetting [fə'getɪŋ] [fo-gue-tin], *s.* Olvido, descuido, negligencia.
forgettingly [fə'getɪŋlɪ] [fo-gue-tin-li], *adv.* Descuidadamente.
forging [fə'gɪŋ] [fo-chin], *s.* 1. Defecto de algunas caballerías que golpean un pie con otro al andar o trotar. 2. Forja, forjadura; masa o trozo de metal al que se da forma martilleándolo.
forgivable [fə'gɪvəbl] [fe-gui-va-bol], *a.* Perdonable, remisible.
forgive [fə'gɪv] [fe-guiv], *va.* 1. Perdonar, remitir la injuria. 2. Perdonar, remitir una deuda o pena.
forgiven [fə'gɪvn] [fo-gui-ven], *pp.* del verbo TO FORGIVE.
forgiveness [fə'gɪvnnɪs] [fo-gui-ven-nes], *s.* Perdón u olvido de alguna injuria; condonación, indulgencia, remisión de multa o pena; clemencia, misericordia, absolución.
forgiver [fə'gɪvəʳ] [fo-gui-vaʳ], *s.* Perdonador.
forgo [fɔː'gəʊ] [fo-gou], *va.* y *vn.* (*pret.* FORWENT, *pp.* FORGONE). (Poco us.) *V.* FOREGO. Abandonar, renunciar a, privarse de.
forgot [fə'gɒt] [fo-got], *pret.* y *pp.* de TO FORGET.
forgot, forgotten, *pp.* de TO FORGET.
forisfamiliate [ˌfərɪs'fæmɪlɪeɪt] [fo-ris-fa-mi-lieit], *va. (For.)* Dar al hijo la posesión de una parte de la herencia durante la vida de su padre.
fork [fɔːk] [fork], *s.* 1. Tenedor (table). 2. Horca para aventar o hacinar heno, paja, estiércol, etc. 3. Cualquier cosa de figura ahorquillada: como la punta de una flecha; una púa, etc. 4. Bifurcación; paraje donde un camino se divide en dos; confluencia de un río. 5. *(Des.)* Horca, el patíbulo (gibbet).
fork, *va.* 1. Hacinar, echar, cargar con una horca; ahorquillar. 2. Hacer terminar en punta, o hacer dentado, como una rama. 3. (Chess) Atacar o amenazar dos piezas a la vez. *-vn.* 1. Ahorquillarse, bifurcarse. 2. Brotar en forma de horquillas.
forked [fɔːkt] [forkt], *a.* Horcado, lo que tiene la forma de horca u horquilla, ahorquillado, hendido.
forkedly ['fɔːktlɪ] [forkt-li], *adv.* En figura de horquilla.
forkedness ['fɔːkɪdnɪs] [for-kid-nes], *s.* Horcajadura, horcadura, horquilladura.
forkhead ['fɔːkhed] [fork-jed], *s.* Lengüeta de saeta o flecha.
forkiness ['fɔːkɪnɪs] [for-ki-nes], *s.* Horcadura.
forklift truck [ˌfɔːklɪft'trʌk] [fork-lift-trak], *s.* Carretilla elevadora.
forktail ['fɔːkteɪl] [fork-teil], *s.* 1. Milano, ave de rapiña. 2. Tirano, pájaro de la América tropical. 3. Salmón en su carto año.
forlorn [fə'klɔːn] [for-lorn], *a.* 1. Abandonado, destituído, perdido, olvidado, desamparado, desesperado (forgotten, lost). 2. Pequeño, ruin. **Forlorn hope**, destacamento militar encargado de un seervicio excepcional y en extremo peligroso; también, una empresa desesperada o con muy escasa esperanzas de éxito. *-s.* Hombre abandonado o desamparado.
forlornness [fə'klɔːnnɪs] [for-lorn-nes], *s.* Desamparo, miseria; soledad, abandono.
form [fɔːm] [form], *s.* 1. Forma, figura, modelo; modo. 2. Hermosura, elegancia exterior. 3. Ceremonia, formalidad, orden. 4. Método, práctica establecida (method). 5. Banco, asiento largo. 6. Forma, molde, patrón. 7. Cama de liebre, surco o ligera depresión en vez de madriguera. 8. Forma, molde que se pone en la prensa para imprimir. 9. La condición y el estado general, p. ej. de un caballo de carrera; de aquí, porte, conducta. 10. Lo que tiene figura o contorno sin cuerpo; aparición, sombra. **For form's sake**, por pura fórmula, para cumplir con las apariencias, por ceremonia. **In due form**, en toda forma, según las reglas, en debida forma. **Form in a school**, clase de una escuela. 11. *(E.U.)* Esqueleto.
form, *va.* 1. Formar, hacer alguna cosa. 2. Formar, dar a las cosas una forma o figura; modelar, idear. 3. Poner en orden,

juntar, colocar; asentar, componer, arreglar; hacer constituir. 4. Formar ideas, juicios. 5. *(Mil.)* Formar, poner en orden. *-vn.* Formarse, tomar una forma o figura.

formal ['fɔːməl] [for-mal], *a.* 1. Formal, hecho o ejecutado según las regla; metódico, regular. 2. Exterior; en apariencia, pero sin substancia ni esencia. 3. Ceremonioso, formalista, etiquetero. 4. Formal, que se refiere a la forma, en oposición a la materia. 5. Esencial, constitutivo.

formaldehyde [fɔː'mældɪhaɪd] [for-mal-di-jaid], *s. (Quím.)* Formaldehida, la aldehida del ácido fórmico (CH2O). Es un gas acre y un agente antiséptico de primer orden, muy usado hoy para desinfectar habitaciones, buques, etc.

formalin ['fɔːməlɪn] [for-ma-lin], *s. (Quím.)* Formalina, nombre de una solución acuosa de la formaldehida.

formalism ['fɔːməlɪzəm] [for-ma-lisem], *s.* Formalismo.

formalist ['fɔːməlɪst] [for-ma-list], *s.* Ceremoniático, formalista.

formality ['fɔːməlɪtɪ] [for-ma-li-ti], *s.* 1. Formalidad, ceremonia, etiqueta. 2. Formalidad, regla prescrita para proceder en juicio. 3. Esencia de una cosa.

formalize ['fɔːməlaɪz] [for-ma-lais], *va.* Formalizar, dar forma.

formally ['fɔːməlɪ] [for-ma-li], *adv.* Formalmente, con toda solemnidad; realmente. **Forma pauperis**, *(For.)* defendido por pobre.

format ['fɔːmæt] [for-mat], *s.* Formato (de una publicación).

formate ['fɔːmeɪt] [for-meit], *s. (Quím.)* Formiato, sal formada de ácido fórmico con alguna base.

formation [fɔː'meɪʃən] [for-mei-shon], *s.* 1. Formación, acción de formar; manera en que se forma una cosa; desarrollo. 2. Disposición de las partes para dar individualidad o forma característica. 3. Lo que está formado; *(Geol.)* formación.

formation flying [fɔː'meɪʃənˌflaɪɪŋ] [for-mei-shon-flai-in], *s.* Vuelo en formación.

formative ['fɔːmətɪv] [for-ma-tiv], *a.* Formativo, que forma o da la forma.

former ['fɔːmər] [for-mar], *a.* Anterior, primero; pasado, antecedente, precedente. *-s.* Formador; molde, matriz.

formerly ['fɔːməlɪ] [for-mer-li], *adv.* Antiguamente, en tiempos pasados.

formic ['fɔːmɪk] [for-mik], *a.* Fórmico, referente a las hrmigas; derivado del ácido fórmico. **Formic acid**, acido fórmico o ácido de hormigas.

formication ['fɔːmɪ'keɪʃən] [for-mi-kei-shon], *s.* Hormigueo, sensación de comezón o picazón entre cuero y carne.

formicative ['fɔːmɪkətɪv] [for-mi-ka-tiv], *a.* Formicante.

formidable ['fɔːmɪdəbl] [for-mi-da-bol], *a.* Formidable, pavoroso, terrible, tremendo.

formidableness ['fɔːmɪdəblnɪs] [for-mi-da-bol-nes], *s.* Calidad espantosa o formidable; horror.

formidably ['fɔːmɪdəblɪ] [for-mi-da-bli], *adv.* Formidablemente, horriblemente.

formless ['fɔːmlɪs] [form-les], *a.* Informe, disforme, deforme.

form letter ['fɔːm'letər] [form-le-tar], *s.* Carta circular.

formol ['fɔːməl] [for-mol], *s. (Quím.)* Formol.

formula ['fɔːmjʊlə] [for-miu-la], *s.* (*pl.* LAS ó LÆ). 1. Fórmula, forma prescrita. 2. Profesión de fe escrita. 3. *(Med.)* Receta médica, récipe. 4. Regla expresada en signos algebraicos. 5. *(Quím.)* Grupo de signos que expresan los elementos constitutivos de un cuerpo o de una substancia compuesta.

formulary ['fɔːmjʊlərɪ] [for-miu-la-ri], *s.* Formulario, el libro o escrito que contiene las fórmulas que se han de observar para la ejecución de alguna cosa.

formulate ['fɔːmjʊleɪt] [for-miu-leit], *va.* Formular, expresar en una fórmula; incluir en una forma exacta y metódica.

formulation ['fɔːmjʊleɪʃən] [for-miu-lei-shon], *s.* Formulación.

formulism ['fɔːmjʊlɪzm] [for-miu-li-sem], *s.* Formulismo.

formulist ['fɔːmjʊlɪst] [for-miu-list], *s.* Formulista.

formulistic ['fɔːmjʊlɪstɪk] [for-miu-lis-tik], *a.* Formulista.

formulize ['fɔːmjʊlaɪz] [for-miu-lais], *va.* 1. Hacer formal, formalizar. 2. Formular. *V.* FORMULATE.

fornicate ['fɔːnɪkeɪt] [for-ni-keit], *vn.* fornicar.

fornicate, *a.* Arqueado; abovedado, en forma de bóveda.

fornicated ['fɔːnɪkeɪtɪd] [for-ni-kei-tid], *a.* Abovedado.

fornication [ˌfɔːnɪ'keɪʃən] [for-ni-kei-shon], *s.* 1. Fornicación, cópula carnal entre dos personas que no están casadas. 2. *(Arq.)* Bóveda.

fornicator ['fɔːnɪkeɪtər] [for-ni-kei-tar], *s.* Fornicador, fornicario.

fornicatress ['fɔːnɪkətrɪs] [for-ni-ka-tris], *sf.* Concubina; manceba.

fornix ['fɔːnɪks] [for-niks], *s. (Anat.)* Superficie abovedada. La parte arqueada de una concha bivalva.

forsake ['fɔːseɪk] [for-seik], *va.* (*pret.* FORSOOK, *pp.* FORSAKEN). Dejar, abandonar; faltar a, desertar; separarse de; alejarse de; renunciar.

forsaker ['fɔːseɪkər] [for-sei-kar], *s.* Desertor; apóstata.

forsaking ['fɔːseɪkɪŋ] [for-sei-kin], *s.* Abandono.

forsooth ['fɔːsuːθ] [for-suz], *adv.* Ciertamente. ¡De veras! ¡vaya! Se usa hoy generalmente en sentido irónico.

forswear ['fɔːswɛər] [fors-uear], *va.* (*pret.* FORSWORE, *pp.* FORSWORN). Renunciar con juramento; negar con juramento. **To foreswear oneself**, perjurarse. *-vn.* Perjurar, jurar falso.

forswearer ['fɔːswɛərər] [fors-uea-rar], *s.* Perjurador, perjuro.

forsworn, *pp.* de FORSWEAR.

fort [fɔːt] [fort], *s.* Fuerte, castillo, fortaleza. **Little fort**, fortín.

fortalice ['fɔːtəlaɪz] [for-ta-lais], *s.* Fortín, obra pequeña en lo exterior de una fortificación.

forte [fɔːt] [fort], *s.* El fuerte, el lado fuerte de alguno; talento o facultad particular en que uno se distingue o descuella.

forte, *s. (Mús.)* Forte, el trozo donde debe esforzarse el sonido. *-a.* De sonido fuerte.

forth [fɔːθ] [forz], *adv.* 1. En adelante, hacia adelante, adelante; delante. 2. Fuera, afuera. 3. A la vista, públicamente. 4. Hasta lo último. **And so forth**, y así de lo demás; etcétera. **To go** o **come forth**, irse, salir fuera. **To step forth**, ir adelante, avanzar. **From that day forth**, desde aquel día en adelante. *-prep.* Fuera de.

forthcoming [fɔːθ'kʌmɪŋ] [forz-ka-min], *a.* 1. Pronto a comparecer, que viene o está viniendo. 2. Próximo, venidero, disponible. **He is not forthcoming**, no viene; no es fácil que se presente o que venga. **Funds will not be forthcoming**, no habrá fondos disponibles.

forth-issuing [fɔːθ'ɪsjuːɪŋ] [forz-isuin], *a.* Se dice de la persona o cosa que sale de donde estaba oculta.

forthputting [fɔːθ'pʌtɪŋ] [forz-pa-tin], *a.* Atrevido, descarado.

forthright ['fɔːθraɪt] [forz-rait], *adv.* Todo derecho, directamente, francamente, inmediatamente. *-s.* Senda angosta.

forthwith ['fɔːθwɪθ] [forz-uiz], *adv.* Inmediatamente, sin dilación, sin tardanza.

forties ['fɔːtiːz] [for-tis], *s. pl.* Los números desde el cuarenta al cuarenta y nueve.

fortieth ['fɔːtɪɪθ] [for-tiez], *s.* Cuadragésimo.

fortifiable [fɔː'tɪfɪəbl] [for-ti-fia-bol], *a.* Fortificable.

fortification [ˌfɔːtɪfɪ'keɪʃən] [for-ti-fi-kei-shon], *s.* 1. Fortificación, arquitectura militar; acción de fortificar; obra construída para defenderse contra un ataque. 2. Plaza fuerte; fortaleza. 3. Aumento de fuerza.

fortifier ['fɔːtɪfaɪər] [for-ti-faiar], *s.* 1. Fortificador, ingeniero militar. 2. Fautor.

fortify ['fɔːtɪfaɪ] [for-ti-fai], *va.* 1. Fortificar. 2. Fortalecer, dar vigor o fuerzas a alguna cosa. 3. Corroborar, fijar, establecer, confirmar.

fortissimo [fɔːt'iːsɪməʊ] [for-ti-si-mou], *a.* y *adv.* *(Ital.)* Muy fuerte o fortísimo.

fortitude ['fɔːtɪtjuːd] [for-ti-tiud], *s.* 1. Fortaleza de ánimo para soportar el dolor o la adversidad con valor ó paciencia; resolución, firmeza, grandeza de alma. 2. Fuerza, vigor.
fortlet ['fɔːtlet] [fort-let], *s.* Fortín.
fortnight ['fɔːtnaɪt] [fort-nait], *s.* Quince días, dos semanas, quincena. **A fortnight hence**, de aquí a quince días. **A fortnight ago**, hace quince días.
fornightly ['fɔːtnaɪtlɪ] [fort-nait-li], *a.* y *adv.* Una vez cada quince días; que sale a luz, ocurre o se publica cada quincena.
fortress ['fɔːtrɪs] [for-tris], *s.* Fortaleza, plaza fortificada, castillo, fuerte.
fortuitous [fɔː'tjuːɪtəs] [for-tui-tos], *a.* Fortuito, impensado, casual, accidental.
fortuitously [fɔː'tjuːɪtəslɪ] [for-tui-tos-li], *adv.* Fortuitamente, por casualidad, accidentalmente.
fortuitousness [fɔː'tjuːɪtəsnɪs] [for-tui-tos-nes], *s.* Casualidad, acontecimiento impensado.
fortuity [fɔː'tjuːɪtɪ] [for-tui-ti], *s.* Caso fortuito; accidente.
fortunate ['fɔːtʃənɪt] [for-chu-nit], *a.* Afortunado, feliz, dichoso.
fortunately ['fɔːtʃənɪtlɪ] [for-chu-na-tli], *adv.* Felizmente, dichosamente.
fortune ['fɔːtʃən] [for-chun], *s.* 1. Fortuna, suerte, buenaventura o mala. 2. Fortuna, el estado o condición en que uno vive. 3. Fortuna, suerte, destino, lo que ha de suceder a una persona. 4. Bienes de fortuna, sean raíces o muebles. **Man of fortune**, hombre rico. 5. Hacienda; dote, el caudal que lleva la mujer al tiempo de casarse. **To make one's fortune**, hacer su propia fortuna, enriquecerse. **A man of broken fortune**, un hombre arruinado. **Fortune-hunter**, buscador de dotes, el que anda en busca de esposa rica. **Fortune-teller**, sortílego, adivino, nigromante; gitano que dice la buenaventura.
fortuned ['fɔːtʃənd] [for-chund], *a.* Afortunado, dichoso.
fortune-book ['fɔːtʃənˌbʊk] [for-chun-buk], *s.* Libro de la buenaventura.
fortuneless ['fɔːtʃənlɪs] [for-chun-les], *a.* Sin fortuna, sin bienes.
fortuneller ['fɔːtʃənlə^r] [for-chun-la^r], *s.* Adivino, el que dice la buenaventura.
forty ['fɔːtɪ] [for-ti], *a.* y *s.* 1. Cuarenta. 2. Cuarentena, número indeterminado. **He has turned forty**, ha cumplido la cuarentena, o los cuarenta. **He is forty**, tiene cuarenta años. **Forty winks**, siestecita.
forum ['fɔːrəm] [fo-rum], *s.* 1. Foro, plaza pública. 2. Tribunal, juzgado.
forward ['fɔːwəd] [for-uard], *adv.* Adelante, hacia adelante, más allá. **Hence forward**, de aquí en adelante. **From this time forward**, de aquí en adelante, en lo venidero. **From that time forward**, desde entonces, desde aquel instante. **To go, to more forward**, ir hacia adelante, adelantar. *-a.* 1. Delantero, que va delante o está al frente. 2. Precoz, adelantado, anterior. 3. Pronto, activo, que va adelante; apresurado, vivo, listo. 4. Audaz, osado, emprendedor, atrevido, descarado. 5. *(Pol.)* Avanzado, progresista.
forward, *va.* 1. Adelantar; hacer crecer; promover, patrocinar. 2. Apresurar, activar, impeler. 3. Expedir, enviar, transmitir. 4. Impulsar, activar, apresurar.
forwarder ['fɔːwədə^r] [for-uar-da^r], *s.* Promotor; remitente, el que envía, agente expedidor, comisionista expedidor.
forwarding merchant ['fɔːwədɪŋ'mɜːtʃənt] [for-uar-dinmer-chant], *s.* Comisionista que recibe efectos para remitirlos a otros puntos.
forwardly ['fɔːwədlɪ] [for-uard-li], *adv.* 1. Anteriormente, en lugar delantero. 2. Con descaro o con muy poca vergüenza. 3. Prontamente.
forwardness ['fɔːwədnɪs] [for-uard-nes], *s.* 1. Adelantamiento, progreso. 2. Ansia, ahinco. 3. Prontitud, apresuramiento, ligereza. 4. Precocidad madurez anticipada. 5. Confianza excesiva; descaro, atrevimiento, audacia.
forwards ['fɔːwədz] [for-uards], *adv.* *V.* FORWARD. Adelante, hacia adelante, en la delantera.
foss, fosse ['fɒs] [fos], *s.* *(Fort.)* Foso.
fossa ['fɒsə] [fo-sa], *s.* *(Anat.)* Fosa.
fossil ['fɒsɪl] [fo-sil], *a.* Fósil, cavado o sacado de la tierra. *-s.* 1. Fósil, substancia orgánica y prehistórica, más o menos pretrificada, que se extrae de las capas terretres. 2. Persona o cosa anticuada, fuera de uso, antigualla, vejestorio. 3. *(Des.)* Fósil, cualquier substancia natural que se saca de las entrañas de la tierra.
fossiliferous [ˌfɒsɪ'lɪfərəs] [fo-si-li-fe-ros], *a.* Fosilífero, que contiene fósiles o restos orgánicos.
fossilist ['fɒsɪlɪst] [fo-si-list], *s.* Paleontólogo.
fossilization ['fɒsɪlaɪ'zeɪʃən] [fo-si-lai-sei-shon], *s.* Fosilización.
fossilize ['fɒsɪlaɪz] [fo-si-lais], *va.* Fosilizar, convertir en fósil; petrificar; hacer anticuado. *-vn.* Fosilizarse, petrificarse.
fossorial ['fɒsərɪəl] [fo-so-rial], *a.* 1. Cavador, el que cava. 2. Apto, a propósito para cavar. **Fossorial wasp**, avispa cavadora.
fossway ['fɒsweɪ] [fos-uei], *s.* Camino grande con fosos.
foster ['fɒstə^r] [fos-ta^r], *va.* Criar, nutrir, mimar, dar alas; consolar. *-vn.* *(Des.)* Criarse con otros.
foster, *a.* De leche; adoptivo, de adopción. **Foster home**, hogar de adopción. **Foster nurse**, nodriza. **Foster father**, padre adoptivo.
fosterage ['fɒstərɪdʒ] [fos-te-rich], *s.* El cargo de criar niños, como el que tienen las amas de cría.
foster-brother ['fɒstəˌbrʌðə^r] [fos-ter-bra-da^r], *s.* Hermano de leche.
foster-child ['fɒstə'tʃaɪld] [fos-ter-chaild], *s.* Hijo o hija de leche; también, alumno.
foster-dam ['fɒstə'dæm] [fos-ter-dam], *sf.* Ama de cría o ama de leche, nodriza.
foster-earth ['fɒstə'ɜːθ] [fos-ter-erz], *s.* Tierra en que crecen las plantas que se han trasplantado de otra.
fosterer ['fɒstərə^r] [fos-te-ra^r], *s.* El que cría al hijo de otro como si fuera suyo; promotor.
foster-father ['fɒstə'fɑːðə^r] [fos-ter-fa-da^r], *s.* El que sirviendo de padre cría y enseña a un hijo ajeno.
fostering ['fɒstərɪŋ] [fos-te-rin], *s.* Alimento, nutrimento. *-pa.* de TO FOSTER.
fosterling, *s.* *V.* FOSTER-CHILD. Hijo de leche, hijo adoptivo.
foster-mother ['fɒstə'mʌðə^r] [fos-ter-ma-da^r], *sf.* Ama de leche, la que cría hijos ajenos.
foster-nurse ['fɒstə'nɜːs] [fos-ter-ners], *s.* Ama de leche. (Cuba) Criandera. *(Mex.)* Chichigua.
foster-son ['fɒstəsɒn] [fos-ter-son], *s.* Hijo de leche; alumno.
fostress, *sf.* *V.* NURSE.
fother ['fɒðə^r] [fo-da^r], *s.* Galápago de plomo que sirve de lastre; masa de plomo de ocho galápagos.
fother, *va.* *(Mar.)* Cerrar una abertura en el barco tapándola con estopa.
fought [fɔːt] [fot], *pret.* y *pp.* del verbo TO FIGHT.
foul [faʊl] [faul], *a.* 1. Sucio, puerco; impuro, inmundo, hediondo, ofensivo al sentido físico, a la moral o al pudor; obsceno. 2. Malvado, detestable, vil; injusto, sin derecho. 3. Enredado, atascado, que obstruye o daña, que sirve de obstáculo; infecto, pestífero. 4. *(Des.)* Feo, horrible. 5. *(Imp.)* Lleno de faltas. **Foul action,** bajeza, vileza, acción baja. **Foul dealing,** supercheria, duplicidad, doblez, mala fe. **Foul copy**, borrador. **Foul language,** palabras injuriosas. **Foul means**, medios indignos, violencia, rigor. **Foul page,** página llena de faltas cuando se está imprimiendo. **Foul shame,** infamia. **Foul stomach**, estómago sucio. **Foul weather,** mal tiempo. **Foul words**, palabras provocativas o injuriosas. **By fair means o foul**, a buenas o a malas. **Foul breath**, aliento fétido. *-s.* 1. La acción de ensuciar, enredarse una cosa en otra; violación de las reglas establecidas. 2. En el juego de **base-ball**, falta, golpe que lanza la pelota fuera de las líneas del juego. **To fall foul of,** chocar o abordar con un buque.

foul, *va.* 1. Ensuciar, emporcar, manchar; deshonrar. 2. Afear. 2. *(Mar.)* Abordar, chocar con, trabarse dos embarcaciones de modo que se impidan el paso. 3. Violar las reglas establecidas de un juego. *-vn.* 1. Ensuciarse. 2. Chocar, las embarcaciones.

foulard ['fauləd] [fau-lard], *s.* 1. Fular, tela de seda fina y suave que se usa para vestidos de señora. 2. Pañuelo de fular.

foul brood [faul'bru:d] [faul-brud], *s.* Enfermedad muy contagiosa y destructiva de las larvas de las abejas.

foully ['faulı] [fau-li], *adv.* Asquerosamente, suciamente.

foul-mouthed ['faul'mauðd] [faul-mau-ded], *a.* Obsceno, malhablado, deslenguado.

foulness ['faulnıs] [faul-nes], *s.* 1. Asquerosidad, porquería, impureza. 2. Fealdad, deformidad. 3. Picardía, atrocidad, obscenidad. 4. Maldad, infamia.

foul play ['faul,pleı] [faul-plei], *s.* 1. Mala jugada. 2. Conducta deshonesta. 3. Engaño, perfidia. 4. Violencia, asesinato.

foul-spoken [faul'spəukn] [faul-spou-ken], *a.* Calumnioso, infamatorio, malhablado.

found [faund] [faund], *va.* 1. Cimentar; apoyar. 2. Edificar, levantar algún edificio. 3. Fundar, establecer; dar principio a alguna cosa; fijar, asegurar. 4. Fundir, derretir o liquidar los metales.

found, *pret.* y *pp.* de TO FIND.

foundation [faun'deıʃən] [faun-dei-shon], *s.* 1. Cimiento, fundación, fundamento. 2. Fundación, principio, origen, erección o establecimiento de alguna cosa, base. 3. Dotación o renta con que se funda alguna cosa. 4. Fundamento, la razón o motivo en que se funda alguna cosa. **Foundation school**, escuela dotada, que tiene dotación. **A scholar on the foundation**, un colegial pensionado, con beca.

foundationless [faun'deıʃənlıs] [faun-dei-shon-les], *a.* Sin fundamento.

founder ['faundəʳ] [faun-daʳ], *s.* 1. Fundador. 2. Fundidor.

founder, *vn.* 1. *(Mar.)* Irse a pique. 2. Salir mal de alguna empresa. 3. Desplomarse, hundirse. 4. Tropezar, caer. *-va.* Despear los pies del caballo.

foundering ['faundərıŋ] [faun-de-rin], *s.* *(Mar.)* Hundimiento de un buque.

founderous ['faundərəs] [faun-de-ros], *a.* Arruinado, no practicable: se dice de los caminos.

foundery ['faundərı] [faun-de-ri], *s.* *V.* FOUNDRY.

founding ['faundıŋ] [faun-din], *s.* 1. Fundación, establecimiento. 2. Fundición, arte de fundir los metales.

foundling ['faundlıŋ] [faun-dlin], *s.* Hijo de la piedra, niño expósito, inclusero. **Founding hospital**, casa de niños expósitos. Inclusa. *(Mex.)* La cuna.

foundress ['faundrıs] [faun-dris], *sf.* Fundadora.

foundry ['faundrı] [faun-dri], *s.* Fundición, fábrica en que se funde; el arte de fundir los metales.

fount ['faunt] [faunt], *s.* 1. Fuente, manantial. 2. Depósito de una lámpara. 3. Fundición de caracteres de imprenta. 2. *V.* FONT.

fountain ['fauntın] [faun-tin], *s.* 1. Fuente. 2. Nacimiento de un río. 3. Fuente, principio, fundamento, origen.

fountain-head ['fauntınhed] [faun-tin-jed], *s.* Manantial de un río o arroyo; de aquí, origen de una cosa.

fountainless ['fauntınlıs] [faun-tin-les], *a.* Sin fuente.

fountain pen ['fauntınpen] [faun-tin-pen], *s.* Pluma fuente, pluma estilográfica.

four [fɔ:ʳ] [faʳ], *a.* y *s.* 1. Cuatro. **To go upon all fours**, gatear, andar a gatas. **A coach and four**, un coche con tiro de cuatro caballos, o con dos tiros. **Four-cornered, four-square**, cuadrangular. **Four-footed**, cuadrúpedo. **Four-wheeled**, lo que tiene cuatro ruedas. 2. **Four hundred**, cuatrocientos. 3. *(E.U.)* **The four hundred**, la alta sociedad.

four-cornered [fɔ:'kɔ:nıd] [for-kor-ned], *a.* Cuadrangular, cuatro ángulos.

four-cycle ['fɔ:,saıkl] [for-sai-kel], *a.* *(Mec.)* De cuatro tiempos.

four-flusher ['fɔ:'flʌʃəʳ] [for-fla-shaʳ], *s.* En el juego de poker, lance con un flux de cuatro naipes. *(Fig.)* Fanfarrón.

fourfold ['fɔ:fəuld] [for-fould], *a.* Cuádruplo, repetido cuatro veces.

four-footed ['fɔ:'fu:tıd] [for-fu-tid], *a.* De cuatro patas, cuádruplo.

four-in-hand ['fɔ:'ınhænd] [for-in-jan], *s.* 1. Carruaje tirado por cuatro caballos. 2. Corbata larga, anudada de modo que las puntas cuelgan verticalmente.

four-o'clock [fɔ:'əklɒk] [for-o-klok], *s.* 1. *(Bot.)* Dondiego de noche, planta originaria del Perú. 2. *(Zool.)* Pájaro de la Oceanía.

fourpence [fɔ:'pens] [for-pens], *s.* Moneda de cuatro peniques.

fourscore ['fɔ:s'kɔ:ʳ] [for-skaʳ], *a.* 1. Ochenta. 2. Octogenario.

foursquare ['fɔ:skɛəʳ] [for-skueaʳ], *a.* 1. Cuadrado, cuadrangular. 2. Firme, sincero. 3. Constante.

four-stage rocket [fɔ:,steıdʒ'rɒkıt] [for-steich-ro-kit], *s.* Cohete de cuatro cuerpos.

fourteen ['fɔ:'ti:n] [for-tin], *a.* y *s.* Catorce.

fourteenth ['fɔ:'ti:nθx] [for-tinz], *a.* Catorceno, décimocuarto. **Fourteenth of July**, el catorce de Julio, aniversario de la toma de la Bastilla, en 1789.

fourth [fɔ:θ] [forz], *a.* Cuarto, la cuarta parte. **Fourth of July**, el cuatro de Julio, aniversario de la independencia de los Estados Unidos.

fourthly ['fɔ:θlı] [forz-li], *adv.* En cuarto lugar.

four-way ['fɔ:weı] [for-uei], *a.* De cuatro direcciones o pasos.

four-wheel ['fɔ:wi:l] [for-uil], *a.* De cuatro ruedas.

fowl [faul] [faul], *s.* 1. Gallo, gallina; pollo. 2. *pl.* Aves domésticas o de corral. 3. Aves en general. 4. (Anticuado en singular) Ave. **Wild fowls**, aves silvestres.

fowl, *vn.* Cazar aves.

fowler ['fauləʳ] [fau-laʳ], *s.* Cazador de aves.

fowling ['faulıŋ] [fau-lin], *s.* La caza de aves.

fox [fɒks] [foks], *s.* 1. Zorra, raposa; zorro. 2. Zorro, hombre astuto y engañoso. 3. *(Mar.)* Rebenque.

fox, *vn.* 1. Cazar zorras. 2. Hacer el papel de la zorra, disimular. 3. Agriarse, acedarse el vino, la cerveza u otro licor. 4. Ponerse rojizo, descolorarse; se dice de la madera de construcción, del papel, cuero, etc. *-va.* Atontar; emborrachar.

foxbane ['fɒksbeın] [foks-bein], *s.* *(Bot.)* Matalobos, acónico.

fox-case ['fɒkskeıs] [foks-keis], *s.* Piel de zorra.

fox-chase [,fɒks'tʃeıs] [foks-cheis], *s.* Caza de zorras.

fox-evil ['fɒksevıl] [foks-e-vil], *s.* Enfermedad que hace caer el cabello.

foxery ['fɒksərı] [fok-se-ri], *s.* Astucia, zorrería.

foxglove ['fɒksglʌv] [foks-glav], *s.* *(Bot.)* Dedalera, digital purpúrea.

foxhole ['fɒkshəul] [foks-joul], *s.* Hoyo practicado en tierra para protegerse uno o dos soldados.

fox-hound ['fɒkshaund] [foks-jaund], *s.* Perro zorrero o raposero, el adiestrado especialmente para la caza de zorras.

fox-hunter ['fɒkshʌntəʳ] [foks-jan-taʳ], *s.* Cazador de zorras.

foxish ['fɒksıʃ] [fok-sish], **fox-like** ['fɒkslaık] [foks-laik], *a.* Astuto o engañoso como el zorro.

fox-ship ['fɒkʃıp] [fok-ship], *s.* Zorrería.

foxskin ['fɒkskın] [fok-skin], *s.* Piel de zorro.

foxtail ['fɒksteıl] [foks-teil], *s.* Cola de zorra, planta gramínea; alopécuro.

fox-trap ['fɒkstræp] [foks-trap], *s.* La trampa para coger zorras.

fox trot ['fɒkstrɒt] [foks-trot], *s.* Fox-trot, ritmo y baile de E.U.

foxwood ['fɒkswu:d] [foks-wud], *s.* Madera deteriorada o descolorida; en especial, la que emite una luz fosforescente.

foxy ['fɒksı] [fok-si], *a.* 1. Raposuno, zorruno; astuto. 2. Rojizo, de color de zorro. **He is very foxy**, es muy astuto.

foxy, *a.* 1. Agriado, impropiamente fermentado, como el vino. 2. Descolorido, manchado, como una tela mal teñida.
foyer ['fɔɪəʳ] [foiaʳ], *s. (Teat.)* Foyer, salón de descanso.
fracas ['frækɑː] [fra-ka], *s.* Contienda ruidosa, pelea, tumulto, batahola.
fract ['frækt] [frakt], *va.* Romper, quebrar.
fraction ['frækʃən] [frak-shon], *s.* 1. Rompimiento, rotura. 2. Fracción, número quebrado.
fractional ['frækʃənl] [frak-sho-nal], *a.* Fraccionario.
fractionate ['frækʃəneɪt] [frak-sho-neit], *v.* 1. Fraccionar. 2. *(Quím.)* Separar por destilación fraccionada.
fractious ['frækʃəs] [frak-shos], *a.* Quisquilloso, reacio, regañón.
fracture ['fræktʃəʳ] [frak-chaʳ], *s.* Fractura, rompimiento.
fracture, *va.* Fracturar, quebrar o romper un hueso; romper alguna cosa.
fragile ['frædʒaɪl] [fra-yail], *a.* 1. Frágil, quebradizo. 2. Frágil, caduco, perecedero. 3. Frágil, débil.
fragility [frə'dʒɪlɪtɪ] [fra-yi-li-ti], **fragileness** ['frədʒɪlnɪs] [fra-yil-nes], *s.* Fragilidad; instabilidad; debilidad, flaqueza.
fragment ['frægmənt] [frag-ment], *s.* Fragmento; trozo.
fragmentary [fræg'məntərɪ] [frag-men-ta-ri], *a.* Fragmentario.
fragor ['frægəʳ] [fra-gaʳ], *s.* (Poco us.) Estallido, estampido.
fragrance, fragrancy ['frægrəns] [fra-grans], *s.* Fragancia, buen olor, perfume natural.
fragrant ['frægrənt] [fra-grant], *a.* Fragante, oloroso.
fragrantly ['frægrəntlɪ] [fra-grant-li], *adv.* Con fragancia.
frail [freɪl] [freil], *a.*1 Frágil, quebradizo. 2. Frágil, débil; propenso y expuesto a error o engaño. *-s.* Capacho, espuerta de juncos.
frailness ['freɪlnɪs] [freil-nes], **frailty** ['freɪltɪ] [freil-ti], *s.* Fragilidad, flaqueza, debilidad; instabilidad, inconstancia; caducidad.
frailty ['freɪltɪ] [freil-ti], *s.* Fragilidad, debilidad, flaqueza.
fraise ['freɪltɪ] [freis], *s.* Cuello alechugado.
framable ['freɪməbl] [frei-ma-bol], *a.* Componible; que puede ponerse en marco.
frame [freɪm] [freim], *va.* 1. Fabricar, formar, construir. 2. Fabricar, componer, ajustar; arreglar, dirigir. 3. Forjar, inventar, idear. 4. Colocar o encerrar en un marco o cerco. 5. Armar, montar. 6. Concebir, imaginar. 7. Expresar con palabras. **To frame up**, inventar algo contra alguien.
frame, *s.* 1. Figura, hechura, forma. 2. Forjadura, construcción mecánica; armazón, maderaje para la construcción de una casa, esqueleto. 3. Fábrica, marco, cerco. 4. Molde; bastidor. **Embroidery frame**, bastidor, o bastidor para bordar. 5. Arreglo general, orden, constitución de una cosa; condición o estado particular del ánimo. 6. *(Mar.)* Cuaderna. **Frame-timbers**, ligazones. **Midship-frame**, cuaderna maestra. **Stern-frame**, cuaderna del cuerpo popés. 7. Montura (glasses). 8. Cuadro (bicycle).
framer ['freɪməʳ] [frei-maʳ], *s.* Fabricante de marcos; forjador; inventor, autor.
frame-up ['freɪmʌp] [freim-ap], *s.* Cosa preparada fraudulentamente, conspiración.
framework ['freɪmwɜːk] [freim-uek], *s.* 1. Armazón, esqueleto, entramado; sostén, lo que sostiene una cosa. 2. Obra de marco o cerco.
framing ['freɪmɪŋ] [frei-min], *s.* El acto de construir; la armazón de una cosa.
franc [fræŋk] [frank], *s.* Franco, moneda francesa.
France [frɑːns] [frans], *s. (Geog.)* Francia.
Frances [frɑːnsɪs] [fran-sis], *n. pr.* Francisca.
franchise ['fræntʃaɪz] [fran-chais], *s.* 1. Franquicia, un derecho político o constitucional propio del pueblo. 2. Inmunidad, privilegio, exención, concedidos a una persona o un cuerpo. 3. Jurisdicción. 4. Asilo, santuario.
franchise, *va.* Franquear, conceder franquicias; exentar.
franchisement ['fræntʃaɪzmənt] [fran-chais-ment], *s.* Franqueza, libertad, exención; soltura.
Francis ['frɑːnsɪs] [fran-sis], *n. pr.* Francisco.
franciscan [fræ'sɪskən] [fran-sis-kan], *s.* y *a.* Franciscano, religioso de la orden de San Francisco.
frangible ['frændʒɪbl] [fran-chi-bol], *a.* Frangible, quebradizo, frágil; perecedero.
frangipani ['frændʒɪpənɪ] [fran-chi-pa-ni], *s.* Perfume que se obtiene del jazmín rojo de las Antillas.
Frank [fræŋk] [frank], *n. pr.* Franco. *(Dim.)* Francis.
frank [fræŋk] [frank], *a.* 1. Franco, abierto, natural en sus maneras; sincero, ingenuo. 2. Franco, privilegiado, exento de derechos. **Frank-hearted** Sincero, franco. **Frank-service,** trabajo libre, ejecutado por hombres libres. *-s.* 1. Franqueo; firma autorizada para exentar las cartas, etc., del pago de porte; también carta franca, la que no paga porte. 2. *(Des.)* Porqueriza, pocilga.
frank, *va.* 1. Franquear una carta. 2. *(Des.)* Encerrar en pocilga o zahurda. 3. *(Des.)* Cebar, engordar.
frank-chase ['fræŋktʃeɪs] [frank-cheis], *s.* Caza libre, privilegio de cazar.
frankfurter ['fræŋkˌfɜːtəʳ] [frank-fer-taʳ], *s.* Variedad de salchicha ahumada.
frankincense ['fræŋkɪnsəns] [fran-kin-sens], *s.* Incienso; goma aromática.
frankish ['fræŋkɪʃ] [fran-kish], *a.* Lo que pertenece a los antiguos franceses; en Levante, lo que se refiere o pertenece a los europeos en general.
franklin, *s. V.* FREEHOLDER. *(Eng.)* Labrador, propietario.
frankly ['fræŋklɪ] [fran-kli], *adv.* Francamente, abiertamente.
frankness ['fræŋknɪs] [frank-nes], *a.* Ingenuidad, sinceridad; franqueza, candor, lisura. 2. *(Ant.)* Generosidad.
frank-pledge ['fræŋkpledʒ] [frank-plech], *s.* Juramento de fidelidad al rey que se prestaba antiguamente en Inglaterra.
franks ['fræŋkz] [franks], *s. pl.* 1. Francos o galos. 2. Francos, nombre que dan los turcos o los moradores de la Europa occidental.
frantic ['fræntɪk] [fran-tik], *a.* Frenético, furioso, enfurecido.
frantically ['frætɪkəlɪ] [fran-ti-kli], *a.* Frenéticamente, desesperadamente, furiosamente.
franticly ['fræntɪklɪ] [fran-ti-kli], *adv.* Frenéticamente, furiosamente.
franticness ['fræntɪknɪs] [fran-tik-nes], *s.* Frenesí, furor.
frap ['fræp] [frap], *va.* 1. Atar fuertemente. 2. *(Mar.)* Atortorar un buque.
fraternal [frə'tɜːnl] [fra-ter-nal], *a.* Fraternal. **Fraternal Society**, hermandad, mutualidad.
fraternally [frə'tɜːnəlɪ] [fra-ter-na-li] *adv.* Fraternalmente.
fraternity [frə'tɜːnɪtɪ] [fra-ter-ni-ti], *s.* Fraternidad, hermandad; sociedad, junta, gremio, compañía de ciertos artífices, traficantes o estudiantes.
fraternization [ˌfrætɜːnaɪ'zeɪʃən] [fra-ter-nai-sei-shon], *s.* Hermandad, fraternidad.
fraternize ['frætɜːnaɪz] [fra-ter-nais], *vn.* Fraternizar, hermanarse, hermanar.
fratricidal ['frætrɪsaɪdl] [fra-tri-sai-dal], *a.* Relativo al fratricidio.
fratricide ['frætrɪsaɪd] [fra-tri-said], *s.* 1. Fratricidio, el asesinato de un hermano. 2. Fratricida, el que asesina a su hermano.
fraud [frɔːd] [frod], *s.* Fraude, engaño, superchería, artificio.
fraudful ['frɔːdfʊl] [frod-ful], *a.* Pérfido, engañoso, astuto, artificioso, traidor, de mala fe, engañador; fraudulento.
fraudfully ['frɔːdfʊlɪ] [frod-fu-li], *adv.* Engañosamente, pérfidamente.
fraudless ['frɔːdlɪs] [frod-les], *a.* Libre de todo fraude.
fraudulence, fraudulency ['frɔːdjʊləns] [fro-diu-lens], *s.* Fraudulencia, fraude, engaño.
fraudulent ['frɔːdjʊlənt] [fro-diu-lent], *a.* Fraudulento, engañoso.
fraudulently ['frɔːdjʊləntlɪ] [fro-diu-lent-li], *adv.* Fraudulentamente, fraudulosamente, traidoramente; artificiosamente.

fraught [frɔ:t] [frot], *va.* Cargar. *V.* FREIGT.

fraught, *a.* Cargado, lleno, atestado de, mezclado con. *(Vul.)* Preñado de. **Fraught with**, lleno o cargado de. *-s. (Des.)* Carga, cargazón.

fraxinella ['fræksɪ'ni:lə] [frak-si-ni-la], *s. (Bot.)* Fraxinela, fresnillo, dictamo blanco.

fray [freɪ] [frei], *s.* Refriega, combate, contienda; riña, disputa, querella. **To part the fray**, separar a los que riñen, ponerlos en paz.

fray, *va.* 1. Ludir, rozar la superficie, margen o borde de una cosa. 2. *(Ant.)* Espantar, ahuyentar. *-vn.* Deshilacharse, destejerse por el margen, deshilarse.

fraying ['freɪɪŋ] [frein], *s.* 1. Rozamiento, desgaste. 2. Deshiladura, acción y efecto de deshilarse.

freak [fri:k] [frik], *s.* Fantasía, capricho, visión; extravagancia. **Freak of nature**, cualquier producto raro, caprichoso o extravagante de la naturaleza.

freak, *va.* Varetear, formar listas de varios colores en los tejidos; abigarrar, gayar.

freakish ['fri:kɪʃ] [fri-kish], *a.* Caprichoso, fantástico, visionario, extravagante.

freakishly ['fri:kɪʃlɪ] [fri-kish-li], *adv.* Caprichosamente.

freakishness ['fri:kɪʃnɪs] [fri-kish-nes], *s.* La calidad de caprichoso o fantástico.

freckle ['frekl] [fre-kel], *s.* Peca, mota, pinta.

freckle, *vn.* Tener pecas, ponerse pecoso.

freckled ['freklt] [fre-kelt], *a.* Pecoso, moteado.

freckle-faced ['freklfæsɪd] [fre-kel-fa-sid], *a.* Pecoso, con cara pecosa.

freckly ['freklɪ] [fre-kli], *a.* Pecoso, lleno de pecas.

Fred [fred] [fred] *n. pr.* dim. Federiquito

Frederica ['fredrɪkə] [fre-dri-ka] *n. pr.* Federica.

Frederick ['fredrɪk] [fre-drik] *n.* Federico.

free [fri:] [fri], *a.* 1. Libre, independiente. 2. Libre, licencioso, insubordinado; disoluto, torpe, deshonesto; desenfrenado, atrevido. 3. Liberal, generoso, franco, abierto, ingenuo; familiar. 4. Exento, privilegiado, dispensado. 5. Libre, permitido, voluntario. 6. Gratuito, lo que es de balde o gratis. 7. Inocente. 8. Cortés, airoso; vivo, activo. 9. *(Mar.)* zafo, flojo, suelto. **Free reed**, lengüeta. **Free and easy,** *(Fam.)* natural, despejado, no cohibido. **Free-board**, *(Mar.)* obra muerta. **Free-born,** nacido libre, no en esclavitud; libre por herencia. **Free goods,** mercancías exentas de derechos. **Free-handed**, (a) libre de manos, exento de trabas. (b) Liberal, dadivoso. **Free-liver,** comedor, comilón, el que come y bebe mucho. **To make free with**, usar con mucha o demasiada libertad; tomarse libertades con. **Free on board**, *(Com.)* libre de gastos a bordo; comúnmente se abrevia así: **f.o.b. Free port,** puerto franco. **This seat is free**, este asiento está vacante. **To ride a free horse to death,** *(Fig.)* abusar de la paciencia de alguno.

free, *va.* 1. Libertar, poner en libertad. 2. Librar, sacar o preservar a otro de algun riesgo. 3. Libertar, eximir. 4. Abrirse camino. 5. rescatar. **To free the ship,** achicar el agua del bajel.

freeboard ['fri:bɔ:d] [fri-bord] *s.* Obra muerta.

freebooter ['fri:bu:təʳ] [fri-bu-taʳ], *s.* 1. Ladrón, saqueador. 2. Filibustero, forbante.

freebooting ['fri:bu:tɪŋ] [fri-bu-tin], *s.* Saqueo, pillaje.

freeborn ['fri:bɔ:n] [fri-born], *a.* Nacido libre, digno de un pueblo libre.

freedman ['fredmən] [fred-man], *s.* Liberto, esclavo manumitido.

freedom ['fri:dəm] [fri-dom], *s.* 1. Libertad, independencia. 2. Libertad, falta de sujeción o subordinación; contravención desenfrenada a las leyes o buenas costumbres. 3. Libertad, licencia, franqueza o familiaridad atrevida: se usa muy comúnmente en plural en una y otra lengua para expresar una impudente o criminal llaneza o familiaridad. 4. Libertad, la facultad de hacer lo que no se oponga a las leyes ni a las buenas costumbres. 5. Libertad, facilidad, comodidad. 6. Libertad, soltura de presos y cautivos. 7. La posesión o concesión de inmunidades o privilegios particulares. **The freedom of a city**, la concesión de inmunidades y privilegios especiales en una ciudad. **The freedom of the press,** la libertad de imprenta. **Freedom of speech**, la libertad de palabra.

free flight ['fri:flaɪt] [fri-flait], *s. (Aer.)* Planeo, vuelo libre.

free-footed ['fri:fu:tɪd] [fri-fu-tid], *a.* El que puede andar sin ningún impedimento.

free-for-all ['fri:fə'rɔ:l] [fri-for-ol], *s. (Fam.)* Pelotera, lucha o contienda general.

freehand ['fri:hænd] [fri-jand], *a.* Hecho a pulso, sin ayuda de instrumentos. **Freehand drawing**, dibujo a pulso.

free-hearted ['fri:hɑ:tɪd] [fri-jar-tid], *s.* Liberal, generoso; franco, cordial.

freehold ['fri:həʊld] [fri-jould], *s.* Feudo franco, propiedad absoluta de una casa, hacienda, etc.

freeholder ['fri:həʊldəʳ] [fri-joul-daʳ], *s.* Dueño, propietario absoluto de una casa, heredad, etc.

free-lance ['fri:lɑ:ns] [fri-lans], *a.* Independiente. **Free-lance writer, free-lance actor**, escritor o actor que trabajan independientemente de algún empleo regular.

freely ['fri:lɪ] [fri-li], *adv.* 1. Libremente, sin restricción, sin reserva; espontáneamente. 2. Desembarazadamente. 3. Francamente, generosamente, de buena gana.

freeman ['fri:mən] [fri-man], *s.* 1. Hombre libre, independiente. 2. Ciudadano, el que goza de los derechos civiles y políticos. 3. Propietario de tierras entre los antiguos anglosajones.

freemartin ['fri:ʃmɑ:tɪn] [fri-mar-tin], *s.* Ternera nacida al mismo tiempo que un ternero y por lo general incapaz de reproducirse.

freemason ['fri:ˌmeɪsn] [fri-mei-son], *s.* Francmasón, masón.

freemasonry ['fri:ˌmeɪsnrɪ] [fri-mei-son-ri], *s.* Francmasonería.

free-minded ['fri:maɪndɪd] [fri-main-did], *a.* Desembarazado, sin cargas ni cuidados.

freeness ['fri:nɪs] [fri-nes], *s.* Libertad, franqueza; sinceridad; liberalidad.

free press ['fri:pres] [fri-pres], *s.* Libertad de imprenta.

freer ['fri:əʳ] [friaʳ], *s.* Libertador. *-a.* Más libre; comparativo de **free**.

free-school ['fri:skʊl] [fri-skul], *s.* Escuela gratuita.

freesoiler ['fri:sɔɪləʳ] [fri-soi-laʳ], *s. (Amer.)* Abolicionista, partidario de la abolición de la esclavitud.

free-spoken ['fri:spəʊkən] [fri-spou-ken], *a.* Dicho sin reserva; franco.

freestone ['fri:stəʊn] [fri-stoun], *s.* 1. Piedra franca, piedra arenosa y blanda. 2. Abridero, durazno cuyo hueso se separa fácilmente de la carne. *-a.* Abridero, abridera, fruta cuyo hueso se desprende fácilmente de la carne.

free-thinker ['fri:'θɪŋkəʳ] [fri-zin-kaʳ], *s.* El que piensa con libertad, un filósofo. Esta palabra se toma generalmente en mal sentido, e indica un hombre que no cree la religión revelada, y también un libertino.

free-thinking ['fri:'θɪŋkɪŋ] [fri-zin-kin], *s.* Libertad de pensar; filosofismo, libertinaje, irreligión. *-a.* Que piensa con libertad.

free trade ['fri:treɪd] [fri-treid], *s.* Libre cambio; comercio exento de derechos arancelarios.

free-trader ['fri:treɪdəʳ] [fri-trei-daʳ], *s.* Libre cambista, partidario de la abolición de los derechos arancelarios.

free verse ['fri:vɜ:s] [fri-vers], *s.* Verso libre.

freeway ['fri:weɪ] [fri-uei], *s.* Autopista sin cuota de peaje.

freewheeling ['fri:ˌwi:lɪŋ] [fri-ui-lin], *s. (Mec.)* Marcha de rueda libre.

free-will ['fri:'wɪl] [fri-uil], *s.* Libre albedrío, voluntariedad. *-a.* Hecho o ejecutado sin restricción; voluntario, de buena voluntad.

freewoman ['fri:'wʊmən] [fri-uo-man], *sf.* Mujer libre, no esclava.

freezable ['fri:zəbl] [fri-sa-bol], *a.* Congelable.

freeze [friːz] [fris], *vn.* Helarse, helar. *-va.* 1. Congelar, helar de frío. 2. Pasmar de frío, matar de frío. **To freeze on to** o **to**, *(Ger.)* convertirse en sombra de otra persona; tomar posesión de una cosa. **To freeze out** , *(Fam. E.U.)* excluir, alejar a una persona tratándola con desvío o frialdad. 3. *(Com.)* congelar , inmovilizar fondos o créditos. 4. **To freeze over**, cubrir de una capa de hielo.

freeze-dry [ˌfriːz'draɪ] [fris-drai], *va.* Secar congelado, secar en estado de congelación.

freezer ['friːzəʳ] [fri-saʳ], *s.* Congelador, heladora, sorbetera. **Deep freezer**, congeladora.

freezing ['friːzɪŋ] [fri-sin], *a.* Glacial, de hielo, refrigerante. **Freezing point**, punto que marca la congelación del agua en los termómetros. (O° C. y R.; 32° F.) *-s.* Congelamiento, hielo.

Freiburg ['friːbɜːg] [fri-berg], *n.* pr. Freiburgo.

freight [freɪt] [freit], *va.* 1. Fletar, dar y tomar a flete un buque. 2. Cargar. 3. Alquilar para el transporte. 4. Transportar por buque o tren.

freight, *s.* 1. Carga, el peso que lleva un buque de géneros u otra cosa; cargazón. 2. Flete, el precio que se paga por el transporte de las mercancías. **Freight outwards,** flete de ida. **Freight home** o **return freight**, flete de vuelta. **Freight out and in,** flete por viaje redondo. **Dead freight**, flete falso. **Freight free**, libre de flete. **To let to freight**, dejar a flete. **Freight-car,** furgón o carro de carga.

freightage ['freɪtɪdʒ] [frei-tich], *s.* 1. Cargador, flete. 2. Transporte, porte.

freighter ['freɪtəʳ] [frei-taʳ], *s.* Fletador, cargador, buque de carga.

freight house ['freɪthaʊs] [freit-jaus], *s. (F.C. y Mar.)* Depósito de mercancías.

French [frentʃ] [french], *a.* y *s.* 1. Francés. **The French,** los franceses. **After the French fashion**, a la francesa. **A French girl** o **woman,** una joven o una mujer francesa. 2. El idioma francés. **In good** o **plain French,** en buen francés. **French leave,** despedida a la francesa, a la chita callando, como la del que ha cometido un hurto y toma soleta. To take French leave, tomar el pendingue. 3. **French horsepower**, caballo de fuerza, caballo de vapor. 4. **French window,** puerta vidriera de dos hojas.

french-bean ['frentʃ'biːn] [french-bin], *s.* Judía, habichuela, frisol o frijol.

french-chalk ['frentʃ'tʃɔːk] [french-chok], *s.* Blanco de Meudón. V. CHALK.

french-horn ['frentʃhɔːn] [french-jorn], *s.* Bocina, instrumento másico de viento. Corno. *V.* HORN.

frenchify ['frentʃɪfaɪ] [fren-chi-fai], *va.* Afrancesarse, tomar o afectar las modas y costumbres de Francia.

french-like ['frentʃlaɪk] [french-laik], *a.* Afrancesado, agabachado, el que imita o afecta las costumbres o modas francesas.

Frenchman ['frentʃmən] [french-man], *s.* Francés, el natural de Francia.

frenetic [frɪ'netɪk] [fri-ne-tik], *a.* Frenético, furioso.

frenum ['frenəm] [fre-num], *s. (Anat.)* Frenillo.

frenzied ['frenzɪd] [fren-sid], *a.* Frenético, enloquecido.

frenzy ['frenzɪ] [fren-si], *s.* Frenesí, enajenamiento furioso del juicio; locura, extravío, devaneo, desbarro.

frequency ['friːkwənsɪ] [fri-kuen-si], *s.* Frecuencia; ocurrencia común. **Frequency modulation**, (Radio) modulación de frecuencia.

frequent ['friːkwənt] [fri-kuent], *a.* 1. Frecuente; ordinario, común, usado. 2. *(Des.)* Frecuentado, lleno de gente.

frequent, *va.* Frecuentar o visitar a menudo algún lugar.

frequentation ['friːkwən'teɪʃən] [fri-kuen-tei-shon], *s.* Frecuentación, relación, trato.

frequentative [frɪ'kwentətɪv] [fri-kuen-ta-tiv], *a.* Frecuentativo.

frequenter [frɪ'kwentəʳ] [fri-kuen-taʳ], *s.* Frecuentador, que tiene trato o relación.

frequently ['friːkwəntlɪ] [fri-kuen-tli], *adv.* Frecuentemente.

fresco ['freskəʊ] [fres-kou], *s.* 1. Pintura al fresco, la que se hace sobre estuco fresco o acabado de hacer; frescura. 2. Frescura, umbría; en la locución al fresco.

fresh [freʃ] [fresh], *a.* 1. Fresco, nuevo, reciente; recién llegado. 2. Refrescante; que reanima; refrigerante; que devuelve las fuerzas. 3. Fresco, sano, robusto, vivo, fuerte. 4. Dulce o nuevo, lo contrario de añejo o acecinado. 5. Inexperto. 6. Fresco, lo que no está caliente ni tibio; viento fresco o galeno. 7. Fresco, lo que no está salado ni mustio. 8. Presumido, oficioso, entremetido. 9. *(Esco.)* (a) Sobrio, no achispado; (b) sin helada; abierto. **Fresh way,** *(Mar.)* salida fresca. **Fresh wind**, *(Mar.)* viento fresco, el algo rápido y fuerte. **A fresh complexion,** una tez fresca. **Fresh horses**, caballos nuevos, de relevo. **A fresh hand**, un novicio. **Fresh from**, acabado de. *-s.* 1. Avenida, inundación. 2. Arroyo o manantial de agua dulce. 3. Mezcla de agua dulce y salada en los ríos y bahías; desbordamiento de un río.

fresh, *va. V.* REFRESH.

fresh-blown ['freʃblɔːn] [fresh-blon], *a.* Lo que acaba de echar flor.

freshen ['freʃn] [fre-shen], *va.* Refrescar, desalar, refrigerar. **To freshen the hawse**, *(Mar.)* Refrescar los cables. *-vn.* Refrescarse. **The wind freshens**, *(Mar.)* Refresca el viento.

freshet ['freʃɪt] [fre-shit] *s.*1. Avenida, riada, inundación. 2. Corriente de agua dulce que entra en el mar.

freshly ['freʃlɪ] [fresh-li], *adv.* Frescamente; hace poco, recientemente.

freshman ['freʃmən] [fresh-man], *s.* 1. Estudiante de primer año. 2. *(Des.)* Novicio.

freshness ['freʃnɪs] [fresh-nes], *s.* 1. Frescura, frescor, el fresco. 2. Frescura, viveza, hermosura, delicadeza, hablando de la tez o de los colores de las flores. 3. El estado de lo que no envejece o pierde fuerzas; renovación del vigor. 4. El estado de lo que es o está fresco, en oposición a lo salado. 5. Pureza. 6. Novedad. 7. Descaro, impertinencia.

fresh water ['freʃˌwɔːtəʳ] [fresh-uo-taʳ], *s.* Agua dulce. **Fresh-water**, *a.* De agua dulce.

fresh-watered ['freʃˌwɔːtəd] [fresh-uoted], *a.* Provisto de agua dulce.

fret [fret] [fret], *s.* 1. Roce o rozamiento; la acción de gastar alguna cosa estregándola; raspadura. 2. Rozadura, el punto gastado o corroído. 3. Enojo, enfado, apuro 4. Hervor, agitación de la superficie de un líquido. 5. Empeine, herpes.

fret, *s.* 1. Traste de guitarra. 2. Obra hecha con cincel, o cualquier obra que forma realce o eminencias sobre un plano. 3. *(Arq.)* Greca, especie de adorno puesto por lo común cerca de las molduras. **Fret-saw**, sierra de calados. 4. Roce, rozamiento. 5. Rozadura, desgaste, roedura. 6. Impaciencia, irritación, preocupación. 7. Hervor, efervescencia. 8. Relieve, cinceladura.

fret, *va.* 1. Rozar, gastar o consumir alguna cosa a fuerza de restregarla. 2. Recamar, bordar en realce; varetear. 3. Agitar, enojar, enfadar. 4. Corroer. *-vn.* 1. Rozarse, gastarse o consumirse, apurarse, incomodarse, impacientarse. 2. Agitarse, enojarse, enfadarse. 3. Afligirse, entristecerse. 4. Fermentar. **Fretted columns**, columnas caladas o estriadas.

fretful ['fretfʊl] [fret-ful], *a.* Enojadizo, colérico, mohino, incómodo, molesto.

fretfully ['fretfəlɪ] [fret-fu-li], *adv.* Con mal humor; de mala gana.

fretfulness ['fretfʊlnɪs] [fret-ful-nes], *s.* Mal genio, mal humor.

fretter ['fretəʳ] [fre-taʳ], *s.* El que o lo que consume o enoja. **Vine-fretter**, pulgón de viña.

fretting ['fretɪŋ] [fre-tin], *s.* Agitación, conmoción; entristecimiento. *-pa.* de TO FRET.

fretty ['fretɪ] [fre-ti], *a.* 1. Realzado, bordado, cincelado. 2. *(Fam. E.U.)* Enojadizo, mohino; se aplica por lo común a las criaturas.

fretwork ['fretwɜːk] [fret-uek], *s.* Greca, adorno; *(Carp.)* calado.

Freudian ['frɔɪdɪən] [froi-dian], *a.* Freudiano.

Freudianism ['frɔɪdɪənɪzm] [froi-dia-nism], *s.* Freudismo.

friability ['fraɪə'bɪlɪtɪ] [fraia-bi-li-ti], *s.* Friabilidad, la calidad de lo que se puede desmenuzar.

friable ['fraɪəbl] [fraia-bol], *a.* Friable, desmenuzable.

friar ['fraɪəʳ] [fraiaʳ], *s.* 1. Fraile, título que se da a los religiosos de algunas órdenes. **Austin friar**, fraile agustino. **Black friar,** dominicano. **Gray friar**, franciscano. **White friar,** carmelita. 2. **Friar** o **friarbird,** pájaro de Australia, el tropidorinco. **Friar's chicken**, *(Esco.)* Caldo de gallino y huevos. **Friar's lantern,** fuego fatuo, metéoro.

friar-like ['fraɪəlaɪk] [fraia-laik], *a.* Frailesco, frailero.

friary ['fraɪərɪ] [fraia-ri], *s.* Convento de frailes. *-a.* Frailero.

fribble ['frɪbl] [fri-bol], *vn.* Tontear, bobear; vacilar.

fribble, *a.* Vano, inútil, frívolo. *-s.* Pisaverde frívolo; hombre despreciable.

fribbler ['frɪbləʳ] [fri-blaʳ], *s.* Un hombre necio.

fricassee ['frɪkəsiː] [fri-ka-si], *s.* Fricasé, fritada, cochifrito.

fricassee, *va.* Hacer un fricasé o guisar algo a modo de fricasé.

fricative ['frɪkətɪv] [fri-ka-tiv], *a.* Caracterizado o producido por la fricción.

friction ['frɪkʃən] [frik-shon], *s.* 1. Fricción; frotación, frotadura. 2. Friega. **Friction clutch** o **coupling**, manguito de fricción. **Friction matches**, fósforos de fricción. **Friction gearing**, engranaje de fricción.

frictional ['frɪkʃənl] [frik-sho-nal] *a.* De fricción, de rozamiento; producido por el rozamiento. **Frictional resistence**, resistencia al rozamiento. **Frictional tape**, cinta aislante.

Friday ['fraɪdeɪ] [frai-dei], *s.* Viernes. **Good Friday**, viernes santo. **Black Friday**, cualquier viernes memorable por una calamidad pública.

fried [fraɪd] [fraid], *a.* Frito. **Fried egg**, huevo frito o estrellado.

friend [frend] [frend], *s.* 1. Amigo, amiga. 2. Compañero, favorecedor, persona propicia o favorable. 3. Adherente, partidario; aliado. 4. Cuáquero, miembro de la sociedad de los cuáqueros, secta religiosa. **A bosom friend,** amigo de corazón. **A friend at court,** amigo que tiene el poder de servir a otro. **To make friends with one,** reconciliarse, hacer las paces. **A friend in need is a friend indeed,** en la necesidad se conoce al verdadero amigo. **Short reckonings make long friends,** cuanto más amigos más claros; o las cuentas claras hacen los buenos amigos. **To make friends with**, trabar amistad con, hacerse amigo de; reconciliarse, hacer las amistades.

friendless ['frendlɪs] [frend-les], *a.* Desamparado, desvalido, sin protección ni amigos.

friend-like ['frendlaɪk] [frend-laik], **friendly** ['frendlɪ] [frend-li], *a.* 1. Amigable, amistoso, como amigo. 2. Servicial, favorable, benévolo, dispuesto a favorecer los intereses de otro. 3. Favorable, propicio.

friendliness ['frendlɪnɪs] [frend-li-nes], *s.* Amistad, amigabilidad, afabilidad, cordialidad.

friendship ['frendʃɪp] [frend-ship], *s.* Amistad, intimidad, afecto; favor, socorro, ayuda.

frieze [friːz] [fris], *s.* 1. Frisa, tela de lana a modo de bayeta. 2. *(Arq.)* Friso.

frieze-like ['friːzlaɪk] [fris-laik], *a.* Semejante a la frisa.

frigate ['frɪgɪt] [fri-guit], *s.* *(Mar.)* Fragata, antiguo bajel de guerra. **Frigate-bird**, fragata, ave acuática de los mares tropicales.

frigate-built ['frɪgɪt'bɪlt] [fri-guit-bilt], *a.* *(Mar.)* Construido a manera de fragata.

fright *(Poét.)*, **frighten** [fraɪt] [frait], *va.* Espantar, causar horror, miedo o espanto, asustar. **To frighten to death**, hacer, causar un miedo mortal. **To frighten away**, ahuyentar, espantar.

fright, *s.* 1. Susto, espanto, terror repentino. 2. Espantajo, esperpento, lo que causa espanto. **To take fright at**, asustarse de. **What a fright you have made of yourself!**, ¡está Ud. hecho un espantajo!

frighten ['fraɪtn] [frai-ten], *v.* Asustar, espantar aterrazar, atemorizar. **To frighten away**, ahuyentar.

frightful ['fraɪtfʊl] [frait-ful], *a.* Espantoso, horrible; feísimo, horroroso, espantable.

frightfully ['fraɪtəlɪ] [frait-fu-li], *adv.* Espantosamente, terriblemente.

frightfulness ['fraɪtfʊlnɪs] [frait-ful-nes], *s.* Horror, espanto.

frigid ['frɪdʒɪd] [fri-chid], *a.* 1. Frío, frígido. 2. Indiferente; impotente. 3. Frío, lo que no tiene brío, espíritu ni agudeza.

frigidity [frɪ'dʒɪdɪtɪ] [fri-chi-di-ti], *s.* 1. Frialdad, falta de calor. 2. Frialdad, flojedad, negligencia, lentitud. 3. Frialdad, despego, indiferencia, tibieza de afectos. 4. Impotencia.

frigidly ['frɪdʒɪdlɪ] [fri-chid-li], *adv.* Fríamente, con frialdad o despego.

frigorific ['frɪgərɪfɪk] [fri-go-ri-fik], *s.* Frigorífico.

frill [frɪl] [fril], *s.* 1. Escote, vuelo; chorrera, pechera. 2. Lechuga, pliegue. 3. Volante, chorrera. 4. *(Zool.)* Collar de plumas o de pelos. 5. *pl.* *(E.U. Fam.)* Aires, ademanes afectados.

frill, *s.* Tiritón que sufren los halcones y otras aves.

frill, *va.* 1. Hacer algo en forma de vuelo o chorrera. 2. Guarnecer con vuelos o pecheras. 3. Adornar con volantes. 4. Arrugar, escarolar. *-vn.* Formar o tener algo la forma de vuelo o chorrera.

fringe [frɪndʒ] [frinch], *s.* Franja; margen, borde, fleco, rodapié, orla, ribete, orilla, guarnición.

fringe, *va.* Ribetear, franjear, orillar.

fringe benefit ['frɪndʒ'benfɪt] [frinch-be-ne-fit], *s.* *(Com.)* Beneficio marginal o adicional.

fringeless ['frɪndʒlɪs] [frinch-les], *a.* Desprovisto de franjas; sin ribete.

fringe-maker ['frɪndʒ'meɪkəʳ] [frinch-mei-kaʳ], *s.* Fabricante de franjas, cordonero.

fringe-tree ['frɪndʒtriː] [frinch-tri], *s.* Árbol pequeño de los Estados Unidos del este.

fringy ['frɪndʒɪ] [frin-chi], *a.* Adornado con franjas; parecido a un ribete.

fripper, fripperer ['frɪpəʳ] [fri-paʳ], *s.* Ropavejero, baratillero; prendero.

frippery ['frɪpərɪ] [fri-pe-ri], *s.* 1. Ropavejería; baratillo. 2. Ropa vieja, vestidos viejos o desechos. 3. Fruslería, bobería. *-a.* Despreciable, frívolo.

friseur ['frɪsjuːʳ] [fri-siuʳ], *s.* Peluquero.

frisk [frɪsk] [frisk], *vn.* Saltar, brincar, cabriolar, estar en continuo movimiento; retozar.

frisk, *s.* Retozo; gambeta, brinco o salto.

frisker ['frɪskəʳ] [fris-kaʳ], *s.* El que es inconstante o voluble.

frisket ['frɪskɪt] [fris-kit], *s.* *(Impr.)* Frasqueta, bastidor de hierro que sujeta el papel en las prensas de mano.

friskiness ['frɪskɪnɪs] [fris-ki-nes], *s.* Viveza en el trato, alegría, vivacidad.

frisking ['frɪskɪŋ] [fris-kin], *s.* Alegría rústica, baile juguetón.

friskful ['frɪskfʊl] [frisk-ful], **frisky** ['frɪskɪ] [fris-ki], *a.* Juguetón, alegre, desparpajado, vivaracho, gallardo, vivo.

frit [' frɪt] [frit], *s.* 1. Frita; en las fábricas de vidrio, la mezcla destinada a fundirse en los crisoles. 2. Frita, el material o ingredientes de que se hacen ciertos artículos blandos y plásticos de alfarería.

frith o **firth** [frɪθ] [friz], *s.* 1. *(Esco.)* Estrecho o brazo de mar. 2. Nasa, especie de red.

frithy ['frɪθɪ] [fri-zi], *a.* *(Des.)* Leñoso, selvático.

fritillary ['frɪtɪlərɪ] [fri-ti-la-ri], *s.* *(Bot.)* Fritilaria, planta de las liliáceas.

fritter ['frɪtəʳ] [fri-taʳ], *s.* 1. Tajada, torrezno, fritilla. 2. Fragmento, parte pequeña de alguna cosa. 3. Quesadilla, torta de queso. 4. Buñuelo, hojaldre, fruta de sartén.

frivolity [frɪ'vɒlɪtɪ] [fri-vo-li-ti], *s.* Frivolidad.

frivolous ['frɪvələs] [fri-vo-los], *a.* Frívolo, vano, inútil.

frivolously ['frɪvələslɪ] [fri-vo-los-li], *adv.* Frívolamente, vanamente.
frivolousness ['frɪvələsnɪs] [fri-vo-los-nes], *s.* Frivolidad.
frizz, frizzle [frɪzl] [fri-sel], *va.* Frisar; rizar, encrespar, ensortijar.
frizzle, *s.* Rizo, bucle.
frizzler ['frɪzləʳ] [fris-laʳ], *s.* Rizador, frisador.
fro [frəʊ] [frou], *adv.* Atrás, hacia atrás. **To go to and fro**, ir y venir, ir de un lado a otro. **Goings to and fro**, idas y venidas.
frock [frɒk] [frok], *s.* 1. Bata de niño o de señora; túnica, vestido exterior de mujer. 2. Blusa. **Frock-coat**, levita. **Smock frock**, sayo, especie de camisa de lienzo ordinario, que se pone sobre el vestido para resguardarlo. 3. Hábito.
frog [frɒg] [frog], *s.* 1. Rana. Ranilla, hendidura del talón del caballo. 3. *(Ferro.)* Corazón de desvío; parte o sección de la vía en que un carril corta a otro o se separa de él, como sucede en los cambiavías o chuchos. **Frog-plate**, (a) Pieza que sirve para colocar la pata de una rana bajo el microscopio a fin de observar la circulación de la sangre. (b) Bastidor de cambio o de rana en los ferrocarriles. **Tree-frog**, calamite, sapo verde y pequeño.
frogbit ['frɒgbɪt] [frog-bit], *s.* *(Bot.)* Morena, planta acuática.
froggy ['frɒgɪ] [fro-gui], *a.* Lleno de ranas.
frogman ['frɒgmən] [frog-man], *s.* Hombre rana.
frolic ['frɒlɪk] [fro-lik], *s.* 1. Fantasía, capricho, extravagancia, jarana. 2. Juego, travesura. *-a.* Alegre, vivo, vivaracho, caprichoso.
frolic, *vn.* Loquear, juguetear, retozarse, estar de chacota, triscar, jaranear.
frolicsome ['frɒlɪksʌm] [fro-lik-sam], *a.* Juguetón, travieso.
frolicsomely ['frɒlɪksʌməlɪ] [fro-lik-sa-me-li], *adv.* Alegremente, con humorada o viveza.
frolicsomeness ['frɒlɪkˌsɒmnɪs] [fro-lik-som-nes], *s.* Viveza, humorada, demasiada alegría.
from [frɒm] [from], *prep.* 1. De. **From my heart**, de lo íntimo de mi corazón. **From time to time**, de cuando en cuando. 2. Después, desde. **From that time**, desde entonces, desde aquel tiempo. 3. De, desde, hablando de lugar. **From top to toe**, de pies a cabeza. **From above**, desde arriba, de lo alto. **From afar**, de lejos. **From amidst**, del medio de. **From beneath**. De abajo, de lo hondo. **From behind**, desde atrás. **From beyond**, de más allá. **From far**, desde lejos, de lejos. **From without**, de fuera. **From among**, de entre. **From off**, lejos, fuera de. **From on high**, desde lo alto. **From out**, de, desde, del fondo de. **From under**, de debajo. 4. Por, a causa de, a fuerza de; debido *a.* **From an honorable motive**, por un motivo honroso. **Rather from policy than**, más bien por política que. **There is danger from ignorance**, hay peligro a causa de la ignorancia. 5. De, de parte de. **He came from the general**. 6. Según, conforme. **From what I hear**, según lo que oigo, o según oigo. **Painted from nature**, pintado del natural, conforme al natural. 7. Sobre, en; contra. **Men do not gather figs from thistles**, no se cogen higos en (o entre) los abrojos. **A revolt from the monarchy**, una rebelión contra la monarquía. 8. Con. **He made a supper from the remains of his dinner**, cenó con los restos de la comida. Esta preposición frecuentemente se invierte en el estilo familiar, como, **Where do you come from!**, ¿de dónde viene Ud.?
frond [frɒnd] [frond], *s.* *(Bot.)* 1. Fronda, la parte hojosa que sostiene la fructificación de los helechos y las algas. 2. Cualquier hoja grande de los trópicos, como la de la palmera.
frondas ['frɒndəs] [fron-das], *s.* *(Boot.)* Frondas, follaje.
frondent ['frɒndənt] [fron-dent], **frondose** ['frɒndəʊz] [frond-ous], *a.* *(Bot.)* Frondoso.
frondescent ['frɒnəsənt] [fron-de-sent], *a.* *(Bot.)* Frondescente; se dice de los vegetales cuando están desplegando sus hojas y de las plantas que llevan fronda.
frondiferous ['frɒndɪfərəs] [fron-di-fe-ros], *a.* *(Bot.)* Frondífero.
front [frɒnt] [front], *s.* 1. Frente. 2. Frente, la parte que está en frente de alguno. 3. Faz, cara; la manera de hacer frente a una persona o situación. **Put the best front you can on the matter**, ponga Ud. en este asunto la mejor cara que pueda. 4. Apariencia de grandeza y riqueza. **To put on a front**, aparentar, hacer ostentación. 5. Fachada, frontispicio. 6. Pechera de camisa. 7. *(Teat.)* Auditorio. 8. Paseo frente al mar. 9. **In the front of the book**, al principio del libro. **To stand front to front**, estar cara a cara. **In front of**, en frente de, cara a cara con. 4. Audacia, atrevimiento, descaro. 5. *(Arq.)* Frente, frontispicio, fachada; portal, como de una iglesia. 6. Pechera, delantera, camisolín; caña de una bota. **Front door**, puerta de entrada. **Front bolt**, pasador que asegura el fusil a la caja.
front, *a.* 1. Anterior, delantero, lo que está al frente. 2. Frontero, mirado del frente. 2. Frontero, mirado del frente. 3. Medido por el frente. 4. Frontal. **Front room**, cuarto de frente, cuarto a la calle o en la fachada principal de una casa. **Front view**, vista al frente.
front, *va.* 1. Hacer frente, oponerse cara a cara. 2. Estar en frente de alguna cosa. *-vn.* 1. Estar al frente. 2. Dar a, caer a. **This house fronts on the park**, esta casa da al parque.
frontage ['frɒntɪdʒ] [fran-tich], *s.* Extensión lineal de frente. **The lot has a frontage of seventy feet on North Street**, el solar tiene un frente de setenta pies en la calle Norte.
frontal ['frɒntl] [fran-tal], *a.* 1. Frontero, anterior. 2. Frontal, perteneciente a la frente. *-s.* 1. *(Arq.)* Tímpano pequeño. 2. Frontero, venda.
front curtain [frɒnt'kɑːtɪn] [front-kar-tin], *s.* *(Teat.)* Telón de boca.
frontier ['frɒntɪəʳ] [fron-tiaʳ], *s.* Frontera, la raya o término de un territorio. *-a.* Fronterizo, frontero. **Frontier town**, cuidad fronteriza.
frontiniac ['frɒntɪnɪək] [fron-ti-niak], *s.* Vino de Frontiñán en Francia.
frontispiece ['frɒntɪspiːs] [fron-tis-pis], *s.* 1. El frontis grabado de un libro. 2. Frontispicio.
frontless ['frɒntlɪs] [front-les], *a.* Descarado, desvergonzado, impudente.
frontlet ['frɒntlɪt] [front-let], *s.* 1. Venda para la frente. 2. *(Art.)* Frontón de mira. 3. *(Orn.)* Margen de la cabeza detrás del pico de las aves que está por lo común cubierto con cerdas.
front seat ['frɒnt'siːt] [front-sit], *s.* Asiento delantero.
frost [frɒst] [frost], *s.* Helada, hielo. **Hoar frost, white frost**, escarcha. **Frost bite**, congelación parcial de los dedos o las orejas. **Frost-nail**, clavo de gancho que se pone en las herraduras del caballo en tiempo de hielos para que no resbale. **Frost-nipped**, quemado por el hielo.
frost, *va.* 1. Helar. 2. Escarchar, cubrir un manjar con una composición azucarada, parecida a la escarcha. 3. Dañar por medio del frío o el hielo, quemar. 4. Deslustrar, despulir.
frosted ['frɒstɪd] [fros-tid], *pp.* y *a.* 1. Helado. 2. Deslustrado, despulido; que presenta una superficie áspera y sin brillo.
frost-bitten ['frɒs*t*ˌbɪtn] [frost-biten], *a.* Helado, quemado o marchitado por el hielo o la escarcha.
frostiness ['frɒstɪnɪs] [fros-ti-nes], *s.* Frío, helamiento.
frosting ['frɒstɪŋ] [fros-tin], *s.* 1. Clara de huevo batida con azúcar, que forma como una capa de nieve sobre ciertos pasteles. 2. Deslustre, aspereza en la superficie del metal, el cristal o la madera; cualquier superficie que imita la escarcha.
frost-work [frɒst'wɜːk] [frost-uek], *s.* Garapifia, garapiñado.
frosty ['frɒstɪ] [fros-ti], *a.* 1. Helado, frío como el hielo. 2. Frío, indiferente, insensible. 3. Cano, canoso. 4. Glacial, escarchado.
froth [frɒθ] [froz], *s.* 1. Espuma que forma el hervor o agitación de algún líquido. 2. Bambolla, paja.
froth, *vn.* Espumar, criar espuma. *-va.* Hacer espuma.
frothily ['frɒθɪlɪ] [fro-zi-li], *adv.* Con espuma; frívolamente, sin sustancia.

frothiness ['frɒθɪnɪs] [fro-zi-nes], *s.* Vaciedad, frivolidad.
frothy ['frɒθɪ] [fro-zi], *a.* 1. Espumoso, lleno o cubierto de espuma. 2. Frívolo, vano, inútil.
frounce ['frəʊns] [frouns], *va.* *(Ant.)* Rizar, encrespar o ensortijar el cabello. *-vn.* Ponerse ceñudo.
frouzy ['frəʊsɪ] [frou-si], *a.* *V.* FROWZY.
frow [frəʊ] [frou], *s.* *(Fam.)* Dama holandesa o alemana; mujer casada.
froward ['frəʊəd] [frouard], *a.* Indómito, incorregible, díscolo, protervo; insolente, impertinente. **A froward child**, niño impertinente y difícil de contentar.
frowardly ['frəʊədlɪ] [frouard-li], *adv.* Indócilmente, arrogantemente, insolentemente.
frowardness ['frəʊədnɪs] [frouard-nes], *a.* Indocilidad.
frown [fraʊn] [fraun], *va.* Mirar con ceño, poner mala cara. *-vn.* 1. Poner mal gesto, ponerse ceñudo, enfurruñarse. **To frown upon one**, mirar a alguno con malos ojos. **To frown anyone down**, avergonzar a uno, hacerle bajar los ojos, sonrojarle. 2. Rechazar a alguno con aspecto amenazador o severo. **He frowned them into silence**, su expresión amenazadora los redujo al silencio.
frown, *s.* Ceño, entrecejo, desagrado, enfado o enojo. **Frowns of fortune**, reveses de fortuna.
frowning ['fraʊnɪŋ] [frau-nin], *a.* Ceñudo, hosco, malcarado.
frowningly ['fraʊnɪŋlɪ] [frau-nin-li], *adv.* Enojadamente, con ceño, de mal ojo, hoscamente.
frowzy ['fraʊzɪ] [frau-si], *a.* Desaliñado, desaseado, sucio; mal peinado.
froze [frəʊz] [frous], *pret.* del verbo FREEZE.
frozen [frəʊzn] [frou-sen], *pp.* de TO FREEZE. 1. Helado, congelado; frío. 2. Fijo, inmóvil, invariable.
fructiferous [frʌk'tɪfərəs] [frak-ti-fe-ros], *a.* Fructífero, que da frutos.
fructification [ˌfrʌktɪfaɪ'keɪʃən] [frak-ti-fai-kei-shon], *s.* *(Bot.)* Fructificación; fecundación.
fructify ['frʌktɪfaɪ] [frak-ti-fai], *va.* Fertilizar, fecundar. *-vn.* Fructificar, dar o producir fruto.
fructivorous [frʌk'tɪvərəs] [frak-ti-vo-ros], *a.* *(Zool.)* Frugívoro.
fructose ['frʌktəʊs] [frak-tous], *s.* Fructosa.
fructous ['frʌktəs] [frak-tos], *a.* Fructuoso, provechoso.
frugal ['fru:gəl] [fru-gal], *a.* Económico; frugal, sobrio, templado.
frugality [fru:'gælɪtɪ] [fru-ga-li-ti], *s.* Economía; frugalidad, moderación, sobriedad o templanza.
frugally ['fru:gəlɪ] [fru-ga-li], *adv.* Frugalmente, sobriamente.
frugiferous ['fru:dʒɪfərəs] [fru-chi-fe-ros], *a.* Fructífero.
frugivorous ['fru:dʒɪvərəs] [fru-chi-vo-ros], *a.* Frugívoro, que se alimenta de frutos.
fruit [fru:t] [frut], *s.* 1. Fruto. 2. Fruta. **Dry fruit**, fruta seca. **To live upon fruit**, mantenerse con fruta. 3. Fruto, producto, utilidad, provecho. 4. Prole. 5. Postres. **Fruit-basket**, cesta para fruta. **Fruit-knife**, cuchillo de postres. **Fruit-jar**, vaso o tarro para frutas, en especial el que puede cerrarse herméticamente. **Stone fruit**, fruta de hueso. **Fruit-bearing**, frutal, que produce fruta. **Fruit-dryer**, secadero de frutas. **Fruit-eating**, frugívoro. **Fruit press**, aparato para prensar frutas. **Preserved fruit**. Fruta en almíbar. **Candied fruit**, fruta azucarada.
fruit, *vn.* Producir fruta, dar fruto, fructificar.
fruitage ['fru:tɪdʒ] [fru-tich], *s.* 1. Frutas, toda suerte de fruta general. 2. Fruto, resultado o efecto de alguna acción.
fruit-bearer [fru:t'bɛərə^r] [frut-bea-ra^r], *s.* Frutal; lo que produce fruta.
fruit-bearing [fru:t'bɛərɪŋ] [frut-bea-rin], *a.* Fructífero; frutal.
fruit cake ['fru:tkeɪk] [frut-keik], *s.* Pastel de frutas.
fruiter ['fru:tə^r] [fru-ta^r], *s.* Frutal, buque frutero.
fruiterer ['fru:tərə^r] [fru-te-ra^r], *s.* Frutero (seller).
fruitery ['fru:tərɪ] [fru-te-ri], *s.* 1. Fruta. 2. Frutería, lugar destinado a guardar la fruta.
fruitful ['fru:tfʊl] [frut-ful], *a.* Fructífero, fértil, prolífico, abundante, copioso, fecundo; provechoso, útil, ventajoso.
fruitfully ['fru:tfəlɪ] [frut-fu-li], *adv.* Fértilmente, prolíficamente, provechosamente, fértilmente.
fruitfulness ['fru:tfʊlnɪs] [frut-ful-nes], *s.* Fertilidad, fecundidad.
fruit-groves ['fru:tgrʌvz] [frut-grovs], *s. pl.* Vergel de frutales.
fruition [fru:'ɪʃən] [fru-ishon], *s.* 1. Fruición. 2. Fruición, gusto, complacencia.
fruit-piece ['fru:tpi:s] [frut-pis], *s.* Frutaje, frutero.
fruitless ['fru:tlɪs] [frut-les], *a.* Estéril, infructuoso; inútil, vano.
fruitlessly ['fru:tlɪslɪ] [frut-les-li], *adv.* Infructuosamente; inútilmente.
fruitlessness ['fru:tlɪsnɪs] [frut-les-nes], *s.* Esterilidad; infructuosidad.
fruit stand ['fru:tstænd] [frut-stand], *s.* Puesto de frutas.
fruit store ['fru:tstɔ:^r] [frut-sta^r], *s.* Frutería.
fruit-time ['fru:t'taɪm] [frut-taim], *s.* Otoño, cosecha, el tiempo de recoger los frutos.
fruit-tree ['fru:t'tri:] [frut-tri], *s.* Frutal, árbol que produce fruta.
fruity ['fru:ɪtɪ] [frui-ti], *a.* Semejante a la fruta en el sabor, el olor o las cualidades.
frumentaceous ['fru:mən'teɪʃəs] [fru-men-tei-shos], *a.* Frumenticio.
frumenty ['fru:məntɪ] [fru-men-ti], *s.* Manjar hecho de trigo cocido con leche.
frump [frʌmp] [framp], *s.* 1. Vieja que se viste a la antigua y es de genio áspero y regañón, regañona, chismosa. 2. Mujer desaliñada. 3. *(Des.)* Chiste, burla, mofa.
frumpish ['frʌmpɪʃ] [fram-pish], *a.* 1. Desaliñado. 2. Pasado de moda, anticuado (dress). 3. Malhumorado, regañón.
frush [frʌʃ] [frash], *va.* Romper, magullar, quebrar.
frush, *s.* *(Vet.)* Arestín.
frustrable ['frʌstrəbl] [fras-tra-bol], *a.* Capaz de ser frustrado.
frustrate ['frʌstreɪt] [fras-treit], *va.* 1. Frustrar, privar o defraudar a uno de lo que le tocaba o esperaba; burlar, dejar burlada la intención o esperanza de una persona. 2. Anular, hacer nula una cosa.
frustrate, *a.* 1. Frustrado, fallido, burlado. 2. Inútil, vano, nulo. 3. Desventajoso.
frustration [frʌs'treɪʃən] [fras-trei-shon], *s.* 1. Frustración, desbaratamiento, desconcierto. 2. Fracaso, contratiempo, chasco; privación.
frustrative ['frʌstrətɪv] [fras-tra-tiv], *a.* Falaz, engañoso.
frustratory ['frʌstrətərɪ] [fras-tra-to-ri], *a.* *(For.)* Frustratorio, lo que hace nula alguna cosa; frustráneo.
frustule ['frʌstju:l] [fras-tiul], *s.* *(Bot.)* Frústula, el casco silíceo de un diátomo.
frustum ['frʌstrəm] [fras-trum], *s.* 1. Parte inferior de un cuerpo sólido que se forma cortando la cúspide por un plano paralelo a la base. 2. Trozo, pedazo.
frutescence ['fru:təsəns] [fru-te-sens], *s.* *(Bot.)* Calidad de fruticoso.
frutescent ['fru:təsənt] [fru-te-sent], *a.* *(Bot.)* Fruticoso; se dice de las plantas que se hacen arbustos o que se parecen a un arbusto.
fruticose ['fru:tɪkəʊz] [fru-ti-kous], *a.* Fruticoso, relativo a los arbustos o que se parecen a un arbusto.
fry [fraɪ] [frai], *s.* 1. El conjunto de pececillos que sale del desove o de las huevas. 2. Enjambre, la muchedumbre de cosas juntas o de personas, cuando unas y otras son de poca importancia. 3. Fritada, el conjunto de cosas fritas. 4. *(Fam.)* Aprieto, brete, estado de molestia o agitación.
fry, *va.* Freír. *-vn.* Freírse; derretirse de calor; estar agitado o acalorado. **To have other fish to fry**, tener otras cosas en que pensar.

frying-pan ['fraɪɪŋ,pæn] [frain-pan], *s.* Sartén. **To jump from the frying-pan into the fire**, saltar de la sartén y dar en las brasas.

fucate, fucated ['fju:keɪt] [fiu-keit], *a.* Pintado, disfrazado.

fuchsia ['fʌkʃə] [fak-sha], *s.* Fucsia, arbusto con flores rojas y purpúreas del mismo nombre, que cuelgan de las axilas; es planta de adorno originaria de la América del Sur.

fucoid ['fʊkɔɪd] [fu-koid], *a.* Fucóideo, que se parece a los fucos u ovas. *-s.* 1. Alga parecida al fuco. 2. Planta viva o fósil que se asemeja a las algas.

fucus ['fʌkəs] [fa-kos], *s.* 1. Afeite, aderezo y compostura del rostro; disfraz. 2. *(Bot.)* Fuco, ova. **Fuci**, *pl.* Fucos.

fuddle [fʌdl] [fa-del], *va.* Emborrachar. *-vn.* Emborracharse.

fudge [fʌdʒ] [fadch], *s.* 1. Embuste, cuento; se usa más como interjección. ¡Quita de ahí! ¡Quita allá! 2. Dulce de chocolate.

fudge, *v.* 1. Arreglar, amañar, inventar. 2. *(Impr.)* Insertar noticias de última hora.

fuel [fjʊəl] [fiuel], *s.* 1. Combustible, todo lo que sirve de alimento al fuego. 2. Pábulo, aliciente.

fuel, *va. (Ant.)* Servir material combustible al fuego; proveer con leña o materiales para el fuego.

fueling ['fjʊəlɪŋ] [fiue-lin], *s.* Abastecimiento de combustible.

fugacious ['fəgeɪʃəs] [fa-guei-shos], *a.* 1. Fugaz, volátil, instable; transitorio. 2. *(Bot.)* Fugaz, que se cae o que parece muy temprano.

fugaciously ['fəgeɪʃəslɪ] [fa-guei-shos-li], *adv.* Fugazmente.

fugaciousness ['fəgeɪʃəsnɪs] [fa-guei-shos-nes], **fugacity** ['fəgæsɪtɪ] [fa-gue-si-ti], *s.* Fugacidad, instabilidad, volatilidad.

fugh [fʌg] [fag], *inter.* ¡Fo! expresión de asco o enfado.

fugitive ['fju:dʒɪtɪv] [fiu-yi-tiv], *a.* Fugitivo, desterrado, expulsado; fugaz, volátil, vagabundo, huidizo; pasajero, perecedero. *-s.* 1. Fugitivo, desertor, tránsfuga, apóstata. 2. Refugiado; contumaz, el que sustrae por la fuga a la acción de la justicia. **Fugitive pieces**, folletos sueltos.

fugitiveness ['fju:dʒɪtɪvnɪs] [fiu-yi-tiv-nes], *s.* Fugacidad, instabilidad.

fugleman, fugelman ['fʌglmən] [fa-guel-man], *s.* 1. *(Mil.)* Jefe de fila; el que manda una hilera de soldados. 2. Guía, modelo.

fugue ['fju:g] [fiug], *s. (Mús.)* Fuga, composición que gira sobre un tema y su imitación, repetidos con cierto artificio por diferentes tonos.

ful [fʊl] [ful], sufijo. 1. Lleno de; abundante en; que contiene. **Fruitful**, abundante en frutos. 2. Capacidad, cabida o medida; v. g. **spoonful**, cucharada; **a glassful**, un vaso lleno, el contenido de un vaso. Los nombres que tienen este sufijo forman el plural añadiendo la letra s: **cupful, cupfuls**.

fulcrum ['fʌlkrəm] [fal-krom], *s.* 1. *(Mec.)* Apoyo de palanca o alzaprima. 2. *(Bot.)* Accesorios, apéndice u órgano de las plantas, como pedúnculo, espina, aguijón, zarcillo, etc.

fulfil ['fʊlfɪl] [ful-fil], *va.* 1. Colmar, llenar abundantemente, llenar hasta arriba. 2. Cumplir, ejecutar lo que se había prometido. 3. Observar con exactitud lo que está mandado. **To fulfil one's duty**, cumplir con su obligación.

fulfiller ['fʊlfɪlə^r] [ful-fi-la^r], *s.* El que cumple o llena.

fulfilling [fʊl'fɪlɪŋ] [ful-fi-lin], *s.* Cumplimiento.

fulfilment [fʊl'fɪlmənt] [ful-fil-ment], *s.* Ejecución completa de alguna cosa.

fulgency ['fʊldʒənsɪ] [ful-chen-si], **fulgidity** [fʊl'dʒɪdɪtɪ] [ful-chi-di-ti], **fulgor** ['fʊlgə^r] [ful-ga^r], *s.* Fulgor, resplandor, esplendor.

fulgent ['fʊldʒənt] [ful-chent], **fulgid** ['fʊldʒɪd] [ful-chid], *a.* Fulgente, brillante, fúlgido.

fulgurate ['fʊlgəreɪt] [ful-ga-reit], *vn.* Fulgurar.

fulguration [,fʊlgə'reɪʃən] [ful-ga-rei-shon] *s.* Fulguración, relámpago.

fulgurite ['fʊlgərɪt] [ful-ga-rit] *s.* Fulgurita.

fuliginous ['fʊldʒɪnəs] [ful-chi-nos], *a.* Fuliginoso, denegrido, tiznado.

full [fʊl] [ful], *va.* Dar amplitud a una cosa, fruncir el borde de una tela; hacer espeso o grueso. *-vn.* 1. Hacerse lleno, grueso o espeso; llegar la luna a su plenilunio. 2. Fruncirse, plegarse; mostrar amplitud.

full, *va.* Abatanar o batanar el paño; hacerlo más espeso y compacto por medio de un procedimiento dado. *-vn.* Hacerse más espeso y compacto.

full, *a.* 1. Lleno, repleto, surtido de alguna cosa; gordo; amplio, pleno. 2. Harto, saciado; copioso, completo. 3. Maduro, perfecto; fuerte. **Full stop**, punto final. **Full of sorrow**, lleno de trabajos, consumido por los pesares. **Full of business**, abrumado de negocios. **Full of play**, amigo de retozar, alegre, juguetón. **Full moon**, plenilunio, luna llena. **Full sail**, vela llena. **Full sea**, mar bravío. **Full two years**, dos años bien cumplidos. **Full powers**, facultades amplias. **Full weight**, peso cabal. **Full and by**, *(Mar.)* A buen viento. **To keep the sails full**, *(Mar.)* andar a buena vela. *-s.* 1. Lleno, complemento; colmo; saciedad. 2. Tota, el todo que resulta de la unión de muchas cosas. *-adv.* 1. Enteramente, del todo, de lleno. **Full well**, muy bien. 2. Derechamente, rectamente, exactamente. **Full** se usa a menudo en la composición de algunas voces para denotar que una cosa ha llegado a su complemento o perfección. **Full-blooded**, (a) pletórico, que tiene plenitud de sangre. (b) De sangre pura; de sangre no mezclada. **Full blown**, (a) abierto, descogido o desplegado completamente; hablando de las flores. (b) Maduro, cabal; en todo su esplendor o desarrollo. (c) Hinchado completamente por el viento. **Full-butt**, *(Fam.)* con un choque súbito y violento. **Full-charged**, sobrecargado. **Full-cock**, montado, amartillado; se dice de un arma de fuego. **Full-dress**, gran gala; vestido de gran gala, de uniforme o como es preciso para presentarse de ceremonia en alguna función. **Full-drive**, a carrera tendida, a toda rienda, al galope. **Full-eared**, lo que tiene espigas llenas y grandes. **Full-faced**, (a) carilleno, carigordo. (b) *(Impr.)* Letra negra; los mismos que **bold-face**. **Full-fed**. Bien alimentado, gordo, grueso. **Full-grown**, maduro; crecido completamente. **A full-grown man, woman**, un hombre hecho, una mujer hecha. **Full-hearted**, elevado, confiado; atrevido, valeroso. **Full length**, de grandor natural, de cuerpo entero. **Full-manned**, tripulado completamente. **Full-mouthed**, lo que tiene voz o sonido fuerte. **Full-orbed**, lo que tiene un orbe o una esfera completa; lo que está tan lleno como la luna durante el plenilunio. **Full-spread**, extendido a lo largo. **Full-summed**, completo en todas sus partes. **Full-winged**, lo que tiene alas grandes: alado.

fullage ['fʊlɪdʒ] [fu-lich], *s.* Lo que se paga por abatanar el paño.

full-aged [fʊl'eɪdʒɪd] [ful-eichd], *a.* Mayor de edad.

fullback ['fʊlbæk] [ful-bak], *s.* Defensa (en el fútbol).

full-blooded ['fʊl'blʌdɪd] [ful-bla-did], *a.* 1. De pura raza. 2. Pletórico.

full-blown ['fʊl'bləʊn] [ful-bloun], *a.* Maduro, desarrollado.

fuller ['fʊlə^r] [fu-la^r], *s.* Batanero, el que abatana el paño.

fuller's earth [,fʊləz'ɜ:θ] [fu-lers-erz], *s.* Tierra de batán, especie de greda que se emplea en los batanes para desengrasar los paños.

fuller's thistle [fʊlz'θi:sl] [fuls-zisel], *s.* Capota, cardencha, dipsaco.

fullery ['fʊlərɪ] [fu-le-ri], *s.* Batán y oficina del batanero.

full-fashioned [fʊl'fæʃənd] [ful-fa-shond], *a.* Tejido o confeccionado para que ajuste bien (ropa interior, medias, etc.)

full-fledged [fʊl'fledʒɪd] [ful-flecht], *a.* Completo, acabado. **A full-fledged doctor**, médico en todo el sentido de la palabra.

fulling-mill [fʊlɪŋ'mɪl] [fu-lin-mil], *s.* Batán.

full-length film ['fʊl'leŋθ'fɪlm] [ful-lenz-film], *s.* Película de largo metraje.

full swing ['fʊl'swɪŋ] [ful-suin], *adv.* En plena actividad, en todo su apogeo.
fully ['fʊlɪ] [fu-li], *adv.* Plenamente, completamente.
fulminant ['fʊlmɪnənt] [ful-mi-nant], *a.* Fulminante.
fulminate ['fʊlmɪneɪt] [ful-mi-neit], *va.* y *vn.* 1. Hacer explosión, estallar. 2. Tronar, dar un estallido, detonar. 3. Excomulgar, imponer una censura. 4. Fulminar. 5. Censurar, condenar.
fulminating ['fʊlmɪneɪtɪŋ] [ful-mi-nei-tin], *pa.* Fulminante. **Fulminating cap**, cápsula fulminante.
fulmination [ˌfʊlmɪ'neɪʃən] [ful-mi-nei-shon], *s.* Fulminación, el acto de fulminar y su efecto; trueno.
fulminatory ['fʊlmɪnətərɪ] [ful-mi-na-to-ri], *a.* Fulminante, fulminoso, fulmíneo.
fulmine ['fʊlmɪn] [ful-min], *va.* Fulminar, lanzar con explosión, a manera de relámpago. *-vn.* Tronar; de aquí, hablar de una manera vehemente, con voz de trueno.
fulness o **fullness** ['fʊlnɪs] [ful-nes], *s.* 1. Plenitud, copia, llenura, abundancia, hartura, saciedad. 2. Complemento. 3. Fuerza o vigor del sonido. **Fullness of the heart**, abundancia de afecto; llenura del corazón.
fulsome ['fʊlsəm] [ful-som], *a.* Que ofende o disgusta por exceso de elogio; de aquí, grosero, bajo, repugnante.
fulsomely ['fʊlsəmlɪ] [ful-som-li], *adv.* Asquerosamente, indecentemente.
fulsomeness ['fʊlsəmnɪs] [ful-som-nes], *s.* Asquerosidad, insinceridad, bajeza.
fulvescent ['fʊlvəsənt] [ful-ve-sent], *a.* Algo leonado.
fulvid ['fʊlvɪd] [ful-vid], *a.* Leonado, amarillo rojizo.
fulvous ['fʊlvəs] [ful-vo], **fulvid**, *a.* Leonado, color leonado; amarillo obscuro con tinte rojizo.
fumarole ['fʊmərəʊl] [fu-ma-roul], *s.* Agujero pequeño por donde salen vapores volcánicos.
fumble ['fʌmbl] [fam-bel], *va.* 1. Chapucear, manosear desmañadamente o sin propósito. 2. Buscar a tientas, revolver buscando. 3. Titubear, balbucear. 4. Parar o coger una pelota desmañadamente, ocasionando una demora. *-vn.* Emplear las manos desmañadamente; ir a tientas. **To fumble along**, andar a tientas.
fumbler ['fʌmbləʳ] [fam-blaʳ], *s.* Chapucero, desmañado.
fumblingly ['fʌmblɪŋ] [fam-blin], *adv.* Chapuceramente.
fume [fju:m] [fium], *s.* 1. El vapor que exhala alguna cosa que fermenta. 2. Vapor del estómago. 3. Cólera, acaloramiento. 4. Humo, vanidad, presunción. 5. *(Ant.)* Humo. **Fumes of wine**, vapores del vino.
fume, *vn.* 1. Humear, echar o arrojar humo. 2. Exhalar, despedir vapores. 3. Encolerizarse, enojarse. *-va.* 1. Ahumar; sahumar; exponer a los vapores del amoniaco, como en ciertas manipulaciones fotográficas. 2. Exhalar, despedir alguna cosa en vapores. **To fume away**, evaporarse alguna cosa.
fumet ['fju:mɪt] [fiu-mit], *s.* *(Des.)* Freza, el estiércol de los venados. 2. Olor de un guisado, tufillo.
fumigate ['fju:mɪgeɪt] [fiu-mi-gueit], *va.* 1. Desinfectar por la acción del humo o del vapor. 2. Perfumar, sahumar. 3. Ahumar, curar por medio del humo.
fumigation [ˌfju:mɪ'geɪʃən] [fiu-mi-guei-shon], *s.* 1. Sahumerio, sahumo. 2. *(Med.)* Fumigación.
fumigator [ˌfju:mɪ'geɪtəʳ] [fiu-mi-guei-taʳ], *s.* Fumigador, máquina fumigatoria.
fumigatory ['fju:mɪgətərɪ] [fiu-mi-ga-to-ri], *s.* Fumigatorio.
fuming ['fju:mɪŋ] [fiu-min], *s.* El acto de humear; capricho vano. *-a.* 1. Humeante, fumante. 2. Encolerizado, furioso.
fumingly ['fju:mɪŋlɪ] [fiu-min-li], *adv.* Coléricamente.
fumish ['fju:mɪʃ] [fiu-mish], *a.* *(Bot.)* De color de humo.
fumitory ['fju:mɪtərɪ] [fiu-mi-to-ri], *s.* *(Bot.)* Fumaria, hierba de sabor amargo. **Climbing fumitory**, fumaria trepadora.
fumy ['fju:mɪ] [fiu-mi], *a.* Humoso, lleno de vapores.
fun [fʌn] [fan], *s.* Diversión, entretenimiento; chanza, chiste, chuscada, burla. **For fun** o **in fun**, en chanza, de burlas, por modo de fiesta, de chacota. **To have fun**, divertirse, pasar un buen rato. **To make fun of**, **to poke fun at**, burlarse de, reírse de.
fun, *v.* Bromear, divertirse.
funambulist ['fju:'næmbʊlɪst] [fiu-nam-bu-list], **funambulo** ['fju:'næmbələʊ] [fiu-nam-bu-lou], *s.* Funámbulo, volatín.
function ['fʌŋkʃən] [fank-shon], *s.* 1. Función, el acto o ejercicio de algún empleo, facultad u oficio. 2. Desempeño o cumplimiento de un deber. 3. Ocupación, ejercicio. 4. Función, el ejercicio de los movimientos vitales de las diferentes partes del cuerpo animal. 5. Potencia, facultad. 6. *(Mat.)* Cantidad que depende de otra.
funtional ['fʌŋkʃənl] [fank-sho-nal] *a.* Funcional.
functionary ['fʌŋkʃənərɪ] [fank-sho-na-ri], *s.* Funcionario, empleado.
functionate ['fʌŋkʃəneɪt] [fank-sho-neit], *va.* Ejercer una función; tener oficio; obrar.
functioning ['fʌŋkʃənɪŋ] [fank-sho-nin], *s.* Funcionamiento.
fund [fʌnd] [fand], *s.* 1. Fondo, caudal de alguna cosa; acopio, reserva. **A great fund of humor**, un abundante fondo de buen humor. 2. Dinero contante, o capital convertible. 3. *pl.* Fondos públicos; *(Fam.)* dinero. **Sinking fund**, fondo de amortización.
fund, *va.* 1. Consolidar una deuda; destinar fondos al pago de los intereses de una deuda. 2. Poner dinero en los fondos públicos, o en los de una compañía o casa de comercio.
fundament [fʌn'dəment] [fan-da-ment], *s.* 1. Fundamento, principio, cimiento. 2. Ancas, trasero; ano.
fundamental [fʌn'dəmentl] [fan-da-men-tal], *a.* Fundamental. *-s.* Fundamento.
fundamentally [fʌn'dəmentəlɪ] [fan-da-men-ta-li], *adv.* Fundamentalmente.
funded ['fʌndɪd] [fan-did], *pp.* y *a.* 1. Consolidado; convertido en préstamo permanente. **Funded debt**, deuda consolidada. 2. Acumulado e invertido, particularmente en los fondos públicos.
fundus ['fʌndəs] [fan-das], *s.* Fondo, base, la parte trasera o lo hondo de alguna cosa. *(Der.)* Fundo.
funeral ['fju:nərəl] [fiu-ne-ral], *a.* Funeral, fúnebre, mortuorio. *-s.* Funeral, funerales, exequias, pompas fúnebres, entierro. **Funeral director**, director de pompas fúnebres. **Funeral parlor**, funeraria.
funereal [fju:'nɪərɪəl] [fiu-ni-rial], *a.* Fúnebre, triste, funesto, lúgubre.
funest ['fʌnɪst] [fa-nest], *a.* Lúgubre, lamentable.
fungi ['fʌngɪ] [fan-gui], *s.* *(Bot.)* Hongos.
fungicidal ['fʌŋgɪsaɪdl] [fan-gui-sai-dal], *a.* Que destruye los hongos, fungicida.
fungicide ['fʌŋgɪsaɪd] [fan-gui-said], *s.* Sustancia para destruir hongos, fungicida.
fungiform ['fʌŋgɪfɔ:m] [fan-gui-form], *a.* Fungóideo, que tiene la forma de un hongo.
fungosity ['fʌŋgəsɪtɪ] [fan-go-si-ti], *s.* Fungosidad, excrecencia blanda.
fungous ['fʌŋgəs] [fan-gos], *a.* Fungoso, lo que se aproxima a la naturaleza del hongo; esponjoso, poroso.
fungus ['fʌŋgəs] [fan-gos], *s.* (*pl.* FUNGI o FUNGUSES). 1. *(Bot.)* Hongo, planta criptógama, de color vario pero nunca verde, que crece rápidamente; como el moho, el tizón, la seta y el agárico. Muchas especies son microscópicas. 2. *(Med.)* Excrecencia, carnosidad.
funicle ['fʌnɪkl] [fa-ni-kol], *s.* Cuerdecilla, fibra, ligamento pequeño.
funicular [fju:'nɪkʊləʳ] [fiu-ni-kiu-laʳ], *s.* Funicular. **Funicular railway**, ferrocarril funicular.
funk [fʌŋk] [fank], *s.* 1. *(Ger.)* Temor, miedo infundado. 2. *(Vulg.)* Hedor, mal olor.
funk, *va.* 1. *(Vulg.)* Emponzoñar con malos olores, apestar. 2. Espantar, atemorizar.
funnel ['fʌnl] [fa-nel], *s.* 1. Embudo. 2. Cañón, conducto por donde pasa aire, humo u otra cosa. **Funnel of a chimney**, cañón de chimenea.

funny ['fʌnɪ] [fa-ni], *a.* Cómico, alegre, burlesco, gracioso, chistoso; bufón, mono, chulo. *-s.* *(Vulg.)* Esquife. **Funny-bone**, *(Fam.)* Cóndilo interno del húmero.

fur [fɜːʳ] [faʳ], *s.* 1. Forro de pieles. 2. Pelo de las bestias. 3. Peletería. 4. Sedimento que se pega a la lengua o a las vasijas metálicas; la pelusa del durazno.

fur, *va.* 1. Aforrar con pieles finas. 2. Cubrir con alguna cosa blanda y suave. **To fur a ship**, forrar un navío.

furacious [fə'reɪʃəs] [fa-rei-shos], *a.* Rapaz, inclinado a hurtar.

furacity ['fəræsɪtɪ] [fa-ra-si-ti], *s.* Codicia; rapacidad.

furbelow ['fɜːbɪləʊ] [fer-bi-lou], *s.* Farfalá, vuelo.

furbelow, *va.* Adornar con farfalaes o vuelos.

furbish ['fɜːbɪʃ] [fer-bish], *va.* Acicalar, pulir, limpiar.

furbishable ['fɜːbɪʃəbl] [fer-bi-sha-bol], *a.* Capaz de ser pulido.

furbisher ['fɜːbɪʃəʳ] [fer-bi-shaʳ], *a.* Acicalador.

furcate ['fɜːkeɪt] [fer-keit], *a.* Ahorquillado, hendido.

furcation ['fɜː'keɪʃən] [fer-kei-shon], *s.* Horcajadura.

furcular ['fɜːkjʊləʳ] [fer-kiu-laʳ], *a.* Horcado, que tiene la figura de una horquilla.

furfur ['fɜːfɜːʳ] [fer-faʳ], *s.* *(Med.)* Caspa; escamitas.

furious ['fjʊrɪəs] [fiu-rios], *a.* Furioso, frenético, furibundo, violento.

furiously ['fjʊrɪəslɪ] [fiu-rios-li], *adv.* Furiosamente, violentamente.

furiousness ['fjʊrɪəsnɪs] [fiu-rios-nes], *s.* Furia, frenesí.

furi ['fɜːrɪ] [fe-ri], *va.* Encoger, contraer. **To furi the sails**, *(Mar.)* Aferrar velas, recoger las velas y plegarlas encima de las vergas.

furl ['fɜːrl] [ferl] *v.* Enrollar, plegar banderas. *(Mar.)* Aferrar, recoger velas.

furling-lines ['fɜːrlɪŋ'laɪnz] [fer-lin-lains], *s. pl.* *(Mar.)* Aferravelas.

furlong ['fɜːrlɒŋ] [fer-lon], *s.* Estadio, la octava parte de una milla.

furlough ['fɜːlɔː] [fer-lo], *s.* *(Mil.)* Licencia o permiso que se da a un militar para ausentarse de su cuerpo o regimiento.

furmenty ['fɜːməntɪ] [fer-men-ti], *s.* *V.* FRUMENTY.

furnace ['fɜːnɪs] [fer-nis], *s.* 1. Horno, hornillo. **Blast-furnace**, horno u hornillo soplante; se usa en las herrerías. **Reverberatory furnace**, horno de reverbero. **Wind-furnace**, horno de aire. 2. Hogar de caldera; horno. **Furnace-hoist**, grúa o cabria de horno. **Furnace-rake**, limpiafuegos, utensilio de vidriería. **Furnace for silver ore**, buitrón, horno de manga para fundir minerales argentíferos. **Bloom reheating furnace**, horno de recocido. **Castilian furnace**, horno circular para plomo. **Muffle furnace**, horno de mufla, de copela. **Smelting furnace**, horno de fundición, alto horno. **To heat the furnace**, caldear el horno.

furnish ['fɜːnɪʃ] [fer-nish], *va.* 1. Surtir, suplir, proveer; aparejar, equipar; alhajar, decorar; adornar. **To furnish a house**, amueblar una casa. **To furnish with arms**, armar. 2. Proporcionar, procurar. **To furnish anyone with an opportunity**, proporcionar ocasión u oportunidad.

furnished ['fɜːnɪʃt] [fer-nisht], *a.* Amueblado. **Furnished apartment,** departamento o apartamento amueblado. **Furnished room for rent**, se renta cuarto amueblado.

furnisher ['fɜːnɪʃəʳ] [fer-ni-shaʳ], *s.* 1. Equipador, decorador. 2. Aparejador, proveedor.

furnishing ['fɜːnɪʃɪŋ] [fer-ni-shin], *s.* 1. Habilitación, equipo, suministro. 2. Muestra. **Furnishings**, trastos, muebles fijos: (en las cuentas de sastres, etc.) avíos.

furnishment ['fɜːnɪʃmənt] [fer-nish-ment], *s.* Surtimiento, surtido, la acción de proveer, surtir o equipar de lo que se necesita.

furniture ['fɜːnɪtʃəʳ] [fer-ni-chaʳ], *s.* 1. Ajuar, los muebles de una casa, mueblaje. 2. Guarnición; adornos, decoraciones; accesorios necesarios en las diversas aplicaciones de las artes. 3. *(Mar.)* Aparejo; obrajes de un arsenal. **Furniture dealer**, mueblista, comerciante en muebles.

furor, furore ['fjuːərəʳ] [fiua-raʳ], *s.* 1. Furia, rabia. 2. Furor, entusiasmo, fervor.

furred ['fʌrɪd] [fa-rid], *a.* 1. Cubierto de piel o de algo parecido a ella. *(Med.)* Cargado, tomado. 2. Forrado. **Furred tongue**, lengua cargada o sucia.

furrier ['fʌrɪəʳ] [fa-riaʳ] *s.* Peletero, el que trata en pieles finas.

furring ['fʌrɪŋ] [fa-rin], *s.* 1. Forro o guarnición de pieles. 2. Incrustación de una caldera y el procedimiento para limpiarla; sarro de la lengua. 3. *(Carp.)* Contrapar de armadura falsa; pedazos de madera para soportar latas o listones.

furrow ['fʌrəʊ] [fa-rou], *s.* 1. Surco; *(Fig.)* marca, señal. 2. Surco, cualquier canal largo y estrecho; encaje, muesca; estría, mediacaña; reguera, tajea, canaliza.

furrow, *va.* 1. Surcar, hacer surcos en la tierra. 2. Estriar. *V.* FLUTE.

furrow-faced ['fʌrəʊˌfeɪst] [fa-rou-feist], *a.* Cara surcada o arrugada.

furry ['fʌrɪ] [fa-ri], *a.* Hecho de pieles finas o guarnecido de ellas.

further ['fɜːðəʳ] [fer-daʳ], *a.* Ulterior, más distante, más separado. **Till further orders**, hasta nueva orden. *-adv.* Más lejos, más allá; además; aún; además de eso. **On the further side of the Pyrennees**, más allá, al otro lado de los Pirineos. **What further need have we of witnesses?**, ¿qué necesidad tenemos de más testigos?

further, *va.* Adelantar, promover, llevar adelante; asistir, ayudar, apoyar.

furtherance ['fɜːðərəns] [fer-de-rans], *s.* Adelantamiento, progreso, ayuda, socorro, asistencia, apoyo.

furtherer ['fɜːðərəʳ] [fer-de-raʳ], *s.* Promotor, fautor, patrón, protector.

furthermore ['fɜːðə'mɔːʳ] [fer-der-maʳ], *adv.* Además, a más de esto o de aquello.

furthest ['fɜːðəst] [fer-dest], *a.* y *adv.* Lo más lejos, muy lejos, lo más remoto, apartado o separado.

furtive ['fɜːtɪv] [fer-tiv], *a.* Furtivo, oculto, secreto, hecho de tapadillo o a escondidas.

furuncle ['fʌrəŋkl] [fa-ran-kel], *s.* Furúnculo, divieso, grano.

fury ['fjʊərɪ] [fiu-ri], *s.* 1. Furor, locura confirmada. 2. Furia; ira, rabia, cólera. 3. Furor, arrebatamiento, entusiasmo. **Poetical fury**, furor o estro poético. 4. Furia, mujer furiosa y turbulenta.

fury-like ['fjʊərɪˌlaɪk] [fiua-ri-laik], *a.* Furibundo, rabioso, furioso.

furze [fɜːz] [fers], *s.* *(Bot.)* Tojo, hiniesta, espinosa; arbusto de las leguminosas.

furzy ['fɜːsɪ] [fer-si], *a.* Lleno de tojos o hiniestas espinosas.

fusain ['fjuːseɪn] [fiu-sein], *s.* Carboncillo.

fuscous ['fʌskəs] [fas-kos], *a.* 1. De color moreno que tira a gris. 2. Fusco.

fuse [fjuːz] [fius], *va.* Fundir, derretir. *-vn.* Fundirse, derretirse.

fuse, *s.* *(Elec.)* Fusible. **Fuse box**, caja de fusibles.

fusee [fjuːziː] [fiu-si], *s.* 1. Huso, cilindro pequeño alrededor del cual da vuelta la cuerda del reloj. 2. *(Art.)* Espoleta o espiga, el cañoncillo por donde se pega fuego a la bomba o granada. 3. *V.* FUSE. 1ª acep. 4. *(Des.)* Escopeta de pistón. *V.* FUSIL.

fuselage ['fjuːzəlɑːdʒ] [fiu-se-lash], *s.* *(Aer.)* Fuselaje.

fusel-oil ['fjuːzl'ɔɪl] [fiu-sel-oil], *s.* Compuesto aceitoso y venenoso consistente en gran parte en alcohol amílico, que se obtiene rectificando el aguardiente de maíz o de uvas.

fusibility [ˌfjuːzɪ'bɪlɪtɪ] [fiu-si-bi-li-ti], *s.* Fusibilidad, calidad de fusible.

fusible ['fjuːzɪbl] [fiu-si-bol], *a.* Fusible, fundible.

fusiform ['fjuːzɪ'fɔːm] [fiu-si-form], *a.* Fusiforme, lo que remata en punta.

fusil ['fjuːzɪl] [fiu-sil], *a.* Fundible. *-s.* Escopeta de pistón.

fusileer o **fusilier** ['fjuːzɪlɪəʳ] [fiu-si-liaʳ], *s.* *(Mil.)* Fusilero.

fusillade ['fju:zɪleɪd] [fiu-si-leid], *s.* Tiros de fusil, tiroteos a fusilazos.
fusing [fju:zɪŋ] [fiu-sin], *a.* Fundente; de fusión. **Fusing point**, punto de fusión.
fusion [fju:ʒən] [fiu-shon], *s.* 1. Fundición, derretimiento. 2. Fusión, licuación de los metales.
fuss [fʌs] [fas], *s.* 1. Actividad injustificada y molesta; desasosiego; importancia exagerada que suele darse a lo que no la tiene. 2. Alboroto, ruido. 3. Persona exigente, demasiada preocupada, que se mete en todo.
fuss, *va.* 1. Molestar, perturbar con cosas sin importancia. *-vn.* 1. Agitarse; afligirse. 2. Preocuparse.
fussy ['fʌsɪ] [fa-si], *a.* Molesto, inquieto, remilgado, minucioso, exigente.
fust ['fʌst] [fast], *s.* 1. Fuste, el cuerpo de la columna. 2. Caballete del tejado.
fustian ['fʌstʃən] [fas-chan], *s.* 1. Fustán, tela de lino y algodón. 2. Palabras retumbantes; estilo altisonante. *-a.* 1. Hecho de fustán. 2. Altisonante, pomposo, retumbante, campanudo.
fustic ['fʌstɪk] [fas-tik], *s.* Fustoc, fustete, palo amarillo que sirve para los tintes.
fustigate ['fʌstɪgeɪt] [fas-ti-gueit], *v.* Fustigar, apalear.
fustigation ['fʌstɪ'geɪʃən] [fas-ti-guei-shon], *s.* Castigo o pena de azotes, palos o latigazos.
fustiness ['fʌstɪnɪs] [fas-ti-nes], *s.* 1. Enmohecimiento. 2. Hedor, hediondez.
fusty ['fʌstɪ] [fas-ti], **fusted** ['fʌstɪd] [fas-tid], *a.* 1. Mohoso. 2. Husmeador, fisgón, entrometido, oficioso.
futile ['fju:tɪl] [fiu-til], *a.* Fútil, frívolo, vano, inútil.
futility ['fju:'tɪlɪtɪ] [fiu-ti-li-ti], *s.* 1. Futilidad, insubstancialidad. 2. Frivolidad. 3. Inutilidad.
futtock ['fju:tɒk] [fiu-tok], *s. (Mar.)* Genol, ligazón, barraganete; arraigada. **Lower futtocks**, genoles o primeras ligazones. **Futtock-shrouds**, pernadas de las arraigadas.
future ['fju:tʃə[r]] [fiu-cha[r]], *a.* Futuro, venidero. *-s.* Lo futuro, lo porvenir. **In the near future**, en un futuro próximo, en fecha próxima.
futureless ['fju:tʃəlɪs] [fiu-cha-les], *a.* Sin perspectivas para el futuro.
futurely ['fju:tʃəlɪ] [fiu-til], *adv.* En lo venidero, para lo venidero.
futurism ['fju:tʃərɪzəm] [fiu-cha-ri-sem], *s.* Futurismo.
futuristic [ˌfju:tʃə'rɪstɪk] [fiu-cha-ris-tik], *a.* Futurista.
futurition ['fju:tʃə'rɪʃən] [fiu-cha-ri-shon], *s.* Realización en lo futuro de algo profetizado o propuesto.
futurity ['fju:tʃərɪtɪ] [fiu-cha-ri-ti], *s.* Futuro, el tiempo que ha de venir; sucesos venideros; porvenir. **Full of futurity**, preñado de consecuencias para lo venidero; lo que producirá sucesos importantes o de consecuencia en lo sucesivo.
fuzz [fʌz] [fas], *vn.* Deshilarse, deshilacharse, desflecarse, volar convertido en partículas, como vello o lanilla. *-s.* Lanilla, pelusa, hilacha menuda.
fuzz-ball ['fʌzbɔ:l] [fas-bol], *s.* Bejín, hongo semejante a una bola.
fuzziness ['fʌzɪnɪs] [fa-si-nes], *s.* Calidad o estado de velloso.
fuzzy ['fʌzɪ] [fa-si], *a.* Provisto de una capa de pelusa o vello; parecido a lanilla.
fyke ['faɪk] [faik], *s.* Nasa, red de forma cónica; varias redes sucesivas, de forma cónica y con boca ancha.
fy [faɪ] [fai], *inter.* ¡Qué vergüenza!
fylfot ['faɪlfɔ:t] [fail-fot], *s.* Svástica.

G

g [dʒi:] [yi], esta letra tiene dos sonidos en inglés; uno igual al de la misma letra en castellano antes de **a, o, u, l, r;** *v. g.* **gas, go, gun, grass, globe**; y otro más suave que el anterior antes de **e, i, y**, el cual equivale al de la **y consonante** en castellano, pronunciada con alguna más fuerza; *v. g.* gem (dyem), gibbet (dyibbet), dingy (dindyi), delante de las mismas letras, y de la **a** en muchos monosílabos y sus derivados, suena fuerte, y como si tuviese interpuesta una **u;** *v. g.* **get (guet), give (guiv), game (gueim)**. En las palabras que comienzan con **gh**, sólo se pronuncia la primera; **v. g. ghost (gost);** en las que acaban con las mismas letras éstas se pronuncian como una **f;** *v. g.* **rough (raf)**; bien que en algunas voces son mudas, como en **high (jái)**. Antes de **n**, al principio o fin de dicción, es muda; *v. g.* **gnat (nat), reign (rein).**
gab [gæb] [gab], *vn. (Fam.)* Parlotear, picotear, charlar. *-va.* Decir; especialmente decir falsedades.
gab, *s.* 1. *(Fam.)* Locuacidad, cháchara. 2. Garabato, gancho, horquilla. **To have the gift of gab**, tener la lengua muy suelta. **Stop your gab!** ¡Cállese! **To have the gift of the gab**, ser locuaz.
gabardine [ˌgæbə'di:n] [ga-bar-din], **gaberdine**, *s.* Gabacha, gabardina.
gabble ['gæbl] [ga-bel], *vn.* 1. Charlar, parlar, parlotear, picotear, hablar mucho sin substancia y fuera de propósito. 2. Cacarear.
gabble, *s.* 1. Algarabía; charla. 2. Cacareo.
gabion ['gæbɪən] [ga-bion], *s. (Fort.)* Gavión, cestón de mimbres lleno de tierra.
gable ['gæbl] [ga-bol], *s.* Cabo angular o remate de tejado que está hecho con caballete y no aplanado.
gable-end ['gæbl'end] [ga-bel-end], *s.* Socarrén, alero.
gabbler ['gæblə[r]] [ga-bla[r]], *s.* Charlador, chacharero, parlador, hablador, charlante, picotero.
gablet ['gæblɪt] [ga-blit], *s.* Gablete.
Gabriel ['geɪbrɪəl] [guei-briel], *n. pr.* Gabriel.
gaby ['gæbɪ] [ga-bi], *pl. bies. (Fam.)* Necio, tonto.
gad [gæd] [gad], *vn.* Andorrear, corretear, callejear, pindonguear. **On the gad**, callejeando, correteando.
gad, *s.* 1. Cuña, punzón, aguja de minero. 2. Aguijón, vara con punta. 3. Clavo grande, cuña. 4. Barra, lingote.
gadabout ['gædəbaʊt] [gad-a-baut], *a.* Callejero, cantonero.
gadder ['gædə[r]] [ga-da[r]], *s.* 1. Callejero o correteador. *(Fam. Mex.)* Cerero y aplanador. 2. Mujer cantonera, andorrera.
gadding ['gædɪŋ] [ga-din], *s.* Vagancia, briba; peregrinación; callejeo.
gaddingly ['gædɪŋlɪ] [ga-din-li], *adv.* Haraganamente, a la briba.
gadfly ['gædflaɪ] [gad-flai], *s.* Mosca de burro o de caballo, tábano; la hembra es grande y voraz.
gadget ['gædʒɪt] [gad-chit], *s.* Dispositivo o aparato que facilita las labores manuales.
Gaditanian ['gædɪ'teɪnɪən] [ga-di-tei-nian], *a.* Gaditano.
gadoid ['gædɔɪd] [ga-doid], *a.* De la familia de los peces cuyo tipo es el bacalao.
Gael ['geɪl] [gueil], *s.* Escocés, celta.
gaelic, galic ['geɪlɪk] [guei-lik], *s.* Gaélico o céltico, un dialecto de la lengua céltica. *-a.* Lo perteneciente a dicho dialecto.
gaeliscim ['geɪlɪsɪzm] [guei-li-si-sem], *s.* Gaelicismo, celtismo.
gaff [gæf] [gaf], *s.* 1. Arpón o garfio grande. 2. Espolón de gallo. *V.* GAFFLE. 3. *(Mar.)* Botavar, berlinga para extender el borde de ciertas velas. 4. Burla, engaño. 5. Gasto. 6. Charla. **To blow the gaff**, revelar un secreto.
gaff-boom ['gæfbʊm] [gaf-bum], *s. (Mar.)* Verga de cangreja.
gaff-sail ['gæfseɪl] [gaf-seil], *s. (Mar.)* Vela de cangreja.
gaffer ['gæfə[r]] [ga-fa[r]], *s.* 1. Viejo, vejete; viene a significar casi lo mismo que tío, compadre. 2. Capataz.
gaffle ['gæfl] [ga-fel], *s.* Espolón de acero que se pone al gallo para pelear. *(Mex.)* Navaja de gallo.
gag [gæg] [gag], *va.* 1. Tapar la boca con mordaza; hacer callar a la fuerza. 2. Provocar bascas o náuseas. 3. Forzar, abrir por medio de una mordaza. *-vn.* Hacer esfuerzos para vomitar, tener náuseas.

gag, *s.* 1. Mordaza; cualquier limitación de la libertad de la palabra. 2. Asco; bocado que produce náuseas. 3. Broma, ridículo, engaño. 4. *(Teat.)* Episodio cómico. *(Cir.)* Instrumento para mantener las mandíbulas separadas durante una operación.

gage [geɪdʒ] [gueich], *s.* 1. Prenda, caución. 2. Variedad de ciruela. **Green gage**, ciruela verdal (o claudia).

gage, gauge, *s.* 1. Medida, regla de medir. 2. *(Mar.)* Barlovento.

gage, *va. (Ant.)* Empeñar una alhaja, darla en prenda.

gage, gauge, *va.* 1. Aforar, medir. 2. *(Mar.)* Arquear, medir una embarcación. 3. Comprometer.

gager ['geɪdʒəʳ] [guei-chaʳ], *s.* 1. Arqueador. 2. Empeño (de dar una prenda.). *V.* GAUGER.

gagger ['geɪgəʳ] [guei-gaʳ], *s.* 1. El que amordaza la boca de otro. 2. Trozo de hierro que se usa para mantener en su lugar el corazón de un molde. 3. Bromista.

gaggle ['gægl] [ga-guel], *vn.* Graznar, como el ánsar. *V.* GABBLE.

gaiety ['geɪɪtɪ] [guei-ti], *s. V.* GAYETY.1. Alegría, jovialidad. 2. Viveza en los colores; lujo en el vestir, pompa.

gaily ['geɪlɪ] [guei-li], *adv. V.* GAYLY. Alegremente, jovialmente.

gain [geɪn] [guein], *s.* 1. Ganancia, ventaja, provecho, lucro. 2. *(Carp.)* Diminución, la que se hace en el espaldar del corte del cartabón. 3. El interés que una persona tiene en cualquiera cosa. 4. Ventaja o ganancia mal adquirida. **Net gain**, ganancia líquida, neta.

gain, *va.* 1. Ganar, adquirir caudal. 2. Ganar jugando o apostando; adquirir, llevar la palma; salir victorioso. 3. Ganar, conseguir, lograr, granjear. 4. Llegar a, alcanzar. 5. Conciliar; propiciar, apaciguar. **To gain the wind**, *(Mar.)* ganar el barlovento. *-vn.* 1. Enriquecerse. 2. Ganar tierra, adelantar poco a poco; obtener una ventaja, un provecho; prevalecer, sacar fruto; con **on** o **upon**. 3. Ganar, lograr, obtener influjo. 4. Aproximarse, acercarse, extenderse. **To gain credit,** acreditarse. **To gain one's end,** alcanzar lo que se desea, lograr su objeto. **To gain over,** conciliar, atraer al partido o parecer de uno. **The night is gaining upon us,** la noche nos sorprende o nos envuelve.

gainable ['geɪnəbl] [guei-na-bol], *a.* Capaz de ser adquirido, asequible.

gainer ['geɪnəʳ] [guei-naʳ], *s.* Ganador.

gainful ['geɪnfʊl] [guein-ful], *a.* Ganancioso, lucrativo, provechoso, ventajoso.

gainfully ['geɪnfʊlɪ] [guein-fu-li], *adv.* Ventajosamente.

gainfulness ['geɪnfʊlnɪs] [guein-ful-nes], *s.* Provecho, ganancia.

gainless ['geɪnlɪs] [guein-les], *a.* Desventajoso, infructuoso.

gainlessness ['geɪnlɪsnɪs] [guein-les-nes], *s.* Inutilidad, infructuosidad; falto de provecho.

gainsay [ˌgeɪn'seɪ] [guein-sei], *va.* (*pret.* y *pp.* GAINSAID). Contradecir; negar; contrariar.

gainsayer [ˌgeɪn'seɪəʳ] [guein-seiaʳ], *s.* Contradictor, adversario.

gainsaying [ˌgeɪn'seɪɪŋ] [guein-seiyin], *s.* Oposición, contradicción.

gainstand [ˌgeɪn'stænd] [guein-stand], *va. (Ant.* y *Poét.)* Resistir, oponer, combatir, reprimir.

gairish, *a. V.* GARISH.

gairishly, *adv. V.* GARISHLY.

gairishness ['geɪrɪʃnɪs] [guei-rish-nes], *s.* Pompa. *V.* GARISHNESS.

gait ['geɪt] [gueit], *s.* Marcha, paso, el modo de andar; porte, continente.

gaiter ['geɪtəʳ] [guei-taʳ], *s.* 1. Borceguí, polaina, calza de paño o cordobán. 2. Botín con elásticos, en lugar de botones o cordones.

gala ['gɑːlə] [ga-la], *s.* Gala, fiesta. **Gala day**, día de gala, de gran fiesta. **Gala dress**, traje de fiesta.

galactic [gə'læktɪk] [ga-lak-tik], *a.* 1. Relativo a la secreción de leche. 2. Relativo a la galaxia.

galactite [gə'læktaɪt] [ga-lak-tait] *s. (Min.)* Galactita.

galactometer, *s. V.* LACTOMETER.

galangal [gə'læŋgəl] [ga-lan-gal], *s. (Bot.)* Galanga.

galatian [gə'leɪʃən] [ga-lei-shan], *a.* y *s.* Gálata, de Galacia.

galaxy ['gæləksɪ] [ga-lak-si], *s.* 1. Galaxia, la vía láctea. 2. Reunión brillante de personas o cosas.

galbanum ['gælbənəm] [gal-ba-num], *s.* Gálbano, resina gomosa y medicinal.

galbulus ['gælbələs] [gal-bu-lus], *s. (Bot.)* Gálbula.

gale [geɪl] [gueil], *s.* 1. Viento fresco, muy fuerte, ventarrón; en especial un viento con velocidad de 40 a 70 millas por hora. **A fresh gale**, *(Mar.)* Temporal de viento. **A stiff gale**, fugada recia. 2. Diversión bulliciosa. 3. *(Bot.)* Galo o cerero de Luisiana, un arbusto oloroso.

galea ['geɪlɪə] [guei-lia], *s.* Yelmo, o lo que es de forma parecida a él.

galeate, galeated [gælɪ'eɪtɪd] [ga-li-ei-tid], *a.* 1. Cubierto como con yelmo. 2. *(Bot.)* Llámanse así las plantas que tienen flores en forma de yelmo, como el acónito.

Galen ['geɪlən] [guei-len], *n. pr.* Galeno.

galena [gə'lənə] [ga-le-na], *s. (Min.)* Galena, sulfuro de plomo nativo, alquifol.

galenic, galenical [gə'lenɪk] [ga-le-nik], *a.* 1. Galénico, que contiene galena. 2. Galénico, relativo a Galeno o a los medicamentos que empleaba.

galenism [gə'lenɪzm] [ga-le-ni-sem], *s.* Galenismo, la doctrina de Galeno.

galenist [gə'lenɪst] [ga-le-nist], *s.* Galenista, el que sigue la doctrina de Galeno.

Galician [gə'lɪʃɪən] [ga-li-shian], *s.* Gallego.

Galilean [ˌgælɪ'liːən] [ga-li-lian], *s.* 1. Galileo, natural de Galilea. 2. Galileo, el partidario de una secta entre los judío enemiga de los romanos.

galimatias [gə'lɪmeɪtɪəs] [ga-li-mei-tias], *s.* Galimatías.

galingange ['gælɪŋgædʒ] [ga-lin-ganch], *s. (Bot.)* Galanga.

galiot ['gælɪət] [ga-liot], *s. (Mar.)* Galeota.

galipot ['gælɪpɒt] [ga-li-pot], *s.* Galipodio, trementina solidificada en los pinos y abetos. Cuando está purificada recibe el nombre de **pez blanca** o de **Borgoña.**

galium ['gælɪəm] [ga-lium], *s. (Bot.)* Cuajaleche, galio, género numeroso de plantas rubiáceas.

gall [gɔːl] [gol], *s.* 1. Hiel, bilis recogida en una vejiga debajo del hígado. 2. Amargura, aspereza. 3. Hiel, odio, rencor, aversión; enfado; malicia, malignidad. 4. Rozadura o matadura de las caballerías. 5. Agalla, excrecencia dura redonda, debida a ciertos insectos, que se forma en el roble y otros árboles y arbustos. **Gall-apple** o **gall-nut**, agalla. **Gall-fly,** cinipo, insecto himenóptero que pica los árboles para depositar sus huevos y produce la agalla. **Gall-stones,** cálculos en la vejiga de la hiel.

gall, *va.* y *vn.* 1. Desollar, quitar, el pellejo o la piel; desollarse, rozarse, herirse ligeramente levantando un pedacito de pellejo. 2. Gastar, consumiendo poco a poco. 3. Acibarar; fatigar, hostigar; dañar.

gallant ['gælənt] [ga-lant], *a.* Galante, cortés; galanteador, cortejador de damas.

gallant, *a.* 1. Valeroso, animoso, valiente, intrépido, bizarro. 2. *(Ant.)* Garboso, bizarro, elegante en el vestir.

gallant, *s.* 1. Galán; galanteador; cortejo. 2. Galán, mancebo, majo; el favorecido por una mujer en el trato ilícito.

gallant, *va.* Galantear.

gallantly ['gæləntlɪ] [ga-lant-li], *adv.* Galanamente, valientemente.

gallantness ['gæləntnɪs] [ga-lant-nes], *s. (Ant.)* Elegancia, bizarría.

gallantry ['gæləntrɪ] [ga-lan-tri], *s.* 1. Espíritu heroico, valeroso; valor, heroísmo. 2. Galanteo, cortejo, obsequio y servicio a los débiles, y particularmente a las mujeres. 3. Amores, trato, amistad; atención excesiva dedicada a las mujeres; trato ilícito entre los dos sexos.

gallate ['gæleɪt] [ga-leit], *s. (Quím.)* Galato, sal formada por la combinación del ácido agálico con alguna base.

gall bladder ['gɔ:l,blædəʳ] [gol-bla-daʳ], *s.* Vesícula biliar.
galleas ['gæliəs] [ga-lias], *s.* *(Mar.)* Galeaza.
galleon ['gæliən] [ga-lion], *s.* Galeón, bajel grande usado antiguamente en España.
gallery ['gæləri] [ga-le-ri], *s.* 1. Galería, corredor. 2. *(Mar.)* Corredor de navío. **A quarter gallery,** jardines. 3. *(Fort.)* Galería, corredor con que se ciega el foso. 4. El corredor más alto de un teatro. 5. Socavón, galería o pozo de una mina. **Drain-gallery**, *(Min.)* galería de desagüe. **Picture-gallery**, galería, coleccion de pinturas.
galley ['gæli] [ga-li], *s.* 1. *(Mar.)* Galera, embarcación de remos. 2. El fogón de a bordo; cocina. 3. *(Impr.)* Galera, tabla con dos o tres bordes con sus muescas, en las que entra la volandera; se usa para poner la composición y formar las galeradas. **Galley-tiles**, azulejos.
galley proof ['gælipru:f] [ga-li-pruf], *s.* *(Impr.)* Galerada.
galley-slave ['gælisleiv] [ga-li-sleiv], *s.* Galeote, el que remaba forzado en las galeras.
gallfly ['gɔ:lflai] [gol-flai], *s.* Cinípedo.
galliard ['gæliəd] [ga-liard], *s.* Hombre gallardo, galán. *-a.* Vivo, alegre.
gallic acid ['gælik,æsid] [ga-lik-a-sid], *s.* *(Quím.)* Ácido agálico o de agallas.
gallic ['gælik] [ga-lik], **gallican** ['gælikən] [ga-li-kan], *a.* Galicano.
gallicism ['gælisizəm] [ga-li-si-zem], *s.* Galicismo, modo de hablar privativo de la lengua francesa.
gallicize ['gælisaiz] [ga-li-sais], *va.* Escribir o hablar de un modo conforme al estilo y giros de la lengua francesa.
Gallicus ['gælikəs] [ga-li-kos], *s.* Gálico.
galligaskins ['gæli,gɑ:skins] [ga-li-gas-kins], *s.* Botarga, calzacalzón.
gallimaufry ['gælimɔfri] [ga-li-mo-fri], *s.* 1. Almodrote, jigote, picadillo, ropa vieja; mezcla ridícula de cosas contrarias. 2. Guisado de corazón, riñón, hígados; mezcolanza.
gallinaceous ['gælineiʃəs] [ga-li-nei-shos], *a.* Lo que pertenece a las gallinas.
galling ['gæliŋ] [ga-lin], *a.* Irritante, mortificante.
gallinule ['gælinju:l] [ga-li-niul], *a.* *(Ornit.)* Gallineta.
galliot ['gæliət] [ga-liot], *s.* Galiot.
gallipot ['gælipɒt] [ga-li-pot], *s.* Orza, vasija vidriada de barro.
gallium ['gæliəm] [ga-liom], *s.* *(Quím.)* Galio.
gallivant (to) [,gæli'vænt] [ga-li-vant], *v.* 1. Callejear, viajar por placer. 2. Mariposear, andar entre las mujeres.
gall-less ['gɔ:l'lis] [gol-les], *a.* Sin hielo o amargura; apacible, sencillo, de genio suave.
gallnut ['gɔ:lnʌt] [gol-nat], *s.* *(Bot.)* Agalla.
gallon ['gælən] [ga-lon], *s.* 1. Galón, medida de líquidos. 2. Medida inglesa de capacidad para áridos.
galloon ['gælu:n] [ga-lun], *s.* 1. Galón,género de tejido fuerte hecho de seda o hilo de oro o plata. 2. Ribecillo.
gallop ['gæləp] [ga-lop], *s.* Galope, movimiento del caballo más violento y acelerado que el paso y el trote. **Full gallop**, a galope tendido, a rienda suelta. **Hand-gallop**, a media rienda.
gallop, *vn.* Galopar.
gallopade ['gæləpeid] [ga-lo-peid], *s.* 1. Caracoleo, movimiento lateral del caballo. 2. Galope, baile de movimiento muy vivo, y la música del mismo.
galloper ['gæləpəʳ] [ga-lo-paʳ], *s.* Hombre o caballo que galopa.
galloping ['gæləpiŋ] [ga-lo-pin], *a.* Galopante.
gallows ['gæləʊz] [ga-lous], *s.* 1. Horca, instrumento de suplicio en el cual mueren colgados los delincuentes condenados a la última pena. 2. Un aparato cualquiera del que se suspenden las cosas. **Gallows-bird**, el malvado que merece la pena de horca. 3. *pl.* *(Fam. E.U.)* Tirantes del pantalón.
gallows-free ['gæləʊz,fri:] [ga-lous-fri], *a.* El que tiene la fortuna de no ser ahorcado mereciéndolo.
gally ['gæli] [ga-li], *a.* Amargo; lo que contiene hiel.
galore ['gælɔ:ʳ] [ga-loʳ], *a.* y *adv.* Muchísimo, abundante; sigue siempre al sustantivo.
galosh, galoche [gə'lɒʃ] [ga-losh], *s.* Chanclo, zueco, zapato fuerte que se lleva por lo común sobre otro, y por extensión se llama así algunas veces cualquier calzado; zapatón.
galvanic [gæl'vænik] [gal-va-nik], *a.* Galvánico, que pertenece al galvanismo.
galvanism ['gælvənizəm] [gal-va-ni-sem], *s.* Galvanismo, la electricidad puesta en acción por el contacto de dos substancias de diferente naturaleza.
galvanize ['gælvənaiz] [gal-va-nais], *va.* 1. Galvanizar. 2. Dar, comunicar animación o energía ficticia. 3. *V.* ELECTROPLATE.
galvanometer [,gælvə'nɒmitəʳ] [gal-va-no-mi-taʳ], *s.* Galvanómetro, aparato para medir la fuerza de una corriente eléctrica o la diferencia de la potencial.
gamma globuline [,gæmə'gləbjʊli:n] [ga-ma-glo-biu-lin], *s.* *(Med.)* Gama globulina.
gambade, gambado ['gæmbeid] [gam-beid], *s.* 1. Polaina para proteger contra el lodo. 2. *pl.* Cubiertas de cuero a manera de botas que protegen los pies y sirven de estribos.
gambit ['gæmbit] [gam-bit], *s.* 1. Gambito, lance en el juego de ajedrez. 2. Concesión para invitar a la discusión.
gamble ['gæmbl] [gam-bol], *vn.* 1. Jugar con exceso; jugar con trampas; garitear, frecuentar los garitos. 2. Jugar con dinero, especular, aventurarse.
gamble, *s.* Juego, empresa arriesgada.
gambler ['gæmbləʳ] [gam-blaʳ], *s.* Tahur, jugador.
gambling ['gæmbliŋ] [gam-blin], *s.* Juego (with money), acción de jugar dinero. **Gambling table**, mesa de juego.
gamboge ['gæmbɒdʒ] [gam-boch], *s.* Gomaguta o gutagamba.
gambol ['gæmbəl] [gam-bol], *vn.* Brincar, saltar, caracolear.
gambol, *s.* Cabriola, brinco de alegría, caracoleo.
gambrel ['gæmbril] [gam-bril], *s.* 1. Pierna trasera del caballo. 2. Palo en forma de cayado en que cuelgan la carne los carniceros. 3. **Gambrel roof**, techo a la holandesa, de ángulo obtuso.
game [geim] [gueim], *s.* 1. Juego, entretenimiento, pasatiempo. 2. Chanza, burla, mofa. 3. Juego, partida o partido. **Low game cards**, cartas bajas. 4. Caza, lo que mata el cazador. 5. Juegos públicos. **Game-bag**, zurrón, morral. **The game is up**, (a) Se ha levantado la caza. (b) *(Fam.)* El proyecto ha salido mal; se acabó.
game, *vn.* Jugar, entretenerse con alguna especie de juego; jugar fuerte.
game-cock ['geimkɒk] [gueim-kok], *s.* Gallo inglés o de pelea.
game-keeper ['geim,ki:pəʳ] [gueim-ki-paʳ], *s.* Guarda de coto, el que cuida de la caza.
game-leg ['geimleg] [gueim-leg], *s.* *(Ger.)* Pierna estropeada.
gameness ['geimnis] [gueim-nes], *s.* Valor, resolución.
gamesome ['geimsʌm] [gueim-sam], *a.* Juguetón, retozón.
gamesomeness ['geimsʌmnis] [gueim-sam-nes], *s.* Festividad, alegría, juguete.
gamesomely ['geimsʌmli] [gueim-sam-li], *adv.* Alegremente.
gamester ['geimstəʳ] [gueims-taʳ], *s.* 1. Tahur, jugador; garitero; fullero. 2. Chocarrero, bufón. 3. *(Ant.)* Ramera, mujer pública.
gamete ['gæmi:t] [ga-mit], *s.* *(Biol.)* Gameto.
gametophyte ['gæmitə'fait] [ga-mi-to-fait], *s.* Gametofia.
game warden ['geimwɑ:dn] [gueim-uar-den], *s.* Guardabosque.
gaming ['geimiŋ] [guei-min], **gambling** ['gæmbliŋ] [gam-blin], *s.* Juego.
gaming-table ['geimiŋ,teibl] [guei-min-tei-bol], *s.* Mesa de juego.
gamma ray ['gæmə'rei] [ga-ma-rei], *s.* Rayo gama.
gammer ['gæməʳ] [ga-maʳ], *sf.* Una vieja; comadre, tía.
gammon ['gæmən] [ga-mon], *s.* 1. Jamón, el pernil o nalgada del puerco salada y enjunta. 2. *V.* BACKGAMMON.

Gammoning of the bow-sprit, *(Mar.)* Trincas del bauprés. **It is all gammon**, *(Fam.)* Es una necedad o bobada, habladuría, jarabe de pico.
gammon, *va.* 1. Engañar, chasquear. 2. Ganar doble partida de chaquete.
gamopetalous ['gæmə'petələs] [ga-mo-pe-ta-los], *a. (Bot.)* Gamopétalo, monopétalo, se dice de las corolas de una sola pieza o de pétalos más o menos unidos.
gamp [gæmp] [gamp], *s.* Paraguas grande.
gamut ['gæmət] [ga-mot], *s. (Mús.)* Gama, escala.
gamy ['gæmɪ] [ga-mi], *a.* 1. Que tiene el tufillo o sabor de la caza. 2. *(Fam.)* Animoso, dispuesto a pelear.
ganch ['gæntʃ] [ganch], *va.* Arrojar a una persona desde lo alto sobre ganchos, especie de castigo bárbaro usado entre los turcos.
gander ['gændəʳ] [gan-daʳ], *s.* Ansar, ganso, el macho de la gansa.
gang [gæŋ] [gang], *s.* 1. Cuadrilla, banda. **Gang of robbers**, cuadrilla de ladrones. 2. *(Mar.)* Partida. **Press-gang**, ronda de matrícula. 3. *(Min.) V.* GANGUE. **Gang-plank**, pasamano de un navío. **Gang-plough**, arado de reja múltiple. **Gang-saw**, sierra múltiple.
gangling ['gæŋglɪŋ] [gan-glin], *a.* Larguiducho, desgarbado.
ganglion ['gæŋglɪən] [gan-glion], *s.* 1. *(Anat.)* Ganglio, nudillo o tubérculo que se halla en el trayecto de los nervios y vasos linfáticos. 2. *(Cir.)* Ganglio, pequeño tumor enquistado que procede de un tendón.
gangplank ['gæŋplæŋk] [gang-plank], *s.* Plancha, pasarela.
gangrenate ['gæŋgrɪneɪt] [gan-gri-neit], **gangrene** ['gæŋgri:n] [gan-grin], *va.* Gangrenar. *-vn.* Gangrenarse.
gangrene, *s.* Gangrena.
gangrenous ['gæŋgɪnəs] [gan-gri-nos], *a.* Gangrenoso.
gang-board ['gæŋbɔ:d] [gang-bord], *s. (Mar.)* Plancha, andamio.
gangster ['gæŋstəʳ] [gans-taʳ], *s.* Pandillero, miembro de una organización de malhechores.
gangue ['gæŋg] [gang], *s. (Min.)* Ganga, materia no metálica que se halla en las venas de las minas.
gangway ['gæŋweɪ] [gang-uei], *s. (Mar.)* Pasamano de un buque, portalón.
gannet ['gænɪt] [ga-nit], *s.* Bubia, ave acuática de especie afín a la de los pelícanos.
ganoid ['gænɔɪd] [ga-noid], *a.* Perteneciente a los ganoideos, gran división de los peces.
gantlet, gauntlet ['gæntlɪt] [gan-tlit], *s.* Baquetas, castigo militar. **To run the gantlet**, pasar o correr baquetas.
gantry ['gæntrɪ] [gan-tri], *s.* 1. Poíno; caballete para barril. 2. Plataforma para grúas. 3. *(Ferro.)* Puente transversal para ferrocarriles.
gaol ['dʒeɪl] [yeil], *va.* Encarcelar.
gaol, *s.* Cárcel. *V.* JAIL.
gaoler ['dʒeɪləʳ] [yei-laʳ], *s.* Carcelero, el que guarda la cárcel.
gap ['gæp] [gap], *s.* 1. Boquete, portillo o abertura en un cercado. 2. Agujero, brecha, hueco. 3. Quebrada; barranca, hondonada. **To stand in the gap**, defender, exponerse por proteger a alguno que está en peligro.
gap, *v.* Abrir brecha o boquete.
gape [geɪp] [gueip], *vn.* 1. Bostezar, abrir involuntariamente la boca; boquear. 2. Anhelar, desear, ansiar. 3. Hendirse, rajarse, abrirse en grietas. 4. Estar con la boca abierta; admirarse neciamente de lo que uno ve y oye. **To gape after at** o **for**, ansiar alguna cosa. **To gape at,** embobarse, papar moscas.
gape, *s.* 1. Bostezo. 2. Abertura, hendedura; particularmente en zoología, anchura de la boca de un pájaro o de un pez, cuando la abre.
gaper ['geɪpəʳ] [guei-paʳ], *s.* El que bosteza, anhela o se emboba mirando u oyendo alguna cosa; papamoscas.
gar [gɑ:ʳ] [gaʳ], *va. (Esco.)* Causar, hacer; forzar.
gar, *s.* Sollo o belona. *V.* GARPIKE.
garage ['gærɑ:ʒ] [ga-rash], *s.* Garaje.
garage, *v.* Encerrar o dejar en el garage.
garb [gɑ:b] [garb], *s.* 1. Vestido, vestidura, traje; particularmente traje característico. 2. Apariencia, esterior, aspecto, aire.
garb, *v.* Vestir, ataviar.
garbage ['gɑ:bɪdʒ] [gar-bich], *s.* Tripas, desechos de un animal; basura, desperdicios de una casa.
garbel ['gɑ:bəl] [gar-bel], *s. (Mar.)* Aparadura, la primera traca que se dispone contra el alefrís de la quilla.
garble ['gɑ:bl] [gar-bel], *va.* 1. Alterar un escrito por supresión o elisión; pervertir, mutilar, falsificar. **A garble quotation**, citación mutilada. 2. Entresacar, apartar; antiguamente escoger lo bueno de lo malo. *-s. (Com.)* Desecho de especias y drogas.
garbler ['gɑ:bləʳ] [gar-blaʳ], *s.* 1. Alterador, falsificador. 2. El que separa lo bueno de lo malo.
garboard ['gɑ:bɔ:d] [gar-bord], *s. (Mar.)* Tabla de la quilla.
garbure ['gɑ:jʊəʳ] [gar-biuaʳ], *s.* Sopa de tocino y verduras.
garden ['gɑ:dn] [gar-den], *s.* 1. Huerta, huerto. 2. Jardín. **Nursery garden**, plantel, criadero, semillero. **Garden-balsam**, balsamina de jardín. **Garden-bed**, cuadro de un jardín. **Garden-mould**, tierra vegetal. **Garden-plot**, anco de tierra en un jardín o huerta. **Garden-stuff**, hortalizas, legumbres, frutas.
garden, *vn.* Cultivar un jardín o huerto. *-va.* Hacer jardines o huertos.
gardener ['gɑ:dnəʳ] [gard-naʳ], *s.* Jardinero, hortelano.
gardenia [gɑ:'di:nɪə] [gar-di-nia], *s. (Bot.)* Gardenia.
gardening ['gɑ:dnɪŋ] [gard-nin], *s.* Jardinería.
gare ['gɛəʳ] [gueaʳ], *s. (Prov. Ingl.)* Lana de caídas, lana burda que tienen en las piernas las reses de ganado lanar.
garfish ['gɑ:fɪs] [gar-fish], *s.* El pez aguja, belon.
gargarism ['gɑ:gərɪzm] [gar-ga-risem], *s.* Gargarismo.
gargarize ['gɑ:gəraɪz] [gar-ga-rais], *va.* Gargarizar, hacer gárgaras.
garget ['gɑ:gɪt] [gar-guit], *s.* 1. Enfermedad del ganado mayor caracterizada por hinchazón de la garganta. 2. Enfermedad de las ubres de las vacas.
gargle ['gɑ:gl] [gar-guel], *va.* 1. Gargarizar. 2. Gorgoritear, hacer quiebros en la voz en la garganta.
gargle, *s.* Gargarismo, enjuague para hacer gárgaras.
gargoyle ['gɑ:gɔɪl] [gar-goil], *s. (Arq.)* Gárgola.
garish ['gɛərɪʃ] [guea-rish], *a.* 1. Deslumbrante, deslumbrador. 2. Pomposo, ostentoso; extravagante.
garishly ['gɛərɪʃlɪ] [guea-rish-li], *adv.* Ostentosamente; desatinadamente.
garishness ['gɛərɪʃnɪs] [guea-rish-nes], *s.* Pompa, oropel, ostentación; alegría desatinada.
garland ['gɑ:lənd] [gar-land], *s.* 1. Guirnalda, corona abierta tejida de flores, hojas, etc.; de aquí, señal de honor, dada como símbolo de la victoria o el buen éxito. 2. Colección de joyas literarias. 3. Cosa parecida a una guirnalda; corona, florón. *(Mar.)* Roñada.
garland, *va.* Enguirnaldar.
garlic ['gɑ:lɪk] [gar-lik], *s. (Bot.)* Ajo.
garlicky ['gɑ:lɪkɪ] [gar-li-ki], *a.* Parecido al ajo o que lo contiene; que huele a ajo.
garment ['gɑ:mənt] [gar-ment], *s.* Prenda de vestir.
garner ['gɑ:nəʳ] [gar-naʳ], *va.* Entrojar, almacenar el grano.
garner, *s.* Granero; acopio.
garnet ['gɑ:nɪt] [gar-nit], *s.* 1. Granate, silicato de varias especies, estimadas algunas como piedras preciosas. 2. Color rojo obscuro. 3. *(Mar.)* Palanca para levantar fardos, candeletón.
garnish ['gɑ:nɪʃ] [gar-nish], *va.* 1. Guarnecer, adorna, ataviar, componer. 2. Aderezar un plato o un manjar para la mesa.3. *(Der.)* Prevenir, notificar. 4. Aprisionar con grillos.
garnish, *s.* 1. Guarnición, adorno. 2. Aderezo, de un plato o de un manjar.
garnishee ['gɑ:nɪʃi:] [gar-ni-shi], *s.* Persona cuyos bienes se embargan. *-va.* Embargar bienes.
garnisher ['gɑ:nɪʃəʳ] [gar-ni-shaʳ], *s.* El que pone guarniciones o adornos.

garnishment ['gɑːnɪʃmənt] [gar-nish-ment], *s.* 1. Ornamento, adorno. 2. *(For.)* Orden judicial que prohibe a un tercero disponer de los fondos que tenga en su poder pertenecientes al demandado.

garniture ['gɑːnɪtʃəʳ] [gar-ni-chaʳ], *s.* Guarnición, adorno.

garpike ['gɑːpaɪk] [gar-paik], *s.* 1 Pez americano de agua dulce, parecido al sollo. 2. *V.* GARFISH.

garret ['gærɪt] [ga-rit], *s.* Buhardilla, la habitación que está contigua al tejado; zaquizamí, desván.

garreteer ['gærɪtɪəʳ] [ga-ri-tiaʳ], s. El que vive en una buhardilla.

garrison ['gærɪsən] [ga-ri-son], *s.* *(Mil.)* 1. Guarnición, el conjunto de soldados para la defensa de una plaza. 2. Guarnición, plaza de armas guarnecida de tropas.

garrison, *va.* Guarnecer una plaza con las tropas necesarias para su defensa.

garrot ['gærɒt] [ga-rot], *s.* Torniquete.

garrote [gə'rɒt] [ga-rot], *va.* 1. Ajusticiar por medio del garrote. 2. Agarrar por la garganta para ahogar y robar.

garrote, *s.* Garrote, estrangulación para robar.

garrulity [gə'ruːlɪtɪ] [ga-ru-li-ti], *s.* Garrulidad, locuacidad, charla.

garrulous ['gærʊləs] [ga-ru-los], *a.* Gárrulo, locuaz, parlero.

garter ['gɑːtəʳ] [gar-taʳ], *s.* 1. Liga, cenojil, atadero con que se aseguran las medias; jarretera. 2. Jarretera, orden de este nombre, la más ilustre de Inglaterra. 3. Insignia de esta orden, la liga que llevan los caballeros en el jarrete de la pierna izquierda. **garter King-at-arms**, rey de armas. **Garter-fish**, lepidopo, género de peces.

garter, *va.* 1. Atar con liga o cenojil. 2. Investir con la orden de la Jarretera.

garth ['gærθ] [garz], *s.* 1. Obstrucción artificial de una corriente de agua para coger peces. 2. Patio de claustro.

gas [gæs] [gas], *s.* 1. *(Quím.)* Gas: nombre genérico para toda especie de fluido elástico permanente. 2. Gas para el alumbrado o la calefacción. 3. Mechero de gas. 4. Gas óxidonitroso. **Gas-fitter**, instalador de gas. **Gas-burner**, mechero, quemador de gas. **Gas-holder,** *V.* GASOMETER. **Gas-light**, (a) luz de gas. (b) Mechero de gas. **Gas-main**, cañería principal o maestra de gas. **Gas-meter,** gasómetro o contador de gas. **Gas-pipe**, tubo de gas. **Gas-works**, fábrica de gas. **Sewer gas**, emanaciones de las cloacas.

gas, *v.* 1. Abastecer o proveer de gas. 2. Exponer a la llama del gas. 3. *(Quím.)* Saturar de gas. 4. Asfixiar con gas. 5. Abastecer con gasolina. 6. Engañar, enlabiar, fanfarronear, charlar. 7. Funcionar con gasolina.

gascon ['gæskən] [gas-kon], *s.* Gascón.

gasconade ['gæskəneɪd] [gas-ko-neid], *s.* Gasconada, fanfarronada.

gasconade, *vn.* Jactarse, fanfarronear.

Gascony ['gæskənɪ] [gas-ko-ni], *s.* *(Geogr.)* Gascuña.

gaseous ['gæsɪəs] [ga-sios], *a.* 1. Gaseoso, lo que tiene la naturaleza o la forma del gas; aeriforme. 2. Insubstancial.

gash [gæʃ] [gash], *va.* Dar una cuchillada, acuchillar; hacer un chirlo.

gash, *s.* 1. Cuchillada, herida larga y honda. 2. Cicatriz, la señal que queda de la herida.

gashful ['gæʃfʊl] [gash-ful], *a.* Lleno de cuchilladas. 2. Terrible, horrendo, espantoso.

gasholder ['gæsˌhəʊldəʳ] [gas-joul-daʳ], *s.* Gasómetro.

gasification [ˌgæsɪfɪ'keɪʃən] [ga-si-fi-kei-shon], *s.* Gasificación.

gasiform ['gæsɪfɔːm] [ga-si-form], *a.* Gasiforme.

gasify ['gæsɪfaɪ] [ga-si-fai], *va.* Gasificar, convertir en gas.

gasket ['gæskɪt] [gas-kit], *s.* 1. *(Mec.)* Relleno, empaquetadura, sea de caucho, cuero, metal en planchas, cáñamo o plomo. 2. *pl.* *(Mar.)* Tomadore, unas cajetas largas con que se acaban de aforrar las vela*s*. **Bunt-gaskets**, tomadores del batidero de una vela.

gaskins ['gæskɪnz] [gas-kins], *s. pl.* 1. Empaquetadura o empaque de cáñamo. 2. *(Des.)* Especie de medias anchas que se usaron en el siglo XVI.

gaslight ['gæslaɪt] [gas-lait], *s.* Mechero de gas; luz de gas.

gaslit ['gæslɪt] [gas-lit], *a.* Iluminado por gas.

gasman ['gæsmæn] [gas-man], *s.* Fabricante de gas, gasista.

gasolier ['gæsəlɪəʳ] [ga-so-liaʳ], *s.* Candelabro colgante de varios mecheros para gas.

gasoline ['gæsəliːn] [ga-so-lin], *s.* Gasoleno, gasolina, líquido incoloro, volátil, inflamable, que se obtiene destilando el petróleo crudo y se usa como combustible.

gasometer [gæ'sɒmɪtəʳ] [ga-so-mi-taʳ], *s.* 1. Gasómetro, aparato que en las fábricas de gas del alumbrado se emplea para que el flúido salga con unifomidad por efecto de una constante presión. 2. *(Quím.)* Aparato para acumular, conservar o mezclar gases.

gasp [gɑːsp] [gasp], *vn.* 1. Boquear, respirar convulsivamente, como por extenuación o temor. 2. Suspirar, anhelar, desear alguna cosa con ansia. **To gasp for breath**, jadear. *-va.* Hablar o emitir sonidos jadeando como lo hace una persona aterrorizada o moribunda.

gasp, *s.* La acción de respirar o echar el aliento convulsiva o entrecortadamente. **He is at the last gasp**, está dando la última boqueada.

gassing ['gæsɪŋ] [ga-sin], *s.* 1. Tratamiento con gas. 2. Ataque con gas.

gassy ['gæsɪ] [ga-si], *a.* Gaseoso.

gas-storage tank ['gæstərɪdʒ'tæŋk] [gas-torich-tank], *s.* Gasómetro.

gastric ['gæstrɪk] [gas-trik], *a.* Gástrico, perteneciente al estómago.

gastriloquous ['gæstrɪləkwəs] [gas-tri-lo-kuos], *a.* Ventrílocuo, el que cuando habla parece que saca la voz del vientre.

gastritis [gæs'traɪtɪs] [gas-trai-tis], *s.* Gastritis, inflamación del estómago.

gastronomer, gastronomist ['gæstrənəʊməʳ] [gas-tro-nou-maʳ], *s.* Gastrónomo, persona aficionada a la buena mesa.

gastronomic [ˌgæstrə'nɒmɪk] [gas-tro-no-mik], *a.* Gastronómico.

gastronomy [gæs'trɒnəmɪ] [gas-tro-no-mi], *s.* Gastronomía, arte de comer opíparamente.

gastropod ['gæstrəpɒd] [gas-tro-pod], *s.* Gastrópodo.

gastrorectomy ['gæstrə'rektəmɪ] [gas-tro-rek-to-mi], *s.* Gastrotomía.

gastrotomy ['gæstrətəmɪ] [gas-tro-to-mi], *s.* Gastrotomía.

gat [gæt] [gat], *s.* Arma de fuego, pistola, revólver.

gate [geɪt] [gueit], *s.* 1. Puerta, la entrada de una ciudad o plaza. 2. Barrera, talanquera. 3. Puerta de cercado. 4. Vía, camino. 5. Compuertas de esclusa. **Flood-gate**, paradera, compuerta del caz de un molino. **Gate-keeper, gateward**, portero; guardabarrera de ferrocarril.

gate, *v.* 1. Poner puertas. 2. Castigar a un alumno haciéndole quedarse después de clase.

gated ['geɪtɪd] [guei-tid], *a.* Lo que tiene puertas.

gatekeeper ['geɪtˌkiːpəʳ] [gueit-ki-paʳ], *s.* Portero; guardabarrera.

gatepost ['geɪtpəʊst] [gueit-poust], *s.* Jamba de una puerta de cercado.

gateway ['geɪtweɪ] [gueit-uei], *s.* Entrada por las puertas de algún cercado.

gather ['gæðəʳ] [ga-daʳ], *va.* 1. Coger, recoger, amontonar. 2. Rebuscar, recoger los residuos de la viña vendimiada o de otros frutos. 3. Juntar, congregar, unir. 4. Fruncir, recoger la orilla del paño u otra tela. 5. Colegir, inferir. 6. Arrugar, plegar. *-vn.* Condensarse, aumentarse, unirse, juntarse. **To gather breath**, tomar aliento, descansar. **To gather dust**, cubrirse de polvo. **To gather flesh,** criar carnes, engordar. **To gather strength,** recuperarse, restablecerse, tomar fuerza*s*. **To gather** o **to come to a head,** llegar al estado de supuración, madurarse un tumor. **To gather corn**, hacer el verano, recoger la cosecha. **To gather grapes**, vendimiar. **To gather together**, reunir, juntar, congregar. **To gather up,** alzar, recoger.

gather, *s.* 1. Pliegue. 2. Deslustre o deslucimiento del paño a fuerza de manosearlo o de hacerle pliegues.

gatherable ['gæðərəbl] [ga-ze-ra-bol], *a.* Deducible.

gatherer ['gæðərəʳ] [ga-ze-raʳ], *s.* 1. Colector, segador, vendimiador. 2. Recaudador. 3. Avaro, tacaño.

gathering ['gæðərɪŋ] [ga-ze-rin], *s.* 1. Asamblea; amontonamiento de gente. 2. Acumulación, amontonamiento de cosas. 3. Cuesta, demanda, colecta de limosnas o donativos para pobres u objetos piadosos. 4. Acumulación de pus o materia, absceso.

gauche [gəʊʃ] [gaush], *a.* 1. Zurdo. 2. Torpe, falta de tacto o de soltura.

gaucherie ['gəʊsəriː] [gau-she-ri], *s.* Torpeza, falta de tacto o de soltura.

gaud [gɔːd] [god], *s.* Adorno, joya, perifollo ostentoso.

gaudery ['gɔːdərɪ] [go-de-ri], *s.* Lujo ostentoso en el traje o modo de vestir. *(Vul.)* Charrada.

gaudily ['gɔːdɪlɪ] [go-di-li], *adv.* Ostentosamente, fastuosamente.

gaudiness ['gɔːdɪnɪs] [go-di-nes], *s.* Oropel, cosa de poco valor y mucho brillo; fausto, pompa; ostentación en el vestir.

gaudy ['gɔːdɪ] [go-di], *a.* 1. Brillante, lucido; de aquí, llamativo, charro.

gauge [geɪdʒ] [geich], *va.* 1. Aforar, medir y reconocer las vasijas que contienen vino o licores para saber su cabida. 2. Medir, tomar la medida de alguna cosa según su anchura, longitud o profundidad. 3. *(Mar.)* Medir o arquear los navíos.

gauge, *s.* La vara, sonda o escandallo con que se afora o mide. **Silver in sheets of suitable gauges**, plata en planchas de largo y grueso proporcionado*s*. **Gauge-cock**, llave de prueba, de nivel, puesta en la parte anterior de una caldera. **Gauge-wheel**, *(Mec.)* Gálibo de contornear. **Axle-gauge**, ajustador de eje.

gauger ['geɪdʒəʳ] [gei-chaʳ], *s.* Aforador, arqueador.

gauging ['geɪdʒɪŋ] [gei-chin], *s.* El acto de aforar o medir. **Gauging-rod**, aforador, instrumento para aforar.

Gaul [gɔːl] [gol], *s.* Galia antigua, francia.

Gaulish ['gəʊlɪʃ] [gou-lish], *a.* Lo que pertenece a las Galias, galicano.

gaunt [gɔːnt] [gont], *a.* Flaco, delgado.

gauntlet ['gɔːntlɪt] [gont-lit], *s.* 1. Manopla, guantelete, armadura de hierro a modo de guante para la mano. 2. Guantelete, guante con prolongación de la muñeca.

gauntly ['gɔːntlɪ] [gon-tli], *adv.* Flacamente, flojamente.

gauze [gɔːz] [gos], *s.* Gasa, especie de tela a manera de red, muy menuda y transparente. **Silk-gauze**, gasa de seda. **Thread-gauze**, gasa de hilo. **Linen-gauze**, clarín.

gauziness ['gɔːzɪnɪs] [go-si-nes], *s.* Lo que es ligero o transparente como la gasa.

gauzy ['gɔːzɪ] [go-si], *a.* Delgado y diáfano como la gasa.

gave [geɪv] [gueiv], *pret.* de TO GIVE.

gavel ['gævl] [ga-vel], *s.* 1. Mazo de albañil. 2. Mazo que usa el presidente de una asamblea o reunión. 3. Gavilla, manojo de mieses. 4. *(Hist.)* Gabela, tributo.

gavelock ['gævlɒk] [ga-ve-lok], *s.* Barra o palanca de hierro.

gavial ['gævɪəl] [ga-vial], *s.* El cocodrilo del Gange*s*. Gavialis gangeticus.

gavot ['gævɒt] [ga-vot], *s.* Gavota, baile francés.

gawk ['gɔːk] [gok], *s.* 1. Páparo, bobo. 2. *(Esco.)* Cuclillo.

gawk, *v.* 1. Hacer el tonto. 2. Mirar embobado. 3. Mirar de forma impertinente.

gawky ['gɔːkɪ] [go-ki], *s.* Zote. *-a.* Bobo, tonto, rudo.

gay [geɪ] [guei], 1. Alegre, de buen humor, jovial. 2. Gayo, alegre, brillante, lucido; especioso. 3. Aficionado a los placeres, particularmente los vedados; inclinado a la lascivia. *-s. (Des.)* Adorno.

gayety, gaiety ['geɪətɪ] [gueie-ti], *s.* Alegría; muchachada; pompa, ostentación, fausto.

gayly, gaily ['geɪlɪ] [guei-li], *adv.* Alegremente, jovialmente; espléndidamente.

gayness ['geɪnɪs] [guei-nes], *s.* Alegría, pompa.

gaze [geɪz] [gueis], *vn.* Contemplar, considerar. *-va.* Mirar de hito en hito.

gaze, *s.* 1. Contemplación, mirada, el acto de contemplar o mirar alguna cosa con atención. 2. El objeto que se mira o contempla con atención.

gaze-hound ['geɪz'haʊnd] [gueis-jaund], *s.* Perro que caza con la vista y no con el olfato; particularmente el galgo.

gazelle [gə'zel] [ga-sel], *s.* Gacela.

gazer ['geɪzəʳ] [guei-saʳ], *s.* Mirón, el que mira con demasiada curiosidad.

gazette [gə'zet] [ga-set], *s.* Gacet, papel periódico; en especial se designa con este nombre el órgano oficial del gobierno inglés.

gazette, *va.* Publicar, anunciar, en la Gaceta o diario oficial. **He was gazetted to a captaincy**, se publicó en la Gaceta su nombramiento de capitán.

gazetteer [ˌgæzɪ'tɪəʳ] [ga-si-tiaʳ], *s.* 1. Gacetero, el que compone la gaceta. 2. Nombre de un diccionario geográfico de todos los países, ciudades, ríos y lugares del mundo.

gazing-stock [ˌgeɪzɪŋ'stɒk] [guei-sin-stok], *s.* 1. Hazmerreír, la risa, el desprecio y burla de todo*s*. 2. El objeto que llama mucho la atención de los que lo miran.

gear [gɪəʳ] [guiaʳ], *s.* 1. *(Mec.)* Engranaje, encaje de una rueda en otra; transmisión de movimiento; juego de piezas motrices. 2. *(Mar.)* Juego de drizas, cuadernales, etc., usado para manejar una verga, berlinga, o vela. 3. Rueda dentada. 4. Juego, manera como están relacionadas dos o más cosas, de modo que sin separarlas tengan movimiento. 5. Lo que está preparado o sirve para la preparación de alguna cosa; de aquí, los vestidos, adornos o atavío, herramientas, aperos, utensilios caseros, arneses o aparejos de tiro. **Head-gear**, cofia, tocado de la cabeza. **Gears**, *(Mar.)* Drizas. **Main-gears,** drizas mayore*s*. **Fore-gears,** drizas de la verga de trinquete. **Gear-block**, cuadernal de paloma. **In gear**, en juego, encajado. **Out of gear,** fuera de juego, desencajado; desengranado. **To put in gear**, relacionar, conexionar, engranar. **To throw into gear,** poner en juego. **To throw out of gear,** desencajar; desmontar. **Food gear**, calzado.

gear, *va.* 1. Aparejar, poner los aparejos, preparar. 2. *(Mec.)* Engranar, encajar, conectar. *-vn.* Venir o estar en juego.

gear box, gear case ['gɪəbɒks] [guia-boks], *s.* Caja de engranaje.

gearing ['gɪərɪŋ] [guia-rin], *s.* 1. *(Mec.)* Encaje, engranaje; piezas vivas colectivamente. 2. *(Mar.)* Sogas y aparejos.

gearshift ['gɪəˌʃɪft] [guia-shift], *s.* *(Mec.)* Cambio de velocidade*s*. **Gearshift lever,** palanca de cambios o de velocidades.

gear wheel ['gɪəwiːl] [guia-uil], *s.* Rueda de engranaje, rueda dentada.

geat [giːt] [guit], *s.* El agujerito por donde entra en el molde el metal derretido.

gee [dʒiː] [yi], *s.* Nombre de la letra G.

gee, geeho [diːə] [yio], *va.* Hacer que un animal de tiro se dirija a la derecha, apartándose del carretero. *-vn.* Dirigirse un buey o una mula hacia la derecha, alejándose del carretero. En imperativo, arre, anda: voz de los carreteros para avivar y guiar a los caballos.

geese [giːs] [guis], *s. pl.* de GOOSE.

geiger counter ['gaɪgəˌkaʊntəʳ] [gai-ga-kaun-taʳ], *s.* Contador Geiger.

gelatin, gelatine ['dʒelətiːn] [ye-la-tin], *s.* Gelatina, substancia coherente, transparente, insípida, que se extrae de los huesos y cuernos o de las patas de los animale*s*. Es soluble en agua caliente.

gelatinate, gelatinize ['dʒelətɪneɪt] [ye-la-ti-neit], *va.* y*vn.* Convertir o convertirse en substancia gelatinosa.

gelatinous ['dʒelətiːnəs] [ye-la-ti-nos], *a.* Gelatinoso, de la gelatina o de su naturaleza; semejante a la gelatina.

gelation ['dʒeleɪʃən] [ye-lei-shon], *s.* Congelación.

geld [geld] [gueld], *va.* 1. Castrar, capar (horse). 2. Castrar, quitar a las colmenas los panales con miel.

geld, *s.* Tributo antiguo; multa.

gelder ['geldəʳ] [guel-daʳ], *s.* Castrador, capador.
gelding ['geldɪŋ] [guel-din], *s.* Capón, cualquier animal capado, particularmente el caballo.
gelid ['dʒelɪd] [ye-lid], *a.* *(Poét.)* Sumamente frío, helado.
gelidity [dʒe'lɪdɪtɪ] [ye-li-di-ti], **gelidness** ['dʒelɪdnɪs] [ye-lid-nes], *s.* Frío extremo.
gem [dʒem] [yem], *s.* 1. Joya, presea. 2. Cosa preciosa, alhaja; objeto raro y cabal; obra literaria o de arte, corta y muy perfecta. 3. *(Des.)* Yema.
gem, *va.* Adornar con piedras preciosas. *-vn.* *(Ant.)* Abotonar, arrojar los árboles y plantas el botón.
gemel ['dʒeməl] [ye-mel], *a.* y *s.* Gemelo. **Gemel-ring**, sortija formada por dos o más anillos.
geminate ['dʒemɪneɪt] [ye-mi-neit], *a.* *(Bot.)* Que ocurre en pares; gemelo, de dos en dos. *-va.* Doblar, duplicar.
gemination [ˌdʒemɪ'neɪʃən] [ye-mi-nei-shon], *s.* Duplicación, repetición.
Gemini ['dʒemɪnɪ] [ye-mi-ni], *s.* Géminis, el tercer signo del zodíaco.
gemma ['dʒemɑː] [ye-ma], *a.* Botón, yema.
gemmation [dʒe'meɪʃən] [ye-mei-shon], *s.* 1. *(Zool.)* Gemación, reproducción asexual por medio de un cuerpo parecido a una yema, el cual llega a ser nuevo individuo. 2. *(Bot.)* El período del desarrollo de los botones; vernación.
gemmeous ['dʒemɪəs] [ye-mios], *a.* Lo que se asemeja a una piedra preciosa, o al botón o yema de las plantas.
gemmule ['dʒemjuːl] [ye-miul], *s.* Botón pequeño.
gemot ['dʒemɒt] [ye-mot], *s.* Antiguamente asamblea, reunión pública.
gender ['dʒendəʳ] [yen-daʳ], *s.* 1. Género, la división de los nombres según los diferentes sexos. 2. *(Fam.)* Sexo.
gender, *va.* Engendrar; producir, causar. *-vn.* *(Ant.)* Acción de copularse.
gene [dʒiːn] [yin], *s.* *(Biol.)* Gen. *pl.* **genes**.
genealogical [ˌdʒiːnɪə'lɒdʒɪkəl] [yi-nia-lo-yi-kal], *a.* Genealógico.
genealogist [ˌdʒiːnɪ'ælədʒɪst] [yi-nia-lo-yist], *s.* Genealogista.
genealogy [ˌdʒiːnɪ'ælədʒɪ] [yi-nia-lo-yi], *s.* Genealogía, la descripción de la estirpe de alguno.
generable ['dʒenərəbl] [ye-ne-ra-bol], *a.* Generable, que se puede producir por generación.
general ['dʒenərəl] [ye-ne-ral], *a.* 1. Genera, indeterminado, extensivo. 2. Público, ordinario, común, usual. 3. Visto como totalidad o conjunto. *-s.* 1. Lo general, la mayor parte; el público, el vulgo. **In general**, por la mayor parte, en general, por lo común. 2. General, oficial general. 3. Generala, un toque de tambor.
generalissimo [ˌdʒenərə'lɪsɪməʊ] [ye-ne-ra-li-si-mou], *s.* Generalísimo.
generality [ˌdʒenə'rælɪtɪ] [ye-ne-ra-li-ti], **generalty** ['dʒenərəl] [ye-ne-ral], *s.* Generalidad, la parte principal, la mayor parte, la multitud.
generalization [ˌdʒenərəlaɪ'zeɪʃən] [ye-ne-ra-lai-sei-shon], *s.* Generalización.
generalize ['dʒenərəlaɪz] [ye-ne-ra-lais], *va.* Generalizar.
generally ['dʒenərəlɪ] [ye-ne-ra-li], *adv.* Generalmente, comúnmente, por lo general, en general, extensivamente; por la mayor parte.
generalness ['dʒenərəlnɪs] [ye-ne-ral-nes], *s.* Frecuencia, extensión.
generalship ['dʒenərəlʃɪp] [ye-ne-ral-ship], *s.* Generalato.
generant ['dʒenərənt] [ye-ne-rant], *a.* Generativo. *-s.* 1. Generante, principio generativo. 2. *V.* GENERATRIX, 1ª.
generate ['dʒenəreɪt] [ye-ne-reit], *va.* 1. Engendrar, procrear, propagar. 2. Producir, ocasionar, causar. 3. *(Mat.)* Producir por el movimiento. **A generating line** o **surface**, una línea o una superficie generatriz.
generation [ˌdʒenə'reɪʃən] [ye-ne-rei-shon], *s.* 1. Generación, el acto o la función de engendrar. 2. Generación, familia, linaje, prole, progenie. 3. Siglo, edad. 4. La formación de una figura o un cuerpo geométrico por el movimiento de un punto, de una línea o de una superficie.
generative ['dʒenərətɪv] [ye-ne-ra-tiv], *a.* Generativo, prolífico, fecundo.
generator ['dʒenəreɪtəʳ] [ye-ne-rei-toʳ], *s.* 1. Padre, procreador, engendrador. 2. La cosa que engendra, causa o produce. 3. Lo que origina o produce electricidad; máquina electrodinámica.
generatrix ['dʒenərətrɪks] [ye-ne-ra-triks], *s.* 1. *(Mat.)* Punto, línea o superficie que produce una figura por su movimiento. 2. Máquina electrodinámica. 3. Madre; la que produce.
generic, generical [dʒɪ'nerɪkəl] [yi-ne-ri-kal], *a.* Genérico, lo que comprende el género y es común a muchas especies.
generically [dʒɪ'nerɪkəlɪ] [yi-ne-ri-ka-li], *adv.* Genéricamente.
generosity [ˌdʒenə'rɒsɪtɪ] [ye-ne-ro-si-ti], *s.* Generosidad, liberalidad; garbo, bizarría.
generous ['dʒenərəs] [ye-ne-ros], *a.* 1. Liberal, bizarro, dadivoso; vigoroso; franco, abierto. 2. Generoso, noble, magnánimo. 3. Que tiene cualidades estimulantes, como el vino.
generously ['dʒenərəslɪ] [ye-ne-ros-li], *adv.* Magnánimamente, liberalmente, dadivosamente, bizarramente.
generousness ['dʒenərəsnɪs] [ye-ne-ros-nes], *s.* Generosidad, magnanimidad, nobleza, bizarría.
genesial ['dʒenɪʒɪəl] [ye-ni-shial], *a.* Genésico.
genesis ['dʒenɪsɪs] [ye-ni-sis], *s.* 1. Creación, principio. 2. Relato o explicación del origen de alguna cosa. 3. Géneses, el primer libro del Antiguo Testamento. 4. *(Geom.)* *V.* GENERATION, 4ªacep.
genet ['dʒenɪt] [ye-nit], *s.* 1. Haca, jaca, de España. 2. *(Zool.)* Jineta, Gineta.
genet, *s.* 1. Gineta, mamífero que se parece mucho a la civeta, pero más pequeño. 2. La piel adobada de este animal.
genethliacs ['dʒenɪθlɪəks] [ye-niz-liaks], *s.* Genetlíaca, el arte de predecir la buena o mala ventura por el día y hora del nacimiento de una persona.
genetic [dʒɪ'netɪk] [yi-ne-tik], *a.* Genesiaco; relativo a la creación, la generación, o el origen de alguna cosa.
genetics [dʒɪ'netɪks] [yi-ne-tiks], *s.* *(Biol.)* Genética.
Geneva [dʒɪ'niːvə] [yi-ni-va], *s.* 1. Ginebra, ciudad de Suiza. *V.* GIN.
Genevan [dʒɪ'niːvən] [yi-ni-van], *a.* Ginebrino, de Ginebra. *-s.* 1. El natural de Ginebra. 2. Calvinista.
genial ['dʒiːnɪəl] [yi-nial], *a.* 1. Cordial, amistoso, de afables maneras, bondadoso. 2. Que comunica calor suave, da alivio o vida; consolador. 3. Nupcial; relativo al matrimonio; generativo.
genially ['dʒiːnɪəlɪ] [yi-nia-li], *adv.* Cordialmente; bondadosamente.
geniculate [dʒe'niːkjʊleɪt] [ye-ni-kiu-leit], *a.* En forma de ángulo, como la rodilla cuando está doblada.
geniculated [ˌdʒeniːkjʊ'leɪtɪd] [ye-ni-kiu-lei-tid], *a.* 1. Lo que tiene coyunturas o articulaciones. 2. *(Bot.)* Arrodillado, articulado.
geniculation [ˌdʒeniːkjʊ'leɪʃən] [ye-ni-kiu-lei-shon], *s.* 1. Genuflexión. 2. *(Bot.)* Articulación o nudo en las cañas de las plantas gramíneas; nudosidad.
genie ['dʒiːnɪ] [yi-ni], *s.* *V.* JINNEI.
genii ['dʒiːnɪ] [yi-ni], *s. pl.* Genios.
genista ['dʒenɪstə] [ye-nis-ta], *s.* *(Bot.)* Genista, retama.
genital ['dʒenɪtl] [ye-ni-tal]. Genital perteneciente a la generación. **Genitals**, *s. pl.* Los órganos exteriores de la generación, en ambos sexos.
genitive ['dʒenɪtɪv] [ye-ni-tiv], *s.* *Gram.)* Genitivo, el segundo caso en la declinación de los nombres. *-a.* Que indica, origen, posesión, etc.
genitor ['dʒenɪtəʳ] [ye-ni-toʳ], *s.* Padre, antiguamente genitor.
genius ['dʒiːnɪəs] [yi-nios], *s.* (*pl.* GENII). 1. Genio, numen o espíritu bueno o malo según el sistema del gentilismo. 2. Ingenio, talento inventivo, numen. 3. Genio, talento, don,

prenda o disposición natural para alguna cossa. 4. Ingenio, la persona que posee grandes talentos. (*pl.* GENIUSES en este sentido.) 5. Genio, índole buena o mala; principio esencial de una cosa. 6. Tipo modelo y acabado de algo; personificación.

genocide ['dʒenəʊsaɪd] [ye-nou-said], *s.* Genocidio.

Genoese [ˌdʒenəʊ'iːz] [ye-nou-is], *a.* y *s.* Genovés, genovesa, el natural de Génova o lo que pertenece a esta ciudad.

genre [ʒɑːnʳ] [yanʳ], *s.* Género, estilo costumbrista.

genteel [dʒen'tiːl] [yen-til], *a.* 1. Urbano, cortés, bien criado, señoril. 2. Gentil, lindo, gallardo, galán, airoso, decente, formal, caballeroso. 3. Vestido elegantemente, elegante, a la moda.

genteelly [dʒen'tiːlɪ] [yen-ti-li], *adv.* Urbanamente, cortésmente, gentilmente.

genteelness [dʒen'tiːlnɪs] [yen-til-nes], *s.* Gentileza, gracia, garbo, urbanidad, bizarría, gallardía, dulzura de genio, formalidad.

gentian ['dʒenʃɪən] [yen-shian], *s.* *(Bot.)* Genciana, cualquiera planta de la familia de las gencianas.

gentianella ['dʒenʃɪə'niːlə] [yen-shia-ni-la], *s.* Especie de color azul.

gentile ['dʒentaɪl] [yen-tail], *a.* 1. Gentílico, perteneciente a un pueblo no judaico; pagano. 2. *(Gram.)* Gentilicio, nombre que indica la nación o patria. 3. Gentilicio, relativo a una tribu (**gens**) o **clan**; propio de las gentes. *-s.* 1. Gentil, el que no es judío. 2. Nombre gentilicio.

gentilic ['dʒentɪlɪk] [yen-ti-lik], *a.* 1. Gentílico. 2. Tribal, nacional, racial.

gentilism ['dʒentɪlɪzm] [yen-ti-li-sem], *s.* Gentilismo, gentilidad.

gentilitious ['dʒentɪlɪʃəs] [yen-ti-li-shos], *a.* Gentilicio, de una tribu; hereditario.

gentility ['dʒentɪlɪtɪ] [yen-ti-li-ti], *s.* 1. Nobleza de sangre, buen nacimiento. 2. Gentiliza, donosura, gracia, donaire. 3. Gente bien nacida. 4. Gentilidad, gentilismo.

gentle ['dʒentl] [yen-tel], *a.* 1. Suave, blando, apacible, dócil, manso, dulce, moderado, benévolo, tranquilo, benigno. 2. Bien nacido; de noble familia. *-s.* 1. *(Ant.)* *V.* GENTLEMAN. 2. Halcón adiestrado. 3. *(Ingl.)* Gusano, larva de mosca que sirve de cebo para pescar.

gentlefolk ['dʒentlfɔːlk] [yen-tel-folk], *s.* La gente bien nacida.

gentleman ['dʒentlmən] [yen-tel-man], *sm.* 1. Hombre superior al vulgo ya por su buen nacimiento, aunque no sea noble, ya por su carácter o circunstancias: corresponde en español unas veces a caballero y otras a señor, como términos de cortesía. 2. *(Fam.)* Hacendado, toda persona que vive de su hacienda o tiene rentas. **An independent gentleman**, una hacendado, propietario, rentista. **Well, gentlemen!,** ¡muy bien, señores! **A gentleman has asked for you**, un caballero ha preguntado por Ud. **Gentleman-farmer**, hacendado agricultor.

gentleman-like ['dʒentlmən'laɪk] [yen-tel-man-laik], **gentlemanly** ['dʒentlmənlɪ] [yen-tel-man-li], *a.* Caballeroso, galante, civil, urbano; lo que conviene a un hombre bien nacido o bien criado.

gentlemanliness ['dʒentlˌmənlɪnɪs] [yen-tel-man-li-nes], **gentlemanship** ['dʒentlmənʃɪp] [yen-tel-man-ship], *s.* Porte o calidad de caballero, urbanidad, corrección.

gentleman's agreement ['dʒentlmənzə'griːmənt] [yen-tel-mans-a-gri-ment], *s.* Pacto de caballeros.

gentleness ['dʒentlnɪs] [yen-tel-nes], *s.* 1. Dulzura, blandura, suavidad de carácter, mansedumbre, urbanidad. 2. Conducta caballerosa. 3. Nobleza.

gentlewoman ['dʒentlˌwʊmən] [yen-tel-uo-man], *sf.* Señora, dama. **The queen's gentlewomen**, las damas de honor de la reina.

gently ['dʒentlɪ] [yen-tli], 1. Dulcemente, suavemente. 2. Poco a poco, despacio, con tiento, con sentir.

gentoo ['dʒentuː] [yen-tu], *s.* El natural de la India oriental.

gentry ['dʒentrɪ] [yen-tri], *s.* 1. La clase de personas superiores al vulgo que no pertenecen a la nobleza: se usa también para expresar en general la clase, carácter o calidad de las familias distinguidas. 2. Cualquier clase de gente determinada; irónico, por lo común; como, **light-fingered gentry**, gente ladrona, rateros.

genuflect ['dʒejʊflekt] [ye-niu-flekt], *v.* Doblar la rodilla, hacer una genuflexión.

genuflection [ˌdʒejʊ'flekʃən] [ye-niu-flek-shon], *s.* Genuflexión.

genuine ['dʒejʊɪn] [ye-nuin], *a.* 1. Genuino, real, sin falsedad, ni falsificación. 2. Sincero, puro, propio; escrito por el autor cuyo nombre lleva. 3. *(Zool.)* Típico. 4. No afectado, franco, sincero; verdadero.

genuinely ['dʒejʊɪnlɪ] [ye-nuin-li], *adv.* Puramente, sinceramente, naturalmente.

genuineness ['dʒejʊɪnnɪs] [ye-nuin-nes], *s.* Pureza, la calidad que constituye alguna cosa pura y no adulterada.

genus ['dʒenəs] [ye-nos], *s.* 1. Género, lo que es común a varias especies y las comprende. 2. *(Biol.)* Género, conjunto de especies que poseen en común ciertos caracteres distintivos. 3. *(Mús.)* Clase, particularmente de escalas.

geocentric [ˌdʒiːəʊ'sentrɪk] [yiou-sen-trik], *a.* Geocéntrico; se dice de los planetas.

geochemical [ˌdʒiːəʊ'kemɪkəl] [yiou-ke-mi-kal], *s.* Geoquímico.

geochemistry [ˌdʒiːəʊ'kemɪstrɪ] [yiou-ke-mis-tri], *s.* Geoquímica.

geode ['dʒiːəʊd] [yioud], *s.* Geoda, piedra que tiene una cavidad tapizada de cristales; y el hueco mismo de dicha piedra.

geodesic [ˌdʒiːəʊ'desɪk] [yiou-de-sik], *a.* Geodésico. **Geodesic dome**, cúpula geodésica.

geodesy [dʒiː'ɒdɪsɪ] [yi-o-di-si], *s.* Geodesia, topografía; a medición y representación gráfica de la tierra por medio de observaciones trigonométricas y astronómicas.

geodetic, geodetical [ˌdʒiːəʊ'detɪk] [yiou-de-tik], *a.* *V.* GEODESIC.

geogenic ['dʒiːəʊ'dʒiːnɪk] [yiou-chi-nik], *a.* Geogénico.

geogeny ['dʒiːəʊ'dʒɪnɪ] [yiou-chi-ni], *s.* *(Geol.)* Geogenia.

geognosy [dʒiː'ɒgnəsɪ] [yi-og-no-si], *s.* *(Geol.)* Geognosia.

geographer [dʒɪ'ɒgrəfəʳ] [yio-gra-faʳ], *s.* Geógrafo, el que sabe o enseña la geografía.

geographical [dʒɪə'græfɪkəl] [yio-gra-fi-kal], *a.* Geográfico.

geographically [dʒɪə'græfɪkəlɪ] [yio-gra-fi-ka-li], Geográficamente.

geography [dʒɪ'ɒgrəfɪ] [yio-gra-fi], *s.* 1. Geografía, descripción del globo terrestre. 2. Libro, particularmente el de texto, que contiene dicha descripción.

geoid ['dʒɪɔɪd] [yioid], *s.* *(Geol.)* Geoide.

geologic, geological [dʒɪəʊ'lɒdʒɪk] [yiou-lo-chik] [dʒɪəʊ'lɒdʒɪkəl] [yiou-lo-chi-kal], *a.* Geológico.

geologist [dʒɪ'ɒlədʒɪst] [yiou-lo-chist], *s.* Geólogo, persona versada en geología.

geologize [dʒɪəʊ'lɒdʒaɪz] [yiou-lo-chais], *vn.* Estudiar la geología, particularmente sobre el terreno, en la sierra o en el campo.

geology [dʒɪ'ɒlədʒɪ] [yi-o-lo-chi], *s.* 1. Geología, la ciencia que enseña y explica las propiedades de la tierra, su estructura y su historia. 2. Tratado sobre esta ciencia.

geomagnetic [ˌdʒiːəʊmæg'netɪk] [yiou-mag-ne-tik], *a.* Geomagnético.

geometer [dʒɪ'əʊmiːtəʳ] [yiou-mi-taʳ], *s.* Geómetra, el que profesa el estudio de la geometría o está versado en ella.

geometric, geometrical [dʒɪə'metrɪk] [yiou-me-trik], *a.* Geométrico, lo que pertenece a la geometría.

geometrically [dʒɪə'metrɪkəlɪ] [yiou-me-tri-ka-li], *adv.* Geométricamente.

geometridæ [dʒɪə'metrɪdiː] [yiou-me-tri-di], *s. pl.* *(Ent.)* Geometrinos, suborden de insectos del orden de los lepidópteros o mariposas.

geometrize [dʒɪə'metraɪz] [yiou-me-trais], *vn.* Obrar conforme a las leyes de la geometría.
geometry [dʒɪ'ɒmɪtrɪ] [yiou-mi-tri], *s.* Geometría, ciencia que trata de la extensión y de su medida.
geophysical [ˌdʒiːəʊ'fɪzɪkəl] [yiou-fi-si-kal], *a.* Geofísico. **Geophysical year**, año geofísico.
geophysics [ˌdʒɪəʊ'fɪzɪks] [yiou-fi-siks], *s.* *(Geol.)* Geofísica.
geopolitics ['dʒiːəʊ'pɒlɪtɪks] [yiou-po-li-tiks], *s.* Geopolítica.
geoponic, geoponical [ˌdʒiːəʊ'pɒnɪk] [yiou-po-nik], *a.* Geopónico, perteneciente a la agricultura.
geoponics [ˌdʒiːəʊ'pɒnɪkz] [yiou-po-niks], *s.* Geopónica, la ciencia o arte de cultivar la tierra; agricultura; economía rural.
George [dʒɔːdʒ] [yorch], *n. pr.* Jorge.
george, *s.* 1. Figura adornada con piedras preciosas que representa a San Jorge en el acto de matar al dragón; una de las insignias del orden de la Jarretera. 2. Peluca grande del siglo XVIII.
georgette [dʒɔː'dʒiːt] [yor-yit], *s.* Crespón de seda transparente.
Georgian ['dʒɔːdʒɪən] [yor-yian], *a.* 1. Perteneciente a los reinados de los cuatro Jorges de Inglaterra. 2. *a.* y *s.* Georgiano, natural del Estado norteamericano de Georgia o perteneciente a él. 3. Georgiano, lo perteneciente o relativo a la Georgia, país de la transcaucasia rusa, y a sus habitantes.
georgic ['dʒɔːdʒɪk] [yor-yik], *s.* Geórgica, poema rural tocante a la agricultura.
geoscopy [dʒɪ'əʊskɒpɪ] [yi-ous-ko-pi], *s.* Geoscopia, especie de conocimiento de la naturaleza y calidad de un terreno, obtenido por la vista de él.
geotaxis [dʒɪəʊ'tæksɪs] [yiou-tak-sis], *s.* *(Biol.)* Geotaxia, geotactismo.
geotectonic ['dʒɪəʊtənɪk] [yiou-to-nik], *a.* Geotectónico.
geotectonics ['dʒɪəʊtənɪks] [yiou-tek-to-niks], *s.* Geotectónica.
geotropism ['dʒɪəʊtrəpɪzm] [yiou-tro-pi-sem], *s.* *(Bot.)* Geotropismo.
geraniaceae [dʒɪ'reɪnɪəsɪə] [yi-rei-nia-sia], *s.* *(Bot.)* Geraniáceas.
geranium [dʒɪ'reɪnɪəm] [yi-rei-niom], *s.* *(Bot.)* 1. Geranio, planta de jardín del género Pelargonium, con muchas especies y variedades procedentes en su mayor parte del África austral. 2. Geranio, pico de cigüeña, gran género de plantas de la familia de las geraniáceas.
Gerald ['dʒerəld] [ye-rald], *n. pr.* Gerardo.
gerent ['dʒerənt] [ye-rent], s. Gerente, director.
gerfalcon [dʒɜː'fælkən] [yer-fal-kon], *s.* 1. *(Ornit.)* Gerifalte. 2. *(Artill.)* Falconete.
geriatrician [dʒerɪə'trɪʃən] [ye-ria-tri-shan], *s.* Geriatra.
geriatrics [ˌdʒerɪ'ætrɪks] [ye-ria-triks], *s.* Geriatría.
germ [dʒɜːm] [yerm], *s.* 1. Germen, el elemento rudimental de la vida. (a) *(Biol.)* La fase más primitiva de un organismo; embrión. (b) *(Bot.)* Brote, botón nuevo, germen; embrión; ovario, lo que contiene la semilla. 2. Principio, origen de alguna cosa. 3. Microbio, organismo microscópico. **Germ theory**, la teoría de que el tifo, la tisis y otras enfermedades en que entra el elemento de la fermentación, se deben al desarrollo y la multiplicación de microbios en el cuerpo.
german ['dʒɜːmən] [yer-man], *a.* Pariente, el que tiene relación de parentesco con otro. **Cousin german**, primo hermano, primo carnal.
German, *s.* y *a.* Alemán; germánico, tudesco. Idioma alemán. **To speak German**, hablar alemán. **German paste**, preparación especial para alimento de los pájaros cantores. **German silver**, plata alemana, alpaca, metal blanco. **German tinder**, yesca. *V.* AMADOU.
germane ['dʒɜːmeɪn] [yer-mein], *a.* Relacionado con, afín.
germanity [dʒɜː'mænɪtɪ] [yer-ma-ni-ti], *s.* Hermandad.
german measles ['dʒɜːmənˌmiːzlz] [yer-man-mi-sels], *s. pl.* *(Med.)* Sarampión benigno.
germ cell ['dʒɜːm'sel] [yerm-sel], *s.* Óvulo o espermatozoide, célula embrionaria.
germicidal [ˌdʒɜːmɪ'saɪdl] [yer-mi-sai-dal], *a.* Germicida, que destruye gérmenes o microbios.
germicide ['dʒɜːmɪsaɪd] [yer-mi-said], *s.* Germicida, lo que destruye microbios o gérmenes o impide su desarrollo.
germinate ['dʒɜːmɪneɪt] [yer-mi-neit], *vn.* Brotar, desarrollarse. *-va.* Germinar.
germination ['dʒɜːmɪ'neɪʃən] [yer-mi-nei-shon], *s.* Germinación.
germinative ['dʒɜːmɪnətɪv] [yer-mi-na-tiv], *a.* Germinativo.
gerocomy ['dʒerəkəmɪ] [ye-ro-ko-mi], *s.* El régimen conveniente a la vejez.
gerontology ['dʒerɒn'tɒlədʒɪ] [ye-ron-to-lo-yi], *s.* Gerontología.
gerrymander ['dʒerɪmændə[r]] [ye-ri-man-da[r]], *s.* 1. *(E.U.)* División en distritos electorales hecha arbitrariamente con fines partidistas. 2. Tergiversación, argucia.
gerrymander, *v.* 1. *(E.U.)* Dividir arbitrariamente un estado en distritos electorales con fines partidistas. 2. Manejar injustamente resortes políticos. 3. Tergiversar.
gerund ['dʒerənd] [ye-rund], *s.* Gerundio.
gerundive [dʒə'rʌndɪv] [ye-run-div], *s.* *(Gram.)* Gerundio adjetivado.
gest, geste [dʒest] [yest], *s.* Hecho, hazaña, gesta, romance.
gestation [dʒes'teɪʃən] [yes-tei-shon], *s.* Preñez, preñado; el estado de la hembra preñada y el tiempo que está el feto en el vientre de la madre; embarazo en la mujer.
gestic ['dʒestɪk] [yes-tik], *a.* De movimiento y ademanes de baile.
gesticulate [dʒes'tɪkjʊleɪt] [yes-ti-kiu-leit], *vn.* Gesticular, hacer gestos y ademanes; accionar. *-va.* Imitar, remedar.
gesticulation [dʒesˌtɪkjʊ'leɪʃən] [yes-ti-kiu-lei-shon], *s.* Gesticulación.
gesticulator [dʒes'tɪkjʊleɪtə[r]] [yes-ti-kiu-lei-to[r]], *s.* Gestero, el que hace gestos.
gesticulatory [dʒes'tɪkjʊlətərɪ] [yes-ti-kiu-la-to-ri], *a.* Gesticular, perteneciente al gesto.
gesture ['dʒestʃə[r]] [yes-cha[r]], *s.* Gesto, acción, movimiento expresivo.
gesture, *vn.* Accionar; gesticular.
get [get] [guet], *va.* (*pret.* GOT, *pp.* GOT o GOTTEN). 1. Ganar, adquirir, granjear alguna cosa con su trabajo; conseguir, obtener, alcanzar, llevar un premio, una ventaja, una victoria, etc.; recibir. **To get a letter,** recibir una carta. 2. Obtener o conseguir alguna ventaja a pesar de la oposición de otros; de aquí *(Fam.)* poseer, tener; también, estar obligado, haber de ser. **I have got to go,** tengo que marcharme. **It has got to be done**, hay que hacerlo, tiene que hacerse. 3. Aprender de memoria. **To get a lesson,** aprender una lección. **To get one's part,** aprender su papel. 4. Engendrar, procrear. 5. Hacer ser, hacer, mandar. **To get the work done**, disponer o hacer que se haga un trabajo. **To get oneself laughed at**, hacer que se rían de uno. **To get a carriage made**, mandar hacer un carruaje. 6. Persuadir, inducir, incitar, procurar, adquirir, conseguir, ganar, granjear, ir a buscar, traer. **Get him to come with us,** persuádale Ud. que venga con nosotros. **I can get him to do it,** puedo inducirle a que lo haga. **Get you gone!,** ¡váyase Ud.! ¡largo de aquí! *-vn.* 1. Alcanzar, lograr o conseguir alguna cosa poco a poco y con dificultad; prevalecer; adquirir caudal. 2. Pasar una persona o cosa de una situación o estado a otro diverso; llegar; llegar a ser, volverse, hallarse. **To get home**, llegar a casa. **To get better,** ponerse mejor, ir saliendo de una indisposición. **It gets cold early**, hace frío temprano. 3. Introducirse, meterse una persona o cosa entre otras. 4. *(Fam.)* Hallar el tiempo, los medios o la oportunidad.
get about, (a) *V.* **To get abroad**. (b) Poder moverse de un punto a otro, como lo hace un convaleciente.
get above one, vencer, sobrepujar a uno.
get along, hacer andar, adelantar; arrastrar; hallarse; ir siguiendo, adelantarse o mantenerse. *V.* FARE.

get among, hacerse uno de.
get at, ir a, alcanzar; embestir; descubrir, desenmascarar. **To get at the truth,** descubrir, alcanzar la verdad. **To get at the man**, alcanzar al hombre; también, embestirlo, atacarlo. **To get a fall,** caer. **To get a footing,** establecerse. **To get a wife** o **to get a husband,** casarse, tomar estado.
get away, quitar, sacar, apartar; huir, escaparse, poderse escapar, lograr irse.
get before, prevenir; adelantarse.
get back, recobrar; hacerse devolver; regresar, retroceder. **He got back his watch**, recobró su reloj.
get behind, (a) Penetrar; enterarse de los secretos de alguien. (b) Perder terreno; quedarse atrá*s*. **To get by heart,** aprender de memoria. **To get children,** engendrar o procrear hijo*s*. **To get clear**, salir bien de alguna dificultad o empeño. **To get clear of** o **quit of**, zafarse, libertarse de alguna cosa.
get down, bajar, descender; descolgar, desprender; tragar.
get forward, adelantarse, aprovechar.
get in, lograr entrar; hacer entrar, empeñar; cerrar, encerrar; insinuarse.
get off, deshacerse de algo, vender o despachar alguna cosa; salir de un asunto; escapar, huir; desprender; sacar de un mal paso; descender (from a horse).
get on, poner, meter; proceder, suceder, acertar; montar a caballo; entrar en un coche o carro; armonizarse. **To get on with,** vivir u obrar en concordancia con.
get out, salir; sacar, quitar, arrancar; lograr salir; desembarcar; hacerse público. **To get out of order,** descomponerse, desajustarse. **To get out of the way,** apartarse a un lado.
get over, pasar, pasar por encima; poner a un lado; atravesar, vencer o sobrepujar obstáculos; responder.
get ready, aparejarse; preparar, aprestar.
get rid of, deshacerse de, salir de.
get the better, salir vencedor, sobrepujar, sacar ventaja. *(Fam.)* Salir pujante. **To get the worse**, llevar lo peor o salir vencido. *(Fam.)* Salir con las manos en la cabeza. **To get there,** *(Ger.)* Llegar al fin que se desea, arribar.
get through, pasar por, salir de, pasar al través o de medio a medio.
get together, juntar, amontonar.
get up, levantar o levantarse, subir; montar a caballo; recurrir; preparar. **To get well again**, recuperarse, restablecerse, recobrar la salud. **To get wind of**, recibir un informe o una noticia casualmente. **To get with child**, poner encinta a una mujer. **To get money of one,** sacar a uno dinero. **To get the start of,** adelantarse a.
get, *s.* El acto de engendrar o lo engendrado; progenie, casta. **The get of a stallion,** lo engendrado por un caballo padre.
getaway ['getəweɪ] [guet-auei], *s.* 1. Partida, escape. 2. Comienzo, salida de una carrera. 3. Arranque (car).
gettable ['getəbl] [gue-ta-bol], *a.* Asequible, obtenible.
getter ['getə^r] [gue-ta^r], *s.* 1. El que procura, adquiere o consigue una cosa. 2. Engendrador, procreador.
getting ['getɪŋ] [gue-tin], *s.* Adquisición, ganancia, lucro, provecho.
get-up ['getʌp] [guet-ap], *s. (Fam.)* 1. Arreglo. disposición, presentación. 2. Traje, atavío.
gewgaw ['gjuːgɔː] [guiu-go], *s.* Chuchería, cosa de poca importancia, aunque pulida y delicada; miriñaque, juguete de niños.
geyser ['giːzə^r] [gui-sa^r], *s.* Geiser, manantial caliente que arroja agua o lodo en forma de columna y a veces a gran altura.
G-Force [ˌdʒiː'fɔːs] [yi-fors], *s. (Fís.)* Grado de aceleración producido por la gravedad.
ghastliness ['gɑːstlɪnɪs [gas-tli-nes], *s.* Palidez, color o cara cadavérica, horror, espanto.
ghastly ['gɑːstlɪ] [gas-tli], *a.* 1. Lúgubre, parecido a la muerte; semejante a un espectro. 2. Horrible, espantoso.
gherkin ['gɜːkɪn] [guer-kin], *s.* Pepinillo en adobo; encurtido.
ghetto ['getəʊ] [gue-tou], *s.* 1. Ghetto, barrio judío. 2. Barrio de algún grupo racial.
ghost [gəʊst] [goust], *s.* 1. Aparecido, muerto aparecido, alma del otro mundo o ánima en pena; fantasma, duende, espectro. 2. Alma racional. 3. Sombra, imagen, traza leve. 4. *(Foto.* y *Opt.)* Imagen falsa o secundaria; mancha, línea o círculo debido a un defecto en la lente. **The ghosts**, los manes, las sombra*s*. **To give up the ghost**, entregar el alma a Dios, morir. **The Holy Ghost**, el Espíritu Santo, la tercera persona de la Santísima Trinidad.
ghost-like [ˌgəʊst'laɪk] [goust-laik], *a.* Seco, marchito; con los ojos hundidos; espantoso, parecido a un espectro.
ghostliness ['gəʊstlɪnɪs] [goust-li-nes], *s.* Espiritualidad.
ghostly ['gəʊstlɪ] [gous-tli], *a.* 1. Espiritual, lo perteneciente al espíritu. 2. Espiritual, santo, bueno. 3. Lo perteneciente a los aparecidos.
ghostwrite ['gəʊstˌraɪt] [goust-rait], *v.* Escribir obras, artículos que firma otro.
ghost writer ['gəʊstˌraɪtə^r] [goust-rai-ta^r], *s.* Escritor que escribe bajo la firma de otra persona.
ghoul [guːl] [gul], *s.* Trasgo o demonio del que se supone que roba las tumbas y se come los cadáveres; ogro.
ghoulist ['guːlɪst] [gu-list], *a.* 1. Horrible, brutal, asqueroso. 2. Vampiresco.
ghurry ['guːrɪ] [gu-ri], *s. (Anglo-ind.)* 1. Clepsidra, reloj de agua, o su timbre; de aquí, cualquier reloj. 2. Hora; según la costumbre india, la sexagésima parte de un día o de una noche.
G.I., *s. (Fam.)* Soldado raso de ejército de E.U. *-a. (Fam.)* Relacionado con el ejército de E.U. (Las iniciales provienen de la Expresión **Government issue** y se originó en la segunda guerra mundial.)
giant ['dʒaɪənt] [yaiant], *s.* 1. Gigante. 2. Coloso; persona o cosa de gran tamaño, sea física, mental o figuradamente; fénix. **Giant- powder**, dinamita.
giantess ['dʒaɪəntnɪs] [yaiant-nes], *sf.* Giganta.
giant-like ['dʒaɪənt'laɪk] [yaiant-laik], *a.* Gigantesco, giganteo.
giantship ['dʒaɪəntʃɪp] [yaiant-ship], *s.* Calidad de gigante.
gib [dʒɪb] [yib], *s.* Chabeta, cuña, contraclavija; pieza de metal que mantiene a otra en su lugar. **Cotter** (o **key**) **and gib**, clavija y contraclavija.
gib, *vn.* Destrizar. *V.* GIP. Asegurar con chaveta, cuña.
gibber ['dʒɪbə^r] [yi-ba^r], *vn.* Hablar en jerigonza o en jerga.
gibberish ['dʒɪbərɪʃ] [yi-be-rish], *s.* Jerigonza, habladuría incoherente, ininteligible por ser muy rápida, confusa o simulada; guirigay. *-a.* Falto de sentido.
gibbet ['dʒɪbɪt] [yi-bit], *s.* Horca. *V.* GALLOWS.
gibbet, 1. Ahorcar. 2. Colgar un cuerpo muerto en la horca, o exponerle en ella. 3. Colgar alguna cosa en un travesaño.
gibbon ['gɪbən] [gui-bon], *s.* Mono de Asia.
gibbous ['gɪbəs] [gui-bos], *a.* 1. Gibado, convexo, encorvado. 2. Giboso, jorobado, corcovado.
gibbousness ['gɪbəsnɪs] [gui-bos-nes], *s.* Convexidad, corvadura.
gib-cat ['gɪbkæt] [guib-kat], *s.* Gato, particularmente el castrado.
gibe [dʒaɪb] [yaib], *vn.* Escarnecer, burlarse, mofar, hacer mofa o burla. *-va.* Improperar; burlar, chasquear, ridiculizar.
gibe, *s.* Escarnio, mofa, burla; pulla, chufleta.
giber ['dʒaɪbə^r] [yai-ba^r], *s.* Escarnecedor, mofador.
gibingly ['dʒaɪbɪŋlɪ] [yai-bin-li], desdeñadamente, de burlas, con desprecio.
giblet ['dʒaɪblɪt] [yai-blit], *s.* 1. Uno de los despojos y menudillos de un ave. 2. *pl.* Andrajos, guiñapos.
gid [gɪd] [guid], *s.* Torneo, modorra.
giddily ['gɪdɪlɪ] [gui-di-li], *adv.* Vertiginossamente; inconstantemente, negligentemente.
giddiness ['gɪdɪnɪs] [gui-di-nes], *s.* 1. Vértigo, vahido, atudimiento, atolondramiento de cabeza. 2. Instabilidad, inconstancia, veleidad. 3. Vaivén. 4. Devaneos, desvaríos.

giddy ['gɪdɪ] [gui-di], *a.* 1. Vertiginoso. 2. Veleidoso, voltario, voluble, ligero, inconstante. 3. Descuidado, enajenado, descabezado, desatinado, aturdido. 4. Bobo, necio, pelele. **A giddy girl**, una muchacha aturdida, casquivana. **Giddy fortune**, fortuna voluble, inconstante. **My head feels giddy**, se me va la cabeza; tengo vértigo. **Giddy-brained**, descuidado: ligero de cascos, con los cascos a la jineta. **Giddy-head, giddy-pate**, el hombre loco, fatuo o necio. **Giddy-headed, giddy-pated**, inconstante, voluble; imprudente.

gie [dʒiː] [yi], *va.* (*pret.* GA o GIED, *pp.* GIEN). *(Esco.) V.* GIVE.

gift [gɪft] [guift], *s.* 1. Don, dádiva, gracia, favor, presente, regalo; soborno (en lenguaje bíblico.) 2. Donación, el acto de donar. 3. Oblación, ofrenda. 4. Don, dote, prenda, el talento natural para hacer alguna cosa. **Christmas** o **New Year's gift**, aguinaldo. **Gift by will**, legado. **A deed of gift**, un instrumento o contrato de donación.

gift, dotar, adornar la naturaleza a alguno con dotes, prendas o talentos para alguna cosa.

gifted ['gɪftɪd] [guif-tid], *a.* Dotado, talentoso, hábil.

giftedness ['gɪftɪdnɪs] [guif-tid-nes], *s.* El estado de hallarse dotado de prendas o talentos sobresalientes.

gig [gɪg] [guig], *s.* 1. Calesa, birlocho, calesín, quitrín. 2. Máquina para tundir paño. 3. Esquife, bote de un navío en que los remeros se sientan en bancos alternados. 4. Trompo, peón, peonza, perinola. 5. *V.* FIZGIG. 6. Chacota; calaverada.

gig, *v.* Pescar con arpón.

gigantean [dʒaɪ'gæntɪən] [yai-gan-tian], *a.* Gigantesco; irresistible.

gigantic [dʒaɪ'gæntɪk] [yai-gan-tik], *a.* 1. Giganteo, gigantesco, enorme. 2. Terrible; excesivo, violento, extraordinario.

giggle ['gɪgl] [gui-guel], *vn.* Reírse tratando de suprimir u ocultar la risa, reírse sin motivo; reírse por nada.

giggle, *s.* Risa falsa, ahogada; risa convulsiva; acción de reírse sin motivo, tontamente.

gigolo ['ʒɪgələ] [yi-go-lo], *s.* 1. Hombre que vive de las mujeres públicas. 2. Compañero de baile o acompañante de mujeres pagado por éstas.

gigot ['dʒɪgət] [yi-got], *s.* 1. Pierna de carnero. 2. *(Mar.)* Aurica, vela.

gild [gɪld] [guild], *va.* (*pret.* y *pp.* GILDED o GILT). 1. Dorar; dar una capa de oro; adornar con hojas de oro. 2. Dar un color amarillo, cubrir con reflejos dorados; iluminar. 3. Dar brillo o lustre; dar un barniz superficial y aparente.

gilder ['gɪldə^r^] [guil-da^r^], *s.* 1. Dorador. 2. *V.* GUILDER.

gilding ['gɪldɪŋ] [guil-din], *s.* Doradura; dorado, adorno con objetos dorados.

gilia ['dʒɪlɪə] [yi-lia], *s.* Gilia, género de plantas americanas de numerosas especies, de la familia de las polemoniáceas.

gill [dʒɪl] [yil], *s.* 1. Medida de líquidos que contiene la cuarta parte de un cuartillo. 2. Moza; particularmente la que es lasciva; pelandusca. 3. *(Bot.)* Hiedra terrestre. 4. **Gill o gill-beer**, bebida medicinal hecha de cerveza con infusión de hiedra terrestre.

gill [gɪl] [guil], *s.* 1. Agalla, branquia, una de las aberturas que tienen los peces en el arranque de la cabeza. **Gill-cover**, membrana cartilaginosa que cubre las agallas. 2. Papada, la carne que crece debajo de la barba. 3. Barranco; rambla.

gillie [gɪlɪ] [gui-li], *s. (Esc.)* Servidor, criado.

gillyflower, gilliflower ['gɪlɪ'flaʊə^r^] [gui-li-flaua^r^], *s. (Bot.)* Alelí.

gilt, *pret.* y *pp.* de TO GILD. *-s.* 1. Dorado, oro en hojuelas, el material usado para dorar. 2. Oropel; falso brillo; apariencaia ficticia, en oposición al verdadero mérito.

gilthead ['gɪlthed] [guilt-jed], *s. (Zool.)* Esparo o espátula.

gimbals ['dʒɪmbəlz] [yim-bals], *s. pl. (Mar.)* Balancines de la brújula.

gimcrack ['dʒɪmkræk] [yim-krak], *s.* Chuchería, obra mecánica de poco valor.

gimlet ['gɪmlɪt] [guim-lit], *s.* Barrena pequeña. GIMBLET.

gimmick ['gɪmɪk] [gui-mik], *s.* 1. Truco secreto de prestidigitador. 2. Dispositivo o ardid ingenioso para lograr algún fin.

gimp [gɪmp] [guimp], *s.* Bocadillo, alamar. **Gimp nail**, tachuela para tapicería. *-a. (Des.)* Lindo, precioso.

gin [dʒɪn] [yuin], *s.* 1. Una de varias máquinas; (a) almarrá, desmotadora de algodón; (b) cabria, o cabrestante portátil; (c) bomba movida por un molino de viento; (d) martinete. 2. Trampa, armadijo para cazar algún animal. (contracción de ENGINE.) 3. Ginebra, alcohol de semillas aromatizado con bayas de enebro. (Corrupción de GENEVA.) **Gin-mill**, (Ger. E.U.) despacho de licores. **Gin-palace**, tienda lujosa donde se venden licores. **Gin-shop**, despacho de ginebra, taberna.

gin, *va.* 1. Entrampar, coger en la trampa. 2. Alijar, desmotar el algodón.

ginger ['dʒɪndʒə^r^] [yin-cha^r^], *s. (Bot.)* Jengibre, ajengibre. **Ginger-ale, ginger-beer**, cerveza de jengibre. **Ginger-pop**, variedad inferior de cerveza de jengibre. **Ginger-snap**, galletica de jengibre.

ginger-bread ['dʒɪndʒəbred] [yin-ye-bred], *s.* Pan de jengibre. **Ginger-bread work**, chapuza, obra de adorno barata y de mal gusto.

gingerly ['dʒɪndʒəlɪ] [yin-cha-li], *a.* Cauteloso, escrupuloso o quisquilloso. *-adv.* Cautelosamente.

gingerness ['dʒɪndʒənɪs] [yin-cha-nes], *s.* Cautela, escrupulosidad.

gingersnap ['dʒɪndʒəsnæp] [yin-cha-snap], *s.* Galletita de jengibre.

gingery ['dʒɪndʒərɪ] [yin-cha-ri], *a.* El que sabe a jengibre, picante.

ginham ['gɪnəm] [gui-nam], *s.* Carranclán, guinga.

gingival ['dʒɪndʒɪvəl] [yin-chi-val], *a.* Lo perteneciente a las encías.

gingivitis [ˌdʒɪndʒɪ'vaɪtɪs] [yin-yi-vai-tis], *s. (Med.)* Gingivitis.

gipsy ['dʒɪpsɪ] [yip-si], *s.* 1. Gitano. 2. Jerga, lengua de los gitanos, que llaman **Romani**. 3. Persona algo ruda y picaresca, especialmente una muchacha brusca y desparpajada. 4. Nombre despectivo que se aplica a las mujeres de piel muy morena. **Gipsy-winch**, grúa de soporte lateral. **Gipsy-moth**, ocneria, falena de los lipáridos, cuya oruga es muy dañina a los pinos. *-a.* Gitanesco, picarón. *V.* GYPSY.

giraffe [dʒɪ'rɑːf] [yi-raf], *s.* 1. *(Zool.)* Jirafa. 2. La constelación Camelopardalis. 3. *(E.U.)* Carro en forma de jaula que se usa en las minas y especialmente en las galería en declive; su armazón es más alta a un extremo que al otro.

girandole ['dʒɪrəndəʊl] [yi-ran-doul], *s.* Girándula, candelabro de muchos brazos.

girasol ['dʒɪrəsəl] [yi-ra-sol], *s.* Una especie de ópalo.

gird [gɜːd] [guerd], (*pret.* y *pp.* GIRDED o GIRT). 1. Ceñir, atar alguna cosa alrededor. 2. Cercar, rodear. 3. Vestir. 4. Investir. *-vn.* Mofarse, hace mofa. **To gird (o gird on) a sword**, ceñir espada.

gird, *s.* 1. Escarnio, mofa. 2. *(Des.)* Angustia, improperio.

girder ['gɜːdə^r^] [guer-da^r^], *s.* 1. *(Arq.)* Cuartón, madero grueso que sirve para las fábricas y otros usos. 2. Censor satírico.

girding ['gɜːdɪŋ] [guer-din], *s.* 1. Ceñidura. 2. Ceñidor.

girdle ['gɜːdl] [guer-del], *s.* 1. Cíngulo, cinturón, cinto, ceñidor que rodea la cintura. 2. Circunferencia, cerco, círculo,. 3. Zodíaco. 4. *(Anat.)* La disposición anular de los huesos por medio de la cual se adhieren al tronco las extremidades de un animal vertebrado.

girdle, 1. Ceñir, cercar, rodear, circundar; atar con cinto. 2. Hacer una incisión circular en la corteza de un árbol.

girdle-belt ['gɜːdl'belt] [guer-del-belt], *s.* Ceñidor.

girl [gɜːl] [guerl], *sf.* 1. Muchacha, niña, doncellita; mujer joven, solterita. 2. *(Fam.)* Moza (de servicio), criada. 3. *(Fam.)* La joven a quien uno galantea. **Best girl**, la amada de uno, dulce amiga.

girlfriend ['gɜːlfrend] [guerl-frend], *sf.* Amiga, novia, compañera.

girl guide ['gɜːlgaɪd] [guerl-gaid], *s.* Guía, niña guía, niña exploradora.

girlhood ['gɜːlhʊd] [guerl-jud], *s.* Doncellez, soltería.

girlish ['gɜːlɪʃ] [guer-lish], *a.* Juvenil, como una muchacha, propio de una muchacha. **Girlish trick**, niñada.

girlishly ['gɜːlɪʃlɪ] [guer-lish-li], como una muchacha.

girl scout [ˌgɜːl'skaʊt] [guerl-skaut], *s.* Guía, niña guía, niña exploradora.

girondist ['dʒaɪrəndɪst] [yai-ron-dist], *s.* y *a.* Girondino, nombre de un partido político que se formó en Francia en tiempo de la Revolución.

girt [gɜːt] [guert], *pret.* de TO GIRD: *pp.* y *a.* 1. *(Mar.)* Amarrado de modo que se contrarreste la acción del viento o de la marea. 2. *(Ento.)* Braceado, sujetado, como una crisálida.

girt-line ['gɜːtlaɪn] [guert-lain], *s.* *(Mar.)* Andarivel.

girth [gɜːθ] [guerz], *s.* 1. Cincha, la faja con que se asegura la silla a la caballería; circunferencia. 2. Cinturón, faja. 3. Cintura, contorno.

girth, 1. Cinchar, asegurar con cincha. 2. Ceñir, rodear.

gist [dʒɪst] [yist], *s.* La clave, la substancia o el grano de un asunto; punto capital.

gitter ['gɪtəʳ] [gui-taʳ], *s.* *(Mús.)* Especie de laud medieval.

give [gɪv] [guiv], *va.* (*pret.* GAVE, *pp.* GIVEN). 1. Dar, donar. 2. Pagar, premiar, recompensar. 3. Conceder; ceder, renunciar; dar licencia. 4. Pronunciar, divulgar. 5. Mostrar, demostrar, explicar, exhibir material o mentalmente. 6. Habilitar, autorizar. 7. Entregarse, aplicarse, dedicarse, emplearse. 8. Rendirse (con **up**). *V.* **Give up.** 9. Conferir, remitir, entregar. 10. Ceder, dejar. 11. Presumir, suponer. 12. Ofrecer, presentar como producto o resultado. 13. Ser el autor, origen u ocasión de; suplir; conferir, excitar. *-vn.* 1. Dar libremente o de buena gana el título o la posesión de algo que tiene valor. 2. Dar de sí, aflojarse, ablandarse; cejar, recular. 3. Dar, mirar hacia una parte, tener vistas a (galicismo).

give again, volver a dar.

give away, enajenar, transferir, dar o traspasar a otro la posesión de alguna cosa, entregar, abandonar, dar libremente o de buena gana. *(Fam.)* Divulgar por descuido o tontería; vender una cosa de cualquier modo. **To give up for dead**, dar a uno por muerto o creerle muerto. **To give away for lost,** dar algo por perdido.

give back o **back again**, volver lo que se había recibido, restituir, devolver.

give forth, publicar, divulgar, sacar a luz, decir públicamente alguna cosa.

give in, ceder echar a huir, retroceder, retirarse, cejar, recular. **To give in to**, adoptar, abrazar una opinión, un partido, etc., inclinarse a una cosa con preferencia a otra. **To give it to one,** dar de palos; poner como nuevo a uno, o ponerle de oro y azul; zurrar o censurar de firme.

give off, arrojar de sí, emitir.

give out, publicar, proclamar, divulgar, relatar, extender la voz, esparcir, voces o rumores; faltar, consumirse, perderse; aparentar, fingirse uno lo que no es; darse por vencido, cesar en un intento o esfuerzo por agotamiento físico; repartir órdenes o trabajo; distribuir.

give over, cesar, dejar de ser o de hacer algo, parar, descontinuar, abandonar; detenerse, desistir; darse o entregarse completamente a la voluntad de otro o a alguna pasión vicio, etc.; desahuciar.

give up, dejar, ceder, renunciar, entregar, abandonar, dimitir, resignar, volver, restituir; desasirse; desanimarse; abandonar la esperanza respecto a. **To give a call,** llamar. **To give a description**, describir. **To give a fall**, caer. **To give a guess**, adivinar. **To give a look**, mirar. **To give a person his own**, dar a una persona su merecido o tratarla como se merece. **To give a portion**, dotar; también, entregar a uno su cuota. **To give content**, contentar. **To give credit**, dar fe o crédito, creer; prestar, dar fiado. **To give ear**, escuchar, dar oídos. **To give evidence,** atestiguar. **To give fire,** disparar. **To give for lost,** dar por perdido. **To give ground,** retroceder, volver atrás. **To give heed**, advertir, reparar, hacer caso. **To give like for like,** pagar en la misma moneda. **To give joy**, dar el parabién, felicitar. **To give judgment**, juzgar. **To give leave,** permitir, dar licencia. **To give notice**, avisar, advertir, prevenir, hacer saber una cosa con anticipación. **To give oneself for lost,** darse por perdido, creerse perdido; no tener ninguna esperanza. **To give one's mind,** entregarse a una cosa, aplicarse, aficionarse. **To give place,** hacer lugar. **To give the hand**, dar la mano derecha; dar la preeminencia, reconocerse como inferior. **To give the lie**, desmentir. **To give the slip,** sustraerse, huirse. **To give trouble**, incomodar, dar que hacer. **To give warning,** advertir, poner sobre aviso.

give way, ceder, flaquear, rendirse; hacer lugar; cesar, desaparecer; empezar a bogar (por lo común en imperativo). **The ground gives way under my feet**, la tierra se hunde bajo mis pies. **He gave not a word,** no dijo una palabra. **To give one's respects,** dar memorias. **Given under my hand and seal,** *(For.)* Firmado y sellado de mi mano, o por mí. **To give birth to,** dar a luz, parir; ser causa de. **To give audience,** otorgar audiencia. **To give fire,** mandar tirar; tirar, descargar.

give, *s.* 1. Acción de dar de sí, de ceder. 2. Elasticidad.

give-and-take ['gɪvən'teɪk] [guiv-an-teik], *s.* 1. Toma y daca, concesiones mutuas. 2. Réplicas y observaciones agudas.

giveaway ['gɪvəweɪ] [guiv-auei], *s.* 1. Traición, denuncia. 2. Acción de venderse uno.

given ['gɪvn] [guiven], *pp.* 1. Dado, inclinado habitualmente, adict. 2. Dado, fijado; concedido, convenido.

giver ['gɪvəʳ] [gui-vaʳ], *s.* Donador, dador; distribuyente.

giving ['gɪvɪŋ] [gi-vin], *s.* El acto de dar o conferir.

gizzard ['gɪzəd] [gi-sard], *s.* Molleja de ave. **He frets his gizzard**, *(Vul.)* se rompe los cascos, se devana los sesos.

glabrous ['glæbrəs] [gla-bros], *a.* Liso, calvo, llano; sin pelo ni pelusa.

glacé ['glæseɪ] [gla-sei], *a.* 1. De superficie lisa y lustrosa. (Se aplica a cuero, tela, etc.). 2. Garapiñado. (Se aplica a frutas, nueces, etc.

glacial ['gleɪsɪəl] [glei-sial], *a.* Glacial, helado.

glaciate ['gleɪsɪeɪt] [glei-sieit], 1. *(Geol.)* Cubrir con hielo glacial o de ventisquero. 2. *(Art.* y *Of.)* Producir sobre una superficie un efecto parecido al hielo. *-vn.* Helarse.

glaciation [ˌgleɪsɪ'eɪʃən] [glei-siei-shon], *s.* Helamiento, congelación.

glacier ['glæsɪəʳ] [gla-siaʳ], *s.* Glaciar, ventisquero.

glacis ['glæsɪʃ] [gla-sis], *s.* *(Fort.)* Glacis o explanada, declive que empieza desde el parapeto de la entrada cubierta y se pierde insensiblemente en el llano.

glad [glæd] [glad], *a.* Alegre, contento, gozoso; agradable; agradecido. **To be glad**, alegrarse, celebrar. **I am glad to see you well**, me alegro de verlo (a UD.) bueno. **Glad tidings**, noticias alegres o agradables.

glad, *(Poét.)* **gladden** ['glædn] [gla-den], *va.* Alegrar, regocijar.

gladdon ['glædən] [gla-don], *s.* *(Bot.)* Lirio redondo; gladiolo, estoque.

glade [gleɪd] [gleid], *s.* 1. Claro, raso, sitio sin árboles en un bosque. 2. Extensión lisa de hielo descubierto; espacio abierto que no está helado. 3. *V.* EVERGLADE.

gladiator ['glædɪeɪtəʳ] [gla-diei-taʳ], *s.* Gladiador o gladiator, el que en los juegos públicos de los romano luchaba con otro hasta quitarle la vida o perderla.

gladiatorial [ˌglædɪə'tɔːrɪəl] [gla-dia-to-rial], **gladiatory** ['glædɪətərɪ] [gla-dia-to-ri], *a.* Gladiatorio.

gladiole, gladiolus ['glædɪəʊl] [gla-dioul], *s.* Planta del género gladiolo; gladio.

gladiolus ['glædɪələs] [gla-dio-lus], *s.* Espadaña, gladiolo, planta de adorno.

gladly ['glædlɪ] [glad-li], alegremente; de buena gana, con placer.

gladness ['glædnɪs] [glad-nes], *s.* Alegría, placer, buen humor.

gladsome ['glædsʌm] [glad-sam], *a.* Alegre, contento.

gladsomely ['glædsʌmlɪ] [glad-sam-li], alegremente.
gladsomeness ['glædsʌmnɪs] [glad-sam-nes], *s.* Alegría, buen humor, gracia, donaire.
glair ['glɛəʳ] [gleaʳ], *s.* 1. Clara de huevo: empleada en la encuadernación y en el dorado. 2. Cualquier substancia resbaladiza, viscosa y pegajosa.
glair, v. Dar o untar con clara de huevo.
glairy ['glɛərɪ] [glea-ri], *a.* Parecido a la clara de huevo; viscoso, pegajoso.
glaive ['gleɪv] [gleiv], *s.* Espada; especie de abalarda.
glamor ['glæməʳ] [gla-moʳ], *s.* 1. Encanto, hechizo; ilusión efectuada por el encanto. 2. Encanto, interés artificial, embeleso, fascinación, falsa apariencia.
glamorize ['glæməraɪz] [gla-mo-rais], embellecer, hermosear; hacer atrayente una persona, cosa o producto; dar encanto.
glance [glɑːns] [glans], *s.* 1. Vislumbre o replandor repentino; relámpago. 2. Ojeada, mirada: de aquí, pensamiento repentino o pasajero. 3. Desvío por herir de refilón u oblicuamente. 4. *(Min.)* Mineral lustroso. **Copper glance,** cobre sulfurado vidrioso. **Glance-coal**, antracita. **At the first glance**, al primer aspecto, a primera vista.
glancing ['glɑːnsɪŋ] [glan-sin], *s.* 1. Censura por medio de indirectas. 2. Golpe de refilón. 3. Hecho o dicho de paso.
glancingly ['glɑːnsɪŋlɪ] [glan-sin-li], *adv.* De paso, oblicuamente.
gland [glænd] [gland], *s.* 1. *(Anat.)* Glándula, órgano destinado a secretar de la masa de la sangre un flúido determinado. 2. *(Bot.)* Glándula, órgano secretorio especial de las plantas. Segrega a menudo un flúido oloroso. 3. Bellota.
glandered ['glændəd] [glan-derd], *a.* Muermoso (horses).
glanders ['glændəz] [glan-ders], *s.* Muermo, enfermedad de los caballos.
glandiferous [glæn'dɪfərəs] [glan-di-fe-ros], *a.* Glandígero, lo que produce bellotas.
glandiform [glæn'dɪfɔːm] [glan-di-form], *a.* Glandiforme, de la figura de bellotas o glándulas.
glandular ['glændjʊləʳ] [glan-diu-laʳ], **glandulous** ['glændjʊləs] [glan-diu-los], *a.* Glanduloso, perteneciente a las glándulas.
glandule ['glændjʊl] [glan-diul], *s.* Glandulilla, glándula pequeña.
glans [glænz] [glans], *s.* (*pl.* GLANDES). Bellota, o una parte parecida a la bellota; (Anat) balano, extremidad del pene o del clítoris. *(Lat.)*
glare [glɛəʳ] [gleaʳ], *vn.* 1. Relumbrar, brillar. 2. Echar miradas de indignación. 3. Ser excesevamente brillante o charro en color. *-va.* Deslumbrar.
glare, *s.* 1. Deslumbramiento; mirada feroz y penetrante. 2. *(E.U.)* Superficie lisa y vidriosa. *V.* GLAIR, 2ª acep.
glareous, glaireous ['glɛərəs] [glea-ros], *a. V.* GLAIRY.
glaring ['glɛərɪŋ] [glea-rin], *a.* 1. Brillante, deslumbrador, deslumbrante. 2. Evidente, notorio. 3. Caracterizado por una mirada feroz y penetrante.
glaringly ['glɛərɪŋlɪ] [glea-rin-li], *adv.* Notoriamente, evidentemente.
glass [glɑːs] [glas], *s.* 1. Vidrio. 2. *(Quím.)* Substancia derretida que se asemeja al vidrio. **Glass of cobalt**, esmalte, safre, vidrio de cobalto. 3. Cualquier artículo hecho de vidrio, como un vaso para beber, una vidriera, u hoja de cristal o vidrio para ventanas, un espejo, una lente, un anteojo de teatro, etc.; y en plural, anteojos, lentes. 4. Vaso, la cantidad de líquido que contiene un vaso para beber. 5. Ampolleta, reloj de arena; de aquí, hilo o duración de la vida del hombre. 6. Termómetro o barómetro. **Crown-glass**, el vidrio que contiene cal; el vidrio más común. **Flint-glass**, cristal; el vidrio que contiene plomo. **Cut glass,** cristal tallado. **Burning glass**, lente de foco corto. **Glass bead,** abalorio, cuenta de vidrio, chaquira. **Focusing-glass,** lente de enfocar. **Plate-glass,** vidrio cilindrado; grueso y muy pulido. **Perspective glass**, telescopio terrestre. **Drinking-glass,** vaso para beber. **Magnifying-glass,** vidrio de aumento. **Looking-glass,** espejo. **Cupping-glass**, ventosa. **Hour-glass,** reloj de una hora. **Window-glass**, cristal o vidrio para ventanas. **Wine-glass**, copa o copita de vino o para vino. **Pier-glass**, espejo grande que se coloca entre dos ventanas. **Spy-glass,** anteojo de larga vista. **Stained glass,** vidrio pintado al fundirlo, no exteriormente. **Weather-glass**, barómetro. **Glasses,** *(Mar.)* ampolletas. **To wear glasses,** usar gafas o lentes. *-a.* Vítreo, hecho de vidrio. **A glass bottle**, botella de vidrio.
glass-blower ['glɑːsˌbləʊəʳ] [glas-blauaʳ], *s.* Soplador de vidrio, vidriero.
glass case [glɑːskeɪs] [glas], *s.* Vitrina.
glassful [glɑːsfʊl] [glas-ful], *s.* Vaso, la cantidad de líquido que puede contener un vaso.
glass-furnace ['glɑːsˌfɜːneɪs] [glas-fer-neis], *s.* Horno de vidrio.
glass-grinder ['glɑːsˌgrɪndəʳ] [glas-grin-daʳ], *s.* Pulidor o bruñidor de cristales.
glass-house ['glɑːshaʊs] [glas-jaus], *s.* Vidriería fábrica de vidrio o cristal.
glassiness ['glɑːsɪnɪs] [gla-si-nes], *s.* Lisura, como la del vidrio; estado de vitrificación.
glass-like ['glɑːslaɪk] [glas-laik], *a.* Transparente como el vidrio.
glass-maker [ˌglɑːs'meɪkəʳ] [glas-mei-kaʳ], *s.* Vidriero, el que hace el vidrio.
glassman ['glɑːsmən] [glas-man], *s.* Vidriero, el que vende vidrio.
glass-metal ['glɑːs'metl] [glas-me-tal], *s.* El vidrio derretido.
glass-shop ['glɑːs'ʃɒp] [glas-shop], *s.* Vidriería, cristalería, tienda o almacén de cristales.
glassware ['glɑːswɛəʳ] [glas-ueaʳ], *s.* Vidriería, cristalería, todo género e vidrios y cristales.
glass-window [ˌglɑːs'wɪndəʊ] [glas-uin-dou], *s.* Vidriera.
glasswork ['glɑːswɜːk] [glas-uerk], *s.* Fábrica de vidrio o cristales; cristalería, vidriería, todo género de vidrio y cristales.
glasswort ['glɑːswɜːt] [glas-uert], *s.* *(Bot.)* Sosa, barrilla.
glassy ['glɑːsɪ] [gla-si], *a.* Vítreo, cristalino, vidrioso.
glauber's salt ['glɔːbəz'sɔːlt] [glo-bers-solt], *s.* *(Med.)* Sal de Glauber, sulfato de sosa.
glaucoma [glɔː'kəʊmə] [glo-ko-ma], *s.* *(Med.)* Glaucoma, enfermedad gravísima del globo del ojo, caracterizada por el aumento de los humores intraoculares, que acaba por producir la ceguera.
glaucous ['glɔːkəs] [glo-kos], *a.* 1. Verdemar, glauco. 2. *(Bot.)* Cubierto de una pelusa azulada y blanquecina.
glave, glaive [gleɪv] [gleiv], *s.* 1. Arma cortante parecida a la alabarda. 2. *(Des.)* Espada ancha.
glaze [gleɪz] [gleis], *va.* 1. Poner cristales o vidrios en el bastidor de una ventana. 2. Vidriar, dar cierto género de barniz al barro u otros materiales; barnizar; dar una apariencia vidriosa. **Glazed linen,** lienzo lustroso o glaseado.
glaze, *s.* 1. Superficie lisa y lustrosa. 2. Barniz, lustre; cualquier substancia empleada para dar lustre.
glazed [gleɪzd] [gleist], *a.* 1.Vidriado. **Glazed tile**, azulejo. 2. Satinado, glaseado; **glaced paper**, papel satinado.
glazier ['gleɪzɪəʳ] [glei-siaʳ], *s.* Vidriero, el artífice que hace vidrieras para las ventanas.
glazing ['gleɪzɪŋ] [glei-sin], *s.* 1. El acto o arte de vidriar o barnizar; o de alisar un lienzo. 2. Barniz, lustre. 3. Vidriería, cristalería, conjunto de objetos de vidrio. 4. Vidriería, oficio del vidriero.
glazy ['gleɪzɪ] [glei-si], *s.* Brillante, lustroso.
gleam [gliːm] [glim], *s.* 1. Relámpago, cualquier fuego, resplandor o brillo muy fugaz. 2. Rayo, centelleo; toda cosa comparada al relámpago. **A gleam of wit,** agudeza chispeante.
gleam, *vn.* Relampaguear, brillar, lucir rápidamente.
gleaming ['gliːmɪŋ] [gli-min], *s.* Relámpago.
gleamy ['gliːmɪ] [gli-mi], *a.* Centelleante, fulgurante.

glean [gli:n] [glin], *va.* 1. Espigar, coger las espigas que los segadores han dejado en el campo después de segadas las mieses. 2. Recoger y juntar algunas cosas esparcidas.
glean, *s.* Rebusca, rebusco, colección hecha gradualmente.
gleaner ['gli:nəʳ] [gli-naʳ], *s.* Espigador, rebuscador, recogedor.
gleaning ['gli:nɪŋ] [gli-nin], *s.* Rebusca, rebusco.
glebe [gli:b] [glib], *s.* 1. *(Ant.* o *Poét.)* Gleba, césped, terrón. 2. (Gran Bretaña.) Tierras beneficiales, terreno anejo a algún beneficio o curato. 3. Extensión de tierra que contiene mineral.
glebous ['gli:bəs] [gli-bos], *a.* Gleboso; abundante en terrones o césped.
glede [gli:d] [glid], *s.* Milano, ave de rapiña; también, una de ciertas aves semejantes al milano.
gledge [gledʒ] [glech], *vn.* *(Esco.)* Mirar a hurtadillas, al soslayo.
glee [gli:] [gli], *s.* 1. Alegría, gozo, júbilo, jovialidad. 2. Una especie de canción para tres o más voces, sin acompañamiento.
glee club ['gli:klʌb] [gli-klab], *s.* Coro, club coral.
gleeful ['gli:fəl] [gli-ful], *a.* Alegre, gozoso, jovial.
gleeman ['gli:mən] [gli-man], *s.* Cantor ambulante.
gleesome ['gli:sʌm] [gli-sam], *a.* *V.* GLEEFUL.
gleet [gli:t] [glit], *s.* Gonorrea o blenorragia crónica.
gleety ['gli:tɪ] [gli-ti], *a.* Blenorrágico.
glen [glen] [glen], *s.* Valle, llanura de tierra entre montes o alturas; cañada.
glengarry ['glengərɪ] [glen-ga-ri], *s.* Gorra escocesa.
glenoid ['glenɔɪd] [gle-noid], *a.* Glenoideo.
glib [glɪb] [glib], *a.* 1. Voluble, corriente, suelto de la lengua. 2. *(Ant.)* Liso, resbaladizo.
glibly ['glɪblɪ] [gli-bli], *adv.* Corrientemente, volublemente.
glibness ['glɪbnɪs] [glib-nes], *s.* Volubilidad, fluidez, facundia.
glide [glaɪd] [glaid], *vn.* Manar suavemente y sin ruido; moverse con velocidad y suavidad; deslizarse, escurrirse.
glide, *s.* La acción de pasar suavemente de una parte a otra.
glider ['glaɪdəʳ] [glai-daʳ], *s.* *(Aer.)* Deslizador, planeador.
gliding ['glaɪdɪŋ] [glai-din], *s.* Deslizamiento, planeo.
gliff [glɪf] [glif], *s.* *(Esco.)* 1. Susto, espanto. 2. Ojeada rápida; momento.
glim [glɪm] [glim], *s.* *(Ger.)* Luz, candela. **To douse the glim**, *(Mar.)* Apagar la luz.
glimmer ['glɪməʳ] [gli-maʳ], *s.* 1. Vislumbre, resplandor tenue de la luz, luz débil e incierta. 2. Mirada ligera; aprehensión momentánea. 3. Mica laminar.
glimmer, *vn.* Vislumbrarse, alumbrar, brillar débilmetne y de una manera inconstante; alborear; de aquí, dar señales muy inciertas o ligeras de existencia.
glimmering ['glɪmərɪŋ] [gli-me-rin], *pa.* Vacilante, que brilla o alumbra débilmente. **The glimmering dawn**, el alba naciente. *-s.* Luz incierta, débil resplandor; vista imperfecta, aprehensión momentánea.
glimpse [glɪmps] [glimps], *s.* 1. Vislumbre, relámpago. 2. Lustre de poca duración; resplandor fugaz; reflejo, apariencia ligera. 3. Ojeada, mirada rápida y breve. **To catch a glimpse of**, entrever, vislumbrar.
glimpse, *va.* Ver con mirada rápida, como un relámpago. *-vn.* 1. Ojear, mirar de prisa. 2. Brillar a intervalos; aparecer por un momento.
glint [glɪnt] [glint], *s.* Brillo, rayo, destello.
glint, *v.* Brillar, destellar, lucir. 2. Rebotar. 3. **To glint the eye,** volver los ojos.
glisten ['glɪsn] [gli-sen], *vn.* Relucir, comúnmente por reflexión; brillar, resplandecer, relumbrar.
glisten, *s.* Brillo, centelleo.
glister ['glɪstəʳ] [glis-taʳ], *vn.* *(Ant.)* *V.* GLITTER.
glisteringly ['glɪstərɪŋlɪ] [glis-te-rin-li], *adv.* Espléndidamente, lustrosamente.
glitter ['glɪtəʳ] [gli-taʳ], *vn.* 1. Relucir, resplandecer; chispear, centellear. 2. Lucir, brillar, hacer figura brillante.
glitter, *s.* Lustre, esplendor, resplandor.
glittering ['glɪtərɪŋ] [gli-te-rin], *a.* Lustroso, resplandeciente, brillante. *-s.* Relámpago, lustre.
glitteringly ['glɪtərɪŋlɪ] [gli-te-rin-li], *adv.* Lustrosamente, con lustre.
gloam ['gləʊm] [gloum], *va.* y *vn.* Obscurecer u obscurecerse, como sucede en el crepúsculo; anochecer.
gloaming ['gləʊmɪŋ] [glou-min], *s.* Crepúsculo nocturno, la anochecida, el anochecer.
gloat [gləʊt] [glout], *vn.* Mirar u ojear fijamente con satisfacción baja, mala o cruel; manifestar exultación maligna.
globate ['glɒbeɪt] [glo-beit], **globated** ['gləʊbeɪtɪd] [glou-bei-tid], *a.* Esférico, hecho en forma de globo.
globe [glɒb] [glob], *s.* 1. Esfera. 2. Globo. 3. Bola. 4. Globo, receptáculo redondo, hueco; como una redoma para peces, o la bombilla de una lámpara. 5. La tierra, la esfera terrestre. **Globe-fish**, pez globo. **Globe-valve**, válvula esférica.
globetrotter ['gləʊbˌtrɒtəʳ] [gloub-tro-taʳ], *s.* Trotamundos.
globose ['glɒbəʊz] [glo-bous], **globous** *(Des.)* ['glɒbəs] [glo-bos], *a.* Globoso, redondo, casi esférico.
globular ['glɒbjʊləʳ] [glo-biu-laʳ], *a.* Globular.
globulariaceae [ˌglɒbjʊlərɪ'eɪsɪə] [glo-biu-la-riei-sia], *s.* *(Bot.)* Globulariáceas.
globulariaceous [ˌglɒbjʊlərɪ'eɪsɪəs] [glo-biu-la-riei-siss], *a.* *(Bot.)* Globulariáceo.
globule ['glɒbju:l] [glo-biul], *s.* Glóbulo.
globulin ['glɒbju:lɪn] [glo-biu-lin], *s.* *(Quím.)* Globulina.
globulous ['glɒbju:ləs] [glo-biu-los], *a.* Globuloso, en forma de globo o glóbulo.
glomerate ['glɒmereɪt] [glo-me-reit], *va.* Congomerar, aglomerar, formar cualquiera cosa a manera de ovillo o en forma de bola.
glomerate, *a.* Aglomerado, conglomerado; se dice de las glándulas que forman un ovillo.
glomeration ['glɒmə'reɪʃən] [glo-me-rei-shon], *s.* Conglobación.
glomerule ['glɒmərju:l] [glo-me-riul], *s.* 1. *(Bot.)* Glomérula, gavilla o conjunto de flores en forma de cabeza compacta. 2. *(Anat.)* Masa redonda envuelta; particularmente el cuerpo malpigiano del riñón.
gloom [glu:m] [glum], *s.* 1. Tinieblas, oscuridad, lobreguez. 2. Melancolía, tristeza.
gloom, *vn.* 1. Lucir tenue o confusamente. 2. Encapotarse, oscurecerse. 3. Entristecerse, estar de mal humor. *-va.* Llenar de oscuridad o de tristeza.
gloomily ['glu:mɪlɪ] [glu-mi-li], *adv.* Obscuramente; tétricamente; tristemente, lúgubremente.
gloominess ['glu:mɪnɪs] [glu-mi-nes], *s.* Obscuridad, tinieblas; aspecto sombrío, nublado; melancolía, tristeza, abatimiento; adustez.
gloomy ['glu:mɪ] [glu-mi], *a.* 1. Tenebroso, sombrío, obscuro, lóbrego; nublado, cubierto de nubes. 2. Tétrico, triste, melancólico; abatido, desalentado; adusto.
gloria ['glɔ:rɪə] [glo-ria], **s.** 1. *(Liturg.)* Gloria. 2. Gloria (tela). 3. Aureola.
gloried ['glɔ:rɪɪd] [glo-riid], *a.* *(Des.)* Ilustre, lleno de gloria.
glorification ['glɔ:rɪfaɪ'keɪʃən] [glo-ri-fai-kei-shon], *s.* Glorificación.
glorify ['glɔ:rɪfaɪ] [glo-ri-fai], *va.* Glorificar, honrar, alabar, exaltar, celebrar.
gloriole ['glɔ:rɪəʊl] [glo-rioul], *s.* Aureola, halo.
glorious ['glɔ:rɪəs] [glo-rios], *a.* Glorioso, ilustre, digno de honor y alabanza; orgulloso, jactancioso, soberbio.
gloriously ['glɔ:rɪəslɪ] [glo-rios-li], *adv.* Gloriosamente.
gloriousness ['glɔ:rɪəsnɪs] [glo-rios-nes], *s.* Gloria, esplendor.
glory ['glɔ:rɪ] [glo-ri], *s.* 1. Gloria, honra, alabanza, fama, renombre, celebridad; esplendor, magnificencia. 2. Aureola o círculo de luz que se pone sobre la cabeza de las imágenes de los santos. 3. Exaltación, adoración. 4. Calidad de resplandeciente; brillantez, resplandor, lustre. 5. Esplendor de la presencia de Dios; la gloria del Paraíso.

glory, *vn.* Gloriarse, jactarse, preciarse de alguna cosa, llenarse de orgullo.
gloss [glɒs] [glos], *s.* 1. Lustre, el viso luciente que despide alguna cosa; brillo. 2. Apariencia falaz.
gloss, *s.* 1. Glosa, escolio. 2. Disculpa o pretexto para ocultar o paliar una falta o un defecto.
gloss, *vn.* Glosar, comentar, interpretar, notar. *-va.* 1. Paliar, colorear, dar a alguna palabra, designio o acción mala o colorido que la haga parecer lo que no es; generalmente con la prep. **over**. 2. Barnizar, dar con barniz u otra cosa que produzca lustre.
glossaria ['glɒsərɪə] [glo-sa-ria], *a.* De glosa, glosario.
glossarist ['glɒsərɪst] [glo-sa-rist], *s.* Comentador.
glossary ['glɒsərɪ] [glo-sa-ri], *s.* Glosario, diccionario que sirve para explicar las palabras obscuras, extrajeras y antiguas de un libro: vocabulario explicativo de un dialecto o de una ciencia.
glossator ['glɒsətə[r]] [glo-sa-ta[r]], **glossist** ['glɒsɪst] [glo-sist], *s.* Glosador, comentador.
glosser ['glɒsə[r]] [glo-sa[r]], *s.* 1. Comentador. 2. Pulidor.
glossiness ['glɒsɪnɪs] [glo-si-nes], *s.* Pulimento, lustre superficial.
glossitis ['glɒsaɪtɪs] [glo-sai-tis], *s.* Glositis
glossographer [ˌglɒsə'græfə[r]] [glo-so-gra-fa[r]], *s.* Glosógrafo, comentador.
glossography ['glɒsəgræfɪ] [glo-so-gra-fi], *s.* 1. El arte de escribir comentarios. 2. *(Anat.)* Descripción de la lengua.
glossology ['glɒsəlɒdʒɪ] [glo-so-lo-yi], *s.* Clasificación de las lenguas; filología comparada.
glossy ['glɒsɪ] [glo-si], *a.* 1. Lustroso, brillante como una superficie lisa que refleja el brillo. 2. Especioso, fino en apariencia, plausible.
glottis ['glɒtɪs] [glo-tis], *s.* Glotis, la abertura de la laringe.
glove [glʌv] [glav], *s.* Guante. **To be hand and glove**, ser inseparables, ser uña y carne. **To handle without gloves**, tratar sin contemplaciones, severamente.
glove, *va.* Cubrir como con guante; enguantarse. **Glove compartment,** compartimento de guantes en un automóvil.
glover ['glʌvə[r]] [gla-va[r]], *s.* Guantero.
glow [gləʊ] [glou], *vn.* 1. Estar encendida alguna cosa sin producir llama. 2. Arder, abrasarse, encenderse, inflamarse; cuando se habla de las pasiones del ánimo. 3. Lucir, relucir, resplandecer. *-va.* Calentar o encender alguna cosa.
glow, *s.* 1. Calor vivo, encendimiento; viveza de color; vehemencia de una pasión. 2. Luz, resplandor. **Glow lamp**, tubo de neón. 3. Ardor, animación, vehemencia. 4. Calor en el cuerpo, sensación de calor cuando se hace ejercicio.
glower ['glaʊə[r]] [gloua[r]], *vn.* Mirar con ceño, poner mala cara.
glowing ['gləʊɪŋ] [glauin], *pa.* Resplandeciente, que esparce luz o color excesivo; ardiente; colorado, entusiasta.
glowingly ['gləʊɪŋlɪ] [glauin-li], *adv.* De un modo resplandeciente.
glow-worm ['gləʊwɜːm] [glau-uerm], *s.* Luciérnaga.
gloxinia [glɒk'sɪnɪə] [glok-si-nia], *s.* Flor hermosa de la familia de las escrofulariáceas.
gloze [gləʊz] [glous], *vn.* 1. Paliar, colorear, con una explicación especiosa. 2. *(Ant.)* Adular, lisonjear.
gloze ['gləʊzɪŋ] [glou-sin], *s.* 1. *(Ant.)* Adulación. 2. La explicación o interpretación artificiosa de un hecho, de una frase, etc.
glucin ['gluːsɪn] [glu-sin], **glucina** ['gluːsɪnə] [glu-si-na], *s. (Quím.)* Glucina, una de las tierras primitivas.
glucose ['gluːkəʊs] [glu-kous], *s.* Glucosa, azúcar de uvas o de almidón.
glue [gluː] [glu], *s.* Cola para pegar; liga, visco. **Fish-glue**, colapez, cola de pescado.
glue, *va.* Encolar, pegar, ligar, unir.
glue-boiler [gluː'bɔɪlə[r]] [glu-boi-la[r]], *s.* El fabricante de cola.
gluer ['gluːə[r]] [glua[r]], *s.* El que encola.
gluey ['gluːɪ] [glui], *a.* Viscoso, pegajoso, glutinoso.
glueyness ['gluːɪnɪs] [glui-nes], *s.* Viscosidad, glutinosidad.
gluing ['gluːɪŋ] [gluin], *s.* Encoladura, pegadura.
gluish ['gluːɪʃ] [gluish], *a.* Viscoso, pegajoso.
glum [glʌm] [glam], *a.* De mal humor y callado; moroso, regañón, tétrico, triste.
glumaceous [gluː'meɪʃəs] [glu-mei-shos], *a. (Bot.)* Glumáceo, glumado; que tiene glumas o se refiere a ellas.
glume [gluːm] [glum], *s. (Bot.)* Gluma, cubierta floral de las plantas gramíneas.
glut [glʌt] [glat], *va.* 1. Atestar, hartar de bebida y comida; atracar, saciar; saturar. 2. Sobrellenar, llenar alguna cosa con más de lo que puede recibir. 3. Colmar, dar en abundancia, dar más de lo que se necesita. *-vn.* Devorar vorazmente, engullirse.
glut, *s.* 1. Lo que se engulle; hartura, hartazgo, plétora, superabundancia, llenura. 2. Cuña de madera. 3. *(Alb.)* Ripio de ladrillo.
gluten ['gluːtən] [glu-ten], *s. (Quím.)* Gluten.
glutinosity [ˌgluːtɪ'nəsɪtɪ] [glu-ti-no-si-ti], **glutinousness** [gluː'tɪnəsnɪs] [glu-ti-nos-nes], *s.* Glutinosidad.
glutinous ['gluːtɪnəs] [glu-ti-nos], *a.* Glutinoso, viscoso, pegajoso.
glutted ['gluːtɪd] [glu-tid], *pp.* de GLUT. Harto, repleto.
glutton ['glʌtn] [gla-ton], *s.* 1. Glotón, tragón. 2. El que es voraz o insaciable. 3. Glotón, carcajú, wolverena, mamífero carnicero.
gluttonize ['glʌtənaɪz] [gla-to-nais], *vn.* Glotonear.
gluttonous ['glʌtənəs] [gla-to-nos], *a.* Glotón; goloso.
gluttonously ['glʌtənəslɪ] [gla-to-nos-li], *adv.* Vorazmente.
gluttony ['glʌtənɪ] [gla-to-ni], *s.* Glotonería.
glycerin, glycerine [ˌglɪsə'riːn] [gli-se-rin], *s.* Glicerina, líquido incoloro, espeso y dulce, que se encuentra en los cuerpos grasos como base de su composición. Su adjetivo es **Glyceric** ['glɪsərɪk] [gli-se-rik].
glycogen [ˌglaɪkəʊdʒen] [glai-kou-yen], *s.* Glicógeno, compuesto blanco, farináceo, amorfo, que se halla en el hígado y en otros tejidos animales; se llama también «almidón animal».
glyph [glɪf] [glif], *s. (Arq.)* Glifo, media caña que sirve de adorno.
glyptic ['glɪptɪk] [glip-tik], *s.* Glíptica, el arte de grabar figuras en piedras preciosas.
glyptography ['glɪptəgrəfɪ] [glip-to-gra-fi], *s.* Gliptografía, conocimiento del grabado en hueco y relieve en las piedras preciosas.
gnarl [nɑːl] [narl], *vn.* 1. Refunfuñar, gruñir. 2. Torcer, retorcer.
gnarl, *s.* Nudo, protuberancia sobre un tronco o ramo; nudo duro en la madera.
gnarled [nɑːld] [narld], **gnarly** [nɑːlɪ] [nar-li], *a.* Nudoso, lleno de nudos; retorcido. **A gnarled oak**, un roble retorcido.
gnash [næʃ] [nash], *va.* 1. *(Ant.)* Rechinar o crujir los dientes. 2. Rabiar de cólera rechinando los dientes.
gnashing ['næʃɪŋ] [na-shin], *s.* Rechinamiento o crujido de los dientes.
gnat [næt] [nat], *s.* Mosquito, cínife; toda clase de mosquitos.
gnaw [nɔː] [nou], *va.* 1. Roer, comer poco a poco. 2. Morder, mordicar. 3. Corroer, gastar alguna cosa con los dientes.
gnawer ['nəʊə[r]] [noua[r]], *s.* El que muerde, come o roe.
gneiss [naɪs] [nais], *s.* Gneis, roca de hojuelas planas u onduladas, compuesta de feldespato, cuarzo y mica u hornblenda. Se distingue del granito por su moderada tendencia a hendirse.
gneissoid ['naɪsɔɪd] [nai-soid], *a.* Parecido al gneis.
gnome [nəʊm] [noum], *s.* 1. Máxima, aforismo. 2. Gnomo, una especie de genio, protector de las minas y de los mineros; trasgo, eneno. 3. *(Zool.)* Cierta especie de colibrí. 4. Máxima, sentencia, aforismo.
gnomical ['nəʊmɪkəl] [nou-mi-kal], *a.* Sentencioso, gnómico.
gnomology [nəʊ'mɒlɒdʒɪ] [nou-mo-lo-chi], *s.* Colección de aforismos.

gnomon ['nəʊmən] [nou-mon], *s.* Gnomón, el estilo o varita de hierro que señala las horas en los relojes de sol.

gnomonic, gnomonical ['nəʊmənɪk] [nou-mo-nik], *a.* Gnomónico.

gnomonics ['nəʊmənɪkz] [nou-mo-niks], *s.* Gnomónica, la ciencia que trata y enseña el modo de hacer los relojes de sol.

gnostic ['nɒstɪk] [nos-tik], *s.* Gnóstico, hereje de los primeros siglos.

gnosticism ['nɒstɪˌsɪzəm] [nos-ti-si-sem], *s.* Gnosticismo, sistema filosófico y religioso de los primeros siglos del cristianismo.

gnu [nu:] [nu], *s.* *(Zool.)* Bucéfalo, especie de antílope del sur de África, con cabeza aprecida a la del búfalo, crin como la del asno y cola de caballo.

go [gəʊ] [gou], *va.* (*pret.* WENT, *pp.* GONE). 1. *(Fam.)* Ir, tomar, como porción de algo, partir. **To go halves,** ir a medias. 2. Recibir con aprobación, asentir a, tolerar. 3. Apostar. *-vn.* 1. Ir, irse, moverse, pasar de un paraje a otro. 2. Andar, caminar, partir, partirse, marchar, pasear. 3. Ir en busca de, dirigirse a, acudir, recurrir. 4. Ir, estar o ser. 5. Salir, huir, escapar; ser libertado. 6. Pasar, acabarse una cosa. 7. Seguir, proseguir. 8. Cambiar, mudar de situación, opiniones, etc. 9. Pasar por, ser considerado como. 10. Ser aplicable, convenir; sentar, venir, ir, o caer bien; concernir, tocar a. 11. Estar encinta o preñada. 12. Influir, tener influencia. 13. Contribuir, concurrir, tender, tener por resultado, reunirse para componer alguna cosa. 14. Irse, morirse, estarse muriendo; decaer, debilitarse. 15. Ser desembolsado, vendido o cambiado. 16. Andar, como una máquina o un reloj.

go about, intentar, procurar, emprender, hacer todo lo posible, esforzarse por; rodear; desviarse; girar, rodar, andar o moverse alrededor o en torno, dar vueltar, andar rodando, andar de acá para allá. *(Mar.)* Virar de bordo. **Go about your business**, métase Ud. en lo que le importa; váyase Ud.

go abroad, salir, partir, marcharse; divulgarse o hacerse pública una cosa; correr alguna noticia.

go after, seguir a alguno.

go against, oponerse, contradecir, ir en contra de una persona. **The choice went against him,** no salió elegido.

go ahead, adelantar, proseguir.

go along, continuar, proseguir una cosa comenzada. **To go along with one,** acompañar a alguno.

go astray, descarriarse, descaminarse, perder el camino. *(Fig.)* Faltar a su deber, cometer una falta o delito. **V** ASTRAY.

go asunder, ir separadamente, marchar separados.

go away, salirse, marcharse. **To go away with a thing,** llevarse alguna cosa.

go back, retirarse, retroceder; ceder, desistir, volverse atrás de un empeño o designio; volver, volverse, ir otra vez al paraje donde se había estado antes. **To go back of,** mirar más allá de; poner en tela de juicio. **To go back from one's word,** desdecirse, retractarse.

go backwards, retroceder, volver hacia atrás.

go before, preceder, ir delante, adelantarse.

go behind, seguir a alguno, ir detrás de él; defraudar, engañar.

go between, interponerse, mediar, terciar.

go beyond, pasar o ir más allá de un punto determinado o limitado; sobrepujar, exceder.

go by, pasar por alto; escurrirse, escabullirse, pasar sin ser visto ni oído; sufrir con paciencia; observar alguna cosa como regla o principio o tomarla como regla, pauta o norma de conducta, arreglarse o ajustarse a algo; dirigirse por; pasar cerca. **To go by the worst**, llevar lo peor de una cosa.

go down, bajar, descender; ponerse el sol; *(Fam.)* ser bien recibida o aprobada alguna cosa; tragarse, persuadirse de o creer algo sin reflexión; tragar. **To go down the stream,** ir con la corriente. **To go down the wind,** ir en decadencia, ir empobreciendo.

go far, valer mucho, tener gran influencia o alcance.

go for, ir por algo; ir a buscar o en busca de ; ser reputado o considerado por; declararse en favor de alguna persona o cosa; *(Ger.)* abrumar, embestir, atacar, particularmente con palabras.

go forth, salir, producir, parecer o aparecer, ser sacado a luz o al público.

go forward, adelantar, proseguir, hacer progresos, alguna cosa.

go from, dejar, partirse, separarse, faltar a alguna cosa convenida. **To go from the matter,** apartarse del asunto de que se trata. **To go from one's word,** desdecirse.

go hard, pasarlo mal, traer a mal traer.

go in, entrar. **To go in and out,** estar en libertad.

go in for, favorecer enérgicamente. **To go in to** o **unto**, *(Ant.)* Entrar a la presencia de; tener coito con.

go into, participar en (un asunto); investigar, discutir o ventilar.

go it, apresurarse inconsideramente; en imperativo, ¡prosiga Ud.!, ¡persista Ud.! ¡adelante!

go near, acercarse, tocar de cerca; correr algún peligro.

go off, morirse; irse, largarse, despedirse; dispararse o salir el tiro de un arma de fuego; seguir su curso, tener efecto, salir bien o mal (v.g. un concierto).

go on, continuar, seguir o proseguir lo comenzado; adelantarse, ir adelante; adelantar, progresar; atacar.

go over, pasar, atravesar; desertar, cambiar de casaca, pasarse a una religión, partido, etc., diverso del que se tenía o se profesaba antes. **To go out**, salir, ponerse en camino, salir a campaña, darse a la vela; apagarse, morirse la lumbre, la luz o el fuego; extinguirse, apagarse la vida, la imaginación, etc.

go out of the way, apartarse del camino, ponerse a un lado; descarriarse. **To go her time out**, acabarse el tiempo de la preñez, salir o estar fuera de cuenta; salir de cuidado.

go through, llevar a cabo alguna cosa, ejecutar o hacer ejecutar; pasar, examinar o recorrer completamente algo; determinar definitivamente; sufrir una operación quirúrgica; enhebrar, enhilar, ensartar; hender; pasar o atravesar algún camino; atravesar de parte a parte; salir al cabo de, salir con; conseguir alguna cosa.

Go to! *(Ant.)* ¡vaya!, ¡toma! **Go to grass, go to thunder**, interjecciones despectivas: ¡Vaya Ud. a paseo! ¡Mal rayo te parta! **Go-to-meeting,** *(Fam. E.U.)* Se dice del traje de los días de fiesta; la ropa dominguera.

go under, quebrar, hacer bancarrota; quedar arruinado, vencido o destruído; también pasar por, ser conocido por tal o cual nombre.

go up, subir. **To go up and down,** rodar, andorrear, corretear, ir de una parte a otra.

go upon, emprender, fundarse en algo. **To go upon sure grounds, estar bien fundado, ir sobre seguro**. **To go upon sure tick,** comprar fiado.

go with, acompañar. **To go with child**, estar preñada. **To go with the tide**, bajar con la marea.

go without, estar, arreglarse o pasarlo sin; no obtener una cosa a que se tenía derecho. **To go halves,** ir a medias con uno. **To go to the shade,** irse a la sombra. **To go to service**, ponerse a servir. **To go to the bottom,** ir o irse a pique. **The bell goes**, suena la campana. **To let go one's hold,** soltar la presa. **To go so far as,** ir hasta, llegar a. **To go the whole length**, llegar hasta; arriesgarlo todo.

go, *s.* *(Fam.)* 1. Moda, auge, furor. **It was all the go**, eso hacía furor. 2. Energía, actividad, empuje. 3. Giro, marcha, curso de los asuntos; predicamento. 4. Ajuste, pacto; buen éxito, esfuerzo dichoso. 5. Oportunidad, ensayo. 6. Marcha, curso, movimiento. **On the go**, en movimiento. 7. Tentativa. 8. **It is no go**, es inútil, es un fracaso.

goad [gəʊd] [goud], *s.* Aguijada, aijada, pincho, aguijón.

goad, *va.* 1. Aguijar, pinchar o herir con la aguijada. 2. Aguijonear, agarrochear, estimular, incitar. 3. Pinchar, irritar.

go-ahead ['gəʊəhed] [gou-ajed], *a.* *(Fam.)* Emprendedor, activo, enérgico. **Go-ahead!** *inter.* ¡adelante!

goal [gəʊl] [goul], *s.* 1. Meta, término. 2. Fin, objeto, motivo. 3. (Fútbol), gol, meta. **Goalkeeper,** guardameta, portero (en el fútbol).

goat [gəʊt] [gout], *s.* Cabra, chiva, cabrón. **He-goat**, cabrón, macho de cabrío. **Young goat**, cabrito, chivo, choto. **Wild goat,** cabra montés. **To ride the goat**, *(Fest.)* Someterse a las ceremonias de iniciación en ciertas sociedades secretas.

goatbeard ['gəʊtbɜ:d] [gout-berd], *s. (Bot.)* Barba cabruna.

goatee [gəʊ'ti:] [gou-ti], *s.* Perilla, mechón de pelos que se deja en la barba.

goatherd ['gəʊthɜ:d] [gout-jerd], *s.* Cabrero.

goatish ['gəʊtɪʃ] [gou-tish], *a.* Cabruno, chotuno; lascivo.

goat-milker [ˌgəʊt'mɪlkəʳ] [gout-mil-kaʳ], **goat-sucker** [ˌgəʊt'sʊkəʳ] [gout-su-kaʳ], *s. (Orn.)* Caprimulga.

goat's-hair ['gəʊtzhɛəʳ] [gouts-jeaʳ], *s.* Pelote.

goat-skin ['gəʊtskɪn] [gout-skin], *s.* Piel de cabra.

goat's-rue ['gəʊtzru:] [gouts-ru], *s. (Bot.)* Gálega, ruda cabruna.

goat's-thorn [ˌgəʊtz'θɔ:n] [gouts-zorn], *s. (Bot.)* Tragacanto.

gob [gɒb] [gob], *s.* 1. Una cantidad pequeña de cualquiera cosa; un bocado. 2. La boca.

gob, gobbin ['gɒbɪn] [go-bin], *s. (Min.)* Escombrera, explotación abandonada llena de escombros y desechos.

gobbet ['gɒbɪt] [go-bit], *s.* Bocado; pedacito.

gobble ['gɒbl] [go-bel], *va.* Engullir, tragar bocados enteros, tragar vorazmente. *-vn.* Hacer ruido en la garganta como los pavos.

gobbledygook ['gɒbldɪgu:k] [go-bel-di-guk], *s.* Galimatías propio de ciertos funcionarios públicos.

gobbler ['gɒbləʳ] [go-blaʳ], *s.* 1. Engullidor, glotón, tragón, tragador. 2. *(Fam.)* El pavo, *(Méx.)* guajalote, (Cuba) guanajo.

go-between ['gəʊbɪˌtwi:n] [gou-bi-tuin], *s.* 1. Mediador, medianero; entremetido. 2. Tercer, correvedile. 3. Alcahuete.

goblet ['gɒblɪt] [go-blit], *s.* Copa, vaso con pie para beber.

goblin ['gɒblɪn] [go-blin], *s.* Espíritu errante, duende.

go-by ['gəʊbaɪ] [gou-bai], *s.* 1. Menosprecio, repulsa o desaire. 2. *(Des.)* Treta, trama, fraude. **To give one the go-by in a race,** adelantarse a otro, dejarlo atrás.

go-cart ['gəʊkɑ:t] [gou-kart], *s.* Carretilla o carretón para enseñar a andar a los niños. *(Méx.)* Andaderas.

God [gɒd] [god], *s.* 1. Dios, el ser supremo. 2. Dios, la persona o cosa que se adora con pasión desordenada. **God save the king**, Dios guarde al rey. **God forbid,** no quiera Dios. **Thank God**, gracias a Dios. **God's Day**, domingo; también la fiesta del Corpus Christi. **God's house,** iglesia o templo. **God-fearing**, reverente, temeroso de Dios y observador de sus leyes.

godchild ['gɒdtʃaɪld] [god-chaild], *s.* Ahijado, ahijada.

goddaughter ['gɒdˌdɔ:təʳ] [god-dau-taʳ], *sf.* Ahijada.

goddess ['gɒdɪs] [go-des], *sf.* Diosa.

goddess-like ['gɒdɪslaɪk] [go-des-laik], *a.* Semejante a una diosa, divina.

godfather ['gɒdˌfɑ:ðəʳ] [god-fa-daʳ], *s.* Padrino.

godhead ['gɒdhed] [god-jed], *s.* Deidad, divinidad.

godless ['gɒdlɪs] [god-les], *a.* Infiel, impío, sin Dios, ateo.

godlessness ['gɒdlɪsnɪs] [god-lis-nes], *s.* Estado de perdición.

godlike ['gɒdlaɪk] [god-laik], *a.* Divino, semejante a la divinidad.

godliness ['gɒdlɪnɪs] [god-li-nes], *s.* Piedad, devoción, santidad.

godling ['gɒdlɪŋ] [god-lin], *s.* Diosecillo, divinidad secundaria.

godly ['gɒdlɪ] [god-li], *a.* 1. Piadoso, devoto, religioso. 2. Recto, justificado. *-adv.* Piadosamente, justamente.

godmother ['gɒdˌmʌðəʳ] [god-ma-daʳ], *sf.* Madrina.

godown [gɒd] [god], *s.* Almacén chino o indio; (término angloindio.)

godsend ['gɒdsend] [god-send], *s.* Un milagro, un don particular de Dios. *(Fam.)* Ganga, chiripa.

godship ['gɒdʃɪp] [god-ship], *s.* Dignidad de un dios.

godson ['gɒdsʌn] [god-san], *sm.* Ahijado.

godspeed ['gɒdspi:d] [god-spid], *s.* Deseo de que Dios asista y guarde a alguien; ¡buena suerte! Se escribe a menudo en dos palabras.

godward ['gɒdwɔ:d] [god-uord], *adv.* Hacia Dios.

godwit ['gɒdwɪt] [god-uit], *s. (Orn.)* Francolín.

goer ['gəʊəʳ] [gouaʳ], *s.* 1.Andador, paseante, el que va de una parte a otra; vagabundo, ambulante. 2. *V.* GO-BETWEEN. **Goers and comers**, yentes y vinientes.

goggle ['gɒgl] [go-guel], *vn.* Entornar o hacer girar los ojos, mirar con los ojos muy abiertos o de soslayo.

goggle, *s.* Mirada entornada, vuelta afectada de los ojos. **Goggles,** anteojos de camino, para guardar la vista del polvo, o para el estrabismo; llámanse también así las anteojeras que se usan para los caballos espantadizos. *-a.* El que tiene los ojos muy abiertos o prominentes; ojos saltones.

goggle-eyed, *a. V.* GOGGLE, *a.*

going ['gəʊɪŋ] [gouin], *s.* 1. El paso, el andar, el modo de andar. 2. Preñado, preñez. 3. Partida. 4. Paso, movimiento o acción en el modo de gobernarse y potarse. **The going of a horse**, andadura de un caballo. **Going forward**, progreso, lo que está pasando o sucediendo actualmente. **Going down**, puesta del sol, ocaso; baja de fondos, descenso de las aguas.

goiter, goitre ['gɔɪtəʳ] [goi-taʳ], *s. (Med.)* Papera, coto, bocio.

goitrous ['gɔɪtrəs] [goi-tros], *a.* Que se refiere a la papera; que la tiene o padece.

gola [gɒlə] [go-la], *s. (Arq.)* Gola, cimacio.

gold [gəʊld] [gould], *s.* 1. Oro. 2. Oro, dinero, moneda de oro, riqueza. **Gold-leaf,** oro batido, pan de oro. **Crude mass of gold,** oro virgen, oro bruto. *(Prov.)* **It is not all gold that glitters,** no es oro todo lo que reluce.

gold, en composición; de oro. **Gold-bearing,** aurífero, productor de oro. **Gold-dust**, polvo de oro. *(Bot.)* Alisón, planta crucífera, con flores doradas. **Gold fever,** fiebre del oro, ansia de emprender la busca de oro. **Gold-field**, distrito o terreno aurífero. **Gold lace,** galón de oro. **Leaf-gold,** oro nativo en láminas u hojas.

gold-beater ['gəʊld'bi:təʳ] [gould-bi-taʳ], *s.* Batihoja, batidor de oro.

gold brick ['gəʊld'brɪk] [gould-brik], *s. (Vul.)* Engaño, estafa.

golden ['gəʊldən] [goul-den], *a.* 1. Aureo, de oro, hecho de oro. 2. lustroso, brillante. 3. Excelente, de gran valor, precioso. 4. Feliz. 5. Amarillento, de color de oro. **Golden rule,** regla de oro.

golden mean ['gəʊldən'mi:m] [goul-den-min], *s.* Moderación, término medio.

golden-number ['gəʊldən'nʌmbəʳ] [goul-den-nam-baʳ], *s.* Número áureo, el que indica el ciclo de la luna.

golden-thistle ['gəʊldən'θɪzl] [goul-den-zi-sel], *s. (Bot.)* Cardillo.

golden wedding ['gəʊldən'wedɪŋ] [goul-den-ue-din], *s.* Bodas de oro.

gold-filled ['gəʊldˌfɪld] [gould-fil], *a.* Enchapado o revestido de oro.

goldfinch ['gəʊldfɪntʃ] [gould-finch], *s. (Orn.)* Jilguero.

gold-fish ['gəʊldfɪʃ] [gould-fish], *s.* Carpa pequeña de color rojo dorado, originaria de China y que hoy abunda en casi todos los países.

gold foil ['gəʊldfɔɪl] [gould-foil], *s.* Hojuelas de oro.

gold-hilted ['gəʊldhɪltɪd] [gould-jil-tid], *a.* Lo que tiene el puño de oro o dorado: se aplica comúnmente a las espadas.

gold-leaf ['gəʊldli:f] [gould-lif], *s.* Pan u hoja de oro; oro en libritos, oro batido.

gold mine ['gəʊldmaɪn] [gould-main], *s.* 1. Mina de oro. 2. *(Fig.)* Fuente de riqueza.

gold-proof ['gəʊldpru:f] [gould-pruf], *a.* A prueba de oro, capaz de resistir las tentaciones del interés o la codicia.

gold-size ['gəʊldsaɪz] [gould-sais], *s.* Cola o barniz de color de oro.

goldsmith ['gəʊldsmɪθ] [gould-smiz], *s.* Orífice, platero de oro, el artífice que trabaja en oro.

gold standard [ˌgəʊlds'tændəd] [gould-stan-dard], *s.* Patrón oro.
gold-stone ['gəʊldstəʊn] [gould-stoun], *s.* Venturina.
gold-thread ['gəʊldθred] [gould-zred], *s.* Hilo de oro.
goldy-locks ['gəʊldɪlɒkz] [goul-di-loks], *s.* *(Bot.)* Crisocomo.
golf [gɒlf] [golf], *s.* Golf, juego de pelota que se juega con palos encorvados en los extremos y varios agujeros en la tierra. Golf club, 1. Palo que se emplea en este juego. 2. Club de golf. Golf links, campo de golf.
gondola ['gɒndələ] [gon-do-la], *s.* Góndola, barca con remos y toldo que se usa en Venecia.
gondolier ['gɒndəlɪəʳ] [gon-do-liaʳ], *s.* Gondolero.
gone [gɒn] [gon], *pp.* de TO GO. Ido; perdido, arruinado; pasado; muerto, fallecido; apagado.
gonfalon ['gɒnfələn] [gon-fa-lon], **gonfanon** ['gɒnfənən] [gon-fa-non], *s.* Confalón, gonfalón, estandarte o pendón llevado en la punta de una lanza.
gonfalonier ['gɒnfələnɪəʳ] [gon-fa-lo-niaʳ], *s.* Confalonero, nombre del jefe que llevaba el pendón o estandarte de algunas repúblicas de Italia.
gong [gɒŋ] [gong], *s.* Batintín, gongo, instrumento músico de percusión usado por los asiáticos.
goniometer [ˌgɒnɪə'miːtəʳ] [go-nio-mi-taʳ], *s.* Goniómetro, medidor de ángulos.
goniometry ['gɒnɪə'miːtrɪ] [go-nio-mi-tri], *s.* Goniometría, el arte de medir los ángulos.
gonorrhæa [ˌgɒnə'rɪə] [go-no-ria], *s.* Gonorrea, blenorragia.
goober ['guːbəʳ] [gu-baʳ], *s.* *V.* PEANUT.
good [gʊd] [gud], *a.* Bueno, saludable; apto, conveniente, ventajoso, útil; completo; precioso; genuino, verdadero, válido; perfecto, virtuoso, religioso, justo; benévolo, bondadoso, clemente, misericordioso; de buena índole, cariñoso, alegre; dichoso, feliz; hábil, sobresaliente en su profesión; grande, considerable; legítimo, no fingido; digno. **My good sir,** mi buen señor. **A good turn**, un favor, una gracia. **In good time**, a tiempo, a propósito, con oportunidad. **It is a good as done**, es cosa hecha, es como si estuvies concluído. **It is a good way thither,** hay mucho camino de aquí a allá; está muy lejo*s*. **In good earnest,** seriamente, de veras, de fijo. **To hold good,** subsistir, continuar en toda su fuerza. **To be as good as one's word**; **to make one's word good**, cumplir lo prometido. **Good Friday,** viernes Santo. **To make good,** probar o justificar alguna cosa; hacer bueno, abonar; completar, suplir, lo que falta; indemnizar, reparar una falta o una pérdida; defender con buen éxito; acertar, lograr, salir bien en alguna empresa o empeño. **He made good his escape,** logró evadirse. **To see, to think good,** hallar bueno, juzgar a propósito. **A good deal,** bastante, mucho. **A good while,** un buen rato. **He is good for nothing,** no vale un comino, o un pito, o tres pepinos; no vale nada. **As good as,** tanto como, como, casi. **He is as good as ruined,** está casi arruinado. *-s.* Bien, lo que física o moralmente contribuye a la felicidad; prosperidad, adelantamiento, ventaja, realidad. *-pl.* Mercancía*s*. *V.* GOOD*S*. For good and all, seriamente, fuera de chanza, de seguro, sin miedo. Much good may it do you, buen provecho le haga. *-adv.* Bien, rectamente. -inter. ¡Bueno! ¡bien! **For good,** de una vez para siempre. **He comes for good**, viene para quedarse. **She is gone for good,** se ha ido de una vez, para no volver. **Good-conditioned,** bien acondicionado. **Good-day,** buenos días (saludo acostumbrado al encontrarse o al despedirse). **Good-morning,** buenos días. **Good-afternoon,** buenas tarde*s*. **Good-night, good-evening,** buenas noches.
good-breeding [gʊd'briːdɪŋ] [gud-bri-din], *s.* Buena crianza, finos modales.
good-bye ['gʊd'baɪ] [gud-bai], *adv.* Adiós, vaya Ud. con Dios. (Contracción de **God be with you**.)
good cheer [gʊd'tʃɪəʳ] [gud-chiaʳ], *s.* Alegría, buen humor, jovialidad.
good-fellow [gʊd'feləʊ] [gud-fe-lou], *s.* Socio o compañero festivo y jovial. *(Fam.)* Buen chico, buen muchacho.
good-fellowship [gʊd'feləʊʃɪp] [gud-fe-lou-ship], *s.* Compañía o sociedad alegre y festiva.
good-fortune [gʊd'fɔːtjuːn] [gud-for-tiun], *s.* Dicha, felicidad.
good-hearted [gʊd'hɑːtɪd] [gud-jar-tid], *a.* De buen corazón, misericordioso.
good-humor [gʊd'hjuːməʳ] [gud-jiu-moʳ], *s.* Buen humor, jovialidad.
good-humored [gʊd'hjuːməd] [gud-jiu-mord], *a.* Jocoso, vivo, jovial.
good-humoredly [gʊd'hjuːmədlɪ] [gud-jiu-mord-li], *adv.* Jocosamente, alegremente.
gooding ['gʊdɪŋ] [gu-din], *s.* Costumbre que hubo en Inglaterra de pedir regalos, limosnas o aguinaldos por Navidad.
goodish ['gʊdɪʃ] [gu-dish], *a.* 1. Algo bueno, no malo, ni dañoso. 2. Considerable, algo grande.
goodliness ['gʊdlɪnɪs] [gud-li-nes], *s.* Hermosura, gracia, elegancia.
good-looking ['gʊd'lʊkɪŋ] [gud-lu-kin], *a.* Bien parecido, bonito, de agradables facciones.
good-luck ['gʊdlʌk] [gud-lak], *s.* Suerte o buena suerte, dicha.
goodly ['gʊdlɪ] [gud-li], *a.* 1. Hermoso, bien parecido. 2. De calidad escogida; atractivo, agradable o vistoso. 3. Abultado; considerable; algo numeroso. **A goodly prospect**, hermosa perspectiva; buenas esperanzas.
good-manners ['gʊdmænəz] [gud-ma-ners], *s.* Cortesía, modales corteses, buena crianza.
good-nature ['gʊd'neɪtʃəʳ] [gud-nei-chaʳ], *s.* Bondad, benevolencia, buen natural, buen corazón.
good-natured ['gʊd'neɪtʃəd] [gud-nei-chad], *a.* Benévolo, cariñoso, de buen natural, afable.
good-naturedly ['gʊd'neɪtʃədlɪ] [gud-nei-chad-li], *adv.* Cariñosamente, afablemente.
goodness ['gʊdnɪs] [gud-nes], *s.* 1. Bondad, benevolencia, virtud. 2. Acto o expresión de bondad.
goods ['gʊdz] [guds], *s. pl.* 1. Bienes muebles, muebles de una casa; géneros, mercadería*s*. **Consignment of goods**, consignación de mercadería*s*. **Goods exported** o **exports,** géneros de exportación. **Goods imported** o **imports,** géneros importado*s*. **Goods in demand**, géneros de buen despacho, muy solicitado*s*. **Parcels of goods,** partidas de género*s*. **Assortment of goods,** surtido de género*s*. **Expediter of goods,** despachador de género*s*. **Goods heavy of sale**, géneros difíciles de vender o poco buscado*s*. **Green goods,** *(E.U.)* Papel moneda falso, billetes falsificado*s*. 2. En composición, tiene en Inglaterra el mismo valor que **Freight** en los Estados Unido*s*. **Goods-shed**, almacén, depósito de mercancía*s*. **Goods-train,** tren de mercancía*s*. **Goods-wagon,** furgón, vagón de mercancías.
good-sense ['gʊdsens] [gud-sens], *s.* Juicio sano, buen sentido, perspicacia natural.
good-sized ['gʊdsaɪst] [gud-saist], *a.* Grande, de buen tamaño.
good-speed ['gʊdspiːd] [gud-spid], *s.* ¡Buena suerte! frase para mostrar a uno que se desea que logre su objeto.
good-turn ['gʊdtɜːn] [gud-tern], *s.* Servicio en recompensa de un favor, asistencia, o buenos oficios recibidos.
good-wife ['gʊdwaɪf] [gud-uaif], *sf.* Ama de la casa.
good-will ['gʊdwɪl] [gud-uil], *s.* 1. Benevolencia, sinceridad, bondad. (En este sentido se escribe de ordinario en dos palabra*s*.) 2. Parroquia y buen crédito de una tienda o establecimiento comercial; clientela.
good-woman ['gʊdwʊmən] [gud-vu-man], *sf.* Buena ama, mujer o señora; se usa entre rústicos.
goody ['gʊdɪ] [gu-di], *a.* Bonachón, pazguato, mojigato. *-s.* 1. Ama vieja y pobre, comadre. 2. Persona bonachona. 3. Confitura, golosina.

goose [guːs] [gus], *s.* (*pl.* GEESE). 1. Ganso, ánsar, ocoa; la gansa, en oposición al ánsar macho o **gander**. **Wild goose**, ganso bravo, salvaje. 2. Plancha de sastre. 3. Persona inocente, ganso, bobo, necio. 4. Juego de la oca.

gooseberry ['gʊzbərɪ] [gus-be-ri], *s.* *(Bot.)* Uva espín o crespa.

goose-cap ['guːskæp] [gus-kap], *s.* Bobo, tonto, ganso, pazguato.

goose-flesh ['guːs'fleʃ] [gus-flesh], *s.* Carne de gallina, los granitos que aparecen en la piel cuando uno tiene frío, miedo o terror.

goose-foot ['guːsfʊt] [gus-fut], *s.* *(Bot.)* Cualquier planta del género Chenopodiium; chual; llámase así por la figura de sus hojas.

goose-neck ['guːsnek] [gus-nek], *s.* *(Mar.)* Gancho de botalones; arbotante, cuello de cisne; pescante de bote.

goose-quill ['guːskɪl] [gus-kil], *s.* Pluma de ave, cañón, pluma para escribir hecha de los cañones de los gansos.

goose-wings ['guːswɪŋz] [gus-uings], *s. pl.* *(Mar.)* Calzones.

gopher ['gəʊfə[r]] [gou-fa[r]], *s.* *(Zool.)* Geomís, roedor americano.

gopher-wood [gəʊfə'wʊd] [gu-fa-vud], *s.* *(Bot.)* 1. Árbol de Kentucky y Tennessee de madera amarilla. 2. Nombre que se da a la madera desconocida con que se construyó el arca de Noé.

gordian ['gɔːdɪən] [gor-dian], *a.* Intrincado, difícil; se dice por lo común **gordian-knot**, nudo gordiano, para ponderar alguna dificultad.

gore [gɔː[r]] [go[r]], *s.* Sangre, grumo de sangre, sangre cuajada; lodo.

gore, *s.* 1. Cuchillo, nesga; ensanche triangular del vestido para darle vuelo. 2. Pedazo de terreno de forma triangular.

gore, *va.* 1. Herir a uno con puñal u otra arma punzante. 2. Herir un animal con sus cuernos a otro. 3. Hacer una nesga o cuchillo; ajustar o ensanchar con cuchillos, como una vela o la falda de un vestido.

gorge [gɔːdʒ] [gorch], *s.* 1. Gorja, garganta, gaznate. 2. Garganta, desfiladero, cañada. 3. Cuello de una vestidura. 4. La acción de engullir; trago, bocado, lo que se ha tragado. 5. Apretujón, presión como la que hace el hielo.

gorge, *va.* Engullir, tragar con avidez; hartar, saciar. *-vn.* Hartarse, saciarse, atracarse.

gorged [gɔːdʒt] [gorcht], *a.* Lo que tiene garganta.

gorgeous ['gɔːdʒəs] [gor-yos], *a.* Primoroso, brillante, vistoso, esplendoroso, grandioso, magnífico.

gorgeously ['gɔːdʒəslɪ] [gor-yos-li], *adv.* Primorosamente, esplendorosamente, magnificencia,

gorgeousness ['gɔːdʒəsnɪs] [gor-yos-nes], *s.* Esplendor, magnificencia.

gorget ['gɔːdʒɪt] [gor-yit], *s.* 1. Gola, golilla. 2. Gorguera de la armadura antigua. 3. *(Orn.)* Lunar o mancha de color en la garganta de las aves. 4. Instrumento quirúrgico; conductor acanalado o cóncavo.

gorgon ['gɔːgən] [gor-gon], *s.* 1. Gorgona, monstruo fabuloso. 2. Alguna cosa muy fea y horrenda.

gorilla [gə'rɪlə] [go-ri-la], *s.* *(Zool.)* Gorila, mono de África, fuerte y fiero, de estatura igual a la del hombre.

gormand, gourmand ['gɔːmənd] [gor-mand], *s.* Glotón, gomia; goloso.

gormandize ['gɔːməndaɪz] [gor-man-dais], *vn.* Glotonea, comer con gula.

gormandizer ['gɔːmən'daɪzə[r]] [gor-man-dai-sa[r]], *s.* Golosazo.

gorse [gɔːs] [gors], *s.* *(Bot.)* Especie de hiniesta espinosa. *V.* FURZE.

gory ['gɔːrɪ] [go-ri], *a.* Cubierto de sangre grumosa; sangriento.

goshawk ['gɒshɔːk] [gos-jok], *s.* *(Orn.)* Azor, especie de halcón.

gosling ['gəslɪŋ] [gos-lin], *s.* *(Orn.)* Gansarón, el pollo del ganso.

gospel ['gɒspəl] [gos-pel], *s.* 1. Evangelio. 2. Lo que se considera como infaliblemente verdadero. *-va.* Instruir según el Evangelio; llenar de piedad.

gospeller ['gɒspələ[r]] [gos-pe-la[r]], *s.* Evangelista; evangelistero.

gospellize ['gɒspəlaɪz] [gos-pe-lais], *va.* Evangelizar.

gossamer ['gɒsəmə[r]] [go-sa-ma[r]], *s.* 1. Hilo muy tenue de telaraña flotante en el aire; trama o tejido de dichos hilos. 2. *(Art.* y *Of.)* Tela de araña, gasa muy sutil y suave, pero fuerte. 3. Impermeable, capa o sobretodo hecho con tela impermeable.

gossamer, *a.* Delgado, muy fino, sutil.

gossamery ['gɒsəmərɪ] [go-sa-me-ri], *a.* Ligero y delgado como la telaraña.

gossip ['gɒsɪp] [go-sip], *s.* 1. Compadre, comadre. 2. Compadre de taberna; un comadrero o comadrera. 3. Charla, charladuría, picotería, parlería, parla. 4. Chisme. 5. Padrino, madrina, persona que saca de pila a una criatura; este fué el sentido primitivo de la palabra.

gossip, *vn.* Charlar, hablar mucho y sin substancia, parlotear, picotear, chismear.

gossiping ['gɒsɪpɪŋ] [go-si-pin], *s.* La acción de pasar el tiempo charlando o parloteando; murmuración, chismografía.

got, *pret.* y *pp.* del verbo TO GET.

gothic ['gɒθɪk] [go-zik], *a.* Gótico, relativo a los godos. **Gothic type**, *(Impr.)* Letra gótica.

gothic, *s.* La lengua gótica o goda, el godo.

gothicism ['gɒθɪsɪzəm] [go-zi-si-sem], *s.* 1. El idioma gótico. 2. Rudeza de maneras; barbarie.

gothicize ['gɒθɪsaɪz] [go-zi-sais], *va.* Hacer alguna cosa como la hacían los godos.

gotten, *pp.* de TO GET.

gouge [gaʊdʒ] [gauch], *s.* Gubia, escoplo de media caña.

gouge, *va.* 1. Excavar o ahondar como con una gubia. 2. Sacar los ojos del enemigo con el dedo pulgar.

gouge-channel ['gaʊdʒ'tʃənəl] [gauch-cha-nel], *s.* *(Mar.)* Gubiadura.

goulash ['guːlæʃ] [gu-lash], *s.* Guiso de carne y verduras de origen húngaro.

gourd [gʊəd] [guard], *s.* *(Bot.)* Calabaza.

gourmand, *s.* *V.* GORMAND.

gourmandize. *V.* GORMANDIZE.

gourmet ['gʊəmeɪ] [gua-mei], *s.* Gastrónomo.

gout [gaʊt] [gaut], *s.* 1. Gota, inflamación del sistema fibroso y los ligamentos de las articulaciones. 2. *(Ant.)* Gota, grumo de sangre. **A fit of gout**, un ataque de gota. **Gout of** o **in the feet**, podagra.

gout, *s.* Gusto; inclinación.

goutiness ['gaʊtɪnɪs] [gau-ti-nes], *s.* El dolor de la gota y el estado del que la padece.

goutwort ['gaʊtwɔːt] [gaut-uort], *s.* *(Bot.)* Angélica.

gouty ['gaʊtɪ] [gau-ti], *a.* Gotoso. **Gouty land**, (Spenser) tierra pantanosa.

govern ['gʌvən] [ga-vern], *va.* 1. Gobernar, guiar, dirigir, regir. 2. Moderar, dominar, domar. 3. *Gram.)* Regir. 4. *(Mar.)* Dirigir los movimientos de la embarcación. *-vn.* Gobernar, tener dominio.

governable ['gʌvənəbl] [ga-ver-na-bol], *a.* Dócil, sumiso, sujeto, obediente, manejable.

governance ['gʌvənəns] [ga-ver-nans], *s.* Gobierno, ejercicio del poder, autoridad.

governess ['gʌvənɪs] [ga-ver-nes], *sf.* Gobernadora, aya, institutriz. **Daily governess**, maestra que va a dar lecciones a casa de las discípulas.

government ['gʌvənmənt] [ga-vern-ment], *s.* 1. Gobierno, ministerio, administración pública. 2. Gobierno, conducta, porte. 3. *(Gram.)* Régimen. 4. Dominio, gobierno, territorio sobre que tiene autoridad un gobierno. 5. El derecho de gobernar; autoridad. **For your government**, *(Com.)* para su gobierno.

governor ['gʌvənə[r]] [ga-ver-na[r]], *s.* 1. Gobernador, tutor, ayo. 2. *(Ant.)* Piloto. 3. *(Art. y Of.)* Regulador, moderador;

mecanismo que en las máquinas, particularmente en las de vapor, sirve para regular la velocidad del movimiento.

gown [gaʊn] [gaun], *s.* 1. Vestido talar exterior de mujer; túnica. 2. Toga, vestidura talar que usan los estudiantes en algunas universidades.

gownman ['gaʊnmən] [gaun-man], **gownsman** [gaʊnzman] [gauns-man], *s.* 1. Togado, individuo de una universidad, clérigo, magistrado u otro que por su estado lleva ropa talar. 2. Ciudadano, civil, en oposición al militar.

grab [græb] [grab], *va.* 1. Arrebatar, apresar, agarrar, prender rudamente; asir con la mano. 2. Tomar posesión repentina, violenta o fraudulentamente; apresar. *-s.* 1. *(Fam.)* Toma, apresamiento; lo que está asido. 2. Gancho o aparato para asir.

grabble ['græbl] [gra-bel], *va.* Tentar, palpar, examinar y reconocer por medio del tacto. *-vn.* Postrarse.

grace [greɪs] [greis], *s.* 1. Gracia, influencia favorable de Dios en el alma humana. 2. Gracia, favor, merced, perdón, remisión. 3. Gracia, privilegio. 4. Gracia, garbo, donaire, agrado y despejo en la ejecución de alguna cosa. 5. Gracia, afabilidad en el trato común. 6. Gracia, don natural que hace agradable a quien lo posee. 7. Gracia, diosa del paganismo que se suponía otorgaba la hermosura; en este sentido se usa casi siempre en plural en las dos lenguas. 8. Gracia, atractivo o agrado adquirido. 9. Título de honor que se da en Inglaterra a los arzobispos y a los duques, y así equivale en unos casos al tratamiento de Excelencia y en otros al de Ilustrísima. 10. Gracias, las oraciones que se dicen antes y después de comer. **To say grace before a meal**, bendecir la mesa. **To say grace after a meal,** dar gracias después de comer o cenar. **Days of grace**, *(Com.)* Días de gracia, usualmente tres, el tiempo que se da para el pago de una letra de cambio después de su vencimiento.

grace, *va.* 1. Adornar, hermosear con adornos. 2. Agraciar, conceder alguna gracia, favorecer. 3. Dar gracia celestial.

grace-cup ['greɪskʌp] [greis-kap], *s.* El trago o brindis echado después de dar gracias.

graceful ['greɪsfʊl] [greis-ful], *a.* 1. Gracioso, elegante, primoroso; fácil, natural. 2. Gracioso, decoroso, conveniente, cortés.

gracefully ['greɪsfəlɪ] [greis-fu-li], *adv.* Elegantemente, con gracia.

gracefulness ['greɪsfəlnɪs] [greis-ful-nes], *s.* Gracia, elegancia.

graceless ['greɪslɪs] [greis-les], *a.* Réprobo, malvado, abandonado, desesperado.

gracelessly ['greɪslɪslɪ] [greis-les-li], *adv.* Sin elegancia.

graces ['greɪsɪs] [grei-sis], *s. pl.* Gracias, tres divinidades mitológicas. **Good graces,** favor, amparo, patrocinio, valimiento.

gracile ['græsiːl] [gra-sil], *a.* Delgado, sutil, con gracia.

gracious ['greɪʃəs] [grei-shos], *a.* 1. Gracioso, benévolo, favorable, humano. 2. Virtuoso, bueno. **Our most gracious sovereign**, nuestro benignísimo soberano. 3. Primoroso, agradable, cortés.

graciously ['greɪʃəslɪ] [grei-shos-li], *adv.* Graciosamente, benignamente, agradablemente.

graciousness ['greɪʃəsnɪs] [grei-shos-nes], *s.* Gracia, afabilidad, bondad, dulzura, benignidad.

grackle ['grækl] [gra-kel], *s.* Especie de estornino; también, un mirlo americano.

gradation [grə'deɪʃən] [gra-dei-shon], *s.* 1. Graduación, el acto y efecto de graduar; paso gradual. 2. *(Mús.)* Gradación. 3. Grado, rango en una serie.

gradatory ['grædətərɪ] [gra-da-to-ri], *a.* 1. Graduado o gradual, lo que procede por grados. 2. A propósito para andar.

grade [greɪd] [greid], *s.* 1. Grado, graduación, rango, grado o división en cualquier serie o curso. 2. Inclinación respecto a la horizontal, declive de un camino, ferrocarril o superficie; también el grado de esa inclinación. 3. Animal o casta de animales producidos por el cruzamiento con los de una casta superior.

grade, *va.* 1. Colocar, clasificar por series o grados. 2. Nivelar, o igualar en declive. 3. Mejorar por medio del cruzamiento de castas.

grade crossing [ˌgreɪd'krɒsɪŋ] [greid-kro-sin], *s.* *(F.C.)* Paso a nivel.

grade scale ['greɪd'skeɪl] [greid-skeil], *s.* Escalafón.

grade school ['greɪd'skʊl] [greid-skul], *s.* Escuela primaria, escuela elemental.

gradient ['greɪdɪənt] [grei-dient], *a.* 1. Ambulante, lo que se mueve por grados o pasos. 2. Que baja o se levanta por grados regulares de inclinación. *-s.* 1. Pendiente o declive de un camino o ferrocarril, inclinación. 2. *(Meteor.)* Grado del aumento o disminución, p. ej. de la temperatura o de la presión atmosférica; o el diagrama que lo representa.

grading ['greɪdɪŋ] [grei-din], *s.* 1. Graduación, clasificación. 2. Nivelación.

gradual ['grædjʊəl] [gra-diual], *a.* Gradual, que procede por pasos o grados; regular y lento. *-s.* Un libro antiguo de himnos.

gradually ['grædjʊəlɪ] [gra-diua-li], *adv.* Gradualmente.

graduate ['grædjʊɪt] [gra-duet], *va.* 1. Graduar, conferir en una universidad el grado de doctor, licenciado o bachiller. 2. Graduar, dividir y señalar por grados. 3. Adelantar, subir o aumentar de grado en grado; graduar los colores de un cuadro; dar a los fluidos cierto grado de consistencia. *-vn.* 1. Graduarse, ganar un grado en un colegio o universidad (acepción muy usada, pero impropia). 2. Pasar por grados; cambiar gradualmente.

graduate, *s.* 1. Graduado, el que posee algún grado académico. 2. Vaso graduado para medir líquidos, componer recetas médicas, etc.

graduation [ˌgrædjʊ'eɪʃən] [gra-diu-ei-shon], *s.* 1. Graduación; acto de conferir u obtener grados académicos. 2. Acción y efecto de modificar o de dividir un espacio en partes regulares.

graft [græft] [graft], *s.* 1. Injerto. 2. *(Fam.)* Peculado, negocios ilícitos que se realizan al amparo de un puesto público.

graft, *va.* 2. Injertar, ingerir. 2. Incorporar, unir una cosa con otra de una manera vital. 3. *(Cir.)* Transferir, pasar de un animal a otro, *v. gr.* un trozo de piel. *-vn.* Hacer injertos.

grafter ['græftə^r] [graf-ta^r], *s.* Injertador de árboles.

grafting ['græftɪŋ] [graf-tin], *s.* Injertación, injerto, el acto de infertar. **Cleft grafting**, injerto en púa. **Tangue, whip, grafting**, injerto de lengüeta.

graham bread ['greɪəmˌbred] [grei-am-bred], *s.* Acemita, pan de acemite.

grail [greɪl] [greil], *s.* Cáliz o taza ancha; en especial, **the Holy Grail**, el cáliz empleado por el Redentor en la última Cena. Según la leyenda, se disipa y desaparece cuando se acerca a él alguien que no es puro y santo.

grain [greɪn] [grein], *s.* 1. Grano, una sola semilla de cualquiera mies. 2. Grano, el fruto y semilla de las mieses. 3. Semilla de cualquier fruto. 4. Grano, porción o parte menuda de alguna cosa. 5. Grano, la parte mínima en que se divide el peso. 6. Veta, la lista o raya que se halla en la madera y otros cuerpos fibrosos. **Against the grain**, contra pelo, a repelo, con repugnancia. 7. Grana, cualquier cosa teñida con grana. 8. Genio, disposición, índole. 9. Grano, la suavidad o aspereza que existe en la superficie de alguna cosa. **A grain of allowance**, indulgencia. **A rogue in grain**, pícaro rematado. **Cross-grain,** a contrahilo. **Grain-fork**, bieldo. **Grain-moth**, mariposa cuya larva ataca los granos entrojados. **Grain-weevil,** gorgojo. **Grains of paradise**, cardamomo, grana del paraíso.

grain, *va.* 1. Granular, granear, formar en granos. 2. Agranelar, vetear o rayar; pintar o teñir para imitar la madera, el mármol, etc.

grain alcohol [ˌgreɪn'ælkəhɔl] [grein-al-ko-jol], *s.* Alcohol de granos, alcohol etílico.

grain elevator [ˌgreɪn'elɪveɪtə^r] [grein-e-li-vei-ta^r], *s.* Elevador de granos.

grainy ['greɪnɪ] [grei-ni], *a.* Granado; lleno de grano o semilla.
gram, gramme ['græm] [gram], *s.* Gramo, unidad de peso en el sistema métrico.
gramineous ['grə'mi:nɪəs] [gra-mi-nios], *a.* Gramíneo.
graminivorous ['græmɪ'nɪvərəs] [gra-mi-ni-vo-ros], *a.* Graminívoro, que se alimenta de hierba.
grammar ['græməʳ] [gra-maʳ], *s.* 1. Gramática, el arte de hablar y escribir una lengua con propiedad. 2. Gramática, el libro que contiene las reglas de la gramática.
grammarian [grə'mɛərɪən] [gra-ma-rian], *s.* Gramático, maestro de gramática; dómine; autor de una gramática.
grammar school ['græmə'skʊl] [gra-mar-skul], *s.* Escuela primaria, escuela elemental.
grammatic, grammatical [grə'mætɪk] [gra-ma-tik] ['grə'mætɪkəl] [gra-ma-ti-kal], *a.* Gramatical.
grammatically [grə'mætɪkəlɪ] [gra-ma-ti-ka-li], *adv.* Gramaticalmente.
grammaticaster [grə,mætɪ'kɑ:stəʳ] [gra-ma-ti-kas-taʳ], *s.* Gramaticuelo, pedante.
grammaticize [grə'mætɪsaɪz] [gra-ma-ti-sais], *va.* Ajustar a las reglas de la gramática.
grammatist, *s. V.* GRAMMARIAN.
gramophone [grə'mæfəʊn] [gra-mo-foun], *s.* Gramófono, tocadiscos.
grampus ['græmpəs] [gram-pos], *s. (Zool.)* Delfín, un pez.
granary ['grænərɪ] [gra-na-ri], *s.* Granero, el sitio o lugar donde se recogen los granos.
grand [grænd] [grand], *a.* Grande, ilustre, grandioso; sublime, magnífico, noble; elevado, espléndido, augusto, preeminente; comprensivo. **Grand jury**, *V.* JURY. **Grand-master,** gran maestre; dignidad en la francmasnería y otras asociaciones.
grandam, grandame ['grændəm] [gran-dam], *sf.* Abuela; una vieja arrugada.
grand-aunt [,grænd'aʊnt] [grand-aunt], *sf.* La tía del padre o de la madre; la hermana del abuelo o la abuela.
grandchild ['grændtʃaɪld] [grand-chaild], *s.* Nieto o nieta.
grand-daughter ['græn,dɔ:təʳ] [gran-do-taʳ], *sf.* Nieta.
grandee ['grændi:] [gran-di], *s.* Grande, hombre de distinción, poder o dignidad. **Grandee of Spain**, grande de España.
grandeur ['grændjəʳ] [gran-diaʳ], *s.* Grandez, esplendor, fausto, pompa.
grandfather ['græn,fɑ:ðəʳ] [grand-fa-daʳ], *sm.* Abuelo. **Great-grandfather**, bisabuelo. **Great-great-grandfather**, tatarabuelo.
grandiloquence [græn'dɪləkwəns] [gran-di-lo-kuens], *s.* Grandilocuencia.
grandiloquous [græn'dɪləkwəs] [gran-di-lo-kuos], *a.* Grandílocuo.
grand larceny [,grænd'lɑ:sənɪ] [grand-lar-se-ni], *s.* Robo de consideración.
grandly ['grændlɪ] [grand-li], *adv.* Grandemente, sublimemente.
grandmother ['græn,mʌðəʳ] [gran-ma-daʳ], *sf.* Abuela. **Great-grandmother**, bisabuela. **Great-great-grandmother**, tatarabuela.
grandnephew [græn'nefju:] [gran-ne-fiu], *sm.* Sobrino nieto de un hermano o de una hermana.
grandness ['grænnɪs] [gran-nes], *s.* Grandor, grandeza.
grandniece ['grænni:s] [gran-nis], *sf.* Sobrina nieta de un hermano o de una hermana.
grand piano [græn'pɪɑ:nəʊ] [gran-pia-nou], *s.* Piano de cola.
grandsire [grænsaɪəʳ] [gran-saiaʳ], *s.* Abuelo.
grandson ['grænsʌn] [gran-san], *s.* Nieto.
grandstand ['græn*d*stænd] [gran-stand], *s.* Gradería principal para observar espectáculos o pasar revista.
grand-uncle [grænd'ʌŋkl] [gran-an-kel], *sm.* El tío del padre o de la madre; el hermano del abuelo o de la abuela.
grange [greɪn*d*ʒ] [greinch], *s.* 1. Granja, cortijo, alquería, hacienda, casa de labranza. 2. *(Ant.)* Granero.
granger ['greɪn*d*ʒəʳ] [grein-chaʳ], *s. (E.U.)* 1. Individuo de la sociedad llamada **Patrons of Husbandry** (Patronos de la Agricultura). 2. Patán, labrador (despectivo).
granite ['grænɪt] [gra-nit], *s. (Min.)* Granito.
granitic, granitical [grə'nɪtɪk] [gra-ni-tik], *a.* Granítico, semejante al granito o formado de él.
granivorous [,grænɪ'vərəs] [gra-ni-vo-ros], *a.* Granívoro, que se alimenta de granos.
granny ['grænɪ] [gra-ni], *sf. (Fest.)* Abuela; comadre, vieja.
grant [grɑ:nt] [grant], *va.* 1. Conceder, asentir o convenir en lo que otro dice o afirma. 2. Conceder, dar, otorgar, hacer merced y gracia de alguna cosa. 3. Conferir, transferir, transmitir el título de una propiedad, etc. **To take for granted**, presuponer, dar por supuesto. **To grant** o **allow for argument's** o **peace' sake**, dar de barato.
grant, *s.* 1. Concesión, don, dádiva, donación; permiso, privilegio. 2. Concesión, el acto de asentir o convenir en una cosa. 3. *(For.)* Documento que confiere un privilegio o transmite el título de una propiedad.
grantable ['grɑ:ntəbl] [gran-ta-bol], *a.* Capaz de ser concedido; dable, permisible.
grantee [grɑ:n'ti:] [gran-ti], *s.* Concesionario, donatario, el que recibe alguna concesión.
grantor [grɑ:n'tɔ:ʳ] [gran-toʳ], *s.* Cesionario, el que concede alguna cosa.
granular ['grænjʊləʳ] [gra-niu-laʳ], **granulary** ['grænjʊlərɪ] [gra-niu-la-ri], *a.* Granular, granoso, granujoso.
granulate ['grænjʊleɪt] [gra-niu-leit], **n.** Granularse, formarse en granos pequeño*s*. *-va.* Granular, granear, levantar grano en alguna cosa.
granulation ['grænjʊ'leɪʃən] [gra-niu-lei-shon], *s.* 1. Granulación, la acción de granular o granularse. 2. Superficie granulada. 3. *(Med.)* Encarnación, desarrollo de tejido en una herida en vías de curación.
granule ['grænju:l] [gra-niul], *s.* Granillo, gránulo.
granulous ['grænjʊləs] [gra-niu-los], *a.* Granuloso, granilloso, granujoso.
grape [greɪp] [greip], *s.* 1. Uva. **Bunch of grapes**, racimo de uva*s*. 2. Vid, planta trepadora que produce las uva*s*. 3. *(Mil.) V.* GRAPE-SHOT. **To gather grapes**, vendimiar. **Grape-sugar,** glucosa, dextrosa. **Grape-vine,** vid, parra.
grapefruit ['greɪpfru:t] [greip-frut], *s.* Toronja.
grapeless ['greɪplɪs] [greip-les], *a.* Sin uva.
grapery ['greɪpərɪ] [grei-pe-ri], *s.* Invernadero o criadero de uvas.
grape-shot ['greɪpʃɒt] [greip-shot], *s.* Balas encadenadas, balas enramadas, metralla.
grape-stone ['greɪpstəʊn] [greip-stoun], *s.* Granuja, la simiente de la uva.
graph [grɑ:f] [graf], *s.* Gráfica, diagrama.
graphic ['græfɪk] [gra-fik], **graphical** ['græfɪkəl] [gra-fi-kal], *a.* 1. Gráfico, representado por medio de dibujos o figura*s*. 2. Delineado o descrito de un modo pintoresco. 3. Notado en letras; escrito, impreso o grabado; que pertenece al arte de escribir.
graphically ['græfɪkəlɪ] [gra-fi-ka-li], *adv.* Gráficamente, de un modo pintoresco.
graphite ['græfaɪt] [gra-fait], *s. (Min.)* Grafito, plombagina.
graphology [græ'fɒlədʒɪ] [gra-fo-lo-yi], *s.* Grafología, estudio psicológico de la escritura.
graphometer [græ'fɒmi:təʳ] [gra-fo-mi-taʳ], *s.* Grafómetro, instrumento para levantar planos.
grapline ['græplaɪn] [gra-plain], **grapnel** ['græpnəl] [grap-nel], *s. (Mar.)* 1. Anclote, ancla pequeña. 2. Arpeo, cloque, gancho para atracar y abordar.
grapple ['græpl] [gra-pel], *va.* Agarrar, asir; amarrar, tener firmemente. *-vn.* Agarrarse, venirse a las mano*s*. **To grapple and board**, *(Mar.)* Atracarse, aferrarse o abordarse para pelear.
grapple, *s.* 1. Lucha, riña, pelea. 2. Arpeo, instrumento con que se asegura o agarra un buque a otro. 3. Cloque, rastra.

grappling ['græplɪŋ] [gra-plin], *s.* *(Mar.)* Rezón. **To warp with graplings**, *(Mar.)* Espiar con rezones. **Grappling-iron**, cloque, arpeo de abordaje.

grasp ['grɑːsp] [grasp], *va.* 1. Empuñar, asir, agarrar. 2. Apoderarse, tomar y tener en posesión de uno. 3. Alcanzar, comprender, saber. *-vn.* Esforzarse por agarrar; asir. **To grasp at,** querer alcanzar, intentar, ambicionar. **Grasp all, lose all,** quien mucho abarca poco aprieta; el que todo lo quiere todo lo pierde.

grasp, *s.* 1. Asimiento, agarro, la acción de agarrar. 2. Puño, puñado; garras.

grasper ['grɑːspəʳ] [gras-paʳ], *s.* Agarrador.

grass [grɑːs] [gras], *s.* 1. Hierba, herbaje, plantas con que se alimentan los ganados. 2. Césped, verde. 3. *(Bot.)* Cualquiera planta de las gramíneas. **Grass cloth,** batista de Cantón. **Canary grass**, alpiste. **Grass widow,** mujer separada temporalmente de su marido, o abandonada por él; también la mujer divorciada. **Grass-widower**, marido separado de su mujer. **To let the grass grow under one's feet,** perder el tiempo, haraganear.

grass, *va.* 1. Cubrir de hierba. 2. Extender sobre el césped; blanquear lino. 3. Apacentar los ganados. *-vn.* *(Des.)* Criar hierba.

grass-green ['grɑːsˌgriːn] [gras-grin], *a.* Verde como la hierba.

grass-grown ['grɑːsˌgrəʊn] [gras-groun], *a.* Cubierto con hierba o herbaje.

grasshopper ['grɑːsˌhɒpəʳ] [gras-jo-paʳ], *s.* 1. Langosta, saltamontes, saltón, insecto ortóptero. 2. Palanca de pianoforte.

grassless ['grɑːslɪs] [gras-les], *a.* Sin hierba.

grass-plot, grass-plat ['grɑːsplɒt] [gras-plot], *s.* 1. Prado, terreno cubierto de hierba; batey (Cuba). 2. *(Poét.)* La verde alfombra.

grassy ['grɑːsɪ] [gra-si], *a.* Herboso, abundante y lleno de hierba; herbáceo, parecido a la hierba.

grate [greɪt] [greit], *s.* 1. Reja, verja, rejilla, rejado o enrejado. 2. Fogón de rejas, brasero, enrejado de hierro; estufa.

grate, *va.* 2. Rallar, desmenuzar alguna cosa estregándola con el rallo. 2. Rallar, molestar, fastidiar. 3. Rechinar, formar o hacer ruido desapacible. **To grate the teeth,** rechinar los dientes. 4. Enrejar. *-vn.* 1. Rozarse o estregarse una cosa con otra de modo que se eche a perder. 2. Producir una impresión desagradable, causar irritación mental. **To grate up**, cerrar con rejas. **To grate,** *(Fam.)* Desollar, atormentar.

grateful ['greɪtfʊl] [greit-ful], *a.* 1. Grato, agradecido, reconocido. 2. Gustoso, agradable, bienvenido.

gratefully ['greɪtfəlɪ] [greit-fu-li], *adv.* Agradecidamente; gratamente.

gratefulness ['greɪtfʊlnɪs] [greit-ful-nes], *s.* 1. Gratitud, agradecimiento. 2. Agrado, gusto.

grater ['greɪtəʳ] [grei-taʳ], *s.* Rallo, especie de lima basta.

gratification [ˌgrətɪfɪ'keɪʃən] [gra-ti-fi-kei-shon], *s.* 1. Gusto, placer, deleite. **For the gratification of,** por dar gusto *a.* 2. Agrado, gusto.

gratify ['grætɪfaɪ] [gra-ti-fai], *va.* 1. Satisfacer, cumplir; contentar, dar gusto, agradar. 2. Gratificar, premiar, recompensar.

grating ['greɪtɪŋ] [grei-tin], **pa.** Discordante, mal sonante; rudo, duro, penoso; ofensivo, áspero. **It must have been grating to his feelings,** eso ha debido de serle muy penoso.

gratings ['greɪtɪŋz] [grei-tins], *s. pl.* *(Mar.)* Ajedrez o jareta, red de cabos o enrejado de madera debajo del cual se pone la gente para pelear con más resguardo. **Gratings of the head,** *(Mar.)* enjaretado de proa. **Iron gratings,** enrejado de hierro.

gratingly ['greɪtɪŋlɪ] [grei-tin-li], *adv.* Ásperamente.

gratis ['grɑːtɪs] [gra-tis], *adv.* Gratis, de balde.

gratitude ['grætɪtjuːd] [gra-ti-tiud], *s.* Gratitud, agradecimiento, reconocimiento.

gratuitous [grə'tjuːtəs] [gra-tui-tos], *a.* Gratuito, voluntario, sin prueba.

gratuitously [grə'tjuːtəslɪ] [gra-tui-tos-li], *adv.* Gratuitamente, de gracia; sin prueba.

gratuity [grə'tjuːɪtɪ] [gra-tui-ti], *s.* Gratificación, recompensa, remuneración.

gratulate [grə'tjuːleɪt] [gra-tu-leit], *va.* *(Ant.)* Congratular, dar el parabién, felicitar.

gratulation [grətjuː'leɪʃən] [gra-tu-lei-shon], *s.* Congratulación, parabién, enhorabuena.

gratulatory [grə'tjuːlətərɪ] [gra-tu-la-to-ri], *a.* Congratulatorio. **Gratulatory letters**, cartas de enhorabuena.

gravamen [grə'veɪmen] [gra-vei-men], *s.* *(For.)* Agravio, la parte esencial de una queja.

grave [greɪv] [greiv], *va.* (*pret.* GRAVED, *pp.* GRAVED o GRAVEN). 1. Grabar, esculpir, imprimir alguna cosa. 2. *(Mar.)* Despalmar, limpiar la embarcación, embrearla y darle sebo. *-vn.* Grabar, dibujar o delinear en alguna cosa dura.

grave, *s.* 1. Sepultura, hoya, huesas donde se sepulta un cadáver; sepultero, tumba. 2. Cualquier sitio de destrucción y ruina. 3. Muerte; en la Biblia, el lugar de los muertos, hades.

grave, *a.* 1. Grave, serio, circunspecto. 2. Grave, importante, arduo, difícil. 3. Sencillo, modesto, honesto. 4. *(Mús.)* Grave, bajo, profundo en tono; de muy lento movimiento. 5. *(Gram.)* Grave, el acento opuesto al agudo.

grave-clothes ['greɪvklɒθs] [greiv-klozs], *s. pl.* Mortaja.

grave-digger ['greɪvˌdɪgəʳ] [greiv-di-gaʳ], **grave-maker** ['greɪvˌmeɪkəʳ] [greiv-mei-kaʳ], *s.* Sepulturero, enterrador.

gravel ['grævəl] [gra-vel], *s.* 1. Cascajo, arena gruesa. 2. La arenilla que se forma en los riñones o en la vejiga; mal de piedra. **Gravel-pit**, arenaria, hoyo de donde se extrae el cascajo. **Gravel walk**, paseo arenoso, cubierto de arena gruesa.

gravel, *va.* 1. Llenar o cubrir alguna cosa con cascajo. 2. Enmarañar, confundir, inquietar, embarazar. 3. Lastimar el pie del caballo la arena metida entre la herradura.

graveless ['grævəlɪs] [gra-ve-les], *a.* Insepulto.

gravelly ['grævəlɪ] [gra-ve-li], *a.* Arenisco, cascajoso.

gravely ['greɪvlɪ] [greiv-li], *adv.* Seriamente, modestamente.

graven ['greɪvən] [grei-ven], *pp.* **irr.** de TO GRAVE. Esculpido, grabado.

graveness ['greɪvənɪs] [grei-ve-nes], *s.* Gravedad, seriedad, circunspección, compostura.

graver ['greɪvəʳ] [grei-vaʳ], *s.* 1. Grabador, escultor, cincelador. 2. Buril, instrumento de acero que usan los grabadores.

graves ['greɪvz] [greivs], *s. pl.* Residuo o sedimento del sebo derretido. (Var. de GREAVES).

gravestone ['greɪvstəʊn] [greiv-stoun], *s.* Lápida sepulcral; monumento fúnebre.

graveyard ['greɪvjɑːd] [greiv-yard], *s.* Cementerio, lugar descubierto destinado a enterrar cadáveres.

gravid ['grævɪd] [gra-vid], *a.* Preñada; embarazada, en cinta.

gravidity [græ'vɪdɪtɪ] [gra-vi-di-ti], *s.* Gravidez, embarazo, preñez.

gravimeter ['grævɪ'miːtəʳ] [gra-vi-mi-taʳ], *s.* Gravímetro.

gravimetry ['grævɪmɪtrɪ] [gra-vi-mi-tri], *s.* Gravimetría, determinación de pesos y densidades.

graving ['greɪvɪŋ] [grei-vin], *s.* Grabado. 2. Impresión profunda hecha en el ánimo por cualquiera cosa o suceso.

gravitate ['grævɪteɪt] [gra-vi-teit], *vn.* Gravitar, tender un cuerpo al centro de atracción.

gravitation [ˌgrævɪ'teɪʃən] [gra-vi-tei-shon], *s.* 1. Gravitación, la tendencia de los cuerpos a atraerse mutuamente; la fuerza con que todos los cuerpos se atraen. 2. Tendencia mental o moral hacia algún objeto o idea. 3. Gravedad.

gravity ['grævɪtɪ] [gra-vi-ti], *s.* 1. *(Fís.)* Gravedad, pesantez. 2. Gravedad, enormidad, seriedad. **Gravity feed**, alimentación a gravedad.

gravure ['grævjʊəʳ] [gra-viuaʳ], *s.* Clisé, plancha clisada para imprimir grabados.

gravy ['greɪvɪ] [gra-vi], *s.* 1. Salsa en general. 2. Jugo que despide de sí la carne cuando no está muy consumida por el fuego; pringue, caldillo, unto.

gray, grey [greɪ] [grei], *s.* 1. Gris, color que resulta de la mezcla del blanco y negro. 2. Animal gris; se aplica a los caballos, al tejón, a una especie de salmón, al pardillo, etc. *-a.* 1. Gris, pardo. **Gray cloth**, paño mezclilla. 2. Cano, encanecido. 3. Oscuro como cuando amanece o anochece. **Dark-gray**, gris oscuro. **Gray-eyed**, de ojos grises. **Gray-headed**, canoso, encanecido, envejecido. **Gray horse**, caballo pardo.

graybeard ['greɪbɜ:d] [grei-biad], *s.* Barbicano: hombre ya entrado en años.

grayfly ['greɪflaɪ] [grei-flai], *s.* Trompetilla, especie de mosca parda.

grayhound ['greɪhaʊnd] [grei-jaund], *s. V.* GREY-HOUND.

grayish ['greɪɪʃ] [greish], *a.* Pardusco; entrecano, grisáceo, gríseo.

grayling ['greɪlɪŋ] [grei-lin], *s. (Ict.)* Umbla.

grayness ['greɪnɪs] [grei-nes], *s.* La calidad de ser gris, encanecimiento.

graze [greɪz] [greis], *vn.* 1. Pacer, apacentarse el ganado (pasture). 2. Dar pasto o surtir de hierba. 3. Rozar, tocar ligeramente. *-va.* 1. Pastorear, llevar o conducir el ganado al campo o a pacer, apacentar. 2. Dar hierba a los animales; dar forraje a los caballos. 3. Tocar o herir ligeramente (touch lightly) y pasar o ir más allá. 4. Pasar volando, rasar la tierra.

graze, *s.* 1. Rozamiento, la acción de rozar (rub). 2. Roce o tocamiento ligero; raya ligera, raspadura. 3. Pasto, apacentamiento.

grazer ['greɪzəʳ] [grei-saʳ], *s.* Animal que pace o se apacienta.

grazier ['greɪzɪəʳ] [grei-siaʳ], *s.* Ganadero.

grazing ['greɪzɪŋ] [grei-sin], *s.* Apacentamiento; pasto, dehesa, tierra de pasto (grass, pasture).

grease [gri:s] [gris], *va.* 1. Engrasar, pringar, untar, manchar con gordura o grasa (stain with grase). 2. Corromper o sobornar con dádivas o dinero: se dice familiarmente untar o untar las manos.

grease, *s.* 1. Grasa, manteca, sebo, pringue. 2. Soborno.

greaser ['gri:səʳ] [gri-saʳ], *s.* 1. El que o lo que unta con grasa. 2. (E.U. del Oeste) Mejicano o hispanoamericano; (despreciativamente).

greasily ['gri:sɪlɪ] [gri-si-li], *adv.* Grasamente, untuosamente, pringosamente.

greasiness ['gri:sɪnɪs] [gri-si-nes], *s.* Pringue, gordura, mugre, untuosidad (dirt, grime).

greasy ['gri:sɪ] [gri-si], *a.* 1. Grasiento, craso, pringado, gordo (oily). 2. *(Vet.)* Atacado de las aguajas. 3. *(Des.)* Indecente, poco delicado, grosero.

great [greɪt] [greit], *a.* 1. De gran volumen, grueso, vasto, enorme, desmedido (vaste, huge). 2. Mucho, numeroso. 3. De larga duración, prolongado (long). 4. Gran, grande, considerable, importante (big). 5. Principal; poderoso, ilustre, eminente, noble, magnánimo (main, powerful). 6. Familiar, íntimo. 7. Adorable, admirable, maravilloso, sublime (marvelous). 8. Imponente, orgulloso, amenazador (tremendous, impressing). 9. Lleno, henchido; preñado. 10. Indica la tercera generación ascendente, o de los bisabuelos, y cada una de las que la preceden. **A great deal,** mucho, gran cantidad. **A great many,** muchos. **A great while**, largo tiempo. **To make greater**, agrandar, ensanchar o hacer mayor una cosa. **The great**, los grandes. **Great Dane**, el mastín danés, perro de gran tamaño y fuerza. **Great gun,** cañón de artillería. **Great-grandson,** biznieto. **Great-granddaughter,** biznieta. **Great-grandfather,** bisabuelo. **Great-grandmother,** bisabuela. **Great-great-grandfather,** tercer abuelo o tatarabuelo. **Great-great-grandmother**, tercera abuela o tatarabuela. *-s. (Des.)* Todo por junto, por entero. **By the great**, *(Des.)* por junto, por mayor.

great-bellied [greɪt'belɪd] [greit-be-lid], *a.* 1. Barrigudo. 2. Preñada.

great-coat ['greɪtkəʊt] [greit-kout], *s.* Levitón, sobretodo grueso.

greaten ['greɪtən] [grei-ten], *va.* Agrandar, engrandecer. *-vn.* Crecer, aumentarse.

great-hearted [greɪt'hɑ:tɪd] [greit-jar-tid], *a.* Animado, osado, no abatido; de alma grande.

greatly ['greɪtlɪ] [greit-li], *adv.* 1. Muy, mucho. 2. Noblemente, ilustremente. 3. Grandemente, magnánimamente.

greatness ['greɪtnɪs] [greit-nes], *s.* 1. Grandeza, grandor, extensión. 2. Grandeza, majestad, nobleza, dignidad, poder. 3. Magnanimidad, grandeza de alma. 4. Grandeza, fausto.

greaves ['gri:vz] [grivs], *s. pl.* 1. Grebas, canilleras, piezas de armadura que cubrían las piernas. 2. Chicharrones, residuo de la grasa de cerdo derretida y del sebo.

grebe [gri:b] [grib], *s.* Colimbo, ave palmípeda con cuatro dedos y sin plumas en la cola.

Grecian ['gri:ʃən] [gri-shan], *s.* 1. Griego. 2. Helenista, judío que sabía la lengua griega. 3. Helenista, el que está bien instruído en el griego. *-a.* Griego.

grecianize ['gri:ʃənaɪz] [gri-sha-nais], *vn.* Grecizar, greguizar.

grecize ['gri:ʃaɪz] [gri-sais], *va.* Grecizar, dar a las palabras o frases forma griega; traducir en griego. *-vn.* Imitar a los griegos, llegar a parecerse a ellos.

grecism ['gri:ʃən] [gri-shan], *s.* Grecismo, helenismo, idiotismo de la lengua griega.

greed [gri:d] [grid], *s.* 1. Codicia, avaricia, voracidad, gula (covetousness). 2. *V.* GREEDINESs.

greedily ['gri:dɪlɪ] [gri-di-li], *adv.* Vorazmente, ansiosamente; vehementemente.

greediness ['gri:dɪnɪs] [gri-di-nes], *s.* Voracidad, ansia; gula, hambre; codicia.

greedy ['gri:dɪ] [gri-di], *a.* 1. Voraz, insaciable, goloso. 2. Ansioso, deseoso, apasionado, avaro (passioned, anxious). **Greedy-gut,** *(Vulg.)* Glotón.

Greek [gri:k] [grik], *s.* 1. Griego, el natural de Grecia. 2. Griego, la lengua de los naturales de Grecia. 3. Helenista, literato versado en el idioma griego. 4. *(Fam.)* Lenguaje no inteligible. **It is all Greek to me,** para mí eso es griego o gringo. *-a.* Griego, lo que pertenece a Grecia y a sus habitantes.

greekess ['gri:kɪs] [gri-kis], *sf.* Griega, mujer natural de Grecia.

greek-fire ['gri:kfaiaʳ] [grik-faiaʳ], *s.* Fuego griego, mixto incendiario que arde sobre el agua, inventado por los griegos para quemar las naves.

greekish ['gri:kɪʃ] [gri-kish], *a.* Griego.

greekling ['gri:klɪŋ] [gri-klin], *s.* Un autor griego de poco mérito: vocablo despectivo.

green [gri:n] [grin], *a.* 1. Verde. 2. Verde, lo que aún no está maduro (immature, unripe). 3. Verde, floreciente, fresco, reciente, acabado de hacer (fresh). 4. Pálido, descolorido. 5. Crudo, lo que no está cocido. 6. Joven, tierno, novicio, inexperto. *-s.* 1. Verde, el color de las plantas. 2. Prado o pradera; lugar cubierto de hierba en un pueblo de campo. 3. Afeite, color o afeite verde o verdoso. **Bottle-green,** verde botella. **Sea-green,** verde mar. **Greens,** verduras, todo género de hortaliza. **Green corn**, maíz tierno; *(Mex.)* elote; *(Ingl.)* trigo en hierba. **Green hand**, novicio, principiante. **Green-laver** o **green-sloke**, alga marina comestible, de la familia de las ulváceas. Ulva lactuca. **Green vitriol,** caparrosa, vitriolo verde, sulfato de hierro. **Green ware**, loza cruda. **Green-cloth,** mayordomía, sección del servicio de la casa real inglesa, encargada principalmente del aprovisionamiento de palacio. **Green-colored,** pálido, enfermizo. **Green-eyed**, lo que tiene ojos verdes.

green, *va.* Teñir de verde, dar color verde a alguna cosa, verdear.

greenback ['gri:nbæk] [grin-bak], *s.* Papel moneda del gobierno de los Estados Unidos, o de los bancos nacionales; se llama así por el color verde de la impresión en el reverso.

greenfinch ['gri:nfɪntʃ] [grin-finch], *s. (Orn.)* Verdecillo, verderón o verderol.

greengage ['gri:ngeɪdʒ] [grin-gueich], *s.* Ciruela verdal.

greengrocer ['gri:nˌgrəʊsəʳ] [grin-grou-saʳ], *s.* Verdulero.

greengrocery ['gri:n,grəʊsərɪ] [grin-grou-se-ri], *s.* Verdulería, tienda de verduras y frutas.
greenheaded ['gri:nhedɪd] [grin-je-did], *a.* Inexperto, ignorante.
greenhorn ['gri:nhɔ:n] [grin-jorn], *s.* *(Fam.)* 1. Persona sin experiecia, paleto. 2. Bobo, primo, incauto, persona fácil de engañar.
greenhouse ['gri:nhaʊs] [grin--jaus], *s.* Invernáculo para plantas tiernas.
greening ['gri:nɪŋ] [gri-nin], *s.* 1. El acto de volverse verde. 2. Manzana verde de diferentes variedades.
greenish ['gri:nɪʃ] [gri-nish], *a.* Verdoso, verdusco.
Greenland ['gri:nlənd] [grin-land], *s.* Groenlandia.
Greenlander ['gri:nləndə^r] [grin-lan-da^r], *s.* Groelandés.
Greelandic ['gri:nləndɪk] [grin-lan-dik], *a.* Greolandés.
greenly ['gri:nlɪ] [grin-li], *adv.* 1. Nuevamente, recientemente. 2. Sin madurez, antes de madurar.
greenness ['gri:nnɪs] [grin-nes], *s.* Verdín, verdor, vigor, frescura; falta de experiencia; novedad.
greenroom ['gri:nrʊm] [grin-rum], *s.* 1. Hogar, salón general de un teatro donde esperan los actores que han de salir a la escena. 2. Cuarto destinado a contener loza cruda o tela acabada de hacer.
greensand ['gri:nsænd] [grin-sand], *s.* *(Geol.)* Arenisca verde; una de las capas del período cretáceo.
greensickness ['gri:nsɪknɪs] [grin-sik-nes], *s.* Clorosis, colores pálidos, una enfermedad de las jóvenes.
greenstall ['gri:nstɔ:l] [grin-stol], *s.* Puesto o tabla para vender frutas y verduras.
greenstone ['gri:nstəʊn] [grin-stoun], *s.* *(Geol.)* Diorita o dolerita.
greensward ['gri:nzwɔ:d] [grins-ued], *s.* El césped bien verde y tupido; alfombra de hierba.
greenwood ['gri:nwu:d] [grin-wud], *s.* Bosque verde; selva frondosa.
greet [gri:t] [grit], *va.* Saludar, hablar cortésmente a uno, llamarle. **Greet her in my name,** salúdela Ud. de mi parte. *-vn.* Encontrarse y saludarse.
greet, *vn.* *(Sco.)* Llorar, verter lágrimas, lamentarse.
greeter ['gri:tə^r] [gri-ta^r], *s.* Saludador, el que saluda.
greeting ['gri:tɪŋ] [gri-tin], *s.* 1. Salutación, saludos. **Greetings!** ¡salud! 2. *(Sco.)* Lloro.
gregarian [grɪ'gærɪən] [gri-ga-rian], *a.* Gregario, gregal.
gregarious [grɪ'gærɪəs] [gri-ga-rios], *a.* Gregario, gregal, rebañego.
gregariously [grɪ'gærɪəslɪ] [gri-ga-rios-li], *adv.* A manadas, gregariamente.
gregariousness [grɪ'gærɪəsnɪs] [gri-ga-rios-nes], *s.* La propiedad de andar en manadas o rebaños.
gregorian [grɪ'gɔ:rɪən] [gri-go-rian], *a.* Gregoriano.
gremial ['gremɪəl] [gre-mial], *a.* 1. Lo que pertenece al regazo. 2. Perteneciente a gremios.
grenade [grɪ'neɪd] [gri-neid], *s.* Granada, granada real, granada de mano.
grenadier [,grenə'dɪə^r] [gre-na-dia^r], *s.* Granadero.
grenadine ['grenədi:n] [gre-na-din], *s.* Granadina, tela delgada como la gasa que se usa para los vestidos de mujer.
grew [gru:] [gru], *pret.* de TO GROW.
grey [greɪ] [grei], *a.* Gris, *V.* GRAY.
greyhound ['greɪhaʊnd] [grei-jaund], *s.* 1. Galgo, galga; lebrel. 2. *(Neol.)* Vapor de alta mar muy veloz.
grice ['graɪs] [grais], *s.* Gorrino, lechón, cochinillo; osezno, cachorro.
grid [grɪd] [grid], *s.* 1. Parrilla, reja, rejilla serie de barras paralelas. 2. Criba grande de alambre para cerner el mineral.
griddle ['grɪdl] [gri-del], *s.* 1. Tartera para cocer pasteles. 2. Tapadera para el hornillo de una estufa de cocina. **Griddle-cake,** pastelillo cocido en una tartera; particularmente fritura ligera de trigo sarraceno.
gridiron ['grɪd,aɪən] [gri-daion], *s.* 1. Parrillas. 2. *(Mar.)* Andamiada, basada de esqueleto, para reparar las embarcaciones.
grief [gri:f] [grif], *s.* 1. Pesar, pesadumbre, aflicción, pena (afflict, pain); dolor moral, como el causado por una desgracia. 2. Lo que causa pesar o perjuicio. *V.* GRIEVANCE.
griefless ['gri:flɪs] [grif-les], *a.* Exento de pesadumbres o penas; sin agravio.
griefshot ['gri:fʃɒt] [grif-shot], *a.* Traspasado de dolor, apesadumbrado.
griefstricken ['gri:f,strɪkən] [grif-stri-ken], *a.* Desolado, apesadumbrado, desconsolado.
grievance ['gri:vəns] [gri-vans], *s.* Pesar, molestia, agravio, injusticia, perjuicio, pesadumbre. **To redress grievances**, reparar agravios.
grieve [gri:v] [griv], *va.* Agraviar, afligir, oprimir; apesadumbrar (pain); herir la delicadeza de alguien. *-vn.* Apesadumbrarse, tomar pesadumbre, entristecerse, afligirse (sad). **It grieves me to hear it,** lo deploro, siento saberlo. **To grieve oneself to death,** morirse de pena.
griever ['gri:və^r] [gri-va^r], *s.* El que causa dolor.
grievingly ['gri:vɪŋlɪ] [gri-vin-li], *adv.* Apesaradamente.
grievous ['gri:vəs] [gri-vos], *a.* 1. Penoso, doloroso, lastimoso (painful). 2. Provocativo, ofensivo. 3. Grave, enorme; atroz, cruel (cruel).
grievously ['gri:vəslɪ] [gri-vos-li], *adv.* 1. Penosamente, con dolor y pena, molestamente. 2. Miserablemente, lastimosamente, tristemente.
grievousness ['gri:vəsnɪs] [gri-vos-nes], *s.* Dolor, pena, aflicción; atrocidad, calamidad, enormidad.
griffin ['grɪfɪn] [gri-fin], **griffon** ['grɪfən] [gri-fon], *s.* 1. Grifo. 2. *(Ornit.)* Buitre (vulture). 3. Dueña vigilante.
griffin-like ['grɪfɪnlaɪk] [gri-fin-laik], *a.* Rapaz.
griffon ['grɪfən] [gri-fon], **s.** *(Mit.)* Grifo. 2. Perro de cierta raza.
grig [grɪg] [grig], *s.* 1. Cigarra, grillo. **As merry as a grig**, alegre como un grillo. 2. Anguila pequeña. 3. Saltamontes.
grill [grɪl] [gril], *va.* 1. Asar en parrillas. 2. Atormentar, molestar.
grillade ['grɪlɑ:d] [gri-lad], *s.* Cualquier cosa asada en parrillas; carbonada.
grillage ['grɪleɪdʒ] [gri-leich], *s.* Emparrillado, zampeado. 2. Fondo de una blonda o encaje.
grille [grɪl] [gril], *s.* Enrejado, reja, calado de adorno.
grillroom ['grɪlrʊm] [gril-rum], *s.* Restaurante o comedor originalmente para alimentos asados.
grilse [grɪls] [grils], *s.* *(Esco.)* Esguín, salmón de poco tiempo, cuando por primera vez regresa del mar y sube por los ríos.
grim [grɪm] [grim], *a.* 1. Disforme, horrendo. 2. Torvo, ceñudo, severo, regañón. 3. Inflexible; formidable.
grimace [grɪ'meɪs] [gri-meis], *s.* Visaje, mueca, gesto.
grimalkin [grɪ'mælkɪn] [gri-mal-kin], *s.* Gatazo, gato viejo.
grime [graɪm] [graim], *s.* Tizne, mugre, porquería.
grime, *va.* Ensuciar, llenar de mugre.
grim-faced [grɪm'feɪst] [grim-feist], **grim-visaged**, *a.* Malcarado.
grimly ['grɪmlɪ] [grim-li], *a.* Espantoso, horrible (awful); ceñudo. *-adv.* Horriblemente, ásperamente.
grimness ['grɪmnɪs] [grim-nes], *s.* Grima, horror, espanto (displeasure, annoyance).
grimy ['graɪmɪ] [grai-mi], *a.* Tiznado, sucio, manchado, mugriento (dirty).
grin [grɪn] [grin], *vn.* Gestear, hacer gestos con la boca mostrando los dientes.
grin, *s.* Mueca de dolor, visaje (face); amplia y burlona sonrisa.
grind [graɪnd] [graind], *va.* (*pret.* y *pp.* GROUND). 1. Moler, pulverizar, quebrantar alguna cosa haciéndola polvo. 2. Amolar, afilar. 3. Estregar, refregar una cosa con otra. 4. Mascar. 5. Moler, molestar, agobiar, oprimir. 6. *(Fam.)* Estudiar con ahinco; también, burlar a alguno. *-vn.* 1. Hacer andar la rueda de un molino. 2. Moverse o andar alrededor como la rueda de un molino. 3. Pulirse, quedar alisado o afilado por el roce; deslustrar el vidrio. **Steel grinds easily,**

el acero se afila (o se pule) fácilmente. **Ground glass**, vidrio deslustrado, opaco.
grind, *a.* 1. Molienda, trituración. 2. Rechinamiento de dientes. 3. *(Fam.)* Trabajo continuado. 4. Empollón.
grinder ['graɪndəʳ] [grain-daʳ], *s.* 1. Molinero, molendero. 2. Muela, piedra para moler y también la que sirve para afilar instrumentos cortantes. 3. Molino, molinillo. 4. Amolador. 5. Muela, uno de los últimos dientes de la quijada. 6. Diente, en desprecio para denotar los de un tragón.
grindery ['graɪndərɪ] [grain-de-ri], *s.* Tienda de amolador, para afilar herramientas, navajas, etc.
grinding ['graɪndɪŋ] [grain-din], *s.* Pulverización, molienda; amoladura; bruñimiento, pulidura. -pa. de GRIND. **Grinding lathe**, torno de pulir. **Grinding plate,** disco pesado de hierro que gira sobre un eje vertical y se usa para pulir el vidrio.
grindstone ['graɪn*d*stəʊn] [graind-stoun], *s.* 1. Amoladera. 2. Muela, la piedra en que se afilan los cuchillos, tijeras y otros instrumentos cortantes.
gringo ['grɪŋgəʊ] [grin-gou], *s.* *(Desp.)* Inglés o norteamericano.
grinner ['grɪnəʳ] [gri-naʳ], *s.* El que se sonríe enseñando los dientes.
grinningly ['graɪnɪŋlɪ] [grai-nin-li], *adv.* Con sonrisa como una mueca, enseñando los dientes.
grip [grɪp] [grip], *s.* 1. Apretón de manos, acción de asir o aprehender. 2. Modo especial de tomar y oprimir la mano, para reconocerse los individuos de ciertas asociaciones. 3. *V.* GRIP-SACK. 4. Asidero, puño, la parte por donde se ase alguna cosa. 5. Garra (fiador, retén), aparato para agarrar el cable de tracción de un ferrocarril o soltarlo. 6. Capacidad de agarrar y retener, o de alcanzar, comprender. **Gripman,** empleado que maneja el fiador en un carro movido por cable. **Gripsack**, (Fam. E.U.) Saquillo, maleta ligera. 7. *(Med.)* Gripe. 8. **To come to grips with**, luchar cuerpo a cuerpo.
grip, *va.* Agarrar, empuñar, asir, cerrar. *-vn.* Tener firmemente, v. gr. una ancla.
gripe [graɪp] [graip], *va.* 1. Agarrar, asir, cerrar, empuñar; pellizcar, dar pellizcos. 2. Dar cólico o retortijones de tripas. 3. Afligir, acongojar el ánimo de alguno, apurarlo. *-vn.* 1. Padecer cólico. 2. Sisar, ganar dinero por medio de exacciones mezquinas.
gripe, *s.* 1. Toma, la acción de tomar; presa; apretón de la mano. 2. Agarro, la acción de agarrar o asir con la mano o con las garras. 3. Presión, la acción de apretar una cosa con otra. 4. Uña, garra, zarpa. 5. Agarradero, asidero, mango. 6. Opresión, aprieto, apuro. **Gripe of an anchor**, *(Mar.)* Tenedor de ancla. **Gripes**, *pl.* (a) Dolor cólico, retortijón de tripas. (b) *(Mar.)* Obenques o bozas de lancha.
griper ['graɪpəʳ] [grai-paʳ], *s.* Usurero.
griping ['graɪpɪŋ] [grai-pin], *s.* Dolor o retortijón de tripas; aflicción.
gripingly ['graɪpɪŋ] [grai-pin], *adv.* Con dolor de tripas.
grippe, grip [graɪp] [graip], *s.* Gripe (flu), influenza, catarro epidémico, acompañado de serios trastornos del cuerpo y seguido de gran debilidad; se llama vulgarmente trancazo.
gripper ['grɪpəʳ] [gri-paʳ], *s.* El que agarra o sujeta.
gripping ['grɪpɪŋ] [gri-pin], *a.* Muy conmovedor o interesante.
gripsack ['grɪpsæk] [grip-sak], *s.* Maletín, saco de mano.
griseous ['grɪʃəs] [gri-shos], *a.* Grisáceo, pardusco.
griskin ['grɪskɪn] [gris-kin], *s.* Costilla de cerdo.
grisly ['grɪzlɪ] [gris-li], *a.* Espantoso, horroroso, terrible.
grist [grɪst] [grist], *s.* 1. Molienda o grano para moler; de aquí, la harina que se saca de él. 2. Provisión, abasto, suministro. **Grist-mill,** molino harinero.
gristle ['grɪsl] [gri-sel], *s.* Cartílago, ternilla.
gristly ['grɪstlɪ] [grist-li], *a.* Cartilaginoso.
grit [grɪt] [grit], *s.* 1. Partículas ásperas y duras; arena, cascajo. 2. *(Geol.)* Variedad de arenisca de veta silicosa. 3. Firmeza de carácter, particularmente en peligro o contra obstáculos; valor, ánimo. 4. Moyuelo. 5. *pl.* Grano mondado y medio molido; sémola, farro.
grittiness ['grɪtɪnɪs] [gri-ti-nes], *s.* 1. Arenosidad. 2. Ánimo.
gritty ['grɪtɪ] [gri-ti], *a.* 1. Arenoso, lleno de partículas duras. 2. Valeroso, esforzado, animoso.
grizzle ['grɪzl] [gri-sel], *s.* Gris, color entre blanco y negro; mezclilla.
grizzled ['grɪzld] [gri-seld], *a.* Pardusco, mezclado con gris. *-s.* Criba grande para separar piedras gruesas y pequeñas en la explotación hidráulica. **Grizzly bear,** el oso pardo, grande y feroz, de la parte occidental de la América del norte.
grizzly ['grɪzlɪ] [gris-li], *a.* Grisáceo, pardusco.
groan ['grəʊn] [graun], *vn.* 1. Gemir, suspirar, quejarse. 2. Mugir el viento.
groan, *s.* 1. Gemido, suspiro, quejido. 2. Rumor de desaprobación. Mujido del viento.
groaning ['grəʊnɪŋ] [grau-nin], *s.* Lamentación, lamento, quejido (moan, wail); mugido.
groat ['grəʊt] [graut], *s.* Moneda de Inglaterra del valor de cuatro peniques: se usa también esta palabra para expresar una cantidad muy pequeña de dinero. **Groats**, avena o trigo mondado y medio molido.
groatsworth ['grəʊtswɔːθ] [grauts-uorz], *s.* El valor de un **groat**, cuatro peniques.
grocer ['grəʊsəʳ] [grou-saʳ], *s.* Especiero, abacero, el lonjista que vende cacao, té, azúcar, especias, etc. *(Cuba)* Bodeguero. *(Amer.)* Pulpero. *(Mex.)* Tendero. **Grocer's shop**, lonja de especiero, especiería. *(Cuba)* Bodega. *(Amer.)* Pulpería, abacería. *(Mex.)* Tienda de abarrotes, o tienda.
grocery ['grəʊsərɪ] [grou-se-ri], *s.* 1. *(E.U.)* Tienda de comestibles, abacería, lonja. 2. *pl.* **Groceries**, especierías, todo género de comestibles que venden los especieros, víveres; *(Amer.)* abarrotes.
grog [grɒg] [grog], *s.* Grog, mezcla de aguardiente con agua.
groggy ['grɒgɪ] [gro-gui], *a.* 1. Medio borracho, a medios pelos. 2. Que anda irregularmente, *v. gr.* un caballo. 3. Vacilante: se dice de los púgiles.
grogram ['grəʊgræm] [grou-gram], *s.* Gorgorán, tejido basto de seda.
groin [grɔɪn] [groin], *s.* 1. Ingle. 2. *(Arq.)* Arista de encuentro, esquina viva.
groin, *va.* *(Arq.)* Formar aristas o esquinas vivas.
groining ['grɔɪnɪŋ] [groi-nin], *s.* *(Arq.)* Unos ornamentos en el techo interior de las iglesias y edificios llamados góticos.
grommet ['grəmɪt] [gro-met], *s.* *(Mar.)* 1. Anillo de cuerda. 2. Roñado o anillo de las velas de estay. **Grommets of the eye-holes**, *(Mar.)* Roñadas de los sollados.
groom [gruːm] [grum], *s.* 1. Mozo de mulas o caballos; palafrenero; antiguamente cualquier criado. 2. Novio, el hombre recién casado. **Grooms-man**, padrino de boda. **Groom of the bedchamber**, ayuda de cámara del rey. **Groom in waiting**, camarero de semana. **Groom of the chamber,** caballerizo de cámara.
groom, *va.* Cuidar, almohazar los caballos.
groove [gruːv] [gruv], *s.* 1. Muesca, encaje, acanaladura, ranura, estría (snot). 2. Rutina, hábito fijo en los actos de la vida diaria (habit).
groove, *va.* Acanalar; hacer muescas, estrías o ranuras.
grope [grəʊp] [group], *vn.* Tentar, andar a tientas. *-va.* 1. Tentar, buscar alguna cosa a oscuras o en donde no se ve. 2. Buscar ciegamente en la oscuridad intelectual, sin guía seguro, ni medios de acierto.
groper ['grəʊpəʳ] [grou-paʳ], *s.* El que tienta o busca a oscuras.
grosbeak ['grəsbiːk] [gros-bik], *s.* 1. Picogordo, ave. 2. Cardenal, loxia, pájaro.
grosgrain ['grəsgreɪn] [gros-grein], *s.* Gro. **Grosgrain ribbon**, cinta de gro.
gross [grəʊs] [grous], *a.* 1. Grueso, corpulento, espeso, denso (burly, compact, dense). 2. Indecoroso, mal visto; vergonzoso, chocante (shameful); basto, tosco, craso, grosero, obsceno, descortés (rude, discourteous). 3. Lerdo, estúpido. **Gross amount,** importe total. *-s.* (*pl.* GROSS, lo mismo.) 1. Grueso, la parte principal de algún todo. 2. El

conjunto, el todo. 3. Gruesa, el número de doce docenas. **To buy** o **sell by the gross,** vender o comprar al por mayor. **In gross, in the gross,** en grueso, en conjunto. **Great gross,** doce gruesas o 144 docenas tomadas como unidad. **Small gross**, diez docenas, o 120.

grossly ['grəʊslɪ] [grous-li], *adv.* En bruto; toscamente, groseramente.

gross margin [ˌgrəʊs'mɑːdʒɪn] [grous-mar-chin], *s.* Margen bruto de ganancia.

grossness ['grəʊsnɪs] [grous-nes], *s.* 1. Rudez, grosería. 2. Grosura.

gross profit [ˌgrəʊs'prɒfɪt] [grous-pro-fit], *s.* Ganancia bruta.

grot [grɒt] [grot], *s.* Gruta. *(Poét.) V.* GROTTO.

grotesque [grəʊ'tesk] [grou-tesk], *a.* Grotesco o grutesco, incongruo, desproporcionado.

grotesquely [grəʊ'tesklɪ] [grou-tesk-li], *adv.* Fantásticamente.

grotto ['grɒtəʊ] [gro-tou], *s.* Gruta, caverna (cavern).

grouch [graʊtʃ] [grauch], *s.* 1. Mal humor. 2. Persona malhumorada, cascarrabias. *-vi.* Refunfuñar, quejarse con mal humor.

groucher ['graʊtʃəʳ] [grau-chaʳ], *s.* Persona gruñona.

grouchy ['graʊtʃɪ] [grau-chi], *a.* Gruñón, malhumorado.

ground [graʊnd] [graund], *s.* 1. Tierra, terreno, suelo, pavimento (land, terrain). 2. Tierra, país, región, territorio (country). 3. Tierra, heredad, posesión (herity). 4. Suelo, el asiento o poso que dejan los líquidos; en este sentido se usa en plural. 5. Baño, la primera mano del color que se da al lienzo que se ha de pintar. 6. Principio, fundamento, razón fundamental; pie, base, causa, motivo. 7. *(Mil.)* Campo de batalla, el sitio o terreno que ocupa un ejército mientras pelea. 8. Fondo o lo más hondo de alguna cosa. *(Mar.)* Tenedero. 11. Conexión de una corriente eléctrica con la tierra. **Rocky ground,** fondo de piedras. **On, upon the ground**, en tierra, en el suelo. **To break ground,** *(Fig.)* Empezar un trabajo o una empresa. **To be on one's own ground**, ocuparse en aquello en que está uno muy versado. **To fall to the ground**, caer al suelo; *(Fig.)* fracasar, no salir bien de un empeño. **To gain ground,** ganar terreno, adelantar en alguna cosa, hacer progresos. **To give** o **to lose ground,** perder terreno, retroceder, atrasar. **To stand** o **to keep one's ground,** mantenerse firme.

ground, *va.* 1. Fundar, zanjar, cimentar, apoyar. 2. Zanjar, establecer, fijar los principios o elementos de alguna ciencia. 3. Poner o sacar a tierra. *-vn. (Mar.)* Tocar, varar.

ground, *pp.* de TO GRIND.

groundage ['graʊndɪdʒ] [graun-dich], *s. (Mar.)* Derecho de puerto.

ground-breaking ['graʊndˌbreɪkɪŋ] [graund-brei-kin], *s.* Iniciación de una obra, colocación de la primera piedra.

ground-control approach, *s. (Aer.)* Acceso dirigido desde tierra.

grounder ['graʊndəʳ] [graun-daʳ], *s.* En el beisbol, pelota que rueda después de golpeada.

ground-floor [ˌgraʊnd'flɔːʳ] [graund-floaʳ], *s.* El piso bajo de una casa.

ground hog ['graʊndhɒg] [graund-jog], *s. (Zool.)* Marmota americana.

grounding ['graʊndɪŋ] [graun-din], *s. (Mar.)* El acto de varar o dar en la costa.

ground installations [ˌgraʊnd'ɪnstəˌleɪʃənz] [graund-ins-ta-lei-shons], *s. pl. (Aer.)* Infraestructura.

ground-ivy [graʊnd'aɪvɪ] [graund-ai-vi], *s. (Bot.)* Hiedra terrestre.

groundless ['graʊndlɪs] [graund-les], *a.* Infundado, inmotivado, gratuito.

groundlessly ['graʊndlɪslɪ] [graund-les-li], *adv.* Infundadamente, sin razón, sin motivo.

groundling ['graʊndlɪŋ] [graund-lin], *s.* 1. Lo que habita sobre el suelo, animal terrestre. 2. *(Ict.)* Loche, loja, especie de espirenque de ríos. 3. Hombre vil y abatido.

groundnut ['graʊndnʌt] [graund-nat], *s.* Cacahuete, maní, chufa.

ground-pine [ˌgraʊnd'paɪn] [graund-pain], *s. (Bot.)* **Camepitios, pinillo**.

ground-plan ['graʊndplæn] [graund-plan], *s.* Plano horizontal; delineación del piso bajo de un edificio; bosquejo.

ground-plot ['graʊndplɒt] [graund-plot], *s.* 1. Solar, terreno o sitio en que se construye un edificio. 2. Icnografía o delineación de un edificio.

ground-rent ['graʊndrent] [graund-rent], *s.* La renta que se paga por el privilegio de levantar un edificio en el terreno de otra persona.

ground-room ['graʊndrʊm] [graund-rum], *s.* Cuarto bajo de una casa.

groundsel ['graʊndsɪl] [graund-sil] o **groundsil** ['graʊndsɪl] [graund-sil], *s.* 1. Umbral de puerta. 2. *(Bot.)* Hierba cana.

groundsill ['graʊndsɪl] [graund-sil], *s.* 1. *(Arq.)* Carrera inferior, solera de base. 2. Umbral de puerta.

groundswell ['graʊndswel] [graund-suel], *s.* Mar de leva o de fondo.

ground wire ['graʊndaɪəʳ] [graund-uaiaʳ], *s. (Elec.)* Alambre de tierra.

groundwork ['graʊndwɜːk] [graund-uek], *s.* 1. Base, fundamento, cimiento (foundation). 2. *(Arq.)* Infraestructura. 3. Principios, rudimentos. **To lay a groundwork for**, facilitar.

group ['gruːp] [grup], *s.* 1. Grupo, el conjunto de varias figuras que forman un todo. 2. Grupo, combinación, conjunto de figuras dispuestas en una obra de arte. 3. Grupo, serie, clase. **Group insurance**, seguro colectivo o de grupo.

group, *va.* Agrupar.

grouse [graʊs] [graus], *s.* 1. *(Orn.)* Gallina silvestre, urogallo, perdiz o faisán. 2. Queja, refunfuño (complaint).

grout [graʊt] [graut], *s.* 1. Mortero poco espeso mezclado con casacajo. 2. Harina basta; sémola, farro. 3. *(Bot.)* Especie de manzano. 4. *pl.* Heces, zurrapas, sedimento.

grout, *v.* Rellenar o recubrir con lechada o pasta clara de yeso.

grouty ['graʊtɪ] [grau-ti], *a.* 1. Turbio, fangoso. 2. Regañón, áspero, arisco, intratable.

grove [grəʊv] [grouv], *s.* Arboleda, bosquecillo, boscaje. **Oak grove,** robledal, robledo. **Pine grove**, pinar.

grovel ['grɒvl] [gro-vel], *vn.* 1. Serpear, arrastrarse, andar arrastrando por la tierra. 2. Envilecerse, bajarse.

groveler ['grɒvləʳ] [gro-ve-laʳ], *s.* Persona servil, rastrera.

groveling ['grɒvlɪŋ] [gro-vlin], *a.* Servil, rastrero.

grovelingly ['grɒvlɪŋlɪ] [gro-vlin-li], *adv.* Servilmente, rastreramente.

grovy ['grəʊvɪ] [grou-vi], *a.* (Poco us.) Arbolado, lleno de arboledas o perteneciente a ellas.

grow [grəʊ] [grou], *va.* (*pret.* GREW, *pp.* GROWN). Cultivar, hacer crecer o nacer algún vegetal (cultivate). *-vn.* 1. Crecer, aumentarse, tomar aumento, hacerse grandes así las cosas animadas como las inanimadas. 2. Nacer, vegetar, crecer y nutrirse los vegetales. 3. Adelantar, progresar, hacer progresos (develop). 4. Hacerse, ponerse o volverse diferente una cosa de lo que era; pasar de un estado o condición a otro. 5. Subir o llegar progresando sucesivamente a un estado superior al que antes se tenía. 6. Extenderse, dilatarse. 7. Nacer, proceder, provenir de una causa o razón cualquiera. 8. Pegarse, unirse; fijarse, echar raíces (con la **prep. to**).

grow into fashion, hacerse moda. **To grow into a proverb,** llegar a hacerse proverbial. **To grow into favor with one,** insinuarse en el favor de una persona, irse haciendo su favorito.

grow near o **on,** acercarse.

grow out of esteem, perder el crédito. **To grow out of favor,** perder la amistad. **To grow out of kind**, degenerar. **To grow out of use,** caer en desuso.

grow towards an end, ir acabándose. **To grow towards morning,** empezar a amanecer.

grow up, crecer, salir de la tierra las plantas, brotar, arrojar, apuntar los vegetales. **To grow less,** disminuir. **To grow hot,** acalorarse. **To grow old**, envejecer. **To grow tame**, domesticarse. **To grow well,** restablecerse. **To grow worse,** empeorar. **To grow weary**, cansarse. **To grow young again,** remozarse. **To grow better,** ponerse mejor, enmendarse, corregirse. **To grow big,** engordar; aumentarse. **To grow childish,** chochear. **To grow cold,** enfriarse. **To grow dear,** encarecer. **To grow easy,** tranquilizarse. **To grow fat,** engordar, engruesar. **To grow late,** hacerse tarde. **It grows late,** se va haciendo tarde. **To grow poor**, empobrecerse. **To grow rich**, enriquecerse. **To grow strong,** ponerse fuerte, reponerse.

grower ['grəʊəʳ] [grouaʳ], *s.* 1. El que crece. 2. Arrendador, labrador, productor (farm laborer); cultivador. **Fruit-grower,** cultivador de frutas.

growing ['grəʊɪŋ] [grouin], *s.* 1. Crecimiento. 2. Vegetación o nacimiento de las plantas. 3. Extensión, progresión (del tiempo). *-a.* Creciente. **Growing children**, niños adolescentes.

growl [grəʊl] [groul], *vn.* 1. Regañar, gruñir, rezongar, refunfuñar. 2. Regañar el perro. *-va.* Indicar una cosa por gruñidos o regañando.

growl, *s.* 1. Regañamiento, refunfuño, gruñido de una persona descontenta. 2. Regañamiento de un perro.

growler ['grəʊləʳ] [grou-laʳ], *s.* 1. Perro arisco, muy gruñidor. 2. Regañón, persona que regaña o refunfuña habitualmente.

grown [grəʊn] [groun], *a.* y *pp.* 1. Cubierto o lleno de alguna cosa que está creciendo. **Grown with weeds**, cubierto de maleza. 2. Crecido, hecho, llegado a la estatura a que puede llegar. **A grown man**, hombre hecho. 3. Prevalente, dominante. **Grown up,** crecido, adulto.

growth [grəʊθ] [grouz], *s.* 1. Crecimiento, crecida, medro en la altura y corpulencia de los animales y plantas. 2. Producto, producción; el origen de las personas o cosas con relación al sitio donde fueron producidas. 3. Vegetación. 4. Crecimiento, acrecentamiento, aumento, subida en el número, tamaño, frecuencia o estatura. 5. Aumento, ampliación, extensión de una cosa. 6. Adelantamiento, aprovechamiento, mejora, progreso. 7. Estatura completa, altura. **This tree has not come to its full growth,** este árbol está creciendo aún.

grub [grʌb] [grab], *va.* Rozar o limpiar la tierra de las matas que cría arrancándolas; dasarraigar; azadonar. *-vn.* 1. Cavar, labrando la tierra. 2. Emplearse en oficios bajos.

grub, *s.* 1. Gorgojo, larva. 2. *(Vul.)* Alimento, comestibles. 3. Hombre desaliñado (en desprecio). 4. *(Amer.)* Algo desarraigado, v. gr. una raíz. **Grub-ax**, azadón o legón para limpiar la tierra de las malas hierbas.

grudge [grʌdʒ] [grach], *va.* 1. Envidiar o apetecer secretamente el bien que otro goza. 2. Dar o tomar alguna cosa de mala gana. *-vn.* 1. Murmurar, mostrar disgusto. 2. Repugnar, hacer de mala gana, admitir con dificultad alguna cosa.

grudge, *s.* 1. Rencor, enemistad antigua, ira envejecida, refunfuño, tirria. **He owes him a grudge**, le debe una jugada, o una mala partida. 2. Ira, mala voluntad. 3. Envidia, odio, aborrecimiento. 4. Remordimiento de conciencia. 5. Cualquier síntoma que indica estar próxima alguna enfermedad.

grudging ['grʌdʒɪŋ] [grad-chin], *s.* 1. Envidia, descontento, sentimiento del bien ajeno; resentimiento, mala voluntad. 2. Refunfuñadura, refunfuño. 3. Repugnancia, aversión o resistencia a hacer o decir alguna cosa. 4. Deseo secreto de gozar el bien de los demás. 5. *(Des.)* Los síntomas precursores de un mal.

grudgingly ['grʌdʒɪŋlɪ] [grad-chin-li], *adv.* Con repugnancia, de mala gana, por pura necesidad.

gruel [grʊəl] [gruel], *s.* Especie de caldo espeso hecho de harina de trigo o maíz, bien hervida en agua. *(Mex.)* Atole.

gruesome, grewsome ['gru:səm] [gru-som], *a.* Horrible, horrendo, que sugiere pensamientos horrorosos.

gruff [grʌf] [graf], *a.* Ceñudo, grosero, tosco, impolítico, mal engestado (rude).

gruffly ['grʌflɪ] [gra-fli], *adv.* Ásperamente, severamente.

gruffness ['grʌfnɪs] [graf-nes], *s.* Aspereza, severidad, dureza en la mirada; rudeza de modales, aspecto y lenguaje.

grum [grʌm] [gram], *a.* Áspero, severo.

grumble ['grʌmbl] [gram-bol], *vn.* Refunfuñar, gruñir, regañar, rezongar, murmurar, quejarse.

grumbler ['grʌmbləʳ] [gram-blaʳ], *s.* Refunfuñón, gruñidor, regañón, regañador, rezongador (grouchy).

grumbling ['grʌmlɪŋ] [gram-blin], *s.* Murmuración, queja, descontento, refunfuñadura.

grumblingly ['grʌmlɪŋlɪ] [gram-blin-li], *adv.* Agriamente, con queja o descontento.

grume ['gru:m] [grum], *s.* Grumo, cuajarón; masa espesa, viscosa y semifluida.

grumly ['grʌmlɪ] [gram-li], *adv.* Ásperamente.

grumous ['gru:məs] [gru-mos], *a.* 1. Grumoso, que forma cuajarones; espeso, coagulado. 2. *(Bot.)* Que consta de granos agrupados.

grump ['grʌmp] [gramp], *s.* Mal humor.

grumpy ['grʌmpɪ] [gram-pi], *a.* Gruñón, quejoso, áspero, rudo de modales, malhumorado.

Grundy (Mrs.) *s.* La gente, el qué dirán. **What will Mrs. Grundy say?**, ¿qué dirá la gente?

grunt [grʌnt] [grant], *vn.* 1. Grumpir, dar gruñidos, producir un sonido gutural. 2. Murmurar, quejarse, refunfuñar. 3. Nombre de un pez americano.

grunt, grunting ['grʌntɪŋ] [gran-tin], *s.* 1. Gruñido, la voz del cerdo o un sonido parecido a ella. 2. Hemulón, pogonia, pez comestible de los mares tropicales americanos.

grunter ['grʌntəʳ] [gran-taʳ], *s.* Gruñidor.

gruntingly ['grʌntɪŋlɪ] [gran-tin-li], *adv.* Regañando, refunfuñando.

gruntling ['grʌntlɪŋ] [gran-tlin], *s.* Cochinillo.

guacharo [gwə'tʃɑ:rə] [gua-cha-ro], *s.* *(Ornit.)* Guácharo.

guaco ['gwɑ:kə] [gua-ko], *s.* *(Bot.)* Guaco.

Guadeloupe [ˌgwɑ:də'lu:p] [gua-da-lup], *n. pr.* Guadalupe.

guaiac ['gwaɪək] [guaiak], *s.* Guayaco, resina o madera (palo santo).

guaiacum ['gwaɪəkəm] [guaia-kom], *s.* 1. Guayaco, árbol de la América tropical. 2. La resina que se obtiene de este árbol. **Guaiacum-wood**, palo santo.

guanaco ['gwɑ:nəkə] [gua-na-ko], *s.* *(Zool.)* Guanaco, especie de llama.

guano ['gwɑ:nəʊ] [gua-nou], *s.* Guano, huano, abono excelente compuesto principalmente de excrementos de aves marítimas. *-va.* Abonar la tierra con guano.

guarantee [ˌgærən'ti:] [ga-ran-ti], *s.* 1. Lo mismo que GUARANTY, pero así en el sentido ordinario de la palabra como en el forense se prefiere la forma GUARANTY. 2. Fiado, caucionado, la persona por quien otro responde. 3. Común, pero incorrectamente, fiador, garante; lo opuesto a **guarantor.**

guarantee, *va.* 2. Garantir, afianzar, salir fiador o responsable; tomar sobre sí el cumplimiento de lo que se estipula. 2. Asegurar contra pérdida o daño.

guarantor [ˌgærən'tɔ:ʳ] [ga-ran-taʳ], *s.* Garante, fiador, el que responde por otro.

guaranty ['gærəntɪ] [ga-ran-ti], *s.* 1. *(For.)* Garantía, caución, fianza. 2. El acto de hacer cierto y seguro, de afianzar.

guaranty, *va.* *V.* TO GUARANTEE.

guard [gɑ:d] [gard], *va.* y *vn.* 1. Guardar, tener cuidado y vigilancia en defensa y seguridad de alguna cosa (watch over). 2. Guardar, defender, proteger, conservar (guard, protect). 3. Prevenirse, estar prevenido; estar sobre sí; conservar. 4. *(Ant.)* Guarnecer, adornar vestidos. 5. Guardarse, ponerse en estado de defensa.

guard, *s.* 1. Guarda, guardia; protección, custodia o defensa; reunión de gente para custodiar o defender algo o a alguien. 2. Precaución, prevención, cautela. 3. Posición o estado de defensa. 4. Guarnición de un vestido o de una espada; guarda, un expediente o medio cualquiera que sirve de protección o seguridad; v. g. **Dust-guard,** guardapolvo. **Watch-guard**, cordón para afianzar un reloj de bolsillo. 5. Conductor de ferrocarril o mayoral de diligencia. **To be on one's guard,** estar sobre sí; guardarse. **To be off one's guard**, estar desprevenido. **To mount guard,** montar la guardia. **To relieve the guard**, relevar la guardia. **To come off guard,** salir de guardia. **Advanced guard,** guardia avanzada. **Rear-guard,** retaguardia. **Van-guard,** vanguardia. **On guard,** alerta. **Guard-chamber**, *V.* GUARD-ROOM. **Guard-rail,** *(F.C.)* Contracarril. *(Mar.)* Barandilla. **Guard-room,** (a) Cuarto de guardia. (b) Calabozo. **Guard-ship**, navío de guardia, de ronda o de estación; buque de guerra puesto en un puerto para su defensa.

guardable ['gɑːdəbl] [gar-da-bol], *a.* Capaz de ser guardado.

guarded ['gɑːdɪd] [gar-did], *a.* 1. Defendido, protegido. 2. Cauteloso, precapido, cauto.

guardedly ['gɑːdɪdlɪ] [gar-did-li], *adv.* Cautelosamente.

guardedness ['gɑːdɪdnɪs] [gar-did-nes], *s.* Cautela, precaución.

guardian ['gɑːdɪən] [gar-dian], *s.* 1. Guardián, el que guarda o cuida de alguna cosa (keeper). 2. Tutor o curador, la persona destinada a cuidar de la educación y administración de los bienes de otra. 3. Guardián, el prelado ordinario de los conventos de San Francisco. *-a.* 1. Lo que guarda. 2. Tutelar, lo que ampara o protege.

guardianship ['gɑːdɪənʃɪp] [gar-dian-ship], *s.* 1. Tutela, curaduría; de aquí, protección, amparo, guarda. 2. Guardianía.

guardless ['gɑːdlɪs] [gard-les], *a.* Desamparado, sin amparo ni defensa.

guardrail ['gɑːdreɪl] [gard-reil], *s.* Baranda, barandilla. 2. *(Ferro.)* Contracarril, carril de guía.

guardroom ['gɑːdrʊm] [gard-rum], *s.* Cuerpo de guardia.

guardsman ['gɑːdzmən] [gards-man], *s.* Centinela, oficial de guardia.

guava ['gwɑːvə] [gua-va], *s.* Guayabo, árbol; guayaba, su fruto. Psidium guaiava. **Guava-tree,** guayabo.

gubernatorial [ˌguːbənəˈtɔːrɪəl] [gu-bar-na-to-rial], *a.* *(E.U.)* Relativo a un gobernador o a la dignidad de gobernador.

gudgeon ['gʌdʒən] [gad-yon], *s.* 1. Gobio, pez pequeño de río. 2. Bobo, el que fácilmente se deja engañar; ganso, zote. *(Cuba)* Guanajo. 3. Algo que se puede obtener sin esfuerzo. **To swallow a gudgeon**, tragar una píldora, tener buenas tragaderas.

gudgeon, *s.* *(Mec.)* 1. Perno, luchadero o cuello de eje. 2. Pezón metálico en un eje de madera. 3. Cojinete de un eje; gorrón; peruete; *(Mar.)* hembra (del timón).

gudgeon, *v.* Engañar, estafar.

guelder-rose ['geldərəʊs] [gel-der-rous], *s.* *(Bot.)* Viburno, bola de nieve, mundillo.

guerdon ['gɜːdən] [guer-don], *s.* Recompensa, premio, galardón.

guerrilla [gəˈrɪlə] [gue-ri-la], *s.* Guerrilla.

guess [ges] [gues], *va.* y *vn.* 1. Conjeturar, suponer, aventurar una suposición acerca de alguna cosa (suppose). 2. Adivinar, acertar, descubrir lo oculto, atinar (read, prophesy). 3. *(Fam.)* Pensar, juzgar, imaginar, creer (judge, imagine). **You may guess the rest,** puede Ud. imaginarse lo demás.

guess, *s.* Conjetura; adivinación; suposición, sospecha.

guesser ['gesə^r] [gue-sa^r], *s.* Conjeturador, adivinador.

guessingly ['gesɪŋlɪ] [gue-sin-li], *adv.*

guestchamber [gesˈtʃæmbə^r] [guest-cham-ba^r], *s.* Alcoba destinada a los huéspedes de la casa,

guestrope ['gestrəʊp] [gues-troup], *s.* *(Mar.)* Guía de falsa amarra.

guffaw [gʌˈfɔː] [ga-fo], *s.* Carcajada, risotada. (Imitativo.)

guffaw, v. Reír groseramente o a carcajadas.

guhr [gɜː^r] [gua^r], *s.* *(Geol.)* Depósito de marga, ordinariamente calcárea, que deja el agua en el hueco de los peñascos. *(Al.)*

guidable ['gaɪdəbl] [gai-da-bol], *a.* Manejable.

guidance ['gaɪdəns] [gai-dans], *s.* Gobierno, dirección, conducta; la acción y efecto de guiar, de dirigir, de gobernar.

guidance beam ['gaɪdənsˌbiːm] [gai-dans-bim], *s.* *(Aer.)* Rayo electrónico orientador.

guide [gaɪd] [gaid], *va.* Guiar, dirigir, arreglar, gobernar (run, lead); influir, ajustar, poner en orden. **Guide-book**, guía del viajero.

guide, *s.* Guía, director, conductor, pauta, patrón.

guide-board ['gaɪdbɔːd] [gaid-bord], *s.* Tabla de guía en los caminos. *V.* GUIDE-POST.

guided missile ['gaɪdmɪsɪl] [gaid-mi-sil], *s.* Proyectil dirigido.

guideless ['gaɪdlɪs] [gaid-les], *a.* Sin guía ni director; sin gobierno.

guide-post ['gaɪdpəʊst] [gaid-poust], *s.* Hito, el poste de piedra o palo que hay dondes se cruzan los caminos, con inscripciones para servir de guía a los caminantes.

guidon ['gɪdən] [gui-don], *s.* Guión, banderola de guía de los regimientos de caballería o de artillería montada; y el oficial que lo lleva.

guild [gɪld] [gild], *s.* 1. Gremio, cuerpo, comunidad, hermandad, corporación. 2. Hermandad, sociedad organizada para ayudar en el trabajo de una iglesia o feligresía. *V.* GILD.

guilder ['gɪldə^r] [guil-da^r], *s.* Florín.

guildahall ['gɪldəhɔːl] [gil-da-jol], *s.* Casa consistorial, casa de ayuntamiento.

guile [gaɪl] [gail], *s.* Dolo, engaño, fraude, superchería; de aquí, estratagema, chasco.

guileful ['gaɪlfʊl] [gail-ful], *a.* Insidioso, traidor, aleve, engañoso, impostor. *-s.* Traidor.

guilefully ['gaɪlfəlɪ] [gail-fu-li], *adv.* Insidiosamente, alevosamente, engañosamente.

guileless ['gaɪlɪs] [gai-les], *a.* Sencillo, franco, sincero (simple, sincere); sin dolo ni doblez.

guilelessness ['gaɪlɪsnɪs] [gai-les-nes], *s.* Inocencia, franqueza, sencillez, sinceridad.

guilloche ['gaɪləʃ] [gai-losh], *s.* Guilloquis, adorno compuesto de franjas que se cruzan simétricamente.

guillotine [ˌgɪləˈtiːn] [gui-lo-tin], *s.* 1. Guillotina. 2. Una forma de máquina para cortar papel. 3. Instrumento quirúrgico para cortar las amígdalas.

guillotine, *va.* Degollar, guillotinar.

guilt [gɪlt] [guilt], *s.* Delito, transgresión, culpa, crimen, falta (fault, crime); en teología, estado de condenación; maldad.

guiltily ['gɪltɪlɪ] [guil-ti-li], *adv.* Criminalmente.

guiltiness ['gɪltɪnɪs] [guil-ti-nes], *s.* Criminalidad, maldad, ruindad, malicia.

guiltless ['gɪltlɪs] [guilt-les], *a.* 1. Inocente, libre de culpa; puro, sin tacha. 2. Ignorante, inexperimentado; extraño a, virgen de. **Guiltless of the alphabet,** ignorante del abecedario. **The teeming earth yet guiltless of the plough,** la tierra fecunda aún virgen del arado.

guiltlessly ['gɪltlɪslɪ] [guilt-les-li], *adv.* Inocentemente.

guiltlessness ['gɪltlɪsnɪs] [guilt-les-nes], *s.* Inocencia, inculpabilidad.

guilty ['gɪltɪ] [guil-ti], *a.* 1. Reo, culpable, delincuente, malvado, vicioso, perverso (wicked, condemned). 2. *(Ant.)* Reo, sujeto a la pena (con la preposición **of** antes de pena). **Guilty of death**, reo de muerte. **To plead guilty,** confesarse culpable. **To be found guilty**, ser uno declarado reo del delito de que se le acusa.

guimpe [gɪmp] [guimp], *s.* Camisolín de mujer, que se usa con vestido descotado, canesú.

Guinea ['gɪnɪ] [gui-ni], *s.* 1. Guinea, unidad (moneda). **Guinea-fowl,** gallina de Guinea, pintada. **Guinea-hen**, (a) Pintada. (b) *(Bot.)* Fritilaria. **Guinea-pig**, conejillo de Indias; cobayo; (Cuba) curiel.

guinea-pepper [ˌgɪnɪˈpepə^r] [gui-ni-pe-pa^r], *s.* *(Bot.)* Pimiento de Guinea.

guise [gaɪz] [gais], *s.* 1. Modo, manera, modales (manners). 2. Continente, apariencia exterior, ya sea en el porte ya en el traje (look). 3. Práctica, costumbre (habit). 4. Máscara, capa, color, pretexto. **Under the guise of religion**, bajo capa, con la máscara de religión. **In this guise**, de este modo, bajo esta apariencia. 5. Aspecto, apariencia, disfraz.
guitar [gɪ'tɑːʳ] [gui-taʳ], *s.* Guitarra.
gulch [gʌlʃ] [galsh], *s.* *(Amer.)* Quebrada, rambla; valle estrecho y peñascoso.
gulden ['gʌldən] [gal-den], *s.* 1. Gulden (coin). 2. Florín holandés. 3. Florín austriaco.
gules [gʊlz] [guls], *s.* *(Her.)* Gules, el color rojo.
gulf [gʌlf] [galf], *s.* 1. Golfo, brazo de mar que avanza dentro de tierra. 2. Golfo, abismo, vorágine. 3. Olla, remolino de agua. 4. Sima, concavidad profunda. 5. Cualquier cosa insaciable.
Gulf Stream [gʌlf'striːm] [galf-strim], **s.** Gran corriente del Océano Atlántico que lleva sus aguas desde el Golfo de Méjico a lo largo de las costas de los Estados Unidos y después con dirección a la Gran Bretaña y la costa escandinava.
gulf-weed ['gʌlfwiːd] [galf-uid], *s.* Sargazo, gran alga marina de color aceitunado, provista de vejiuillas axiliares llenas de aire.
gull [gʌl] [gal], *va.* Engañar, defraudar; estafar, sisar.
gull, *s.* 1. *(Orn.)* Gaviota. 2. Engaño, fraude, petardo, estafa (fraud, trick). 3. El que es bobo, de poca capacidad o que con facilidad se deja engañar.
gull-catcher [gʌl'kætʃəʳ] [gal-ka-chaʳ], *s.* Engañador, petardista, impostor.
gullery ['gʌlərɪ] [ga-le-ri], *s.* Engaño, petardo, fraude, impostura.
gullet ['gʌlɪt] [ga-lit], *s.* 1. Gaznate, tragadero, gola. *(Anat.)* Esófago. 2. Zanja, trinchera profunda. *V.* GULLY y GUSSET.
gullibility [gʌlɪ'bɪlɪtɪ] [ga-li-bi-li-ti], *s.* Tragadero, tragaderas, credulidad.
gullible ['gʌlɪbl] [ga-li-bol], *a.* Bobo, simple, crédulo, que se deja engañar fácilmente.
gully [gʌlɪ] [ga-li], *va.* Acanalar por la acción del agua corriente; cavar canalizas.
gully, *s.* Rambla, excavación causada por las aguas fluviales; barranca, hondonada; zanja honda.
gully-hole ['gʌlɪhəʊl] [ga-li-joul], *s.* Sumidero, albañal.
gulp [gʌlp] [galp], *va.* 1. Engullir, tragar con gula, engullir. 2. Reprimir las lágrimas, ahogar un sollozo. 3. Contener el aliento, no poder hablar por la emoción. Se usa frecuentemente con **down**. **To gulp up**, vomitar, vaciar.
gulp, *s.* Trago, engullida, esfuerzo para tragar.
gum [gʌm] [gam], *s.* 1. Goma. 2. Encía, la carne que cubre la quijada y guarnece la dentadura. **Gum-drop**, pastilla de goma. **Gum-elastic**, goma elástica, caucho. **Gum lac**, goma laca. **Resin**, gomorresina. **Gum-tree**, árbol que produce goma. **Gum-water**, agua de goma, goma arábiga disuelta en agua.
gum, *va.* Engomar, untar o unir con goma.
gum arabic [gʌm'ærəbɪk] [gam-a-ra-bik], *s.* Goma arábiga.
gumbo ['gʌmbə] [gam-bo], *s.* 1. Quingombó, quinbombó, hibisco comestible. *V.* OKRA. 2. Sopa de quingombó o guisado hecho con él. 3. Dialecto criollo en Luisiana.
gum-boil [gʌm'bɔɪl] [gam-boil], *s.* Flemón, tumor en las encías.
gumdrop ['gʌmdrɒp] [gam-drop], *s.* Pastilla de goma.
gummiferous ['gʌmɪfərəs] [ga-mi-fe-ros], *a.* Gomífero.
gumminess ['gʌmɪnɪs] [ga-mi-nes], *s.* Gomosidad.
gummy [gʌmɪ] [ga-mi], **gummous** ['gʌməs] [ga-mos], *a.* 1. Gomoso, pegajoso, que se parece a la goma. 2. Engomado, cubierto de goma.
gump [gʌmp] [gamp], *s.* *(Fam.)* Páparo, simplón.
gumption ['gʌmpʃən] [gamp-shon], *s.* *(Fam.)* Conocimiento, habilidad.
gumshoe ['gʌmʃuː] [gam-shu], *s.* Chanclo de goma, zapato de lona con suela de goma. 2. (Pop) Polizonte, detective.
gumshoe, *v.* Andar sin hacer ruido; andar de forma furtiva o cautelosa.
gun [gʌn] [gan], *s.* 1. Arma o boca de fuego, como escopeta, fusil, pistola (riffle, weapon), etc. 2. Cañón, pieza de artillería (canyon). **Air-gun**, escopeta de viento. **Blow-gun**, cerbatana; pucuna (de los peruanos). **Breech-loading gun**, cañón, escopeta o rifle de retrocarga. **Double-barreled gun**, escopeta de dos cañones. **Field gun**, pieza de campaña. **Gatling gun**, ametralladora de Gatling. **Great gun**, (a) Cañón grueso. (b) *(Fam.)* Persona de consecuencia. **Greatguns!** Exclamación de sorpresa. **Swivel gun**, colisa, pedrero. **To spike a gun**, clavar un cañón. **Gun-barrel**, cañón de fusil. **Gun-carriage**, afuste, cureña de cañón. **Gun-deck**, cubierta, principal, batería. **Gun-room**, *(Mar.)* Santa Bárbara, polvorín. **Gun-stock**, caja de escopeta.
gunboat ['gʌnbəʊt] [gan-bout], *s.* Cañonero, buque de guerra pequeño y de poco calado.
gun cotton ['gʌnˌkɒtn] [gan-ko-ton], *s.* Piroxilina, pólvora de algodón.
gun metal ['gʌnˌmetl] [gan-me-tal], *s.* 1. Metal para artillería. 2. Antiguo bronce de cañones. 3. Metal pavonado. 4. Color gris-pardo.
gunner ['gʌnəʳ] [ga-naʳ], *s.* 1. *(Mar.)* Condestable; artillero de un navío. 2. Escopetero, el que está armado con escopeta. **Gunner's mate**, *(Mar.)* artillero de segunda clase.
gunnery ['gʌnərɪ] [ga-ne-ri], *s.* Artillería.
gunning ['gʌnɪŋ] [ga-nin], *s.* Caza con escopeta.
gunny sack ['gʌnsæk] [gan-sak], *s.* 1. Saco de yute. 2. *(Fig.)* Traje estrecho y simple como un saco.
gunport-bars ['gʌnpɔːt'bɑːz] [gan-port-bars], *s. pl.* *(Mar.)* Portas, las ventanas del navío donde se pone la artillería.
gunpowder ['gʌnpaʊdəʳ] [gan-pau-daʳ], *s.* Pólvora.
gunshot ['gʌnʃɒt] [gan-shot], *s.* 1. Tiro de escopeta, cañón u otra arma de fuego. 2. Tiro, la distancia a que alcanzan las armas disparadas. **Within gunshot**, a tiro, al alcance de fusil
gunsmith ['gʌnsmɪθ] [gan-smiz], *s.* Armero, arcabucero.
gunstick ['gʌnstɪk] [gan-stik], *s.* Atacador, baqueta.
gunstock ['gʌnstək] [gan-stok], *s.* Caja de fusil.
gunwale ['gʌnweɪl] [gan-ueil], *s.* Regala de la borda del combés.
gurgitation ['gɜgɪ'teɪʃən] [guer-gui-tei-shon], *s.* El movimiento de un líquido en una vorágine o en estado de ebullición; borbollón, borbotón.
gurgle ['gɜːgl] [guer-guel], *vn.* Manar o fluir haciendo un ruido semejante al que hace el agua que sale de una botella (run, flow); o murmurar como un arroyuelo en un lecho pedregoso. *-s.* 1. Salida de un líquido con dicho ruido; murmullo. 2. Borbolleo, borboteo, gorgoteo. **Death gurgle**, estertor.
gurnard ['gɜːnɑːd] [guer-nard], **gurnet** ['gɜːnɪt] [guer-nit], *s.* *(Ict.)* Trigla, golondrina.
gush [gʌʃ] [gash], *va.* Derramar con abundancia. *-vn.* 1. Brotar, fluir o manar con violencia; chorrear, fluir copiosamente. 2. Hacer demostraciones extravagantes de afecto o sentimiento.
gush, *s.* 1. Chorro, derrame repentino e impetuoso de un líquido. 2. Efusión, manifestación extravagante de sentimiento.
gusher ['gʌʃəʳ] [ga-shaʳ], *s.* Géiser, pozo brotante de petróleo.
gushing ['gʌʃɪŋ] [ga-shin], *a.* Que fluye, que mana, que sale a borbotones.
gust [gʌst] [gast], *s.* 1. Gusto, el sentido de paladar. 2. Deleite. 3. Inclinación, afición, amor (hobbie). 4. Soplo fuerte o bocanada de aire. 5. Transporte, acceso de pasión. 6. Gusto, discernimiento.
gustation [gʌs'teɪʃən] [gas-tei-shon], *s.* Gustación, la acción y efecto de gustar.
gustatory, gustative ['gʌstətɔːrɪ] [gas-ta-to-ri], *a.* Gustable, que pertence al gusto, que sirve para gustar, gustativo.
gusto ['gʌstəʊ] [gas-tou], *s.* Sabor, gusto, afición, placer.
gusty ['gʌstɪ] [gas-ti], *a.* Borrascoso, tempestuoso.

gut [gʌt] [gat], *s.* 1. Intestino: no se emplea entre personas bien habladas. 2. *pl. (Vulg.)* Estómago, el receptáculo de los alimentos; gula, glotonería. 3. Un paso estrecho. 4. Cuerda de tripa, sea de un animal, sea fibra de un gusano de seda cuando está a punto de hilar su capullo. La fibra del gusano de seda se emplea en la pesca y en cirugía.
gut, *va.* 1. Desventrar, destirpar. 2. Desentrañar, sacar lo interior de alguna cosa.
gutta-percha [ˌgʌtə'pɜːtʃə] [ga-ta-per-cha], *s.* Gutapercha, goma pardo rojiza.
gutter ['gʌtəʳ] [ga-taʳ], *s.* 1. Canalón, gotera; canal hecho por el agua o para que corra ésta. 2. Alcantarilla, cloaca para el desagüe; arroyo de calle. 3. Estría, canal de ebanistería. 4. Zanja, acequia.
gutter, *va.* -Acanalar, estriar. *-vn.* Caer en gotas.
guttle [gʌtl] [ga-tel], *v.* Comer, engullir.
guttural ['gʌtərəl] [ga-ta-ral], *a.* 1. Gutural, perteneciente a la garganta. 2. Gutural, lo que se pronuncia con la garganta.
gutturality ['gʌtərəlɪtɪ] [ga-ta-ra-li-ti], *s.* Calidad de gutural.
gutturally ['gʌtərəlɪ] [ga-ta-ra-li], *adv.* Guturalmente.
guy 1 [gaɪ] [gai], *s. (Mar.)* Retendia, el cabo que sirve para detener cualquiera cosa pesada a fin de que no golpee en el costado u otra parte del buque.
guy 2, *s.* 1. Individuo, tipo. 2. Persona mal vestida o de apariencia grotesca.
guy, *va.* 1. *(Mar.)* Sujetar o asegurar con una retenida. 2. *(Fam. E.U.)* Burlarse, mofarse de alguien.
guzzle ['gʌzl] [ga-sel], *va.* y *vn.* 1. Beber mucho o repetidas veces. 2. Tragar vorazmente. *-vn.* Emborracharse.
guzzler ['gʌzləʳ] [gas-laʳ], *s.* Bebedor, discípulo de Baco; borracho; pellejo de vino.
gym [dʒɪm] [yim], *s.* **v.** GYMNASTICS
gymnasium [dʒɪm'neɪzɪəm] [yim-nei-siom], *s.* 1. Gimnasio. 2. Liceo, escuela de latín o clásica, en oposición a una puramente técnica. 3. Gimnasio, edificio descubierto en que la juventud griega ejercitaba sus fuerzas.
gymnast ['dʒɪmnæst] [yim-nast], *s.* Gimnasta, el que es hábil en los ejercicios gimnásticos; atleta.
gymnastic, gymnastical [dʒɪm'næstɪk] [yim-nas-tik], *a.* Gimnástico, gímnico.
gymnastics [dʒɪm'næstɪks] [yim-nas-tiks], *s. pl.* Gimnasia, calisténica.
gymnosophist ['dʒɪmnəsəfɪst] [yim-no-so-fist], *s.* Gimnosofista, nombre de los brahmanes y alguna de sus sectas.
gymnosperm ['dʒɪmnəspɜːm] [yim-nos-perm], *s.* Planta gimnosperma, que tiene las semillas o gérmenes desnudos.
gymnospermous ['dʒɪmnəs'pɜːməs] [yim-nos-per-mos], *a. (Bot.)* Gimnospermo o que tiene la semilla desnuda.
gynarchy ['dʒɪnɑːkɪ] [yi-nar-ki], **gynaeocracy** ['dʒɪnækrəsɪ] [yi-na-kra-si], *s.* Ginecocracia, gobierno mujeril.
gynecologist [ˌgaɪnɪ'kɒlədʒɪst] [gai-ne-ko-lo-yist], *s.* Ginecólogo, persona versada en la ginecología.
gynecology [ˌgaɪnɪ'kɒlədʒɪ] [gai-ne-ko-lo-yi], *s.* Ginecología, la ciencia de las funciones y enfermedades propias de la mujer.
gyp [dʒɪp] [yip], *s.* 1. Criado en un colegio de Cambridge. 2. *(E.U.)* Estafa, timo; estafador, timador.
gyp, *v.* Timar, estafar.
gypseous ['dʒɪpsɪəs] [yip-sios], **gypsine** ['gɪpsaɪn] [guip-sain], *a.* Gipsoso o yesoso.
gypsum ['dʒɪpsəm] [yip-som], *s.* Yeso, sulfato de cal, aljez.
gypsy ['dʒɪpsɪ] [yip-si], *s.* **v.** GIPSY.
gypsidom ['dʒɪpsɪdəm] [yip-si-dom], *s.* Gitanería, los gitanos.
gypsyish ['dʒɪpsɪʃ] [yip-sish], *s.* Gitanismo.
gyral ['dʒaɪərəl] [yaia-ral], *a.* 1. Giratorio, que da vueltas o se mueve circularmente. 2. *(Anat.)* Que se refiere a las circunvoluciones del cerebro.
gyrate [dʒaɪ'reɪt] [yai-reit], *vn.* Girar, dar vueltas sobre un eje de rotación; revolver, ejecutar una revolución, particularmente en espiral o hélice.
gyration [dʒaɪ'reɪʃən] [yai-rei-shon], *s.* La acción y efecto de girar, giro; rotación.
gyratory [ˌdʒaɪ'reɪtərɪ] [yai-ra-to-ri], *a.* Giratorio, que gira alrededor.
gyre ['dʒaɪəʳ] [yaiaʳ], *s.* Giro, girada.
gyrfalcon [dʒaɪə'fælkən] [yaia-fal-kon], *s.* Gerifalte.
gyrocompass [odʒaɪrəʊ'kʌmpəs] [yai-rou-kam-pas], *s.* Brújula giroscópica.
gyromancy [dʒaɪ'rəmænsɪ] [yai-ro-man-si], *s.* Giromancia, adivinación por medio del giro constante de una persona dentro de un círculo.
gyroscope [dʒaɪˈrəskəʊp] [yai-ros-koup], *s. (Fís.)* Giróscopo o giroscopio.
gyrostat ['dʒaɪrəstæt] [yai-ros-tat], *s.* Giróstato.
gyrostatics [dʒaɪrəs'tætɪks] [yai-ros-ta-tiks], *s.* Girostática, conjunto de leyes que gobiernan la rotación de los cuerpos sólidos.
gyve [dʒaɪv] [yaiv], *va.* Encadenar, aprisionar con grillos.
gyves ['dʒaɪvz] [yaivs], *s. pl.* Grillos, prisión con que aseguran a los reos en la cárcel.

H

h [eɪtʃ] [eich], esta letra tiene casi el sonido gutural de una J en español, aunque más suave, excepto en algunas voces en que es muda, como **hour, heir, honest**, etc.
ha [hɑː] [ja], inter. 1. Ah, interjección que sirve para expresar diversos afectos. 2. Expresión que repetida denota risa: ¡Ja, ja, ja! 3. Exclamación que indica duda, indecisión.
ha, *vn. V.* HAW.
habeas corpus ['heɪbɪəs'kɔːpəs] [jei-bias-kor-pos], *s.* Habeas corpus. *(For.)* Fuero particular de las leyes inglesas y americanas.
haberdasher ['hæbədæʃəʳ] [ja-ba-da-shaʳ], *s.* 1. Tendero vendedor de artículos para caballeros: camisas, etc. 2. Mercero, el tendero que vende cintas, cofias y otros géneros de poco valor.
haberdashery [ˌhæbə'dæʃərɪ] [ja-ba-da-she-ri], *s.* 1. Mercería, pasamanería; objetos pequeños. 2. Tienda de efectos para caballeros.
habergeon ['həbɜːdʒən] [a-ber-yon], *s.* Corza pequeña.
habiliment [hæ'bɪlɪmənt] [a-bi-li-ment], *s.* Prenda de vestir, parte del vestido o traje (dress, cloth); en plural, vestido, traje, vestidura.
habilitate ['hæbɪlɪteɪθ] [a-bli-li-teit], *va. (E.U.)* Pertrechar, habilitar, **v.**g. para la explotación de una mina. *-vn.* Hacerse apto o idóneo para alguna cosa
habit ['hæbɪt] [ja-bit], *s.* 1. Hábito, uso, costumbre (custom). 2. Estado o disposición de alguna cosa; constitución, complexión o disposición particular de alguna persona. 3. Hábito (religioso), vestido, traje exterior. 4. En botánica, geología y mineralogía, modo característico del crecimiento o de otras modificaciones físicas. **Riding habit**, traje de montar. **To get in the habit**, *(Fam.)* Dar en la flor, tomar el tema, tomar la costumbre. **Bad habit,** mala costumbre. **To make a habit of something,** aficionarse a algo, tener afición por algo.
habit, *va.* Ataviar, adornar, vestir.
habitable ['hæbɪtəbl] [ja-bi-ta-bol], *a.* Habitable, que puede ser habitado.
habitableness ['hæbɪtəbl'nɪs] [ja-bi-ta-bol-nes], *s.* La posibilidad de ser habitado.
habitant ['hæbɪtənt] [ja-bi-tant], *s.* Habitante, morador.
habitat ['hæbɪtæt] [ja-bi-tat], *s.* Hábitat; en lenguaje científico se llama así al terreno o a la región donde se hallan o crecen naturalmente los individuos de una especie, animal o vegetal. *(Lat.)*

habitation [ˌhæbɪ'teɪʃən] [ja-bi-tei-shon], *s*. Habitación, el lugar o casa donde se mora o vive; domicilio, morada.

habited ['hæbɪtɪd] [ja-bi-tid], *a*. 1. Vestido, ataviado. 2. *(Ant.)* Habitado. 3. *(Des.)* Usual, acostumbrado.

habitual ['hæbɪtʃʊəl] [ja-bi-chual], *a*. Habitual, lo que se hace, se padece o se posee con continuación y por hábito.

habitually ['hæbɪtʃʊəlɪ] [ja-bi-chua-li], *adv*. Habitualmente.

habituate ['hæbɪtʃʊeɪt] [ja-bi-chueit], *va*. y *vn*. Habituar; habituarse, acostumbrarse a alguna cosa.

habituate, *a*. (Poco us.) Obstinado, inveterado.

habitude ['hæbɪtʃʊd] [ja-bi-chiud], *s*. Familiaridad, costumbre: trato o amistad en alguna cosa o con alguna persona.

habitué [hə'bɪtjʊeɪ] [ja-bi-chuei], *s*. Parroquiano, cliente habitual.

hack [hæk] [jak], *s*. 1. Caballo de alquiler, rocín, cuartago; alquilón.2. *(E. U.)* Un simón o coche de alquiler. 3. Peón, trabajador; *(Fig.)* escritor mercenario. 4. Pico, especie de azadón; azuela. 5. Muesca, corte, cuchillada, golpe con un instrumento cortante. 6. *(Fam.)* Tos corta y seca. **Hackman**, simón, cochero de alquiler.

hack, *va*. 1. Tajar, cortar, dividir una cosa en muchos pedazos pequeños, picar irregularmente. 2. Allanar piedras, picarlas como las amoladeras. 3. Hacer muescas, mellar. *-vn*. 1. Cortar, tajar irregularmente, repetidas veces o sin destreza. 2. Emitir una tos corta y seca. 3. Alquilarse, venderse, prostituirse; trabajar como escritor mercenario. **To hack into pieces,** hacer trizas.

hackamore ['hækəmɔːʳ] [ja-ka-maʳ], *s*. Cabezada o cabestro para domar potros.

hackberry ['hækberɪ] [jak-be-ri], *s*. Almez. *(Bot.)* Almeza.

hackle [hækl] [ja-kel], *va*. 1. Rastrillar. *V*. HATCHEL. 2. Hacer pedazos una cosa, tajar, estropear a tajos una cosa.

hackle, *s*. 1. Rastrillo. 2. Fibra no hilada, como la seda en rama. 3. Mosca para pescar.

hackmatack ['hækmətæk] [jak-ma-tak], *s*. El alerce o lárice americano. (Nombre indio.) *V*. TAMARACK.

hackney ['hæknɪ] [jak-ni], *s*. 1. Caballo de alquiler. 2. Rocín; cuartago; caballo pequeño que tiene buen paso. 3. Alquilón, lo que se alquila. *-a*. Alquilado: común; prostituido; cansado, gastado. **Hackney-coach**, coche de alquiler o simón. **Hackney writer**, escritor mercenario. **Hackney coachman**, cochero de alquiler o simón.

hackney, *va*. 1. Ejercitar, usar una cosa con continuación; vulgarizar una cosa, hacerla trivial y manoseada. 2. Llevar en coche de alquiler. **A hackneyed subject**, un asunto trillado, manoseado.

hack saw ['hæksɔː] [jak-so], *s*. Sierra de arco para trabajo de metales.

hacqueton ['hækɪtən] [ja-ki-ton], *s*. Especie de jubón antiguo.

had [hæd] [jad], *pret*. del verbo TO HAVE; se usa como auxiliar, equivalente a había o hubo.

haddock ['hædək] [ja-dok], *s*. Merluza, pescado de la familia de los gádidos.

hade [heɪd] [jeid], *s*. *(Min.)* Descenso escarpado en una mina, buzamiento.

Hades ['heɪdiːz] [jei-dis], *s*. 1. Hades, voz tomada del griego que significa el estado y la morada de las almas de los muertos; también, los infiernos. 2. Plutón o Dis, el señor del mundo inferior; el mundo inferior mismo.

Hadrian ['heɪdrɪən] [jei-drian], *n.pr*. Adriano.

haemal ['hæməl] [ja-mal], *a*. 1. De la sangre. 2. Situado en el lado del cuerpo donde se hallan el corazón y los vasos sanguíneos.

haematemesis ['hæmətɪ'mesɪs] [ja-ma-ti-me-sis], *s*. Hematemesis.

haemathermal ['hæməθɜːməl] [ja-ma-zer-mal], *a*. *(Zool.)* Hematermo.

haemorrhage ['hiːməʊrɑːdʒ] [ji-mou-rach], *s*. Hemorragia.

haemorrhagic ['hiːməʊrɑːdʒɪk] [ji-mou-ra-yik], *a*. Hemorrágico.

haemorrhoids ['hiːməʊrɔɪdʒ] [ji-mou-roids], *s*. Hemorroides, almorranas.

haemostat ['hæməstæt] [ja-mos-tat], *s*. 1. Hemostático. 2. Instrumento para comprimir un vaso sanguíneo.

haemostatic ['hæməstætɪk] [ja-mos-ta-tik], *a*. Hemostático.

haft [hæft] [jaft], *s*. Mango, asa, agarradera; puño o guarnición de arma blanca.

hag [hæg] [jag], *s*. Vejancona, vejarrona fea; bruja, hechicera.

hag, *va*. Aterrar, infundir terror y espanto. **Hag-born**, nacido de bruja. **Hag-ridden**, cabalgado por brujas; de aquí, bajo el influjo de una pesadilla.

haggard ['hægəd] [ja-gard], *a*. 1. Consumido, desfigurado, flaco o macilento de aspecto (skinny); lleno de zozobra. 2. Zahareño, montaraz, intratable. *-s*. 1. Halcón, en especial, en cetrería, el halcón cogido cuando tiene ya todo su plumaje. 2. Fiera, el que es indómito o feroz. 3. *(Esco.)* Corral de niara; granero.

haggardly ['hægədlɪ] [ja-gard-li], *adv*. Fieramente; feamente.

haggish ['hægɪʃ] [ja-guish], *a*. Feo, horroroso.

haggle , *va*. Tajar, cortar en tajadas. *-vn*. Regatear, porfiar sobre el precio de alguna cosa.

haggler ['hægləʳ] [ja-glaʳ], *s*. 1. Tajador. 2. Regatón, regatero, el que regatea mucho.

hagiographal [ˌhægɪɒ'grəfal] [ja-guio-gra-fal], *a*. Hagiógrafo, que pertenece a los libros o escritores hagiógrafos.

hagiographer [ˌhægɪ'ɒgrəfəʳ] [ja-guio-gra-faʳ], *s*. Hagiógrafo, autor que trata de los santos o de las cosas sagradas.

hagiography [ˌhægɪɒ'grəfɪ] [ja-guio-gra-fi], *s*. Hagiografía.

hagiolatry [ˌhægɪɒlətrɪ] [ja-guio-la-tri], *s*. Culto de los santos.

Hague (The) [heɪg] [jeig], *n. pr*. *(Geogr.)* La Haya.

hah [hɑːg] [ja], inter. *V*. HA.

ha-ha ['hɑː'hɑː] [ja-ja], *s*. Cerca hundida; foso con escarpa.

haik [heɪk] [jeik], *s*. Jaique.

hail [heɪl] [jeil], *s*. 1. Granizo, la lluvia congelada en el aire. 2. Saludo; grito para llamar la atención. *-inter*. ¡Salve, dios te guarde! ¡Salud!

hail, *va*. y *vn*. 1. Granizar, arrojar las nubes granizo. 2. Saludar, hablar a otro cortésmente, llamar *a*. 3. Recibir, celebrar con aclamaciones. **To hail a ship**, *(Mar.)* Saludar a la voz, venir a voz. 4. *V*. POUR.

hail-fellow [heɪl'feləʊ] [jeil-fe-lou], *s*. Compañero.

hailshot ['heɪlʃɒt] [jeil-shot], *s*. Perdigones, munición menuda.

hailstone ['heɪlstəʊn] [jeil-stoun], *s*. Piedra de granizo.

hailstorm ['heɪlstɔːm] [jeil-storm], *s*. Granizada.

haily ['heɪlɪ] [jei-li], *a*. Granujado, lleno de granizo.

hair [hɛəʳ] [jeaʳ], *s*. 1. Pelo, la hebra o hilo delgado que sale de los poros del cuerpo animal; se dice también del vello que cubre ciertas partes del cuerpo humano. 2. *(Biol.)* Filamentos del cuerpo y de las plantas. 3. Cabello, cabellera, pelo de la cabeza y de la cara. **Against the hair**, a contrapelo; de mala gana. **False hair**, pelo postizo. **Hair of the head**, cabellos. **To a hair**, exactamente, perfectamente. **A fine head of hair**, una cabellera hermosa. **Horse-hair**, crin. **To dress one's hair**, peinarse. **Hair-button**, botón de crin. **Hair-broom**, escoba de cerdas o crines. **Hair-brush**, cepillo, escobilla, para limpiar el cabello. **Hair-cloth**, (a) cilicio; (b) esterilla de cerda para sillas. **Hairdresser**, peluquero, peinador. **Hair-dye**, tinte para el pelo. **Hair-lace**, cinta para atar el pelo. **Hair-sieve**, tamiz de cerda para colar. **Hair-splitting**, quisquilla, distinción de poco momento. *-a*. Quisquilloso, que se para en quisquillas. **Hair-spring**, pelo, muelle (de reloj) muy fino en espiral.

hairbreadth ['hɛəbreθ] [jea-brez], *s*. Lo grueso de un pelo; poca cosa, casi nada, el negro de una uña. **To have a hairbreadth escape**, librarse de buena, salir de un apuro, librarse por un pelo.

haircloth ['hɛəklɒθ] [jea-kloz], *s.* 1. Tela de crin. 2. Cilicio.
haircut ['hɛəkʌt] [jea-kat], *s.* Corte de pelo.
hairdo ['hɛədu:] [jea-du], *s.* Peinado, tocado.
hairdresser ['hɛəˌdresəʳ] [jea-dre-saʳ], *s.* Peluquero, peluquera, peinadora.
hairdressing ['hɛədresɪŋ] [jea-dre-sin], *s.* Peinados, peluquería, arte de peinar.
haired [hɛəd] [jead], *a.* peludo, cabelludo. **Black-haired**, pelinegro. **Curly-haired**, que tiene el pelo rizado o encrespado. **Gray-haired**, canoso.
hairhung ['hɛəhʌŋ] [jea-jang], *a.* Suspendido de un cabello.
hairiness ['hɛərɪnɪs] [jea-ri-nes], *s.* Calidad y estado de peludo o peloso.
hairless ['hɛəlɪs] [jea-les], *a.* Pelado, pelón, calvo.
hair net [hɛənet] [jea-net], *s.* Redecilla para el cabello.
hairpin [hɛəpɪn] [jea-pin], *s.* Horquilla, alfiler grande que usan las mujeres para sujetar el cabello.
hair-raising ['hɛəˌreɪzɪŋ] [jea-rei-sin], *a.* Espeluznante, horripilante.
hairsplitter ['hɛəˌsplɪtəʳ] [jea-spli-taʳ], *s.* Persona que hace distinciones demasiado sutiles.
hairsplitting ['hɛəˌsplɪtɪŋ] [jea-spli-tin], *a.* Demasiado sutil, que sutiliza demasiado.
hairy ['hɛərɪ] [jea-ri], *a.* Peludo, velludo, velloso, cabelludo, cubierto de pelo. **Hairy comet**, cometa crinito.
haitian, *a.* *V.* HAYTIAN.
hake [heɪk] [jeik], *s.* Merlango, pescado de la familia de los gádidos, semejante a la merluza.
halberd ['hɔ:lbɜ:d] [jol-berd], *s.* Alabarda.
halcyon ['hælsɪən] [jal-sion], *a.* Quieto, apacible, tranquilo, sereno, pacífico. **Halcyon days**, tiempo de paz y tranquilidad; veranillo de San Martín. *-s.* *(Orn.)* Alcedón, alción.
hale [heɪl] [jeil], *a.* Sano, robusto, fuerte, vigoroso; entero, ileso.
hale, *va.* Tirar con violencia: arrastrar, llevar a uno violentamente de una parte a otra.
half [hɑ:f] [jaf], *s.* (*pl.* HALVES). Mitad, la parte media de un todo. *-a.* 1. Medio, lo que no está perfectamente concluido o es la mitad de una cosa. 2. Medio, formado por una mitad. **Half an hour**, media hora. **Half and half,** mitad de uno y mitad de otro: mezcla de cervezas u otros licores. **Half-seas over**, medio borracho, el que está calamocano. **Half** en composición significa semi, casi, cerca de o un poco.
halfback ['hɑ:fbæk] [jaf-bak], *s.* Medio (football).
half-baked ['hɑ:fbeɪkt] [jaf-beikt], *a.* 1. A medio asar. 2. *(Vul.)* Inmaturo, inexperto.
half-blood ['hɑ:fblʌd] [jaf-blad], *s.* Medio hermano, media hermana.
half-breed ['hɑ:fbri:d] [jaf-brid], *a.* y *s.* Mestizo, de sangre mezclada.
half-calf binding [ˌhɑ:fkɑ:f'baɪndɪŋ] [jaf-kaf-baindin], *s.* Encuadernación a media pasta, vitela.
half-caste ['hɑ:fkɑ:st] [jaf-kast], *a.* Mestizo, de sangre mezclada, en especial cuando el padre o la madre es de raza blanca.
half-cock ['hɑ:f'kɒk] [jaf-kok], *a.* En seguro; se dice de un arma de fuego a medio amartillar.
half-crown ['hɑ:f'kraʊn] [jaf-kraun], *s.* Antigua moneda inglesa de plata del valor de dos chelines y medio.
half-hearted ['hɑ:f'hɑ:tɪd] [jaf-jar-tid], *a.* Sin ánimo, indiferente.
half holiday ['hɑ:f'hɒlɪdeɪ] [jaf-jo-li-dei], *s.* Medio día de fiesta.
half life ['hɑ:flaɪf] [jaf-laif], *s.* Vida media, período medio.
half-mast ['hɑ:f'mɑ:st] [jaf-mast], *s.* A media asta, posición de una bandera en el palo en señal de duelo. *-va.* Poner a media asta.
half-moon ['hɑ:f'mu:n] [jaf-mun], *s.* Semilunio; lo que tiene figura de media luna.
halfpenny ['hɑ:fpenɪ] [jaf-pe-ni], *s.* (*po.* HALFPENCE ['hɑ:fpens] [jaf-pens], o HALFPENNIES). Medio penique, moneda de cobre en Inglaterra.
half-tone ['hɑ:ftəʊn] [jaf-toun], *a.* Perteneciente o relativo a un procedimiento fotográfico para la obtención de láminas. *-s.* 1. Lámina obtenida por este procedimiento. 2. *(Mús.)* Semitono.
halibut ['hælɪbət] [ja-li-bat], *s.* Mero, pez de los mares septentrionales.
halitosis [ˌhælɪ'təʊsɪs] [ja-li-tou-sis], *s.* Mal aliento.
hall [hɔ:l] [jol], *s.* 1. Vestíbulo, zaguán; corredor. 2. Salón grande a la entrada de algunas casas; antecámara. 3. Sala, el paraje donde se reunen los magistrados de los tribunales superiores para ejercer su ministerio. 4. Casa de ayuntamiento. 5. Casa de un gremio o corporación. 6. Salón, el paraje donde se reunen los diputados del pueblo o los comisionados de un cuerpo para celebrar sus juntas. 7. Colegio en las universidades de Oxford y Cambridge. **Hall-mark**, sello o marca oficial del Gremio de Orífices y Plateros *(Ingl.)* que indica la ley de los artículos de oro y plata.
hallelujah [ˌhælɪ'lu:jə] [ja-li-lu-ya], *s.* Aleluya, canto en acción de gracias que significa **alabad al Señor**.
hallo, halloa [hʌ'ləʊ] [ja-lou], inter. Voz para llamar la atención o para saludar: ¡hola! ¡oye! ¡oiga! ¡eh!
halloo [hə'lu:] [ja-lu], inter. ¡Sus! ¡Busca! Voz con que los cazadores azuzan a los perros.
halloo, *va.* y *vn.* 1. Gritar a los perros en la caza o azuzarlos con gritos. 2. Gritar a, dar grita, insultar con clamores y gritos. 3. Llamar a uno gritando o a gritos; avisar a uno o darle aviso por medio de un grito.
hallooing [hə'lu:ɪŋ] [ja-luin], *s.* Grito alto y vehemente.
hallow ['hæləʊ] [ja-lou], *va.* Consagrar, santificar; reverenciar.
Halloween ['hæləʊ'i:n] [ja-louin], *s.* Víspera del día de Todos los Santos. Lo celebran principalmente los niños en los E.U. con fiestas de disfraces.
Hallowmas ['hæləʊmæs] [ja-lou-mas], *s.* El día de Todos los Santos, y el de la conmemoración de los fieles difuntos, que son el uno y el dos de noviembre. **Hallow-eve**, la víspera del día de Todos los Santos; muy celebrada entre los irlandeses.
hallucinate [hə'lu:sɪneɪt] [ja-lu-si-neit], *vn.* Alucinarse, confundirse, equivocarse.
hallucination [həˌlu·sɪ'neɪʃən] [ja-lu-si-nei-shon], *s.* Alucinación, error, equivocación; disparate.
hallway ['hɔ:lweɪ] [jol-uei], *s.* *(E.U.)* Vestíbulo, zaguán; pasillo, corredor.
halma ['hælmə] [jal-ma], *s.* Juego de salón, con tablero y piezas numerosas y en el que toman parte dos, tres o cuatro personas.
halo ['heɪləʊ] [jei-lou], *s.* 1. Halo o halón, corona, especie de metéoro que consiste en un círculo alrededor del sol y la luna. 2. Làuréola, auréola.
halogen ['heɪləʊdʒɪn] [jei-lou-yin], *s.* Halógeno.
halography ['heɪləʊˌgræfɪ] [jei-lou-gra-fi], *s.* Halografía.
haloid ['hælɔɪd] [ja-loid], *a.* Haloideo, parecido a la sal marina. *-s.* Sal haloidea.
halt [hɔ:lt] [jolt], *vn.* 1. Cojear, andar cojo (limp). 2. Parar, hacer parada o alto en alguna marcha o viaje. 3. Vacilar, dudar, tartamudear (stammer).
halt, *s.* 1. Cojera, el acto de cojear. 2. Parada, alto (stop). *-a.* Encojado, cojo; estropeado, lisiado.
halter ['hɔ:ltəʳ] [jol-taʳ], *s.* 1. Cabestro, ronzal, ramal, jáquima. 2. Soga, cuerda con que se ahorca a los malhechores. 3. Cojo, el que cojea.
halter, *va.* 1. Poner el cabestro, echar el ronzal. 2. Encordar.
haltingly ['hɔ:ltɪŋlɪ] [jol-tin-li], *adv.* A cox cox, a cox, cojita, a la pata coja.
halve [hɑ:v] [jav], *va.* Partir en dos mitades.
halves [hɑ:vz] [javs], inter. A la parte me llamo: expresión con que alguno pide parte de lo que otro se ha encontrado o ha ganado. *-pl.* de HALF. **To go halves**, ir a medias tener una parte igual.
halyard ['hæljəd] [jal-yard], *s.* *(Mar.)* Driza. **Peak-halyard**, driza del pico. **Throat-halyards**, drizas del foque mayor.

ham [hæm] [jam], *s.* 1. Pernil, jamón, el anca y muslo del puerco salado. 2. *(Anat.)* Corva, la parte de la pierna opuesta a la rodilla. *-n. pr.* Cam, hijo de Noé.
hamate ['hæmeɪt] [ja-meit], *a.* Enredado, encorvado, ganchoso.
hamated ['hæmeɪtɪd] [ja-mei-tid], *a.* Garabateado; lo que está afirmado o clavado con ganchos o garabatos.
hamburger ['hæmbɜːgəʳ] [jam-ber-gaʳ], *s.* Hamburguesa, emparedado de carne molida.
hame [heɪm] [jeim], *s.* 1. Horcate, palo que se pone al pescuezo de las caballerías para el tiro. 2. *(Esco.) V.* HOME.
hamlet ['hæmlɪt] [jam-lit], *s.* Aldea, villorrio, población corta, aldehuela.
hammam ['hæməm] [ja-mam], *s.* En Turquía, casa de baño;: de aquí, en los países occidentales, baño turco.
hammer ['hæməʳ] [ja-maʳ], *s.* Martillo, herramienta de percusión, compuesta de una cabeza, por lo común de hierro, y un mango. **Sledge-hammer**, macho, mazo grande. **Clech-hammer**, martillo de presa, de oreja. **Claw-hammer**, martillo con pala hendida o de orejas. **Drop-hammer**, martinete. **Paving-hammer**, pico de cantero. **Peen hammer**, martillo de boca. **Piano hammer**, martinete de piano. **Tack-hammer**, martillo para puntillas. **To come under the hammer,** venderse en subasta. **Tuning-hammer**, templador de afinador. **Hammer-dressed**, escuadrado, labrado a escoda. **To be hammered,** recibir una paliza.
hammer, *va.* 1. Martillar, batir y dar golpes con el martillo. 2. Forjar, trabajar alguna cosa a martillo. 3. Forjar, idear, trabajar alguna cosa con el entendimiento. **To hammer one's brains**, devanarse los sesos. *-vn.* Trabajar, estar ocupado, agitarse, hallarse en agitación. **The player hammered the ball into the net,** el jugador clavó el balón en la red.
hammercloth ['hæməklɒθ] [ja-ma-kloz], *s.* Paño del pescante de un coche.
hammerer ['hæmərəʳ] [ja-ma-raʳ], *s.* Martillador.
hammerhead ['hæməhed] [ja-ma-jed], *s. (Zool.)* Cornudilla, pez martillo, especie de tiburón.
hammering ['hæmərɪŋ] [ja-ma-rin], *s.* 1. Martilleo; la acción de fraguar; el ruido que hacen los martillazos. 2. Batido a martillo: superficie repujada de un metal.
hammerman ['hæməmən] [ja-ma-man], *s.* Martillador.
hammock ['hæmɒk] [ja-mok], *s.* Hamaca, red gruesa y clara que sirve de cama o columpio; coy.
hamper ['hæmpəʳ] [jam-paʳ], *s.* 1. Cuévano, canasta, cesto grande y hondo que sirve para varios usos. 2. Aparejo, jarcias y motonería a bordo. 3. Traba, impedimiento.
hamper, *va.* 1. Enmarañar, enredar, embarazar, estorbar. 2. Entrampar, persuadir con engaños o añagazas, embobar. 3. Encestar, recoger en una cesta.
hamstring ['hæmstrɪŋ] [jams-trin], *s.* Tendón de la corva.
hamstring, *va.* Desjarretar, cortar las piernas por el jarrete o por la corva.
hanaper ['hænəpəʳ] [ja-na-paʳ], *s.* 1. Canasta o cesta para documentos u objetos de valor. 2. Erario, tesorería.
hand [hænd] [jand], *s.* 1. Mano, parte del cuerpo humano que comienza en la muñeca y acaba en las puntas de los dedos. 2. Maña, destreza, habilidad (hability); también obra mecánica o manual, manos. 3. Mano derecha o izquierda, el lado derecho o izquierdo. 4. Operario, operaria, hombre o mujer que hace trabajo manual. 5. Una persona; gente; agente, instrumento; por lo común en plural. **All hands joined in the sport**, todos se pusieron a divertirse. 6. La mano como prenda de esponsales. 7. Manecilla o aguja de reloj. 8. Disciplina; influencia (influence); poder, posesión (possession). 9. Forma o carácter de escritura (writing). 10. Palmo, medida de cuatro pulgadas. 11. Mano, en el juego. 12. Acción, trabajo, agencia (action). **Clean hands**, manos limpias, es decir, honradez en asunto de interés. **Light hand**, dulzura, suavidad. **To bring up by hand**, dar de marmar artificialmente a un niño o un animalito. **To get one's hand in**, estar en vena, adquirir habilidad por medio de la práctica. **To get the upper hand**, llevar la ventaja, ganar la palmeta. **To come to hand**, estar o hallarse a la mano, ser recibido. **To have a hand in**, tener parte en, ser interesado o compormetido en. **To lay hands on**, echar mano (a alguno), acometer; ordenar por medio de la imposición de manos. **To lend a hand**, echar una mano, ayudar. **To set the hand to**, meter mano en, emprender, embarcarse en un negocio. **To stand one in hand**, concernir, importar a alguno. **To strike hands**, tocar la mano en señal de cerrar un contrato. **To shake hands**, apretar la mano (a alguno) en signo de amistad. **To wash one's hands of,** lavarse las manos, desentenderse, declinar toda responsabilidad. **To change hands**, cambiar de dueño. **Hands off!**, ¡manos quietas! **To lay violent hands on**, dar la muerte. **It is allowed on all hands**, todo el mundo conviene o todos confiesan. **In hand** De contado, desde luego, por de pronto, hablando de dinero que se recibe. **At hand** o **near at hand**, a la mano, cerca, al lado, junto. **To hold hand**, competir. **By the hand**, por medio de. **Under my hand**, firmado de mi puño y letra. **On the one hand**, por una parte o por un lado. **I have it from very good hands**, lo sé de buen origen. **Keep off your hands**, no me toques. **Hand in hand**, de concierto, de acuerdo, de inteligencia. **Short-hand**, abreviatura, taquigrafía. **Off-hand**, pronto sin detenerse. **On hand**, (a) a mano, en poder, en su legítima posesión; surtido. (b) a la mano, en su lugar, presente, puntual. **To buy at first hand**, comprar de primera mano. **A good hand at cards**, buen juego, buenas cartas. **They are hand and glove**, son uña y carne. **Out of hand**, luego, inmediatamente. **Hand over head**, inconsideradamente. **Minute hand**, minutero. **From hand to mouth**, de manos a boca, esto es, sin economía, sin previsión para el futuro. **First-rate hand**, *(Mec.)* un buen oficial, un excelente mecánico. **Second-hand clothes**, ropa usada. **Second-hand clothes shop**, ropavejería. **Second-hand bookseller**, librero de viejo, o de libros usados. **An off-hand sketch**, diseño improvisado. **To be short of hands**, carecer de brazos, de operarios. **All hands below!** ¡Abajo todo el mundo! **All hands on deck!** ¡Todo el mundo arriba! **Large hand,** letra grande. **Round hand**, letra redonda. **To be one's right hand**, ser la mano derecha de uno.
hand, *va.* 1. Alargar, alcanzar algo y darlo a otro. 2. Conducir, guiar por la mano (guide). 3. Agarrar, echar la mano. 4. Manejar una cosa o moverla con la mano. 5. Poner en manos de. *-vn.* Cooperar, concertarse, ir de acuerdo o inteligencia. **To hand down,** (a) transmitir, pasar sucesivamente de unos a otros. (b) bajar, entregar a un cuerpo inferior; pasar de arriba a abajo. **To hand in (**o **into)**, dar la mano para entrar; ayudar a entrar en. **To hand round** o **around**, hacer pasar, hacer circular, pasar de uno a otro. **To hand the sails**, *(Mar.)* Aferrar las velas.
handbag ['hæn*d*bæg] [jand-bag], *s.* Bolsa de mano, saco de noche, maletín.
hand baggage ['hæn*d*bagɪdʒ] [jand-ba-guich], *s.* Equipaje de mano.
handball ['hæn*d*bɔːl] [jand-bol], *s.* 1. Pelota de mano. 2. Juego de este nombre. 3. Bola hueca para rociar, etc.
handbarrow ['hæn*d*bærəʊ] [jand-ba-rou], *s.* Angarillas, parihuela.
hand-basket ['hæn*d*bɑːskɪt] [jand-bas-kit], *s.* Cestilla, cesta pequeña.
handbell ['hæn*d*bel] [jand-bel], *s.* Esquila, campanilla.
handbill ['hæn*d*bɪl] [jand-bil], *s.* Cartel, anuncio, prospecto.
handbook ['hæn*d*bʊk] [jand-buk], *s.* Manual, guía.
handbow ['hæn*d*baʊ] [jand-bau], *s.* Arco de mano para disparar flechas.
handbreadth ['hæn*d*breθ] [jand-brez], *s.* Palmo, lo ancho de la mano.
handcar ['hæn*d*kɑːʳ] [jand-kaʳ], *s. (Ferro.)* Vagón pequeño que se hace andar con unas palancas movidas a mano.
handcart ['hæn*d*kɑːt] [jand-kart], *s.* Carrito o carretilla de mano.
handcraft, *s. V.* HANDICRAFT.
handcuff ['hæn*d*kʌf] [jand-kaf], *s.* Manilla, esposas.

handcuff, *va.* Maniatar.
handed ['hændɪd] [jan-did], *a.* 1. Lo que tiene el uso de la mano. 2. *(Des.)* Con las manos juntas. En composición: **Right-handed**, que usa habitualmente de la mano derecha. **Left-handed**, zurdo, que usa con preferencia de la mano izquierda. *V.* también SCREW. **Four-handed**, a cuatro manos. **Empty-handed**, con las manos vacias. **Hard-handed**, de manos callosas; de mano pesada. **High-handed**, imperioso. **One-handed**, manco. **Open-handed,** generoso, liberal. **Single-handed**, con una sola mano; por sí solo.
hander ['hændəʳ] [jan-daʳ], *s.* El que transmite o envía.
handfast ['hæn*d*fɑːst] [jand-fast], *va.* 1. Desposar, casar a uno por palabras de presente. 2. Atar, boligar, precisar por deber.
handful ['hæn*d*fʊl] [jand-ful], *s.* 1. Puñado manojo, una mano llena. 2. *(Des.)* El ancho de la mano. **handful of flour**, puñado de harina. **Handful of people**, puñado de gente. **Double handful**, almuerzo.
hand-gallop ['hæn*d*gæləp] [jand-ga-lop], *s.* Galope fácil o corto.
hand grenade ['hæn*d*grɪˌneɪd] [jand-gre-neid], *s.* Granada de mano.
hand-gun ['hæn*d*gʌn] [jand-gan], *s.* Escopeta de mano.
hand-glass ['hæn*d*glɑːs] [jand-glas], *s.* 1. Espejo de mano. 2. Lente para leer.
handicap ['hændɪkæp] [jan-di-kap], *va.* Imponer ciertos impedimentos o desventajas para contrapesar determinadas ventajas; de aquí, poner obstáculos, estorbar, detener (hamper, linder). *-s.* 1. Condición que se impone para igualar las probabilidades de éxito de los competidores, p. ej. llevar un exceso de peso o empezar una carrera después que los otros contendientes. 2. Carrera con caballos de peso igualado.
handicapped ['hændɪkæpt] [jan-di-kapt], *a.* Impedido, estorbado por algún inconveniente o desventaja.
handicraft ['hændɪkrɑːft] [jan-di-kraft], *s.* 1. Oficio, arte mecánica, obra manual. 2. Menestral, mecánico.
handicraftsman ['hændɪkrɑːftsˌmən] [jan-di-krafts-man], *s.* Artesano, menestral, mecánico, el que ejerce algún arte mecánica o manual.
handicuff ['hændɪkʌf] [jan-di-kaf], *s.* Manotada, revés, puñetazo.
handily ['hændɪlɪ] [jan-di-li], *adv.* Mañosamente, con destreza (skillfully).
handiness ['hændɪnɪs] [jan-di-nes], *s.* Maña, habilidad, destreza para hace alguna cosa.
handiwork ['hændɪwɜːk] [jan-di-uek], *s.* Obra mecánica o manual.
hardkerchief ['hæŋkətʃɪf] [jan-ker-chif], *s.* Pañuelo.
hand-language ['hændɪˌlæŋgwɪtʃ] [jan-di-lan-güich], *s.* El arte de entenderse por medio de las manos o de los dedos, por señas.
handle ['hændl] [jan-del], *va.* 1. Palpar, tocar con las manos (touch); manosear. 2. Manejar; hacer tratable (use, manipulate). 3. Tratar un asunto, una materia, una cuestión, etc (deal). 4. Practicar una profesión o arte. 5. Comerciar en, comprar y vender. 6. Tratar, portarse bien o mal con alguno. *-vn.* 1. Hacer uso de las manos, trabajar con ellas. 2. Ser manejado. **Handle with care**, frágil; con cuidado.
handle, *s.* 1. Mango, puño, asa, asidero, manija, cabo. **A fan with ivory handles**, abanico con varillas de marfil. 2. Cualquier cosa que se puede echar mano para usarla. 3. *(Fam.)* Tratamiento, título que da una profesión.
handle bar ['hændlbɑːʳ] [jan-del-baʳ], *s.* Manubrio (de bicicleta, etc.)
handless ['hændlɪs] [jand-lis], *a.* Manco, sin mano.
handling ['hændlɪŋ] [jand-lin], *s.* 1. Manejo, el acto de manejar alguna cosa (use). 2. Toque, en la pintura o escultura. 3. Manejo, treta, astucia, ardid (trick).
hand-made ['hæn*d*meɪd] [jand-meid], *a.* Hecho a mano.
handmaid ['hæn*d*meɪd] [jand-meid], **handmaiden** ['hæn*d*meɪdən] [jand-mei-den], *sf.* Criada, asistenta.
hand-me-down ['hæn*d*mɪdaɪn] [jand-mi-daun], *a.* Hecho, de confección; barato de segunda mano; poco elegante.
hand-mill ['hæn*d*mɪl] [jand-mil], *s.* Molinillo, molino que se mueve con la mano.
hand-organ ['hæn*d*ɔːgən] [jand-or-gan], *s.* Organillo, órgano de cigüeña.
handout ['hændaʊt] [jand-aut], *s.* 1.*(Fam.)* Ropa o comestibles que se dan de limosna. 2. Volante de distribución gratuita. 3. Noticias o información distribuidas por una agencia de publicidad. 4. Declaración oficial proporcionada a la prensa.
hand-picked ['hæn*d*'pɪkt] [jand-pikt], *a.* Escogido o seleccionado con cuidado.
handrail ['hæn*d*reɪl] [jand-reil], *s.* Barandal, pasamano.
hand-sails ['hæn*d*seɪlz] [jand-seils], *s. pl. (Mar.)* Velas manuales.
hand-saw ['hæn*d*sɔː] [jand-so], *s.* Sierra de mano, serrucho.
hand-screw ['hæn*d*skruː] [jand-skru], *s.* Gato de mano, cornaquí.
handsel, hansel ['hændsl] [jand-el], *s.* 1. Estrena, el primer dinero que se recibe por lo que se vende o la primera venta de algún objeto; regalo que se da como muestra de benevolencia. 2. Prenda que se da como garantía de una venta o contrato.
handsel, hansel, *va.* (Poco us.) Estrenar alguna cosa o estrenarse en ella; dar un regalo o aguinaldo; dar prenda en garantía.
handset ['hændset] [jand-set], *s.* Microteléfono (aparato con el micrófono y auricular en una sola pieza.)
handshake ['hændʃeɪk] [jand-sheik], *s.* Apretón de manos.
hands-off [ˌhændz'ɒf] [jands-of], *a.* De no intervención; **hands off policy**, política de no intervención.
handsome ['hænsəm] [jan-som], *a.* 1. Apuesto, perfecto, de buena figura, gentil, lindo, agradable a la vista. 2. Primoroso, excelente (excellent). 3. Amplio, liberal, dadivoso (generous). 4. Generoso, noble. 5. Honrado, honesto (honest). 6. Fino, distiguido, correcto. **It is not handsome for you to say so**, no está bien que Ud. hable así. **A handsome man,** un hombre apuesto.
handsomely ['hænsəmlɪ] [jan-som-li], *adv.* Hermosamente, primorosamente; generosamente.
handsomeness ['hænsəmnɪʃ] [jan-som-nes], *s.* Hermosura, gracia, elegancia; generosidad. «**Handsomeness is the more animal excellence, beauty the more imaginative**», la hermosura es la excelencia más corpórea, la belleza la más espiritual.
handspring ['hæn*d*sprɪŋ] [jand-sprin], *s.* Voltereta.
handstroke ['hæn*d*strəʊk] [jand-strouk], *s.* Golpe dado con la mano; puñetazo.
handstaff ['hæn*d*stɑːf] [jand-staf], *s.* Jabalina, arma antigua.
handwheel ['hæn*d*wiːl] [jand-uil], *s. (Mec.)* Rueda o volante de mando o maniobra.
handwork ['hæn*d*wɜːk] [jand-uerk], *s.* Obra hecha a mano y no a máquina; obra manual.
handwriting ['hæn*d*wraɪtɪŋ] [jand-rai-tin], *s.* 1. Carácter de letra, la forma de letra que cada uno tiene, quirografía. 2. Escritura, algo escrito.
handy ['hændɪ] [jan-di], *a.* 1. Manual o ejecutado con la mano. 2. Socorrido, de uso conveniente; muy arrimado, junto, cerca, de fácil acceso. 3. Diestro, hábil, mañoso. 4. *(Mar.)* Manual, lo que es fácil de manejar.
handygripe ['hændɪɢraɪp] [jan-di-graip], *s.* El acto de agarrar, ya sea con las manos o con las garras.
handy man ['hændɪmən] [jan-di-man], *s.* 1. Manitas. 2. Persona con facilidad para muchos oficios.
handywork ['hændɪwɜːk] [jan-di-uerk] *s.* Obra mecánica o manual.
hang [hæŋ] [jang], *va.* (*pret.* y pr. HUNG o HANGED). 1. Colgar, suspender alguna cosa en alto (put up). 2. Inclinar alguna cosa, ponerla más baja de lo que debía estar. 3. Desplegar alguna cosa colgándola. 4. Fijar algo de modo que pueda moverse en determinadas direcciones (fix). 5.

Colgar, ahorcar. (En este sentido el participio pasado es **hanged** solamente). 6. Entapizar, adornar con tapices o telas. *-vn.* 1. Colgar, estar alguna cosa pendiente en el aire. 2. Fluctuar, vacilar (hesitate). 3. Ser ahorcado, sufirir la pena de horca. 4. Pegarse, agregarse alguno a otro importunamente y sin ser llamado. 5. Colgarse, abrazarse fuertmente al cuello de alguna persona. 6. Continuar en el mismo estado. 7. Quedarse suspenso al oír algo. 8. Depender de la voluntad o dictamen de otro. 9. Formar pendiente. 10. Tardar, dilatar. 11. *(E. U.)* No poder avenirse los pareceres, **p**. ej. en un jurado. **Cf**. núm. 6.
hang around, tardar, haraganear.
hang back, rehusar ir adelante, vacilar antes de adelantar.
hang down, bajar; colgar, estar pendiente.
hang out, enarbolar.
hang up, levantar, suspender en el aire. **To hang about one's neck**, abrazarse estrechamente con alguno. **To hang loose,** estar colgada una cosa de modo que se pueda mover con facilidad.
hang over, cabecear, inclinarse.
hang together, acordarse.
hang upon, mirar con afecto particular. *(Mar.)* Cargar sobre. **To hang the rudder,** *(Mar.)* Montar el timón. **To hang fire**, *(Mil.)* suspender el fuego; se dice también de las armas de fuego que no disparan al instante; de aquí, tardarse, no tener lugar, no hacerse al tiempo debido. **To hang a room with tapestry**, entapizar una pieza. **Hanging knees**, *(Mar.)* curvas de alto abajo. **Hang me, if it is not a fib all that he says**, *(Fam.)* que me emplumen si no es mentira todo lo que dice. **Hang-bird**, pájaro que fabrica un nido colgante, como la oropéndola y eloriol de Baltimore; a éste último se le llama también familiarmente **fiery hang-bird**.
hang, *s.* 1. La manera como cuelga o se cuelga una cosa. 2. *(Fam.)* Uso o conocimiento familiar, maña, destreza. 3. Idea, prevalente, conexión, aceptación general. 4. *(Mar.)* Curva, bajada rápida.
hangar ['hæŋəʳ] [jan-gaʳ], *s. (Aer.)* Hangar.
hangbird ['hæŋbɜːd] [jang-berd], *s.* Pájaro que fabrica un nido colgante.
hangby ['hæŋbaɪ] [jang-bai], *(Ant.)* **Hanger on**, *s.* 1. Dependiente; mogollón, gorrista, pegote, moscón, ladilla. 2. Familiar; paseante en corte.
hangdog ['hæŋdɒg] [jang-dog], *a.* De carácter o apariencia vil; bajo, tacaño. *-s.* Hombre vil, ruin e insidioso; mataperros.
hanger ['hæŋəʳ] [jan-gaʳ], *s.* Soporte colgante, barra, gancho.2. Colgadero, percha. 3. Sable corto.
hanging ['hæŋɪŋ] [jan-guin], *s.* 1. Colgadura; tapices o telas con que se cubren y adornan las paredes interiores de las casas. 2. Muestra, exhibición. 3. Muerte en la horca. *-a.* Digno de ser ahorcado o digno de horca. **Hanging face**, cara de ahorcado.
hangman ['hæŋman] [jang-man], *s.* Verdugo, el ejecutor de las penas corporales y de la pena capital.
hangnail ['hæŋneɪl] [jang-neil], *s.* Padrastro, respigón, pedacito de pellejo que se levanta de la carne inmediata a las uñas de la mano.
hangout ['hæŋaʊt] [jang-aut], *s.* Morada, guarida; punto de reunión.
hangover ['hæŋˌəʊvəʳ] [jang-ou-vaʳ], *s.* 1. Cruda. *(Amer.)* Resaca, goma, guayabo. 2. Sobrante.
hank [hæŋk] [jank], *s.* 1. Madeja de hilo, ovillo. 2. *(Vulg.)* Lazo, freno; influencia, inclinación, poder. **Hanks,** *(Mar.)* Anillos o arcos de palo.
hank, *V.* 1. Hacer madejas. 2. Adujar.
hanker ['hæŋkəʳ] [jan-kaʳ], *vn.* Ansiar, apetecer.
hanker, *s.* Obrero que ata o empaqueta madejas.
hankering ['hæŋkərɪŋ] [jang-ka-rin], *s.* Ansia fuerte o vehemente, antojo, deseo; afición, inclinación, apetencia.
hanky ['hæŋkɪ] [jan-ki], *s.* Pañuelo (children).
hanky-panky ['hæŋkɪ'pæŋkɪ] [jan-ki-pan-ki], *s.* 1. Charlatanería de prestidigitador para distraer la atención. 2. Engaño. 3. Prestidigitación.
Hannah ['hɑːnə] [ja-na], *n. pr.* Ana.
Hannibal ['hæŋɪbəl] [ja-ni-bal], *n. pr.* Aníbal.
Hanover ['hænəvəʳ] [ja-no-vaʳ], *(Geog.)* Hannover.
Hanoverian [ˌhænəʊ'vɪərɪən] [ja-no-via-rian], *a.* Hannoveriano.
hanse ['hænz] [jans], *s.* 1. Gremio o unión mercantil. 2. Hansa, Ansa.
hap [hæp] [jap], *s.* 1. Caso, lance, acaso; casualidad, accidente. 2. Fortuna, buena suerte.
hap, *vn.* Acontecer, acaecer, suceder. *-va. (Esco.)* Cubrir; vestir.
haphazar ['hæp'hæzəd] [jap-ja-sard], *a.* 1. De casualidad. 2. Descuidado, a medias.
hapless ['hæplɪs] [ja-plis], *a.* Desgraciado, desventurado, desamparado, miserable.
haply ['hæplɪ] [ja-pli], *adv.* 1. Quizá o quizás. 2. Casualmente, por casualidad.
happen ['hæpən] [ja-pen], *vn.* 1. Acontecer, acaecer (occur, take place); suceder por casualidad; sobrevenir; llegar el caso de. 2. Hallarse en alguna parte. **Whatever happens**, suceda lo que quiera, venga lo que viniere. **I happened to be there**, por casualidad me hallaba allí. **It unfortunately happened that I was not there**, por desgracia no me hallé allí. **To happen in**, *(Fam.)* Hacer una visita por casualidad. **To happen on**, encontrar, hallar por acaso. **I happened on other things**, hallé o me encontré con otras materias. **He happened to be there,** estaba allí por casualidad. **Hi, what's happening?,** hola, ¿qué tal? *(Amer)*. **These things happen,** son cosas que pasan.
happening ['hæpnɪŋ] [jap-nin], *s.* Acontecimiento, suceso.
happily ['hæpɪlɪ] [ja-pi-li], *adv.* Dichosamente, felizmente; graciosmente.
happiness ['hæpɪnɪs] [ja-pi-nes], *s.* Felicidad, prosperidad, dicha (joy); gracia natural o no estudiada.
happy ['hæpɪ] [ja-pi], *a.* 1. Feliz, bienaventurado, dichoso, afortunado. 2. Expedito, desembarazado. **To lead a happy life** Pasar una vida feliz o dichosa.
happy-go-lucky ['hæpɪgəʊ'lʌlɪ] [ja-pi-gou-la-ki], *a.* Despreocupado, contento de su suerte.
hara-kiri o **hari-kari** ['hærə'kɪrɪ] [ja-ra-ki-ri], *s.* Procedimiento japonés de suicidio por medio del desentrañamiento.
harangue [hə'ræŋ] [ja-rang], *s.* Arenga, oración.
harangue, *vn.* Arengar, decir en público, alguna arenga o discurso. *-va.* Hablar arengando.
haranguer [hə'ræŋəʳ] [ja-ran-gaʳ], *s.* Orador.
harass ['hærəs] [ja-ras], *va.* 1. Cansar, causar cansancio, acosar, fatigar, hostigar, incomodar. *(Vulg.)* Moler, jorobar. 2. *(Mil.)* Hostigar, cansar al enemigo por medio de ataques repetidos.
harassment ['hærəsmənt] [ja-ras-ment], *s.* Cansancio, fatiga, hostigamiento.
harbinger ['hɑːbɪndʒəʳ] [jar-bin-chaʳ], *s.* Precursor, el que va delante de otro; aposentador; anuncio, presagio. *-va.* Presagiar, anunciar; ser precursor de.
harbor, harbour ['hɑːbəʳ] [jar-baʳ], *s.* 1. Puerto, ensenada. **Harbor-dues**, derechos de puerto. **Harbor-master**, capitán de puerto. 2. Asilo, lugar de refugio y descanso. 3. *(Des.)* Albergue, posada.
harbor, *va.* 1. Abrigar, amparar, defender, resguardar (defend). 2. Albergar, acoger, hospedar, dar albergue u hospedaje; concebir, recibir en la mente. 3. Dar abrigo o ser capa de ladrones. *-vn.* Recibir amparo o protección.
harborage ['hɑːbəreɪdʒ] [jar-ba-reich], *s.* 1. Puerto, lugar de abrigo para las embarcaciones. 2. Amparo, asilo.
harborer ['hɑːbərəʳ] [jar-ba-raʳ], *s.* 1. Amparador, albergador, acogedor, el que hospeda a alguno, antiguamente huésped. 2. Encubridor de robos o ladrones.
hard [hɑːd] [jard], *a.* 1. Duro, sólido, firme, endurecido (tough). 2. Difícil, dificultoso, arduo, penoso, trabajoso (dificult). 3. Oscuro, difícil de entenderse. 4. Insensible, cruel, riguroso, severo, rígido. **A hard winter**, invierno

riguroso. 5. Injusto, contrario a la razón, opresivo, ofensivo. 6. Áspero, bronco, grosero (rude). 7. Escaso; tosco y desagradable al gusto. 8. Mezquino, miserable. 9. Cruda, gorda, que contiene ciertas sales minerales disueltas: se dice del agua. **Hard of bearing**, medio sordo, teniente o duro de oído. **Hard of belief,** incrédulo. **Hard to deal with**, intratable, poco sociable. **Hard words**, palabras ásperas o palabras injuriosas. **Hard drinking**, borrachera, la condición de beber a pote. *-adv.* 1. Cerca, a la mano. **Hard by**, inmediato, arrimado, muy cerca. 2. Diligentemente, con ahinco. **To study hard**, estudiar con ahinco. 3. Inquietamente, con inquietud: con impaciencia, vejación o pesar. **To go hard**, traer a mal traer, causar apuros. 4. Aprisa, ligeramente. 5. Difícilmente, con dificultad. 6. Tempestuosamente. 7. Reciamente, con fuerza, con dureza. 8. *(Mar.)* Todo al límite extremo. **Hard a-port**, a babor todo. **To drink hard**, beber con exceso. **To grow hard**, endurecerse. **It rains hard**, llueve a cántaros. **Hard and fast**, de cal y canto, o a macha martillo. **Hard cash**, moneda sonante, numerario; opuesto a papel moneda. **Things go hard with him**, sus asuntos se hallan en mal esado. **It will go hard with me if I cannot prevent him**, me irá mal si no logro impedírselo. **The poor fellow was hard put to it for a living**, el pobre hombre vivía con mucho trabajo. **To be hard up**, hallarse en apuros, estar a la cuarta pregunta. **Hard-pressed, hard-pushed**, escaso o falto de recursos, apurado, reducido a una situación angustiosa.

hard-and-fast ['hɑːdən'fɑːst] [jard-an-fast], *a.* Rígido, estricto. **Hard-and-fast rule**, disposición inquebrantable.

hard-bitted ['hɑːd'bɪtɪt] [jard-bi-tid], *a.* Boquiduro (horse).

hard-bitten ['hɑːd'bɪtn] [jard-bi-ten], *a.* Duro, resistente en la lucha, terco, tenaz.

hard-boiled ['hɑːd'bɔɪld] [jard-boild], *a.* 1. Duro (egg). 2. Duro, insensible, inflexible. 3. Terco.

hard-bound ['hɑːd'baʊnd] [jard-baund], *a.* Estreñido; estéril.

hard cider ['hɑːd'sɪdəʳ] [jard-si-daʳ], *s.* Sidra, bebida alcohólica.

hard coal ['hɑːdkəʊl] [jard-koul], *s.* Antracita.

hard-earned ['hɑːd'ɜːnd] [jard-ernd], *a.* Ganado o adquirido con dificultad.

harden ['hɑːdn] [jar-den], *vn.* 1. Endurecer, poner dura y sólida alguna cosa. 2. Endurecer, robustecer, hacer a uno más apto para la fatiga o para el trabajo; curtir. 3. Endurecer; hacer duro, insensible, obstinado, descarado. 4. Hacer a uno firme y constante. *-vn.* Endurecerse, empedernirse.

hardener ['hɑːdnəʳ] [jard-naʳ], *s.* El que endurece.

hardening ['hɑːdnɪŋ] [jard-nin], *s.* Endurecimiento. Hardening the arteries, arteriosclerosis.

hard-favoredness ['hɑːd'feɪvədnɪs] [jard-fei-vord-nes], *s.* Fealdad; facciones irregulares o duras.

hard-fisted ['hɑːd'fɪstɪd] [jard-fis-tid], *a.* 1. Con las manos callosas o endurecidas. 2. Avaro, miserable. *V.* CLOSE-FISTED.

hard-fought ['hɑːd'fɔːt] [jard-fot], *a.* Fuertemente combatido.

hard-got, hard-gotten ['hɑːdgɒt] [jard-got], *a.* Adquirido con mucho trabajo.

hard-handed ['hɑːd'hændɪd] [jard-jan-did], *a.* 1. Basto, el que tiene las manos encallecidas por el trabajo; menestral, trabajador. 2. Severo, despótico.

hard-headed ['hɑːd'hedɪd] [jard-je-did], *a.* 1. Testarudo, terco. 2. Astuto, sagaz.

hard-hearted ['hɑːd'hɑːtɪd] [jard-jar-tid], *a.* Cruel, severo, bárbaro, inhumano, salvaje, duro de corazón, insensible, inflexible, inexorable.

hard-heartedness ['hɑːd'hɑːtɪdnɪs] [jard-jar-tid-nes], *s.* Crueldad, falta de ternura o compasión, insensibilidad, inhumanidad, dureza de corazón.

hardihood ['hɑːdɪhuːd] [jar-di-jud], *s.* 1. Atrevimiento, valor; atrevimiento inconsiderado, temeridad. 2. Descaro, impudencia, desvergüenza.

hardiness ['hɑːdɪnɪs] [jar-di-nes], *s.* 1. Ánimo, osadía, valor, intrepidez. 2. Robustez, vigor.

hard labor ['hɑːd'leɪbəʳ] [jard-lei-baʳ], *s.* Trabajos forzados (en una prisión, etc.)

hard-labored ['hɑːd'leɪbəd] [jard-lei-bord], *a.* Elaborado, trabajado.

hardly ['hɑːdlɪ] [jard-li], *adv.* 1. Difícilmente, con dificultad, apenas. 2. No totalmente, casi no, apenas: eufemismo en lugar de no. 3. De mala gana, a viva fuerza. 4. Rigurosamente, con rigor y opresión; ásperamente, con aspereza, duramente, severamente. 5. Improbablemente.

hard-mouthed ['hɑːd'maɪθɪd] [jard-mau-zid], *a.* Desobediente al freno: se dice de los caballos de boca dura.

hardness ['hɑːdnɪs] [jard-nes], *s.* 1. Dureza, firmeza, solidez. 2. Oscuridad, la dificultad en darse a entender. 3. *(Ant.)* Dificultad de ejecutarse alguna cosa; pena, trabajo. 4. Escasez, penuria. 5. Obstinación en el mal. 6. Ferocidad, fiereza, crueldad, inhumanidad, severidad, obduración. 7. Rigor o aspereza del frío. **Hardness of heart**, dureza de corazón.

hard-pan ['hɑːdpæn] [jard-pan], *s.* 1. *(Min.)* Capa sólida de detrito debajo de un terreno blando. 2. *(Fam. E. U.)* De aquí, fundamento firme; base sólida.

hard rubber, *s. V.* RUBBER.

hards ['hɑːdz] [jards], *s.* 1. Desperdicio o parte basta del lino. 2. Mezcla de alumbre y sal que usan los panaderos para blanquear el pan.

hard-set ['hɑːdset] [jard-set], *a.* Apurado, que está en un aprieto. 2. Obstinado, firme, resuelto.

hard-shell ['hɑːdʃel] [jard-shel], *a.*1. Cáscara o caparazón duro. 2. *(E.U.)* Intransigente.

hardship ['hɑːdʃɪp] [jard-ship], *s.* 1. Injuria, opresión, gravamen, injusticia. 2. Penalidad, trabajo, molestia, fatiga, pena.

hardtack ['hɑːdtæk] [jard-tak], *s.* Galleta de munición.

hardtop ['hɑːdtɒp] [jard-top], *s.* Capota dura.

hardware ['hɑːdwɛəʳ] [jard-ueaʳ], *s.* Quincallería, ferretería, quinquillería, mercaderías menudas de hierro, acero, cobre y otros metales; también muchos instrumentos de agricultura. **Hardware trade**, quincallería.

hardwareman ['hɑːd'wɛəmən] [jard-uea-man], *s.* Quincallero, buhonero.

hard-won ['hɑːd'wʌn] [jard-uan], *a.* Ganado a pulso, con dificultad.

hardwood ['hɑːdwʊd] [jard-wud], *s.* Madera dura, es decir, la de los árboles que mudan sus hojas, en oposición a los de hojas perenes o en forma de aguja.

hardy ['hɑːdɪ] [jar-di], *a.* 1. Osado, atrevido, bravo, intrépido (encouraged). 2. Fuerte, robusto, endurecido. 3. *(Hort.)* Que sobrevive en invierno, al aire libre; que aguanta bien el frío.

hare [hɛəʳ] [jeaʳ], *s.* 1. Liebre, mamífero roedor con orejas muy largas, del género Lepus. 2. Fibras del cáñamo. **Young hare**, lebratillo.

harebell ['hɛəbel] [jea-bel], *s.* *(Bot.)* 1. Campanilla. 2. *(Esco.)* Jacinto silvestre.

hare-brained ['hɛəbreɪnd] [jea-breind], *a.* Inconstante, volátil, precipitado, ligero de cascos, aturdido.

harefoot ['hɛəfʊt] [jea-fut], *s.* 1. *(Zool.)* Lagópedo, especie de gallina silvestre, del género Lagopus. 2. *(Poét.)* Corredor ágil 3. *V.* HARE'S-FOOT.

hare-footed ['hɛəfʊtɪd] [jea-fu-tid], *(Poét.)* Ligero, ágil. **Mad as a March hare**, extravagante, loco, insensato.

hare-hearted ['hɛə'hɑːtɪd] [jea-jar-tid], *a.* Alebrado, temeroso, medroso, tímido, cobarde.

harehound ['hɛəhaʊnd] [jea-jaund], *s.* Lebrel, galgo.

hare-hunter ['hɛə'hʌntəʳ] [jea-jan-taʳ], *s.* Aficionado a la caza de liebres.

hare-hunting ['hɛə'hʌntɪŋ] [jea-jan-tin], *s.* Montería o caza de liebres.

harelip ['hɛəlɪp] [jea-lip], *s.* Hendidura o abertura del labio superior, labio leporino.

harelipped ['hɛə'lɪpt] [jea-lipt], *a.* Labihendido, el que tiene partido el labio superior.

harem [hɑː'riːm] [ja-rim], *s.* 1. Harén, harem, serrallo, la habitación de las mujeres mahometanas. 2. Conjunto de las mujeres del harén.

haremint ['hɛəmɪnt] [jea-mint], *s.* *(Bot.)* Yaro, manto de Santa María.

harenet ['hɛənet] [jea-net], *s.* Especie de red para coger liebres.

harepipe ['hɛəpaɪp] [jea-paip], *s.* Lazo para coger liebres.

hare's-ear ['hɛəz'ɛə^r] [jeas-ea^r], *s.* *(Bot.)* Oreja de liebre, hierba de Europa.

hareslettuce ['hɛəz'letjuːs] [jeas-le-tius], *s.* *(Bot.)* Ajonjera.

harewort ['hɛə'wɔːt] [jea-uort], *s.* *(Bot.)* Malva de huerta.

haricot ['hærɪkəʊ] [ja-ri-kau], *s.* 1. Especie de guisado de carne con habichuelas. 2. Frijol, judía o habichuela.

hark [hɑːk] [jark], inter. ¡Eh! ¡oye! ¡mira!

hark, *vn.* Escuchar, oír con atención, atender.

harken, hearken ['hɑːkən] [jar-ken], *va.* Oír con atención, escuchar. *-vn.* Escuchar, atender; seguir con atención lo que se dice para obedecer; tomar en consideración.

harl ['hɑːl] [jarl], *s.* Hebras de lino; filamento.

harlequin ['hɑːlɪkwɪn] [jar-li-kuin], *s.* Arlequín, gracioso, bufón.

harlequin, *va.* Bufonear, decir gracias, hacer monerías: chasquear.

harlequinade ['hɑːlɪkwɪneɪd] [jar-li-kui-neid], *s.* Arlequinada, suertes de arlequín; pantomina.

harlot ['hɑːlɒt] [jar-lot], *s.* Ramera, meretriz, prostituta. *-a.* Ruin, vil; metricio.

harlot, *vn.* Prostituirse, hacerse ramera.

harm [hɑːm] [jarm], *s.* 1. Detrimento, daño, peligro, desgracia, perjuicio, agravio (pain, risk). 2. Maldad, mal.

harm, *va.* Dañar, injuriar, agraviar, ofender.

harmful ['hɑːmfʊl] [jarm-ful], *a.* Dañoso, nocivo; peligroso, perjudicial.

harmfully ['hɑːmfʊlɪ] [jarm-fu-li], *adv.* Dañosamente.

harmfulness ['hɑːmfʊlnɪs] [jarm-ful-nes], *s.* Maldad, daño, acción o disposición nociva.

harmless ['hɑːmlɪs] [jarm-les], *a.* 1. Sencillo, inocente, que no es nocivo, ni perjudicial. 2. Ileso, libre de daño; sano y salvo. **To hold harmless**, librar de responsabilidad, conservar sano y salvo.

harmlessly ['hɑːmlɪslɪ] [jarm-les-li], *adv.* Inocentemente, sin daño.

harmlessness ['hɑːmlɪsnɪs] [jarm-lis-nes], *s.* Calidad de no ser nocivo; sencillez, inocencia.

harmonic, harmonical [hɑː'mɒnɪk] [jar-mo-nik], *a.* Armónico, lo perteneciente a la armonía.

harmonic, *s.* 1. Armónico, tono secundario; sonido que acompaña a otro fundamental. 2. Tono producido en un instrumento de cuerda oprimiendo ligeramente una de las cuerdas.3. *pl.* Teoría de los sonidos musicales.

harmonica [hɑː'mɒnɪkə] [jar-mo-ni-ka], *s.* Uno de varios instrumentos de música: (a) Armonio con teclas de vidrio; vidrios armónicos. (b) armónica, pequeño instrumento que se toca soplándolo.

harmonically [hɑː'mɒnɪkəlɪ] [jar-mo-ni-ka-li], *adv.* Armónicamente, con proporción armónica.

harmonicon [hɑː'mɒnɪkən] [jar-mo-ni-kon], *s.* 1. Armónicon, instrumento de música parecido al organillo y que imita los sonidos de una orquesta. 2. Armónica, pequeño instrumento de viento.

harmonious [hɑː'məʊnɪəs] [jar-mo-nios], *a.* 1. Armonioso, proporcionado. 2. Armonioso, que tiene armonía; musical.

harmoniosly [hɑː'məʊnɪəslɪ] [jar-mo-nios-li], *adv.* Armoniosamente, con armonía musical.

harmoniousnes [hɑː'məʊnɪəsnɪs] [jar-mo-nios-nes], *s.* Armonía, la consonancia en la música.

harmonist [hɑː'məʊnɪst] [jar-mo-nist], *s.* 1. Armonista, músico. 2. *V.* HARMONIZER.

harmonize o **harmonise** ['hɑːmɒnaɪz] [jar-mo-nais], *va.* 1. Armonizar, ajustar, concertar, poner de acuerdo; hacer vivir en buena inteligencia. 2. Armonizar, poner en consonancia música. *-vn.* 1. Armonizarse, concordar, congeniar las personas; convenir, corresponder. 2. Estar en armonía musical.

harmonizer [hɑː'mɒnaɪʒə^r] [jar-mo-nai-sa^r], *s.* 1. Conciliador, el que pone de acuerdo. 2. *(Mús.)* Armonista. 3. El que reune los pasajes de un libro o escrito que concuerdan entre sí.

harmony ['hɑːmənɪ] [jar-mo-ni], *s.* 1. Armonía, la conveniente proporción y correspondencia de una cosa con otra. 2. Armonía, la consonancia en la música que resulta de la variedad de sonidos puestos en debida proporción. 3. Armonía, concordia, uniformidad.

harness ['hɑːnɪs] [jar-nis], *s.* 1. Atelaje, guarniciones, jaeces, los arreos y paramentos que se ponen a los caballos para tirar de los coches y carrozas. 2. Arnés, el conjunto de armas defensivas con que se armaban antiguamente para pelear. **Harness-maker**, guarnicionero. 3. *(Fig.)* Equipo para cualquier empresa u objeto; también, los requisitos y exigencias de un negocio cualquiera; servicio activo. **To die in harness**, morir en servicio activo, antes de retirarse de los negocios.

harnesser ['hɑːnɪsə^r] [jar-ni-sa^r], *s.* El que pone jaeces o arneses.

harp [hɑːp] [jarp], *s.* 1. Arpa, instrumento músico de cuerda tañido con los dedos. 2. *(Astr.)* Arpa, constelación.

harp, *va.* y *vn.* 1. Tocar o tañer el arpa. 2. Excitar o mover alguna pasión, mover los afectos del alma. 3. Machacar, cansar, porfiar con terquedad sobre una misma cosa (se usa con **on** o **upon**).

harper ['hɑːpə^r] [jar-pa^r], *s.* Arpista, el que tiene por oficio tocar el arpa.

harpings ['hɑːpɪŋz] [jar-pins], *s.* Arpista el que toca el arpa.

harpoon [hɑː'puːn] [jar-pun], *s.* Arpón, especie de arma arrojadiza que sirve para pescar ballenas.

harpoon, *va.* Arponear. **Harpoon-gun**, cañón pequeño para lanzar el arpón.

harpooner ['hɑːpuːnə^r] [jar-pu-na^r], **harpooneer** ['hɑːpuːnɪə^r] [jar-pu-nia^r], *s.* Arponero, el que tira el arpón.

harpsichord ['hɑːpsɪkɔːd] [jar-psi-kord], *s.* Clave, clavicordio, dulzaina.

harpy ['hɑːpɪ] [jar-pi], *s.* 1. Arpía, ave monstruosa. 2. Arpía, el hombre o la mujer muy codiciosos. 3. **Harpy** o **harpy-eagle**, águila muy grande, con copete, de la América tropical.

harquebuss ['hɑːkwɪbəs] [jar-kui-bos], *s.* Arcabuz, arma de fuego que precedió al mosquete.

harquebussier ['hɑːkwɪbəsɪə^r] [jar-kui-ba-sia^r], *s.* Arcabucero.

harridan ['hærɪdən] [ja-ri-dan], *s.* Mujer colérica, vieja y fea.

harrier ['hærɪə^r] [ja-ria^r], *s.* 1. Lebrel, sabueso pequeño adiestrado para cazar liebres. 2. Pillador, asolador; molestador. 3. Ave de rapiña parecida al milano.

harrow ['hæəʊ] [ja-rou], *s.* Grada, rastro, rastrillo.

harrow, *va.* 1. Gradar, desmenuzar la tierra con grada o rastro. 2. Inquietar, perturbar, atormentar.

harrower ['hæəʊə^r] [ja-roua^r], *s.* 1. El que desmenuza la tierra. 2. *V.* HARRIER, 3ª acepción.

harrrowing ['hæəʊɪŋ] [ja-rouin], *a.* Horripilante, desgarrador.

harry ['hæɪ] [ja-ri], *va.* 1. Pillar, asolar, saquear. 2. Molestar, inquietar, cansar.

harsh [hɑːʃ] [jarsh], *a.* 1. Áspero, agrio, bronco, rígido, duro, riguroso, austero, desagradable (rude, umpleasant). 2. Desapacible: áspero al tacto, tosco.

harshly ['hɑːʃlɪ] [jarsh-li], *adv.* Ásperamente, severamente, con violencia, desagradablemente, desapaciblemente. **To speak harshly to**, hablar con dureza, con lenguaje violento. **To treat** o **use harshly**, tratar con aspereza, con palabras demasiado duras.

harshness ['hɑːʃnɪs] [jarsh-nes], *s*. 1. Aspereza, rudeza, austeridad en el trato, genio o costumbres; rigor, severidad, mal humor. 2. Sonido desagradable al oído.
harslet, *s*. *V*. HASLET.
hart [hɑːt] [jart], *s*. Ciervo, particularmente después de su quinto año. *(Mar.)* Motón de vigota.
hartshorn ['hɑːt'ʃɔːn] [jart-shorn], *s*. 1. Amoníaco en cualquier forma de preparación; antiguamente lo obtenían de los cuernos de ciervo por medio de la destilación. 2. *(Bot.)* Especie de llantén.
hartstongue ['hɑːtstʌŋ] [jart-stong], *s*. *(Bot.)* Escolopendra, lengua de ciervo, especie de helecho.
hartwort ['hɑːtwɔːt] [jart-uort], *s*. *(Bot.)* Tordilum.
harum-scarum ['hɛərəm'skɛərəm] [jea-ram-skea-ram], *a*. 1. Atolondrado, precipitado, como espantado. 2. Al tuntún, boca o patas arriba, confuso, desordenado.
haruspex, haruspice ['hærʊspeks] [ja-rus-peks], *s*. Arúspice, sacerdote romano que examinaba las entrañas de las víctimas para adivinar los sucesos.
harvest ['hɑːvɪst] [jar-vist], *s*. 1. Cosecha, agosto, el tiempo que se emplea en la recolección de los granos. 2. Agosto, la misma cosecha de granos. 3. Agosto, el fruto de algún trabajo. **To make harvest**, hacer agosto. **The harvest is late this year**, la cosecha está atrasada este año. **Harvest-bug**, mita, arador, insecto que se pega a la piel **Harvest-fly**, cicada, cigarra. **Harvest-man**, insecto llamado vulgarmente **daddy-long-legs**; arácnido de los falángidos. **Harvest moon**, luna de la cosecha, el plenilunio más próximo al equinocio de otoño; porque la luna sale casi a la misma hora por varias noches consecutivas. **Harvest-mouse**, ratón silvestre.
harvest, *va*. Cosechar, recoger las mieses, recolectar; hacer agosto.
harvester ['hɑːvɪstə^r] [jar-vis-ta^r], **harvest-man** ['hɑːvɪstmən] [jar-vist-man], *s*. 1. Agostero, cosechero. 2. (**Harvester** sólo). Segadora, máquina de segar. **Combined harvester**, segadora de combinación (es decir, que siega, trilla y acecha a la vez); máquina muy usada en los Estados Unidos del Oeste.
harvest-home [ˌhɑːvɪst'həʊm] [jar-vist-joum], *s*. 1. Fiesta inglesa con que se celebra el fin de la cosecha. 2. La canción de los segadores al tiempo de recoger las mieses.
harvest-lord ['hɑːvɪstlɔːd] [jar-vist-lord], *s*. El primer segador de una siega.
harvest-queen ['hɑːvɪstkwiːn] [jar-vist-kuin], *s*. Una figura que llevan los segadores al acabar la siega.
hash [hæʃ] [jash], *va*. Picar, hacer pedazos menudos alguna cosa, desmenuzar, hacer picadillo (shred, flake).
hash, *s*. Picadillo; sapicón, jigote.
hashish, hasheesh ['hæʃɪʃ] [ja-shish], *s*. Hachich, hachís.
haslet ['hæslɪt] [jas-lit], *s*. Asadura de puerco, conjunto de livianos, como el hígado, bazo, corazón, etc.
hasp [hɑːsp] [jasp], *s*. Aldaba de candado; broche.
hasp, *va*. Abrochar; cerrar con aldaba.
hassock ['hæsək] [ja-sok], *s*. Banqueta, escabel, cojín o estera muy gruesa para arrodillarse.
hastate ['hæteɪt] [jas-teit], *a*. 1. *(Bot.)* Alabardado, en figura de alabarda. 2. De punta aguda.
haste [heɪst] [jeist], *s*. 1. Prisa, presteza, diligencia, velocidad, precipitación. 2. Precipitación, celeridad indecente o mal aconsejada. *V*. HURRY. 3. Necesidad de apresurarse, urgencia. **The more haste the less speed**, quien más corre menos vuela. **To make haste**, darse prisa, apresurarse, despacharse. **To be in haste**, estar de prisa, tener prisa.
haste, hasten ['heɪsn] [jei-sen], *vn*. Moverse con velocidad, ser pronto, apresurarse (hurry). -*va*. Acelerar, apresurar, precipitar, avivar. **Whither are you hastening?**, ¿adónde va Ud. tan aprisa?
hastily ['heɪstɪlɪ] [jeis-ti-li], *adv*. 1. Aceleradamente, apresuradamente. 2. Temerariamente, precipitadamente. 3. Airadamente.
hastiness ['heɪstɪnɪs] [jeis-ti-nes], *s*. 1. Precipitación, demasiada prisa (rush). 2. Prisa, presteza, prontitud, diligencia. 3. Movimiento repentino de ira o enfado: impaciencia.
hastings ['heɪstɪŋz] [jeis-tins], *s*. *pl*. 1. Guisantes tempranos. 2. Cualquier fruto temprano.
hasty ['heɪstɪ] [jeis-ti], *a*. 1. Pronto, apresurado, ligero. 2. Pronto, vivo de genio. 3. Violento, colérico, petulante, temerario, arrojado. 4. Temprano.
hasty-pudding ['heɪstɪ'pʌdɪŋ] [jeis-ti-pa-din], *s*. Especie de papilla hecha con agua hirviendo y harina (de maíz); gachas.
hat [hæt] [jat], *s*. 1. Sombrero. 2. *(Fig.)* Capelo, dignidad de cardenal. **Beaver hat**, sombrero de castor. **Panama hat,** sombrero de Panamá. **Round hat**, sombrero redondo. **Silk hat, high hat**, (vulg. **stovepipe hat**), sombrero de copa, o de copa alta; *(fest.)* chistera. **Three-cocked hat**, sombrero de tres picos, tricornio. **Three-cornered hat**, sombrero de tres candiles. **To put on one's hat**, ponerse el sombrero. **To take off one's hat**, quitarse el sombrero. **Hats off!** ¡fuera sombreros!
hatable ['hætəbl] [ja-ta-bol], *a*. Detestable, aborrecible, odioso.
hat-band ['hætbænd] [jat-band], *s*. Cinta del sombrero.
hat-box ['hætbɒks] [jat-boks], **hat-case** ['hætkeɪs] [jat-keis], *s*. Sombrerera. **Hat-money**, *(Mar.)* gratificación que se da al patrón de un buque por su cuidado del cargamento.
hatch [hætʃ] [jach], *va*. 1. Criar pollos. 2. Empollar, fomentar los huevos para sacar pollos. 3. Fraguar, idear, tramar, maquinar. 4. Sombrear, poner sombras en la pintura, o cruzar líneas en el grabado. -*vn*. Empollarse, salir del cascarón; madurarse. **The birds are just hatched**, los pájaros acaban de salir del nido, o del huevo. **To count one's chickens before they are hatched**, echar la cuenta de la lechera.
hatch, *s*. 1. Cría, pollada, nidada, pollazón. 2. Salida del cascarón. 3. Media puerta. 4. *(Mar.)* Cuartel, especie de portezuelas que sirven para cerrar las bocas de las escotillas. **To be under hatches**, andar a sombra de tejado; de aquí, estar en la miseria, en la cárcel, etc. 5. Paradera, presa, exclusa en una corriente para coger peces.
hatch-bar ['hætʃbɑː^r] [jach-ba^r], *s*. *(Mar.)* Barra para cerrar las escotillas.
hatchel ['hætʃəl] [ja-chel], *s*. Rastrillo, instrumento con que se limpia el lino o cáñamo.
hatchel, *va*. 1. Rastrillar, limpiar el lino o cáñamo de la arista y estopa. **Hatchelled flax**, lino rastrillado. 2. Contrariar, impacientar, fastidiar a alguno.
hatcheller ['hætʃələ^r] [ja-che-la^r], *s*. Rastrillador.
hatcher ['hætʃə^r] [ja-cha^r], *s*. Trazador, tramador.
hatchet ['hætʃɪt] [ja-chit], *s*. Destral, hacha pequeña. **To bury the hatchet**, hacer la paz, olvidar las injurias. **To dig up (o take up) the hatchet**, desenterrar el hacha, hacer la guerra.
hatchet-face ['hætʃɪtˌfeɪs] [ja-chit-feis], *s*. Cara delgada, enjuta. **Hatchet-faced**, de facciones enjutas.
hatchet-helve ['hætʃɪtˌhelv] [ja-chit-jelv], *s*. Ástil de hacha.
hatching ['hætʃɪŋ] [ja-chin], *s*. El acto de sombrear, o la sombra hecha en el grabado con líneas transversas. 2. Acción de empollar, incubación.
hatchement ['hætʃmənt] [jach-ment], *s*. El escudo de armas que se llevaba en los funerales y se solía colocar en las fachadas de las casas de los difuntos.
hatchway ['hætweɪ] [jach-uei], *s*. *(Mar.)* Escotilla, la puerta o abertura hecha en las cubiertas. **Main-hatchway**, escotilla mayor. **Fore-hatchway**, escotilla de proa. **Magazine-hatchway**, escotilla de popa.
hate [heɪt] [jeit], *va*. Detestar, aborrecer, odiar, abominar.
hate, *s*. Odio, aborrecimiento, aversión.
hateful ['heɪtfʊl] [jeit-ful], *a*. Aborrecible, maligno, malévolo, odioso, detestable.
hatefully ['heɪtfəlɪ] [jeit-fu-li], *adv*. Malignamente, detestablemente, con tirria, con mala voluntad.
hatefulness ['heɪtfəlnɪs] [jeit-ful-nes], *s*. Odiosidad.
hater ['heɪtə^r] [jei-ta^r], *s*. Aborrecedor, el que detesta. **Woman-hater**, enemigo de las mujeres.

hath [hæθ] [jaz], Tiene, ha, tercera persona del singular, indicativo presente de *TO* HAVE. *(Ant.)*.

hating ['heɪtɪŋ] [jei-tin], *s.* Aversión (hate).

hat-maker, *s. V.* HATTER.

hat-pin ['hætpɪn] [jat-pin], *s.* Alfiler largo que usan las mujeres para prender y asegurar el sombrero en el pelo.

hatrack ['hætræk] [ja-trak], *s.* Clavijero o percha para sombreros.

hatred ['heɪtrɪd] [jei-trid], *s.* Odio, malignidad, mala voluntad, aborrecimiento, aversión, enemistad.

hatted ['hætɪd] [ja-tid], *a.* El o la que lleva sombrero.

hatter ['hæəʳ] [ja-taʳ], *s.* Sombrerero, el que hace o vende sombreros.

hauberk ['hɔːbɜːk] [jo-berk], *s.* Coraza de la edad media, túnica de malla formada por anillos de acero entrelazados.

haughtily ['hɔːtɪlɪ] [jo-ti-li], *adv.* Arrogantemente, con arrogancia, fieramente, orgullosamente.

haughtiness ['hɔːtɪnɪs] [jo-ti-nes], *s.* Altanería, soberbia, orgullo, arrogancia, presunción, altivez.

haughty ['hɔːtɪ] [jo-ti], *a.* Soberbio, altanero, altivo, vanidoso, arrogante, presuntuoso, orgulloso, vano.

haul [hɔːl] [jol], *va.* 1. Tirar, arrastrar con violencia. 2. *(Mar.)* Halar. **To haul aft the sheets**, cazar las escotas. **To haul down the colors,** arriar la bandera. **Haul home**, caza y atraca. **To haul up the courses in the brails**, cargar los mayores sobre las candelizas. **To haul the wind**, abarloar, ceñir el viento.

haul, *s.* 1. Estirón, la acción de tirar con fuerza; también lo que se logra tirando de ello. 2. Redada, entre pescadores. 3. La distancia que se hace recorrer a una cosa tirando de ella.

haulage ['hɔːlɪdʒ] [jo-lich], *s.* Acarreo.

hauling ['hɔːlɪŋ] [jo-lin], *s.* Estirón, el acto de tirar.

haulm, haum ['hɔːtlm] [jolm], *s.* Paja, rastrojo.

haunch [hɔːntʃ] [jonch], *s.* 1. Anca, grupa, la parte trasera de un animal 2. *(Arq.)* Riñón de una bóveda. **Haunch of venison**, pierna de venado.

haunt [hɔːnt] [jont], *va.* 1. Frecuentar, acudir muy a menudo a algún paraje; visitar muy frecuentemente a alguna persona (pay a visit). 2. Molestar, perseguir recurriendo constantemente a la mente. 3. Rondar, andar alrededor de alguna persona o cosa con el objeto de conseguir algo; visitar con frecuencia, a la manera de los duendes; causar obsesión. 4. Rondar, dar vueltas alrededor de alguna cosa (round).

haunt, *s.* 1. Guarida, paraje a que concurre alguno con frecuencia. 2. Hábito, costumbre, querencia (habit).

haunted ['hɔːntɪd] [jon-tid], *pp.* Frecuentado, visitado con frecuencia, particularmente por duendes y apariciones.

haunter ['hɔːntəʳ] [jon-taʳ], *s.* Frecuentador, el que acude a algún paraje o visita a alguna persona muy a menudo; rondador.

haunting ['hɔːntɪŋ] [jon-tin], *s.* Frecuentación, trato, comunicación frecuente con una persona.

haustellum ['hɔːstələm] [jos-te-lom], *s.* (*pl.* HAUSTELLA). Nombre científico de la trompa u órgano de succión de las mariposas, las moscas y ciertos crustáceos.

hautboy ['hɔːtbɔɪ] [jot-boi], *s.* 1. Oboe, instrumento músico de viento. 2. Una especie de fresa.

Havana [hə'vænə] [ja-va-na], *n. pr. (Geog.)* La Habana.

havana cigar [ˌhəvænə'sɪgɑːʳ] [ja-va-na-si-gaʳ], *s.* Habano.

have [hæv] [jav], *va.* (*pret.* y *pp.* HAD, ger. HAVING). 1. Haber, tener; poseer. 2. Contener, comprender, incluir. 3. Traer, llevar, tomar. 4. Obtener, gozar. 5. Experimentar o sentir; padecer, sufrir o gozar. 6. Concebir, tener en la mente. 7. Poner por obra, efectuar. 8. Procurar, mandar hacer; mandar o hacer (con otro infinitivo). **To have a house built**, mandar construir una casa. 9. Haber de, tener que, deber; estar a punto de. **I have to go**, tengo que ir. 10. Parir; hablando del padre, engendrar. **She had a child last week**, parió la semana pasada. 11. Mirar, estimar, apreciar. 12. Saber. **Had like**, estuvo a punto de. **Have at**, *(Ant.)* Hacer cara, provocar a combate, desafiar. **Have at you sir!**, ¡le tengo a Ud. rencor, señor mío!

have about one, tener, llevar consigo.

have down, hacer bajar, bajar.

have from, saber por alguien.

have in, hacer entrar.

have on, *(Fam.)* Llevar (una prenda). **She had on a blue dress,** llevaba un vestido azul. **To have it out**, concluir, terminar un negocio; también, hablar sin reserva, decir las verdades. **To have it out of a person**, pagar en la misma moneda, desquitarse. **To have rather**, querer más, preferir. (Familiar, pero no elegante; **would rather** es muy preferible). **To have a foresight**, preveer. **To have a thing by heart**, saber una cosa de memoria. **What would you have?**, ¿qué quiere Ud.?, ¿qué pide Ud.? **I must have him up**, es necesario que le haga subir. **We will have a trial at him** o **at it**, lo experimentaremos o lo probaremos. **Have with you**, iré con Ud. **Have after you**, seguiré a Ud. **I will have it so**, así lo quiero. **As fortune would have it**, por fortuna. **To have better**, más vale. **To have a mind**, tener gana, deseo, pensamiento de hacer algo. **To have nothing to do with him**, no tener nada que ver con él. Este verbo **to have** sirve en la lengua inglesa, así como en otras europeas, de verbo auxiliar para formar los tiempos compuestos. *V.* POSSESS.

haven ['heɪvn] [jei-ven], *s.* Puerto, abra; abrigo, asilo, refugio (shelter).

haver ['hævəʳ] [ja-vaʳ], *s.* 1. Poseedor, tenedor. 2. *(Esco.)* Avena.

haversack ['hævəsæk] [ja-va-sak], *s.* Mochila, saco basto para llevar víveres.

having ['hævɪŋ] [ja-vin], *s.* Bienes, hacienda, haber; el acto o estado de poseer.

havoc, havock ['hævək] [ja-vok], *s.* Estrago, ruina, destrucción, desolación, asolamiento, tala. *-inter.* Exclamación de matanza o de no dar cuartel.

havoc, *va.* Estragar, asolar, destruir, talar.

haw [hɔːk] [jok], *s.* 1. La baya y simiente del espino blanco. 2. Granizo o mancha en el ojo. 3. Cañada, cerca, cercado. 4. Dificultad en pronunciar las palabras, balbucencia.

haw, *va.* Volver o hacer volverse a la izquierda; se usa hablando de los bueyes o las caballerías. Lo opuesto a **gee**. **To have and gee**, ir de un lado a otro; vacilar, estar irresoluto. *-vn.* Tartamudear; tartalear; hablar muy despacio.

Hawaii [hə'waiiː] [ja-uaii], *n. pr. (Geog.)* Hawai.

Hawaiian [hə'waɪjən] [ja-uaian], *a.* De Hawaii, archipiélago de Oceanía y nombre de la mayor de sus islas.

hawfinch ['hɔːfɪntʃ] [jo-finch], *s.* Cascapiñones.

hawhaw [hɔː'hɔː] [jau-jau], *s.* 1. *V.* GUFFAW. 2. Especie de zanja o cerca dispuesta de tal modo que no se puede percibir hasta estar sobre ella. 3. Risotada, carcajada. *V.* HA-HA.

haw-haw [hɔː'hɔː] [jau-jau], *v.* Reír a carcajadas.

hawk [hɔːk] [jok], *s.* 1. Halcón, gavilán, azor, ave de rapiña o falcónidas. Hawk nose, nariz aguileña. 2. *(Entom.)* Esfinge.

hawk, *va.* 1. Cazar con halcón. 2. Pregonar géneros por las calles para venderlos. 3. Hacer esfuerzo para arrojar los esputos; expectorar, gargajear.

hawker ['hɔːkəʳ] [jo-kaʳ], *s.* 1. Buhonero, mercachifle. 2. Halconero, cetrero. 3. El que caza con halcón.

hawk-eyed [ˌhɔːk'aɪd] [jok-aid], *a.* Lince, el que tiene la vista penetrante.

hawking ['hɔːkɪŋ] [jo-kin], *s.* Cetrería, el acto de cazar con halcón.

hawk-nosed ['hɔːnəʊst] [jok-noust], **hook-nosed** ['huːknəʊst] [jouk-noust], *a.* Aguileño, de nariz aguileña.

hawkmoth ['hɔːkmɒθ] [jok-moz], *s.* Esfinge, género de mariposas nocturnas.

hawk-owl ['hɔːkəʊl] [jok-oul], *s. (Orn.)* Ulula, autillo.

hawk's-bell ['hɔːkzbel] [joks-bel], *s.* Cascabel.

hawkweed ['hɔːkwiːd] [jok-uid], *s. (Bot.)* Hieracio o hierba del gavilán.

hawse ['hɔːz] [jos], *s.* 1. Proa del buque en que están los escobenes. 2. Situación de los cables al salir de los escobenes cuando un buque está amarrado con dos anclas; también

distancia o longitud de un cable. **Hawse-hole**, escobén, el agujero de la proa por donde pasan los cables, cuando el bajel está anclado. **Hawse-pipes**, canales de plomo en los escobenes. **Wawse-plugs**, tacos de los escobenes.
hawser ['hɔːzəʳ] [jo-saʳ], *s. (Mar.)* Guindaleza.
hawthorn ['hɔːθɔːn] [jou-zorn], *s. (Bot.)* Espino blanco.
hay [heɪ] [jei], *s.* Heno, hierba segada y seca para forraje. **Hay-cold, hay-fever**, especie de fiebre intermitente, enfermedad catarral caracterizada por la repetición anual de sus síntomas. **Hay-spreader, hay-tedder**, heneador *(Amer.)* máquina con ruedas para cosechar el heno. **Make hay while the sun shines**, aprovecha mientras puedas.
hay *(Ant.) s.* 1. Red para cercar la guarida de un animal. 2. Seto, cercado, vallado. 3. Danza en círculo. **To dance the hay**, bailar en círculo, en redondo.
hay, *vn.* Poner lazos para cazar conejos.
haycock ['heɪkɒk] [jei-kok], *s.* Pila, montón o niara pequeña de heno.
hay fever ['heɪˌfiːvəʳ] [jei-fi-vaʳ], *s.* Fiebre del heno.
hayfield ['heɪfiːld] [jei-fild], *s.* Henar.
hayfork ['heɪfɔːk] [jei-fork], *s. (Agr.)* Horca.
hay-harvest ['heɪhɑːvɪst] [jei-jar-vist], *s.* La siega del heno.
hayloft ['heɪlɒft] [jei-loft], *s.* henil, el sitio donde se guarda el heno.
haymow ['heɪmɔː] [jei-mou], *s.* Henal o henil.
hayrack ['heɪræk] [jei-rak], *s.* 1. Pesebre. 2. Armazón de un carro debajo del cual se transporta heno.
hayrake ['heɪreɪk] [jei-reik], *s.* Rastrillo para el heno.
hayrick ['heɪrɪk] [jei-rik], **haystack** ['heɪstæk] [jei-stak], *s.* Niara, montón o pila de heno.
hayseed ['heɪsiːd] [jei-sid], *s.*1. Simiente de heno o de hierbas. 2. *(Fam.)* Paleto, patán, rústico.
haytian ['heɪʃən] [jei-shan], *a.* Haitiano, de la república de Haití.
haywire ['heɪwaɪəʳ] [jei-uaiaʳ], *s.* 1. Alambre para embalar heno. 2. **To go haywire**, *(Fam.)* Volverse loco, perder la cabeza.
hazard ['hæzəd] [ja-sard], *s.* 1. Peligro, riesgo. 2. Casualidad, acaso, accidente, suceso imprevisto. 3. Juego de azar a los dados. 4. Tronera, en el juego inglés de billar.
hazard, *va.* Arriesgar, poner en riesgo o en peligro (risk). *-vn.* Arriesgarse, probar la suerte; aventurar.
hazardable ['hæzədəbl] [ja-sar-da-bol], *a.* Osado, peligroso, arriesgado (risky).
hazarder ['hæzədəʳ] [ja-sar-daʳ], *s.* 1. Jugador. 2. El que aventura o arriesga.
hazardous ['hæzədəs] [ja-sar-dos], *a.* Arriesgado, peligroso, expuesto a riesgos.
hazardously ['hæzədəslɪ] [ja-sar-dos-li], *adv.* Peligrosamente, arriesgadamente.
haze [heɪz] [jeis], *s.* 1. Tufo, conjunto de partículas muy finas suspendidas en el aire, a menudo con poca o ninguna humedad. 2. Ofuscamiento mental.
haze, *vn.* Hacer tufo; estar el tiempo nebuloso o humoso. *-va.* 1. Hacer a uno víctima de petardos, chanzas o chascos; se dice de los estudiantes. 2. Cansar, extenuar a fuerza de trabajo; se dice de los marineros.
hazel ['heɪzl] [jei-sel], *s. (Bot.)* Avellano, el árbol que produce la avellana. **Hazel-nut**, avellana.
hazel, *a.* Castaño, del color de avellana.
haziness ['heɪzɪnɪs] [jei-si-nes], *s.* Tufo, oscuridad.
hazy ['heɪzɪ] [jei-si], *a.* 1. Anieblado, cargado de humo, nublado, nebuloso. 2. Falto de claridad; confuso, oscuro.
h-bomb ['eɪtʃbɒm] [eich-bom], *s.* Bomba H, bomba de hidrógeno.
he [hiː] [ji], pron. 1. Él, pronombre personal, masculino, de tercera persona del singular. 2. Alguien, una persona cualquiera, indefinidamente. **He is an honest man**, él es un hombre de bien. Algunas veces se usa para determinar el género masculino de un animal. **He-goat**, macho cabrío. **He-bear**, oso.
head [hed] [jed], *s.* 1. Cabeza, la parte superior del cuerpo y por extensión de otras muchas cosas. 2. Lo que es análogo a la cabeza de un animal por su figura, posición, etc. **Head of cabbage,** etc., repollo de col, etc. **Head of a bed**, cabecera de una cama. **Head of a book**, título de libro. **Head of a cane**, puño de bastón. **Head of a cask**, fondo de un barril **Head of an arrow**, punta de un dardo. 3. Jefe, cabeza, el superior que gobierna y a quien los demás están subordinados. 4. Primera fila, la posición o rango de un jefe; frente. 5. Res, cabeza de ganado; (en este sentido **head** es igualmente singular y plural). **Two hundred head of sheep**, doscientas reses de ganado lanar. 6. Progreso, prosperidad, adelantamiento. 7. Juicio, talento, capacidad. 8. Crisis, mutación crítica. 9. Astas de ciervo o venado; puntas, extremo. **To go ahead**, ir adelante, proseguir, adelantarse. **To fall headlong**, caer de cabeza, precipitarse. **From head to foot**, de pies a cabeza. **Two heads are better than one**, más ven cuatro ojos que dos. 10. *(Mar.)* Cabeza de la nave, la proa con el bauprés que sale de ella; alas de proa. **Too much by the head**, muy metido a proa. **Head-fast**, cabo de retenida de proa. **Head-rope**, relinga de gratil. **A-head**, por la proa. **Head-sails**, velas de proa. **Head of a sail**, gratil. 11. Fuente, manantial. **Head of a river**, nacimiento de un río. 12. Soltura del freno. **To give a horse his head**, dar rienda suelta a un caballo. 13. Cofia o cualquier adorno para la cabeza. **Hand over head**, inconsideradamente. **Head and shoulders**, (a) Por fuerza. (b) En mucho. **Head of a discourse,** punto principal de un discurso. **On this head**, sobre este punto, asunto o particular. **To hit the nail on the head**, dar en el clavo. **To be over head and ears in debt, in love,** estar comido de deudas; estar enamorado hasta las cachas. **To have neither head nor tail**, no tener pies ni cabeza, no tener sentido común. **To drag in by the head and shoulders**, tirar por los cabellos. **To draw to a head,** supurar; recapitular. **To bring a business to a head**, concluir un negocio. **To make head against one**, hacer frente a alguno o resistirle, oponerse abiertamente. *-a.* Principal.
head, *va.* 1. Mandar, gobernar, dirigir (lead). 2. Degollar. 3. Poner cabeza, puño, punta o una parte muy principal a alguna cosa. 4. Podar los árboles. 5. Avanzar y cortar la retirada. *-vn.* 1. Adelantarse en una dirección determinada. 2. Repollar, acogollarse (como un col); anudar, cuajar las flores o frutos. 3. Tomar su origen, provenir de.
headache ['hedeɪk] [je-deik], *s.* Dolor de cabeza. **Migraine headache**, jaqueca, fuerte dolor de cabeza.
head-band ['hedbænd] [jed-band], *s.* 1. Cabezada de libro. 2. Cinta con que se venda la cabeza.
head-board ['hedbɔːd] [jed-bord], *s.* Cabecera de cama.
head cheese ['hedˌtʃiːz] [jed-chis], *s.* Queso de cerdo.
head-dress ['heddres] [jed-dres], *s.* Cofia, tocado, redecilla o escofieta.
headed ['hedɪd] [je-did], *a.* Lo que tiene cabeza. **Clear** o **long-headed**, agudo o profundo. **Thick-headed**, de pocos alcances; mentecato.
header ['hedəʳ] [je-daʳ], *s.* 1. El que pone las cabezas de los clavos, alfileres o cosas semejantes. 2. Caída o zambullida de cabeza. 3. Cabezada, golpe en la cabeza. 4. Descabezador de las mieses. 5. Cabeza, el que dirige un cuerpo o reunión de personas. 6. El primer ladrillo en el ángulo de una pared.
headfirst ['hedfɜːst] [jed-fest], *adv.* De cabeza.
head-gear ['hedgɪəʳ] [jed-guiaʳ], *s.* 1. Tocado o cofia de mujer. 2. Las piezas de los jueces que rodean la cabeza del caballo, cabezada. 3. *(Mar.)* Aparejo de las velas de proa.
headily ['hedɪlɪ] [je-di-li], *adv.* Obstinadamente, desatinadamente.
headiness ['hedɪnɪs] [je-di-nes], *s.* Destino, precipitación, obstinación; sacudida.
heading ['hedɪŋ] [je-din], *s.* 1. Título, encabezamiento, encabezado (de cartas, billetes, recibos, facturas, etc.); membrete. 2. Témpano, tapa de barril o cuba. 3. *(Min.)* Galería, socavón; frente.

headland ['hedlænd] [jed-land], *s.* 1. Cabo, promontorio, punta. 2. Tierra no arada inmediata a los setos o cercados.
headledge ['hedledʒ] [jed-lech], *s.* *(Mar.)* Contrabrazola.
headless ['hedlɪs] [jed-lis], *a.* 1. Descabezado, degollado; acéfalo. 2. Ignorante, terco, obstinado; inconsiderado.
headlight ['hedlaɪt] [jed-lait], *s.* 1. Faro. 2. Foco, luz. **The headlights,** las luces (cars).
headline ['hedlaɪn] [jed-lain], *s.* Título o encabezado (de un periódico, etc.)
headlong ['hedlɒŋ] [jed-lon], *a.* Temerario, inconsiderado, imprudente, precipitado (bold). *-adv.* 1. De cabeza, con la cabeza adelante. 2. Temerariamente, imprudentemente, precipitadamente; a toda prisa, de hoz y de coz, sin consideración o sin reparo; al tuntún. **To cast down headlong**, precipitar. **To fall headlong**, caer con la cabeza abajo, caer la cabeza.
headman ['hedmən] [jed-man], *s.* 1. Jefe, caudillo, capataz. 2. Verdugo
head-master ['hedmɑːstəʳ] [jed-mas-taʳ], *s.* El director de una escuela.
head-money ['hedmʌnɪ] [jed-ma-ni], *s.* Capitación.
head off ['hedɒf] [jed-of], *va.* Alcanzar, adelantarse para prevenir.
headphone ['hedfəʊn] [jed-foun], *s.* Auricular.
headpiece ['hedpiːs] [jed-pis], *s.* 1. Casco, yelmo, armadura de la parte superior de la cabeza. 2. Ingenio, entendimiento, cabeza. 3. Auricular para el teléfono. 4. *(Impr.)* Viñeta.
head-post ['hedpəʊst] [jed-poust], *s.* Pilar de la cabecera de una cama, poste de establo.
head-quarters ['hed'kɔːtəz] [jed-kor-ters], *s.* Cuartel general.
head-sail ['hedseɪl] [jed-seil], *s.* *(Mar.)* Vela delantera.
head-sea ['hedsiː] [jed-si], *s.* *(Mar.)* Mar o marejada de proa.
headset ['hedset] [jed-set], *s.* Receptor de cabeza, auricular de casco.
headship ['hedʃɪp] [jed-ship], *s.* Jefatura, el cargo de jefe o cabeza; autoridad, gobierno.
headsman ['hedzmən] [jeds-man], *s.* Verdugo, degollador.
head-spring ['hedsprɪŋ] [jed-sprin], *s.* Fuente, origen.
headstall ['hedstɔːl] [jed-stol], *s.* Cabezada del freno, testera. *(Mex.)* Bozal.
head-stone ['hedstəʊn] [jed-stoun], *s.* Piedra fundamental; piedra sepulcral.
headstrong ['hedstrɒŋ] [jed-stron], *a.* Terco, testarudo, cabezudo, rehacio, indócil, obstinado, encalabrinado, aferrado.
headtire ['hedtaɪəʳ] [jed-taiaʳ], *s.* Escofieta, atavío de la cabeza.
head waiter ['hedweɪtəʳ] [jed-uei-taʳ], *s.* Mayordomo, jefe de los mozos de un restaurante.
headwaters ['hed,wɔːtəz] [jed-uo-tas], *s. pl.* Cabecera o fuentes (of rivers)
headway ['hedweɪ] [jed-uei], *s.* 1. Adelantamiento de un buque, el camino que va haciendo; ímpetu; progreso. 2. El intervalo de tiempo que media entre dos trenes o dos vehículos consecutivos de una misma línea. **Trains running on ten minutes' headway**, trenes que salen a intervalos de diez minutos.
head wind ['hedwɪnd] [jed-uind], *s.* *(Mar.)* Viento en contra.
head-work ['hedwɜːk] [jed-uek], *s.* 1. Trabajo mental, obra intelectual. 2. *(Arq.)* Adorno semejante a la cabeza de un animal, puesto, por ejemplo, sobre la clave de un arco.
heady ['hedɪ] [je-di], *a.* 1. Temerario, arrojado. 2. Fuerte, el licor que se sube a la cabeza y hace daño. 3. Violento, impetuoso.
heal [hiːl] [jil], *va.* 1. Curar, sanar, librar de una dolencia. 2. Reconciliar, componer, ajustar. 3. Purificar, devolver la pureza *a.* *-vn.* Sanar, recobrar la salud; curar o cicatrizarse una herida o llaga. **To heal up**, cicatrizarse una herida o llaga.
healable ['hiːləbl] [ji-la-bol], *a.* Sanable, curable.
healer ['hiːləʳ] [ji-laʳ], *s.* Sanador, el que sana; curador, el que cura; el que hace profesión de curar las enfermedades.
healing ['hiːlɪŋ] [ji-lin], *s.* Sanativo, curativo, medicinal, saludable; emoliente; conciliador, pacífico. *-s.* 1. Curación. 2. El poder de dar la salud.
health [helθ] [jelz], *s.* 1. Salud, sanidad. 2. Sanidad de alma, sinceridad, pureza de intención. 3. Brindis, la acción de beber a la salud de otro. **Health officer**, oficial de sanidad o de cuarentena. **Health-lift**, máquina de alzar pesos, como ejercicio. **Bill of health**, patente de sanidad. **Certificate of health**, certificado de sanidad. **Health-giving**, salubre, saludable, que da la salud. **Your health, sir**, a su salud, caballero.
healthful ['helθfʊl] [jelz-ful], *a.* Sano, saludable, salubre.
healthfully ['helθfəlɪ] [jelz-fu-li], *adv.* Saludablemente, en buena salud, con salud.
healthfulness ['helθfʊlnɪs] [jelz-ful-nes], *s.* 1. Salud, buena disposición del cuerpo. 2. Sanidad, bondad, salubridad, lo sano o saludable de alguna cosa.
health-giving ['helθgɪvɪŋ] [jelz-gui-vin], *a.* Saludable, que da salud.
healthily ['helθɪlɪ] [jel-zi-li], *adv.* Saludablemente con salud.
healthiness ['helθɪnɪs] [jel-zi-nes], *s.* Sanidad, estado sano, goce de buena salud.
health insurance ['helθ'ɪnsʊərəns] [jelz-in-sua-rans], *s.* Seguro de enfermedad.
healthless ['helθlɪs] [jelz-les], *s.* Enfermo, débil, el que no goza salud.
health resort ['helθrɪsɔːt] [jelz-ri-sort], *s.* Centro o lugar de curaciones.
healthy ['helθɪ] [jel-zi], *a.* Sano, libre de enfermedades o achaques; sanativo.
heap [hiːp] [jip], *s.* 1. Montón, agregado o junta de muchas cosas puestas en un lugar. 2. *(Fam.)* Turba, muchedumbre de gente. **In heaps**, a montones.
heap, *va.* 1. Amontonar, poner unas cosas sobre otras sin orden ni concierto (pile). 2. Acumular, juntar, colamar (accumulate).
heaper ['hiːpəʳ] [ji-paʳ], *s.* Amontonador.
heaping ['hiːpɪŋ] [ji-pin], *s.* Amontonamiento.
heapy ['hiːpɪ] [ji-pi], *a.* Amontonado, lleno de montones.
hear [hɪəʳ] [jiaʳ], *va.* (*pret.* y *pp.* HEARD). 1. Oír, percibir por el órgano del oído cualquier sonido. 2. Dar audiencia o permiso para hablar. 3. Oír, entender, escuchar; obedecer. 4. Oír en justicia o judicialmente. *-vn.* Oír, escuchar, saber por relación, tener noticia, estar informado. **I hear he is to come back**, tengo entendido que vuelve. **Pray let me hear from you now and then**, sírvase Ud. darme noticias suyas de cuando en cuando. **To hear out**, oír hasta el fin. **To hear tell of**, *(Fam.)* Oír o entender por la voz común.
heard [hɜːd] [jerd], *pret.* y *pp.* de TO HEAR.
hearer ['hɪərəʳ] [jia-raʳ], *s.* Oyente.
hearing ['hɪərɪŋ] [jia-rin], *s.* 1. Oído, el sentido de oír. 2. Audiencia; averguación jurídica de alguna cosa; examen de testigos. 3. La acción de oír. 4. El alcance del oído. **To be hard of hearing**, ser duro de oído, ser algo sordo. **To be within hearing**, estar al alcance del oído.
hearsay ['hɪəseɪ] [jia-sei], *s.* Rumor, voz común, fama, lo que se dice de público y notorio, lo que se sabe o cuenta por dicho de otros. **To know a thing by hearsay**, saber alguna cosa de oídas.
hearse [hɜːz] [jers], *s.* 1. Carro fúnebre. 2. Ataúd, féretro. 3. *(Ant.)* Cenotafio, monumento.
hearse, *va.* Encerrar en el féretro o ataúd, enterrar.
hearse-cloth ['hɜːzklɒθ] [jers-kloz], *s.* Cubierta o paño mortuorio.
hearse-like ['hɜːzlaɪk] [jers-laik], *a.* Lúgubre, fúnebre.
heart [hɑːt] [jart], *s.* 1. Corazón, músculo impar que es el órgano central de la circulación de la sangre. 2. Corazón, centro de las pasiones, afectos y sentimientos (love). 3. Corazón, lo interior, el fondo, el centro o lo fuerte de cualquier cosa; la parte vital o principal de un asunto. 4. Ánimo, valor,

esfuerzo. 5. Voluntad, amor, benevolencia; simpatía, caridad, filantropía. 6. Figura de corazón en los naipes que equivale a la figura de copas en los naipes españoles. **He died of a broken heart** o **broken hearted**, murió de pesadumbre, o de tristeza. **With all my heart**, con toda mi alma. **The heart of a country**, el centro de un país o territorio. **At heart**, en el fondo, esencialmente; en verdad. **By heart**, de memoria. **To learn by heart**, aprender de memoria. **Heart and hand, heart and soul**, todo, de una manera entusiástica, con instancia y empeño. **To find in one's heart**, querer, desear. **To have at heart**, querer con ternura y predilección; fomentar con empeño. **to lay** o **take to heart**, desconsolarse, apesadumbrarse; estar inquieto acerca de algo. **To take the heart out of one**, *(Fam.)* Desalentar, desanimar a alguno. **to be sick at heart**, tener la muerte en el alma. **To wear one's heart on one's sleeve**, llevar el corazón en la mano. **To have the heart in the mouth**, tener el alma entre los dientes, o estar con el alma en un hilo; no llegarle a uno la camisa al cuerpo. **Heart-chilled**, el que tiene el corazón helado o sin acción. **Heart-clot**, cuajado o sin acción. **Heart-clover, heart-trefoil**, *(Bot.)* Especie de alfalfa. **Heart-consuming, heart-corroding**, lo que consume o corroe el corazón. **Heart-deep**, grabado en el corazón. **Heart-discouraging**, desconsolador, lo que desanima, amilana o acobarda. **Heart-disease**, enfermedad del corazón. **Heart-easing**, lo que serena, tranquiliza o causa reposo. **Heart-eating**, lo que corroe el corazón. **Heart-expanding**, lo que abre el corazón o da alegría y placer. **Heart-grief**, congoja de corazón, angustia. **Heart-hardened**, endurecido, impenitente. **Heart-quelling**, lo que atrae el corazón o causa afición o amor. **Heart-rending**, agudo, penetrante, lo que parte o despedaza el corazón. **Heart-shaped**, acorazonado, en forma de corazón. **Heart-sick**, dolorido, afligido, desconsolado, amilanado. **Heart-sickness**, mal de corazón. **heart-sore**, afligido, apesadumbrado, muy angustiosamente; abatido, agobiado. **Heart-sorrowing**, el que está lleno de angustia. **Heart-strings**, las fibras del corazón. **Heart-struck**, fijo en el corazón; desmayado.

heart, *va. V.* HEARTEN.

heartache ['hɑːteɪk] [jart-eik], *s.* Angustia, aflicción, congoja, pesar, pena, inquietud.

heart-appalling ['hɑːtə'pɔːlɪŋ] [jarta-po-lin], *a.* Lo que abruma, oprime o hace desmayar el corazón.

heart attack ['hɑːtətæk] [jart-a-tak], *s.* Ataque al corazón.

heartbeat ['hɑːtbiːt] [jart-bit], *s.* Latido del corazón, gran emoción.

heart-blood ['hɑːtblʌd] [jart-blad], *s.* 1. Sangre del corazón. 2. La esencia de alguna cosa. 3. Vida.

heart-break ['hɑːtbreɪk] [jart-breik], *s.* Angustia, disgusto, aflicción, pesar.

heart-breaking ['hɑːtˌbreɪkɪŋ] [jart-brei-kin], *a.* Congojoso, doloroso, desolador, lo que causa u ocasiona pena o aflicción. *-s.* Congoja, angustia.

heart-broken ['hɑːtˌbrəʊkən] [jart-brou-ken], *a.* Penetrado de dolor, de angustia o de congoja.

heartburn ['hɑːtbɜːn] [jart-bern], *s.* Cardialgía, dolor que se siente en la boca del estómago.

heart-ease ['hɑːtiːz] [jart-is], s, tranquilidad, sosiego, reposo, quietud, serenidad.

hearted ['hɑːtɪd] [jar-tid], *a.* 1. Lo que está fijo o tiene su asiento en el corazón. 2. Lo que se emprende con ardor o con todo el corazón. **Faint-hearted**, tímido, pusilánime.

hearten ['hɑːtn] [jar-ten], *va.* 1. Animar, alentar, dar vigor o aliento, fortificar. 2. Abonar, engrasar, estercolar las tierras.

heartener ['hɑːtnə^r] [jar-te-na^r], *s.* Animador, alentador.

heartfelt ['hɑːtfelt] [jart-felt], *a.* De corazón, cordial, sincero, sentido en el alma o en el fondo del corazón.

heart-free ['hɑːtfriː] [jart-fri], *a.* Libre, sin ningún amor.

heartgrief ['hɑːtgriːf] [jart-grif], *s.* Congoja, angustia.

hearth [hɑːθ] [jarz], *s.* 1. Hogar, fogón; hogar de forja o de horno. 2. Anaquel delante de una estufa. 3. Hogar doméstico, la casa de uno.

hearth-money [ˌhɑːθ'mʌnɪ] [jarz-ma-ni], *s.* Fogaje, derecho o tributo que se pagaba por cada casa.

heartily ['hɑːtɪlɪ] [jar-ti-li], *adv.* 1. Sinceramente, cordialmente. **To laugh most heartily**, reírse a más no poder. 2. Ansiosamente, con ansia.

heartiness ['hɑːtɪnɪs] [jar-ti-nes], *s.* Sinceridad; vigor.

heartless ['hɑːtlɪs] [jart-les], *a.* 1. Falto de corazón; sin piedad ni cariño; falto de simpatía, cruel. 2. Cobarde, tímido, pusilánime, amilanado.

heartlessly ['hɑːtlɪslɪ] [jart-les-li], *adv.* 1. Cruelmente, sin piedad, inhumanamente. 2. Pusilánimemente, tímidamente, sin ánimo.

heartlessness ['hɑːtlɪsnɪs] [jart-les-nes], *s.* Falta de simpatía y piedad; falta de ánimo.

heart's-ease ['hɑːtz'iːz] [jarts-is], *s.* *(Bot.)* Trinitaria. *V.* PANSY.

heart-to-heart ['hɑːttə'hɑːt] [jart-tu-jart], *a.* Sincero, de corazón a corazón. **Heart-to-heart talk**, charla íntima y confidencial.

heart trouble ['hɑːttrʌbl] [jart-tra-bel], *s.* Enfermedad del corazón, mal cardíaco.

heart-whole ['hɑːthəʊl] [jart-joul], *a.* 1. Desamorado, el que no está enamorado. 2. Valiente, intrépido, valeroso. 3. Sincero.

heart-wounded ['hɑːtwuːndɪd] [jart-wun-did], *a.* 1. Lleno de angustia. 2. Enamorado.

hearty ['hɑːtɪ] [jar-ti], *a.* 1. Sincero, alegre, puro, sencillo. 2. Sano, robusto, vigoroso. 3. Nutritivo, abundante. **Hearty eaten**, gran tragón.

heat [hiːt] [jit], *s.* 1. Calor, la impresión que produce el fuego. 2. Calor, el estado de cualquier cuerpo sujeto a la acción del fuego. 3. Calor, lo más fuerte o vivo de alguna acción (passion, warm). 4. Carrera o corrida de un caballo o de muchos. 5. Grano que sale en la cara por efecto del calor. 6. Fogosidad, viveza demasiada; ardor, vehemencia; cólera, odio, animosidad. 7. Celo, apetito a la generación en los irracionales, principalmente en las hembras. 8. Una sola operación de calentar, encender, derretir o fundir metales. 9. Fermentación. **Heat-stroke**, insolación. *V.* SUNSTROKE. **Heat shield**, protector contra el calor. **Heat wave**, ola de calor. **Bottom heat**, calor artificial bajo las capas de tierra en los invernaderos. **Red heat**, calor llevado hasta el rojo; de aquí, emoción o pasión fuerte. **White heat**, candecia, incandescencia; pasión la más intensa. **Prickly heat**, salpullido. **In heat**, en celo, cachonda, salida.

heat, *va.* 1. Calentar, encender, causar ardor. 2. Hacer fermentar. *-vn.* 1. Fermentar, ponerse algún cuerpo en movimiento de fermentación. 2. Encolerizarse. 3. Arder o estar poseído de una pasión.

heater ['hiːtə^r] [ji-ta^r], *s.* 1. Calentador. 2. Calorífero. **Hot-air heater**, calorífero de aire caliente.

heath [hiːθ] [jiz], *s.* 1. 1. *(Bot.)* Brezo, cualquier arbusto de los géneros Erica o Calluna. 2. Brezal, páramo, matorral.

heathcock ['hiːθkɒk] [jiz-kok], *s.* *(Orn.)* Gallo silvestre.

heathen ['hiːðən] [ji-zen], *s.* 1. Gentil, pagano, idólatra. 2. Ateo, ateísta.

heathen, heathenish ['hiːðənɪʃ] [ji-ze-nish], *a.* Gentílico, salvaje, bárbaro, feroz.

heathenishly ['hiːðənɪʃlɪ] [ji-ze-nish-li], *adv.* A la manera de los gentiles o de los paganos.

heathenishness ['hiːðənɪʃnɪs] [ji-ze-nish-nes], *s.* El estado de pagano; profanidad, irreligiosidad.

heathenize ['hiːðənaɪz] [ji-ze-nais], *va.* Hacer a uno pagano o idólatra.

heather ['heðə^r] [je-da^r], *s.* 1. Brezo, urce. 2. Tejido de lana.

heathery ['heðərɪ] [je-de-ri], o **heathy** ['heðɪ] [je-di], *a.* Lleno de brezos, o parecido a ellos; o cubierto de brezos.

heating ['hiːtɪŋ] [ji-tin], *s.* Calefacción, caldeo, calda; la acción de calentar o calentarse.

heat lightning ['hiːt'laɪtnɪŋ] [jit-lait-nin], *s.* Relámpago sin truenos.

heat-resistant ['hiːrɪ'sɪstənt] [jit-ri-sis-tant], *a.* Calorífugo.

heat wave ['hi:tweɪv] [jit-ueiv], *s.* Onda cálida, onda de calor.

heave [hi:v] [jiv], *va.* (*pret.* y *pp.* HEAVED, HOVE. **Hove** está casi limitado al uso naútico. 1. Alzar, levantar alguna cosa pesada; *(Mar.)* izar. 2. Echar fuera, arrojar. 3. Exhalar, prorrumpir. **To heave the lead**, escandallar, echar el escandallo. **To heave a sigh**, exhalar un suspiro. 4. Inflar o hinchar alguna cosa. 5. *(Geol.)* Fracturar un filón y forzarlo fuera de su posición normal. *-vn.* 1. Levantarse y bajarse alternativa y pesadamente, *V. gr.* el pecho, el mar; suspirar dando grandes sollozos. 2. Palpitar el corazón; respirar trabajosamente. 3. Trabajar con mucha fuerza. 4. Tener náuseas. *(Mar.)* Virar. **To heave at the capstan**, *(Mar.)* Virar al cabrestante. **To heave down**, descubrir la quilla. **To heave ahead**, virar para proa. **to heave overboard**, echar a la mar.

heave, *s.* 1. Elevación; esfuerzo para levantarse o alzarse. 2. Suspiros de congoja. 3. Estertor, hinchazón o elevación del pecho causada por la dificultad de respirar. 4. Náusea; esfuerzo para vomitar. 5. *(Geol.)* El grado de desviación de las partes de una veta forzadas fuera de su posición normal.

heaven ['hevn] [je-ven], *s.* 1. Cielo, firmamento, región etérea. 2. Cielo, paraíso, la mansión de Dios. 3. Cielo, el poder supremo. 4. Cielo, elevación, sublimidad. **Heaven-aspiring**, el que aspira a ganar el cielo. **Heaven-banished**, desterrado del cielo. **Heaven-begot**, procreado por un poder celeste. **Heaven-born**, nacido descendido del cielo; celeste, divino, angélico. **Heaven-bred**, criado en los cielos. **Heaven-built**, construido por los dioses. **Heaven-directed**, dirigido o elevado hacia el cielo. **Heaven-fallen**, caído del cielo. **Heaven-gifted**, dotado por el cielo. **Heaven-inspired**, inspirado del cielo. **Heaven-instructed**, instruído por el cielo. **Heaven-kissing**, tocando al cielo: se dice de las montañas que esconden sus cumbres en las nubes. **Heaven-loved**, querido del cielo: favorecido de Dios. **Heaven-warring**, el que hace la guerra o lucha contra el cielo.

heavenliness ['hevnlɪnɪs] [je-ven-li-nes], *s.* Excelencia suprema.

heavenly ['hevnlɪ] [je-ven-li], *a.* Celeste, divino, celestial. *-adv.* Celestialmente, divinamente.

heavenward ['hevnwɔ:d] [je-ven-uord], *adv.* hacia el cielo.

heaver ['hevəʳ] [je-vaʳ], *s.* 1. *(Mar.)* Alzaprima. 2. Cargador, el que levanta; esta voz se usa para formar palabras compuestas. **Coal-heaver**, cargador de carbón.

heaves ['hi:vz] [jivs], *s. pl.* Huérfago, enfermedad asmática que ataca a las caballerías; enfisema de los pulmones.

heavily ['hevɪlɪ] [je-vi-li], *adv.* Pesadamente, lentamente; melancólicamente, tristemente. **To complain heavily**, quejarse amargamente.

heaviness ['hevɪlɪ] [je-vi-li], *s.* 1. Pesadez, peso, gravedad. 2. Pesadez, tardanza, torpeza, languidez. 3. Abatimiento de ánimo, aflicción, tristeza, angustia. 4. Opresión, carga.

heaving ['hevɪŋ] [je-vin], *s.* 1. Palpitación, movimiento, irregular del corazón. 2. Hinchazón u oleada del mar.

heavy ['hevɪ] [je-vi], *a.* 1. Grave, pesado, ponderoso. 2. Grande, fuerte, poderoso, muy vivo, violento. 3. Duro, opresivo, importuno, penoso, molesto. 4. Pesaroso, triste, melancólico. 5. Considerable, importante; que compra o vende en grandes cantidades. 6. Frío, falto de espíritu; tarde, lento, soñoliento, lerdo, estúpido. 7. Pesado, difícil de digerirse. 8. Denso, espeso; fuerte; arcilloso. **Heavy beer, liquor,** cerveza, licor fuerte. **Heavy road**, camino pesado o arcilloso. *-adv. V.* HEAVILY.

heavy-hearted [ˌhevɪ'hɑ:tɪd] [je-vi-jar-tid], *a.* Abatido, descorazonado.

heavy water ['hevɪ'wɔ:təʳ] [je-vi-uo-taʳ], *s.* *(Quím.)* Agua pesada.

heavyweight ['hevɪweɪt] [je-vi-ueit], *s.* *(Boxeo).* Peso completo.

heazy ['hevɪ] [je-vi], *a.* Jadeante, asmático; ronco. *V.* WHEEZY.

hebdomad ['hebdəmæd] [jeb-do-mad], *s.* Siete; siete cosas cualesquiera, particularmente hebdómada, semana.

hebdomadal ['hebdəmædl] [jeb-do-ma-dal], **hebdomadary** ['hebdəmædərɪ] [jeb-do-ma-da-ri], *a.* Hebdomadario, semanal.

hebetate ['hi:bɪteɪt] [ji-bi-teit], *va.* Atontar, entorpecer, embrutecer. *-a.* *(Bot.)* Que tiene punta obtusa y blanda.

hebetation ['hi:bɪ'teɪʃən] [ji-bi-tei-shon], *s.* Atontamiento, entorpecimiento, embrutecimiento.

hebete ['hi:bɪt] [ji-bit], *a.* Entorpecido, embrutecido, atontado.

hebetude ['hi:bɪtju:d] [ji-bi-tiud], *s.* Embotamiento, torpeza de los sentidos.

hebraism ['hi:breɪzm] [ji-breism], *s.* Hebraísmo, giro hebreo en el lenguaje.

hebraist ['hi:breɪst] [ji-breist], **hebrician** [hɪ'breɪʃən] [ji-brei-shan], *s.* Hebraizante, el erudito en la lengua hebrea.

hebraize [hi:'braɪz] [ji-brais], *va.* Hebraizar, hacer hebreo; verter al hebreo. *-vn.* Adoptar las costumbres o la lengua hebreas; volverse hebreo.

hebrew ['hɪbru:] [ji-bru], *s.* 1. Hebreo, la lengua hebrea. 2. Hebreo, judío. *-a.* Hebraico.

hecatomb ['hekətɒm] [je-ka-tom], *s.* Hecatombe, antiguo sacrificio griego de cien reses; de aquí, gran carnicería, matanza enorme.

heck [hek] [jek], *s.* 1. Enrejado, verja. (a) Enrejado, especie de trampa para coger peces. (b) Recipiente a modo de enrejado, para forraje. (c) Puerta cuya parte superior está enrejada o se mueve independientemente de la puerta misma. 2. Volante de un torno de hilar.

heckle ['hekl] [je-kel], *v.* HATCHEL.

hectare ['hektɑ:ʳ] [jek-taʳ], *s.* Hectárea, medida de superficie que contiene cien áreas; equivale a 2.471 acres ingleses.

hectic, hectical ['hektɪk] [jek-tik], *a.* Hético, héctico, el que padece calentura hética. *s.* Hética, consunción, fiebre hética.

hectically ['hektɪklɪ] [jek-ti-kli], *adv.* Constitucionalmente, hablando de la constitución física; de ordinario denota consunción.

hecto (o **hect**) Prefijo tomado del griego que significa ciento, o cien veces. **Hectogram, hectogramme,** hectogramo, cien gramos. **Hectoliter, hectolitre**, hectólitro, cien litros. **Hectometer, hectometre**, hectómetro, cien metros.

hector ['hektəʳ] [jek-taʳ], *s.* Matasiete, fanfarrón, fierabrás, perdonavidas.

hedera ['hɪdərə] [ji-da-ra], *s.* Hiedra.

hedge [hedʒ] [jedch], *s.* Seto, vallado de zarzas. **Quickset hedge**, seto vivo. **Stake hedge**, seto muerto.

hedge, *va.* 1. Cercar alguna heredad con un seto. 2. Obstruir, impedir, tapar (impede); defender, proteger, como con un seto o vallado (protect). 3. Circundar; rodear (surround). *-vn.* 1. Ponerse al abrigo, agacharse, esconderse (como detrás de un seto). 2. Apostar a fin de compensar o igualar una apuesta anterior; procurar los medios de evadir la responsabilidad por lo que antes se ha dicho o hecho. **Don't hedge with me!,** ¡dímelo sin rodeos!

hedge-born ['hedʒbɔ:n] [jedch-born], *a.* Oscuro, el que es de linaje bajo y no conocido.

hedge-creeper ['hedʒˌkri:pəʳ] [jedch-kri-paʳ], *s.* Vagamundo.

hedgehog ['hedʒhɒg] [jedch-jog], *s.* 1. Erizo, animal cubierto de púas. 2. Voz de improperio.

hedge-hyssop ['hedʒˌhɪsɒp] [jedch-ji-sop], *s.* *(Bot.)* Hierba del pobre.

hedge-mustard ['hedʒˌmʌstəd] [jedch-mas-tard], *s.* *(Bot.)* Erísimo, jaramago.

hedge-nettle ['hedʒnetl] [jedch-ne-tel], *s.* *(Bot.)* Galiopsis.

hedge-note ['hedʒnəʊt] [jedch-nout], *s.* Mamotreto, voz de desprecio que se aplica a los malos escritos.

hedge-priest ['hedʒpri:st] [jedch-prist], *s.* Clerizonte, clérigo iliterato y mal mirado.

hedger ['hedʒəʳ] [jed-chaʳ], *s.* 1. Cercador, el que hace cercados o setos de árboles y arbustos. 2. El que compensa o iguala sus apuestas.

hedgerow ['hedʒərəʊ] [jed-che-rou], *s.* La serie de árboles o arbustos en los cercados o setos.

hedge-sparrow ['hedʒ,spærəʊ] [jedch-spa-rou], *s.* *(Orn.)* Curruca, especie de gorrión.

hedging-bill ['hedʒɪŋbɪl] [jed-chin-bil], *s.* Podadera corva para cortar los setos vivos.

hedonism ['hi:dənɪzm] [ji-do-ni-sem], *s.* Hedonismo, la doctrina de ciertos filósofos griegos de que el placer es el único bien en la ética, egoismo, interés personal, indulgencia para consigo mismo.

heed [hi:d] [jid], *va.* Atender, prestar atención, estar con cuidado y aplicación a lo que se mira u oye; observar, notar. *-vn.* Considerar.

heed, *s.* 1. Cuidado, atención, cautela, precaución (care, caution). 2. Observación, reparo, aprecio. 3. Seriedad, gravedad, sobriedad, regularidad. **Take heed what you do**, mire Ud. lo que hace. **To take no heed of**, no hacer caso de.

heedful ['hi:dfʊl] [jid-ful], *a.* Vigilante, atento, cauteloso, cuidadoso, exacto, prudente, circunspecto.

heedfully ['hi:dfəlɪ] [jid-fu-li], *adv.* Cautelosamente, atentamente, con circunspección.

heedfulness ['hi:dfəlnɪs] [jid-ful-nes], *s.* Vigilancia, cautela, atención, cuidado, circunspección.

heedless ['hi:dlɪs] [jid-les], *a.* Descuidado, negligente, omiso, imprudente, inconsiderado, distraído, atolondrado.

heedlessly ['hi:dlɪslɪ] [jid-les-li], *adv.* Negligentemente.

heedlessness ['hi:dlɪsnɪs] [jid-les-nes], *s.* Descuido, omisión, negligencia, inadvertencia, imprudencia, distracción.

heedy ['hi:dɪ] [ji-di], *a.* Cauteloso.

heel [hi:l] [jil], *s.* 1. Talón, la parte posterior del pie; la parte correspondiente del pie en los animales. 2. Talón de toda clase de calzado; tacón. 3. El pie visto por atrás. 4. Cosa colocada a manera de talón, parte inferior; coz o pie de palo. **To take to one's heels**, apretar los talones, poner pies en polvorosa, huir. 5. La última parte de algo o de alguna cosa. **To be at the heels of**, perseguir estrechamente. **From head to heel**, de pies a cabeza. **Heels over head**, patas arriba. **The heel of his shoe came down**, se le destalonó el zapato. **Down at the heels**, de aspecto desaliñado, descuidado. **Neck and heels**, *(Fam.)* De pies a cabeza del todo. **To cool one's heels**, *(Fam.)* Hacer antesala, consumirse, esperar largo tiempo. **To kick one's heels**, tascar el freno, esperar ocasión para hablar u obrar. **To lay by the heels**, poner grillos, encadenar. **To show the heels** o **a clean pair of heels**, huir; tomar la delantera, dejar atrás. **To throw up the heels of**, echar a tierra de una zancadilla: de aquí, frustrar, dejar burlada la intención de alguien.

heel, *va.* 1. Poner talón (stockings, etc.) 2. Asir, agarrar por los talones. 3. Poner espolones al gallo. 4. (Ger. E.U.) Proveer de dinero. *-vn.* *(Mar.)* Ladearse, inclinarse, tumbarse hacia un lado.

heeler ['hi:ləʳ] [ji-laʳ], *s.* 1. El gallo que usa con destreza de los espolones contra su contrario. 2. *(Ger. E.U.)* Subalterno de mala ley de un cacique político; secuaz poco escrupuloso, politicastro.

heel-maker ['hi:l,meɪkəʳ] [jil-mei-kar], *s.* Taconero.

heel-piece ['hi:lpi:s] [jil-pis], *s.* Tapa, la suela que se pone debajo del tacón del zapato.

heel-piece, *va.* Poner o echar tapas a los zapatos.

hegemonic [hɪ'gəmənɪ] [ji-ye-mo-ni], *a.* Predominante, dominante.

hegemony [hɪ'gəmənɪk] [ji-ye-mo-nik], *s.* Hegemonía, preeminencia; en particular la de Atenas, esparta y Tebas.

Hegira [he'dʒaɪərə] [je-yaia-ra], *s.* Hégira, égira, la era de los mahometanos, que se cuenta desde el día en que Mahoma huyó de la Meca a Medina A.D. 622.

heifer ['hefəʳ] [je-faʳ], *s.* Vaca joven (que aún no ha parido), novilla. **Heifer calf**, ternera.

heigh-ho! ['heɪ'həʊ] [jei-jau], inter. ¡Ay! Voz con que se expresa languidez o inquietud.

height, hight [haɪt] [jait], *s.* 1. Altura, elevación sobre alguna base, como la superficie de la tierra o el nivel del mar. 2. Estatura, talla. 3. Lo que es alto; altura, colina, montaña; cima o cumbre, eminencia. 4. Sumidad, el ápice o extremidad de alguna cosa; extremo. 5. Elevación, altura, dignidad encumbrada. 6. Sublimidad, colmo, el más alto grado de una cosa; excelencia. **In the height of his happiness**, en el colmo de su dicha. **Height between decks**, *(Mar.)* Altura de entrepuentes. **Mount Popocatepetl is 17,784 feet in height**, el Popocatepetl tiene 17,784 pies (5,425 metros) de altura. **He (she) is about muy height**, el (ella) es poco más o menos de mi estatura. **The height of folly**, el colmo de la locura. 7. Colina (hill) **The heights,** las cumbres.

heighten, highten ['haɪtn] [jai-ten], *va.* 1. Realzar, levantar más o poner una cosa más elevada de lo que antes estaba. 2. Adelantar, perfeccionar, mejorar. 3. Agravar, abultar. 4. Realzar, ilustrar, adornar. **To heighten the spirirts**, exaltar la imaginación.

heightening ['haɪtnɪŋ] [jait-nin], *s.* Adorno; se aplica comúnmente a los de la poesía y retórica; la acción del verbo **heighten** en todas sus acepciones.

heinous ['heɪnəs] [jei-nos], *a.* Atroz, grave, nefando, malvado en extremo.

heinously ['heɪnəslɪ] [jei-nos-li], *adv.* Atrozmente, malvadamente, nefandamente.

henousness ['heɪnəsnɪs] [jei-nos-nes], *s.* Atrocidad, enormidad, exceso de malicia o suma malicia.

heir [ɛəʳ] [eaʳ], *s.* Heredero, el que hereda. **Heir-apparent** o **general**, heredero forzoso. **Heir presumptive**, heredero presuntivo. **Joint heir**, coheredero. **Heir at law**, heredero legal.

heir, *va.* Heredar. *V.* INHERIT.

heirdom ['ɛədɒm] [ea-dom], *s.* herencia, los bienes y derechos heredados.

heiress ['ɛəres] [ea-res], *sf.* Heredera, la mujer que hereda.

heirless ['ɛəlɪs] [ea-es], *a.* Sin heredero.

heirloom ['ɛəlu:m] [ea-lum], *s.* 1. *(For.)* Bienes muebles vinculados que pasan al heredero con la propiedad inmueble. 2. Prenda que desciende de un antepasado.

heirship ['ɛəʃɪp] [ea-ship], *s.* Estado, carácter o privilegio de heredero; herencia.

heliacal ['hɪlaɪəkəl] [ji-laia-kal], *a.* *(Ast.)* Helíaco, del sol o perteneciente a él.

helibus ['helɪbʌs] [je-li-bas], *s.* Helicóptero de transporte de pasajeros.

helical ['helɪkəl] [je-li-kal], *a.* Espiral. **Helical line**, hélice o espira.

helicoid ['helɪkɔɪd] [je-li-koid], *a.* 1. Helicoide, parecido a una hélice o a la concha de un caracol. 2. Perteneciente a los caracoles. *-s.* *(Geom.)* Superficie parecida a la de un tornillo.

helicopter ['helɪkɒptəʳ] [je-li-kop-taʳ], *s.* Helicóptero.

heliocentric ['helɪə'sentrɪk] [je-lio-sen-trik], *a.* Heliocéntrico, lo que pertenece al centro del sol.

heliograph ['hi:lɪəʊgrɑ:f] [ji-liou-graf], *s.* 1. Heliógrafo, instrumento para fotografiar el sol. 2. Lámina fotográfica tomada por la luz del sol. 3. Heliotropo, helióstato, instrumento que sirve para enviar un rayo solar a un observador colocado a gran distancia.

heliographic ['hi:lɪəʊ'græfɪk] [ji-liou-gra-fik], *a.* Heliográfico, relativo al heliógrafo o a la heliografía.

heliography ['hi:lɪəʊgrɑ:fɪ] [ji-liou-gra-fi], *s.* 1. Operación de transmitir señales por medio del helógrafo. 2. Fotografía, heliografía. 3. Descripción de la superficie del sol.

heliolatry ['hi:lɪəʊlætrɪ] [ji-liou-la-tri], *s.* Culto del sol, sabeísmo.

heliometer ['hi:lɪəʊ,mi:təʳ] [ji-liou-mi-taʳ], *s.* Heliómetro, instrumento para medir el diámetro del sol.

helioscope ['hi:lɪəskəʊp] [ji-lios-koup], *s.* Helioscopio, anteojo para mirar al sol sin que su resplandor hiera la vista.

heliospherical ['hi:lɪəs'ferɪkəl] [ji-lios-fe-ri-kal], *a.* Esférico como el sol.

heliostat ['hi:lɪəstæt] [ji-lios-tat], *s.* helióstato, instrumento para proyectar de una manera invariable el rayo solar.

heliotherapy ['hi:lɪəθərəpɪ] [ji-lio-ze-ra-pi], *s.* Helioterapia.

heliotrope ['hi:lɪətrəup] [ji-lio-troup], *s.* 1. *(Bot.)* Heliotropo, planta de flor muy olorosa, de la familia de las borragíneas. 2. Color de esta flor. 3. *(Fís.)* Heliotropo, instrumento para enviar un rayo solar a un observador colocado a gran distancia. 4. *(Min.)* Heliotropio o heliotropo, variedad de calcedonia de color verde claro o de puerro, con manchas de jaspe rojo.

heliotype ['hi:lɪətaɪp] [ji-lio-taip], *s.* Heliotipo, especie de fotograbado en una superficie de gelatina, de la cual se imprime después; dicha superficie de impresión y la impresión misma.

heliport ['hi:lɪpɔ:t] [ji-li-port], *s.* *(Aer.)* Aeropuerto para helicópteros.

helispheris, helispherical ['hi:lɪs'ferɪks] [ji-lis-fe-riks], *a.* Espiral, sobre una esfera.

helix ['hi:lɪks] [ji-liks], *s.* 1. Espira, voluta, hélice. 2. *(Anat.)* Hélix, borde del pabellón de la oreja en el hombre. 3. Caracol de tierra de la familia de los helícidos.

hell [hel] [jel], *s.* 1. Infierno, el lugar de los condenados; el invierno, los espíritus infernales. 2. Cualquier lugar o estado de tormento o miseria extrema. 3. Infierno, el limbo o seno de Abraham, llamado por los griegos Hades y por los hebreos Sheol. 4. El lugar en que se depositan los desperdicios o deshechos (como en las imprentas, caja para letras inservibles). **Hell-bender**, gran salamandra del valle del río Ohio, de vida muy tenaz. **Hell-fire**, fuego o tormento del infierno. **Hell-gate**, la puerta, el umbral del infierno. **They had a hell of a time,** pasaron un mal rato. **It was as hot as hell,** hacía un calor infernal. **Go to hell!** ¡vete al diablo!

hell-born ['helbɔ:n] [jel-born], *a.* Nacido en el infierno, infernal.

hell-cat ['helkæt] [jel-kat], *s.* Bruja.

hell-doomed ['heldu:md] [jel-dumd], *a.* Réprobo.

hellebore ['helɪbɔ:ʳ] [je-li-boʳ], *s.* *(Bot.)* Eléboro, verdegambre.

helleborism ['helɪˌbɔ:rɪzm] [je-li-bo-risem], *s.* Preparación medicinal del eléboro.

Hellenic [he'li:nɪk] [je-li-nik], *a.* Helénico, heleno, greciano; gentílico.

Hellenism [ˌheli:'nɪzm] [je-li-ni-sem], *s.* Helenismo.

hellenist ['heli:nɪst] [je-li-nist], *s.* 1. Judío greguizante. 2. Helenista, el erudito en la lengua griega.

hellenistical [ˌheli:'nɪstɪkl] [je-li-nis-ti-kal], *a.* Lo que pertece a los judíos que hablan el griego.

hellenize ['heli:naɪz] [je-li-nais], *vn.* Grecizar.

hellfire ['helfaɪəʳ] [jel-faiaʳ], *s.* Fuego o tormento del infierno.

hellgrammite ['helgrəmaɪt] [jel-gra-mait], *s.* Gran larva de un insecto acuático (Corydalus cornutus), que se emplea como carnada en la pesca.

hell-hag ['helhæg] [jel-jag], *s.* Bruja del infierno.

hell-hound ['helhaʊnd] [jel-jaund], *s.* 1. Perro del infierno, el cancerbero. 2. Agente infernal; perseguidor fiero y cruel.

hellish ['helɪʃ] [je-lish], **helly** ['helɪ] [je-li], *a.* Infernal, malvado.

hellishly ['helɪʃlɪ] [je-lish-li], *adv.* Malvadamente, detestablemente, diabólicamente.

hellishness ['helɪʃnɪs] [je-lish-nes], *s.* Malicia infernal, diablura.

hello [hʌ'ləʊ] [ja-lou], *interj.* 1. ¡Hola!, ¡haló!. 2. ¡Diga! (en el teléfono). *Hello girl*, muchacha telefonista.

hellward ['helwɑ:d] [jel-uard], *adv.* Hacia el infierno.

helm [helm] [jelm], *s.* 1. *(Mar.)* Timón, gobernalle, el conjunto de timón, su caña y rueda; en especial, la barra o caña del timón, gobernalle. **After-piece of the helm**, azafrán del timón. **Main-piece of the helm**, madre del timón. **To shift the helm**, cambiar el timón. **To hang the helm**, calar el timón. **Play of the helm**, juego del timón. **Helmsman**, timonero, timonel, el que gobierna el timón. **A ship which answers the helm readily**, un buque que obedece fácilmente al timón. 2. Timón, la dirección y gobierno de un negocio; el puesto de autoridad y responsabilidad. 3. *(Ant.)* *V.* HELMET.

helm, *va.* *(Poét.)* 1. Timonear, gobernar el timón; guar. 2. Cubrir con un yelmo o celada.

helmed ['helmɪd] [jel-mid], **helmeted** ['hemɪtɪd] [jel-mi-tid], *a.* Lo que tiene o lleva yelmo o celada.

helmet ['helmɪt] [jelmit], *s.* 1.Yelmo, celada, morrión. 2. Casco de bombero, guardia, soldado. 3. Careta de esgrima. 4. *(Bot.)* Parte superior de una corola labiada.

helmet-flower ['helmɪt'flaʊəʳ] [jel-mit-flauaʳ], *s.* *(Bot.)* Acónito, matalobos.

helminthic ['helmɪnθɪk] [jel-min-zik], *a.* Helmíntico: se dice de los remedios contra las lombrices.

helminthlogy ['helmɪnˌθəlɒdʒɪ] [jel-min-zo-lo-yi], *s.* helmintología, tratado y estudio de las lombrices y de sus efectos; o de los gusanos, especialmente los parásitos.

helmport ['helmpɔ:t] [jelm-port], *(Mar.)* Limera del timón.

helmsman ['helmzmən] [jelms-man], *s.* (*pl.* MEN) Timonero, el que gobierna el timón en las embarcaciones.

helot ['helɒt] [je-lot], *s.* Ilota, nombre del esclavo en Lacedemonia.

helotism ['helətɪzm] [je-lo-tism], *s.* Hilotismo, condición de los esclavos en la antigua Esparta, esclavitud.

helotry ['helətrɪ] [je-lo-tri], *s.* 1. Los ilotras. 2. Servidumbre, esclavitud.

help [help] [jelp], *va.* y *vn.* 1. Ayudar, asistir, socorrer, amparar, favorecer, patrocinar, sostener (favour, protect). 2. Servir a la mesa. 3. Aliviar, librar de dolor o enfermedad; remediar, reparar. 4. Evitar, dejar de hacer, abstenerse, no poder en manos de. **How can I help it?,** ¿cómo evitarlo?, ¿qué quiere Ud. que yo haga? *-vn.* Ayudar, contribuir, concurrir. **It helped much to his reputation**, eso contribuyó mucho a su reputación.

help back, ayudar a retroceder.

help down, ayudar a alguno a bajar.

help forward, adelantar, activar, promover, ayudar a alguno para que adelante.

help out, ayudar a salir; sacar de algún peligro o mal paso. **To help one another**, favorecerse mutuamente. **I cannot help believing that**, no puedo menos de creerlo.

help to o **on**, (a) *va.* Servir, ofrecer, proporcionar, promover. (b) *vn.* Contribuir, ayudar, concurrir a la ejecución de una cosa.

help, *s.* 1. Ayuda, auxilio, asistencia, socorro, remedio, apoyo, arrimo, protección, amparo, favor. 2. Medio, recurso; lo que contribuye a hacer adelantar o mejorar una cosa. 3. *(E.U.)* Criada; jornalera. 4. *(Fam.)* Porción de comida tomada de una vez. **To cry out for help**, pedir socorro, llamar en auxilio. **By the help of**, con auxilio de, por medio de. **There is no help for it,** no tiene remedio.

helper ['helpəʳ] [jel-paʳ], *s.* 1. Auxiliador, el que auxilia y ayuda. 2. Socorredor, el que socorre.

helpful ['helpfʊl] [jelp-ful], *a.* Útil, provechoso, sano, saludable.

helpfulness ['helpfʊlnɪs] [jelp-ful-nes], *s.* Asistencia, utilidad.

helpless ['helplɪs] [jelp-les], *a.* 1. Desamparado, destituído, abandonado. 2. Irremediable. 3. Inerte, desmañado, desvalido. 4. Imposibilitado.

helplessly ['helplɪslɪ] [jelp-les-li], *adv.* Irremediablemente, sin recurso, en el desamparo, en el abandono.

helplessness ['helplɪsnɪs] [jelp-les-nes], *s.* 1. Desamparo, falta de amparo. 2. falta de fuerzas, de energía; debilidad, impotencia.

helpmate ['helpmeɪt] [jelp-meit], *s.* 1. Compañero, asistente, auxiliar. 2. Esposa, mujer.

helter-skelter ['heltə'skeltəʳ] [jel-ta-skel-taʳ], *adv.* A trochemoche, a trompa y talega, al tuntún, atropelladaente, sin orden ni concierto, confusamente, en desorden.

helve [helv] [jelv], *s.* Astil de hacha o destral, mango. **To throw the helve after the hatchet**, echar la soga tras el caldero, abandonar una empresa.
helve, *va.* Echar mango o cabo a una cosa.
Helvetic ['helvetɪk] [jel-ve-tik], *a.* Helvético, helvecio, de Suiza.
hem [hem] [jem], *s.* 1. Ribete, borde de la ropa o vestido; repulgo, orilla. 2. Dobladillo, costura. 3. El ruido que causa la expiración repentina y violenta del aliento. -inter. ¡Eh!
hem, *va.* 1. Ribetear, echar ribetes; repulgar, poner repulgos a algún vestido, repulgar, orillar. 2. Cercar, rodear o encerrar en un recinto. *-vn.* Hacer ruido espirando con violencia; desahogar las fauces. 3. Fingir tos, o toser de fingido.
hemal, haemal ['hiːmæl] [ji-mal], *a.* 1. Perteneciente a la sangre o al sistema vascular; de la naturaleza de la sangre. 2. Relativo al lado del cuerpo que contiene el corazón.
hematin ['hiːmətiːn] [ji-ma-tin], *s.* *(Quím.)* Hematina, principio colorante derivado del de la sangre por la acción de los ácidos. *V.* HEMATOXYLIN.
hematite ['hiːmətaɪt] [ji-ma-tait], *s.* Hematita, (Fe_2O_3), mineral común de hierro.
hematoxylin [ˌhiːmə'tɒksɪn] [ji-ma-tok-sin], *s.* Hematoxilina.
hemerobaptist [ˌhiːmərə'bæpstɪst] [ji-me-ro-bap-tist], *s.* Sectario judío de los que practicaban diarias abluciones.
hemi ['hemɪ] [je-mi], *a.* Voz que entra en la composición de varias otras, y equivale a medio o semi.
hemicrania, hemicrany [ˌhemɪ'kræniə] [je-mi-kra-nia], *s.* Hemicránea, jaqueca, dolor en un lado o en una parte de la cabeza.
hemicycle ['hemɪsaɪkl] [je-mi-sai-kel], *s.* Semicírculo.
hemina ['hemɪnə] [je-mi-na], *s.* Hemina, una medida antigua; medida usada a veces en la farmacia, que tiene unas diez onzas.
hemiplegia, hemiplegy ['hemɪ'pliːdʒɪə] [je-mi-pli-yia], *s.* Hemiplejía, parálisis de todo un lado del cuerpo.
hemiplegic ['hemɪ'pliːdʒɪk] [je-mi-pli-yik], *a.* Hemipléjico, de la hemiplejía.
hemisphere ['hemɪsfɪə[r]] [je-mis-fea[r]], *s.* Hemisferio, la mitad de una esfera, dividida por un plano que pasa por su centro.
hemispheric, hemispherical ['hemɪsfɪərɪk] [je-mis-fia-rik], *a.* Hemisférico.
hemistich, hemestic ['hemɪstɪtʃ] [je-mis-tich], *s.* Hemistiquio.
hemlock ['hemlɒk] [jem-lok], *s.* *(Bot.)* 1. Pinabete o abeto americano. 2. Cicuta, hierba umbelífera venenosa.
hemoglobin, haemoglobin ['hiːməʊ'gləbiːn] [ji-mou-glo-bin], *s.* Hemoglobina, la materia colorante de la sangre.
hemophilia ['hiːməʊ'fɪlɪə] [ji-mou-fi-lia], *s.* *(Med.)* Hemofilia.
hemorrhage ['hiːməʊrɑːdʒ] [ji-mou-rach], *s.* Hemorragia, flujo de sangre.
hemorrhoides ['hiːməʊrɔɪdz] [ji-mou-roids], *s. pl.* Hemorroides almorranas.
hemorrhoidal ['hiːməʊrɔɪdl] [ji-mou-roi-dal], *a.* Hemorroidal.
hemostatic ['hiːməstætɪk] [ji-mos-ta-tik], *a.* *(Med.)* Hemostático.
hemp [hemp] [jemp], *s.* *(Bot.)* Cáñamo. **Bastard-hem**, cañamón, cáñamo bastardo. **Hemp agrimony**, *(Bot.)* Eupatorio vulgar. **Raw hemp**, cáñamo sin peinar. **Indian hemp**, canabina.
hemp-beater ['hempbiːtə[r]] [jemp-bi-ta[r]], *a.* Espadador o espadillador de cáñamo.
hemp-breaker [hemp'breɪkə[r]] [jemp-brei-ka[r]], *s.* Agramador de cáñamo.
hemp-close ['hempkləʊz] [jemp-klous], **hemp-field** ['hempfiːld] [jemp-fild], *s.* Cañamar, el terreno sembrado de cáñamo.
hemp-comb ['hempkɒmb] [jemp-komb], *s.* Peine para pasar el cáñamo después de rastrillado.
hempen ['hempən] [jem-pen], *a.* Cañameño, lo que se hace del hilo del cáñamo.
hemp-seed ['hempsiːd] [jemp-sid], *s.* 1. Cañamón. 2. *(Fam.)* Carne de horca.
hemstitch ['hempstɪtʃ] [jemp-stich], *va.* Hacer vainica. *-s.* Vainica.
hempy ['hempɪ] [jem-pi], *a.* Semejante al cáñamo.
hen [hen] [jen], **sf**. 1. Gallina, la hembra del gallo. 2. Ave hembra de cualquier especie. 3. *pl.* Pollos, gallinas, aves domésticas en general sin distinción de sexo. **Brood-hen**, gallina clueca. **Guinea-hen**, gallina de Guinea o de Indias; pintada. **Turkey-hen**, pava. **Moor-hen**, zarceta, ave acuática.
henbane ['hebeɪn] [je-bein], *s.* *(Bot.)* Beleño, planta venenosa.
hence [hens] [jens], *adv.* 1. De aquí, desde aquí, a distancia, de aquí, fuera de aquí. 2. De aquí, por esto, en consecuencia de esto. **Hence it is that they are all rich**, de aquí es que todos son ricos. **Ten years hence**, de aquí a diez años. **Far hence**, lejos de aquí. **Not many days hence**, dentro de unos días. **From hence**, locución pleonástica y anticuada, lo mismo que HENCE, desde aquí, fuera de aquí. 3. Anda, fuera; voz de mando. **Hence with you**, quítese Ud. de delante, largo de aquí.
henceforth ['hensfɔːθ] [jens-forz], *adv.* De aquí en adelante; en adelante, en lo futuro.
henceforward ['hensfɔːwəd] [jens-for-uard], *adv.* De aquí en adelante; en lo venidero; para siempre.
henchman ['hentʃmən] [jench-man], *s.* 1. Agente servil y subordinado. 2. *(Ant.)* Criado.
hencoop ['henˌkuːp] [jen-kup], *s.* Gallinero.
hendecagon ['hendɪkgən] [jen-di-ka-gon], *s.* Endecágono, polígono de once lados y once ángulos.
hendecasyllabic ['hendekəsɪ'læbɪk] [jen-de-ka-si-la-bik], *a.* Endecasílabo.
hendecasyllable ['hendekəˌsɪləbl] [jen-de-ka-si-la-bol], *s.* Verso endecasílabo.
henequen ['henɪkwɪn] [je-ni-kuin], *s.* *(Bot.)* Henequén.
hen-harm ['henhɑːm] [jen-jarm], **hen-harrier** ['henhɑːm] [jen-jarm], *s.* *(Orn.)* Pigargo.
henhouse ['henhaʊs] [jen-jaus], *s.* Gallinero.
henna ['henə] [je-na], *s.* Arbusto o árbol pequeño de Oriente, llamado Lawsonia intermis; y una preparación cosmética de sus hojas que da un color anaranjado.
hennery ['henərɪ] [je-na-ri], *s.* Gallinero, lugar donde las gallinas se recogen a dormir.
henpeck ['henpek] [jen-pek], *va.* Dominar; molestar, fastidiar, importunar con triquiñuelas: se dice de una mujer que así trata y maneja a su marido.
henpecked ['henpekt] [jen-pekt], *a.* Gurrumino, el que está dominado por su mujer. **Henpecked husband**, el marido cuya mujer lleva los calzones, calzonazos
Henrietta ['henriːtə] [jen-rie-ta], *n. pr.* Enriqueta.
henroost ['henruːst] [jen-rust], *s.* Gallinero.
Henry ['henrɪ] [jen-ri], *n. pr.* Enrique. *-s.* *(Elec.)* Unidad práctica de autoinducción.
hep [hep] [jep], *s.* Fruto del agavanzo. *V.* HIP. **Hep-bramble, hep-brier, hep-tree**, escaramujo, agavanzo. *a.* Sabedor, enterado, que está al corriente de todo. **To put someone hep to**, poner al corriente de.
heparin ['hepəriːn] [je-pa-rin], *s.* (Anticoagulante) Heparina.
hepatic, hepatical ['hepətɪk] [je-pa-tik], *a.* 1. Hepático, que pertece al hígado. 2. De color de hígado.
hepatica ['hepətɪkə] [je-pa-ti-ka], *s.* *(Bot.)* Hepática, planta de la familia de las ranunculáceas, llamada también **liver-leaf** (hoja de hígado).
hepaticae ['hepətɪkæ] [je-pa-ti-ka], *s. pl.* *(Bot.)* Ciertas plantas parecidas a los musgos.
hepatite ['hepətaɪt] [je-pa-tait], *s.* *(Min.)* Hepatita, variedad de barita; debe su nombre al olor fétido que despide al calentarla.
hepatitis [ˌhepə'taɪtɪs] [je-pa-tai-tis], *s.* *(Med.)* Hepatitis.
hepatize ['hepətaɪz] [je-pa-tais], *va.* 1. Cambiar o transformar en una sustancia semejante al hígado, se aplica

en medicina particularmente a los pulmones. 2. *(Quím.)* Llenar de gas hidrógeno sulfurado.

heptachord ['heptəkɔːd] [jep-ta-kord], *s.* 1. *(Mús.)* Heptacordio. 2. Instrumento músico de siete cuerdas.

heptagon ['heptəgən] [jep-ta-gon], *s.* 1. Heptágono, figura de siete lados y otros tantos ángulos. 2. *(Fort.)* Heptágono, fortaleza guarnecida con siete bastiones.

heptagonal [hep'tægənəl] [jep-ta-go-nal], *a.* Heptagonal, lo que tiene siete ángulos y lados.

heptameride ['heptəmeraɪd] [jep-ta-me-raid], *s.* Lo que divide o que consiste en siete partes.

heptarchy ['heptɑːkɪ] [jep-tar-ki], *s.* Heptarquía, gobierno de siete personas, reinos o provincias.

Heptateuch ['heptɔːtʃ] [jep-toch], *s.* Heptateuco, los siete primeros libros del Viejo Testamento.

her [hɜːʳ] [jaʳ], *pron.* 1. Caso objetivo o acusativo de SHE. La, ella, a ella. 2. Caso posesivo o genitivo de SHE; también se usa como adjetivo posesivo: su, de ella. **I have not seen her**, no la he visto. **I have not sent the book to her**, no le he enviado el libro. **Herish her**, ámela Ud. con ternura. (En inglés, los adjetivos posesivos concuerdan en género con el poseedor.) **Her book, her house,** su libro, su casa (de ella).

herald ['herəld] [je-rald], *s.* 1. Heraldo, rey de armas. 2. Precursor; publicador.

heraldic ['herəldɪk] [je-ral-dik], *a.* Heráldico, genealógico.

heraldist ['herəldɪst] [je-ral-dist], *s.* Heráldico.

heraldry ['herəldrɪ] [je-ral-dri], *s.* Heráldica, arte o ciencia que trata del blasón; registro de genealogías.

heraldship ['herəldʃɪp] [je-rald-ship], *s.* Oficio de heraldo.

herb ['hɜːb] [jerb], *s.* Hierba, nombre genérico que se da a todas las plantas menores cuyo tallo nace todos los años; legumbres. **Sweet herbs**, hierbas odoríferas, olorosas o de olor. **Physical herbs**, hierbas medicinales. **Salad-herbs**, hierbas para ensalada. **Pot-herbs**, hortalizas.

herbaceous ['hɜːbeɪʃəs] [jer-bei-shos], *a.* Herbáceo.

herbage ['hɜːbeɪdʒ] [jer-beich], *s.* Herbaje; pasto.

herbaged ['hɜːbeɪdʒt] [jer-beicht], *a.* Cubierto de hierba o herbaje.

herbal ['hɜːbəl] [jer-bal], *s.* Herbario. *-a.* Lo que pertence al herbario.

herbalist ['hɜːbəlɪst] [jer-ba-list], **herbarist** ['hɜːbərɪst] [jer-ba-rist], **herbist** ['hɜːbɪst] [jer-bist], *s.* Herbolario, el que entiende de hierbas y plantas.

herbarious ['hɜːbærɪəs] [jer-ba-rios], *a.* Herbario.

herbarium ['hɜːbærɪəm] [jer-ba-riom], *s.* 1. Herbario, colección de plantas secas colocadas según arte. 2. Libro o estante para contener plantas secas. 3. Edificio en que conservan plantas secas.

herbarize ['hɜːbæraɪz] [jer-ba-rais], *vn.* Herborizar, ir al campo en busca de hierbas o plantas.

herbary ['hɜːbərɪ] [jer-ba-ri], *s.* Jardín que contiene solamente hierbas.

herbescent ['hɜːbesənt] [jer-be-sent], *a.* Parecido a una hierba; que tiende a convertirse en hierba.

Herbert ['hɜːbət] [jer-bert], *n. pr.* Heriberto.

herbiferous ['hɜːbɪfərəs] [jer-bi-fe-ros], *a.* Herbífero, que produce hierbas.

herbivorous [hɜː'bɪvərəs] [jer-bi-vo-ros], *a.* Herbívoro, que se alimenta de hierbas.

herbless ['hɜːblɪs] [jerb-les], *a.* Sin hierbas, yermo.

herborization ['hɜːbəraɪ'zeɪʃən] [jer-ba-rai-sei-shon], *s.* Herborización.

herborize ['hɜːbəraɪz] [jer-bo-rais], *vn.* Herborizar, ir al campo en busca de hierbas o plantas. *-va.* Formar dibujos de plantas o árboles, *v.g.* en una sustancia mineral.

herborizer ['hɜːbəraɪzəʳ] [jer-bo-rai-saʳ], herborizador, herborizante.

herbose ['hɜːbəʊz] [jer-bous], **herbous** ['hɜːbəz] [jer-bos], **herby** ['hɜːbɪ] [jer-bi], *a.* Herboso, lo que abunda en hierbas.

herbwoman ['hɜːb,wʊmən] [jerb-uo-man], *sf.* Herbolaría; verdulera, mujer que vende hierbas.

herculanean ['hɜːkjuː'liːnɪən] [jer-kiu-li-nian], *a.* De Herculano, antigua ciudad romana cerca de Nápoles.

herd [hɜːd] [jerd], *s.* 1. Hato, grey, manada, rebaño, ganado, número de animales de una especie que pacen o caminan juntos (flock). 2. Hato, junta o reunión de gente; de aquí gentuza, tropel, multitud, vulgo, chusma. 3. Guarda de ganado. *V.* HERDSMAN. **The common herd**, el vulgo, la gente ordinaria, la gentuza. **A herd of rogues**, un hato de tunantes. **Herd's grass**, *(E.U.)* (a) En algunas partes, la planta gramínea llamada **red-top** (Agrostis vulgaris). (b) (Nueva Ingl.) La planta gramínea llamada **timothy**. Phleum pratense. Ambas plantas dan buen forraje. **Cow-herd**, vaquero o boyero. **Goat-herd**, cabrero. **Shepherd**, pastor de ovejas. **Swine-herd**, porquero.

herd, *vn.* Ir en manadas o hatos; ir en compañía de otros; asociarse; pacer juntos. *-va.* Reunir el ganado en hatos o rebaños.

herdic ['hɜːdɪk] [jer-dik], *s.* Nombre de un carruaje de dos o cuatro ruedas.

herdsman ['hɜːdzmən] [jerds-man], *s.* Guarda de ganado, pastor, zagal.

here [hɪəʳ] [jiaʳ], *adv.* 1. Aquí, en este lugar o en este paraje. 2. Acá, a o hacia este lugar. 3. Por aquí, por allá; en este momento, o este período. **Here I must pause**, en este punto he de detenerme. 4. He aquí, **here I am**, heme aquí. **Here he is, she is, they are**, hele aquí, hela aquí, helos aquí. **Here he comes**, hele aquí que llega. 5. Aquí, en este mundo, en esta vida. **Here below**, en esta vida, en la tierra. **Here goes**, *(Fam.)* voy a empezar; ahora entro yo; va seguido a menudo de **for**. **Here is**, (Fam. **here's**). He aquí. **Here's antoher strike**, he aquí otra huelga. **Here is John now**, he aquí a Juan. **Here's a pretty how-do-you do!** *(Fam.)* ¡Esta sí que es buena! ¡Ahora sí que la hemos hecho! **Here is to you**, a la salud de Ud. **Here and there**, aquí y allá, acá y acullá. **Here it is,** aquí está.

hereabouts ['hɪərə,baʊts] [jiar-a-bauts], *adv.* Aquí alrededor, en estas cercanías, en estas inmediaciones.

hereafter ['hɪə'æftəʳ] [jia-af-taʳ], *adv.* En el tiempo venidero, en lo futuro. *-s.* Estado futuro.

hereat ['hɪəriːt] [jia-rit], *adv.* A esto o esta, por eso.

hereby ['hɪəbaɪ] [jia-bai], *adv.* Por esto; por este medio o por este camino; por la presente.

hereditable ['herɪdɪteɪbl] [je-ri-di-tei-bol], *a.* Lo que puede ser heredado, antiguamente hereditable.

hereditament [,herɪ'dɪtəmənt] [je-ri-di-ta-ment], *s.* Herencia, bienes heredados.

hereditarily ['herɪdɪtərɪlɪ] [je-ri-di-ta-ri-li], *adv.* Por herencia, hereditariamente.

hereditary ['herɪdɪtərɪ] [je-ri-di-ta-ri], *a.* Hereditario, en sus varias acepciones.

herefrom ['hɪəfrɒm] [jia-from], *adv.* De aquí, desde aquí; a causa de esto.

herein [,hɪər'iːn] [jia-in], **hereinto** [,hɪər'iːntʊ] [jia-in-tu], *adv.* En esto, aquí dentro.

hereinafter [,hɪər'iːnəftəʳ] [jia-rin-af-taʳ], *adv.* Después, más abajo, como se verá o se dice más adelante (en este escrito, libro o documento).

hereof [,hɪər'ɒv] [jia-ov], *adv.* De esto, de eso, de aquí.

hereon [,hɪər'ɒn] [jia-on], *adv.* Sobre esto, sobre este punto.

heresiarch ['herəsɪɑːk] [je-ra-siark], *s.* Heresiarca.

heresiarchy ['herəsɪɑːkɪ] [je-ra-siar-ki], *s.* Gran herejía.

heresy ['herəsɪ] [je-re-si], *s.* Herejía.

heretic ['herətɪk] [je-re-tik], *s.* Hereje.

heretical [hɪ'retɪkəl] [ji-re-ti-kal], *a.* Herético, heretical.

heretically ['herətɪklɪ] [je-re-ti-kli], *adv.* Heréticamente.

hereto [,hɪə'tuː] [jia-tu], *adv.* A esto, a este fin.

heretofore [,hɪətʊ'fɔːʳ] [jia-tu-foʳ], *adv.* En otro tiempo, antes, antiguamente, en tiempos pasados, hasta aquí, hasta ahora, hasta el día. *-s.* El tiempo pasado, antaño.

hereunder ['hɪər'ʌndəʳ] [jiar-an-daʳ], *adv.* Bajo esto, en virutd de esto.

hereunto ['hɪər'ʌntə] [jiar-an-to], *adv.* A esto, a eso.

hereupon ['hɪərə'pɒn] [jia-ra-pon], *adv.* Sobre esto.

herewith ['hɪə'wɪð] [jia-uiz], *adv.* Con esto, junto con esto.

heritable ['herɪtəbl] [je-ri-ta-bol], *a.* Que se puede heredar. *V.* HEREDITABLE.

heritage ['herɪtɪdʒ] [je-ri-tich], *s.* 1. Herencia, sucesión a todos o alguno de los derechos que el difunto tenía al tiempo de su muerte; bienes patrimoniales. 2. Porción, interés (interest). 3. Condición, suerte o estado heredado (herity).

hermaphrodeity ['hɜːmə'frədɪtɪ] [jer-ma-fro-di-ti], *s.* Estado de hermafrodita. *V.* HERMAPHRODITISM.

hermaphrodite [hɜː'mæfrədaɪt] [jer-ma-fro-dait], *a.* 1. Hermafrodita, que presenta los caracteres distintivos de ambos sexos; en botánica, bisexual, que tiene pistilos y estambres. 2. *(Mar.)* Con aparejo de cruz hacia la proa y arboladura de goleta a popa. *-s.* 1. Hermafrodita, andrógino, ser que tiene los dos sexos a la vez; como ciertos moluscos y gusanos y la mayor parte de las plantas. 2. *(Mar.)* Bergantín, goleta.

hermaphroditic, hermaphroditical [hɜː'mæfrədaɪtɪk] [jer-ma-fro-dai-tik], *a.* Que participa de los dos sexos.

hermaphroditically [hɜː'mæfrəˌdɪtɪkəlɪ] [jer-ma-fro-di-ti-ka-li], *adv.* Como hermafrodita.

hermaphroditism, hermaphrodism [hɜː'mæfrədɪtɪzm] [jer-ma-fro-di-ti-sem], *s.* hermafrodismo, reunión de ambos sexos en el mismo individuo.

hermeneutics [hɜː'mɪnjʊtɪks] [jer-mi-niu-tiks], *s.* Hermeneútica, el arte de interpretar textos, y en especial los textos sagrados.

hermetic, hermetical [hɜː'metɪk] [jer-me-tik], *a.* 1. Hermético, relativo al Hermes griego, dios de los secretos y de la filosofía oculta; o al Hermes egipcio (Thoth). 2. Hermético, hecho a prueba de aire u otros flúidos. v.g. por medio de la fusión. **Hermetic art**, alquimia; de aquí, química.

hermetically [hɜː'metɪkəlɪ] [jer-me-ti-ka-li], *adv.* Herméticamente.

hermit ['hɜːmɪt] [jer-mit], *s.* Ermitaño, eremita, anacoreta, solitario.

hermitage ['hɜːmɪtɪdʒ] [jer-mi-tich], *s.* 1. Ermita, la vivienda del ermitaño. 2. Cierta clase de vino francés.

hermitary ['hɜːmɪtərɪ] [jer-mi-ta-ri], *s.* Celda de ermitaño aneja a un monasterio.

hermitess ['hɜːmɪtɪs] [jer-mi-tis], *sf.* Ermitaña.

hermitical ['hɜːmɪtɪkl] [jer-mi-ti-kal], *a.* Eremítico.

hermodactyl ['hɜːmə'dæktɪl] [jer-mo-dak-til], *s.* *(Bot.)* Hermodáctilo, especie de iris o lirio.

herns, *s. V.* HERON.

hernia ['hɜːnɪə] [jer-nia], *s.* Hernia, quebradura; *(Fam.)* potra.

hernial ['hɜːnɪəl] [jer-nial], *a.* Herniario, relativo a la hernia; herniado, que forma hernia.

hernshaw ['hɜːnʃɔː] [jern-sho], *s.* 1. Garza. 2. *(Her.)* Figura de una garza u otra ave semejante.

hero ['hɪərəʊ] [jia-rou], *s.* 1. Héroe, hombre eminente por su valor; hombre ilustre y de extraordinario mérito. 2. Semidios, persona de fuerzas sobrehumanas, etc: personaje ilustre que los angituos divinizaban después de muerto. 3. Protagonista o personaje principal de un poema, drama, comedia o novela.

Herod ['herəd] [je-rod], *n. pr.* Herodes.

herodians ['herədɪənz] [je-ro-dians], *s. pl.* Herodianos, unos sectarios entre los judíos.

heroic, heroical [hɪ'rəʊɪk] [ji-rouik], *a.* 1. Heroico, lo que produce héroes. 2. Heroico, noble, grande, sublime, ilustre, valeroso, magnánimo. 3. Heroico, lo perteneciente a los héroes o lo que refiere sus hechos.

heroically [hɪ'rəʊɪkəlɪ] [ji-roui-ka-li], *adv.* Heroicamente.

heroicomic [hɪ'rəʊɪkəmɪk] [ji-roui-ko-mik], *a.* Jocoserio, lo que consta de una mezcla de serio y jocoso, comicoheroico.

heroics [hɪ'rəʊɪkz] [ji-rouiks], *s.* 1. Verso heroico. 2. Lenguaje rimbombante.

heroin ['herəʊɪn] [je-rouin], *s.* Heroína (narcótico).

heroine ['herəʊɪn] [je-rouin], *sf.* heroína.

heroism ['herəʊɪzm] [je-roui-sem], *s.* heroísmo, heroicidad, grandeza de alma, excelencia en el valor.

heron ['herən] [je-ron], *s.* *(Orn.)* Garza, ave de caza.

heronry ['herənrɪ] [je-ron-ri], *s.* El lugar en que se crían las garzas.

heron's-bill ['herənzbɪl] [je-rons-bil], *s.* *(Bot.)* Pico de garza.

heroship ['herəʃɪp] [je-ro-ship], *s.* Calidad de héroe.

herpes ['hɜːpiːz] [jer-pis], *s.* *(Med.)* Herpes, erupción, granitos rojizos y arracimados que salen en el cutis.

herpetic ['hɜːpiːtɪk] [jer-pi-tik], *a.* Herpético.

herpetologist ['hɜːpə'tɒlɒdʒɪst] [jer-pe-to-lo-chist], *s.* Persona versada en la herpetología.

herpetology ['hɜːpə'tɒlɒdʒɪ] [jer-pe-to-lo-yi], *s.* Herpetología, el ramo de la zoología que trata de los reptiles.

herring ['herɪŋ] [je-rin], *s.* Arenque. Clupea. **Herring-casks**, barriles de arenques. **Herring-fishery**, pesca de arenques. **Red herring**, arenque ahumado.

herringbone ['herɪŋbəʊn] [je-rin-boun], *s.* Punto de espiguilla (en las telas).

hers [hɜːz] [jers], *pron. pos.* Suyo, suya, de ella; el suyo, la suya, los suyos, las suyas. **The child is hers**, el niño es suyo. **Is the house yours?** ¿Es de Ud. la casa? **No, it is hers**, no, es la suya (de ella). **I have no money of hers**, no tengo dinero de ella.

herse, *s.* 1. *(Fort.)* Especie de rastrillo; caballo de frisia. 2. Especie de enrejado. 3. *(Des.)* *V.* HEARSE.

herself [hɜː'self] [jer-self], *pron.* Ella misma. **She spoke of herself**, ella habló de sí misma. Suyo, suya, suyos, suyas, de ella; el suyo, la suya, los suyos, las suyas; el, la, los, las, de ella. Con **of** se convierte en adjetivo: **a brother of hers**, un hermano suyo (de ella).

Heruli ['həruːlɪ] [je-ru-li], *s.* Hérulos.

hersilion ['hɜːsɪlɪən] [jer-si-lion], *s.* *(Mil.)* Caballo de frisa.

hesitancy ['hezɪtənsɪ] [je-si-tan-si], *s.* Duda, hesitación, incertidumbre, irresolución.

hesitate ['hezɪteɪt] [je-si-teit], *vn.* 1. Dudar, vacilar, tardar, pasuar, titubear. 2. Hablar con lentitud o indecisión; balbucear, tartamudear.

hesitation [ˌhezɪ'teɪʃən] [je-si-tei-shon], *s.* 1. Hesitación, duda, irresolución, perplejidad, vacilación. 2. Dificultad de pronunciar las palabras, balbucencia.

hesper ['hespə^r] [jes-pa^r], *s.* Héspero o Venus, la estrella vespertina.

hesperian ['hespərɪən] [jes-pe-rian], *a.* hespérido, del poniente o del oeste; occidental. *-s.* Habitante de un país occidental.

hessian ['hesɪən] [je-sian], *a.* Perteneciente al ducado de Hesse, o que se refiere a Hesse. *-s.* Natural o ciudadano de Hesse. **Hessian fly**, cecidomio, mosca pequeña negruzca. **Hessian crucible**, crisol de arcilla refractaria.

hest [hest] [jest], *s.* Orden, mandato, precepto. *V.* BEHEST.

heter-, hetero-. Formas de combinación, derivadas del griego **heteros,** otro, diferente.

heteroclite ['hetərəʊ'klaɪt] [je-te-rou-klait], *s.* y *a.* Heteróclito, irregular.

heterodox ['hetərədɒks] [je-te-ro-doks], *a.* Heterodoxo, lo que es contrario a la opinión aceptada generalmente y en particular a una doctrina teológica; herético.

heterodoxy ['hetərədɒksɪ] [je-te-ro-dok-si], *s.* Heterodoxia, oposición a las opiniones dominantes, por lo general en materias religiosas.

heterodyne ['hetərədaɪn] [je-te-ro-dain], *a.* Heterodino.

heterogamous ['hetərəgæməs] [je-te-ro-ga-mos], *a.* *(Bot.)* Heterógamo, que tiene flores monoicas, bioicas o polígamas.

heterogeneity ['hetərəʊ'dʒiːnɪtɪ] [je-te-rou-yi-ni-ti], **heterogeneousness** ['hetərəʊ'dʒiːnɪəsnɪs] [je-te-rou-yi-nios-nes], *s.* Heterogeneidad.

heterogeneous ['hetərəʊ'dʒiːnɪəs] [je-te-rou-yi-nios], **heterogeneal** ['hetərəʊ'dʒiːnɪəl] [je-te-rou-yi-nial], *a.* Heterogéneo, lo que es de diferente género; lo opuesto a **homogéneo**.

heteronomous ['hetərənəməs] [je-te-ro-no-mos], *a.* 1. *(Biol.)* Diferente del tipo común. 2. Sujeto a la ley o al dominio de otro.

heteronym ['hetərənɪm] [je-te-rou-nim], *s.* 1. Palabra que tiene la misma ortografía que otra, pero sonido y sentido diferentes, v.g. **wind** [wind], viento, y **wind** [waind], enrollar. 2. Uno de los dos o más nombres con que se designa una misma cosa. Su adjetivo es HETERONYMOUS.

heteroscian ['hetərəʃɪən] [je-te-rou-shian], *s.* Heteroscio, literalmente, que tiene diferentes sombras. **The Japanese and the Australians are heteroscians**, los japoneses y los australianos son heteroscios.

hew [hju:] [jiu], *va.* (*pret.* HEWED, *pp.* HEWN y HEWED). 1. Tajar, cortar, picar. 2. Cortar con hacha u otro instrumento cortante; hachear. 3. Efectuar laboriosamente; trabajar. **To hew a stone**, picar, trabajar una piedra. **To hew right and left**, acuchillar a diestro y siniestro. **To hew in pieces**, destrozar, destroncar. **To hew out**, hachear, cortar; modelar en bruto; abrir paso. **To hew out a passage sword in hand**, abrirse paso espada en mano. **To rough-hew**, descortezar; desbastar; modelar en bruto.

hewer ['hju:əʳ] [jiuaʳ], *s.* El que tiene por oficio labrar piedra o madera; cantero; cortador de madera.

hexachord ['heksəkɔ:d] [jek-sa-kord], *s.* *(Mús.)* Hexacordo.

hexagon ['heksəgən] [jek-sa-gon], *s.* Hexágono, figura plana que consta de seis ángulos y seis lados.

hexagonal ['hek'sægənəl] [jek-sa-go-nal], *a.* Perteneciente al hexágono.

hexahedron ['heksəhi:drən] [jek-sa-ji-dron], *s.* Hexaedro.

hexameter ['heksəmi:təʳ] [jek-sa-mi-taʳ], *s.* Hexámetro.

hexametric, hexametrical ['heksəmi:trɪk] [jek-sa-mi-trik], *a.* Que se compone de hexámetros.

hexangular ['heksæŋjʊləʳ] [jek-san-guiu-laʳ], *a.* Herángulo, que tiene seis ángulos.

hexapod ['heksəpɒd] [jek-sa-pod], *a.* Hexápodo, que tiene seis patas. *-s.* Hexápodo.

hexapodan, hexapode ['heksəpɒdən] [jek-sa-po-dan], *a.* y *s.* *V.* HEXAPOD.

hey [heɪ] [jei], *inter.* 1. ¡Eh! expresión de alegría y gozo. 2. Lo mismo que eh; interjección para preguntar, llamar, despreciar, reprender y advertir; equivale a arre, anda, para arrear a las caballerías, y sirve también para azuzar los perros.

heyday ['heɪdeɪ] [jei-dei], *s.* Colmo, apogeo de vitalidad y vigor. *-inter.* ¡Hola! (expresa alegría, sorpresa o asombro).

hiatus [haɪ'eɪtəs] [jai-ei-tos], *s.* 1. Grieta, abertura, raja, hendedura. 2. Hiato, sonido desagradable que resulta de la pronunciación de dos vocablos seguidos, cuando el primero acaba en vocal y el segundo empieza con la misma vocal acentuada.

hibernal [haɪ'bɜ:nəl] [jai-ber-nal], *a.* Invernizo, hiemal, invernal, lo que pertenece al invierno.

hibernate [haɪ'bɜ:neɪt] [jai-ber-neit], *vn.* 1. Invernar, pasar la estación del invierno en lugar abrigado y en torpor, como ciertos animales. 2. Pasar el tiempo en el retiro o la inacción.

hibernian [haɪ'bɜ:nɪən] [jai-ber-nian], *s.* Irlandés, de Hibernia.

hibernianism, hibernicism [haɪ'bɜ:nɪənɪzm] [jai-ber-nia-ni-sem], *s.* Idiotismo irlandés, giro o forma de expresión irlandesa.

hibiscus [hɪ'bɪskəs] [ji-bis-kos], *s.* Hibisco, género numeroso de plantas de la familia de las malváceas.

hiccough, hiccup, hickup ['hɪkʌp] [ji-kap], *s.* Hipo.

hiccough, hiccup, hickup, *vn.* Tener o padecer hipo.

hickory ['haɪkərɪ] [jai-ko-ri], *s.* 1. Árbol americano parecido al nogal, del género Carya. 2. Su madera. 3. Algo hecho de la madera de este nogal. (Nombre indio).

hick-wall ['hɪkwɔ:l] [jik-uol], **hick-way** ['hɪkweɪ] [jik-uei], *s.* *(Orn.)* Especie de picamaderos.

hid [hɪd] [jid], *pret.* y *pp.* de TO HIDE. *V.* HIDDEN.

hidden ['hɪdn] [ji-den], *a.* y *pp.* Oculto, recóndito, escondido.

hiddenly ['hɪdnlɪ] [ji-den-li], *adv.* Escondidamente, secretamente.

hide [haɪd] [jaid], *s.* 1. Cuero, piel, el pellejo del animal adobado o por adobar. **To dress hides**, adobar y curtir cueros. **To warm, to tan one's hide for him**, zurrar, calentar el pellejo a alguien, pegarle una tunda. **Raw hide**, cuero crudo, sin curtir. **Neither hide nor hair**, ni rastro, ni vestigio. 2. Antiguamente una cantidad de tierra, bastante para mantener a una familia.

hide, *va.* (*pret.* HID, *pp.* HIDDEN o HID). 1. Esconder, ocultar, encubrir, guardar o retirar de la vista alguna cosa para que no se vea (conceal, guard). 2. Tapar, disimular (disguise). 3. Volver (la vista) a otra parte; apartar los ojos de. **Adam and his wife hid themselves from the presence of the Lord God**, escondiéndose Adán y su mujer de la presencia del Señor Dios. **To hide one's fears**, disimular, ocultar sus temores. **To hide the face from**, ocutar el rostro; volverse de espaldas, recharzar la presencia y las atenciones de alguno. *-vn.* Esconderse, ocultarse. **Hide and seek**, juego del escondite.

hide, *va.* Pegar a uno una tunda, castigar con un rebenque o vergajo.

hide-bound ['haɪdbaʊnd] [jaid-baund], *a.* 1. El que está muy extenuado y tiene la piel pegada a los huesos. 2. Obstinado, apocado, encogido, mojigato.

hideous ['haɪdɪəs] [jai-dios], *a.* Horrible, horrendo, espantoso, feo, deforme, repugnante.

hideously ['haɪdɪəslɪ] [jai-dios-li], *adv.* Horriblemente, espantosamente.

hideousness ['haɪdɪəsnɪs] [jai-dios-nes], *s.* Horror, espanto; fealdad, deformidad.

hiding ['haɪdɪŋ] [jai-din], *s.* 1. Encubrimiento. 2. Retiro, retrete. **Hiding-plance**, sitio de retiro, retrete, escondite. 3. *(Fam.)* Zurra, paliza.

hie [haɪ] [jai], *vn.* Darse prisa, apresurarse. *-va.* 1. Activar, apresurar. 2. Correr, pasar con rapidez. **Hie thee**, date prisa. **Hie thee home**, apresúrate a volver a casa.

hierarch ['haɪərɑ:k] [jaia-rark], *s.* Jerarca, prelado, pontífice.

hierarchal [ˌhaɪə'rɑ:kəl] [jaia-rar-kal], **hierarchical** [ˌhaɪə'rɑ:kɪkəl] [jaia-rar-ki-kal], *a.* Jerárquico.

hierarchism [ˌhaɪə'rɑ:kɪzm] [jaia-rar-ki-sem], *s.* Jerarquía, los principios y el dominio del gobierno eclesiástico; afecto a ese gobierno.

hierarchy ['haɪərɑ:kɪ] [jaia-rar-ki], *s.* 1. Jerarquía, gobierno eclesiástico por orden y grados diversos; y el conjunto de los jerarcas. 2. *(Biol.)* Orden y diversos grados de seres vivos, como reino, clases, órdenes, familias, etc.

hieratic, hieratical [ˌhaɪə'rætɪk] [jaia-ra-tik], *a.* Jerárquico, sacerdotal; consagrado. **Hieratic writing**, escritura de los antiguos egipcios, forma más compleja que la común.

hieroglyph ['haɪərəglɪf] [jaia-ra-glif], **hieroglyphic** ['haɪərəglɪfɪk] [jaia-ra-gli-fik], *s.* Jeroglífico, símbolo, emblema.

hieroglyphic, hieroglyphical ['haɪərəglɪfɪkəl] [jaia-ra-gli-fi-kal], *a.* Jeroglífico o hieroglífico.

hierogram ['haɪərəgræm] [jaia-ra-gram], *s.* Escritura sagrada, carácter o símbolo de significación sagrada.

hierogrammatic ['haɪərəgræmətɪk] [jaia-ra-gra-ma-tik], **hierographical** ['haɪərəgræfɪkəl] [jaia-ra-gra-fi-kal], *a.* Perteneciente a una especie de escritura sagrada.

hierography ['haɪərəgrəfɪ] [jaia-ra-gra-fi], *s.* Escritura sagrada.

hierologic ['haɪərəlɒdʒɪk] [jaia-ra-lo-chik], *a.* Hierológico, perteneciente a la hierología.

hierology ['haɪərəlɒdʒɪ] [jaia-ra-lo-yi], *s.* 1. Hierología, la ciencia o el libro que trata de las escrituras e inscripciones sagradas del antigo Egipto. 2. Hierología, estudio y comparación científicos de todas las religiones del mundo.

hieromancy ['haɪərəmənsɪ] [jaia-ra-man-si], *s.* Hieromancia, adivinación por medio de sacrificios.

hierophant ['haɪərəfænt] [jaia-ra-fant], *s.* Hierofante, el que enseña las reglas de la religión.

hifalutin, *a.* y *s.* *V.* HICHFALUTIN.

hi-fi (High-fidelity) ['haɪ'faɪ] [jai-fai], *a.* *(Mús.)* De alta fidelidad. *-s.* Fonógrafo de alta fidelidad.

higgle ['hɪgl] [ji-guel], *vn.* Regatear, altercar, porfiar sobre el precio de alguna cosa puesta en venta.

higgledy-piggledy ['hɪgldɪ'pɪgldɪ] [jai-guel-di-pi-guel-di], *adv.* *(Fam.)* Confusamente.

higgler ['hɪglə^r] [ji-gla^r], *s.* Revendedor de comestibles de puerta en puerta.

high [haɪ] [jai], *a.* 1. Alto, levantado, elevado. 2. Difícil, dificultoso, arduo (difficult). 3. Altivo, jactancioso, orgulloso (arrogant). 4. Severo, opresivo. 5. Fuerte, poderoso. 6. Noble, ilustre, grande, sublime. 7. Violento o tempestuoso (wind), vehemente, impetuoso; ardiente, fogoso, vivo; borrascoso (sea). 8. Solemne. 9. Turbulento, indómito. 10. Lleno, cumplido. 11. Alto, grande, enorme. 12. Caro. 13. *(Mús.)* Alto, agudo. 14. Maleado, maloliente, corrompido: se dice de la carne. **High color**, color muy vivo o muy subido. **High sauces** o **spices**, salsas o especias muy fuertes o picantes. **High treason**, alta traición, delito de lesa majestad. **It was high time to do so**, Ya era hora de hacerlo. **High-water**, marea alta. **The Most High**, el Altísimo. **High road**, camino real. **High mass**, misa mayor. **A high look**, una mirada altanera. **A high hand**, audacia, befa del derecho y de la autoridad. **High and dry**, en seco, completamente fuera del agua. **High and mighty**, poderoso, arrogante. **A high day**, un gran día, un día solemne, o de fiesta. **A high compliment**, un gran cumplimiento, de alto carácter. **With a high hand**, despóticamente, tiránicamente. **High passions**, pasiones ardientes. **High words**, palabras altivas, arrogantes. **In high terms**, en términos lisonjeros. **At high noon**, en pleno mediodía. **High-aimed, high-aspiring**, el que tiene grandes designios o aspira a cosas grandes. **High-arched**, lo que consta de bóvedas alta. **High-blest** Supremamente feliz. **High-blown**, inflado, hinchado con aire. **High-born**, noble, ilustre de nacimiento. **High-built**, elevado: se dice de los edificios. **High-climbing**, que sube en alto. **High-colored**, subido de color. **High-day**, fino, primoroso. **High-designing**, el que tiene grandes proyectos. **High-embowed**, se dice del edificio cuyas bóvedas son muy elevadas. **High-engendered**, engendrado en el aire. **High-fed**, atracado. **High-flaming**, lo que echa llama muy alta. **High-flier**, el extravagante en sus opiniones o pretensiones. **High-flown**, altivo, orgulloso; hinchado; fiero, soberbio, presuntuoso. **High-flushed**, elevado; henchido, lleno, colmado. **High-flying**, extravagante en alguna cosa. **High-grown**, muy crecido o alto. **High-heaped**, colmado, amontonado altamente. **High-hearted**, animoso, de pelo en pecho. **High-heeled**, de tacones altos. **high-hung**, suspendido en alto, colgado. **High mettled**, osado, atrevido. **High-placed**, elevado en situación, posición o grado. **High-principled**, extravagante en sus opiniones o sentimientos. **High-raised**, (a) De pensamientos elevados. (b) Muy alto o muy elevado. **High-reaching**, lo que se extiende hacia arriba: ambicioso. **High-reared**, de estructura alta. **High-resolved**, resuelto, determinado. **High-roofed** Que tiene el tejado alto (un edificio). **High-seasoned**, picante, demasiadamente sazonado con especias. **High-seated**, fijado o asentado arriba. **High-spirited**, osado, atrevido, valeroso. **High-stomached**, altivo, obstinado. **High-tasted**, picante. **High-towered**, lo que tiene torres altas. *-adv.* Arriba, sobre; alto; poderosamente, sumamente, profundamente. **On high**, arriba; a voces, en alto, particularmente en el cielo; sobre.

highball ['haɪbɔːl] [jai-bol], *s.* Bebida hecha de un licor espiritoso, comúnmente **whiskey** y agua. *(Mex.)* Jaibol.

high beams ['haɪbiːmz] [jai-bims], *s. pl.* Luces de carretera.

high blood pressure [ˌhaɪblʌd'preʃə^r] [jai-blad-pre-sha^r], *s.* Hipertensión arterial, alta presión arterial.

high energy physics [ˌhaɪ'enədʒɪˌfɪzɪks] [jaie-nar-yi-fi-siks], *s.* Física de altas energías.

highfalutin ['haɪfə'luːtɪn] [jai-fa-lu-tin], *a.* *(Ger.)* *(E.U.)* Hinchado, pomposo, retumbante. *-s.* Estilo altisonante, palabras retumbantes.

high fidelity [ˌhaɪfɪ'delɪtɪ] [jai-fi-de-li-ti], *s.* *(Mús.)* Alta fidelidad.

high-frequency [ˌhaɪ'friːkwənsɪ] [jai-fri-kuan-si], *a.* *(Elec.)* De alta frecuencia.

high-grade ['haɪ'greɪd] [jai-greid], *a.* Excelente, de muy buena calidad.

high-handed ['haɪ'hændɪd] [jai-jan-did], *a.* Arbitrario soberbio, tiránico.

high-keyed ['haɪ'kiːd] [jai-kid], *a.* 1. *(Mús.)* Agudo, de sonido alto. 2. Impresionable, de mucho corazón.

high jump ['haɪ'dʒʌmp] [jai-yamp], *s.* Salto de altura.

highland ['haɪlænd] [jai-land], *s.* País de montañas, tierras montañosas.

highlander ['haɪ'lændə^r] [jai-lan-da^r], *s.* 1. Montañés, el que vive en las montañas o es natural de ellas. 2. Montañés escocés.

high light ['haɪlaɪt] [jai-lait], *s.* 1. Lo que más descuella en una pintura o dibujo. Lo más interesante.

highlight ['haɪlaɪt] [jai-lait], *va.* Iluminar, llenar de luz, acentuar, destacar.

highly ['haɪlɪ] [jai-li], *adv.* 1. Altamente, elevadamente. 2. Sumamente, en sumo grado, infinitamente. 3. Altivamente, arrogantemente, ambiciosamente. 4. Con aprecio, con estimación. **I am highly obliged to you**, le quedo a Ud. sumamente agradecido o reconocido. **To think highly of one**, estimar, altamente a alguno. **To think highly of oneself**, tener gran concepto de sí mismo.

high-minded ['haɪ'maɪndɪd] [jai-main-did], *a.* 1. De altos o de elevados pensamientos, magnánimo. 2. *(Ant.)* Altivo, arrogante, ambicioso, fiero.

highness ['haɪnɪs] [jai-nes], *s.* 1. Altura, elevación. 2. Alteza, tratamiento que se da a los hijos de los reyes y a otros príncipes.

high-octane ['haɪˌɒkteɪn] [jai-ok-tein], *a.* De alto octano.

high-pitched ['haɪ'pɪtʃt] [jai-picht], *a.* Agudo. **High-pitched voice**, voz chillona.

high-powered ['haɪpaʊəd] [jai-pauerd], *a.* De alta potencia.

high-pressure ['haɪ'preʃə^r] [jai-pre-sha^r], *a.* De alta presión. **High-pressure salesman**, vendedor insistente y tenaz.

high-priced [ˌhaɪ'praɪst] [jai-praist], *a.* Caro, costoso.

high-priest ['haɪpriːst] [jai-prist], *s.* Jerarca, papa; en especial jerarca del pueblo de Israel.

high school ['haɪskuːl] [jai-skul], *s.* Escuela secundaria.

high seas ['haɪsiːz] [jai-sis], *s. pl.* Alta mar.

high spirits ['haɪ'spɪrɪts] [jai-spi-rits], *s. pl.* Animación, jovialidad.

high-strung ['haɪˌstrʌŋ] [jai-strang], *a.* Excitable, nervioso.

high-test ['haɪest] [jai-test], *a.* De alta graduación o volatilidad.

high-toned ['haɪtəʊnd] [jai-tound], *a.* 1. Honrado, honroso, de nobles principios. 2. De tono o diapasón alto. 3. *(Fam. E.U.)* Aristocrático a la moda.

high-water, *s.* *V.* HIGH.

high-water mark ['hawɔːtə'mɑːk] [jai-uo-ta-mark], *s.* 1. Marea alta. 2. Pináculo.

highway ['haɪweɪ] [jai-uei], *s.* Camino real.

highwayman ['haɪweɪmən] [jai-uei-man], *s.* Bandolero, ladrón, salteador de caminos.

hike [haɪk] [jaik], *s.* Excursión a pie, caminata. *-vn.* Ir de excursión a pie, caminar largo trecho.

hilarious ['haɪlærɪəs] [jai-la-rios], *a.* Alegre, bullicioso.

hilarity ['haɪlærɪtɪ] [jai-la-ri-ti], *s.* Alegría, júbilo y contento de ánimo, regocijo.

hill [hɪl] [jil], *s.* 1. Collado, altura de tierra que no llega a ser montaña; cuesta, cerro, monte, eminencia, altozano. 2. Montoncillo de tierra, hecho artificialmente, como por los animales o en el cultivo. **Hill of beans**, montoncillo de habas. **Ant-hill**, hormiguero. **Little hill**, colina. **Up-hill work**, cuesta arriba. **Down-hill**, cuesta abajo. **To write up-hill**, escribir torcido. **Up hill and down dale**, por montes y valles.

hill, *V.* 1. Amontonar. 2. Acogibar, aporcar.

hillbilly ['hɪl'bɪlɪ] [jil-bi-li], *s.* Montañés, rústico.

hilling ['hɪlɪŋ] [ji-lin], *s.* Amontonamiento.

hillock ['hɪlɒk] [ji-lok], *s.* Colina, collado pequeño, lomo, montecillo; otero.

hillside ['hɪlsaɪd] [jil-said], *s.* Lado de una cuesta o de un collado; ladera.

hilltop ['hɪltɒp] [jil-top], *s.* Cima, cumbre de un collado o de una cuesta.

hilly ['hɪlɪ] [ji-li], *a.* Abundante en colinas, montuoso; pendiente de una cuesta.

hilt [hɪlt] [jilt], *s.* Puño, empuñadura de un arma.

him [hɪm] [jim], *pron.* Le, a él (hablando de un sustantivo masculino no personificado); es el caso acusativo. **I'll see him tomorrow,** le veré mañana. **As for him,** en cuanto a él. **He beats the dog and kills him,** pega al perro y lo mata. **What do you think of him?,** ¿qué piensas de él? **Give it to him,** déselo a él.

Himalayan [ˌhɪmə'laɪən] [ji-ma-laian], *a.* Del Himalaya, relativo al Himalaya.

himself ['hɪmself] [jim-self], Pronombre que en los casos oblicuos tiene significación recíproca. Él, él mismo, se, sí. **He will go himself,** el mismo irá, irá en persona. **He thinks himself a great man,** se tiene por un gran hombre. **By himself,** por sí mismo, por sí solo. **It is himself,** es él mismo, hélo aquí.

hind [hɪnd] [jind], *a.* Trasero, zaguero, posterior. *-s.* 1. Cierva, la hembra del ciervo. 2. Criado, la persona que sirve por un salario. 3. Patán, zafio. **Hind wheels,** juego trasero del coche.

hinder ['hɪndə^r] [jin-da^r], *va.* Impedir, embarazar, estorbar, detener, poner obstáculos. *-vn.* Causar impedimento, oponerse. *-a.* Posterior, trasero.

hinderance ['hɪndərəns] [jin-de-rans], *s.* Impedimento, obstáculo, embarazo, estorbo; perjuicio, daño.

hindermost ['hɪndəməʊst] [jin-da-moust], *a.* Postrero, último.

hindoo, hindu ['hɪndʊ] [jin-du], *s.* 1. Indostano, natural del Indostán. 2. El idioma indostánico, deriva del sánscrito. 3. El indostano que profesa el brahmanismo.

hindustani [hɪndəstənɪ] [jin-dus-ta-ni], *s.* El idioma oficial y común en la India; una forma del indostántico, mezclado con palabras persas y arábigas.

hinge ['hɪndʒ] [jinch], *s.* 1. Gozne, charnela, bisagra, eje principal, resore. **Butt-hinge**, quicio. **Dovetail hinges**, *(Mar.)* bisagras a cola de pato. 2. Los dos polos o ejes del mundo. 3. Principio, la razón principal sobre la cual se procede en cualquier asunto. **To be off the hinges**, salirse de sus casillas. **Hinge joint,** articulación móvil.

hinge, *va.* Engoznar, poner goznes a alguna cosa; fijar; encorvar. *-vn.* Dar vueltas como un gozne.

hinny, *vn.* *V.* TO NEIGH y TO WHINNY.

hinny ['hɪnɪ] [ji-ni], *s.* Burdégano.

hint [hɪnt] [jint], *va.* Apuntar, insinuar o tocar ligeramente alguna especie o cosa; sugerir indirectamente. *-vn.* Sugerir, echar una indirecta. **To hint at**, hacer una alusión velada, hacer entrever, dar a entender. **He never so much as hinted at it**, ni siquiera hizo alusión a ello.

hint, *s.* Indirecta, sugestión, alusión lejana o velada, aviso, idea, insinuación.

hip [hɪp] [jip], *s.* 1. Cadera; la parte del cuerpo que está sobre los muslos. 2. Escaramujo, el fruto de la planta llamada escaramujo; agavanzo. 3. *(Arq.)* Caballete, el ángulo exterior del techo. **To have** o **catch on the hip**, tener o llevar ventaja sobre alguno; por alusión a una astucia de los luchadores. **To smite hip and thigh**, derrotar completamente. **Hip-bath,** baño de asiento, semicupio. **Hip-bone**, hueso de la cadera, hueso ilíaco.

hip, *va.* 1. Descaderar, lastimar o fracturar la cadera. 2. *(Arq.)* Construir un techo con cubierta a cuatro aguas. 3. Echar el luchador a su antagonista sobre la cadera.

hip, hipped, hippish, *s.* *V.* HYPOCHONDRIAC.

hip-gout ['hɪpgaʊt] [jip-gaut], *s.* ciática.

hippocampus ['hɪpəʊ'kæmpəs] [ji-pou-kam-pos], *s.* 1. Hipocampo, pez llamado también caballo marino. 2. Nombre de dos eminencias del cerebro.

hippocentaur ['hɪpə'sentə^r] [ji-po-sen-to^r], *s.* Hipocentauro, monstruo fabuloso.

hippocras ['hɪpəkrɑːs] [ji-po-kras], *s.* Hipocrás, antigua bebida que se hacía de vino, azúcar, canela, clavo y otros ingredientes.

hippocrates'-sleeve ['hɪpəkrætz'sliːv] [ji-po-krats-sliv], *s.* Manga o calza de lienzo, tela u otra cosa hecha en figura cónica, para colar líquidos.

hippocratism ['hɪpəkrætɪzm] [ji-po-kra-ti-sem], *s.* La doctrina médica de Hipócrates.

hippodrome ['hɪpədrəʊm] [ji-po-droum], *s.* 1. Hipódromo, circo. 2. Circo moderno.

hippogriff ['hɪpəgrɪf] [ji-po-grif], *s.* Hipogrifo, caballo con alas.

hippophagist ['hɪpəfægɪst] [ji-po-fa-guist], *s.* El que come carne de caballo.

hippophagous ['hɪpəfægəs] [ji-po-fa-gos], *a.* Hipófago, que se alimenta de carne de caballo.

hippophagy ['hɪpəfægɪ] [ji-po-fa-gui], *s.* Hipofagia, alimentación con carne de caballo.

hippopotamus [ˌhɪpə'pɒtəməs] [ji-po-po-ta-mos], *s.* Hipopótamo.

hippuric ['hɪpjuːrɪk] [ji-piu-rik], *a.* Hipúrico, de la orina del caballo, o parecido a esa orina. **Hippuric acid**, acido hipúrico.

hipshot ['hɪpʃʌt] [jip-shat], *a.* Descaderado, con las caderas lisiadas.

hipwort ['hɪpwɔːt] [jip-uort], *s.* *(Bot.)* Escaramujo.

hircine ['haɪəsiːn] [jaia-sin], *a.* Cabrío; particularmente que tiene un olor semejante al de las cabras.

hire ['haɪə^r] [jaia^r], *va.* 1. Alquilar, tomar en alquiler o arrendamiento alguna cosa. 2. Asalariar 3. Cohechar, sobornar. 4. Alquilar, arrendar, dar en arriendo. **To hire out**, alquilar, dar en alquiler. **To hire out oneself**, alquilarse, ponerse a servir, servir a otro por un salario. Algunas veces se suprime el pronombre; *v.g.* **To hire out for a year**, ponerse a servir por un año.

hire, *s.* 1. Alquiler, el precio que se da por el uso de alguna cosa. 2. Salario, el estipendio que los amos dan a sus criados por su servicio y trabajo.

hireless ['haɪəlɪs] [jaia-lis], *a.* Sin salario o recompensa.

hireling ['haɪəlɪŋ] [jaia-lin], *s.* 1. Jornalero, el que sirve por jornal o salario. 2. Hombre mercenario; mujer prostituta. *-a.* Mercenario, venal.

hirer ['haɪərə^r] [jaia-ra^r], *s.* Alquilador, arrendador, el que alquila o arrienda.

hirsute ['hɜːsjuːt] [jer-siut], *a.* 1. Hirsuto, velludo, guarnecido de cerdas o cubierto de pelos. 2. *(Ant.)* Áspero, grosero.

hirsuteness ['hɜːsjuːtnɪs] [jer-siut-nes], *s.* Vellosidad.

his [hɪz] [jis], *pron.* 1. Caso posesivo o genitivo de HE; de él. 2. *pron. pos.* **mas**. El suyo, la suya, los suyos, las suyas. 3. *adj. pos.* Su, sus (debe concordar con el género del poseedor y nunca con la cosa poseída). **This book is his**, este libro es suyo, o de él. **His daughter**, su hija (de él).

Hispanic [hɪs'pænɪk] [jis-pa-nik], *a.* Hispánico, hispano.

Hispaniola [hɪs'pænɪələ] [jis-pa-nio-la], *s.* Isla de Santo Domingo o Haití.

Hispanist ['hɪspənɪst] [jis-pa-nist], *s.* Hispanista.

Hispanophile [hɪs'pænəʊ'faɪl] [jis-pa-nou-fail], *a.* Hispanófilo.

hispid ['hɪspɪd] [jis-pid], *a.* Híspido.

hiss [hɪs] [jis], *vn.* Silbar; producir un silbo, como la serpiente y otros animales; burlarse, hacer burla. *-va.* 1. Silbar, reprobar alguna cosa, hacer burla de ella. Manifestar desagrado el público por medio de silbidos. 2. Producir un silbido cualquiera, hacer oír un sonido agudo.

hiss, *s.* 1. Silbido de serpiente. 2. Silbido, escarnio o burla que se hace en los teatros. 3. Chirrido.

hissing ['hɪsɪŋ] [ji-sin], *s.* 1. Silbido de serpiente. 2. Objeto de burla o escarnio.

hist [hɪst] [jist], **inter**. Chito o chitón, interjección de que se usa para imponer silencio o mandar callar.

histologic, histological [hɪs'tɒlədʒɪk] [jis-to-lo-yik], *a.* Histológico, relativo a la histología.

histologist [hɪs'tɒlədʒɪst] [jis-to-lo-yist], *s.* histólogo o histologista, persona versada en la histología.

histology [hɪs'tɒlədʒɪ] [jis-to-lo-chi], *s.* Histología, parte de la anatomía que trata de los tejidos orgánicos; la anatomía microscópica.

historian [hɪs'tɔːrɪən] [jis-to-rian], *s.* Historiador, el que escribe historia.

historic, historical [hɪs'tɒrɪk] [jis-to-rik], *a.* Histórico, lo perteneciente a la historia.

historically [hɪs'tɒrɪkəlɪ] [jis-to-ri-ka-li], *adv.* Históricamente.

historiographer [hɪs'tɒrɪə'grəfə[r]] [jis-to-rio-gra-fa[r]], *s.* Historiógrafo, historiador, cronista, el que escribe historia o crónicas.

historiography [ˌhɪstɒrɪ'ɒgrəfɪ] [jis-to-rio-gra-fi], *s.* Historiografía, el arte de historiar.

historiology [ˌhɪstɒrɪ'ɒlədʒɪ] [jis-to-ri-o-lo-yi], *s.* Conocimiento de la historia; comentarios sobre la historia.

history ['hɪstərɪ] [jis-to-ri], *s.* 1. Historia, narración de las cosas y de los hechos dignos de memoria. 2. Historia, el conocimiento de los hechos y sucesos que ella comprende.

history-pece ['hɪstərɪ'pes] [jis-to-ri-pes], *s.* Historia, los cuadros o tapices que contienen episodios históricos.

histrion, *s. V.* PLAYER.

histrionic, histrionical [ˌhɪstrɪ'ɒnɪk] [jis-trio-nik], *a.* Histriónico, lo que pertenece al arte cómico o a los cómicos; teatral.

histrionically [ˌhɪstrɪ'ɒnɪkəlɪ] [jis-trio-ni-ka-li], *adv.* Cómicamente, teatralmente.

histrionism [ˌhɪstrɪ'ɒnɪzm] [jis-trio-ni-sem], *s.* Histrionismo, representación dramática; de aquí, afectación.

hit [hɪt] [jit], *va.* (*pret.* y *pp.* HIT). 1. Dar, pegar, golpear (knock). 2. Atinar, acertar, dar en el hito. **You hit the nail on the head**, Ud. lo acertó, o dio en el clavo. 3. Lograr, conseguir alguna cosa. 4. Tocarle a uno donde le duele. *-vn.* 1. Ludir o rozar una cosa con otra. 2. Acaecer o acontecer felizmente, tener buen éxito por casualidad; salir bien, no malograrse alguna cosa. 3. Tropezar, encontrar por casualidad. 4. Acertar, determinar felizmente. **To hit the mark**, dar en el blanco. **To hit in the teeth with**, dar en rostro. **To hit against**, dar contra alguna cosa; encallar un buque. **When we hit the main road,** cuando lleguemos a la carretera principal. **To hit together**, encontrarse por casualidad. **To hit upon**, hallar, encontrar; acordarse. **To hit off**, describir breve y hábilmente, expresar exactamente. **To hit out**, ejecutar. **You hit it right**, dio Ud. en ello.

hit, *s.* 1. Golpe, choque de dos cuerpos duros. 2. Suerte feliz, golpe de fortuna; chiste, chanza graciosa. 3. Alcance. **Hit or miss**, *(Fam.)* a todo riesgo, sea como fuere, salga pez o salga rana. **A lucky hit**, golpe de fortuna, ocurrencia feliz; éxito, buen suceso.

hitch [hɪtʃ] [jich], *va.* 1. Atar, ligar por un tiempo, enganchar, sujetar; *(Mar.)* Amarrar. 2. Mover a saltos, adelantar a brincos. *-vn.* 1. Saltar, moverse a saltos. 2. Rozarse, tropezar o golpear con los pies: se dice de los caballos. 3. Caer dentro, enredarse. 4. *(Fam.)* Obrar o vivir en concordancia con otro: ser compatible, estar de acuerdo y conformidad.

hitch, *s.* 1. Alto, parada; de aquí, tropiezo, dificultad, impedimiento, obstáculo. 2. Acción de coger agarrar o colgar. 3. Acción de tirar de algo hacia arriba. 4. *(Mar.)* Vuelta de cabo.

hitchel ['hɪtʃəl] [ji-chel], *va.* Rastrillar.

hitchel, *s. V.* HATCHEL.

hitchhike ['hɪtʃhaɪk] [jich-jaik], *vn.* Avanzar, especialmente cuando se va a pie, consiguiendo ser llevado por tramos en automóviles que pasan.

hitchhiking ['hɪtʃhaɪkɪŋ] [jich-jai-kin], *s.* Auto-stop.

hither ['hɪðə[r]] [ji-za[r]], *adv.* 1. Acá, desde otro paraje a este. **Come hither**, ven acá. 2. A este fin, para este intento. *-a.* Citerior, lo que está más cercano o de la parte de acá. **On the hither side of**, (a) Del lado de acá, hacia el que habla. (b) Más joven, de menos años. **She is on the hither side of sixty**, ella tiene menos de sesenta años.

hithermost ['hɪðəməʊst] [ji-za-moust], *a.* Lo más cercano o próximo.

hitherto ['hɪðə'tuː] [ji-zar-tu], *adv.* Hasta ahora, hasta aquí.

hive [haɪv] [jaiv], *s.* 1. Colmena, especie de caja de corcho o de madera en que se crían las abejas. 2. Enjambre, las abejas que se juntan y pueblan una colmena.

hive, *va.* Enjambrar, encerrar las abejas en las colmenas. *-vn.* Acogerse o encerrarse en una parte muchas personas juntas; vivir o estar muchos en un mismo lugar.

hive-dross ['haɪʊdrɒs] [jaiv-dros], *s.* Cera cruda o áspera.

hiver ['haɪvə[r]] [jai-va[r]], *s.* Colmenero, el que enjambra.

hives [haɪvz] [jaivs], *s. (Med. Fam.)* Nombre familiar de la erupción llamada urticaria, y de otras erupciones ligeras.

ho, hoa! [hɔː] [jo], **inter**. 1. ¡Eh! ¡basta! ¡mira, hola! voz con la cual se llama o avisa a alguno. 2. *V.* WHOA!

hoar [hɔː[r]] [jo[r]], *a.* Blanco, cano, canoso por la edad; mohoso; lo que aparece blanco por estar cubierto de nieve o de hielo; escarcha. *-s.* Antigüedad.

hoarfrost ['hɔːfrɒst] [jor-frost], *s.* Escarcha blanca.

hoard [hɔːd] [jord], *s.* 1. Provisión, montón, cantidad de una cosa acumulada y tenida de reserva (supply, provision). 2. Repuesto oculto de dinero u otra cosa; tesoro escondido.

hoard, *va.* y *vn.* 1. Atesorar, amontonar, acumular, recoger o guardar tesoros, riquezas u otra cosa. 2. Hacer repuesto o acopio.

hoarder ['hɔːdə[r]] [jor-da[r]], *s.* Atesorador, el que hace repuestos en secreto.

hoarding ['hɔːdɪŋ] [jor-din], *s.* 1. Amontonamiento, atesoramiento, ahorro. 2. Cerca o valla de construcción. 3. Cartelera.

hoarhound, horehound ['hɔːhaʊnd] [jor-jaund], *s. (Bot.)* Marrubio, hierba medicinal de la misma familia que la hierbabuena, el tomillo, etc., que produce tallos vellosos y blanquecinos.

hoariness ['hɔːrɪnɪs] [jo-ri-nes], *s.* 1. Blancura. 2. Moho. 3. Canas de viejo; y la vejez misma.

hoarse [hɔːs] [jors], *a.* Ronco, enronquecido, el que tiene ronquera, como uno que está resfriado. **To speak in a hoarse voice**. Hablar ronco.

hoarsely ['hɔːslɪ] [jors-li], *adv.* Roncamente, broncamente.

hoarseness ['hɔːsnɪs] [jors-nes], *s.* Ronquera, carraspera, bronquedad.

hoary ['hɔːrɪ] [jo-ri], *a.* 1. Blanco, blanquecino. 2. Cano, el que tiene el cabello blanco por la edad. 3. Escarchado, blanco con la escarcha. 4. *(Des.)* Mohoso, cubierto de moho.

hoast [həʊʃt] [joust], *s. (Esco.)* Tos. *V.* COUGH.

hoax [həʊks] [jouks], *s.* Engaño, burla, petardo, broma, mentira.

hoax, *va.* Engañar, burlar, dar un petardo.

hob [hɒb] [jb], *s.* 1. Antehogar, anaquel a un lado del hogar, donde se coloca lo que se quiere conservar caliente. 2. Cubo o maza de rueda. 3. Plancha de taladro, para cortar roscas de tornillo. 4. Juego con monedas en Inglaterra. 5. *(Des.)* Patán; duende. 6. *(Prov. Ingl.)* Error, paso en falso. **To play hob with**, trastornar, volver patas arriba, poner en confusión.

hobble ['hɒbl] [jo-bel], *va.* y *vn.* 1. Cojear, andar inclinando el cuerpo más a un lado que a otro, o cargar sobre una pierna más que sobre la otra; andar cojeando. 2. Hacer versos desiguales o irregulares. 3. Embarazar, enredar, confundir a uno.

hobble, *s.* 1. Dificultad, atolladero. **To get** o **thrust oneself into a hobble**, meterse en un atolladero, en un berengenal.

2. Cojera. 3. Traba, atadura puesta en los pies de los caballos. *V.* HOPPLE.

hobbledehoy ['hɒbldɪ'hɒɪ] [jo-bel-di-joi], *s.* Joven entre catorce y veintiún años de edad, adolescente, muchacho grandullón.

hobbler ['hɒbləʳ] [jo-blaʳ], *s.* En la edad media, soldado de caballería ligera.

hobblingly ['hɒblɪŋlɪ] [jo-blin-li], *adv.* Groseramente.

hobby ['hɒbɪ] [jo-bi], *s.* 1. *(Fam.)* La ocupación u objeto favorito de una persona. 2. Haca de Irlanda o de Escocia. 3. Caballico, caballito, la caña o palo con que juegan los niños, montándolo y corriendo sobre él. 4. Zoquete, hombre rudo y torpe. 5. Sacre, especie de halcón.

hobbyhorse ['hɒbɪhɔːs] [jo-bi-jors], *s.* 1. Objeto o empeño predilecto. 2. Caballito con que juegan los niños. 3. Zoquete, hombre tonto.

hobgoblin ['hɒb,gɒblɪn] [job-go-blin], *s.* Duende, espectro, espíritu.

hobit ['hɒbɪt] [jo-bit], *s. (Mil.)* Mortero pequeño.

hoblike ['hɒblaɪk] [job-laik], *a.* Rústico, grosero.

hobnail ['hɒbneɪl] [job-neil], *s.* Clavo de herradura.

hobnailed ['hɒbneɪld] [job-neild], *a.* Clavado con clavos de herradura.

hobnob ['hɒbnɒb] [job-nob], *v.* Beber juntos familiarmente. 2. Codearse, rozarse, tratarse familiarmente.

hobo ['həʊbəʊ] [jou-bou], *s.* (E. U. del Oeste) Obrero holgazán, sin recursos, vagabundo.

hobson's choice ['hɒbsən'tʃɔɪs] [job-son-chois], *s.* Expresión proverbial con que se designa una elección en que no hay alternativa.

hock [hɒk] [jok], *s.* 1. Vino añejo del Rin, originalmente de Hochheim. 2. Jarrete, corvejón de las bestias.

hock, *va.* Cortar los jarretes, desjarretar. *V.* HOUGH.

hockey ['hɒkɪ] [jo-ki], *s.* 1. Juego de pelota en el que se emplea un palo encorvado en uno de sus extremos. 2. (Prov. Ingl.) *V.* HARVEST-HOME.

hockle ['hɒkl] [jo-kel], *va.* 1. Desjarretar, cortar las piernas por el jarrete o por la corva. 2. Guadañar el rastrojo.

hocus ['həʊkəs] [jou-kos], *va.* 1. Engañar, chasquear. 2. Dejar insensible a uno por medio de una bebida narcótica, para robarlo.

hocus-pocus ['həʊkəs'pəʊkəs] [jou-kos-pou-kos], *s.* 1. Jugador de manos, titiritero. 2. Pasapasa, juego de manos. **to do things by virtue of hocus-pocus**, hacer las cosas por arte de birlibirloque.

hod [hɒd] [jod], *s.* El artesón o artesa en que el peón lleva el mortero o los ladrillos al albañil

hodge-podge ['hɒdʒpɒdʒ] [joch-poch], *s.* Almodrote, mezcla de ingredientes cocidos juntos.

hodiernal ['hɒdɪənəl] [jo-dia-nal], *a.* Lo que es de hoy o de este día.

hodman ['hɒdmən] [jod-man], *s.* Peón de albañil.

hoe [huː] [ju], *s.* Azada, azadón.

hoe, *va.* Cavar la tierra con azada o azadón.

hog [hɒg] [jog], *s.* 1. Puerco, cerdo (pig). 2. Nombre genérico de todo ganado de cerda. **Hog's bristle**, cerdas, setas. 3. *(Met.)* Persona grosera, sucia o avarienta; egoista, indiferente a los derechos de otros. 4. *(Mar.)* Escoba. 5. *(Prov.)* Carnero o buey de un año. **Hog's pudding**, morcillas. **To go the whole hog**, ir al extremo, llegar hasta el último límite.

hog, *va.* 1. Limpiar el casco de un buque debajo del agua. 2. *(Mar.)* hender o partir una embarcación por el medio. 3. *(Fam. E.U.)* Tomar posesión de más de lo que a uno le corresponde. *-vn.* Arquearse, combarse, torcerse; se dice de una embarcación.

hogback ['hɒgbæk] [jog-bak], *s.* Cuchilla, cerro escarpado.

hogcote, *s. V.* HOGSTY.

hoggerel ['hɒgərəl] [jo-gue-rel], *s. (Prov.)* Oveja de dos años.

hoggish ['hɒgɪʃ] [jo-guish], *a.* 1. Porcuno, porcino. 2. Egoísta. 3. Glotón, comilón. 4. Sucio, puerco.

hoggishly ['hɒgɪʃlɪ] [jo-guish-li], *adv.* Puercamente, cochinamente; vorazmente, vilmente.

hoggishness ['hɒgɪʃnɪs] [jo-guish-nes], *s.* 1. Brutalidad, voracidad; porquería, cochinada. 2. Glotonería. 3. Egoísmo.

hogherd ['hɒgəd] [jo-guerd], *s.* Porquero, porquerizo, el que guarda puercos.

hogshead ['hɒgzhed] [jogs-hed], *s.* 1. Medida inglesa de líquidos que contiene sesenta galones. 2. Barril grande.

hog-shearing ['hɒg'ʃɪərɪŋ] [jog-shia-rin], *s.* Expresión que equivale a la de mucho ruido y pocas nueces.

hogsteer ['hɒgstɪəʳ] [jogs-tiaʳ], *s.* Jabalí de tres años

hogsty ['hɒgstɪ] [jogs-tai], *s.* Porqueriza, zahurda, el sitio donde se recogen los puercos.

hogwash ['hɒgwɔːʃ] [jog-uosh], *s.* Bazofia.

hoiden ['hɔɪdn] [joi-den], *s.* 1. Paya, moza agreste, zafia e ignorante. 2. Payo, patán. *-a.* Rústico, grosero. Se escribe también **hoyden**.

hoiden, *vn.* Retozar, moverse, saltar o jugar con grosería o descompostura.

hoist [hɔɪst] [joist], *va.* 1. Guindar, alzar, levantar en alto. 2. *(Mar.)* Izar, tirar para levantar o subir en alto las vergas y los masteleros. **Hoist away,** ¡Iza, iza!

hoist, *s.* 1. Cabria, pescante, aparejo para izar o levantar fardos de mercancías u otros pesos. 2. El acto de levantar. 3. Altura perpendicular de un pabellón o una vela.

hoisting ['hɔɪstɪŋ] [jois-tin], *s.* Elevación, alzamiento. **Engine-hoisting equipment**, equipo de izar motores. **Hoisting machinery**, maquinaría elevadora. **Friction-hoisting machine**, máquina de fricción para izar. **Hoisting of the flag**, izamiento de la bandera.

hoity-toity ['hɔɪtɪ'tɔɪtɪ] [joi-ti-toi-ti], *a. (Vulg.)* Voluble, descuidado; juguetón. **-inter**. ¡Ola! ¡Tate!

hold [həʊld] [jould], *va.* (*pret.* y *pp.* HELD, *pp. (Ant.)* HOLDEN). 1. Detener, contener (stop); restringir, estrechar, limitar (limit, restrict). 2. Contener en sí alguna cosa; caber. 3. Tener, asir, mantener asida alguna cosa; agarrar. 4. Tener, mantener, sostener. 5. Juzgar, reputar, entender (judge). 6. Tener, poseer, gozar. 7. Apostar, hacer alguna apuesta. 8. Continuar, proseguir; conservar; guardar, no infringir. *-vn.* 1. Valer, ser válido, tener fuerza y solidez. 2. Tenerse, mantenerse en su ser. 3. Durar, continuar. 4. Refrenarse, abstenerse. 5. Adherirse a alguna persona o partido. 6. Depender o estar dependiente de alguno. 7. Deducir.

hold back, retener, resistir. 8. Echarse atrás.

hold down, sujetar.

hold forth, sacar a la vista o al público, mostrar, descubrir; predicar, hablar en público, arengar.

hold in, tener en sujeción, refrenar; contenerse, refrenarse; continuar. **To hold in hand**, entretener con falsas esperanzas.

hold off, apartar, alejar, mantener o mantenerse separado o a cierta distancia; apartarse, alejarse, separarse.

hold on, seguir, proseguir, persistir; continuar, prolongar.

hold out, ofrecer, proponer; sostener; extender; mantenerse firme, no ceder, no rendirse; durar; alargar; ir aguantando o sufriendo alguna cosa, continuar haciendo algo o sufriendo algún mal; proferir.

hold up, levantar, alzar; apoyar, sostener, proteger; entretener con buenas palabras; sostenerse, tenerse firme, mantenerse. (a) (E.U. del Oeste) Mandar detenerse para robar; v.g. **To hold up a train**, parar un tren para robarlo. (b) Cesar, dejar de. **The rain will soon hold up**, pronto cesará la lluvia. **To hold a wager**, apostar, hacer una apuesta. **To hold fast to**, afirmarse en. **To hold one's peace** o **one's tongue**, callar. **to hold one's laughing**, contener la risa. **to hold together**, mantenerse o estar juntos o reunidos. **To hold with one**, ser del partido u opinión de alguna persona; declararse por alguno. **Hold your head up**, levanta la cabeza.

hold, inter. ¡Tente! ¡para! ¡quieto!

hold, *s.* 1. Presa, la acción de prender, asir o agarrar. 2. Agarradero, asidero, la parte por donde se agarra alguna cosa; mango, asa. 3. Cualquier cosa que agarra como garfio. 4. Prisión, cárcel; custodia. 5. *(Mar.)* Bodega, todo el espacio entre la sobrequilla y la cubierta (en este sentido se deriva de HOLE). **Afterhold,** bodega de popa. **Forehold** Bodega de proa. **To trim the hold**, abarrotar. **Depth** o **height of the hold**, puntal de la bodega. 6. Escondite, paraje oculto, propio para esconderse; fuerte, fortaleza, plaza fuerte. 7. Apresamiento, la acción de apresar; toma la acción de tomar. 8. Poder o influencia. 9. *(Mús.)* El signo que significa pausa. 10. Llave (en la lucha) **To lay hold of**. 1. Agarrar. 2. Apoderarse de. 3. Reunir, recoger. 4. Aprovecharse de.

holdback ['həʊldbæk] [jould-bak], *s.* 1. Restricción, freno. 2. Cejadero, tirante para cejar los carruajes.

holder ['həʊldəʳ] [joul-daʳ], *s.* 1. Tenedor, el que tiene alguna cosa en su mano. 2. Agarrador, el que agarra. 3. El que guarda o retiene alguna cosa. 4. Poseedor, el que posee algo. 5. Apoyo, el o lo que sostiene. 6. Arrendador; arrendatario, inquilino de una casa. 7. Asidero, mango, puño, asa. 8. Vasija que contiene algo. 9. *(Mar.)* Marinero de la bodega. (**Holder** se traduce a veces en español por la palabra **porta**; *V. gr.* **pen-holder**, porta-plumas; **plate-holder**, portaplacas (de una cámara fotográfica). **Holder of stock**, tenedor de acciones o valores. **Holder of a bill**, tenedor o portador de una letra. **Holder of a share**, accionista.

holdfast ['həʊldfɑːst] [jould-fast], *s.* Cualquier cosa que agarra; barrilete, grapón, grapa, laña; apoyo, aquello en que está apoyada alguna persona o cosa; *(Fam.)* Hombre muy avaro.

holding ['həʊldɪŋ] [joul-din], *s.* 1. Tenencia, posesión. 2. Arrendamiento. 3. Poder, influencia. 4. *(Des.)* Coro, estribillo. **Holding-ground**, *(Mar.)* buen fondo, fondo donde el áncora se conserva bien agarrada.

holding company [ˌhəʊldɪŋ'kɒmpənɪ] [joul-din-kom-pa-ni], *s.* Empresa tenedora (de acciones o valores de otras compañías).

hold-up ['həʊldʌp] [jould-ap], *s.* Atraco. **Holdman**, atracador, salteador.

hole [həʊl] [joul], *s.* 1. Agujero, agujerito, cavidad, hueco. 2. Cueva, cavidad subterránea; hoyo. 3. Cabaña, choza, vivienda vil y mala. 4. *(Fam.)* Atolladero, dificultad grande, dilema. 5. **A hole to crawl out of**, escapatoria, excusa, refugio. **A hole in one's coat**, mancha en la reputación defecto en el carácter de alguno. **Armhole**, sobaco.

hole, *va.* 1. Cavar, agujerear, perforar (pierce). 2. En el juego de billar, meter la bola en la tronera. *-vn.* Entrar o meterse, deslizarse en un agujero; invernar.

holibut, *s. V.* HALIBUT.

holiday ['həʊlɪdeɪ] [jou-li-dei], *s.* 1. Día festivo, de fiesta. 2. Día feriado, de descanso y suspensión del trabajo. 3. Aniversario, fiesta que se hace cada año en día señalado. **Holidays**, vacaciones. 4. *(Mar.)* Mancha, punto que queda sin que lo toque la brocha al pintar, alquitranar, etc. *-a.* Alegre, festivo, propio de un día de fiesta. **To be on holiday/ vacation,** estar de vacaciones.

holily ['həʊlɪlɪ] [jou-li-li], *adv.* Piadosamente: inviolablemente, santamente.

holiness ['həʊlɪnɪs] [jou-li-nes], *s.* 1. Santidad, perfección e integridad de costumbres conforme a la ley y a la religión. 2. Santidad, beatitud; tratamiento que se da al sumo pontífice.

holing ['həʊlɪŋ] [jou-lin], *s.* Perforación, taladro para introducir un clavo, perno, cabilla, etc (perforation).

Holland ['hɒlənd] [jo-land], *s.* Holanda, especie de lienzo fino. **Brown holland**, holanda cruda.

Hollander ['hɒləndəʳ] [jo-lan-daʳ], *s.* Holandés.

hollands, *s. V.* GIN.

hollen, *s. (Prov.) V.* HOLLY.

hollo, holloa ['həʊlə] [jou-lo], **inter**. ¡Hola! voz usada para llamar a uno que está distante o lejos. *-s.* Grito, grita. *V.* HALLO.

hollo, *vn.* Gritar altamente.

hollow ['hɒləʊ] [jo-lou], *a.* 1. Hueco, lo que es cóncavo o está vacío (empty). 2. El sonido que resulta de la percusión de un cuerpo hueco. 3. Disimulado, falso, insincero (false, disguised). 4. Hundido, empujado hacia adentro. **Hollow eyes**, ojos hundidos. **Hollow heart**, corazón doble, disimulado, traidor. *-s.* Cavidad, caverna, cueva, canal, paso; concavidad, hueco, valle, cañada. **Hollow ware**, ollas, pucheros y otros utensilios de cocina, hechos de hierro, vidriado o barnizado por dentro.

hollow, *va.* Excavar, ahondar, ahuecar; escotar.

hollowly ['hɒləʊlɪ] [jo-lou-li], *adv.* 1. Con cavidades. 2. Doblemente, traidoramente.

hollowness ['hɒləʊnɪs] [jo-lou-nes], *s.* 1. Cavidad, hueco. 2. Doblez, simulación, falacia, falta de sinceridad.

holly ['hɒlɪ] [jo-li], *s. (Bot.)* Acebo, árbol silvestre.

hollyhock ['hɒlɪlɒk] [jo-li-lok], *s. (Bot.)* Malva hortense.

holm ['həʊm] [joum], *s.* 1. Isleta de río. 2. Terreno bajo y llano cerca de una corriente. 3. *(Bot.)* Encina. 4. Acebo. **Holm-oak**, encina.

holocaust ['hɒləkɔːst] [jo-lo-kost], *s.* 1. Holocausto, el sacrificio en que se quemaba toda la víctima; de aquí, sacrificio o renunciación completos de algo por causa de consagración. 2. Destrucción en masa a sangre y fuego.

holocephalan ['hɒlə'sɪfələn] [jo-l-si-fa-lan], a. Holocéfalo.

holograph ['hɒləgræf] [jo-lo-graf], *s.* El testamento escrito enteramente de la mano del testador.

holster ['həʊlstəʳ] [jouls-taʳ], *s.* Funda de pistola, pistolera. **Holster-cap**, caperuza.

holt ['həʊlt] [joult], *s.* Bosque; monte.

holy ['həʊlɪ] [jou-li], *a.* 1. Santo, pío; puro, inmaculado. 2. Sagrado, consagrado, santificado. **Holy-cross** o **Holy-rod day**, día de la exaltación de la Santa Cruz, que es el 14 de Septiembre. **Holy day**, día de fiesta, día sagrado, como el domingo. **Holy Office**, el Santo Oficio o tribunal de la Inquisición. **Holy Rood**, la Santa Cruz. **Holy Ghost, Holy Spirit**, Espíritu Santo. **Holy One**, solo santo, nombre de Dios o Jesucristo. **Holy Thursday**, (a) Día de la ascensión de Nuestro Señor. (b) Jueves Santo. *V.* MAUNDY-THURSDAY. **Holy-water**, agua bendita. **Holy-water sprinkler**, hisopo.

holystone ['həʊlɪstəʊn] [jou-lis-toun], *s. (Mar.)* Piedra bendita, trozo de arenisca que se usa para limpiar la cubierta de los buques. *-va.* Limpiar la cubierta con la piedra llamada **holystone**.

homage ['hɒmɪdʒ] [jo-mich], *s.* Homenaje, reverencia, respeto; sumisión que se muestra al superior. **To pay homage**, rendir homenaje.

homage, *va.* Reverenciar, honrar, profesar fidelidad.

homageable ['hɒmɪdʒəbl] [jo-mi-cha-bol], *a.* Sujeto a homenaje.

homager ['hɒmɪdʒəʳ] [jo-mi-chaʳ], *s.* 1. El que posee una cosa a título de homenaje. 2. Homenaje.

home [həʊm] [joum], *s.* 1. Hogar, casa propia, morada, mansión o habitación en que uno vive. 2. Patria, el país o tierra de donde uno es natural. 3. Domicilio, residencia. 4. Cualquier lugar de descanso y abrigo; asilo, hospedería, refugio; de aquí, sepulcro; muerte, estado futuro. **One's long home**, el sepulcro, el estado futuro. 5. En los juegos, meta, límite o término. **To come home**, regresar al hogar, volver a su país. **To take home**, llevar a casa, *(Fig.)* tomar para sí. **To hit** or **strike home,** dar en el blanco; herir en lo vivo, llegar al alma. **Home is home, be it never so homely**, mi casa y mi hogar cien doblas vale. *-a.* 1. Doméstico, de casa; de su país, natal; opuesto a extranjero, indígena. 2. Que da en lo vivo o en el hito. **A home-thrust**, gran golpe, que da en el blanco. 3. En los juegos, que llega al término. *-adv.* 1. A su propia casa o habitación. **He is gone home,** se ha ido a casa. 2. A su tierra o país. 3. Al propósito, al intento. 4. Intimamente, estrechamente; con fuerza, eficazmente. **At home**, (a) En casa, (en fechas de cartas) casa de Ud. (b) En su patria, en su propio país. (c) Libre, espontáneo, como si estuviese en la propia casa. **To be away from home**, estar fuera de casa, hallarse ausente.

home-born ['həʊmbɔːn] [joum-born], *a.* Natural de; doméstico, indígena.

homebound ['həʊmbaʊnd] [joum-baund], *a.* 1. Imposibilitado para salir de casa. 2. En dirección a su casa o país.
home-bred ['həʊmbred] [joum-bred], *a.* 1. Nativo, natural. 2. Casero, lo que se cría o hace en casa y lo que pertenece a ella. 3. Rudo, agreste, inculto. 4. Doméstico, lo que es propio de la casa o pertenece a ella (homely).
home-brew ['həʊmbru:] [joum-bru], *s.* Bebida fermentada en casa.
home econonomics ['həʊmɪkə'nɒmɪks] [joumi-ko-nomiks], *s.* Economía doméstica.
home-felt ['həʊmfelt] [joum-felt], *a.* Privado, interno (private).
home-keeping ['həʊm'ki:pɪŋ] [joum-ki-pin], *a.* Persona de su casa, de gustos y costumbres caseros.
homeland ['həʊmlænd] [joum-land], *s.* Patria, tierra natal.
homeless ['həʊmlɪs] [joum-les], *a.* Destituído; sin casa ni hogar.
homelike ['həʊmlaɪk] [joum-laik], *a.* Semejante al hogar doméstico; sosegado y cómodo, que procura bienestar.
homeliness ['həʊmlɪnɪs] [joum-li-nes], *s.* Simpleza, sencillez, falta de cultivo; grosería; fealdad.
homely ['həʊmlɪ] [joum-li], *a.* 1. Casero, doméstico, sencillo. 2. Liso, llano. 3. Feo, no hermoso. 4. Ignorante, rústico, inculto; grosero, vulgar, sin elegancia. *-adv.* Llanamente, simplemente; como de casa; groseramente.
home-made ['həʊm'meɪd] [joum-meid], *a.* Hecho en casa, fabricado en el país.
homemaker ['həʊm'meɪkə^r] [joum-mei-ka^r], *s.* Ama de casa, dueña de casa (housewife).
homeopathic, homoeopathic ['həʊmɪəʊpæθɪk] [jou-mio-pa-zik], *a.* Homeopático, relativo a la homeopatía.
homeopathist, homoeopathist ['həʊmɪəʊpæθɪst] [jou-mio-pa-zist], *s.* Homeópata, el partidario de la homeopatía o el que la practica.
homeopathy, homoeopathy ['həʊmɪəʊpæθɪ] [jou-mio-pa-zi], *s.* homeopatía.
Homer ['həʊmə^r] [jou-ma^r], *n. pr.* Homero.
homer ['həʊmə^r] [jou-ma^r], *s.* 1. Homer, medida antigua de los judíos. 2. Paloma viajera, paloma correo.
Homeric [həʊ'mərɪk] [jou-me-rik], *a.* Homérico, que se refiere a Homero; que tiene el carácter de su poesía.
homesick ['həʊmsɪk] [joum-sik], *a.* Nostálgico, que experimenta la nostalgia; que siente vivamente estar separado de su hogar o de su país. **To be homesick for**, sentir nostalgia de.
homesickness ['həʊmsɪknɪs] [joum-sik-nes], *s.* Nostalgia, mal del país, pena o trsiteza profunda de verse ausente de su patria o de su hogar.
homespun ['həʊmspʌn] [joum-span], *a.* 1. Casero, lo que se hila o se hace en casa. 2. Liso, llano, basto, grosero. 3. Común, vulgar. 4. Tela hecha en casa.
homestall ['həʊmstɔ:l] [joum-stol], **homestead** ['həʊmsti:d] [joum-stid], *s.* Sitio de la casa, casa propia.
homesteader ['həʊmsti:də^r] [joum-sti-da^r], *s.* 1. Dueño de una heredad que habita en ella y la cultiva. 2. *(E.U.)* Colono que recibe las tierras del Estado.
home stretch ['həʊmstretʃ] [joum-strech], *s.* 1. Última parte de una carrera (especialmente de caballos). 2. *(Fig.)* Final de alguna actividad u operación.
homeward, homewards ['həʊmwəd] [joum-uard], *adv.* Hacia casa, hacia su país; de vuelta. **Homeward bound**, de vuelta, que regresa al punto de donde salió.
homework ['həʊmwɜ:k] [joum-uek], *s.* Tarea, estudio hecho fuera de la clase.
homicidal [ˌhɒmɪ'saɪdl] [jo-mi-sai-dal], *a.* 1. Sanguinario, matador; homicida (murderer).
homicide ['hɒmɪsaɪd] [jo-mi-said], *s.* 1. Homicidio, la muerte causada a una persona por otra (murder). 2. Homicida, el que comete homicidio.
homiletic, homiletical ['hɒmɪlektɪk] [jo-mi-lek-tik], *a.* 1. Homilético, referente a la homilética.
homilist ['hɒmɪlɪst] [jo-mi-list], *s.* Autor de homilías.
homily ['hɒmɪlɪ] [jo-mi-li], *s.* Homilía, sermón.
homing pigeon ['həʊmɪŋˌpɪdʒən] [jou-min-pi-chon], *s.* Paloma mensajera.
hominy ['hɒmɪnɪ] [jo-mi-ni], *s.* Maíz machacado.
homocerc ['həʊməʊsɜ:k] [jou-mou-serk], *a.* Homocerco.
homochlamydeous ['hɒməʊklə'mɪdɪəs] [jo-mou-kla-midios], *a.* *(Bot.)* Homoclamídeo.
homodyne ['hɒmədaɪn] [jo-mo-dain], *a.* Homodino.
homogen ['hɒmədʒɪn] [jo-mo-yin], *s.* Estructura o parte homogénea.
homogeneal ['hɒmədʒɪnɪəl] [jo-mo-yi-nial], **homogeneous** [ˌhɒmə'dʒi:nɪəs] [jo-mo-yi-nios], *a.* Homogéneo, lo que es de la misma naturaleza o género que otra cosa.
homogenealness [ˌhɒmə'dʒi:nɪəlnɪs] [jo-mo-yi-ni-nial-nes], **homogeneity** [ˌhɒməʊdʒə'ni:tɪ] [jo-mo-yi-ni-ti], **homogeneousness** [ˌhɒmə'dʒi:nɪəsnɪs] [jo-mo-yi-nios-nes], *s.* Homogeneidad, uniformidad o semejanza de las partes de un todo comparadas entre sí.
homogenize [hə'mɒdʒənaɪz] [jo-mo-yi-nais], *va.* Homogeneizar (la leche, etc.)
homogenous [ˌhɒmə'dʒɪnəs] [jo-mo-yi-nos], *a.* *(Biol.)* Del mismo género; de una misma estructura.
homograph ['hɒməʊgrɑ:f] [jo-mo-graf], *s.* Homógrafo.
homographic ['hɒməgræfɪk] [jo-mo-gra-fik], *a.* Homógrafo.
homologate ['hɒmələgeɪt] [jo-mo-lo-gueit], *v.* Homologar.
homolog, homologue ['hɒməlɒg] [jo-mo-log], *s.* Parte homóloga o análoga a otra en posición, estructura, etc.
homologation [ˌhɒməlɒ'geɪʃən] [jo-mo-lo-guei-shon], *s.* Confirmación o publicación de un acto de justicia para darle más autoridad.
homologous ['hɒmələgəs] [jo-mo-lo-gos], *a.* Homólogo, que tiene una estructura, proporción, valor o posición correspondientes o semejantes; proporcional entre sí.
homology ['hɒmələdʒɪ] [jo-mo-lo-yi], *s.* Homología.
homonym ['hɒmənɪm] [jo-mo-nim], *s.* Homónimo, palabra cuya pronunciación es igual a otra de una sentido diferente: *V.* g. **reed**, caña y **read**, leer; **sea**, el mar, **see**, ver; o en castellano, si y sí, mas y más, hora y ora.
homonymous ['hɒmənɪməs] [jo-mo-ni-mos], *a.* 1. Homónimo; se dice de las voces semejantes que tienen un sentido diferente. 2. Equívoco, ambiguo.
homonymy ['hɒmənɪmɪ] [jo-mo-ni-mi], *s.* Homonimia.
homophone ['hɒməfəʊn] [jo-mo-foun], *s.* Vocablo homófono.
homophonous ['hɒməfənəs] [jo-mo-fo-nos], *a.* Homófono.
homophony ['hɒməfəʊnɪ] [jo-mo-fou-ni], *s.* Homofonía.
homopterous ['hɒməptərəs] [jo-mop-te-ros], *a.* Homóptero.
homosexual ['hɒməʊ'sekjʊəl] [jo-mou-sek-siual] *s.* & *a.* Homosexual.
Honduran [hɒn'djuərən] [jon-diua-ran], *s.* y *a.* Hondureño.
hone [həʊn] [joun], *s.* Piedra de afilar.
honest ['ɒnɪst] [o-nist], *a.* 1. Honrado, recto, justo (honorable). 2. Honesto, casto, recatado (pure, decent). **A downright honest man**, hombre de bien a carta cabal. 3. Sincero, íntegro; fiel; leal, equitativo. **An honest judge**, un juez íntegro. **An honest confession**, una confesión sincera. **Honest people**, gente honrada. **Honest dealin**, proceder leal, buena fe.
honestly ['ɒnɪstlɪ] [o-nist-li], *adv.* Honradamente, rectamente; honestamente, modestamente. **To deal honestly**, tratar con honradez; ser honrado en sus tratos.
honesty ['ɒnɪstɪ] [o-nis-ti], *s.* 1. Honradez, justicia, integridad (justice). 2. Honestidad. 3. *(Bot.)* Lunaria.
honey ['hʌnɪ] [ja-ni], *s.* 1. Miel. 2. Dulzura, la calidad de las cosas dulces (sweets). 3. Voz de cariño. **Honey-ant**, hormiga pequeña. **Honey-bee**, abeja de miel.
honey, *va.* 1. Enmelar, cubrir con miel, enmelar. 2. Adular, alagar. *-vn.* Hablar con cariño.

honey-bag ['hʌnɪbæg] [ja-ni-bag], *s.* El órgano en que la abeja lleva a la colmena la parte que recoge de las flores, con la cual fabrica la miel.

honeybee ['hʌnɪbiː] [ja-ni-bi], *s.* Abeja melífera, abeja doméstica.

honey-colored ['hʌnɪ'kʌləd] [ja-ni-ka-lord], *a.* Melado, gilvo.

honey-comb ['hʌnɪkəʊm] [ja-ni-koum], *s.* 1. Panal, el cuerpo esponjoso de cera que forman las abejas y en el cual depositan la miel. 2. *(Art.)* Escarabajos, los huequecillos que quedan en la parte interior de los cañones por defecto del molde o del metal.

honey-combed ['hʌnɪkəʊmbɪd] [ja-ni-koum-bid], *a.* 1. Lleno de perforaciones o de celdillas, dispuesto a manera de panal. 2. Agujereado por gusanos.

honey-dew ['hʌnɪdjuː] [ja-ni-diu], *s.* 1. Rocío. 2. Sustancia dulce como la miel. 3. Tabaco humedecido con melaza. 4. Variedad de melón blanco y muy dulce.

honeyed ['hʌnɪd] [ja-nid], *a.* Dulce, meloso, enmelado, cubierto de miel.

honeyless ['hʌnɪlɪs] [ja-ni-les], *a.* Sin miel.

honey-mouthed ['hʌnɪ'maʊθɪd] [ja-ni-mauzd], *a.* Adulador, melifluo.

honey-moon ['hʌnɪmuːn] [ja-ni-mun], **honey-month** ['hʌnɪmɒnθ] [ja-ni-monz], *s.* La luna de miel; el primer mes de casados el tiempo que supone dura el pan de la boda.

honey-stalk ['hʌnɪstɔːk] [ja-ni-stok], *s.* *(Bot.)* Trébol. *V.* CLOVER.

honey-suckle ['hʌnɪ,sʌkl] [ja-ni-sa-kel], *s.* *(Bot.)* Madreselva.

honey-sweet ['hʌnɪswiːt] [ja-ni-suit], *a.* Dulce como la miel.

honey-tongue ['hʌnɪtɒŋ] [ja-ni-tong], *s.* Lengua melosa.

honk [hɒŋk] [jonk], *v.* 1. Tocar la bocina. 2. Graznar.

honk, *s.* 1. Bocinazo. 2. Graznido.

honor, honour ['ɒnəʳ] [o-naʳ], *s.* 1. Honra, reverencia, veneración (veneration). **I take it as a great honor**, lo tengo a mucha honra. 2. Fidelidad, rectitud, honradez, probidad, integridad (honesty). 3. Gloria, reputación, fama (fame). 4. Pudor, castidad, recato, vergüenza (shame, purity). 6. Honor, dignidad, cargo, empleo. **Act of honor**, *(Com.)* Acto o protesta de intervención. 6. Grandeza de alma, magnanimidad. 7. Dignidad en el porte o en las acciones. 8. Honor, obsequio público que se hace a alguna persona. 9. Honor, priviliegio de clase o de nacimiento. En castellano se usa casi siempre en plural en las dos últimas acepciones. 10. Cortesía, civilidad. 11. Ornamento, decoración. 12. Señorío. 13. Se da el tratamiento de **your honor** al vicecanciller de Inglaterra y otros dignatarios. **-pl.** 14. Los cuatro naipes más altos en el juego de **whist**. **Honor bright,** bajo mi palabra de honor; o como interrogación, ¿de veras? ¿en realidad? **On** o **upon honor**, por mi honor, bajo mi palabra de honor. **Point of honor**, pundonor, punto de honor.

honor, honour, *va.* 1. Honrar, reverenciar, respetar, estimar, venerar; glorificar (glorify, respect). 2. Dar un empleo o cargo de brillo y estimación. 3. Dar honor, lustre o gloria. **To honor a bill of exchange**, aceptar, honrar una letra de cambio, pagarla. **On my honor!,** ¡palabra de honor! **To have the honor of,** tener el honor de.

honorable, honourable ['ɒnərəbl] [o-no-ra-bol], *a.* 1. Ilustre, noble, esclarecido. 2. Grande, magnánimo, generoso. 3. Honrado, honorífico, honroso; equitativo, justo.

honorableness ['ɒnərəblnɪs] [o-no-ra-bol-nes], *s.* Honradez; eminencia; honestidad.

honorably ['ɒnərəblɪ] [o-no-ra-bli], *adv.* Honorablemente, honoríficamente; generosamente; descentemente.

honorarium [,ɒnə'rɛərɪəm] [o-no-rea-riom], *s.* 1. Honorarios, emolumentos que se dan a los que ejercen una profesión por el ejercicio de la misma. 2. Paga o recompensa voluntaria en cambio de servicios por los cuales la ley no da derecho a obtener remuneración.

honorary ['ɒnərərɪ] [o-no-ra-ri], *a.* 1. Honorario, honorífico, que honra o da honor. 2. Honorario, que posee un título o un empleo sin desempeñar sus funciones ni cobrar los emolumentos. *-s. V.* HONORARIUM.

honorer ['ɒnərəʳ] [o-no-raʳ], *s.* Honrador, el que honra.

honorless ['ɒnəlɪs] [o-nor-les], *a.* Sin honra, deshonrado.

hood [hʊd] [jud], *s.* 1. Caperuza o toca de mujer; muceta de graduados; capilla o capucha de religioso. 2. *(Mar.)* Caperuza de palo. **Hood** or **companion**, *(Mar.)* Sombrero de la escalera. **Hood of the chimney**, sombrero de la chimenea. 3. Capota de coche. 4. Campana de hogar. *(Arq.)* Marquesina, colgadizo.

hood, sufijo que significa calidad, estado, condición o totalidad. Muchas veces equivale al sufijo castellano *-dad* o *-ez*; v.g. **Brotherhood**, fraternidad; **manhood**, virilidad (también, edad, viril; valor, bravura); **maindenhood**, virginidad, doncellez. **Childhood**, niñez, edad de los niños. **Sisterhood**, hermandad; congregación de mujeres.

hood, *va.* 1. Cubrir con caperuza o capirote. 2. Cubrir, tapar, cegar poniendo alguna cosa delante de los ojos.

hoodlum ['huːdləm] [jud-lom], *s.* 1. Tunante, golfo, gorila, matón. 2. Pandillero.

hoodman-blind [,hʊdmən'blaɪnd] [jud-man-blaind], *s.* Juego de la gallinita ciega.

hoodoc ['hʊdɒk] [ju-dok], *va.* (Fam. E.U.) Hacer a alguno mal de ojo, llevarle la mala suerte, particularmente por la presencia de una persona. *-s.* Causa de mala suerte; persona cuya presencia trae mala fortuna; lo opuesto a **mascot**.

hoodwink ['hʊdwɪŋk] [jud-uink], *va.* 1. Vendar a uno los ojos. 2. Encubrir, tapar, ocultar. 3. Engañar.

hoof [huːf] [juf], *s.* (**pl.** HOOFS, raramente HOOVES). 1. El casco de las bestias caballares, vacunas, etc. 2. Animal que tiene cascos.

hoof, *vn.* Andar, moverse muy despacio: se dice de las bestias.

hoof beat [,huːf'biːt] [juf-bit], *s.* Ruido de cascos de las bestias.

hoof-bound ['huːfbaʊnd] [juf-baund], *a.* Estrecho de cascos: se dice de los caballos.

hoofed [huːft] [juft], *a.* Se dice del animal que tiene cascos.

hook [hʊk] [juk], *s.* 1. Gancho, garfio. 2. Anzuelo, arponcillo de hierro que sirve para pescar. 3. Atractivo, aliciente (bait). 4. *(Mús.)* El signo a manera de banderola que sale de una corchea o nota más corta. **By hook or by crook**, de un modo u otro, a tuertas o a derechas, a buenas o malas. **Off the hooks**, agitado, distraído; no tenerlas todas consigo. **To drop off the hooks**, estirar la pata, morir. **To get the hooks**, ser puesto de patitas en la calle. 5. Instrumento cortante y curvo, hoz. **To get someone off the hook,** sacar a alguien de apuros. **To take the phone off the hook,** descolgar el teléfono.

hook, *va.* 1. Enganchar, coger alguna cosa con gancho, garfio o anzuelo. 2. Enganchar, atraer a uno con arte, atrapar, engatusar; hacer caer en el garlito. 3. Embestir o lastimar con los cuernos; se dice de una vaca o un toro. 4. *(Ger.)* Ratear, hurtar cosas de poco valor. **To hook the cat to the anchor**, *(Mar.)* Enganchar la gata al ancla.

hook-and-eye [hʊk] [juk], *s.* Macho y hembra. (Se aplica a broches).

hooked [hʊkt] [jukt], *a.* Enganchado, encorvado, ganchoso.

hooked rug ['hʊktrʌg] [jukt-rag], *s.* Tapete tejido con gancho.

hooker ['hʊkəʳ] [ju-kaʳ], *a.* Enganchado, encorvado, ganchoso.

hook-nosed [,hʊk'nəʊzd] [juk-nousd], *a.* El que tiene nariz aguileña algo corva en el medio.

hookup ['hʊkʌp] [juk-ap], *s.* 1. (Radio) Radiotransmisión en circuito por una cadena de emisoras. 2. Cadena de estaciones radiotransmisoras. 3. *(Fam.)* Alianza entre dos gobiernos.

hookworm ['hʊkwɜːm] [juk-uerm], *s.* Lombriz intestinal.

hooky ['hʊkɪ] [ju-ki], *a.* Lleno de ganchos o perteneciente a ellos.

hooky, *s.* **To play hooky**, hacer novillos, irse de pinta, pintar venados.

hoop [huːp] [jup], *s.* 1. Aro, arco, cerco de barril o tonel. 2. Tontillo, especie de guardapiés ahuecado que usaban las señoras. 3. Arete, zarcillo. 4. Anillo, anilla, sortija.

hoop, *va.* 1. Poner arcos o cercos a una cosa. 2. Cercar, rodear. *-vn.* Gritar, vociferar; ojear. **Hoop-poles**, cujes. **Lining-hoop**, aro que refuerza la tapa.

hooper ['huːpəʳ] [ju-paʳ], *s.* Tonelero.

hooping-cough, *s. V.* WHOOPING-COUGH.

hoot [huːt] [jut], *vn.* 1. Gritar, burlarse de alguno dando gritos. 2. Gritar como el buho. *-va.* Ojear, espantar los animales a fuerza de gritos.

hoot, inter. *(Esco.)* ¡Fuera! ¡vaya! ¡puf!

hoot, *s.* Grito, ruido, clamor.

hooting ['huːtɪŋ] [ju-tin], *s.* Grito, el acto de dar voces.

hoove, hove, hooven [huːv] [juv], *s. (Vet.)* Enfermedad del ganado vacuno y lanar caracterizada por la distensión del abdomen.

hop [hɒp] [jop], *vn.* 1. Saltar, dar saltos (jump, vault). 2. Cojear de un pie. 3. Juguetear, brincar (play). 4. **To hop off**, despegar, alzar el vuelo de un avión. 5. Cruzar saltando. *-va.* Mezclar el lúpulo en la cerveza.

hop, *s.* 1. Salto, brinco. 2. *(Bot.)* Lúpulo, u hombrecillo. **Hop pillow**, almohada rellena de lúpulo para inducir el sueño. 3. *(Pop.)* Vuelo en avión. **On the hop**, en movimiento. 4. **To hope against**, esperar lo imposible. **In one hop,** de un salto, de un tirón, sin hacer escala *(Aer.)*. **To catch someone on the hop,** pillar a alguien desprevenido.

hope [həʊp] [joup], *s.* 1. Esperanza, confianza (espectation). 2. Apoyo, sostén (help); el que o lo que es la causa de esperanza o confianza. 3. La cosa esperada o ansiada. **Forlorn hope**, una empresa sin esperanza.

hope, *s. (Prov. Ingl.)* Cuesta, subida; declive. Se usa en composición en los nombres de lugares: como Stan**hope**.

hope, *vn.* Esperar, tener esperanza; confiar, poner la confianza en lo futuro o venidero. *-va.* Esperar con ansia.

hope chest ['həʊptʃest] [joup-chest], *s.* Arca en que las solteras acumulan ropa y mantelería en anticipación a su matrimonio.

hopeful ['həʊpfʊl] [joup-ful], *a.* 1. Lleno de buenas calidades; de grandes esperanzas o que da grandes esperanzas, que promete mucho. 2. Esperanzado, lleno de esperanzas.

hopefully ['həʊpfəlɪ] [joup-fa-li], *adv.* Con esperanza.

hopefulness ['həʊpfəlnɪs] [joup-ful-nes], *s.* Buena disposición, apariencia o perspectiva de buenos resultados.

hopeless ['həʊplɪs] [joup-les], *a.* Desesperado, desahuciado, desesperanzado.

hopelessly ['həʊplɪslɪ] [joup-les-li], *adv.* Sin esperanza, desesperadamente, irremediablemente.

hoper ['həʊpəʳ] [jou-paʳ], *s.* El que espera o tiene esperanza.

hop-garden ['hɒpgɑːdn] [jop-gar-den], **hop-yard** ['hɒpjɑːd] [jop-yard], *s.* Plantío de lúpulos.

hopingly ['həʊpɪŋlɪ] [jou-pin-li], *adv.* Con esperanza.

hopper ['həʊpəʳ] [jou-paʳ], *s.* 1. El que da saltos o brincos sobre un pie. 2. Tolva, la caja que está colgada sobre la piedra del molino, donde se echa el grano para molerlo. 3. Sementero, el saco o costal en que se lleva el grano para sembrar. 4. Insecto que salta; saltamontes. 5. Tolva.

hoppers ['həʊpəz] [jou-pers], *s. pl. V.* HOPSCOTCH.

hop-picker ['hɒp'pɪkəʳ] [jop-pi-kaʳ], *s.* El que hace la recolección de lúpulo.

hopple ['həʊpl] [jou-pel], *va.* 1. Atar las patas a un caballo para que no dé brincos. 2. Enredar, estorbar. *-s.* Traba, atadura que se pone en las patas de los caballos cuando se les pone a pastar.

hop-pole ['hɒp,pəʊl] [jop-poul], *s.* Varal o palo para sostener el lúpulo.

hop-scotch ['hɒpskɒtʃ] [jop-skoch], *s.* El juego llamado "a la pata coja". 2. Coxcojita, infernáculo, reina mora.

Horace ['hɒrɪs] [jo-ris], *n. pr.* Horacio.

horal ['hɒrəl] [jo-ral], **horary** ['hɒrərɪ] [jo-ra-ri], *a.* Horario.

horatian [hɒ'reɪʃən] [jo-rei-shan], *a.* De Horacio, que se refiere o se parece a Horacio o a su poesía.

horde [hɔːd] [jord], *s.*1. Horda. 2. Multitud, enjambre, manada.

horde, *v.* Formar hordas.

hordeolum ['hɔːdɪələm] [jor-dio-lom], *s.* Orzuelo, tumorcillo que sale en el borde de los párpados.

horizon [hə'raɪzn] [jo-rai-son], *s.* Horizonte.

horizontal [ˌhɒrɪ'zɒntl] [jo-ri-zon-tal], *a.* Horizontal.

horizontality [ˌhɒrɪ'zɒntælɪtɪ] [jo-ri-zon-ta-li-ti], *s.* Horizontalidad.

horizontally [ˌhɒrɪ'zɒntəlɪ] [jo-ri-zon-ta-li], *adv.* Horizontalmente.

hormonal [hɔː'məʊnəl] [jor-mou-nal], *a.* Hormonal.

hormone ['hɔːməʊn] [jor-moun], *s.* Hormona.

horn [hɔːn] [jorn], *s.* 1. Cuerno, asta, el arma que tienen algunos animales en la cabeza. 2. Cuerna, el asta o cuerno del ciervo o venado (antler); cacho. 3. *(Zool.)* Tentáculo; palpo o antena. 4. Corneta de monte, trompa de caza; bocina. 5. Cuerno, vaso de cuerno para beber y otros usos. 6. Poder, honor; usado simbólicamente en la Sagrada Escritura. 7. *(Mús.)* Cuerno, trompa. *(Aut.)* Bocina, claxon. **To be on the horns of a dilemma,** estar entre la espada y la pared. **To wear the horns**, ser cornudo. **Ink-horn**, tintero. **Shoe-horn**, calzador de cuerno. **To draw in one's horns,** recoger velas, hacer economías.

horn, *va.* 1. Poner cuernos, hacer a uno cornudo. 2. *(Mús.)* Tocar el cuerno. 3. *(E.U.)* Entrometerse.

hornbeak ['hɔːnbiːk] [jorn-bik], **hornfish** ['hɔːnfɪʃ] [jorn-fish], *s. (Ict.)* Aguja.

hornbeam ['hɔːnbiːm] [jorn-bim], *s. (Bot.)* Arpe u ojaranzo.

hornbill ['hɔːnbɪl] [jorn-bil], *s.* Cálao, ave de gran tamaño notable por lo enorme de su pico.

hornblende ['hɔːnblend] [jorn-blend], *s. (Min.)* Hornblenda.

hornblower ['hɔːnblaʊəʳ] [jorn-blauaʳ], *s.* El que toca la trompa, trompetero, bocinero.

hornbook ['hɔːnbʊk] [jorn-buk], *s.* Cartilla, el cuaderno que contiene los primeros rudimientos para aprender a leer.

horned ['hɔːnd] [jornd], *a.* 1. Astado, cornudo, enastado. **Horned cattle**, ganado vacuno. 2. Encornado. 3. En forma de cuerno. 4. *(Ornit.)* **Horned owl**, búho. 5. **Horned toad**, especie de lagarto cornudo de Norteamérica. 6. *(Zool.)* **Horder viper**, vívora cornuda.

hornedness ['hɔːndnɪs] [jornd-nes], *s.* La cosa que tiene semejanza a cuerno o que tiene puntas como las de los cuernos.

horner ['hɔːnəʳ] [jor-naʳ], *s.* El que trabaja el cuerno o lo vende.

hornet ['hɔːnɪt] [jor-nit], *s.* Avispón, avispa grande. **To stir up a hornet's nest**, meterse en un avispero; excitar la hostilidad de mucha gente.

hornfoot ['hɔːnfʊt] [jorn-fut], *s.* Lo que tiene cascos como los de los caballos.

hornify ['hɔːnɪfaɪ] [jor-ni-fai], *va.* Hacer semejante al cuerno.

horning ['hɔːnɪŋ] [jor-nin], *s.* El aspecto de la luna creciente.

hornish ['hɔːnɪʃ] [jor-nish], *a.* Duro, semejante a cuerno.

hornless ['hɔːnlɪs] [jorn-les], *a.* Lo que no tiene cuernos.

hornpipe ['hɔːnpaɪp] [jorn-paip], *s.* 1. Gaita. 2. Baile especial predilecto de los marineros.

hornsilver ['hɔːnsɪlvəʳ] [jorn-sil-vaʳ], *s. (Min.)* Cloruro de plata, cerargirita.

horn-spoon ['hɔːnspuːn] [jorn-spun], *s.* Cuchara de cuerno.

hornstone ['hɔːnstəʊn] [jorn-stoun], *s. (Min.)* Hornstenio o piedra de cuerno, especie de feldespato.

hornwork ['hɔːnwɜːk] [jorn-uerk], *s. (Fort.)* Hornabeque u obra a tenaza.

horny ['hɔːnɪ] [jor-ni], *a.* Hecho de cuerno; parecido al cuerno; calloso.

horography [hɒ'rɒgræfɪ] [jo-ro-gra-fi], *s.* Gnomónica, el arte de construir relojes de sol.

horologe [hɒ'rɒləʊg] [jo-ro-loug], **horology** [hɒ'rɒlədʒɪ] [jo-ro-lo-yi], *s.* Reloj o cualquier instrumento que sirve para medir el tiempo.

horologic, horological [ˌhɒrɒ'lədʒɪk] [jo-ro-lo-yik], *a.* Que se refiere a la relojería o a la gnomónica.

horologiography [ˌhɒrɒləgɪə'græfɪ] [jo-ro-lo-guio-gra-fi], *s.* 1. El conocimiento de los instrumentos que sirven para señalar las horas. 2. Gnomónica, el arte de construir relojes de sol.

horometry ['hɒrəmiːtrɪ] [jo-ro-mi-tri], *s.* Horometría, el arte de medir y dividir las horas.

horopter [hɒ'rəptəʳ] [jo-rop-taʳ], *s. (Opt.).* Horopter, horoptero.

horopteric [ˌhɒrəp'terɪk] [jo-rop-te-rik], *a.* Horoptérico.

horoscope ['hɒrəskəʊp] [jo-ros-koup], *s.* Horóscopo, observación supersticiosa que hacían los astrólogos en el nacimiento de alguno, para predecir la suerte y sucesos de su vida en vista de la posición de los astros.

horrendous [hɒ'rendəs] [jo-ren-dos], *a.* Horrendo, espantoso (awful).

horrent ['hɒrent] [jo-rrent], *a.* 1. Erizado, que tiene puntas hacia fuera. 2. Horrible, espantoso, que causa destestación.

horrible ['hɒrɪbl] [jo-ri-bol], *a.* Horrible, espantoso, terrible, horrendo; enorme (huge).

horribleness ['hɒrɪblnɪs] [jo-ri-bol-nes], *s.* Horribilidad.

horribly ['hɒrɪblɪ] [jo-ri-bli], *adv.* Horriblemente, espantosamente, enormemente, terriblemente.

horrid ['hɒrɪd] [jo-rid], *a.* Horrible, hórrido, espantoso, áspero; oscuro, tenebroso.

horridly ['hɒrɪdlɪ] [jo-rid-li], *adv.* Enormemente, horriblemente, espantosamente.

horridness ['hɒrɪdnɪs] [jo-rid-nes], *s.* Carácter o naturaleza horrible: aspecto horrendo, enormidad, horror.

horrific ['hɒrɪfɪk] [jo-ri-fik], *a.* Horrífico (terrific).

horrify ['hɒrɪfaɪ] [jo-ri-fai], *v.* Hororizar (frighten).

horrifying ['hɒrɪfaɪɪŋ] [jo-ri-fain], *a.* Horroroso, horripilante (fright).

horripilate ['hɒrɪpɪleɪt] [jo-ri-pi-leit], *v.* Horripilar, hacer erizar los cabellos.

horripilation ['hɒrɪpɪ'leɪʃən] [jo-ri-pi-lei-shon], *s.* Horropilación.

horrisonant ['hɒrɪsənənt] [jo-ri-so-nant], *a.* Horrísono.

horror ['hɒrəʳ] [jo-raʳ], *s.* 1. Horror, consternación, terror, espanto (terror, dread): detestación. 2. Gran accidente, calamidad. **A railroad horror**, una catástrofe en la vía férrea. **The horrors**, *(Fam.)* Melancolía, hipocondría; también, delirium tremens.

horrorous ['hɒrərəs] [jo-ro-ros], *a.* Horroroso.

hors d'oeuvre [ɔː'dɜːvr] [or-devr], *s.* Entremés, canapé.

horse [hɔːs] [jors], *s.* 1. Caballo, mamífero solípedo. **Saddle-horse**, caballo de silla. **Pack-horse**, caballo de carga. **Carriage-horse**, caballo de tiro. **Race-horse**, caballo de carrera. **Cart-horse**, caballo de carro. **White horse**, caballo blanco; *(Mex.)* tordillo. **Black horse**, caballo negro. **Fine, shining black horse**, caballo retinto. **Pie-bald horse**, caballo moro. **Pied horse**, caballo picazo. **Hestnut horse**, caballo castaño. **Bay horse**, caballo bayo. **Dapple horse**, tordo rodado. **Gray horse**, caballo pardo. **Duppled gray** (horse), pardo rodado. **Sorrel** (horse), alazán. **Brown sorrel** (horse) Alazán tostado. **Seed horse**, caballo desbocado. **To ride a horse**, montar a caballo. 2. Caballería. **Light horse**, caballería ligera. 3. Caballete para secar la ropa lavada; bastidor llamado también burro, borrico; tendedor, mesa de papel, etc. 4. Garatura o tabla de descarnar. 5. Caballo de palo o potro en que se castiga a los soldados. 6. Traducción, apuntes u otros medios de que se valen los alumnos para preparar sus lecciones. 7. Manía, tema predilecto. *V.* HOBBY. 8. Trabajo cuyo precio se pide antes de ejecutar aquél. **Horse of the bowsprit**, *(Mar.)* Guardamancebo del bauprés. **Horse of a yard**, *(Mar.)* Guardamancebo de una verga. **Horse of a sail**, *(Mar.)* Nervio de vela. **Hackney, livery horse**, caballo de alquiler. **Iron horse**, locomotora, **blood horse**, caballo de sangre, de pura raza. **Dark horse**, caballo del cual nadie espera que gane una carrera; de aquí, en política, competidor desconocido, inesperado. **To groom a horse**, cuidar, curar un caballo. **To clap spurs to one's horse**, espolear un caballo. **To put a horse to full speed**, poner un caballo a rienda suelta, a escape tendido. **As fast as his horse could carry**. A rienda suelta, a escape. **To get on** o **mount the high horse**, asumir un porte altivo, orgulloso, o arrogante. **To take horse**, (a) Cabalgar, pasear a caballo. (b) Permitir la yegua que la cubra el caballo. La voz **horse** se usa frecuentemente en composición para calificar a una cosa de grosera y grande.

horse, en composición: **Horse-ant**, la hormiga roja. Formica rufa. **Horse-bean**, *(Bot.)* Haba panosa o caballuna. **Horse-bot**, lombriz de caballo. **Horse-boy**, mozo de caballos, el que los cuida y limpia. **Horse-box**, (G.B.) *V.* HORSE-CAR, 2ª acepción, **horse-breaker**, picador o domador de caballos. **Horse-car**, *(E.U.)* carro para transportar caballos por ferrocarril **Horse-cloth**, mantilla de caballo. **Horse-colt**, potro. **Horse-com**, almohaza. **Horse-doctor**, veterinario. **Horse-drench**, toma de medicina para caballo, y el aparato para administrarla. **Horse-dung**, cagajón, estiércol de caballos. **Horse-faced**, que tiene la cara larga y de facciones groseras. **Horse-keeper,** establero, mozo de caballos, el que cuida de ellos. **Horse-laugh**, gran carcajada, risa grosera. **Horse-leech**, sanguijuela; albéitar. *(Fig.)* La persona que constantemente pordiosea o molesta. **Horse-litter**, litera de dos caballos. **Horse-load**, carga de caballo. **Horse-mackered**, caballa, haleche: atún, y varios otros peces. **Horse-mill**, molino de sangre, el que mueven hombres o caballerías. **Horse-milliner**, el que vende cintas y otros adornos para los caballos. **Horse-pond**, estanque para dar de beber o bañar a los caballos. **Horse-race**, carrera o corrida de caballos. **Horse-stealer**, cuatrero, ladrón de caballos. **Horse-tail**,*(Bot.)* Cola de caballo. **Horse-way**, camino de herradura.

horse, *va.* 1. Montar a caballo o llevar sobre él. 2. Proveer de caballos, proporcionar caballos. 3. Cabalgar, montar el caballo padre a la yegua o cubrirla. 4. *(Mar.)* mandar o hacer trabajar tiránicamente o cruelmente (a los marineros). 5. Azotar. 6. *(Mil.)* Remontar. *-vn.* 1. Cabalgar, andar a caballo. 2. Pedir el precio de un trabajo antes de ejecutarlo.

horse-aloes [ˌhɔːsə'luːz] [jors-a-lus], *s.* Acíbar caballuno.

horseback ['hɔːsbæk] [jors-bak], *s.* Lomo de caballo o asiento del jinete. **to get on horseback**, montar a caballo.

horse-boat ['hɔːsbəʊt] [jors-bout], *s.* Barco para transportar caballos.

horse-block ['hɔːsblɒk] [jors-blok], *s.* Apeadero; montador o montadero, cualquier cosa que sirve para montar.

horsebreaker ['hɔːsˌbreɪkəʳ] [jors-brei-kaʳ], *s.* Picador, domador de caballos.

horse-chestnut ['hɔːs'tʃesnʌt] [jors-ches-nat], *s. (Bot.)* Castaño de Indias.

horsefair ['hɔːsfɛəʳ] [jors-feaʳ], *s.* Feria de caballos. 2. *a.* Chalanesco, engañoso.

horse-flesh ['hɔːsfleʃ] [jors-flesh], *s.* 1. Carne de caballo. 2. Conjunto de caballos. 3. Variedad de caoba de las Bahamas.

horse-fly ['hɔːsflaɪ] [jors-flai], *s.* 1. Tábano, mosca de caballo. 2. *V.* BOT-FLY. 3. Moscarda, garrapata de caballo.

horse-guards ['hɔːsgɑːdz] [jors-gards], *s.* **pl.** 1. Guardias de a caballo. 2. Cuartel general del ejército de la Gran Bretaña.

horsehide ['hɔːshaɪd] [jors-jaid], *s.* Cuero de caballo.

horsekeeper ['hɔːsˌkiːpəʳ] [jors-ki-paʳ], *s.* Establero, mozo de cuadras.

horselaugh ['hɔːslɑːf] [jors-laf], *s.* Risa grosera, risotada.

horseleech ['hɔːsliːtʃ] [jors-lich], *s.* 1. *(Zool.)* Variedad de sanguijuela. 2. Pedigüeño.

horseload ['hɔːsləʊd] [jors-loud], *s.* Carga de un caballo. 2. *(Fig.)* De gran cantidad.

horseman ['hɔːsmən] [jors-man], *s.* 1. Jinete, el que sabe montar bien a caballo. 2. Soldado de a caballo. 3. Jinete, el que está montado a caballo.

horsemanship ['hɔːsmənʃɪp] [jors-man-ship], *s.* Manejo, el arte de manejar los caballos; equitación.
horsemint ['hɔːsmɪnt] [jors-mint], *s.* *(Bot.)* Mastranzo, planta herbácea de la familia de las labiadas. Monarda.
horse-play ['hɔːspleɪ] [jors-plei], *s.* Chanza pesada.
horsepond ['hɔːspɒnd] [jors-pond], *s.* Abrevadero, alberca para abrevar los caballos.
horsepower ['hɔːsˌpaʊəʳ] [jors-pauaʳ], *s.* 1. Caballo de fuerza, unidad teórica de la medida del trabajo. 2. Máquina o aparato mecánico para convertir el tiro de un caballo en fuerza mecánica. **Horsepower-hour**, caballo hora, caballo de fuerza hora.
horseradish ['hɔːsˌrædɪʃ] [jors-ra-dish], *s.* *(Bot.)* Rábano picante o rústico.
horseshoe ['hɔːsʃuː] [jors-shu], *s.* 1. Herradura de caballo. 2. Lo que se parece a una herradura, por ejemplo la curva que forma un río. 3. *(Zool.)* Límulo, cangrejo.
horsewhip ['hɔːswɪp] [jors-uip], *s.* Látigo. (Cuba) Chucho. (Mex. Cuarta, azote.
horsewhip, *va.* Azotar, castigar con látigo.
horsewoman ['hɔːsˌwʊmən] [jors-uo-man], *s.* Amazona, mujer que monta a caballo.
horsing ['hɔːsɪŋ] [jor-sin], *s.* 1. Tablilla sobre que se sienta, el amolador de cuchillos. 2. Tunda, zurra que se da a un muchacho llevado a cuestas por otro.
horsy, horsey ['hɔːsɪ] [jor-si], *a.* 1. Caballuno. 2. Aficionado a caballos.
hortation ['hɔːs'teɪʃən] [jor-tei-shon], *s.* Exhortación.
hortative ['hɔːtətɪv] [jor-ta-tiv], *a.* Exhortatorio, que tiende a excitar o animar; de la naturaleza de exhortación.
hortatory [ˌhɔːtə'tərɪ] [jor-ta-to-ri], *a.* Exhortatorio, que contiene o comunica exhortaciones.
hortensia ['hɔːtənsɪə] [jor-ten-sia], *n. pr.* 1. Hortensia. 2. *(Bot.)* Hortensia.
hortensial ['hɔːtənsɪəl] [jor-ten-sial], *a.* Exhortatorio, que contiene o comunica exhortaciones.
hortensial, *a.* Apto para jardín o huerta, relativo a un jardín.
horticultural [ˌhɔːtɪ'kʌltʃərəl] [jor-ti-kal-cha-ral], *a.* Horticultural, que pertenece al cultivo de los jardines y huertas. **Horticultural, society**, sociedad hortícola, la establecida para promover la introducción y el cultivo de árboles frutales, de legumbres, etc.
horticulture [ˌhɔːtɪ'kʌltʃəʳ] [jor-ti-kal-chaʳ], *s.* Horticultura, jardinería (gardening).
horticulturist [ˌhɔːtɪ'kʌltʃərɪst] [jor-ti-kal-cha-rist], *s.* Horticultor, hortelano, aficionado a cultivar los jardines y las huertas, o diestro en ese arte.
hortus siccus ['hɔːtəs'sɪkəs] [jor-tos-si-kos], *s.* *(Bot.)* Herbario seco, conjunto de plantas secas y preservadas con orden.
hortyard ['hɔːtjɑːd] [jort-yard], *s.* *(Des.)* Huerto.
hosanna [ɒ'sɑːnə] [o-sa-na], *s.* Hosana, exclamación de alabanza a Dios. *(Heb.)*
hose [həʊz] [jous], *s.* 1. Medias, calcetines (stockings, socks); antiguamente bragas, calzones. 2. Manguera, tubo flexible de cuero, de hule, etc., para conducir líquidos; manguera de una bomba de incendios. **Great hose**, zaragüelles. **Hose nozzles**, boquereles de manguera. **Hose pipes**, tubos de manguera. **Lawn hose**, mangueras de regar prados.
Hosea ['həʊzɪə] [jou-sia], *n. pr.* Oseas.
hosier ['həʊzɪəʳ] [jou-siaʳ], *s.* Mediero, el que vende medias.
hosiery ['həʊzɪərɪ] [jou-sia-ri], *s.* 1. Medias, calcetines, los artículos que vende el mediero. 2. Comercio de medias, etc.
hospice ['hɒspɪs] [jos-pis], *s.* Hospicio, hospedería, particularmente en los Alpes.
hospitable [hɒs'pɪtəbl] [jos-pi-ta-bol], *a.* Hospitalario, caritativo, benigno y afable con los huéspedes.
hospitableness [ˌhɒspɪ'təblnɪs] [jos-pi-ta-bol-nes], *s.* Hospitalidad.
hospitably ['hɒspɪtəblɪ] [jos-pi-ta-bli], *adv.* Hospitalariamente.
hospital ['hɒspɪtl] [jos-pi-tal], *s.* Hospital, la casa donde recogen y curan a los enfermos o los heridos. 2. *(Des.)* Hospicio, fonda. **Hospital staff**, el personal, los empleados de un hospital.
hospitality [ˌhɒspɪ'tælɪtɪ] [jos-pi-ta-li-ti], *s.* Hospitalidad, el recibimiento caritativo de huéspedes, pasajeros o refugiados.
hospitalization [ˌhɒspɪtəlaɪ'zeɪʃən] [jos-pi-ta-lai-sei-shon], *s.* Hospitalización.
hospitalize ['hɒspɪtəlaɪz] [jos-pi-ta-lais], *va.* Hospitalizar.
hospital-ship ['hɒspɪtlˌʃɪp] [jos-pi-tal-ship], *s.* *(Mar.)* Barco hospital.
hospital ward ['hɒspɪtlˌwɑːd] [jos-pi-tal-uard], *s.* Sala de hospital.
hospodar ['hɒspəʊdəʳ] [jos-pou-daʳ], *s.* Título de dignidad que pertenecía antiguamente a varios príncipes europeos y hoy al emperador de Rusia.
host [həʊst] [joust], *s.* 1. Patrón, huésped, el que hospeda en su casa a alguno. 2. Mesonero, posadero, el amo de una posada. 3. Hueste, ejército, multitud. 4. Hostia. **To reckon without the host**, hacer la cuenta sin la huéspeda.
hostage ['hɒstɪdʒ] [jos-tich], *s.* Rehén, la persona que queda en poder del enemigo como prenda, prenda, gaje.
hostel ['hɒstəl] [jos-tel], *s.* 1. Posada, hostal. 2. En las universidades de Francia e Inglaterra, casa de huéspedes para estudiantes.
hostelery, hostelry ['hɒstəlrɪ] [jos-tel-ri], *s.* Posada, mesón, hostería (inn).
hostess ['həʊstɪs] [jous-tes], *sf.* Posadera, mesonera, patrona, huéspeda, ama.
hostess-ship [ˌhəʊstɪs'ʃɪp] [jous-tes-ship], *s.* Carácter u oficio de posadera o mesonera.
hostile ['hɒstaɪl] [jos-tail], *a.* Hostil.
hostilely ['hɒstaɪləlɪ] [jos-tai-le-li], *adv.* Hostilmente.
hostility [hɒs'tɪlɪtɪ] [jos-ti-li-ti], *s.* Hostilidad.
hostilize ['hɒstɪlaɪz] [jos-ti-lais], *v.* Hostilizar.
hostler ['ɒsləʳ] [ost-laʳ], *s.* Mozo de paja y cebada, el que cuida de las caballerías en una posada.
hot [hɒt] [jot], *a.* 1. Cálido, caliente (warm). **Hot weather**, tiempo caluroso. 2. Ardiente, fogoso, impaciente, fervoroso (passioned). 3. Picante, acre. 4. Violento, furioso, colérico (violent). 5. *(Fam.)* Intolerable, que causa pena y apuros. **to grow hot**, calentarse, encenderse. **To make hot**, calentar. **To be burning hot**, quemarse; hacer mucho calor, asarse los pájaros. **The summer is now at its hottest**, estamos en los calores más fuertes del estío. **Hot mustard**, mostaza muy picante. **Hot blast**, corriente, tiro de aire caliente. **Hot and heavy**, *(Fam.)* Furioso, fiero y contundente. **Piping hot**, caliente hasta hervir o bullir. **To be in hot water**, estar en ascuas. **Hot-livered**, irascible, de carácter colérico, botafuego.
hot-air [ˌhɒt'ɛəʳ] [jot-eaʳ], *a.* De aire caliente; hot-air heating, calefacción de aire caliente.
hot-bed ['hɒtbed] [jot-bed], *s.* Era, cuadro de huerta cubierto con capas de estiércol y abrigado con vidrieras. *(Fig.)* Foco, plantel. **A hotbed of sedition**, un foco de sedición.
hot-blooded ['hɒt'blʌdɪd] [jot-bla-did], *a.* Excitable, fogoso.
hot-brained ['hɒtbreɪnd] [jot-breind], *a.* Violento, furioso.
hotch-potch ['hɒtʃpɒtʃ] [joch-poch], *s.* Almodrote.
hot dog ['hɒtdɒg] [jot-dog], *s.* Emparedado de salchicha, perrito caliente.
hotel [həʊ'tel] [jou-tel], *s.* 1. Posada, hotel. 2. Palacio, residencia de altos personajes; también, ayuntamiento, como en Francia.
hotelkeeper [ˌhəʊtel'kiːpəʳ] [jou-tel-ki-paʳ], *s.* Hotelero.
hotfoot ['hɒt'fʊt] [jot-fut], *adv.* Prontamente, a toda prisa, precipitadamente.
hot-headed ['hɒt'hedɪd] [jot-je-did], *a.* Vehemente, violento, fogoso, colérico.
hot-house ['hɒthaʊs] [jot-jaus], *s.* 1. Invernadero o invernáculo con estufas para guardar las flores en invierno. 2. Estufa, aposento recogido para sudar u otros usos.

hotly ['hɒtlɪ] [jot-li], *adv.* 1. Con calor. 2. Vehementemente. 3. Lascivamente.

hot-press ['hɒtpres] [jot-pres], *s.* 1. Prensa recargada. 2. Calandra térmica para satinar.

hot press, *va.* Prensar papel o paños con láminas de hierro caliente.

hot rod ['hɒtrɒd] [jot-rod], *s.* Automóvil reconstruido para que alcance altas velocidades y rápida aceleración.

hot-roll ['hɒtrɒl] [jot-rol], *v.* Laminar en caliente.

hotspur ['hɒtzpɜːʳ] [jots-paʳ], *s.* 1. La persona colérica que con facilidad se enfada. 2. Especie de guisante que se cría en poco tiempo. *-a.* Violento.

hottentot ['hɒtəntɒt] [jo-ten-tot], *s.* 1. Hotentote, natural de la Hotentocia, en el sur de África. 2. Hotentote, salvaje, un hombre brutal o tosco.

hough [haʊ] [jau], *va.* Desjarretar, descuadrillar. *V.* HOCK.

hough, *s.* 1. Jarrete; corvejón de las bestias. *V.* HOCK. 2. *(Des.) V.* HOE.

hound [haʊnd] [jaund], *s.* 1. Sabueso, perro de montería. **Blood-hound**, sabueso ventor. **Greyhound**, galgo, lebrel. 2. Perro, collón, hombre vil 3. *(Mar.)* Cacholas. *V.* CHEEKS. **A pack of hounds**, una traílla de perros.

hound, *va.* 1. Cazar, perseguir con perros de caza. 2. Soltar los perros. 3. Seguir la pista. **Hound down**, perseguir. **To hound on**, incitar.

hound's-tongue [ˌhaʊndz'tɒŋ] [jaunds-tong], *s. (Bot.)* Cinoglosa, viniebla, lengua de perro.

hound-tree [haʊ] [jau], *s. (Bot.)* Cornejo.

hour [aʊəʳ] [auaʳ], *s.* 1. Hora, sesenta minutos. 2. Hora, tiempo señalado o definido, como la hora de la muerte. 3. *pl.* Horas, rezos de la Iglesia católica que se dicen a ciertas horas del día, como las vísperas y maitines. 4. Jornada o camino de una hora; una legua, poco más o menos. **An hour ago, an hour since**, hace una hora. **It takes hours,** es cosa de mucho tiempo, de muchas horas. **About the eleventh hour**, a eso de las once. **To keep good hours**, retirarse o volver a la casa temprano. **To keep bad hours**, Volver a deshora. **Small hours**, primeras horas de la madrugada. **To strike the hour,** dar la hora. **After hours**, fuera de horas.

hourglass ['aʊəglɑːs] [aua-glas], *s.* Ampolleta o reloj de arena.

hourhand ['aʊəhænd] [aua-jand], *s.* Horario, la saetilla que indica la hora en el reloj.

houri ['aʊərɪ] [aua-ri], *s.* Hurí, ninfa del paraíso mahometano.

hourly ['aʊəlɪ] [aua-li], *adv.* A cada hora, frecuentemente (often). *-a.* Lo que sucede cada hora, frecuente.

hour-plate ['aʊəpleɪt] [aua-pleit], *s.* Muestra de reloj.

house [haʊs] [jaus], *s.* 1. Casa, edificio hecho para habitarlo; residencia, domicilio. **Country-house**, casa de campo. **To keep house**, tener casa. 2. Casa o comunidad. *V.* HOUSEHOLD. 3. Casa, familia, descendencia, linaje. 4. El género de vida, mesa o modo de tratarse con respecto a los alimentos. 5. Casa, razón social, establecimiento mercantil. 6. La gente que compone el concurso de oyentes, el auditorio. 7. Cámara de un cuerpo legislativo. **House of Lords**, cámara de los pares en Inglaterra. **House of Commons**, cámara baja o de los comunes. **House of Representatives**, cámara de los Representantes (en el Congreso de los Estados Unidos). **Ale-house**, cervecería. **Coffee-house**, café. **Pigeon-house**, palomar. **Workhouse**, (a) Hospicio. (b) Casa de corrección. **Ice-house**, nevera o nevería. **Town house**, casa consistorial o casa ayuntamiento. **House and home,** hogar. **Summer-house**, glorieta. **Engine-house, round-house**, casa de máquinas, rotonda. **Wheelhouse**, carroza, garita o mirador del timonel. **To bring down the house**, provocar aplauso general y ruidoso. **To keep open house,** recibir abiertamente, ser hospitalario. **It's on the house,** invita la casa. **House-duty**, *(G.B.)* Impuesto sobre las casas.

house, *va.* 1. Albergar, tener a uno en casa (put up, lodge); dar casa o habitación a alguna persona. 2. Entrojar; poner a cubierto. 3. *(Mar.)* Afianzar o cubrir cuando hay borrasca. 4. Almacenar, guardar, poner en seguridad (store). *-vn.* Residir.

houseboat ['haʊsbəʊt] [jaus-bout], *s.* Barco vivienda, casa flotante.

house-breaker ['haʊsˌbreɪkəʳ] [jaus-brei-kaʳ], *s.* El ladrón que fuerza de noche las puertas de una casa para robarla, caco.

house-breaking ['haʊsˌbreɪkɪŋ] [jaus-brei-kin], *s.* robo de noche con quebrantamiento de puertas.

house-dog ['haʊsdɒg] [jaus-dog], *s.* Mastín, perro de guarda.

housefather ['haʊsfɑːðəʳ] [jaus-fa-daʳ], *s.* Cabeza de familia.

housefly ['haʊsflaɪ] [jaus-flai], *s.* Mosca común o doméstica.

household ['haʊshəʊld] [jaus-jould], *s.* 1. Casa, la familia que vive junta en una casa. **King's household**, la casa real. 2. Manejo doméstico, gobierno de casa. **Household furniture**, el ajuar o menaje de una casa. **Household bread**, pan casero o bazo.

householder ['haʊsˌhəʊldəʳ] [jaus-joul-daʳ], *s.* Amo de casa, padre de familia.

household-stuff ['haʊshəʊldˌstʌf] [jaus-jould-staf], *s.* Ajuar o muebles de una casa.

housekeeper ['haʊsˌkiːpəʳ] [jaus-ki-paʳ], *s.* 1. Ama de gobierno o ama de llaves, la mujer que tiene el gobierno económico de una casa. 2. La persona casera o que está casi siempre en casa. 3. Amo de casa, padre de familia.

housekeeping ['haʊsˌkiːpɪŋ] [jaus-ki-pin], *s.* El manejo de los asuntos domésticos, caseros; cuidado de la casa. *-a.* Doméstico, casero.

house-lamb ['haʊslæmb] [jaus-lamb], *s.* Cordero criado y engordado en casa.

houseleek ['haʊliːk] [jaus-lik], *s. (Bot.)* Siempreviva o hierba puntera.

houseless ['haʊslɪs] [jaus-les], *a.* Sin habitación o sin casa.

house-maid ['haʊsmeɪd] [jaus-meid], *s.* Criada de casa. **House-maid's knee**, *(Med.)* higroma, hidrartrosis.

housemother ['haʊsˌmʌðəʳ] [jaus-ma-daʳ], *s.* Madre de familia. 2. Mujer encargada de una residencia de estudiantes.

house of cards, *s.* Castillo de naipes, construcción frágil.

house of correction, *s.* Casa correccional, reformatorio.

house organ ['haʊsˌɔːgən] [jaus-or-gan], *s.* Órgano de publicidad de una institución u organización.

house party ['haʊsˌpɑːtɪ] [jaus-par-ti], *s.* 1. Fiesta (in a country house) en que los invitados permanecen más de un día. 2. Los invitados a una casa de campo por más de un día.

house-pigeon ['haʊsˌpɪdʒən] [jaus-pi-chon], *s.* Paloma mansa o doméstica.

house-rent ['haʊsrent] [jaus-rent], *s.* Alquiler de casa, lo que se paga por ella.

house-room ['haʊsrʊm] [jaus-rum], *s.* Cabida de una casa.

house-stuff ['haʊsˌstʌf] [jaus-staf], *s.* Menaje, alhajas.

housetop ['haʊstɒp] [jaus-top], *s.* Techo, tejado, azotea. **To shout from the housetops,** pregonar a los cuatro vientos.

house-warming ['haʊsˌwɔːmɪŋ] [jaus-uor-min], *s.* Recepción y convite que se dan al tiempo de estrenar una casa nueva.

housewife ['haʊswaɪf] [jaus-uaif], *sf.* 1. Ama de una casa; madre de familia. 2. Ama de gobierno o de llaves. 3. Mujer casera y económica. 4. Costurero, cajita o saquito que contiene alfileres, agujas, tijeras, etc. *(Mex.)* Almohadilla.

housewifely ['haʊswaɪflɪ] [jaus-uaif-li], *adv.* Con la economía de una mujer casera. *-a.* Lo que pertenece a la mujer que sabe gobernar bien una casa.

housework ['haʊswɜːk] [jaus-uek], *s.* Quehaceres domésticos, labores caseras.

housing ['haʊzɪŋ] [jau-sin], *s.* 1. Mantilla, el adorno que cubre las ancas del caballo, gualdrapa; comúnmente en plural. 2. Habitación, alojamiento; abrigo contra la intemperie (shelter). 3. *(Arq.)* Nicho para colocar una estatua. 4. *(Art. y Of.)* Muesca, encaje de una vigueta; hueco hecho en una pieza para recibir parte de otra. **Housing cooperative,** cooperativa de la vivienda. **Housing subsidy,** subsidio por

vivienda. **Housing project,** proyecto para construir viviendas.
housing, *s. (Mar.)* Piola, cabito de tres filásticas que sirve para varios usos.
hove [həʊv] [jouv], *pret.* del verbo TO HEAVE.
hove, *s.* Enfermedad propia de la raza bovina. *V.* HOOVE.
hovel ['hɒvəl] [jo-vel], *s.* Cobertizo, choza, cabaña.
hovel, *va.* Abrigar en cabaña.
hover ['hɒvəʳ] [jo-vaʳ], *vn.* 1. Revolotear, aletear (flutter); rondar, dar vueltas alrededor de un mismo paraje (round). 2. Colgar, estar suspenso en el aire. 3. Dudar, estar suspenso, en la incertidumbre. 4. Estar durante algún tiempo entre la vida y la muerte. 5. Asomar una sonrisa o alguna expresión.
how [haʊ] [jau], *adv.* Como, de qué modo; cuan, cuánto; a qué precio; hasta qué punto; en qué extensión; por qué. **How far?,** ¿a qué distancia?, ¿cuánto dista? **How long?,** ¿cuánto tiempo? **How do you do?,** ¿cómo le va a Ud.? ¿cómo está Ud.? **How so?,** ¿por qué? ¿cómo así? **How great soever**, por grande que sea. **How d'ye do?,** ¿cómo lo pasa Ud.?, ¿qué tal? **How is it?** ¿cómo es? ¿cómo sucede? **How now?,** ¿pues qué?, ¿qué significa eso? **How do you sell apples?,** ¿a cómo vende Ud. las manzanas? **To know how**, saber. **To know how to write**, saber escribir.
howbeit ['haʊbeɪt] [jau-beit], *adv.* Sea como sea, sin embargo, de cualquier modo que.
howdah ['haʊdɑː] [jau-da], *s.* Castillo que se pone sobre el elefante.
howel ['haʊəl] [jauel], *s.* Doladera, azuela de tonelero.
however [haʊ'evəʳ] [jau-e-vaʳ], *adv.* 1. Sin embargo, como quiera que sea. 2. En todo caso, al menos, a lo menos. 3. No obstante, sin embargo. **However clever he is**, por muy listo que sea. **However that may be,** sea como sea.
howitzer [haʊitsəʳ] [jaui-chaʳ], *s.* Obús, especie de mortero.
howl [haʊl] [jaul], *vn.* 1. Aullar: se dice del lobo y el perro. 2. Dar alaridos, quejarse tristemente. 3. Rugir, bramar, como el viento o la tempestad. *-va.* Gritar, chillar, hablar gritando.
howl, *s.* 1. Aullido (wolves, dogs). 2. Alarido. 3. Rugido.
howler ['haʊləʳ] [jau-laʳ], *s.* 1. Aullador, el que aúlla; gritador. 2. Mono de la América tropical de voz muy fuerte y penetrante.
howlet, *s. V.* OWL.
howling ['haʊlɪŋ] [jau-lin], *s.* Aullido; grito, lamento. *V.* HOWL.
howsoever [haʊsə'evəʳ] [jau], *adv.* Como quiera; aunque.
hoy [hɔɪ] [joi], *s. (Mar.)* Buque de pasaje de una cubierta. *-inter. (Mar.)* ¡Hola!
hoyden ['hɔɪdn] [joi-den], *s.* Muchacha traviesa.
hub [hʌb] [jab], *s.* 1. Cubo, maza de la rueda. 2. Por extensión, cualquier cosa céntrica por su posición o importancia. 3. Clavo, perno a que se arroja el tejo. **The Hub**, (Jocoso) La ciudad de boston en Massachusetts.
hubbub ['hʌbʌb] [ja-bab], *s.* Grito, ruido; alboroto, tumulto, batahola, bulla, enredo.
hub cap, hub cover ['hʌbkæp] [jab-kap] ['hʌbkʌvəʳ] [jab-ka-vaʳ], *s.* Tapacubos.
Hubert ['hʌbɜːt] [ja-bert], *n. pr.* Huberto.
huckaback [ˌhʌkə'bæk] [jak-a-bak], *s.* Alemanisco, lienzo basto adamascado para servilletas.
huckle, *s. V.* HIP.
huckle-backed [hʌkl] [ja-kel], *a.* Jorobado.
huckleberry [ˌhʌkl'berɪ] [ja-kel-be-ri], *s. (Bot.)* Arándano, la baya comestible del género Gaylussacia.
hucklebone ['hʌklbəʊn] [ja-kel-baun], *s.* Cía, el hueso de la cadera.
huckster ['hʌkstəʳ] [jaks-taʳ], *s.* 1. Regatón, revendedor, el que revende géneros por menor. 2. Perillán, pícaro astuto y vagamundo.
huckster, *vn.* Regatonear.
hucksteress ['hʌkstərɪs] [jaks-te-res], *sf.* Regatona revendedora.
huddle ['hʌdl] [ja-del], *va.* 1. Tapujar, arrebujar, confundir, mezclar. 2. Hacer las cosas precipitada y confusamente. *-vn.* Venir en tropel o confusamente.
huddle, *s.* 1. Tropel, confusión, baraúnda, alboroto, desorden. 2. Reunión secreta.
huddler ['hʌdləʳ] [jad-laʳ], *s.* El que hace o pone las coasa confusamente; chapucero.
hue [hjuː] [jiu], *s.* 1. Color, tez del rostro; matiz de un color. 2. Clamor, alarma que se da contra un criminal. En esta última significación **hue** va casi siempre junto con **cry**.
huff [hʌf] [jaf], *s.* Bufido, gruñido (grunt); altivez. **In a huff**, encolerizado, enojado, ofendido.
huff, *va.* 1. Hinchar, inflar (swell). 2. Bufar, bravear; maltratar de palabra, tratar con aspereza o insolencia. 3. Soplar una dama en el juego. *-vn.* 1. Hincharse, engreírse. 2. Patear de enfado.
huffish ['hʌfɪʃ] [ja-fish], *a.* Arrogante, insolente, petulante, impertinente.
huffishness ['hʌfɪʃnɪs] [ja-fish-nes], *s.* Petulancia, arrogancia, insolencia (insolence), impertinencia.
huffy ['hʌfɪ] [ja-fi], *a.* 1. Arrogante, petulante, que se ofende fácilmente; malhumorado (bad tempered). 2. Hinchado, engreído.
hug [hʌg] [jag], *va.* 1. Abrazar (embrace), acariciar, halagar. 2. Abrazarse a alguna cosa fuertemente. 3. Aplaudirse o felicitarse de una ventaja supuesta. 4. *(Mar.)* Navegar muy cerca de la costa. **To hug the wind**, ceñir el viento.
hug, *s.* Abrazo apretado. *A cornish hug*, Una zancadilla.
huge [hjuːdʒ] [jiuch], *a.* Vasto (vast), inmenso, grande (big), enorme. **It was a huge success**, fue un éxito enorme.
hugely ['hjuːdʒlɪ] [jiuch-li], *adv.* Enormemente, extremadamente.
hugeness ['hjuːdʒnɪs] [jiuch-nes], *s.* Magnitud o grandeza enorme.
hugenot ['hjuːdʒnɒt] [jiuch-not], *s.* Hugonote: nombre que se dio en Francia a los protestantes.
huh ['huː] [ju], *interj.* ¿Qué?, ¡ja!, sí, sí.
hula-hula ['huːləˌhuːlə] [ju-la-ju-la], *s.* Baile típico de Hawaii.
hulk [hʌlk] [jalk], *s.* 1. *(Mar.)* Casco de la embarcación; particularmente uno viejo y en mal estado; casco abandonado de buque náufrago, restos (wreck). 2. Armatoste, cualquier cosa tosca y pesada; masa, cuerpo abultado.
hulk, *va.* Desentrañar.
hulking ['hʌlkɪŋ] [jal-kin], *a. (Coloq.)* Grandote, descomunal. **A hulking great brute**, una bestia de hombre.
hull [hʌl] [jal], *s.* 1. Cáscara, la corteza y cubierta de las frutas y de algunas otras cosas. **Hull of a bean**, vaina o vainilla de las habas. 2. *(Mar.)* Casco y cuerpo de la embarcación, el buque sin palos ni jarcias. **A-hull,** *(Mar.)* a palo seco.
hull, *vn. (Des.)* Navegar a palo seco. *-va.* 1. Mondar, pelar, quitar a los frutos su cáscara, vaina o vainilla. 2. Disparar cañonazos contra el casco de un buque.
hullabaloo [ˌhʌləbə'luː] [ja-la-ba-lu], *s.* Alboroto, batahola, bulla, tumulto, jaleo (fuss).
huller ['hʌləʳ] [ja-laʳ], *s.* Descascarador.
hullo [hʌlə] [ja-lo], *v. s.* e *inter.* Lo mismo que HALLOO.
hully [hʌlɪ] [ja-li], *a.* Cascarudo.
hulver, *s. V.* HOLLY.
hum [hʌm] [jam], *va.* y *vn.* 1. Zumbar. 2. Hablar entre dientes, susurrar; decir *hum* al verse sorprendido o desconcertado. *V.* HEM. 3. Roncar; susurrar, hacer un ruido monótono como el zumbido de un moscón. 4. Cantar o hablar en voz baja; canturriar. 5. Engañar. 6. Apestar (stink), oler mal.
hum, *s.* 1. Zumbido, baraúnda; ruido suave. 2. Voz inarticulada (como *hem*) con que se expresa aprobación o disentimiento. 3. Burla, chasco. *-inter.* ¡Ya! interjección con que se da a entender duda o suspensión. **To make things hum** o **to keep things humming**, *(Fam. E. U.)* Ejecutar cosas de una manera viva y fogosa; ser muy activo.
human ['hjuːmən] [jiu-man], *a.* Humano. **I'm only human**, todos somos humanos. *-s.* Humano. **Human being**, ser humano. **A wonderful human being**, una persona estupenda.

humane [hju:'meɪn] [jiu-mein], *a.* Humano, humanitario, apacible, compasivo, afable, benigno; cortés.

humanely [hju:'meɪnlɪ] [jiu-mein-li], *adv.* Humanamente, benignamente.

humanism ['hju:mənɪzəm] [jiu-ma-ni-sem], *s.* Humanismo, literatura castiza y elegante; cultura derivada de las letras humanas o clásicas.

humanist ['hju:mənɪst] [jiu-ma-nist], *s.* Humanista, el que profesa las buenas letras o las humanidades.

humanitarian [hju:,mænɪ'tɛərɪən] [jiu-ma-ni-tea-rian], *a.* Humanitario. -s. 1. Filántropo. 2. El que cree que Jesucristo no fue más que un hombre. 3. El que profesa la doctrina de que los deberes del hombre se limitan a hacer bien a los demás y a procurar la mayor felicidad del género humano.

humanity ['hju:mənɪtɪ] [jiu-ma-ni-ti], *s.* 1. Humanidad. 2. El género humano colectivamente. **Crimes against humanity**, crímenes contra la humanidad. 3. Humanidad, benignidad, ternura, dulzura, benevolencia. 4. Humanidades o letras humanas.

humanize [hju:'mænɪtɪ] [jiu-ma-ni-ti], *va.* Humanar, humanizar, quitar la ferocidad, suavizar las costumbres.

humankind ['hju:mən'kaɪnd] [jiu-man-kaind], *s.* El linaje humano, la especie humana.

humanly ['hju:mənlɪ] [jiu-man-li], *adv.* 1. Humanamente. 2. *V.* HUMANELY.

human nature ['hju:mən,neɪtʃəʳ] [jiu-man-nei-chaʳ], *s.* Naturaleza humana.

human rights ['hju:mənraɪts] [jiu-man-raits], *s.pl.* Derechos humanos

humble ['hʌmbl] [jam-bel], *a.* Humilde, modesto (modest), sumiso, bajo, casero. **In my humble opinion**, en mi modesta opinión.

humble, *va.* 1. Humillar (humiliate), postrar, abatir el orgullo y la soberbia. 2. Domar, aniquilar, abatir, confundir. **The battle of Waterloo humbled the power of Napoleon**, la batalla de Waterloo aniquiló el poder de Napoleón.

humble-bee ['hʌmblbi:] [jam-bel-bi], *s.* Abeja grande y silvestre. *V.* BUMBLE-BEE.

humble-mouthed ['hʌmbl'maʊθɪd] [jam-bel-mau-zid], *a.* Manso, blando.

humbleness ['hʌmblnɪs] [jam-bel-nes], *s.* Humildad.

humble-pie ['hʌmblpaɪ] [jam-bel-pai], *s.* Empanada hecha de los despojos de venado, que solía servirse a los monteros y criados. **To eat humble-pie,** dar excusas, desdecirse, retractarse.

humbler ['hʌmbləʳ] [jam-blaʳ], *s.* Humillador.

humbles ['hʌmblz] [jam-bels], *s. pl.* Despojo o entrañas de venado.

humbling ['hʌmblɪŋ] [jam-blin], *s.* Humillación, abatimiento, rendimiento.

humbly ['hʌmblɪ] [jam-bli], *adv.* Humildemente, modestamente (modestly).

humbug ['hʌmbʌg] [jam-bag], *s.* 1. Trampantojo, bola, patraña (nonsense), engañifa, engaño, decepción, trampa, embuste, fraude, dolo. 2. Vaya, cantaleta, zumba.

humbug, *va.* Embaucar, engañar; chasquear.

humdinger ['hʌmdɪŋəʳ] [jam-din-gaʳ], *s. (Coloq.)* Maravilla, portento.

humdrum ['hʌmdrʌm] [jam-dram], *a.* Torpe, sin interés ni aliciente, monótono (monotonous), trivial. *-vn.* Pasar el tiempo torpe o monótonamente. *-s.* 1. Fastidio; enojo, fatiga. 2. Habla, dejo o tono fastidioso. 3. Pesadilla, persona cargante, fastidiosa.

humective ['hʌmɪktɪv] [jiu-mik-tiv], *a.* Humectativo, que humedece.

humeral ['hju:mərəl] [jiu-me-ral], *a.* Humeral, lo que pertenece al hombro.

humerus ['hju:mərəs] [jiu-me-ros], *s. (Anat.)* Húmero.

humid ['hju:mɪd] [jiu-mid], *a.* Húmedo.

humidifier [hju:'mɪdɪfaɪəʳ] [jiu-mi-di-faiaʳ], *s.* Humedecedor, humectador, humidificador.

humidify ['hju:mɪdɪfaɪ] [jiu-mi-di-fai], *va.* Humedecer.

humidistat [hju:'mɪdɪstæt] [jiu-mi-dis-tat], *s.* Regulador de humedad.

humidity [hju:'mɪdɪtɪ] [jiu-mi-di-ti], *s.* Humedad.

humidor ['hju:mɪdəʳ] [jiu-mi-daʳ], *s.* 1. Caja acondicionada para conservar el tabaco humedecido. 2. Dispositivo con esponjas mojadas para conservar el aire humedecido.

humiliate [hju:'mɪlɪeɪt] [jiu-mi-lieit], *vt.* Humillar.

humiliating [hju:'mɪlɪeɪtɪŋ] [jiu-mi-liei-tin], *a.* Humillante.

humiliation [hju:mɪlɪ'eɪʃən] [jiu-mi-liei-shon], *s.* Humillación, mortificación.

humility [hju:'mɪlɪtɪ] [jiu-mi-li-ti], *s.* Humildad, sumisión, rendimiento.

hummer ['hʌməʳ] [ja-maʳ], *s.* Zumbón.

humming ['hʌmɪŋ] [ja-min], *s.* Zumbido.

hummingbird ['hʌmɪŋbɜ:d] [ja-min-berd], *s.* Colibrí, pájaro mosca; *(Cent. Amer.)* guainambí.

humor, humour ['hju:məʳ] [jiu-maʳ], *s.* 1. Humor, sustancia tenue y fluida del cuerpo animal. 2. Humor (mood), carácter, genio, índole, natural, humorada, fantasía, capricho. 3. Sal, agudeza, chanza de buen gusto, inofensiva. 4. Erupción cutánea que se supone debida al mal estado de la sangre. **Broad humor**, farsa, acción jocosa y burlesca. **Dry humor**, chiste socarrón, dicho agudo. **To be in humor**, estar de buen humor. **To take one in the humor**, llegarse a alguno en un momento favorable.

humor, *va.* 1. Satisfacer, agradar (please), complacer, dar gusto, acceder; consentir en; mimar. 2. Cumplir, ejecutar lo que a uno se le manda. 3. Adaptarse, acomodarse a; desempeñar bien. **A player who humors hispart**, un actor que desempeña bien su papel. **A good-humored man**, hombre de buen humor. **To humor a song**, dar alma y viveza a lo que se canta.

humoral ['hju:mərəl] [jiu-mo-ral], *a. (Med.)* Humoral.

humoralism, humorism ['hju:mərəlɪzm] [jiu-mo-ra-li-sem], *s.* 1. Humorismo, la doctrina médica que hace depender las enfermedades de los humores. 2. El ingenio y la gracia en el decir de un escritor festivo.

humorist ['hju:mərɪst] [jiu-mo-rist], *s.* 1. Humorista, escritor festivo. 2. Chocarrero, bufón.

humorless ['hju:məlɪs] [jiu-mo-les], *a.* Sin sentido del humor.

humorous ['hju:mərəs] [jiu-mo-ros], *a.* 1. Grotesco (hideous), extravagante, voluntarioso, caprichoso, antojadizo, caprichudo. 2. Festivo, chistoso, juguetón, placentero.

humorously ['hju:mərəslɪ] [jiu-mo-ros-li], *adv.* Jocosamente; caprichosamente.

humorousness ['hju:mərəsnɪs] [jiu-mo-ros-nes], *s.* Inconstancia, antojo, impertinencia; humorada.

humorsome ['hju:məsəm] [jiu-mo-som], *a.* Petulante, enojoso, caprichoso, impertinencia; humorada.

humorsome, *a.* Petulante, enojoso, caprichoso, impertinente, voluntarioso.

hump [hʌmp] [jamp], *s.* Giba, joroba, corcova. *-va.* 1. Doblar, encorvar la espalda. 2. *vr. (Ger.)* Apurarse, hacer un esfuerzo, tomarse el trabajo.

humpbacked ['hʌmpbækt] [jamp-bakt], *a.* Jorobado (hunchback), corcovado, giboso.

humped ['hʌmpt] [jampt], *a.* Jorobado, corcovado.

humpy ['hʌmpɪ] [jam-pi], *a.* Giboso, marcado o caracterizado por protuberancias.

humus ['hju:məs] [iu-mos], *s.* Humus, mantillo.

hun [hʌn] [jan], *s.* Huno, pueblo procedente de la Sarmacia asiática.

hunch [hʌntʃ] [janch], *va.* 1. Dar de puñadas o de codazos. 2. Hacer a uno giboso o corcovado.

hunch, *s.* 1. Golpe, puñado, codazo. 2. Giba, corcova. 3. *(Coloq.)* Presentimiento (premonition), pálpito, corazonada. **I have a hunch that you will pass the exam**, tengo el presentimiento de que aprobarás el examen.

hunchbacked ['hʌntʃbækt] [janch-bakt], *a. V.* HUMPBACKED.

hundred ['hʌndrɪd] [jan-drid], *a.* Ciento. *-s.* 1. Centena o centenar, un ciento. **Five hundred pages**, quinientas páginas. **By hundreds**, a centenares. **A hundred-weight**, quintal, el peso de cien libras o cuatro arrobas. **Hundred-fold**, centuplo, cien veces una cantidad cualquiera. **To increase a hundred-fold**, centuplicar. 2. División de los contados en Inglaterra en ciertos distritos.
hundreder ['hʌndrəd] [jan-dred], *s.* 1. Un individuo del jurado, cuando éste se reúne para decidir sobre la adjudicación de posesiones situadas en el distrito donde se junta el jurado. 2. El que tiene la jurisdicción del distrito llamado en inglés *hundred.*
hundredth ['hʌndrɪθ] [jan-driz], *a.* Centésimo.
hung [hʌŋ] [jang], *pret.* y *pp.* del verbo TO HANG. **Hung beef**, cecina de vaca.
Hungarian [hʌŋ'gɛərɪən] [jan-guea-rian], *a.* Húngaro, de Hungría. *-s.* Lengua húngara, húngaro. **Hungarian goulash**, guiso de carne y verduras de origen húngaro.
Hungary ['hʌŋgərɪ] [jan-ga-ri], *s.* Hungría.
hungary-water ['hʌŋgərɪ,wɔːtəʳ] [jan-ga-ri-uo-taʳ], *s.* Agua de la Reina de Hungría: nombre de un perfume.
hunger ['hʌŋgəʳ] [jan-gaʳ], *s.* 1. Hambre, ganas de comer. **Pinched with hunger**, acosado de hambre. **Starved with hunger**, muerto de hambre. **Hunger strike**, huelga de hambre. 2. Hambre, sed, deseo grande de algo. **A hunger for learning**, ansia de aprender, hambre por aprender.
hunger, *vn.* Hambrear; desear con ansia. *-va. V.* FAMISH.
hungerbit, hungerbitten ['hʌŋgəbɪt] [jan-ga-bit], *a.* Presa del hambre, atormentado por el hambre.
hungrily ['hʌŋgrɪlɪ] [jan-gri-li], *adv.* Hambrientamente, ávidamente.
hungry ['hʌŋgrɪ] [jan-gri], *a.* 1. Hambriento, acosado de hambre; voraz. 2. Estéril, infecundo, pobre. **To be hungry, to feel hungry**, tener hambre.
hunk [hʌŋk] [jank], *s. (Fam.)* Pedazo de buen tamaño, rebanada gruesa, trozo (chunk).
hunks [hʌŋks] [janks], *s.* Hombre sórdido y avaro.
hunt [hʌnt] [jant], *va.* 1. Montear, cazar. 2. Seguir, perseguir. 3. Buscar (search). 4. Guiar los perros en la caza. *-vn.* 1. Cazar; ir de caza. 2. Seguir la pista a, ir en busca de; correr tras de. **To hunt out**, buscar con empeño, descubrir. **To hunt after**, buscar, desear con ansia. **To hunt up and down**, buscar por todos lados. **To hunt after riches**, correr tras la fortuna, tras las riquezas.
hunt, *s.* 1. Jauría, cuadrilla de perros podencos para cazar. 2. Caza (chase), la acción y acto de cazar. 3. Perseguimiento, acosamiento. 4. Asociación de cazadores. 5. Búsqueda (search).
hunted ['hʌntɪd] [jan-tid], *a.* Atormentado, acorralado, perseguido (pursued).
hunter ['hʌntəʳ] [jan-taʳ], *s.* 1. Montero, cazador de monte. 2. Podenco, perro que olfatea la caza. 3. Caballo de caza. **Hunter's cap**, montera o gorra que usan los cazadores.
hunting ['hʌntɪŋ] [jan-tin], *s.* Montería, caza, cacería.
hunting, en composición: **Hunting-box, hunting-lodge**, pabellón de caza, punto de cita de los cazadores. **Hunting-case**, cubierta de saboneta. **Hunting-ground**, terreno favorable para la caza. **Happy hunting-grounds**, el cielo o paraíso de los indios norteamericanos. **Hunting-horn**, corneta de montería, trompa de caza. **Hunting-horse**, caballo de caza. **Hunting-match**, partida de caza. **Hunting-watch, hunting-case watch**, reloj de caza, saboneta.
huntress ['hʌntrɪs] [jan-tres], *sf.* Cazadora.
huntsman ['hʌntzmən] [jants-man], *s.* Montero, cazador de monte.
huntsmanship ['hʌntzmən,ʃɪp] [jants-man-ship], *s.* Calidades necesarias para ser buen cazador.
hunt's-up ['hʌnts,ʌp] [jants-ap], *s.* Toque matinal con la trompa de caza para despertar a los monteros; de aquí, cualquier cosa que despierta.
hurdies ['hɜːdiːz] [jer-dis], *s. pl. (Esco.)* Las nalgas.
hurdle ['hɜːdl] [jer-del], *s.* 1. Zarzo, tejido compuesto de varas o mimbres. 2. Fábrica de efectos hechos con varas o mimbres; *(Mil.)* Fagina, haz o cesto de mimbres que se usa para fortificar. 3. Especie de serón en que llevaban los reos a la horca o al suplicio. 4. Obstáculo (obstacle).
hurdle, *va.* Hacer cercas de palos y mimbres; defender con faginas.
hurdler ['hɜːdləʳ] [jer-dlaʳ], *s.* Corredor de vallas.
hurdles ['hɜːdlz] [jer-dels], *s.* 1. Carrera de vallas. 2. Vallas. **100 meters hurdles**, cien metros vallas.
hurl [hɜːl] [jerl], *va.* 1. Tirar, precipitar o impeler con violencia, arrojar (throw). 2. Gritar, llamar con vehemencia. *-vn.* 1. Moverse o lanzarse rápidamente. 2. Jugar al palocorvo. **To hurl oneself into ruin**, arruinarse, perderse. **To hurl out**, gritar, dar alaridos.
hurl, *s.* Tiro, el acto de tirar o arrojar; lanzamiento.
hurlbat ['hɜːlbæt] [jerl-bat], *s.* Especie de garrote o cachiporra.
hurler ['hɜːləʳ] [jer-laʳ], *s.* El que arroja o impele; el que juega a una especie de juego de pelota llamado *hurling*.
hurley ['hɜːlɪ] [jer-li], *s.* 1. El juego de aplocorvo. 2. Palo encorvado para este juego.
hurling ['hɜːlɪŋ] [jer-lin], *s.* 1. Antiguo juego de pelota semejante al de *football*. 2. En Irlanda, especie de juego de pelota, palocorvo.
hurly-burly [,hɜːlɪ'bɜːlɪ] [jer-li-ber-li], **Hurly**, *s.* Baraúnda, alboroto, tumulto, confusión.
hurrah, hurra [hʊ'rɑː] [ju-ra], *inter.* Exclamación de aplauso o alegría que corresponde casi siempre a ¡viva! *-va* y *vn.* Animar, alentar con vivas; vitorear, aplaudir. **Hurrah for!,** ¡viva!
hurricane ['hʌrɪkən] [ja-ri-ken], *s.* Huracán, gran tempestad; originalmente, ciclón.
hurricane lamp ['hʌrɪkən,læmp] [ja-ri-ken-lamp], *s.* Farol.
hurried ['hʌrɪd] [ja-rid], *a.* y *pp.* de TO HURRY. Precipitado, apresurado (rushed), hecho de prisa. **A hurried note**, un billete escrito a escape. **Hurried away**, llevado por la fuerza, arrastrado, arrebatado.
hurriedly ['hʌrɪdlɪ] [ja-rid-li], *adv.* Apresuradamente. **She left hurriedly**, se fue apresuradamente.
hurrier ['hʌrɪəʳ] [ja-riaʳ], *s.* 1. Acelerador, apresurador. 2. *(G. B.)* El trabajador que saca un carretón de hulla de una mina de carbón de piedra.
hurry ['hʌrɪ] [ja-ri], *va.* 1. Acelerar, apresurar, dar prisa. 2. Atropellar; precipitar (hasten), no dar respiro; confundir a fuerza de prisa. *-vn.* 1. Atropellarse, apresurarse. 2. (GB) Arrastrar un carretón en una mina de carbón de piedra.
hurry away, llevar, traer o salir precipitadamente.
hurry after, correr detrás o en pos de.
hurry back, volver (o hacer volver) de prisa; apresurarse a volver.
hurry in, hacer entrar deprisa; entrar con precipitación en.
hurry into, arrastrar, impeler hacia.
hurry off, huir, salir deprisa; hacer partir con precipitación.
hurry on, apresurar, precipitar; impulsar, empujar; apresurarse.
hurry over, hacer pasar rápidamente; despachar, expedir; pasar apresuradamente.
hurry up, darse prisa, apresurarse.
hurry, *s.* 1. Precipitación, demasiada prisa. 2. Confusión, desorden.
hurry-skurry, hurry-scurry ['hʌrɪ'skʌrɪ] [ja-ri-ska-ri], *adv.* Confusamente, con ruido y tumulto.
hurst ['hɜːst] [jerst], *s.* Bosquecillo, montecillo poblado de árboles.
hurt [hɜːt] [jert], *va.* (*pret.* y *pp.* HURT) 1. Dañar, hacer mal o daño; herir; ofender. 2. Perjudicar a alguien en sus intereses; herir la delicadeza de alguno. **To hurt one's feelings**, dar que sentir, lastimar. **He has hurt his leg**, el se ha lastimado la pierna. **She hurt his head**, ella le hirió en la cabeza. **That does not hurt you**, eso no le hace a Ud. daño.
hurt, *s.* 1. Golpe, herida, contusión. 2. Mal, daño, perjuicio. **What hurt is there in that?**, ¿qué hay de malo en eso?

I have done it to my hurt, lo he hecho en perjuicio mío. *-a.* Lastimado, dolido en los sentimientos. **I feel hurt**, estoy dolido.

hurter ['hɜːtəʳ] [jer-taʳ], *s.* 1. Dañador, el que daña o hiere. 2. Viga que se pone frente a las ruedas de los cañones para proteger la muralla o parapeto.

hurtful ['hɜːtfʊl] [jert-ful], *a.* Pernicioso, dañoso, nocivo (harmful), funesto, dañino, hiriente.

hurtfully ['hɜːtfʊlɪ] [jert-fu-li], *adv.* Dañosamente, perniciosamente.

hurtle [hɜːtl] [jer-tel], *vn.* Encontrarse; rechinar; arrojarse con violencia hacia adelante; girar. *-va.* Menear, empujar con violencia; dar vueltas; blandir.

hurtleberry, *s. V.* HUCKLEBERRY y WHORTLEBERRY.

hurtless ['hɜːtlɪs] [jert-les], *a.* 1. Inocente que no hace daño. 2. Ileso (unharmed), intacto, que no ha recibido daño.

hurtlessly ['hɜːtlɪslɪ] [jert-les-li], *adv.* Inocentemente.

hurtlessness ['hɜːtlɪsnɪs] [jert-les-nes], *s.* Inocencia.

husband ['hʌzbənd] [jas-band], *s.* 1. Marido, esposo. **Husband and wife**, marido y mujer. 2. *(Ant.)* Hombre económico, comedido, frugal en sus gastos.

husband, *va.* 1. Gobernar con economía y frugalidad, ahorrar (save), economizar. 2. Procurar marido a alguna mujer. 3. Ser marido de; hacer el papel de marido; pasar por tal.

husbandless ['hʌzbəndlɪs] [jas-band-les], *a.* Soltera (single), viuda: se dice de la mujer sin marido.

husbandman ['hʌzbəndmən] [jas-band-man], *s.* Labrador, viñador.

husbandry ['hʌzbəndrɪ] [jas-ban-dri], *s.* 1. Labranza, agricultura. 2. Frugalidad, economía, parsimonia, ahorro. 3. El gobierno económico de la casa. **Animal husbandry**, cría de animales.

hush [hʌʃ] [jash], *interj.* ¡Chitón! *-s.* ¡Silencio! *-a.* Quieto, callado.

hush, *va.* 1. Apaciguar, aquietar, sosegar, acallar (quieten). 2. Mitigar, calmar. 3. Callar. **To hush up**, ocultar, mantener secreto. *-vn.* Estar quieto, estar callado.

hushaby ['hʌʃəbaɪ] [ja-sha-bai], *interj.* ¡A dormir! Voz que se usa para hacer dormir a los niños. *-a.* Propenso a amodorrar o apaciguar.

hushed [hʌʃt] [jasht], *a.* Silencioso. **In hushed tones**, en voz muy baja.

hush money ['hʌʃˌmʌnɪ] [jash-ma-ni], *s.* El dinero que se da a alguno para comprar su silencio.

husk [hʌsk] [jask], *s.* 1. Cáscara, vaina, vainilla, pellejo, hollejo de frutos, legumbres, semillas, etc. 2. Alguna cosa de mínimo valor que cubre la parte útil o esencial; bagazo; desperdicio.

husk, *va.* Descansar, desvainar, mondar, despellejar, deshollejar.

husked [hʌskt] [jaskt], *a.* Lo que tiene cáscara, vaina o pellejo.

husker ['hʌskəʳ] [jas-kaʳ], *s.* El que o lo que descascara, desvaina, etc.; descascaradora, desgranadora, máquina para descascarar el maíz.

huskiness ['hʌskɪnɪs] [jas-ki-nes], *s.* 1. Ronquera. 2. El estado de tener cáscara, vaina o pellejo.

huskily ['hʌskɪlɪ] [jas-ki-li], *adv.* Roncamente, secamente.

husky ['hʌskɪ] [jas-ki], *a.* 1. Lo que abunda, en vainas o cáscaras. 2. Ronco; falto de claridad; seco. *-s.* Perro esquimal.

hussar [hə'zɑːʳ] [ja-saʳ], *s.* Húsar, soldado de caballería ligera.

hussy ['hʌsɪ] [ja-si], *s.* 1. Buena maula, buena alhaja, picudilla. 2. Una especie de estuche para poner agujas, hilo, etc. *V.* HOUSEWIFE.

hustings ['hʌstɪŋz] [jas-tins], *s.* 1. El tablado que se levanta para verificar la elección de los individuos de la cámara de los comunes. 2. Consejo o tribunal en la ciudad de Londres. Se usa algunas veces en singular. **The hustings**, la campaña electoral.

hustle ['hʌsl] [ja-sel], *va.* Escaramuzar; mezclar, confundir; empujar con fuerza, sacudir. *-vn.* 1. Moverse con dificultad en un tropel; apiñarse, adelantarse dando empujones. 2. *(Fam. E. U.)* Moverse con prisa y prontitud; demostrar energía y perseverencia. *-s.* 1. Ajetreo (hurry). **The hustle and bustle of the big city**, el ajetreo y el bullicio de la gran ciudad. 2. Empuje (energy), garra. 3. *(Coloq.)* Chanchullo (swindle).

hustler ['hʌsləʳ] [jas-laʳ], *s.* 1. *(Fam. E. U.)* Hombre de gran energía y actividad. 2. Estafador (swindler).

huswife ['hʌswaɪf] [jas-uaif], *s. sf.* 1. *V.* HOUSEWIFE. 2. *V.* HUSSY. *-va.* Gobernar la casa con economía.

hut [hʌt] [jat], *s.* Choza, cabaña (cabin, shack), barraca.

hut, *va.* Acumular, almacenar o abrigar en una choza o chozas. *-vn.* Vivir en una choza o chozas; alojarse en chozas.

hutch [hʌtʃ] [jach], *s.* 1. Arca, cesto, cofre. 2. Trampa para coger ratones. 3. Caja para guardar y alimentar conejos.

hutch, *va.* Atesorar, recoger.

huzza ['həzɑː] [ja-sa], *interj.* ¡Viva! voz con que se aclama y aplaude.

huzza, *vn.* Vitorear, victorear, aclamar (acclaim). *-va.* Recibir a alguno con vivas.

hyacinth ['haɪəsɪnθ] [jaia-sinz], *s.* 1. *(Bot.)* Jacinto. 2. *(Min.)* Jacinto, piedra preciosa; variedad de zircón de varios colores.

hyacinthine ['haɪəsɪnθiːn] [jaia-sin-zin], *s.* Jacintino, perteneciente al jacinto, o de color semejante al del jacinto.

hyaena, *s. V.* HYENA.

hyaline ['haɪəlaɪn] [jaia-lain], *a.* Cristalino, vidrioso, transparente.

hybrid, hybridous ['haɪbrɪd] [jai-brid], *a.* Mestizo, híbrido, de dos castas o géneros de animales o plantas.

hybridize ['haɪbrɪdaɪz] [jai-bri-dais], *va.* Producir híbridos, asociar animales o plantas de diversas especies para obtener híbridos; hibridar. *-vn.* 1. Producir o generar híbridos. 2. Ser capaz de cruzamiento.

hydatid ['haɪədætɪk] [jai-da-tid], *s.* 1. Hidátide, vejiguilla redonda y llena de agua. 2. Estado enquistado de la larva de una tenia.

hydra ['haɪdrə] [jai-dra], *s.* 1. Hidra, monstruo fabuloso con muchas cabezas. 2. Mal de muchas formas y difícil de extirpar. 3. Pólipo de agua dulce del género Hydra.

hydragogue ['haɪdrəgɒg] [jai-dra-gog], *s. (Med.)* Hidragogo, remedio para arrojar fuera del cuerpo la serosidad que en él se halla derramada o infiltrada.

hydrangea ['haɪdrəndʒiːə] [jai-dran-yia], *s. (Bot.)* Hortensia.

hydrant ['haɪdrənt] [jai-drant], *s.* Boca de riego.

hydrate ['haɪdreɪt] [jai-dreit], *s. (Quím.)* Hidrato.

hydraulic, hydraulical ['haɪdrɔːlɪk] [jai-dro-lik], *a.* Hidráulico.

hydraulics ['haɪdrɔːlɪkz] [jai-dro-liks], *s. pl.* Hidráulica, la ciencia que trata de los líquidos en movimiento, y particularmente del agua.

hydrazine ['haɪdrəzaɪn] [jai-dra-sain], *s.* Hidrazina (combustible).

hydric ['haɪdrɪk] [jai-drik], *a. (Quím.)* Hídrico, perteneciente al hidrógeno en combinación, o al agua.

hydriodic ['haɪdrɪədɪk] [jai-drio-dik], *a. (Quím.)* Iodo-hídrico.

hydrocarbon ['haɪdrəʊ'kɑːbən] [jai-drou-kar-bon], *s. (Quím.)* Hidrocarburo.

hydrocephalus ['haɪdrəʊ'segələs] [jai-drou-se-fa-los], *s. (Med.)* Hidrocéfalo, hidropesía de la cabeza.

hydrochlorate ['haɪdrə'klɒreɪt] [jai-dro-klo-reit], *s. (Quím.)* Clorhidrato, hidroclorato.

hydrochloric ['haɪdrəklɒrɪk] [jai-dro-klo-rik], *a.* Hidroclórico o clorhídrico. **Hydrochloric acid**, ácido clorhídrico.

hydrodynamics ['haɪdrədaɪ'næmɪks] [jai-dro-dai-na-miks], *s. pl.* Hidrodinámica, ciencia que aplica los principios de la dinámica para determinar el movimiento o el reposo de los flúidos.

hydroelectric ['haɪdrəɪ'lektrɪk] [jai-dro-i-lek-trik], *a.* Hidroeléctrico.

hydrofoil ['haɪdrəʊfɔɪl] [jai-drou-foil], *s.* Hidrodeslizador.

hydrogen ['haɪdrədʒɪn] [jai-dro-yin], *s.* *(Quím.)* Hidrógeno. **Carbureted hydrogen**, hidrocarburo. **Hydrogen peroxide,** agua oxigenada, peróxido hidrogenado. **Hydrogen sulphide**, sulfhídrico.

hydrogenate ['haɪdrədʒɪneɪt] [jai-dro-yi-neit], *va.* Hidrogenar.

hydrogenation ['haɪdrədʒɪˌneɪʃən] [jai-dro-yi-nei-shon], *s.* Hidrogenación.

hydrogen bomb ['haɪdrədʒɪn] [jai-dro-yin], *s.* Bomba de hidrógeno.

hydrographer [haɪ'drɒgræfəʳ] [jai-dro-gra-faʳ], *s.* Hidrógrafo, el profesor de hidrografía.

hydrographical [haɪ'drɒgræfɪkl] [jai-dro-gra-fi-kal], *a.* Hidrográfico.

hydrography [haɪ'drɒgræfɪ] [jai-dro-gra-fi], *s.* Hidrografía, descripción de las aguas navegables.

hydrokinetic ['haɪdrəkɪnɪtɪl] [jai-dro-ki-ni-tik], *a.* Hidromecánico, que se refiere al movimiento de los fluídos y a la energía desarrollada por ese movimiento.

hydrology [haɪ'drəlɒdʒɪ] [jai-dro-lo-yi], *s.* Hidrología, descripción de las aguas terrestres.

hydrolysis [haɪ'drɒlɪsɪs] [jai-dro-li-sis], *s.* *(Quím.)* Hidrólisis.

hydrolyze ['haɪdrəʊlaɪz] [jai-drou-lais], *va.* Hidrolizar.

hydromancy [haɪ'drɒmænsɪ] [jai-dro-man-si], *s.* Hidromancia, adivinación por medio del agua.

hydromel [haɪ'drɒməl] [jai-dro-mel], *s.* Hidromel, aguamiel.

hydrometer [haɪ'drɒmɪtəʳ] [jai-dro-mi-taʳ], *s.* 1. Hidrómetro, instrumento para medir la gravedad, densidad, etc., del agua u otros fluidos. 2. Instrumento para medir la corriente de agua en ríos, conductos, etc.; fluviómetro.

hydronics [haɪ'drɒnɪks] [jai-dro-niks], *s.* Hidrónica.

hydropathy [haɪ'drɒpæθɪ] [jai-dro-pa-zi], *s.* Hidropatía, método curativo por medio del agua.

hydrophobia [ˌhaɪdrə'fəʊbɪə] [jai-dro-fou-bia], **hydrophoby** [ˌhaɪdrə'fəʊbɪ] [jai-dro-fou-bi], *s.* Hidrofobia, mal de rabia, sed ardiente con horror al agua.

hydropic, hydropical ['haɪdrəpɪk] [jai-dro-pik], *a.* Hidrópico.

hydroplane [ˌhaɪdrəpleɪn] [jai-dro-plein], *s.* Hidroplano.

hydroponics [ˌhaɪdrə'pɒnɪks] [jai-dro-po-niks], *s.* Hidroponia.

hydropsy ['haɪdrəpsɪ] [jai-drop-si], *s.* Hidropesia.

hydrostat [haɪdrəstæt] [jai-dros-tat], *s.* Hidrostato, aparato para impedir la explosión de las calderas de vapor.

hydrostatic, hydrostatical [ˌhaɪdrə'stætɪk] [jai-dros-ta-tik], *a.* Hidrostático.

hydrostatics [ˌhaɪdrə'stætɪks] [jai-dros-ta-tiks], *s. pl.* Hidrostática, la ciencia que enseña y examina la gravedad o peso de los cuerpos líquidos.

hydrotherapy [ˌhaɪdrəʊ'θerəpɪ] [jai-drou-ze-ra-pi], *s.* Hidroterapia, método curativo por medio del agua.

hydroxide [haɪ'drɒksaid] [jai-drok-said], *s.* *(Quím.)* Hidróxido.

hyena [haɪ'iːnə] [jai-ina], *s.* Hiena, mamífero carnicero.

hyetal [haɪ'ɪtəl] [jai-ital], *a.* Perteneciente a la lluvia; lluvioso.

hygiene ['haɪdʒiːn] [jai-yin], *s.* Higiene, la parte de la medicina que trata del modo de conservar la salud.

hygienic [haɪ'dʒiːnɪk] [jai-yi-nIk], *a.* Higiénico.

hygienist ['haɪdʒiːnɪɪst] [jai-yi-nist], *s.* Higienista.

hygrometer ['haɪgrəmiːtəʳ] [jai-gro-mi-taʳ], **hygroscope** ['haɪgrəskəʊp] [jai-gros-koup], *s.* Higrómetro, higroscopio, instrumento que sirve para apreciar la existencia del vapor acuoso en el aire o en un gas cualquiera.

hygroscopic [ˌhaɪgrəs'kəʊpɪk] [jai-gros-kou-pik], *a.* Higroscópico, perteneciente o relativo al higroscopio.

hyla ['haɪlə] [jai-la], *s.* Rubeta; rana del género Hyla.

hylozoic ['haɪləzɔɪk] [jai-lo-soik], *s.* El partidario de una secta antigua que sostenía la animación de la materia.

hymen ['haɪmen] [jai-men], *s.* 1. Himeneo, el dios de las bodas o casamientos. 2. Himen, la membrana virginal.

hymeneal ['haɪmenɪəl] [jai-me-nial], **hymenean** ['haɪmenɪən] [jai-me-nian], *s.* Himeneo. *-a.* Nupcial, que pertenece a las bodas.

hymn [hɪm] [jim], *s.* 1. Himno. 2. *(Relig.)* Cántico.

hymn, *va.* Alabar con himnos. *-vn.* Cantar himnos.

hymnal ['hɪmnəl] [jim-nal], *s.* Cantoral, himnario.

hymnbook ['hɪmbʊk] [jim-buk], *s.* Cantoral, himnario.

hymnology ['hɪm'nəlɒdʒɪ] [jim-no-lo-yi], *s.* Colección de himnos.

hyp [haɪp] [jaip], *va.* Melancolizar, entristecer, desanimar.

hype [haɪp] [jaip], *s.* *(Coloq.)* Despliegue, bombo publicitario. *-vt.* *(Coloq.)* Promocionar a bombo y platillo.

hyper ['haɪpəʳ] [jai-paʳ], *pref.* Hiper-, sobre; se usa en palabras compuestas.

hyperactive [ˌhaɪpər'æktɪv] [jai-per-ak-tiv], *a.* Hiperactivo.

hyperbola [haɪ'pɜːbələ] [jai-per-bo-la], *s.* *(Geom.)* Hipérbola, curva geométrica que resulta de la intersección de un cono con un plano.

hyperbole [haɪ'pɜːbəlɪ] [jai-per-bo-li], *s.* Hipérbole, figura retórica que aumenta o disminuye excesivamente la verdad de lo que se habla; exageración.

hyperbolic, hyperbolical [haɪ'pɜːbəlɪk] [jai-per-bo-lik], *a.* 1. Hiperbólico. 2. Perteneciente a la hipérbole.

hyperbolically [haɪ'pɜːbəlɪkəlɪ] [jai-per-bo-li-ka-li], *adv.* Hiperbólicamente.

hyperbolist [haɪ'pɜːbəlɪst] [jai-per-bo-list], *s.* El que exagera o hace hipérboles; exagerador.

hyperbolize [haɪ'pɜːbəlaɪz] [jai-per-bo-lais], *vn.* Usar de hipérboles, antiguamente hiperbolizar. *-va.* Exagerar.

hyperborean [haɪ'pɜːbərɪən] [jai-per-bo-rian], *a.* Hiperbóreo, de las regiones septentrionales.

hypercritic [haɪ'pɜːkrɪtɪk] [jai-per-kri-tik], *s.* Crítico, inflexible. *-a.* Crítico.

hypercritical [haɪ'pɜːkrɪtɪkəl] [jai-per-kri-ti-kal], *a.* Crítico severo.

hyperdulia [haɪ'pɜːdʊlɪə] [jai-per-du-lia], **hyperduly** [haɪ'pɜːdʊlɪ] [jai-per-du-li], *s.* Hiperdulía.

hypergolic [haɪ'pɜːgɒlɪk] [jai-per-go-lik], *a.* Hipergólico, auto-inflamable al contacto de sus componentes.

hypericon ['haɪpəɪkəʊn] [jai-pe-ri-koun], **hypericum** ['haɪpəɪkəm] [jai-pe-ri-kom], *s.* *(Bot.)* Hiperícón, hipérico, planta llamada más comúnmente *St. John's wort*.

hypermarket [haɪpəˌmɑːkɪt] [jai-per-mar-kit], *s.* Hipermercado.

hypermeter ['haɪpəˌmɪtəʳ] [jai-per-mi-tar], *s.* Lo que excede a una medida determinada.

hypersarcoisis [ˌhaɪpə'səkəʊsɪs] [jai-per-sar-kou-sis], *s.* *(Cir.)* Hipersarcosis, excrecencia carnosa que se forma en las heridas.

hypersensitive [ˌhaɪpə'sensɪtɪv] [jai-per-sen-si-tiv], *a.* Excesivamente impresionable, hipersensible.

hypersonic ['haɪpəsɒnɪk] [jai-per-so-nik], *a.* Supersónico, hipersónico.

hypertension ['haɪpə'tenʃən] [jai-per-ten-shon], *s.* *(Med.)* Hipertensión.

hypertrophy [haɪ'pɜːtrəfɪ] [jai-per-tro-fi], *s.* 1. *(Med.)* Hipertrofía, aumento excesivo del volumen de un órgano o tejido sin alteración efectiva en su composición. 2. Cualquier aumento excesivo.

hyperventilate [ˌhaɪpə'ventɪleɪt] [jai-pa-ven-ti-leit], *vi.* Hiperventilarse.

hyphen ['haɪfən] [jai-fen], *s.* Guión o guiones, signo que denota la unión de las partes de una voz.

hypnosis [hɪp'nəʊsɪs] [jip-nou-sis], *s.* Hipnosis. **Under hypnosis**, hipnotizado, en estado de hipnosis.

hypnotic [hɪp'nɒtɪk] [jip-no-tik], *s.* Hipnótico, medicamento que produce el sueño.

hypnotism ['hɪpnətɪzəm] [jip-no-ti-sem], *s.* Hipnotismo o hipnalismo; sueño artificial producido por el magnetismo o por la contemplación fija y reiterada de ciertos objetos; estado pasivo de la mente.

hypnotist ['hɪpnətɪst] [jip-no-tist], *s.* Hipnotizador.

hypnotize ['hɪpnətaɪz] [jip-no-tais], *va.* Hipnotizar.

hypoallergenic [ˌhaɪpəʊ'ælə'dʒenɪk] [jai-pou-a-ler-ye-nik], *a.* Hipoalergénico.

hypocaust ['haɪpəʊ'kəʊst] [jai-pou-kaust], *s.* 1. Hipocausto, el lugar subterráneo donde ponían los griegos y romanos la lumbre para calentar los baños. 2. El sitio donde está la lumbre que mantiene caliente un invernáculo.

hypochondria [ˌhaɪpəʊ'kɒndrɪə] [jai-pou-kon-dria], **hypochondriasm** [ˌhaɪpəʊ'kɒndrɪəzm] [jai-pou-kon-dria-sem], *s.* Hipocondría, melancolía.

hypochondriac [ˌhaɪpəʊ'kɒndrɪæk] [jai-pou-kon-driak], *s.* Hipocondríaco.

hypocist ['hɪpɒsɪst] [ji-po-sist], *s. (Bot.)* Hipocístide o hipocisto, el retoño del cisto, planta.

hypocrisy [hɪ'pɒkrɪsɪ] [ji-po-kri-si], *s.* Hipocresía, disimulo.

hypocrite ['hɪpɒkrɪt] [ji-po-krit], *s.* Hipócrita.

hypocritic, hypocritical [ˌhɪpə'krɪtɪk] [ji-po-kri-tik], *a.* Hipócrita, falso (false, insincere), disimulado.

hypocritically [ˌhɪpɒ'krɪtɪkəlɪ] [ji-po-kri-ti-ka-li], *adv.* Hipócritamente.

hypodermic [ˌhaɪpə'dɜːmɪk] [jai-po-der-mik], *a.* Subcutáneo, hipodérmico; introducido o hallado debajo del cutis. *-s.* Aguja hipodérmica.

hypogastric [ˌhaɪpə'gæstrɪk] [jai-po-gas-trik], *a.* hipogástrico: se dice de la región inferior del vientre.

hypogastrium [ˌhaɪpə'gæstrɪəm] [jai-po-gas-triom], *s.* Hipogastro.

hypophosphate [ˌhaɪpə'fɒsfeɪt] [jai-po-fos-feit], *s. (Quím.)* Hipofosfato.

hypophyge [ˌhaɪpə'faɪdʒɪ] [jai-po-fai-chi], *s. (Arq.)* Imóscapo, nacela, moldura cóncava; escocia.

hypostasis [haɪ'ɒstəsɪs] [jai-pos-ta-sis], *s. (Teol.)* 1. Hipóstasis, supuesto o persona: se dice de la Santísima Trinidad. 2. *(Med.)* Sedimento de la orina.

hypostatic, hypostatical [ˌhaɪpəʊ'stætɪk] [jai-pos-ta-tik], *a.* Hipostático; constitutivo; personal.

hyposulphate [ˌhaɪpə'səlfeɪt] [jai-po-sul-feit], *s. (Quím.)* Hiposulfato.

hyposulphite [ˌhaɪpə'səlfaɪt] [jai-po-sul-fait], *s. (Quím.)* Hiposulfito.

hypotension [ˌhaɪpə'tenʃən] [jai-po-ten-shon], *s.* Hipotensión.

hypotenuse, hypothenuse [haɪ'pɒtɪnjʊz] [jai-po-ti-nius], *s.* Hipotenusa, el lado mayor de un triángulo rectángulo.

hypothecate [haɪ'pɒθɪkeɪt] [jai-po-zi-keit], *va.* Hipotecar, empeñar (pawn). *V.* PLEDGE.

hypothesis [haɪ'pɒθɪsɪs] [jai-po-zi-sis], *s.* Hipótesis.

hypothesize [haɪ'pɒθɪsaɪz] [jai-po-zi-sais], *vi.* Hacer hipótesis

hypothetic, hypothetical [ˌhaɪpəʊ'θetɪk] [jai-pou-ze-tik], *a.* Hipotético.

hypothetically [ˌhaɪpəʊ'θetɪkəlɪ] [jai-pou-ze-ti-ka-li], *adv.* Condicionalmente, hipotéticamente.

hyssop ['hɪsəp] [ji-sop], *s. (Bot.)* Hisopo.

hysterectomy [ˌhɪstə'rektəmɪ] [jis-te-rek-to-mi], *s.* Histerectomía, extirpación quirúrgica del útero.

hysteria [hɪs'tɪərɪə] [jis-tia-ria], *s. (Med.)* Histeria. **Mass hysteria**, histeria colectiva.

hysteric, hysterical [hɪs'terɪk] [jis-te-rik], *a.* Histérico, perteneciente al histerismo.

hysterically [hɪs'terɪkəlɪ] [jis-tie-ri-ka-li], *adv.* Histéricamente.

hysterics [hɪs'terɪks] [jis-te-riks], *s.* Histérico, paroxismo histérico.

hythe [haɪθ] [jaiz], *s.* Puerto pequeño.

I

i [aɪ] [ai], en inglés tiene varios sonidos; uno breve, que corresponde al de la *i* castellana, como en *pin, bid y lid*; y otro largo, muy semejante al del diptongo español *ai*, como en *sign, mild, find*. La *i* tiene también otro sonido entre la *e* y *o* españolas en *sir, bird, shirt*, y otras semejantes, y que se aproxima al diptongo oe alemán o eu en francés. En este volumen se indica este sonido por el signo +e. Ninguna voz puramente inglesa acaba en *i*.

i, *pron.* Yo: el pronombre *yo* se escribe siempre con letra mayúscula I.

iambic [aɪ'æmbɪk] [ai-am-bik], *a. (Poet.)* Yámbico, perteneciente al pie yambo o que lo emplea. *-s.* 1. Pie yámbico. *V.* IAMBUS. 2. Verso (line, stanza, strophe) compuesto de yambos.

iambus [aɪ'æmbəs] [ai-am-bos], *s.* Yambo, pie de verso compuesto de dos sílabas, la primera breve y la segunda larga; o en el día, la segunda acentuada.

i-beam [aɪ'biːm] [ai-bim], *s.* Viga en I o viga doble.

iberia [aɪ'bɪərɪə] [ai-bia-ria], *s.* Iberia.

iberian [aɪ'bɪərɪən] [ai-bia-rian], *a.* y *s.* Ibérico, ibero. **The Iberian peninsula**, la península ibérica.

ibex ['aɪbeks] [ai-beks], *s.* Íbice, especie de cabra montés.

ibis ['aɪbɪs] [ai-bis], *s.* Ibis, ave del orden de las zancudas.

-ic, *suf.* Usado para formar adjetivos con la significación de «de» «perteneciente a», «parecido a», como en artist*ic*, artístico; o como desinencia de substantivos, v. g. en *logic*, lógica.

ice [aɪs] [ais], *s.* 1. Hielo, agua congelada. **Flakes of ice**, bancos de hielo. **Ice-bound**, rodeado de hielos. **Ice-spurs**, patines. 2. Sorbete. 3. Azúcar garapiñado. *V.* FROSTING. **Ice-boat**, (a) Bote que anda sobre el hielo; casco o armazón con patines y velas que corre sobre el hielo. (b) Barco rompehielos; vapor con máquinas poderosas para romper el hielo en los canales navegables. **Ice-box**, **ice-chest**, nevera, caja para hielo. **Ice-blink**, resplandor o claridad producida cerca del horizonte por la reflexión lejana de masas de hielo. **Ice-field**, **ice-float**, **ice-floe**, témpano de hielo, flotante. **Ice-water**, (a) agua enfriada por el hielo, (b) hielo derretido o nieve derretida.

ice, *va.* Helar, cubrir de hielo. **To ice with sugar**, cuajar de azúcar, garapiñar, alfeñicar.

iceberg ['aɪsbɜːg] [ais-berg], *s.* Iceberg, gran masa o montaña de hielo que flota en los mares del norte. **Iceberg lettuce**, lechuga repollada.

icebuilt [ˌaɪs'bɪlt] [ais-bilt], *a.* Formado de hielo.

ice cream ['aɪs'kriːm] [ais-krim], *s.* Helado. **Ice-cream cone**, barquillo de helado. **Ice-cream parlor**, heladería, nevería. **Ice-cream soda**, helado con soda.

iced ['aɪst] [aist], *a.* Helado (chilled).

ice-house ['aɪshaʊs] [ais-jaus], *s.* Nevería.

iceland ['aɪslænd] [ais-land], *s.* Islandia.

icelander ['aɪs'lændə^r] [ais-lan-da^r], *s.* Islandés.

iceland moss ['aɪslænd,mɒs] [ais-land-mos], *s. (Bot.)* Liquen o musgo de Islandia.

ice-pack ['aɪspæk] [ais-pak], *s.* Aplicaciones de hielo.

ice-pick ['aɪspɪk] [ais-pik], *s.* Punzón para hielo.

ice skates ['aɪsskeɪts] [ais-skeit], *s. pl.* Patines para hielo.

ichneumon ['aɪsnjuːmən] [ais-niu-mon], *s.* 1. Icneumon, mamífero carnicero, especie de fuína o garduña. 2. *(Ent.) V. Ichneumon-fly. Ichneumon-fly*, Icneumón, insecto himenóptero de la forma de una avispa pero sumamente pequeño.

ichnographical ['ɪknə'græfɪkəl] [ik-no-gra-fi-kal], *a.* Icnográfico.

ichnography ['ɪknə'græfɪ] [ik-no-gra-fi], *s.* Icnografía, delineación de la planta de un edificio.

ichor ['aɪkə^r] [ai-ko^r], *s.* Icor, serosidad acre de la sangre.

ichorous ['aɪkərəs] [ai-ko-ros], *a.* Icoroso.

ichthyocolla ['ɪkθɪə'kəla] [ik-zio-ko-la], *s.* Colapez o cola de pescado.
ichthyology [ˌɪkθɪ'ɒlədʒɪ] [ik-zio-lo-yi], *s.* Ictiología, el arte de la zoología que trata de los peces.
icicle ['aɪsɪkl] [ai-si-kol], *s.* Cerrión, carámbano.
icily ['aɪsɪlɪ] [ai-si-li], *adv.* Fríamente, con frialdad; de una manera frígida.
iciness, icyness ['aɪɪnɪs] [ai-si-nes], *s.* Congelación.
icing ['aɪsɪŋ] [ai-sin], *s.* Capa de azúcar garapiñado (para tortas, pasteles, etc.), glaseado.
icon ['aɪkɒn] [ai-kon], *s.* 1. Icono, imagen, representación; en la Iglesia griega, cuadro, mosaico sagrado, etc. 2. En los libros científicos, ilustración, grabado.
iconoclast [aɪ'kɒnəklæst] [ai-ko-no-klast], *s.* Iconoclasta, hereje que niega el culto a las sagradas imágenes.
iconoclastic [aɪˌkɒnə'klæstɪk] [ai-ko-no-klas-tik], *a.* Iconoclástico, iconoclasta.
iconography [ˌaɪkɒ'nəgrəfɪ] [ai-ko-no-gra-fi], *s.* Iconografía, descripción de imágenes o pinturas.
iconolater ['aɪkɒnəlætə[r]] [ai-ko-no-la-ta[r]], *s.* Iconólatra, el que da culto a las imágenes.
iconology [ˌaɪkɒ'nələdʒɪ] [ai-ko-no-lo-yi], *s.* Iconología, representación de las virtudes, vicios u otras cosas morales o naturales, con la figura o apariencia de personas.
iconoscope ['aɪkɒnəskəʊp] [ai-ko-nos-koup], *s.* Iconoscopio.
icosahedron ['aɪkɒsə'hiːdrən] [ai-ko-sa-ji-dron], *s.* Icosaedro, sólido terminado por veinte caras.
-ics, Sufijo, de forma plural pero singular por su significación, derivado del plural griego neutro, *-ika* y que significa un arte o una ciencia.
icteric, icterical [ɪk'terɪk] [ik-te-rik], *a.* 1. Ictérico, que padece ictericia. 2. Ictérico, remedio contra la ictericia.
ictus ['ɪktəs] [ik-tos], *s.* 1. *(Med.)* Golpecito; como la pulsación de una arteria, o la picadura de un insecto. 2. Acento tónico o métrico en una sílaba o palabra.
icy ['aɪsɪ] [ai-si], *a.* 1. Helado (freezing), cubierto de hielo. 2. Frío, libre de pasiones. 3. Tardo, lento.
i'd [ɪd] [id], contracción de I WOULD o I HAD.
idea [aɪ'dɪə] [ai-dia], *s.* 1. Idea, imagen mental (impression). **That's not my idea of fun**, eso no es lo que yo entiendo por diversión. 2. Idea (plan, suggestion). **That's a good idea**, es una buena idea. 3. Idea, opinión (view).
ideal [aɪ'dɪəl] [ai-dial], *a.* Ideal, mental, intelectual. *-s.* Ideal, el sumo grado de perfección concebible; prototipo, modelo (archetype).
idealism [aɪ'dɪəlɪzəm] [ai-dia-li-sem], *s.* 1. Idealismo, sistema filosófico. 2. Idealismo, aptitud del artista, orador, poeta, etc., para elevar sobre la realidad sensible los objetos que describe o representa. 3. Esfuerzo para conseguir o lograr la perfección.
idealist [aɪ'dɪəlɪst] [ai-dia-list], *s.* Idealista, partidario del idealismo en todas sus acepciones.
idealistic [aɪ'dɪəlɪstɪk] [ai-dia-lis-tik], *a.* Idealista.
ideality [aɪ'dɪəlɪtɪ] [ai-dia-li-ti], *s.* 1. Idealidad, calidad de ideal. 2. Sentimiento de lo bello, de lo poético, de lo elocuente.
idealize, idealise [aɪ'dɪəlaɪz] [ai-dia-lais], *va.* Hacer ideal, idealizar: exaltar, espiritualizar: dar carácter ideal. *-vn.* Formarse ideales, tipos perfectos.
ideally [aɪ'dɪəlɪ] [ai-dia-li], *adv.* Idealmente, mentalmente, intelectualmente. **They are ideally suited**, están hechos el uno para el otro.
idem [aɪ'dem] [ai-dem], *pron.* y *a.* (abreviatura **Id**) Idem, lo mismo.
identical [aɪ'dentɪkəl] [ai-den-ti-kal], *a.* Idéntico, el mismo. **Identical twins**, gemelos idénticos.
identically [aɪ'dentɪkəlɪ] [ai-den-ti-ka-li], *adv.* Idénticamente. **They are identically priced**, tienen exactamente el mismo precio.
identicalness [aɪ'dentɪkəlnɪs] [ai-den-ti-kal-nes], *s. V.* IDENTITY.
identifiable [aɪˌdentɪ'faɪəbl] [ai-den-ti-fai-abol], *a.* Identificable.
identification [aɪˌdentɪfɪ'keɪʃən] [ai-den-ti-fi-kei-shon], *s.* Identificación, el acto de identificar. **Identification card**, tarjeta de identificación, comprobantes o documentos de identificación. **Identification parade**, rueda de reconocimiento.
identify [aɪ'dentɪfaɪ] [ai-den-ti-fai], *va.* 1. Identificar. 2. Establecer la identidad de alguien o algo, afirmar o probar ser lo mismo. 3. Asemejar; considerar como idéntico. 4. Identificarse con, unirse con. 5. Servir como señal por la cual se reconoce una cosa o persona.
identity [aɪ'dentɪtɪ] [ai-den-ti-ti], *s.* Identidad. **Identity card**, carné de identidad.
ideograph ['ɪdɪəgræf] [i-dio-graf], *s.* Jeroglífico; símbolo, pintura.
ideographic [ˌɪdɪə'græfɪk] [i-dio-gra-fik], *a.* Ideográfico, perteneciente a la ideografía, o representación gráfica del pensamiento.
ideological [ˌaɪdɪə'lɒdʒɪkəl] [ai-dio-lo-yi-kal], *a.* Ideológico.
ideologist [ˌaɪdɪ'ɒlədʒɪst] [ai-di-o-lo-yist], *s.* Ideólogo, el que profesa la ideología; idealista.
ideology [ˌaɪdɪ'ɒlədʒɪ] [ai-di-o-lo-yi], *s.* Ideología, ciencia que trata de las ideas.
ides [aɪdz] [aids], *s.* Idus, el 15 de marzo, mayo, julio y octubre y el 13 de los demás meses entre los romanos.
idiocrasy, *s. V.* IDIOSYNCRASY.
idiocy ['ɪdɪəsɪ] [i-dio-si], *s.* Idiotez, necedad, falta de entendimiento.
idiom ['ɪdɪəm] [i-diom], *s.* 1. Idiotismo, el modo de hablar propio y peculiar de una lengua, modismo (expression). 2. Idioma, modo particular de hablar de algunos o en algunas ocasiones; jerigonza. 3. Genio, índole de una lengua.
idiomatic, idiomatical [ˌɪdɪə'mætɪk] [i-dio-ma-tik], *a.* Idiomático.
idiopathic ['ɪdɪəfætɪk] [i-dio-fa-tik], *a.* Idiopático, se dice de las enfermedades primitivas o esenciales.
idiopathy ['ɪdɪəfætɪ] [i-dio-fa-ti], *s.* 1. Idiopatía, afección o sensación particular. 2. *(Med.)* Enfermedad primitiva o peculiar.
idiosyncrasy [ˌɪdɪə'sɪŋkrəsɪ] [i-dio-sin-kra-si], *s.* Idiosincrasia, temperamento o disposición peculiar de una persona. **He has his little idiosyncrasies**, tiene sus pequeñas manías.
idiosyncratic [ˌɪdɪəsɪŋˌkrætɪk] [i-dio-sin-kra-tik], *a.* Idiosincrásico.
idiot ['ɪdɪət] [i-diot], *s.* 1. Idiota, un hombre bobo e imbécil, en quien nunca se ha desarrollado la razón. 2. Necio (stupid), bobo, tonto.
idiotic, idiotical ['ɪdɪətɪk] [i-dio-tik], *a.* Tonto, bobo, necio; simple. **It was an idiotic thing to say**, fue una idiotez decir eso.
idiotism ['ɪdɪətɪzm] [i-dio-tism], *s.* 1. Idiotismo, necedad, ignorancia. 2. Idiotismo, modo de hablar peculiar a una lengua.
idiotize ['ɪdɪətaɪz] [i-dio-tais], *vn.* Volverse tonto o necio , embrutecerse.
idle ['aɪdl] [ai-del], *a.* 1. Ocioso, perezoso (lazy), desocupado, holgazán. 2. Inútil, vano, frívolo; estéril. 3. Futil, sin importancia; *(Mec.)* que produce movimiento sin fuerza efectiva. 4. Que proporciona tiempo desocupado (unoccupied), ocio. **An idle life**, una vida ociosa. **Idle hours**, horas desocupadas. **Idle efforts**, vanos esfuerzos. **An idle amusement**, una diversión frívola. **Idle story**, cuento de viejos. **An idle thing**, una bagatela, una cosa fútil. **Idle fellow**, azotacalles, callejero.
idle, *vn.* Holgazanear, haraganear, estar ocioso. *-va.* Gastar ociosamente, consumir sin provecho.
idle-headed ['aɪdlˌhedɪd] [ai-del-je-did], *a.* Tonto, desrazonable; infatuado.

idleness ['aɪdlnɪs] [ai-del-nes], *s.* 1. Ociosidad (inactivity), pereza (lazyness), holgazanería, negligencia. 2. Trivialidad, frivolidad, inutilidad; indignidad.

idle-pated ['aɪdl,pætɪd] [ai-del-pa-tid], *a.* Tonto, estúpido; majadero.

idler ['aɪdləʳ] [aid-laʳ], *s.* Haragán, holgazán, poltrón, vago (lazy).

idless, idlesse ['aɪdlɪs] [aid-les], *s.* *(Poet.)* *V.* IDLENESS.

idly ['aɪdlɪ] [aid-li], *adv.* Ociosamente, tontamente; inútilmente, vanamente.

idol ['aɪdl] [ai-dol], *s.* 1. Ídolo, imagen. 2. Idolo, el objeto excesivamente amado.

idolater [aɪ'dɒlətəʳ] [ai-do-la-taʳ], *s.* Idólatra; amante, admirador.

idolatress [aɪ'dɒlətrɪs] [ai-do-la-tris], *sf.* 1. Idólatra, la que idolatra. 2. La mujer a quien se idolatra, adora o ama con exceso.

idolatrous [aɪ'dɒlətrəs] [ai-do-la-tros], *a.* 1. Idólatra, idolátrico, que adora ídolos o falsas deidades. 2. Idólatra, que ama desordenamdamente a una persona o cosa.

idolatry [aɪ'dɒlətrɪ] [ai-do-la-tri], *s.* Idolatría, adoración de los ídolos.

idolism [aɪ'dɒlɪzm] [ai-do-li-sem], *s.* Culto de idolatría y la defensa de este culto.

idolize ['aɪdəlaɪz] [ai-do-lais], *va.* Idolatrar; amar con exceso.

idolizer ['aɪdəlaɪzəʳ] [ai-do-lai-saʳ], *s.* El que ama hasta la adoración.

idyll ['ɪdɪl] [i-dil], *s.* Idilio, por extensión, poema corto, descriptivo o narrativo, muy embellecido, de estilo artístico. *V.* PASTORAL.

idyllic [ɪ'dɪlɪk] [i-di-lik], *a.* Idílico, concerniente al idilio; parecido a él.

i. e. Contrac. de ID EST. Es decir; esto es.

if [ɪf] [if], *conj.* 1. Si, partícula o conjunción condicional. **If he comes, I'll stay,** si viene, me quedaré. 2. Si (whether). **He asked if she had left**, preguntó si se había ido. 3. Aunque (though), dado que, supuesto que, aun cuando. **As if**, como si; antes de una cláusula, cual si. **As if one should say**, como si dijéramos, como quien diría. **If so be**, con tal que, supuesto que. **If you but take my part**, con tal que Vd. se ponga de mi parte. **Without «ifs»** o **«buts»**, sin si ni pero, sin poner pegas.

iffy ['ɪfɪ] [i-fi], *a.* *(Coloq.)* Dudoso, incierto (uncertain).

igad ['ɪgæd] [i-gad], *inter.* *V.* EGAD.

igloo ['ɪglu:] [i-dlu], *s.* Iglú.

igneous ['ɪgnɪəs] [ig-nios], *a.* Ígneo.

igniferous ['ɪgnɪfərəs] [ig-ni-fe-ros], *a.* Ignífero, que produce fuego.

ignify ['ɪgnɪfaɪ] [ig-ni-fai], *va.* Encender (light).

ignipotent [ɪg'nɪpətent] [ig-ni-po-tent], *a.* *(Poet.)* Ignipotente.

ignis fatuus ['ɪgnɪʃ,fætəs] [ig-nis-fa-tus], *s.* (*pl.* IGNES FATUI). Fuego fátuo, helena, fuego de San Telmo.

ignite [ɪg'naɪt] [ig-nait], *va.* 1. Encender (light), pegar fuego. 2. Hacer luminoso, causar una apariencia luminosa. *-vn.* Encenderse, enrojecerse por el calor.

ignitible, ignitable [ɪg'naɪtəbl] [ig-nai-ter-bol], *a.* Inflamable, fácil de encender o de excitar.

ignition [ɪg'nɪʃən] [ig-ni-shon], *s.* 1. Ignición, el acto de encender o poner fuego. **Ignition key**, llave de contacto. 2. *(Quím.)* Ignición, el acto de poner los metales al fuego para que se hagan ascua.

ignobility [,ɪgnəʊ'bɪlɪtɪ] [ig-no-bi-li-ti], *s.* Villanía, bajeza, la falta de magnanimidad, de grandeza o de elevación de ánimo.

ignoble [ɪg'nəʊbl] [ig-nou-bel], *a.* 1. Innoble, plebeyo (plebeian), villano; indigno, bajo, vil; cobarde. 2. De casta inferior, se aplica en cetrería a los halcones de alas cortas.

ignobleness [ɪg'nəʊblnɪs] [ig-nou-bel-nes], *s.* Bajeza, vileza (vileness), falta de dignidad en el porte; falta de nobleza en el nacimiento.

ignobly [ɪg'nəʊblɪ] [ig-nou-bli], *adv.* Vilmente, bajamente; villanamente.

ignominious [,ɪgnəmɪnɪəs] [ig-no-mi-nios], *a.* Ignominioso.

ignominiously [,ɪgnə'mɪnɪəslɪ] [ig-no-mi-nios-li], *adv.* Ignominiosamente, vilmente.

ignominy ['ɪgnəmɪnɪ] [ig-no-mi-ni], *s.* Ignominia, infamia, deshonra, oprobio.

ignoramus [,ɪgnə'reɪməs] [ig-no-rei-mos], *s.* Ignorante (ignorant), tonto, simple, inculto.

ignorance ['ɪgnərəns] [ig-no-rans], *s.* Ignorancia; inadvertencia. **He answered in ignorance of the questions**, respondió ignorando las preguntas.

ignorant ['ɪgnərənt] [ig-no-rant], *a.* 1. Ignorante; el que carece de conocimientos o instrucción. **He's totally ignorant about politics**, no tiene ni idea de política. 2. Ignorado, no descubierto. 3. Maleducado (rude). *-s.* Ignorante, el que ignora.

ignorantly ['ɪgnərəntlɪ] [ig-no-rant-li], *adv.* Ignorantemente.

ignore [ɪg'nɔ:ʳ] [ig-noʳ], *va.* 1. Ignorar. **Just ignore him**, ignórale, no le hagas caso. 2. *(For.)* Rechazar, sobreseer; dar un fallo de «no ha lugar».

iguana [ɪ'gwɑ:nə] [i-gua-na], *s.* *(Zool.)* Iguana, reptil de cuerpo semejante al del lagarto; lagarto grande.

il, Prefijo que reemplaza a *in* antes de la letra *l.*

ileum ['ɪlɪəm] [i-liom], *s.* Ileon, el tercer intestino delgado, comprende las tres quintas partes inferiores del intestino delgado.

ilex ['aɪleks] [ai-leks], *s.* *(Bot.)* 1. Nombre científico del acebo y de la familia a que pertenece. 2. Coscoja.

ilk [ɪlk] [ilk], *a.* *(Ant. or Sco.)* Lo mismo. **Kent of that ilk**, pájaros de la misma pluma. *kent* del lugar del mismo nombre. **And others of that ilk,** y otros de ese jaez. **People of that ilk**, gente de esa clase.

ill [ɪl] [il], *a.* y *s.* 1. Malo, enfermo, doliente. 2. Malo, contrario al bien; insaluble, malsano. 3. De calidad inferior, grosero, ordinario. 4. Poco diestro, inhábil. 5. Desgraciado, funesto. **Ill-humor**, mal humor. **Ill weeds grow apace**, la mala hierba crece a la vista. **To put an ill construction**, tomar una cosa a mal, interpretarla en mal sentido. **Dangerously ill**, peligrosamente enfermo *-s.* 1. Mal, maldad. 2. Desgracia, infortunio. *-adv.* Mal, malamente, apenas (hardly). **He can ill afford it**, apenas puede permitírselo. **To take ill**, llevar a mal. *Ill* se usa frecuentemente en composición expresando su significación primitiva. **Ill-affected** o **disposed**, mal intencionado. **Ill-contrived**, mal pensado, mal dispuesto, mal arreglado; cruel, de malas entrañas, duro. **Ill-fated**, desgraciado, malaventurado, desdichado. **Ill-gotten**, mal adqurirido o ganado. **Ill-grounded** o **founded**, mal fundado. **Ill-luck**, desgracia, desdicha. **Ill-winded**, maligno, malvado, mal intencionado. **Ill-pleased**, malcontento. **Ill spoken of**, el que tiene mala reputación. **Ill-advised**, no bien considerado, imprudente. **Ill-favored**, disforme, feo. **Ill-nature**, malevolencia, mala intención, mal genio. **Ill-natured**, duro o áspero de genio; malévolo, nocivo; descontentadizo. **Ill-stared**, desdichado, desgraciado. **Ill-temper**, aspereza de genio, irritabilidad, morosidad. **Ill-will**, mala voluntad tirria, aversión; tedio. **To bear** o **to owe a person ill-will**, tener, guardar rencor o temor a alguno.

I'll [aɪl] [ail], Contracción familiar de *I shall or I will*; formas del futuro.

illapese [ɪlə'pi:z] [i-la-pis], *s.* 1. Entrada gradual de una cosa en otra. 2. Acceso; *(fig.)* Inspiración, descenso, como el del Espíritu Santo.

illation [ɪ'leɪʃən] [i-lei-shon], *s.* Ilación, consecuencia, inferencia.

illative ['ɪlətɪv] [i-la-tiv], *a.* Ilativo, conclusivo. *-s.* Lo que indica alguna ilación.

illatively [,ɪlə'tɪvlɪ] [i-la-tiv-li], *adv.* Por ilación o conclusión.

illaudable ['ɪlɔ:dəbl] [i-lo-da-bol], *a.* Indigno de alabanza.

illaudably ['ɪlɔ:dəblɪ] [i-lo-da-bli], *adv.* Indignamente.

ill-bred ['ɪl'bred] [il-bred], *a.* Malcriado, mal educado.

illegal [ɪ'li:gəl] [i-li-gal], *a.* Ilegal (unlawful), contra ley. **illegal immigrant**, inmigrante ilegal.

illegality [ˌɪliː'gælɪtɪ] [i-li-ga-li-ti], *s.* Ilegalidad, falta de legalidad.
illegalize [ɪ'liːgəlaɪz] [i-li-ga-lais], *va.* Hacer ilegal alguna cosa.
illegally [ɪ'liːgəlɪ] [i-li-ga-li], *adv.* Ilegalmente.
illegibility [ɪ'ledʒɪ'bɪlɪtɪ] [i-le-yi-bi-li-ti], *s.* Condición o calidad de lo que no se puede leer.
illegible [ɪ'ledʒəbl] [i-le-ya-bol], *a.* Ilegible, lo que no se puede leer o es muy difícil de leer.
illegibly [ɪ'ledʒəblɪ] [i-le-ya-bli], *adv.* De un modo ilegible.
illegitimacy [ˌɪlɪ'dʒɪtɪˌəsɪ] [i-li-yi-ti-ma-si], *s.* Ilegitimidad.
illegitimate [ˌɪlɪ'dʒɪtɪmɪt] [i-li-yi-ti-mit], *a.* 1. Contrario a la ley, ilegal; especialmente, ilegítimo, bastardo, el nacido o procreado fuera de matrimonio legítimo. 2. Falso, erróneo, ilógico. 3. No autorizado por el uso.
illegitimate, *va.* Ilegitimar.
illegitimately [ˌɪlɪ'dʒɪtɪmɪtli] [i-li-yi-ti-mit-li], *adv.* Ilegítimamente.
illegitimation [ˌɪlɪ'dʒɪtɪˌmeɪʃən] [i-li-yi-ti-mei-shon], *s.* 1. Bastardía, ilegitimidad. 2. Suposición, impostura, falsedad.
illeviable [ˌɪlɪ'vaɪəbl] [i-li-via-bol], *a.* Lo que no puede ser exigido.
ill-humored [ɪl'hjuːməd] [il-jiu-mord], *a.* Malhumorado, de mal humor.
illiberal [ɪ'lɪbərəl] [i-li-be-ral], *a.* 1. Ruin, tacaño, mezquino, miserable. 2. Escaso de inteligencia, de entendimiento limitado. 3. Indigno de un hombre bien educado, innoble, el que carece de nobleza de alma o de dignidad.
illiberality [ɪ'lɪbərælɪtɪ] [i-li-be-ra-li-ti], *s.* 1. Tacañería, miseria (poverty), ruindad. 2. Poquedad, pusilanimidad, apocamiento, cortedad de ánimo.
illicit [ɪ'lɪsɪt] [i-li-sit], *a.* 1. Ilícito, que no es permitido, ilegal. 2. Que se relaciona con cosas o acciones ilícitas.
illicitly [ɪ'lɪsɪtlɪ] [i-li-sit-li], *adv.* Ilegalmente, ilícitamente.
illicitness [ɪ'lɪsɪtnɪs] [i-li-sit-nes], *s.* Carácter, naturaleza ilícta, ilegalidad.
illimitable [ɪ'lɪmɪtəbl] [i-li-mi-ter-bol], *a.* Ilimitable (boundless); infinito, indeterminado.
illimitably [ɪ'lɪmɪtəblɪ] [i-li-mi-ter-bli], *adv.* Ilimitiadamente.
ill-informed ['ɪlɪn'fɔːmd] [il-in-formd], *a.* Mal informado.
illinois ['ɪlɪnɔɪs] [i-li-nois], *s. pl.* Nombre genérico de ciertas tribus algonquinas, de los aborígenes norteamericanos, cuyo territorio comprendía el actual Estado de Illinois.
illiquation [ɪ'lɪkwɪʃən] [i-li-kei-shon], *s.* Acción de fundir una cosa en otra.
illision [ɪ'lɪʃən] [i-li-shon], *s.* Choque, golpe, colisión (crash).
illiteracy [ɪ'lɪtərəsɪ] [i-li-te-ra-si], *s.* 1. Analfabetismo. 2. Falta de instrucción, ignorancia.
illiterate [ɪ'lɪtərɪt] [i-li-te-reit], *a.* 1. Analfabeto. 2. Ignorante.
illiterateness [ɪ'lɪtərɪtnɪs] [i-li-te-reit-nes], *s.* La falta de conocimientos.
illiterature [ɪ'lɪtətʃəʳ] [i-li-ter-chaʳ], *s.* Falta de instrucción, ignorancia (ignorance).
ill-lived [ɪl'lɪvd] [i-livd], *a.* Malvado.
ill-looking [ɪl'luːkɪŋ] [il-lu-kin], *a.* Mal carado.
ill-mannered [ɪl'mænəd] [il-ma-nerd], *a.* Descortés (impolite), malcriado.
ill-nature [ɪl'neɪtʃəʳ] [il-nei-chaʳ], *s.* Malevolencia, mala intención, malicia, mal genio.
ill-natured [ɪl'neɪtʃəd] [il-nei-chad], *a.* Malévolo, nocivo; duro o áspero de genio, indómito, indomable (indomitable), malicioso, descontentadizo.
ill-naturedly [ɪl'neɪtʃədlɪ] [il-nei-chad-li], *adv.* De mala gana; con mala intención, con repugnancia.
ill-naturedness [ɪl'neɪtʃədnɪs] [il-nei-chad-nes], *s.* Falta de cariño; malicia, mala intención.
illness ['ɪlnɪs] [il-nes], *s.* 1. Mal, enfermedad (disease). 2. Maldad, depravación.
illogical [ɪ'lɒdʒɪkəl] [i-lo-yi-kal], *a.* Que no es conforme a las reglas de la lógica.
illogically [ɪ'lɒdʒɪkəlɪ] [i-lo-yi-ka-li], *adv.* En oposición a las reglas de la lógica.
ill-principled [ɪl'prɪndɪpləd] [il-prin-si-peld], *a.* 1. Inmoral (immoral), sin principios. 2. Inicuo, sin creencias.
ill-satisfied ['ɪl'sætɪsfaɪd] [il-sa-tis-faid], *a.* No satisfecho, descontento (dissatisfied).
ill-shaped ['ɪl'ʃeɪpt] [il-sheipt], *a.* Disforme, irregular (uneven), mal hecho, mal formado.
illsounding ['ɪl'saʊndɪŋ] [il-saun-din], *a.* Mal sonante.
ill-starred ['ɪl'stɑːd] [il-stard], *a.* Malaventurdo, desdichado, desgraciado.
illtempered ['ɪl'tempəd] [il-tem-pard], *a.* De mal carácter, de mal genio.
ill-treated ['ɪl'triːtɪd] [il-tri-tid], *a.* Maltratado, injuriado, agraviado.
illume [ɪ'luːm] [i-lum], *va. (Poet.)* Iluminar, aclarar.
illuminate [ɪ'luːmɪneɪt] [i-lu-mi-neit], *va.* 1. Iluminar (light), alumbrar con luces; dar luz. 2. Iluminar, ilustrar. 3. Iluminar, inspirar. 4. Adornar una cosa con pinturas o letras iniciales transparente o iluminadas.
illuminate, *a.* Iluminado; instruído. *-s.* El que procura ser mirado como un talento de orden superior. *Illuminati or Illuminates, s. pl.* Los iluminados, nombre que se dio a ciertos entusiastas del siglo XVIII.
illumination [ɪˌluːmɪ'neɪʃən] [i-lu-mi-nei-shon], *s.* 1. Iluminación (lighting), alumbrado, alumbramiento. 2. Iluminación, luminarias. 3. Brillo, esplendor. 4. Inspiración. 5. Alumbramiento, luces del cielo en nuestras almas.
illuminative [ɪ'luːmɪnətɪv] [i-lu-mi-na-tiv], *a.* Iluminativo.
illuminator [ɪ'luːmɪneɪtəʳ] [i-lu-mi-nei-toʳ], *s.* 1. Iluminador, el que o lo que ilumina o alumbra; lámpara, lente, etc., para concentrar la luz sobre objetos o lugares determinados. 2. Iluminador, el que tiene por oficio iluminar libros o manuscritos.
illumine [ɪ'luːmɪn] [i-lu-min], *va.* Iluminar. *V.* ILLUMINATE.
illusion [ɪ'luːʒən] [i-lu-shon], *s.* Ilusión, engaño, falsa apariencia (false appearance), aprensión, imaginación engañosa. **An optical illusion**, una ilusión óptica.
illusive [ɪ'luːsɪv] [i-lu-siv], *a.* Ilusivo, falso, engañoso.
illusively [ɪ'luːsɪvlɪ] [i-lu-siv-li], *adv.* Falsamente, aparentemente.
illusiveness [ɪ'luːsɪvnɪs] [i-lu-siv-nes], *s.* Ilusión, engaño, apariencia falsa.
illusory [ɪ'luːsərɪ] [i-lu-so-ri], *a.* Ilusorio, fantástico, aparente; engañoso, artificioso.
illustrate ['ɪləstreɪt] [i-lus-treit], *va.* 1. Ilustrar, elucidar, aclarar por medio de figuras, comparaciones, ejemplos, etc. 2. Demostrar (show), poner de manifiesto. 3. Ilustrar una obra con pinturas, grabados, etc. 4. *(Ant.)* Engrandecer, ennoblecer. 4. *(Ant.) V.* ILLUMINATE, 1ª acep.
illustration [ˌɪləs'treɪʃən] [i-las-trei-shon], *s.* 1. Ilustración, elucidación. 2. Dibujo, grabado, cuadro. 3. Arte o acción de ilustrar. 4. Ejemplo (example).
illustrative ['ɪləstrətɪv] [i-las-tra-tiv], *a.* Ilustrativo, explicativo.
illustratively ['ɪləstrətɪvlɪ] [i-las-tra-tiv-li], *adv.* Explícitamente.
illustrator ['ɪləstreɪtəʳ] [i-las-trei-taʳ], *s.* Ilustrador.
illustrious ['ɪləstrɪəs] [i-las-trios], *a.* Ilustre (distinguished), conspicuo (eminent), esclarecido, insigne, célebre.
illustriously ['ɪləstrɪəslɪ] [i-las-trios-li], *adv.* Ilustremente, esclarecidamente.
illustriousness ['ɪləstrɪəsnɪs] [i-las-trios-nes], *s.* Eminencia, grandeza, nobleza (nobility).
ill-usage ['ɪl'juːseɪdʒ] [il-iu-seich], *s.* Injusticia; crueldad; mal trato.
ill will ['ɪl'wɪl] [il-uil], *s.* Mala voluntad, malevolencia, tirria, aversión, rencor (spite).
I'm [aɪm] [aim], *contrac.* de I AM. Yo soy o estoy.
image ['ɪmɪdʒ] [i-mich], *s.* 1. Imagen (picture), efigie, estatua, retrato, pintura. 2. Imagen, figura, representación, semejanza de una cosa con otra; apariencia. **Corporate image**, imagen de empresa. 3. *(Opt.)* Imagen, duplicado de

un objeto, producido por medio de la reflexión o refracción. 4. Idea, representación de los objetos en el ánimo. 5. Personificación (embodiment).

image, *va.* 1. Figurar, formar una imagen de, reflejar. 2. Representar en la mente. 3. Parecer.

image-worship ['ɪmɪdʒˌwɜːkʃɪp] [i-mich-uerk-ship], *s.* El culto de las imágenes.

imagery ['ɪmɪdʒərɪ] [i-mi-che-ri], *s.* 1. Acción de formar imágenes, en cualquier sentido, conjunto de imágenes. 2. Exterioridad, apariencia. 3. Imaginación, aprehensión, vuelos de la fantasía, ideas falsas. 4. Forma o hechura exterior de las cosas 5. Tapicería con figuras o pinturas.

imaginable ['ɪmædʒɪnəbl] [i-mi-chi-na-bol], *a.* Imaginable. **She's the most beautiful person imaginable**, es la persona más bella que se pueda imaginar.

imaginary [ɪ'mædʒɪnərɪ] [i-ma-chi-na-ri], *a.* Imaginario, fantástico.

imagination [ɪˌmædʒɪ'neɪʃən] [i-ma-chi-nei-shon], *s.* 1. Imaginación. **It's only your imagination**, son imaginaciones tuyas. 2. Imaginación, inventiva (inventiveness), pensamiento. 3. Imaginación, aprehensión, idea fantástica, visión.

imaginative [ɪ'mædʒɪnətɪv] [i-ma-chi-na-tiv], *a.* Imaginativo. **Elizabeth is very imaginative**, Elizabeth es muy imaginativa.

imagine [ɪ'mædʒɪn] [i-ma-chin], *va.* 1. Imaginar, representarse algo en la imaginación. 2. Imaginar, pensar, concebir, idear, inventar, discurrir alguna cosa. 3. Premeditar, formar de antemano un proyecto en el ánimo. *-vn.* Imaginarse, figurarse (believe). **I imagine you're very tired**, me figuro que estarás muy cansado.

imaginer [ɪ'mædʒɪnə^r] [i-ma-chi-na^r], *s.* El que imagina, idea o inventa.

imagining [ɪ'mædʒɪnɪŋ] [i-ma-chi-nin], *s.* Imaginación, fantasía.

imago [ɪ'mægə] [i-ma-go], *s.* *(Lat.)* Insecto adulto llegado a la perfección, desarrollado sexualmente.

Imam [ɪ'mɑːm] [i-mam], *s.* 1. Imán, ministro de la religión mahometana, que recita las oraciones. 2. Título de Mahoma y sus cuatro sucesores inmediatos.

imbalance [ɪm'bælɑːns] [im-ba-lans], *s.* Desequilibrio.

imbank [ɪm'bæŋk] [im-bank], *va.* Respecto de esta palabra y otras en *im-* que no se hallan aquí, véase *em-*.

imbarn [ɪm'bɑːn] [im-barn], *va.* Entrojar, encerrar en graneros.

imbecile ['ɪmbəsiːl] [im-be-sil], *a.* Imbécil, necio, débil, tonto (idiot).

imbecility [ˌɪmbɪ'sɪlɪtɪ] [im-bi-si-li-ti], *s.* Imbecilidad, debilidad; impotencia.

imbed ['ɪmbed] [im-bed], *va. V.* EMBED.

imbibe [ɪm'baɪb] [im-baib], *va.* 1. Embeber, atraer y recoger en sí alguna cosa líquida. 2. Empapar, chupar. 3. Embelesar el ánimo con alguna idea: en castellano sólo se usa en este sentido como neutro el verbo embeber, y se dice embeberse o embebecerse. 4. Beber (drink), ingerir.

imbiber [ɪm'baɪbə^r] [im-bai-ba^r], *s.* Embebedor, la persona o cosa que embebe.

imbibiton [ɪm'bɪbɪtən] [im-bi-bi-ton], *s.* Imbibición.

imbitter [ɪm'bɪtə^r] [im-bi-ta^r], *va. V.* EMBITTER.

imbosom [ɪm'bəsəm] [im-bo-som], *va. V.* EMBOSOM.

imbricate, imbricated [ɪm'brɪkeɪt] [im-bri-keit], *a.* Imbricado, puesto o colocado uno sobre otro como ripias o pizarras.

imbrication [ˌɪmbrɪ'keɪʃən] [im-bri-kei-shon], *s.* Desigualdad cóncava, como la de las conchas.

imbroglio [ɪm'brəʊlɪəʊ] [im-brou-liou], *s.* Embrollo, engaño, complicación de la cual resulta confusión.

imbrown [ɪm'braʊn] [im-braun], *va. V.* EMBROWN.

imbrue [ɪm'bruː] [im-bru], *va.* Remojar, embeber o empapar una cosa en algún líquido. **To imbure one's hands in blood**, teñir sus manos en sangre.

imbrute [ɪm'bruːt] [im-brut], *va.* Embrutecer, degradar a uno o reducirle al estado de los brutos. *-vn.* Reducirse al estado de bruto.

imbue [ɪm'bjuː] [im-biu], *va.* 1. Tinturar, teñir. 2. Imbuir, infundir (inspire), llenar o penetrar de una doctrina, una opinión, etc.

imitability [ˌɪmɪtə'bɪlɪtɪ] [i-mi-ter-bi-li-ti], *s.* La calidad de ser imitable.

imitable ['ɪmɪtəbl] [i-mi-ter-bol], *a.* Imitable, que se puede imitar.

imitate ['ɪmɪteit] [i-mi-teit], *va.* 1. Imitar, tomar por modelo, seguir el ejemplo. 2. Remedar, contrahacer. 3. Copiar.

imitation [ˌɪmɪ'teɪʃən] [i-mi-tei-shon], *s.* 1. Imitación (copying). **To learn by imitation**, aprender imitando. 2. Ejemplar, modelo; copia. 3. Método de traducir libremente un escrito o composición. *-a.* De imitación.

imitational [ˌɪmɪ'teɪʃənl] [i-mi-tei-sho-nal], *a.* Imitador, referente a la imitación.

imitative ['ɪmɪtətɪv] [i-mi-ter-tiv], *a.* Imitativo, imitado.

imitator ['ɪmɪteɪtə^r] [i-mi-tei-ta^r], *s.* Imitador.

imitatorship ['ɪmɪteɪtəʃɪp] [i-mi-ter-ship], *s.* Imitación, calidad de ser imitador.

immaculate ['ɪmækjʊlɪt] [i-ma-kiu-lit], *a.* 1. Inmaculado, puro (pure). 2. Impecable.

inmaculately [ɪ'mækjʊlɪtlɪ] [i-ma-kiu-lit-li], *adv.* Inmaculadamente.

inmaculateness [ɪ'mækjʊlɪtnɪs] [i-ma-kiu-lit-nes], *s.* Pureza, inocencia.

immailed ['ɪmeɪld] [i-meild], *a.* Lo que tiene malla o armadura.

immalleable ['ɪmælɪəbl] [i-ma-lia-bol], *a.* No maleable.

immanacle ['ɪmænəkl] [i-ma-na-kol], *va.* 1. Aprisionar con esposas o grillos. 2. *(Fam.)* Echar o poner grillos o esposas.

immance ['ɪməns] [i-mans], *a.* *(Ant.)* Vasto, enorme (huge).

immanely ['ɪmænɪlɪ] [i-ma-ni-li], *adv.* Mostruosamente.

immanence, immanency ['ɪmənəns] [i-ma-nans], *s.* La calidad y el estado de inmanente; inherencia.

immanent ['ɪmənənt] [i-ma-nant], *a.* Inmanente, inherente, intrínseco, interno; lo que va unido de un modo inseparable a la esencia de un ser.

immanuel [ɪ'mænjʊəl] [i-ma-nuel], *n. pr.* Nombre bíblico de Jesucristo, que quiere decir Dios con nosotros.

immask ['ɪmɑːsk] [i-mask], *va.* Enmascarar, disfrazar.

immaterial [ˌɪmə'tɪərɪəl] [i-ma-tia-rial], *a.* 1. Inmaterial, incorpóreo. 2. Frívolo, fútil; indiferente; de ninguna importancia, irrelevante (unimportant).

immaterialism [ˌɪmə'tɪərɪəlɪzm] [i-ma-tia-ria-li-sem], *s.* 1. Espiritismo. 2. Inmaterialismo; idealismo.

immaterialist [ˌɪmə'tɪərɪəlɪst] [i-ma-tia-ria-list], *s.* Inmaterialista, nombre dado a unos sectarios que sostenían que todo es espíritu; los partidarios del espiritismo.

immateriality [ˌɪmə'tɪərɪˌælɪtɪ] [i-ma-tia-ria-li-ti], *s.* Inmaterialidad, espiritualidad.

immaterialized [ˌɪmə'tɪərɪəlaɪst] [i-ma-tia-ria-laist], *a.* Incorpóreo, espiritual.

immaterially [ˌɪmə'tɪərɪəlɪ] [i-ma-tia-ria-li], *adv.* Espiritualmente.

immaterialness [ˌɪmə'tɪərɪəlnɪs] [i-ma-tia-rial-nes], *s.* Inmaterialidad.

immature [ˌɪmə'tʃʊə^r] [i-ma-chua^r], *a.* 1. Inmaturo, que no ha llegado a la perfección; imperfecto, no desarrollado. 2. Temprano, adelantado, prematuro, precoz.

immaturely [ˌɪmə'tʃʊəlɪ] [i-ma-chua-li], *adv.* Prematuramente, antes de tiempo o de la completa madurez; demasiado pronto.

immeasurability, immeasurableness [ɪ'meʒərə'bɪlɪtɪ] [i-me-sa-ra-bi-li-ti], *s.* Inmensidad, inmensurabilidad, calidad de lo que no puede medirse.

immeasurable [ɪ'meʒərəbl] [i-me-sa-ra-bol], *a.* Inmensurable, inmenso (vast).

immeasurably [ɪ'meʒərəblɪ] [i-me-sa-ra-bli], *adv.* Inmensamente.

immediacy [ɪ'mi:dɪəsɪ] [i-mi-dia-si], *s.* Independencia absoluta, facultad de obrar sin intervención de otro.

immediate [ɪ'mi:dɪət] [i-mi-diet], *a.* Inmediato (prompt), lo que se sigue próximamente; instanténeo, o que no admite dilación. 2. Inmediato, lo que obra por sí sin la mediación de otra cosa; directo. 3. Inmediato, lo que está cercano o contiguo a otra cosa. 4. Intuitivo, perteneciente a una concepción directa. **Immediate truths**, verdades intuitivas.

immediately [ɪ'mi:dɪətlɪ] [i-mi-diet-li], *adv.* 1. Inmediatamente, luego, al instante. **It's not immediately obvious**, no resulta obvio a primera vista. 2. Directamente (directly), sin intervención de otra causa; intuitivamente.

immediateness [ɪ'mi:dɪətnɪs] [i-mi-diet-nes], *s.* 1. Calidad o estado de inmediato. 2. Presencia inmediata.

immedicable [ɪ'mi:dɪkəbl] [i-mi-di-ka-bol], *a.* Incurable, irremediable.

immelodious [ɪ'mi:lədɪəs] [i-mi-lo-dios], *a.* Discorde; lo que carece de melodía.

immemorial [ɪ'mi:mərɪəl] [i-mi-mo-rial], *a.* Inmemorial o inmemorable, tan antiguo que no hay memoria de cuándo comenzó o sucedió.

immense [ɪ'mens] [i-mens], *a.* Inmenso, infinito, ilimitado; vasto; desmedido, que no tiene medida.

immensely [ɪ'menslɪ] [i-mens-li], *adv.* Inmensamente, sin medida, ilimitadamente.

immenseness [ɪ'mensnɪs] [i-mensnes], *s.* Inmensidad, grandeza ilimitada.

immensity [ɪ'mensɪtɪ] [i-men-si-ti], *s.* Inmensidad, infinidad en extensión o medida.

immensurability [ɪ'mensərə'bɪlɪtɪ] [i-men-su-ra-bi-li-ti], *s.* Inmensurabilidad.

immensurable [ɪ'menśrəbl] [i-men-su-ra-bol], **immensurate** [ɪ'mensəreɪt] [i-men-su-reit], *a.* Inmensurable.

immerge [ɪ'mɜ:dʒ] [i-merch], *va.* Sumergir, zambullir, meter alguna cosa dentro de un fluido. *-vn.* Ocultarse, perderse de vista, como una estrella ante la luz del sol.

immerse [ɪ'mɜ:s] [i-mers], *va.* 1. Sumergir (submerge), zambullir, meter alguna cosa dentro del agua o cualquier otro fluido. 2. Meter alguna cosa en un sitio muy hondo o en algo muy espeso. 3. Sumergir o anegar en penas, dolor, miseria, etc. 4. Bautizar por medio de la inmersión.

immersed [ɪ'mɜ:st] [i-merst], *a.* Hundido, sumido, sumergido, agobiado.

immersion [ɪ'mɜ:ʃən] [i-mer-shon], *s.* Inmersión, hundimiento, sumersión. **Immersion heater**, calentador eléctrico.

immersionist [ɪ'mɜ:ʃənɪst] [i-mer-sho-nist], *s.* Inmersionista, el que cree en la necesidad de la inmersión total del cuerpo en el bautismo.

immesh [ɪ'meʃ] [i-mesh], *va. V.* ENMESH.

immethodical [ˌɪme'θədɪkl] [i-me-zo-di-kal], *adv.* Confusamente, de una manera falta de orden o método.

immethodicalness [ˌɪme'θədɪklnɪs] [i-me-zo-di-kal-nes], *s.* Confusión, falta de orden o método.

immigrant ['ɪmɪgrənt] [i-mi-grant], *s.* Inmigrante, el que llega a un país con ánimo de establecerse en él.

immigrate ['ɪmɪgreɪt] [i-mi-greit], *vn.* Inmigrar, trasladarse o llegar a un país para establecerse en él.

immigrate, *vn.* Inmigrar, trasladarse o llegar a un país para establecerse en él.

inmigration [ˌɪmɪ'greɪʃən] [i-mi-grei-shon], *s.* Inmigración.

imminence ['ɪmɪnəns] [i-mi-nens], *s.* El peligro próximo, inminente o cercano.

imminent ['ɪmɪnənt] [i-mi-nent], *a.* Inminente, lo que amenaza o está para suceder prontamente.

immingle ['ɪmɪŋl] [i-min-guel], *va.* Mezclar (mix), trabar, unir.

immiscibility [ˌɪmɪsɪ'bɪlɪtɪ] [i-mi-si-bi-li-ti], *s. (Quím.)* Inmiscibilidad, calidad de lo que no es susceptible de mezcla.

immiscible ['ɪmɪsɪbl] [i-mi-si-bol], *a.* Inmiscible, que no se puede mezclar homogéneamente con otra cosa, como el agua y el aceite.

immission ['ɪmɪʃən] [i-mi-shon], *s.* Introducción, inyección, acto y efecto de inyectar o de hacer entrar, lo opuesto a *emission.*

immit ['ɪmɪt] [i-mit], *va.* Introducir una cosa en otra, inyectar; opuesto a *emit.*

immitigable ['ɪmɪtɪgəbl] [i-mi-ti-ga-bol], *a.* Inmitigable, lo que no puede ser mitigado.

immobile [ɪ'məʊbaɪl] [i-mou-bail], *a.* 1. Inmóvil (motionless), inmoble, que no se puede mover. 2. Inmoble, que no se deja afectar por las emociones; constante en sus afectos.

immobility [ɪ'məʊbaɪlɪtɪ] [i-mou-bai-li-ti], *s.* Inmovilidad, falta de movimiento, resistencia al movimiento.

immobilize [ɪ'məʊbɪlaɪz] [i-mou-bi-lais], *vt.* Inmovilizar.

immoderacy [ɪ'mədɪrəsɪ] [i-mo-di-ra-si], *s.* Exceso, inmoderación.

immoderate [ɪ'mɒdərɪt] [i-mo-de-rit], *a.* Inmoderado, excesivo, irrazonable; intemperante, desarreglado, radical, extremista..

immoderately [ɪ'mɒdərɪtlɪ] [i-mo-de-rit-li], *adv.* Inmoderadamente.

immoderateness [ɪ'mɒdərɪtnɪs] [i-mo-de-rit-nes], *s.* Inmoderación.

immoderation [ˌɪmɒdə'reɪʃən] [i-mo-de-rei-shon], *s.* Inmoderación, exceso, desarreglo.

immodest [ɪ'mɒdɪst] [i-mo-dist], *a.* 1. Falto de reserva, de decoro, de pudor; inmodesto, presuntuoso (conceited), impuro, indecente, deshonesto. 2. Impudente, atrevido, insolente. 3. *(Ant.)* Inmoderado, poco razonable.

immodestly [ɪ'mɒdɪstlɪ] [i-mo-dist-li], *adv.* Inmodestamente, de una manera indecorosa, deshonestamente.

immodesty [ɪ'mɒdɪstɪ] [i-mo-dis-ti], *s.* Inmodestia (conceit), falta de modestia, de decoro; indecencia (indecency), deshonestidad; profanidad.

immolate [ɪ'məʊleɪt] [i-mou-leit], *va.* Inmolar, sacrificar.

immolation [ɪ'məʊleɪʃən] [i-mou-lei-shon], *s.* Inmolación, sacrificio (cruento, por regla general).

immolator [ɪ'məʊleɪtə^r] [i-mou-lei-ta^r], *s.* Inmolador, sacrificador.

immoral [ɪ'mɒrəl] [i-mo-ral], *a.* Inmoral, depravado, malvado; desarreglado, licencioso (dissolute), vicioso, corrompido.

immorality [ˌɪmə'rælɪtɪ] [i-mo-ra-li-ti], *s.* Inmoralidad, pravedad, iniquidad, perversidad, corrupción de costumbres, desarreglo, desorden.

immortal [ɪ'mɔ:tl] [i-mor-tal], *a.* 1. Inmortal; perpetuo. 2. Inmortal, digno de eterna fama.

immortality [ˌɪmɔ:'tæltɪ] [i-mor-ter-li-ti], *s.* 1. Inmortalidad, calidad de inmortal. 2. Inmortalidad, eterna memoria o fama entre los hombres.

immortalization [ˌɪmɔ:təlaɪ'zeɪʃən] [i-mor-ter-lai-sei-shon], *s.* El acto de inmortalizar; perpetuación.

immortalize [ɪ'mɔ:təlaɪz] [i-mor-ter-lais], *va.* Inmortalizar, eternizar.

immortally [ɪ'mɔ:təlɪ] [i-mor-ter-li], *adv.* Inmortalmente, sin fin, para siempre.

immotile [ɪ'mətɪl] [i-mo-til], *a. (Biol.)* Inmóvil, estacionario.

inmovability [ɪ'mu:və'bɪlɪtɪ] [i-mu-va-bi-li-ti], *s.* Inmovilidad, incapacidad o imposibilidad de moverse.

immovable [ɪ'mu:vəbl] [i-mu-va-bol], *a.* 1. Inmóvil, inamovible, fijo, inmoto. 2. Inmoble, inmutable (unchanging), firme, inflexible en un designio, inalterable. 3. Impasible, insensible, apático. **Immovables, immovable estate**, inmueble: se dice de los bienes raíces o fincas.

immovableness [ɪ'mu:vəblnɪs] [i-mu-va-bol-nes], *s.* Inmovilidad; inmutabilidad; inalterabilidad; insensibilidad.

immovably [ɪ'mu:vəblɪ] [i-mu-va-bli], *adv.* Inmóvilmente, inmutablemente, de un modo inalterable.

immune [ɪ'mju:n] [i-miun], *a. (Med.)* Inmune, exento de una enfermedad; especialmente, protegido por la inoculación. **I've had measles, so I'm immune**, ya he tenido el sarampión, así que estoy inmunizado.

immunization [ˌɪmjuːnaɪˈzeɪʃən] [i-miu-nai-sei-shon], *s.* Inmunización.

immunize [ˈɪmjʊnaɪz] [i-miu-nais], *va.* Hacer inmune, proteger por la inoculación contra la infección.

immunity [ɪˈmjuːnɪtɪ] [i-miu-ni-ti], *s.* Inmunidad, libertad, privilegio, exención (exemption) de cargas, obligaciones, penas, etc.; franquicia. **Parliamentary immunity**, inmunidad parlamentaria.

immure [ɪˈmjʊəʳ] [i-miuaʳ], *va.* Emparedar, tapar o cercar con paredes o muros.

immutability [ɪˈmjʊtəˈbɪlɪtɪ] [i-miu-ter-bi-li-ti], *s.* Inmutabilidad, firmeza, constancia.

immutable [ɪˈmjʊtəbl] [i-miu-ter-bol], *a.* Inmutable, que no puede mudar; inalterable. **This law is immutable,** esta ley es inmutable.

immutableness [ɪˈmjʊtəblnɪs] [i-miu-ter-bol-nes], *s.* Inmutabilidad.

immutably [ɪˈmjʊtəblɪ] [i-miu-ter-bli], *adv.* Inmutablemente, inalterablemente.

imp [ɪmp] [imp], *s.* 1. Diablillo, duende, trasgo. 2. Diablillo, tunantuelo, muchacho travieso.

impact [ˈɪmpækt] [im-pakt], *va.* Empaquetar; unir varias cosas entre sí apretándolas mucho unas con otras.

impact, *s.* Acción de dar un golpe; choque, colisión de un cuerpo que está en movimiento con otro. **The bomb exploded on impact**, la bomba estalló al hacer impacto.

impacted [ɪmˈpæktɪd] [im-pak-tid], *a.* Impactado.

impaction [ɪmˈpækʃən] [im-pak-shon], *s.* *(Med.)* Atasco, impedimiento de un órgano, como el intestino; también, presión de una parte sobre otra.

impair [ɪmˈpɛəʳ] [im-peaʳ], *va.* Empeorar, disminuir en cantidad o en valor; alterar, deteriorar, echar a perder, debilitar. *-vn.* Empeorar, ir una cosa de mal en peor; enflaquecer; gastarse o echarse a perder alguna cosa.

impairer [ɪmˈpɛərəʳ] [im-pea-raʳ], *s.* Lo que disminuye o empeora.

impairing [ɪmˈpɛərɪŋ] [im-pea-rin], *s.* Diminución, alteración (disturbance).

impairment [ɪmˈpɛəmənt] [im-pea-ment], *s.* Empeoramiento, deterioración, deterioro.

impale, *va.* *V.* EMPALE.

impalpability [ɪmˌpælpəˈbɪlɪtɪ] [im-pal-pa-bi-li-ti], *s.* Impalpabilidad (intangibility), calidad de lo que es impalpable.

impalpable [ɪmˈpælpəbl] [im-pal-pa-bol], *a.* 1. Impalpable, que no se puede tocar o palpar. 2. Intangible (intangible), incomprensible, ininteligible, sin realidad.

impanate [ɪmˈpəneɪt] [im-pa-neit], *va.* *(Teol.)* Empanar; incorporar en el pan.

impanation [ˌɪmpəˈneɪʃən] [im-pa-nei-shon], *s.* Empanación, la subsistencia del pan con el cuerpo de Jesucristo después de la consagración, según los luteranos.

impanel [ɪmˈpənl] [im-pa-nel], *va.* 1. Inscribir en la lista de los jurados. 2. Formar la lista de los jurados; hacer prestar juramento, como lo prestan los miembros de un jurado.

imparadise [ɪmˈpærədaɪz] [im-pa-ra-dais], *va.* Colocar en un estado feliz semejante al del paraíso.

imparity [ɪmˈpærɪtɪ] [im-pa-ri-ti], *s.* 1. Desigualdad, desproporcion (disparity). 2. Indivisibilidad, calidad de impartible. 3. Disparidad, diferencia.

impark [ɪmˈpɑːk] [im-park], *va.* Encerrar o incluir en un parque; rodear, hacer un parque por medio de cercas.

impart [ɪmˈpɑːt] [im-part], *va.* 1. Dar (give), conceder, conferir. 2. Comunicar, dar parte, hacer saber.

impartial [ɪmˈpɑːʃəl] [im-par-shal], *a.* Imparcial.

impartiality [ɪmˌpɑːʃɪˈælɪtɪ] [im-par-shia-li-ti], *s.* Imparcialidad, equidad (fairness), desinterés.

impartially [ɪmˈpɑːʃəlɪ] [im-par-sha-li], *adv.* Imparcialmente, equitativamente.

impartible [ɪmˈpɑːtɪbl] [im-par-ti-bol], *a.* 1. Impartible, indivisible. 2. Comunicable; concedible.

impartment [ɪmˈpɑːtmənt] [im-part-ment], *s.* Acción de dar, de conferir; comunicación.

impassable [ɪmˈpɑːsəbl] [im-pa-sa-bol], *a.* Intransitable, impracticable.

impassableness [ɪmˈpɑːsəblnɪs] [im-pa-sa-bol-nes], *s.* Incapacidad de ser pasado o de admitir pasaje o paso.

impasse [ɪmˈpɑːs] [im-pas], *s.* 1. Camino intransitable. 2. *(Fig.)* Callejón sin salida, obstáculo insuperable, atolladero, atascadero, punto muerto.

impassibility [ˌɪmpɑːsəˈbɪlɪtɪ] [im-pa-sa-bi-li-ti], *s.* 1. Impasibilidad, incapacidad de padecer. 2. Inalterabilidad.

impassible [ɪmˈpɑːsɪbl] [im-pa-si-bol], *a.* 1. Impasible, incapaz de padecer. 2. Apático (apathetic), insensible, sin emoción.

impassibleness [ɪmˈpɑːsɪblnɪs] [im-pa-si-bol-nes], *s.* Impasibilidad.

impassion [ɪmˈpæʃən] [im-pa-shon], *va.* *(Poet.)* Mover las pasiones, excitar fuertemente el ánimo. *-vn.* Apasionarse (enthuse).

impassionable [ɪmˈpæʃənəl] [im-pa-sho-na-bol], *a.* Conmovible, susceptible de apasionamiento.

impassionate [ɪmˈpæʃəneɪt] [im-pa-sho-neit], *va.* Apasionar; conmover, afectar vivamente.

impassioned [ɪmˈpæʃənd] [im-pa-shond], *a.* Apasionado, vehemente; que expresa pasión, ardor, etc.

impassive [ɪmˈpæsɪv] [im-pa-siv], *a.* Lo que está exento de la influencia de las causas externas.

impassiveness [ɪmˈpæsɪvnɪs] [im-pa-siv-nes], *s.* El estado de hallarse exento de la influencia de las causas externas.

impastation [ɪmˈpæsteɪʃən] [im-pas-tei-shon], *s.* 1. Una mezcla se substancias de diversos colores y consistencia, unidas entre sí por un cemento y endurecidas por el aire o el fuego. 2. *(Pint.)* Empaste.

impaste [ɪmˈpeɪst] [im-peist], *va.* 1. Hacer pasta o poner una cosa en forma de pasta. 2. *(Pint.)* Empastar, sobrecargar de colores lo que se ha dibujado.

impatible [ɪmˈpætɪbl] [im-pa-ti-bol], *a.* Intolerable.

impatience [ɪmˈpeɪʃəns] [im-pei-shans], *s.* 1. Impaciencia, desasosiego. 2. Irritabilidad, intolerancia de toda oposición o sujeción; petulancia, ansia, apresuramiento.

impatient [ɪmˈpeɪʃənt] [im-pei-shant], *a.* 1. Impaciente. 2. Inquieto, irritable, intolerante; apresurado. *-s.* El que es impaciente, el que tiene pasiones fuertes.

impatiently [ɪmˈpeɪʃəntlɪ] [im-pei-shant-li], *adv.* Inquietamente, impacientemente.

impawn [ɪmˈpɔːn] [im-pon], *va.* Empeñar, dar o dejar alguna cosa en prenda.

impeach [ɪmˈpiːtʃ] [im-pich], *va.* 1. Acusar, denunciar o delatar en virtud de autoridad pública; imputar; dirigir una acusación a un personaje, encausarlo. 2. *(For.)* Tachar, hacer objeción a, poner tachas.

impeachable [ɪmˈpiːtʃəbl] [im-pi-cha-bol], *a.* Delatable, susceptible de acusación; censurable, cuestionable, expuesto a ser tachado.

impeacher [ɪmˈpiːtʃəʳ] [im-pi-chaʳ], *s.* Acusador, denunciador, delator.

impeachment [ɪmˈpiːtʃmənt] [im-pich-ment], *s.* 1. Reconvención, tacha; desdoro. 2. Acusación pública; la acción de pedir cuentas; en especial, acusación y proceso de un alto funcionario del orden civil. 3. Imputación, delación.

impearl [ɪmˈpɜːl] [im-perl], *va.* 1. Hacer alguna cosa ne figura de perlas. 2. Adornar con perlas.

impeccability [ɪmˈpekəˌbɪlɪtɪ] [im-pe-ka-bi-li-ti], *s.* Impecabilidad.

impeccable [ɪmˈpekəbl] [im-pe-ka-bol], *a.* Impecable, incapaz de pecar.

impeccancy [ɪmˈpekənsɪ] [im-pe-kan-si], *s.* Impecabilidad, incapacidad de epcar.

impeccant [ɪmˈpekənt] [im-pe-kant], *a.* Exento de pecar; sin tacha.

impecuniosity [ɪmˈpekjʊnɪˈɒsɪtɪ] [im-pe-kiu-nio-si-ti], *s.* Falta de dinero, de recursos.

impecunious [ˌɪmpɪ'kjuːnɪəs] [im-pi-kiu-nios], *a.* Falto de dinero; habitualmente pobre.
impede [ɪm'piːd] [im-pid], *va.* Impedir, imbarazar con obstáculos, o sser obstáculo; retardar, obstruir.
impediment [ɪm'pedɪmənt] [im-pe-di-ment], *s.* Impedimento, embarazo, obstáculo; obstrucción.
impedimental [ɪm'pedɪməntl] [im-pe-di-men-tal], *a.* Que impide, detiene o retarda; que sirve de obstáculo para la ejecución de una cosa.
impeditive [ɪm'pedɪtɪv] [im-pe-di-tiv], *a.* Impeditivo.
impel [ɪm'pel] [im-pel], *va.* 1. Impeler, excitar a obrar, poner en movimiento, hacer avanzar. 2. Impeler, incitar, apretar, apurar.
impellent [ɪm'pelənt] [im-pe-lent], *a.* Impelente; impulsor; que tiende a impeler. *-s.* 1. Empuje o empujo. 2. Motor, móvil, autor.
impeller [ɪm'peləʳ] [im-pe-laʳ], *s.* Impulsor, el que empuja o impele hacia adelante.
impen [ɪm'pen] [im-pen], *va. V.* IMPOUND.
impend [ɪm'pend] [im-pend], *vn.* Amenazar, amagar, ser inminente.
impendence [ɪm'pendəns] [im-pen-dans], **Impendency** [ɪm'pendənsɪ] [im-pen-dan-si], *s.* El estado de lo que amenaza o está próximo a caer sobre uno.
impendent [ɪm'pendənt] [im-pen-dant], **impending** [ɪm'pendɪŋ] [im-pen-din], *a.* Inminente, pendiente, amenazante.
impenetrability [ɪmˌpenɪtrə'bɪlɪtɪ] [im-pe-ni-tra-bi-li-ti], *s.* 1. Impenetrabilidad, calidad de lo impenetrable. 2. *(Fís.)* Impenetrabilidad, propiedad que impide la presencia de un cuerpo en el lugar que otro ocupa.
impenetrable [ɪm'penɪtrəbl] [im-pe-ni-tra-bol], *a.* 1. Impenetrable, intransitable, que no se puede penetrar; se dice de las cosas materiales. 2. Impenetrable, que no se puede penetrar con la vista ni con la mente; abstruso, difícil de comprender; denso, espeso. **Impenetrable darkness,** obscuridad densa, impenetrable. 3. *(Fís.)* que posee la propiedad física de la impenetrabilidad.
impenetrableness [ɪm'penɪtrəblnɪs] [im-pe-ni-tra-bol-nes], *s.* Impenetrabilidad.
impenetrably [ɪm'penɪtrəblɪ] [im-pe-ni-tra-bli], *adv.* Impenetrablemente.
impenitence [ɪm'penɪtəns] [im-pe-ni-tens], **impenitency** [ɪm'penɪtənsɪ] [im-pe-ni-ten-si], *s.* Impenitencia, endurecimiento de corazón, obstinación en el pecado.
impenitent [ɪm'penɪtənt] [im-pe-ni-tent], *a.* Impenitente, obstinado en la culpa. *-s.* El que es impenitente.
impenitently [ɪm'penɪtəntlɪ] [im-pe-ni-tent-li], *adv.* Sin penitencia o contrición, con endurecimiento de corazón.
impennate [ɪm'peneɪt] [im-pe-neit], *a.* Impennado, que tiene alas cortas y con plumar tan pequeñas que parecen escamas, como las alas de los pingüinos.
impennous [ɪm'penəs] [im-pe-nos], *a.* Sin alas.
imperate [ɪm'pəreɪt] [im-pe-reit], *a.* Lo que nace de voluntad y se hace de buena gana, por una convicción interior de que debe hacerse.
imperative [ɪm'perətɪv] [im-pe-ra-tiv], *a.* Imperativo, imperioso, que expresa un mandato positivo; perentorio. *-s.* 1. Mandato perentorio. 2. *(Gram.)* Modo imperativo.
imperatively [ɪm'perətɪvlɪ] [im-pe-ra-tiv-li], *adv.* Imperativamente, por orden expresa.
imperceptible [ˌɪmpə'septəbl] [im-pa-sep-ter-bol], *a.* Imperceptible, que no se puede percibir. *-s.* Cosa imperceptible o pequeñísima.
imperceptibleness [ˌɪmpə'septəblnɪs] [im-pa-sep-ter-bol-nes], *s.* Imperceptibilidad.
imperceptibly [ˌɪmpə'septəblɪ] [im-pa-sep-ter-bli], *adv.* Imperceptiblemente.
imperception [ˌɪmpə'sepʃən] [im-pa-sep-shon], *s.* Falta de percepción, impercepción.
imperceptive [ˌɪmpə'septɪv] [im-pa-sep-tiv], **impercipient** [ˌɪmpə'sɪpɪənt] [im-pa-si-piant], *a.* Lo que no tiene poder de percibir o de percepción.
imperfect [ɪm'pɜːfɪkt] [im-per-fikt], *a.* Imperfecto, incompleto, defectuoso.
imperfection [ˌɪmpə'fekʃən] [im-pa-fek-shon], *s.* 1. Imperfección. 2. Imperfección, falta o defecto ligero en lo moral.
imperfectly [ɪm'pɜːfɪktlɪ] [im-per-fikt-li], *adv.* Imperfectamente.
imperfectness [ɪm'pɜːfɪktnɪs] [im-per-fikt-nes], *s.* Imperfección, defecto, falta.
imperforable [ɪm'pɜːfərəbl] [im-per-fo-ra-bol], *a.* Imperforable, lo que no se puede agujerear.
imperforate, imperforated [ɪm'pɜːfərɪt] [im-per-fo-rit], *a.* Imperforado, sin perforaciones, cerrado.
imperforation [ˌɪmpəfə'reɪʃən] [im-per-fo-rei-shon], *s.* Imperforación, cerramiento, obstrucción de las partes que deben estar abiertas.
imperial [ɪm'pɪərɪəl] [im-pi-rial], *a.* 1. Imperial, perteneciente a un imperio o a un emperador o emperatriz. 2. Soberano, predominante. 3. A propósito para un emperador, digno o en calidad. *-s.* 1. Pera, perilla, porción de barba que se deja crecer bajo el labio inferior. 2. *(Arq.)* Cúpula con perfil de cimacio, como las moriscas. 3. Cualquier cosa de tamaño o calidad superior en su clase.
imperialism [ɪm'pɪərɪəlɪzəm] [im-pi-ria-li-sem], *s.* Imperialismo, estado, carácter o espíritu imperial; aspiración a formar un imperio; doctrino de los imperialistas.
imperialist [ɪm'pɪərɪəlɪst] [im-pi-ria-list], *s.* Imperial, imperialista, partidario del gobierno imperial; en particular, (a) partidario del antiguo imperio de Alemania; (b) partidario del imperio francés, en oposición así a la república como a la monarquía; bonapartista.
imperialized [ɪm'pɪərɪəlaɪst] [im-pi-ria-laist], *a.* El que es del partido de un emperador.
imperially [ɪm'pɪərɪəlɪ] [im-pi-ria-li], *adv.* Imperialmente.
imperialty [ɪm'pɪərɪəltɪ] [im-pi-rial-ti], *s.* El poder imperial.
imperil [ɪm'pɪərɪl] [im-pi-ril], *va.* Poner en peligro, en riesgo; arriesgar.
imperious [ɪm'pɪərɪəs] [im-pi-rios], *a.* 1. Imperioso, altivo, orgulloso, arrogante, fiero, despótico. 2. Urgente, perentorio, irresistible. **An imperious necessity,** una necesidad urgente, imperiosa.
imperiously [ɪm'pɪərɪəslɪ] [im-pi-rios-li], *adv.* Imperiosamente, con altivez.
imperiousness [ɪm'pɪərɪəsnɪs] [im-pi-rios-nes], *s.* Autoridad, mando; arrogancia, altivez.
imperishable [ɪm'perɪʃəbl] [im-pe-ri-sha-bol], *a.* Imperecedero; indestructible; eterno.
impermanence [ɪm'pɜːmənəns] [im-per-ma-nens], **impermanency** [ɪm'pɜːmənənsɪ] [im-per-ma-nen-si], *s.* Inestabilidad.
impermanent [ɪm'pɜːmənət] [im-per-ma-nent], *a.* Que no es permanente.
impermeability [ɪmˌpɜːmɪə'bɪlɪtɪ] [im-per-mia-bi-li-ti], *s.* Impermeabilidad.
impermeable [ɪm'pɜːmɪəbl] [im-per-mia-bol], *a.* Impermeable, impenetrable, que no puede ser penetrado por los fluidos.
impersonal [ɪm'pɜːsnl] [im-per-so-nal], *a.* 1. Impersonal, que no tiene ni implica personalidad. 2. Que no se relaciona con una persona o cosa determinada. 3. *(Gram.)* Impersonal, que tiene o contiene sujeto indeterminado; en inglés, ese sujeto es generalmente el pronombre *it*. **It happened to me to be seated beside her at table,** me tocó sentarme a su lado en la mesa.
impersonally [ɪm'pɜːsnəlɪ] [im-per-so-na-li], *adv.* Impersonalmente.
impersonate [ɪm'pɜːsəneɪt] [im-per-so-neit], *va.* 1. Personificar. 2. Representar, hacer el papel de.

impersonation [ɪm,pɜːsə'neɪʃən] [im-per-so-nei-shon], *s.* Representación, papel; personificación.
imperspicuous [ɪm'pɜːspɪkjʊəs] [im-pers-pi-kiuos], *a.* Oscuro, lo que no es perspicuo o claro.
impersuadable [ɪm'pɜːsʊədəbl] [im-per-sua-da-bol], **impersuasible** [ɪm'pɜːsɪəsɪbl] [im-per-sua-si-bol], *a.* Impersuasible, incapaz de ser persuadido.
impertinence [ɪm'pɜːtɪnəns] [im-per-ti-nens], **impertinency** [ɪm'pɜːtɪnənsɪ] [im-per-ti-nen-si], *s.* Impertinencia; absurdo; insolencia; extravagancia; importunidad; bagatela, cosa de poca o ninguna importancia.
impertinent [ɪm'pɜːtɪnənt] [im-per-ti-nent], *a.* Impertinente, incómodo, importuno, cansado; frívolo; insolente; descortés. *-s.* Un impertinente, el que en todo se mete.
impertinently [ɪm'pɜːtɪnəntlɪ] [im-per-ti-nent-li], *adv.* Impertinentemente, insolentemente.
imperturbability [ɪm,pɜːtɜːbə'bɪlɪtɪ] [im-per-ter-ba-bi-li-ti], *s.* Imperturbabilidad, serenidad.
imperturbable [,ɪmpə'tɜːbəbl] [im-per-ter-ba-bol], *a.* Imperturbable.
imperturbably [,ɪmpə'tɜːbəblɪ] [im-per-ter-ba-bli], *adv.* Imperturbablemente.
imperturbation [,ɪmpə'tɜːbeɪʃən] [im-per-ter-bei-shon], *s.* Tranquilidad, calma, serenidad, frialdad, sangre fría.
imperturbed [,ɪmpə'tɜːbd] [im-per-terbd], *a.* Sereno, quieto, tranquilo, sosegado.
impervious [ɪm'pɜːvɪəs] [im-per-vios], *a.* Impenetrable, impermeable. **Impervious to air,** impenetrable al aire.
imperviously [ɪm'pɜːvɪəslɪ] [im-per-vios-li], *adv.* Impenetrablemente.
imperviousness [ɪm'pɜːvɪəsnɪs] [im-per-vios-nes], *s.* Impenetrabilidad.
impetiginous [,ɪmpɪ'tɪdʒɪnəs] [im-pi-ti-chi-nos], *a.* Tiñoso, impetiginoso.
impetigo [,ɪmpɪ'taɪgəʊ] [im-pi-tai-gou], *s.* Impétigo, afección cutánea contagiosa; tiña. Se llama familiarmente *crusted scall.*
impetrative [ɪm'pɪtrətɪv] [im-pi-tra-tiv], *a.* Impetrador, que emplea ruegos, o que tiende a obtener (alguna cosa) por la impetración.
impetuosity [ɪm,petjʊ'ɒsɪtɪ] [im-pe-tiu-o-si-ti], *s.* Impetuosidad, vehemencia; vivez extremada.
impetuous [ɪm'petjʊəs] [im-pe-tiuos], *a.* Impetuoso, violento, arrebatado, vehemente.
impetuously [ɪm'petjʊəslɪ] [im-pe-tiuos-li], *adv.* Impetuosamente.
impetuousness [ɪm'petjʊəsnɪs] [im-pe-tiuos-nes], *s.* Impetuosidad.
impetus ['ɪmpɪtəs] [im-pi-tus], *s.* 1. Impetu, fuerza de impulsión, movimiento violento. 2. *(Fig.)* Impulso, incentivo.
impicture [ɪm'pɪktʃə^r] [im-pik-cha^r], *va.* Pintar, formar un cuadro sobre algo.
impiety [ɪm'paɪətɪ] [im-pai-ti], *s.* Impiedad, irreligión.
impignorate [ɪm'pɪgnəreɪt] [im-pig-no-reit], *va.* *(Ant.)* Empeñar, dar o dejar alguna cosa en prenda.
impinge [ɪm'pɪndʒ] [im-pinch], *vn.* Tocar, caer o golpear contra una cosa después de moverse; tropezar.
impious ['ɪmpɪəs] [im-pios], *a.* Impío, sacrílego, malvado, perverso, irreligioso, profano.
impiously ['ɪmpɪəslɪ] [im-pios-li], *adv.* Impíamente.
impiousness ['ɪmpɪəsnɪs] [im-pios-nes], *s.* Impiedad, desprecio de la religión.
impish ['ɪmpɪʃ] [im-pish], *a.* Travieso, malicioso, parecido a un diablillo.
implacability [ɪm,plækə'bɪlɪtɪ] [im-pla-ka-bi-li-ti], *s.* Implacabilidad; perseverancia en el resentimiento; rencor, odio inveterado, intratable, inexorable, irreconciliable.
implacable [ɪm'plækəbl] [im-pla-ka-bol], *a.* Implacable, irreconciliable; inexorable.
implacableness [ɪm'plækəblnɪs] [im-pla-ka-bol-nes], *s.* Odio implacable.
implacably [ɪm'plækəblɪ] [im-pla-ka-bli], *adv.* Implacablemente.
implacental, implacentate [,ɪmplə'sentəl] [im-pla-sen-tal] [ɪm'plæsenteɪt] [im-pla-sen-teit], *a.* *(Biol.)* Que no tiene placenta. *-s.* Mamífero que no tiene placenta.
implant ['ɪmplɑːnt] [im-plant], *va.* Fijar, plantar, ingerir; inculcar, sembrar.
implantation [,ɪmplən'teɪʃən] [im-plan-tei-shon], *s.* Injertación, plantación; inculcación.
implausible [ɪm'plɔːzəbl] [im-plo-si-bol], *adv.* Sin apariencia o probabilidad.
implead [ɪm'pled] [im-pled], *va.* Acusar, demandar ante la justicia; en especial, proceder contra dos o más personas a un tiempo; poner pleito.
impleader [ɪm'pledə^r] [im-ple-da^r], *s.* Acusador, demandante.
implement ['ɪmplɪmənt] [im-pli-ment], *s.* 1. Herramienta, cualquier instrumento o útil de que usan los artífices para trabajar en sus obras y labores; utensilio, lo que sirve para comodidad de la vida; arma. 2. Originalmente, suplefaltas, el que llena algún hueco o socorre alguna necesidad; medios.
implete [ɪm'pliːt] [im-plit], *va.* Llenar, colmar.
implicate ['ɪmplɪkeɪt] [im-pli-keit], *va.* Implicar, envolver; enredar, embrollar.
implication [,ɪmplɪ'keɪʃən] [im-pli-kei-shon], *s.* 1. Implicación, la parte que tiene o se supone tener alguno en la perpetración de un delito. 2. Ilación, deducción; *(For.)* inducción implícita, la que no se expresa aunque tácitamente se comprende.
implicative [ɪm'plɪkətɪv] [im-pli-ka-tiv], *a.* Implicativo, implicante.
implicatively [ɪm'plɪkətɪvlɪ] [im-pli-ka-tiv-li], *adv.* Por implicación.
implicit [ɪm'plɪsɪt] [im-pli-sit], *a.* 1. Implícito, lo que se da a entender sin expresarlo. 2. Fundado en la confianza o fe absolutas, sin reserva, que se tiene en otra persona. **With implicit faith,** con fe ciega, sin vacilación ni reserva.
implicitly [ɪm'plɪsɪtlɪ] [im-pli-sit-li], *adv.* Implícitamente, tácitamente; sin reserva, sin dudas ni preguntas.
implicitness [ɪm'plɪsɪtnes] [im-pli-sit-nes], *s.* Calidad de implícito.
implied [ɪm'plaɪd] [im-plaid], *a.* y *pp.* de IMPLY. Contenido, incluído, aunque no formalmente expresado; implícito.
impliedly [ɪm'plaɪdlɪ] [im-plaid-li], *adv.* Por implicación o ilación.
imploration [,ɪmplə'reɪʃən] [im-plo-rei-shon], *s.* Imploración, ruego humilde y ferviente.
implore [ɪm'plɔː^r] [im-plo^r], *va.* Implorar, suplicar, rogar, pedir con instancia.
implorer [ɪm'plɔːrə^r] [im-plo-ra^r], *s.* Solicitador.
imploring [ɪm'plɔːrɪŋ] [im-plo-rin], *a.* Implorante, suplicante.
imploringly [ɪm'plɔːrɪŋlɪ] [im-plo-rin-li], *adv.* De un modo suplicante, implorante.
imply [ɪm'plaɪ] [im-plai], *va.* 1. Dar a entender (una significación no expresada), querer decir; significar, denotar. 2. implicar, envolver, enredar. 3. Adscribir, atribuir.
impolicy [ɪm'pɒlɪsɪ] [im-po-li-si], *s.* Imprudencia, poca maña; indiscreción, impolítica.
impolite [,ɪmpə'laɪt] [im-po-lait], *a.* Descortés, grosero, impolítico.
impoliteness [,ɪmpə'laɪtnɪs] [im-po-lait-nes], *s.* Impolítica, falta de cortesía.
impolitic [ɪm'pɒlɪtɪk] [im-po-li-tik], *a.* 1. Imprudente, indiscreto, falto de prudencia y discreción. 2. Impolítico, perjudicial para los intereses pendientes.
impolitically [ɪm'pɒlɪtɪklɪ] [im-po-li-ti-kli], *adv.* Sin previsión ni arte, impolíticamente, indiscretamente.
imponderability [ɪm,pɒndərə'bɪlɪtɪ] [im-pon-de-ra-bi-li-ti], *s.* Imponderabilidad, carencia de peso.

imponderable [ɪm'pɒndərəbl] [im-pon-de-ra-bol], *a.* Imponderable, que no tiene peso perceptible; como el calor, la luz, la electricidad, etc.
imporosity [ˌɪmpə'rɒsɪtɪ] [im-po-ro-si-ti], *s.* Falta de poros, densidad.
imporous [ɪm'pɒrəs] [im-po-ros], *a.* Sólido, macizo, que no tiene poros.
import ['ɪmpɔːt] [im-port], *va.* 1. Importar, introducir géneros extranjeros en un país. 2. Denotar, significar. 3. Importar, ser de entidad, tener importancia, interesar en alto grado. 4. Implicar, envolver; introducir en general. *-vn.* Convenir, importar, ser de entidad.
import, *s.* 1. Tendencia, sentido, significación; dirección. 2. Los géneros importados o que se introducen de un país extranjero; más usado en plural. 3. Importancia; momento, peso, consecuencia, entidad. *Import-duty*, Derechos de entrada.
importable [ɪm'pɔːtəbl] [im-por-ta-bol], *a.* Importable.
importance [ɪm'pɔːtəns] [im-por-tans], *s.* 1. Importancia, momento, consecuencia. 2. Autoridad, crédito, dignidad social. 3. Importunidad, vanidad, presunción.
important [ɪm'pɔːtənt] [im-por-tant], *a.* 1. Importante, que es de importancia, consecuencia o valor. 2. De pretensiones, pomposo, afectado.
importantly [ɪm'pɔːtəntlɪ] [im-por-tant-li], *adv.* Importantemente.
importation [ˌɪmpɔː'teɪʃən] [im-por-tei-shon], *s.* 1. Importación, entrada o introducción de géneros extranjeros. 2. La persona o cosa importada.
importer [ɪm'pɔːtəʳ] [im-por-taʳ], *s.* Introductor de géneros extranjeros.
importing [ɪm'pɔːtɪŋ] [im-por-tin], *a.* Importador.
importunacy [ˌɪmpɔː'tjʊnəsɪ] [im-por-tiu-na-si], *s.* Importunidad.
importunate [ɪm'pɔːtjʊnɪt] [im-por-tiu-neit], *a.* Importuno, pesado, insistente; urgente, apremiante.
importunately [ˌɪmpɔː'tjʊnɪtlɪ] [im-por-tiu-neit-li], *adv.* Importunamente.
importunateness [ˌɪmpɔː'tjʊnɪtnɪs] [im-por-tiu-neit-nes], *s.* Importunidad, solicitación incesante.
importune [ˌɪmpɔː'tjuːn] [im-por-tiun], *va.* Importunar, instar, pedir con instancia; cansar con frecuentes o incesantes solicitaciones.
importuner [ˌɪmpɔː'tjuːnəʳ] [im-por-tiu-naʳ], *s.* Importunador.
importunity [ˌɪmpɔː'tjuːnɪtɪ] [im-por-tiu-ni-ti], *s.* Importunación, importunidad.
imposable [ɪm'pəʊzəbl] [im-pou-sa-bol], *a.* Pechero, imponible, sujeto a impuestos.
impose [ɪm'pəʊz] [im-pous], *va.* 1. Imponer cargas, obligaciones, leyes, u otra cosa. 2. Colocar por influencia o fuerza; prescribir, infligir. 3. Imponer las manos el obispo. 4. *(Impr.)* Imponer, colocar en la rama. 5. Engañar, hacer creer y persuadir con engaños alguna falsedad. **To impose on** o **upon,** engañar, hacer creer una cosa falsa. **I have been imposed upon,** me han engañado.
imposer [ɪm'pəʊzəʳ] [im-pou-saʳ], *s.* El que impone, manda o encarga.
imposing [ɪm'pəʊzɪŋ] [im-pou-sin], *a.* y *pa.* Imponente, impresivo, que infunde respeto. *-s. (Impr.)* Imposición, la acción de colocar en su debido orden las páginas y los blancos. **Imposing-stone o -table,** piedra, o mesa, de imponer.
imposition [ˌɪmpə'zɪʃən] [im-po-si-shon], *s.* 1. Imposición, la acción de poner una cosa sobre otra. 2. Imposición, la acción de imponer. 3. Imposición, carga, tributo u obligación que se impone. 4. Opresión, violencia. 5. Impostura, ficción, fraude, engaño. 6. La tarea extraordinaria que se da a los jóvenes por castigo. **To prevent imposition,** para precaverse de toda impostura. **The imposition of hands,** la imposición de las manos del obispo en la confirmación o la ordenación.
impossibility [ɪmˌpɒsə'bɪlɪtɪ] [im-po-si-bi-li-ti], *s.* 1. Imposibilidad. 2. Imposible.
impossible [ɪm'pɒsəbl] [im-po-si-bol], *a.* Imposible.
impossibly [ɪm'pɒsəblɪ] [im-po-si-bli], *adv.* De forma imposible, imposiblemente. **The exam was impossibly difficult,** el examen fue de lo más difícil.
impost ['ɪmpəʊst] [im-poust], *s.* 1. Impuesto, tributo, gabela, contribución. 2. *(Arq.)* Imposta, especie de cornisa sobre que asienta el arco, bóveda, etc.
impostor [ɪm'pɒstəʳ] [im-pos-taʳ], *s.* Impostor, el que finge y engaña o el que atribuye a otro falsamente alguna cosa.
imposture [ɪm'pɒstʃəʳ] [im-pos-chaʳ], *s.* Impostura, fraude, engaño, falsedad.
impotence [ɪm'pɒtəns] [im-po-tans], *s.* 1. Impotencia, falta de fuerza física o intelectual; debilidad. 2. Impotencia, incapacidad de procrear. 3. Desenfreno, arrebato, desarreglo de alguna pasión.
impotent [ɪm'pɒtənt] [im-po-tent], *a.* 1. Impotente, sin potencia, que carece de vigor o de fuerza; *(Ant.)* imposibililitado por naturaleza o por enfermedad; impedido, tullido o baldado de algún miembro. 2. Impotente, incapaz de engendrar o concebir; se aplica más generalmente al varón o al macho. 3. Desenfrenado, desarreglado, que carece de imperio sobre sí mismo. *-s.* 1. Alfeñique, persona delicada. 2. Hombre impotente, falto de vigor sexual.
impotently [ɪm'pɒtəntlɪ] [im-po-tent-li], *adv.* Impotentemente.
impound [ɪm'paʊnd] [im-paund], *va.* 1. Encerrar, acorralar, meter los ganados en el corral; aprisionar, restringir. 2. *(For.)* Depositar, poner en la custodia de un tribunal de justicia.
impoverish [ɪm'pɒvərɪʃ] [im-po-va-rish], *va.* 1. Empobrecer, reducir a alguno a la pobreza o la indigencia. 2. Minorar la calidad o la fertilidad de una cosa; deteriorar. **Impoverished blood,** sangre deteriorada, empobrecida.
impoverishment [ɪm'pɒvərɪʃmənt] [im-po-va-rish-ment], *s.* Empobrecimiento.
impracticability [ɪmˌpræktɪkə'bɪlɪtɪ] [im-prak-ti-ka-bi-li-ti], *s.* 1. Impracticabilidad, el estado o la cualidad de no ser hacedero. 2. Cosa no hacedera, no factible, impracticable.
impracticable [ɪm'præktɪkəbl] [im-prak-ti-ka-bol], *a.* 1. Impracticable, imposible, infactible, lo que no es hacedero. 2. No práctico, inútil, de ningún servicio. 3. Intratable, irrazonable, con quien no se puede vivir; terco; se dice de las personas que tienen mal genio.
impracticableness [ɪm'præktɪkəblnɪs] [im-prak-ti-ka-bol-nes], *s.* 1. Imposibilidad. 2. Terquedad, obstinación.
imprecate [ɪm'prɪkeɪt] [im-pri-keit], *va.* Imprecar, maldecir, desear abiertamente algún mal para sí o para otro.
imprecation [ˌɪmprɪ'keɪʃən] [im-pri-kei-shon], *s.* Imprecación, maldición.
imprecise [ˌɪmprɪ'saɪs] [im-pri-sais], *a.* Impreciso, inexacto.
imprecision [ˌɪmprɪ'sɪʒən] [im-pri-si-shon], *s.* Imprecisión, inexactitud.
impregnable [ɪm'pregnəbl] [im-preg-na-bol], *a.* 1. Inexpugnable, capaz de impregnación o de impregnarse.
impregnate ['ɪmpregneɪt] [im-preg-neit], *va.* 1. Empreñar, hacer concebir a la hembra; fecundar. 2. Impregnar, comunicar las virtudes o calidades de una cosa a otra. 3. Fecundar, imbuir, penetrar con un principio o elemento activo.
impregnate, *a.* Impregnado; empreñado.
impregnation [ˌɪmpreg'neɪʃən] [im-preg-nei-shon], *s.* 1. Fecundación, impregnación; fertilización; infusión. 2. El principio o elemento con el cual se impregna una cosa.
impresario [ˌɪmpre'sɑːrɪəʊ] [im-pre-sa-riou], *s.* Empresario.
imprescriptible [ɪm'preskrɪptɪbl] [im-pres-krip-ti-bol], *a.* Imprescriptible, que no se puede adquirir ni perder por el uso o la prescripción.
impress ['ɪmpres] [im-pres], *va.* 1. Imprimir, estampar; formar o fijar por medio de la presión. 2. Impresionar, fijar en el ánimo. 3. Influir, v. g. para hacer tomar una

determinación. 4. Marcar por medio de la presión; mellar. 5. Hacer una leva, reclutar soldados o marineros contra su voluntad.

impress, *s*. 1. Impresión, señal, marca, figura o imagen producida por medio de la presión. 2. Empresa, divisa, lema, mote. 3. Leva, recluta de soldados o marineros hecha contra su voluntad. 4. Impresión, efecto que causan las cosas espirituales en el ánimo.

impressibility [ˌɪmprɪsɪ'bɪlɪtɪ] [im-pri-si-bi-li-ti], *s*. La capacidad de ser impresionado o de recibir impresiones.

impressible [ɪm'prɪsəbl] [im-pri-si-bol], *a*. Impresionable, capaz de recibir impresiones o de ser impresionado; que puede ser estampado, impreso, marcado (sobre un cuerpo o cosa).

impression [ɪm'preʃən] [im-pre-shon], *s*. 1. Impresión, la acción y efecto de imprimir. 2. Impresión, la marca señal o huella que una cosa deja sobre otra apretándola. 3. Impresión, el efecto visible o material producido por cualquier agencia. 4. Impresión, efecto que causan las cosas en el ánimo, en los sentidos o en la conciencia. 5. Recuerdo ligero o confuso; creencia que se tiene sin fundamentos suficientes. 6. Impresión, edición, todos los ejemplares de una obra ya impresa; también es la marca o señal del tipo, de los grabados, etc. **The enemy made no impression on the fort,** el enemigo no causó efecto material en el fuerte. **The impression of a seal, of type,** la marca o señal de un sello, del tipo. **I have an impression that the color was lilac,** creo (o me parece) que el color era lila.

impressionable [ɪm'preʃnəbl] [im-pre-sho-na-bol], *a*. Impresionable, susceptible de recibir impresiones; que se impresiona con facilidad. *V*. EMOTIONAL.

impressionism [ɪm'preʃənɪzəm] [im-pre-sho-ni-sem], *s*. *(Art. y Lit.)* Impresionismo.

impressive [ɪm'presɪv] [im-pre-siv], *a*. Impresivo, que produce impresión o tiene la facultad de producirla; que excita la admiración o la emoción, o que atrae la atención.

impressively [ɪm'presɪvlɪ] [im-pre-siv-li], *adv*. De un modo poderoso o eficaz.

impressiveness [ɪm'presɪvnɪs] [im-pre-siv-nes], *s*. La calidad de hacer impresión; carácter propio para impresionar, o causar admiración.

impressment [ɪm'presmənt] [im-pres-ment], *s*. Leva, el acto de reclutar forzosamente para la marina o de apropiar para el uso público.

imprest [ɪm'prest] [im-prest], *s*. (GB.) Pago adelantado de dinero.

imprimatur [ɪmprɪ'meɪtə^r] [im-pri-mei-ta^r], *s*. 1. Voz latina que significa «Imprímase»: decreto que autoriza o permite imprimir un libro. 2. Cédula, permiso, licencia en general.

imprint ['ɪmprɪnt] [im-print], *va*. 1. Imprimir, estampar, marcar por medio de presión. 2. Imprimir, señalar o estampar las letras en papel, pergamino o alguna tela. 3. Fijar, grabar en el ánimo o en la memoria.

imprint, *s*. 1. Impresión, la marca o señal que resulta de imprimir, estampar o apretar. 2. Impresión que deja o efecto que causa alguna cosa. 3. Nombre del impresor o del editor puesto en un libro u otra publicación.

imprison [ɪm'prɪzn] [im-pri-son], *va*. Encerrar, encarcelar, poner preso, aprisionar.

imprisonment [ɪm'prɪznmənt] [im-pri-son-ment], *s*. Reclusión, prisión, encierro, encarcelación. **False imprisonment,** prisión ilegal.

improbability [ɪmˌprɒbə'bɪlɪtɪ] [im-pro-ba-bi-li-ti], *s*. Improbabilidad, inverosimilitud.

improbable [ɪm'prɒbəbl] [im-pro-ba-bol], *a*. Improbable, lo que no tiene apariencia de verdad; inverisímil.

improbably [ɪm'prɒbəblɪ] [im-pro-ba-bli], *adv*. Improbablemente.

improbation [ˌɪmprɒ'beɪʃən] [im-pro-bei-shon], *s*. Desaprobación, reprobación.

improbity [ɪm'prɒbɪtɪ] [im-pro-bi-ti], *s*. Falta de probidad, improbidad.

impromptu [ɪm'prɒmptjuː] [im-promp-tiu], *a*. Hecho, efectuado o pronunciado sin premeditación; *adv*. de repente, en el acto. *-s*. Un repente, un ímpetu; composición u obra improvisada.

improper [ɪm'prɒpə^r] [im-pro-pa^r], *a*. 1. Impropio, inepto, no justo ni conveniente en vista de las circunstancias. 2. Contrario a las reglas establecidas o a las buenas costumbres; irregular, impolítico; indecente, grosero; incorrecto.

improperly [ɪm'prɒpəlɪ] [im-pro-pa-li], *adv*. Impropiamente; imperfectamente.

impropriate [ɪm'prɒprɪeɪt] [im-pro-prieit], *va*. 1. Apropiarse, tomar para sí alguna cosa haciéndose dueño de ella. 2. Secularizar, enajenar la posesión de los bienes o réditos eclesiásticos dándola a los legos o seglares.

impropriate, *a*. Secularizado; se aplica a los bienes que habiendo pertenecido a la iglesia pasan a manos de seglares.

impropriation [ɪmˌprɒprɪ'eɪʃən] [im-pro-priei-shon], *s*. 1. Posesión exclusiva. 2. Venta o secularización de los bienes eclesiásticos.

impropriety [ɪm'prɒprɪətɪ] [im-pro-prie-ti], *s*. Impropiedad, incongruencia, descortesía; cualquier cosa impropia.

improvable [ɪm'pruːvəbl] [im-pru-va-bol], *a*. 1. Mejorable, perfectible; de aquí, laborable, capaz de cultivo y beneficio. 2. Que puede emplearse con ventaja o ser aprovechado.

improvably [ɪm'pruːvəblɪ] [im-pru-va-bli], *adv*. De un modo que admite mejora, mejorablemente.

improve [ɪm'pruːv] [im-pruv], *va*. y *vn*. 1. Mejorar, adelantar, aumentar o perfeccionar alguna cosa; beneficiar, abonar (lands), embellecer, hermosear; corregir, enmendar, rectificar; cultivar, poner en producción; explotar, trabajar, una mina, una hacienda, etc. 2. Mejorar, adelantar en perfección, aprovechar; utilizar, aprovecharse de, sacar partido de alguna cosa. *-vn*. 1. Mejorarse, adelantarse, hacer progresos. 2. *(Com.)* Subir, encarecer, aumentar de valor. **The price of wool has improved,** el precio de la lana ha subido. **The markets are improving,** los mercados están en alza. **To improve an opportunity,** aprovechar una oportunidad, una ocasión. **Some things improve by being kept,** hay cosas que se mejoran conservándolas. **We amend a bad, but improve a good thing,** se corrige lo que es malo, pero se mejora lo que es bueno.

improvement [ɪm'pruːvmənt] [im-pruv-ment, *s*. Mejora, mejoría, medra, progreso, adelantamiento o aumento de alguna cosa. 2. Mejoramiento, mejora; empleo ventajoso, aplicación; cosa de que se saca partido. 3. Instrucción, edificación. 4. Cambios u obras útiles hechos en alguna cosa, como en una fábrica, en los ríos y puertos, etc.

improver [ɪm'pruːvə^r] [im-pru-va^r], *s*. 1. Adelantador, mejorador, enmendador. 2. Aprendiza de costurera o modista.

improvidence [ɪm'prɒvɪdəns] [im-pro-vi-dans], *s*. Descuido, falta de previsión.

improvident [ɪm'prɒvɪdənt] [im-pro-vi-dant], *a*. Impróvido, descuidado, inconsiderado, imprudente.

improvidently [ɪm'prɒvɪdəntlɪ] [im-pro-vi-dant-li], *adv*. Impróvidamente.

improvisate [ɪm'prəvɪseɪt] [im-pro-vi-seit], *a*. Improvisado, no premeditado.

improvisation [ˌɪmprəvaɪ'seɪʃən] [im-pro-vi-sei-shon], *s*. 1. Improvisación, acción y efecto de improvisar, de hablar o componer sin preparación anterior. 2. Obra improvisada, particulamente una composición poética.

improvisator [ɪm'prəvɪseɪtə^r] [im-pro-vi-sei-ta^r], *s*. *V*. IMPROVISER.

improvisatory [ɪm'prəvɪsətərɪ] [im-pro-vi-sa-to-ri], *a*. Improvisado, que se refiere a la improvisación.

improvise ['ɪmprəvaɪz] [im-pro-vais], *va*. Improvisar, hablar o componer de repente, sin previo estudio ni preparación.

improviser ['ɪmprəvaɪzə^r] [im-pro-vai-sa^r], *s*. Improvisador, el que compone o habla sin previo estudio.

imprudence [ɪm'pruːdəns] [im-pru-dans], *s*. Imprudencia, indiscreción, inconsideración, irreflexión.

imprudent [ɪm'pruːdənt] [im-pru-dant], *a.* Imprudente, inconsiderado, indiscreto, irreflexivo.

imprudently [ɪm'pruːdəntlɪ] [im-pru-dant-li], *adv.* Imprudentemente, indiscretamente.

impudence ['ɪmpjʊdəns] [im-piu-dans], *s.* Impudencia, insolencia, inmodestia, desvergüenza, atrevimiento, descaro.

impudent ['ɪmpjʊdənt] [im-piu-dant], *a.* 1. Impudente, descarado, audaz, insolente. 2. Impúdico, inmodesto, desvergonzado.

impudently ['ɪmpjʊdəntlɪ] [im-piu-dant-li], *adv.* 1. Descaradamente, impudentemente, insolentemente. 2. Impúdicamente, sin recato, inmodestamente.

impudicity ['ɪmpjʊ'dɪsɪtɪ] [im-piu-di-si-ti], *s.* Impudicia, inmodestia, deshonestidad.

impugn [ɪm'pjuːn] [im-piun], *va.* Impugnar, oponerse a lo que otro dice o hace; poner en tela de juicio, contradecir, contrariar.

impugnable [ɪm'pjuːnəbl] [im-piu-na-bol], *a.* Impugnable, que puede impugnarse.

impugner [ɪm'pjuːnə^r] [im-piu-na^r], *s.* Impugnador.

impulse ['ɪmpʌls] [im-pals], *s.* 1. Impulso, impulsión, movimiento comunicado de repente. 2. Impulso, ímpetu o estímulo, instigación, motivo. 3. Fuerza muy grande que obra o se ejerce en muy poco tiempo; ímpetu, momento mecánico, debido a una fuerza.

impulsion [ɪm'pʌlʃən] [im-pal-shon], *s.* Impulsión, impulso, ímpetu.

impulsive [ɪm'pʌlsɪv] [im-pal-siv], *a.* y *s.* 1. Impulsivo, que obra por impulso o emoción, más bien que por reflexión. 2. Impulsivo, que procede del impulso; que tiene fuerza impelente.

impulsively [ɪm'pʌlsɪvlɪ] [im-pal-siv-li], *adv.* Por impulso, impulsivamente.

impunity [ɪm'pjuːnɪtɪ] [im-piu-ni-ti], *s.* Impunidad, falta de castigo, exención de daño o perjuicio.

impure [ɪm'pjʊə^r] [im-piua^r], *a.* 1. Impuro, sucio, poco limpio; adulterado, echado a perder por la mezcla de alguna cosa extraña y perjudicial. 2. Impuro, impúdico, deshonesto, inmundo; manchado por el pecado. 3. Que contiene tachas gramaticales o idiotismos extranjeros. 4. Profano, no apto para usos religiosos.

impurely [ɪm'pjʊəlɪ] [im-piua-li], *adv.* Impuramente.

impureness [ɪm'pjʊənɪs] [im-piua-nes], **impurity** [ɪm'pjʊərɪtɪ] [im-piua-ri-ti], *s.* 1. Impureza; adulteración. 2. Impureza, liviandad, deshonestidad.

impurple [ɪm'pɜːpl] [im-par-pel], *a.* Purpurar, teñir de púrpura.

imputable [ɪm'pjʊtəbl] [im-piu-ta-bol], *a.* Imputable, que se puede imputar o atribuir a otro.

imputableness [ɪm'pjʊtəblnɪs] [im-piu-ta-bol-nes], *s.* Imputabilidad.

imputation [ˌɪmpjʊ'teɪʃən] [im-piu-tei-shon], *s.* 1. Imputación, acción de imputar, achacar o atribuir a otro. 2. Acusación; reconvención, censura.

imputative [ɪm'pjʊtətɪv] [im-piu-ta-tiv], *a.* Imputable, transferido por imputación.

impute [ɪm'pjuːt] [im-piut], *va.* Imputar, atribuir, achacar.

imputer [ɪm'pjʊtə^r] [im-piu-ta^r], *s.* Imputador.

in [ɪn] [in]. Preposición relativa al lugar, estado o disposición en que se hallan las cosas, al tiempo en que se hacen o sucedieron, al modo con que se hacen, etc.; y corresponde en castellano a *en, por, a, de, durante, bajo, con.* 1. En (indicando lugar), **He is in Spain,** está en España. 2. En, de, por, con (indicando estado presente). **In his sleep,** durante el sueño, o mientras dormía. **He is the best writer in England,** es el mejor escritor de Inglaterra. **Crippled in his hands,** baldado de manos. **In time,** a tiempo, con tiempo. **I am in the right,** tengo razón, estoy en mi derecho. **To be in great hopes,** abrigar grandes esperanzas. **In writing,** por escrito. 3. De, durante, por (indicando duración o espacio de tiempo). **In the night,** durante la noche, de noche. **In the daytime,** de día. **In the afternoon,** por la tarde o durante la tarde. **In a few years,** dentro de, o a la vuelta de pocos años. **In the reign of Elizabeth,** en el reinado o bajo el reinado, o reinando Isabel. **In the morning,** por la mañana o a la mañana. 4. Por, a fin de, con (indicando causa). **In obedience to you,** por obediencia a Ud. **In order to,** a fin de. **In order that,** a fin que. **In defiance of all right,** con menosprecio de toda justicia. *In* denota también el poder o aptitud de hacer una cosa, y en este caso se traduce generalmente cambiando el giro de la oración en castellano. **It is not in him to do it,** no puede hacerlo o no es capaz de hacerlo. También expresa la proporción que hay entre dos cosas, y entonces corresponde a en, de o entre. **Not one in a hundred will do it,** no hay uno en ciento o entre ciento que lo haga. **In as much as,** en cuanto, por cuanto; puesto que, en vista de. **In that,** *(Ant.)* porque, a causa de. **In the meantime** o **in the meanwhile,** entre tanto. **In so far,** hasta allí. *In so far as,* en cuanto a, a medida que, tocante a. *-adv.* 1. Dentro, adentro. 2. En casa, en su casa; ahí, aquí o allí. **Are you in?,** ¿está Ud. ahí? **To be in,** estar aquí o allí. 3. En poder de, en su lugar. **He drove the nail in,** clavó el clavo en su lugar. **When the tide was in,** en la bajamar. **To go in, to come in,** o **to walk in,** entrar. *In* está muy a menudo unido a los verbos y muda casi siempre su sentido recto. **Walk in,** entre Ud. o pase Ud. adelante. *In* se usa en composición, expresando generalmente negación o privación. **To be in for it,** (a) estar deseoso de algo en particular, o comprometido a seguir una conducta determinada. (b) *(Fam.)* al revés me la vestí, y ándese así; no tener medios de evitar una cosa, v. g. un castigo. **To be in it,** (Ger.) participar en una cosa, especialmente si es próspera o afortunada; por lo general con negación. **To be in with,** *(Fam.)* ser íntimo o estar en favor con alguien. **In-and-in**, *adv.* (a) de una misma casta o raza. (b) *(Fig.)* con un movimiento continuo recíproco. **To breed in-and-in**, aparear, juntar animales de la misma casta.

inability [ˌɪnə'bɪlɪtɪ] [i-na-bi-li-ti], *s.* Inhabilidad, incapacidad, ineptitud, insuficiencia; impotencia, falta de fuerza; falta de medios suficientes.

inaccessibility ['ɪnækˌsesə'bɪlɪtɪ] [in-ak-se-si-bi-li-ti], *s.* Inaccesibilidad.

inaccessible [ˌɪnæk'sesəbl] [in-ak-se-si-bol], *a.* Inaccesible.

inaccessibly [ˌɪnæk'sesəblɪ] [in-ak-se-si-bli], *adv.* Inaccesiblemente.

inaccuracy [ɪn'ækjʊrəsɪ] [in-a-kiu-ra-si], *s.* 1. Inexactitud, falta de exactitud. 2. Falta, defecto, error; impropiedad de una expresión.

inaccurate [ɪn'ækjʊreɪt] [in-a-kiu-reit], *a.* Inexacto, erróneo, incorrecto.

inaccurately [ɪn'ækjʊrɪtlɪ] [in-a-kiu-reit-li], *adv.* Incorrectamente; inexactamente.

inaction [ɪn'ækʃən] [in-ak-shon], *s.* Inacción, abstención de trabajo, descanso; holgazanería.

inactive [ɪn'æktɪv] [in-ak-tiv], *a.* 1. Inactivo. 2. Indolente, flojo, negligente; perezoso. 3. Inerte; que no tiene la facultad de moverse.

inactively [ɪn'æktɪvlɪ] [in-ak-tiv-li], *adv.* Inactivamente, indolentemente; perezosamente; en estado de inercia.

inactivity [ˌɪnæk'tɪvɪtɪ] [in-ak-ti-vi-ti], *s.* 1. Inactividad. 2. Ociosidad, desidia, flojedad.

inadequacy [ɪn'ædɪkwəsɪ] [in-a-de-kua-si], *s.* 1. Insuficiencia; desproporción. 2. Estado incompleto; imperfección.

inadequate [ɪn'ædɪkwɪt] [in-a-de-kuit], *a.* Inadecuado, insuficiente, desproporcionado, incompleto.

inadequately [ɪn'ædɪkwɪtlɪ] [in-a-de-kuit-li], *adv.* Inadecuadamente, incompletamente, sin medios suficientes.

inadequateness [ɪn'ædɪkwɪtnɪs] [in-a-de-kuit-nes], *s.* Defecto de proporción; imperfección.

inadmissible [ˌɪnəd'mɪsəbl] [in-ad-mi-si-bol], *a.* Inadmisible, que no puede admitirse, recibirse ni permitirse.

inadvertence [ˌɪnəd'vɜːtəns] [in-ad-ver-tens], *s.* Inadvertencia.

inadvertent [ˌɪnəd'vɜːtənt] [in-ad-ver-tent], *a.* 1. Inadvertido, hecho sin intención, sin designio, accidental. 2. Atolondrado, negligente, descuidado.

inadvertently [ˌɪnəd'vɜːtəntlɪ] [in-ad-ver-tent-li], *adv.* Inadvertidamente, por falta de atención, no hecho adrede; atolondradamente.

inadvisable [ˌɪnəd'vaɪzəbl] [in-ad-vai-sa-bol], *a.* Falto de prudencia, impropio, inconveniente.

inaffability [ˌɪnəfə'bɪlɪtɪ] [in-a-fa-bi-li-ti], *s.* Reserva, cautela en la conversación.

inaffable [ɪn'æfəbl] [in-a-fa-bol], *a.* Reservado; descortés; poco afable o cariñoso.

inalienable [ɪn'eɪlɪənəbl] [in-ei-lia-na-bol], *a.* Inalienable o inajenable.

inalienably [ɪn'eɪlɪənəblɪ] [in-ei-lia-na-bli], *adv.* De un modo inalienable.

inalterable [ɪn'æltərəbl] [in-al-te-ra-bol], *a.* Inalterable. *V.* UNALTERABLE.

inane [ɪ'neɪn] [i-nein], *a.* 1. Turulato, atontado, falto de inteligencia, mentecato. 2. Inane, lo que está vacío o desocupado. *-s.* Vacío, espacio desocupado.

inanimate [ɪn'ænɪmɪt] [in-a-ni-mit], *a.* 1. Desprovisto de vida animal. 2. Inanimado, falto de animación o de vida; exánime; sin alma ni espíritu.

inanimation [ˌɪnænɪ'mɪʃən] [in-a-ni-mi-shon], *s.* Falta de animación, de vida, de espíritu.

inanition [ˌɪnə'nɪʃən] [in-a-ni-shon], *s.* Inanición, debilidad por falta de alimento; condición de hallarse vacío o desocupado.

inanity [ɪ'nænɪtɪ] [i-na-ni-ti], *s.* Vacuidad; vanidad; inutilidad, nulidad.

inappeasable [ɪnə'pliːzəbl] [in-a-pli-sa-bol], *a.* Incapaz de apaciguarse o aplacarse; que no puede ser satisfecho.

inappetence [ɪn'æpɪtəns] [in-a-pi-tens], *s.* Inapetencia.

inapplicability [ˌɪnəplɪkə'bɪlɪtɪ] [in-a-pli-ka-bi-li-ti], *s.* Ineptitud para algún objeto particular.

inapplicable [ɪn'æplɪkəbl] [in-a-pli-ka-bol], *a.* Inaplicable.

inapposite [ɪn'æpəzɪt] [in-a-po-sit], *a.* No pertinente, fuera de propósito, no apropiado, poco conveniente.

inappreciable [ˌɪnə'priːʃəbl] [in-a-pri-sha-bol], *a.* Inapreciable, inestimable.

inapprehensible [ˌɪnæprɪ'hensɪbl] [in-a-pri-jen-si-bol], *a.* Ininteligible, incapaz de comprenderse.

inapprehension [ˌɪnəprɪ'henʃən] [in-a-pri-jen-shon], *s.* Falta de aprensión.

inapprehensive [ˌɪnəprɪ'hensɪv] [in-a-pri-jen-siv], *a.* Negligente, descuidado, indolente.

inappropriate [ˌɪnə'prəʊprɪɪt] [in-a-prou-prieit], *a.* Poco apropiado, inadecuado, que no conviene a una cosa, impropio.

inappropriately [ˌɪnə'prəʊprɪɪtlɪ] [in-a-prou-prieit-li], *adv.* Impropiamente, fuera del caso.

inappropriateness [ˌɪnə'prəʊprɪɪtnɪs] [in-a-prou-prieit-nes], *s.* Impropiedad, falta de conveniencia.

inaptitude [ɪn'æptɪtjuːd] [in-ap-ti-tiud], *s.* Ineptitud, insuficiencia.

inarch [ɪn'ɑːtʃ] [in-arch], *va.* Injertar o juntar dos ramas de árboles diferentes; injertar por aproximación.

inarticulate [ˌɪnɑː'tɪkjʊlɪt] [in-ar-ti-ku-leit], *a.* 1. Inarticulado, articulado o pronunciado confusa o indistintamente; mudo, incapaz de hablar articuladamente. 2. *(Zool.)* Inarticulado, que no tiene articulaciones o segmentos.

inarticulately [ˌɪnɑː'tɪkjʊlɪtlɪ] [in-ar-ti-ku-leit-li], *adv.* De un modo inarticulado.

inarticulateness [ˌɪnɑː'tɪkjʊlɪtnɪs] [in-ar-ti-ku-leit-nes], *s.* Inarticulación.

inarticulation [ˌɪnɑː'tɪkjʊlɪt] [in-ar-ti-ku-leit], *s.* Falta de claridad en la articulación de las palabras.

inartificial [ˌɪnɑːtɪ'fɪʃəl] [in-ar-ti-fi-shal], *a.* 1. Lo que es contrario a las reglas del arte; construido sin plan ni maña. 2. Natural, simple, sencillo, sin artificio.

inasmuch [ɪnəz'mʌtʃ] [in-as-mach], *adv.* Visto, o puesto que, en vista de, ya que; en cuanto a, a medida que. Va siempre seguido de *as*.

inattention [ˌɪnə'tenʃən] [in-a-ten-shon], *s.* Desatención, descuido, distracción, inadvertencia.

inattentive [ˌɪnə'tentɪv] [in-a-ten-tiv], *a.* Desatento, descuidado, atolondrado.

inattentively [ˌɪnə'tentɪvlɪ] [in-a-ten-tiv-li], *adv.* Descuidadamente, sin atención.

inaudible [ɪn'ɔːdəbl] [in-o-di-bol], *a.* Inaudible, no oíble, que no puede oírse, o que no se deja oír.

inaugural [ɪ'nɔːgjʊrəl] [in-o-guiu-ral], *a.* Inaugural, relativo a una inauguración.

inaugurate [ɪ'nɔːgjʊreɪt] [in-o-guiu-reit], *va.* 1. Inaugurar, consagrar, dedicar. 2. Investir de un cargo con las ceremonias acostumbradas; instalar. 3. Principiar, originar, poner en operación o en movimiento.

inauguration [ɪˌnɔːgjʊ'reɪʃən] [in-o-guiu-rei-shon], *s.* Inauguración, instalación, exaltación; el acto o la cermonia de inaugurar, de investir con un cargo, de poner en operación, etc., hecha con cierto aparato.

inauguratory [ɪˌnɔːgjʊrə'tərɪ] [in-o-guiu-ra-to-ri], *a.* Inauguratorio, que pertenece a la inauguración.

inauspicious [ˌɪnɔːs'pɪʃəs] [in-os-pi-shos], *a.* Poco propicio, desfavorable, que prognostica mal, infeliz.

inauspiciously [ˌɪnɔːs'pɪʃəslɪ] [in-os-pi-shos-li], *adv.* Desgraciadamente, bajo malos auspicios.

inauspiciousness [ˌɪnɔːs'pɪʃəsnɪs] [in-os-pi-shos-nes], *s.* Infelicidad, malos auspicios.

inbeing [ɪn'bɪɪŋ] [in-biin], *s.* Inherencia, inseparabilidad.

inboard ['ɪnbɔːd] [in-bord], *a.* y *adv.* 1. *(Mar.)* Interior al casco; dentro del casco. 2. *(Mec.)* Hacia el interior.

inborn ['ɪn'bɔːn] [in-born], *a.* Insito, innato, connatural, de nacimiento.

inbreathe [ɪn'breθ] [in-brez], *va.* Inspirar, infundir por inspiración.

inbred [ɪn'bred] [in-bred], *a.* Insito, innato, natural, nacido dentro de nosotros mismos.

inbreed [ɪn'briːd] [in-brid], *vn.* Producir, crear.

inca ['ɪŋkə] [in-ka], *s.* Inca, título de los soberanos que reinaron en el Perú hasta la conquista de Pizarro.

incage [ɪn'keɪdʒ] [in-keich], *va.* 1. Enjaular, encerrar, poner dentro de una jaula. 2. Encerrar dentro de un espacio muy estrecho.

incagement [ɪn'keɪdʒmənt] [in-keich-ment], *s.* El acto de enjaular.

incalculable [ɪn'kælkjʊləbl] [in-kal-kiu-la-bol], *a.* Incalculable.

incalescence [ɪn'kæləsəns] [in-ka-le-sens], *s.* Principio de calor, calor incipiente, progresivo.

incalescent [ɪn'kæləsənt] [in-ka-le-sent], *a.* Cuyo calor va aumentando.

incandescence [ˌɪnkæn'desns] [in-kan-de-sens], *s.* Incandescencia, candencia, el estado de un cuerpo hecho ascua.

incandescent [ˌɪnkæn'desnt] [in-kan-de-sent], *a.* Incandescente, candente, hecho ascua. **Incandescent lamp,** lámpara eléctrica incandescente; también lámpara para gas cuya luz se aumenta mediante la incandescencia de una redecilla de material refractario.

incantation [ˌɪnkæn'teɪʃən] [in-kan-ten-shon], *s.* Encantación, encantamiento, encanto, arte mágica.

incantatory [ˌɪnkæn'tətərɪ] [in-kan-ta-to-ri], *a.* Mágico; lo que pertenece a los encantamientos.

incapability [ɪnˌkeɪpə'bɪlɪtɪ] [in-kei-pa-bi-li-ti], *s.* Inhabilidad, incapacidad, falta de capacidad.

incapable [ɪn'keɪpəbl] [in-kei-pa-bol], *a.* 1. Incapaz, inhábil. 2. Incapaz, inepto, falto de talento, que no puede comprender o entender algo. 3. Incapaz de una acción baja, de mentir, de hurtar, etc. 4. Inhabilitado o declarado inhábil o incapaz de gozar algún derecho, prerrogativa, etc.

incapacious [ˌɪnkə'peɪʃəs] [in-ka-pei-shos], *a.* Estrecho, angosto, poco capaz.

incapaciousness [ˌɪnkə'peɪʃəsnɪs] [in-ka-pei-shos-nes], *s.* Estrechez, angostura.

incapable [ɪn'keɪpəbl] [in-kei-pa-bol], *a.* Incompetente, incapaz. **He is incapable of shame,** no tiene vergüenza.

incapacitate [ˌɪnkə'pæsɪteɪt] [in-ka-pa-si-teit], *va.* 1. Inhabilitar, imposibilitar a uno para alguna cosa; debilitar. 2. Inhabilitar, declarar a uno incapaz de gozar alguna cosa.

incapacitation ['ɪnkəˌpæsɪ'teɪʃən] [in-ka-pa-si-tei-shon], *s.* Inhabilitación, la acción y efecto de inhabilitar.

incapacity [ˌɪnkə'pæsɪtɪ] [in-ka-pa-si-ti], *s.* Incapacidad, falta de capacidad, insuficiencia.

incarcerate [ɪn'kɑːsəreɪt] [in-kar-se-reit], *va.* Encarcelar, aprisionar, meter o poner a uno en la cárcel.

incarcerate, *a.* Encarcelado, preso.

incarceration [ɪnˌkɑːsə'reɪʃən] [in-kar-se-rei-shon], *s.* 1. Encarcelamiento, prisión. 2. *(Cir.)* Estrangulación, v. g. de una hernia.

incarnadine [ɪn'kɑːnədɪn] [in-kar-na-din], *va.* Encarnar, dar color de carne. *-a.* Encarnadino, color encarnado claro; color de carne.

incarnate [ɪn'kɑːnɪt] [in-kar-neit], *va.* Encarnar, vestir de carne.

incarnate, *a.* 1. Encarnado, vestido o incorporado con carne. 2. Encarnado, de color de carne.

incarnation [ˌɪnkɑː'neɪʃən] [in-kar-nei-shon], *s.* 1. Encarnación, encarnadura. 2. *(Cir.)* Encarnación, desarrollo de tejido en una herida cuando está en vías de curación.

incarnative [ɪn'kɑːnətɪv] [in-kar-na-tiv], *s.* Encarnativo, remedio que se usa con el objeto de apresurar la cicatrización de las heridas.

incase [ɪn'keɪs] [in-keis], *va.* Encajar, incluir, encerrar, encajonar. *V.* ENCASE.

incask [ɪn'kɑːsk] [in-kask], *va.* Entonelar.

incautious [ɪn'kɔːʃəs] [in-ko-shos], *a.* Incauto, descuidado, negligente, imprudente.

incautiously [ɪn'kɔːʃəslɪ] [in-ko-shos-li], *adv.* Incautamente, descuidadamente.

incautiousness [ɪn'kɔːʃəsnɪs] [in-ko-shos-nes], *s.* Falta de cautela, descuido, negligencia.

incendiarism [ɪnˌsendɪə'rɪzm] [in-sen-dia-ri-sem], *s.* Acto de incendiar maliciosamente, de pegar fuego adrede.

incendiary [ɪn'sendɪərɪ] [in-sen-dia-ri], *s.* Incendiario, el que maliciosamente incendia algún edificio, miesses, etc. *-a.* 1. Incendiario, relativo al incendio criminal. 2. Que sirve para pegar fuego. 3. Inflamatorio, que tiende a inflamar las pasiones o suscitar sediciones; cizañero, sedicioso, revoltoso.

incense [ɪn'sens] [in-sens], *s.* 1. Incienso. 2. Incienso. alabanza lisonjera. 3. Cualquier perfume agradable.

incense, *va.* 1. Exaperar, irritar, sulfurar, encolerizar. 2. Incensar, perfumar con incienso.

incensement [ɪn'sensmənt] [in-sens-ment], *s.* Rabia, ira, furia, cólera, arrebato.

incension [ɪn'senʃən] [in-sen-shon], *s.* (Poco us.) Encendimiento, el acto de encender, de pegar fuego, o el de estar ardiendo y abrasándose.

incensive [ɪn'sensɪv] [in-sen-siv], *a.* Incitativo; que tiende a excitar o provocar.

incensor [ɪn'sensə[r]] [in-sen-sa[r]], *s.* Incitador, el que provoca la ira o inflama las pasiones.

incensory [ɪn'sensərɪ] [in-sen-so-ri], *s.* Incensario, el braserillo en que se quema el incienso para incensar.

incentive [ɪn'sentɪv] [in-sen-tiv], *s.* Incentivo, estímulo, impulso, motivo. *-a.* Incitativo, que anima o impele.

inception [ɪn'sepʃən] [in-sep-shon], *s.* El principio de alguna cosa; período inicial; estreno.

inceptive [ɪn'septɪv] [in-sep-tiv], *a.* Incipiente, incoativo, que principia o comienza.

inceptor [ɪn'septə[r]] [in-sep-ta[r]], *s.* 1. Principiante. 2. Nombre que se da en las universidades inglesas a la persona admitida a pasar el examen necesario para recibir el grado de maestro en artes.

inceration [ˌɪnse'reɪʃən] [in-se-rei-shon], *s.* Enceramiento, la acción de cubrir alguna cosa con cera.

incerative [ɪn'serətɪv] [in-se-ra-tiv], *a.* Lo que se pega como cera.

incertitude [ɪn'sɜːtɪtjuːd] [in-ser-ti-tiud], *s.* 1. Incertidumbre, duda. 2. Obscuridad.

incessable [ɪn'sesəbl] [in-se-sa-bol], *a.* Incesable, continuo, incesante, constante.

incessant [ɪn'sesnt] [in-se-sant], *a.* Incesante, constante, incesable.

incessantly [ɪn'sesntlɪ] [in-se-sant-li], *adv.* Incesantemente.

incest ['ɪnsest] [in-sest], *s.* Incesto.

incestuous [ɪn'sestjʊəs] [in-ses-tiuos], *a.* Incestuoso.

incestuously [ɪn'sestjʊəslɪ] [in-ses-tiuos-li], *adv.* Incestuosamente.

incestuousness [ɪn'sestjʊəsnɪs] [in-ses-tiuos-nes], *s.* El estado de ser incestuosa una persona o cosa.

inch [ɪntʃ] [inch], *s.* 1. Pulgada, la duodécima parte de un pie: (=25.4 milímetros). 2. Pizca, una porción mínima o muy pequeña de alguna cosa. **Within an inch,** poco más o menos. **Within an inch of,** a dos dedos de. **Inch by inch,** palmo a palmo o a pulgadas. **By inches** o **inch by inch,** (Fam.) a pedacitos. **Every inch,** cabalmente. **Every inch a man,** hombre hecho y derecho. **Miners' inch,** pulgada de fontanero. *V.* WATER-INCH. **Inch-pound**, el esfuerzo necesario para elevar una libra de peso a una pulgada de altura en el espacio de un segundo.

inch, *va.* Arrojar o echar a uno de donde estaba poco a poco o a palmos; hacer valer una cosa todo lo posible; medir por pulgadas. En general este verbo va unido en su significación activa con la preposición *out*. *-vn.* Avanzar o retirarse poco a poco y haciendo paradas.

inched ['ɪntʃt] [incht], *a.* 1. Marcado o dividido en pulgadas. 2. De tantas pugadas. **A five-inched cable,** un cable de cinco pulgadas.

inchoate ['ɪnkəʊeɪt] [in-koueit], *a.* Principiado, comenzado, incoado, empezado. *-va.* Incoar, principiar, empezar.

inchoately ['ɪnkəʊeɪtlɪ] [in-koueit-li], *adv.* En el primer grado.

inchoation ['ɪnkəʊeɪt] [in-koueit], *s.* Principio.

inchoative [ɪn'kəʊətɪv] [in-koua-tiv], *a.* Incipiente, incoativo.

incidence ['ɪnsɪdəns] [in-si-dens], *s.* 1. Incidencia, la dirección en que una línea, un plano o un cuerpo se encuentra con otro. 2. Carga, como la de una contribución, que recae o grava desigualmente.

incident ['ɪnsɪdənt] [in-si-dent], *a.* 1. Incidente, que cae sobre o dentro de algo, que toca o choca desde afuera. 2. Probable, acontecedero. 3. Casual, fortuito; concomitante, dependiente de.

incident, *s.* 1. Incidente, casualidad, acontecimiento. 2. Episodio, digresión.

incidental [ˌɪnsɪ'dentl] [in-si-den-tal], *a.* 1. Contingente; concomitante, que sobreviene en el curso de otra cosa, que la acompaña. 2. Casual, que sobreviene o acontece irregularmente.

incidentally [ˌɪnsɪ'dentəlɪ] [in-si-den-ta-li], *adv.* Incidentemente.

incidently [ˌɪnsɪ'dentlɪ] [in-si-den-tli], *adv.* Ocasionalmente, casualmente.

incinerate [ɪn'sɪnəreɪt] [in-si-ne-reit], *va.* Incinerar, reducir una cosa a cenizas, consumir por medio del fuego.

incineration [ɪnˌsɪnə'reɪʃən] [in-si-ne-rei-shon], *s.* Incineración.

incipiency [ɪn'sɪpɪənsɪ] [in-si-pien-si], *s.* Principio.

incipient [ɪn'sɪpɪənt] [in-si-pient], *a.* Incipiente.

incircle [ɪn'sɜːkl] [in-ser-kol], *va.* *V.* TO ENCIRCLE.

incise [ɪn'saɪz] [in-sais], *va.* Tajar, hacer incisión, cortar en, grabar, esculpir en hueco.

incised [ɪn'saɪzd] [in-saisd], *a.* Inciso, cortado.

incision [ɪn'sɪʒən] [in-si-shon], *s.* Incisión; corte, recorte.
incisive [ɪn'saɪsɪv] [in-sai-siv], *a.* Incisivo, incisorio; agudo; mordaz. **An incisive style,** estilo agudo, mordaz.
incisor [ɪn'saɪzə^r] [in-sai-sa^r], *a.* Incisivo, apto para cortar. *-s.* Incisivos, los cuatro dientes delanteros en cada mandíbula, así llamados porque cortan los alimentos.
incitation [ˌɪnsɪ'teɪʃən] [in-si-tei-shon], *s.* Incitación, instigación.
incite [ɪn'saɪt] [in-sait], *va.* Incitar, mover, estimular, aguijonear.
incitement [ɪn'saɪtmənt] [in-sait-ment], *s.* Incitamento, incitamiento, estímulo, aguijón; lo que induce a ejecutar una cosa.
inciter [ɪn'saɪtə^r] [in-sai-ta^r], *s.* Incitador; instigador.
incitingly [ɪn'saɪtɪŋlɪ] [in-sai-tin-li], *adv.* De un modo estimulante o alentador; incitantemente.
incivility [ˌɪnsɪ'vɪlɪtɪ] [in-si-vi-li-ti], *s.* Incivilidad, inurbanidad, descortesía, desatención.
inclasp [ɪn'klɑːsp] [in-klasp], *va.* Estrechar, abrazar; agarrar; abrochar.
inclavated [ɪn'klæveɪtɪd] [in-kla-vei-tid], *a.* Enclavado, fijo.
inclemency [ɪn'klemənsɪ] [in-kle-men-si], *s.* 1. Inclemencia, rigor de la estación; aprieto, aflicción, apuro. 2. Crueldad, severidad.
inclement [ɪn'klemənt] [in-kle-ment], *a.* 1. Inclemente, severo, duro. 2. Inclemente, riguroso, borrascoso, tempestuoso. 3. Adverso, contrario, malandante; se dice de las circunstancias.
inclinable [ɪn'klɪnəbl] [in-kli-na-bol], *a.* Favorable, inclinado a alguna cosa.
inclination [ˌɪnklɪ'neɪʃən] [in-kli-nei-shon], *s.* 1. Inclinación; tendencia mutua de dos líneas, superficies o cuerpos el uno hacia el otro. 2. La superficie inclinada; declive, declivio, descenso. 3. Inclinación, acatamiento, reverencia bajando la cabeza. 4. Inclinación, afición, amor, afecto. 5. Inclinación de la aguja magnética. *V.* DIP. 6. *(Fam.)* Descantación. *V.* DECANTATION.
inclinatory [ɪn'klɪnətərɪ] [in-kli-na-to-ri], *a.* Ladeado.
incline [ɪn'klaɪn] [in-klain], *va.* 1. Inclinar, enderezar alguna cosa hacia una parte determinada. 2. Ladear, torcer; doblar, doblegar. 3. Inclinar el cuerpo o la cabeza por respeto o reverencia. *-vn.* 1. Inclinarse, torcerse un poco hacia abajo alguna cosa. 2. Inclinarse, hacer reverencia o acatamiento. 3. Inclinarse, sentir disposición favorable hacia alguna persona o cosa; hablando de colores, tirar a. **A hue which inclines to green,** un matiz que tira al verde. **Inclined plane,** plano inclinado. *-s.* Declivio; declive de una vía férrea.
incloister [ɪn'klɔɪstə^r] [in-klois-ta^r], *va.* Enclaustrar.
inclose [ɪn'kləʊz] [in-klous], *va.* 1. Encerrar, cerrar; poner bajo sobre (a letter). 2. Cerrar, rodear, incluir, circuir. *V.* ENCLOSE.
inclosure [ɪn'kləʒə^r [in-klo-sha^r], *s. V.* ENCLOSURE.
incloud [ɪn'klaʊd] [in-klaud], *va.* Oscurecer, ocultar como con nubes.
include [ɪn'kluːd] [in-klud], *va.* 1. Incluir, encerrar. 2. Comprender, como parte componente; abrazar, contener.
inclusion [ɪn'kluːʒən] [in-klu-shon], *s.* 1. Inclusión, restricción, limitación. 2. Lo que está incluído o contenido; especialmente un gas o líquido contenido en un mineral.
inclusive [ɪn'kluːsɪv] [in-klu-siv], *a.* Inclusivo.
inclusively [ɪn'kluːsɪvlɪ] [in-klu-siv-li], *adv.* Inclusivamente, inclusive.
incoagulable [ɪn'kəgjʊleɪbl] [in-ko-guiu-lei-bol], *a.* Incoagulable.
incog [ɪn'kɒg] [in-kog], *a., s.* y *adv. V.* INCOGNITO.
incogitable [ɪn'kɒdʒɪtəbl] [in-ko-chi-ta-bol], *a.* Inconcebible.
incogitancy [ɪn'kɒdʒɪtənsɪ] [in-ko-chi-tan-si], *s.* Irreflexión, falta de reflexión.
incogitantly [ɪn'kɒdʒɪtəntlɪ] [in-ko-chi-tant-li], *adv.* Inadvertidamente.
incognito [ɪn'kɒgnɪtəʊ] [in-kog-ni-tou], *adv.* y *a.* Incógnito o de incógnito. *-s.* 1. La acción de asumir un nombre, papel, tipo o carácter fingidos. 2. Persona que vive, viaja o pasa de incógnito.
incognizable [ɪn'kɒgnɪzəbl] [in-kog-ni-sa-bol], *a.* No cognoscible, que no puede reconocerse o distinguirse, particularmente por el hombre.
incoherence [ˌɪnkəʊ'hɪərəns] [in-kou-ia-rens], **incoherency** [ˌɪnkəʊ'hɪərənsɪ] [in-kou-ia-ran-si], *s.* Incoherencia; inconsecuencia.
incoherent [ˌɪnkəʊ'hɪərənt] [in-kou-ia-rent], *a.* Incoherente, inconsecuente, inconexo; no adherente, suelto.
incoherently [ˌɪnkəʊ'hɪərəntlɪ] [in-kou-ia-rent-li], *adv.* Con incoherencia, sin conexión.
incombustible [ˌɪnkəm'bʌstəbl] [in-kom-bas-ta-bol], *a.* Incombustible.
income ['ɪnkʌm] [in-kam], *s.* Renta, entrada, utilidad y beneficio que rinde una cosa anualmente (o en plazo determinado). **To live up to one's income,** gastar uno lo que gana.
incomer [ɪn'kʌmə^r] [in-ka-ma^r], *s.* Recién llegado; el que entra o llega; inquilino o tendero que sucede a otro.
income tax ['ɪnkʌmtæks] [in-kam-taks], *s.* Impuesto sobre la renta.
incoming ['ɪnˌkʌmɪŋ] [in-ka-min], *a.* Entrante, que llega o está por llegar. **An incoming tenant,** inquilino entrante o que toma posesión. **Incoming steamer,** vapor que está por llegar.
incommensurability [ˌɪnkəmenʃərə'bɪlɪtɪ] [in-ka-men-sha-ra-bi-li-ti], *s.* Inconmensurabilidad, la calidad de lo que no es mensurable.
incommensurable [ˌɪnkʌ'menʃərəbl] [in-ka-men-sha-ra-bol], *a.* Inconmensurable, no conmensurable.
incommensurate [ˌɪnkʌ'menʃərɪt] [in-ka-men-sha-reit], *a.* Desproporcionado, insuficiente, que no admite una medida común.
incommensurately [ˌɪnkʌ'menʃərɪtlɪ] [in-ka-men-sha-reit-li], *adv.* Desproporcionadamente, de un modo desproporcionado.
incommode [ˌɪnkʌ'məʊd] [in-ko-moud], *va.* Incomodar, fastidiar, hacer mala obra, molestar.
incommodious [ˌɪnkʌ'məʊdɪəs] [in-ko-mou-dios], *a.* Incómodo, inconveniente, que no proporciona espacio o comodidad suficiente; estrecho.
incommodiously [ˌɪnkʌ'məʊdɪəslɪ] [in-ko-mou-dios-li], *adv.* Incómodamente.
incommodiousness [ˌɪnkʌ'məʊdɪəsnɪs] [in-ko-mou-dios-nes], *s.* Incomodidad, inconveniencia, molestia.
incommunicable [ˌɪnkʌ'mjʊnɪkəbl] [in-ko-miu-ni-ka-bol], *a.* Incomunicable, indecible.
incommunicably [ˌɪnkʌ'mjʊnɪkəblɪ] [in-ko-miu-ni-ka-bli], *adv.* Sin comunicación, de un modo incomunicable.
incommunicating [ˌɪnkʌ'mjʊnɪkeɪtɪŋ] [in-ko-miu-ni-kei-tin], *a.* Incomunicado, que no tiene comunicación.
incommutability [ˌɪnkʌmjʊtə'bɪlɪtɪ] [in-ko-miu-ta-bi-li-ti], *s.* Inconmutabilidad.
incommutable [ˌɪnkʌ'mjʊtəbl] [in-ko-miu-ta-bol], *a.* Inconmutable.
incommutably [ˌɪnkʌ'mjʊtəblɪ] [in-ko-miu-ta-bli], *adv.* Inconmutablemente.
incomparable [ɪn'kɒmpərəbl] [in-kom-pa-ra-bol], *a.* Incomparable, sin igual.
incomparableness [ɪn'kɒmpərəblnɪs] [in-kom-pa-ra-bol-nes], *s.* Excelencia superior a toda comparación.
incomparably [ɪn'kɒmpərəblɪ] [in-kom-pa-ra-bli], *adv.* Incomparablemente, sin comparación.
incompatibility ['ɪnkəmpəˌbɪlɪtɪ] [in-kom-pa-bi-li-ti], *s.* Incompatibilidad, contrariedad.
incompatible [ˌɪnkəm'pætəbl] [in-kom-pa-ti-bol], *a.* Incompatible.
incompatibly [ˌɪnkəm'pætəblɪ] [in-kom-pa-ti-bli], *adv.* Incongruentemente, opuestamente.

incompetence [ɪn'kɒmpɪtəns] [in-kom-pe-tens], *s.* Incompetencia, inhabilidad, insuficiencia.

incompetent [ɪn'kɒmpɪtənt] [in-kom-pe-tent], *a.* 1. Incompetente, que no tiene las cualidades necesarias; insuficiente, que no basta. 2. *(For.)* Inadmisible, que no puede invocarse en derecho; incompetente.

incompetently [ɪn'kɒmpɪtəntlɪ] [in-kom-pe-tent-li], *adv.* Incompetentemente.

incomplete [ˌɪnkəm'pliːt] [in-kom-plit], *a.* Incompleto, falto, imperfecto.

incompleteness [ˌɪnkəm'pliːtnɪs] [in-kom-plit-nes], *s.* Falta, imperfección.

incompliance [ˌɪnkəm'plaɪəns] [in-kom-plaians], *s.* Contrariedad de genio; desobediencia, indocilidad.

incomprehensibility ['ɪnˌkəmprɪ'hensɪ'bɪlɪtɪ] [in-kom-pri-jen-si-bi-li-ti], *s.* Incomprensibilidad, obscuridad de una cosa que hace que no se pueda entender.

incomprehensible ['ɪnˌkəmprɪ'hensəbl] [in-kom-pri-jen-si-bol], *a.* Incomprensible.

incomprehensibleness ['ɪnˌkəmprɪ'hensəblnɪs] [in-kom-pri-jen-si-bol-nes], *s.* Incomprensibilidad.

incomprehensibly ['ɪnˌkəmprɪ'hensəblɪ] [in-kom-pri-jen-si-bli], *adv.* De un modo incomprensible, incomprensiblemente.

incomprehension ['ɪnˌkəmprɪ'henʃən] [in-kom-pri-jen-shon], *s.* Falta de comprensión.

incomprehensive ['ɪnˌkəmprɪ'hensɪv] [in-kom-pri-jen-siv], *a.* Lo que no tiene la extensión necesaria o no comprende lo que debe.

incomprehensiveness ['ɪnˌkəmprɪ'hensɪvnɪs] [in-kom-pri-jen-siv-nes], *s.* Incomprensibilidad.

incompressible ['ɪnˌkəmprɪ'hensɪbl] [in-kom-pri-jen-si-bol], *a.* Incomprimible.

inconcealable [ˌɪnkən'siːləbl] [in-ko-si-la-bol], *a.* Lo que no se puede ocultar o encubrir.

inconceivable [ˌɪnkən'siːvəbl] [in-ko-si-va-bol], *a.* 1. Inconcebible, incomprensible. 2. Contradictor, que encierra una contradicción; inherentemente contradictorio.

inconceivableness [ˌɪnkən'siːvəblnɪs] [in-ko-si-va-bol-nes], *s.* Incomprensibilidad, calidad de lo que es inconcebible o que encierra una contradicción.

inconceivably [ˌɪnkən'siːvəblɪ] [in-ko-si-va-bli], *adv.* Incomprensiblemente, de un modo inconcebible.

inconclusive [ˌɪnkən'kluːsɪv] [in-kon-klu-siv], *a.* Que no concluye ni hace fuerza, ineficaz; que no presenta razones concluyentes; indeciso, que no prueba.

inconclusively [ˌɪnkən'kluːsɪvlɪ] [in-kon-klu-siv-li], *adv.* Sin conclusión o evidencia decisiva.

inconclusiveness [ˌɪnkən'kluːsɪvnɪs] [in-kon-klu-siv-nes], *s.* Carencia de conclusión o decisión, calidad de lo que es poco concluyente.

incondite [ɪn'kəndaɪt] [in-kon-dait], *a.* Mal construido, irregular, no acabado.

incongealable [ˌɪnkən'sʒiːləbl] [in-kon-chi-la-bol], *a.* Incapaz de congelarse.

incongruence [ɪn'kɒŋgrʊəns] [in-kon-gruens], **incongruity** [ˌɪnkɒŋ'gruːɪtɪ] [in-kon-grui-ti], *s.* Incongruencia, incongruidad; desproporción, falta de relación, falta de conveniencia.

incongruent [ɪn'kɒŋgrʊənt] [in-kon-gruent], *a.* Incongruente, falto de congruencia.

incongruous [ɪn'kɒŋgrʊəs] [in-kon-gruos], *a.* Incongruo, desproporcionado, inconexo; compuesto de partes discordantes o heterogéneas.

incongruously [ɪn'kɒŋgrʊəslɪ] [in-kon-gruos-li], *adv.* Incongruamente.

incongruousness [ɪn'kɒŋgrʊəsnɪs] [in-kon-gruos-nes], *s.* Incongruencia.

inconsequence [ɪn'kɒnsɪkəns] [in-kon-si-kuens], *s.* Inconsecuencia.

inconsequent [ɪn'kɒnsɪkənt] [in-kon-si-kuent], *a.* 1. Inconsecuente, inconsiguiente, que no es consiguiente a otra cosa, que no resulta del modo acostumbrado. 2. Inconsecuente, inconsistente, ilógico, informal.

inconsequential [ɪnˌkɒnsɪ'kwenʃəl] [in-kon-si-kuen-shal], *a.* Inconsecuente, falto de consecuencia.

inconsiderable [ˌɪnkən'sɪdərəbl] [in-kon-si-de-ra-bol], *a.* Inconsiderable, insignificante, de poca importancia o consideración; frívolo.

inconsiderableness [ˌɪnkən'sɪdərəblnɪs] [in-kon-si-de-ra-bol-nes], *s.* Falta de importancia, frivolidad.

inconsiderate [ˌɪnkən'sɪdərɪt] [in-kon-si-de-reit], *a.* Inconsiderado, inadvertido; irreflexivo, falto de miramiento y consideración.

inconsiderately [ˌɪnkən'sɪdərɪtlɪ] [in-kon-si-de-reit-li], *adv.* Inconsideradamente, irreflexivamente.

inconsiderateness [ˌɪnkən'sɪdərɪtnɪs] [in-kon-si-de-reit-nes], *s.* Inconsideración, inadvertencia.

inconsistence [ˌɪnkən'sɪstəns] [in-kon-sis-tens], **inconsistency** [ˌɪnkən'sɪstənsɪ] [in-kon-sis-ten-si], *s.* 1. Incompatibilidad, contradicción, incongruencia. 2. Inconsistencia, mutabilidad, volubilidad, inconsecuencia.

inconsistent [ˌɪnkən'sɪstənt] [in-kon-sis-tent], *a.* 1. Inconsistente, incompatible, contradictorio. 2. Implicatorio, inconsecuente. 3. Inconstante, variable, mudable, veleidoso.

inconsistently [ˌɪnkən'sɪstəntlɪ] [in-kon-sis-tent-li], *adv.* Incongruamente, contradictoriamente.

inconsolable [ˌɪnkən'səʊləbl] [in-kon-sou-la-bol], *a.* Inconsolable.

inconsonance [ˌɪnkən'sənəns] [in-kon-so-nens], *s.* Falta de consonancia; también, falta de harmonía, disonancia de los sonidos entre sí; implicación en los términos o entre sí.

inconspicuous [ˌɪnkən'spɪkjʊəs] [in-kons-pi-kuos], *a.* No conspicuo, poco visible; tan pequeño u obscuro que no puede fácilmente apreciarse con la vista; sin importancia.

inconstancy [ɪn'kɒnstənsɪ] [in-kons-tan-si], *s.* Inconstancia; diversidad.

inconstant [ɪn'kɒnstənt] [in-kons-tant], *a.* Inconstante, mudable, voluble, variable.

inconstantly [ɪn'kɒnstəntlɪ] [in-kons-tant-li], *adv.* Inconstantemente.

inconsumable [ˌɪnkɒn'sjʊməbl] [in-kon-siu-ma-bol], *a.* Que no se puede consumir.

incontestable [ˌɪnkɒn'testəbl] [in-kon-tes-ta-bol], *a.* Incontestable, indisputable, irrecusable, irrefragable.

incontestably [ˌɪnkɒn'testəblɪ] [in-kon-tes-ta-bli], *adv.* Incontestablemente, irrecusablemente.

incontiguous [ˌɪnkɒn'tɪgjʊəs] [in-kon-ti-guiuos], *a.* Separado, que no está contiguo.

incontinence [ɪn'kɒntɪnəns] [in-kon-ti-nens], *s.* 1. Incontinencia, falta de recato y dominio en las pasiones y particularmente en los apetitos carnales; lascivia. 2. Incontinencia, flujo no contenido (v. g. de palabras). 3. *(Med.)* Incontinencia, incapacidad de contener las evacuaciones naturales.

incontinent [ɪn'kɒntɪnənt] [in-kon-ti-nent], *a.* 1. Incontinente, desenfrenado en las pasiones de la carne. 2. *(Med.)* Incontinente, incapaz de retener una evacuación natural. *-s.* Un incontinente, el que no domina sus pasiones.

incontinently [ɪn'kɒntɪnəntlɪ] [in-kon-ti-nent-li], *adv.* 1. Incontinentemente. 2. Inmediatamente, al instante.

incontrollable [ɪn'kɒntrələbl] [in-kon-tro-la-bol], *a.* Irresistible, incontrastable.

incontrollably [ɪn'kɒntrələblɪ] [in-kon-tro-la-bli], *adv.* Sin restricción.

incontrovertible [ɪnˌkɒntrə'vɜːtəbl] [in-kon-tro-ver-ti-bol], *a.* Incontrovertible, incontrastable, irrefragable, indisputable.

incontrovertibly [ɪnˌkɒntrə'vɜːtəblɪ] [in-kon-tro-ver-ti-bli], *adv.* Indisputablemente, sin disputa.

inconvenience [ˌɪnkən'viːnɪəns] [in-kon-vi-niens], *s.* 1. Inconveniencia, falta de conveniencia. 2. Inconveniente, incomodidad, embarazo, estorbo, desventaja, dificultad.

inconvenience, *va.* Causar inconvenientes; embarazar, incomodar, estorbar.
inconvenient [ˌɪnkən'viːnɪənt] [in-kon-vi-nient], *a.* 1. Incómodo, embarazoso, molesto, fastidioso. 2. Inconveniente, impropio; inoportuno, no a propósito.
inconveniently [ˌɪnkən'viːnɪəntlɪ] [in-kon-vi-nient-li], *adv.* Incómodamente, importunamente.
inconversable [ˌɪnkən'vɜːsəbl] [in-kon-ver-si-bol], *a.* Inconversable, intratable, insociable.
inconvertible [ˌɪnkən'vɜːtəbl] [in-kon-ver-ti-bol], *a.* Inconvertible.
inconvincible [ˌɪnkən'vɪnsəbl] [in-kon-vin-si-bol], *a.* Inconvencible.
incorporate [ɪn'kɔːpəreɪt] [in-kor-po-reit], *va.* 1. Agregar, unir dos o más cosas para que formen un todo. 2. Dar cuerpo o forma material, revestir de materia. 3. Incorporar; formar una corporación legal, un gremio o cuerpo político; asociar. *-vn.* Incorporarse, agregarse o unirse para formar un todo.
incorporate, *a.* 1. Incorporado, asociado, unido, mezclado. 2. Incorporal, inmaterial. 3. No constituido en corporación o asociación.
incorporation [ɪnˌkɔːpə'reɪʃən] [in-kor-po-rei-shon], *s.* Incorporación, formación de un gremio o cuerpo político; adopción, asociación.
incorporeal [ˌɪnkɔː'pɔːrɪəl] [in-kor-po-rial], *a.* Incorpóreo.
incorporeally [ˌɪnkɔː'pɔːrɪəlɪ] [in-kor-po-ria-li], *adv.* Incorporalmente.
incorrect [ˌɪnkə'rekt] [in-ko-rekt], *a.* Incorrecto, inexacto, erróneo; inmoral.
incorrectly [ˌɪnkə'rektlɪ] [in-ko-rekt-li], *adv.* Incorrectamente, inexactamente.
incorrectness [ˌɪnkə'rektnɪs] [in-ko-rekt-nes], *s.* Inexactitud; incorrección; impropiedad, inconveniencia; descuido.
incorrigible [ɪn'kɒrɪdʒəbl] [in-ko-ri-chi-bol], *a.* Incorregible, indócil, obstinado, terco.
incorrigibility [ˌɪnkɒrɪdʒɪ'bɪlɪtɪ] [in-ko-ri-chi-bi-li-ti], *s.* Incorregibilidad, indocilidad, terquedad de genio, dureza de carácter.
incorrigibly [ɪn'kɒrɪdʒəblɪ] [in-ko-ri-chi-bli], *adv.* Incorregiblemente, obstinadamente.
incorrupt [ɪn'kərʌpt] [in-ko-rapt], *a.* 1. Incorrupto, libre de corrupción, lo que no se corrompe o no padece corrupción. 2. Incorrupto, íntegro, recto.
incorruptible [ˌɪnkə'rʌptɪbl] [in-ko-rap-ti-bol], *a.* 1. Incorruptible, cosa no corruptible. 2. Incorruptible, incorrupto, persona incapaz de dejarse corromper o cohechar.
incorruption [ˌɪnkə'rʌpʃ'n] [in-ko-rap-shon], *s.* Incorrupción.
incorruptive [ˌɪnkə'rʌptɪv] [in-ko-rap-tiv], *s.* Incorrupto.
incorruptness [ˌɪnkə'rʌptnɪs] [in-ko-rapt-nes], *s.* 1. Incorrupción, pureza de vida o costumbres. 2. Incorrupción, el estado de una cosa que no se corrompe o no puede corromperse.
incrassate [ɪn'kræsɪt] [in-kra-seit], *va.* Espesar, condensar, encrasar, engrosa; en especial, espesar un fluido como por medio de una mezcla o por evaporación. *-vn.* Espesarse, condensarse, engrosarse.
incrassate, *a.* Encrasado, que se va aumentando hacia la extremidad, como las antenas y los fémures de ciertos insectos y las hojas de la hierba puntera.
incrassation [ˌɪnkrə'seɪʃən] [in-kra-sei-shon], *s.* Espesura, condensación: se dice de los líquidos y de los fluidos; también, engrasación, hinchazón a causa de gordura.
incrassative [ɪn'kræsətɪv] [in-kra-sa-tiv], *a.* Espesativo, incrasante.
increasable [ɪn'kriːsəbl] [in-kri-sa-bol], *a.* Aumentable.
increase ['ɪnkriːs] [in-kris], *va.* Acrecentar, aumentar; abultar, alargar. *-vn.* Crecer, tomar aumento, acrecentarse, multiplicarse; engrandecer.
increase, *s.* 1. Aumento, acrecentamiento, adelantamiento, incremento. 2. Producto, cosecha; provecho, ganancia, interés. 3. Generación, progenie. 4. Creciente (moon); crecida (waters).
increaser [ɪn'kriːsə[r]] [in-kri-sa[r]], *s.* Aumentador, acrecentador; productor.
increasing [ɪn'kriːsɪŋ] [in-kri-sin], *a.* Creciente.
increasingly [ɪn'kriːsɪŋlɪ] [in-kri-sin-li], *adv.* En vías de aumento; en creciente.
incredibility [ˌɪnkredə'bɪlɪtɪ] [in-kre-di-bi-li-ti], *s.* Incredibilidad.
incredible [ɪn'kredəbl] [in-kre-di-bol], *a.* Increíble, lo que no se puede creer.
incredibleness [ɪn'kredəblnɪs] [in-kre-di-bol-nes], *s.* Incredibilidad.
incredibly [ɪn'kredəblɪ] [in-kre-di-bol], *adv.* Increíblemente.
incredulity [ɪn'kredəbl] [in-kre-di-bli], *s.* Incredulidad, repugnancia a, o dificultad en creer; escepticismo.
incredulous [ɪn'kredjʊləs] [in-kre-diu-lis], *a.* Incrédulo, el que cree con dificulta, o repugna creer lo que es creíble; escético.
incredulousness [ɪn'kredjʊləsnɪs] [in-kre-diu-los-nes], *s.* Incredulidad.
incremate [ɪn'kremeɪt] [in-kre-meit], *va. V.* CREMATE.
increment [ɪn'kremənt] [in-kre-ment], *s.* 1. Incremento, aumento en el crecer; producto. 2. Adición, añadidura, agregación. 3. *(Mat.)* Cantidad diferencial. 4. *(Ret.)* Gradación, clímax.
increpate [ɪn'krepeɪt] [in-kre-peit], *va. (Des.)* Increpar, reprender con dureza y severidad.
increscent [ɪn'kresənt] [in-kre-sent], *a.* Creciente; se dice de la luna.
incriminate [ɪn'krɪmɪneɪt] [in-kri-mi-neit], *va.* Incriminar, acusar de un crimen o delito; acriminar.
incrust [ɪn'krʌst] [in-krast], **incrustate** [ɪn'krʌsteɪt] [in-kras-teit], *va.* Encostrar; incrustar, adornar con incrustaciones o embutidos. **A vessel incrusted with salt,** una vasija encostrada de sal. Se escribe *encrust* en sentido figurado y poético, pero rara vez en las acepciones mecánica y literal.
incrustation [ˌɪnkrʌs'teɪʃən] [in-kras-tei-shon], *s.* Incrustación, embutido; encostradura.
incubate [ɪn'kjʊbeɪt] [in-kiu-beit], *vn.* Empollar, ponerse las aves sobre los huevos.
incubation [ˌɪnkjʊ'beɪʃən] [in-kiu-bei-shon], *s.* 1. Incubación, empolladura, la acción de empollar por cualesquiera medios. 2. *(Med.)* Incubación, el tiempo que media entre la impresión de las causas morbosas y la invasión o principio de las enfermedades.
incubator [ˌɪnkjʊ'beɪtə[r]] [in-kiu-bei-ta[r]], *s.* Lo que incuba o empolla; incubadora, aparato para efectuar la incubación artficial.
incubus ['ɪŋkjʊbəs] [in-kiu-bus], *s.* 1. Una cosa cualquiera que tiende a sobrecargar u oprimir; carga, cuidado, aflicción; desánimo. 2. Incubo, pesadilla. 3. *(Ant.)* Demonio íncubo.
inculcate ['ɪnkʌlkeɪt] [in-kal-keit], *va.* Inculcar, introducir algo en la memoria o entendimiento a fuerza de repetirlo.
inculcation [ˌɪnkʌl'keɪʃən] [in-kal-kei-shon], *s.* Inculcación, el acto y efecto de inculcar.
inculcator [ˌɪnkʌl'keɪtə[r]] [in-kal-kei-ta[r]], *s.* Inculcador, el que inculca.
inculcatory [ɪn'kʌlkətərɪ] [in-kal-ka-to-ri], *a.* Inculcador, que inculca o sirve para inculcar.
inculpable [ˌɪnkʌl'pəbl] [in-kal-pa-bol], *a.* Inculpable, irreprensible, exento de culpa; inocente.
inculpableness [ˌɪnkʌl'pəblnɪs] [in-kal-pabl-nes], *s.* Inculpabilidad.
inculpably [ˌɪnkʌl'pəblɪ] [in-kal-pa-bli], *adv.* Inculpablemente.
inculpate [ˌɪnkʌl'peɪt] [in-kal-peit], *va.* Culpar, imputar falta alguien; inculpar.
inculpation [ˌɪnkʌl'peɪʃən] [in-kal-pei-shon], *s.* Inculpación, acción de inculpar.
inculpatory [ˌɪnkʌl'pətərɪ] [in-kal-pa-to-ri], *a.* Inculpador, imputador.

incumbency [ɪn'kʌmbənsɪ] [in-kam-ben-si], *s.* 1. La posesión o goce de un cargo, particularmente de un beneficio eclesiástico; y el período durante el cual se ocupa o ejerce dicho cargo. 2. Incumbencia, obligación y cargo de hacer una cosa.
incumbent [ɪn'kʌmbənt] [in-kam-bent], *a.* 1. Echado; obligatorio, precios, exigido, demandado. 2. Sostenido por; que se apoya en algo, como una antera en un filamento. **To serve God is incumbent on all men,** servir a Dios es deber de todos los hombres. *-s.* Beneficiado, el que está en actual posesión de algún empleo público o de un beneficio eclesiástico.
incumber [ɪn'kʌmbəʳ] [in-kam-baʳ], *va. V.* ENCUMBER.
incumbrance [ɪn'kʌmbrəns] [in-kam-brans], *s.* Impedimento, embarazo, obstáculo, carga, imposición. *V.* ENCUMBRANCE.
incur [ɪn'kɜːʳ] [in-keʳ], *va.* Incurrir, merecer las penas señaladas por una ley; atraerse, causarse. **To incur a debt,** contraer una deuda.
incurability [ɪnˌkjʊrə'bɪlɪtɪ] [in-kiu-ra-bi-li-ti], *s.* La calidad que constituye un mal incurable.
incurable [ɪn'kjʊərəbl] [in-kiua-ra-bol], *a.* Incurable, irreparable, que no tiene remedio. *-s.* Incurable.
incurableness [ɪn'kjʊərəblnɪs] [in-kiua-ra-bol-nes], *s.* El estado del cuerpo o alma que no admite remedio.
incurably [ɪn'kjʊərəblɪ] [in-kiua-ra-bli], *adv.* De un modo incurable.
incurious [ɪn'kjʊərɪəs] [in-kiua-rios], *a.* Incurioso, descuidado, negligente, dejado, omiso.
incuriously [ɪn'kjʊərɪəslɪ] [in-kiua-rios-li], *adv.* Sin curiosidad, negligentemente.
incuriousness [ɪn'kjʊərɪəsnɪs] [in-kiua-rios-nes], *s.* Negligencia, descuido, incuria, omisión.
incursion [ɪn'kɜːʃən] [in-ker-shon], *s.* Incursión, correría; acometimiento.
incurvate [ɪn'kɜːveɪt] [in-ker-veit], **incurve** [ɪn'kɜːv] [in-kerv], *va.* Encorvar, doblar o torcer alguna cosa.
incurvate, *a.* Encorvado, doblado.
incus [ɪn'kəs] [in-kus], *s.* Yunque, uno de los huesecillos del oído medio.
indebted [ɪn'detɪd] [in-de-ted], *a.* 1. Adeudado, endeudado, empeñado; el que tiene deudas. **He is indebted over head and ears,** está empeñado hasta los ojos. 2. Obligado, reconocido. **I am indebted to him for many favors,** le debo muchos favores.
indebtedness [ɪn'detɪdnɪs] [in-de-ted-nes], *s.* 1. Calidad y estado de deudor, de endeudado. 2. Deuda pasiva, importe o suma de las deudas de alguien.
indebtment [ɪn'detmənt [in-det-ment], *s.* Estado de adeudado.
indecency [ɪn'diːsnsɪ] [in-di-sen-si], *s.* Indecencia, inmodestia; grosería, vulgaridad.
indecent [ɪn'diːsnt] [in-di-sent], *a.* 1. Indecente, grosero, torpe, obsceno. 2. Incoveniente, impropio.
indecently [ɪn'diːsntlɪ] [in-di-sent-li], *adv.* Indecentemente, torpemente.
indecision [ˌɪndɪ'sɪʒən] [in-di-si-shon], *s.* Indecisión, irresolución.
indecisive [ˌɪndɪ'saɪsɪv] [in-di-sai-siv], *a.* 1. Indeciso, que no es decisivo. 2. Dudoso, indeterminado, irresoluto.
indecisiveness [ˌɪndɪ'saɪsɪvnɪs] [in-di-sai-siv-nes], *s.* La calidad o el estado de indecisión o irresolución.
indeclinable [ˌɪndɪ'klaɪnəbl] [in-di-klai-na-bol], *a.* Indeclinable. *-s.* Nombre que no se declina.
indeclinably [ˌɪndɪ'klaɪnəblɪ] [in-di-klai-na-bli], *adv.* De un modo indeclinable, sin variación.
indecorous [ɪn'dekərəs] [in-de-ko-ros], *a.* Indecoroso, vil, indigno, indecente.
indecorously [ɪn'dekərəslɪ] [in-de-ko-ros-li], *adv.* Indecorosamnete.
indecorousness [ɪn'dekərəsnɪs] [in-de-ko-ros-nes], *s.* Indecoro.
indecorum [ɪn'dekərəm] [in-de-ko-rum], *s.* Indecoro, ignominia, indecencia.
indeed [ɪn'diːd] [in-did], *adv.* Verdaderamente, realmente, bien que, de veras, a la verdad, sí. ¿De veras? ¡De veras! ¡Vaya, vaya! **But indeed,** pero bien reflexionado. **Though indeed,** aunque considerado todo. **Then indeed,** entonces sí. **That indeed**, Eso sí. **Indeed** se usa muy a menudo de un modo expletivo para dar más fuerza al sentido de la frase o de la oración, y entonces corresponde casi siempre en castellano a «ciertamente, muy o verdaderamente. **Indeed? can you suppose it?** ¿De veras? ¿puede Vd. suponerlo?
indefatigable [ɪn'defætɪgəbl] [in-de-fa-ti-ga-bol], *a.* Infatigable, incansable.
indefatigableness [ɪnˌdefætɪ'geɪbəlnɪs] [in-de-fa-ti-ga-bol-nes], *s.* La calidad de ser infatigable.
indefatigably [ɪn'defætɪgəblɪ] [in-de-fa-ti-ga-bli], *adv.* Infatigablemente, incansablemente, sin cansarse.
indefeasible [ɪn'defesɪbl] [in-de-fe-si-bol], *a. (For.)* Incapaz de ser abrogado o anulado; inabrogable, irrevocable.
indefectibility [ɪnˌdeektɪ'bɪlɪtɪ] [in-de-fek-ti-bi-li-ti], *s.* Indefectibilidad, imposibilidad de faltar o fenecer.
indefectible [ɪn'defektɪbl] [in-de-fek-ti-bol], *a.* Indefectible.
indefensible [ɪn'defensɪbl] [in-de-fen-si-bol], *a.* Indefendible, indefensible, que no puede ser defendido.
indefensive [ɪn'defensɪv] [in-de-fen-siv], *a.* Indefenso, que no tiene defensa o no se puede defender.
indefinable [ˌɪndɪ'faɪnəbl] [in-di-fai-na-bol], *a.* Indefinible.
indefinite [ɪn'defɪnɪt] [in-de-fi-nit], *a.* Indefinido, indeterminado, incierto; sutil, imperceptible.
indefinitely [ɪn'defɪnɪtlɪ] [in-de-fi-nit-li], *adv.* Indefinidamente, por un tiempo o espacio indeterminado; de un modo incierto o vago.
indefiniteness [ɪn'defɪnɪtnɪs] [in-de-fi-nit-nes], *s.* Estado o calidad de lo que es indefinido.
indehiscence [ɪn'dehɪsəns] [in-de-ji-sens], *s. (Bot.)* Indehiscencia, incapacidad de abrirse natural o espontáneamente.
indehiscent [ɪn'dehɪsənt] [in-de-ji-sent], *a. (Bot.)* Indehiscente, que no se abre o hiende espontáneamente.
indeliberate [ˌɪnde'lɪbɪrɪt] [in-de-li-bi-reit], *a.* No premeditado, hecho sin reflexión.
indebility [ˌɪndelɪ'bɪlɪtɪ] [in-de-li-bi-li-ti], *s.* La calidad de ser indeleble.
indelible [ɪn'deləbl] [in-de-li-bol], *a.* 1. Indeleble, que no se puede borrar. 2. Irrevocable, que no se puede revocar o anular.
indelibly [ɪn'deləblɪ] [in-de-li-bi], *adv.* Indeleblemente, irrevocablemente.
indelicacy [ɪn'delɪkəsɪ] [in-de-li-ka-si], *s.* Falta de delicadeza, de decoro; grosería, inurbanidad.
indelicate [ɪn'delɪkeɪt] [in-de-li-keit], *a.* Falto de decoro, no delicado, inmodesto; grosero, inurbano.
indemnification [ɪnˌdemnɪfɪ'keɪʃən] [in-dem-ni-fi-kei-shon], *s.* Indemnización, resarcimiento.
indemnify [ɪn'demnɪfaɪ] [in-dem-ni-fai], *va.* 1. Indemnizar, resarcir los daños y perjuicios sufridos. 2. Asegurar a alguno el resarcimiento de una pérdida o pena.
indemnity [ɪn'demnɪtɪ] [in-dem-ni-ti], *s.* 1. Indemnización, resarcimiento. 2. Indemnidad, contrafianza, garantía contra pérdidas.
indemonstrable [ɪn'demənstrəbl] [in-de-mons-tra-bol], *a.* Indemostrable, incapaz de demostración, que no es demostrable.
indenize [ɪn'denaɪz] [in-de-nais], *va.* Dar libertad. *V.* ENDENIZE y sus derivados.
indent ['ɪndent] [in-dent], *va.* 1. Dentar, endentar, cortar en forma de una carrera de dientes; mellar el borde de. 2. *V.* INDENTURE, verbo. 3. En lo escrito o lo impreso, sangrar, empezar una línea más adentro que las otras. *-vn.* 1. Mellarse, hacerse o ponerse dentado. 2. *(Ant.)* Hacer un contrato, pactar.
indent, *s.* 1. Mella, diente, abertura parecidad a una mella. 2. *V.* INDENTURE, substantivo. 3. *(Des.)* Desigualdad; impresión.

indentation [ˌɪndenˈteɪʃən] [in-den-tei-shon], *s.* 1. La acción de dentar o cortar en puntas. 2. Cortadura dentada, la que está hecha en figura de dientes de sierra; mella.

indented [ɪnˈdentɪd] [in-den-tid], *a.* y *pp.* Dentado; *(Bot.)* dentellado.

indention [ɪnˈdenʃən] [in-den-shon], *s.* 1. Abolladura, desigualdad. *V.* DENT. 2. Sangría de una línea en lo escrito o impreso.

indenture [ɪnˈdentʃəʳ] [in-den-chaʳ], *s.* 1. *(For.)* Carta partida, la escritura o contrato que se hace formando dos copias unidas y semejantes entre sí, cortándolas después por el medio para que la una sirva de contraseña a la otra. 2. Acción y efecto de dentar o cortar en forma de dientes.

indenture, *va.* Ligar, obligar, por medio de un contrato de aprendizaje hecho por duplicado.

independence [ˌɪndɪˈpendəns] [in-di-pen-dens], *s.* 1. Independencia, libertad de obrar, autonomía. 2. Situación económica desahogada, bienestar. Independencia, en las mismas acepciones que tiene en castellano. 3. Espíritu de confianza en sí mismo. **Independence Day,** en los Estados Unidos, el 4 de Julio.

independent [ˌɪndɪˈpendənt] [in-di-pen-dent], *a.* 1. Independiente, que no depende de otra peersona o cosa para su gobierno o sustento. 2. Que posee los medios de independencia o de libertad de acción; también, que vive de sus rentas. 3. Libre, fácil, cómodo; intrépido. 4. Separado, desunido (con la prep. *of*). **The soul may exist independent of matter,** el alma puede existir separada de la materia. **An independent gentleman,** propietario, rentista, hombre que vive de sus rentas. *-s.* Una clase de sectarios llamados independientes, que no reconocen autoridad eclesiástica alguna.

independently [ˌɪndɪˈpendəntlɪ] [in-di-pen-dent-li], *adv.* Independientemente.

indeprecable [ˌɪndɪˈprekəbl] [in-di-pre-ka-bol], *a.* Indeprecable, inexorable, que no puede ser deprecado.

indeprivable [ˌɪndɪˈprɪvəbl] [in-di-pri-va-bol], *a.* Aquello de que no se puede privar a uno.

indescribable [ˌɪndɪsˈkraɪbəbl] [in-dis-krai-ba-bol], *a.* Indescriptible.

indestructibility [ˌɪndɪstrʌktəˈbɪlɪtɪ] [in-des-trak-ti-bi-li-ti], *s.* Indestructibilidad.

indestructible [ˌɪndɪsˈtrʌktəbl] [in-dis-trak-ti-bol], *a.* Indestructible.

indeterminable [ˌɪndɪˈtɜːmɪnəbl] [in-di-ter-mi-na-bol], *a.* 1. Indeterminable, lo que no se puede determinar. 2. (Hist. Naut.) Que no admite clasificación ni nombre a causa de su mala o imperfecta condición.

indeterminate [ˌɪndɪˈtɜːmɪnɪt] [in-di-ter-mi-neit], *a.* Indeterminado, no exacto, indefinido.

indeterminately [ˌɪndɪˈtɜːmɪnɪtlɪ] [in-di-ter-mi-neit-li], *adv.* Indeterminadamente.

indeterminateness [ˌɪndɪˈtɜːmɪnɪtnɪs] [in-di-ter-mi-neit-nes], *s.* Indeterminación, duda, irresolución.

indetermination [ˈɪndɪˌtɜːmɪˈneɪʃən] [in-di-ter-mi-nei-shon], *s.* Indeterminación, irresolución.

indetermined [ˌɪndɪˈtɜːmaɪnd] [in-di-ter-mind], *a.* Indeterminado, vacilante, irresoluto, irresuelto.

index [ˈɪndeks] [in-deks], *s.* (*pl.* INDEXES, INDICES. 1. Indicio o señal de alguna cosa; una cosa cualquiera que marca o señala, o manifiesta. 2. Índice, el dedo segundo de la mano. 3. Índice o tabla de materias de un libro dispuestas en orden alfabético, indicando dónde se halla cada tema o asunto. 4. Manecilla de reloj; manecilla en la imprenta, el signo 5. Índice expurgatorio.

index, *va.* Poner un índice alfabético a un libro.

indexical [ˈɪndeksɪkl] [in-dek-si-kal], *a.* 1. Que tiene la forma de índice. 2. Que sirve para indicar, indicativo.

indexterity [ˌɪndeksˈterɪtɪ] [in-deks-te-ri-ti], *s.* Desmaña, falta de destreza.

India [ˈɪndɪə] [in-dia], *s.* India, Indias, vasta región del sur de Asia. **India-ink,** tinta de la China, o tinta China. **India-paper,** papel de China; papel delgado, absorbente, para imprimir; se emplea para obtener las pruebas más delicadas de planchas grabadas. *India-proof,* prueba original y escogida hecha en papel de China con una plancha grabada.

indian [ˈɪndɪən] [in-dian], *a.* 1. Indio, natural de la India (oriental u occidental) o relativo a ella. 2. *(E.U.A.)* Hecho de maíz. *-s.* 1. Indio, el natural de la India oriental. 2. Indio, el antiguo poblador o aborigen de todo el continente americano. 3. El natural de las Antillas o el naturalizado y residente en ellas. 4. El europeo que ha residido en la India; anglo-indiano. **Indian-berries**, cocas de Levante. **Indian-corn,** maíz, trigo de la América, trigo de Turquía. **Indian-meal,** harina de maíz.

indian-cress [ˈɪndɪənˌkres] [in-dian-kres], *s.* *(Bot.)* Capuchina; se llama más común y familiarmente *nasturtium.*

indian-rubber [ˈɪndɪənˌrʌbəʳ] [in-dian-ra-baʳ], *s.* Caucho, cauchuco, goma elástica. *(Mex.)* Hule.

indian-summer [ˈɪndɪənˌsʌməʳ] [in-dian-sa-maʳ], *s.* *(E.U.)* Veranillo de San Martín. Días de calor y calma en noviembre.

indicant [ˈɪndɪkənt] [in-di-kant], *a.* Indicante.

indicate [ˈɪndɪkeɪt] [in-di-keit], *va.* Indicar, señalar, designar, dar a entender, anunciar.

indication [ˌɪndɪˈkeɪʃən] [in-di-kei-shon], *s.* 1. Indicación, indicio; señal; signo. 2. Manifestación; *(Med.)* indicación que dan los síntomas de una enfermedad en lo relativo al tratamiento que ha de seguirse.

indicative [ɪnˈdɪkətɪv] [in-di-ka-tiv], *a.* Indicativo. **Indicative mode (o mood),** modo indicativo.

indicatively [ɪnˈdɪkətɪvlɪ] [in-di-ka-tiv-li], *adv.* Indicativamente.

indicator [ɪnˈdɪkeɪtəʳ] [in-di-kei-taʳ], *s.* Indicador, señalador, apuntador, el que o lo que indica. Indicador, manómetro; instrumento para recibir de un telégrafo de cuadrante.

indicatory [ɪnˈdɪkətərɪ] [in-di-ka-to-ri], *a.* Demostrativo, indicatorio.

indices [ˈɪndɪsiːz] [in-di-sis], *s.* Plural de *Index*; se usa especialmente en las ciencias y en las matemáticas.

indict [ɪnˈdaɪt] [in-dait], *va.* 1. Acusar por escrito ante el juez. *(For.)* Procesar, demandar judicialmente. 2. *(Ant.)* Componer, escribir o dictar.

indictable [ɪnˈdaɪtəbl] [in-dai-ta-bol], *a.* *(For.)* Procesable, denunciable; expuesto a ser denunciado o juzgado, sujeto a denuncia.

indictee [ɪnˈdaɪtiː] [in-dai-ti], *s.* La persona acusada de un delito o demandada en juicio.

indicter [ɪnˈdaɪtəʳ] [in-dai-taʳ], *s.* *(For.)* Denunciante, fiscal, acusador, denunciador.

indiction [ɪnˈdaɪʃən] [in-dai-shon], *s.* 1. Indicción, período de quince años, instituido por Constantino y adoptado por los papas, como parte de su sistema cronológico. 2. Dicho período o uno cualquiera de sus años.

indictment [ɪnˈdaɪtmənt] [in-dait-ment], *s.* *(For.)* Acusación de alguna ofensa criminal o delito; particularmente la formulada por el Gran Jurado bajo juramento y por escrito, como base para el procesamiento del acusado.

indifference [ɪnˈdɪfrəns] [in-di-fe-rens], *s.* 1. Indiferencia, imparcialidad. 2. Indiferencia, descuido, frialdad, tibieza. 3. Indiferencia, desinterés, desapego del ánimo a las cosas.

indifferent [ɪnˈdɪfrənt] [in-di-fe-rent], *a.* 1. Indiferente, que no interesa. 2. Indiferente, que no se toma interés por ninguna cosa, que no se mueve por nada. 3. Imparcial, desapasionado. 4. Pasadero, mediano, pasable, tal cual, ni bueno ni malo; ordinario.

indigence [ˈɪndɪdʒəns] [in-di-chens], **indigency** [ˈɪndɪdʒənsɪ] [in-di-chen-si], *s.* Indigencia, pobreza, necesidad.

indigene, *a.* y *s.* *V.* INDIGENOUS.

indigenous [ɪnˈdɪdʒɪnəs] [in-di-che-nos], *a.* 1. Indígena, el que es natural de un país o lugar determinado; lo opuesto a exótico; de aquí, innato. 2. *(Geol.)* Producido por deposición en la superficie de la tierra, como por un sedimento.

indigent ['ɪndɪdʒənt] [in-di-chent], *a.* Indigente, pobre, necesitado; falto.
indigested ['ɪndɪdʒestɪd] [in-di-ches-tid], *a.* 1. Indigesto, mal digerido; se dice de las obras escritas sin orden ni método. 2. Indigesto, mal digerido, crudo difícil de digerir.
indigestible [ˌɪndɪ'dʒestəbl] [in-di-ches-ti-bol], *a.* Indigestible, indigesto.
indigestion [ˌɪndɪ'dʒestʃən] [in-di-ches-shon], *s.* Indigestión.
indignance, indignancy, *s. V.* INDIGNATION.
indignant [ɪn'dɪgnənt] [in-dig-nant], *a.* Indignado, conmovido a la vez por la cólera y el desdén.
indignantly [ɪn'dɪgnəntlɪ] [in-dig-nant-li], *adv.* Con indignación.
indignation [ˌɪndɪg'neɪʃən] [in-dig-nei-shon], *s.* Indignación, sentimiento de cólera y desprecio, excitado por la injusticia, la mezquindad, la inhumanidad, etc.; despecho, cólera.
indignity [ɪn'dɪgnɪtɪ] [in-dig-ni-ti], *s.* Indignidad, ultraje, afrenta; aprobio.
indigo ['ɪndɪgəʊ] [in-di-gou], *s.* 1. Añil, índigo, planta de cuyo jugo se hace una pasta que sirve para teñir, y que recibe el mismo nombre. 2. Color azul obscuro algo violado.
indirect [ˌɪndɪ'rekt] [in-dai-rekt], *a.* 1. Indirecto, oblicuo, torciod. 2. Torcido, doloso, inicuo, falto de rectitud y honradez.
indirection [ˌɪndɪ'rekʃən] [in-di-rek-shon], *s.* 1. Oblicuidad, rodeo, tortuosidad. 2. Efugio, medio tortuoso o siniestro; vía indirecta; segunda intención.
indirectly [ˌɪndɪ'rektlɪ] [in-dai-rekt-li], *adv.* Indirectamente, oblicuamente; siniestramente.
indirectness [ˌɪndɪ'rektnɪs] [in-dai-rekt-nes], *s.* 1. Oblicuidad, tortuosidad. 2. Rodeo, efugio o excusa falsa, doblez, manejo fraudulento.
indiscernible [ˌɪndɪ'sɜːnəbl] [in-di-ser-ni-bol], *a.* Indiscernible, imperceptible.
indiscernibleness [ˌɪndɪ'sɜːnəblnɪs] [in-di-ser-ni-bol-nes], *s.* La incapacidad de discernir; carácter de lo indiscernible.
indiscernibly [ˌɪndɪ'sɜːnəblɪ] [in-di-ser-ni-bli], *adv.* Imperceptiblemente.
indisciplinable [ˌɪndɪ'sɪpɪnəbl] [in-di-si-pi-na-bol], *a.* Indescubrible.
indiscoverable [ˌɪndɪs'kʌvərəbl] [in-dis-ko-ve-ra-bol], *a.* Indescubrible.
indiscreet [ˌɪndɪs'kriːt] [in-dis-krit], *a.* Indiscreto, imprudente, inconsiderado, incauto.
indiscreetly [ˌɪndɪs'kriːtlɪ] [in-dis-krit-li], *adv.* Indiscretamente, imprudentemente.
indiscrete [ˌɪndɪs'kriːt] [in-dis-krit], *a.* Que no está separado o desunido.
indiscretion [ˌɪndɪs'kreʃən] [in-dis-kre-shon], *s.* Indiscreción, inconsideración, imprudencia.
indiscriminate [ˌɪndɪs'krɪmɪnɪt] [in-dis-kri-mi-neit], *a.* 1. Que no hace distinciones. 2. Indistinto, confuso, promiscuo, general.
indiscriminately [ˌɪndɪs'krɪmɪnɪtlɪ] [in-dis-kri-mi-neit-li], *adv.* Indistintamente, promiscuamente.
indiscriminating [ˌɪndɪs'krɪmɪneɪtɪŋ] [in-dis-kri-mi-nei-tin], *a.* Indiscriminado; que no hace distinción alguna.
indiscrimination [ˌɪndɪs'krɪmɪneɪʃən] [in-dis-kri-mi-nei-shon], *s.* Falta de distinción o claridad.
indispensability [ˌɪndɪspensə'bɪlɪtɪ] [in-dis-pen-sa-bi-li-ti], *s.* Indispensabilidad.
indispensable [ˌɪndɪs'pensəbl] [in-dis-pen-sa-bol], *a.* Indispensable, imprescindible; preciso.
indispensableness [ˌɪndɪs'pensəblnɪs] [in-dis-pen-sa-bol-nes], *s.* Indispensabilidad, necesidad.
indispensably [ˌɪndɪs'pensəblɪ] [in-dis-pen-sa-bli], *adv.* Indispensablemente, precisamente.
indispose [ˌɪndɪs'pəʊz] [in-dis-pous], *va.* 1. Indisponer, hacer a uno contrario o desfavorable a una cosa. 2. Hacer poco apto para o incapaz de. 3. Indisponer, poner a uno mal con otro. 4. Indisponer, causar algún ligero quebranto en la salud.
indisposedness [ˌɪndɪs'pəʊzdnɪs] [in-dis-pousd-nes], *s.* Desazón, desavenencia, indisposición, repugnancia.
indisposition [ˌɪndɪspə'zɪʃən] [in-dis-pou-si-shon], *s.* 1. Indisposición, desazón, falta de salud. 2. Desafecto, desavenencia; aborrecimiento.
indisputable [ˌɪndɪs'pjuːtəbl] [in-dis-piu-ta-bol], *a.* Indisputable.
indisputableness [ˌɪndɪs'pjuːtəblnɪs] [in-dis-piu-ta-bol-nes], *s.* Certeza.
indisputably [ˌɪndɪs'pjuːtəblɪ] [in-dis-piu-ta-bli], *adv.* Indisputablemente, ciertamente.
indissolvable [ˌɪndɪ'səlvəbl] [in-di-sol-va-bol], *a.* Indisoluble; permanente, obligatorio.
indissolubility [ˌɪndɪsɒljʊ'bɪlɪtɪ] [in-di-so-liu-bi-li-ti], *s.* Indisolubilidad.
indissoluble [ˌɪndɪ'sɒljʊbl] [in-di-so-liu-bol], *a.*Indisoluble, firme, estable.
indissolubleness [ˌɪndɪ'sɒljʊblnɪs] [in-di-so-liu-bol-nes], *s.* Indisolubilidad.
indissolubly [ˌɪndɪ'sɒljʊblɪ] [in-di-so-liu-bli], *adv.* Indisolublemente.
indistinct [ˌɪndɪs'tɪŋ*k*t] [in-dis-tinkt], *a.* Indistinto, confuso; obscuro, vago.
indistinction [ˌɪndɪs'tɪŋ*k*ʃən] [in-dis-tink-shon], *s.* 1. Indistinción; obscuridad, falta de claridad, confusión. 2. Igualdad de rango o condición.
indistinctly [ˌɪndɪs'tɪŋ*k*tlɪ] [in-dis-tinkt-li], *adv.* Indistintamente, confusamente, vagamente.
indistinctness [ˌɪndɪs'tɪŋ*k*tnɪs] [in-dis-tinkt-nes], *s.* Confusión, oscuridad, incertidumbre.
indistinguishable [ˌɪndɪs'tɪŋgwɪʃəbl] [in-dis-tin-güi-sha-bol], *a.* Indistinguible.
indite [ɪn'daɪt] [in-dait], *va.* 1. Poner por escrito; componer, escribir. 2. *(Ant.)* Dictar, dirigir. 3. *(Des.) V.* INDICT.
inditement [ɪn'daɪtmənt] [in-dait-ment], *s.* Composición; escritura.
inditer [ɪn'daɪtə[r]] [in-dai-ta[r]], *s.* Autor.
indium [ɪn'dɪəm] [in-dium], *s.* Indio, metal parecido al estaño, color de plata y maleable, descubierto en 1863.
individual [ˌɪndɪ'vɪdjʊəl] [in-di-vi-diual], *a.* 1. Solo, único. 2. Individual, particular, individuo, que pertenece a uno solo. **An individual soul,** un alma única. *-s.* 1. Individuo, el particular de su especie, una sola persona, cosa o animal; especialmente persona humana, la propia persona. 2. Particular, persona privada, en oposición a una sociedad o corporación.
individualism [ˌɪndɪ'vɪdjʊəlɪzəm] [in-di-vi-diua-li-sem], *s.* 1. Individualismo; sistema de refinado egoísmo, de aislamiento en los estudios, trabajos y existencia. 2. Sistema que no reconoce más realidad que la del individuo y en él cree encontrar el fundamento y fin de todas las leyes, etc. 3. Sistema que ensancha la esfera de acción y derecho del individuo a expensas de las funciones sociales.
individualistic ['ɪndɪˌvɪdjʊə'lɪstɪk] [in-di-vi-diua-lis-tik], *a.* Individualista.
individuality ['ɪndɪˌvɪdjʊ'ælɪtɪ] [in-di-vi-diua-li-ti], *s.* Individualidad.
individualize [ˌɪndɪ'vɪdjʊəlaɪz] [in-di-vi-diua-lais], *va.* Individualizar, particularizar.
individually [ˌɪndɪ'vɪdjʊəlɪ] [in-di-vi-diua-li], *adv.* Individualmente.
individuate [ˌɪndɪ'vɪdjʊeɪt] [in-di-vi-dueit], *va.* Individualizar, particularizar. *-a.* 1. Convertido en individuos. 2. Individual, que posee diferencia e identidad numéricas.
indivisibility ['ɪndɪˌvɪsɪ'bɪlɪtɪ] [in-di-vi-si-bi-li-ti], **indivisibleness** [ˌɪndɪ'vɪsɪblnɪs] [in-di-vi-si-bol-nes], *s.* Indivisibilidad.
indivisible [ˌɪndɪ'vɪzəbl] [in-di-vi-si-bol], *a.* Indivisible. -*s.* Incapaz de división.

indivisibly [ˌɪndɪ'vɪzəblɪ] [in-di-vi-si-bli], *adv.* Indivisiblemente.

indocile [ɪn'dəsɪl] [in-do-sil], *a.* Indócil, cerril.

indocility [ɪndə'sɪlɪtɪ] [in-do-si-li-ti], *s.* Indocilidad, pertinacia, dureza, aspereza.

indoctrinate [ɪn'dɒktrɪneɪt] [in-dok-tri-neit], *va.* Doctrinar, enseñar, disciplinar, instruir.

indoctrination [ɪnˌdɒktrɪ'neɪʃən] [in-dok-tri-nei-shon], *s.* Instrucción, enseñanza.

Indo-European ['ɪndəʊˌjʊərə'piːən] [in-do-iu-ro-pian], *a.* Indoeuropeo, indoeuropea; indogermánico, ario.

indolence ['ɪndələns] [in-do-lens], *s.* 1. Indolencia, pereza. 2. *(Med.)* Ausencia de dolor o sufrimiento.

indolent ['ɪndələnt] [in-do-lent], *a.* 1. Indolente, perezoso, indiferente a todo. 2. *(Med.)* Indolente, sin dolor, que no causa sufrimiento.

indolently ['ɪndələntlɪ] [in-do-lent-li], *adv.* Indolentemente, perezosamente, con indolencia.

indomitable [ɪn'dɒmɪtəbl] [in-do-mi-ta-bol], *a.* Indomable, que no se puede domar.

indoor ['ɪndɔːʳ] [in-doʳ], *a.* Interno, interior; de puertas adentro. **Indoor work,** trabajo interior.

indoors [ɪn'dɔːz] [in-dors], *adv.* Adentro; en el interior de un edificio; en casa, o en la habitación.

indorsable [ɪn'dɔːzəbl] [in-dor-sa-bol], *a.* Endosable, endorsable.

indorse [ɪn'dɔːs] [in-dors], *va.* 1. Endorsar, escribir en el dorso, respaldar un documento (para archivarlo). 2. Endosar, escribir al dorso de una letra de cambio, vale o libranza, para cederla a otro o para garantizar su pago. 3. Dar sanción a, aprobar, confirmar. *V.* ENDORSE.

indorsee [ɪn'dɔːsiː] [in-dor-si], *s.* Endosado, portador; la persona a cuya orden se ha endosado una libranza, pagaré, etc.

indorsement [ɪn'dɔːzmənt] [in-dors-ment], *s.* 1. Endoso de una letra de cambio, vale o libranza. 2. Traspaso de un vale o pagaré. 3. Rótulo, sobrescrito. 4. Sanción, aprobación, ratificación.

indorser, indorsor [ɪn'dɔːsəʳ] [in-dor-saʳ], *s.* Endosante, endosador, el que endosa.

indraft, indraught [ɪn'drɑːft] [in-draft], *s.* Entrada, el acto de atraer o de inspirar, y lo que es atraído.

indrawn [ˌɪn'drɔːn] [in-dron], *a.* Atraído, inspirado; con voz ahogada; de aquí, abstraído, distraído.

indubitable [ɪn'djuːbɪtəbl] [in-diu-bi-ta-bol], *a.* Indudable, indubitable, lo que no se puede dudar.

indubitableness [ɪn'djuːbɪtəblnɪs] [in-diu-bi-ta-bol-nes], *s.* El estado de lo que es indudable.

indubitably [ɪn'djuːbɪtəblɪ] [in-diu-bi-ta-bli], *adv.* Indudablemente, indubitablemente.

induce [ɪn'djuːs] [in-dius], *va.* 1. Inducir, aconsejar o persuadir a uno a que ejecute alguna cosa; instigar, incitar. 2. Inferir, sacar consecuencias. 3. Producir, causar, ocasionar, efectuar gradualmente, inspirar. 4. *(Fís.)* Producir por la inducción eléctrica o magnética.

inducement [ɪn'djuːsmənt] [in-dius-ment], *s.* Incitamento, móvil, inducimiento, aliciente lo que induce o persuade a alguna cosa, persuasión.

inducer [ɪn'djuːsəʳ] [in-diu-saʳ], *s.* Inducidor, persuadidor, inspirador.

inducible [ɪn'djuːsəbl] [in-diu-si-bol], *a.* Deducible, que puede sacarse por inducción o ilación.

induct [ɪn'dʌkt] [in-dakt], *va.* 1. Introducir. 2. Instalar, dar posesión al que ha obtenido algún beneficio o empleo. 3. Obtener por inducción.

inductance [ɪn'dʌktəns] [in-dak-tans], *s.* Inductancia.

induction [ɪn'dʌkʃən] [in-dak-shon], *s.* Inducción (en todos sus significados). **Induction coil,** *(Elec.)* bobina de inducción. **Induction coefficient,** coeficiente de inducción. **Series-wound induction coil,** bobina de inducción en serie. **Vibrator-type induction coil,** bobina de inducción con temblador. **Cross induction,** inducción transversal.

inductive [ɪn'dʌktɪv] [in-dak-tiv], *a.* 1. Inductivo. 2. Ilativo. 3. *(Elec.)* Inductivo, capaz de inducción; producido por la inducción, o que obra por ella.

inductively [ɪn'dʌktɪvlɪ] [in-dak-tiv-li], *adv.* Inductivamente, por inducción, por ilación o inferencia.

inductor [ɪn'dʌktəʳ] [in-dak-taʳ], *s.* 1. El que instala o da posesión de algún beneficio eclesiástico. 2. *(Elec.)* Inductor, cualquier parte de un aparato eléctrico que obra sobre otra por inducción.

indue [ɪn'djuː [in-diu], *va.* 1. Vestir, cubrir con vestido, investir. 2. Dotar a alguno con algún don o excelencia.

indulge [ɪn'dʌldʒ] [in-dalch], *va.* 1. Consentir, por lo común fuera de propósito o poco prudentemente; no oponerse a la ejecución de alguna cosa; condescender, gratificar, dar gusto, tolerar; contentar, satisfacer. 2. Conceder, dar gratuitamente; permitir. 3. Favorecer, animar. **To indulge to,** entregarse, darse a. **To indulge in,** lisonjearse. *-vn.* Entregarse a, abandonarse a; satisfacer un deseo sin restricción; se usa con la preposición *in.* **To indulge oneself,** darse gusto; obrar con toda comodidad; beber de codos.

indulgence [ɪn'dʌldʒəns] [in-dal-chens], **indulgency** [ɪn'dʌldʒənsɪ] [in-dal-chen-si], *s.* 1. Indulgencia, cariño, afecto, halago, condescendencia, gratificación, satisfacción, goce. 2. Abandono, acción de entregarse a sus pasiones. 3. Indulgencia, disimulo, inclinación a perdonar y sufrir; facilidad, placer, bondad. 4. Favor, gracia concedida, complacencia; *(Com.)* permiso para aplazar un pago. 5. Indulgencia, gracia concedida en la Iglesia romana por el Papa y los obispos, en remisión de las penitencias canónicas.

indulgent [ɪn'dʌldʒənt] [in-dal-chent], *a.* 1. Indulgente, tierno, clement, favorable. 2. Indulgente, condescendiente, complaciente, fácil.

indulgently [ɪn'dʌldʒəntlɪ] [in-dal-chent-li], *adv.* Indulgentemente.

indulger [ɪn'dʌldʒəʳ] [in-dal-chaʳ], *s.* Indulgente, el que es complaciente o fácil en acomodarse al gusto de los demás.

indult [ɪn'dʌlt] [in-dalt], *s.* Indulto, gracia, o privilegio concedido por el Papa; exención.

indurate [ɪn'djʊreɪt] [in-diu-reit], *va.* 1. Endurecer una cosa. 2. Endurecer a uno, hacer duro, insensible u obstinado. *-vn.* Endurecerse, empedernirse.

indurate, *a.* Impenitente, obstinado en la culpa o el mal; duro, endurecido.

induration [ɪn'djʊreɪʃən] [in-diu-rei-shon], *s.* 1. Endurecimiento, la acción, el acto de endurecer; estado de lo que se halla endurecido. 2. Dureza de corazón.

industrial [ɪn'dʌstrɪəl] [in-das-trial], *a.* Industrial, que pertenece a la industria. **Industrial exhibition,** exposición de la industria, fabril, etc. **Industrial psychology,** psicología industrial. **Industrial school,** escuela industrial, de artes y oficios.

industrialism [ɪn'dʌstrɪəlɪzm] [in-das-tria-li-sem], *s.* 1. Industrialismo, el sistema moderno industrial; sistema social que considera la industria como el más importante de los fines humanos. 2. Industria, trabajo.

industrialist [ɪn'dʌstrɪəlɪst] [in-das-tria-list], *s.* Industrialista.

industrialization [ɪnˌdʌstrɪəlɪ'zeɪʃən] [in-das-tria-li-sei-shon], *s.* Industrialización.

industrialize [ɪn'dʌstrɪəlaɪz] [in-das-tria-lais], *va.* Industrializar.

industrious [ɪn'dʌstrɪəs] [in-das-trios], *a.* 1. Industrioso, diligente, laborioso, aplicado. 2. Industrioso, hecho con industria o mucho arte.

industriously [ɪn'dʌstrɪəslɪ] [in-das-trios-li], *adv.* 1. Industriosamente. 2. Industriosamente, de industria, de propósito, de intento, adrede.

industry ['ɪndəstrɪ] [in-das-tri], *s.* 1. Industria, esmero, diligencia, destreza. 2. Labor, trabajo útil en general (particularmente de la industria manufacturera). 3. Cualquier ramo aislado de la actividad productiva.

indwell ['ɪndwel] [ind-wel], *va.* y *vn.* Existir interiormente; morar dentro, habitar; morar permanentemente en el alma.
inebriant [ɪ'ni:brɪənt] [in-i-briant], *a.* Embriagador, que embriaga. *-s.* Sustancia embriagadora.
inebriate [ɪ'ni:brɪɪt] [in-i-brieit], *va.* 1. Embriagar, emborrachar. 2. Infatuar, cegar, desvanecer. *-vn.* 1. Embriagarse o emborracharse. 2. Infatuarse. *-s.* Borracho.
inebriation [ɪˌni:brɪ'eɪʃən] [in-i-bri-ei-shon], *s.* Embriaguez, borrachera.
inedited [ɪn'edaɪtɪd] [in-i-dai-ted], *a.* 1. Inédito. 2. No redactado aún.
ineffable [ɪn'efəbl] [in-e-fa-bol], *a.* 1. Inefable, que no se puede expresar con palabras. 2. Se aplica a aquellas cosas de que no se debe hablar, v. g. el nombre de Jehová.
ineffableness [ɪn'efəblnɪs] [in-e-fa-bol-nes], *s.* Inefabilidad.
ineffably [ɪn'efəblɪ] [in-e-fa-bli], *adv.* Inefablemente, indeciblemente.
ineffaceable [ˌɪnɪ'feɪsəbl] [in-i-fei-sa-bol], *a.* Indeleble, imborrable, que no se puede borrar.
ineffaceably [ˌɪnɪ'feɪsəblɪ] [in-i-fei-sa-bli], *adv.* Indeleblemente, imborrablemente.
ineffective [ˌɪnɪ'fektɪv] [in-i-fek-tiv], *a.* Ineficaz; vano, inútil; impotente.
ineffectual [ˌɪnɪ'fektʃʊəl] [in-i-fek-chual], *a.* Ineficaz; sin efecto, incapaz de producr el efecto deseado. **To prove ineffectual,** no tener resultado, quedar sin efecto.
ineffectually [ˌɪnɪ'fektʃjʊəlɪ] [in-i-fek-chua-li], *adv.* Ineficazmente; sin resultado.
ineffectualness [ˌɪnɪ'fektʃjʊəlnɪs] [in-e-fek-chual-nes], *s.* Ineficacia.
inefficacious [ˌɪnefɪ'keɪʃəs] [in-e-fi-kei-shos], *a.* Ineficaz.
inefficaciousness [ˌɪnefɪ'keɪʃəsnɪs] [in-e-fi-kei-shos-nes], *s.* Ineficacia.
inefficacy [ɪne'fɪkəsɪ] [in-e-fi-ka-si], **inefficiency** [ˌɪnɪ'fɪʃənsɪ] [in-i-fi-shan-si], *s.* Ineficacia, falta de eficacia.
inefficient [ˌɪnɪ'fɪʃənt] [in-i-fi-shant], *a.* Ineficaz.
inelastic [ˌɪnɪ'læstɪk] [in-i-las-tik], *a.* Falto de elasticidad.
inelasticity [ˌɪnɪləs'tɪsɪtɪ] [in-i-las-ti-si-ti], *s.* Carencia de elasticidad.
inelegance [ɪn'elɪgəns] [in-e-li-gans], *s.* Inelegancia, falta de elegancia.
inelegant [ɪn'elɪgənt] [in-e-li-gant], *a.* Inelegante, falto de elegancia, de buen gusto.
inelegantly [ɪn'elɪgəntlɪ] [in-e-li-gant-li], *adv.* Sin elegancia, de un modo falto de elegancia.
ineligibility [ˌɪnelɪdʒɪ'bɪlɪtɪ] [in-e-li-chi-bi-li-ti], *s.* Estado o calidad de lo que no puede ser elegido.
inelegible [ɪn'elɪdʒəbl] [in-e-li-cha-bol], *a.* 1. Excluido de elección, incapaz de ser elegido. 2. Que no conviene escoger; poco deseable.
ineluctable [ˌɪnɪ'lʌktəbl] [in-i-lak-ta-bol], *a.* Inevitable, irresistible, ineluctable.
inept [ɪ'nept] [i-nept], *a.* 1. Inepto; no idóneo. 2. Absurdo, tonto, inconsistente con la razón.
ineptitude [ɪ'neptɪtju:d] [i-nep-ti-tiud], **ineptness** [ɪ'neptnɪs] [i-nept-nes], *s.* Ineptitud, incapacidad.
ineptly [ɪ'neptlɪ] [i-nept-li], *adv.* Ineptamente, neciamente.
inequal [ɪ'nɪkwəl] [i-ni-kual], *a.* *(Ento.)* Desigual; se dice de una superficie.
inequality [ˌɪnɪ'kwɒlɪtɪ] [i-ni-kuo-li-ti], *s.* 1. Desigualdad, diferencia en cosas de la misma clase; disparidad, desemejanza. 2. Desigualdad, falta de regularidad, o de proporción; superficie escabrosa. 3. Desigualdad, variedad o inconstancia; desviación en el movimiento de un astro. 4. Insuficiencia; incompetencia. 5. Injusticia.
inequitable [ɪ'nɪkwɪtəbl] [i-ni-kui-ta-bol], *a.* Que no es equitativo o justo.
ineradicable [ˌɪnɪ'rædɪkəbl] [i-ni-ra-di-ka-bol], *a.* Que no se puede erradicar.
inerrable [ɪ'nerəbl] [i-ne-ra-bol], *a.* Inerrable, libre de error.
inerrant [ɪ'nerənt] [i-ne-rant], *a.* Exento de error, infalible.
inert [ɪ'nɜ:t] [i-nert], *a.* Inerte, flojo, que carece de fuerza inherente para moverse o resistir a una fuerza impulsante; inanimado, sin vida.
inertia [ɪ'nɜ:ʃə] [i-ner-sha], *s.* 1. Flojedad, inacción, desidia. 2. *(Fís.)* Inercia, propiedad que tienen los cuerpos de permanecer en el estado de movimiento o de reposo en que se encuentran, hasta que una acción exterior obra sobre ellos con suficiente energía.
inertly [ɪ'nɜ:tlɪ] [i-nert-li], *adv.* Pesadamente, flojamente, indolentemente.
inertness [ɪ'nɜ:tnɪs] [i-nert-nes], *s.* Flojedad, inacción.
inestimable [ɪn'estɪməbl] [in-es-ti-ma-bol], *a.* Inestimable, inapreciable, lo que no se puede estimar dignamente.
inestimably [ɪn'estɪməblɪ] [in-es-ti-ma-bli], *adv.* De un modo inestimable.
inevitable [ɪn'evɪtəbl] [in-e-vi-ta-bol], Inevitable.
inevitability [ɪnˌevɪtə'bɪlɪtɪ] [in-e-vi-ta-bi-li-ti], *s.* El estado o calidad de lo que es inevitable.
inevitably [ɪn'evɪtəblɪ] [in-e-vi-ta-bli], *adv.* Inevitablemente.
inexact [ˌɪnɪg'zækt] [in-ik-sakt], *a.* Inexacto, falto de exactitud o de verdad; incorrecto.
inexactly [ˌɪnɪg'zæktlɪ] [in-ik-sakt-li], *adv.* De manera inexacta.
inexcusable [ˌɪnɪks'kju:zəbl] [in-iks-kiu-sa-bol], *a.* Inexcusable, injustificable, imperdonable.
inexcusableness [ˌɪnɪks'kju:zəblnɪs] [in-iks-kiu-sa-bol-nes], *s.* Enormidad o atrocidad que no merece excusa, disculpa o perdón.
inexcusably [ˌɪnɪks'kju:zəblɪ] [in-iks-kiu-sa-bli], *adv.* Inexcusablemente, sin excusa.
inexhaustible [ˌɪnɪg'zɔ:stəbl] [in-iks-sos-ti-bol], **inexhaustive** [ˌɪnɪg'zɔ:stɪv] [in-iks-sos-tiv], *a.* Inexhausto, inagotable.
inexhaustibleness [ˌɪnɪg'zɔ:stəblnɪs] [in-iks-sos-ti-bol-nes], *s.* El estado o calidad de lo que es inagotable.
inexistence [ˌɪnɪg'sɪstəns] [in-ik-sis-tans], *s.* Inexistencia.
inexistent [ˌɪnɪg'sɪstənt] [in-ik-sis-tant], *a.* Inexistente.
inexorable [ɪn'eksərəbl] [in-ek-so-ra-bol], *a.* Inexorable, duro, inflexible.
inexorability [ɪnˌeksərə'bɪlɪtɪ] [in-ek-so-ra-bi-li-ti], **inexorableness** [ɪn'eksərəblnɪs] [in-ek-so-ra-bol-nes], *s.* Inflexibilidad.
inexorably [ɪn'eksərəblɪ] [in-ek-so-ra-bli], *adv.* Inflexiblemente.
inexpansible [ˌɪneks'pænsɪbl] [in-eks-pan-si-bol], *a.* Poco expansible, incapaz de expansión.
inexpedience [ˌɪneks'pɪdɪəns] [in-eks-pi-diens], *s.* Inoportunidad, impropiedad, falta de conveniencia en el orden, tiempo o circunstancias en que se hace o se proyecta hacer una cosa.
inexpedient [ˌɪneks'pɪdɪənt] [in-eks-pi-dient], *a.* Impropio, inoportuno, que no viene al caso o está fuera de propósito.
inexpensive [ˌɪnɪks'pensɪv] [in-iks-pen-siv], *a.* Poco costoso, que no exige grandes gastos; barato.
inexperience [ˌɪnɪks'pɪərɪəns] [in-iks-pia-riens], *s.* Inexperiencia, impericia.
inexperienced [ˌɪnɪks'pɪərɪənst] [in-iks-pia-rienst], *a.* Inexperimentado, falto de experiencia.
inexpert [ɪn'ekspɜ:t] [in-iks-pert], *a.* Inexperto, poco mañoso, inhábil.
inexpiable [ˌɪnɪks'paɪəbl] [in-iks-paia-bol], *a.* Inexpiable, lo que no puede ser perdonado o satisfecho, expiado o lavado, hablando de culpas o delitos.
inexpiableness [ˌɪnɪks'paɪəblnɪs] [in-iks-paia-bol-nes], *s.* El estado o calidad de lo que es inexpiable o no se puede purgar o satisfacer.
inexpiably [ˌɪnɪks'paɪəblɪ] [in-iks-paia-bli], *adv.* De un modo inexpiable, en un grado que no admite expiación.
inexplicable [ˌɪnɪks'plɪkəbl] [in-iks-pli-ka-bol], *a.* Inexplicable, que no se puede explicar.
inexplicably [ˌɪnɪks'plɪkəblɪ] [in-iks-pli-ka-bli], *adv.* Inexplicablemente.

inexplorable [ˌɪnɪks'plɔrəbl] [in-iks-plo-ra-bol], *a.* Que no se puede explorar.

inexpressible [ˌɪnɪks'presəbl] [in-iks-pre-si-bol], *a.* Indecible, lo que no se puede expresar. **-Inexpressibles,** *s. pl. (Fest.)* Los pantalones.

inexpressibly [ˌɪnɪks'presəblɪ] [in-iks-pre-si-bli], *adv.* Indeciblemente.

inexpressive [ˌɪnɪks'presɪv] [in-iks-pre-siv], *a.* 1. Falto de expresión en el hablar o en la fisonomía. 2. *(Poét.)* Indecible.

inextensible [ˌɪnɪks'tensəbl] [in-iks-ten-si-bol], *a.* Incapaz de ser extendido; invariable en longitud o superficie.

inextinct [ˌɪnɪks'tɪŋkt] [in-iks-tinkt], *a.* Que no está extinto o apagado.

inextinguishable [ˌɪnɪks'tɪŋgwɪsəbl] [in-iks-tin-güi-sa-bol], *a.* Inextinguible, lo que no se puede extinguir; implacable, que no se puede apaciguar.

inextricable [ˌɪnɪks'trɪkəbl] [in-iks-tri-ka-bol], *a.* Intrincado, confuso, enmarañado.

inextricableness [ˌɪnɪks'trɪkəblnɪs] [in-iks-tri-ka-bol-nes], *s.* El estado de lo que es intrincado o confuso.

inextricably [ˌɪnɪks'trɪkəblɪ] [in-iks-tri-ka-bli], *adv.* Intrincadamente, enmarañadamente.

infallibility [ɪnˌfælə'bɪlɪtɪ] [in-fa-bi-li-ti], **infallibleness** [ɪn'fæləblɪs] [in-fa-li-bol-nes], *s.* Infabilidad, suma certeza, incapacidad de engañar o engañarse.

infallible [ɪn'fæləbl] [in-fa-li-bol], *a.* 1. Infalible. 2. Infalible, seguro, cierto, indefectible.

infallibly [ɪn'fæləblɪ] [in-fa-li-bli], *adv.* Infaliblemente, seguramente.

infamous ['ɪnfəməs] [in-fei-mos], *a.* 1. Infame, ignominioso, desacreditado, vil, mal reputado; vergonzoso. 2. Infamante, infamatorio, que infama o que merece la infamia; odioso, aborrecible, notoriamente injusto o malvado.

infamously ['ɪnfəməslɪ] [in-fei-mos-li], *adv.* Infamemente, ignominiosamente.

infamousness ['ɪnfəməsnɪs] [in-fei-mos-nes], **infamy** ['ɪnfəmɪ] [in-fa-mi], *s.* Infamia, descrédito, deshonra, oprobio, baldón.

infancy ['ɪnfənsɪ] [in-fan-si], *s.* 1. Infancia, la edad del hombre hasta que tiene uso de razón. 2. Infancia, los primeros años. 3. Infancia, el principio u origen de alguna cosa. 4. *(Der.)* Menor edad, minoridad, período de la vida antes de la mayor edad (esto es, antes de la capacidad legal).

infant ['ɪnfənt] [in-fant], *s.* 1. Infante, niño o niña de tierna edad; criatura. 2. Menor, la persona que aún no ha llegado a la edad que determinan las leyes en los diferentes países para gobernar su hacienda y disponer libremente de su persona. *-a.* 1. *V.* INFANTILE. 2. De menor edad. 3. *(Fig.)* Joven, naciente, que no ha llegado a la madurez. **Infant industries,** industrias nacientes.

infanticidal [ˌɪnfəntɪ'saɪdə] [in-fan-ti-sai-dal], *a.* Que se refiere al infanticidio.

infanticide [ɪn'fæntɪsaɪd] [in-fan-ti-said], *s.* 1. Infanticidio, homicidio de un niño o criatura. 2. Infanticida, la persona que comete este homicidio.

infantile ['ɪnfəntaɪl] [in-fan-tail], *a.* Infantil, pueril. **Infantile paralysis,** parálisis infantil, poliomielitis.

infantine ['ɪnfəntaɪn] [in-fan-tain], *a.* Infantil, propio de niño.

infant-like ['ɪnfəntˌlaɪk] [in-fant-laik], *a.* Semejante a un niño.

infantry ['ɪnfəntrɪ] [in-fan-tri], *s.* Infantería, peones, infantes.

infarct ['ɪnfɑːkt] [in-farkt], *s.* Infarto, lo que forma una hinchazón u obstrucción en un órgano.

infarction ['ɪnfɑːkʃən] [in-fark-shon], *s. (Med.)* Obstrucción por repleción; infartamiento, infartación.

infatuate [ɪn'fætjʊeɪt] [in-fa-tiueit], *va.* Infatuar, embobar, privar del uso de razón, preocupar.

infatuate, infatuated [ɪn'fætjʊeɪtd] [in-fa-tiueitd], *a.* Infatuado.

infatuating [ɪn'fætjʊeɪtɪŋ] [in-fa-tiuei-tin], *a.* Que infatúa o entontece.

infatuation [ɪnˌfætjʊ'eɪʃən] [in-fa-tiuei-shon], *s.* Infatuación, preocupación ciega, encaprichamiento.

infeasible [ɪn'fezɪbl] [in-fe-si-bol], *a.* Impracticable.

infect [ɪn'fekt] [in-fekt], *va.* 1. Infectar, apestar, inficionar, corromper. 2. *(For.)* Tachar de ilegalidad.

infection [ɪn'fekʃən] [in-fek-shon], *s.* 1. Infección, la acción de infectar; comunicación de una enfermedad por medio del contacto, del aire, del agua o de las ropas. 2. Lo que inficiona, materia morbífica e infecta, como los miasmas. 3. *(For.)* Acción de tachar de ilegalidad.

infectious [ɪn'fekʃəs] [in-fek-shos], *a.* 1. Infecto, inficionado; corruptor. 2. *(Med.)* Pestilente, comunicable por vía de infección o indirectamente; distinto de contagioso. 3. *(For.)* Tachado de ilegalidad.

infectiously [ɪn'fekʃəslɪ] [in-fek-shos-li], *adv.* Por infección.

infectiousness [ɪn'fekʃəsnɪs] [in-fek-shos-nes], *s.* Calidad o propiedad de infectar.

infective [ɪn'fektɪv] [in-fek-tiv], *a.* Infectivo, pestilente.

infecund [ɪn'fekənd] [in-fe-kun], *a.* Infecundo, estéril.

infecundity [ˌɪnfe'kəndɪtɪ] [in-fe-kun-di-ti], *s.* Infecundidad, esterilidad.

infelicitous [ˌɪnfɪ'lɪsɪtəs] [in-fi-li-si-tos], *a.* 1. Inepto, poco apropiado, poco conveniente. 2. Infeliz, desdichado, desgraciado.

infelicity [ˌɪnfɪ'lɪsɪtɪ] [in-fi-li-si-ti], *s.* 1. Infelicidad, desgracia, desdicha, infortunio. 2. Ineptitud, falta de idoneidad, de conveniencia. 3. Palabra o expresión fuera de propósito, poco conveniente.

infer [ɪn'fɜːʳ] [in-feʳ], *va.* 1. Inferir, deducir, concluir. 2. Mostrar, implicar. *-vn.* Sacar una consecuencia.

inferable [ɪn'ferəbl] [in-fe-ra-bol], *a.* Deducible. *V.* INFERRIBLE.

inference ['ɪnfərəns] [in-fe-rens], *s.* Inferencia, ilación, consecuencia, inducción.

inferential [ˌɪnfə'renʃəl] [in-fe-ren-shal], *a.* Ilativo: de la naturaleza de una inferencia.

inferior [ɪn'fɪərɪəʳ] [in-fi-riaʳ], *a.* 1. Inferior, lo que es menos que otra cosa en cantidad o calidad. 2. Inferior, debajo de otra cosa o más bajo que ella. 3. *(Mús.)* De tono más bajo. 4. Inferior, el que está sujeto a otro o el que es menos que otra persona en saber, valer, poder, puesto o mando; subordinado, subalterno. 5. *(Impr.)* Inferior, que está debajo del nivel de la línea. *-s.* Inferior, el que está subordinado a un superior.

inferiority [ɪnˌfɪərɪ'ɒrɪtɪ] [in-fi-rio-ri-ti], *s.* Inferioridad. **Inferiority complex,** complejo de inferioridad.

infernal [ɪn'fɜːnl] [in-fer-nal], *a.* Infernal, cosa del infierno o perteneciente a él.

infernalness [ɪn'fɜːnlnɪs] [in-fer-nal-nes], *s.* El estado de lo que es infernal.

inferrible [ɪn'fɜːrɪbl] [in-fe-ri-bol], *a.* Que se puede deducir o inferir.

infertile [ɪn'fɜːtaɪl] [in-fer-tail], *a.* Infecundo, infértil, estéril.

infertility [ˌɪnfɜː'tɪlɪtɪ] [in-fer-ti-li-ti], *s.* Infecundidad, infertilidad, esterilidad.

infest [ɪn'fest] [in-fest], *va.* 1. Infestar, incomodar, trabajar; inficionar, apestar. 2. Infestar, causar el enemigo daños y estragos con hostilidades y correrías.

infestation [ˌɪnfes'teɪʃən] [in-fes-tei-shon], *s.* Infestación; molestia, disturbio.

infested [ɪn'festɪd] [in-fes-ted], *a.* Infestado; molestado, acosado.

infestive [ɪn'festɪv] [in-fes-tiv], *a.* Triste, melancólico.

infeudation [ˌɪnfjʊ'deɪʃən] [in-fiu-dei-shon], *s.* Enfeudación, el acto de enfeudar.

infidel ['ɪnfɪdəl] [in-fi-del], *s.* Infiel, gentil, pagano. *-a.* Infiel; desleal, fementido, pérfido.

infidelity [ˌɪnfɪ'delɪtɪ] [in-fi-de-li-ti], *s.* 1. Infidelidad, falta de fe, escepticismo respecto de la religión generalmente

reconocida; falta de buena fe, infidelidad conyugal. 2. Deslealtad, alevosía, perfidia.
infiltrate ['ɪnfɪltreɪt] [in-fil-treit], *va.* Infiltar, hacer que un líquido o gas penetre por los poros o intersticios. *-vn.* Infiltrarse, recalar, entrar penetrando por los poros.
infiltration [ˌɪnfɪl'treɪʃən] [in-fil-trei-shon], *s.* 1. Infiltración, el acto de infiltrar. 2. Lo que está infiltrado; *(Med.)* infarto blando.
infinite ['ɪnfɪnɪt] [in-fi-nit], *a.* 1. Infinito, lo que no tiene fin ni término; ilimitado (limitless). 2. Infinito, innumerable; muy grande. 3. Que lo contiene todo; cabal y perfecto; que comprende todas las perfecciones (perfect).
infinitely ['ɪnfɪnɪtlɪ] [in-fi-nit-li], *adv.* Infinitamente, ilimitadamente.
infiniteness ['ɪnfɪnɪtnɪs] [in-fi-nit-nes], *s.* Infinidad, cualidad de lo infinito.
infinitesimal [ˌɪnfɪnɪ'tesɪməl] [in-fi-ni-te-si-mal], *a.* *(Mat.)* Infinitesimal: se dice del cálculo o cantidad. *-s.* Infinitésima, parte infinitamente pequeña de cualquier cantidad.
infinitive [ɪn'fɪnɪtɪv] [in-fi-ni-tiv], *a.* Infinitivo. *-s.* Modo infinitivo.
infinitude [ɪn'fɪnɪtjuːd] [in-fi-ni-tiud], *s.* Infinidad; muchedumbre innumerable o infinita.
infinity [ɪn'fɪnɪtɪ] [in-fi-ni-ti], *s.* 1. Infinidad, extensión ilimitada; espacio sin límites, inmensidad. 2. Estado o cualidad de lo infinito; perfección.
infirm [ɪn'fɜːm] [in-ferm], *a.* 1. Enfermizo, inválido, doliente, achacoso. *(Fam.)* Enclenque. 2. Enfermo, frágil, débil. 3. Instable, poco firme y seguro; irresoluto. 4. *(For.)* Anulable; que se puede invalidar.
infirmary [ɪn'fɜːmərɪ] [in-fer-ma-ri], *s.* Enfermería (medical room); hospital.
infirmity [ɪn'fɜːmɪtɪ] [in-fer-mi-ti], *s.* 1. Flaqueza, fragilidad (weakness), falta cometida por la debilidad natural del sexo, de la edad, del genio, etc. 2. Falta, desliz, traspié. 3. Enfermedad, dolencia, achaque, mal, indisposición, padecimiento (pain, illness).
infirmness [ɪn'fɜːmnɪs] [in-ferm-nes], *s.* Debilidad, extenuación, flaqueza.
infix ['ɪnfɪks] [in-fiks], *va.* 1. Clavar, introducir alguna cosa puntiaguda en otra. 2. Imprimir, inculcar, grabar en el alma alguna cosa. *-s.* *(Gram.)* Partícula que va interpuesta en una palabra para modificar su significación. **Cf.** PREFIX y SUFFIX.
inflame [ɪn'fleɪm] [in-fleim], *va.* 1. Inflamar, encender, hacer arder (liter). 2. Inflamar, encender, enardecer (passion), acalorar, azuzar, provocar, irritar. 3. Exagerar, agravar. *-vn.* *(Med.)* Inflamarse, hincharse.
inflamed [ɪn'fleɪmd] [in-fleimd], *a.* Encendido, irritado, acalorado, enardecido.
inflamer [ɪn'fleɪmə^r] [in-flei-ma^r], *s.* Inflamador, enardecedor, el que inflama, lo que enciende o enardece.
inflaming [ɪn'fleɪmɪŋ] [in-flei-min], *s.* Inflamación, enardecimiento.
inflammability [ˌɪnflæmə'bɪlɪtɪ] [in-fla-ma-bi-li-ti], *s.* Inflamabilidad, calidad o propiedad de lo que es inflamable; aptitud o disposición a inflamarse.
inflammable [ɪn'flæməbl] [in-fla-ma-bol], *a.* Inflamable (thing, situation). **Inflammable air**, *(Des.)* aire inflamable o gas hidrógeno.
inflammableness [ˌɪnflæ'məblnɪs] [in-fla-ma-bol-nes], *s.* Inflamación, enardecimiento; la calidad de lo que es inflamable.
inflammation [ˌɪnflæ'meɪʃən] [in-fla-mei-shon], *s.* 1. Inflamación, encendimiento. 2. Inflamación, enardecimiento de las pasiones y de los afectos del ánimo. 3. *(Med.)* Inflamación, estado mórbido de alguna parte del cuerpo, que produce en ella rubicundez, tumefacción, calor y dolor.
inflammative [ɪn'flæmətɪv] [in-fla-ma-tiv], *a.* Inflamatorio, que produce o es propio para producir inflamación, tumulto, o sedición; incendiario. 2. Inflamatorio, que se relaciona con una inflamación.
inflammatory [ɪn'flæmətərɪ] [in-fla-ma-to-ri], *a.* Inflamatorio, incendiario.
inflatable [ɪn'fleɪtəbl] [in-flei-ter-bol], *a.* Hinchable, que se puede inflar.
inflate [ɪn'fleɪt] [in-fleit], *va.* 1. Inflar, hinchar (gas), entumecer. 2. Hinchar, engreír, envanecer. 3. Soplar (blow).
inflated [ɪn'fleɪtɪd] [in-flei-tid], *a.* Hinchado, inflado, entumecido, engreído, excesivo (price).
inflation [ɪn'fleɪʃən] [in-flei-shon], *s.* 1. Inflación, hinchazón (bump), entumecimiento. 2. Hinchazón, engreimiento, envanecimiento.
inflect [ɪn'flekt] [in-flekt], *va.* 1. Torcer, doblar (twist), encorvar, mudar, variar, modular (voice). 2. *(Gram.)* Declinar, conjugar.
inflection [ɪn'flekʃən] [in-flek-shon], *s.* 1. Inflexión, dobladura. 2. Inflexión, modulación de la voz. 3. *(Gram.)* Inflexión, la variación de las terminaciones en los nombres o verbos.
inflectional [ɪn'flekʃənl] [in-flek-sho-nal], *a.* Con inflexión.
inflective [ɪn'flektɪv] [in-flek-tiv], *a.* Lo que tiene virtud para doblar o torcer.
inflex [ɪn'fleks] [in-fleks], *va.* Encorvar, torcer, doblar.
inflexibility [ɪnˌfleksɪ'bɪlɪtɪ] [in-flek-si-bi-li-ti], **inflexibleness** [ɪnˌflek'sɪblnɪs] [in-flek-si-bol-nes], *s.* Inflexibilidad, dureza, pertinacia, obstinación.
inflexible [ɪn'fleksəbl] [in-flek-sa-bol], *a.* 1. Inexorable. 2. Inflexible. 3. Inalterable.
inflexibly [ɪn'fleksɪblɪ] [in-flek-si-bli], *adv.* Inflexiblemente; inexorablemente.
inflexion, *s. V.* INFLECTION.
inflict [ɪn'flɪkt] [in-flikt], *va.* 1. Castigar, infligir, imponer penas corporales (penalty). 2. Cubrir de. **To inflict disgrace**, cubrir de oprobio, de vergüenza.
inflicter [ɪn'flɪktə^r] [in-flik-ta^r], *s.* Castigador.
infliction [ɪn'flɪkʃən] [in-flik-shon], *s.* Imposición o castigo de una pena corporal (tax, penalty); inflicción.
inflictive [ɪn'flɪktɪv] [in-flik-tiv], *a.* Inflictiva, la pena que se impone al delincuente, o la que se ha de imponer.
inflorescence [ɪn'flɔresns] [in-flo-re-sens], *s.* 1. *(Bot.)* Inflorescencia, disposición general de las flores en los vegetales. 2. Florescencia, acción de florecer; conjunto de las flores del mismo género.
inflow ['ɪnfləʊ] [in-flau], *s.* Afluencia.
influence ['ɪnflʊəns] [in-fluens], *s.* Influencia; influjo, valimiento. **To be under the influence of drugs,** estar bajo los efectos de las drogas, estar drogado. **To bring influence on somebody,** ejercer presión sobre alguien. **To have influence to get a job,** tener enchufe para conseguir un puesto de trabajo.
influence, *va.* Influir: (a) causar ciertos efectos unos cuerpos en otros. (b) Intervenir, tener parte en algún negocio. (c) Comunicar Dios algún efecto o don de su gracia. (d) Tener ascendiente o autoridad moral sobre alguien. (e) Modificar, cambiar la manera de ser.
influencing ['ɪnflʊənsɪŋ] [in-fluen-sin], *s.* Influencia, influjo.
influent ['ɪnflʊənt] [in-fluent], *a.* Que fluye hacia dentro.
influential [ˌɪnflʊ'enʃəl] [in-fluen-shal], *a.* Que influye, que tiene influencia, influyente.
influentially [ˌɪnflʊ'enʃəlɪ] [in-fluen-sha-li], *adv.* Por medio de influencia o influjo.
influenza [ˌɪnflʊ'enzə] [in-fluen-sa], *s.* Catarro, gripe, fluxión epidémica, acompañada de fiebre.
influx ['ɪnflʌks] [in-flaks], *s.* 1. Influjo, el acto de influir en alguna cosa. 2. Afluencia, entrada (of people, goods, etc.) 3. Instilación, intromisión. 4. Desembocadura, paraje por donde desemboca un río, canal, etc.
influxion ['ɪnflʌkʃən] [in-flak-shon], *s.* Infusión de alguna gracia o don divino.
infold ['ɪnfɒld] [in-fold], *va.* 1. Envolver, arrollar. 2. Abrazar, apretar, estrechar entre los brazos (embrace).
inform [ɪn'fɔːm] [in-form], *va.* 1. Informar, dar noticias a alguno; instruir, enseñar (teach, announce, tell). 2. Delatar,

acusar ante el juez (accuse). 3. Dar forma a, animar, infundir vida o fuerza (encourage, liven up). *-vn.* Informar, dar parte. **To inform against one**, delatar a uno. **Well informed,** instruido, erudito. **To keep somebody informed about something,** tener a alguien al corriente de algo. **To be informed,** estar al corriente, estar avisado. **I'm reliably informed that,** me informan de buena fuente que, sé de buena tinta que.

informal [ɪn'fɔːməl] [in-for-mal], *a.* 1. Informal, irregular, que no está conforme a lo establecido (person). 2. Informal, que carece de formas oficiales, sin ceremonia (occasion). 3. Íntimo, de confianza.

informality [ˌɪnfɔː'mælɪtɪ] [in-for-ma-li-ti], *s.* 1. Informalidad, irregularidad, familiaridad, falta de la forma establecida, regular o legal. 2. Hecho o acción informal.

informally [ɪn'fɔːməlɪ] [in-for-ma-li], *adv.* Irregularmente, sin ceremonia, de manera informal. **The king spoke informally to the journalists,** el rey habló en tono de confianza con los periodistas.

informant [ɪn'fɔːmənt] [in-for-mant], *s.* Informante, denunciador, persona que informa o hace saber **Who was your informant?,** ¿quién te lo dijo? Se diferencia del **informer** o delator.

informatics [ˌɪnfɔː'mætɪks] [in-for-ma-tiks], *sf.* Informática.

information [ˌɪnfə'meɪʃən] [in-for-mei-shon], *s.* 1. Informe, información, instrucción, aviso, noticia (news, notice); saber, conocimientos sacados del estudio, de la observación (knowing), etc. 2. Acusación, delación, denunciación (accusation). 3. Información, el acto de informar. **To gather information,** informarse, tomar informes. **A piece of information,** un dato, una noticia. **To lay information against,** delatar, acusar. **The information superhigh-way,** la autopista de la información. **For your information,** a título informativo, para su información. *(Amer.)* Servicio de información telefónica. **Information bureau**, oficina o centro de información.

informative [ɪn'fɔːmətɪv] [in-for-ma-tiv], *a.* Informativo, didáctico.

informed [ɪn'fɔːmd] [in-formd], *a.* 1. Instruído, informado, inteligente (clever). 2. Informe.

informer [ɪn'fɔːmə[r]] [in-for-ma[r]], *s.* 1. Delator, denunciador (betrayer); espía, soplón (spy). 2. Informador, el que informa. *V.* INFORMANT. 3. El que forma, amoda o anima. **To turn informer**, hacerse delator.

infossous [ɪn'fəsəs] [in-fo-sos], *a. (Bot.)* Deprimido de manera que forma canal, v. gr. las venas en ciertas hojas.

infra-. Prefijo que significa bajo, debajo de; en la parte inferior.

infract [ɪn'frækt] [in-frakt], *va.* Romper, quebrantar.

infracted [ɪn'fræktɪd] [in-frak-tid], *s.* Roto, quebrado, quebrantado.

infraction [ɪn'frækʃən] [in-frak-shon], *s.* 1. Quebrantamiento, rompimiento (infringement). 2. Infracción, quebrantamiento, transgresión, contravención de una ley, bando o edicto; violación de un tratado.

infractor [ɪn'fræktə[r]] [in-frak-ta[r]], *s.* Infractor, transgresor, contraventor.

infralapsarian [ˌɪnfræləp'særɪən] [in-fra-lap-sa-rian], *a.* y *s. (Teol.)* Epíteto dado a ciertos calvinistas que pretenden que Dios no proporciona a los hombres los medios de salvarse.

inframammary [ɪn'fræməmərɪ] [in-fra-ma-ma-ri], *a.* Situado debajo de los pechos.

inframaxillary [ˌɪnfrə'mɑːksɪlərɪ] [in-fra-mak-si-la-ri], *a.* Perteneciente a la quijada inferior. *-s.* Quijada inferior.

infrangible [ɪn'frændʒɪbl] [in-fran-chi-bol], *a.* Infrangible, inquebrantable.

infrangibleness [ɪn'frændʒɪblnɪs] [in-fran-chi-bol-nes], *s.* El estado de lo que es infrangible.

infraorbital [ˌɪnfrə'ɔːbɪtəl] [in-fra-or-bi-tal], *a.* Situado debajo de la órbita del ojo.

infrared [ɪn'frɑːd] [in-frard], *a.* Infrarrojo.

infrastructure ['ɪnfrəˌstrʌktʃə[r]] [in-fras-trak-cha[r]], *sf.* Infraestructura.

infrequency [ɪn'friːkwənsɪ] [in-fri-kuen-si], **infrequence** [ɪn'friːkwəns] [in-fri-kuens], *s.* Rareza, raridad.

infrequent [ɪn'friːkwənt] [in-fri-kuent], *a.* Raro, infrecuente, poco común, que ocurre o acaece a largos intervalos.

infrequently [ɪn'friːkwəntlɪ] [in-fri-kuent-li], *adv.* Infrecuentemente, rara vez.

infringe [ɪn'frɪndʒ] [in-frinch], *va.* 1. Infringir, quebrantar, violar una ley o pacto, contravenir a (break, contravene); entrar sin derecho sobre. 2. Destruir, impedir, embarazar, estorbar, transgredir. *-vn.* Violar derechos y privilegios. **To infringe on a patent-right**, violar una patente, imitar o falsificar un artículo que tiene privilegio de invención.

infringement [ɪn'frɪndʒmənt] [in-frinch-ment], *s.* Infracción, violación, transgresión, contravención, quebrantamiento de la ley, de una obligación, de un privilegio o derecho (contravention, violation).

infringer [ɪn'frɪndʒə[r]] [in-frin-cha[r]], *s.* Violador, contraventor, quebrantador, infractor de una ley o convenio.

infumed [ɪn'fjuːmd] [in-fiumd], *a.* Desecado al humo.

infundibular, infundibuliform [ˌɪnfən'dɪbjʊlə[r]] [in-fan-di-biu-la[r]], *a.* Infundibuliforme, en forma de embudo.

infuriate [ɪn'fjʊərɪeɪt] [in-fiu-rieit], *a.* Enfurecido, furioso, rabioso.

infuriate, *va.* Enfurecer, irritar, enojar; hacer, volver o poner rabioso.

infuriating [ɪn'fjʊərɪeɪtɪŋ] [in-fiua-riei-tin], *a.* Irritante, enloquecedor, exasperante.

infuscation [ˌɪnfʌs'keɪʃən] [in-fas-kei-shon], *s.* Obscurecimiento.

infuse [ɪn'fjuːz] [in-fius], *va.* 1. Infundir, echar en infusión, poner un simple en algún licor por cierto tiempo para extraer sus virtudes. 2. Infundir, causar algún efecto en el ánimo o mover alguna pasión. 3. Echar un licor en alguna cosa que pueda contenerle. 4. Infundir, inculcar, instilar, como principios o calidades: con **into. To infuse zeal into his pupils**, infundir estímulo en sus discípulos.

infused [ɪn'fjuːzt] [in-fiust], *a.* Infuso, infundido.

infuser [ɪn'fjuːzə[r]] [in-fiu-sa[r]], *s.* El que infunde o introduce en el ánimo.

infusible [ɪn'fjuːzɪbl] [in-fiu-si-bol], *a.* 1. Infundible, lo que no se puede fundir, derretir o liquidar; lo que no sufre fusión. 2. Capaz de infusión.

infusion [ɪn'fjuːʒən] [in-fiu-shon], *s.* 1. Infusión, la acción de infundir. 2. Infusión (Culin). 3. El acto de embeber o empapar una cosa en un líquido. 4. Infusión, inspiración, gracia infusa en el alma.

infusive [ɪn'fjuːzɪv] [in-fiu-siv], *a.* Lo que puede ser infundido o lo que es capaz e infundir.

infusoria [ɪn'fjuːʒərɪə] [in-fiu-so-ria], *s.* Infusorios.

infusorial [ɪn'fjuːʒərɪəl] [in-fiu-so-rial]], *a.* Infusorio, que contiene infusorio, o perteneciente a ellos. **Infusorial earth,** sustancia terrosa muy fina que consiste principalemente en esqueletos silíceos de diátomos.

infusorian [ɪn'fjuːʒərɪən] [in-fiu-so-rian], *a. V.* INFUSORIAL. *-s.* Uno de los infusorios. Lo mismo (adjetivo y nombre) significa INFUSORY.

ingate [ɪn'geɪt] [in-gueit], *s.* 1. En la fundición, bebedero, agujero por donde entra el metal derretido. 2. Entrada que comunica el pozo de la mina con una galería lateral.

ingathering [ɪn'gæθərɪŋ] [in-ga-ze-rin], *s.* Cosecha; el acto de recoger los productos de la tierra.

ingelable [ɪn'dʒələbl] [in-ye-la-bol], *a.* Lo que no puede ser congelado.

ingeminate [ɪn'dʒəmɪneɪt] [in-ye-mi-neit], *a.* Reduplicado, duplicado, repetido.

ingeminate, *va.* Reduplicar, duplicar, repetir.

ingemination [ˌɪndʒəmɪ'neɪʃən] [in-ye-mi-nei-shon], *s.* Reduplicación.

ingenerable [ɪn'dʒenərəbl] [in-ye-ne-ra-bol], *a.* Ingenerable, que puede ser producido dentro, en el interior.
ingenerate [ɪn'dʒenəreɪt] [in-ye-ne-reit], *va.* Procrear, producir, engendrar.
ingenerate, *a.* Innato; ingénito.
ingenious [ɪn'dʒi:nɪəs] [in-yi-nios], *a.* 1. Ingenioso, hábil, sutil, que tiene facultad inventiva (resourceful, witty); apto para discurrir o inventar. 2. Apto; bien formado, bien concebido o proyectado; mañoso (capable).
ingeniously [ɪn'dʒi:nɪəslɪ] [in-yi-nios-li], *adv.* Ingeniosamente.
ingeniousness [ɪn'dʒi:nɪəsnɪs] [in-yi-nios-nes], *s.* Ingeniosidad, sutileza, industria, destreza.
ingenuity [ɪn'dʒenʊɪtɪ] [in-ye-niu-ti], *s.* 1. Ingeniosidad, facultad inventiva (cleverness, wittiness). 2. Maña, habilidad, destreza para construir, idear o hacer algo (hability).
ingenuous [ɪn'dʒenʊəs] [in-ye-nuos], *a.* Ingenuo, real, sincero, sin doblez, franco (candid, simple).
ingenuously [ɪn'dʒenʊəslɪ] [in-ye-nuos-li], *adv.* Ingenuamente.
ingenuousness [ɪn'dʒenʊəsnɪs] [in-ye-nuos-nes], *s.* Ingenuidad, sinceridad.
ingest [ɪn'dʒest] [in-yest], *va.* Introducir o ingerir en el estómago alguna cosa.
ingesta [ɪn'dʒestə] [in-yes-ta], *s. pl.* Alimentos tomados o tragados; *(Fig.)* cosas incorporadas.
ingestion [ɪn'dʒestʃən] [in-yes-shon], *s.* Ingestión, introducción de una cosa en el estómago.
ingle [ɪŋl] [in-guel], *s. (Esco.)* Fuego, llama. **Ingleside**, hogar. **Inglenook,** rincón de la chimenea.
inglorious [ɪn'glɔ:rɪəs] [in-glo-rios], *a.* 1. Vil, afrentoso, ignominioso, bajo, deshonroso, vergonzoso (shameful). 2. Insensible al honor, a la ambición o a la gloria.
ingloriously [ɪn'glɔ:rɪəslɪ] [in-glo-rios-li], *adv.* Ignominiosamente.
ingloriousness [ɪn'glɔ:rɪəs] [in-glo-rios], *s.* 1. Ignominia, vileza, deshonra. 2. Insensibilidad o falta de ansia por adquirir fama, reputación o gloria.
ingluvies [ɪn'glu:vɪz] [in-glu-vis], *s.* El buche de las aves granívoras.
ingoing ['ɪngəʊɪŋ] [in-gouin], *a.* Entrante, que entra. *-s.* Entrada.
ingot ['ɪŋgɒt] [in-got], *s.* 1. Riel, barra de oro, plata u otro metal en bruto; lingote. **Ingot of gold**, tejo de oro. **Ingot** or **copper**, galápago de cobre. 2. Cualquier barra o pedazo de metal sin labrar, y a veces se ha llamado así el molde donde se labra el metal.
ingraft [ɪn'græft] [in-graft], *va.* 1. Injertar o enjertar. *V.* GRAFT. 2. Imprimir, grabar, inspirar o fijar profundamente en el ánimo ideas, sentimiento, máximas, etc.
ingrafting [ɪn'græftɪŋ] [in-graf-tin], *s.* Injertación, enjertación, el acto de injertar o enjertar.
ingraftment [ɪn'græftmənt] [in-graft-ment], *s.* Injerto o enjerto.
ingrain [ɪn'greɪn] [in-grein], *a.* Teñido en rama; fijado, impreso o grabado profundamente en el alma. *-s.* Alfombra teñida en rama.
ingrain, *va.* 1. Teñir en rama; particularmente, teñir con grana o cochinilla. 2. Fijar o impregnar profundamente.
ingrate [ɪn'greɪt] [in-greit], *a.* Ingrato, desagradecido; desapacible (ungrateful). *-s.* Una persona ingrata.
ingratiate [ɪn'greɪʃɪeɪt] [in-grei-shieit], *vn.* Insinuarse, captar, ganar la voluntad de alguno; congraciarse, solicitar la benevolencia de una persona o granjearse su favor. **To ingratiate oneself,** congraciarse.
ingratiating [ɪn'greɪʃɪeɪtɪŋ] [in-grei-shiei-tin], *s.* El acto de granjearse el favor o la benevolencia de una persona. *-a.* Insinuante.
ingratitude [ɪn'grætɪtju:d] [in-gra-ti-tiud], *s.* Ingratitud, desagradecimiento.
ingredient [ɪn'gri:dɪənt] [in-gri-dient], *s.* Ingrediente, lo que entra en la composición de alguna cosa.
ingress [ɪn'gres] [in-gres], *s.* 1. Ingreso, entrada. 2. Acceso, facultad de entrar; también el lugar de entrada (access).
ingression [ɪn'greʃən] [in-gre-shon], *s.* Ingreso, entrada.
ingrown [ɪn'graʊn] [in-graun], *a.* Que crece hacia adentro. **Ingrown toenail**, uñero.
inguinal ['ɪŋgwɪnl] [in-güi-nal], *a.* Inguinal, lo que pertenece a las ingles.
ingulf [ɪn'gʌlf] [in-galf], *va.* 1. Embocar, sumir, precipitar, hacer entrar violentamente una cosa en un boquete estrecho o sumidero. 2. Engolfar, hacer que alguno se arrebate con un pensamiento o afecto.
ingurgitate [ɪn'gɜ:dʒɪteɪt] [in-guer-yi-teit], *va. (Ant.)* Tragar, beber, engullir. *-vn.* Beber o tragar copiosamente; hartarse.
ingurgitation [ˌɪngɜ:dʒɪ'teɪʃən] [in-guer-yi-tei-shon], *s.* Voracidad, glotonería.
inhabit [ɪn'hæbɪt] [in-ja-bit], *va.* Habitar, ocupar alguna habitación. *-vn. (Ant.)* Habitar, vivir, residir en algún paraje (region).
inhabitability [ˌɪnhæbɪtə'bɪlɪtɪ] [in-ja-bi-ter-bi-li-ti], *s.* Habitabilidad, calidad de habitable.
inhabitable [ɪn'hæbɪtəbl] [in-ja-bi-ter-bol], *a.* 1. Habitable.
inhabitance [ɪn'hæbɪtəns] [in-ja-bi-tans], *s.* Habitación, morada permanente, residencia en un lugar.
inhabitant [ɪn'hæbɪtənt] [in-ja-bi-tant], *s.* Habitador, habitante, vecino, morador.
inhabitation [ˌɪnhæbɪ'teɪʃən] [in-ja-bi-tei-shon], *s.* Habitación, domicilio, morada.
inhabited [ɪn'hæbɪtɪd] [in-ja-bi-tid], *a.* Poblado, habitado.
inhabiter [ɪn'hæbɪtə^r] [in-ja-bi-ta^r], *s.* Habitador, habitante, morador, vecino.
inhabitress [ɪn'hæbɪtrɪs] [in-ja-bi-tres], *sf.* Habitadora.
inhalant [ɪn'heɪlənt] [in-jei-lant], *a.* Inhalante.
inhalation [ˌɪn*h*ə'leɪʃən] [in-ja-lei-shon], *s.* 1. Inspiración, el acto de inspirar. 2. *(Med.)* Inhalación, vapor medicamentoso para aspiraciones.
inhale [ɪn'heɪl] [in-jeil], *va.* Inspirar, aspirar, introducir en el pulmón dilatando el pecho, como se hace con el aire exterior.
inhaler [ɪn'heɪla^r] [in-jei-la^r], *a.* Inhalador.
inharmonic, inharmonical [ɪn'hɑ:məʊnɪk] [in-jar-mo-nik], *a.* Dísono o disonante, inarmónico.
inharmonious [ˌɪnhɑ:'məʊnɪəs] [in-jar-mou-nios], *a.* 1. Poco armonioso, falto de armonía; discordante. 2. Falto de concordancia, recíprocamente opuesto.
inhaul [ɪn'hɔ:l] [in-jol], *s. (Mar.)* Cabo o jarcia que sirve para halar el botalón de foque.
inhere [ɪn'hɪə^r] [in-jia^r], *vn.* Inherir, adherir, ser inherente, tener unión íntima con otra cosa.
inherence [ɪn'hɪərəns] [in-jia-rans], **inherency** [ɪn'hɪərənsɪ] [in-jia-ran-si], *s.* 1. Inherencia. 2. Cualidad de estar relacionado con otra cosa como elemento, atributo, propiedad o condición.
inherent [ɪn'hɪərənt] [in-jia-rant], *a.* Inherente; innato, intrínseco.
inherently [ɪn'hɪərəntlɪ] [in-ji-rant-li], *adv.* Inherentemente.
inherit [ɪn'herɪt] [in-je-rit], *va.* 1. Heredar, tener uno las cualidades físicas o mentales de sus antepasados. 2. Heredar, adquirir una herencia por disposición testamentaria o legal (to be heir to). *-vn.* Suceder como heredero o por derecho de sucesión.
inheritable [ɪn'herɪtəbl] [in-je-ri-ter-bol], *a.* Heredable, herditable.
inheritance [ɪn'herɪtəns] [in-je-ri-tans], *s.* 1. Herencia, patrimonio. 2. Herencia, la posesión de los bienes heredados. **Inheritance tax**, impuesto sobre la herencia.
inheritor [ɪn'herɪtə^r] [in-je-ri-ta^r], *s.* Heredero.
inheritress [ɪn'herɪtrɪs] [in-je-ri-tres], **inheritrix** [ɪn'herɪtrɪks] [in-je-ri-triks], *sf.* Heredera.
inhibit [ɪn'hɪbɪt] [in-ji-bit], *va.* 1. Inhibir, contener, detener, impedir (impede, restrain). 2. Prohibir, vedar (prohibit). 3. Prohibir a un sacerdote que ejerza sus funciones espirituales.

inhibited [ɪn'hɪbɪtɪd] [in-ji-bi-tid], *a.* Cohibido, impedido, vedado.

inhibition [ˌɪnhɪ'bɪʃən] [in-ji-bi-shon], *s.* 1. Inhibición, prohibición, impedimento. 2. *(For.)* Inhibición, prohibición a un juez del conocimiento de alguna causa.

inhibitory [ɪn'hɪbɪtərɪ] [in-ji-bi-to-ri], **inhibitive** [ɪn'hɪbɪtɪv] [in-ji-bi-tiv], *a.* Inhibitorio, que prohibe, restringe, o impide.

inhive [ɪn'hiːv] [in-jiv], *va.* Enjambrar, reunir las abejas que andan esparcidas y meterlas en colmenas.

inhospitable [ˌɪnhɒs'pɪtəbl] [in-jos-pi-ter-bol], *a.* Inhospitalario, inhospitable.

inhospitableness [ˌɪnhɒs'pɪtəblnɪs] [in-jos-pi-ter-bol-nes], **inhospitality** [ˌɪnhɒs'pɪtælɪtɪ] [in-jos-pi-ter-li-ti], *s.* Inhospitalidad, falta de hospitalidad, falta de hospitalidad o de caridad.

inhospitably [ˌɪnhɒs'pɪtəblɪ] [in-jos-pi-ter-bli], *adv.* Sin hospitalidad.

inhuman [ɪn'hjuːmən] [in-jiu-man], *a.* Inhumano, cruel, riguroso, despiadado (cruel, merciless).

inhumanity [ˌɪnhjuː'mænɪtɪ] [in-jiu-ma-ni-ti], *s.* Inhumanidad, suma crueldad, barbarie (cruelty, mercilessness).

inhumanly [ɪn'hjuːmənlɪ] [in-jiu-man-li], *adv.* Inhumanamente.

inhumation [ˌɪnhjuːmeɪʃən] [in-jiu-mei-shon], *s.* Entierro, sepultura.

inhume [ɪn'hjuːm] [in-jium], **inhumate** [ɪn'hjuːmeɪt] [in-jiu-meit], *va.* 1. Inhumar, enterrar, sepultar. 2. *(Quím.)* Exponer a un calor constante enterrando el recipiente en tierra o estiércol caliente.

inimaginable [ˌɪnɪ'mædʒɪnəbl] [in-i-ma-yi-na-bol], *a.* Inimaginable. *V.* UNIMAGINABLE.

inimical ['ɪnɪmɪkəl] [i-ni-mi-kal], *a.* Enemigo, contrario, opuesto, dañoso, perjudicial (enemy, damaging). **Inimical to,** opuesto a, contrario a.

inimically ['ɪnɪmɪkəlɪ] [i-ni-mi-ka-li], *adv.* Enemigamente, con enemistad, hostilmente; dañosamente.

inimitability [ˌɪnɪmɪtə'bɪlɪtɪ] [in-i-mi-ter-bi-li-ti], *s.* Imposibilidad o incapacidad de ser imitado.

inimitable [ɪ'nɪmɪtəbl] [in-i-mi-ter-bol], *a.* Inimitable.

inimitableness [ɪ'nɪmɪtəblnɪs] [in-i-mi-ter-bol-nes], *s.* Calidad o estado de lo que es inimitable.

inimitably [ɪ'nɪmɪtəblɪ] [i-ni-mi-ter-bli], *adv.* Inimitablemente.

iniquitous [ɪ'nɪkwɪtəs] [i-ni-kui-tos], **iniquous** [ɪ'nɪkwɪtəs] [i-ni-kui-tos], *a.* Inicuo, malvado, facineroso, injusto (wrong, unjust).

iniquity [ɪ'nɪkwɪtɪ] [i-ni-kui-ti], *s.* Iniquidad, injusticia, perfidia, maldad, picardía. **Iniquities,** injusticias (of system), excesos (of person).

initial [ɪ'nɪʃəl] [i-ni-shal], *a.* 1. Inicial, lo que está al principio (start). 2. Incipiente. **Initials**, letras iniciales de un capítulo, verso, etc., particularmente cuando son de adorno. **Initial stage,** primeras etapa. **Initial reaction,** primera reacción.

initialize [ɪ'nɪʃəlaɪz] [i-ni-sha-lais], *vt.* Inicializar.

initially [ɪ'nɪʃəlɪ] [i-ni-sha-li], *adv.* De un modo incipiente, en un principio.

initiate [ɪ'nɪʃɪɪt] [i-ni-shieit], *va.* 1. Iniciar; instruir en los rudimentos o principios; introducir en una sociedad o culto religioso. 2. Tomar la iniciativa, poner en pie, empezar, dar origen (plan, reform). **To initiate someone into a company,** admitir a alguien en una compañía.

initiated [ɪ'nɪʃɪɪtɪd] [i-ni-shiei-tid], *a.* Iniciado, instruído, admitido a la participación, uso o conocimiento de alguna cosa.

initiating [ɪ'nɪʃɪɪtɪŋ] [i-ni-shiei-tin], *a.* Iniciativo. *-s.* 1. El acto de instruir a alguno en los elementos de un arte o ciencia. 2. La introducción de una persona en cualquiera parte.

initiation [ɪˌnɪʃɪ'eɪʃən] [i-ni-shi-ei-shon], *sf.* 1. Comienzo, iniciación, principio (beginning, start). 2. Estreno, principio, primer uso o el acto de ejercer o poner por obra alguna cosa. 3. Iniciación en los ritos o misterios.

initiative [ɪ'nɪʃətɪv] [i-ni-sha-tiv], *a.* Iniciativo, que sirve para iniciar. *-s.* 1. Primer paso o acción; acto introductivo (starting). 2. Facultad de poner en pie, de empezar, o de iniciar. 3. Iniciativa, derecho de proponer leyes, etc. **To take the initiative,** tomar la iniciativa.

initiator [ɪ'nɪʃɪeɪtə[r]] [i-ni-shiei-ta[r]], *sf.* Iniciador.

initiatory [ɪ'nɪʃɪətərɪ] [i-ni-shia-to-ri], *a.* Iniciativo.

inject [ɪn'dʒekt] [in-yekt], *va.* 1. Inyectar alguna cosa por fuerza, y particularmente por medio de inyección. 2. Introducir sin razón o sin necesidad, injertar (graft). *V.* TO INTERJECT. 3. *(Des.)* Echar sobre, aglomerar.

injected [ɪn'dʒektɪd] [in-yek-tid], *a.* Inyectado, introducido por medio de inyección; también, demasiado cargado de sangre.

injection [ɪn'dʒekʃən] [in-yek-shon], *s.* 1. Inyección, acción y efecto de inyectar, y el líquido inyectado. 2. *(Med.)* Inyección, lavativa; ayuda, el acto de introducir algún líquido en el cuerpo por medio de jeringa u otro instrumento. 3. *(Mec.)* Inyección, acción de echar agua en el condensador de una máquina de vapor.

injection pump [ɪn'dʒekʃənˌpʌmp] [in-yek-shon-pamp], *s.* Bomba inyectora.

injector [ɪn'dʒektə[r]] [in-yek-ta[r]], *s.* Inyector, el que o lo que inyecta; particularmente aparato de las máquinas de vapor.

injudicable [ɪn'dʒʊdɪkəbl] [in-yu-di-ka-bol], *a.* Ilegal, que no puede ser objeto del conocimiento de un juez.

injudicial [ˌɪndʒʊ'dɪʃəl] [in-yu-di-shal], *a.* Informal, informe, ilegal.

injudicious [ˌɪndʒʊ'dɪʃəs] [in-yu-di-shos], *a.* Indiscreto, sin discreción; poco juicioso, imprudente.

injudiciously [ˌɪndʒʊ'dɪʃəslɪ] [in-yu-di-shos-li], *adv.* Tontamente, sin juicio.

injudiciousness [ˌɪndʒʊ'dɪʃəsnɪs] [in-yu-di-shos-nes], *s.* Indiscreción, imprudencia.

injunction [ɪn'dʒʌŋkʃən] [in-yank-shon], *s.* 1. Mandato, precepto, mandamiento, orden expresa. 2. Auto interlocutorio del tribunal de equidad o Cancillería, en virtud del cual se ordena, y más generalmente se prohibe hacer una cosa determinada.

injure ['ɪndʒə[r]] [in-ya[r]], *va.* 1. Injuriar, agraviar, ofender (offend). 2. Molestar, hacer mala obra, perjudicar (chances, reputation).

injurer ['ɪndʒərə[r]] [in-ya-ra[r]], *s.* Injuriador, el que injuria a otro; ofensor, el que ofende.

injurious [ɪn'dʒʊərɪəs] [in-yu-rios], *a.* 1. Injurioso, injusto, dañoso, perjudicial (harmful). 2. *(Ant.)* Contumelioso, detractivo, ofensivo (insulting).

injuriously [ɪn'dʒʊərɪəslɪ] [in-yu-rios-li], *adv.* Injuriosamente.

injuriousness [ɪn'dʒʊərɪəsnɪs] [in-yu-rios-nes], *s.* Injuria, calidad de lo injurioso.

injury [ɪn'dʒərɪ] [in-ya-ri], *s.* 1. Injuria, daño, agravio sin razón, perjuicio, mal, detrimento, molestia (wound, bother, nuisance). 2. Injuria, afrenta, baldón, insulto (offense).

injustice [ɪn'dʒʌstɪs] [in-yas-tis], *s.* Injusticia, agravio.

ink [ɪŋk] [ink], *s.* 1. Tinta, líquido negro o de otro color, y en ciertos casos substancia viscosa, que se emplea para escribir, imprimir o dibujar. 2. El líquido opaco secretado por la jibia. **Indeleble ink** o **marking-ink**, tinta indeleble o de marcar.

ink, *va.* Entintar, teñir o tiznar con tinta; dar tinta. **To ink the forms**, dar tinta a los moldes; *(Impr.)* entintar la forma. **To ink one's fingers**, untarse de tinta los dedos. **To ink in,** entintar. **To ink out,** tachar con tinta.

ink blot ['ɪŋkblɒt] [ink-blot], *sm.* Borrón de tinta.

inkbottle ['ɪŋk'bʌtl] [ink-ba-tel], *s.* Botellita de tinta, que sirve de tintero.

inkhorn ['ɪŋkhɔːn] [ink-jorn], *s.* Tintero de bolsillo, hecho originalmente de cuerno. *V.* INKSTAND. *-a.* Pedantesco, pomposo.

inkiness ['ɪŋkɪnɪs] [in-ki-nis], *s.* Entintamiento; mancha de tinta.

inkle [ɪŋkl] [in-kel], *s.* Cinta angosta.
inkling ['ɪŋklɪŋ] [in-klin], *s.* Insinuación o aviso secreto de alguna cosa.
inkmaker [ɪŋk'meɪkəʳ] [ink-mei-kaʳ], *s.* El que hace tinta para escribir o imprimir.
inknot ['ɪŋknɒt] [ink-not], *va.* Atar o anudar.
inkstand ['ɪŋkstænd] [ink-stand], *s.* Tintero.
inkwell ['ɪŋkwel] [ink-uel], *s.* Tintero.
inky ['ɪŋkɪ] [in-ki], *a.* Que se compone de tinta; semejante o parecido a la tinta; manchado de tinta (stained).
inlace [ɪn'leɪs] [in-leis], *va.* Adornar con cordones, encordonar o acordonar.
inlaid ['ɪn'leɪd] [in-leid], **pret.** y **pp.** de INLAY.
inland ['ɪnlənd] [in-land], *a.* 1. Interior, lo que está tierra adentro o distante del mar. 2. No extranjero, doméstico; transportado de un punto a otro del mismo país. *-s.* El interior de un país. *-adv.* Tierra adentro.
inlander ['ɪnləndəʳ] [in-lan-daʳ], *s.* El que habita tierra adentro o lejos del mar. *(Amer.)* Tierradentreño.
in-laws ['ɪnˌlɔːz] [in-los], *pl.* Parientes políticos.
inlay ['ɪnleɪ] [in-lei], *va.* (*pret.* y *pp.* INLAID). Embutir, meter una cosa dentro de otra; en especial, ataracear, taracear, hacer embutidos de varios colores en madera u otra materia; formar mosaico; incrustar. **Inlaid work**, embutido, taracea, ataracea; incrustación, ataujía. **To inlay something with something,** hacer incrustaciones de algo en algo.
inlay, *s.* 1. Materia con que se ataracea o embute. 2. Ataracea, embutido; dibujo producido por el acto de embutir.
inlayer ['ɪnleɪəʳ] [in-leiaʳ], *s.* El que ataracea o embute; operario en embutidos o taracea.
inlaying ['ɪnleɪɪŋ] [in-lein], *s.* El arte o acto de ataracear o embutir.
inlet ['ɪnlet] [in-let], *s.* 1. *(Geog.)* Entrada, paso para entrar en un paraje cerrado. 2. Cuerpo pequeño de agua que da entrada a otro mayor: (a) abra, cala; (b) arroyo o río que alimenta a un lago. *(Mec.)* **Inlet valve,** válvula de entrada o admisión.
inlock ['ɪnlɒk] [in-lok], *va.* Cerrar, encajar, poner una cosa dentro de otra.
inly ['ɪnlɪ] [in-li], *adv.* Interiormente.
inmate ['ɪnmeɪt] [in-meit], *s.* Habitante, inquilino, el que vive en una casa con otro (inhabitant, tenant); huésped, persona alojada en una casa, fábrica u hospital; cualquier ocupante (occupant). Presidiario (prison).
inmost ['ɪnməʊst] [in-moust], *a.* 1. Íntimo, lo más interior o interno de alguna cosa; lo más lejano de la parte exterior, lo más profundo. 2. El más recóndito, secreto, oculto.
inn [ɪn] [in], *s.* Posada, fonda, mesón. **Inns of court**, (GB) colegios de abogados o jurisconsultos.
innate, innated [ɪ'neɪt] [i-neit], *a.* Innato, natural, propio (natural, own).
innately [ɪ'neɪtlɪ] [i-neit-li], *adv.* Naturalmente, de forma innata. **She's innately evil,** es mala de por sí.
innateness [ɪ'neɪtnɪs] [i-neit-nes], *s.* El estado o calidad de lo que es innato.
innavigable [ɪ'nævɪgəbl] [i-na-vi-ga-bol], *a.* Innavegable.
inner ['ɪnəʳ] [i-naʳ], *a.* Interior. **Inner tube**, cámara interior o neumática (de una llanta de automóvil). **Inner city,** zona centro de una ciudad. **The inner man,** el estómago.
innermost ['ɪnəməʊst] [i-na-moust], *a.* Íntimo. *V.* INMOST.
innervate ['ɪnəveɪt] [i-na-veit], *va.* Proveer de nervios; comunicar estímulo nervioso a.
innervation ['ɪnəˌveɪʃən] [i-na-vei-shon], *s.* *(Fís.)* 1. Inervación, acción de dar estímulo nervioso a un órgano. 2. Disposición de los filamentos nerviosos en cualquier parte del cuerpo animal.
innerve ['ɪnɜːv] [i-nerv], *va.* Dar vigor, nervio, fuerza.
inning ['ɪnɪŋ] [i-nin], *s.* 1. Turno de lanzamiento, entrada (baseball, cricket). 2. Los terrenos que un tiempo estuvieron cubiertos por las aguas del mar. *(Fig.)* Oportunidad, ocasión.
innkeeper ['ɪnkiːpəʳ] [in-ki-paʳ], *s.* Posadero, mesonero, fondista, huésped.
innocence ['ɪnəsns] [i-no-sens], **innocency** ['ɪnəsnsɪ] [i-no-sen-si], *s.* 1. Inocencia, pureza (kindness). 2. Inocencia, estado del que se halla inocente del delito que se le imputa. **In all innocence,** sin mala intención, sin malicia. 3. Sencillez, simplicidad (simpleness). 4. Cualidad de lo que no es nocivo, de lo innocuo.
innocent ['ɪnəsnt] [i-no-sent], *a.* 1. Inocente. 2. Inocente, simple, tonto, idiota. 3. No nocivo, innocuo. *-s.* 1. Inocente, el niño que no tiene uso de razón. 2. Inocente, el que está libre de culpa, absuelto (not guilty).
innocently ['ɪnəsntlɪ] [i-no-sent-li], *adv.* Inocentemente.
innocuous [ɪ'nɒkʊəs] [i-no-kuos], *a.* Innocuo, inofensivo (harmless), inocente, innocivo, que no hace daño; sencillo (simple).
innocuously [ɪ'nɒkʊəslɪ] [i-no-kuos-li], *adv.* Inocentemente.
innocuousness [ɪ'nɒkʊəsnɪs] [i-no-kuos-nes], *s.* Inocencia; estado y calidad de lo que no hace daño.
innominable [ɪ'nɒmɪnəbl] [i-no-mi-na-bol], *a.* *(Ant.)* Innominable, innombrable.
innominate [ɪ'nɒmɪneɪt] [i-no-mi-neit], *a.* 1. Innominado (nameless), que no tiene nombre especial: se emplea en anatomía; hueso innominado, arteria innominada. 2. Anónimo, sin autor conocido (anonymous).
innovate ['ɪnəʊveɪt] [i-nou-veit], *va.* Innovar, hacer innovaciones; introducir cosas nuevas.
innovating ['ɪnəʊveɪtɪŋ] [i-nou-vei-tin], *a.* Innovador; se toma comúnmente en mal sentido.
innovation [ˌɪnəʊ'veɪʃən] [i-nou-vei-shon], *s.* Innovación, novedad.
innovator ['ɪnəʊveɪtəʳ] [i-nou-vei-taʳ], *s.* Innovador, el que innova o introduce novedades y también el que hace esfuerzos para introducirlas. *V.* INNOVATING.
innovatory ['ɪnəʊvətərɪ] [i-nou-va-to-ri], *a.* Innovador.
innoxious ['ɪnəksɪəs] [i-nok-sios], *a.* 1. Innocivo, innocuo, que no es nocivo. 2. *(Ant.)* Inocente, libre, exento de culpa.
innoxiously ['ɪnəksɪəslɪ] [i-no-ksios-li], *adv.* Sin daño, innocuamente.
innoxiousness ['ɪnəksɪəsnɪs] [i-nok-sios-nes], *s.* Incapacidad de hacer daño.
innuendo [ˌɪnjʊ'endəʊ] [i-niu-en-dou], *s.* Indirecta, insinuación, pulla (insinuation).
innumerability [ˌɪnjʊmərə'bɪlɪtɪ] [i-niu-me-ra-bi-li-ti], *s.* Innumerabilidad.
innumerable [ɪ'njuːmərəbl] [i-niu-me-ra-bol], *a.* Innumerable.
innumerableness [ɪ'njuːmərəblnɪs] [i-niu-me-ra-bol-nes], *s.* Innumerabilidad, muchedumbre grande y excesiva.
innumerably [ɪ'njuːmərəblɪ] [i-niu-me-ra-bli], *adv.* Innumerablemente.
innumerous ['ɪnjuːmərəs] [i-niu-me-ros], *s.* Innumerable.
innutrition ['ɪnjʊ'trɪʃən] [i-niu-tri-shon], *s.* Falta de nutrición.
innutritious [ˌɪnjʊ'trɪʃəs] [i-niu-tri-shos], *a.* No nutritivo, que carece de propiedades nutritivas.
inobservable [ɪˌnəbsɜː'vəbl] [in-ob-ser-va-bol], *a.* Inobservable.
inobservance [ɪˌnəbsɜː'vəns] [in-ob-ser-vans], *s.* Inobservancia.
inobservation [ɪˌnəbsɜː'veɪʃən] [in-ob-ser-vei-shon], *s.* Inobservación.
inoculate [ɪ'nɒjʊleɪt] [i-no-kiu-leit], *va.* 1. Inocular, comunicar una enfermedad infecciosa por contacto o por medios artificiales. 2. Injertar un botón en un árbol para propagarlo. 3. *(Fig.)* Imbuir, infundir; infectar, inficionar. *-vn.* 1. Comunicar una enfermedad por medio de inoculación. 2. Inocular, injertar, propagar una planta por medio del injerto de un botón.
inoculation [ɪˌnɒjʊ'leɪʃən] [i-no-kiu-lei-shon], *s.* 1. Injertación, inoculación, el acto de injertar los árboles. 2. Inoculación, la inserción de un virus, como el de la viruela. 3. Contaminación, infección.

inoculator [ɪ'nɒjʊleɪtəʳ] [i-no-kiu-lei-taʳ], *s.* Inoculador, el que practica la inoculación.

inodorous [ɪ'nɒdərəs] [i-no-do-ros], *a.* Indoro, que carece de olor, que no despide olor.

inoffensive [ˌɪnə'fensɪv] [i-no-fen-siv], *a.* Inofensivo.

inoffensively [ˌɪnə'fensɪvlɪ] [i-no-fen-siv-li], *adv.* Inofensivamente, pacíficamente.

inoffensiveness [ˌɪnə'fensɪvnɪs] [i-no-fen-siv-nes], *s.* La calidad de lo que no ofende, inocuidad; inocencia.

inofficial [ˌɪnə'fɪʃəl] [i-no-fi-shal], *a. V.* UNOFFICIAL.

inoperable [ɪn'ɒpərəbl] [in-o-pe-ra-bol], *a. (Cir.)* Inoperable, que no puede ser operado.

inoperative [ɪn'ɒpərətɪv] [in-o-pe-ra-tiv], *a.* Falto de efecto, ineficaz.

inopportune [ɪn'ɒpətju:n] [in-o-por-tiun], *a.* Inconveniente, inoportuno.

inopportunely [ɪn'ɒpətju:nlɪ] [in-o-po-tiun-ni], *adv.* Inoportunamente.

inopportuneness [ɪn'ɒpətju:nnɪs] [in-o-po-tiun-nes], *s.* Inoportunidad.

inordinacy [ɪ'nɔ:dɪnəsɪ] [i-nor-di-na-si], *s.* Desarreglo, desorden; exceso más allá de lo razonable y lo derecho; naturaleza excesiva.

inordinate [ɪ'nɔ:dɪnɪt] [i-nor-di-nit], *a.* Desordenado, irregular, desarreglado.

inordinately [ɪ'nɔ:dɪnɪtlɪ] [i-nor-di-nit-li], *adv.* Desordenadamente.

inordinateness [ɪ'nɔ:dɪnɪtnɪs] [i-nor-di-nit-nes], *s.* Desorden, exceso, demasía.

inorganic, inorganical [ˌɪnɔ:'gænɪk] [i-nor-ga-nik], *a.* Inorgánico.

inosculate [ɪ'nəskjʊleɪt] [i-nos-kiu-leit], *va.* Unir una cosa con otra por contacto físico de aberturas; unir por anastomosis. *-vn.* Anastomarse; comunicar mutuamente.

inosculation [ɪˌnəskjʊ'leɪ↓ʃən] [i-nos-kiu-lei-shon], *s.* Unión de una cosa con otra por algo parecido a un tubo o canal; anastomosis; unión que implica continuidad.

in-patient ['ɪnˌpeɪʃənt] [in-pei-shant], *s.* Paciente interno.

input ['ɪnpʊt] [in-put], **s.**1. *(Elec. Mech.)* Entrada. 2. *(Fig.)* Gasto, inversión.

inquest ['ɪnkwest] [in-kuest], *s.* 1. *(Jur.)* Indagación, averiguación, examen, información o pesquisa judicial con ayuda de un jurado (inquiry, investigation). 2. El jurado u otro cuerpo que hace dicha pesquisa. 3. Examen ante el juez para determinar valores o daños y perjuicios. 4. Escudriñamiento, examen diligente de alguna cosa. **Coroner's inquest**, la investigación o pesquisa que hace el jurado presidido por el empleado público llamado **Coroner**, para indagar la causa de las muertes repentinas y de las debidas a un acto de violencia.

inquietude [ɪn'kwɪtju:d] [in-kui-tud], *s.* Inquietud, desasosiego, descontento.

inquirable [ɪn'kwaɪəbol] [in-kuaia-bol], *a.* Investigable, que puede ser inquirido o examinado.

inquire [ɪn'kwaɪəʳ] [in-kuaiaʳ], *vn.* Inquirir, averiguar, examinar (investigate, exam); informarse, buscar información por medio de preguntas. *-va.* Preguntar alguna cosa. **To inquire about**, hacer preguntas sobre alguna cosa; preguntar por alguno **I was only inquiring,** sólo era una pregunta. **To inquire after** o **for,** preguntar por algo. **To inquire something of someone,** preguntar algo a alguien. **To inquire into**, investigar alguna cosa, tratar de saber algo con toda certidumbre.

inquirer [ɪn'kwaɪərəʳ] [in-kuaia-raʳ], *s.* Inquiridor, investigador, examinador, preguntón.

inquiring [ɪn'kwaɪərɪŋ] [in-kuaia-rin], *a.* Curioso, activo, interrogativo.

inquiry [ɪn'kwaɪərɪ] [in-kuaia-ri], *s.* 1. Interrogación, examinación, indagación. 2. Pesquisa, escudriñamiento, información, investigación. 3. Pregunta (question).

inquisition [ˌɪnkwɪ'zɪʃən] [in-kui-si-shon], *s.* 1. Inquisición, escudriñamiento. 2. Inquisición, tribunal eclesiástico que inquiría y castigaba los delitos contra la fe católica; el Santo Oficio. 3. Investigación.

inquisitional [ˌɪnkwɪ'zɪʃənl] [in-kui-si-sho-nal], *a.* Inquisitorial, perteneciente a la inquisición.

inquisitive [ɪn'kwɪzɪtɪv] [in-kui-si-tiv], *a.* Inquisitivo, preguntón, curioso, investigador. **An inquisitive mind**, una mente investigadora; un natural curioso.

inquisitively [ɪn'kwɪzɪtɪvlɪ] [in-kui-si-tiv-li], *adv.* Inquisitivamente.

inquisitiveness [ɪn'kwɪzɪtɪvnɪs] [in-kui-si-tiv-nes], *s.* Curiosidad, deseo de saber y averiguar alguna cosa.

inquisitor [ɪn'kwɪzɪtəʳ] [in-kui-si-taʳ], *s.* 1. Inquisidor, el que inquiere; juez investigador. 2. Inquisidor, juez eclesiástico que entendía en las causas sobre asuntos de fe en algunos países católicos. 3. Persona curiosa.

inquisitorial [ɪnˌkwɪzɪ'tɔ:rɪəl] [in-kui-si-to-rial], *a.* Inquisitorial, a la manera de un inquiridor o de un inquisidor.

inracinate [ɪn'ræsɪneɪt] [in-ra-si-neit], *va.* Arraigar, implantar; fijar.

inroad ['ɪnrəʊd] [in-roud], *s.* Incursión, correría; invasión, irrupción, tala (invasion).

inrush ['ɪnrʌʃ] [in-rash], *s.* Empuje, como el de la marea; invasión. Afluencia (people).

insalivate [ɪn'sælɪveɪt] [in-sa-li-veit], *va.* Insalivar, mezclar (el alimento) con saliva.

insalivation [ˌɪnsælɪ'veɪʃən] [in-sa-li-vei-shon], *s.* Insalivación.

insalubrious [ˌɪnsə'lu:brɪəs] [in-sa-lu-brios], *a.* Insalubre, malsano.

insalubrity [ˌɪnsə'lu:brɪtɪ] [in-sa-lu-bri-ti], *s.* Insalubridad.

insane [ɪn'seɪn] [in-sein], *a.* 1. Insano, loco, demente, que ha perdido la razón, acometido de enajenación mental; insensato (fool). 2. Usado o puesto aparte para los locos. **Insane asylum**, casa de locos, asilo para los locos. **To drive someone insane,** volver loco a alguien.

insanely [ɪn'seɪnlɪ] [in-sein-li], *adv.* Locamente, terriblemente, como un loco (act, laugh).

insanity [ɪn'sænɪtɪ] [in-sa-ni-ti], *s.* Locura, manía, demencia, enajenación mental.

insatiable [ɪn'seɪʃəbl] [in-sei-sha-bol], *a.* Insaciable.

insatiableness [ɪn'seɪʃəblnɪs] [in-sei-sha-bol-nes], *s.* Insaciabilidad.

insatiably [ɪn'seɪʃəblɪ] [in-sei-sha-bli], *adv.* Insaciablemente.

insatiate [ɪn'seɪʃɪeɪt] [in-sei-shieit], *a.* Insaciable.

insatiately [ɪn'seɪʃɪeɪtlɪ] [in-sei-shieit-li], *adv.* Insaciablemente.

inscribe [ɪn'skraɪb] [in-skraib], *va.* 1. Inscribir. 2. *(Geom.)* Inscribir, formar una figura dentro de otra. 3. Dedicar una composición o escrito a una persona (book).

inscriber [ɪn'skraɪbəʳ] [in-skrai-baʳ], *s.* El que inscribe y dedica (book).

inscription [ɪn'skrɪpʃən] [in-skrip-shon], *s.* 1. Inscripción; cualquier leyenda o letrero en caracteres permanentes. 2. Inscripción, registro en una lista o rol. 3. La dedicatoria de un escrito hecha a alguna persona. 4. *(For.)* Obligación que contrae el acusador de sufrir la pena misma que la ley prescribe al delito de que acusa, si no puede probar que ha sido cometido.

inscriptive [ɪn'skrɪptɪv] [in-skrip-tiv], *a.* De la naturaleza de una inscripción; inscrito, inscripto.

inscrutability [ɪnˌsku:tə'bɪlɪtɪ] [in-skru-ter-bi-li-ti], *s.* Inescrutabilidad.

inscrutable [ɪn'skru:təbl] [in-skru-ter-bol], *a.* Inescrutable, inescudriñable, incomprensible.

inscrutably [ɪn'skru:təblɪ] [in-skru-ter-bli], *adv.* Inescrutablemente.

inseam ['ɪnsi:m] [in-sim], *va.* Señalar o marcar con alguna señal, costura, filón o vena.

inseam, *s.* Costura interior: se dice de los zapatos o vestidos.

insect ['ɪnsekt] [in-sekt], *s.* Insecto, nombre genérico de una clase de animales cuyo cuerpo está dividido en segmentos. **Insect-powder**, polvos insecticidas. **Insect bite,** picadura de insecto. **Insect spray,** insecticida.

insectean ['ɪnsektɪən] [in-sek-tian], **insectile** ['ɪnsektaɪl] [in-sek-tail], *a.* Que pertenece a la clase de insectos antiguamente insectil; **insectile** significa también, parecido a un insecto.

insecticide ['ɪnsektɪsaɪd] [in-sek-ti-said], *s.* Insecticida, el que o lo que mata los insectos.

insectivorous [ˌɪnsek'tɪvərəs] [in-sek-ti-vo-ros], *a.* Insectívoro, que come insectos o se alimenta de ellos.

insecure [ˌɪnsɪ'kjʊʳ] [in-si-kiuʳ], *a.* 1. Inseguro, que no está o no es seguro; lo que está en peligro; poco sólido, poco firme. 2. Expuesto a pérdida, daño o riesgo.

insecurely [ˌɪnsɪ'kʊəlɪ] [in-si-kiua-li], *adv.* Inseguramente.

insecurity [ˌɪnsɪ'kʊrɪtɪ] [in-si-kiu-ri-ti], *s.* Inseguridad, incertidumbre; peligro, riesgo.

inseminate [ɪn'semɪneɪt] [in-se-mi-neit], *va.* 1. Emitir el semen, inseminar; con menos exactitud se usa también en el sentido de engendrar, fecundar. 2. *(Des.)* Sembrar.

insensate [ɪn'senseɪt] [in-sen-seit], *a.* Insensato.

insensibility [ɪnˌsensə'bɪlɪtɪ] [in-sen-sa-bi-li-ti], *s.* 1. Insensibilidad, falta de sentimiento. 2. Estupidez, insensatez, falta de comprensión. 3. Torpeza, adormecimiento de algún sentido corporal.

insensible [ɪn'sensəbl] [in-sen-sa-bol], *a.* 1. Insensible, imperceptible. 2. Insensible, indiferente (unfeeling). 3. Insensible, duro de corazón.

insensibleness [ɪn'sensəblnɪs] [in-sen-sa-bol-nes], *s.* Insensibilidad.

insensibly [ɪn'sensəblɪ] [in-sen-sa-bli], *adv.* 1. Insensiblemente. 2. Gradualmente, lentamente, poco a poco.

insensitive [ɪn'sensɪtɪv] [in-sen-si-tiv], *a.* Insensible.

insensitivity [ˌɪnsensɪ'tɪvɪtɪ] [in-sen-si-ti-vi-ti], *sf.* Insensibilidad, calidad de insensible.

insentient [ɪn'sensənt] [in-sen-shant], *a.* Insensible, lo que no siente o percibe.

inseparability [ˌɪnsepərə'bɪlɪtɪ] [in-se-pa-ra-bi-li-ti], **inseparableness** [ɪn'sepərəblnɪs] [in-se-pa-ra-bol-nes], *s.* Inseparabilidad.

inseparable [ɪn'sepərəbl] [in-se-pa-ra-bol], *a.* Inseparable, indisoluble.

inseparably [ɪn'sepərəblɪ] [in-se-pa-ra-bli], *adv.* Inseparablemente.

inseparate [ɪn'sepəreɪt] [in-se-pa-reit], *a.* No separado, unido.

insert [ɪn'sɜːt] [in-sert], *va.* Insertar, ingerir una cosa entre otras, colocar en medio de; intercalar; hacer inserta. **To insert a notice in a newspaper**, insertar un anuncio en un periódico.

insertion [ɪn'sɜːʃən] [in-ser-shon], *s.* 1. Inserción, la acción de ingerir o insertar; la cosa inserta o insertada. 2. Tira bordada o labrada. (Cuba) Antolar; entredós. 3. Paraje o modo de ligadura o inserción; inserción de una hoja en una rama o inserción de un músculo. 4. Inserción, publicación (newspaper).

in-service [ɪn'sɜːvɪs] [in-ser-vis], *a.* En funcionamiento.

inserviceable [ɪn'sɜːvɪsəbl] [in-ser-vi-sa-bol], *a.* Inservible.

insessorial [ɪn'sesɔrɪəl] [in-se-so-rial], *a.* Perchador, a propósito para perchar; ave perchadora.

inset ['ɪnset] [in-set], *va.* Meter en; fijar, plantar.

inshelter [ɪn'ʃeltəʳ] [in-shel-taʳ], *va.* Poner una cosa bajo la protección de otra.

inshore [ɪn'ʃɔːʳ] [in-shoʳ], *a.* 1. Que está o sucede cerca de la orilla. 2. En dirección a tierra. *-adv.* Hacia la orilla o cerca de ella.

inshrine, *va. V.* ENSHRINE.

insiccation [ˌɪnsɪ'keɪʃən] [in-si-kei-shon], *s.* Desecación.

inside ['ɪn'saɪd] [in-said], *s.* 1. Interior, lo que está en la parte de dentro (place). 2. Contenido, lo que está contenido. 3. Viajero, pasajero del interior. *-a.* Interior, de la parte de adentro. *-adv.* Dentro, adentro, en el interior. **Inside out**, de dentro afuera; al revés. **To be inside,** estar a la sombra, en la cárcel. **Inside 2 weeks,** en menos de 2 semanas (time). 4. Confidencial, secreto (information).

insider [ɪn'saɪdəʳ] [in-sai-daʳ], *s.* 1. Empleado de una casa. 2. Persona enterada, informada.

insides ['ɪn'saɪdz] [in-saids], *s.* **pl.** Entrañas.

insidious ['ɪn'sɪdɪəs] [in-si-dios], *a.* Insidioso, engañoso.

insidiously ['ɪn'sɪdɪəslɪ] [in-si-dios-li], *adv.* Insidiosamente, engañosamente.

insidiousness ['ɪn'sɪdɪəsnɪs] [in-si-dios-nes], *s.* El estado o calidad de lo que es insidioso.

insight [ɪn'saɪt] [in-sait], *s.* 1. Conocimiento profundo de alguna cosa; discernimiento intelectual. 2. Percepción de la naturaleza interior de una cosa. 3. Intuición, perspicacia.

insignia [ɪn'sɪgnɪə] [in-sig-nia], *s. pl.* Insignias, divisas honoríficas; estandartes.

insignificance [ˌɪnsɪg'nɪfɪkəns] [in-sig-ni-fi-kans], **insignificancy** [ɪn'sɪgnɪfɪkənsɪ] [in-sig-ni-fi-kan-si], *s.* 1. Falta de sentido o significación; insignificancia. 2. Friolera, poca importancia; nulidad.

insignicant [ˌɪnsɪg'nɪfɪkənt] [in-sig-ni-fi-kant], *a.* Insignificante, frívolo, nulo.

insignificantly [ˌɪnsɪg'nɪfɪkəntlɪ] [in-sig-ni-fi-kant-li], *adv.* Insignificantemente, frívolamente.

insignificative [ɪn'sɪgnɪfɪkətɪv] [in-sig-ni-fi-ka-tiv], *a.* Insignificativo.

insincere [ˌɪnsɪn'sɪəʳ] [in-sin-siaʳ], *a.* 1. Doble, hipócrita, poco sincero. 2. Turbado; corrompido; agitado.

insincerely [ˌɪnsɪnsɪəlɪ] [in-sin-sia-li], *adv.* Con doble, con segunda intención.

insincerity [ˌɪnsɪn'serɪtɪ] [in-sin-se-ri-ti], *s.* Doblez, disimulación.

insinuate [ɪn'sɪnjʊeɪt] [in-si-niu-eit], *va.* 1. Insinuar **To insinuate that,** dar a entender que, insinuar que. 2. Apuntar, insinuar, dar a entender alguna cosa. **To insinuate oneself**, insinuarse, introducirse con maña y habilidad en la amistad de alguno. *-vn.* Insinuarse, ganar la voluntad de otro poco a poco y con maña; envolver.

insinuating [ɪn'sɪnjʊeɪtɪŋ] [in-si-niuei-tin], *a.* Insinuador; malintencionado, que va con segundas intenciones.

insinuation [ɪnˌsɪnjʊ'eɪʃən] [in-si-niuei-shon], *s.* 1. Insinuación, artificio con que alguno va suavemente atrayendo a sí la atención y benevolencia de otro. 2. Insinuación, indirecta.

insinuative [ɪn'sɪnʊətɪv] [in-si-nua-tiv], *a.* Insinuante, lo que se insinúa o granjea el afecto de alguien.

insinuator [ˌɪnsɪnjʊ'eɪtəʳ] [in-si-niuei-taʳ], *s.* Insinuador, insinuante, el que insinúa algo por medio de indirectas.

insipid [ɪn'sɪpɪd] [in-si-pid], *a.* 1. Insípido, desabrido. 2. Insulso, soso.

insipidity [ɪnsɪ'pɪdɪtɪ] [in-si-pi-di-ti], **insipidness** [ɪn'sɪpɪdnɪs] [in-si-pid-nes], *s.* 1. Insipidez, desabor. 2. Insulsez, sosería.

insipidly [ɪn'sɪpɪdlɪ] [in-si-pid-li], *adv.* Insulsamente.

insist [ɪn'sɪst] [in-sist], *vn.* 1. Insistir, instar o persistir en una cosa. 2. Descansar una cosa en otra; hallar apoyo. **Insist** se usa con **on** o **upon**.

insistence [ɪn'sɪstəns] [in-sis-tans], **insistency** [ɪn'sɪstənsɪ] [in-sis-tan-si], *s.* Insistencia.

insistent [ɪn'sɪstənt] [in-sis-tant], *a.* 1. Insistente, que insiste, insta o persiste. 2. Conspicuo. 3. Que se apoya o descansa en alguna cosa.

insistently [ɪn'sɪstəntlɪ] [in-sis-tant-li], *adv.* De manera insistente. Insistentemente, urgentemente.

insition [ɪn'sɪʃən] [in-si-shon], *s.* Injertación, el acto de injertar.

in situ [ɪn'sɪtjuː] [in-si-tiu], *adv.* En el sitio, in situ.

insnare [ɪn'sneəʳ] [ins-neaʳ], *va. V.* ENSNARE.

insnarl, *va. V.* SNARL y ENSNARL.

insobriety [ɪn'sɒbrɪətɪ] [in-so-brie-ti], *s.* Embriaguez, borrachera, falta de sobriedad.

insolate [ɪn'səleɪt] [in-so-leit], *va.* Insolar, secar al sol.

insolation [ˌɪnsəˈleɪʃən] [in-so-lei-shon], *s.* 1. Insolación, el acto de poner alguna cosa al sol para que se seque o fermente. 2. Insolación, una enfermedad. *V.* SUNSTROKE.

insole [ˈɪnsəʊl] [in-soul], *s.* Plantilla (del zapato).

insolence [ˈɪnsələns] [in-so-lens], **insolency** [ˈɪnsələnsɪ] [in-so-len-si], *s.* Insolencia, orgullo, desprecio, orgulloso, altanería; atrevimiento.

insolent [ˈɪnsələnt] [in-so-lent], *a.* Insolente, arrogante, atrevido, orgulloso.

insolently [ˈɪnsələntlɪ] [in-so-lent-li], *adv.* Insolentemente.

insoluble [ɪnˈsɒljʊbl] [in-so-liu-bol], *a.* 1. Insoluble; indisoluble. 2. Que no puede resolverse ni explicarse.

insolubleness [ɪnˈsɒljʊblnɪs] [in-so-liu-bol-nes], *s.* Indisolubilidad, la incapacidad de disolverse.

insolvable [ɪnˈsɒlvəbl] [in-sol-va-bol], *a.* 1. Inexplicable, que no admite explicación. 2. Indisoluble, que no se puede desatar o resolver. 3. Que no se puede pagar o saldar.

insolvency [ɪnˈsɒlvənsɪ] [in-sol-ven-si], *s.* Insolvencia, imposibilidad de pagar las deudas.

insolvent [ɪnˈsɒlvənt] [in-sol-vant], *a.* Insolvente, el que no tiene para pagar sus deudas. **Insolvent debtor**, el deudor que no tiene recursos con que pagar a sus acreedores.

insomnia [ɪnˈsɒmnɪə] [in-som-nia], *s.* Insomnio, desvelo, incapacidad crónica de dormir.

insomniac [ɪnˈsɒmnɪæk] [in-som-niak], *a.* Insomne.

insomnious [ɪnˈsɒmnɪəs] [in-som-nios], *a.* Insomne, que está desvelado, que no duerme.

insomnolence [ɪnˈsɒmnələns] [in-som-no-lens], *s.* Falta de sueño.

insomuch [ˌɪnsəʊˈmʌtʃ] [in-sou-mach], *conj.* De manera que, de suerte que, de modo que.

inspect [ɪnˈspekt] [ins-pekt], *va.* Reconocer, examinar, inspeccionar con cuidado; investigar y probar oficialmnte.

inspection [ɪnˈspekʃən] [ins-pek-shon], *s.* Inspección, la acción y efecto de reconocer y examinar atentamente alguna cosa; particularmente, examen oficial.

inspector [ɪnˈspektəʳ] [ins-pek-taʳ], *s.* 1. Inspector, superintendente. 2. Oficial de la policía en muchas ciudades.

inspectorate [ɪnˈspektəreɪt] [ins-pek-to-reit], *s.* 1. El distrito que corresponde a un inspector. 2. Cargo o empleo de un inspector.

insphere [ɪnˈsfɪəʳ] [ins-fiaʳ], *va.* Colocar en una esfera o globo.

inspiration [ˌɪnspəˈreɪʃən] [ins-pa-rei-shon], *s.* Inspiración. **To find inspiration in,** inspirarse en.

inspirationist [ˌɪnspəˈreɪʃənɪst] [ins-pa-rei-sho-nist], *s.* Defensor de la doctrina de la inspiración.

inspiratory [ˌɪnspɪrəˈtərɪ] [ins-pi-ra-to-ri], *a.* Inspirador, que aspira aire en los pulmones; inspiratorio, que sirve o concierne a la inspiración.

inspire [ɪnˈspaɪəʳ] [ins-paiaʳ], *vn.* 1. Inspirar, introducir el aire exterior en los pulmones. 2. Soplar suavemente. *-va.* 1. Inspirar el aire. 2. Inspirar, sugerir, comunicar al ánimo algún movimiento o idea (suggest). 3. Inspirar, iluminar Dios el entendimiento o mover la voluntad.

inspirer [ɪnˈspaɪərəʳ] [ins-paia-raʳ], *s.* Inspirador.

inspiring [ɪnˈspaɪərɪŋ] [ins-paia-rin], *a.* Inspirador.

inspirit [ɪnˈspɪrɪt] [ins-pi-rit], *va.* Alentar, animar, vigorizar, infundir espíritu.

inspissate [ɪnˈspɪseɪt] [ins-pi-seit], *va.* Espesar, condensar. *-adj.* Espeso.

inspissation [ˌɪnspɪˈseɪʃən] [ins-pi-sei-shon], *s.* Condensación, el acto de condensar o espesar alguna cosa líquida.

instabillity [ˌɪnstəˈbɪlɪtɪ] [ins-ter-bi-li-ti], *s.* Instabilidad, inestabilidad, inconstancia.

instable [ˈɪnsteɪbl] [ins-tei-bol], *a.* Inconstante, vario, variable, mudable.

install [ɪnˈstɔːl] [ins-tol], *va.* Instalar, poner en posesión al que ha obtenido algún empleo, cargo o beneficio.

installation [ˌɪnstəˈleɪʃən] [ins-ter-lei-shon], *s.* 1. Instalación, el acto o la ceremonia de dar posesión de un cargo o destino. 2. Emplazamiento y montaje de máquinas o aparatos.

instalment, installment [ɪnˈstɔːlmənt] [ins-tol-ment], *s.* 1. Pago parcial; pago en plazos determinados; plazo. 2. Parte o porción de algo que se da, reparte o publica en plazos determinados. **An instalment of a story**, entrega, porción de una novela, etc., que se publica de una vez. 3. Instalación, acto de instalar.

instance [ˈɪnstəns] [ins-tans], *s.* 1. Ejemplo; suceso determinado, caso; prueba. 2. Instancia, ruego, solicitación. 3. Nueva razón u objeción con que se urge algún argumento, pleito o dificultad. 4. *(For.)* Instancia, expediente, el curso legal de la acción hasta la sentencia definitiva. **For instance**, por ejemplo. **In that instance,** en ese caso. **At the instance of,** a petición de, a instancia de. **We have no instance of it**, no hay ejemplo de ello. **In the first instance,** en primer lugar, primeramente *(Jur.)*.

instance, *va.* Ofrecer como ejemplo; citar como ejemplo o prueba.

instanced [ˈɪnstənst] [ins-tanst], *a.* Presentado como prueba, dado como ejemplo.

instancy [ˈɪnstənsɪ] [ins-tan-si], *s.* Urgencia, instancia, insistencia, solicitación porfiada.

instant [ˈɪnstənt] [ins-tant], *a.* 1. Inminente, inmediato, al instante; pronto, presente; importuno. 2. *(Ant.)* Urgente, activo; importuno. *-s.* 1. Instante, momento, duración indivisible, tiempo señalado. 2. El mes corriente o presente. **The fifth instant**, el cinco del corriente. **Instant replay,** repetición de jugada. **On the instant, this instant,** en seguida, al instante, al momento.

instantaneity [ˌɪnstənˈteɪniːtɪ] [ins-tan-tei-ni-ti], *s.* Instantáneo, la calidad de ser instantáneo.

instantaneous [ˌɪnstənˈteɪnɪəs] [ins-tan-tei-nios], *a.* Instantáneo, o que dura un instante; hecho en un instante.

instantaneously [ˌɪnstənˈteɪnɪəslɪ] [ins-tan-tei-nios-li], *adv.* Instantáneamente.

instantaneousness, *s. V.* INSTANTANEITY.

instanter [ˌɪnstəntəʳ] [ins-tan-taʳ], *adv.* Al instante, inmediatamente.

instantly [ˈɪnstəntlɪ] [ins-tant-li], *adv.* 1. Instantáneamente, en un momento. 2. *(Ant.)* Con instancia o porfía.

instate [ˈɪnsteɪt] [ins-teit], *va.* Colocar en algún orden o clase.

instead [ɪnˈsted] [ins-ted], *adv.* En lugar de, en vez de; originalmente dos palabras. **Instead of,** en vez de, en lugar de.

instep [ɪnˈstep] [ins-tep], *s.* 1. Empeine o garganta del pie. 2. La parte anterior de la pata de atrás de una caballería.

instigate [ɪnˈstɪgeɪt] [ins-ti-gueit], *va.* Instigar, mover, excitar, incitar poner por obra mediante el incitamento.

instigation [ɪnˈstɪgeɪʃən] [ins-ti-guei-shon], *s.* Instigación, sugestión, provocación a hacer daño.

instigator [ɪnˈstɪgeɪtəʳ] [ins-ti-guei-taʳ], *s.* Instigador, incitador.

instill [ɪnˈstɪl] [ins-til], *va.* 1. Instilar, echar poco a poco o gota a gota algún líquido. 2. Instilar, insinuar, introducir, inculcar, infundir en el ánimo algún afecto.

instillation [ˌɪnstɪˈleɪʃən] [ins-ti-lei-shon], *s.* 1. Instilación, el acto de echar los líquidos gota a gota o de introducir insensiblemente alguna cosa en el ánimo; insinuación. 2. La cosa instilada o introducida.

instiller [ɪnˈstɪləʳ] [ins-ti-laʳ], *s.* El que instila o insinúa; insinuante.

instilment, instillment [ɪnˈstɪlmənt] [ins-til-ment], *s.* Cualquier cosa instilada.

instinct [ɪnˈstɪŋkt] [ins-tinkt], *a.* Animado desde adentro; movido por impulso interior: se usa con **with. Instinct with pity**, movido por la piedad.

instinct, *s.* 1. Instinto, sagacidad natural de los animales. 2. Instinto, el movimiento natural que hace obrar a las personas sin que tenga parte la reflexión.

instinctive [ɪn'stɪŋktɪv] [ins-tink-tiv], *a.* Instintivo, determinado por un impulso natural; espontáneo.

instinctively [ɪn'stɪŋktɪvlɪ] [ins-tink-tiv-li], *adv.* Por instinto.

institute ['ɪnstɪtju:t] [ins-ti-tiut], *va.* 1. Instituir, establecer, fundar. 2. Poner por obra, poner en operación, empezar. 3. Conferir canónicamente un beneficio eclesiástico. 4. *(Des.)* Instruir, educar.

institute, *s.* 1. Instituto, establecimiento. 2. Regla, principio, máxima. **Institutes of Justinian**, instituto de Justiniano, libro que contiene los principios del derecho romano. **Teachers' institue**, (E. U. *a.*) Asamblea de maestros para instrucción y auxilio muto.

institution [ˌɪnstɪ'tju:ʃən] [ins-ti-tiu-shon], *s.* 1. Institución; establecimiento; tradición (custom). 2. Ley positiva, derecho positivo. 3. Instrucción, educación, enseñanza (education). 4. Institución canónica, el acto de poner a alguno en posesión de un beneficio eclesiástico.

institutional [ˌɪnstɪ'tju:ʃənl] [ins-ti-tiu-sho-nal], *a.* 1. Prescrito, instituido por la autoridad. 2. Elemental.

institutionalize [ˌɪnstɪ'tju:ʃənl] [ins-ti-tiu-sho-nal], *va.* Institucionalizar, establcer.

institutive ['ɪnstɪtju:tɪv] [ins-ti-tiu-tiv], *a.* 1. Instituente, instituidor, capaz de establecer o instituir. 2. Establecido, instituido.

institutor ['ɪnstɪtju:təʳ] [ins-ti-tiu-taʳ], *s.* Instituidor, fundador, el que funda o pone por obra.

instruct [ɪn'strʌkt] [ins-trakt], *va.* 1. Instruir, enseñar, doctrinar (teach); modelar o formar el ánimo. 2. Instruir, dar a conocer a uno el estado de una cosa o informarle de ella. 3. Dar instrucciones, órdenes a; mandar (order).

instruction [ɪn'strʌkʃən] [ins-trak-shon], *s.* 1. Instrucción, enseñanza (teaching, training). 2. Instrucción, conocimiento o saber adquirido. 3. Instrucción, orden. **Instructions for use,** modo de empleo. **To give somebody instruction,** enseñar, instruir.

instructive [ɪn'strʌktɪv] [ins-trak-tiv], *a.* Instructivo.

instructively [ˌɪnstrʌk'tɪvlɪ] [ins-trak-tiv-li], *adv.* Instructivamente.

instructiveness [ˌɪnstrʌk'tɪvnɪs] [ins-trak-tiv-nes], *s.* El poder o la capacidad de instruir.

instructor [ɪn'strʌktəʳ] [ins-trak-taʳ], *s.* 1. Instructor, maestro. 2. En los colegios norteamericanos, instructor, maestro de categoría algo más baja que la de un profesor.

instructress [ɪn'strʌktrɪs] [ins-trak-tres], *sf.* Instructora, profesora.

instrument ['ɪnstrʊmənt] [ins-tru-ment], *s.* 1. Instrumento, aquello de que nos servimos para hacer una cosa, herramienta o máquina que se usa para trabajar. 2. Instrumento, agente, persona que obra según el dictado o el capricho de otra. 3. *(For.)* Escritura, acta, documento, instrumento con que se justifica alguna cosa o que contiene un contrato. *V.* DEED. **A wind instrument**, instrumento de viento. **A stringed instrument**, instrumento de cuerda. **Instrument approach**, *(Aer.)* Aproximación por instrumentos. **Instrument board**, tablero de instrumentos. **Instrument flying**, *(Aer.)* Vuelo a ciegas, vuelo con instrumentos. **Instruments and supplies of war**, pertrechos. **Instrument panel,** *(Aut.)* salpicadero. **Set of instruments,** instrumental.

instrumental [ˌɪnstrʊ'mentl] [ins-tru-men-tal], *a.* 1. Instrumental, lo que conduce a la consecución de algún fin. 2. Instrumental, lo que pertenece a los instrumentos.

instrumentality [ˌɪnstrʊmen'tælɪtɪ] [ins-tru-men-ter-li-ti], *s.* El acto de servir de instrumento para una cosa y la calidad de lo que sirve de instrumento.

instrumentally [ˌɪnstrʊ'məntəlɪ] [ins-tru-men-ter-li], *adv.* Instrumentalmente; con instrumentos de música.

instrumentalness [ˌɪnstrʊ'mentəlnɪs] [ins-tru-men-tal-nes], *s.* La utilidad de una cosa para servir de instrumento en el logro de un día.

instrumentation [ˌɪnstrʊmən'teɪʃən] [ins-tru-men-tei-shon], *s.* Instrumentación.

insubjection [ˌɪnsəb'dʒekʃən] [in-sab-yek-shon], *s.* Inobediencia.

insubordinate ['ɪnsəˌbɔ:dɪnɪt] [in-sa-bor-di-nit], *a.* Insubordinado.

insubordination ['ɪnsəˌbɔ:dɪ'neɪʃən] [in-sa-bor-di-nei-shon], *s.* Insubordinación.

insufferable [ɪn'sʌfərəbl] [in-sa-fe-ra-bol], *a.* Insufrible, insoportable, detestable (hateful, detestable).

insufferably [ɪn'sʌfərəblɪ] [in-sa-fe-ra-bli], *adv.* Insufriblemente, insoportablemente.

insufficiency, insufficience [ˌɪnsə'fɪʃənsɪ] [in-sa-fi-shan-si], *s.* Insuficiencia, incapacidad.

insufficient [ˌɪnsə'fɪʃənt] [in-sa-fi-shant], *a.* Insuficiente; impotente; incapaz, inhabil; mal a propósito.

insufficiently [ˌɪnsə'fɪʃəntlɪ] [in-sa-fi-shant-li], *adv.* Insuficientemente.

insufflate [ɪn'səfleɪt] [in-sa-fleit], *va.* 1. Insuflar, soplar en o sobre; tratar por la insuflación. 2. Respirar sobre otra persona; acto simbólico en ciertas ceremonias religiosas. 3. *(Med.)* Insuflar, introducir a soplos en un órgano o en una cavidad un gas, un líquido o una sustancia pulverizada.

insufflation [ˌɪnsə'fleɪʃən] [in-sa-flei-shon], *s.* 1. Soplo. 2. Insuflación, como ceremonia religiosa. 3. *(Med.)* Insuflación, operación por medio de la cual se introduce aire libre en los pulmones de los asfixiados, o una sustancia pulverizada en una cavidad.

insular ['ɪnsjələʳ] [in-sha-laʳ], *a.* 1. Insular, isleño; aislado. 2. *(Fig.)* Estrecho de miras, iliberal; escaso.

insularity [ˌɪnsjʊ'lærɪtɪ] [in-siu-la-ri-ti], *s.* Estado de ser insular o isleño; de aquí, estrechez de miras.

insulate ['ɪnsjʊleɪt] [in-siu-leit], *va.* 1. Aislar. 2. *(Elec.)* Aislar de otros cuerpos conductores, por medio de un soporte o de una cubierta de material mal conductor; impedir que se escape la electricidad.

insulated ['ɪnsjʊleɪtɪd] [in-siu-lei-tid], *a.* Aislado, apartado; escueto, exento, solitario.

insulating ['ɪnsjʊleɪtɪŋ] [in-siu-lei-tin], *a.* *(Elec.)* Aislante. **Insulating tape,** cinta aislante.

insulation [ˌɪnsjʊ'leɪʃən] [in-siu-lei-shon], *s.* 1. Aislamiento, acción de aislar estado de hallarse aislado. 2. Acción de rodear un cuerpo con otros no conductores. 3. *(Elec.)* Materias, materiales usados para aislar.

insulator ['ɪnsjʊleɪtəʳ] [in-siu-lei-taʳ], *s.* Aislador, el cuerpo que aisla o interrumpe la comunicación de la electricidad con los cuerpos que le rodean.

insulin ['ɪnsjʊlɪn] [in-siu-lin], *s.* Insulina.

insult ['ɪnsʌlt] [in-salt], *s.* 1. Insulto, ultraje, denuesto; injuria. 2. *(Des.)* Salto, el acto de saltar sobre algo; de aquí, el acto de cubrir el macho a la hembra. Decíase del ganado vacuno y caballar.

insult, *va.* 1. Insultar, ultrajar, ajar, injuriar. 2. Despreciar, pisar.

insulter ['ɪnsʌltəʳ] [in-sal-taʳ], *s.* Insultador, denostador.

insulting [ɪn'sʌltɪŋ] [in-sal-tin], *a.* Insultante, ultrajante; insolente.

insultingly [ɪn'sʌltɪŋlɪ] [in-sal-tin-li], *adv.* Insolentemente.

insuperability [ɪnˌsu:pərə'bɪlɪtɪ] [in-su-pe-ra-bi-li-ti], *s.* La calidad de ser insuperable.

insuperable [ɪn'su:pərəbl] [in-su-pe-ra-bol], *a.* Insuperable, lo que no se puede superar.

insuperableness [ɪn'su:pərəblnɪs] [in-su-pe-ra-bol-nes], *s.* Invencibilidad.

insuperably [ɪn'su:pərəblɪ] [in-su-pe-ra-bli], *adv.* Invenciblemente. **Insuperably difficult,** dificilísimo.

insupportable [ˌɪnsə'pɔ:təbl] [in-sa-par-ter-bol], *a.* 1. Insoportable, inaguantable. 2. Insufrible, intolerable.

insupportably [ˌɪnsə'pɔ:təblɪ] [in-sa-par-ter-bli], *adv.* Insoportablemente.

insuppressible [ˌɪnsə'presɪbl] [in-sa-pre-si-bol], *a.* Lo que no puede ser ocultado o suprimido.

insurable [ɪn'ʃʊərəbl] [in-shua-ra-bol], *a.* Capaz de ser asegurado, contra pérdida de la vida, contra incendios, etc.

insurance [ɪn'ʃʊərəns] [in-shua-rans], *s.* 1. Seguro, contrato o escritura con que se asegura algo. 2. Sistema de seguros. 3. Prima del seguro, cantidad que paga el asegurado al asegurador. 4. Cantidad total que se obliga a pagar el asegurador al asegurado. **Insurance claim,** demanda de seguro. **Insurance company**, compañía de seguros. **Insurance surveyor,** tasador de seguros. **Endowment insurance**, seguro dotal. **Liability insurance**, contrato por el cual una compañía de seguros asume, mediante el pago de un premio, la responsabilidad legal de un individuo o una corporación. **Life insurance**, seguro de vida. **Fire insurance**, seguro contra incendio. **Accident insurance**, seguro contra accidentes o percances.

insurance policy [ɪn'ʃʊərəns,pɒlɪsɪ] [in-shua-rans-po-li-si], *s.* Póliza.

insure [ɪn'ʃʊəʳ] [in-shuaʳ], *va.* 1. Asegurar, responder el asegurador, mediante el precio convenido, de todos o de alguno de los daños que puedan sobrevenir a una cosa o persona. 2. Obtener seguros, hacer negocios de seguros, asegurar; garantizar, afianzar. *-vn.* 1. Asegurarse, tomar una póliza de seguro. 2. Tener por ocupación habitual la de hacer u obtener seguros.

insurer [ɪn'ʃʊərəʳ] [in-shua-raʳ], *s.* Asegurador.

insurgent [ɪn'sɜːdʒənt] [in-ser-yent], *s.* Insurgente, sublevado, insurrecto.

insurmountable [,ɪnsɜː'maʊntəbl] [in-ser-mon-ter-bol], *a.* Insuperable, insalvable.

insurmountably [,ɪnsɜː'maʊntəblɪ] [in-ser-mon-ter-bli], *adv.* Invenciblemente.

insurrection [,ɪnsə'rekʃən] [in-sa-rek-shon], *s.* Insurrección, levantamiento, conjuración, sedición, tumulto.

insurrectional [,ɪnsə'rekʃənl] [in-sa-rek-sho-nal], **insurrectionary** [,ɪnsə'rekʃənərɪ] [in-sa-rek-sho-na-ri], *a.* Insurreccional, tumultuoso.

insusceptible [,ɪnsəs'septɪbl] [in-sas-sep-ti-bol], *a.* No susceptible, insensible; incapaz de recibir modificación o impresión.

intact [ɪn'tækt] [in-takt], *a.* Intacto, que no ha sufrido menoscabo; entero, íntegro (whole, complete).

intaglio ['ɪntæklɪəʊ] [in-ter-glio], *s.* Obra de entalladura.

intake ['ɪnteɪk] [in-teik], *s.* 1. Acceso de aire. 2. Orificio de entrada o acceso de agua. 3. Canal de alimentación. 4. Válvula de aspiración. 5. Cosa tomada o cantidad de ella, toma, admisión. **Intake manifold**, válvula múltiple de admisión. 6. Consumo (food).

intangibility, intangibleness ['ɪntændʒə'bɪlɪtɪ] [in-tan-ya-bi-li-ti], *s.* Cualidad o estado de lo que es intangible.

intangible [ɪn'tændʒəbl] [in-tan-yi-bol], *a.* Intangible, que no debe o no puede ser tocado; *(Fig.)* incomprensible a la mente.

integer ['ɪntegəʳ] [in-te-gaʳ], *s.* Entero (number), un todo, total.

integral ['ɪntɪgrəl] [in-ti-gral], *a.* 1. Íntegro, total, completo (whole). 2. Entero, perfecto; sano, lo que no está dividido en fracciones o quebrados. *-s.* El todo de una cosa considerado con relación a las partes que la componen.

integrally ['ɪntɪgrəlɪ] [in-ti-gra-li], *adv.* Integralmente.

integrant ['ɪntɪgrənt] [in-ti-grant], *a.* Integrante, integral, se aplica por lo común a las partes que entran en la composición de un todo. **Integrant molecule**, molécula integrante.

integrate ['ɪntɪgreɪt] [in-ti-greit], *va.* 1. Integrar, formar un todo. 2. Indicar la suma. 3. *(Mat.)* Integrar. *-vn.* Integrarse, completarse, volverse entero.

integration [,ɪntɪ'greɪʃən] [in-ti-grei-shon], *s.* Reintegro, el acto de reintegrar.

integrator ['ɪntɪgreɪtəʳ] [in-ti-grei-taʳ], *s.* Integrador.

integrity ['ɪntɪgrɪtɪ] [in-ti-gri-ti], *s.* 1. Integridad, entereza. 2. Pureza, honradez (honesty).

integument [ɪn'tegjʊmənt] [in-te-guiu-ment], *s.* Tegumento, integumento, cubierta natural de un animal o de una semilla.

integumentary, integumental [ɪn'tegjʊməntərɪ] [in-te-guiu-men-ter-ri], *a.* Integumentario, que sirve de integumento o pertenece a él.

intellect ['ɪntɪlekt] [in-ti-lekt], *s.* Entendimiento, inteligencia.

intellective ['ɪntɪlektɪv] [in-ti-lek-tiv], *a.* Intelectivo, que tiene la facultad de entender; intelectual.

intellectual [,ɪntɪ'lektjʊəl] [in-ti-lek-chual], *a.* Intelectual, mental, ideal. *-s. (Ant.)* Entendimiento.

intellectuality [,ɪntɪ'lektjʊəlɪtɪ] [in-ti-lek-chua-li-ti], *s.* Entendimiento en la acepción de potencia, facultad intelectual; antiguamente, intelectualidad.

intelligence [ɪn'telɪdʒəns] [in-te-li-yens], *s.* 1. Inteligencia, conocimiento, comprensión, el acto de entender, penetración. 2. Informe, noticia, aviso. 3. Inteligencia, correspondencia mutua, armonía, amistad recíproca. 4. Un ser inteligente. 5. Servicio secreto, espionaje. **Intelligence quotient, I.Q.,** cociente Intelectual.

intelligencer [ɪn'telɪdʒənsəʳ] [in-te-li-yen-seʳ], *s.* El que comunica o envía avisos o noticias secretas o interesantes; noticiero, mensajero.

intelligence test [ɪn'telɪdʒəns,test] [in-te-li-yens-test], *s.* Prueba a examen para medir la inteligencia.

intelligent [ɪn'telɪdʒənt] [in-te-li-yent], *a.* 1. Inteligente, sabio, perito, instruído. 2. Sabio; distinguido por la inteligencia; bien informado. 3. Dotado de facultad intelectiva; que comprende y raciocina.

inteligently [ɪn'telɪdʒəntlɪ] [in-te-li-yent-li], *adv.* Inteligentemente.

intelligentsia [ɪn'telɪdʒəntsɪə] [in-te-li-yen-tsia], *s.* Círculo de los intelectuales, la clase intelectual.

intelligibility [ɪn,telɪdʒə'bɪlɪtɪ] [in-te-li-yi-bi-li-ti], *s.* La posibilidad de ser comprendido o entendido; perspicuidad, claridad.

intelligible [ɪn'telɪdʒɪbl] [in-te-li-yi-bol], *a.* Inteligible.

intelligibleness [ɪn'telɪdʒɪblnɪs] [in-te-li-yi-bol-nes], *s.* Comprensiblidad, perspicuidad, claridad.

intelligibly [ɪn'telɪdʒɪblɪ] [in-te-li-yi-bli], *adv.* Inteligiblemente.

INTELSAT *Abreviatura de* **International Telecommunications Satellite Organization,** Organización Internacional de Telecomunicaciones por Satélite.

intemperance [ɪn'tempərəns] [in-tem-pe-rans], *s.* Intemperancia, destemplanza, exceso, desarreglo; particularmente el uso inmoderado de las bebidas alcohólicas.

intemperate [ɪn'tempəreɪt] [in-tem-pe-reit], *a.* 1. Destemplado; inmoderado, desenfrenado, desmandado, desarreglado (uncontrolled). 2. Intemperante, dado al uso excesivo de las bebidas alcohólicas. 3. Excesivo en carácter o grado (excessive).

intemperately [ɪn'tempəreɪtlɪ] [in-tem-pe-reit-li], *adv.* Destempladamente, inmoderadamente, desarregladamente.

intend [ɪn'tend] [in-tend], *va.* 1. Intentar, tener ánimo o designio de ejecutar alguna cosa (try); destinar, aplicar, determinar, proyectar hacer, designar, proponerse (propose, design). **I did not intend it,** no era esa mi intención. 2. Dar a entender, significar, señalar. **What do you intend by that?,** ¿qué quiere decir con eso? 3. *(Ant.)* Fijar en un curso dado, dirigir; cuidar, mirar por.

intendancy [ɪn'tendənsɪ] [in-ten-dan-si], *s.* Intendencia, empleo de intendente.

intendant [ɪn'tendənt] [in-ten-dant], *s.* Intendente, el que tiene a su cargo la intendencia o dirección de algún ramo particular del servicio público. **Intendant of a province**, intendente o gobernador de una provincia o territorio.

intended [ɪn'tendɪd] [in-ten-did], *s. (Fam.)* 1. Desposado, novio; 2. Deseado.

intendedly [ɪn'tendɪdlɪ] [in-ten-did-li], *adv.* Adrede, con intención.

intendment [ɪn'tendmənt] [in-tend-ment], *s.* 1. *(For.)* El verdadero intento o la significación correcta de la ley. 2. *(Ant.)* Intento, designio, intención.

inteneration [ˌɪntenə'reɪʃən] [in-te-ne-rei-shon], *s.* Enternecimiento, el acto de enternecer.
intense [ɪn'tens] [in-tens], *a.* 1. Intenso, estirado, que tiene tensión, esforzado en alto grado (strong); vivo, ardiente, fogoso (ardent, vivid). 2. Excesivo, vehemente, violento, extremado, sumo. **Intense sufferings**, padecimientos excesivos violentos. 3. Intenso, que hace esfuerzos activos. 4. *(Foto.) V.* DENSE.
intensely [ɪn'tenslɪ] [in-tens-li], *adv.* Intensamente. **To speak intensely,** hablar con exageración.
intenseness [ɪn'tensnɪs] [in-tens-nes], *s.* Intensidad, vehemencia, fuerza, vigor; ardor; fogosidad. *V.* INTENSITY.
intensifier [ɪn'tensɪfaɪəʳ] [in-ten-si-faiaʳ], *s.* El que o lo que hace más intenso; disolución química usada en fotografía para hacer más intensas las imágenes negativas.
intensify [ɪn'tensɪfaɪ] [in-ten-si-fai], *va.* 1. Hacer o volver más intenso. 2. *(Foto.)* Aumentar la densidad de una película para obtener más marcados contrastes. *-vn.* Volverse intenso.
intension [ɪn'tenʃən] [in-ten-shon], *s.* 1. Intensión; grado. 2. Tensión. 3. (Lógica) El contenido.
intensity [ɪn'tensɪtɪ] [in-ten-si-ti], *s.* 1. Intensidad, exceso, fuerza, rigor (power). 2. Tensión, estado de lo que se halla tenso o estirado. 3. *(Fís.)* Intensidad, grado de actividad y fuerza de cualquier agente físico. 4. Fogosidad, ardor; aplicación constante del ánimo. 5. *(Foto.)* Contraste fuerte entre las luces y las sombras en una prueba negativa.
intensive [ɪn'tensɪv] [in-ten-siv], *a.* 1. Intensivo, que sirve para aumentar o hacer intenso; en gramática, que da énfasis. 2. Capaz de hacerse intenso. 3. Entero, completo, concentrado. 4. (Logic) Relativo al contenido.
intensively [ɪn'tensɪvlɪ] [in-ten-siv-li], *adv.* Intensivamente.
intent [ɪn'tent] [in-tent], *a.* Atento, cuidadoso, aplicado con ahinco (absorbed). *-s.* Intento, designio, deseo, intención, ánimo. **With intent to,** con el propósito de, con ánimo de. **To all intents and purposes**, en todos sentidos, para el caso. *(For.)* Para todos los casos y efectos que haya lugar. **To be intent on** o **upon**, estar absorto en, aplicado a. **To be wholly intent on**, pensar sólo en.
intention [ɪn'tenʃən] [in-ten-shon], *s.* 1. Intención, determinación de la voluntad, en un sentido determinado. 2. Intención, ánimo, designio, mira, fin. **With the best intentions,** con la mejor intención. **What are her intentions?**, ¿qué piensa hacer? 3. *(For.)* Propósito consciente de cometer una acción criminal. 4. *(Chyr.)* Curso o procedimiento natural. **Healing by first intention**, cura de primera intención, sin supuración. **Healing by second intention**, cura por cicatrización, después de la supuración.
intentional [ɪn'tenʃənl] [in-ten-sho-nal], *a.* Intencional, intencionado.
intentionally [ɪn'tenʃnəlɪ] [in-ten-sho-na-li], *adv.* Intencionalmente.
intently [ɪn'tentlɪ] [in-tent-li], *adv.* Ansiosamente; atentamente.
intentness [ɪn'tentnɪs] [in-tent-nes], *s.* Aplicación ansiosa, atención, afición.
inter ['ɪntəʳ] [in-taʳ], *va.* Enterrar, soterrar, sepultar.
inter- ['ɪntəʳ] [in-taʳ], prefijo, preposición latina que significa **entre, en medio** o **mutuamente;** entra en la composición de muchas voces.
interact [ˌɪntər'ækt] [in-te-rakt], *va.* Obrar entre sí, recíprocamente; afectar el uno al otro. *(Comput.)* Interactuar.
interact, *s.* Entreacto, intermedio, el espacio de tiempo entre los actos de las representaciones dramáticas.
interaction [ˌɪntər'ækʃən] [in-te-rak-shon], *s.* 1. Acción o influencia recíproca, interacción. 2. Acción intermedia.
interadditive [ˌɪntər'ædɪtɪv] [in-te-ra-di-tiv], *a.* Intercalar, ingerido o añadido a otra cosa, puesto entre paréntesis.
interamnian [ˌɪntər'æmnɪən] [in-te-ram-nian], *a.* Situado entre ríos.
interarticular [ˌɪntər'ɑːtɪkjʊləʳ] [in-te-rar-ti-kiu-laʳ], *a.* Interarticular, que está situado entre las articulaciones.
interbreed [ˌɪntə'briːd] [in-ter-brid], *va.* y *vn. V.* HYBRIDIZE.
intercalary [ɪn'tɜːkəlærɪ] [in-ter-ka-la-ri], *a.* Intercalar, lo que se pone o introduce entre otras cosas.
intercalate [ɪn'tɜːkəleɪt] [in-ter-ka-leit], *va.* Intercalar, interponer.
intercalation [ɪnˌtɜːkə'leɪʃən] [in-ter-ka-lei-shon] *s.* Intercalación.
intercede [ˌɪntə'siːd] [in-ter-sid], *vn.* 1. Interceder, mediar. 2. Interponerse, ponerse una cosa entre otras.
interceder [ˌɪntə'siːdəʳ] [in-ter-si-daʳ], *s. V.* INTERCESSOR.
interceding [ˌɪntə'siːdɪŋ] [in-ter-si-din], *s.* Mediación, intercesión.
intercept [ˌɪntə'sept] [in-ter-sept], *va.* 1. Interceptar, coger, sorprender alguna carta o pliego antes de llegar a su destino. 2. Obstruir, cerrar el paso, impedir que vaya adelante alguna persona o cosa, o detenerla en su movimiento (stop). 3. Atajar (cut off).
interceptor [ˌɪntə'septəʳ] [in-ter-sep-taʳ], *s.* Interceptor. **Interceptor missile**, *(Mil.)* Proyectil interceptor.
interception [ˌɪntə'sepʃən] [in-ter-sep-shon], *s.* Intercepción, interrupción de movimiento.
intercession [ˌɪntə'seʃən] [in-ter-se-shon], *s.* 1. Intercesión, mediación. 2. (Liturgy) Oración u oraciones para personas de diferente condición.
intercessory [ˌɪntə'seʃərɪ] [in-ter-se-so-ri], *s.* Intercesorio.
interchain [ˌɪntə'tʃeɪn] [in-ter-chein], *va.* Encadenar, entrelazar.
interchange ['ɪntə'tʃeɪndʒ] [in-ter-cheinch], *va.* 1. Alternar, variar una cosa repitiéndola sucesivamente. 2. Cambiar, trocar, permutar. *-vn.* Suceder alternativamente, con alternación.
interchange, *s.* 1. Comercio, negociación, tráfico, permuta de géneros (trade). 2. Sucesión mutua, vicisitud. 3. Donación recíproca o la acción de dar y recibir al mismo tiempo. 4. Intercambio. **Interchange of compliments,** Cortesías mutuas. **Interchange of gifts**, presentes o regalos recíprocos.
interchangeability [ɪintəˌtʃeɪndʒə'bɪlɪtɪ] [in-ter-chein-cha-bi-li-ti], *s.* Permutabilidad.
interchangeable [ˌɪntə'tʃeɪndʒəbl] [in-ter-chein-cha-bol], *a.* Permutable; sucesivo; mutuo, recíproco.
interchangeableness [ˌɪntə'tʃeɪndʒəblnɪs] [in-ter-chein-cha-bol-nes], *s.* Cambio, permuta, sucesión alternativa.
interchangeably [ˌɪntə'tʃeɪndʒəblɪ] [in-ter-chein-cha-bli], *adv.* Alternativamente, mutuamente, recíprocamente.
interchapter [ˌɪntə'tʃæptəʳ] [in-ter-chap-taʳ], *s.* Capítulo interpuesto.
intercipient [ˌɪntə'sɪpɪənt] [in-ter-si-pient], *a.* Interceptador, que intercepta algo. *-s.* La cosa que intercepta.
inter-city ['ɪntə'sɪtɪ] [in-ter-si-ti], *s.* Tren intercity, tren de largo recorrido.
interclude [ˌɪntə'kluːd] [in-ter-klud], *va.* Obstruir o interceptar, oculatar a la vista.
interclusion [ˌɪntə'kluːʃən] [in-ter-klu-shon], *s.* Intercepción, obstrucción.
intercollegiate [ˌɪntəkə'liːdʒɪt] [in-ter-co-li-yeit], *a.* Interuniversitario.
intercolumnar [ˌɪntə'kʌləmnəʳ] [in-ter-ka-lam-naʳ], *a.* Colocado entre columnas; intercolumnar.
intercom ['ɪntəkɒm] [in-ter-kom], *s.* Interfono, intercomunicador.
intercommon ['ɪntəkɒmən] [in-ter-ko-mon], *va.* (Hist. de GB) Proscribir a uno por sostener comunicación con malhechores o reos, o por albergarlos. *-vn.* 1. Tener unos mismos prados en común, cuando se habla de pueblos; alimentarse en los mismos prados, hablando de animales. 2. (Poc. us.) Comer en comunidad, a la misma mesa que otros, en mesa redonda.
intercommunicate [ˌɪntəkə'mjuːnɪkeɪt] [in-ter-ko-miu-ni-keit], *vn.* Comunicar con otro; sostener comunicación.
intercommunication ['ɪntəkəˌmjuːnɪ'keɪʃən] [in-ter-ko-miu-ni-kei-shon], *s.* Comunicación mutua o recíproca.

intercontinental [ˌɪntəkənˈtɪnəntl] [in-ter-kon-ti-nen-tal], *a.* Intercontinental. **Intercontinental ballistic missile**, proyectil de alcance intercontinental.

intercostal [ˌɪntəˈkɒstl] [in-ter-kos-tal], *a.* Intercostal.

intercourse [ˌɪntəˈkɔːs] [in-ter-kors], *s.* 1. Comercio, tráfico, cambios comerciales entre varios países. 2. Comunicación, correspondencia, trato. **Intercourse of trade**, giro de comercio. **Sexual intercourse**, cópula, coito.

intercross [ˌɪntəˈkrɒs] [in-ter-kros], *va.* 1. Entrecruzar, cruzarse mutuamente, como las líneas. 2. Cruzar castas o razas de animales o de plantas; hibridar.

intercurrence [ˌɪntəˈkɜːrəns] [in-ter-ke-rens], *s.* Intercurrente, paso o tránsito entre dos parajes, intervención, ocurrencia.

intercurrent [ˌɪntəˈkɜːrənt] [in-ter-ke-rent], *a.* Lo que corre entre dos parajes, lo que interviene u ocurre mientras se está haciendo alguna cosa.

intercutaneous [ˌɪntəˈkʌteɪnɪəs] [in-ter-ka-tei-nios], *a.* Intercutáneo.

interdenominational [ˈɪntədɪˌnɒmɪˈneɪʃənl] [in-ter-di-no-mi-nei-sho-nal], *a.* Intersectario.

interdepartmental [ˈɪntəˌdɪpɑːtˈmentl] [in-ter-di-par-men-tal], *a.* Interdepartamental.

interdependence [ˌɪntəˈdɪpəndəns] [in-ter-di-pen-dans], *s.* Dependencia mutua.

interdependent [ˌɪntəˈdɪpəndənt] [in-ter-di-pen-dant], *a.* Que depende recíprocamente.

interdict [ˈɪntədɪkt] [in-ter-dikt], *va.* 1. Prohibir, vedar (antiguamente, entredecir o interdecir). 2. Entredecir, poner entredicho.

interdict, *s.* 1. Prohibición, mandato prohibitiorio. 2. Interdicción, entredicho, censura eclesiástica.

interdiction [ˈɪntədɪkʃən] [in-ter-dik-shon], *s.* Interdicción, prohibición.

interdictive [ˈɪntədɪktɪv] [in-ter-dik-tiv], *a.* Lo que entredice o tiene poder de prohibir o de entredecir.

interdictory [ˈɪntədɪktərɪ] [in-ter-dik-to-ri], *a.* Lo que pertenece a prohibición o entredicho.

interdigital [ˌɪntəˈdɪdʒɪtəl] [in-ter-di-chi-tal], *a.* Interdigital, situado entre los dedos.

interdisciplinary [ˌɪntəˈdɪsɪplɪnərɪ] [in-ter-di-si-pli-na-ri], *a.* Interdisciplinario.

interest [ˈɪntrɪst] [in-te-rest], *va.* 1. Interesar, hacer tomar parte en alguna cosa (participate). 2. Interesar, empeñar, hacer tomar parte a la voluntad o al corazón en algo. *-vn.* Interesarse, tomar parte.

interest, *s.* 1. Interés, provecho, utilidad (profit, advantage). 2. Interés, la parte que se toma en el logro de alguna cosa; influjo, empeño (insistance). 3. Interés, la parte que se toma en alguna negociación lucrativa, lucro del capital, cantidad que se paga por el uso del dinero (benefit). 4. Propiedad parcial, porción o derecho copropietario. 5. Influencia, el poder de procurar favorable consideración, influjo. 6. Viva simpatía, curiosidad (curiosity). **To show interest,** mostrar interés, interesarse. **To take no further interest,** dejar de interesarse, perder interés. **Compound interest**, interés compuesto. **To put out on interest**, dar a interés. **To bear five per cent interest**, producir cinco por ciento de interés. **To act in someone's interests,** obrar en beneficio de alguien. **Interest rate,** tipo de interés.

interesting [ˈɪntrɪstɪŋ] [in-te-res-tin], *a.* Interesante, atractivo. **In an interesting condition**, en estado interesante, en cinta.

interface [ˈɪntəfeɪs] [in-ter-feis], *sf. (Comput.)* Interfaz.

interfere [ˌɪntəˈfɪəʳ] [in-ter-fiaʳ], *vn.* 1. Interponerse, meterse, mezclarse, intervenir; especialmente, embarazar, poner obstáculos, impedir; algunas veces, entremeterse. 2. Chocar, oponerse mutuamente. 3. *(Vet.)* Rozarse o herirse un pie con el otro al andar (horses).

interference [ˌɪntəˈfɪərəns] [in-ter-fia-rans], *s.* 1. Estorbo, obstáculo. 2. Ingerencia, entremetimiento. 3. Interposición, intervención. 4. Interferencia. 5. Ruidos parásitos. **Interference filter**, antiparásito.

interfering [ˌɪntəˈfɪərɪŋ] [in-ter-fia-rin], *a.* Entrometido, curioso.

interfluent [ˌɪntəˈflʊənt] [in-ter-fluent], **interflueous** [ˌɪntəˈflʊəs] [in-ter-fluos], *a.* Lo que fluye por medio de otra cosa.

interfulgent [ˌɪntəˈfʊldʒənt] [in-ter-ful-chent], *a.* Lo que luce o resplandece entre otras cosas.

interfuse [ˌɪntəˈfjuːz] [in-ter-fius], *va.* 1. Hacer fluir juntamente, como dos fluidos; hacer pasar a través de los poros. 2. Entremezclar, producir una mezcla. *-vn.* Fluir uno en otro, mezclarse.

intergalactic [ˌɪntəˈgəlæktɪk] [in-ter-ga-lak-tik], *a.* Intergaláctico.

interim [ˈɪntərɪm] [in-te-rim], *s.* Intermedio, interin, el espacio que hay entre un tiempo y otro. **In this interim**, en el interin, entretanto, mientras esto sucedía.

interior [ɪnˈtɪərɪəʳ] [in-te-riaʳ], *a.* Interior, interno, lo que está en la parte de dentro. *-s.* El interior.

interiorly [ɪnˈtɪərɪəlɪ] [in-te-riar-li], *adv.* Interiormente.

interjacent [ˌɪntəˈdʒəsənt] [in-ter-ya-sent], *a.* Interyacente, interpuesto, situado en medio de otras cosas.

interject [ˈɪntədʒekt] [in-ter-yekt], *va.* Poner en medio, insertar. *-vn.* Interponer, intervenir.

interjection [ˌɪntəˈdʒekʃən] [in-ter-yek-shon], *s.* 1. Interjección, una de las partes de la oración. 2. Intervención, interposición.

interjoin [ˌɪntəˈdʒɔɪn] [in-ter-yoin], *va.* Unir mutuamente, también, casar entre sí a cuatro o más personas de dos familias.

interlace [ˌɪntəˈleɪs] [in-ter-leis], *va.* Entrelazar, entremezclar.

interlard [ˈɪntəlɑːd] [in-ter-lard], *va.* 1. Mechar, introducir mechas o rajitas de tocino gordo en la carne de las aves u otras viandas. 2. Entreponer, insertar. 3. Entremezclar, entretejer.

interleave [ˌɪntəˈliːv] [in-ter-liv], *va.* Interpolar o interponer hojas blancas entre las escritas o impresas de un libro.

interline [ˌɪntəˈlaɪn] [in-ter-lain], *va.* Interlinear, entrerreglonar, insertar escribiendo entre renglones.

interlinear [ˌɪntəˈlaɪnəʳ] [in-ter-lai-naʳ], **interlineary** [ˌɪntəˈlaɪnərɪ] [in-ter-lai-na-ri], *a.* Interlineal.

interlineation [ˌɪntəˈlaɪnɪˈeɪʃən] [in-ter-lai-nei-shon], *s.* Interlineación, corrección interlineal.

interlining [ˌɪntəˈlaɪnɪŋ] [in-ter-lai-nin], *s.* 1. Entretela. 2. Interlineación, corrección interlineal.

interlink [ˌɪntəˈlɪŋk] [in-ter-link], *va.* Eslabonar, encadenar.

interlocation [ˌɪntəlɒˈkeɪʃən] [in-ter-lo-kei-shon], *s.* Interposición.

interlock [ˌɪntəˈlɒk] [in-ter-lok], *va.* y *vn.* Trabar, unir uno con otro por mutua acción; unirse, entrelazarse una cosa con otra.

interlocution [ˌɪntəˈlɒkjʊʃən] [in-ter-lo-kiu-shon], *s.* 1. Interlocución, plática o conferencia alternada entre dos o más personas. 2. Auto interlocutorio.

interlocutor [ˌɪntəˈlɒkjʊtəʳ] [in-ter-lo-kiu-taʳ], *s.* Interlocutor.

interlocutory [ˌɪntəˈlɒkjʊtərɪ] [in-ter-lo-kiu-to-ri], *a.* 1. Dialogístico, que se compone de diálogos o conferencias entre dos o más personas. 2. Interlocutorio, auto o sentencia interlocutoria.

interlope [ˈɪntələʊp] [in-ter-loup], *vn.* Entremeterse sin derecho; mezclarse en partidos o bandos; traficar sin licencia.

interloper [ˈɪntələʊpəʳ] [in-ter-lou-paʳ], *s.* 1. Entremetido, el que se mete en asuntos que no le atañen. 2. El que trafica en un comercio que por derecho pertenece a otros, intérlope.

interlude [ˈɪntəluːd] [in-ter-lud], *s.* 1. Intermedio, baile, sainete, farsa, etc., representada entre los actos o jornadas de una pieza dramática. 2. Pasaje musical corto que se toca, como intervalo o transición, entre las partes de un himno, de una composición sagrada, etc. 3. *(Mús.)* Interludio.

interlunar ['ɪntələʊnəʳ] [in-ter-lu-naʳ], **interlunary** ['ɪntəlʊnərɪ] [in-ter-lu-na-ri], *a.* Perteneciente al interlunio.
intermarriage [ˌɪntə'mærɪdʒ] [in-ter-ma-rich], *s.* Matrimonio o casamiento mutuo que se celebra entre dos familias; v.g. dos hermanos con dos hermanas.
intermarry [ˌɪntə'mærɪ] [in-ter-ma-ri], *vn.* Casarse mutuamente cuatro o más personas de dos familias.
intermeddle [ˌɪntə'medl] [in-ter-me-del], *vn.* Entremeterse, meterse uno o ingerirse donde no le llaman o mezclarse en lo que no le toca. *-va.* Entremezclar, mezclar (mix up).
intermeddler [ˌɪntə'medləʳ] [in-ter-med-laʳ], *s.* Entremetido.
intermedial [ˌɪntə'mi:dɪəl] [in-ter-mi-dial], **intermediate** [ˌɪntə'mi:dɪət] [in-ter-mi-diet], *s.* Intermedio, intermediado. *-s.* 1. Agente intermedio, algunas veces, medio o médium espiritista. 2. *V.* INTERMEDIATION.
intermediary [ˌɪntə'mi:dɪərɪ] [in-ter-mi-dia-ri], *a.* Intermediario.
intermediate [ˌɪntə'mi:dɪət] [in-ter-mi-diet], *a.* Intermedio, mediano. **Intermediate range ballistic missile**, *(Mil.)* Proyectil de alcance intermedio.
intermediation ['ɪntəˌmi:dɪ'eɪʃən] [in-ter-mi-diei-shon], *s.* Intervención, mediación.
intermedium [ˌɪntə'mi:dɪəm] [in-ter-mi-diom], *s.* Intermedio, agente intermedio.
interment [ɪn't3:ment] [in-ter-ment], *s.* Entierro, sepultura, funeral.
intermigration [ˌɪntəmɪ'greɪʃən] [in-ter-mi-grei-shon], *s.* Mudanza recíproca de una parte a otra.
interminable [ˌɪntə'mɪnəbl] [in-ter-mi-na-bol], *a.* Interminable, ilimitado (endless). *-s.* El Ser infinito, Dios.
interminably [ˌɪntə'mɪnəblɪ] [in-ter-mi-na-bli], *adv.* Interminablemente, como si no tuviera fin.
intermingle [ˌɪntə'mɪŋl] [in-ter-min-guel], *va.* Entremezclar. *-vn.* Mezclarse.
intermission [ˌɪntə'mɪʃən] [in-ter-mi-shon], *s.* 1. Intermisión, interrupción. 2. Intermisión, tiempo intermedio.
intermissive [ˌɪntə'mɪsɪv] [in-ter-mi-siv], *a.* Intermitente.
intermit ['ɪntəmɪt] [in-ter-mit], *va.* Intermitir. *-vn.* Descontinuar o cesar la calentura; cesar o parar un rato alguna acción o movimiento para principiar otra vez después; suspender.
intermittent [ˌɪntə'mɪtənt] [in-ter-mi-tent], *a.* Intermitente.
intermittently [ˌɪntə'mɪtəntlɪ] [in-ter-mi-tent-li], *adv.* A intervalos, intermitentemente.
intermix [ˌɪntə'mɪks] [in-ter-miks], *va.* entremezclar, mezclar unas cosas con otras. *-vn.* Entremezclarse, mezclarse.
intermixture [ˌɪntə'mɪkstʃəʳ] [in-ter-miks-chaʳ], *s.* 1. Mezcla de una cosa con otra. 2. Masa de ingredientes mezclados. 3. Un ingrediente adicional; mezcla, cantidad añadida.
intermundane [ˌɪntə'mɪndeɪn] [in-ter-mun-dein], *a.* Entremundano, situado entre mundos, como el espacio.
intermural [ˌɪntə'mʊərəl] [in-ter-miu-ral], *a.* Entremural, emparedado: colocado entre muros.
intern [ɪn't3:n] [in-tern], *a.* (Poco us.) Interno, intestino. *-s.* Médico o cirujano residente en un hospital.
intern, *va.* Internar, encerrar en un lugar determinado, poner bajo vigilancia. *-vn.* Trabajar en un hospital como méidco interno.
internal [ɪn't3:nl] [in-ter-nal], *a.* 1. Interno, interior, doméstico (interior). 2. Intrínseco, real, inherente (intrinsic), basado en la mismas cosas: derivado de lo interior o de la substancia: como **internal evidence**, prueba íntima, testimonio derivado de la cosa misma. 3. Interior, intestino, que se halla dentro del cuerpo social.
internally [ɪn't3:nəlɪ] [in-ter-na-li], *adv.* Internamente; mentalmente, intelectualmente.
international [ˌɪntə'næʃnəl] [in-ter-nei-sho-nal], *a.* Internacional, lo concerniente a dos o más naciones entre sí. **International law**, derecho internacional.
internationalism [ˌɪntə'næʃnəlɪzəm] [in-ter-nei-sho-na-lisem], *sm.* Internacionalismo.
internationalist [ˌɪntə'næʃnəlɪst] [in-ter-nei-sho-na-list], *a.* Internacionalista.
internationalize [ˌɪntə'næʃnəlaɪz] [in-ter-nei-sho-na-lais], *va.* Internacionalizar.
internecine [ˌɪntə'ni:saɪn] [in-ter-ni-sain], *a.* Lo que es recíprocamente destructivo. **Internecine war**, guerra a muerte.
internet ['ɪntənet] [in-ter-net], *s.* Internet. **To surf the internet,** navegar por Internet.
internode, internodium ['ɪntənəʊd] [in-ter-noud], *s.* 1. *(Bot.)* Internodio, entrenudo, espacio o intervalo entre los nudos de las plantas o de los árboles. 2. *(Anat.)* Parte situada entre dos articulaciones.
internship ['ɪnt3:nʃɪp] [in-tern-ship], *s.* Internado (en un hospital, etc.)
internuncio [ˌɪntə'nʌʃə] [in-ter-nan-sho], *s.* 1. Internuncio, el que habla por otro o lleva mensajes de una parte a otra. 2. Internuncio, ministro pontificio que hace veces de nuncio.
interpellate [ɪn't3:pəleɪt] [in-ter-pe-leit], *va.* Interpelar; dirigir una excitación al gobierno para que dé explicaciones sobre un hecho o sobre su conducta en circunstancias especiales.
interpellation [ˌɪnt3:pə'leɪʃən] [in-ter-pe-lei-shon], *s.* 1. Interpelación, acción de interpelar; excitación hecha a un gobierno o a una persona para que dé explicaciones. 2. Interrupción. 3. Ruego o súplica ardiente. 4. Interpelación, citación que se hace en justicia para que responda o comparezca un reo.
interpenetrate [ˌɪnt3:'penətreɪt] [in-ter-pe-ne-treit], *va.* y *vn.* Penetrar completamente; penetrarse mutuamente, formar unión por medio de la penetración.
interphone ['ɪntəˌfəʊn] [in-ter-foun], *sm.* Interfono.
interplanetary [ˌɪntə'plənɪtərɪ] [in-ter-pla-ne-ter-ri], *a.* Interplanetario.
interplay ['ɪntəpleɪ] [in-ter-plei], *s.* 1. Acción o influencia mutuas. 2. Acción o efecto recíprocos, interacción.
interplead ['ɪntəpli:d] [in-ter-plid], *vn. (For.)* Litigar entre sí dos o más demandantes, para que el tribunal resuelva sobre la propiedad de una cosa.
interpleader ['ɪntəpli:dəʳ] [in-ter-pli-daʳ], *s. (For.)* Procedimiento para determinar cuál entre dos o más personas es el dueño legal de la cosa litigada.
interpledge ['ɪntəpledʒ] [in-ter-pledch], *va.* Dar y tomar recíprocamente una cosa como prenda.
interpolate [ɪn't3:pəleɪt] [in-ter-po-leit], *va.* 1. Interpolar, insertar una palabra, cláusula o frase en un escrito, sea para completar, sea para alterar el sentido; falsificar. 2. Interpolar, interponer una cosa entre otras.
interpolation [ɪnˌt3:pə'leɪʃən] [in-ter-po-lei-shon], *s.* Interpolación, añadidura o entrerrenglonadura de una palabra o frase en un manuscrito antiguo.
interpolator [ɪnˌt3:pə'leɪtəʳ] [in-ter-po-lei-taʳ], *s.* Interpolador, el que añade subrepticiamente alguna palabra o frase a un manuscrito antiguo.
interposal [ˌɪntə'pəʊzl] [in-ter-pau-sal], *s.* 1. Interposición, mediación de alguna persona entre otras dos. 2. Intervención, asistencia.
interpose [ˌɪntə'pəʊz] [in-ter-paus], *va.* 1. Interponer, entreponer (remark). 2. Interponer el favor, crédito, autoridad, etc., en beneficio de alguno. *-vn.* 1. Interponerse, mediar entre dos personas desavenidas para componerlas entre sí. 2. Intervenir; interponerse una cosa entre otras. 3. Interrumpir a alguno, hacer objeción.
interpret [ɪn't3:prɪt] [in-ter-prit], *va.* 1. Interpretar, explicar o explanar el sentido de alguna cosa (show). 2. Dar sentido a lo que no lo tiene; descifrar (understand, decipher). 3. Representar, ilustrar (represent). 4. Traducir oralmente, como intérprete (translate).
interpretable [ɪn't3:prɪtəbl] [in-ter-pri-ter-bol], *a.* Interpretable, que es capaz de interpretación o explanación.
interpretation [ɪnˌt3:prɪ'teɪʃən] [in-ter-pri-tei-shon], *s.* 1. Interpretación, acción de interpretar (meaning). **What**

interpretation are we to place on his conduct?, ¿cómo hemos de interpretar su conducta? 2. Explicación, exposición; el sentido dado por un intérprete o un expositor.

interpretative [ɪn'tɜːprɪtətɪv] [in-ter-pri-ter-tiv], *a.* Interpretativo.

interpreter [ɪn'tɜːprɪtəʳ] [in-ter-pri-taʳ], *s.* Intérprete, traductor, el que interpreta o traduce de un idioma a otro, en especial el que lo hace oralmente.

interpreting [ɪn'tɜːprɪtɪŋ] [in-ter-pri-tin], *sf.* Interpretación.

interregnum, interreign [ˌɪntə'reɪn] [in-ter-rein], *s.* Interregno, espacio de tiempo en que un trono está vacante. 2. Suspensión de la autoridad ejecutiva a causa de un cambio de gobierno. 3. Cualquier período de espera, transición o desorden.

interrelate [ˌɪntə'rɪleɪt] [in-ter-ri-leit], *vt.* Interrelacionar.

interrelated [ˌɪntə'rɪleɪtɪd] [in-ter-ri-lei-tid], *a.* Correlativo, con relación recíproca.

interrelation [ˌɪntə'rɪleɪʃən] [in-ter-ri-lei-shon], *sf.* Interrelación.

interrogate [ɪn'terəgeɪt] [in-te-ro-gueit], *va.* Interrogar, preguntar, examinar, *-vn.* Interrogar, hacer un interrogatorio.

interrogation [ɪnˌterə'geɪʃən] [in-te-ro-guei-shon], *s.* 1. Interrogación, pregunta, pesquisa. 2. Interrogación, signo interrogativo(?).

interrogative [ˌɪntə'rɒgətɪv] [in-te-ro-ga-tiv], *s.* Pronombre interrogativo, que se usa cuando se pregunta alguna cosa, como **who? what?** ¿quién? ¿qué? *-a.* Interrogativo.

interrogatively [ˌɪntə'rɒgətɪvlɪ] [in-te-ro-ga-tiv-li], *adv.* Interrogativamente.

interrogator [ɪn'terəgeɪtəʳ] [in-te-ro-guei-taʳ], *s.* Interrogante.

interrogatory [ˌɪntə'rɒgətərɪ] [in-te-ro-ga-to-ri], *s.* Interrogatorio, la serie de preguntas que se hacen al acusado o parte y a los testigos. *-a.* Interrogativo, que expresa una pregunta.

interrupt [ˌɪntə'rʌpt] [in-te-rapt], *va.* 1. Interrumpir, estorbar, impedir la continuación de una cosa. 2. Dividir, separar, entrecortar, romper la continuidad o la sucesión de.

interruptedly [ˌɪntə'rʌptɪdlɪ] [in-te-rap-tid-li], *adv.* Interrumpidamente.

interrupter [ˌɪntə'rʌptəʳ] [in-te-rap-taʳ], *s.* Interruptor, el que interrumpe o impide alguna cosa; útil para interrumpir la corriente eléctrica.

interruption [ˌɪntə'rʌpʃən] [in-te-rap-shon], *s.* Interrupción, embarazo, obstáculo; interposición; intermisión.

interscapular [ˌɪntəzkæpjʊləʳ] [in-ters-ka-piu-laʳ], *a.* Interescapular, que está situado entre ambas escápulas.

interscholastic [ˌɪntəskə'læstɪk] [in-ters-ko-las-tik], *a.* Interescolar.

intersect [ˌɪntə'sekt] [in-ter-sekt], *va.* Entrecortar. *-vn.* *(Geom.)* Intersecarse, cortarse dos líneas.

intersection [ˌɪntə'sekʃən] [in-ter-sek-shon], *s.* Intersección.

interspace [ˌɪntə'speɪs] [in-ter-speis], *s.* Intervalo, intersticio, espacio que media entre varios cuerpos.

interspace, *va.* Hacer intervalos entre dos o más cuerpos; ocupar los intersticios entre ellos.

intersperse [ˌɪntə'spɜːs] [in-ter-spers], *va.* Esparcir una cosa entre otras; entremezclar; diseminar.

interspersion [ˌɪntə'spɜːʃən] [in-ter-sper-shon], *s.* El acto de esparcir una cosa entre otras.

interspinal [ˌɪntə'spɪnəl] [in-ter-spi-nal], **interspinous** [ˌɪntə'spɪnəs] [in-ter-spi-nos], *a.* Interespinoso, interespinal, situado entre las apófisis de las vértebras.

interstate [ˌɪntə'steɪt] [in-ter-steit], *a.* Que se refiere a las relaciones y al tráfico entre diferentes estados, se aplica particularmente a los estados que forman la confederación norteamericana. **Interstate commerce**, comercio interior, entre los varios estados.

interstellar [ˌɪntə'steləʳ] [in-ter-ste-laʳ], *a.* Que está situado entre las estrellas; interestelar.

interstice [ˌɪntə'stɪs] [in-ter-stis], *s.* 1. Intersticio, intervalo o espacio que hay de una cosa a otra. 2. Intersticio, intermedio, intervalo, el espacio de tiempo que media entre un acto y otro.

intertexture [ˌɪntə'tekstʃəʳ] [in-ter-tek-chaʳ], *s.* El entretejido o enlazamiento de una cosa con otra.

intertwine [ˌɪntə'twaɪn] [in-ter-tuain], **intertwist** [ˌɪntə'twɪst] [in-ter-tuist], *va.* Entretejer, entrelazar o tejer una cosa con otra.

interurban [ˌɪntə'ɜːbən] [in-ter-er-ban], *a.* Interurbano.

interval ['ɪntəvəl] [in-ter-val], *s.* 1. Intervalo, intersticio, distancia de un lugar a otro (distance). 2. Intervalo, el tiempo que pasa entre una cosa y otra (time). 3. *(Mús.)* Intervalo, distancia que media de un tomo a otro. 4. Remisión o intermisión de algún mal. **Lucid interval**, intervalo lúcido, el espacio de tiempo en que los delirantes gozan algún alivio en su mal. **An interval for meditation,** una pausa para la meditación. **Without an interval,** sin parar, sin interrupción.

interveined [ˌɪntə'viːnd] [in-ter-veind], *a.* Interpolado o cortado como las venas.

intervene [ˌɪntə'viːn] [in-ter-vin], *vn.* 1. Intervenir, mediar, ponerse por medio, interponerse (take part, contribute); ocurrir, sobrevenir (happen). 2. Interponer con algún fin. 3. Sobrevenir algo de manera que sirva de obstáculo o impedimiento. **I shall come if nothing intervenes**, vendré si nada ocurre que lo impida.

intervenient [ˌɪntə'viːnɪənt] [in-ter-vi-niant], *a.* Interpuesto; ocurrido.

intervention [ˌɪntə'venʃən] [in-ter-ven-shon], *s.* 1. Intervención, asistencia, concurrencia en algún negocio. 2. Interposición, mediación.

interventionism [ˌɪntə'venʃənɪzm] [in-ter-ven-sho-ni-sem], *sm.* Dirigismo.

intervertebral [ˌɪntə'vɜːtəbrəl] [in-ter-ver-te-bral], *a.* Intervertebral, que se halla situado entre las vértebras.

interwee [ˌɪntə'wiː] [in-ter-ui], *s.* Persona entrevistada.

interview ['ɪntəvjuː] [in-ter-viu], *s.* 1. Vistas, entrevista, conferencia, el encuentro o concurrencia de personas citadas para verse y conferenciar. 2. Abocamiento, conferencia verbal, cita entre dos o más personas para conferenciar mutuamente: particularmente en el periodismo, conferencia con alguien cuya opinión o cuyos informes se solicitan para publicarlos; y el relato de lo dicho u ocurrido en esa conferencia.

interview, *va.* Celebrar una entrevista con alguno; en el periodismo, interrogar a una persona para obtener de ella informes destinados a la publicación.

interviewer ['ɪntəvjuəʳ] [in-ter-viuaʳ], *s.* Periodista que se avista y conferencia con los hombres de Estado, artistas y otras personas que por cualquier concepto llaman la atención pública.

intervolve ['ɪntəvəʊlv] [in-ter-voulv], *va.* Envolver una cosa dentro de otra.

interweave [ˌɪntə'wiːv] [in-ter-uiv], *va.* Entretejer, enlazar, entremeter o meter una cosa entre otra.

interweaving [ˌɪntə'wiːvɪŋ] [in-ter-ui-vin], *s.* Entretejedura.

interwreathe [ˌɪntə'wreθ] [in-ter-vrez], *va.* Tejer en forma de guirnalda.

intestable [ɪn'testəbl] [in-tes-ta-bol], *a.* El que legalmente no puede testar o hacer testamento.

intestacy [ɪn'testəsɪ] [in-tes-ta-si], *s.* La falta de testamento.

intestate [ɪn'testɪt] [in-tes-teit], *a.* Intestado, el que muere sin hacer testamento.

intestinal [ˌɪntes'taɪnl] [in-tes-tai-nal], *a.* 1. Intestinal, perteneciente o relativo a intestinos. 2. Interior, intestino.

intestine [ɪn'testaɪn] [in-tes-tain], *a.* Interior, intestino, doméstico. *-s.* Intestino, tripa: se usa por lo común en plural.

intextured [ɪn'tekstʃəd] [in-teks-chad], *a.* Entretejido, labrado, adornado con labores.

inthrall [ɪn'θrɔːl] [in-zrol], *va.* Esclavizar. *V.* ENTHRALL.

inthralment [ɪn'θrɔːlmənt] [in-zrol-ment], *s.* Esclavitud.

inthrone, *va.* *V.* ENTHRONE, etc.

intimacy ['ɪntɪməsɪ] [in-ti-ma-si], *s.* Intimidad, familiaridad, confianza.
intimate ['ɪntɪmɪt] [in-ti-meit], *a.* 1. Íntimo, interior, cordial, familiar. 2. Que se adhiere estrechamente. 3. Interno, que procede de lo interior. *-s.* Amigo íntimo o de toda confianza.
intimate, *va.* Insinuar, dar a entender alguna cosa indirectamente o por medio de rodeos.
intimately ['ɪntɪmɪtlɪ] [in-ti-mit-li], *adv.* 1. Íntimamente, estrechamente, familiarmente. 2. En el fondo del alma; con afecto particular.
intimation [ˌɪntɪ'meɪʃən] [in-ti-mei-shon], *s.* Insinuación, indirecta, prevención; aviso indirecto.
intimidate [ɪn'tɪmɪdeɪt] [in-ti-mi-deit], *va.* Intimidar, poner o causar miedo o temor; aterrar, espantar.
intimidation [ɪnˌtɪmɪ'deɪʃən] [in-ti-mi-dei-shon], *s.* Intimidación.
intimidatory ['ɪntɪmɪdətərɪ] [in-ti-mi-da-to-ri], *a.* Intimidador, que intimida.
into ['ɪntʊ] [in-tu], *prep.* 1. En, dentro, adentro, hacia el interior de. Denota: (a) entrada en, (b) penetración a través de algo, (c) inserción, inclusión, (d) cambio de estado, (e) por, multiplicado por. 2. Además de. **What are you into?**, ¿a qué te dedicas? **Into the bargain**, además del trato, por demás, como adición. **To change something into something else,** convertir algo en otra cosa. **To go off into the desert,** adentrarse en el desierto. **To get into a plane,** subirse a un avión. **To walk into,** entrar en. **The lorry drove into the car,** el camión chocó contra el coche. **To be into something,** dedicarse a, apasionarse por.
intolerable [ɪn'tɒlərəbl] [in-to-le-ra-bol], *a.* Intolerable, lo que no se puede sufrir o tolerar.
intolerableness [ɪn'tɒlərəblnɪs] [in-to-le-ra-bol-nes], *s.* Intolerabilidad.
intolerably [ɪn'tɒlərəblɪ] [in-to-le-ra-bli], *adv.* Intolerablemente.
intolerance [ɪn'tɒlərəns] [in-to-le-rans], *s.* Intolerancia.
intolerant [ɪn'tɒlərənt] [in-to-le-rant], *a.* Intolerante, falto de tolerancia. *-s.* El que no aguanta ni sufre; el que no puede aguantar o sufrir.
intolerated [ɪn'tɒləreɪtɪd] [in-to-le-rei-tid], *a.* Lo que no es tolerado.
intoleration [ɪn'tɒlə'reɪʃən] [in-to-le-rei-shon], *s.* Intolerantismo.
intomb [ɪn'tɒmb] [in-tomb], *va.* Enterrar, sepultar, poner en un sepulcro.
intonate [ɪn'təʊneɪt] [in-tou-neit], *vn.* 1. Entonar, solfear, cantar. 2. *(Des.)* Tronar.
intonation [ɪn'təʊneɪʃən] [in-tou-nei-shon], *s.* 1. La modulación de la voz al hablar. 2. Entonación; la acción de entonar.
intone [ɪn'təʊn] [in-toun], *va.* y *vn.* 1. Entonar, dar tono a las voces. 2. Recitar monótonamente, salmodiar; cantar el oficio de la iglesia.
intorsion, *s. V.* INTORTION.
intoxicant [ɪn'tɒksɪkənt] [in-tok-si-kant], *s.* Lo que emborracha o embriaga, como el alcohol y el opio.
intoxicate [ɪn'tɒksɪkeɪt] [in-tok-si-keit], *a.* Emborrachado, borracho, embriagado.
intoxicated [ɪn'tɒksɪkeɪtɪd] [in-tok-si-kei-tid], *a.* Ebrio, borracho (drunk). **Intoxidated with joy**, frenético de alegría.
intoxication [ɪnˌtɒksɪ'keɪʃən] [in-tok-si-kei-shon], *s.* 1. Embriaguez, borrachera (drunkenness). 2. Trasportamiento, arrebatamiento, entusiasmo. 3. *(Med.)* Intoxicación, envenenamiento.
intra- ['ɪntrə] [in-tra], prefijo; preposición latina que significa dentro.
intractable [ɪn'træktəbl] [in-trak-ter-bol], *a.* Intratable, áspero, terco (akward).
intractableness [ˌɪntræk'təblnɪs] [in-trak-ter-bol-nes], *s.* Obstinación, porfía, terquedad (akwardness).
intractably [ˌɪntræk'təblɪ] [in-trak-ter-bli], *adv.* Obstinadamente, porfiadamente.
intramural [ˌɪntrə'mjʊərəl] [in-tra-miu-ral], *a.* Intramuros, que se halla dentro de los muros.
intranquility [ˌɪntrən'kwɪlɪtɪ] [in-tran-kui-li-ti], *s.* Desasosiego, falta de tranquilidad; intranquilidad.
intransient [ɪn'trænsɪənt] [in-tran-sient], *a.* Permamente, que no se muda o cambia fácilmente; inmutable.
intransigent [ɪn'trænsɪdʒənt] [in-tran-si-yent], *a.* Intransigente.
intransitive [ɪn'trænsɪtɪv] [in-tran-si-tiv], *a.* Intransitivo.
intransitively [ɪnˌtrænsɪ'tɪvlɪ] [in-tran-si-tiv-li], *adv.* Intransitivamente.
intransmutability [ɪnˌtrænsmjʊtə'bɪlɪtɪ] [in-trans-miu-ter-bi-li-ti], *s.* Intransmutabilidad.
intransmutable [ɪnˌtræns'mjʊtəbl] [in-trans-miu-ter-bol], *a.* Intransmutable, lo que no se puede mudar.
intrant [ɪn'trənt] [in-trant], *a.* Entrante, que entra.
intravenous [ˌɪntrə'viːnəs] [in-tra-vi-nos], *a.* Intravenoso. **Intravenous shot**, inyección intravenosa.
intravenously [ˌɪntrə'viːnəslɪ] [in-tra-vi-nos-li], *adv.* Por vía intravenosa.
intrench [ɪn'trentʃ] [in-trench], *vn.* Invadir, usurpar, quitar a otro lo que es suyo. *-va.* 1. Atrinchear. 2. Llenar de hoyos o cortes alguna cosa. *V.* ENTRENCH.
intrenchment [ɪn'trentʃmənt] [in-trench-ment], *s.* Atrincheramiento, trinchera.
intrepid [ɪn'trepɪd] [in-tre-pid], *a.* Intrépido, arrojado, osado.
intrepidity [ɪn'trepɪdɪtɪ] [in-tre-pi-di-ti], *s.* Intrepidez, arrojo, osadía.
intrepidly [ɪn'trepɪdlɪ] [in-tre-pid-li], *adv.* Intrépidamente.
intricacy ['ɪntrɪkəsɪ] [in-tri-ka-si], *s.* Embrollo, confusión, embarazo, dificultad.
intricate ['ɪntrɪkɪt] [in-tri-ket], *a.* Intrincado, confuso, enredado, complicado.
intricate, *va.* Intrincar, enredar, confundir, embrollar.
intricately ['ɪntrɪkɪtlɪ] [in-tri-kit-li], *adv.* Intrincadamente.
intricateness ['ɪntrɪkɪtnɪs] [in-tri-kit-nes], *s.* Embrollo, perplejidad, oscuridad.
intrigue [ɪn'triːg] [in-trig], *s.* 1. Intriga, manejo, trama (complot, scheme); arte o amaño secreto para lograr un fin. 2. Intriga amorosa, galanteo, trato secreto entre dos amantes (love affair). 3. Embrollo, confusión (entanglement). 4. Enredo o maraña de una comedia.
intrigue, *va.* Intrigar: tramar, manejar o negociar secretamente un asunto; tramar galanteos secretos. *-va.* Embarazar, turbar, intrincar.
intriguer [ɪn'triːgə^r] [in-tri-ga^r], *s.* 1. Intrigante, embrollador, entremetido, zaramullo. 2. Amante, la persona que galantea en secreto a una mujer.
intriguingly [ɪn'triːgɪŋlɪ] [in-tri-guin-li], *adv.* Por medio de intrigas o manejos secretos.
intrinsic, intrinsical [ɪn'trnsɪk] [in-trin-sik], *a.* 1. Intrínseco, inherente, esencial, verdadero. 2. Intrínseco, interno, interior.
intrinsically [ɪn'trnsɪklɪ] [in-trin-si-kli], *adv.* Intrínsecamente, esencialmente, interiormente.
intrinsicalness [ɪn'trnsɪklnɪs] [in-trin-si-kal-nes], *s.* Realidad; mérito intrínseco.
introduce [ˌɪntrə'djuːs] [in-tro-dius], *va.* 1. Introducir, meter dentro o dar entrada a uno en algún lugar (get into) **I was introduced into the car,** me hicieron entrar al coche. 2. Introducir, facilitar o porporcionar la gracia o amistad de alguno. 3. Introducir, insertar algo en un escrito o discurso. 4. Ocasionar, dar motivo (cause). 5. Empezar, establecer, poner en uso o noticia. 6. Proponer, presentar (offer). **To introduce a bill a friend**, presentar un proyecto de ley, presentar a un amigo. **To introduce a problem,** abordar un problema.
introducer [ˌɪntrə'djuːsə^r] [in-tro-diu-sa^r], *s.* Introductor.
introduction [ˌɪntrə'dʌkʃən] [in-tro-dak-shon], *s.* 1. Introducción. 2. Introducción, prólogo o proemio de un libro.

3. Presentación, el acto de presentar a dos o más personas para que se conozcan.

introductive [ˌɪntrəˈdʌktɪv] [in-tro-dak-tiv], *a.* Introductivo, lo que sirve de medio para hacer alguna cosa o de introducción.

introductor [ˌɪntrəˈdʌktəʳ] [in-tro-dak-taʳ], *s.* Introductor.

introductory [ˌɪntrəˈdʌktərɪ] [in-tro-dak-ter-ri], *s.* Preliminar, proemial, introductivo.

introgression [ˌɪntrəˈgreʃən] [in-tro-gre-shon], *s.* Entrada.

introit [ˈɪntrɔɪt] [in-troit], *s.* Introito de la misa o del oficio divino.

intromission [ˌɪntrəˈmɪʃən] [in-tro-mi-shon], *s.* Introducción, admisión.

intromit [ɪnˈtrəmɪt] [in-tro-mit], *va.* Introducir o dar entrada a alguna cosa, admitir. *-vn.* Tomar posesión de los bienes de otro por fuerza; entremeterse, mezclarse uno en lo que no le atañe.

intromittent [ɪnˈtrəmɪtənt] [in-tro-mi-tent], *a.* 1. Que introduce o echa dentro. 2. Que se emplea en el coito.

introreception [ˌɪntrərɪˈsepʃən] [in-tro-ri-sep-shon], *s.* Recepción, el acto de recibir o admitir dentro, en lo interior.

introspect [ɪnˈtrəspekt] [in-tros-pekt], *va.* Mirar adentro, mirar lo interior de alguna cosa.

introspection [ˌɪntrəʊˈspekʃən] [in-trous-pek-shon], *s.* Examen del interior de alguna cosa.

introspective [ɪnˈtrəspekt] [in-tros-pekt]. Introspectivo.

introsusception [ˌɪntrəsʌsˈpekʃən] [in-tro-sas-pek-shon], *s.* 1. El acto de recibir dentro, en lo interior. 2. Intususcepción, invaginación. *V.* INTUSSUSCEPTION.

introversion [ˌɪntrəʊˈvɜːʃən] [in-trou-ver-shon], *s.* El acto de volver o dirigir hacia dentro; introversión.

introvert [ˈɪntrəʊvɜːt] [in-trou-vert], *s.* y *a.* Introvertido. *-va.* 1. Volver hacia el interior. 2. *V.* INVERT.

intrude [ɪnˈtruːd] [in-trud], *vn.* Entrometerse, introducirse sin permiso en alguna parte; mezclarse en lo que a uno no le toca (meddle); entrar o aparecer intempestivamente, donde a uno no le llaman. **To intrude on something,** molestar, importunar. **Am I intruding?,** ¿molesto? *-va.* 1. Presentar o introducir indebidamente a alguna persona. **To intrude oneself into a company**, intrusarse, presentarse en una reunión o tertulia sin ser invitado. 2. Introducir alguna cosa a viva fuerza.

intruder [ɪnˈtruːdəʳ] [in-tru-daʳ], *s.* Intruso, entrometido, el que se entromete.

intrusion [ɪnˈtruːʒən] [in-tru-shon], *s.* 1. Intrusión, entrometimiento; la acción de intrusarse, de meterse en alguna parte sin ser llamado. **Pardon the intrusion,** perdone que le moleste, perdone la intrusión. 2. Intrusión en alguna dignidad u oficio. 3. *(Geol.)* Intrusión de rocas volcánicas entre otras preexistentes.

intrusional [ɪnˈtruːʒənl] [in-tru-sho-nal], *a.* Intruso, relativo a la intrusión.

intrusive [ɪnˈtruːsɪv] [in-tru-siv], *a.* Intruso, que viene sin licencia ni permiso; fuera de orden regular; importuno, fastidioso. *V.* OBTRUSIVE.

intrusiveness [ɪnˈtruːsɪvnɪs] [in-tru-siv-nes], *s.* Intrusión, importunidad, fastidio.

intrust [ɪnˈtrʌst] [in-trast], *va.* 1. Confiar o fiar, hacer confianza de otro. 2. Poner en depósito. 3. Confiar un negocio, dar una comisión secreta.

intuit [ɪnˈtjʊɪt] [in-tiuit], *vt.* Intuir.

intuition [ˌɪntjuːˈɪʃən] [in-tui-shon], *s.* Intuición: conocimiento infuso o no adquirido, íntimo.

intuitive [ɪnˈtjuːɪtɪv] [in-tui-tiv], *a.* Intuitivo, perteneciente a la intuición; que tiene la facultad de descubrir la verdad sin necesidad del raciocinio.

intuitively [ɪnˈtjuːɪtɪvlɪ] [in-tiui-tiv-li], *adv.* Intuitivamente.

intumesce [ˈɪntʊmes] [in-tu-mes], *vn.* Hincharse, entumercerse.

intumescence [ˈɪntʊmesəns] [in-tu-me-sens], **intumescency** [ˈɪntʊmesənsɪ] [in-tu-me-sen-si], *s.* Intumescencia, entumecimiento, levantamiento, la acción de entumecerse, hincharse o levantarse alguna cosa, tumor, hinchazón.

intumescent [ˈɪntʊmesənt] [in-tu-me-sent], *a.* Intumescente, hinchado.

intussuception [ˌɪntʊˈsʌsepʃən] [in-tu-sa-sep-shon], *s.* Calidad y estado de ser recibido dentro: (a) Intususcepción, inversión de una porción de intestino en otra inmediata. (b) Intususcepción, modo de aumentar y crecer los animales y vegetales por los elementos que toman interiormente.

intwine [ˈɪntwaɪn] [in-tuain], *va.* Entrelazar, enlazar, una cosa con otra torciéndolas. *V.* ENTWINE.

inula [ˈɪnjʊlə] [i-niu-la], *s.* *(Bot.)* Enula o énula campana, ínula.

inulin [ˈɪnjʊliːn] [i-niu-lin], *s.* Inulina, substancia parecida al almidón extraída de la raíz de la énula campana.

inumbrate [ɪˈnʌmbreɪt] [i-nam-breit], *va.* Sombrear, echar sombrea sobre.

inunction [ɪˈnʌŋkʃən] [i-nank-shon], *s.* Untura, untadura, untamiento de un medicamento en la piel

inundat [ɪˈnʌndæt] [i-nan-dat], *a.* (Poco us.) Inundante.

inundate [ˈɪnʌndeɪt] [i-nan-deit], *va.* Inundar; abrumar.

inundation [ˌɪnʌnˈdeɪʃən] [i-nan-dei-shon], *s.* 1. Inundación, avenida de aguas. 2. Inundación, multitud excesiva de cualquiera cosa.

inurbane [ɪˈnɜːbeɪn] [i-ner-bein], *a.* Inurbano, descortés, rudo.

inurbaneness, inurbanity [ɪˈnɜːbeɪnɪs] [i-ner-bei-nes], *s.* Inurbanidad.

inure [ɪnˈjʊəʳ] [i-niuaʳ], *va.* Endurecer por el uso, acostumbrar, habituar (custom). *-vn.* Tener efecto; ser aplicado a, servir para el provecho de, devolver por la ley.

inurement [ɪnˈjʊəmənt] [i-niua-ment], *s.* Práctica, hábito, uso, costumbre (habit, use).

inurn [ɪˈnɜːn] [i-nern], *va.* Introducir o poner en una urna cineraria.

inutility [ˌɪnʌˈtɪlɪtɪ] [i-na-ti-li-ti], *s.* Inutilidad.

invade [ɪnˈveɪd] [in-veid], *va.* Invadir, acometer, asaltar, embestir; violar. **to invade one's rights**, violar los derechos de alguno. **The disease invades the lungs**, la enfermedad invade los pulmones.

invader [ɪnˈveɪdəʳ] [in-vei-daʳ], *s.* Invasor, asaltador; acometedor, agresor, violador.

invaginate [ɪnˈvæfʒɪneɪt] [in-va-yi-neit], *va.* Envainar, meter o recibir en una vaina, como una parte de un tubo en otra; invaginar. *V.* INTROVERT.

invagination [ɪnˈvædʒɪneɪt] [in-va-yi-neit], *s.* Invaginación; intususcepción; bolsa dormada por la inversión de una membrana.

invalid [ɪnˈvælɪd] [in-va-lid], *a.* Inválido, nulo.

invalid [ɪnˈvəlɪd] [in-va-lid], *va.* 1. Matricular en el registro de inválidos. 2. Invalidar, estropear a uno.

invalidate [ɪnˈvəlɪdeɪt] [in-va-li-deit], *va.* Invalidar, anular; particularmente, privar de valor legal.

invalidation [ˌɪnvəlɪˈdeɪʃən] [in-va-li-dei-shon], *s.* Invalidación.

invalidity [ˌɪnvəˈlɪdɪtɪ] [in-va-li-di-ti], **invalidness** [ɪnˈvælɪdnɪs] [in-va-lid-nes], *s.* 1. Invalidación, nulidad de un auto. 2. Debilidad falta de fuerzas corporales.

invaluable [ɪnˈvæljʊəbl] [in-va-liu-a-bol], *a.* Invaluable, inestimable, inapreciable.

invaluably [ɪnˈvæljʊəblɪ] [in-va-liu-a-bli], *adv.* Invaluablemente.

invariability [ˌɪnvɛərɪəˈbɪlɪtɪ] [in-va-ria-bi-li-ti], *s.* Invariabilidad, la subsistencia permanente y sin variación de alguna cosa.

invariable [ɪnˈvɛərɪəbl] [in-va-ria-bol], *a.* Invariable.

invariableness [ɪnˈvɛərɪəblnɪs] [in-va-ria-bol-nes], *s.* Inmutabilidad, constancia.

invariably [ɪnˈvɛərɪəblɪ] [in-va-ria-bli], *adv.* Invariablemente.

invasion [ɪn'veɪʒən] [in-vei-shion], *s.* 1. Invasión, acometimiento, acción de invadir. 2. *(Med.)* Principio de una enfermedad, 3. Infracción, violación de derechos ajenos.
invasive [ɪn'veɪsɪv] [in-vei-siv], *a.* Hostil; invasor, que invade.
invasor [ɪn'veɪʃə^r] [in-vei-sa^r], *a.* Invasor.
invective [ɪn'vektɪv] [in-vek-tiv], *s.* Invectiva, escrito o discurso injurioso. *-a.* Ultrajante, abusivo, acre.
invectivly [ɪn'vektɪvlɪ] [in-vek-tiv-li], *adv.* Injuriosamente, ultrajosamente.
inveigh [ɪn'veɪ] [in-vei], *vn.* Prorrumpir en invectivas, desencadenarse contra alguno; antiguamente invehir (Con la **prep. against**),
inveigher [ɪn'veɪgə^r] [in-vei-ga^r], *s.* Declamador vehemente; ultrajador.
inveigle [ɪn'veɪgl] [in-vei-guel], *va.* Seducir, engañar con arte y maña, persuadir al mal con palabras seductoras.
inveiglement [ɪn'veɪglmənt] [in-vei-guel-ment], *s.* Engañifa, seducción.
inveigler [ɪn'veɪglə^r] [in-vei-gla^r], *s.* Seductor.
inveiled [ɪn'veɪld] [in-veild], *a.* Cubierto como un velo.
invent [ɪn'vent] [in-vent], *va.* 1. Inventar, descubrir. 2. Inventar, forjar, fraguar, fingir.
inventer [ɪn'ventə^r] [in-ven-ta^r], *s.* *(Des.)* *V.* INVENTOR.
inventful [ɪn'ventfʊl] [in-vent-ful], *a.* *(Des.)* Inventivo, el que tiene disposición para inventar.
inventible [ɪn'ventɪbl] [in-ven-ti-bol], *a.* Lo que puede ser inventado.
invention [ɪn'venʃən] [in-ven-shon], *s.* 1. Invención, inventiva, maña o ingenio para inventar. 2. Invención, invento, la cosa inventada. 3. Invención, ficción, mentira, falsedad, etc. 4. *(Ant.)* Invención, descubrimiento, hallazgo.
inventive [ɪn'ventɪv] [in-ven-tiv], *a.* 1. Inventivo, hábil para inventar, fecundo en expedientes, ingenioso. 2. Inventivo, que demuestra invención o maña para inventar.
inventiveness[ɪn'ventɪv] [in-ven-tiv-nes], *s.* Inventiva, ingenio.
inventor [ɪn'ventə^r] [in-ven-ta^r], *s.* 1. Inventor, el primero que discurre algún arte o secreto; también el que dedica su tiempo a la invención. 2. Inventor, invencionero, el que forja o finge alguna cosa.
inventorial [ɪn'ventərɪəl] [in-ven-to-rial], *a.* Lo perteneciente al inventario.
inventorially [ɪn'ventərɪəlɪ] [in-ven-to-ria-li], *adv.* Por o con inventario.
inventory [ɪn'ventərɪ] [in-ven-to-ri], *s.* Inventario, catálogo o lista de muebles, mercancías u otros objetos o bienes.
inventory, *va.* Inventariar, hacer un inventario.
inventress [ɪn'ventrɪs] [in-ven-tres], *f.* Inventora, la mujer que inventa.
inverse ['ɪn'vɜːs] [in-vers], *a.* Inverso, invertido, trastocado, trastornado.
inversely ['ɪn'vɜːslɪ] [in-vers-li], *adv.* Inversamente.
inversion ['ɪn'vɜːʃən] [in-ver-shon], *s.* Inversión, transmutación de orden o tiempo; cambio del orden natural de las cosas, sea de las palabras o los términos de una proporción o de la estructura molecular. *(Mús.)* Imitación que consiste en reproducir una melodía tomando las notas en orden opuesto.
invert ['ɪn'vɜːt] [in-vert], *va.* Invertir, poner al revés o en sentido inverso, trastornar, trastocar, mudar el orden de las cosas, transponer.
invertebral [ɪn'vɜːtɪbr'l] [in-ver-ti-bral], *a.* *V.* INVERTEBRATE.
invertebrate [ɪn'vɜːtɪBrɪt] [in-ver-ti-brit], *a.* Invertebrado, que carece de columna vertebral. *-s.* Animal invertebrado
invertedly [ɪn'vɜːtɪdlɪ] [in-ver-tid-li], *adv.* Al revés.
invest [ɪn'vest] [in-vest], *va.* 1. Vestir, cubrir y adornar el cuerpo con el vestido (embelish). 2. Investir, dar la investidura de algún feudo, señorío o dignidad. 3. Conferir, dar (give). 4. Sitiar, cercar o cerrar con tropas una plaza fuerte, un puesto fortificado (besiege), etc. 5. Cercar o rodear a una persona (surround). 6. *(Com.)* Invertir, emplear o imponer dinero en valores o propiedades. 7. Adquirir, comprar (buy). 8. Confiar en, apoyar.
investigable [ɪn'vestɪgəbl] [in-ves-ti-ga-bol], *a.* Averiguable, investigable.
investigate [ɪn'vestɪgeɪt] [in-ves-ti-gueit], *va.* Investigar, indagar, buscar, averiguar; examinar con cuidado.
investigation [ɪnˌvestɪ'geɪʃən] [in-ves-ti-guei-shon], *s.* 1. Investigación, pesquisa, averiguación. 2. Escrutinio, examen diligente o cuidadoso.
investigative [ɪn'vestɪˌgeɪtɪv] [in-ves-ti-guei-tiv], *a.* Dispuesto a investigar, investigador.
investigator [ɪn'vestɪgeɪtə^r] [in-ves-ti-guei-ta^r], *s.* Investigador, indagador, averiguador.
investiture [ɪn'vestɪtʃə^r] [in-ves-ti-cha^r], *s.* 1. Investidura, el acto solemne por el cual se confiere un feudo, señorío o dignidad. 2. Instalación. *V.* INSTALLATION.
investment [ɪn'vestmənt] [in-vest-ment], *s.* 1. *(Com.)* Inversión, colocación o empleo de un capital; el dinero invertido y los bienes comprados. 2. Cerco, acción de cercar una plaza para sitiarla (besiegement). 3. Instalación, concesión de autoridad. 4. Cubierta; envoltura en su sentido biológico.
investor [ɪn'vestə^r] [in-ves-ta^r], *s.* Inversionista.
inveteracy [ɪn'vetərəsɪ] [in-ve-te-ra-si], **inveterateness** [ɪn'vetəreɪtnɪs] [in-ve-te-reit-nes], *s.* Perseverancia o continuación prolongada de un mal físico o moral.
inveterate [ɪn'vetərɪt] [in-ve-te-reit], *a.* Inveterado, lo que se ha arraigado o ha tomado raíces: se dice de los males físicos o morales.
inveteration [ɪnˌvetə'reɪʃən] [in-ve-te-rei-shon], *s.* (Poco us.) endurecimiento; estado inveterado.
invidious [ɪn'vɪdɪəs] [in-vi-dios], *a.* Envidioso, odioso, aborrecible (hateful).
invidiousness [ɪn'vɪdɪəsnɪs] [in-vi-dios-nes], *s.* Calidad o propiedad que excita la envidia o el odio (hate, envy).
invigorate [ɪn'vɪgəreɪt] [in-vi-go-reit], *va.* Vigorizar, dar vigor.
invigoration [ɪnˌvɪgə'reɪʃən] [in-vi-go-rei-shon], *s.* 1. El acto de vigorizar. 2. Corroboración, esfuerzo o vigor infundido por algún medio.
invincibility [ɪnˌvɪnsɪ'bɪlɪtɪ] [in-vin-si-bi-li-ti], *s.* La calidad que constituye invencible a alguno o alguna cosa.
invincible [ɪn'vɪnsɪbl] [in-vin-si-bol], *a.* Invencible.
invincibly [ɪn'vɪnsɪblɪ] [in-vin-si-bli], *adv.* Invenciblemente.
inviolability [ɪnˌvaɪələ'bɪlɪtɪ] [in-vaio-la-bi-li-ti], *s.* Inviolabilidd.
inviolable [ɪn'vaɪələbl] [in-vaio-la-bol], *a.* Inviolable, que no se debe o no se puede violar ni profanar.
inviolableness [ɪn'vaɪələblnɪs] [in-vaio-la-bol-nes], *s.* Inviolabilidad.
inviolably [ɪn'vaɪələblɪ] [in-vaio-la-bli], *adv.* Inviolablemente.
inviolate [ɪn'vaɪəleɪt] [in-vaio-leit], *a.* Inviolado, entero, incorrupto, íntegro.
inviolated [ɪn'vaɪəleɪtɪd] [in-vaio-lei-tid], *a.* Inviolado, incorrupto.
inviscate [ɪn'vɪskeɪt] [in-vis-keit], *va.* Encolar una cosa, hacerla viscosa.
invisibility [ɪnˌvɪzə'bɪlɪtɪ] [in-vi-sa-bi-li-ti], **invisibleness** [ɪn'vɪzɪblnɪs] [in-vi-si-bol-nes], *s.* Invisibilidad.
invisible [ɪn'vɪzɪbl] [in-vi-si-bol], *a.* Invisible.
invisibly [ɪn'vɪzɪblɪ] [in-vi-si-bli], *adv.* Invisiblemente.
invitation [ˌɪnvɪ'teɪʃən] [in-vi-tei-shon], *s.* Invitación, convite, llamamiento, instancia; cebo para atraer a alguno.
invitatory [ɪn'vɪtətərɪ] [in-vi-ter-to-ri], *a.* Invitador, que invita. *-s.* Invitatorio.
invite [ɪn'vaɪt] [in-vait], *va.* Convidar, invitar, mover, incitar, tentar (move, incite, rouse); llamar, instar, estimular a la ejecución de alguna cosa (encourage, estimulate).
inviter [ɪn'vaɪtə^r] [in-vai-ta^r], *s.* Convidador.

inviting [ɪn'vaɪtɪŋ] [in-vai-tin], *a.* Halagador, seductivo, seductor, incitante (tempting, provoking). *-s.* Convite.
invitingly [ɪn'vaɪtɪŋlɪ] [in-vai-tin-li], *adv.* Halagüeñamente, apetitosamente.
invitingness [ɪn'vaɪtɪŋnɪs] [in-vai-tin-nes], *s.* El poder o la calidad de convidar, halagar o incitar.
invocate [ɪn'vəʊkeɪt] [in-vou-keit], *va.* *(Ant.)* Invocar, implorar auxilio o ayuda.
invocation [ˌɪnvəʊ'keɪʃən] [in-vou-kei-shon], *s.* 1. Invocación. 2. *(For.)* Citación, demanda u orden judicial.
invoice ['ɪnvɔɪs] [in-vois], *s.* Factura, la nota con precios de los géneros que un comerciante envía a otro. **Invoice-book**, libro de facturas.
invoke [ɪn'vəʊk] [in-vouk], *va.* Invocar, llamar, implorar, suplicar, rogar (implore).
involucel [ˌɪnvə'ljʊsəl] [in-vo-liu-sel], *s.* *(Bot.)* Involucrillo o involucro secundario.
involucral ['ɪnvəlʊkrəl] [in-vo-lu-kral], *a.* Involucral, que pertenece al involucro; provisto de un involucro.
involucrate, involucred ['ɪnvəlʊkreɪt] [in-vo-lu-kreit], *a.* Involucrado, provisto de un involucro; que forma involucor.
involucre ['ɪnvəlʊkr] [in-vo-lukr], **involucrum** ['ɪnvəlʊkrəm [in-vo-lu-kram], *s.* 1. *(Bot.)* Involucro, verticilo de brácteas, situado en el arranque del conjunto de varias flores agrupadas, como en la zanahoria. 2. *(Anat.)* Envoltura, membrana que envuelve un órgano.
involuntarily [ɪn'vɒləntərɪlɪ] [in-vo-lu-ta-ri-li], *adv.* Involuntariamente.
involuntariness [ɪn'vɒləntərɪnɪs] [in-vo-lu-ta-ri-nes], *s.* Involuntariedad.
involuntary [ɪn'vɒləntərɪ] [in-vo-lun-ta-ri], *a.* Involuntario.
involute [ɪn'vəluːt] [in-vo-lut], *a.* Encorvado o torcido hacia dentro. *-s.* *(Geom.)* Envolvente, involuta, cierta **curva.**
involuted [ˌɪnvə'luːtɪd] [in-vo-lu-tid], *a.* Intrincado.
involution [ɪn'vəluːʃən] [in-vo-lu-shon], *s.* 1. Envolvimiento, la acción de envolver. 2. Complicación. 3. *(Med.)* Restitución de un órgano a su volumen normal después de haber sido ensanchado. 4. Envolvedero, envolvedor. 5. Enredo, embrollo, ebolismo.
involve [ɪn'vɒlv] [in-volv], *va.* 1. Envolver, arrollar. 2. Envolver, implicar, comprometer. 3. Torcer, retorcer (twist). 4. Envolver, implicar, enredar (implicate). **To involve oneself in troubles**, meterse en embrollos. 5. Intrincar, enmarañar, complicar (entangle, complicate). 6. Revolver, mezclar (mix). 7. Multiplicar una cantidad por sí misma.
involvedness [ɪn'vɒlvdnɪs] [in-vol-vid-nes], *s.* El estado o la calidad de envuelto, arrollado, etc.; envolvimiento.
invulnerability [ɪnˌvʌlnərə'bɪlɪtɪ] [in-val-ne-ra-bi-li-ti], **invulnerableness** [ɪnˌvʌlnərəblnɪs] [in-val-ne-ra-bol-nes], *s.* Invulnerabilidad, el estado o la calidad que constituye invulnerable alguna cosa.
invulnerable [ɪn'vʌlnərəbl] [in-val-ne-ra-bol], *a.* Invulnerable, que no puede ser herido.
inwall [ɪn'wɔːl] [in-uol], *va.* (Poco us.) Emparedar, tapiar, cercar o rodear con pared, tapia o muro.
inward, inwards [ɪn'wədz] [in-uods], *adv.* Hacia dentro, hacia lo interior, interiomente, adentro, en lo interior.
inward, *a.* 1. Interior, lo que está de la parte de adentro. 2. Interno, doméstico. 3. Secreto, oculto. *-s.* El interior; lo que está dentro; en plural, entrañas.
inwardly [ɪn'wədlɪ] [in-uord-li], *adv.* Interiormente, internamente.
inwardness [ɪn'wədnɪs] [in-uord-nes], *s.* 1. Calidad, naturaleza o estado interior. 2. Estado de ser interior, efectiva o figuradamente. 3. *(Des.)* Intimidad, familiaridad.
inweave [ɪn'wiːv] [in-uiv], *va.* Entretejer, enlazar.
inwheel [ɪn'wiːl] [in-uil], *va.* Circundar, cercar.
inwork [ɪn'wɜːk] [in-uek], *va.* Labrar en o dentro, entretejer. *-vn.* Producir efecto en el interior, especialmente en el ánimo o en lamente.
inwrought [ɪn'wrəʊt] [in-rout], *a.* Labrado, adornado con labores.
iodic [aɪ'əʊdɪk] [ai-ou-dik], *a.* Yodado, que se refiere al yodo.
iodid, iodide ['aɪədɪd] [aia-did], *s.* Yoduro, combinación del yodo con un metaloide o metal
iodin, iodine ['aɪədiːm] [aia-din], *s.* *(Quím.)* Yodo, cuerpo simple de color azul negruzco y lustre metálico y que da vapores de color violado; se usa en medicina y en la fotografía.
iodism ['aɪədɪdɪzm] [aia-di-sem], *s.* *(Med.)* Yodismo, estado mórbido especial ocasionado por el uso prolongado del yodo.
iodize ['aɪədaɪz] [aia-dais], *va.* 1. *(Med.)* Someter a la influencia del yodo. 2. *(Foto.)* Echar yodo a; exponer a los vapores del yodo.
iodoform [aɪ'ɒdəfɔːm] [aia-do-for], *s.* Yodoformo, compuesto cristlizable de color amarillo claro y de olor característico. Se emplea en la cirugía.
ion ['aɪən] [aion], *s.* Substancia que resulta de la descomposición electroquímica, o uno de los componentes de dicha sustancia.
ionian [aɪ'əʊnɪən] [ai-ou-nian], *a.* Jónico.
ionic [aɪ'ɒnɪk] [aio-nik], *a.* Jónico.
ionization ['aɪənaɪ'zeɪʃən] [aiou-nai-sei-shon], *s.* *(Elec.)* Ionización.
ionize ['aɪənaɪs] [aio-nais], *va.* Ionizar.
ionosphere [aɪ'ɒnəsfɪə^r] [aio-nos-fia^r], *s.* Ionosfera.
iota [aɪ'əʊtə] [ai-ou-ta], *s.* Jota, ápice, tilde, punto. **Not a single iota**, ni tan siquiera una tilde; ni siquiera un punto, ni miaja.
ipecac ['aɪpɪkæk] [ai-pi-kak], *s.* *V.* IPECACUANHA.
ipecacuanha [ˌaɪpɪkæ'kwənə] [ai-pi-ka-kua-na], *s.* Ipecacuana, raíz medicinal de América, llamada por otro nombre **bejuquillo**.
ipomoea ['aɪpəmiːə] [ai-po-mia], *s.* Ipomea, vasto género de plantas tropicales de la familia de las convolvuláceas. La batata, la jalapa y la patata silvestre son muy conocidas.
irak, Iraq [ɪ'rɑːk] [i-rak], *s.* Irak, Iraq.
iraki [ɪ'rɑːkɪ] [i-ra-ki], *a.* Iraquí.
iranian [ɪ'reɪnɪən] [i-rei-nian], *a.* Iraní, referente a Irán o Persia.
irascibility [ɪˌræsɪ'bɪlɪtɪ] [i-ras-si-bi-li-ti], *s.* Iracundia, irascibilidad.
irascible [ɪ'ræsɪbl] [i-ra-si-bol], *a.* Irascible.
irate [aɪ'reɪt] [ai-reit], *a.* Encolerizado, enfurecido, airado.
ire [aɪə^r] [aia^r], *s.* Ira, iracundia, enojo, enfado.
ireful ['aɪəfʊl] [aia-ful], *a.* Iracundo, colérico.
irefully ['aɪəfʊlɪ] [aia-fu-li], *adv.* Airadamente, enojadamente.
Ireland ['aɪələnd] [aia-land], *pr. n.* *(Geogr.)* Irlanda.
irenic, irenical ['aɪrɪnɪk] [ai-ri-nik], *a.* Pacífico, conciliador.
iridescence [ˌɪrɪ'dəsəns] [i-ri-de-sens], *s.* Iridación, estado de lo iridescente.
iridescent [ˌɪrɪ'dəsənt] [i-ri-de-sent], *a.* Iridescente, que refleja los colores del iris; irisado.
iridium [ɪ'rɪdɪəm] [i-ri-diom], *s.* *(Quím.)* Iridio, elemento metálico de color de plata.
iris ['aɪərɪs] [aia-ris], *s.* 1. *(Anat.)* Iris, ojo. 2. Iris o arco iris. 3. *(Bot.)* Lirio; flor de lis. **Arco Iris,** rainbow. *Pl.* Irises o irides.
Irish ['aɪərɪʃ] [aia-rish], *a.* Irlandés, natural de Irlanda, y lo perteneciente a esta isla. *-s.* 1. Irlandés, el natural de Irlanda. 2. Irlandés, la lengua nativa céltica de Irlanda. 3. Acento especial del idioma inglés en Irlanda, caracterizado por la pronunciación llamada *«brogue»* or *«broad»*. **Irishman**, irlandés. **Irishgirl**, joven irlandesa. **Irish moss,** musgo de Irlanda. **The Irish**, los irlandeses. **Irish coffee**, café irlandés (café con whisky y nata). **Irish Sea** Mar de Irlanda.
irishism ['aɪərɪʃɪzm] [aia-ri-shi-sem], *s.* 1. Locución irlandesa. 2. Carácter o rasgos irlandeses colectivamente.
iritis ['aɪərɪtɪs] [aia-ri-tis], *s.* Iritis, inflamación del iris del ojo.
irk [ɜːk] [erk], *va.* Fastidiar, molestar. **It irks me,** me fastidia, estoy cansado de ello. Este verbo se usa casi siempre impersonalmente.

irksome ['ɜːksəm] [erk-som], *a.* Tedioso, fastidioso, enfadoso, cansado.

irksomeness ['ɜːksəmnɪs] [erk-som-nes], *s.* Tedio, fastidio, molestia, cansancio.

iron ['aɪən] [aion], *s.* 1. Hierro, metal duro que se funde y amartilla; el más importante de los elementos metálicos. Hierro candente (for branding). **Bar iron,** hierro en barras. **Cast iron**, hierro colado. **Forged** o **wrought iron**, hierro forjado. **Round iron**, hierro vergajón o cabilla. **Flat iron**, hierro en planchuela. **Wrought iron**, hierro forjado. **Smoothing-iron,** hierro de planchar; plancha de sastre. **Curling-irons,** hierros o tenacillas para rizar el pelo. **Old iron**, chatarra. **One-inch, square iron,** hierro cuadradillo. 2. Hierro, cualquier cosa hecha de hierro. 3. Plancha (for pressing clothes). 4. *Pl.* Hierros, grilletes (chains). **To put in irons,** aprisionar, encadenar. **Will of iron**, voluntad de hierro. *-a.* 1. Férreo, lo que es de hierro o tiene sus propiedades. **Iron chest,** arca o caja de hierro para guardar los libros de comercio o dinero. **Iron horse,** (Mar.) Batayora. **Iron-mill,** herrería o ferrería. **Iron-work,** herraje. **Iron-work of the rudder,** *(Mar.)* herraje del timón. 2. Duro, áspero, severo. 5. Férreo, duro, impenetrable. **Iron plate,** pletina, plancha de hierro batido. **Iron wire,** hilo de hierro. **Iron pot,** olla o marmita de hierro. **Iron ware,** trastos de hierro. **To have the iron enter into none's soul,** estar como en un potro. **To have too many irons in the fire,** tener demasiados asuntos entre manos (to be busy).

iron, *va.* 1. Aplanchar, alisar alguna cosa con plancha de hierro. *(Vulg.)* Planchar. **To iron linen,** planchar ropa blanca. 2. Aprisionar, poner en prisión. **Iron out,** hacer desaparecer, suprimir (remove).

iron, en composición: **Iron-bound,** (a) Rodeado de arcos de hierro. (b) Erizado o rodeado de rocas. (c) Difícil de alterar; inflexible. **Iron-clad,** (a) Blindado con armadura de hierro o de acero, como los buques de guerra. (b) Riguroso, que no puede evadirse. (c) Capaz de resistir, fuerte. **Iron-founder,** fundidor de hierro. **Iron-rust,** *V.* RUST. **Iron-works**, fundición de hierro, establecimiento para la manufactura de artículos de hierro de gran peso y tamaño.

iron Age ['aɪən,eɪdʒ] [aion-eich], *(Geol.)* Edad de Hierro.

ironclad ['aɪənklæd] [aion-klad], *a.* 1. Armado de hierro. 2. *(Fam.)* Rígido. **An ironclad alibi,** una coartada perfecta. *-s.* Buque de guerra blindado.

iron curtain ['aɪən,kɜːtɪn] [aion-ker-tin], *s.* Telón de acero, cortina de hierro.

ironed ['aɪənd] [aiond], *a.* 1. Planchado, aplanchado. 2. Engrillado; armado.

ironer ['aɪənəʳ] [aio-naʳ], *s.* Planchadora, la persona o la máquina que plancha.

iron-hearted ['aɪən,hɑːtɪd] [aion-jar-tid], *a.* Duro, áspero, severo.

ironic, ironical ['aɪənɪk] [ai-ro-nik], *a.* Irónico.

ironically ['aɪənɪklɪ] [ai-ro-ni-ka-li], *adv.* Irónicamente.

ironing board ['aɪənɪŋbɔːd] [ai-ro-nin-bord], *s.* Tabla de planchar.

iron lung ['aɪənlʌŋ] [ai-ron-lang], *s.* Pulmón de acero.

ironmonger ['aɪən,mʌŋgəʳ] [ai-ron-mon-gaʳ], *s.* Mercader o traficante en hierro. *(Amer.)* Quinquillero, ferretero. **Ironmonger's shop,** tienda de hierro. *(Amer.)* Quinquillería, ferretería.

ironmongery ['aɪən,mʌŋgərɪ] [ai-ron-man-ga-ri], *s.* Ferretería, cerrajería, el conjunto de los artículos de hierro.

iron-mould ['aɪən,məʊld] [ai-ron-mould], *s.* Mancha de herrumbre o de orín de hierro en el lienzo o paño.

ironside, Ironsides ['aɪənsaɪd] [ai-ron-said], *a.* Lo que tiene un lado o lados de hierro; fuerte, enérgico, terrible en la guerra; soldado del ejército de Cromwell.

ironware ['aɪənwɛəʳ] [ai-ron-ueaʳ], *s.* Artículos de ferretería.

iron-wood ['aɪənwʊd] [ai-ron-vud], s Madera de hierro, especie de madera muy dura y pesada. *(Amer.)* Palo hacha.

iron-work ['aɪənwɜːk] [ai-ron-uek], *s.* Herraje, obra u objeto de hierro. Carpintería metálica (Iron framework).

iron worker ['aɪənwɜːkəʳ] [ai-ron-ue-kaʳ], *s.* Herrero.

irony ['aɪərənɪ] [ai-ro-ni], *s.* Ironía, figura con que se quiere dar a entender que se siente lo contrario de lo que se dice. *a.* Férreo, de hierro.

irradiance, Irradiancy [ɪ'reɪdɪəns] [i-rei-dians], *s.* Irradiación; rayos de luz.

irradiate [ɪ'reɪdɪeɪt] [i-rei-dieit], *va.* Irradiar.

irradiate, *va.* 1. Irradiar, herir el sol u otro cuerpo luminoso con sus rayos alguna cosa iluminándola. 2. Iluminar, inspirar. 3. Animar con fuego, calor o luz. 4. Adornar con cosas que den brillo. *-vn.* Lucir sobre una cosa.

irradiate, *a. (Poét.)* Resplandeciente, iluminado.

irradiation [ɪ,reɪdɪ'eɪʃən] [i-rei-diei-shon], *s.* 1. Irradiación. 2. Iluminación. 3. *(Fís.)* Ampliación aparente de un objeto luminoso cuando se ve contra un fondo oscuro.

irradiative [ɪ'reɪdɪətɪv] [i-rei-dia-tiv], *a.* Radiante (irradiant). *Fig.* Que ilumina (for the soul).

irradicate [ɪ'rædɪkeɪt] [i-ra-di-keit], *va.* Arraigar firme o profundamente.

irrational [ɪ'ræʃənl] [i-ra-sho-nal], *a.* 1. Irracional, que carece de razón o de inteligencia. 2. Irracional, absurdo. 3. *(Alg.)* Irracional, que no tiene medida conocida, ni número cierto.

irrationalism [ɪ'ræʃənlɪzm] [i-ra-sho-na-li-sem], *s. m.* Irracionalismo.

irrationalist [ɪ'ræʃənlɪst] [i-ra-sho-na-list], *a./s.* Irracionalista.

irrationality [ɪ'ræʃənlɪtɪ] [i-ra-sho-na-li-ti], *s.* Irracionalidad.

irrationaly [ɪ'ræʃənlɪ] [i-ra-sho-na-li], *adv.* Irracionalmente.

irreceivable [ɪ'resɪvəbl] [i-re-si-va-bol], *a.* Inadmisible.

irreclaimable [ɪ'reklaɪməbl] [i-re-klai-ma-bol], *a.* Indómito, incorregible, obstinado, que no se puede redimir.

irreclaimably [ɪ'reklaɪməblɪ] [i-re-klai-ma-bli], *adv.* Incorregiblemente.

irrecognizable [ɪ'rekəgnɪsəbl] [i-re-kog-ni-sa-bol], *a.* Irreconocible.

irreconciability ['ɪrekən,ʃəbɪlɪtɪ] [i-re-kon-sha-bi-li-ti], *s.* Incompatibilidad (of opinions). Imposibilidad de reconciliarse (of enemies).

irreconcilable [ɪ,rekən'saɪləbl] [i-re-kon-sai-la-bol], *a.* Irreconciliable, incomponible, implacable; incompatible.

irreconcilableness [ɪ,rekən'saɪləblnɪs] [i-re-kon-sai-la-bol-nes], *s.* Imposibilidad de reconciliarse.

irreconcilably [ɪ,rekən'saɪləblɪ] [i-re-kon-sai-la-bli], *adv.* Irreconciliablemente.

irreconciled [ɪ,rekən'saɪld] [i-re-kon-saild], *a.* Se dice de la maldad, delito o culpa que no se ha expiado.

irreconcilement [ɪ,rekən'saɪlm'nt] [i-re-kon-sail-ment], **Irreconciliation** [ɪ,rekən'saɪleɪʃən] [i-re-kon-sai-lei-shon], *s.* Falta de reconciliación, discordia.

irrecoverable [,ɪrɪ'kʌvərəbl] [i-ri-ka-ve-ra-bol], *a.* Irreparable, perdido sin recurso; irrecuperable, irremediable; incobrable.

irrecoverableness [,ɪrɪ'kʌvərəblnɪs] [i-ri-ka-ve-ra-bol-nes], *s.* El estado y la calidad de lo que no se puede recobrar o es irrecuperable.

irrecoverably [,ɪrɪ'kʌvərəblɪ] [i-ri-ka-ve-ra-bli], *adv.* Irremediablemente, sin recurso, irreparablemente.

irrecuperable [,ɪrɪ'kʌpərəbl] [i-ri-ka-pe-ra-bol], *a.* Irrecuperable, irremediable.

irrecusable [,ɪrɪ'kjʊsəbl] [i-ri-kiu-sa-bol], *a.* Irrecusable.

irredeemable [,ɪrɪ'diːməbl] [i-ri-di-ma-bol], *a.* Irredimible (which cannot be bought back). Inconvertible (paper money). *Fig.* Incorregible (Incorrigible) Irremediable. Irreparable (fault).

irredeemably [,ɪrɪ'diːməblɪ] [i-ri-di-ma-bli], *adv.* De un modo irredimible.

irrendentism [,ɪre'dentɪzm] [i-re-den-ti-sem], *s.* Irredentismo.

irrendentist [,ɪre'dentɪst] [i-re-den-tist], *a.* Irredentista.

irreducibility [ˌɪrɪ'djʊsɪ'bɪltɪ] [i-ri-diu-si-bi-li-ti], *s.* Irreductibilidad.

irreducible [ˌɪɪ'dju:səbl] [i-ri-diu-sa-bol], *a.* 1. Irreducible, que no se puede reducir; que no se puede llevar al estado, a la forma o al arreglo deseados. 2. *(Cir.)* Que no cede al tratamiento; se dice de una hernia o fractura.

irreflective [ˌɪrɪ'flektɪv] [i-ri-flek-tiv], *a.* Irreflexivo, que carece de reflexión.

irrefragability [ˌɪrɪ'flektɪv] [i-ri-flek-tiv], *s.* Incontestabilidad, indiscutibilidad.

irrefragable [ˌɪrɪ'frægəbl] [i-ri-fra-ga-bol], *a.* Irrefragable, que no se puede impugnar ni contradecir, incontestable.

irrefrangible [ˌɪrɪ'frəndʒɪbl] [i-ri-fran-yi-bol], *a.* Inviolable (law).

irrefutable [ˌɪrɪ'fju:təbl] [i-ri-fiu-ter-bol], *a.* Irrefragable, indubitable, cierto, indisputable.

irregular [ɪ'regjʊlə^r] [i-re-guiu-la^r], *a.* 1. Irregular, falto de regularidad (conduct, attendance). 2. Desordenado, que desdice de alguna virtud o se opone a ella, desarreglado. 3. Irregular, que no sigue regla, disciplina o sistema determinados. 4. *(Zool.)* Irregular, que se aparta de un tipo establecido. 5. Desigual (surface). *-s.* El que no sigue regla determinada; soldado de tropas irregulares, empírico, charlatán.

irregularity [ɪˌregjʊ'lærɪtɪ] [i-re-guiu-la-ri-ti], *s.* 1. Irregularidad. 2. Desorden, demasía, exceso.

irregulary [ɪ'regjʊləlɪ] [i-re-guiu-lar-li], *adv.* Irregularmente.

irrelative [ɪ'relətɪv] [i-re-la-tiv], *a.* Absoluto; inconexo, sin relación alguna; sin regla, sin orden.

irrelatively [ɪ'relətɪvlɪ] [i-re-la-tiv-li], *adv.* De un modo inconexo.

irrelevance [ɪ'reləvəns] [i-re-le-vans], *s.* Irrelevancia, impertinencia. 2. Observación fuera de lugar (irrelevant remark). Acto improcedente, improcedencia.

irrelevant [ɪ'reləvənt] [i-re-le-vant], *a.* Que no es aplicable o a propósito, que no prueba nada, no concluye o no es del caso. Ajeno, fuera de lugar (remark). Impertinente. Improcedente. **Irrelevant cuestion to the subject** Cuestión que no tiene nada que ver con el tema.

irrelevantly [ɪ'reləvəntlɪ] [i-re-la-vant-li], *adv.* Fuera de propósito.

irrelievable [ɪ'relaɪəbl] [i-re-laia-bol], *a.* Irremediable, irreparable.

irreligion [ˌɪrɪ'lɪdʒən] [i-ri-li-yon], *s.* Irreligión, ateísmo, impiedad.

irreligious [ˌɪrɪ'lɪdʒəs] [i-ri-li-yos], *a.* Irreligioso, que no tiene religión; contrario a la religión; impío, profano.

irreligiously [ˌɪrɪ'lɪdʒəslɪ] [i-ri-li-yos-li], *adv.* Irreligiosamente.

irreligiousness [ˌɪrɪ'lɪdʒəsnɪs] [i-ri-li-yos-nes], *s.* Irreligiosidad, falta de religión.

irremediable [ˌɪrɪ'mi:dəbl] [i-ri-mi-da-bol], *a.* 1. Irremediable, irreparable. 2. Incurable; incorregible.

irremediableness [ˌɪrɪ'mi:dəblnɪs] [i-ri-mi-da-bol-nes], *s.* El estado o la condición de lo que no tiene remedio.

irremissible [ˌɪrɪ'mɪsɪbl] [i-ri-mi-si-bol], *a.* Inevitable (unavoidable). Irremisible, imperdonable (unpardonable).

irremissibly [ˌɪrɪ'mɪsɪblɪ] [i-ri-mi-si-bli], *adv.* Irremisiblemente.

irremovable [ˌɪrɪ'mu:vəbl] [i-ri-mu-va-bol], *a.* 1. Inamovible, que no puede ser removido, que no puede ser privado de su empleo, ni trasladado a otro. 2. Inmutable.

irremunerable [ɪrɪˌmjʊ'nerəbl] [i-ri-miu-ne-ra-bol], *a.* Incapaz de ser remunerado o premiado.

irreparability [ˌɪrepærə'bɪlɪtɪ] [i-re-pa-ra-bi-li-ti], *s.* El estado de lo que es irreparable.

irreparable [ɪ'repərəbl] [i-re-pa-ra-bol], *a.* Irreparable (cannot be repaired). Irremediable.

irreparably [ɪ'repərəblɪ] [i-re-pa-ra-bli], *adv.* Irreparablemente.

irrepealable [ˌɪrɪ'pɪələbl] [i-re-pa-lia-bol], *a.* Inabrogable, que no puede ser abrogado, anulado o revocado.

irreplaceable [ˌɪrɪ'pleɪsəbl] [i-re-plei-sa-bol], *a.* Irremplazable, insustituible.

irreprehensible [ˌɪrɪprɪ'hensɪbl] [i-ri-pri-jen-si-bol], *a.* Irreprensible.

irreprehensibly [ˌɪrɪprɪ'hensɪblɪ] [i-ri-pri-jen-si-bli], *adv.* Irreprensiblemente.

irrepresentable [ˌɪrɪprɪ'sentəbll] [i-ri-pri-sen-ter-bol], *a.* Lo que no se puede poner a la vista por medio de alguna representación o figura.

irrepressible [ˌɪrɪ'presəbl] [i-ri-pre-sa-bol], *a.* 1. Lo que no puede ser oprimido ni reprimido. 2. Incontrolable. **Irrepresible laughter** risa incontenible.

irreproachable [ˌɪrɪ'prəʊtʃəbl] [i-ri-prou-cha-bol], *a.* Intachable, incensurable.

irreproachably [ˌɪrɪ'prəʊtʃəblɪ] [i-ri-prou-cha-bli], *adv.* Irreprensiblemente.

irreprovable [ˌɪrɪ'pru:vəbl] [i-ri-pru-va-bol], *a.* Irreprensible.

irreprovably [ˌɪrɪ'pru:vəblɪ] [i-ri-pru-va-bli], *adv.* Sin tacha, sin cometer falta ninguna.

irresistance [ˌɪrɪ'zɪstəns] [i-ri-sis-tans], *s.* Falta de propensión a hacer oposición o resistir; paciencia para sufrir las injurias.

irresistibility ['ɪrɪˌzɪstɪ'bɪlɪtɪ] [i-ri-sis-ti-bi-li-ti], *s.* Fuerza o poder irresistible, lo que no se puede resistir o contrarrestar.

irresistible [ˌɪrɪ'zɪstɪbl] [i-ri-sis-ti-bol], *a.* Irresistible.

irresistibleness [ˌɪrɪ'zɪstɪblnɪs] [i-ri-sis-ti-bol-nes], *s.* Poder o calidad irresistibles.

irresistibly [ˌɪrɪ'zɪstɪblɪ] [i-ri-sis-ti-bli], *adv.* Irresistiblemente.

irresoluble [ɪ'rezəlʊbl] [i-re-so-lu-bol], *a.* Irresoluble, que no se puede resolver o determinar.

irresolubleness [ɪ'rezəlʊblnɪs] [i-re-so-lu-bol-nes], *s.* Solidez o resistencia de un cuerpo a la separación de sus partes.

irresolute [ɪ'rezəlu:t] [i-re-so-lut], *a.* Irresoluto, vacilante, indeciso.

irresolutely [ɪ'rezəlu:tlɪ] [i-re-so-lut-li], *adv.* Irresolutamente.

irresoluteness [ɪ'rezəlu:tnɪs] [i-re-so-lut-nes], *s.* Irresolución.

irresolution [ɪ'rezəlu:ʒən] [i-re-so-lu-shon], *s.* Irresolución, vacilación, duda, indecisión.

irrespective [ˌɪrɪ'spektɪv] [i-ris-pek-tiv], *a.* Inconsiderado, independiente de condiciones; que carece de relación, que no hace al caso. Se usa por lo común con la prep. *of.* **Irrespective of ability,** independiente de la habilidad o capacidad.

irrespectively [ˌɪrɪ'spektɪvlɪ] [i-ris-pek-tiv-li], *adv.* Inconsideradamente.

irrespirable [ˌɪrɪs'paɪərəbl] [i-ris-pai-ra-bol], *a.* Irrespirable; impropio para la respiración.

irresponsibility ['ɪrɪsˌpɒnsɪ'bɪlɪtɪ] [i-ris-pon-sa-bi-li-ti], *s.* Irresponsabilidad, falta de responsabilidad.

irresponsible [ˌɪrɪs'pɒnsɪbl] [i-ris-pon-si-bol], *a.* Irresponsable, exento de responsabilidad. Irreflexivo. Falto de seriedad.

irresponsive [ˌɪrɪs'pɒnsɪv] [i-ris-pon-siv], *a.* 1. Frío, poco entusiasta. 2. Insensible (insensitive).

irretraceable [ˌɪrɪ'træʃəbl] [i-ri-tra-sha-bol], *a.* Se aplica al camino por donde se va y no se puede volver; que no puede ser puesto de nuevo en su estado anterior.

irretrivable [ˌɪrɪ'tri:vəbl] [i-ri-tri-va-bol], *a.* Irrecuperable, irreparable, incobrable.

irretrievably [ˌɪrɪ'tri:vəblɪ] [i-ri-tri-va-bli], *adv.* Irreparablemente.

irreturnable [ˌɪrɪ'tɜ:nəbl] [i-ri-ter-na-bol], *a.* Incapaz de volver o retornar.

irreverence [ɪ'revərəns] [i-re-ve-rans], *s.* Irreverencia, falta de reverencia, de veneración, particularmente hacia cosas sagradas.

irreverent [ɪ'revərənt] [i-re-ve-rant], *a.* Irreverente, falto de reverencia, de veneración; irrespetuoso, desatento.
irreverently [ɪ'revərəntlɪ] [i-re-ve-rant-li], *adv.* Irreverentemente.
irreversibility ['ɪrɪ,vɜːsɪ'bɪlɪtɪ] [i-ri-ver-si-bi-li-ti], *a.* Irreversibilidad. Irrevocabilidad (of a decision).
irreversible [,ɪrɪ'ɜːsəbl] [i-ri-ver-sa-bol], *a.* 1. Que no se puede volver al revés; que no puede ser mudado o puesto en lugar de otra cosa. 2. Irrevocable.
irreversibleness [,ɪrɪ'ɜːsəblnɪs] [i-ri-ver-sa-bol-nes], *s.* El estado de lo que es irrevocable.
irreversibly [,ɪrɪ'ɜːsəblɪ] [i-ri-ver-si-bli], *adv.* Sin poder ser revocado.
irrevocability [,ɪrəvəkə'bɪlɪtɪ] [i-re-vo-ka-bi-li-ti], *s.* Irrevocabilidad.
irrevocable [ɪ'revəkəbl] [i-re-vo-ka-bol], *a.* Irrevocable.
irrevocableness [ɪ'revəkəblnɪs] [i-re-vo-ka-bol-nes], *s.* El estado o la calidad irrevocable de una cosa.
irrevocably [ɪ'revəkəblɪ] [i-re-vo-ka-bli], *adv.* Irrevocablemente.
irrigable ['ɪrɪgəbl] [i-ri-ga-bol]. Irrigable. **Irrigable lands,** tierras de regadío.
irrigant ['ɪrɪgənt] [i-ri-gant], *a.* Regador, que sirve para regar.
irrigate ['ɪrɪgeɪt] [i-ri-gueit], *va.* 1. Regar, conducir el agua por medio de acequias o canales para fertilizar la tierra. 2. Mojar, humedecer; irrigar una llaga.
irrigation [,ɪrɪ'geɪʃən] [i-ri-guei-shon], *s.* Riego, regamiento.
irrision ['ɪrɪʃən] [i-ri-shon], *s.* Irrisión, desprecio, burla.
irritability [,ɪrɪtə'bɪlɪtɪ] [i-ri-ter-bi-li-ti], *s.* 1. Irritabilidad, una de las calidades exclusivamente propias de los cuerpos organizados; propiedad de responder a un estímulo. 2. Propensión a irritarse fácilmente.
irritable ['ɪrɪtəbl] [i-ri-ter-bol], *a.* 1. Irritable, irascible, que es capaz de irritación. 2. Irritable, que está dotado de irritabilidad. **To get irritable,** enojarse, irritarse.
irritableness ['ɪrɪtəblnɪs] [i-ri-ter-bol-nes], *s.* Iracundia, irritabilidad, con propensión a irritarse.
irritant ['ɪrɪtənt] [i-ri-tant], *a.* 1. *(For.)* Irritante, irrito, lo que anula o invalida. 2. Irritante, lo que irrita. *(Fig.)* Molestia, fastidio.
irritate ['ɪrɪteɪt] [i-ri-teit], *va.* 1. Irritar, exasperar. 2. Irritar, agitar.
irritating ['ɪrɪteɪtɪŋ] [i-ri-tei-tin], *a.* 1. Molesto, fastidioso, 2. Pesado, tedioso (tedious).
irritation [,ɪrɪ'teɪʃən] [i-ri-tei-shon], *s.* 1. Irritación, provocación, movimiento de cólera (act). 2. *(Med.)* Irritación, picor, conmoción violenta de algunos humores. 3. Enfado, mal humor (state).
irritative ['ɪrɪtətɪv] [i-ri-ter-tiv], *a.* Irritador, irritante, que sirve para causar irritación; acompañado de irritación.
irruption [ɪ'rʌpʃən] [i-rap-shon], *s.* Irrupción, entrada violenta o forzada; invasión.
irruptive [ɪ'rʌptɪv] [i-rap-tiv], *a.* Invasor, que comete o hace alguna irrupción.
is [ɪz] [is], Es o está, tercera persona singular del presente de indicativo del verbo TO BE.
isagogical ['ɪzə'gɒdʒɪkl] [i-sa-go-yi-kal], *a.* Isagógico, que pertenece a la introducción de los libros de la Biblia, su historia literaria, inspiración, etc.
isagon ['ɪzəgən] [i-sa-gon], *s.* *(Geom.)* Iságono, figura de ángulos iguales.
ISBN *s.* Abreviatura de **International Standard Book Number**.
ischiatic ['ɪskɪətɪk] [is-kia-tik], *a.* Isquiático, perteneciente o relacionado con el hueso isquion.
ischury ['ɪskərɪ] [is-ka-ri], *s.* Iscuria, retención de orina.
ischuretic ['ɪskərɪtɪk] [is-ka-ri-tik], *s.* Cualquier remedio para hacer salir la orina detenida o suprimida.
iserine ['ɪsəriːn] [i-sa-rin], *s.* *(Min.)* Iserina, especie de minera o quijo de titanio.
-ish [ɪʃ] [ish], Terminación inglesa que sirve para expresar diminución en la calidad del substantivo a que se añade, o para hacer adjetivos gentilicios o patronímicos, como **bluish**, azulado, de **blue**, azul; **sickish**, enfermizo, de **sick**, enfermo; **Spanish**, español, de **Spain**, España.
isinglass ['aɪzɪŋglɑːs] [ai-sin-glas], *s.* Colapiscis, colapez, o cola de pescado.
islam ['ɪzlɑːm] [is-lam], *s.* 1. Islam, islamismo, la religión de Mahoma. 2. Islam, conjunto de los hombres y pueblos que creen y aceptan esta religión.
islamic [ɪz'læm]ɪk [is-la-mik], *a.* Islámico/a.
island ['aɪlənd] [ai-land], *s.* 1. Isla. 2. Isleño.
islander ['aɪləndə[r]] [ai-lan-da[r]], *s.* Isleño, el natural de alguna isla o el que vive en ella.
isle [aɪl] [ail], *s.* Isla pequeña (generalmente voz poética).
islet ['aɪlɪt] [ai-lit], *s.* Isleta.
isn't ['ɪznt] [isent], **Is not**.
isobar ['aɪsəubɑː[r]] [ai-sou-ba[r]], *s. f.* Isobara.
isobaric ['aɪsəʊ'bærɪk] [ai-sou-ba-rik], *a.* Isobárico.
isochromatic ['aɪsəkrə'mætɪk] [ai-so-krou-ma-tik], *a.* 1. Isocromático, que tiene o denota el mismo color. 2. *V.* ORTHOCHROMATIC.
isochronal ['aɪsəkrʊml] [ai-so-krou-mal], **Isochronous** ['aɪsə'krənəs] [ai-so-kro-nos], *a.* Isócrono.
isogloss ['aɪsəglɒs] [ai-so-glos], *s.* Isoglos, línea de demarcación entre regiones de diferencias lingüísticas.
isolate ['aɪsəʊleɪt] [ai-so-leit], *va.* 1. Aislar, separar, apartar, poner solo. 2. *(Elec.)* Aislar. 3. *(Quím.)* Eliminar de una sustancia toda combinación.
isolated ['aɪsəʊleɪtɪd] [ai-so-lei-tid], *a.* Separado, apartado, aislado (place). **Isolated case,** caso único.
isolation [,aɪsəʊ'leɪʃən] [ai-so-lei-shon], *s.* Aislamiento, separación; estado de soledad. **In isolation,** por separado. **Isolation ward,** pabellón de aislamiento.
isolationism [,aɪsəʊ'leɪʃənɪzm] [ai-so-lei-sho-ni-sem], *s.* Aislacionismo.
isolationist [,aɪsəʊ'leɪʃənɪst] [ai-so-lei-sho-nist], *s.* Aislacionista, partidario del aislacionismo en las relaciones internacionales.
isomerism [,aɪsə'merɪzm] [ai-so-me-ri-sem], *s.* *(Quím.)* Isomerismo, identidad de elementos y proporciones con propiedades diferentes.
isometric [,aɪsəʊ'metrɪk] [ai-sou-me-trik], *a.* Isométrico.
isometrics [,aɪsəʊ'metrɪkz] [ai-sou-me-triks], *s.* Isometría.
isomorphic [,aɪsəʊ'mɔːfɪk] [ai-sou-mor-fik], *a.* Isomorfo.
isomorphism [,aɪsəʊ'mɔːfɪzm] [ai-sou-mor-fi-sem], *s.* *(Min.)* Isomorfismo, isomorfia, estado de los cuerpos que, difiriendo en su composición, presentan al cristalizar formas iguales.
isomorphous [,aɪsəʊ'mɔːfəs] [ai-sou-mor-fos], *a.* Isomorfo.
isoperimetrical [,aɪsəʊ'perɪ,metrɪkl] [ai-sou-pe-ri-me-tri-kal], *a.* Isoperimétrico.
isosceles [aɪ'sɒsɪliːz] [ai-so-si-lis], *a.* Isósceles.
isotherm ['aɪsəʊθɜːm] [ai-sou-zerm], *s.* Línea isoterma, la que pasa por los puntos de la tierra en que es la misma la temperatura media.
isothermal [,aɪsəʊ'θɜːməl] [ai-sou-zer-mal], *a.* Isotermo, isotérmico.
isotope ['aɪsəʊtəʊp] [ai-sou-toup], *s.* *(Fís. y Quím.)* Isótopo.
Israeli [ɪz'reɪlɪ] [is-rei-li], *a.* & *s.* Israelí.
Israelite ['ɪzrɪəlaɪt] [is-ria-lait], *s.* Israelita, descendiente de Israel (o Jacob); hebreo, judío.
iss Abreviatura de **issue**.
issuable ['ɪʃʊəbl] [i-shua-bol], *a.* Lo que es capaz de llevar o conducir una cosa hasta su terminación.
issue ['ɪʃuː] [i-shu], *s.* 1. Salida, el acto de salir. 2. Salida, la parte por donde se sale fuera de algún sitio o lugar. 3. Lo que se produce, emite o publica: (a) edición, v.g. la de un periódico. **Back issue**, número atrasado (magazine); (b) prole, progenie, sucesión; (c) emisión de valores; (d) rentas, réditos. **He died without issue,** murió sin sucesión (offspring). 4. Evento, consecuencia, resultado, fin, término, conclusión. 5. Fuente, cauterio, una llaga pequeña que se mantiene abierta artificialmente con varios objetos. 6. Decisión, conclusión. **Issue of blood,** pérdida de sangre.

Issue a wall, cuarteadura. **A cause at issue,** una causa que está para verse o sentenciarse. **Feigned issue,** *(For.)* expediente formado con el consentimiento de ambas partes para la decisión del punto en cuestión, sin pasar por los trámites judiciales. **Point at issue,** materia de que se trata, punto en cuestión; asunto, proceso. **To join issue,** tomar partes opuestas en una discusión o un pleito; tener pareceres contrarios sobre una proposición; contradecirse mutuamente. **To take issue with**, estar en desacuerdo, discrepar.

issue, *vn.* 1. Salir, pasar de la parte de adentro a la de afuera. 2. Prorrumpir, brotar. 3. Venir, proceder, traer su origen. 4. Provenir, salir o proceder de algún fondo. 5. Acabarse, terminarse, resolverse; esparcirse en líneas. **To issue something to somebody,** entregar algo a alguien. *-va.* 1. Echar, brotar, arrojar para afuera. 2. Expedir, despachar alguna cosa judicialmente (passports, warrant). 3. Emitir, poner en circulación (tickets, stamps). 4. Dar a la luz, publicar (books, newspapers, magazines).

issueless ['ɪʃuːlɪs] [i-shu-lis], *a.* Sin sucesión.

issuing ['ɪʃuːɪŋ] [i-shuin], *s.* Salida.

isthmus ['ɪsθməs] [isz-mos], *s.* Istmo, lengua de tierra, entre dos mares que une dos continentes o una península a un continente.

iT *s.* **Income Tax** (Fin.).

it [ɪt] [it], Pronombre inglés que se pone en lugar de los nombres de cosas inanimadas, y aun de los animales cuyo sexo no puede determinarse; por consiguiente corresponde en español a *él, ella, ello, lo, la, le,* según los géneros y casos de las cosas a que se refiere: v.g. **He will not have it** (con referencia un *libro*), él no *lo* quiere; (con referencia a una *manzana*), él no *la* quiere. **She caught the butterfly, and preserved it,** ella cogió la mariposa, y la conservó. Cuando *it* es objeto de los verbos, se traduce por medio del pronombre *lo*, o se omite, según la frase; como, **He saw it,** él lo vió. **They know nothing of it,** Ellos no saben nada sobre ello. *It*, en las frases impersonales, y cuando se usa en lugar del sujeto que se pospone al verbo, no se traduce; v.g. **It is warm,** hace calor. **It is a matter of constant experience that bodily exercise is conducive to health,** es materia de constante experiencia, que el ejercicio corporal conduce a la salud. Tampoco se traduce en las preguntas o respuestas de la misma clase; v.g. **It was he who did it,** él fue quien lo hizo. *It* se usa para preguntar por el estado de una persona o cosa. **How is it with the boss?,** ¿cómo está el jefe? **Who is it?,** ¿quién es? **It's Peter**, soy Peter. **You're it!**, te toca (games). **That's it!**, ¡ya basta! (disaproval); ¡correcto!, ¡eso es! (aproval). Se usa algunas veces después de los verbos neutros para dar énfasis a su significación.

Italian [ɪ'tæliən] [i-ter-lian], *s.* Italiano, el natural de Italia y la lengua de este país. *-a.* Italiano.

italianize [ɪ'tæliənaɪz] [i-ter-lia-nais], *va.* 1. Hacer italiano; conformar al carácter, costumbres o lengua italianos. 2. Convertir abejas en la clase de las llamadas italianas, dándoles una reina italiana.

italic [ɪ'tælɪk] [i-ter-lik], *a.* Bastardilla, cursiva, carácter de letra. **It is printed in italics,** está impreso en letra bastardilla.

italicize [ɪ'tælɪsaɪz] [i-ter-li-sais], *va.* Distinguir con letras bastardillas; de aquí, dar énfasis.

itch [ɪtʃ] [ich], *s.* 1. Sarna, enfermedad cutánea. 2. Comezón, picazón. 3. Sarna, el deseo vehemente de conseguir alguna cosa; prurito, flujo. **Itch-insect,** *(Ent.)* Acaro, arador, insecto que se engendra en las postillas sarnosas.

itch, *vn.* 1. Picar, sentir picazón o comezón. **My arm itches,** me pica el brazo. 2. Antojarse, padecer antojo o deseo vehemente de alguna cosa, tener prurito por algo.

itchiness ['ɪtʃɪnɪs] [i-chi-nes], *s.* 1. Escozor, picazón. 2. Sarnosidad.

itching ['ɪtʃɪŋ] [i-chin], *s.* 1. Escozor, picazón; irritación de la piel. 2. Deseo ardiente, prurito. **To be itching to do something**, arder en deseos de hacer algo.

itchy ['ɪtʃɪ] [i-chi], *a. Comp.* **Itchier.** *Superl.* **Itchiest.** 1. Sarnoso. 2. Lo que produce comezón o picazón; picante. **My leg is itchy**, tengo picor en la pierna.

it'd, It would; it had.

item ['aɪtəm] [ai-tem], *adv.* Item; otro sí, aun más: se usa para distinguir los diversos artículos en un escrito. *-s.* 1. Cada uno de los artículos separados por el adverbio item en algún escrito. 2. Partida, artículo, párrafo.

itemize ['aɪtəmaɪz] [ai-te-mais], *va.* Sentar alguna cosa por artículos; apuntar cada artículo.

iterable ['aɪterəbl] [ai-te-ra-bol], *a.* Iterable, capaz de repetirse.

iterate ['aɪtəreɪt] [ai-te-reit], *va.* Iterar, repetir, reiterar; inculcar.

iteration ['aɪtə'reɪʃən] [ai-te-rei-shon], *s.* Iteración, la repetición de un acto.

iterative ['aɪterətɪv] [ai-te-ra-tiv], *a.* 1. Iterativo, que se reitera o repite. 2. *(Gram.)* Frecuentativo.

itinerant [ɪ'tɪnərənt] [i-ti-ne-rant], *a.* Itinerante, viandante; vago; ambulante, errante.

itinerary [ɪ'tɪnərərɪ] [i-ti-ne-ra-ri], *s.* 1. Itinerario, derrotero y dirección de un camino por donde se debe pasar haciendo un viaje. 2. Viaje de exploración, su plan o su relato. 3. Guía (book, guide). *-a.* Itinerario, hecho en viaje, perteneciente a viaje.

itinerate [ɪ'tɪnəreɪt] [i-ti-ne-reit], *vn.* Viajar.

-itis, Sufijo que denota inflamación.

it'll, It shall; it will.

ITO Abreviatura de **International Trade Organization.**

its [ɪtz] [its], El genitivo del pronombre *It.* Su (de él, de ella, de ello). **A house and its furniture,** una casa con sus muebles.

it's, Abreviatura de **it is**.

itself [ɪt'self] [it-self], *pron.* El mismo, la misma, lo mismo; pronombre recíproco que se aplica solamente a las cosas, como *himself y herself* se aplican a las personas. **It moves by itself,** eso se mueve por sí mismo. **She is virtue itself,** es la virutd misma. **She did it herself,** lo hizo ella sola, por sí misma.

I.*V. s. m.* Gota a gota.

i.v. Abreviatura de **invoice value.**

i've ['aɪv] [aiv], Contracción familiar de **I have,** yo tengo. **I've seen it!** ¡Lo he visto!

-ive [ɪv] [iv], Sufijo equivalente a -or o -ivo en español; que sirve para ejecutar la acción del verbo. **Expulsive,** expulsivo.

IVF Abreviatura de **In Vitro Fertilization** (FIV).

ivied [ɪ'viːd] [i-vid], *a.* Cubierto de hiedra.

ivory ['aɪvərɪ] [ai-vo-ri], *s.* 1. Marfil, el colmillo del elefante. 2. Sustancia que se parece al marfil. 3. *pl.* Cosas hechas de marfil. 4. *(Fest.) pl.* Dientes. *-a.* Ebúrneo, lo que está hecho de marfil, o se parece a él; blanco, duro.

ivy ['aɪvɪ] [ai-vi], *s.* 1. *(Bot.)* Hiedra. **Ground ivy,** hiedra terrestre.

iwis ['aɪwiːz] [ai-uis], *adv.* Ciertamente; a saber. *V.* YWIS.

-ize, -ise Sufijo usado en la formación de verbos que significan hacer, dar, practicar.

J

j [dʒeɪ] [yei], Esta letra tiene siempre en inglés un sonido semejante al de la *y* consonante castellana, aunque mucho más fuerte, igual al de la sílaba *gi* en italiano, como en *giorno, giocoso.* Puede representarse por *dy*; v.g. *jade* «[dyed]»; pero en este diccionario conserva su propia forma inglesa.

JA Abreviatura de **Judge Advocate**.

jab [dʒæb] [yab], *va. (Fam.)* Pinchar con violencia; golpear rudamente. *-s.* Punzada; golpe a manera de pinchazo.

jabber ['dʒæbə^r] [ya-ba^r], *vn.* 1. Charlar, hablar mucho y sin substancia. 2. Farfullar, parlar precipitadamente. 3. *(Fam.)* Hablar en jerigonza, hablar en griego, marmotear. 4. Mascar o farfullar las palabras.

jabberer ['dʒæbərəʳ] [ya-ba-raʳ], *s.* Farfullador, parlanchín.

jabberment [ˌdʒæbə'mənt] [ya-ber-ment], *s.* Charla, farfulla, jerga, algarabía, guirigay.

jaborandi [ˌdʒæbə'rændɪ] [ya-bo-ran-di], *s.* Jaborandi, pilocarpo, planta medicinal del Brasil.

jacent ['dʒæsənt] [ya-sent], *a.* Yacente, que está echado o tendido.

jacinth ['dʒæsɪnθ] [ya-sinz], *s.* 1. *(Bot.)* V. HYACINTH. 2. *(Min.)* V. ZIRCON.

Jack [dʒæk] [yak], *s.* 1. Juanito, Juanillo, diminutivo de *John*, Juan; hombre; marinero. 2. Martinete, el palillo del clavicordio que hiere las cuerdas. 3. Torno de asador. 4. Jarro o vaso de cuero negro encerado. 5. Cota de malla. 6. Boliche o bola pequeña que se echa en el juego de las bolas par que sirva de señal a los jugadores. 7. Macho, el animal del sexo masculino. 8. Burro, armazón con que los aserradores afianzan el madero que se ha de aserrar. 9. *(Mar.)* Bandera de proa. 10. *(Ic.)* Lucio o luso pequeño, un pez. 11. La sota entre los naipes. 12. Gato (cars). **Jacko'-lantern,** fuego fatuo o de San Telmo, helena. **Jack-boots,** botas grandes y fuertes. **Jack of the clock-house,** estatua de reloj que da la hora con un mazo. **Jack plug,** enchufe hembra *(Elec.)*. **Jack sauce,** hombre descarado. **To be jack of all trades,** (a) aprendiz de todo y oficial de nada. (b) sabelotodo. **Jack-o'-lent, Jackalent,** maniquí, efigie de Judas Iscariote que solían llevar en las procesiones de cuaresma en Inglaterra y a la que se apedreaban después. **Jack-in-the-pulpit**, V. INDIAN TURNIP. **Jack-plane,** garlopa, cepillo grande de carpintero. **Jack-pudding,** arlequín, bufón, titiritero, payaso. **Jack-rabbit,** liebre americana de orejas y piernas muy largas. **Jack in** Dejar *(fam.)*.

jackal ['dʒækəl] [ya-kal], *s.* Chacal, animal semejante al perro.

jackanapes ['dʒækəneɪps] [ya-ka-neips], *s.* 1. Pisaverde, mequetrefe, un impertinente. 2. Salvaje, necio, tonto. **Hatter's jack,** Carda.

jackass ['dʒækɑːs] [ya-kas], *s.* 1. Garañón, asno, borrico. 2. *(Fig.)* Asno, tonto, necio, imbécil.

jackboot ['dʒækbʊt] [yak-but], *s. f.* Bota de montar. Bota militar.

jackdaw ['dʒækdɔː] [yak-dou], *s. (orn.)* Corneja pequeña, ave parecida al cuervo y al grajo.

jacket ['dʒækɪt] [ya-kit], *s.* 1. Chaqueta, saco. 2. *(Mec.)* Chaqueta, cubierta del cilindro. **Jacket (of a book),** forro de un libro.

jackhammer ['dʒækˌhæməʳ] [yak-ja-maʳ], *s.* Perforadora.

jack-in-the-box ['dʒekɪðəbɒks] [yak-in-de-boks], *s. f.* Caja sorpresa.

jack Ketch [ˌdʒæk'ketʃ] [yak-kech], *s.* Verdugo.

jack-knife ['dʒæknaɪf] [yak-naif], *s.* Navaja sevillana, navaja fuerte de bolsillo.

jackpot ['dʒækpɒt] [yak-pot], *s. m.* Primer premio, premio gordo. **To hit the jackpot**, obtener el premio gordo. Ser un gran éxito *(Fig.)*.

jackscrew [dʒæk'skruː] [yak-skru], *s. (Mar.)* Gato cornaquí.

jacksmith ['dʒæksmɪθ] [yak-smiz], *s.* El que hace tornos de asador.

jackstaff ['dʒækstɑːf] [yak-staf], *s. (Mar.)* Asta de bandera.

jackstone ['dʒækstəʊn] [yak-stoun], *s.* Una de las piedrecitas o piezas de metal usadas en cierto juego de niños.

jackstraw ['dʒækstrɔː] [yak-stro], *s.* 1. Efigie de paja; de aquí, hombre insignificante, sin influencia. 2. *pl.* Juego con pajitas o astillas de madera, hueso, etc. En singular, una de esas pajas o astillas.

jack-tree ['dʒæktriː] [yak-tri], *s.* Artocarpo, árbol de cultivo, semejante al árbol del pan.

jacobean [ˌdʒækə'biːən] [ya-ko-bian], *a.* Que se refiere al tiempo de Jacobo I, rey de Inglaterra.

jacobin [ˌdʒækə'biːn] [ya-ko-bin], *s.* 1. Dominico o fraile dominicano. 2. Jacobino, demócrata, antimonárquico. 3. Irreligioso. 4. Pichón con copete.

jacobin, Jacobinical [ˌdʒækə'biːn] [ya-ko-bin] [ˌdʒækə'biːnɪkl] [ya-ko-bi-ni-kal], *a.* Jacobínico.

jaconibinism [ˌdʒækə'bɪnɪzm] [ya-ko-bi-ni-sem], *s.* Jacobinismo.

jacobinize [ˌdʒækə'bɪnaɪz] [ya-ko-bi-nais], *va.* Infundir o propagar los principios o máximas de los jacobinos.

jacobite ['dʒækəbaɪt] [ya-ko-bait], *s.* 1. Hereje. 2. Jacobita, el partidario del rey Jacobo II de Inglaterra.

jacob's-ladder ['dʒækəbz'lædəʳ] [ya-kobs-la-daʳ], *s.* 1. *(Bot.)* Polemonio azul. 2. *(Mar.)* Escala de jarcias para subir a las cofas.

jacob's-staff ['dʒækəbz'stɑːf] [ya-kobs-staf], *s.* 1. Bordón de peregrino; bastón con estoque. 2. *(Mar.)* Báculo de Jacob, astrolabio.

jaconet, Jacconet ['dʒækənɪt] [ya-ko-nit], *s.* Chaconá, chaconada, especie de tela de algodón muy fina que usan las mujeres para vestidos de verano.

jactitation ['dʒæktɪ'teɪʃən] [yak-ti-tei-shon], *s.* Agitación, inquietud.

jaculate ['dʒækjʊleɪt] [ya-kiu-leit], *va.* Lanzar, arrojar.

jaculation [ˌdʒækjʊ'leɪʃən] [ya-kiu-lei-shon], *s. (Ant.)* Lanzamiento.

jaculatory ['dʒækjʊlətərɪ] [ya-kiu-la-to-ri], *a.* 1. Arrojado o disparado de pronto. 2. Jacultorio, breve y fervoroso.

jacuzzi [dʒæ'kuːzɪ] [ya-ku-si], *s. m.* Jacuzzi, baño de burbujas.

jade [dʒeɪd] [yeid], *s.* 1. Rocín, caballo alquilón y de mala traza. 2. Mujercilla, picarona, buena alhaja: término de desprecio. 3. *(Min.)* Piedra nefrítica. 4. Jade, especie de esmeralda.

jade, *va.* Cansar, acosar; sujetar, maltratar, tiranizar. *-vn.* Desanimarse, desalentarse.

jaded ['dʒeɪdɪd] [yei-did], *a.* Harto, hastiado. **To feel jaded,** estar harto.

jadery ['dʒeɪdərɪ] [yei-da-ri], *s.* Burla pesada.

jadish ['dʒeɪdɪʃ] [yei-dish], *a.* 1. Vicioso: se dice de las yeguas. 2. Incontinente; dícese de las mujeres.

jag [dʒæg] [yag], *va.* Dentar, formar dientes en alguna cosa.

jag, *s.* 1. Diente, las puntas que se hacen en ciertos instrumentos; punta saliente, púa. 2. Carga para un solo caballo; de aquí, licor fuerte en cantidad bastante para embriagar.

jagged ['dʒægɪd] [ya-guid], *a.* Dentado; recortado en los bordes de un modo desigual.

jaggedness ['dʒægɪdnɪs] [ya-guid-nes], *s.* El estado de lo que está dentellado o dentado.

jaggy ['dʒægɪ] [ya-gui], *a.* Dentado, dentellado.

jai Alai ['dʒaɪə'laɪ] [yai-alai], *s.* Jai Alai, frontón, juego de pelota vasca.

jail [dʒeɪl] [yeil], *s.* Cárcel, prisión. **Jail fever,** tifo, fiebre de las cárceles.

jail-bird ['dʒeɪlbɜːd] [yeil-berd], *s.* El que ha sido encarcelado, tal vez con frecuencia; criminal, presidiario.

jailbreak ['dʒeɪlbreɪk] [yeil-breik], *s. f.* Evasión, fuga.

jailer ['dʒeɪləʳ] [yei-laʳ], *s.* Carcelero, alcaide de una cárcel.

jalap ['dʒæləp] [ya-lap], *s.* Jalapa.

jalopy [dʒə'lɒpɪ] [ya-lo-pi], *s.* Auto viejo y destartalado.

jam [dʒæm] [yam], *s.* 1. Conserva o mermelada de frutas. 2. Aprieto, apretura causada por mucha gente o por muchos objetos; apretadura, apiñadura. 3. Apuro, en cualquier situación.

jam, *va.* Apiñar; acuñar o apretar, estrechar, apachurrar. 2. Llenar y cerrar algo apretando y apiñando. 3. *(Rad.)* Enredar la difusión de una difusora. *-vn.* Quedarse inmóvil por efecto de apretadura o acumulación.

Jamaican [dʒə'meɪkə] [ya-mei-ka], *a.* Jamaicano, perteneciente a la isla de Jamaica.

jamaica pepper [dʒə'meɪkəˌpepəʳ] [ya-mei-ka-pe-paʳ], *s.* *(Bot.)* Pimienta.

jamaica wood [dʒə'meɪkəˌwʊd] [ya-mei-ka-wud], *s.* 1. Palo de Campeche. 2. Brasilete. 3. Caoba fina.

jamb ['dʒæmb] [yamb], *s.* Quicial, el madero que asegura y afianza las puertas y ventanas.

jamboree [ˌdʒæmbəˈriː] [yam-bo-ri], *s.* 1. *(Fam.)* Jolgorio, ruidoso festival. 2. Reunión nacional o internacional de muchachos exploradores.

jam-packed [ˈdʒæmˈpækt] [yam-pakt], *a.* Apiñado, apretujado (full of people). Atestado (full of things).

jam session [ˈdʒæmˈseʃən] [yam-se-shon], *s.* Reunión de músicos para improvisar música popular.

Jan Abreviatura de **January**, enero.

jangle [ˈdʒæŋgl] [yan-guel], *vn.* Reñir, altercar; charlar. *-va.* Hacer sonar desapaciblemente alguna cosa.

jangle, *s.* Sonido discordante; de aquí, disputa, querella, altercado.

jangler [ˈdʒæŋgləʳ] [yan-glaʳ], *s.* Un charlatán; parlanchín, disputador.

jangling [ˈdʒæŋglɪŋ] [yan-blin], *s.* Sonido discordante; riña, pendencia; charla.

janitor [ˈdʒænɪtəʳ] [ya-ni-taʳ], *s.* Portero (doorkeeper); bedel, en los colegios y universidades (caretaker).

jannock [ˈdʒænɒk] [ya-nok], *s.* Pan de avena.

jant, Janty, V. JAUNT, JAUNTY.

january [ˈdʒænʊərɪ] [ya-nua-ri], *s.* Enero, el primer mes del año.

jap [dʒæp] [yap], **Japanese** (fam: offensive).

japan [ˈdʒæpən] [ya-pan], *s.* Charol, obra charolada; barniz. **Japan earth,** tierra japónica.

japan, *va.* 1. Charolar, embarnizar. 2. Limpiar y dar lustre al calzado.

Japanese [ˌdʒæpəˈniːz] [ya-pa-nis], *a.* Japonés, natural del Japón o perteneciente a él. *-s.* 1. Natural del Japón. 2. Idioma japonés, lengua aglutinante.

japhetic [ˈdʒæfɪtɪk] [ya-fe-tik], *a.* Jafético, descendiente de Jafet, hijo de Noé, o que se refiere a él.

jar [dʒɑːʳ] [yaʳ], *vn.* 1. Chocar una cosa con otra. 2. *(Mús.)* Discordar, desentonar (clash). 3. Reñir, desavenirse, disputar, descompadrar, contender, cruzar (opinion). 4. Sonar alguna cosa con un sonido o vibración igual, como el tic-tac de un reloj. *-va.* 1. Hacer discordar o desentonar. 2. Agitar, sacudir (shake).

jar, *s.* 1. Jarro o jarra; tinaja, cántaro, tarro, orza, botija. **To have a jar**, tomar un trago. 2. Choque, pendencia, disensión, riña. 3. Sonido desapacible y repetido. 4. Balanceo, como el de una puerta sobre sus goznes; se emplea solamente en la locución **on a jar, on the jar,** entreabierto. *V.* AJAR. **To give somebody a jar,** dejar perplejo, dejar de piedra. **To jar on someone's nerves**, poner a alguien los nervios de punta.

jardinière [ˌdʒədɪˈnɪəʳ] [yar-di-niaʳ], s. Jardinera, mueble para colocar en él macetas conplantas.

jargon [ˈdʒɑːgən] [yar-gon], *s.* 1. Jerga, jerigonza, guirigay, monserga. 2. Caló. V. CANT y LINGO.

jargon, Jargoon [ˈdʒɑːguːn] [yar-gun], *s. (Min.)* Jacinto, una especie de piedra preciosa. V. JACINTH.

jargonelle [ˈdʒɑːgəniːl] [yar-go-nil], *s.* Especie de pera tempranera.

jarl [ˈdʒɑːl] [yarl], *s.* (Histo. escand.) 1. Noble, hidalgo. 2. Jefe, caudillo.

jarring [ˈdʒɑːrɪŋ] [ya-rin], *s.* Riña, contienda.

jashawk [ˈdʒɑːsɒk] [ya-sok], *s.* Halconcillo.

jasmine [ˈdʒæzmɪn] [yas-min], **jessamine** [ˈdʒɪsəmɪn] [yi-sa-min], *s. (Bot.)* Jazmín. **American jasmine**, Jazmín americano. **Carolina o yellow jasmine** (o **jessamine**), Jazmín amarillo, planta medicinal.

jasper, jasperite [ˈdʒəspəʳ] [yas-paʳ], *s.* 1. Jaspe, variedad opaca e impura de cuarzo, de uno o varios colores. 2. (Biblia) Piedra preciosa en el pectoral del gran sacerdote de los judíos.

jato [ˈdʒætə] [ya-to], *s. (Aer.)* Propulsión auxiliar para el despegue de aviones.

jaundice [ˈdʒɔːndɪs] [yon-dis], *s.* 1. Ictericia. *(Vulg.)* Tiricia, una enfermedad. 2. Celos, prevención, preocupación del ánimo. *-va.* Afectar con ictericia, de aquí, preocupar, predisponer el ánimo contra alguien o algo.

jaundiced [ˈdʒɔːndɪst] [yon-dist], *pp.* y *a.* Ictérico, ictericiado. Rencoroso, resentido (attitude).

jaunt [ˈdʒɔːnt] [yont], *vn.* Corretear, andar de una parte a otra, ir y venir.

jaunt, *s.* 1. Excursión, caminata. 2. Llanta, pina. *V.* FELLOES.

jauntiness [ˈdʒɔːntɪnɪs] [yon-ti-nes], *s.* Viveza, gentileza, garbo, ligereza.

jaunty [ˈdʒɔːntɪ] [yon-ti], *a.* Ostentoso, vistoso, delicado, gentil, galán, airoso.

javanese [ˌdʒɑːvəˈniːz] [ya-va-nis], *a.* Javanés, javo, de la isla de Java o perteneciente a ella. *-s.* 1. Natural o habitante de Java. 2. Lengua del centro de Java.

javelin [ˈdʒævlɪn] [ya-ve-lin], *s.* Jabalina, especie de media lanza.

jaw [dʒɔː] [yo], *s.* 1. Quijada, mandíbula; hueso maxilar; órgano análogo en los invertebrados. 2. (Art. y Of.) Boca, quijada. 3. Boca; *(fig.)* abismo, garras. **The jaws of death,** las garras de la muerte. 4. *(Vulg.)* Vituperio o insulto hecho con palabras groseras. **Jaw-teeth**, las muelas. **The jaws of hell,** la boca del infierno. **Jaw of a vise,** telera.

jawbone [ˈdʒɔːbəʊn] [yo-boun], *s. m.* Mandíbula (person).

jawbreaker [ˈdʒɔːˌbreɪkəʳ] [yo-brei-kaʳ], *s.* Trabalenguas, palabra kilométrica.

jawed [ˈdʒɔːd] [yod], *a.* Lo que tiene la apariencia de las quijadas o es semejante a ellas.

jay [dʒeɪ] [yei], *s. (Orn.)* Gayo, ave parecida al cuervo en su forma.

jaywalk [ˈdʒeɪwɔːk] [yei-uok], *vn.* Cruzar imprudentemente a pie calles de intenso tráfico.

jaywalker [ˈdʒeɪˌwɔːkəʳ] [yei-uo-kaʳ], *s. m./f.* Peatón/a imprudente.

jazz [dʒæz] [yas], *s.* Jazz, música popular sincopada originaria de E.U.A. **Progressive jazz,** Jazz progresivo. **... and all that jazz,** ... y cosas por el estilo.

jazz up [ˈdʒæzʌp] [yas-ap], *v.* 1. Sincopar (music). 2. Avivar, animar (party).

KCS *s.* Abreviatura de **Joint Chiefs of Staff.**

jct. Abreviatura de **junction** (Rail).

JD *s.* Abreviatura de **Justice Department,** Ministerio de Justicia.

jealous [ˈdʒeləs] [ye-los], *a.* 1. Celoso. 2. Envidioso. 3. Receloso, el que teme. 4. Desconfiado, el que desconfía. 5. Suspicaz.

jealously [ˈdʒeləslɪ] [ye-los-li], *adv.* Celosamente, sospechosamente.

jealousy [ˈdʒeləsɪ] [ye-lo-si], *s.* 1. Celos, sospecha, inquietud, recelo, suspicacia. 2. Desconfianza; emulación.

jealousness [ˈdʒeləsnɪs] [ye-los-nes], *s.* Vigilancia, sospecha, celos.

jean [dʒiːn] [yin], *s.* Mezclilla, tela burda de algodón. **Jeans**, *pl.* Pantalones vaqueros.

jeep [dʒiːp] [yip], *s.* Jeep, automóvil pequeño de transporte.

jeer [dʒɪəʳ] [yiaʳ], *vn.* Befar, mofar, escarnecer. *-va.* Escarnecer, tratar con escarnio. Abuchear, gritar.

jeer, *s.* 1. Befa, mofa, escarnio, burla. 2. Abucheo (from crowd).

jeerer [dʒɪərəʳ] [yia-raʳ], *s.* Mofador, escarnecedor, burlador.

jeering [ˈdʒɪərɪŋ] [yia-rin], *s.* 1. Insolente, mofador. Burlón, sarcástico. 2. Burlas (mockery), protestas, insultos (protests, insults).

jeering, *s.* Burla, escarnio.

jeeringly [ˈdʒɪərɪŋlɪ] [yia-rin-li], *adv.* Con escarnio.

jeez [dʒiːz] [yis], *interj.* ¡Santo Dios! *(fam.).*

Jehovah [dʒɪˈhəʊvə] [yi-jou-va], *s.* Jehová, nombre hebreo de Dios.

jehu [dʒɪˈhuː] [yi-ju], *s.* 1. Aficionado a guiar caballos; cochero que guía veloz o furiosamente. 2. Cochero en general. **To drive like Jehu,** ir desempedrando las calles.

jejuneness, Jejunity [dʒɪˈdʒuːnɪs] [yi-yu-nes], *s.* Carestía, esterilidad; pobreza, tibieza, aridez de estilo.

jejunum [dʒɪˈdʒuːnəm] [yi-yu-num], *s. (Anat.)* Yeyuno, el segundo de los intestinos delgados.

jellied [ˈdʒelɪd] [ye-lid], *a.* Gelatinoso, convertido en jalea; dulce como una jalea.

jelly ['dʒelı] [ye-li], *s.* Jalea, jaletina. **Currant jelly,** Jalea de grosellas. **Jelly broth,** Consumado. **Baby jelly,** caramelo de goma, golosina.
jellyfish ['dʒelıfıʃ] [ye-li-fish], *s.* 1. Aguamar, medusa. 2. *(Fam.)* Calzonazos.
jemmy ['dʒemı] [ye-mi], *a.* V. SPRUCE. *-s.* Pie de cabra corto, palanqueta. *V.* JIMMY.
jennet ['dʒenıt] [ye-nit], *s.* Jaca.
jenny ['dʒenı] [ye-ni], *s.* 1. Torno, máquina para hilar. 2. Una hembra; particularmente, asna, burra, borrica. 3. *(Orn.)* Troglodita.
jeopard ['dʒepəd] [ye-pard], *va.* Arriesgar, exponer a pérdida o daño.
jeopardize ['dʒepədaız] [ye-par-dais], *va. V.* JEOPARD.
jeopardy ['dʒepədı] [ye-par-di], *s.* Riesgo, peligro.
jerboa ['dʒɜ:bəʊ] [yer-bou], *s.* Gerbo, cuadrúpedo roedor.
jeremiad [ˌdʒerı'maıəd] [ye-ri-maiad], *s.* Jeremiada, lamentación, a veces sarcástica, sobre la maldad o la depravación de otros.
jerk [dʒɜ:k] [yerk], *s.* 1. Tirón o empellón repentino; sacudida, sobarbada, sacudimiento, vibración (shake). 2. La sacudida o golpe repentino que dan las cosas elásticas cuando se rompen o saltan. 3. Salto o brinco. 4. Tasajo, charqui. **She sat up with a jerk,** se puso de pie de un salto. 5. Pelma, pesado *(fam.).* Pendejo.
jerk, *va.* 1. Tirar o arrojar con impulso violento y repentino, dar un tión repentino y brusco; mover a tirones; emitir de una manera convulsiva. 2. Tasajear, charquear, cortar la carne (de buey) en lonjas largas y secarlas al sol sin salarlas. **Jerked beef,** tasajo, charqui. *-vn.* Sacudir; vibrar.
jerker ['dʒɜ:kə^r] [yer-ka^r], *s.* Sacudidor, tirador.
jerkin ['dʒɜ:kın] [yer-kin], *s.* 1. Coleto de ante sin mangas. V. JACKET. 2. *(Orn.)* Especie de halcón.
jerk out ['dʒɜ:kaʊt] [yerk-aut], *v.* Hablar con voz entrecortada (words).
jerky ['dʒɜ:kı] [yer-ki], *a.* Vacilante (speech).
jerry-built ['dʒerıbılt] [ye-ri-bilt], *a.* Mal edificado, construido con material deficiente.
jerry can ['dʒerıkæn] [ye-ri-kan], *s. m.* Bidón.
jersey ['dʒɜ:sı] [yer-si], *s.* 1. Estambre fino. 2. Camisa fuerte hecha de punto de lana fina. 3. Jubón o chaqueta elástica muy ajustada al cuerpo, hecha de lana o de seda. 4. Res de ganado mayor oriundo de la isla de Jersey, en el canal de la Mancha.
jerusalem artichoke [dʒə'ru:sələmˌa:tıtʃəʊk] [ye-ru-sa-lem-ar-ti-chouk], *s. (Bot.)* Pataca, aguaturma.
jess [dʒes] [yes], *s.* Grillos de halcón, correilla que se ataba a la pata del halcón.
jessamine ['dʒesəmi:n] [ye--sa-min], *s. (Bot.)* Jasmín. V. JASMINE.
jesse ['dʒesi:] [ye-si], *s.* 1. Arafia o candelero sin pie con muchos mecheros. 2. *(Ger.)* Reprensión, zaherimiento. **To give one (particular) Jesse,** ponerlo a uno como nuevo.
jest [dʒest] [yest], *vn.* Bufonearse, burlarse, chancearse, zumbar, chulear.
jest, *s.* 1. Chanza, burla, broma, zumba; chiste. 2. Hazmerreír. **A piercing jest,** Broma pesada, chasco.
jester ['dʒestə^r] [yes-ta^r], *s.* Gracioso, mofador, bufón, burlón, chancero.
jesting ['dʒestıŋ] [yes-tin], *s.* Mofadura, chanza, bufonería.
jestingly ['dʒestıŋlı] [yes-tin-li], *adv.* De burlas.
jesuit ['dʒezʊıt] [ye-suit], *s.* Jesuita.
jesuitic, Jesuitical ['dʒezʊıtık] [ye-sui-tik], *a.* Jesuítico.
jesuits' bark ['dʒezʊıtzˌbɑ:^r] [ye-suits-ba^r], *s.* Quina, cascarilla.
jesus ['dʒi:səs] [yi-sas], *s.* Jesús, el Hijo de Dios.
jesus Christ ['dʒi:səsˌkraıst] [yi-sas-kraist], *s.* Jesucristo.
jet [dʒet] [yet], *s.* 1. Azabache. 2. Surtidor; mechero para gas; tubo que sirve para dar salida a un fluido. 3. Objeto, blanco, antiguamente escopo. **Jet of water,** chorro de agua. 4. Avión (plane). V. JUT. **Jet-black,** negro como el azabache. **Jet engine,** reactor (plane).
jet, *vn.* Echar arrojar fuera, lanzar; contonearse, inflarse; traquear, vacilar; correr de una parte a otra. **To jet it along,** andar con orgullo. **To jet out,** sobresalir.
jet plane ['dʒetpleın] [yet-plein], *s.* Avión de retropropulsión, avión a chorro.
jet-propelled [ˌdʒetprə'pelt] [yet-pro-pelt], *a.* A reacción.
jet propulsion [ˌdʒetprə'pʌlʃən] [yet-pro-pal-shan], *s.* Propulsión a chorro, propulsión por reacción, retropropulsión.
jetsam ['dʒetsəm] [yet-sam], o **Jetson** ['dʒetsən] [yet-son], *s.* 1. *(Mar.)* Echazón. 2. Parte de la carga de un buque cuando hay necesidad de aligerarla; en derecho, los géneros echados al mar que quedan debajo del agua; en contraposición a **flotsam**, los que flotan.
jettee, *s. V.* JETTY.
jettison ['dʒetısən] [ye-ti-son], *va.* Arrojar al mar fardos de mercancías y otros objetos para aligerar un buque en peligro. *-s.* 1. Echazón. 2. V. JETSAM, 2ª acepción.
jetty ['dʒetı] [ye-ti] *a.* Hecho de azabache, azabachado, negro. *-s.* 1. Salidizo. 2. Muelle. V. JUTTY.
jew [dʒu:] [yu], *s.* Judío.
jewel ['dʒu:əl] [yual], *s.* 1. Joya. 2. Piedra preciosa. *Jewels,* Pedrería. 3. Prenda, expresión de cariño.
jewel, *va.* Adornar con piedras preciosas.
jeweled ['dʒu:əld] [yuald], *a.* Enjoyado, adornado con piedras preciosas.
jewel-like ['dʒu:əlˌlaık] [yual-laik], *a.* Brillante como pedrería.
jeweler ['dʒu:ələ^r] [yua-la^r], *s.* Joyero, dimantista.
jewelry ['dʒu:əlrı] [yual-ri], *s. f. pl.* Alhajas, joyas. **A piece of jewelry,** una joya.
Jewess ['dʒu:ıs] [yuis], *sf.* Judía.
Jewish ['dʒu:ıʃ] [yuish], *a.* Judaico, judío.
jewishness ['dʒu:ıʃnıs] [yuish-nes], *s.* Ritos religiosos de los judíos.
Jewry ['dʒʊərı] [yua-ri], *s.* 1. Judea. 2. Judería.
jews'-ears ['dʒu:z'ıəz] [yus-ias], *s. (Bot.)* Orejas de Judas, especie de hongo.
jews'-harp ['dʒu:'hɑ:p] [yus-jarp], *s.* Birimbao. *(Amer.)* Marímbula, trompa.
jezebel ['dʒezəbel] [ye-sa-bel], *s.* Mujer presumida, jamona e impertinente.
jib [dʒıb] [yib], *s. (Mar.)* Maraguto o foque. **Flying-jib,** petifoque o cuarto foque. **Standing-jib,** contrafoque. **Middle-jib,** segundo foque. **Jib-boom,** botalón de foque. **Jib-iron,** arraca.
jibe ['dʒaıb] [yaib], *va. (Mar.)* Mudar un botavante.
jiffy ['dʒıfı] [yi-fi], *s. (Fam.)* Instante, momento.
jig [dʒıg] [yig], *s.* 1. Cualquier baile y música vivos y alegres. 2. Trampa, petardo. 3. *(Min.)* Criba. 4. Anzuelo que tiene el astil cargado de plomo. 5. *(Mec.)* Conductor o guía para fabricar piezas idénticas. **Jig-saw,** Sierra de vaivén.
jig, *va.* 1. Cantar o tocar música. 2. Sacudir de abajo hacia arriba; separar minerales con una criba. 3. Formar o adaptar por medio de guías. *-vn.* 1. Bailar sin maestro; bailar mal o con poca gracia. 2. Pescar con el anzuelo emplomado llamado *jig.*
jigger ['dʒıgə^r] [yi-ga^r], *s.* 1. El que baila; lo que va y viene. 2. Cualquier utensilio que tiene movimiento de vaivén; v.g. criba para minerales; rueda de alfarero, *(Mar.)* aparejuelo, el palanquín de socaire.
jigger, *s.* 1. Nigua, insecto muy parecido a la pulga que se introduce bajo la epidermis de los pies (en el Perú, se llama *pique*). V. CHIGOE. 2. Pulga, garrapata u otra sabandija.
jiggered ['dʒıgəd] [yi-gad], *a.* **I'm jiggered if I will**, que me cuelguen si lo hago.
jigjog ['dʒıgjəg] [yig-yog], *s. (Vulg.)* Empujón, sacudimiento.
jigsaw ['dʒıgsɔ:] [yig-so], *s.* Sierra de vaivén o de calar.
jigsaw puzzle ['dʒıgsɔ:ˌpʌzl] [yig-so-pa-sel], *s.* Rompecabezas que consiste en pedazos de cartón cortados con sierra de vaivén.

jill [dʒɪl] [yil], *s.* 1. Una joven; querida; a menudo significa manceba, concubina. 2. Hurón hembra. 3. Taza, jícarra. **Jill-flirt**, Mujer ligera y coqueta.

jilt [dʒɪlt] [yilt], *s.* La mujer que caprichosamente despide a un pretendiente; dícese también algunas veces del hombre que no corresponde al amor de una mujer.

jilt, *va.* Engañar una mujer a sus amantes; lisonjear una mujer a un hombre traidoramente dándole esperanzas falsas. *(Fam.)* Plantar, dejar colgado. **To jilt a man**, despedirle, darle calabazas. *-vn.* Hacer una mujer el papel de coqueta u ocuparse en intrigas amorosas.

jingle ['dʒɪŋgl] [yin-guel], *vn.* 1. Retiñir, sonar o resonar. 2. Hacer eco; rimar. *-va.* Producir un sonido agudo, como de pequeños objetos metálicos.

jingle, *s.* 1. Retintín, sonido de campanas pequeñas o pedazos de metal. 2. Cualquier sucesión agradable de sonidos rítmicos; rima pueril, aleluya.

jingoism ['dʒɪŋgəʊɪzəm] [yin-gou-isem], *s.* Jngoísmo, patriotería exaltada.

jingoist ['dʒɪŋgəʊɪst] [yin-gouist], *s.* y *a.* Jingoísta.

jingoistic [ˌdʒɪŋgəʊ'ɪstɪk] [yin-gou-is-tik], *a.* Jingoista, patriotero/a.

jinks ['dʒɪŋkz] [yinks], *s. pl.* **High jinks**, jolgorio, juerga. **To have high jinks,** pasárselo pipa.

jinx ['dʒɪnks] [yinks], *s.* Cenizo, portador de la mala suerte.

jippo ['dʒɪpəʊ] [yin-pou], *s.* Jubón, jaqueta o chaqueta sin mangas; una especie de cotilla.

jitterbug ['dʒɪtəbʌg] [yi-ta-bag], *s.* Bailador, en forma exagerada de música sincopada (jazz).

jitters ['dʒɪtəz] [yi-tars], *s. pl.* **To get the jitters,** ponerse nervioso. **To give the jitters,** asustar, causar miedo a alguien, poner nervioso a alguien *(fam.)*.

jittery ['dʒɪtərɪ] [yi-ta-ri], *a.* Muy nervioso, inquieto *(fam.)*.

jive [dʒaɪv] [yaiv], *s.* 1. Cierta música sincopada, swing. 2. Jerga de músicos. 3. Galimatías. 4. Tonterías, chorradas (nonsense). **Don't give me all that jive,** deja de decir tonterías.

job [dʒɒb] [yob], *s.* 1. Tarea; labor o trabajo hecho o que ha de hacerse como un todo; destajo, remiendo (job). 2. Negocio u ocupación lucrativa a expensas del público, engañifa; cucaña, ganga, el negocio o empleo que es muy lucrativo con poco trabajo. 3. *(Fam.)* Empleo, obtención de trabajo, puesto de trabajo. 4. *(Fam.)* Suceso, circunstancia; negocio. 5. La herida hecha con arma punzante. *V.* JAB. **Job-printing,** impresión de remiendos. **Odd job,** trabajo de poca monta, friolera, bagatela. **It was big job,** dio mucho trabajo. **Part-time/full-time job,** trabajo de media jornada/a jornada completa.

job, *va.* 1. Comprar en grueso al importador o fabricante y vender a los comerciantes. 2. Hacer al destajo, por ajuste; trabajar al destajo. 3. Dar una mojada o herir repentinamente con arma punzante. *-vn.* Negociar en los fondos públicos; cambalachear o chalanear.

jobber ['dʒɒbəʳ] [yo-baʳ], *s.* 1. Agiotador, agiotista, el que negocia en los fondos públicos. 2. Destajero, destajista; *(Com.)* Corredor. V. MIDDLEMAN. 3. *(Fam.)* El que se emplea en negocios bajos. 4. Remendero, remendón, el que hace obras de poca monta.

jobbery ['dʒɒbərɪ] [yo-ba-ri], *s.* Engañifa, manejos bajos para fines políticos.

jobbing ['dʒɒbɪŋ] [yo-bin], *pa.* y s. Acción del verbo **to job. Jobbing house,** casa que compra a importadores o fabricantes y vende a detalladores. **Jobbing printer,** impresora de folletos.

jobless ['dʒɒblɪs] [yob-les], *a.* Cesante, sin empleo, sin trabajo.

job lot ['dʒɒblət] [yob-lot], *s.* Colección miscelánea de mercancías que se supone de calidad inferior.

job seeker ['dʒɒbˌsiːkəʳ] [yob-si-kaʳ], *s.* El que busca empleo.

jockey ['dʒɒkɪ] [yo-ki], *s.* 1. El jinete que corre a caballo en las carreras públicas. 2. Chalán, el que trata en caballos. 3. Engañabobos, el que usa de embustes y trampas. **To jockey somebody into,** convencer a alguien.

jockey, *va.* 1. Atropellar a uno con un caballo. 2. Trampear, engañar con trampas o fraudes.

jocose [dʒə'kəʊs] [yo-kous], *a.* Jocoso, festivo, chancero, burlesco, jovial.

jocosely [dʒə'kəʊslɪ] [yo-kous-li], *adv.* Jocosamente, en burla, en chanza.

jocoseness [dʒə'kəʊsnɪs] [yo-kous-nes], **Jocosity** [dʒə'kəʊsɪtɪ] [yo-kou-si-ti], *s.* Jocosidad, festividad, alegría, chanza.

jocular ['dʒɒkjʊləʳ] [yo-kiu-laʳ], *a.* Jocoso, chistoso, divertido; burlesco.

jocularity [ˌdʒɒkjʊ'lærɪtɪ] [yo-kiu-la-ri-ti], *s.* Festividad, jocosidad.

jocularly ['dʒɒkjʊləlɪ] [yo-kiu-lar-li], *adv.* Jocosamente.

joculatory ['dʒɒkʊlətərɪ] [yo-kiu-la-to-ri], *a.* Chistoso, gracioso, chancero, divertido.

jocund ['dʒɒkənd] [yo-kond], *a.* Alegre, festivo, plácido, agradable.

jodh-purs ['dʒɒdpɜːz] [yod-pers], *s. pl.* Pantalones de montar.

Joe [dʒəʊ] [you], *s.* **The average Joe,** el hombre de la calle. **Joe Soap,** fulano.

Joe Miller ['dʒəʊˌmɪləʳ] [you-mi-laʳ], *(Fam.)* Chanza muy sabida, chiste que data de mucho tiempo; libro de chistes.

jog [dʒɒg] [yog], *va.* 1. Empujar; dar un golpe suave a alguno para llamar su atención; sacudir con el codo o la mano. 2. *(Fig.)* Excitar suavemente, estimular. **To jog the memory,** estimular la memoria. *-vn.* Traquearse, bambolearse, moverse, suavemente. **To jog on,** empujar a alguno hacia adelante, moverse hacia adelante con un movimiento suave; andar a saltos.

jog, *s.* 1. Empellón, sacudimiento ligero, movimiento irregular. 2. Traqueo, zangoloteo, bazuqueo: dícese del movimiento de un coche o carruaje.

jogging ['dʒɒgɪŋ] [yo-guin], *s.* Sacudimiento, traqueo.

joggle [dʒɒgl] [yo-guel], *vn.* 1. Moverse o agitarse con movimiento trémulo. 2. Vacilar. *-va.* Empujar.

John [dʒɒn] [yon], *n. pr.* Juan; muchacho; tipo nacional. **John Bull,** (a) apodo dado al inglés típico; de aquí, el pueblo inglés. Su traducción literal es Juan Toro. (b) Juego con peniques. **John Chinaman**, un chino, los chinos en general.

John-apple ['dʒɒnˌeɪpl] [yon-ei-pol], *s.* *(Bot.)* Especie de manzana tardía. **St. John's Gospel**, el evangelio de San Juan. **St. John's bread,** *(Bot.)* garrofa o algarroba, fruto del árbol llamado algarrobo. **St. John's bread tree,** algarrobo. **St. John's wort,** hipérico, corazoncillo. **John-dory,** dorado, fabro, pez de mar de forma comprimida.

john, *s. m.* Retrete, baño.

Johnny ['dʒɒnɪ] [yo-ni], *n. pr.* Juanito, dim. de Juan, apodo dado a los confederados por los soldados de los Estados Unidos del Norte durante la guerra civil.

Jonny-cake ['dʒɒnɪˌkeɪk] [yo-ni-keik], *s.* *(E. U.)* Torta de maíz.

join [dʒɔɪn] [yoin], *va.* 1. Juntar, unir, añadir, trabar. 2. Juntar, unir a una persona con otra en alianza o en matrimonio; asociar. 3. Juntarse o unirse a; empeñarse juntos, por lo general en sentido hostil contra otro u otros; chocar, embestir. **To join battle**, empezar la batalla. *-vn.* 1. Unirse, juntarse; ser contiguo o próximo a. 2. Unirse, aliarse, confederarse por alianza o por matrimonio. 3. Agregarse, asociarse. **To join with one**, asociarse a alguno o tener parte en lo que alguno ha hecho. **To join forces**, aliarse. **To join together,** juntarse, unirse. **Join in,** tomar parte, participar (game, protest). **I joined in the game,** me uní al juego. **Join on,** situarse al final de (queue). **Join up,** alistarse *(Mil.)*.

joinder ['dʒɔɪndəʳ] [yoin-daʳ], *s.* *(For.)* Junta, unión, asociación.

joiner ['dʒɔɪnəʳ] [yoi-naʳ], *s.* Ensamblador, carpintero de obra prima.

joinery ['dʒɔɪnərɪ] [yoi-na-ri], *s.* Ensambladura, juntura; el arte del ensamblador. Carpintería.

joint ['dʒɔɪnt] [yoint], *s.* Coyuntura, articulación. 2. Gozne, bisagra; charnela. 3. Cuarto, uno de los miembros de un animal cortado para aderezarlo y comerlo; uno de esos trozos de carne puesto sobre la mesa. 4. Ensambladura. 5. Nudo o articulación de una planta. **Out of joint**, lujado; desunido, despegado; desordenado, confuso, desconcertado, descoyuntado. *-a.* 1. Distribuído, dividido, repartido. 2. Participante, el que tiene parte en alguna cosa; común a muchos, solidario. **Joint heir,** coheredero. 3. Unido, combinado, indiviso. **With joint consent,** de común acuerdo. **Joint responsibility,** responsabilidad solidaria. **Joint property,** propiedad indivisa. **Joint-stock,** capital social, fondos en común. **Joint-stock company,** compañía por acciones. **Joint tenant,** inquilino en común con otro; terrateniente pro indiviso. **Joint account,** cuenta común.

joint, *va.* 1. Juntar, unir, agregar. 2. Formar nudos, articulaciones o coyunturas. 3. Descuartizar. 4. Confederar, hacer alianza.

jointed ['dʒɔɪntɪd] [yoin-tid], *a.* Nudoso, lo que está lleno de nudos o junturas; de o con coyunturas; de movimiento.

jointer ['dʒɔɪntəʳ] [yoin-taʳ], *s.* Juntera, instrumento de carpintería.

jointly ['dʒɔɪntlɪ] [yoint-li], *adv.* Juntamente, unidamente, mancomunadamente. **Jointly and severally,** Todos y cada uno de por sí.

jointress ['dʒɔɪntrɪs] [yoin-tris], *sf.* Mujer que posee alguna cosa por derecho de viudedad.

joint-stool ['dʒɔɪnt,stu:l] [yoint-stul], *s.* Asiento o banquillo plegadizo, silla de tijera.

jointure ['dʒɔɪntʃəʳ] [yoin-chaʳ], *s.* Viudedad, lo que ha de poseer la mujer después de la muerte de su marido, señalado ya en la vida de éste.

jointure, *va.* Asignar bienes o rentas a una mujer en las capitulaciones matrimoniales.

joist ['dʒɔɪst] [yoist], *s.* Viga o vigueta de bovedilla o suelo.

joke [dʒəʊk] [youk], *s.* Chanza, dicho o hecho burlesco, burla, chocarrería. **In joke,** en chanza, de burlas, en zumba. **A ready joke,** un dichito al caso. **A practical joke,** un bromazo, un petardo, una mala pasada. **A sorry joke,** una broma pesada. **A crack a joke,** decir un chiste, una agudeza; hacer el gracioso. **To play a joke on,** gastar una broma. **It's no joke,** no tiene ninguna gracia. **She can't take a joke,** no aguanta las bromas, no le gusta que le tomen el pelo. **¡You must be joking!,** ¡no lo dices en serio!

joke, *vn.* Chancear, chancearse, usar de chanzas.

joker ['dʒəʊkəʳ] [you-kaʳ], *s.* 1. Burlón, chancero, deudor. 2. En algunas formas del juego de naipes, el comodín.

joking ['dʒəʊkɪŋ] [you-kin], *s.* 1. Chanza, burla, chiste. 2. Burlón/ona, bromista (tone). **Apart joking,** bromas aparte, hablando en serio. **He's not in a joking mood,** no está para bromas.

jokingly ['dʒəʊkɪŋlɪ] [you-kin-li], *adv.* En broma, en chanza, chistosamente.

jollily ['dʒɒlɪlɪ] [yo-li-li], *adv.* Alegremente.

jolliness ['dʒɒlɪnɪs] [yo-li-nes], *s.* **Jollity** ['dʒɒlɪtɪ] [yo-li-ti], *s.* Viveza; alegría, regocijo.

jolly ['dʒɒlɪ] [yo-li], *a.* 1. Alegre, festivo, airoso, gallardo, vivo, placentero, agradable. 2. Rollizo, lleno, robusto. **She was jolly glad,** se alegró muchísimo. **To jolly along,** dar ánimos. **Jolly good!** ¡estupendo, fabuloso!

jolly-boat ['dʒɒlɪbəʊt] [yo-li-bout], *s.* *(Mar.)* Botequín, serení.

jolt [dʒəʊlt] [yoult], *vn.* Traquearse, bambolearse. *-va.* Traquear, sacudir; menear repentinamente de arriba abajo.

jolt, *s.* Vaivén, traqueo, salto. **To give a bit of a jolt,** dar un buen susto.

jolter ['dʒəʊltəʳ] [youl-taʳ], *s.* Lo que traquea o sacude.

jolthead ['dʒəʊlthed] [yoult-jed], *s.* Cabeza redonda, zote, bolonio.

jonquil ['dʒɒŋkwɪl] [yon-kuil], *s.* *(Bot.)* Junquillo, planta de jardín de flores amarillas.

joss [dʒɒs] [yos], *s.* Ídolo o dios chino. **Joss-house,** templo o lugar para ídolos chinos. **Joss-paper**, papel dorado o plateado que queman los chinos en los funerales y en ciertos ejercicios religiosos. **Joss-stick**, pajuela perfumada, cubierta con polvos de maderas olorosas, que los chinos queman ante sus ídolos.

jostle ['dʒɒsl] [yo-sel], *va.* Rempujar, apretar, codear. *-vn.* Dar un tropezón con otro, empujarse. **To jostle against,** chocar, dar empujones.

jot [dʒɒt] [yot], *s.* Jota, ápice, tilde, punto, una cosa mínima. **Every jot,** todo. **There's not a jot of truth in it**, no tiene ni pizca de verdad. *V.* IOTA.

jot, *va.* **To jot down,** apuntar, tomar notas.

jotting ['dʒɒtɪŋ] [yo-tin], *s.* Apunte, nota.

joule [dʒu:l] [yul], *s.* Julio, unidad de medida del trabajo eléctrico, equivalente al producto de un voltio por un culombio; el esfuerzo necesario para mantener la resistencia de un amperio contra la de un ohmio durante un segundo.

jounce ['dʒəʊns] [yauns], *va.* y *vn.* *(Fam.)* Sacudir o sacudirse, traquear. *-s.* Sacudimiento repentino o violento.

journal ['dʒɜ:nl] [yer-nal], *s.* 1. Diario, relación de lo que sucede cada día. 2. Diario, papel periódico que se da al público cada día. 3. Jornal, libro en que los mercaderes hacen los asientos de sus operaciones o negocios por días, desde el borrador o diario, para anotarlos después en el libor mayor. 4. *(Mec.)* Luchadero, manga de eje, cilindro que termina un árbol de rotación, sostenido por un cojinete. **Journal-bearing,** cojinete.

journalism ['dʒɜ:nəlɪzəm] [yer-na-li-sem], *s.* Periodismo, profesión y ocupación de periodista.

journalist ['dʒɜ:nəlɪst] [yer-na-list], *s.* Diarista, periodista.

journalize ['dʒɜ:nəlaɪz] [yer-na-lais], *va.* *(Com.)* Pasar al jornal, por vía de preparación para el libro mayor. *-vn.* Apuntar en el diario.

journey ['dʒɜ:nɪ] [yer-ni], *s.* 1. Jornada. 2. Viaje, tramo, trayecto (trip). 3. Tránsito, el paso o acto de pasar de un paraje a otro. **To break one's journey,** hacer una parada. **Outward/return journey,** viaje de ida/de vuelta.

journey, *va.* Viajar, ir de viaje de una parte a otra.

journeyman ['dʒɜ:nɪmən] [yer-n-mani], *s.* Jornalero, el que trabaja por un jornal. **Journeyman tailor,** oficial de sastre.

journey-work ['dʒɜ:nɪ,wɜ:k] [yer-ni-uerk], *s.* Jornal, trabajo del jornalero.

joust ['dʒaʊst] [yaust], *s.* Justa, torneo, regocijo público entre los antiguos caballeros.

joust, *vn.* Justar, combatir en una justa.

jove [dʒəʊv] [youv], *s.* **By jove!** ¡caramba!

jovial ['dʒəʊvɪəl] [you-vial], *a.* Jovial, alegre, festivo.

joviality, jovialness [,dʒəʊvɪ'ælɪtɪ] [you-via-li-ti], *s.* Jovialidad, festividad, buen humor, regocijo.

jovially ['dʒəʊvɪəlɪ] [you-via-li], *adv.* Alegremente, con alegría y jovialidad.

jowl [dʒaʊl] [yaul], *s.* Carrillo o quijada; de aquí, cabeza de pescado aderezada o cocida. Papada (cheek).

jowler ['dʒaʊləʳ] [yau-laʳ], *s.* Nombre dado a una especie de perros de caza.

joy [dʒɔɪ] [yoi], *s.* 1. Alegría, júbilo, alborozo, regocijo. 2. Gozo, gusto, complacencia, deleite, la cosa que causa deleite. **I wish you joy,** le doy a Vd. la enhorabuena. **To wish one joy,** desear prosperidad a alguno, dar la enhorabuena. **Joy, joy!** ¡albricias, albricias! **Joy-bells,** *s. pl.* campaneo en señal de regocijo.

joy, *vn.* *(Poét.)* Regocijarse, recrearse. *-va.* *(Des.)* 1. Congratular, felicitar, dar el parabién o la enhorabuena a otro por la felicidad que ha logrado. 2. Gozar, poseer. **To have joy in something,** tener éxito en algo. **I wish you joy of it!,** ¡enhorabuena!, ¡que lo disfrutes!

joyful ['dʒɔɪfʊl] [yoi-ful], *a.* Alegre, gozoso. **To be joy about,** alegrarse de.

joyfully ['dʒɔɪfəlɪ] [yoi-fa-li], *adv.* Alegremente.
joyfulness ['dʒɔɪfulnɪs] [yoi-ful-nes], *s.* Alegría, gozo, júbilo.
joyless ['dʒɔɪlɪs] [yoi-les], *a.* Triste, sin alegría, insulso.
joylessly ['dʒɔɪlɪslɪ] [yoi-les-li], *adv.* Tristemente, insulsamente.
joylessness ['dʒɔɪlɪsnɪs] [yoi-les-nes], *s.* Tristeza, melancolía.
joyous ['dʒɔɪəs] [yoios], *a.* Alegre, festivo, gozoso.
joyously ['dʒɔɪəslɪ] [yoios-li], *adv.* Alegremente, gozosamente.
joyousness ['dʒɔɪəsnɪs] [yoios-nes], *s.* Condición o estado de gozoso.
joyride ['dʒɔɪraɪd] [yoi-raid], *s. f.* Huida, escapada.
joystick ['dʒɔɪstɪk] [yoi-stik], *s. f.* Palanca de control (Computers). Palanca de mando (Aer).
JP Abreviatura de **Justice of the Peace.**
JTPA Abreviatura de **Job Training Partnership Act** (Programa gubernamental de formación profesional en US).
jubilant ['dʒu:bɪlənt] [yu-bi-lant], *a.* El que se regocija cantando himnos de alegría.
jubilate ['dʒu:bɪleɪt] [yu-bi-leit], *vn.* Alegrarse, proferir sonidos o voces de alegría.
jubilation [ˌdʒu:bɪ'leɪʃən] [yu-bi-lei-shon], *s.* Júbilo, regocijo, alegría.
jubilee ['dʒu:bɪli:] [yu-bi-li], *s.* 1. Jubileo, cierta fiesta que celebran los israelitas cada cincuenta años. 2. El quincuagésimo aniversario de cualquier evento y el año en que ocurre ese aniversario. 3. Jubileo, una solemnidad y ceremonia eclesiásticas de la Iglesia católica.
judaic, judaical [dʒu:'deɪk] [yu-deik], *a.* Judío, judaico.
judaically [dʒu:'deɪkəlɪ] [yu-dei-ka-li], *adv.* A manera de judío.
judaism ['dʒu:deɪɪzəm] [yu-dei-isem], *s.* Judaísmo.
judaize ['dʒu:deɪaɪz] [yu-dei-ais], *vn.* Judaizar, abrazar la religión de los judíos.
judaizer ['dʒu:deɪaˌɪzəʳ] [yu-dei-aisaʳ], *s.* Judaizante, el que judaiza.
judas-tree ['dʒu:dəsˌtri:] [yu-das-tri], *s. (Bot.)* Arbol del amor, árbol de Judas, algarrobo loco.
judean ['dʒu:dɪən] [yu-dian], *a.* Judaico, que se refiere a la Judea.
judge [dʒʌdʒ] [yadch], *s.* 1. Juez, magistrado revestido de autoridad para administrar justicia. 2. Juez árbitro, el que es designado para resolver una duda o contienda; el que es capaz de discernir el mérito de alguna cosa. **To be no judge of,** no ser juez en la materia, no entender de. **A good/bad judge of,** conocedor/poco conocedor de. **I'll be the judge of that,** yo mismo lo decidiré. **I judged the moment well,** escogí un buen momento, acerté, atiné. **To judge for oneself,** juzgar por sí mismo.
judge, *vn.* 1. Juzgar, sentenciar, fallar como juez. 2. Juzgar, hacer buen o mal juicio de alguna cosa. 3. Censurar, criticar. 4. Discernir, distinguir.
judgment, jdgement ['dʒʌdʒmənt] [yadch-ment], *s.* 1. Juicio, discernimiento. 2. Juicio, decisión, fallo; sentencia del juez. 3. Juicio, voto, sentir, opinión, dictamen. **Last Judgement,** juicio final. **A man of judgment,** hombre de discernimiento. **In my judgment he is greatly mistaken,** yo creo que se engaña mucho. **Judgment-seat,** tribunal. **To the best of on's judgment,** según el leal saber y entender de uno. **To pass judgement on,** dictar sentencia sobre, emitir un juicio crítico sobre *(Jur.)*. **She showed excellent judgement,** demostró tener muy buen gusto.
judgmental, judgemental [dʒʌdʒ'mentl] [yadch-men-tal], *a.* Crítico/a.
judger ['dʒʌdʒəʳ] [yad-chaʳ], *s.* Juez, el que juzga.
judgeship [ˈdʒʌdʒəʃɪp] [yad-cha-ship], *s.* Oficio o dignidad de juez; magistratura.
judicable ['dʒu·dɪkeɪbl] [yu-di-kei-bol], *a.* Que puede ser probado o juzgado.

judicative [dʒu:'dɪkətɪv] [yu-di-ka-tiv], *a.* Judicativo, que tiene facultad para juzgar.
judicatory ['dʒu:dɪkətərɪ] [yu-di-ka-to-ri], *s.* 1. Justicia. 2. Tribunal de justicia. *-a.* Judicial, que administra justicia.
judicature ['dʒu:dɪkətʃəʳ] [yu-di-ka-chaʳ], *s.* 1. Judicatura, magistratura. 2. Tribunal de justicia.
judicial [dʒu:'dɪʃəl] [yu-di-shal], *a.* 1. Judicial, lo que pertenece al juicio o a la administración de jsuticia. 2. Penal, lo que se impone como pena o castigo por un delito. 3. Legal (separation). 4. Crítico (Mind).
judicially [dʒu:'dɪʃəlɪ] [yu-di-sha-li], *adv.* Judicialmente.
judiciary [dʒu:'dɪʃərɪ] [yu-di-sha-ri], *a.* 1. Judiciario; judicial. 2. Magistratura (judges). Poder judicial.
judicious [dʒu:'dɪʃəs] [yu-di-shos], *a.* Juicioso, prudente, circunspecto, mirado.
judiciously [dʒu:'dɪʃəslɪ] [yu-di-shos-li], *adv.* Juiciosamente, con juicio.
judiciousness [dʒu:'dɪʃəsnɪs] [yu-di-shos-nes], *s.* El estado o la calidad que constituye a uno juicioso.
judo ['dʒu:dəʊ] [yu-dou], *s. m.* Judo.
jug [dʒʌg] [yag], *va.* 1. Introducir o cocer en una botija o cacharro. 2. *(Vulg.)* Encarcelar. *-vn.* Lanzar cierta nota especial, como lo hacen el ruiseñor y algunos otros pájaros. (Voz onomatopéyica). *-s.* 1. *(E.U.)* Jarro, cacharro, por lo general de barro y con tapón, de boca estrecha y cuerpo ancho, para conservar o conducir líquidos. 2. Jarro, botija, porrón.
juggernaut ['dʒʌgənaʊt] [ya-ga-naut] *s. m.* Camión de carga pesada (lorry).
juggle ['dʒʌgl] [ya-guel], *vn.* Hacer juegos de manos; engañar, fingir, hacer trampas.
juggle, *s.* 1. Juego de manos. 2. Impostura, engaño, truhanería.
juggler ['dʒʌgləʳ] [ya-glaʳ], *s.* 1. Juglar, truhán, titiritero. 2. Impostor, el que finge y engaña con apariencias de verdad. 3. Prestidigitador, jugador de manos, malabarista.
juggling ['dʒʌglɪŋ] [ya-glin], *s.* Engaño, impostura, trampa, truhanería.
jugglingly ['dʒʌglɪŋlɪ] [ya-glin-li], *adv.* Engañosamente.
jugular ['dʒʌgjʊləʳ] [ya-guiu-laʳ], *a.* 1. Yugular, perteneciente a la garganta. 2. Yugular, que se relaciona con la vena yugular. *-s.* 1. Vena yugular. 2. *(Ict.)* Yugular, orden de peces que tiene las aletas ventrales delante de las pectorales.
jugulate ['dʒʌgjʊleɪt] [ya-guiu-leit], *va.* Degollar, cortar la garganta.
jugulation ['dʒʌgjʊ'leɪʃən] [ya-guiu-lei-shon], *s.* Degollación, degüello.
juice [dʒu:s] [yus], *s.* 1. Zumo, el líquido que se saca de algunas plantas y frutas exprimiéndolas. 2. Jugo, la substancia que se saca de alguna cosa cociéndola. **Juice of the sugar-cane,** zumo de caña; (Cuba) guarapo. 3. Jugo, la substancia de las hierbas. 4. Suco, el humor de que se alimentan los animales y plantas. 5. Corriente (Electr.). **Expressed juice,** zumo. **Boiled juice,** jugo. *(Mex.)* **The unfermented juice of the maguey,** aguamiel.
juiceless ['dʒu:slɪs] [yus-les], *a.* Seco, sin zumo, sin jugo.
juiciness ['dʒu:sɪnɪs] [yu-si-nes], *s.* Jugosidad.
juicy ['dʒu:sɪ] [yu-si], *a.* Jugoso, zumoso, suculento.
jujitsu [dʒu:'dʒɪtsʊ] [yu-yit-su], *s.* Jiu-jitsu, arte japonés de lucha sin armas.
juke box ['dʒu:kbɒks] [yuk-boks], *s.* Tocadiscos. *(Mex.)* Tragadieces, tragaveintes.
julep ['dʒu:lep] [yu-lep], *s.* 1. Bebida compuesta de aguardiente o whisky, azúcar, hielo y menta. 2. Julepe, bebida dulce que se usa para tomar en ella un medicamento.
julienne ['dʒu:lɪen] [yu-lien], *s.* Caldo claro de carne que contiene zanahorias y otras legumbre picadas; sopa de hierbas.
july [dʒu:'laɪ] [yu-lai], *s.* Julio, el séptimo mes del año.
jumble ['dʒʌmbl] [yam-bel], *va.* Mezclar y revolver confusamente unas cosas con otras. *-vn.* Mezclarse, revolverse, confundirse.

jumble, *s*. 1. Mezcla, revoltillo, bazuqueo, enredo, embrollo, confusión. 2. Bollito delgado y dulce.
jumbler ['dʒʌmbləʳ] [yam-blaʳ], *s*. Mezclador, embrollón, el que mezcla confusamente unas cosas con otras.
jument ['dʒʌmənt] [ya-ment], *s*. Acémila, jumento, cualquier bestia de carga.
jump [dʒʌmp] [yamp], *vn*. 1. Saltar, brincar, cruzar una distancia. 2. Traquearse, sacudirse; moverse a saltos. 3. Convenir, concordar. *-va*. 1. Arriesgar, aventurar inconsideradamente. 2. *(Ger., E.U. y Austral.)* Usurpar, tomar posesión por fuerza o en ausencia del propietario (v. g. de una mina). 3. Pasar por, omitir. 4. En el juego de damas, tomar o comer un peón del adversario. **To jump at,** aceptar algo con entusiasmo. **To jump on one,** *(Fam.)* poner a uno verde. **To jump over,** saltar de un lado a otro por encima de alguna cosa. **To jump to a conclusion,** apresurarse a deducir. **To be one jump ahead,** llevar la ventaja.
jump, *s*. 1. Salto, brinco. 2. Distancia o extensión de un salto. 3. *(Min.)* Falla de una vena. 4. Alza o subida en los precios. **On the jump,** *(E.U.)* a paso rápido; enérgicamente.
jumped-up ['dʒʌmpt'ʌp] [yampt-ap], *a*. Presumido/a.
jumper ['dʒʌmpəʳ] [yam-paʳ], *s*. 1. Saltador, brincador. 2. *(E.U.)* Especie de zamarra o camiseta fuerte exterior que llega hasta las caderas, hecha de algodón cruzado o de lienzo basto; la usan los marineros, estivadores, carreteros y otros. 3. *(Mec.)* Mecanismo que funciona con un movimiento como de salto.
jumpsuit ['dʒʌmpsʊt] [yamp-sut], *s. m*. Mono.
jumpy ['dʒʌmpɪ] [yam-pi], *a*. Inquieto, nervioso.
junction ['dʒʌŋkʃən] [yank-shon], *s*. 1. Junta, unión, agregación y adición de unas cosas a otras. 2. Paraje de unión: empalme, punto en que se unen dos ferrocarriles; estación de empalme.
juncture ['dʒʌŋktʃəʳ] [yank-chaʳ], *s*. 1. Juntura. 2. Juntura, coyuntura, articulación. 3. Unión, amistad. 4. Coyuntura, sazón, oportunidad; momento crítico.
june [dʒu:n] [yun], *s*. Junio, el sexto mes del año. **June-bug,** insecto coleóptero que empieza a volar a principios de junio.
jungle ['dʒʌŋgl] [yan-guel], *s*. Soto espeso tropical; matorral, zarzal; red de hierbas gigantescas (en África); pantano intransitable o impenetrable. **Jungle-fever,** fiebre intermitente característica de las selvas del Indostán y de África.
junior ['dʒu:nɪəʳ] [yu-niaʳ], *a*. 1. Más mozo, más joven que otro; hijo, el menor. 2. Menos antiguo; más bajo en grado. **A junior partner,** socio menos antiguo. **Samuel Adams, junior,** Samuel Adams, hijo. **Junior high school,** instituto de Enseñanza Media. **4 years his junior,** 4 años menor que él.
junior college ['dʒu:nɪəˌkʌlɪdʒ] [yu-nio-ko-lich], *s*. Los dos primeros años en un colegio universitario.
juniority ['dʒu:nɪərɪtɪ] [yu-nio-ri-ti], *s*. El estado de ser más joven que otro.
juniper ['dʒu:nɪpəʳ] [yu-ni-paʳ], *s*. *(Bot.)* Enebro, el árbol que produce las nebrinas o bayas de enebro. **Juniper-berries,** bayas de enebro.
junk [dʒʌŋk] [yank], *s*. 1. *(Mar.)* Junco, cierta embarcación del Oriente o de la China. 2. Trozada, trozos de cable viejo; desecho de cualquier clase que puede usarse de nuevo, como hierro viejo, botellas usadas, etc. **Junk dealer,** vendedor de objetos usados. **Junk mail,** buzoneo, propaganda de buzón, publicidad por correo.
junket ['dʒʌŋkɪt] [yan-kit], *s*. 1. Festín, comida a escote. 2. Golosina, manjar delicado hecho de cuajadas. 3. Dulce seco; cualquier género de cosa confitada en seco.
junket, *vn*. Tener o dar un convite, o una comida a escote (party). Festín.
junkie ['dʒʌŋkɪ] [yan-ki], *s*. Drogadicto, heroinómano *(Fam.)*.
junkman ['dʒʌŋkmən] [yank-man], *s*. Chatarrero.
junta ['dʒʌntə] [yan-ta], *s*. Junta, asamblea o reunión de personas para tratar de algún negocio.
Jupiter ['dʒu:pɪtəʳ] [yu-pi-taʳ], *s*. *(Astr.)* 1. Júpiter, uno de los planetas. 2. Júpiter, dios de los antiguos griegos y romanos.
jupon ['dʒʊpən] [yu-pon], *s*. 1. Especie de casaca corta, jubón de los siglos XIV y XV. 2. Tela francesa de urdimbre de algodón, con trama de lana cardada.
jurat ['dʒʊrət] [yu-rat], *s*. 1. Jurado, magistrado de algunas poblaciones. 2. Cláusula de un certificado oficial que da fe de un juramento.
juratory ['dʒʊərətərɪ] [yua-ra-to-ri], *a*. Juratorio, lo que está acompañado, de juramento: se usa en la expresión *fianza juratoria*.
juridical [dʒʊə'rɪdɪkəl] [yua-ri-di-kal], *a*. Jurídico, judicial.
juridically [dʒʊə'rɪdɪkəlɪ] [yua-ri-di-ka-li], *adv*. Jurídicamente.
jurisconsult [ˌdʒʊərɪs'kɒnsʌlt] [yua-ris-kon-salt], *s*. Jurisconsulto, abogado.
jurisdiction [ˌdʒʊərɪs'dɪkʃən] [yua-ris-dik-shon], *s*. 1. Jurisdicción, derecho o facultad legal de ejercer autoridad. 2. Límite, territorio en que puede ejercerse dicha autoridad.
jurisdictional [ˌdʒʊərɪs'dɪkʃənl] [yua-ris-dik-sho-nal], *a*. Jurisdiccional.
jurisdictive [ˌdʒʊərɪs'dɪktɪv] [yua-ris-dik-tiv], *a*. Que tiene jurisdicción.
jurisprudence [ˌdʒʊərɪs'pru:dəns] [yua-ris-pru-dans, *s*. Jurisprudencia, la ciencia del derecho.
jurisprudent [ˌdʒʊərɪs'pru:dənt] [yua-ris-pru-dant], *a*. Jurisperio, jurisprudente, abogado.
jurist ['dʒʊərɪst] [yua-rist], *s*. Jurista, legista, profesor de derecho, jurisperito.
juror ['dʒʊərəʳ] [yua-raʳ], *s*. 1. *(For.)* Jurado, cada uno de los miembros que componen la institución jurídica del mismo nombre. 2. Jurado, individuo de una comisión o junta encargada de adjudicar premios, decidir en las oposiciones o los certámenes, etc.
jury ['dʒʊərɪ] [yua-ri], *s*. Jurado, reunión de personas congregadas para decidir, bajo juramento, si de los hechos que se les representan resulta que se ha cometido un delito, o si es culpable de él la persona acusada. **Grand jury,** el gran jurado, jurado de acusación; consiste de doce a veintitres miembros, doce de los cuales por lo menos han de estar de acuerdo para que haya acusación con fuerza legal. **Petty o petit jury,** jurado de juicio, encargado de declarar y determinar el hecho. Entre los anglosajones lo componen doce individuos, cuyo fallo ha de ser unánime para que haya veredicto. **Jury-box,** lugar que ocupan los jurados en la sala del tribunal. **To be on a jury,** ser miembro de un jurado. **Jury duty, to do jury duty,** actuar como jurado. **Trial by jury,** proceso con jurado.
juryman, *s. V.* JUROR.
jurymast ['dʒʊərɪmɑ:st] [yua-ri-mast], *s*. *(Mar.)* Bandola, palo que se arbola provisionalmente en alta mar en lugar de un mástil tronchado o perdido. **To pitch o set up a jurymast,** armar una bandola.
just [dʒʌst] [yast], *a*. 1. Justo, que es conforme a la justicia, equitativo, verdadero. 2. Recto, íntegro, honrado, virtuosos, puro, inocente. 3. Justo, exacto; cabal, aquello a que nada sobra ni falta. 4. Ordenado, colocado en orden; exactamente proporcionado. **A just judge,** un juez íntegro, recto. **Just dealing,** buena fe. **A just charge,** una acusación fundada; una admonición justa, imparcial. *-adv*. 1. Justamente, exactamente, cabalmente. 2. Apuradamente, tasadamente. 3. Casi o cuasi; a punto de. **He's just about finished his meal,** está a punto de terminar su comida. 4. No más que, apenas; en el mismo instante; sólo, solamente. 5. Poco ha o hace, dentro de un momento; nuevamente, de nuevo. **Just as,** al momento que, luego que, al tiempo que; cuando; no bien. **Just then,** en ese mismo instante. **Not just now,** hasta ahora no. **Just as** (like), lo mismo que, semejante a. **Just now,** ahora mismo, en este mismo instante, poco hace, recientemente, últimamente. **Just by,** aquí cerca. **Just as I came in,** en el momento mismo o al tiempo de entrar yo.

Just as you please, como Ud. guste. **Just beyond,** un poco más allá. **That will just do,** eso será conveniente. **To have but just time,** tener justamente el tiempo necesario. **It's just what I wanted,** es precisamente lo que quería. **Leave it just as it is,** déjalo tal y como está. **To have everything just so,** tener cada cosa en su sitio. **She'd just as soon not go,** ella prefiere no ir. **Just over/under 500 grs.,** poco más de 500 grs. **Just listen!** ¡escucha un poco! **Just shut up!** ¡Cállate ya! (Imperatives). **It's just perfect!,** ¡qué maravilla! (Emphatic). **Just in case,** por si acaso (phrases).

just, joust, *s.* Justa, combate singular a caballo y con lanza.

just, joust, *vn.* Justar, lidiar, combatir en una justa.

justice ['dʒʌstɪs] [yas-tis], *s.* 1. Justicia, virtud que consiste en dar a cada uno lo que le pertenece; equidad. 2. Justicia, el acto de ejecutar en el reo la pena impuesta por sentencia. 3. Justicia, razón, derecho. 4. Justicia, el ministro que por su autoridad la ejerce. **Justice of the Peace,** juez de paz, alcalde, magistrado de jurisdicción limitada. **To bring to justice,** llevar ante los tribunales. **To do justice to skills,** estar a la altura de su capacidad.

justiciable ['dʒʌstɪʃɪəbl] [yas-ti-shia-bol], *a.* Lo que debe examinarse en los tribunales de justicia.

justiciary ['dʒʌstɪʃɪərɪ] [yas-ti-shia-ri], *s.* Juez, el que administra justicia; alto magistrado.

justifiable ['dʒʌstɪfaɪəbl] [yas-ti-faia-bol], *a.* Justificable, conforme a la razón, según justicia.

justifiableness ['dʒʌstɪfaɪəblnɪs] [yas-ti-faia-bol-nes], *s.* Rectitud; la posibilidad de ser justificado.

justifiably ['dʒʌstɪfaɪəblɪ] [yas-ti-faia-bli], *adv.* Justificadamente.

justification [ˌdʒʌstɪfɪ'keɪʃən] [yas-ti-fi-kei-shon], *s.* 1. Justificación. 2. Descargo, defensa, los motivos que expone el acusado en un tribunal para defenderse de los cargos que se le hacen.

justificative ['dʒʌstɪfɪkətɪv] [yas-ti-fi-ka-tiv], *a.* Justificativo.

justificator [ˌdʒʌstɪfɪ'keɪtə[r]] [yas-ti-fi-kei-ta[r]], *s.* Defensor; justificador.

justificatory ['dʒʌstɪfɪkətərɪ] [yas-ti-fi-ka-to-ri], *a.* Justificativo, defensivo.

justifier ['dʒʌstɪfaɪə[r]] [yas-ti-faia[r]], *s.* Justificador; justificante.

justify ['dʒʌstɪfaɪ] [yas-ti-fai], *va.* 1. Justificar, declarar a uno inocente del delito que se el imputa, o absolverle de la acusación. 2. Justificar, probar en justicia alguna cosa; defender; absolver. 3. *(Teol.)* Absolver, perdonar una falta, reinstalar en la gracia de Dios. 4. *(Impr.)* Justificar, espaciar bien, ajustar a una misma medida las líneas de una plana. Alinear, justificar (Comput., Typ.).

justle, *s.* y *v. V.* JOSTLE.

justly ['dʒʌstlɪ] [yast-li], *adv.* Justamente, rectamente; cabal y exactamente, precisamente.

justness ['dʒʌstnɪs] [yast-nes], *s.* 1. Justicia, equidad, precisión. 2. Exactitud, la propiedad con que está hecha alguna cosa; regularidad; primor.

jut [dʒʌt] [yat], *vn.* Sobresalir, extenderse más allá de la parte principal de alguna cosa; se usa frecuentemente con la prep. *out*; combarse. *-s.* Salidizo, vuelo, proyección. **To jut out,** sobresalir.

jute [dʒuːt] [yut], *s.* 1. Hierba asiática del género Corchorus, familia de las tiliáceas. 2. Yute, cáñamo chino o de las Indias, fibra textil obtenida de la corteza interior de dicha planta.

jut-window ['dʒuːt'wɪndəʊ] [yut-uin-dou], *s.* Ventana saliente, mirador.

juvenescence ['dʒuːvənəsns] [yu-ve-ne-sens], *s.* Renovación de la juventud. *V.* REJUVENESCENCE.

juvenescent ['dʒuːvənəsnt] [yu-ve-ne-sent], *a.* Rejuveneciente, que se remoza.

juvenile ['dʒuːvənaɪl] [yu-ve-nail], *a.* 1. Juvenil (sports). Infantil *(pej.)*. 2. Joven, menor.

juvenility [ˌdʒuːvə'nɪlɪtɪ] [yu-ve-ni-li-ti], *s.* 1. Mocedad, juventud. 2. Ligereza, ardor o fuego de la juventud.

juxtapose ['dʒʌkstəpəʊz] [yaks-ta-pous], *v.* Yuxtaponer.

juxtaposition [ˌdʒʌkstəpəʊ'zɪʃən] [yaks-ta-pou-si-shon], *s.* Yuxtaposición, el modo de aumentar de volumen los cuerpos por la incorporación de los elementos que se les agregan exteriormente.

K

k [keɪ] [kei], undécima letra del abecedario inglés; se pronuncia en inglés siempre como la *c* antes de a en castellano; v. g. *kali* (cáli), *ken* (quen). Antes de *n* no se pronuncia; v. g. *knight* (náit).

k., abreviatura significa potasio (kalio). K. o Kt., *knight*, Caballero.

kaaba ['kɑːbə] [ka-ba], *s.* Caaba, Caba, templo venerado en la Meca, que contiene una piedra sagrada.

kafir, kaffir ['kæfə[r]] [ka-a[r]], *s.* 1. Cafre, miembro de una de las tribus bantus, del sur de África. 2. Idioma de los cafres sudafricanos. 3. Natural del Kafiristán, región del Afganistán. 4. Infiel, el que no profesa la fe mahometana.

kafta ['kæftə] [kaf-ta], *s.* Las hojas de un arbusto de Arabia usadas en sustitución del té y el café; artículo de comercio.

kaiak, kayak ['kaɪæək] [kaiak], Canoa de los esquimales.

kail o **kale** ['keɪl] [keil], *s. (Bot.)* Bretón, especie de berza; col rizada.

kaiser ['keɪzə[r]] [kei-sa[r]], *s.* Káiser, antiguo emperador de Alemania.

kaleidoscope [kə'leɪdəskəʊp] [ka-lei-dos-koup], *s.* Caleidoscopio, aparato óptico, con espejos inclinados que al menor movimiento presentan una nueva imagen.

kaleidoscopic [kə'leɪdəskəʊpɪk] [ka-lei-dos-kou-pik], *a.* Caleidoscópico, perteneciente al caleidoscopio; de aquí, variado, pintoresco.

kali ['keɪlɪ] [kei-li], *s.* Barrilla, hierba.

kalmia ['kælmɪə] [kal-mia], *s. (Bot.)* Kalmia, un género norteamericano de plantas fruticosas siempre verdes, con umbelas de flores azules, purpúreas o blancas.

kalmuck ['kælmʌk] [kal-mak], *s.* 1. Calmuco, raza mongola del Asia central. 2. Su idioma.

kalsomine, v. y *s. V.* CALCIMINE.

kamikaze [ˌkæmɪ'kɑːzɪ] [ka-mi-ka-si], *s. m.* Kamikaze.

kana ['kænə] [ka-na], *s.* Escritura japonesa propia; tiene 48 caracteres.

kanaka ['kænəkə] [ka-na-ka], *s.* Natural de las islas de Hawai; por extensión, cualquier habitante de las islas del Pacífico.

kangaroo [ˌkæŋgə'ruː] [kan-ga-ru], *s.* Canguro, mamífero del orden de los marsupiales.

kantianism [ˌkænʃə'nɪzən] [kan-sha-ni-sem], *s.* Kantismo, doctrina del filósofo Kant.

kaolin ['keɪəlɪn] [keia-lin], *s.* Caolín, arcilla blanca muy pura con que se hace la porcelana fina.

kapellmeister ['kæpəl'meɪstə[r]] [ka-pel-meis-ta[r]], *s.* Maestro de capilla; director de una orquesta o de un coro.

kaput ['kæpət] [ka-put], *a.* Estropeado, roto *(fam.)*.

karakul ['kærəkəl] [ka-ra-kul], *s.* Astracán, piel de astracán.

karate ['kærət] [ka-rat], *s. m.* Karate.

karma ['kɑːmə] [kar-ma], *s.* (Sanscrito) Efecto de cualquier acto, religioso u otro; retribución ineludible.

karn ['kɑːn] [karn], *s.* Montón de piedras. *V.* CAIRN. *(Ingl.)*

karting ['kɑːtɪŋ] [kar-tin], *s. m.* Kárting (Sports).

kat [kæt] [kat], *s. V.* KAFTA.

kata-, *prefijo. V.* CATA.

katydid ['kætɪdɪd] [ka-ti-did], *s.* Insecto arbóreo, verde y con largas antenas, del orden de los ortópteros.

kayak ['kaɪək] [kaiak], *s. m.* Kayac.

KB, *s.* Abreviatura de **kilobyte**.

kd Abreviatura de **knocked down**, desmontado (US).
kebboc ['kebɒk] [ke-bok], *s. (Esco.)* Un queso.
keck ['kek] [kek], *vn.* Querer vomitar, tener náuseas. *-s.* Tallo de cicuta.
keckle ['kekl] [ke-kel], *va. (Mar.)* Aforrar un cable.
kecksy, *s. V.* KEX.
kedge [kedʒ] [kedch], *s. (Mar.)* Anclote; ancla pequeña.
kedger ['kedʒəʳ] [ked-chaʳ], *s.* Anclote; pescadero.
keel ['ki:l] [kil], *s.* 1. *(Mar.)* Quilla, pieza de madera o hierro, que va de popa a proa por la parte inferior del barco. **False keel,** zapata de quilla. **Rabbit of the keel,** alefriz de quilla. **Searfs of the keel,** juntas de quilla. **Sheathing of the keel,** embón de quilla. 2. *(Bot.)* Quilla, pétalo inferior de una flor papilionácea que incluye los estambres y el pistilo. **Keel over,** volcar, zozobrar *(Mar.)*; desmayarse, desplomarse *(Pers.)*.
keel, *va.* Enfriar; refrescar. *-vn.* Resfriar, desanimar.
keelage ['ki:leɪdʒ] [ki-leich], *s. (Mar.)* Derechos de quilla.
keelfat ['ki:lfæt] [kil-fat], *s.* Garapiñera, vasija grande en que se pone a enfriar algún líquido.
keelhale ['ki:lheɪl] [kil-jeil], *va. (Mar.)* Pasar por la quilla.
keelhaul ['ki:lhəʊl] [kil-joul], *va.* Aplicar a los marineros el antiguo castigo que consistía en zambullir y sacar varias veces del mar a un delincuente, atado con una cuerda.
keeling ['ki:lɪŋ] [ki-lin], *s. (Ict.)* Especie de merluza.
keelrope ['ki:lrəʊp] [kil-roup], *s. (Mar.)* Cabo imbornalero de las varengas.
keelson ['ki:lsən] [kil-son], *s. (Mar.)* Sobrequilla, pieza de madera de casi todo el largo del buque, colocada directamente encima de la quilla.
keen [ki:n] [kin], *a.* 1. Afilado; aguzado. 2. Agudo, penetrante, sutil, vivo. 3. Ansioso, vehemente. 4. Acre, desabrido, mordaz, satírico, picante. **Keen-sighted,** el que tiene vista perspicaz. **Keen appetite,** gran apetito. **To be keen on something,** ser aficionado a algo. **Are you keen on cinema?,** ¿te gusta el cine?
keenly ['ki:nlɪ] [kin-li], *adv.* 1. Agudamente, sutilmente. 2. Intensamente, vivamente. Fijamente (look).
keenness ['ki:nnɪs] [kin-nes], *s.* 1. Agudeza, sutileza o delicadeza de filo. 2. Agudeza, perspicacia, viveza o sutileza de ingenio. 3. Rigor o aspereza del frío. 4. Ansia, anhelo, deseo vehemente. 5. Aspereza de genio, acrimonia.
keep [ki:p] [kip], *va.* (*pret.* y *pp.* KEPT). 1. Tener, mantener, retener (retain). 2. Preservar, librar, guardar (preserve). 3. Cuidar, proteger, defender (. 4. Impedir, detener, entretener (detain). 5. Conservar, reservar, ocultar. 6. Poner por escrito o de otra manera para referencia; apuntar; llevar (los libros de comercio). 7. Mantener, proveer del alimento necesario. **To earn one's keep,** ganarse el sustento. 8. Sostener algo para que no se caiga. 9. Proseguir, voluntariamente en lo que se está haciendo; ser fiel *a.* 10. Observar, guardar o cumplir exactamente alguna cosa (agreement, promise). 11. Solemnizar. *-vn.* 1. Mantenerse, perseverar o subsistir en un mismo estado. 2. Acostumbrar, soler. 3. Mantenerse, proveerse del alimento necesario. 4. Continuar en alguna situación, quedar. 5. Vivir, residir. 6. Tener cuidado de alguna cosa.
keep along, continuar en la misma situación; seguir una senda.
keep aloof, apartarse, ponerse a un lado, no entremeterse.
keep asunder, tener separado o desunido; estar o vivir separado o desunido.
keep at it, *(Fam.)* perseverar, persistir. **To keep at home,** quedarse en casa.
keep away, tener o retener a alguno apartado o alejado; estar o vivir apartado o alejado; mantenerse ausente.
keep back, retener, detener, ocultar, impedir; preservar, guardar, reservar; restringir (put aside) **Where do you keep the salt?,** ¿dónde guardas la sal?
keep down, sujetar; tener humillado.
keep from, guardar o guardarse; defender; evitar; impedir.
keep in, reprimir, refrenar, moderar, contener, tener en sujeción; esconder, ocultar. **To keep in awe,** hacerse temer, darse a respetar o hacerse respetar.
keep off, impedir, desanimar; estar o mantenerse separado o alejado; mantener a distancia, no admitir a alguno.
keep on, ir adelante, proseguir, adelantar.
keep out, impedir a uno que entre; estar o mantenerse fuera de algún sitio; no querer entrar. **To keep out of sight,** esconder, quitar de delante; estar o mantenerse oculto.
keep to, adherirse estrictamente a alguna cosa; detenerse.
keep under, sujetar, tener debajo o en sujeción.
keep up, mantener, conservar, continuar; mantenerse con resolución en alguna situación o estado; no ceder, no cesar; estar de jarana. **He keeps up his usual retinue,** mantiene su tren acostumbrado. **To keep it up,** *(Fam.)* persistir en una acción. **To keep company,** acompañar o estar frecuentemente con alguno; tener trato familiar con una persona. **To keep books,** llevar los libros de comercio. **To keep cash,** tener o guardar la caja o el dinero de una casa de comercio, ser cajero. **To keep fit,** mantenerse en forma. **To keep holidays,** guardar las fiestas. **To keep Lent,** observar la cuaresma o los preceptos de la religión pertenecientes a los ayunos, etc., en tiempo de cuaresma. **To keep one's bed,** guardar cama. **To keep one at bay,** divertir a alguno; entretenerle con buenas palabras o promesas. **To keep one hungry,** hacer padecer hambre a alguno. **To keep one's ground,** mantenerse firme, defender su terreno. **To keep one's temper,** tener calma, ser dueño de sí mismo, contenerse. **To keep somebody posted,** tener a alguien al corriente. **To keep the land aboard,** *(Mar.)* mantenerse inmediato a la tierra. **To keep off,** *(Mar.)* mantenerse distante de la tierra, no arrimarse. **To keep the sea,** *(Mar.)* mantenerse mar afuera. **How is she keeping?,** ¿qué tal está (ella)? **He's keeping better,** él está mejor. (health).
keep, *s.* 1. Mantenimiento, medios de subsistencia; guarda, guardia, custodia, cuidado. 2. Torre, la parte más fuerte de los castillos antiguos; torreón; de aquí, castillo, alcázar. 3. Construcción en que se conserva algo. **For keeps,** (Fam. E.U.) para guardar o retener, para siempre.
keeper ['ki:pəʳ] [ki-paʳ], *s.* 1. Defensor, defendedor. 2. Tenedor, el que tiene a su cargo alguna cosa, por lo regular en nombre de otro; guardián, guardador, el que guarda. 3. Carcelero. 4. Guardabosque. 5. Guarda, el que tiene a su cargo o cuidado la conservación de alguna cosa. **Book-keeper,** tenedor de libros. **Goal keeper,** portero, guardameta.
keepership ['ki:pəʃɪp] [ki-pa-ship], *s.* Oficio o empleo de guarda; alcaidía, oficio o empleo de carcelero.
keeping ['ki:pɪŋ] [ki-pin], *s.* 1. Cargo, custodia, mantenimiento; cuidado, preservación, defensa; guarda. 2. Congruencia; razón o relación justa o recta. **Not in keeping,** No congruente, mal avenido. **Book-keeping,** teneduría de libros.
keepsake ['ki:pseɪk] [kip-seik], *s.* Dádiva, recuerdo o presente hecho para que el que lo recibe lo conserve en memoria del que lo da.
keeve [ki:v] [kiv], *s.* Cuba o tina, vasija en que fermenta la cerveza antes de envasarla.
keever ['ki:vəʳ] [ki-vaʳ], *s.* Enfriadera de cerveza. *V.* BACK.
keg [keg] [keg], *s.* Cuñete, barrilito.
keir ó **kier** [kεəʳ] [keaʳ], *s.* Cuba, tanque de blanquear.
kell [kel] [kel], *s.* Una membrana o telilla que sacan algunas criaturas en la cabeza al nacer. *V.* CAUL.
kelp [kelp] [kelp], *s.* 1. Las especies de alga marina cuyas cenizas sirven para hacer vidrio o preparar yodo; las grandes algas bastas, de cualquier especie, como las laminariáceas y las fucáceas. 2. Las cenizas de algas.
kelpie ó **kelpy** ['kelpɪ] [kel-pi], *s.* Un duende, fantasma o espectro que los escoceses suponen anda sobre el agua.
kelson ['kelsən] [kel-shon], *s. (Mar.)* Sobrequilla. *V.* KEELSON.
kelt, keltic [kelt] [kelt], *V.* CELT.
kelter ['keltəʳ] [kel-taʳ], *s.* Buen orden o estado para trabajar. *V.* KILTER.
ken [ken] [ken], *va.* 1. (Ant. o esco.) Divisar, espiar o reconocer de lejos, ver a una gran distancia, ver de lejos

(recognize). 2. Saber (fact), conocer, alcanzar, comprender. *-vn. (Des.)* Mirar alrededor.

ken, *s.* Vista, la distancia hasta donde se alcanza a ver alguna cosa.

kendal-green ['kendəl'gri:n] [ken-dal-grin], *s.* Especie de paño verde.

kennel [kenl] [ke-nel], *s.* 1. Perrera, el lugar o sitio donde se guardan los perros. 2. Jauría; traílla, cuadrilla de perros podencos en una cacería. 3. Zorrera, la cueva de la zorra. 4. Habitación sórdida. 5. Conducto o canal para dar curso o salida a las aguas en las calles cuando llueve; arroyo.

kennel, *vn.* Encamarse, echarse o estar en la cama; se dice regularmente de los animales, y por desprecio algunas veces de los hombres. *-va.* Tener en perrera.

keno ['kenəʊ] [ke-nou], *s.* Quinterno en la lotería; juego de azar.

kentle [kentl] [ken-tel], *s. V.* QUINTAL.

kentledge ['kentledʒ] [ken-tel-edch], *s. (Mar.)* Lingotes de hierro para lastre, puestos permenentemente encima de la sobrequilla.

kept, *pret.* y *pp.* del verbo TO KEEP.

keramic, *a. V.* CERAMIC.

kerb [kɜ:b] [kerb], *s. m.* Bordillo. **Kerb market**, mercado no oficial (después del cierre de la Bolsa).

kerb-stone ['kɜ:bstəʊn] [kerb-stoun], *s.* 1. Brocal de pozo. 2. Guardacantón, piedra grande o poste puesto a las esquinas de las casas para resguardarlas de los golpes de los carros o carruajes. 3. *V.* CURB-STONE.

kerchief ['kɜ:tʃɪf] [ker-chif], *s.* Cofia, tocado de mujer; pañuelo.

kerchiefed ['kɜ:tʃɪfd] [ker-chifd], *a.* Adornado, vestido.

kerf [kɜ:f] [kerf], *s.* 1. La abertura que hace la sierra en la madera. 2. La cortadura que hace una máquina de esquilar o tundir.

kerfuffle ['kɜ:ˌfʌfl] [ker-fa-fol], *s. m.* Follón, lío *(Fam.)*.

kermes ['kɜ:mɪs] [ker-mis], *s.* 1. Quermes, el gusanillo que se engendra dentro del coco de la grana. **Kermes oak,** coscoja. 2. Quermes mineral, hidro-sulfureto de antimonio, una preparación de antimonio.

kermess ['kɜ:mɪs] [ker-mi:s], *s.* En algunos países, fiesta, romería fuera de casa; originalmente una fiesta religiosa.

kern [kɜ:n] [kern], *s.* (Esco. e Ingl. del Norte) 1. La última gavilla del agosto, fin de cosecha, y la fiesta con que se celebra. 2. *(Impr.)* Hombro de una letra de imprenta que sobresale, como en una *f* bastardilla. 3. Patán. 4. Soldado irlandés. 3 y 4 se derivan de otra raíz. **Kern** o **corn baby,** una figura o muñeco que los agosteros conducen con gran regocijo al concluir el agosto.

kern, *vn.* 1. Granar, formarse completamente el grano cuando llega a madurar. 2. Formarse en granos.

kerned ['kɜ:nd] [kernd], *a. (Impr.)* Se dice del tipo que tiene hombro.

kernel ['kɜ:nl] [ker-nel], *s.* 1. Almendra, la pepita, simiente que se encuentra en las frutas de hueso, que se llama cuesco, grano, semilla, etc., según las frutas. **Kernel of an apple,** la pepita de la manzana. 2. La parte central de alguna cosa. 3. Haba, cierto género de roncha que sale en el cutis. 4. Concreción dura en la carne. 5. Meollo, núcleo *(Fig.)*.

kernel, *vn.* Madurar las almendras, pepitas o cuescos de las frutas.

kernelly ['kɜ:nəlɪ] [ker-na-li], *a.* Almendrado; que está lleno de almendras.

kernelwort ['kɜ:nlˌwɔ:t] [ker-nel-uort], *s. (Bot.)* Escrofularia, ruda canina.

kerosene ['kerəsi:n] [ke-ro-sin], *s.* Queroseno, petróleo, aceite destilado de nafta cruda.

kersey ['kɜ:sɪ] [ker-si], *s.* Una especie de tela basta de lana.

kerseymere ['kɜ:sɪmɪə^r] [ker-si-mia^r], o **cassimere** ['kəsɪmɪər] [ka-si-mia^r], *s.* Casimiro o casimira, tela de lana muy fina.

kestrel ['kəstrəl] [kes-trel], *s. (Orn.)* Cernícalo.

ketch [ketʃ] [kech], *s. (Mar.)* Quaiche o queche, especie de embarcación de dos palos o masteleros.

ketchup, *s. V.* CATCHUP.

kettle ['ketl] [ke-tel], *s.* Caldera, vasija en que se cuece algún licor o cosa líquida. **A large kettle,** calderón. **A small kettle,** tetera. **That's a different kettle of fish,** eso es harina de otro costal *(Prov.)*.

kettledrum ['ketldrʌm] [ke-tel-dram], *s.* 1. Timbal, atabal. **Kettledrummer,** timbalero, atabalero. 2. Sarao, té, reunión informal de las señoras por la tarde.

kettlepins ['ketlpɪnz] [ke-tel-pins], *s.* Juego de bolos.

kevel ['kevl] [ke-vel], *s.* 1. *(Mar.)* Manigueta o maniguetón, el extremo de los palos que están en la borda del alcázar. 2. *(Zool.)* Gacela, antílope de África. **Kevel-head,** Escalamote, abitón.

key [ki:] [ki], *va.* 1. Enchabetar, calzar, acuñar; sujetar con una llave. 2. Proveer con llaves. 3. Afinar, templar un instrumento de música con una llave.

key, *s.* 1. Llave, instrumento de metal que sirve para abrir y cerrar puertas, etc. 2. Llave, destornillador, cierto instrumento que se usa para quitar o poner tornillos. 3. Clave o llave de una cifra o de un enigma. 4. (Art. y Of.) Chabeta; cuña; clavija (en la encuadernación): sotrozo. 5. Llave, conmutador de una máquina telegráfica. 6. Tecla, cualquiera de las piezas para los dedos en las máquinas de escribir o en las de componer y distribuir tipos (of piano, typewriter). 7. *(Mús.)* Tecla. 8. *(Mús.)* Clave, llave, conjunto o sistema de tonos relacionados entre sí. **To change key,** cambiar de tonalidad. 9. Cualidad, intensidad o diapasón del tono al hablar. **She spoke in a high key,** ella habló en tono alto. 10. *(Bot.)* La cáscara que contiene la simiente de algunas plantas. **To be under lock and key,** estar bajo llave o cerrado con llave; estar bien guardado. **Skeleton-key, pass-key,** ganzúa, llave maestra. **In key,** templado, de acuerdo, en harmonía. **Key-action,** el teclado de un órgano o piano y el mecanismo relacionado con él. **Natural key** *(Mús.)* (a) cualquier tecla blanca del teclado de un órgano o piano, (b) clave de C# tocada en las teclas blancas. **The key to success,** la clave del éxito.

key, *s.* Cayo, isleta particularmente de coral y cercana a la costa.

keyboard ['ki:bɔ:d] [ki-bord], *s.* Teclado, como el de un piano o de una máquina para escribir.

keyed ['ki:ɪd] [kiid], *a.* 1. Teclado, que tiene teclas; que tiene llave. **An eight-keyed flute,** una flauta con ocho llaves. 2. Estirado, puesto en estado de tensión, como una cuerda. 3. Templado, como un instrumento de música.

keyhole ['ki:həʊl] [ki-joul], *s.* Agujero de la cerradura, la parte por donde entra en ella la llave.

key ring ['ki:rɪŋ] [ki-ring], *s.* Llavero.

keystone ['ki:stəʊn] [ki-stoun], *s.* Clave o llave de un arco o bóveda, la última piedra con que se cierra.

key-word ['ki:wɜ:d] [ki-uerd], *s.* Palabra clave.

khaki ['kɑ:kɪ] [ka-ki], *s.* y *a.* Color caqui.

khan ['kɑ:n] [kan], *s.* 1. Kan o Khan, jefe o gobernador entre los tártaros; caballero, en la India. 2. Posada o mesón en Turquía.

kibitzer ['kɪbɪtʃə^r] [ki-bi-cha^r], *s.* 1. Mirón, espectador en un juego de naipes. 2. *(Fam.)* Camasquince, entremetido.

kick [kɪk] [kik], *va.* Acocear, cocear, dar o tirar coces. *-vn.* Patear, dar patadas o puntapiés. **To kick one out of the house,** echar a alguno a puntapiés. 2. Ofrecer resistencia como por medio de coces; oponerse, quejarse: es uso vulgar. **It was a kick in the teeth for her,** le sentó como una patada *(Fam.)*. **To do something for kicks,** hacer algo por diversión *(Fam.)*.

kick, *s.* 1. Puntapié, patada; coz. 2. *(Ger.)* Oposición, protesta.

kick about, around, *vt.* Dar patadas a alguien. Darle vueltas a (idea).

kick back, *vt.* Devolver (Ball).

kickback ['kɪbæk] [kik-bak], *s.* Retroceso, movimiento de retroceso cuando un motor o maquinaria da marcha atrás.

kick down, *vt.* Derribar a patadas.
kicker ['kɪkəʳ] [ki-kaʳ], *s.* Acoceador, coceador, el que da o tira coces; el que hace objeciones.
kick in, *vt.* Derribar o romper a patadas.
kicking ['kɪkɪŋ] [ki-kin], *s.* Coceadura, la acción y efecto de cocear; pateamiento, pateadura.
kick off ['kɪkɒf] [kik-of], *s. m.* Saque inicial (Football, etc.).
kick out, *vi.* Dar coces (animal). Echar a patadas.
kickshaw ['kɪkʃɔː] [ki-sho], *s.* 1. Patarata, ridiculez, monada, fruslería, bagatela. 2. Almodrote, especie de guisado.
kick up, *vt.* **To kick up a row,** armar follón. **To kick up a fuss about something**, montar una escena por algo.
kid [kɪd] [kid], *s.* 1. Cabrito, la cría de la cabra. 2. Cabritillo. **Kid upper leathers,** capelladas de cabritilla. 3. La carne de cabrito. 4. *pl.* Guantes o zapatos hechos de cabritilla. 5. *(Ger.)* Niño, niña; muchachito, muchachita.
kid, *vn.* Parir cabritos.
kidded ['kɪdɪd] [ki-did], *a.* Nacido, hablando de cabritos.
kiddle ['kɪdl] [ki-del], *s.* Presa o represa en un río.
kiddow ['kɪdəʊ] [ki-dou], *s.* *(Orn.)* Especie de colimbo, ave marítima.
kiddy ['kɪdɪ] [ki-di], *s.* Niño, chiquillo *(Fam.)*.
kidling ['kɪdlɪŋ] [kid-lin], *s.* Cabritillo.
kidnap ['kɪdnæp] [kid-nap], *va.* Secuestrar.
kidnaper ['kɪdnæpəʳ] [kid-na-paʳ], *s.* Raptor, secuestrador. Plagiador *(Mex.)*.
kidnaping ['kɪdnæpɪŋ] [kid-na-pin], *s. m.* Secuestro, rapto. Plagio *(Mex.)*.
kidney ['kɪdnɪ] [kid-ni], *s.* 1. Riñón. 2. Calaña; índole, temperamento. **Kidney-vetch,** *(Bot.)* vulneraria. **Kidneywort,** *(Bot.)* ombligo.
kidney-bean ['kɪdnɪˌbiːn] [kid-ni-bin], *s.* Judía, habichuela, frijos; se usa generalmente en plural.
kilerg ['kɪlɜːg] [ki-lerg], *s.* Unidad de trabajo o energía: 1000 *ergs*.
kill [kɪl] [kil], *va.* 1. Matar, quitar la vida. **To kill oneself,** matarse; tomarse mucho trabajo, fatigarse demasiado (animal o vegetal), por cualquier medio que sea; hacer morir. 2. Destruir, privar de vigor, de eficacia o de utilidad; amortiguar; neutralizar. 3. Descartar; suprimir. 4. Hacer una carnicería. 5. Apagar, parar (engine). **To kill two birds with one stone,** matar dos pájaros de un tiro *(Fig.)*. **To kill time,** matar el tiempo.
kill, *s.* Riachuelo, arroyo, caleta.
killer ['kɪləʳ] [ki-laʳ], *s.* Asesino, matador. **Killer question,** pregunta muy difícil. **Killer disease,** enfermedad mortal.
kill-joy ['kɪldʒɔɪ] [kil-yoi], *s.* Aguafiestas.
kill off, *vt.* Exterminar, acabar (lit). Echar por tierra (rumor).
killow ['kɪləʊ] [ki-lou], *s.* Tierra gallinera o negruzca.
kiln ['kɪln] [kiln], *s.* Horno, fábrica hecha en forma de bóveda que sirve para secar, quemar o calcinar alguna cosa. **Brick-kiln,** ladrillera o ladrillal. **Lime-kiln,** calera.
kilo ['kiːləʊ] [ki-lou]. Prefijo y abreviatura de **kilogram**.
kilobyte ['kɪləʊˌbaɪt] [ki-lou-bait], *s. m.* Kilobyte.
kilocalorie ['kɪləʊˌkæləriː] [ki-lou-ka-lo-ri], *s.* *(Fís.)* Kilocaloría.
kilocycle ['kɪləʊˌsaɪkl] [ki-lou-sai-kol], *s.* (Elec. y Radio) Kilociclo.
kilogram, kilogramme ['kɪləʊgræm] [ki-lou-gram], *s.* Kilogramo, peso de mil gramos: =2204 libras.
kilohertz ['kɪləʊˌhɜːts] [ki-lou-jerts], *s. m.* Kilohercio.
kiloliter ['kɪləʊˌlɪtəʳ] [ki-lou-li-taʳ], *s.* Kilolitro, mil litros.
kilometer ['kɪləʊmiːtəʳ] [ki-lou-mi-taʳ], *s.* Kilómetro, longitud de mil metros: =0.621 o cinco octavas partes de una milla inglesa.
kilometric ['kɪləʊˌmetrɪk] [ki-lou-me-trik], *a.* Kilométrico.
kiloton ['kɪləʊˌtʌn] [ki-lou-tan], *s.* Kilotonelada, kilotón.
kilovolt ['kɪləʊˌvəʊlt] [ki-lou-voult], *s.* *(Elec.)* Kilovoltio.
kilowatt ['kɪləʊwɒt] [ki-lou-uat], *s.* *(Elec.)* Kilovatio. **Kilowatt-hour,** Kilovatio-hora.
kilt [kɪlt] [kilt], *s.* Túnica corta que usan los montañeses de Escocia.
kilter, kelter ['kɪltəʳ] [kil-taʳ], *s.* *(Prov. E.U. e Ingl.)* Estado propio para trabajar; buena condición.
kimono [kɪ'məʊnəʊ] [ki-mou-nou], *s.* Quimono, túnica japonesa.
kin [kɪn] [kin], *s.* 1. Parentesco, vinculo, conexión. 2. Parientes, los que son de la misma familia o linaje. 3. Género, especie, clase. **They are all of a kin,** son todos de una misma especie, son lobos de una camada. 4. Terminación diminutiva, como **manikin,** Hombrezuelo. **Next of kin,** pariente próximo, el primero en el orden de parentesco. *-a.* Congenial; de la misma naturaleza.
kind [kaɪnd] [kaind], *a.* Benévolo, benigno, bondadoso, benéfico, favorable, afable, cariñoso. **She is very kind to me,** me trata con mucho cariño o es muy cariñosa conmigo. **You are very kind,** Ud. tiene mucha bondad, es muy amable. **Kind-hearted,** benévolo. *-s.* 1. Género, especie, clase. 2. Naturaleza, la esencia y propio ser de cada cosa. 3. Modo, manera; especie, calidad. **In such a kind,** de tal suerte, de tal manera. **This kind of men,** este linaje de hombres. **The human kind,** el género humano. **A different kind of plant,** una planta de especie diferente. **It's the only one of its kind,** es único en su especie. **A kind reception,** una acogida favorable, bondadosa. **Kind-hearted,** dotado de buen corazón. **Kind-heartedness,** bondad de corazón. **Kind of,** (Fam. E.U.) algo; de un modo, como si. **It's kind of difficult,** es bastante difícil.
kindergarten ['kɪndəˌgɑːtn] [kin-da-gar-ten], *s.* Jardín infantil.
kindle ['kɪndl] [kin-del], *va.* 1. Encender, hacer que una cosa se inflame y arda. 2. Inflamar, enardecer y avivar a uno (emotion). 3. (Des. o Prov. Ingl.) Parir; se dice sólo de la liebre y algunos otros animales. *-vn.* Arder, quemarse alguna cosa levantando llama.
kindler ['kɪndləʳ] [kin-dlaʳ], *s.* Incendiario; incitador, agitador; el que fomenta disturbios o revoluciones.
kindliness ['kaɪndlɪnɪs] [kaind-li-nes], *s.* Amabilidad, favor, benevolencia; índole; curso natural de las estaciones, etc.
kindling wood ['kaɪndlɪŋˌwʊd] [kain-dlin-wud], *s.* Leña fácilmente inflamable.
kindly ['kaɪndlɪ] [kain-dli], *adv.* Benignamente, naturalmente, propiamente. *-a.* 1. Benigno, cariñoso, suave, tratable. 2. Beneficioso, provechoso. 3. *(Ant.)* Natural, idóneo, propio.
kindness ['kaɪndnɪs] [kaind-nes], *s.* 1. Benevolencia, beneficencia, buena voluntad, cariño, afecto, humanidad. 2. Favor, gracia, beneficio, atención, fineza.
kindred ['kaɪndrɪd] [kain-drid], *s.* 1. Parentesco, conexión por consanguinidad o afinidad. 2. Parentela, casta. *-a.* Emparentado, el que tiene parentesco con otro. **The stirrups are of no kindred,** los estribos no son parejos.
kinematics ['kɪnəˌmætɪks] [ki-ne-ma-tiks], *s.* *(Fís.)* Cenemática, parte de la mecánica que trata del movimiento sin considerar las fuerzas que lo producen.
kinescope ['kɪnəskəʊp] [ki-nes-koup], *s.* Cinescopio, kinoscopio.
kinetic [kɪ'netɪk] [ki-ne-tik], *a.* Cinético. **Kinetic energy,** energía cinética.
kinetics [kɪ'netɪkz] [ki-ne-tiks], *s.* Dinámica, ciencia que trata de las fuerzas que dan movimiento a los cuerpos o lo modifican.
king [kɪŋ] [king], *s.* 1. Rey, el soberano o monarca de un reino. **God save the king,** Dios guarde al rey. 2. Rey, la carta o naipe que tiene figura de rey. **King's yellow,** color amarillo hecho de oropimente.
king, en composición: **King-bolt,** perno, pinzote, perno real. **King-crab,** límulo, animal crustáceo. **King-cup,** *(Bot.)* botón de oro, especie de ranúnculo. **King James' version of Bible,** *V.* VERSION. **Kingpin,** (a) *V.* KING-BOLT. (b) En el juego de bolos, el que se coloca delante de los otros. (c) (Fam. E.U.) Persona de gran importancia. **An oil king,** un magnate del petróleo. **The king and queen,** los reyes.
king, *va.* 1. Dar un rey al reino que no le tenía: se usa casi siempre en sentido jocoso. 2. Elevar a alguno a la dignidad

real. 3. Coronar un peón haciéndole dama, en el juego de las damas.

king-bird ['kɪŋbɜːd] [king-berd], *s.* *(Orn.)* Tirano, muscícapa.

kingcraft ['kɪŋkræft] [king-kraft], *s.* Arte de gobernar, arte de reinar o mandar como rey.

kingdom ['kɪŋdəm] [king-dom], *s.* 1. Reino, los territorios o dominios sujetos a un rey. 2. Reino, la clase u orden diferente de seres o cosas, especialmente en la historia natural. 3. Región, una extensión cualquiera de tierra.

kingfisher ['kɪŋfɪʃə^r] [king-fi-sha^r], *s.* Alción, íspida o martín pescador.

kinghood ['kɪŋhʊd] [king-jud], *s.* Soberanía, estado, oficio o dignidad de rey.

kinglet ['kɪŋlɪt] [kin-glet], *s.* 1. Reyezuelo, rey insignificante. 2. *(Orn.)* Abadejo, régulo.

kinglike ['kɪŋlaɪk] [king-laik], **kingly** ['kɪŋlɪ] [king-li], *a.* 1. Real, soberano, monárquico. 2. Regio, noble, augusto, pomposo, majestuoso.

kingly ['kɪŋlɪ] [king-li], *adv.* Majestuosamente, con majestad.

kingpin ['kɪŋpɪn] [king-pin], *s.* 1. En el juego de bolos, el bolo central. 2. *(Fam.)* Cabeza de un grupo o empresa. 3. Pivote.

kingship ['kɪŋʃɪp] [king-ship], *s.* Majestad, la dignidad real, y por metáfora el trono o cetro: monarquía.

king-size ['kɪŋsaɪz] [king-sais], *a.* De tamaño grande. (cigarettes)

kingspear ['kɪŋspɪə^r] [king-spia^r], *s.* *(Bot.)* Gamón.

kink [kɪŋk] [kink], *s.* 1. Torcedura, vuelta que forma un cabo o un hilo de metal al desdoblarse; ojal, coca. 2. (Fam. E.U.) Capricho infundado.

kink, *va.* y *vn.* 1. Formar cocas, como una soga. 2. Torcerse, enredarse.

kinky ['kɪŋkɪ] [kin-ki], *a.* 1. Que tiende a formar cocas u ojales. 2. Que tiene cocas u ojales; pasudo; se dice de la lana y de los cabellos lanosos. 3. Extraño, raro, extravagante.

kinkhaust ['kɪŋkhɔːst] [kink-jost], *s.* Tos violenta.

kino ['kɪnəʊ] [ki-nou], *s.* Quino, un extracto vegetal que se usa en la medicina como astringente.

kinsfolk ['kɪnzfəʊk] [kins-fouk], *s.* Parentela, parientes.

kinship ['kɪnʃɪp] [kin-ship], *s. m.* Afinidad *(Fam.)*. Parentesco.

kinsman ['kɪnzmən] [kins-man], *s.* Parentela, el que es de la misma familia que otro.

kinswoman ['kɪnzwʊmən] [kins-uo-man], *s. f.* Parienta.

kiosk ['kiːɒsk] [kiosk], *s.* Kiosko, cabina. **Telephone kiosk,** cabina telefónica.

kip [kɪp] [kip], *s.* 1. Pellejo no curtido de un ternero, o del ganado vacuno de talla menos que mediana. **Kip-leather, kip-skin,** becerro, pellejo curtido de dichos animales. 2. Alojamiento (lodging). 3. Sueño (sleep). **To have a kip,** echar una siesta, dormir un rato.

kipper ['kɪpə^r] [ki-pa^r], *a.* 1. Término aplicado a los salmones cuando están desovando o poco después del tiempo del desove. 2. Arenque ahumado.

kirk [kɜːk] [kerk], *s.* Iglesia (Escocia).

kirtle ['kɜːtl] [ker-tel], *s.* Manto, capa; chupa larga.

kismet ['kɪsmɪt] [kis-met], *s.* Hado, destino.

kiss [kɪs] [kis], *va.* 1. Besar. 2. Acariciar, hacer caricias y halagos. 3. Besar, tocar suavemente, rozar. 4. Retrucar, hacer retruque en el juego de billar.

kiss, *s.* 1. Beso, ósculo. 2. Toque o rozamiento suaves. 3. Merengue dulce. 4. Retruco, retruque, en el juego de billar.

kisser ['kɪsə^r] [ki-sa^r], *s.* Besucador, besador, amigo de besar.

kissing-crust ['kɪsɪŋˌkrʌst] [ki-sin-krast], *s.* Beso, la parte del pan que se toca con otro al cocerse en el horno.

kiss-off ['kɪsɒf] [kis-of], *s. m.* **To give the kiss-off,** tirar (something); echar a la calle, dejar plantado (somebody, employee).

kist [kɪst] [kist], *s.* (Ingl. del Norte y Esco.) Cofrecillo, caja.

kit [kɪt] [kit], *s.* 1. Vasija para salmón o caballa; colodra, como para mantequilla. 2. Violín pequeño de tres cuerdas. 3. Aparejo, apresto, conjunto de artículos y herramientas para un fin particular. 4. *(Foto.)* Marquito, un marco interior para sostener una placa más pequeña que la que corresponde al marco.

kit out, *vt.* Equipar, llevar puesto (clothing).

kitbag ['kɪtbæg] [kit-bag], *s. m.* Macuto.

kitcat ['kɪt] [kit], *a.* 1. Término que se aplica a una tertulia o junta de personas que hablan de política, y a los retratos de poco menos de medio cuerpo. 2. **Kitcat** o **kitcat-roll,** rodillo para las tierras de labranza, formado por dos conos unidos por sus bases.

kitchen ['kɪtʃɪn] [ki-chen], *s.* Cocina. **Kitchen furniture** o **utensils**, el ajuar de la cocina, que también se dice batería; el cobre o la espetera, cuando las piezas son de cobre o hierro. **Kitchen-garden,** huerta, el sitio o paraje donde se plantan hortalizas y legumbres. **Kitchen-maid,** criada que sirve en la cocina y ayuda a la cocinera. **Kitchen-stuff,** (a) material de cocina; también, hierbas de cocina, legumbres. (b) Grasa, la manteca o pringue que da de sí la carne cocida o asada. **Kitchen units,** muebles de cocina. **Kitchen-wench,** fregona, fregatriz.

kitchenette [ˌkɪtʃɪ'net] [ki-chi-net], *s.* Cocina pequeña que se combina con el comedor y la despensa. **Kitchenette apartment,** pequeño departamento en que una cocina diminuta se combina con el resto de la habitación.

kitchen police ['kɪtʃɪnpə'liːs] [ki-chin-po-lis], *s.* *(Mil.)* 1. Trabajo de cocina en un campamento. 2. Soldados ayudantes de cocina.

kitchen range ['kɪtʃɪnˌreɪndʒ] [ki-chin-reinch], *s.* Estufa, cocina económica.

kite [kaɪt] [kait], *s.* 1. Milano, ave de rapiña. 2. Cometa, *(prov.)* barrilete, (Cuba) papalote, armazón de papel y cañas que se echa a volar. 3. *(Mar.)* Sobrejuanete, foque volante. **Kite-flying,** (a) acción de remontar una cometa. (b) *(Geor.)* Acción de poner en circulación pagarés sin valor.

kith [kɪθ] [kiz], *s.* Los conocidos o amigos de alguien; sólo se usa en la locución **kith and kin,** parientes y amigos.

kitten ['kɪtn] [ki-ten], **kitling** ['kɪtlɪŋ] [kit-lin], *s.* Gatito, gatico.

kitty ['kɪtɪ] [ki-ti], *s.* Gatito; voz de que se usa para llamar al gato, como miz y minino.

kleptomania [ˌkleptəʊ'meɪnɪə] [klep-tou-mei-nia], *s.* Cleptomanía, aberración mental que se manifiesta por una tendencia irresistible al robo.

kleptomaniac [ˌkleptəʊ'meɪnɪək] [klep-tou-mei-niak], *s.* Cleptómano.

klick, v. y *s.* *V.* CLICK.

knack [næk] [nak], *s.* 1. Maña, destreza, habilidad, prontitud, gracia, arte para ejecutar alguna cosa; treta astuta. 2. Costumbre, hábito, uso. **To get the knack,** dar en la tecla. **To have a knack for,** tener el don de.

knack, *vn.* 1. Crujir, estallar, rechinar. 2. Hablar culto o con afectación; antiguamente, cultiparlar.

knaggy ['nægɪ] [na-gui], *a.* Nudoso; áspero.

knap [næp] [nap], *s.* (Des. o prov. Ingl.) Bulto que sobresale en alguna parte del cuerpo; cerro, montecillo, cumbre; cualquier eminencia pequeña que sobresale en una cosa llana.

knap, *va.* *(Ant.)* 1. Morder, romper con los dientes. 2. Golpear alguna cosa haciendo ruido. *-vn.* Crujir, estallar, rechinar; chasquear o dar chasquidos la madera.

knapsack ['næpsæk] [nap-sak], *s.* Mochila, la talega en que los soldados llevan su ropa y algunas provisiones.

knapweed ['næpwiːd] [nap-uid], *s.* *(Bot.)* Cabezuela; varias especies de centáurea.

knave [neɪv] [neiv], *s.* 1. Bribón, pícaro, bellaco. 2. La sota de los naipes castellanos. 3. *(Ant.)* Muchacho; criado; siervo.

knavery ['neɪvərɪ] [nei-va-ri], *s.* 1. Picardía, bellaquería, bribonada. 2. Travesura.

knavish ['neɪvɪʃ] [nei-vish], *a.* 1. Fraudulento, malicioso, ratero, pícaro. 2. Travieso.

knavishly ['neɪvɪʃlɪ] [nei-vish-li], *adv.* Fraudulentamente, pícaramente. **To look knavishly,** tener cara de ahorcado.

knavishness ['neɪvɪʃnɪs] [nei-vish-nis], *s.* El estado o la calidad que constituye a uno pícaro, ratero o travieso.
knaw, *v. V.* GNAW.
knead [ni:d] [nid], *va.* Amasar, formar o hacer una masa como la del pan.
kneader ['ni:dər] [ni-dar], *s.* Panadero, amasador.
kneading ['ni:dɪŋ] [ni-din], *s.* Amasadura, acción de amasar. **Kneading-trough,** amasadera, la artesa en que se amasa.
knee [ni:] [ni], *s.* 1. Rodilla, la parte de la pierna que la une con el muslo. 2. *(Mar.)* Curva, pieza de madera o de metal que por la parte exterior forma un ángulo y por la interior una línea curva. **Knee of the head,** *(Mar.)* curva capuchina. **Upper part of the knee,** *(Mar.)* brazo superior de la curva. **Hanging knees,** *(Mar.)* curvas de peralto o de abajo. **Wing-transom-knees,** *(Mar.)* curvas del yugo principal. **Deck-transom-knees,** *(Mar.)* curvas de la cubierta. **Small-knees,** *(Mar.)* curvatones. **Knee-crooking,** obsequioso. **Knee-deep,** metido hasta las rodilla, subido hasta las rodillas. **Knee-high,** hasta la rodilla. **Knee-high to a grasshopper,** (Fest. E.U.) muy corto, muy pequeño. **Knee-joint,** (a) juntura, articulación de la rodilla. (b) (Art. y Of.) Codo, ángulo, escuadra. (c) Junta de codillo. **Knee-jointed,** encorvado o angular como la rodilla. **Knee-timber,** madera a propósito para hacer piezas curvas o rodillas. **Knee-tribute,** genuflexión, la acción de ponerse de rodillas para mostrar obediencia o respeto. **To go down on one's knees,** arrodillarse.
knee, *va.* Suplicar algo de rodillas. *-vn.* Arrodillarse para pedir.
kneecap ['ni:kæp] [ni-kap], *s.* Rótula, choquezuela.
kneeholly ['ni:həlɪ] [ni-jo-li], **kneeholm** ['ni:khəʊlm] [ni-joulm], *s. (Bot.)* Brusco.
knee-length ['ni:leŋθ] [ni-lenz], *a.* **Knee-length sock,** media, calcetín de media.
kneel ['ni:l] [nil], *vn.* Arrodillarse, hincar la rodilla, hincarse de rodillas, ponerse de hinojos.
kneeler ['ni:lər] [ni-lar], *s.* El que se arrodilla.
kneepan ['ni:pæn] [ni-pan], *s. (Anat.)* Rótula o choquezuela, el hueso en la parte anterior de la articulación de la tibia con el fémur. *V.* PATELLA.
knell [nel] [nel], *s.* Doble, tañido fúnebre, el sonido de las campnas cuando tocan a muerto; de aquí, mal agüero.
knell, *va.* y *vn.* 1. *(Poét.)* Doblar, tocar las campanas a muerto; convocar por medio de ese toque. 2. Dar un sonido lúgubre, o un toque de aviso.
knew [nju:] [niu], *pret.* de TO KNOW.
knickerbocker [nɪkəbɒkər] [ni-ka-bo-kar], *s.* 1. Descendiente de una de las primeras familias holandesas que se establecieron en Nueva York, E.U. 2. **Knickers, knickerbockers,** calzón corto y ancho, ceñido debajo de la rodilla, que antiguamente llevaban los muchachos y los ciclistas.
knickers ['nɪkəz] [ni-kars], *s. pl. V.* KNICKERBOCKER, *pl.*
knick-knack ['nɪknæk] [nik-nak], *s.* *(Fam.)* Bujería, juguete.
knife [naɪf] [naif], *s.* (*pl.* KNIVES [naɪvs] [naivs]). 1. Cuchillo, cuchilla, navaja. **Carving-knife,** trinchante, cuchillo de trinchar. **Chopping-knife,** cuchilla de carnicero. **Clasp-knife,** cuchillo grande que se cierra; cuchillo de caza. **Pocket-knife,** Navaja. **Table-knife,** cuchillo de mesa. **Dessert-knife,** cuchillo de postre. **Pruning-knife,** podadera. **Pen-knife, pocket knife,** cortaplumas. **Shoemaker's paring-knife,** trinchete de zapatero. **Flemish knife,** navaja flamenca. 2. Puñal, espada. 3. Cuchilla, hoja de cuchillo que forma parte de una herramiento o de una máquina.
knife, *va. (Ger.)* 1. Cortar o matar con un cuchillo. 2. (*E.U. Fig.)* Deshacer o arruinar por medio de oposición secreta.
knight [naɪt] [nait], *s.* 1. Caballero; campeón. **Knight-errant,** caballero andante. 2. Caballo, pieza del juego del ajedrez (Chess). **Knight of the shears,** *(Fest.)* sastre.
knight, *va.* Crear o hacer a uno caballero; armar caballero.
knight-errantry ['naɪt'erəntrɪ] [nait-e-ran-tri], *s.* Caballería andante.
knighthead ['naɪthed] [nait-jed], *s. (Mar.)* Tragante exterior del bauprés. **Knighthead of the windlass,** *(Mar.)* cepos o bitas del molinete. **Knightheads of the gears,** *(Mar.)* guindastes.
knighthood ['naɪthʊd] [nait-jud], *s.* Caballería, la dignidad de caballero; honor o grado de nobleza concedido para recompensar un mérito.
knightly ['naɪtlɪ] [nait-li], *a.* Propio o digno de caballero. -*adv.* Caballerosamente, caballerescamente.
knit [nɪt] [nit], *va.* y *vn.* 1. Enlazar, unir, entretejer; trabajar a punto de aguja; hilar, hacer malla. **To knit stockings,** hacer media o calceta con agujas. 2. Atar, juntar, anudar, unir; unirse. **The bones knit,** los huesos se unen. 3. Contraer. 4. Entretejer o tejer con las manos. 4. Entretejer o tejer con las manos. **To knit the eyebrows,** fruncir las cejas.
knit, *s.* Tejido o tela hecha a mano. **Knit stockings,** medias de punto.
knittable ['nɪtəbl] [ni-ta-bol], *a.* Capaz de ser tejido, unido o atado.
knitter ['nɪtər] [ni-tar], *s.* Calcetero, mediero.
knitting ['nɪtɪŋ] [ni-tin], *s.* 1. Unión, junta. 2. Acción u ocupación de hacer calceta; trabajo de punto. **Knitting-machine,** máquina para hacer calceta. **Knitting-needle**, aguja de hacer medias de punto. **Knitting-work,** trabajo de punto.
knittle ['nɪtl] [ni-tel], *s.* 1. *(Mar.)* Sardineta. 2. Cordoncillo de bolsa.
knitwear [nɪtwɛər] [nit-wear], *s. m.* Géneros o tejidos de punto.
knives [naɪvz] [naivs], *s. pl.* de KNIFE.
knob [nɒb] [nob], *s.* 1. Prominencia, bulto o eminencia que sobresale en alguna cosa; nudo en la madera. 2. Borlita o borlilla que está unida a una cosa para adornarla. 3. Perilla, botón. 4. Manecilla o bola para tirar de una puerta y cerrarla, botón, gorrón. 5. *(Arq.)* Abollón.
knobbed ['nɒbɪd] [no-bid], *a.* Lo que tiene bultos o eminencias.
knobbiness ['nɒbɪnɪs] [no-bi-nes], *s.* Calidad de lo que tiene bultos.
knobby ['nɒbɪ] [no-bi], *s.* Calidad de lo que tiene bultos.
knock [nɒk] [nok], *va.* y *vn.* 1. Chocar, encontrarse, tropezar una cosa con otra. 2. Golpear, tocar, llamar a una puerta. *V.* TO RAP. 3. Golpear, dar o pegar golpes. 4. Pegar, dar con una cosa contra otra causando estallido o ruido; aporrear, macear.
knock down, derribar, echar por tierra de un golpe.
knock in, martillar o amartillar; hacer entrar en una parte alguna cosa a fuerza de golpes.
knock off, (a) hacer saltar una cosa a fuerza de golpes. (b) Cesar, descontinuar, suspender el trabajo. (c) *(Fam.)* Hacer o ejecutar prontamente. (d) Rebajar, descontar.
knock out, dejar fuera de combate.
knock over, Atropellar, derribar, voltear.
knock together, construir algo toscamente o de prisa.
knock under, someterse, rendirse.
knock up, (a) hacer levantar a uno a golpes. (b) Cansar en extremo, extenuar con el excesivo trabajo.
knock, *s.* Choque, golpe; llamada.
knockabout ['nɒkəbaʊt] [nok-a-baut], *a.* Ruidoso, bullicioso.
knockdown ['nɒkdaʊn] [nok-daun], *a.* De saldo, rebajado.
knocker ['nɒkər] [no-kar], *s.* 1. Golpeador. 2. El que cae al suelo de un golpe. 3. Llamador, la aldaba o el aldabón con que se llamaba a las puertas y en lugar del cual se usa hoy el timbre o campanilla. **Knockers,** tetas *(Fam.)*.
knocking ['nɒkɪŋ] [no-kin], *s.* Aldabazo, aldabonazo, toque de puerta; el acto de tocar o llamar a la puerta.
knock-kneed ['nɒk'ni:d] [nok-nid], *a.* Patizambo.
knock-on ['nɒk'ɒn] [nok-on], *s. m.* Autopase (sports).
knockout ['nɒkaʊt] [nok-aut], *s.* 1. Golpe decisivo en una pelea. 2. *(Fam.)* Persona o cosa sumamente atractiva.

knock-up ['nɒkʌp] [nok-ap], *s. m.* Peloteo (Tennis).
knoll [nɒl] [nol], *va.* Doblar, tocar las campanas a muerto. *-vn.* Sonar como campana.
knoll, *s.* 1. Colina o montecillo redondeado; también, cumbre o cima de una colina. 2. El doblar de las campanas.
knop [nɒp] [nop], *s.* 1. *(Ant.) V.* KNOB. 2. *(Arq.)* Florón, ramo de flores hecho de realce.
knot [nɒt] [not], *s.* 1. Nudo, atadura o ligadura que se hace en cualquier hilo, cuerda o cinta. 2. Lazo, cualquier figura cuyas líneas se cruzan mutuamente. 3. Nudo, vínculo, lazo, del matrimonio, de la amistad, etc. 4. Nudo de la madera o de los árboles y plantas. 5. Enredo, maraña, en las composiciones dramáticas, antiguamente nudo. 6. Confusión, embrollo, dificultad, intriga. 7. Asociación, confederación, colección, reunión. 8. Nudo, el punto más arduo y embarazoso de una cosa. 9. Milla náutica. **To sail twelve knots an hour,** correr doce millas por hora. **Knots of the log-line,** señales de la corredera. 10. *V.* SHOULDER-KNOT. **Hard knot,** nudo apretado. **Loose knot,** nudo flojo. **Running knot, slip-knot,** nudo corredizo. **To tie up in knots,** meter o meterse en un aprieto *(Fig.)*.
knot, *s.* Canuto, tríngido, ave de la familia de las escolopácidas.
knot, *va.* Anudar, enredar, juntar; intrincar, unir. *-vn.* 1. Echar nudos las plantas. 2. Hacer nudos para adornar los vestidos.
knotgrass ['nɒtgrɑːs] [not-gras], *s.* 1. Centinodia. 2. Polígono. 3. Grama, trigo rastrero.
knothole ['nɒthəʊl] [not-joul], *s.* Hoyo correspondiente a un nudo de la madera.
knotless ['nɒtlɪs] [not-les], *a.* Sin nudos.
knotted ['nɒtɪd] [no-tid], *a.* Lleno de lazos; nudoso.
knottiness ['nɒtɪnɪs] [no-ti-nes], *s.* Abundancia de nudos; desigualdad; dificultad; bulto.
knotty ['nɒtɪ] [no-ti], *a.* Nudoso; duro, áspero; intrincado, difícil.
knout [naʊt] [naut], *s.* Instrumento de suplicio, azote hecho de correas de cuero.
know [nəʊ] [nou], *va.* 1. Conocer, saber. 2. Distinguir, discernir. 3. Reconocer, hacerse cargo, caer en algo. 4. Saber, no ignorar, estar familiarizado con, estar al corriente de. 5. *(Ant.)* Conocer carnalmente, tener acto carnal con persona de otro sexo. **To know how many black beans make five,** *(prov.)* saber cuántas son cinco. *-vn.* 1. Comprender, conocer, saber de cierto; tener noticia de alguna cosa; estar informado, informarse. 2. Tomar nota de; obtener experiencia o instrucción. **He knows his own mind,** él sabe lo que quiere. **To know by sight,** conocer de vista. **To know something backwards,** saber algo de pe a pa.
knowable ['nəʊəbl] [noua-bol], *a.* Conocible.
know-all ['nəʊɔːl] [nou-ol], *a.* Sabelotodo, sabihondo.
knower ['nəʊə^r] [noua^r], *s.* Sabio, el que tiene sabiduría; conocedor, el que tiene mucho conocimiento.
know-how ['nəʊhaʊ] [nou-jau], *s.* Capacidad, habilidad, conocimientos.
knowing ['nəʊɪŋ] [nouin], *a.* Instruído, inteligente, hábil, entendido; diestro. *-s.* Conocimiento, inteligencia. **A thing worth knowing,** una cosa digna de saberse.
knowingly ['nəʊɪŋlɪ] [nouin-li], *adv.* Hábilmente; a sabiendas, de intento, adrede, a propósito.
know-it-all ['nəʊɪtɔːl] [nou-it-ol], *s. (Fam.)* Sabelotodo.
knowledge ['nɒlɪdʒ] [no-lich], *s.* 1. Conocimiento, erudición, ciencia, saber, instrucción, noticia. 2. Inteligencia, destreza, habilidad, experiencia práctica de alguna cosa. **To (the best of) my knowledge,** que yo sepa. **Not to my knowledge,** no que yo sepa. **Carnal knowledge,** acto carnal. **Without his knowledge,** sin su conocimiento, sin saberlo. **To he best of my knowledge,** según mi leal saber y entender. **To our knowledge,** que nosotros sepamos.
knowledgeable ['nɒlɪdʒəbl] [no-lich-a-bol], *a.* Enterado (person). Erudito (thesis, report, etc.).
known ['naʊn] [naun], *pp.* de TO KNOW. Conocido, sabido, reconocido, comprendido. **As is well known,** como es bien sabido, como ya se sabe.
knuckle ['nʌkl] [na-kel], *s.* 1. Nudillo, artejo, juntura de los dedos. 2. Jarrete de ternero. 3. Juntura o articulación de las plantas.
knuckle, *vn.* Someterse, rendirse; abandonar la partida.
knuckled ['nʌkld] [na-keld], *a.* Nudoso; lo que tiene articulaciones.
knuckle down, *vi.* **To knuckle down to do something,** ponerse a hacer algo con ahínco.
knuckle under, *vi.* Someterse.
knur [nɜː^r] [ne^r],
knurl [nɜːl] [nerl], *s.* 1. Nudo, protubernaica. 2. Sustancia dura.
knurled [nɜːld] [nerld], **knurry** [nɜːrɪ] [ne-ri], *a.* Nudoso, lleno de nudos.
K.O. Abreviatura de **Knock Out.**
koala [kəʊ'ɑːlə] [kou-a-la], *s.* Koala.
kodak ['kɒdək] [ko-dak], *s. (foto.)* Marca de fábrica. Se aplica a cámaras portátiles para instantáneas y a otros productos. *-va.* (foto) sacar una instantánea.
koran [kɒ'rɑːn] [ko-ran], *s.* Alcorán o Corán, el libro sagrado de los mahometanos.
Korean [kə'rɪən] [ko-rian], *a.* Coreano/a.
kosher ['kəʊʃə^r] [kou-sha^r], *a.* 1. Autorizado para los judíos. (Se aplica a alimentos. 2. *(Fam.)* Genuino, legítimo, correcto.
kowtow ['kaʊ'taʊ] [kau-tau], *s.* Reverencia que hacen los chinos hincándose de rodillas y tocando el suelo con la frente. *-vn.* Hacer esa clase de reverencia.
kraal ['krɑːl] [kral], *s.* 1. Población de hotentotes en el sur de África; reunión de barracas. 2. Corral, redil.
kraft, kraft paper ['krɑːft] [kraft], *s.* Papel de estraza, papel basto de envolver.
Kremlin ['kremlɪn] [krem-lin], *s.* Kremlin, fortaleza de una ciudad rusa; en especial, la de Moscow.
kumiss o **koomiss** ['kʊmɪs] [ku-mis], *s.* Caracosmos, leche fermentada de yegua.
KW, kw Abreviatura de **kilowatt.**
KW/h Abreviatura de **Kilowatt/hours.**
kyanize, kyanise ['kaɪə'naɪz] [kaia-nais], *va.* Impedir que se pudra la madera dándole un baño de sublimado corrosivo.
ky, kye, kie [kaɪ] [kai], *s. pl. (Sco.)* Vacas.

L

l [el] [el], La pronunciación de la *l* es la misma que en castellano, excepto cuando está seguida de *f, k* o *m*, pues entonces no se pronuncia; v. g. *palm*. En las voces monosílabas se duplica al fin, como en *wall, mill,* si la *l* no está después de un diptongo, pues en este caso no se duplica. -La L. como abreviatura, quere decir libra esterlina; y también 50 como número romano. LL.B. o D., Bachiller o Doctor en ambos derechos.
la ↓ɑː] [la], *s.* La sexta voz de la escala musical en el solfeo.
la, *inter.* (Des. o bajo) He aquí, ved aquí, mirad, pues, ya; sí; ya se ve; ¡vamos!
labarum ['læbərəm] [la-ba-rom], *s.* Lábaro, el estandarte imperial en que Constantino hizo poner la cruz, y la cifra del nombre de N. *s.* Jesucristo.
labdanum ['lædənəm] [la-da-nom], *s.* Ládano. *V.* LADANUM.
labefaction [ˌlæbɪ'fækʃən] [la-bi-fak-shon], *s.* Decadencia, decaimiento; enflaquecimiento; declinación.
label ['leɪbl] [lei-bol], *s.* 1. Marbete, pedacito de papel pegado al extremo de las piezas de tela o paño en el que está escrito el número de varas que tiene la pieza, etc; rótulo, rotulata, membrete, letrero. 2. El pedazo de papel y a veces de pergamino pegado a un escrito, que contiene comúnmente el sello.
label, *va.* Rotular o señalar alguna cosa con un rótulo que exprese lo que contiene, su dueño, etc.; de aquí, designar, clasificar.

labellum ['læbələm] [la-be-lom], *s.* 1. *(Bot.)* Pétalo inferior, a menudo ensanchado o de varias figuras, de una flor orquídea. 2. *(Ento.)* Parte de la trompa o probóscide de un insecto díptero.

labial ['leɪbɪəl] [lei-bial], *a.* 1. Labial, perteneciente a los labios; formado o modificado juntando los labios. 2. Que tiene labios o bordes, v. gr. un cañón de órgano. *-s.* 1. Letra labial, como p, b, v, w. 2. Cañón de órgano provisto de comisuras a manera de labios.

labiate ['leɪbɪeɪt] [lei-bieit], *a.* *(Bot.)* Labiado, en forma de labios. *-s.* Cualquier planta de la familia de las labiadas, de corolas gamopétalas.

labiated ['leɪbɪeɪtɪd] [lei-biei-tid], *a.* Dividido a modo de labios.

labiodental [ˌleɪbɪəʊ'dentəl] [lei-biou-den-tal], *a.* Labiodental, pronunciado por la cooperación de los labios y dientes.

labium ['leɪbɪəm] [lei-biom], *s.* (*pl.* LABIA). Labio, o algo en forma de labio; labio inferior de los insectos, o labio de una flor.

labor ['leɪbə^r] [lei-ba^r], *s.* 1. Trabajo, labor, pena, fatiga. 2. Obra o trabajo que se tiene que hacer o está ya hecho. 3. Ejercicio, quehacer. 4. Dolores de parto. **His wife is in labor,** su mujer está de parto. 5. Violento balanceo y cabeceo de un buque. **Hard labor,** trabajo arduo, rudo; trabajo forzado en una prisión. **Labor-saving,** que ahorra trabajo; propio para disminuir un trabajo. **To have one's labor for one's pains,** trabajar en balde, trabajar para el Gran Turco.

labor, *vn.* 1. Trabajar, afanarse, esforzarse. 2. Hacer algo con dificultad o mediante esfuerzo doloroso; *(Des.)* tener algún mal o enfermedad. 3. Estar sufriendo agravios, injurias, persecuciones, etc. 4. Estar de parto. 5. *(Mar.)* Trabajar en mar y viento grandes. *-va.* 1. Elaborar, formar con trabajo y cuidado; pulir, perfeccionar. 2. Labrar, cultivar o arar la tierra. 3. Hacer trabajar, activar. 4. *(Des.)* Trabajar, zurrar, golpear, sacudir. **A ship that labors much,** un buque que balancea mucho.

laboratory ['læbrəˌtɔːrɪ] [la-bo-ra-to-ri], *s.* 1. Laboratorio, la oficina en que se hacen las operaciones químicas o farmacéuticas, los experimentos físicos, etc. 2. *(Mil.)* Taller en un arsenal donde se hacen cebos fulminantes, cartuchos, torpedos, etc.

labored ['leɪbəd] [lei-bad], *a.* Fatigoso, cansado (breathing). Pesado (style).

laborer ['leɪbərə^r] [lei-ba-ra^r], *s.* 1. Peón, gañán, jornalero.

laboring ['leɪbərɪŋ] [lei-ba-rin], *s.* Trabajo, esfuerzo. **A laboring beast,** una bestia de carga.

laborious ['leɪbərɪəs] [lei-ba-rios], *a.* Laborioso, trabajoso, penoso; difícil; diligente.

laboriously ['leɪbərɪəslɪ] [lei-ba-rios-li], *adv.* Laboriosamente.

laboriousness ['leɪbərɪəsnɪs] [lei-ba-rios-nes], *s.* Laboriosidad, afán, trabajo, diligencia, aplicación; dificultad.

laborsome ['leɪbəsʌm] [lei-bar-sam], *a.* Trabajoso, penoso.

labor union ['leɪbəˌjuːnɪən] [lei-bar-iu-nion], *s.* Sindicato obrero.

labour ['leɪbə^r] [lei-ba^r], *s.* *V.* LABOR. Forma usual en Inglaterra, y lo mismo con sus derivados, **labourer**, etc.

labra, *pl.* de LABRUM.

labradorite ['leɪbrədɔːrɪt] [lei-bra-do-rit], *s.* *(Min.)* Labradorita, feldespato laminar de color gris, translúcido, iridiscente, que entra en la composición de diferentes rocas.

labrum ['leɪbrəm] [lei-bram], *s.* *(Zool.)* Labro, labio exterior o superior (de los insectos). (Plural, LABRA o LABRUMS.)

laburnum ['leɪbɜːnəm] [lei-ber-nom], *s.* *(Bot.)* Codeso o ébano de los Alpes.

labyrinth ['læbərɪnθ] [la-be-rinz], *s.* 1. Laberinto. 2. *(Anat.)* Laberinto, los canales sinuosos del oído interno.

labyrinthian ['læbərɪnθɪən] [la-be-rin-zian], *a.* 1. Lo perteneciente al laberinto. 2. Intrincado, confuso, enmarañado.

lac [læk] [lak], *s.* 1. Laca, especie de resina dura, encarnada, transparente y quebradiza, que sirve para teñir y para hacer lacre y barnices. **Stick, seed o shell lac**, laca en palillos, en granos o en tablillas. 2. *V.* LACQUER.

lac, lakh [læk] [lak], *s.* 1. La suma de (100,000) cien mil; por sí solo, cien mil rupias. 2. Gran número o multitud.

lace [leis] [leis], *s.* 1. Encaje, randa, pasamano, galón de oro o plata. 2. Cuerda, cordón, cinta. 3. *(Des.)* Lazo, trampa. **Black silk lace,** cinta negra. **Thread-lace**, encaje de hilo, puntas de hilo. **Twisted** o **plaited laces,** cordones, torzales. **Lace-pillow,** almohadilla para hacer encajes. **Point-lace,** punta; encaje de origen italiano, costoso, y hecho completamente a mano, con aguja.

lace, *va.* 1. Abrochar, cerrar, unir y afianzar los vestidos u otra cosa con lazos o cordones; atar; encordonar, enlazar. 2. Galonear, guarnecer y adornar los vestidos con galones. 3. *V.* INTERLACE. 4. Rayar con líneas muy finas. 5. *(Fam.)* *V.* TO LASH. **Lace-frame,** telar para encajes. **Lace-woman,** vendedora de encajes, randas, etc.; pasamanera. **Lace-man,** pasamanero, el que trata en encajes, galones, randas, etc. **Lace-winged,** provisto de alas como de gasa o encaje.

laced [leist] [leist], *a.* y *pp.* Atado con un lazo o cordón.

lacemaking ['leisˌmeɪkɪŋ] [leis-mei-kin], *s. f.* Labor de encaje.

lacerable ['læsərəbl] [la-se-ra-bol], *a.* Que se puede lacerar.

lacerate ['læsəreɪt] [la-se-reit], *va.* Lacerar, rasgar, despedazar, hacer pedazos; lastimar.

laceration [ˌlæsə'reɪʃən] [la-se-rei-shon], *s.* Laceración, desgarradura, desgarrón, rasgón.

lacertian ['ləsɜːʃən] [la-ser-shan], *a.* Lacertídeo, parecido a un lagarto. *-s.* Lagarto, lacerto, reptil terrestre.

lacewing ['leiswɪŋ] [leis-uin], *s.* Crisopo, insecto neuróptero, con alas transparentes.

lachrymal ['lækrɪməl] [la-kri-mal], *a.* Lacrimal. *V.* LACRIMAL.

lachrymary, etc. *V.* LACRIMARY, etc.

lachrymose ['lækrɪməʊs] [la-kri-mous], *a.* Lacrimoso.

lacing ['leisɪŋ] [lei-sin], *s.* 1. Enlace, enlazamiento, la acción de enlazar o atar con un lazo; en particular el uso de corsés. 2. Cordón, cordoncillo, cuerda para atar con alguna cosa. 3. Algo que enlaza o refuerza, pieza de espaldar, como una curva de barco. 4. *(Fam.)* Zurra, tunda.

laciniate ['leisɪneɪt] [lei-si-neit], *a.* Serrado, dentado.

lack [læk] [lak], *va.* y *vn.* Carecer, necesitar, tener o padecer falta de alguna cosa, estar o hallarse necesitado, faltar algo.

lack, *s.* Falta, menester, carencia o necesidad de alguna cosa.

lackadaisical [ˌlækə'deɪzɪkəl] [la-ka-dei-si-kal], *a.* 1. Sentimental, pensativo con afectación, lánguido (distracted). 2. Flojo, perezoso (lazy).

lack-a-day [ˌlækə'deɪ] [lak-a-dei], *inter.* ¡Mal día!, ¡día aciago! exclamación de dolor, con la cual se expresa que el día en que ha sucedido una cosa, ha sido de mala ventura.

lackbrain ['lækbreɪn] [lak-brein], *s.* Un tonto, una persona falta de entendimiento.

lacker ['lækə^r] [la-ka^r], *s.* 1. El que hace falta. 2. *V.* LACQUER.

lacker, *va.* Barnizar.

lackey ['lækɪ] [la-ki], *s.* Lacayo.

lackey, *va.* Servir como criado; servir bajamente a alguna persona en cualquier negocio. *-vn.* Ser criado de alguien, andar en torno de una persona por interés.

lacklinen ['læklɪnən] [lak-li-nen], *a.* Descamisado, falto de camisa.

lacklove ['læklʌv -[lak-lov], *s.* Desamorado.

lackluster ['lækˌlʌstə^r] [lak-las-ta^r], *a.* Deslustrado, falto de brillo (dull). Apagado, sin brillo.

laconic, laconical [lə'kɒnɪk] [la-ko-nik] [lə'kɒnɪk] [la-ko-nik], *a.* Lacónico, breve, conciso, compendioso.

laconically [lə'kɒnɪkəlɪ] [la-ko-ni-ka-li], *adv.* Lacónicamente, en breve.

laconism [lə'kɒnɪzəm] [la-ko-ni-sem], *s.* Laconismo, estilo lacónico.

lacquer ['lækəʳ] [la-kaʳ], *va.* Barnizar; dar una capa de laca. *-s.* 1. Barniz. 2. **Lacquer o lacquer-work,** construcción de madera, particularmente china o japonesa, pulida con barniz duro y brillante y a menudo incrustada con oro, plata, marfil, etc.

lacquering ['lækərɪŋ] [la-ke-rin], *s.* 1. Arte o acción de barnizar con laca. 2. Adorno de barniz abrillantado; capa de barniz de laca.

lacrimal ['lækrɪməl] [la-kri-mal], *a.* Lacrimal. *-s.* Hueso lacrimal.

lacrimary ['lækrɪmərɪ] [la-kri-ma-ri], *a.* Que contiene lágrimas o está destinado a contenerlas.

lacrimation, lachrymation [ˌlækrɪ'meɪʃən] [la-kri-mei-shon], *s.* Efusión o derramamiento de lágrimas.

lacrimatory ['lækrɪmətərɪ] [la-kri-ma-to-ri], *s.* Lacrimatorio, vaso en que los antiguos recogían las lágrimas que vertían por los difuntos.

lacrimose, lachrymose ['lækrɪməʊz] [la-kri-mous], *a.* Llorón, lloroso, plañidero; que hace llorar.

lacros [lə'krɒs] [la-kros], *s.* Cierto juego de pelota de origen indio, común en el Canadá; se juega con una especie de raqueta.

lactage ['lækteɪdʒ] [lak-teich], *s.* La cantidad de leche que dan los animales.

lactary ['læktərɪ] [lak-ta-ri], *a.* Lácteo, lactario. *-s.* Lechería.

lactate ['lækteɪt] [lak-teit], *s.* Lactato, sal formada de ácido láctico con alguna base.

lactation [læk'teɪʃən] [lak-tei-shon], *s.* 1. Lactancia, acción de mamar, y el tiempo que dura la lactancia; lactación. 2. Secreción de la leche.

lacteal ['læktɪəl] [lak-tial], *a.* 1. Lácteo, lo que es de leche o tiene sus propiedades. 2. Quilífero, lo que lleva el quilo o lo conduce; se aplica a los vasos linfáticos de los intestinos.

lacteous ['læktɪəs] [lak-tios], *a.* Lácteo.

lactescence ['læktesəns] [lak-te-sens], *s.* Semejanza con la leche.

lactescent ['læktesənt] [lak-te-sent], *a.* Lácteo, lactario, lo que es semejante a la leche.

lactic ['læktɪk] [lak-tik], *a.* Lácteo, perteneciente a la leche. **Lactic acid,** *(Quím.)* Ácido láctico.

lactiferous ['læktɪferəs] [lak-ti-fe-ros], *a.* Lactífero, lo que da o tiene leche.

lactometer ['læktəmɪtəʳ] [lak-to-mi-taʳ], *s.* Lactómetro, galactómetro, probeta graduada para determin la calidad de la leche.

lactose ['læktəʊs] [lak-tous], *s.* Lactosa, azúcar de la leche.

lacuna [lə'kjuːnə] [la-kiu-na], *s.* (*pl.* LACUNE). 1. Laguna, blanco, claro, falta (en un texto); abertura, espacio que carece de algo. 2. Hoyo o hueco pequeño; pequeña abertura, como en los huesos y en los vegetales.

lacunar, lacunal [lə'kjuːnəʳ] [la-kiu-naʳ] [lə'kjuːnəl] [la-kiu-nal], *a.* Que tiene lagunas u hoyos, o les pertenece.

lacunar, *s.* *(Arq.)* Lagunar, artesonado.

lacustrine, lacustral ['lækʌstraɪn] [la-kas-train], *a.* 1. Lacustre, perteneciente a los lagos o pantanos. 2. Hallado en los lagos o que se cría en ellos.

lacy ['leɪsɪ] [lei-si], *a.* Similar al encaje. **Lacy dress,** vestido de encaje.

lad [læd] [lad], *s.* Mozo, joven muchacho, mozalbete. **Come, my lads!,** ¡vamos, muchachos!, ¡vamos, compañeros!

ladanum ['lædənəm] [la-da-nom], *a.* Ládano, resina de color obscuro que destila la jara.

ladder ['lædəʳ] [la-daʳ], *s.* 1. Escala o escalera portátil. **Step of a ladder,** peldaño de escalera. **Accommodation-ladder,** *(Mar.)* escala de popa o de la toldilla. **Quarter-deck ladder,** *(Mar.)* escala de alcázar. 2. Escalón, grado que se sube en dignidad o el paso que se adelanta en las aspiraciones o pretensiones de uno. **To be at the top of the ladder,** estar en la cumbre de su carrera o profesión.

lade [leɪd] [leid], *s.* 1. Desaguadero, canal de desagüe. 2. Embocadero, desembocadero.

lade, *va.* (*pp.* LADED o LADEN). 1. Cargar, poner una cosa sobre otra; cargar un macho, un burro, etc. *V.* TO LOAD. **Laden in bulk,** *(Mar.)* buque cargado con cosas echadas a granel en la bodega. 2. Sacar agua; sacar, o echar en un líquido con un cucharón, un jarro, un cubo, etc; vaciar; echar en. *-vn.* *(Mar.)* Hacer agua una embarcación, abrir agua.

lading ['leɪdɪŋ] [lei-din], *s.* Carga, cargamento, flete, cargazón. **Bill of lading,** conocimiento, póliza.

ladkin ['lædkɪn] [lad-kin], *s.* Jovencito, mozuelo.

ladle ['leɪdl] [lei-del], *s.* 1. Cucharón, cuchara grande. *(Culin.).* **Pitch-ladle,** *(Mar.)* Cucharón de brea. 2. Alabe, una de las paletas cóncavas de que se compone el rodezno de los molinos de agua. 3. Vertedor para achicar el agua de un bote. 4. *(Art.)* Cuchara, instrumento que sirve para sacar la carga de un cañón.

ladle, *va.* 1. Achicar, sacar, vaciar el agua u otro líquido con un cucharón. Servir con un cazo o cucharón. 2. Repartir generosamente (money).

ladleful ['leɪdlfʊl] [lei-del-ful], *s.* Cucharada.

lady ['leɪdɪ] [lei-di], *sf.* Señora, señorita, dama. **The lady of the house,** El ama o la señora de la casa. **My lady,** señora. **Lady love,** dama. *(Fam.)* querida, amante, cortejo. **Lady in waiting,** dama de una reina o princesa. **Lady's-mantle,** *(Bot.)* alquímila, pie de león. **Lady's-slipper,** zueco, planta orquídea, común en América; cualquier especie del género Cipripidio. **Lady's-smock,** *(Bot.)* cardamina. **Lady's-tresses,** *(Bot.)* planta orquídea; cualquier especie del género Spiranthus. **Our Lady,** Nuestra Señora *(Rel.).* **Ladies and Gentlemen,** Señoras y Señores. **Ladies' man,** mujeriego.

lady-bird ['leɪdɪbɜːd] [lei-di-berd], **lady-bug** ['leɪdɪbʌg] [lei-di-bag], **lady-cow** [↓eɪdɪkaʊ] [lei-di-kau], **lady-fly** ['leɪdɪflaɪ] [lei-di-flai], *s.* *(Ento.)* Coquito de San Antón, mariquita; coccinela, insecto coleóptero. Coccinella (beetle).

lady-day ['leɪdɪdeɪ] [lei-di-dei], *s.* El día de la Anunciación de Nuestra Señora.

lady-fern ['leɪdɪfɜːn] [lei-di-fern], *s.* Aspidio, helecho hembra.

lady-killer ['leɪdɪˌkɪləʳ] [lei-di-ki-laʳ], *s.* *(Fest.)* Un Don Juan, un Tenorio; galanteador de oficio, hombre de quien se supone que agrada a las mujeres.

lady-like ['leɪdɪlaɪk] [lei-di-laik], *a.* Delicado, afeminado; tierno, elegante, señoril, aseñorado, político; afectado.

lady-love ['leɪdɪlʌv] [lei-di-lav], *s.* Amada, la mujer querida.

ladyship ['leɪdɪʃɪp] [lei-di-ship], *sf.* Señoría, tratamiento de cortesía y respeto que se da a las mujeres e hijas de los marqueses, condes, vizcondes o barones en Inglaterra; corresponde en castellano unas veces a Excelencia y otras a Señoría.

lag [læg] [lag], *a.* Trasero, postrero, zaguero, último; posterior, lo que está o viene detrás.

lag, *vn.* 1. Remolonear, roncear, tardar en hacer lo que se debe, rezagarse; moverse lentamente. 2. Quedarse atrás, detenerse, tardar. *-s.* 1. *(Mec.)* Retardación de movimiento por cualquier causa y la medida de esa retardación. 2. Listón de madera; parte de una capa de cascajo.

la -r ['lægəʳ] [la-gaʳ], *s.* Especie de cerveza. *V.* BEER.

laggard ['lægəd] [la-gard], *a.* Tardío, perezoso, holgazán.

lagger ['lægəʳ] [la-gaʳ], *s.* Haragán, holgazán.

lagoon [lə'guːn] [la-gun], *s.* 1. Laguna; agua poco profunda, como en la desembocadura de algunos ríos. 2. Laguna, el agua tranquila dentro de un atolón o isleta de coral. 3. Concavidad en las altas mesas de los E.U. del Oeste.

laic [laɪk] [laik], *s.* y *a.* Laico, lego, seglar.

laical ['laɪkəl] [lai-kal], *a.* Laical, laico, lego, secular, seglar.

laid [leɪd] [leid], *pret.* y *pp.* del verbo TO LAY.

laidly ['leɪdlɪ] [leid-li], *a.* *(Esco.)* Feo, asqueroso.

lain [leɪn] [lein], *pp.* del verbo TO LIE.

lair ['lɛəʳ] [leaʳ], *s.* 1. Cubil, la cama en que se recogen las fieras y otros animales salvajes. 2. *(Esco.)* Espacio de terreno destinado a la inhumación de cadáveres.

laird [lɛəd] [leard], *s.* *(Esco.)* Lord; hacendado; a veces, un propietario.

laity ['leɪtɪ] [lei-ti], *s.* El estado seglar, en contraposición al estado eclesiástico.

lake [leɪk] [leik], *s.* 1. Lago, laguna. 2. Charco, pantano, depósito artificial de agua. 3. Color rojo obscuro preparado con grana o rubia para pintar.
lake, *vn.* *(Prov.)* Jugar.
lakelet ['leɪklɪt] [leik-lit], *s.* Lago pequeño -laguito.
lallation ['læleɪʃən] [la-lei-shon], *s.* Imperfección en la pronunciación que consiste en dar a la erre el sonido de ele.
laky ['leɪkɪ] [lei-ki], *a.* (Poco us.) Lagunoso, perteneciente a lagos o lagunas.
lama ['lɑːmə] [la-ma], *s.* 1. Sacerdote, monje o monja budista de Tibet. 2. *V.* LLAMA.
lamb [læm] [lam], *s.* 1. Cordero, el hijo de la oveja. *(Mex.)* Borrego. **A yearling lamb,** borrego, borrega; borro, borra. 2. El Salvador del mundo. 3. Persona apacible o inocente.
lamb, *vn.* Parir corderos.
lamb-ale [ˌlæm'eɪl] [lam-eil], *s.* *(Ingl.)* Fiesta que se celebra al tiempo del esquileo de los corderos.
lambast(e) [læm'beɪst] [lam-beist], *vt.* Azotar.
lambative ['læmbətɪv] [lam-ba-tiv], *a.* Lo que se lame. *-s.* Cualquier medicina que se toma lamiéndola.
lambdoidal [læm'dɔɪdəl] [lam-doi-dal], *a.* Lo que está formado como la lamda griega, que tiene esta figura.
lambent ['læmbənt] [lam-bent], *a.* Ligero, undulante, que se mueve de una manera suave y lenta. **Lambent flame,** fuego fatuo, llama ligera.
lambkin ['læmkɪn [lam-kin], *s.* Corderito.
lamb-like ['læmlaɪk] [lam-laik], *a.* Manso, inocente, semejante a un cordero.
lambrequin [læm'brɪkwɪn] [lam-bri-kuin], *s.* 1. Guardamalleta, pieza de adorno que pende sobre el cortinaje por la parte superior y que permanece fija. 2. Cubierta de adorno de paño, etc., que se ponía al yelmo.
lamb's-wool ['læmzwuːl] [lams-wul], *s.* Lana de cordero. **Lambskin,** corderina. **Lamb's-lettuce,** *(Bot.)* macha, valerianilla; se llama también, **corn-salad**. **Lamb's-wool,** cerveza mezclada con manzanas asadas, nuez moscada y azúcar.
lame [leɪm] [leim], *a.* Lisiado, estropeado, defectuoso en algún miembro del cuerpo; cojo, renco; imperfecto. Débil, poco convincente (argument). **To go lame,** cojear, andar cojeando (temporarily). **Lame expression,** expresión manca. **Lame comparison,** comparación defectuosa. **Lame excuse,** disculpa frívola, poco convincente. **Lame verses,** versos cojos o defectuosos. **A lame account,** una relación imperfecta. **A lame excuse,** una mala excusa. **Lame duck,** especulador que no cumple sus compromisos, insolvente.
lame, *va.* Lisiar, estropear.
lamella ['læməlɑː] [la-me-la], *s.* (*pl.* LAMELLÆ). Laminilla; la hoja, lámina o concha muy delgada; hoja delgada de los hongos.
lamellar ['læmələʳ] [la-me-laʳ], *a.* Compuesto de láminas.
lamellate, lamellated ['læməleɪt] [la-me-leit], *a.* Laminado, hecho o compuesto de láminas; hojaldrado.
lamelliform [ˌlæməlɪ'fɔːm] [la-me-li-form], *a.* Lameliforme, en forma de láminas u hojas.
lamely ['leɪmlɪ] [leim-li], *adv.* Con cojera; imperfectamente, defectuosamente; débilmente.
lameness ['leɪmnɪs] [leim-nes], *s.* Cojera; falta, defecto, imperfección; el estado de una persona lisiada o estropeada.
lament [lə'ment] [la-ment], *va.* y *vn.* Lamentar o lamentarse, sentir con llanto o gemido alguna cosa; afligir y afligirse.
lament, *s.* Lamento, expresión de pesar.
lamentable ['læmentəbl] [la-men-ta-bol], *a.* Lamentable, lamentoso, deplorable, lastimoso.
lamentabl ['læmentəblɪ] [la-men-ta-bli], *adv.* Lamentablemente.
lamentation [ˌlæmen'teɪʃən] [la-men-tei-shon], *s.* Lamentación, duelo, gemido, lamento.
lamenting [lə'mentɪŋ] [la-men-tin], *s.* Lamentación, acto de lamentar.
lamia ['læmɪə] [la-mia], *s.* 1. Lamia, especie de demonio. 2. *(Zool.)* Género de coleópteros, de la familia de los cerambícidos.
lamina ['læmɪnə] [la-mi-na], *s.* Lámina, planchita, hoja o capa delgada que encaja en otra; en plural, LAMINÆ.
laminable ['læmɪnəb] [la-mi-na-bol], *a.* Laminable, susceptible de ser reducido a láminas u hojas.
laminar ['læmɪnəʳ] [la-mi-naʳ], *a.* Laminar, compuesto de hojas o láminas.
laminate, laminated ['læmɪneɪt] [la-mi-neit], *a.* Laminado, dispuesto en láminas, reducido a láminas u hojas delgadas.
lammas ['læməs] [la-mas], *s.* El día primero de agosto.
lamp [læmp] [lamp], *s.* 1. Lámpara, y a veces farol o velón. **Argand lamp,** especie de lámpara en cuyo interior circula el aire; se conoce en España con el nombre de quinqué (de su primer fabricante francés). **Astral lamp,** lámpara de aceite o gas, que por medio de un globo de vidrio difunde la luz con más claridad. 2. Lo que esparce luz. **Lamp-chimney,** tubo de lámpara, bombillo. **Lamp-holder,** porta-lámparas. **Lamplighter,** (a) farolero, lamparero. (b) Lo que sirve para encender lámparas, como un fósforo de cartón o un aparato eléctrico. **Lamp-post,** peana, poste, pie de farol en la calle. **Lamp-shade,** pantalla de lámpara. **Lamp-wick,** mecha.
lampass, *s.* *V.* LAMPERS.
lampblack ['læmpblæk] [lamp-blak], *s.* Hollín de resina, humo de pez, negro de humo. *(Mex.)* Humo de ocote, que sirve para hacer la tinta que usan los impresores.
lampers ['læmpəz] [lam-pers], *s.* *(Vet.)* Bulto de carne, acompañado de inflamación, en la parte superior de la boca de los caballos.
lamplight ['læmplaɪt] [lamp-lait], *s.* Luz de una lámpara; luz artifical.
lampoon [læm'puːn] [lam-pun], *s.* Sátira o escrito insultante y denigrativo, libelo; pasquín.
lampoon, *va.* Satirizar, escribir sátiras o zaherir y motejar con ellas; hacer coplas contra alguno o coplearle.
lampooner [læm'puːnəʳ] [lam-pu-naʳ], *s.* Satirizante, escritor de sátiras personales.
lamprey ['læmprɪ] [lam-pri], *s.* *(Zool.)* Lampresa.
lampron ['læmprən] [lam-pron], *s.* 1. *(Zool.)* Especie de lamprea. 2. *(Zool.)* Especie de anguila larga.
lanary ['lænərɪ] [la-na-ri], *s.* Almacén para lana.
lanate, lanated ['læneɪt] [la-neit], *a.* Lanoso. *(Bot.)* Lanudo.
lance [lɑːns] [lans], *s.* 1. Lanza, arma blanca. 2. Lanceta. 3. Lancetada, lancetazo, lanzada. 4. *-m.* Lanza, el que usa de una lanza. 5. Llamarada.
lance, *va.* 1. Lancear, dar una lanzada; penetrar, cortar. 2. Abrir una apostema con lanceta o bisturí.
lanceolate ['lɑːnsɪəlɪt] [lan-sio-leit], *a.* Lanceolado, formado como lanza o lanceta.
lancer ['lɑːnsəʳ] [lan-saʳ], *s.* 1. El que lancea. 2. Lancero, soldado de a caballo armado de lanza. 3. *-pl.* *V.* LANCIERS.
lancet ['lɑːnsɪt] [lan-sit], *s.* 1. Lanceta. 2. *(Arq.)* Arco puntiagudo, bóveda gótica. 3. Trompetilla de los mosquitos, tábanos y otros dípteros.
lancewood ['lɑːnswʊd] [lans-vud], *s.* 1. Palo de lanza. 2. Cualquier árbol que produce esta madera, especie de chirimoyo; anona.
lanch ['lɑːntʃ] [lanch], *va.* Lanzar. *V.* LAUNCH.
lanciers ['lɑːnsɪəz] [lan-siars], *s. pl.* Lanceros.
lancinate ['lɑːnsɪneɪt] [lan-si-neit], *va.* Lacerar, despedazar.
lancination [ˌlɑːnsɪ'neɪʃən] [lan-si-nei-shon], *s.* Laceración; dolor agudo.
land [lænd] [land], *s.* 1. Tierra, en contraposición al agua; la porción sólida de nuestro globo. 2. Terreno, sitio de nuestro globo. 2. Terreno, sitio o espacio de tierra. 3. Suelo, terruño; bienes raíces, hacienda. 4. País, región, reino, provincia, territorio considerado como habitación del hombre; nación. **Native land,** patria. (country, nation). 5. Continente. **To travel by land,** viajar por tierra. **To go on land,** tomar tierra, ir a tierra, desembarcar. **Dry land,** tierra firme. **Law of the land,** ley nacional. **Arable land,** tierra labrantía o de labranza. **To make (the) land,** descubrir tierra, acercar la nave a la costa. **To see how the land lies,** sondar el terreno. **To know how the land lies,** *(Fig.)* estar al corriente de un

asunto; saber a qué atenerse. **Land-agent,** corredor de fincas rurales. **Land-breeze,** brisa de tierra. **Land forces,** fuerzas terrestres, tropas de tierra. **Land-jobbing,** Especulación en la compra y venta de bienes raíces. **Land-hunger,** codicia de poseer tierras. **Land-office,** oficina del catastro. **Land-poor,** *a.* poseedor de muchas tierras que dan rentas insuficientes para pagar los gastos. **Land Rover,** vehículo todo terreno *(Aut.)*. **Land-surveying,** agrimensura.

land, *va.* 1. Desembarcar. 2. Coger (un pez). *-vn.* 1. *(Mar.)* Aterrarse, saltar en tierra, abordar. 2. *(Aer.)* Aterrizar. Posarse (birds). **To land on one's feet,** caer de pie; salir adelante *(Fig.)*.

landed ['lændɪd] [lan-did], *a.* Hacendado, el que tiene hacienda o patrimonio en tierras. *-pp.* Desembarcado.

landfall ['lændfɔːl] [land-fol], *s.* 1. Herencia de tierras por muerte del anterior poseedor. 2. *(Mar.)* Recalada.

landgrave ['lændgreɪv] [land-greiv], *s.* Langrave, título de algunos príncipes de Alemania.

landgraviate [ˌlændgreɪ'vɪeɪt] [land-grei-vieit], *s.* Langraviado, título de algunos principados de Alemania.

landholder ['lændˌhəʊldəʳ] [land-joul-daʳ], *s.* Hacendado, el que tiene hacienda en tierras.

landing ['lændɪŋ] [lan-d -], *s.* 1. Desembarco. 2. Aterrizaje de un avión. 3. Pasillo o descanso de escalera. **Landing craft,** equipo o aparato de aterrizaje (aircraft). **Landing field,** campo de aterrizaje. **Landing gear**, tren de aterrizaje. **Landing net,** red para pescado. **Landing place,** desembarcadero. **Landing stage,** desembarcadero *(Naut.)*.

landjobber [lænd'dʒəbəʳ] [land-yo-baʳ], *s.* Corredor de bienes raíces, el que compra o vende tierras por otro.

landlady ['lændˌleɪdɪ] [land-lei-di], *sf.* 1. Ama, casera, la mujer que arrienda o da alguna cosa en arrendamiento. 2. Huéspeda, mesonera, posadera, patrona.

landless ['lændlɪs] [land-les], *a.* Sin bienes o sin tierras; sin fortuna, pobre.

landlocked ['lændlɒkt] [land-lokt], *a.* Cercado de tierra, resguardado o abrigado de los vientos por la tierra.

landlord ['lændlɔːd] [land-lord], *s.* 1. El propietario o dueño de tierras o casas. 2. Amo, huésped posadero; casero, patrón.

landlordism [ˌlændlɔː'dɪzəm] [land-lor-di-sem], *s.* 1. Acción, conducta u opiniones propias del propietario, huésped o casero; autoridad del propietario. 2. El conjunto de los propietarios en general.

landlubber ['lændˌlʌbəʳ] [land-la-baʳ], *s.* Término de desprecio usado por los marinos para motejar a los que no son de su profesión.

landmark ['lænd*m*ɑːk] [land-mark], *s.* Mojón, marca, la señal que se pone para dividir los términos lindes y caminos. **Landmarks,** *(Mar.)* marcas.

landowner ['lændˌəʊnəʳ] [land-ou-naʳ], *s.* Propietario, terrateniente.

landscape ['lændskeɪp] [land-skeip], *s.* 1. País, la extensión de terreno: todo lo referente a embellecer el paisaje por medios humanos, ya en pequeños jardines, ya en vastas extensiones.

landslide ['læn*d*slaɪd] [land-slaid], **landslip** ['læn*d*slɪp] [land-slip], *s.* 1. Derrumbamiento, derrumbe, desprendimiento de tierra; *(Méx.)* desliz. 2. La masa de tierra que se ha derrumbado.

landslide, *s.* En la política, abrumadora mayoría de votos.

land-surveyor [ˌlændsə'veɪəʳ] [land-sar-veiaʳ], *s.* Agrimensor.

land-tax ['lændtæks] [land-taks], *s.* Tributo sobre tierras y sobre el terreno que ocupan las casas.

land-waiter [ˌlænd'weɪtəʳ] [land-uei-taʳ], *s.* Guarda de puerto, empleado de la aduana que vigila el desembarque de los géneros en los puertos.

landward ['lændwəd] [land-uord], *adv.* Hacia la tierra.

lane [leɪn] [lein], *s.* Senda, vereda, calle, el camino estrecho que hay entre dos setos. 2. Callejuela, calle angosta. 3. Calle o paso formado por dos hileras de personas.

language ['læŋgwɪdʒ] [lan-güich], *s.* 1. Habla, lenguaje. 2. Lengua, lenguaje, el idioma particular de cada nación o provincia. 3. Lenguaje, expresión por medio de signos; o por sonidos inarticulados, como los de las aves. 4. Vocabulario de una ciencia, lenguaje particular de algún ramo de negocio, etc. 5. *V.* LANGUET. **Language degree,** título en idiomas. **Bad language,** lenguaje indecente.

languaged ['læŋgwɪdʒt] [lan-güicht], *a.* Lengüetero, se dice del que sabe muchas lenguas.

languet ['læŋgwɪt] [lan-güit], *s.* 1. Lengüeta, cualquier cosa cortada en figura de lengua pequeña. 2. Orejeta, lengüeta de la guarnición de una arma.

languid ['læŋgwɪd] [lan-güid], *a.* Lánguido, débil, flaco; sin animación ni interés; descaecido.

languidly ['læŋgwɪdlɪ] [lan-güid-li], *a.* . Lánguidamente.

languidness ['l. gwɪdnɪs] [lan-güid-n-es], *s.* Languidez, caimiento, falta de fuerza.

languish ['læŋgwɪʃ] [lan-güish], *va.* y *vn.* 1. Descaecer, enflaquecer, extenuarse, consumirse, penar o padecer lentamente; adolecer. 2. Agostarse, ponerse mustio. 3. Aflojar, entibiarse. 4. Mirar con ternura. 5. Debilitar, consumir.

languisher ['læŋgwɪʃəʳ] [lan-güi-shaʳ], *s.* El que se consume o se aflige.

languishing ['læŋgwɪʃɪŋ] [lan-güi-shin], *s.* Languidez, flaqueza. *-a.* Lánguido, descaecido, afligido; enamorado o derretido, hablando de amantes.

languishingly ['læŋgwɪʃɪŋlɪ] [lan-güi-shin-li], *adv.* Lánguidamente.

languishment ['læŋgwɪʃmənt] [lan-güish-ment], *s.* 1. Languidez, debilidad. 2. Angustia.

languor ['læŋgəʳ] [lan-goʳ], *s.* Desfallecimiento, disminución de ánimo, flojedad, descaecimiento.

languorous ['læŋgərəs] [lan-go-ros], *a.* Lánguido, flojo, que induce o sugiere descaecimiento.

laniard ['leɪnɪəd] [lei-niard], *s.* *(Mar.)* Acollador. *V.* LANYARD.

laniary ['leɪnɪərɪ] [lei-nia-ri], *a.* Propio para lacerar, como los dientes caninos. *-s.* Colmillo, diente canino.

lank [læŋgk] [lank], *a.* 1. Flojo, flaco, descarnado, delgado, desfallecido. 2. Largo y recto. **Lank hair,** cabellos largos y lacios.

lankly ['læŋgklɪ] [lan-kli], *adv.* Flojamente, sueltamente.

lankness ['læŋgknɪs] [lank-nes], *s.* Flaqueza, flojedad.

lanky ['læŋgkɪ] [lan-ki], *a.* *(Fam.)* Larguirucho, alto y delgado (persons).

lanner ['lænəʳ] [la-naʳ], *s.* *(Orn.)* Alcotán. **Lanneret,** alcotanillo.

lanolin ['lænəʊlɪn] [la-nou-lin], *s.* Lanolina, manteca o gordura clarificada de oveja o de carnero; se usa en farmacia como base de ungüentos.

lantern ['læntən] [lan-tern], *s.* 1. Linterna, farol. **Dark-lantern,** farol de ronda, linterna sorda, que deja o no ver la luz a voluntad del que la lleva. **Poop-lantern,** *(Mar.)* farol de popa. **Top-lantern,** *(Mar.)* farol de la cofa. **Battle** o **hand lantern,** *(Mar.)* farol de combate. **Signal lanterns,** *(Mar.)* faroles de señales. **Lantern-maker,** linternero. 2. Faro, fanal, que sirve de guía a los marinos. 3. *(Arq.)* Linterna, fábrica de figura redonda con ventanas para dar entrada a la luz.

lantern-jaws ['læntənˌjɔːz] [lan-tern-yos], *s.* Quijadas de farol, chupado de cara.

lantern slide ['læntənslaɪd] [lan-tern-slaid], *s.* Diapositiva, fotografía positiva en cristal.

lanyard ['lænjəd] [lan-yard], *s.* *(Mar.)* Acollador, cabo delgado que sirve para tener tiesos y estirados los obenques, brandales y estays. **Lanyards of the stoppers,** *(Mar.)* mojeles de las hozas. **Lanyards of the buoy,** *(Mar.)* rebenques de cabeza de la boya.

lap [læp] [lap], *s.* 1. Faldas, regazo; faldón, faldones. 2. Rodillas; *(Fig.)* seno. 3. *(Mec.)* Longitud o extensión determinada. 4. Presilla, oreja de bolsillo, etc. 5. *(Mec.)* Rueda de metal blando, madera o cuero, que usan los lapidarios para labrar joyas y bruñir metales duros. **Lapstone,** Piedra sobre la cual baten el cuero los zapateros. **Lap-dog,** Perro de faldas, perrillo faldero.

lap, *s.* Salidizo, la parte saliente de un objeto o cuerpo que cubre a otro. 2. Pliegue, doblez; solapadura, avance. 3. Regazo. **Lap of honor,** vuelta de honor (sports, etc.).
lap, *va.* 1. Arrollar, envolver; plegar, hacer pliegues; doblar una cosa sobre sí misma. 2. Caer, recaer, replegarse sobre; cruzar; exceder, hacer salidizo. *-vn.* Doblarse alguna cosa torciéndose sobre sí misma; estar replegado; estar echado o tendido al lado de otra cosa.
lap, *va.* 1. Lamer, beber a lengüetadas, alimentarse o comer lamiendo los alimentos (milk, ice-cream, etc.). 2. Bañar, tocar el agua, o hacer ondulaciones en una orilla (waves). *-vn.* 1. Lamer. 2. Hacer un sonido como de lamido o toque suave.
laparotomy [ˌlæpəˈrɔtəmɪ] [la-pa-ro-to-mi], *s.* Laparotomía, operación quirúrgica, incisión abdominal hecha por el costado.
lapel [ˈlæpl] [la-pel], Solapa.
lapful [ˈlæpfʊl] [lap-ful], *s.* Lo que puede caber en el regazo o enfaldo.
lapidary [ˈlæpɪdərɪ] [la-pi-da-ri], *s.* Lapidario, el que trabaja y labra las piedras preciosas o comercia en ellas. *-a.* 1. Lapidario, perteneciente al arte de labrar las piedras preciosas. 2. Inscripto sobre piedra. 3. Lapídeo.
lapidate [ˈlæpɪdeɪt] [la-pi-deit], *va.* 1. Labrar las piedras finas y preciosas. 2. (Poco us.) Apedrear, matar a pedradas.
lapidation [ˌlæpɪˈdeɪʃən] [la-pi-dei-shon], *s.* Lapidación, apedreamiento.
lapidescence [ˈlæpɪdesəns] [la-pi-de-sens], *s.* Concreción de piedra.
lapidescent [ˈlæpɪdesənt] [la-pi-de-sent], *a.* Lo que se petrifica o vuelve piedra.
lapidification [ˌlæpɪdɪfaɪˈkeɪʃən] [la-pi-di-fai-kei-shon], *s.* Lapidificación.
lapidist [ˈlæpɪdɪst] [la-pi-dist], *s.* Lapidario.
lapis [ˈlæpɪs] [la-pis], *s.* 1. Procedimiento para estampar indianas con añil. 2. Piedra: se usa solamente en composición. **Lapis infernalis,** piedra infernal, nitrato de plata.
lapis lazuli [ˈlæpɪsˈlæzjʊlaɪ] [la-pis-la-ziu-lai], *s.* Lapislázuli, mineral exquisito de color azul, duro como el acero y acompañado frecuentemente por pirita de hierro.
laplander [ˈlæplændəʳ] [lap-lan-daʳ], *s. V.* LAPP.
lappling [ˈlæplɪŋ] [la-plin], *s.* Apodo que se aplica al hombre que gusta mucho de los placeres sensuales; voz despectiva.
lapp, Lap [læp] [lap], *s.* 1. Lapón, natural de Laponia. 2. Idioma de los lapones.
lapper [ˈlæpəʳ] [la-paʳ], *s.* El que lame, arrolla o pliega alguna cosa.
lappet [ˈlæpɪt] [la-pit], *s.* Caídas de toca o escofeta, aquellas partes de la misma que penden como adorno.
lapsable [ˈlæpsəbl] [lap-sa-bol], *a.* Prescriptible; que puede sufrir tra -ación de derecho; susceptible de caer o deslizarse.
lapse [læps] [laps], *s.* 1. Caída, la acción de caer; movimiento imperceptible hacia adelante o hacia abajo; de aquí, intervalo de tiempo. 2. Desliz, traspié, yerro, falta ligera. 3. *(For.)* Prescripción, traslación de derecho o dominio. **In the lapse of time,** con el transcurso del tiempo, o andando el tiempo. **To lapse into one's old ways,** volver a las andadas. **To lapse into unconciousness,** perder el conocimiento.
lapse, *vn.* 1. Escurrir, manar o fluir poco a poco. 2. Deslizarse, decir o hacer alguna cosa irreflexivamente. 3. Caer en algún defecto, desliz o error. 4. *(For.)* Prescribir, caducar. *-va.* 1. Dejar caer. 2. *(Des.)* Acusar; convencer.
lapsed [læpst] [lapst], *a.* Caído; deslizado; omitido; prescrito.
lapwing [ˈlæpwɪŋ] [lap-uin], *s. (Orn.)* Avefría, frailecillo.
lapwork [ˈlæpwɜːk] [lap-uek], *s.* Obra entrelazada o entretejida.
lar [lɑːʳ] [laʳ], *s.* Lar, dios doméstico: por lo común en plural. LARES.
larboard [ˈlɑːbɔːd] [lar-bord], *s. (Mar.)* Babor, el lado o costado izquierdo del buque mirando de popa a proa.
larcener, larcenist [ˈlɑːsənəʳ] [lar-se-naʳ] [lɑːsənɪst] [lar-se-nist], *s.* Ladrón, ratero.
larceny [ˈlɑːsənɪ] [lar-se-ni], *s. (For.)* Ratería, hurto de cosas de poca importancia; robo. **Petty larceny,** hurto cuyo monto sólo llega a un valor determinado. **Grand larceny,** el que pasa de dicho valor.
larch [lɑːtʃ] [larch], *s. (Bot.)* Alerce, lárice.
lard [lɑːd] [lard], *s.* Manteca de puerco o de cerdo; lardo, tocino gordo. **Lard-oil,** aceite espeso que se extrae del lardo.
lard, *va.* 1. Mechar. 2. Engordar. 3. Entreverar, mezclar alguna cosa con otra para mejorarla. **Larding-pin,** mechera, aguja de mechar.
lardaceous [ˈlɑːdeɪʃəs] [lar-dei-shos], *a.* 1. Lardoso, grasiento. 2. *(Med.)* Que indica degeneración crasa de un órgano.
larder [ˈlɑːdəʳ] [lar-daʳ], *s.* Despensa.
larderer [ˈlɑːdərəʳ] [lar-dei-shos], *s.* Despensero.
large [lɑːdʒ] [larch], *a.* 1. Grande, abultado, grueso. 2. Ancho, amplio, vasto, espacioso, extenso. 3. Largo, franco, liberal, espléndido. 4. Dilatado, difuso, copioso. **At large,** sin limitación; a lo largo; difusamente, por extenso; en general; en libertad, libre en sus movimiento. **As large as life,** de carne y hueso. *-adv.* 1. Con viento a la cuadra. 2. *(Fam.)* Con jactancia. **To sail large,** *(Mar.)* navegar con viento largo o con viento a la cuadra. **To talk large,** darse tono; presumir de gran señor.
large-heartedness [ˈlɑːdʒˌhɑːtɪdnɪs] [larch-jar-tid-nes], *s.* Liberalidad, largueza, generosidad.
largely [ˈlɑːdʒlɪ] [larch-li], *adv.* Largamente, latamente, liberalmente, ampliamente.
largeness [ˈlɑːdʒnɪs] [larch-nes], *s.* 1. Grandor, extensión, anchura, amplitud. 2. Liberalidad, generosidad. 3. Grandeza de ánimo.
larger [ˈlɑːdʒəʳ] [lar-chaʳ], *a.* **It looked larger than life,** parecía más grande de lo que era realmente.
large-scale [ˈlɑː ˈskeɪl] [larch-skeil], *a.* En gran escala.
largess [ˈlɑːdʒɪs] [lar-chis], *s.* Don, dádiva, liberal; presente. 2. *(Ant.)* Liberalidad.
larghetto [ˈlɑːgetəʊ] [lar-gue-tou], *a. (Mús.)* Lento, a compás algo menos lento que «largo». *-s.* Música en dicho compás. *(Ital.)*
largo [ˈlɑːgəʊ] [larg-gou], *adv. (Mús.)* Largo, lento.
lariat [ˈlærɪət] [la-riat], *s.* 1. Reata. 2. Lazo. *V.* LASSO.
lark [lɑːk] [lark], *s. (Orn.)* Alondra, calandria. **Meadow-lark, tit-lark,** alondra de los prados.
lark, *s. (Fam.)* Calaverada, travesura. **To be on a lark,** hacer una travesura; hacer de las suyas, andar de picos pardos, andar de holgorio.
lark about, around, *vi.* Hacer el tonto, tontear, juguetear.
larker [ˈlɑːkəʳ] [lar-kaʳ], *s.* Cazador de alondras.
lark-like [ˈlɑːklaɪk] [lark-laik], *a.* Semejante a la alondra.
larksheel, *s. (Bot.) V.* NASTURTIUM.
larkspur [ˈlɑːkspɜːʳ] [lark-speʳ], *s. (Bot.)* Espuela de caballero, delfinio; planta y su flor.
larrup [ˈlærʌp] [la-rap], *va. (Fam.)* Zurrar, tundir, zurriagar.
larum [ˈlærəm] [la-ram], *s.* (Des. o poét.) Alarma, ruido que indica riesgo o peligro. *V.* ALARM.
larva [ˈlɑːvə] [lar-va], *s. (Zool.)* Larva u oruga; la primera forma de algunos animales.
larval [ˈlɑːvəl] [lar-val], *a.* Larval, que pertenece a la larva.
larvate, larvated [ˈlɑːveɪt] [lar-veit], *a.* Larval, encubierto, que tiene larva o máscara.
laryngeal [ˈlærɪndʒɪə] [la-rin-yial], *a.* Laríngeo, relativo a la larigne.
laryngitis [ˌlærɪnˈdʒaɪtɪs] [la-rin-yai-tis], *s. (Med.)* Laringitis.
laryngoscope [ˌlærɪnˈgəskəʊp] [la-rin-gos-koup], *s.* Laringoscopio, instrumento que sirve para explorar la laringe.
laryngoscopy [ˌlærɪnˈgəskəʊpɪ] [la-rin-gos-kou-pi], *s.* Laringoscopia.
laryngotomy [ˈlærɪngətəmɪ] [la-rin-go-to-mi], *s. (Cir.)* Laringotomía, la operación de cortar la traquiarteria a fin de dar paso al aire y evitar la asfixia.
larynx [ˈlærɪŋks] [la-rinks], *s.* Laringe, la cabeza o boca de la tráquea.

lascivious [lə'sɪvɪəs] [la-si-vios], *a.* Lascivo, incontinente, lujurioso.

lasciviousness [lə'sɪvɪəsnɪs] [la-si-vios-nes], *s.* Lascivia, incontinencia, lujuria.

laser ['leɪzəʳ] [lei-shaʳ], *s.* Laser, amplificación de luz por estímulo de emisiones de radiación.

lash [læʃ] [lash], *s.* 1. La punta del látigo, fusta, etc., con que se da un latigazo. 2. Latigazo, golpe dado con un látigo u otra cosa flexible. 3. Sarcasmo, invectiva, dicho satírico y picante. 4. Pestaña. **Drooping lashes,** pestañas caídas.

lash, *va.* 1. Dar latigazos; azotar (stroke). 2. Mover alguna cosa violentamente haciendo ruido. 3. Satirizar, zaherir con sátiras o invectivas. 4. *(Mar.)* Amarrar, ligar o trincar. *-vn.* Latiguear, andar chasqueando el látigo. **To lash out,** desenfrenarse, repartir golpes, hacerse extravagante en el trato o en las costumbres. **To lash out at/against,** saltar por. Gastar en demasía (spend).

lasher ['læʃəʳ] [la-shaʳ], *s.* Azotador.

lash-free ['læʃfriː] [lash-fri], *a.* Lo que está libre o no tiene peligro de que lo satiricen.

lashing ['læʃɪŋ] [la-shin], *s.* 1. Ligadura, lazo, cabo de cuerda que sirve para atar una cosa con otra; *(Mar.)* amarra, amarradura. 2. Castigo de azotes; acción de satirizar o de lanzar invectivas. **Lashings of the long-boat,** *(Mar.)* obenques de la lancha. **Lashing-ringe,** *(Mar.)* argollas de amura. **Lashings of,** montones de.

lasket ['læskɪt] [las-kit], *s.* *(Mar.)* Badaza de boneta.

lass [læs] [las], *s. f.* Doncella, mujer joven y soltera; moza, muchacha: aplícase comúnmente a las campesinas o aldeanas.

lassie ['læsɪ] [la-si], *f.* Muchachita, mozuela.

lassitude ['læsɪtjuːd] [la-si-tiud], *s.* Lasitud, cansancio, fatiga.

lasso [læ'suː] [la-su], *va.* Coger con un lazo. *-s.* Lazo, larga tira de cuero trenzado que termina en un lazo corredizo; se usa para coger caballos y toros salvajes.

last [lɑːst] [last], *a.* Último, postrero, pasado. **At last,** Al fin, finalmente. **To the last,** hasta lo último. **Last week,** la semana pasada. **Last night,** anoche. **The last but one,** el penúltimo. **The last but two,** el antepenúltimo. **To be on one's last legs,** estar en apuros. **That is the last straw,** eso es el colmo. **That is the last thing I expected,** es lo menos que esperaba. **The last word,** la última palabra, lo mejor, la última moda. *-adv.* De último, al final. *-s.* Horma para zapatos.

last, *vn.* 1. Durar, permanecer, continuar existiendo. 2. Conservarse, guardarse, continuar en buen estado. 3. Sostenerse, no rendirse a los sitiadores. **Last out,** aguantar, resistir.

lastage ['lɑːstɪdʒ] [las-tich], *s.* 1. Espacio para el cargamento de un buque. 2. Lastre.

lasting ['lɑːstɪŋ] [las-tin], *a.* Duradero, perpetuo, perdurable, durable, permanente, constante. *-s.* 1. Sempiternas, tejido fuerte de lana y estambre. 2. Acción de ahormar las palas de un zapato.

lastingly ['lɑːstɪŋlɪ] [las-tin-li], *adv.* Perpetuamente, para siempre.

lastingness ['lɑːstɪŋnɪs] [las-tin-nes], *s.* Duración, continuación.

lastly ['lɑːstlɪ] [last-li], *adv.* Últimamente, en conclusión, por fin, finalmente, por último.

lastmaker ['lɑːstˌmeɪkəʳ] [last-mei-kaʳ], *s.* Hormero.

latch [lætʃ] [lach], *s.* Aldaba de puerta; pestillo, picaporte.

latchkey ['lætʃkiː] [lach-ki], *s. f.* Llavín.

latch-string, cordón de aldaba. **The latch-string is (always) out,** sea Ud. bienvenido; está Ud. en su casa.

latch, *va.* Cerrar con aldaba; ajustar, unir.

latchet ['lætʃɪt] [la-chit], *s.* Agujeta de zapato.

late [leɪt] [leit], *a.* 1. Tardío: remoto, lejano; tardo, lento. 2. Último, el postrero en algún oficio o empleo. 3. Difunto, la persona que acabó la vida temporal: o que ha ejercido una dignidad o cargo. **Late Professor of Latin,** profesor que ha sido de lengua latina. **The late Mrs. Roberts,** la difunta Sra. Roberts. 4. Reciente, o comparativamente reciente. *-adv.* 1. Tarde, fuera de tiempo, pasado mucho tiempo. 2. Poco ha, últimamente, antes. **Of late,** de poco tiempo acá, de poco tiempo a esta parte. **Better late than never,** más vale tarde que nunca. **Late in the year,** al fin del año. **You are late,** llega Ud. tarde. **What made you so late?,** ¿qué le ha retardado a Ud.? **To keep late hours,** acostarse tarde, volver a deshora. **To make somebody late,** retrasar, entretener a alguien. **It was late in the season,** la estación estaba ya adelantada. **Too late,** demasiado tarde; después del tiempo señalado. **At a late stage,** a última hora. **Late in life,** a una edad avanzada.

latecomer ['leɪtkʌməʳ] [leit-ka-maʳ] *s.* Persona que se retrasa, que llega tarde a menudo. **A latecomer entreprise,** una empresa nueva.

lateen [lə'tiːn] [la-tin], *a.* Latino, voz que significa un palo corto, percha larga y vela triangular. **Lateen-sail,** *(Mar.)* vela latina o de burro.

lately ['leɪtlɪ] [leit-li], *adv.* Poco ha, no ha muc , recientemente, poco tiempo hace.

latency ['leɪtənsɪ] [lei-tan-si], *s.* El estado de lo que se halla oculto, obscuridad, confusión.

lateness ['leɪtnɪs] [leit-nes], *s.* 1. Tiempo o edad avanzada. 2. Tiempo moderno en contraposición a otro más antiguo.

latent ['leɪtənt] [lei-tant], *a.* Latente, escondido, oculto.

later ['leɪtəʳ] [lei-taʳ], *adv.* y *a.* (comp. de LATE). Más tarde; más adelantado, posterior, subsecuente. **Sooner or later,** tarde o temprano. **A later development,** manifestación o suceso más reciente. **At a later stage,** más adelante.

lateral ['lætərəl] [la-te-ral], *a.* Lateral, ladeado.

laterally ['lætərəlɪ] [la-te-ra-li], *adv.* Lateralmente.

laterite ['lætərɪt] [la-te-rit], *s.* Una arcilla roja y ferruginosa, muy abundante en algunos países tropicales.

latescent [lætəsənt] [la-te-sent], *a.* Que se va obscureciendo u ocultando.

latest ['leɪtɪst] [lei-tist], *a.* y *adv.* Superlativo de **late**, el último, últimamente. **At the latest,** a más tardar. **The latest in fashion,** el último grito en moda. **What's the latest on ...?,** ¿qué noticias hay sobre ...? **At the latest,** a más tardar, como muy tarde.

latex ['leɪteks] [lei-teks], *s.* *(Bot.)* Látex, jugo lechoso de algunas plantas, del que se obtiene caucho, resinas, etc.

lath [læθ] [laz], *s.* Lata, listón, palo que sirve para formar las techumbres y para colocar en ellas las tejas y pizarras. **Lath of a bed,** varilla de cama.

lath, *va.* Poner latas en los techos.

lathe ['leɪð] [leid], *s.* 1. Torno, máquina que usa el tornero para tornear su obra. 2. Lecho, cama de telar. *V.* LAY.

lather ['leɪðəʳ] [lei-daʳ], *vn.* Espumar, formar espuma, hacer o formar espuma como el jabón. *-va.* Bañar con espuma de jabón y agua.

lather, *s.* Jabonaduras, la espuma que se forma al jabonar o batir el agua con jabón.

lathwork ['læθwɜːk] [laz-uek], *s.* Enlistonado (in carpentry).

lathy ['læθɪ] [la-zi], *a.* Delgado como lata.

latidentate [ˌlætɪ'denteɪt] [la-ti-den-teit], *a.* Latidentado, de dientes anchos.

Latin ['lætɪn] [la-tin], *a.* Latino. *-s.* El latín o la lengua latina.

Latin American ['lætɪnə'merɪkən] [la-tin-a-me-ri-kan], *s.* y *a.* Latinoamericano.

latinism ['lætɪnɪzəm] [la-ti-ni-sem], *s.* Latinismo.

latinist ['lætɪnɪst] [la-ti-nist], *s.* Latinista, persona que cultiva la lengua y literatura latinas.

latinity [lə'tɪnɪtɪ] [la-ti-ni-ti], *s.* Latinidad: estilo latino, modo de emplear la lengua latina.

latinize ['lætɪnaɪz] [la-ti-nais], *va.* 1. Latinizar, traducir al latín. 2. Dar forma latina a las palabras de otra lengua. *-vn.* Servirse de palabras o locuciones sacadas del latín.

latish ['lætɪʃ] [la-tish], *a.* *(Fam.)* Algo tarde, retardado.

latirostrous ['lætɪ'rəstrəs] [la-ti-ros-tros], *a.* Latirrostro, que tiene el pico ancho (birds).

latitude ['lætɪtjuːd] [la-ti-tiud], *s.* 1. Latitud, la distancia que hay desde cualquier lugar o paraje al ecuador. 2. Latitud, anchura, extensión, difusión. 3. Acepción ilimitada de una cosa; laxitud en las opiniones. 4. Latitud, exención de las reglas fijas o apartamiento de ellas.

latitudinal [ˌlætɪ'tju:dɪnl] [la-ti-tiu-di-nal], *a.* Latitudinal, relativo o referente a la latitud.

latitudinarian [ˌlætɪtju:daɪ'nærɪən] [la-ti-tiu-dai-na-rian], *a.* 1. Libre, sin freno o regla; de vasto alcance o extensión; de aquí, no exacto ni preciso. 2. Libre en materias concernientes a las opiniones religiosas. *-s.* La persona que es libre en sus opiniones religiosas.

latria ['lætrɪə] [la-tria], *s.* Culto de latría, adoración debida sólo a Dios.

latten ['lætn] [la-ten], *s.* Latón, azófar, un metal cuando está en planchas u hojas, pues cuando está en masa se llama *brass.*

latter ['lætəʳ] [la-taʳ], *a., pron.* 1. Posterior, más reciente, que viene después de otra cosa; moderno. 2. Este o esto, el último de quien se habla, si se trata de dos, a distinción de *former*, anterior, *aquél o aquello.* 3. *(Des.)* Último. **Latter-day,** del presente; de un período reciente. **Latter-day Saints,** el pueblo mormón. (Variedad de LATER).

latterly ['lætəlɪ] [la-ta-li], *adv.* Recientemente, poco ha, de poco tiempo acá.

lattermath ['lætəmɑ:θ] [la-ta-maz], *s. (Agric.) V.* AFTERMATH.

lattice ['lætɪs] [la-tis], *s.* Celosía, rastel, enrejado de listoncillos de madera o hierro puesto en una ventana; cualquier cosa hecha con esa clase de enrejado, como una ventana o un biombo.

lattice, *va.* Enrejar, hacer un enrejado a manera de celosía.

laud ['lɔ:d] [lod], *s.* Alabanza, elogio.

laud, *va.* Alabar, celebrar, loar.

laudability ['lɔ:də'bɪlɪtɪ] [lo-da-bi-li-ti], *s. V.* LAUDABLENNESS.

laudable ['lɔ:dəbl] [lo-da-bol], *a.* Laudable, loable, digno de alabanza.

laudableness ['lɔ:dəblnɪs] [lo-da-bol-nes], *s.* El estado de lo que merece alabanza; la propiedad o calidad laudable de una cosa.

laudably ['lɔ:dəblɪ] [lo-da-bli], *adv.* Laudablemente, loablemente, con elogio.

laudanum ['lɔ:dənəm] [lo-da-nom], *s.* Láudano, tintura de opio, una dicina.

laudative ['lɔ:dətɪv] [lo-da-tiv], **laudatory** ['lɔ:dətərɪ] [lo-da-to-ri], *a.* Laudatorio. *-s.* Panegírico.

lauder ['lɔ:dəʳ] [lo-daʳ], *s.* Loador.

laugh [lɑ:f] [laf], *vn.* 1. Reír; estar contento. 2. Sonreír; mostrarse alegre, animado o retozón. *-va.* Mofar, burlar, escarnecer. **To laugh at,** reírse de, mofarse, ridiculizar, poner en ridículo, divertirse a costa ajena. **To laugh at one to his face,** reírsele a uno en las barbas. **To laugh at a feather,** reírse de nada o por nada. **To laugh out, to burst out laughing,** reírse a carcajadas; echarse a reír. **To laugh in one's sleeve,** reírse interiormente. **To laugh down,** ridiculizar, hacer desistir a otro de un plan o propósito por medio del ridículo; hacer callar a un orador a carcajadas. **To laugh out of the other side of the mouth,** llevarse chasco o petardo, particularmente después de jactarse de algo. **There is nothing to laugh at,** no hay motivo de risa. **She laughed till she cried,** se rió a mandíbula batiente.

laugh, *s.* Risa, risada. **Horse-laugh,** carcajada, risotada. **Laugh-and-lay-down,** un juego de naipes. **To carry off the laugh,** ser el último en reírse. **To turn off with a laugh,** hacer burla de una cosa, tomarla a broma.

laughable ['lɑ:fəbl] [la-fa-bol], *a.* Risible, ridículo; divertido, que excita la risa.

laughing ['lɑ:fɪŋ] [la-fin], *a.* Risueño; que ríe, reidor. *-s.* Risa, alegría. **Laughing eyes,** ojos alegres, reidores. **Laughing-gas,** gas hilarante, protóxido de ázoe. **To be no laughing matter,** no ser cosa de risa. **To be the laughing stock of the family,** ser el hazmerreír de la familia.

laughingly ['lɑ:fɪŋlɪ] [la-fin-li], *adv.* Alegremente, con risa.

laughing-stock ['lɑ:fɪŋˌstɒk] [la-fin-stok] *s.* Hazmerreír, el que es objeto de la irrisión de otros, juguete de todos.

laughter ['lɑ:ftəʳ] [laf-taʳ], *s.* Risa, risada.

launch [lɔ:ntʃ] [lonch], *vn.* 1. Arrojarse, echarse, tirarse al agua. 2. Extenderse, dilatarse; alargarse; vagar o andar vagando. 3. Lanzarse. *-va.* 1. Botar o echar al agua. 2. Llevar adelante, empezar una empresa o una profesión. 3. Lanzar o arrojar alguna cosa con ímpetu y violencia.

launch, *s.* 1. Lanzamiento. 2. Botadura al agua de un buque recién construido (ship). 3. *(Mar.)* Lancha, chalupa; el mayor de los botes de un buque de guerra. 4. Lancha de recreo (vessel).

launcher ['lɔ:ntʃəʳ] [lon-chaʳ], *n. m.* Lanzacohetes.

launching pad ['lɔ:ntʃɪŋˌpæd] [lon-chin-pad], *s. (Aer.)* Torre de lanzamiento, plataforma de lanzamiento.

launder ['lɔ:ndəʳ] [lon-daʳ], *va.* Lavar la ropa.

launderer ['lɔ:ndərəʳ] [lon-da-raʳ], *s.* Lavandero.

laundering ['lɔ:ndərɪŋ] [lon-da-rin], *n.* Colada, ropa lavada. Blanqueo *(Fam.).*

laundromat ['lɔ:ndrəmæt] [lon-dro-mat], *s.* Lavandería automática.

laundry ['lɔ:ndrɪ] [lon-dri], *s.* 1. Lavandería. 2. Lavado de ropa. 3. Ropa sucia para lavar.

laundryman ['lɔ:ndrɪmən] [lon-dri-man], *s.* Lavandero.

laureate ['lɔ:rɪɪt] -lo-riit], *a.* Laureado. **Poet-laureate,** poeta laureado.

laureation [ˌlɔ:rɪ'eɪʃən] [lo-ri-ei-shon], *s.* El acto de recibir algún grado académico.

laurel ['lɒrəl] [lo-rel], *s.* 1. *(Bot.)* Laurel guindo o laurel regio. 2. *(E. U.)* Arbusto siempre verde. 3. Corona o guirnalda de laurel; honor, distinción.

laurelled ['lɒrəld] [lo-reld], *a.* Laureado.

laurentian ['lɒrənʃən] [lo-ren-shan], *a.* 1. *(Geol.)* Lorenziano, perteneciente al río San Lorenzo; roca de las más antiguas. 2. Relativo a Lorenzo de Médicis o a la Laurentina.

lava ['lɑ:və] [la-va], *s.* Lava, la materia que arrojan los volcanes al tiempo de su erupción.

lavabo ['lɑ:vəbəʊ] [la-va-bou], *s.* 1. Lavabo litúrgico. 2. Lavamanos.

lavaliere ['lɑ:vəlɪəʳ] [la-va-liaʳ], *s.* Pendiente, medallón.

lavatory ['lɑ:vətərɪ] [la-va-to-ri], *s.* Lavatorio, lavadero; loción.

lave [leɪv] [leiv], *va.* y *vn.* 1. Lavar, bañar. 2. Lavarse, bañarse. **To lave water,** sacar agua.

lavement ['leɪvmənt] [leiv-ment], *s.* 1. Lavado, acción de lavar. 2. Enema, lavativa, ayuda.

lavender ['lævɪndəʳ] [la-vin-daʳ], *s. (Bot.)* Espliego, lavanda, lavándula. **Lavender cotton,** santolina.

laver ['leɪvəʳ] [lei-vaʳ], *s.* Lavadero, aguamanil, vasija para lavarse.

laver, *s.* Ova, cualquier algoa comestible del género Porphyra, o un plato preparado con ella. **Green laver** (ova verde).

lavish ['lævɪʃ] [la-vish], *a.* Pródigo, profuso, descabellado, despilfarrado.

lavish, *va.* 1. Desparramar, disipar, malbaratar, malgastar, gastar con profusión. 2. Prodigar cumplimientos, alabanzas, etc. 3. Sacrificar, despreciar su sangre, su vida, etc.

lavishly ['lævɪʃlɪ] [la-vish-li], *adv.* Pródigamente, profusamente.

lavishment ['lævɪʃmənt] [la-vish-ment], **Lavishness** ['lævɪʃnɪs] [la-vish-nes], *s.* (Poco us.) Despilfarro, prodigalidad, profusión, disipación.

law [lɔ:] [lo], *s.* 1. Ley, regla y norma de conducta. 2. Ley, constitución o estatuto. 3. Ley, regla o principio convencional. 4. Derecho. **According to law,** según derecho. **Civil law,** derecho civil. 5. Litigio judicial entre partes. 6. Jurisprudencia. 7. *(Bib.)* Tora, libro de la ley judía. 8. Ley de la naturaleza, la ocurrencia uniforme de los fenómenos, naturales de un mismo modo, bajo las mismas condiciones. **To go to law with one,** poner pleito a uno. **To follow the law,** estudiar las leyes. **Father, son, daughter** o **brother-in-law,** suegro, yerno, nuera o cuñado. *(Fam.)* Padre, hijo o hermano político, hija política. **In point of law,** desde el punto de vista legal. **Law of nations,** derecho internacional. **Law of gravity,** la ley de la gravedad. **To lay down the law,** hablar autoritariamente *(Fig.)*. **To take the law in one's own hands,** tomar la justicia por su mano. **Law court,** tribunal de justicia.

law-abiding ['lɔːəˌbaɪdɪŋ] [lo-a-bai-din], *a.* Persona que observa las leyes.

lawbreaker ['lɔːˌbreɪkəʳ] [lo-brei-kaʳ], *s.* Transgresor, el que viola la ley.

law-day ['lɔːdeɪ] [lo-dei], *s.* Día en que están abiertos los tribunales.

lawful ['lɔːfʊl] [lo-ful], *a.* Legal, según derecho, conforme a la ley; permitido, legítimo, justo, válido, lícito. **A lawful prize,** una presa legítima. **Lawful goods,** géneros permitidos o lícitos.

lawfully ['lɔːfəlɪ] [lo-fa-li], *adv.* Legalmente, legítimamente.

lawfulness ['lɔːfʊlnɪs] [lo-ful-nes], *s.* Legalidad, legitimidad.

lawgiver ['lɔːˌgɪvəʳ] [lo-gui-vaʳ], *s.* Legislad .

lawgiving ['lɔːgɪvɪŋ] [lo-gui-vin], *a.* Legislativo.

lawless ['lɔːlɪs] [lo-les], *a.* No sujeto a la ley; ilegal; desordenado, desarreglado.

lawlessly ['lɔːlɪslɪ] [lo-les-li], *adv.* Ilegalmente, contra las leyes.

lawlessness ['lɔːlɪsnɪs] [lo-les-nes], *s.* Desorden, desobediencia.

lawmaker ['lɔːmeɪkəʳ] [lo-mei-kaʳ], *s.* Legislador.

lawn [lɔːn] [lon], *s.* 1. Prado, campo abierto entre bosques o casas. 2. Linón, t -a fina de lino. **Long lawn,** estopilla. *-a.* Hecho de linón. **Lawn-mower,** segadora de mano para prados. **Lawn-sprinkler,** regadera para prados.

lawnmower ['lɔːnˌməʊəʳ] [lon-mouaʳ], *s.* Cortacésped.

lawn tennis ['lɔːn'tenɪs] [lon-te-nis], *s.* Variedad del juego de tenis.

lawsuit ['lɔːsuːt] [lo-sut], *s.* Pleito, proceso, litigio, causa. *(For.)* Lite.

lawyer ['lɔːjəʳ] [lo-yaʳ], *s.* Abogado, jurista, jurisconsulto. (Mex. y C. *a.*) Licenciado. **Lawyer's office,** bufete de abogados.

lawyerly ['lɔːjəlɪ] [lo-ya-li], *a.* Judicial.

lax [læks] [laks], *a.* 1. Laxo, suelto, flojo, desatado. 2. Vago, indeterminado. 3. Corriente de vientre. *-s.* (Poco us.) Despeño, cámaras, flujo de vientre, diarrea. **To be lax about,** ser negligente.

laxation ['lækseɪʃən] [lak-sei-shon], *s.* Laxación.

laxative ['læksətɪv] [lak-sa-tiv], *a.* Laxativo, laxante. *-s.* Laxante, purgante.

laxity ['læksɪtɪ] [lak-si-ti], **laxness** ['læksnɪs] [laks-nes], *s.* 1. Aflojamiento, la acción y efecto de aflojar; laxitud, flojedad. 2. Relajamiento de nervios, etc.; relajación de costumbres, etc. 3. Anchura, soltura, desahogo. 4. Despeño, diarrea.

laxly ['lækslɪ] [laks-li], *adv.* Flojamente, sueltamente.

lay [leɪ] [lei], *pret.* del verbo TO LIE.

lay [leɪ] [lei], *va.* (*pret.* y *pp.* LAID) 1. Poner, fijar, colocar alguna cosa. 2. Tender, extender o echar a lo largo en el suelo; echar o tumbar por tierra; impedir que se levante alguna cosa que está caída; hacer doblar las espigas o la hierba hacia el suelo. **To be laid low with flu,** mantenerse en cama por la gripe. 3. Matar el polvo 4. Enterrar. 5. Pintar, representar algo por medio de figuras. 6. Calmar, aquietar, sosegar, apaciguar. 7. Preparar las plantas enterrando sus vástagos. 8. Añadir, juntar. 9. Imponer cargas, obligaciones u otra cosa. 10. Proyectar, trazar, discurrrir. 11. Imputar. 12. Mandar, ordenar como una obligación. 13. Abatir, derrocar, derribar. 14. Apostar. 15. Exhibir, presentar, manifestar alguna cosa. *-vn.* 1. Poner huevos las hembras de las aves y otros animales. 2. Tramar, formar un plan. 3. *(Mar.)* Venir o ir como mandado; como **to lay aloft,** ir arriba. 4. Estar situado, formar.

lay about, hacer todos los esfuerzos posibles por el logro de algún objeto, mover cielo y tierra por conseguir alguna cosa; dar golpes a ciegas o sin concierto.

lay against, acusar.

lay aft, ir a popa.

lay apart, reservar, poner aparte.

lay aside, desechar, echar o poner a un lado, arrinconar, poner en olvido, despreciar, descuidar, omitir, abandonar; separar, reservar, poner aparte.

lay at, intentar, dar golpes, golpear.

lay away, dejar, echar a un lado.

lay before, exponer a la vista, desplegar, mostrar, manifestar; representar ante alguna autoridad exponiendo daños, quejas o agravios.

lay by, reservar, guardar, conservar alguna cosa para tiempo oportuno; deponer o apear de algún empleo o cargo; despedir, despachar, echar fuera; omitir, arrimar, arriconar.

lay down, sentar y sostener una opinión o parecer; apostar; poner en depósito como prenda o equivalente, pagar, devolver, restituir; perder; rendir las armas. **To lay down a garden,** Delinear un jardín.

lay for, *(Fam.)* Asechar, poner asechanzas.

lay forth, Extenderse: poner o colocar a un muerto de un modo decente.

lay hold of, asir, agarrar, coger; prender. **To lay in,** atesorar; comprar.

lay in for, hacer proposiciones con un objeto insidioso o doble.

lay on, aplicar con violencia alguna cosa; obrar con vehemencia; imponer cargas u obligaciones; extender una cosa sobre la superficie de otra.

lay open, descubrir, poner al descubierto, hacer ver, demostrar.

lay out, gastar, emplear, desembolsar, ajustar, hacer divisiones, disponer, esforzarse; desplegar; descartarse en el juego.

lay over, cubrir una cosa con otra; desembolsar.

lay to, acusar; acometer; aplicarse con energía a algo; sentar una proposición; empeñar, consignar o depositar alguna cosa; renunciar; reposar. **To lay to heart,** tomar a pecho, resentir vivamente.

lay under, someter, sojuzgar.

lay up, guardar, acumular, atesorar, amontonar, juntar, encerrar; cerrar, apretar; guardar cama por estar enfermo; prender o meter a uno en la cárcel o en paraje seguro.

lay upon, imponer, cargar; poner algo sobre otra cosa. **To lay a bet,** apostar, hacer una apuesta. **To lay eggs,** aovar, poner huevos las aves u otros animales ovíparos. **To lay claim,** reclamar, pretender. **To lay hands on one,** sentar la mano, pegar a alguien. **To lay hands on oneself,** Matarse, cometer suicidio. **To lay level,** igualar, allanar, destruir, arruinar. **To lay the blame on another,** echar la culpa a otro. **To lay ropes,** *(Mar.)* colchar cabos. **To lay waste,** asolar. **Laying on of hands**, imposición de manos.

lay, *s.* 1. Caída, la manera como está situada o colocada alguna cosa, dirección relativa, contorno. 2. Negocio particular. 3. Cantidad determinada de hilo. 4. Marco oscilante de telar. 5. Ganancia o parte de ganancia. 6. Lecho, tongada, capa o cama con que se ponen algunas cosas sobre otras. **Lay-days,** *(Mar.)* Días de demora o estadía. **Over-lay-days, demurrage**, *(Mar.)* sobreestalas, días de detención.

lay, *s.* Canción, balada, poema narrativo en estilo llano y sencillo.

lay, *a.* Secular, lego, seglar; no eclesiástico; no profesional. **A lay opinion,** opinión no profesional. **Lay brother,** hermano o fraile lego. **Lay clerk,** capiscol, sochantre de una iglesia. **Lay reader,** lego autorizado para leer las oraciones en una iglesia. **Lay land,** baldío, campo que está inculto. *V.* LEA.

lay-by ['leɪbaɪ] [lei-bai], *n.* Área de aparcamiento (cars).

layer ['leɪəʳ] [leiaʳ], *s.* 1. Lecho, capa, cama, tonga, tongada. 2. Vástago, pimpollo, renuevo de alguna planta; acodo. 3. Gallina que pone. **Layer out,** mayordomo. **Layer up,** tesorero.

layer, *va.* Acodar, propagar plantas por medio de acodos.

lay-figure ['leɪ'fɪgəʳ] [lei-fi-gaʳ], *s.* Maniquí, figura movible que se puede poner en varias actitudes.

laying ['leɪɪŋ] [lein], *s.* 1. El acto de colocar o poner alguna cosa. 2. Capa, costra. *-a.* Situado, colocado. *(Mar.)* Anclado.
layman ['leɪmən] [lei-man], *s.* Lego, seglar.
lay-off ['leɪɒf] [lei-of], *s.* Despedida del trabajo. *-va.* Cesar o despedir de un trabajo.
lay of the land ['leɪɒfðə'lænd] [lei-of-de-land], *s.* 1. Disposición o plano de un terreno. 2. Estado de algún asunto o circunstancias prevalecientes del mismo.
layout ['leɪaʊt] [lei-aut], *s.* 1. Plan, esquema. 2. Disposición, distribución.
layover ['leɪəʊvə^r] [lei-ou-va^r], *s.* Permanencia de pasada en algún lugar.
lazar ['leɪzəd] [lei-zard], *s.* Lázaro, leproso.
lazily ['leɪzɪlɪ] [lei-si-li], *adv.* Perezosamente, pesadamente.
laziness ['leɪzɪnɪs] [lei-si-nes], *s.* Pereza, desidia, ociosidad, haraganería.
lazuli, *s. V.* LAPIS LAZULI.
lazy ['leɪzɪ] [lei-si], *a.* 1. Perezoso, ocioso, flojo, desidioso, haragán. 2. Tardo, pesado.
lea [li:] [li], *s.* Prado, pradera; llanura.
leach [li:tʃ] [lich], *va.* Lavar las cenizas de lejía para extraer el álcali; lixiviar. *-s.* 1. Cenizas de lejía y la disolución obtenida por la lixiviación. 2. Lixiviación. 3. **Leach o leach-tub,** cubo o tina donde se ponen las cenizas para hacer la colada.
lead ['li:d] [lid], *s.* 1. Plomo, metal blanco, pesado, flexible y correoso (metal). **Leads,** Techo emplomado. **Lead-mine,** mina de plomo (pencil). **Black-lead,** lápiz-plomo, plombagina, grafito. **White-lead,** albayalde. **Red-lead,** almagra o almagre; también se da este nombre al minio o azarcón. **Yellow-lead,** albayalde calcinado. *V.* MASSICOT. **Lead-pencil,** lápiz. **Sugar of lead,** azúcar de plomo, acetato de plomo. 2. Interlínea, regleta. 3. *(Mar.)* Sondalesa, escandallo. **Deep-sea-lead,** escandallo mayor. **To heave the lead,** echar la sonda. **The lead constantly going,** sondeando constantemente. 4. Indicación, pista, señal (clue). **To play the lead,** interpretar el papel principal.
lead, *va.* (*pret.* y *pp.* LEADED). 1. Emplomar, forrar o guarnecer con plomo. 2. *(Impr.)* Interlinear, poner una regleta entre las líneas.
lead, *s.* 1. Primacía, primer lugar. **To take the lead,** llevarse la primacía; tomar la delantera. 2. Mano, el que juega primero en las partidas de naipes. 3. Salida, el palo que juega el que es mano en algunos juegos de naipes.
lead, *va.* (*pret.* y *pp.* LED). 1. Llevar de la mano. 2. Conducir, guiar o dirigir a otro. 3. Mandar, regir, gobernar. 4. Guiar, ir delante. 5. Enseñar, amaestrar. 6. Halagar, atraer, inducir, mover, motivar. 7. Gastar o emplear el tiempo en alguna cosa. *-vn.* 1. Mandar en jefe. 2. Guiar, enseñar el camino, conducir; dominar. 3. Ser mano en el juego de naipes.
lead along, conducir, acompañar.
lead astray, llevar fuera del camino recto, extraviar; seducir.
lead away, Llevar o traer de una parte a otra, hacer una persona que otra la acompañe.
lead back, acompañar de vuelta, volver a conducir a una persona al paraje de donde se la había traído antes. **To lead a horse to water,** llevar a abrevar un caballo.
lead in o **into,** introducir.
lead off o **out of,** desviar, estorbar, impedir; principiar. **To lead one a dance,** hacer dar a uno muchos pasos innecesarios. **To lead out of the way,** descarriar. **To lead a good life,** vivir bien. **To lead a new life,** enmendarse.
lead up to, conducir a, llevar a. **To lead the way,** mostrar el camino, tomar la delantera.
leaded ['ledɪd] [le-did], *pp.* y *a.* 1. Interlineado. 2. Emplomado, plomado; guarnecido de plomo o engastado en plomo o grafito. **Leaded petrol,** gasolina con plomo.
leaden ['ledn] [le-den], *a.* 1. Hecho de plomo. 2. Aplomado, de color de plomo. 3. Pesado, tardo, lento, estúpido. **Leaden-hearted,** duro, insensible, que tiene corazón de mármol. **Leaden-heeled,** lento, tardo.
leader ['li:də^r] [li-da^r], *s.* 1. Guía, conductor, la persona que encamina y enseña el camino. 2. Jefe, general, capitán, comandante, el superior que dirige un ejército o parte de él; caudillo, corifeo, cabeza, principal de una facción, reunión, etc. 3. Guión, el que va delante. **Leader of a dance,** guión, director de una danza o un baile. **Ringleader,** jefe de partido. *(Fam.)* Cabecilla, cabeza de bando.
leadership ['li:dəʃɪp] [li-da-ship], *s.* Dirección, estado, liderazgo.
lead-in ['li:d,ɪn] [lid-in], *s.* Introducción.
leading ['li:dɪŋ] [li-din], *a.* Principal, primero; capital. **To have the leading hands at cards,** ser mano en el juego. **Leading man,** jefe de partido. **Leading-strings,** (a) Andadores, los cordones o cintas con que se sostiene al niño que empieza a andar. (b) De aquí, dirección, refrenamiento, especialmente si es desagradable o estorba. **Leading word,** la primera palabra. *-s.* Guía, conducción.
leadsman ['li:dzmən] [lids-man], *s.* *(Mar.)* Sondeador.
leady ['li:dɪ] [li-di], *a.* Aplomado, parecido al plomo o que lo contiene.
leaf [li:f] [lif], *s.* (*pl.* LEAVES). 1. *(Bot.)* Hoja. 2. Hoja, la parte de un libro que se compone de dos páginas o llanas (book). **To take the leaf of somebody's book,** seguir el ejemplo de alguien. 3. Hoja de puerta, o de mesa que se dobla (table). 4. Hoja, plancha batida y muy delgada. **A leaf of gold or silver,** hoja o pan de oro o plata. **Leaf brass,** oropel. **Over the leaf** o **turn the leaf,** a la vuelta. **Fly-leaf** *(Impr.)* guarda, hoja blanca. **To turn down a leaf,** hacer un pliegue a una hoja. **To turn over a new leaf,** doblar la hoja, enmendar uno su conducta o sus costumbres. **Leaf-bud,** yema, botón de una planta que se desarrolla en una rama frondosa. **Leaf-hopper,** insecto hemíptero saltador. **Leaf-lard,** manteca en rama. **Leaf question,** pregunta tendenciosa. **Leaf-stalk,** pecíolo, pezón.
leaf, *vn.* Echar hojas.
leafage ['li:feɪdʒ] [li-feich], *s.* Follaje, la abundancia de hoja.
leafed ['li:ft] [lift], **leafy** ['li:fɪ] [li-fi], *a.* Frondoso, poblado de hoja: se dice de los árboles, hojoso.
leafiness ['li:fɪnɪs] [li-fi-nes], *s.* Follaje, abundancia de hojas.
leaflet ['li:flɪt] [lif-let], *s.* dim. Hojilla, hojuela, octavilla.
leaf tobacco ['left,təbækəʊ] [lift-to-ba-ko], *s.* Tabaco en rama.
league [li:g] [lig], *s.* 1. Liga, alianza, confederación; unión, asociación entre dos o varias personas, partidos; estados, etc. 2. Legua, medida de tierra de tres millas geográficas. La legua marina es de tres millas náuticas. **League table,** clasificación. **They're not in the same league,** no hay comparación *(Fam.)*.
league, *vn.* Confederarse, ligarse, aliarse, unirse.
leagued ['li:gɪd] [li-guid], *a.* Confederado, ligado, aliado.
leaguer ['li:gə^r] [li-ga^r], *s.* 1. Coligado, conjurado. 2. *(Mil.)* Campamento.
leak [li:k] [lik], *s.* 1. Rendija, grieta, raja por donde entra o se escapa el agua; *(Mar.)* vía de agua. 2. Goteo, filtración, paso de un flúido por una grieta, rendija o cualquier abertura. **To spring a leak,** *(Mar.)* hacer aguas, o abrir agua un barco (ship). **To fother a leak,** *(Mar.)* atajar una corriente, cegar una vía de agua.
leak, *vn.* Gotear, hacer agua; derramarse, rezumarse. **The ship leaks,** *(Mar.)* el navío hace agua. **A barrel that leaks,** barril que se rezuma. **Leak out,** escaparse, fugarse (gas, liquid).
leakage ['li:kɪdʒ] [li-keich], *s.* 1. Goteo, filtración. 2. Avería, pérdida, merma de un líquido que sale por una abertura. 3. Merma, derrame, la rebaja que se hace por lo que se rezuman las vasijas o medidas de los líquidos.
leakproof ['li:kpru:f] [lik-pruf], *a.* 1. Hermético. 2. A prueba de escape.
leaky ['li:kɪ] [li-ki], *a.* 1. Roto; haciendo agua; que se rezuma. 2. *(Fam.)* Locuaz, indiscreto, la persona propensa a revelar secretos.
leal [li:l] [lil], *a.* *(Poét. Prov. Ingl. y Esco.)* Leal, fiel, sincero. **The land of the leal,** la morada de los fieles, el cielo.
lean [li:n] [lin], *vn.* 1. Apoyarse, recostarse contra alguna cosa, reclinarse, repantigarse. 2. Inclinarse, torcerse un poco

hacia abajo, encorvase. 3. Inclinarse, tener propensión a alguna cosa. *-va.* Inclinar, torcer algo hacia abajo, encorvar.
lean against, apoyase en, arrimarse *a.*
lean back, reclinarse.
lean on, apoyarse (en alguien o contra algo).
lean out, asomarse.
lean over, adelantarse hacia alguna parte.
lean, *a.* Flaco, magro; mezquino, necesitado. *-s.* 1. Carne mollar, carne magra sin gordura. 2. **Lean** o **leaning,** inclinación, disposición, propensión.
leaning ['li:nɪŋ] [li-nin], *s.* 1. Inclinación. 2. *a.* Inclinado.
leanly ['li:nlɪ] [lin-li], *adv.* Pobremente; sin gordura.
leanness ['li:nnɪs] [lin-nes], *s.* Flaqueza, pobreza.
leant [lent] [lent], *pt., pp of* TO LEAN.
lean-to ['li:ntu:] [lin-tu], *s.* Colgadizo.
lean-witted ['li:nwɪtɪd] [lin-ui-tid], *a.* Tonto, necio.
leap [li:p] [lip], *vn.* 1. Saltar, brincar. 2. Correr hacia alguna parte con precipitación y de repente. 3. Saltar, brotar, salir con ímpetu. 4. Palpitar el corazón. *-va.* 1. Saltar, brincar. 2. Cubrir, tener coito el macho cuadrúpedo con la hembra. **To leap again,** volver a saltar. **To leap at,** apresurarse a. **To leap for joy,** saltar de alegría de gozo. **To leap about,** dar saltos. **A leap in the dark,** un salto al vacío. **To leap out at somebody,** echarse encima de alguien. **To leap over,** saltar por encima. **To leap to one's feet,** incorporarse de un salto.
leap, *s.* 1. Salto, el acto de saltar. 2. Salto, el espacio de tierra que mide un salto. 3. Salto, tránsito desproporcionado de una cosa a otra, paso repentino o súbito. 4. Asalto o acometimiento de algún animal feroz. 5. El ayuntamiento o coito de los animales. 6. Salto o tránsito desproporcionado de una cosa a otra. 7. *(Prov. Ingl.)* Cestón para pescado.
leaper ['li:pə^r] [li-pa^r], *s.* 1. Saltador, brincador. 2. El caballo que pasa saltando todos los obstáculos que encuentra en la carrera.
leapfrog ['li:pfrɒg] [lip-frot], *s.* Salto a la burra.
leaping ['li:pɪŋ] [li-pin], *s.* Salto, el acto de saltar.
leapingly ['li:pɪŋlɪ] [li-pin-li], *adv.* A brincos, a saltos.
leapt ['lept] [lept], *Pt, pp of* TO LEAP.
leap-year ['li:pjɪə^r] [lip-yia^r], *s.* Año bisiesto o intercalar.
learn [lɜ:n] [lern], *va.* (*pret.* y *pp.* LEARNED o LEARNT). 1. Aprender, adquirir el conocimiento de alguna cosa por medio del estudio; fijar en la mente. 2. *(Des.)* Instruir, enseñar; informar. *vn.* 1. Aprender siguiendo el ejemplo de otro; instruirse. 2. Saber, recibir una noticia. **We learnt that he is dead,** supimos, recibimos la noticia de que está muerto.
learnable ['lɜ:nəbl] [ler-na-bol], *a.* Que puede aprenderse.
learned ['lɜ:nɪd] [ler-nid], *a.* 1. Docto, erudito. 2. Sabio, inteligente. 3. Hábil, diestro; versado en, perito, experto. **The learned,** los doctos, los sabios, los literatos. **The learned world,** la república de las letras. **My learned brother,** mi ilustrado colega.
learnedly ['lɜ:nɪdlɪ] [ler-nid-li], *adv.* Sabiamente, doctamente.
learner ['lɜ:nə^r] [ler-na^r], *s.* Escolar, estudiante, aprendiz; discípulo, principiante.
learning ['lɜ:nɪŋ] [ler-nin], *s.* 1. Literatura, el conocimiento y ciencia de las letras; saber, ciencia, erudición, estudio. 2. Conocimiento de alguna cosa. **To have learning difficulties,** ser retrasado, disminuido psíquico.
learnt [lɜ:nt] [lernt], *Pt, pp of* TO LEARN.
leasable ['li:zəbl] [li-sa-bol], *a.* Arrendable.
lease [li:s] [lis], *s.* 1. Arriendo, escritura de arrendamiento, alquiler. 2. Posesión de una cosa cualquiera. 3. En los tejidos, paso, cruce. **To give a new lease of life,** dar nuevos bríos, nuevas fuerzas.
lease, *va.* Arrendar, dar en arriendo la posesión de casas o tierras por tiempo fijo de años. *-vn.* (Poco us.) Espigar, coger las espigas que han dejado de segar los segadores o las que han quedado en el campo. **Lease back,** subarrendar. **Leasehold,** derechos de arrendamiento. **Lease out,** arrendar, alquilar.
leaser ['li:sə^r] [li-sa^r], *s.* 1. Espigador. 2. *(Des.)* Embustero.
leaseholder ['li:sˌhəʊldə^r] [lis-joul-da^r], *s.* Arrendatario.
leash [li:ʃ] [lish], *s.* 1. Cuerda, traílla, correa. 2. Tres, par y medio. **Leash of hares,** tres liebres. **Leash of partridges,** tres perdices. 3. Cualquier cosa con que está atada otra. 4. Lizo, entre los tejedores.
leash, *va.* Atar con cuerda o correa.
leasing ['li:sɪŋ] [li-sin], *s.* Mentira, falsedad.
least [li:st] [list], *a.* (*sup.* de LITTLE). Mínimo; el menor, el mínimo, el más pequeño. **The least space,** el menor espacio. **The least of the apostles,** el menor de los apóstoles. *-adv.* Lo menos. **The least you can do,** lo menos que puedes hacer. **At least,** por lo menos. **At the least** o **at leastwise,** en la menor cantidad posible. **Not in the least,** ni en lo más mínimo; de ninguna manera. **Be not in the least uneasy,** no tenga Ud. el menor cuidado. **Least of all me,** yo menos que nadie. **Not in the least!** ¡de ninguna manera!, ¡faltaría más!
leat ['li:t] [lit], *s. (Ant.)* El cauce o canal que conduce el agua a un molino o por donde sale de él.
leather ['leðə^r] [le-da^r], *s.* 1. Cuero, cordobán, pellejo. 2. Pieza, porción o artículo hecho de cuero. 3. Cuero, pellejo o piel de racional: en este último sentido se usa sólo hablando con ironía o desprecio. **Alum leather, tawed leather,** cuero blanco, curtido con alumbre y sal. **Patent leather, enamelled leather,** charol. **Sheep's leather,** badana. **Wash leather,** gamuza. **Alligator leather,** cuero de caimán (cocodrilo). **Russia leather,** *V.* RUSSIA. *-a. V.* LEATHERN. **Leather-winged,** que tiene alas como de cuero, se dice de algunos insectos.
leather, *va.* 1. Forrar, guarnecer con cuero. 2. Hacer cuero, cambiar en cuero. 3. Golpear, pegar, zurrar con una correa de cuero. *-vn.* Batir, sacudir; dar tundas.
leather-coat ['leðəˌkəʊt] [le-da-kout], *s.* Especie de manzana; una cosa cualquiera cubierta con una corteza correosa.
leather-cutter ['leðəˌkʌtə^r] [le-da-ka-ta^r], *s.* El que vende cuero curtido por menor.
leather-dresser ['leðədresə^r] [le-da-dre-sa^r], *s.* Curtidor, pellejero.
leatherette [ˌleðə'ret] [le-da-rit], *s.* Cuero artificial; imitación de cuero hecha con papel o tela.
leatherhead ['leðəhed] [le-da-jed], *s.* 1. Tropidorinco. *V.* FRIAR-BIRD. 2. Un tonto, un estúpido.
leathern ['leðən] [le-dern], *a.* De cuero, hecho de cuero o cordobán.
leathery ['leðərɪ] [le-da-ri], *a.* Lo que se parece al cuero, correoso.
leave [li:v] [liv], *s.* 1. Licencia, permiso, venia. **By your leave,** con el permiso de Ud., con licencia de Ud. **Give me leave to tell you,** permítame Ud. que le diga. 2. Despedida, la acción de despedirse; se dice también **Leave-taking. To take leave of one's friends,** despedirse de los amigos. **To be absent on leave,** hallarse ausente con permiso o licencia. **To take French leave,** despedirse a la francesa. *V.* FRENCH. **To leave the rails,** descarriar (train).
leave, *va.* y *vn.* (*pret.* y *pp.* LEFT). 1. Dejar, permitir la permanencia; no alejar. 2. Dejar o legar alguna cosa después de muerto. **To leave issue,** dejar hijos o sucesión. 3. Dejar, desamparar, abandonar. 4. Dejar, separarse de una persona o lugar. 5. Dejar, dar, ceder o renunciar una cosa a favor de otro. 6. Dejar, despojarse, renunciar. 7. Dejar, cesar, desistir de un empeño, etc. 8. Referirse a alguien o a algo; entregar, confiar en depósito (give).
leave about, around, dejar tirado.
leave aside, dejar de lado.
leave behind, dejar atrás; dejar en pos de sí a su muerte.
leave in, dejar como está (passage, words).
leave off, cesar, parar, descontinuar. **To leave off a garment,** quitarse una prenda de ropa.
leave on, dejar puesto (hat).
leave out, omitir. olvidar (forget), descuidar, desatender; excluir. **Nothing was left out,** no se omitió nada.
leave over, aplazar (postpone). **To be left till called for,** en lista del correo.

leaved ['li:vd] [livd], *a.* Hojoso, hecho de hojas.
leaven ['levn] [le-ven], *s.* 1. Levadura, fermento. **Leavened bread,** pan de levadura. 2. Toda cosa que ejerciendo una influencia latente y poderosa, ocasiona un cambio general.
leaven, *va.* 1. Fermentar, leudar, poner en movimiento intetino las partículas de un cuerpo. 2. Corromper, contaminar, pervertir, viciar. 3. Imbuir buenas máximas, buenos principios, etc.
leavening ['levnɪn] [lev-nin], *s.* Fermento.
leavenous ['levənəs] [le-ve-nos], *a.* Lo que contiene fermento; corrompido.
leaver ['li:vəʳ] [li-vaʳ], *s.* El que abandona o deja.
leaves ['li:vz] [livs], *s. pl.* de LEAF, hoja. **Marbled leaves,** cortes jaspeados. **Gilt leaves,** cortes dorados, hablando de libros.
leaving ['li:vɪŋ] [li-vin], *s.* 1. Partida, acción de partir de un lugar. 2. *pl.* Sobras, relieves; desechos, desperdicios, residuo, sobra.
leavy, *a. (Ant.) V.* LEAFY.
lecher ['letʃəʳ] [le-chaʳ], *s.* Hombre putañero, disoluto, libertino.
lecherous ['letʃərəs] [le-che-ros], *a.* Lujurioso, impúdico, lascivo.
lecherousness ['letʃərəsnɪs] [le-che-ros-nes], **lechery** ['letʃərɪ] [le-che-ri], *s.* Lujuría, el apetito desordenado de los deleites carnales.
lectern ['lektɜ:n] [lek-tern], *s.* Atril, facistol de iglesia.
lection ['lekʃən] [lek-shon], *s.* 1. Lección, lectura que se hace en la celebración del oficio divino. 2. Lección, la letra o texto de alguna obra.
lectionary ['lekʃənərɪ] [lek-sho-na-ri], *s.* Leccionario, libro que contine las lecciones del oficio divino.
lector ['lektɔ:ʳ] [lek-taʳ], *s.* Lector *(Univ.)*.
lecture ['lektʃəʳ] [lek-chaʳ], *s.* 1. Discurso, razonamiento o plática razonada sobre alguna materia; discurso moral o religioso; particularmente explicación de los principios de alguna ciencia. 2. Fraterna, corrección, reprensión pedantesca.
lecture, *va.* 1. Enseñar, instruir, por medio de razonamientos. 2. Enseñar alguna cosa de un modo pedantesco. *-vn.* Dar explicaciones públicas sobre los principios de alguna ciencia.
lecturer ['lektʃərəʳ] [lek-cha-raʳ], *s.* Lector, instructor; teniente de cura de alguna parroquia.
lectureship ['lektʃə'ʃɪp] [lek-cha-ship], *s.* El empleo de quien da lecciones o explicaciones.
lecturn, *s. V.* LECTERN.
led, *pp.* y *pret.* del verbo TO LEAD.
ledge [ledʒ] [ledch], *s.* 1. Anaquel, moldura saliente, o parte parecida a un anaquel; capa, tonga, tongada; arrecife. **Ledge of rocks,** arrecife de piedras o peñas. 2. *(Mar.)* Latas de los baos. **Ledges of the gratings,** *(Mar.)* barrotes de los enjaretados.
ledger ['ledʒəʳ] [led-chaʳ], *s.* 1. Libro mayor, el libro principal en que los comerciantes asientan sus cuentas. **Alphabet of the ledger,** índice alfabético del libro mayor. 2. Alguna cosa, como una barra o piedra, que ha de yacer o tenderse llana o quedarse en una posición fija; como solera de emparrillado, traviesa de andamio. *-a.* Ligero. *V.* LEGER.
led-horse ['ledhɔ:s] [led-jors], *s.* Caballo de mano.
lee [li:] [li], *s.* 1. *(Mar.)* Sotavento, el costado del navío opuesto a la parte por donde da el viento. 2. Paraje resguardado, al abrigo de los vientos. (No tiene plural). *-a.* 1. *(Mar.)* Sotaventado, expuesto al sotavento; opuesto a *weather* (barlovento). 2. *(Esco.)* Solitario. **Lee shore,** *(Mar.)* costa de sotavento. **Lee side,** *(Mar.)* banda de sotavento. **Leeway,** *(Mar.)* abatimiento o derriba. **Lee braces,** *(Mar.)* brazos de sotavento. **Under the lee** o **sea room,** tener buen sotavento. **Lee tide,** marca de donde viene el viento. **On the lee beam,** a la banda de sotavento.
leech [li:tʃ] [lich], *s.* 1. Sanguijuela. 2. *(Ant.)* Médico, el que sabe y profesa el arte de la medicina o de curar. **Horse-leech,** albéitar. 3. Instrumento para sangrar, como escarificador, ventosa, etc., llamado **artificial leach**. 4. *(Mar.)* Caídas. **Leech-lines,** *(Mar.)* apagapenoles. **Leech-rope,** *(Mar.)* relinga de las caídas.
leech, *va.* 1. LEACH. 2. *(Ant.)* Curar, sanar.
leechcraft ['li:tʃkræft] [lich-kraft], *s. (Des.)* Arte de curar.
leek [li:k] [lik], *s. (Bot.)* Puerro.
leer [lɪəʳ] [liaʳ], *s.* 1. Ojeada, mirada de reojo, que puede ser maliciosa, amorosa o equívoca. 2. Templador, especie de horno que sirve para templar y enfriar el cristal y vidrio después de vaciado. *-a. (Des. o prov. Ingl.)* Vacío, frívolo, sin juicio.
leer, *vn.* Ojear o mirar de soslayo o de reojo. *-va.* Atraer con risa, engañar con miradas.
leeringly ['lɪərɪŋlɪ] [lia-rin-li], *adv.* Con risa engañosa o mirada de desprecio.
lees [li:z] [lis], *s. pl.* Heces, sedimiento, poso. (Antiguamente se empleaba también en singular, *lee;* hez, zupia).
leet [li:t] [lit], o **Court-leet** ['kɜ:tli:t] [kert-li], *s.* Un tribunal de justicia en tiempos antiguos, y el día en que se reunía.
leeward ['li:wəd] [li-uard], *a. (Mar.)* Sotavento. **Leeward ship,** *(Mar.)* navío sotaventeador. **Leeward Islands,** islas de sotavento. **Leeward-tide,** *(Mar.)* marca en la dirección del viento. **To leeward,** *(Mar.)* a sotavento.
leeway ['li:weɪ] [li-uei], *s.* 1. *(Mar.)* Deriva, abatimiento del rumbo; ángulo de deriva. 2. De aquí en general desviación de un rumbo fijo.
left [left] [left], *pp.* y *pret.* del verbo TO LEAVE. **This package is to be left at Mr. N's,** este paquete deberá entregarse o dejarse en casa del Sr. N. **Left-off,** puesto a un lado, desechado.
left, *a.* Siniestro, izquierdo, lo que no está a la mano derecha. **To the left,** a la izquierda. **Over the left,** *(Vulg.)* exactamente lo opuesto.
left-hand ['lefthænd] [left-jand], *a.* 1. zurdo, situado al lado izquierdo. 2. Que da vueltas, rueda, se abre o se mueve hacia la mano izquierda. **Left-handed,** (a) zurdo. (b) Poco diestro, desmañado. (c) Indirecto, insincero, malicioso. (d) Que da vueltas en sentido contrario al movimiento de las manecillas de un reloj; que gira el plano de polarización hacia la izquierda. (e) *(Des.)* Desgraciado, intempestivo. **Left-handed screw,** tornillo zurdo. **Left-handedness,** el uso habitual de la mano izquierda. **Left-handiness,** costumbre zafia.
leftist ['leftɪst] [lef-tist], *a. & s.* Izquierdista.
leftovers [left'əʊvəz] [left-ou-vars], *s. pl.* Sobras (de comida).
leg [leg] [leg], *s.* 1. Pierna; pata de las aves y animales. 2. Pie, la base sobre que se maniente el cuerpo de alguna cosa; pata. **Leg of a table,** pata de una mesa. 3. La parte de una prenda de ropa que cubre la pierna; caña de media. 4. *(Mar.)* Espacio recorrido por un buque en una bordada. 5. Lado de un triángulo que no es su base. **Leg-bail,** *(Vulg.)* Huida, fuga de la cárcel o custodia. **To take leg-bail,** tomar las de Villadiego. **On one's last legs,** a la muerte, agonizante, literal y figuradamente; exhausto de recursos. **On** o **upon its legs,** en pie, firmemente establecido. **To get on one's legs,** (a) Levantarse para dirigir la palabra a una cámara o concurso. (b) Recobrar la salud. **To give a leg to,** ayudar a montar un caballo afirmando la pierna. **Not to have a leg to stand on,** hallarse enteramente sin recursos; no saber por qué lado echar. **Not to leave one a leg to stand on,** poner a uno entre la espada y la pared. **To pull one's leg,** obtener dinero o favores de una persona por engaño. **To pull someone's leg,** tomar el pelo a alguien.
legacy ['legəsɪ] [le-ga-si], *s.* Legado, manda.
legacy-hunter ['legəsɪˌhʌntəʳ] [le-ga-si-jan-taʳ], *s.* El que anda a caza de herencias.
legal ['li:gəl] [li-gal], *a.* 1. Legal, jurídico, legítimo; lícito, permitido por la ley. 2. Definido, provisto por la ley, que puede remediarse apelando a la ley.
legalese [ˌli:gə'li:z] [li-ga-lis], *s. f.* Jerga legal.
legality [lɪ'gælɪtɪ] [li-ga-li-ti], *s.* Legalidad, legitimidad.

legalize ['li:gəlaɪz] [li-ga-lais], *va.* Legalizar, autorizar, legitimar.
legally ['li:gəlɪ] [li-ga-li], *adv.* Legalmente. **Legally binding,** de obligatoriedad jurídica.
legal tender ['li:gəl,tendəʳ] [li-gal-ten-daʳ], *s.* Moneda legal.
legate ['legɪt] [le-guit], *s.* 1. Legado, diputado. 2. Legado, cardenal u obispo enviado por el Papa con una misión.
legatee [,legə'ti:] [le-ga-ti], *s.* Legatario, la persona a quien por testamento se deja algún legado.
legateship ['legɪtʃɪp] [le-guit-ship], *s.* legacía, el empleo de legado.
legatine ['legəti:n] [le-ga-tin], *a.* hecho por un legado o que pertenece a él.
legation [lɪ'geɪʃən] [li-gei-shon], *s.* Legación, embajada.
legato [lɪ'gɑ:təʊ] [li-ga-tou], *adv. (Mús.)* Ligado, de un modo igual y conexo, lo opuesto a *staccato*. *(Ital.)*
legator ['lɪgeɪtəʳ] [li-guei-taʳ], *s.* El que hace testamento dejando legados.
legend ['ledʒənd] [le-yend], *s.* 1. Leyenca o legenda, crónica o registro de las vidas de los santos. 2. Relación, narración. 3. Letrero, la inscripción que tienen las medallas o monedas. 4. Narrativa increíble y no auténtica, fábula.
legendary ['ledʒəndərɪ] [le-yen-da-ri], *a.* Fabuloso, quijotesco. *-s.* 1. Legendario, el libro de las actas y vidas de los santos. 2. Hagiógrafo, el escritor de vidas de los santos.
leger ['ledʒəʳ] [le-yaʳ], *a.* 1. Ligero y delicado, como una línea. 2. *(Des.)* Residente, permanente. **Leger-lines,** líneas adicionales para escribir notas de música. **Leger space,** espacio comprendido por una de esas líneas adicionales. *-s. V.* LEDGER.
legerdemain ['ledʒədə'meɪn] [le-ya-da-mein], *s.* Ligereza de manos, juego de manos, engaños a ojos vista, el que usan los saltimbancos.
legged ['legɪd] [le-guid], *a.* Lo que tiene piernas, empernado. Se usa en composición; como a **three-legged stool,** banqueta, banquillo de tres patas.
legging ['legɪn] [le-guin], *s.* Polaina larga que llega a la rodilla; guardapierna.
leggy ['legɪ] [le-gui], *a.* Patilargo, zanquilargo.
leghorn ['leghɔ:n] [leg-jorn], *s.* 1. Sombrero de paja de italia; y el tejido fino hecho con esta paja. 2. Casta o raza de gallinas.
legibility [,ledʒɪ'bɪlɪtɪ] [le-yi-bi-li-ti], *s.* La calidad de lo que puede ser leído fácilmente.
legible ['ledʒəbl] [le-yi-bol], *a.* Legible, patente, manifiesto.
legibleness ['ledʒəblnɪs] [le-yi-bol-nes], *s.* El estado o calidad de lo que es legible.
legibly ['ledʒɪblɪ] [le-yi-bli], *adv.* Legiblemente.
legion ['li:dʒən] [li-yon], *s.* 1. Legión, un cuerpo de tropas romanas, que según los tiempos se componía de tres a cuatro mil hombres de caballería e infantería. 2. Legión, un gran número; tropa, multitud.
legionary ['li:dʒənərɪ] [li-yo-na-ri], *a.* y *s.* Legionario.
legislate ['ledʒɪsleɪt] [le-yis-leit], *vn.* Legislar, dar leyes.
legislation [,ledʒɪs'leɪʃən] [le-yis-lei-shon], *s.* Legislación, la facultad legislativa.
legislative ['ledʒɪslətɪv] [le-yis-la-tiv], *a.* Legislativo.
legislator ['ledʒɪsleɪtəʳ] [le-yis-lei-taʳ], *s.* Legislador.
legislatorial ['ledʒɪs'leɪtərɪəl] [le-yis-lei-to-rial], *a.* Perteneciente o relativo a la legislación o a una legislatura.
legislatorship ['ledʒɪsleɪtə,ʃɪp] [le-yis-lei-ta-ship], *s.* El oficio o dignidad de legislador; el poder o facultad de hacer leyes.
legislatress ['ledʒɪslətrɪs] [le-yis-la-tris], *sf.* Legisladora.
legislature ['ledʒɪsleɪtʃəʳ] [le-yis-lei-chaʳ], *s.* Legislatura, cuerpo legislativo.
legist ['ledʒɪst] [le-yist], *s.* Legista, jurisconsulto.
legitimacy [lɪ'dʒɪtɪməsɪ] [li-yi-ti-ma-si], *s.* 1. Legitimidad, conformidad con la ley o con la lógica; legalidad. 2. Nacimiento legítimo. 3. Pureza, estado exento de falsificación.
legitimate [lɪ'dʒɪtɪmɪt] [li-yi-ti-meit], *a.* 1. Legítimo; legal, lícito, permitido por la ley y costumbre. 2. Nacido legalmente durante el matrimonio. 3. Legítimo, justo, resultante de consecuencias naturales o regulares.
legitimate, *va.* Legitimar, hacer legítimo, conferir los derechos de hijo legítimo al que nació fuera del matrimonio.
legitimately [lɪ'dʒɪtɪmɪtlɪ] [li-yi-ti-mat-li], *adv.* Legítimamente.
legitimateness [,lɪdʒɪtɪ'mɪtnɪs] [li-yi-ti-mit-nes], *s.* Legitimidad, legalidad.
legitimation [,lɪdʒɪtɪ'meɪʃən] [li-yi-ti-mei-shon], *s.* 1. Legitimación, el acto de legitimar a un hijo natural. 2. En Europa, legitimación (para residir, etc.).
legitimist [lɪ'dʒɪtɪmɪst] [li-yi-ti-mist], *s.* Legitimista, partidario de cierta autoridad como legítima.
legitimize [lɪ'dʒɪtɪmaɪz] [li-yi-ti-mais], *va. V.* TO LEGITIMATE.
legume ['legju:m] [le-guium], **legumen** ['legju:mn] [le-guiu-men], *s. (Bot.)* Legumbre, vaina, fruto bivalvo unicelular de la familia de las leguminosas (habas, fríjoles, guisantes, etc.).
leguminous ['legju:mɪnəs] [le-guiu-mi-nos], *a. (Bot.)* Leguminoso, lo que pertence a la familia de las leguminosas.
leisurable ['leʒərəbl] [le-sha-ra-bol], *a.* Hecho o ejecutado despacio y sin precipitación.
leisure ['leʒəʳ] [le-shaʳ], *s.* 1. Ocio, tiempo desocupado y de descanso; desocupación, ociosidad. 2. Comodidad. **At leisure,** despacio, con comodidad o cómodamente, con sosiego. **To be at leisure**, estar desocupado. *-a.* Conveniente, libre de negocios o asuntos. **Leisure hours,** las horas desocupadas, o destinadas al descanso o al reposo. **Leisure suit,** chandal. **Leisure wear,** ropa de sport.
leisurely ['leʒəlɪ] [le-sha-li], *a.* Pausado, deliberado. *-adv.* Despacio, con cachaza; deliberadamente.
leman ['lemən] [le-man], *s.* Amante, galán; cortejo, concubina, manceba.
lemma ['lemə] [le-ma], *s.* 1. Lema, proposición que se suele poner para demostrar otras que se siguen. 2. *(Bot.)* Lentícula (lenteja de agua).
lemming ['lemɪŋ] [le-min], *s. (Zool.)* Turón de Noruega.
lemon ['lemən] [le-mon], *s.* Limón, el fruto del **Lemon-tree**, limonero. **Candied lemon,** acitrón, dulce hecho con las cáscaras del limón. **Pickled lemon,** limón encurtido o salado. **Lemon-peel,** corteza de cidra. **Lemon squash,** limonada. **Lemon-squeezer,** exprimidor de limón. *-a.* 1. Sazonado con limón o que contiene limón. 2. De color de limón.
lemonade [,lemə'neɪd] [le-mo-neid], *s.* Limonada, bebida compuesta de agua, azúcar y zumo de limón.
lemon drops ['leməndrɒpz] [le-mon-drops], *s. pl.* Pastillas de limón.
lemur ['leməʳ] [le-maʳ], *s.* Lémur, animal parecido al mono, uno de los prosimios o lemúridos. Vive en Madagascar e islas vecinas.
lend [lend] [lend], *va.* 1. Prestar, dar alguna cosa con la obligación de que sea restituída. 2. Dar, conceder. **To lend aid,** dar ayuda o auxilio. **To lend a hand (to),** dar o echar una mano, ayudar. **To lend out,** prestar.
lendable ['lendəbl] [len-da-bol], *a.* Prestadizo, prestable.
lender ['lendəʳ] [len-daʳ], *s.* Prestador, prestamista.
lending ['lendɪŋ] [len-din], *s.* Empréstito, préstamo. **Lending rate,** tipo de interés.
lene [li:n] [lin], *a. (Gram.)* Suave, no aspirado. *-s.* Consonante no aspirada; aspiración suave.
length [leŋθ] [lengz], *s.* 1. Longitud, largura, lo largo de alguna cosa (size). **A picture in full length,** retrato de cuerpo entero. **It's 10 meters in length,** tiene 10 metros de largo. 2. Espacio o duración de tiempo (duration). 3. Extensión, dilatación, distancia. 4. Alcance (shot), capacidad de llegar; punto, grado. 5. Pedazo, trozo (piece). **At length,** (a) Al fin, finalmente, en conclusión. (b) Extensamente, sin abreviación ni omisión. **At full length,** a lo largo, de todo el largo. **Length of days,** lo largo de la vida, la existencia prolongada. **To speak at length,** hablar largamente. **To explain at length,** explicar detalladamente.

lengthen ['leŋθən] [len-zen], *va.* Alargar, extender, prolongar, dilatar. *-vn.* Aumentarse, alargarse, prolongarse o dilatarse alguna cosa. **To lengthen out,** estirar, dilatar, alargar.

lengthening ['leŋθənɪŋ] [leng-ze-nin], *s.* Alargamiento, continuación, prolongación.

lengthwise ['leŋθwaɪz] [lengz-uais], *adv.* Longitudinalmente; según lo largo, a lo largo.

lengthy ['leŋθɪ] [leng-zi], Bastante largo, indebidamente largo, algo difuso (speech, sermon).

lenient ['li:nɪənt] [li-niant], *a.* y *s.* 1. Benigno, clemente, misericordioso. 2. Leniente, emoliente, laxativo, lenitivo.

lenify ['lenɪfaɪ] [le-ni-fai], *va.* Lenificar, suavizar, mitigar, ablandar.

lenitive ['lenɪtɪv] [le-ni-tiv], *a.* Lenitivo. *-s.* 1. Lenitivo, la medicina o remedio que ablanda. 2. Lenitivo, cualquier medio para suavizar o aplacar las pasiones del ánimo.

lenity ['lenɪtɪ] [le-ni-ti], *s.* Lenidad, blandura, suavidad.

lens [lenz] [lens], *s.* (*pl.* LENSES). 1. Lente, vidrio generalmente de forma circular, convexo o cóncavo, de que se usa en los instrumentos ópticos. 2. Cristalino, cuerpo transparente situado inmediatamente detrás del iris del ojo. 3. Objetivo.

lent [lent] [lent], *pret.* y *pp.* del verbo TO LEND. Prestado.

lent, *s.* Cuaresma, los cuarenta días seguidos de abstinencia en las iglesias anglicana, católica romana y otras. **Lent dinner,** comida de viernes.

lenten ['lentən] [len-ten], *a.* 1. Cuaresmal, cuadragesimal, lo que pertenece a la cuaresma. 2. Escaso.

lenticel ['lentɪsl] [len-ti-sel], *s. (Bot.)* Lentejuela, tuberculillo que pertenece a la capa de corcho de las plantas.

lenticula ['lentɪkjʊlə] [len-ti-kiu-la], *s.* 1. *(Opt.)* Lente pequeño. 2. *(Med.) V.* FRECKLE. 3. *(Bot.) V.* LENTICEL.

lenticular ['lentɪkjʊlə[r]] [len-ti-kiu-la[r]], **lentiform** ['lentɪfɔ:m] [len-ti-form], *a.* Lenticular, semejante a las lentejas.

lentiginous ['lentɪdʒɪnəs] [len-ti-yi-nos], *a. (Bot. y Zool.)* Pecoso; que presenta la apariencia de haber sido polvoreado como con granillos.

lentil ['lentɪl] [len-til], *s. (Bot.)* Lenteja.

lenticus ['lentɪkəs] [len-ti-kos], **lentisk** ['lentɪsk] [len-tisk], *s. (Bot.)* Lentisco.

leo ['li:əʊ] [liou], *s. (Astr.)* 1. León, el quinto signo del zodíaco. 2. Constelación que antiguamente se hallaba en este signo, pero que está hoy en el signo Virgo.

leonine ['li:ənaɪn] [lio-nain], *a.* 1. Leonino, lo que toca o pertenece al león o participa de sus propiedades. 2. Leonino, clase de versos latinos.

leopard ['lepəd] [le-pard], *s.* Leopardo, mamífero carnicero. **The leopard cannot change its spots,** genio y figura hasta la sepultura *(prov.)*.

leotard ['letəd] [le-tard], *s.* Malla.

leper ['lepə[r]] [le-pa[r]], *s.* Un leproso, el que padece lepra.

leperous ['lepərəs] [le-pe-ras], *a. V.* LEPROUS.

lepidoptera [ˌlepɪ'dɒptərə] [le-pi-dop-te-ra], *s. (Ent.)* Lepidópteros, orden de insectos.

lepidopterous [ˌlepɪ'dɒptərəs] [le-pi-dop-te-ros], *a.* Lepidóptero, perteneciente a los insectos llamados lepidópteros.

leporine ['lepəri:n] [le-po-rin], *a.* Lebruno, lo que pertenece a la liebre.

leprose ['leprəs] [le-pros], *a. (Bot.)* Casposo, escamoso, cubierto de escamas delgadas.

leprosity ['leprəsɪtɪ] [le-pro-si-ti], *s.* La calidad de ser escamoso.

leprosy ['leprəsɪ] [le-pro-si], *s.* Lepra.

leprous ['leprəs] [le-pros], *a.* Leproso.

leprousness ['leprəsnɪs] [le-pros-nes], *s.* Leprosidad.

lepus ['lepəs] [le-pos], *s.* Liebre, una constelación del hemisferio austral.

lesbian ['lezbɪən] [les-bian], *a. & s.* Lesbiano, lesbio.

lese-majesty ['leɪzˌmædʒəstɪ] [leis-ma-yes-ti], *s.* Lesa majestad.

lesion ['li:ʒən] [li-shon], *s.* Lesión, en sus acepciones médicas y forenses.

less [les] [les], *a.* (Comp. de LITTLE). Menor, menos, inferior. *-s.* Una cantidad más pequeña que otra. *-adv.* Menos, en grado más pequeño; en grado más bajo. **Much less,** mucho menos. **More or less,** más o menos. **Less and less,** de menos en menos. **To grow less,** disminuirse, achicarse. **To make less,** aminorar, disminuir, escatimar. **So much the less,** tanto menos cuanto. **So much the less,** tanto menso cuanto. **The less . . . . the less,** cuanto menos . . . . menos. **We eat less meat than before,** comemos menos carne que antes.

less, sufijo. terminación negativa o privativa, que expresa la privación o falta de una cosa; sin. **Childless,** sin hijos; **hopeless,** sin esperanza, etc. **Penniless,** sin un cuarto, sin un céntimo.

lessee [le'si:] [le-si], *s.* Arrendatario, el que toma en arrendamiento alguna cosa.

lessen ['lesn] [le-sen], *va.* 1. Minorar, achicar, disminuir, acortar, reducir a menos. 2. Degradar, privar a alguno de sus honores, grados o dignidad. *-vn.* 1. Mermar, disminuirse. 2. Degradarse, bajarse.

lesser ['lesə[r]] [le-sa[r]], *a.* (comp. de LITTLE). Menor, más pequeño: se usa **lesser** con los nombres colectivos o en plural, y **less** con los nombres en singular. **The lesser prophets,** los profetas menores. **To a lesser degree,** en menor grado.

lesson ['lesn] [le-son], *s.* 1. Lección, enseñanza, instrucción, precepto, lectura. 2. Fraterna, corrección, reprensión. 3. Lección, pasaje de la Sagrada Escritura que se lee en los oficios divinos. 4. Lección, saber, conocimiento obtenido, v. g. por la experiencia.

lesson, *va.* (Poco us.) Enseñar, instruir.

lessor ['lesə[r]] [le-so[r]], *s.* Arrendador, el que da una cosa en arrendamiento.

lest [lest] [lest], *conj.* Para que no, por miedo de que.

let [let] [let], *va.* (*pret.* y *pp.* LET). 1. Dejar, conceder, permitir. 2. Arrendar, dar en arrendamiento alguna renta, casa, heredad o posesión; alquilar. **To let,** se alquila. 3. Dejar, no impedir. **Let me alone,** déjeme Ud. en paz. **Let me sit,** déjeme Ud. sentar o permita Ud. que me siente. **Let me go,** déjeme Ud. ir o permita Ud. que me vaya. 4. *(Ant.)* Impedir, estorbar. *-vn.* Ser alquilado o arrendado. **A house to let,** una casa por alquilar. **The house lets for forty dollars,** la casa se alquila por cuarenta dólares.

let alone, dejar solo, dejar a un lado; dejar hacer, abandonar.

let by, dejar pasar.

let down, dejar caer; desinflar: bajar, descender; defraudar, fallar (fail).

let in, dejar entrar, admitir, recibir, introducir, hacer entrar.

let into, dejar entrar en; dejar conocer, hacer entrar.

let off, disparar, descargar, tirar un tiro.

let out, dejar salir; poner en libertad, soltar; hacer salir; arrendar, alquilar. **To let out to use,** poner dinero a interés.

let up, dejar subir, (fam. E. U.) cesar, parar, disminuir en severidad. **To let be,** dejar que una cosa sea lo que es; no entremeterse en un sunto o negocio. **To let blood,** sangrar, hacerse sangrar. **To let fall a word,** soltar inadvertidamente una palabra. **To let fly,** *(Fam.)* Disparar, dejar salir el tiro de una arma de fuego; decir disparates. **To let go,** soltar. **To LET** tiene el pretérito y participio **let** en todas sus significaciones. *Let* es auxiliar del modo imperativo, como en **Let us go,** vámonos. **Let Peter, read,** que lea Pedro. **Let her alone,** déjala en paz. **To let know,** advertir, hacer presente, hacer saber, dar a conocer. **To let loose,** soltar, aflojar; desatar, desencadenar.

let, *s.* Estorbo, obstáculo, impedimiento. De ordinario sólo se usa en la locución. **Without let or hindrance,** sin estorbo ni obstáculo.

letch [letʃ] [lech], *va.* y *s. V.* LEACH.

letdown ['letdaʊn] [let-daun], *s.* 1. Aflojamiento. 2. *(Fam.)* Decepción, abatimiento.

lethal ['li:θəl] [li-zal], *a.* Letal, mortal. **This tea is lethal!** ¡este té está asqueroso!

lethality [lɪ'θælɪtɪ] [li-za-li-ti], *s.* Mortalidad.

lethargic, lethargical [le'θɑ:dʒɪk] [le-zar-yik], *a.* Letárgico, lo que pertenece al estado de letargo.

lethargied [le'θɑ:dʒɪd] [le-zar-yid], *a.* Aletargado.

lethargize, lethargise [le'θɑ:dʒaɪs] [le-zar-yais], *va.* Aletargar.

lethargy [le'tɑ:dʒɪ] [le-tar-yi], *s.* 1. *(Med.)* Letargo. 2. Letargo, torpeza, enajenamiento del ánimo. 3. Entorpecimiento producido por la invernada.

lethean ['li:θɪən] [li-zian], **Letheed** [lɪ'θi:d] [li-zid], *a.* Léteo.

letter ['letəʳ] [le-taʳ], *s.* Letra, carácter. **Letter** o **bill of exchange,** Letra de cambio. **Letter of license,** moratoria, espera. **Letters of safe conduct,** guía, salvoconducto. **Letter of attorney,** poder, procuración. 3. Carta, carta misiva. **Letters inclosed,** cartas inclusas o adjuntas. **To frank letters,** franquear las cartas. **Direction of letters,** sobre o sobrescrito de cartas. **Letter of credit,** carta de crédito. **Letter rogatory,** *(For.)* Suplicatoria. 4. Letra, el sentido gramatical de una frase, sentencia o discurso. 5. *pl.* Letras, literatura, erudición. **Man of letters,** hombre de letras, hombre erudito, literato. **Letter-book,** copiador de cartas, el libro en que las conservan o copian los comerciantes. **Letter-box,** (a) buzón. (b) Caja de correspondencia; taquilla, caja cerrada para recibir cartas, en el correo o a la puerta de una casa. **Letter-carrier,** cartero, el que reparte las cartas. **Letter-case,** cartera; escribanía, portátil. **Letter-drop,** buzón, agujero por donde se echan las cartas en el correo. **Letter carrier,** cartero. **Letter-file,** guardacartas, cualquier mueble o aparato para archivar las cartas. **Letter-founder,** fundidor de letras. *V.* TYPE-FOUNDER. **Letter-founding,** fundición, acto de fundir letras. **Letter-paper,** papel de cartas, papel de escribir (mayor que el papel para esquelas). **Silent letters,** letras mudas o que no se pronuncian, como *ugh* en *though* y *k* en *knee*.

letter, *va.* Estampar con letras; escribir, poner un rótulo. **To letter a book,** rotular un libro.

lettered ['letəd] [le-tard], *a.* Letrado, instruido, erudito, literato, docto.

letterhead ['letəhed] [le-tar-jed], *s.* membrete.

lettering ['letərɪŋ] [le-ta-rin], *s.* 1. El acto u oficio de poner rótulos o de hacer letras. 2. Letrero, inscripción, rótulo; estampilla.

letter-perfect ['letə,pɜ:fekt] [le-tar-per-fekt], *a.* Preciso, que se sabe a la perfección.

letterpress ['letəpres] [le-tar-pres], *s.* Impresión, la obra impresa, en contraposición a la grabada; el texto de un libro, en oposición a los grabados.

lettuce ['letɪs] [le-tis], *s.* *(Bot.)* Lechuga.

let-up ['letʌp] [let-ap] *n.* Descanso, tregua *(Fig.)*.

leucocyte ['lu:kə,saɪt] [lu-ko-sait], *s.* Leucocito, corpúsculo blanco de la sangre y de la linfa.

leucoma ['lu:kəʊmə] [lu-kou-ma], *s.* *(Med.)* Leucoma, mancha corneal.

leucorrhea ['lu:kə,rɪə] [lu-ko-ria], *s.* Leucorrea.

leukemia ['lu:kɪmɪə] [lu-ki-mia], *s.* Leucemia.

levant ['levənt] [le-vant], *s.* Levante, oriente, las costas del Mediterráneo. *-a.* Oriental. **Levanter,** viento de Levante. **Levant trade,** comercio de levante.

levantine ['levəntaɪn] [le-van-tain], *a.* Levantino. **Levantines handkerchiefs,** pañuelos de Cantón.

levator [lɪ'veɪtəʳ] [li-vei-taʳ], *s.* 1. Músculo elevador. 2. Levantador, instrumento de cirugía.

levee ['levi:] [le-vi], *s.* 1. *(Des.)* El tiempo de levantarse por la mañana. 2. Corte, el concurso de gente que hace la corte a algún personaje. 3. Recepción sin ceremonia en las habitaciones particulares de una persona. 4. Dique para detener el agua.

level ['levl] [le-vel], *a.* 1. Llano, igual, nivelado, a nivel, allanado. 2. Casi horizontal, no en declive. 3. Igual a otra cosa. 4. Apuntado o moviéndose en línea recta; de aquí, honrado, probo. 5. *(Fam.)* De buen juicio, avisado, bien equilibrado. **To be level,** estar el nivel; estar al alcance del entendimiento. **To make level,** allanar, nivelar. **Everything lies level to our wish,** todo va a medida de vuestros deseos.

level, *s.* 1. Llano, llanura. 2. Plano, superficie plana, ras, nivel. 3. Igualdad de rango, moralidad, educación, etc. 4. Nivel, instrumento de los agrimensores. 5. Nivel, la altura media de una cosa. **Sea level,** nivel del mar. 6. La línea de dirección de una bala o cualquier otra cosa disparada. 7. La línea de la vista. **A level spoonful,** una cucharada rasa *(Culin.)*. **To be level pegging,** ir empatados. **To be on a level with,** estar al nivel de.

level, *va.* 1. Igualar, aplanar, allanar. 2. Nivelar. 3. Arrasar, hacer caer, derribar. 4. Apuntar, asestar. 5. Dirigir, encaminar. 6. Proporcionar, adaptar, ajustar. 7. Igualar, hacer igual una cosa con otra. *-vn.* 1. Apuntar el cañón u otra arma. 2. Emplear el nivel en la agrimensura. 3. Acordar, concordar, conformar, convenir una cosa con otra. **To level at,** apuntar (gun), dirigir (blow).

leveler, leveller ['levələʳ] [le-ve-laʳ], *s.* 1. Allanador, igualador, aplanador, nivelador. 2. El que quiere hacer a todos iguales sin distinción de personas ni de clases.

level-headed ['levlhedɪd] [le-vel-je-did], *a.* Sensato, juicioso.

leveling, levelling ['levlɪŋ] [lev-lin], *s.* 1. Nivelación, acción de nivelar. 2. Igualación de rangos o condiciones.

levelness ['levlnɪs] [le-vel-nes], *s.* Igualdad, allanamiento, nivel.

lever ['levəʳ] [le-vaʳ], *s.* 1. Palanca. 2. Escape de reloj.

leveret ['levərɪt] [le-va-rit], *s.* Lebratillo, el hijuelo de la liebre.

leviable [lɪ'vaɪəbl] [li-vaia-bol], *a.* Exigible.

leviathan [lɪ'vaɪəθən] [li-vaia-zan], *s.* Leviatán, un animal enorme del mar; supuesto mostruo marino.

levigate ['levɪgeɪt] [le-vi-gueit], *va.* 1. Reducir cualquier sustancia sólida a polvo impalpable. 2. *(Des.)* Pulir, alisar, acepillar.

levigate, *a.* Aligerado, alisado, reducido a polvo.

levigation [,levɪ'geɪʃən] [le-vi-guei-shon], *s.* Reducción a polvo impalpable.

levitation [,levɪ'teɪʃən] [le-vi-tei-shon], *s.* El acto o calidad de hacer ligera alguna cosa.

levite ['li:vaɪt] [li-vait], *s.* Levita, de la tribu de Leví.

levitical ['levɪtɪkəl] [le-vi-ti-kal], *a.* Levítico, lo perteneciente a los levitas o sacerdotes judíos.

levity ['levɪtɪ] [le-vi-ti], *s.* 1. Levedad, ligereza. 2. Inconstancia, veleidad. 3. Vanidad. 4. Alegría loca o inconsiderada ligereza.

levulose ['levjʊləʊs] [le-viu-lous], *s.* Levulosa, variedad de azúcar que se halla en la miel y en varias frutas.

levy ['levɪ] [le-vi], *va.* Hacer leva, levantar gente; exigir tributos. *(For.)* Embargar y vender los bienes de un deudor para pagar al acreedor.

levy, *s.* 1. Leva, alistamiento de tropas. 2. Colecta, recaudación, exacción de tributos, impuesto. 3. Embargo de bienes.

lewd [lu:d] [lud], *a.* 1. Lujurioso, lascivo, deshonesto, disoluto, libertino. 2. *(Ant.)* Malvado, perverso, depravado. 3. *(Des.)* Lego, ignorante.

lewdly ['lu:dlɪ] [lud-li], *adv.* Malvadamente, lascivamente; tontamente, ignorantemente.

lewdness ['lu:dnɪs] [lud-nes], *s.* Lascivia, incontinencia, relajación, licencia, disolución de vida o costumbres: libertinaje, desenfreno, prostitución, en las mujeres.

lewis o Lewisson ['lu:ɪs] [luis], *s.* Clavija para mover o alzar piedras, castañuela de cantera; grapa, retén.

lexical ['leksɪkəl] [lek-si-kal], *a.* 1. Relativo a las palabras de un idioma, y no a su construcción gramatical. 2. Lexicográfico.

lexicographer [,leksɪ'kɒgrəfəʳ] [lek-si-ko-gra-faʳ], *s.* Lexicógrafo, escritor de diccionarios.

lexicographic [ˌleksɪ'kɒgrəfɪk] [lek-si-ko-gra-fik], *a.* Lexicográfico.
lexicography [ˌleksɪ'kɒgrəfɪ] [lek-si-ko-gra-fi], *s.* Lexicografía.
lexicon ['leksɪkən] [lek-si-kon], *s.* Léxico o lexicón, diccionario del idioma latino, griego o hebreo.
liability [ˌlaɪə'bɪlɪtɪ] [laia-bi-li-ti], *s.* 1. Condición de estar sujeto o expuesto, como a un accidente, daño, etc. 2. Responsabilidad; deuda pasiva; pasivo. **Legal liability insurance,** seguro por el cual se asume la responsabilidad legal de una persona o corporación. 3. Propensión. 4. Riesgo (risk).
liable ['laɪəbl] [laia-bol], *a.* 1. Sujeto, expuesto a una pena, a las costas, al pago de daños y perjuicios, etc. 2. Responsable, deudor, justa o legalmente. 3. Propenso, con tendencia a (en sentido desfavorable).
liableness ['laɪəblnɪs] [laia-bol-nes], *s.* 1. Propensión, inclinación a alguna cosa. 2. Responsabilidad.
liaison [lɪ'eɪzɒn] [li-ei-son], *s.* Enlace, coordinación (coordination). Relación.
liaison officer [lɪ'eɪzɒnˌɒfɪsəʳ] [li-ei-son-o-fi-saʳ], *s.* *(Mil.)* Oficial de intercomunicación.
liar ['laɪəʳ] [laiaʳ], *s.* Embustero, mentiroso, el que dice una mentira.
lias ['laɪəs] [laias], *s.* *(Geol.)* Lías, sistema de rocas calcáreas y arcillosas del terreno jurásico.
lib [lɪb] [lib], *va.* (Prov. Ingl. y Escocia) Castrar, capar.
libation [laɪ'beɪʃən] [lai-bei-shon], *s.* Libación.
libel ['laɪbəl] [lai-bol], *s.* 1. Libelo, el papel o escrito satírico y denigrativo. 2. *(For.)* Libelo, cargo que se hace por escrito y en derecho contra alguna persona.
libel, *va.* y *vn.* 1. Satirizar, escribir sátiras o zaherir y motejar con ellas. 2. Difamar, calumniar o quitar el crédito por medio de libelos infamatorios o de sátiras denigrativas.
libelant, libellant ['laɪbələnt] [lai-be-lant], *s.* *(For.)* El actor o demandante en las acciones ante el tribunal.
libeler, libeller ['laɪbələʳ] [lai-be-laʳ], *s.* Libelista, el autor de libelos; infamador.
libeling, libelling ['laɪbəlɪŋ] [lai-be-lin], *s.* Difamación.
libellous ['laɪbələs] [lai-be-las], *a.* Infamatorio, difamatorio.
liber ['lɪbəʳ] [li-baʳ], *s.* 1. Libro, volumen de instrumentos auténticos, archivos o hipotecas. 2. *(Bot.)* Líber, corteza interior de los vegetales.
liberal ['lɪbərəl] [li-be-ral], *a.* 1. Liberal, generoso, dadivoso, bizarro; *(Fam.)* campechano, desprendido, que no es mezquino ni miserable. 2. Liberal, honorífico, caballeroso. 3. Liberal, libre; propenso a ideas democráticas o republicanas; libre de fanatismo o de sumisión a una autoridad o un dogma. 4. Abundante. 5. Libre, que no es estricto ni a la letra. 6. Noble, bien nacido.
liberal arts ['lɪbərəlˌɑːts] [li-be-ral-arts], *s.* Letras (humanas), humanidades, artes liberales.
liberalism ['lɪbərəlɪzən] [li-be-ra-li-sem], *s.* Liberalismo en los principios políticos y religiosos.
liberality [ˌlɪbə'rælɪtɪ] [li-be-ra-li-ti], *s.* Liberalidad, generosidad, bizarría, munificencia.
liberalize ['lɪbərəlaɪz] [li-be-ra-lais], *va.* Liberalizar, hacer liberal, generoso, tolerante.
liberally ['lɪbərəlɪ] [li-be-ra-li], *adv.* Liberalmente, dadivosamente.
liberal-minded ['lɪbərəlˌmaɪndɪd] [li-be-ral-main-did], *a.* Liberal, de ideas tolerantes.
liberate ['lɪbəreɪt] [li-be-reit], *va.* Libertar, librar, manumitir.
liberation [ˌlɪbə'reɪʃən] [li-be-rei-shon], *s.* El acto de libertar.
liberator ['lɪbəreɪtəʳ] [li-be-rei-taʳ], *s.* Libertador, librador.
libertarian [ˌlɪbə'tɛərɪən] [li-ber-tea-rian], *a.* Libertario.
libertinage ['lɪbətɪnɪdʒ] [li-ber-ti-nich], *s.* *V.* LIBERTINISM.
libertine ['lɪbətiːn] [li-ber-tin], *s.* 1. Libertino, hombre disoluto. 2. *(For.)* En la historia romana, libertino, el hijo de liberto. *-a.* Libertino, disoluto.
liberty ['lɪbətɪ] [li-ber-ti], *s.* 1. Libertad, condición del que es o está libre. 2. Libertad, libre albedrío. 3. Exención, privilegio, prerrogativa, inmunidad, franquicia. 4. Libertad, poder de obrar conforme a las leyes. 5. Libertad, franqueza, llaneza demasiada de una persona. 6. Libertad, soltura de presos o cautivos. 7. Licencia, permiso. **To take liberties with,** tomarse demasiadas libertades con.
libidinist ['lɪbɪdɪnɪst] [li-bi-di-nist], *s.* (Poco us.) Mico, el que es libidinoso.
libidinous [lɪ'bɪdɪnəs] [li-bi-di-nos], *a.* Libidinoso, liviano, deshonesto, lascivo, lujurioso, disoluto, impúdico.
libidinously [lɪ'bɪdɪnəslɪ] [li-bi-di-nos-li], *adv.* Libidinosamente, lascivamente.
libido [lɪ'biːdəʊ] [li-bi-dou], *s.* Libido.
libra ['liːbrə] [li-bra], *s.* *(Astr.)* Libra, un signo del zodíaco.
libral ['lɪbrəl] [li-bral], *a.* (Poco us.) Relativo a la libra romana.
librarian [laɪ'brɛərɪən] [lai-brea-rian], *s.* 1. Bibliotecario. 2. *(Des.)* Copiante.
librarianship [laɪ'brɛərɪənʃɪp] [lai-brea-rian-ship], *s.* El empleo u oficio de bibliotecario.
library ['laɪbrərɪ] [lai-bra-ri], *s.* 1. Biblioteca, librería, conjunto de libros, folletos, etc. 2. El edificio o la pieza que contiene la biblioteca.
librate ['laɪbreɪt] [lai-breit], *v.* Balancear, poner en equilibrio.
libration [laɪ'breɪʃən] [lai-brei-shon], *s.* Libración, balance; equilibrio.
libratory ['laɪbrətərɪ] [lai-bra-to-ri], *a.* Lo que balancea.
libretto ['laɪbretəʊ] [lai-bre-tou], *s.* *(Mús.)* Libreto (de una ópera, etc.).
lice, *s. pl.* de LOUSE. Piojos.
licebane ['laɪsbeɪn] [lais-bein], *s.* *(Bot.)* Albarraz, hierba piojera.
license, licence ['laɪsəns] [lai-sens], *s.* 1. Licencia, permiso. 2. Despacho, cédula, título; diploma; certificado escrito o impreso que contiene un permiso, una autorización. 3. Licencia, libertinaje, libertad inmoderada o desordenada, desorden, desarreglo, desenfreno de costumbres.
license, *va.* 1. Licenciar, dar licencia o permiso; autorizar; dar cédula, despacho o privilegio. 2. Soltar, dar soltura.
licensee, licencee ['laɪsəns] [lai-sens], *s.* Concesionario, el que obtiene una licencia.
licentiate ['laɪsəns] [lai-sens], *s.* 1. El que usa de licencia. 2. Licenciado, el que ha recibido en alguna universidad el grado así llamado. 3. Licenciado, el que tiene licencia para predicar o practicar una profesión.
licentious [laɪ'senʃəs] [lai-sen-shos], *a.* Licencioso, desordenado, libertino, disoluto.
licentiously [laɪ'senʃəslɪ] [lai-sen-shos-li], *adv.* Licenciosamente.
licentiousness [laɪ'senʃəsnɪs] [lai-sen-shos-nes], *s.* Licencia, libertad inmoderada, disolución, desarreglo o desenfreno de vida o costumbres.
lich [lɪtʃ] [lich], *s.* *(Des.)* Cadáver, un cuerpo muerto. **Lich-gate,** sotechado que proyecta sobre la entrada de un cementerio. **Lich-owl,** lechuza, especie de buho, del que se cree vulgarmente que pronostica la muerte.
lichen [lɪtʃn] [li-chen], *s.* *(Bot.)* Liquen, empeine, planta criptógama.
licit ['lɪsɪt] [li-sit], *a.* Lícito, permitido.
licitly [lɪsɪtlɪ] [li-sit-li], *adv.* Lícitamente.
licitness ['lɪsɪtnɪs] [li-sit-nes], *s.* Calidad o condición de lícito.
lick [lɪk] [lik], *va.* 1. Lamer, chupar. 2. *(Vulg.)* Cascar, aporrear, golpear; dar una tunda o felpa. 3. *(Vulg.)* Sobresalir, sobrepujar, vencer. **To lick up,** devorar, consumir. **To lick somebody's boots,** hacer la pelota a alguien *(Fam.)*.
lick, *s.* 1. Lamedura, lametada, lengüetada. 2. Lengüetada, la cantidad que se puede lamer de una vez. 3. *(E. U.)* Depósito de sal, al que acuden ciertos animales que la lamen. 4. *(Fam.)* Mojicón, cachete, bofetón. **A lick of paint,** una mano de pintura.
licker ['lɪkəʳ] [li-kaʳ], *s.* Lamedor, el que lame.
lickerish ['lɪkərɪʃ] [li-ka-rish], **lickerous** ['lɪkərəs] [li-ka-ros], *a.* Regalado, delicado, apetitoso, sabroso.

lickerishness ['lɪkərɪnɪs] [li-ke-ri-nes], *s.* Delicadeza de paladar, regalo.

lickerishly ['lɪkərɪʃlɪ] [li-ka-rish-li], *adv.* Deliciosamente.

lickspittle ['lɪkspɪtl] [lik-spitel], *s.* Quitapelillos, parásito, hombre servil.

licorice, liquorice ['lɪkərɪs [li-ko-ris], *s.* *(Bot.)* Regaliz, regaliza, orozuz. **Licorice-juice** o **Spanish-licorice,** zumo de orozuz, regaliz en pasta.

lictor ['lɪktər] [lik-tar], *s.* Lictor.

lid [lɪd] [lid], *s.* 1. Tapa, la parte superior que cierra las cajas, etc. 2. Párpado, el pellejo blando que cubre los ojos. **This puts the lid on it!** ¡Esto es el colmo! **She's flipped her lid,** se ha vuelto loca, ha perdido la cabeza *(Fam.).*

lido ['lɪsɪt] [li-sit], *s.* Piscina pública. *(Mex.).* Pileta pública.

lie ['laɪ] [lai], *s.* 1. Mentira, ficción, embuste. 2. Desmentida, mentís. 3. Error, vanidad, lo que sirve para engañar o que crea una impresión falsa.

lie, *s.* 1. Posición en que está echada una cosa; caída. 2. Cubil, cama de un animal salvaje. **The lie of the land,** la caída, la situación relativa del terreno.

lie, *vn.* *(pret.* y *pp.* LIED, pa. LYING). Mentir, levantar falsos testimonios; decir o hacer falsedades con intento de engañar.

lie, *vn.* *(pret.* LAY, *pp.* LAIN). 1. Echarse, tumbarse, tenderse a la larga. **To lie sick,** guardar cama. 2. Descansar recostado, apoyarse. 3. Reposar, acostarse, estar acostado. 4. Yacer, estar echado o tendido, se usa comúnmente hablando de los muertos. 5. Yacer, existir de algún modo, estar alguna persona o cosa en algún paraje. 6. Residir, morar, habitar. 7. Apretarse, estrecharse. 8. Consistir, depender; estar en la mano alguna cosa; tocar o pertenecer a alguno la ejecución de un empleo, negocio, etc. 9. Costar. 10. Estar pendiente una acusación contra alguno.

lie at, importunar, molestar; estar expuesto. **To lie at heart,** tener clavada una cosa en el corazón; sentir mucho y por largo tiempo alguna desgracia o contratiempo. **To lie at the point of death,** estar expirando. **To lie at stake,** estar muy interesado en algo.

lie about, estar esparcido.

To lie along, *(Mar.)* Dar a la banda.

lie back, recostarse

lie by, reposar; estar tranquilo o quieto.

lie down, acostarse, reposar, yacer en el sepulcro.

lie in, estar de parto. **To lie in the way,** (a) Ser obstáculo o impedimiento. (b) Presentarse convenientemente. **To lie in wait,** espiar, observar, reconocer y notar con disimulo y secreto; asechar. **To lie in one's way,** hallarse en el camino que otro lleva, presentarse a alguno, estar cómodo; ser un obstáculo, impedir.

lie on, *(Mar.)* Estar a la capa.

lie out, dormir fuera de casa. **To lie out at length,** tenderse a la larga.

lie under, estar sujeto a, hallarse expuesto, acusado o atacado; estar sumido.

lie up and down, estar en desorden.

lie upon, hacer alguna cosa un deber u obligación para alguno; ser un deber la ejecución de algo.

lie with, estar acostado con otro, hablar con alguno en la cama; tener coito, conocer carnalmente.

lie-down ['laɪdaʊn] [lai-daun], *s.* Siesta, descanso.

lief [liːf] [lif], *adv.* De buena gana, de buena voluntad. *-a.* *(Des.)* 1. Agradable, querido. 2. Bien dispuesto; inclinado.

liege ['liːdʒ] [lidch], *s.* 1. Ligio, feudatario. 2. Soberano. 3. Vasallo, súbdito. *-s.* *(Des.)* Soberano, señor de vasallos.

lie-in, [ˌlaɪ'ɪn] [lai-in] *s.* **To have a lie-in,** levantarse tarde.

lien [lɪən] [lian] *s.* 1. Derecho de retención. 2. De aquí, una demanda que ha de ser atendida.

lientery ['lɪəntərɪ] [lian-te-ri], *s.* Lientería, flujo de vientre en el cual se echan los alimentos a medio digerir.

lier [lɪər] [liar], *s.* *(Ant.)* El que descansa o yace, el que está oculto o escondido.

lieu [luː] [lu], *s.* Lugar, en la locución **In lieu of,** en lugar de, en vez de.

lieutenancy [lef'tenənsɪ] [lef-te-nan-si], *s.* 1. Tenencia, lugartenencia, el cargo u oficio de teniente. 2. *(Des.)* El cuerpo de tenientes.

lieutenant [lef'tenəntɪ] [lef-te-nant], *s.* 1. Teniente o lugarteniente. 2. *(Mil.)* Teniente, el que ocupa el puesto inmediato al de un superior.

lieutenantship [lef'tenəntʃɪp] [lef-te-nant-ship], *s.* Tenencia, el cargo u oficio de teniente.

lieve [liːv] [liv], *adv.* *(Des.)* *V.* LIEF.

life [laɪf] [laif], *s.* 1. Vida. 2. Vida, el acto de vivir o la permanencia en la unión del alma y del cuerpo. 3. Vida, el principio de nutrición en los animales y vegetales. 4. Vida, el espacio de tiempo desde el nacimiento hasta la muerte. 5. Vida, conducta, el modo de vivir; el modo de pasar la vida con respecto a sus comodidades e incomodidades. 6. Vida, la relación o historia de las acciones de una persona. 7. Viveza, prontitud, vivacidad, fuego, ardor; espíritu. 8. Vida: expresión de cariño. 9. Semejanza exacta; la forma viva y exacta; el carácter real y verdadero. 10. Espíritu, la idea central y esencial. 11. Mundo, lo que pasa en él; el curso de los asuntos o sucesos humanos. 12. Vida, figuradamente se entiende de los seres organizados. **Life-annuity,** renta vitalicia. **Life-insurance** o **assurance,** seguro sobre la vida o de vida. **To depart this life,** morir. **To have life,** vivir. **For life,** por toda la vida. **A pension for life,** una pensión vitalicia. **To call one into question for his life,** acusar a una persona de un delito que merece pena capital. **I would lay my life upon it,** pondría mi cabeza a que es así. **Life-belt,** cinto de salvamento, para sostenerse en el agua. **Life-boat,** lancha salvavidas. **Life-buoy,** boya o guíndola salvavidas. **Life-interest,** renta o hacienda vitalicia. **Life-line,** cuerda salvavidas. **Life-preserver,** salvavidas, aparato, chaqueta o cinto flotante, etc., que sirve para sobrenadar. **To bring back to life,** reanimar, resucitar. **To do life,** cumplir cadena perpetua *(Fam.).* **Not on your life!,** ¡ni hablar!, ¡Lo que faltaba! **True to life,** fiel a la realidad.

lifebelt ['laɪfbelt] [laif-belt], *s.* Salvavidas.

life-blood ['laɪfblʌd] [laif-blad], *s.* Sangre vital, alma, nervio, lo que constituye la fuerza o la energía.

lifeboat ['laɪfbəʊt] [laif-bout], *s.* Bote de salvamento.

life-giving ['laɪfgɪvɪŋ] [laif-gui-vin], *a.* Vivificante, lo que da vida.

lifeguard ['laɪfgɑːd] [laif-gard], *s.* Vigilante de playa, guardia, salvavidas.

life insurance [ˌlaɪfɪn'ʃʊərəns] [laif-in-shu-rans], *s.* Seguro de vida.

life jacket ['laɪfˌdʒækɪt] [laif-ya-ket], *s.* Chaleco salvavidas.

lifeless ['laɪflɪs] [laif-les], *a.* 1. Muerto, inanimado, amortiguado. 2. Falto de fuerza, espíritu o vigor; flojo. 3. Inhabilitado por hombres y animales, sin vida aparente.

lifelessly ['laɪflɪslɪ] [laif-les-li], *adv.* Sin vigor, sin espíritu.

life-like ['laɪflaɪk] [laif-laik], *a.* Que parece estar vivo.

lifeline ['laɪflaɪn] [laif-lain], *s.* Cuerda de salvamento. Cordón umbilical.

lifelong ['laɪflɒŋ] [laif-long], *a.* Que dura toda la vida.

life raft ['laɪfrɑːft] [laif-raft], *s.* Balsa salvavidas.

life-saving ['laɪfseɪvɪŋ] [laif-sei-vin], *sn.* Salvamento.

life-size(d) ['laɪfaɪz] [laif-sais], *a.* De tamaño natural (de una persona).

lifestring ['laɪfstrɪŋ] [laif-strin], *s.* Nervio o cordón en el organismo humano por donde se suponía que los órganos recibían su vitalidad.

lifetime ['laɪftaɪm] [laif-taim], *s.* Durante el tiempo de la vida. **In his lifetime,** en su vida.

life-weary ['laɪfwɛərɪ] [laif-uea-ri], *a.* Infeliz, cansado de la vida.

lift [lɪft] [lift], *va.* 1. Alzar, elevar, levantar. 2. Exaltar, ensalzar, elevar, levantar. 3. Engreír, envanecer, ensoberbecer. 4. Quitar la presión de (alguna cosa). 5. *(Fam.)* Hurtar, quitar, llevarse. *-vn.* 1. Hacer fuerza o esforzarse para levantar alguna cosa. 2. Alzarse y disiparse en la atmósfera. **To lift up,** levantar o alzar alguna cosa. **To lift the hat,** quitarse el sombrero para saludar. **To lift the feet,** acudir presuroso al socorro de alguno. **To lift the eyes,** levantar los ojos, fijar la atención en. **To lift the face,** levantar la cara como para suplicar. **To lift up the hand,** *(Fig.)* (a) Jurar. (b) Orar, suplicar. **To lift up the heel against,** tratar coninsolencia y desprecio. **To lift the horn,** (a) Tratar con insolencia, con desdén. (b) Establecer en autoridad. **To lift up the voice,** levantar la voz, gritar.

lift, *s.* 1. El esfuerzo que se hace para levantar alguna cosa pesada. 2. Alzamiento, la acción y efecto de alzar. 3. El modo de alzar alguna cosa. 4. El acto de levantar o hacer levantar algo. 5. Máquina o utensilio para alzar; *(Ingl.)* elevador, ascensor. 6. Alza. 7. (Prov. Ingl.) Cielo, atmósfera. **to give one a lift,** ayudar a uno a levantarse o hacer algo. **At one lift,** de un golpe. **Lifts,** *(Mar.)* Amantillos, cabos que sirven para levantar las vergas por una parte bajándolas por otra. **Topping-lifts,** *(Mar.)* Amantillos de la botaborra. **Handing-lifts,** *(Mar.)* Mostachos. **Lift-down,** bajar. **Lift off,** levantar, quitar, despegar. **Lift out,** sacar. **Lift up,** levantar. **To give a lift,** llevar en coche.

lifter ['lɪftəʳ] [lif-taʳ], *s.* 1. El que levanta. 2. Ladrón. *V.* SHOPLIFTER.

lifting ['lɪftɪŋ] [lif-tin], *s.* El acto de levantar, la ayuda o auxilio que se da a uno para que se levante.

lift-off ['lɪftɒf] [lift-of], *s.* Despegue de un cohete.

ligament ['lɪgəmənt] [li-ga-ment], *s.* Ligamento; ligazón, ligadura.

ligation ['lɪgeɪʃən] [li-guei-shon], *s.* Ligación, la acción y efecto de ligar.

ligature ['lɪgətʃəʳ] [li-ga-chaʳ], *s.* 1. Ligadura, en sus acepciones médica, musical y mecánica. 2. Ligación, la acción de ligar. 3. *(Impr.)* Ligadas como fi, fl, etc.

light [laɪt] [lait], *s.* 1. Luz; claridad, claro, resplandor. 2. Luz, vela, bujía, lámpara, farol; emisión de luz. 3. Vista, ventana o cuadro de vidrio. 4. Luz, ilustración, conocimiento; explicación de alguna cosa obscura. 5. Luz, noticia, aviso, estado de visibilidad; publicidad; aspecto, punto de vista. 6. Luz, el punto o centro desde donde se iluminan y alumbran los objetos pintados en un cuadro. 7. Vista, poder de visión; percepción; inteligencia. 8. Día; alba, amanecer. *-a.* 1. Ligero, leve. 2. Llevadero, lo que fácilmente se puede sufrir o aguantar. 3. Fácil de ejecutarse; fútil, de poco valor o consideración; frívolo, superficial 4. Ligero, ágil, desembarazado. 5. Leve, inconstante, mudable. 6. Alegre, vivo. 7. Liviano, incontinente. 8. Claro, resplandeciente, brillante, reluciente. 9. *(Mar.)* Boyante, la embarcación que no está cargada o no tiene lastre suficiente. 10. Claro, que no es de color muy subido; blondo, rubio: se dice del pelo o de la tez. **Light brown,** castaño claro. **Light complexión,** tez blonda. **Light supper,** colación. **Light of belief,** crédulo. **To make light of a thing,** burlarse de una cosa, tomarla en chanza. **Northern lights**, aurora boreal. *-adv. V.* LIGHTLY. **In the light of,** a la luz de. **To come to light,** salir a la luz.

light, *va.* 1. Encender. **To light a fire,** encender lumbre. 2. Alumbrar, dar luz, iluminar. **Light me home,** alúmbreme Ud. hasta mi casa. 3. *(Mar.)* Aligerar, hacer más ligera una embarcación. *-vn.* 1. Tropezar, hallar, encontrar por casualidad. 2. Desmontarse, apearse de la caballería o carruaje; desembarcar; salir del coche u otra parte. 3. Parar, descansar. **Light-wave,** onda u ondulación de luz. **Light-armed,** armado levemente o a la ligera. **Light-borne,** llevado, traído por la luz o en medio de la luz. **Light-fingered,** largo de uñas, ligero de dedos; el que tiene habilidad para hurtar.

light-brain ['laɪtbreɪn] [lait-brein], *s.* Hombre frívolo e ignorante o con los cascos a la jineta.

lighten ['laɪtn] [lai-ten], *vn.* 1. Relampaguear. 2. Brillar. 3. Hablar con vehemencia. 4. Caer, descender sobre. *-va.* 1. Iluminar, alumbrar. 2. Exonerar, descargar. 3. Aligerar, hacer menos pesada una cosa. **To lighten a ship,** *(Mar.)* Aligerar un bajel. 4. Alegrar, infundir alegría.

lighter ['laɪtəʳ] [lai-taʳ], *s.* 1. *(Mar.)* Alijador, lanchón o gabarra. **Ballast-lighter,** lanchón de lastrar. 2. Cualquier cosa que comunica luz o claridad. 3. Encendedor, utensilio para encender el gas; mecha, pedazo de papel torcido o antorcha para encender las luces.

lighterage ['laɪtərɪdʒ] [lai-te-rich], *s.* Gabarraje, el flete de las gabarras.

lighterman ['laɪtəmən] [lai-ter-man], *s.* *(Mar.)* Lanchonero, el que gobierna el alijador o lanchón.

light-faced type ['laɪtfeɪst,taɪp] [lait-feist-taip], *s.* *(Impr.)* Letra o tipo delgado.

light-foot, Light-footed ['laɪtfʊt] [lait-fut], *a.* Ligero de pies.

light-headed ['laɪthedɪd] [lait-je-did], *a.* 1. Ligero de cascos, casquivano. 2. Delirante, el que delira, dice disparates o despropósitos. 3. Atolondrado, aturdido.

light-headedness ['laɪthedɪdnɪs] [lait-je-did-nes], *s.* Delirio, atolondramiento, aturdimiento.

light-hearted ['laɪt'hɑːtɪd] [lait-jar-tid], *a.* Alegre, festivo, jovial.

light heavyweight ['laɪthevɪ,weɪt] [lait-je-vi-ueit], *s.* (Boxeo) Peso semipesado.

light-horse ['laɪthɔːs] [lait-jors], *s.* Caballería ligera.

lighthouse ['laɪthaʊs] [lait-jaus], *s.* *(Mar.)* Faro, fanal o torre de luces que sirve de guía a los navegantes.

lighting ['laɪtɪŋ] [lai-tin], *s.* Iluminación artificial, alumbrado. **Electric lighting**, alumbrado eléctrico.

light-keeper ['laɪt,kiːpəʳ] [lait-ki-paʳ], *s.* Torrero; farolero.

lightless ['laɪtlɪs] [lait-les], *a.* Oscuro, falto de luz, sin luz, sin claridad.

lightly ['laɪtlɪ] [lait-li], *adv.* 1. Ligeramente, levemente. 2. Fácilmente; prontamente. 3. Sin razón, sin motivo. 4. Alegremente, con alegría, airosamente. 5. Deshonestamente, livianamente.

light-minded ['laɪt,maɪndɪd] [lait-main-did], *a.* Voluble, inconstante, variable, atolondrado.

light-money ['laɪtmʌnɪ] [lait-ma-ni], *s.* Derechos de faro o de fuego.

lightness ['laɪtnɪs] [lait-nes], *s.* 1. Levedad, ligereza; agilidad, velocidad. 2. Inconstancia. 3. Liviandad, deshonestidad.

lightning ['laɪtnɪŋ] [lait-nin], *s.* 1. Relámpago, rayo, la descarga eléctrica. 2. Aligeramiento. **As quick as lightning,** *(Fam.)* como un relámpago.

lightning bug ['laɪtnɪŋ,bʌg] [lait-nin-bag], *s.* Luciérnaga.

lightning rod ['laɪtnɪŋ,rɒd] [lait-nin-rod], *s.* Pararrayo.

light-room ['laɪtrʊm] [lait-rum], *s.* *(Mar.)* Caja de faroles del pañol de pólvora o lampión.

lightship ['laɪtʃɪp] [lait-ship], *s.* Buque fanal o buque faro.

lightsome ['laɪtsʌm] [lait-sam], *a.* 1. Alegre, festivo, airoso. 2. *(Poét.)* Luminoso, claro.

lightweight ['laɪtweɪt] [lait-ueit], *s.* (Boxeo) Peso ligero. *-a.* De poco peso, liviano.

light-year ['laɪtjɪəʳ] [lait-yiaʳ], *s.* *(Astr.)* Año luz.

ligneous ['lɪgnɪəs] [lig-nios], **Lignous** ['lɪgnəs] [lig-nos], *a.* Leñoso, hecho de madera o semejante a ella.

ligniferous ['lɪgnɪfərəs] [lig-ni-fe-ros], *a.* Leñífero, que produce madera.

lignify ['lɪgnɪfaɪ] [lig-ni-fai], *va.* y *vn.* Convertir o convertirse en madera.

lignite ['lɪgnaɪt] [lig-nait], *s.* Lignito, combustible fósil.

ligulate ['lɪgjʊleɪt] [li-guiu-leit], *a.* *(Bot.)* Acintillada, semiflosculosa o ligulada: se dice de la flor compuesta que consta de cintillas o semiflósculos.

ligule ['lɪgjuːl] [li-guiul], *s.* *(Bot.)* Florecilla acintillada, lígula o semiflósculo.

ligure ['lɪgəʳ] [li-gaʳ], *s.* Ligurio, piedra preciosa mencionada en el Éxodo.

like [laɪk] [laik], *a.* 1. Semejante, parecido; igual lo mismo que. 2. Creíble, probable, verosímil. *-s.* Semejante, semejanza. *-adv.* 1. Como, del mismo modo que. 2. Verosímilmente, probablemente. Se usa muy a menudo esta voz en composición para expresar semejanza. **To give like for like,** pagar en la misma moneda. **He has not his like,** no tiene igual. **Like master, like man,** *(Prov.)* tal para cual. **To be of like force,** ser de la misma fuerza. **Inlike manner,** del mismo modo, que no se parece a nada. **To look like,** parecerse a, tener el aspecto de. **To be as like as two peas,** parecerse como dos gotas de agua. **He is well liked here,** se le quiere mucho aquí. **Likes and dislikes,** preferencias.

like, *va.* y *vn.* 1. Hallar agrado en, a su gusto; contentarse con; estar contento de. 2. Querer, amar; gustar, agradar alguna cosa. **As you like it,** como Ud. quiera, o como Ud. guste. **I should like to see,** yo quisiera ver, me gustaría ver. **Do you like this tea?,** ¿le gusta a Ud. este té? **How do you like her?** ¿cómo la halla Ud.?

likelihood ['laɪklɪhʊd] [laik-li-jud], **Likeliness** ['laɪklɪnɪs] [laik-li-nes], *s.* Probabilidad, versimilitud, posibilidad.

likely ['laɪklɪ] [lai-ke-li], *a.* 1. Probable, verosímil; creíble, plausible. 2. Bien parecido; placentero; loable,; que da buenas esperanzas. 3. Apto, idóneo, a propósito. *-adv.* Probablemente según todas las apariencias. **Likely enough**, no sería extraño. **Most likely,** es regular. **The likely outcome,** el resultado más probable. **She is not likely to come,** no es probable que venga.

like-minded ['laɪk'maɪndɪd] [laik-main-did], *a.* De la misma opinión o parecer.

liken ['laɪkən] [lai-ken], *va.* Asemejar, comparar.

likeness ['laɪknɪs] [laik-nes], *s.* 1. Semejanza, conformidad, igualdad. 2. Viso, forma, apariencia, aire. 3. Semejante, la cosa que se semeja a otra. 4. Retrato fiel o vivo de una persona.

likewise ['laɪkwaɪz] [laik-uais], *adv.* También, asimismo, además, igualmente.

liking ['laɪkɪŋ] [lai-kin], *s.* 1. Inclinación, gusto, agrado, deseo; aprobación, preferencia. 2. *(Ant.)* Semblante, apariencia, en lo que se refiere a la salud de una persona.

lilac ['laɪlək] [lai-lak], *s.* *(Bot.)* Lila o lilas, arbusto. *-a.* Del color de la lila común.

liliaceous [ˌlɪlɪ'eɪʃəs] [li-li-eis-shos], *a.* *(Bot.)* Liliáceo, perteneciente a la familia de los lirios (las liliáceas).

lilt [lɪlt] [lilt], *vn.* 1. (Prov. Ingl.) Hacer alguna cosa diestramente. 2. Cantar, bailar, saltar alegremente.

lily ['lɪlɪ] [li-li], *s.* 1. Lirio, azucena, planta de adorno del género Lilium o su flor. 2. Planta o flor parecida a ésta;: como **water-lily,** ninfea, nenúfar; **day-lily,** hemerocálide; funkia. 3. Flor de lis. **Lily of the valley,** lirio de los valles, muguete. **White lily,** azucena.

lily-handed ['lɪlɪˌhændɪd] [li-li-jan-did], *a.* Manos de alabastro, el que tiene las manos muy blancas.

lily-livered ['lɪlɪˌlɪvəd] [li-li-li-vad], *a.* Cobarde; doble.

lilywort ['lɪlɪwɔːt] [li-li-uort], *s.* Una planta cualquiera de las liliáceas.

Lima ['liːmə] [li-ma], *n.pr.* Lima, capital del Perú. **Lima beans,** habas de Lima, grandes y aplastadas; variedad de haba trepadora. **Lima wood,** brasilete.

limaceous ['lɪmeɪʃəs] [li-mei-shos], *a.* Limáceo, parecido a la limaza o babosa.

limb [lɪm] [lim], *s.* 1. Miembro, parte del cuerpo, como un brazo, una pierna, un ala, etc. 2. Rama de árbol; vástago que brota del tallo o tronco principal. 3. Orilla, extremo o remate de una cosa. 4. *(Fam.)* Travieso, turbulento, enredador, malévolo.

limb, *s.* Limbo; se dice de la orilla o borde del disco del sol y de la luna.

limb, *va.* 1. Poner miembros o cosas que se les asemeje. 2. Desmembrar, despedazar, hacer pedazos.

limbed ['lɪmbɪd] [lim-bid], *a.* Membrudo, fornido.

limber ['lɪmbə^r] [lim-ba^r], *a.* Manejable, flexible, blando. *-s.* 1. Avantrén de cureña, armón, juego delantero de un furgón de artillería. 2. *(Mar.)* Groera del canal del agua.

limber, *va.* 1. Poner flexible o manejable. 2. Poner o colocar el armón; poner el avantrén a una cureña; se usa con prep. *up.* **Limber up,** desentumecerse.

limber-boards ['lɪmbəbɔːz] [lim-ba-bors], *s. pl.* *(Mar.)* Panas imbornaleras de las varengas. **Limber-holes,** *(Mar.)* imbornales de las varengas. **Limber-rope,** *(Mar.)* cabo imbornalero de las varengas.

limberness ['lɪmbənɪs] [lim-ba-nes], *s.* Flexibilidad.

limbless ['lɪmlɪs] [lim-les], *a.* Inmembre, que no tiene miembros.

limbo ['lɪmbəʊ] [lim-bou], *s.* 1. Limbo, el lugar a donde se dice que van las almas de los niños que mueren sin bautismo. 2. Cualquier paraje donde hay miseria y falta de libertad. *(Fest.)* **To be in limbo,** estar en Babia.

lime [laɪm] [laim], *s.* 1. Cal. **Quicklime,** cal viva. **Lime-light,** luz de calcio. **Lime-kiln**, calera, horno de cal. **Lime-water,** agua de cal. 2. Liga, materia viscosa y pegajosa que sirve para cazar pájaros, untando con ella unas varillas o espartos. *V.* BIRD-LIME. **Lime-twig,** vareta, varilla untada con liga. **Lime-twigged,** lo que tiene varetas o palitos untados con liga. 3. Agua de cal.

lime, *s.* 1. *(Bot.)* Lima, una especie de limón pequeño y redondo. **Lime-juice,** zumo de lima, remedio contra el escorbuto. 2. *V.* LINDEN.

lime, *va.* 1. Enredar, enmarañar. 2. Untar con liga. 3. Unir con betún, argamas, mortero o mezcla. 4. Abonar la tierra con cal.

lime-burner ['laɪmˌbɜːnə^r] [laim-ber-na^r], *s.* Calero, el que hace cal.

limehound ['laɪmhaʊnd] [laim-jaund], *s.* Perro grande para cazar jabalíes; sabueso.

limelight ['lɪmlaɪt] [lim-lait], *s.* 1. Rayo de luz concentrada que se proyecta sobre el escenario. 2. Lugar que ilumina esta luz. 3. Posición brillante a los ojos del público. **To be in the limelight,** estar en el candelero.

limestone ['lɪmstəʊn] [lim-stoun], *s.* Piedra de cal o piedra caliza.

limit ['lɪmɪt] [li-mit], *s.* 1. Límite, término, fin; lindero, linde; frontera, raya, confín. 2. Lo que impide o restriñe; obstáculo, impedimento, freno. 3. *(Mat.)* Una cantidad determinada.

limit, *va.* Limitar, fijar; restringir. **Limited, limited liability,** *V.* COMPANY.

limitation ['lɪmɪ'teɪʃən] [li-mi-tei-shon], *s.* Limitación, modificación, restricción.

limited ['lɪmɪtɪd] [li-mi-tid], *a.* Limitado, restringido.

limiter ['lɪmɪtə^r] [li-mi-ta^r], *s.* Limitador,

limitless ['lɪmɪtlɪs] [li-mit-les], *a.* Ilimitado.

limn ['lɪmn] [limn], *va.* *(Ant. o Poét.)* Pintar; dibujar; retratar.

limner ['lɪmnə^r] [lim-na^r], *s.* *(Ant. o Poét.)* Pintor; dibujador; retratista.

limning ['lɪmnɪŋ] [lim-nin], *s.* Pintura.

limo ['lɪməʊ] [li-mou], *s.* *V.* LIMOUSINE.

limous ['lɪməs] [li-mon], *a.* Cenagoso.

limousine ['lɪməsiːn] [li-mou-sin], *s.* Vehículo de lujo.

limp [lɪmp] [limp], *s.* Cojera. *-a.* 1. Débil, flexible, falto de rigidez. 2. Insípido, falto de espíritu, sin firmeza de carácter.

limp, *vn.* 1. Cojear. 2. *(Mec.)* Cojear, agotar irregularmente.

limper ['lɪmpə^r] [lim-pa^r], *s.* Cojo.

limpet ['lɪmpɪt] [lim-pit], *s.* Lepada o lepas, molusco común. **Like a limpet,** como una lapa.

limpid ['lɪmpɪd] [lim-pid], *a.* Limpio, claro, transparente.

limpidity, limpidness [lɪm'pɪdɪtɪ] [lim-pi-di-ti], *s.* Claridad; limpieza.

limping ['lɪmpɪŋ] [lim-pin], *pa.* Cojera.

limpingly ['lɪmpɪŋlɪ] [lim-pin-li], *adv.* Con cojera.

limy ['lɪmɪ] [li-mi], *a.* 1. Viscoso, glutinoso, pegajoso. 2. Calizo.

linchpin ['lɪntʃpɪn] [linch-pin], *s.* Sotrozo, perno, pasador; *(Art.)* pezonero.

lincture ['lɪŋktʃə^r] [link-cha^r], **linctus** ['lɪŋktəs] [link-tos], *s.* Lamedor, jarabe.

lind ['lɪnd] [lind], *s.* *(Des.)* *V.* LINDEN.

linden, linden-tree ['lɪndən] [lin-den], *s.* *(Bot.)* Tilo, teja.

line [laɪn] [lain], *s.* 1. *(Mat.)* Línea, longitud que se considera sin latitud o con una sola dimensión. 2. *(Mil.)* Línea, las defensas que levanta y forma en el campo un ejército; línea de batalla. 3. Línea, vía (de ferrocarril o de vapores). 4. Línea, serie o sucesión de parientes de diferentes grados que descienden todos del mismo tronco. 5. Línea, raya; se dice de las señaladas en la palma de la mano y en la cara; rasgo, arruga; esquicio, contorno, trazo, croquis. 6. Línea o línea equinoccial, el ecuador. 7. Línea, renglón, raya, hablando de un manuscrito o impreso. **To send a line** o **a few lines,** enviar cuatro líneas o cuatro renglones; escribir una carta muy corta. 8. Línea, la duodécima parte de la pulgada. 9. Línea, término, límite. 10. Cualquier cordón muy delgado; cuerda, cordel; *(Mar.)* vaivén. 11. Ramo de negocios. 12. Surtido, cantidad de géneros de una clase particular. 13. Curso de pensamiento y acción. **Fishing-line,** sedal para pescar. **Tarred line,** *(Mar.)* vaivén alquitranado. **Lead-line,** *(Mar.)* sondalesa. **Leech-lines,** *(Mar.)* apagapenoles. **Log-line,** *(Mar.)* corredera. **-Lines,** *pl.* versos. **Lines drawn up and down on paper for accounts,** cajilleros. **Head-line,** encabezamiento, título corriente. **Branch line,** *(F.C.)* ramal, vía lateral. **Junction line,** *(F.C.)* línea de empalme. **Isothermal line,** línea isotérmica. **Tape-line,** lienza, cinta de medir. **Tow-line, towing-line,** remolque, estacha, sirga. **Hard lines,** *(Fam.)* apuro, situación angustiosa. **To draw a line under,** subrayar. **To learn one's line,** aprenderse el papel *(Teat.)*. **Line drawing,** dibujo lineal.

line, *va.* 1. Linear, trazar líneas, hacer líneas sobre. 2. Alinear; poner en su propia relación, v. g. las partes de una máquina. 3. Leer en voz clara, línea por línea. 4. Hacer concebir; se usa comúnmente hablando de los animales. *-vn.* Estar en línea; colocarse en posición, como para jugar a la pelota.

line, *va.* 1. Forrar, aforrar; llenar lo interior de. 2. Revestir; cubrir o fortalecer la muralla o pared. 3. Colocar, disponer personas o cosas a lo largo, en hileras.

lineage ['laɪnɪɪdʒ] [lai-nich], *s.* Linaje, línea, descendencia de una familia.

lineal ['laɪnɪəl] [lai-nial], *a.* 1. Lineal, lo perteneciente a la línea; hecho con líneas. 2. Descendiente, emparentado; hereditario.

lineally ['laɪnɪəlɪ] [lai-nia-li], *adv.* En línea recta.

lineament ['laɪnɪəmənt] [lai-nia-ment], *s.* Lineamento, facción del rostro.

linear ['lɪnɪəʳ] [lai-niaʳ], *a.* Lineal, compuesto de líneas.

lineate ['laɪnɪət] [lai-niet], *a.* Señalado con líneas.

lineation [ˌlaɪnɪ'eɪʃən] [lai-ni-ei-shon], *s.* Dibujo de línea o líneas.

linebacker ['laɪnbækəʳ] [lain-ba-kaʳ], *s.* Defensa (American football).

lined ['laɪnd] [laind], *a.* Arrugado (face). Rayado (paper).

linefishing ['laɪnfɪʃɪŋ] [lain-fi-shin], *s.* Pesca con caña.

linejudge ['laɪndʒʌdʒ] [lain-yach], *s.* Juez de línea o fondo.

linen ['laɪnɪn] [lai-nin], *s.* Lienzo, lino; tela hecha de lino o cáñamo. **Linen,** ropa blanca. **Linen basket,** cesto de la ropa. **Linen cambric,** Olán batista, cambray. *(Méx.)* Cambray superfino. **Clean linen**, ropa limpia. **Bleached linen,** lienzo blanqueado. **Baby-linen,** pañales. **Table-linen,** mantelería. **A change of linen,** muda de ropa. **Linen collars, cuffs,** cuellos, puños de hilo. **Linen damask,** Damasco de hilo. **Linen hose,** manqueras de lienzo. **Linen hosiery,** medias de hilo. **Linen-prover,** cuentahilos.

linen-draper ['laɪnɪnˌdræpəʳ] [lai-nin-dra-paʳ], *s.* Lencero, mercader de lienzos.

linen trade ['laɪnɪnˌtreɪd] [lai-nin-treid], *s.* Lencería.

line-up ['laɪnʌp] [lain-ap], *s.* Alineación, formación (sports).

linen-weaver ['laɪnɪnˌwevəʳ] [lai-nin-ui-vaʳ], *s.* Tejedor de lienzos.

liner ['laɪnəʳ] [lai-naʳ], *s.* Trasatlántico (avión o barco).

linesman ['laɪnzmən] [lains-man], *s.* Linier.

ling [lɪŋ] [lin], *s.* 1. *(Bot.)* Brezo. 2. *(Zool.)* Molva, lota, merluza, pez de la familia de los gádidos.

-ling, *sufijo.* Se usa para formar diminutivos; v. g. **stripling,** mozuelo, jovencito; **duckling,** anadeja; **gosling,** gansarón, el pollo del ganso.

linger ['lɪŋgəʳ] [lin-gaʳ], *vn.* 1. Consumirse, penar, padecer poco a poco o lentamente. 2. Estar en expectación de alguna cosa por mucho tiempo. 3. Ir pasando, tardar mucho en llegar a alguna parte o en conseguir algún fin. 4. Estar parado, quedar o estar suspenso. *-va.* Prolongar, dilatar, pasar el tiempo en expectación; se usa con *out* o *away*.

lingerer ['lɪŋgərəʳ] [lin-gue-raʳ], *s.* El que tarda, prolonga o está suspenso.

lingerie ['lænʒəri:] [lan-che-ri], *s. f.* Ropa interior femenina.

lingering ['lɪŋgərɪŋ] [lin-che-rin], *a.* Lento, pesado, tardo, lánguido. *-s.* Tardanza, dilación; prolongación.

linget, *s. V.* LINGOT.

lingle ['lɪŋgəl] [lin-gol], *s.* Sedal o hilo de zapatero.

lingo ['lɪŋgəʊ] [lin-gou], *s.* *(Vulg.)* Algarabía, greguería, dialecto.

linguadental ['lɪŋgwə'dentl] [lin-gua-den-tal], *a.* Linguodental, articulado con la lengua y los dientes.

lingual ['lɪŋgwəl] [lin-gual], *a.* 1. Lingual, que pertenece o se refiere a la lengua. 2. Pronunciado principalmente con la extremidad de la lengua. *-s.* Letra lingual, como la *l, t,* etc.

linguist ['lɪŋgwɪst] [lin-güist], *s.* Linguista, el que sabe y habla varias o muchas lenguas.

linguistic ['lɪŋgwɪstɪk] [lin-güis-tik], *a.* Lingüístico.

Linguisticis ['lɪŋgwɪstɪks] [lin-güis-tiks], *s.* Lingüística, la ciencia del lenguaje o el estudio comparativo de los idiomas.

liniment ['lɪnɪmənt] [li-ni-ment], *s.* Linimento.

lining ['laɪnɪŋ] [lai-nin], *s.* 1. Forro, aforro. 2. Cualquier cosa que sirve para cubrir la parte interior de otra.

link [lɪŋk] [link], *s.* 1. Eslabón o anillo de cadena. 2. Cadena, enlace. 3. Hacha de viento. **Link-motion,** cuadrante de la correduría, el conjunto de las piezas que sirven para operar las válvulas de una locomotora u otra máquina semejante. **Rail link,** enlace ferroviario (train).

link, *va.* 1. Enlazar, unir y trabar una cosa con otra. 2. Juntar o reunir por confederación o contrato. 3. Ensartar, encadenar. *-vn.* Tener conexión una cosa con otra.

links ['lɪŋkz] [links], *s. pl.* Terreno dispuesto para el juego de golf.

linkup ['lɪŋkʌp] [link-ap], *s.* Enlace, conexión, unión.

linnet ['lɪnɪt] [li-nit], *s.* *(Orn.)* Pájaro de una de las especies de la familia de los fringílidos (pardillo, acanta).

linoleum ['laɪnəʊˌlɪəm] [lai-nou-liom], *s.* Linoleo, preparación de aceite de linaza endurecida por un procedimiento de oxidación.

linotype ['laɪnəʊtaɪp] [lai-nou-taip], *s.* 1. Linotipo, línea de tipos de molde fundida en una sola pieza. **Linotype machine,** linotipia. **Linotype operator,** linotipista.

linseed ['lɪnsi:d] [lin-sid], *s.* Linaza.

linstock, linstock ['lɪnstɒk] [lin-stok], *s.* Botafuego, disparador.

lint [lɪnt] [lint], *s.* 1. Lino. 2. Hila.

lintel ['lɪntl] [lin-tel], *s.* Lintel o dintel, tranquero.

lion ['laɪən] [laion], *s.* 1. León. 2. Hombre de valor. 3. Objeto de interés y curiosidad. 4. León, signo del zodíaco. **Lion's share,** la parte del león; el todo o la mayor parte. **Lion's-foot,** *(Bot.)* pie de león, alquemila. **Lion-leaf,** *(Bot.)* lóntice leontopétalo. **Lion's-tail,** *(Bot.)* leonuro.

lioness ['laɪənɪs] [laio-nes], *s. f.* Leona.

lion-like ['laɪənlaɪk] [laion-laik], **lionly** ['laɪənlɪ] [laion-li], *a.* Aleonado.

lip [lɪp] [lip], *s.* 1. Labio (mouth, wounds). 2. Los órganos del lenguaje; la boca; el habla. 3. Extremidad o borde de alguna cosa. 4. Pico o pezón de una ampolleta. **Great lip,** bezudo. **To make a lip**, bejar, hacer beja, hacer muecas, hacer gestos. **Lip-glue**, cola de boca. **Lip-devotion,** devoción de boca; devoto de boca. **Lip-good,** se dice del que tiene buenas palabras y malas obras, farisaico. **Lip-labor,** jarabe de pico, palabras vanas, cumplimientos de corte, vanas ofertas. **Lip-reading,** la comprensión o interpretación de lo que quiere expresar una persona observando el movimiento de sus labios, como sucede entre los sordomudos. **Lip-salve,** ungüento para los labios, manteca de cacao. **Lip-wisdom**, charla, habladuría sin sustancia.

liposuction ['laɪpəˌsʌkʃən] [lai-po-sak-shon], *s. f.* Liposucción.

lipped [ˈlɪpt] [lipt], *a.* Que tiene labios. **Blubber-lipped,** belfo, morrudo, hocicudo.

lip-read [ˈlɪpred] [lip-red], *vt., vi.* Leer en los labios.

lipstick [ˈlɪpstɪk] [lip-stik], *s.* Lápiz de labios, lápiz labial, tubo de labios.

liquate [ˈlɪkwɪt] [li-kuit], *vn.* Derretirse, licuarse, liquidarse, fundirse.

liquation [ˈlɪkweɪʃən] [li-kuei-shon], *s.* 1. Licuación, licuefacción, liquidación; conversión de un cuerpo sólido en líquido. 2. La propiedad de derretirse o disolverse.

liquefaction [ˈlɪkwɪˌfækʃən] [li-kui-fak-shon], *s.* Licuación, liquidación, licuefacción.

liqueflable [ˈlɪkwɪfæbl] [li-kui-fa-bol], *a.* Liquidable, licuable.

liquefy [ˈlɪkwɪfaɪ] [li-kui-fai], *va.* Licuar, derretir o liquidar alguna cosa sólida. *-vn.* Liquidarse, derretirse.

liquescent [ˈlɪkwɪsənt] [li-kui-sent], *a.* *(Fís.)* Licuescente lo que es capaz de licuarse, derretirse o liquidarse.

liqueur [lɪˈkjʊə^{r}] [li-kiua^{r}], *s.* Licor, bebida fuerte, dulce y aromática.

liquid [ˈlɪkwɪd] [li-kuid], *a.* 1. Líquido, fluido. 2. Claro, transparente. **Liquid air,** aire líquido o licuado (generalmente para refrigerantes). **Liquid fire,** *(Mil.)* fuego líquido (que se arroja de un lanzallamas). **Liquid hydrogen,** hidrógeno líquido. **Liquid measure,** medida para líquidos. *-s.* Líquido. **Liquid Paper,** Tipp-Ex, líquido corrector

liquidambar [ˈlɪkwɪdˌəmbə^{r}] [li-kuid-am-ba^{r}], *s.* Liquidámbar, resina odorífera producida por un árbol del mismo nombre.

liquidate [ˈlɪkwɪdeɪt] [li-kui-deit], *va.* Liquidar, ajustar las cuentas.

liquidation [ˌlɪkwɪˈdeɪʃən] [li-kui-dei-shon], *s.* Liquidación, la acción y efecto de liquidar.

liquidator [ˈlɪkwɪdeɪtə^{r}] [li-kui-dei-ta^{r}], *s.* Liquidador.

liquidity [lɪˈkwɪdɪtɪ] [li-kui-di-ti], *s.* Liquidez, fluidez. **Liquidity ratio,** relación de liquidez.

liquidize [ˈlɪkwɪdaɪz] [li-kui-dais], *vt.* Licuar *(Culin.).*

liquidizer [ˈlɪkwɪdaɪzə^{r}] [li-kui-dai-sa^{r}], *s.* Licuadora.

liquidness [ˈlɪkwɪdnɪs] [li-kuid-nes], *s.* Liquidez; fluidez.

liquor [ˈlɪkɔː^{r}] [li-kuo^{r}], *s.* 1. Licor, el cuerpo líquido o fluido. 2. Licor, licor alcohólico, bebida fuerte. 3. Una de las diferentes disoluciones que se emplean en las artes y oficios; lico. **Tan liquor,** baño de casca. **Malt liquor**, cerveza. **Liquor-case,** cantina, frasquera.

liquor, *s.* En la farmacopea de las Estados Unidos, disolución acuosa de una sustancia no volátil.

liquorice [ˈlɪkwəraɪz] [li-kuo-rais], *s. m.* Regaliz.

lira [ˈlaɪrə] [lai-ra], *s.* 1. Lira, nombre de una moneda italiana. 2. Moneda turca de oro.

Lisbon [ˈlɪsbən] [lis-bon], *s.* 1. Lisboa. 2. *(Des.)* Una especie de azúcar

lisle [laɪl] [lail], *s.* Hilo de algodón especial que se usa generalmente para calcetines.

lisp [lɪsp] [lisp], *vn.* Tartamudear, cecear. *-va.* Pronunciar las palabras ceceando.

lisp, *s.* Tartamudeo, ceceo.

lisper [ˈlɪspə^{r}] [lis-pa^{r}], *s.* El que cecea o tartamudea.

lispingly [ˈlɪspɪŋlɪ] [lis-pin-li], *adv.* Con ceceo.

lissom, Lissome, *a. V.* LITHESOME.

list [lɪst] [list], *s.* 1. Lista, nómina, cédula de personas o cosas; catálogo. 2. *(Mar.)* Falsa banda, bandeo, inclinación de un buque sobre un costado. 3. *(Des.)* Deseo, gana; voluntad; elección. 4. El terreno cercado en que se tiene torneos. **List of topics,** temario. **To have a list,** dar a la banda. 5. Lista, tira o pedazo de cualquier tela; cenefa. 6. *(Arq.)* Filete, listelo, orla. 7. Listón, barandal. 8. *(Poét.)* Borde exterior, cabo, límite.

list, *vn.* 1. *(Mar.)* Inclinarse a la banda. 2. *(Ant.)* Querer, desear, inclinarse, gustar. *-va.* 1. Registrar, poner o inscribir en un registro o en una lista. 2. *(Mil.)* Alistar. 3. Cercar una liza para torneos. 4. Guarnecer con listones de diferentes colores. 5. *(Poét.)* Escuchar. 6. *(Mec.)* Hacer disminuir la anchura de alguna cosa. 7. *(Mar.)* Dar carena al buque.

listed [ˈlɪstɪd] [lis-tid], *a.* Listado, listeado.

listel [ˈlɪstl] [lis-tel], *s.* *(Arq.)* Listel, flete.

listen [ˈlɪsn] [li-sen], *va.* y *vn.* 1. Escuchar, atender. 2. Seguir un consejo; obedecer, conformarse con una opinión. **To listen for,** estar atento.

listener [ˈlɪsnə^{r}] [lise-na^{r}], *s.* Escuchante, escuchador, espía, escucha.

listerism [ˈlɪstərɪzəm] [lis-ta-ri-sem], *s.* Listerismo, procedimiento quirúrgico antiséptico.

listing [ˈlɪstɪŋ] [lis-tin], *s.* 1. Orilla de paño, tira, cenefa. 2. *(E.U.)* Apuntar, acción de poner en un catálogo o lista.

listless [ˈlɪstlɪs] [list-les], *a.* Indiferente, descuidado, omiso, negligente.

listlessly [ˈlɪstlɪslɪ] [list-les-li], *adv.* Indiferentemente, negligentemente.

listlessness [ˈlɪstlɪsnɪs] [list-les-nes], *s.* Descuido, omisión, indiferencia, negligencia.

list price [ˈlɪstpraɪz] [list-prais], *s.* Precio de catálogo.

lit [lɪt] [lit], *pret.* y *pp.* del verbo TO LIGHT. Acontecido; alumbrado, encendido o inflamado.

litany [ˈlɪtənɪ] [li-ta-ni], *s.* Letanía.

liter [ˈlɪtə^{r}] [lis-ta^{r}], *s.* Litro, medida de capacidad; decímetro cúbico.

literacy [ˈlɪtərəsɪ] [li-te-ra-si], *s. f.* Capacidad de leer y de escribir.

literal [ˈlɪtərəl] [li-te-ral], *a.* Literal. *-s.* Sentido literal.

literalist [ˈlɪtərəlɪst] [li-te-ra-list], *s.* El que se adhiere a la letra o al sentido literal.

literally [ˈlɪtərəlɪ] [li-te-ra-li], *adv.* Literalmente, conforme a la letra o al sentido literal.

literalness [ˈlɪtərəlnɪs] [li-te-ral-nes], *s.* Significación original, primaria o literal; conformidad con la letra, exactitud.

literary [ˈlɪtərərɪ] [li-te-ra-ri], *a.* Literario.

literate [ˈlɪtərɪt] [li-te-rit], *a.* Literato.

literati [ˌlɪtəˈrɑːtɪ] [li-te-ra-ti], *s. pl.* Literatos, sabios, doctos, eruditos.

literatim [ˌlɪtəˈrɑːtɪm] [li-te-ra-tim], *adv.* Letra por letra, a la letra; literalmente.

literator [ˈlɪtərətə^{r}] [li-te-rei-ta^{r}], *a.* Maestro de escuela (despisefully).

literature [ˈlɪtərɪtʃə^{r}] [li-te-ra-cha^{r}], *s.* 1. Literatura. 2. Las obras literarias de una nación o época. 3. Trabajo literario. 4. Conocimiento de las letras o libros.

litharge [ˈlɪθɑːdʒ] [li-zarch], *s.* Litarigirio, litarge, almártaga.

lithate [ˈlɪθeɪt] [li-zeit], *s.* Urato. *V.* URATE.

lithe [laɪð] [laiz], *a.* Flexible, delgado, blando, manejable.

litheness [ˈlaɪðnɪs] [lai-nes], *s.* Flexibilidad, flojedad; blandura.

lither [ˈlɪðə^{r}] [li-za^{r}], *a.* *(Prov. Ingl.)* Artificioso, malicioso; travieso, enredador. *-adv.* *(Des.)* Tardamente, perezosamente.

lithesome [ˈlaɪðsʌm] [laiz-sam], *a.* *(Poét.)* Flexible, que se dobla fácilmente; activo, ligero, listo.

lithia [ˈlɪθɪə] [li-zia], *s.* Litina, óxido alcalino de litio.

lithic [ˈlɪθɪk] [li-zik], *a.* Lítico, perteneciente a (a) cálculo de la vejiga; (b) a la piedra; (c) al litio.

lithium [ˈlɪθɪəm] [li-zium], *s.* *(Quím.)* Litio, elemento metálico, blando, blanco de plata, y tan ligero que flota sobre el agua.

lithocolla [ˈlɪθəˌkəʊlə] [li-zo-kou-la], *s.* Litocola, una especie de betún.

lithograph [ˈlɪθəgræf] [li-zo-graf], *va.* Litografiar. *-s.* Litografía, estampa de un dibujo en piedra.

lithographer [lɪˈθɒgræfə^{r}] [li-zo-gra-fa^{r}], *s.* Litógrafo.

lithographic [lɪθəʊˈgræfɪk] [li-zou-gra-fik], *a.* Litográfico, relativo a la litografía.

lithography [lɪˈθɒgræfɪ] [li-zo-gra-fi], *s.* Litografía, el arte de grabar sobre piedra.

lithoid, lithoidal [ˈlɪθɔɪd] [li-zoid], *a.* Litoideo, que tiene aspecto pétreo.

litholapaxy [ˈlɪθələpæksɪ] [li-zo-la-pak-si], *s.* Litolapaxia, la operación de pulverizar un cálculo dentro de la vejiga.

lithologic, lithological [ˌlɪθəˈlɒdʒɪk] [li-zo-lo-yik], *a.* Litológico, concerniente a la litología.

lithology [lɪ'θəlɒdʒɪ] [li-zo-lo-yi], *s.* 1. Litología, historia natural de las piedras. 2. Tratado sobre los cálculos que se encuentran en el cuerpo humano y su curación.

lithophyte ['lɪθəʊfaɪt] [li-zou-fait], *s.* Litófito, especie de zoófito.

lithosphere ['lɪθəsfɪə[r]] [li-zous-fia[r]], *s.* *(Geol.)* Litosfera.

lithotomist [lɪ'θətɒmɪst] [li-zo-to-mist], *s.* *(Cir.)* Litotomista, el que extrae la piedra de la vejiga.

lithotomy [lɪ'θətɒmɪ] [li-zo-to-mi], *s.* Litotomía, talla, la operación para extraer la piedra de la vejiga.

lithotrity [lɪ'θətrɪtɪ] [li-zo-tri-ti], *s.* Litotricia, operación de reducir a pedazos la piedra dentro de la vejiga.

lithotrite [lɪ'θətraɪt] [li-zo-trait], *s.* Litotrictor, instrumento para hacer la operación de la litotricia.

Lithuanian [ˌlɪθjʊ'eɪnɪən] [li-ziu-ei-nian], *a.* Lituano, perteneciente a la Lituania.

litigant ['lɪtɪgənt] [li-ti-gant], *s.* y *a.* Litigante.

litigate ['lɪtɪgeɪt] [li-ti-gueit], *va.* Litigar o pleitear. *-vn.* Litigar, tener pleito pendiente.

litigation [ˌlɪtɪ'geɪʃən] [li-ti-guei-shon], *s.* Litigio, pleito pendiente.

litigious [lɪ'tɪdʒəs] [li-ti-yos], *a.* Litigioso.

litigiously [lɪ'tɪdʒəslɪ] [li-ti-yos-li], *adv.* De un modo litigioso.

litre ['liːtə[r]] [li-ta[r]], *s.* *V.* LITER.

litter ['lɪtə[r]] [li-ta[r]], *s.* 1. Litera, cama portátil; antiguamente también vehículo llevado por dos caballerías. 2. Cama, la paja que se pone en las cuadras para que se echen las caballerías. 3. Lechigada, camada, ventregada, el número de animalillos que nacen de un parto. 4. Desechos, papeles, fragmentos esparcidos; estado de desorden. **Litter basket,** papelera.

litter, *va.* 1. Parir o dar a luz los animales. 2. Desordenar; cubrir algún sitio con cosas esparcidas sin orden ni concierto. 3. Cubrir de paja o con paja algún paraje. 4. Preparar algún sitio con paja para que descanse en él el ganado lanar. *-vn.* 1. Tenderse, echarse o dormir en la paja como el ganado. 2. Parir la puerca y otros animales.

litterbug ['lɪtəbʌg] [li-ta-bag], *s.* Persona que ensucia parques dejando tirados papeles, etc.

little ['lɪtl] [li-tel], *a.* *(comp.* LESS y a veces LESSER; *super.* LEAST). 1. Poco, escaso, limitado y corto en cantidad; pequeño, chico. 2. De poca importancia, insignificante; mediano, ligero; de aquí, despreciable, mezquino. **This has done me little or no service,** esto me ha servido de poco o nada. **A little one,** un niño. **By little and little,** poco a poco. **Be it ever so little,** por poco que sea. **Little** se traduce a menudo en español por una desinencia diminutiva: **a little house,** casita; **a little one**, chiquillo, chiquitín. *-s.* Poco, parte o porción pequeña de alguna cosa. **Little finger,** dedo meñique. **A little sleep,** un poco de sueño. *-adv.* Poco. **Sing a little,** cante Ud. un poco.

littleness ['lɪtlnɪs] [li-tel-nes], *s.* Pequeñez, bajeza, apocamiento de espíritu; falta de dignidad.

littoral ['lɪtərəl] [li-to-ral], *a.* Litoral, perteneciente a la ribera, costa o playa.

liturgic, liturgical [lɪ'tɜːdʒɪk] [li-ter-yik], *a.* Litúrgico.

liturgy ['lɪtədʒɪ] [li-tar-yi], *s.* Liturgia, el orden aprobado por la Iglesia para celebrar los oficios divinos.

livable ['lɪvəbl] [li-va-bol], *a.* 1. Digno de la vida; que vale la pena de vivir. 2. Aguantable, soportable.

live [lɪv] [liv], *va.* 1. Pasar, llevar; pasar la vida de cierto modo. 2. Conformarse habitualmente a alguna cosa. *-vn.* 1. Vivir. 2. Mantenerse, subsistir, sobrevivir (survive). 3. Morar, habitar (reside). 4. *(Mar.)* Estar, quedarse a flote; escapar a la destrucción. **To live at rest**, pasar tranquilamente la vida. **To live by oneself,** hacer corro o rancho aparte. **To live from hand to mouth,** vivir al día, de un modo precario. **To live in,** ser interno. **To live off,** vivir de. **To live on,** vivir de (money). Seguir viviendo. **To live out,** ser externo. **To live together,** convivir. **To live up to,** vivir en conformidad con. **To live up to one's income,** comerse todas sus rentas. **To live down,** sobrevivir a; refutar una calumnia, borrar una falta. **They all lived happily ever after,** todos fueron felices y comieron perdices.

live ['laɪv] [laiv], *a.* 1. Vivo, en vida. 2. Que manifiesta vida o energía: (a) listo, preparado para el uso, efectivo; (b) ardiente, abrasador, vivo, brillante; (c) útil para imprimir. **Live steam,** vapor efectivo. **A live coal,** una brasa, un carbón ardiente. 3. *(E.U.)* Vivo, fogoso, que tiene viveza, interés o animación. **Live-box,** (a) porta-animálculos, celdilla de vidrio para examinar los objetos vivos con el microscopio. **Live circuit** o **wire,** circuito o alambre por el cual está pasando una corriente eléctrica. **Live stock,** ganadería, conjunto de los animales domésticos de una finca o hacienda. **She is a real live wire!** ¡qué marcha tiene!

live broadcast ['lɪvˌbrəʊdkæst] [liv-broud-kast], *s.* Transmisión directa por radio o televisión, en contraste con las grabadas en cinta.

lived-in, ['lɪvdˌɪn] [livd-in], *a.* Acogedor/a.

livelihood ['laɪvlɪhʊd] [laiv-li-jud], *s.* 1. Vida, modo de vivir o de ganar la vida; mantenimiento, subsistencia. 2. Apariencia de vida.

liveliness ['laɪvlɪnɪs] [laiv-li-nes], *s.* Vida, viveza, prontitud, agilidad, vivacidad, actividad.

livelong ['lɪvlɒŋ] [liv-long], *a.* Tedioso, fastidioso, enfadoso, molesto, cansado; largo.

lively ['laɪvlɪ] [laiv-li], *a.* 1. Vivo, vigoroso, brioso. 2. Gallardo, airoso, galán. 3. Animado, vivificado. 4. Eficaz. *-adv.* Vigorosamente; enérgicamente; vivamente, muy a lo vivo.

live-oak ['laɪvˌəʊk] [laiv-ouk], *s.* Encina americana.

liver ['laɪvə[r]] [lai-va[r]], *s.* 1. Viviente. **Good liver,** el que se da buena vida. 2. Hígado.

livered ['laɪvəd] [lai-verd], *a.* El que tiene hígado. **White-livered** o **lily-livered,** cobarde, bajo, mezquino, pérfido, que tiene malos hígados o mala voluntad.

liveried ['laɪvəriːd] [lai-ve-rid], *a.* Que lleva una librea.

liverish ['laɪvərɪʃ] [lai-ve-rish], *a.* **To feel liverish,** sentirse mal del hígado.

liverwort ['laɪvəwɔːt] [lai-var-uez], *s.* *(Bot.)* Hepática.

livery ['laɪvərɪ] [lai-ve-ri], *s.* 1. Librea, el vestido que se da a algunos criados. 2. Cualquier vestido que se lleva en señal de alguna cosa o a consecuencia de algún acontecimiento. **To keep horses at livery,** tener caballos de alquiler. 4. Entrega, el acto de dar o tomar posesión.

lives [laɪvz] [laivs], *pl.* de LIFE.

livestock ['laɪvstɒk] [laiv-stok], *s.* Ganadería.

live wire ['laɪvwaɪə[r]] [laiv-uaia[r]], *s.* 1. Alambre cargado. 2. *(Fam.)* Persona muy activa y llena de vida. 3. Muchacho muy travieso.

livid ['lɪvɪd] [li-vid], *a.* Lívido, cárdeno, acardenalado, amoratado (color).

lividness ['lɪvɪdnɪs] [li-vid-nes], *s.* Lo cárdeno, lo amortado; el color lívido, cárdeno o amoratado.

living ['lɪvɪŋ] [li-vin], *s.* 1. Modo de vivir o de ganar la vida, subsistencia, mantenimiento. 2. Vida. 3. Beneficio eclesiástico. *-a.* Vivo, vigoroso; que tiene movimiento y vida. **Living coals,** brasas. **Standard of living,** nivel de vida.

livingly ['lɪvɪŋlɪ [li-vin-li], *adv.* En estado de vida, vivo.

living room ['lɪvɪŋˌrʊm] [li-vin-rum], *s.* Sala, estancia.

living wage ['lɪvɪŋweɪdʒ] [li-vin-ueich], *s.* Jornal adecuado para la subsistencia.

lixivial ['lɪksɪvɪəl] [lik-si-vial], *a.* Lejivial.

lixivium ['lɪksɪvɪəm] [lik-si-viom], *s.* Lejía, agua impregnada de sales alcalinas.

lizard ['lɪzəd] [li-zard], *s.* Lagarto. *(Mex.)* Lagartija.

llama ['ləmɑː] [la-ma], *s.* Llama del Perú, animal rumiante.

LL. D. Abrev. de *legum doctor,* o doctor en ambos derechos.

lo [ləʊ] [lou], *inter.* He aquí, ved aquí, mirad.

load [ləʊd] [loud], *s.* 1. Carga; medida; peso. 2. Carga, gravamen; de aquí, opresión. 3. Fardo. 4. La resistencia que una máquina opone al motor que la impele. 5. Peso, presión hacia abajo sobre una construcción. **Ship-load,** cargamento de un buque. **Load-line, load-water line,** línea de flotación. **Cart-load,** carretada. **Boat-load,** barcada. **A load of,** un montón de. **That's a load off my mind!** ¡eso me quita un peso de encima!

load, *va.* 1. Cargar, poner o echar algún peso sobre el hombre, sobre las bestias, etc. 2. Embarazar, impedir. 3. Cargar un arma de fuego. 4. Colmar; llenar, agobiar. 5. Falsificar, adulterar. 6. Hacer pesado, cargar (como un plomo). **A loaded whip,** látigo emplomado. *-vn.* Tomar una carga o cargamento ; a veces con la prep. *up.* **To load with favors,** colmar de favores. **To load with reproaches,** llenar de reconvenciones. **To load up,** cargar.

loaded [ˈləʊdɪd] [lou-did], *a.* Cargado (dice). **The dice are against him,** todo está en su contra. **A loaded question,** una pregunta tendenciosa.

loader [ˈləʊdəʳ] [lou-daʳ], *s.* Cargador, embarcador.

loadstone [ˈləʊdstəʊn] [loud-stoun], *s.* Imán. *V.* LODESTONE.

loaf [ləʊf] [louf], *s.* Pan, la masa de harina que se forma para cocer en el horno. **A large loaf,** hogaza. **A small loaf,** panecillo. **A loaf of sugar,** pilón de azúcar. **Loaf sugar,** azúcar de pilón. **Penny loaf,** rollo, bollo.

loaf, *va.* Pasar en la ociosidad; se usa con la prep. *away.* **To loaf one's time away,** pasar su tiempo en la ociosidad. *-vn.* Haraganear, holgazanear.

loafer [ˈləʊfəʳ] [lou-faʳ], *s.* Haragán, holgazán, tunante, pelafustán.

loam [ləʊm] [loum], *s.* 1. Marga, mezcla no cohesiva de arena y arcilla. 2. En fundición, tierra de moldeo.

loamy [ˈləʊmɪ] [lou-mi], *a.* Terroso, margoso.

loan [ləʊn] [loun], *s.* 1. Préstamo; empréstito. 2. Permiso para usar.

loath [ˈləʊθ] [louz], *a.* Repugnante, desinclinado, disgustado, poco dispuesto a. **I was loath to come away,** estaba poco dispuesta a irme.

loathe [ləʊð] [loudz], *va.* 1. Aborrecer, detestar. 2. Tener hastío, aborrecer alguna cosa por estar harto de ella. *-vn.* Fastidiar, causar o sentir fastidio, disgusto o aborrecimiento.

loather [ˈləʊdəʳ] [lou-zaʳ], *s.* El que está disgustado, fastidiado o lleno de tedio.

loathful [ˈləʊðfʊl] [louz-ful], *a.* Fastidiado, lleno de tedio; aborrecido, odiado.

loathing [ˈləʊðɪŋ] [lou-zin], *s.* Disgusto, aversión, asco, repugnancia.

loathingly [ˈləʊðɪŋlɪ] [lou-zin-li], *adv.* De mala gana, con disgusto.

loathsome [ˈləʊðsəm] [louz-sam], *a.* Aborrecible, destestable, fastidioso, asqueroso.

loathsomeness [ˈləʊðsəmnɪs] [louz-sam-nes], *s.* La calidad o propiedad de lo que causa asco o fastidio.

loaves [ləʊvz] [louvs], *pl.* de LOAF.

lob [lɒb] [lob], *s.* 1. Lombriz grande. *V.* LOBWORM. 2. Masa, mezcla blanda y espesa. 3. Meta, término de los juegos de pelota. 4 *(Ant.)* Pelmazo, el sujeto tardo y pesado en sus acciones.

lob, *va.* Soltar o dejar caer alguna cosa por torpeza o falta de maña.

lobar [ˈlɒbəʳ] [lo-baʳ], *a.* Lobular. **Lobar pneumonia,** Neumonía de un lóbulo entero.

lobate, lobated [ˈlɒbeɪt] [lo-beit], *a.* Lobulado, en forma de lóbulo, o provisto de lóbulos.

lobby [ˈlɒbɪ] [lo-bi], *s.* Paso, pasillo o corredor que hay delante de la puerta de una sala u otra pieza de una casa; antecámara, vestíbulo, pórtico, galería, tribuna.

lobby, *va.* y *vn.* *(E.U.)* Procurar la aprobación de una medida o proyecto de ley, tratando de obtener en su favor los votos de los legisladores.

lobbying [ˈlɒbɪɪŋ] [lo-biin], *s.* Cabildeo. *(Mex. col.)* Coyoteo.

lobe [ləʊb] [loub], *s.* 1. *(Zool. y Bot.)* Lóbulo; lobo. 2. Lóbulo, parte más marcada del esquema de señales que aparece en la pantalla.

lobelia [ləʊˈbiːlɪə] [lou-bi-lia], *s.* Lobelia, extenso género de plantas con flores muy vistosas; planta de este género.

lobster [ˈlɒbstəʳ] [lobs-taʳ], *s.* Langosta de mar, crustáceo comestible.

lobule [ˈlɒbjʊl] [lo-biul], *s.dim.* Lobulillo.

local [ˈləʊkəl] [lou-kal], *a.* Local, relativo a determinado lugar. **Local remedies,** remedios externos, tópicos. *-s.* 1. *(Fam. E.U.)* Noticia de interés local. 2. *(E.U.)* Tren de escala; *(Ingl.)* tren suburbano. 3. Batería o circuito local. **Local authority,** ayuntamiento, municipio. **Local time,** hora local.

localism [ˈləʊkəlɪzəm] [lou-ka-li-sem], *s.* 1. Costumbre o idiotismo particular de un lugar; locución local. 2. Provincialismo; estado local.

locality [ləʊˈkælɪtɪ] [lou-ka-li-ti], *s.* 1. Localidad, paraje determinado; posición, situación topográfica. 2. Particularidad o circunstancia local.

localize [ˈləʊkəlaɪz] [lou-ka-lais], *va.* Localizar, orientar.

locally [ˈləʊkəlɪ] [lou-ka-li], *adv.* Localmente.

local option [ˈləʊkəlˌɒpʃən] [lou-kal-op-shon], *s.* Derecho de una ciudad, distrito, etc. a permitir o no la venta de bebidas alcohólicas.

locate [ləʊˈkeɪt] [lou-keit], *va.* Poner, colocar, situar; trazar la línea de un ferrocarril.

location [ləʊˈkeɪʃən] [lou-kei-shon], *s.* Colocación, localidad, situación, ubicación.

loch [lɒx] [loj] *s.* *(Esco.)* Lago; también ensenada marina.

lochia [ləʊˈkɪə] [lou-kia], *s. pl.* Loquios, líquido que sale por los órganos de la mujer durante el puerperio.

lock [lɒk] [lok], *s.* 1. Cerradura, cerraja (box, door, etc). **Spring-lock,** cerradura de muelle. **Padlock,** candado. 2. Llave, la parte de las armas de fuego que sirve para dispararlas. 3. Abrazo estrecho y apretado. 4. Cercado, cerca, vallado. 5. Vedija de lana; bucle, rizo, trenza, guedeja (hair); ramillete, borla. 6. Esclusa, represa de río o canal navegable; compuerta. 7. Trabas, maniotas, para las manos de los caballos. 8. Tope, meta *(Aut.)* **Under lock and key,** bajo llave.

lock, *va.* 1. Cerrar. 2. Tener debajo de llave. 3. Abrazar, coger alguna cosa entre los brazos. *-vn.* 1. Estar una cosa cerrada; tener alguna cosa bajo llave. **The door does not lock,** la puerta no cierra. 2. Unirse o entrelazarse una cosa con otra. **To lock away,** guardar bajo llave. Encerrar (criminal). **To lock in,** encerrar, poner bajo llave; abrazar. **To lock up,** cerrar, encerrar, dejar bajo llave (object). **To lock one out,** cerrar la puerta a uno para que no entre. Encarcelar (criminal). Cerrar (house).

lockage [ˈlɒkɪdʒ] [lo-kich], *s.* 1. Materiales para la construcción de una esclusa. 2. Diferencia de nivel en un canal de esclusas. 3. Portazgo de esclusa, derecho que se paga por pasar.

locked [ˈlɒkt] [lokt], *a.* 1. Cerrado con llave. 2. Entrelazado, enganchado.

locker [ˈlɒkəʳ] [lo-kaʳ], *s.* 1. Cajón, gaveta o cosa semejante cerrada con llave; armario. 2. *(Mar.)* Cajón o alacena de cámara. **Shot-locker,** *(Mar.)* chillera.

locket [ˈlɒkɪt] [lo-kit], *s.* Guardapelo, medallón pequeño.

lockjaw [ˈlɒkdʒɔː] [lok-yo], *s.* *(Med.)* Trismo, tétanos.

lockout [ˈlɒkaʊt] [lok-aut], *s.* *(Econ. polit.)* Cierre patronal.

lockram [ˈlɒkræm] [lok-ram], *s.* Estopa, especie de lienzo basto o tela grosera.

locksmith [ˈlɒksmɪθ] [lok-smiz], *s.* Cerrajero.

lockstitch [ˈlɒkstɪtʃ] [lok-stich], *s.* Punto de cadeneta.

locomotion [ˌləʊkəˈməʊʃən] [lou-ko-mou-shon], *s.* Locomoción, mudanza de lugar; potencia locomotriz.

locomotive [ˌləʊkəˈməʊtɪv] [lou-ko-mou-tiv], *a.* Locomotivo, capaz de moverse y de mudarse de lugar. *-s.* Locomotora, máquina motriz de los ferrocarriles.

locomotor [ˌləʊkəˈməʊtəʳ] [lou-ko-mou-taʳ], *a.* Locomotor, locomotriz, perteneciente a la locomoción.

locust [ˈləʊkəst] [lou-kost], *s.* *(Ent.)* 1. Langosta, saltamontes. 2. *(E.U.)* Cigarra, cicada. 3. **Locust** o **locust-tree,** se llaman así vulgarmente el algarrobo, la acacia y otros árboles.

locution [lə'kjuːʃən] [lo-kiu-shon], *s.* Locución, modo de hablar; frase.

locular [lə'kjʊlə^{r}] [lo-kiu-la^{r}], *a. (Bot.)* Locular, loculado, dividido en celdillas.

lode [ləʊd] [loud], *s.* 1. Filón, vena metálica (metalífera). 2. Extensión de agua detenida, como en una acequia.

lodestar ['ləʊdstɑː^{r}] [loud-sta^{r}], *s.* Cinosura, estrella del norte, estrella de guía.

lodestone ['ləʊdstəʊn] [loud-stoun], *s.* Imán natural, piedra imán.

lodge [lɒdʒ] [lodch], *va.* 1. Alojar, aposentar, poner en alojamiento. 2. Colocar, poner alguna cosa en paraje determinado. 3. Dar hospedaje o alojamiento por breve tiempo. 4. Fijar alguna cosa en la memoria. 5. Abrigar, cubrir. 6. Derribar, echar abajo. *-vn.* 1. Residir, habitar, vivir, morar en algún lugar o casa. **Where do you lodge?,** ¿dónde vive Ud.? 2. Alojarse u hospedarse de noche. 3. Tenderse, echarse. 4. Alojarse, meterse. **The bullet lodged in the lung,** la bala se alojó en el pulmón. **Lodging-knees,** *(Mar.)* curvas valonas. **To lodge a complaint against somebody,** dar una queja contra alguien.

lodge, *s.* 1. Casa de guarda en el bosque o monte. 2. Cualquier casita pequeña pegada a otra mayor y formando parte de ella. **Porter's lodge,** covacha o cuarto del portero. 3. Logia, la reunión o subdivisión local de ciertas sociedades secretas y la casa en que se juntan (Freemasonry).

lodgment ['lɒdʒmənt] [lodch-ment], *s.* 1. Amontonamiento. 2. *(Mil.)* Atrincheramiento, trinchera.

lodger ['lɒdʒə^{r}] [lod-cha^{r}], *s.* Huésped, inquilino, morador.

lodging ['lɒdʒɪŋ] [lod-chin], *s.* 1. Posada, habitación, vivienda; cuartos alquilados. 2. Alojamiento, cuando se habla de tropas. 3. Morada, residencia temporal. **Private lodging,** habitación o cuarto en una casa particular. **Board and lodging,** mesa y habitación; casa de huéspedes. **Lodging-house,** casa de huéspedes amueblada, pensión.

loft [lɒft] [loft], *s.* 1. Suelo, piso. 2. Sobrado, desván. **Hayloft,** henil, pajar.

loftily ['lɒftɪlɪ] [lof-ti-li], *adv.* 1. En alto. 2. Altivamente, pomposamente.

loftiness ['lɒftɪnɪs] [lof-ti-nes], *s.* 1. Altura, elevacion. 2. Sublimidad o elevación. 3. Altivez, soberbia, orgullo; majestad.

lofty ['lɒftɪ] [lof-ti], *s.* 1. Alto, elevado, levantado. 2. Sublime, grande, excelso. 3. Altivo, orgulloso, soberbio.

log [lɒg] [log], *s.* 1. Leño, tronco, trozo de árbol o madera sin figura particular. **A log of mahogany,** una toza de caoba. 2. *(Mar.)* Barquilla, cierto palito en figura de barca que sirve para obrar con la corredera y carretel. **Logboard,** *(Mar.)* tableta de bitácora. **Log-line,** *(Mar.)* corredera. **Log-book,** *(Mar.)* diario de navegación. **Log-reel,** *(Mar.)* carretel. **Log-cabin, log-hut,** cabaña hecha con maderos o troncos de árboles. **Log in,** acceder, entrar en un sistema *(Inform.)*. **Log off,** = **Log out. Log on,** = **log in. Log out,** salir de un sistema *(Inform.)*.

log, *Abreviatura de* **logarithm.**

loganberry ['ləʊgənbərɪ] [lou-gan-be-ri], *s. (Bot.)* Variedad de zarzamora.

logarithm ['lɒgərɪθəm] [lo-ga-ri-zem], *s.* Logaritmo.

logarithmic, logarithmical ['lɒgərɪθmɪk] [lo-ga-riz-mik], *a.* Logarítmico.

loggerhead ['lɒgəhed] [lo-ga-jed], *s.* 1. Zote, necio. 2. Cierta tortuga marina de gran tamaño. 3. Pegareborda de los Estados Unidos. **To fall** o **to go to loggerheads,** reñir sin armas, estar de cuernos con uno. **To be at loggerheads with somebody,** estar picado/enfadado con alguien.

loggerheaded ['lɒgəhedɪd] [lo-ga-je-did], *a.* Necio, tonto, zote.

logic ['lɒdʒɪk] [lo-yik], *s.* Lógica, la ciencia que enseña a discurrir con exactitud.

logical ['lɒdʒɪkəl] [lo-yi-kal], *a.* Lógico, perteneciente a la lógica.

logically ['lɒdʒɪkəlɪ] [lo-yi-ka-li], *adv.* Lógicamente.

logician [lɒ'dʒɪʃən] [lo-yi-shan], *s.* Lógico, el que profesa o enseña la lógica.

logistics [lɒ'dʒɪstɪkz] [lo-yis-tiks], *s. pl. (Mil.)* Logística, ramo del arte militar que trata de los movimientos y el abastecimiento de tropas y de la dirección general de una campaña.

logo ['ləʊgəʊ] [lou-gou], *s. m.* Logo, logotipo.

logogram ['ləʊgəʊˌgræm] [lou-gou-gram], *s.* 1. Abreviatura u otro signo que indica una palabra, como *lb.* por libra, *$* por peso o dólar. 2. Logogrifo, engima en verso.

logograph ['ləʊgəʊˌgræf] [lou-gou-graf], *s.* Palabra escrita.

logogriph ['ləʊgəʊˌgrɪf] [lou-gou-grif], *s.* Logogrifo, engima.

logomachy ['ləʊgəʊˌmækɪ] [lou-gou-ma-ki], *s.* 1. Logomaquia, altercación sobre voces o palabras. 2. Juego que consiste en formar nuevos vocablos con las letras de una palabra dada.

logwood ['lɒgwʊd] [log-wud], *s.* Palo de Campeche o de tinte.

loin [lɔɪn] [loin], *s.* Ijada, ijar, la parte del cuerpo situada entre las costillas falsas y los huesos de las caderas. **Loin chop,** chuleta de lomo. **Loins,** Lomos.

loincloth ['lɔɪnklɒθ] [loin-kloz], *s. m.* Taparrabo.

loiter ['lɔɪtə^{r}] [loi-ta^{r}], *vn.* Haraganear, perder el tiempo, tardar. *-va.* Malgastar el tiempo.

loiterer ['lɔɪtərə^{r}] [loi-ta-ra^{r}], *s.* Haragán, el holgazán, perezoso o negligente.

loll [lɒl] [lol], *vn.* 1. Apoyarse, recostarse o tenderse con dejadez y flojedad en alguna cosa. 2. Colgar hacia fuera. *-va.* Sacar la lengua de la boca. **To loll about/around,** repantigarse. **To loll against,** recostarse en.

lollipop ['lɒlɪpɒp] [lo-li-pop], *s.* Chupete, pirulí, polo (iced).

lolly ['lɒlɪ] [lo-li], *a.* = Lollipop. Lana *(Fam.)*.

loment ['lɒmənt] [lo-ment], *s. (Bot.)* Lomento.

London ['lʌndən] [lan-don], *n. pr.* Londres.

Londoner ['lʌndənə^{r}] [lan-do-na^{r}], *s.* Londinense, el natural o habitante de Londres.

londonism ['lʌndənɪzəm] [lan-do-ni-sem], *s.* Londonismo; costumbre, locución o giro propios de los habitantes de Londres.

lone [ləʊn] [loun], *a.* 1. Solitario, solo, aislado. 2. Soltero o soltera. 3. *(Ant.)* No frecuentado.

loneliness ['ləʊnlɪnɪs] [loun-li-nes], *s.* Soledad.

lonely ['ləʊnlɪ] [loun-li], *a.* 1. Solitario; solo (solitary); abandonado. 2. Amante de la soledad. Aislado, solitario (isolated).

loneness ['ləʊnnɪs] [loun-nes], *s.* Soledad, retiro y poca afición a estar en compañía.

loner ['ləʊnə^{r}] [lou-na^{r}], *s.* Solitario.

lonesome ['ləʊn] [loun], *a.* Solitario, desierto.

lonesomely ['ləʊnsəmlɪ] [loun-sam-li], *adv.* Solitariamente.

lonesomeness ['ləʊnsəmnɪs] [loun-sam-nes], *s.* Estado o calidad del que está solo.

long [lɒŋ] [long], *a.* 1. Largo, extenso en espacio o en duración; de largo, de longitud. **Longer**, más largo. **Longest**, el más largo. **Longest liver**, sobreviviente. **A long way about**, un gran rodeo. **A piece of timber seventy feet long,** un madero de setenta pies de largo. **Two inches long,** dos pulgadas de largo o de longitud. **Long measure,** medida de longitud. 2. Dilatorio, tardo, lento; enfadoso, afectadamente, circunspecto. 3. Extenso, prolongado; continuo. 4. *(Com.)* Que retiene acciones o valores esperando un alza en los precios. *-adv.* 1. A una gran distancia; mucho. **Long after,** mucho después. **Long ago, long since,** hace tiempo. **Ere long,** antes de mucho. **As long as I live,** mientras viva. **At long last,** por fin. **So long as,** mientras que, en tanto que. **All my life long,** toda mi vida. **How long is it since?,** ¿cuánto hace o cuánto tiempo hace? **Not long before,** poco antes o poco tiempo antes. **Longer,** más tiempo. 2. En consecuencia de, debido a. *-s.* Longa, una antigua nota de música. **The long and the short,** lo largo y lo corto, es decir, el todo; la sustancia, el resumen. **She left before long,** se marchó muy pronto. **Long clothes,** las primeras ropas de una criatura, vestido largo que se extiende más allá de los pies. **Long-drawn,** prolongado; fastidioso. **Long-headed,** astuto, sagaz, prudente. **Long staple,** de fibra larga (algodón).

long, *vn.* 1. Desear con vehemencia alguna cosa, anhelar, ansiar, suspirar por algo. **To long for something,** desear, anhelar algo. **To long for somebody,** añorar a alguien. **I long to see him,** tengo mucho deseo de verlo. 2. Antojarse; *(fam.)* pirrarse.

longanimity ['lɒŋə'nɪmɪtɪ] [lon-ga-ni-mi-ti], *s.* Longanimidad, constancia de ánimo en las adversidades.

long-awaited ['lɒŋə'weɪtɪd] [long-a-uei-tid], *a.* Largamente añorado o esperado.

long-boat ['lɒŋbəʊt] [long-bout], *s.* *(Mar.)* Lancha, falúa o faluca.

long-distance ['lɒŋ'dɪstəns] [long-dis-tans], *a.* De larga distancia. **Long-distance call,** llamada telefónica de larga distancia.

long-drawn-out ['lɒŋdrɔːn'aʊt] [long-dron-aut], *a.* Interminable, que no tiene fin.

longe ['lɒŋ] [long], *s.* 1. Estocada, golpe. 2. Terreno en que se trabajan y adiestran los caballos para las carreras.

longevity [lɒŋ'dʒevɪtɪ] [lon-ye-vi-ti], *s.* Longevidad, ancianidad, duración larga de la vida.

long-haired ['lɒŋ'hɛəd] [long-jead], *a.* De pelo largo.

longhand ['lɒŋhænd] [long-jand], *s.* La escritura ordinaria, sin abreviación de las palabras, a diferencia de la estenografía o taquigrafía.

long-haul ['lɒŋˌhɔːl] [long-jol], *a.* De larga distancia.

longhorn ['lɒŋhɔːn] [long-jorn], *s.* Animal de cuernos largos.

longicorn ['lɒŋɪkɔːn] [lon-gui-korn], *a.* y *s.* Longicornio, de largas antenas.

longimetry ['lɒŋgɪˌmɪtrɪ] [lon-gui-mi-tri], *s.* Longimetría, arte de medir las distancias.

longing ['lɒŋɪŋ] [lon-guin], *s.* Antojo, deseo vehemente, anhelo, ansia. **A woman's longing,** un capricho de mujer.

longingly ['lɒŋɪŋlɪ] [lon-guin-li], *adv.* Vehementemente; impacientemente.

longish ['lɒŋɪʃ] [lon-guish], *a.* Algo largo, un poco largo.

longitude ['lɒŋgɪtjuːd] [lon-gui-tiud], *s.* 1. Longitud. 2. *(Geog.)* Longitud, la distancia que hay de un lugar cualquiera del globo al primer meridiano.

longitudinal [ˌlɒŋgɪ'tjuːdɪnl] [lon-gui-tiu-di-nal], *a.* Longitudinal, perteneciente a la longitud o hecho con arreglo a ella.

long-lasting ['lɒŋ'lɑːstɪŋ] [long-las-tin], *a.* 1. Largo, duradero (material, memory). 2. Duro (tough).

long-legged ['lɒŋ'legɪd] [lon-le-guid], **long-shanked** ['lɒŋg'ʃæŋkt] [long-shankt], *a.* Zanquilargo.

long-life ['lɒŋ'laɪf] [long-laif], *a.* De larga duración.

long-lived ['lɒŋ'lɪvd] [long-livd], *a.* Longevo, de larga vida; de mucha vida.

longly ['lɒŋlɪ] [long-li], *adv.* 1. Por mucho tiempo. 2. *(Des.)* Ansiosamente, acuciantemente.

longness ['lɒŋnɪs] [long-nes], *s.* Largura.

long-pepper ['lɒŋ'pepə[r] [long-pe-pa[r]], *s.* Pimienta larga.

long-playing ['lɒŋ'pleɪɪŋ] [long-plein], *a.* De larga duración (record).

long-range ['lɒŋ'reɪdʒ] [long-reinch], *a.* De largo alcance (gun): de larga distancia (aircraft).

long-running ['lɒŋ'rʌnɪŋ] [long-ra-nin], *a.* Largo, duradero, taquillero, que dura mucho tiempo en cartelera (play, movies).

longshoreman ['lɒŋʃɔːmən] [long-shor-man], *s.* 1. Estivador, trabajador de muelle. 2. El hombre que vive a orillas del mar y subsiste de la pesca, o como remero, etc.

long-sighted ['lɒŋ'saɪtɪd] [long-sai-tid], *a.* 1. Que ve a gran distancia; de aquí, sagaz, previsor, precavido. 2. Présbite, que ve mejor de lejos que de cerca.

long-sleeved ['lɒŋ'sliːvd] [long-slivd], *a.* De manga larga (clothes).

longspun ['lɒŋ'spʌn] [long-span], *a.* Prolijo, dilatado. *(Fam.)* Tirado por fuerza, o por los cabellos.

long-standing ['lɒŋ'stændɪŋ] [long-stan-din], *a.* De larga duración.

long-suffering ['lɒŋ'sʌfərɪŋ] [long-sa-fe-rin], *a.* Paciente, sufrido.

long-term ['lɒŋ'tɜːm] [long-term], *a.* De largo plazo, de larga duración.

longways ['lɒŋweɪz] [long-ueis], *adv.* *(Fam.)* V. LENGTHWISE.

long-winded ['lɒŋ'wɪndɪd] [long-uin-did], *a.* Largo, pesado, prolijo (person). Interminable (speech).

loo [luː] [lu], *s.* Baño, retrete *(Fam.)*.

loo, lu, *s.* Juego de naipes, en el que puede participar un número cualquiera de jugadores, con tres o cinco naipes cada uno.

loo, *va.* Ganar todas las bazas en el juego de naipes; dar capote; dar bola.

loof [luːf] [luf], *s.* *(Mar.)* Lof, la parte circular de la proa desde las amuras hasta la roda.

look [lʊk] [luk], *va.* y *vn.* 1. Mirar, dirigir la vista hacia algún objeto o poner la vista en él. 2. Mirar, considerar, pensar, contemplar; esperar. 3. Mirar, poner cuidado, tener cuidado. 4. Mirar, dar, caer, estar situada una cosa frente de otra. **The front of the house looks on** o **toward the garden,** la fachada de la casa mira el jardín, o hacia el jardín. 5. Parecerse a alguno, darse un aire, parecer, tener apariencia o traza de. 6. Mirar, buscar. 7. Mirar, dar una mirada.

look about one, estar alerta, tener vigilancia.

look after, cuidar; tener cuidado; prestar atención; buscar, inquirir, investigar alguna cosa.

look ahead, mirar hacia delante, hacer proyectos para el futuro.

look around, echar un vistazo alrededor.

look at, mirar a; considerar; atender.

look away, apartar la mirada, mirar hacia otro lado.

look back, reflexionar.

look down on/upon, despreciar.

look down upon one with scorn, mirar a alguno de arriba abajo, con desprecio.

look for, esperar, buscar.

look forward for, esperar algo ansiosamente.

look into, examinar, considerar; tomar conocimiento de una cosa, inspeccionar atentamente. **To look nine ways,** ser bisojo, torcer la vista. **To look on,** considerar, concebir, pensar, imaginarse; mirar, ver; dar, caer; ser espectador indiferente; estimar. **These windows look on the river,** estas ventanas dan al río.

look out, buscar; cuidar de (take care); estar alerta; mirar por; descubrir alguna cosa a fuerza de investigaciones o encontrarla a fuerza de buscarla. **Look out!**, ¡cuidado!

look over, examinar, echar un vistazo.

look round, mirar, recorrer con la vista; volver la cabeza (turn).

look to, cuidar de, velar, guardar; observar, considerar, contemplar.

look through, registrar (search), examinar cuidadosamente: hojear (leaf through), mirar por. **Look to it,** esté Ud. con cuidado, esté Ud. sobre sí.

look up to, esperar o tener esperanza en la protección de alguno. **To look black,** tener ceño, estar ceñudo, tener mala cara por estar enfadado. **To look big,** entonarse. **To look ill,** tener malas trazas o tener mala cara por presentar la apariencia de enfermo. **To look like,** semejarse. **To look sharp,** (a) *(Fam.)* estar muy alerta, tener mucho cuidado. (b) Apresurarse, ser muy pronto y despierto. **To look well,** tener buenas trazas o buena cara por tener la apariencia de salud. **To look out after a fleet of ships,** *(Mar.)* vigilar una escuadra. **Look before you leap,** *(prov.)* antes que te cases, mira lo que haces. **They went away looking daggers,** *(Fam.)* se fueron echando chispas. **To have a look,** echar un vistazo. **It looks good on her,** le sienta bien. **You look tired,** pareces cansado (seem). **To look one's best,** arreglarse, acicalarse, ponerse guapo. **Look where you're going!**, ¡fíjate por donde vas! **He was not looking himself,** no parecía el mismo, parecía otro.

look, *s.* 1. Aspecto, semblante, cara, aire, ademán. 2. Mirada. **The look-out,** *(Mar.)* vigía. *-inter.* Mira, atiende; he aquí, ¡cuidado!

lookalike ['lʊkəˌlaɪk] [luk-a-laik], *s.* Parecido, similar.

looker ['lʊkəʳ] [lu-kaʳ], *s.* 1. Mirador, el que mira; mirón, el que está mirando alguna cosa. 2. Guapa *(Fam.).* **Looker-on,** espectador/a.
look-in ['lʊkɪn] [luk-in], *s.* **To get a look-in,** tener una oportunidad *(Fam.).*
looking ['lʊkɪŋ] [lu-kin], *s.* 1. Miramiento, el acto de mirar, o considerar alguna cosa; mirada. 2. Expectación, el anhelo con que se espera alguna cosa.
looking-glass ['lʊkɪŋglɑːs] [lu-kin-glas], *s.* Espejo. **Paper looking-glasses,** tocadores, espejitos de cartón.
lookout ['lʊkaʊt] [luk-aut], *s.* 1. Vigía, atenta vigilancia. 2. Mirador, garita, torrecilla de observación, atalaya; la persona que vigila, guardia. 3. Toda cosa que ha de ser bien cuidada y guardada. **To keep a lookout,** estar al acecho.**That's her lookout,** eso es asunto suyo.
look-up ['lʊkʌp] [luk-ap], *s.* Consulta.
loom [luːm] [lum], *s.* 1. Telar. **Stocking-loom,** telar de medias. 2. Guión del remo. **Loom-gale,** *(Mar.)* fugada bonancible.
loom, *vn.* 1. Asomar, ir apareciendo o alzándose gradualmente, surgir. **The car loomed (up) out of the mist,** el vehículo surgió de la niebla. 2. Lucir, relucir.
looming ['luːmɪŋ] [lu-min], *s.* Ilusión óptica que parece elevar y prolongar la imagen de un objeto cualquiera, particularmente a través del agua.
loon [luːn] [lun], *s.* 1. Bobo, necio, estúpido. 2. *(Orn.)* Somorgujo, ave acuática palmípeda.
loony ['luːnɪ] [lu-ni], *a.* Chiflado, ido, loco *(Fam.).* **Loony bin,** manicomio.
loop [luːp] [lup], *s.* 1. Anillo, gaza, lazo; ojal, presilla. 2. Curva, comba de cualquier clase. 3. *(Mec.)* Abrazadera, anilla.
loop, *va.* 1. Atar o asegurar con una presilla. 2. Hacer gazas, enlazar, formar curvas. *-vn.* Andar haciendo curvas, como ciertas larvas (orugas). **To loop the loop,** rizar el rizo *(Aer.).* **To loop round,** dar vuelta a.
looped ['luːpt] [lupt], *a.* Ojalado, lleno de ojales.
loophole ['luːphəʊl] [lup-joul], *s.* 1. Abertura, mirador, tronera; una especie de cornisa ancha. 2. Escapatoria, refugio, excusa. 3. *(Mar.)* Tronera. **Every law has a loophole,** hecha la ley hecha la trampa.
loopholed ['luːphəʊld] [lup-jould], *a.* Lo que tiene muchos agujeros o cavidades.
loop-lace ['luːpleɪs] [lup-leis], *s.* Los adornos puestos alrededor de los ojales.
loop-maker ['luːpˌmeɪkəʳ] [lup-mei-kaʳ], *s.* Ojaladero, presillero.
loopy ['luːpi] [lu-pi], *a.* Ido, chiflado *(Fam.).*
loose [luːs] [lus], *va.* 1. Desatar, desprender y desenlazar una cosa de otra, desliar. 2. Desapretar, alojar. 3. Aliviar, dar alivio o descanso. 4. Soltar al que estaba preso. 5. Libertar de alguna obligación o riesgo; sacar de algún mal paso, desenredar; desocupar. **To loose one's hold,** abandonar, soltar lo que se había tomado.
loose, *a.* 1. Suelto, desatado, desconectado. 2. Flojo (clothing), movible, lo que no está bien apretado. 3. Vago, indeterminado, falto de precisión. 4. Suelto de vientre. 5. Libre, relajado. 6. Suelto, puesto en libertad. 7. Disoluto. 8. Desenredado. 9. Descuidado, negligente. **To grow loose,** desbandarse. **To break loose,** ponerse en libertad; recobrar la libertad venciendo obstáculos; desencadenarse, desatarse. **To get loose from one,** desembarazarse de alguno. **To hang loose,** colgar, flotar. **To let loose,** liberar, poner en libertad. *-s.* Libertad; soltura. **A loose gown,** un vestido flotante. **Loose morals,** moral relajada. **Loose reasoning,** raciocinio vago. **A loose liver,** un libertino. **To be loose in the bowels,** andar suelto de vientre. **To give loose to,** dar rienda suelta. **To tie up loose ends,** no dejar ningún cabo suelto *(Fig.).* **To turn/let loose,** liberar, poner en libertad. **Loose off,** disparar, soltar.
loose-fitting ['luːs'fɪtɪŋ] [lus-fi-tin], *a.* Suelto.
loose-leaf ['luːs'liːf] [lus-lif], *a.* De hojas sueltas o insertables.
loosely ['luːslɪ] [lus-li], *adv.* Sueltamente, con desenvoltura, negligentemente.
loosen ['luːsn] [lu-sen], *vn.* Desunirse, desatarse, separarse. *-va.* 1. Aflojar, laxar, soltar, desliar. **To loosen the sails,** *(Mar.)* largar o descargar las velas. 2. Librar, libertar, desatar. 3. Soltar el vientre. **Loosen up,** desentumecerse, relajarse, soltarse.
looseness ['luːsnɪs] [lus-nes], *s.* 1. Aflojamiento, flojedad. 2. Relajación de costumbres, libertad, licencia, desgarro. 3. Soltura. 4. Flujo de vientre, diarrea, cursos.
loosening ['luːsnɪŋ] [lus-nin], *a.* Laxante.
loot [luːt] [lut], *va.* Saquear, pillar; llevarse como botín. *-s.* Botín, pillaje de un ejército vencedor.
looter ['luːtəʳ] [lu-taʳ], *s.* Saqueador.
looting ['luːtɪŋ] [lu-tin], *s.* Saqueo, pillaje.
lop [lɒp] [lop], *va.* Desmochar, podar. **To lop vines,** podar viñas.
lop, *s.* 1. La rama podada. 2. Pulga.
lope ['ləʊp] [loup], *vi.* **To lope along,** andar con paso largo.
lopper ['ləʊpəʳ] [lou-paʳ], *s.* Podador de árboles.
loppered ['ləʊpəd] [lou-ped], *a.* Coagulado.
loppings ['ləʊpɪŋz] [lou-pins], *s. pl.* Ramas cortadas.
lopsided ['lɒp'saɪdɪd] [lop-sai-did], *a.* 1. Que se inclina demasiado a un lado; más pesado de un lado que de otro. 2. De aquí, maniático, lleno de temas o rarezas.
loquacious [lə'kweɪʃəs] [lo-kuei-shos], *a.* Locuaz, charlatán, parlador o hablador.
loquaciousness [lə'kweɪʃəsnɪs] [lo-kuei-shos-nes], **loquacity** [lə'kwæsɪtɪ] [lo-kua-si-ti], *s.* Locuacidad, habladuría, flujo de habla, charla, parla.
loran ['lɒrən] [lo-ran], *s.* Loran. (Contracción de Long Range Navigation, sistema electrónico de navegación.)
lord [lɔːd] [lord], *s.* 1. Señor, monarca. 2. Dios, el Ser Supremo; también, Nuestro Señor Jesucristo. 3. Señor, amo, dueño. 4. Marido. 5. Lord, nombre genérico que se da a los pares de Inglaterra. 6. Barón, para distinguir a los que gozan este título en Inglaterra, de los duques, marqueses, condes o vizcondes. 7. Título que se añade a la denominación de algunos empleos de palacio que regularmente están servidos por pares. **My Lord,** Ilustrísima (bishop); señor (noble, judge). **Lord Chamberlain,** camarero mayor. **Lord High Steward,** mayordomo mayor. También se añade este título a las denominaciones de otros empleos, como **Lord Chief Justice,** el Presidente del tribunal supremo de Inglaterra; **Lord Mayor,** el Alcalde o Corregidor de Londres. **Lord's day,** domingo, el día del Señor. **Lord's Supper,** la Ultima Cena, el Sacramento de la Eucaristía. **Lord's table,** altar de la sagrada comunión; la misma comunión, Eucaristía. **Good Lord!** ¡Dios mío!
lord, *vn.* Señorear, dominar, mandar despóticamente. *-va.* Investir a uno con la dignidad y privilegios de par de Inglaterra.
lording ['lɔːdɪŋ] [lor-din], *s.* Hidalguillo, hidalgo de gotera, señor de poco más o menos.
lord-like ['lɔːdlaɪk] [lord-laik], *a.* 1. Como un lord o semejante a un lord. 2. Altivo, orgulloso, insolente.
lordliness ['lɔːdlɪnɪs] [lord-li-nes], *s.* 1. Dignidad, señorío. 2. Altivez, orgullo.
lordling ['lɔːdlɪŋ] [lord-lin], *s.* Un lord pequeño (término de desprecio).
lordly ['lɔːdlɪ] [lord-li], *a.* 1. Cosa perteneciente a un lord; señorial. 2. Altivo, orgulloso, imperioso. *-adv.* Imperiosamente, altivamente.
lordship ['lɔːdʃɪp] [lord-ship], *s.* 1. Señorío, dominio, poder. 2. Señoría.
lore [lɔːʳ] [loʳ], *s.* 1. Erudición, saber, ciencia; la erudición o cultura propia de un pueblo o de un siglo. 2. *(Ant.)* Lección, doctrina, enseñanza, instrucción.
loricate ['lərɪkeɪt] [lo-ri-keit], *va.* Planchear, cubrir alguna cosa con hojas o planchas protectoras.
loricate, *a.* Plancheado, cubierto con hojas o planchas.
lorication [ˌlərɪ'keɪʃən] [lo-ri-kei-shon], *s.* Superficie cubierta con alguna cosa.
loriot ['lɔːrɪət] [lo-riot], *s.* *(Orn.)* Oropéndola de Europa.

loris ['lɔrɪs] [lo-ris] *s.* *(Zool.)* Loris, animal pequeño y arbóreo, de la familia de los lemúridos.

lorn ['lɔːn] [lorn], *a.* Dejado, abandonado, sin parentesco ni amigos: *(ant.)* perdido.

lorry ['lɒrɪ] [lo-ri], *s.* Camión. **Lorry load,** carga.

lory ['lɒrɪ] [lo-ri], *s.* Loro, papagayo de color escarlata.

losable, loseable ['lɒsəbl] [lo-sa-bol], *a.* Que se puede perder.

lose [luːz] [lus], *va.* 1. Perder. 2. Perder, no conseguir lo que se deseaba. 3. Perder, desperdiciar, disipar, malgastar. 4. Exponer a la pérdida de. 5. Entregar a la ignominia o a la ruina. 6. Hacer perder. *-vn.* 1. Perderse, errar el camino que se llevaba o no encontrarle. 2. Declinar, decaer. **To lose ground,** perder terreno. **To lose one's way,** perderse, no acertar con el camino que se quiere llevar. **To lose out,** salir perdiendo. **To lose sight of,** perder de vista. **That stroke lost him many friends,** esa acción le hizo perder muchos amigos. **This watch loses 2 minutes,** este reloj está 2 minutos atrasado. **To lose to somebody,** perder contra alguien.

loser ['luːzəʳ] [lu-saʳ], *s.* Perdedor, el que pierde. **To be a born loser,** ser un perdedor nato. **To come off the loser,** salir perdiendo. **You shall be no loser by it,** nada perderá Ud. en ello.

losing ['luːzɪŋ] [lu-sin], *s.* Pérdida, disminución. **To fight a losing battle,** luchar por una causa perdida.

loss [lɒs] [los], *s.* 1. Pérdida, daño, menoscabo; privación, destrucción; mal éxito. 2. Desperdicio, disipación, mal uso de algo. **To be at a loss,** desatinar, perder el rastro, la huella o el rumbo; no atinar, no acertar; no saber qué hacer. **To cut one's losses,** cortar por lo sano. **She's a great loss,** es un desastre. **This ship is a total loss,** este buque es una pérdida total. **To make a loss on,** perder dinero con (products). **Loss leader,** producto o artículo de lanzamiento.

loss-making [lɒsˌmeɪkɪŋ] [los-mei-kin], deficitario, que tiene déficit (enterprise).

lost [lɒst] [lost], *pp.* y *pret.* de TO LOSE. 1. Perdido. 2. Perdido, no obtenido; malgastado, desperdiciado. 3. Desorientado, perplejo, confuso, embarazado; incapaz de hallar el buen camino. 4. Arruinado, perdido; sin remedio; perdido en sentido espiritual. **Like to be lost,** en peligro de perderse. *(Fam.)* **He lost his heart to her,** él se enamoró de ella, le entregó su corazón. **This remark was not lost upon Mr. N.,** el Sr. N. no dejó de advertir esta observación. **To be lost,** perderse. **Lost property office,** oficina de objetos perdidos. **Get lost!** ¡Vete al cuerno!, ¡Piérdete! **To give up for lost,** dar por perdido. **To make up for lost time,** recuperar el tiempo perdido.

lot [lɒt] [lot], *s.* 1. Suerte, el estado o modo de vivir que a cada uno le toca. 2. Lote, suerte, fortuna, el dado u otra cosa que se usa para determinar si uno ha de perder o ganar. **To cast/draw lots,** echar suertes. 3. Cuota, la cantidad que a alguno le toca de una contribución, repartimiento, gasto, etc.; partida, parte, porción. 4. Solar, extensión de terreno medido y destinado a la venta o a edificar en él. 5. *(Fam.)* Gran cantidad; mucho. **A lot of money,** gran cantidad de dinero. **Lots of trouble**, *(Fam.)* muchas molestias, angustias o penas. **The lot,** todo (everything).

lot, *va.* Asignar, destinar, repartir, distribuir en cuotas.

loth ['lɒθ] [loz], *a.* *V.* LOATH.

lothario ['lɒtərɪə] [lo-za-rio], *s.* Libertino, tuno.

lotion ['ləʊʃən] [lou-shon], *s.* Loción, ablución.

lotos o lotus ['ləʊtəs] [lou-tos], *s.* 1. *(Bot.)* Loto, planta acuática. 2. Loto, almez. 3. Azufaifo.

lottery ['lɒtərɪ] [lo-te-ri], *s.* Lotería, rifa.

lotto ['lɒtəʊ] [lo-tou], *s.* Lotería, juego casero.

loud [laʊd] [laud], *a.* 1. Ruidoso, alto, fuerte (sound). **To speak loud,** hablar alto. 2. Clamoroso, turbulento, estrepitoso, alborotado (behavior, party). 3. *(Fam.)* Urgente. 4. *(Fam.)* Ostentoso sin gusto ni esmero; llamativo (color, clothes). **A loud laugh,** una risa estrepitosa. **A loud voice,** una voz fuerte, alta. *-adv.* Ruidosamente, en alta voz, con ruido.

loudly ['laʊdlɪ] [laud-li], *adv.* Ruidosamente, alborotadamente; con mucho ruido. Fuerte, en voz alta.

loudhailer ['laʊdheɪləʳ] [laud-jei-laʳ], *s.* Bocina, megáfono.

loudmouth ['laʊdmaʊθ] [laud-mauz], *s.* Bocazas *(Fam.).*

loudness ['laʊdnɪs] [laud-nes], *s.* Ruido, mucho volumen de sonido, retumbo; alboroto, turbulencia.

loudspeaker ['laʊd'spiːkəʳ] [laud-spi-kaʳ], *s.* Altoparlante, altavoz.

lough ['laʊ] [lau], *s.* Lago, laguna.

lounge ['laʊdʒ] [launch], *vn.* 1. Haraganear, holgazanear, corretear, callejear; andar acá y acullá sin objeto fijo. 2. Repantigarse; ponerse uno a sus anchas. 3. Sala de estar, salón. **Lounge about,** haraganear, holgazanear. **Lounge bar,** salón-bar. *V.* LOLL.

lounge, *s.* 1. Haraganería, holgazanería; acción de repantígarse o tenderse. 2. Lugar que se escoge para descansar. 3. Canapé, sofá.

lounger ['laʊdʒəʳ] [launchaʳ], *s.* Haragán, holgazán, ocioso.

lounging room ['laʊdʒɪŋˌrʊm] [laun-chin-rum], *s.* Sala de espera, sala de descanso y esparcimiento.

lourdan, *s.* *V.* LURDAN.

louse [laʊs] [laus], *s. pl.* LICE [laɪs] [lais]. 1. Piojo. **Crab-louse,** ladilla. **Plant-louse,** pulgón, áfido. 2. Canalla, sinvergüenza (person). **Louse up,** echar a perder.

lousewort ['laʊswɔːt] [laus-uort], *s.* *(Bot.)* Hierba piojera.

lousily ['laʊzɪlɪ] [lau-si-li], *adv.* Con piojería, de un modo vil y bajo, mezquinamente.

lousiness ['laʊzɪnɪs] [lau-si-nes], *s.* Piojería. *(Mex.)* Zicatería.

lousy ['laʊzɪ] [lau-si], *a.* 1. Piojoso, piojento. 2. Piojoso, miserable, mezquino, apocado, soez, vil, bajo. 3. Desgraciado. **To have a lousy time,** pasarlo fatal. *(Mex.)* Zicatero.

lout ['laʊt] [laut], *s.* Patán, rústico, zafio.

lout, *vn.* 1. Tardar, perder el tiempo, callejear. 2. *(Ant.)* Doblarse, encorvarse, someterse, hacer reverencia.

loutish ['laʊtɪʃ] [lau-tish], *a.* Rudo, rústico, tosco, grosero.

louver ['luːvəʳ] [lu-vaʳ], *s.* Abertura en el cielo de un edificio, lumbrera, tronera, provista de tejadillos inclinados para impedir que entre la lluvia. **Louver-boards,** tejadillos.

lovable ['lʌvəbl] [la-va-bol], *a.* Amable, agradable, adorable.

love [lʌv] [lav], *va.* 1. Amar, tener gusto de. 2. Amar, querer, tener cariño (person). 3. Gustar, tener inclinación a alguna cosa que agrada. *-vn.* Deleitarse, tener gusto en. **To love one another,** amarse unos a otros. **To love to see,** gustar de ver. **To send one's love to somebody,** dar recuerdos a alguien.

love, *s.* 1. Amor. 2. Amor, el objeto amado. 3. Amor, expresión de cariño, inclinación o afecto a alguna persona o cosa; amistad. 5. Galanteo. **To make love,** galantear, cortejar. 6. Afición, pasión. **To be in love with one,** estar enamorado de alguno. **To fall in love,** enamorarse. **Self-love,** amor propio. **(Not) for love or money,** ni por amor ni por dinero. **Labor of love,** lo que se hace por amor a otro, sin esperanza de recompensa. **To marry for love,** casarse por amor. **To be out of love with a thing,** tener despego, repugnancia por una cosa. **Love thirty,** cero a treinta (tennis). **She loves going to the cinema,** le encanta ir al cine. **Love affair,** amorío.

lovebird ['lʌvbɜːd] [lav-berd], *s.* Periquito.

love-favor ['lʌvˌfeɪvəʳ] [lav-fei-vaʳ], *s.* Favor, expresión de agrado hecha por una dama.

love-feast ['lʌvfiːst] [lav-fist], *s.* Agapas, comidas de los primeros cristianos en las iglesias.

love-fit ['lʌvfɪt] [lav-fit], *s.* Transporte o arrebato de amor.

love-knot ['lʌvnɒt] [lav-not], *s.* Nudo o lazo de amor.

love-lass ['lʌvelɑːs] [lav-las], *f.* Cortejo, amada.

loveless ['lʌvelɪs] [lav-les], *a.* Desamorado, falto de amor, sin cariño, insensible, hurón.

love-letter ['lʌvˌletəʳ] [lav-le-taʳ], *s.* Esquela, billete o carta amorosa.

love-lies-bleeding ['lʌvlaɪzˌbriːdɪŋ] [lav-lais-bli-din], *s.* *(Bot.)* Una especie de amaranto.

loveliness ['lʌvlɪnɪs] [lav-li-nes], *s.* Amabilidad, agrado; belleza.
love-lock ['lʌvlɒk] [lav-lok], *s.* Rizo largo con lazo de cinta en su extremo que se usaba en el siglo XVII.
lovelorn ['lʌvlɔːn] [lav-lorn], *a.* Abandonado o desamparado por su amante.
lovely ['lʌvlɪ] [lav-li], *a.* 1. Amable, agradable, cariñoso. 2. *(Fam.)* Atractivo, precioso, bello, hermoso (beautiful). 3. *(Fam.)* Ameno, deleitoso. **A lovely dinner,** una cena deliciosa. *-adv.* Hermosamente, con agrado, con cariño, con alegría.
lovemaking ['lʌˌmeɪkɪŋ] [lav-mei-kin], *s.* 1. Enamoramiento, galanteo. 2. Relaciones sexuales.
love-potion ['lʌvpɒʃən] [lav-po-shon], *s.* Filtro.
lover ['lʌvəʳ] [lo-vaʳ], *s.* 1. Amante, galán, cortejo. 2. Amante, el que tiene afición a alguna cosa; amigo. **Lover of,** aficionado de (hobby, drink).
love-secret ['lʌvsiːkrɪt] [lav-si-krit], *s.* Secreto entre amantes.
love-shaft ['lʌvʃɑːft] [lav-shaft], *s.* Flecha de Cupido.
love-sick ['lʌvsɪk] [lav-sik], *a.* Enamorado, enamoricado, herido de amor.
lovesome ['lʌvsəm] [lav-sam], *a.* Amable.
love-song ['lʌvsɒŋ] [lav-song], *s.* Canción amorosa.
love-suit ['lʌvsuːt] [lav-sut], *s.* Cortejo, galanteo, enamoramiento, trato amoroso.
love-tale ['lʌvteɪl] [lav-teil], *s.* Cuentos de amor o de enamorados; requiebros.
love-thought ['lʌvˌθɔːt] [lav-zot], *s.* Pensamiento amoroso.
love-token ['lʌvˌtəʊkən] [lav-tou-ken], *s.* Regalo en señal de amor.
love-tricks ['lʌvtrɪks] [lav-triks], *s. pl.* Tretas de amantes o enamorados.
loving ['lʌvɪŋ] [la-vin], *pa.* 1. Amante. 2. Afectuoso, amoroso, cariñoso, aficionado. 3. Benigno, apacible, tierno.
loving-kindness ['lʌvɪŋˌkaɪnnɪs] [la-vin-kain-nes], *s.* Cariño, favor; misericordia.
lovingly ['lʌvɪŋlɪ] [la-vin-li], *adv.* Afectuosamente, amorosamente.
lovingness ['lʌvɪŋnɪs] [la-vin-nes], *s.* Afección, cariño, afecto, terneza, afabilidad.
low [ləʊ] [lau], *a.* 1. Bajo, pequeño, reducido (income, price). 2. Hondo, poco elevado. **Low-water,** *(Mar.)* bajamar, marea menguante o vaciante. 3. Bajo, lo que no mete ruido. 4. Abatido, débil, desanimado, amilanado. 5. Bajo, menospreciable, vil, ruin. 6. Bajo, lo que no es sublime ni elevado, humilde *(rank)*. 7. Pobre, falto de bienes. 8. Último, hablando de tiempo. 9. Deshonroso. 10. Reverente, sumiso. **Low latitude,** latitud cercana a la línea. **In a low tone,** en tono bajo. **The patient is very low,** el enfermo está muy débil. **A low fever,** una calentura lenta. **You seem in low spirits,** parece que está Ud. abatido. **A low trick,** una mala partida. **Low expressions,** expresiones vulgares, bajas. **Low-lived,** de modales groseros, innoble. **Low-necked,** escotado; se dice de los vestidos de mujer. **On low ground,** a nivel del mar. **Low pressure,** baja presión. **In low gear,** en primera *(Aut)*. **Low season,** temporada baja. **low tide,** marea baja. *-adv.* 1. Abajo, cerca del suelo, en la parte inferior. 2. Barato, a precio bajo. 3. Bajamente; vilmente; sumisamente. 4. En voz baja; también en tono profundo.
low, *vn.* Mugir, dar mugidos el toro, la vaca o el buey. *-va. (Des.)* Bajar, poner una cosa más baja de lo que estaba.
low, *s. (Prov.)* Llama, fuego.
low beams ['ləʊbiːms] [lau-bims], *s. pl.* Luces de cruce.
lowbrow ['ləʊbraʊ] [lau-brau], *a.* Poco culto.
low-cost ['ləʊ'kɒst] [lau-kost], *a.* Barato, económico.
lower ['ləʊəʳ] [lauaʳ], *va.* 1. Abajar, humillar, abatir. 2. Bajar, poner en lugar inferior lo que estaba en alto. 3. Bajar, minorar, disminuir. **To lower the sails,** *(Mar.)* arriar las velas. **To lower away gradually,** *(Mar.)* arriar poco a poco. *-vn.* Bajar, minorarse, disminuirse alguna cosa.
lower, *vn.* 1. Encapotarse o encubrirse el cielo. 2. Mirar con ceño, poner mala cara, fruncir el ceño.
lower, *a.* Comp. de **Low,** más bajo. **Lower berth,** cama o litera baja (en un tren, etc.). **Lower case,** 1. Caja baja, la que contiene las letras minúsculas. 2. Letras minúsculas.
lower-case ['ləʊəleɪs] [laua-keis], *a.* Diminuto, minúsculo.
lowering ['ləʊərɪŋ] [laua-rin], *a.* Sombrío, nebuloso; amenazador.
lowermost ['ləʊə'məʊst] [laua-moust], o **lowest** ['ləʊ] [lau], *a.* El más bajo, bajísimo, ínfimo.
low-fat ['ləʊ'fæt] [lau-fat], *a.* **Low-fat milk,** leche desnatada. **Low-fat food,** alimento bajo en calorías.
low-grade ['ləʊˌgreɪd] [lau-greid], *a.* De baja calidad.
low-heeled ['ləʊ'hiːld] [lau-jild], *a.* de tacón bajo (shoes).
lowing ['ləʊɪŋ] [lauin], *s.* Mugido, bramido.
lowland ['ləʊlənd] [lau-land], *s.* Tierra baja. **The Lowlands,** las tierras bajas en el sur y el oeste de Escocia.
lowlander ['ləʊləndəʳ] [lau-lan-daʳ], *s.* Habitante de la parte baja de un país, particularmente de las tierras bajas de Escocia.
low-level ['ləʊ'levl] [lau-le-vel], *a.* De bajo nivel.
lowlily ['ləʊlɪlɪ] [lau-li-li], *adv.* Bajamente; vilmente.
lowliness ['ləʊlɪnɪs] [lau-li-nes], *s.* 1. Humildad. 2. Bajeza, vileza, ruindad.
lowly ['ləʊlɪ] [lau-li], *a.* 1. Humilde, sumiso. 2. Vil, bajo, ruin, despreciable. 3. Bajo, humilde, rastrero, hablando del estilo o de los modales. *-adv.* Humildemente, modestamente; vilmente.
lown ['ləʊn] [laun], *s.* Pícaro, bobo, el que es tonto o necio.
low-necked ['ləʊ'nekt] [lau-nekt], *a.* Escotado.
lowness ['ləʊnɪs] [lau-nes], *s.* 1. Pequeñez. 2. Bajeza de condición o de carácter. 3. Bajeza de ánimo, apocamiento o poquedad de ánimo, abatimiento. 4. Humildad, sencillez en el estilo o pensamiento. 5. Sumisión. **Lowness of spirits,** abatimiento o caimiento de ánimo; tristeza. 6. Disminución de precio o de valor. 7. Gravedad del sonido o tono; suavidad, debilidad del sonido.
low-spirited ['ləʊ'spɪrɪtɪd] [lau-spi-ri-tid], *a.* Abatido, amilanado, desanimado, acobardado, descorazonado.
lox ['lɒks] [loks], *s.* Oxígeno líquido.
loxodrome ['lɒksədrɯm] [lok-so-drom], *s.* Línea loxodrómica.
loxodromic ['lɒksədrum] [lok-so-dro-mik], *a.* Loxodrómico, que se refiere a la loxodromía. **Loxodromic line,** línea loxodrómica, curva que forma un mismo ángulo en su intersección con todos los meridianos y sirve para navegar con rumbo constante.
loyal ['lɔɪəl] [loial], *a.* Leal, constante, fiel.
loyalist ['lɔɪəlɪst] [loia-list], *s.* Realista, partidario del rey.
loyally ['lɔɪəlɪ] [loia-li], *adv.* Lealmente.
loyalty ['lɔɪəltɪ] [loial-ti], *s.* Lealtad.
lozenge ['lɒzɪndʒ] [lo-sinch], *s.* 1. *(Geom.)* Rombo. 2. Pastilla. 3. *(Her.)* Losanje, lisonja, la figura de rombo.
lozenged ['lɒzɪndʒɪd] [lo-sin-yid], *a.* Que tiene forma de losanje o rombo.
lozengy ['lɒzɪndʒɪ] [lo-sin-yi], *a.* Lisonjado, el escudo blasonado en forma de losanjes.
LP *Abreviatura de* **Long Playing record** *(Mús.)*.
LSD *Abreviatura de* **Lysergic Acid Diethylamide,** LSD.
lu, *s. V.* LOO.
lubber ['luːbəʳ] [lu-baʳ], *s.* Tomajón, haragán, persona gorda y perezosa, un bobo; en especial, marinero de agua dulce; joven sin experiencia.
lubberly ['luːbəlɪ] [lu-bar-li], *a.* Poltrón, perezoso, haragán, holgazán. *-adv.* Toscamente, zafiamente.
lube ['ljuːb] [liub], *s. (Mec.)* Aceite lubricante.
lubricant ['luːbrɪkənt] [lu-bri-kant], *s.* Lubricante, como aceite, grasa, etc., para la maquinaria.
lubricate ['luːbrɪkeɪt] [lu-bri-keit], *va.* Hacer lúbrica o resbaladiza alguna cosa, lubricar o lubrificar; untar con alguna materia crasa.
lubricating ['luːbrɪkeɪtɪŋ] [lu-bri-kei-tin], *a.* Lubricante.
lubrication ['luːbrɪkeɪʃən] [lu-bri-kei-shon], *s.* Lubricación.
lubricator ['luːbrɪkeɪtəʳ] [lu-bri-kei-taʳ], *s.* Lubricador.

lubricity ['luːbrɪsɪtɪ] [lu-bri-si-ti], *s.* 1. Lubricidad, la lisura de alguna superficie. 2. Inconstancia, incertidumbre, ligereza, instabilidad. 3. Lubricidad, lujuria, lascivia, incontinencia.

lubrifaction ['luːbrɪ'fækʃən] [lu-bri-fak-shon], o **lubrification** [ˌluːbrɪfaɪ'keɪʃən] [lu-bri-fi-kei-shon], *s.* El acto de hacer más tersa o lúbrica alguna cosa.

luce ['ljuːs] [lus], *s. (Ict.)* Lucio.

lucern ['luː'sɜːn] [lu-sern], *s. (Bot.)* Alfalfa, mielga, especie de trébol.

lucid ['luːsɪd] [lu-sid], *a.* 1. Luciente, diáfano, transparente, brillante, luminoso. 2. Lúcido, se aplica al intervalo de tiempo en que los locos hablan con alguna razón.

lucidity ['luːsɪd] [lu-sid], *s.* Perspicuidad, claridad en materias intelectuales.

lucidness ['luːsɪdnɪs] [lu-sid]-nes, *s.* Claridad, transparencia; esplendor, resplandor.

Lucifer ['luːsɪfəʳ] [lu-si-faʳ], *s.* 1. Lucero, la estrella del alba. 2. Lucifer, el príncipe de las tinieblas. 3. **Lucifer o lucifer-match,** fósforo de fricción.

luciferian ['luːsɪfɪrɪən] [lu-si-fi-rian], *a.* 1. Luciferino, diabólico, endiablado. 2. Lo perteneciente a la herejía de Lucífero, obispo de Cerdeña.

luciferous ['luːsɪferəs] [lu-si-fe-ros], *a.* Luminoso, lucífero, resplandeciente.

lucific ['luːsɪfɪk [lu-si-fik], *a.* Luciente, lúcido, lucífero.

luciform ['luːsɪfɔːm] [lu-si-form] *a.* Luciforme.

luck [lʌk] [lak], *s.* Acaso, casualidad, accidente o suceso feliz o infeliz, fortuna, suerte. **Good luck,** fortuna, dicha, feliz casualidad. **I wish you good luck,** le deseo a Ud. toda felicidad. **To be out of luck,** tener mala suerte. **To be in luck,** tener suerte, estar de suerte/racha. **To bring one luck,** traerle a uno la fortuna. **To take pot luck,** comer lo que haya, sin ceremonia. **It's the luck of the draw,** es cuestión de suerte *(Fig.).*

luckily ['lʌkɪlɪ] [la-ki-li], *adv.* Por fortuna, por dicha, dichosamente.

luckiness ['lʌkɪnɪs] [la-ki-nes], *s.* Dicha, buena fortuna o suerte, felicidad.

luckless ['lʌklɪs] [lak-les], *a.* Malaventurado, infeliz, desgraciado, desdichado, desventurado.

lucky ['lʌkɪ] [la-ki], *a.* Afortunado, feliz, dichoso, venturoso; propicio, favorable. **A lucky man,** un hombre feliz. **It was very lucky for you that...,** menos mal que... **Third time lucky!,** ¡a la tercera va la vencida! **Lucky dip,** caja de sorpresas.

lucrative ['luːkrətɪv] [lu-kra-tiv], *a.* Lucrativo, ganancioso.

lucre ['luːkəʳ] [la-kaʳ], *s.* Lucro; ganancia; usura.

lucubrate ['luːkjʊbreɪt] [lu-kiu-breit], *va.* Lucubrar, trabajar velando y con aplicacion en obras de ingenio.

luculent ['luːkjʊlənt] [lu-kiu-lent], *a.* Luciente, claro; evidente, cierto, indubitable.

ludicrous ['luːdɪkrəs] [lu-di-kros], *a.* Burlesco, jocoso, alegre, ridículo, cómico, risible.

ludicrously ['luːdɪkrəslɪ] [lu-di-kros-li], *adv.* Jocosamente, en chanza.

ludicrousness ['luːdɪkrəsnɪs] [lu-di-kros-nes], *s.* Ridiculez, extravagancia.

luff [lʌf] [laf], *s.* 1. Gratil. 2. Acción de orzar, orzada. 3. Cachete de proa. **Luff-tackle,** *(Mar.)* Aparejo de bolinear.

luff, *va. (Mar.)* Ceñir el viento, orzar, bolinear. **Keep your luff,** *(Mar.)* orza. **To luff round,** *(Mar.)* Meter todo a lof. **To loff up,** *(Mar.)* Tomar por avante. **To spring the luff,** *(Mar.)* Partir el puño.

lug [lʌg] [lag], *s. (Fam.)* 1. Tirón, estirón, el acto de tirar; la cosa tirada, una cosa lenta y pesada. 2. *(Mar.)* Vela al tercio.

lug, *s.* 1. Oreja, lóbulo de la oreja. 2. De aquí, prominencia parecida a veces a la oreja: (a) agarradera, asa; (b) jamba de chimenea; (c) correa de las varas de un carruaje. 3. *(Prov. Ingl.)* Pértiga, vara larga.

lug, *va.* 1. Tirar alguna cosa hacia sí. 2. *(Mar.)* Halar, tirar de los cabos. **To lug away, to lug off,** arrastrar, arrebatar. **To lug in o into,** arrastrar hacia dentro; *(fam.)* introducir, v. g. alguna cosa no pedida. **To lug out,** *(Vulg.)* desenvainar una espada, sacar la espada.

luggage ['lʌgɪdʒ] [la-guich], *s.* 1. Originalmente, cualquier cosa pesada y embarazosa que hay que conducir de una parte a otra. 2. Equipaje. **Luggage checkroom,** consigna. **Luggage rack,** red (train); baca, portaequipajes (Aut).

lugger ['lʌgəʳ] [la-gaʳ], *s. (Mar.)* Lugre, especie de embarcación pesada con vela cuadrada.

lughole ['lʌghəʊl] [lag-joul], *s.* Oreja *(Fam.).* Oído (inner ear).

lug-sail ['lʌgseɪl] [lag-seil], *s. (Mar.)* Vela al tercio.

lugubrious [luː'guːbrɪəs] [lu-gu-brios], *a.* Lúgubre, triste, funesto, melancólico.

lugworm ['lʌgwɔːm] [lag-uem], *s.* Arenícola, lombriz de las riberas y costas, que sirve de cebo para pescar. Se llama también **lobworm** y **lugbait**.

lukewarm ['luːkwɔːm] [luk-uem], *a.* 1. Tibio, templado. 2. Tibio, indiferente, falto de celo y fervor, frío.

lukewarmly ['luːkwɔːmlɪ] [luk-uom-li], *adv.* Tibiamente, indiferentemente.

lukewarmness ['luːkwɔːmnɪs] [luk-uom-nes], *s.* 1. Calor moderado. 2. Indiferencia, tibieza, frialdad.

lull [lʌl] [lal], *va.* 1. Arrullar, cantar a los niños, para que se duerman. 2. Adormecer, aquietar, sosegar, calmar, mitigar.

lull, *s.* La calidad o el poder de calmar.

lullaby ['lʌləbaɪ] [la-la-bai], *s.* Arrullo, la cantilena con que el ama adormece al niño.

luller ['lʌləʳ] [la-laʳ], *s.* Niñero, el que mima a los niños.

lumbago [lʌm'beɪgəʊ] [lam-bei-gou], *s.* Lumbago.

lumbar ['lʌmbəʳ] [lam-baʳ], *a.* Lumbar, lo que pertenece a los lomos.

lumber ['lʌmbəʳ] [lam-baʳ], *s.* 1. Tablazón, maderaje, madera, tablas, tablones, y otras maderas de construcción. 2. Armatoste, cualquier mueble inútil o engorroso. 3. *(Fam.)* Trastos o muebles inútiles o de poco uso. **Lumber-room**, camaranchón, cuarto de trastos, o muebles inútiles. **Lumber-yard,** depósito de maderas de construcción. **Lumber room,** trastero.

lumber, *va.* Amontonar trastos inútiles unos sobre otros sin orden ni método. *-vn.* 1. Andar pesadamente. 2. Avanzar con ruido sordo. **Lumber about/along,** moverse pesadamente.

lumbering ['lʌmbərɪŋ] [lam-ba-rin], *s.* Embarazado por su propio volumen o bulto; pesado y enorme; también, que produce un ruido sordo y prolongado.

lumberjack ['lʌmbədʒæk] [lam-ba-yak], *s.* 1. Hachero, leñador. 2. Maderero, comerciante en maderas.

lumber jacket ['lʌmbəˌdʒækɪt] [lam-ba-ya-kit], *s.* Chamarra.

lumberman ['lʌmbəmən] [lam-ba-man], *s.* Maderero.

lumbrical ['lʌmbrɪkəl] [lam-bri-kal], *a.* Se dice de algunos músculos pequeños de las manos y pies.

luminary ['luːmɪnərɪ] [lu-mi-na-ri], *s.* 1. Luminar, lumbrera, cualquiera de los astros que despide luz o claridad; cualquier cuerpo que da luz o es luminoso. 2. Lumbrera, el hombre insigne que edifica e instruye al mundo con sus virtudes o sus doctrinas.

luminosity [ˌluːmɪ'nɒsɪtɪ] [lu-mi-no-si-ti], *s.* 1. Cualidad de lo luminoso. 2. Intensidad de la luz en un color, medida por la fotometría.

luminous ['luːmɪnəs] [lu-mi-nos], *a.* 1. Luminoso, resplandeciente. 2. Iluminado, luciente. 3. Perspicuo, lúcido, de fácil inteligencia.

luminously ['luːmɪnəslɪ] [lu-mi-nos-li], *adv.* De un modo luminoso.

luminousness ['luːmɪnəsnɪs] [lu-mi-nos-nes], *s.* Resplandor, brillo, brillantez.

lump [lʌmp] [lamp], *s.* 1. Masa informe de alguna cosa, particularmente pedazo, o masa pequeña. 2. El conjunto de cosas diversas que forman una masa. 3. Protuberancia, hinchazón. **To sell** o **buy by the lump,** vender o comprar por grueso o por junto; vender o comprar alguna cosa a ojo,

sin medir o pesar. **Lump sugar,** azúcar de terrón o en terrones. **A lump of sugar,** un terrón de azúcar. **Lump sum,** cantidad total.
lump, *va.* 1. Amontonar sin orden ni método. 2. Tomar alguna cosa por junto o por mayor. *-vn.* 1. Trabajar como estivador. 2. Tomar una forma desigual, con protuberancias.
lump-fish ['lʌmpfɪʃ] [lamp-fish], *s.* *(Ict.)* Lumpo jibado.
lumping ['lʌmpɪŋ] [lam-pin], *a.* *(Vulg.)* Grande, pesado, largo.
lumpish ['lʌmpɪʃ] [lam-pish], *a.* Pesado, tardo, lento, torpe, lerdo, grosero; grave, macizo; tosco.
lumpishly ['lʌmpɪʃlɪ] [lam-pish-li], *adv.* Lerdamente, estúpidamente, pesadamente, groseramente.
lumpishness ['lʌmpɪʃnɪs] [lam-pish-nes], *s.* Pesadez, tardanza; majadería, tontería.
lumpy ['lʌmpɪ] [lam-pi], *a.* Lleno de terrones o de masas endurecidas.
lunacy ['lu:nəsɪ] [lu-na-si], *s.* Locura intermitente, frenesí; trastorno de las facultades intelectuales.
lunar ['lu:nə[r]] [lu-na[r]], *a.* 1. Lunar, perteneciente a la luna, o medido por las revoluciones de la luna. 2. Luniforme. *V.* LUNATE. 3. Causado por la luna o atribuido a ella; lunático. 4. En alquimia y medicina, relativo a la plata. **Lunar caustic,** lunar cáustico, nitrato de plata. **Lunar year,** año lunar, doce meses lunares, o 354 1/3 días.
lunar landing ['lu:nə,lændɪŋ] [lu-na-lan-din], *s.* Alunizaje.
lunary ['lu:nərɪ] [lu-na-ri], *a.* Lunar, que se refiere a la luna. *-s.* *(Bot.)* Hierba de la plata, lunaria anual.
lunate ['lu:neɪt] [lu-neit], *a.* Lunar, luniforme, en forma de media luna.
lunatic ['lu:nətɪk] [lu-na-tik], *a.* Lunático, frenético, alunado. *-s.* Un lunático, un loco. **Lunatic asylum,** manicomio.
lunation ['lu:neɪʃən] [lu-nei-shon], *s.* Lunación, intervalo entre dos lunas nuevas, es decir 291/2 días.
lunch [lʌntʃ] [lanch], **luncheon** ['lʌntʃɪən] [lan-chion], *s.* Almuerzo, comida del mediodía. **To take a luncheon,** tomar un bocado, comer (meal).
lunch, *va.* Comer (midday).
luchbox [lʌntʃ'bɒks] [lanch-boks], *s.* Fiambrera.
lune ['lju:n] [liun], *s.* 1. Lúnula, figura limitada por dos arcos de círculo. 2. La luna.
lunette ['lju:net] [liu-net], *s.* Una cosa en forma de media luna, como la luneta de una fortificación, un lente cóncavo-convexo, etc.
lung [lʌŋ] [lang], *s.* Pulmón, cada uno de los órganos situados en el pecho que son los principales agentes de la respiración; se llaman también bofes o livianos, principalmente cuando se habla de los animales. **To sing at the top of one's lungs,** *(Fam.)* cantar a grito pelado, a todo gritar.
lunge [lʌŋdʒ] [lanch], *s.* 1. Estocada. 2. *(Fam.)* Arremetida, movimiento brusco hacia adelante.
lunge, *vn.* 1. Dar un bote, un empuje. 2. Arrojarse, echarse hacia adelante.
lung-grown ['lʌŋgraʊn] [lang-graun], *a.* Que tiene los pulmones pegados al pecho.
lungwort ['lʌŋwɔ:t] [lang-uort], *s.* *(Bot.)* Pulmonaria oficinal.
lunisolar ['lu:nɪsələ[r]] [lu-ni-so-la[r]], *a.* Lunisolar, compuesto de la revolución del sol y de la luna.
lunt [lʌnt] [lant], *s.* 1. *(Esco.)* Bocanada de humo. 2. *(Des.)* Mecha de cañón.
lunulate ['lʌnjʊleɪt] [la-niu-leit], *a.* Lunado, formado como una media luna.
lunule ['lʊnju:l] [lu-niul], *s.* 1. Figura o construcción en forma de luna creciente. 2. *(Geom.)* Lúnula. *V.* LUNE.
lupine ['lu:pɪn] [lu-pin], *s.* *(Bot.)* Altramuz, lupino. *-a.* 1. Lupino, de lobo; como un lobo, voraz. 2. *(Zool.)* Perteneciente a la familia que comprende los perros y los lobos.
lupuline [lu:'pʊli:n] [lu-pu-lin], *s.* Lupulino, polvo resinoso y amarillo que se halla en los frutos del lúpulo, y se emplea en medicina.
lupus ['ləpəs] [lu-pus], *s.* 1. *(Astr.)* El Lobo, una constelación austral. 2. *(Med.)* Lupia, lobanillo.
lurch [lɜ:tʃ] [lerch], *s.* 1. Abandono. **To leave one in the lurch,** abandonar a uno; dejarle en la estacada, o en las astas del toro. 2. Partida doble en algunos juegos. 3. Vaivén o balance brusco (ship, train).
lurch, *va.* 1. *(Ant.)* Privar a uno de lo que esperaba, dar chasco, engañar. 2. Ganar una partida doble.
lurch, *vn.* Torcerse, dar un vaivén o balance repentino hacia un lado como un buque en mar alborotado; balancearse.
lurcher ['lɜ:tʃə[r]] [ler-cha[r]], *s.* 1. El que está en acecho o espía la ocasión favorable para cometer una mala acción. 2. Perro de caza. 3. *(Des.)* Glotón.
lurching ['lɜ:tʃɪŋ] [ler-chin], *s.* Celada.
lurdan ['lɜ:dən] [ler-dan], *a.* *(Ant.)* Estúpido, incapaz. *-s.* *(Des.)* Patán.
lure [ljʊə[r]] [liua[r]], *s.* 1. Señuelo, añagaza, armadijo para engañar y cazar pájaros. 2. Añagaza, cebo, engaño, para atraer a uno y engañarle. **To lure somebody into a trap,** hacer que alguien caiga en una trampa.
lure, *vn.* Llamar a los halcones con señuelo. *-va.* Atraer, persuadir, inducir. **To lure away from,** apartar de.
lurid ['ljʊərɪd] [liua-rid], *a.* Lóbrego, triste; pálido, cárdeno.
lurk ['lɜ:k] [lerk], *vn.* 1. Espiar, acechar, ponerse en emboscada para hacer algo malo. 2. Ocultarse, esconderse.
lurker ['lɜ:kə[r]] [ler-ka[r]], *s.* Acechador, espía, el que está en acecho para hacer daño.
lurking-place ['lɜ:kɪŋ,pleɪs] [ler-kin-pleis], *s.* Escondite, escondrijo, guarida, rincón; emboscada.
lurry ['lʌrɪ] [la-ri], *s.* 1. *(Min.)* Carretón especial que se usa en las minas. 2. *(Ant.)* Sonido confuso, inarticulado.
luscious ['lʌʃəs] [la-shos], *a.* 1. Dulzaino, empalagoso. 2. Azucarado, almibarado, meloso. 3. Grato, agradable, delicioso, exquisito.
lusciously ['lʌʃəslɪ] [la-shos-li], *adv.* Dulcemente, melosamente.
lusciousness ['lʌʃəsnɪs] [la-shos-nes], *s.* Dulzura que empalaga, melosidad.
lush [lʌʃ] [lash], *a.* 1. Suculento, jugoso; fresco y lozano. 2. Fácil de arar, poco duro, pulverizado, como el terreno.
lust [lʌst] [last], *s.* 1. Deseo, inclinación y voluntad, vehementes, vivos, desordenados. **The lust of conquest,** deseo ciego de conquistas. 2. Lujuria, sensualidad, incontinencia, concupiscencia, lascivia, impudicia, deshonestidad.
lust, *vn.* 1. Lujuriar, cometer el pecado de lujuria. 2. Codiciar, desear con ansia alguna cosa. 3. Desordenarse, desarreglarse.
luster ['lʌstə[r]] [las-ta[r]], *s.* 1. Lustre, brillantez. 2. Araña de cristal. 3. Lucimiento, esplendor. 4. Lustro, el espacio de cinco años.
lusterless ['lʌstəlɪst] [las-ta-les], *a.* Sin brillo.
lustful ['lʌstfʊl] [last-ful], *a.* 1. Lujurioso, sensual, voluptuoso. 2. Deshonesto, impúdico, lascivo, incontinente.
lustfully ['lʌstfʊl] [last-fu-li], *adv.* Lujuriosamente, lascivamente, sensualmente.
lustfulness ['lʌstfʊlnɪs] [last-ful-nes], *s.* Lascivia, incontinencia, deshonestidad, impudicicia, lubricidad.
lustily ['lʌstɪlɪ] [las-ti-li], *adv.* Fuertemente, vigorosamente, con fuerza.
lustiness ['lʌstɪnɪs] [las-ti-nes], *s.* Lozanía, vigor, robustez.
lustral ['lʌstrəl] [las-tral], *a.* Lustral, lo que se usa en las purificaciones.
lustrate ['lʌstreɪt] [las-treit], *va.* *(Des.)* Lustrar, purificar.
lustration ['lʌstreɪʃən] [las-trei-shon], *s.* Lustración.
lustre ['lʌstə[r]] [las-ta[r]], *s.* *V.* LUSTER.
lustring ['lʌstrɪŋ] [las-trin], *s.* Lustrina, tela de mucho lustre.
lustrous ['lʌstrəs] [las-tros], *a.* Lustroso, brillante.
lustrum ['lʌstrəm] [las-trom], *s.* 1. Lustro, período de cinco años. 2. Lustración, ceremonia de purificación.
lustwort ['lʌstwɜ:t] [last-uert], *s.* *(Bot.)* Rocío del sol. *V.* SUN-DEW.
lusty ['lʌstɪ] [las-ti], *a.* 1. Lozano, fornido, fuerte, robusto, vigoroso. 2. *(Des.)* Hermoso; deleitoso.
lutanist ['lʊtənɪst] [lu-ta-nist], *s.* El que toca el laúd.

lutation ['lʊteɪʃən] [lu-tei-shon], *s.* Lutación, el acto de tapar o embarrar las vasijas con el luten.

lute [lu:t] [lut], *s.* 1. Laúd, instrumento músico de cuerdas. 2. Luten.

lute, *va.* Tapar, enlodar o embarrar con luten.

luter ['lu:təʳ] [lu-taʳ], **Lutist** ['lu:tɪst] [lu-tist], *s.* El que tañe el laúd.

lutestring [lʊ'tɪstrɪŋ] [lu-tis-trin], *s.* 1. Cuerda de laúd. 2. *(Ento.)* Mariposa nocturna, cuyas alas tienen líneas semejantes a las cuerdas de un laúd. 3. Lustrina, especie de tela de seda (corrupción de *lustring*).

Lutheran ['lu:θərən] [lu-ze-ran], *s.* y *a.* Luterano, que sigue la doctrina de Lutero.

Lutheranism ['lu:θərənɪzəm] [lu-ze-ra-ni-sem], *s.* Luteranismo.

luthern ['lu:θɜ:n] [lu-zern], *s.* *(Arq.)* Especie de lumbrera o ventanilla de guardilla o desván.

lutose ['lu:təʊs] [lu-tous], *a.* Cubierto con arcilla, lodoso, cenagoso.

lux, *va.* *(Des.)* *V.* LUXATE.

luxate ['lʌkseɪt] [lak-seit], *va.* Dislocar, desencajar, desconcertar, descoyuntar.

luxation ['lʌkseɪʃən] [lak-sei-shon], *s.* Luxación, dislocación, descoyuntamiento.

luxuriance [lʌg'zjʊərɪəns] [lak-siua-rians], **luxuriancy** [lʌg'zjʊərɪənsɪ] [lak-siua-rian-si], *s.* Exuberancia, lozanía, suma abundancia, superabundancia, frondosidad, vicio.

luxuriant [lʌg'zjʊərɪənt] [lak-su-riant], *a.* Exuberante, lozano, superabundante, sobreabundante; muy fértil; frondoso, vicioso.

luxuriantly [lʌg'zjʊərɪəntlɪ] [lak-su-riant-li], *adv.* Abundantemente, con mucha fecundidad, con profusión.

luxuriate [lʌg'zjʊərɪeɪt] [lak-su-rieit], *vn.* 1. Lozanear, ostentar lozanía o brillar con ella. 2. Crecer o brotar con exuberancia. 3. Vivir con lujo. 4. *(Fig.)* Gloriarse, jactarse, complacerse.

luxurious [lʌg'zjʊərɪəs] [lak-su-rios], *a.* 1. Un glotón o regalón. 2. Exuberante, sobreabundante; frondoso; faustoso. 3. *(Des.)* Lujurioso, impúdico, libidinoso.

luxuriously [lʌg'zjʊərɪəslɪ] [lak-su-rios-li], *adv.* Con lozanía o exuberancia; frondosamente; lozanamente; con lujo o fausto.

luxuriousness [lʌg'zjʊərɪəsnɪs] [lak-su-rios-nes], *s.* El estado que constituye a una persona lujuriosa o voluptuosa; nimiedad excesiva en la elección de manjares.

luxury ['lʌkʃərɪ] [lak-su-ri], *s.* 1. Lujo, exceso y demasía en la pompa o regalo; fausto, molicie; gasto superfluos. 2. Manjar delicioso; una cosa cualquiera que procura placer y gusto, pero es innecesaria en realidad. 3. *(Des.)* Exuberancia, suma abundancia. 4. *(Des.)* Lujuria, lascivia, sensualidad, incontinencia, voluptuosidad.

-ly [lɪ] [li]. Sufijo que se emplea para formar (a) adjetivos que expressan semejanza; parecido a; como *manly*, de *man*, hombre; viril, varonil (como un varón). (b) Adverbios de modo, y en tales casos equivale a -mente. *Clear*, claro; *clearly*, claramente.

lycanthropy [laɪ'kænθrɒpɪ] [lai-kan-zro-pi], *s.* Licantropía, un género de melancolía o manía en el cual el enfermo se cree transformado en lobo.

lyceum [laɪ'si:əm] [lai-siom], *s.* Liceo, paraje situado cerca de Atenas en el que Aristóteles enseñaba la filosofía. 2. *(E.U.)* Liceo, asociación para la instrucción por medio de lecturas, discusiones o cursos públicos; y su edificio. 3. Escuela de segunda enseñanza.

lychnis ['laɪknɪs] [laik-nis], *s.* *(Bot.)* Licnide, nombre genérico de plantas cariofileas.

lycopodium [ˌlaɪkə'pɒdɪəm] [lai-ko-po-diom], *s.* Licopodio, polvo de una especie de musgo que es muy inflamable.

lydian ['lɪdɪən] [li-dian], *a.* Lidio, que se refiere a la antigua Lidia, famosa por su riqueza y su cultivo de la música.

lye [laɪ] [lai], *s.* 1. Lejía. 2. *(Ingl.)* Ramal, empalme lateral de un ferrocarril.

lying ['laɪɪŋ] [lai-in], *a.* 1. Echado. **A ship lying along,** *(Mar.)* bajel tendido sobre la banda. **Lying to,** *(Mar.)* al pairo o en facha. **Lying -in hospital**, hospital de parturientes, casa refugio. *(Amer.)* Casa de maternidad. **Lying-in woman,** mujer parida. 2. Mentiroso, embustero. *-s.* La práctica o costumbre de mentir; mentira, embuste.

lyingly ['laɪɪŋlɪ] [lai-in-li], *adv.* Mentirosamente, falsamente.

lymph [lɪmf] [limf], *s.* 1. Linfa, humor acuoso que se halla en varias partes del cuerpo. 2. Exudación coagulable de los vasos en las inflamaciones. 3. Virus, o cultura del virus de una enfermedad, que se emplea en la vacunación o inoculación. **Lymph-duct,** vaso linfático. **Lymph gland,** ganglio linfático.

lymphatic ['lɪmfætɪk] [lim-fa-tik], *s.* Linfático: se dice de los vasos que conducen la linfa. *-a.* 1. Linfático. 2. Flemático.

lymphoid ['lɪmfɔɪd] [lim-foid], *a.* Parecido a la linfa o a una glándula linfática.

lynch [lɪntʃ] [linch], *va.* Linchar, ahorcar.

lynching ['lɪntʃɪŋ] [lin-chin], *s.* Linchamiento.

lynx [lɪŋks] [links], *s.* *(Zool.)* Lince, mamífero carnicero.

lyrate [laɪ'reɪt] [lai-reit], *a.* Formado como la lira antigua.

lyre ['laɪəʳ] [laiaʳ], *s.* Lira, instrumento músico de cuerdas que se usaba en lo antiguo; arpa.

lyre-bird ['laɪəbɜ:d] [laia-berd], *s.* *(Orn.)* Menura o menura-lira, ave de Australia cuya cola tiene la forma de una lira antigua.

lyric, lyrical ['lɪrɪk] [li-rik], *a.* 1. Lírico, lo que pertenece a la lira, o se compone para cantar al son de la lira. 2. Perteneciente o relativo a la poesía lírica.

lyric, *s.* 1. Poema lírico. 2. Poeta lírico.

lyrical ['lɪrɪkəl] [li-ri-kal], *a.* Lírico. Entusiasta, elocuente *(Fig.)*.

lyricist ['lɪrɪsɪst] [li-ri-sist], *s.* Letrista.

lyrist ['lɪrɪst] [li-rist], *s.* 1. El que toca la lira. 2. Poeta lírico.

lysin ['li:sɪn] [li-sin], *s.* Lisina.

lysis ['laɪsɪs] [lai-sis], *s.* *(Med.)* Lisis, cesación gradual de una enferemdad, en contraposición a crisis.

lysozyme ['lɪsəzaɪm] [li-so-saim], *s.* Lisozima.

lyssa ['lɪsə] [li-sa], *s.* Rabia canina.

M

m [em] [em], nunca es muda en inglés, y se pronuncia como en español, aunque con más fuerza. No va nunca seguida de otra consonante al principio de las voces o sílabas en las palabras puramente inglesas; y cuando está seguida de *n* al fin de algunas voces, hace muda a esta última letra. *M* como numeral romano equivale a mil. Como abreviatura, M.A. es Maestro en Artes; M.B., Bachiller en medicina; M.C., Miembro del Congreso o de la Cámara de los Representantes; M.P., Miembro del Parlamento; M.S., Manuscrito, y MSS. Manuscritos.

ma [mɑ:] [ma] *s. f.* Mamá.

ma'am [mæm] [mam], *s.* Contracción de *madam*, señora.

mac Prefijo, que en los nombres de origen escocés o irlandés significa «hijo de». (Se abrevia a menudo tomando la forma de Mc.)

macabre [mə'kɑ:br] [ma-kabaʳ], *a.* Macabro.

macadam [mə'kædəm] [ma-ka-dam], *s.* Piedras trituradas para macadamizar; calzada empedrada con ellas.

macaroni [ˌmækə'rəʊnɪ] [ma-ka-rou-ni], *s.* 1. Macarrones, pasta alimenticia, en figura de canuto largo. 2. Una especie de muñeca. 3. Pisaverde; gracioso.

macaronic [ˌmækə'rəʊnɪk] [ma-ka-rou-nik], *s.* Montón confuso o mezcla de muchas cosas. *-a.* 1. Macarrónico, consistente en una mezcla confusa de palabras de diferentes idiomas; mezclado. 2. Macarrónico, referente a los macarrones.

macaroon [ˌmækə'ru:n] [ma-ka-run], *s.* Almendrado, especie de pasta hecha de harina, almendras, huevos y azúcar; mostachón de almendras.

macassar [ˌmækəˈsɑːʳ] [ma-ka-saʳ], *s.* Macasar, aceite perfumado para el cabello.
macaw [məˈkɔː] [ma-kou], *s. (Orn.)* Guacamayo, papagayo de cola larga.
mace [meɪs] [meis], *s.* 1. Maza, la insignia que llevan los maceros delante de los magistrados y otras personas de autoridad en los actos públicos. 2. Maza, clava o porra de metal. 3. Macis o macías, la corteza sutil y olorosa que cubre la nuez moscada (spice).
macebearer [ˈmeɪsˌbɛərəʳ] [meis-bea-raʳ], *s.* Macero.
macerate [ˈmæsəreɪt] [ma-se-reit], *va.* 1. Macerar, poner en infusión algún cuerpo y prepararlo para la disolución o destilación. 2. *(Ant.)* Enflaquecer, debilitar, mortificar el cuerpo.
maceration [ˈmæsəreɪʃən] [ma-se-rei-shon], *s.* Maceración, el acto de macerar o infundir una cosa sólida en algún líquido para ablandarla.
machete [məˈʃiːt] [ma-shit], *s.* Machete.
Machiavellian, Machiavelian [ˌmælɪəˈvelɪən] [ma-kia-ve-lian], *s.* Maquiavelista, partidario del maquiavelismo. *-a.* Maquiavélico.
machiavelism [ˌmækɪəˈvelɪzm] [ma-kia-ve-li-sem], *s.* Maquiavelismo, sistema político de Maquiavelo; tiranía astuta; engaño, fraude, astucia; conducta zorrastrona.
machicolation [ˈməkɪkəʊˈleɪʃən] [ma-ki-kou-lei-shon], *s. (Arq.)* Matacán o ladronera, abertura entre un muro y un parapeto.
machinate [ˈmækɪneɪt] [ma-ki-neit], *vn.* Maquinar, tramar, fraguar, trazar, discurrir o idear medios para lograr algún fin, particularmente con avieso designio.
machination [ˌmækɪˈneɪʃən] [ma-ki-nei-shon], *s.* Maquinación, conjuración, trama, asechanza oculta.
machinator [ˈmækɪneɪtəʳ] [ma-ki-nei-toʳ], *s.* Maquinador, maquinante.
machine [məˈʃiːn] [ma-shin], *s.* 1. Máquina con que se da juego o movimiento a alguna cosa. 2. El que obra sin intención o de un modo meramente mecánico. 3. La organización de los poderes de un cuerpo complexo. 4. La parte que los entes sobrenaturales tiene en la acción de un poema. 5. *(E.U.)* Organización dentro de un partido político a fin de apropiarse y dirigir el repartimiento de cargos y destinos. **Machine-shop,** taller de maquinaria. **Machine-tool,** herramienta de máquina; máquina para operar con herramientas cortantes, o para modelar. **Machine translation,** traducción automática.
machine gun [məˈʃiːngʌn] [ma-shin-gan], *s.* Ametralladora. *va.* Ametrallar.
machinery [məˈʃiːnərɪ] [ma-shi-ne-ri], archivo sl-ie-ll.p65 10-06-98aria, mecánica; las piezas de una máquina, o el conjunto de máquinas y sus útiles y herramientas colectivamente. 2. *(Ant.)* El conjunto de entes sobrenaturales introducidos en un poema.
machinist [məˈkɪnɪst] [ma-ki-nist], *s.* Maquinista; mecánico, operario *(Tech)*.
mach-number [ˌmətʃˈnʌmbəʳ] [mach-nam-baʳ], *s.* Número Mach; relación de la velocidad de un cuerpo con la del sonido.
mackerel [məˈkərəl] [ma-ke-rel], *s. (Zool.)* Escombro. **Horse-mackerel,** *(Zool.)* Caballa, haleche. **Mackerel sky,** cielo aborregado.
mackinaw [ˈməkɪnɔː] [ma-ki-no], *s.* Chamarra.
mackintosh [ˈmækɪNtɒʃ] [ma-kin-tosh], *s.* 1. Traje, levitón o sobretodo impermeables. 2. Tela delgada forrada interiormente de caucho.
mackle [ˈmækl] [ma-kel], *va. (Impr.)* Repintar, macular. *-s.* Maculatura.
macrobian [mæˈkrəʊbɪən] [ma-kro-bian], *s.* Macrobiano, persona de muy larga vida, particulamrente de más de cien años.
macrobiotic [ˌmækrəʊbaɪˈɒtɪk] [ma-kro-bai-o-tik], *s.* Macrobiótico.
macrobiotics [ˌmækrəʊbaɪˈɒtɪks] [ma-kro-bai-o-tiks], *s.* Macrobiótica.
macrocosm [ˈmækrəʊkɒzəm] [ma-kro-kosm], *s.* Macrocosmo, el mundo entero.
macroeconomics [ˈmækrəʊˌiːkəˈnɒmɪks] [ma-kro-i-ko-no-miks], *s.* Macroeconomía.
macromolecule [ˈmækrəˈməlekjuːl] [ma-kro-mo-le-kiul], *s.* Macromolécula.
macula [ˈmækjʊlə] [ma-kiu-la], **macule** [ˈmækjuːl] [ma-kiul], *s.* Mácula, mancha, tacha, lunar. **Solar macula,** mácula del sol.
maculate [ˈmækjuːleɪt] [ma-kiu-leit], *va.* Macular, manchar.
maculate, *a.* Manchado, maculado.
mad [mæd] [mad], *a.* 1. Loco, demente, perturbado. 2. Furioso, rabioso, insensato, desesperado, furibundo *(Fam: angry)* **She's hopping mad,** está que muerde. 3. Precipitado (gallop, rush). **Mad-apple,** berengena. **Madbrain, mad-brained,** loco, insensato, furioso; aturdido. **Madcap,** alocado, orate, el sujeto de poco juicio. **He's as mad as a hatter, he's a March hare,** está loco de atar, está como una cabra. **To be mad about something/somebody,** estar loco por algo/alguien.
mad, *va.* Enloquecer, enfurecer. *-vn.* Enloquecerse; estar loco.
madam [ˈmædəm] [ma-dam], *s.* Madama, señora: tratamiento de cortesía. Niña precoz *(fam)*.
madcap [ˈmædkæp] [mad-kap] *a.* Alocado, ido, disparatado.
madden [ˈmædn] [ma-den], *va.* Enloquecer, hacer que uno se vuelva loco. *-vn.* Enloquecerse, volverse loco.
maddening [ˈmædnɪŋ] [ma-de-nin] *a.* Enloquecedor. **To be maddening,** ser enloquecedor, sacar de quicio. **It's maddening!** ¡es para volverse loco!
madder [ˈmædəʳ] [ma-daʳ], *s. (Bot.)* Rubia, una planta cuya raíz sirve para teñir de rojo. **Madder-roots,** rubia en raíz o graneada.
made [meɪd] [meid], *pret.* y *pp.* del verbo TO MAKE. 1. Fabricado; producido, particularmente con arte. 2. En posición desahogada, próspero. **Made-up,** (a) artificial, ficticio. (b) Completo, acabado.
Madeira Wine [məˈdɪərəˌwaɪn] [ma-dei-ra-uain], *s.* Vino de Madera.
made-to-measure [ˈmeɪdtəˈmɛʒəʳ] [meid-to-me-shaʳ] *a.* Hecho a medida.
made-to-order [ˈmeɪdtəˈɔːdəʳ] [meid-to-or-deʳ], *a.* Hecho a la orden, hecho a la medida.
made-up [ˈmeɪdʌp] [meid-ap] *a.* Hecho, confeccionado (dress). Ficticio (story).
mad-headed [ˈmædˈhedɪd] [mad-je-did], *a.* Fogoso, antojadizo.
madhouse [ˈmædhaʊs] [mad-jaus], *s.* Manicomio, casa de locos o de orates, el hospital donde se curan o encierran los locos.
madly [ˈmædlɪ] [mad-li], *adv.* Furiosamente, locamente.
madman [ˈmædmən] [mad-man], *s.* Loco, maniático, orate.
madness [ˈmædnɪs] [mad-nes], *s.* 1. Locura, demencia, manía, extravagancia. 2. Furor, arrebato de ira o cólera, enajenación mental; rabia.
madonna [məˈdɒnə] [ma-do-na], *s.* 1. Señora, madama; antigua voz italiana de tratamiento. 2. Dícese de las imágenes de la Virgen.
madras [ˈmædrəs] [ma-dras], *s.* 1. Madrás, tela fina de algodón que se usa generalmente para camisas de hombre. 2. Pañoleta de seda o de algodón de colores vivos.
madrepore [ˈmædrɪpɔːʳ] [ma-dri-poʳ], *s. (Zool.)* Madrépora, pólipo de los mares intertropicales, y su polipero, que llega a formar escollos e islas.
madrigal [ˈmædrɪgəl] [ma-dri-gal], *s.* 1. Madrigal, una composición poética. 2. Canción pastoral. 3. Canto amoroso.
madwoman [ˈmædwʊmən] [mad-vu-man] *s. f.* Loca, alocada.
madwort [ˈmædwɔːt] [mad-uort], *s. (Bot.)* Marrubio, aliso.
maelstrom [ˈmeɪlstrəʊm] [meil-stroum], 1. Malstrom, peligroso remolino que forman las aguas junto a la costa de Noruega. 2. Cualquier fuerza o influencia poderosa que arruina y destruye.

magazine [ˌmægəˈziːn] [ma-ga-sin], *s.* 1. Revista, publicación ilustrada (journal). 2. Almacén para guardar géneros o cosas vendibles. 3. Cámara para cartuchos en un rifle de repetición. 4. Pañol de pólvora o Santabárbara.

Magdalen [ˈmægdəlɪn] [mag-da-lin], *s.* Ramera arrepentida. *-n.pr.* Magdalena.

mage [meɪg] [meig], *s.* Mago. *V.* MAGICIAN.

magenta [məˈdʒentə] [ma-yen-ta], *s.* Nombre de una materia de tinte obtenida de la anilina y de un rico color purpúreo rojizo.

maggot [ˈmægət] [ma-got], *s.* 1. Gusano, larva de una mosca. 2. *(Vulg.)* Capricho, fantasía, antojo.

maggoty [ˈmægətɪ] [ma-go-ti], *a.* 1. Lleno de gusanos. 2. *(Vulg.)* Caprichoso, fantástico.

Magi [ˈmeɪdʒaɪ] [mei-yai], *s. pl.* **The Magi,** los Reyes Magos o sabios de oriente.

magian [ˈmædʒɪən] [ma-yian], *a.* Lo perteneciente a los magos o sabios del oriente.

magic [ˈmædʒɪk] [ma-yik], *s.* Magia. **Natural magic,** magia blanca. *-a.* Mágico, encantador. **Magic carpet,** alfombra voladora. **Magic lantern,** linterna mágica u óptica.

magical [ˈmædʒɪkəl] [ma-yi-kal], *a.* Mágico; encantado.

magically [ˈmædʒɪkəlɪ] [ma-yi-ka-li], *adv.* Mágicamente, por magia, por arte de encantamiento.

magician [ˈmædʒɪʃən] [ma-yi-shan], *s.* Mago, mágico, nigromante. Brujo, hechicero (witch).

magilp, megilp [ˈmægɪlp] [ma-guilp], *s.* Secante, aceite secante, compuesto de que se sirven los artistas para secar pronto los colores.

magisterial [ˌmædʒɪsˈtɪərɪəl] [ma-yis-tia-rial], *a.* Magistral, magisterial; imperioso, arrogante, absoluto.

magisterially [ˌmædʒɪsˈtɪərɪəlɪ] [ma-yis-tia-ria-li], *adv.* Magistralmente.

magistery [ˈmædʒɪstərɪ] [ma-yis-te-ri], *s.* 1. Decreto magisterial. 2. Panacea. 3. *(Quím.)* Magisterio, precipitado de composición no conocida.

magistracy [ˌmædʒɪsˈtrəsɪ] [ma-yis-tra-si], *s.* Magistratura.

magistral [ˌmædʒɪsˈtrəl] [ma-yis-tral], *a.* Magistral, magisterial.

magistrate [ˈmædʒɪstreɪt] [ma-yis-treit], *s.* 1. Magistrado. 2. Juez de paz.

magistratic [ˌmædʒɪsˈtrətɪk] [ma-yis-tra-tik], *a.* Lo que pertenece a la autoridad de magistrado.

magma [ˈmægmə] [mag-ma], *s.* Cualquier masa blanda, como la de harina.

magnanimity [ˌmægnəˈnɪmɪtɪ] [mag-na-ni-mi-ti], *s.* Magnanimidad.

magnanimous [mægˈnænɪməs] [mag-na-ni-mos], *a.* Magnánimo.

magnanimously [mægˈnænɪməslɪ] [mag-na-ni-mos-li], *adv.* Magnánimamente.

magnate [ˈmægneɪt] [mag-neit], *s.* 1. Magnate, noble. 2. Grande del reino de Hungría.

magnesia [mægˈniːʃə] [mag-ni-sha], *s.* Magnesia, tierra muy fina y blanca, usada en medicina; óxido de magnesia.

magnesian [mægˈniːʃən] [mag-ni-shan], *a.* Magnésico, que contiene magnesia.

magnesium [mægˈniːʃəm] [mag-ni-sham], *s.* Magnesio, metal blanco y maleable, que se usa a menudo en la fotografía para procurar una luz brillante.

magnet [ˈmægnɪt] [mag-nit], *s.* 1. Imán, piedra imán; particularmente un imán artificial. 2. Persona o cosa muy atractiva.

magnetic, magnetical [mægˈnetɪkəl] [mag-ne-ti-kal], *a.* 1. Magnético. 2. Dotado de magnetismo personal; que ejerce una fuerza moral atractiva.

magnetically [mægˈnetɪkəlɪ] [mag-ne-ti-ka-li], *adv.* De un modo atractivo.

magneticalness [mægˈnetɪkəlnɪs] [mag-ne-ti-kal-nes], **magneticness** [mægˈnetɪknɪs] [mag-ne-tik-nes], *s.* La calidad de lo que es magnético.

magnetism [mægˈnetɪzəm] [mag-ne-ti-sem], *s.* Magnetismo.

magnetizable [ˌmægnɪˈtaɪzəbl] [mag-ni-ta-sai-bol], *a.* Magnetizable.

magnetize [ˈmægnɪtaɪz] [mag-ni-tais], *va.* 1. Magnetizar, imantar o imanar. 2. Atraer por medio de la simpatía e influencia personales. 3. Someter al hipnotismo. *-vn.* Imanarse, adquirir propiedades magnéticas.

magneto-electric [mægˈnɪtəɪˈlektrɪk] [mag-ni-to-i-lek-trik], *a.* Magneto-eléctrico.

magneto-electricity [ˌmægnɪtəɪlekˈtrɪsɪtɪ] [mag-ni-to-i-lek-tri-si-ti], *s.* Electromagnetismo.

magnetohydrodynamics [mægˌnɪtəˈhaɪdrədaɪˌnæmɪks] [mag-ni-to-hai-dro-dai-na-miks], *s.* Magneto-hidrodinámica.

magnetometer [ˌmægnɪtəmiːtəʳ] [mag-ni-to-mi-teʳ], *s.* Magnetómetro, instrumento para medir la fuerza magnética por medio de una balanza de torsión.

magnetron [ˈmægnɪtrən] [mag-ni-tron], *s.* Magnetrón.

magnifiable [ˈmægnɪfaɪˈeɪbl] [mag-ni-fai-ei-bol], *a.* Capaz de ser engrandecido.

magnification [ˈmægnɪfaɪˈkeɪʃən] [mag-ni-fai-kei-shon], *s.* 1. Amplificación, aumento, poder de aumento de una lente. 2. Alabanza, glorificación; exageración.

magnificence [ˈmægnɪfɪsəns] [mag-ni-fi-sens], *s.* Magnificencia, grandeza, esplendor.

magnificent [ˈmægnɪfɪsənt] [mag-ni-fi-sent], *a.* Magnífico, espléndido, lucido.

magnificently [ˈmægnɪfɪsəntlɪ] [mag-ni-fi-sent-li], *adv.* Magníficamente.

magnifier [ˈmægnɪfaɪəʳ] [mag-ni-faiaʳ], *s.* 1. Microscopio, vidrio de aumento, lente. 2. El que magnifica, ensalza o alaba con exageración; panegirista.

magnify [ˈmægnɪfaɪ] [mag-ni-fai], *va.* 1. Aumentar la magnitud de los objetos a la vista. 2. Magnificar, exaltar, exagerar (exagerate). **Magnifying-glass,** lupa, vidrio de aumento, lente.

magniloquence [ˈmægnɪləˈkwəns] [mag-ni-lo-kuens], *s.* Altilocuencia; fanfarronada.

magnitude [ˈmægnɪtjuːd] [mag-ni-tiud], *s.* 1. Magnitud, grandeza, tamaño, grandor, envergadura, importancia. 2. Extensión en altura, anchura y espesor o profundidad.

magnolia [mægˈnəʊlɪə] [mag-nou-lia], *s. (Bot.)* Magnolia.

magnum [ˈmægnəm] [mag-num] *sf.* 1. Botella doble. 2. *-a.* **Magnum opus,** obra maestra.

magpie [ˈmægpaɪ] [mag-pai], *s.* Marica, urraca, picaza; pega.

maguey [ˈmægeɪ] [ma-guei], *s. (Bot.)* Maguey.

magyar [ˈmægɪəʳ] [ma-guei], *s.* Magiar o Magyar; se dice de la raza predominate en Hungría y Transilvania y de su lengua.

maharajah [ˌmɑːhərˈɑːdʒə] [ma-ja-ra-ja], *s.* Maharajá.

mahaut [ˈmæhɔːt] [ma-jot], *s.* Guarda y guía de un elefante.

mahlstick, maulstick [ˈmælstɪk] [mals-tik], *s.* Tiento, bastoncillo en que el pintor apoya la mano derecha.

mahogany [məˈhɒgənɪ] [ma-o-ga-ni], *s.* Caoba o caobana.

Mahometan, Mahomedan, etc. *V.* MOHAMMEDAN, etc.

maid [meɪd] [meid], **maiden** [ˈmeɪdn] [mei-den], *sf.* 1. Doncella, soltera; virgen. **Oldmaid,** solterona, doncella jamona. 2. Hembra. 3. Criada. **Maid of honor in waiting,** dama de honor de una reina o princesa. 4. *(Ict.)* Especie de lija.

maiden, *a.* 1. Virgíneo, virginal, lo que pertenece a las vírgenes o doncellas; soltero, soltera. **A maiden aunt,** una tía soltera. 2. Nuevo, inicial, intacto, que no se ha usado o no se ha tocado. **Maiden speech,** el primer discurso público hecho por un nuevo representante o miembro de una asamblea.

maidenhair [ˈmeɪdnhɛəʳ] [mei-den-jeaʳ], *s. (Bot.)* Culantrillo.

maidenhead [ˈmeɪdnhed] [mei-den-jed], **maidenhood** [ˈmeɪdnhʊd] [mei-den-jud], *sf.* Doncellez, virginidad; el estado de alguna cosa intacta.

maidenliness [ˈmeɪdnlɪnɪs] [mei-den-li-nes], *s.* Modestia, dulzura y conducta como la que debe tener una doncella.

maidenly ['meɪdnlɪ] [mei-den-li], **maiden-like** ['meɪdnlaɪk] [mei-den-laik], *a.* Virginal, modesto, púdico, reservado. *-adv.* Modestamente.

maidhood ['meɪdhʊd] [meid-jud], *s.* Virginidad.

maid-marian ['meɪdmærɪən] [meid-ma-rian], *s.* Maritornes, marimacho, o mujer impúdica.

maid-servant ['meɪdˌsɜːvənt] [meid-ser-vant], *sf.* Doncella de servicio, criada.

mail [meɪl] [meil], *s.* 1. Correo, servicio público para la conducción de la correspondencia; y también, correo, valija, el conjunto de cartas, etc., que se reciben o se despachan. 2. Maleta, valija a propósito para guardar o llevar ropas, etc. 3. Cota de malla, jacerina. 4. Renta; mancha. *V.* BLACKMAIL. **Mail-bag,** valija del correo. **Mail-catcher,** garra para asir los sacos del correo y depositarlos en un carro o vagón en movimiento. **Mail merge,** fusión del correo electrónico. **Mail order,** venta por correo. **Mail-sack,** saco de lona para periódicos y paquetes.

mail, *va.* 1. Armar con cota de malla, antiguamente mallar. 2. *(E. U.)* Depositar en un buzón para cartas; echar al correo. 3. *(Ant.)* Atar las alas.

mailable ['meɪləbl] [mei-la-bol], *a.* Que puede ser enviado por el correo.

mail box ['meɪlbɒks] [meil-boks], *s.* Buzón para el correo.

mailed ['meɪlɪd] [mei-lid], *a.* Cubierto con cota de malla. *-pp.* del verbo TO *MAIL.*

mailman ['meɪlmæn] [meil-man], *s.* Cartero.

mail order ['meɪlˌɔːdəʳ] [meil-or-daʳ], *s.* Pedido postal. **Mail-order house,** casa que vende mediante pedidos postales.

mailplane ['meɪlpleɪn] [meil-plein], *s.* Avión postal.

mailshot ['meɪlʃɒt] [meil-shot], *s. f.* Circular, mailing.

maim [meɪm] [meim], *va.* Mutilar, cortar, cercenar alguna parte del cuerpo; estropear, lisiar.

maim, *s.* Mutilación, manquera, daño, defecto.

maimedness ['meɪmɪdnɪs] [mei-mid-nes], *s.* Mutilación, mancamiento, defecto.

main [meɪn] [mein], *a.* 1. Principal. 2. Violento, fuerte. 3. Mayor, lo que tiene la parte principal. 4. Importante, esencial, lo que importa. **Main hatchway,** *(Mar.)* escotilla mayor. **Main braces,** *(Mar.)* brazos mayores. **Main-top braces,** *(Mar.)* brazos de gavia. **Main-top-gallant braces,** *(Mar.)* brazos de juanete mayor. **Main course,** plato fuerte, principal *(Culin.)*. **Main street,** calle mayor. **Main yard,** verga mayor. *-s.* 1. Océano o alta mar; de aquí, continente, porción principal de la tierra. 3. Fuerza, violencia. 4. Partida o pareja de gallos. 5. *(Ant.)* Grueso, la mayor parte o la más principal y fuerte de alguna cosa. **With might and main,** con todas sus fuerzas. **Upon the main,** al fin.

mainland ['meɪnlənd] [mein-land], *s.* Continente, tierra firme.

mainly ['meɪnlɪ] [mein-li], *adv.* Principalmente, primeramente; poderosamente.

mainmast ['meɪnmɑːst] [mein-mast], *s. (Mar.)* Palo mayor de un bajel.

main office [ˌmeɪn'əfɪs] [mein-o-fis], *s.* Casa matriz, oficina principal.

mainsail ['meɪnsl] [mein-seil], *s. (Mar.)* Vela mayor. **Main-top-gallant sail,** vela de juanete mayor. **Main-top-gallant-royal,** vela de sobrejuanete mayor.

main-sheet ['meɪnʃiːt] [mein-shit], *s. (Mar.)* Escota mayor.

mainspring ['meɪnsprɪŋ] [mein-spring], *s.* Muelle real (de reloj, etc.).

mainstay ['meɪnsteɪ] [mein-stei], *s. (Mar.)* 1. Estay mayor. 2. Sostén principal.

mainstream ['meɪnstriːm] [mein-strim], *s. f.* Corriente principal, línea central *(Fig.)*.

maintain [meɪn'teɪn] [mein-tein], *va.* 1. Tener, guardar, conservar (keep up). 2. Mantener, sostener alguna opinión (support); reivindicar, defender. 3. Mantener, hacer el gasto de alguna cosa. 4. Mantener, proveer a alguno de lo necesario para la vida. **To maintain secrecy,** observar el secreto.

maintainable [meɪn'teɪnəbl] [mein-tei-na-bol], *a.* Defendible, sostenible.

maintainer [meɪn'teɪnəʳ] [mein-tei-naʳ], *s.* Mantenedor; defensor, patrón.

maintenance ['meɪntɪnəns] [mein-ti-nans], *s.* Mantenimiento, apoyo, protección; sustento; continuación. **Maintenance agreement,** contrato de mantenimiento. **Maintenance staff,** personal de servicios.

main-top [meɪn'tɒp] [mein-top], *s. (Mar.)* Cofa mayor o de gavia. **Main-top-mast,** mastelero mayor. **Main-top gallant,** mastelero de juanete mayor. **Main-top yard,** verga de gavia. **Main-top-gallant yard,** verga de juanete mayor. **Main-top-gallant-royal yard,** verga de sobrejuanete mayor.

maize [meɪz] [meis], *s.* Maíz (y maiza, la planta). Por lo general en los Estados Unidos se llama solamente *corn.* **Ear of maize,** elote, choclo *(Mex.)*.

majestic, majestical [mə'dʒestɪk] [ma-yes-tik], *a.* Majestuoso, augusto; pomposo, elevado, sublime, grande.

majestically [mə'dʒestɪkəlɪ] [ma-yes-ti-ka-li], *adv.* Majestuosamente.

majesty [mə'dʒestɪ] [ma-yes-ti], *s.* 1. Majestad, poder, soberanía. 2. Majestad, título que se da a reyes y emperadores. **His/Her Majesty,** Su Majestad.

majolica, maiolica [mə'dʒəʊlɪkə] [ma-you-li-ka], *s.* Mayólica, variedad de loza con esmalte metálico.

major ['meɪdʒəʳ] [mei-yoʳ], *a.* 1. Mayor; más grande en número, en cantidad, en extensión. 2. Mayor, más grande en dignidad o importancia; de primera consideración; principal. **Of major interest,** de máximo interés. 3. *(Mús.)* Mayor, normal; que contiene la tercera, la sexta y la séptima mayores. *-s.* 1. *(Mil.)* Sargento mayor de regimietno, comandante, jefe de batallón, oficial de rango inmediatamente superior al de capitán. 2. *(For.)* El mayor de edad. 3. Mayor, la primera proposición de un silogismo. 4. Asignatura principal *(E. U.)*.

Major-General [ˌmeɪdʒə'dʒenərəl] [mei-yor-ye-ne-ral], *s.* *(Mil.)* Mariscal de campo.

majority [mə'dʒərɪtɪ] [ma-yo-ri-ti], *s.* 1. Mayoría, la ventaja en que una cosa excede a otra. 2. Pluralidad, el mayor número. 3. Mayoría, mayor edad. 4. Sargentía mayor de un regimiento.

make [meɪk] [meik], *va.* (*pret.* y *pp.* MADE). 1. Hacer, crear, producir; causar, ocasionar; formar, fabricar; componer, trabajar; hablar, pronunciar, relatar. 2. Hacer, ejecutar, practicar, efectuar. 3. Hacer, disponer, aderezar. 4. Obtener, procurar, adquirir, ganar; granjear, proporcionar. 5. Hacer, dar el ser intelectual o formar algo con la imaginación. 6. Obligar, forzar, compeler. 7. Contribuir, constituir; disponer o inclinar a; alcanzar. 8. Atravesar, pasar por, cruzar. 9. *(Mar.)* Descubrir, avistar, llegar a, alcanzar. 10. Contar por, mirar como, decidir a otro. 11. Poner en estado o forma conveniente, arreglar. **To make a bed,** arreglar, hacer una cama. 12. Poner fin a, completar, acabar. 13. Hacer fortuna. 14. Inferir por raciocinio, concluir; pensar. 15. *(Ant.)* Intentar, tener intención de; estar a puno de. *-vn.* 1. Hacerse, volverse. 2. Ir, dirigirse o encaminarse a algún paraje determinado; tender. 3. Tener efecto, contribuir, servir; corresponder, concordar, venir bien una cosa con otra. 4. Hacer de o hacer él o la, fingir alguna cosa, aparentar ser una cosa diferente de la realidad. 5. Fluir o levantarse como la marea.

make after, tratar de coger, perseguir.

make again, rehacer, hacer de nuevo.

make against, estar en oposición a, ser contrario a; ser nocivo.

make at, arremeter.

make away, huir; gastar; tranferir el dominio de una cosa; matar, destruir; derrochar, disipar. **To make away with,** derrochar; hurtar; matar.

make for, dirigirse a; aprovecharse, tener utilidad, sacar ventaja o provecho de una cosa. **To make for a place,** ir hacia una parte, tomar rumbo hacia un lugar determinado.

make of, sacar utilidad o ventaja, aprovecharse; considerar, estimar, hacer caso; entender algo en. **I knew not what to make of,** no pude entenderlo.

make off, irse, huir, tomar las de Villadiego. **To make off with,** llevarse, quitar de delante; arrebatar.

make out, llegar a comprender, descifrar, descubrir, entender (get on); congeniar (person); establecer por testimonio, probar, justificar con pruebas; suplir, abastecer de lleno, completar; componer, redactar, o completar (los documentos legales, expedientes, etc.); estar o ser próspero, tener éxito. **We will make out the deeds at once,** redactaremos las actas auténticas en seguida. **To make out a case,** probar su pleito, justificar uno su demanda; llegar a comprender.

make over, (a) rehacer, hacer de nuevo; (b) ceder, traspasar o transferir el dominio de una cosa; depositar alguna cosa en poder de personas abonadas; confiar.

make towards, arrimarse a uno para cogerle.

make up, acabar, concluir; completar, juntar hasta el completo de una cosa; reparar, suplir; colmar; recompensar; formar; ajustar una cuenta; recuperarse de una pérdida; indemnizar, resarcir; conciliar, apaciguar; fabricar, contar fábulas o mentiras; prepararse como un actor; compaginar, arreglar en columnas o páginas (término de imprenta); enumerar, contar. **To make up a lip,** estar de hocico, amohinarse. **To make up to one,** acercarse a uno. **To make up for,** compensar, poner una cosa en lugar de otra perdida. **To make up for lost time,** recuperar el tiempo perdido. **To make up one's mind,** resolverse, hacer ánimo, tener determinado. **To make a doubt,** dudar. **To make a fool of,** burlarse o reírse de uno; dar chasco; divertirse a costa de alguna persona. **To make a jest of,** poner en ridículo. **To make a litter,** ensuciar, desordenar. **To make a man,** hacer la fortuna o la suerte de una persona. **To make a mistake,** equivocarse, engañarse. **To make a pen,** tajar una pluma. **To make a wonder,** admirar, admirarse. **To make account,** calcular; creer; echar la cuenta. **To make account of,** estimar, tener consideración o tratar con consideración, hacer caso. **To make angry,** enfadar, sulfurar. **To make as if,** aparentar, fingir, hacer como. **To make believe,** fingir, pretender. **To make little (o nothing) of,** hacer poco o ningún caso de, despreciar; hacer con facilidad; comprender poco, o no comprender nada. **To make much of,** hacer mucho caso de; acariciar, halagar, mostrar amistad o cariño; regalar, festejar; economizar, sacar de una cosa toda la utilidad posible; estimar, apreciar. **To make no difference o no matter,** ser indiferente, no importar. **That makes no difference,** eso no importa. **To make merry,** divertirse; comer opíparamente. **To make one's way,** (a) avanzar, progresar, abrirse paso. (b) Obtener buen éxito; salir bien. **To make amends,** indemnizar, resarcir, reparar, compensar. **To make clean,** limpiar. **To make fast,** *(Mar.)* amarrar, afianzar. **To make free,** libertar, poner en libertad. **To make free with,** tratar sin ceremonia; no gastar cumplimientos; estar como en su casa; coger una cosa sin pedirla. **To make gain of,** ganar. **To make good,** mantener, defender; hacer bueno, probar; mejorar, cumplir; garantizar, responder de; lograr. **To make good one's word or promise,** cumplir su palabra, promesa o empeño. **To make good a loss,** reparar, ressarcir una pérdida. **He made good his escape,** logró escaparse. **To make haste,** apresurarse, darse prisa. **To make head against,** hacer frente a, resistir. **To make hot,** acalorar. **To make interest,** empeñar. **To make it good to one,** indemnizar, resarcir, reparar. **To make it up,** hacer las amistades, hacer las paces. *(Fam.)* Contentarse, volver a ser amigos, olvidar lo pasado. **To make known,** publicar, hacer saber, notificar. **To make lean,** poner flaco. **To make less,** minorar, adelgazar, hacer más pequeña o delgada alguna cosa. **To make level,** allanar. **To make liable,** hacer responsable; sujetar. **To make light of,** menospreciar, tratar con desprecio, no hacer caso. **To make love,** enamorar, hacer el amor, cortejar, galantear. **To make many words,** altercar, disputar, porfiar sobre una cosa. **To make merry,** divertirse, regalarse, pasarlo alegremente. **To make money,** ganar dinero. **There is money to be made**, hay dinero que ganar. **To make no doubt,** no dudar. **To make one out of his wits,** sacar de quicio, hacer perder la paciencia, poner a una persona fuera de sí o sacarla de sus casillas. **To make one's escape,** escaparse, huirse, evadirse, salvarse huyendo. **To make one's fortune,** hacer hombre, hacer rico o enriquecer a alguno. **To make oneself known,** darse a conocer. **To make oneself miserable,** hacerse infeliz, entristecerse, afligirse. **To make ready,** preparar, tener pronta alguna cosa. **To make sail,** dar a la vela. **To make sense of,** hallar sentido *a*. **To make no sense of,** no hallar sentido a, hallar confuso u obscuro un escrito, lenguaje, etc. **To make shift with,** sacar el mejor partido de una cosa poco favorable. **To make speed,** apresurarse, darse prisa. **To make sure of,** estar seguro, tener por cierto, asegurarse, en la posesión de una cosa; contar con una cosa; considerar como seguro y cierto. **To make the most of it,** aprovecharlo todo; sacar todas las ventajas posibles. **To make use,** servirse de una cosa o hacer uso de ella. **To make water,** (a) *(Mar.)* hacer agua o abrir una vía de agua. (b) Hacer aguas, mear, orinar. **Make yourself easy,** pierda Ud. cuidado. **He will make nothing of it at last,** al cabo nada sacará de ello. **To make more sail,** *(Mar.)* largar las velas. **To make sternway,** *(Mar.)* hacer camino para popa. **To make headway,** *(Mar.)* hacer camino para avante. **To make the land,** *(Mar.)* tomar tierra, descubrir la tierra. **That's made my day!** ¡eso me ha alegrado el día! **I made just in time,** llegué justo a tiempo. **What do you make of her?,** ¿qué piensas de ella?

make, *s.* 1. Hechura, forma, figura; estructura. 2. Fábrica, producción, manufactura. 3. Producto.

makeble ['meɪkəbl] [mei-e-bolk], *a.* Factible, practicable.

make-believe ['meɪkbɪˌli:v] [meik-bi-liv], *a.* Fingido, falso, imaginado; no real. *-s.* Ficción, cosa imaginada; pretexto.

make-peace ['meɪkˌpi:s] [meik-pis], *s.* Pacificador, conciliador.

maker ['meɪkəʳ] [mei-kaʳ], *s.* 1. Criador, hacedor supremo. 2. Artífice, fabricante (manufacturer). 3. Hacedor, el que hace alguna cosa. 4. Poeta; autor.

makeshift ['meɪkʃɪft] [meik-shift], *a.* Provisional; improvisado.

make-up ['meɪkʌp] [meik-ap], *s.* 1. Combinación de las partes de que consiste un todo. 2. *(imptr.)* Imposición de los tipos. 3. Carácter, modo de ser. 4. Maquillaje.

makeweight ['meɪkweɪt] [meik-ueit], *s.* Cualquier cosa pequeña que se pone en una balanza para igualar el peso.

making ['meɪkɪŋ] [mei-kin], *s.* 1. Composición, estructura, forma, hechura, trabajo. 2. *(Des.)* Poema.

making-iron [ˌmeɪkɪŋ'aɪən] [mei-kin-aion], *s.* *(Mar.)* Hierro de sentar.

mal-. Prefijo que significa malo o falto, defectuoso. **Maladjustment**, ajuste malo, defectuoso. **Maladministration,** mala administración.

malachite ['mæləˌkaɪt] [ma-la-kait], *s.* Malaquita, piedra de color verde.

malacology ['mæləˌkələdʒɪ] [ma-la-ko-lo-yi], *s.* Malacología, la parte de la zoología que trata de los moluscos.

maladdress ['mælədrɪs] [ma-la-dris], *s.* Grosería, poca maña o descortesía en el habla o en los modales; falta de finura.

maladjusted ['mælə'dʒʌstɪd] [mal-ad-yas-tid] *a.* Inadaptado.

maladjustment ['mælə'dʒʌs*t*mənt] [mal-ad-yast-ment], *s.* 1. Mal ajuste. 2. Inadaptación.

maladroit ['mælə'drɔɪt] [ma-la-droit], *a.* Desmañado, torpe.

malady ['mælədɪ] [ma-la-di], *s.* 1. Mal, enfermedad, dolencia. 2. Mal mental; cualquier condición de desarreglo.

Malaga ['mæləgɑ:] [ma-la-ga], *s.* Vino o uva de Málaga.

malaise [mæ'leɪz] [ma-leis], *s.* Indisposición, enfermedad ligera o pasajera.

malanders ['mæləndərz] [ma-lan-ders], *s.* *(Vet.)* Ajuagas, esparavanes.

malapert ['mæləpɜ:t] [ma-la-pert], *a.* Desvergonzado, descomedido, descarado.

malapertness ['mæləpɜːtnɪs] [ma-la-pert-nes], *s.* Insolencia, atrevimiento, impudencia.
malapropism ['mæləprɒpɪzm] [ma-la-pro-pi-sem], *s.* Despropósito lingüístico.
malapropos ['mæləprɒpəs] [ma-la-pro-pos], *a.* Mal a propósito, fuera de propósito.
malar ['mælɑːʳ] [ma-laʳ], *a.* Malar, perteneciente a la mejilla. **Malar bone,** hueso malar, pómulo.
malaria [mə'lɛərɪə] [ma-la-ria], *s.* 1. Aire malsano, exhalación nociva; en especial las emanaciones de los pantanos o de materias animales o vegetales en estado de descomposición. 2. Enfermedad producida por dicho aire malsano o emanaciones nocivas; fiebre intermitente; calentura maligna.
malarial [mə'lɛərɪəl] [ma-la-rial], *a.* Afectado por la malaria o fiebre intermitente, o causado por ella; de la naturaleza de una calentura intermitente o maligna; malsano, palúdico.
malarious [mə'lɛərɪəs] [ma-la-rios], *a.* Que contiene aire malsano o malaria; que produce calenturas intermitentes o malignas.
malate ['məleɪt] [ma-leit], *s. (Quím.)* Malato, sal formada por la combinación de ácido málico con alguna base.
Malay, Malayan ['məleɪ] [ma-lei] ['məleɪən] [ma-leian], *a.* Malayo.
malaysian ['məleɪʒɪən] [ma-lei-shian] *a.* Malasio.
malcontent ['mælkən'tent] [mal-kon-tent], *a.* Malcontento; perturbador del orden público.
male [meɪl] [meil], *a.* 1. Masculino; varón, macho. **Male issue,** hijos varones, sucesión masculina. **Male nurse,** enfermero. 2. Compuesto de varones. **A male quartet,** cuarteto de varones. 3. *(Bot.)* Estaminado, provisto de estambres. 4. Que denota un útil, instrumento u objeto que tiene un correlativo conocido con el nombre de hembra: **male screw,** tornillo; **female screw,** hembra del tornillo, tuerca. *-s.* Macho, animal del sexo masculino o viril *(Zool., Bot.)*.
malediction [ˌmælɪ'dɪkʃən] [ma-li-dik-shon], *s.* Maldición.
malefaction [ˌmælɪ'fækʃən] [ma-li-fak-shon], *s.* Delito, culpa.
malefactor ['mælɪfæktəʳ] [ma-li-fak-toʳ], *s.* Malhechor.
malefic ['mælɪfɪk] [ma-li-fik], *a.* Maléfico, dañoso.
maleficent [mæ'lɪfɪʃənt] [ma-li-fi-shent], *a.* Maléfico, maligno.
maleficiation [ˌmælɪfɪʃɪ'eɪʃən] [ma-li-fi-shi-ei-shon], *s.* Hechicería.
malepractice ['mælɪ'præktɪk] [ma-li-prak-tik], *s. (Des.) V.* MALPRACTICE.
malevolence [mə'levələns] [ma-le-vo-lens], *s.* Malevolencia, aversión, mala voluntad, odio, tirria.
malevolent [mə'levələnt] [ma-le-vo-lent], **malevolous** [mə'levələs] [ma-le-vo-los], *a.* Malévolo, maligno; mal intencionado.
malevolently [mə'levələntlɪ] [ma-le-vo-lent-li], *adv.* Malignamente.
malfeasance [məl'fɪəsəns] [mal-fia-sans], *s.* 1. Comisión de un acto malo y contrario a la ley. 2. Malhecho; acto ilegal; malversación.
malformation ['mælfɔː'meɪʃən] [mal-for-mei-shon], *s.* Hechura o formación defectuosa; cualquier irregularidad congénita de un organismo.
malformed [ˌmæl'fɔːmd] [mal-formd], *a.* Mal formado, malhecho, contrahecho.
malic ['mælɪk] [ma-lik], *a.* Málico, concerniente a las manzanas. **Malic acid,** ácido málico.
malice ['mælɪs] [ma-lis], *s.* Malicia, mala intención, malignidad, maldad, ruindad.
malicious [mə'lɪʃəs] [ma-li-shos], *a.* Malicioso, maligno.
maliciously [mə'lɪʃəslɪ] [ma-li-shos-li], *adv.* Maliciosamente.
maliciousness [mə'lɪʃəsnɪs] [ma-li-shos-nes], *s.* Mala intención, malicia.
malign [mə'laɪn] [ma-lain], *a.* 1. Maligno, malicioso, mal inclinado. 2. Maligno, contagioso; se dice de las enfermedades.
malign, *va.* Envidiar, dañar, perjudicar; censurar. *-vn. (Des.)* Tener malicia.
malignancy [mə'lɪgnənsɪ] [ma-lig-nan-si], *s.* Malignidad, malicia, malevolencia.
malignant [mə'lɪgnənt] [ma-lig-nant], *a.* Maligno, malicioso; nocivo; envidioso. **Malignant fever,** calentura maligna. *-s.* Hombre maligno, mal intencionado o envidioso.
malignantly [mə'lɪgnəntlɪ] [ma-lig-nant-li], *adv.* Malignamente.
maligner [mə'lɪgnəʳ] [ma-lig-neʳ], *s.* Hombre mordaz, maligno o mal intencionado; detractor; difamador.
malignity [mə'lɪgnɪtɪ] [ma-lig-ni-ti], *s.* Maliginidad, perversidad.
malignly [mə'lɪŋlɪ] [ma-lin-li], *adv.* Malignamente.
malinger [mə'lɪŋgəʳ] [ma-lin-gaʳ], *vn.* Fingirse enfermo para evitarse algún trabajo o servicio.
malingerer [mə'lɪŋgərəʳ] [ma-lin-ga-raʳ], *s.* Maula, el que se finge enfermo para que se le dispense de algún servicio. Fingido.
malison ['məlɪsən] [ma-li-son], *s. (Poét.)* Maldición.
malkin ['mælkɪn] [mal-kin], *s.* 1 Aljofifa; deshollinador de horno. 2. Gorrona, mujer soez y vil, criada sucia. 3. Espantajo en figura de mujer. 4. Gato. *V.* GRIMALKIN.
mall [mɔːl] [mol], *s.* 1. Mazo, mallo. 2. *(Des.)* Bote, golpe. **Shopping mall,** centro comercial.
mall, *va. V.* MAUL.
mallard ['mæləd] [mo-lard], *s. (Orn.)* Lavanco, ánade silvestre.
malleability [ˌmælɪə'bɪlɪtɪ] [ma-lia-bi-li-ti], **malleableness** ['mælɪəblnɪs] [ma-lia-bol-nes], *s.* Maleabilidad.
malleable ['mælɪəbl] [ma-lia-bol], *a.* Maleable, lo que se puede extender a golpe de martillo.
malleate ['mælɪt] [ma-lieit], *va.* Martillar, trabajar a martillo, y formar en planchas.
mallet ['mælɪt] [ma-lit], *s.* Mazo, mallo; mallete, martillo ligero. **Serving-mallet,** *(Mar.)* maceta de aforrar. **Calking-mallet,** maceta de calafate. **Driving-mallet,** maceta de ajustar.
malleus ['mæləs] [ma-los], *s.* Martillo, uno de los huesecillos del oído, contenidos en la caja del tímpano.
mallow, mallows ['mæləʊ] [ma-lou], *s. (Bot.)* Malva, malvas.
malmsey ['mælmseɪ] [malm-sei], *s.* Malvasía, cierta especie de uva y el vino que se saca de ella.
malnourished [ˌmæl'nʌrɪʃt] [mal-nu-risht], *a.* Desnutrido.
malnutrition ['mælnjʊ'trɪʃən] [mal-niu-tri-shon], *s.* Desnutrición, mala nutrición.
malodorous [mæ'ləʊdərəs] [mal-o-do-rous], *a.* Fétido, mal oliente.
malpractise, malpractice ['mæl'præktɪs] [mal-prak-tis], *s.* 1. En medicina y cirugía, tratamiento erróneo, perjudicial o ilegal. 2. Mala conducta, mala dirección.
malt [mɔːlt] [molt], *s.* 1. Cebada preparada para hacer cerveza. 2. *V.* MALT-LIQUOR. **Malt-dust,** polvo que despide la cebada preparada al molerla para hacer cerveza. **Malt-floor,** suelo para germinar y secar cebada. **Malt-horse,** zote: voz de desprecio. **Malt-house,** la casa o paraje en donde se prepara y guarda la cebada para hacer cerveza. **Malt-kiln,** horno para secar la cebada germinada. **Malt-liquor,** cerveza, cualquier bebida preparada con cebada. *V.* ALE, BEER, PORTER. **Malt-mill,** molino para moler la cebada germinada.
malt, *va.* Hacer germinar la cebada, prepararla para hacer cerveza. *-vn.* Germinar la cebada para convertirse en cerveza.
maltha ['mɔːlθə] [mol-za], *s.* Especie de betún hecho con pez y cera.
maltman ['mɔːltmən] [molt-man], **maltster** ['mɔːltstəʳ] [molts-taʳ], *s.* El que prepara y dispone la cebada para hacer cerveza.
maltose ['mæltəʊz] [mal-tous], *s.* Maltosa, azúcar cristalizable.
maltreat [mæl'triːt] [mal-trit], *va.* Maltratar.
malvaceous [mæl'veɪʃəs] [mal-vei-shos], *a.* Malváceo, que pertenece a la malva.

malversation [ˌmælvɜːˈseɪʃən] [mal-ver-sei-shon], *s.* Malversación, mala administración, falta de fidelidad, particularmente en las funciones públicas.

mameluke o mamaluke [məmɪˈljuːk] [ma-mi-liuk], *s.* Mameluco.

mama, mamma [ˈmæmə] [ma-ma], *s.* Mamá, madre.

mamma [ˈmæmə] [ma-ma], *s.* Mama de los mamíferos; teta.

mammal [ˈmæməl] [ma-mal], *s.* Mamífero, animal que tiene mamas y da de mamar a sus pequeñuelos.

mammalia [ˈmæməlɪə] [ma-ma-lia], *s.* Mamífero, la clase primera de los animales cuyas hembras tienen tetas.

mammalian [ˈmæməlɪən] [ma-ma-lian], *a.* Mamífero.

mammalogy [ˈmæməlɒdʒɪ] [ma-ma-lo-yi], *s.* Mamalogía, el ramo de la zoología que trata de los mamíferos.

mammary [ˈmæmərɪ] [ma-ma-ri], *a.* Mamario, perteneciente a la teta o mama, o de la naturaleza de ella.

mamme-tree [ˈmæmɪˈtriː] [ma-mi-tri], *s.* *(Bot.)* Mamey, árbol de América cuya fruta tiene el mismo nombre.

mammet [ˈmæmɪt] [ma-mit], *s. V.* MAUMET.

mammiform [ˈmæmɪfɔːm] [ma-mi-form], *a.* Mamiforme, que tiene la figura de mamilas o tetas.

mammillary [ˈmæmɪlærɪ] [ma-mi-la-ri], *a.* Mamilar.

mammillate, mammillated [ˈmæmɪleɪt] [ma-mi-leit] [ˈmæmɪleɪtɪd] [ma-mi-lei-tid], *a.* Lo que tiene tetas.

mammography [ˈmæməfrəfɪ] [ma-mo-gra-fi] *s. f.* Mamografía.

mammon [ˈmæmən] [ma-mon], *s.* 1. El espíritu de la codicia. 2. El dios siríaco de las riquezas.

mammonist [ˈmæmənɪst] [ma-mo-nist], *s.* Mundano, avaro.

mammoth [ˈmæməθ] [ma-moz], *a.* Enorme, gigantesco. *-s.* Mamut, elefante fósil primitivo, ahora desaparecido.

mammy [ˈmæmɪ] [ma-mi], *s.* 1. *(Fam.)* Madre, mamá. 2. *(E.U. del Sur)* Negra, ama de leche para los niños blancos. 3. *(Ingl.)* Abuela.

man [mæn] [man], *s.* 1. Hombre, animal racional, acepción genérica bajo la cual se comprende toda la especie humana (Humanity). 2. Hombre, varón, respecto de la mujer o hembra y respecto también de un muchacho o joven. 3. Hombre: voz muy familiar con que se dirige la palabra a alguno. 4. Criado, servidor (varón). 5. Peón, una de las piezas delanteras del juego del ajedrez, o la pieza movible con que se juega a las damas. 6. Alguien; cualquiera. 7. *(Mar. y solamente en composición)* Buque, navío: **man-of-war,** buque de guerra; **merchant-man,** buque mercante. **A man in an instant may discover it,** cualquiera puede descubrirlo en un instante. **He is not his own man,** está fuera de sí o no está en sus sentidos. **To be one's own man,** no depender más que de sí, ser independiente. **The creditors went against it to a man,** los acreedores, sin faltar uno solo, se opusieron a ello. **So much a man,** tanto por cabeza o tanto por barba. **Man and wife,** marido y mujer. **Best man,** padrino de boda. **Man's estate,** edad viril. **Man-eater,** antropófago, caribe. **Man-hater,** misántropo; también el que o la que aborrece al sexo masculino. **Man-milliner,** hombre que comercia en artículos de modista. **To a man,** hasta el último, como un solo hombre, de acuerdo unánime. **Man-killer,** homicida, asesino. **Man-midwife,** partero, comadrón. **Man of straw,** testaferro, maniquí que no figura más que de nombre en una cosa. **That man Robert,** aquel (llamado) Robert.

man, *va.* 1. *(Mar.)* Tripular, poner gente en; armar. **To man the capstan,** *(Mar.)* armar o guarnir el cabrestante. 2. Guarnecer o fortalecer con gente una plaza o fortaleza. 3. (Poco us.) Amaestrar, adiestrar un halcón. **To want the yards,** disponer la gente sobre las vergas para poder maniobrar con las velas.

manacle [ˈmænəkl] [ma-na-kol], *s.* Manilla, el anillo de hierro que por prisión se echa a la muñeca. **Manacles,** pl, esposas, las dos manillas emparejadas con que se aseguran ambas manos.

manacle, *va.* Maniatar, atar las manos con esposas o manillas; atar las manos de las bestias con maniotas.

manage [ˈmænɪdʒ] [ma-nich], *va.* y *vn.* 1. Manejar, conducir, gobernar, dirigir, administrar o disponer de alguna cosa. 2. Manejar, usar o traer entre manos una cosa. 3. Manejar, dirigir o llevar bien un asunto o una dependencia. 4. Manejar, hablando de caballos, es gobernarlos. 5. Amansar, domar. *-vn.* Ingeniarse para, darse maña para alcanzar o conseguir alguna cosa; usar de medios prudentes; arreglarse para.

manage, *s.* 1. Manejo. 2. *V.* BEHAVIOR. 3. *V.* MANEGE.

manageable [ˈmænɪdʒəbl] [ma-ni-ya-bol], *a.* Manejable; dócil, tratable.

manageableness [ˈmænɪdʒəblnɪs] [ma-ni-ya-bol-nes], *s.* Docilidad; flexibilidad, mansedumbre.

management [ˈmænɪdʒmənt] [ma-nich-ment], *s.* Manejo, administración, negociación; prudencia, destreza; directores o empresarios colectivamente. **Management committee,** consejo de administración (enterprise). **Management studies,** administración de empresas *(Univ.).*

manager [ˈmænɪdʒə[r]] [ma-ni-cha[r]], *s.* 1. Administrador, director; empresario. 2. Hombre económico, el que sabe manejar su hacienda; buen padre de familia. 3. Proyectista diestro, intrigante. **Sales manager,** jefe de ventas.

manageress [ˈmænɪdʒəˈres] [ma-ni-che-res], *s. f.* Encargada (of a restaurant or a shop, etc.).

managerial [ˌmænəˈdʒɪərɪəl] [ma-ni-yia-rial] *a.* Administrativo. **Managerial staff,** personal de dirección (enterprise). **Managing director,** director gerente. **Managing editor**, subdirector (de una publicación, etc.).

manatee [ˈmænətiː] [ma-na-ti], *s.* *(Zool.)* Manatí, vaca marina, mamífero pisciforme de la familia de los sirenios.

manchineel [ˈmæntʃiniːl] [man-chi-nil], *s.* *(Bot.)* Manzanillo.

mancipation [ˈmænsɪˈpeɪʃən] [man-si-pei-shon], *s.* *(Der. rom.)* 1. Enajenación de bienes por venta. 2. Emancipación, acto por el cual daba un padre libertad a su hijo. 3. *(Des.)* Esclavitud.

manciple [ˈmænsɪpl] [man-si-pol], *s.* El mayordomo o administrador de un colegio o comunidad de cualquier clase.

Mancunian [mænˈkjuːnɪən] [man-kiu-nian], *a.* De Manchester.

mandamus [ˈmændəməs] [man-da-mus], *s.* *(For.)* Mandamiento, orden de un tribunal superior a otro inferior, o a una corporación o persona particular, para que hagan alguna cosa que están obligados a ejecutar.

mandarin [ˈmændərɪn] [man-da-rin], *s.* 1. Mandarín, título de dignidad en la china, funcionario civil o militar. 2. Mandarina, lengua sabia y oficial de la China. 3. Amarillo de mandarín. 4. Mandarina (fruit).

mandatary [ˈmændətərɪ] [man-da-ta-ri], *s.* 1. Mandatario, el sujeto que por encargo o mandato de otro entiende en algún asunto. 2. Mandante.

mandate [ˈmændeɪt] [man-deit], *s.* 1. Mandato, orden, precepto. 2. Encargo, poder que da uno a otro, comisión.

mandator [ˈmændeɪtə[r]] [man-dei-to[r]], *s.* Director.

mandatory [ˈmændətərɪ] [man-da-to-ri], *a.* *(For.)* Preceptivo, que expresa un mandato positivo y no un permiso. *-s.* Mandatario.

mandible [ˈmændɪbl] [man-di-bol], *s.* Mandíbula, quijada o su equivalente en los pájaros y en los insectos.

mandibular [ˈmændɪbjʊlə[r]] [man-di-biu-la[r]], *a.* Mandibular.

mandolin, mandoline [ˈmændəlɪn] [man-do-lin], *s.* Bandolin o mandolina, instrumento músico de cuerdas metálicas, y cuya caja es de forma parecida a la almendra.

mandragora [ˈmændrægərə] [man-dra-go-ra], **mandrake** [ˈmændreɪk] [man-dreik], *s.* *(Bot.)* 1. Mandrágora. 2. **Mandrake**, *(E.U.)* planta común de los bosques, llamada también **May-apple** (manzana de mayo), notable por sus grandes hojas. Se emplea en medicina.

mandrel [ˈmændrəl] [man-drel], *s.* Polea de madera de que usan los torneros en sus tornos, mandril; y el parahuso o taladro de los cerrajeros.

mandrill ['mændrɪl] [man-dril], *s. (Zool.)* Mandril.
manducate ['mændjʊkeɪt] [man-diu-keit], *va.* Comer, mascar, manducar.
manducation ['mændjʊ'keɪʃən] [man-diu-kei-shon], *s.* Manducación, mascadura.
mane [meɪn] [mein], *s.* Crin o clin de caballo; melena.
man-eater ['mæn,iːtəʳ] [man-itaʳ], *s.* Antropófago.
maned ['meɪnd] [meind], *a.* Crinado, crinito.
manège ['mɑːnedʒ] [ma-nech], *s.* 1. Picadero, el lugar o sitio donde los picadores adiestran los caballos. 2. Escuela de equitación, lugar donde se enseña a montar a caballo.
manequin ['mænɪkɪn] [ma-ni-kin], *s. V.* MANIKIN.
manes ['meɪnz] [meins], *s.* Manes, las sombras o almas de los muertos.
maneuver, manæuvre [mə'nuːvəʳ] [ma-nu-vaʳ], *va.* 1. Maniobrar, hacer maniobras de tropas o de buques. 2. Llevar a un paraje determinado por medio de maniobras. *-vn.* 1. Maniobrar las tropas o una flota. 2. Intrigar, tramar, negociar artificiosamente.
maneuverable ['mænuːvrəbl] [ma-nu-vra-bol], *a.* Manejable.
manful ['mænfʊl] [man-ful], *a.* Bravo, valiente, animoso, esforzado, atrevido.
manfully ['mænfʊlɪ] [man-fu-li], *adv.* Valerosamente, valientemente.
manfulness ['mænfʊlnɪs] [man-ful-nes], *s.* Valentía, esfuerzo, aliento, valor, ánimo.
manganate ['mæŋgəneɪt] [man-ga-neit], *s.* Manganato.
manganese [,mæŋgə'niːz] [man-ga-nis], *s.* Manganeso, metal duro de color gris, blanquecino y quebradizo.
manganic ['mæŋgənɪk] [man-ga-nik], *a.* Mangánico, relativo al manganeso, particularmente en su grado más alto de oxidación.
manganous ['mæŋgənəs] [man-ga-nos], *a.* Manganoso, relativo al manganeso en su más bajo grado de oxidación.
mange [meɪndʒ] [meinch], *s.* Roña, sarna perruna, especie de sarna que da a los animales.
manger ['meɪndʒəʳ] [mein-chaʳ], *s.* 1. Pesebre. 2. *(Mar.)* Caja de agua.
manginess ['mændʒɪnɪs] [man-chi-nes], *s.* Sarnazo, roña, infección roñosa; comezón.
mangle ['mæŋgl] [man-guel], *va.* 1. Mutilar, estropear; desfigurar, desgarrar cortando, lacerar. 2. *(Fig.)* Chafallar, hacer algo desatinadamente; arruinar. 3. Lustrar, dar prensa y lustre a las telas, alisarlas, darles calandria o psarlas por la calandria.
mangle, *s.* Planchadora eléctrica.
mangler ['mæŋgləʳ] [man-glaʳ], *s.* 1. Destrozador, despedazador. 2. El que prensa y da lustre a las telas por medio de la calandria.
mangling ['mæŋglɪŋ] [man-glin], *s.* 1. Despedazamiento. 2. El acto de prensar y dar lustre a las telas con la calandria.
mango ['mæŋgəʊ] [man-gou], *s.* Mango, árbol originario de la India, de fruta muy estimada y abundante en las Antillas.
mangonel ['mæŋgənəl] [man-go-nel], *s.* Máquina para arrojar piedras grandes; catapulta de la edad media.
mangrove ['mæŋgrəʊv] [man-grouv], *s. (Bot.)* Mangle, árbol que se cría en agua salada.
mangy ['meɪdʒɪ] [mein-yi], *a.* Sarnoso, el que padece de sarna.
manhandle ['mæŋhændl] [man-jan-del], *va.* Maltratar *(Fig.)*. Manipular *(Tech.)*.
manhole ['mæŋhəʊl] [man-joul], *s.* Entrada de pozo, abertura por donde puede se entrar en una caldera, tanque, alcantarilla, etc.
manhood ['mæŋhʊd] [man-jud], *s.* 1. Naturaleza humana. 2. Virilidad o edad viril. 3. *(For.)* Masculinidad. 4. Fortaleza, valor, valentía, espíritu, resolución.
mania ['meɪnɪə] [mei-nia], *s.* 1. Manía, locura furiosa. 2. Frenesí, acción disparatada, manía.
maniac ['meɪnɪək] [mei-niak], *a.* Maniático, maníaco.
maniac, *s.* Loco, maniático o maníaco.
manic-depressive ['mænɪkdɪ'presɪv] [ma-nik-di-pre-siv] *a.* Maníacodepresivo *(Psych)*.
manicheism ['mænɪkɪzm] [ma-ni-ki-sem], *s.* Maniqueísmo.
manichord ['mænɪkɔːd] [ma-ni-kord], *s.* Manicordio, instrumento músico parecido al clavicordio.
manicure ['mænɪkjʊəʳ] [ma-ni-kiuaʳ], *s. (Neol.)* El cuidado y tratamiento de las manos y uñas; manicuro, manicura, la persona que se dedica a esa profesión. *-va.* Cuidar, curar y hermosear un manicuro las manos y las uñas de sus clientes.
manicurist ['mænɪkjʊərɪst] [ma-ni-kiuarist], *s.* Manicuro, manicurista.
manifest ['mænɪfest] [ma-ni-fest], *a.* Manifiesto, descubierto, patente, aparente, evidente. *-s.* 1. Manifiesto, declaración; la exhibición que un capitán hace en la aduana de todos los géneros y mercaderías que trae a bordo. 2. Por extensión, conocimiento, hoja de ruta.
manifest, *va.* Manifestar, hacer patente, hacer ver; declarar; demostrar, revelar.
manifestable ['mænɪfestəbl] [ma-ni-fes-ta-bol], *a.* Mostrable, demostrable.
manifestation ['mænɪfes'teɪʃən] [ma-ni-fes-tei-shon], *s.* Manifestación, acción de hacer patente; demostración evidente, ostensión, revelación.
manifestly ['mænɪfestlɪ] [ma-ni-fest-li], *adv.* Manifiestamente, evidentemente.
manifestness ['mænɪfestnɪs] [ma-ni-fest-nes], *s.* Evidencia clara o patente; perspicuidad.
manifesto ['mænɪfestəʊ] [ma-ni-fes-tou], *s.* Manifiesto, el escrito en que se justifica y declara al público alguna cosa.
manifold ['mænɪfəʊld] [ma-ni-fould], *a.* 1. Múltiple, multíplice, vario, de diversos géneros; numeroso. 2. Manifestado de muchos modos.
manifold, *va.* Sacar más de una copia a un tiempo.
manifoldly ['mænɪfəʊldlɪ] [ma-ni-fould-li], *adv.* De muchos modos, de diferentes maneras.
manifoldness ['mænɪfəʊldnɪs] [ma-ni-fould-nes], *s.* Multiplicidad.
maniglious ['mænɪglɪəs] [ma-ni-glios], *s. pl. (Art.)* Mangos de un cañón de artillería.
manihot ['mænɪhɒt] [ma-ni-jot], **manioc** ['mænɪɒk] [ma-nok], *s. (Bot.)* Yuca.
manikin ['mænɪkɪn] [ma-ni-kin], *s.* 1. Maniquí, figura artificial del cuerpo humano para hacer ver al estructura anatómica, etc. 2. Maniquí, modelo de la figura humana para uso de los artistas. 3. Hombrecillo, hombre pequeño.
manila [mə'nɪlə] [ma-ni-la], *s.* 1. Filipino, especie de cigarro que viene de Manila. 2. Abacá, cáñamo de Manila.
manille ['mænɪl] [ma-nil], **manilic** ['mænɪlɪk] [ma-ni-lik], *s.* 1. Manilla, especie de anillo o ajorca para adornar brazos y piernas. 2. Malilla, juego de naipes.
manioc ['mænɪɒk] [ma-niok], *s.* Mandioca, yuca.
maniple ['mænɪpl] [ma-ni-pel], *s.* 1. Manípulo, ornamento sacerdotal que se ciñe al brazo izquierdo. 2. Manípulo, la compañía de soldados en las cohortes romanas. 3. *(Raro)* Puñado.
manipular [mə'nɪpjʊləʳ] [ma-ni-piu-laʳ], *a.* Lo que pertenece al manípulo.
manipulate [mə'nɪpjʊleɪt] [ma-ni-piu-leit], *va.* Manipular operar con las manos; de aquí, manejar, influir artificiosamente. *-vn.* Trabajar con las manos.
manipulation [mə,nɪpjʊ'leɪʃən] [ma-ni-piu-lei-shon], *s.* Manipulación, acción y efecto de operar con las manos o manipular.
manipulative [mə'nɪpjʊlətɪv] [ma-ni-piu-la-tiv], **manipulatory** [mə'nɪpjʊ,lətərɪ] [ma-ni-piu-la-to-ri], *a.* Manipulante, perteneciente a la manipulación; que se lleva a cabo por medio de la manipulación o es a propósito para ella.
manipulator [mə'nɪpjʊ,leɪtəʳ] [ma-ni-piu-lei-toʳ], *s.* Manipulador, el que manipula.
mankind [mæn'kaɪnd] [man-kaind], *s.* 1. El género humano, la especie humana. 2. Los hombres, en contraposición a las mujeres.

manless ['mænlɪs] [man-les], *a.* Sin hombres, sin gente.
manlike ['mænlaɪk] [man-laik], *a.* Varonil, de hombre, animoso.
manliness ['mælɪnɪs] [man-li-nes], *s.* hombrada, valentía, valor, brío, ánimo, fuerza, bravura.
manly ['mænlɪ] [man-li], *a.* Varonil, valiente, valeroso, lleno de dignidad. *-adv.* Varonilmente.
man-made ['mæn'meɪd] [man-meid], *a.* Artificial, sintético. **Man-made satellite,** satélite artificial.
manna ['mænə] [ma-na], *s.* 1. Maná, mangla, licor o goma que se usa como purgante. 2. Maná.
manned flight ['mænd'flaɪt] [mand-flait], *s.* Vuelo tripulado.
mannequin ['mænɪkɪn] [ma-ni-kin], *s.* Maniquí.
manner ['mænəʳ] [ma-naʳ], *s.* 1. Manera, modo, método. 2. Maña, costumbre, hábito, moda. 3. Manera, porte o modales de una persona. 4. Suerte, género, especie. 6. Traza, aire, ademán, modo o manera de mirar. 6. *pl.* Modales, urbanidad, crianza. **In a manner of speaking,** hasta cierto punto, en cierto sentido. **In the same manner as,** del mismo modo que, así como. **After** o **in this manner,** así, de este modo. **Paul, as his manner was,** Pablo, como tenía por costumbre. **By all manner of means,** de todos modos; en todo caso; de cualquier modo posible. **To take in** o **with the manner,** coger o atrapar en el acto de cometer el delito; ser cogido en fragante o en el hecho. **Good manners,** buena crianza, buenas maneras, modales. **He has no manners,** es un mal educado, no tiene educación. **I shall teach you better manners,** yo te enseñaré a portarte mejor.
mannered ['mænəd] [ma-nerd], *a.* Bien educado, de buenos modales. **Ill-mannered,** descortés, brusco.
mannerism ['mænərɪzəm] [ma-ne-ri-sem], *s.* Adhesión pronunciada a una manera o a un estilo (literario o artístico); estilo amanerado, modismo.
mannerliness ['mænəlɪnɪs] [ma-ner-li-nes], *s.* Urbanidad, cortesía, política, cortesanía.
mannerly ['mænəlɪ] [ma-ner-li], *a.* Cortés, urbano, atento. *-adv.* Urbanamente.
mannikin ['mænɪkɪn] [ma-ni-kin], *s. V.* MANIKIN.
mannish ['mænɪʃ] [ma-nish], *a.* 1. Masculino, que tiene trazas de hombre, que remeda a los hombres. **A mannish woman,** marimacho. 2. *(Des.)* Hombruno, varonil.
manoeuvable, [man-li] *a.* = **maneuverable** *(E.U.).*
manoeuvre, *s. f.* = **maneuver** *(E.U.).*
manometer [mə'nɒmiːtəʳ] [ma-no-mi-taʳ], *s.* Manómetro, instrumento para hacer ver o medir la fuerza elástica de los gases.
manor ['mænəʳ] [ma-noʳ], *s.* 1. Señorío o jurisdicción territorial, feudo. 2. **Manor-house**, **manorseat**, casa solariega, mansión o morada del señor de una jurisdicción o del poseedor de un señorío.
manorial [mə'nɔːrɪəl] [ma-no-rial], *a.* Señorial, perteneciente al señor de vasallos o de un feudo.
manpower ['mænpaʊəʳ] [man-pauaʳ], *s.* 1. Brazos de que se dispone. 2. Conjunto de elementos humanos de que dispone una nación para su defensa.
mansard (roof) ['mænsɑːd] [man-sard], *s.* Techo de boardilla, aboardillado.
manse [mæns] [mans], *s.* 1. Cortijo, granja, quinta, alquería. *(Mex.)* Hacienda. 2. Casa rectoral, la morada del párroco, abadía en algunas provincias.
mansion ['mænʃən] [man-shon], *s.* Mansión, morada, residencia. **Mansion-house**, casa grande que sirve de habitación; palacio del Lord Mayor o alcalde de Londres.
manslaughter ['mæn,slɔːtəʳ] [man-slo-taʳ], *s.* Homicidio casual, involuntario.
man-slayer ['mænsleɪəʳ] [man-sleiaʳ], *s.* Homicida.
man-stealer ['mænstiːləʳ] [man-sti-laʳ], *s.* El que hurta y vende hombres.
man-stealing [,mæn'stiːlɪŋ] [man-sti-lin], *s.* La acción de hurtar hombres para venderlos.
mansuetude [,mænsʊə'tjuːd] [man-sue-tiud], *s.* mansedumbre.
mantel ['mæntl] [man-tel], *s.* Manto, frente de la campana de una chimenea. **Mantel-piece,** repisa de chimenea, la parte que sobresale de la campana encima del hogar.
mantelet ['mæntəlɪt] [man-te-let], *s.* 1. Capotillo, manteleta de mujer. 2. *(Mil.)* Mantelete, parapeto portátil cubierto para que sirva de defensa a los minadores.
mantilla [mæn'tɪlə] [man-ti-la], *s.* mantilla.
mantis ['mæntɪs] [man-tis], *s.* Mántide (f.), mantis, insecto ortóptero de muy rara figura; se llama vulgarmente rezadora.
mantle ['mæntl] [man-tel], *s.* 1. Manto, manteo, capa, manteleta, mantilla, mantelina. 2. *(Zool.)* Manto, palio, capa, lo que encubre u oculta un órgano. 3. Caperuza.
mantle, *va.* y *vn.* 1. Cubrir, tapar, ocultar, disfrazar. 2. Extender las alas. 3. Extenderse mucho por la superficie; bañar, desparramarse.
mantling ['mæntlɪŋ] [man-tlin], *s. (Blas.)* Mantelete, manto o ropaje alrededor de un escudo de armas.
mantua ['mæntʊə] [man-tua], *s.* Manto de señora.
manual ['mænjʊəl] [ma-niual], *a.* Manual. **Manual work,** trabajo, obra manual. **Sign manual,** firma. *-s.* 1. Manual, libro compendioso. 2. Teclado de órgano para las manos. 3. *(Mil.)* Ejercicio sistemático en el manejo de algún arma.
manual training ['mænjʊəl,treɪnɪŋ] [ma-niual-trei-nin], *s.* Instrucción en trabajo o labores manuales. Enseñanza de artes y oficios.
manubrium ['mænjʊbrɪəm] [ma-niu-brium], *s.* 1. Manubrio, la empuñadura o mango de un instrumento. 2. *(Biol.)* Manubrio, una parte o eminencia comparable a un mango.
manuductor [,mænjʊ'dʌktəʳ] [ma-niu-dak-taʳ], *s.* Guía, guiador, conductor.
manufactory [,mænjʊ'fæktərɪ] [ma-niu-fak-to-ri], *s.* Fábrica, manufactura, edificio o lugar donde se fabrican mercancías.
manufacture [,mænjʊ'fæktəʳ] [ma-nu-fak-chaʳ], *s.* 1. Fabricación, el acto de fabricar. 2. Manufactura, fábrica, artefacto, obra, una cosa cualquiera manufacturada.
manufacture, *va.* Fabricar, manufacturar; hacer una cosa por medios mecánicos. Inventar *(Fig.)*. *-vn.* Estar ocupado en alguna manufactura.
manufacturer [,mænjʊ'fæktərəʳ] [ma-nu-fak-chu-raʳ], *s.* Fabricante, el que trabaja la materia prima; el propietario de una fábrica o manufactura.
manufacturing [,mænjʊ'fæktərɪŋ] [ma-nu-fak-chu-rin], *pa.* Fabricante, manufacturero, que se refiere a la manufactura; fabril. **Manufacturing costs,** costes de fabricación.
manumise, *va. V.* TO MANUMIT.
manumission [,mænjʊ'mɪʃən] [ma-niu-mi-shon], *s.* Manumisión, el acto de libertar al esclavo.
manumit ['mænjʊmɪt] [ma-niu-mit], *va.* Manumitir, dar libertad al esclavo.
manumotor [,mænjʊ'mɒtəʳ] [ma-niu-mo-toʳ], *s.* Cochecito movido a mano por el que va en él; lo usan los inválidos.
manurable ['mænjʊrəbl] [ma-niu-ra-bol], *a.* 1. Que puede ser fertilizado con abono. 2. *(Des.)* Labrantío, de labor, cultivable.
manure [mə'njʊəʳ] [ma-niuaʳ], *va.* 1. Abonar, engrasar, estercolar. 2. *(Des.)* Cultivar, labrar la tierra.
manure, *s.* Abono, el estiércol o cosa equivalente que se echa a las tierras para beneficiarlas; fiemo, basura. **Manure heap,** estercolero.
manus ['mænəs] [ma-nus], *s.* La mano, o la parte correspondiente terminal del miembro torácico.
manuscript ['mænjʊskrɪpt] [ma-nius-kript], *s.* Manuscrito. *-a.* Manuscrito, que está escrito con la mano.
manutyper [,mænjʊ'taɪpəʳ] [ma-niu-tai-paʳ], *s.* El o la que imprime a mano por medio de una máquina de escribir; y la máquina de escribir misma.
manx [mæŋks] [manks], *a.* y *s.* De la isla inglesa de Man.
many ['menɪ] [me-ni], *a.* (comp. MORE, sup. MOST). Muchos, muchas; varios, diversos. **Many a, an,** o **another**. Significa gran número pero como un todo aislado, y va

seguido de nombre en singular. **Many a man,** muchos hombres. **Many a time,** muchas veces. **Many times,** muchas veces, frecuentemente. **Too many,** demasiados. **They were too many for us,** eran demasiado fuertes para nosotros. **One too many,** uno de más o de sobra. **Twice as many,** el doble, dos veces tantos. **How many?** ¿Cuántos, cuántas? **A great many,** un gran número, muchos. **So many,** tantos. **Many-colored,** de muchos colores, abigarrado. **Many-cornered,** polígono, que tiene muchos lados. **Many-headed,** que tiene muchas cabezas. **Many-languaged,** que tiene muchas lenguas o idiomas. **Many minded,** de mudable, parecer; voluble, versátil. **Not many people,** poca gente. **Many-peopled,** numeroso, populoso. **Many-sided,** multilátero. *-s.* Muchedumbre, multitud, gente; familia, criados; servidumbre, hablando de reyes.

manyplies ['menɪplaɪs] [me-ni-plais], *s.* Omaso, salterio, el tercer estómago de los rumiantes.

manzanita ['mænzənɪtə] [man-sa-ni-ta], *s.* Manzanita.

maoism ['maʊɪzən] [mau-isem], *s.* Maoísmo.

map [mæp] [map], *s.* Mapa, plano topográfico. **It's right off the map,** está en el quinto pino, en el quinto infierno *(Fig.)*. **Map maker,** cartógrafo.

map, *va.* Delinear mapas, sean geográficos o topográficos. **Map out,** indicar en un mapa.

maple [mæpl] [ma-pel], *s. (Bot.)* Arce, plátano falso; cualquier árbol del género Acer.

mapmaking ['mæp,meɪkɪŋ] [map-mei-kin], *s.* Cartografía.

mappery ['mæpərɪ] [ma-pe-ri], *s.* Dibujo de mapas.

mapping, *s. f.* = **Mapmaking.**

mar [mɑːʳ] [maʳ], *va.* Echar a perder alguna cosa, dañar, desfigurar, corromper.

mar, *s.* Mancha, borrón, injuria.

marabou ['mærəbuː] [ma-ra-bu], *s. (Zool.)* Marabú, ave del género cigüeña, originaria de África, que tiene en las alas unas plumas muy hermosas y delicadas del mismo nombre, muy apreciadas para adorno.

marabout ['mærəbaʊt] [ma-ra-baut], *s.* Morabito, ermita, santón mahometano entre los bereberes.

maranatha ['mærənəθə] [ma-ra-na-za], *s.* Maranata, fórmula de excomunión entre los judíos.

maraschino [,mærəs'kiːnəʊ] [ma-ras-ki-nou], *s.* Licor marrasquino. **Maraschino cherries,** cerezas conservadas en licor marrasquino.

marasmus ['mærəsməs] [ma-ras-mus], *s. (Med.)* Marasmo, flaqueza y consunción de la sustancia del cuerpo.

marathon ['mærəθən] [ma-ra-zon], *s. m.* 1. Maratón. 2. *a.* Interminable, excesivamente largo.

maraud [mə'rɔːd] [ma-rod], *va.* Merodear, pillar, robar.

marauder [mə'rɔːdəʳ] [ma-ro-daʳ], *s.* Merodeador, soldado que sale a robar en el campo enemigo; pillador.

marauding [mə'rɔːdɪŋ] [ma-ro-din], *a.* Se dice del soldado que merodea. *-s.* Merodeo, pecorea, pillaje.

maravedi [mə'rəvedɪ] [ma-ra-ve-di], *s.* Maravedí.

marble ['mɑːbl] [mar-bel], *s.* 1. Mármol. 2. **Marbles,** *pl.* Canicas, bolillas de mármol, de barro cocido, de vidrio o porcelana con que juegan los niños. *-a.* Marmóreo, de mármol. **Marble-cutter,** marmolista, obrero que trabaja en mármol. **Marble works,** marmolería. **To lose one's marbles,** perder la cabeza *(Fig.)*.

marble, *va.* Jaspear, pintar imitando los colores del jaspe o mármol.

marble-hearted ['mɑːbl,hɑːtɪd] [mar-bel-jar-tid], *a.* Duro, insensible, que tiene corazón de mármol.

marbleize ['mɑːblaɪz] [mar-blais], *va.* Jaspear.

marc ['mɑːk] [mark], *s.* Orujo, el hollejo de la uva después de exprimida.

marcasite ['mɑːkəsaɪt] [mar-ka-sait], *s.* Marquesita, marcasita, pirita blanca.

march [mɑːtʃ] [march], *vn.* Marchar, caminar; andar con aire de majestad; limitar. *-va.* Poner en marcha, hacer marchar. **To march back,** volverse atrás; hacer volver. **To march in,** entrar, seguir. **To march off,** irse, partirse, retirarse; desalojar. **To march on,** marchar, caminar. **To march out,** salir o hacer salir. **To march up,** avanzar, adelantar; hacer avanzar, adelantar.

march, *a.* 1. Marzo, el tercer mes del año. 2. *(Mil.)* Marcha, la acción de marchar los soldados de un paraje a otro; la acción de marchar, modo de andar con cierta dignidad. 3. *(Mil.)* Marcha, el son que toca el tambor o el clarín para que se pongan en marcha los soldados. 4. Marcha, pieza de música que sirve para regularizar el paso de los que marchan. **To strike up a march,** tocar una marcha. 5. Adelanto, progreso. **Marches,** *pl.* Frontera, raya, límite, término.

marcher ['mɑːtʃəʳ] [mar-chaʳ], *s.* Jefe militar o señor que antiguamente defendía los límites de una frontera.

marching ['mɑːtʃɪŋ] [mar-chin], *s.* Marcha, movimiento militar, paso de tropas. *-pa.* Marchando, dispuesto a caminar; de marcha. **Marching order,** orden de marcha. **To give somebody his marching orders,** despedir a alguien *(Fam.)*.

marchioness ['mɑːʃənɪs] [mar-sha-nis], *sf.* Marquesa.

marchpane ['mɑːtpeɪn] [march-pein], *s.* Mazapán.

marcid ['mɑːsɪd] [mar-sid], *a.* macilento, magro, flaco: extenuado, descarnado.

mare ['mɛəʳ] [meaʳ], *sf.* Yegua, la hembra del caballo. **Mare's nest,** agua de cerrajas, algo que al principio pareció ser importante, y que resulta ser inútil, menguado o falso.

mare's-tail ['mɛəzteɪl] [meas-teil], *s. (Bot.)* Cola de caballo; planta acuática.

margaric ['mɑːtgærɪk] [mar-ga-rik], *a.* Margárico, perteneciente a la perla. **Margaric acid,** ácido margárico.

margarin, margarine ['mɑːdʒə'riːn] [mar-ya-rin], *s. (Quím.)* Margarina.

margarite ['mɑːgərɪt] [mar-ga-rit], *s.* Margarita, perla.

marge [mɑːdʒ] [mardch], *s. (Poét.) V.* MARGIN. *(Fr.)*

margin ['mɑːdʒɪn] [mar-yin], *s.* 1. Margen, borde, orilla o extremidad de alguna cosa. 2. Margen, la porción del papel que se deja en blanco a una y otra parte de los escrito o impreso. 3. Provisión o reserva que se hace para atender a futuras contingencias o cambios. 4. Alcance. 5. *(Com.)* La diferencia entre el precio de compra y el de venta de las mercancías.

margin, *va.* 1. Marginar, margenar, escribir algo en el margen de un escrito o impreso. 2. Lindar, poner borde o margen; formar el borde de. *-vn.* Depositar fondos de reserva en manos de un agente de cambio.

marginal ['mɑːdʒɪnl] [mar-yi-nal], *a.* Marginal; escrito o anotado al margen.

marginally ['mɑːdʒɪnəlɪ] [mar-yi-na-li], *adv.* Al margen.

marginate, marginated ['mɑːdʒɪneit] [mar-yi-neit], *a.* Marginado.

Marguerite [,mɑːgə'riːt] [mar-ga-rit], *s. f.* Margarita.

mariet ['mɑːrɪɪt] [mar-riet], *s. (Bot.)* Especie de campanilla.

marigold ['mærɪgəʊld] [ma-ri-gould], *s. (Bot.)* Caléndula, flamenquilla.

marihuana, marijuana [,mærɪ'hwɑːnə] [ma-ri-jua-na], *s.* Mariguana o marihuana.

marimba [mə'rɪmbə] [ma-rim-ba], *s. (Mús.)* Marimba.

marina [mə'riːnə] [ma-ri-na], *s.* 1. Estación de gasolina para los botes. 2. Puerto deportivo; dársena abrigada para embarcaciones con servicio de verdadero o grúas para izarlas.

marinate ['mærɪneɪt] [me-ri-neit], *va.* Escabechar pescado.

marine [mə'riːn] [ma-rin], *a.* Marino, de mar; oceánico; náutico; naval. **Marine engine,** máquina de vapor marina. *-s.* 1. Marino, soldado de marina. 2. Marina, fuerza naval; buques o bajeles en general. 3. Marina, pintura o cuadro que representa el mar.

mariner ['mærɪnəʳ] [ma-ri-naʳ], *s.* Marinero. **Mariner's compass,** brújula, compás para la navegación.

marionette [,mærɪə'net] [ma-rio-net], *s.* Marioneta, títere.

marish ['mærɪʃ] [ma-rish], *s. V.* MARSH. *-a. (Des.)* Pantanoso. *V.* MARSHY.

marital ['mærɪtl] [ma-ri-tal], *a.* Marital.

maritime ['mærɪtaɪm] [ma-ri-taim], *a.* Marítimo, naval, cercano al mar; que pertenece al mar, marino.

marjoram ['mɑːdʒərəm] [mar-yo-ram], *s.* *(Bot.)* Mejorana, almoradux.

mark [mɑːk] [mark], *s.* 1. Marca, señal, nota, impresión, huella. 2. Prueba, evidencia; observación, nota. 3. Blanco, señal fija y determinada a que se tira. **To hit the mark,** dar en el blanco, alcanzar el objetivo. 4. La cruz u otra señal que hace en lugar de firma el que no sabe escribir. 5. Marco, moneda de plata, unidad monetaria de Alemania. 6. La señal por la cual se sabe la edad de un caballo. 7. Señal característica. 8. Eminencia, distinción. 9. Regia, norma. 10. *V.* MARQUE. **St. Mark's gospel,** evangelio de S. Marcos. **Open marks,** señales evidentes. **To be up to the mark,** estar a la altura de las circunstancias. **To get high marks,** obtener buenas notas *(exams).* **To get no marks at all as a musician,** ser un pésimo músico, ser un desastre como músico.

mark, *va.* Marcar, señalar; notar, advertir observar; mirar como válido o importante. *-vn.* Advertir, notar, reparar. **To mark down,** anotar, poner por escrito, marcar a un precio más bajo. **To mark off,** dividir, separar; diferenciar, distinguir. **To mark out,** mostrar, señalar; elegir, escoger; cancelar, borrar. **To mark up,** apuntar; sobrecargar (price).

markdown ['mɑːkdaʊn] [mark-daun], *s.* Subprecio.

marked ['mɑːkt] [markt], *a.* Acusado, marcado.

markedly ['mɑːkɪdlɪ] [mar-kid-li], *adv.* Apreciablemente, marcadamente, notablemente.

marked man ['mɑːkɪdmən] [mar-kid-man], *s.* Individuo sentenciado por sus enemigos.

marker ['mɑːkər] [mar-kar], *s.* 1. Marcador. 2. Marcador (games). 3. Rotulador.

market ['mɑːkɪt] [mar-kit], *s.* 1. Mercado, plaza de mercado o gran edificio en que se ponen a la venta los víveres o provisiones de boca y otros géneros. 2. Venta, tráfico, estado del comercio en cuanto a los precios o a la oferta y la demanda; precio, curso. 3. Localidad o país en que se puede comprar o vender alguna cosa. 4. Mercado, concurrencia de gente en un paraje determinado para comprar y vender géneros. **Market analysis,** análisis de mercado. **Market garden,** huerto. **Market rate,** tipo del mercado. **The market price of silver,** el precio corriente de la plata. **The cotton market is firm,** los precios del algodón se mantienen firmes. **Money market,** mercado monetario. **Markets are cheaper,** han bajado los precios. **Market-garden,** huerto o huerta, terreno donde se cultivan legumbres y frutas menores. **Market price, market rate,** el precio del mercado, precio corriente de las mercancías. **Market-town,** pueblo de mercado. **Market-man,** placero, el que va al mercado a vender o comprar. **Market-day,** día de mercado, o de plaza. **To be in the market for something** estar dispuesto a comprar algo.

market, *va.* Mercar, comprar o vender en mercado.

marketable ['mɑːkɪtəbl] [mar-ki-ta-bol], *a.* Vendible, corriente, pedido de venta.

marketing ['mɑːkɪtɪŋ] [mar-ki-tin], *s.* 1. Compra. 2. Venta. 3. Mercadoctecnia. **Marketing research,** Análisis de mercados, mercadotecnia.

market-led ['mɑːkɪtˌled] [mar-kit-led], *a.* Generado por el mercado.

market-place ['mɑːkɪtpleɪs] [mar-kit-pleis], *s.* Mercado o plaza de mercado, el sitio donde se celebra el mercado.

marking ['mɑːkɪŋ] [mar-kin], *s.* y *pa.* Marcación, la acción de marcar. **Marking-ink,** tinta de marcar. **Marking-iron,** hierro de marcar. **Marking-machine,** máquina de marcar, de acordonar monedas. **Marking-nut,** agalla de caoba; su jugo mezclado con cal viva hace una tinta indeble.

marksman ['mɑːksmən] [marks-man], *s.* 1. Tirador, el que tira con acierto al blanco. 2. El que no sabe escribir su nombre y hace una señal.

marksmanship ['mɑːksmənʃɪp] [mars-man-ship], *s.* Puntería.

mark time ['mɑːktaɪm] [mark-taim], *vn.* 1. Llevar el compás de la música. 2. Quedar inactivo en espera de alguna actividad futura.

markup ['mɑːkʌp] [mark-ap], *s.* Sobreprecio.

marl [mɑːl] [marl], *s.* Marga, depósito de carbonato de cal, arcilla y arena que sirve para abonar los terrenos. **Marl-pit,** Marguera, gredal, margal.

marl, *va.* 1. Margar, abonar la tierra con marga. 2. *(Mar.)* Trincafiar, envolver con merlín anudado a cada vuelta.

marlaceous ['mɑːleɪʃəs] [mar-lei-shos], *a.* Margoso.

marline ['mɑːlɪn] [mar-lin], *s.* *(Mar.)* Merlín, cuerdas delgadas de cáñamo sin retorcer que se empapan en pez y sirven para liarlas alrededor de los cables.

marmalade ['mɑːməleɪd] [mar-ma-leid], *s.* Mermelada, conserva de frutas ácidas o amargas hecha con azúcar.

marmoration [ˌmɑːmə'reɪʃən] [mar-mo-rei-shon], *s.* Incrustación de mármol.

marmoreal [mɑː'mɔːrɪəl] [mar-mo-rial], **Marmorean** [mɑː'mɔːrɪən] [mar-mo-rian], *a.* Marmóreo.

marmoset ['mɑːməzet] [mar-mo-set], *s.* Mono muy pequeño de la América del Sur.

marmot ['mɑːmət] [mar-mot], *s.* Marmota, animal roedor.

maroon [mə'ruːn] [ma-run], *va.* Abandonar, castigar a un marinero dejándolo en una costa desierta.

maroon, *a.* De color purpúreo o rojo obscuro. *-s.* 1. Color rojo obscuro. 2. Materia de tinte obtenida del alquitrán de hulla.

maroon, *v.t.* Abandonar en una isla desierta, aislar.

maroon, *s.* 1. Cimarrón, negro esclavo de las Antillas que se refugiaba en los bosques. 2. Persona abandonada en una isla.

marplot ['mɑːplət] [mar-plot], *s.* Cizañero, revolvedor, el que con su intervención e intrigas hace malograr un proyecto.

marque [mɑːk] [mark], *s.* Licencia para tomar represalias. **Letter of marque,** patente de corso.

marquee [mɑː'kiː] [mar-ki], *s.* 1. Marquesina. 2. Gran tienda de campaña. 3. Toldo para una ventana.

marquess, *s.* *V.* MARQUIS.

marquetry ['mɑːkwɪtrɪ] [mar-kui-tri], *s.* Marquetería, ataracea.

marquis ['mɑːkwɪs] [mar-kuis], *s.* Marqués, título de dignidad.

marquisate ['mɑːkwɪseɪt] [mar-kui-seit], *s.* Marquesado.

marquisette ['mɑːkwɪsɪt] [mar-kui-sit], *s.* Tejido fino de malla.

marrer ['mɑːrər] [ma-rar], *s.* El que echa a perder o el que daña a alguna persona o cosa.

marriage ['mærɪdʒ] [ma-rich], *s.* 1. Matrimonio, maridaje. 2. Casamiento (el estado y el acto), matrimonio. 3. Boda. 4. *(Fig.)* Enlace, íntima unión. **The marriage articles,** el contrato matrimonial o los contratos esponsalicios. **Mariage bonds,** lazos matrimoniales. **Marriage-song**, epitalamio. **The marriage-bed,** el lecho nupcial. **The marriage-day,** el día de la boda. **Marriage-bell,** toque de campanas con motivo de una boda. **Marriage-license,** licencia para casarse; cédula oficial concedida según la ley para que se casen las personas nombradas en ella. **Marriage-portion,** dote.

marriageable ['mærɪdʒəbl] [ma-ri-cha-bol], *a.* Casadero, núbil, capaz de contraer matrimonio. **She is not yet marriageable,** no ha llegado aún a la edad de tomar estado, o a la edad de matrimonio.

married ['mærɪd] [ma-rid], *a.* Casado, matrimonial, conyugal, connubial. **A married couple,** cónyuges, matrimonio, casados. **To get married,** casarse. **The married state,** el estado matrimonial.

marron ['mærən] [ma-ron], *s.* 1. Petardo pirotécnico. 2. Color castaño. 3. Gran castaña dulce del sur de Europa; se usa como alimento y para confitura.

marrow ['mærəʊ] [ma-rou], *s.* 1. Tuétano, médula. 2. Meollo, médula, la sustancia interior de alguna cosa; la esencia. **Vegetable marrow,** médula vegetal, calabacín.

marrowbone ['mærəʊbəʊn] [ma-rou-boun], *s.* Caña o hueso medular. **Marrowbones,** *(Fest.)* Las rodillas.

marrowfat ['mærəʊfæt] [ma-rou-fat], *s.* *(Bot.)* Guisante, especie de legumbre.

marrowish ['mærəʊɪʃ] [ma-rouish], *a.* Meduloso.

marrowless ['mærəʊlɪs] [ma-rou-lis], *a.* Falto de médula o tuétano.

marrowy ['mærəʊɪ] [ma-roui], *a.* Lleno de tuétano, meduloso; medular, de tuétano.

marry ['mærɪ] [ma-ri], *va.* 1. Casar, unir en matrimonio a un hombre y una mujer. 2. Casar, dar por esposo o esposa. 3. Tomar por marido o por mujer; desposar. 4. Casar, disponer algunas cosas de modo que hagan juego; *(Mar.)* ajustar los cabos sin aumentar el diámetro. *-vn.* Casar o casarse, contraer matrimonio. **To marry again,** volverse a casar, casarse de nuevo. **Marry in haste and repent at leisure,** tal se casa de prisa y se arrepiente despacio.

Mars [mɑːz] [mars], *s.* 1. Marte, uno de los planetas. 2. El dios romano de la guerra y de la fertilidad. 3. *(Des.)* Hierro.

marseilles [mɑː'seɪlz] [mar-seils], *s.* Tela tupida de algodón con un dibujo en relieve.

marsh ['mɑːʃ] [marsh], *s.* Pantano, tremedal, ciénaga, marjal. **Marsh-elder,** *(Bot.)* Especie de guelde. **Marsh-mallow,** (a) *(Bot.)* Malvavisco, altea. (b) Confite hecho con altea. **Marsh-marigold,** *(Bot.)* Hierba centella. **Marsh-rocket,** *(Bot.)* Especie de berro.

marshal ['mɑːʃəl] [mar-shal], *s.* 1. Mariscal. 2. Bastonero o maestro de ceremonias. 3. Mariscal de campo, militar del más alto rango. 4. *(E. U.)* (a) Oficial de los tribunales de justicia de los Estados Unidos. (b) Jefe de la policía o del departamento de incendios en algunas ciudades. 5. Precursor, aposentador de camino.

marshal, *va.* Ordenar, poner en orden; guiar como director de alguna función, disciplinar. *-vn.* Juntarse y ordenarse (army).

marshaller ['mɑːʃələʳ] [mar-sha-laʳ], *s.* El que arregla, ordena y pone en orden alguna cosa: ordenador.

marshalship ['mɑːʃəlʃɪp] [mar-shal-ship], *s.* Mariscalía, mariscalato.

marshy ['mɑːʃɪ] [mar-shi], *a.* Pantanoso, cenagoso.

marsupial [mɑː'suːpɪəl] [mar-su-pial], *a.* Marsupial, que tiene una bolsa para llevar sus pequeñuelos. *-s.* Animal marsupial que tiene dicha bolsa.

mart [mɑːt] [mart], *s.* 1. Emporio, lugar donde concurren para comerciar gentes de diversas naciones; mercado público. 2. *(Des.)* Tráfico, compra y venta.

martel ['mɑːtl] [mar-tel], *s.* *(Her.)* Martillo, maza de armas.

marten ['mɑːtɪn] [mar-tin], *s.* 1. Marta, fuina, garduña, animal carnívoro cuya piel es muy estimada. 2. Piel de fuina. 3. *(Orn.)* Avión, vencejo.

martial ['mɑːʃəl] [mar-shal], *a.* 1. Marcial, belicoso, guerrero. 2. Marcial, militar. **Court-martial,** consejo de guerra. **Martial music,** música marcial. **Martial array,** orden de batalla.

martialism ['mɑːʃəlɪzm] [mar-sha-li-sem], *s.* Marcialidad; valentía.

martialist ['mɑːʃəlɪst] [mar-sha-list], *s.* Guerreador, guerrero.

martian ['mɑːʃən] [mar-shan], *a.* De Marte. (el planeta o el dios mitológico).

martin ['mɑːtɪn] [mar-tin], **martinet** [ˌmɑːtɪ'net] [mar-ti-net], **martlet** ['mɑːtlɪt] [mart-let], *s.* Especie de golondrina; vencejo.

martinet [ˌmɑːtɪ'net] [mar-ti-net], *s.* 1. El militar muy riguroso en la disciplina. 2. *(Mar.)* Apagapeoles.

martingale ['mɑːtɪngeɪl] [mar-tin-gueil], *s.* 1. Martingala; gamarra. 2. *(Mar.)* Moco del baupés.

martini [mɑː'tiːnɪ] [mar-ti-ni], *s.* Martini, vermú, bebida alcohólica compuesta.

martyr ['mɑːtəʳ] [mar-taʳ], *s.* 1. Mártir, el que padece muerte por la verdad o en defensa de la religión. 2. Mártir, el que sufre muerte o persecución. 3. El que padece mucho tiempo (health).

martyrdom ['mɑːtədəm] [mar-ta-dom], *s.* Martirio.

martyrize ['mɑːtɪraɪz] [mar-ti-rais], *va.* Martirizar.

martyrological [ˌmɑːtɪrə'lɒdʒɪkəl] [mar-ti-ro-lo-yi-kal], *a.* Lo perteneciente al martirologio.

martyrologist [ˌmɑːtɪrə'lɒdʒɪst] [mar-ti-ro-lo-yist], *s.* Escritor de martirologios.

martyrology [ˌmɑːtɪrə'lɒdʒɪ] [mar-ti-ro-lo-yi], *s.* Martirologio.

marvel ['mɑːvəl] [mar-vel], *s.* Maravilla, prodigio, lo que causa admiración. **Marvel of Peru,** *(Bot.)* maravilla del Perú. *V.* FOUR-O'CLOCK.

marvel, *vn.* Maravillar, maravillarse, admirar, admirarse, llenarse de admiración, pasmarse de alguna cosa.

marvelous ['mɑːvələs] [mar-ve-los], *a.* Maravilloso, pasmoso, admirable, prodigioso, asombroso, estupendo.

marvelously ['mɑːvələslɪ] [mar-ve-los-li], *adv.* Maravillosamente, pasmosamente.

marvelousness ['mɑːvələsnɪs] [mar-ve-los-nes], *s.* Maravilla, extrañeza, singularidad; lo maravilloso, lo extraordinario.

marxianism, marxism ['mɑːksɪənɪzm] [mark-sia-ni-sem], *s.* Marxismo, doctrina de Carlos Marx.

marxist ['mɑːksɪst] [mark-sist], *s.* Marxista, partidario de la doctrina de Carlos Marx.

marzipan [ˌmɑːzɪ'pæn] [mar-si-pan], *s.* Mazapán.

mascara [mæs'kɑːrə] [mas-ka-ra], *s.* Tinte para obscurecer las pestañas, rimel.

mascot ['mæskət] [mas-kot], *s.* *(Fam.)* Alguna cosa de la que se supone que trae buena fortuna a su dueño.

masculine ['mæskjʊlɪn] [mas-kiu-lin], *a.* 1. Masculino, varonil. 2. *(Gram.)* Del género masculino (por su sexo o en sentido gramatical). **Masculine woman,** marimacho, mujer varonil.

masculineness ['mæskjʊlɪnnɪs] [mas-kiu-lin-nes], *s.* Masculinidad; virilidad.

maser ['mæsəʳ] [ma-saʳ], *s.* Maser, amplificación de microondas.

mash [mæʃ] [mash], *s.* 1. Amasijo, masa de alguna cosa ablandada, como afrecho amasado con agua. 2. Malta, el grano machacado o molido e infundido en agua caliente para hacer cerveza. 3. *(Des.)* Baturrillo, fárrago. **Mash o mashing-tub,** tina, vaso grande para mezclar cebada y agua.

mash, *va.* 1. Amasar, magullar, majar, poner blanda una cosa machacándola. 2. Amasar o mezclar la cebada molida con agua hirviendo para hacer cerveza. 3. *(Ger.)* Hacer cocos, cocar con persona del otro sexo.

mashy ['mæʃɪ] [ma-shi], *a.* Producido por magullación: magullado, abollado.

mask [mɑːsk] [mask], *s.* 1. Máscara, carátula, disfraz, carantoña, careta, mascarilla; mojiganga. 2. Velo, capa, pretexto, disimulación, disimulo, apariencia, color. **To put on a mask,** ponerse una máscara o careta. **Face mask,** mascarilla. **To take off the mask,** quitarse la máscara. 3. Molde que se obtiene de las facciones de una persona muerta. 4. Mascarada. *V.* MASQUERADE. 5. Representación dramática antigua en la que los actores asumían el papel de deidades mitológicas. 6. Máscara, persona que se disfraza. 7. *(Mil.)* Cubierta de ramaje para ocultar una batería.

mask, *va.* 1. Enmascarar, disfrazar y cubrir el rostro con máscara. **To mask a ship,** *(Mar.)* Disfrazar la bandera. 2. Encubrir, disimular, enmascarar, ocultar. *-vn.* Andar enmascarado. **Mask-ball o masked ball,** baile de máscaras, en que los concurrentes están disfrazados.

masker ['mɑːskəʳ] [mas-kaʳ], *s.* Máscara, el que se enmascara.

masking ['mɑːskɪŋ] [mas-kin], *s.* El acto de llevar máscara. *-pa.* de MASK.

masochism ['mæzəʊkɪzəm] [ma-sou-ki-sem], *s.* Masoquismo.

masochist ['mæzəʊkɪst] [ma-sou-kist], *a.* Masoquista.

masochistic [ˌmæzəʊ'kɪstɪk] [ma-sou-kis-tik], *a.* Masoquista.

mason , *s.* 1. Albañil. 2. Francmasón. **Mason-wasp,** Avispa albañila.

masonic [mə'sɒnɪk] [ma-so-nik], *a.* 1. Masónico, lo que pertenece a la sociedad de los francmasones. 2. Albañil, relativo a la albañilería.

masonry ['meɪsnrɪ] [mei-shon-ri], *s.* 1. Albañilería, el arte u oficio del albañil. 2. Construcción de albañilería. 3. Francmasonería.
masorite ['mæzəraɪt] [ma-so-rait], *s.* Escritor del Masora.
masque [mɑːsk] [mask], *s.* MASK.
masquerade [ˌmæskə'reɪd] [mas-ke-reid], *s.* 1. Mascarada, máscara, sarao de personas que se disfrazan con máscaras. 2. Mojiganga, disfraz, artificio para disimular. 3. Fiesta de cañas.
masquerade, *va.* Enmascararse, disfrazarse, ir disfrazado; asistir a algún sarao con máscara.
masquerader [ˌmɑːskə'reɪdə[r]] [mas-ke-rei-da[z]], *s.* Máscara, bufón.
mass [mæs] [mas], *s.* 1. Masa, montón, congerie, mole, conjunto de cosas que forman colectivamente un solo cuerpo. 2. Cuerpo informe; masa de materia concreta. 3. La parte principal de alguna cosa. 4. Bulto, volumen. **In mass** o **in the mass,** como un todo, en conjunto. **The masses,** el vulgo, la plebe, la gente con exclusión de los ricos y de las clases privilegiadas.
mass, *s.* 1. Misa, en la Iglesia católica. 2. Misa, la música que se compone para una misa solemne. **High mass,** misa mayor. **Low mass,** misa rezada. **A mass for the dead,** misa de réquiem o de ánima. **Mass-book,** misal, libro de misa. 3. Masa, multitud (of people).
massacre ['mæsəkə[r]] [ma-sa-kra[r]], *s.* Carnicería, matanza, mortandad grande.
massacre, *va.* Matar atrozmente, hacer una carnicería, destrozar.
massacrer ['mæsəkə[r]] [ma-sa-kra[r]], *s.* Matador, asesino.
massage ['mæsɑːdʒ] [ma-sach], *s.* Masaje. *-va.* Dar masajes, sobar el cuerpo.
masseter ['mæsətə[r]] [ma-sa-ta[r]], *s.* Masetero, músculo masticatorio poderoso de la quijada inferior.
masseur [mæ'sɜː[r]] [ma-sa[r]], *s.* Masajista (hombre).
masseuse [mæ'sɜːz] [ma-sesh], *s.* Masajista (mujer).
massicot ['mæsɪkət] [ma-si-kot], *s.* Albayalde calcinado, el óxido amarillo de plomo.
massiness ['mæsɪnɪs] [ma-si-nes], **Massiveness** ['mæsɪvnɪs] [ma-siv-nes], *s.* Peso, bulto, mole; solidez.
massive ['mæsɪv] [ma-siv], *a.* 1. Macizo, pesado, abultado, sólido. 2. *(Min.)* Sin forma definida de cristalización.
mass-media ['mæsmiːdɪə] [mas-mi-dia], *s.* Medios de comunicación de masas.
mass-meeting ['mæsˌmiːtɪŋ] [mas-mi-tin], *s.* Asamblea en masa; reunión pública a la que todos pueden concurrir.
mass-produce ['mæsprə'djuːs] [mas-pro-dius], *vt.* Producir en masa o en cadena.
mass production ['mæsprəˌdʌkʃən] [mas-pro-dak-shon], *s.* Fabricación en serie o en gran escala.
massy ['mæsɪ] [ma-si], *a.* Abultado, pesado, ponderoso, grueso, grande.
mast [mɑːst] [mast], *s.* 1. Palo de una embarcación; másitol. **Lower o standing mast,** *(Mar.)* Palos principales. **Top-masts,** *(Mar.)* Masteleros. **Mainmast,** palo mayor. **Foremast,** palo de trinquete. **Mizzen-mast,** palo de mesana. **Main-topmast,** mastelero mayor o de gavia. **Fore-top mast,** mastelero de proa. **Pole-mast,** palo de una pieza. **Made mast,** palo compuesto. **Fished mast,** palo reforzado. **Mast sprung,** palo rendido. **To spend a mast,** *(Mar.)* Perder un palo. 2. Bellota, fabuco, el fruto del roble y de la haya; avellana; en este sentido no tiene plural.
mast, *va.* 1. *(Mar.)* Arbolar un palo. 2. Cebar con bellotas, fabucos, etc., como a los cerdos.
master ['mɑːstə[r]] [mas-ta[r]], *s.* 1. Amo. 2. Amo, dueño, señor, el poseedor de una cosa. 3. Maestro, en contraposición a discípulo o aprendiz. 4. Director, gobernador, jefe. 5. Término de respeto que se usa como nombre genérico para designar a los señoritos muy jóvenes, o delante de los apellidos de estos mismos señoritos, como **Master Laight,** el señorito Laight. 6. Hombre entendido y diestro en alguna cosa. **Dancing-master,** maestro de baile. **Fencing-master,** maestro de esgrima. **Master of the horse,** caballerizo mayor. **Master of the ordnance,** director general de artillería o ingenieros. **Master-warden of the mint,** el director de la casa de moneda. **Master of arts,** maestro en artes o doctor en filosofía. **Master of a merchant vesel,** *(Mar.)* Capitán, maestre o patrón. **Past master,** (a) En muchas sociedades benéficas, el que ha tenido el oficio de director. (b) De aquí, el que es muy experto o hábil en alguna cosa. **Master-hand,** mano maestra, maestría. **Master-key,** llave maestra. **Master-stroke,** golpe maestro, golpe diestro. *-a.* Magistral, superior, principal. **To be master of the situation,** controlar la situación. **Master builder,** constructor principal, jefe de construcción. **Master workman,** maestro, capataz. **To be master of one's fate,** decidir su propio destino. **Master copy,** original (paper, book).
master, *va.* 1. Vencer, sujetar, domar; gobernar, dominar. 2. Ejecutar alguna cosa con maestría o destreza; comprender en todos sus detalles. *-vn.* Ser superior en alguna cosa. **To master the piano,** dominar el piano.
masterdom ['mɑːstədɒm] [mas-ta-dom], *s.* Dominio, mando.
masterful ['mɑːstəfʊl] [mas-ta-ful], *a.* 1. Imperioso, dominante; violento. 2. Hábil; diestro, capaz.
masterliness ['mɑːstəˌlɪnɪs] [mas-ta-li-nes], *s.* Maestría, destreza.
masterly ['mɑːstəlɪ] [mas-ter-li], *a.* 1. Magistral, que se ejecuta con maestría; digno de un maestro, hecho como por un maestro. 2. Ufano, imperioso, dominante. *-adv.* Magistralmente, con maestría.
master of ceremonies ['mɑːstə'ɒfˌserɪmənɪːz] [mas-ta-of-se-ri-mo-nis], *s.* Maestro de ceremonias.
masterpiece ['mɑːstəpiːs] [mas-ta-pis], *s.* Obra o pieza maestra, obra magistral.
mastership ['mɑːstəʃɪp] [mas-ta-ship], *s.* 1. Dominio, poder, gobierno. 2. Maestría, destreza. 3. Superioridad, preeminencia, conocimiento. 4. Magisterio, rectoría de un colegio u hospicio; la dignidad de ser el superior de un establecimiento público. 5. Tratamiento irónico de respeto.
masterwork ['mɑːstəwɜːk] [mas-ter-uerk], *s. V.* MASTERPIECE.
masterwort ['mɑːstəwɔːt] [mas-ta-uort], *s. (Bot.)* Imperatoria.
mastery ['mɑːstərɪ] [mas-ta-ri], *s.* 1. Magisterio. 2. Dominio, poder, gobierno. 3. Preeminencia, superioridad. 4. Maestría, destreza, habilidad. 5. Adquisición de conocimientos, de superioridad o de poder.
mastful ['mɑːstfʊl] [mast-ful], *a.* Lo que abunda en bellotas, fabucos o castañas.
masthead ['mɑːsthed] [mast-jed], *s.* 1. *(Mar.)* Tope o remate del mástil. 2. Vigía, el marinero que vigila desde el mástil. 2. Enviar a un marinero al tope del mástil por castigo.
mastic ['mæstɪk] [mas-tik], *s.* Almáciga o almástiga, resina que destila el lentisco; materia pegajosa o betún.
masticate ['mæstɪkeɪt] [mas-ti-keit], *va.* Masticar, mascar, desmenuzar con los dientes.
mastication [ˌmæstɪ'keɪʃən] [mas-ti-kei-shon], *s.* Masticación.
masticator ['mæstɪkeɪtə[r]] [mas-ti-kei-ta[r]], *s.* 1. Mascador, el que masca. 2. Masticador, una máquina para preparar el caucho curdo o la gutapercha.
masticatory ['mæstɪkətərɪ] [mas-ti-ka-to-ri], *s.* Masticatorio, especie de medicamento.
mastiff ['mæstɪf] [mas-tif], *s.* Mastín.
mastitis [mæs'taɪtɪs] [mas-tai-tis], *s.* Mastitis, inflamación de la mama en las mujeres embarazadas.
mastless ['mæstlɪs] [mast-les], *a.* 1. Lo que no produce bellotas, fabucos o castañas. 2. *(Mar.)* Desarbolado, sin palo o árbol.
mastodon ['mæstədən] [mas-to-don], *s.* Mastodonte.
mastoid ['mæstɔɪd] [mas-toid], *a.* Mastoideo, que tiene forma de teta o pezón.
mastology ['mæstəlɒdʒɪ] [mas-to-lo-yi], *s. V.* MAMMALOGY.

masturbate ['mæstəbeɪt] [mas-ta-beit], *vn.* Practicar la masturbación.

mastubation ['mæstə'beɪʃən] [mas-ta-bei-shon], *s.* Masturbación, onanismo.

mat [mæt] [mat], *s.* 1. Estera, esterilla, petate, ruedo, felpufo hecho de esparto o de otra materia. **Sheep-skin mat,** zalca. 2. *(Mar.)* Palleta o pallete, empalletado, para impedir el roce. 3. Borde de cartón puesto alrededor de un cuadro, grabado, etc. **Chafed-mat,** *(Mar.)* Palleta afelpada.

mat, *va.* Esterar, cubrir con esteras; tejer.

mat, *va.* Producir (en los metales) una superficie mate, no pulida. *-a.* Mate, no pulido. *-s.* Herramienta para producir una superficie sin brillo. *V.* MATT.

matador ['mætədɔːʳ] [ma-ta-doʳ], *s.* Matador, espada (en las corridas de toros).

match ['mætʃ] [mach], *s.* 1. Mecha, pajuela, cualquier cosa a que se pega fuego con facilidad. 2. *(Art.)* Mecha, cuerdamecha, cuerdacalada. 3. Cerilla, fósforo. **Match-box,** fosforera, caja de cerillas.

match, *s.* 1. Compañero, pareja, una de las personas o cosas que forman un par. 2. Contrincante, el que compite con otro; igual, semejante. 3. Partido. 4. Juego, contienda, lucha de agilidad o fuerza. 5. Casamiento, alianza, boda. **Tennis match,** partido de tenis. **Match point,** punto de partido *(Tennis).* **He has met with his match,** ha encontrado la horma de su zapato. **A rich match,** alianza rica o ventajosa. **A running match,** una partida igual. **To be a bad match,** ir mal juntos, no emparejar.

match, *va.* 1. Igualar a, hacer conveniente, proporcionar. 2. Competir, entrar en competencia con otro. 3. Hermanar, aparear. **To match a pair of buckles,** hermanar un par de hebillas. **To match horses,** emparejar caballos. 4. Casar, dar en matrimonio. *-vn.* 1. Casar contraer matrimonio. *-vn.* 1. Casar, contraer matrimonio. 2. Hermanarse, ser una cosa igual a otra. **His stockings do not match,** sus medidas no son parejas o iguales. **Match up,** corresponder, hacer juego.

matchable ['mætʃəbl] [ma-cha-bol], *a.* Adaptable, igual, correspondiente, proporcionado.

matchbook ['mætʃbʊk] [mach-buk], *s.* Pequeño paquete de fósforos.

matching ['mætʃɪŋ] [ma-chin], *a.* Que hace juego.

matchless ['mætʃlɪs] [mach-les], *a.* Incomparable, sin igual, sin par.

matchlessly ['mætʃlɪslɪ] [mach-les-li], *adv.* Incomparablemente.

matchlessness ['mætʃlɪsnɪs] [mach-les-nes], *s.* El estado, calidad o propiedad de lo que no tiene igual.

matchlock ['mætʃlɒk] [mach-lok], *s.* Llave de los mosquetes antiugos que tenía una mecha.

match-maker ['mætʃmeɪkəʳ] [mach-mei-kaʳ], *s.* 1. Casamentero. 2. Pajuelero, fabricante de pajuelas o fósforos.

match-making ['mætʃmeɪkɪŋ] [mach-mei-kin], *s.* 1. Acción de meterse en hacer bodas. 2. Fabricación de pajuelas o fósforos.

mate [meɪt] [meit], *s.* 1. Consorte, marido o mujer. 2. Compañero, compañera; camarada. 3. Macho o hembra entre los animales. 4. Comensal, el que come a la mesa con otro. 5. Mate, en el juego del ajedrez. 6. *(Mar.)* Contramaestre, oficial de rango inferior al del capitán. **Boat-swain's mate** *(Mar.)* guardián del contramaestre. **Steward's mate,** *(Mar.)* Ayudante del despensero.

mate, *va.* 1. Casar, desposar, unir. 2. Igualar; aparar. 3. Competir; asombrar, asustar. 4. En el juego de ajedrez, dar jaque mate. 5. *(Des.)* Abrumar, confundir; vencer. 5. Acoplarse, aparearse *(Zool.).*

mateless ['meɪtlɪs] [meit-les], *a.* Solo, sin compañero, falto de consorte.

material [mə'tərɪəl] [ma-te-rial], *a.* 1. Material; corpóreo, físico. 2. Importante, que es de consecuencia o entidad, principal, esencial, potente; serio, grave. **Nothing material,** nada de interesante o de importancia. 3. Material, lo contrapuesto a formal. **Most material to,** de la mayor importancia para. *-s.* 1. Material, ingrediente. 2. El material de que se compone una obra. **Building materials,** materiales de construcción.

materialism [mə'tərɪəlɪzəm] [ma-te-ria-li-sem], *s.* Materialismo.

materialist [mə'tərɪəlɪst] [ma-te-ria-list], *s.* Materialista, el sectario del materialismo; el que admite como unica sustancia la materia, negando la espiritualidad.

materialistic [mə'tərɪəlɪs'tɪk] [ma-te-ria-lis-tik], *a.* Materialista.

materiality [mə'tərɪəlɪtɪ] [ma-te-ria-li-ti], *s.* Materialidad, corporeidad, existencia meramente material.

materialize [mə'tərɪəlaɪz] [ma-te-ria-lais], *va.* 1. Hacer material alguna cosa; reducir a materia: considerar como materia. 2. Realizar, materializar, hacer visible y real. 3. Hacer común o vulgar. *-vn.* Realizarse, llegar a ser objeto de observación, tomar forma perceptible.

materially [mə'tərɪəlɪ] [ma-te-ria-li], *adv.* 1. Materialmente. 2. Esencialmente, de una manera importante. 3. Desde el punto de vista físico.

materialness [mə'tərɪəlnɪs] [ma-te-rial-nes], *s.* Materialidad, importancia.

maternal [mə'tɜːnl] [ma-ter-nal], *a.* Maternal, materno.

maternity [mə'tɜːnɪtɪ] [ma-ter-ni-ti], *s.* 1. Maternidad. 2. Hospital de parturientas: *(Amer.)* casa de maternidad.

mateship ['meɪtʃɪp] [meit-ship], *s.* Compañerismo.

math [mæθ] [maz], *s.* La siega del heno: se usa en composición, como **After-math,** retoño del heno.

mathematic, mathematical [ˌmæθə'mætɪk] [ma-ze-ma-tik], *a.* Matemático.

mathematically [ˌmæθə'mætɪkəlɪ] [ma-ze-ma-ti-ka-li], *adv.* Matemáticamente.

mathematics [ˌmæθə'mætɪkz] [ma-ze-ma-tiks], *s. pl.* Matemática, matemáticas, ciencia que trata de la cantidad.

mathesis ['mæθiːsɪs] [ma-zi-sis], *s.* *(Ant.)* Matemática, la doctrina o ciencia matemática.

matin ['mætɪn] [ma-tin], *s.* Mañana. *-a.* Matutino.

matinée ['mætɪneɪ] [ma-ti-nei], *s.* Matiné, función de la tarde. **Matinée idol,** actor que goza temporalmente de la adoración femenina.

mating ['meɪtɪŋ] [mei-tin], *s.* Apareamiento *(Zool.).* **Mating season,** época de celo.

matins ['mætɪnz] [ma-tins], *s. pl.* Maitines.

matrass ['mætrəs] [ma-tras], *s.* *(Quím.)* Matraz, una especie de retorta.

matriarch ['meɪtrɪɑːk] [mei-triark], *s.* Madre que gobierna a su familia.

matrices ['mætrɪsɪs] [ma-tri-sis], *s. pl.* de MATRIX.

matricidal ['mætrɪsɪdl] [ma-tri-si-dal], *a.* Que se refiere al matricidio.

matricide ['mætrɪsaɪd] [ma-tri-said], *s.* Matricidio; matricida.

matricula ['mætrɪkjʊlə] [ma-tri-kiu-la], *s.* Matrícula, lista, catálogo, de un colegio o universidad.

matriculate [mə'trɪkjʊleɪt] [ma-tri-kiu-leit], *va.* y *vn.* Matricular, sentar en la matrícula; admitir o ser admitido en un colegio o en una universidad.

matriculate, *s.* y *a.* Matriculado.

matriculation [məˌtrɪkjʊ'leɪʃən] [ma-tri-kiu-lei-shon], *s.* Matriculación, el acto de matricular en algún colegio o universidad.

matrimonial [ˌmætrɪ'məʊnɪəl] [ma-tri-mou-nial], *a.* Matrimonial, conyugal; marital.

matrimonially [ˌmætrɪ'məʊnɪəlɪ] [ma-tri-mou-nia-li], *adv.* Matrimonialmente.

matrimony [ˌmætrɪ'məʊnɪ] [ma-tri-mou-ni], *s.* 1. Matrimonio, el estado de los casados. 2. Casamiento, nupcias.

matrix ['meɪtrɪks] [mei-triks], *s.* 1. *(Anat.)* Matriz, útero. 2. *(Biol.)* Sustancia intercelular. 3. Matriz, molde. 4. Quijo, la piedra sólida en que se cría el metal en las minas.

matron ['meɪtrən] [mei-tron], *sf.* 1. Matrona, mujer casada, madre de familia; mujer de edad y respetable. 2. Ama de llaves o directora de un instituto o corporación.

matronal ['meɪtrənl] [mei-tro-nal], *a.* Matronal, lo perteneciente a la matrona.

matronize ['meɪtrənaɪz] [mei-tro-nais], *va.* 1. Dar la apariencia o las cualidades de matrona. 2. Acompañar a una joven a las tertulias o reuniones públicas.

matron-like ['meɪtrənlaɪk] [mei-tron-laik], *a.* Semejante a una matrona; grave, modesta.

matronly ['meɪtrənlɪ] [mei-tron-li], *a.* Como matrona, seria, grave.

matronymic ['meɪtrənɪmɪl] [mei-tro-ni-mik], *a.* Perteneciente al nombre de la madre o derivado de él. *-s.* Nombre así derivado.

matt [mæt] [mat], *a.* Mate, sin brillo, sin pulimento. **A matt surface,** Superficie, mate, sin brillo. *-s.* Superficie no bruñida.

matte [mæt] [mat], *s.* Mate, producto metálico sin purificar que contiene azufre; se obtiene especialmente del cobre.

matter ['mætəʳ] [ma-taʳ], *s.* 1. Materia, cuerpo. 2. Materia o material con que se hace alguna cosa. 3. Materia, asunto, objeto de que se habla o de que se trata. 4. Cosas, asuntos, negocios, quehacer, dependencia. 5. Cuestión, proposición sobre que se disputa o trata. 6. Importancia, consecuencia, entidad. 7. Cualquier cosa o razón por la cual se siente alguna inquietud o cuidado. 8. Materia, pus. **What is the matter with you?** ¿qué le ocurre? **It is no matter**, no importa. **What is the matter?** ¿de qué se trata? ¿qué ocurre? **What is the matter that you are so sad?** ¿Por qué está Ud. tan triste? **Nothing is the matter,** no pasa nada. **I make no matter of it,** no hago caso de ello: familiarmente, maldito el caso que hago de tal cosa. **A matter of course,** una cosa de cajón. *-a.* Natural, que ha de esperarse. **It is a matter of fact,** es un hecho; cosa positiva, realidad. **A matter of fact man,** la persona que se atiene esptrictamente a lo que resulta de los hechos. **He only believes what he sees,** *(Vulg.)* Santo Tomás, ver y creer. **Off-hand matters,** cosas o asuntos de cada día. **No matter what she says,** diga lo que diga.

matter, *va.* 1. Importar, convenir o hacer al caso alguna cosa: se usa solamente después de *it, this, that o what.* **It matters not,** no importa, y familiarmente, no vale la pena. **What matters it?** ¿qué importa eso? **It matters much,** importa mucho. 2. Supurar, formarse materia o pus en una úlcera o llaga. *-va.* Hacer caso.

matterless ['mætəlɪs] [ma-ta-les], *a.* Fútil, falto de interés, de importancia o de objeto.

matting ['mætɪŋ] [ma-tin], *s.* 1. Esterado, tejido de juncos para entapizar. 2. *V.* MAT, 3ª acep. 3. Empalletado para impedir el roce.

mattock ['mætək] [ma-tok], *s.* Azadón de peto; zapapico, piqueta.

mattress ['mætrɪs] [ma-tris], *s.* 1. Colchón, cojín grande para descansar o dormir sobre él. 2. Empalletado, enlazado de ramaje, pértigas, etc., para proteger los diques y escolleras.

maturation [mætjʊə'reɪʃən] [ma-chu-rei-shon], *s.* 1. Maduración, progreso hacia la madurez. 2. *(Med.)* Supuración.

mature [mə'tjʊəʳ] [ma-chuaʳ], *a.* 1. Maduro, sazonado. 2. Maduro, prudente, juicioso, sesudo. **Upon a more mature deliberation,** después de haberlo reflexionado detenidamente. 3. Acabado, elaborado. 4. *(Com.)* Vencido, pagadero. **To grow mature,** madurarse. **Mature years,** edad madura.

mature, *va.* 1. Madurar, disponer los medios para facilitar el logro de algún fin; adelantar hacia la conclusión. 2. Madurar, sazonar las frutas, etc. *-vn.* 1. Madurar o madurarse. 2. Ir madurando, tomando asiento o entrando en seso. 3. *(Com.)* Vencer, cumplirse un plazo.

maturely ['mətjʊəlɪ] [ma-chua-li], *adv.* Maduramente; con anticipación, con mucha reflexión.

matureness ['mətʃʊənɪs] [ma-chua-nes], *s.* Madurez, estado de perfección.

maturity [mə'tʃʊərɪtɪ] [ma-chua-ri-ti], *s.* 1. Madurez; edad madura. 2. Estado de perfección; a veces, la pubertad. 3. *(Com.)* Vencimiento (de un pagaré).

matutinal [ˌmætjʊ'tɪnəl] [ma-tu-ti-nal], *a.* Matutino, lo que pertenece a la mañana.

maudlin ['mɔːdlɪn] [mod-lin], *a.* 1. Entontecido por la embriaguez. 2. Lloroso y calamocano, que tiene el vino triste. *-s. V.* YARROW.

maugre ['mɔːgəʳ] [mo-gaʳ], *adv.* A pesar de, no obstante.

maukin ['mɔːkɪn] [mo-kin], *s.* Trapo; espantajo. *V.* MALKIN.

maul [mɔːl] [mol], *va.* 1. Apalear, maltratar a golpes, aporrear; tratar rudamente, abusar, vapulear. 2. Hender por medio de un mazo y cuñas.

maul, *s.* 1. Mazo o martillo grande de madera. 2. *(Mar.)* Bandarria, mandarria.

maul-stick ['mɔːlstɪk] [mol-stik], *s.* MAHLSTICK.

maunder ['mɔːndəʳ] [mon-daʳ], *vn.* 1. Gruñir, murmurar, rezongar, refunfuñar. 2. *(Des.)* Mendigar.

maunderer ['mɔːndərəʳ] [mon-de-raʳ], *s.* Gruñidor, murmurador.

maundering ['mɔːndərɪŋ] [mon-de-rin], *s.* Queja, quejido, gruñido, murmuración.

maundy ['mɔːndɪ] [mon-di], *s.* Mandato, la ceremonia eclesiástica de lavar los pies a doce personas. **Maundy Thursday,** Jueves santo, o jueves del mandato, la víspera del Viernes Santo.

mausolean [ˌmɔːsə'lɪən] [mo-so-lian], *a.* Sepulcral, lo que pertenece al sepulcro o al mausoleo.

mausoleum [ˌmɔːsə'lɪəm] [mo-so-liam], *s.* Mausoleo, sepulcro magnífico y suntuoso.

mauve [məʊv] [mouv], *s.* Color purpúreo delicado o lila; sustancia purpúrea de tinte.

maverick ['məvərɪk] [ma-ve-rik], *s.* 1. Animal sin marca de hierro. 2. Becerro sin madre. 3. *(Fam.)* Disidente.

mavis ['mævɪs] [ma-vis], *s.* *(Orn.)* Malvís, zorzal.

maw [mɔː] [mo], *s.* 1. Buche o molleja de las aves. 2. Cuajar, la parte del animal que corresponde al estómago en el hombre. 3. Vejiga de aire en los peces.

mawk ['mɔːk] [mok], *s.* (Prov. Ingl.) 1. Gusano. *V.* MAGGOT. 2. Mujer desaliñada; también se llama **mawks**. *V.* SLATTERN.

mawkish ['mɔːkɪʃ] [mo-kish], *a.* Fastidioso, empalagoso, desagradable al paladar; insípido o asqueroso.

mawkishness ['mɔːkɪʃnɪs] [mo-kish-nes], *s.* La calidad o propiedad de causar hastío o repugnancia; asquerosidad.

mawky ['mɔːkɪ] [mo-ki], *a.* Gusaniento.

maw-worm ['mɔːwɔːm] [mo-uorm], *s.* 1. Lombriz. 2. *V.* BOT.

max. *Abreviatura de* **maximum**.

maxi ['mæksɪ] [mak-si], *a.* Maxi *(Fam.).*

maxilla [mæk'sɪlə] [mak-si-la], *s.* Hueso maxilar, uno de los huesos de la quijada, particularmente de la superior.

maxillar [ˌmæk'sɪləʳ] [mak-si-laʳ], **maxilary** [ˌmæksɪ'lərɪ] [mak-si-la-ri], *a.* Maxilar, perteneciente a las mejillas o quijadas.

maxim ['mæksɪm] [mak-sim], *s.* 1. Máxima, sentencia, o dicho sentencioso, aforismo, regla. 2. Principio aceptado, teórico o práctico. 3. *(Ant.)* Axioma.

maximum ['mæksɪməm] [mak-si-mom], *s.* Lo sumo, lo más alto, lo último a que puede subir alguna cosa.

may [meɪ] [mei], *vr. irr.* y def. (*pret.* MIGHT). 1. Tener licencia, libertad, facultad o permiso, tener el poder moral; ser lícito, permitido. **If it may be,** si puede ser. **If I may say so,** si me es permitido decirlo o si puedo decirlo. 2. Ser posible dadas ciertas circunstancias; poderse. **As much as may be,** tanto como se pueda. **As soon as may be,** lo más pronto posible. **It may be,** puede ser. 3. Suceder, sea lo que sea: se usa elípticamente. **Be the pain what it may,** cualquiera que sea el dolor. 4. Denota deseo vivo, y se traduce por ojalá, Dios quiera, o se omite, y el verbo se pone en el modo optativo inglés, correspondiente al subjuntivo en castellano. **May I live long enough to see my country,** ojalá que yo viva hasta que pueda ver mi patria. **May you live long and**

happy, viva Ud. largos y felices años. **May it please the court,** dígnese el tribunal (o el consejo) atender a mi súplica o solicitud. **I hope she may succeed,** espero que tenga suerte. **Be that as it may,** sea como sea. **May you have a happy life together!** ¡que sean felices! (wishes).

may ['meɪ] [mei], *s.* 1. Mayo, el quinto mes del año. 2. Primavera de la vida. 3. *(Des.)* Virgen, doncella. 4. *V.* HAWTHORN. **May-apple,** podofilo, la planta y su fruto. *V.* MANDRAKE, 2ª acep. **May-bloom,** *(Bot.)* Maya, espina blanca. **May-bug,** *(Ent.)* Especie de escarabajo. **May-lady, May-queen,** maya, la joven que sus compañeras elijen para que presida la fiesta de mayo. **May-lily,** *(Bot.)* Lirio de los valles. **May-pole,** mayo, el árbol cortado y adornado que se pone en los pueblos en algún lugar público para bailar alrededor de él en el primer día de mayo. **May-weed,** *(Bot.)* Manzanilla loca.

may, *vn.* Coger flores la mañana del día primero de mayo.

Maya ['maɪjə] [mai-ya], *a.* y *s.* Maya, Quiché.

maybe ['meɪbiː] [mei-bi], *adv.* Acaso, quizá, por ventura.

mayday ['meɪ] [mei], *s.* 1. SOS, socorro (distress call). 2. El día primero de mayo.

may-duke ['meɪdjuːk] [mei-diuk], variedad de la cereza ordinaria (corrupción de Médoc).

may-flower ['meɪflaʊəʳ] [mei-flauaʳ], *s.* *(Bot.)* 1. Maya; las flores que se hallan en mayo. 2. *(E. U.)* Planta rastrera primaveral.

may-fly ['meɪflaɪ] [mei-flai], *s.* *(Ent.)* Mosca de mayo o de pescadores; mosca de un día, insecto efímero.

may-game ['meɪgeɪm] [mei-gueim], *s.* Juego, fiesta o diversión del día primero de mayo.

mayhem ['meɪhem] [mei-jem], *s.* 1. *(For.)* Mutilación. 2. Alboroto.

maying ['meɪɪŋ] [meiin], *s.* El acto de celebrar la antigua festividad del primero de mayo con guirnaldas, flores, bailes, etc.

mayo ['meɪəʊ] [meiou], *s.* = **Mayonnaise** *(E. U. fam.)*

mayonnaise [meɪə'neɪz] [meiou-neis], *s.* Mayonesa, salsa fría de yemas de huevo y aceite, batidos y sazonados a voluntad.

mayor ['mɛəʳ] [meiaʳ], *s.* Alcalde, corregidor, el magistrado principal de una ciudad.

mayoralty ['mɛərəltɪ] [mea-ral-ti], *s.* Corregimiento, el empleo y oficio del corregidor.

mayoress ['mɛərɪs] [mea-res], *sf.* Corregidora, la mujer del corregidor.

mazarine ['mæzəriːn] [ma-sa-rin], *s.* 1. Color azul subido. 2. Un modo particular de guisar aves. 3. Plato pequeño puesto dentro de otro mayor. **Mazarine blue,** color azul subido.

mazda lamp [ˌmæzdə'kæmp] [maz-da-lamp], *s.* Lámpara de tungsteno.

maze [meɪz] [meis], *s.* 1. Laberinto, lugar compuesto de varias calles o encrucijadas de difícil salida. 2. Laberinto, embolismo, enredo, duda, perplejidad, confusión. **To be in a maze,** estar perplejo, dudoso, confuso o sorprendido, estar metido en un laberinto.

maze, *s.* Taza de arce u otra madera.

maziness ['meɪznɪs] [meis-nes], *s.* Perplejidad, enredo.

mazurka ['mæzɜːkə] [ma-ser-ka], *s.* Mazurca, especie de polca y su música.

mazy ['meɪzɪ] [mei-si], *a.* Confuso, perplejo, asombrado, embrollado, enredado, confundido.

me [miː] [mi], pron. Me, el caso acusativo de **I**, yo; mí, después de una preposición. **As for me,** en cuanto a mí. **For me,** para mí, en mi sentir. **With me,** conmigo. **Do me the favor,** hágame Ud. el favor.

mead [miːd] [mid], *s.* Aguamiel, licor fermentado compuesto de miel y agua, aromatizado con especias.

mead *(Poét.)* **meadow** ['medəʊ] [me-dou], *s.* Pradera, pradería, vega, prado, por lo común produce el heno. **Meadowlark,** alondra de los prados.

meadow-saffron [ˌmedəʊ'sæfrən] [me-dou-sa-fron], *s.* *(Bot.)* Villorita, quitameriendas.

meadowy ['medəʊɪ] [me-doui], *a.* De pradera; parecido a un prado; lleno de prados.

meager, meagre ['miːgəʳ] [mi-gaʳ], *a.* 1. Magro, flaco, enjuto; insuficiente. 2. Pobre, hambriento, falto de fertilidad o de riqueza. 3. Cuaresmal, propio de la cuaresma. **Meager soup,** sopa de viernes.

meagerly, meagrely ['miːgəlɪ] [mi-ga-li], *adv.* Pobremente, flacamente.

meagerness, meagreness ['miːgənɪs] [mi-ga-nes], *s.* Flaqueza, falta de carnes; escasez.

meal [miːl] [mil], *s.* 1. Comida, el sustento que se toma de una vez. 2. Harina, el grano comestible no muy molido.

mealman ['miːlmən] [mil-man], *s.* Harinero, el que comercia en harina.

mealtime ['miːltaɪm] [mil-taim], *s. f.* Hora de comer.

mealy ['miːlɪ] [mi-li], *a.* Harinoso, farináceo.

mealy-mouthed ['miːlɪ'maʊðd] [mi-li-mauzd], *a.* Tímido y modesto en apariencia, doble, falso, hipócrita.

mealy-mouthedness ['miːlɪ'maʊðdnɪs] [mi-li-mauzd-nes], *s.* Melosidad, hipocresía en el hablar.

mean [miːn] [min], *a.* 1. Humilde, mediano; basto, inferior, pobre. 2. Bajo, vil, ruin, indigno, tacaño, obscuro, despreciable, abatido. **A mean action,** bajeza, bastardía, vileza, ruindad. **That was mean,** fue una vileza. 3. Mezquino, sórdido; pobre. 4. De poco valor o eficacia. **No mean foes,** no despreciables enemigos. 5. *(E.U.)* Formidable. **She played a mean game,** jugó estupendamente.

mean, *a.* 1. Medio, del medio. 2. Intermedio, en cuanto al volumen, al grado, a la calidad o al tiempo. **In the meantime, meanwhile,** entretanto, mientras tanto. **Mean time,** *(Astr.)* Tiempo medio.

mean, *s.* 1. Medio, lo que está entre los extremos; de aquí, mediocridad, medianidad, medianía. 2. Medio, manera, modo, forma, instrumento, expediente, diligencia o acción conveniente para el logro de alguna cosa. 3. *pl.* Medios, instrumento; lo que sirve para hacer una cosa; se usa a menudo con el verbo en singular. 4. *pl.* Medios, caudal, rentas, recursos, riquezas. 5. Término medio de un silogismo. **Private means,** rentas particulares. **By all means,** positivamente, sin duda, por supuesto. **By no means,** de ningún modo, de ninguna manera. **By fair means,** por medios lícitos; a buenas, por buenos modos, por dulzura. **By foul means,** por malos medios, por medios injustos, por la fuerza. **By no manner of means,** en absoluto. **By this means,** por este medio. **By some means or other,** de una manera u otra. **To live on one's means,** vivir de sus rentas. **He has no means to do it,** le faltan recursos para hacerlo. **To live within/beyond one's means,** vivir por debajo/encima de sus posibilidades.

mean, *vn.* (*pret.* y *pp.* MEANT). Hacer intención, hacer ánimo, pensar, proponerse o tener propósito de hacer alguna cosa (intend). **I mean to go by daybreak,** me propongo partir al romper el día. **I mean to go tomorrow,** estoy en ir mañana. -va. 1. Significar, querer decir, dar a entender. 2. Intentar, pretender. **What do you mean by that?** ¿qué quiere Ud. decir con eso? **What do you mean to do?** ¿qué pretende Ud. hacer? **He is a little rough, but he means well,** es un poco tosco, pero tiene buen corazón, o buenas intenciones. **What do you mean!** ¡Cómo se entiende! **What do you mean by taking it?** ¿cómo se atreve Ud. a coger eso? **Do you mean me?** ¿te refieres a mí? **To mean what one says,** pensar lo que se dice. **He did not mean to do it,** lo hizo sin querer, sin pensar. **She is meant to do it,** se supone que lo tiene que hacer ella. **He means well,** tiene buenas intenciones. **A well-meaning man,** un hombre de buena fe o buenos sentimientos; sincero, cándido, bien intencionado. **I mean what I say,** lo digo en serio. **Mean it!** ¡vaya! **The teacher means to be obeyed,** el profesor insiste en que se le obedezca.

meander [mɪ'ændəʳ] [min-daʳ], *s.* Laberinto, camino tortuoso y lleno de vueltas y revueltas.

meander, *va.* Rodear, hacer una cosa tortuosa o intrincada. -*vn.* Serpentear, voltear, tornar.

meandering [mɪ'ændərɪŋ] [min-da-rin], *adj.* Serpenteante (road). Con meandros (river).

meandrian ['mi:ndrɪən] [min-drian], **meandry** ['mi:ndrɪ] [min-dr], *a.* Serpentino, tortuoso.

meandrous ['mi:ndrəs] [min-dros], *a.* Tortuoso, serpentino.

meaning ['mi:nɪŋ] [mi-nin], *s.* 1. Ánimo, intención, voluntad, designio. 2. Sentido, significado, acepción, significación de una palabra o sentencia. **Double meaning,** ambigüedad, equívoco, doble sentido. *(Vulg.)* Retruécano. **There is no meaning in what he says,** es cháchara todo lo que dice; no tiene el menor fundamento cuanto dice. **Do you get his meaning?** ¿Le entiendes?

meaningful ['mi:nɪŋfʊl] [mi-nin-ful], *a.* Significativo.

meaningless ['mi:nɪŋlɪs] [mi-nin-les], *a.* Vacío de sentido, sin objeto ni importancia.

meaningly ['mi:nɪŋlɪ] [mi-nin-li], *adv.* De una manera significativa, con intención.

meanly ['mi:nlɪ] [min-li], *adv.* 1. Sin dignidad. **Meanly, born,** nacido de baja estofa. 2. Mediocremente. 3. Bajamente, vilmente. 4. Con desprecio; pobremente, miserablemente. **To think meanly of,** despreciar, hacer poco caso de.

meanness ['mi:nnɪs] [min-nes], *s.* 1. Bajeza, pobreza. 2. Bajeza, vileza, villanía, infamia, maldad (nastiness). 3. Tacañería, miseria, ruindad, roñería, mezquindad (money).

meant [ment] [ment], *pret.* y *pp.* del verbo TO MEAN.

meantime, meanwhile ['mi:n'taɪm] [min-taim] ['mi:n'waɪl] [min-uail], *adv.* Mientas tanto, entretanto, en el intervalo. *-s.* Interin.

mease ['mi:z] [mis], *s.* (Prov. Ingl.) La cantidad de quinientos. **A mease of herrings,** quinientos arenques.

measled ['mi:zled] [mis-les], **Measly** ['mi:zlɪ] [mis-li], *a.* 1. Atacado del sarampión o que tiene sarampión. 2. Roñoso (dícese de los cerdos). 3. *(Bajo)* Despreciable, vil; que no debe tocarse.

measles ['mi:zlz] [mis-lis], *s.* 1. Sarampión, una fiebre eruptiva del cuerpo humano. 2. Roña de los cerdos y otros naimales, enfermedad causada por la lombriz solitaria. 2. Cáncer, enfermedad de los árboles.

measurable ['meʒərəbl] [me-sa-ra-bol], *a.* Mensurable; limitado y corto en cantidad.

measurableness ['meʒərəblnɪs] [me-sa-ra-bol-nes], *s.* Mensurabilidad.

measurably ['meʒərəblɪ] [me-sa-ra-bli], *adv.* Mesuradamente.

measure ['meʒəʳ] [me-saʳ], *s.* 1. Medida. 2. Unidad de medida; tipo, modelo. **Dry measure,** medida para áridos. **Liquid measure,** medida para líquidos. 3. Medida, proporción, correspondencia que guarda una cosa con otra. 4. Medida, la cantidad de sílabas de los versos. 5. Compás, metro, cadencia. 6. Modo, grado, cantidad. 7. Moderación. 8. Medida, disposición, providencia; medios, expediente que se toma para conseguir algún fin. 9. Acto o procedimiento determinado; en especial, propuesta de ley. 10. *(Mat.)* Cantidad que se toma como unidad para expresar las relaciones con otras cantidades. 11. *(Mús.)* Porción de música, entre dos barras de la pauta, compás. 12. *pl.* *(Geol.)* Serie de capas relacionadas que tiene algún rasgo común entre sí. **To have hard measure,** ser tratado con rigor. **In some measure,** de algún modo, hasta cierto punto. **In a great measure,** en gran manera, en mucha parte. **In large measure,** en gran medida. **Beyond measure, out of measure,** sin límite, con exceso. **Common measure,** compás ordinario. **To take measures,** tomar las medidas necesarias.

measure, *va.* 1. Medir. 2. Ajustar, proporcionar. 3. Medir, señalar, distribuir. 4. Formar juicio de la cantidad o extensión de una cosa. 5. Estimar, juzgar; valuar. 6. Atravesar midiendo. *-vn.* 1. Tomar la medida de alguna cosa. 2. Tener ciertas dimensiones. **Measure your desires by your fortune,** proporcionad vuestros deseos a vuestra fortuna. **Measure off,** medir. **Measure up,** ser capaz, estar a la altura de.

measured ['meʒəd] [me-sad], *pp.* y *a.* 1. Medido, calculado, determinado por un tipo o una regla. 2. Uniforme, lento, rítmico. 3. Limitado, restringido.

measureless ['meʒəlɪs] [me-sa-les], *a.* Inmenso, inmensurable.

measurement ['meʒəmənt] [me-sa-ment], *s.* Medida, la acción de medir. **Measurement-bill,** *(Mar.)* Certificación del porte de los buques.

measurer ['meʒərəʳ] [me-sa-raʳ], *s.* Medidor.

measuring ['meʒərɪŋ] [me-sa-rin], *s.* Medición, medida, el acto de medir. *-pa.* of MEASURE. **Measuring spoon,** cuchara para medir. **Measuring tape,** cinta métrica. **Measuring-worm,** cualquier oruga que se encoge y alarga alternativamente al andar; geómetra, oruga nociva.

meat [mi:t] [mit], *s.* 1. Carne, la parte de los animales a propósito para comerse. 2. Vianda, la comida y sustento de los racionales. **Boiled meat,** cocido. **Stewed meat,** estofado. **Minced meat,** picadillo. **Roast meat,** asado. **Baked meat,** carne asada al horno. **Fried meat,** carne frita. **Broiled meat,** carne asada en parrilllas. **Cold meat,** carne fiambre. **Hashed meat,** guisado. **Preserved meats,** viandas conservadas. **One man's meat is another man's poison,** *(prov.)* Lo que a uno cura a otro mata. **Meat-fly,** mosca de carne: *V.* FISH-FLY.

meatball ['mi:tbɔ:l] [mit-bol], *s.* Pelota de carne picada, albóndiga.

meated ['mi:tɪd] [mi-tid], *a.* Alimentado, comido, sustentado.

meatless ['mi:tlɪs] [mit-les], *a.* Sin carne (diet).

meat market ['mi:t'mɑ:kɪt] [mit-mar-kit], *s.* Carnicería.

meatus ['mi:təs] [mi-tos], *s.* Meato, cada uno de ciertos orificios o conductos del cuerpo humano.

meaty ['mi:tɪ] [mi-ti], *a.* Carnoso, sustancioso *(Fig.)*.

meazling ['mezlɪŋ] [mes-lin], *a.* Lo que cae o se destila a modo de llovizna. *V.* MIZZLING.

mechanic [mɪ'kænɪk] [mi-ka-nik], *a.* 1. Mecánico, perteneciente a la ciencia mecánica, que está hecho o construido según las leyes y reglas de la mecánica. 2. Materialista, atomístico.

mechanic, *s.* Mecánico, artesano.

mechanical [mɪ'kænɪkəl] [mi-ka-ni-kal], *a.* 1. Mecánico, que se refiere a las máquinas; producido por una máquina o por maquinaria. 2. Materialista. 3. Mecánico, que pertence a los oficios y obras de los menestrales; de artesano. 4. Que tiene talento inventivo o para la construcción. 5. Maquinal, que obra por una fuerza mecánica, o sin reflexión; hecho por costumbre. **Mechanical engineering,** ingeniería mecánica. **A mechanical motion,** un movimiento maquinal.

mechanically [mɪ'kænɪkəlɪ] [mi-ka-ni-ka-li], *adv.* Mecánicamente.

mechanicalness [mɪ'kænɪkəlnɪs] [mi-ka-ni-kal-nes], *s.* 1. Conformidad con las leyes de la mecánica. 2. Bajeza.

mechanician [ˌmɪkə'nɪʃən] [mi-ka-ni-shan], *s.* Mecánico, maquinista; persona hábil en mecánica.

mechanics [mɪ'kænɪkz] [mi-ka-nisk], *s.* Mecánica, la mecánica o la maquinaría.

mechanism ['mekənɪzəm] [me-ka-ni-sem], *s.* 1. Máquina. 2. Mecanismo. 3. Dispositivo. 4. *(Fil.)* Mecanicismo.

mechanist ['mekənɪst] [me-ka-nist], *s.* Mecanista.

mechanization [ˌmekənaɪ'zeɪʃən] [me-ka-nai-sei-shon], *s.* Mecanización.

mechanize ['mekənaɪz] [me-ka-nais], *va.* Mecanizar, hacer maquinal, convertir en máquina.

mechlin ['meklɪn] [mek-lin], *a.* Encaje o puntas de Malinas.

mechoacan ['mekʊəkən] [me-kua-kan], *s.* *(Bot.)* Mechoacán.

meconic ['mekənɪk] [me-ko-nik], *a.* Mecónico.

meconium ['mekənɪəm] [me-ko-niom], *s.* 1. Meconio. 2. *(Des.)* Meconio, opio.

MED *Abreviatura de* **Master of Education**.

medal ['medl] [me-dal], *s.* 1. Medalla. 2. Medalla o moneda antigua. **Medal, without a title,** medalla anepígrafa, la que no tiene título ni inscripción.

medallic ['medælɪk] [me-da-lik], *a.* Numismático, que pertenece a las medallas.

medallion [mɪ'dælɪən] [mi-da-lion], *s.* 1. Medallón, medalla grande. 2. Medallón, caja pequeña y de forma comprimida, donde se colocan retratos, rizos u otros objetos. 3. *(Arq.)* Medallón, cierto relieve bajo de forma redonda u ovalada.
medallist ['medəlɪst] [me-da-list], *s.* 1. Numismático, el inteligente en medallas o monedas antiguas; el colector de medallas; el que ha escrito un tratado sobre numismática. 2. Grabador de medallas. 3. El que ha obtenido una medalla como recompensa.
meddle ['medl] [me-del], *vn.* 1. Meterse, entremeterse, ingerirse uno donde no le llaman; tocar o manosar una cosa sin permiso o sin derecho. 2. *(Des.)* Tener que hacer en alguna cosa. -va. *(Des.)* Mezclar o trabar una cosa con otra.
meddler ['medləʳ] [med-laʳ], *s.* Entrometido, intrigante.
meddlesome ['medlsəm] [me-del-som], *a.* Entrometido, oficioso, intruso.
meddlesomeness ['medlsəmnɪs] [me-del-som-nes], *s.* Entrometimiento.
meddling ['medlɪŋ] [med-lin], *s.* Interposición impertinente y oficiosa.
media ['mi:dɪə] [mi-dia], *s.* 1. *(Anat.)* La túnica media de un vaso. 2. *pl.* de MEDIUM: medios. **Media studies,** *(Univ.)* periodismo.
medial ['mi:dɪəl] [mi-dial], *a.* Medio del centro.
median ['mi:dɪən] [mi-dian], *a.* Mediano. *(E.U.)* mediana. *(Math)* Número medio.
mediastinum [ˌmi:dɪəs'tɪnəm] [mi-dias-ti-nom], *s.* *(Anat.)* Mediastino, espacio comprendido entre las pleuras.
mediate ['mi:dɪeɪt] [mi-dieit], *vn.* 1. Mediar, interponerse entre dos o más personas que contienden, procurando reconciliarlas. 2. Mediar, existir o estar una cosa en medio de otras. *-va.* 1. Procurar o facilitar por medio de la mediación. 2. Diligenciar, poner los medios o las diligencias.
mediate, *a.* 1. Mediato, lo que en tiempo y lugar está en conexión con alguna cosa, mediando otra entre l(Fam.). 2. Medio entre dos extremos. 3. Interpuesto.
mediately ['mi:dɪeɪtlɪ] [mi-dieit-li], *adv.* Mediatamente.
mediation [ˌmi:dɪ'eɪʃən] [mi-diei-shon], *s.* Mediación, intercesión; interposición, intervención.
mediator ['mi:dɪeɪtəʳ] [mi-diei-taʳ], *s.* Mediator, intercesor, medianero; tercero.
mediatorial ['mi:dɪətərɪəl] [mi-dia-ta-rial], **mediatory** ['mi:dɪətərɪ] [mi-dia-ta-ri], *a.* Medianero.
mediatorship ['mi:dɪətəʃɪp] [mi-dia-to-ship], *s.* El oficio de mediador.
medic ['medɪk] [me-dik], *s.* *(Bot.)* Alfalfa, mielga. Medicago.
medicable ['medɪkəbl] [me-di-ka-bol], *a.* Medicable, no incurable.
medicaid ['medɪˌkeɪd] [me-di-keid], *s. m.* *(E.U.)* Seguro de Enfermedad.
medical ['medɪkəl] [me-di-kal], *a.* 1. Médico, medical, que pertenece a la medicina; de medicina. 2. Medicinal, que tiene propiedades curativas. **Medical school,** escuela de medicina. **Medical services,** servicios médicos. **Medical transplant,** injerto, transplante de órganos en medicina.
medically ['medɪkəlɪ] [me-di-ka-li], *adv.* Médicamente.
medicament [me'dɪkəmənt] [me-di-ka-ment], *s.* 1. Medicamento. 2. Agencia, tendencia o poder para sanar.
medicamental [ˌmedɪkə'mentl] [me-di-ka-men-tal], *a.* Medicamentoso, sanador; que tiene propiedades curativas.
medicamentally [ˌmedɪkə'mentəlɪ] [me-di-ka-men-ta-li], *adv.* Como medicamento o en calidad de medicina.
medicare ['medɪkɛəʳ] [me-di-keaʳ], *s. m.* *(E.U.)* Seguro médico estatal.
medicaser ['medɪkeɪsəʳ] [me-di-kei-saʳ], *s.* Medicastro, empírico, curandero, charlatán.
medicate ['medɪkeɪt] [me-di-keit], *va.* 1. Medicinar, tratar con medicamentos. 2. Hacer medicinal alguna cosa.
medicated ['medɪkeɪtɪd] [me-di-kei-tid], *a.* Medicinal.
medication [ˌmedɪ'keɪʃən] [me-di-kei-shon], *s.* 1. El acto de hacer alguna cosa medicinal. 2. El acto de medicinar, medicación.
medicative ['medɪkətɪv] [me-di-ka-tiv], *a.* *(Med.)* Medicinal.
medicinal [me'dɪsɪnl] [me-di-si-nal], *a.* 1. Medicinal, que tiene virtud curativa. 2. *(Ant.)* Médico, lo perteneciente a la medicina.
medicinally [ˌme'dɪsɪnəlɪ] [me-di-si-na-li], *adv.* Médicamente, según el método y reglas de la medicina.
medicine ['medɪsɪn] [me-di-sin], *s.* 1. Medicina, medicamento, pócima, remedio. 2. Medicina, el arte o ciencia de conservar la salud y curar las enfermedades. **Medicine cabinet,** botiquín. **Medicine-chest,** botiquín, caja para medicamentos; farmacia portátil. **Medicine-lodge,** casilla o tienda cónica destinada a ciertas ceremonias místicas en un pueblo indio. **Medicine-man,** entre los salvajes, exorcista, hechicero. **Patent medicines,** remedios de patente, con privilegio.**To take one's medicine,** asumir las consecuencias.
medicine ball, *s.* Pelota grande de cuero usada en los gimnasios.
medicolegal [ˌmedɪkə'li:gəl] [me-di-ko-li-gal], *a.* Médicolegal, que se refiere a la ciencia de la medicina en sus relaciones con los preceptos legales.
medieval, mediaeval [ˌmedɪ'i:vəl] [me-dii-val], *a.* De la edad media; relativo a o descriptivo de la edad media.
medievalism [ˌmedɪ'i:vəlɪzəm] [me-di-va-lism], *s.* El espíritu o los usos de la edad media.
mediocre [ˌmi:dɪ'əʊkəʳ] [mi-diou-kaʳ], *a.* Mediano, mediocre; ordinario, vulgar, trivial.
mediocrist [ˌmi:dɪ'ɒkrɪst] [mi-dio-krist], *s.* El de mediano talento.
mediocrity [ˌmi:dɪ'ɒkrɪtɪ] [mi-dio-kri-ti], *s.* Mediocridad; moderación, templanza.
meditate ['medɪteɪt] [me-di-teit], *va.* Meditar, idear, proyectar, premeditar, tramar, pensar. *-vn.* 1. Contemplar, meditar sobre una cosa. 2. Reflexionar, rumiar; proponerse, tener en vista una cosa.
meditation [ˌmedɪ'teɪʃən] [me-di-tei-shon], *s.* Meditación; discurso, reflexión.
meditative ['medɪtətɪv] [me-di-ta-tiv], *a.* 1. Meditativo, contemplativo. 2. Que procede de la meditación, o que la expresa.
Mediterranean [ˌmedɪtə'reɪnɪən] [me-di-ta-rei-nian], **Mediterraneous** [ˌmedɪtə'reɪnɪəs] [me-di-ta-rei-nios], *a.* Mediterráneo. **The Med,** *(Fam.)* el Mediterráneo.
medium ['mi:dɪəm] [mi-diom], *s.* (*pl.* MEDIUMS o MEDIA). 1. Medio; expediente; lo que sirve de instrumento intermedio. 2. *(Fís.)* El éter a través del cual pasan la luz y el calor; también medio, cualquier sustancia a través de la cual o en la cual puede moverse, vivir, o ser llevada alguna cosa. 3. *(Pint.)* Vehículo líquido, como el aceite. 4. Objeto o estado intermedio. 5. Medium, persona a propósito para que en ella se manifiesten los fenómenos del magnetismo, o para comunicar con los espíritus. *-a.* mediano, intermedio; mediocre. **Medium-dry,** semi-seco (drink). **Medium-sized,** de grandor o talla medianos. **Medium wave,** onda media (Radio). **Circulating medium,** moneda corriente. **At a medium,** uno con otro.
medlar ['medləʳ] [med-laʳ], *s.* 1. *(Bot.)* Níspero, árbol. 2. Níspero, níspera o níspola, el fruto del níspero.
medley ['medlɪ] [med-li], *s.* Miscelánea, la mezcla, unión y entretejimiento de unas cosas con otras. *-a.* Mixto, mezclado, confuso. *(Fam.)* Mescolanza.
medullar ['medʌləʳ] [me-da-laʳ], **medullary** ['medʌlərɪ] [me-da-la-ri], *a.* Medular, tocante o perteneciente a la médula o tuétano.
medusa ['medju:sə] [me-diu-sa], *s.* 1. Medusa, hechicera fabulosa, una de las tres Gorgonas. 2. (Zool. *pl.* MEDUSAE) medusa, aguamar. *V.* JELLY-FISH.
meed [mi:d] [mid], *s.* Premio, recompensa dada al mérito.
meek [mi:k] [mik], *a.* 1. Apacible, manso, tratable, halagüeño, dulce; que sufre pacientemente las injurias. 2. Humilde, sumiso; que no es orgulloso.

meek, meeken ['mi:kən] [mi-ken], *va.* Amansar, suavizar.

meekly ['mi:klɪ] [mik-li], *adv.* Mansamente, suavemente, modestamente.

meekness ['mi:knɪs] [mik-nes], *s.* Mansedumbre, suavidad; modestia; dulzura.

meer, *a.* y *s. V.* MERE.

meerschaum ['mɪəskəm] [mia-skom], *s.* 1. Espuma de mar, un hidrosilicato blando y ligero de magnesia. 2. Pipa de espuma de mar.

meet [mi:t] [mit], *va.* (*pret.* y *pp.* MET) 1. Encontrar, hallar; llegar donde está alguno (que viene en dirección diferente). 2. Tropezar, hallar casualmente. 3. Tocar una cosa a otra. 4. Hacer frente, refutar, destruir con argumentos. **To arrange to meet somebody,** quedar con alguien, citarse. **To meet expenses,** hacer frente a los gastos. **To meet a charge,** refutar, responder a una acusación. 5. Estar, hacer, o tener lugar en conformidad con. **That will meet my wishes,** eso se conformará a mis deseos. 6. Satisfacer, saldar una cuenta. 7. Batirse, pelear con. **When Greek meets Greek,** cuando un griego se bate con otro. 8. Verse, empezar a conocer, entrar en trato. **I met her at the seaside,** hice conocimiento con ella a orillas del mar. *-vn.* 1. Encontrar, tropezar una persona con otra. 2. Encontrarse, hallarse y concurrir juntas en un mismo lugar dos o más personas, abocarse con alguno, tener una entrevista con él. 3. Encontrarse, oponerse, enemistarse; chocar, pelear, combatir. 4. Unirse, juntarse, congregarse. 5. Adelantarse un sujeto a medio camino para encontrar otro que viene a buscarle. 6. Confluir. **To meet with,** encontrar lo que se buscaba; hallar lo que no se buscaba; juntarse, unirse; encontrarse inesperadamente con algún mal, combatir, venir a las manos; obviar, evitar, huir, apartar o quitar del medio lo que puede ser contrario: (en este último sentido es latinismo). **To meet with one,** desquitarse, corresponder, hacer otro tanto, pagar con la misma moneda.**To meet one full in the face,** encararse con. **Pleased to meet you!** ¡Encantado de conocerle! **Till we meet again,** hasta más ver. **Have we met?** ¿Nos conocemos? **Meet up,** encontrarse. **Meet with,** experimentar, pasar, sufrir (experience, difficulties), entrevistarse con.

meet, *a.* Apto, idóneo, propio, a propósito, conveniente.

meet, *s.* 1. Reunión de cazadores para una cacería. 2. Conjunto de personas que se reunen. 3. Cita, lugar de reunión.

meeting ['mi:tɪŋ] [mi-tin], *s.* 1. Junta, asamblea o congreso de varias pesonas. **Meeting of creditors,** concurso de acreedores. **To call a meeting,** llamar a junta o convocar una junta. 2. Reunión; cita, compromiso; sesión. 3. Confluencia o concurrencia de dos ríos. 4. Encuentro, duelo. **Take measures to prevent their meeting,** tome Ud. medidas para impedir que se encuentren. **Meeting place,** lugar de reunión.

meeting-house ['mi:tɪŋˌhaʊs] [mi-tin-jaus], *s.* Capilla o iglesia de los noconformistas y particularmente de los cuáqueros.

meetly ['mi:tlɪ] [mit-li], *adv.* Convenientemente.

meetness ['mi:tnɪs] [mit-nes], *s.* Aptitud, propiedad, conveniencia.

mega-, megalo-, Formas de combinación, derivadas de la griega *megas*, grande.

megabyte ['megəˌbaɪt] [me-ga-bait], *s. m. (Inform.)* Megabyte, megaocteto.

megacosm ['megəˌkɔzm] [me-ga-kosm], *s.* Megacosmo, el mundo grande, el universo.

megacycle ['megəˌsaɪkl] [me-ga-sai-kel], *s.* Megaciclo.

megalith ['megəlɪθ] [me-ga-liz], *s.* Monumento megalítico, piedra grande, de remota antigüedad. *Cf.* CROMLECH y DOLMEN.

megalithic [ˌmegə'lɪθɪk] [me-ga-li-zik], *a.* Megalítico.

megalomania ['megələʊ'meɪnɪə] [me-ga-lou-mei-nia], *s.* Megalomanía, delirio de grandeza.

megalomaniac ['megələʊ'meɪnɪək] [me-ga-lou-mei-niak], *a.* Megalómano/a.

megaphone ['megəfəʊn] [me-ga-foun], *s.* Megáfono, instrumento que sirve para llevar la voz a larga distancia.

megascope ['megəskəʊp] [me-gas-koup], *s.* Megascopio, una modificación del microscopio solar, que permite ver cuerpos de grandes dimensiones.

megaton ['megətʌn] [me-ga-tan], *s.* Megatonelada, megatón.

megawatt ['megəwɒt] [me-ga-uot], *s. m.* Megavatio.

megrim ['megrɪm] [me-grim], *s.* Hemicránea, especie de jaqueca.

meikle, *a.* y *s. V.* MICKLE.

meiny ['meɪnɪ] [mei-ni], *s.* Familia, tren, criados domésticos.

melancholic [ˌmelən'kəʊlɪk] [me-lan-kou-lik], *a.* Melancólico, abatido, que siente tristeza; hipocondríaco; triste, lúgubre, infeliz, desgraciado. *-s.* Melancólico, hipocondríaco.

melancholically [ˌmelən'kəʊlɪkəlɪ] [me-lan-kou-li-ka-li], *adv.* De una manera melancólica.

melancholiness [ˌmelən'kəʊlɪnɪs] [me-lan-kou-li-nes], *s.* Melancolía, hipocondría.

melancholy ['melənkəlɪ] [me-lan-ko-li], *s.* Melancolía, hipocondría, delirio; tristeza. *-a.* Melancólico, triste, hipocondríaco, tétrico.

melange [mɛ'lɑ:ndʒ] [me-lansh], *s.* Mezcla. *V.* MEDLEY.

melanin ['melənɪn] [me-la-nin], *s. f.* Melanina.

melanoma [ˌmelə'nəʊmə] [me-la-nou-ma], *s. m.* Melanoma.

melanosis [ˌmelə'nəʊsɪs] [me-la-nou-sis], *s. (Med.)* Melanosis, cáncer negro.

melanospermous [ˌmelənəs'pɜ:məs] [me-la-nos-per-mos], *a.* Melanospermo, de frutos negros.

melee ['meleɪ] [me-lei], *s.* Pelotera, revuelta.

melic ['melɪk] [me-lik], *a.* Mélico, lírico, propio para el canto: dícese de la poesía.

meliceris ['melɪsərɪs] [me-li-se-ris], *s. (Cir.)* Melíceris, nombre de una especie de lupia o tumor enquistado.

melilot ['melɪlɒt] [me-li-lot], *s. (Bot.)* Meliloto, trébol dulce.

meliorate ['melɪəreɪt] [me-lio-reit], *va.* Mejorar; hacer más soportable o menos penoso; adelantar; bonificar. *-vn.* Mejorarse.

melioration [ˌmelɪə'reɪʃən] [me-lio-rei-shon], *s.* Mejoramiento, medra, mejora, adelanto.

melissa ['melɪsə] [me-li-sa], *s. (Bot.)* Melisa, abejera, toronjil; planta herbácea medicinal.

melliferous ['melɪfərəs] [me-li-fe-ros], *a.* Melífero, que produce miel.

mellification [ˌmelɪfaɪ'keɪʃən] [me-li-fai-kei-shon], *s. (Poco us.)* El acto o arte de melificar.

mellifluence [me'lɪfluəns] [me-li-fluens], *s.* Melifluidad, dulzura, suavidad y delicadeza.

mellifluent [me'lɪfluənt] [me-li-fluent], **mellifluous** [me'lɪfluəs] [me-li-fluos], *a.* 1. Melífluo, que mana miel. 2. Melífluo, dulce y tierno en su expresión.

mellow ['meləʊ] [me-lou], *a.* 1. Maduro, sazonado. 2. Meloso; tierno, blando, suave. 3. Suave, agradable a los sentidos, armonioso. 4. Blando, poco duro, como ciertos terrenos. 5. Medio borracho, alegrado por la bebida. **To be mellow,** estar achispado, medio borracho.

mellow, *va.* Sazonar, madurar, ablandar. *-vn.* Madurar, madurarse.

mellowness ['meləʊnɪs] [me-lou-nes], *s.* 1. Madurez de los frutos. 2. Madurez de la edad. 3. Habla melosa, melosidad.

mellowy ['meləʊɪ] [me-loui], *a.* Blando, suave; untuoso.

melocoton, melacotoon ['meləkətu:n] [me-lo-ko-tun], *s.* 1. Membrillo o membrillero. 2. Melocotón. *V.* PEACH.

melodic [mɪ'lɒdɪk] [mi-lo-dik], *a.* Melódico, perteneciente a la melodía o que la contiene.

melodious [mɪ'ləʊdɪəs] [mi-lou-dios], *a.* Melodioso, dulce y suave al oído; musical.

melodiously [mɪ'ləʊdɪəslɪ] [mi-lou-dios-li], *adv.* Melodiosamente.

melodiousness [mɪ'ləʊdɪəsnɪs] [mi-lou-dios-nes], *s.* Melodía; calidad de lo que es agradable al oído por una sucesión suave de sonidos.

melodist [mɪ'ləʊdɪst] [mi-lou-dist], *s.* 1. Melodista, compositor o cantor de melodías. 2. Colección de melodías.
melodize [mɪ'ləʊdaɪz] [mi-lou-dais], *va.* Hacer melodioso. *-vn.* Hacer melodía o melodías.
melodrama ['meləʊˌdrɑːmə] [me-lou-dra-ma], **melodrame** ['meləʊˌdrəm] [me-lou-dram], *s.* Melodrama, representación dramática mezclada con canciones.
melodramatic [ˌmeləʊdrə'mætɪk] [me-lou-dra-ma-tik], *a.* Melodramático, propio del melodrama.
melodramatist [ˌmeləʊdrə'mætɪst] [me-lou-dra-ma-tist], *s.* Autor de melodramas.
melody ['melədɪ] [me-lo-di], *s.* 1. Melodía, cualidad del canto agradable. 2. Canción o poema armonioso, puesto en música. 3. Aire, la parte vocal principal. 4. Dulzura al hablar.
melon ['melən] [me-lon], *s. (Bot.)* Melón, planta herbácea anual de la familia de las cucurbitáceas, y su fruto. **Water-melon,** sandía o zandía, melón de agua. **Musk-melon,** melón almizcleño. (Caracas) Patilla. **Melon-beetle,** diabrótico, insecto coleóptero muy nocivo a las hojas del melón y de plantas semejantes.
melrose ['melrəʊz] [mel-rous], *s.* Miel de rosas.
melt [melt] [melt], *va.* 1. Derretir, fundir, liquidar; disolver. 2. Ablandar, enternecer, mover con cariño, aplacar. 3. Consumir, gastar, disolver, evaporar. *-vn.* 1. Derretirse, liquidarse. 2. Ablandarse, moverse a compasión. 3. Llenarse de aflicción, amilanarse; estar abatido. **To melt into tears,** deshacerse en lágrimas; llorar a lágrima viva. 4. Confundirse, mezclarse, unirse con otra cosa; disiparse. **Melt away,** derretirse, desvanecerse. **Melt down,** fundir.
melt, *s. V.* MILT.
melter ['meltəʳ] [mel-taʳ], *s.* 1. Fundidor. 2. Crisol.
melting ['meltɪŋ] [mel-tin], *a.* Lo que se derrite o enternece, fundente. *-s.* Derretimiento, fundición, fusión; enternecimiento, cariño; el acto de ablandar o enternecer. **Melting-cone,** cono fusiorio, vasija de figura cónica, para recibir y precipitar los metales fundidos. **Melting-point,** punto de fusión. **Melting-pot,** crisol.
meltingly ['meltɪŋlɪ] [mel-tin-li], *adv.* Tiernamente, derretidamente.
melton ['meltən] [mel-ton], *s.* Paño Melton, paño tupido de lana; se usa particularmente para sobretodos.
member ['membəʳ] [mem-baʳ], *s.* 1. Miembro, parte del cuerpo. 2. Miembro, cláusula o parte de un discurso, parte o elemento de un todo. 3. Miembro, individuo, de algún cuerpo o comunidad.
membered ['membəd] [mem-bard], *a.* 1. Membrudo, fortachón, fornido de miembros. 2. *(Her.)* Membrado, se dice de las patas de los animales cuando son de diferente color que el cuerpo.
membership ['membəʃɪp] [mem-ba-ship], *s.* 1. Personal de socios, miembros. 2. Número o nómina de socios.
membranaceous ['membrəneɪʃəs] [mem-bra-nei-shos], **Membranous** [mem'breɪnəs] [mem-brei-nos], *a.* Membranoso.
membrane ['membreɪn] [mem-brein], *s.* 1. Membrana. 2. Trozo de pergamino.
membraniform [mem'brənɪfɔːm] [mem-bra-ni-form], *a.* Membraniforme.
memento [mə'mentəʊ] [me-men-tou], *s.* Recuerdo, memento; memoria que se da de alguna cosa.
memo ['meməʊ] [me-mou], *Abreviatura de* **memorandum. Memo pad,** bloc de notas.
memoir ['memwɑːʳ] [me-muaʳ], *s.* 1. Memoria, relación, narrativa. 2. *pl.* Memorias, recuerdos de unapersona publicados juntos, en general o con relación a una época particular. 3. Memorial, relación biográfica.
memorabilia [ˌmemərə'biːlɪə] [me-mo-ra-bi-lia], *s. pl.* Cosas notables y dignas de recuerdo.
memorable ['memərəbl] [me-mo-ra-bol], *a.* Memorable, memorando, digno de memoria.
memorably ['memərəblɪ] [me-mo-ra-bli], *adv.* Memorablemente.
memorandum ['memərəndəm] [me-mo-ran-dom], *s.* Memoria, nota, apuntes de una cosa para recuerdo y gobierno de alguno. **Memorandum-book,** libro de memoria.
memorative ['memərətɪv] [me-mo-ra-tiv], *a.* Conmemorativo.
memorial [mɪ'mɔːrɪəl] [mi-mo-rial], *a.* Conmemorador de una persona fallecida o de un suceso. **A memorial window,** ventana conmemorativa en un templo u otro edificio, en recuerdo de una persona fallecida, o de un acontecimiento. *-s.* 1. Memoria; monumento, recuerdo. 2. Nota diplomática de carácter semioficial. 3. Memorial, petición, papel o escrito pidiendo alguna gracia o justicia. 4. *(For.)* Nota, apuntamiento que se archiva como protocolo.
memorialist [mɪ'mɔːrɪəlɪst] [mi-mo-ria-list], *s.* Memorialista, el que escribe o presenta un memorial; pretendiente.
memorialize [mɪ'mɔːrɪəlaɪz] [mi-mo-ria-lais], *va.* 1. Presentar una petición, un memorial. 2. Conmemorar.
memorize [mɪ'mɔːraɪz] [mi-mo-rais], *va.* 1. Aprender de memoria, confiar a la memoria. 2. Recordar, conservar memoria de.
memory ['memərɪ] [me-mo-ri], *s.* 1. Memoria. **To call to memory,** traer a la memoria. **Weak memory,** memoria de gallo o de grillo, mala memoria. 2. Memoria, fama, gloria, lo que liberta del olvido. 3. Memoria, recuerdo, reminiscencia. **To commit to memory,** confiar a la memoria, aprender de memoria. **Of sound and disposing mind and memory,** *(For.)* en el goce pleno y cabal de sus facultades mentales; legalmente apto para testar. **To the memory of,** en memoria de.
men, *s. pl.* de MAN.
men-pleaser ['menˌpliːsəʳ] [men-pli-saʳ], *s.* La persona que pone demasiado cuidado en agradar a otras.
menace ['menɪs] [me-nis], *va.* 1 Amenazar, intimidar con amenazas. 2. Mostrar o pronosticar algún mal. *-vn.* Hacerse amenazador.
menace, menacing ['menɪsɪŋ] [me-ni-sin], *s.* Amenaza; presagio o pronóstico de un mal venidero.
menacer ['menɪsəʳ] [me-ni-saʳ], *s.* Amenazador.
ménage [me'nɑːdʒ] [me-nash], *s.* 1. Familia de una casa. 2. Manejo de una familia; economía doméstica. 3. *(Des.) V.* MENAGERIE. *(Fr.)*
menagerie [mɪ'nædʒərɪ] [mi-na-che-ri], *s.* Colección de animales salvajes; casa de fieras, de animales raros.
mend [mend] [mend], *va.* 1. Recomponer, reparar, remendar. 2. Mejorar, reparar una cosa, darle nueva o mejor forma. 3. Corregir, enmendar, reformar las costumbres, hábitos, etc. 4. Adelantar, aprovechar, aumentar. *-vn.* 1. Corregirse, enmendarse, reformarse. 2. Restablecerse, curarse; mejorar de salud. **To mend one's pace,** apresurar el paso. *-s.* El acto de curarse, de enmendarse.
mendable ['mendəbl] [men-da-bol], *a.* Reparable, componible.
mendacious ['mendeɪʃəs] [men-dei-shos], *a.* Mentiroso, embustero, falso.
mendacity ['mendæsɪtɪ] [men-da-si-ti], *s.* Falsedad, mentira; carácter y mentiroso.
mender ['mendəʳ] [men-daʳ], *s.* Enmendador, reformador; reparador; remendón. **Mender of old clothes,** sastre remendón, el que compone vestidos viejos.
mendicancy ['mendɪkənsɪ] [men-di-kan-si], *s.* Mendiguez, mendicidad.
mendicant ['mendɪkənt] [men-di-kant], *a.* Mendicante. *-s.* Mendicante, mendigo.
mendicity [men'dɪsɪtɪ] [men-di-si-ti], *s.* Mendicidad, mendiguez.
mending ['mendɪŋ] [men-din], *s. f.* Compostura, reparación, remiendo.
menhaden ['mendheɪdən] [men-jei-dan], *s.* Pez marino parecido al sábalo (whitefish).
menial ['miːnɪəl] [mi-nial], *a.* 1. Doméstico, de criado. 2. Servil, bajo. *-s.* Criado, doméstico, lacayo.
meningeal ['menɪndʒɪəl] [me-nin-yial], *a.* Perteneciente a las meninges o situado cerca de ellas.

meninges ['menɪndʒɪz] [me-nin-yis], *s. pl.* de MENINX. Meninges, tres membranas que envuelven el cerebro y la médula espinal.
meningitis [ˌmenɪn'dʒaɪtɪs] [me-nin-yai-tis], *s.* Meningitis, inflamación de las meninges.
meninx ['menɪnks] [me-ninks], *s.* Meninge, membrana que envuelve el cerebro y la médula espinal.
meniscus [mə'nɪskəs] [me-nis-kus], *s.* 1. Lúnula. 2. Menisco, un vidrio o lente convexo por un lado y cóncavo por el otro. 3. La superficie de una columna líquida hecha convexa o cóncava por la capilaridad.
menology ['menɒlədʒɪ] [me-no-lo-yi], *s.* Menologio, el martirologio de los griegos.
menopause ['menəʊpɔːz] [me-no-pos], *s. (Med.)* menopausa, cesación del menstruo en las mujeres.
menow ['menəʊ] [me-nou], *s. V.* MINNOW.
mensal ['mensl] [men-sal], *a.* 1. Lo perteneciente a la mesa. 2. Mensual, de cada mes.
mense ['mens] [mens], *s. (Esco. y prov. Ingl.)* Decoro, buena crianza, decencia.
menseful ['mensfʊl] [mens-ful], *a. (Esco. y prov. Ingl.)* Primoroso, gracioso, cortés, urbano.
menses ['mensɪz] [men-sis], *s. pl.* Menstruo, reglas; flujo periódico de la matriz de las mujeres y de las hembras de ciertos animales.
menstrual ['menstrʊəl] [mens-trual], *a.* Menstrual; mensual.
menstruate ['menstrʊeɪt] [mens-trueit], *vn.* Menstruar, tener la hembra la evacuación menstrual.
menstruation [ˌmenstrʊ'eɪʃən] [mens-truei-shon], *s.* Menstruación.
menstrucus ['menstrʊkəs] [mens-tru-kos], *a.* 1. Menstruo, menstruoso, menstruosa. 2. *(Bot.)* Que dura un mes.
menstruum ['menstrʊəm] [mens-truom], *s.* (*pl.* MENSTRUUMS o MENSTRUA). *(Quím.)* Menstruo, disolvente.
mensurability [ˌmenʒərə'bɪlɪtɪ] [men-sa-ra-bi-li-ti], *s.* Mensurabilidad.
mensurable ['menʒərəbl] [men-sha-ra-bol], *a.* mensurable, que se puede medir.
mensural ['menʒərəl] [men-sha-ral], *a.* 1. Perteneciente a la medida. 2. Relativo a la primera forma de la música.
mensuration [ˌmensjʊə'reɪʃən] [men-siua-rei-shon], *s.* 1. Medición, acción de medir. 2. Medida; mensura, ramo de las matemáticas.
menswear ['menzwɛə[r]] [mens-uea[r]], *s.* Ropa de caballero.
-ment. Sufijo de los substantivos verbales que denota el efecto, la condición, la acción o la agencia, equivalente al castellano -mento o miento, y algunas veces a -ción. **Acknowledgment,** reconocimiento. **Atonement,** expiación. **Movement,** movimiento.
mental ['mentl] [men-tal], *a.* 1. Mental, intelectual. 2. Efectuado por la mente, en especial sin el auxilio de símbolos escritos.
mentality ['mentælɪtɪ] [men-ta-li-ti], *s. f.* Mentalidad.
mentally ['mentəlɪ] [men-ta-li], *adv.* mentalmente; con el pensamiento.
mentha ['menθə] [men-za], *s.* menta, género de hierbas odoríferas.
menthol ['menθɒl] [men-zol], *s.* Mentol.
mentholated [ˌmenθɒ'leɪtɪd] [men-zo-lei-tid], *a.* Que contiene mentol.
mention ['menʃən] [men-shon], *s.* Mención, recuerdo, alusión.
mention, *va.* Mencionar, hacer mención de; aludir, nombrar sin describir, hablar de.
mentionable ['menʃənəbl] [men-sho-na-bol], *a.* Mencionable, que se puede mencionar.
mentor ['mentə[r]] [men-ta[r]], *s.* mentor, guía, consejero y amigo sabio, honrado y prudente.
menu ['menjuː] [me-niu], *s.* Lista de los platos de una comida; por extensión, la comida misma.
meow [mɪ'aʊ] [miau], *s.* y *vn.* MEW.
mephitic, mephitical ['mefɪtɪk] [me-fi-tik], *a.* Mefítico, infecto, pestífero, pestilente, nocivo a la vida; se usa a menudo en sentido figurado.
mephitis ['mefaɪtɪz] [me-fai-tis], *s.* Mefitis, vapor fétido, cualquier gas pestilente o destructivo; mofeta de una mina, etc.
mercantile ['mɜːkəntaɪl] [mer-kan-tail], *a.* Mercantil, de comercio.
mercenariness ['mɜːsɪnærɪnɪs] [mer-se-na-ri-nes], *s.* Venalidad, calidad de ser una cosa vendible o expuesta a la venta; vicio de la persona que se deja sobornar con dádivas.
mercenary ['mɜːsɪnərɪ] [mer-si-na-ri], *a.* Mercenario, venal. *A mercenary man*, hombre venal. *-s.* 1. Mercenario, el que trabaja por un estipendio; jornalero, el que trabaja a jornal o por un tanto. 2. Mercenario, interesado, el que obra sólo por interés.
mercer ['mɜːsə[r]] [mer-sa[r]], *s.* Sedero, mercero, mercader de sedas, cintas, etc.
mercerized ['mɜːsəraɪst] [mer-se-raist], *a.* Mercerizado.
mercership ['mɜːsəʃɪp] [mer-sa-ship], *s.* Sedería, mediería, el trato o comercio en sedas y artículos menores.
mercery ['mɜːsərɪ] [mer-sa-ri], *s.* 1. Mercería, mercaderías y artículos en que tratan los merceros. 2. Sedería, mediería.
merchandise ['mɜːtʃəndaɪz] [mer-chan-dais], *s.* Mercadería, mercancía; todo género vendible.
merchandise, *vn.* Traficar, comerciar, negociar.
merchandiser ['mɜːtʃəndaɪzə[r]] [mer-chan-dai-sa[r]], *s.* Negociante, comerciante.
merchant ['mɜːtʃənt] [mer-chant], *a.* Mercante, mercantil; apto para el comercio o empleado en él. *-s.* Mercader, comerciante, negociante. **Merchant captain,** capitán de un buque mercante. **Merchant navy,** marina mercante. **Merchant service,** marina mercante. **Merchant tailor,** sastre mercader, sastre que vende y pone el paño de los trajes que hace.
merchantable ['mɜːtʃəntəbl] [mer-chan-ta-bol], *a.* Comercializable.
merchant-like ['mɜːtʃəntˌlaɪk] [mer-chant-laik], *a.* Mercantil, como negociante.
merchantman ['mɜːtʃəntmən] [mer-chant-man], *s.* Barco o buque mercantil, embarcación de comercio o mercante.
merciful ['mɜːsɪfʊl] [mer-si-ful], *a.* Misericordioso, piadoso, benigno, clemente, humano.
mercifully ['mɜːsɪfəlɪ] [mer-si-fu-li], *adv.* Misericordiosamente, piadosamente.
merciless ['mɜːsɪlɪs] [mer-si-les], *a.* Cruel, inhumano, desalmado; sin misericordia, sin clemencia.
mercilessly ['mɜːsɪlɪslɪ] [mer-si-les-li], *adv.* Cruelmente, inhumanamente.
mercilessness ['mɜːsɪlɪsnɪs] [mer-si-les-nes], *s.* Crueldad, inhumanidad.
mercurial [mɜː'kjʊərɪəl] [mer-kiua-rial], *a.* 1. Mercurial, perteneciente al dios Mercurio; de aquí, vivo, activo, jovial; volátil. 2. Mercurial, relativo al azogue. 3. Lo que sirve de dirección el alguna cosa. *-s.* 1. *(Des.)* Hombre vivo, alegre, activo e inconstante. 2. *(Med.)* Preparación química de azoque.
mercurialist [mɜː'kjʊərɪəlɪst] [mer-kiua-ria-list], *s.* Persona, voluble, voltaria, versátil, activa, alegre e inconstante.
mercurialize [mɜː'kjʊərɪəlaɪz] [mer-kiua-ria-lais], *va.* 1. *(Med.)* Someter a un tratamiento mercurial; salivar. 2. *(Foto.)* Emplear azogue en el desarrollo de las pruebas negativas. *-vn.* Ser chistoso, festivo o inconstante.
mercurification [ˌmɜːkjʊərɪfaɪ'keɪʃən] [mer-kiua-ri-fai-kei-shon], *s. (Poco us.)* Mezcla de mercurio con otras cosas; la operación de extraer el mercurio de los minerales.
mercurochrome [mɜː'kjʊərəkrəʊm] [mer-kiua-rou-kroum], *s. (Med.)* Mercurocromo.
mercury ['mɜːkjʊrɪ] [mer-kiu-ri], *s.* 1. Mercurio, azogue, metal fluido. 2. Viveza, vivacidad, desparpajo, desembarazo. 3. Gaceta o papel periódico. 4. Mensajero, gacetero; corredor

de oreja. 5. *(Bot.)* Mercurial. 6. Mercurio, uno de los dioses del paganismo. 7. Mercurio, el menor de los planetas principales, más próximo al sol. **Mercury's wand,** caduceo.

mercy ['mɜːsɪ] [mer-si], *s.* 1. Misericordia, clemencia, piedad; merced, remisión de una falta, gracia, perdón. 2. Arbitrio, discreción, poder, capricho, voluntad. **For mercy, for mercy's sake,** por gracia, por dios; ¡ten misericordia! **to cry mercy,** pedir gracia, misericordia. **To show mercy,** mostrar misericordia. **Sisters of Mercy,** las monjas de la Merced, en la Iglesia católica, comunidad de religiosas que se dedican a obras de piedad.

mercy-seat ['mɜːsɪˌsiːt] [mer-si-sit], *s.* Propiciatorio, lámina de oro que según la antigua ley se colocaba sobre el arca del Testamento.

merd [mɜːd] [merd], *s.* Estiércol, mierda.

mere [mɪəʳ] [miaʳ], *a.* Mero, puro, simple; solo, no más que (lo mencionado). *-s.* 1. (Raro en los E. U.) Lago, laguna grande. 2. *(Esco.)* El mar. 3. *(Ingl.)* Lindero, límite.

merely ['mɪəlɪ] [mia-li], *adv.* Solamente, meramente, simplemente; puramente.

meretricious [ˌmerɪ'trɪʃəs] [me-ri-tri-shos], *a.* 1. Meretricio. 2. Subido, chillón, de mal gusto, artificiosamente atractivo.

meretriciousness [ˌmerɪ'trɪʃəsnɪs] [me-ri-tri-shos-nes], *s.* Calidad o condición de meretricio o chillón, putería, putañería.

merganser ['mɜːgənsəʳ] [mer-gan-saʳ], *s.* *(Orn.)* Mergo, mergánsar, cuervo marino que tiene la parte superior del pico dentada en sus bordes.

merge [mɜːdʒ] [merch], *va.* Sumergir la identidad o la individualidad de. *-vn.* Estar sumergido, hundirse, perderse, absorberse.

merger ['mɜːdʒəʳ] [mer-chaʳ], *s.* Consolidación, fusión de empresas comerciales o industriales.

meridian [mə'rɪdɪən] [me-ri-dian], *s.* 1. Mediodía. 2. Meridiano, círculo máximo que pasa por los polos del mundo, dividiendo la esfera en dos hemisferios; meridiana. 3. Cenit, auge, el punto más elevado de gloria o poder. *-a.* 1. Meridiano, que está al mediodía; que se refiere al meridiano geográfico. 2. Elevado a lo sumo.

meridional [mə'rɪdɪənl] [me-ri-dio-nal], *a.* 1. Meridional, situado en el meridiano, en lo más elevado. 2. Meridional, del mediodía, del sur.

meridionality [mə'rɪdɪənælɪtɪ] [me-ri-dio-na-li-ti], *s.* Situación meridional.

meridionally [mə'rɪdɪənəlɪ] [me-ri-dio-na-li], *adv.* Hacia el mediodía.

meringue [mə'ræŋ] [me-rang], *s.* Merengue, dulce.

merino [mə'riːnəʊ] [me-ri-nou], *a.* Merino. *-s.* Paño merino.

merit ['merɪt] [me-rit], *s.* 1. Mérito, virtud, excelencia. 2. Mérito, merecimiento, lo que hace nuestras obras dignas de premio o castigo. 3. Premio.

merit, *va.* Merecer, ser digno de, tener derecho a, ya sea como premio o como castigo.

meritable ['merɪtəbl] [me-ri-ta-bol], **meritorious** ['merɪtərɪəs] [me-ri-to-rios], *a.* Meritorio, digno de recompensa.

merited ['merɪtɪd] [me-ri-tid], *a.* Meritorio, merecido.

meritoriousness ['merɪtərɪəsnɪs] [me-ri-to-rios-nes], *s.* Merecimiento, mérito.

meritory ['merɪtərɪ] [me-ri-to-ri], *a.* Meritorio.

merle ['mɜːl] [merl], *s.* *(Orn.)* Merla, mirlo.

merlin ['mɜːlɪn] [mer-lin], *s.* *(Orn.)* Esmerejón.

merlon ['mɜːlən] [mer-lon], *s.* *(Fort.)* Merlón, trozo de parapeto entre tronera y tronera.

mermaid ['mɜːmeɪd] [mer-meid], *s.* Sirena, ser fabuloso con hermosas facciones y busto de mujer, terminando en cola de pez.

merman ['mɜːmən] [mer-man], *s.* El macho de la sirena, ser fabuloso mitad hombre y mitad pez.

merops ['merəpz] [me-rops], *s.* Abejarruco, ave que persigue a las abejas.

merovinglian [ˌmerəʊ'vɪnglɪən] [me-rou-vin-glian], *a.* Merovingio, perteneciente a la dinastía de los primeros reyes de Francia.

merrily ['merɪlɪ] [me-ri-li], *adv.* Alegremente, jovialmente.

merrimake ['merɪmeɪk] [me-ri-meik], *s.* Gaudeamus, concurso de algunas personas para comer, beber y divertirse; fiesta, regocijo.

merrimake, *vn.* Alegrarse, divertirse.

merriment ['merɪmənt] [me-ri-ment], *s.* Alegría, júbilo, diversión; fiesta, regocijo.

merriness ['merɪnɪs] [me-ri-nes], *s.* La disposición a alegrarse o regocijarse.

merry ['merɪ] [me-ri], *a.* 1. Alegre, apacible. 2. Risueño, placentero, agradable, jovial, festivo, divertido. **To make merry,** divertirse, recrearse. **To be a little merry,** estar alegre por haber bebido con algún exceso. **To live a merry life,** vivir alegremente. **Merry-Andrew,** bufón, truhán, chocarrero. **Merry-go-round,** tío vivo, caballitos, diversión consistente en figuras de caballos y otros animales de madera que giran alrededor de un eje y sirven de montura al público, y en especial a los niños. **Merry-making, merry-meeting,** fiesta, reunión jovial, jarana. *(Amer.)* Holgorio. **Merry-thought,** hueso de la pechuga de las aves. **To get merry,** achisparse *(Fam.)*.

mersion ['mɜːʃən] [mer-shon], *s.* Inmersión.

mesentery ['meːzəntrɪ] [me-san-tri], *s.* *(Anat.)* Mesenterio, entresijo.

meseraic ['meːzəraɪk] [me-se-raik], *a.* Meseraico o mesentérico.

mesh [meʃ] [mesh], *s.* 1. Malla, la abertura que tiene la red entre nudo y nudo. 2. Obra de malla; randa, particularmente en plural. 3. Una cosa cualquiera que enreda o envuelve; trampa, lazo. 4. *(Mec.)* Engranaje.

mesh, *va.* Enredar, meter o coger en la red.

meshy ['meʃɪ] [me-shi], *a.* Reticular, hecho de malla como red.

mesial ['meʃɪəl] [me-shial], *a.* Mediano, del medio, dirigido hacia el medio. **Mesial plane,** plano mediano del cuerpo.

meslin ['meslɪn] [mes-lin], *s.* Tranquillón, la mezcla de granos cereales.

mesmeric [mez'merɪk] [mes-me-rik], *a.* Mesmeriano, relativo al mesmerismo.

mesmerism [mez'merɪzm] [mes-me-ri-sem], *s.* Mesmerismo, magnetismo animal, sugestión hipnótica.

mesmerist [mez'merɪst] [mes-me-rist], *s.* 1. Partidario del mesmerismo, mesmeriano. 2. Magnetizador.

mesmerize [mez'meraɪz] [mes-me-rais], *va.* 1. Influir o dirigir por el mesmerismo; practicar el hipnotismo. 2. Fascinar, hechizar.

meso-. Forma de combinación que significa del medio.

mesocolon [ˌmesə'kəʊlən] [me-so-kou-lon], *s.* *(Anat.)* Mesocolon.

mesoderm ['mesəʊdɜːm] [me-sou-derm], *s.* *(Zool.)* Mesodermo.

mesologarithm [ˌmesəʊlɒgə'rɪθəm] [me-sou-lo-ga-rizm], *s.* Mesologaritmo, logaritmo de la tangente.

meson ['miːzɒn] [mi-son], *s.* *(Phys. and Chem.)* Mesón.

mesozoic [ˌmesəʊ'zəʊɪk] [me-sou-zouik], *a.* *(Geol.)* Mesozoico, de la edad media; secundario.

mesquit ['mezkwɪt] [mes-kuit], *s.* Mezquite, algarrobo, árbol de América.

mess [mes] [mes], *s.* 1. Plato, la cantidad de vianda o manjar que se sirve de una vez en la mesa. 2. Rancho, reunión de varias personas que comen juntas. **Steward of the mess,** *(Mar.)* Ranchero. 3. Ración, porción.

mess, *s.* *(Fam.)* Estado de desorden, desorden sucio.

mess, *vn.* Comer en rancho o hacer rancho, comer a escote. *-va.* Dar de comer, proveer comidas para.

mess, *va.* 1. Mezclar en confusión, desordenar. 2. Hacer sucio, ensuciar. *-vn.* Formar desorden sucio o mezcla. **Mess about/around,** molestar, fastidiar. Macanear. **To mess about/around with something,** entretenerse con algo. **Mess up,**

echar a perder *(Fig.)*; desordenar. **What a mess-up!**, ¡vaya lío!

message ['mesɪdʒ] [me-sich], *s.* 1. Mensaje, el recado que envía una persona a otra de palabra o por escrito; parte, anuncio. 2. Comunicación oficial del que ejerce el poder ejecutivo a una asamblea legislativa.

messenger ['mesɪndʒəʳ] [me-sin-yaʳ], *s.* 1. Mensajero. 2. Portero, en los tribunales. 3. *(Mar.)* Aparejo para levar el ancla. ***to* clap a messenger on the cable,** *(Mar.)* Coser un aparejo al cable.

mess hall, mess room ['meshɔːl] [mes-jol] ['mesrʊm] [mes-rum], *s.* Comedor para soldados, marineros, etc.

Messiah [mɪ'saɪə] [mi-saia], *s.* Mesías, Cristo.

messieurs ['mesəz] [me-ses], *s. pl.* Señores: es palabra de cortesía en el trato civil, y se usa como plural de *mister*; se escribe por lo común *Messrs*, en abreviatura.

messmate ['mesmeɪt] [mes-meit], *s.* Comensal, el que come con otro a una misma mesa.

messuage ['mesʊədʒ] [me-suach], *s.* Menaje, ajuar de casa.

mestizo, mestino ['mɪs'tiːzəʊ] [mis-ti-sou], *s.* Mestizo; en América, persona de raza española e india.

met, *pret.* y *pp.* del verbo MEET.

metabola ['metəbɒlə] [me-ta-bo-la], *s.* *(Med.)* Mudanza de tiempo, aire o enfermedad.

metabolic [ˌmetə'bɒlɪk] [me-ta-bo-lik], *a.* Metabólico, que se refiere al metabolismo.

metabolism [me'tæbəlɪzəm] [me-ta-bo-li-sem], *s.* 1. *(Biol.)* Metabolismo, procedimiento de asimilación de los alimentos. 2. *(Ento.)* Metabología, metamorfosis. 3. Cambio de un metro poético a otro.

metacarpal [ˌmetə'kɑːpl] [me-ta-kar-pal], *a.* Metacarpiano, que pertenece al metacarpo.

metacarpus [ˌmetə'kɑːpəs] [me-ta-kar-pos], *s.* *(Anat.)* Metacarpo, parte de la mano comprendida entre el carpo y los dedos.

metachronism [ˌmetəkrə'nɪzəm] [me-ta-kro-ni-sem], *s.* Metacronismo, anacronismo en poner un hecho antes o después del tiempo en que sucedió.

metage ['metɑːdʒ] [me-tach], *s.* Medida o el acto de medir el carbón de piedra.

metagrammatism [ˌmetəgræ'mətɪzm] [me-ta-gra-ma-ti-sem], *s.* El arte o la práctica de hacer anagramas.

metal ['metl] [me-tal], *s.* 1. Metal. 2. Algo compuesto de uno o más elementos metálicos, o que se parece a ellos; liga, mezcla; piedra triturada que se emplea en la superficie de los caminos o para el terraplenaje. (c) Vidrio en fusión. 3. Sustancia constitutiva, cualidad esencial. **Babbitt metal,** metal blando y blanco resistente a la fricción. **Metal detector,** detector de metales.

metalepsis ['metəlɪpsɪs] [me-ta-lip-sis], *s.* Metalepsis, figura retórica, conjunción de dos o más tropos en la misma palabra.

metaleptically [ˌmetə'lɪptɪkəlɪ] [me-ta-lip-ti-ka-li], *adv.* Por transposición.

metalled ['metəld] [me-tald], *a.* Macadamizado; terraplenado, afirmado (se dice de una vía férrea).

metallic [mɪ'tælɪk] [mi-ta-lik], *a.* Metálico.

metalliferous ['metəlɪfərəs] [me-ta-li-fe-ros], *a.* Metalífero.

metalline ['metəlɪn] [me-ta-lin], *a.* Metálico.

metallist ['metəlɪst] [me-ta-list], *s.* 1. Metalario, el artífice que tiene conocimiento de los metales. 2. Partidario del uso de la moneda en metálico, en contraposición al papel moneda.

metallize ['metəlaɪz] [me-ta-lais], *va.* Metalizar, transformar en metal.

metallography ['metələgræfɪ] [me-ta-lo-gra-fi], *s.* Metalografía.

metalloid ['metəlɔɪd] [me-ta-loid], *a.* *(Quím.)* Metaloide, semejante a un metal. *-s.* Metaloide, cuerpo simple sin brillo metálico y mal conductor del calórico y de la electricidad, como el arsénico y el antimonio.

metallurgic, metallurgical [ˌmetə'lɜːdʒɪk] [me-ta-ler-yik], *a.* Metalúrgico.

metallurgist [ˌmetə'lɜːdʒɪst] [me-ta-ler-yist], *s.* Metalario, metalúrgico.

metallurgy [ˌmetə'lɜːdʒɪ] [me-ta-ler-yi], *s.* Metalurgia, el arte de beneficiar los minerales y de extraer económicamente los metales que contienen.

metalman ['metəlmən] [me-tal-man], *s.* El que trabaja los metales; calderero, hojalatero, estañero.

metal shears ['metəlʃɪəz] [me-tal-shiars], *s. pl.* Cizalla.

metalwork ['metəlwɜːk] [me-tal-uek], *s.* Metalistería.

metameric ['metəmerɪk] [me-ta-me-rik], *a.* 1. *(Quím.)* Metamérico. 2. *(Zool.)* Perteneciente a uno de la serie de segmentos homólogos que forman el cuerpo de un animal vertebrado o articulado.

metamorphic [ˌmetə'mɔːfɪk] [me-ta-mor-fik], *a.* 1. Metamórfico, que produce el metamorfismo. 2. Metamórfico, que presenta metamorfismo o se refiere a el.

metamorphism [ˌmetə'mɔːfɪzm] [me-ta-mor-fi-sem], *s.* 1. *(Geol.)* Metamorfismo, transformación natural ocurrida en las rocas mediante una nueva cristalización de sus elementos constitutivos, con cambio químico o sin él. 2. Cualquier metamorfosis.

metamorphize [ˌmetə'mɔːfaɪz] [me-ta-mor-fais], *va.* *V.* METAMORPHOSE.

metamorphose [ˌmetə'mɔːfəʊz] [me-ta-mor-fous], *va.* 1. Metamorfosear, transformar, cambiar la forma de una cosa; hacerle asumir un carácter diferente. 2. *(Geol.)* Cambiar por medio del metamorfismo.

metamorphosis [ˌmetə'mɔːfəʊzɪs] [me-ta-mor-fou-sis], *s.* Metamorfosis o metamorfosi, transformación, cambio de forma o de estructura.

metaphor ['metəfɔːʳ] [me-ta-foʳ], *s.* Metáfora, figura retórica.

metaphoric, metaphorical ['metəfɔːrɪk] [me-ta-fo-rik] [ˌmetə'fɒrɪkəl] [me-ta-fo-ri-kal], *a.* Metafórico.

metaphorically [ˌmetə'fɒrɪklɪ] [me-ta-fo-ri-ka-li], *adv.* Metafóricamente.

metaphorist ['metəfɔːrɪst] [me-ta-fo-rist], *s.* Metaforista.

metaphrase ['metəfreɪz] [me-ta-freis], *s.* Metafrasis, traducción literal.

metaphysic, metaphysical [ˌmetə'fɪzɪk] [me-ta-fi-sik] [ˌmetə'fɪzɪkəl] [me-ta-fi-si-kal], *a.* 1. Metafísico. 2. Sobrenatural.

metaphysically [ˌmetə'fɪzɪklɪ] [me-ta-fi-si-ka-li], *adv.* Metafísicamente.

metaphysician [ˌmetə'fɪzɪʃən] [me-ta-fi-si-shan], *s.* Metafísico.

metaphysics [ˌmetə'fɪzɪkz] [me-ta-fi-siks], *s.* Metafísica, la ciencia que trata de los primeros principios del conocimiento humano, de las ideas universales y de los seres espirituales; ontología.

metaplasm ['metəplæzm] [me-ta-plasm], *s.* *(Gram.)* Metaplasmo, cambio operado en una palabra por el aumento, la disminución o sustitución de una letra o sílaba.

metastasis ['metæstəsɪs] [me-tas-ta-sis], *s.* *(Med.)* Metástasis, mudanza del sitio de una enfermedad.

metastasize ['metætəsaɪz] [me-tas-ta-sais], *vn.* Metasticizar, diseminarse por metastasis.

metatarsal [ˌmetə'tɑːsl] [me-ta-tar-sal], *a.* Metatársico, metatarsiano, perteneciente al metatarso.

metatarsus [ˌmetə'tɑːsəs] [me-ta-tar-sos], *s.* *(Anat.)* Metatarso, parte del pie situada entre el tarso y los dedos.

metathesis [me'tæθəsɪs] [me-ta-zi-sis], *s.* *(Ret.)* Metátesis, transposición.

mete [miːt] [mit], *va.* 1. Distribuir conforme a medida; prorratear. 2. *(Ant.)* 2. Medida.

metempsychosis [ˌmetəmsaɪ'kəʊsɪs] [me-tam-sai-kou-sis], *s.* Metempsícosis, transmigración de las almas de un cuerpo a otro.

meteor ['miːtɪəʳ] [mi-tiaʳ], *s.* Meteoro, fenómeno repentino y luminoso, como una estrella por los aires; estrella errante. En sentido técnico significa cualquier fenómeno atmósferico.

meteoric [ˌmiːtɪ'ɒrɪk] [mi-tio-rik], *a.* 1. Meteórico; perteneciente a los meteoros, compuesto de meteoros. 2.

Atmosférico, meteorológico. 3. Brillante temporalmente. **Meteoric iron,** hierro meteórico. *V.* METEROITE. **Meteroic showers,** lluvia de estrellas errantes.

meteorite, meteorolite ['miːtɪəraɪt] [mi-tio-rait], *s.* Aerolito, meteorito, masa pétrea o metálica que cae sobre la tierra desde las regiones planetarias, acompañada de fenómenos luminosos o de alguna detonación.

meteoroid ['miːtɪərɔɪd] [mi-tio-roid], *s.* Meteoroide.

meteorological [ˌmiːtɪərə'lɒdʒɪkəl] [mi-tio-ro-lo-yi-kal], *a.* Meteorológico, que pertenece a la atmósfera o a la ciencia de la meteorología.

meteorology [ˌmiːtɪərə'lɒdʒɪ] [mi-tio-ro-lo-yi], *s.* Meteorología, ciencia que trata de los meteoros, es decir, de los fenómenos de la atmósfera con especial relación al clima y la temperautra y estado del aire (tiempo).

meteorous ['miːtɪərəs] [mi-tio-ros], *a.* Meteórico, lo que pertenece a los meteoros.

meter ['miːtə^r] [mi-ta^r], *s.* 1. Medidor, el que mide. 2. Contador, instrumento para medir. **Gas-meter,** contador de gas. **Parking meter,** parquímetro. **Water-meter,** medidor mecánico del agua.

meter, *s.* 1. Metro, la medida del verso; el verso. 2. Metro, unidad de medida longitudinal del sistema métrico-decimal; palabra de origen francés. Equivale a la diez millonésima parte del arco del meridiano terrestre comprendido entre el polo y el ecuador.

methane ['miːθeɪn] [mi-zein], *s.* Metano.

methinks [mi'θɪnks] [mi-zinks], *v.impers.* Me parece, soy de parecer, creo, pienso.

method ['meθəd] [me-zod], *s.* 1. Método, el modo de obrar o proceder. 2. Orden, regla, regularidad. 3. Método, el orden que se sigue en las ciencias para hallar la verdad y enseñarla. 4. La clasificación de los cuerpos según sus cualidades comunes características. 5. Sistema de instrucción musical, libro para el estudio de un arte, una lengua, etc.; *(Mús.)* manera o estilo de ejecución; técnica.

methodic, methodical [mɪ'θɒdɪk] [mi-zo-dik] [mɪ'θɒdɪkəl] [mi-zo-di-kal], *a.* Metódico, dispuesto y arreglado con método; que usa de orden y método.

methodically [mɪ'θɒdɪkəlɪ] [mi-zo-di-ka-li], *adv.* Metódicamente, con método.

methodism ['meθɒdɪzəm] [me-zo-di-sem], *s.* Metodismo, la doctrina de la secta metodista.

methodist ['meθədɪst] [me-zo-dist], *s.* 1. Metodista, la persona que es metódica o procede con arte y método. 2. Metodista, el médico que pertenecía a la secta del metodismo. 3. Metodista, los individuos de una secta religiosa llamada metodismo.

methodistical ['meθədɪstɪkəl] [me-zo-dis-ti-kal], *a.* Metodístico.

methodize ['meθədaɪz] [me-zo-dais], *va.* Metodizar, regularizar, arreglar metódicamente.

methodology [ˌmeθə'dɒlədʒɪ] [me-zo-do-lo-yi], *s. f.* Metodología.

methought, *pret.* del verbo METHINKS.

methyl ['meθɪl] [me-zil], *s. (Quím.)* Metilo.

methylene ['meθɪliːn] [me-zi-lin], *s.* Metileno, carburo de hidrógeno. **Methylene blue,** material de tinte.

meticulous ['meθɪkələs] [me-zi-ko-los] *a.* Meticuloso.

métier ['metɪeɪ] [me-tiei], *s. m.* Oficio.

metonymical [ˌmetə'nɪmɪkəl] [me-to-ni-mi-kal], *s. adv.* Metonímicamente, por metonimia.

metonymically [ˌmetə'nɪmɪkəlɪ] [me-to-ni-mi-ka-li], *adv.* Metonímicamente, por metonimia.

metonymy ['metənɪmɪ] [me-to-ni-mi], *s.* Metonimia.

metope ['metəp] [me-top], *s. (Arq.)* Metopa, distancia entre los triglifos del friso en el orden dórico.

metoposcopy ['metəpəskəʊpɪ] [me-to-pos-kou-pi], *s.* Metoposcopia, arte de adivinar el porvenir o las inclinaciones del hombre por las líneas del rostro.

metre ['miːtə^r] [mi-ta^r], *s. V.* METER.

metric, metrical ['miːtrɪk] [mi-trik] ['miːtrɪkəl] [mi-tri-kal], *a.* Métrico, que consta de versos, perteneciente al metro, a la medida.

metrician ['miːtrɪʃən] [mi-tri-shan], **metrist** ['miːtrɪst] [mi-trist], *s.* Versificador, metrista.

metromania [ˌmetrə'neɪmɪə] [me-tro-mei-nia], *s.* Metromanía, manía de hacer versos.

metronome ['metrənəʊm] [me-tro-noum], *s.* Metrónomo, máquina a manera de reloj con péndulo cronométirco, para marcar el compás de la música.

metropolis [mɪ'trɒpəlɪs] [mi-tro-po-lis], *s.* Metrópoli, ciudad principal de algún país; a menudo es la capital.

metropolitan [ˌmetrə'pɒlɪtən] [me-tro-po-li-tan], *a.* Metropolitano, perteneciente a la metrópoli o al arzobispo. -*s.* 1. Metropolitano, el arzobispo respecto de sus obispos sufragáneos. 2. Ciudadano de una metrópoli, en contraposición al colono.

metropolitical [ˌmetrəpə'lɪtɪkəl] [me-tro-po-li-ti-kal], *a.* Metroplitano.

-metry ['metrɪ] [me-tri], Sufijo que denota la acción, la ciencia o el arte de medir.

mettle ['metl] [me-tel], *s.* Materia de que se compone una cosa, en especial, disposición constitutiva, brío, bizarría, valor, coraje, firmeza, vivacidad, fuego. **To put one on (o to) his mettle,** picar el amor propio de alguno, estimularle.

mettled ['metld] [me-teld], **Mettlesome** ['metlsəm] [me-tel-som], *a.* Brioso, vivo, fogoso, ardiente.

mettlesomely ['metlsəmlɪ] [me-tel-som-li], *adv.* Briosamente, vivamente.

mettlesomeness ['metlsəmnɪs] [me-tel-som-nes], *s.* Brío, fuego, vivacidad.

mew [mjuː] [miu], *s.* 1. Jaula, encierro para las aves cuando mudan las plumas; cualqueir cercado o corral. 2. *pl.* Establo, caballeriza. 3. Maullido, maúllo, maído, la voz natural del gato. 4. *(Orn.)* Gaviota, ave marina de la familia de los láridos.

mew, *va.* 1. Enjaular, encerrar, encarcelar. 2. *(Des.)* Mudar las aves sus plumas. -*vn.* 1. Maullar o miar como el gato. 2. *(Des.)* Mudar o estar de muda los animales.

mewing ['mjuːɪŋ] [miuin], *s.* 1. Maullido, maído de los gatos. 2. *(Des.)* Muda, el acto de mudar las aves sus plumas.

mewl [mjuːl] [miul], *vn.* Chillar, gritar o llorar como un niño.

mews [mjuːz] [miuz], *s. pl.* Las caballerizas reales de Londres; de aquí, cualquier caballeriza urbana.

Mexican ['meksɪkən] [mek-si-kan], *a.* Mejicano, perteneciente a Méjico. -*s.* Natural o ciudadano de los Estados Unidos Mejicanos.

mezereon [me'ziːrɪən] [me-si-rion], *s. (Bot.)* Mecereón, laurel hembra.

mezzanine ['mezəniːn] [me-sa-nin], *s.* Mezanina, entresuelo.

mezzo-rilievo ['metsərɪ'liːvə] [met-so-ri-li-vo], *s.* Medio relieve.

mezzotint, mezzotinto ['metzəʊtɪnt] [met-sou-tin], *s.* Estampa de humo, media tinta.

MFA *s. Abreviatura de* **Master of Fine Arts**. *(E.U)*

mg *Abreviatura de* **miligramme(s)**.

MHz *Abreviatura de* **megahertz,** megahercio.

mi [miː] [mi], *s.* 1. Mi, la tercera nota de la escala musical; se usa en el solfeo. 2. La nota E.

MIA *Abreviatura de* **Missing In Action**.

miaow [miː'aʊ] [miau], *s.* Maullido, miau. *v.* Maullar.

miasm ['mɪæzm] [miasm], **miasma** [mɪ'æzmə] [mias-ma], *s.* Miasma, exhalación morbífica de las materias animales o vegetales en estado de putrefacción; el virus de la malaria.

miasmal [mɪ'æzməl] [mias-mal], *a.* Abundante en miasmas.

miasmatic [mɪəs'mætɪk] [mias-ma-tik], *a.* Miasmático, infecto, relativo a los miasmas o a la malaria, o producido por ellos. *V.* MALARIOUS.

mica ['maɪkə] [mai-ka], *s. (Min.)* Mica, mineral escamoso, lustroso, folicular, que se puede dividir en hojuelas muy delgadas. Las micas son silicatos de composición complicada, principalmente de alúmina con un álcali. **Mica-schist**, Micasquisto, micacito, roca compuesta de mica con algún cuarzo.

micaceous ['maɪkeɪʃəs] [mai-kei-shos], *a.* Micáceo, que es de mica o pertenece a ella.

mice ['maɪs] [mais], *s. pl.* de MOUSE.

michaelmas ['maɪkəlməs] [mai-kal-mas], *s.* Día de San Miguel, fiesta que se celebra el veinte y nueve de septiembre.

mickle ['maɪkl] [mai-kel], *a. (Ant. o Esco.)* Mucho, grande.

microampere ['maɪkrəʊəm'pɛəʳ] [mai-krou-am-peaʳ], *s.* Microamperio.

microbalance [ˌmaɪkrə'bæləns] [mai-kro-ba-lans], *s.* Microbalanza.

microbe ['maɪkrəʊb] [mai-kroub], *s.* Microbio.

microbial [maɪ'krəʊbɪəl] [mai-krou-bial], **Microbic** [maɪ'krəʊbɪk] [mai-krou-bik], *a.* Micróbico.

microbicide [ˌmaɪ'krəʊbɪsaɪd] [mai-krou-bi-said], *s.* Microbicida.

microbiology [ˌmaɪkrəʊbaɪ'ɒlədʒɪ] [mai-krou-baio-lo-yi], *s.* Microbiología.

microbus ['maɪkrəʊˌbʌs] [mai-krou-bas], *s.* Microómnibus, microbús.

microchip ['maɪkrəʊˌtʃɪp] [mai-krou-chip], *s.* Microplaqueta.

microcircuit ['maɪkrəʊˌsɜːkɪt] [mai-krou-ser-kit], *s.* Microcircuito.

micrococcus ['maɪkrəʊˌkɒkəs] [mai-krou-ko-kos], *s.* Micrococo, microbio de forma esférica.

microcomputer [ˌmaɪkrəʊkəm'pjuːtəʳ] [mai-krou-kom-piu-taʳ], *s.* Microordenador, microcomputadora.

microcosm ['maɪkrəʊkɒzəm] [mai-krou-kosm], *s.* Microcosmo, el mundo en pequeño; llámase así el hombre.

microeconomics [ˌmaɪkrəʊˌiːkə'nɒmɪkz] [mai-kroi-e-ko-no-miks], *s. f.* Microeconomía.

microelectronics ['maɪkrəʊˌiːlek'trɒnɪks] [mai-kroui-lek-tro-niks], *s. f.* Microelectrónica.

microfilm ['maɪkrəʊfɪlm] [mai-krou-film], *s.* Microfilm, rollo de película fotográfica con reproducciones en tamaño muy reducido.

micrography ['maɪkrəʊˌgræfɪ] [mai-krou-gra-fi], *s.* Micrografía, la descripción de los objetos pequeños que sólo se pueden distinguir con el microscopio.

microgroove ['maɪkrəʊgruːv] [mai-krou-gruv], *s.* Microsurco, microestría.

microlight ['maɪkrəʊˌlaɪt] [mai-krou-lait], *a.* Ultraligero.

micrometer [maɪ'krɒmiːtəʳ] [mai-kro-mi-taʳ], *s.* Micrómetro, instrumento que se aplica al telescopio y al microscopio para medir las dimensiones o ángulos pequeños.

micrometric, micrometrical [maɪ'krɒmiːtrɪk] [mai-kro-mi-trik], *a.* Micrométrico, relativo al micrómetro o hecho con él.

micrometry [maɪ'krɒmiːtrɪ] [mai-kro-mi-tri], *s.* Micrometría, el arte de medir dimensiones pequeñas con el micrómetro.

micron ['maɪkrən] [mai-kron], *s.* Micra, la millonésima parte de un metro.

microorganism ['maɪkrəʊ'ɔːgənɪzəm] [mai-krou-or-ga-ni-sem], *s.* Microorganismo.

microphone ['maɪkrəfəʊn] [mai-kro-foun], *s.* Micrófono.

microphotograph [ˌmaɪkrə'fəʊtəgræf] [mai-kro-fou-to-graf], **microphotography** [ˌmaɪkrə'fəʊtəgræfɪ] [mai-kro-fou-to-gra-fi], *s.* Microfotografía.

microphysics [ˌmaɪkrə'fɪzɪks] [mai-kro-fi-siks], *s.* Microfísica.

microprocessor [ˌmaɪkrəʊ'prəʊsesəʳ] [mai-krou-pro-se-saʳ], *s. f.* Microprocesador.

microprogramming ['maɪkrə'prəʊgræmɪŋ] [mai-kro-prou-gra-ming], *s. f.* Microprogamación.

micropyle ['maɪkrəpaɪl] [mai-kro-pail], *s.* Micrópilo.

microscope ['maɪkrəskəʊp] [mai-kros-koup], *s.* Microscopio, instrumento dióptrico que sirve para hacer perceptible lo que no lo es a la simple vista.

microscopic, microscopical ['maɪkrəskəʊpɪk] [mai-kros-kou-pik] ['maɪkrəskəʊpɪkl] [mai-kros-kou-pi-kal], *a.* Microscópico, relativo al microscopio, hecho o como hecho con el microscopio; extremamente pequeño, que no se puede ver sino con el microscopio.

microscopist ['maɪkrəskəʊpɪst] [mai-kros-kou-pist], *s.* Microscopista, la persona versada en el uso del microscopio.

microscopy ['maɪkrəskəʊpɪ] [mai-kros-kou-pi], *s.* Microscopia, microscópica, el arte de servirse del microscopio.

microsurgery [ˌmaɪkrəʊ'sɜːdʒərɪ] [mai-krou-ser-che-ri], *s. f.* Microcirugía.

microwave ['maɪkrəʊˌweɪv] [mai-krou-ueiv], *s.* Microonda.

micturition ['mɪktjʊərɪʃən] [mik-chua-ri-shon], *s.* Micturición, micción, acción de orinar (frecuentemente).

mid [mɪd] [mid], *a.* Medio: se usa en composición. *-prep. (Poét.)* Entre, en medio de. *V.* AMID. **Mid-age,** la edad media de la vida. **Mid-course,** media carrera o medio camno. **Mid-heaven,** el medio del cielo, meridiano superior. **Mid-lent,** media cuaresma. **Mid-week,** que está en medio de la semana.

mida ['mɪdə] [mi-da], *s.* Mida, saltón o gusanillo que se halla en la flor del haba.

midday ['mɪddeɪ] [mid-dei], *s.* Mediodía. *-a.* Meridional, del mediodía.

middle ['mɪdl] [mi-del], *a.* Medio, intermedio. **Middle finger,** dedo de en medio o dedo del corazón. *-s.* Medio, intermedio, centro. **About the middle of June,** a mediados de junio. **In the middle of the way,** a medio camino. **Middle class,** la clase media, burguesía. **Middle Kingdom,** el imperio chino. **Middle voice,** voz media, se dice en griego de la clase de verbos que en las demás lenguas se llaman reflexivos. **Middle-aged,** de mediana edad. **Middle-distance race,** carrera de medio fondo. **Middle-sized,** de mediana estatura o tamaño. **To cut through the middle,** cortar por la mitad.

middle-class ['mɪdl'klɑːs] [mi-del-klas], *s. f.* Clase media.

middle ear ['mɪdl'ɪəʳ] [mi-del-iaʳ], *s.* Tímpano del oído.

middleman ['mɪdlmæn] [mi-del-man], *s.* 1. *(Com.)* Agente de negocios; corredor. 2. Burgués, ciudadano de la clase media.

middlemost ['mɪdlməʊst] [mi-del-moust], *a.* Colocado en el medio, lo más céntrico.

middleweight ['mɪdlweɪt] [mi-del-ueit], *s. (Boxeo)* Peso medio.

middling ['mɪdlɪŋ] [mi-dlin], *a.* 1. Mediano, mediocre, pasadero. 2. De salud pasadera, pero no buena; *(Fam.)* no muy católico. *-s. pl.* Salvado.

middy (blouse) ['mɪdɪ] [mi-di], *s.* Blusa marinera.

midge ['mɪdʒ] [midch], *s.* 1. Mosquito, o más bien, una mosca pequeña que no pica y tiene larvas acuáticas. 2. Enano.

midget ['mɪdʒɪt] [mid-chit], *s.* 1. Pequeña mosca. 2. Enano, pequeño. 3. Niño activo o inquieto.

midi ['mɪdɪ] [mi-di], *a.* **Midi system,** cadena musical compacta.

midland ['mɪdlənd] [mid-land], *a.* 1. Mediterráneo, rodeado de tierras. 2. Lo que está tierra adentro o en lo interior de un país.

midmost ['mɪdməʊst] [mid-moust], *a.* En el medio, del medio.

midnight ['mɪdnaɪt] [mid-nait], *s.* Media noche, las doce de la noche. *-a.* Lo que pasa o se hace a media noche.

midriff ['mɪdrɪf] [mid-rif], *s.* Diafragma, músculo que separa la cavidad del pecho de la del vientre.

midship ['mɪdʃɪp] [mid-ship], *a.* Que está en medio del buque. *-s. pl.* Bao o cuaderna maestra. **Midship beam,** bao maestro.

midshipman ['mɪdʃɪpmən] [mid-ship-man], *s. (Mar.)* Guardia marina.

midst ['mɪdst] [midst], *s.* Medio, la parte central; *(Fig.)* lo crudo, lo fuerte. **In the midst of winter,** en el rigor, en lo crudo del invierno. *-adv.* En medio. *-prep. V.* AMIDST.

midstream ['mɪd'striːm] [mid-strim], *s.* El medio de una corriente.
midsummer ['mɪd'sʌmə^r] [mid-sa-ma^r], *s.* Solsticio estival, la época del solsticio o el 21 de junio; el rigor del estío. **Midsummer day,** el día de San Juan, el 24 de junio.
midway ['mɪdweɪ] [mid-uei], *s.* Medio camino, la mitad del camino. *-a.* Que está en el medio, a mitad del camino. *-adv.* En medio del camino, a medio camino.
midweek ['mɪdwiːk] [mid-uik], *a.* De entre semana. *adv.* Entre semana.
midwife ['mɪdwaɪf] [mid-uaif], *sf.* (*pl.* MIDWIVES ['mɪdwaɪvs] [mid-uaivs]) Comadre, partera. **Man-midwife,** comadrón, partero. -va. Partear. *-vn.* Hacer o ejercer el ofico de partera o comadrón.
midwifery ['mɪd,wɪfərɪ] [mid-ui-fa-ri], *s.* 1. Obstetricia, el arte de partear. 2. El acto de producir o sacar a luz.
midwinter ['mɪd'wɪntə^r] [mid-uin-ta^r], *s.* Solsticio hiemal; lo recio del invierno.
mien [mɪːn] [min], *s.* Semblante, aire, porte.
miff [mɪf] [mif], *s.* *(Fam.)* Disgusto, mal humor, descontento. *-va.* Desagradar, ofender ligeramente, enojar; se usa por lo común en pasiva. **To be a little miffed**, *(Fam.)* enojarse o incomodarse un poco; amoscarse.
might [maɪt] [mait], *s.* Poder, fuerza. **With all my might,** con todas mis fuerzas. **With might and main,** con todas sus fuerza(Fam.)ás no poder.
might, *pret.* de MAY. **He died that we might live,** murió para que pudiéramos vivir. **If it might be,** si eso pudiera ser. **There might be a hundred persons in the room,** podía haber unas cien personas en la habitación.
mightily ['maɪtɪlɪ] [mai-ti-li], *adv.* Poderosamente.
mightiness ['maɪtɪnɪs] [mai-ti-nes], *s.* Poder, potencia, fuerza; grandeza.
mighty ['maɪtɪ] [mai-ti], *a.* Fuerte, valiente, potente, poderoso, vigoroso; grande; violento; enorme; excelente; eficaz, importante. *-adv.* *(Irón.)* Extremadamente, sumamente.
mignonette [,mɪnjə'net] [mi-ño-net], *s.* Reseda, clavellina, planta cultivada por su fragancia.
migraine, migraine headache ['miːgreɪn] [mi-grein], *s.* Jaqueca.
migrant ['maɪgrənt] [mai-grant], *a.* Migratorio.
migrate [maɪ'greɪt] [mai-greit], *vn.* Emigrar, pasar de un país a otro, especialmente en grupos o familias.
migration [maɪ'greɪʃən] [mai-grei-shon], *s.* Emigración, acción de pasar de un país a otro en grupos; cambio de morada, viaje periódico de ciertos animales, aves o insectos.
migratory [maɪ'greɪtərɪ] [mai-grei-to-ri], *a.* Migratorio, que se muda de una parte a otra.
mikado ['mɪkədəɪ] [mi-ka-dou], *s.* Micado, nombre del emperador del Japón.
mike [maɪk] [maik], s. *Abreviatura de* **microphone,** micro.
milch [mɪltʃ] [milch], *a.* Lactífera, lechera, que da leche. **Milch-cow,** vaca de leche.
mild [maɪld] [maild], *a.* 1. Moderado, indulgente, blando, dulce, apacible, suave, tierno, de buen genio. 2. Nuevo (beers); suave, no fuerte. **Mild tobacco,** tabaco suave.
mildew ['mɪldjuː] [mil-diu], *s.* Añublo, moho, pelusilla, borra; tizón, tizoncillo.
mildew, *va.* y *vn.* Atizonarse el trigo o los otros granos.
mildewed ['mɪldjuːd] [mil-diud], *a.* Mohoso.
mildly ['maɪldlɪ] [maild-li], *adv.* Suavemente, dulcemente; con indulgencia.
mildness ['maɪldnɪs] [maild-nes], *s.* Benignidad, clemencia, dulzura, blandura, bondad, indulgencia.
mile ['maɪl] [mail], *s.* Milla, medida de distancia que comprende mil pasos geométricos o 5,280 pies ingleses = 1,609.3 metros. **Geographical o nautical mile,** la sexagésima parte de un grado, o 1.852 metros.
mileage ['maɪlɪdʒ] [mai-lich], *s.* 1. Kilometraje, la longitud de alguna cosa en millas (o en kilómetros). 2. Derecho de peaje por milla. 3. Gastos de viaje proporcinados según el número de millas recorridas.
mile-post ['maɪlpəʊst] [mail-poust], **Mile-stone** ['maɪlstəʊn] [mail-stoun], *s.* Mijero, piedra millera, el poste que señala las millas en los caminos.
milesian ['maɪliːʒən] [mai-li-shan], *a.* 1. Milesiano. 2. Irlandés, hibernés, hibérnico.
milestone ['maɪlstəʊn] [mail-stoun], *s. m.* Mojón (road). Hito *(Fig.)*.
miliary ['mɪlɪərɪ] [mi-lia-ri], *a.* Miliar, semejante a los granos de mijo; dícese de una fiebre eruptiva y de algunas glándulas.
militancy ['mɪlɪtənsɪ] [mi-li-tan-si], *s.* Combate, guerra; se dice en contraposición a *industrialism.*
militant ['mɪlɪtənt] [mi-li-tant], *a.* 1. Militante, combatiente; v. g. **The Church militant,** la iglesia militante. 2. De un temperamento belicoso o guerrero.
militarism ['mɪlɪtərɪzəm] [mi-li-ta-ri-sem], *s.* Militarismo, predominio del elemento militar en el gobierno del Estado; el sistema de mantener grandes ejércitos permanente.
militarization ['mɪlɪtəraɪ'zeɪʃən] [mi-li-tan-rai-se-shon], *s.* Militarización.
militarize ['mɪlɪtəraɪz] [mi-li-ta-rais], *va.* Militarizar.
military ['mɪlɪtərɪ] [mi-li-ta-ri], *a.* Militar, soldadesco, belicoso, guerrero. **A military man,** un militar. **Military stores,** municiones de guerra. *-s.* Soldadesca, el conjunto de los soldados; la gente de guerra, la milicia.
military police, *s.* Policía militar.
military staff, *s.* Estado mayor.
militate ['mɪlɪteɪt] [mi-li-teit], *vn.* 1. Militar, haber o concurrir en cualquiera cosa alguna razón o circunstancia particular. 2. *(Ant.)* Combatir. **To militate against,** obrar en oposición a, ponerse *a.*
militia [mɪ'lɪʃə] [mi-li-sha], *s.* Milicia, el ejército o la guardia nacional, en oposición al ejército regular y permanente. **Militiaman,** miliciano, el que forma parte de la milicia.
milk [mɪlk] [milk], *s.* 1. Leche. **Cow's milk,** leche de vaca. **Ass's milk,** leche de burra. **Skimmed milk,** leche desnatada. 2. Leche, licor que se saca de algunas pepitas o semillas machacándolas; o el jugo blanco o lechoso de ciertas plantas. **Milk-abscess,** absceso del pecho. **Milk-and-water,** *(Fam.)* Vacilante y débil; incierto. **Milk diet,** régimen lácteo. **Milk-duct,** conducto de leche, vaso lactífero. **Milk-fever,** fiebre láctea. **Milk-food,** lacticinio. **Milk-leg,** inflamación de las extremidades inferiores que suelen sufrir las mujeres parturientas. **Milk-livered,** cobarde, mezquino. **Milk-maid,** lechera; mantequera. **Milk-man,** lechero, el que vende leche. **Milk-pail,** colodra. **Milk-pan,** lechera, vasija en que se guarda la leche para hacer queso y manteca. **Milk-pottage,** sopa de leche. **Milk-room,** lechería, cuarto o casa donde se conserva la leche. **Milk-thistle,** *(Bot.)* Titímalo, cardo lechero o sílibo. **Milk-tooth,** diente de leche. **Milk-vetch,** astrágalo, regaliz silvestre. **Milk-warm,** tibio, caliente como la leche que se acaba de ordeñar. **It's no good crying over spilt milk,** a lo hecho pecho *(Prov.)*.
milk, *va.* 1. Ordeñar, exprimir las tetas de la hembra para sacar leche. 2. *(Fam.)* Desaguar, apurar, agotar, extraer de.
milker ['mɪlkə^r] [mil-ka^r], *s.* Ordeñador.
milkiness ['mɪlkɪnɪs] [mil-ki-nes], *s.* 1. Dulzura, suavidad. 2. Calidad o propiedad láctea.
milking machine ['mɪlkɪŋmə,ʃiːn] [mil-kin-ma-shin], *s.* Ordeñadora mecánica.
milk shake ['mɪlk'ʃeɪk] [milk-sheik], *s.* Batido de leche.
milksop ['mɪlsɒp] [milk-sop], *s.* Marica, el hombre afeminado y de pocos bríos.
milkweed ['mɪlkwiːd] [milk-uid], *s.* *(Bot.)* Asclepias, planta vivaz de América; llámase así por su jugo lechoso. Las semillas tiene filamentos sedosos, circunstancia que da origen a otro nombre, *silkweed.*
milk-white ['mɪlkwaɪt] [milk-uait], *a.* Blanco como la leche.
milkwort ['mɪlkwɔːt] [milk-uort], *s.* *(Bot.)* Cualquier planta del género polígala.

milky ['mılkı] [mil-ki], *a.* 1. Lácteo, lactífero. 2. Lechoso. 3. Lacticinoso, lechal. 4. Blando, tierno, suave, dulce; tímido.
Milky Way ['mılkı'weı] [mil-ki-uei], *s. (Astr.)* Galaxia, vía láctea, vulgarmente Camino de Santiago.
mill [mıl] [mil], *s.* 1. Molino. 2. Taller, fábrica, edificio provisto de maquinaria para fabricar o manufacturar. **Cotton-mill,** hilandería de algodón. 3. Máquina que funciona con movimiento de rotación, como la rueda de un lapidario. 4. *(Vulg.)* Lucha a puñetazos. **Water-mill,** molino de agua, aceña. **Wind-mill,** molino de viento. **Horse-mill,** tahona. **Fulling** o **tuck mill,** batán. **A forge-mill,** molino de herrería o fragua. **Hand-mill,** molino de herrería o fragua. **Hand-mill,** molino de mano, molinete o molinillo. **Paper-mill,** molino de papel. **Rolling-mill,** laminador. **Stamping-mill,** molino de estampar. **Tan** o **bark-mill,** molino de corteza de roble. **Pepper-mill,** molinillo para moler la pimienta. **Coffee-mill,** molinillo de café. **Copper** o **lead-mill,** molino de cobre o plomo. **Sugar-mill,** trapiche o ingenio de azúcar. **Sawing-mill,** molino de aserrar. **Mill-board,** cartón muy grueso que usan los encuadernadores de libros. **Mill-clack,** taravilla, cítola. **Mill-course,** canal o cañal de agua de un molino. **Mill-dam,** esclusa o represa de molino; dique. **Mill-dust,** harija. **Mill-hopper,** tolva de molino. **Mill-horse,** caballo de tahona. **Mill-hand,** obrero u obrera en una fábrica. **Mill-race,** canal o conducto de molino de agua. **Mill-work,** maquinaria de molino; construcción de un molino. **To go through the mill,** saber por completo una cosa.
mill, *s.* La milésima parte; en los Estados Unidos, la décima parte de un centavo.
mill, *va.* 1. Moler, desmenuzar. 2. Batir el chocolate con el molinillo. 3. Acordonar, labrar el canto o cordoncillo de las monedas. **Mill about/around,** arremolinarse.
milled [mıld] [mild], *a.* Molido (grain).
millenarian [ˌmılə'neərıən] [mi-le-nea-rian], **millenist** ['mılənıst] [mi-le-nist], *a.* Milenario, perteneciente al millar o al número mil. *-s.* Milenario, sectario.
millenary [mı'lenərı] [mi-le-na-ri], *s.* Milenario; el espacio de mil años. *-a.* Milenario. *V.* MILLENARIAN.
millennial [mı'lenıəl] [mi-le-nial], *a.* Milenario, perteneciente a un milenario o a un período de mil años.
millennium [mı'lenıəm] [mi-le-niam], *s.* 1. Mileño, el espacio de mil años. 2. Los mil años del reino de Jesucristo en la tierra, con relación al Apocalipsis XX, 1-5.
milleped ['mılped] [mil-ped], *s.* Ciempiés, cientopiés, escolopendra, miriápodo con numerosos segmento y patas.
millepore ['mılpɔːʳ] [mil-poʳ], *s.* Miléporo, género de políperos pétreos cuya superficie tiene una multitud de poros.
miller ['mıləʳ] [mi-laʳ], *s.* 1. Molinero. 2. Mariposa nocturna, generalmente blanquizca y de alas empolvadas como con harina. llámase comúnmente **moth-miller. Miller's Thumb,** *(Ict.)* cota.
millerite ['mılərıt] [mi-le-rit], *s.* Milerita, níquel sulfurado nativo (NiS) que cristaliza en el sistema hexagonal.
millesimal [mı'lesıməl] [mi-le-si-mal], *a.* Milésimo.
millet ['mılıt] [mi-lit], *s. (Bot.)* Mijo.
milliard ['mılıɑːd] [mi-liard], *s.* Mil millones; mil millones de francos. *(Fr.)*
milligram, milligramme ['mılıgræm] [mi-li-gram], *s.* Miligramo, milésima parte de un grano.
milliliter ['mılıˌliːtəʳ] [mi-li-li-taʳ], *s.* Mililitro.
millimeter ['mılıˌmiːtəʳ] [mi-li-mi-taʳ], *s.* Milímetro, milésima parte de un metro.
milliner ['mılınəʳ] [mi-li-naʳ], *s.* Modista, mujer que confecciona y vende sombreros, gorros, etc., para señoras; en Inglaterra, la persona que vende o hace vestidos o adornos para las señoras.
millinery ['mılınərı] [mi-li-na-ri], *s.* 1. Los géneros que se emplean para hacer o adornar los sombreros, gorros, etc., de las señoras; cintas, lazos, flores artificiales, etc. 2. La ocupación o la tienda de una modista.
milling ['mılıŋ] [mi-lin], *s.* 1. Molienda, acción de moler o machacar, de convertir el grano en harina. 2. Acción de acordonar las monedas, y el cordoncillo mismo.
million ['mıljən] [mi-lion], *s.* 1. Millón, mil veces mil, un millar de millares. 2. Un número muy grande indeterminado. *-a.* Que consta de un millón.
millionaire [ˌmıljə'nɛəʳ] [mi-lio-neaʳ], *s.* Millonario, la persona cuyas riquezas se valúan en un millón o más.
millioned ['mıljənd] [mi-liond], *a.* Multiplicado por millones.
millionth ['mıljənθ] [mi-lionz], *a.* Millonésimo, que completa un millón o es una parte de él.
millipede ['mılıpiːd] [mi-li-pid], *s.* Milpiés.
millisecond ['mılıˌsekənd] [mi-li-se-kond], *s.* Milisegundo.
mill-pond ['mılpɒnd] [mil-pond], *s.* Alcubilla, alberca de agua para mover un molino.
millstone ['mılstəʊn] [mil-stoun], *s.* Muela, piedra de molino; molar, piedra molar. **To see into** o **through a millstone,** ver al través de una pared; tener mucha penetración.
millwright ['mılraıt] [mil-rait], *s.* Constructor de molinos.
milt [mılt] [milt], *s.* 1. Bazo, parte del cuerpo que está en el hipocondrio izquierdo. 2. Lechecillas de los peces, la parte de los peces machos en que se contiene el semen.
milt, *va.* Impregnar las huevas de los peces.
milter ['mıltəʳ] [mil-taʳ], *s.* Pez macho. **Milter and spawner,** pez macho y hembra.
miltwaste ['mıltweıst] [milt-ueist], *s. (Bot.)* Doradilla.
mime ['maım] [maim], *s.* 1. Mimo, truhán, bufón, gracioso, pantomimo, farsante. 2. Pantomima, farsa; mimo, especie de farse entre los antiguos.
mime, *vn.* 1. Bufonearse. 2. Remedar, representar una pantomima.
mimeograph ['mımıəgrɑːf] [mi-mio-graf], *s.* Mimeógrafo.
mimetical [mı'metıkl] [mi-me-ti-kal], *a.* Imitativo, mímico.
mimic ['mımık] [mi-mik], *va.* 1. Remedar, imitar burlescamente. 2. Imitar exactamente, contrahacer. 3. *(Biol.)* Asumir la forma o el color de algo, por vía de protección.
mimic, *s.* 1. Mimo, imitador, truhán, bufón. 2. Remedo servil o bajo. *-a.* Mímico, imitativo; chancer, burlesco.
mimical ['mımıkəl] [mi-mi-kal], *a.* Burlesco.
mimically ['mımıkəlı] [mi-mi-ka-li], *adv.* Burlescamente, mímicamente.
mimicry ['mımıkrı] [mi-mi-kri], *s.* 1. Bufonada, bufonería, remedo o imitación burlesca. 2. *(Zool.)* Parecido, semejanza imitativa de un animal a otro o a un objeto inanimado.
mimosa [mı'məʊzə] [mi-mou-sa], *s. (Bot.)* Mimosa, sensitiva.
mimulus ['mıməls] [mi-mo-los], *s. (Bot.)* Mímulo.
min. *Abreviatura de* **minute(s)** o **minimum.**
minaret [mınə'ret] [mi-na-ret], *s. (Arq.)* Minarete, torre de las mezquitas mahometanas.
minatory ['mınətərı] [mi-na-to-ri], *a.* Amenazante, lo que amenaza.
mince [mıns] [mins], *va.* 1. Desmenuzar; picar la carne. 2. Decir una cosa muy poco a poco y por partes. 3. Paliar, atenuar. 4. Afectar, hablar con afectación. *-vn.* 1. Andar a pasitos cortos, afectadamente. 2. Hablar con dengue o con melindre. Afectación en el andar o hablar. **Mince-meat,** carne picada, jigote, mezcla de carne, manzanas, grasa, frutas secas y especias picadas, para rellenar el pastel llamado **mince-pie**.
mince-meat ['mınsmiːt] [mins-mit], *s. f.* Picadillo, carne picada *(Culin.)*.
mincer ['mınsəʳ] [min-saʳ], *s. f.* Máquina para picar carne.
mincingly ['mınsıŋlı] [min-sin-li], *adv.* A pedacitos; con afectación; ligeramente, superficialmente.
mind [maınd] [maind], *s.* 1. Mente, entendimiento (intellect). 2. Gusto, propensión, elección, inclinación, afición, afecto. 3. Voluntad, gana, designio, intención, resolución, deseo (intention). 4. Pensamiento, opinión, parecer, dictamen (opinion). 5. Memoria, recuerdo (memory). 6. Espíritu, ánimo. **Of one mind,** unánimes. **With one mind,** unánimemente. **He has half a mind to do it,** está tentado de

hacerlo. **I have a good mind to go,** ganas de ir no me faltan. **I have made up my mind,** estoy resuelto o decidido; he tomado una decisión. **To call to mind,** traer a la memoria. **To have something/somebody in mind,** tener algo/a alguien en mente. **To his mind,** a su parecer, según su opinión. **Out of mind,** olvidado. **Time out of mind,** tiempo inmemorial. **It will not be out of my mind,** no lo podré olvidar. **To put in mind,** acordar, recordar. **To speak one's mind,** decir su parecer. **To be out of one's mind,** haber perdido el juicio. **To be easy in one's mind,** tener el espíritu tranquilo. **To have half a mind to,** tener ligera inclinación, estar dispuesto a hacer una cosa. **Mind-reading,** adivinación del pensamiento de otra persona, sin intervención de los sentidos y a menudo desde gran distancia.

mind, *va.* 1. Notar, observar, considerar, atender, prestar atención (Pay attention to). 2. Cuidar; vigilar sobre (Take care). 3. Obedecer (Rules). 4. Estar alerta, resguardarse contra. 5. *(Fam.)* Recordar, acordar, refrescar la memoria. **Mind your business,** métase Ud. en lo que le importa; no se meta Ud. donde no le llaman. **Mind him,** ten cuidado con él. **Never mind,** no haga Ud. caso; no importa. *-vn.* 1. Inclinarse o tener inclinación a una cosa; estar dispuesto. 2. Ser obediente. 3. Acordarse. **To have a mind to,** darle a uno la gana. *(Fam.)* Pedírselo el cuerpo. **To mind one's p's and q's,** poner los puntos sobre las íes, tener mucho cuidado con lo que se hace o dice. **Not to mind a thing,** no hacer caso de una cosa. **Mind out!** ¡Cuidado!

mind-bending ['maɪnd,bendiŋ] [maind-ben-din], **mind-boggling** ['maɪnd,bɔʊglɪŋ] [maind-bo-glin], *a.* Increíble *(Fam.)*.

minded ['maɪnd] [maind], *a.* Inclinado, dispuesto, propenso. **High-minded,** de pensamientos elevados. **Evil-minded,** mal intencionado. **Low-minded,** de bajos pensamientos.

mindful ['maɪn*d*fʊl] [maind-ful], *a.* Atento, cuidadoso, diligente, vigilante, el que tiene presente alguna cosa. **To be mindful,** tener presente, no olvidar, acordarse.

mindfully ['maɪn*d*fʊlɪ] [maind-fu-li], *adv.* Atentamente, cuidadosamente, con diligencia.

mindfulness ['maɪn*d*fʊlnɪs] [maind-ful-nes], *s.* Atención, cuidado.

mindless ['maɪn*d*lɪs] [maind-les], *a.* Descuidado, negligente; necio, insensato.

mind reading ['maɪnd,ri:dɪŋ] [maind-ri-din], *s.* Lectura del pensamiento.

mine [maɪn] [main], *pron. pos.* Mío, mía, lo mío; *(Ant.)* mí. **This pen is mine**, esta pluma es mía. **It is mine to search,** a mí me toca buscar. **Your faith and mine,** su fe y la mía. **Mine eye,** *(Ant.)* mi ojo.

mine, *s.* *(Min.)* 1. Mina. **A copper mine**, una mina de cobre. **Shaft of a mine,** pozo de una mina. 2. *(Mil.)* Mina. **Mine field,** campo minado. **Mine layer,** *(Mar.)* plantaminas. **Mine sweeper,** *(Mar.)* dragaminas.

mine, *vn.* 1. Minar, cavar o hacer minas. 2. Zapar, arruinar, hacer algún daño por medios ocultos. *-va.* 1. Minar, obtener cavando; explotar una mina. 2. Zapar, destruir; *(Fig.)* poco a poco, por medio de minas. 3. Dañar secretamente.

miner ['maɪnəʳ] [mai-naʳ], *s.* 1. Minador, el que hace minas en las fortificaciones. 2. Minero, el que trabaja en las minas para sacar los metales o minerales. *(mex.)* Barretero. **Miner's pick,** pico de hoja de salvia. **Corps of sappers and miners**, cuerpo de zapadores-minadores.

mineral ['mɪnərəl] [mi-ne-ral], *a.* Mineral, inorgánico. **Mineral kingdom,** reino mineral. **Mineral oil,** aceite mineral. **Mineral water,** agua mineral. *-s.* 1. Mineral. 2. Roca, fósil.

mineralization [,mɪnərəlaɪ'zeɪʃən] [mi-ne-ra-lai-se-shon], *s.* Mineralización.

mineralize ['mɪnərəlaɪz] [mi-ne-ra-lais], *va.* Mineralizar, reducir un metal a forma de mineral.

mineralizer ['mɪnərəlaɪzəʳ] [mi-ne-ra-lai-saʳ], *s.* Cuerpo simple que puede formar combinación con los metales.

mineralogical, mineralogic [,mɪnə'rælədʒɪkəl] [mi-ne-ra-lo-yi-kal], *a.* Mineralógico, perteneciente a la mineralogía.

mineralogist [,mɪnə'rælədʒɪst] [mi-ne-ra-lo-chist], *s.* Mineralogista, el que está versado en el conocimiento de los minerales.

mineralogize [,mɪnə'rælədʒaɪz] [mi-ne-ra-lo-yais], *va.* Estudiar y recoger minerales; hacer excursiones mineralógicas.

mineralogy [,mɪnə'rælədʒɪ] [mi-ne-ra-lo-yi], *s.* Mineralogía, la ciencia que trata de los minerales.

mineshaft ['maɪnʃɑ:ft] [main-shaft], *s.* Pozo de mina.

minever ['mɪnəvəʳ] [mi-ne-vaʳ], *s.* Forro de pieles blancas con manchas negras.

mingle ['mɪŋgl] [min-guel], *va.* 1. Mezclar, unir, incorporar; juntar cosas diversas. 2. Confundir. *-vn.* Mezclarse, juntarse, unirse, formar una mezcla.

mingle-mangle ['mɪŋgl,mæŋgl] [min-guel-man-guel], *s.* Miscelánea, almodrote.

mingledly ['mɪŋgldlɪ] [min-gueld-li], *adv.* Confusamente.

mingler ['mɪŋgləʳ] [min-glaʳ], *s.* Mezclador, el que mezcla.

miniate ['mɪnɪeɪt] [mi-nieit], *a.* Del color de bermellón. *-va.* *(Des.)* Pintar con bermellón.

miniature ['mɪnɪtʃəʳ] [mi-ni-chaʳ], *a.* De tamaño mucho menor que el natural o normal; en miniatura. *-s.* 1. Miniatura, pintura en pequeño. 2. Dibujo en pequeño; cosa de tamaño reducido. 3. *(Des.)* Rúbrica.

miniaturization [,mɪnɪətʃərɪ'zeɪʃən] [mi-nia-cha-ri-zei-shon], *s.* Miniaturización.

minify ['mɪnɪfaɪ] [mi-ni-fai], *va.* 1. Empequeñecer, disminuir. 2. Disminuir el valor de; despreciar, denigrar.

minikin ['mɪnɪkɪn] [mi-ni-kin], *a.* *(Ant.)* Pequeño, menudo. *-s.* Cosa muy menuda o delgada; alfilerito.

minim ['mɪnɪm] [mi-nim], *s.* 1. Medida usada en farmacia que equivale a 0.95 grano de agua; casi una gota. 2. *(Mús.)* Mínima, mitad de la semibreve o compasillo. 3. Enano, hombre pequeño. 4. Mínimo, religioso de la orden de los mínimos.

minimal ['mɪnɪml] [mi-ni-mal], *a.* Mínimo, lo menor.

minimalist ['mɪnɪməlɪst] [mi-ni-ma-list], *a.* Minimalista.

minimarket ['mɪnɪ,mɑ:kɪt] [mi-ni-mar-kit], *s. m.* Autoservicio.

minimize ['mɪnɪmaɪz] [mi-ni-mais], *va.* Reducir al mínimo; menospreciar, no hacer caso alguno de.

minimum ['mɪnɪməm] [mi-ni-mom], *s.* Lo mínimo, el último grado a que se puede reducir una cantidad. *-a.* Mínimo, lo menos posible. **Minimum wage,** salario o jornal mínimo.

mining ['mɪnɪŋ] [mi-nin], *s.* Minería, trabajo del minero, arte de explotar las minas. *-a.* De mina. **Mining-camp,** minería; reunión temporal de los que explotan una mina. **Gold-mining,** minería de oro.

minion ['mɪnjən] [mi-nion], *s.* 1. Privado, válido, favorito, el predilecto. 2. *(Impr.)* Miñona, glosilla, letra de siete puntos; (la de esta línea).

minion-like ['mɪnjən,laɪk] [mi-nion-laik], **minionly** ['mɪnɪən] [mi-nion], *adv.* Regaladamente, afectadamente.

miniseries ['mɪnɪ,sərɪz] [mi-ni-se-ris], *s. pl.* Miniserie *(TV)*.

minish ['mɪnɪʃ] [mi-nish], *va.* Disminuir, minorar.

miniskirt ['mɪnɪskɜ:t] [mi-nis-kert], *s. f.* Minifalda.

minister ['mɪnɪstəʳ] [mi-nis-taʳ], *s.* 1. Ministro, ejecutor, instrumento que sirve para ejecutar lo que otro le manda. 2. Ministro de estado o del despacho. 3. Sacerdote, párroco, cura. 4. Delegado, agente, substituto. 5. Ministro, el agente de una potencia extranjera.

minister, *va.* y *vn.* 1. Dar, ministrar, administrar, surtir, proveer, socorrer, dar socorros. 2. Ministrar, servir o ejercitar algún oficio. 3. Oficiar, celebrar los oficios divinos. 4. Ministrar o administrar medicinas.

ministerial [,mɪnɪs'tɪərɪəl] [mi-nis-tia-rial], *a.* Ministerial, perteneciente a los secretarios de estado o del despacho; subalterno, subordinado; eclesiástico, sacerdotar, parroquial. **The ministerial benches,** en Inglaterra, España y otros países los bancos del Parlamento, del Congreso de los Diputados, etc.

ministerially [ˌmɪnɪsˈtɪərɪəlɪ] [mi-nis-tia-ria-li], *adv*. Ministerialmente.
ministrant [ˈmɪnɪstrənt] [mi-nis-trant], *a*. Subordinado, subalterno.
ministration [ˌmɪnɪsˈtreɪʃən] [mi-nis-trei-shon], *s*. 1. El acto de cumplir un servicio como ministro o subordinado; servicio, agencia, comisión. 2. Ministerio u oficio eclesiástico.
ministress [ˈmɪnɪstrɪs] [mi-nis-tris], *sf*. Ministra.
ministry [ˈmɪnɪstrɪ] [mi-nis-tri], *s*. 1. Ministerio, cargo, incumbencia, oficio, servicio. 2. Ministerio eclesiástico, el clero. 3. Ayuda, intervención. 4. Ministerio, el gobierno de un ministro de estado.
minium [ˈmɪnɪəm] [mi-niom], *s*. *(Quím.)* Minio, azarcón, óxido rojo de plomo.
miniver [ˈmɪnɪvəʳ] [mi-ni-vaʳ], *s*. 1. Ardilla de Siberia y su piel. 2. Piel de abrigo blanca con motas negras.
mink [ˈmɪŋk] [mink], *s*. Visón, mamífero de los mustélidos, cuya piel es muy estimada.
minnesinger [ˈmɪnɪˌsɪŋgəʳ] [mi-ni-sin-gaʳ], *s*. Poeta lírico de Alemania en la edad media. *Cf.* TROUBADOUR.
minnow [ˈmɪnəʊ] [mi-nou], *s*. Vario, un pez pequeño de río. Se le llama también, **minnie**.
minor [ˈmɪnəʳ] [mi-naʳ], *a*. 1. Menor, más pequeño, menor de edad. 2. Secundario, inferior. 3. *(Mús.)* Menor, del tono cuya tercera es menos; medio tono más bajo. *-s*. 1. Menor o menor de edad. 2. Menor, la proposición segunda de un silogismo. 3. Fanciscano, menor, el fraile de la orden de San Francisco. *V*. MINORITE. 4. Menor, tono cuya tercera es menor; se usa en las composiciones solemnes o fúnebres. La tercera menor consta de un tono y un semitono. **Minor key,** tono menor.
minorite [ˈmaɪnərɪt] [mi-no-rit], *s*. Menor, mínimo, fraile franciscano.
minority [ˈmaɪˈnɒrɪtɪ] [mai-no-ri-ti], *s*. 1. Minoridad o menor edad. 2. Minoría, el menor número, los menos.
minotaur [ˈmaɪnətɔːʳ] [mi-no-toʳ], *s*. Minotauro, monstruo fabuloso.
minster [ˈmɪnstəʳ] [mins-taʳ], *s*. Monasterio; iglesia catedral.
minstrel [ˈmɪnstrəl] [mins-tral], *s*. 1. Ministril, músico ambulante que en la edad media componía versos y se acompañaba con el arpa; trovador. 2. Originalmente, persona que tenía por oficio tocar instrumentos músicos para recreo de su señor. 3. *(E.U.)* Miembro de una compañía de cómicos que hacen papeles de negros, cantan las canciones de esa raza y dicen chistes y cuchufletas. 4. *(Poét.)* Bardo, poeta lírico.
minstrelsy [ˈmɪnstrəslɪ] [mins-tras-li], *s*. Música de instrumentos; orquesta o reunión de músicos que tocan instrumentos según las reglas del arte.
mint [mɪnt] [mint], *s*. 1. Casa de moneda. 2. Mina, tesoro; manantial, provisión abundante de cualquier cosa. **Master of the mint,** director de la casa de moneda. 3. *(Bot.)* Menta, hierbabuena, sándalo; ejemplar de una de las varias hierbas aromáticas de la familia de la labiadas.
mint, *va*. 1. Acuñar, batir, fabricar monedas. 2. Inventar, forjar, falsificar.
mintage [ˈmɪntədʒ] [min-tadch], *s*. Moneda acuñada; braceaje, derechos de cuño.
minter [ˈmɪntəʳ] [min-taʳ], *s*. Acuñador; inventor.
mint-master [ˈmɪntˌmɑːstəʳ] [mint-mas-taʳ], *s*. 1. Superintendente de una casa de moneda. 2. *(Ant.)* Inventor, fabricador.
minuend [ˈmɪnjʊend] [mi-niuend], *s*. Minuendo, cantidad mayor de que ha de restarse otra.
minuet [ˌmɪnjʊˈet] [mi-niuet], *s*. Minué, minuete, antiguo baile de origen francés.
minus [ˈmaɪnəs] [mai-nos], *a*. 1. Menos (una cantidad determinada); indicado por el signo -; negativo. 2. Desprovisto de, sin, falto de; sin valor positivo. **A knife minus an edge,** un cuchillo sin filo.
minuscule [ˈmɪnjəskjuːl] [mi-nas-kiul], *a*. Minúsculo.
minute [ˈmɪnɪt] [mi-nit], *a*. 1. Menudo, pequeño, dinimuto. 2. Muy exacto, minucioso.
minute, *s*. 1. Minuto, la sexagésima parte de una hora o de un grado geográfico. 2. Momento, minuto, instante. 3. Minuta, nota apuntamiento, un extracto sucinto de alguna cosa. **Minutes,** minutas, actas de un cuerpo deliberante; memoria auténtica. **Up to the minute news,** noticias de última hora. **Minute-book,** libro de minutas. **Minute-glass,** ampolleta o reloj de arena que dura un minuto. **Minute-hand,** minutero. **Minute-man,** soldado de la guardia nacional pronto para prestar servicio en el acto. **Minute-watch**, reloj de minutero, el que señala los minutos. **Wait a minute!** ¡espera un momento! **Every minute counts,** no hay tiempo que perder.
minute, *va*. Minutar, hacer la minuta de algún instrumento o contrato.
minutely [ˈmɪnɪtlɪ] [mi-niut-li], *adv*. Por menor; a cada minuto.
minutely, *adv*. A intervalos de un minuto.
minuteness [ˈmɪnɪtnɪs] [mi-niut-nes], *s*. Minucia, menudencia, cortedad, pequeñez.
minutia [ˈmɪnjuːtɪə] [mi-niu-tia], *s*. (*pl*. MINUTIÆ). Minucia, particularidad pequeñísima; detalle minucioso; más usado en plural.
minx [ˈmɪŋks] [minks], *s*. Moza atrevida y libre.
miny [ˈmɪnɪ] [mi-ni], *a*. Subterráneo, lo perteneciente a las minas o cavernas.
miocene [ˈmaɪəsiːn] [maia-sin], *a*. *(Geol.)* Mioceno; se dice de la división media de las capas terciarias.
miracle [ˈmɪrəkl] [mi-ra-kol], *s*. 1. Milagro, maravilla; prodigio. 2. *(Teol.)* Acontecimiento en el orden natural, pero fuera del orden establecido; obra divina, hecho sobrenatural. 3. Espectáculo teatral de la edad media en el que se representaban escenas de las vidas de los santos. **Miracle-monger,** el que finge que puede hacer milagros, impostor, embustero. **Miracle cure,** remedio milagroso.
miraculous [mɪˈrækjʊləs] [mi-ra-kiu-los], *a*. 1. Sobrenatural, efectuado por agencia o poder divinos. 2. Milagroso, maravilloso.
miraculously [mɪˈrækjʊləslɪ] [mi-ra-kiu-los-li], *adv*. Por milagro, sobrenaturalmente; milagrosamente.
miraculousness [mɪˈrækjʊləsnɪs] [mi-ra-kiu-los-nes], *s*. Lo maravilloso; lo extraordinario.
mirage [ˈmɪrɑːdʒ] [mi-rach], *s*. Espejismo por el cual los objetos distantes dan una imagen en lo alto de la atmósfera, y por lo regular invertida. Es frecuente en las llanuras de los países cálidos y en el mar. *(Fr.)*
mire [ˈmaɪəʳ] [maiaʳ], *s*. Cieno, lodo, fango, limo; lodazal, lugar lleno de cieno, cenagal.
mire, *va*. Encenegar, enlodar.
miriness [ˈmaɪərɪnɪs] [maia-ri-nes], *s*. Cualidad de fangoso o condición de estar cubierto de lodo.
mirk, mirky [ˈmɜːkɪ] [mer-ki], *a*. *V*. MURKY.
mirk [ˈmɜːk] [merk], *a*. *(Esco.)* Tenebroso, lóbrego.
mirror [ˈmɪrəʳ] [mi-roʳ], *s*. 1. Espejo (de vidrio azogado posteriormente o de metal pulimentado). 2. Ejemplar, modelo; lo que refleja o representa claramente.
mirror, *va*. Reflejar, espejear.
mirth [mɜːθ] [merz], *s*. Alegría, regocijo, gozo, júbilo, contento.
mirthful [ˈmɜːθfʊl] [merz-ful], *a*. Alegre, jovial, gozoso, contento.
mirthfully [ˈmɜːθfʊlɪ] [merz-fu-li], *adv*. Alegremente, jovialmente.
mirthless [ˈmɜːθlɪs] [merz-les], *a*. Triste, melancólico.
miry [ˈmaɪrɪ] [mai-ri], *a*. Canagoso, lodoso, que contiene cieno.
mis- [mɪs] [mis]. Prefijo que indica culpa, sin razón; mal; también, partícula inseparable negativa o despreciativa.
misacceptation [ˌmɪsəsepˈteɪʃən] [mis-a-sep-tei-shon], *s*. Mala inteligencia, el acto de entender alguna cosa al revés; de echar algo a mala parte.
misadventure [ˌmɪsədˈventʃəʳ] [mis-ad-ven-chaʳ], *s*. Desgracia, desventura, revés, infortunio.

misalliance [ˌmɪsə'laɪəns] [mis-a-laians], *s.* Asociación, unión o alianza impropias o fuera del orden regular.
misallied [ˌmɪsə'laɪd] [mis-a-laid], *a.* Lo que forma una unión o asociaicón impropia e irregular con otra cosa.
misanthrope ['mɪzənθrəʊp] [mi-san-zroup], o **misanthropist** [mɪ'zænθrɒpɪst] [mi-san-zro-pist], *s.* Misántropo, el que huye y aborrece el trato y compañía de los hombres.
misanthropic, misanthropical [ˌmɪzən'θrɒpɪk] [mi-san-zro-pik], *a.* Misantrópico, lo que pertenece a la misantropía.
misanthropy [mɪ'zænθrɒpɪ] [mi-san-zro-pist], *s.* Misantropía, aborrecimiento del género humano o aversión al trato humano.
misapplication ['mɪsˌæplɪ'keɪʃən] [mis-a-pli-kei-shon], *s.* Mala aplicación o mal uso de una cosa.
misapply ['mɪsə'plaɪ] [mis-a-plai], *va.* Usar de alguna cosa impropiamente o hacer mal uso de ella.
misapprehend ['mɪsˌæprɪ'hend] [mis-a-pri-jend], *va.* Entender mal o no comprender alguna cosa como se debe.
misapprehension ['mɪsˌæprɪ'henʃən] [mis-a-pri-jen-shon], *s.* Error, equivocación, yerro, engaño, aprehensión o falso concepto formado de alguna cosa en la imaginación.
misappropriate ['mɪssə'prəʊprɪeɪt] [mis-a-prou-prieit], *va.* Invertir, malamente, v. g. los fondos públicos; malversar.
misbecome ['mɪsbɪkʌm] [mis-bi-kam], *vn.* Desconvenir, no convenir; no estar bien o no sentar una cosa; no sentar bien; ser poco conveniente. **Levity misbecomes his years,** la levedad no conviene a sus años. **That has misbecomes her,** ese sombrero no le está bien, no le sienta, le cae mal.
misbecoming ['mɪsbɪkʌmɪŋ] [mis-bi-ka-min], *a.* Desproporcionado; indecoroso, inmpropio, indecente.
misbecomingness [ˌmɪsbɪ'kʌmɪŋnɪs] [mis-bi-ka-min-nes], *s.* Desproporción; impropiedad, indecencia.
misbegot, misbegotten ['mɪsbɪgɒt] [mis-bi-got], *a.* Ilegítimo, nacido fuera de matrimonio, bastardo.
misbehave ['mɪsbɪ'heɪv] [mis-bi-jeiv], *va.* Obrar o proceder mal. *-vn.* Portarse mal, conducirse mal.
misbehaved ['mɪsbɪ'heɪvd] [mis-bi-jeivd], *a.* Descortés, malcriado, impolítico.
misbehavior ['mɪsbɪ'heɪvɪəʳ] [mis-bi-jei-vioʳ], *s.* Mala conducta, mal modo de portarse, mal paso o mala acción.
misbelief ['mɪsbɪli:f] [mis-bi-lif], *s.* 1. Error, opinión falsa o equivocada. 2. Heterodoxia, incredulidad, irreligión.
misbelieve ['mɪsbɪli:v] [mis-bi-liv], *vn.* Estar en error, tener opiniones falsas en cualquier asunto y principalmente en materias de religión.
misbeliever ['mɪsbɪli:vəʳ] [mis-bi-li-vaʳ], *s.* Incrédulo, el que duda en materias de religión.
misbelieving ['mɪsbɪli:vɪŋ] [mis-bi-li-vin], *pa.* Heterodoxo; infiel.
misbeseem ['mɪsbɪsi:m] [mis-bi-sim], *vn.* Venir mal alguna cosa; no convenir una cosa, no ser decente o propia.
misbode ['mɪsbɒd] [mis-bod], *va.* Venir mal alguna cosa; no convenir una cosa, no ser decente o propia.
miscalculate ['mɪs'kælkjʊleɪt] [mis-kal-kiu-leit], *va.* Calcular mal.
miscalculation ['mɪsˌkælkjʊ'leɪʃən] [mis-kal-kiu-lei-shon], *s.* Mal cálculo; cuenta errada.
miscall ['mɪs'kɔ:l] [mis-kol], *va.* 1. Nombrar erradamente o dar un nombre impropio *a.* 2. Ultrajar, difamar.
miscarriage ['mɪs'kærɪdʒ] [mis-ka-rich], *s.* 1. El éxito infeliz o desgraciado de alguna empresa; mala conducta o mal porte; falta. 2. Aborto, parto prematuro, malparto. 3. Extravío.
miscarry ['mɪs'kærɪ] [mis-ka-ri], *vn.* 1. Frustrarse, malograrse alguna cosa, salir mal de un empeño. 2. Abortar, malparir. 3. Extraviarse.
miscast [ˌmɪs'kɑ:st] [mis-kast], *va.* Tomar mal la cuenta de alguna cosa, contar mal.
miscegenation [ˌmɪsɪdʒɪ'neɪʃən] [mi-si-yi-nei-shon], *s.* Mezcla de razas, particularmente de las razas negra y blanca.
miscellanea [ˌmɪsɪ'leɪnɪə] [mi-si-lei-nia], *s. pl.* Miscelánea, en especial las misceláneas literarias.
miscellaneous [ˌmɪsɪ'leɪnɪəs] [mi-si-lei-nios], *a.* Misceláneo, mixto, mezclado o compuesto de varios géneros; diverso.
miscellany [mɪ'selənɪ] [mi-se-la-ni], **miscellaneousness** [ˌmɪsɪ'leɪnɪəsnɪs] [mi-si-lei-nios-nes], *s.* 1. Colección de composiciones literarias sobre diversas materias. 2. Miscelánea.
mischance [mɪs'tʃɑ:ns] [mis-chans], *s.* Desgracia, desdicha, desventura, infortunio, desastre, fatalidad.
mischarge [mɪs'tʃɑ:dʒ] [mis-charch], *va.* Cargar o poner en una cuenta lo que no debía ponerse.
mischief ['mɪstʃɪf] [mis-chif], *s.* 1. Mal, daño, perjuicio, pérdida, agravio; mala consecuencia, mala resulta. 2. Travesura, diablura. 3. La persona que molesta o veja. **To play the mischief,** causar daño. **He did it from downright mischief,** él lo hizo por pura maldad. **To get into mischief,** hacer travesuras.
mischief-maker ['mɪstʃɪfˌmeɪkəʳ] [mis-chif-mei-kaʳ], *s.* Dañador, el que causa daño o perjuicio a otro.
mischief-making ['mɪstʃɪfˌmeɪkɪŋ] [mis-chif-mei-kin], *a.* Que causa daño, dañino.
mischievous ['mɪstʃɪvəs] [mis-chi-vos], *a.* 1. Dañino, dañoso, perjudicial; perverso. 2. Malicioso, malévolo; enredador, travieso, juguetón.
mischievously ['mɪstʃɪvəslɪ] [mis-chi-vos-li], *adv.* Perversamente, de una manera traviesa, juguetona; perjudicialmente, dañosamente.
mischievousness ['mɪst꜀ɸam.꜀ɪs] [mis-chi-vos-nes], *s.* Malicia, malignidad, maldad, perversidad; picardía, travesura; carácter juguetón; carácter pernicioso y dañino.
mischna ['mɪsknə] [misk-na], *s. V.* MISHNA.
miscibility [ˌmɪsɪ'bɪlɪtɪ] [mi-si-bi-li-ti], *s.* Cualidad de lo que se puede mezclar o incorporar con otra cosa.
miscible ['mɪsɪbl] [mi-si-bol], *a.* Mezclable, incorporable.
miscitation [ˌmɪsɪ'teɪʃən] [mi-si-tei-shon], *s.* Cita falsa o errónea.
miscite ['mɪsaɪt] [mi-sait], *va.* Citar falsa o equivocadamente.
misclaim ['mɪskleɪm] [mis-kleim], *s.* Pretensión mal fundada o sin justicia.
miscomputation [ˌmɪskəmpjʊ'teɪʃən] [mis-kom-piu-tei-shon], *s.* Cómputo falso.
misconceit ['mɪskənsi:t] [mis-kon-sit], **Misconception** ['mɪskən'sepʃən] [mis-kon-sep-shon], *s.* Concepto equivocado, idea falsa, error, equivocación, engaño; mala inteligencia.
misconceive ['mɪskən'si:v] [mis-kon-siv], *va.* y *vn.* 1. Formar concepto erróneo, juzgar mal. 2. Concebir una idea falsa.
misconduct [mɪs'kɒndʌkt] [mis-kon-dakt], *s.* Mala conducta, mal manejo, mal porte.
misconduct, *va.* Desacertar, obrar sin acierto, conducirse o portarse mal en algún asunto.
misconstruction ['mɪskəns'trʌkʃən] [mis-kon-trak-shon], *s.* Mala construcción, interpretación siniestra de palabras o acciones; mal sentido.
misconstrue ['mɪskən'stru:] [mis-kons-tru], *va.* Interpretar siniestramente, dar mal sentido o mal color a alguna acción o palabra.
misconstruer ['mɪskən'stru:əʳ] [mis-kons-truaʳ], *s.* El que interpreta siniestramente alguna cosa.
miscount ['mɪs'kaʊnt] [mis-kaunt], *va.* Contar mal. *-vn.* Equivocarse en la cuenta.
miscreancy ['mɪskrɪənsɪ] [mis-krian-si], *s.* Infidelidad, incredulidad, irreligión, adhesión a una religión falsa.
miscreant ['mɪskrɪənt] [mis-kriant], *s.* Descreído, infiel, mal creyente, incrédulo, impío; hombre malvado o perverso; hombre despreciable.
miscreate, miscreated ['mɪskrɪeɪt] [mis-krieit], *a.* Mal formado, contrahecho.
miscue ['mɪskju:] [mis-kiu], *s.* En el juego de billar, jugada en falso o desacertada por haberse deslizado el taco.
misdate ['mɪsdeɪt] [mis-deit], *va.* Fechar falsamente, o poner fecha equivocada a un escrito o documento.

misdeed ['mɪs'diːd] [mis-did], *s.* Mala acción, mal hecho, crimen, delito, iniquidad; transgresión, violación o quebrantamiento de un deber.

misdeem ['mɪs'diːm] [mis-dim], *va.* Formar malos juicios; juzgar mal; tener mala opinión de agluno; equivocar.

misdemean ['mɪs'dɪmiːn] [mis-di-min], *vn.* Portarse o conducirse mal, tener mala conducta.

misdemeanor ['mɪs'dɪmiːnəʳ] [mis-di-mi-noʳ], *s.* 1. Mal proceder, mala conducta. 2. *(For.)* Delito, crimen de menor cuantía; transgresión de una ley no comprendida entre las que la jurisprudencia inglesa llama *felony*.

misdirect ['mɪsdɪ'rekt] [mis-di-rekt], *va.* Dirigir erradamente.

misdirection ['mɪsdɪ'rekʃən] [mis-di-rek-shon], *s.* 1. Mala dirección; informe falso; acción de guiar por una vía equivocada. 2. Error que comete un juez en el resumen del juicio o proceso que hace para información de los miembros del jurado.

misdisposition ['mɪsdɪspəʊ'sɪʃən] [mis-dis-po-si-shon], *s.* *(Poco us.)* La inclinación al mal.

misdo ['mɪsduː] [mis-du], *va.* Errar, obrar mal a propósito, delinquir. *-vn.* Errar, cometer faltas y yerros.

misdoer ['mɪsduːəʳ] [mis-duaʳ], *s.* Malhechor, criminal.

misdoing ['mɪsduːɪŋ] [mis-duin], *s.* Ofensa, yerro, falta, mala acción.

misdoubt ['mɪsdaʊt] [mis-daut], *va.* *(Ant.)* Recelar, temer, sospechar; dudar sin razón o sin fundamento.

misdoubt, *s.* *(Ant.)* Recelo, duda, irresolución, perplejidad, vacilación.

misemploy ['mɪs'ɪmplɔɪ] [mis-im-ploi], *va.* Abusar; emplear o dar a una cosa un destino que no le conviene.

misemployment ['mɪs'ɪmplɔɪmənt] [mis-im-ploi-ment], *s.* Abuso.

miser ['mɪsəʳ] [mi-saʳ], *s.* Tacaño, avariento, hombre sórdidamente interesado.

miser, mizer, *s.* Aparato tubular para abrir pozos; tiene una válvula y un tornillo de rosca para empujar la tierra hacia arriba.

miserable ['mɪzərəbl] [mi-sa-ra-bol], *a.* 1. Miserable, desdichado, infeliz, pobre. 2. Sin valor; despreciable. 3. Digno de lástima. 4. *(Ant.)* *V.* MISERLY.

miserableness ['mɪzərəblnɪs] [mi-sa-ra-bol-nes], *s.* Miseria; desesperación.

miserably ['mɪzərəblɪ] [mi-sa-ra-bli], *adv.* Miserablemente, mezquinamente.

misery ['mɪzərɪ] [mi-se-ri], *s.* 1. Miseria, infelicidad, desdicha. 2. Calamidad, infortunio, desventura. 3. Sufrimiento, padecimiento; *(E.U. del Sur)* dolor continuo.

miserere [mɪ'zərɛəʳ] [mi-sa-reaʳ], *s.* 1. Miserere, el salmo penitencial que comienza con dicha palabra. 2. *(Arq.)* Repisa en algunas iglesias de la edad media.

misericorde ['mɪzərɪkɔːd] [mi-sa-ri-kord], *s.* Puñal pequeño que se usó en la edad media para dar muerte a un caballero caído.

misery ['mɪzərɪ] [mi-se-ri], *s. f.* 1. Pena, miseria, tristeza (sadness). 2. Desgracia (misfortune). **To put somebody out of his misery,** sacar a alguien de la incertidumbre *(Fig.)*.

misfashion ['mɪsfæʃən] [mis-fa-shon], *va.* Hacer alguna cosa al revés de lo que debería ser; ejecutar algo fuera de orden.

misfeasance ['mɪsfɪəsəns] [mis-fia-sans], *s.* *(For.)* 1. La ejecución de un hecho legal de una manera ilegal, especialmente cuando media negligencia. 2. Infidencia.

misfit ['mɪsfɪt] [mis-fit], *va.* 1. Hacer que algo no siente bien; ajustar mal. 2. No sentar bien, no ser a propósito, ni propio para el caso. *-s.* Lo que no sienta bien.

misform ['mɪsfɔːm] [mis-form], *va.* Desfigurar.

misfortune [mɪs'fɔːtʃən] [mis-for-chun], *s.* 1. Desgracia, infortunio, desventura, desdicha. 2. Desastre, calamidad.

misgive ['mɪsgɪv] [mis-giv], *va.* Llenar de deudas o recelos; hacer temer o dudar. *-vn.* 1. Ser receloso, tímido. 2. Faltar a. **My heart misgives me,** me falta corazón.

misgiving ['mɪsgɪvɪŋ] [mis-gi-vin], *s.* Recelo, duda, presentimiento; desconfianza, temor.

misgotten ['mɪsgɒtn] [mis-go-ten], *a.* Mal ganado, mal adquirido o adquirido injustamente.

misgovern ['mɪs'gʌvən] [mis-go-vern], *va.* Desgobernar, gobernar mal; administrar deslealmente.

misgoverned ['mɪs'gʌvənd] [mis-ga-vernd], *a.* 1. Mal gobernado, mal administrado. 2. Rudo, rústico, tosco, grosero.

misgovernment ['mɪs'gʌvənmənt] [mis-ga-vern-ment], *s.* 1. Desgobierno, mala administración o mala dirección, particularmente de los negocios públicos. 2. Desbarato, mala conducta.

misgraft ['mɪs'græft] [mis-graft], *va.* Ingerir o injertar mal.

misgrowth ['mɪsgraʊθ] [mis-grauz], *s.* Crecimiento anormal; desarrollo defectuoso.

misguidance ['mɪsgɪdəns] [mis-gui-dans], *s.* Dirección errada o falsa; extravío, error.

misguide ['mɪsgaɪd] [mis-gaid], *va.* 1. Descaminar, descarriar, extraviar. 2. Inducir en error; tratar mal.

misguided ['mɪs'gaɪdɪd] [mis-gai-did], *a.* Equivocado.

mishap ['mɪshæp] [mis-jap], *s.* Desgracia, desventura, calamidad, desastre.

mishappen ['mɪshæpn] [mis-ja-pen], *vn.* Acontecer en mala hora alguna cosa; llegar fuera de tiempo.

mishear ['mɪshɪəʳ] [mis-jiaʳ], *va.* y *vn.* Oír mal, entender mal o imperfectamente.

mishna ['mɪsnə] [mis-na], *s.* 1. Misna, la primera parte del Talmud, colección de tradiciones rabínicas. 2. Párrafo de esta colección.

misinform ['mɪsɪn'fɔːm] [mis-in-form], *va.* y *vn.* 1. Informar o enterar mal, dar alguna información o informe falso. 2. Engañar u ofuscar a alguno dándole falsos informes o falsas noticias sobre alguna cosa.

misinformation [ˌmɪsɪnfə'meɪʃən] [mis-in-for-mei-shon], *s.* Aviso erróneo, noticia falsa.

misinformer, misinformant ['mɪsɪn'fɔːməʳ] [mis-in-for-maʳ], *s.* El que engaña dando noticias o informes falsos.

misinterpret ['mɪsɪn'tɜːprɪt] [mis-in-ter-prit], *va.* Interpretar mal o siniestramente; entender mal, tomar en sentido erróneo.

misinterpretation ['mɪsɪnˌtɜːprɪ'teɪʃən] [mis-in-ter-pri-tei-shon], *s.* Mala o falsa interpretación; contrasentido.

misinterpreter ['mɪsɪn'tɜːprɪtəʳ] [mis-in-ter-pri-taʳ], *s.* El que interpreta falsa o erradamente.

misjoin ['mɪs'dʒɔɪn] [mis-yoin], *va.* Unir mal o impropiamente una cosa a otra; adecuar, acomodar o ajustar mal unas cosas con otras.

misjudge ['mɪs'dʒʌdʒ] [mis-yach], *vn.* Juzgar mal, formar conceptos erróneos. *-va.* Errar, juzgar mal.

misjudgment ['mɪs'dʒʌdʒmənt] [mis-yach-ment], *s.* Juicio o determinación injusta; opinión o parecer errado.

mislay [mɪs'leɪ] [mis-lei], *va.* Colocar mal, extraviar, poner una cosa fuera de su lugar o en donde no debe estar. **To mislay papers,** extraviar papeles.

mislayer [mɪs'leɪəʳ] [mis-leiaʳ], *s.* El que pone o deja alguna cosa fuera de su lugar.

misle ['mɪsl] [mi-sel], *vn.* *V.* MIZZLE.

mislead [mɪs'liːd] [mis-lid], *va.* Extraviar, descaminar, descarriar; alucinar, engañar, seducir; hacer ejecutar lo que no es justo ni bien hecho.

misleader [mɪs'liːdəʳ] [mis-li-daʳ], *s.* Seductor, corruptor.

misled [mɪs'led] [mis-led], *pt, pp of* **mislead.**

mislen ['mɪsln] [mis-len], *s.* Tranquillón, la mezcla de granos, como de trigo y avena.

misletoe [mɪs'lɪtuː] [mis-li-tu], *s.* *V.* MISTLETOE.

mislike [mɪs'laɪk] [mis-laik], *va.* *(Poco us.)* Desasprobar. *-vn.* *(Des.)* No gustar o no tener afición a alguna cosa.

mismanage [mɪs'mænɪdʒ] [mis-ma-nich], *va.* Manejar o conducir mal alguna cosa.

mismanagement [mɪs'mænɪdʒmənt] [mis-ma-nich-ment], *s.* Mala conducta, desarreglo, despilfarro; mala administración.

mismanager [mɪs'mænɪdʒəʳ] [mis-ma-ni-chaʳ], *s.* Mal administrador, mal gerente; persona que dirige mal.
mismatch ['mɪs'mætʃ] [mis-mach], *va.* Desigualar; deshermanar, desajustar.
mismate ['mɪs'meɪt] [mis-meit], *va.* Aparecer, juntar o casar de una manera poco acertada o conveniente.
misname [mɪs'neɪm] [mis-neim], *va.* Trasnombrar, dar un nombre equivocado o falso a alguna cosa.
misnomer [mɪs'məʊməʳ] [mis-nou-maʳ], *s.* Nombre aplicado sin razón, designación inaplicable; el acto de poner a una persona un nombre equivocado en un documento legal.
misogamist [mɪ'sɒgəmɪst] [mi-so-ga-mist], *s.* Misogamia, aborrecimiento del matrimonio.
misogamy [mɪ'sɒgəmɪ] [mi-so-ga-mi], *s.* Misogamia, aborrecimiento del matrimonio.
misogynist [mɪ'sɒdʒɪnɪst] [mi-so-chi-nist], *s.* Misógino, aborrecedor de las mujeres.
misogyny [mɪ'sɒdʒɪnɪ] [mi-so-yi-ni], *s.* Misoginia, aborrecimiento de las mujeres.
misperception [ˌmɪspɜː'sepʃən] [mis-per-sep-shon], *s.* Percepción errónea.
mispickel ['mɪspɪkl] [mis-pi-kel], *s. (Min.)* Mispiquelio, hierro sulfurado.
misplace ['mɪspleɪs] [mis-pleis], *va.* Traspapelar, extraviar, colocar mal, poner algo fuera de su lugar.
misplacement [mɪs'pleɪsmənt] [mis-pleis-ment], *s.* Extravío.
mispoint ['mɪspɔɪnt] [mis-point], *va.* Puntuar mal algún escrito.
misprint ['mɪsprɪnt] [mis-print], *va.* Imprimir mal, cometer erratas en la impresión.
misprint, *s.* Errata de un libro.
misprise, misprize ['mɪspraɪs] [mis-prais], *va.* 1. Errar, equivocar. 2. Menospreciar, no hacer caso.
mispronounce ['mɪsprə'naʊns] [mis-pra-nouns], *vn.* Pronunciar mal, hablar sin exactitud. *-va.* Pronunciar impropiamente.
misproportion ['mɪsprə'pɔːʃən] [mis-pro-por-shon], *va.* Desproporcionar, proporcionar mal una cosa con otra.
misquotation ['mɪskwəʊ'teɪʃən] [mis-kuou-tei-shon], *s.* Cita falsa o equivocada.
misquote ['mɪs'kwəʊt] [mis-kuout], *va.* Citar en falso o equivocadamente.
misrate ['mɪsreɪt] [mis-reit], *va.* Valuar erradamente, dar una estimación o valor mayor o menor del que en realidad tiene una cosa.
misrelate ['mɪsrɪleɪt] [mis-ri-leit], *va.* Referir o relatar inexactamente una cosa.
misremember ['mɪsrɪ'membəʳ] [mis-ri-mem-baʳ], *va.* Acordarse mal de algo.
misreport ['mɪsrɪpɔːt] [mis-ri-port], *va.* Esparcir una noticia falsa o faltar a la verdad al referir o describir una cosa; propagar chismes.
misreport, *s.* Informe falso, relación inexacta, errónea, falsa.
misrepresent ['mɪsˌreprɪ'zent] [mis-re-pri-sent], *va.* Representar mal o falsamente, o presentar una cosa bajo falsos colores; disfrazar, falsificar.
misrepresentation ['mɪsˌreprɪzen'teɪʃən] [mis-re-pri-sen-tei-shon], *s.* Falsedad, representación falsa, noticiar o relación falsa y maliciosa; chisme.
misrule ['mɪs'ruːl] [mis-rul], *s.* Tumulto, desorden, desarreglo, desgobierno, confusión.
miss [mɪs] [mis], *sf.* 1. Señorita; término de cortesía que precede al nombre o apellido de una joven o de una mujer soltera. 2. Muchacha, joven; una señorita. 3. *(Des.)* Manceba. Cuando este término de cortesía se aplica a dos o más personas del mismo nombre, se pone en plural el título o el nombre, a discreción. **The Misses Brown** o **the Miss Browns,** las Señoritas Brown. La primera forma es preferible a la última.
miss, *va.* 1. Errar, no acertar, equivocar. 2. Errar el tiro, errar el golpe; no dar en el blanco. 3. Perder; no conseguir o no obtener lo que se desea; no hallar lo que se busca. 4. Echar de menos alguna cosa; echar de ver que falta algo. 5. Pasar sin alguna cosa o abstenerse de ella; carecer. 6. Omitir, dejar de hacer. *-vn.* 1. Frustarse, desgraciarse, salir mal un negocio, un empeño, etc. 2. Faltar, caer en falta. 3. Acertar con algo por casualidad. **We cannot miss of it,** no podemos dejar de saberlo o de hallarlo. **To miss one's mark,** errar el blanco. **To miss fire,** errar, faltar el tiro. **I missed money from the cash-box,** noté que faltaba dinero en la caja, o de la caja. **She missed a glove,** ella perdió un guante. **Miss out,** saltarse, pasar por alto. **To miss stays,** *(Mar.)* faltar la virada, no virar. **Three volumes are missing,** faltan tres volúmenes.
miss, *s.* 1. El acto de no acertar, de no hallar, o no obtener, de echar de menos, etc. 2. *(Des.)* Pérdida, falta. 3. Señorita.
missal ['mɪsəl] [mi-sal], *s.* Misal, el libro que contiene el orden y modo de celebrar la misa.
missel, misselden, misseldine, *s. (Bot.) V.* MISTLETOE.
missel-thrush ['mɪsəlθrʌst] [mi-sel-zrast], *s.* Tordo grande de Europa que se alimenta mucho de las bayas de muérdago.
missend ['mɪsənd] [mi-send], *va.* (*pret.* y *pp.* MISSENT). Enviar en dirección equivocada; dirigir mal una carta, un paquete, etc.
misshape ['mɪʃeɪp] [mis-sheip], *va.* Deformar, desfigurar, afear.
missile ['mɪsaɪl] [mi-sail], *a.* Arrojadizo. **Missile weapons,** armas arrojadizas.
missing ['mɪsɪŋ] [mi-sin], *s.* El acto de omitir o echar de menos alguna cosa; el estado de lo que se halla ausente o de lo que falta. *-a.* Extraviado, perdido; ausente, que falta.
mission ['mɪʃən] [mi-shon], *s.* 1. Envío, acción de enviar. 2. Misión, comisión. 3. Misión, cierto número de eclesiásticos enviados para instruir a los fieles o convertir a los infieles, y el sitio o paraje donde se establecen. 4. El destino voluntario o forzoso de una persona; la meta de sus esfuerzos. 5. Embajada, el cargo y la comisión de un representante diplomático en el extranjero.
missionary ['mɪʃənərɪ] [mi-sho-na-ri], *s.* 1. Misionero. 2. Persona enviada con un encargo o misión. *-a.* Misioner, perteneciente a las misiones.
missis, missus ['mɪsɪz] [mi-sis], *s.* 1. Señora; modo usual de pronunciar la palabra **Mistress,** cuya abreviatura es *Mrs.* 2. *(Fam. y dial.)* Mujer, esposa, parienta.
missive ['mɪsɪv] [mi-siv], *a.* Misivo, que se puede enviar o se destina a ser enviado. *-s.* Carta, misiva, comunicación escrita.
misspell ['mɪspel] [mis-pel], *va.* Deletrear mal, escribir con mala ortografía.
misspelling ['mɪspelɪŋ] [mis-pe-lin], *s.* Ortografía incorrecta, viciosa.
misspend ['mɪs'pend] [mis-pend], *va.* Malgastar, derrochar, disipar; hacer mal uso, emplear mal.
misspender ['mɪs'pendəʳ] [mis-pen-daʳ], *s.* Malbaratador, disipador.
misstate ['mɪs'teɪt] [mis-teit], *va.* Establecer o sentar mal una cuestión, una tesis; representar o relatar falsamente.
misstatement ['mɪs'teɪtmənt] [mis-teit-ment], *s.* Relación equivocada o falsa, error.
misstep ['mɪs'tep] [mis-tep], *vn.* Dar un paso en falso, tropezar. *-s.* Paso falso o erróneo, real o figuradamente; tropiezo; falta, culpa.
missy ['mɪsɪ] [mi-si], *s.* *(Ingl. y E.U. del Sur)* Señorita.
mist [mɪst] [mist], *s.* 1. Niebla, neblina, vapor espeso, llovizna. 2. Velo o venda que tapa los ojos del cuerpo o de la razón; niebla, confusión u oscuridad que no deja formar juicio recto de las cosas. **To be in a mist,** estar desconcertado. **A Scotch mist,** neblina muy espesa como las del oeste de Escocia; de aquí, *(fest.)* lluvia.
mist, *va.* Anieblar, anublar, oscurecer. *-vn.* Lloviznar, caer en gotas muy menudas.
mistakable [mɪs'teɪkəbl] [mis-tei-ka-bol], *a.* Suceptible de error; que se puede entender o interpretar mal; que puede ser equivocado.

mistake [mɪs'teɪk] [mis-teik], *va.* (*pret.* MISTOOK, *pp.* MISTAKEN). Equivocar, comprender mal; tomar una cosa por otra. **You mistake me,** Ud. no me comprende bien. *-vn.* Equivocarse, engañarse. **To mistake one's way,** descarriarse. **To be mistaken,** estar engañado, haberse equivocado. **My opinion is mistaken,** no han comprendido bien cuál es mi parecer. **You are mistaken,** Ud. se engaña.

mistake, *s.* Equivocación, yerro, engaño. **Book full of mistakes,** libro lleno de yerros o de erratas. **To make a mistake,** fallar, cometer un error.

mistaken [mɪs'teɪkən] [mis-tei-ken], *pp.* de TO MISTAKE. 1. Erróneo, incorrecto. 2. Errado, engañado, en error. 3. Comprendido mal, tomado en sentido erróneo.

mistakenly [mɪs'teɪkənlɪ] [mis-tei-ken-li], *adv.* Equivocadamente.

mistaking [mɪs'teɪkɪŋ] [mis-tei-lin], *s.* Yerro, equivocación, engaño.

mistakingly [mɪs'teɪkɪŋlɪ] [mis-tei-lin-li], *adv.* Erróneamente, equivocadamente.

mistaught, *pret.* y *pp.* de TO MISTEACH.

misteach [mɪs'tiːtʃ] [mis-tich], *va.* (*pret.* y *pp.* de MISTAUGHT). Enseñar o instruir mal.

mistemper [mɪs'tempəʳ] [mis-tem-paʳ], *va.* Destemplar, templar mal; desordenar.

mister ['mɪstəʳ] [mis-taʳ], *s.* Señor, término de cortesía que se antepone al apellido y corresponde unas veces a *Señor* y otras a *Don* o al *Señor Don* en castellano. Se escribe por lo general en abreviatura, *Mr.*

misterm ['mɪs'tɜːm] [mis-term], *va.* Nombrar o dar a una persona o cosa un nombre que no le conviene.

mistful ['mɪstfʊl] [mist-ful], *a.* Oscuro, nebuloso, anublado.

misthink ['mɪsθɪŋk] [mis-zink], *va.* Pensar mal o erróneamente.

mistily [mɪs'tɪlɪ] [mis-ti-li], *adv.* Oscuramente, anubladamente.

mistime ['mɪs'taɪm] [mis-taim], *va.* Hacer alguna cosa fuera de tiempo; dejar pasar el tiempo oportuno o la ocasión favorable.

mistimed ['mɪs'taɪmd] [mis-taimd], *pp.* y *a.* Inoportuno; fuera de tiempo.

mistiness ['mɪs'tɪnɪs] [mis-ti-nes], *s.* Vapor; el estado de lo que se halla en forma de niebla o vapor.

mistletoe ['mɪsltəʊ] [mi-sel-tou], *s.* *(Bot.)* Muérdaga, liga, visco; planta que los antiguos celtas tenían en gran veneración. **Mistletoe-berry,** baya de muérdago.

mist-like ['mɪs'laɪk] [mis-laik], *a.* Nebuloso.

mistold, *pret.* y *pp.* de TO MISTELL.

mistook [mɪs'tʊk] [mis-tuk], *pret.* y *pp.* de TO MISTAKE.

mistrain ['mɪs'treɪn] [mis-trein], *va.* Educar o criar mal.

mistral [mɪ'strɑːl] [mis-tral], *s.* Nombre de un viento frío, seco y violento que sopla del nordoeste en el golfo de Lión.

mistranslate ['mɪstrænsleɪt] [mis-trans-leit], *va.* Traducir mal.

mistranslation ['mɪstræns'leɪʃən] [mis-trans-lei-shon], *s.* Traducción mal hecha o infiel.

mistreat [mɪs'triːt] [mis-trit], *vt.* Maltratar.

mistress ['mɪstrɪs] [mis-tris], *sf.* 1. Ama, dueña, señora de la casa. 2. Señora, término de cortesía que se da a las casadas o viudas y equivale en español a Señora, a Doña, o a Señora Doña. 3. Mujer diestra en alguna cosa. **She is mistress of the English language,** domina la lengua inglesa. **Mistress of the Robes,** camarera mayor de una reina o princesa. 4. Maestra. 5. Cortejo, la mujer cortejada. 6. Concubina, amiga, querida. **Kept-mistress,** manceba. **She is mistress of herself,** ella es dueña de sus acciones, es independiente.

mistrial ['mɪstrɪəl] [mis-trial], *s.* Pleito viciado de nulidad por causa de error o por empate o desacuerdo del jurado.

mistrust ['mɪs'trʌst] [mis-trast], *s.* Desconfianza, sospecha, recelo.

mistrust, *va.* 1. Desconfiar, recelar, sospechar. 2. Sospechar como probable, imaginarse, conjeturar; tener aprensión o sospecha de.

mistrustful [mɪs'trʌstfʊl] [mis-trast-ful], *a.* Desconfiado, receloso, sospechoso.

mistrustfully [mɪs'trʌstfəlɪ] [mis-trast-fu-li], *adv.* Desconfiadamente.

mistrustfulness ['mɪs'trʌstfəlnɪs] [mis-trast-ful-nes], *s.* Desconfianza.

mistrustingly ['mɪs'trʌstɪŋlɪ] [mis-tras-tin-li], *adv.* Con desconfianza.

mistune ['mɪs'tjuːn] [mis-tiun], *va.* Desentonar.

misty ['mɪstɪ] [mis-ti], *a.* Nebuloso, nublado.

misunderstand ['mɪsʌndə'stænd] [mis-an-der-stand], *va.* Entender mal, comprender mal una cosa, equivocarse; tomar en sentido erróneo.

misunderstanding ['mɪsʌndə'stændɪŋ] [mis-an-der-standin], *s.* 1. Concepto falso, idea equivocada, equivocación, engaño, error, mala inteligencia. 2. Desavenencia, disensión; tibieza, frialdad en el amor y la amistad.

misusage ['mɪs'juːseɪdʒ] [mis-iu-seich], *s.* 1. Abuso, mal uso. 2. Uso erróneo o impropio, mala aplicación.

misuse ['mɪs'juːs] [mis-ius], *va.* Maltratar, tratar mal; abusar de algo.

misword ['mɪswɜːd] [mis-uerd], *va.* Expresar en palabras o términos erróneos. **The telegram was misworded,** el telegrama estaba equivocado.

miswrought ['mɪsraʊt] [mis-raut], *a.* Mal trabajado.

misyoke ['mɪs'jəʊk] [mis-youk], *va.* Unir o juntar mal. *-vr.* Unirse o juntarse mal.

mit, *s. V.* MITT.

mite [maɪt] [mait], *s.* Ácaro, insecto aracnoide muy diminuto, como el ácaro del queso o el arador.

mite, *s.* 1. Pizca, la porción mínima de alguna cosa; blanca, ardite; nada o casi nada. 2. Antigua moneda muy pequeña de Palestina: cualquier moneda muy diminuta o pequeña cantidad de dinero.

miter, mitre ['maɪtəʳ] [mai-taʳ], *s.* 1. Mitra, toca alta y apuntada que usan los arzobispos y obispos en ocasiones solemnes; de aquí, dignidad de obispo, etc. 2. *(Mec.)* Unión de dos cuerpos en un ángulo dividido igualmente; inglete. 3. Obturador para chimenea. **Miter-box, miter-block,** caja de ingletes. **Miter-joint,** inglete, ensambladura a hebra. **Miter-shell,** concha univalva mitriforme muy hermosa.

miter, mitre, *va.* 1. Conferir una mitra. 2. Adornar como mitra. 3. Hacer o juntar con inglete.

mithridate ['mɪθrɪdeɪt] [miz-ri-deit], *s.* Mitridato, antídoto y composición de varias drogas.

mitigable ['mɪtɪgəbl] [mi-ti-ga-bol], *a.* Capaz de ser mitigado.

mitigant ['mɪtɪgənt] [mi-ti-gant], *a.* Mitigante, lenitivo.

mitigate ['mɪtɪgeɪt] [mi-ti-gueit], *va.* 1. Mitigar, moderar, hacer menos riguroso; suavizar. 2. Aplacar, calmar.

mitigation [ˌmɪtɪ'geɪʃən] [mi-ti-guei-shon], *s.* Mitigación de los dolores, rebaja de las cargas o impuestos, minoración de cualquier trabajo o penalidad.

mitigative, mitigatory ['mɪtɪgətɪv] [mi-ti-ga-tiv], *a.* Mitigativo.

mitigator ['mɪtɪgeɪtəʳ] [mi-ti-guei-taʳ], *s.* Mitigador.

mitochondrion ['mɪtəkɒndrɪən] [mi-to-kon-drion], *s.* Mitocondrio.

mitosis ['mɪtəʊsɪs] [mi-tou-sis], *s.* *(Biol.)* Mitosis.

mitre ['mɪtəʳ] [mi-taʳ], *V.* MITTER, *v.* y *s.*

mitred ['mɪtrɪd] [mi-trid], *a.* Mitrado.

mitt [mɪt] [mit], *s.* 1. Mitón confortante, especie de guante sin dedos. 2. *V.* MITTEN.

mitten ['mɪtn] [mi-ten], *s.* 1. Puño, mitón, guante con dedo para el pulgar, pero sin separaciones para los otros cuatro dedos. 2. Confortante. *V.* MITT. 3. *(Fam.)* Calabazas, repulsa de un amante. **To get** o **to give the mitten,** ser despedido un pretendiente, darle calabazas.

mittimus ['mɪtɪməs] [mi-ti-mos], *s.* *(For.)* Auto o decreto de prisión.

mix [mɪks] [miks], *va.* 1. Mezclar, juntar o incorporar una cosa con otra. 2. Asociar, unir con. 3. Confundir; producir mezclando. -*vn*. 1. Unirse promiscuamente. 2. Mezclarse; tomar parte. **Mix in,** añadir. **Mix up,** confundir, preparar, mezclar.

mixed [mɪkst] [mikst], *a*. Variado, surtido (assorted, varied). **Mixed doubles,** mixtos (Sports). **Mixed weather,** tiempo variable. **Mixed-up,** confuso, revuelto.

mixer ['mɪksəʳ] [mik-saʳ], *s*. 1. Mezclador. 2. Mezcladora (máquina). **Concrete mixer,** mezcladora de hormigón. **A good mixer,** persona sociable que congenia fácilmente con otra.

mixt ['mɪkst] [mikst], *pp. irr.* de TO MIX. Mezclado, mixto.

mixtion ['mɪkʃən] [mik-shon], *s*. Mixtión, mezcla.

mixture ['mɪkstʃəʳ] [miks-chaʳ], *s*. Mistura, mezcla, unión y enlace de una cosa con otra.

mizen o mizzen ['mɪzn] [mi-sen], *s*. *(Mar.)* Mesana. **Mizzen-shrouds**, jarcia de mesana. **To change the mizzen,** cambiar la mesana. **To balance the mizzen,** tomar rizos en la mesana.

mizmaze ['mɪzmeɪz] [mis-meis], *s*. 1. Laberinto. 2. Laberinto, confusión.

mizzle ['mɪzl] [mi-sel], *vn*. Lloviznar, molliznar.

mizzling ['mɪzlɪŋ] [mis-lin], *pa*. Lloviznando ligeramente.

MM *Abreviatura de* **Messieurs**, señores.

mm *Abreviatura de* **millimetre.**

mnemonic [nɪ'mɒnɪkz] [ni-mo-nik], *a*. Mnemotécnico, relativo a la memoria, que ayuda a la memoria.

mnemonics [nɪ'mɒnɪk] [ni-mo-niks], *s*. Mnemónica, el arte de la memoria; conjunto de preceptos y reglas para ayudar a la memoria.

moan [məʊn] [moun], *s*. Lamento, quejido, gemido, queja.

moan, *va*. Lamentar, gemir. -*vn*. Lamentarse, afligirse, quejarse; producir un sonido sordo y lúgubre; se dice de los objetos inanimados.

moaner ['məʊnəʳ] [mou-naʳ], *s*. Protestón, quejica *(Fam.)*.

moanful ['məʊnfʊl] [moun-ful], *a*. Lamentable, triste, lúgubre.

moanfully ['məʊnfʊlɪ] [moun-fu-li], *a*. Lamentablemente.

moat [məʊt] [mout], *s*. Mota, ribazo de tierra para contener el agua o cerrar un campo; foso o canal que rodea una casa o castillo para su defensa. **Dry moat,** foso seco.

moat, *va*. Rodear con fosos o canales de agua.

mob [mɒb] [mob], *s*. 1. Populacho, gentuza, canalla, la gente baja y ruin. 2. Moño, cofia, toca o tocado o mujer. 3. Tumulto, desorden.

mob, *va*. 1. Tumultuar, levantar algún tumulto, motín o desorden, incitar a la plebe a que cometa excesos. 2. Atropellar, correr a alguno.

mobbish ['mɒbɪʃ] [mo-bish], *a*. Vil, bajo, ruin, tumultuoso.

mobile ['məʊbaɪl] [mou-bail], *a*. 1. Movible, móvil. **Mobile kitchen,** cocina ambulante. 2. Inconstante, variable.

mobility [məʊ'bɪlɪtɪ] [mou-bi-li-ti], *s*. 1. Movilidad, agilidad. 2. Inconstancia, volubilidad, instabilidad, ligereza.

mobilization [ˌməʊbɪlaɪ'zeɪʃən] [mou-bi-lai-sei-shon], *s*. Movilización.

mobilize ['məʊbɪlaɪz] [mou-bi-lais], *va*. Movilizar, poner en acción, en movimiento, v. g. un ejército.

mobster ['mɒbstəʳ] [mobs-taʳ], *s*. Pandillero, pandillista.

moccasin ['mɒkəsɪn] [mo-ka-sin], *s*. 1. Mocasín, calzado hecho de cuero flexible o de piel de gamo que usaban los indios de la América del Norte. 2. Mocasín, serpiente venenosa de la familia de los crotálidos que se halla en los Estados Unidos del Sur.

mocha ['məʊkə] [mou-ka], *s*. 1. Moca, especie de café muy estimado; estrictamente el traído de Moca, en Arabia. 2. Un peso de Abisinia, equivalente a una onza de los metales preciosos. **Mocha-stone,** *V*. MOSSAGATE.

mock [mɒk] [mok], *va*. 1. Mofar, escarnecer, hacer mofa o burla de otro. 2. Remedar. 3. Imitar de una manera despreciativa, poner en ridículo. 4. Frustrar, dejar sin efecto algún intento; engañar, burlar. -*vn*. Burlarse de, reírse de (con *at*). **They mocked at him,** se burlaron de él.

mock, *s*. Mofa, escarnio, burla; risa, mímica. -*a*. Ficticio, falso, fingido, cómico, burlesco. **Mock exam,** examen de prueba. **Mock praise,** alabanza irónica. **Mock prophet,** profeta falso.

mocker ['mɒkəʳ] [mo-kaʳ], *s*. 1. Mofador, escarnecedor, burlador. 2. Cerción, sinsonte, censontli. *V*. MOCKING-BIRD.

mockery ['mɒkərɪ] [mo-ka-ri], *s*. 1. Mofa, burla, irrisión, ridículo; zumba. 2. Remedo.

mocking ['mɒkɪŋ] [mo-kin], *a*. Burlón.

mocking-bird ['mɒkɪŋbɜːd] [mo-kin-berd], **mock-bird** ['mɒkbɜːd] [mok-berd], *s*. *(Orn.)* Cerción, pájaro americano del género Mimus.

mockingly ['mɒkɪŋlɪ] [mo-kin-li], *adv*. Con mofa, con burla.

mocking-stock ['mɒkɪŋstɒk] [mo-kin-stok], *s*. Juguete.

mocking-thrush ['mɒkɪŋtrʌʃ] [mo-kin-trash], *s*. Mirlo burlón.

mock-orange ['mɒk'ɒrɪndʒ] [mok-o-ranch], *s*. Arbusto de la familia de las saxífragas que tiene flores parecidas a las del naranjo.

mock-privet ['mɒk'praɪvɪt] [mok-prai-vit], **Mock-willow** ['mɒk'wɪləʊ] [mok-ui-lou], *s*. *(Bot.)* Ladierno, labiérnago.

mock-up ['mɒkzʌp] [mok-ap], *s. f.* Modelo, maqueta.

mod cons [ˌmɒd'kɒnz] [mod-kons], *s. pl. Abreviatura de* **modern conveniences**.

modal ['məʊdl] [mou-dal], *a*. Modal, perteneciente al modo o la manera, particularmente a un modo gramatical o lógico. -*s*. Proposición que contiene algunas condiciones o restricciones.

modality [məʊ'dælɪtɪ] [mou-da-li-ti], *s*. Diferencia accidental.

mode [məʊd] [moud], *s*. 1. Modo, forma, accidente, diferencia accidental. 2. Manera, método. 3. Moda, uso o costumbre general. 4. Graduación, grado. 5. *(Gram.)* Modo, cada una de las maneras generales de manifestarse la significación del verbo en la conjugación. 6. *(Fil.)* Modo, manera de ser en cuanto no es esencial; estado, cualidad accidental o contingente. 7. *(Mús.)* Disposición de los sonidos en la escala determinada por el lugar del semitono. **Major mode,** modo mayor. **Minor mode,** modo menor; equivalente al modo cólico griego y gregoriano. 8. Variedad de seda. *V*. ALAMODE.

model ['mɒdl] [mo-del], *s*. 1. Modelo. 2. Modelo o patrón que sirve de original. 3. Modelo, patrón, dechado para imitar o trabajar sobre él. 4. Molde, pieza hueca que da su figura a lo que en sí encierra. 5. Pauta. -*a*. Modelo, que se puede copiar o imitar. **A model school,** una escuela modelo. **Make models,** modelar.

model, *va*. 1. Modelar, formar según modelo; dar forma a, moldear. 2. Dibujar en relieve. -*vn*. Modelar, hacer un patrón (Art., Phot.).

modeling ['mɒdlɪŋ] [mo-de-lin], *s*. 1. Acción de trazar un modelo según el cual se ha de ejecutar una obra. 2. Arte de construir en cera o en arcilla un modelo que ha de hacerse después en piedra o metal.

modeller ['mɒdləʳ] [mo-de-laʳ], *s*. Modelador, trazador, dibujador, dibujante, diseñador.

modena ['mɒdiːnə] [mo-di-na], *s*. Color que se asemeja al carmesí.

moderate ['mɒdərɪt] [mo-de-rit], *a*. Moderado, templado, parco; pacato, quieto, tranquilo; mediano, mediocre; razonable no extremo, no radical, sobrio; apacible, suave; módico (en precio); *(Fam.)* habitualmente lento o pausado en el pensar, hablar o accionar.

moderate, *va*. 1. Moderar, limitar, restringir, reprimir; mantener en ciertos límites. 2. Moderar, templar, modificar, calmar. -*vn*. 1. Moderarse, hacerse menos intenso, menos violento; calmarse, apaciguarse. 2. Presidir, ejercer las funciones de presidente en una reunión.

moderately ['mɒdərɪtlɪ] [mo-de-rit-li], *adv*. Moderadamente; con moderación, con suavidad; sin exceso; razonablemente; módicamente; medianamente.

moderateness ['mɒdərɪtnɪs] [mo-de-rit-nes], *s*. Moderación, templanza; modicidad (de precio).

moderation [ˌmɒdəˈreɪʃən] [mo-de-rei-shon], *s.* 1. Moderación, ecuanimidad, calma, templanza en los afectos o pasiones.

moderato [ˈmɒdərətəʊ] [mo-de-ra-tou], *adv. (Mús.)* Palabra italiana que indica un tiempo entre el andante y el allegro.

moderator [ˈmɒdəreɪtəʳ] [mo-de-rei-taʳ], *s.* 1. Moderador, el que gobierna, árbitro. 2. Presidente de una reunión o asamblea; hoy sólo se emplea este término en las iglesias presbiteriana y congregacional. 3. Examinador en las universidades inglesas. 4. Moderador, pantalla translúcida que sirve para moderar y esparcir la luz que pasa a un objeto en el microscopio.

modern [ˈmɒdən] [mo-dern], *a.* Moderno, nuevo, reciente; que no es antiguo ni desusado. **Moderns,** *s. pl.* Modernos, los que viven o han vivido en nuestros tiempos, en contraposición a los antiguos.

modernism [ˈmɒdənɪzəm] [mo-der-ni-sem], *s.* 1. Modernismo, uso moderno, práctica moderna. 2. Neologismo.

modernist [ˈmɒdənɪst] [mo-der-nist], *s.* El que gusta de las cosas modernas.

modernity [mɒˈdɜːnɪtɪ] [mo-der-ni-ti], *s.* La condición o calidad de lo moderno; uso moderno o cosa moderna.

modernization [ˌmɒdənaɪˈzeɪʃən] [mo-der-nai-sei-shon], *s.* Modernización.

modernize [ˈmɒdənaɪz] [mo-der-nais], *va.* Modernizar, hacer moderna una cosa; poner en lenguaje moderno algo que está en lenguaje antiguo; arreglar al gusto del día.

modernness [ˈmɒdənɪs] [mo-der-nes], *s.* Novedad, el estado de las cosas recién hechas u ocurridas.

modest [ˈmɒdɪst] [mo-dist], *a.* 1. Modesto, contenido, recatado, casto, púdico. 2. Moderado; sencillo, sin presunción. **A modest estimate,** un cálculo moderado. **A modest woman,** una mujer modesta, púdica.

modestly [ˈmɒdɪstlɪ] [mo-dist-li], *adv.* Modestamente, con modestia, con recato, con pudor; humildemente, sin presunción.

modesty [ˈmɒdɪstɪ] [mo-dis-ti], *s.* Modestia, decencia, pudor; reserva; humildad; castidad y pureza de costumbres.

modicum [ˈmɒdɪkəm] [mo-dis-kom], *s.* Pitanza, bocado, porción pequeña; poco.

modifiable [ˈmɒdɪfaɪˈeɪbl] [mo-di-faiei-bol], **modificable** [ˈmɒdɪfɪkəbl] [mo-difi-ka-bol], *a.* Lo que se puede modificar o lo que es susceptible de modificación; modificable.

modification [ˈmɒdɪfɪˈkeɪʃən] [mo-di-fi-kei-shon], *s.* Modificación; forma o manera particular.

modificative [ˈmɒdɪfɪkətɪv] [mo-di-fi-ka-tiv], *a.* Modificativo.

modify [ˈmɒdɪfaɪ] [mo-di-fai], *va.* 1. Modificar, hacer algo diferente; cambiar más o menos (Change). 2. Modificar, reducir las cosas a términos justos; moderar, templar.

modish [ˈmɒdɪʃ] [mo-dish], *a. (Ant.)* Hecho a la moda; conforme a la moda.

modishly [ˈmɒdɪʃlɪ] [mo-dish-li], *adv.* A la moda, según la moda.

modishness [ˈmɒdɪʃnɪs] [mo-dish-nes], *s.* Inclinación a seguir la moda, culto de la moda.

modular [ˈmɒdjʊləʳ] [mo-diu-laʳ], *a.* Modular, perteneciente a un modo o a una modulación.

modulate [ˈmɒdjʊleɪt] [mo-diu-leit], *va.* 1. Modular, cambiar de tono, diapasón o inflexión del sonido. 2. *(Mús.)* Cambiar a otra clave o escala.

modulation [ˌmɒdjʊˈleɪʃən] [mo-diu-lei-shon], *s.* 1. *(Mús.) (Fís.)* Modulación. 2. Modificación; adaptación.

modulator [ˈmɒdjʊleɪtəʳ] [mo-diu-lei-taʳ], *s.* Modulador.

module [ˈmɒdjuːl] [mo-diul], *s.* 1. *(Arq.)* Módulo. 2. *(Des.)* Molde, modelo.

modus [ˈməʊdəs] [mo-dus], *s.* El acto de pagar un tanto o cantidad alzada como equivalente del diezmo. **Modus operandi,** procedimiento.

mogul [ˈməʊgəl] [mou-gol], *s.* 1. Mogol. 2. Naipe de la mejor calidad. 3. Nombre de una clase de locomotoras de gran tamaño.

mohair [ˈməʊhεəʳ] [mou-jeaʳ], *s.* Pelo de camello, hilo o tela hechos de pelo de camello.

Mohammed [ˈməʊˈhæmed] [mou-ja-med], *s.* Mahoma.

Mohammedan [ˈməʊˈhæmɪdən] [mou-ja-mi-dan], *s.* Mahometano.

Mohammedanism [ˈməʊˈhæmɪdənɪzən] [mou-ja-mi-da-ni-zem], **Mohammedism** [ˈməʊˈhæmɪzəm] [mou-ja-me-di-sem], *s.* Mahometismo.

mohammedanize [ˈməʊˈhæmɪdənaɪz] [mou-ja-mi-da-nais], *va.* Hacer conforme al mahometismo o convertir a esa religión.

moil [ˈmɔɪl] [moil], *va.* 1. Enlodar, ensuciar. 2.Cansar, fatigar. -*vn.* Afanarse, fatigarse, inquietarse, desasosegarse.

moire, moiré [ˈmwɑːreɪ] [mua-rei], *s.* Moaré, muaré, seda con aguas o visos.

moist [mɔɪst] [moist], *a.* 1. Húmedo, que contiene humedad o está algo mojado. 2. Jugoso, suculento.

moisten [ˈmɔɪsn] [moi-sen], *va.* Humedecer; mojar ligeramente.

moistener [ˈmɔɪsnəʳ] [moi-se-naʳ], *s.* Humedecedor; antiguamente, humectante.

moistful [ˈmɔɪstfʊl] [moist-ful], *a.* Húmedo, muy húmedo.

moistness [ˈmɔɪstnɪs] [moist-nes], **moisture** [ˈmɔɪstʃəʳ] [mois-chaʳ], *s.* Humedad. **The moisture of plants,** los jugos de las plantas.

moisturize [ˈmɔɪstʃəraɪz] [mois-cha-rais], *vt.* Humedecer. **Moisturizing cream,** crema hidratante.

molar [ˈməʊləʳ] [mou-laʳ], *a.* Molar. **Molar teeth,** muelas, dientes molares.

molary [ˈməʊlərɪ] [mou-la-ri], *a. V.* MOLAR.

molasses [məˈlæsɪz] [mo-la-sis], *s.* Melaza, melote, miel.

mold [məʊld] [mould], *s.* Molde; tierra; moho. *V.* MOULD.

mold, mould, *va. V.* MOULD.

moldboard [ˈməʊldbɔːd] [mould-bord], *s.* Vertedera del arado.

mole [məʊl] [moul], *s.* 1. Mola, pedazo de carne informe que se engendra en el útero de la mujer. 2. Lunar. 3. Muelle, dique. 4. Topo, roedor semejante al ratón y que habita debajo de tierra. **Mole furs** o **skins,** la peletería o pieles de topo. *(Amer.)* Piel de tusa. 5. Entre los romanos, mausoleo de grandes proporciones en forma de torre. **Mole-cast,** motoncillo de tierra. *V.* **Mole-hill. Mole-catcher,** cazador de topos. **Mole-cricket,** grillotalpa o topogrillo. **Mole-hill,** los montoncillos de tierra que levantan los topos escarbando. **Mole-eyed,** cegato, que tiene ojos de topo, de vista muy débil. **Mole-rat,** ratón-topo.

molecular [məˈlekjuːləʳ] [mo-li-kiu-laʳ], *a.* 1. Molecular, perteneciente a la molécula *(Quím.)*. 2. Resultante de la acción de las moléculas. **Molecular changes,** cambios moleculares, los que resultan de la acción de las moléculas. **Molecular biology**, biología molecular *(Quím.)*.

molecularity [ˌmɒlɪkjuːˈlærɪtɪ] [mo-li-kiu-la-ri-ti], *s.* Estado o cualidad de molecular.

molecule [ˈmɒlɪkjuːl] [mo-li-kiul], *s.* Molécula, corpúsculo, parte pequeña de un cuerpo.

molehill [ˈməʊlhɪl] [moul-jil] *s. f.* Topera.

moleskin [ˈməʊlskɪn] [moul-skin], *s.* 1. Piel de topo. 2. Ratina, especie de paño de frisa.

molest [məʊˈlest] [mou-lest], *va.* Molestar, inquietar, atormentar, vejar, hostigar, perseguir, oprimir.

molestation [ˌməʊlesˈteɪʃən] [mou-les-tei-shon], *s.* Molestia, incomodidad, enfado, enojo, pena; persecución, importunidad, vejación, hostigamiento.

moletrack [ˈməʊltræk] [moul-trak], *s.* Topera, la excavación que hacen los topos por debajo de tierra.

molewarp [ˈməʊlwɑːp] [moul-uarp], *s.* Topo. *V.* MOLE.

molinism [ˈməʊlɪnɪzm] [mou-li-ni-sem], *s.* Molinismo, doctrina teológica de Molina, jesuita español.

mollah [ˈməʊlɑː] [mou-la], *s.* Título de cortesía que dan los mahometanos a los altos dignatarios de su religión.

mollient [ˈməʊlɪənt] [mou-lient], *a. (Poco us.)* Emoliente, lo que ablanda.

mollifiable [ˌmɒlɪfaɪˈeɪbl] [mo-li-fai-ei-bol], *a.* Molificable, que se puede ablandar.
mollification [ˌmɒlɪfaɪˈkeɪʃən] [mo-li-fai-kei-shon], *s.* Molificación, ablandamiento; suavización, mitigación, alivio.
mollifier [ˈmɒlɪfaɪəʳ] [mo-li-faiaʳ], *s.* 1. Molificador, mitigador, pacificador. 2. Emoliente, lo que ablanda.
mollify [ˈmɒlɪfaɪ] [mo-li-fai], *va.* 1. Molificar; ablandar; apaciguar, aquietar. 2. Aliviar, aligerar el peso o pena de alguna cosa; suavizar, mitigar.
mollusca [ˈmɒləskə] [mo-lus-ka], *s. pl. (Zool.)* Moluscos.
molluscan [ˈmɒləskən] [mo-lus-kan], *a.* y *s.* Molusco.
mollusk [ˈmɒləsk] [mo-lusk], *s. m.* Molusco.
molluso, *s. V.* MOLLUSK.
mollycoddle [ˈmɒlɪkɒdl] [mo-li-ko-del], *s. (Vulg.)* Hombre afeminado; niño mimado; se abrevia a veces en **moll** o **molly**. *vt.* Mimar, proteger demasiado.
moloch [ˈmɒlək] [mo-lok], *s.* Nombre de un dios de los fenicios al que sacrificaban víctimas humanas, niños principalmente.
molossus [ˈmɒləsəs] [mo-lo-sos], *s.* Molos, pie de verso que consta de tres sílabas largas.
molt [məʊlt] [moult], *v.* y *s. V.* MOULT.
molten [ˈməʊltn] [moul-ten], *a.* y *pp. irr.* de TO MELT.
molting [ˈməʊltɪŋ] [moul-tin], *s. V.* MOULTING.
moly [ˈmɒlɪ] [mo-li], *s. (Bot.)* 1. Planta fabulosa de mágicas virtudes, citada por Homero. 2. Moli, especie de ajo silvestre.
molybdate [ˈmɒlɪbdeɪt] [mo-lib-deit], *s.* Molibdato, sal del ácido molíbdico.
molybdenum, Molybdena [mɒˈlɪbdenəm] [mo-lib-de-nom], *s. (Min.)* Molibdena, metal duro, blanco como la plata e infusible.
molybdenous [ˈmɒlɪbdenəs] [mo-lib-de-nos], *a.* Molibdoso, perteneciente a la molibdena, especialmente en su menor equivalencia.
mome [məʊm] [moum], *a. (Ingl. del Norte)* Blando, liso.
moment [ˈməʊmənt] [mou-ment], *s.* 1. Momento, minuto, instante, espacio brevísimo de tiempo. **A moment later,** al rato, poco después. **Any moment now,** de un momento a otro. **At the moment,** de momento. **For a moment,** por de pronto. 2. El tiempo presente. 3. Momento, importancia, consecuencia, entidad. 4. Fuerza, impulso. 5. La cosa que origina o causa; principio de movimiento o de desarrollo. **The moment of truth,** la hora de la verdad. **It won't take a moment,** no tardará mucho.
momental [ˈməʊməntəl] [mou-men-tal], *a.* Relativo al ímpetu.
momentarily [ˈməʊməntərɪlɪ] [mou-men-ta-ri-li], *adv.* Momentáneamente.
momentariness [ˈməʊməntərɪnɪs] [mou-men-ta-ri-nes], *s.* Momentaneidad.
momentous [ˈməʊməntəs] [mou-men-tos], *a.* Importante, de mucha importancia; grave, de consecuencia.
momentously [məʊˈməntəslɪ] [mou-men-tos-li], *adv.* Con importancia, con gravedad.
momentousness [ˈməʊˈməntəsnɪs] [mou-men-tos-nes], *s.* Importancia.
momentum [ˈməʊməntəm] [mou-men-tom, *s.* 1. Momento, la propensión que tiene un cuerpo grave a bajar hacia el centro. 2. Ímpetu, fuerza o cantidad de movimiento.
Mon. *Abreviatura de* **Monday**.
mon [mɒn] [mon], *s. (Esco. y prov. Ingl.)* Hombre.
mon-. Prefijo. *V.* MONO-.
monachal [ˈmɒnəkəl] [mo-na-kal], *a.* Monacal, monástico.
monachism [ˈmɒnəkɪzəm] [mo-na-ki-sem], *s.* Monaquismo, monacato.
monad [ˈmɒnæd] [mo-nad], *s.* 1. Mónada o mónade, ente simple y sin partes. 2. *(Biol.)* Organismo, muy pequeño de una sola celdilla; infusorio flagelado. 3. *(Quím.)* Átomo, radical o elemento con facultad de combinación que vale uno. 4. El espíritu, ser uno e indivisible, cuya totalidad constituye el universo (doctrina de Leibnitz). *-a.* Que se refiere o consta de una mónada; en química, que tiene facultad de combinación equivalente a uno.
monarch [ˈmɒnək] [mo-nark], *s.* Monarca, potentado; originalmente el único jefe de una nación, como rey, reina, o emperador; hoy es en general soberano hereditario constitucional.
monarchal [ˈmɒnəkəl] [mo-nar-kal], *a.* Monárquico, real, imperial.
monarchical, monarchial [mɒˈnɑːkɪkəl] [mo-nar-ki-kal], *a.* Monárquico.
monarchism [ˈmɒnəkɪzəm] [mo-nar-ki-sem], *s.* Monarquismo, los principios monárquicos; la adhesión que se profesa a la monarquía.
monarchist [ˈmɒnəkɪst] [mo-nar-kist], *s.* Monarquista.
monarchy [ˈmɒnəkɪ] [mo-nar-ki], *s.* 1. Monarquía, el gobierno monárquico. 2. Monarquía, el reino o imperio gobernado por un monarca.
monastery [ˈmɒnəstrɪ] [mo-nas-tri], *s.* Monasterio, la casa donde viven los monjes.
monastic, monastical [məˈnæstɪkəl] [mo-nas-ti-kal], *a.* Monástico, perteneciente al estado de los monjes.
monastic [məˈnæstɪk] [mo-nas-tik], *s.* Monje.
monastically [məˈnæstɪkəlɪ] [mo-nas-ti-ka-li], *adv.* Monásticamente, monacalmente.
Monday [ˈmʌndɪ] [man-di], *s.* Lunes.
monetary [ˈmʌnɪtərɪ] [ma-ni-ta-ri], *a.* Monetario, perteneciente a la moneda; que consta de dinero; pecuniario.
monetize [ˈmʌnɪtaɪz] [ma-ni-tais], *va.* 1. Monetizar, legalizar como dinero. 2. Acuñar (un metal) en moneda.
money [ˈmʌnɪ] [ma-ni], *s.* 1. Moneda, dinero, metal acuñado para comerciar con él; moneda legal, papel moneda; cualquier medio de cambio o medida del valor. 2. Propiedad vendible, caudal, riqueza. 3. Sistema de acuñación. 4. *pl.* Pagos o recibos al contado. **Ready money,** dinero contante o dinero al contado. **Money talks,** el dinero manda, poderoso caballero es don Dinero. **Money governs the world,** quien tiene dineros pinta panderos. **To advance money,** adelantar dinero. **Bank-money,** billete de banco. **Paper-money,** papel moneda. **To get one's money's worth,** sacar el máximo provecho. **To put out money,** poner dinero a interés o a ganancia. **To take up money,** tomar prestado. **Hard money,** numerario, efectivo, moneda acuñada. **Earnest money,** prenda, arras, señal. **Copper money,** calderilla, moneda de cobre o de vellón. **Money makes the mare go,** *(prov.)* por dinero baila el perro. **Money back guarantee,** garantía de devolver el dinero. **Money-bag,** talega para guardar dinero. **Money-bags,** *(ger.)* un hombre rico, de muchas talegas. **Money-bill,** ley de hacienda. **Money-box,** caja, hucha para dinero. **Money-broker,** corredor de cambios. **Money-changer,** cambista de dinero. **Money-drawer,** gaveta, particularmente en las tiendas, que sirve para recibir el dinero de las ventas y para hacer cambio. **Money-lender,** prestamista. **Money-making,** *a.* (a) Resuelto a enriquecerse, que se complace en amontonar riquezas. (b) Ganancioso, lucrativo, provechoso. *-s.* El acto de acumular riquezas. **Money-matters,** cuentas de débito y crédito; negocio de dinero. **Money-order,** libranza o giro postal. **Money-scrivener,** corredor de dinero. **Money's-worth,** (a) cualquier cosa que vale dinero. (b) El valor cabal del dinero que se paga por una cosa.
money, *va.* Acuñar, hacer moneda, convertir en moneda.
moneyed [ˈmʌnɪd] [ma-nid], *a.* Adinerado, el que tiene mucho dinero. **A moneyed man,** un capitalista.
moneyer [ˈmʌnɪjəʳ] [ma-ni-yaʳ], *s. (Poco us.)* 1. Monedero, el que fabrica, forma y acuña la moneda. 2. Banquero, cambista.
money-grubbing [ˈmʌnɪˌgrʌbɪŋ] [ma-ni-gra-bin], *a.* Avaro.
moneyless [ˈmʌnɪlɪs] [ma-ni-les], *a.* Falto de dinero, pobre.
moneywort [ˈmʌnɪwɔːt] [ma-ni-uort], *s. (Bot.)* Lisimaquia numularia, hierba de la moneda.
monger [ˈmʌŋgəʳ] [man-gaʳ], *s.* Tratante, traficante. **Fishmonger,** pescadero. **Newsmonger,** novelero, el que anda a caza de noticias. **Whoremonger,** alcahuete. **Ironmonger,** ferretero, quincallero.

mongol ['mɒŋgəl] [mon-gol], *a.* Mongol, mongólico de la Mongolia china. *-s.* 1. Mongol; también, chino. 2. Idioma mongólico.

mongolian [mɒŋ'gəʊlɪən] [mon-gou-lian], *a.* 1. *V.* MONGOL. 2. Perteneciente a las razas amarillas de Asia. *-s.* 1. Mongol; también, chino. 2. Idioma mongólico.

mongoos, mongoose ['mɒŋgu:s] [mon-gus], *s.* 1. Mangosta. 2. Un lemúrido blanco.

mongrel ['mɒŋgrəl] [mon-grel], *a.* y *s.* Mestizo, nacido de padre y madre de diferentes castas. Híbrido.

monism ['mɒnɪzm] [mo-ni-sem], *s.* 1. Monismo, teoría que pretende explicar todos los fenómenos cosmológicos, refiriéndolos a un solo principio. 2. *(Biol.)* Unidad de origen. *V.* MONOGENESIS.

monition ['mɒnɪʃən] [mo-ni-shon], *s.* Amonestación, consejo, aviso, prevención, advertencia, exhortación.

monitor ['mɒnɪtə[r]] [mo-ni-ta[r]], *s.* 1. Amonestador, instructor, monitor, admonitor. 2. Tipo de buque blindado de mucho calado y bajo de borda, con una o dos torres que contienen cañones de gran calibre.

monitor, *va.* Controlar, vigilar, detectar.

monitory ['mɒnɪtərɪ] [mo-ni-to-ri], *a.* Instructivo, monitorio. *-s.* Amonestación, aviso eclesiástico.

monk ['mɒŋk] [monk], *s.* Monje, fraile.

monkey ['mʌŋkɪ] [man-ki], *s.* 1. Mono. 2. Cualquier animal cuadrumano, sea mono, cinocéfalo, marmoseto o lemúrido. 3. Mono o mona: voz de desprecio unas veces, y otras de cariño. 4. Cada uno de varios artículos pequeños, como un fiador del martinete o un pequeño crisol para fundir el vidrio. **To play the monkey,** hacer monadas. **Monkey tricks,** monerías, travesuras. **Monkey-flower,** mímulo. *V.* MIMULUS. **Monkey-jacket,** capote o capotón de piloto. **Monkey-wrench,** llave inglesa. **I don't give a monkey's,** me importa un bledo *(Fam.)*. **To monkey about/around,** hacer tonterías.

monkfish ['mɒŋkfɪʃ] [monk-fish], *s. m.* Pejesapo.

monkhood ['mɒŋkhʊd] [monk-jud], *s.* Monacato, el estado de los monjes.

monk's-hood ['mɒŋkzhʊd] [monks-jud], *s.* *(Bot.)* 1. Acónito, nombre genérico de plantas. 2. Napelo, acónito napelo.

mono- ['mɒnəʊ] [mo-nou], Prefijo que se deriva del griego *monos*, sólo, único, uno.

monoceros ['mɒnəserəs] [mo-no-se-ros], *s.* El unicornio, monoceronte.

monochlamydeous ['mɒnəklæ'mɪdɪəs] [mo-no-kla-mi-dios], *a.* *(Bot.)* Monoclamídeo, que tiene una sola cubierta floral.

monochord ['mɒnəkɔ:d] [mo-no-kord], *s.* Monacordio, instrumento antiguo de música.

monochromatic [ˌmɒnəkreʊ'mætɪk] [mo-no-krou-ma-tik], *a.* Monocromático, de un solo color.

monochrome ['mɒnəkrəm] [mo-no-krom], *s.* Monócromo, pintura de un solo color.

monocle ['mɒnʌkl] [mo-na-kel], *s.* Monóculo, lente para un solo ojo.

monoclinal ['mɒnəʊklɪnəl] [mo-nou-kli-nal], *a.* *(Geol.)* Que se inclina solamente en una dirección.

monoclinic ['mɒnəʊklɪnɪk] [mo-nou-kli-nik], *a.* *(Min.)* Monoclínico, caracterizado por tres ejes oblicuos sobrepuestos, dos iguales y uno desigual.

monocotyledon [ˌmɒnəkɒ'tɪlɪdən] [mo-no-ko-ti-li-don], *s.* *(Bot.)* Monocotiledón o planta monocotiledónea.

monocotyledonous [ˌmɒnəkɒ'tɪlɪdənəs] [mo-no-ko-ti-li-do-nos], *a.* *(Bot.)* Monocotiledóneo, monocotiledón.

monocular ['mɒnəkju:lə[r]] [mo-no-kiu-la[r]], **monoculous** ['mɒnəkjʊləs] [mo-no-kiu-los], *a.* 1. Monóculo, que no tiene más que un dedo.

monodactylous ['mɒnədæktɪləs] [mo-no-dak-ti-los], *a.* Monodáctilo, que no tiene más que un dedo.

monody ['mɒnədɪ] [mo-no-di], *s.* 1. Monodia, poema griego de carácter triste. 2. Composición literaria y triste, con un solo tema. 3. Canto en que una sola voz tiene la parte principal.

monogamist [mɒ'nɒgəmɪst] [mo-no-ga-mist], *s.* Monógamo, el casado con una sola mujer, o casado una vez solamente; el que desaprueba las segundas nupcias.

monogamous [mɒ'nɒgəməs] [mo-no-ga-mos], *a.* 1. Monógamo, casado una vez solamente. 2. *(Bot.)* Monógamo, de flores que tienen los estambres unidos.

monogamy [mɒ'nɒgəmɪ] [mo-no-ga-mi], *s.* Monogamia, el estado de los que se han casado una sola vez.

monogenesis [ˌmɒnɒ'dʒɪnɪsɪs] [mo-no-yi-ni-sis], *s.* 1. Unidad de origen: la doctrina de la descendencia de todos los seres vivos de una sola celdilla. 2. Reproducción asexual.

monogenism [ˌmɒnɒ'dʒɪnɪzəm] [mo-no-ye-ni-sem], *s.* La doctrina de que toda la raza humana es de una misma sangre o especie.

monogram ['mɒnəgræm] [mo-no-gram], *s.* 1. Monograma, cifra que contiene las letras, generalmente las iniciales, del nombre de una persona o cosa. 2. Una sola señal o carácter escrito que representa una palabra.

monograph ['mɒnəgræf] [mo-no-graf], *s.* Monográfico, dibujado de un rasgo; relativo a una monografía; dibujado con líneas sin colores.

monographic ['mɒnəgræfɪk] [mo-no-gra-fik], *a.* Monográfico, dibujado de un rasgo; relativo a una monografía; dibujado con líneas sin colores.

monography ['mɒnəgræfɪ] [mo-no-gra-fi], *s.* 1. Figura hecha con líneas, sin colores. 2. *(Des.)* Monografía, descripción de un solo asunto. *V.* MONOGRAPH.

monolith ['mɒnəlɪθ] [mo-no-liz], *s.* Monolito, monumento de piedra de una sola pieza.

monolithic ['mɒnəlɪθɪk] [mo-no-li-zik], *a.* Monolítico.

monologian ['mɒnələdʒɪən] [mo-no-lo-yian], **monologist** ['mɒnələdʒɪst] [mo-no-lo-yist], *s.* Monologista, el que recita monólogos o soliloquios.

monologue ['mɒnəlɒg] [mo-no-log], *s.* Monólogo, soliloquio.

monomachy ['mɒnəmækɪ] [mo-no-ma-ki], *s.* Monomaquia, desafío o duelo singular de uno a uno.

monomania [ˌmɒnəʊ'meɪnɪə] [mo-nou-mei-nia], *s.* 1. Monomanía, idea fija, forma de locura. 2. Manía, insensatez.

monomaniac [ˌmɒnəʊ'meɪnɪək] [mo-nou-mei-niak], *a.* Monomaniaco, monomaniático. *-s.* Monómano.

monome ['mɒnəʊm] [mo-noum], *s.* Monomio. *V.* MONOMIAL.

monomial ['mɒnəʊmɪəl] [mo-nou-mial], *a.* *(Alg.)* Que consta de un solo término. *-s.* Monomio, expresión algebraica de un solo término.

monopetalous [ˌmɒnə'petələs] [mo-no-pe-ta-lus], *a.* Monopétalo, flor que tiene un solo pétalo. *V.* GAMOPETALOUS.

monoplane ['mɒnəpleɪn] [mo-no-plein], *s.* Monoplano.

monopolist [mə'nɒpəlɪst] [mo-no-po-list], *s.* Monopolista, agavillador.

monopolize [mə'nəpəlaɪz] [mo-no-po-lais], *va.* 1. Monopolizar, hacer monopolios. 2. Agavillar, tomarlo todo para sí. **To monopolize the conversation,** monopolizar la conversación, no dejar hablar a los demás.

monopolizer [mə'nəpəlaɪzə[r]] [mo-no-po-lai-sa[r]], *s.* Monopolista.

monopoly [mə'nəpəlɪ] [mo-no-po-li], *s.* 1. Monopolio, aprovechamiento en exclusiva de alguna industria o comercio. 2. Compañía en posesión de un monopolio. 3. Estanco.

monopteron [mə'nəptərən] [mo-nop-te-ron], *s.* *(Arq.)* Monopterio.

monoptic [mə'nəptɪk] [mo-nop-tik], *s.* El que ve con un solo ojo.

monopyrenous [mə'nəpɪrɪnəs] [mo-no-pi-re-nus], *a.* *(Bot.)* Monopireno o de una sola semilla o cuesco.

monosepalous [ˌmənəˈsepələs] [mo-no-se-pa-los], *a.* *(Bot.)* Monosépalo, de sépalos unidos por el borde. *V.* GAMOSEPALOUS.
monospermous [məˈnəspɜːməs] [mo-nos-per-mos], *a.* *(Bot.)* Monospermo, flor que tiene una sola simiente.
monospherical [ˌmɒnəsˈferɪkəl] [mo-nos-fe-ri-kal], *a.* Que consta de una esfera.
monostich [ˈmɒnəstɪk] [mo-nos-tik], *s.* Monóstico, monostiquio, composición poético de un solo verso.
monostichous [ˈmɒnəstɪkəs] [mo-nos-ti-kos], *a.* *(Bot.)* Monóstico, dispuesto en una sola fila o línea vertical.
monosyllabic, monosyllabical [ˈmɒnəʊsɪˈlæbɪk] [mo-nou-si-la-bik] [ˈmɒnəʊsɪˈlæbɪkəl] [mo-nou-si-la-bi-kal], *a.* Monosilábico, monosílabo.
monosyllable [ˈmɒnəˌsɪlæbl] [mo-nou-si-la-bol], *a.* Monosílabo, la voz de una sola sílaba.
monotheism [ˈmɒnəʊˌθiːɪzəm] [mo-nou-zi-isem], *s.* Monoteísmo, doctrina teológica de los que reconocen un solo Dios.
monotheist [ˈmɒnəʊˌθiːɪst] [mo-nou-zi-ist], *s.* Monoteísta, el que cree en un Dios único.
monotheistic [ˈmɒnəʊˌθiːɪstɪk] [mo-nou-zi-is-tik], *a.* Monoteísta, partidario del monoteísmo.
monotone [ˈmɒnətəʊn] [mo-no-toun], *s.* Monotonía, ya en la expresión y tono de la voz, ya en la música, la forma de composición, el estilo, etc.
monotonic, monotonical [ˈmɒnətəʊnɪk] [mo-no-tou-nik], *a.* Monótono.
monotonous [məˈnɒtənəs] [mo-no-to-nos], *a.* Monótono, uniforme en el tono.
monotony [məˈnɒtənɪ] [mo-no-to-ni], *s.* Monotonía, el estado o la cualidad de lo monótono; uniformidad fastidiosa del tono; falta de variedad en la cadencia o en la dicción.
monotriglyph [məˈnɒtrɪglɪf] [mo-no-tri-glif], *s.* *(Arq.)* Monotriglifo, espacio de triglifo entre dos columnas o pilastras.
monotype, monotyping [ˈmɒəʊtaɪp] [mo-nou-taip], *s.* *(Impr.)* Monotinia.
monoxide, monoxid [mɒˈnɒskaɪd] [mo-nok-said], *s.* Compuesto que contiene un solo átomo de oxígeno.
monsoon [mɒnˈsuːn] [mon-sun], *s.* Monzón, viento periódico y general que corre hacia una misma parte en determinado tiempo.
monster [ˈmɒnstə[r]] [mons-ta[r]], *s.* 1. Monstruo, animal fabuloso, parto o producción contra el orden regular de la naturaleza. 2. Monstruo, lo que es sumamente feo y también el que es sumamente, perverso. *-a.* Enorme, prodigioso, extraordinario. **A monster meeting,** una reunión numerosísima, enorme.
monstrance [ˈmɒnstrəns] [mons-trans], *a.* *(Ecle.)* Custodia, viril.
monstrosity [ˈmɒnstrəsɪtɪ] [mons-tro-si-ti], *s.* Monstruosidad, suma fealdad.
monstrous [ˈmɒnstrəs] [mons-tros], *a.* 1. Monstruoso, contrario al orden de la naturaleza. 2. Extraño, prodigioso, maravilloso. 3. Monstruoso, disforme, horrendo (dreadful). *-adv.* *(Fam.)* Excesivamente.
monstrously [ˈmɒnstrəslɪ] [mons-tros-li], *adv.* Monstruosamente, prodigiosamente.
monstrousness [ˈmɒnstrəsnɪs] [mons-tros-nes], *s.* Monstruosidad, enormidad.
montage [mɒnˈtɑːdʒ] [mon-tash], *s.* Montaje, arte de montaje.
montanic [ˈmɒntænɪk] [mon-ta-nik], *a.* Montañoso.
montanist [ˈmɒntænɪst] [mon-ta-nist], *s.* Montanista, hereje sectario de Montano.
montant [ˈmɒntənt] [mon-tant], *s.* Montante, término de esgrima y de carpintería.
monteith [ˈmɒnteɪθ] [mon-teiz], *s.* Una ponchera de adorno, se llama así del nombre de su inventor.
month [mʌnθ] [manz], *s.* Mes, originalmente un mes lunar, hoy una de las doce partes en que se divide el año. **A month ago,** hace un mes. **Once a month,** una vez al mes. **What day of the month is it?,** ¿Qué día del mes es hoy? **Lunar month, solar month,** mes lunar, mes solar. **A month of Sundays,** literalmente, un mes de domingos; tiempo que parece muy largo, como si cada día fuese una semana.
monthly [ˈmʌnθlɪ] [manz-li], *a.* Mensual, que continúa durante un mes o que acontece una vez al mes. *-s.* 1. Publicación que sale a luz regularmente una vez al mes. 2. *pl.* Las reglas, la indisposición periódica de las mujeres. *-adv.* Mensualmente.
monticle [ˈmʌntɪkl] [man-ti-kel], *s.* *(Poco us.)* Montecillo.
monticulous [ˈmʌntɪkjələs] [man-ti-kiu-los], *a.* *(Poco us.)* Lo que tiene muchos montecillos.
monument [ˈmɒnjʊmənt] [mo-niu-ment], *s.* 1. Monumento conmemorativo; columna, pilar, estatua, puestos encima de una tumba. 2. Monumento, memoria, recuerdo. 3. Piedra u otra señal permanente puesta por los agrimensores para marcar un límite o un ángulo.
monumental [ˈmɒnjʊməntl] [mo-niu-men-tal], *a.* Monumental, hecho en memoria o para conservar la memoria de alguna persona o acontecimiento; conmemorativo.
monumentally [ˌmɒnjʊˈməntəlɪ] [mo-niu-men-ta-li], *adv.* 1. Como recuerdo. 2. Por medio de monumentos.
moo [muː] [mu], 1. *vi.* Mugir. 2. *s. m.* Mugido.
mooch [muːtʃ] [much], *vi.* **To mooch about/around,** vagar *(Fam.)*.
mood [muːd] [mud], *s.* 1. Disposición de ánimo, genio o natural; humor, capricho. 2. Modo silogístico, la debida disposición de las varias proposiciones de un silogismo. 3. *(Gram.)* Modo en la conjugación de los verbos. *V.* MODE. Esta forma es preferible. **To be in a cheerful mood,** estar de buen humor. **To be in the mood to do,** estar de humor para hacer algo.
moodily [ˈmuːdɪlɪ] [mu-di-li], *adv.* Caprichosamente.
moodiness [ˈmuːdɪnɪs] [mu-di-nes], *s.* Capricho, extravagancia; mal humor; tristeza, cavilación, melancolía.
moody [ˈmuːdɪ] [mu-di], *a.* Fantástico, caprichoso, raro, extravagante; irritable, de mal humor; caviloso, triste, melancólico, taciturno.
moon [muːn] [mun], *s.* 1. Luna, satélite de la tierra. 2. Satélite de cualquier planeta. 3. Mes lunar. **To bay the moon,** ladrar a la luna, meter la mar en un pozo. **Moonbeam,** rayo lunar. **Moon-blind,** cegato, corto de vista. **Moon-blasted,** echado a perder por la influencia de la luna. **Moon-calf,** mola, monstruo; bobo, tonto. **Moon-dial,** reloj lunar. **Moon-fern,** *(Bot.)* botriquio.
mooned [ˈmuːnɪd] [mu-nid], *a.* Lunado, lo que tiene figura de media luna.
moon-eyed [ˈmuːnaɪd] [mun-aid], *a.* Ojizaino; bizco, bisojo; de ojos lunáticos.
moonflower [ˈmuːnflaʊə[r]] [mun-flaua[r]], *s.* Especie de ipomea con grandes y blancas flores que se abren por la noche.
moonless [ˈmuːnlɪs] [mun-les], *a.* Falto de la luz de la luna.
moonlight [ˈmuːnlaɪt] [mun-lait], *s.* Luz de la luna. *-a.* Iluminado por la luna.
moonlit [ˈmuːnlɪt] [mun-lit], *a.* Iluminado por la luna.
moonseed [ˈmuːnsiːd] [mun-sid], *s.* Cualquier planta del género Minespermo.
moonshine [ˈmuːnʃaɪn] [mun-shain], *s.* 1. Claridad de la luna. 2. Falta de realidad, ficción; disparate. 3. *(Prov.)* Licores fuertes matuteados o destilados ilegalmente. *-a.* o **Moonwhiny,** claro, lo que participia de la claridad de la luna.
moonshiner [ˈmuːnʃaɪnə[r]] [mun-shai-na[r]], *s.* *(E.U.)* El que destila los licores espirituosos ilícitamente; contrabandista, matutero, particularmente de licores espirituosos.
moonstruck [ˈmuːnstrʌkt] [muns-trakt], *a.* Lunático, loco.
moonwort [ˈmuːnwɔːt] [mun-uort], *s.* *(Bot.)* 1. Lunaria, especie de flor. 2. Botriquio.
moony [ˈmuːnɪ] [mu-ni], *a.* 1. *V.* MOONSTRUCK. 2. Parecido a la claridad de la luna. 3. *(Her. des.)* Lunado. *-s.* Bobo, simplón.

moor [mʊəʳ] [muaʳ], *s.* 1. *(Gran Bret.)* Páramo, a veces cubierto de brezos, a menudo elevado, pantanoso y abundante en turba; frezal, marjal. 2. Moro, sarraceno, árabe.

moor, *va.* Amarrar, atar con anclas, cables u otra cosa. **To moor by the stern,** amarrar con una reguera. **To moor by the head,** amarrar con las amarras de proa. **To moor with a spring,** amarrar con codera sobre el cable. *-vn.* Situarse en algún paraje. **Where the ship moored,** en donde estaba anclado el barco.

moor-buzzard ['mʊə'bu:zəd] [mua-bu-sard], *s. (Orn.)* Especie de halcón.

moor-hen ['mʊəhen] [mua-jen], *sf. (Orn.)* Cerceta, zarceta, gallineta o gallina de río.

mooring ['mʊərɪŋ] [mua-rin], *s. (Mar.)* Amarra, amarre, amarradura. **Mooring mast,** *(Mar.)* poste de amarre. **Mooring rings,** *(Mar.)* argollas de amarrar.

moorish ['mʊərɪʃ] [mua-rish], *a.* 1. Pantanoso, charcoso, cenagoso. 2. Morisco, moro.

moorland ['mʊəlænd] [mua-land], *s.* Marjal; brezal; erial, tierra arenisca y ligera.

moorstone ['mʊəstəʊn] [mua-stoun], *s.* Especie de granito.

moory ['mʊərɪ] [mua-ri], *a.* Que pertenece al marjal; pantanoso: se dice también de la tierra llana y abierta que contiene turba, brezo o hiniesta espinosa.

moose [mu:s] [muus], *s.* Mosa, anta, la forma americana del alce.

moot [mu:t] [mut], *va.* Disputar acerca de materias legales; ejercitarse en el arte de defender cualquier punto relacionado con los pleitos o causas criminales; discutir judicialmente.

moot, *s.* Una proposición o caso de jurisprudencia que los legistas sientan para discutir o disputar sobre él. **Moot case** o **moot point,** el caso o proposición legal que sirve como tema de discusón; pleito fingido. **Moot-court,** conferencia en las escuelas de derecho; supuesto tribunal en el que los estudiantes de jurisprudencia se ejercitan en la práctica forense.

mooter ['mu:təʳ] [mu-taʳ], *s.* 1. El que se ejercita o ensaya en defender pleitos. 2. *(Mar.)* El que hace los toletes o escálamos.

mop [mɒp] [mop], *s.* 1. Aljofifa, estropajo, rodilla para limpiar con agua estregando, o para sacudir el polvo. 2. Mechón, copete, puñado de cabellos, cerdas, hilachas, etc.

mop, *s.* 1. Mueca. 2. Una joven; una muchacha mimada o ceñuda.

mop, *va.* Aljofifar, limpiar alguna cosa estregándola con una aljofifa o un estropajo empapado en agua, o sacudir el polvo con rodilla, estropajo o aljofifa. *-vn. (Prov. Ingl.)* Hacer muecas.

mopboard ['mɒpbɔ:d] [mop-bord], *s.* Banda de madera en la parte baja de las paredes de un cuarto.

mope [məʊp] [moup], *s.* El hombre abatido, atontado o estúpido.

mope, *vn.* Dormitar, entontecerse, estar triste y pensativo, estar melancólico. *-va.* Atontar, privar de las potencia naturales; poner estúpido a uno; desanimar.

moped ['məʊped] [mou-ped], *s. f.* Ciclomotor, moto.

mope-eyed ['məʊpˌaɪd] [moup-aid], *a.* Tuerto, falto de un ojo; cegato.

mopish ['mɒpɪʃ] [mo-pish], *a.* Atontado, estúpido, adormecido, medio dormido; distraído, que no presta atención.

mopishness ['mɒpɪʃnɪs] [mo-pish-nes], *s.* Abatimiento, adormecimiento.

moppet ['mɒpɪt] [mo-pit], *s.* 1. Muñeca, figura de muchacho o muchacha hecha de trapos. 2. *(Fam.)* Gachona: voz de cariño que se da a una niña. 3. Mueca.

mopsical ['mɒpsɪkəl] [mop-si-kal], *a.* Cegato. *V.* MOPE-EYED.

mopstick ['mɒpstɪk] [mop-stik], *s.* Mango de estropajo o aljofifa.

moquette [mə'ket] [mo-ket], *s.* Moqueta, alfombra con trama de cáñamo.

moral ['mɒrəl] [mo-ral], *a.* 1. Moral, perteneciente a las buenas costumbres y acciones lícitas; ético. 2. Conforme a razón, virtuoso; particularmente casto, púdico; honrado. 3. Que obra según los dictados de la razón od el derecho en el hombre. 4. *(Lóg.)* Probable, como opuesto a demostrativo; v. g. **Moral certainty,** certidumbre moral. *-s.* 1. Moralidad, moraleja, deducción o enseñanza moral contenida en una fábula o narración. 2. *pl.* 1. Costumbres, práctica de los deberes de la vida; conducta, manera de vivir con referencia al bien y al mal; en especial, honestidad, castidad. 2. Ética, los principios de la moral y obligaciones del hombre.

morale [mɒ'rɑ:l] [mo-ral], *s.* Moral, animación, entusiasmo.

moralist ['mɒrəlɪst] [mo-ra-list], *s.* Moralista.

morality [mə'rælɪtɪ] [mo-ra-li-ti], *s.* 1. Ética, moralidad, doctrina o enseñanza acerca de las buenas costumbres o del arreglo de vida. 2. Moralidad, reflexión o sentencia moral. 3. Moralidad de las acciones humanas, la cualidad de lo moral. 4. Moralidad, el sentido moral de una cosa. 5. Un antiguo drama legórico del siglo XIV.

moralization [ˌmɒrəlaɪ'zeɪʃən] [mo-ra-lai-sei-shon], *s.* Moralización.

moralize, Moralise ['mɒrəlaɪz] [mo-ra-lais], *va.* y *vn.* 1. Moralizar, discurrir acerca de las buenas costumbres y del arreglo de vida. 2. Moralizar, hablar o escribir sobre asuntos morales. 3. Hacer moral o virtuoso.

moralizer ['mɒrəlaɪzəʳ] [mo-ra-lai-saʳ], *s.* Moralizador.

morally ['mɒrəlɪ] [mo-ra-li], *adv.* 1. Moralmente, en sentido moral, conforme a las reglas de la moral. 2. Virtuosamente, honradamente. 3. Según las reglas de la razón y del juicio práctico; prácticamente.

moral support ['mɒrəlsə'pɔ:t] [mo-ral-so-port], *s.* Apoyo moral.

morass [mə'ræs] [mo-ras], *s.* Cenagal, ciénaga, tremedal, pantano.

morat [mə'ræt] [mo-rat], *s.* Bebida hecha de miel con el jugo de moras.

moratorium [ˌmɒrə'tɔ:rɪəm] [mo-ra-to-riom], *s.* Moratoria, plazo para pagar una deuda vencida.

moravian [mɒ'reɪvɪən] [mo-rei-vian], *a.* Moravo, relativo a la Moravia o a sus habitantes. *-s.* Moravo, natural de Moravia.

morbid ['mɔ:bɪd] [mor-bid], *a.* 1. Mórbido, morboso, que no está sano. 2. Causado por enfermedad o que denota un estado insano del cuerpo o de la mente; patológico.

morbidness ['mɔ:bɪdnɪs] [mor-bid-nes], **morbidity** [mɔ:'bɪdɪtɪ] [mor-bi-di-ti], *s.* Estado de enfermedad o la situación del que se halla enfermo; estado mórbido.

morbific, morbifical ['mɔ:bɪfɪk] [mor-bi-fik], *a.* Morbífico, que causa enfermedades o que lleva consigo el germen de las enfermedades.

morbose ['mɔ:bəʊz] [mor-bous], *a. (Des.)* Morboso, malsano, enfermizo.

morceau ['mɔ:sə] [mor-so], *s.* Pedacito; en música y en literatura, una composición corta.

morchella ['mɔ:ki:lə] [mor-ki-la], *s.* Morilla, múrgura, hongo de sabor agradable.

mordacious ['mɔ:dɪʃəs] [mor-dei-shos], *a. (Ant.)* Mordaz, maldiciente, satírico.

mordant ['mɔ:dənt] [mor-dant], *s.* Mordiente, mordente, sustancia para preparar telas o maderas que se quieren teñir. *-a.* 1. Mordiente, que muerde, acre, mordaz. 2. Mordiente, que sirve para fijar los colores. *-va.* Aplicar un mordiente para fijar los colores.

mordent ['mɔ:dənt] [mor-dent], *s. (Mús.)* Mordente, alteración rápida de dos notas contiguas, especie de trino.

more ['mɔ:ʳ] [moʳ], *a.* (*comp.* de MUCH, MANY). Mayor, más, más numeroso, adicional. *-adv.* 1. Más, con mayor exceso o intensión. 2. Más, término comparativo. **Never more,** nunca más o jamás. **Once more,** una vez más, otra vez. **More and more,** de más en más o cada vez más. **So much the more,** tanto más, cuanto más, tanto mejor. **To make more of a thing than it is,** exagerar una cosa. 3. Más, antes bien. **No more,** no más; lo que no existe o ya se acabó. **He fell ill and is no more,** le sobrevino una enfermedad y se murió. **More** sirve para formar el comparativo de los adjetivos. **The more he spends the less he saves,** cuanto más gasta, menos ahorra. **The more he spends the less he saves,** cuanto más gasta, menos ahorra. **The more, the merrier,** cuanto más locos hay, más se ríe. *-s.* La cantidad o grado mayor de alguna cosa; otra cosa.

moreen ['mɔ:ri:n] [mo-rin], *s.* Filipichím; tela de lana para cortinas.

moreish ['mɔ:rɪʃ] [mo-rish], *a.* Apetitoso.

moreland ['mɔ:lænd] [mor-land], *s.* Tierra montuosa. *V.* MOORLAND.

morelle ['mɔ:ri:l] [mo-ril], *s.* Hierba mora, especie de solano.

morello ['mɔ:li:lə] [mo-ri-lo], *s.* *(Bot.)* Especie de cereza de la que se hacen cerezas pasas.

moreover [mɔ:'rəʊvəʳ] [mor-ou-vaʳ], *adv.* Además, además de eso, por otra parte, a más de lo que se ha dicho. *-conj.* También.

moresk ['mɔ:resk] [mo-resk], **Morisco** ['mɔ:rɪskəʊ] [mo-ris-kou], *s.* Arabesco. *V.* MORESQUE.

moresque ['mɔ:resk] [mo-resk], *s.* Arabesco: dícese de ciertas labores de escultura, dibujos y pinturas al estilo de los moros.

morganatic [ˌmɔ:gə'nætɪk] [mor-ga-na-tik], *a.* Morganático; dícese del matrimonio en que un hombre se casa con una mujer de rango inferior al suyo.

morgue [mɔ:g] [morg], *s.* Depósito de cadáveres no identificados.

moribund ['mɒrɪbʌnd] [mo-ri-band], *a.* Moribundo.

morion ['mɔ:rɪən] [mo-rion], *s.* 1. Morrión, antigua armadura de la cabeza. 2. Variedad de cuarzo humoso, casi negro.

morisco ['mɔ:rɪskəʊ] [mo-ris-kou], *s.* 1. Morisco. 2. Arábigo, la lengua de los moros. 3. Danza morisca. 4. Arabesco.

mormon ['mɔ:mən] [mor-mon], *s.* Mormón.

mormonism ['mɔ:mənɪzəm] [mor-mo-ni-sem], *s.* Mormonismo, las doctrinas y sistema de gobierno de los mormones.

morn [mɔ:n] [morn], **morning** ['mɔ:nɪŋ] [mor-nin], *s.* 1. Mañana, la parte del día desde que amanece hasta las doce del mediodía; la primera parte del día. 2. Cualquier parte temprana. **I wish you a good morning,** tenga Ud. buenos días. **Early in the morning,** temprano, muy de mañana. **Tomorrow morning,** mañana por la mañana. **Every morning,** todas las mañanas. **Morning-dress,** traje de mañana. **Morning-glory,** dondiego de día, planta enredadera. **Morning-gown,** bata. **Morning-star,** *(Astr.)* el lucero de la mañana. *-a.* Matutino, matinal.

Moroccan [mə'rɒkən] [mo-ro-kan], *s.* y *a.* Marroquí.

morocco [mə'rɒkəʊ] [mo-ro-kau], *s.* 1. Marroquí, tafilete. 2. *n. p.* Marruecos.

moron ['mɔ:rɒn] [mo-ron], *s.* Retrasado mental.

morose [mə'rəʊs] [mo-rous], *a.* Moroso; áspero de genio, bronco, cabezudo; fantástico; triste.

morosely [mə'rəʊslɪ] [mo-rous-li], *adv.* Broncamente; morosamente.

moroseness [mə'rəʊsnɪs] [mo-rous-nes], *s.* Morosidad; mal humor o aspereza de genio; capricho.

Morpheus ['mɔ:fɪəs] [mor-fios], *s.* *(Mitol.)* Morfeo, dios del sueño.

morphia, morphin, morphine ['mɔ:fɪə] [mor-fia] ['mɔ:fɪn] [mor-fin], *s.* Morfina, alcaloide vegetal, amargo, cristalizble, que se extrae del opio; es el principal de sus alcaloides y se emplea en medicina.

morpho-. Forma que se usa en la composición de palabras, y significa forma, figura.

morphological [ˌmɔ:fə'lɒdʒɪkəl] [mor-fo-lo-yi-kal], *a.* Morfológico, referente a la morfología.

morphology [mɔ:'fɒlədʒɪ] [mor-fo-lo-yi], *s.* 1. Morfología, la parte de la biología que trata de la forma y estructura de los animales y de las plantas. 2. La ciencia de las formas o estructura del lenguaje.

morphosis [mɔ:'fəʊsɪs] [mor-fou-sis], *s.* *(Biol.)* Morfosis, el orden o modo de formación de un órgano o de un organismo.

morris chair [ˌmɒrɪs'tʃɛəʳ] [mo-ris-cheaʳ], *s.* Potrona.

morris-dance [ˌmɒrɪs'dɑ:ns] [mo-ris-dans], *s.* Danza morisca, baile de los moros; moniganga.

morrow ['mɒrəʊ] [mo-rou], *s.* Mañana, el día que sigue al de hoy. **On the morrow,** en el día de mañana. **After tomorrow,** pasado mañana.

morse code ['mɔ:skəʊd] [mors-koud], *s.* Clave telgráfica de Morse.

morsel ['mɔ:sl] [mor-sel], *s.* Bocado, la porción de alimento que cabe de una vez en la boca.

mort ['mɔ:t] [mort], *s.* 1. Muerte. 2. El toque de la trompa de caza al morir la res en las cacerías.

mortal ['mɔ:tl] [mor-tal], *a.* 1. Mortal. 2. Mortal, que ocasiona o puede ocasionar la muerte, fatal. 3. Mortal, humano, lo que es propio de la especie humana. 4. Mortal, que no es venial. 5. *(Fam.)* Mortal, extremo, violento. 6. Prolijo, fastidioso. *-s.* Mortal, un ser sujeto a la muerte, particularmente un ser humano.

mortality [mɔ:'tælɪlɪ] [mor-ta-li-ti], *s.* 1. Mortalidad, capacidad de morir o padecer la muerte. 2. Muerte, la separación del alma del cuerpo. 3. Mortandad, proporción en que ocurren los fallecimientos con relación al número de habitantes. 4. Especie humana; naturaleza mortal.

mortally ['mɔ:təlɪ] [mor-ta-li], *adv.* 1. Mortalmente. 2. *(Vulg.)* Extremamente, sumamente.

mortar ['mɔ:təʳ] [mor-taʳ], *s.* 1. Mortero, almirez. 2. Mortero, máquina de artillería de gran calibre, para disparar bombas. 3. Argamasa, mezcla, mortero, la cal y arena amasadas para unir piedras o ladrillos.

mortarboard ['mɔ:təbɔ:d] [mor-ta-bord], *s.* 1. Esparavel de los albañiles. 2. Birrete o bonete académico.

mortar-piece ['mɔ:təpi:s] [mor-ta-pis], *s.* Mortero para disparar bombas.

mortgage ['mɔ:tgɪdʒ] [mor-guich], *s.* 1. Hipoteca, gravamen que se impone sobre bienes inmuebles u otra clase de propiedad, para responder del cumplimiento de una obligación o del pago de una deuda. 2. El acta o instrumento legal en que consta dicho gravamen. **Covered by a mortgage,** gravado con una hipoteca. **To pay off a mortgage,** redimir o levantar una hipoteca.

mortgage, *va.* Hipotecar, asegurar un pago dando en fianza o hipoteca alguna finca o bienes raíces.

mortgagee ['mɔ:tgɪdʒi:] [mor-gui-chi], *s.* Acreedor hipotecario, aquél a quien se le ha hipotecado un inmueble.

mortgager, mortgagor ['mɔ:tgədʒəʳ] [mor-ga-chaʳ], *s.* Deudor hipotecario, el que hipoteca una propiedad.

mortician [mɔ:'tɪʃən] [mor-ti-shan], *s.* Agente funerario, director de pompas fúnebres. *(Cuba)* Zacateca.

mortiferous ['mɔ:tɪfərəs] [mor-ti-fe-ros], *a.* Mortífero, mortal.

mortification [ˌmɔ:tɪfaɪ'keɪʃən] [mor-ti-fai-kei-shon], *s.* 1. Mortificación, gangrena, la muerte de una de las partes del cuerpo, continuando vivas las restantes. 2. Maceración, mortificación, el acto de castigar al cuerpo con aspereza y rigor; humillación. 3. Mortificación, aflicción.

mortify ['mɔ:tɪfaɪ] [mor-ti-fai], *va.* 1. Mortificar, humillar, herir el orgullo o amor propio; afligir, desazonar o causar pesadumbre o molestia. 2. Mortificar, macerar o castigar la carne; subyugar, domar las pasiones o los apetitos por la abstinencia o la elevación del espíritu. 3. Mortificar, destruir el tejido orgánico y las funciones vitales de una parte de un animal vivo. *-vn.* 1. Mortificarse una parte del cuerpo perdiendo su vitalidad; gangrenarse, corromperse. 2. Estar domado, subyugado.

mortise ['mɔ:taɪs] [mor-tais], *s.* Cotana o muesca. **Mortise-lock,** cerradura embutida.

mortise, *va.* Encajar un madero en la cotana o muesca que se ha hecho en otro.

mortmain ['mɔ:tmeɪn] [mort-mein], *s.* Manos muertas; dícese de los cuerpos eclesiásticos y obras pías cuyas posesiones no se pueden enajenar.

mortuary ['mɔ:tʊərɪ] [mor-tua-ri], *a.* Mortuario, que se refiere a la sepultura de los muertos. *-s.* 1. Manda o legado que hace alguno en compensación de los diezmos que ha dejado de pagar. 2. Depósito de cadáveres; lugar para recibirlos provisionalmente. 3. Cementerio.

mosaic [məʊ'zeɪɪk] [mou-seik], *a.* y *s.* Mosaico, obra taraceada de vidrio, esmalte o piedras de varios colores que parece pintura. *-a.* Mosaico, lo que pertenece a Moisés.

mosey ['məʊzɪ] [mou-si], *vi.* **To mosey about,** pasearse.

moslem ['mɒzlem] [mos-lem], *a.* Muslime, mahometano. *-s.* Musulmán, mahometano. Muslim.

mosque [mɒsk] [mosk], *s.* Mezquita, templo de los mahometanos.

mosquito [mɒs'ki:təʊ] [mos-ki-tou], *s.* Mosquito. **Mosquito net,** mosquitero.

moss [mɒs] [mos], *s.* *(Bot.)* 1. Musgo, musco, moho. 2. Especie de heno o acate que sirve para llenar colchones, cojines, etc. 3. Tremedal, terreno pantanoso que produce la turba. **A rolling stone gathers no moss,** *(prov.)* Piedra movediza nunca moho la cobija. **Iceland moss,** liquen de Islandia, musgo comestible. **Irish moss,** *V.* CARRAGEEN. **Moss-agate,** agata musgosa. **Moss-rose,** rosa musgosa. **Moss-trooper,** bandido, bandolero.

moss, *va.* Cubrir de musgo, moho.

moss-grown ['mɒsgraʊn] [mos-groun], *a.* Mohoso; cubierto de musgo.

mossiness ['mɒsɪnɪs] [mo-si-nes], *s.* El estado de lo que se halla cubierto de musgo o de moho.

mossy ['mɒsɪ] [mo-si], *a.* Mohoso; cubierto de musgo. **Mossy ground,** terreno cubierto de hierba menuda y fina.

most [məʊst] [moust], *a.* superl. Lo más, los más, la mayor parte de. **Most of the arts and sciences,** las más de las artes y ciencias. **Most of his money,** la mayor parte de su dinero, o casi todo su dinero. *-adv.* Sumamente, en sumo grado, muy. *-s.* 1. Los más, el mayor número. 2. Lo o el más, el mayor valor. **At most,** a lo más.

mostly ['məʊstlɪ] [moust-li], *adv.* Por la mayor parte, por lo común, ordinariamente.

mote [məʊt] [mout], *s.* 1. Mota, átomo; punto. 2. Se usa en composición con la significación de junta, asamblea o tribunal.; v. g. **folkmote.**

motel [məʊ'tel] [mou-tel], *s.* Motel.

motet [məʊ'tet] [mou-tet], *s.* *(Mús.)* Motete.

moth [mɒθ] [moz], *s.* 1. Mariposa nocturna. **Hawk-moth,** esfinge. **Silkworm-moth,** bombix, mariposa del gusano de seda. 2. Polilla, insecto que se cría en la ropa y la destruye. **Moth-miller,** noctuela blanquecina, polilla.

moth ball ['mɒθbɔ:l] [moz-bol], *s.* Bola de naftalina contra la polilla.

moth-eaten ['mɒθˌi:tn] [moz-iten], *a.* Apolillado.

mother ['mʌðə[r]] [ma-da[r]], *sf.* 1. Madre; también animal hembra que ha parido. **Mother-in-law,** suegra. **Grand-mother,** abuela. **Step-mother,** madrastra. 2. Causa, origen, lo que produce algo; también, la persona que cuida de las más jóvenes y débiles. 3. Religiosa, abadesa. 4. Madre, tía, mujer vieja; término de aprecio. 5. Instinto, sensibilidad de la madre. 6. Madre, la materia más crasa del mosto u otro licor que queda en el fondo de las vasijas. *- a.* 1. Natural, nativo, natal, materno; vernáculo. **Mother board,** placa madre *(Inform.).* **Mother-tongue,** lengua madre o vernácula. 2. Materno, nacional, metropolitano. **Mother church,** iglesia metropolitana.

mother, *va.* Servir de madre a. *-vn.* Criar madre, como el vino u otro licor.

mother-country ['mʌðə'kʌntrɪ] [ma-dar-ken-tri], *s.* Patria, el país en que uno ha nacido.

motherhood ['mʌðəhʊd] [ma-dar-jud], *s.* Maternidad; estado o calidad de madre.

motherless ['mʌðəlɪs] [ma-da-les], *a.* Sin madre, **Motherless child,** huérfano o huérfana de madre.

motherliness ['mʌðəlɪnɪs] [ma-da-li-nes], *s.* Maternidad, la calidad de madre.

motherly ['mʌðəlɪ] [ma-da-li], *a.* Maternal, materno. *-adv.* Maternalmente.

mother-of-pearl ['mʌðərəv'pɜ:l] [ma-dar-ov-perl], *s.* Madreperla, la cubierta interior de la concha en que se engendra la perla. **Mother of thyme,** *(Bot.)* Sérpol.

mother-to-be ['mʌðətə'bi:] [ma-da-tu-bi], *s. f.* Futura madre.

motif [məʊ'ti:f] [mou-tif], *s.* Motivo, asunto, tema.

motile [məʊ'tɪl] [mou-til], *a.* Movible, que puede moverse espontáneamente.

motion ['məʊʃən] [mou-shon], *s.* 1. Movimiento. 2. Movimiento, moción, vitalidad. 3. Aire, ademán, modo de andar o moverse. 4. Movimiento, el que hace un ejército o un cuerpo de tropas mudando de posición. 5. Movimiento, ímpetu, agitación o impulso del ánimo. 6. Movimiento, impulso o dirección dada a una cosa para que mude de situación o de estado. 7. Proposición o propuesta que se hace para que se decida o resuelva alguna cosa. 8. Ocurrencia, especie que se presenta de repente a la imaginación. 9. Evacuación del vientre. **To put in motion,** agitar, mover, poner en movimiento. **To make a motion,** proponer, hacer una proposición en alguna junta o congreso para que se acuerde sobre ella, o bien hacer una propuesta a alguno. **Dumb motions,** señas. **Reciprocating motion,** movimiento recíproco, alternativo o de vaivén. **To do a thing of one's own motion,** hacer alguna cosa por inspiración o impulso propio.

motion, *va.* 1. Proponer, presentar una moción, hacer una proposición o propuesta. 2. *(Raro)* Aconsejar, proponer planes o medios para conseguir un fin. *-vn.* Hacer una señal, hacer señas signficativas para dirigir o para indicar algo.

motionless ['məʊʃənlɪs] [mou-shon-les], *a.* Inmóvil, inmoble, inmovible.

motion picture ['məʊʃənˌpɪktʃə[r]] [mou-shon-pik-cha[r]], *s.* Película, cinematográfica. *-s. pl.* Cine, cinematógrafo. **Motion picture camera,** tomavistas.

motivate ['məʊtɪveɪt] [mou-ti-veit], *va.* Motivar.

motive ['məʊtɪv] [mou-tiv], *a.* Motor, motriz, que mueve o tiene eficacia o virtud para mover. *-s.* 1. Motivo, causa o razón que mueve a hacer alguna cosa; aguijón, estímulo. 2. Idea, concepción predominante; sujeto, tema, designio; motivo músico.

motivity ['məʊtɪvɪtɪ] [mou-ti-vi-ti], *s.* Potencia motriz.

motley ['mɒtlɪ] [mot-li], *a.* 1. Abigarrado, gayado, pintado de colores varios y extraños, pintorreado, pintarrajado. 2. Mezclado, variado, diverso; que consta de elementos heterogéneos o incongruentes.

motor ['məʊtə[r]] [mou-ta[r]], *s.* Motor, movedor, móvil, lo que mueve o que imprime movimiento; particularmente una máquina motriz. **Electric motor,** motor eléctrico; aparato que convierte la fuerza eléctrica en fuerza mecánica; lo contrario del dínamo. *-a.* Motor, móvil, que da o imprime movimiento. **Motor nerve,** nervio motor.

motorbike ['məʊtəbaɪk] [mou-to-baik], *s.* Ciclomotor.

motor boat ['məʊtəbəʊt] [mou-to-bout], **Motor launch,** gasolinera, lancha de motor.

motorbus ['məʊtəbʌs] [mou-to-bas], *s.* Autobús.

motorcade ['məʊtəkeɪd] [mou-to-keid], *s.* Automóvil.

motorcoach ['məʊtəkəʊtʃ] [mou-to-kouch], *s. m.* Autocar, camión *(Mex.).* Micro *(Argent.).*

motorcycle ['məʊtəsaɪkl] [mou-to-sai-kel], *s.* Motocicleta.

motorcyclist ['məʊtəˌsaɪklɪst] [mou-to-sai-klist], *s.* Motociclista.

motoring ['məʊtərɪŋ] [mou-to-rin], *s. f.* **School of motoring,** autoescuela.

motorist ['məʊtərɪst] [mou-to-rist], *s.* Automovilista.

motorization [ˌməʊtəraɪ'zeɪʃən] [mou-to-rai-sei-shon], *s.* Motorización.

motorize ['məʊtəraɪz] [mou-to-rais], *va.* Motorizar.

motorman ['məʊtəmən] [mou-to-man], *s.* Motorista (ship).

motor ship ['məʊtəʃɪp] [mou-to-ship], *s.* Motonave.

motor truck ['məʊtətrʌk] [mou-to-trak], *s.* Autocamión, camión.

mottle ['mɒtl] [mo-tel], *va.* Marcar con manchas diferentes colores, o con diversos matices; variegar, abigarrar.

mottled ['mɒtld] [mo-teld], *a.* Moteado, jaspeado.

motto ['mɒtəʊ] [mo-tou], *s.* Mote, sentencia notable que se pone en alguna inscripción; lema, divisa.

mould, mold [məʊld] [mauld], *s.* 1. Moho, el vello que se cría en el pan y otras cosas por estar mucho tiempo en lugares húmedos. 2. Tierra vegetal, suelo, el terreno en que nace alguna cosa. 3. Molde, matriz *(Mex.)* En los trapiches o ingenios de azúcar, formas. 4. La materia de que está hecha alguna cosa.

mould, mold, *va.* 1. Enmohecer, cubrir con moho alguna cosa. 2. Cubrir con tierra. 3. Moldar, amoldar, moldear. 4. Amasar, formar masa de alguna cosa. 5. *(Mar.)* Galivar. *-vn.* Enmohecerse, llenarse de moho o criar moho. *(Obs.)* En Inglaterra se escribe comúnmente con u y sin ella en los Estados Unidos. Lo mismo sucede con sus derivados.

moulder, molder ['məʊldəʳ] [maul-daʳ], *vn.* Convertirse en polvo, reducirse a polvo; consumirse, irse disminuyendo o consumiendo. *-va.* Convertir en polvo, consumir, destruir.

mouldiness ['məʊldɪnɪs] [maul-di-nes], *s.* Moho, el estado de lo que se halla mohoso.

moulding, molding ['məʊldɪŋ] [maul-din], *s.* Moldura. *-pa.* Lo que forma o modela; lo que causa moho o enmohece.

mouldy, moldy ['məʊldɪ] [maul-di] *a.* Mohoso.

moult, molt ['məʊlt] [mault], *vn.* Mudar la pluma como las aves; mudar o echar el integumento exterior, como la piel, las plumas o los cuernos.

moulting, molting ['məʊltɪŋ] [maul-tin], *s.* Muda, el acto de mudar el integumento exterior o sus pertenencias.

mound [maʊnd] [maund], *s.* 1. Montón de tierra, artificial o natural; terraplén, baluarte. 2. *(Her.)* Mundo, esfera que, como el cetro, forma parte de los atributos de un monarca.

mound, *va.* Atrincherar, fortalecer.

mount [maʊnt] [maunt], *s.* 1. Monte, montaña, cuesta. 2. Baluarte, terraplén de una fortificación.

mount, *s.* 1. Montadura, objeto que sirve para preparar una cosa o para exhibirla; v. g. e. cartón sobre que está colocado un dibujo. 2. Caballería. 3. Apeadero. 4. Monta, toque de clarín para montar a caballo.

mount, *vn.* 1. Subir, subirse o ascender. 2. Subir, elevarse a una altura considerable. 3. Subir o montar a caballo. 4. Subir, montar, importar, ascender a, hablando de una cuenta, una renta, etc. *-va.* 1. Subir, levantar, hacer una cosa más alta de lo que era, como cuando se habla de una pared, torre, etc.; o aumentar su fuerza, como cuando se habla de la voz. 2. Subir, llevar las cosas arriba. 3. Subir una escalera, una cuesta, etc. 4. Proveer de caballos; poner a caballo. 5. Montar o engastar las piedras preciosas; preparar una cosa para usarla, hacerla servir de adorno, mostrarla, examinarla o conservarla. 6. Alzar, elevar; exaltar. 7. Llevar, portar, ir equipado con. **This ship mounts sixteen guns,** este navío porta diez y seis cañones. **To mount a fan,** montar un abanico. **To mount guard,** *(Mil.)* Montar la guardia. **To mount a cannon,** *(Art.)* Montar un cañón.

mountable ['maʊntəbl] [maun-ta-bol], *a.* Que se puede montar o subir.

mountain ['maʊntɪn] [maun-ten], *s.* 1. Monte, sierra, montaña. 2. Montón, masa enorme. **Mountain chain,** sierra, cadena de montañas. **Mountain road,** camino por país montañoso. *-a.* Montés.

mountain-ash ['maʊntɪnˌæʃ] [maun-tin-ash], *s.* *(Bot.)* Mostajo, serbal de cazadores.

mountaineer ['maʊntɪ'nɪəʳ] [maun-ti-niaʳ], *s.* 1. Montañés, el que vive en las montañas. 2. Salteador de caminos, bandido. 3. Salvaje, el que es montaraz, o tiene genio y propiedades agrestes y groseras.

mountainous ['maʊntɪnəs] [maun-ti-nos], *a.* 1. Montañoso, país o tierra de montañas. 2. Montuoso, grande, abultado como una montaña. 3. Montaraz, el habitante de las montañas.

mountebank ['maʊntɪbæŋk] [maun-ti-bank], *s.* 1. Charlatán, el que vende supuestos medicamentos infalibles. 2. De aquí, saltimbanco, juglar, truhán.

mounting ['maʊntɪŋ] [maun-tin], *s.* 1. Subida; lo que sirve para subir alguna parte. 2. Montura, engaste, los ornamentos que hermosean y adornan una obra. *V.* MOUNT. 3. El acto o el arte de preparar una cosa para usarla o exhibirla.

mourn [mɔːn] [morn], *vn.* 1. Lamentarse, quejarse, apesadumbrarse, afligirse; plañir; hacer duelo y sentimiento. 2. Vestirse de luto o llevar luto. *-va.* Deplorar, lamentar, llorar. **To mourn for one,** llorar a alguno; llevar luto por alguien.

mourner ['mɔːnəʳ] [mor-naʳ], *s.* 1. Lamentador, el que lamenta. 2. Llorón. 3. El que hace el duelo en algún entierro, vestido de luto; plañidera. **Chief mourner,** dolorido, el que recibe los pésames y guía el duelo en un entierro. *(Amer.)* Doliente. *-a.* Lo que se usa en los entierros o lo que sirve para expresar duelo o tristeza.

mournful ['mɔːnfʊl] [morn-ful], *a.* 1. Triste, melancólico. 2. Funesto, deplorable. 3. Apesadumbrado; lúgubre, triste.

mournfully ['mɔːnfəlɪ] [morn-fu-li], *adv.* Tristemente, melancólicamente.

mournfulness ['mɔːnfʊlnɪs] [morn-ful-nes], *s.* 1. Pesar. 2. Tristeza, melancolía, aflicción, desconsuelo, duelo, sentimiento.

mourning ['mɔːnɪŋ] [mor-nin], *a.* Lamentoso, deplorable. *-s.* 1. Lamento, llanto, gemido, aflicción, tristeza. 2. Duelo; plañido. 3. Luto, el vestido que usan en señal de dolor los parientes o amigos de un difunto. **In mourning,** de luto. **Half mourning,** medio luto. **Mourning-bride, mourning-window,** escabiosa, planta herbácea y su flor. Scabiosa. **Mourning-dove,** paloma de la Carolina.

mouse [maʊs] [maus], *s.* 1. Ratón. 2. *(Mar.)* Barrilete.

mouse, *vn.* Cazar o coger ratones. *-va.* 1. Cazar a hurtadillas y con paciencia, como el gato al ratón. 2. Desgarrar, hacer trizas, como un gato. 3. *(Mar.)* Amarrar, abarbetar, hacer barriletes. **To mouse a hook,** amarrar un gancho.

mouse-ear ['maʊsˌɪəʳ] [maus-iaʳ], *s.* *(Bot.)* Velosilla, pelosilla oficinal; miosotis.

mouse-hole ['maʊshəʊl] [maus-joul], *s.* Agujero pequeño.

mouse-hunt ['maʊshʌnt] [maus-jant], *s.* Caza de ratones.

mouser ['maʊsəʳ] [mau-saʳ], *s.* Cazador de ratones.

mouse-tail ['maʊsteɪl] [maus-teil], *s.* *(Bot.)* Miosuro, cola de ratón, nombre genérico de plantas.

mouse-trap ['maʊstræp] [maus-trap], *s.* Ratonera.

mous(e)y ['maʊsɪ] [mau-si], *a.* Pardusco (color). Tímido (person).

mousseline ['maʊsəliːn] [mau-se-lin], *s.* 1. Muselina fina francesa. 2. Vidrio de muselina, un vidrio muy delgado que imita los dibujos del encaje.

moustache, *s. V.* MUSTACHE.

mouth [maʊθ] [mauz], *s.* 1. Boca. 2. Boca, entrada; abertura, agujero. 3. Orificio, abertura de un vaso. 4. Embarcadero, embocadura o desembocadura de un río. 5. Boca, lengua, tomadas como instrumentos de la voz. 6. Gesto o mueca que se hace con la boca. **Down in the mouth,** cabizbajo, melancólico. **To make one's mouth water,** hacer la boca agua. **To stop the mouth,** cerar la boca; *(Fig.)* imponer silencio, quitar el habla. **To keep one's mouth shut,** permanecer callado, no decir ni pío *(Fam.).* **To be born with a silver spoon in one's mouth,** nacer de pies, nacer rico. **Shut your mouth!** ¡Cállate de una vez!

mouth, *vn.* Vocifera, hablar a gritos. *-va.* 1. Pronunciar de una manera extravagante; vocear, hablar alto. 2. Mascar, comer. 3. Agarrar con la boca o en la boca. 4. Insultar con palabras descomedidas.

mouthed [maʊðd] [mauzd], *a.* Lo que tiene boca. **Wide-mouthed,** bocudo o que tiene la boca grande. **Wry-mouthed,** el que tiene la boca torcida. **Foul-mouthed,** mal hablada, maldiciente. **Mealy-mouthed,** dulce, melifluo; tímido.

mouthful ['maʊθfʊl] [mauz-ful], *s.* 1. Bocado. 2. Miaja o migaja, parte o porción pequeña de alguna cosa.

mouthing ['maʊθɪŋ] [mau-zin], *a.* El que está vociferando, hablando alto o haciendo ademanes.

mouthless ['maʊθlɪs] [mauz-les], *a.* Desbocado, sin boca.
mouth organ ['maʊθ,ɔ:gən] [mauz-or-gan], *s.* Armónica.
mouthpiece ['maʊθpi:s] [mauz-pis], *s.* 1. Boquilla, embocadura de un instrumento de música; boquilla de cualquier herramienta o instrumento. 2. Portavoz.
mouthwash ['maʊθwɒʃ] [mauz-uosh], *s.* Lavado bucal.
mouthwatering ['maʊθ'wɔ:tərɪŋ] [mauz-uo-ta-rin], *a.* Exquisito, apetitoso, que hace la boca agua.
movable, moveable ['mu:vəbl] [mu-va-bol], *a.* Movible, movedizo, que puede moverse; que puede cambiar de un tiempo a otro.
movables ['mu:vəblz] [mu-va-bols], *s. pl.* Muebles, los bienes que se pueden mover y llevar de una parte a otra, a distinción de los bienes raíces.
move [mu:v] [muv], *s.* 1. Movimiento, acción de mover (movement). 2. Paso, acto en la prosecución de un plan o en la ejecución de algo (action). 3. En varios juegos, suerte, jugada, mano, el derecho de cambiar el lugar de una pieza (game). **To miss a move,** errar una jugada, una suerte. **Masterly move,** jugada maestra. **It is your move,** te toca jugar. **A wise move,** una acción, un paso acertado. **To make a move,** ponerse en marcha. **To get a move on,** darse prisa.
move, *va.* 1. Mover. 2. Mover o menear una parte del cuerpo; hacer mudar de postura. 3. Mover, impeler, dar o causar movimiento o impulso. 4. Proponer, hacer una proposición o propuesta; recomendar o pedir a uno que se encargue del cuidado de algún asunto. 5. Mover, excitar, incitar o disponr el ánimo para alguna cosa; persuadir, inclinar. 6. Mover a piedad, a lágrimas, etc., conmover, causar u ocasionar una pasión de ánimo. 7. Hacer mover el vientre. *-vn.* 1. Moverse, menearse, mudar de lugar, de postura. 2. Andar, ponerse en movimiento, en camino. 3. Marchar un ejército o cuerpo militar. 4. Entrar en acción, empezar a obrar. 5. Mudar de residencia, marchar, partir. 6. Avanzar, progresar de cierto modo. 7. Exonerarse el vientre.
move about/around, cambiar de sitio o posición, trasladarse.
move along, adelantar, circular, avanzar.
move away, alejarse; irse, marcharse; mudar de casa.
move back, regresar.
move forward, adelantarse, avanzar. **To move the clock forward,** adelantar el reloj.
move in, entrar; entrar a habitar una casa, instalarse.
move off, decampar; poner pies en polvorosa, tomar las de Villadiego, tomar viento.
move out, retirar, sacar, mudarse.
move round, 1. Dar vueltas a. 2. Recorrer.
move up, 1. Anticipar (una fecha). 2. Ascender, adelantar.
To move to laughter, hacer reír, causar o excitar la risa. **To move to anger,** enojar, irritar, conmover, provocar.
moveless ['mu:vlɪs] [muv-les], *a.* Inmóvil.
movement ['mu:vmənt] [muv-ment], *s.* 1. Movimiento, moción; meneo; marcha. 2. Serie de actos o incidentes que tienden a algún fin. **The temperance movement,** la propaganda o cruzada en favor de la templanza. 3. En literatura, acción, incidente. 4. Movimiento, conjunto de las piezas que hacen andar un reloj u otra acción mecánica. 5. *(Mús.)* Movimiento, el compás o tiempo en que mejor efecto produce una composición musical; como *allegretto*, etc. 6. Cámara, evacuación del vientre, cagada.
mover ['mu:vəʳ] [mu-vaʳ], *s.* Motor, movedor, móvil; el autor de una proposición o propuesta. **Prime mover,** principio motor, motor primordial; fuerza motriz; agencia de la naturaleza.
movie ['mu:vi:] [mu-vi], *s. (Fam.)* Película cinematográfica. **Movie star,** estrella de cine.
movies ['mu:vi:z] [mu-vis], *s. pl. (Fam.)* Cine, cinematógrafo.
moving ['mu:vɪŋ] [mu-vin], *s.* 1. Movimiento. 2. Motivo, impulso. *-a.* Patético, tierno, persuasivo, sensible, afectuoso, lastimero.
movingly ['mu:vɪŋlɪ] [mu-vin-li], *adv.* Patéticamente.
movingness ['mu:vɪŋnɪs] [mu-vin-nes], *s.* El poder de excitar los afectos del ánimo; ternura, persuasión, unción.
moving picture ['mu:vɪŋ,pɪktʃəʳ] [mu-vin-pik-chaʳ], *s.* Película cinematográfica. *-pl.* Cipe, cinematógrafo.
moving theater ['mu:vɪŋ,θɪətəʳ] [mu-vin-zia-taʳ], *s.* Cine.
mow [məʊ] [mou], *s.* Granero, hórreo, troj, cámara; henil, el sitio donde se guarda el heno. *-va.* Entrojar, encerar el heno, etc., en las trojes, paneras o graneros.
mow, *va. (pp.* MOWED y MOWN). 1. Guadañar. 2. Segar, cortar con prisa y violencia, o sin distinción.
mow, *vn.* Hacer muecas; burlarse de. *-s.* Mueca.
mowburn ['məʊbɜ:n] [mou-bern], *vn.* Calentarse o fermentar el grano o heno por no estar bien seco al tiempo de entrojarlo.
mower ['məʊəʳ] [mouaʳ], *s.* Dallador, guadañero, guadaña, máquina de cortar hierba.
mowing ['məʊɪŋ] [mouin], *s.* 1. Siega. 2. Gesto, mueca. 3. *(Des.)* Habilidad. **Mowing-machine,** máquina para cortar la hierba, guadañadora.
mown ['məʊn] [moun], *pp. irr.* de MOW. Guadañado, cortado.
moxa ['məʊksə] [mouk-sa], *s. (Med.)* 1. Moxa, cilindro de algodón que se quema encima de la piel. 2. *(Bot.)* Moxa, ajenjo de la India oriental que queman sobre la piel después de seco para curar varias enfermedades.
mpg *Abreviatura de* **miles per gallon.**
mph *Abreviatura de* **miles per hour.**
MRP *Abreviatura de* **Manufacturer's Recommended Price,** precio recomendado por el fabricante.
Mrs(.) ['mɪsɪz] [mi-sis], *s. Abreviatura de* **Mistress,** señora.
Ms(s) ['mɪsɪz] [mi-sis], *s. Abreviatura de* **Miss** o **Mrs.**
MS-DOS [,em'esdɒs] [em-es-dos] *s. Abreviatura de* **Microsoft Disk Operating System.**
Mt *(Geol). Abreviatura de* **Mount, Mountain.**
much [mʌtʃ] [mach], *a.* 1. Mucho, abundante, excesivo; largo de duración. *-adv.* 1. Mucho, excesivamente, en gran manera, con mucho. **As much,** tanto, tan, otro tanto. **As much as,** tanto como. **How much?,** ¿cuánto? **So much,** tanto. **So much the better,** tanto mejor. **So much the worse,** tanto peor. **Too much,** demasiado, excesivo. **Very much,** mucho, extremamente. **For as much as,** por cuanto. **As much more,** otro tanto más. 2. Casi, cuasi, poco más o menos. **It is much the same,** es o está casi lo mismo; poco más o menos lo mismo. 3. Muy. **He is much afflicted,** está muy afligido. 4. Muchas veces; por largo tiempo. *-s.* 1. Muchedumbre, copia, abundancia, multitud. 2. Cosa extraña o poco común. **To make much of,** festejar, tratar a uno con cariño y estimación, acariciarle, tenerle en mucho. **He is much of a gentleman,** es todo un caballero. **I am much of your opinion,** soy casi de la misma opinión que Ud. **We don't see much of each other,** nos vemos poco. **Much ado about nothing,** mucho jaleo para nada; mucho ruido y pocas nueces. **Much at one,** casi de igual valor o influencia. **Much about,** alrededor, por ahí. **Much of a muchness,** *(Fam.)* Casi lo mismo; poco más o menos lo mismo. **I couldn't make much of the film,** no pude seguir la película *(Fam.).* **I hardly know him much less his brother,** apenas lo conozco, y mucho menos a su hermano. **Much the biggest,** el más grande con mucho (by far). **We are much the same size,** tenemos más o menos la misma talla.
muchness ['mʌtʃnɪs] [mach-nes], *s.* Cantidad, y vulgarmente calidad.
muchwhat ['mʌtʃwɒt] [mach-uot], *adv.* Casi, poco más o menos.
mucid ['mju:sɪd] [miu-sid], *a.* Viscoso, mohoso, glutinoso; mucilaginoso.
mucidness ['mju:sɪdnɪs] [miu-sid-nes], *s. (Poco us.)* Viscosidad, mucosidad.
mucilage ['mju:lɪdʒ] [miu-si-lich], *s.* Mucílago.
mucilaginous [,mju:sɪ'lædʒɪnəs] [miu-si-li-yi-nos], *a.* Mucilaginoso, viscoso.
mucin ['mju:sɪn] [miu-sin], *s.* Mucina, sustancia mucilaginosa secretada por las membranas mucosas.

mucivorcus [ˌmju:'vɔ:kəs] [miu-si-vor-kos], *a.* Mucívoro, que se alimenta de mucosidades, de los jugos de plantas.
muck [mʌk] [mak], *s.* 1. Abono, el estiércol que se echa a las tierras para beneficiarlas. 2. Tierra vegetal, despojos vegetales corrompidos y mezclados con tierra. 3. Porquería, basura, cualquiera cosa baja, vil y asquerosa. 4. Dinero: en sentido despreciativo. **To run a muck,** atropellar por todo sin consideración. *V.* AMUCK. **Muck-fork,** horquilla para estiércol.
muck, *va.* Estercolar, echar estiércol en la tierra. **Muck about/ around,** fastidiar, hacer tonterías, incordiar. **Muck in,** arrimar el hombro, compartir *(Fam.).* **Muck out,** limpiar. **Muck up,** ensuciar, manchar.
muckender ['mʌkəndəʳ] [ma-kan-daʳ], *s.* Mocador, moquero, pañuelo para los mocos.
muckhill ['mʌkhɪl] [mak-jil], *s.* Estercolero.
muckiness ['mʌkɪnɪs] [ma-ki-nes], *s.* Suciedad, porquería, inmundicia.
mucking ['mʌkɪŋ] [ma-kin], *s.* El acto de abonar con estiércol.
muckle, *s. V.* MICKLE.
muckraking ['mʌkrækɪŋ] [mak-ra-kin], *s. m.* Periodismo amarillo.
muck-sweat ['mʌkswi:t] [mak-suit], *s. (Med.)* Sudor copioso.
muck-worm ['mʌkwɔ:m] [mak-uorm], *s.* 1. Gusano de estercolero o muladar. 2. Cicatero, ruin, miserable, mezcquino.
mucky ['mʌkɪ] [ma-ki], *a.* Puerco, sucio, asqueroso.
muccid ['mʌksɪd] [mak-sid], *a.* Mucoso, semejante a mucosidad.
mucor ['mʌkəʳ] [ma-kaʳ], *s.* 1. Moco, mucosidad de los animales. 2. Estado de lo que se halla enmohecido. 3. Nombre de un género de hongos.
mucous ['mʌkəs] [ma-kos], *a.* Mocoso, viscoso, glutinoso, pegajoso.
mucousness ['mʌkəsnɪs] [ma-kos-nes], *s.* Mucosidad, viscosidad.
mucro ['mʌkrə] [ma-kro], *s.* Punta.
mucronate, mucronated ['mʌkrəneɪt] [ma-kro-neit], *a.* Puntiagudo, mucronato.
mucus ['mju:kəs] [miu-kos], *s.* 1. Mucosidad, sustancia parecida al mucílago vegetal, secretador por las membranas mucosas; mocos de las narices. 2. Mucosidad.
mud [mʌd] [mad], *s.* 1. Fango, limo, légamo del mar, de un estanque, de un charco, etc. 2. Cieno, lodo. 3. Barro, la masa que resulta de la unión de la tierra con el agua. **To stick in the mud,** atolarse, enfangarse; estar en un cenagal. **Mud bank,** banco de arena. **Mud-dauber,** pelopeo, matador de arañas, avispa que construye para sus larvas celdas de barro a las cuales lleva arañas u orugas para alimento de las larvas. **Mud-lighter,** gánguil, lancha de draga. **Mud-bath,** baño de cieno en ciertos manantiales medicinales, en que se sumergen los neumáticos hasta el cuello. **Mud-sucker,** somormujo, ave acuática. **Mud-volcano,** cono volcánico que arroja cieno. *(Mex.)* Hornito.
mud, *va.* 1. Encenagar, meter o meterse en cieno. 2. Enturbiar, ensuciar. **To throw mud at somebody,** poner a alguien por los suelos, enturbiar el nombre de alguien.
muddily ['mʌdɪlɪ] [ma-di-li], *adv.* Turbiamente.
muddiness ['mʌdɪnɪs] [ma-di-nes], *s.* 1. Turbiedad, suciedad. 2. Confusión de ideas.
muddle ['mʌdl] [ma-del], *va.* 1. Enturbiar. 2. Embriagar, atontar, entontecer, embotar. *-vn.* Estar algo atontado; estar confuso.
muddleheaded ['mʌdkhedɪd] [ma-del-je-did], *a.* Confuso, despistado (person).
muddy ['mʌdɪ] [ma-di], *a.* 1. Cenagoso, lodoso, sucio, enturbidado, turbio. 2. Grosero, compuesto de tierra o barro, impuro. 3. Tonto, estúpido, confuso.
muddy, *va.* 1. Enturbiar, ensuciar. 2. Entontecer, obscurecer, turbar.
muddy-headed ['mʌdɪhedɪd] [ma-di-je-did], *a.* Turbio o torpe de entendimiento.
mudguard ['mʌdgɑ:d] [mad-gard], *s.* Guardafango, guardabarros.
mudpack ['mʌdpæk] [mad-pak], *s. f.* Mascarilla de barro.
mud-scow ['mʌdskəʊ] [mad-skou], *s.* Pontón con que se limpia el río.
mudsill ['mʌdsɪl] [mad-sil], *s.* 1. Madero de construcción puesto inmediatamente sobre el suelo. 2. *(E. U.)* Persona de baja condición social.
mud-wall ['mʌdwɔ:l] [mad-wol], *s.* Tapia, pared formada de tierra sola.
mud-walled ['mʌdwɔ:ld] [mad-uold], *a.* Tapiado, hecho de tapias.
mudwort ['mʌdwɔ:t] [mad-uort], *s. (Bot.)* Limosela, nombre genérico de plantas. **Common mudwort,** limosela acuática.
muesli ['mju:zlɪ] [mius-li], *s. m.* Muesli.
muff [mʌf] [maf], *s.* Manguito; estufilla.
muff, Acción poco diestra; en el juego de la pelota, falta, dejar escapar o caer la pelota en vez de cogerla. *-va.* Hacer algo poco diestramente; dejar escapar la pelota en vez de cogerla. **To muff a chance,** desperdiciar una oportunidad.
muffin ['mʌfɪn] [ma-fin], *s.* Mollete, bodigo, panecillo.
muffle ['mʌfl] [ma-fel], *s.* 1. *(Quím.)* Mufla, cubierta de barro que se pone encima de los hornillos, copelas, etc. 2. Horno de esmaltar, horno de arcilla para cocer la alfarería; también horno de copela.
muffle, *va.* 1. Embozar, encubrir el rostro y defenderlo del frío. 2. Vendar a uno los ojos. 3. Envolver, encubrir, ocultar, tapar, para disminuir el sonido. **To muffle a drum,** enfundar, enclutar un tambor. **Muffled oars,** remos cubiertos de tela o trapos para apagar su ruido. *-vn.* Hablar confusamente.
muffler ['mʌfləʳ] [ma-flaʳ], *s.* 1. Bufanda. 2. Sordina. 3. Silenciador (car).
mufti ['mʌftɪ] [maf-ti], *s.* Mufti, el sumo sacerdote de los mahometanos.
mug [mʌg] [mag], *s.* 1. Cubilete, vasito sin pie y con asa para beber; pichel. 2. (Bajo) La cara o la boca; mueca. **Mug up,** empollar. **Mug's game,** cosa de bobos.
mugger ['mʌgəʳ] [ma-gaʳ], *s.* Atracador, asaltante.
mugging ['mʌgɪŋ] [ma-guin], *s. m.* Asalto callejero, atraco.
muggy ['mʌgɪ] [ma-gui], **mugish** ['mʌgɪʃ] [ma-guish], *a.* Húmedo, caluroso y sofocante (del tiempo); húmedo y mohoso (v.g. el heno).
mug-house ['mʌghaʊs] [mag-jaus], *s. (Vulg.)* Cervecería, el sitio o casa donde se vende cerveza.
mugweed ['mʌgwi:d] [mag-uid], *s. (Bot.)* Cuajaleche cruzado, una planta británica.
mugwort ['mʌgwɔ:t] [mag-uort], *s. (Bot.)* Artemisa o artemisa vulgar.
mugwump ['mʌgwʌmp] [mag-vamp], *s. (Política de los E. U.)* Elector que de ordinario vota con un partido, pero que se reserva el derecho de votar con entera independencia, llegado el caso.
mulatto [mju:'lætəʊ] [miu-la-tou], *s.* Mulato, la persona que ha nacido de negra y blanco o al contrario.
mulberry ['mʌlberɪ] [mal-be-ri], *s.* Mora, el fruto de la morera. **Mulberry-tree,** morera o moral, el árbol que produce las moras.
mulch [mʌltʃ] [malch], *va.* Cubrir (las plantas, hierbas, etc.) con paja y estiércol. *-s.* El estiércol y la paja, que se echa alrededor de los tallos de las plantas para abrigar sus raíces.
mulct [mʌlkt] [malkt], *s.* Multa, pena pecuniaria.
mulct, *va.* Multar, cargar e imponer alguna pena pecuniaria.
mulctuary ['mʌlktjʊərɪ] [malk-tiua-ri], *a.* Lo que pertenece a multa.
mule [mju:l] [miul], *s.* 1. Mulo, macho, mula, animal engendrado de caballo y burra o de burro y yegua. **She mule,** mula. 2. Una planta cualquiera proveniente de una semilla fecundada por el polen de otra especie, cualquier híbrido. 3. Telar que tira del hilo, lo pone tenso y lo tuerce en una sola operación. **Mule-jenny,** telar para tejer algodón. *V.* 3ª acep. **Mule-twist,** algodón tejido con el telar llamado

«mule-jenny». **To be as stubborn as a mule,** ser terco como una mula.

muleteer [ˌmjuːlɪ'tɪəʳ] [miu-li-tiaʳ], **Mule-driver** ['mjuːldraɪvəʳ] [miul-drai-vaʳ], *s.* Mulero, muletero o mulatero; mozo de mulas.

muliebrity ['mjuːlɪbrɪtɪ] [miu-li-bri-ti], *s.* Las costumbres, carácter y demás cualidades propias de las mujeres.

mulier ['mjuːlɪəʳ] [miu-liaʳ], *s.* 1. *(Der. civil.)* Mujer casada. 2. *(For.)* El hijo que ha nacido después que sus padres contrajeron matrimonio, a distinción del que ha nacido anteriormente, de los mismos padres.

mulish ['mjuːlɪʃ] [miu-lish], *a.* Obstinado o terco como una mula.

mull [mʌl] [mal], *s.* 1. *(Ingl.)* Estado confuso, enredo, desorden. 2. Muselina, clara, tela delgada y suave de algodón.

mull, *s.* 1. *(Esco.)* Cabo, promontorio. 2. Tabaquera de cuerno.

mull, *va.* Calentar cualquier licor sazonándolo al mismo tiempo con sustancias aromáticas. *-vn.* 1. Afanarse mucho y efectuar poco.

mull, *va.* 1. Moler, desmenuzar, reducir a polvo. 2. Confundir, aturrullar.

muller ['mʌləʳ] [ma-laʳ], *s.* 1. Moleta (de los pintores). 2. Una piedra que usan varios artífices para moler con la mano y reducir a polvo alguna cosa sobre otra piedra horizontal.

mullet ['mʌlɪt] [ma-lit], *s.* 1. *(Ict.)* Múgil, mújol. 2. Barbo de mar. 3. *(Her.)* Estrellita de espuela, espolín.

mulligrubs ['mʌlɪgrʌbz] [ma-li-grabs], *s.* 1. *(Vulg.)* Retortijón de tripas; mal humor. 2. Pasión ilíaca; cólico.

mullion ['mʌlɪən] [ma-lion], *s.* *(Arq.)* Columna o pie derecho que divide el bastidor de una ventana.

mullion, *va.* Dividir (una ventana) por medio de una columna o pie derecho.

mulse ['mʌlz] [mals], *s.* Clarea, bebida que se hace de vino cocido con miel o azúcar.

multangular [mʌl'tæŋgjʊləʳ] [mal-tan-guiu-laʳ], *a.* Polígono, lo que consta de muchos lados o muchos ángulos.

multangularly [mʌl'tæŋgjʊləlɪ] [mal-tan-guiu-la-li], *adv.* En figura de polígono.

multangularness [mʌl'tæŋgjʊlənɪs] [mal-tan-guiu-la-nes], *s.* La propiedad de tener un cuerpo muchos lados o muchos ángulos.

multicapsular [ˌmʌltɪ'kæpsjʊləʳ] [mal-ti-kap-siu-laʳ], *a.* Repartido en muchas cápsulas o celdillas.

multicultural [ˌmʌltɪ'kʌtʃərəl] [mal-ti-kal-cha-ral], *a.* Multicultural.

multidentate [ˌmʌltɪ'denteɪt] [mal-ti-den-teit], *a.* Multidentado, provisto de muchos dientes.

multifarious [ˌmʌltɪ'fɛərɪəs] [mal-ti-fea-rios], *a.* 1. Multifario, vario, diverso, multiplicado, diferente. 2. (Bot. y Zool.) Dispuesto en varias filas o líneas verticales.

multifariousness [ˌmʌltɪ'fɛərɪəsnɪs] [mal-ti-fea-rios-nes], *s.* Diversidad; variedad, desemejanza, diferencia.

multifid, multifidious ['mʌltɪfɪd] [mal-ti-fid], *a.* Dividido en muchas partes, abierto o hendido en muchos lóbulos o porciones.

multiflorous [ˌmʌltɪ'flərəs] [mal-ti-flo-rous], *a.* Multífloro, de muchas flores.

multiform [ˌmʌltɪ'færɪəs] [mal-ti-fa-rios], *a.* Multiforme.

multiformity [ˌmʌltɪ'fɔːmɪtɪ] [mal-ti-for-mi-ti], *s.* Multiformidad, diversidad en las figuras, formas, cualidades o propiedades de una cosa.

multifunctional [ˌmʌltɪ'fʌŋ*k*ʃnəl] [mal-ti-fank-sho-nal], *a.* Multifuncional.

multigenerous [ˌmʌltɪ'dʒɪnərəs] [mal-ti-yi-ne-ros], *a.* Lo que es de muchos géneros.

multigraph ['mʌltɪgræf] [mal-ti-graf], *s.* Multígrafo.

multigym ['mʌltɪdʒɪm] [mal-ti-yim], *s. m.* Gimnasio múltiple.

multilateral [ˌmʌltɪ'lætərəl] [mal-ti-la-ti-ral], *a.* *(Geom.)* Multilátero, que consta de más de cuatro lados.

multilineal [ˌmʌltɪ'lɪnɪəl] [mal-ti-li-nial], *a.* Que tiene muchas líneas.

multilocular [ˌmʌltɪ'ləkjuːləʳ] [mal-ti-lo-kiu-laʳ], *a.* Multilocular, de muchas celdillas.

multimillionaire [ˌmʌltɪmɪljə'nɛəʳ] [mal-ti-mi-lio-neaʳ], *s.* Multimillonario.

multinodous [ˌmʌltɪ'nɒdəs] [mal-ti-no-dos], *a.* Nudoso, que tiene muchos nudos.

multinomial [ˌmʌltɪ'nəʊmɪəl] [mal-ti-nou-mial], *a.* 1. Lo que tiene muchos nombres. 2. Multinomio: dícese en álgebra de la cantidad que tiene muchos términos.

multiparous [ˌmʌltɪ'pærəs] [mal-ti-pa-ros], *a.* Multípara, la hembra que pare muchos hijos a la vez.

multipartite [ˌmʌltɪ'pɑːtɪt] [mal-ti-par-tit], *a.* Que consta de muchas partes.

multiped ['mʌltɪpɪd] [mal-ti-pid], *a.* Multípedo, que tiene muchas patas. *-s.* Ciempiés, escolopendra, animalillo articulado que tiene numerosas patas.

multiple ['mʌltɪpl] [mal-ti-pel], *a.* Múltiple, que contiene más de uno; repetido más de una vez. *-s.* Multíplice o múltiplo. **Multiple choice question,** pregunta de varias posibles respuestas (test). **Multiple sclerosis**, *(Med.)* Esclerosis múltiple.

multiplex ['mʌltɪˌpleks] [mal-ti-pleks], *a.* 1. Multíplice, que consta de muchas partes. 2. *V.* MULTIPLICATE, 2ª acep.

multipiable ['mʌltɪplaɪəbl] [mal-ti-plai-ei-bol], **Multiplicable** ['mʌltɪplɪkeɪbl] [mal-ti-pli-kei-bol], *a.* Multiplicable.

multipliableness ['mʌltɪplaɪəblnɪs] [mal-ti-plai-ei-bol-nes], *s.* La capacidad de ser multiplicado o la calidad de ser multiplicable.

multiplicand ['mʌltɪplɪkænd] [mal-ti-pli-kand], *s.* Multiplicando.

multiplicate ['mʌltɪplɪkeɪt] [mal-ti-pli-keit], *a.* 1. Multiplicado, aumentado en cantidad o en número. 2. *(Bot.)* Plegado en muchos pliegues.

multiplication [ˌmʌltɪplɪ'keɪʃən] [mal-ti-pli-kei-shon], *s.* 1. Multiplicación. 2. *(Arit.)* Multiplicación, la regla que enseña a multiplicar un número por otro.

multiplicative ['mʌltɪplɪkətɪv] [mal-ti-pli-ka-tiv], *a.* Multiplicador, multiplicativo.

multiplicator ['mʌltɪplɪkeɪtəʳ] [mal-ti-pli-kei-taʳ], *s.* Multiplicador.

multiplicity [ˌmʌltɪ'plɪsɪtɪ] [mal-ti-pli-si-ti], *s.* Multiplicidad, muchedumbre.

multiplier ['mʌltɪplaɪəʳ] [mal-ti-plaiaʳ], *s.* 1. Multiplicador. 2. Multiplicador, espiral plana de alambre conductor que sirve para aumentar el efecto de una corriente eléctrica sobre una aguja. 3. Máquina que sirve para multiplicar.

multiply ['mʌltɪplaɪ] [mal-ti-plai], *va.* 1. Multiplicar. 2. Multiplicar un número por otro. *-vn.* 1. Multiplicar o multiplicarse, aumentarse por medio de la generación. 2. Cundir, propagarse.

multiplying-glass ['mʌltɪplaɪɪŋˌglɑːs] [mal-ti-plain-glas], *s.* Disposición especial de espejos diminutos, que multiplica el número de las imágenes. **Multiplying-lens,** lente de muchas facetas, lente multiplicadora.

multipolar ['mʌltɪpɒləʳ] [mal-ti-po-laʳ], *a.* Multipolar, que tiene más de dos polos; se dice de ciertas celdillas de nervio y de aparatos eléctricos.

multipresence ['mʌltɪˌpresns] [mal-ti-pre-sens], *s.* La facultad de hallarse presente en varios parajes a un mismo tiempo.

multisiliquous ['mʌltɪˌsɪlɪkwəs] [mal-ti-si-li-kuos], *a.* *(Bot.)* Multisilicuoso, que tiene muchas vainas.

multisonous ['mʌltɪsənəs] [mal-ti-so-nos], *a.* Que tiene muchos sonidos.

multi-stage rocket ['mʌltɪsteɪdʒˌrɒkɪt] [mal-ti-steich-ro-kit], *s.* *(Aer.)* Cohete de ignición múltiple.

multisyllable ['mʌltɪˌsaɪləbl] [mal-ti-sai-la-bol], *s.* Multisílabo, palabra compuesta de más de tres sílabas. *V.* POLYSYLLABLE.

multitude ['mʌltɪtju:d] [mal-ti-tiud], *s.* 1. Multitud, muchedumbre, gran número de personas o cosas juntas. 2. Muchedumbre, pueblo, vulgo, turba, el común de la gente.
multitudinous ['mʌltɪtju:dɪnəs] [mal-ti-tiu-di-nos], *a.* Numeroso; muchos; varios.
multivalve ['mʌltɪvɑ:lv] [mal-ti-valv], *a.* Multivalvo; dícese de las conchas que resultan de la reunión de más de dos valvas. *-s.* Multivalva, género de conchas de muchas almejas.
multocular ['mʌltəkju:lə^r] [mal-to-kiu-la^r], *a.* Que tiene muchos ojos.
multure ['mʌltʃə^r] [mal-cha^r], *s.* 1. Maquila, la porción de grano que corresponde al molinero por la molienda; molienda, el grano que se ha molido de una vez. 2. Tanto por ciento que se paga al dueño de un pulverizador de minerales.
mum [mʌm] [mam], *inter.* ¡Chito! ¡chitón! ¡silencio! Interjección de que se usa para imponer silencio. *-s.* Cerveza muy fuerte de trigo. *-a.* Callado, silencioso.
mum, *va.* y *vn.* Enmascarar, enmascararse; disfrazarse.
mumble ['mʌmbl] [mam-bel], *vn.* 1. Gruñir, murmullar entre dientes mostrando disgusto. 2. Murmurar, decir alguna cosa entre dientes, muy quedo. 3. Farfullar, hablar precipitadamente. 4. Mascar o comer poco a poco y con los labios cerrados. *-va.* 1. Musitar, barbotar, hablar entre dientes; barbullar. 2. Agarrar con la boca.
mumbler ['mʌmblə^r] [mam-bla^r], *s.* Farfulla, farfullador; gruñidor.
mumbling ['mʌmblɪŋ] [mam-blin], *s.* El acto de farfullar; mascadura con los labios cerrados.
mumblingly ['mʌmblɪŋlɪ] [mam-blin-li], *adv.* Con pronunciación mal articulada; farfullando.
mumbo jumbo ['mʌmbəʊ'dʒʌmbəʊ] [mam-bou-yam-bou], *s. m.* Galimatías.
mum-chance ['mʌmtʃɑ:ns] [mam-chans], *s.* 1. Silencio. 2. *(Des.)* Un juego de dados.
mummer ['mʌmə^r] [ma-ma^r], *s.* Máscara, el que está enmascado o disfrazado.
mummery ['mʌmərɪ] [ma-ma-ri], **mumming** ['mʌmɪŋ] [ma-min], *s.* Momería, mojiganga, trampantojo, disfraz.
mummification ['mʌmɪfaɪ'keɪʃən] [ma-mi-fai-kei-shon], *s.* Momificación, conversión en momia.
mummiform ['mʌmɪfɔ:m] [ma-mi-form], *a.* Momiforme, que se parece a una momia.
mummify ['mʌmɪfaɪ] [ma-mi-fai], *va.* Momificar, convertir en momia un cadáver; embalsamar; preservar secando.
mummy ['mʌmɪ] [ma-mi], *s.* 1. Momia, cuerpo embalsamado por los egipcios de un modo particular. **To beat to a mummy,** moler a palos. 2. Especie de cera o betún que usan los jardineros para plantar o injertar árboles.
mump [mʌmp] [mamp], *va.* 1. Mordiscar, morder o mascar. 2. Farfullar, hablar precipitadamente. 3. *(Vulg.)* Mendigar, pedir limosna de puerta en puerta.
mumper ['mʌmpə^r] [mam-pa^r], *s.* Mendigo.
mumping ['mʌmpɪŋ] [mam-pin], *s.* El acto de mascar con la boca cerrada; mendiguez.
mumpish ['mʌmpɪʃ] [mam-pish], *a.* Moroso, intratable, malcontento,malhumorado.
mumpishness ['mʌmpɪʃnɪs] [mam-pish-nes], *s.* Ceño, morosidad; insociablilidad.
mumps ['mʌmpz] [mamps], *s.* 1. Tumores glandulosos del cuello; paperas, parótidas. 2. (Raro) Murria, mal humor.
munch ['mʌntʃ] [manch], *va.* Mascar despacio y con ruido; mascar a dos carrillos.
muncher ['mʌntʃə^r] [man-cha^r], *s.* Tragón, comilón.
mundane ['mʌn'deɪn] [man-dein], *a.* Mundano, rutinario.
mundic ['mʌndɪk] [man-dik], *s.* Especie de marquesita que se halla en las minas de estaño.
mundify ['mʌndɪfaɪ] [man-di-fai], *va.* Mundificar, limpiar, purgar, purificar.
mundivagant ['mʌndɪ'vəgənt] [man-di-va-gant], *a.* Vagamundo o vagabundo.
munerary ['mʌnərərɪ] [ma-ne-ra-ri], *a.* *(Poco us.)* De la naturaleza de un regalo o dádiva.
mungoose ['mʌngu:z] [man-gus], *s.* *V.* MONGOOSE.
mungrel ['mʌŋgrəl] [man-grel], *a.* y *s.* *V.* MONGREL.
municipal [mju:'nɪsɪpəl] [miu-ni-si-pal], *a.* Municipal, lo que toca o pertenece a los derechos o costumbres de un pueblo o país.
municipality [mju:'nɪsɪpəltɪ] [miu-ni-si-pal-ti], *s.* El partido o distrito de la jurisdicción del ayuntamiento de un pueblo.
muniferous [mju:'nɪfərəs] [miu-ni-fe-ros], *a.* Dadivoso, liberal, generoso.
munificence [mju:'nɪfɪsns] [miu-ni-fi-sens], *s.* Munificencia, liberalidad, generosidad, largueza.
munificent [mju:'nɪfɪsnt] [miu-ni-fi-sent], *a.* Munífico, liberal, generoso.
munificently [mju:'nɪfɪsntlɪ] [miu-ni-fi-sent-li], *adv.* Liberalmente, muníficamente.
muniment ['mju:nɪmənt] [miu-ni-ni-ment], *s.* 1. Fortaleza; apoyo, defensa. 2. Títulos, documentos, papeles o escritos que se guardan en un archivo.
munition [mju:'nɪʃən] [miu-ni-shon], *s.* 1. Fortificación, fortaleza. 2. Municiones, los pertrechos y bastimentos necesarios para la manutención de un ejército o plaza. **Munition-bread,** plan de munición. **Munition-ship,** navío almacén.
munitions [mju:'nɪʃənz] [miu-ni-shons], *s. pl.* Municiones.
munnion ['mju:nɪən] [miu-nion], *s.* *(Arq. Des.)* *V.* MULLION.
muntjack, muntjak [mʌnt'dʒæk] [mant-yakt], *s.* Animal de la familia del ciervo que se encuentra en la isla de Java.
murage ['mjʊərɪdʒ] [miua-ridch], *s.* Un tributo que antiguamente se pagaba para el reparo de los muros.
mural ['mjʊərəl] [miua-ral], *a.* Mural, lo que se refiere a los muros o paredes; apoyado en una pared. 2. Que se asemeja a una pared; escarpado, vertical. **Mural crown,** corona mural. **Mural circle,** *(Ast.)* Círculo mural. *V.* CIRCLE. **Mural tablet,** tablilla fijada en una pared.
murc ['mɜ:k] [merk], *s.* Orujo, hollejo de la uva y otras frutas después de exprimidas.
murder ['mɜ:də^r] [mer-da^r], *s.* Asesinato, homicidio con premeditación.
murder, *va.* 1. Asesinar, matar alevosamente. 2. *(Fig.)* Mutilar, desfigurar, echar a perder, arruinar. 3. Destruir, exterminar, acabar con alguien o algo.
murderer ['mɜ:dərə^r] [mer-da-ra^r], *s.* Asesino.
murderess ['mɜ:dərɪs] [mer-da-res], *sf.* La mujer que comete un asesinato.
murderous ['mɜ:dərəs] [mer-da-ros], *a.* 1. Homicida, matador. 2. Sanguinario, cruel, bárbaro: asesino.
murderously ['mɜ:dərəslɪ] [mer-da-ros-li], *adv.* Sanguinariamente.
mure ['mju:^r] [miu^r], *va.* Murar, cercar con murallas.
murex ['mju:rɪks] [miu-riks], *s.* *(Zool.)* Múrice, nombre genérico de unos caracoles de mar.
muriate ['mju:rɪeɪt] [miu-rieit], *s.* Muriato.
muriatic ['mju:rɪətɪk] [miu-ria-tik], a Muriático; hidroclórico; nombre antiguo.
muricate o muricated ['mju:rɪkeɪt] [miu-ri-keit], *a.* Punzante, espinoso.
muricide ['mju:rɪsaɪd] [miu-ri-said], *s.* Matador de ratones.
muridae ['mju:rɪdi:] [miu-ri-di], *s. pl.* Múridos, famlia del orden de los roedores.
muriform ['mju:rɪfɔ:m] [miu-ri-form], *a.* *(Bot.)* Dispuesto del mismo modo que los ladrillos de un muro o papel; dícese de las celdillas de las plantas.
murk [mɜ:k] [merk], *a.* *V.* MURKY. *-s.* 1. *(Ant.)* Oscuridad, lobreguez. 2. *V.* MURC.
murky ['mɜ:kɪ] [mer-ki], *a.* Obscuro, lóbrego.
murmur ['mɜ:mə^r] [mar-ma^r], *s.* 1. Murmullo, murmurio, susurro. 2. Murmullo, rumor. 3. Murmuración, queja, descontento.
murmur, *vn.* 1. Murmurar, susurrar, hablando de arroyos, hojas, abejas, etc. En este último sentido se usa con *at* delante de cosas, y *against* delante de personas. **Murmur not at**

your sickness, no te quejes de tu enfermedad. **Murmur not against government,** no te quejes del gobierno.
murmurer ['mɜ:mərəʳ] [mar-ma-raʳ], *s.* Gruñidor, murmurador.
murmuring ['mɜ:mərɪŋ] [mar-ma-rin], *s.* Murmullo; murmuración.
murmuringly ['mɜ:mərɪŋlɪ] [mar-ma-rin-li], *adv.* Con murmullo; con queja.
murrain ['mɜreɪn] [ma-rein], *s.* Morriña, enfermedad epidémica que causa mucha mortandad en el ganado.
murre, murr ['mɜ:ʳ] [meʳ], *s.* 1. Ave marina, particularmente la uria. 2. Ave del género Alca. *V.* AUK.
murrey ['mɜ:rɪ] [me-ri], *a.* Morado, color mezcla de rojo y negro.
murther, *s. V.* MURDER.
musa ['mju:sə] [miu-sa], *s.* Nombre latino del bananero o plátano y de otras plantas musáceas.
MusBac *Abreviatura de* **Bachelor of Music**.
muscadel [ˌmʌskə'del] [mas-ka-del], **muscat** ['mʌskæt] [mas-kat], **muscatel** [ˌmʌskə'tel] [mas-ka-tel], *s.* Moscatel especie de uva, de vino y de pera dulces.
muscadine [ˌmʌskə'di:n] [mas-ka-din], *s. (E. U.)* La vid silvestre de los Estados Unidos del Sur.
muscardine [ˌmʌskə'di:n] [mas-ka-din], *s.* Muscardina, enfermedad de los gusanos de seda.
muscle ['mʌsl] [ma-sel], *s.* 1. Músculo. 2. La fuerza de los músculos. 3. *V.* MUSSEL.
muscle-bound ['mʌslbaʊnd] [ma-sel-baund], *a.* Con los músculos rígidos (debido a excesiva actividad en los deportes).
muscoid ['mʌskɔɪd] [mas-koid], *a.* Parecido al musgo.*-s.* Planta que se asemeja al musgo.
muscosity ['mʌskəsɪtɪ] [mas-ko-si-ti], *s.* El estado de lo que se halla cubierto de moho o de musgo.
muscovado [ˌmʌskə'veɪdəʊ] [mas-ko-vei-dou], *s.* Mascabado.
Muscovite ['mʌskəvaɪt] [mas-ko-vait], *a.* Moscovita, (of Moscow).
muscovy ['mʌskəvɪ] [mas-ko-vi], *s.* Anade americano mayor que el ánade ordinario. Se domestica mucho.
muscular ['mʌskjʊləʳ] [mas-kiu-laʳ], *a.* 1. Muscular. 2. Poderoso, vigoroso. **Muscular dystrophy,** distrofia muscular.
muscularity ['mʌskjʊ'lærɪtɪ] [mas-kiu-la-ri-ti], *s.* El estado de lo que tiene músculos.
musculature ['mʌskjʊkətʃəʳ] [mas-kiu-la-chaʳ], *s.* Musculatura, el conjunto o la disposición de los músculos.
MusDoc *Abreviatura de* **Doctor of Music**.
muse [mju:z] [mius], *s.* 1. Musa, nombre de las nueve deidades del Parnaso. 2. Meditación profunda, atención intensa. 3. Musa. 4. Senda de liebres o conejos.
muse, *vn.* 1. Meditar, aplicar el pensamiento con intensidad a la consideración de alguna cosa, pensar o reflexionar profundamente. 2. Pasmarse, quedar suspenso o admirado. 3. Distraerse, dejarse llevar de la fantasía; estar meditando o ideando; estar distraído o pensativo.
museful ['mju:zfʊl] [mius-ful], *a.* Cogitabundo, muy pensativo, muy distraído.
museless ['mju:zlɪs] [mius-les], *a.* Que es insensible a los halagos de la poesía.
muser ['mju:zəʳ] [miu-saʳ], *s.* El que está muy pensativo y absorto.
muset ['mju:zɪt] [miu-sit], *s.* Senda de conejos, y de la caza en general.
museum [mju:'zɪəm] [miu-siom], *s.* Museo, gabinete de historia natural, de obras de arte, de las de la antigüedad o de curiosidades instructivas; y el edificio que contiene dicha colección.
mush [mʌʃ] [mash], *s. (E. U.)* 1. Potaje espeso o pudín que se hace cociendo harina de maíz en agua o leche. 2. Una cosa cualquiera blanda y mollar. 3. Mineral de hierro de primera calidad.
mushroom ['mʌʃrʊm] [mash-rum], *s.* 1. *(Bot.)* Seta, hongo, champiñón. 2. Persona que surge de la noche a la mañana. *-vn.* Crecer rápidamente, surgir de repente.
mushy ['mʌʃɪ] [ma-shi], *a.* Mollar, pulposo.
music ['mju:zɪk] [miu-sik], *s.* 1. Música, el arte de combinar los sonidos armoniosos de la voz humana, de los instrumentos, o de una y otros, que comprende la melodía y la armonía. 2. Composición musical. 3. Sonido acorde y modulado o sucesión de dichos sonidos. 4. *(Zool.)* Estridor de varios insectos. **Music of the spheres,** la armonía de las esferas celestes que según la teoría de Platón podían oír sólo los dioses. **Music-book,** libro de música; libro o cuaderno que contiene trozos de música. **Music-box** o **musical box,** caja de música. **Music-hall,** salón de conciertos. **Music-stand,** (a) Pupitre para papeles de música. (b) Tablado para una orquesta. **Music-stool,** taburete o banqueta de piano. **Music-rack,** atril para música.
musical ['mju:zɪkəl] [miu-si-kal], *a.* 1. Musical, que pertenece a la música. 2. Armonioso, melodioso.
musical comedy ['mju:zɪkəlˌkʌmɪdɪ] [miu-si-kal-ko-mi-di], *s.* Comedia o revista musical.
musicale [ˌmju:zɪ'kɑ:l] [miu-si-kal], *s.* Velada musical.
musically ['mju:zɪkəlɪ] [miu-si-ka-li], *adv.* Con armonía y consonancia.
musicalness ['mju:zɪkəlnɪs] [miu-si-kal-nes], *s.* Armonía, melodía.
musician [mju:'zɪʃən] [miu-si-shan], *s.* Músico.
music-master ['mju:zɪkˌmɑ:stəʳ] [miu-sik-mas-taʳ], *s.* Maestro de música.
musing ['mju:zɪŋ] [miu-sin], *a.* Contemplativo, pensativo, absorto en la meditación. *-s.* Reflexión profunda, meditación, ensueño.
musk [mʌsk] [mask], *s.* 1. Musco, almizcle, sustancia muy odorífera que se saca de la bolsa que el almizclero tiene en el vientre. 2. *(Bot.)* Almizcleña. 3. El olor de almizcle o una sustancia de parecido olor. 4. *V.* **Musk-deer, musk-apple,** camuesa o manzana almizcleña. **Musk-cat,** desmán. *V.* CIVET. **Musk-cherry,** *(Bot.)* Cereza almizcleña. **Musk-deer,** almizclero, animal rumiante muy parecido al corzo. Habita en casi toda el Asia. **Musk-grape,** moscatel. **Musk-pear,** mosqueruela, pera amizcleña. **Musk-rose,** rosa amizcleña. **Musk-seed,** grano de ambarilla. **Musk-thistle,** *(Bot.)* Cardo.
musk, *va.* Almizclar, perfumar con almizcle.
musked ['mʌskɪd] [mas-kid], *a.* Almizclado.
musket ['mʌskɪt] [mas-kit], *s.* 1. Mosquete. 2. Gavilán macho.
musketeer ['mʌskɪtɪəʳ] [mas-ki-tiaʳ], *s.* Mosquetero, el soldado que sirve con mosquete.
musketoon ['mʌskɪtu:n] [mas-ki-tun], *s.* Trabuco, una especie de escopeta que tiene la boca muy ancha.
muskiness ['mʌskɪnɪs] [mas-ki-nes], *s.* Olor de almizcle.
muskmelon ['mʌskmelən] [mask-me-lon], *s.* Melón almizcleño, muy fragante. *(Prov. Esp.)* Melón de Castilla.
muskrat ['mʌskræt] [mask-rat], *s.* Rata almizclada o almizclera, especie de roedor americano que se parece a la rata y que despide un olor como el del almizcle. Su piel es muy estimada para abrigos.
musky ['mʌskɪ] [mas-ki], *a.* Almizcleño, lo que huele a almizcle; almizclado.
muslim, *s. V.* MOSLEM.
muslin ['mʌslɪn] [mas-lin], *s.* 1. Muselina, tela fina hecha de algodón, llamada también bengala. 2. Tela de algodón propia para ropa interior y sábanas. *-a.* Hecho de muselina.
musquash ['mʌskwɑ:ʃ] [mas-kuash], *s.* Almizclera. *V.* MUSKRAT.
musqueteer, *s. V.* MUSKETEER.
muss [mʌs] [mas], *s.* 1. (Fam. E. U.) Estado de desorden, confusión. 2. *(Vulg.)* Arrebatiña, sarracina, riña. *-va. (Fam. E. U.)* 1. Poner en confusión, desarreglar, arrugar. 2. Ensuciar. *V.* MESS.
mussel ['mʌsl] [ma-sel], *s.* Mejillón, pequeño marisco comestible.

mussing ['mʌsɪŋ] [ma-sin], *s.* 1. Manoseo. 2. Desarreglo.
mussulman ['mju:səlmən] [miu-sul-man], *s.* Musulmán.
must [mʌst] [mast], *v. imp.* Deber; ser o estar obligado o precisado; ser preciso, ser menester, ser necesario, convenir, haber de hacerse alguna cosa. **He must have done it already,** él debe haberlo hecho ya. **It must be,** debe ser. **I must go and see it,** es preciso que yo vaya a verlo. **You must take the air oftener,** debe Ud. de tomar el aire más a menudo. **Do it if you must,** hazlo si es necesario. **You must have seen her,** debes haberla visto.
must, *s.* 1. Mosto, el zumo exprimido de la uva antes de hacerse vino. 2. La pulpa de patatas preparada para la fermentación.
must, *s. V.* MUSTINESS.
must, *va.* Enmohecer. *-vn.* Enmohecerse.
mustache ['mʌstæʃ] [mas-tash], *s.* 1. Mostachos, bigotes. 2. Mono llamado cercopiteco que habita en el oeste de África. 3. Soldado.
mustang ['mʌstæŋ] [mas-tang], *s.* Caballo medio salvaje de las llanuras americanas, de raza española.
mustard ['mʌstəd] [mas-tard], *s.* Mostaza. **Mustard gas,** gas de mostaza. **Mustard plaster,** cataplasma de mostaza. **Mustar-pot,** mostacera, salsera para la mostaza.
musteline, musteloid ['mʌstəli:n] [mas-ta-lin], *a.* Mustelino, parecido a la comadreja.
muster ['mʌstə[r]] [mas-ta[r]], *vn. (Mil.)* Juntarse o unirse para formar un ejército; pasar lista. *-va.* 1. *(Mil.)* Pasar revista de tropas. 2. Agregar, congregar; recobrar o mostrar (courage).
muster, *s. (Mil.)* Revista; reseña. **To pass muster,** pasar revista; valer algo o servir de algo, ser aceptado. **Such excuses will not pass muster with God,** semejantes disculpas nada valdrán para con Dios.
muster-book ['mʌstəbʊk] [mas-ta-buk], *s.* Libro de revistas.
muster-master ['mʌstə,mɑ:stə[r]] [mas-ta-mas-ta[r]], *s.* Comisario de revistas.
muster-roll ['mʌstərɒl] [mas-ta-rol], *s.* 1. Matrícula de revista. 2. *(Mar.)* Rol de la tripulación.
mustily ['mʌstɪlɪ] [mas-ti-li], *adv.* Con moho.
mustiness ['mʌstɪnɪs] [mas-ti-nes], *s.* Moho.
musty ['mʌstɪ] [mas-ti], *a.* 1. Mohoso, enmohecido. 2. Añejo, añejado. 3. Mustio, triste.
mutability [,mju:tə'bɪlɪtɪ] [miu-ta-bi-li-ti], *s.* Mutabilidad, inconstancia, instabilidad.
mutable ['mju:təbl] [miu-ta-bol], *a.* Mudable, alterable, inconstante, instable.
mutableness ['mju:təblnɪs] [miu-ta-bol-nes], *s.* Mutabilidad, inconstancia.
mutably ['mju:təblɪ] [miu-ta-bli], *adv.* Instablemente.
mutation [mju:'teɪʃən] [miu-tei-shon], *s.* Mudanza, alteración; mutación.
mutch ['mʌtʃ] [mach], *s. (Esco.)* Gorra con muchos pliegues, para mujer.
mute [mju:t] [miut], *a.* 1. Mudo, silencioso, que no habla; en derecho, que se niega a responder ante la justicia. 2. Mudo, privado de la facultad de hablar. 3. *(Gram.)* Mudo, que no se pronuncia. *-s.* 1. Mudo, el que no puede hablar. 2. Letra muda. 3. *(Mús.)* Sordina, tablita de madera que se pone sobre los puentecillos de los instrumentos de cuerda para ensordecerlos.
mute, *vn. (Des. o Prov.)* Tullir, arrojar las aves los excrementos.
muted ['mju:tɪd] [miu-tid], *a.* 1. Callado, silencioso. 2. Sordo (noise).
mutely ['mju:tlɪ] [miu-ti-li], *adv.* Mudamente, sin hablar palabra.
muteness ['mju:tnɪs] [miu-ti-nes], *s.* Silencio, aversión a hablar.
mutilate ['mju:tɪleɪt] [miu-ti-leit], *va.* 1. Mutilar. 2. Mutilar, cortar o separar una parte esencial.
mutilation [,mju:tɪ'leɪʃən] [miu-ti-lei-shon], *s.* Mutilación.
mutilator ['mju:tɪleɪtə[r]] [miu-ti-lei-ta[r]], *s.* Mutilador.
mutineer ['mju:tɪnɪə[r]] [miu-ti-nia[r]], *s.* Amotinador, amotinado, sedicioso.
muting ['mju:tɪŋ] [miu-tin], *s.* 1. Acción de poner sordina a un instrumento de música. 2. *(Des.)* Tullidura, el estiércol de ave.
mutinous ['mju:tɪnəs] [miu-ti-nos], *a.* Amotinado, sedicioso, turbulento, faccioso.
mutinously ['mju:tɪnəslɪ] [miu-ti-nos-li], *adv.* Amotinadamente.
mutinousness ['mju:tɪnəsnɪs] [miu-ti-nos-nes], *s.* Amotinamiento, sedición, rebelión.
mutiny ['mju:tɪnɪ] [miu-ti-ni], *vn.* Amotinarse, rebelarse.
mutiny, *s.* 1. Motín, amotinamiento, insurrección de soldados o de marineros contra sus jefes. 2. *(Gran Bret.)* Rebelión, sedición. 3. *vi.* Amotinarse, sublevarse.
mutism ['mju:tɪzəm] [miu-ti-sem], *s.* Mudez, impedimiento en el habla, imposibilidad de hablar.
mutt [mʌt] [mat], *s.* 1. Bobo, necio *(fam)*. 2. Chucho *(EU)*.
mutter ['mʌtə[r]] [ma-ta[r]], *vn.* 1. Pronunciar palabras en voz baja y con la boca casi cerrada, o con tono de mal humor o de queja. 2. Gruñir, refunfuñar, rezongar, murmurar. *-va.* Musitar, hablar entre dientes, hablar en voz baja e indistinta.
mutter, *s.* 1. Murmuración, queja, regañamiento. 2. El acto de musitar o hablar entre dientes.
mutterer ['mʌtərə[r]] [ma-ta-ra[r]], *s.* Rezongador, gruñón.
muttering ['mʌtərɪŋ] [ma-ta-rin], *s.* Refunfuño.
mutteringly ['mʌtərɪŋlɪ] [ma-ta-rin-li], *adv.* En voz baja, inarticuladamente.
mutton ['mʌtn] [ma-ton], *s.* 1. Carnero, la carne del animal así llamado. 2. *(Fest.)* Carnero, el mismo animal.
mutton-broth ['mʌtn'brɒθ] [ma-ton-broz], *s.* Caldo de carnero.
mutton-chop ['mʌtnt'ʃɒp] [ma-ton-chop], *s.* Costilla de carnero, chuleta.
mutton-pie ['mʌtn'paɪ] [ma-ton-pai], *s.* Empanada de carnero.
mutual ['mju:tkʊəl] [miu-chual], *a.* Mutuo, recíproco. **Mutal aid,** apoyo mutuo, ayuda mutua. **Mutual aid association.** 1. Asociación de ayuda mutua. 2. Mutualidad.
mutuality [,mju:tjʊ'ælɪtɪ] [miu-chua-li-ti], *s.* Reciprocidad, reciprocación.
mutually ['mju:tkʊəlɪ] [miu-chua-li], *adv.* Mutuamente, recíprocamente.
muzzle ['mʌzl] [ma-sel], *s.* 1. Boca, entrada o abertura de alguna cosa. 2. Bozal, frenillo. 3. Boca de una persona, en desprecio; hocico, jeta de los animales. **Muzzle-loader,** escopeta o cañón, que se carga por la boca; lo opuesto a *breech-loader*. **Muzzle-loading,** *a.* que se carga por la boca. **Muzzle-moulding,** adornos de las bocas de los cañones. **Muzzle-ring,** anillo de las bocas de los cañones. **Muzzle-velocity,** velocidad inicial.
muzzle, *va.* 1. Embozar, abozalar, poner bozal a algún animal. 2. Imponer silencio, impedir que uno publique o arengue. 3. Se aplica figuradamente a las cosas con la signficación de impedir que una cosa haga daño. *-vn.* Acercar el hocico los animales o ponerlo cerca de algo para oler.
muzzy ['mʌzɪ] [ma-si], *a. (Vulg.)* Distraído, olvidadizo, enajenado, descuidado, negligente; borracho.
MVP *Abreviatura de* **Most Valuable Player** *(EU)*.
MW *Abreviatura de* **Medium Wave**, onda media (Radio).
my [maɪ] [mai], *adj. posses. y pron.* Caso posesivo o genitivo de *I*, yo; mi, mis, lo que es mío o me pertenece. **My house,** mi casa; **my houses,** mis casas. **My children,** mis hijos. **My own,** mío propio. **My own book,** mi propio libro. *Cf.* MINE.
myalgic ['maɪæld3ɪk] [mai-al-yik], *a.* Miálgico.
mycelium ['maɪsəlɪəm] [mai-se-liom], *s. (Bot.)* Micelión.
mycology ['maɪkəlɒd3ɪ] [mai-ko-lo-yi], *s.* Micetología, micología, tratado sobre los hongos.
myocarditis ['maɪəkɑ:'daɪtɪs] [maio-kar-dai-tis], *s. (Med.)* Miocarditis.
myocardium ['maɪəkɑ:dɪəm] [maio-kar-diom], *s.* Miocardio.

myography ['maɪəʊgræfɪ] [maiou-gra-fi], **myology** ['maɪ'ɒlədʒɪ] [maio-lo-yi], *s.* Miografía o miología, descripción científica de los músculos.
myopathy ['maɪəpəθɪ] [mai-o-pa-zi], *s.* Enfermedad de los músculos.
myope ['maɪəʊp] [maioup], **myops** ['maɪəʊpz] [maioups], *s.* Miope, el que es corto de vista.
myopia, myopy ['maɪ'əʊpɪə] [mai-oupia], *s.* Miopía, cortedad de vista.
myriad ['mɪrɪəd] [mi-riad], *s.* 1. El número de diez mil entre los anticuarios. 2. Millares, se usa proverbialmente para expresar un gran número.
myosotis ['maɪəsətɪs] [maio-so-tis], *s.* Miosotis o miosótide.
myriarch ['mɪrɪɑ:k] [mi-riark], *s.* El jefe de diez mil hombres.
myrmidon ['mɜ:mɪdən] [mer-mi-don], *s.* Esbirro, rufián.
myrobalan ['maɪrəʊ'bælən] [mai-rou-ba-lan], *s.* Mirabolanos, especie de fruta parecida al dátil.
myropolist ['maɪrəpəlɪst] [mai-ro-po-list], *s.* Vendedor de ungüentos y perfumes.
myrrh ['mɜ:ʳ] [meʳ], *s.* Mirra, goma resinosa.
myrrhic ['mɜ:rɪk] [me-rik], *a.* Mirrado, perteneciente a la mirra.
myrrhin ['mɜ:rɪn] [me-rin], *s.* Principio resinoso contenido en la mirra.
myrtiform ['mɜ:tɪfɔ:m] [mer-ti-form], *a.* Mirtiforme, en figura de bayas de mirto.
myrtle ['mɜ:rtl] [mer-tel], *s.* *(Bot.)* Mirto, arrayán.
myrtle-berry ['mɜ:rtl,berɪ] [mer-tel-be-ri], *s.* Murtón, la baya o fruto del mirto.
myself [maɪ'self] [mai-self], *pron.* Yo mismo; me, a mí, mí mismo. **I could not direct myself,** no podía dirigirme a mí mismo.
mystagogical ['mɪstə'gədʒɪkəl] [mis-ta-go-chi-kal], *a.* Lo que pertenece al intérprete de los misterios de la religión.
mystagogue ['mɪstəgəg] [mis-ta-gog], *s.* Mistagoga, sacerdote griego.
mysterious [mɪs'tɪərɪəs] [mis-tia-rios], **mysterial** [mɪs'tɪərɪəl] [mis-tia-rial], *a.* 1. Misterioso, impenetrable al entendimiento. 2. Misterioso, el que hace misterio de alguna cosa.
mysteriously [mɪs'tɪərɪəslɪ] [mis-tia-rios-li], *adv.* Misteriosamente.
mysteriousness [mɪs'tɪərɪəsnɪs] [mis-tia-rios-nes], *s.* 1. Impenetrabilidad de la cosas sagradas. 2. El acto de hacer misterio de alguna cosa.
mystery ['mɪstərɪ] [mis-te-ri], *s.* 1. Misterio: se dice de los de la religión. 2. Misterio, lo que está oculto y es muy difícil de comprender. 3. Enigma. 4. Autos sacramentales. 5. *(Ant.)* Oficio, profesión, ejercicio.
mystic, mystical ['mɪstɪkəl] [mis-ti-kal], *a.* Místico, misterioso, emblemático.
mystic ['mɪstɪk] [mis-tik], *s.* Místico, el que pretende recibir inspiración divina directa; partidario del misticismo.
mystically ['mɪstɪkəlɪ] [mis-ti-ka-li], *adv.* Místicamente, en sentido místico.
mysticalness ['mɪstɪkəlnɪs] [mis-ti-kal-nes], *s.* Mística, calidad de místico.
mysticism ['mɪstɪsɪzəm] [mis-ti-si-zem], *s.* 1. Misticismo, calidad de místico. 2. Misticismo, doctrina de los místicos que pretenden estar en relación directa con la divinidad.
mystification ['mɪstɪfaɪ'keɪʃən] [mis-ti-fai-kei-shon], *s.* El acto de hacer obscura una cosa; el de desconcertar intencionalmente a alguien.
mystify ['mɪstɪfaɪ] [mis-ti-fai], *va.* 1. Confundir intencionalmente, desconcertar a una persona. 2. Hacer obscuro, o tratar algo obscuramente.
myth [mɪθ] [miz], *s.* Mito, fábula, ficción alegórica, principalmente en asuntos religiosos.
mythical ['mɪθɪkəl] [mi-zi-kal], *a.* Mítico; fabuloso, imaginario.
mythological [,mɪθə'lɒdʒɪkəl] [mi-zo-lo-yi-kal], *a.* Mitológico, relativo a la mitología.
mythologically [,mɪθə'lɒdʒɪkəlɪ] [mi-zo-lo-yi-ka-li], *adv.* Mitológicamente.
mythologist [,mɪθə'lɒdʒɪst] [mi-zo-lo-yist], *s.* Mitologista, el autor de una obra mitológica; el versado en mitología.
mythology [mɪ'θɒlədʒɪ] [mi-zo-lo-yi], *s.* 1. Mitología, la historia de los dioses y héroes fabulosos del gentilismo. 2. Estudio crítico de los diversos mitos y religiones.
myxomycetes [,mɪksəʊmaɪ'sɪtɪs] [mik-sou-mai-si-tis], *s. pl.* Mixomicetes, seres considerados ya como animales, ya como plantas, parecidos a los hongos microscópicos.

N

n [en] [en]. Letra décimacuarta del alfabeto inglés. Se pronuncia como en español, aunque en general un poco más fuerte, excepto delante de la *g*, pues en este caso ambas letras pierden algo de su fuerza. -La *n* final es muda cuando la precede una *m* o una *l*. -Al principio de las voces o sílabas las únicas consonantes que pueden seguirla o precederla inmediatamente son la *g, k,* y *s*, como en *gnaw, know, snow*.
nab [næb] [nab], *va.* *(Fam.)* Prender o coger de repente, atrapar.
nabob ['neɪbɒb] [nei-bob], *s.* 1. Nabab o nabob, título de los príncipes y gobernadores de las provincias mahomentas de la India. 2. Persona muy rica y fastuosa; indiano.
nacelle [næ'sel] [na-sel], *s.* *(Aer.)* 1. Cabina. 2. Navecilla. 3. Cápsula que recubre el motor.
nacre ['neɪkəʳ] [nei-kaʳ], *s.* Nácar, madreperla, sustancia con reflejos irisados que tapiza la superficie interior de varias conchas.
nacreous ['neɪkrɪəs] [nei-krios], *a.* Nacarado; nacarino.
nadir ['neɪdɪəʳ] [nei-diaʳ], *s.* Nadir, el punto de la esfera celeste opuesto al cenit.
naevose ['ni:vəʊs] [ni-vous], *a.* Manchado, pecoso.
naevus ['ni:vəs] [ni-vos], *s.* Lunar, mancha natural en alguna parte del cuerpo.
naff [næf] [naf] *a.* Inferior *(Fam.)*.
nag [næg] [nag], 1. *s.* Haca, jaca, caballo pequeño. 2. *vt.* Regañar, molestar, fastidiar. **Nag get my doubts,** preocupado por las dudas. 3. *vi.* Quejarse. 4. *s.* Quejica.
naiad ['naɪæd] [naiad], *s.* *(Mitol.)* Náyade, ninfa de los ríos y fuentes.
naif ['naɪf] [naif], *a.* 1. La forma masculina de *Naive*. *V.* 2. Lustroso antes de haber sido tallado o cortado.
nail [neɪl] [neil], *s.* 1. Uña. **To bite one's nails,** morderse las uñas. 2. Uña, pezuña; garra de los animales carniceros y de las aves. 3. Clavo, pedazo de hierro largo y delgado con cabeza y punta. **To hit the nail on the head,** dar en el clavo. 4. Medida de dos pulgadas y cuarto, o la dieciseisava parte de una vara. 5. Tachón, roblón. **Clut-nails,** *(Mar.)* Clavos sin cabeza. **Brass-headed nails,** clavos con cabeza de latón. **Clasp-nails,** *(Mar.)* clavos de ala de mosca. **Sheathing-nails,** *(Mar.)* Clavos de entablar. **Clincher-nails,** *(Mar.)* Clavos de tinglar. **Pump-nails,** *(Mar.)* Clavos de bomba. **On the nail,** luego, al instante, sobre la marcha. **Nail-brush,** cepillo para las uñas. **Nail-extractor, nail-puller,** arrancaclavos, desclavador. **Nail-file,** lima para las uñas. **Nail-plate,** metal en plancha para clavos.
nail, *va.* 1. Clavar. **To nail to the wall,** clavar en la pared. 2. Clavetear, guarnecer o adornar con clavos. **To nail a lie,** demostrar que una cosa es mentira, poner término a la circulación de un embuste. **To nail down** o **nail up,** sujetar con clavos; condenar una ventana, puerta, etc., clavándola.
nailer ['neɪləʳ] [nei-laʳ],, *s.* Chapucero, el fabricante de clavos.
nailery ['neɪlərɪ] [nei-la-ri], *s.* Fábrica de clavos.
nailing ['neɪlɪŋ] [nei-lin], *s.* Clavadura, el acto de clavar.
nainsook ['neɪnsʊk] [nein-suk], *s.* Nansú, nanzué, muselina de India, rayado a lo largo o lisa.

naissant ['neɪsənt] [nei-sant], *a. (Her.)* Naciente: se dice del animal cuya cabeza y cuello salen por encima de una pieza del escudo.

naive [naɪ'iːv] [nai-iv], *a.* Ingenuo, candoroso, sencillo, natural, sin arte ni afectación.

naiveté [naɪ'iːvtɪ] [nai-ivti], *s.* Simplicidad; ingenuidad; gracia.

naked ['neɪkɪd] [nei-kid], *a.* 1. Desnudo, en cueros; también, en lo antiguo, insuficientemente vestido. 2. Desarmado, sin defensa. 3. Expuesto a la vista; patente, claro, evidente, mero. 4. Puro, simple. **The naked truth,** la verdad pura o desnuda. 5. *(Zool.)* Desnudo, privado de cubiertas epidérmicas, como de pelo, escamas, plumas, etc. **Stark naked,** completamente desnudo, en cueros. **A naked sword,** una espada desnuda, desenvainada.

nakedly ['neɪkɪdlɪ] [nei-kid-li], *adv.* Desnudamente, meramente, claramente.

nakedness ['neɪkɪdnɪs] [nei-kid-nes], *s.* 1. Desnudez; desabrigo; falta de defensa. 2. Claridad, evidencia; simplicidad.

namable, nameable ['næmbəbl] [na-ma-bol], *a.* Que puede recibir un nombre.

namby-pamby ['næmbɪ'pæmbɪ] [nam-bi-pam-bi], *a.* Insípido, afectado. *-s.* Pamplina; se dice hablando de versos para expresar que no son buenos.

name [neɪm] [neim], *s.* 1. Nombre. 2. Nombre, el título de alguna cosa por el cual es conocida. **Christian name,** nombre de bautismo, de pila. **In God's name,** en nombre de Dios, por el amor de Dios. 3. Nombre, nombradía, fama, opinión, reputación, crédito. **To get a good name,** tener buena reputación. 4. Nombre, autoridad, poder o virtud con que se ejecuta alguna cosa. 5. Apodo, mal nombre. **To call one names,** poner apodos a uno. 6. Pretexto. **By the name of,** bajo el nombre de. **An inventor, Marconi by name,** un inventor llamado Marconi. **Name-plate,** plancha con un nombre grabado o pintado; suele ser de metal para las puertas, de vidrio para las ventanas.

name, *va.* 1. Nombrar, poner nombre, bautizar. 2. Mencionar, hacer mención; proferir (Mention). 3. Especificar, elegir, señalar, designar, distinguir a una persona o cosa por su nombre. **Do not name it,** no vale la pena de hablar de ello; no hay de que. 4. Nominar.

nameless ['neɪmlɪs] [neim-les], *a.* Innominado, anónimo; desconocido.

namely ['neɪmlɪ] [neim-li], *adv.* Señaladamente, particularmente, especialmente; a saber.

name plate ['neɪmpleɪt] [neim-pleit], *s.* Placa con el nombre de una persona. (Generalmente se coloca en los escritorios de oficina).

namesake ['neɪmseɪk] [neim-seik], *s.* Tocayo.

naming ['neɪmɪŋ] [nei-min], *s.* 1. Nombramiento, el acto de nombrar. 2. El documento o título del nombramiento.

nankeen ['nænkiːn] [nan-kin], **Nankin** ['nænkiːn] [nan-kin], *s.* Mahón, manquín, tela de algodón, de color anteado, que viene de la China.

nanny ['nænɪ] [na-ni], *s. f.* Niñera.

nap [næp] [nap], *s.* 1. Sueño ligero, sueño de corta duración; siesta. **To take an afternnon nap,** dormir la siesta. 2. Vello de las plantas; lanilla, la pelusa que queda en las telas o tejidos de lana por la haz. 3. Golpecito, toque ligero. 4. *(Prov. Ingl.)* Cima, pico o punta de una roca.

nap, *vn.* Dormitar, tener sueño. *-va.* Hacer lanillas en el paño.

NAPA *Abreviatura de* **National Association of Performing Artists** *(EU).*

nape ['neɪp] [neip], *s.* Nuca, la parte superior de la cerviz, unión del espinazo con la cabeza.

napery ['neɪpərɪ] [nei-pa-ri], *s.* Ropa blanca, artículo de lienzo; mantelería.

naphtha ['næfθə] [naf-za], *s.* Nafta, aceite ligero.

naphtalene ['næftəliːn] [naf-ta-lin], *s. (Quím.)* Naftalina.

napiform ['næpɪfɔːm] [na-pi-form], *a.* Que tiene forma de nabo.

napkin ['næpkɪn] [nap-kin], *s.* 1. Servilleta (Table). 2. Pañal (Baby). 3. Compresa higiénica (Sanitary towel).

napless ['neɪplɪs] [neip-les], *a.* Raído, que no tiene pelusa, vello o lanilla.

napoleon [nə'pəʊlɪən] [na-pou-lion], *s.* Antigua moneda francesa de oro.

nappiness ['næpɪnɪs] [na-pi-nes], *s.* La propiedad de tener pelusa, vello o lanilla.

nappy ['næpɪ] [na-pi], *a.* 1. Espumoso. 2. Velloso.

narcissine [nɑː'sɪsaɪn] [nar-si-sain], *a.* Perteneceinte a la planta llamada narciso, o parecido al narciso.

narcissus [nɑː'sɪsəs] [nar-si-sos], *s. (Bot.)* Narciso, planta herbácea de flores olorosas.

narcosis [nɑː'kəʊsɪs] [nar-kou-sis], *s. (Med.)* Narcotismo, conjunto de los efectos producidos por los narcóticos.

narcotic [nɑː'kəʊtɪk] [nar-kou-tik], *a.* Narcótico, que adormece o entorpece los sentidos. Soporífero, soporífico. *-s.* Narcótico. *-s. pl.* Estupefacientes.

nard [nɑːd] [nard], *s. (Bot.)* 1. Nardo, dícese de la planta, el aceite o el ungüento. 2. Especie de valeriana empleada antiguamente en medicina.

nardine ['nɑːdiːn] [nar-din], *s.* Nardino, compuesto con nardo o que participa de sus cualidades.

nares [nɛəz] [nears], *s. pl.* de NARIS. Las ventanas de la nariz; narices.

narrate [nə'reɪt] [na-reit], *va.* Narrar, relacionar, relatar.

narrating [nə'reɪtɪŋ] [na-rei-tin], *s.* El acto de narrar, contar o relatar.

narration [nə'reɪʃən] [na-rei-shon], *s.* Narración, relación de alguna cosa.

narrative ['nærətɪv] [na-ra-tiv], *a.* Narrativo. *-s.* Narrativa, relato.

narratively ['nærətɪvlɪ] [na-ra-tiv-li], *adv.* Narrativamente.

narrator [nə'reɪtə^r] [na-rei-ta^r], *s.* Relator, narrador, el que narra o relata.

narrow ['nærəʊ] [na-rou], *a.* 1. Angosto, estrecho, corto. 2. Apretado, ruin, avariento. 3. Estrecho, limitado. 4. Próximo, inmediato. 5. Vigilante, atento, escrupuloso. 6. De cerca, apenas suficiente para librarse de un daño o peligro. **A narrow escape,** una escapada difícil. **By a narow plurality,** por escasa mayoría. **A narrow-minded man,** un hombre de ideas mezquinas, avariento, de entendimiento limitado, de pocos alcances o de poco talento. **A narrow-spirited** o **a narrow-souled man,** un hombre apocado o encogido, de poca resolución o de cortos alcances; innoble, mezquino, bajo. **To bring into a narrow compass,** compendiar. **Narrow circumstances,** escasez pecuniaria. **Narrow-gauge,** ferrocarril de la vía estrecha. **Narrow-minded,** apocado, encogido, mezquino; intolerante. *-s.* Estrecho, pasaje angosto; desfiladero.

narrow, *va.* 1. Estrechar, angostar, encoger. 2. Bajar, humillar. 3. Disminuir, limitar. *-vn.* Andar los caballos con las patas muy juntas. **Narrow down,** reducirse.

narrow-gauge ['nærəʊˌgeɪdʒ] [na-rou-gueich], *a.* De vía estrecha.

narrow-hearted ['nærəʊˌhɑːtɪd] [na-rou-jar-tid], *a.* Corto de ánimo, mezquino, cobarde, poquito.

narrowing ['nærəʊɪŋ] [na-rouin], *s.* Estrechamiento, estrechura.

narrowly ['nærəʊlɪ] [na-rou-li], *adv.* 1. Estrechamente. 2. Exactamente. 3. Por poco. **We narrowly escaped being drowned,** por poco nos ahogamos. 4. Escasamente, mezquinamente.

narrowness ['nærəʊnɪs] [na-rou-nes], *s.* 1. Angostura. 2. Estrechez, falta de capacidad; apretura. 3. Pobreza, miseria, bajeza.

narwhal ['nɑːwəl] [nar-ual], *s.* Narval, unicornio marino.

NAS *Abreviatura de* **National Academy of Sciences** *(EU).*

NASA ['næsə] [na-sa], s. *Abreviatura de* **National Aeronautics and Space Administration** *(EU).*

nasal ['neɪzəl] [nei-sal], *a.* Nasal, lo que pertenece a la nariz. *-s.* 1. Errinos, los remedios que se usan para el interior de la

nariz; los medicamentos que se toman por la nariz. 2. Letra nasal.
nasalize ['neɪzəlaɪz] [nei-sa-lais], *va.* Ganguear, pronunicar con sonido nasal.
nasally ['neɪzəlɪ] [nei-sa-li], *adv.* Con gangueo, con sonido nasal.
nascent ['næsənt] [na-sent], *a.* Naciente, creciente.
nastily ['nɑːstɪlɪ] [nas-ti-li], *adv.* Suciamente.
nastiness ['nɑːstɪnɪs] [nas-ti-nes], *s.* Suciedad, porquería, obscenidad.
nasturtion [nəs'tɜːʃən] [nas-ter-shon], *s. (Bot.)* Capuchina. *V.* NASTURTIUM.
nasturtium [nəs'tɜːʃəm] [nas-ter-shom], *s. (Bot.)* 1. Nasturcio. 2. Capuchina, planta geraniácea trepadora o baja.
nasty ['nɑːstɪ] [nas-ti], *a.* 1. Sucio, puerco. 2. Sucio, obsceno, deshonesto, hablando de acciones o palabras. 3. Impuro, sórdido. 4. *(Fam.)* Desagradable; de aquí, tempestuoso; lodoso, cenagoso.
natal [nə'tæl] [na-tal], *a.* Nativo; natal.
natalitial [nə'tælɪʃəl] [na-ta-li-shal], **natalitious** [nə'tælɪʃəs] [na-ta-li-shos], *a.* Natalicio, natal, lo que pertenece al día o fiesta del nacimiento.
natant ['neɪtənt] [nei-tant], *a.* 1. *(Bot.)* Nadando, flotando en la superficie del agua. 2. *(Her.)* Dícese de un pez representado en el escudo de armas horizontalmente o de través.
natation [nə'teɪʃən] [na-tei-shon], *s.* Nadadura, el acto de nadar.
natatorial [ˌneɪtə'tɔːrɪəl] [nei-ta-to-rial], *a.* Nadador, natátil, o apto para nadar.
natatory [ˌneɪtə'tɔːrɪ] [nei-ta-to-ri], *a.* Natatorio, que sirve para nadar.
nates ['neɪtz] [neits], *s. pl.* Nalgas, trasero.
nation ['neɪʃən] [nei-shon], *s.* 1. Nación. 2. Se usa enfáticamente para expresar un gran número o muchedumbre.
national ['næʃənl] [na-sho-nal], *a.* 1. Nacional; general, público. 2. Aficionado a su propio país, idioma o costumbres; patriótico. 3. Autorizado por un gobierno nacional. **The national debt,** la deuda pública.
nationalism ['næʃnəlɪzəm] [na-sho-na-li-sem], *s.* 1. Nacionalismo, devoción a toda la nación más bien que a una parte de ella. 2. Deseo de obtener o de mantener la independencia nacional. 4. Idiotismo, costumbre, rasgo característico nacional.
nationality [ˌnæʃə'nælɪtɪ] [na-sho-na-li-ti], *s.* Nacionalidad.
nationalization [ˌnæʃnəlaɪ'zeɪʃən] [na-sho-na-lai-sei-shon], *s.* Nacionalización.
nationalize ['næʃnəlaɪz] [na-sho-na-lais], *va.* Nacionalizar, hacer nacional.
nationally ['næʃnəlɪ] [na-sho-na-li], *adv.* Nacionalmente.
nation-state ['neɪʃən'steɪʃən] [nei-shon-stei-shon], *s. m.* Estado-nación.
nationwide ['neɪʃən'waɪd] [nei-shon-uaid] *a.* A escala nacional.
native ['neɪtɪv] [nei-tiv], *a.* 1. Nativo. 2. Nativo, lo perteneciente al nacimiento de cada uno; natural, originario de algún país. 3. Lo que ha nacido al mismo tiempo que otra cosa o tiene conexión íntima con ella. 4. Original, originario. *-s.* 1. Natural. 2. La consecuencia o resultado de alguna causa. **Native place,** lugar natal. **Native inhabitants,** habitantes indígenas.
natively ['neɪtɪvlɪ] [nei-tiv-li], *adv.* Naturalmente, originalmente, originariamente.
nativeness [nə'tɪvnɪs] [nei-tiv-nes], *s.* El estado de la cosa producida por la naturaleza.
nativity [nə'tɪvɪtɪ] [nei-ti-vi-ti], *s.* 1. Nacimiento, el acto de nacer. 2. Nacimiento, el origen o principio desde donde empezó a existir una cosa. 3. Horóscopo.
NATO ['neɪtəʊ] [nei-tou], *s. Abreviatura de* **North Atlantic Treaty Organization,** OTAN.
natron ['neɪtrən] [nei-tron], *s. (Quím.)* Natrón, carbonato de sosa usado en las fábricas de jabón, vidrio y tintes.
natty ['nætɪ] [na-ti], *a. (Fam.)* Elegante, fino; vestido con esmero.
natural ['nætʃrəl] [na-chral], *a.* 1. Natural, producido o causado por la naturaleza. 2. Conforme al orden establecido. 3. Afectuoso, cariñoso, tierno, humano. 4. Natural, hecho sin artificio. 5. Natural, sencillo (simple). 6. Natural, verdadero (true). 7. Natural, ilegítimo. 8. *(Mús.)* Natural, sin sostenido ni bemoles. *-s.* 1. *(Mús.)* Becuadro. 2. Tecla blanca; tecla natural. 3. Idiota, simplón (idiot). **Natural gas,** gas natural.
naturalism ['nætʃrəlɪzəm] [na-chra-li-sem], *s.* Naturalismo, el sistema de religión en que todo se atribuye a la naturaleza.
naturalist ['nætʃrəlɪst] [na-chra-list], *s.* Naturalista.
naturalization [ˌnætʃrəlaɪ'zeɪʃən] [na-chra-lai-sei-shon], *s.* Naturalización.
naturalize ['nætʃrəlaɪz] [na-chu-ra-lais], *va.* 1. Naturalizar, conceder o dar a los extranjeros el privilegio de la naturalización. 2. Naturalizar, habituar; aclimatar hombres, animales o plantas.
naturally ['nætʃrəlɪ] [na-chu-ra-li], *adv.* Naturalmente.
naturalness ['nætʃrəlnɪs] [na-chu-ral-nes], *s.* 1. Naturalidad. 2. Ingenuidad, sencillez.
natural science ['nætʃrəlˌsaɪəns] [na-chu-ral-saiens], *s.* Ciencias naturales.
nature ['neɪtʃə[r]] [nei-cha[r]], *s.* 1. Naturaleza. 2. Naturaleza, la propiedad esencial de cada cosa. 3. Natural, índole, genio, inclinación de cada uno. 4. Naturaleza, el orden de las cosas criadas. 5. Naturaleza, especie, género, clase. 6. Naturaleza, la constitución de un cuerpo animado; complexión. **Good nature,** mansedumbre, benignidad, benevolencia, humanidad, afabilidad. **In the nature of,** algo así como. **By nature,** por naturaleza.
natured ['neɪtʃəd] [nei-chad], *a.* Se usa sólo en la formación de palabras compuestas. **Good-natured,** de buen natural. **Ill-natured,** de mal carácter, mal intencionado.
naturism ['neɪtʃərɪzəm] [nei-cha-ri-sem], *s. m.* Naturismo.
naturist ['neɪtʃərɪst] [nei-cha-rist], *s.* Naturista.
naturopathy [ˌneɪtʃə'rɒpəθɪ] [nei-chu-ro-pa-zi], *s. f.* Naturopatía.
naught [nɔːt] [not], *s.* Nada; cero, la cifra 0. **To set at naught,** hacer poco caso de, tener en poco; desdeñar, despreciar. *-a.* 1. De ningún valor. 2. *(Des.)* Malo, perverso, indigno, inicuo.
naughtily ['nɔːtɪlɪ] [no-ti-li], *adv.* Malvadamente, perversamente, inicuamente.
naughtiness ['nɔːtɪnɪs] [no-ti-nes], *s.* Maldad, iniquidad, perversidad, malignidad.
naughty ['nɔːtɪ] [no-ti], *a.* 1. Perverso, desobediente, díscolo, pícaro. 2. *(Ant.)* Malo, malvado, inicuo. **A naughty fellow,** un malvado. **A naughty boy,** un picarón o picaruelo; pillo, pillastrón. **A naughty trick,** una pillada, una gatada.
nausea ['nɔːsɪə] [no-sia], *s.* Náusea, bascas, gana de vomitar.
nauseant ['nɔːsɪənt] [no-siant], *a.* Nauseabundo. *-s.* Sustancia nauseabunda.
nauseate ['nɔːsɪeɪt] [no-sieit], *vn.* Nausear, tener bascas, tener asco; sentir disgusto, aversión o antipatía. *-va.* Dar asco o disgusto; causar aversión o antipatía.
nauseating ['nɔːsɪətɪŋ] [no-sia-tin], *a.* Nauseabundo, repugnante.
nauseative ['nɔːsɪətɪv] [no-sia-tiv], *a.* Nauseativo, nauseoso.
nauseous ['nɔːsɪəs] [no-sios], *a.* Fastidioso, asqueroso.
nauseously ['nɔːsɪəslɪ] [no-sios-li], *adv.* Fastidiosamente.
nauseousness ['nɔːsɪəsnɪs] [no-sios-nes], *s.* Náusea.
nautch ['nɔːtʃ] [noch], *s.* Baile de la India. **Nautch-girl,** bailarina india.
nautical ['nɔːtɪkəl] [no-ti-kal], *a.* Náutico, lo que pertenece a la navegación.
nautilus ['nɔːtɪləs] [no-ti-los], *s.* 1. Nautilo, nauclero, caracol hermoso de mar de concha univalva. 2. Argonauta, molusco cefalópodo. 3. Fisalia.

naval ['neɪvəl] [nei-val], *a.* Naval. **Naval officer,** oficial de marina; capitán de puerto. **Naval stores,** alquitrán, trementina, y otras resinas. **Naval tactics,** táctica naval, evoluciones marítimas.
navarchy ['nævɑːkɪ] [na-var-ki], *s.* Pilotaje.
nave ['neɪv] [neiv], *s.* 1. Cubo, maza, pieza guresa de madera en el centro de las ruedas de los carruajes. 2. Nave, parte principal del cuerpo de la iglesia.
navel ['neɪvəl] [nei-val], *s.* 1. Ombligo. 2. Centro, medio, la parte más interior de una cosa. 3. Nombre de una variedad de naranaja procedente de Bahía en Brasil. **Navel-gall,** *(Vet.)* Matadura. **Navel-ill,** *(Vet.)* Inflamación del ombligo en los becerros y corderos. **Navel-string,** cordón umbilical.
naveled ['neɪvəld] [nei-veld], *a.* Que tiene ombligo; a manera de ombligo.
nave-line ['neɪvəl] [nei-val], *s.* *(Mar.)* Perigallo de racamento.
navelwort ['neɪvəlwɔːt] [nei-val-uort], *s.* *(Bot.)* Oreja de monje.
navigable ['nævɪgəbl] [na-vi-ga-bol], *a.* Navegable.
navigableness ['nævɪgəblnɪs] [na-vi-ga-bol-nes], *s.* El estado navegable de una extensión de agua, sea mar, río o lago.
navigate ['nævɪgeɪt] [na-vi-gueit], *vn.* Navegar, viajar por el agua. *-va.* Navegar, pasar el agua en barco.
navigation [ˌnævɪ'geɪʃən] [na-vi-guei-shon], *s.* 1. Navegación, náutica, el arte de navegar. 2. Navegación, la acción de navegar y el viaje que hace la embarcación. 3. *(Poét.)* Marina, las embarcaciones en general. **Navigation lights,** luces de posición.
navigator [ˌnævɪ'geɪtəʳ] [na-vi-guei-taʳ, *s.* Navegador, navegante, marino hábil en el arte de navegar.
navvy ['nævɪ] [na-vi], *s.* *(Ingl.)* Peón, que trabaja en obras de canales, ferrocarriles, etc.
navy ['neɪvɪ] [nei-vi], *s.* Marina, se dice en general del cuerpo de oficiales, tropa, marineros, y aun de los buques que forman la fuerza naval de un estado; armada de una potencia. **The royal navy,** la real armada. **Navy-office,** almirantazgo. **Navy-yard,** arsenal de puerto.
navy bean ['neɪvɪbiːn] [nei-vi-bin]», *s.* Frijol blanco.
navy-blue ['neɪvɪbluː] [nei-vi-blu], *a.* Azul marino.
nawab ['næwəb] [na-uab], *s.* Babab, gobernador mahomentano de una provincia en la India.
nay [neɪ] [nei], *adv.* 1. No, no sólo, sino; no sólo eso; pero o sino; también; aun más, además, y aun. **Nay verily,** no ciertamente. 2. Sirve para exagerar y dar énfasis, y corresponde en castellano a aun, aun más, también. **He has enough, nay, too much,** tiene bastante y aun demasiado. *-s.* 1. El que hace oposición votando en contra, y el mismo voto negativo. 2. Denegación, exclusión, repulsa.
Nazarene [ˌnəzə'riːn] [na-sa-rin], *a.* y *s.* Nazareno, y de aquí, cristiano.
nazarite ['næzəraɪt] [na-sa-rait], *s.* Nazareísta, nazareno, o nazareno, el hebreo que se consagraba al culto divino de un modo particular; los nazarenos, no tomaban bebidas alcohólicas y no se cortaban el cabello ni la barba.
naze ['neɪz] [neiw], *s.* Cabo, promontorio; roca escarpada.
nazi ['naːtsɪ] [na-tsi], *s.* y *a.* Nazi (del partido nacionalsocialista alemán).
nazism ['naːtsɪzəm] [na-si-sem], *s. m.* Nazismo.
NBA *Abreviatura de* **National Basketball Association** *(EU).*
NBC *Abreviatura de* **National Broadcasting Company** *(EU).*
NBS *Abreviatura de* **National Bureau of Standards** *(EU).*
NCO *Abreviatura de* **Non-Commissioned Officer**.
NEA *Abreviatura de* **National Educational Association** *(EU).*
neaf [niːf] [nif], *s.* *(Esco, y Prov. Ingl.)* Puño, la mano cerrada.
neal [niːl] [nil], *va.* *(Des.)* Templar, dar temple a alguna cosa por medio de un calor gradual. *V.* TO ANNEAL. *-vn.* Templarse al fuego.
Neanderthal [nɪ'ændətɑːl] [nan-da-tal], *a.* **Neanderthal man,** hombre de Neanderthal.
neap [niːp] [nip], *a.* Bajo, lo más bajo, ínfimo. *-s.* 1. Bajo, menguante. **Neap tide,** marea la más baja. 2. En algunas partes de los Estados Unidos, lanza de carretón.
neapolitan [nɪə'pɒlɪtən] [nia-po-li-tan], *a.* y *s.* Napolitano, de Nápoles.
near [nɪəʳ] [niaʳ], prep. Cerca de, inmediato a, junto a, próximo a. *-adv.* 1. Casi o cuasi. 2. Cerca, próxima o inmediatamente. 3. Cerca de. **Near five thousand,** cerca de cinco mil o unos cinco mil. *-a.* 1. Cercano, próximo, inmediato. 2. Cercano, allegado, el que tiene parentesco inmediato con otro. **A near relation,** pariente cercano. 3. Íntimo, cordial, estrecho, hablando de amigos o parientes. 4. Interesante, que afecta o se refiere a la felicidad o al bienestar de uno mismo. 5. Cicatero, tacaño, mezquino. 6. Conforme en un todo al original, exacto, literal. 7. A la izquierda, de la izquierda. **The near ox,** el buey de la izquierda. 8. Corto, directo. **Come near me,** acércate, ven cerca de mí. **Near at hand,** a la mano, cerca, al primer golpe o de primer golpe, inmediatamente. **A near concern,** un interés que toca de cerca. **Near Quito,** cerca de Quito. **To come, to draw near,** acercar, acercarse. **Quite near,** muy cerca, contiguo. **That's near enough,** es suficiente. **The nearest way,** el camino más corto.
near, *va.* Acercar. *-vn.* Acercarse.
nearby ['nɪə'baɪ] [nia-bai], 1. *a.* Cercano. 2. *adv.* Cerca.
nearly ['nɪəlɪ] [nia-li], *adv.* 1. Cercanamente, a poca distancia. 2. Estrechamente. 3. Miserablemente, mezquinamente. 4. Casi, poco más o menos. 5. Íntimamente, de cerca. **That nearly concerns you,** eso le toca a Ud. de cerca. 6. Muy aproximadamente, casi literalmente.
nearness ['nɪənɪs] [nia-nes], *s.* 1. Proximidad, propincuidad, cercanía. 2. Proximidad, parentesco, cercano. 3. Amistad estrecha. 4. Tacañería, ruindad, mezquindad.
near-sighted ['nɪə'saɪtɪd] [nia-sai-tid], *a.* Corto de vista, miope.
neat [niːt] [nit], *a.* 1. Limpio, aseado, primoroso. 2. Bonito, pulido, lindo. 3. Puro, casto, natural, sin mezcla. 4. Gallardo, esmerado, de buenas proporciones, de forma graciosa. 5. *(Com.)* Neto. *V.* NET. *-s.* Ganado vacuno; vaca o buey. **Neat's leather,** cuero de ganado vacuno. **Neat's tongue,** lengua de vaca. **Neat's oil,** aceite de manitas. **Neat-cattle,** ganado mayor.
neat-handed ['niːthændɪd] [nit-jan-did], *a.* Limpio, diestro.
'neath ['niːθ] [niz], prep. Debajo de. *V.* BENEATH.
neatherd ['niːðɜːd] [ni-zerd], *s.* Vaquero, el pastor de ganado vacuno.
neatly ['niːtlɪ] [nit-li], *adv.* Pálidamente, con primor; limpiamente; aseadamente; elegantemente; diestramente, claramente.
neatness ['niːtnɪs] [nit-nes], *s.* 1. Hermosura, elegancia. 2. Limpieza, aseo. 3. Delicadeza.
neb [neb] [neb], *s.* 1. Nariz, pico, boca. 2. Pico, punta, cabo. *V.* NIB.
nebula ['nebjʊlə] [ne-biu-la], *s.* 1. *(Ast.)* Nebulosa, mancha blanquecina formada por una aglomeración de estrellas. 2. Nube en los ojos.
nebular ['nebjʊləʳ] [ne-biu-laʳ], *a.* Nebuloso, perteneciente a una nebulosa.
nebulizer ['nebjʊˌlaɪzəʳ] [ne-biu-lai-saʳ], *s.* Rociador (spray).
nebulosity ['nebjʊˌləsɪtɪ] [ne-biu-lo-si-ti], *s.* 1. Estado nebuloso de la atmósfera. 2. Nebulosidad, apariencia como de nebulosa.
nebulous ['nebjʊləs] [ne-biu-los], *a.* 1. Nebuloso, parecido a una nebulosa. (de estrellas). 2. Que tiene sus diversas partes confundidas o mezcladas.
necessaries ['nesɪsərɪɪz] [ne-si-sa-ris], *s. pl.* Necesario. **The necessaries of life,** lo necesario para vivir.
necessarily ['nesɪsərɪlɪ] [ne-si-sa-ri-li], *adv.* Necesariamente, indispensablemente.
necessariness ['nesɪsərɪnɪs] [ne-si-sa-ri-nes], *s.* Necesidad.
necessary ['nesɪsərɪ] [ne-si-sa-ri], *a.* 1. Necesario: decisivo, conclusivo; preciso, forzoso; menester. 2. Esencial, inevitable

como conclusión. 3. Intuitivo. *-s.* 1. Lo necesario. 2. Necesaria, letrina.

necessitate [nɪ'sesɪteɪt] [ni-se-si-teit], *va.* Necesitar, obligar, precisar.

necessitous [nɪ'sesɪtəs] [ni-se-si-tos], *a.* Necesitado, indigente, pobre.

necessitousness [nɪ'sesɪtəsnɪs] [ni-se-si-tos-nes], *s.* Necesidad, pobreza, indigencia.

necessity [nɪ'sesɪtɪ] [ni-se-si-ti], *s.* 1. Necesidad; fatalidad. 2. Necesidad. **Necessity knows no law,** la necesidad carece de ley. *(Fam.)* La necesidad tiene cara de hereje. 3. Consecuencia necesaria e inevitable. 4. Violencia, compulsión; exigencia. 5. Pobreza, indigencia, penuria.

neck [nek] [nek], *s.* 1. Cuello. 2. Parte de un órgano que está oprimida o constreñida; cosa parecida a un cuello; cuello, gollete (bottle); clavijero (guitar, violin); degüello; collarino de una columna; la parte de un vestido que cubre el cuello y el seno. 3. Istmo, desfiladero, península. **To breathe down somebody's neck,** no dejar a alguien ni a sol ni a sombra *(fam).* **Neck of mutton,** pescuezo de carnero. **Neck of land,** lengua de tierra. **On the neck,** luego, inmediatamente, después. **To break the neck,** *(Met.)* Tener una cosa medio acabada; impedir la ejecución de alguna cosa. **Low-necked,** muy escotado (hablando de un vestido de mujer). **Neck and crop,** todo junto y a un tiempo; al momento. **To harden the neck,** obstinarse en una cosa. **Neck and neck,** con igual rapidez en una carrera. **Neck or nothing,** a todo correr; cueste lo que cueste. **On the neck of, over the neck of,** luego, inmediatamente después.

neckband ['nekbænd] [nek-band], *s.* Cabezón o cuello de camisa.

neck-beef ['nekbiːf] [nek-bif], *s.* Carne de pescuezo.

neckcloth ['nekklɒθ] [nek-kloz], *s.* Corbata, corbatín.

neckerchief ['nekətʃiːf] [ne-ka-chif], **neck-handkerchief** ['nek'hænkətʃiːf] [nek-jan-ker-chif], *s.* 1. Corbata, corbatín, pañuelo de cuello. 2. Bobillo, encaje que llevaban las mujeres prendido alrededor del escote.

necklace ['neklɪs] [nek-lis] *s.* Collar, gargantilla.

neckline ['neklaɪn] [nek-lain], *s. m.* Escote. **A dress with a low neckline,** un vestido escotado.

necktie ['nektaɪ] [nek-tai], *s.* Corbata.

neckwear ['nekwɛəʳ] [nek-ueaʳ], *s.* Corbatas, cuellos, bufandas, etc.

necro- ['nekrəʊ] [ne-krou]. Forma de combinación derivada del griego y que significa *muerto, cadáver.*

necrologic, necrological [ˌnekrəʊ'lɒdʒɪk] [ne-krou-lo-yik], *a.* Necrológico, que se refiere a los muertos.

necrologist [ˌnekrəʊ'lɒdʒɪst] [ne-krou-lo-yist], *s.* Necrologista, registrador de defunciones; también, el que escribe noticias obituarias.

necrology [ˌnekrəʊ'lɒdʒɪ] [ne-krou-lo-yi], *s.* Necrología, registro o lista de muertos.

necromancer [ˌnekrəʊ'mænsəʳ] [ne-krou-man-saʳ], *s.* Nigromante. *(Vulg.)* Brujo.

necromancy [ˌnekrəʊ'mænsɪ] [ne-krou-man-si], *s.* Nigromancia, magia negra. *(Vulg.)* Brujería.

necromantic [ˌnekrəʊ'mæntɪk] [ne-krou-man-tik], *a.* Nigromántico.

necropolis [ne'krɒpəlɪs] [ne-kro-po-lis], *s.* Necrópolis, ciudad de los muertos; particularmente, cementerio antiguo.

necrosis [ne'krɒsɪs] [ne-kro-sis, *s.* Necrosis, gangrena o mortificación del tejido óseo.

nectar ['nektəʳ] [nek-taʳ], *s.* Néctar, en sus varios sentidos.

nectarean [nek'tərɪən] [nek-ta-rian], **Nectareous** [nek'tərɪəs] [nek-ta-rios], **Nectarine** [nek'tərɪn] [nek-ta-rin], *a.* Nectáreo, dulce como el néctar.

nectarial [nek'tərɪəl] [nek-ta-rial], *a.* *(Bot.)* Que se refiere al nectario; nectáreo.

nectarine [nek'tərɪn] [nek-ta-rin], *s.* Nectarina, abridor.

nectarine-tree ['nektərɪnˌtriː] [nek-ta-rin-tri], *s.* *(Bot.)* Abridor.

nectary ['nektərɪ] [nek-ta-ri], *s.* 1. Nectario, la parte que en algunas plantas contiene el néctar o la miel. 2. *(Ento.)* Tubo para miel.

née [neɪ] [nei], *a.* Nacida; se usa para designar el apellido de una mujer antes de casarse.

need [niːd] [nid], *s.* 1. Necesidad, urgencia. 2. Necesidad, pobreza, miseria. 3. Necesidad, falta de alguna cosa. **If need be,** si hubiese necesidad o si fuese necesario. **In case of need,** en caso de necesidad. **I stand much in need of your advice,** me hace mucha falta el consejo de Ud. **Her needs are few,** es poco lo que necesita.

need, *va.* Pedir, requerir lo que es necesario y conveniente; necesitar. *-vn.* 1. Necesitar, haber menester o tener necesidad o precisión de alguna cosa, hacer falta; carecer. 2. Tener que, haber de. **They need not fear,** nada tienen que temer. **He said: «we need but rise»,** dijo, «no tenemos más que levantarnos».» (El verbo neutro **need** se emplea a veces, quedando invariable. **She need not go,** ella no tiene necesidad de ir). **Just what I needed,** justo lo que necesitaba. **It need not follow that...,** lo que no significa necesariamente que...

needer ['niːdəʳ] [ni-daʳ], *s.* Necesitado.

needful ['niːdfʊl] [nid-ful], *a.* Necesario, indispensable, preciso.

needfully ['niːdfəlɪ] [nid-fu-li], *adv.* Necesariamente, indispensablemente.

needfulness ['niːdfəlnɪs] [nid-ful-nes], *s.* Pobreza, falta, necesidad.

needily ['niːdɪlɪ] [ni-di-li], *adv.* Pobremente.

neediness ['niːdɪnɪs] [ni-di-nes], *s.* 1. Indigencia, pobreza, necesidad. 2. Falta, vacío.

needle ['niːdl] [ni-del], *s.* 1. Aguja. 2. Palillo (bone, wood) para hacer medias. **Pack-needle,** aguja de ensalmar. **Needle of a dial,** estilo de un reloj de sol: mano, índice. **Needle,** *(Mar.)* Aguja de marear, brújula. **Sail-needle,** *(Mar.)* Aguja capotera. **Bolt-rope-needle,** *(Mar.)* Aguja de relinga. **Knitting-needle,** aguja de hacer medias, o de malla. **Shepherd's needle,** *(Bot.)* Aguja de pastor. **Needle of a balance,** lengüita, fiel de la balanza. **Crochet, darning needle,** aguja de corchet, de zurcir. **Sewing-machine needle,** aguja de máquina de coser. **Needle-gun,** fusil de aguja. **Needle-holder,** porta-agujas. **Needle-shaped,** *a.* acicular, de la forma de una aguja.

needle-case ['niːdlkeɪs] [ni-del-keis], *s.* Alfiletero, cañuto para guardar las agujas.

needleful ['niːdlfʊl] [ni-del-ful], *s.* Hebra de hilo.

needle-maker ['niːdlˌmeɪkəʳ] [ni-del-mei-kaʳ], **Needler** ['niːdləʳ] [ni-dlaʳ], *s.* Agujero, el que hace agujas.

needle point ['niːdlpɔɪnt] [ni-del-point], *s.* Punto de cruz, bordado de tapicería.

needless ['niːdlɪs] [nid-les], *a.* Superfluo, inútil. **Needless to say,** huelga decir que.

needlessly ['niːdlɪslɪ] [nid-les-li], *adv.* En balde; inútilmente.

needlessness ['niːdlɪsnɪs] [nid-les-nes], *s.* Superfluidad, inutilidad.

needlewoman ['niːdlwʊmən] [ni-del-uo-man], *sf.* La que hace labores de aguja; costurera.

needlework ['niːdwɜːk] [ni-del-uek], *s.* Costura; bordado de aguja; obra de punto.

needs ['niːdz] [nids], *adv.* Necesariamente, indispensablemente. Se usa a menudo con *must*: **If it must needs be, we will go,** si es absolutamente necesario, iremos.

needy ['niːdɪ] [ni-di], *a.* Indigente, necesitado, pobre.

ne'er ['nɛəʳ] [neaʳ], *adv.* *V.* NEVER.

nefarious [nɪ'fɛərɪəs] [ni-fea-rios], *a.* Nefario, sumamente malo, atroz.

negation [nɪ'geɪʃən] [ni-guei-shon], *s.* 1. Negación, la acción de negar. 2. *(Lóg.)* Negación, carencia de una calidad en un objeto que es incapaz de ella.

negative ['negətɪv] [ne-ga-tiv], *a.* 1. Negativo. 2. *(Foto.)* Negativo, que presenta los claros y los obscuros invertidos. 3. *(Elec.)* Negativo, de potencia o fuerza relativamente baja.

-*s*. 1. Negativa, una partícula en la gramática y una proposición en la lógica. 2. Negativa, denegación, repulsa de lo que se pide. 3. Veto, derecho de rehusar. 4. Negativo, prueba negativa en fotografía. 5. Electricidad negativa.
negative, *va*. 1. Denegar, desaprobar, negar. 2. Oponerse a, votar en contra; poner su veto a.
negatively ['negətɪvlɪ] [ne-ga-tiv-li], *adv*. Negativamente.
neglect [nɪ'glekt] [ni-glekt], *s*. 1. Descuido, dejadez, negligencia, olvido. 2. Desprecio, menosprecio, desdén, frialdad, indiferencia. 3. Desuso. **To fall into neglect,** caer en desuso.
neglect, *va*. 1. Descuidar, desatender. 2. Descuidar, olvidar, dejar de hacer lo que se debe; diferir; dilatar. 3. Menospreciar, despreciar, no hacer caso, desdeñar, tener en menos. **To neglect one's duties,** descuidar sus deberes, faltar a su obligación.
neglecter [nɪ'glektəʳ] [ni-glek-taʳ], *s*. 1. Descuidado, negligente. 2. Despreciador.
neglectful [nɪ'glektfʊl] [ni-glekt-ful], *a*. Negligente, descuidado, omiso.
neglectfully [nɪ'glektfəlɪ] [ni-glekt-fa-li], *adv*. Negligentemente, descuidadamente.
neglectfulness [nɪ'glektfəlnɪs] [ni-glekt-fal-nes], *s*. Descuido, negligencia.
negligee ['neglɪdʒeɪ] [ne-gli-yi], *s*. Negligencia, descuido, omisión, incuria; dejadez, flojedad.
negligent ['neglɪdʒənt] [ne-gli-chent], *a*. Negligente, descuidado, dejado, flojo, perezoso.
negligently ['neglɪdʒəntlɪ] [ne-gli-yent-li], *adv*. Descuidadamente, negligentemente.
negligible ['neglɪdʒəbl] [ne-gli-chi-bol], *a*. Desatendible, lo que se puede desatender, descuidar, omitir o pasar por alto.
negotiable [nɪ'gəʊʃɪəbl] [ni-gou-shia-bol], *a*. Capaz de ser negociado.
negotiate [nɪ'gəʊʃɪeɪt] [ni-gou-shieit], *vn*. 1. Negociar, tratar y comerciar comprando, vendiendo o cambiando géneros, mercaderías o dinero. 2. Negociar, ajustar o manejar políticamente las pretensiones o negocios. -*va*. Negociar letras, vales u otros efectos comerciales. **To negotiate a bill,** negociar una letra de cambio.
negotiating [nɪ'gəʊʃɪeɪtɪŋ] [ni-gou-shiei-tin], *a*. Negociante, contratante. **A busy negotiating woman,** una mujer entremetida o trafagona.
negotiation [nɪ'gəʊʃɪeɪʃən] [ni-gou-shiei-shon], *s*. Negociación, negocio.
negotiator [nɪ'gəʊʃɪeɪtəʳ] [ni-gou-shiei-taʳ], *s*. Negociador.
negotiatrix [nɪ'gəʊʃɪətrɪks] [ni-gou-shia-triks], *s. f*. Negociadora.
negress ['niːgres] [ni-gres], *sf*. negra, mujer negra.
negro ['niːgrəʊ] [ni-grou] *s*. Negro, colored man.
negus ['niːgəs] [ni-gos], *s*. Carraspada, bebida, hecha con vino, agua, azúcar, canela y nuez de especia.
neigh [neɪ] [nei], *vn*. Relinchar.
neigh, *s*. Relincho, la voz del caballo o la yegua.
neighbor ['neɪbəʳ] [nei-boʳ], *s*. 1. Vecino. 2. Confidente, familiar. 3. Prójimo. -*a*. *(Ant.)* *V*. NEIGHBORING.
neighbor, *va*. Confinar, estar vecino o cercano; ser vecino de alguien, vivir cerca de otro.
neighborhood ['neɪbəhʊd] [nei-ba-jud], *s*. 1. Vecindad. 2. Vecindario, los que viven cerca unos de otros. 3. Cercanía, inmediación, proximidad.
neighboring ['neɪbərɪŋ] [nei-ba-rin], *a*. Vecino, cercano a, próximo, adyacente.
neighborliness ['neɪbəlɪnɪs] [nei-ba-li-nes], *s*. Urbanidad, cortesía de vecindad; buena vecina.
neighborly ['neɪbəlɪ] [nei-ba-li], *a*. Urbano, atento. -*adv*. Civilmente.
neighing ['neɪgɪŋ] [nei-guin], *s*. Relincho.
neither ['naɪðəʳ] [nai-daʳ], conj. 1. Ni; correlativo ordinario de *nor*, ni. **Neither one nor the other,** ni uno ni otro, ni el uno ni el otro. 2. Tampoco, aun no, nada de eso; después de una negación se reemplaza por *either*, excepto en el uso vulgar. **Neither will I do it,** yo tampoco lo haré. **Nor then either (neither),** ni entonces tampoco. -*pron*. Ninguno, ni uno ni otro. **To be on neither side,** ser o permanecer neutral; no tomar parte a favor de uno ni de otro. -*a*. Ninguno, na. **Neither girl sings well,** ninguna de las dos chicas canta bien. **She neither smokes nor drinks,** ni fuma ni bebe.
nelly *s*. **Not on your nelly!** ¡ni hablar! *(Fam.)*.
nemesis ['neɪməsɪs] [ne-me-sis], *s*. 1. Nemesis, diosa de la venganza. 2. Justicia retributiva.
neo- ['niːəʊ] [niou]. Prefijo del griego que significa nuevo o reciente.
Neo-Catholic ['niːəʊkəˌθɒlɪk] [niou-ka-zo-lik], *a*. Neocatólico.
neoclassical ['niːəʊ'klæsɪkəl] [niou-kla-si-kal] *a*. Neoclásico.
neogamist ['niːəʊgæmɪst] [niou-ga-mist], *s*. Novio, el recién casado.
neolithic [ˌniːəʊ'lɪθɪk] [niou-li-zik], *a*. Neolítico, de la segunda edad de piedra.
neological, neologic [ˌnɪə'lɒdʒɪkəl] [nio-lo-yi-kal], *a*. Neológico, lo que pertenece a las voces o locuciones de piedra.
neologism [nɪ'ɒlədʒɪzəm] [nio-lo-chi-sem], *s*. 1. Neologismo, vocablo o giro nuevo en una lengua. 2. Uso de estos vocablos o giros nuevos. 3. Nueva doctrina.
neology [nɪ'ɒlədʒɪ] [nio-lo-chi], *s*. Neología, la invención o creación de voces nuevas en una lengua.
neomenia [ˌnɪəʊ'miːnɪə] [niou-mi-nia], *s*. neomenia, el primer día de la luna.
neon ['niːɒn] [nion], *s*. Neón. **Neon lamp,** lámpara de neón. **Neon sign,** anuncio luminoso de neón.
neophyte ['niːəʊfaɪt] [niou-fait], *s*. Neófito, el recién convertido a la verdadera religión.
neoplatonism ['nɪəʊ'pleɪtənɪzəm] [niou-plei-to-ni-sem], *s*. Neoplatonicismo, escuela filosófica cuya doctrina combinaba las ideas de Platón con las del misticismo oriental.
neoteric [ˌnɪəʊ'terɪk] [niou-te-rik], *a*. Neotérico, moderno.
neozoic [ˌniːəɪ'zəʊɪk] [niou-zouik], *a*. *(Geol.)* Neozoico.
nepaulese [ˌnepɔː'liːz] [ne-po-lis], *s*. Natural de Nepal, en el Indostán.
nephew ['nevjuː] [ne-fiu], *s*. Sobrino.
nephology [ˌnɪ'fɒlədʒɪ] [ni-fo-lo-yi], *s*. La parte de la meteorología que trata de las nubes.
nephoscope ['nɪfəskəʊp] [ni-fos-koup], *s*. Instrumento que indica la dirección, elevación, etc., de las nubes.
nephrite ['nefraɪt] [ne-frait], *s*. Nefrita, *(ant.)* ceraunita, variedad de jade.
nephritic [ne'frɪtɪk] [ne-fri-tik], *a*. 1. Nefrítico: referente a los riñones. 2. Atacado de nefritis. **Nephritic wood,** palo nefrítico.
nephritis [ne'fraɪtɪs] [ne-frai-tis], *s*. Nefritis, inflamación de los riñones.
nephrotomy [ne'frətəmɪ] [ne-fro-to-mi], *s*. Nefrotomía, incisión de un riñón para extraer los cálculos o dar salida a un depósito purulento.
nepotism ['nepətɪzəm] [ne-po-ti-sem], *s*. Nepotismo, desmedida preferencia dada a los parientes en la distribución de gracias y empleos.
neptune ['neptjuːn] [nep-tiun], *s*. 1. Neptuno, dios del mar; de aquí, océano. 2. Neptuno, el planeta más distante del sol, y que con mayor lentitud se mueve alrededor de este luminar.
neptunian [nep'tjuːnɪən] [nep-tiu-nian], *a*. 1. Neptuniano, referente a Neptuno, o al océano. 2. *(Geol.)* Formado por el agua.
nereid ['nɪərɪɪd] [nia-rid], *s*. Nereida, ninfa que vivía en el mar.
nerval ['nɜːvəl] [ner-val], *a*. Nervioso, referente a los nervios.
nervate ['nɜːveɪt] [ner-veit], *a*. *(Bot)*. Nervado.
nervation, nervature ['nɜːveɪʃən] [ner-vei-shon], *s*. Nervadura, distribución de las fibras de las hojas o de las ramificaciones en las alas de los insectos.

nerve [nɜːv] [nerv], *s.* 1. Nervio. 2. Nervio, fortaleza, vigor. 3. Tendón o cuerda. 4. *(Bot.)* Nervio, vena, fibra muy tenue que corre a lo largo de las hojas de las plantas. 5. Vena del ala de un insecto. 6. *pl.* Excitabilidad nerviosa. **Nerve cell,** neurona. **Nerve center,** centro nervioso.; punto neurálgico *(Fig).*

nerve, *va.* Vigorizar, dar fuerza; animar, alentar.

nerved ['nɜːvd] [nervd], *a.* Nervudo; venoso, marcado con venas.

nerviduct ['nɜːvɪdʌkt] [ner-vi-dakt], *s.* Conducto óseo para dar paso a un nervio.

nervine ['nɜːvɪn] [ner-vin], *a.* 1. Nervioso, nervoso. 2. Nervino, que fortifica y suaviza los nervios. *-s.* Medicamento que afecta los nervios.

nerveless ['nɜːvlɪs] [nerv-les], *a.* Enervado, débil, falto de fuerzas.

nervous ['nɜːvəs] [ner-vos], *a.* 1. Nervioso, nervoso; nervudo. 2. Que se agita o altera fácilmente. 3. Nervioso, que muestra vigor en las ideas, escritos, discursos, etc.

nervously ['nɜːvəslɪ] [ner-vos-li], *adv.* Nerviosamente.

nervousness ['nɜːvəsnɪs] [ner-vos-nes], *s.* Nerviosidad, nervosidad, vigor, fuerza; estado nervioso, irritable.

nervure ['nɜːvjʊə[r]] [ner-viua[r]], *s.* 1. *(Arq.)* Costilla. 2. *(Bot.)* Nervura, conjunto de las venas más gruesas de las hojas. 3. *(Ento.)* Vena, nervadura de las alas de un insecto.

nervy ['nɜːvɪ] [ner-vi], *a.* Descarado, caradura (cheeky).

nescience ['nesəns] [ne-sans], *s.* Ignorancia, nesciencia, necedad.

-ness. Sufijo de origen anglosajón que expresa una cualidad o el estado de una cosa; como **darkness**, obscuridad, **greatness**, grandeza, **humaneness**, mansedumbre, benignidad.

ness [nes] [nes], *s.* Promontorio, cabo; se emplea como terminación en ciertos nombres de lugares, como Sheerness, Inverness.

nest [nest] [nest], *s.* 1. Nido. **Nest of birds,** nidada. 2. *(Vulg.)* Nido, lugar donde se reune gente de mala conducta. **Nest of thieves,** nido o guarida de ladrones. 3. Casa, habitación, morada, residencia, generalmente en mal sentido. 4. El conjunto de nichos de un escritorio en que encajan las gavetas; anaquel, gaveta. 5. Juego, serie; particularmente en mecánica, engranaje, conexión de pequeñas ruedas dentadas, resortes, etc. 6. *(Geol.)* Depósito aislado de mineral en una roca. **To make a nest,** hacer un nido, anidar. **A mare's nest,** descubrimiento fraudulento o embuste.

nest, *vn.* 1. Nidificar, anidar, hacerse un nido. 2. Buscar nidos. *-va.* 1. Anidar; alojar, fijar como en un nido. 2. Anidarse, establecerse, proveer de nido. 3. Colocar una serie de objetos uno dentro del otro.

nest-egg ['nesteg] [nest-eg], *s.* 1. Nidal, el huevo que se deja en el nido para que la gallina ponga en él. 2. Ahorros *(Fig.).*

nestle ['nesl] [ne-sel], *vn.* 1. Anidarse, enjaular, enjaularse, alojándose en algún cuarto, vivienda o paraje estrecho. 2. Estar abrigado, como en un nido; apiñarse. *-va.* 1. Abrigar, poner como en un nido. 2. Acariciar, mimar, abrazar estrechamente.

nestling ['neslɪŋ] [nes-lin], *s.* Pollo, el ave recién salida del nido.

nestorian ['nestərɪən] [nes-to-rian], *s.* Nestoriano, nombre de unos herejes.

net [net] [net], *s.* Red; malla.

net, *va.* 1. Neto. 2. Limpio, líquido. **Net income,** ingreso neto. **Net profit,** utilidad neta. **Net weight,** peso neto. *-s.* Cantidad neta. *-vn.* Hacer redes. *-va.* 1. Enredar, prender o coger con red. 2. *(Com.)* Sacar el producto neto de alguna cosa.

nether ['neðə[r]] [ne-da[r]], *a.* Inferior, lo que está más bajo en situación. **The Netherlands,** los Países Bajos.

nethermost ['neðəməʊst] [ne-da-moust], *a.* Lo más inferior o más bajo.

netmaker ['netmeɪkə[r]] [net-mei-ka[r]], *s.* Redero, el que hace redes.

netted ['netɪd] [ne-tid], *a.* 1. Cubierto o protegido por una red. 2. Hecho en forma de red o redecilla.

netting ['netɪŋ] [ne-tin], *s.* 1. Randa, obra de malla. 2. El acto o la operación de hacer redes o redecillas. **Nettings,** *pl.* *(Mar.)* Enjaretados, especie de enrejado. **Quarter-nettings,** *(Mar.)* Redes de combate.

nettle ['netl] [ne-tel], *s.* *(Bot.)* Ortiga. **Great nettle,** ortiga mayor u ortiga dioica. **Roman nettle,** ortiga ilulífera. **Small nettle,** ortiga menor o picante. **Dead nettle,** ortiga muerta o lamio blanco. **Red dead nettle,** lamio purpúreo. **Nettle-fever, nettle-rash,** urticaria, erupción de la piel que causa gran comezón.

nettle, *va.* Picar como ortiga; irritar, provocar.

nettle-tree ['netltriː] [ne-tel-tri], *s.* *(Bot.)* Almez, almezo.

nettling ['netlɪŋ] [ne-tlin], *s.* Provocación, irritación.

network ['netwɜːk] [net-uek], *s.* 1. Malla, randa. 2. Red de estaciones radiodifusoras. 3. Red, cadena de ferrocarriles.

neural ['njʊərəl] [niua-ral], *a.* 1. Nervioso, referente al sistema nervioso. 2. Colocado en el lado que contiene el eje del sistema nervioso central; perteneciente a la medula espinal. 3. Red *(Inform.).*

neuralgia [njʊə'rældʒɪə] [niua-ral-yia], *s.* Neuralgia, dolor vivo a lo largo de un nervio, sin calentura.

neuralgic [njʊə'rældʒɪk] [niua-ral-yik], *a.* Neurálgico, relativo a la neuralgia.

neurasthenia [ˌnjʊərəs'θiːnɪə] [niua-ras-zi-nia], *s.* *(Med.)* Neurastenia.

neuritis [njʊə'raɪtɪs] [niua-rai-tis], *s.* *(Med.)* Neuritis.

neurologist [njʊə'rɒlədʒɪst] [niua-ro-lo-yist], *s.* Neurólogo.

neurology [njʊə'rɒlədʒɪ] [niua-ro-lo-yi], *s.* Neurología, tratado o discurso sobre los nervios.

neuron, neurone ['njʊərɒn] [niua-ron], *s.* *(Anat.)* Neurona, célula nerviosa.

neuropterous, neuropteral [njʊə'rɒptərəs] [niua-rop-te-ros], *a.* Neuróptero, perteneciente al orden de los neurópteros.

neurosis [njʊə'rəʊsɪs] [niua-rou-sis], *s.* Neurosis, enfermedad de los nervios (sin lesión).

neurotic [njʊə'rəʊtɪk] [niua-rou-tik], *a.* *(Med.)* Neurótico, que influye principalmente sobre los nervios.

neuter ['njuːtə[r]] [niu-ta[r]], *a.* 1. *(Gram.)* neutro, ni masculino, ni femenino; sin sexo; verbo intransitivo. 2. *(Bot. y Zool.)* Sin sexo, o sin sexo determinado, como las hormigas obreras. 3. *(Ant.)* Ni uno ni otro; neutral.

neutral ['njuːtrəl] [niu-tral], *a.* 1. Neutral, neutro; ni bueno ni malo, indiferente, inactivo. 2. Indefinido, mediano; sin síntoma característico ni color predominante; pardusco o azulado. 3. *(Biol.)* Neutro, asexual, sin estambres ni pistilos; sin sexo. 4. Neutro, ni ácido ni alcalino. *-s.* Neutral, el que se mantiene indiferente entre dos partidos opuestos.

neutrality [njuː'trælɪtɪ] [niu-tra-li-ti], *s.* 1. Neutralidad, indiferencia, el acto de no tomar partido por algo. 2. Calidad de neutro, ni ácido ni alcalino.

neutralize ['njuːtrəlaɪz] [niu-tra-lais], *adv.* Neutralmente.

neutrino ['njuːtriːnəʊ] [niu-tri-nou, *s.* *(Fís. y Quím.)* Neutrino.

neutron ['njuːtrən] [niu-tron], *s.* (Phys. y Chem.) Neutrón.

never ['nevə[r]] [ne-va[r]], *adv.* 1. Nunca, jamás, en ningún tiempo; de ningún modo. **I shall never be the better of it,** nada adelantaré con eso. **Never a one,** ni siquiera uno. **Never a whit,** nada absolutamente, ni pizca. 2. No. **Never mind,** no importa, no haga Ud. caso. **Never fear,** no hay cuiddo, no hay miedo. 3. Por; por más que. **Well I never!** ¡no me digas! ¡anda ya! **Were the world never so unfriendly,** por más hostil que fuese el mundo. **Never so great o little,**, por grande o pequeño que sea.

never-ceasing ['nevə'siːsɪŋ] [ne-va-si-sin], *a.* Continuo, perpetuo.

never-ending ['nevər'endɪŋ] [ne-var-en-din], *a.* Perpetuo, sin fin, eterno.

never-erring ['nevər'erɪŋ] [ne-var-erin], *a.* Infalible.

never-fading ['nevə'feɪdɪŋ] [ne-va-fei-din], *a.* Inmarcesible.
never-failing ['nevə'feɪlɪŋ] [ne-va-fei-lin], *a.* Inagotable, infalible.
nevermore ['nevə'mɔːʳ] [ne-va-moʳ], *adv.* Jamás, nunca.
nevertheless [ˌnevəðə'les] [ne-va-de-les], *adv.* No obstante que, con todo eso, sin embargo, todavía, a pesar de eso.
new [njuː] [niu], *a.* 1. Nuevo, fresco, reciente, moderno. 2. Nuevo, no acostumbrado, no habituado, tierno. 3. Moderno; renovado. *-adv.* Nuevamente, recientemente. **The New-year,** el año nuevo, el primer día del año. **New bread,** pan fresco, tierno. **Bran new, spick and span new,** flamante, nuevecito. **This is something new for me,** esto es nuevo para mí, esto me sorprende. **To put on the new man,** transformarse en otro hombre. **The New World,** el Nuevo Mundo, el hemisferio occidental. **New Age music,** música de la Nueva Era.
new-blown ['njuːblaʊn] [niu-blaun], *a.* Lo que acaba de florecer o echar flor.
new-born ['njuːbɔːn] [niu-born], *a.* Recién nacido.
newcomer ['njuːkʌməʳ] [niu-ka-maʳ], *s.* Recién llegado.
new-created ['njuːkrɪ'eɪtɪd] [niu-kri-ei-tid], *a.* Recién criado.
new-delivered ['njuːˌdelɪvəd] [niu-de-li-ved], *a.* Recién parida.
newel ['njuːəl] [niuel], *s.* 1. Pilar de escalera de caracol. 2. Poste o pilar en la parte superior e inferior de una escalera, que sostiene el pasamano.
new-fallen ['njuː'fɔːlən] [niu-fo-len], *a.* Recién caído.
new-fangled ['njuːˌfæŋgld] [niu-fan-gueld], *a.* Novel, recién inventado.
new-fashion ['njuːfæʃən] [niu-fa-shon], *s.* La última moda.
new-fashioned ['njuːˌfæʃənd] [niu-fa-shond], *a.* Hecho a la última moda.
new-formed ['njuːˌfɔːmd] [niu-formd], *a.* Reformado, formado de nuevo.
new-found ['njuːˌfaʊnd] [niu-faund], *a.* Recién hallado, recién descubierto. **New-foundland,** (a) Terranova. (b) Perro grande originario de Terranova. **Newfoundland fish,** bacalao o bacallao, abadejo.
new-grown ['njuːgrəʊn] [niu-groun], *a.* Recién crecido, recién salido.
new-healed ['njuːhiːld] [niu-jild], *a.* Dícese del que acaba de salir de una enfermedad.
newish ['njuːɪʃ] [niuish], *a.* Nuevo, reciente.
new-hindled ['njuːhɪndld] [niu-jin-deld], *a.* Encendido de nuevo.
new-laid ['njuː'leɪd] [niu-leid], *a.* Recién puesto o tendido.
newly ['njuːlɪ] [niu-li], *adv.* Nuevamente, recientemente, hace poco. **Newly come,** recién venido.
newlywed ['njuːlɪwɪd] [niu-liuid], *s.* y a. Recién casado.
new-made ['njuːmeɪd] [niu-meid], *a.* Nuevo.
new-married ['njuː'mærɪd] [niu-ma-rid], *a.* Novio, recién casado.
new-moulded ['njuː'maʊldɪd] [niu-maul-did], *a.* Amoldado de nuevo, recién hecho.
newness ['njuːnɪs] [niu-nes], *s.* 1. La cualidad de lo que es nuevo o reciente, novedad, cosa moderna; innovación. 2. Falta de práctica; la situación del que tiene que hacer por primera vez alguna cosa.
news [njuːz] [nius], *s.* 1. Noticias, novedades, nuevas. 2. Noticia, aviso que se da de alguna cosa; informe. En este sentido es siempre singular aunque tiene forma plural. **What is the news?**¿Qué hay de nuevo? ¿qué noticias hay? **This was news to me,** me cogió de nuevo. **No news is good news,** falta de noticias, buena señal. **News agent,** vendedor de periódicos. **News-room,** gabinete de lectura. *-va. (E. U. y Prov. Ingl.)* Dar a luz, divulgar, publicar como noticia.
newscast ['njuːzkɑːst] [nius-kast], *s.* Noticiario, *(Mex.)* Noticiero.
newsdealer ['njuːz'diːləʳ] [nius-di-laʳ], *s.* Vendedor de periódicos.
news-monger ['njuːz'mɒŋgəʳ] [nius-mon-gaʳ], *s.* Novelero, amigo de noticias.
newspaper ['njuːsˌpeɪpəʳ] [nius-pei-paʳ], *s.* Diario, periódico (por lo general cotidiano o semanal), gaceta. **Newspaper clipping,** recorte de periódico.
newsprint ['njuːzprɪnt] [nius-print], *s.* Papel para periódicos.
newsreel ['njuːzriːl] [nius-ril], *s.* Noticiario. *(Mex.)* Noticiero.
newsroom ['njuːzrʊm] [nius-rum], *s. f.* Sala de redacción.
newsstand ['njuːztænd] [nius-tand], *s.* Puesto de periódicos, revistas, etc.
newsworthy ['njuːzˌwɜːθɪ] [nius-uor-zi], *a.* De interés periodístico.
news-writer ['njuːzˌraɪtəʳ] [nius-rai-taʳ], *s.* Gacetero.
newsy ['njuːzɪ] [ni-si], *a.* Abundante en noticias.
newt ['njuːt] [niut], *s.* Tritón, batracio pequeño.
newtonian [njuː'təʊnɪən] [niu-tou-nian], *a.* Neutoniano, lo perteneciente a la filosofía de Newton.
new-year's gift ['njuː'jɪəzgɪft] [niu-yias-guift], *s.* Aguinaldo, regalo que se da el día de Año Nuevo.
New Yorker ['njuː'jɔːkəʳ] [niu-yor-kaʳ], *s.* y a. Neoyorquino.
next ['nekst] [nekst], *a.* 1. Inmediato, contiguo. **The next house,** la casa vecina. 2. Próximo, lo más cercano. 3. Siguiente; sucesivo, que sigue inmediatamente en tiempo u orden. **The next day,** el día siguiente. **I'll do better next time,** lo haré mejor en el futuro. **Next to,** (a) casi. **He is next to the president,** es el primero después del presidente. (b) Casi, poco más o menos. **Next to impossible,** casi imposible. **What next?,** ¿y luego, qué? **What will you do next?,** ¿qué harás después? **Next year,** el año que viene, el año próximo venidero. **Next Sunday,** el domingo que viene. **The next life,** la otra vida, la vida venidera. **That is a difficulty next to impossible,** esa es una dificultad casi imposible o que raya en lo imposible. *-adv.* Luego, inmediatamente después.
next-door ['nekstdɔːʳ] [nekst-doʳ], *a.* **Next-door flat,** piso de al lado.
next-of-kin ['nekstɒvˌkɪn] [nekst-ov-kin], *s.* Pariente más cercano.
nexus ['neksəs] [nek-sus], *s.* Nexo, lazo o vínculo de una cosa con otra.
NGO *Abreviatura de* **Non-Governmental Organization** *(EU).*
NH *Abreviatura de* **Natural Health.**
niacin ['naɪəsɪn] [naia-sin], *s.* Niacina.
nib [nɪb] [nib], *s.* 1. Pico, el extremo de la cabeza del ave. 2. Pico, punta, el extremo de cualquiera cosa; punto de la pluma de acero, o tajo de la ave.
nib, *va.* Hacer punta; aguzar, afilar la punta de.
nibble ['nɪbl] [ni-bel], *va.* Picar, morder pedacitos de, roer, comer a bocaditos, morder, como muerde el pez el anzuelo, rozar, pacer. *-vn.* 1. Morder, mordiscar. 2. Satirizar, criticar; (con la prep. *at*).
nibble, *s.* 1. Roedura, la acción de roer, de comer poco a pcoo, a pedacitos menudos, el acto de morder algo con cautela. 2. Pedacito roído casi todo o en parte.
nibbler ['nɪbləʳ] [ni-blaʳ], *s.* El que pica o come poco a la vez; criticastro.
niccolite ['nɪkəlaɪt] [ni-ko-lait], *s.* Niquelina, arseniuro de níquel. Se llama también *copper-nickel* por su color rojizo.
nice [naɪs] [nais], *a.* 1. Delicado, mirado, exacto, diligente, solícito. 2. Circunspecto, cauto en extremo. 3. Tierno, delicado, lo que con facilidad se aja o deteriora. 4. Fino, primoroso, refinado, elegante, esmerado. 5. Fastidioso, escrupuloso, fácil de resentirse, vidrioso. 6. *(Fam.)* Gustoso, agradable de cualquier modo, delicioso, exquisito, bueno; gentil, amable. **To be nice,** hacer melindres. **Have a nice time!** ¡que lo pases bien! **To make nice,** ser escrupuloso o delicado. **A nice point,** un punto delicado. **A nice distinction,** una distinción exacta, sutil. **She is a nice girl,** es una muchacha gentil, amable. **A nice bit,** un buen bocado; un

trozo escogido. **To be nice with somebody,** ser amable con alguien. **A nice mess!** ¡Vaya lío!

nice-looking [naɪs'lʊkɪŋ] [nais-lu-kin], *a.* Guapo, lindo, mono.

nicely ['naɪslɪ] [nais-li], *adv.* 1. Exactamente, con esmero. 2. Delicadamente. 3. Primorosamente.

niceness ['naɪsnɪs] [nais-nes], *s.* 1. Exactitud, esmero. 2. Delicadeza, nimiedad.

nicety ['naɪsɪtɪ] [nai-si-ti], *s.* 1. Cualidad de lo que es delicado, agradable, primoroso, exactitud, esmero en la ejecución de alguna cosa. 2. Delicadeza, sutileza, afeminación. 3. Circunspección, discreción, discernimiento; refinamiento, argucia, carácter prolijo de una observación o distinción. **Niceties,** detalles. **The niceties of logic, of politics,** las sutilezas de la lógica, las argucias de la política. **Nicety of honor,** la delicadeza del honor, el pundonor. **Meat done to a nicely,** carne, manjar guisado a punto. **To a nicely,** con la mayor precisión. **The niceties of a woman,** los melindres o arrumacos de una mujer. **Niceties,** golosinas, manjares delicados.

niche [niːʃ] [nish], *s.* Nicho, concavidad formada para colocar en ella una estatua, urna, florero, etc.

nick [nɪk] [nik], *s.* 1. Punto crítico, ocasión oportuna, tiempo preciso. 2. Muesca. 3. Escote. 4. Tarja. **In the nick of time,** al tiempo preciso, a buen tiempo a punto fijo. **In good nick,** en buenas condiciones *(fam).*

nick, *n. pr.* (abreviatura de Nicholas). **Old Nick,** el diablo.

nick, *va.* 1. Acertar, dar en el clavo; llegar a tiempo. 2. Cortar en muecas. 3. Tarjar, señalar números en tarjas. 4. *(Des.)* Engañar, pegársela a uno. 5. Arrestar, trincar (arrest). **You're nicked!** ¡queda detenido!

nickel ['nɪkl] [ni-kel], *s.* 1. *(Quím.)* Níquel, metal duro, maleable, blanco argentino, magnético, difícil de fundir y oxidar. 2. *(Fam.)* Moneda de cinco centavos de los Estados Unidos, hecha de una aleación de níquel y cobre. **Nickel-plated,** niquelado, que tiene una capa galvánica de níquel. **Nickel-plate,** *va.* Niquelar, cubrir otro metal con una capa de níquel, por medio de la galvanoplastia.

nicknack ['nɪknæk] [nik-nak], *s.* Friolera, cosa de poco valor. **Sundry nicknacks,** varias chucherías.

nickname ['nɪkneɪm] [nik-neim], *s.* Apodo, mote, mal nombre.

nickname, *va.* Motejar, poner apodos.

nicotin, nicotine ['nɪkətiːn] [ni-ko-tin], *s.* Nicotina.

nictitate ['nɪktɪteɪt] [nik-ti-teit], *vn.* Pestañear, parpadear. **Nictitating membrane,** membrana de pestañeo, el tercer párpado, o párpado lateral de las aves, de los cocodrilos, etc.

nictitation ['nɪktɪ'teɪʃən] [nik-ti-tei-shon], *s.* Pestañeo; en patología, pestañeo rápido e involuntario, debido a un desarreglo nervioso.

nidificant ['nɪdɪfɪkənt] [ni-di-fi-kant], *a.* Que hace nidos, como un ave.

nidification [ˌnɪdɪfɪ'keɪʃən] [ni-di-fi-kei-shon], *s.* Nidificación, el acto de hacer nidos las aves.

nidify ['nɪdɪfaɪ] [ni-di-fai], *vn.* Nidificar, anidar.

nidor ['naɪdɔːʳ] [nai-doʳ], *s.* Olor, sabor, como de manjar cocido o a socarrado.

nidorosity [ˌnaɪdə'rəsɪtɪ] [nai-do-ro-si-ti], *s.* Eructo o regüeldo.

nidorous ['naɪdərəs] [nai-do-ros], *a.* Lo que huele a carne o grasa asada; y en medicina lo que huele o sabe a huevo podrido.

nidulate ['nɪdjuːleɪt] [ni-diu-leit], *va. V.* NIDIFY.

nidulation [ˌnɪdjuː'leɪʃən] [ni-diu-lei-shon], *s.* El tiempo de quedar en el nido.

niece [niːs] [nis], *sf.* Sobrina.

niello ['nɪeləʊ] [nie-lou], *s.* Niel, labor que se hace con el buril o el cincel en los metales. *-va.* Nielar, entallar o abrir a buril varias labores en metal, rellenando los huecos con otro metal diferente, o con una aleación negra.

nig [nɪg] [nig], *va.* 1. Cortar el borde de algo, v. g. de una moneda. 2. Labrar a pico (hablando de piedra).

nigella ['nɪgelə] [ni-gue-la], *s. (Bot.)* Neguilla.

niggard ['nɪgɑːd] [ni-gard], *s.* Tacaño, avaro y mezquino. *-a.* 1. Avariento, avaro, miserable, ruin. 2. Escaso, económico, mezquino.

niggard, *va. (Poco us.)* Escasear.

niggardish ['nɪgɑːdɪʃ] [ni-gar-dish], *a.* Avariento, ruin, mezquino.

niggardliness ['nɪgɑːdlɪnɪs] [ni-gard-li-nes], **niggardness** ['nɪgɑːdnɪs] [ni-gard-nes], *s.* Tacañería, miseria, ruindad.

niggardly ['nɪgɑːlɪ] [ni-gar-li], *adv.* Tacañamente, ruinmente.

nigger ['nɪgɑːʳ] [ni-gaʳ], *s.* Negro *(Fam.).*

niggle ['nɪgl] [ni-guel], *vn.* Jugar, travesear o retozar; burlarse de.

niggling ['nɪglɪŋ] [ni-glin], *a.* 1. Constante (doubt). 2. Insignificante (detail). 3. Meticuloso, quisquilloso (person).

nigh [naɪ] [nai], prep. Cerca, no lejos, a proximidad. **Nigh at hand,** cerca a la mano. **Nigh to death,** próximo a morir. *-adv.* Cerca, inmediato, junto a; casi, cuasi. **Draw nigh,** acérquese Ud. *-a.* 1. Cercano, próximo, vecino, poco lejano. 2. A la izquierda, de la izquierda; se dice de una yunta de bueyes o caballos. 3. *(E. U. y Prov. Ingl.)* Apretado, mezquino. 4. Allegado, pariente; íntimo.

nighness ['naɪnɪs] [nai-nes], *s.* Cercanía, proximidad.

night [naɪt] [nait], *s.* 1. Noche, todo el tiempo que el sol permanece fuera de nuestro horizonte. 2. Caída de la tarde, término del día. 3. Noche, tinieblas, oscuridad; ceguedad física; falta de inteligencia; tristeza, aflicción. 4. La muerte, la sepultura, o la vejez muy avanzada. **By night,** de noche. **To wish one a good-night,** darle a uno las buenas noches. **Wednesday night,** miércoles por la noche. **Tonight,** esta noche, a la noche. **Last night,** la noche pasada, ayer noche. **To morrow night,** mañana por la noche. **Night,** en composición; **Night-bell,** campanilla para llamar por la noche. **Night-bird,** pájaro nocturno. **Night-blindness,** defecto del nervio óptico que sólo permite ver los objetos durante el día. **Night-brawler,** alborotador nocturno. **Night-clothes,** camisa de dormir, traje de dormir. **Night-chair,** *V.* **Night-stool. Night-dew,** sereno de noche. **Night-dog,** perro que caza de noche. **Night-dress,** vestido de noche. **Night-fire,** fuego fatuo, helena, santelmo. **Night-fly,** polilla que vuela de noche. **Night-glass,** anteojo para observaciones nocturnas. **Night-hag,** bruja nocturna. **Night-hawk,** chotacabras, pájaro nocturno. **Night-jar,** chotacabras europea. **Night-lamp, night-light,** mariposa, candelilla para conservar luz de noche. **Night-piece,** la pintura en que se representa la noche o una escena nocturna. **Night-raven,** *(Orn.)* Ave de mal agüero que canta de noche. **Night-rest,** el reposo de la noche. **Night-robber,** ladrón nocturno. **Night-robe,** camisa de dormir. **Night-school,** escuela nocturna; por lo común, escuela gratis para los que trabajan durante el día. **Night-shining,** que reluce o da resplandor de noche. **Night-shriek,** chillido que se oye de noche. **Night-spell,** encanto para librarse de percances por la noche. **Night-stool,** sillico; la silla agujereada bajo la cual se pone el sillico. **Night sweat,** sudor nocturno. **Night-time,** noche, el tiempo que media desde el anochecer hasta el alba. **Night-tripping,** lo que vaga de noche. **Night-vision,** sueño, visión nocturna. **Night-walk,** paseo de noche. **Night-walker,** sonámbulo. **Night-walking,** paseante de noche; sonámbulo. *-s.* Sonambulismo; paseo nocturno; solicitación de prostituta. **Night-wanderer,** el que vaga de noche. **Night-wandering,** noctívago. **Night-warbling,** el que canta por la noche. **Night-watch,** centinela o ronda de noche. **Night-work**, trabajo nocturno.

nightcap ['naɪtkæp] [nait-kap], *s.* 1. Gorro de dormir. 2. *(Fam.)* Bebida que se toma antes de acostarse.

nighted ['naɪtɪd] [nai-tid], *a.* Negro, obscuro.

nightfall ['naɪtfɔːl] [nait-fol], *s.* El anochecer.

nightfaring ['naɪt'fɛərɪŋ] [nait-fea-rin], *a.* Que viaja de noche.

nightgown ['naɪtgaʊn] [nait-gaun], *s.* Bata que se usa de noche; traje de dormir.

nightingale ['naɪtɪŋgeɪl] [nai-tin-gueil], *s.* *(Orn.)* Ruiseñor.
night letter ['naɪtletəʳ] [nait-le-taʳ], *s.* Carta telegráfica nocturna.
nightly ['naɪtlɪ] [nait-li], *adv.* Por las noches, todas las noches. *-a.* Nocturno, de noche; que ocurre o aparece durante la noche.
nightman ['naɪtmən] [nait-man], *s.* Empleado que trabaja de noche.
nightmare ['naɪtmɛəʳ] [nait-meaʳ], *s.* Pesadilla.
night school ['naɪtsku:l] [nait-skul], *s.* Escuela nocturna.
night service ['naɪtˌsɜ:vɪs] [nait-ser-vis], *s.* Servicio nocturno.
nightward ['naɪtwɑ:d] [nait-uard], *a.* Lo que suele hacerse al acercarse la noche.
nigrescence ['nɪgrəsəns] [ni-gre-sens], *s.* La acción de ennegrecer y la negura producida.
nigrescent ['nɪgrəsənt] [ni-gre-sent], *a.* Ennegrecido, negruzco.
nigrification [ˌnɪgrɪfaɪ'keɪʃən] [ni-gri-fai-kei-shon], *s.* Ennegrecimiento.
nigrify ['nɪgrɪfaɪ] [ni-gri-fai], *va.* Hacer negro, ennegrecer.
nihil ['naɪɪl] [nail], *s.* *(Lat.)* Nada.
nihilism ['naɪɪlɪzəm] [nai-li-sem], *s.* 1. Nihilismo, negación de toda creencia. 2. Nihilismo.
nihilist ['naɪɪlɪʃt] [naii-list], *s.* 1. Nihilista.
nihility ['naɪɪlɪtɪ] [naii-li-ti], *s.* Estado de lo que no existe; la nada.
nil, nill [nɪl] [nil], *s.* Nada.
nilgau, nighau ['nɪlgəʊ] [nil-gou], *s.* Tragélafo, rumiante parecido al antílope.
nill [nɪl] [nil], *va.* Rehusar, no querer. **Will he, nill he,** a buenas o a malas, que quiera que no quiera.
nill, *s.* Chispa de bronce fundido.
nimbiferous [nɪm'bɪfərəs] [nim-bi-fe-ros], *a.* Que trae nubes, lluvia o tempestades.
nimble ['nɪmbl] [nim-bel], *a.* Ligero, vivo, activo, listo, ágil.
nimble-footed ['nɪmblˌfu:tɪd] [nim-bel-fu-tid], *a.* Ligero de pies.
nimbleness ['nɪmblnɪs] [nim-bel-nes], *s.* Ligereza, velocidad, actividad, agilidad, celeridad; expedición, destreza.
nimble-witted ['nɪmblˌwɪtɪd] [nim-bel-ui-tid], *a.* Pronto en hablar; penetrante, de inteligencia viva.
nimbly ['nɪmblɪ] [nim-bli], *adv.* Prontamente, ágilmente.
nimbosity ['nɪmbəsɪtɪ] [nim-bo-si-ti], *s.* Tormenta.
nimbus ['nɪmbəs] [nim-bos], *s.* 1. Nimbo, nube obscura y espesa. 2. Aureola, diadema o círculo de luz que se pone sobre la cabeza de los santos.
nincompoop ['nɪŋkəmpu:p] [nin-kom-pup], *s.* *(Fam.)* Badulaque, simplón, tonto.
nine [naɪn] [nain], *a.* Nueve. *-s.* 1. Nueve. 2. *(Poét.)* Las musas, las nueve hermanas. **Nine men's morris,** v. MORRIS.
ninefold ['naɪnfəʊld] [nain-fould], *a.* y *adv.* Nueve veces.
ninepins ['naɪnpɪnz] [nain-pins], *s.* Juego de bolos.
ninescore ['naɪnskɔ:ʳ] [nain-skoʳ], *a.* y *s.* Nueve veces veinte.
nineteen ['naɪn'ti:n] [nain-tin], *a.* y *s.* Diez y nueve.
nineteenth ['naɪn'ti:nθ] [nain-tinz], *a.* Décimonono.
ninetieth ['naɪntɪɪθ] [nain-tiez], *a.* Nonagésimo.
ninety ['naɪntɪ] [nain-ti], *a.* y *s.* Noventa.
ninny, ninnyhammer ['nɪnɪ] [ni-ni] ['nɪnɪ'hæməʳ] [nin-ni-ja-maʳ], *s.* Un simple, un mentecato, un nene, un imbécil, un bobo, zote.
ninth ['naɪnθ] [nainz], *a.* Nono, noveno.
ninthly ['naɪnθlɪ] [nainz-li], *adv.* Noveno o en nono lugar.
Nip [nɪp] [nip], *a.* Japonés, nipón.
nip, *va.* 1. Arañar, rasguñar de repente, pellizcar; morder, cortar con las uñas o los dientes. 2. Quebrar, pellizcar, o desgarrar la superficie o extremo de. 3. Helar o secar los frutos antes de madurarse; marchitar, hacer perecer en germen. **To nip in the bud** o **blossom,** destruir en germen, en el principio. 4. Tocar de cerca, interesar. **To nip off,** cortar alguna cosa fácil de separarse de donde estaba unida.
nip, *s.* 1. Pellizco, acción y efecto de pellizcar; porción pequeña, pedacito; trago, traguito; uñada, dentellada. 2. Helada, escarcha. 3. Cogida; la situación de lo que está cogido entre los hielos o encerrado en ellos. 4. Daño repentino que sufren las plantas o los sembrados. **Nip and tuck,** *(Fam. E. U.)* Caso de igualdad, de empate. 5. *(Des.)* Sátira, dicho picante y mordaz.
nipper ['nɪpəʳ] [ni-paʳ], *s.* Lo que pellizca o muerde: pinza; la garra grande de un cangrejo; pala, diente delantero del caballo. *V.* NIPPERS.
nippers ['nɪpəz] [ni-pars], *s. pl.* 1. Alicates, tenazas. 2. *(Mar.)* Mojelas, badernas.
nipping ['nɪpɪŋ] [ni-pin], *s.* Arañazo, rasguño, mordedura. **Nipping jest,** Chanza pesada, dicho picante, sátira mordaz.
nippingly ['nɪpɪŋlɪ] [ni-pin-li], *adv.* Mordazmente.
nipple ['nɪpl] [ni-pel], *s.* 1. Pezón, la punta que sobresale en los pechos o tetas. 2. Chimenea de un arma de fuego de percusión. 3. Pezón artificial que se emplea con un biberón o para proteger un pezón lastimado. **Nipple shield,** pezonera.
nipplewort ['nɪplwɔ:t] [ni-pel-uort], *s.* *(Bot.)* Lapsana común.
nirvana [nɪə'vɑ:nə] [nia-va-na], *s.* Nirvana.
nit [nɪt] [nit], *s.* 1. Liendre, el huevo del piojo. 2. Punto pequeño. 3. *a.* Tonto, imbécil *(Fam.)*.
nitency ['nɪtənsɪ] [ni-tan-si], *s.* Lustre, esplendor, brillantez.
niter, nitre ['nɪtəʳ] [ni-taʳ], *s.* Nitro, salitre, nitrato de potasa.
nitrate ['nɪtreɪt] [ni-treit], *s.* *(Quím.)* Nitrato, sal formada de ácido nítrico con alguna base.
nitre ['nɪtəʳ] [ni-taʳ], *s.* *V.* NITER.
nitric ['naɪtrɪk] [nai-trik], *a.* Nítrico, azoico.
nitrite ['naɪtrɪt] [nai-trit], *s.* Nitrito, sal formada del ácido nitroso con alguna base.
nitrogen ['naɪtrədʒɪn] [nai-tro-yin], *s.* Nitrógeno.
nitrogenize ['naɪtrədʒɪnaɪz] [nai-tro-yi-nais], *va.* Tratar por el nitrógeno o combinar con él.
nitrogenous ['naɪtrədʒɪnəs] [nai-tro-yi-nos], *a.* Nitrogenado, que contiene nitrógeno, le pertenece o se relaciona con él.
nitroglycerin ['naɪtrəˌglɪsərɪn] [nai-tro-gli-se-rin], *s.* Nitroglicerina, líquido aceitoso, amarillo claro, de tremenda fuerza explosiva; se mezcla comúnmente con una sustancia neutra para formar la dinamita.
nitrous ['naɪtrəs] [nai-tros], **nitry** ['naɪtrɪ] [nai-tri], *a.* Nitroso.
nitrous oxide ['naɪtrəsˌɒksɪd] [nai-tros-ok-sid], *s.* Óxido nitroso, gas hilarante.
nitty ['nɪtɪ] [ni-ti], *a.* Lendroso, lleno de liendres. **To get down to the nitty-gritty,** ir directamente al grano.
nitwit ['nɪtwɪt] [nit-uit], *s.* Necio, bruto, imbécil.
nival ['nɪvəl] [ni-val], *a.* 1. Nevoso. 2. Que crece debajo de la nieve.
niveous ['nɪvɪəs] [ni-vios], *a.* Blanco como la nieve o lo que se parece a la nieve.
nix ['nɪks] [niks], **nixie** ['nɪksɪ] [nik-si], *s.* Genio de las aguas en la mitología alemana.
nix, *s.* *(Germ. E. U.)* Nada.
NNE *Abreviatura de* **North-North-East.**
NNW *Abreviatura de* **North-North-West.**
no [nəʊ] [nou], *adv.* No. **Whether or no,** sea o no sea; que ... no. **No more of this,** basta, bastante, no hablemos más de eso. *-a.* Ningún, ninguno. **By no means,** de ninguna manera, de ningún modo. **No matter, it is no matter,** no importa. **To no purpose,** sin razón alguna., sin objeto, en vano, inútilmente. **You shall come to no harm,** no le sucederá a Ud. nada de malo. **No one,** nadie. **To wrong no one,** no hacer daño a nadie. **No-account,** sin valor, despreciable, vil bajo.
Noah's Ark ['nəʊəsɑ:k] [nous-ark], *s.* Arca de Noé; cajón de sastre.
noachian ['nəʊəkɪən] [noua-kian], *a.* Relativo a Noé.
nob ['nɒb] [nob], *s.* 1. *(Fest.)* La cabeza. 2. *V.* KNOB. 3. *(Germ.)* Persona de distinción social, de buen tono.
nobby ['nɒbɪ] [no-bi], *a.* *(Germ.)* Llamativo; ostentoso, a la moda.

Nobel prize ['nɒblpraɪs] [no-bel-prais], *s.* Premio Nobel.
nobiliary ['nɒbɪlɪərɪ] [no-bi-lia-ri], *a.* Nobiliario.
nobility [nəʊ'bɪlɪtɪ] [nou-bi-li-ti], *s.* 1. Nobleza. 2. Nobleza, se toma colectivamente por el brazo o cuerpo de nobles. 3. Nobleza, dignidad, grandeza, sublimidad de alma, de sentimientos, de estilo, etc.
noble ['nəʊbl] [nou-bel], *a.* 1. Noble, hidalgo, que pertenece al cuerpo de la nobleza. 2. Noble, insigne, esclarecido, majestuoso. 3. Noble, elevado, sublime. 4. Magnífico, generoso. 5. Liberal. *-s.* Noble, la persona que pertenece a la nobleza. **They are of noble extraction,** son de noble alcurnia, o de sangre azul. **To make noble,** ennoblecer. **Noble metals,** metales nobles, es decir, el oro, la plata y el platino.
nobleman ['nəʊblmən] [nou-bel-man], *s.* Noble, hidalgo. *V.* NOBLE, 1ª acep.
nobleness ['nəʊblnɪs] [nou-bel-nes], *s.* 1. Nobleza, dignidad, grandeza. 2. Lustre, esplendor.
noblesse ['nəʊbliːs] [nou-blis], *s.* 1. Nobleza, el conjunto o cuerpo de los nobles. 2. *(Ant.)* Nobleza, alcurnia noble.
noblewoman ['nəʊblwʊmən] [nou-bel-uo-man], *s.* Mujer noble, hidalga.
nobly ['nəʊblɪ] [nou-bli], *adv.* Noblemente. **Nobly born,** noble de nacimiento.
nobody ['nəʊbədɪ] [nou-ba-di], *s.* 1. Nadie, ninguna persona, ninguno. 2. Persona de ninguna estimación, un Don Nadie, un cero a la izquierda. **A mere nobody,** un Don Nadie. **To be nobody at all,** no ser nada absolutamente. **Nobody else,** nadie más, ningún otro.
nock [nɒk] [nok], *s.* 1. *(Mar.)* Puño de la boca (de una vela). 2. *(Des.)* Muesca, abertura. *V.* NOTCH.
noctiluca ['nəktɪljuːkə] [nok-ti-liu-ka], *s.* Noctiluco, animalillo marino microscópico: es la causa ordinaria de la fosforescencia del mar.
noctivagant ['nəktɪvəgənt] [nok-ti-va-gant], *a.* *(Poco us.)* Noctívago, el que anda vagando por la noche.
noctivagation [ˌnəktɪvə'geɪʃən] [nok-ti-va-guei-shon], *s.* El acto de vagar de noche.
noctuary ['nəktʊərɪ] [nok-tua-ri], *s.* Relación de lo que sucede por la noche.
noctuidæ ['nəktʊɪdiː] [nok-tui-di], *s. pl.* Noctuinos, mariposas nocturnas.
nocturn ['nɒktɜːn] [nok-tern], *s.* Nocturno.
nocturnal [nɒk'tɜːnl] [nok-ter-nal], *a.* 1. Nocturnal, nocturno; hecho o sucedido de noche. 2. Activo de noche, que busca su alimento por la noche, como los buhos, los noctuinos, etc.
nocturnal, *s.* Nocturlabio, antiguo instrumento para medir de noche la latitud por la altura de las estrellas.
nocturne ['nɒktɜːn] [nok-tern], *s.* 1. Cuadro, pintura que representa una escena nocturna. 2. *(Mús.)* Nocturno, composición música de melodía dulce y sentimental.
nod [nɒd] [nod], *vn.* 1. Cabecear. 2. Hacer un movimiento con la cabeza inclinándola hacia abajo, en señal de respeto o de afecto. 3. Hacer una señal con la cabeza. 4. Amodorrarse, adormecerse. *-va.* 1. Mover la cabeza, dar cabezadas. 2. Indicar, hacer saber, con una inclinación de la cabeza. 3. Inclinar la cima o parte superior, como de una flor o de un árbol. **Nod off,** quedarse dormido. **Nod through,** dejar pasar (inclinando la cabeza). **She nodded his head,** asintió con la cabeza. **To go through on the nod,** ser aprobado sin discusión o votación.
nod, *s.* 1. Cabeceo. 2. Cabezada, el movimiento de la cabeza cuando uno se duerme. 3. Reverencia, mocha, inclinación de la cabeza en señal de cortesía. 4. Cualquiera señal hecha con la cabeza.
nodal ['nɒdəl] [no-dal], *a.* 1. Nodal, que se refiere a los nodos de una superficie vibrante. 2. Nudoso, referente a uno o varios nudos.
nodder ['nɒdəʳ] [no-daʳ], *s.* El que cabecea o da cabezadas.
nodding ['nɒdɪŋ] [no-din], *pa.* *(Bot.)* Nutante, cuya parte superior se inclina o cuelga parte superior se inclina o cuelga hacia abajo. *-s.* 1. Cabeceo. 2. Dormitación.
noddle ['nɒdl] [no-del], *s.* Mollera, cabeza: se usa despectivamente.
noddy ['nɒdɪ] [no-di], *s.* 1. Un simple, un tonto, zote. 2. Carruaje ligero de dos ruedas. 3. Ave de una de las varias especies de pájaros bobos.
node ['nəʊd] [noud], *s.* 1. Nudo. 2. *(Cir.)* Nodo, nudo, un tumor o dureza de los huesos. 3. *(Astr.)* Nodo, cualquiera de los dos puntos opuestos en que la órbita de un planeta corta la eclíptica. 4. *(Bot.)* Nudo, punto del tallo por donde frotan las ramas o de donde nacen las hojas. 5. Nodo, el punto en que una curva se corta a sí misma. 6. Enredo, nudo, intriga de una novela o drama.
nodose ['nəʊdəs] [nou-dos], *a.* Nudoso, que tiene nudoso o junturas salientes.
nodosity ['nəʊdəsɪtɪ] [nou-do-si-ti], *s.* Nudosidad, complicación o abundancia de nudos.
nodular ['nɒdjʊləʳ] [no-diu-laʳ],, *a.* Parecido a un nudo; que tiene nudos, nodular.
nodule ['nɒdjuːl] [no-diul], *s.* Nudillo, nódulo; bulto o elevación pequeña de cualquier especie.
noduled ['nɒdjuːld] [no-diuld], *a.* Lo que tiene nudillos o elevaciones.
noetic ['nəʊ'iːtɪk] [noui-tik], *a.* Mental, concebido por la mente; intuitivo.
nog [nɒg] [nog], *s.* 1. Baldosa cuadrada de madera. 2. *(Mar.)* Cabilla para escotas; clavija de madera.
nog, *s.* *(Prov. Ing.)* 1. Pucherito, cantarito. 2. Una cerveza fuerte. **Egg-nog,** bebida que se hace con leche, huevos, azúcar y algún licor espirituoso.
noggin ['nɒgɪn] [no-guin], *s.* *(Prov.)* Vasija de madera; también, jarro y su contenido. *V.* MUG.
nogging ['nɒgɪŋ] [no-guin], *s.* Tabique.
no-good [nəʊ'guːd] [nou-gud], *(EU)* Malvado, perverso.
no-hoper [nəʊ'həʊpəʳ] [nou-jo-paʳ], *s. f.* Nulidad.
noise [nɔɪz] [nois], *s.* 1. Ruido, sonido, estruendo. 2. Bulla, clamor, gritería. 3. ruido, rumor, y por extensión fama, nombre, noticia o novedad. **Noise in one's ears,** zumbido de oídos. **Noise pollution,** contaminación auditiva. **To make a noise,** hacer ruido. **To make noises about doing something,** manifestar intención de hacer algo. **Big noise,** pez gordo *(fig.* person*)*
noise, *va.* 1. Esparcir, divulgar o extender alguna noticia. 2. Turbar con gritos o con estruendo.
noiseful ['nɔɪzfʊl] [nois-ful], *a.* Ruidoso.
noiseless ['nɔɪzlɪs] [nois-les], *a.* Quedo, sin ruido, tranquilo, callado.
noiselessly ['nɔɪzlɪslɪ] [nois-les-li], *adv.* En silencio.
noisemaker ['nɔɪzˌmeɪkəʳ] [nois-mei-kaʳ], *(EU)* Matraca.
noisily ['nɔɪzɪlɪ] [noi-si-li], *adv.* De manera escandalosa, ruidosamente, con estrépito.
noisiness ['nɔɪznɪs] [noi-si-nes], *s.* Estrépito, ruido, tumulto, alboroto.
noisome ['nɔɪsəm] [nois-som], *a.* 1. Ofensivo, asqueroso, desagradable, repugnante, particularmente al sentido del olfato. 2. *(Ant.)* Dañoso, nocivo, malsano.
noisomely ['nɔɪsəmlɪ] [noi-som-li], *adv.* Fétido, asqueroso, infeccionable.
noisomeness ['nɔɪsəmnɪs] [noi-som-nes], *s.* 1. Fastidio, náusea. 2. Malsano, repugnante; asquerosidad, infección.
noisy ['nɔɪzɪ] [noi-si], *a.* Ruidoso, clamoroso, turbulento, estrepitoso.
no-jump ['nəʊ'dʒʌmp] [nou-yamp], *s. m.* Salto nulo.
nolition ['nɒlɪʃən] [no-li-shon], *a.* *(Teol.)* Nolición, el acto de la voluntad con que no se quiere alguna cosa.
nomad, nomadic ['nəʊmæd] [nou-mad], [nəʊ'mædɪk] [nou-ma-dik], *a.* Nómada, errante, que no tiene asiento ni habitación fija. *-s.* Nómada, miembro de una tribu errante.
nomancy ['nəʊmænsɪ] [nou-man-si], *s.* Supuesta adivinación por las letras del nombre de alguna persona.
nomarch ['nəʊmɑːk] [nou-mark], *s.* Nomarca, gobernador de un nomo en el antiguo Egipto y en la Grecia moderna.

nome ['nəʊm] [noum], *s.* 1. Provincia, nomo, prefectura del antiguo Egipto o de la Grecia moderna. 2. Expresión, cantidad algebraica.
nomenclator [nəʊ'menklətəʳ] [nou-men-kla-toʳ], *s.* 1. Nomenclator, el que pone nombres propios a personas a cosas. 2. Lista de nombres.
nomenclature [nəʊ'menklətʃəʳ] [nou-men-kla-chaʳ, *s.* Nomenclatura, sistema de nombres o procedimiento para nombrar; el conjunto de las voces técnicas de una facultad o ciencia.
nominal ['nɒmɪnl] [no-mi-nal], *a.* 1. Nominal, que existe más en el nombre que en realidad. **A nominal king,** Rey de nombre. 2. Nominal, que pertenece a un nombre.
nominalism ['nɒmɪnəlɪzəm] [no-mi-na-li-sem], *s.* Nominalismo, antiguo sistema que negaba toda realidad a los términos genéricos y consideraba los nombres individuales y particulares como los únicos verdaderamente reales.
nominalist ['nɒmɪnəlɪst] [no-mi-na-list], *s.* Nominales, escolásticos opuestos a los realistas.
nominalization ["nÁmIn@laI'zeIS@n] [no-mi-na-lai-sei-shon] *s. f.* Nominalización.
nominalize ['nɒmɪnəlaɪz] [no-mi-na-lais], *vt.* Nominalizar.
nominally ['nɒmɪnəlɪ] [no-mi-na-li], *adv.* Nominalmente.
nominate ['nɒmɪneɪt] [no-mi-neit], *va.* Nombrar, elegir, señalar.
nomination ['nɒmɪneɪʃən] [no-mi-nei-shon], *s.* Nombramiento, nominación.
nominative ['nɒmɪnətɪv] [no-mi-na-tiv], *s.* *(Gram.)* Nominativo, el primer caso del nombre; sujeto.
nominator ['nɒmɪneɪtəʳ] [no-mi-nei-taʳ], *s.* Nominador, nombrador.
nominee [ˌnɒmɪ'niː] [no-mi-ni], *s.* Candidato, nombrado, provisto, el que es nombrado para algún empleo u oficio.
nominor ['nɒmɪnəʳ] [no-mi-noʳ], *s.* Electo, el nombrado para alguna dignidad o empleo.
nomography ['nɒməgræfɪ] [no-mo-gra-fi], *s.* Nomografía, tratado de jurisprudencia.
nomothetical ['nɒmə'θetɪkəl] [no-mo-ze-ti-kal], *a.* Legislativo.
-nomy. Sufijo que indica una ciencia y corresponde a *-nomía* en español. **Astronomy,** astronomía.
non- [nɒn] [non]. Partícula negativa que corresponde a los prefijos españoles *in, no*: se pone un guión a la palabra siguiente: **Non-ability,** inhabilidad, excepción legal. **Non-academic,** no docente. **Non-acceptance,** falta de aceptación; repulsa. **Non-acid,** no ácido, que no tiene las propiedades de un ácido. **Non-actinic,** no actínico, que no efectúa cambios químicos: dícese de ciertos rayos de luz. **Non-admission,** denegación, falta de admisión. **Non-appearance,** *(For.)* contumacia, rebeldía, no comparecencia en juicio; falta. **Non-arrival,** falta de llegada o arribo. **Non-assumpsit,** *(For.)* la alegación de que una persona no ha hecho alguna promesa. **Non-attendance,** falta de asistencia. **Non-attention,** desatención. **Non-commisioned,** sin título, sin despacho. **Non-commissioned officer,** clase; sargento o cabo. **Non-concurrence,** falta de unión o combinación. **Non-conducting,** no conductivo. **Non-conductor,** no conductor, sustancia que se opone al paso de una fuerza cualquiera, como el calórico y la electricidad. **Non-contagious,** no contagioso. **Non-content,** oponente; en la cámara británica de los pares se llama así al lord que vota en contra. **Non-delivery,** falta de remisión, descuido en hacer un envío o una entrega. **Non-essential,** no esencial. **Non-exportation,** falta o suspensión de la extracción de géneros. **Non-importation,** falta o suspensión de la entrada de géneros. **Non-juring,** no juramentado, que rehusa prestar juramento de fidelidad. *V.* NONJUROR. **Non-natural,** *(Med.)* no natural. **Non-payment,** falta de pago. **Non-perfomance,** falta de ejecución. **Non-residence,** ausencia, falta de residencia en el que tiene obligación de residir en alguna parte. **Non-resident,** ausente, no residente. **Non-resistance,** obediencia pasiva. **Non-sensitive,** falto de percepción o de sensibilidad. **Non-solution,** insolvencia. **Non-tenure,** *(For.)* alegación de estar exento de una jurisdicción.
nonage ['nɒneɪdʒ] [non-eich], *s.* Minoridad, edad menor.
nonagenarian [ˌnɒnədʒɪ'nɛərɪən] [no-na-chi-nea-rian], *a.* y *s.* Nonagenario, de noventa o más años de edad.
nonagesimal ['nɒnədʒesɪml] [no-na-che-si-mal], *a.* Nonagésimo.
nonagon ['nɒnəgən] [no-na-gon], *s.* Nonágono, la figura de nueve ángulos.
nonce ['nɒns] [nons], *s.* Hogaño, el tiempo o la ocasión presente; la actualidad. **For the nonce,** al presente, actualmente, hoy día.
nonchalance ['nɒn'tʃæləns] [non-cha-lans], *s.* Estado de indiferencia; descuido.
nonchalant ['nɒn'tʃælənt] [non-cha-lant], *a.* Descuidado, incuiroso, negligente.
nonchalantly ['nɒn'tʃæləntlɪ] [non-cha-lan-tli], *adv.* 1. Con aplomo, tranquilamente. 2. Indiferentemente, negligentemente.
non-combatant ['nɒnk'kɒmbət ənt] [non-kom-ba-tant], *s.* 1. No combatiente, como el médico militar y el capellán castrense. 2. En tiempo de guerra, el que no pertenece al ejército; como las mujeres, los niños y otros no combatientes.
non-commital ['nɒnk'kɒmɪtl] [non-ko-mi-tal], *adj.* Evasivo, que no se compromete a nada.
non-completion ['nɒnk'kɒmpleʃən] [non-kom-ple-shon], *s. m.* Incumplimiento.
non-conductor ['nɒnk'kɒndʌktəʳ] [non-kon-dak-taʳ], *s. m.* Mal conductor, aislante *(Elec.)*.
non-conformism ['nɒn'kɒmfɔːmɪzəm] [non-kom-for-mi-sem], *s. m.* Inconformismo.
non-conformist ['nɒn'kɒmfɔːmɪst] [non-kom-for-mist], *s.* No conformista o disidente, el que no se conforma con los ritos de la Iglesia anglicana.
non-conformity ['nɒn'kɒmfɔːmɪtɪ] [non-kom-for-mi-ti], *s.* Desconformidad, disidencia, oposición, repugnancia a conformarse con los ritos de la Iglesia anglicana.
non-cooperation [ˌnɒnkəʊˌɒpə'reɪʃən] [non-kouo-pa-rei-shon], *s. f.* No cooperación.
nondescript ['nɒndɪskrɪpt] [non-dis-kript], *a.* Que no está descrito; indeterminado; fantástico. *V.* ODD. Se usa también como substantivo para designar un objeto de historia natural que no ha sido nunca descrito.
non-drinker ['nɒn'drɪŋkəʳ] [non-drin-kaʳ], *a.* No bebedor, abstemio.
non-durable ['nɒn'djʊərəbl] [non-diu-ra-bol], *a.* Perecedero.
none [nʌn] [nan], *pron.* 1. Nadie, ninguno (person, thing). **None will be excepted,** no se exceptuará a nadie. **He has none,** no tiene ninguno. 2. Nada, nada de; fuera. **None of that,** nada de eso. **Non of them,** ninguno de ellos. **Come now, none of your mischief,** vamos, dejarse de travesuras. 3. *adv.* No. **He was none the worse,** no se hallaba peor. **We have none,** no tenemos ninguno. **None other than the king,** el rey en persona, el mismo rey. **There are none left,** no queda ninguno. **None-so-pretty,** *(Bot.) V.* LONDON PRIDE. Saxifraga.
nonentity [nɒ'nentɪtɪ] [non-en-ti-ti], **Non-existence** ['nɒnɪg'sɪst əns] [non-ik-sis-tans], *s.* Nada, la nada; la falta de existencia.
nones ['nʌnz] [nanz], *s. pl.* 1. Nonas; en el calendario romano el noveno día antes de los idus: el séptimo día de marzo, mayo, julio, y octubre y el quinto de los demás meses. 2. Nona, hora menor del rezo eclesiástico (entre las doce y las tres).
nonesuch ['nʌnsʌk] [nan-sak], *s.* Sin igual, sin par.
nonetheless [ˌnʌnðə'les] [nan-de-les], *adv.* Nevertheless.
non-event [ˌnɒnɪ'vent] [non-ivent], *s. m.* Fracaso, acto fallido.
non-fattening [ˌnɒn'fætnɪŋ] [non-fat-nin], *a.* Que no engorda.

non-fulfillment [ˌnɒnfʊl'fɪlmənt] [non-ful-fil-ment], *s. m.* Incumplimiento.

non-governmental ['nɒnˌgʌvn'mentl] [non-go-vern-mental], *a.* No gubernamental.

nonillion ['nʌnɪlɪən] [na-ni-lion], *s.* Nonilión.

non-intervention ['nɒnˌɪntə'venʃən] [non-in-ta-venshon], *s. f.* No intervención.

non-iron ['nɒnˌaɪən] [non-aion], *a.* Que no se plancha, que no necesita ser planchado.

non-negotiable [ˌnɒnnɪ'gəɪʃɪəbl] [non-ni-gou-shia-bol], *a.* No negociable.

no-nonsense [ˌnəʊ'nɒnśns] [nou-non-sens], *a.* Sensato.

nonpareil ['nɒnpəreɪl] [non-pa-reil], *s.* 1. Sin par, bondad sin igual. 2. Especie de camuesa. 3. *(Impr.)* Nomparel, un grado de letra muy pequeña que usan los impresores. 4. Nombre de varias clases de pájaros; variedades de pinzón y de loro. *-a.* Sin igual, sobresaliente, que no tiene par.

non-partisan ['nɒnˌpɑːtɪ'zæn] [non-par-ti-san], *a.* Imparcial, independiente.

nonplus ['nɒn'plʌs] [non-plas], *s.* Embarazo, perplejidad, estado de no poder decidir ni avanzar; dificultad inquietante. **He was left at a nonplus,** no supo qué responder, se quedó cortado, perplejo.

nonplus, *va.* Confundir, atascar, cortar, arrinconar, estrechar en una disputa.

non-political [ˌnɒnpə'lɪtɪkəl] [non-po-li-ti-kal], *a.* Apolítico.

non-polluting [ˌnɒnpəl'juːtɪŋ] [non-po-liu-tin], *a.* No contaminante.

non-profit [ˌnɒn'prɒfɪt] [non-pro-fit], *a.* No lucrativo.

non-recurring ['nɒnrɪ'kɜːrɪŋ] [non-ri-ke-rin], *a.* Ocasional, único.

non-resident ['nɒn'rezɪdənt] [non-re-si-dent], *a.* No residente, transeúnte, huésped.

nonsense ['nɒnsəns] [non-sens], *s.* 1. Disparate, desatino, absurdo, necedad. 2. *(Fam.)* Bagatelas, fruslerías, cosas sin importancia, jerigonza. **Nonsense verses,** versos de buena forma, pero de sentido desatinado y absurdo.

nonsensical [nɒn'sensɪkəl] [non-sen-si-kal], *a.* Absurdo, dessatinado, impertinente.

nonsensically [nɒn'sensɪkəlɪ] [non-sen-si-ka-li], *adv.* Disparatadamente.

nonsensicalness [nɒn'sensɪkəlnɪs] [non-sen-si-kal-nes], *s.* Absurdidad; disparate.

non seq. *Abreviatura de* **non sequitur,** falta de lógica, incongruencia.

nonskid ['nɒn'skɪd] [non-skid], *a.* Antideslizante.

non-smoker ['nɒn'sməʊkə[r]] [non-smou-ka[r]], *s.* 1. No fumador (person). 2. Sección o departamento de no fumadores.

non-stick [ˌnɒn'stɪk] [non-stik], *a.* Antiadherente.

non-stop ['nɒn'stɒp] [non-stop], *adv.* 1. Sin parar, incesantemente. 2. Directo, sin paradas (rail).

nonsuit ['nɒnsuːt] [non-sut], *s. (For.)* 1. El abandono de un pleito por el demandante. 2. El acto de declarar que el demandante en un juicio ha perdido el derecho de continuar en su demanda por no haber cumplido lo que prescriben las leyes.

nonsuit, *va. (For.)* Absolver de la instancia, declarar que un demandante en juicio ha perdido el derecho de seguir en su demanda por no haber cumplido lo que prescriben las leyes.

non-toxic ['nɒn'tɒksɪk] [non-tok-sik], *a.* No tóxico.

non-verbal ['nɒn'vɜːbl] [non-ver-bal], *a.* Sin palabras.

non-yielding ['nɒn'jiːldɪŋ] [non-yil-din], *a.* Improductivo.

noodle ['nuːdl] [nu-del], *s.* Simplón, mentecato, idiota.

noodle, *s.* Tallarín; fideo.

nook [nʊl] [nuk], *s.* 1. Rincón, lugar estrecho y retirado, escondrijo.

noon [nuːn] [nun], *s.* 1. Mediodía, hora en que está el sol en el meridiano. 2. Culminación, apogeo. **High noon,** el mediodía en punto, las doce en punto.

noonday ['nuːndeɪ] [nund-ei], *s.* Mediodía. *-a.* Meridional.

no-one ['nəʊwʌn] [nou-uan], *pr.* **Nobody**.

nooning ['nuːnɪŋ] [nu-nin], *s.* Siesta, el descanso de mediodía.

noontide ['nuːntaɪd] [nun-taid], *a.* Meridional. *-a.* 1. La hora de mediodía. 2. Período de apogeo o culminación.

noose [nuːs] [nus], *s.* Lazo corredizo. **Noose snare,** trampa.

noose, *va.* 1. Enlazar, apretar con lazo corredizo. 2. Entrampar, hacer caer en la trampa.

nor [nɔː[r]] [no[r]], *conj.* Ni, no, tampoco; partícula correlativa de *neither* o *not*, pero en el uso poético o retórico, estas últimas palabras se omiten algunas veces. **I did not go, nor did I intend it,** no fui ni tuve intención de ir. **I neither love nor fear thee,** ni te amo ni te temo. **Neither A nor B,** ni A ni B. **Nor was this all,** pero esto no fue todo.

nordic ['nɔːdɪk] [nor-dik], *a.* Nórdico.

norm [nɔːm] [norm], *s.* 1. Norma, pauta, regla, tipo normal o modelo. 2. *(Biol.)* Unidad típica de conformación o estructura.

normal ['nɔːməl] [nor-mal], *a. (Geom.)* 1. Perpendicular, lo que forma un ángulo recto. 2. Normal, según las reglas o principios; que enseña las reglas o principios; conforme a un tipo o regla. **Normal-schools,** escuelas para enseñar a los maestros cómo han de desempeñar su obligación.

normalize ['nɔːməlaɪz] [nor-ma-lais], *vt.* Normalizar.

normally ['nɔːməlɪ] [nor-ma-li], *adv.* Normalmente.

norman ['nɔːmən] [nor-man], *a.* Normando, perteneciente a Normandía. *-s.* 1. Normando, el natural de Normandía. 2. *(Mar.)* Burel de molinete.

normative ['nɔːmətɪv] [nor-ma-tiv], *a.* Normativo.

norse ['nɔːs] [nors], *a.* Escandinavo, perteneciente a los países o a los idiomas escandinavos. *-s.* Idiomas escandinavos, particularmente el de Islandia.

norseman ['nɔːsmən] [nors-man], *s.* Hombre del Norte, el antiguo escandinavo.

north [nɔːθ] [norz], *s.* 1. Norte, punto cardinal opuesto al Sur; septentrión. 2. Región o distrito al norte de un punto dado; particularmente en los Estados Unidos, la región que se halla al norte de los estados donde existió la esclavitud. *-a.* Septentrional, del Norte. **North African,** norteafricano. **North American,** norteamericano. **The North Pole,** el Polo Norte, Polo Ártico. **North by east,** Norte, cuarto nordeste. **North by west,** norte, cuarto noroeste. **North star,** estrella polar, estrella del norte.

northeast ['nɔːθ'iːst] [norz-ist], *s.* y *a.* Nordeste.

northeaster ['nɔːθiːstə[r]] [norz-is-ta[r]], *s.* Temporal, ventarrón del nordeste.

northeasterly ['nɔːθ'iːstəlɪ] [norz-is-ter-li], *a.* Dirigido hacia al nordeste o que viene del nordeste.

northeastern ['nɔːθ'iːstən] [norz-is-tern], *a.* Situado en el nordeste, perteneciente a esta dirección.

norther ['nɔːθə[r]] [nor-za[r]], *s.* Viento fuerte del norte; suele ser frío en Texas; en California a veces muy cálido y seco.

northerly ['nɔːθəlɪ] [nor-zer-li], **northern** ['nɔːθən] [nor-zern], *a.* Septentrional. **Northerly winds,** vientos del norte. **Northern lights,** aurora boreal.

northerner ['nɔːθənə[r]] [nor-zer-na[r]], *a.* Del Norte, norteño, septentrional.

northing ['nɔːθɪŋ] [nor-zin], *s. (Mar.)* La diferencia de latitud de un buque en su rumbo.

northland ['nɔːθlənd] [norz-land], *s. (EU)* Tierra o región septentrional.

northman ['nɔːθmən] [norz-man], *s.* Escandinavo. *V.* NORSEMAN.

northward, northwards ['nɔːθwəd] [norz-uard], *adv.* Hacia el norte.

northwest ['nɔːθ'west] [norz-uest], *s.* y *a.* Noroeste, noroeste, norueste.

northwesterly ['nɔːθ'westəlɪ] [noz-ues-ter-li], *a.* Dirigido hacia el noroeste o que viene del noroeste.

northwestern ['nɔːθ'westən] [noz-ues-tern], *a.* Perteneciente o situado al noroeste.

north wind ['nɔːθ'wɪnd] [noz-uind], *s.* Norte, el viento septentrional.
norwegian [nɔː'wiːdʒən] [nor-vi-yan], *s.* y *a.* Noruego, perteneciente a Noruega, natural de Noruega.
no-score ['nəʊˌskɔːʳ] [nou-skoʳ], *a.* **No-score draw,** empate a cero.
nose [nəʊz] [nous], *s.* 1. Nariz, órgano del olfato y de la respiración; hocico de ciertos animales. 2. Olfato, sagacidad. 3. Lo que se asemeja a una nariz: (a) la proa de un buque; (b) tobera, cañuto de fuelle; pico, boca (de cafetera o de cántaro). **A flat nose,** nariz chata, roma o aplastada. **To blow one's nose,** sonarse la nariz. **To get one's nose in front,** llevar o conseguir una ligera ventaja. **To lead by the nose,** arrastrar como por fuerza; llevar tras sí, atraer ciegamente uno a otro a su dictamen o voluntad. **To thrust the nose into,** entremeterse. **To put the nose out of joint,** suplantar, desquiciar. **Pug nose,** nariz, rama, achatada. **To bleed at the nose,** echar sangre por las narices. **To blow one's nose,** sonarse las narices. **To pick one's nose,** hurgarse las narices. **To speak through the nose,** ganguear. **To turn up one's nose at something/somebody,** torcer el morro ante algo/alguien. **Under one's nose,** a las barbas de uno, en su presencia. **Nose-bag,** morral de hocico; cebadera.
nose, *va.* 1. Oler, olfatear. 2. Descubrir espiando o acechando; se usa con la prep. *out.* 3. Encararse; oponerse, hacer frente. **Nose about/around,** curiosear, cotillear. **Nose out,** husmear u olfatear algo.
nosebleed ['nəʊzbliːd] [nous-blid], *s.* 1. Sangre que sale por las narices, hemorragia nasal. 2. *(Bot.)* Milenrama.
nosegay ['nəʊzgeɪ] [nous-guei], *s.* Ramillete; manojo de flores.
nosel ['nəʊzl] [nou-sel], *s. V.* NOZLE.
noseless ['nəʊzlɪs] [nous-les], *a.* Desnarigado.
nose-piece ['nəʊzpiːs] [nous-pis], *s.* 1. Sobarba, muserola. 2. Remate del microscopio al cual se asegura el objetivo; porta-objetivos, anillo que sirve a este objeto. 3. Extremo, boquerel de manguera o de tubo.
nosey ['nəʊzɪ] [nou-si], *a.* Fisgón, entrometido.
nosology ['nəʊzəlɒdʒɪ] [nou-so-lo-yi], *s.* Nosología, la descripción y clasificación de las enfermedades. Su adjetivo es *nosological,* nosológico.
nostalgia [nɒs'tældʒɪə] [nous-tal-chia], *s.* Nostalgia.
nostalgic [nɒs'tældʒɪk] [nous-tal-chik], *a.* Nostálgico.
nostoc ['nɒstək] [nos-tok], *s.* Nostoc, género de algas de agua dulce. Forma masas gelatinosas o membranosas de color verde.
nostologic [nɒs'tələdzɪk] [nos-to-lo-yik], *a.* Senil, relativo a la vejez avanzada o segunda niñez.
nostril ['nəɒstrɪl] [nos-tril], *s.* Ventana de la nariz.
nostrum ['nɒstrəm] [nos-trom], *s.* 1. Secreto, remedio o medicina secreta. 2. Proyecto de charlatán o politicastro. 3. Remedio predilecto.
nosy ['nəʊzɪ] [nou-si], *a.* **Nosey**.
not [nɒt] [not], *adv.* No, partícula con que se niega o rehusa alguna cosa. **Not at all,** de ningún modo. **Not but, not that,** no que, no es (decir) que. **Not but that I shall go,** no es decir que no iré. **No that I say,** no es que yo lo diga. **Not to say,** por no decir. **Not so much as,** ni siquiera. **They had not so much as heard,** ni siquiera habían oído. **I think not,** no lo creo; creo que no. **Does it not?,** ¿no es verdad? **She sings well does she not?,** ella canta bien, ¿no es así?
notability [ˌnəʊtə'bɪlɪtɪ] [nou-ta-bi-li-ti], *s.* 1. Notabilidad, carácter notable. 2. Notabilidad, persona de consecuencia, notable.
notable ['nəʊtəbl] [nou-ta-bol], *a.* Notable, digno de nota, reparo o atención; memorable. **A notable example,** ejemplo notable, memorable.
notable, *a.* Eminentemente cuidadoso o arreglado en sus gastos; hábil. **A notable housewife,** una cuidadosa ama de casa.
notableness ['nəʊtəblnɪs] [nou-ta-bol-nes], *s.* Notabilidad, cualidad de lo que es notable; carácter notable.
notably ['nəʊtəblɪ] [nou-ta-bli], *adv.* Notablemente, importantemente.
notarial ['nəʊ'tɛərɪəl] [nou-ta-rial], *a.* Perteneciente a un notario; ejecutado o hecho ante notario.
notarize ['nəʊtəraɪzl] [nou-ta-rais], *vt. (EU)* Autenticar.
notary ['nəʊtərɪ] [nou-ta-ri], **notary-public** ['nəʊtərɪˌpʌblɪk] [nou-ta-ri-pa-blik], *s.* Notario, escribano público, funcionario autorizado para dar fe en los instrumentos auténticos y otros actos extrajudiciales.
notation [nəʊ'teɪʃən] [nou-tei-shon], *s.* 1. Notación, anotación; sentido, significación. 2. Notación, numeración escrita; sistema de signos, cifras o abreviaturas empleado en una ciencia o arte. Notación aritmética, musical, química, lógica.
notch [nɒtʃ] [noch], *s.* Muesca, abertura o corte que se hace en alguna cosa; ranura, mortaja, tajadura; hendidura; malla.
notch, *va.* Hacer muescas; dentar, ranurar, ruñar.
note [nəʊt] [nout], *s.* 1. Nota, marca, señal. 2. Caso, aprecio. 3. Nota, censura o reparo de las acciones de alguno. 4. Nota, tacha o defecto grave y reparable. 5. Nota, apuntación, apunte. 6. Nota, reparo o explicación que se hace sobre lo contenido en algún libro o escrito. 7. Carácter, reputación, consecuencia. 8. Aviso, noticia, advertencia. 9. *(Mús.)* Nota, la señal del tono que se ha de seguir; un sonido musical cualquiera; también una tecla. **The note F,** la tecla F. 10. Sonido melodioso o vocal, tono, voz, acento; modo de hablar; canto de las aves. 11. Nota, el estado de ser o poder ser observado. 12. Indirecta. 13. Esquela, billete. 14. Vale, pagaré, papel que se da en reconocimeinto de alguna deuda. **Bank-note,** billete de banco. **Note of hand o promissory note,** pagaré. **Nothing of note,** sin novedad. **To take note,** hacer cargo; tomar nota, hacer apuntes, anotar; notar, advertir algo. **Foot-note,** nota al pie (de la página). **Half note,** *(Mús.)* mínima, la mitad de la semibreve. **Whole note,** semibreve, nota que vale un compás menor. **Note-book,** libro de memoria o de apuntaciones. **Leading note,** nota o tecla subtónica, la séptima de la escala. **Worthy of note,** digno de atención.
note, *va.* 1. Notar, marcar, distinguir. 2. Reparar, observar, advertir. 3. Anotar, notar, apuntar brevemente alguna cosa; poner por escrito, registrar. **To note a bill of exchange,** anotar una letra de cambio. 4. Censurar, imputar alguna culpa o delito. 5. Componer, hacer composiciónes musicales notando los tonos.
noted ['nəʊtɪd] [nou-tid], *a.* Afamado, célebre, insigne, eminente.
notedly ['nəʊtɪdlɪ] [nou-tid-li], *adv.* Notablemente; con nota.
notedness ['nəʊtɪdnɪs] [nou-tid-nes], *s.* Celebridad, fama, reputación.
noteless ['nəʊtlɪs] [nout-les], *a.* Oscuro, sin celebridad, reputación o fama.
noter ['nəʊtəʳ] [nou-taʳ], *s.* Notador, observador.
noteworthy ['nəʊtˌwɜːðɪ] [nout-ue-zi], *a.* Notable, digno de nota, de atención, de observación.
nothing ['nʌθɪŋ] [na-zin], *s.* 1. Nada, ninguna cosa. 2. Nadería, cosa de poca entidad, friolera. 3. Estado de lo que no tiene existencia; la nada. 4. La cifra 0; cero. **That is nothing to me,** eso nada me importa. **It is good for nothing,** para nada sirve. **Nothing much,** poca cosa. **Next to nothing,** casi nada. **He had nothing to live upon,** no tenía nada con que mantenerse. **It signifies nothing,** eso no significa nada, nada quiere decir. **He made nothing of his labor,** nada sacó de su trabajo. **To make nothing of,** (a) no hacer caso de, despreciar, tomar una cosa a burla. (b) No comprender, no poder entender. **I could make nothing of his talk,** no pude entender su charla. **To come to nothing,** anonadarse, aniquilarse. **To reduce to nothing,** reducir a la nada. **For nothing,** de balde, por nada, grauitamente. **Nothing else,** nada más. **A multiplication of nothings,** un montón de bagatelas. **Thin, nothing of it!** ¡no hay de qué! **A good-for-nothing fellow,** un para nada. *-adv.* De ningún grado o medida. **You have nothing on him,** no le llegas ni a la suela del zapato.

nothingness ['nʌθɪŋnɪs] [na-zin-nes], *s.* Nonada, nadería, cosa de poca entidad; nada.
notice ['nəʊtɪs] [nou-tis], *s.* 1. Nota, reparo, observación; atención. **Worthy of notice,** digno de observación, de atención. 2. Aviso, noticia, informe. 3. Noticia, tratamiento respetuoso; corta noticia literaria. 4. Notificación, orden que se comunica a alguien. **To give notice,** advertir, hacer saber, avisar, dar aviso, informar. **Take no notice of it,** no haga Ud. caso de ello; haga Ud. como si no viese nada. **To take notice of,** hacer caso, atender, tener cuidado; notar, observar; cuidarse de. **To give short notice,** conceder un corto plazo. **To give out a notice,** dar una noticia, anunciar algo. **To avoid notice,** intentar pasar inadvertido. **He has had notice of it by letter,** ha sido advertido o informado por carta. **Notice to quit,** aviso de despedida. **At the shortest notice,** al momento, tan pronto como sea posible.
notice, *va.* 1. Notar, observar, mirar, reparar. 2. Hacerse cargo de, atender a, cuidar de; apercibirse de. 3. Mentar, hacer mención de. 4. Tener miramientos, tratar con atención, con finura. **The children were much noticed,** a los niños se les dedicó mucha atención.
noticeable ['nəʊtɪsəbl] [nou-ti-sa-bol], *a.* Digno de atención, notable; perceptible.
noticeably ['nəʊtɪsəblɪ] [nou-ti-sa-bli], *adv.* Notablemente, de un modo notable o perceptible.
notification [ˌnəʊtɪfɪ'keɪʃən] [nou-ti-fi-kei-shon], *s.* 1. Notificación, el acto de notificar o hacer saber alguna cosa. 2. Aviso, advertencia, citación, cita.
notify ['nəʊtɪfaɪ] [nou-ti-fai], *va.* 1. Notificar, advertir, avisar; dar a conocer, informar por cualesquiera medios. 2. Dar a luz, dar noticias de, publicar.
noting ['nɒtɪŋ] [no-tin], *s.* Notificación, aviso, el acto de notar o tomar notas; el acto de anotar una letra de cambio.
notion ['nəʊʃən] [nou-shon], *s.* 1. Noción; concepción mental, idea, pensamiento. 2. Parecer, voto, dictamen, opinión. 3. Entendimiento, sentido. 4. *(Fam.)* Intención, inclinación, designio. 5. *(Fam.)* Novedad, artículo vendible de poca monta. **I have a notion that...,** tengo la idea de que... **You have no notion!** ¡Ni te lo puedes imaginar!
notional ['nəʊʃənl] [nou-sho-nal], *a.* 1. Imaginario, ideal. 2. Quimérico, fantástico; que se recrea con quimeras; caprichudo, afectado, demasiado aficionado a pequeñeces. **A notional old bachelor,** un solterón viejo y maniático.
notionality ['nəʊʃənælɪtɪ] [nou-sho-na-li-ti], *s.* La opinión o parecer que no tiene fundamento o nada en que fundarse.
notionally ['nəʊʃənəlɪ] [nou-sho-na-li], *adv.* Idealmente.
notoriety ['nəʊtərɪətɪ] [no-to-rie-ti], *s.* Notoriedad, noticia pública; conocimiento que todos tienen de una cosa.
notorious ['nəʊtərɪəs] [no-to-rios], *a.* Notorio, público, conocido, manifiesto, aparente, evidente.
notoriously ['nəʊtərɪəslɪ] [no-to-rios-li], *adv.* Notoriamente.
notoriousness ['nəʊtərɪəsnɪs] [no-to-rios-nes], *s.* Notoriedad, noticia pública.
notus ['nətəs] [no-tos], *s.* Noto, austro.
not-wheat ['nɒtwi:t] [not-uit], *s.* *(Bot.)* Trigo chamorro, trigo cuya espiga no tiene raspas.
notwithstanding ['nɒtwɪθˌstændɪŋ] [not-uit-stan-din], *conj.* No obstante, sin embargo, aunque, con todo, bien que; por más que. *-adv.* A despecho, sin relación a, a pesar de.
nougat ['nu:gɑ] [nu-ga], *s. m.* Turrón.
nought ['nɔ:t] [not], *s.* Nada. *V.* NAUGHT.
noun [nəʊn] [naun], *s.* *(Gram.)* Nombre, substantivo.
nourish ['nʌrɪʃ] [na-rish], *va.* 1. Nutrir. 2. Alimentar, sustentar, mantener. 3. Alentar, fomentar. 4. Criar, educar. *-vn.* Favorecer el crecimiento o desarrollo de.
nourishable ['nʌrɪʃəbl] [na-ri-sha-bol], *a.* 1. Que se puede alimentar, sustentar o fomentar. 2. *(Des.)* Nutricio.
nourisher ['nʌrɪʃəʳ] [na-ri-shaʳ], *s.* Nutridor, nutriente, alimentador.
nourishment ['nʌrɪʃmnt] [na-rish-ment], *s.* 1. Nutrimento, alimento, sustento; lo que sustenta o promueve el crecimiento de una manera cualquiera. 2. La acción de nutrir. 3. Lo que favorece el desarrollo de una cosa.
nous [naʊs] [naus], *s.* Inteligencia, conocimiento, penetración, sentido.
novation [nɒ'veɪʃən] [no-vei-shon], *s.* *(For.)* Novación, renovación de una obligación contraída anteriormente.
novel ['nɒvəl] [no-vel], *a.* Novel, nuevo, moderno. *-s.* 1. Novel, historia fingida. 2. *(For.)* Novela, cualquier ley de los emperadores añadida al código de Justiniano.
novelette ['nɒvəleɪ] [no-ve-lei], *s.* Novela corta.
novelettish [ˌnɒvə'letɪʃ] [no-ve-le-tish], *a.* Romántico, sentimental.
novelist ['nɒvəlɪst] [no-ve-list], *s.* 1. Novelista, novelador, el que escribe novelas. 2. *(Des.)* Novator, inventor de novedades.
novelistic ['nɒvəlɪstɪk] [no-ve-lis-tik], *a.* Novelesco, propio de una novela.
novelize ['nɒvəlaɪz] [no-ve-lais], *va.* 1. Poner en forma de novela. 2. *(Des.)* Innovar.
novelty ['nɒvəltɪ] [no-vel-ti], *s.* 1. Novedad, cosa nueva, extraña o poco común. 2. Calidad de nuevo. 3. Innovación.
November ['nɒvembəʳ] [no-vem-baʳ], *s.* Noviembre.
novenary ['nɒvenərɪ] [no-ve-na-ri], *a.* Novenario, el número de nueve.
novennial ['nɒvi:nɪəl] [no-vi-nial], *a.* Que ocurre cada noveno año o que dura nueve años.
novercal ['nɒvɜ:kl] [no-ver-kal], *a.* *(Ant.)* Propio de madrastra.
novice ['nɒvɪs] [no-vis], *s.* 1. Novicio, el principiante en cualquier arte o facultad. 2. Novicio, el que en la religión no ha hecho aún profesión de sus reglas y votos.
noviceship ['nɒvɪsˌʃɪp] [no-vis-ship], *s.* 1. Noviciado, aprendizaje de algún arte, oficio, etc. 2. Noviciado, el tiempo destinado para la probación antes de profesar en las órdenes religiosas.
novitiate ['nɒvɪʃɪeɪt] [no-vi-shieit], *s.* 1. *V.* NOVICESHIP, 2ª acep. 2. El novicio mismo.
novocaine ['nɒvəkeɪn] [no-vo-kein], *s.* Novocaína, procaína.
now [naʊ] [nau], *adv.* 1. Ahora, en el tiempo o momento presente, actualmente. 2. Ahora, poco ha. 3. Después de esto, de aquí a poco. 4. Ahora bien, esto supuesto; ¡vamos! **Now and then,** de vez en cuando, de cuando en cuando, algunas veces; aquí y allá. **Just now,** ahora mismo, inmediatamente. **Just now** se expresa en español a menudo por el verbo *acabar de*; v. gr. **I have just now received a telegram,** acabo de recibir un telegrama. **How now?,** ¿cómo? ¿qué tal? **Before now,** antes de ahora. 5. Aún, todavía: ya, en otro tiempo. **It has happened before now,** ha sucedido ya, o en otro tiempo. **Until** o **till now,** hasta ahora, hasta este momento. **King Albert is now living,** el rey Alberto vive todavía. **Now...now...,** ya...ya; ora...ora, alternativamente. **Now soft, now loud,** ya suave, ya estrepitoso. **Now rich, now poor,** alternativamente rico y pobre; ora rico, ora pobre. **Now! what do you think?,** ¡vamos! ¿qué piensa Ud.?, ¿qué le parece a Ud.? *-conj.* Más, pero, pues. **Now it is true,** pues bien verdad es. *-s.* Actualidad, el momento presente.
nowadays ['naʊədeɪz] [naua-deis], *adv.* En nuestros días, en nuestros tiempos, hoy día.
noway ['naʊweɪ] [nauei], **noways** ['naʊweɪz] [naueis], *adv.* De ningún modo.
nowhere ['naʊweəʳ] [noueaʳ], *adv.* En ninguna parte. **Nowhere else,** en ninguna otra parte. **It's nowhere you know,** no es ningún sitio que conoces. **It's nowhere near as good,** no es tan bueno ni con mucho.
nowhither ['naʊwɪðəʳ] [naui-zaʳ], *adv.* Hacia ningún lugar determinado; hacia ninguna parte.
nowise ['naʊwaɪz] [nauais], *adv.* De ningún modo, de ninguna manera, de modo alguno.
noxious ['nɒkʃəs] [nok-shios], *a.* 1. Nocivo, dañoso, pernicioso. 2. *(Poco us.)* Culpable, delincuente.
noxiously ['nɒkʃəslɪ] [nok-shios-li], *adv.* Perniciosamente.

noxiousness ['nɒkʃəsnɪs] [nok-shios-nes], *s.* La calidad que constituye a una cosa perniciosa, dañosa o perjudicial; daño.
nozle, nozzle ['nɒzl] [no-sel], *s.* 1. Boquerel (de manguera); boquilla, gollete rígido al extremo de un tubo, para desaguar; canuto, tobera.
NP *Abreviatura de* **Notary Public**.
n.p. *Abreviatura de* **New paragraph,** punto y aparte.
NT *Abreviatura de* **New Testament**.
nuance ['njuːaːns] [niuans], *s.* Ligera diferencia; matiz.
nub [nʌb] [nab], *s. m.* 1. Pedazo, protuberancia. 2. *(Fig).* Parte esencial.
nubbin ['njuːbɪn] [niu-bin], *s. (Fam. E.U.)* Espiga de maíz imperfectamente desarrollada.
nubian ['njuːbɪən] [niu-bian], *a.* Nubio, que pertenece a la Nubia.
nubile ['njuːbaɪl] [niu-bail], *a.* Nubil, persona que por su edad es apta para contraer matrimonio; doncella casadera.
nubilous ['njuːbɪləs] [niu-bi-los], **nubilose** ['njuːbɪləz] [niu-bi-lous], *a.* Nubloso, nubiloso.
nuclear ['njuːklɪəʳ] [niu-kliaʳ], *a.* Nuclear, nucleario. **Nuclear physics,** física nuclear. **Nuclear fission,** fisión nuclear, fisura nuclear. **Nuclear fusion,** fusión nuclear. **Nuclear reactor,** *(Fís.)* reactor nuclear. **Nuclear war,** guerra nuclear. **Nuclear waste,** vertidos nucleares. **Nuclear-free,** no nuclear.
nucleate ['njuːbɪləs] [niu-bi-los], *va.* y *vn.* Formar un núcleo; juntarse formando núcleo.
nucleic ['njuːkleɪk] [niu-kleik], *a.* Nucleico.
nucleon ['njuːklɪən] [niu-klion], *s.* Nucleón.
nucleus ['njuːklɪəs] [niu-klios], *s.* 1. Núcleo, punto céntrico del desarrollo. 2. *(Biol.)* Cuerpo redondo u ovalado, de carácter determinado, encerrado en una celdilla o bien, masa de bioplasma; núcleo. 3. Punto parecido a una estrella que se ve a la cabeza de un cometa.
nudation [nə'deɪʃən] [nu-dei-shon], *s.* El acto de desnudar, de poner algo desnudo.
nude [njuːd] [niud], *a.* 1. Desnudo, nudo. 2. *(Der.)* Hecho sin compensación; nulo.
nudge [nʌdʒ] [nadch], *va.* Tocar ligeramente para advertir, como se hace con el codo. *-s.* Toque ligero dado con el codo para llamar la atención.
nudism ['njuːdɪzəm] [niu-di-sem], *s. m.* Nudismo.
nudist ['njuːdɪst] [niu-dist], *a.* Nudista.
nudity ['njuːdɪtɪ] [niu-di-ti], *s.* Desnudez.
nugation [njuː'geɪʃən] [niu-guei-shon], *s.* Fruslería, nonada.
nugatory ['njuːgətərɪ] [niu-ga-to-ri], *a.* Nugatorio, frustráneo, fútil, frívolo, fruslero.
nugget ['nʌgɪt] [na-guit], *s.* Pedazo; en especial, pepita de oro o de otro metal precioso.
nuggety ['nʌgɪtɪ] [na-gui-ti], *a.* Hallado en forma de pepitas; de la figura de una pepita.
nuisance ['njuːsns] [niu-sans], *s.* 1. Lo que molesta, enoja u ofende; persona o cosa cansada, fastidiosa; incomodidad, molestia, estorbo. 2. Indecencia, porquería. **Nuisance** como término legal es el perjuicio o daño que se causa ilegalmente a la propiedad de uno o más individuos. 3. *(Fig.)* Suplicio, fastidio, tormento, peste. **What a nuisance!** ¡Qué fastidio! ¡qué suplicio!
null [nʌl] [nal], *vn.* 1. Tornear algo en forma de rosario. 2. Torcerse como una soga. **Nulled work,** madera trabajada en la forma de las cuentas de un rosario.
null, *a.* Nulo, inválido, sin fuerza legal. *-s.* 1. Cosa que no tiene fuerza ni sentido alguno; nonada, cero. 2. Pieza de madera que sale del torno en la forma de las cuentas de un rosario.
nullification [ˌnʌlɪfɪ'keɪʃən] [na-li-fi-kei-shon], *s. f.* Anulación.
nullifidian ['nʌlɪfɪdɪən] [na-li-fi-dian], *s. (Ant.)* Persona sin fe, religión o creencia; nulo en todo.
nullify ['nʌlɪfaɪ] [na-li-fai], *va.* Anular, invalidar, abrogar.
nullity ['nʌlɪtɪ] [na-li-ti], *s.* Nulidad; falta de existencia.
numb [nʌm] [nam], *a.* Entorpecido, adormecido, privado de sensibilidad; entumecido de frío; aturdido.
numb, *va.* Entorpecer, causar torpor.
numbed ['nʌmd] [namd], *a.* Entumecido.
numbedness ['nʌmdnɪs] [namd-nes], *s. V.* NUMBNESS.
number ['nʌmbəʳ] [nam-baʳ], *va.* 1. Numerar, contar; computar. 2. Estimar, contar como uno en una reunión o colección. 3. Numerar, dar o poner número a una cosa. **Numbering machine,** máquina numeradora.
number, *s.* 1. Número, cantidad, multitud. 2. Armonía: poesía, versos; cadencia. 3. *(Gram.)* Número, en los nombres y verbos. **Numbers,** números, un libro del Antiguo Testamento. 4. La ciencia de los números o guarismos. 5. Entrega, cada uno de los cuadernos de un libro o periódico que se publica por partes. **A number of,** algunos, varios. **Any number of times,** muchas veces. **Back number,** ejemplar no muy reciente de un periódico; de aquí, persona o cosa atrasada, avejentada, que no está al día. **Broken number,** quebrado, fracción. **Number one,** *(Fam.)* Uno mismo, sí mismo. **To look out for number one,** cuidar de sí mismo. **Round numbers,** números redondos o pares. **I've got his number now,** le tengo calado (pillado) ya *(Fig.)*. **A good number,** un buen chollo *(Fig: work)*. **Numbers,** versos *(Poet.)*.
numberer ['nʌmbərəʳ] [nam-ba-raʳ], *s.* Numerador, contador.
numberless ['nʌmbəlɪs] [nam-ba-les], *a.* Innumerable, sin número.
numbfish ['nʌmfɪʃ] [nam-fish], *s.* Torpedo.
numbles ['nʌmlz] [nam-bels], *s.* Entrañas de venado.
numbness ['nʌmbnɪs] [nam-nes], *s.* Torpor, entorpecimiento, adormecimiento.
numerable ['njuːmərəbl] [niu-me-ra-bol], *a.* Nu merable.
numeral ['njuːmərəl] [niu-me-ral], *a.* Numeral; numérico. *-s.* Guarismo. **Arabic numerals,** guarismo arábigos.
numerally ['njuːmərəlɪ] [niu-me-ra-li], *adv.* Numéricamente.
numerary ['njuːmərərɪ] [niu-me-ra-ri], *a.* Numerario.
numerate ['njuːməreɪt] [niu-me-reit], *va.* Numerar, contar.
numeration ['njuːməreɪʃən] [niu-me-rei-shon], *s.* Numeración.
numerator ['njuːməreɪtəʳ] [niu-me-rei-taʳ], *s.* Contador; numerador.
numeric [njuː'merɪk] [niu-me-rik], *a.* Numérico.
numerical [njuː'merɪkəl] [niu-me-ri-kal], *a.* Numérico.
numerically [njuː'merɪkəlɪ] [niu-me-ri-ka-li], *adv.* Numéricamente.
numerological ["nju:mer@'lÁdZIk@l] [niu-me-ro-lo-yi-kal],*a.* Numerológico.
numerology ['njuːmə'rɒlɒdʒɪ] [niu-me-ro-lo-yi], *s. f.* Numerología.
numerosity [ˌnjuːmə'rəsɪtɪ] [niu-me-ro-si-ti], *s.* 1. Numerosidad, multitud. 2. *(Ant.)* Cadencia o armonía en las cláusulas, períodos o versos.
numerous ['njuːmərəs] [niu-me-ros], *a.* 1. Numeroso; muchos, muchas. 2. *(Des.)* Numeroso, armonioso, rítmico. **Numerous things to do,** *(Fam.)* muchas cosas que hacer.
numerousness ['njuːmərəsnɪs] [niu-me-ros-nes], *s.* Numerosidad, muchedumbre.
numismatic ['njuːmɪz'mætɪk] [niu-mis-ma-tik], *a.* Numismático, que se refiere a las monedas o medallas.
numismatics ['njuːmɪz'mætɪkz] [niu-mis-ma-tiks], *s.* Numismática, la ciencia que trata de las medallas y monedas desde el punto de vista histórico. Se llama también Numismatology.
numismatography ['njuːmɪzmə'təgræfɪ] [niu-mis-ma-to-gra-fi], *s.* Numismática, el conocimiento de monedas y medallas antiguas.
nummary ['njuːmərɪ] [niu-ma-ri], *a. V.* NUMMULAR.
nummular ['njuːmələʳ] [niu-ma-laʳ], *a.* 1. Pecuniario. 2. *(Med.)* Numuláceo, parecido a una moneda. **Nummular sputa,** esputos numuláceos.
numskull ['njuːmskʊl] [niums-kal], *s.* Zote, bobote.

numskulled ['nju:mskʊld] [niums-kald], *a.* Lerdo, zote, bobo.

nun [nʌn] [nan], *s.* 1. Monja, religiosa, mujer que habita en un convento. 2. Una de varias clases de aves; paro, variedad blanca de pichón doméstico con moño o copete, etc. **Nun-buoy,** boya de barrilete, en figura de dos conos unidos por sus bases. **Nun's veiling,** velo de monja, tejido de lana muy suave y delgado; se usa para velos y también para trajes.

nuncio ['nʌnʃɪəɪ] [nan-shiou], *s.* 1. Nuncio, enviado. 2. Nuncio, el embajador que envía el Papa.

nuncupate ['nʌnkəpeɪt] [nan-ka-peit], *va.* Declarar abiertamente.

nuncupative ['nʌnkəpətɪv] [nan-ka-pa-tiv], **nuncupatory** ['nʌnkəpətərɪ] [nan-ka-pa-to-ri], *a.* Nuncupativo, verbal, hecho de viva voz; dícese especialmente de un testamento.

nundinal ['nʌndɪnl] [nan-di-nal], **nundinary** ['nʌndɪnərɪ] [nan-di-na-ri], *a.*Lo que pertenece a los mercados o ferias.

nunnery ['nʌnərɪ] [na-na-ri], *s.* Convento o monasterio de monjas.

nunnish ['nʌnɪʃ] [na-nish], *a.* Monjil, perteneciente o parecido a las monjas; característico de ellas.

nuptial ['nʌpʃəl] [nap-shal], *a.* Nupcial, que pertenece a las bodas. **Nuptial song,** epitalamio. **Nuptial plumaje,** plumaje de un ave en la estación de la cría.

nuptials ['nʌpʃəlz] [nap-shals], *s. pl.* Nupcias, boda.

nurl [nɜ:l] [nerl], *va.* Acordonar una moneda; hacerle el cordoncillo. **Nurling-tool,** en tonelería, porta-moleta.

nurse [nɜ:s] [ners], *s.* 1. Ama de cría, nodriza; niñera, la persona encargada de cuidar niños. **Wet nurse,** ama de leche. *(Mex.)* Chichigua. *(Cuba)* Criandera. **Nurse-child,** niño de teta. 2. Enfermera, enfermero, la mujer u hombre que cuida de un enfermo. 3. La persona o cosa que cría, educa o protege; lo que favorece el crecimiento. 4. Una especie de tiburón. **Monthly nurse,** enfermera que por un estipendio se encarga de cuidar a una mujer parida. **Nurse-bee,** abeja de menos de dieciseis días.

nurse, *va.* 1. Criar criaturas o animales; dar de mamar. 2. Criar, alimentar, mantener. 3. Cuidar enfermos o asistirlos. 4. Fomentar, dar alas. **To nurse a business along,** promover un negocio. *-vn.* 1. Cuidar de un enfermo; dar de mamar a un niño. 2. Mamar, chupar la leche de los pechos.

nurse-maid ['nɜ:smeɪd] [ners-meid], **nursery-maid** ['nɜ:smeɪd] [ners-meid], *sf.* La criada que cuida de los niños; niñera; criandera, ama.

nurser ['nɜ:səʳ] [ner-saʳ], *s.* La persona que cría; promotor.

nursery ['nɜ:sərɪ] [ner-se-ri], *s.* 1. Crianza. 2. Plantel, almáciga. 3. El jardín o huerta donde se crían flores o plantas para trasplantarlas, que casi siempre corresponde a lo que se llama en castellano criadero o semillero. 4. Plantel, semillero; un estado cualquiera que favorece el crecimiento. **The nursery of arts,** el plantel de las artes. **From the nursery,** desde la niñez. 5. El cuarto o habitación de los niños pequeños. 6. Asistencia a los enfermos o el acto de asistirlos y cuidarlos. **Nursery education,** educación preescolar. **Nursery-man,** jardinero que cuida de los planteles, criaderos o semilleros. **Nursery-tales,** cuentos de niños. **Nursery school**, guardería.

nursing ['nɜ:sɪŋ] [ner-sin], *s.* El acto de criar niños o el de mamar los niños. **Nursing-bottle,** mamadera, biberón.

nursling ['nɜ:slɪŋ] [ners-lin], *s.* Niño criado o acabado de criarse.

nurture ['nɜ:tʃəʳ] [ner-chaʳ], *s.* 1. El acto de nutrir, de alimentar, de promover el crecimiento. 2. Nutrimento. 3. Educación, crianza.

nurture, *va.* Criar, educar, enseñar, promover.

nut [nʌt] [nat], *s.* 1. Nuez. **Hazelnut,** avellana. **Walnut,** nuez de nogal. 2. Piñón o rueda punteada. 3. Tuerca, matriz, hembra de tornillo. 4. El extremo movible del arco de violín por medio del cual se aflojan o se aprietan las cuerdas. 5. Puente, tablilla colocada en la parte superior de los instrumentos de cuerda, que sirve para levantar las cuerdas. **Nut of an anchor,** *(Mar.)* oreja de ancla. **A hard nut,** *(Fam.)* persona dura, áspera, no impresionable. **To give a hard nut to crack,** *(Fig.)* dar que roer, que hacer. **Brazil-nut, Paranut,** nuez del Brasil. **Cashew nut,** anacardo (el fruto). **Gallnut,** agalla. **Hickory nuts,** nueces de Carya, fruto del nogal de América. **Pecan nuts,** pecanas o pacanas. **Check-nut, jam-nut,** contratuerca. **Finger-nut, thumb-nut, wing-nut,** tuerca con orejetas. **Nut-oil,** aceite de nueces. **To be nuts on** *(Fam.)* estar enamorado o ser admirador de una persona o cosa.

nut, *vn.* Coger nueces.

nutant ['nʌtənt] [na-tant], *a.* Nutante; dícese particularmente de las flores. *V.* NODDING.

nutation ['nʌteɪʃən] [na-tei-shon], *s.* Nutación, movimiento del eje de la tierra por el que se inclina más o menos sobre el plano de la eclíptica.

nutbrown ['nʌtbraʊn] [nat-braun], *a.* Avellanado, del color de la cáscara de una avellana madura.

nutcracker ['nʌtbraʊnkrækəʳ] [nat-kra-kaʳ], *s.* Cascanueces, partidor.

nutgall ['nʌtgɔ:l] [nat-gol], *s.* Agalla de monte.

nuthatch ['nʌθætʃ] [na-zach], **nutpecker** ['nʌtpekəʳ] [nat-pe-kaʳ], *s. (Orn.)* Picamadero.

nuthook ['nʌthʊk] [nat-juk], *s.* Horquilla para hacer caer las nueces de los árboles.

nutmeg ['nʌtmeg] [nat-meg], *s.* Nuez mosacada.

nutria ['nju:trɪə] [niu-tria], *s. (Zool.)* Coipú, mamífero roedor de la América del Sur, y su piel.

nutrient ['nju:trɪənt] [niu-trient], *a.* 1. Nutricio, nutritivo. 2. Nutriente, que sirve para conducir el alimento o nutrición; v. g. una arteria. *-s.* Alimento nutritivo; lo que alimenta.

nutriment ['nju:trɪmənt] [niu-tri-ment], *s.* Nutrimento, alimento.

nutrimental ['nju:trɪməntl] [niu-tri-men-tal], *a.* Nutrimental.

nutrition ['nju:trɪʃən] [niu-tri-shon], *s.* Nutrición; nutrimento.

nutritious ['nju:trɪʃəs] [niu-tri-shos], **nutritive** ['nju:trɪtɪv] [niu-tri-tiv], *a.* Nutritivo, nutricio, alimentos.

nutshell ['nʌtʃel] [nat-shel], *s.* 1. Cáscara de nuez o avellana. 2. Alguna cosa de muy pequeño volumen, que contiene muy poco. **In a nutshell,** en pocas palabras, en resumidas cuentas.

nut-tree ['nʌt'tri:] [nat-tri], *s. (Bot.)* Avellano.

nutty ['nʌtɪ] [na-ti], *a.* 1. Abundante en nueces. 2. Que tiene sabor de nueces, o se parece a ellas. 3. *(Fig.)*. Loco, ido. **To be nutty about something,** estar loco por algo.

nux-vomica ['nəks,vəmɪkə] [naks-vo-mi-ka, *s.* Nuez vómica, semilla muy venenosa; se emplea en medicina.

nuzzle ['nʌzl] [na-sel], *va.* 1. *(Prov. o des.)* Criar, fomentar; acariciar. 2. Anidarse; esconderse. *-vn.* Andar con el hocico hacia abajo. **To nuzzle in the blankets,** meterse o esconderse debajo de las sábanas.

NY *Abreviatura de* **New York** (Post).

nyctalopy ['nɪktæləpɪ] [nik-ta-lo-pi], *s.* Nictalopia, defecto de la vista que consiste en ver de noche mejor que de día.

nyctalops ['nɪktæləps] [nik-ta-lops], *s.* Nictálope, el que ve mejor de noche que de día.

nylon ['naɪlən] [nai-lon], *s.* Nylon o nilón (fibra sintética de carbón, aire y agua). **Nylon fabric,** tela de nylon o nilón.

nymph [nɪmf] [nimf], *s.* 1. Ninfa, deidad fabulosa. 2. Mujer hormosa, dama; aldeana. 3. Ninfa, palomilla, crisálida de los insectos.

nympha ['nɪmfə] [nim-fa], *s.* 1. *(Anat.)* Labio pequeño de la vulva. 2. *(Zool.)* Ninfa, crisálida, insecto no completamente desarrollado.

nymphæa ['nɪmfɪə] [nim-fia], *s.* Ninfea, nenúfar, lirio acuático.

nymphean ['nɪmfɪən] [nim-fian], *a.* Lo perteneciente a las ninfas.

nymphomania, nymphomany [,nɪmfəʊ'meɪnɪə] [nim-fou-mei-nia], *s. (Med.)* Ninfomanía, furor uterino.

nyssa ['nɪsə] [ni-sa], *s. (Bot.)* Nisa.

O

o [əʊ] [ou]. 1. Decimoquinta letra del alfabeto inglés. Tiene diversos sonidos: uno en que se pronuncia lo mismo que la *o* española muy breve, como en *not, got, lot*; otro en que su pronunciación tira algo al diptongo *ou* español, como en *no, note, bone, alone*; otro cuando se pronuncia lo mismo que la *u* española muy breve, como en *wolf*. 2. Óvalo o círculo; punto, lentejuela. 1. Oh! interjección para exclamar, exhortar, etc. 2. Ojalá. **O! That morning would come!** ¡Ojalá que apuntara el día!

o/a *Abreviatura de* **on account,** a cuenta.

oaf [əʊf] [ouf], *s.* 1. Patán. 2. Idiota, zoquete, zote.

oafish ['əʊfɪʃ] [ou-fish], *a.* Lerdo, estúpido, tonto.

oafishness ['əʊfɪʃnɪs] [ou-fish-nes], *s.* *(Poco us.)* Torpeza, rudeza, estupidez.

oak [əʊk] [ouk], *s.* 1. *(Bot.)* Roble. **Evergreen oak, holm-oak,** *(Bot.)* encina. **Scarlet oak,** *(Bot.)* coscoja. 2. Roble, la madera del árbol así llamado. **Live-oak, holly-leaved oak,** encina siempre verde de California y Méjico. **Cork-oak,** roble de corcho, alcornoque. **Spanish oak, Turkey oak,** roble español, la **Quercus falcata,** de los Estados Unidos del Sur. **Italian oak,** roble de bellotas dulces: Quercus æsculus del sur de Europa. **White oak,** roble blanco, gran árbol americano de madera muy estimada. **Turkey oak,** en Europa, roble de Borgoña, Quercus cerris; en los Estados Unidos, la Quercus falacata. *V.* **Spanish oak**. **Oak-apple,** especie de agalla (de roble). **Oak-bark,** corteza de roble. **Oak-grove,** robledo, robledal, bosque de robles. **Oak-leaf,** hoja de roble. **Oak-leather,** (a) cuero curtido con cáscara de roble. (b) Hongo duro y correoso que se cría en las grietas de los robles viejos y se parece a la cabritilla blanca. **Oak-tanned,** curtido con corteza de roble. **Quartered oak,** *V.* QUARTER. **Oak-wood,** madera de roble. **Oak-tree,** *(Bot.)* roble. **Oak timber,** madera de roble para construcciones.

oaken ['əʊkən] [ou-ken], *a.* Hecho de roble; compuesto de robles o de las hojas y ramas del roble. **An oaken garland,** guirnalda de hojas de roble.

oakling ['əʊklɪŋ] [ou-klin], *s.* Roble tierno o de poco tiempo.

oakum ['əʊkəm] [ou-kom], *s.* *(Mar.)* Estopa, para calafatear.

oaky ['əʊkɪ] [ou-ki], *a.* Parecido a un roble; duro, fuerte.

oar [ɔː[r]] [o[r]], *s.* 1. Remo, instrumento de madera que sirve para impulsar las embarcaciones, haciendo fuerza en el agua. 2. Remero. 3. Entre ciertas lombrices, apéndice natatorio que se asemeja a un remo. **Oar-lock,** chumacera, escalamera. **Flat of an oar,** pala de remo. **To ship the oars,** armar los remos. **Hold on your oars,** alza los remos. **To lie on the oars,** cesar de remar, aguantar los remos; de aquí, familiarmente, descansar del trabajo.

oar, *vn.* Remar. *-va.* Bogar, conducir a remo.

oarage ['əʊrɪdʒ] [ou-rich] *s.* El conjunto de remos de una lancha o un bote.

oared [ɔːd] [ord], *a.* 1. Provisto de remos (por lo común, en composición): **Eight-oared,** de ocho remos. 2. *(Zool.)* Que tiene pies parecidos a remos, o apéndices natatorios.

oar-finned [ɔː'fɪnd] [or-find], *a.* Lo que tiene remos.

oarsman ['ɔːzmən] [ors-man], *s.* Remero.

oarsmanship ['ɔːzmənʃɪp] [ors-man-ship], *s. m.* Arte de remar.

oary ['əʊrɪ] [ou-ri], *a.* Formado como remo; remado.

oasis [əʊ'eɪsɪs] [ouei-sis], *s.* Oasis, espacio de tierra fertil en un desierto arenoso. (*pl.* OASES.)

oast ['əʊst] [oust], *s.* Horno para lúpulo.

oat, oats [əʊt] [out], *s.* Avena. **Wild oat,** avena loca o silvestre. Avena fatua. **Wild oats,** (a) avena silvestre. (b) Excesos de la juventud. **To sow one's wild oats,** pasar las mocedades, correrla. **Off one's oats,** indispuesto, desganado. **Oat-bran,** salvado de avena. **Rolled oats,** avena, descortezada, cilindrada y sometida a la acción del vapor y que sirve de alimento.

Oats-peas-beans, juego de niños que bailan y cantan en corro. **Potato oat,** avena geórgica. **Tartarian oat,** avena oriental. *Oat* se usa muy rara vez en singular excepto en composición; como **oat-straw,** paja de avena.

oat-cake [əʊt'keɪk] [out-keik], *s.* Torta de harina de avena.

oaten ['əʊtn] [ou-ten], *a.* Aveníceo, hecho de avena; lo que produce avena.

oatfield ['əʊtfiːld] [out-fild], *s. m.* Avenal.

oath ['əʊθ] [ouz], *s.* 1. Juramento, afirmación o declaración solemne poniendo por testigo a Dios, en sí mismo o en sus criaturas. 2. Juramento, blasfemia, uso frívolo del nombre de Dios o de algún objeto sagrado. **To put upon oath,** hacer prestar juramento. **To take an oath,** prestar juramento. **On o upon oath,** bajo juramento. **Oath-breaking,** violación de juramento, perjurio.

oatmeal ['əʊtmiːl] [out-mil], *s.* Harina de avena; gachas, puches de ella.

obconical, obconic [ˌɒb'kənɪkl] [ob-ko-ni-kal], *a.* *(Bot.)* Obcónico, que tiene la forma de un cono invertido.

obcordate, obcordiform [ˌɒb'kɔːkədeɪt] [ob-kor-kor-deit], *a.* *(Biol.)* Obcordado, que tiene la forma de un corazón invertido.

obduce [ɒb'djuːs] [ob-dius], *va.* *(Des.)* Cubrir, tapar.

obduracy ['ɒbdjʊrəsɪ] [ob-diu-ra-si], *s.* Obduración, obcecación; obstinación; endurecimietno, dureza de corazón.

obdurate ['ɒbdjʊrɪt] [ob-diu-rit], *a.* Endurecido, terco, áspero, duro, insensible, obstinado.

obdurately ['ɒbdjʊrɪtlɪ] [ob-diu-rit-li], *adv.* Tercamente, obstinadamente.

obdurateness ['ɒbdjʊrɪtnɪs] [ob-diu-rit-nes], **obduration** [ˌɒbdjʊ'reɪʃən] [ob-diu-rei-shon], *s.* Impenitencia, endurecimiento, obstinación, dureza de corazón.

obedience [ə'biːdɪəns] [o-bi-diens], *s.* Obediencia, sujeción, sumisión a una orden; prohibición, ley conocida, deber o regla de conducta.

obedient [ə'biːdɪənt] [o-bi-dient], *a.* Obediente, sumiso.

obediently [ə'biːdɪəntlɪ] [o-bi-dient-li], *adv.* Obedientemente.

obeisance [əʊ'beɪsəns] [ou-bei-sans], *s.* Cortesía, reverencia, saludo respetuoso.

obeliscal ['ɒbɪlɪskl] [o-bi-lis-kal], *a.* De la forma de un obelisco.

obelisk ['ɒbɪlɪsk] [o-bi-lisk], *s.* Obelisco.

obelus ['ɒbɪləs] [o-bi-los], *s.* Obelisco.

obese [əʊ'biːs] [ou-bis], *a.* Obeso, gordo, muy corpulento.

obeseness [əʊ'biːsnɪs] [ou-bis-nes], **obesity** [əʊ'biːsɪtɪ] [ou-bi-si-ti], *s.* Obesidad, crasitud.

obey [ə'beɪ] [o-bei], *va.* 1. Obedecer, someterse a las órdenes de otro; hacer uno lo que se le ha mandado. 2. Obedecer, estar sujeto a, estar bajo el dominio de. 3. Ser gobernado por, ceder *a.* **The ship obeys the helm,** el navío obedece al timón.

obfuscate ['ɒbfəskeɪt] [ob-fas-keit], *va.* Confundir la mente, ofuscar el entendimiento.

obit ['ɒbɪt] [o-bit], *s.* 1. El fallecimiento, o fecha de la muerte de una persona. 2. Exequias, las honras que se celebran en el aniversario de un fallecimiento.

obituary [ə'bɪtjʊərɪ] [o-bi-chua-ri], *a.* Mortuorio, relativo a la muerte. *-s.* 1. Necrología, noticia biográfica de una persona recién fallecida. 2. En la Iglesia católica romana, obituario, libro de partidas de entierros.

object ['ɒbdʒɪkt] [ob-yikt], *s.* 1. Objeto, lo que se percibe con alguno de los sentidos, o por las facultades mentales. 2. Objeto, término o fin de los actos de las potencias. 3. Objeto, fin, intento; blanco, punto. 4. *(Gram.)* Complemento, régimen directo. **To be an object of pity,** dar lástima. **With the object of,** con el propósito de.

object, *va.* 1. Objetar, presentar en oposición, poner reparos a alguna opinión, poner reparos a alguna opinión o razón para refutarla. 2. Hacer cargos. *-vn.* Dar en rostro, echar en cara, poner tachas o reparos. **No one objected to his title,** nadie discutió su derecho. **I object most strongly!** ¡me opongo rotundamente! **Do you object my smoking?** ¿Le molesta que fume?

objectable ['ɒbdʒɪktəbl] [ob-yik-ta-bol], *a. V.* OBJECTIONABLE.

object-glass ['ɒbdʒɪktˌglɑːs] [ob-yikt-glas], *s. (Opt.)* Objetivo, la lente o la combinación de lentes en los telescopios, microscopios y otros instrumentos ópticos.

objection [əb'dʒekʃən] [ob-yek-shon], *s.* Objeción, oposición, reparo, réplica; tacha. **I have no objection,** no tengo inconveniente en ello, o no tengo nada que decir a eso. **To meet an objection,** hacer frente a una objeción. **To raise an objection,** hacer una objeción.

objectionable [əb'dʒekʃnəbl] [ob-yek-sho-na-bol], *a.* Reparable, susceptible de objeción, censurable, reprensible; perjudicial.

objectionableness [əb'dʒekʃnəblnɪs] [ob-yek-sho-na-bol-nes], *s.* El estado de lo que está expuesto a objeciones o reparos.

objective [əb'dʒektɪv] [ob-yek-tiv], *a.* 1. Objetivo, perteneciente a un objeto. 2. Dirigido hacia los objetos y que corresponde a ellos. 3. Existente por sí mismo, independiente por su propia autoridad; lo opuesto a subjetivo. 4. *(Gram.)* Acusativo; se dice del caso que expresa el complemento de los verbos. *-s.* 1. El caso acusativo. 2. Objetivo. *V.* OBJECT-GLASS. 3. Punto objetivo, destinación.

objectively [əb'dʒektɪvlɪ] [ob-yek-tiv-li], *adv.* Objetivamente.

objectiveness [əb'dʒektɪvnɪs] [ob-yek-tiv-nes], *s.* Calidad de objeto, de lo que puede percibirse por los sentidos.

objectivism [əb'dʒektɪvɪzəm] [ob-yek-ti-vi-sem], *s. m.* Objetivismo.

objectivity [əb'dʒektɪvɪtɪ] [ob-yek-ti-vi-ti], *s. f.* Objetividad.

objectless [əb'dʒektlɪs] [ob-yekt-les], *a.* Sin objeto, sin fin.

objector [əb'dʒektəʳ] [ob-yek-taʳ], *s.* Impugnador, el que objeta, replica, o presenta objeciones.

objurgate ['ɒbdʒɜːgeɪt] [ob-yer-gueit], *va.* Reprender, censurar, desaprobar.

objurgation [ˌɒbdʒɜː'geɪʃən] [ob-yer-guei-shon], *s.* Reprensión, censura, desaprobación.

objurgatory ['ɒbdʒɜːgətərɪ] [ob-yer-ga-to-ri], *a.* Reprobatorio.

oblate ['ɒbleɪt] [o-bleit], *a.* Achatado por los polos; dícese de un esferoide.

oblation ['ɒbleɪʃən] [o-blei-shon], *s.* 1. Oblación, ofrenda y sacrificio que se hace a Dios; la eucaristía. 2. En la antigua Iglesia cristiana, don u ofrenda para el clero y los pobres, o para los gastos de la Cena.

obligate ['ɒblɪgeɪt] [o-bli-gueit], *va.* 1. Obligar, ligar por contrato en sentido legal o moral. 2. Obligar a cumplir con un deber.

obligation [ˌɒblɪ'geɪʃən] [o-bli-guei-shon], *s.* 1. Obligación, vínculo; contrato que lleva una condición y penalidad en caso de no cumplirse. 2. La fuerza coercitiva de la conciencia que impele a uno a cumplir un voto, promesa, juramento o ley. 3. Obligación, la correspondencia que uno debe manifestar por los beneficios, favores, mercedes o gracias, etc., que ha recibido. **I am under many obligations to him,** le debo muchos favores. 4. Obligación, la escritura en que uno se obliga a cumplir lo que ofrece.

obligatoriness [ɒ'blɪgətərɪnɪs] [o-bli-ga-to-ri-nes], *s.* El estado o calidad de lo que impone obligación.

obligatory [ɒ'blɪgətərɪ] [o-bli-ga-to-ri], *a.* Obligatorio.

oblige [ə'blaɪdʒ] [o-blaidch], *va.* 1. Obligar, precisar, ligar, imponer la obligación de hacer alguna cosa. 2. Complacer, agradar, servir, favorecer, hacer favor o merced a alguno. **You will greatly oblige me by writing to me,** le agradeceré mucho que me escriba. **I am much obliged to you,** le estoy a Ud. muy reconocido. **I did it to oblige him,** lo hice por favorecerle.

obligee [ˌɒblɪ'dʒiː] [o-bli-yi], *s. (For.)* Obligado.

obliger [ə'blaɪdʒəʳ] [o-blai-yaʳ], *s.* El que obliga por contrato.

obliging [ə'blaɪdʒɪŋ] [o-blai-yin], *a.* Servicial, servidor, favorecedor, galante; obsequioso, cortesano, oficioso, comedido.

obligingly [ə'blaɪdʒɪŋlɪ] [o-blai-yin-li], *adv.* Cortésmente, atentamente.

obligingness [ə'blaɪdʒɪŋnɪs] [o-blai-yin-nes], *s.* Obligación, cortesía, obsequio.

obligor [ə'blɪgəʳ] [o-bli-gaʳ], *s. (For.)* Deudor, el que contrae una obligación para con otro.

oblique [ə'bliːk] [o-blik], *a.* 1. Oblicuo, sesgado, torcido, atravesado. 2. *(Gram.)* Oblicuo; cualquiera de los casos excepto el nominativo y el vocativo. 3. Torcido, indirecto, doloso, siniestro. 4. Colateral, el pariente que no lo es por línea recta.

obliquely [ə'bliːklɪ] [o-blik-li], *adv.* 1. Oblicuamente, al sesgo. 2. Indirectamente, por rodeos.

obliqueness [ə'bliːknɪs] [o-blik-nes], **obliquity** [ə'bliːktɪ] [o-blik-ti], *s.* 1. Oblicuidad, desvío de la línea horizontal o perpendicular. 2. Desvío o declinación de lo recto y justo.

obliterate [ə'blɪtəreɪt] [o-bli-te-reit], *va.* 1. Borrar, testar o tachar lo escrito. 2. Consumir, destruir, arrasar; borrar insensiblemente la memoria de alguna cosa, irla olvidando; hacer imperceptible. **To become obliterated,** borrarse, apagarse.

obliteration [ə'blɪtəreɪʃən] [o-bli-te-rei-shon], *s.* Obliteración, canceladura, el acto de borrar un escrito o de borrar de la memoria o abolir; extinción.

oblivion [ə'blɪvɪən] [o-bli-vion], *s.* Olvido. **Act of oblivion,** amnistía, olvido general. **To cast into oblivion,** echar al olvido.

oblivious [ə'blɪvɪəs] [o-bli-vios], *a.* 1. Olvidadizo, desmemoriado. 2. Abstraído, absorto. 3. Que causa olvido. **To be oblivious of/to,** estar inconsciente de.

oblong ['ɒblɒŋ] [o-blong], *a.* Oblongo, más largo que ancho. *-s.* Rectángulo que tiene los lados contiguos desiguales.

oblongly ['ɒblɒŋlɪ] [o-blong-li], *adv.* En figura oblonga.

oblongness ['ɒblɒŋnɪs] [o-blong-nes], *s.* El estado de lo que es oblongo o más largo que ancho.

obloquy ['ɒbləkwɪ] [o-blo-kui], *s.* 1. Murmuración, detracción, maledicencia. 2. Infamia, deshonra, tacha o nota de acción fea. **He scorns the public obloquy,** se burla del qué dirán.

obmutescence [ɒb'mjuːtəsəns] [ob-miu-te-sens], *s.* Mudez, pérdida de la facultad de hablar; taciturnidad.

obnoxious [əb'nɒkʃəs] [ob-nok-sios], *a.* 1. Ofensivo, aborrecible, detestable, que causa aversión. **A law obnoxious to the people,** una ley detestable para el pueblo. 2. Sujeto, expuesto a; delincuente, culpable, responsable.

obnoxiously [əb'nɒkʃəslɪ] [ob-nok-sios-li], *adv.* En estado de sujeción; o en el de uno que está expuesto a ser castigado; odiosamente.

obnoxiousness [əb'nɒkʃəsnɪs] [ob-nok-sios-nes], *s.* El estado del que está expuesto a contingencias o castigos; carácter ofensivo o aborrecible.

obnubilation [ˌɒbnəbɪ'leɪʃən] [ob-no-bi-lei-shon], *s.* 1. *(Med.)* Ofuscamiento de la vista; estado de confusión, como de vértigo o vahido. 2. *(Des.)* Oscurecimiento.

o.b.o. *(EU) Abreviatura de* **or best offer,** abierto ofertas.

oboe ['əubəu] [ou-bou], *s.* Oboe, instrumento músico de viento con lengüeta doble.

oboist ['əubəuɪst] [ou-bouist], *s.* Oboe (person).

obovate ['ɒbəveɪt] [o-bo-veit], *a.* Obovoide, inversamente aovado.

obreption ['ɒbrepʃən] [o-brep-shon], *s.* Obrepción; introducción en alguna parte por sorpresa y secretamente.

obreptitious ['ɒbreptɪʃəs] [o-brep-ti-shos], *a.* Obrepticio, hecho por obrepción.

obscene [əb'siːn] [ob-sin], *a.* 1. Obsceno, impúdico, sucio, torpe, indecente. 2. *(Poét.)* Asqueroso; *(des.)* de mal agüero, siniestro.

obscenely [əb'siːnlɪ] [ob-sin-li], *adv.* Obscenamente.

obsceneness [əb'siːnnɪs] [ob-sin-nes], **obscenity** [əb'siːnɪtɪ] [ob-si-ni-ti], *s.* Obscenidad, impureza, suciedad, torpeza.

obscurantism [ˌɒbskjʊə'ræntɪzəm] [obs-kiua-ran-ti-sem], *s. m.* Oscurantismo.

obscurantist [ˌɒbskjʊə'ræntɪst] [obs-kiua-ran-tist], *a.* Oscurantista.

obscuration [ˌɒbskjʊə'reɪʃən] [obs-kiua-rei-shon], *s.* Oscurecimiento, acción y efecto de oscurecer.

obscure [əb'skjʊəʳ] [obs-kiuaʳ], *a.* 1. Oscuro, lóbrego; tenebroso. 2. Oscuro, abstruso, ininteligible. 3. Oscuro, desconocido, humilde, retirado. 4. Oscuramente señalado; meramente indicado.

obscure, *va.* 1. Oscurecer, privar de la luz, hacer menos visible; cubrir de nubes. 2. Oscurecer, ofuscar la razón alterando y confundiendo la verdad o realidad de las cosas. 3. Oscurecer, deslustrar, empañar la fama, reputación, nombre o gloria. **Time has obscured the writing,** el tiempo ha hecho menos legible lo escrito. **To obscure the matter further,** complicar más el asunto.

obscurely [əb'skjʊəlɪ] [ob-skiure-li], *adv.* 1. Oscuramente. 2. Oscuramente, sin hacer papel en el mundo. 3. Confusamente, entre sombras.

obscureness [əb'skjʊənɪs] [ob-skiure-nes], **obscurity** [əb'skjʊərɪtɪ] [ob-skiua-ri-ti], *s.* 1. Oscuridad, lobreguez, falta de luz y claridad. 2. Oscuridad, confusión, sombras. 3. Oscuridad, humildad o bajeza de nacimiento, estado o situación. 4. Oscuridad, falta de claridad en lo que se habla o escribe.

obsecrate [əb'sɪkreɪt] [ob-si-kreit, *va.* Suplicar, ansiosamente; obsecrar.

obsecration [əb'sɪkreɪʃən] [ob-si-krei-shon, *s.* 1. Obsecración. 2. Ruego, súplica.

obsequial ['ɒbsɪkwɪəl] [ob-si-kuial], *a.* Funeral, fúnebre, que se refiere a exequias o funerales.

obsequies ['ɒbsɪkwɪz] [ob-si-kuis], *s. pl.* Exequias, funeral, ritos fúnebres.

obsequious ['ɒbsɪkwɪəs] [ob-si-kuios], *a.* 1. Zalamero, empalagoso. 2. *(Ant.)* Obsequioso, rendido, sujeto a hacer la voluntad de otro.

obsequiously [əb'sɪkwɪəslɪ] [ob-si-kuios-li], *adv.* Zalameramente; obsequiosamente.

obsequiousness [əb'sɪkwɪəsnɪs] [ob-si-kuios-nes], *s.* 1. Complacencia baja o excesiva, zalamería. 2. *(Ant.)* Obsequio, obediencia, rendimiento.

observable [əb'zɜːvəbl] [ob-ser-va-bol], *a.* 1. Observable, que se puede observar; perceptible a la vista o por medio de la observación. 2. Notable, conspicuo, eminente. 3. Acostumbrado, ordinario, de observancia usual.

observableness [əb'zɜːvəblnɪs] [ob-ser-va-bol-nes], *s.* Calidad de notable.

observably [əb'zɜːvəblɪ] [ob-ser-va-bli], *adv.* Notablemente, conspicuamente, visiblemente.

observance [əb'zɜːvəns] [ob-ser-vans], *s.* 1. Observancia, reverencia, acatamietno, honor. 2. Observancia, cumplimiento exacto y puntual de un deber. 3. Rito o ceremonia religiosa; costumbre, práctica, uso (custom). 4. Observación, atención; respeto, cuidado, exacto.

observancy [əb'zɜːvənsɪ] [ob-ser-van-si], *s.* Atención.

observant [əb'zɜːvənt] [ob-ser-vant], *a.* 1. Observador, vigilante, atento, exacto. 2. Observador de las reglas y leyes, respetuoso, obsequioso, sumiso.

observation [ˌɒbzə'veɪʃən] [ob-ser-vei-shon], *s.* 1. Observación, la acción de observar, de advertir con atención. 2. Escrutinio, examen científico de un fenómeno natural; observación astronómica o meteorológica. 3. Reflexión, experiencia adquirida por la observación. 4. Observación, nota o reparo crítico sobre alguna cosa. 5. Observancia, el cumplimiento de alguna orden, ley o precepto. **To escape observation,** pasar inadvertido. **To be under observation,** estar vigilado.

observatory [əb'zɜːvətrɪ] [ob-ser-va-tri], *s.* 1. Observatorio, cúpula o edificio elevado propio para las observaciones astronómicas. 2. Atalaya, torre edificada para observar desde ella una gran extensión de terreno; cualquier punto desde el cual se decubre mucho espacio de tierra o mar.

observe [əb'zɜːv] [ob-serv], *va.* 1. Observar, mirar, advertir con atención. 2. Observar, notar, reparar. 3. Observar, guardar y cumplir exactamente lo que se ejecuta y ordena. 4. Notar, expresar (una opinión, etc.) incidentalmente. *-vn.* 1. *(Des.)* Ser mirado o circunspecto. 2. Hacer observaciones o poner reparos. **It is to be observed,** es de notar.

observer [əb'zɜːvəʳ] [ob-ser-vaʳ], *s.* 1. Observador, el que observa, particularmente con instrumentos de precisión. 2. Observador, observante, el que guarda y cumple lo que es de su obligación o se le manda.

observing [əb'zɜːvɪŋ] [ob-ser-vin], *a.* Observador, cuidadoso, pronto a percibir; que presta atención particular a una cosa.

observingly [əb'zɜːvɪŋlɪ] [ob-ser-vin-li], *adv.* Cuidadosamente, atentamente.

obsess [əb'zes] [ob-ses], *vt.* Causar o provocar obsesión, obsesionar.

obsession [əb'seʃən] [ob-se-shon], *s.* 1. Sitio, el acto de sitiar alguna plaza. 2. Obsesión.

obsessive [əb'zesɪv] [ob-se-siv], *a.* Obsesionante.

obsidian [əb'sɪdɪən] [ob-si-dian], *s.* *(Min.)* Obsidiana, mineral volcánico y vítreo.

obsidional [əb'sɪdɪənl] [ob-si-dio-nal], *a.* Obsidional, lo que pertenece al sitio de una plaza.

obsolesce ['ɒbsəles] [ob-so-les], *vn.* Caer en desuso.

obsolescence [ˌɒbsə'lesens] [ob-so-le-sens], *s.* Estado o acto de caer en desuso.

obsolescent [ˌɒbsə'lesnt] [ob-so-le-sent], *a.* Lo que va quedándose anticuado o fuera de uso.

obsolete ['ɒbsəliːt] [ob-so-lit], *a.* 1. Obsoleto, desusado, fuera de uso. 2. *(Biol.)* Atrofiado, imperfectamente desarrollado, oscuro o suprimido.

obsoleteness ['ɒbsəliːtnɪs] [ob-so-lit-nes], *s.* 1. Desuso, el estado de haber caído en desuso. 2. *(Biol.)* Falta de desarrollo.

obstacle ['ɒbstəkl] [obs-ta-kol], *s.* Obstáculo, impedimento, embarazo, inconveniente. **Obstacle race,** carrera de obstáculos.

obstetric, obstetrical ['ɒbstɪtrɪk] [obs-ti-trik], *a.* Obstétrico, referente a la obstetricia.

obstetrician ['ɒbstɪtrɪʃən] [obs-ti-tri-shan], *s.* Partero, comadrón.

obstetrics ['ɒbstɪtrɪks] [obs-ti-triks], *s.* Obsteetricia, parte de la medicina que trata de la gestación, el parto y el puerperio. *V.* MIDWIFERY.

obstinacy ['ɒbstɪnəsɪ] [obs-ti-na-si], *s.* 1. Obstinación, pertinacia, porfía, terquedad; apego firme y por lo regular infundado a la propia opinión o proyecto. 2. *(Med.)* Carácter obstinado, resistencia.

obstinate ['ɒbstɪneɪt] [obs-ti-neit], *a.* 1. Obstinado, terco, porfiado, temoso, tenaz. 2. Difícil de subyugar o curar, rebelde.

obstinately ['ɒbstɪneɪtlɪ] [obs-ti-neit-li], *adv.* Obstinadamente, tercamente.

obstinateness ['ɒbstɪneɪtnɪs] [obs-ti-neit-nes], *s.* Obstinación, terquedad.

obstreperous ['əbstrepərəs] [obs-tre-pe-ros], *a.* Estrepitoso, ruidoso, turbulento, que hace mucho ruido.

obstreperously ['əbstrepərəslɪ] [obs-tre-pe-ros-li], *adv.* Estrepitosamente.

obstreperousness ['əbstrepərəsnɪs] [obs-tre-pe-ros-nes], *s.* Estrépito, bulla.

obstriction ['ɒbstrɪksən] [obs-trik-shon], *s.* *(Ant.)* Obligación, constreñimiento.

obstruct ['ɒbstrʌkt] [obs-trakt], *va.* 1. Obstruir, llenar de obstáculos; cerrar. 2. Impedir, retardar, estorbar; detener, no dejar pasar. **Plowing (o ploughing) was obstructed by rain,** la lluvia retardó la aradura.

obstructer ['ɒbstrʌktəʳ] [obs-trak-taʳ], *s.* Estorbador.

obstruction ['ɒbstrʌkʃən] [obs-trak-shon], *s.* 1. Obstrucción de alguna vía natural. 2. Estorbo, obstáculo, impedimiento, dificultad.

obstructionism [əb'strʌkʃənɪzəm] [obs-trak-sho-ni-sem], *s. m.* Obstruccionismo.

obstructionist ['ɒbstrʌkʃənɪst] [obs-trak-sho-nist], *s.* Estorbador, el que pone obstáculos, particularmente en asunto legislativos.

obstructive ['ɒbstrʌktɪv] [obs-trak-tiv], *a.* Obstructivo. *-s.* Embarazo. **You're being obstructive,** nos estás estorbando.

obstructiveness ['ɒbstrʌktɪvnɪs] [obs-trak-tiv-nes], *s.* La calidad que hace a una cosa obstructiva o capaz de causar obstrucciones.

obstruent ['ɒbstrʊənt] [obs-truent], *a.* Obstructivo; se emplea particularmente en medicina.

obtain [əb'teɪn] [ob-tein], *va.* 1. Obtener, adquirir, conseguir. 2. *(Ant.)* Alcanzar, lograr. *-vn.* 1. Estar establecido, mantenerse en uso o en práctica; existir alguna ley, calidad o condición en una cosa. 2. Prevalecer, tener ventaja. **This model didn't obtain in my day,** este modelo no existía en mis tiempos.

obtainable [əb'teɪnəbl] [ob-tei-na-bol], *a.* Asequible.

obtainer [əb'teɪnəʳ] [ob-tei-naʳ], *s.* El que obtiene.

obtainment [əb'teɪnmənt] [ob-tein-ment], *s.* Obtención, consecución.

obtemper [əb'tempəʳ] [ob-tem-paʳ], *va.* Obedecer, sujetarse a los preceptos de otro.

obtend [əb'tend] [ob-tend], *va.* 1. Pretender, alegar como razón. 2. Oponer.

obtest [əb'test] [ob-test], *va.* Rogar, suplicar, conjurar; encarecer; implorar.

obtestation [ˌəbtes'teɪʃən] [ob-tes-tei-shon], *s.* Encarecimiento; ruego, súplica.

obtrude [əb'truːd] [ob-trud], *va.* Imponer, establecer o introducir a una persona o cosa con violencia o fraude en alguna aprte; colocar en posición prominente no debida. **To obtrude oneself,** entrometerse, meterse uno donde no le llaman. *-vn.* Entrometerse; ser importuno.

obtruder [əb'truːdəʳ] [ob-tru-daʳ], *s.* Un entremetido, un intruso.

obtruncate [əb'trənkeɪt] [ob-tran-keit], *va.* Cortar un miembro; podar o desmochar un árbol.

obtruncation [ˌəbtuːn'keɪʃən] [ob-trun-kei-shon], *s.* Desmoche.

obtrusion [əb'truːʒən] [ob-tru-shon], *s.* Intrusión, entrometimiento.

obtrusive [əb'truːsɪv] [ob-tru-siv], *a.* Intruso, entrometido; importuno.

obtrusively [əb'truːsɪvlɪ] [ob-tru-siv-li], *adv.* Importunamente, de manera indiscreta.

obtund [əb'tʌnd] [ob-tand], *va.* Embotar, entorpecer, amortiguar.

obturation [ˌəbtuː'reɪʃən] [ob-tu-rei-shon], *s.* El acto de cerrar o tapar alguna cosa con otra puesta encima de ella.

obturator [ˌəbtuː'reɪtəʳ] [ob-tu-rei-taʳ], *s.* 1. *(Anat.)* Obturador; el órgano, membrana, vaso, etc., que cierra o tapa una cavidad o un conducto. 2. Obturador, instrumento para cerrar las aberturar producidas por una llaga o enfermedad.

obtusangular [ˌəbtʊ'sæŋgjʊləʳ] [ob-tu-san-guiu-laʳ], *a.* Obtusángulo.

obtuse [əb'tjuːs] [ob-tius], *a.* 1. Obtuso, mayor que un ángulo recto; más de 90°. 2. Obtuso, romo, sin punta, embotado en la extremidad. 3. Obtuso, lerdo, torpe, tardo. 4. Sordo, hablando de ruido. **Obtuse-angled,** obtusángulo, que tiene ángulos obtusos.

obtusely [əb'tjuːslɪ] [ob-tius-li], *adv.* Obtusamente; lerdamente.

obtuseness [əb'tjuːsnɪs] [ob-tius-nes], *s.* Embotadura, embotamiento, torpeza.

obtusion [əb'tjuːʒən] [ob-tiu-shon], *s.* Embotamiento.

obvervant [əb'vɜːvənt] [ob-ver-vant], *a.* Familiar.

obverse ['ɒbvɜːs] [ob-vers], *s.* Anverso, en las medallas o cuños la cara en que está el busto. *-a.* Del anverso, que denota la cara de una medalla o moneda.

obvert ['ɒbvɜːt] [ob-vert], *va.* Volver hacia o dirigir alguna cosa a paraje determinado.

obviate ['ɒbvɪeɪt] [ob-vieit], *va.* Obviar, evitar o apartar inconvenientes o dificultades.

obvious ['ɒbvɪəs] [ob-vios], *a.* Obvio, evitar o apartar inconvenientes o dificultades.

obviously ['ɒbvɪəslɪ] [ob-vios-li], *adv.* Obviamente, patentemente, claramente.

obviousness ['ɒbvɪəsnɪs] [ob-vios-nes], *s.* Claridad, evidencia.

o/c *Abreviatura de* **overcharge**.

oc-. Prefijo, la forma de *ob*, antes de *c*.

oca ['ɒkə] [oka], *s.* Oca, planta indígena del Perú.

occasion [ə'keɪʒən] [o-kei-shon], *s.* 1. Ocasión, ocurrencia, casualidad; acaecimiento, acontecimiento (event). 2. Ocasión, sazón, coyuntura, tiempo oportuno. 3. Ocasión, motivo, causa, origen, razón. 4. Necesidad, falta (need). **To have occasion,** ofrecerse, tener que. **Upon occasion,** cuando se ofrece ocasionalmente. **To take occasion,** valerse de la ocasión, aprovechar la oportunidad. **By occasion of,** a consecuencia de. **On occasion,** en su oporutnidad, su debido tiempo. **As occasion requires,** en caso necesario, para cuando llegue la ocasión. **If you have occasion to use it,** si te ves en el caso de utilizarlo. **There was no further occasion for his services,** no hubo más necesidad de sus servicios.

occasion, *va.* Ocasionar, causar, excitar.

occasionable [ə'keɪʒənəbl] [o-kei-sho-na-bol], *a.* Lo que puede ser causado, producido u ocasionado.

occasional [ə'keɪʒənl] [o-kei-sho-nal], *a.* 1. Que ocurre más o menos frecuentemente, pero no a intervalos fijos y regulares; de circunstancia. 2. Ocasional, casual, contingente, fortuito, accidental, circunstancial. **Occasional visits,** visitas que sólo se hacen de vez en cuando. **Occasional worker,** trabajador temporal.

occasionally [ə'keɪʒənlɪ] [o-kei-sho-na-li], *adv.* Ocasionalmente, por contingencia; de vez en cuando.

occasioner [ə'keɪʒənəʳ] [o-kei-sho-naʳ], *s.* Motor, causador, causa, motivo.

occident ['ɒksɪdənt] [ok-si-dent], *s.* 1. Occidente, la Europa occidental. 2. Occidente, oeste.

occidental [ˌɒksɪ'dentl] [ok-si-den-tal], **occiduous** ['ɒksɪdʊəs] [ok-si-duos], *a.* Occidental.

occipital [ɒk'sɪpɪtəl] [ok-si-pi-tal], *a.* Occipital, perteneciente al occipucio. **Occipital bone,** el hueso occipital.

occiput ['ɒksɪpʌt] [ok-si-pat], *s.* Colodrillo, occipucio, la parte posterior e inferior de la cabeza.

occlude [ɒ'kluːd] [o-klud], *va.* 1. Cerrar, tapar. 2. Absorber, como un metal absorbe un gas.

occlusion [ɒ'kluːʒən] [o-klu-shon], *s.* 1. *(Med.)* Cerradura, cerramiento, obstrucción de un poro, conducto o cavidad. 2. Absorción de gases por los metales.

occlusive [ɒ'kluːsɪv] [o-klu-siv], *a.* Oclusivo.

occult [ɒ'kʌlt] [o-kalt], *a.* 1. Oculto, escondido, ignorado; misterioso. 2. No conocido inmediata ni fácilmente. 3. Visible sólo para los que tienen visión espiritual; término de teosofía.

occultation [ɒ'kʌlteɪʃən] [o-kal-tei-shon], *s.* *(Astr.)* Ocultación, desaparición pasajera de una estrella o planeta ocultado por la luna.

occultism ['ɒkəltɪzəm] [o-kal-ti-sem], *s.* 1. La investigación de las cosas misteriosas, particularmente de lo sobrenatural. 2. Pretensión de poseer un poder sobrenatural; astrología. 3. Teosofía moderna.

occultist ['ɒkəltɪst] [o-kal-tist], *a.* Ocultista.

occultness ['ɒkəlnɪs] [o-kalt-nes], *s.* 1. Ocultación. 2. Ocultación, secreto por el cual se calla una cosa que se sabe, debiendo decirla.

occupancy ['ɒkjʊpənsɪ] [o-kiu-pan-si], *s.* Ocupación, toma de posesión.

occupant ['ɒkjʊpənt] [o-kiu-pant], *s.* Ocupador, ocupante, la persona que ocupa; en especial, inquilino que tiene posesión, a distinción del dueño.

occupation [ˌɒkjʊ'peɪʃən] [o-kiu-pei-shon], *s.* 1. Ocupación, el acto de tomar posesión de un país o de otra cosa. 2. Manera o tiempo de poseer. *V.* TENURE. 3. Ocupación, trabajo, oficio, empleo, profesión.

occupational [ˌɒkjʊ'peɪʃənl] [o-kiu-pei-sho-nal], *a.* Laboral, ocupacional, relativo al oficio.

occupier ['ɒkjʊpaɪəʳ] [o-kiu-paiaʳ], *s.* 1. Ocupador. 2. El que está empleado en algún destino, arte u oficio.

occupy ['ɒkjʊpaɪ] [o-kiu-pai], *va.* 1. Ocupar; ocuparse en; llenar el espacio, el tiempo o la capacidad de; usar de una manera exclusiva. 2. Ocupar, tomar posesión de, apoderarse de. 3. Emplar, dar empleo o trabajo *a.* **To be occupied with a thing,** ocuparse en alguna cosa, dedicarse a. *-vn. (Des.)* Traficar.

occur [ə'kɜːʳ] [o-keʳ], *vn.* 1. Encontrarse o hallarse aquí y allí; aparecer; de aquí, suceder, acaecer, acontecer (happen). 2. Ocurrir, venir a la imaginación o a la memoria (come to mind). **The thought did not occur to him,** no se le ocurrió tal idea. **The word glass occurs but once in the Old Testament,** la palabra vidrio se encuentra una sola vez en el Antiguo Testamento.

occurrence [ə'kʌrəns] [o-ka-rans], *s.* Ocurrencia, incidente, suceso casual; acontecimiento, acaecimiento, lance. **To be of actual occurrence,** haber sucedido realmente. **To be of frequent occurrence,** suceder a menudo.

ocean ['əʊʃən] [ou-shan], *s.* 1. Océano, el mar que rodea la tierra. 2. Océano, piélago, una de las partes del océano, como el Atlántico, el Pacífico, etc. 3. inmensidad, expansión sin límites.

oceanarium [ˌəʊʃə'nɛərɪəm] [ou-sha--nea-riom], *s. m.* Oceanario.

oceanic [ˌəʊʃɪ'ænɪk] [ou-shia-nik], *a.* 1. Oceánico, que pertenece al océano. 2. Inmenso. 3. *(Zool.)* Pelágico, que vive en el océano.

ocean liner ['əʊʃənˌlaɪnəʳ] [ou-shan-lai-naʳ], *s.* Transatlántico o trasatlántico.

oceanographer [ˌəʊʃə'nɒgrəfəʳ] [ou-sha-no-gra-faʳ], *s.* Oceanógrafo.

oceanography [ˌəʊʃə'nɒgrəfɪ] [ou-sha-no-gra-fi], *s.* Oceanografía.

ocellated, ocellatee ['əsɪleɪtɪd] [ou-si-lei-tid],a. 1. Ojoso, que tiene manchas que se parecen a ojos. 2. Que tiene una mancha de un color dentro de un círculo de otro. 3. Manchado.

ocelot ['əʊsɪlɒt] [ou-si-lot], *s.* Ocelote, leopardo o tigre de Méjico.

ochlocracy ['əʊklɒkrəsɪ] [ou-klo-kra-si], *s.* Oclocracia.

ochra ['əʊkrə] [ou-kra], *s. V.* OKRA y GUMBO.

ochre, ocher ['əʊkəʳ] [ou-kaʳ], *s.* 1. Ocre, cierta tierra para pintar de amarillo. 2. Cualquier óxido de metal que se encuentra en forma de tierra o polvo. **Yellow ocher,** ocre amarillo. **Brown ocher,** ocre carmelita. **Red ocher,** ocre rojo o encarnado, ocre quemado, almagre, almazarrón.

ocherous, ochreous ['əʊkərəs] [ou-ke-ros] ['əʊkrɪəs] [ou-krios], **ochery** ['əʊkərɪ] [ou-ke-ri], *a.* Ocroso, de la naturaleza o del color del ocre o que lo contiene.

o'clock [ə'klɒk] [o-klok], *loc.* Contracción de **of the clock,** que significa (la hora) según el reloj. **At one o'clock,** a la una. **It is eight o'clock,** son las ocho.

OCR *Abreviatura de* **Optical Character Reader,** lector óptico de caracteres.

octagon ['ɒktəgən] [ok-ta-gon], *s.* Octágono, la figura que consta de ocho lados y ocho ángulos.

octagonal [ɒk'tægənl] [ok-ta-go-nal], *a.* Octagonal.

octahedral ['ɒktə'hiːdrəl] [ok-tai-dral], *a.* Octaédrico, que tiene los caracteres del octaedro.

octahedron ['ɒktə'hiːdrən] [ok-tai-dron], *s.* Octaedro.

octandria ['ɒktændrɪə] [ok-tan-dria], *s.* Octandria.

octane ['ɒkteɪn] [ok-tein], *s.* Octano.

octangular ['ɒktæŋgjʊləʳ] [ok-tan-guiu-laʳ], *a.* Octangular.

octant ['ɒktənt] [ok-tant], *a.* y *s.* 1. La octava parte de un círculo; la medida de cuarenta y cinco grados. 2. *(Astr.)* Octante, instrumento astronómico para tomar la altura del sol.

octateuch ['ɒktəteʊk] [ok-ta-teuk], *s.* Octateuco, los ocho primeros libros del Viejo Testamento.

octave ['ɒkteɪv] [ok-teiv], *s.* 1. Octava, el día ocatavo de alguna festividad; los ocho días que inmediatamente se siguen a alguna festividad. 2. *(Mús.)* Octava, intervalo de ocho tonos, o de siete grados; una nota o tecla a este intervalo sobre o debajo de otra. **Octave coupler,** doblemano, mecanismo de los órganos modernos, para hacer que con la tecla baje la de la octava superior.

octave, *a.* Octavo, perteneciente al número ocho.

octavo [ɒk'teɪvəʊ] [ok-tei-vou], *a.* 1. En octavo, la forma que tienen los libros cuando el pliego de impresión tiene ocho hojas. 2. Que denota cierto tamaño de la página, comúnmente pulgadas. *-s.* Libro, folleto, etc., en que un pliego está doblado en ocho hojas.

octennial ['ɒktɪnɪəl] [ok-ti-nial], *a.* Que dura ocho años.

octet [ɒk'tet] [ok-tet], *s.* 1. Composición musical, compuesta para ocho ejecutantes. 2. Coro de ocho voces u orquesta de ocho ejecutantes.

octillion ['ɒktɪlɪən] [ok-ti-lion], *s.* Octillón.

October [ɒk'təʊbəʳ] [ok-tou-baʳ], *s.* Octubre, el décimo mes del año.

octoedrical ['ɒktəˌhiːdrɪkəl] [ok-toi-dri-kal], *a.* Octoédrico, que tiene ocho lados. *V.* OCTAHEDRAL.

octogenarian [ˌɒktəʊdʒɪ'nɛərɪən] [ok-tou-yi-nea-rian], **octogenary** ['ɒktəɪdʒɪnərɪ] [ok-tou-yi-nea-ri], *a.* y *s.* Octogenario, que tiene ochenta años.

octonocular ['ɒktənəkjʊləʳ] [ok-to-no-kiu-laʳ], *a.* Que tiene ocho ojos.

octopetalous ['ɒktəpetələs] [ok-to-pe-ta-los], *a.* Octopétala, flor que tiene ocho hojas.

octopus ['ɒktəpəs] [ok-to-pos], *s.* Pulpo, molusco cefalópodo octópodo; jibia octópoda.

octostyle ['ɒktəstaɪl] [ok-tos-tail], *s. (Arq.)* Octóstilo, el edificio que tiene ocho columnas en su frontispicio.

octosyllabic ['ɒktəʊsaɪ'læbɪk] [ok-tou-sai-la-bik], *a.* Octosílabo, que está compuesto de ocho sílabas.

octuple ['ɒktəpl] [ok-ta-pel], *a.* Octuplo, lo que contiene ocho veces tanto.

ocular ['ɒkjʊləʳ] [o-kiu-laʳ], *a.* Ocular, perteneciente al ojo; derivado del ojo o que se refiere a él; visual. *-s.* Ocular, la combinación de lentes en un instrumento óptico por medio de la cual se ve aumentada la imagen.

ocularly ['ɒkjʊləlɪ] [o-kiu-lar-li], *adv.* Ocularmente, visiblemente.

oculate ['ɒkjʊleɪt] [o-kiu-leit], *a.* Ocular, que tiene ojos.

oculist ['ɒkjʊlɪs] [o-kiu-list], *s.* Oculista, oftalmólogo.

odalisk, odalisque ['əʊdəlɪsk] [ou-da-lisk], *s.* Odalisca, esclava o concubina del sultán que forma parte del harem.

odd [ɒd] [od], *a.* 1. Impar, que no puede dividirse en dos porciones sin fracción. 2. Marcado con un número impar. 3. Lo que queda de un número dado o lo que falta para completarlo. 4. Tanto, pico; número indeterminado que excede o sobra después del definido. **An odd card,** una carta sobrante, o de más. 5. Particular, extraordinario, singular, raro, extraño; fantástico. **To play at odd and even,** jugar a pares y nones. **Odd apparel,** traje fantástico, singular. **It is an odd affair,** es una cosa rara. **An odd character,** un ente singular; *(Fam.)* Pájaro, pajarraco. **Three hundred and odd pounds,** trescientas y tantas libras. **To be odd man out,** estar de más, sobrar (surplus); quedar excluido (left out). **This town has two hundred thousand odd inhabitants,** esta ciudad tiene doscientos mil y pico de habitantes. 6. Solo, único, singular; que pertenece a un par o a una serie de la que falta el resto; desemparejado. **An odd glove,** un guante sin pareja; un solo guante. **An odd volume,** tomo suelto, un solo libro. 7. *(Ant.)* Desviado; lejano. **Odds and ends,** picos y cabos pendientes. **It is very odd that it was not thought of sooner,** es muy extraño que no se haya pensado antes en ello.

oddball ['ɒdbɔːl] [od-bol] *a.* Excéntrico, raro.

oddity ['ɒdɪtɪ] [o-di-ti], *s.* 1. Singularidad, particularidad, rareza. 2. Ente singular; *(Fam.)* pajarraco.

oddly ['ɒdlɪ] [od-li], *adv.* Desigualmente, extrañamente, singularmente; de un modo extraño; en número impar.

oddness ['ɒdnɪs] [od-nes], *s.* 1. Disparidad, desigualdad. 2. Singularidad, extravagancia, rareza en el obrar, hablar, vestir, etc.

odds ['ɒdz] [ods], *s. pl.* (y a veces *singular*) 1. Desiguladad, diferencia, disparidad. **That does not make any odds,** eso no hace diferencia alguna; eso no importa. **The odds were against me,** tuve que vérmelas con uno más fuerte que yo. **There are odds against it,** es poco probable. **To lay the odds with one,** hacer una apuesta desigual. 2. Partido desigual, apuesta desigual. 3. Ventaja, superioridad, exceso. 4. Riña, pendencia, disputa. **They are at odds,** están siempre riñendo. *(Fam.)* Están de cuernos, están de punta. **To set at odds,** desunir, descomponer, malquistar. **To fight against odds,** luchar contra una fuerza superior. **What's the odds?,** ¿qué más da? **To be odds of 5 to 1,** ofrecer 5 puntos de ventaja a 1. **The odds are that,** lo más probable es que. **All the odds and sods,** todo el mundo.

ode [əʊd] [oud], *s.* Oda, poema lírico; poema corto de gran elevación de tema y forma particular.

odeon ['ɒdɪən] [o-dion], *s.* 1. En la antigua Grecia, teatro con techo. 2. Teatro o salón de música.

odic ['ɒdɪk] [o-dik], *a.* Odico, perteneciente a una oda.

odious ['əʊdɪəs] [ou-dios], *a.* 1. Odioso, abominable, aborrecible. 2. Asqueroso, detestable, aborrecido.

odiously ['əʊdɪəslɪ] [ou-dios-li], *adv.* Odiosamente, abominablemente.

odiousness ['əʊdɪəsnɪs] [ou-dios-nes], *s.* 1. Odiosidad. 2. Odio; carácter odioso.

odometer [ɒ'dɒmɪtəʳ] [o-do-mi-taʳ], *s.* Odómetro, cuentakilómetros.

odometrical ['ɒdɒ'miːtrɪkl] [o-do-mi-tri-kal], *a.* Odométrico, relativo a un odómetro o hecho por él.

odontalgia [ˌɒdɒn'tældʒɪə] [o-don-tal-yia], *s.* Odontalgia, dolor de dientes o muelas.

odontalgic [ˌɒdɒn'tældʒɪk] [o-don-tal-chik], *a.* Odontálgico, que pertenece al dolor de dientes.

odontograph ['ɒdɒntəgræf] [o-don-to-graf], *s.* Odontógrafo, instrumento para formar los dientes de las ruedas.

odontoid ['ɒdɒntɔɪd] [o-don-toid], *a.* Odontóideo, que tiene la forma de un diente.

odontologist [ˌɒdɒn'tɒlədʒɪst] [o-don-to-lo-chist], *s.* Odontólogo, dentista.

odor ['əʊdəʳ] [ou-daʳ], *s.* Olor; fragancia, olor suave; aroma.

odoriferous [ˌəʊdə'rɪfərəs] [ou-do-ri-fe-ros], *a.* Odorífero, fragante, perfumado.

odorless, odourless ['əʊdəlɪs] [ou-da-les], *a.* Inodoro, que carece de olor.

odorous ['əʊdərəs] [ou-do-ros], *s.* Oloroso, fragante.

odour, etc. *V.* ODOR, etc. Manera usual de escribir estas palabras en Inglaterra.

odyl ['əʊdɪl] [ou-dil], *s.* Fuerza hipotética de la que se supone que explica los fenómenos del magnetismo animal.

odyssey ['ɒdɪsɪ] [o-di-si], *s.* Odisea o Ulixea, poema épico de Homero.

oe [ɪ] [i]. Para las palabras que comienzan por este diptongo y no se hallan aquí, véase la letra E.

oeconomics ['ɪkənɒmɪks] [i-ko-no-miks], *s.* Economía política.

oecumenical, ecumenical [ˌiːkjuː'mɪnɪkəl] [i-kiu-me-ni-kal], *a.* Ecuménico, universal.

oedema [ɪ'diːmə] [i-di-ma], *s.* Edema, hidorpoesía.

oedematous [ɪ'diːmətəs] [i-di-ma-tos], *a.* Edematoso, perteneciente al edema.

oenologist [ɪ'nɒlədʒɪst] [i-no-lo-yist], *a.* Enólogo.

oenology [ɪ'nɒlədʒɪ] [i-no-lo-yi], *s.* Enología.

o'er ['əʊəʳ] [auaʳ]. Contracción poética de OVER.

oesophagus [iː'sɒfəgəs] [i-so-fa-gos], *s.* Esófago, tragadero.

oestrogen, estrogen ['iːstrʊdʒən] [is-trou-yen], *s. m.* Estrógeno.

oestrus ['iːstrəs] [is-tros], *s.* Estro, tábano.

of [ɒv] [ov], *prep.* 1. De, asociado con; expresa una causa. **Of the,** del, de la, de los, de las. **The value of land,** el precio o el valor de las tierras. 2. Desde, fuera de, proveniente de; expresa relación de instrumento, movimiento, separación o efecto. **To rid the town of a villain,** echar de la población a un malvado. 3. Tocante. **All entertain this opinion of the war,** todos son de esta opinión tocante o con respecto a la guerra. 4. De, según. **Of custom,** de costumbre o según costumbre. 5. Por; (pocas veces para). **Of his great mercy,** por su gran misericordia. 6. En, entre; sobre. **Of old,** en otro tiempo, antiguamente. **A doctor of law or divinity,** doctor en leyes o en teología. **Of all things,** entre o ante todas las cosas; sobre todas las cosas. **I shall think of it,** pensaré en ello. **It is well done of him,** ha hecho bien o ha obrado como debía. **Of himself,** de por sí, espontáneamente. **A friend of mine,** un amigo mío, uno de mis amigos. **Of necessity,** por necesidad. **Of old,** antiguamente, en otro tiempo, antaño. **A friend of old,** un amigo antiguo. **Of course,** por supuesto, bien entendido. **Of late,** últimamente, desde hace poco. **That was very unkind of her,** eso fue una descortesía por parte de ella. **The best of singers,** el mejor cantante. **The city of Havana,** la ciudad de la Habana. **By the name of Owens,** llamado Owens. **It was fine of an evening,** al anochecer hacía buen tiempo. **A smell of roses,** un olor a rosas.

off [ɒf] [of]. Adverbio y preposición que generalmente se une a los verbos para modificar o cambiar su significación, y ya unido, ya separado, sirve para expresar separación, ausencia, privación o distancia; lejos, a distancia, fuera de aquí. A veces corresponde al prefijo español *des.* **West of this forest scarcely off a mile,** escasamente una milla al oeste de este bosque. **A great way off,** muy lejos. **How far is it off?,** ¿Cuánto hay desde aquí a allí? o de aquí allá? **Far off,** lejos. **The match is off,** se ha cancelado el partido. **He is off,** se va, se marcha. **I saw him off,** le ví marcharse. **Either off** or **on,** ni en pro ni en contra. **The child had his stockings off,** el niño tenía quitadas las medias. **The locomotive ran off the track,** la locomotora descarriló. **The lock is off,** está quitada la cerradudra. **The water is turned off,** el agua no corre; han cortado el agua. **Two per cent off for cash,** descuento de dos por ciento por pago al contado. **Off and on,** de vez en cuando, algunas veces; a intervalos; ya bien ya mal; dentro o fuera. **To be well off,** salir bien de alguna dificultad; estar bien o tener con qué pasarlo bien; *(Fam.)* tener el riñón bien cubierto. **Well off, badly off,** bien, mal en sus negocios. **We are no worse off than before,** no estamos peor que antes. **To be off from one,** reñir con alguno, abandonarle o separarse de él. **I am off,** lo dejo; me desdigo; me marcho. **Noises of,** ruido de fondo. **A voice off,** voz en off (Cinema). **Off-hand,** de repente, de improviso, sin pensarlo. *(Mar.)* **To be off Cadiz,** estar sobre Cádiz o a la altura de Cádiz. **Off color,** (a) de color poco satisfactorio; se dice de una joya. (b) *(Ger.)* Malo, indecente, verde. *-inter.* ¡Fuera! **Off from hence,** fuera de aquí. **Off with your hat,** quítese Ud. el sombrero o fuera ese sombrero. **Off with his head!** ¡Que le corten la cabeza!

off, *a.* 1. Más distante, a mayor distancia, más lejano; el lado derecho de una yunta o una pareja de animales; a la derecha, lo opuesto a *nigh o near.* 2. Desviado del camino principal. 3. De descanso, que denota una interrupción. **A day off,** un día de descanso. **To take a day off,** tomarse un día libre. **To be off sick,** estar de baja. 4. *(Fam.)* En desacuerdo con la realidad; falso, incorrecto. **Off in his calculations,** errado en sus cálculos. **Off side,** (a) el lado derecho. (b) En el juego de pelota, falta, mala jugada. **The game is off,** el partido ha sido cancelado. **Right off, straight off,** ininterrumpidamente, sin parar. **To be off,** estar pasado, cortado (milk, food). **To be well off,** tener dinero, estar bien acomodado (financial). **To alow 10 % off the price,** rebajar un 10% el precio. **To dine off soup,** cenar sopa. **To be off-center,** estar descentrado.

offal ['ɒfəl] [o-fal], *s.* 1. Asadura, despojos de las reses muertas. 2. Desecho, desperdicio de alguna cosa. Se emplea también como adjetivo.

offbeat ['ɒf,bi:t] [of-bit], *a.* Raro, excéntrico. no convencional.

offence, offenceless. *V.* OFFENSE.

offend [ə'fend] [o-fend], *va.* y *vn.* 1. Ofender, enfadar, irritar, provocar. 2. Acometer, embestir. 3. Violar, quebrantar alguna ley o precepto; pecar. 4. Ofender, agraviar, injuriar; desagradar, causar disgusto. 5. Delinquir, quebrantar la ley de Dios o sus preceptos.

offender [ə'fendəʳ] [o-fen-daʳ], *s.* Delincuente, transgresor, ofensor.

offending [ə'fendɪŋ] [o-fen-din], *a.* Culpable, delincuente; ofensivo.

offendress [ə'fendrɪs] [o-fen-dres], *s. f.* Ofensora; pecadora.

offense [ə'fens] [o-fens], *s.* 1. Ofensa, quebrantamiento de la ley divina o humana; pecado; cualquier delito o culpa; crimen, agresión. 2. Ofensa, injuria, agravio hecho a alguno. 3. Ofensa, ataque, acometimiento. **To take offense,** ofenderse de alguna cosa, darse por sentido. **No offense,** sin ofender a Ud.

offenseless [ə'fenslɪs] [o-fens-les], *a.* Inofensivo, que no ofende.

offensive [ə'fensɪv] [o-fen-siv], *a.* 1. Ofensivo, injurioso, ultrajante. 2. Desagradable, que causa disgusto. 3. Perjudicial. **Offensive warfare,** guerra ofensiva. **An offensive odor,** un olor desagradable. *-s.* Ofensiva, ataque.

offensively [ə'fensɪvlɪ] [o-fen-siv-li], *adv.* Ofensivamente.

offensiveness [ə'fensɪvnɪs] [o-fen-siv-nes], *s.* Ofensa, desazón; cualidad perjudicial; causa de asco.

offer ['ɒfəʳ] [o-faʳ], *va.* 1. Ofrecer; hacer patente, dar a conocer, poner en conocimiento del público. 2. Sacrificar, inmolar. 3. Ofrecer, prometer alguna cosa voluntariamente. 4. Atentar. 5. Ofrecer, proponer. *-vn.* 1. Ofrecerse, ocurrir o sobrevenir. 2. Intentar, tratar de. **Do not offer to do it,** guárdese Ud. de hacerlo. **Offer up,** ofrecer, rezar, hacer una ofrenda.

offer, *s.* 1. Oferta, ofrecimiento, palabra, promesa. 2. Propuesta; declaración de amor; primeras proposiciones o preliminares para un convenio. 3. Oferta, el precio que se ofrece por una cosa. 4. Esfuerzo. 5. Donativo, don, que se hace por vía de gratificación. **To close with an offer,** aceptar una oferta. **She has received many offers of marriage,** han pedido su mano muchas veces.

offering ['ɒfərɪŋ] [o-fa-rin], *s.* 1. Ofrecimiento, el acto de ofrecer. 2. Sacrificio, ofrenda, oblación. 3. Ofrenda, ofertorio, lo que se ofrece, lo que es presentado en el culto divino. **Peace-offering,** sacrificio propiciatorio. **Burnt-offering,** holocausto. **Votive offering,** exvoto, presentalla.

offertory ['ɒfətərɪ] [o-fa-to-ri], *s.* 1. Ofertorio, ofrecimiento, el acto de ofrecer alguna cosa. 2. Ofrenda, lo que se ofrece en el culto divino. 3. Ofertorio, parte de la misa; y la antífona cantada o pieza compuesta para órgano y ejecutada entre el *Credo* y el *Sanctus*.

offhand ['ɒf'hænd] [of-jand], *a.* 1. Hecho o ejecutado sin preparación. 2. No ceremonioso, informal. *-adv.* 1. Sin premeditación, sobre la marcha; sin estudio ni vacilación. 2. Sin apoyo artificial. **To shoot offhand,** tirar sin apoyo artificial. **She was very offhand about it,** lo discutió sin darle importancia.

offhandedly ['ɒf'hændɪdlɪ] [of-jan-did-li], *adv.* Descortésmente, sin miramientos.

offhandedness ['ɒf'hændɪdnɪs] [of-jan-did-nes], *s. f.* Informalidad, falta de cortesía.

office ['ɒfɪs] [o-fis], *s.* 1. Oficio, la obligación en que cada uno está constituido según su clase y estado. 2. Oficio, empleo, ejercicio, cargo público. 3. Oficio, operación o función. 4. Oficio, servicio que uno hace a otro. 5. Oficios, las funciones solemnes pertenecientes al altar; oficio, rezo. 6. Oficina, despacho, cuarto destinado al despacho de asuntos particulares. 7. La gente de oficina colectivamente. **Good-office,** favor. **Office-seeker,** pretendiente. **To be in office,** tener un empleo, estar colocado, estar en el poder. **To do the office of,** hacer el oficio de, servir de, hacer el papel de. **Booking office,** oficina de registro. **Ticket office,** despacho de billetes o papeletas. **Printing office,** imprenta. **The office of a lawyer, or an attorney,** el bufete, el estudio de un abogado, de un procurador. **Post-office,** administración de correos, estafeta, casa de correo. **Office-holder,** empleado público, funcionario. **Office automation,** ofimática. **Office boy,** ordenanza, chico de los recados. **Office staff,** personal de oficina.

officer ['ɒfɪsəʳ] [o-fi-saʳ], *s.* 1. Oficial, el que tiene cualquier cargo público. 2. Oficial, empleado, dependiente en cualquier oficina. 3. Oficial, en la milicia desde alférez arriba. **Half-pay officer,** oficial retirado, a media paga. 4. Alguacil o ministro inferior de justicia. **Police officer,** agente de policía. **Commissioned officer,** oficial nombrado por el Gobierno. **Officer of the guard,** oficial de guardia. **Non-commissioned officer,** oficial nombrado por el jefe de un cuerpo. **Flag officer,** oficial general de marina. **Staff officer,** oficina de estado mayor.

officer, *va.* 1. Mandar. 2. Proveer de oficiales. **An army well offered,** un ejército con buena oficialidad.

official [ə'fɪʃəl] [o-fi-shal], *a.* 1. Oficial, perteneciente a algún cargo o empleo público. 2. Oficial, hecho o comunicado en virtud de autoridad. 3. Propio, autorizado para usarlo en medicina. **Official letters,** pliegos de oficio. *-s.* 1. Oficial público; funcionario.

officialism [ə'fɪʃəlɪzəm] [o-fi-sha-li-sem], *s.* 1. Estado, condición, costumbres oficiales. 2. Formalismo, apego a las formas oficiales.

officially [ə'fɪʃəlɪ] [o-fi-sha-li], *adv.* De oficio, oficialmente.

office supplies [,ɒfɪs'səplaɪs] [o-fis-sa-plais], *s. pl.* Enseres de oficina.

officiate [ə'fɪʃɪeɪt] [o-fi-shieit], *va.* Hacer alguna cosa de oficio. *-vn.* 1. Oficiar, celebrar la misa y demás servicios divinos. 2. Sustituir a otro.

officinal [ə'fɪsɪnəl] [o-fi-si-nal], *a.* 1. Oficinal, hecho en la botica; preparado y en almacén. 2. *(Bot.)* Empleado en las artes o como medicamento.

officious [ə'fɪʃəs] [o-fi-shos], *a.* 1. Oficioso, entremetido. 2. Oficioso, obsequioso, agasajador.

officiously [ə'fɪʃəslɪ] [o-fi-shos-li], *adv.* Oficiosamente.

officiousness [ə'fɪʃəsnɪs] [o-fi-shos-nes], *s.* Oficiosidad, obsequio voluntario y muchas veces excesivo.

offing [ə'fɪŋ] [o-fin], *s.* Largo, aquella parte del mar visible que está lejana de la costa y más allá del lugar de anclaje: ensenada. **To gain the offing,** tomar el largo. **To stand for the offing,** *(Mar.)* correr a lo largo.

offish [ə'fɪʃ] [o-fish], *a.* Intratable, poco sociable, de maneras reservadas.

off-key [,ɒf'ki:] [of-ki], *a.* Desafinado.

off-limits [,ɒf'lɪmɪts] [of-li-mits], *a., adv.* Fuera de los límites.

off ramp ['ɒfræmp] [of-ramp], *s. (EU)* Vía de salida.

offscouring ['ɒfskərɪŋ] [of-sko-rin], *s.* Hez, excremento, desecho, basura, lavaduras.

offscum ['ɒfskəm] [of-skom], *s.* y *a.* Dejado; vil, bajísimo.

offset ['ɒfset] [of-set], *s.* 1. Balance, compensación, suma o valor puesto como equivalente. 2. Pimpollo, el vástago o tallo nuevo que echa la planta. 3. En agrimensura, cierta línea auxiliar que sirve en la medición y división de los terrenos. 4. *(Impr.)* Offset. **Offset printing,** impresión con máquina Offset.

offset, *va.* 1. Balancear, compensar; comparar una suma o valor con otro. 2. Medir la tierra por el procedimiento de ordenadas. 3. Hacer un voladizo.

offshoot ['ɒfʃu:t] [of-shut], *s.* Ramo, vástago; cosa secundaria o accesoria.

offshore ['ɒf'ʃɔ:ʳ] [of-shoʳ], *a.* Costanero. *-adv.* En la cercanía de la costa.

offspring ['ɒfsprɪŋ] [of-spring], *s.* 1. Prole, linaje, hijos, descendencia, casta. 2. Producción de cualquier especie, renuevo. 3. Cauce, venero.

off stage ['ɒfs'teɪdʒ] [of-steich], *a.* y *adv.* *(Teat.)* Entre bastidores, que sucede fuera del escenario.

off-the cuff [ˌɒfðə'kʌf] [of-de-kaf], *a.* Dicho espontáneamente, improvisado (speech, remark).

offward ['ɒfwɔ:d] [of-uord], *adv.* *(Mar.)* Al largo de la costa.

oft ['ɒfwɔ:d] [of-uord], *a.* *(Poét.)* Frecuente. *-adv.* Muchas veces, a menudo.

often ['ɒfən] [o-fen], **oftimes** ['ɒftaɪmz] [of-taims], **oftentimes** ['ɒfən'taɪmz] [o-fen-taims], *adv.* Frecuentemente, muchas veces, a menudo. **As often as,** siempre que. **How often,** cuántas veces. **So often,** tantas veces. **Not often,** rara vez. **Too often**, demasiado a menudo. **It is no often that,** no es frecuente que. **Every so often,** cada cierto tiempo/distancia.

ogee ['əʊdʒi:] [o-yi], *s.* *(Arq.)* Cimacio, moldura o bóveda en forma de *s*.

ogival [əʊ'dʒaɪvəl] [ou-yai-val], *a.* Ojival.

ogive ['əʊdʒaɪv] [ou-yaiv], *s.* *(Arq.)* 1. Ojiva, curva saliente de una bóveda gótica. 2. Ojiva, arco apuntado.

ogle ['əʊgl] [ou-guel], *va.* Guiñar, mirar de reojo.

ogle, *s.* Guiñada, mirada al soslayo, ojeada.

ogler ['əʊgləʳ] [ou-glaʳ], *s.* Guiñador, el que mira al soslayo.

ogling ['əʊglɪŋ] [ou-glin], *s.* el acto de guiñar el ojo.

oglio ['əʊglɪəʊ] [ou-gliou, *s.* *V.* OLIO.

ogre ['əʊgəʳ] [ou-gaʳ], *s.* Ogro, monstruo imaginario del que se suponía que se alimentaba de carne humana.

ogress ['əʊgrɪs] [ou-gres], *f.* Ogro hembra.

oh! [əʊ] [ou], *inter.* ¡Oh! exclamación.

ohm [əʊm] [oum], *s.* Ohmio, unidad de resistencia eléctrica.

oho ['əʊhəʊ] [ou-jou], *inter.* ¡Ajá! interjección.

oil [ɔɪl] [oil], *s.* Aceite; óleo. **Linseed-oil,** aceite de linaza. **Nut-oil,** aceite de nueces. **Salad-oil,** aceite de comer. **Palm-oil,** aceite del Senegal. **Neat's-foot oil**, aceite de manitas. **Olive-oil,** aceite de oliva. **Cod-liver oil,** aceite de hígado de bacalao. **Castor-oil,** aceite de ricino. **Rapesseed oil,** aceite de colza. **Kerosene-oil,** petroleum, kerosina, petróleo refinado. **Oil-colors,** colores al óleo. **Oil cars,** carros de tanque para petróleo. **Oil-bag,** glándula oleífera. **Oil-based product,** producto derivado del petróleo. **Oil-beetle,** méloe, insecto coleóptero que se emplea como vejigatorio. **Oil-painting,** pintura al óleo, cuadro pintado con colores al óleo. **To burn the midnight oil,** quemarse las cejas. **To strike oil,** encontrar una capa de petróleo; de aquí, *(E.U.)* hacerse rico de súbito. **Oil-bottle,** aceitera, vasija para el aceite. **Oil-cake,** los asientos de la linaza después de exprimido el aceite. **Oil-cloth**, encerado, hule. **Oil-color,** color molido con aceite. **Oil-mill, oil-press,** molino de aceite. **Oil-shop,** aceitería tienda de aceite.

oil, *va.* 1. Aceitar, engrasar; untar con aceite; de aquí, hacer liso, suave y agradable. 2. Ungir, olear, lubricar.

oil-can ['ɔɪlkæn] [oil-kan], *s.* Aceitera.

oildrum ['ɔɪldrʌm] [oil-dram], *s.* Bidón de aceite.

oiler ['ɔɪləʳ] [oi-laʳ], *s.* 1. El o lo que engrasa o aceita; obrero que unta la maquinaria con aceite. 2. Aceitera, aceitador; utensilio para untar con aceite. 3. Aceitera, vasija en que se tiene el aceite para llevarlo de un punto a otro; alcuza.

oilet ['ɔɪlɪt] [oi-lit], **oilet-hole** ['ɔɪlɪtˌhəʊl] [oi-lit-joul], *s.* 1. *(Arq.)* Tronera, mirador. 2. *(Des.)* Ojete.

oilfield ['ɔɪlfi:ld] [oil-fild], *s.* Yacimiento petrolífero.

oiliness ['ɔɪlɪnɪs] [oi-li-nes], *s.* Oleaginosidad, untuosidad.

oilman ['ɔɪlmən] [oil-man], *s.* Aceitero.

oil paper ['ɔɪlpeɪpəʳ] [oil-pei-paʳ], *s.* Papel encerado.

oil platform ['ɔɪlˌplætfɔ:m] [oil-plat-form], *s.* Plataforma petrolífera.

oil-refinery ['ɔɪlrɪˌfaɪnərɪ] [oil-ri-fai-ne-ri], *s.* Refinería de petróleo.

oilwell ['ɔɪlwel] [oil-uel, *s.* Pozo de petróleo.

oily ['ɔɪlɪ] [oi-li], *a.* aceitoso, oleoso, oleaginoso.

oily-grain ['ɔɪlɪˌgreɪn] [oi-li-grein], *s.* *(Bot.)* Ajonjolí, alegría, sésamo oriental.

oink [ɔɪŋk] [oink], *vi.* Gruñir.

ointment ['ɔɪntmənt] [oint-ment], *s.* Ungüento.

O.K. ['əʊ'keɪ] [ou-kei], 1. *interj.* ¡sí!, ¡está bien". 2. *adj.* Aprobado, de acuerdo, satisfactorio (agreed).

okay ['əʊ'keɪ] [ou-kei], = O.K.

okra ['əʊkrə] [ou-kra], *s.* Abelmosco, hibisco.

old [əʊld] [ould], *a.* 1. Viejo. **An old man,** hombre anciano. 2. Viejo, antiguo; anticuado. **Old age,** vejez. **How old are you?** ¿Cuántos años tiene Ud.? **I am twenty years old,** tengo veinte años. **To grow old,** envejecer. **Of old,** antiguamente, hace mucho tiempo. **To be old enough,** tener bastante edad; no ser niño. 3. Usado, gastado con el tiempo; que no es nuevo o que ya no está en uso; conocido desde hace mucho tiempo. 4. De costumbre, familiar; lo que hace mucho tiempo se produjo; del año anterior. **Old wine, old wheat,** vino añejo, trigo añejo. **Old shoes,** zapatos usados. **Old clothes,** ropa vieja, usada. **An old castle,** un castillo antiguo. **Old bachelor,** solterón. **Old maid,** (a) solterona. (b) La mona, cierto juego de naipes. **Old-maidish,** solterona. **Old-style,** *(Impr.)* estilo antiguo; tipo de forma antigua. Este es estilo antiguo. **Old world,** del viejo mundo; también del prehistórico.

olden ['əʊldən] [oul-den], *a.* *(Poét.)* Viejo, antiguo. **The olden time,** los tiempos pasados o antiguos. *-vn.* Envejecer, hacerse viejo.

old-fashioned ['əʊld'fæʃnd] [ould-fa-shond], *a.* Hecho a la antigua; del tiempo de Maricastaña.

old hand ['əʊldhænd] [ould-jand], *s.* Experto, perito.

oldie ['əʊldɪ] [oul-di], *s.* Melodía de ayer *(Music)*.

oldish ['əʊldɪʃ] [oul-dish], *a.* Algo viejo o anciano; avejentado.

old-line ['əʊl'laɪn] [ould-lain], *a.* Conservador, anticuado.

oldness ['əʊldnɪs] [ould-nes], *s.* Ancianidad, vejez, antigüedad.

old school ['əʊldskʊl] [ould-skul], *s.* Grupo conservador de ideas anticuadas.

old-time ['əʊldtaɪm] [ould-taim], *a.* De antaño.

old wife ['əʊldwaɪf] [ould-uaif], *s.* Vieja.

oleaceous ['əʊlɪ'æʃəs] [ou-lia-shos], *a.* Oleáceo.

oleaginous ['əʊlɪ'æʃʒɪnəs] [ou-lia-yi-nos], *a.* Oleaginoso, aceitoso.

oleander [ˌəʊlɪ'ændəʳ] [ou-lian-daʳ], *s.* *(Bot.)* Adelfa, baladre.

oleaster ['əʊlɪ'æstəʳ] [ou-lias-taʳ], *s.* *(Bot.)* Olvio silvestre o acebuche.

oleate ['əʊlɪeɪt] [ou-lieit], *s.* Oleato, sal formada por la combinación del ácido oleico con una base.

oleafiant ['əʊlɪ'æʃɪənt] [ou-lia-fiant], *a.* Olefiante.

oleic ['əʊleɪk] [ou-leik], *a.* Oleico; derivado del aceite, o perteneciente a él.

olein ['əʊlɪn] [ou-lin], *s.* Oleína.

oleomargarine ['əʊlɪəʊˌmɑ:gərɪn] [ou-liou-mar-ga-rin], *s.* Oleomargarina.

oleose ['əʊlɪəʊs] [ou-lious], **Oleous** ['əʊlɪəʊs] [ou-lious], *a.* Oleoso.

oleraceous ['əʊlɪrəʃəs] [ou-li-rei-shos], *a.* Semejante a hortaliza.

olfactory [ɒl'fæktərɪ] [ol-fak-to-ri], *a.* Olfatorio, perteneciente al olfato.

olibanum ['ɒlɪbænəm] [o-li-ba-nom], *s.* Olíbano, goma aromática, incienso.

oligarchy ['ɒlɪgɑ:kɪ] [o-li-gar-ki], *s.* Oligarquía, gobierno de pocos.

olio ['əʊlɪəʊ] [ou-liou], *s.* 1. Mezcla, miscelánea. 2. Olla podrida.

olitory ['ɒlɪtərɪ] [o-li-to-ri], *s.* Huerta de hortalizas.

olivaceous [ˌɒlɪ'veɪʃəs] [o-li-vei-shos], *a.* Oliváceo, aceitunado.

olivary ['ɒlɪvərɪ] [o-li-va-ri], *a.* Oliviforme, de la forma de una oliva; parecido a una aceituna.

olive ['ɒlɪv] [o-liv], *s.* 1. *(Bot.)* Olivo, el árbol que produce las aceitunas. 2. Aceituna, oliva. *-a.* Aceitunado, que tiene color de aceituna.

olive-bearing ['ɒlɪvˌbɪərɪŋ] [o-liv-bia-rin], *a.* Olivífero.

olive branch ['ɒlɪvbrɑːntʃ] [o-liv-branch], *s.* Rama de olivo; emblema de paz.

olive-color ['ɒlɪvˌkʌlə^r] [o-liv-ka-la^r], *s.* Aceitunado.

olive-drab ['ɒlɪvdræb] [o-liv-drab], *a.* De color aceitunado (de los uniformes militares de E.U.)

olive-green ['ɒlɪv'griːn] [o-liv-grin], *s.* Verde oliva.

olive-grove ['ɒlɪvgrəʊv] [o-liv-grouv], **olive-yard** ['ɒlɪvjɑːd] [o-liv-yard], *s.* Olivar.

olive-oil ['ɒlɪv'ɔɪl] [o-liv-oil], *s.* El aceite de oliva o de mesa.

olive-tree ['ɒlɪvtriː] [o-liv-tri], *s.* Olivo.

olla ['əʊlə] [ou-la], *s.* 1. Olla. 2. Marmita, olla.

olympiad [əʊ'lɪmpɪæd] [o-lim-piad], *s.* Olimpiada, período de cuatro años entre los antiguos griegos.

olympian [əʊ'lɪmpɪən] [o-lim-pian], *a.* 1. Perteneciente a los dioses del Olimpo, y especialmente a Zeus (Júpiter); olímpico.2. Referente a los juegos olímpicos.

olympic [əʊ'lɪmpk] [o-lim-pik], *a.* Olímpico.

olympus [əʊ'lɪmpəs] [o-lim-pos], *s.* Olimpo; el cielo.

Om [ɒm] [om], *s.* Nombre solemne del Ser Supremo entre los bracmanes.

omasum ['ɒməsəm] [o-ma-som], *s.* Omaso, ventrículo o tercer estómago de los rumiantes.

ombrometer [ˌɒmbə'miːtə^r] [om-bro-mi-ta^r], *s.* Un instrumento que sirve para medir la cantidad de lluvia que cae.

omega ['əʊmɪgə] [ou-mi-ga], *s.* Omega, la letra vigésima cuarta y última del alfabeto griego; fin.

omelet(te) ['ɒmlɪt] [om-lit], *s.* Tortilla de huevos; fritada de huevos.

omen ['əʊmen] [ou-men], *s.* Agüero, pronóstico, presagio o anuncio de un mal o de un bien.

omentum ['əʊmentəm] [ou-men-tum], *s.* Omento, el redaño que cubre las entrañas.

Omer ['əʊme^r] [ou-me^r], *s.* Homer.

ominous ['ɒmɪnəs] [o-mi-nos], *a.* 1. Ominioso, azaroso, siniestro, fatal. 2. De buen agüero, pronosticador en general.

ominously ['ɒmɪnəslɪ] [o-mi-nos-li], *adv.* Ominosamente; por vía de presagio.

ominousness ['ɒmɪnəsnɪs] [o-mi-nos-nes], *s.* La calidad que constituye a una cosa ominosa o de mal agüero.

omissible ['ɒmɪsɪbl] [o-mi-si-bol], *a.* Que se puede omitir o excluir.

omission [əʊ'mɪʃən] [ou-mi-shon], *s.* 1. Omisión; flojedad, descuido. 2. Alguna cosa omitida o que queda por hacer; olvido de insertar omencionar. **Errors and omissions excepted,** salvo error u omisión.

omissive ['əʊmɪsɪv] [ou-mi-siv], *a.* Que omite, excluye, o descuida insertar o mencionar.

omit [əʊ'mɪt] [ou-mit], *va.* 1. Omitir, dejar de hacer o usar alguna cosa; descuidar, excluir, desechar. 2. Omitir, pasar en silencio, olvidar la inserción o mención de.

omnibus ['ɒmnɪbəs] [om-ni-bos], *s.* Omnibus. *-a.* Que comprende muchos casos diferentes o una gran variedad de objetos. **An omnibus bill,** estatuto que comprende muchos asuntos diferentes.

omnifarious ['ɒmnɪ'fɛərɪəs] [om-ni-fea-rios], *a.* De todo género y especie.

omniferous ['ɒmnɪfərəs] [om-ni-fe-ros], *a.* Que puede producir todas las cosas.

omniform ['ɒmnɪfɔːm] [om-ni-form], *a.* Omniforme, que tiene todas las formas o figuras.

omniformity ['ɒmnɪˌfɔːmɪtɪ] [om-ni-for-mi-ti], *s.* Omniformidad, la calidad de lo que tiene todas las formas o figuras.

omnigenous ['ɒmnɪdʒɪnəs] [om-ni-yi-nos], *a.* Omnígeno, que consta de todos los géneros.

omniparient ['ɒmnɪˌpærɪənt] [om-ni-pa-rient], **omniparous** ['ɒmnɪpərəs] [om-ni-pa-ros], *a.* Omníparo, que produce todas las cosas.

omnipercipiency [ˌɒmnɪpɜː'pɪʃənsɪ] [om-ni-per-pi-shen-si], *s.* Percepción de todas las cosas.

omnipotence [ɒm'nɪpətəns] [om-ni-po-tens], **omnipotency** [ɒm'nɪpətənsɪ] [om-ni-po-ten-si], *s.* Omnipotencia.

omnipotent [ɒm'nɪpətənt] [om-ni-po-tent], *a.* y *s.* Omnipotente, todopoderoso.

omnipresence ['ɒmnɪ'prezəns] [om-ni-pre-sens], *a.* Omnipresente, presente en todas partes; ubicuo, en todas partes a la vez.

omniscience [ɒm'nɪsɪəns] [om-ni-sians], **omnisciency** [ɒm'nɪsənsɪ] [om-ni-sian-si], *s.* Omnisciencia.

omniscient [ɒm'nɪsɪənt] [om-ni-siant], *a.* Omniscio, infinitamente sabio, que todo lo sabe, omnisapiente.

omnium ['ɒmnɪəm] [om-niom], *s.* 1. *(Ing.)* El agregado de diversas acciones en los fonods públicos. 2. Estante para bric-a-brac. **Omnium gatherum,** *(Fam.)* Miscelánea, mezcla confusa, mare mágnum.

omnivorous [ɒm'nɪvərəs] [om-ni-vo-ros], *a.* 1. Omnívoro, que todo lo devora; que se alimenta indistintamente de toda clase de sustancias. 2. *(Zool.)* Omnívoro, que se alimenta de sustancias animales y vegetales (bears). 3. *(Fig.)* Que lee toda clase de libros. **Omnivorous reader,** "devora-libros".

omoplate ['ɒməpleɪt] [o-mo-pleit], *s.* *(Anat.)* Omoplato, espaldilla.

omphalic ['ɒmfælɪk] [om-fa-lik], *a.* Umbilical, que se refiere al ombligo.

on [ɒn] [on], *prep.* Sobre, encima, en; de; *a.* 1. Sobre, en contacto con la superficie superior de una cosa; suspendido de o soportado por; por medio de; además de; por la autoridad de. 2. En seguida, después de; tras, detrás de; con motivo de, por razón de; al cargo de; en conformidad con, según. 3. Con dirección a, hacia, a, al lado de, cerca. 4. En el acto de; bajo la influencia de; bajo. 5. En; en interés o favor de; en, se emplea con el participio presente; en el momento de; *on* no se traduce en castellano delante del nombre de un día o de una fecha. **On the fifth of May,** el cinco de mayo. 6. Por lo concerniente, respecto a, tocante a, acerca. 7. En estado o calidad de; como. **On record,** en calidad de archivado, registrado. 8. Por; y a veces para. **On an average,** por término medio. **It lies on the table,** está sobre o encima de la mesa. **On the right hand,** a la mano derecha. **On pain of death,** so pena de muerte. **On his arrival,** a su llegada. **On my return,** a mi vuelta. **On horseback,** a caballo. **On foot,** a pie. **On purpose,** de intento, adrede, a propósito, expresamente. **On high,** en alto. **On the contrary,** por el contrario. **On my part,** de mi parte o por mi parte; en cuanto a mí. **On condition that you come,** con tal que Ud. venga. **To be off and on,** estar indeciso. **To play on the violin,** tocar el violín. **To be on,** estar encendido, estar conectado. **On a sudden,** de golpe, de repente, de improviso. **My shoes are on,** estoy calzado. **On account of,** a causa de. **On no account o consideration,** por ningún concepto, por nada en el mundo. **On second thoughts,** bien pensado el caso, pensándolo bien. **On returning from the theater I went to my room,** al regresar del teatro fui a mi habitación. **On leaving the harbour of San Francisco,** al salir de San Francisco. **From that time on,** desde entonces. **Well on in years,** entrado en años, mayor. **To be on guard,** estar de guardia. **On every side,** por todas partes. *-inter.* ¡Vamos! ¡adelante! ¡marchen!

on, *adv.* 1. En contacto con una cosa que sirve de apoyo y sostén; encima, sobre; en posición o condición de adherencia. 2. En la misma dirección o manera, adelante; sin cesar, a lo largo. 3. En o hacia el propio y debido lugar de acción. 4. En existencia u operación. Frecuentemente *on* sirve para modificar el sentido de un verbo. **Go on,** prosiga Ud.; continúe Ud.; ¡marchen! ¡adelante! **To have on,** tener, llevar, puesto. **To have one's hat on,** tener puesto el sombrero, tener la cabeza cubierta. **To have one's clothes on,** tener puesto el vestido, estar vestido. **To look on,** mirar, considerar. **Lead on,** enseñad el camino. **Play on,** continuad jugando. **On and off,** a intervalos, de vez en cuando. **And so on,** y así sucesivamente, y así de lo demás; *(Fam.)* y otras hierbas. **To talk on and on,** hablar sin parar. **To go on, to run on, to read on,** seguir adelante, seguir corriendo, seguir leyendo (continuation).

onager ['ɒnədʒəʳ] [o-na-yaʳ], *s.* Onagro, asno salvaje.

onanism ['əʊnənɪzəm] [ou-na-ni-sem], *s. (Med.)* Onanismo, masturbación.

once [wʌns] [uans], *adv.* 1. Una vez. **Once for all,** una vez para siempre. **At once,** a un tiempo, de una vez, de un golpe. **All at once,** de repente. **Once more,** más todavía, otra vez. 2. En otro tiempo, otras veces, antiguamente. **For once,** una vez siquiera; últimamente, al fin. **Once in a way,** *(Fam.)* una vez siquiera. **Once upon a time,** en otro tiempo; hace mucho tiempo, érase una vez.

oncoming ['ɒn,kʌmɪŋ] [on-ka-min], *a.* Venidero, próximo.

one [wʌn] [uan], *a.* 1. Un, uno; solo, único; uno solo, una sola. **One boy,** un muchacho. **One girl,** una muchacha. **One hundred and forty dollars,** ciento cuarenta pesos. **One while he laughs and another he cries,** ora ríe, ora llora. **One-horse,** de un caballo, tirado por un caballo; de aquí, de escasa capacidad, de poca importancia, pequeño, inferior. **One-story,** de un solo piso. 2. Mismo. **All in one direction,** todos en la misma dirección. **It is all one to me,** lo mismo me da; me es lo mismo. **One or other,** uno u otro. **With one accord,** de común acuerdo, unánimemente. *-pro.* Uno, una persona; el uno, la una; él, la; se, sí. **Every one,** cada uno. **This one,** éste, ésta. **One by one,** uno a uno, uno por uno. **Such a one,** uno, cierto sujeto o cierta persona, fulano. **The last but one,** el penúltimo. **Every one of them,** todos. **One** se usa frecuentemente en inglés como nombre general e indefinido, que se une con los adjetivos que no tienen substantivo expreso con que concerta, y en este caso casi nunca es necesario traducirlo en español. **This is a good one,** éste es bueno. **My little one,** mi niño, mi hijo, mi chiquito. **They are but little ones,** son pequeños, son chiquitos. **One's,** su, sus. **To live according to one's estate,** vivir arreglado a lo que se tiene. **One another,** el uno al otro. **To love one another,** amarse unos a otros. **One knows that,** sabido es que. **Ones sees how,** se ve cómo. **How shall one do it?** ¿cómo se ha de hacer? **Any one who says so is mistaken,** quienquiera que lo diga se equivoca.

one-eyed ['wʌn'aɪd] [uan-aid], *a.* Tuerto.

one-handed ['wʌn'hændɪd] [uan-jan-did], *a.* Manco.

oneness ['wʌnnɪs] [uan-nes], *s.* Unidad, singularidad de número, o la calidad que constituye el número uno como singular e indivisible.

onerary ['ɒnərərɪ] [o-ne-ra-ri], *a.* Propio para carga o conducción.

onerous ['ɒnərəs] [o-ne-ros], *a.* Oneroso, opresivo, pesado, molesto, gravoso.

oneself [wʌn'self] [uan-self], *pro.* Se, sí, sí mismo. **To come to oneself,** volver en sí.

one-sided ['wʌn'saɪdɪd] [uan-sai-ded], *a.* 1. De un solo lado; parcial, injusto; incompleto. 2. *(Bot.)* De lados desiguales inclinado a un lado.

one-step ['wʌnstep] [uan-step], *s.* 1. Variedad de baile de salón. 2. Ritmo musical de dicho baile.

one-time ['wʌntaɪm] [uan-taim], *a.* Antiguo, anterior. *-adv.* En otros tiempos.

one-track ['wʌntræk] [uan-trak], *a. (F.C.)* De una sola vía. **One-track mind,** mente estrecha, que sólo puede percibir una cosa a la vez.

one-way ['wʌnweɪ] [uan-uei], *a.* De una sola vía. **One-way street,** tránsito en un solo sentido.

onion ['ʌnjən] [a-nion], *s. (Bot.)* Cebolla. **Onion porridge o broth,** sopa, potaje o caldo de cebollas. **Bunch of onions,** ristra de cebollas. **Onion-bed,** cebollar.

onionskin ['ʌnjən,skɪn] [a-nion-skin], *s.* Papel transparente satinado para copias.

onloocker ['ɒn,lʊkəʳ] [on-lu-kaʳ], *s.* Espectador, asistente.

only ['əʊnlɪ] [oun-li], *a.* Único, solo; singular, raro. *-adv.* Solamente, únicamente, sino, no más que. **Only to think of it!** ¡sólo pensar en ello! **Only just,** apenas. **If only I could!** ¡ojalá pudiera!

onomantic, onomantical ['ɒnəʊ,mæntɪk] [o-no-man-tik], *a. (Poco us.)* Onomántico.

onomastic ['ɒnəʊ,mæstɪk] [o-no-mas-tik], *a.* Onomástico.

onomatechny ['ɒnəʊmæteknɪ] [o-no-ma-tek-ni], *s.* Onomancia, el arte de adivinar algo por las letras del nombre de alguna persona.

onomatopæia [,ɒnəʊmætəʊ'piːə] [o-no-ma-to-pia], *s.* 1. Onomatopeya, imitación del sonido de una cosa en el vocablo que se forma para significarla, p. ej. *Whizz,* chirrido, chisporroteo. 2. El mismo vocablo que imita el sonido de la cosa nombrada con él. 3. Figura retórica de este nombre.

onrush ['ɒnrʌʃ] [on-rash], *s. V.* ONSET.

onset ['ɒnset] [on-set], *s.* 1. Embestida, primer ímpetu, ataque. **To give a fresh onset,** volver a la carga. 2. Primer acceso de una enfermedad; estreno; principio de una pasión.

onslaught ['ɒnslɔːt] [ons-lot], *s.* Ataque furioso, embestida violenta, asalto.

onto ['ɒntʊ] [on-tu], *prep.* Por encima de, sobre; uso incorrecto en vez de *on.*

ontologist [ɒn'tɒlədʒɪst] [on-to-lo-yist], *s.* Ontologista, metafísico.

ontology [ɒn'tɒlədʒɪ] [on-to-lo-yi], *s.* Ontología, ciencia o tratado del ser en general.

onus ['əʊnəs] [ou-nos], *s. f.* Carga, responsabilidad. **The onus is upon her to,** le incumbe a ella.

onward ['ɒnwəd] [on-uard], *a.* Avanzado, progresivo, aumentado, adelantado.

onward, onwards, *adv.* 1. Adelante, hacia el frente, progresivamente. 2. En adelante, en lo venidero. **To come onward,** acercarse.

onyx ['ɒnɪks] [o-niks], *s.* 1. Onice, ónique u ónix, piedra preciosa con fajas blanquecinas sobre fondo azulado. 2. Uña. 3. Una especie de absceso en el ojo.

oolite ['əʊəlaɪt] [u-lait], *s. (Min.)* Oolita, piedra calcárea compuesta de pequeñas concreciones en forma de huevos de pescado.

oolitic [,əʊə'lɪtɪk] [u-li-tik], *a.* Oolítico.

oology ['əʊəlɒdʒɪ] [u-lo-chi], *s.* Oología, la parte de la ornitología que trata de los huevos y de la nidificación de las aves.

oolong ['əʊəɒŋ] [u-lon], *s.* Nombre de una variedad de té negro.

oops [ʊps] ups], *Excl.* ¡ay!

ooze [uːz] [us], *s.* 1. Fango, limo, cieno, légamo, cama de un estanque, de un río, etc.; tierra muy mojada o esponjosa. 2. Chorro suave de agua u otro líquido. 3. Adobe o adobo de curtidor.

ooze, *vn.* Manar o correr algún líquido suavemente; pasar lentamente como al través de poros o intersticios; filtrar. **Ooze away,** agotarse poco a poco, rezumarse.

oozy ['uːzɪ] [u-si], *a.* Cenagoso. **Oozy ground,** *(Mar.)* Baza.

opacity [əʊ'pæsɪtɪ] [ou-pa-si-ti], *s.* Opacidad, cualidad de lo opaco, falta de transparencia; oscuridad.

opal ['əʊpəl] [ou-pal], *s.* Ópalo. **Fire opal,** ópalo de fuego. **Precious opal,** ópalo noble, precioso.

opalesce ['əʊpələs] [ou-pa-les], *vn.* Emitir reflejos como los colores del ópalo.

opalescence [,əʊpə'lesns] [ou-pa-le-sens], *s.* Opalescencia, reflexión y refracción de la luz de color perla, como la del ópalo.

opalescent [,əʊpə'lesnt] [ou-pa-le-sent], *a.* Opalino, que tiene reflejos de ópalo.

opaline ['əʊpəlɪn] [ou-pa-lin], *a.* Opalino, de color lechoso y azulado, con reflejos de ópalo.

opaque [əʊ'peɪk] [ou-peik], *a.* 1. Opaco, impenetrable a la luz; no diáfano ni transparente. 2. *(Bot. y Ento.)* Que no tiene brillo, oscuro, mate.

ope ['əʊp] [oup], *va. (Poét.) V.* TO OPEN. *vn.* Abrirse; ladrar.

OPEC *Abreviatura de* **Organization of Petroleum Exporting Countries,** Organización de Países Exportadores de Petróleo (OPEP).

open ['əʊpən] [ou-pen], *va.* 1. Abrir, descubrir o destapar lo que estaba cerrado, tapado o unido; deshacer, desempaquetar, quitar alguna cosa que cubre a otra. 2. Abrir, desprender, alejar, dar paso a, remover obstáculos. 3. Hacer público o de libre acceso. 4. Descubrir, hallar. 5. Abrir, hender, rajar; romper. 6. Abrir, empezar, dar principio a alguna cosa. **To open a campaign,** abrir una campaña, dar principio a ella. 7. Descubrir, revelar, manifestar lo que estaba secreto; mostrar, hacer saber; interpretar, explicar. 8. Ensanchar, aumentar. *-vn.* 1. Abrirse lo que estaba cerrado. 2. Abrirse, descubrirse, declararse con alguno. 3. Dividirse, entreabrirse. 4. Aparecer, hacerse visible, asomar. 5. Desarrollarse, llegar a ser receptivo, como la mente de un niño. 6. Comenzar, estrenar; comenzar a ladrar a la caza. **The shares opened at par,** las acciones comenzaron (a venderse) a la par. 7. Dar. **To open a little,** entreabrir, medio abrir, no abrir bien o del todo. **Her windows open upon a garden,** sus ventanas caen, dan o miran a un jardín. **That room opens into the kitchen,** esa habitación da a (comunica con) la cocina. **Open out,** abrirse, extenderse. **Open up,** desplegar, extender, abrir (map, box), inaugurar (business). **Open up!** ¡abran fuego!

open, *a.* 1. Abierto, extendido, desplegado; que no está cercado; sin sellar; desempaquetado, sin atar; destapado; descubierto; raso; libre, que no está obstruído, libre para todos los que vienen; abierto, que no está protegido, expuesto a un ataque; desnudo, a la vista. 2. Receptivo, dispuesto a recibir o a ser modificado o influido por lo que se acerca o se envía; listo, aparejado, preparado, dispuesto para los negocios, para la ocupación, etc.; dispuesto a escuchar y acoger lo que se dice; *(Com.)* abierto, sin arreglar, sin haberse hecho el saldo; no decidido, pendiente. 3. Patente, manifiesto, claro, evidente; sincero, franco, declarado. 4. Suave; más caliente que lo ordinario; abierto, libre de hielo. 5. Abierto, que tiene aberturas o agujeros; no tupido. 6. *(Mús.)* No pulsada con el dedo; se dice de una cuerda cuyo remate superior está abierto; se dice de un cañón de órgano. 7. Pronunciado con los órganos vocales sin obstrucción; que no termina en consonante. **A little open,** entreabierto. **In the open field,** a campo raso. **In the open street,** en medio de la calle. **To lie in the open air,** dormir o quedarse al raso, dormir en el mesón de la estrella. **To set, to throw open,** abrir. **With open force,** a mano armada, a viva fuerza. **An open winter,** un invierno templado, sin heladas. **An open and shut case,** un asunto (case) clarísimo. **Open shame,** vergüenza pública. **An open look,** una mirada franca, abierta. **In open court,** en pleno tribunal. **To fling (throw) a door open,** abrir una puerta de par en par. **To keep open house,** tener casa abierta para todos. **To keep the bowels open,** tener el vientre libre. **To cut open,** abrir, cortar. **An open question,** una cuestión pendiente. **Open-eyed,** alerta, vigilante, cuidadoso, activo. **Open-handed,** generoso, dadivoso, liberal, benéfico. **Open-hearted,** ingenuo, franco, sincero, abierto, sencillo. **Open-mouthed,** voraz, ávido; con la boca abierta. **Open prison,** prisión en régimen abierto.

open-air ['əʊpən,ɛəʳ] [ou-pen-eaʳ], *a.* Abierto, al aire libre.

opener ['əʊpnəʳ] [oup-naʳ], *s.* Abridor, el que abre; intérprete. **Can-opener,** abridor de cajas de lata.

open-handed ['əʊpn'hændɪd] [ou-pen-jan-did], *a.* Generoso, liberal.

open-heartedness ['əʊpn'hɑːtɪdnɪs] [ou-pen-jar-tid-nes], *s.* Liberalidad, generosidad, franqueza, ingenuidad.

opening ['əʊpnɪŋ] [ou-pe-nin], *s.* 1. Abertura, hendedura; camino abierto. 2. Vislumbre, conjetura, sospecha, indicio, noticia remota o dudosa. 3. Entrada, tronera, abertura. *-a.* Aperitivo.

open letter ['əʊpn'letəʳ] [ou-pen-le-taʳ], *s.* Carta abierta (en un periódico o publicación) generalmente de súplica o protesta.

openly ['əʊpənlɪ] [ou-pen-li], *adv.* Abiertamente.

open-minded ['əʊpn'maɪndɪd] [ou-pen-main-did], *a.* Imparcial, que no tiene prejuicios.

open-mouthed ['əʊpn'maʊðd] [ou-pen-mauzd], *a.* Boquiabierto.

openness ['əʊpnnɪs] [ou-pen-nes], *s.* 1. Claridad. 2. Franqueza, sinceridad, ingenuidad, candor. **Openness of weather,** blandura del tiempo.

open question ['əʊpn'kwestʃən] [ou-pen-kues-chon], *s.* Asunto discutible.

open secret ['əʊpn'sɪkrɪt] [ou-pen-si-krit], *s.* Secreto a voces.

open-sesame ['əʊpn'sesəm] [ou-pen-se-sam], *s.* Ábrete, sésamo.

open shop ['əʊpnʃɒp] [ou-pen-shop], *s.* Contrato de trabajo según el cual pueden ocuparse obreros sindicalizados o no.

open-top ['əʊpntɒp] [ou-pen-top], *a.* Descubierto (car).

openwork ['əʊpnwɜːk] [ou-pen-uek], *s.* Calado, cualquier obra manual que contiene numerosas aberturas pequeñas.

opera ['ɒpərə] [o-pe-ra], *s.* Ópera, pieza dramática en música, y también el teatro en que se representa. **Opera-glass,** gemelos de teatro. **Opera-house,** sala o teatro de la ópera. **Opera bouffe,** ópera cómica o bufa.

operable ['ɒpərəbl] [o-pe-ra-bol], *a.* Operable.

operate ['ɒpəreɪt] [o-pe-reit], *va.* 1. Poner en acción y gobernar el movimiento de (machine); hacer funcionar. 2. Dirigir, manejar los negocios de. 3. Efectuar. *-vn.* 1. Obrar, operar. 2. Obtener un resultado determinado. 3. Producir el efecto propio o propuesto (v.g. un medicamento). 4. Exonerar, descarga el vientre, hacer de cuerpo. 5. Operar, hacer una operación quirúrgica con el fin de curar. 6. Especular en valores.

operatic, operatical [,ɒpə'rætɪk] [o-pe-ra-tik], *a.* De ópera, que pertenece a la ópera.

operating ['ɒpəreɪtɪŋ] [o-pe-rei-tin], *a.* 1. *(Cir.)* Operatorio. 2. *(Mil.)* Operacional. **Operating room,** quirófano, sala de operaciones. **Operating surgeon,** operador. **Operating table,** mesa de operaciones.

operation [,ɒpə'reɪʃən] [o-pe-rei-shon], *s.* 1. Operación, la acción y el efecto de operar. 2. *(Cir.)* Operación, el acto de cortar, abrir o separar una parte del cuerpo, con el fin de curar una enfermedad o de prevenir algún mal inminente. 3. Operación, acción, efecto; procedimiento, manipulación, movimiento. **To be in full operation,** estar en pleno rendimiento. **To undergo an operation,** ser operado.

operational [,ɒpə'reɪʃənl] [o-pe-rei-sho-nal] *a.* Operacional, de operaciones.

operative ['ɒpərətɪv] [o-pe-ra-tiv], *a.* Operativo, eficaz, activo. *-s.* Operario, trabajador, obrero.

operator ['ɒpəreɪtəʳ] [o-pe-rei-taʳ], *s.* 1. Operario, el que trabaja en alguna cosa. 2. *(Cir.)* Operador, el que ejecuta las operaciones quirúrgicas. 3. Agente, corredor de cambios o valores.

opercular ['ɒpɜːkjʊləʳ] [o-per-kiu-laʳ], *a.* Opercular, que cierra una cavidad a manera de tapa.

operculate ['ɒpɜːkjʊleɪt] [o-per-kiu-leit], *a.* Operculado, que cierra o cubre un opérculo; operculífero, que tiene un opérculo.

operculum ['ɒpɜːkjʊləm] [o-per-kiu-lum], *(Biol.)* Opérculo.

operetta [,ɒpə'retə] [o-pe-re-ta], *s.* Opereta, ópera corta con diálogo; zarzuela.

ophicleide ['ɒfɪklɪd] [o-fi-klid], *s. (Mús.)* Instrumento músico de viento, parecido a la corneta pero con mayor número de llaves.

ophidian ['ɒfɪdɪən] [o-fi-dian], *a.* y *s.* Ofidiano, perteneciente a los ofidios o serpientes; la serpiente misma, ofidio, un orden de reptiles.

ophthalmia [ɒf'θælmɪə] [of-zal-mia], **ophthalmy** ['ɒfθælmɪ] [of-zal-mi], *s.* Oftalmia, la inflamación de los ojos.
ophthalmic [ɒf'θælmɪk] [of-zal-mik], *a.* Oftálmico, referente al ojo.
ophthalmology [ˌɒfθæl'mɒlədʒɪ] [of-zal-mo-lo-yi], *s.* Oftalmología, parte de la patología que trata de las enfermedades de los ojos.
opiate ['ɒpɪeɪt] [o-pieit], *s.* Opiata, medicamento que contiene opio; bebida para hacer dormir. *-a.* Narcótico, soporífico.
opiate, *va.* 1. Hacer dormir por medio del opio. 2. Mezclar, o componer con opio.
opinable [əʊ'paɪnəbl] [ou-pai-na-bol], *a.* Opinable, que se puede defender en uno y otro sentido.
opine [əʊ'paɪn] [ou-pain], *vn.* *(Ant.)* Opinar, pensar, ser de parecer.
opinion [ə'pɪnjən] [o-pi-nion], *s.* 1. Opinión, dictamen, sentir o juicio que se forma de alguna cosa; pensamiento, idea. **This is my opinion,** esto es lo que yo pienso. **He has a high opinion of himself,** está muy pagado de sí mismo. 2. Opinión, fama o concepto que se forma con relación a personas o cosas. 3. Estimación, reputación; buena opinión, juicio favorable. **To share an opinion,** compartir una opinión.
opinionate, opinionated [ə'pɪnjəneɪt] [o-pi-nio-neit] [ə'pɪnjəneɪtɪd] [o-pi-nio-nei-tid], *a.* Porfiado, obstinado, terco, pertinaz.
opinionately [ə'pɪnjəneɪtlɪ] [o-pi-nio-neit-li], *adv.* Porfiadamente.
opinionative [ə'pɪnjənətɪv] [o-pi-nio-na-tiv], *a.* *(Ant.)* Terco, obstinado, porfiado, pertinaz.
opinionatively [ə'pɪnjənətɪvlɪ] [o-pi-nio-na-tiv-li], *adv.* Tercamente.
opinionativeness [ə'pɪnjənətɪvnɪs] [o-pi-nio-na-tiv-nes], *s.* Porfía, terquedad, obstinación.
opinioned [ə'pɪnjənd] [o-pi-niond], *a.* Presumido, pagado de sí mismo; obstinado.
opinionist [ə'pɪnjənɪst] [o-pi-nio-nist], *s.* 1. Opinante. 2. El que está adherido a su propia opinión o muy pagado de sí mismo.
opium ['əʊpɪəm] [o-piom], *s.* Opio, el zumo de las adormideras; narcótico.
opobalsam [ˌəʊpə'bælsəm] [o-po-bal-sam], *s.* Opobálsamo, resina astringente y medicinal.
opossum [ə'pɒsəm] [o-po-som], *s.* Zorra mochilera, cuadrúpedo carnívoro de ambas Américas.
oppidan [ə'pɪdən] [o-pi-dan], *a.* Relativo a una ciudad, cívico.
oppilation [ˌəpɪ'leɪʃən] [o-pi-lei-shon], *s.* Opilación, obstrucción.
opponency [ə'pəʊnənsɪ] [ou-po-nen-si], *s.* Oposición; ejercicio para recibir un grado académico; exposición de los argumentos en contra de una proposición.
opponent [ə'pəʊnənt] [ou-po-nent], *s.* Antagonista; contrincante, arguyente contrario; lo opuesto a *respondent o defendant*; parte adversa. *-a.* 1. Opuesto, contrario. 2. *(Anat.)* Oponente, que sirve para contraponer una parte en frente de otra.
opportune ['ɒpətjuːn] [o-por-tiun], *a.* Oportuno, conveniente, hecho a tiempo o cuando conviene.
opportunely ['ɒpətjuːnlɪ] [o-por-tiun-li], *adv.* Oportunamente, cómodamente, a tiempo.
opportuneness [ˌɒpə'tjuːnnɪs] [o-por-tiun-nes], *s.* El estado de lo que es oportuno, oportunidad.
opportunism [ˌɒpə'tjuːnɪzəm] [o-por-tiu-ni-sem], *s.* Oportunismo (generalmente en la política).
opportunist [ˌɒpə'tjuːnɪst] [o-por-tiu-nist], *a.* Oportunista.
opportunity ['ɒpə'tjuːnɪtɪ] [o-por-tiu-ni-ti], *s.* Oportunidad, comodidad, sazón; ocasión, circunstancia favorable. **Opportunity makes the thief,** la ocasión hace al ladrón.
opposable [ə'pəʊzəbl] [o-pou-sa-bol], *a.* Oponible; (a) que se puede oponer a otra cosa; (b) que puede ser objeto de oposición.
oppose [ə'pəʊz] [o-pous], *va.* 1. Oponer, poner impedimento a una cosa, obrar en oposición a, resistir a, combatir. 2. Oponer, contraponer, poner una cosa enfrente de otra; colocar opuestamente o en contraste. 3. Oponer, objetar una razón, un argumento, etc. *-vn.* 1. Oponer u oponerse, contrariar, resistir. 2. Argüir, oponerse u objetar por medio de argumentos a lo que otro dice.
opposed [ə'pəʊzt] [o-poust], *a.* Opuesto, en contra.
opposeless [ə'pəʊzlɪs] [o-pous-lis], *a.* Irresistible.
opposer [ə'pəʊzə^r] [o-pou-sa^r], *s.* Opositor, antagonista, rival.
opposing [ə'pəʊzɪŋ] [o-pou-sin], *a.* Opuesto, adversario, contrario.
opposite [ə'pəʊzɪt] [o-pou-sit], *a.* 1. Fronterizo, opuesto, lo que está en frente de otra cosa. 2. Opuesto, adverso, repugnante, contrario, antagónico; otro, diferente. **In the opposite direction,** en sentido contrario. **Opposite leaves,** hojas opuestas. **The opposite sex,** el otro sexo, el sexo opuesto. *-s.* 1. Antagonista, adversario. 2. Lo opuesto, lo contrario. *-adv.* En frente. **Opposite the theater,** frente al teatro.
oppositely [ə'pəʊzɪtlɪ] [o-pou-sit-li], *adv.* Enfrente, opuestamente.
oppositeness [ə'pəʊzɪtnɪs] [o-pou-sit-nes], *s.* Contrariedad, estado contrario.
opposition [ˌɒpə'zɪʃən] [o-po-si-shon], *s.* 1. Oposición, la disposición de algunas cosas de modo que estén enfrente de otras. 2. Oposición, contrariedad. 3. Oposición, resistencia, contradicción. 4. Oposición, óbice, impedimento. 5. Oposición, el partido antiministerial o los individuos de un cuerpo legisltativo que se oponen generalmente a las medidas del gobierno. 6. *(Astr.)* Situación relativa de dos cuerpos celestes cuando distan 180° uno de otro. **To meet with opposition,** encontrar, oposición.
oppositional [ˌɒpə'zɪʃənl] [o-po-si-sho-nal], *a.* De la naturaleza de oposición; perteneciente a un partido antiministerial.
oppositionist [ˌɒpə'zɪʃənɪst] [o-po-si-sho-nist], *s.* Miembro de la oposición.
oppositive [ˌɒpə'zɪtɪv] [o-po-si-tiv], *a.* Capaz de ser puesto en oposición.
oppress [ə'pres] [o-pres], *va.* 1. Oprimir, apretar, aquejar o afligir a uno; sobrecargar; agobiar con impuestos excesivos; tratar con dureza injusta. 2. Oprimir, apretar o comprimir una cosa.
oppression [ə'preʃən] [o-pre-shon], *s.* 1. Opresión, crueldad, tiranía; acción de oprimir. 2. Miseria, calamidad; calidad de oprimido, sobrecargado, afligido o aquejado. 3. Opresión de ánimo; fatiga; opresión o apretura de una parte del cuerpo; sensación de pesadez o de constricción.
oppressive [ə'presɪv] [o-pre-siv], *a.* 1. Opresivo, cruel, inhumano, tirano. 2. Pesado, molesto.
oppressively [ə'presɪvlɪ] [o-pre-siv-li], *adv.* Opresivamente.
oppressiveness [ə'presɪvnɪs] [o-pre-siv-nes], *s.* Opresión.
oppressor [ə'presə^r] [o-pre-sa^r], *s.* Opresor.
opprobrious [ə'prəʊbɪəs] [o-prou-bios], *a.* 1. Oprobioso, ignominioso, infamante. 2. Injurioso, ultrajante.
opprobriously [ə'prəʊbɪəslɪ] [o-prou-bios-li], *adv.* Ignominiosamente.
opprobriousness [ə'prəʊbɪəsnɪs] [o-prou-bios-nes], *s.* Oprobio, ignominia.
opprobrium [ə'prəʊbɪəm] [o-prou-biom], *s.* Oprobio, ignominia.
oppugn [ə'pʌgn] [o-pagn], *va.* Opugnar, hacer resistencia; contrariar, combatir.
oppugnancy [ˌəpʌg'nənsɪ] [o-pag-nan-si], *s.* Opugnación, oposición, contradicción.
oppugnation [ˌəpʌg'neɪʃən] [o-pag-nei-shon], *s.* Resistencia.
oppugner [ə'pʌgnə^r] [o-pag-na^r], *s.* Opugnador, resistidor.
opt [ɒpt] [opt], *vi.* Optar. **Opt out,** decidir no tomar parte, optar por no participar.
optative ['ɒptətɪv] [op-ta-tiv], *a.* Optativo. *-s.* Optativo; modo optativo o subjuntivo.

optic, optical ['ɒptɪk] [op-tik], *a.* 1. Optico, de la vista, que pertenece a los órganos de la visión. 2. Optico, que pertenece a la óptica: *optical* significa además lo que ayuda a la visión. **Optic nerve,** nervio óptico. **Optical instruments,** instrumentos ópticos. *-s.* Cualquier órgano que sirve para ver.

optician ['ɒptɪʃən] [op-ti-shan], *s.* 1. Óptico, el que fabrica o vende anteojos y otros instrumentos ópticos. 2. El que es versado en la óptica.

optics ['ɒptɪks] [op-tiks], *s.* Óptica, ciencia físico-matemática que trata de la luz y de las leyes de la visión.

optimacy ['ɒptɪməsɪ] [op-ti-ma-si], *s.* Nobleza, el conjunto o cuerpo de los nobles.

optimism ['ɒptɪmɪzəm] [op-ti-mi-sem], *s.* 1. Optimismo. 2. Disposición a considerar las cosas bajo su aspecto más favorable.

optimist ['ɒptɪmɪst] [op-ti-mist], *s.* 1. Optimista, el que sigue y defiende el optimismo. 2. El que espera que sucederá lo mejor y más favorable que pueda ocurrir; el que lo ve todo de color de rosa.

optimist, optimistic ['ɒptɪmɪstɪk] [op-ti-mis-tik], *a.* Optimista.

optimization [ˌɒptɪmaɪ'zeɪʃən] [op-ti-mai-sei-shon], *s. f.* Optimización.

optimize ['ɒptɪmaɪz] [op-ti-mais], *vt.* Optimizar.

optimum ['ɒptɪməm] [op-ti-mom], *a. pl.* **optima** ['ɒptɪmə] [op-ti-ma], Mejor, óptimo. **In optimum conditions,** en las condiciones más favorables.

option ['ɒpʃən] [op-shon], *s.* 1. Opción, la facultad de elegir; preferencia, escogimiento. 2. *(Com.)* El derecho que se adquiere por un tanto y razón de comprar o vender una cosa por un precio dado, dentro de un plazo determinado. **You have no option,** no tienes más remedio.

optional ['ɒpʃənl] [op-sho-nal], *a.* Que tiene o da la facultad de elegir, que proviene de la elección. **To be optional with,** tener la elección de.

optometrist [ɒp'tɒmətrɪst] [op-to-me-trist], *s.* Optometrista.

optometry [ɒp'tɒmətrɪ] [op-to-me-tri], *s.* Optometría, medición de la vista.

opulence ['ɒpjʊləns] [o-piu-lens], **opulency** ['ɒpjʊlənsɪ] [o-piu-len-si], *s.* Opulencia, abundancia de bienes, riqueza; lozanía, copia.

opulent ['ɒpjʊlənt] [o-piu-lent], *a.* Opulento.

opulently ['ɒpjʊləntlɪ] [o-piu-lent-li], *adv.* Opulentamente.

opus ['əʊpəs] [ou-pus], *s.* (*pl.* OPERA. Obra o composición literaria o música.

opuscle ['əʊpəskl] [ou-pus-kel], *s.* Opúsculo.

or [ɔːʳ] [oʳ], *conj.* 1. O, partícula disyuntiva que denota distribución u oposición y que se cambia en *u* cuando la palabra que sigue empieza con *o* u *ho*. Es a menudo correlativa de *whether o either.* Si la precede una negación, ni. 2. O, alias, por otro nombre. **I could not see either justice or reason in it,** no pude ver en ello ni justicia ni razón. **Either...or,** o...o, ya...ya; sea...sea; ni...ni. **Either by land or by sea,** o por tierra o por mar. **Either misery or opulence,** o pobreza u opulencia. **He must either fall or fly,** o ha de perecer o ha de huir. *-adv.* Antes. **Or ever,** antes de todo.

or, *s. (Her.)* Color de oro.

-or. Sufijo que sirve para formar; (a) los nombres que indican agencia, como **actor**, actor; **competitor**, competidor; (b) los comparativos de origen latino, como **junior**, menor, más joven; **major**, mayor; (c) substantivo abstractos y concretos de origen latino: **honor**, honor; **terror**, terror.

oracle ['ɒrəkl] [o-ra-kel], *s.* 1. Oráculo.

oracular [ɒ'rækjʊləʳ] [o-ra-kiu-laʳ], **oraculous** [ɒ'rækjʊləs] [o-ra-kiu-los], *a.* 1. Lo que revela oráculos. 2. Positivo, magistral, dogmático. 3. Oscuro, ambiguo.

oraculously [ɒ'rækjʊləslɪ] [o-ra-kiu-los-li], *adv.* A modo de oráculo.

oral ['ɔːrəl] [o-ral], *a.* 1. Oral, verbal, hablado, no escrito. 2. Oral, perteneciente a la boca; cercano de, o alrededor de la boca, o en ella. **Oral contraceptive**, contraceptivo bucal u oral.

orally ['ɔːrəlɪ] [o-ra-li], *adv.* Verbalmente, de palabra.

orange ['ɒrɪndʒ] [o-rindch], *s.* 1. *(Bot.)* Naranjo, el árbol que produce las naranjas. 2. Naranja. **China oranges,** naranjas chinas. 3. Color de naranja. **Seville** o **bitter orange,** naranja amarga. **Washington** o **navel orange,** naranja navel. **Orange-blossom,** azahar, flor del naranjo. **Orange-dog,** oruga de la mariposa. **Orange-scale,** insecto cóccido que se cría en el naranjo. **Orange-color,** color de naranja. **Orange-dew,** rocío de naranja. **Orange-grove,** naranjal. **Orange-juice,** zumo de naranja. **Orange-musk,** pera anaranjada, especie de pera. **Orange-peel,** cáscara de naranja. **Orange-wife, orange-woman,** naranjera, vendedora de naranjas. *-a.* Lo perteneciente a las naranjas; anaranjado.

orangeade ['ɒrɪndʒ'eɪd] [o-rind-cheid], *s.* Naranjada, agua de naranja.

orangery ['ɒrɪndʒərɪ] [o-rind-cha-ri], *s.* Naranjal.

orang-outang, orang-utan ['ɔːræŋ'uːtæn] [o-rang-u-tan], *s.* Orangután, especie de mono grande.

orate [ɔː'reɪt] [o-reit], *vn. (Fest.)* Pronunciar una oración en público, arengar.

oration [ɔː'reɪʃən] [o-rei-shon], *s.* Oración, razonamiento, locución, arenga, declamación.

orator [ɔː'reɪtəʳ] [o-rei-taʳ], *s.* 1. Orador. 2. Suplicante en el tribunal del Canciller de Inglaterra.

oratorial [ɔː'rətɔːrɪəl] [o-ra-to-rial], **oratorious** [ɔː'rətɔːrɪəs] [o-ra-to-rios], *a.* Retórico, oratorio.

oratorian [ɔː'rətɔːrɪən] [o-ra-to-rian], *s.* Sacerdote que pertenece a un oratorio.

oratorical [ˌɒrə'tɔːrɪkəl] [o-ra-to-ri-kal], *s.* 1. Oratorio, representación teatral de asuntos sagrados, con música. 2. Concierto de música sacra.

oratorio [ˌɒrə'tɔːrɪəʊ] [o-ra-to-riou], *s.*1. Oratorio, representación teatral de asuntos sagrados, con música. 2. Concierto de música seria dado en domingo.

oratory ['ɒrətərɪ] [o-ra-to-ri], *s.* 1. Oratoria, el arte que enseña a hacer oraciones retóricas; elocuencia, ejercicio de elocuencia. 2. Oratorio, lugar destinado para retirarse a hacer oración. 3. Oratorio, congregación de personas devotas.

oratress ['ɒrətətrɪs] [o-ra-tris], **oratrix** ['ɒrətətrɪks] [o-ra-triks], *s. f.* Oradora.

orb [ɔːb] [orb], *s.* 1. Orbe, esfera, globo, cuerpo esférico; astro. 2. Círculo, rueda. 3. Período de tiempo.

orb, *va.* Formar en, cercar o encerrar en círculo.

orbed ['ɔːbɪd] [or-bid] *a.* 1. Redondo, circular; esférico; en forma de órbita. 2. Redondeado; lleno. 3. Que tiene ojos; se usa en composición. **A bright-orbed maid,** una doncella de ojos vivos.

orbicular ['ɔːbɪkjʊləʳ] [or-bi-kiu-laʳ], *a.* Orbicular, redondo.

orbit ['ɔːbɪt] [or-bit], *s.* 1. Órbita, la línea que describe un planeta en su movimiento de traslación. 2. Órbita, la cuenca del ojo.

orbit, *vn.* Describir órbitas.

orbital ['ɔːbɪtl] [or-bi-tal], *a.* Orbital, referente a una órbita en todas sus acepciones; orbitario, que se refiere a la órbita del ojo.

orbiter ['ɔːbɪθəʳ] [or-bi-taʳ], *s.* Orbitador (space).

orc [ɔːk] [ork], *s.* Orca, orco, especie de cetáceo.

orchard ['ɔːtʃəd] [or-chard], *s.* Huerto, huerta, colección o plantío de árboles frutales; verjel.

orchardist ['ɔːtʃədɪst] [or-char-dist], *s.* Hortelano, cultivador de árboles frutales.

orchesis ['ɔːkɪsɪs] [or-ki-sis], *s.* Orquesis.

orchestra ['ɔːkɪstrə] [or-kis-tra], *s.* 1. Orquesta. 2. En los teatros griegos y romanos, espacio semicircular, reservado en los griegos para el coro, y en los romanos para los asientos de los senadores y otros personajes.

orchestral [ɔː'kestrəl] [or-kes-tral], *a.* De orquesta, perteneciente a la orquesta; compuesto para, o ejecutado por una orquesta.

orchestra seat ['ɔːkɪstrəˌsiːt] [or-kis-tra-sit], *s. (Teat.)* Luneta.

orchestrate ['ɔːkɪstreɪt] [or-kis-treit], *vt.* Instrumentar, orquestar.

orchestration [ˌɔːkɪs'treɪʃən] [or-kis-trei-shon], *s. (Mús.)* Orquestación.

orchid ['ɔːkɪd] [or-kid], *s.* Orquídea.

orchidaceous ['ɔːkɪdeɪʃəs] [or-ki-dei-shos], *a.* Orquídeo, relativo o semejante a las plantas orquídeas.

orchis ['ɔːkɪs] [or-kis], *s. (Bot.)* Orquídea. *V.* ORCHID. Satirión abejera o hierba de la abejera.

orchotomy ['ɔːkətəmɪ] [or-ko-to-mi], *s. (Cir.)* Orcotomía, la amputación de los testículos.

orcin, orcine ['ɔːsɪn] [or-sin], *s.* Orcina.

ord [ɔːd] [ord], *s.* 1. Filo, corte. 2. Principio.

ordain [ɔː'deɪn] [or-dein], *va.* 1. Ordenar, mandar, prescribir; decretar, establecer, instituir. 2. Ordenar, conferir las órdenes sagradas a alguno.

ordainability [ˌɔːdeɪnə'bɪlɪtɪ] [or-dei-na-bi-li-ti], *s.* La calidad de lo que puede ser ordenado o arreglado para que llene un objeto.

ordainable ['ɔːdeɪnəbl] [or-dei-na-bol], *a.* Que es capaz de ser ordenado o decretado.

ordainer ['ɔːdeɪnə^r] [or-dei-na^r], *s.* Ordenador.

ordeal [ɔː'dɪːl] [or-dil], *s.* 1. Prueba rigurosa del valor de una persona, de su paciencia, conciencia, etc.; experiencia penosa, o una serie de ellas. 2. Ordalía. **A terrible ordeal,** una experiencia terrible.

order ['ɔːdə^r] [or-da^r], *s.* 1. Orden, regla, método, arreglo. 2. Orden, mandato. 3. Orden, serie, clase, estado. 4. Medida, medio que se toma para conseguir alguna cosa. 5. *(Com.)* Pedido, encargo de una partida de mercancías; comisión de surtir, comprar o vender una cosa. 6. Orden, en botánica, la subdivisión de una clase. 7. Uso establecido, procedimiento regular; el estado existente de las cosas. 8. Orden, condecoración honorífica. 9. Orden o posición social. 10. Instituto religioso; rito, sacramento; orden. 11. Orden, de arquitectura. 12. **Orders,** *pl.* la jerarquía eclesiástica; el oficio de clérigo. **To confer holy orders,** ordenar, conferir a alguno las órdenes sagradas. **To put out of order,** poner en confusión, desordenar, descomponer. **In order to,** para, a fin de, con intención de, para que. **In order to do it,** para hacerlo, con el fin o con el objeto de hacerlo, a fin de hacerlo. **Out of order,** en mal estado, descompuesto, que anda o funciona mal. **To be out of order,** descomponerse, desarreglarse una cosa; no atenerse a los reglamentos, no tener derecho a hablar en una reunión o asamblea. **The order of the day,** la orden del día. **Till further orders,** hasta nueva orden. **Order-book,** libro de pedidos. **To give an order,** hacer un pedido. **Sailing orders,** últimas instrucciones dadas al capitán de un buque. **Higher orders,** las clases altas o elevadas. **Order of the Garter,** la orden de la Jarretera. **In holy orders,** revestido de funciones sacerdotales.

order, *va.* 1. Ordenar, poner en orden, disponer, arreglar, dar método u orden a alguna cosa. 2. ordenar, mandar. 3. Ordenar, conferir las órdenes sagradas. 4. Ordenar, encaminar y dirigir a algún fin. 5. *(Com.)* Mandar, pedir, mandarse hacer. **To order one's life,** arreglar su vida. **To order a bill of goods,** pedir una factura de géneros. **To order about/around,** mangonear, mandar a alguien de aquí para allá. **To order arms,** *(Mil.)* poner el fusil perpendicularmente contra el lado derecho, descansando la culata en el suelo. **To order away,** despedir a uno, decirle que se vaya. **To order in,** mandar entrar, mandar traer. **To order out,** mandar salir; mandar llevar; poner de patitas en la calle.

ordered ['ɔːdəd] [or-derd], *a.* Disciplinado, metódico.

orderer ['ɔːdərə^r] [or-de-ra^r], *s.* Ordenador.

ordering ['ɔːdərɪŋ] [or-de-rin], *s.* Manejo, dirección, disposición.

orderless ['ɔːdəlɪs] [or-der-les], *s. a.* Desordenado, confuso, sin orden; irregular.

orderliness ['ɔːdəlɪnɪs] [or-der-li-nes], *s.* Regularidad, orden, método, buena dirección o buena conducta.

orderly ['ɔːdəlɪ] [or-der-li], *a.* 1. Ordenado, metódico, regular. 2. Bien arreglado, quieto, tranquilo. **Orderly,** (a) *(Mil.)* Asistente, ordenanza, el soldado que se halla al servicio inmediato de un superior. (b) Practicante, asistente en un hospital. *-adv.* Ordenadamente, regularmente, metódicamente, en orden. **Orderly officer,** oficial del día.

orders ['ɔːdəz] [or-dars], o **holy Orders**, *s. pl. V.* ORDER.

ordinal ['ɔːdɪnl] [or-di-nal], *a.* 1. Ordinal, lo que señala el orden de las cosas. 2. Perteneciente a un orden de animales o plantas. *-s.* 1. Número ordinal, el que indica el orden en que están puestas las cosas. 2. Ritual que contiene y enseña el modo de rezar y hacer los divinos oficios.

ordinance [ɔːdɪnəns] [or-di-nans], *s.* 1. Ordenanza, ley, mandato, reglamento, estatuto. 2. Rito, ceremonia del culto. 3. *(Arq.)* Sistema de arreglo, disposición.

ordinarily ['ɔːdɪ'nɛərɪlɪ] [or-di-nea-ri-li] *adv.* Ordinariamente, regularmente.

ordinary ['ɔːdnrɪ] [or-din-ri], *a.* 1. Ordinario, común, usual, regular. 2. Ordenado, metódico, normal. 3. Ordinario, bajo, vulgar, mediano, de bajo nacimiento. 4. Feo; de mala disposición. *-s.* 1. Ordinario, juez eclesiástico; juez (civil) que tiene autoridad para tomar conocimiento de las causas por derecho propio y no por delegación. 2. Fonda a precio fijo; mesa redonda. 3. *(Her.)* Figura ordinaria del escudo. 4. Capellán. **In ordinary,** (a) en actual servicio, con ejercicio. (b) *(Mar.)* Puesto en lugar seguro; fuera de uso, desarmado. **Ordinary people,** gente modesta. **Painter in ordinary to the king,** pintor de cámara del rey. **Vessels in ordinary,** *(Mar.)* buques desarmados.

ordinate ['ɔːdɪneɪt] [or-di-neit], *a.* Ordenado, metódico. *-s. (Geom.)* Ordenada o aplicada, distancia entre un punto dado y el eje de abscisas.

ordination [ˌɔːdɪ'neɪʃən] [or-di-nei-shon], *s.* 1. Ordenación, disposición. 2. Ordenación, el acto de conferir orden sacerdotal.

ordnance ['ɔːdnəns] [ord-nans], *s.* Nombre genérico de todas las armas de guerra; en especial, artillería, cañones. **The master general of the ordnance,** el director general de artillería. **Ordnance supplies u ordnance stores,** todas las armas de guerra, con las municiones y el conjunto de los equipos militares.

ordonnance ['ɔːdənəns] [or-do-nans], *s.* 1. La disposición de las figuras y demás piezas de que se compone una pintura. 2. Ley, ordenanza, estatuo.

ordure ['ɔːdjʊə^r] [or-diua^r], *s.* Basura, porquería, excremento.

ore [ɔː^r] [o^r], *s.* Quijo, ganga, mineral, el metal conforme se saca de la mina.

oread ['ɔːrɪəd] [or-riad], *s.* Oréade, ninfa de los bosques.

oregano [ˌɒrɪ'gɑːnəʊ] [o-ri-ga-nou], *s.* Orégano.

oreweed ['ɔːwiːd] [or-uid], **orewood** ['ɔːwʊd] [or-vud], *s.* Alga.

orfrays ['ɔːfreɪs] [or-freis], *s. V.* ORPHREY.

orgal ['ɔːgəl] [or-gal], *s.* Las heces secas de vino. *V.* ARGAL.

organ ['ɔːgən] [or-gan], *s.* 1. Órgano, cualquiera de las partes constitutivas del animal o vegetal que ejercen alguna función. 2. Órgano, instrumento músico de viento. 3. Sistema de cañones de un órgano que tiene su propio teclado. **The ear is the organ of hearing,** la oreja es el órgano del oído. **Great organ,** gran órgano. **Organ-grinder,** el que toca un organillo.

organ-builder ['ɔːgənˌbɪldə^r] [or-gan-bil-da^r], *s.* Organero.

organdy ['ɔːgəndɪ] [or-gan-di], *s.* Organdí, especie de muselina muy fina, a menudo con dibujos.

organic, organical [ɔː'gænɪk] [or-ga-nik], *a.* 1. Orgánico. 2. *(Quím.)* Que contiene carbón como parte constitutiva esencial. 3. Organizado, que se compone de órganos; sistematizado. 4. Constitutivo, fundamental. **Organic**

remains, restos orgánicos. **Organic chemistry,** química orgánica. **Organic laws,** leyes orgánicas fundamentales.
organically [ɔː'gænɪkəlɪ] [or-ga-ni-ka-li], *adv.* Orgánicamente.
organicalness [ɔː'gænɪkəlnɪs] [or-ga-ni-kal-nes], *s.* El estado de lo que es orgánico.
organism ['ɔːgænɪzəm] [or-ga-ni-sem], *s.* 1. Organismo, un ser organizado o viviente; un animal o una planta. 2. Estructura orgánica; también, un órgano cualquiera. 3. Organismo, cualquier cosa análoga al organismo físico.
organist ['ɔːgənɪst] [or-ga-nist], *s.* Organista, el que toca el órgano.
organization [ˌɔːgənaɪ'zeɪʃən] [or-ga-nai-sei-shon], *s.* 1. Organización, la acción de organizar, o el estado de un cuerpo organizado. 2. Lo que está organizado; (a) un organismo animal o vegetal; (b) sociedad, unión de varias personas para un mismo fin. 3. Cualquier combinación o correpsondencia de partes o de fuerzas. **Organization chart,** organigrama.
organizational [ˌɔːgənaɪ'seɪʃənl] [or-ga-nai-sei-sho-nal], *a.* Organizativo.
organize ['ɔːgənaɪz] [or-ga-nais], *va.* 1. Organizar, poner en correspondencia las diversas partes de un todo; disponer, arreglar de tal manera que una parte pueda cooperar con otra. 2. Prepararse una asamblea deliberante para empezar sus trabajos. 3. *(Biol.)* Organizar, proveer de órganos. *-vn.* Organizarse, unirse en compañía o sociedad. **To get organized,** arreglárselas.
organized ['ɔːgənaɪzd] [or-ga-naisd], *a.* Organizado, ordenado, metódico.
organizer ['ɔːgənaɪzə^r] [or-ga-nai-sa^r], *s.* Organizador.
organ-loft ['ɔːgənlɒft] [or-gan-loft], *s.* Tribuno para el órgano, sitio donde se coloca el órgano.
organography ['ɔːgənəˌgræfɪ] [or-ga-no-gra-fi], *s.* *(Biol.)* Organografía, la descripción científica de los órganos de un ser viviente.
organology ['ɔːgənələdʒɪ] [or-ga-no-lo-yi], *s.* Organología, parte de la biología que trata de los órganos del cuerpo.
organ-pipe ['ɔːgənpaɪp] [or-gan-paip], *s.* Cañón o tubo de órgano.
organ stop ['ɔːgənstɒo] [or-ga-stop], *s.* Registro de órgano.
organzine, organzin ['ɔːgənziːn] [or-gan-sin], *s.* 1. Hilo de seda hecho con varios otros hilos torcidos. 2. Tela que se hace con ese hilo.
orgasm ['ɔːgæzəm] [or-ga-sem], *s.* 1. Excitación excesiva o conducta inmoderada. 2. *(Med.)* Orgasmo, tensión violenta y pasajera del tejido eréctil (particularmente en el coito).
orgeat ['ɔːdʒiːt] [or-yit], *s.* Jarabe de horchata, que se hace con almendras, agua de azahar y azúcar.
orgies ['ɔːdʒiːz] [or-yis], *s. pl.* Orgías, fiestas bacanales. *-sing.* **orgy**, orgía.
orgy ['ɔːdʒɪ] [or-yi], *s. f.* Orgía.
orichalch ['ɔːrɪkalk] [o-ri-kalk], **orichalcum** ['ɔːrɪkælkəm] [o-ri-kal-kum], *s.* Latón, oricalco.
oriel ['ɔːrɪəl] [o-riel], *s.* 1. Ventana circular. 2. Alcoba cerca de la sala principal.
orient ['ɔːrɪənt] [o-rient], *a.* 1. Naciente como el sol. 2. Oriental. 3. Brillante, resplandeciente. *-s.* Oriente, Este.
orient, *va.* 1. Orientar, determinar la posición de una cosa con respecto al este. 2. Colocar algo de tal manera que el frente mire al este.
oriental [ˌɔːrɪ'entəl] [o-rien-tal], *a.* Oriental, que pertenece al oriente. *-s.* Oriental; habitante de Asia.
orientalism [ˌɔːrɪ'entəlɪzm] [o-rien-ta-li-sem], *s.* Estilo oriental, orientalismo.
orientalist [ˌɔːrɪ'entəlɪst] [o-rien-ta-list], *s.* 1. Habitador o natural del oriente. 2. El que sabe las lenguas orientales.
orientalize [ˌɔːrɪ'entəlaɪz] [o-rien-ta-lais], *va.* Orientalizar, conformar a las costumbres y al carácter del oriente.
orientate ['ɔːrɪenteɪt] [o-rien-teit], *va.* 1. Orientar, colocar de modo que el frente esté hacia el este. 2. Colocar un cristal en posición tal que presente simetría. *-vn.* Caer, mirar, hacia el este.
orientation [ˌɔːrɪen'teɪʃən] [o-rien-tei-shon], *s.* 1. Orientación, dirección al este. 2. Colocación con relación a los puntos cardinales. 3. Cualquier procedimiento de agrimensura para determinar la dirección. 4. *(Zool.)* El instinto de dirigirse hacia el lugar nativo, como lo hacen las palomas.
orienteering [ˌɔːrɪen'tɪərɪŋ] [o-rien-tia-rin], *s. f.* Orientación.
orifice ['ɒrɪfɪs] [o-ri-fis], *s.* Orificio, boca de alguna cosa; abertura de un conducto.
origan ['ɔːrɪgən] [o-ri-gan], **origanum** ['ɔːrɪgænəm] [o-ri-ga-nom], *s.* *(Bot.)* Orégano, mejorana silvestre, planta labiada.
origin ['ɒrɪdʒɪn] [o-ri-yin], *s.* 1. Origen, primera existencia. 2. Origen, principio, manantial, causa moral, nacimiento de alguna cosa. 3. Origen, ascendencia, familia.
original [ə'rɪdʒɪnl] [o-ri-yi-nal], *a.* Original, primitivo, primero. *-s.* 1. Original, prototipo o primera forma de alguna cosa; primer escrito, composición o invención que se hace de una cosa para que de ella se saquen las demás. 2. Original, el idioma en que un documento o libro se escribió primeramente. 3. Persona de carácter o índole como no hay otros.
originality [əˌrɪdʒɪ'nælɪtɪ] [o-ri-yi-na-li-ti], *s.* Originalidad; facultad de inventar.
originally [ə'rɪdʒənəlɪ] [o-ri-yi-na-li], *adv.* Originalmente, originariamente.
originary [ə'rɪdʒɪnərɪ] [o-ri-yi-na-ri], *a.* Productivo; originario, primitivo.
originate [ə'rɪdʒɪneɪt] [o-ri-yi-neit], *va.* Originar, causar, inventar, ser principio y origen de alguna cosa. *-vn.* Originarse, traer su origen, emanar de.
origination [əˌrɪdʒɪ'neɪʃən] [o-ri-yi-nei-shon], *s.* 1. Origen, primera producción de alguna cosa. 2. Modo de propagar o de producir.
originator [ə'rɪdʒɪneɪtə^r] [o-ri-yi-nei-ta^r], *s.* Autor, inventor.
orillon ['ɒrɪlən] [o-ri-lon], *s.* *(Fort.)* Orejón, obra que se hace sobre el tercio del flanco del baluarte.
oriole ['ɔːrɪəʊl] [o-rioul], *s.* 1. Oriol, oropéndola. **Baltimore oriole,** la oropéndola americana.
orion ['ɔːrɪən] [o-rion], *s.* *(Astr.)* Orión.
orison ['ɔːraɪzən] [o-rai-son], *s.* Oración, petición, súplica devota.
orle [ɔːl] [orl], *s.* 1. *(Arq.)* Oria, filete o listón. 2. *(Her.)* Orla, alrededor dle escudo.
orlon ['ɔːlɒn] [or-lon], *s.* Orlón.
orlop ['ɔːləʊp] [or-loup], *s.* *(Mar.)* Sollado o entarimado de una embarcación. **Orlop-beam,** *(Mar.)* bao vacío o bao del sollado.
ormolu ['ɔːməʊlʊ] [or-mou-lu], *s.* 1. Aleación de cobre, cinc y estaño. 2. Oro molido, para dorar bronce. 3. Mercadería metálica, dorada o bronceada.
ornament ['ɔːnəmənt] [or-na-ment], *s.* 1. Ornamento, adorno, ornato, compostura o atavío de alguna cosa. 2. Ornamento, las prendas que recomiendan a una persona. 3. Decoración, señal de distinción.
ornament, *va.* Ornamentar, adornar; embellecer.
ornamental [ˌɔːnə'mentl] [or-na-men-tal], *a.* Que sirve de adorno; de la naturaleza de adorno.
ornamentally [ˌɔːnə'mentəlɪ] [or-na-men-ta-li], *adv.* Ornadamente.
ornamentation [ˌɔːnəmən'teɪʃən] [or-na-men-tei-shon], *s.* Ornamentación; conjunto de cosas que sirven de adorno.
ornamented ['ɔːnəməntɪd] [or-na-men-tid], **ornate** [ɔː'neɪt] [or-neit], *a.* Ornado, ornamentado, adornado, ataviado.
ornately [ɔː'neɪtlɪ] [or-neit-li], *adv.* Vistosamente.
ornateness [ɔː'neɪtnɪs] [or-neit-nes], *s.* Ornato, ornamento, adorno, atavío, aparato.
ornithological [ˌɔːnɪθə'lɒdʒɪkəl] [or-ni-zo-lo-yi-kal], *a.* Ornitológico, concerniente a la ornitología.

ornithologist [ˌɔːnɪθə'lɒdʒɪst] [or-ni-zo-lo-yist], *s.* Ornitólogo, el que se dedica al estudio y conocimiento de las aves.
ornithomancy [ˌɔːnɪθə'mænsɪ] [or-ni-zo-man-si], *s.* Ornitomancia, adivinación por medio de las aves.
orographic ['ɔːrəʊgræfɪk] [o-rou-gra-fik], *a.* Orográfico, perteneciente a la orografía.
orography ['ɔːrəʊgræfɪ] [o-rou-gra-fi], *s.* Orografía, descripción del desarrollo y relaciones de las montañas.
oroide ['ərɔɪd] [o-roid], *s.* Oroide, aleación de cobre, cinc, estaño y otros metales que tiene apariencia de oro.
orology ['ɔːrəlɒdʒɪ] [o-ro-lo-yi], *s.* Orología, el estudio y conocimiento de las montañas; tratado sobre ellas.
orphan ['ɔːfən] [or-fan], *s.* Huérfano, hijo o hija que carece de padre o madre o de ambos. *-a.* Huérfano, destituido de padres, niño desamparado.
orphan, *va.* Privar a uno de sus padres. **Orphaned**, *pp.* huérfano; sin padres.
orphanage ['ɔːfənɪdʒ] [or-fa-nich], *s.* 1. Orfandad; los huérfanos colectivamente. 2. Asilo para huérfanos.
orphanhood ['ɔːfənhʊd] [or-fan-jud], *s.* Orfandad.
orphean ['ɔːfɪən] [or-fian], *a.* Lo que pertenece a Orfeo; poético o músico.
orpiment ['ɔːpɪmənt] [or-pi-ment], *s.* Oropimente.
orpine ['ɔːpɪn] [or-pin], *s.* 1. *(Bot.)* Telefio, fabacrasa. *V.* STONECROP. 2. Color de pintura, rojo o amarillo.
orrery ['ɔːrərɪ] [o-re-ri], *s.* Planetario.
orris ['ɔːrɪs] [o-ris], *s.* 1. *(Bot.)* Lirio de Florencia. **Orris-root,** raíz de lirio. 2. Bocadillo y galón; y *(des.)* especie de encaje de oro y plata.
orthochromatic [ˌɔːθəʊkrəʊ'mætɪk] [or-zo-krou-ma-tik], *a.* Ortocromático.
orthodontist [ɔːθəʊ'dɒntɪst] [or-zou-don-tist], *s.* Ortodóntico.
orthodox ['ɔːθədɒks] [or-zo-doks], *a.* 1. Ortodoxo, libre de herejía. 2. Perteneciente a la Iglesia Griega. 3. Aprobado; recibido; convencional.
orthodoxy ['ɔːθədɒksɪ] [or-zo-dok-si], *s.* Ortodoxia.
orthodromics ['ɔːθədrəmɪks] [or-zo-dro-miks], **orthodromy** ['ɔːθədrəmɪ] [or-zo-dro-mi], *s.* *(Mar.)* Ortodromía, navegación en línea recta, en contraposición a la loxodromía.
orthoepic, orthoepical ['ɔːθəʊɪpɪk] [or-zoi-pik], *a.* Ortológico, perteneciente a la ortología, propio de ella.
orthoepist ['ɔːθəʊɪpɪst] [or-zoi-pist], *s.* Ortólogo, el que es versado en el arte de pronunciar correctamente.
orthoepy ['ɔːθəʊɪpɪ] [or-zoi-pi], *s.* Ortología, el arte de pronunciar bien.
orthogon ['ɔːθəgən] [or-zo-gon], *s.* Ortogonio, figura rectangular.
orthogonal ['ɔːθəgənl] [or-zo-go-nal], *a.* Rectángulo.
orthographer ['ɔːθəgræfə^r] [or-zo-gra-fa^r], *s.* Ortógrafo, el que sigue las reglas de la ortografía.
orthographic, orthographical [ˌɔːθə'græfɪk] [or-zo-gra-fik], *a.* Ortográfico, que pertenece a la ortografía.
orthographically [ˌɔːθə'græfɪkəlɪ] [or-zo-gra-fi-ka-li], *adv.* Ortográficamente.
orthographist ['ɔːθəgræfɪst] [or-zo-gra-fist], *s.* Ortógrafo, autor que trata de la ortografía.
orthography ['ɔːθəgræfɪ] [or-zo-gra-fi], *s.* Ortografía, la parte de la gramática que enseña cómo se ha de escribir correctamente.
orthology ['ɔːθəlɒdʒɪ] [or-zo-lo-yi], *s.* *(Ant.)* Ortología, descripción verdadera de las cosas.
orthometry ['ɔːθəmiːtrɪ] [or-zo-me-tri], *s.* Ortometría, leyes o reglas para componer versos.
orthopedia, orthopædia, orthopedy [ˌɔːθəʊ'piːdɪə] [or-zou-pi-dia], *s.* Ortopedia, el arte de corregir las deformidades del cuerpo, principalmente en los niños.
orthopedic, orthopædic [ˌɔːθəʊ'piːdɪk] [or-zou-pi-dik], *a.* Ortopédico.
orthopedist [ˌɔːθəʊ'piːdɪst] [or-zou-pi-dist], *s.* Ortopedista.
orthopnæa [ˌɔːθəpnɪə] [or-zop-nia], *s.* *(Med.)* Ortopnea, opresión de pecho que impide la respiración a no ser que el enfermo esté en pie.
orthoptera [ɔː'θəptərə] [or-zop-te-ra], *s. pl.* Ortópteros.
orthopterous [ɔː'θəptərəs] [or-zop-te-ros], *a.* Ortóptero.
ortive ['ɔːtɪv] [or-tiv], *a.* *(Astr.)* Ortivo, que equivale a oriental.
ortolan ['ɔːtələn] [or-to-lan], *s.* *(Orn.)* Hortelano; verderol de los cañaverales.
oryx ['ɒrɪks] [o-riks], *s.* *(Zool.)* Orix, antílope abisinio.
oscillate ['ɒsɪleɪt] [o-si-leit], *va.* Hacer oscilar. *-vn.* Oscilar, vibrar; moverse alternativamente en dos sentidos contrarios.
oscillating ['ɒsɪleɪtɪŋ] [o-si-lei-tin], *a.* Oscilante.
oscillation [ˌɒsɪ'leɪʃən] [o-si-lei-shon], *s.* Oscilación, vibración, balanceo.
oscillatory [ˌɒsɪ'leɪtərɪ] [o-si-lei-to-ri], *a.* Oscilatorio, oscilante.
oscitancy ['ɒsɪtænsɪ] [o-si-tan-si], *s.* *(Ant.)* 1. Bostezo. 2. Descuido, negligencia.
oscitant ['ɒsɪtænt] [o-si-tant], *a.* *(Ant.)* Bostezante, soñoliento; pesado, negligente.
oscitate ['ɒsɪteɪt] [o-si-teit], *vn.* *(Ant.)* Bostezar.
osculant ['ɒskjʊlənt] [os-kiu-lant], *a.* 1. En biología, de carácter intermedio entre dos grupos. 2. Que se adhiere fuertemente; que se aferra, como ciertas orugas.
osculation [ˌɒskjʊ'leɪʃən] [os-kiu-lei-shon], *s.* 1. Beso, el acto de besar; ósculo. 2. *(Geom.)* Osculación.
osculatory ['ɒskjʊlətərɪ] [os-kiu-la-to-ri], *a.* 1. Relativo a la acción de besar. 2. Osculatorio, perteneciente a la osculación.
osier ['əʊʒə^r] [ou-sha^r], *s.* *(Bot.)* Mimbrera, el arbusto cuyas ramas tiernas cortadas se usan como mimbres. **Common osier,** sauce mimbrero o mimbrera propiamente dicha. **Golden osier ,** sauce vitelino, mimbrera ama.
osmazome ['ɒsməzəʊm] [os-ma-soum], *s.* Osmazoma u osmazomo, sustancia contenida en la carne que da olor y sabor a los caldos.
osmic ['ɒzmɪk] [os-mik], *a.* Ósmico, perteneciente al osmio o que lo contiene. **Osmic acid,** ácido ósmico, un óxido de osmio.
osmium ['ɒzmɪəm] [os-miom], *s.* *(Min.)* Osmio, un metal que se halla mezclado con el platino y el iridio.
osmose ['ɒzməʊz] [os-mous], **osmosis** [ɒz'məʊsɪs] [os-mou-sis], *s.* Osmosis.
osmotic [ɒz'mɒtɪk] [os-mo-tik], *a.* Osmótico, que se refiere a la osmosis.
osprey ['ɒzpriː] [os-pri], *s.* *(Orn.)* Águila marina, halieto, osífraga.
osseous ['ɒsɪəs] [o-sios], *a.* Huesoso, óseo, ososo.
ossicle ['ɒzɪkl] [o-si-kel], *s.* Huesecillo, hueso pequeño.
ossiferous ['ɒsɪfərəs] [o-si-fe-ros], *a.* Osífero, que contiene huesos.
ossific ['ɒsɪfɪk] [o-si-fik], *a.* Osífico, que convierte en hueso o que forma hueso.
ossification [ˌɒsɪfɪ'keɪʃən] [o-si-fi-kei-shon], *s.* Osificación, la conversión insensible de las partes ternillosas en hueso.
ossified ['ɒsɪffaɪd] [o-si-faid], *a.* Osificado.
ossifrage ['ɒsɪfreɪdʒ] [o-si-freich], *s.* *(Orn.)* Osífraga, quebrantahuesos.
ossify ['ɒsɪfaɪ] [o-si-fai], *va.* Osificar, convertir en hueso.
ossivorous ['ɒsɪvərəs] [o-si-vo-ros], *a.* Osívoro, que come huesos.
ossuary ['ɒsʊərɪ] [o-sua-ri], *s.* Osario, osar.
ostensible [ɒs'tensəbl] [os-ten-sa-bol], *a.* 1. Profesado u ofrecido como verdadero; aparente, disfrazado. 2. Ostensible, manifestable. **Ostensible purpose,** designio aparente, que puede ser verdadero o fingido.
ostensibly [ɒs'tensəblɪ] [os-ten-sa-bli], *adv.* Ostensiblemente; aparentemente.
ostensive [ɒs'tensɪv] [os-ten-siv], *a.* Ostensivo, que muestra.
ostentation [ˌɒsten'teɪʃən] [os-ten-tei-shon], *s.* Ostentación, gala, jactancia, fausto.

ostentatious [ˌɒsten'teɪʃəs] [os-ten-tei-shos], *a.* Ostentador, lleno de ostentación, ostentoso, jactancioso, vanaglorioso, fastuoso.

ostentatiously [ˌɒsten'teɪʃəslɪ] [os-ten-tei-shos-li], *adv.* Pomposamente.

ostentatiousness [ˌɒsten'teɪʃəsnɪs] [os-ten-tei-shos-nes], *s.* Ostentación, vanidad, vanagloria, jactancia.

osteocolla [ˌɒstɪəʊ'kəʊlə] [os-tiou-kou-la], *s.* Osteocola, cal carbonatada, incrustante, que se deposita sobre los vegetales.

osteocope [ˌɒstɪəʊ'kəʊp] [os-tiou-koup], *s.* Dolor osteócopo o dolor fijo y muy violento en los huesos.

osteocopic [ˌɒstɪəʊ'kəʊpɪ] [os-tiou-kou-pi], *a. (Med.)* Osteócopo.

osteography [ˌɒstɪəʊ'græfɪ] [os-tiou-gra-fi], *s.* Osteografía, descripción de los huesos.

osteologist [ˌɒstɪəʊ'lɒdʒɪst] [os-tiou-lo-yist], *s.* Osteólogo, el que sabe o profesa la osteología.

osteology [ˌɒstɪəʊ'lɒdʒɪ] [os-tiou-lo-yi], *s.* Osteología, la parte de la anatomía que trata de los huesos.

osteopathy [ˌɒstɪ'ɒpæθɪ] [os-tiou-pa-zi], *s. (Med.)* Osteopatía.

ostiary ['ɒstɪərɪ] [os-tia-ri], *s.* 1. Ostiario, el que tiene uno de los grados eclesiásticos así llamado. 2. Ostial, la boca de un río o canal, o el sitio de su desembocadura.

ostler ['ɒslə^r] [os-la^r], *s. V.* HOSTLER.

ostosis ['ɒstəʊsɪs] [os-tou-sis], *s.* Una formación de hueso; osificación.

ostracean ['ɒstreɪʃən] [os-trei-shan], *a.* Ostráceo, referente a la ostra. *-s.* Ostra.

ostraceous ['ɒstreɪʃəs] [os-trei-shos], *a.* Ostráceo, perteneciente a las ostras.

ostracism ['ɒstrəsɪzəm] [os-tra-si-sem], *s.* 1. Exclusión del trato o favor (expulsion). 2. Ostracismo, destierro político entre los griegos.

ostracite ['ɒstrəsɪt] [os-tra-sit], *s.* Ostracita, concha de ostra petrificada o parecida a ella.

ostracize ['ɒstrəsaɪz] [os-tra-sais], *va.* Desterrar por voto del pueblo.

ostrich ['ɒstrɪtʃ] [os-trich], *s. (Orn.)* Avestruz, la mayor de las aves existentes. **Ostrich plume, feather,** pluma de avestruz.

ostrogoth ['ɒstrəgɒθ] [os-tro-goz], *s.* Ostrogodo.

otacoustic ['ɒtəkʌstɪk] [o-ta-kas-tik], *a.* Otacústico, propio para perfeccionar el sentido del oído. *-s.* Trompetilla, instrumento a modo de trompeta para ayudar al sentido del oído.

otalgia ['ɒtældʒɪə] [o-tal-yia], *s.* Otalgia, dolor de oído.

OTC *Abreviatura de* **Over The Counter,** al contado (Com).

other ['ʌðə^r] [a-da^r], *pron.* 1. Otro, la persona o cosa diferente o distinta de aquella de que se habla. 2. El segundo de dos; el opuesto. **This book or the other,** este libro o el otro. **Every other day,** un día sí y otro no; cada dos días. **On the other side,** del otro lado. *-s.* Otra persona o cosa. **Others,** *pl.* Los otros, los demás. **Among others,** entre otros. **Somebody or other,** alguno, alguien. *-a.* 1. Otro, diferente, no el mismo. 2. Adicional, además de. 3. Segundo; opuesto, contrario. **The other side,** el otro lado, el partido opuesto. **The other day,** el otro día; hace poco, recientemente.

otherness ['ʌðənɪs] [a-da-nes], *s.* Alteridad.

otherwise ['ʌðəwaɪz] [a-da-uais], *adv.* De otra manera, de otro modo, por otra parte. *-a.* Otro, diferente.

otic ['ɒtɪk] [o-tik], *a.* Ótico, que se refiere a la oreja, o que está situado cerca de la oreja.

otiose ['əʊtɪəʊs] [ou-tious], *a.* Ocioso, que está en reposo; también perezoso, holgazán.

otolith ['ɒtəlɪθ] [o-to-liz], *s.* Otolito.

otologist ['ɒtəlɒdʒɪst] [o-to-lo-yist], *s.* Otólogo, el que es versado en otología; aurista.

otology ['ɒtəlɒdʒɪ] [o-to-lo-yi], *s. (Med.)* Otología, la ciencia que trata del oído y sus enfermedades.

otorrhea, otorrhæa ['ɒtərɪə] [o-to-ria], *s.* Otorrea, flujo por el oído.

OTT *Abreviatura de* **over the top.**

ottar ['ɒtə^r] [o-ta^r], **otto** ['ɒtəʊ] [o-tou], *s.* Aceite esencial. **Ottar of roses,** aceite esencial de rosas. *V.* ATTAR.

otter ['ɒtə^r] [o-ta^r], *s.* 1. Nutra, o nutria, mamífero carnicero y anfibio. **Otter-skin,** piel de nutria. 2. Nutria de mar. 3. Oruga de una mariposa nocturna.

otter-hunting ['ɒtəˌhʌntɪŋ] [o-ta-jan-tin], *s.* Caza de nutrias.

otter-pike ['ɒtəpaɪk] [o-ta-paik], *s. (Ict.)* Dragón marino.

ottoman ['ɒtəmən] [o-to-man], *a.* Otomano, nombre que se da al imperio de los turcos. *-s.* 1. Otomano, turco. 2. Escaño con cojín y sin respaldo. 3. Escabel movible cubierto con alfombra.

ouch [əʊtʃ] [ouch], *s.* 1. Engaste de una piedra precisoa. 2. Adorno de oro, particularmente un broche o corchete.

ouch, *inter.* ¡Huy! interjección.

ought [ɔːt] [ot], *s.* y *adv.* Algo, alguna cosa. **For ought I know,** por lo que yo puede comprender; en cuanto yo alcanzo o sé. Con más propiedad se escribe *aught. V.* AUGHT.

ought, *s.* Nada; corrupción de *naught.*

ought, *v. def.* y *auxiliar.* 1. Deber, tener la obligación moral de satisfacer alguna cosa. 2. Ser menester, necesario; convenir, ser conveniente. **You ought to remember that,** Ud. debería acordarse de eso. **It ought to be so,** conviene que sea así, o así debería ser. **I ought to,** es menester que yo; debería. **You ought to have come sooner,** Ud. debería haber venido antes. *-ought* tiene más fuerza que *should.* **That player ought to win,** ese jugador tiene más probabilidades de ganar. **You ought to go and see it,** deberías ir a verlo.

ounce [aʊns] [auns], *s.* 1. Onza, la décimosexta parte de una libra común. 2. Onza, mamífero carnicero de la India y Persia. 3. Felino semejante al jaguar. 4. Onza, antigua moneda de oro española. **If he had an ounce of common sense,** si tuviera una pizca de sentido común.

-our. Sufijo, lo mismo que -or.

our, ours [aʊə^r] [aua^r], *a.* y *pron. poss.* Nuestro, lo que a nosotros pertenece. **Our parents,** nuestros padres. **Our country,** nuestro país. **Our church,** nuestra iglesia. **Your house is larger than ours,** la casa de Ud. es mayor que la nuestra. **This is ours,** esto es nuestro o de nosotros.

ouranography [ˌəʊrə'nəgræfɪ] [ou-ra-no-gra-fi], *s.* Uranografía, descripción de los cielos.

ourself ['aʊəself] [aua-self], *pron.* Yo mismo, yo misma; se usa solamente en el estilo oficial o regio.

ourselves [ˌaʊə'sevz] [aua-sevs], *pron. recip.* Nosotros mismos.

-ous ['aʊz] [aus], Sufijo que corresponde a las desinencias castellanas oso, osa, uoso, uosa.

ousel ['aʊəsel] [aua-sel], *s. (Orn.)* Mirlo, mirla. *V.* OUZEL.

oust ['aʊst] [aust], *va.* Desposeer, desalojar; echar fuera, despedir.

ouster ['aʊstə^r] [aus-ta^r], *s. (For.)* Desposeimiento, despojo.

out [aʊt] [aut], *adv.* 1. Fuera, afuera, a la parte exterior. 2. En lo exterior, en condición de haber salido, ausente. 3. No conforme, no de moda o de uso; destituido, que no tiene ya empleo, que ha perdido el poder; en error, que no tiene razón. 4. Descubierto, que ya no está oculto; publicado, aparecido; en condición de haber perdido, faltado, de haber salido mal; extinguido, agotado, acabado; con pérdida (de tanto). 5. De una manera libre, abierta, franca; completamente, enteramente. 6. Libre de algo que obstruye, molesta o sirve de obstáculo. 7. Hasta el cabo, de cabo a cabo; hasta la extinción o el agotamiento; hasta obtener buen éxito. 8. En alta voz, distintamente, de un modo claro. **Right out, straight out,** sin rodeos, al grano. **Throw it out,** échelo Ud. afuera. **To go out,** salir, partir, marcharse. **He is out,** está fuera de casa. **Out at the elbows,** agujereado, roto por los codos. **Out at the heels,** con zapatos rotos. **To set out,** (a) partir; (b) plantar, introducir en la tierra. *V.* SET. **A way out,** salida, lugar por donde se sale. **The story is out,** se acabó, se concluyó el cuento. **The book has just come out,** el libro acaba de publicarse. **To be out at interest,** estar puesto a interés. **He was out one hundred francs,** perdió cien francos. **The soup was out,** se había acabado la sopa. **The time is out,** el tiempo ha pasado; el plazo ha expirado. **To be out,** estar fuera de su propio lugar o ausente; no estar en casa; no estar de moda o en boga; verse despedido de un cargo o empleo; sin poder jugar en ciertos juegos, por haber perdido; cortarse, quedarse cortado; haber perdido una suma de dinero; estar apagado, apagarse; acabar de publicarse, etc. **Out of,** (a) fuera de. (b) Más allá, además de; de; en, sobre. (c) Sin. (d) Por (indicando la causa). **Out of sight,** (a) fuera del alcance de la vista; (b) de calidad superior, muy excelente, notable. **Out of breath,** sin aliento. **Out of character,** impropio, fuera de carácter, no conveniente o poco a propósito. **To copy out of an author,** copiar de un autor. **Out of sorts,** (a) indispuesto, no muy bien de salud. (b) Descontento, poco satisfecho. (c) *(Impr.)* Falto de ejemplarse suficientes de un tipo o letra. **Out of spit,** por despecho. **Out of the woods,** fuera del vado, libre de dudas y dificultades; seguro. -En numerosos verbos compuestos, *out* añade el sentido de ir más allá, de sobrepujar o exceder. **Out of danger,** a salvo, fuera de peligro. **Out of doubt,** indudable. **Let him out,** déjele Ud. salir. **Out of place,** desacomodado. **Out of fashion,** no usado, anticuado. **Time out of mind,** tiempo inmemorial. **To be out of patience,** perder la paciencia. **He is much out in this point,** está muy equivocado, acerca de esto. **The candle is out,** la vela está apagada. **To be out of trim,** estar de mal humor; no tenerlas todas consigo. **Out of trim,** *(mar.)* mal estivado. **Out of tune,** desentonado; destemplado. **To fall out with one,** reñir con uno. **Out of hand,** luego, al punto. **Out of friendship,** por amistad. **Out of spite,** por despecho. **Out of pity,** por compasión. **Out of order,** desordenado, descompuesto; desarreglado. **To drink out of a glass,** beber de un vaso o con un vaso. **Out of hope,** desesperanzado, sin esperanza. **Out of humor,** de mal humor, enojado. **Out of measure,** desmesurado. **Out of his wits,** fuera de sí, insensato. **A book out of print,** un libro descatalogado. **Out of favor,** desvalido, desgraciado. **Pray, hear me out,** sírvase Ud. escucharme hasta que concluya. **Speak out,** hable Ud. cuanto tenga que decir. **It will out,** ello dirá; allá se verá; se descubrirá. **Murder will out,** el asesinato se descubirá. **A voyage out and home,** viaje redondo. **Out** se usa en inglés muy frecuentemente para modificar o cambiar la significación primitiva de los verbos. *-inter.* Fuera. **Out with it,** fuera con ella. Hable Ud. francamente, sin rodeos. **Out upon thee!** ¡maldito seas!

out, *s.* 1. El exterior o la parte exterior de alguna cosa; esquina, lugar exterior; también, el aspecto exterior de un asunto. 2. El que no tiene ya un empleo; en plural, los que han perdido el poder, la oposición. 3. Olvido, omisión que comete el cajista en la composición. 4. En algunos juegos, como el de *base-ball,* el efecto de echar a un jugador del lugar que ocupaba.

out, *va.* Expeler, desposeer, despojar.

outact ['aʊtækt] [aut-akt], *va.* Propasar, pasar más adelante de lo que se debía; ir más allá.

out-and-out ['aʊtən'aʊt] [aut-an-aut], *a.* Cabal, entero, sin calificación; verdadero. Completamente, verdaderamente.

outargue ['aʊtɑːg] [aut-arg], *va.* Sobresalir en la argumentación; imponer por la razón.

outbalance ['aʊt'bæləns] [aut-ba-lans], *va.* Preponderar, exceder en algo.

outbid ['aʊtbɪd] [aut-bid], *va.* Pujar, aumentar el precio puesto a alguna cosa que se vende o arrienda; sobrepujar.

outbidder ['aʊtbɪdə[r]] [aut-bi-da[r]], *s.* Pujador, el que hace puja en lo que se vende o arrienda.

outboard ['aʊtbɔːd] [aut-bord], *a.* y *adv.* Fuera de la borda del barco.

outbound ['aʊtbaʊnd] [aut-baund], *a.* Destinado a un viaje distante o a algún país extranjero.

outbrag ['aʊtbræg] [aut-brag], *va.* Exceder, sobrepujar en fanfarronadas.

outbrave ['aʊtbreɪv] [aut-breiv], *va.* 1. Exceder, ser superior en valentía o audacia. 2. Arrostrar los peligros. 3. Exceder en magnificencia o garbo.

outbreak ['aʊtbreɪk] [aut-breik], *s.* Erupción; ataque violento, pasión, tumulto.

outbreathe ['aʊtbriːð] [aut-briz], *va.* 1. Exhalar, emitir, echar el aliento. 2. Exhalar, echar de sí. 3. *(Poco us.)* Exceder a alguno en la carrera o en otro género de fatiga por poder sufrir la falta de aliento mejor que él.

outbuilding ['aʊtˌbiːldɪŋ] [aut-bil-din], *s.* Dependencia, construcción exterior.

outburst ['aʊtbɜːrst] [aut-berst], *s.* Explosión, erupción. *-vn. (Ant.)* Prorrumpir, brotar.

outcast ['aʊtkɑːst] [aut-kast], *a.* 1. Desechado, arrojado, inútil. 2. Desterrado, expulso, proscripto; perdido. *-s.* Un desterrado.

outclass [aʊt'klɑːs] [aut-klas], *va.* Exceder en habilidad, en calidad o en facultades.

outcome ['aʊtkʌm] [aut-kam], *s.* Éxito, resultado visible, consecuencia.

outcrop ['aʊtkrɒp] [aut-krop], *vn.* Asomar; en geología, aparecer en la superficie o encima de la superficie del terreno (rock).

outcrop, *s.* Aparición, porción visible de un estrato sobre la superficie de un terreno.

outcry ['aʊtkraɪ] [aut-krai], *s.* Clamor, voz lastimosa que indica aflicción o pasión de ánimo; ruido, alboroto, gritería, vocería.

outdare ['aʊtdɛə[r]] [aut-dea[r]], *va.* Osar, emprender alguna cosa con atrevimiento, atreverse demasiado o más que otro.

out-dated ['aʊt'deɪtɪd] [aut-dei-tid], *a.* Anticuado, pasado de moda.

outdo [aʊt'duː] [aut-du], *va.* Exceder a otro en alguna cosa; sobrepujar, eclipsar, dejar deslucido.

outdoor ['aʊtdɔː[r]] [aut-do[r]], *a.* 1. Externo, que está al raso, hecho al aire libre; fuera de la casa, de lo exterior. 2. Externo de ciertas instituciones públicas, como un hospital u hospicio. **Outdoor exercise,** ejercicio al aire libre. **Outdoor sports,** juegos al aire libre, en campo abierto.

outdoors ['aʊt'dɔːz] [aut-dors], *s.* El raso, el mundo de puertas afuera. *-adv.* Fuera de casa, al raso.

outdrink ['aʊtdrɪŋk] [aut-drink], *va.* Beber más que otro.

outer ['aʊtə[r]] [au-ta[r]], *a.* Exterior, externo. **Outer space,** espacio interastral.

outerly ['aʊtəlɪ] [au-ter-li], *adv.* Hacia fuera, exteriormente.

outermost ['aʊtəməʊst] [au-ta-moust], *a.* Extremo; lo más exterior.

outface ['aʊtfeɪs] [aut-feis], *va.* Humillar a otro haciendo de generoso o magnámino; mantener cara a cara.

outfall ['aʊtfɔːl] [aut-fol], *s.* 1. Canal para regar; desembocadura. 2. Riña, disensión.

outfit ['aʊtfɪt] [aut-fit], *s.* 1. Equipo, apresto. 2. Habilitación, desembolso; el gasto hecho para equipar un barco, o dar principio o fomento a una empresa, particularmente a un viaje. 3. Pertrechos, avíos, menesteres de alguna ocupación.

outfitter ['aʊtfɪtə[r]] [aut-fi-ta[r]], *s.* Armador de una embarcación; abastecedor, proveedor, habilitador de todo lo necesario para un viaje, empresa o negocio.

outflank ['aʊt'flæŋk] [aut-flank], *va.* Franquear, extenderse un ejército o cuerpo de ejército más que las alas o flancos del enemigo.

outflow ['aʊtflaʊ] [aut-flau], *s.* Efusión, derrame, flujo; salida. *-vn. (Poét.)* Correr, manar hacia afuera.

outfly ['aʊtflaɪ] [aut-flai], *va.* Exceder en el vuelo, volar más o mejor.

outfox [aʊt'fɒks] [aut-foks], *vt.* Ser más listo que.

outgate ['aʊtgeɪt] [aut-gueit], *s.* Salida, puerta exterior.

outgeneral [aʊt'dʒenərəl] [aut-ye-ne-ral], *va.* Exceder a uno en táctica militar.

outgive ['aʊtgɪv] [aut-guiv], *va.* Dar más que otro, exceder en generosidad.
outgo ['aʊtgəʊ] [aut-gou], *va.* Exceder, vencer; adelantarse, tomar la delantera.
outgo, *s.* Gasto, lo que se ha gastado; expendio, costas, lo opueso a *income*.
outgoing ['aʊt,gəʊɪŋ] [aut-goin], *s.* Salida; la acción de partir. *-a.* Que sale o se retira de un empleo; saliente, aquel cuyo cargo termina.
outgrow [aʊt'graʊ] [aut-grou], *va.* 1. Sobrecrecer, crecer más que otro. 2. Hacerse demasiado grande o viejo para algo. **The boy has outgrown his clothes,** el muchacho ha crecido tanto que la ropa le está corta.
outgrowth ['aʊt,graʊθ] [aut-grouz], *s.* 1. Excrecencia, lo que crece en el exterior de otra cosa. 2. Resultado o efecto natural; consecuencia.
outguard [aʊt'gɑ:d] [aut-gard], *s. (Mil.)* Guardia avanzada.
outhouse [aʊt'haʊs] [aut-jaus], *s.* 1. Casa pequeña de los criados o dependientes de una alquería, hacienda u otra posesión rural. 2. Retrete.
outing ['aʊtɪŋ] [au-tin], *s.* Salida; paseo, viaje corto para divertirse, excursión.
outland [aʊt'lænd] [aut-land], *s.* Terreno situado más allá de los límites de ocupación o cultivación.
outlandish [aʊt'lændɪʃ] [aut-lan-dish], *a.* 1. Extranjero, remoto. 2. Grosero, rústico, bárbaro en aspecto o acciones.
outlast [aʊt'lɑ:st] [aut-last], *va.* Durar más que otra cosa, excederla en duración; sobrevivir a.
outlaw ['aʊtlɔ:] [aut-lo], *s.* 1. Proscripto. 2. Bandido, bandolero.
outlaw, *va.* Proscribir, privar a uno de la protección de las leyes; sentencia en rebeldía.
outlawry ['aʊtlɔ:rɪ] [aut-lo-ri], *s.* Proscripción, la sentencia con que se condena a una o muchas personas, privándolas de la protección de las leyes.
outlay ['aʊtleɪ] [aut-lei], *s.* Desembolso, gasto; expendio.
outleap ['aʊtli:p] [aut-lip], *va.* Pasar saltando, saltar más allá del término señalado.
outlearn ['aʊtlɜ:n] [aut-lern], *va.* Adelantar a otro en lo que se aprende.
outlet ['aʊtlet] [aut-let], *s.* Salida, orificio de salida, desagüe; desaguadero; portillo. **Outlets,** *(Des.)* contornos.
outlie ['aʊtlaɪ] [aut-lai], *va.* Mentir más que otro, excederle en decir o inventar mentiras. *-vn.* Dormir al raso, acampar en tiendas.
outlier ['aʊtlaɪəʳ] [aut-laiaʳ], *s.* Aquel cuya residencia no está en el mismo lugar en que se hallan su oficina o sus negocios.
outline ['aʊtlaɪn] [aut-lain], *s.* Contorno, perfil, diseño, bosquejo, traza, recorte; plan general.
outlive [aʊt'lɪv] [aut-liv], *va.* Sobrevivir a; exceder en duración.
outlock ['aʊtlɒl] [aut-lok], *s.* 1. Vista, perspectiva, lo que se alcanza a ver desde un balcón, ventana o punto elevado; de aquí, la condición o aspecto de alguna cosa, la perspectiva de un negocio o empresa. 2. Vigilancia, previsión. 3. Atalaya, vigía; garita. 4. Centinela, guardia.
outlock, *va.* 1. Desconcertar, turbar por medio de conducta atrevida o descarada. 2. Ver más lejos, alcanzar a mayor distancia con la vista.
outlook ['aʊtlʊk] [aut-luk], *s.* Perspectiva, panorama.
outluster, outlustre ['aʊtləstəʳ] [aut-las-taʳ], *va.* Exceder en brillantez.
outlying ['aʊtlaɪɪŋ] [aut-lain], *a.* 1. Distante de, lejos de alguna cosa; extrínseco. 2. Exterior, fuera de límites o fronteras, forastero.
outmaneuver [,aʊtmə'nu:vəʳ] [aut-ma-nu-vaʳ], *va.* Mostrarse superior en táctica militar.
outmarch ['aʊtmɑ:k] [aut-mark], *va.* Dejar atrás a otro en un paseo, viaje o marcha.
outmatch [aʊt'mætʃ] [aut-mach], *va.* Mostrarse superior a otro en alguna actividad.
outmeasure ['aʊt'meʒəʳ] [aut-me-shaʳ], *va.* Exceder en medida.
outmoded [aʊt'məʊdɪd] [aut-mou-did], *a.* Anticuado, pasado de moda.
outmost ['aʊtməʊst] [aut-moust], *a.* Lo más exterior; lo más lejano.
outnumber [aʊt'nʌmbəʳ] [aut-nam-baʳ], *va.* Excede en número.
out-of-door(s) ['aʊtɒv'dɔ:z] [aut-ov-dors], *a.* y *adv.* Al aire libre, afuera.
out-of-print ['aʊtɒv'prɪnt] [aut-ov-print], *a.* Agotado (el libro, la edición, etc.)
out-of-stock [,aʊtəv'stɒk] [aut-ov-stok], *a.* Agotada (la existencia).
out-of-the-way ['aʊtɒvðə'weɪ] [aut-ov-de-uei], *a.* 1. Lejano, de difícil acceso, apartado, desviado. 2. Fuera de lo ordinario, singular, extraño, particular.
outpace [aʊt'peɪs] [aut-peis], *vt.* Dejar atrás.
outparish ['aʊt'pærɪʃ] [aut-pa-rish], *s.* Parroquia situada extramuros.
outpart ['aʊtpɑ:t] [aut-part], *s.* Parte exterior; extremidad.
outpatient ['aʊt,peɪʃənt] [aut-pei-shant], *s.* Enfermo, paciente externo, no residente en un hospital o casa de salud.
outpensioner ['aʊt,penʃənəʳ] [aut-pen-sho-naʳ], *s.* Pensionista externo.
outporch ['aʊtpɔ:tʃ] [aut-porch], *s.* Pórtico exterior.
outport ['aʊtpɔ:t] [aut-port], *s.* 1. Un puerto de mar algo distante de la aduana principal. 2. Punto de exportación; puerto de mar.
outpost ['aʊtpəʊst] [aut-poust], *s.* Avanzada, guardia o puesto avanzado.
outpour ['aʊtpɔ:ʳ] [aut-poʳ], *va.* Chorrear, verter, despedir un líquido a chorros. *-s.* Chorreo, efusión libre.
outpouring ['aʊt,pɔ:rɪŋ] [aut-po-rin], *s.* Efusión abundante, chorro; emanación.
output ['aʊtpʊt] [aut-put], *s.* 1. Producción total de algo, cantidad obtenida o producida y pronta para venderse o distribuirse en fecha determinada. 2. Lo que se expele por los pulmones, los riñones o la piel. 3. La fuerza eléctrica de un dínamo; se expresa comúnmente en vatios.
outrage ['aʊtreɪdʒ] [aut-reich], *va.* Ultrajar, ajar o injuriar; maltratar, violentar, violar, abusar atrozmente; cometer rapto.
outrage, *s.* Ultraje, afrenta, violencia, tropelía; barbarie, tiranía.
outrageous [aʊt'reɪdʒəs] [aut-rei-chos], *a.* 1. Violento. 2. Ultrajoso, de porte chocante, ofensivo. 3. Atroz, desenfrenado, desaforado.
outrageously [aʊt'reɪdʒəslɪ] [aut-rei-chos-li], *adv.* Violentamente, atrozmente.
outrageousness [aʊt'reɪdʒəsnɪs] [aut-rei-chos-nes], *s.* Furia, violencia.
outrank [aʊt'ræŋk] [aut-rank], *va.* Exceder en rango o posición.
outreach [aʊt'ri:tʃ] [aut-rich], *va.* Pasar más adelante que otro o tomarle la delantera; pasar más allá de lo que se debe.
outreason [aʊt'ri:ʒən] [aut-ri-son], *va.* Discurrir mejor que otro.
outride [aʊt'raɪd] [aut-raid], *va.* Ganar la delantera a caballo, andar a caballo más que otro. *-vn.* Andar a caballo o en carruaje de una parte a otra.
outrider [aʊt'raɪdəʳ] [aut-rai-daʳ], *s.* 1. Volante, el lacayo que va a pie o a caballo delante del coche. 2. Batidor, el soldado o criado que va a caballo delante del coche de su jefe o amo. 3. *(Des.)* Receptor, oficial comisionado por un tribunal para ciertas diligencias.
outrigger ['aʊt,rɪgəʳ] [aut-ri-gaʳ], *s.* 1. Horqueta, vuelo, parte de una embarcación o máquina que sobresale y sirve de apoyo o punto de enganche. 2. Batanga, refuerzo de cañas gruesas de bambú, amadrinadas a lo largo de las canoas filipinas y de otras islas del Pacífico. 3. *(Mar.)* Pescante de banda para carenar; puntal de tope. **Outriggers of the tops,** *(Mar.)* pescantes de las cofas.

outright [aʊt'raɪt] [aut-rait], *a.* Sincero, franco, sin segunda intención. *-adv.* 1. Sin reserva ni limitación; completamente, abiertamente. 2. Sin tardanza, al momento, luego, cumplidamente. **To laugh outright,** reír a carcajadas, desternillarse de risa, morirse de risa.

outrival [aʊt'raɪvəl] [aut-rai-val], *va.* Sobrepujar en excelencia.

outroot [aʊt'rʊt] [aut-rut], *va.* 1. Arraigar más y mejor que otra cosa. 2. *(Ant.)* Desarraigar, extirpar, arrancar de raíz.

outrun [aʊt'rʌn] [aut-ran], *va.* 1. Correr más que otro, ganarle a correr. 2. Ganar, exceder. **To outrun the constable,** gastar más de lo que uno tiene, comerse los frutos antes de la cosecha.

outs [aʊtz] [auts], *s. pl.* **To be on the outs,** *(Fam.)* estar de monos.

outsell ['aʊtsel] [aut-sel], *va.* Vender a mayor precio o más caro que otro; vender más rápidamente.

outset ['aʊtset] [aut-set], *s.* Principio; estreno.

outshine ['aʊtʃaɪn] [aut-shain], *va.* 1. Brillar, resplandecer. 2. Exceder en brillantez, dejar deslucido, eclipsar.

outshoot ['aʊtʃʌt] [aut-shut], *va.* Ganar a uno a tirar; tirar más lejos que otro.

outside ['aʊt'saɪd] [aut-said], *a.* 1. Exterior, superficial. 2. Extraño, extrínseco. 3. Extremo, que alcanza al límite. 4. Ajeno, neutral, que no tiene parte ni interés. *-s.* 1. Superficie, parte externa o exterior. **Outside shutter,** contraventana. 2. Extremidad, la parte más remota del centro; lo último, lo extremo. 3. Exterior. 4. Apariencia superficial. 5. Costera, en las resmas de papel. *-adv.* Afuera, fuera. *-prep.* Fuera de, más allá de.

outsider ['aʊt'saɪdəʳ] [aut-sai-daʳ], *s.* El que está fuera; entremetido, intruso, el que no tiene parte ni interés en alguna cosa.

outsit ['aʊtsɪt] [aut-sit], *va.* Estar sentado más tiempo que lo preciso.

outskirt ['aʊtskɜːt] [aut-skert], *s.* Parte exterior; borde, linde, orilla; lugar cercano al confín; arrabal de una población; suburbio.

outsleep ['aʊtsliːp] [aut-slip], *va.* Dormir más tiempo del que se ha fijado, o más de lo que se debe.

outspeak ['aʊt'spiːk] [aut-spik], *va.* 1. Hablar en alta voz; explicarse claramente. 2. Hablar mejor o más tiempo que otro. *-vn.* Hablar atrevidamente, osar hablar.

outspread ['aʊt'spred] [aut-spred], *va.* Extender, difundir.

outstand ['aʊt'stænd] [aut-stand], *va.* Sostener, resistir. *-vn.* 1. Hacer barriga o comba. 2. Salir fuera de la línea señalada. 3. subsistir en una parte más de lo regular.

outstanding ['aʊt'stændɪŋ] [aut-stan-din], *a.* 1. Salidizo, saliente. 2. Sobresaliente, extraordinario, fuera de lo común. 3. Pendiente, no pagado. **Outstanding account,** cuenta pendiente por pagar.

outstare ['aʊt'stɛəʳ] [aut-steaʳ], *va.* Mirar a uno de hito en hito; desconcertar a una persona; mantener una cosa a la cara o en presencia de otro que la niega.

outstay ['aʊtsteɪ] [aut-stei], *va.* 1. Permanecer más tiempo que otros. 2. Resistir más que otros.

outstretch ['aʊt'stretʃ] [aut-strech], *va.* Extenderse, alargar.

outstrip ['aʊt'strɪp] [aut-strip], *va.* Avanzar más que otro, dejar atrás; rezagar, sobrepujar, aventajar, ganar.

outtalk ['aʊt'tʃɔːk] [aut-tok], **outtongue** ['aʊt'tɒŋ] [aut-tong], *va.* Aturdir con voces; hablar más que otro.

outvalue ['aʊt'væljuː] [aut-va-liu], *va.* Subir de precio, exceder en valor.

outvote [aʊt'vəʊt] [aut-vout], *va.* Ganar a uno en el número de votos.

outwalk ['aʊt'wɔːk] [aut-uok], *va.* Andar más que otro, dejarle atrás; cansar a uno, rendirle a fuerza de andar.

outwall ['aʊt'wɔːl] [aut-uol], *s.* 1. Pared exterior; antemural. 2. Lo exterior, la parte externa; apariencia.

outward ['aʊtwəd] [aut-uod], *a.* 1. Exterior, externo, visible. **An outward friendship,** una amistad superficial. 2. Extranjero, extraño. 3. Exterior, extrínseco. 4. *(Teol.)* Carnal, corpóreo. *-adv.* 1. Fuera, afuera, exteriormente. 2. Sobre la superficie, superficialmente. 3. Desde el puerto, hacia otro país, para el extranjero. **A ship bound outward,** embarcación destinada a otro país. *-s.* *(Poco us.)* La figura exterior.

outwardly ['aʊtwədlɪ] [aut-uod-li], *adv.* Exteriormente, extrínsecamente; en apariencia superficialmente.

outwards ['aʊtwədz] [aut-uods], *adv.* Hacia fuera, por fuera. *V.* OUTWARD.

outwatch ['aʊtwətʃ] [aut-uoch], *va.* Vigilar o velar más que otro.

outwear ['aʊtwɛəʳ] [aut-ueaʳ], *va.* 1. Durar más tiempo que. 2. Gastar, consumir, usar hasta el fin.

outweight ['aʊtweɪt] [aut-ueit], *va.* 1. Preponderar; pesar más que. 2. Sobrepujar, exceder en valor, en influjo, en excelencia.

outwit ['aʊtwɪt] [aut-uit], *va.* Engañar a uno a fuerza de tretas; sobrepujar con astucia.

outwork ['aʊtwɜːk] [aut-uek], *va.* Trabajar más que otro.

outwork, *s.* *(Fort.)* Obra de una plaza fuerte situada fuera de las murallas; *(ant.)* obra avanzada, obra exterior.

outworn ['aʊtwɔːn] [aut-uorn], *a.* Ajado, gastado, desgastado.

oval ['əʊvəl] [ou-val], *s.* Óvalo, figura plana muy parecida a la elipse. *-a.* Oval, ovalado.

ovally ['əʊvəlɪ] [ou-va-li], *adv.* En figura de óvalo.

ovarian, ovarial ['əʊvərɪən] [ou-va-rian], *a.* Ovárico, perteneciente o relativo al ovario.

ovariotomy ['əʊvərɪ'ɒtəmɪ] [ou-va-rio-to-mi], *s.* Ovariotomía, operación quirúrgica para extraer un ovario enfermo.

ovarious ['əʊvərɪəs] [ou-va-rios], *a.* Lo que se compone de huevos.

ovary ['əʊvərɪ] [ou-va-ri], *s.* 1. Ovario, órgano interno de la fecundación en las hembras; overa de los animales ovíparos. 2. *(Bot.)* Ovario, parte inferior del pistilo que contiene el rudimento de la semilla.

ovate, ovated ['əʊveɪt] [ou-veit], *a.* Ovado, formado a manera de huevo, con una extremidad más dilatada que la otra.

ovation [əʊ'veɪʃən] [ou-vei-shon], *s.* 1. Manifestación espontánea del entusiasmo público hacia una persona. 2. Ovación, uno de los triunfos menores entre los romanos.

oven ['ʌvn] [a-ven], *s.* Horno para cocer pan o pastelería, para templar y secar ciertas sustancias. **Oven-fork,** hurgón. **Oven-full,** hornada. **Oven-peel,** pala de horno.

over ['əʊvəʳ] [ou-vaʳ], *prep.* 1. Sobre, encima por encima de; expresa superioridad de lugar; lo contrario de *under*, debajo, bajo de. **Over the gate was an inscription,** había una inscripción encima de la puerta. 2. Expresa superioridad en dignidad, poder estado; sobre. 3. A pesar de. **The bill was passed over the veto,** el proyecto de ley fue aprobado a pesar del veto. 4. Por encima, cubriendo o cubierto de; moviéndose sobre la superficie de; de un lado a otro; al otro lado de. 5. Más de. **Over five hundred dollars,** más de quinientos dólares. 6. Mientras, durante. **The ice kept over the summer,** el hielo se conservó durante todo el verano. 7. Por, en. **To be over head and ears in debt,** estar endeudado hasta los ojos; deber mucho. **Over the way,** al otro lado de la calle. **Over the hills,** más allá, al otro lado de las colinas o collados. **Over in Spain,** allá en España. **All over,** por todas pates, por todos lados. **All the world over,** por todo el mundo. *-adv.* 1. De un lado a otro, al lado opuesto. **She trembles all over,** está toda temblorosa. **We are over for the weekend,** hemos venido a pasar el fin de semana. **It happens all over,** ocurre en todas partes. **He was completely won over,** fue atraído al lado contrario, se pasó al enemigo; quedó persuadido. 2. De ancho, a lo ancho. 3. De arriba abajo, al revés, patas arriba, trastocado. 4. Encima, sobre. 5. Más, demás; completamente, desde el principio al fin. 6. Otra vez. 7. Demasiado, excesivamente. 8. En estado de hecho, al fin. **It is all over,** se acabó. **Over the last few**

months, durante los últimos meses. **Over and above,** además de, por demás. **Over against,** enfrente. **Over and over,** repetidas veces, una y otra vez. **Over again,** otra vez, segunda vez. **That's her all over,** eso es muy típico de ella. **To be over,** cesar, pasar, concluirse, acabar. **To bend over,** inclinarse, doblarse. **To run over,** rebosar, derramarse por encima; recorrer, registrar a la ligera, al paso; pasar por encima (car, train); aplastar. **Over** se une con mucha frecuencia a los verbos para modificar su significación, y se usa también en composición delante de los nombres y verbos.

overabound ['əʊvərəbaʊnd] [ou-ver-a-baund], *vn.* Superabundar, abundar con exceso.

overabundance ['əʊvərə'bʌndəns] [ou-var-a-ban-dans], *s.* Superabundancia.

overact ['əʊvərækt] [ou-ver-akt], *va.* Llevar una cosa al extremo o más allá de lo justo y razonable.

overacting ['əʊvəræktɪŋ] [ou-var-ak-tin], *s. f.* Exageración, sobreactuación.

overalls ['əʊvərɔːlz] [ou-var-ols], *s. pl.* Zaragüelles, pantalones que se ponen sobre los otros para resguardarlos.

overanxious ['əʊvəræŋkʃəs] [ou-vank-shos], *a.* Demasiado ansioso.

overarch ['əʊvərɑːtʃ] [ou-var-arch], *va.* Cubrir con una bóveda o arco, abovedar; formar una bóveda encima de.

overawe [ˌəʊvər'ɔː] [ou-var-o], *va.* Tener bajo freno; imponer respeto; intimidar, sobrecoger.

overbalance [ˌəʊvə'bæləns] [ou-va-ba-lans], *va.* y *vn.* Preponderar; echar más peso a un lado que a otro; llevar ventaja.

overbalance, *s.* Preponderancia, exceso de peso o de valor.

overbear ['əʊvəbɛə[r]] [ou-va-bea[r]], *va.* (*pret.* OVERBORE, *pp.* OVERBORNE). 1. Sojuzgar, sujetar, reprimir. 2. Subyugar, oprimir, abrumar, agobiar. *-vn.* Llevar demasiado fruto.

overbearing ['əʊvəbɛərɪŋ] [ou-va-bea-rin], *a.* Ultrajoso, despótico; insufrible; insuperable.

overbid ['əʊvəbɪd] [ou-va-bid], *va.* 1. Ofrecer más, pujar. 2. Ofrecer demasiado por algo, pagar excesivamente.

overbidding ['əʊvəbɪdɪŋ] [ou-va-bi-din], *s.* Puja.

overbig ['əʊvəbɪg] [ou-va-big], *a.* Demasiado grande o grueso.

overblow ['əʊvəblaʊ] [ou-va-blau], *vn.* 1. *(Mar.)* Soplar con violencia excesiva. 2. *(Des.)* Pasar la borrasca; calmar el viento. *-va.* 1. Disipar soplando, como el aire disipa las nubes. 2. *(Ant.)* Cubrir con flores; esparcir flores sobre algo.

overblown ['əʊvə'blaʊn] [ou-va-bloun], *a.* Pasado, marchito.

overboard ['əʊvəbɔːd] [ou-va-bord], *adv.* *(Mar.)* Al mar, fuera del barco. **To heave overboard,** *(Mar.)* echar a la mar. **To fall overboard,** caer al agua desde una embarcación.

overboil ['əʊvəbɔɪl] [ou-va-boil], *va.* Hervir o cocer demasiado.

overborne ['əʊvəbɔːn] [ou-va-born], *a.* y *pp.* Abatido o sujetado por alguna influencia superior. *V.* OVERBEAR.

overburden [ˌəʊvə'bɜːdn] [ou-va-ber-den], *va.* Sobrecargar; oprimir.

overcapitalization [ˌəʊvəˌkæpɪtəlaɪ'zeɪʃən] [ou-va-ka-pi-ta-lai-sei-shon], *s.* 1. Capitalización excesiva. 2. Cálculo exagerado del capital de una corporación.

overcare ['əʊvəkɛə[r]] [ou-va-kea[r]], *s.* Solicitud, demasiado cuidado.

overcareful ['əʊvəkɛəfʊl] [ou-va-kea-ful], *a.* Demasiado cuidados.

overcarry ['əʊvəkærɪ] [ou-va-ka-ri], *va.* Precipitar a una persona o instigarla a que obre sin precaución o precipitadamente; llevar alguna cosa más allá de lo regular.

overcast ['əʊvəkɑːst] [ou-va-kast], *va.* 1.Anublar, oscurecer; entristecer. 2. Cubrir. 3. Hilvanar; coser la orilla de una tela con puntadas envolventes, en forma espiral.

overcautious ['əʊvə'kɔːʃəs] [ou-va-ko-shos], *a.* Demasiado circunspecto o precavido.

overcharge ['əʊvəˌtʃɑːdʒ] [ou-va-charch], *va.* 1. Poner alguna cosa a precio muy subido. 2. Sobrecargar (un arma de fuego). 3. Oprimir. 4. Exagerar. 5. Hacer una acusación exagerada o fantástica contra alguien.

overcheck ['əʊvətʃek] [ou-va-chek], *s.* Falsarrienda que pasa por encima de la cabeza del caballo, entre las orejas.

overcloud ['əʊvəklaʊd] [ou-va-klaud], *va.* Cubrir de nubes.

overcloy ['əʊvəklɔɪ] [ou-va-kloi], *va.* Saciar o llenar demasiado.

overcoat ['əʊvəkəʊt] [ou-va-kaut], *s.* Sobretodo, gabán, levitón, abrigo.

overcome [ˌəʊvə'kʌm] [ou-va-kam], *va.* 1. Vencer, rendir, sujetar, domar, sojuzgar, conquistar, triunfar de. 2. Superar, vencer. *-vn.* Alcanzar superioridad sobre alguno; sobreponerse; hacerse superior a alguna cosa.

overcomer [ˌəʊvə'kʌmə[r]] [ou-va-ka-ma[r]], *s.* Vencedor.

overconfidence [ˌəʊvə'kɒnfɪdəns] [ou-va-kon-fi-dans], *s.* Presunción, demasiada confianza.

overconfident [ˌəʊvə'kɒnfɪdənt] [ou-va-kon-fi-dent], *a.* Demasiado confiado, confiado fuera de razón.

overcount [ˌəʊvə'kaʊnt] [ou-va-kaunt], *va.* Tasar o apreciar alguna cosa en más de lo que vale.

overcredulous [ˌəʊvə'kredjʊləs] [ou-va-kre-diu-los], *a.* Demasiado crédulo.

overcrowd [ˌəʊvə'kraʊd] [ou-va-kraud], *s.* Excedente (people). *-va.* Apiñar, atestar, llenar demasiado (room).

overcurious [ˌəʊvə'kərɪəs] [ou-va-ka-rios], *a.* Demasiado curioso, nimio o delicado.

overdiligent [ˌəʊvə'dɪlɪdʒənt] [ou-va-di-li-yent], *a.* Diligente en exceso.

overdo [ˌəʊvə'duː] [ou-va-du], *vn.* (*pret.* OVERBID, *pp.* OVERDONE). Hacer más de lo necesario. *-va.* 1. Llevar al exceso; fatigar excesivamente, agobiar, abrumar de trabajo. 2. Exagerar. 3. Cocer, asar demasiado; socarrar. 4. *(Poét.)* Eclipsar, dejar deslucido. **To overdo oneself,** atarearse, perjudicarse a puro trabajar. **That meat is overdone,** esa carne está muy asada o cocida. **To overdo things,** cansarse, fatigarse, trabajar en exceso.

overdone [ˌəʊvə'dʌn] [ou-va-dan], *pp.* 1. Pasado, demasiado asado o cocido. 2. Rendido, cansado.

overdose ['əʊvədəʊs] [ou-va-dous], *va.* Dar una dosis excesiva. *-s.* Dosis excesiva o tóxica.

overdraft ['əʊvədrɑːft] [ou-va-draft], *s.* *(Com.)* Giro, libranza en exceso de los fondos o el crédito disponibles; y el acto de hacer ese giro.

overdraw [ˌəʊvə'drɔː] [ou-va-dro], *va.* (*pret.* OVERDREW, *pp.* OVERDRAWN). 1. *(Com.)* Exceder, en un giro, del crédito disponible. 2. Estirar, tirar excesivamente. 3. Exagerar, ya sea en la escritura, narración, dibujo, ademanes o acciones.

overdress [ˌəʊvə'dres] [ou-va-dres], *va.* y *vr.* Adornar con demasía, engalanar con exceso.

overdrink [ˌəʊvə'drɪŋk] [ou-va-drink], *vn.* Beber con exceso. **To overdrink oneself,** emborracharse.

overdrive ['əʊvədraɪv] [ou-va-draiv], *s.* Sobremarcha de un automóvil, capacidad adicional de propulsión. *-va.* Arrear demasiado, fatigar a los animales.

overdue ['əʊvə'djuː] [ou-va-diu], *a.* Que ha pasado del tiempo debido; (a) no pagado al vencimiento; (b) no llegado al tiempo debido.

overeager [ˌəʊvər'iːgə[r]] [ou-va-i-ga[r]], *a.* Demasiado ansioso o celoso.

overearnest [ˌəʊvə'ɜːnəst] [ou-va-er-nest], *a.* Demasiado ardiente.

overeat ['əʊvər'iːt] [ou-var-it], *vn.* Tupirse, hartarse de algún manjar o bebida, comer o beber demasiado.

overemphasize [ˌəʊvər'emfəsaɪz] [ou-var-em-fa-sais],**]** *vt.* Sobreenfatizar.

overemployment ['əʊvərɪm'plɔɪmənt] [ou-var-im-ploi-ment], *s.* Superempleo.

overestimate ['əʊvər'estɪmɪt] [ou-var-es-ti-mit], *va.* Estimar en valor excesivo; tener opinión demasiado alta de alguien o algo.

overexcite ['əʊvərɪk'saɪt] [ou-var-ik-sait], *vt.* Sobreexcitar.
overexpose ['əʊvərɪks'pəʊz] [ou-var-iks-pous], *vt.* Sobreexponer.
overexposure ['əʊvərɪks'pəʊʒəʳ] [ou-var-iks-pou-shaʳ], *s.* Exposición excesiva.
overfatigue ['əʊvə'fætɪg] [ou-va-fa-tig], *va.* Fatigar demasiado.
overfeed ['əʊvə'fiːd] [ou-va-fid], *va.* Dar de comer en demasía.
overfeeding ['əʊvə'fiːndɪŋ] [ou-va-fin-din], *s. f.* Sobrealimentación.
overfierce ['əʊvə'fiːs] [ou-va-firs], *a.* Demasiado atrevido o soberbio; temerario.
overfill ['əʊvəfɪl] [ou-va-fil], *va.* Sobrellenar, llenar con exceso.
overflight ['əʊvəflaɪt] [ou-va-flait], *s.* Sobrevuelo.
overflourish ['əʊvə'fləʊrɪʃ] [ou-va-flau-rish], *va.* Adornar, florear o engalanar alguna cosa en demasía.
overflow ['əʊvəfləʊ] [ou-va-flau], *vn.* Salir de madre; rebosar. *-va.* 1. Sobrellenar, llenar alguna cosa hasta que se vierta. 2. Inundar.
overflow, *s.* Inundación, diluvio; exceso, superabundancia.
overflowing ['əʊvə'fləʊɪŋ] [ou-va-flauin], *s.* Superabundancia, inundación.
overflowingly ['əʊvə'flaʊɪŋlɪ] [ou-va-flauin-li], *adv.* Superabundantemente.
overfly ['əʊvə'flaɪ] [ou-va-flai], *va.* Pasar a vuelo, alcanzar mayores alturas que otra cosa.
overfond [ˌəʊvə'fɒnd] [ou-va-fond], *a.* El que quiere o gusta excesivamente de alguna cosa.
overforward ['əʊvə'fɔːwəd] [ou-va-for-uad], *a.* Demasiado ardiente o apresurado; muy vivo.
overfraught ['əʊvə'frɔːt] [ou-va-frot], *a.* Sobrecargado.
overfree ['əʊvə'friː] [ou-va-fri], *a.* Demasiado libre.
overfreight ['əʊvə'fraɪt] [ou-va-frait], *a.* Sobrecargado.
overfruitful ['əʊvə'fruːtfʊl] [ou-va-frut-ful], *a.* Demasiado rico; prolífico en demasía.
overgild ['əʊvəgɪld] [ou-va-guild], *va.* Sobredorar.
overgird ['əʊvəgɜːd] [ou-va-guerd], *va.* Atar muy apretado.
overgo ['əʊvəgəʊ] [ou-va-gou], *va.* Sobrepujar, exceder, sobresalir.
overgreedy ['əʊvə'griːdɪ] [ou-va-gri-di], *a.* Codicioso en demasía.
overgrow ['əʊvəgrəʊ] [ou-va-grou], *va.* (*pret.* OVERGREW, *pp.* OVERGROWN). 1. Cubrir con plantas o hierba; entapizar; remontarse sobre. 2. Crecer demasiado, hacerse demasiado grande para. *V.* OUTGROW. *-vn.* Crecer o desarrollarse con exceso. Se usa más en el participio pasado, **overgrown**: **A garden overgrown with weeds,** un jardín cubierto o lleno de mala hierba. **An overgrown child,** un niño que se ha desarrollado demasiado, o muy rápidamente.
overgrowth ['əʊvəgrəʊθ] [ou-va-grouz], *s.* 1. Vegetación exuberante. 2. Crecimiento, producción sobre o encima de alguna cosa.
overhang ['əʊvəhæŋ] [ou-va-jang], *va.* 1. Sobresalir por encima de alguna cosa; estar pendiente o colgando sobre ella; salir algo fuera del nivel de un edificio. 2. Mirar a, dar a, caer *a.* **This window overhangs the street,** esta ventana da a la calle. 3. Ser inminente, amenazar. 4. Poner demasiadas colgaduras. **The wall were overhung,** las paredes tenían demasiadas colgaduras.
overhanging ['əʊvə'hæŋɪŋ] [ou-va-jan-guing], *a.* Sobresaliente.
overhard ['əʊvəhɑːd] [ou-va-jard], *a.* Duro en demasía.
overharden ['əʊvə'hɑːdn] [ou-va-jar-den], *va.* Endurecer excesivamente.
overhasty [ˌəʊvə'heɪstɪ] [ou-va-jeis-ti], *a.* Demasiado apresurado.
overhaul ['əʊvəhɔːl] [ou-va-jol], *va.* 1. Desparramar alguna cosa; registrar, examinar; volver las cosas de arriba abajo. 2. *(Mar.)* Alcanzar, o ir ganando un barco en la persecución de otro. 3. *(Mar.)* Recorrer, registrar, tiramollar. **To overhaul the tacks and sheets,** *(Mar.)* tiramollar las amuras y escotas. **To overhaul accounts,** reexaminar o revisar las cuentas.
overhead [ˌəʊvə'hed] [ou-va-jed], *adv.* Encima, arriba, en lo alto, sobre la cabeza. **Overhead expense**, gastos generales (de un negocio, etc.).
overhear [ˌəʊvə'hɪəʳ] [ou-va-jiaʳ], *va.* Oír por casualidad y de paso; escuchar palabras no destinadas a quien las oye.
overheat ['əʊvə'hiːt] [ou-va-jit], *va.* Acalorar.
overhours ['əʊvə'aʊəz] [ou-va-auars], *s. pl.* 1. Horas extraordinarias, horas de trabajo además de las de reglamento. 2. Horas de trabajo demasiado largas.
overindulge ['əʊvər'ɪndɜldʒ] [ou-var-in-daldch], *va.* 1. Mimar demasiado. 2. Darse uno demasiado gusto. 3. Excederse (drinks, food).
overjoy ['əʊvə'dʒɔɪ] [ou-va-yoi], *va.* Arrebatar o enajenar de alegría, alegrar demasiado.
overjoyed [ˌəʊvə'dʒɔɪd] [ou-va-yoid], *a.* Lleno de alegría.
overkind ['əʊvəkɪnd] [ou-va-kind], *a.* Excesivamente cariñoso o bondadoso.
overland ['əʊvəlænd] [ou-va-land], *a.* y *adv.* Que pasa o se ejecuta por tierra. **Overland route,** ruta, camino, rumbo, por tierra.
overlap ['əʊvəlæp] [ou-va-lap], *va.* 1. Tapar o cubrir en parte, extenderse sobre. 2. Hacer doblar o plegarse sobre. *-vn.* Extenderse de manera que descanse en parte sobre lo que está inmediato.
overlap, *s.* Estado o condición de extenderse sobre, de cubrir en parte; también la parte que cubre o descansa sobre lo que está inmediato.
overlarge ['əʊvə'lɑːdʒ] [ou-va-larch], *a.* Demasiado grande.
overlay ['əʊvəleɪ] [ou-va-lei], *va.* 1. Echar encima, colocar sobre, cubrir de. 2. Calzar, aplicar pedacitos de papel llamados **overlays** al tímpano para corregir un hueco en el cuadro. 3. Anublar, oscurecer. 4. Echar un puente sobre. **To overlay ivory with gold,** incrustar, cubrir el marfil con oro.
overlaying ['əʊvə'leɪɪŋ] [ou-va-lein], *s.* Capa o cubierta superficial de una sustancia, colocada de modo que cubra enteramente otro cuerpo de diferente material.
overleap ['əʊvə'liːp] [ou-va-lip], *va.* Pasar de un salto de una parte a otra.
overlie [ˌəʊvə'laɪ] [ou-va-lai], *va.* Descansar o extenderse encima de o sobre.
overlive ['əʊvə'lɪv] [ou-va-liv], *va.* Sobrevivir. *-va.* Vivir demasiado.
overload ['əʊvələʊd] [ou-va-loud], *s.* Sobrecarga, recargo. *-va.* Sobrecargar.
overlong [ˌəʊvə'lɒŋ] [ou-va-long], *a.* Demasiado largo.
overlook [ˌəʊvə'lʊk] [ou-va-luk], *va.* 1. Mirar desde lo alto; tener vista a, dominar con la vista una extensión de terreno. 2. Examinar una cosa. 3. Rever, volver a ver o examinar con cuidado; repasar. 4. Celar, dirigir, tener la dirección de. 5. Pasar por alto, disimular, tolerar; juzgar con indulgencia, hacer la vista gorda. 6. Descuidar, no hacer caso; desdeñar, mirar con desdén, menospreciar. 7. Mirar, dar, caer a. **The window overlooks the river,** la ventana mira al río. **To overlook a slight,** perdonar un desaire, pasarlo por alto. **To overlook the construction of a building,** celar, dirigir la construcción de un edificio.
overlook, *s.* 1. Mirada desde lo alto. 2. Altura, punto de vista elevado, como una montaña. 3. Planta trepadora de las leguminosas, con tres hojuelas.
overlooker ['əʊvə'lʊkəʳ] [ou-va-lu-kaʳ], *s.* Sobrestante, celador, inspector, veedor.
overlying ['əʊvə'laɪɪŋ] [ou-va-lain], *a.* Que está colocado encima, que yace sobre algo.
overmaster ['əʊvə'mɑːstəʳ] [ou-va-mas-taʳ], *va.* Señorear, dominar o gobernar con mucho imperio y autoridad.
overmatch ['əʊvəmɑːtʃ] [ou-va-mach], *va.* Sobrepujar, vencer o superar a otro.
overmeasure ['əʊvə'mɛəʒəʳ] [ou-va-mea-shaʳ], *s.* Colmo, la porción que sobresale de la medida justa.

overmeasure, *va.* Dar demasiada importancia, estimación o valor a alguna cosa.
overmuch ['əʊvə'mʌtʃ] [ou-va-mach], *a.* y *adv.* Demasiado, más de lo suficiente; en demasía.
overnight ['əʊvə'naɪt] [ou-va-nait], *a.* Que permanece en la noche. **Overnight guests,** invitados que se quedan a dormir.
overofficious ['əʊvərɒ'fɪʃəs] [ou-var-o-fi-shos], *a.* Demasiado entremetido, muy oficioso.
overpass ['əʊvəpɑːs] [ou-va-pas], *s.* Paso superior (roads).
overpay ['əʊvəpeɪ] [ou-va-pei], *va.* Pagar o premiar demasiado.
overpeople ['əʊvə'piːpl] [ou-va-pi-pol], *va.* Atestar de habitantes; poblar demasiado.
overpersuade ['əʊvəpə'sweɪd] [ou-va-per-sueid], *va.* Persuadir a alguno a despecho de sus opiniones e inclinaciones.
overplus ['əʊvəpləs] [ou-va-plas], *s.* Sobrante.
overply ['əʊvəplaɪ] [ou-va-plai], *va.* Cargar de trabajo.
overpopulated ['əʊvə'pɒpjʊleɪtɪd] [ou-va-po-piu-lei-tid], *a.* Superpoblado.
overpower [ˌəʊvə'paʊə^r] [ou-va-paua^r], *va.* Predominar, subyugar, vencer, superar, sobrepujar; supeditar, oprimir, abrumar; colmar.
overpoweringly ['əʊvə'paʊərɪŋlɪ] [ou-va-paua-rin-li], *adv.* Con fuerza superior; de una manera incontrastable.
overpraise ['əʊvəpreɪz] [ou-va-preis], *vt.* Elogiar en exceso.
overpress ['əʊvəpres] [ou-va-pres], *va.* Oprimir, abrumar.
overprize ['əʊvəpraɪz] [ou-va-prais], *va.* Sobrestimar.
overproduce [ˌəʊvəprə'djuːs] [ou-va-pro-dius], *vt.* Producir demasiado.
overproduction ['əʊvəprə'dʌkʃən] [ou-va-pro-dak-shon], *s.* Sobreproducción, superproducción.
overpromptness ['əʊvə'prɒmptnɪs] [ou-va-prompt-nes], *s.* Precipitación.
overprotect [ˌəʊvəprə'tekt] [ou-va-pro-tekt], *vt.* Proteger en exceso.
overrake ['əʊvə'reɪk] [ou-va-reik], *va.* *(Mar.)* Barrer de popa a proa un buque al ancla, como lo hacen las olas.
overrate ['əʊvə'reɪt] [ou-va-reit], *va.* Encarecer, apreciar o valuar alguna cosa en más de lo que vale.
overreach [ˌəʊvə'riːtʃ] [ou-va-rich], *va.* 1. Estafar, trampear, engañar astutamente. 2. Extender, alargar demasiado una de las extremidades o el cuerpo entero). 3. Ir, pasar, extenderse más allá. 4. Extenderse sobre, de manera que cubra. *-vn.* 1. Golpear con el pie de atrás contra el pie delantero; dícese de las caballerías. 2. *(Mar.)* Dar una virada más allá de lo necesario.
overreach, *s.* Coz, rozadura que ha recibido una caballería sobre el casco.
overreckon ['əʊvə'rekn] [ou-va-re-kon], *va.* Calcular en más de la cuenta, hacer cálculos exagerados.
override [ˌəʊvə'raɪd] [ou-va-raid], *va.* 1. Pasar por encima del cuerpo de; vencer. 2. Poner a un lado, rechazar arbitrariamente; anular. 3. Fatigar un caballo con exceso.
overripe [ˌəʊvə'raɪp] [ou-va-raip], *a.* Demasiado maduro.
overripen ['əʊvə'rɪpn] [ou-va-ri-pen], *va.* Madurar demasiado.
overroast ['əʊvərəʊst] [ou-va-roust], *va.* Tostar, asar demasiado.
overrule [ˌəʊvə'ruːl] [ou-va-rul], *va.* 1. Predominar, dominar; ganar, alcanzar superioridad sobre alguno. 2. *(For.)* Denegar, no admitir un alegato. 3. Gobernar, dirigir, regir. **There is an overruling Providence,** hay una Providencia que todo lo dirige.
overruler [ˌəʊvə'ruːlə^r] [ou-va-ru-la^r], *s.* Director, gobernador.
overrun ['əʊvəˌrʌn] [ou-va-ran], *va.* 1. Invadir, hacer correrías en algún territorio. 2. Adelantarse, tomar o ganar la delantera; ir o pasar más allá de los límites debidos, de cualquier clase que sean. 3. Cubrir enteramente alguna cosa. 4. Infestar, plagarse de, llenarse de. 5. Retocar o repasar los caracteres con que se imprime. 6. *V.* TO OUTRUN. 7. *(Des.)* Injuriar alguna cosa pisándola. *-vn.* Rebosar; inundar; estar muy abundante.
overscrupulous ['əʊvə'skruːpjʊləs] [ou-va-skru-piu-los], *a.* Demasiado escrupuloso.
overseas ['əʊvə'siːz] [ou-va-sis], *a.* De ultramar. *-adv.* Allende el mar.
oversee ['əʊvə'siː] [ou-va-si], *va.* (*pret.* OVERSAW, *pp.* OVERSEEN). 1. Inspeccionar, revistar, vigilar, celar, tener la inspección o superintendencia de alguna cosa. 2. Pasar, omitir, no reparar en alguna cosa, pasarla por alto. 3. Ver demasiado bien o claramente.
overseen ['əʊvə'siːn] [ou-va-sin], *pp.* Engañado, cegado, equivocado.
overseer ['əʊvəsɪə^r] [ou-va-sia^r], *s.* Sobrestante, superintendente, celador; director. *(Amer.)* Mayoral, administrador.
overseership ['əʊvə'sɪəʃɪp] [ou-va-sia-ship], *s.* Cargo, oficio de superintendente.
overset ['əʊvə'set] [ou-va-set], *va.* 1. Volcar, derribar, torcer ot trastornar alguna cosa hacia un lado de modo que caiga. 2. Trastornar; invertir el orden de alguna cosa; subvertir, arruinar. *-vn.* Volcarse, caerse.
overshade ['əʊvə'ʃeɪd] [ou-va-sheid], *va.* Oscurecer, echar sombra sobre algo; hacer sombra desde lo alto.
overshadow [ˌəʊvə'ʃædəʊ] [ou-va-sha-dou], *va.* 1. Asombrar, hacer sombra una cosa a otra. 2. Eclipsar, hacer insignificante por comparación. 3. *(Ant.)* Abrigar, amparar, patrocinar, proteger.
overshoe ['əʊvəʃuː] [ou-va-shu], *s.* Chanclo, calzado (shoe) que se lleva sobre otro.
overshoot ['əʊvə'ʃuːt] [ou-va-shut], *va.* (*pp.* y *pret.* OVERSHOT). 1. Tirar más allá del blanco. 2. Ir más allá de, exceder. 3. Pasar rápidamente por encima. *-vn.* Pasar de raya, llegar más allá del término que estaba señalado.
overshot ['əʊvəʃʌt] [ou-va-shat], *pa.* 1. Excedido, de cualquier manera que sea. 2. Que se hace pasando por encima de algo. **Overshot wheel,** rueda hidráulica de arcaduces o artesas.
oversight ['əʊvəsaɪt] [ou-va-sait], *s.* 1. Yerro, equivocación, inadvertencia, olvido, omisión. 2. Vigilancia, inspección; dirección atenta; superintendencia.
oversized [ˌəʊvə'saɪzd] [ou-va-saisd], *a.* Inmenso, descomunal, demasiado grande.
overskip ['əʊvə'skɪp] [ou-va-skip], *va.* 1. Pasar saltando. 2. Pasar alguna cosa sin reparar; omitir, saltar; evitar.
overskirt ['əʊvə'skɜːt] [ou-va-skert], *s.* sobrefalda, saya que se lleva sobre la falda del vestido (de mujer).
oversleep ['əʊvə'sliːp] [ou-va-slip], *vn.* Dormir demasiado.
oversoon ['əʊvəsuːn] [ou-va-sun], *adv.* Demasiado pronto.
overspent ['əʊvə'spent] [ou-va-spent], *a.* Agotado, apurado.
overspread ['əʊvə'spred] [ou-va-spred], *va.* 1. Desparramar, extender alguna cosa por el suelo, cubrir. 2. Estar echado sobre.
overstate ['əʊvə'steɪt] [ou-va-steit], *vn.* Exagerar, referir o relatar usando términos demasiado fuertes.
overstatement ['əʊvə'steɪtmənt] [ou-va-steit-ment], *s.* Exageración en lo dicho, declaración exagerada.
overstep ['əʊvə'step] [ou-va-step], *va.* Propasar, pasar de los límites, ir más allá; exceder.
overstock ['əʊvə'stɒk] [ou-va-stok], *va.* Atestar, colmar, llenar alguna cosa con exceso.
overstore ['əʊvə'stɔː^r] [ou-va-sto^r], *va.* Surtir o proveer en demasía.
overstrain ['əʊvə'streɪn] [ou-va-strein], *vn.* Esforzarse demasiado, hacer grandes esfuerzos. *-va.* Apretar o estirar demasiado.
overstretch ['əʊvə'stretʃ] [ou-va-strech], *va.* Estirar demasiado.
overstrew, overstrow ['əʊvə'struː] [ou-va-stru], *va.* Esparcir, derramar sobre.

overstrung ['əʊvə'strʌŋ] [ou-va-strang], *a.* 1. Templado con exceso; demasiado excitable, muy sensible. 2. Que tiene dos juegos de cuerdas cruzadas oblicuamente.

overstuff ['əʊvə'stʌf] [ou-va-staf], *va.* 1. Llenar en exceso. 2. Tapizar completamente (furniture).

oversway ['əʊvəzweɪ] [ou-vas-uei], *va.* Predominar, dominar, mandar con tiranía.

overswell ['əʊvəzwel] [ou-vas-uel], *va.* Hincharse por arriba.

overt [əʊ'vɜːt] [ou-vert], *a.* Abierto, público, manifiesto, claro, patente.

overtly [əʊ'vɜːtlɪ] [ou-vert-li], *adv.* Abiertamente, manifiestamente.

overtake [ˌəʊvə'teɪk] [ou-va-teik], *va.* 1. Alcanzar, seguir a alguna persona o cosa hasta encontrarla. 2. Coger o pillar.

overtaking [ˌəʊvə'teɪkɪŋ] [ou-vas-tei-kin], *s. m.* Adelantamiento.

overtask ['əʊvə'tæsk] [ou-va-task], *va.* Atarear demasiado.

overtax ['əʊvə'tæks] [ou-va-taks], *va.* Oprimir con tributos.

overthrow ['əʊvəθrəʊ] [ou-va-zrou], *va.* 1. Trastornar, volver alguna cosa de arriba abajo. 2. Demoler, derribar, echar por tierra. 3. Vencer, ganar la victoria. 4. Destruir, aniquilar.

overthrow, *s.* 1. Trastornamiento, transtornadura. 2. Trastorno; ruina, destrucción, derrota. 3. Degradación.

overthrower ['əʊvə'θrəʊəʳ] [ou-va-zrouaʳ], *s.* Trastornador; derrocador.

overthwart ['əʊvəθwɔːt] [ou-vaz-uort], *a.* *(Ant.)* 1. Fronterizo, opuesto. 2. Contrario, adverso. 3. Terco, porfiado. 4. Lo que cruza otra cosa. *-prep.* Por encima.

overtime ['əʊvətaɪm] [ou-va-taim], *s.* Horas extras. *-adv.* Fuera del tiempo estipulado.

overtire [ˌəʊvə'taɪəʳ] [ou-va-taiaʳ], *va.* Fatigar demasiado.

overtired [ˌəʊvə'taɪəd] [ou-va-taied], *a.* Muy fatigado, muerto de cansancio.

overtop ['əʊvə'tɒp] [ou-va-top], *va.* 1. Elevarse sobre otra cosa, estar más elevado, dominar, mirar desde lo alto. 2. Sobresalir, exceder.

overtrade [ˌəʊvə'treɪd] [ou-va-treid], *vn.* Hacer un comercio demasiado grande; emprender especulaciones comerciales demasiado arriesgadas.

overtrip ['əʊvətrɪp] [ou-va-trip], *va.* Pasar ligeramente por encima de alguna cosa.

overture ['əʊvətjʊəʳ] [ou-va-tiuaʳ], *s.* 1. Insinuación, declaración, proposición, propuesta. 2. *(Mús.)* La introducción musical de una ópera u oratorio. 3. Revelación, descubrimiento. 4. *(Des.)* Abertura, hendedura.

overturn [ˌəʊvə'tɜːn] [ou-va-tern], *va.* 1. Subvertir, trastornar; trastrocar, volver al revés, mudar lo de arriba abajo. 2. Sobrepujar, vencer.

overvalue [ˌəʊvə'væljuː] [ou-va-va-liu], *va.* 1. Apreciar o estimar demasiado alguna cosa. 2. Encarecer, ponderar o exagerar el valor de una cosa.

overview ['əʊvəvjuː] [ou-va-viu], *s. f.* Visión de conjunto.

overviolent [ˌəʊvə'vaɪələnt] [ou-vaio-lent], *a.* Muy violento.

overwatch [ˌəʊvə'wɔːtʃ] [ou-va-uoch], *vn.* Cansar a fuerza de vigilias.

overweak [ˌəʊvə'wiːk] [ou-va-uik], *a.* Demasiado endeble.

overweary [ˌəʊvə'wɛərɪ] [ou-va-ueari], *va.* Domar por la fatiga.

overweening [ˌəʊvə'wiːnɪŋ] [ou-va-ui-nin], *s.* Presunción. *-a.* Presuntuoso, arrogante, altanero.

overweeningly [ˌəʊvə'wiːnɪŋlɪ] [ou-va-ui-nin-li], *adv.* Presuntuosamente, con arrogancia.

overweight [ˌəʊvə'weɪt] [ou-va-ueit], *s.* 1. Preponderancia, exceso en el peso. 2. Superioridad, crédito.

overwhelm [ˌəʊvə'welm] [ou-va-uelm], *va.* Abrumar, oprimir, abatir; sumergir; soterrar.

overwhelming [ˌəʊvə'welmɪŋ] [ou-va-uel-min], *a.* y *a.*part. Abrumador, opresor; irresistible, dominante.

overwhelmingly [ˌəʊvə'welmɪŋlɪ] [ou-va-uel-min-li], *adv.* Opresivamente; irresistiblemente.

overwise [ˌəʊvə'waɪz] [ou-va-uais], *a.* Sabihondo, sabio con afectación. *-s.* *(Fam.)* Un sábelo todo, un pedante.

overwiseness [ˌəʊvə'waɪznɪs] [ou-va-uais-nes], *s.* Sabiduría afectada; pedantería.

overwork ['əʊvə'wɜːk] [ou-va-uek], *va.* 1. Hacer trabajar con exceso; fatigar, cansar con el trabajo; exigir esfuerzo superior a las facultades de uno. 2. Elaborar la superficie de (una cosa). *-vn.* Trabajar más allá de lo que permiten las fuerzas.

overwork, *s.* 1. Trabajo excesivo. 2. Trabajo hecho a dehora, fuera de las horas reglamentarias.

overworn ['əʊvə'wɜːn] [ou-va-uorn], *a.* Gastado por el trabajo; abrumado de fatiga.

overwrite [ˌəʊvə'raɪt] [ou-va-rait], *vt.* 1. Exagerar, cargar en efectos literarios. 2. Sobreescribir (Comput).

overwrought ['əʊvə'rɔːt] [ou-va-rot], *a.* 1. Excitado, estimulado, conmovido, excesivamente. 2. Elaborado, labrado por todas partes, como con calados y encajes. 3. Demasiadamente trabajado, demasiado esmerado. 4. Cansado, fatigado por el exceso de trabajo.

overzealous ['əʊvə'zeləs] [ou-va-si-los], *a.* Demasiado celoso o ardiente.

ovicular ['əʊvɪkjʊləʳ] [ou-vi-kiu-laʳ], *a.* Ovicular, oval, perteneciente a un huevo.

oviduct ['əʊvɪdʌkt] [ou-vi-dakt], *s.* Oviducto, el conducto por el cual pasa el huevo fecundado del ovario al útero, o al exterior de un animal.

oviferous ['əʊvɪferəs] [ou-vi-fe-ros], **ovigerous** ['əʊvɪdʒərəs] [ou-vi-ye-ros], *a.* Ovífero, que contiene huevos.

oviform ['əʊvɪfɔːm] [ou-vi-form], *a.* Aovado, que tiene forma o figura de huevo.

ovine ['əʊvaɪn] [ou-vain], *a.* Lanar, ovejuno, cabruno, relativo a las ovejas o a las cabras.

oviparous [əʊ'vɪpərəs] [ou-vi-pe-ros], *a.* Ovíparo, dícese de los animales cuyas hembras ponen huevos.

oviposit ['əʊvɪpɒzɪt] [ou-vi-po-sit], *va.* Poner huevos, particularmente entre ciertos insectos por medio del órgano que termina el abdomen de las hembras y forma un taladro o un aguijón.

ovoid, ovoidal ['əʊvɔɪd] [ou-void], *a.* Ovoide, aovado, que tiene la figura o forma de un huevo.

ovolo ['əʊvələʊ] [ou-vo-lou], *s.* *(Arq.)* Ovol, equino, cuarto bocel.

ovulate ['ɒvjʊleɪt] [o-viu-leit], *vi.* Ovular.

ovulation [ˌəʊvjʊ'leɪʃən] [ou-viu-lei-shon], *s. f.* Ovulación.

ovule ['əʊvjuːl] [ou-viul], *s.* Óvulo, germen contenido en el ovario antes de la fecundación; en botánica, rudimento de la semilla.

ovum ['əʊvəm] [ou-vom], *s.* (*pl.* OVA). 1. Celdilla con núcleo formada en el ovario de la hembra; huevo en su más amplio sentido. 2. *(Arq.)* Óvolo, equino, ornamento en forma de huevo.

owe [əʊ] [ou], *va.* (*pa.* OWING, *pp.* OWED; antiguamente OWN u OUGHT). 1. Deber, estar endeudado, tener deudas. 2. Deber, estar obligado; ser debido a; ser causado por. **I owe him many favors,** le debo muchos favores. **To be owing,** ser debido, que se debe; resultado, que es efecto de; imputable, atribuible a; por causa de, por. **To pay what is owing,** pagar lo que es debido. **To what is it owing?** ¿A qué se le debe atribuir o imputar?

owl [aʊl] [oul], *s.* *(Orn.)* Lechuza, búho, mochuelo, ave nocturna de rapiña de la familia de las estrígidas. **Barn-owl,** lechuza. **Screech-owl,** buho, zumaya, autillo. **Long-eared owl,** mochuelo común. **Snowy owl,** harfango.

owl, *vn.* *(For.)* Hacer contrabando.

owlet ['aʊlɪt] [au-lit], *s.* 1. Buho, lechuza pequeña. 2. Hijuelo del buho. 3. *V.* **Owlet-moth**. **Owlet-moth,** insecto de varias clases de mariposas nocturnas.

owl-light ['aʊl'laɪt] [aul-lait], *s.* Crepúsculo.

owlish ['aʊlɪʃ] [au-lish], **owl-like** ['aʊl'laɪk] [aul-laik], *a.* Semejante a la lechuza.

own [əʊn] [oun], *a.* 1. Propio, lo que pertenece a uno propio, particular. 2. Del grado más cercano, real. **He wrote it with his own hand,** lo escribió de su propio puño. **To be one's own man,** ser dueño de sí mismo, no depender de nadie. **My own-self,** yo mismo. **Own cousin,** primo hermano, prima hermana. **My own brother,** mi propio hermano. **This is his own fault,** es culpa suya. **Own** sirve para dar énfasis y acompaña a los adjetivos y pronombres posesivos. **I do not want your hat, I want my own,** no quiero su sombrero de Ud., sino el mío propio. **He has nothing of his own,** no tiene nada que pueda llamar suyo. **He came to his own, and his own received him not,** a lo suyo vino y los suyos no le recibieron. **On one's own,** solo, a solas. **Each to his own,** cada cual a lo suyo. **He owned his mistake,** reconoció su error.

own, *va.* 1. Poseer, ser dueño legítimo de alguna cosa. **Who owns this house?** ¿De quién es esta casa? 2. Reconocer, dar por suyo o confesar que una cosa es suya o le pertenece. **He owned the child as his,** reconoció al niño como suyo. 3. Confesar, aseverar.

owner ['əʊnə^r] [ou-na^r], *s.* Dueño, poseedor, propietario, el que tiene el título legal. **Owner of a ship,** naviero.

ownership ['əʊnəʃɪp] [ou-na-ship], *s.* Dominio, propiedad, posesión legítima.

owning ['əʊnɪŋ] [ou-nin], *s.* Confesión, reconocimiento.

ox [ɒks] [oks], *s.* Buey. *-pl.* OXEN. Bueyes. **Ox-eye,** *(Mar. y Bot.)* Ojo de buey. *(Orn.)* Pajarito. **Ox-bow,** yugo de buey. **Ox-cheek,** quijada de buey. **Ox-eyed,** que tiene ojos grandes, como los del buey. **Ox-fly,** tábano. **Ox-goad,** aguijada de bueyes. **Ox-house, ox-stall,** boyera, boyeriza, establo para los bueyes. **Ox-like,** semejante al buey. **Ox-tongue,** *(Bot.)* buglosa.

oxalate [ɒk'sæleɪt] [ok-sa-leit], *s.* *(Quím.)* Oxalato, sal formada de ácido oxálico con alguna base.

oxalic [ɒk'sælɪk] [ok-sa-lik], *a.* Oxálico.

oxen, *s. pl.* de OX.

oxidate ['ɒksɪdeɪt] [ok-si-deit], *va.* *V.* OXIDIZE.

oxidation [ˌɒksɪ'deɪʃən] [ok-si-dei-shon], *s.* Oxidación, acción y efecto de oxidar y oxidarse.

oxide ['ɒksaɪd] [ok-said], *s.* *(Quím.)* Óxido.

oxidize ['ɒksɪdaɪz] [ok-si-dais], *va.* Oxidar.

oxidizement ['ɒksɪdaɪzmənt] [ok-si-dais-ment], *s.* Oxidación.

oxlip ['ɒkslɪp] [oks-lip], *s.* *(Bot.)* Prímula descollada.

oxychloride ['ɒksɪˌklɔːraɪd] [ok-si-klo-raid], *s.* Oxicloruro.

oxygen ['ɒksɪdʒən] [ok-si-yen], *s.* *(Quím.)* Oxígeno.

oxygenate [ɒk'sɪdʒəneɪt] [ok-si-ye-neit], *va.* Oxigenar, combinar con el oxígeno, oxidar.

oxygenation [ˌɒksɪdʒə'neɪʃən] [ok-si-ye-nei-shon], *s.* Oxigenación, oxidación, el acto o procedimiento de oxigenar.

oxygenic, oxygenous [ɒk'sɪdʒənɪk] [ok-si-ye-nik], *a.* De oxígeno, perteneciente al oxígeno o que lo contiene.

oxygenize [ɒk'sɪdʒənaɪz] [ok-si-ye-nais], *va.* Oxigenar.

oxygen tent ['ɒksɪdʒənˌtent] [ok-si-yen-tent], *s.* Tienda de oxígeno.

oxygon [ɒk'sɪgən] [ok-si-gon], *s.* *(Geom.)* Oxigonio, acutángulo.

oxygonal [ɒk'sɪgənl] [ok-si-go-nal], **oxygonial** [ɒk'sɪgənɪəl] [ok-si-go-nial], *a.* Que pertenece o se refiere al oxigonio.

oxymel ['ɒksɪmel] [ok-si-mel], *s.* Ojimiel, composición que se hace de miel y vinagre.

oxytone ['ɒksɪtəʊn] [ok-si-toun], *a.* 1. Que tiene acento agudo en la última sílaba. 2. Que hace que una palabra precedente tome el acento agudo. *-s.* Palabra que lleva dicho acento, vocablo agudo.

oyer [əʊ'jə^r] [ou-ya^r], *s.* *(For.)* Audición, vista de un pleito o una causa. Audiencia o tribunal en donde se oyen y determinan causas. **Oyer and terminer,** tribunal de más alta jurisdicción criminal.

oyes, oyez [əʊ'jez] [ou-yes], *inter.* *(For.)* Oíd, escuchad; voz de los ujieres de los tribunales para llamar la atención.

oylet, *s.* *V.* EYELET.

oyster ['ɔɪstə^r] [ois-ta^r], *s.* Ostra, marisco que se cría en una concha bivalva, muy estimado como alimento. **Pickled oysters,** ostras escabechadas. **Oyster-shells,** conchas de ostra. **Oyster-bed,** banco de ostras. **Oyster-farm,** espacio en el fondo de una bahía donde se cultivan las ostras. **Oyster-cocktail,** cóctel de ostras. **Oyster-fishery,** pesquería de ostras. **Oyster-plant,** salsifí. **Oyster-green,** ulva verde, alga marina.

oyster-woman ['ɔɪstəˌwʊmən] [ois-ta-uo-man], *sf.* Ostrera, la mujer que vende ostras.

ozæna ['əʊziːnə] [ou-si-na], *s.* Ocena, úlcera fétida en la nariz.

ozone ['əʊzəʊn] [ou-soun], *s.* *(Quím.)* Ozono.

ozonic, ozonous ['əʊzəʊnɪk] [ou-sou-nik] ['əʊzəʊnəs] [ou-sou-nos], *a.* Ozónico, perteneciente al ozono, o que lo contiene.

ozonosphere [əʊ'zəʊnəˌsfɪə^r] [ou-sou-nos-fia^r], *s. f.* Ozonosfera.

P

p [piː] [pi]. Décimasexta letra del alfabeto inglés, que se pronuncia en inglés como en español. Es muda, cuando precede a la *s* y a la *t* al principio de una palabra, como en *psalm, ptisan*. Cuando la *p* está antes de la *h* pierde su sonido, y se pronuncian las dos letras como *f*, según sucedía antiguamente en español. *P., p.,* es abreviatura de *page*, página.

pa [pɑː] [pa], *s.* Papá (dad).

pabular ['pæbjʊlə^r] [pa-biu-la^r], *a.* Alimentoso, que alimenta o puede alimentar; nutritivo, que sustenta.

pabulum ['pæbjʊləm] [pa-biu-lom], *s.* 1. Pábulo, alimento, pasto para la subsistencia o conservación. 2. Pábulo, sustento, mantenimiento, hablando de las cosas inmateriales.

paca ['pækə] [pa-ka], *s.* Paca, mamífero roedor de América.

pacated ['pəkeɪtɪd] [pa-kei-tid], *a.* Pacato, pacífico, tranquilo.

pace [peɪs] [peis], *s.* 1. Paso. 2. Paso, modo de andar; grado de celeridad. 3. Paso, la diligencia que se usa en la prosecución de algún negocio. 4. Paso, el movimiento regular con que caminan las caballerías. 5. Portante, paso especial del caballo, en el cual mueve a un tiempo la mano y el pie del mismo lado. 6. Medida de tres o 3.3 pies. 7. *(Arq.)* Estrado, tablado, parte del suelo algo elevado sobre el nivel general. **To keep pace with,** andar al mismo paso que otro; ir, seguir a un paso igual, llevar el mismo paso.

pace, *vn.* 1. Pasear, andar poco a poco, a pasos regulares. 2. Ir a paso de andadura las caballerías; andar el caballo alzando a la vez el pie y la mano del mismo lado. *-va.* 1. Andar a pasos medidos. 2. Medir a pasos. 3. Enseñar a andar.

pacemaker ['peɪsˌmeɪkə^r] [peis-mei-ka^r], *s.* El que establece el paso o la marcha (en las carreras).

pacer ['peɪsə^r] [pei-sa^r], *s.* 1. El que mide a pasos. 2. Caballo de paso de andadura; caballería que va alzando a la vez la mano y el pie del mismo lado.

pacha ['pɑːʃə] [pa-sha], *s.* *V.* PASHA.

pachyderm ['pækɪdɜːm] [pa-ki-derm], *a.* Paquidermo, de piel gruesa y dura.

pachydermatous, pachydermous [ˌpækɪdə'mætəs] [pa-ki-der-ma-tous], *a.* Paquidermo.

pacific ['pæsɪfɪk] [pa-si-fik], **pacifical** ['pæsɪfɪkl] [pa-si-fi-kal], **pacificatory** ['pæsɪfɪkərɪ] [pa-si-fi-ka-to-ri], *a.* 1. Pacífico, pacificador, dispuesto a hacer o a restablecer la paz. 2. Quieto, sosegado, tranquilo.

pacifically [pə'sɪfɪkəlɪ] [pa-si-fi-ka-li], *adv.* Pacíficamente.

pacificate [pə'sɪfɪkeɪt] [pa-si-fi-keit], *va.* Pacificar, apaciguar.

pacification [ˌpəsɪfɪ'keɪʃən] [pa-si-fi-kei-shon], *s.* Pacificación, apaciguamiento.

pacificator [ˌpəsɪfɪ'keɪtə^r] [pa-si-fi-kei-ta^r], **pacifier** ['pəsɪfɪfaɪə^r] [pa-si-faia^r], *s.* Pacificador.

pacificator, *s.* Pacificador, el que restablece la paz o pacifica los que están opuestos y enemistados.
pacifism ['pəsɪfɪfɪzəm] [pa-si-fi-sem], *s. m.* Pacifismo.
pacifist ['pəsɪfɪfst] [pa-si-fist], *s.* Pacifista.
pacify ['pəsɪfɪfaɪ] [pa-si-fai], *va.* Pacificar, poner paz, sosegar, aquietar, calmar, tranquilizar.
pacing ['peɪsɪŋ] [pei-sin], *s.* Paso, andadura.
pack [pæk] [pak], *s.* 1. Lío, fardo, carta. 2. Baraja de naipes. 3. Muta, jauría, conjunto de perros de caza. 4. Conjunto de hombre o animales que van en compañía; vuelo de perdices; hatajo o cuadrilla de malhechores, mangantes, pícaros. **Pack of robbers,** cuadrilla de ladrones. 5. Gran extensión de hielos flotantes. 6. Cubierta de sábanas mojadas, que se usa en ciertos casos de enfermedad.
pack, *va.* 1. Enfardelar, embalar, envasar; encajonar, poner en cajas; disponer en buen orden para llevar. 2. Meter en cualquier receptáculo. 3. Apretar, juntar algo apretando; colmar. 4. Despachar, enviar de prisa. 5. Cargar, poner la carga a una acémila. 6. Llevar sobre la espalda o el lomo. 7. Envolver a un enfermo en sábanas mojadas con cubiertas secas al exterior. 8. Empandillar el naipe o poner un naipe junto con otros para hacer alguna trampa. 9. Juntar o unir personas escogidas para algún mal fin. *-vn.* 1. Empaquetar; hacer el baúl, arreglar el equipaje. 2. Reunirse en una masa firme. **Ground packs after a rain,** el terreno se consolida después de la lluvia. 3. Enfardelarse, empaquetarse, encajonarse. 4. Marcharse o irse corriendo.
pack away, off o **one's tools,** largarse, huir, tomar las de Villadiego.
pack down, apretar, comprimir.
pack off, despedir, despachar; poner de patitas en la calle.
To send one packing, enviar a uno a pasear. **Can you pack in three more?,** ¿caben tres más?
package ['pækɪdʒ] [pa-kich], *s.* Fardo, paquete; embalaje, gasto de embalar o empaquetar géneros o mercancías.
packaging ['pækɪdʒɪŋ] [pa-ki-chin], *s. m.* Embalaje, envasado.
pack animal ['pækˌænɪməl] [pak-a-ni-mal], *s.* Acémila, animal de carga.
pack-cloth ['pækklɒθ] [pak-kloz], *s.* Arpillera.
packer ['pækəʳ] [pa-kaʳ], *s.* Embalador, empaquetador.
packet ['pækɪt] [pa-kit], *s.* 1. Paquete, fardo pequeño. 2. Paquete de cartas; la valija del correo de posta. 3. *(Mar.)* Paquebote, correo marítimo o buque que sirve de correo.
packet, *va.* Empaquetar, enfardelar.
packet-boat ['pækɪtˌbəʊt] [pa-kit-bout], *s.* Paquebot o paquebote, correo marítimo, embarcación que sirve para llevar los correos de una parte a otra.
pack-horse ['pækhɔːs] [pak-jors], *s.* Caballo de carga.
packing ['pækɪŋ] [pa-kin], *s.* 1. Embalaje, envase, enfardeladura. 2. Empaque, empaquetadura, relleno de estopa, grasa, etc., para hacer impermeable al agua u otro fluido, v. g. a un émbolo; o para llenar un espacio vacío. 3. *(Alb.)* Relleno, enripiado, cascajo. 4. *(Des.)* Fraude, engaño. **Packing-box, packing-case,** caja de embalaje; envase. **Packing leather,** cuero para empaquetadura.
packing house ['pækɪŋˌhaʊs] [pa-kin-jaus], *s.* 1. Empacadora. 2. Frigorífico.
packman ['pækmən] [pak-man], *s.* Buhonero, vendedor ambulante.
pack-saddle ['pækˌsædl] [pak-sa-del], *s.* Albarda, una de las piezas que componen el aparejo de las bestias de carga.
packstaff ['pækstɑːf] [pak-staf], *s.* Palo de buhonero.
packthread ['pækθred] [pak-zred], *s.* Bramante, hilo de acarreto, guita, hilo gordo o cordel muy delgado hecho de cáñamo.
pack train ['pæktreɪn] [pak-trein], *s.* Rueca (de animales de carga).
pact [pækt] [pakt], **paction** ['pækʃən] [pak-shon], *s.* Pacto, contrato, convenio, tratado, composición, convención, ajuste, trato.
pad [pæd] [pad], *s.* 1. Cojín, almohadilla, colchoncillo lleno de alguna sustancia elástica para evitar la vibración o el roce; peto, coraza acolchada (para la esgrima); útil que sirve para aplicar tinta. 2. Cuaderno, conjunto de pliegos de papel engomados por dos cantos, que forman como un libro. 3. Hoja grande y flotante de una planta acuática.
pad, *va.* 1. Poner una almohada para que está más blando el asiento; forrar, rellenar de pelote o paja. 2. Aumentar (book) con material superfluo. 3. Encolar, pegar pliegos de papel por los cantos, de manera que formen cuadernos.
padded ['pædɪd] [pa-did], *a.* Acojinado, rellenado (with straw)
padder ['pædəʳ] [pa-daʳ], *s.* Rellenador; el que hace almohadillas.
padding ['pædɪŋ] [pa-din], *s.* 1. El acto de rellenar, de formar un colchoncillo o almohadilla. 2. Guata, (Amer. huata) lo que sirve para rellenar, o para hacer una almohadilla. 3. Lo que se inserta o introduce únicamente para aumentar el volumen de algo.
paddle ['pædl] [pa-del], *v.* 1. Remar. 2. Chapotear, golpear el agua con los pies o las manos de modo que salpique. *-va.* 1. Impeler con un canalete. 2. Manosear, tentar y tocar con las manos alguna cosa, dar repetidas palmaditas. 3. *(Fam.)* Golpear con un canalete.
paddle, *s.* Canalete, especie de remo; paleta. **Paddle-board, paddle-float,** paleta de rueda hidráulica. **Paddle-wheel,** rueda de paleta. **Paddle-wheel steamer,** vapor de ruedas. **To have a paddle,** chapotear en el agua.
paddle, paddlestaff ['pædlstɑːf] [pa-del-staf], *s.* Cualquier palo con un extremo de hierro puntiagudo; béstola o arrejada, instrumento que se usa para desbrozar el arado.
paddler ['pædləʳ] [pad-laʳ], *s.* Remero.
paddock ['pædɒk] [pa-dok], *s.* 1. Dehesa, cercado para ejercitar los caballos. 2. *(Prov. y Esco.)* Escuerzo, sapo. **Paddock-stool,** especie de hongo.
paddy ['pædɪ] [pa-di], *s.* 1. Un irlandés; apodo derivado del nombre propio **Patrick,** muy común entre los irlandeses. 2. Un ánade de la América del Norte. 3. Taladro para pozos con perforadores de expansión. **Paddywhack,** rabieta. **Paddy wagon,** coche celular *(EU).*
paddy, *s.* Arroz en cáscara, palay (nombre angloindio). **Paddy-field,** arrozal, campo de arroz.
padesoy ['pædsɔɪ] [pad-soi], *s. V.* PADUASOY.
padlock ['pædlɒk] [pad-lok], *s.* Candado.
padlock, *va.* Echar el candado, cerrar con candado.
pæan ['piːən] [pian], *s.* Canto o himno de triunfo.
pædobaptism ['piːdəbæpˌtɪzəm] [pi-do-bap-ti-sem], *s.* Bautismo de niños.
pagan ['peɪgən] [pei-gan], *s.* Pagano, gentil. *-a.* Pagano, gentil, étnico.
paganish ['peɪgənɪzəm] [pei-ga-ni-sem], *a.* Pagano, idólatra.
paganism ['peɪgənɪzəm] [pei-ga-ni-sem], *s.* Paganismo, idolatría.
paganize ['peɪgənaɪz] [pei-ga-nais], *va.* y *vn.* Hacer o hacerse pagano.
page [peɪdʒ] [peich], *s.* 1. Página. 2. Libro, escrito: cualquier fuente de conocimientos. 3. Paje, criado, asistente; jovencito al servicio de algún alto personaje. **Page break,** *(Inform.)* límite de la página. **On the front page,** (news) en primera plana.
page, *va.* Foliar, paginar.
pageant ['pədʒənt] [pa-chant], *s.* 1. Espectáculo público (show); carro o arco triunfal; trofeo (trophy). 2. Apariencia, exterioridad (look). *-s.* Ostentoso, vistoso, pomposo; superficial.
pageantry ['pædʒəntrɪ] [pa-chan-tri], *s.* 1. Fasto, fausto, pompa. 2. Exterioridad.
pageboy ['peɪdʒbɔɪ] [peich-boi], *s. m.* Paje.
pagehood ['peɪdʒhʊd] [peich-jud], *s.* Estado o servicio de paje.
page proof ['peɪdʒprʊf] [peich-pruf], *s.* *(Impr.)* Prueba de plana.

pager ['peɪdʒəʳ] [pei-chaʳ], *s. m.* Busca, aparato para localizar.
paginal ['pædʒɪnəl] [pa-yi-nal], *a.* Compuesto de páginas.
paginate ['pædʒɪneɪt] [pa-yi-neit], *va.* Paginar (book, magazine, etc.).
paging ['peɪdʒɪŋ] [pei-yin], *s.* Paginación, acción y efecto de numerar las páginas de un libro; el orden de las páginas. **Paging-machine**, máquina para numerar páginas.
pagoda [pə'gəʊdə] [pa-gou-da], *s.* Pagoda, templo de la India oriental; una moneda del mismo país.
paid [peɪd] [peid], *pret.* y *pp.* de TO PAY.
paidology ['peɪdəlɒdʒɪ] [pei-do-lo-yi], *s. (Neolog.).* Estudio científico del niño por especialistas instruidos al efecto.
paid-up ['peɪd'ʌp] [peid-ap], **paid in,** ['peɪd'ɪn] [peid-in], *a.* Acabado de pagar. **Paid-up policy**, póliza (de seguros) pagada.
pail [peɪl] [peil], *s.* Cubo, colodra; pozal, cubeta. *(Mar.)* Balde.
pailful ['peɪlfʊl] [peil-ful], *s.* Cubada o cubetada, la cantidad que cabe en un cubo.
pain [peɪn] [pein], *va.* 1. Causar dolor, atormentar, hacer padecer físicamente *(Med.).* 2. Acongojar, causar una pena, un daño moral, angustiar, afligir, inquietar, doler. **My eye pains me**, me duele el ojo. *(Fig.)* **You pain me!**, ¡me das lástima!
pain, *s.* 1. Pena, castigo. **On pain of death**, bajo pena de muerte. 2. Pena, dolor, tormento, trabajo. 3. Inquietud, pesadumbre, sentimiento. **Pains**, *pl.* (a) trabajo, incomodidad, fatiga (effort). (b) Ansiedad, inquietud, solicitud. (c) Dolores de parto. **A pain in the knee**, un dolor de rodilla. **To be in pain**, estar con mucho cuidado, estar inquieto; doler, padecer. **To be in pain all over**, dolerle a uno todo el cuerpo. **To feel pain**, sentir dolor. **Where do you feel pain?**, ¿dónde le duele a Ud.? **To be at the pains of**, tomarse el trabajo de, poner cuidado, aplicarse, cuidar. **To take great pains**, afanarse, empeñarse, esmerarse en algo. **No gains without pains**, no hay ganancia sin trabajo. **It gives pain to see**, duele verlo.
painful ['peɪnfʊl] [pein-ful], *a.* 1. Dolorido, afligido, desconsolado, atormentado. 2. Doloroso, aflictivo. 3. Penoso, difícil, laborioso, trabajoso. 4. Industrioso, aplicado.
painfully ['peɪnfəlɪ] [pein-fu-li], *adv.* 1. Dolorosamente. 2. Penosamente. 3. Laboriosamente.
painfulness ['peɪnfəlnɪs] [pein-ful-nes], *s.* Dolor, aflicción, pena, trabajo, fatiga; industria.
painim, *a.* y *s. V.* PAYNIM.
painkiller ['peɪnkɪləʳ] [pein-ki-laʳ], *s. m.* Analgésico.
painless ['peɪnlɪs] [pein-les], *a.* Sin pena o trabajo; libre de dolor.
painlessly ['peɪnlɪslɪ] [pein-les-li], *adv.* Fácilmente, sin dolor, sin esfuerzo (easily).
painlessness ['peɪnlɪsnɪs] [pein-les-nes], *s.* Ausencia de dolor.
painstaker ['peɪnzteɪkəʳ] [peins-tei-kaʳ], *s.* Trabajador, afanador.
painstaking ['peɪnz,teɪkɪŋ] [peins-tei-kin], *a.* Cuidadoso, industrioso; afanoso, fiel en ejecución.
paint [peɪnt] [peint], *va.* 1. Pintar, cubrir de colores; en sentido más amplio, dar una capa delgada de algún líquido. 2. Pintar, representar o delinear una figura con colores. 3. Pintar, describir por escrito o de palabra alguna cosa. *-vn.* Afeitarse, aderezarse o componerse con afeites. **To paint the town red**, *(Germ. E.U.)* cometer diabluras, divertirse de una manera turbulenta, correr la tuna como embriagado, alborotar. **Paint in,** añadir (con pintura), pintar. **Paint out/over,** tachar con pintura, tapar.
paint, *s.* 1. Pintura, el color con que se pinta; material preparado para pintar o dar capas sobre otro, ya seco, ya mezclado con aceite, agua, etc. 2. Pintura, descripción o narración de alguna cosa. 3. Afeite, colorete. **Wet paint,** recién pintado. **Paint-box**, caja de colores o pinturas. **Paint-brush**, brocha, pincel. **Oil paints**, pinturas, colores al óleo. **Paint-roller,** rodillo (para pintar). **Paint-spray,** pistola de pintura.
painter ['peɪntəʳ] [pein-taʳ], *s.* 1. Pintor. 2. *(Mar.)* Amarra del bote o de la lancha. **House-painter**, pintor de casas. **Ornamental painter**, pintor decorador. **Sign-painter**, pintor de muestras.
painting ['peɪntɪŋ] [pein-tin], *s.* 1. Pintura, el arte de pintar; también, el acto u oficio de dar capas de colores con una brocha. 2. Pintura, el cuadro pintado. 3. Pintura, la narración o descripción que se hace de alguna cosa por escrito o de palabra.
paintress ['peɪntrɪs] [pein-tris], *sf.* Pintora.
pair [pɛəʳ] [peaʳ], *s.* 1. Par, el conjunto de dos cosas de una misma especie; dos personas o animales unidos o asociados. 2. Una sola cosa que tiene dos partes semejantes dependientes una de otra. **A pair of scissors, of spectacles**, un par de tijeras, de anteojos. 3. Par, pareja. 4. Juego de cosas semejantes que forman un todo; escalera. **To arrange in pairs,** colocar de dos en dos, por parejas.
pair, *vn.* 1. Aparearse, hacer pareja. 2. Hermanarse, igualarse una cosa con otra. *-va.* 1. Parear. 2. Hermanar; igualar una cosa con otra. **To pair off,** Aparearse; retirarse de una reunión en parejas. **To pair with**, hacer pareja dos personas.
paisley ['peɪzlɪ] [peis-li], *s. f.* Cachemira (desing, fabric).
pajamas, o **pyjamas** [pə'dʒɑːməs] [pa-ya-mas], *s. pl.* Pijama.
Pakistani [,pɑːkɪs'tɑːnɪ] [pa-kis-ta-ni], *a.* Paquistaní, pakistaní.
pal [pæl] [pal], *s. (Vulg.)* Compañero, confederado, camarada.
palace ['pælɪs] [pa-lis], *s.* Palacio; edificio suntuoso.
palacious [pə'leɪʃəs] [pa-lei-shos], *V.* PALATIAL.
paladin ['pælədɪn] [pa-la-din], *s.* Paladín, uno de los doce pares de Carlomagno; de aquí, modelo de caballería.
palæography, palæontology, *s. V.* PALEOGRAPHY, PALEONTOLOGY.
palanquin ['pælənkwɪn] [pa-lan-kuin], *s.* Palanquín, especie de litera cubierta.
palatable ['pælətəbl] [pa-la-ta-bol], *a.* Sabroso, gustoso al paladar.
palatal ['pælətl] [pa-la-tal], *a.* y *s.* Palatal, que se refiere al paladar; (consonante) pronunciada con el auxilio del paladar como la *k,* la *ñ*, la *y*.
palatalize ['pælətəlaɪz] [pa-la-ta-lais], *vt.* Palatalizar.
palate ['pælɪt] [pa-lit], *s.* 1. Paladar, el órgano del sentido del gusto. 2. Paladar, el apetito o deseo de cualquier cosa inmaterial o espiritual.
palatial [pə'leɪʃəl] [pa-lei-shal], *a.* Palaciego, palatino, que pertenece a palacio; magnífico, suntuoso.
palatinate [pə'lætɪnɪt] [pa-la-ti-nit], *s.* Palatinado, provincia o dominios de un príncipe palatino.
palatine ['pælətiːn] [pa-la-tin], *a.* 1. Palatino, dotado de privilegios reales. **A count palatine**, conde palatino. **A county palatine**, palatinado. 2. Paladial, perteneciente al paladar.
palaver [pə'lɑːvəʳ] [pa-la-vaʳ], *s.* 1. Charla frívola, palabrería, particularmente zalamería, lisonja; embustes (wordiness). 2. Plática larga; conferencia o discusión pública (conference). *-va.* y *vn.* 1. Adular, lisonjear, usar de zalamerías, engatusar. 2. Charlar, hablar mucho sin sustancia (chat).
pale [peɪl] [peil], *a.* 1. Pálido, descolorido. 2. Claro o que no es de muy subido color (light). **Pale wine** , vino clarete. **Pale green**, verde claro. 3. Pálido, lo que no brilla ni tiene lustre. **To grow/turn pale**, volverse pálido, palidecer.
pale, *s.* 1. Estaca, palo puntiagudo para clavarlo en tierra (stake). 2. Palizada, empalizada, defensa de estacas (palisade). 3. Palizada, el sitio cercado de estacas. 4. Distrito, territorio limitado; mojón, límite (limit). **Outside the pale of,** fuera de los límites de. 5. Espacio cerrado, literal o figuradamente; esfera, seno, gremio, sociedad. 6. *(Her.)* Palo de escudo. **Pale of the church**, gremio de la iglesia, bajo la protección o autoridad de la iglesia.
pale, *va.* 1. Empalizar. 2. Cercar, rodear. 3. Poner pálido, hacer empalidecer a una persona. 4. Descolorar, quitar o amortiguar el color de una cosa.

palea ['peɪliːə] [pei-lia], *s. (Bot.)* Glumilla, arista, cubierta floral de las gramíneas. *(Lat.)*
paleaceous ['pælɪeɪʃəs] [pa-liei-shos], *a.* Aristoso, que tiene aristas o pajas.
pale-eyed ['peɪlaɪd] [peil-aid], *a.* Que tiene la vista turbia o los ojos pálidos.
paleface ['peɪlfeɪs] [peil-feis], *s.* Persona blanca o caucásica; nombre que dan los indios a los blancos, rostropálido.
pale-faced ['peɪlfeɪst] [peil-feist], *a.* Pálido, descolorido de cara.
palely ['peɪlˌlɪ] [peil-li], *adv.* Con palidez.
paleness ['peɪlnɪs] [peil-nes], *s.* Palidez.
paleograph [ˌpælɪ'ɒgrəf] [pa-lio-graf], *s.* Paleografía, conocimiento de las escrituras antiguas.
paleographer [ˌpælɪ'ɒgrəfəʳ] [pa-lio-gra-faʳ], *s.* Paleógrafo.
paleography [ˌpælɪ'ɒgrəfɪ] [pa-lio-gra-fi], *s. f.* Paleografía.
paleolithic [ˌpælɪəʊ'lɪθɪk] [pa-liou-li-zik], *a. (Geol.)* Paleolítico, relativo a la primera edad de la piedra.
paleologist [ˌpælɪ'ɒlədʒɪst] [pa-lio-lo-yist], *s.* Paleólogo, el que es versado en paleología.
paleology [ˌpælɪ'ɒlədʒɪ] [pa-lio-lo-yi], *s.* Paleología, arqueología, el estudio de la antigüedad o antigüedades.
paleontologist [ˌpælɪɒn'tɒlədʒɪst] [pa-lion-to-lo-yist], *s.* Paleontologista, paleontólogo.
paleontology [ˌpælɪɒn'tɒlədʒɪ] [pa-lion-to-lo-yi], *s.* Paleontología, ciencia que trata de los restos orgánicos fósiles y de cuanto tuvo vida en la superficie del globo en las épocas geológicas.
paleozoic ['pælɪəzɔɪk] [pa-lio-soik], *a.* Paleozoico, perteneciente a la época geológica más antigua.
Palestinian [ˌpæləs'tɪnɪən] [pa-lis-ti-nian], *a.* Palestino.
palette ['pælɪt] [pa-lit], *s.* Paleta, tabla pequeña en que el pintor tiene los colores dispuestos para pintar. **Palette knife,** espátula.
palfrey ['pɔːlfrɪ] [pol-fri], *s.* Palafrén, caballo pequeño y manso para señoras.
palfreyed ['pɔːlfraɪd] [pol-fraid], *a.* Se dice de las señoras que tienen palafrén o van a caballo en él.
palindrome ['pælɪndrəʊm] [pa-lin-droum], *s.* Palindromia, palabra o sentencia que dice lo mismo leída al revés que al derecho.
paling ['peɪlɪŋ] [pei-lin], *s.* Estacada, palizada.
palingenesis, palingenesia [ˌpælɪn'dʒenɪsɪs] [pa-lin-ye-ni-sis], *s.* Regeneración, renacimiento.
palinode ['pælɪnəʊd] [pa-li-noud], **palinody** ['pælɪnɒdɪ] [pa-li-no-di], *s.* Palinodia, retractación pública de lo que antes se había dicho. **To sing a palinode o to make his palinode**, cantar la palinodia.
palisade [ˌpælɪ'seɪd] [pa-li-seid], **palisado** [ˌpælɪ'seɪdə] [pa-li-sei-do], *s.* 1. Palizada, empalizada. 2. *pl.* Peñasco largo, precipicio de rocas. Extensa serie de rocas que forman precipicio, por lo general a orillas de un río.
palish ['pælɪʃ] [pa-lish], *a.* Algo pálido, paliducho.
pall [pɔːl] [pol], *s.* 1. Paño de ataúd, paño mortuorio; *(Fig.)* lo que ocasiona aflicción o tristeza. 2. Cubierta de cáliz; también, palio de arzobispo. 3. Manto, capa. **Pall-bearers**, los que en un funeral acompañan y rodean el cadáver en calidad de principales dolientes. **A pall of smoke,** una capa de humo.
pall, *vn.* Hacerse insípido o sin sabor; cesar de producir interés o dar placer. *-va.* 1. Evaporar, desvirtuar. 2. Desalentar, desanimar. 3. Saciar, ahitar, hartar.
palladium [pə'leɪdɪəm] [pa-lei-diom], *s.* 1. Paladión; en Troya, imagen de Palas o Minerva, a la que se consideraba como garantía de la salud pública; de aquí, cualquier garantía o prenda de seguridad, salvaguardia. 2. *(Min.)* Paladio, metal raro que se halla mezclado con la platina.
pallet ['pælɪt] [pa-lit], *s.* 1. Paleta de reloj, fiador de rueda, retén, linguete. *V.* PAWL. 2. Uno de los discos en la cadena sin fin de una bomba de cadena. 3. *(Mar.)* Caja de lastre. 4. Torno de alfarero; también, paleta, instrumento de albañilería (platform). 5. Paleta de pintor. 6. Herramienta empleada para dorar o inscribir los lomos de los libros. 7. Válvula de cañón de órgano. 8. Jergón, camilla, cama pequeña y pobre (bed).
palletization [pælɪtaɪ'zeɪʃən] [pa-li-tai-sei-shon], *s. f.* Paletización.
pallial ['pælɪəl] [pa-lial], *a.* Que se refiere al palio o manto de los moluscos.
palliate ['pælɪeɪt] [pa-lieit], *va.* 1. Excusar, disculpar, extenuar o minorar una falta con disculpas (excuse). 2. Paliar un mal, no curarle de raíz, mitigar, reducir la severidad de algo, v. g. de una enfermedad (mitigate).
palliation [ˌpælɪ'eɪʃən] [pa-liei-shon], *s.* 1. Paliación, mitigación, alivio. 2. Cura paliativa o imperfecta.
palliative ['pælɪətɪv] [pa-lia-tiv], *a.* Paliativo, paliatorio, mitigador; aliviador. *-s.* Paliativo, lo que mitiga.
pallid ['pælɪd] [pa-lid], *a.* Pálido, descolorido.
pallidity ['pælɪdɪtɪ] [pa-li-di-ti], *s.* Palidez.
pallidness ['pælɪdnɪs] [pa-lid-nes], *s. f.* Palidez.
pallium ['pælɪəm] [pa-liom], *s.* 1. Palio. 2. Palio, clámide, de los antiguos griegos y romanos. 3. Palio, manto, de un molusco o de una gaviota.
pall-mall ['pɔːlmɔːl] [pal-mol], *s.* Mallo, un juego; el mallo con que se empuja la bola en este juego y el sitio donde se juega.
pallor ['pæləʳ] [pa-laʳ], *s.* Palidez, disminución del color natural; falta de color.
pally ['pælɪ] [pa-li], *a.* Afable, amigable. **They're very pally,** son muy amigos. **To be a pally sort,** ser una persona afable.
palm [pɑːm] [pam], *s.* 1. *(Bot.)* Palma, palmera, familia de plantas endógenas, que crecen principalmente en las regiones cálidas. **Palm-Sunday**, Domingo de Ramos. **Palm-oil**, aceite de palma. 2. Palma, rama de la palmera. 3. Palma, victoria. **To bear o carry away the palm**, alcanzar la palma, la victoria. 4. Palma, la parte interior y cóncava de la mano. 5. Palma, el ancho de la mano, medida de tres y a veces cuatro pulgadas. 6. *(Mar.)* Rempujo, especie de dedal que se usa para coser las velas. **palm-bird**, pájaro que habita en las palmeras; en especial, el llamado tejedor. Ploceus. **Palm-cabbage**, hojas tiernas comestibles que crecen en la cima de ciertas especies de palmeras. **Palm-tree**, palmera, palma, cualquier árbol de esta familia. **Palm-wine**, vino de palmera, la savia fermentada del cocotero, etc.
palm, *va.* 1. Escamotar, esconder en la mano como hacen los prestidigitadores. 2. Escamotar, engañar, defraudar a alguno con destreza. 3. Manejar, tomar en la mano; manosear, tentar y tocar con la mano. 4. *(Fam.)* Encajar, dar como verdadero lo que no lo es. 5. Cubrir de ramas de palmera. **Palm off,** encargar algo a alguien. **I asked Jim to palm the visitor off,** pedí a Jim que se encargara de la visita.
palmar ['pɑːməʳ] [pa-maʳ], *a.* Palmar, colocado cerca de la palma de la mano.
palmary ['pɑːmərɪ] [pa-ma-ri], *a.* Principal, palmario, claro, palmar.
palmate, palmated ['pɑːmeɪt] [pa-meit], *a.* Palmeado, parecido a una mano abierta; palmado, que tiene lóbulos (cinco por lo común) que divergen como los dedos de una mano.
palmately ['pɑːmeɪtlɪ] [pa-meit-li], *adv.* De un modo palmado o palmeado.
palmcorder ['pɑːmkɔːdəʳ] [pam-kor-daʳ], *s.* Videocámara portátil, minicámara.
palmer ['pɑːməʳ] [pa-maʳ], *s.* Palmero, peregrino, romero.
palmer-worm ['pɑːməˌwɔːm] [pa-ma-uorm], *s.* 1. Oruga velluda que es una plaga destructora. 2. Larva de cualquier coleóptero destructivo, como el gorgojo.
palmetto ['pɑːmiːtəʊ] [pa-mi-tou], *s.* 1. Palmera de la Carolina, cualquiera de las varias palmeras de copa en forma de abanico, especialmente la Sabal palmetto de los Estados Unidos. 2. Sombrero hecho de las hojas de esta palmera. **Palmetto State**, Carolina del Sur.
palmiferous ['pɑːmɪfərəs] [pa-mi-fe-ros], *a.* Palmífero, que produce palmas.

palmiped ['pɑːmɪpɪd] [pa-mi-pid], *a.* Palmeado, palmípedo, que tiene los dedos de los pies unidos con una membrana, como las aves acuáticas.

palmister ['pɑːmɪstəʳ] [pa-mis-taʳ], *s.* Quiromántico, el que pretende adivinar por la inspección de las palmas de las manos.

palmistry ['pɑːmɪstrɪ] [pa-mis-tri], *s.* Quiromancia, pretendida adivinación por la inspección de las palmas de las manos.

palmitic ['pɑːmɪtɪk] [pa-mi-tik], *a.* Palmítico, de la palmera, sacado de la palmera. **Palmitic acid**, ácido palmítico.

palmtop ['pɑːmtɒp] [pam-top], *s.* Ordenador de bolsillo *(Inform.)*.

palmy ['pɑːmɪ] [pa-mi], *a.* 1. Próspero, floreciente; triunfal, de triunfo. 2. Palmar, lleno de palmas o palmeras.

palp, palpus ['pælp] [papl] ['pælpəs] [pal-pos], *s.* Palpo, órgano del tacto colocado en la parte inferior de la boca de ciertos insectos; apéndice oral de moluscos bivalvos.

palpability [ˌpælpə'bɪlɪtɪ] [pal-pa-bi-li-ti], *s.* Palpabilidad, evidencia.

palpable ['pælpəbl] [pal-pa-bol], *a.* 1. Palpable. 2. Palpable, evidente, patente, obvio.

palpableness ['pælpəblnɪs] [pal-pa-bol-nes], *s.* El estado de lo que es palpable.

palpably ['pælpəblɪ] [pal-pa-bli], *adv.* Palpablemente, claramente.

palpation ['pælpeɪʃən] [pal-pei-shon], *s.* Palpamiento, palpadura; *(Med.)* exploración por medio de las manos.

palpebra ['pælpɪbrə] [pal-pi-bra] *a.* Pálpebra, párpado.

palpebral ['pælpɪbrəl] [pal-pi-bral], *a.* Palpebral, perteneciente a los párpados.

palpitate ['pælpɪteɪt] [pal-pi-teit], *vn.* Palpitar, latir, agitarse el corazón; agitarse o moverse irregularmente.

palpitating ['pælpɪteɪtɪŋ] [pal-pi-tei-tin], *a.* Palpitante.

palpitation [ˌpælpɪ'teɪʃən] [pal-pi-tei-shon], *s.* Palpitación, latido.

palsied ['pɔːlzɪd] [pol-sid], *a.* Paralítico.

palsy ['pɔːlzɪ] [pol-si], *s.* 1. Parálisis, perlesía. 2. Flaqueza de acción, ineficacia.

palsy, *va.* 1. Paralizar, afectar con parálisis. 2. Paralizar, impedir la acción moral de alguna cosa.

palter ['pɔːltəʳ] [pol-taʳ], *vn.* Jugar o burlarse de alguno, pegar petardos; usar de rodeos y circunlocuciones. *-va. (Des.)* Desperdiciar, malgastar.

palter, *s.* Petardista, engañador; el que usa de rodeos para lograr un fin.

paltriness ['pɔːltrɪnɪs] [pol-tri-nes], *s.* Vileza, bajeza, mezquindad.

paltry ['pɔːltrɪ] [pol-tri], *a.* Vil, despreciable, miserable, mezquino.

paludal ['pæljʊdəl] [pa-liu-dal], **palustral** ['pæləstrəl] [pa-lus-tral], *a.* Palúdico, palustre, perteneciente a lagunas o pantanos; también se dice de la fiebre que suelen ocasionar los miasmas de los pantanos.

paly ['pɔːlɪ] [po-li], *a.* 1. *(Poét.)* Pálido, marchito, que carece de colores y frescura. 2. *(Her.)* Dividido en partes iguales por medio de líneas o barras verticales.

pampas ['pæmpəs] [pam-pas], *s. pl.* Pampas, llanuras. **The Pampas,** la Pampa.

pamper ['pæmpəʳ] [pam-paʳ], *va.* Atracar, llenar de comida, engordar; tratar con mucho regalo, mimar, acariciar (spoil).

pampered ['pæmpəd] [pam-pad], *a.* 1. Consentido, mimado (child). 2. Fácil, regalado.

pamperer ['pæmpərəʳ] [pam-pa-raʳ], *s.* Acariciador.

pamphlet ['pæmflɪt] [pam-flit], *s.* Folleto; papelucho.

pamphleteer [ˌpæmflɪ'tɪəʳ] [pam-fli-tiaʳ], *s.* Folletista.

pan [pæn] [pan], *s.* 1. Cualquier vasija de metal o de barro ancha y honda destinada a componer o guardar la comida (utensil); paila de cerero; cazo, cuenco. 2. Gamella, cazo de hierro para ensayar arenas auríferas. 3. Cazoleta de un arma de fuego. 4. *(Mec.)* Quicio, rangua. 5. Cráneo. 6. Subsuelo muy duro, capa de arcilla. **Stewing-pan**, cazuela. **Frying-pan**, sartén. **Warming-pan**, calentador. **Baking-pan**, tartera. **Sauce-pan**, cazo, cacerola. **Perfuming-pan**, perfumador. **Dripping-pan**, grasera. **Earthen pan**, cazuela de barro, barreño pequeño, lebrillo, cuenco. **Snuffer-pan**, platillo para las despabiladeras. **Pan-pudding**, una especie de pudín cocido en el horno. **Brain-pan**, el cráneo. **Knee-pan**, rótula, choquezuela. **Pan of a gunlock**, cazoleta de escopeta. **A flash in the pan**, una chiripa.

pan, *va.* 1. Separar el oro sacudiendo la tierra o arena que lo contiene con agua en un cazo metálico. 2. *(Fam.)* Alcanzar, ensacar, enredar, lograr de cualquier modo. 3. Cocer y servir en una cazuela. *-vn.* 1. Con **out**, dar oro la tierra o arena; aparecer oro en un cazo; de aquí, *(Fam.)* dar buen resultado o provecho. Repartir. 2. Procurar obtener oro usando del cazo. 3. Girar la cámara fotográfica.

panacea [ˌpænə'ʃɪə] [pa-na-shia], *s.* 1. Panacea. 2. *(Bot.)* Pánace, planta medicinal.

panache [pə'næʃ] [pa-nash], *s. m.* Brío, garbo, aire.

panama hat [ˌpænəmɑː'hɑːt] [pa-na-ma-jat], *s.* Sombrero panamá o de jipijapa.

Panamanian [ˌpænə'meɪnɪən] [pa-na-mei-nian], *a.* Panameño.

Pan-American ['pænə'merɪkən] [pa-na-me-ri-kan], *a.* Panamericano, perteneciente a ambas Américas del Norte y del Sur.

Pan-Americanism ['pænə'merɪkənɪzəm] [pan-a-me-ri-ka-ni-sem], *s.* Panamericanismo.

panary ['pænərɪ] [pa-na-ri], *a.* Lo que pertenece al pan, panado.

pancake ['pænkeɪk] [pan-keik], *s.* Fruta de sartén; buñuelo.

panchromatic ['pænkrəmætɪk] [pan-kro-ma-tik], *a.* Pancromático (en fotografía).

pancratic, pancratical ['pænkrətɪk] [pan-kra-tik], *a.* Pancracial, que pertenece a ciertos ejercicios gimnásticos de los griegos; muy atlético, muy fuerte en los ejercicios gimnásticos.

pancreas ['pæŋkrɪəs] [pan-krias], *s. (Anat.)* Páncreas.

pancreatic ['pæŋkrɪətɪk] [pan-kria-tik], *a.* Pancreático, que pertenece al pancreas.

pandean ['pændɪən] [pan-dian], *a.* Que se refiere al dios Pan.

pandect ['pændekt] [pan-dekt], *s.* 1. El tratado que comprende todo lo que se sabe en alguna ciencia. 2. **Pandects**, *pl.* pandectas, la recopilación de varias obras. 3. La recopilación de las leyes del derecho civil hecha por Justiniano.

pandemic [pæn'demɪk] [pan-de-mik], *a.* Pandémico, que ataca a todo un pueblo, muy epidémico.

pandemonium [ˌpændɪ'məʊnɪəm] [pan-di-mou-niom], *s.* 1. Pandemonio, el lugar de reunión de los demonios. 2. Tumulto, batahola diabólica.

pander ['pændəʳ] [pan-daʳ], *s.* 1. Alcahuete.

pander, *va.* 1. Alcahuetear. **To pander to,** consentir, mimar.

panderism ['pændərɪzəm] [pan-de-ri-sem], *s.* Alcahuetería.

pandiculated ['pændɪkjʊleɪtɪd] [pan-di-kiu-lei-tid], *a.* Extendido, abierto.

pandore ['pændɔːʳ] [pan-doʳ], *s.* Bandola, instrumento músico de cuerdas de alambre.

pane [peɪn] [pein], *s.* 1. Cristal, hoja de vidrio. 2. Cuadro, cada una de las piezas de ciertas obras hechas de pedazos cuadrados. 3. Una superficie plana o llana en un objeto que tiene varios lados. *V.* PANEL.

paned, *a.* Se dice de la obra que contiene pedacitos cuadrados de diversos géneros.

panegyric [ˌpænɪ'dʒɪrɪk] [pa-ni-yi-rik], *s.* Panegírico, discurso en alabanza de alguno. *-a.* Panegírico, perteneciente a la alabanza o elogio.

panegyrical [ˌpænɪ'dʒɪrɪkl] [pa-ni-yi-ri-kal], *a.* Panegírico.

panegyrist [ˌpænɪ'dʒɪrɪst] [pa-ni-yi-rist], *s.* Panegirista.

panel ['pænl] [pa-nel], *s.* 1. Entrepaño, tablero, pieza rectangular puesta en un bastidor (sew). 2. Tabla preparada para hacer un cuadro (art). 3. Superficie llana, cara de la piedra labrada (of wall). 4. Paño de otra tela insertado a lo largo de un vestido de mujer. **Panel-beater,** chapista.

panel, *s.* Panel, grupo de personas seleccionadas para un fin especial; jurados, oradores, especialistas, etc. **Panel discussion**, discusión a cargo de un panel. **Panel game,** concurso por equipos.

panel, *va.* Hacer alguna cosa en forma de tableros o cuarterones; labrar en artesones.

paneless ['pænlɪs] [pein-les], *a.* Se dice de las cosas hechas en cuadritos, cuarterones o pedazos de diversa figura cuando les faltan uno o más de ellos. **A paneless window**, una vidriera a la que le faltan algunos vidrios o cristales, ventana sin cristal.

paneling ['pænəlɪŋ] [pa-ne-lin], *s.* Artesón, artesonado; conjunto de entrepaños.

panful ['pænfʊl] [pan-ful], *s.* Cazada, el contenido de un cazo.

pang [pæŋ] [pang], *s.* Angustia, dolor, congoja, tormento, pena (pain). **The pangs of death**, las ansias de la muerte, la agonía. **The pangs of childbirth**, los dolores de parto.

pang, *va.* Atormentar, afligir, angustiar, acongojar.

panhandle ['pænhændl] [pan-jan-del], *vi.* Mendigar.

panhandler ['pænhændləʳ] [pan-jand-laʳ], *s.* Limosnero, pordiosero.

panic ['pænɪk] [pa-nik], 1. *a.* Pánico. 2. *vt.* Aterrar, asustar. 3. *vi.* Aterrarse, ser presa del pánico.

panic, *s.* 1. Miedo o terror ciego, cobardía extrema. 2. Pánico comercial, que suele producir quiebras y desastres en el mundo de los negocios, precipitando bancarrotas. **Panic button,** botón de alarma. **It was panic stations,** reinaba el pánico. **Panic-stricken, panic-struck**, sobrecogido de terror.

panic, panic-grass, *s. (Bot.)* Panizo, nombre dado a un género de plantas gramíneas.

panicle ['pænɪkl] [pa-ni-kel], *s. (Bot.)* Panículo, panoja, variedad de inflorescencia compuesta.

paniculate, paniculated ['pænɪkjʊleɪt] [pa-ni-kiu-leit], *a. (Bot.)* Apanojado: se dice de las plantas cuyo tallo o flores están dispuestos en forma de panoja.

panier, *s. V.* PANNIER.

panniculus, pannicle ['pænɪkjʊləs] [pa-ni-kiu-los], *s. (Biol.)* Panículo, membrana delgada.

pannier ['pænɪəʳ] [pa-niaʳ], *s.* 1. Cuévano, uno de los dos canastos que llevan las acémilas. 2. Cesto grande, canasto, canastón. 3. Cestón, gabión. 4. *(Arq.) V.* CORBEL.

panoply ['pænəplɪ] [pa-no-pli], *s.* Panoplia, armadura completa.

panorama [ˌpænə'rɑːmə] [pa-no-ra-ma], *s.* Panorama, pintura en que se ven los objetos como si fuesen reales.

panoramic [ˌpænə'rɑːmɪk] [pa-no-ra-mik], *a.* Panorámico. **Panoramic view,** visión panorámica.

pansy ['pænzɪ] [pan-si], *s. (Bot.)* Trinitaria o violeta tricolor.

pant [pænt] [pant], *vn.* 1. Jadear, anhelar, respirar con vehemencia y congoja (gasp). 2. Anhelar, desear vivamente, estar ansioso por. 3. Palpitar, moverse y agitarse el pecho (heart). **To pant for** o **after**, suspirar por, desear con ansia. 4. *(Poét.)* Moverse lánguidamente. **The breeze pant on the leaves**, *(Poét.)* el céfiro juguetea con las hojas.

pant, *s.* Palpitación.

pantalets ['pæntəlɪts] [pan-ta-lits], *s. pl.* Pantalón, perniles largos que llevaban en otro tiempo las mujeres y los niños.

pantaloon ['pæntəluːn] [pan-ta-lun], *s.* 1. Arlequín, gracioso, bufón en las pantomimas o comedias. 2. *pl.* Pantalones, calzones. **A pair of pantaloons**, unos pantalones, un par de pantalones, bombachos. **Pantaloon stripes**, listado para pantalones.

pantelegraph ['pæntelɪgræf] [pan-ti-li-graf], *s.* Pantelégrafo, instrumento para transmitir por telégrafo autógrafos, dibujos, etc., en facsímile.

panter ['pæntəʳ] [pan-taʳ], *s.* 1. Anheloso, el que respira con dificultad; jadeante; persona que desea con ansia. 2. *(Des.)* Red para ciervos; trampa.

pantheism ['pænθiːɪzəm] [pan-zii-sem], *s. m.* Panteísmo.

pantheist ['pænθiːɪst] [pan-ziist], *a.* Panteísta.

pantheology ['pæniː'ɒlədʒɪ] [pan-zio-lo-yi], *s.* Panteología, sistema completo acerca de la divinidad.

pantheon ['pænθɪən] [pan-zion], *s.* Panteón, templo dedicado al culto de todos los dioses.

panther ['pænθəʳ] [pan-zaʳ], *s.* 1. Pantera, leopardo. 2. Puma de América.

pantherine ['pænθərɪn] [pan-za-rin], *a.* Panterino.

panties ['pæntɪz] [pan-tis], *s. pl.* Pantaletas, breve pantalón íntimo de mujer. **A pair of panties,** unas bragas.

pantile ['pæntaɪl] [pan-tail], *s.* Teja, canalón.

panting ['pæntɪŋ] [pan-tin], *a.* Sin aliento, sin respiración. -*s.* Palpitación.

pantingly ['pæntɪŋlɪ] [pan-tin-li], *adv.* Con palpitación, anhelantemente.

pantofle ['pæntəfl] [pan-to-fel], *s.* Chinela, pantuflo.

pantograph ['pæntəgræf] [pan-to-graf], *s.* 1. Pantógrafo, instrumento para reducir un dibujo. 2. Compás de proporción.

pantographic, pantagraphic [ˌpæntə'græfɪk] [pan-to-gra-fik], *a.* Pantográfico, relativo al pantógrafo.

pantometer [ˌpæntə'miːtəʳ] [pan-to-mi-taʳ], *s.* Pantómetro, instrumento para medir toda clase de ángulos.

pantomime ['pæntəmaɪm] [pan-to-maim], *s.* 1. Serie de gestos y ademanes que se hacen para darse a entender; lenguaje de signos. 2. Pantomima, representación teatral que se reduce a gestos y remedos.

pantomimic ['pæntəmɪmɪk] [pan-to-mi-mik], *a.* Pantomímico, perteneciente a la pantomima.

pantomimist ['pæntəmɪmɪst] [pan-to-mi-mist], *s.* Pantomimo, actor mudo.

pantry ['pæntrɪ] [pan-tri], *s.* Despensa, el lugar o sitio en donde se guardan los comestibles.

pants ['pæntz] [pants], *s. pl.* Pantalones.

pantsuit ['pæntsuːt] [pant-sut], *s. m. (EU)* Traje de chaqueta y pantalón.

panty ['pæntɪ] [pan-ti], *s. f.* Faja pantalón. *f. pl.* Medias.

panzer ['pænzəʳ] [pan-saʳ], *s.* Ejército motorizado.

pap [pæp] [pap], *s.* 1. Pezón, la punta que sobresale en los pechos o tetas de los animales por donde los hijos chupan la leche. 2. Papas, papilla, las sopas blandas que se dan a los niños. 3. Carne, la parte mollar de la fruta.

papa ['pæpə] [pa-pa], *s.* Papá.

papacy ['pæpəsɪ] [pa-pa-si], *s.* Papado, la dignidad de Papa.

papal ['pæpəl] [pa-pal], *a.* Papal, relativo o perteneciente al Papa, pontificio.

paparazzi [pæpə'rætsiː] [pa-pa-ra-chi], *s. pl.* Paparazzi.

papaverous ['pæpəvərəs] [pa-pa-ve-ros], *a.* Amapolado, papaveráceo, de la naturaleza de la adormidera.

papaw ['pæpɔː] [pa-pou], *s.* 1. Papayo, árbol tropical. 2. Papaya, su fruta. 3. Asimina.

papaya [pə'peɪə] [pa-paia], *s. f.* Papaya (fruit).

paper ['peɪpəʳ] [pei-paʳ], *s.* 1. Papel (material). 2. Hoja de papel. 3. Papel auténtico, documento, relato formal, escrito o impreso; en plural, cartas de valor, papeles, apuntes; autos. 4. Diario, periódico. *V.* NEWSPAPER. 5. Ensayo literario, escrito, disertación. 6. Valor, vale comercial. 7. Paquete envuelto en papel, que contiene una cantidad, número limitado de algo. **A paper of tacks**, un paquete de tachuelas. **Leaf of paper**, hoja de papel. **Piece of paper,** hoja de papel, trozo de papel. **Sheet of paper**, pliego de papel. **Quire of paper**, mano de papel. **Ream of paper**, resma de papel. **Brown paper**, papel de estraza. **Stamped paper**, papel sellado. **Blotting-paper**, teleta, papel secante. **Fly-paper**, papel para coger moscas. **Marbled paper**, papel jaspeado. **Outside quires of paper**, costeras, papel quebrado. **Large paper**, papel marquillo o papel grande con relación al ordinario en que se tira casi el todo de una edición. **Vellum paper**, papel avitelado. **Waste paper**, papel viejo, el que se destina por inútil a envolver y otros usos semejantes. **Cap paper**, papel de escribir de varios tamaños. **Demy paper**, papel de unas 16 por 21 pulgadas. **Filter-paper**, papel de filtrar. **Emery-**

paper, papel de lija o esmeril. **Music-paper**, papel pautado para música. **Laid paper**, papel acanillado. **Litmus paper**, papel de tornasol. **India paper**, papel de China. **Tissue-paper**, papel de seda, papel muy delgado y de varios colores. **Toilet-paper**, papel higiénico. **Unsized paper**, papel sin cola. **Wall-paper**, papel de empapelar. **Wove paper**, papel avitelado. **Wrapping-paper**, papel de envolver. **Paper bag**, saco de papel. **Paper-case**, papelera. **Paper-clip**, abrazadera para papeles. **Paper-cutter**, (a) cortapapel, cuchillo para abrir libros. (b) Máquina usada por los impresores para cortar papel. **Paper currency**, papel moneda. **Paper-folder**, plegadera. **Paper-hanger**, empapelador. **Paper kite**, cometa de papel. **Paper-knife**, cuchillo de palo, hueso o metal, para cortar papel; cortapapel. **Paper-machine, paper-making machine**, máquina para hacer papel continuo. **Paper-pulp**, pulpa, pasta de que se hace el papel. **Paper shop,** kiosko. **Paper-stainer**, fabricante de papeles pintados. **Paper-wasp**, avispa, particularmente la que fabrica una substancia parecida al papel. **Paper weight**, pisapapel, prensapapeles. **Paper work,** trabajo administrativo, de oficina. **On paper**, escrito o impreso. *-a.* Hecho de papel; delgado como un pliego de papel. **A paper wheet**, rueda hecha de papel prensado.

paper, *va.* Empapelar una pieza, forrarla con papel. **Paper over,** disimular.

paper chain ['peɪpətʃeɪn] [pei-pa-chein], *s.* Cadeneta de papel.

paper fastener ['peɪpəˌfɑːsnəʳ] [pei-pa-fas-naʳ], *s.* Grapa.

paper-hangings ['peɪpəˌhæŋɪŋz] [pei-pa-jan-gins], *s. pl.* 1. Colgaduras de papel pintado. 2. Papel pintado para empapelar.

paper-maker ['peɪpəˌmeɪkəʳ] [pei-pa-mei-kaʳ], *s.* Papelero, el que fabrica papel.

paper-mill ['peɪpəmɪl] [pei-pa-mil], *s.* Molino de papel.

paper money ['peɪpəˌmʌnɪ] [pei-pa-ma-ni], *s.* Papel moneda.

paper-office ['peɪpəˌɒfɪs] [pei-pa-o-fis], *s.* El archivo u oficina donde se guardan los documentos o papeles concernientes a algún negociado.

paper-staining ['peɪpəˌsteɪnɪŋ] [pei-pa-stei-nin], *s.* El acto de pintar papel; mercadería de papel pintado o jaspeado.

papery ['peɪpərɪ] [pei-pa-ri], *a.* Parecido al papel, de la naturaleza del papel; papiráceo.

papescent ['peɪpəsnt] [pei-pasnt], *a.* Pulposo, carnoso.

papier-maché ['pæpɪeɪ'mæʃeɪ] [pa-pie-ma-shei], *s.* Papel majado, subtancia plástica hecha de pasta de papel con goma, aceite, resina, etc.

papilio ['pæpɪlɪə] [pa-pi-lio], *s.* Mariposa; un género de mariposas.

papilla ['pæpɪlə] [pa-pi-la], *s.* 1. Teta, pezón. 2. Papila, los pezoncillos que se levantan sobre la lengua.

papillary ['pæpɪlərɪ] [pa-pi-la-ri], **papillous** ['pæpɪləs] [pa-pi-los], *a.* Papilar, mamilar.

papism, papistry. *V.* POPERY.

papist ['peɪpɪst] [pei-pist], *s.* Papista, nombre que los protestantes dan a los católicos romanos.

papistic, papistical ['peɪpɪstɪk] [pei-pis-til], *a.* Papal, papístico.

papoose, pappoose [pə'puːs] [pa-pus], *s.* Niño de los indios norteamericanos (baby).

pappose ['pæpəs] [pa-pos], **pappous** ['pæpəs] [pa-pos], *a.* Velloso, velludo.

pappus ['pæpəs] [pa-pos], *s.* *(Bot.)* Vilano, apéndice de filamentos que tienen las semillas de muchas plantas compuestas, y les sirve para ser transportadas por el aire.

pappy ['peɪpɪ] [pei-pi], *a.* Mollar, jugoso.

paprika ['pæprɪkə] [pa-pri-ka], *s.* Pimentón.

Papua New Guinea ['pæpjʊənjuː'gɪnɪə] [pa-piua-niu-gui-nia], *sf.* Papúa Nueva Guinea.

papula, papule ['pæpjʊlə] [pa-piu-la], *s.* 1. Pápula, especie de erupción en la piel, caracterizada por un tumorcillo sin serosidad ni pus. 2. Papila.

papular ['pæpjʊləʳ] [pa-piu-laʳ], *a.* Papuloso, cubierto de pápulas.

papulous ['pæpjʊləs] [pa-piu-los], *a.* Lleno de pápulas.

papyrus ['pæpɪrəs] [pa-pi-ros], *s.* 1. El papel de escribir de los antiguos egipcios, hecho de papiro. 2. Lo escrito sobre el papiro. 3. Papiro.

par [pɑːʳ] [paʳ], *s.* 1. Equivalencia, paridad, nivel. 2. Igualdad de cambio; equivalente sin prima ni descuento. **It's about par of the course,** es más o menos normal, lo que cabía esperar. **To be at par with one**, hallarse en situación igual a la de otro. **At par**, a la par, término del cambio mercantil. **On a par**, igual, de cantidad o valor iguales. 3. *(Golf.)* Par.

parable ['pærəbl] [pa-ra-bol], *s.* Parábola, instrucción alegórica.

parabola [pə'ræbələ] [pa-ra-bo-la], *s.* *(Geom.)* Parábola, sección cónica.

parabolic, parabolical [ˌpærə'bɒlɪk] [pa-ra-bo-lik], *a.* 1. Parabólico, que incluye parábolas. 2. Perteneciente a la parábola geométrica. **Parabolic aerial,** antena parabólica.

parabolically [ˌpærə'bɒlɪkəlɪ] [pa-ra-bo-li-ka-li], *adv.* Parabólicamente.

paraboloid ['pærəbəlɔɪd] [pa-ra-bo-loid], *s.* Paraboloide, sólido engendrado por la rotación de una parábola alrededor de su eje.

paracentric, paracentrical ['pærəsentrɪk] [pa-ra-sen-trik], *a.* Paracéntrico, lo que se desvía del centro.

paracetamol [pærə'siːtəmɒl] [pa-ra-si-ta-mol], *s.* Paracetamol.

parachronism ['pærəkrənɪzm] [pa-ra-kro-ni-sem], *s.* Paracronismo, error cronológio, que comete poniendo un suceso después del tiempo en que acaeció.

parachute ['pærəʃuːt] [pa-ra-shut], *s.* Paracaídas. **Parachute drop,** lanzamiento en paracaídas. **Parachute jumper**, paracaidista. *-vt.* Lanzar en paracaídas. *-vi.* Lanzarse en paracaídas.

parachutist ['pærəʃuːtɪst] [pa-ra-shu-tist], *s.* Paracaidista.

paraclete ['pærəkliːt] [pa-ra-klit], *s.* Paráclito o parácleto, nombre del Espíritu Santo, como consolador de los fieles.

parade [pə'reɪd] [pa-reid], *s.* 1. *(Mil.)* Parada, muestra o revista de tropas. 2. Ostentación, pompa, alarde, gala, fachenda. 3. Procesión. *(Esg.)* Parada, repulsa. **Parade-ground**, plaza de armas, lugar de ejercicio para las tropas.

parade, *vn.* 1. Marchar la tropa en orden militar (troops). 2. Reunirse la tropa ya sea para formar en parada, para que la revisten o para hacer el ejercicio. 3. Fachedear, hacer gala, pasear, alardear. 4. Recorrer, pasear. (streets). *-va.* 1. Convocar a una revista. 2. Poner o arreglar como en orden militar. **To make a parade of,** ostentar, alardear. **Parade about/around,** pavonearse. **Parade-ground,** plaza de armas.

paradigm ['pærədɪm] [pa-ra-dim], *s.* Paradigma, modelo gramatical; ejemplo, ejemplar.

paradise ['pærədaɪs] [pa-ra-dais], *s.* 1. Paraíso terrenal. 2. Cielo. 3. Paraíso, cualquier sitio o lugar ameno.

paradisiac, paradisiacal [ˌpærədɪ'seɪk] [pa-ra-di-seik] [ˌpærədɪ'saɪəkəl] [pa-ra-di-sia-kal], *a.* Paradisiaco, perteneciente al paraíso.

paradox ['pærədɒks] [pa-ra-doks], *s.* Paradoja, especie que está fuera de la común opinión y sentir de los hombres; aserción que parece estar en contradicción consigo misma.

paradoxical ['pærə'dɒksɪkəl] [pa-ra-dok-si-kal], *a.* Paradójico.

paradoxically ['pærə'dɒksɪkəlɪ] [pa-ra-dok-si-ka-li], *adv.* Paradójicamente.

paraffin, paraffine ['pærəfɪn] [pa-ra-fin], *s.* Parafina.

parage ['pæreɪdʒ] [pa-reich], *s.* 1. Igualdad de sangre, de dignidad o terreno (entre los coherederos). 2. *(For.)* Ser coheredero, heredero con otro.

paragoge ['pærəgɒg] [pa-ra-gog], *s.* Paragoge, adición de una letra o sonido al fin de una palabra.

paragogic ['pærəgɒdʒɪk] [pa-ra-go-yik], *a.* Paragógico, relativo a la paragoge.

paragon ['pærəgən] [pa-ra-gon], *s.* 1. Modelo, muestra de excelencia. 2. *(Impr.)* Paragona, grado de letra la mayor después de gran canon y de casi 20 puntos. 3. *(Ant.)* Par, compañero, rival. **Paragon of beauty**, hermosura sin par, modelo de hermosura.

paragraph ['pærəgrɑːf] [pa-ra-graf], *va.* Dividir en párrafos.

paragraph, *s.* 1. Párrafo, división de un capítulo o discurso que comienza con una nueva línea. 2. Párrafo, artículo corto en un diario. 3. Párrafo, el signo de esta forma que sirve para denotar la división de los párrafos, o como signo de referencia.

paragraphic, paragraphically ['pærəgrɑːfɪk] [pa-ra-gra-fik], *a.* Perteneciente a los párrafos, que consiste en, o es abundante en párrafos.

paraguayan [ˌpærə'gwaɪən] [pa-ra-guaian], *a.* y *s.* Paraguayo, paraguayano.

parakeet ['pærəkiːt] [pa-ra-kit], *s. m.* Periquito, perico.

paralegal [ˌpærə'liːgəl] [pa-ra-li-gal], *s.* Ayudante de abogado.

paraleipsis ['pærəlɪpsɪs] [pa-ra-lip-sis], **paralepsis** ['pærəlɪpsɪs] [pa-ra-lip-sis], *s. (Ret.)* Paralipse, supuesta omisión de lo que realmente se dice.

paralinguistic [ˌpærəlɪŋ'gwɪstɪk] [pa-ra-lin-güis-tik], *a.* Paralingüístico.

parallactic, parallactical ['pærəlæktɪk] [pa-ra-lak-tik], *a.* Paraláctico, que pertenece a la paralaje.

parallax ['pærəlæks] [pa-ra-laks], *s.* Paralaje o paralaxis, la diferencia entre el lugar verdadero y el aparente del un astro.

parallel ['pærəlel] [pa-ra-lel], *a.* Paralelo; análogo, igual, semejante. -*s.* 1. Líneas paralelas, dirección paralela. 2. Paralelo, grado de latitud sobre el globo. 3. Paralelo, cotejo. 4. Conformidad, semejanza. 5. Par, igual, contraparte, copia. 6. *(Mil.)* Paralela, línea de comunicación de una trinchera a otra en el ataque de una plaza. 7. *(Impr.)* Signo de esta forma que sirve como señal de referencia. **Parallel ruler**, regla para trazar líneas paralelas. **To run parallel**, guardar una distancia igual, andar en línea paralela. **Parallel bars,** paralelas, barras paralelas *(gym.)*. **In parallel,** en paralelo *(Elect.)*.

parallel, *va.* 1. Paralelizar, hacer paralelas. 2. Parangonar, cotejar, poner en paralelo.

parallelable ['pærəlɪləbl] [pa-ra-li-la-bol], *a.* Que puede se igualado o puesto en paralelo.

parallelepiped ['pærəlˌlelə'paɪped] [pa-ra-le-la-pai-ped], *s. m.* Paralelepípedo, cuerpo sólido terminado por seis paralelogramos, siendo iguales y paralelos cada dos opuestos entre sí.

parallelism ['pærəlelɪzəm] [pa-ra-le-li-sem], *s.* Paralelismo.

parllelogram [ˌpærə'leləʊgræm] [pa-ra-le-lou-gram], *s.* Paralelogramo, una figura de cuatro lados en la que los dos opuestos son paralelos.

parallelogramic, parallelogramical [ˌpærə'leləʊgræmɪk] [pa-ra-le-lou-gra-mik], *a.* Perteneciente al paralelogramo.

parallely ['pærəlelɪ] [pa-ra-le-li], *adv.* Con paralelismo.

paralogism ['pærəlɒdʒɪzəm] [pa-ra-lo-yi-sem], **paralogy** ['pærəlɒdʒɪ] [pa-ra-lo-yi], *s. (Lógic.)* Paralogismo, discuros falaz o conclusión falsa.

paralysis [pə'ræləsɪs] [pa-ra-lai-sis], *s.* 1. *(Med.)* Parálisis, privación o disminución notable del movimiento voluntario y algunas veces de la sensibilidad. 2. *(Fig.)* Cesación de las funciones normales. *(Mex. Fam.)* Insulto.

paralytic, paralytical [ˌpærə'lɪtɪk] [pa-ra-li-tik], *a.* Paralítico, perlático.

paralytic, *s.* El que padece parálisis; paralítico, perlático. *(Mex. Fam.)* Insultado. **Paralyze, paralyse** ['pærəlaɪz] [pa-ra-lais], *va.* 1. Paralizar, causar parálisis. 2. Privar de la facultad de obrar.

paramagnetic [ˌpærə'mægnetɪk] [pa-ra-mag-ne-tik], *a.* Paramagnético, que exhibe la polaridad magnética en la misma dirección que la fuerza magnetizante.

paramedic [ˌpærə'miːdɪk] [pa-ra-mi-dik], *s.* Paramédico.

parameter [ˌpərə'miːtə^r] [pa-ra-mi-ta^r], *s. (Mat.)* Parámetro, línea invariable que entra en la ecuación y formación de una curva.

paramilitary [ˌpærə'mɪlɪtərɪ] [pa-ra-mi-li-ta-ri], *a.* Paramilitar.

paramorphism [ˌpærəmɔː'fɪzəm] [pa-ra-mor-fi-sem], *s.* La transformación de un mineral en otro que tiene la misma composición química, pero diferente estructura molecular y otras propiedades físicas.

paramount ['pærəməʊnt] [pa-ra-mount], *a.* Superior a los demás, supremo, eminente; de primer orden, en primera línea. **Our paramount duty**, nuestro primer deber. -*s.* Jefe, el superior.

paramour ['pærəmʊə^r] [pa-ra-mua^r], *s.* Amante, querido o querida; la persona con quien se tienen relaciones amorosas ilícitas.

paranoia ['pærənɔɪə] [pa-ra-noia], *s.* Paranoia, monomanía.

paranoiac [ˌpærə'nɔɪɪk] [pa-ra-noiik], *s.* Paranoico.

paranormal [ˌpærə'nɔːməl] [pa-ra-nor-mal], *a.* Paranormal.

paranymph ['pærənɪmf] [pa-ra-nimf], *s.* 1. Paraninfo, el padrino de la boda. 2. El que ayuda, favorece o sostiene a otro.

parapet ['pærəpɪt] [pa-ra-pit], *s.* 1. *(Arq.)* Baranda, barandilla, parapeto. 2. Parapeto, baluarte o elevación de tierra para poner a los soldados a cubierto del fuego del enemigo.

paraphernalia ['pærəfə'neɪlɪə] [pa-ra-fe-na-lia], *s. pl.* 1. Atavíos, adornos accesorios. 2. Insignias. *V.* REGALIA. 3. *(For.)* Bienes parafernales, los que lleva la mujer al matrimonio fuera de la dote.

paraphrase ['pærəfreɪz] [pa-ra-freis], *s.* 1. Paráfrasis, la explicación de un texto más clara y difusa por lo general que el texto mismo; traducción libre. 2. En las iglesias escocesas, versión poética de un pasaje de la Sagrada Escritura.

paraphrase, *va.* Parafrasear, explicar un texto, traducir libremente.

paraphrast ['pærəfræst] [pa-ra-frast], *s.* Parafraste, autor de paráfrasis.

paraphrastic, paraphrastical ['pærəfræstɪk] [pa-ra-fras-tik], *a.* Parafrástico.

paraphrastically [ˌpærə'fræstɪkəlɪ] [pa-ra-fras-ti-ka-li], *adv.* Parafrásticamente.

paraphrenitis ['pærəfrənɪtɪs] [pa-ra-fre-ni-tis], *s.* Parafrenitis.

paraplegia ['pærəpledʒɪə] [pa-ra-ple-yia], *s.* Paraplejia, parálisis de la mitad inferior del cuerpo, debida a enfermedad o lesión de la médula espinal.

paraplegic ['pærəpledʒɪk] [pa-ra-ple-yik], *s. (Med.)* Parapléjico.

parapsichological [ˌpærəsaɪkə'lɒdʒɪkəl] [pa-ra-sai-ko-lo-yi-kal], *a.* Parapsicológico.

parapsichologist [ˌpærəsaɪkə'lɒdʒɪst] [pa-ra-sai-ko-lo-yist], *s.* Parapsicólogo.

parapsychology [ˌpærəsaɪkə'lɒdʒɪ] [pa-ra-sai-ko-lo-yi], *s.* Parapsicología.

parasite ['pærəsaɪt] [pa-ra-sait], *s.* 1. Parásito, animal o vegetal que vive asido a otro o dentro de él y del cual saca su alimento. 2. Pájaro que pone sus huevos en el nido de otro. 3. Parásito, gorrista.

parasitic, parasitical ['pærəsaɪtɪk] [pa-ra-sai-tik], *a.* 1. Parásito, que vive en otro organismo y que se alimenta de él. 2. Adulatorio, lisonjero, gorrístico. 3. *(Med.)* Parasítico, perteneciente a los parásitos, causado por ellos; de la naturaleza del parásito.

parasitically [ˌpærə'saɪtɪkəlɪ] [pa-ra-sai-ti-ka-li], *adv.* Lisonjeramente.

parasitism ['pærəsɪtɪzəm] [pa-ra-si-ti-sem], *s.* Parasitismo, la manera de ser de un parásito; estado o condición de un ser organizado que vive en otro cuerpo vivo a expensas de él.

parasitologist [ˌpærəsaɪ'tɒlədʒɪst] [pa-ra-sai-to-lo-yist], *s.* Parasitólogo.

parasitology [ˌpærəsaɪ'tɒlədʒɪ] [pa-ra-sai-to-lo-yi], *s.* Parasitología.

parasitosis [ˌpærəsaɪtəʊsɪs] [pa-ra-sai-tou-sis], *s.* Parsitosis.

parasol [ˌpærə'sɒl] [pa-ra-sol], *s.* Parasol, quitasol, sombrilla.
paratrooper ['pærətruːpəʳ] [pa-ra-tru-paʳ], *s.* Paracaidista.
paratyphoid [pærə'taɪfɔɪd] [pa-ra-tai-foid], *s. (Med.)* Paratifoidea.
parboil ['pɑːbɔɪl] [par-boil], *va.* 1. Medio cocer, salcochar, cocer ligeramente. 2. Formar, producir vejiguillas o vesículas en la piel por medio del calor.
parbuckle ['pɑːbʌkl] [par-ba-kel], *s.* Tiravira, cuerda fuerte que sirve para hacer subir o bajar objetos pesados por un plano inclinado. *-va.* Levantar o bajar por medio de una tiravira.
parcel ['pɑːsl] [par-sel], *s.* 1. Paquete, lío o atado pequeño. 2. Un conjunto indeterminado de personas. **A parcel of rascals**, una cuadrilla de tunantes. 3. Porción, cantidad. **Parcel of ground**, lote de terreno, solar. 4. *(Amer.)* Paño de tierra. **Part and parcel**, carne y hueso. **Parcel-bomb,** paquete-bomba.
parcel, *va.* 1. Partir, dividir. 2. Empaquetar, formar un paquete de alguna cosa. **Parcel out,** parcelar (land). Repartir. **Parcel up,** embalar, empaquetar.
parcenary ['pɑːsənərɪ] [par-se-na-ri], *s.* La herencia que corresponde a muchos herederos y no está aún dividida.
parcener ['pɑːsnəʳ] [pars-naʳ], *s.* Coheredero.
parch [pɑːtʃ] [parch], *va.* 1. Desear, enjugar, agotar. 2. Tostar, quemar, abrasar. *-vn.* Tostarse, quemarse, abrasarse. **I am parched with thirst**, me muero de sed.
parcheesi ['pɑːtʃiːsɪ] [par-chi-si], *s.* Especie de juego de chaquete.
parching ['pɑːtʃɪŋ] [par-chin], *a.* Abrasador, ardiente, secante. **A parching wind**, un viento abrasador.
parchment ['pɑːtʃmənt] [parch-ment], *s.* 1. Pergamino. 2. Lo escrito en pergamino. **Parchment-maker,** pergaminero.
pard ['pɑːd] [pard], *s.* 1. *(Ant.)* Leopardo. 2. *(Germ. E.U.)* Socio, compañero, asocado. *V.* PARTNER.
pardon ['pɑːdn] [par-don], *va.* 1. Perdonar, absolver; hacer gracia de la pena correspondiente a un pecado, falta o delito. 2. Disculpar, dispensar, excusar. **Pardon me**, perdone Ud., Ud. dispense. **To pardon a criminal**, conceder gracia a un criminal.
pardon, *s.* Perdón, remisión de injuria, delito, pecado, deuda u otra cosa. **I beg your pardon**, Ud. dispense, perdone Ud. (cortesy). **General pardon,** amnistía. **To beg somebody's pardon,** pedir perdón a alguien.
pardonable ['pɑːdnəbl] [par-do-na-bol], *a.* Perdonable, excusable; venial.
pardonably ['pɑːdnəblɪ] [par-do-na-bli], *adv.* Venialmente.
pardoner ['pɑːdnəʳ] [par-do-naʳ], *s.* Perdonador.
pardoning ['pɑːdnənɪŋ] [par-do-nin], *a.* Indulgente.
pare [pɛəʳ] [peaʳ], *va.* 1. Recortar, cortar o cercenar alguna cosa. 2. Mondar, quitar la cáscara a las frutas, pelar patatas, etc. 3. Cercenar, escatimar, reducir disminuyendo poco a poco. **To pare the nails**, cortar las uñas. **To pare a horse's foot**, despalmar el casco de una caballería para que siente la herradura. **To pare bread**, raspar la corteza del pan. **To pare an apple**, mondar una manzana, **To pare away/down,** reducir *(Fig.)*.
paregoric ['pɛəgɒrɪk] [pea-go-rik], *a.* Paregórico, calmante. *-s.* Elixir paregórico, tintura alcanforada de opio; abreviación de **paregoric elixir.**
parenchyma ['pərənkɪmə] [pa-ren-ki-ma], *s.* 1. *(Anat.)* Parénquima, tejido propio de los órganos glandulosos en los animales. 2. *(Bot.)* La substancia blanda y esponjosa de las plantas.
parenchymal ['pərənkɪməl] [pa-ren-ki-mal], *a.* Parenquimal, que es de naturaleza del parénquima.
parenchymous ['pərənkɪməs] [pa-ren-ki-mos], *a.* Parenquimatoso.
parenesis ['pərɪnɪsɪs] [pa-ri-ni-sis], *s.* Parénesis, discurso moral, exhortación o amonestación.
parenetic [ˌpərɪ'nɪtɪk] [pa-ri-ni-tik], *a.* Parenético, persuasivo.
parent ['pɛərənt] [pea-rent], *s.* 1. El padre o la madre. **Parents**, *pl.* padres. 2. Cualquier ser organizado que engendra a otro. 3. Autor, producidor, causa, origen. *-a.* Que tiene la relación de autor u origen. **Parent speech**, lengua madre, aquella de que han nacido o se han derivado otras.
parentage ['pɛərəntɪdʒ] [pea-ren-tich], *s.* Parentela, nacimiento, origen y descendencia de una persona.
parental [pə'rentl] [pa-ren-tal], *a.* Paternal, lo que pertenece a los padres.
parenthesis [pə'renθɪsɪs] [pa-ren-zi-sis], *s.* Paréntesis.
parenthetical, parenthetic [ˌpærən'θetɪkəl] [pa-ren-ze-ti-kal], *a.* Que pertenece al paréntesis, de la naturaleza de un paréntesis; entre o por paréntesis.
parenthood ['pɛərənthʊd] [pe-rent-jud], *s.* Calidad de padre o madre.
parenticide ['pɛərəntɪsaɪd] [pe-ren-ti-said], *s.* Parricidio.
parentless ['pɛərəntlɪs] [pe-rent-les], *a.* Huérfano.
parer ['pɛərəʳ] [pea-raʳ], *s.* Instrumento para recortar o mondar. **A smith's o frrarier's parer**, pujavante. **Apple-parer**, mondador de manzanas.
paresis ['pɛərɪsɪs] [pea-ri-sis], *s.* Paresia, parálisis parcial.
par excellence [pɑːr'eksəlɑːns] [par-ek-se-lans], *adv.* Por excelencia.
parget ['pɑːdʒɪt] [par-yit], *va.* Enyesar, cubrir o decorar con yeso; dar lechada. *-s.* 1. Yeso. *V.* GYMPSUM. 2. Mortero, argamasa, para cubrir el interior de las chimeneas. 3. Enlucido. *V.* PARGETING.
pargeting ['pɑːdʒɪtɪŋ] [par-yi-tin], *s.* 1. Enlucido; obra de yeso; en particular, trabajo en estuco, escayola, adorno de estuco en relieve. 2. Argamasa. *V.* PARGET, 2ª acep.
parhelion ['pərɪlɪən] [pa-ri-lion], *s.* Parelia, o parelio, una especie de meteoro.
pariah ['pærɪə] [pa-ria], *s.* 1. Paria, natural del Indostán, de la casta ínfima, que sirve de criado o peón. 2. Un proscrito de la India oriental; de aquí, cualquier persona rechazada, expulsada de todas partes.
parietal [pə'raɪtl] [pa-rai-tal], *s. (Anat.)* Parietal, un hueso del cráneo. *-a.* 1. Paredaño, que está pared por medio; que forma las paredes de cualquier cavidad del cuerpo o pertenece a ellas. 2. Parietal, perteneciente o relativo a la pared; relativo a la residencia dentro de paredes, v. g. en un colegio; residencial. 3. *(Bot.)* Parietal.
parietes ['pærɪɪtɪs] [pa-rii-tis], *s. pl. (Anat.)* Los lados de la cabeza.
paring ['pɛərɪŋ] [pea-rin], *s.* Raedura, peladura, mondadura, pellejo, corteza. *-a.* Para cortar o pelar. **Paring knife**, cuchillo para pelar legumbres.
paris green ['pærɪsˌgriːn] [pa-ris-grin], *s.* Cardenillo, verde de París.
parish ['pærɪʃ] [pa-rish], *s.* 1. Parroquia, feligresía, curato. 2. Parroquia, el conjunto de los fieles que están gobernados en lo espiritual por un párroco. 3. En el Estado de Luisiana, división civil correspondiente a un condado (county). *-a.* Parroquial. **Parish clerk**, sacristán de parroquia. **Parish priest,** párroco.
parishioner [pə'rɪʃənəʳ] [pa-ri-sho-naʳ], *s.* Parroquiano.
parisian [pə'rɪzɪən] [pa-ri-sian], *a.* Parisiense, perteneciente a París. *-s.* Natural o habitante de París.
parity ['pærɪtɪ] [pa-ri-ti], *s.* Paridad, semejanza, igualdad.
park [pɑːk] [park], *s.* 1. Parque, bosque cerrado, lugar público de recreo en las ciudades. 2. Campiña, campo abierto. 3. En las Montañas Roqueñas, valle o llano pintoresco, escaso de árboles. **Park keeper,** guardabosques, guarda.
park, *va.* 1. Estacionar. 2. Aparcar, parqueal. *(Esp. Am.)* 3. *(Mil.)* Aparcar.
parka ['pɑːk] [park], *s. f.* Anorak.
parking ['pɑːkɪŋ] [par-kin], *s.* Estacionamiento, aparcamiento. **Parking bay,** área de estacionamiento. **Parking lights**, luces de población. **Parking place/space**, aparcamiento. **Parking lot**, estacionamiento de automóviles. **Parking ticket,** multa por aparcamiento.

parkland ['pɑːklænd] [park-land], *s.* Zonas verdes.
parkway ['pɑːkweɪ] [park-uei], *s.* 1. Avenida, alameda, carretera, o avenida principal arbolada. 2. Calzada arbolada.
parlance ['pɑːləns] [par-lans], *s.* Modo de hablar, locución, habla; conversación.
parley ['pɑːlɪ] [par-li], *vn.* Parlamentar; discutir, conversar unos con otros; conferenciar verbalmente con un enemigo.
parley, *s.* 1. Conferencia, plática, como con un enemigo en el campo de batalla. 2. Parlamento, la acción de parlamentar. **To beat o sound a parley**, hacer oír el toque de parlamento.
parliament ['pɑːləmənt] [par-la-ment], *s.* Parlamento, el cuerpo legislativo de la Gran Bretaña, compuesto del rey, pares del reino y diputados nombrados por el pueblo; cuerpo legislativo en general.
parliamentarian [ˌpɑːləmen'tɛərɪən] [par-la-men-tea-rian], *s.* Parlamentario, el que es versado en la ley parlamentaria.
parliamentary [ˌpɑːlə'mentərɪ] [par-la-men-ta-ri], *a.* 1. Parlamentario, perteneciente al parlamento, o hecho por el parlamento. 2. Conforme a las reglas y usos de las asambleas legislativas.
parliament-house ['pɑːləməntˌhaʊs] [par-la-ment-jaus], *s.* El sitio donde el parlamento celebra sus sesiones.
parliament-man ['pɑːləməntˌmən] [par-la-ment-man], *s.* Diputado, individuo del parlamento.
parlor ['pɑːlə^r] [par-la^r], *s.* 1. Sala de recibo. 2. Parlatorio, locutorio. **Parlor game,** juego de salón.
parlor car ['pɑːləkɑː^r] [par-la-ka^r], *s. (F.C.)* Vagón-salón.
parlous ['pɑːləs] [par-los], *a.* 1. *(Ant.)* Peligroso, medroso, que infunde temor de un peligro. 2. *(Des.)* Astuto, chocarrero.
Parnassian ['pɑːneɪʃən] [par-nei-shan], *a.* Parnáside, que pertenece o se refiere al Parnaso.
Parnassus [pɑː'næsəs] [par-na-sos], *s.* Parnaso, el monte de la Fócide, morada principal de las musas.
parochial [pə'rəʊkɪəl] [pa-rou-kial], *a.* 1. Parroquial. 2. Sostenido por una parroquia o limitado a ella; estrecho.
parochialism [pə'rəʊkɪəlɪzəm] [pa-rou-kia-li-sem], *s. m.* Estrechez, mentalidad estrecha *(Fig.)*.
parochially [pə'rəʊkɪəlɪ] [pa-rou-kia-li], *adv.* Por parroquias.
parodic [pə'rɒdɪk] [pa-ro-dik], *a.* Paródico.
parody ['pærədɪ] [pa-ro-di], *s.* 1. Parodia. 2. Trova burlesca, imitativa. 3. *(Des.)* Refrán.
parody, *va.* Parodiar; trovar, convertir una obra seria en burlesca.
parol ['pærəl] [pa-rol], *a. (For.)* 1. Verbal, dado de vida voz, oral. 2. Escrito, pero no bajo sello.
parole [pə'rəʊl] [pa-roul], *s.* 1. *(Mil.)* Palabra, promesa de honor de un prisionero de guerra de no intentar escaparse o no volver a tomar armas contra sus captores hasta después de canjeado. 2. Libertad bajo caución, libertad condicional. **To be on parole,** estar en libertad bajo palabra. 3. Promesa, palabra de honor (promise).
parolee [pə'rəʊliː] [pa-rou-li], *s.* 1. *(Mil.)* Prisionero libre bajo su palabra de honor. 2. Preso libre bajo caución.
paronomasia [ˌpærənə'meɪzɪə] [pa-ro-no-mei-sia], *s.* Paronomasia, figura retórica en que se emplean los parónimos.
paronomastic [ˌpærənə'mæstɪk] [pa-ro-no-mas-tik], *a.* Paronímico.
paronym ['pærənɪm] [pa-ro-nim], *s.* 1. Parónimo, voz de igual etimología que otra. 2. Parónimo, palabra que se asemeja a otra en el sonido, pero que tiene otra significación y se escribe de modo diferente, v. g. *ale*, cerveza, y *ail*, sufrir, o indisposición.
paronymous, paronymic ['pærənɪməs] [pa-ro-ni-mos] ['pærənɪmɪk] [pa-ro-ni-mik], *a.* Paronímico, relativo al parónimo: (a) derivado de la misma raíz, como *civil* del latin *civilis*; (b) semejante en sonido, pero escrito de diferente modo y con sentido, también diferente, como *fair*, rubio, bello, y *fare*, precio de pasaje, manjares.
paroquet, *s. V.* PARRAKEET.
parotid ['pærətɪd] [pa-ro-tid], *a.* Parótido, situado cerca de la oreja. *-s.* Parótida, glándula salival situada debajo del oído.
paroxysm ['pærəksɪzəm] [pa-rok-si-sem], *s.* Paroxismo o parasismo.
paroxysmal ['pærəksɪzməl] [pa-rok-sis-mal], *a.* 1. Paroxismal, que pertenece o procede del paroxismo. 2. *(Geol.)* Que resulta de una convulsión de las fuerzas naturales.
parquet ['pɑːkeɪ] [par-kei], *s. (Teat.)* Piso de las lunetas. **Parquet, parquet floor**, piso de parqué (mosaico de madera).
parquetry ['pɑːkɪtrɪ] [par-ki-tri], *s.* Entarimado, mosaico de madera, para suelos o muebles.
parrakeet ['pærəkiːt] [pa-ra-kit], *s.* Periquito, papagayo pequeño, cotorra, particularmente el que tiene la cola en forma de cuña.
parrel ['pærl] [pa-rel], *s.* 1. Manto de chimenea. 2. *(Mar.)* Racamento, el compuesto de vertellos, liebres y bastardo que pasa por ellos, y que se une y atraca la verga con el palo. **Parrel-rope**, bastardo. **Ribs of the parrel**, liebres del racamento. **Parrel-trucks**, *(Mar.)* vertellos del racamento.
parrhesia ['pæriːzɪə] [pa-ri-sia], *s.* Libertad u osadía en el uso de la palabra.
parricidal ['pærɪsaɪdəl] [pa-ri-sai-dal], *a.* Parricida.
parricide ['pærɪsaɪd] [pa-ri-said], *s.* 1. Parricida, el que mata a su padre o madre. 2. Parricidio, el delito cometido por el parricida.
parrot ['pærət] [pa-rot], *s.* 1. Papagayo, loro. 2. El que repite o imita sin comprender. **Parrot cry,** eslogan. **Parrot-fish, parrot-wrasse**, escaro, pez cubierto de grandes escamas de color más o menos rojo.
parroted ['pærətɪd] [pa-ro-ted], *a.* Se dice de la persona a quien han enseñado a repetir las palabras como un papagayo.
parry ['pærɪ] [pa-ri], *vn.* 1. Esgrimir. 2. Parar, desviar los golpes del contrario.
parrying ['pærɪɪŋ] [pa-riin], *s.* El acto de parar, evitar o desviar los golpes del contrario.
parse ['pɑːs] [pars], *va.* Analizar alguna sentencia.
parsee, parsi ['pɑːsiː] [par-sii], *s.* 1. Parsi adorador del fuego, que profesa la religión de Zoroastro. 2. Idioma primitivo de los persas: parsi.
parseeism, parsism ['pɑːsiːzəm] [par-sii-sem], *s.* Parsismo, religión de Zoroastro.
parsimonious [ˌpɑːsɪ'məʊnɪəs] [par-si-mou-nios], *a.* Ahorrativo, avaro, mezquino, sumamente o indebidamente económico en sus gastos.
parsimoniously [ˌpɑːsɪ'məʊnɪəslɪ] [par-si-mou-nios-li], *adv.* Parcamente.
parsimoniousness [ˌpɑːsɪ'məʊnɪəsnɪs] [par-si-mou-nios-nes], *s.* Parcidad, miseria.
parsimony ['pɑːsɪmənɪ] [par-si-mo-ni], *s.* Parsimonia; tacañería, mezquindad.
parsing ['pɑːzɪŋ] [par-sin], *s.* Análisis de alguna oración o frase.
parsley ['pɑːslɪ] [pars-li], *s. (Bot.)* Perejil, planta hortense.
parsnip ['pɑːsnɪp] [pars-nip], *s. (Bot.)* Chirivía, planta hortense de raíz comestible.
parson ['pɑːsn] [par-son], *s.* 1. Clérigo. 2. Párroco, cura, rector.
parsonage ['pɑːsnɪdʒ] [par-so-nidch], *s.* 1. Curato. 2. Beneficio curado. 3. Curato o casa del cura. **Parsonage-house**, la casa del párroco.
part [pɑːt] [part], *s.* 1. Parte, porción, cantidad especial o determinada de una cosa o de un todo. 2. Parte esencial de un cuerpo u organismo; miembro (body). 3. Parte, región, lugar, sitio (place, region). **What part are you from?,** ¿de qué lugar es Ud.? 4. Parte, la porción que corresponde a alguna en un reparto; papel que representa un actor. **He acted the part of an emperor**, hizo el papel de emperador. 5. Interés, cuidado, lo que concierne o atañe. 6. Parte, partido, el lado a que alguno se inclina. 7. Obligación, deber. 8.

(Mús.) Parte, melodía o música escrita para una sola voz o instrumento. **A 3 part song,** una canción a 3 voces. 9. Entrega de un libro o periódico. 10. Raya del cabello. 11. Pieza (Mech). 12. Fascículo, tomo (book, journal). **Parts,** *pl.* Partes, las prendas, calidades y dotes naturales que adornan a alguno; talentos. **A man of parts**, hombre de talento. **For my part**, por lo que a mí toca, por mi parte, en cuanto a mí. **The funny part of it is that...,** lo gracioso es que ... **To take part**, tomar parte en, participar. **To take part with one**, tomar la defensa o el partido de una persona. **Part and parcel**, uña y carne. **Part author,** co-autor. **Foreign parts**, parajes, países extranjeros. **Do your part**, cumpla Ud. con su obligación. **The part of a wise man is to**, es obligación de un hombre cuerdo. **Three parts,** tres cuartos. **To play a part**, representar un papel, hacer el papel. **Part owner**, condueño, propietario de una parte. **In good o ill part**, en buena o mala parte, por bien o por mal.

part, *va.* 1. Partir, repartir, distribuir. 2. Separar, desunir, dividir. 3. Partir, romper (break). 4. Apartar a dos que riñen. 5. Rayar, disponer con una línea de, división entre dos partes; tener o llevar en dos porciones. **To part the hair**, partir el pelo, hacerse la raya. *-vn.* 1. Partirse, desunirse, separarse, apartarse (crowd, etc.). 2. Despedirse. 3. Partir, irse. 4. Tener parte en alguna cosa; ir a la parte. 5. *(Mar.)* Apartarse del ancla. **To part with**, deshacerse de alguna cosa, ceder, dejar, vender, enajenar. **He parted with his house and lot**, enajenó, se deshizo de su casa y solar. **To part from**, despedirse, decir adiós. **He parted from his wife and children**, se despidió de su esposa e hijos.

partable ['pɑːtəbl] [par-ta-bol], *a.* Partible.

partage [pɑː'teɪdʒ] [par-teich], *s.* Repartimiento.

partake [pɑː'teɪk] [par-teik], *va.* (*pret.* PARTOOK, *pp.* PARTAKEN). Repartir, tener parte en. *-vn.* 1. Participar; tomar parte en. 2. Tener, poseer algo de la naturaleza, propiedad o función de.

partaken [pɑː'teɪkn] [par-tei-ken], *pp.* de TO PARTAKE.

partaker [pɑː'teɪkəʳ] [par-tei-kaʳ], *s.* Participante; cómplice.

parter ['pɑːtəʳ] [par-taʳ], *s.* Partidor.

parterre [pɑː'teə] [par-tea], *s.* 1. Era de un huerto, cuadro de jardín, división de tierra completamente igual y por lo común adornada con flores puestas con orden. 2. En los Estados Unidos el patio de un teatro, el área y los asientos que quedan debajo de las galerías y detrás de las lunetas o butacas.

parthenogenesis ['pɑːθɪnəʊ'dʒenɪsɪs] [par-zi-nou-ye-ni-sis], *s.* Partenogénesis, reproducción sin unión sexual, como por medio de huevos, semillas o esporos no fertilizados.

Parthenon ['pɑːθənɒn] [par-za-non], *s.* Partenón, templo de Minerva en Atenas.

partial ['pɑːʃəl] [par-shal], *a.* 1. Parcial, que pertenece a la parte de un todo. 2. Parcial, el que sigue el partido de otro (biassed). 3. Parcial, que tiene parcialidad o demasiado afecto a alguna persona o cosa; aficionado a, amante de. 4. Particular, individual, no general. **To be partial to,** ser aficionado a.

partialist ['pɑːʃəlɪst] [par-sha-list], *s.* Partidario; muy apasionado.

partiality [ˌpɑːʃɪ'ælɪtɪ] [par-shia-li-ti], *s.* 1. Parcialidad; afecto excesivo. 2. Prevención, falta de equidad. 3. Predilección, gusto más pronunciado por una cosa que por otra; gusto particular.

partially ['pɑːʃəlɪ] [par-sha-li], *adv.* 1. Parcialmente, en parte, no del todo. 2. Parcialmente, con parcialidad.

partibility [ˌpɑːtɪ'bɪlɪtɪ] [par-ti-bi-li-ti], *s.* Divisibilidad.

partible ['pɑːtɪbl] [par-ti-bol], *a.* Partible, divisible.

participable [pɑː'tɪsɪpəbl] [par-ti-si-pa-bol], *a.* Participable.

participant [pɑː'tɪsɪpənt] [par-ti-si-pant], *a.* Participante, partícipe.

participate [pɑː'tɪsɪpeɪt] [par-ti-si-peit], *va.* y *vn.* Participar, recibir o tomar parte de alguna cosa.

participation [pɑːˌtɪsɪ'peɪʃən] [par-ti-si-pei-shon], *s.* Participación; distribución, repartimiento.

participatory [pɑːtɪsɪ'peɪtərɪ] [par-ti-si-pei-to-ri], *a.* Participativo (sports).

participial [ˌpɑːtɪ'sɪpɪəl] [par-ti-si-pial], *a.* Participial.

participially [ˌpɑːtɪ'sɪpɪəlɪ] [par-ti-si-pia-li], *adv.* Particialmente.

participle ['pɑːtɪsɪpl] [par-ti-si-pel], *s. (Gram.)* Participio, cierta forma del verbo que participa de la índole del verbo y del adjetivo. El participio presente del idioma ingés corresponde al gerundio español, y expresa el tiempo presente. Su desinencia es **-ing. The leaves are falling**, las hojas están cayendo. El participio pasado termina en *d, ed, en, n, o t*, y expresa tiempo pretérito. **Chafed**, estregado, rozando; **parted**, separado; **risen**, levantado, subido; **hurt**, herido, lastimado.

particle ['pɑːtɪkl] [par-ti-kel], *s.* 1. Partícula, parte o porción pequeña de alguna cosa; cantidad o grado pequeño (dust, etc.). *(Gram.)* Partícula, la palabra o voz de pocas sílabas que no se declina ni conjuga. 3. *(Mec.)* Cantidad de alguna subtancia tan pequeña que se la considera como un punto, aunque tiene todavía inercia y atracción.

parti-colored ['pɑːtɪˌkʌləd] [par-ti-ka-lad], *a.* Multicolor, de varios colores.

particular [pə'tɪkjʊləʳ] [par-ti-kiu-laʳ], *a.* 1. Particular, peculiar. 2. Particular, singular, extraordinario, poco común; notable (special). 3. Preciso, exacto, delicado o escrupuloso en el examen de alguna cosa. **A particular friend**, un amigo íntimo. 4. Particular, detallado, circunstanciado. 5. Exigente, quisquilloso, delicado en sus gustos. **A particular thing,** una cosa determinada. **She was most particular about it,** insistió mucho sobre esto. **A particular account**, relación circunstanciada o con todas sus menudencias. 6. Extravagante, extraño. *-s.* 1. Particular, el punto o materia de que se está tratando. 2. Particularidad, circunstancia o detalle particular; una persona o cosa determinada entre otras muchas. 3. Relación circunstanciada, dato, artículo. 4. Interés propio. **In particular**, particularmente. **Particular care,** cuidados especiales. **In every particular,** en todos los detalles. **To give particulars,** dar los detalles.

particularity [ˌpɑːtɪkjʊ'lærɪtɪ] [par-ti-kiu-la-ri-ti], *s.* Particularidad, cualidad o estado de lo particular, lo especial.

particularize [pə'tɪkjʊləraɪz] [par-ti-kiu-la-rais], *va.* Particularizar.

particularly [pə'tɪkʊləlɪ] [par-ti-kiu-lar-li], *adv.* Particularmente.

parting ['pɑːtɪŋ] [par-tin], *s.* 1. Separación, división, reparto: *(Quím.)* la acción de separar el oro de la plata. 2. Separación, partida, despedida, adiós. 3. Ruptura, v. g. la de un cable. 4. Paraje, línea o superficie de separación o división. *-pa.* 1. Que se refiere a una despedida, partida o separación. 2. Que se acaba, que se va. 3. Divisible, partible. **The parting hour**, la hora de la despedida. **A parting kiss**, un beso de despedida. **The knell of parting day**, el toque del día que declina. **Parting present,** regalo de despedida.

partisan, *a.* y *s. V.* PARTIZAN.

partition [pɑː'tɪʃən] [par-ti-shon], *s.* 1. Partición, repartimiento, división, la acción de dividir. 2. Separación, distinción, división; linde, línea de división. 3. Tabique, pared, *(Mar.)* mampara. 4. *(Bot.)* Pared interior que separa células o cavidades. **Partition-wall**, tabique, pared medianera. **Partition**, *va.* Partir, dividir o separar.

partitive ['pɑːtɪtɪv] [par-ti-tiv], *a.* 1. Partitivo, que separa en partes o divisiones. 2. *(Gram.)* Partitivo, que significa una de las aprtes en que se puede dividir un todo; también, distributivo. *-s.* Palabra o caso partitivo.

partizan, partisan [ˌpɑːtɪ'zæn] [par-ti-san], *a.* 1. Partidario, que se refiere o adhiere a un partido. **A partizan vote**, una votación de partido. 2. Que se refiere a guerrilleros o partidarios; llevado adelante por ellos.

partizan, partisan, *s.* 1. Partesana, especie de pica o alabarda; soldado que la lleva. 2. Bastón de mando.

partizanship, partisanship [ˌpɑːtɪ'zænʃɪp] [par-ti-san-ship], *s.* Calidad de partidario; adhesión ciega a un partido.

parthly ['pɑ:θlɪ] [parz-li], *adv.* En parte, en cierto modo.
partner ['pɑ:tnəʳ] [part-naʳ], *s.* 1. Socio, compañero, compañera (business, games); socio, asociado, copropietario en una empresa. **Sleeping partner**, socio comanditario. 2. Pareja, se llama en los bailes el par de personas que bailan juntas. 3. *(Mar.)* Malletes o fogonaduras. **Partners of the main-mast**, *(Mar.)* fogonaduras del palo mayor. **Partners of the capstan**, *(Mar.)* malletes del cabrestante.
partner, *va.* Asociarse con otro; acompañar.
partnership ['pɑ:tnəʃɪp] [part-na-ship], *s.* 1. Sociedad, interés social, propiedad común a varias personas. 2. Asociación de dos o más personas para neegocios, fundada en un contrato; sociedad.
partook, *pret.* de TO PARTAKE.
part-owner ['pɑ:t'əʊnəʳ] [part-ou-naʳ], *s.* Copropietario.
partridge ['pɑ:trɪdʒ] [par-trich], *s.* *(Orn.)* Perdiz. **A young partridge**, perdigón. **A covey of partridge**, perdigón. **A covey of partridges**, un vuelo de perdices.
parturient ['pɑ:tjʊrɪənt] [par-tiu-rient], *a.* Parturiente, que está de parto; que se refiere al parto.
parturition [ˌpɑ:tjʊə'rɪʃən] [par-tua-ri-shon], *s.* Parto, el acto de parir; alumbramiento; el estado de la hembra que está con los dolores de parto.
party ['pɑ:tɪ] [par-ti], *s.* 1. Partido, el conjunto de personas que siguen una misma facción u opinión. 2. Partido, parcialidad o coligación; facción. **Party politics,** política de partidos. 3. Parte, cualquiera de los litigantes en un pleito. 4. Interesado. **He, too, was a party to the affair**, él tomó también parte en el asunto, o estuvo interesado en él. 5. Partida, función, convite, tertulia, reunión escogida de personas para comer juntas o divertirse. **Party of pleasure**, día de campo. *(Amer.)* Día de jarana o de diversión. **A hunting, fishing,** o **riding party**, una partida de caza, de pesca, una cabalgata. **To go (out) to a party**, ir de tertulia. **Party dress,** vestido de fiesta. **Party-goer**, asiduo, aficionado a las fiestas. **To join the party**, agregarse a la partida; también, afiliarse a un partido. 6. Partida, cierto número de soldados. 7. *(Fam. o bajo)* Persona, individuo.
party-colored ['pɑ:tɪˌkʌləd] [par-ti-ka-lad], *a.* Abigarrado.
party-jury ['pɑ:tɪˌdʒʊərɪ] [par-ti-yu-ri], *s.* Jurado compuesto por mitad de ingleses y de personas de cualquier otra nación.
party line ['pɑ:tɪlaɪn] [par-ti-lain], *s.* 1. Línea telefónica que sirve a varios suscriptores. 2. Linde. 3. Política y normas fijadas por un partido político.
party-man ['pɑ:tɪmən] [par-ti-man], *s.* Partidario, parcial, hombre de partido.
party-wall ['pɑ:tɪwɔ:l] [par-ti-uol], *s.* Pared medianera.
parvenu ['pɑ:vənju:] [par-ve-niu], *s.* y *a.* Medrado, el que desde condición oscura ha hecho gran fortuna o ha obtenido posición y honores superiores a sus méritos.
parvis ['pɑ:vɪz] [par-vis], *s.* 1. *(Arq.)* El atrio delante de la puerta principal de una iglesia; el espacio alrededor del tabernáculo de los judíos. 2. Controversia académica.
pas ['pæs] [pas], *s.* 1. Paso. 2. Baile. 3. Precedencia. *V.* PRECEDENCE.
Paschal ['pɑ:skəl] [pas-kal], *a.* Pascual.
pash ['pæʃ] [pash], *va.* Herir, golpear.
pasha ['pæʃə] [pa-sha], *s.* Bajá, gobernador, general o almirante turco o egipcio; funcionario de alta clase.
pasquinade ['pɑ:skɪneɪd] [pas-kui-neid], **pasquil** ['pæskwɪl] [pas-kuil], **pasquin** ['pæskwɪn] [pas-kuin], *s.* Pasquín, pasquinada.
pass [pɑ:s] [pas], *va.* 1. Pasar, llevar o conducir de un lugar a otro. 2. Pasar, ir más allá del punto determinado. 3. Pasar, atravesar, traspasar, cruzar. 4. Pasar, aprobar un cuerpo deliberante algún proyecto de ley, decreto u otra cosa. 5. Pasar la vida, el tiempo, las horas, etc. 6. Pasar, transferir o trasladar una cosa de un sujeto a otro. 7. Pasar, colar, cener. 8. Pasar, exceder, aventajar, superar. 9. Pasar, no poner reparo, censura o tacha en alguna cosa. 10. Pasar, hacer tener una cosa por otra. 11. Pasar, enviar. *-vn.* 1. Pasar, ir a alguna parte y transitar caminando por ella. 2. Pasar, cesar, disiparse, desvanecerse o acabarse alguna cosa; morir. 3. Pasar de un estado o situación a otro diverso. 4. Propasarse o excederse. 5. Pasar, ocurrir, suceder. 6. Pasar, ser admitida sin reparo la moneda, y por extensión se dice de otras muchas cosas; obtener aceptación general. 7. Pasar, admitirse o aprobarse alguna opinión, hecho, etc. 8. Omitir, dejar de hacer una cosa. 9. Pasar, vivir con alguna comodidad. 10. Pasar, salir con una exoneración del vientre. 11. Pasar, dar una estocada, hacer un pase en la esgrima. 12. En los juegos de naipes, dar al próximo jugador el derecho de elegir entre dos jugadas. 13. Arrojar una pelota a otro, como ejercicio.
pass about/around, pasar de mano en mano.
pass along, pasar a lo largo. **As I passed along**, al pasar yo.
pass away, gastar, desperdiciar; consumir, desvanecer, disipar; pasarse, irse consumiendo una cosa; fallecer.
pass by, pasar, excusar, olvidar, perdonar; omitir pasar por o cerca de alguna cosa; ir más allá de un punto determinado. **To pass by in silence**, pasar en silencio, pasar por alto.
pass for, pasar por, ser tenido o reputado.
pass off, dar o circular como legítimo lo que no es; pasar, seguir su curso; disiparse.
pass on o **upon**, entregar al próximo; engañar o abusar de alguien; formar juicio sobre, examinar y decidir sobre; *(Des.)* pasar su camino.
pass out, salir, perder el sentido.
pass over, atravesar, cruzar; pasar por alto; excusar, perdonar; no hacer caso; olvidar.
pass through, aguantar, pasar por; desvanecerse.
pass up, subir, volver o subir. **To pass a trick**, jugar una pieza. **To pass censures**, censurar. **To pass compliments**, hacer cumplimienots; dirigir alabanzas o elogios. **To pass sentence** o **judgment,** pronunciar sentencia. **To pass one's word for another**, empeñar su palabra por otro. **To come to pass**, suceder, acontecer. **To let pass**, dejar pasar, permitir, conceder entrada; excusar, no hacer caso, olvidar, perdonar. **To make a pass to**, tirar una puñalada a uno. **To bring to pass**, traer a efecto, hacer suceder, efectuar.
pass, *s.* 1. Pasillo; paso, pasaje, lugar por donde se pasa; desfiladero, garganta, desembocadero; curso de las aguas. 2. Pase, licencia o permiso para pasar, o para ir y venir; billete de favor; a veces, pasaporte. 3. Estado, condición; crisis. 4. Salida feliz de un examen, prueba o inspección. 5. Gesto que hacen con la mano o con una varilla los magnetizadores. 6. Estocada. **Pass-book**, libro de cuenta y razón. **Pass-key**, llave maestra, ganzúa. **Pass-parole**, *(Mil.)* circule el santo y seña.
passable ['pɑ:səbl] [pa-sa-bol], *a.* 1. Pasadero, transitable. 2. Pasadero, que se puede tolerar. 3. Pasadero, que es medianamente bueno.
passably ['pɑ:səblɪ] [pa-sa-bli], *adv.* Tolerablemente, medianamente.
passage ['pæsɪdʒ] [pa-sich], *s.* 1. Pasaje; travesía. 2. Pasadizo; callejón, corredor. 3. Pasaje, paso, sitio o lugar por donde se pasa, camino. 4. Pasaje, porción corta de algún libro, escrito o discurso. 5. Ocurrencia, acontecimiento. **Passage-boat**, bote de pasaje. 6. Derecho de pasaje; libertad o facultad de pasar; entrada, salida, o tránsito libres. 7. Adopción de una ley. 8. Encuentro personal, pelea, disputa. 9. Migración, viaje periódico, particularmente de las aves. 10. Cámara, cagada, exoneración del vientre. **In the passage of time,** con el paso del tiempo.
passageway ['pæsɪdʒweɪ] [pa-sich-uei], *s.* Pasadizo, pasillo.
passe ['pæs] [pas], *pp.* y *a.* 1. Que ha pasado un examen para el ascenso. 2. Anterior, de otro tiempo. 3. Decretado, promulgado. *V.* PASS.
passé ['pæseɪ] [pa-sei], *a.* Pasado de moda.
passenger ['pæsndʒəʳ] [pa-san-yaʳ], *s.* Pasajero, transeúnte; viajero.
passer ['pæsəʳ] [pa-saʳ], *s.* El que pasa; viandante.
passer-by ['pæsə'baɪ] [pa-sa-bai], *s.* Transeúnte.

passerine ['pæsərɪn] [pa-sa-rin], *a.* Paserino, parecido a los gorriones, o propio de ellos.
passibility [ˌpæsɪ'bɪlɪtɪ] [pa-si-bi-li-ti], **passibleness** ['pæsɪblnɪs] [pa-si-bol-nes], *s.* Pasibilidad, la capacidad de recibir impresiones de los agentes externos.
passim ['pæsɪm] [pa-sim], *adv.* Aquí y allá, repetidas veces, en varios pasajes de un libro o escrito.
passing ['pɑːsɪŋ] [pa-sin], *a.* 1. Pasajero, transitorio, momentáneo. 2. Pasando, sucediendo, ocurriendo. 3. *(Ant.)* Sobresaliente, eminente. *-adv.* Eminentemente, perfectamente. *-s.* 1. Paso, pasaje; salida; de aquí, muerte. 2. Adopción de un proyecto de ley; dictado de una sentencia. **Passing-place**, desviadero de los ferrocarriles. **Passing shot,** tiro pasado (sports).
passing-bell ['pɑːsɪŋbel] [pa-sin-bel], *s.* La campana que toca a muerto.
passion ['pæʃən] [pa-shon], *s.* 1. Pasión. 2. Impresión, el efecto o alteración que causa en un cuerpo otro extraño. 3. Ira, cólera, enojo. **To put into a passion**, encolerizar, irritar, sacar de sus casillas. 4. Pasión, fuerte afición a una cosa con preferencia a las demás; amor, afecto; celo, ardor. 5. Pasión, los últimos tormentos y muerte que padeció el Redentor del mundo. **Passion-week**, semana de pasión. **To burst into a passion,** irritarse, montar en cólera.
passionate ['pæʃənɪt] [pa-sho-nit], *a.* Apasionado; colérico; arrebatado, mohino; ardiente; vivo, impetuoso, intenso. **A passionate lover**, un amante apasionado, ardiente. **Passionate longing**, antojo, anhelo vivo o intenso.
passionately ['pæʃənɪtlɪ] [pa-sho-nit-li], *adv.* Apasionadamente; ardientemente; impetuosamente; coléricamente, enojosamente. **To be passionately in love**, amar perdidamente.
passionateness ['pæʃənɪtnɪs] [pa-sho-nit-nes], *s.* La disposición a encolerizarse; vehemencia de afectos; impetuosidad.
passionfruit ['pæʃənfruːt] [pa-shon-frut], *s.* Fruta de la pasión.
passionless ['pæʃənlɪs] [pa-shon-les], *a.* Frío, soso, desamorado; insensible, sin pasiones.
passive ['pæsɪv] [pa-siv], *a.* 1. Pasivo, que es objeto de una acción sin cooperar en ella. 2. Quieto; inactivo, inerte. 3. Pasivo, que recibe o padece sin resistencia. 4. En sentido pasivo. *-s.* La voz pasiva.
passively ['pæsɪvlɪ] [pa-siv-li], *adv.* Pasivamente.
passiveness ['pæsɪvnɪs] [pa-siv-nes], **passivity** ['pæsɪvɪtɪ] [pa-si-vi-ti], *s.* 1. Pasividad. 2. Sensibilidad. 3. Calma, paciencia.
passkey ['pæskɪ] [pas-ki], *s. f.* Llave maestra.
Passover ['pɑːsəʊvə^r] [pa-sou-va^r], *s.* Pascua de los hebreos.
passport ['pɑːspɔːt] [pas-port], *s.* Pasaporte.
password ['pɑːswɜːd] [pas-ued], *s.* Palabra de pase, santo y seña, contraseña.
past [pɑːst] [past], *a.* 1. Pasado, transcurrido, último. **These six days past**, estos seis últimos días. **At half-past five o'clock**, a las cinco y media dadas. 2. Concluído, terminado; consumado. *-s.* 1. Lo pasado, el tiempo que pasó; antecedentes, historia. 2. *(Gram.)* Pretérito. 3. Los antecedentes, la historia de alguien o de una nación. *-pp.* 1. Más de, después (time). 2. Más allá de, fuera de (place). 3. Fuera de alcance, sin. *adv.* Por delante. **To march past,** desfilar. **To fly past,** pasar volando. **It is past four**, son más de las cuatro. **He is past recovery**, no hay esperanzas de que se cure. **Past the strait**, más allá del estrecho. **Past feeling**, fuera de sentido, sin sentido. **Past a doubt**, fuera de duda. **Past bearing**, insoportable; infecundo. **Past president**, presidente que fue, ex-presidente. **Past cure**, incurable. **Past dispute**, incontestable, fuera de duda. **Past** con referencia a empleos, se traduce *ex*, o *que fué*.
pasta ['pæstə] [pas-ta], *s.* Pasta alimenticia.
paste [peɪst] [peist], *s.* 1. Pasta, masa formada y unida de manera que forme un cuerpo viscoso (for sticking). 2. Engrudo, la masa que se hace de harina para pegar una cosa. 3. Pasta, la masa de que se hacen fideos, tallarines y otras cosas que sirven para sopa. 4. Una mezcla artificial hecha a imitación de las piedras preciosas. 5. Pasta, confección hecha de azúcar, goma, etc., con los zumos de frutas.
paste, *va.* Engrudar, pegar alguna cosa con engrudo.
pasteboard ['peɪstbɔːd] [peist-bord], *s.* Cartón fuerte. **Pasteboard binding**, encuadernación en cartoné.
pastel ['pætəl] [pas-tal], *s.* 1. Pastel, especie de dibujo hecho con lápices especiales de varios colores (drawing). 2. Lápiz de arcilla dura, de varios colores, clarioncillo (crayon). 3. *(Bot.)* Hierba pastel o glasto, planta; o su tinte azul.
pastern ['pæstɜːn] [pas-tern], *s.* 1. Cuartilla del caballo. 2. Atadura para los pies de un caballo.
pasteurize ['pæstəraɪz] [pas-ta-rais], *v.* Pasterizar (milk, etc.)
pasteurization [ˌpæstəraɪ'zeɪʃən] [pas-ta-rai-sei-shon], *s.* Pasterización (of milk, etc.)
pastiche [pæs'tiːʃ] [pas-tish], *s. m.* Imitación, pastiche.
pastil ['pæstɪl] [pas-til], *s.* 1. Pastilla de olor, pasta para sahumerios. 2. Pastilla de boca. 3. En pirotecnia, el tubo de papel donde se contiene la pólvora que hace girar las ruedas y otros fuegos de artificio. 4. Pastel. *V.* PASTEL.
pastime ['pæstaɪm] [pas-taim], *s.* Pasatiempo, diversión, recreación.
past master ['pæstmɑːstə^r] [pas-tai-ma^r], *s.* 1. Ex-funcionario de una logia masónica. 2. Autoridad o experto (en alguna materia).
pastor ['pɑːstə^r] [pas-to^r], *s.* 1. Pastor espiritual, ministro del Evangelio que tiene a su cargo una iglesia, congregación o cura de almas. 2. Estornino. 3. *(Des.)* Pastor, zagal.
pastoral ['pɑːstərəl] [pas-to-ral], *a.* 1. Pastoril, que pertenece a los pastores de ganado. 2. Pastoral, que se refiere a un pastor o a la cura de almas. *-s.* 1. Pastoral, pastoril, bucólica; idilio. 2. Obra de arte que representa escenas campestres. 3. Pastoral, carta pastoral. 4. Pastorela.
pastorate ['pæstəreɪt] [pas-to-reit], *s.* 1. Oficio, estado o dignidad de un pastor; la cura de almas. 2. Tiempo que dura su cargo o curato.
pastorship ['pæstəʃɪp] [pas-tor-ship], *s. V.* PASTORATE.
pastry ['peɪstrɪ] [peis-tri], *s.* Pastelería, pasteles, pastas. **Pastry brush,** cepillo para repostería. **Pastrycase,** cobertura de pasta. **Pastry cutter,** cortador de pasta. **Pastry shop,** pastelería, confitería, repostería.
pastry-cook ['peɪstrɪkʊk] [peis-tri-kuk], *s.* Pastelero.
pasturable ['pɑːstjʊrəbl] [pas-tiu-ra-bol], *a.* Bueno para pasto.
pasturage ['pɑːstjʊrɪdʒ] [pas-tiu-rich], *s.* 1. Pastos, las hierbas que sirven para alimenatar a los animales. 2. Pasturaje, el lugar de pasto abierto o común. 3. Ganadería, el tráfico en ganados.
pasture ['pɑːstʃə^r] [pas-cha^r], *s.* 1. Apacentadero, dehesa (land). 2. Pastura, pasto; apacentamiento (grass). **Pasture-ground**, dehesa, pradera, apacentadero; pasturaje. *(Fig.)* **She's gone to pastures new,** ha pasado a mejor vida.
pasture, *va.* Pastar, apacentar. *-vn.* Pastar, pacer o comer la hierba del campo los ganados.
pasty ['peɪstɪ] [peis-ti], *a.* Pastoso, semejante a la pasta, o de la consistencia de ésta. *-s.* Pastel de carne. **Pasty-faced,** pálido.
Pat [pæt] [pat], *n. Diminutivo de* **Patrick** o **Patricia.**
pat, *a.* Apto, conveniente, propio, bueno, cómodo. *-s.* 1. Pasagonzalo, golpecillo ligero y acariciador dado con la mano o con los dedos. 2. Pastilla, masa pequeña moldeada o formada con los dedos; pastelillo. *-adv.* Aptamente, convenientemente. 3. Pequeño golpe, palmadita (with hand). Caricia (caress). **To know something off pat,** saberse algo al dedillo. **To stand pat,** mantenerse firme, en sus trece *(EU).*
pat, *va.* Dar golpecillos, tocar ligeramente con la mano, de una manera suave y cariñosa. *vt.* Dar una palmada, tocar (touch).
patch [pætʃ] [pach], *va.* 1. Remendar, apedazar, echar remiendos o pedazos a alguna cosa rota (cloths, etc.). 2.

Adornar el rostro con lunares o parches de tafetán negro. 3. Chafallar, hacer o remendar alguna cosa sin arte ni aseo. 4. Componer una cosa con retazos de diversos géneros; se usa generalmente con **up** (denotando el resultado) o **together** (indicando los materiales). *-vn.* Echar remiendos, hacer labor de retazos. **To patch up a quarrel,** hacer las paces.

patch, *s.* 1. Remiendo. 2. Pieza embutida en obra mosaica. 3. Lunar, parche de tafetán negro con el cual las señoras solían adornar sus rostros (spot). 4. Terreno, pedazo de tierra. **Patch of land** o **ground,** pedazo de terreno. **A patch of chocolate,** una mancha de chocolate. **It's not a patch on the other one,** no se puede comparar con el otro

patcher ['pætʃəʳ] [pa-chaʳ], *s.* Chafallón; remendón.

patchwork ['pætʃwɜːk] [pach-uek], *s.* Obra o labor de retacitos; taracea de paño o lienzo, mosaico.

patchy ['pætʃɪ] [pa-chi], *a.* No uniforme, desigual.

pate [peɪt] [peit], *s.* *(Fest)* 1. La cabeza. 2. *(Fort.)* Especie de media luna.

pâté ['pæteɪ] [pa-tei], *s. m.* Paté, pastel.

pated ['peɪtɪd] [pei-tid], *a.* Lo que tiene cabeza. **Long-pated man,** hombre de entendimiento, hombre de gran cabeza.

patella [pə'telə] [pa-te-la], *s.* 1. Rótula o choquezuela de la rodilla. 2. *(Zool.)* Parte semejante a una copa. 3. Vasija o cazo pequeño.

paten ['pætən] [pa-ten], *s.* Plato; en especial, patena, el platillo en donde se pone la hostia en la misa.

patent ['peɪtənt] [pei-tent], *a.* Patente, manifiesto, visible (obvious); público. *-s.* 1. Patente, privilegio exclusivo; privilegio de invención, documento que garantiza al inventor, durante cierto número de años, el derecho exclusivo de explotar un invento nuevo. 2. Cédula oficial, como de tierras, de privilegio, título o franquicia. **Patent leather,** charol. **Patent Office,** oficina de los privilegios de invención, o de patentes.

patent, *va.* 1. Obtener una patente o privilegio exclusivo. 2. Conceder por cartas patentes, por privilegio.

patentable ['peɪtəntəbl] [pei-ten-ta-bol], *a.* Que puede ser objeto de privilegio exclusivo.

patentee [ˌpeɪtən'tiː] [pei-ten-ti], *s.* Privilegiado, el que tiene una patente, que disfruta un privielgio exclusivo.

patent leather ['peɪtəntˌleðəʳ] [pei-tent-le-daʳ], *s.* Charol.

patent medicine ['peɪtəntˌmedsɪn] [pei-tent-med-sin], *s.* Medicina de patente.

paternal [pə'tɜːnl] [pa-ter-nal], *a.* Paternal, paterno.

paternalism [pə'tɜːnəlɪzəm] [pa-ter-na-li-sem], *s.* Paternalismo.

paternalist [pə'tɜːnəlɪst] [pa-ter-na-list], *a.* Paternalista.

paternally [pə'tɜːnəlɪ] [pa-ter-na-li], *adv.* Paternalmente.

paternity [pə'tɜːnɪtɪ] [pa-ter-ni-ti], *s.* 1. Paternidad, cualidad de padre. 2. Linaje, alcurnia por parte de padre. 3. Origen en general.

pater-noster ['pætə'nɒstəʳ] [pa-ta-nos-taʳ], *s.* Paternóster, «padre nuestro», la oración dominical; *(Arq.)* contera.

path [pɑːθ] [paz], *s.* 1. Senda, sendero, vereda; camino estrecho para personas o animales (road, way). 2. Por extensión, camino, vía. 3. Paso, huella, curso, espacio, rastro, pista, trayectoria; de aquí, método de vida o de conducta. **To cross somebody's path,** crear dificultades a alguien, tropezar con alguien.

pathetic, pathetical [pə'θetɪk] [pa-ze-tik], *a.* 1. Patético, tierno, conmovedor, que mueve a compasión y simpatía; que excita las emociones tiernas. 2. Apasionado, animado. **Pathetic fallacy,** engaño sentimental.

pathetically [pə'θetɪkəlɪ] [pa-ze-ti-ka-li], *adv.* Patéticamente, tiernamente.

pathfinder ['pəθˌfaɪndəʳ] [paz-fain-daʳ], *s.* Explorador que descubre un nuevo sendero.

pathless ['pæθlɪs] [paz-les], *a.* Intransitable, sin senda.

pathogenic [pæθə'dʒenɪk] [pa-zo-ye-nik], *a.* 1. Patógeno. 2. Patogénico.

pathological, pathologic [ˌpæθə'lɒdʒɪkəl] [pa-zo-lo-yi-kal], *a.* Patológico.

pathologist [pə'θɒlədʒɪst] [pa-zo-lo-yist], *s.* *(Med.)* Patólogo.

pathology [pə'θɒlədʒɪ] [pa-zo-lo-yi], *s.* Patología, la parte de la medicina que trata de las enfermedades y de su naturaleza, causas y síntomas.

pathos ['peɪθəs] [pei-zos], *s.* Lo patético, lo tierno; lo que excita las pasiones y las emociones tiernas; lástima.

pathway ['pɑːθweɪ] [paz-uei], *s.* Senda, vereda, camino estrecho. *V.* PATH.

patience ['peɪʃəns] [pei-shans], *s.* 1. Paciencia, resignación y tolerancia en los trabajos. 2. Paciencia, reposo, sosiego en lo que se desea. 3. *(Bot.)* Romaza, planta. **To be out of patience**, perder la paciencia, perder los estribos, salirse de sus casillas. **His patience is exhausted,** se le ha agotado la paciencia. **You wear out my patience**, Ud. pone a prueba mi paciencia. *(Fam.)* Me fastidias o eres muy majadero.

patient ['peɪʃənt] [pei-shant], *a.* 1. Paciente, sufrido, asiduo, constante, que sufre con calma los males, injusticias y ofensas. 2. Constante, perseverante en sus esfuerzos. 3. tolerante, tierno, y que no se desalienta al ayudar a otros. 4. Que espera con calma, tranquilamente. 5. Sufrido, paciente en cuanto a las fatigas del cuerpo. *-s.* 1. Paciente, sujeto pasivo; persona o cosa que recibe impresiones externas. 2. Paciente, enfermo, el que padece alguna enfermedad o dolencia.

patiently ['peɪʃəntlɪ] [pei-shant-li], *adv.* Pacientemente.

patina ['pætɪnə] [pa-ti-na], *s.* Pátina.

patio ['pætɪəʊ] [pa-tiou], *s.* Patio estilo español.

patness ['pætnɪs] [pat-nes], *s.* Aptitud, conveniencia.

patois ['pætwɑː] [pa-tua], *s.* Jerga, lenguaje corrompido y provincial.

patriarch ['peɪtrɪɑːk] [pei-triak], *s.* 1. Patriarca, jefe de una familia, el que gobierna por derecho paterno. 2. Hombre anciano y venerable; de aquí, cualquier objeto digno de veneración.

patriarchal [ˌpeɪtrɪ'ɑːkəl] [pei-tria-kal], *a.* Patriarcal.

patriarchate [ˌpeɪtrɪ'ɑːkeɪt] [pei-tria-keit], **patriarchship** ['peɪtrɪɑːkʃɪp] [pei-triak-ship], **patriarchy** ['peɪtrɪˌɑːkɪ] [pei-tria-ki], *s.* Patriarcado.

patrician [pə'trɪʃən] [pa-tri-shan], *a.* Patricio, noble, de alcurnia aristocrática. *-s.* 1. Patricio, miembro de la nobleza de Roma. 2. Persona de alta clase. 3. Título de honor.

patricide ['pætrɪsaɪd] [pa-tri-said], *s.* *V.* PARRICIDE.

patrimonial ['pætrɪmənɪəl] [pa-tri-mo-nial], *a.* Patrimonial.

patrimony ['pætrɪmənɪ] [pa-tri-mo-ni], *s.* Patrimonio, lo bienes y hacienda que el hijo tiene heredados de su padre.

patriot ['peɪtrɪət] [pei-triot], *s.* Patriota. *-a.* Patriótico.

patriotic ['pætrɪ'ɒtɪk] [pa-trio-tik], *a.* Patriótico, inspirado por el amor al país natal a la patria, que tiene en mira el bien de su país.

patriotism ['pætrɪətɪzəm] [pa-trio-ti-sem], *s.* Patriotismo, celo patriótico, amor a la patria.

patrol [pə'trəʊl] [pa-troul], *s.* 1. El acto de patrullar. 2. Patrulla, el número de soldados que con un cabo salen a rondar. 3. Ronda del resguardo o de la policía. **Patrol car,** coche patrulla. **Patrol boat,** lancha patrullera.

patrol, *va.* y *vn.* Patrullar, rondar; hacer la ronda.

patrolman [pə'trəʊlˌmən] [pa-troul-man], *s.* Policía o vigilante rondador.

patrol wagon [pə'trəʊlˌwægən] [pa-troul-va-gon], *s.* Camión de policía.

patron ['peɪtrən] [pei-tron], *s.* 1. Patrón, patrono, protector, defensor, amparador. 2. Patrón, el santo que se elige como especial protector. 3. Abogado, defensor. 4. Patrono, el que tiene el derecho del patronato eclesiástico.

patronage ['peɪtrənɪdʒ] [pei-tro-nich], *s.* 1. Patrocinio, amparo, protección. 2. Patronato, patronazgo, el derecho de presentar personas idóneas para empleos civiles o eclesiásticos. 3. El patrocinio de un santo.

patroness ['peɪtrənɪs] [pei-tro-nes], *s. f.* Patrona, protectora; señora, patrona de una obra de caridad o de una función social.

patronize ['pætrənaɪz] [pa-tro-nais], *va.* 1. Patrocinar, proteger (protect); apoyar, favorecer, alentar una empresa

(promote). 2. Condescender con arrogancia. 3. *(Fam.)* Hacerse parroquiano de una tienda. **A patronizing manner**, aires o maneras condescendientes. **To be well patronized,** tener mucha clientela, estar acreditado (shop, etc.).
patronizer ['pætrənaɪzəʳ] [pa-tro-nai-saʳ], *s.* Patrón, patrocinador.
patronizing ['pætrənaɪzɪŋ] [pa-tro-nai-sin], *a.* Altivo, paternalista, superior.
patronless ['pætrənlɪs] [pa-tron-les], *a.* Desamparado, despatronado.
patronymic [ˌpætrə'nɪmɪk] [pa-tro-ni-mik], *s.* y *a.* Patronímico, nombre de familia.
patsy ['pætsɪ] [pat-si], *a.* *(EU)* Bobo, estúpido, "primo".
patted ['pætɪd] [pa-tid], *a.* Golpeado ligeramente con la mano.
patten ['pætn] [pa-ten], *s.* 1. Galocha, zueco, especie de calzado de madera con la parte inferior muy gruesa. 2. Base de columna; cimiento, fundamento de una pared o muro.
patter ['pætəʳ] [pa-taʳ], *vn.* 1. Hacer ruido con una rápida sucesión de sonidos ligeros, como la lluvia. 2. **To patter with the feet**, patalear, patear; hacer ruido dando patadas. **To patter about,** amdar con pasos ligeros.
patter, *s.* 1. Sucesión de golpecitos o palmaditas. 2. Habla rápida y voluble. 3. Charla, habladuría, parlería (chat). 4. *(Bajo)* Dialecto, jerga.
pattern ['pætən] [pa-tern], *s.* 1. Model, dechado, norma. 2. Ejemplar, caso, suceso o hecho que se pone por modelo. 3. Muestra, la porción corta de alguna mercadería que se da para reconocer su calidad. 4. Patrón, dechado, cualquiera cosa cortada en papel o en paño para imitar o trabajar sobre ella. **Goods of good patterns**, géneros de gusto o de moda.
pattern, *va.* Copiar, imitar; servir de ejemplo.
patterned ['pætənd] [pa-tend], *a.* Estampado (material).
patty ['pætɪ] [pa-ti], *s.* Pastelillo, pastel pequeño. **Patty-pan,** tortera o tartera.
patulous ['pætjʊləs] [pa-tiu-los], *a.* Abierto, extendido, un poco divergente.
paucity ['pɔːsɪtɪ] [po-si-ti], *s.* Poquedad, escasez, pequeño número, pequeña cantidad.
pauline ['pɔːlaɪn] [po-lain], *a.* Paulista, que se refiere a San Pablo.
paunch ['pɔːntʃ] [ponch], *s.* 1. Panza, barriga, vientre. 2. El *rumen* o primer estómago de los rumiantes. 3. Borde de una campana. 4. *(Mar.)* Pallete, jimelga de frente.
paunch, *va.* Desbarrigar, romper o herir el vientre.
pauper ['pɔːpəʳ] [po-paʳ], *s.* Pobre, indigente, el que depende de la caridad, que no tiene para vivir más que los socorros de la parroquia o de la ciudad.
pauperism ['pɔːpərɪzəm] [po-pa-ri-sem], *s.* Pauperismo, indigencia, mucha pobreza, falta de medios de existencia.
pauperization [ˌpɔːpəraɪ'zeɪʃən] [po-pa-rai-sei-shon], *s.* Empobrecimiento.
pauperize, pauperise ['pɔːpəraɪz] [po-pa-rais], *va.* Reducir a la indigencia.
pause [pɔːz] [pos], *s.* 1. Pausa; duda, suspensión, interrupción del movimiento, acción o ejercicio. 2. Intervalo, tiempo de parada; interrupción o fin de párrafo. 3. Hesitación, irresolución, vacilación. 4. Signo que indica una pausa en música o puntuación. **I only require some pause**, no pido más que un poco de reposo. **To give somebody pause,** vacilar a alguien, dar que pensar a alguien. **Without pause,** sin descanso, sin interrupción.
pause, *-vn.* 1. Pausar, cesar, detenerse, interrumpirse, hacer una pausa (speaker); cesar de hablar por cualquier causa. 2. Tardar, pausar; vacilar. 3. Aguardar, estar en expectación. 4. Deliberar. **Pause a day or two**, aguarde Ud. uno o dos días. **Pause before you act,** piensa antes de actuar.
pauser ['pɔːzəʳ] [po-saʳ], *s.* El que se detiene; el que reflexiona o delibera.
pave [peɪv] [peiv], *va.* 1. Pavimentar, enladrillar, empedrar, enlosar, embaldosar. 2. Allanar el camino. **To pave the way for**, facilitar o allanar el camino para. **Paved road**, camino pavimentado.
pavement ['peɪvmənt] [peiv-ment], *s.* 1. Pavimento, suelo de losas o baldosas; empedrado de calle. 2. Camino o sendero empedrado. 3. El material con que está empedrada una superficie; pavimento. **Mosaic, tessellated pavement**, pavimento de mosaico.
paver ['peɪvəʳ] [pei-vaʳ], **pavier** ['peɪvɪəʳ] [pei-viaʳ], *s.* Empedrador; solador.
pavilion [pə'vɪlɪən] [pa-vi-lion], *s.* 1. Pabellón, tienda de campaña; habitación movible y temporal; cenador de jardín. 2. *(Arq.)* Pabellón, construcción que forma parte del edificio principal. 3. Dosel, pabellón. 4. La oreja, el oído externo. 5. Pabellón, bandera.
paving ['peɪvɪŋ] [pei-vin], *s.* Empedrado, acción de empedrar; y empedrado, pavimento, la superficie empedrada. **Paving-stone**, adoquín. **Paving-tile**, loseta.
pavonine ['pævənaɪn] [pa-vo-nain], *a.* Relativo o que pertenece al pavo real; (Poco us.) irisado.
paw [pɔː] [po], *s.* 1. Garra, pata de un animal. 2. *(Fest.)* Garra, mano tosca del hombre; manaza.
paw, *-vn.* Patear el caballo o escarbar la tierra con un pie delantero. **To pat the ground,** piafar (horse). *-va.* 1. Herir con el pie delantero. 2. Manosear alguna cosa con poca maña o ajándola.
pawed ['pɔːd] [pod], *a.* Armado de garras; patiancho.
pawl ['pɔːl] [pol], *s.* Linguete, fiador de rueda, paleta de reloj, diente de encaje, retén, seguro. **Pawl of the capstan**, linguete del cabrestante. **Supporter of the pawl**, *(Mar.)* descanso del linguete. **Hanging pawls**, *(Mar.)* linguete de por alto.
pawn ['pɔːn] [pon], *va.* Empeñar, dar o dejar alguna cosa en prenda.
pawn, *s.* 1. Prenda, la alhaja que se entrega para la seguridad de alguna deuda o contrato. 2. Prenda, la condición de ser tenido como garantía del dinero prestado. **In pawn**, en prenda. 3. Peón, pieza del juego de ajedrez.
pawnbroker ['pɔːnˌbrəʊkəʳ] [pon-brou-kaʳ], *s.* 1. Prestamista, prendero, el que presta dinero y recibe prendas en seguridad de la deuda. 2. *(For.)* Comodatario.
pawnee ['pɔːniː] [po-ni], *s.* 1. Prestador, prestamista sobre prendas. 2. Nombre de una tribu de indios norteamericanos.
pawnshop ['pɔːnʃɒp] [pon-shop], *s.* Montepío, monte de piedad, casa de empeño.
pawpaw ['pɔːpɔː] [po-po], *s. f.* Papaya.
pax ['pæks] [paks], *s.* Paz, en la misa.
pay [peɪ] [pei], *va.* *(pret.* **y** *pp.* PAID). 1. Pagar; remunerar, recompensar. 2. Gastar, desembolsar; cubrir o pagar los gastos de; distribuir en pagos. 3. Dar tributo, ofrecer algo a uno; dar, hacer. 4. Ser provechoso a, aprovechar a. 5. Pagar, sufrir el castigo o la pena por alguna falta, culpa, olvido, etc. 6. Pagar, corresponder a los beneficios que se reciben. *-vn.* 1. Pagar, satisfacer una deuda (bill, debt). 2. Producir adecuada ganancia, dar provecho. **To pay in full**, pagar por completo.
pay away, desembolsar, pagar.
pay back, pagar; devolver lo que se ha recibido; restituir.
pay down, pagar en dinero contante o al contado.
pay for, pagar una cosa que se compra; espiar, satisfacer, purgar culpas, pecados o yerros.
pay in, ingresar.
pay off, (a) pagar el sueldo completo. (b) Despedir, despachar. (c) Retornar, desquitar, pagar en la misma moneda.
pay out a cable, *(Mar.)* arriar el cable.
pay over, entregar, pagar.
pay up, pagar (de mala gana).
pay attention to, (a) dar, prestar atención a. (b) Dedicar atenciones a una mujer, cortejarla, galantearla. **To pay one's addresses to**, cortejar, pretender en matrimonio a una mujer. **To pay due honor to**, tributar a uno los honores que le son debidos. **Pay him my respects**, hágale Ud. presentes mis respetos. **He will get paid**, hará que le paguen. **He must be**

paid, es menester pagarle. **To rob Peter to pay Paul**, ganar el cielo con rosario ajeno; literalmente, robar a Pedro para pagar a Pablo. **To pay a visit**, hacer una visita. **To pay on account,** pagar a cuenta. **To pay oneself**, tomarse la paga por su mano. **To pay cash**, pagar al contado. **To pay by instalmentes**, pagar a plazos.

pay, *va.* Embrear. **To pay a ship's bottom**, *(Mar.)* despalmar, embrear y alquitranar la embarcación. **To pay the seams**, *(Mar.)* embrear las costuras.

pay, *s.* 1. Paga; sueldo, salario. **Equal pay**, igualdad de salario. *(Mil.)* la paga diaria del soldado. 2. Compensación, recompensa; equivalente. 3. Recompensa, merecido, pena. **Half-pay**, medio sueldo. **Half-pay officer**, oficial retirado. **Pay-clerk**, empleado pagador. **Pay-dirt, pay-gravel**, tierra o arena que da cantidad provechosa de oro. **Pay increase,** incremento salarial. **To get one's pay**, cobrar. **Pay TV,** televisión de pago.

payable ['peɪəbl] [peia-bol], *a.* Pagadero. **Bill payable in March**, letra que vence en marzo.

paycheck ['peɪtʃek] [pei-chek], *s. m.* Pago, sueldo *(EU)*.

payday ['peɪtdeɪ] [pei-dei], *s.* Día de paga.

payee [peɪ'iː] [peii], *s. (For.)* La persona a quien se paga una letra de cambio; aquél a quien debe hacerse un pago.

payer ['peɪəʳ] [peiaʳ], *s.* Pagador. **Bad/slow payer,** moroso.

paying ['peɪɪŋ] [pei-yin], *s.* 1. El acto de despedir a alguno. 2. El acto de alquitranar o embrear. 3. Sacudimiento, apaleamiento. **Paying away** o **out**, *(Mar.)* el acto de arriar un cabo. **Paying guest,** pensionista, huésped de pago. **Paying off**, el acto de pagar a alguno. **Paying teller**, empleado pagador de un banco.

payload ['peɪləʊd] [pei-loud], *s.* Carga útil.

paymaster ['peɪmɑːstəʳ] [pei-mas-taʳ], *s.* Pagador. *(Mil.)* Habilitado.

payment ['peɪmənt] [pei-ment], *s.* 1. Pago, paga, pagamento. 2. Pago, recompensa, premio. 3. Paliza, zurra. **To take goods in payment**, tomar mercancías en pago. **To stop payment**, suspender los pagos, dar punto a los negocios. **Cash payment**, pago al contado, en especie. **Payment in instalments,** pago a plazos. **Payment in full (of all demands)**, saldo de cuenta. **To delay, to defer the payment**, diferir, aplazar el pago. **To sue for payment**, perseguir el pago. **To meet a payment**, hacer frente a un pago. **On the payment of**, mediante el pago de. **Payment on invoice,** pago al presentar la factura. **Payment terms,** condiciones de pago.

paynim, painim ['peɪnɪm] [pei-nim], *a.* y *s. (Ant.)* Pagano, gentílico; mahometano. Paganismo, gentilismo.

payoff ['peɪɒf] [pei-of], *s.* 1. Acto de pagar salarios o sueldos. 2. Retribución. 3. *(Fam.)* Desenlace.

pay pause ['peɪpɔːz] [pei-pos], *s.* Congelación de salarios.

payroll ['peɪrəʊl] [pei-roul], *s.* Nómina de sueldos. *(Mex.)* Lista de raya.

PBS *(EU) Abreviatura de* **Public Broadcasting Service.**

PD *(EU) Abreviatura de* **Police Department.**

pea [piː] [pi], *s.* (pl. PEAS o PEASE). Guisante. Pisum sativum. **Canned peas**, guisantes en latas. **Chick-pea**, garbanzo. **Pea-chafer**, *V.* **Pea-weevil. Pea-green**, verde claro, color de guisante tierno. **Pea-gun**, cerbatana. **Pea-pod, pea-shell**, vaina de guisante. **Pea-weevil**, gorgojo. **Sweet pea**, látiro oloroso, guisante de olor.

peace [piːs] [pis], *s.* 1. Paz. 2. Paz, reposo, tranquilidad, sosiego. 3. Paz, descanso eterno. 4. Silencio, quietud. 5. Estado de reconciliación, concordia, buena inteligencia, armonía. *-inter.* ¡Paz! ¡silencio! **To break the peace,** perturbar la paz. **To keep the peace**, no turbar la paz pública. **To hold one's peace**, guardar silencio, no hablar, callarse. **Peace establishment** o **footing**, *(Mil.)* pie de paz. **Peace Movement,** movimiento por la paz. **Justice of the peace**, juez de paz, alcalde. *V.* JUSTICE. **Peace-offering**, sacrificio propiciatorio. **Peace-officer**, el ministro de justicia que está encargado de la tranquilidad pública; guardia civil. **Peace talks,** negociaciones para la paz.

peaceable ['piːsəbl] [pi-sa-bol], *a.* Tranquilo, sosegado, pacífico, apacible.

peaceableness ['piːsəblnɪs] [pi-sa-bol-nes], *s.* Quietud, tranquilidad; carácter pacífico.

peaceably ['piːsəblɪ] [pi-sa-bli], *adv.* Pacíficamente, apaciblemente.

peaceful ['piːsfʊl] [pis-ful], *a.* Tranquilo, quieto, sosegado, pacífico.

peacefully ['piːsfəlɪ] [pis-fu-li], *adv.* Tranquilamente, apaciblemente.

peacefulness ['piːsfʊlnɪs] [pis-ful-nes], *s.* Quietud, calma, tranquilidad, sosiego.

peace-keeper ['piːskiːpəʳ] [pis-ki-paʳ], *s.* Pacificador *(Mil.)*.

peace-maker ['piːsmeɪkəʳ] [pis-mei-kaʳ], *s.* Pacificador.

peace pipe ['piːspaɪp] [pis-paip], *s.* Pipa de paz de las ceremonias de los indios de E.U.

peach [piːtʃ] [pich], *s. (Bot.)* Melocotón, durazno, pérsico, albérchigo (fruit); también melocotonero, durazon, pérsico, el árbol que produce estas frutas. **Freestone peach**, abridero; pérsico cuya carne no está adherida al hueso. **Clingstone peach**, albérchigo o pavía. **Dried peaches**, orejones. **Peach-borer**, mariposa nocturna azul. **She is a peach,** es un bombón, es una preciosidad. **Peach-yellows**, una enfermedad de los melocotoneros que causa la madurez prematura del fruto y poner amarillas las hojas.

peach, *-vn. (Fam.)* Hacerse delator de un cómplice.

peach-colored ['piːtʃˌkʌləd] [pich-ka-lad], *a.* Que tiene color de melocotón.

peach-tree ['piːtʃtriː] [pich-tri], *s.* Melocotonero, pérsico, un árbol.

peacock, peafowl ['piːkɒk] [pi-kok], *s.* Pavón o pavo real.

peahen ['piːhen] [pi-jen], *sf.* Pava real, la hembra del pavón.

peak [piːk] [pik], *s.* 1. Cima o cumbre, pico, montaña que termina en punta y sobresale de las otras. 2. Pico, cualquier cosa que remata en punta. 3. *(Mar.)* Pena o penol, pico, espiga de vela. **Peak-halliards**, *(Mar.)* drizas de la pena. **Peak hours,** hora punta. **Peak period,** periodo de gran o máxima actividad.

peak, *-vn.* Tener apariencia de enfermo. *-va. (Mar.)* Amantillar el pico, levantar una verga contra el mástil.

peaked ['piːkt] [pikt], *a.* 1. Puntiagudo; con caballete, como un tejado. 2. *(Fam.)* Enfermizo o flaco en apariencia. **Peaked cap,** gorra de visera.

peaking ['piːkɪŋ] [pi-kin], *a.* 1. Enfermizo, flaco, lánguido; ignoble. 2. *(Fam.)* Enfermizo, malucho.

peakish ['piːkɪʃ] [pi-kish], *a.* Perteneciente a la cima o cumbre de una montaña o a cualquier cosa que termina en pico.

peaky ['piːkɪ] [pi-ki], *a.* 1. Abundante en picos o cumbres. 2. *(Fam.)* De apariencia enfermiza.

peal [piːl] [pil], *s.* 1. Repique de campanas (bells). 2. Estruendo como el de los truenos o cañones; estrépito. **To ring the bells in a peal**, tocar las campanas a vuelo. **The last peal**, el último repique o toque, la última llamada. **Peal of laughter**, carcajada, risotada.

peal, *-vn.* Tocar con mucho ruido. *-va.* 1. Aturdir haciendo ruido muy grande. 2. Moverse alguna cosa con mucha agitación.

peanut ['piːnʌt] [pi-nat], *s.* Cacahué, cacahuete. *(Mex.)* Cacahuate. *(Cuba)* Maní. **Peanut brittle**, crocante de cacahuate o de maní. *(Mex.)* Pepitoria. **Peanut butter**, mantequilla de cacahuate o de maní.

peapod ['piːpɒd] [pi-pod], *s.* Vaina de guisante.

pear [pɛəʳ] [peaʳ], *s.* Pera, el fruto del peral (fruit); también el peral mismo (tree). **Pear-blight**, tizón, enfermedad de los perales. **Pear-shaped**, piriforme, en forma de pera. **Pear-tree**, peral.

pearl [pɜːl] [parl], *s.* 1. Perla, concreción depositada en las conchas de varios moluscos, muy estimada en joyería. 2. Perla, alguna cosa parecida a una perla, como una gota de rocío, una lágrima; cosa preciosa, o exquisita en su clase; también, madreperla, nacar. 3. *(Impr.)* Perla, tipo o letra de 5 puntos. **Mother-of-pearl**, nácar, madreperla. **Pearl seed** o seed pearl, aljofar, rostrillo. **Pearl buttons**, botones de madreperla. **Puste pearl**, perla de papelillo. 4. Nube o catarata en el ojo. 5. *(Her.)* Perla, blanco o plata. **Pearl-ash**, potasa purificada, álcali vegetal refinado. **Pearl-barley**, cebada mondada, perlada. **Pearl-eyed**, el que tiene una nube en el ojo. **Pearl-grass, pearl-plant, pearlwort**, *(Bot.)* especie de saginia. **Pearl grey**, gris perla. **Pearl-oyster**, molusco parecido a la ostra que produce perlas; la Meleagrina margaritífera. **Pearl-powder, pearl-white**, blanco de perla, oxicloruro de bismuto.

pearled ['pəːlɪd] [par-lid], *a.* Alfofarado; guarnecido de perlas.

pearly ['pɜːlɪ] [per-li], *a.* Que consta de perlas o es semejante a ellas.

peart ['pɜːt] [pert], *a.* *(Fam.)* Jovial, en buena salud y buen humor; alegre; vivaracho, activo.

peasant ['pezənt] [pe-sant], *s.* Labriego, patán, el aldeano y labrador rústico. *-a.* Aldeano, campesino, rústico, agreste. **Peasan-like**, campesino, agreste.

peasantry ['pezəntrɪ] [pe-san-tri], *s.* La gente del campo, lo aldeanos, los lugareños.

peascod ['piːzkɒd] [peis-kod], **pea-shell** ['piːʃel] [pi-shel], *s.* La vaina de los guisantes.

pease ['piːz] [pis], *s. pl.* Guisantes, chícharos, en cantidad o colectivamente.

peat [piːt] [pit], *s.* 1. Turba, tierra bituminosa, que sirve de combustible. 2. Turba o césped de tierra de que se hace carbón. **Peat-bog**, pantano turboso. **Peat-charcoal**, carbón de turba. **Peat-moss**, (a) musgo de pantano. (b) *(Prov.)* Pantano turboso.

peaty ['piːtɪ] [pi-ti], *a.* Turboso; parecido a la turba o que la contiene.

pebble, pebble-stone ['pebl] [pe-bel], *s.* 1. Guija, china; piedra redondeada por las aguas, de tamaño menor que un guijarro. **She's not the only pebble on the beach,** no es la única en el mundo. 2. Cuero abollonado. 3. Pólvora gruesa. 4. Lente de cristal de roca.

pebble, *va.* y *-vn.* Granular, abollonar la superficie del cuero; presentar apariencia áspera.

pebbled ['pebld] [pe-beld], *a.* Lleno de guijas.

pebble-ground [ˌpebl'graʊnd] [pe-bel-graund], *s.* *(Mar.)* Fondo de cascajo.

pebbly ['peblɪ] [pe-blI], *a.* Abundante en guijas o chinas; guijoso.

pecan ['piːkæn] [pi-kan], *s.* Pacana, pecana, árbol americano parecido al nogal y su fruto.

peccability [ˌpekə'bɪlɪtɪ] [pe-ka-bi-li-ti], *s.* Fragilidad, disposición a pecar.

peccable ['pekəbl] [pe-ka-bol], *a.* Pecable, capaz de pecar.

peccadillo [ˌpekə'dɪləʊ] [pe-ka-di-lou], *s.* Pecadillo, pecado leve o venial.

peccancy ['pekənsɪ] [pe-kan-si], *s.* 1. Vicio, la mala calidad o el defecto y daño físico en las cosas. 2. Vicio, el defecto moral en las accioens.

peccant ['pekənt] [pe-kant], *a.* 1. Pecador, culpable de pecado, que peca. 2. Corrompido, ofensivo, dañoso, física o moralmente; mórbido, enfermizo. 3. Delincuente, vicioso, defectuoso.

peccary ['pekərɪ] [pe-ka-ri], *s.* Pecarí, especie de cerdo silvestre que se encuentra desde Méjico hasta el Paraguay. Tiene en el dorso una glándula almizcleña.

peck [pek] [pek], *s.* 1. Medida de áridos en Inglaterra que es la cuarta parte de la medida llamada *bushel*, y equivale a 9.08 litros o poco menos de dos celemines; celemín, en general. 2. *(Fest.)* Montón, gran cantidad. **To get into a peck of troubles**, encontrarse con mil dificultades. 3. Picotazo, picotada, golpe con el pico. 4. Besito (kiss).

peck, *va.* 1. Picotear, golpear o herir con el pico. 2. Picar, herir con algún instrumento punzante. **To peck at**, regañar de continuo. 3. Recoger (alimento) con el pico. *-vn.* Picotear, dar golpes con el pico. **To peck at,** picotear (birds, people in eating).

pecker ['pekəʳ] [pe-kaʳ], *s.* 1. El que pica o picotea. 2. *(Orn.)* Picoverde, un ave.

peckish ['pekɪʃ] [pe-kish], *a.* 1. Hambriento. 2. Irritable *(EU)*.

pecs [peks] [peks], *s.* *Abreviatura de* **pectorals,** pectorales.

pecten ['pektən] [pek-tan], *s.* (pl. PECTINES ['pektɪnz] [pek-tins]). 1. Peine, o algo parecido a él; en las aves, membrana vascular y colorida del globo del ojo. 2. Festón de una colcha.

pectin, pectine ['pektɪn] [pek-tin], *s.* Pectina, substancia blanca que se extrae de las peras y otras muchas frutas.

pectinate, pectinated ['pektɪneɪt] [pek-ti-neit], *a.* Dentado como un peine, parecido a las púas de un peine.

pectination [ˌpektɪ'neɪʃən] [pek-ti-nei-shon], *s.* El estado de lo que tiene dientes o púas como los peines.

pectoral ['pektərəl] [pek-to-ral], *a.* Pectoral, que pertenece al pecho. *-s.* 1. Pectoral, la insignia que llevan al pecho los prelados eclesiásticos. 2. Peto, armadura del pecho. 3. Medicamento pectoral o que se emplea en las enfermedades del pecho.

peculate ['pekjʊleɪt] [pe-kiu-leit], *-vn.* 1. Apropiarse los caudales públicos, cometer peculado. 2. Ratear, hurtar, robar.

peculation [ˌpekjʊ'leɪʃən] [pe-kiu-lei-shon], *s.* Peculado, la acción o delito de dedicar los caudales públicos al uso propio; malversación.

peculator [ˌpekjʊ'leɪtəʳ] [pe-kiu-lei-taʳ], *s.* Peculador, el que comete peculado; malversador.

peculiar [pɪ'kjuːlɪəʳ] [pi-kiu-liaʳ], *a.* 1. Peculiar, particular, singular, propio; que pertenece a una cosa con singularidad (belonging). 2. Escogido, especial, separado, distinguido (distinguish, especial). 3. Singular, raro, extraordinario (strange). **A style peculiar to oneself**, estilo propio de uno mismo. **A peculiar man**, un hombre singular, raro. *-s.* 1. La propiedad particular de cada uno. 2. (Der. canónico) La parroquia que no está sujeta a la jurisdicción del ordinario.

peculiarity [pɪˌkjʊlɪ'ærɪtɪ] [pi-kiu-la-ri-ti], **peculiarness** [pɪ'kjʊlɪənɪs] [pi-kiu-la-nes], *s.* 1. Particularidad, singularidad; rasgo característico, lo que singulariza a una persona o cosa, haciéndola digna de atención o reparo; individualidad. **A peculiarity of speech**, una particularidad en el modo de hablar, y también en el idioma, idiotismo. **Special peculiarities,** sepas particulares (address). 2. Manía. **It's a peculiarity I have,** es una manía que tengo.

peculiarize [pɪ'kjʊləraɪz] [pi-kiu-la-rais], *va.* Particularizar, apropiar.

peculiarly [pɪ'kjʊləlɪ] [pi-kiu-la-li], *adv.* Peculiarmente, particularmente; separadamente; en particular, especialmente.

peculium [pɪ'kjʊlɪəm] [pi-kiu-liom], *s.* Peculio.

pecuniarily [pɪˌkjʊnɪ'ærɪlɪ] [pi-kiu-nia-ri-li], *adv.* Pecuniariamente; con referencia al dinero.

pecuniary [pɪ'kjuːnɪərɪ] [pi-kiu-nia-ri], *a.* Pecuniario, que consta de dinero; referente al dinero monetario.

pecunious [pɪ'kjuːnɪəs] [pi-kiu-nios], *a.* Rico, adinerado.

pedagogic, pedagogical [ˌpedə'gɒdʒɪk] [pe-da-go-yik], *a.* Pedagógico, perteneciente a la enseñanza de los niños, y lo que es propio de un pedagogo.

pedagogics [ˌpedə'gɒdʒɪkz] [pe-da-go-yiks], *s.* Pedagogía, el arte y la ciencia de enseñar o educar.

pedagogism [ˌpedə'gɒdʒɪʒəm] [pe-da-go-yi-sem], *s.* Pedagogismo, la naturaleza o el oficio de un pedagogo y particularmente de un pedante.

pedagogue ['pedəgɒg] [pe-da-gog], *s.* 1. Pedagogo, el que cuida de los niños y los enseña. 2. Maestro de escuela. 3. Pedante.

pedagogy [ˌpedə'gɒdʒɪ] [pe-da-go-yi], *s.* 1. Pedagogía. 2. Pedagogismo.

pedal ['pedl] [pe-dal], *a.* Perteneciente la pie o a una parte semejante al pie; del pie; relativo a un pedal. **Pedal pipe**, cañón del órgano de grueso calibre cuyas teclas se mueven con los pies.

pedal, *s.* 1. Pedal, palanca para el pie, aplicada sólo a ciertos instrumentos músicos, bicicletas o biciclos, triciclos, máquinas de coser y a la maquinaria ligera. **Pedal boat,**

pedaló. 2. Bajo fijo, en la música. **Pedal pushers**, pantalones cortos de mujer que ajustan debajo de la rodilla.

pedant ['pedənt] [pe-dant], *s.* 1. Pedante, el que hace vano alarde de erudición y el que se precia de sabio teniendo escasos conocimientos. 2. *(Des.)* Dómine, maestro de niños.

pedantic, pedantical [pɪ'dæntɪk] [pi-dan-tik], *a.* Pedantesco, que hace vano alarde de su erudición.

pedantically [pɪ'dæntɪkəlɪ] [pi-dan-ti-ka-li], *adv.* Con pedantería.

pedantism ['pedəntɪzəm] [pe-dan-ti-sem], **pedantry** ['pedənt] [pe-dant], *s.* Pedantería, pedantismo.

pedantize ['pedəntaɪz] [pe-dan-tais], *-vn.* Regentear, hacer de maestro, doctorear, pedantear, hablar magistralmente.

pedate ['pedeɪt] [pe-deit], *a.* 1. *(Zool.)* Parecido a un pie o que tiene sus funciones. 2. *(Bot.)* Que se divide o parte en forma palmar; se dice particularmente de las hojas.

peddle ['pedl] [pe-del], *va.* 1. Vender géneros en cortas cantidades, llevándolos de casa en casa. 2. Distribuir poco a poco. *-vn.* Recorrer los países vendiendo chucherías; ocuparse en frioleras.

peddler ['pedlə^r] [ped-la^r], *s. V.* PEDLER.

pederast ['pedəræst] [pe-da-rast], *s.* Pederasta.

pederasty ['pedəræstɪ] [pe-da-ras-ti], *s. f.* Pederastia.

pedesis ['pedɪsɪs] [pe-di-sis], *s.* Pédesis, agitación de las partículas microscópicas contenidas en un líquido.

pedestal ['pedɪstl] [pe-dis-tal], *s.* Pedestal, peana.

pedestrian [pɪ'destrɪən] [pi-des-trian], *s.* Andador, peón, el que anda a pie; paseador, paseante. *-a.* Pedestre.

pediatrician ['pedɪətrɪʃən] [pe-dia-tri-shan], *s. (Med.)* Pediatra, médico especialista de niños.

pediatrics ['pedɪətrɪks] [pe-dia-triks], *s. (Med.)* Pediatría.

pedicel ['pedɪsl] [pe-di-sel], *s.* Pedúnculo, pedicel, cabillo de una sola flor; pedúnculo de un animal.

pedicellate ['pedɪseleɪt] [pe-di-se-leit], *a.* Pedicelado, con pedicelo; sostenido por un pedicelo.

pedicle ['pedɪkl] [pe-di-kol], *s.* 1. *(Bot.)* Pedúnculo o el cabillo de la flor. 2. *(Med.)* Pedículo, la base angosta y reducida de un tumor.

pedicular ['pedɪkjʊlə^r] [pe-di-kiu-la^r], **pediculous** ['pedɪkjʊləs] [pe-di-kiu-los], *a.* Pedicular; se aplica a la enfermedad en que el enfermo se plaga de piojos.

pedicure ['pedɪkjʊə^r] [pe-di-kiua^r], *s. f.* Pedicura.

pedigree ['pedɪgriː] [pe-di-gri], *s.* 1. Genealogía, la descripción de la estirpe de alguno; árbol genealógico (lineage). Pedigrí. 2. De raza, de pura sangre.

pediluvium ['pedɪlʊvɪəm] [pe-di-lu-viom], *s.* Pediluvio, baño de pies.

pediment ['pedɪmənt] [pe-di-ment], *s. (Arq.)* 1. Frontón, témpano. 2. Adorno de molduras en forma triangular que se pone encima de las puertas o ventanas.

pedlar ['pedlə^r] [ped-la^r], *s.* Buhonero, vendedor ambulante, que lleva sus mercancías de casa en casa. *(Amer.)* Baratilero, el que lleva y vende cosas de buhonería.

pedlery ['pedlərɪ] [ped-la-ri], *s.* Buhonería, la tienda portátil que el buhonero lleva colgada de los hombros y las baratijas que hay en ella.

pedling ['pedlɪŋ] [ped-lin], *a.* Frívolo, que es de poca monta.

pedological [ˌpiːdə'lɒdʒɪkl] [pi-do-lo-yi-kal], *a. (EU)* Pedológico.

pedology [pɪ'dɒlədʒɪ] [pi-do-lo-yi], *s. f. (EU)* Pedología.

pedometer [pɪ'dɒmɪtə^r] [pi-do-mi-ta^r], *s.* Podómetro, instrumento en forma de reloj que nota cada paso del que anda.

pedophile ['piːdəʊfaɪl] [pi-dou-fail], *s. (EU)* Pedófilo.

pedophilia ['piːdəʊ'fɪlɪə] [pi-dou-fi-lia], *s. f. (EU)* Pedofilia.

peduncle ['pedʌŋkl] [pe-dan-kel], *s.* 1. *(Bot.)* Pedúnculo, parte de la planta que sostiene una flor o muchas. 2. *(Anat.)* Pedúnculo, tallo o apéndice de un órgano por el cual se adhiere al cuerpo principal; parte del animal que le sirve de pie.

peduncular ['pedʌŋkjʊlə^r] [pe-dan-kiu-la^r], *a.* Peduncular, perteneciente a un pedúnculo.

pedunculate, pedunculated ['pedʌŋkjʊleɪt] [pe-dan-kiu-leit], *a. (Bot.)* Pedunculado, que tiene un pedúnculo o sostén.

peek [piːk] [pik], *-vn. (Fam.)* Mirar por una hendidura, mirar a hurtadillas. *V.* PEEP.

peel [piːl] [pil], *va.* 1. Descortezar, pelar, mondar, descascarar, deshollejar (skin, covering). **To peel an orange**, mondar una naranja. 2. *(Ant.)* Pillar, hurtar, robar. **Peel away,** mondar, pelar. **Peel back,** despegar (covering). **Peel off,** desvestirse rápidamente, quitarse rápidamente (dress). Separarse, desviarse (separate from).

peel, *s.* 1. Corteza, cáscara, pellejo de lagunas frutas; hollejo de uvas, telilla de cebolla. 2. Pala de horno. 3. *(Mar.)* Palo del remo. 4. *(Des.)* Espito, colgador, instrumento para extender las hojas impresas.

peeler ['piːlə^r] [pi-la^r], *s.* Pelador, mondador, el que pela, monda o descorteza.

peeling ['piːlɪŋ] [pi-lin], *s.* Peladura, mondadura, los pellejos de las frutas que se pelan o mondan.

peen [piːn] [pin], *s.* Extremo del martillo opuesto a la cara del mismo, cuando es de forma redondeada, cónica o a modo de cuña. **Peen-hammer**, martillo de punta.

peep [piːp] [pip], *-vn.* 1. Asomar, empezar a mostrarse alguna cosa. 2. Atisbar, mirar por un agujero sin ser visto; mirar a escondidas, furtivamente. **To peep in**, atisbar lo que pasa dentro de alguna parte. **To peep out**, atisbar lo que pasa fuera; mirar hacia fuera; asomar, salir. 3. Piar los pollos o los pájaros; chirriar.

peep, *s.* 1. Asomo, indicio o señal, de alguna cosa. **At the peep of day**, al romper del alba. 2. Ojeada, mirada furtiva. 3. Piada de las aves.

peeper ['piːpə^r] [pi-pa^r], *s.* 1. Atisbador, el que atisba. 2. El pollito que empieza a romper la cáscara. **Peepshow,** espectáculo deshonesto.

peep-hole [piːphəʊl] [pip-joul], **peeping-hole** ['piːpɪŋˌhəʊl] [pi-pin-joul], *s.* Atisbadero, agujero por donde uno puede ver sin ser visto.

peeping ['piːpɪŋ] [pi-pin], *s.* 1. Atisbadura; ojeada. 2. Piada, chirrido.

peeping, *a.* Que atisba. **Peeping Tom**, fisgón, atisbador. *-s.* 1. Atisbadura, ojeada. 2. Piada, chirrido.

peeptoe ['piːptəʊ] [pip-tou], *s.* **Peeptoe shoe,** zapato abierto.

peer [pɪə^r] [pia^r], *-vn.* 1. Atisbar, mirar con cuidado, como indagando o investigando. 2. *(Poét.)* Asomar, empezar a mostrarse, aparecer.

peer, *s.* 1. Par, igual, uno de la misma clase (equal); compañero (friend). 2. Par, grande, noble.

peerage ['pɪərɪdʒ] [pia-rich], *s.* La dignidad de par; el conjunto o cuerpo de los pares.

peeress ['pɪərɪs] [pia-ris], *s. f.* 1. La mujer de un par. 2. La que tiene uno de los títulos que pueden ser heredados por mujeres en Inglaterra.

peerless ['pɪəlɪʃ] [pia-les], *a.* Sin par, incomparable, que no admite comparación, que no tiene igual.

peerlessly ['pɪəlɪslɪ] [pia-les-li], *adv.* Incomparablemente, sin igual, sin par.

peerlessness ['pɪəlɪsnɪs] [pia-les-nes], *s.* Superioridad o excelencia incomparable o el estado de lo que no tiene igual.

peeve [piːv] [piv], *vt.* Enfadar, enojar, irritar.

peevish ['piːvɪʃ] [pi-vish], *a.* Impertinente, enfadoso, regañón, de mal humor; enojadizo, enojoso.

peevishly ['piːvɪʃlɪ] [pi-vish-li], *adv.* Con impertinencia.

peevishness ['piːvɪʃnɪs] [pi-vish-nes], *s.* Petulancia, impertinencia, mal humor, mal genio.

peewee ['piːwiː] [pi-ui], *s.* Chiquito, diminuto.

peg [peg] [peg], *s.* 1. Clavija, estaca, estaquilla; pedacito de madera que pasa por un agujero para asegurar alguna cosa; en un instrumento, clavija en que se aseguran y arrollan las cuerdas para templarlas. 2. Escarpia, colgador, clavija introducida parcialmente en una pared o una tabla y que sirve para colgar de ella alguna cosa (spike). 3. Pretexto o excusa (plea, pretext). 4. *(Fam.)* Grado en la posición social de una persona. 5. Broche, pinza (clothes). **To take one**

down a peg, bajarle a uno los humos. **Peg-top**, peonza hecha de madera con punta de hierro; juguete al que se hace dar vueltas por medio de un bramante.

peg, *va.* Estaquillar, clavar, asegurar alguna cosa con clavijas o estaquillas. **Peg away,** machacar, afanarse en/por algo. **Peg down,** sujetar con estacas. **Peg out,** tender (clothes); señalar con estacas. *(Fig.).* Estirar la pata.

Pegasus ['pegəsəs] [pe-ga-sos], *s.* Pegaso.

pegleg ['pegleg] [peg-leg], *s.* Pata de palo.

pejorative [pɪ'dʒɒrɪtɪv] [pi-yo-ri-tiv], *a.* Que empeora el efecto o la significación.

pekan ['pekn] [pe-kan], *s.* Especie de mustela de la América del Norte, algo parecida a la zorra.

pekinese ['pekɪni:z] [pe-ki-nis], *s.* Pequinés.

pekoe ['peku:] [pe-ku], *s. (Com.)* Una especie de té negro.

pelagic, pelagian [pɪ'lædʒɪk] [pi-la-yik] [pɪ'lædʒɪən] [pi-la-yian], *a.* 1. Pelágico, oceánico, que vive en el mar lejos de la tierra. 2. Flotante en la superficie del mar.

pelerine ['pelərɪn] [pe-la-rin], *s.* Esclavina, prenda de vestir que llevan las mujeres al cuello y sobre los hombros y suele terminar en punta por delante.

pelf [pelf] [pelf], *s.* Dinero, riquezas; significa a menudo riquezas mal adquiridas.

pelican ['pelɪkən] [pe-li-kan], *s.* 1. *(Orn.)* Pelícano, alcatraz, ave acuática del orden de las palmípedas que se alimenta de peces. 2. Alambique, vasija de vidrio con doble tubo de que se sirven los químicos para purificar los licores. 3. Pulicán, un instrumento para sacar muelas. **Pelican crossing,** semáforo sonoro.

pelisse ['peli:z] [pe-lis], *s.* Ropón, capote forrado en pieles; en Inglaterra se llama así un vestido muy usado en Rusia.

pell [pel] [pel], *s.* Pellejo, cuero; de aquí, rollo de pergamino. *V.* PELT. **Pell-rolls**, rollos de pergamino en que se asientan los gastos y recibos de la real hacienda en Inglaterra.

pellagra [pə'lægrə] [pe-la-gra], *s. (Med.)* Pelagra, cierta inflamación escamosa en las partes del cuerpo expuestas al sol y al aire.

pellet ['pelɪt] [pe-lit], *s.* Pelotilla; bala, perdigón (shot); bolita; píldora (pill).

pelleted ['pelɪtɪd] [pe-li-tid], *a.* Compuesto de balas.

pellicle ['pelɪkl] [pe-li-kel], *s.* 1. Película, piel o membrana delgada y delicada; hollejo. 2. Lapa, la telilla que se forma en la superficie del vino y otros licores.

pellitory ['pelɔtərɪ] [pe-li-to-ri], *s.* Cualquier especie de parietaria, planta urticácea. **Common wal pellitory**, parietaria oficinal. **Pellitory of Sapin**, pelitre.

pellmell ['pel'mel] [pel-mel], *adv.* Confusamente, atropelladamente, a atrochemoche, al tuntún.

pellucid [pe'lu:sɪd] [pe-lu-sid], *a.* Transparente, diáfano.

pellucidity [ˌpelu:'sɪdɪtɪ] [pe-lu-si-di-ti], **pellucidness** [pe'lu:sɪdnɪs] [pe-lu-sid-nes], *s.* Transparencia, diafanidad.

pelota [pɪ'ləʊtə] [pi-lou-ta], *s.* Pelota vasca (sport). **Pelota player,** pelotari.

pelt [pelt] [pelt], *s.* 1. Pellejo, cuero, zalea; también, pelada (skin). 2. Un golpe dado por una cosa arrojada.

pelt, *va.* Atacar, acometer arrojando piedras u otras cosas, tirar, arrojar (throw). *-vn.* Arrojar alguna cosa; descender violentamente, como el granizo. **To pelt with rain,** llover a cántaros. **To go pelting past,** ir como un rayo. **To go full pelt,** ir a máxima velocidad.

peltate, peltated ['pelteɪt] [pel-teit], *a.* Peltado, en forma de pelta o escudo; *(Bot.)* que tiene su pecíolo inserto casi en medio del disco.

pelting ['peltɪŋ] [pel-tin], *s.* Acometimiento, violencia.

peltry ['peltrɪ] [pel-tri], *s.* Peletería, pieles, pellejos.

pelvic ['pelvɪk] [pel-vik], *a.* Pélvico, referente a la pelvis.

pelvis ['pelvɪs] [pel-vis], *s.* 1. Pelvis, cavidad del cuerpo en la parte inferior del tronco, o en la parte posterior del tronco en los irracionales; parte del esqueleto. 2. Pelvis, receptáculo membranoso en forma de embudo que se halla en cada riñón, y es el principio del uréter.

pen [pen] [pen], *s.* 1. Pluma; en otro tiempo cañón para escribir; hoy día, instrumento casi siempre de metal que sirve para escribir con una tinta flúida. 2. Pluma, estilo o habilidad y destreza en escribir. 3. Pluma, escritor. 4. Jaula, caponera, alcahaz, corral (enclosure). 5. Cisne hembra *(Orn.).* **Gold pen, quill pen, steel pen**, pluma de oro, de ave, de acero. **Ball-point pen,** bolígrafo. **Slip of the pen**, error de pluma. **Fountain pen**, pluma estilográfica. Pluma fuente. **Pen-and-ink drawing,** dibujo a pluma.

pen, *va.* 1. Enjaular, alcahazar, encerrar, poner dentro de la jaula o del alcahaz. 2. Escribir, poner por escrito, componer. Este verbo tiene el pretérito y participio pasado *pent*, además de la forma regular, *penned*.

penal ['pi:nl] [pi-nal], *a.* 1. Penal, que toca y pertenece a la pena o la incluye. 2. Que castiga. 3. Penal, provisto por la ley penal; que señala penas. **Penal code,** código penal. **Penal servitude**, presidio, pena de trabajos forzados.

penalization [ˌpi:nəlaɪ'zeɪʃən] [pi-na-lai-sei-shon], *s.* Castigo.

penalize ['pi:nəlaɪz] [pi-na-lais], *vt.* Castigar, penar, sancionar (punish).

penalty ['penəltɪ] [pe-nal-ti], *s.* 1. Pena, castigo (punishment). 2. Multa, pena pecuniaria (fine). 3. Penalti. **Penalty shoot-out,** tanda de penaltis. **Penalty spot,** punto de penalty (footbal).

penance ['penəns] [pe-nans], *s.* Penitencia, la pena que se impone en satisfacción del pecado.

pencase ['penkeɪz] [pen-keis], *s.* Estuche.

pence ['pens] [pens], *s. pl.* de PENNY.

pencil ['pensl] [pen-sil], *s.* 1. Lápiz. 2. Pincel, instrumento con que el pintor asienta los colores en el lienzo. **Pencil-case**, lapicero. **Pencil drawing,** dibujo a lápiz. **Black-lead pencil**, lápiz negro. **Red-lead pencil**, lápiz rojo. 3. Hacecillo de rayos de luz. **Pencil-box,** caja de lápices. **Pencil case,** plumier.

pencil, *va.* Marcar, dibujar, escribir con un lápiz.

pencil sharpener ['pensl,ʃɑ:pnəʳ] [pen-sil-sharp-naʳ], *s.* Sacapuntas.

pendant ['pendənt] [pen-dant], *s.* 1. Pendiente, lo que está pendiente o cuelga de otra cosa para adorno o uso (earrings). 2. *(Arq.)* Adorno que cuelga de un techo. 3. Uno de los objetos que forman un par; cuadro u objeto de arte que se coloca de manera que corresponda con otro. 4. *(Mar.)* (a) Amante, maroma corta; (b) gallardete, cierto género de banderilla partida que se pone en lo alto de los masteleros de un navío. **Broad pendant**, *(Mar.)* corneta o gallardetón. **Brace pendants**, *(Mar.)* brazalotes. **Reeftackle-pendants**, *(Mar.)* amantes de aparejuelos de rizos. **Rudder-pendants**, *(Mar.)* barones del timón.

pendency ['pendənsɪ] [pen-dan-si], *s.* Suspensión, dilación, demora.

pendent ['pendənt] [pen-dant], *a.* 1. Pendiente, colgante. 2. Sobresaliente, que proyecta. 3. *(Bot.)* Pendiente, que cuelga con el ápice hacia abajo.

pendicle ['pendɪkl] [pen-di-kol], *s.* 1. Miembro o porción inferior, accesorio; adjunto.

pending ['pendɪŋ] [pen-din], *a.* Pendiente, indeciso. *-prep.* 1. Durante. 2. Hasta; mientras, en el intervalo. **To be pending,** estar en trámite.

pendular ['pendjʊləʳ] [pen-diu-laʳ], *a.* Péndulo, perteneciente a un péndulo o a una péndola.

pendulosity [ˌpendjʊ'ləsɪtɪ] [pen-diu-lo-si-ti], **pendulousness** ['pendjʊləsnɪs] [pen-diu-los-nes], *s.* Suspensión, el estado de lo que no está fijado en otra cosa.

pendulous ['pendjʊləs] [pen-diu-los], *a.* Péndulo, pendiente.

pendulum ['pendjʊləm] [pen-diu-lom], *s.* Péndulo, cuerpo suspendido de un punto fijo que puede moverse libremente con vaivenes u oscilaciones; péndulo o péndola de reloj. **Compensated** o **compensation pendulum**, péndulo de compensación. **Mercurial pendulum**, péndulo compensador de mercurio.

penetrability [ˌpenɪtrəˈbɪlɪtɪ] [pe-ni-tra-bi-li-ti], **penetrableness** [ˈpenɪtrəblnɪs] [pe-ni-tra-bol-nes], *s.* Penetrabilidad.

penetrable [ˈpenɪtrəbl] [pe-ni-tra-bol], *a.* Penetrable, que se puede penetrar, por una fuerza física, moral o intelectual.

penetrant [ˈpenɪtrənt] [pe-ni-trant], *a.* Penetrante, penetrativo, sutil; persuasivo.

penetrate [ˈpenɪtreɪt] [pe-ni-treit], *va.* 1. Penetrar, introducir un cuerpo en otro; horadar, entrar; atravesar, pasar al través. 2. Penetrar, comprender. 3. Penetrar el ánimo, llegar al corazón los sentimientos, afectar vivamente. *-vn.* Introducirse, penetrar.

penetrating [ˈpenɪtreɪtɪŋ] [pe-ni-trei-tin], *a.* Penetrativo, penetrante; agudo, astuto, sagaz, penetrador.

penetration [ˌpenɪˌtreɪʃən] [pe-ni-trei-shon], *s.* 1. Penetración, el acto o la propiedad de penetrar físicamente. 2. Penetración, inteligencia cabal de una cosa difícil; agudeza, sagacidad, perspicacia de ingenio.

penetrative [ˈpenɪtrətɪv] [pe-ni-tra-tiv], *a.* Penetrante.

penetrativeness [ˌpenɪtrəˈtɪvnɪs] [pe-ni-tra-tiv-nes], *s.* La aptitud de penetrar.

penguin [ˈpeŋgwɪn] [pen-güin], *s.* 1. *(Orn.)* Penquín, pingüino o pájaro bobo. *V.* PINGUIN.

penholder [ˈpenhəʊldəʳ] [pen-joul-daʳ], *s.* Portapluma, mango o cabo de pluma.

penicillate [ˌpenɪˈsɪleɪt] [pe-ni-si-leit], *a.* *(Biol.)* Penicilado, en forma de pincel; guarnecido de hebras finas.

penicillin [ˌpenɪˈsɪlɪn] [pe-ni-si-lin], *s.* *(Med.)* Penicilina.

peninsula [pɪˈnɪnsjʊlə] [pi-nin-siu-la], *s.* Península. **The Peninsula** o **the Iberian Peninsula**, Iberia; España y Portugal.

peninsular [pɪˈnɪnsjʊləʳ] [pi-nin-siu-laʳ], *a.* Peninsular, lo concerniente a una península.

penis [ˈpiːnɪs] [pi-nis], *s.* Pene, el miembro viril.

penitence [ˈpenɪtəns] [pe-ni-tans], *s.* Penitencia.

penitent [ˈpenɪtənt] [pe-ni-tent], *a.* Penitente, arrepentido, contrito. *-s.* Penitente, la persona que se arrepiente de sus faltas o pecados.

penitential [ˌpenɪˈtenʃəl] [pe-ni-ten-shal], *a.* Penitencial, de arrepentimiento; que pertenece a la penitencia o la incluye; que se refiere a la penitencia como castigo. **The seven penitential psalms**, los siete salmos penitenciales. *-s.* Libro de penitencias.

penitentiary [ˌpenɪˈtenʃərɪ] [pe-ni-ten-sha-ri], *a.* 1. Penitenciario, que expresa el arrepentimiento; de penitencia, de castigo. 2. Penitenciario, referente al castigo y a la disciplina de los prisioneros. *-s.* 1. Penitenciaría, casa de corrección, cárcel. 2. Penitenciario, en sentido eclesiástico, confesor.

penitently [ˈpenɪtəntlɪ] [pe-ni-tent-li], *adv.* Con arrepentimiento, con penitencia.

penknife [ˈpennaɪf] [pen-naif], *s.* Cortaplumas, navaja pequeña; se llama así porque en otro tiempo se empleaba para cortar o tajar las plumas.

penman [ˈpenmən] [pen-man], *s.* Pendolista, calígrafo; maestro de escritura; el que tiene por oficio escribir.

penmanship [ˈpenmənʃɪp] [pen-man-ship], *s.* Escritura, el acto de escribir, el arte de escribir; caligrafía.

pen name [ˈpenˈneɪm] [pen-neim], *s.* Seudónimo, nombre ficticio de un escritor.

pennant [ˈpennənt] [pen-nant], *s.* 1. Flámula, gallardete. *V.* STREAMER. 2. *(Mar.)* Amante, maroma corta. *V.* PENDANT.

pennate, pennated [ˈpenneɪt] [pen-neit], *a.* 1. Alado, que tiene alas. 2. *(Bot.)* Lo que tiene la figura de pluma. *V.* PINNATE.

penned [ˈpenɪd] [pe-nid], *a.* Escrito; enjaulado.

penner [ˈpenəʳ] [pe-naʳ], *s.* 1. Autor, escritor, el que escribe. 2. Plumero, estuche o vaso en que se guardaban antiguamente las plumas de escribir.

pen-nib [ˈpennɪb] [pen-nib], *s. f.* Punta de pluma, plumilla, plumín.

penniferous, [ˈpennɪfərəs] [pen-ni-fe-ros], *a.* Penígero, que tiene plumas.

penniform [ˈpenɪfɔːm] [pe-ni-form], *a.* Peniforme, parecido a una pluma.

penniless [ˈpenɪlɪs] [pe-ni-les], *a.* Sin dinero, sin un ochavo o sin blanca; muy pobre.

pennon [ˈpennən] [pe-non], *s.* Pendocito, flámula, bandera pequeña acabada en punta; pendón.

penny [ˈpenɪ] [pe-ni], *s.* (*pl.* PENNIES, para designar el número de las piezas, y PENCE, cuando se trata de su valor monetario). 1. Penique, antigua moneda de cobre de Inglaterra que valía la duodécima parte de un chelín. **I have not a single penny**, no tengo un cuarto. 2. *(Fam. E. U.)* Centavo. 3. Dinero, hablando en general. 4. Coste; se emplea en composición, como **sixpenny. Two pennies**, dos piezas de dos cuartos. **Twopence**, cuatro cuartos, veinte céntimos. **A halfpenny**, un medio penique, un cuarto, cinco céntimos. **To turn an honest penny**, *(Fam.)* Ganar el dinero honradamente. **A pretty penny**, *(Fam.)* Bastante dinero, regular suma de dinero. **Like a bad penny,** como la falsa moneda *(expr.)*. **Penny-in-the-slot machine,** máquina tragaperras. **Penny-whistle,** flauta metálica.

penny-pinching [ˈpenɪˌpɪntʃɪŋ] [pe-ni-pin-chin], *s.* 1. Racanería, tacañería. *a.* 2. Avaro, tacaño (person.

penny-post [ˈpenɪpəʊst] [pe-ni-poust], *s.* Cartero, correo interior.

pennyroyal [ˈpenɪrɔɪəl] [pe-ni-roial], *s.* *(Bot.)* Poleo.

pennyweight [ˈpenɪweɪt] [pe-ni-ueit], *s.* 1. Escrúpulo español.

penny-wise [ˈpenɪwaɪz] [pe-ni-uais], *a.* Se dice del que por ahorrar poco se expone a perder mucho. **Penny-wise and pound-foolish**, que escatima en los gastos pequeños y derrocha sumas cuantiosas.

pennyworth [ˈpenɪwɜːθ] [pe-ni-uez], *s.* 1. El valor de un penique o la cosa que se compra por un penique. 2. Cualquier cosa que se compra por dinero. 3. Una cantidad pequeña de cualquier cosa.

penological [ˌpiːnəˈlɒdʒɪkəl] [pi-no-lo-yi-kal], *a.* Penológico, referente a la ciencia de la penología.

penologist [piːˈnɒlədʒɪst] [pi-no-lo-yist], *s.* Criminólogo, penalista.

penology [piːˈnɒlədʒɪ] [pi-no-lo-yi], *s.* Penología.

pensile [ˈpensiːl] [pen-sil], *a.* Pensil, colgado, suspenso, pendiente en el aire.

pensileness [ˈpensɪlnɪs] [pen-sil-nes], *s.* El estado de lo que se halla suspenso o colgado.

pension [ˈpenʃən] [pen-shon], *s.* Pensión, cantidad que se concede periódicamente por un acto o servicio meritorio, particularmente por un gobierno; pensión de retiro. **To retire on a pension,** jubilarse. **Pension scheme,** plan de pensiones.

pension, *va.* Dar una pensión, pensionar. **To pension somebody off,** jubilar a alguien.

pensionary [ˈpenʃənərɪ] [pen-sho-na-ri], *a.* Pensionado, se dice del que goza de alguna pensión. *-s.* Pensionado, pensionista.

pensioner [ˈpenʃənəʳ] [pen-sho-naʳ], *s.* 1. Pensionista, pensionado; *(Mil.* y *Mar.)* inválido. 2. El que depende de la liberalidad de otro. 3. Estudiante ordinario en Cambridge; corresponde a *commoner* en Oxford.

pensive [ˈpensɪv] [pen-siv], *a.* Pensativo, meditabundo; melancólico, triste.

pensively [ˈpensɪvlɪ] [pen-siv-li], *adv.* Pensativamente, melancólicamente, tristemente.

pensiveness [ˈpensɪvnɪs] [pen-siv-nes], *s.* Melancolía, tristeza; meditación profunda.

penstock [ˈpenstɒk] [pens-tok], *s.* 1. La esclusa de la represa de los molinos. 2. Paradera (del caz). 3. Portapluma.

pent [ˈpent] [pent], *a.* y *pp.* de PEN. Acorralado, enjaulado, encerrado. **Here in the body pent**, aquí, encerrado en el cuerpo.

penta-, pent-, Formas derivadas del griego *pente*, cinco.

pentacapsular [ˈpentəˌkæpsjʊləʳ] [pen-ta-kap-siu-laʳ], *a.* *(Bot.)* Pentacapsular, de cinco cápsulas.

pentachord ['pentəkɔːd] [pen-ta-kord], *s.* Pentacordio, lira de cinco cuerdas.

pentad ['pentəd] [pen-tad], *s.* 1. El número cinco; grupo de cinco cosas. 2. Lustro, espacio de cinco años. 3. *(Quím.)* Átomo, radical, o elemento que tiene fuerza de combinación de cinco.

pentagon ['pentəgən] [pen-ta-gon], *s.* Pentágono, polígono de cinco ángulos y de cinco lados.

pentagonal [pen'tægənl] [pen-ta-go-nal], *a.* Pentagonal, pentangular.

pentagram ['pentəgræm] [pen-ta-gram], *s. f.* Estrella de cinco puntas.

pentagraph ['pentəgræf] [pen-ta-graf], *s.* Pentágrafo, instrumento para copiar diseños y pinturas en cualquier proporción.

pentahedron [ˌpentə'hiːdrən] [pen-ta-ji-dron], *s.* Pentaedro.

pentameter [ˌpen'tæmɪtəʳ] [pen-ta-mi-taʳ], *s.* Pentámetro.

pentangle [ˌpen'tæŋgl] [pen-tan-guel], *s.* Pentángulo.

pentangular [ˌpen'tæŋgjʊləʳ] [pen-tan-guiu-laʳ], *a.* Pentangular.

pentapetalous [ˌpentə'petələs] [pen-ta-pe-ta-los], *a.* Pentapétalo, que tiene cinco pétalos u hojas.

pentaphyllous [ˌpentə'fɪləs] [pen-ta-fi-los], *a.* Pentáfilo, que tiene cinco hojas.

pentateuch ['pentætjuːk] [pen-tan-tiuk], *s.* Pentateuco, los cinco libros de Moisés, que son los primeros del Antiguo Testamento.

Pentecost ['pentɪkɒst] [pen-ti-kost], *s.* 1. Pentecostés, fiesta de los judíos, que se celebraba el quincuagésimo día después de Pascua. 2. Pentecostés, la festividad de la venida del Espíritu Santo sobre los Apóstoles.

pentescostal [ˌpentɪ'kɒstl] [pen-ti-kos-tal], *a.* Perteneciente a la pascua de Pentecostés.

penthouse ['penthaʊs] [pent-jaus], *s.* 1. Tejaroz, tejadillo, colgadizo o cobertizo que sale de una pared con caída hacia fuera. 2. *(Mil.)* Mantelete. 3. Alguna cosa que se parece a un cobertizo.

pentice ['pentɪs] [pen-tis], *s.* Cualquier techo inclinado; tejado, tejadillo, sotechado.

Pentium processor [ˌpentɪəm'prəʊsesəʳ] [pen-tium-pro-se-saʳ], *s.* *(marca registrada)* Procesador Pentium.

pent-up ['pentʌp] [pent-ap], *a.* Cerrado, encerrado, contenido dentro de una cosa.

penult [pɪ'nʌlt] [pi-nalt], *s.* *V.* PENULTIMA.

penultima [pɪ'nʌltɪmə] [pi-nal-ti-ma], *s.* *(Gram.)* Penúltima, la sílaba anterior a la última en una palabra.

penultimate [pɪ'nʌltɪmɪt] [pi-nal-ti-mit], *a.* Penúltimo.

penumbra [pɪ'nʌmbrə] [pi-nam-bra], *s.* 1. *(Astr.)* Penumbra, sombra parcial en los eclipses entre lo iluminado y la parte obscurecida. 2. *(Pint.)* El punto o línea de un cuadro en que se confunde la sombra con la luz. 3. La franja obscura alrededor del punto céntrico de una mácula del sol.

penurious [pɪ'njʊərɪəs] [pi-niua-rios], *a.* 1. Tacaño, ruin, avaro, miserable. 2. Escaso; indigente.

penuriously [pɪ'njʊərɪəslɪ] [pi-niua-rios-li], *adv.* Escasamente, con escasez, miserablemente.

penuriousness [pɪ'njʊərɪəsnɪs] [pi-niua-rios-nes], *s.* Tacañería, ruindad, miseria; cortedad de ánimo; escasez.

penury ['penjʊrɪ] [pe-niu-ri], *s.* Penuria, pobreza, carestía, falta de alguna cosa muy necesaria.

pen-wiper ['penˌwaɪpəʳ] [pen-uai-paʳ], *s.* Limpiaplumas.

peon ['piːən] [pion], *s.* Criado, peón.

peony ['piːənɪ] [pio-ni], *s.* *(Bot.)* Peonía, cualquier planta del género *Pxonia*, de la familia de las ranunculáceas, y su flor.

people ['piːpl] [pi-pol], *s.* 1. Pueblo, nación, todas las personas que se hallan bajo el mismo gobierno, que hablan el mismo idioma, o que son de la misma sangre. 2. Población, habitantes (inhabitants). 3. Populacho, la gente común, el vulgo. 4. Gente, pluralidad de personas; tomando el verbo en el plural. **What will people say?** ¿Qué dirá la gente? ¿qué dirán? **Common people**, gentualla, gentuza. **15 people,** 15 personas. **The people of Mexico**, los habitantes de México; la nación mejicana. **Country people**, la gente del campo, los campesinos. **How are your people?,** ¿cómo están los tuyos? **Young people**, los jóvenes. **People think that**, se cree que, piensan que. **People mover,** cinta transportadora, pasillo móvil *(EU)*.

people, *va.* Poblar.

pep [pep] [pep], *s.* *(Fam.)* Energía, vigor, entusiasmo, espíritu. *vt.* Animar, fortalecer, estimular.

pepper ['pepəʳ] [pe-paʳ], *s.* 1. Pimienta, fruto del pimentero (spice). 2. Pimentero, arbusto que da la pimienta. 3. Pimiento, ají, chile; cualquier planta del género Capsicum o su fruto. **Black pepper**, pimienta negra. **Long pepper,** pimienta larga. **Red** o **Cayenne pepper**, pimiento. *(Amer.)* Ají, guindilla. *(Mex.)* Chile. **Peppermill,** molinillo de pimienta. **Pepperpot,** pimentero, recipiente para pimienta. **Pepper steak,** filete a la pimienta. **The small red pepper**, chiltipiquín.

pepper, *va.* 1. Rociar o sazonar con pimienta o ají (spice). 2. Golpear; herir a uno con un tiro de perdigones u otra munición menuda.

Pepper-box, pepper-pot ['pepəbɒks] [pe-pa-boks], *s.* Pimentero.

pepper-corn ['pepəkɔːn] [pe-pa-korn], *s.* Bagatela, niñería, chuchería.

peppering ['pepərɪŋ] [pe-pa-rin], *a.* Caliente, fogoso, colérico. *-s.* Perdigonada, tiro de perdigones.

peppermint ['pepəmɪnt] [pe-pa-mint], *s.* *(Bot.)* Menta piperita, hierbabuena. **Peppermint drop,** pastilla de menta.

pepperwort ['pepəwɔːt] [pe-pa-wuort], *s.* *(Bot.)* Lepidio.

peppery ['pepərɪ] [pe-pa-ri], *a.* Picante. *(Fig)* De malas pulgas, enojadizo.

pepsin, pepsine ['pepsɪn] [pep-sin], *s.* Pepsina.

peptic ['peptɪk] [pep-tik], *a.* Digestivo.

peptone ['peptəʊn] [pep-toun], *s.* Peptona.

peptonize ['peptəʊnaɪz] [pep-tou-nais], *va.* Peptonizar, convertir en peptona.

peptonic ['peptəʊnɪk] [pep-tou-nik], *a.* Peptónico, perteneciente a la peptona o derivado de ella.

per [pɜːʳ] [peʳ], prep. Por. **As per invoice,** según factura. **Per annum**, al año. **Per capita**, por cabeza, por persona. **Per cent**, por ciento. **Per se**, por sí mismo, por su propia naturaleza.

peradventure [ˌpəræd'vəntʃəʳ] [pe-rad-ven-chaʳ], *adv.* Quizá, acaso, por acaso, por ventura. *-s.* Posibilidad de error; duda, cuestión.

perambulate [pə'ræmbjʊleɪt] [pe-ram-biu-leit], *va.* Pasar por alguna parte, transitar, recorrer algún territorio; ver, visitar. *-vn.* Ir paseando, andar.

perambulation [pəˌræmbjʊ'leɪʃən] [pe-ram-biu-lei-shon], *s.* La acción de caminar o transitar por alguna parte.

perambulator ['pəræmbjʊleɪtəʳ] [pe-ram-biu-lei-taʳ], *s.* 1. Cochecillo de niño. 2. Odómetro, máquina o rueda para medir caminos.

perborate [pə'bɔːreɪt] [per-bo-reit], *s.* Perborato.

percale ['pɜːkeɪl] [per-keil], *s.* Percal, cierta tela de algodón, blanca o pintada, que sirve para vestidos de mujer.

perceivable ['pəsiːvəbl] [per-si-va-bol], *a.* Perceptible, que se puede percibir.

perceivably ['pəsiːvəblɪ] [per-si-va-bli], *adv.* Perceptiblemente.

perceive [pə'siːv] [per-siv], *va.* 1. Percibir, comprender, entender; conocer. 2. Percibir, recibir por alguno de los sentidos las impresiones de los objetos. 3. Recibir una cosa la impresión de otra. **To perceive before-hand**, presentir.

percentage [pə'sentɪdʒ] [per-sen-tich], *s.* 1. Porcentaje. 2. Tanto por ciento, interés por ciento.

perceptibility [ˌpəseptə'bɪlɪtɪ] [per-sep-ti-bi-li-ti], *s.* Perceptibilidad, facultad de ser percibido; raramente, la facultad de percibir.

perceptible [pə'septəbl] [per-sep-ti-bol], *a.* Perceptible, sensible; que puede percibirse.

perceptibly [pə'septəblı] [per-sep-ti-bli], *adv.* Perceptiblemente, sensiblemente, visiblemente.

perception [pə'sepʃən] [per-sep-shon], *s.* 1. Percepción, acción y efecto de percibir; conocimiento de las cosas exteriores obtenido por las impresiones sobre los sentidos; aprehensión, saber. 2. Facultad de percibir, de adquirir conocimiento de algo. 3. *(For.)* Toma, recibimiento, de cosechas o de ganancias.

perceptive [pə'septıv] [per-sep-tiv], *a.* Perceptivo, que tiene la facultad de percibir.

perceptivity [ˌpəsep'tıvıtı] [per-sep-ti-vi-ti], *s.* Perceptibilidad.

perch [pɜːtʃ] [perch], *s.* 1. Perca, pez de agua dulce. 2. Pértica, medida de tierra de cinco varas y media. 3. Alcándara, percha.

perch, *vn.* Posarse, sentarse, pararse, empingorotarse, encaramarse; descansar las aves, ponerse en percha. *-va.* Emperchar, empingorotar.

perchance [pə'tʃɑːns] [per-chans], *adv.* Acaso, quizá, por ventura.

percher [pə'tʃəʳ] [per-chaʳ], *s.* 1. El ave que se pone en percha. 2. *(Des.)* Vela grande, cirio.

percheron [pə'tʃərən] [per-che-ron], *a.* y *s.* Percherón, caballo de tiro.

perchloric [pə'klɒrık] [per-klo-rik], *a.* *(Quím.)* Perclórico. **Perchloric acid**, ácido perclórico.

perchlorid, perchloride [pə'klɒrıd] [per-klo-rid], *s.* Percloruro, combinación del cloro con los demás cuerpos en toda intensidad de que es susceptible aquél.

percipient [pə'sıpıənt] [per-si-pient], *a.* Percipiente, lo que tiene la virtud de percibir. *-s.* Percipiente, el ser que tiene la facultad de percibir.

perclose [pə'kləʊz] [per-klous], *s.* *(Arq.)* Barandilla o enverjado que encierra un lugar u objeto, como un altar o una capilla.

percoid ['pəkɔıd] [per-koid], *a.* Percoide, que se parece a la perca.

percolate ['pɜːkəleıt] [per-ko-leit], *va.* y *vn.* Colar, filtrar.

percolation ['pɜːkəleıʃən] [per-ko-lei-shon], *s.* Coladura, filtración.

percolator ['pɜːkəleıtəʳ] [per-ko-lei-taʳ], *s.* 1. Filtro, colador. 2. Cafetera, filtradora.

percuss ['pɜːkəs] [per-kas], *va.* Herir, golpear rápidamente; percutir, emplear la percusión como medio de exploración médica.

percussion [pɜː'kʌʃən] [per-ka-shan], *s.* 1. Percusión, golpe. 2. Resonación, el sonido causado por la repercusión; el choque producido por el encuentro de dos cuerpos. 3. *(Med.)* Percusión. **Percussion caps**, cebo de golpe o fulminante para las armas de fuego; pistón, cápsula.

percussionist [pɜː'kʌʃənıst] [per-ka-sho-nist], *s.* Percusionista.

percussive [pɜː'kʌsıv] [per-ka-siv], *a.* Que golpea contra otra cosa.

percutient [pɜː'kʌʃənt] [per-ka-shent], *a.* Percuciente; se dice de lo que hiere o causa impresión en otra cosa.

perdition [pɜː'dıʃən] [per-di-shon], *s.* Perdición, destrucción, pérdida, ruina.

perdurable [pɜː'djʊərəbl] [per-diua-ra-bol], *a.* Perdurable, muy duradero.

perdurably [pɜː'djʊərəblı] [per-diua-ra-bli], *adv.* Perdurablemente.

peregrinate ['perıgrıneıt] [pe-ri-gri-neit], *va.* 1. Peregrinar, viajar de un país o de lugar a otro. 2. *(Des.)* Vivir en países extranjeros.

peregrination [ˌperıgrı'neıʃən] [pe-ri-gri-nei-shon], *s.* Peregrinación, viaje por países extranjeros, o de un lugar a otro.

peregrine ['perıgrın] [pe-ri-grin], *a.* 1. Peregrino, migratorio, pasajero, como las aves. 2. Extranjero, que no es indígena.

peremptorily [ˌpəremp'tərılı] [pe-remp-to-ri-li], *adv.* Perentoriamente; absolutamente.

peremptoriness [ˌpəremp'tərınıs] [pe-remp-to-ri-nes], *s.* Tono dogmático o magistral, juicio o decisión absolutos o decisivos; obstinación.

peremptory [pə'remptərı] [pe-remp-to-ri], *a.* Perentorio; absoluto, decisivo, definitivo; dogmático, magistral. **Peremptory orders**, órdenes perentorias. **Peremptory sale**, venta forzosa.

perennial [pə'renıəl] [pe-re-nial], *a.* 1. Perenne, perennal; continuo, incesante, permanente, perpetuo. 2. *(Biol.)* Que crece continuamente: (a) *(Bot.)* Perenne, que sobrevive más de dos años; *(Ento.)* que sobrevive más de un año, o que forma colonias que duran varios años. *-s.* *(Bot.)* Planta perenne, que dura varios años, produciendo comúnmente flores y frutos cada año.

perennially [pə'renıəlı] [pe-re-nia-li], *adv.* Constantemente, perennemente.

perfect ['pɜːfıkt] [per-fekt], *a.* 1. Perfecto, acabado, que no tiene defecto ni falta; hábil, diestro, cabal, consumado. 2. *(Bot.)* Completo, provisto de estambres y pistilos. 3. *(Gram.)* Perfecto, que expresa un acto cumplido. 4. *(Fam.)* Puro, muy grande, excesivo. **She has a perfect horror of spiders,** ella tiene horror ciego a las arañas. *-s.* Tiempo perfecto.

perfect, *va.* 1. Perfeccionar, hacer perfecto; acabar enteramente. 2. Perfeccionar, instruir enteramente.

perfecter ['pɜːfıktəʳ] [per-fik-taʳ], *s.* Perfeccionador.

perfectibility [pəˌfektı'bılıtı] [per-fek-ti-bi-li-ti], *s.* Perfectibilidad, cualidad de lo perfectible.

perfectible [pə'fektəbl] [per-fek-ti-bol], *a.* Perfectible, que puede ser perfeccionado.

perfection [pə'fekʃən] [per-fek-shon], *s.* 1. Perfección, estado de lo perfecto, suprema excelencia. 2. El grado más alto de una cosa; lo extremo, lo supremo.

perfectionism [pə'fekʃənızm] [per-fek-sho-ni-sem], *s.* Perfeccionismo.

perfectionist [pə'fekʃənıst] [per-fek-sho-nist], *a.* Perfeccionista.

perfective [pə'fektıv] [per-fek-tiv], *a.* Perfectivo, que da o puede dar perfección.

perfectively [pə'fektıvlı] [per-fek-tiv-li], *adv.* Con perfección.

perfectly ['pɜːfıktlı] [per-fikt-li], *adv.* Perfectamente, cabalmente. **It's perfectly ridiculous,** es completamente absurdo.

perfectness ['pɜːfıktnıs] [per-fekt-nes], *s.* Pefección, habilidad, capacidad; excelencia.

perfidious [pɜː'fıdıəs] [per-fi-dios], *a.* Pérfido, desleal, traidor, fementido; infiel, que viola la fe.

perfidiously [pɜː'fıdıəslı] [per-fi-dios-li], *adv.* Traidoramente, pérfidamente.

perfidiousness [pɜː'fıdıəsnıs] [per-fi-dios-nes], *s.* Perfidia, deslealmente, traición.

perfidy ['pɜːfıdı] [per-fi-di], *s.* Perfidia.

perfoliate, perfoliated [pɜː'fəlıeıt] [per-fo-lieit], *a.* *(Bot.)* Perfoliado; se dice de una hoja que rodea el tallo y parece estar perforada por él.

perforate ['pɜːfəreıt] [per-fo-reit], *va.* Perforar, horadar, penetrar alguna cosa agujereándola de una parte a otra; calar.

perforation [ˌpɜːfə'reıʃən] [per-fo-rei-shon], *s.* 1. Perforación, el acto de horadar, taladrar o barrenar. 2. Cala.

perforator ['pɜːfəreıtəʳ] [per-fo-rei-taʳ], *s.* Perforador, el que o lo que perfora; (a) barrena, taladro; (b) perforador, instrumento de obstetricia.

perforce [pə'fɔːs] [per-fors], *adv.* Por fuerza, por necesidad. *-s.* Compulsión, apremio.

perform [pə'fɔːm] [per-form], *va.* 1. Ejecutar, hacer, poner por obra alguna cosa; efectuar. 2. Desempeñar, llenar. **To perform one's promise,** cumplir con su palabra. **To perform one's duties**, cumplir con su obligación. *-vn.* 1. Representar, hacer papel; cantar; tocar un instrumento musical (play); salir bien en una empresa o empeño. **To perform the piano,** tocar el piano.

performable [pə'fɔːməbl] [per-for-ma-bol], *a.* Ejecutable, practicable.

performance [pəˈfɔːməns] [per-for-mans], *s.* 1. Ejecución; cumplimiento (fulfilment). 2. Composición, obra (work). 3. Acción, hecho, hazaña (act). 4. Representación teatral. 5. Comportamiento, funcionamiento, rendimiento.

performer [pəˈfɔːməʳ] [per-for-maʳ], *s.* 1. Ejecutor, el que ejecuta o pone por obra alguna cosa. 2. El que ejecuta alguna habilidad en público; actor, representante, músico, sinfonista, acróbata.

performing [pəˈfɔːmɪŋ] [per-for-min], *a.* Amaestrado (animal).

perfume [ˈpɜːfjuːm] [per-fium], *va.* Pefumar, aromatizar alguna cosa; incensar. *s.* Perfume.

perfumer [pəˈfjuːməʳ] [per-fiu-maʳ], *s.* Perfumador, perfumero, perfumista.

perfumery [pəˈfjuːmərɪ] [per-fiu-ma-ri], *s.* Los perfumes en general: perfumería, la preparación de los perfumes.

perfunctorily [pəˈfʌŋktərɪlɪ] [per-fank-to-ri-li], *adv.* Descuidadamente, sin interés, superficialmente, por encima.

perfunctoriness [pəˈfʌŋktərɪnɪs] [per-fank-to-ri-nes], *s.* Descuido, negligencia.

perfunctory [pəˈfʌŋktərɪ] [per-fank-to-ri], *a.* Perfunctorio, superficial, indolente, negligente.

perfuse [pəˈfjuːz] [per-fius], *va. (Poco us.)* Tinturar; colmar, llenar demasiado; difundir, extender sobre.

perfusion [pəˈfjuːʒən] [per-fiu-shon], *s.* Tintura, el acto de difundir o derramar.

pergola [ˈpɜːgələ] [per-go-la], *s.* Pérgola, emparrado.

perhaps [pəˈhæps] [per-japs], *adv.* Puede ser, quizá, quizás, acaso, por ventura. **Perhaps so,** tal vez sea así. **Perhaps not,** puede que no.

peri [ˈperɪ] [pe-ri], *s.* Peri, hada de la mitología persa.

peri. Prefijo griego que significa cerca de, alrededor.

pericardial, pericardiac [ˌperɪˈkɑːdɪəl] [pe-ri-kar-dial] [ˌperɪˈkɑːdɪək] [pe-ri-kar-diak], **pericardian** [ˌperɪˈkɑːdɪən] [pe-ri-kar-dian], *a.* Pericardino, referente al pericardio.

pericarditis [ˌperɪˈkɑːdaɪtɪs] [pe-ri-kar-dai-tis], *s.* Pericarditis, inflamación del pericardio.

pericardium [ˌperɪˈkɑːdɪəm] [pe-ri-kar-diom], *s.* Pericardio, bolsa membranosa que rodea y protege el corazón.

pericarp, [ˈperɪkɑːp] [pe-ri-karp], *s.* Pericarpio, película que cubre el fruto de las semillas.

pericarpial, [ˌperɪˈkɑːpɪəl] [pe-ri-kar-pial], *a.* Pericarpial, que pertenece al pericarpio.

peridrome [ˈperɪdrəʊm] [pe-ri-droum], *s. (Arq.)* Peridromo, galería entre las columnas y la pared.

perigee [ˈperɪdʒiː] [pe-ri-yi], **perigeum** [ˈperɪdʒɪəm] [pe-ri-yiom], *s. (Astr.)* Perigeo, punto en la órbita de la luna (rara vez en la de un planeta) en que se halla más próxima a la tierra.

perihelion, perihelium [ˌperɪˈhiːlɪən] [pe-ri-ji-lion], *s. (Astr.)* Perihelio, punto en que un planeta se halla más inmediato al sol.

peril [ˈperɪl] [pe-ril], *s.* Peligro, riesgo, contingencia, acaso.

peril, *va.* Exponer al peligro, poner en peligro; arriesgar. *-vn.* Peligrar; estar en peligro.

perilous [ˈperɪləs] [pe-ri-los], *a.* Peligroso, aventurado.

perilously [ˈperɪləslɪ] [pe-ri-los-li], *adv.* Peligrosamente, arriesgadamente.

perilousness [ˈperɪləsnɪs] [pe-ri-los-nes], *s.* La situación peligrosa o arriesgada de una cosa.

perimeter [ˈperɪmɪtəʳ] [pe-ri-mi-taʳ], *s.* Perímetro, el ámbito o circunferencia de algún espacio, figura o lugar.

perinatal [ˈperɪnætl] [pe-ri-na-tal], *a.* Perinatal.

perineal [ˈperɪnɪəl] [pe-ri-nial], *a.* Perineal, relativo al perineo.

perineum [ˈperɪnɪəm] [pe-ri-niom], *s. (Anat.)* Perineo, el espacio entre el ano y los órganos de la generación.

period [ˈpɪərɪəd] [pi-riod], *s.* 1. Período, circuito, revolución. 2. Período, ciclo, , época. **At that period,** en aquel entonces. 3. Período, cierto y determinado número de años, meses, días, etc. 4. Fin, conclusión; el último punto a que puede llegar alguna cosa. 5. *(Gram.)* Período, cláusula entera. 6. *(Med.)* Período, fase particular de una enfermedad. 7. *(Mús.)* Período, frase de cierto número de compases uniformes y regulares. 8. Período, punto final, signo de puntuación. 9. **The period**, el día de hoy, el presente tiempo. *-pl.* La regla, la menstruación. **My early period,** mi juventud.

periodic, periodical [ˈpɪərɪədɪk] [pia-rio-dik] [ˌpɪərɪˈɒdɪkəl] [pia-rio-di-kal], *a.* Periódico.

periodically [ˌpɪərɪˈɒdɪkəlɪ] [pia-rio-di-ka-li], *adv.* Periódicamente.

periodicalness [ˌpɪərɪˈɒdɪkəlnɪs] [pia-rio-di-kal-nes], *s.* Periodicidad, calidad de periódico.

periodicity [ˌpɪərɪəˈdɪsɪtɪ] [pia-rio-di-si-ti], *s.* Periodicidad.

periodontal [perɪˈdɒntl] [pe-ri-don-tal], *a.* Periodontal.

periosteum [ˈpɪərɪəstɪəm] [pia-rios-tiom], *s.* Periostio, membrana vascular y nerviosa que cubre los huesos.

peripatetic [ˌperɪpəˈtetɪk] [pe-ri-pa-te-tik], *a.* 1. El que anda a pie desde un lugar a otro. 2. Peripatético, el secuaz de Aristóteles. **Peripatetic philosophy,** peripatetismo.

peripetia [ˈperɪpeʃə] [pe-ri-pe-sha], *s.* Peripecia, desenredo, desenlace de una pieza dramática.

peripheral [pəˈrɪfərəl] [pe-ri-fe-ral], *a.* 1. Periférico, periferal, perteneciente a una periferia. 2. Distante de un centro. *V.* DISTAL.

peripheric, peripherical [pəˈrɪferəl] [pe-ri-fe-ral], *a. V.* PERIPHERAL.

periphery [pəˈrɪfərɪ] [pe-ri-fe-ri], *s.* 1. La superficie exterior. 2. Periferia, circunferencia.

periphrase [pəˈrɪfreɪs] [pe-ri-freis], *va.* Perifrasear, hacer cincunlocuciones.

periphrasis, periphrase [pəˈrɪfrəsɪs] [pe-ri-fra-sis], *s.* Perífrasis, circunlocución.

periphrastic, periphrastical [ˌperɪˈfræstɪk] [pe-ri-fras-tik], *a.* Perifraseado.

periphrastically [ˌperɪˈfræstɪkəlɪ] [pe-ri-fras-ti-ka-li], *adv.* Con perífrasis.

periscope [ˈperɪskəʊp] [pe-ris-koup], *s.* Periscopio.

periscopic [ˈperɪskəʊpɪk] [pe-ris-kou-pik], *a.* Periscópico, que tiene vista a todos lados. **Periscopic lens**, lente periscópico, que por todos sus puntos transmite las imágenes de los objetos.

perish [ˈperɪʃ] [pe-rish], *vn.* Perecer, acabar, fenecer, morir: marchitarse, pasarse. **To perish with hunger**, perecer de hambre. **Perish the thought!** ¡Dios me libre!

perishable [ˈperɪʃəbl] [pe-ri-sha-bol], *a.* Perecedero.

perishableness [ˈperɪʃəblnɪs] [pe-ri-sha-bol-nes], *s.* La calidad de perecedero.

perishing [ˈperɪʃɪŋ] [pe-ri-shin], *a.* **It's cold perishing,** hace un frío glacial.

perisperm [ˈperɪspɜːm] [pe-ris-perm], *s. (Bot.)* Perispermo, envoltura de un óvulo o semilla rudimentaria.

peristalsis [ˌperɪˈstælsɪs] [pe-ris-tal-sis], *s.* Movimiento peristáltico o vermicular de un órgano hueco del cuerpo, particularmente del intestino.

peristaltic [ˌperɪˈstæltɪk] [pe-ris-tal-tik], *a.* Peristáltico, vermicular.

peristerion [ˌperɪˈstɪrɪən] [pe-ris-ti-rion], *s. (Bot.)* Verbena.

peristome [ˌperɪˈstəʊm] [pe-ris-toum], *s.* 1. *(Bot.)* Perístomo, franja de dientes menudos, generalmente un múltiplo de cuatro, que rodea el orificio de la cápsula de los musgos. 2. *(Zool.)* Las partes que rodean la boca de un marisco univalvo, un zoófilo o un insecto díptero.

peristyle [ˈperɪstaɪl] [pe-ris-tail], *s. (Arq.)* Peristilo, galería de columnas que rodea un edificio o parte de él.

perisystole [ˈperɪstəʊl] [pe-ris-toul], *s. (Med.)* Perisístole, el intervalo entre la sístole y la diástole.

peritoneal [ˌperɪtəˈniːəl] [pe-ris-to-nial], *a.* Peritoneal, perteneciente o relativo al peritoneo.

peritoneum [ˌperɪtəˈniːəm] [pe-ris-to-niom], *s. (Anat.)* Peritoneo, membrana serosa que cubre interiormente la cavidad abdominal.

peritonitis [ˌperɪtə'naɪtɪs] [pe-ris-to-nai-tis], *s.* Peritonitis, inflamación del peritoneo.
periwig ['perɪwɪg] [pe-ri-uig], *s.* Peluca, peluquín; cabellera postiza.
periwinkle ['perɪˌwɪŋkl] [pe-ri-uin-kel], *s.* 1. Litorina, bígaro, género de moluscos gasterópodos. 2. *(Bot.)* Pervencha, pervinca.
perjure ['pɜːdʒəʳ] [per-yaʳ], *va.* y *vn.* Perjurar, jurar en falso.
perjurer ['pɜːdʒərəʳ] [per-ya-raʳ], *s.* Perjurador, perjuro.
perjury ['pɜːdʒərɪ] [per-ya-ri], *s.* Perjurio. **To commit perjury**, jurar en falso.
perk [pɜːk] [perk], *vn.* Erguirse, levantar la cabeza con afectación de viveza. *-va.* 1. Adornar, decorar, vestir. 2. Erguir, levantar la oreja o la cabeza.
perk, perky ['pɜːkɪ] [per-ki], *a.* Que tiene la cabeza erguida con gentileza; gallardo.
perm [pɜːm] [perm], *sf.* Permanente. **To have a perm, to have one's hair permed,** hacerse una permanente (hairdressers').
permanence ['pɜːmənəns] [per-ma-nens], *s.* Permanencia, duración firme, continuación del mismo estado, fijeza.
permanency ['pɜːmənənsɪ] [per-ma-nen-si], *s.* 1. Permanencia. 2. Alguna cosa permanente, muy duradera, o indestructible.
permanent ['pɜːmənənt] [per-ma-nent], *a.* Permanente, que permanece estable, duradero, que continúa sin cambio.
permanently ['pɜːmənəntlɪ] [per-ma-nent-li], *adv.* Permanentemente.
permanent wave ['pɜːmənəntˌweɪv] [per-ma-nent-ueiv], *s.* Ondulado permanente (hair).
permanganate [pɜː'mæŋgənɪt] [per-man-ga-neit], *s.* *(Quím.)* Permanganato, compuesto del ácido permangánico con una base salificable.
permeability [ˌpɜːmɪə'bɪlɪtɪ] [per-mia-bi-li-ti], *s.* Permeabilidad, calidad o condición de permeable.
permeable ['pɜːmɪəbl] [per-mia-bol], *a.* *(Fís.)* Permeable, se dice de todo cuerpo por donde puede penetrar fácilmente el aire, la luz o cualquier otro fluido rezumable; penetrable.
permeant ['pɜːmɪənt] [per-miant], *a.* *V.* PERMEATIVE.
permeate ['pɜːmɪeɪt] [per-mieit], *va.* Penetrar, atravesar, calar, pasar por medio. Impregnar. **The pessimism permeates his work**, el pesimismo se evidencia en su obra.
permeation ['pɜːmɪeɪʃən] [per-miei-shon], *s.* Pasaje o penetración al través de los intersticios o poros de un cuerpo.
permeative ['pɜːmɪətɪv] [per-mia-tiv], *a.* Penetrativo, permeativo, que penetra por entre los poros.
permissible [pə'mɪsəbl] [per-mi-sa-bol], *a.* Permisible, que se puede permitir o consentir.
permission [pə'mɪʃən] [per-mi-shon], *s.* Permisión, permiso, licencia (licence, permit). **My mother gave me permission**, mi madre me dio permiso.
permissive [pə'mɪsɪv] [per-mi-siv], *a.* Permisivo, permitido, tolerado, consentido.
permissively [pə'mɪsɪvlɪ] [per-mi-siv-li], *adv.* Permisivamente.
permissiveness [pə'mɪsɪvnɪs] [per-mi-siv-nes], *s.* Permisividad.
permit ['pɜːmɪt] [per-mit], *va.* 1. Permitir, consentir, tolerar, autorizar tácitamente o no poniendo obstáculos (authorize, allow). 2. Permitir, conceder permiso o libertad de hacer, autorizar. **Photographies are not permitted,** no se permiten fotografías.
permit, *s.* Permiso, licencia. **Work permit**, permiso de trabajo.
permittance ['pɜːmɪtəns] [per-mi-tans], *s.* 1. Capacidad electroestática. 2. Permisión, el acto de permitir.
permutation [ˌpɜːmjʊ'teɪʃən] [per-miu-tei-shon], *s.* 1. Permutación, permuta, cambio recíproco. 2. *(Mat.)* Permutación, combinación en que se atiende al número y términos que se comparan y a la diferencia resultante de los lugares en que se colocan.
permute [pə'mjuːt] [per-miut], *va.* Permutar, trocar, cambiar entre sí.
permuter [pə'mjuːtəʳ] [per-miu-taʳ], *s.* La persona que permuta, cambia o trueca.
pern [pɜːn] [pern], *s.* *(Orn.)* Buaro del género Pernis.
pernicious [pɜː'nɪʃəs] [per-ni-shos], *a.* 1. Pernicioso, gravemente dañoso o perjudicial, funesto, fatal. 2. *(Des.)* Veloz.
perniciously [pɜː'nɪʃəslɪ] [per-ni-shos-li], *adv.* Perniciosamente, perjudicialmente.
perniciousness [pɜː'nɪʃəsnɪs] [per-ni-shos-nes], *s.* Malignidad, la calidad maligna o perniciosa de alguna cosa.
pernoctation [pɜː'nɒkteɪʃən] [per-nok-tei-shon], *s.* Pernoctación, el acto de dormir al raso; el acto de pasar en vela toda la noche.
peroration [ˌperə'reɪʃən] [pe-ro-rei-shon], *s.* Peroración, la conclusión de alguna oración o discurso.
peroxid, peroxide [pə'rɒksaɪd] [pe-rok-said], *s.* Peróxido, grado mayor de oxidación. **A peroxide blonde**, una rubia teñida.
perpend [pɜː'pend] [per-pend], *va.* *(Ant.)* Reflexionar, pensar cuidadosamente, examinar o pesar las razones en que se funda una opinión.
Perpendicle [pɜː'pendɪkl] [per-pen-di-kol], *s.* Cualquier cosa que cuelga perpendicularmente.
perpendicular [ˌpɜːpən'dɪkjʊləʳ] [per-pen-di-kiu-laʳ], *a.* Perpendicular, se dice de la línea o plano que cae sobre otro plano o línea formando ángulos rectos. *-s.* Línea perpendicular.
perpendicularly [ˌpɜːpen'dɪkjʊləlɪ] [per-pen-di-kiu-lar-li], *adv.* Perpendicularmente.
perpetrate ['pɜːpɪtreɪt] [per-pi-treit], *va.* Perpetrar, cometer algún delito o culpa grave (commit); hacer, ejecutar (do); se usa también en sentido festivo.
perpetration [ˌpɜːpɪ'treɪʃən] [per-pi-trei-shon], *s.* Perpetración, el acto de cometer algún delito.
perpetrator ['pɜːpɪtreɪtəʳ] [per-pi-trei-taʳ], *s.* Perpetrador.
perpetual [pə'petjʊəl] [par-pe-tiual], *a.* Perpetuo, continuo, incesante, eterno (endless, eternal); vitalicio. **Perpetual motion**, movimiento continuo, perpetuo, eterno.
perpetually [pə'petjʊəlɪ] [par-pe-tiua-li], *adv.* Perpetuamente, continuamente.
perpetuate [pə'petjʊeɪt] [par-pe-tiueit], *va.* Perpetuar, eternizar, proseguir sin intermisión.
perpetuation [pəˌpetjʊ'eɪʃən] [par-pe-tiu-ei-shon], *s.* Perpetuación, la acción de perpetuar.
perpetuity [ˌpɜːpɪ'tjuːɪtɪ] [par-pi-tui-ti], *s.* Perpetuidad, duración sin fin. *(Law)* **In perpetuity**, a perpetuidad
perplex [pə'pleks] [par-pleks], *va.* 1. Confundir, perturbar, dejar a uno perplejo y lleno de dudas. 2. Intrincar, embrollar, enredar, enmarañar alguna cosa. 3. Atormentar. *-a.* Intrincado, enredado.
perplexed [pə'plekst] [par-plekst], *s.* Perplejo, dudoso, irresoluto, confuso.
perplexedly [pə'pleksɪdlɪ] [par-plek-sid-li], *adv.* Perplejamente, confusamente.
perplexedness [pə'pleksɪdnɪs] [par-plek-sid-nes],
perplexity [pə'pleksɪtɪ] [par-plek-si-ti], *s.* Perplejidad, duda, irresolución: confusión, inquietud.
perquisite ['pɜːkwɪzɪt] [per-kui-sit], *s.* Percance, gajes, buscas, propinas, los emolumentos o utilidades que se adquieren por algún empleo u ocupación además del salario o sueldo señalado.
perquisition [ˌpɜːkwɪ'zɪʃən] [per-kui-si-shon], *s.* Pesquisa, indagación, investigación.
perron ['pərən] [pe-ron], *s.* *(Arq.)* Grada o escalera abierta en la parte exterior de un edificio.
perry ['perɪ] [pe-ri], *s.* Sidra de peras.
persecute ['pɜːsɪkjuːt] [per-si-kiut], *va.* 1. Perseguir, molestar, hostigar, vejar (follow, bother); particularmente perseguir o afligir por motivo de las creencias religiosas de uno. 2. Molestar, fatigar, importunar (annoy).
persecution [ˌpɜːsɪ'kjuːʃən] [per-si-kiu-shon], *s.* Persecución, vejación; molestia.

persecutive ['pɜːsɪkjuːtɪv] [per-si-kiu-tiv], *a.* Perseguidor, que persigue.
persecutor ['pɜːsɪkjuːtəʳ] [per-si-kiu-taʳ], *s.* Perseguidor, dañador.
perseverance [ˌpɜːsɪ'vɪərəns] [per-si-vi-rans], *s.* Perseverancia, el acto o la costumbre de perseverar; persistencia, constancia.
perseverant [ˌpɜːsɪ'vɪərənt] [per-si-vi-rant], *a.* Perseverante, constante, firme.
persevere [ˌpɜːsɪ'vɪəʳ] [per-si-viaʳ], *vn.* Perseverar, persistir. **We persevered and it worked**, insistimos y funcionó.
persevering [ˌpɜːsɪ'vɪərɪŋ] [per-si-via-rin], *pa.* Perseverante, persistente, tenaz.
perseveringly [ˌpɜːsɪ'vɪərɪŋlɪ] [per-si-via-rin-li], *adv.* Perseverantemente, constantemente.
Persia ['pɜːʃə] [per-sha], *s.* Persia.
Persian ['pɜːʃən] [per-shan], *a.* Persa, persiano, perteneciente a Persia. *-s.* 1. Persa, persiano, el natural de Persia. 2. Persiana, tela delgada de seda. 2. Persa, persinao, la lengua de Persia. **Persian blinds**, celosías. **Persian Gulf**, el Golfo Pérsico. **Persian wheel**, azuda, máquina con que se saca agua de los ríos para regar los campos. **Persian carpet**, alfombra persa.
persic ['pɜːsɪk] [per-sik], *a.* Pérsico, persa. *-s.* Idioma persa.
persiflage [ˌpɜːsɪ'flɑːʒ] [per-si-flash], *s.* Choteo, guasa, pitorreo.
persimmon [pɜː'sɪmən] [per-si-mon], *s.* 1. Fruto globular, anaranjado, que se parece a una ciruela, del dióspiro. 2. Dióspiro, árbol que da este fruto. Diospyros Virginiana. **Japanese persimon**, Fruto muy estimado en el Oriente.
persist [pə'sɪst] [per-sist], *vn.* Persistir, permanecer; empeñarse, insitir.
persistence [pə'sɪstəns] [per-sis-tans], **persistency** [pə'sɪstənsɪ] [per-sis-tan-si], *s.* 1. Persistencia, permanencia o firmeza en la ejecución de alguna cosa, constancia. 2. Obstinación, contumacia. 3. Continuación, duración.
persistent, [pə'sɪstənt] [per-sis-tant], *a.* 1. Persistente, firme, determinado, resuelto. 2. Permanente, invariable, continuo. 3. *(Biol.)* Persistente, que no cae o no se marchita.
persnickety [pəːs'nɪkɪtɪ] [pers-ni-ki-ti], *a.* *(E.U.)* Puntilloso, chinche.
person ['pɜːsn] [per-son], *s.* 1. Persona, individuo o sujeto de la naturaleza humana. **He is a wonderful person**, es una persona maravillosa. 2. Persona. 3. Persona de la Trinidad. 4. *(Gram.)* Persona, el nombre o pronombre que rige a un verbo o es regido por él. 5. *(Biol.)* Individuo. 6. *(Ant.)* Papel de un actor; por extensión, el sujeto que tiene alguna representación por cualquier concepto. **In person**, personalmente o en persona.
personable ['pɜːsnəbl] [per-so-na-bol], *a.* 1. Hermoso, de buena presencia. 2. *(Der. ant.)* Capaz de mantener una alegación en los tribunales.
personage ['pɜːsnɪdʒ] [per-so-nich], *s.* 1. Personaje, hombre o mujer de distinción o calidad. 2. Personaje, papel, carácter.
personal ['pɜːsnl] [per-so-nal], *a.* Personal; directo en persona; corporal; exterior. **Personal estate**, bienes muebles. **Personal property**, propiedad mueble. **Personal appearance**, (a) Aspecto, apariencia personal. (b) Comparecencia en persona. **Personal computer**, ordenador personal.
personality [ˌpɜːsə'nælɪtɪ] [per-so-na-li-ti], *s.* 1. Personalidad, lo que constituye a una persona distinta de otra; también lo que constituye un individuo. 2. Personalidad, lo que se dice tocante a una persona determinada, particularmente una expresión injuriosa. 3. Personalidad, figura (public figure).
personalize ['pɜːsənəlaɪz] [per-so-na-lais], *va.* 1. Personalizar, hacer personal. 2. *(Ret.)* Personificar.
personally ['pɜːsnəlɪ] [per-so-na-li], *adv.* Personalmente. **Do you know them personally?**, ¿los conoces personalmente? (in person).
personate ['pɜːsəneɪt] [per-so-neit], *va.* 1. Representar, subrogarse en los derechos, autoridad o bienes de otro. 2. Contrahacer, remedar. 3. Representar, fingir, hacer el papel de alguna cosa o persona. *-vn.* Representar, ser actor en una pieza dramática.
personation [ˌpɜːsə'neɪʃən] [per-so-nei-shon], *s.* Disfraz, artificio con que una persona pasa por otra.
personator [ˌpɜːsə'neɪtəʳ] [per-so-nei-taʳ], *s.* 1. El que representa a otra persona. 2. Ejecutor, el que hace o ejecuta alguna cosa.
personification [pɜːˌsɒnɪfɪ'keɪʃən] [per-so-ni-fi-kei-shon], *s.* Personificación, prosopopeya, figura por la cual se hace hablar o accionar a personas fingidas o cosas inanimadas.
personify [pɜː'sɒnɪfaɪ] [per-so-ni-fai], *va.* Personificar, atribuir a las cosas inanimadas o abstractas las pasiones o afectos de las personas.
personnel [ˌpɜːsə'nel] [per-so-nel], *s.* Personal, cuerpo de empleados. **Personnel manager**, jefe de personal.
perspective [pə'spektɪv] [pers-pek-tiv], *s.* 1. Perspectiva, vista o aspecto de diversos objetos juntos mirados de lejos. 2. Vista, importancia relativa de sucesos o materias desde un punto de vista especial. **From a historical perspective**, desde una perspectiva histórica. *-a.* *(Pint.)* Perspectivo, perteneciente al arte de la perspectiva; que representa un objeto en perspectiva.
perspectively [pə'spektɪvlɪ] [pers-pek-tiv-li], *adv.* Por representación.
perspicacious [ˌpɜːspɪ'keɪʃəs] [pers-pi-kei-shos], *a.* Perspicaz, penetrante.
perspicaciousness [ˌpɜːspɪ'keɪʃəsnɪs] [pers-pi-kei-shos], **perspicacity** [ˌpɜːspɪ'kæsɪtɪ] [pers-pi-ka-si-ti], *s.* 1. Perspicacia; penetración o viveza de ingenio. 2. *(Ant.)* Agudeza de vista.
perspicuity [ˌpɜːspɪ'kjʊɪtɪ] [pers-pi-kui-ti], *s.* Perspicuidad, claridad, transparencia.
perspicuous [ˌpə'spɪkjʊəs] [pers-pi-kuos], *a.* 1. Perspicuo, claramente expresado, inteligible. 2. *(Des.)* Perspicuo, claro, transparente.
perspicuously [ˌpɜːspɪ'kjʊəslɪ] [pers-pi-kuos-li], *adv.* Perspicuamente, claramente.
perspicuousness [ˌpɜːspɪ'kjʊəsnɪs] [pers-pi-kuos-nes], *s.* Perspicuidad, claridad de estilo.
perspirable [ˌpɜːs'paɪərəbl] [pers-paia-ra-bol], *a.* Transpirable.
perspiration [ˌpɜːspaɪə'reɪʃən] [pers-pai-rei-shon], *s.* 1. Transpiración, exhalación de un fluido acuoso por las glándulas excretorias de la piel. 2. Sudor, transpiración, serosidad que se exhala por los poros de los animales.
perspirative [ˌpɜːs'paɪərətɪv] [pers-paia-ra-tiv], *a.* Lo que transpira.
perspiratory [ˌpɜːs'paɪərətərɪ] [pers-paia-ra-to-ri], *a.* Transpiratorio, lo que pertenece a la transpiración.
perspire [ˌpɜːs'paɪərəʳ] [pers-paia-raʳ], *vn.* Transpiar, evaporar los humores insensiblemente; exhalar fluido por los poros. *-va.* Exhalar, excretar. **A firtree perspires balsam**, un abeto excreta el bálsamo.
persuadable [pə'sweɪdəbl] [per-suei-da-bol], *a.* Persuasible.
persuade [pə'sweɪd] [per-sueid], *va.* Persuadir, convencer, atraer a uno con razones; excitar, mover a alguno a la ejecución de una cosa. **I'm easily persuaded**, me dejo convencer fácilmente.
persuader [pə'sweɪdəʳ] [per-suei-daʳ], *s.* Persuasor, persuadidor.
persuasible [pə'sweɪsɪbl] [per-suei-si-bol], *s.* Persuasible.
persuasion [pə'sweɪʒən] [per-suei-shon], *s.* 1. Persuasión, acción y efecto de persuadir. 2. Persuasión, la idea o el juicio que se forma en virtd de algún fundamento. 3. Creencia, opinión religiosa, creencia fija; de aquí, partido, secta, o denominación. **People of all persuasions**, gente de todas las creencias. 4. Persuasiva, facultad de persuadir.

persuasive [pə'sweɪsɪv] [per-suei-siv], *a.* Persuasivo, convincente (convincing). *-s.* Persuasiva, eficacia y destreza en persuadir.
persuasory [pə'swəsərɪ] [per-sua-so-ri], *a.* Persuasivo.
pert [pɜːt] [pert], *a.* Petulante, atrevido, descocado (daring). 2. *(Des.)* Listo, vivo (clever).
pertain [pɜː'teɪn] [per-tein], *vn.* 1. Pertenecer, tocar a alguno como atributo, derecho, deber, propiedad, cualidad o adjunto (belong to). 2. Concernir, referirse a.
pertinacious [ˌpɜːtɪ'neɪʃəs] [per-ti-nei-shos], *a.* 1. Pertinaz, obstinado, terco, tenaz. 2. Constante, incesante, continuo.
pertinaciously [ˌpɜːtɪ'neɪʃəslɪ] [per-ti-nei-shos-li], *adv.* Pertinazmente, obstinadamente.
pertinacity [ˌpɜːtɪ'næsɪtɪ] [per-ti-na-si-ti], *s.* 1. Pertinacia, obstinación, terquedad, tenacidad (stubborness). 2. Perseverancia, constancia, resolución, firmeza (resolution).
pertinence ['pɜːtɪnəns] [per-ti-nens], **pertinency** ['pɜːtɪnəns] [per-ti-nans], *s.* Pertinencia, conexión, relación de una cosa con otra.
pertinent ['pɜːtɪnənt] [per-ti-nant], *a.* 1. Pertinente, que viene a propósito. 2. Perteneciente, pertinente (belonging).
pertinently ['pɜːtɪnəntlɪ] [per-ti-nant-li], *adv.* Pertinentemente, oportunamente.
pertly ['pɜːtlɪ] [per-tli], *adv.* 1. Insolentemente, descaradamente, descocadamente. 2. *(Des.)* Vivamente, prontamente.
pertness ['pɜːtnɪs] [pert-nes], *s.* Petulancia, descaro, atrevimiento, impertinencia (shamelessness).
perturb [pə'tɜːb] [per-terb], *va.* Perturbar, inquietar, poner en desorden.
perturbable [pə'tɜːbəbl] [per-ter-ba-bol], *a.* Perturbable, que se puede perturbar.
perturbation, perturbance [ˌpɜːtɜː'beɪʃən] [per-ter-bei-shon], [pə'tɜːbəns] [per-ter-bans] *s.* 1. Perturbación, desorden, agitación de ánimo; efecto de perturbar. 2. Perturbación, desviación en el movimiento de un cuerpo celeste.
perturbator [ˌpɜːtɜː'beɪtəʳ] [per-ter-bei-taʳ], *s.* Perturbador, agitador.
perturber [pə'tɜːbəʳ] [per-ter-baʳ], *s.* Perturbador, agitador.
pertuse [pə'tjuːz] [per-tius], *a.* 1. Horadado con punzón, agujereado. 2. *(Bot.)* Perforado.
pertusion [pə'tjuːʒən] [per-tiu-shon], *s.* 1. El acto de taladrar. 2. Taladro, el agujero hecho con el taladro o la barrena.
Peru [pə'ruː] [pa-ru], *s.* Perú.
peruke [pə'ruːk] [pa-ruk], *s.* Peluca, cabello postizo. **Peruke-maker**, peluquero.
perusal [pə'ruːzəl] [pa-ru-shal], *s.* Lectura, lección, acción de leer. **I enclose the dossier for your perusal**, le adjunto el documento para que lo examine.
peruse [pə'ruːz] [pa-rus], *va.* 1. Leer; leer con atención, leer hasta el fin. 2. *(Ant.)* Observar, examinar atentamente.
peruser [pə'ruːʒəʳ] [pa-ru-shaʳ], *s.* Lector; revisor, examinador.
peruvian [pə'ruːvɪən] [pa-ru-vian], *a.* Peruano, del Perú. **Peruvian bark**, quina, cascarilla.
pervade [pɜː'veɪd] [per-veid], *va.* Atravesar, esparcirse por todas partes, penetrar, ocupar, llenar (occupy, fill).
pervasion [pɜː'veɪʃən] [per-vei-shon], *s.* Esparcimiento, el acto de esparcirse alguna cosa por todas partes.
pervasive [pɜː'veɪsɪv] [per-vei-siv], *a.* Que se esparce por todas partes, penetrativo, penetrante.
perverse [pə'vɜːs] [per-vers], *a.* 1. Perverso, depravado, malo, intratable. 2. Contrario, refractario, obstinado, terco (stubborn). 3. Enfadoso, molesto, vejador.
perversely [pə'vɜːslɪ] [per-vers-li], *adv.* Perversamente, con obstinación.
perverseness [pə'vɜːsnɪs] [per-vers-nes], *s.* Perversidad, maldad, terquedad, obstinación.
perversion [pə'vɜːʃən] [per-ver-shon], *s.* Perversión, pervertimiento, depravación.
perversity [pə'vɜːsɪtɪ] [per-ver-si-ti], *s.* Perversidad, conducta o naturaleza perversa, obstinación, terquedad.
perversive [pə'vɜːsɪv] [per-ver-siv], *a.* Perversivo.
pervert [pə'vɜːt] [per-vert], *va.* 1. Pervertir, corromper (corrupt). 2. Pervertir, falsear, viciar, dirigir mal o interpretar mal, desnaturalizar. *-vn.* 1. Apartarse, desviarse del camino recto. 2. Hacerse renegado, apostatar. **To pervert manners**, echar a perder las maneras. **To pervert the meaning**, desnaturalizar el sentido.
pervert, *s.* Renegado, apóstata; pervertido en oposición a convertido.
perverted [pə'vɜːtɪd] [per-ver-tid], *a.* Pervertido (all senses).
perverter [pə'vɜːtəʳ] [per-ver-taʳ], *s.* Pervertidor.
pervertible [pə'vɜːtɪbl] [per-ver-ti-bol], *a.* Pervertible, lo que es fácil de corromper o pervertir.
pervious ['pɜːvɪəs] [per-vios], *a.* Penetrable; permeable. **Pervious to light**, que permite el paso a la luz.
perviousness ['pɜːvɪəsnɪs] [per-vios-nes], *s.* Penetrabilidad, permeabilidad.
peseta [pə'setə] [pe-se-ta], *s.* Peseta.
pesky ['peskɪ] [pes-ki], *a.* *(Fam. E. U.)* Molesto, incómodo, también, apestado, excesivo.
pessary ['pesərɪ] [pe-sa-ri], *s.* *(Cir.)* Pesario.
pessimism ['pesɪmɪzəm] [pe-si-mi-sem], *s.* 1. Pesimismo, propensión a verlo todo bajo el aspecto más siniestro. 2. Cinismo, la tendencia a despreciar lo bueno y suponer lo malo. 3. Pesimismo, sistema de filosofía que considera la existencia como un mal.
pessimist ['pesɪmɪst] [pe-si-mist], *s.* Pesimista, persona que todo lo ve bajo el aspecto más desfavorable; partidario del pesimismo, o que desea el exceso del mal como medio de llegar al bien.
pessimistic ['pesɪmɪstɪk] [pe-si-mis-tik], *a.* Pesimista.
pessimistically [ˌpesɪ'mɪstɪkəlɪ] [pe-si-mis-ti-ka-li], *adv.* En tono pesimista, de forma pesimista.
pest [pest] [pest], *s.* 1. Peste, pestilencia (stench, foul smell). 2. Peste, se dice de las personas o cosas muy dañosas a las buenas costumbres. **Pest-house**, lazareto. **Pest-control**, lucha contra las plagas de insectos.
pester ['pestəʳ] [pes-taʳ], *va.* Moler, molestar, vejar, cansar, atormentar, importunar (annoy). *(Fam.)* Jorobar. **He pesters me with his letters**, me muele a cartas.
pesterable ['pestərəbl] [pes-te-ra-bol], *a.* Molesto.
pesterer ['pestərəʳ] [pes-te-raʳ], *s.* Moledor. *(Vulg.)* Majadero, joroba, moscón, pejiguera.
pesticide ['pestɪsaɪd] [pes-ti-said], *s.* Pesticida.
pestiferous ['pestɪfərəs] [pes-ti-fe-ros], *a.* Pestífero, pestilente, pernicioso.
pestilence ['pestɪləns] [pes-ti-lens], *s.* Pestilencia, peste, enfermedad contagiosa; también en este sentido figurado.
pestilent ['pestɪlənt] [pes-ti-lent], *a.* 1. Pestilente, pestífero, que produce una enfermedad contagiosa. 2. Pernicioso, de influencia maligna, de efecto perjudicial. 3. Inoportuno, atormentador.
pestilential [ˌpestɪ'lenʃəl] [pes-ti-len-shal], *a.* Pestilencial, pernicioso, dañoso en sumo grado (damaging).
pestilentialness [ˌpestɪ'lenʃəlnɪs] [pes-ti-len-shal-nes], *s.* Calidad de pestilente.
pestilently ['pestɪləntlɪ] [pes-ti-lent-li], *adv.* Pestilencialmente.
pestle ['pestl] [pes-tel], *s.* Mano de almirez, majador de mortero. *-va.* Majar, moler o mezclar en un mortero.
pet [pet] [pet], *a.* Acariciado, mimado (spoiled); favorito; domesticado (tame). **Pet name**, nombre cariñoso, a menudo un diminutivo. **Pet lamb**, cordero criado en la casa, sin madre. **Pet food**, comida para animales. *-s.* 1. Enojo, enfado, despecho, acceso de mal humor. 2. Cualquier animal domesticado y acariciado. 3. Favorito. **He is a great pet**, es el favorito, el mimado, el querido. *(Mex.)* Chiqueado, amamantado. **To go away in a pet**, irse enojado o enfadado. **To get in a pet**, atufarse, enojarse. **He is in a great pet**, toma el cielo con las manos.

pet, *va.* Mimar, echar a perder con mimos (spoil).
petal ['petl] [pe-tal], *s.* *(Bot.)* Pétalo, cada una de las hojas que forman la corola de la flor.
petaled, petalous ['petəld] [pe-tald], *a.* *(Bot.)* Provisto de pétalos.
petaliferous [,petə'lɪfərəs] [pe-ta-li-fe-ros], *a.* Que tiene pétalos.
petaloid ['petəlɔɪd] [pe-ta-loid], *a.* Petaloideo, semejante a los pétalos o que consta de ellos.
petard [pe'tɑ:d] [pe-tard], *s.* Petardo, antigua máquina militar.
petardeer [pe'tɑ:dɪəʳ] [pe-tar-diaʳ], *s.* Petardero.
Peter ['pi:təʳ] [pi-taʳd], *s.* Pedro. *-vn.* Disminuir, desaparecer una veta o filón en una mina. **The line finally peters out**, la línea finalmente desaparece.
petiole [pe'ʃɪəʊl] [pe-shioul], *s.* *(Bot.)* Pecíolo, pezón o rabillo de la hoja.
petit ['petɪ] [pe-ti], *a.* Pequeño; menor. (Desusado a no ser en frases forenses o tomadas del francés). *V.* PETTY.
petit bourgeois [,petɪ,bʊəʒwɑ:] [pe-ti-bua-ya], *a.* Pequeño burgués.
petite [pə'ti:t] [pa-tit], *a.* Chiquita, menuda.
petition [pə'tɪʃən] [pe-ti-shon], *s.* 1. Memorial, presentación. 2. Pedimento, petición, demanda. 3. Petición súplica dirigida al Ser Supremo.
petition, *va.* Suplicar, orar, rogar (pray); dirigir una petición. **To petition for divorce**, presentar una demanda de divorcio.
petitionary [pə'tɪʃənərɪ] [pe-ti-sho-na-ri], *a.* 1. Demandante, la parte que demanda en justicia. 2. Suplicante, el que pide o suplica.
petitioner [pə'tɪʃənəʳ] [pe-ti-sho-naʳ], *s.* Suplicante; memorialista, representante.
pet name ['petneɪm] [pet-neim], *s.* Apodo, nombre cariñoso.
petrean [pə'trɪən] [pe-trian], *a.* Pétreo, de roca, de la naturaleza de la roca.
petrel ['petrəl] [pe-trel], *s.* Procelario, petrel, ave de mar llamada también ave de San Pedro o de las tempestades.
petrescence ['petrəsəns] [pe-tre-sens], *s.* Petrificación, acción de convertirse en piedra.
petrescent ['petrəsənt] [pe-tre-sent], *a.* Que se petrifica.
petrifaction [,petrɪ'fækʃən] [pe-tri-fak-shon], *s.* 1. Petrificación. 2. Petrificación, el cuerpo petrificado.
petrifactive ['petrɪfæktɪv] [pe-tri-fak-tiv], **petrific** ['petrɪfɪk] [pe-tri-fik], *a.* Petrífico, petrificante.
petrification [,petrɪfaɪ'keɪʃən] [pe-tri-fai-kei-shon], *s.* 1. Petrificación, el cuerpo petrificado. 2. Endurecimiento del corazón.
petrified ['petrɪfaɪd] [pe-tri-faid], *a.* 1. Muerto de miedo (terrified). 2. *(Geol.)* Petrificado.
petrify ['petrɪfaɪ] [pe-tri-fai], *va.* 1. Petrificar, transformar en piedra. 2. Endurecer el corazón, hacer a alguno sordo a los remordimientos. *-vn.* Petrificar, endurecerse alguna cosa de modo que parezca piedra.
petrine ['petrɪn] [pe-trin], *a.* Referente a San Pedro apóstol.
petrochemical [,petrəʊ'kemɪkəl] [pe-trou-ke-mi-kal], *s.* Producto petroquímico.
petrochemistry [,petrəʊ'kemɪstrɪ] [pe-trou-ke-mis-tri], *s.* Petroquímica.
petrol ['petrəl] [pe-trol], *s.* Gasolina. **Petrol station**, gasolinera.
petroleum ['petrəlɪəm] [pe-tro-liom], *s.* Petróleo, carburo de hidrógeno, principio líquido de los betunes blandos y viscosos. **Petroleum jelly**, vaselina.
petrology [pe'trɒlədʒɪ] [pe-tro-lo-yi], *s.* Petrología, petrognosia, la ciencia de las rocas, su origen y distribución.
petronel ['petrənl] [pe-tro-nel], *s.* *V.* PISTOL.
petrous ['petrəs] [pe-tros], *a.* Petroso, pétreo, endurecido como la piedra.
petticoat ['petɪkəʊt] [pe-ti-kout], *s.* Guardapiés, zagalejo; enaguas, basquiña. **Quitted** o **embrothered petticoat**, zagalejo picado. *-a.* Lo que pertenece a las mujeres o es propio de ellas. **Petticoat government**, se usa para expresar la influencia de las mujeres en el gobierno o dirección de una cosa o negocio.
pettifog ['petɪfɒg] [pe-ti-fog], *vn.* Ejercer malamente la abogacía.
pettifogger ['petɪfɒgəʳ] [pe-ti-fo-gaʳ], *s.* 1. Abogado de guardilla. 2. Picapleitos.
pettifoggery ['petɪfɒgərɪ] [pe-ti-fo-ga-ri], *s.* Los embrollos y enredos de los malos abogados.
pettiness ['petɪnɪs] [pe-ti-nes], *s.* Pequeñez, mezquindad (triviality).
pettish ['petɪʃ] [pe-tish], *a.* Enojadizo, bronco, áspero, insociable, caprichudo, regañón.
pettishly ['petɪʃlɪ] [pe-tish-li], *adv.* Caprichosamente, ásperamente, broncamente.
pettishness ['petɪʃnɪs] [pe-tish-nes], *s.* Enojo, aspereza de genio, capricho.
petto ['petəʊ] [pe-tou], *s.* Pecho. *(Ital.)* **In petto**, en lo interior del pecho.
petty ['petɪ] [pe-ti], *a.* 1. Pequeño, corto, menudo (little, small). 2. Despreciable, mezquino (wretch). **Petty cash**, efectivo para gastos menores. **Petty king**, reyezuelo. **Petty larnecy**, robo de cosas de poco valor. **Petty jury**, *V.* JURY.
petulance ['petjʊləns] [pe-tiu-lans], **petulancy** ['petjʊlənsɪ] [pe-tiu-lan-si], *s.* Mal humor, mal genio, enfado pasajero, impaciencia, despego en el trato.
petulant ['petjʊlənt] [pe-tiu-lant], *a.* 1. Enojadizo, de mal humor, que muestra impaciencia caprichuda o despego en el trato. 2. *(Des.)* Petulante, descarado.
petulantly ['petjʊləntlɪ] [pe-tiu-lant-li], *adv.* Con impaciencia, con aspereza, de mal humor.
petunia [pɪ'tju:nɪə] [pi-tiu-nia], *s.* *(Bot.)* Petunia.
pew [pju:] [piu], *s.* Banco, asiento, de iglesia; antiguamente un lugar cerrado a manera de cajón. *-pl.* Los dueños o arrendadores de los bancos de iglesia; la congregación.
pew, *va.* Proporcionar asientos o bancos particulares en las iglesias. *(Fam.)* **Take a pew!**, ¡toma asiento!
pewit, peewit ['pi:wɪt] [pi-uit], *s.* Una de varias aves: (a) *V.* PEWEE. (b) Avefría, frailecillo. (c) Laro de cabeza negra, el pájaro reidor.
pew-opener [,pju:'əʊpnəʳ] [piu-oup-naʳ], *s.* *(G.B.)* El que abre o guarda los asientos en la iglesia.
pewter ['pju:təʳ] [piu-taʳ], *s.* 1. Peltre, especie de metal compuesto de estaño y plomo. 2. Peltre, el conjunto de platos, fuentes y otras vasijas de dicho metal.
pewterer ['pju:tərəʳ] [piu-ta-raʳ], *s.* Peltrero, el que trabaja en objetos de peltre, estañador.
phaenogam ['fænəgæm] [fa-no-gam], *s.* Planta que tiene flores; planta fanerógama. *V.* PHANEROGAM.
phagocytes ['fægəsaɪts] [fa-go-saits], *s. pl.* Fagocitos, tipo de glóbulos blancos.
phalangean ['fæləndʒɪən] [fa-lan-yian], *a.* Falangético, falángido, que pertenece a la falange.
phalanges ['fæləndʒɪs] [fa-lan-yis], *s. pl.* de PHALANX.
phalanx ['fæləŋks] [fa-lanks], *s.* (*pl.* PHALANGES o PHALANXES, excepto en anatomía y botánica). 1. Falange, cuerpo de infantería de la antigua Grecia. 2. Cualquier cuerpo compacto y numeroso de personas unidas con un mismo fin. 3. Falange, cada uno de los huesos que hay en los dedos de la mano y el pie. 4. Coyuntura del tarso de los insectos.
phallic ['fælɪk] [fa-lik], *a.* Fálico. **Phallic symbol**, símbolo fálico.
phallus ['fæləs] [fa-los], *s.* Falo.
phanerogam ['fænɪrəʊgæm] [fa-ni-ro-gam], *s.* Planta fanerógama, que produce flores, es decir que tiene estambres y pistilos.
phantasm ['fæntæzəm] [fan-tasm], *s.* Fantasma (ghost).
phantasmagoria [,fæntæzmə'gɔ:rɪə] [fan-tas-ma-go-ria], *s.* 1. Fantasmas incoherentes de un sueño 2. Fantasmagoría, arte de representar fantasmas por medio de una ilusión óptica; y la misma linterna empleada para ese objeto.
phantasmagoric [,fæntæzmə'gɔ:rɪk] [fan-tas-ma-go-rik], *a.* Fantasmagórico.

phantasy ['fæntəzɪ] [fan-ta-si], *s. V.* FANTASY, y todas las voces que se derivan de ella.

phantom ['fæntəm] [fan-tom], *s.* Fantasma, espectro horrible, *V.* FANTOM.

pharaonic ['fɛərəʊnɪk] [fea-ra-ou-nik], *a.* Faraónico, concerniente a los Faraones.

pharisaic, pharisaical [ˌfærɪ'seɪɪk] [fa-ri-seik] [ˌfærɪ'seɪɪkəl] [fa-ri-sei-kal], *a.* Farisaico.

pharisaically [ˌfærɪ'seɪɪkəlɪ] [fa-ri-sei-ka-li], *adv.* De un modo farisaico.

pharisee ['færɪsiː] [fa-ri-si], *s.* Fariseo.

pharmaceutic, pharmaceutical [ˌfɑːmə'sjuːtɪk] [far-ma-siu-tik] [ˌfɑːmə'sjuːtɪkəlɪ] [far-ma-siu-ti-ka-li], *a.* Farmacéutico.

pharmacist ['fɑːməsɪst] [far-ma-sist], *s.* Farmacéutico, boticario.

pharmacology [ˌfɑːmə'kɒlədʒɪ] [far-ma-ko-lo-yi], *s.* Farmacología, conocimiento de los medicamentos.

pharmacopoeia [ˌfɑːməkə'piːə] [far-ma-ko-pia], *s.* Farmacopea, el libro que contiene las reglas para la composición de las medicinas.

pharmacy ['fɑːməsɪ] [far-ma-si], *s.* 1. Farmacia, el arte de preparar los medicamentos. 2. Botica.

pharyngeal ['færɪndʒɪəl] [fa-rin-yial], *a.* Faríngeo, perteneciente a la faringe.

pharyngitis [ˌfærɪn'dʒaɪtɪs] [fa-rin-yai-tis], *s. (Med.)* Faringitis.

pharyngotomy [ˌfærɪn'gɒtəmɪ] [fa-rin-go-to-mi], *s.* Faringotomía, incisión de la faringe.

pharynx ['færɪŋks] [fa-rinks], *s.* Faringe, la parte superior del esófago.

phase [feɪz] [feis], *s.* 1. Fase, aspecto, cada uno de los cambios que se notan en ciertos objetos (change). 2. *(Astr.)* Fase, cada una de las diversas figuras en que vemos la luna y los planetas.

phase, *vt.* 1. Escalonar, realizar por etapas. 2. Sincronizar (coordinate). **Phase in,** introducir paulatinamente. **Phase out,** retirar paulatinamente.

phasis ['feɪzɪz] [fei-sis], *s. (Astr.)* Fase.

pheasant ['feznt] [fe-sant], *s. (Orn.)* Faisán, ave del orden de las gallináceas, muy hermosa y de carne apreciada.

phenix ['fenɪks] [fe-niks], *s.* 1. Fénix, ave fabulosa, que se creía ser única y que renacía de sus cenizas; emblema de la inmortalidad. 2. Cosa extraordinaria, prodigio. 3. Constelación austral.

phenogam, etc. *V.* PHAENOGAM, etc.

phenol ['fiːnɒl] [fi-nol], *s.* 1. Cada uno de una serie de cuerpos derivados de la benzola. 2. Fenol.

phenomenal [fɪ'nɒmɪnl] [fi-no-mi-nal], *a.* Fenomenal.

phenomenon [fɪ'nɒmɪnəm] [fi-no-mi-nom], *s.* 1.Fenómeno. 2. Fenómeno, todo lo que admira por su novedad o rareza. Se escribe en plural PHENOMENA.

pheromone ['ferəməʊn] [fe-ro-moun], *s.* Feromona.

phial ['faɪəl] [faial], *s.* Redomilla, ampolla. Lo mismo que VIAL.

Philadelphia [ˌfɪlə'delfɪə] [fi-la-del-fia], *a.* Filadelfia.

philander [fɪ'lændəʳ] [fi-lan-daʳ], *vn.* Hacer cocos, divertirse en galantear a una mujer. *-s.* Amante, pretendiente.

philanthropic, philanthropical [ˌfɪlən'θrɒpɪk] [fi-lan-zro-pik], *a.* Filantrópico.

philanthropist [ˌfɪlən'θrɒpɪst] [fi-lan-zro-pist], *s.* Filántropo, amigo de los hombres; el que se ocupa en hacerles bien.

philanthropy [ˌfɪlən'θrɒpɪ] [fi-lan-zro-pi], *s.* Filantropía, humanidad, amor natural del género humano (charitableness).

philatelic [ˌfɪlə'telɪk] [fi-la-te-lik], *a.* Filatélico.

philately [fɪ'lætəlɪ] [fi-la-te-li], *s.* Filatelia, ocupación o tarea de coleccionar sellos de franqueo de diversos países, para estudiarlos o formar colecciones.

philharmonic [fɪlɑː'mɒnɪk] [fi-lar-mo-nik], *a.* Filarmónico, apasionado por la música.

Philippine ['fɪlɪpiːn] [fi-li-pin], *a.* Filipino.

Philistine ['fɪlɪstaɪn] [fi-lis-tain], *s.* y *a.* 1. Filisteo. 2. Partidario a las ideas generalmente admitidas; personal venal, de ideas mezquinas.

philologist [fɪ'lɒlədʒɪst] [fi-lo-lo-yist], o **philologer** ['fɪlɒləgəʳ] [fi-lo-lo-gaʳ], *s.* Filólogo, el que estudia y profesa la filología.

philologic, philological ['fɪləlɒdʒɪk] [fi-lo-lo-yik] [ˌfɪlə'lɒdʒɪkəl] [fi-lo-lo-yi-kal], *a.* Filológico.

philologize [fɪ'lɒlədʒaɪz] [fi-lo-lo-yais], *vn.* Practicar la crítica y la filología.

philology [fɪ'lɒlədʒɪ] [fi-lo-lo-yi], *s.* Filología, erudición en las letras humanas.

philosophaster [ˌfɪlɒsə'fæstəʳ] [fi-lo-so-fas-taʳ], *s.* Filosofastro.

philosopher [fɪ'lɒsəfəʳ] [fi-lo-so-faʳ], *s.* Filósofo. **Philosopher's stone**, piedra filosofal.

philosophic, philosophical [ˌfɪlə'sɒfɪk] [fi-lo-so-fik] [ˌfɪlə'sɒfɪkəl] [fi-lo-so-fi-kal], *a.* 1. Filosófico, relativo a la filosofía. 2. Filosófico, racional, sereno, calmoso.

philosophically [ˌfɪlə'sɒfɪkəlɪ] [fi-lo-so-fi-ka-li], *adv.* Filosóficamente.

philosophism [ˌfɪlə'sɒfɪk] [fi-lo-so-fik], *s.* Filosofismo, secta o doctrina de los falsos filósofos.

philosophize [fɪ'lɒsəfaɪz] [fi-lo-so-fais], *vn.* Filosofar.

philosophy [fɪ'lɒsəfɪ] [fi-lo-so-fi], *s.* 1. Filosofía, ciencia natural o moral; amor a la ciencia. 2. Filosofía, estudio de los principios y de las causas; sistema de principios científicos; sistema particular de filosofía; razonamiento, discurso. 3. Filosofía, fortaleza de ánimo. 4. Tratado sobre algún sistema de filosofía.

philotechnic [ˌfɪlə'teknɪk] [fi-lo-tek-nik], *a.* Aficionado a las artes.

philter ['fɪltəʳ] [fil-taʳ], *s.* Filtro, hechizo amatorio.

philter, *va.* Hechizar con filtro.

phiz ['fɪz] [fis], *s. (Vulg.)* Facha, cara, jeta.

phlebitis [flɪ'baɪtɪs] [fli-bai-tis], *s.* Flebitis.

phlebotomize [ˌflebə'tɒmaɪz] [fle-bo-to-mais], *va.* Sangrar, abrir una vena como medio curativo.

phlegm [flem] [flem], *s.* 1. Flema, mucosidad pegajosa que se arroja por la boca. 2. Flema, tardanza y lentitud en las operaciones; apatía, indiferencia, genio cachazudo.

phlegmatic, [fleg'mætɪk] [fleg-ma-tik], *a.* 1. Flegmático o flemático. 2. Cachazudo, lento, indiferente, linfático.

phlegmon ['flegmən] [fleg-mon], *s. (Med.)* Flemón, inflamación del tejido celular, con tendencia a formar pus.

phlox [flɒks] [floks], *s. (Bot.)* Flox, género de plantas y de flores norteamericanas, tipo de la familia de las polemoniáceas.

phobia ['fəʊbɪə] [fou-bia], *s.* Fobia.

phoebe, phoebe-bird [fiːb'bɜːd] [flib-berd], *s.* Febe, pájaro pequeño de los Estados Unidos del Este.

phoenix ['fiːnɪks] [fi-niks], *s.* 1. *(Orn.)* Fénix. 2. *(Bot.)* Palma.

phonation ['fəʊneɪʃən] [fou-nei-shon], *s.* Fonación, emisión de la voz o palabra.

phone ['fəʊn] [foun], *s. (Fam.)* Abreviatura familiar de **telephone**, teléfono. **Phone-card**, tarjeta de teléfono. **Phone-box**, cabina telefónica.

phone, *vt.* Telefonear. **Phone around**, llamar a varias personas. **Phone in**, llamar por teléfono. **Phone up**, telefonear.

phonetics [fəʊ'nɪtɪks] [fou-ne-tiks], *s.* Fonología, fonética, estudio de los sonidos de la voz humana.

phonic ['fɒnɪk] [fo-nik], *a.* Fónico, concerniente al sonido, o de la naturaleza del sonido.

phonogram ['fəʊnəgræm] [fou-no-gram], *s.* 1. Carácter, tipo que simboliza un sonido. 2. Fonograma, el trazo producido por un fonógrafo y por medio del cual se reproducen los sonidos articulados.

phonograph ['fəʊnəgrɑːf] [fou-no-graf], *s.* Fonógrafo. **Phonograph record**, disco fonográfico.

phonographer ['fəʊnəgrɑːfəʳ] [fou-no-gra-faʳ], *s.* 1. Taquígrafo fonético, persona versada en la fonografía. 2. Persona versada en el uso del fonógrafo.
phonographic ['fəʊnəgrɑːfɪk] [fou-no-gra-fik], *a.* Fonográfico, relativo a la fonografía o al fonógrafo.
phonography ['fəʊnəgrɑːfɪ] [fou-no-gra-fi], *s.* 1. Fonografía, el arte o la ciencia de escribir según los sonidos; una forma de la taquigrafía. 2. Fonografía, representación de los sonidos por medio de signos. 3. El arte de construir o de usar los fonógrafos.
phonologic, phonological [ˌfəʊnə'lɒdʒɪk] [fou-no-lo-yik] [ˌfəʊnə'lɒdʒɪkəl] [fou-no-lo-yi-kal], *a.* Fonológico, referente a la fonología.
phonology [fəʊ'nəlɒdʒɪ] [fou-no-lo-yi], *s.* Fonología.
phonometer [fəʊ'nəmɪtəʳ] [fou-no-mi-taʳ], *s.* Fonómetro, instrumento para medir la intensidad de la voz o del sonido.
phonometric [fəʊ'nəmɪtrɪk] [fou-no-mi-trik], *a.* Fonométrico, que se refiere al fonómetro.
phonotype [fəʊ'nətaɪp] [fou-no-taip], *s.* Fonotipo, carácter empleado en la impresión fonotípica.
phonotypy [fəʊ'nətaɪpɪ] [fou-no-tai-pi], *s.* Fonotipia, sistema de impresión en que cada sonido de la voz está representado por una letra o un carácter distinto.
phosphate ['fɒsfeɪt] [fos-feit], *s.* *(Quím.)* Fosfato, sal formada con ácido fosfórico y alguna base.
phosphatic ['fɒsfætɪk] [fos-fa-tik], *a.* Fosfático, que contiene algún fosfato.
phosphid, phosphide ['fɒsfaɪd] [fos-faid], *s.* Fosfuro, nombre genérico de las combinaciones del fósforo, no ácidas, con otro cuerpo simple.
phosphite ['fɒsfaɪt] [fos-fait], *s.* *(Quím.)* Fosfito, sal formada de ácido fosforoso con alguna base.
phosphor ['fɒsfəʳ] [fos-faʳ], *s.* 1. Fósforo, la estrella matutina. 2. *V.* PHOSPHORUS.
phosphorate ['fɒsfəreɪt] [fos-fo-reit], *va.* Combinar con el fósforo, impregnar de fósforo. **Phosphorated oil**, aceite fosforado.
phosphoresce [ˌfɒsfə'res] [fos-fo-res], *vn.* Ser fosforescente, fosforescer, despedir luz en la oscuridad como hace el fósforo.
phosphorescence [ˌfɒsfə'resns] [fos-fo-re-sens], *s.* Fosforescencia.
phosphorescent [ˌfɒsfə'resnt] [fos-fo-re-sent], *a.* Fosforescente.
phosphoric ['fɒs'fərɪk] [fos-fo-rik], *a.* 1. Fosfórico. 2. Fosforescente.
phosphorous ['fɒsfərəs] [fos-fo-ros], *a.* Fosforoso, sacado del fósforo en sus más bajas combinaciones. **Phosphorous acid**, ácido fosforoso.
phosphorus ['fɒsfərəs] [fos-fo-ros], *s.* Fósforo, metaloide muy combustible, de color blanco amarillento, que luce en la oscuridad cuando se pone en contacto con el aire, y se inflama fácilmente.
photic ['fɒtɪk] [fo-tik], *a.* Relativo a la luz y a la producción de la luz.
photo ['fəʊtəʊ] [fou-tou], *s.* *(Fam.)* Estampa fotográfica.
photocopy ['fəʊtəʊˌkɒpɪ] [fou-tou-ko-pi], *s.* Fotocopia.
photoelectric ['fəʊtəʊɪ'lektrɪk] [fou-toui-lek-trik], *a.* Fotoeléctrico.
photoengrave [ˌfəʊtəʊɪn'greɪv] [fou-touin-greiv] *vt.* Fotograbar.
photoengraving ['fəʊtəʊen'greɪvɪŋ] [fou-touen-grei-vin], *s.* Fotograbado.
photofinish ['fəʊtəʊ'fɪnɪʃ] [fou-tou-fi-nish], *s.* 1. En carreras de caballos, el triunfo reñidísimo que hay que decidir mediante fotografía tomada al efecto. 2. Esta fotografía.
photoflash ['fəʊtəʊflæʃ] [fou-tou-flash], *s.* Destello, relámpago, flash.
photogenic [ˌfəʊtəʊ'dʒenɪk] [fou-tou-ye-nik], *a.* Fotogénico, que favorece la acción química de la luz; producido por la acción de la luz.
photograph ['fəʊtəʊgræf] [fou-tou-graf], *va.* Fotografiar, reproducir por medio de la fotografía; también en sentido figurado. *vi.* **To photograph well**, salir bien en las fotos. -*s.* Fotografía, estampa obtenida por el arte fotográfico.
photographer ['fəʊtəgrəfəʳ] [fou-tou-gra-faʳ], *s.* Fotógrafo, el que ejerce la fotografía. **Press photographer**, reportero gráfico.
photographic, photographical [ˌfəʊtəʊ'græfɪk] [fou-tou-gra-fik], *a.* 1. Fotográfico, relativo a la fotografía, o producido por este arte. 2. Semejante a una imagen fotográfica; representado con vigor y fidelidad.
photography ['fə'tɒgræfɪ] [fo-to-gra-fi], *s.* Fotografía, arte o procedimiento de fijar las imágenes de la cámara obscura sobre una placa sensible a la acción de la luz.
photogravure [ˌfəʊtəʊgrə'vjʊəʳ] [fou-tou-gra-viuaʳ], *s.* Fotograbado.
photometer [fə'tɒmɪtəʳ] [fo-to-mi-taʳ], *s.* Fotómetro, instrumento para medir la intensidad de la luz.
photometric [ˌfəʊtə'metrɪk] [fou-to-me-trik], *a.* Fotométrico, relativo a la fotometría.
photon ['fəʊtɒn] [fou-ton], *s.* Fotón.
photoplay ['fəʊtəpleɪ] [fou-to-plei], *s.* Comedia cinematográfica.
photosphere ['fəʊtəsfɪəʳ] [fou-tos-fiaʳ], *s.* Fotosfera, la atmósfera luminosa del sol, o (rara vez) de una estrella fija.
photostatic [ˌfəʊtəʊ'stætɪk] [fou-tou-sta-tik], *a.* Fotostático.
photosynthesis [ˌfəʊtəʊ'sɪnθəsɪs] [fou-tou-sin-za-sis], *s.* Fotosíntesis.
phototype [ˌfəʊtəʊˌtaɪp] [fou-tou-taip], *s.* Fototipia.
phrasal ['freɪzəl] [frei-sal], *a.* Frasal. **Phrasal verb,** verbo con preposición o adverbio, verbo frasal.
phrase [freɪz] [freis], *s.* 1. Frase, la construcción de algunas palabras que forman un sentido perfecto. 2. Frase, estilo, el modo particular con que expresa sus pensamientos cada escritor y la índole y forma especial de las oraciones en cada lengua. **As the phrase goes**, *(Fam.)* como suele decirse; vamos a decir.
phrase, *va.* Llamar, nombrar, intitular.
phrase-book ['freɪzbʊk] [freis-buk], *s.* Libro de frases o modismos peculiares de cada lengua.
phraseless ['freɪzlɪs] [freis-les], *a.* Indescriptible.
phraseologist [ˌfreɪzɪə'lɒdʒɪst] [frei-sio-lo-yist], *s.* Fraseologista, el que habla en frases hechas, con afectación.
phraselogy [ˌfreɪzɪ'ɒlədʒɪ] [frei-sio-lo-yi], *s.* 1. Fraseología, dicción, construcción, estilo. 2. Libro de frases hechas.
phrenetic [frɪ'netɪk] [fri-ne-tik], *a.* Frenético, loco.
phrenologist [frɪ'nɒlədʒɪst] [fri-no-lo-yist], *s.* Frenólogo, el que profesa la frenología.
phrenology [frɪ'nɒlədʒɪ] [fri-no-lo-yi], *s.* Frenología, sistema que atribuye a cada porción del cerebro diversa facultad intelectual, instinto, pasión o afecto.
phrensy, *s.* *V.* FRENZY.
phthisic ['θaɪsɪk] [zai-sik], *a.* 1. Tísico, bético, que padece de tisis. 2. Asmático.
phthisis ['θaɪsɪs] [zai-sis], *s.* Tisis, tuberculosis pulmonar.
phycology [ˌfaɪ'kɒlədʒɪ] [fai-ko-lo-yi], *s.* Algología, ciencia de las algas marinas.
phyllotaxis [ˌfaɪlə'tæksɪs] [fai-lo-tak-sis], *s.* *(Bot.)* Filotaxia, arreglo o disposición de las hojas sobre el tallo, y las reglas a que obedece.
phylloxera [ˌfɪlɒk'sɪərə] [fai-lok-si-ra], *s.* 1. Filoxera. 2. Enfermedad de la viña, causada por dicho insecto.
physic ['fɪzɪk] [fi-sik], *va.* Medicinar y particularmente purgar.
physic, *s.* 1. Medicina, la ciencia que enseña a precaver y curar las enfermedades del cuerpo humano. 2. Medicamentos, remedios (medicine). 3. Purgante o purga.
physical ['fɪzɪkəl] [fi-si-kal], *a.* 1. Físico, perteneciente al universo material o a la ciencia de la física. 2. Material; corporal, corpóreo. 3. Físico, perteneciente a los fenómenos de que trata la física; obvio a los sentidos, externo. **Physical chemistry**, fisicoquímica. **Physical education**, educación

física. **Physical examination**, reconocimiento médico. **Physical science**, ciencias físicas.

physically ['fɪzɪkəlɪ] [fi-si-ka-li], *adv.* Físicamente; naturalmente; materialmente; corporalmente; externamente.

physician ['fɪzɪʃən] [fi-si-shan], *s.* Médico, el que profesa la medicina.

physicist ['fɪzɪsɪst] [fi-si-sist], *s.* 1. Físico, persona versada en la física. 2. Partidario de la doctrina de que los fenómenos vitales son puramente físicos y químicos.

physics ['fɪzɪks] [fi-siks], *s. pl.* Física, la ciencia que estudia y enseña la naturaleza y las propiedades de los cuerpos.

physiognomist [ˌfɪzɪ'ɒnəmɪst] [fi-sio-no-mist], *s.* Fisonomista, fisónomo, la persona dedicada al estudio de la fisonomía y sabe juzgar por ella a las personas.

physiognomy [ˌfɪzɪ'ɒnəmɪ] [fi-sio-no-mi], *s.* 1. Fisonomía, el arte que da reglas para conjeturar por las facciones del rostro el temperamento y las buenas o malas inclinaciones de una persona. 2. Fisonomía, rostro, semblante, aspecto particular de cada persona.

physiologic, physiological [ˌfɪzɪ'ɒlədʒɪk] [fi-sio-lo-yik], *a.* Fisiológico, perteneciente a la fisiología.

physiologist [ˌfɪzɪ'ɒlədʒɪst] [fi-sio-lo-yist], *s.* Fisiologista, fisiólogo, el que estudia la fisiología.

physiology [ˌfɪzɪ'ɒlədʒɪ] [fi-sio-lo-yi], *s.* Fisiología, la ciencia que trata de las funciones orgánicas de los seres vivientes, sean animales o vegetales.

physiotherapy [ˌfɪzɪə'θerəpɪ] [fi-sio-ze-ra-pi], *s.* Fisioterapia.

physique [fɪ'ziːk] [fi-sik], *s.* Físico, constitución, complexión.

phytology [faɪ'tɒlədʒɪ] [fai-to-lo-yi], *s.* Botánica, la ciencia que trata de las plantas y sus propiedades.

phytophagous [faɪ'tɒfəgəs] [fai-to-fa-gos], *a.* Fitófago, que se alimenta de plantas.

pi, pie [paɪ] [pai], *va.* Mezclar confusamente letras de imprenta. *-s.* Pastel, mezcla confusa de tipos de imprenta.

pianissimo [pɪə'niːsɪmə] [pia-ni-si-mo], *adv.* y *a.* *(Mús.)* Muy suavemente; pianísimo, con fuerza apenas perceptible. En abreviatura, *pp.*

pianist ['pɪənɪst] [pia-nist], *s.* Pianista, el que toca el piano.

piano ['pjɑːnəʊ] [pia-nou], *a.* y *adv.* *(Mús.)* Dulcemente, piano, bajo, con sonido débil.

piano, *s.* *(Fam.)* Piano. *V.* PIANOFORTE.

pianoforte [ˌpjɑːnə'fɪːtɪ] [pia-no-for-ti], *s.* Pianoforte, piano, instrumento músico de teclado y percusión. **Cabinet, up-right, piano (forte)**, piano vertical. **Grand piano (forte)**, piano de cola. **Square piano**, piano de mesa.

pianola [pɪə'nəʊlə] [pia-nou-la], *s.* Pianola, piano mecánico.

piazza [pɪ'ætsə] [pia-cha], *s.* 1. Pórtico o columnata. 2. Galería, corredor cubierto.

pica ['paɪkə] [pai-ka], *s.* 1. Lectura, cícero, letra de doce puntos. **Small pica**, lecturita, letra de unos diez u once puntos. 2. *(Med.)* Depravación del apetito, afición a comer arcilla, yeso, etc.

picador ['pɪkə'dɔː] [pi-ka-dor], *s.* Picador, torero de a caballo.

picaresque [ˌpɪkə'resk] [pi-ka-resk], *a.* Picaresco.

picaroon [ˌpɪkə'ruːn] [pi-ka-run], *s.* Picarón, ladrón, el que roba o hurta.

picayune [ˌpɪkə'juːn] [pi-ka-yu-ni], **Picayunish** [ˌpɪkə'juːnɪʃ] [pi-ka-yu-nish], *a.* De poco valor, mezquino. **Picayunish business**, negocio de chucherías.

piccaninny [ˌpɪkə'nɪnɪ] [pi-ka-ni-ni], *s.* Niñito, particularmente el de raza negra.

piccolo ['pɪkələʊ] [pi-ko-lou], *s.* *(Mús.)* Flautín.

pick [pɪk] [pik], *va.* 1. Escoger, elegir (choose). 2. Coger, recoger (collect, take). 3. Mondar, limpiar (clean). **To pick one's teeth**, mondarse o limpiarse los dientes. **To pick a bone**, roer un hueso. **To pick a fowl**, descañonar un ave. 4. Picar, agujerear o penetrar en alguna cosa con un instrumento punzante. 5. Picotear. 6. Robar, birlar o soplar con ligereza alguna cosa. 7. Forzar o abrir por fuerza alguna cerradura con una herramienta. *-vn.* 1. Picar, comer alguna porción pequeña de comida. 2. Hacer alguna cosa con exagerada nimiedad o delicadeza.

pick off, (a) Arrancar, quitar. (b) Tirar con arma de fuego, apuntando cuidadosamente a un blanco determinado.

pick out, escoger o elegir una cosa entre otras; coger o atrapar algo con cuidado; separar, quitar o arrancar con violencia.

pick up, coger, recoger o alzar lo que estaba caído; juntar lo esparcido; sacar de un apuro; recobrar la salud. **To pick a hole in one's coat**, sacar a relucir una falta de otra persona; buscar camorra. **I have a bone to pick with him**, tengo que ajustar cuentas con él, o tengo con él una cuenta pendiente. **To pick a quarrel**, buscar pendencia sin provocación.

pick, *s.* 1. Herramienta de escultor y de cantero (tool); pico, instrumento de hierro puntiagudo para excavar en tierras duras, caminos, etc. 2. Escogimiento, derecho de elección. 3. Cantidad de ciertas mieses que se recogen con las manos. 4. En el arte de tejer, el golpe que empuja la lanzadera del telar. 5. Hilo; el número de los hilos en una pulgada determina el valor relativo de la tela de algodón. 6. *(Impr.)* mancha en un pliego impreso. **A pick of hops**, cosecha de lúpulo u hombrecillo. **Pick and pick**, variedad simétrica de matices producida por la alteración de hilos de diferentes colores (cloths). **Ear-pick**, limpiaoídos o escarbaoídos. **The pick of books**, el mejor de los libros.

pickaback, pickapack ['pɪkəbæk] [pi-ka-bak], *adv.* *(Fam.)* Sobre los hombros; a modo de fardo o del mismo modo que si fuera un fardo.

pickax, pickaxe ['pɪkæks] [pi-kaks], *s.* Pico, especie de azadón.

picked [pɪkt] [pikt], *a.* 1. Espinoso, que tiene espinas o púas. 2. Puntiagudo.

picked, *pp.* y *a.* Escogido con cuidado o para un fin especial; de la mejor calidad. **Picked fruit**, frutas de la mejor calidad. **Picked men**, hombres o soldados escogidos.

picker ['pɪkə^r] [pi-ka^r], *s.* 1. Escogedor. 2. El que con facilidad toma parte en algún negocio. 3. Escardador. 4. (En los telares) Recibidor. **A picker of quarrels**, camorrista, pendenciero.

pickerel ['pɪkərəl] [pi-ke-rel], *s.* 1. Lucio pequeño, pez de agua dulce. Esox. 2. Sollo pequeño.

picket ['pɪkɪt] [pi-kit], *s.* 1. Estaca puntiaguda, piquete. 2. *(Mil.)* Piquete.

picket, *va.* 1. Cercar con estacas o piquetes. 2. Poner o colocar de guardia. 3. Atar un caballo a la estaca. 4. Castigar a los soldados con el servicio de piquete.

picket-guard ['pɪkɪtˌgɑːd [pi-kit-gard], *s.* *(Mil.)* Piquete, centinelas avanzados.

picking ['pɪkɪŋ] [pi-kin], *s.* La acción y el efecto del verbo **pick** en todas sus acepciones; por ejemplo, recolección, cosecha (de frutos, etc.); quite, arrancamiento; picadura, roedura; limpia, monda, elección, escogimiento; hurto, robo. En plural, desperdicios, residuos, desechos; también hurtos, arrebañaduras, raterías.

pickle ['pɪkl] [pi-kel], *s.* 1. Salmuera, escabeche, adobo. 2. Cualquier cosa puesta en escabeche o adobo. 3. Fruta o legumbre conservada en vinagre. 4. *(Fam.)* Estado, condición, situación; se usa en este último sentido para expresar desprecio. **Mixed pickles** (a) Varias legumbres, como pepinos, cebollas y coliflor, adobados en vinagre. (b) Mezcla, cosas o personas incongruas. **To have a rod in pickle**, tenérsela guardada a uno.

pickle, *va.* Escabechar, adobar, conservar en vinagre, adobo, salmuera o escabeche. **Pickled cucumbers**, pepinillos encurtidos. **Pickled herrings**, arenques salados. **Pickled fish**, pescado en escabeche. **Pickled salmon**, salmón escabechado.

picklock ['pɪklɒk] [pik-lok], *s.* 1. Ganzúa, alambre fuerte y encorvado para abrir una cerradura; llave falsa. 2. Ladrón nocturno. 3. La lana más fina, escogida.

pickpocket ['pɪkˌpɒkɪt] [pik-po-kit], *s.* Ratero, raterillo, el que hurta de los bolsillos de otros.

pickthank ['pɪkθæŋk] [pik-zank], *s.* Entremetido.

pick-up (of an auto) ['pɪkʌp] [pik-ap], *a.* 1. Aceleración, desarrollo de velocidad (car). 2. Pequeño camión de carga. 3. Fonocaptor.

picnic ['pɪknɪk] [pik-nik], *s.* 1. Partida de campo, merienda al aire libre en la que cada cual contribuye parte de las provisiones. 2. *(Ger. E. U.)* Ocupación o deber fácil y agradable. *-vn.* Tener una partida de campo, merienda o romería, o concurrir a ella.

picnicker ['pɪknɪkəʳ] [pik-ni-kaʳ], *s.* Excursionista.

picotee ['pɪkəʊtiː] [pi-kou-ti], *s.* Variedad de clavel doble.

pictography ['pɪktəgræfɪ] [pik-to-gra-fi], *s.* Pictografía, escritura ideográfica.

pictorial [pɪk'tɔːrɪəl] [pik-to-rial], *a.* 1. Pictórico, que pertenece a la pintura. 2. Gráfico.

picturable ['pɪktʃərəbl] [pik-cha-ra-bol], *a.* Que puede dibujarse o pintarse.

picture ['pɪktʃəʳ] [pik-chaʳ], *s.* 1. Pintura, retrato, cuadro, fotografía (painting, portrait). 2. Descripción, delineación verbal. 3. Imagen, retrato, semejanza (image); lo que se asemeja a alguna cosa o la sugiere; escena. 4. Panorama (situation). **That's the whole picture**, ésa es la situación, ése es el asunto.

picture, *va.* 1. Pintar, dibujar; hacer un cuadro (paint). 2. Figurar, describir (describe). 3. Imaginar, formar una imagen en la mente (image).

picture gallery ['pɪktʃə'gælərɪ] [pik-cha-ga-la-ri], *s.* Museo de pinturas.

picture-like ['pɪktʃəlaɪk] [pik-cha-laik], *a.* Semejante a una pintura.

picturesque [ˌpɪktʃə'resk] [pik-cha-resk], *a.* Pintoresco.

picturesqueness [ˌpɪktʃə'resknɪs] [pik-cha-res-nes], *s.* Calidad de pintoresco.

piddle ['pɪdl] [pi-del], *vn.* 1. Pellizcar la comida, comer muy poco a poco y como con desgana. 2. Emplearse en bagatelas. 3. Orinar: voz que usan los niños.

piddler ['pɪdləʳ] [pid-laʳ], *s.* El que come sin ganas.

pidgin-english ['pɪdʒɪŋˌeŋglɪʃ] [pid-yin-en-glish], *s.* Inglés chapurreado, mezcla de inglés con vocablos chinos, portugueses y malayos.

pie [paɪ] [pai], *s.* 1. Pastel, empanada. **Veal pie**, empanada de ternera. **Mince pie**, pastel de picadillo o de carne. **He intends to have his finger in the pie**, él se propone meter también cuchara. 2. *(Orn.)* Marica. 3. *(Impr.) V.* PI.

piebald ['paɪbɔːld] [pai-bold], *a.* Manchado de varios colores.

piece [piːs] [pis], *s.* 1. Remiendo, fragmento, pedazo, pieza (bit, fragment). 2. Pintura, retrato (painting). 3. Pieza, un cañón de artillería. 4. Pieza, cualquier especie de moneda. 5. Fusil. 6. Composición, obra, escrito; cualquier artefacto. **A piece of music**, una pieza musical. 7. Pieza, la porción de un tejido que se fabrica de una vez en el telar. 8. Trozo, pedazo de una pieza mayor cortada y rota; retal, retazo. **A piece of wit**, una gracia, una agudeza. **Of a piece (with)**, de la misma clase o calidad; enterizo, de una sola pieza, de un solo pedazo. **To give one a piece of one's mind**, soltarle a uno cuatro frescas, decirle las verdades del barqueo, ponerlo como un trapo o como nuevo. **A piece of news**, una noticia, un informe. **A piece of advice**, un consejo. **A piece of folly**, un acto de locura. **A piece of furniture**, un mueble. **A piece of ground**, un solar, una porción de tierra. **A piece of paper, of wood,** un pedazo de papel, de madera. **To come to pieces**, desarmarse, deshacerse, separarse las piezas o fragmentos de una cosa. **To cut to pieces** o **in pieces**, cortar en pedazos; destrozar (army). **To tear to** o **in pieces**, romper en pedazos, rasgar, desgarrar en tiras. **To pull to pieces**, despedazar, desgarrar, hacer trizas. **A foling-piece**, una escopeta. **A (broken) piece of a bottle**, un tiesto o casco de botella.

piece, *va.* 1. Aumentar alguna cosa añadiéndole una pieza o pedazo de lo mismo. 2. Juntar, unir. 3. Remendar. *-vn.* Juntase, unirse una cosa con otra. **To piece out**, alargar, aumentar o engrandecer añadiendo retazos; *(Fig.)* aumentar, prolongar. **To piece up**, remendar, reparar.

pieceless ['piːslɪs] [pis-les], *a.* Que es todo de una pieza o que no está dividido en pedazos.

piecemeal ['piːsmiːl] [pis-mil], *adv.* En pedazos. *-a.* Dividido. *-s.* Fragmento, pedazo. **By piecemeal**, a pedacitos, a bocaditos.

piecer ['piːsəʳ] [pi-saʳ], *s.* El que añade o remienda.

pied [paɪd] [paid], *a.* De varios colores, manchado, abigarrado.

piedness ['paɪdnɪs] [paid-nes], *s.* Variedad o diversidad de colores.

pie-plant [ˌpaɪ'plænt] [pai-plant], *s.* Ruipóntico, rapóntico, planta de huerta.

pier ['paɪəʳ] [paiaʳ], *s.* 1. Estribo de puente. 2. Pilar, pilón, estribo, sostén de obra de albañilería, de madera o de hierro. 3. Entrepaño de pared. 4. Muelle, malecón, desembarcadero; muelle, escollera, espolón. **Pier-glass**, espejo largo colocado en el entrepaño de una sala. **Pier-table**, consola, mueble que se coloca entre dos ventanas.

pierce [pɪəs] [pirs], *va.* 1. Penetrar, agujerear, taladrar, introducir algún cuerpo en otro. 2. Excitar o mover las pasiones, traspasar el corazón, conmover. 3. Abrir camino por medio de la fuerza. *-vn.* 1. Penetrar, llegar al interior de un cuerpo rompiendo o dividiendo su unión física. 2. Ser afectuoso, patético, atractivo o persuasivo. 3. Alcanzar o comprender alguna cosa dificultosa. 4. Llegar lo agudo del dolor o sentimiento al interior del alma. **Pierced with sorrow**, traspasado de dolor. **Pierced with holes**, acribillado, hecho una criba.

piercer ['pɪəsəʳ] [pir-saʳ], *s.* Taladro; aguijón.

piercing ['pɪəsɪŋ] [pir-sin], *a.* Penetrante.

piercingly ['pɪəsɪŋlɪ] [pir-sin-li], *adv.* Agudamente.

pierrot ['pɪərəʊ] [pia-rou], *sm.* Pierrot.

pietism ['pɪətɪzəm] [pie-ti-sem], *s.* 1. Pietismo, doctrina de los pietistas. 2. Piedad, mística afectada.

pietist ['pɪətɪst] [pie-tist], *s.* 1. Pietista, partidario del pietismo luterano. 2. Misticón, beato.

piety ['pɪətɪ] [pie-ti], *s.* 1. Piedad, devoción, reverencia, hacia Dios; religiosidad (en general). 2. *(Ant.)* Piedad, atención, respeto y reverencia que se debe a los padres, a los mayores o a la patria.

piezometer ['pɪəzəʊˌmɪtəʳ] [pie-sou-mi-taʳ], *s.* Piezómetro.

piffle ['pɪfl] [pi-fel], *s.* *(Fam.)* Estupideces.

pig [pɪg] [pig], *s.* 1. Cochino, cerdo, marrano, puerco, cochinillo, lechón (pork). **Sucking-pig**, lechoncillo. **Pig-sty**, zahurda, la pocilga en que se encierraan los puercos. 2. Masa oblonga de metal después de fundida en un molde basto, como de arena; tejo, lingote, pigote, galápago o barra; v. g. **Pig-lead**, un lingote de plomo. **To buy a pig in a poke**, cerrar un trato a ciegas sin saber bien lo que se hace. **Pig-iron**, hierro en lingotes; barra, masa de hierro colado. **Pig-pen**, pocilga.

pig, *vn.* 1. Parir la puerca. 2. Conducirse o vivir como cochinos. **Pig out**, darse un atracón.

pigeon ['pɪdʒən] [pid-chon], *s.* Pichón, aplomo, paloma. **Pigeon-hearted**, tímido, cobarde. **Pigeonhole**, (a) División que hay en los escritorios para guardar cartas y papeles. (b) *pl.* Un juego antiguo. **Pigeon-house, pigeon-loft**, palomar. **Pigeon-pie**, pastel de pichones. **Pigeon-toed**, (a) Que tiene los pies parecidos a los de un pichón; peristerópodo. (b) Que tiene los dedos del pie dirigidos hacia dentro.

pigeon-breast ['pɪdʒənˌbrest] [pid-chon-brest], *s.* Deformidad causada por la raquitis, que deprime la caja del pecho por ambos lados y hace sobresalir el esternón. **Pigeon-breasted**, que padece dicha deformidad.

pigeonfoot ['pɪdʒənfʊt] [pid-chon-fut], *s.* *(Bot.)* Pie de milano.

pigeon-livered ['pɪdʒənˌliːvəd] [pid-chon-li-vad], *a.* Apacible, quieto; medroso.

pigeonry ['pɪdʒənrɪ] [pid-chon-ri], *s.* Palomar, paraje donde se recogen y crían las palomas.

piggery ['pɪgərɪ] [pi-ga-ri], *s.* Zahurda, lugar para criar cochinos.

piggin ['pɪgɪn] [pi-guin], *s.* 1. Cubeta, vasija pequeña de madera, con reborde saliente para servir como mango; también, cucharón con mango largo y vasija poco profunda. 2. Cántaro, cacharro, vasija de barro.
piggish ['pɪgɪʃ] [pi-guish], *a.* Que se porta como un cochino; voraz, puerco, sucio.
piggishness ['pɪgɪʃnɪs] [pi-guish-nes], *s.* Voracidad; porquería, suciedad.
piggyback ['pɪgɪbæk] [pi-gui-bak], *s.* *(F. C.)* Servicio de remolques en plataformas de ferrocarril. *-a.* Sobre los hombros.
pig-headed ['pɪghedɪd] [pig-je-did], *a.* Terco, obstinado, perverso.
piglet ['pɪglɪt] [pi-glit], *s.* Cochinillo.
pigmean, *a. V.* PIGMEAN.
pigment ['pɪgmənt] [pig-ment], *s.* Colores, los materiales de varios colores preparados para pintar; afeite; pigmento, cualquier substancia que da color a los tejidos animales o vegetales. 2. Vino ricamente aromátizado con especias y endulzado con miel.
pigmentation [ˌpɪgmən'teɪʃən] [pig-men-tei-shon], *s.* Pigmentación.
pigmy ['pɪgmɪ] [pig-mi], *s.* Pigmeo. *V.* PYGMY.
pignoration [ˌpɪgnə'reɪʃən] [pig-no-rei-shon], *s.* Empeño, pignoración.
pig-nut ['pɪgnʌt] [pig-nat], *s.* *(Bot.)* *(E.U.)* Nuez de un nogal de América y el árbol que la produce.
pike [paɪk] [paik], *s.* 1. Lucio, pez de agua dulce. 2. Pica, especie de lanza larga. 3. *V.* SPIKE.
pike, *s.* 1. Camino de barrera, camino real, calzada. 2. Barrera de portazgo. (Abrev. de TURNPIKE)
piked ['paɪkt] [paikt], *a.* Puntiagudo.
pikeman ['paɪkmən] [paik-man], *s.* Piquero, el soldado armado con pica.
piker ['paɪkə[r]] [pai-ka[r]], *s.* *(Fam.)* Agarrado, roñoso (stingy person).
pikestaff ['paɪkstɑːf] [paik-staf], *s.* Asta de pica.
pilaster [pɪ'læstə[r]] [pi-las-ta[r]], *s.* Pilastra, columna cuadrada.
pilau ['paɪləʊ] [pai-lou], *s.* Pilau.
pilchard ['pɪltʃəd] [pil-chard], **pilcher** ['pɪltʃə[r]] [pil-cha[r]], *s.* Arenque menor, sardina arenque.
pile [paɪl] [pail], *s.* 1. Pila, montón, rimero (heap). 2. Pira, hoguera, montón de combustibles. 3. Estaca, pilote, madero fuerte que se hinca en el suelo para afianzar un cimiento (stick). *V.* SPILE. 4. Edificio grande y macizo (building). 5. Pelo de los animales. 6. *(Ar.)* Montón de balas. 7. Pelillo en las telas de lana; pelo, pelusilla, parte fina y aterciopelada del paño y varias telas. 8. Pila galvánica. **Piles**, almorranas. **Pile-drawer**, aparato para sacar o arrancar pilotes. **Pile-driver**, martinete, máquina para clavar pilotes. **Pile-hoop**, vilorta, loriga, anillo de hierro que se pone alrededor de la cabeza de un pilote para impedir que se hienda. **Pile-shoe**, zueco, guarda de metal puesta al extremo de un pilote. **He has made his pile**, *(Ger.)* Ha hecho su agosto, se ha enriquecido.
pile, *va.* 1. Amontonar, apilar (heap up). 2. Clavar, empujar pilotes. 3. Poner pelo o pelusa a una tela. **Pile in**, meterse. **Pile into**, meterse en, arremeter contra, estrellarse contra. **Pile on**, exagerar en algo. **Pile up**, acumularse.
piler ['paɪlə[r]] [pai-la[r]], *s.* Amontonador.
pilework ['paɪlwɜːk] [pail-uek], *s.* Pilotaje, estructura de pilotes.
pilfer ['pɪlfə[r]] [pil-fa[r]], *va.* y *vn.* Ratear, hurtar cosas de poco valor con destreza y sutileza.
pilferer ['pɪlfərə[r]] [pil-fa-ra[r]], *s.* Ratero (small-time thief).
pilfering ['pɪlfərɪŋ] [pil-fa-rin], *s.* Raterías, robos.
pilferingly ['pɪlfərɪŋlɪ] [pil-fa-rin-li], *adv.* Con ratería, rateramente.
pilfery ['pɪlfərɪ] [pil-fa-ri], *s.* *(Poco us.)* Ratería, el hurto de cosas de poco valor.
pilgrim ['pɪlgrɪm] [pil-grim], *s.* Peregrino, romero. **The Pilgrim Fathers**, los primeros colonizadores de Nueva Inglaterra.
pilgrim, *vn.* Peregrinar.
pilgrimage ['pɪlgrɪmɪdʒ] [pil-gri-mich], *s.* Peregrinación. **They will go on a pilgrimage**, van a ir de peregrinación.
piliferous, piligerous ['pɪlɪfərəs] [pi-li-fe-ros], *a.* *(Zool.)* Peludo, que tiene pelo, pelusa o borra.
piling ['paɪlɪŋ] [pai-lin], *s.* 1. Acto o procedimiento de preparar y de clavar pilotes. 2. Pilotes colectivamente; estructura de pilotes.
pill [pɪl] [pil], *s.* 1. Píldora. 2. Cualquier cosa que produce náuseas o que no es fácil de evitar. 3. *(Ger.)* Pesadilla, persona muy fastidiosa.
pillage ['pɪlɪdʒ] [pi-lich], *s.* Pillaje, botín, saqueo, latrocinio, rapiña.
pillage, *va.* Pillar, hurtar, robar.
pillager ['pɪlɪdʒə[r]] [pi-la-cha[r]], *s.* Pillador, saqueador.
pillar ['pɪlə[r]] [pi-la[r]], *s.* 1. Columna, pilar. 2. Masa columnar, v. g. de carbón en una mina. 3. *(Biol.)* Columela, columna. 4. *(Fig.)* Soporte, sostén. **He was a pillar of the church**, era firme sostén de la iglesia. **From pillar to post**, de la ceca a la Meca.
pillar-box ['pɪləbɒks] [pi-la-boks], *s.* *(G. B.)* Buzón.
pillared ['pɪləd] [pi-lad], *a.* Sostenido por columnas.
pillbox ['pɪlbɒks] [pil-boks], *s.* 1. Pildorera, estuche para píldoras. 2. Sombrero chico de mujer, con copa redonda, sin ala. 3. *(Mil.)* Fortín con ametralladoras.
pillion ['pɪlɪən] [pi-lion], *s.* Albarda, sillón, la parte de la silla en que se sientan las mujeres a caballo detrás del jinete.
pilloried ['pɪlərɪəd] [pi-lo-ried], *a.* Empicotado.
pillory ['pɪlɪərɪ] [pi-lo-ri], *s.* Picota, cepo, tabla con agujeros para las manos y cabeza, en donde se ponía a los malhechores a la vergüenza.
pillory, *va.* Empicotar, poner a un malhechor en una picota o argolla.
pillow ['pɪləʊ] [pi-lou], *s.* 1. Almohada. 2. **Pillow of the bowsprit**, *(Mar.)* Tragante o descanso del bauprés. **Pillows of the mast-heads**, *(Mar.)* Almohadas de las jarcias. **Pillow-case, pillow-slip**, funda de almohada. **Pillow-sham**, cubierta de adorno para almohada.
pillow, *va.* Poner alguna cosa sobre la almohada.
pilose ['pɪləʊz] [pi-lous], *a.* Peludo, velloso, con pelo o vello (hairy, shaggy).
pilosity ['pɪləsɪtɪ] [pi-lo-si-ti], *s.* Abundancia de pelo.
pilot ['paɪlət] [pai-lot], *va.* 1. Guiar, conducir (drive). 2. Pilotar, pilotear.
pilot, *s.* 1. Piloto. **Coast-pilot**, piloto práctico de costa. **Sea-pilot**, piloto de altura. 2. Carta de marear. 3. Instrumento para corregir la desviación de una brújula. 4. Guía, consejero. **Pilot-bird**, pájaro-piloto, ave que en el mar de las Antillas indica a los navegantes la proximidad de la tierra. **Pilot-boat**, bote del piloto, embarcación en que salen los pilotos al encuentro de los buques para guiarlos al entrar en puerto; lleva un número en la vela mayor. **Pilot-bread**, galleta. **Pilot-fish**, piloto, pez de mar, que se ve a menudo en latitudes cálidas en compañía de los tiburones. **Pilot-house**, garita o mirador de timonel, en que se pone el pilot cuando está de guardia.
pilotage ['paɪlətɪdʒ] [pai-lo-tich], *s.* 1. Pilotaje. **Book of pilotage**, derrotero. **Rates of pilotage**, timonaje. 2. Pilotaje, el sueldo del piloto.
pilot light ['paɪlətˌlaɪt] [pai-lot-lait], *s.* Luz piloto.
pilous, pileous ['paɪləs] [pai-los], *a.* Piloso, peludo.
pimenta [pɪ'mentə] [pi-men-ta], o **pimento** [pɪ'mentəʊ] [pi-men-tou], *s.* Pimienta de Jamaica.
pimp [pɪmp] [pimp], *s.* Alcahuete, proxeneta.
pimp, *vn.* Alcahuetear.
pimpernel ['pɪmpənel] [pim-pa-nel], *s.* *(Bot.)* Anagálida.
pimpinel ['pɪmpɪnel] [pim-pi-nel], *s.* *(Bot.)* Pimpinela. Pimpinella saxifraga.
pimping ['pɪmpɪŋ] [pim-pin], *a.* *(Fam.)* Pequeño, fútil, mezquino, miserable.
pimple ['pɪmpl] [pim-pel], *s.* Grano, tumorcillo; botón, postilla, pupa, buba; barrillos.

pimpled ['pɪmpəld] [pim-peld], *a.* Engranujado, granujiento.
pin [pɪn] [pin], *s.* 1. Alfiler. **Hair-ins**, alfileres de gancho, horquillas para el cabello. 2. Bagatela, cosa de poco valor. **I don't care a pin**, no se me da un bledo, un pito, un ardite o tres pepinos. 3. Prendedor, broche. 4. Clavo, perno, chaveta; clavija, pasador. 5. Bolo, trozo de palo aguzado para que se tenga derecho en el suelo. **Pin of wood**, clavija, cabilla, saetín, perno. **Linch-pin of a wheel**, pezonera. **Larding-pin**, aguja de mechar. **Rolling-pin**, rodillo. **Block-pins** *(Mar.)* Pernos de mtoones. **Belaying-pins**, *(Mar.)* Cabillas de probados y jarcias. **Pin-clover**, *(Bot.)* Alfilerilla. **Pin-feather**, pluma que empieza a salir, pluma rudimentaria. **Pin-feathered**, que no tiene todavía plumas. **Pin-head**, cabeza de alfiler; objeto muy pequeño. **Pin-maker**, afilerero, fabricante de alfileres. **Pin-point**, punta de alfiler; minuciosidad, nimiedad.
pin, *va.* 1. Prender con alfileres. 2. Asegurar alguna cosa, fijar o unir una cosa a otra; asir y tener firmemente de cualquier manera. 3. *(Germ.)* Coger, tomar furtivamente, hurtar. **To pin up a gown**, arremangar, recoger o levantar un vestido asegurándolo con alfileres. **To pin one's reason to a woman's petticoat**, ser esclavo de los caprichos de una mujer. **To pin one's faith to upon**, confiar absolutamente en. **To pin one's opinion upon another's sleeve**, adherirse al parecer de alguien, identificarse con su opinión. **Pin back**, sujetar, fijar.
pin, *va.* Encerrar, enjaular. *V.* PEN.
pinafore ['pɪnəfɔːʳ] [pi-na-foʳ], *s.* Delantal (sin mangas) para niño.
pinaster ['pɪnəstəʳ] [pi-nas-taʳ], *s.* Pinastro.
pincase ['pɪnkeɪs] [pin-keis], *s.* Alfiletero, cajita para alfileres.
pincers ['pɪnsəz] [pin-sars], *s. pl.* 1. Pinzas, tenacillas. 2. *(Zool.)* Pinza. 3. *(Mil.)* Movimiento de pinzas.
pinch [pɪn*t*ʃ] [pinch], *va.* 1. Pellizcar, comprimir o apretar una cosa entre un dedo y el pulgar o entre los cantos de dos cuerpos duros (nip). 2. Apretar con pinzas o tenazas. 3. Apretar, oprimir, perseguir, estrechar a alguno persiguiéndole (press, squeeze). 4. Limitar mucho los gastos. 5. Examinar una cosa desentrañándola. *-vn.* 1. Apretar, acosar, hacerse sentir mucho alguna cosa. 2. Ahorrar, ser frugal, excusar gastos. **To pinch off**, arrebatar, aferrar, llevarse violentamente una cosa. **He who wears the shoe knows where it pinches**, cada uno sabe dónde le aprieta el zapato. **To pinch oneself**, privarse de lo necesario. **My shoe pinches**, me aprieta el zapato.
pinch, *s.* 1. Pellizco. 2. Polvo o pulgarada, la porción de cualquier cosa menuda que puede tomarse con las yemas de los dedos. 3. Dolor, tormento, pena, angustia; opresión, aprieto, apuro, extrema necesidad. **He is** o **he finds himself in a pinch**, se halla en un apuro. **A pinch of snuff**, un polvo de rapé. **Upon a pinch**, cuando fuere menester, llegado el caso. **To be a pinch**, estar en pena. 4. Esquina, pico. 5. Abolladura.
pinchbeck ['pɪn*t*ʃbek] [pinch-bek], *s.* Similor o similoro.
pincher ['pɪn*t*ʃəʳ] [pin-chaʳ], *s.* Pellizcador. *-pl.* Tenacillas.
pinchfist ['pɪn*t*ʃfɪst] [pinch-fist], *s.* Hombre tacaño, ruin o miserable.
pinch-hit ['pɪn*t*ʃhɪt] [pinch-jit], *vn.* 1. En el juego de beisbol, batear en lugar de otro. 2. Substituir a otro en una emergencia.
pinching-tongs ['pɪn*t*ʃɪŋˌtɒŋz] [pin-chin-tons], *s.* Tenazuelas que forman un molde en la fabricación del vidrio.
pincushion ['pɪnˌkʊʃən] [pin-ku-shon], *s.* Acerico, almohadilla pequeña en que se clavan los alfileres.
pine [paɪn] [pain], *s.* 1. *(Bot.)* Pino, cualquier árbol del género Pinus de la familia de las coníferas. 2. Madera de cualquier pino. 3. Piña, anana. *V.* PINEAPPLE. 4. *(Des.)* Miseria, padecimiento. **Cluster pine**, *V.* PINASTER. **Scoth pine**, pino de Escocia, pino silvestre. **Pine-barren**, terreno estéril y arenoso cubierto de pinos. **Pine-marten**, marta cibelina. **Pine-needle**, hoja acicular de pino. **Pine-tree**, pino, árbol. **Pine-tree State**, el Estado norteamericano de Maine, llamado así por sus bosques de pinos.
pine, *vn.* 1. Desfallecer, estar lánguido, decaer perdiendo el vigor y las fuerzas (faint). Se emplea a menudo con la prep. **AWAY. She pined away after her husband's death**, ella decayó después de la muerte de su marido 2. Desear con vehemencia (seguido por la prep. **for**). **To pine for a new world**, anhelar, desear vivamente una nueva vida. *-va.* 1. Hacer debilitarse a alguno, causarle languidez, hacerle consumir a fuerza de sentimientos. 2. Lamentar en silencio, sentir interiormente algún mal. **To pine oneself to death**, morirse de pena.
pineal ['paɪnɪəl] [pai-nial], *a.* Que tiene figura de piña. **Pineal gland**, glándula pineal en el cerebro.
pineapple ['paɪnˌæpl] [pain-a-pol], *s.* Piña, anana. **The kerned of a pine-apple**, el corazón de la anana.
pine-branch ['paɪnˌbræn*t*ʃ] [pain-branch], *s.* Rama de pino.
pinery ['paɪnərɪ] [pai-ne-ri], *s.* 1. Inverandero para criar ananas. 2. Pinar, bosque de pinos.
piney ['paɪnɪ] [pai-ni], *a.* *V.* PINY.
ping-pong ['pɪŋpɒŋ] [ping-pong], *s.* Ping-pong, juego parecido al tenis.
pinguid ['pɪŋgwɪd] [pin-güid], *a.* Pingüe, craso, gordo, pingüedinoso.
pinghead ['pɪŋhed] [ping-jed], *s.* 1. Cabeza de un alfiler. 2. Algo pequeñísimo 3. Persona de muy poca inteligencia.
pinghole ['pɪŋhəʊl] [ping-joul], *s.* 1. El agujero que hace el afiler. 2. Punto diminuto transparente en una prueba negativa fotográfica.
pining ['pɪnɪŋ] [pi-ning], *a.* Lánguido. **Pining away**, *s.* Languidez.
pinion ['pɪnɪən] [pi-nion], *s.* 1. Piñón, el huesecillo último de las alas del ave. 2. Ala, y a veces también una pluma de la misma ala y el alón. 3. Piñón de reloj. 4. Esposas, prisiones para atar las manos.
pinion, *va.* 1. Atar las alas. 2. Maniatar, atar y ligar las manos a uno.
pinioned ['pɪnɪənd] [pi-niond], *a.* Alado, que tiene alas; maniatado.
pink [pɪŋk] [pink], *s.* 1. *(Bot.)* Clavel, dianto, planta y su flor del género Dianthus. 2. Cualquier flor parecida al clavel. 3. Color de rosa, rojo muy claro. **To be in the pink**, estar en plena forma (in top form). 4. Tipo de excelencia o de perfección, dechado, modelo. **The pink of politeness**, dechado, de cortesía. 5. Pez pequeño de color rojizo. *-a.* Rojizo claro, de color de clavel. **Pink eyes**, ojos pequeños.
pink, *va.* 1. Ojetear, hacer ojetes en la ropa. 2. Picar, adornar una tela con calados.
pinker ['pɪŋkəʳ] [pin-kaʳ], *s.* El que pica las telas de seda.
pinkeye ['pɪŋkaɪ] [pink-ai], *s.* 1. Catarro epidémico, contagioso y febril de los caballos, acompañado de oftalmia. 2. *(Med.)* Oftalmia contagiosa de las personas, caracterizada por el enrojecimiento de los ojos.
pink-eyed ['pɪŋkaɪd] [pink-aid], *a.* Ojialegre.
pinking ['pɪŋkɪŋ] [pin-kin], *s.* Picado, recortado; guiñadura. **Pinking-iron**, instrumento de hierro para picar las telas en forma de festones. **Pinking shears**, tijeras dentadas.
pink slip ['pɪŋkslɪp] [pink-slip], *s.* Notificación de despido.
pinky ['pɪŋkɪ] [pin-ki], *a.* Rosado, de color rojizo claro.
pinna ['pɪnə] [pi-na], *s.* 1. *(Bot.)* Una hoja pinada. 2. Oreja, pabellón externo del oído. 3. *(Zool.)* Ala, aleta, u órgano semejante.
pinnace ['pɪnɪs] [pi-nis], *s.* *(Mar.)* Pinaza, embarcación pequeña de remo y vela.
pinnacle ['pɪnəkl] [pi-na-kol], *s.* Pináculo, chapitel, la parte superior y más alta de algún edificio: cima, cumbre. **The pinacle of fame**, el pináculo de la fama.
pinnacle, *va.* Edificar con pináculos o chapiteles.
pinnate ['pɪneɪt] [pi-neit], **pinnated** ['pɪneɪtɪd] [pi-nei-tid], *a.* 1. *(Bot.)* Pinado, que tiene la figura de una pluma hablando de las hojas compuestas de las plantas. 2. Que tiene partes o apéndices parecidos a alas.

pinner ['pɪnəʳ] [pi-naʳ], *s.* 1. El que asegura con alfileres, pernos, clavijas, etc. 2. *V.* PINAFORE. 3. Una especie de toca de mujer.
pinnule ['pɪnju:l] [pi-niul], *s.* 1. *(Zool.)* Aleta pequeña. 2. *(Bot.)* Pínula, hojuela de una hoja pinada.
pinochle ['pɪnəkl] [pi-no-kel], *s.* Pinocle, juego de naipes.
pinpoint ['pɪnpɔɪnt] [pin-point], *s.* Punta de alfiler. *-va.* Precisar, determinar con gran precisión.
pint [paɪnt] [paint], *s.* Pinta, medida de áridos y líquidos.
pintail ['pɪnteɪl] [pin-teil], *s.* 1. Especie de ánade de cola larga. 2. Gallo silvestre.
pinwheel ['pɪn,wi:l] [pin-uil], *s.* 1. Fuego artificial construido de manera que cuando se enciende gira rápidamente alrededor de un eje, formando una rueda de fuego. 2. Rueda de espigas. 3. Molino de viento, hecho de papel; juguete de los niños.
piny ['pɪnɪ] [pi-ni], *a.* Pinoso, referente o relativo a los pinos y abetos; cubierto o coronado de pinos. **Piny tallow**, sebo vegetal.
pioneer ['paɪənɪəʳ] [paio-niaʳ], *s.* 1. Explorador de un país; el que va delante apartando obstáculos y preparando el camino. 2. *(Mil.)* Gastador, zapador. *-va.* y *vn.* Explorar, ir delante preparando el camino; abrir un camino; guiar; ser explorador.
piony ['paɪənɪ] [paio-ni], *s. (Dial.)* Ponía.
pious ['paɪəs] [paios], *a.* 1. Pio, piadoso, devoto, religioso (religious, devout). 2. Que demuestra un espíritu reverente. 3. Practicado bajo pretexto de religión. 4. *(Ant.)* Que profesa a sus padres respeto y cariño. **A pious deed**, una obra piadosa. **A pious fraud**, un mojigato malvado.
piously ['paɪəslɪ] [paios-li], *adv.* Religiosamente, piadosamente.
pip [pɪp] [pip], *s.* 1. Pepita, enfermedad que padecen las aves en la lengua. 2. La semilla de una manzana, naranja, etc. 3. Punto de un naipe, dado o dominó. 4. Pitido. **Wait for the pips**, espere a oír la señal.
pip, *va.* Romper el cascarón, se dice de los polluelos. *-vn.* Piar ciertas aves. *V.* PEEP.
pipe ['paɪp] [paip], *s.* 1. Tubo, cañón, conducto, caño (tube). 2. Pipa para fumar. 3. Caramillo, churumbela, instrumento músico; pito o silbo del contramaestre. **Pipes of an organ**, cañones de órgano. **Bagpipe**, gaita. **Clyster-pipe**, cañoncito de jeringa. **Windpipe**, gaznate, tráquea. 4. Silbo, silbido, nota o llamada aguda y penetrante. 5. Pipa, medida de líquidos. **Pipe-staves**, duelas, las costillas de las pipas y cubas. **Elbow-pipe**, tubo acodillado. **Gas-pipe**, tubo, cañería de gas. **Water-pipe**, cañería, conducto de agua. **Stopped pipe**, cañón de órgano que tiene su extremo superior cubierto; tubo tapado. **Suction pipe**, tubo de aspiración, tubo aspirante de succión. **The bowl of a pipe**, el hogar o fogón de una pipa. **To smoke the pipe of peace**, fumar la pipa de la paz.
pipe, *va.* 1. Tocar la flauta u otro instrumento semejante. 2. Articular, proferir en tono alto. 3. Llamar por medio del pito de contramaestre. 4. Proveer de caños o tubos; conducir por cañería. **To pipe water from a spring**, conducir aguar por cañería desde un manantial. 5. Entre las costureras, hacer en cordoncillo. *-vn.* 1. Tocar el caramillo o la gaita. 2. Silbar, producir un sonido penetrante.
pipe-clay ['paɪpkleɪ] [paip-klei], *s.* Tierra de pipa, especie de arcilla. *-va.* Blanquear con tierra de pipa.
pipeline ['paɪplaɪn] [paip-lain], *s.* Cañería, conducto.
pipe organ ['paɪpɔ:gən] [paip-or-gan], *s. (Mús.)* Órgano.
piper ['paɪpəʳ] [pai-paʳ], *s.* Flautista, gaitero. **To pay the piper**, sufrir las consecuencias de una mala acción; pagar los platos rotos.
piperine ['paɪpərɪn] [pai-pa-rin], *a.* Pimentoso. *s.* Piperina, substancia incolora y cristalina que se halla en la pimienta.
pipe-tree ['paɪp,tri:] [paip-tri], *s. (Bot.)* Lila.
pipette ['paɪpet] [pai-pet], *va.* Gotear, sacar o desviar un líquido por medio de un gotero. *-s.* Gotero, pipeta, tubo pequeño, a menudo graduado, que se emplea para trasladar pequeñas cantidades de líquido de una vasija a otra.
piping ['pɪpɪŋ] [pi-pin], *a.* 1. Tocando el caramillo. 2. Hirviente, herviente, muy caliente; silbador, que silba. 3. Propio de la música no marcial, o caracterizado por ella.
pipit ['pɪpɪt] [pi-pit], *s.* Pajarito parecido a la alondra.
pipkin ['pɪpkɪn] [pip-kin], *s.* Pucherito.
pippin ['pɪpɪn] [pi-pin], *s. (Bot.)* Esperiega, una variedad de manzana.
piquancy ['pi:kənsɪ] [pi-kan-si], *s.* Picante, acrimonia.
piquant ['pi:kənt] [pi-kant], *a.* Punzante, picante (spicy); áspero, mordaz (sharp).
piquantly ['pi:kəntlɪ] [pi-kant-li], *adv.* Agriamente; mordazmente.
pique [pi:k] [pik], *s.* 1. Pique, desazón, desabrimiento, desavenencia, ligera. **I have no pique against him**, no le tengo ojeriza. 2. Pundonor, delicadez, puntillo.
pique, *va.* y *vn.* 1. Picar, enojar, provocar (anger)). 2. Ofender, irritar (irritate). 3. Picarse, preciarse de alguna cosa haciendo de ella punto de honor; jactarse. 4. Picarse, ofenderse, enojarse.
piquet [pɪ'ket] [pi-ket], *s.* 1. Juego de los cientos. **To play at piquet**, jugar a los cientos. 2. *(Mil.)* Piquete, guardia avanzada.
piracy ['paɪərəsɪ] [paia-ra-si], *s.* Piratería.
piranha [pɪ'rɑ:njə] [pi-ra-ña], *s.* Piraña.
pirate ['paɪərɪt] [pai-rit], *s.* 1. Pirata. 2. Pirata, el que roba la propiedad de otro, y particularmente el impresor que sin derecho imprime obras ajenas.
pirate, *vn.* Piratear. *-va.* 1. Apropiarse sin derecho una propiedad literaria. 2. Pillar, hurtar, robar (steel).
piratical [paɪ'rætɪkəl] [pai-ra-ti-kal], *a.* Pirático.
pirogue ['pɪrɒg] [pi-rog], *s.* 1. Piragua, canoa de una pieza. 2. Barco grande sin quilla, que tiene el fondo plano para navegar por ríos poco profundos.
pirouette [,pɪrʊ'et] [pi-ruet], *s.* 1. Pirueta, vuelta que da el caballo sin mudar terreno. 2. Pirueta en el baile.
piscatory ['pɪskətərɪ] [pis-ka-to-ri], *a.* Piscatorio, que pertenece a la pesca o pesquería.
pisces ['paɪsi:z] [pai-sis], *s. pl.* 1. Los peces, una clase de los vertebrados. 2. *(Astr.)* Piscis, duodécimo signo del zodíaco.
pisciculture [,pɪsɪ'kʌltʃəʳ] [pi-si-kal-chaʳ], *s.* Piscicultura, arte de repoblar de pesca los ríos y estanques.
piscivorous ['pɪsɪvərəs] [pi-si-vo-ros], *a.* Ictiófago, que se mantiene de pescado.
pish ['pɪʃ] [pish], *inter.* ¡Bah! ¡Quita allá! Exclamación de desprecio.
pismire ['pɪsmaɪəʳ] [pis-maiaʳ], *s.* Hormiga (ant).
piss [pɪs] [pis], *vn. (Vulg.)* Orinar. **Piss off!**, ¡vete a la mierda! **That pisses me off**, ésto me cabrea, me molesta. *-s.* Orina.
pissed [pɪst] [pist], *a. (Fam.)* Cabreado.
pistachio [pɪs'tɑ:ʃɪəʊ] [pis-ta-shiou], *s. (Bot.)* Alfóncigo o pistacho, fruta de un árbol del mismo nombre.
piste [pi:st] [pist], *s.* Pista.
pistil ['pɪstɪl] [pis-til], *s. (Bot.)* Pistilo, el órgano femenino de las flores.
pistillary ['pɪstɪlərɪ] [pis-ti-la-ri], *a.* Perteneciente al pistilo.
pistillate ['pɪstɪleɪt] [pis-ti-leit], *a.* Pistilado, que tiene pistilo; particularmente, que tiene pistilos, y no estambres.
pistol ['pɪstl] [pis-tol], *s.* Pistola, arma de fuego pequeña y corta. **Pocket-pistol**, pistolete, cachorro. **Pistol-shot**, pistoletazo, tiro de pistola. **Case** o **brace of pistols**, par de pistolas. **Two or three-barrelled pistol**, pistola de dos o tres cañones o tiros.
pistol, *va.* Tirar con pistola; matar a uno de un pistoletazo.
pistole ['pɪstəʊl] [pis-toul], *s.* Doblón.
pistolet ['pɪstəlɪt] [pis-to-lit], *s.* Pistolete, cachorro o cachorrillo.
piston ['pɪstən] [pis-ton], *s. (Mec.)* Émbolo, macho. **Piston ring**, aro o anillo de émbolo o de pistón. **Piston rod**, vástago sujetador del émbolo.
pit [pɪt] [pit], *s.* 1. Hoyo, el hueco o concavidad que queda después de sacada la tierra. 2. Abismo, profundidad sin

término. 3. Hoyo, sepultura. 4. Area de un teatro ocupada por las lunetas o butacas. **The arm-pit**, el sobaco. **The pit of the stomach**, la boca del estómago. **Coal-pit**, mina de carbón de piedra. **Sand-pit**, mina de arena que se saca para hacer argamasa. **Gravel-pit**, cascajal o cascajar. **Turf-pit**, hornaguero. **To be at the pit's brink**, estar al borde del precipicio, estar con un pie en la sepultura. **Pit-coal**, hulla, carbón mineral. **Pit-head**, pozo de mina. **Pit-saw**, sierra larga para aserrar maderos sobre un hoyo o foso; sierra que se maneja entre dos.

pit, *va.* 1. Poner alguna cosa en un agujero. 2. Comprimir una cosa haciendo que forme hoyos. 3. Formar agujeritos en alguna cosa. 4. Incitar a uno a reñir. **Pit against**, enfrentar a.

pitapat ['pɪtə'pæt] [pi-ta-pat], *s.* Palpitación de corazón (heartbeat); paso ligero y apresurado. *-adv.* Con una rápida sucesión de golpecitos; *(Fam.)* pit, pat; tictac.

pitch [pɪtʃ] [pich], *s.* 1. Punto, grado de elevación (height); punto extremo. 2. Grado de inclinación de una pendiente; declive, bajada (pent); inclinación con respecto al horizonte. 3. Declive, de un tejado. 4. *(Mec.)* Trecho que adelanta una rosca a cada vuelta; también, paso de un diente de encaje. 5. *(Mús.)* Grado más o menos alto de un tono, diapasón; el diapasón con referencia a un tipo. 6. En los juegos, lanzamiento, el acto de lanzar, o la distancia a que llega el objeto lanzado. **Pitch-pipe**, diapasón de voz, instrumento que sirve para entonar la voz o un instrumento músico. **He came to that pitch**, llegó a ese extremo. **The highest pitch of glory**, la cumbre, el pináculo, el más alto punto de gloria.

pitch, *s.* 1. Pez, la resina del pino espesada por medio del fuego; brea, alquitrán. **Pitch-brush**, escopero. **Pitch-kettle**, caldero de brea. **Pitch-pine**, pino de tea. 2. Jugo resinoso que exudan los pinos.

pitch, *va.* 1. Tirar, arrojar, lanzar al aire (moviendo el brazo como un péndulo); en el juego de **base-ball** Empujar, meter algo, arrojar la pelota al jugador que tiene la maza o **bat**. 2. Empujar, meter algo en la tierra, v. g. estacas de aquí, colocar, ordenar. **A pitched battle**, batalla campal. 3. Fijar, plantar. **To pitch a tent**, plantar una tienda de campaña. 4. Embrear, dar con brea, empegar. 5. *(Mús.)* Graduar el tono, dar el diapasón. *-vn.* 1. Arrojar por bajo mano; arrojar de una manera cualquiera. 2. Caerse alguna cosa hacia abajo. 3. Caer de cabeza. 4. Escoger. 5. Instalarse, fijarse, establecerse. 6. Arfar, cabecear el buque de popa a proa. **To pitch into**, *(Fam.)* acometer, embestir. **To pitch in**, *(Fam.)* empezar algo con decisión y energía.

pitcher ['pɪtʃə^r] [pi-cha^r], *s.* 1. Cántaro, bocal, vasija de barro para llevar o traer agua (jug). 2. Piqueta, herramienta para abrir la tierra; una forma de pie de cabra. 3. Arrojador, el que arroja o lanza; en el juego de **base-ball**, el que tira la pelota al que tiene el bate. 4. *(Bot.)* Forma de hoja muy particular parecida a un cántaro.

pitchfork ['pɪtʃfɔːk] [pich-fork], *s.* 1. Horca o percha que usan los labradores. 2. Diapasón, instrumento de dos brazos paralelos para graduar el tono de un instrumento músico o de la voz.

pitchiness ['pɪtʃɪnɪs] [pi-chi-nes], *s.* Obscuridad; negrura, color de pez.

pitching ['pɪtʃɪŋ] [pi-chin], *a.* Inclinado, en declive. *-s.* 1. Arfada, cabezada de un buque. 2. Lanzamiento, la acción de lanzar o arrojar. **Pitching-pence**, *(GB)* contribución que se paga por poner en venta las mercancías en las ferias.

pitchstone ['pɪtʃˌstəʊn] [pich-stoun], *s.* Un vidrio volcánico.

pitchy ['pɪtʃɪ] [pi-chi], *a.* 1. Embreado, dado con brea o pez; que tiene las propiedades de la pez. 2. Negro, obscuro, triste.

piteous ['pɪtɪəs] [pi-tios], *a.* 1. Lastimoso, que mueve a compasión o excita simpatía. 2. Compasivo, tierno.

piteously ['pɪtɪəslɪ] [pi-tios-li], *adv.* Lastimosamente.

piteousness ['pɪtɪəsnɪs] [pi-tios-nes], *s.* Compasión, ternura.

pitfall ['pɪtfɔːl] [pit-fol], *s.* Trampa, hoya ligeramente cubierta para ocultarla; añagaza, peligro latente.

pith [pɪθ] [piz], *s.* 1. Meollo de planta o árbol. 2. Tuétano. 3. Fuerza, robustez. 4. Médula, energía, vigor de pensamiento y estilo (energy, power). 5. Médula; la parte esencial de alguna cosa. **The pith of life**, lo mejor de la vida.

pith, *va.* 1. Matar, destruyendo la médula espinal. 2. Quitar el meollo a una planta.

pithead ['pɪthed] [pit-jed], *s.* Bocamina.

pithily ['pɪθɪlɪ] [pi-zi-li], *adv.* Enérgicamente, fuertemente.

pithiness ['pɪθɪnɪs] [pi-zi-nes], *s.* Energía, eficacia.

pithless ['pɪθlɪs] [piz-les], *a.* Falto de meollo; endeble, sin fuerza, sin energía, necio.

pithy ['pɪθɪ] [pi-zi], *a.* 1. Enérgico, eficaz; meduloso. 2. Que contiene la parte esencial de un asunto; expresivo, lacónico, efectivo. **A pithy saying**, un dicho enérgico y expresivo, de mucha miga.

pitiable ['pɪtɪəbl] [pi-tia-bol], *a.* 1. Lastimoso, sensible, patético, digno de compasión. 2. Despreciable, desestimado.

pitiful ['pɪtɪfʊl] [pi-ti-ful], *a.* 1. Lastimoso, sensible (sentient, tender). 2. Despreciable, detestable (despicable). **He's pitiful!**, ¡da pena!

pitifully ['pɪtɪfəlɪ] [pi-ti-fu-li], *adv.* Lastimosamente; despreciablemente.

pitifulness ['pɪtɪfəlnɪs] [pi-ti-ful-nes], *s.* 1. Ternura, compasión, piedad, misericordia (pity, compasion). 2. Ruindad (meanness).

pitiless ['pɪtɪlɪs] [pi-ti-les], *a.* Despiadado, cruel, inhumano, duro de corazón.

pitilessly ['pɪtɪlɪslɪ] [pi-ti-les-li], *adv.* Cruelmente, inhumanamente.

pitilessness ['pɪtɪlɪsnɪs] [pi-ti-les-nes], *s.* Inhumanidad, dureza de corazón.

pitman ['pɪtmən] [pit-man], *s.* (*pl.* PITMEN). 1. Aserrador de foso; y particularmente, pocero, el minero que tiene a su cargo la maquinaria subterránea. 2. (*pl.* PITMANS) *(Mec.)* Barra de conexión; vara que conecta una pieza giratoria con otra que tiene movimiento de vavién.

pittance ['pɪtəns] [pi-tans], *s.* 1. Pitanza o ración, originalmente la porción de comida que se repartía a cada uno, v. g. en los conventos; pequeño donativo que se hace por caridad. 2. Porcioncilla, porción pequeña de alguna cosa. 3. Miseria.

pitted ['pɪtɪd] [pi-tid], *a.* Cavado, picado. **Pitted with the small-pox**, picado de viruelas.

pitter-patter ['pɪtə'pætə^r] [pi-ta-pa-ta^r], *s.* Golpeteo, repiqueteo. *-adv.* **The stones went pitter-patter on the window**, las piedras golpeteaban en la ventana.

pituitary [pɪ'tjuːɪtərɪ] [pi-tui-ta-ri], *a.* Pituitario. *-s.* **Pituitary gland**, glándula pituitaria.

pity ['pɪtɪ] [pi-ti], *s.* 1. Piedad, misericordia, lástima, compasión (mercy, compassion). **I feel no pity for him**, no le tengo lástima. 2. Lástima, el objeto que excita la compasión; en este sentido tiene plural. **It is a pity that his book is lost**, es lástima que se haya perdido su libro. **It is a thousand pities**, es muchísima lástima. **For pity's sake, from pity**, por piedad.

pity, *va.* Compadecer, tener lástima. *-vn.* Lastimarse, apiadarse, tener piedad, enternecerse. **He is greatly to be pitied**, es muy digno de lástima.

pivot ['pɪvət] [pi-vot], *s.* 1. Espigón, gorrón, quicio, pivote. 2. Eje, polo, alma. 3. *V.* **Pivot-man. Pivo-gun**, cañón giratorio, colisa. **Pivot-hole** o **collar**, rangua, buje o quicio de eje. **Pivot-man**, guía, el soldado que se halla en el flanco sobre el cual se opera una conversión.

pivot, *va.* Colocar sobre un eje; proveer de un gorrón o espigón. *-vn.* Girar sobre un eje o pivote.

pivotal ['pɪvətl] [pi-vo-tal], *a.* Capital, fundamental. De la naturaleza de un gorrón o eje; se aplica al punto sobre el cual gira un asunto, una conversación, etc.

pixy ['pɪksɪ] [pik-si], *s.* (*pl.* PIXIES). Especie de hada o duende.

pizza ['piːtsə] [pi-cha], *s.* Pizza, torta muy condimentada de la cocina italiana.

pizzeria [ˌpiːtsə'rɪə] [pi-cha-ria], *s.* Pizzería.

placability [ˌplækə'bɪlɪtɪ] [pla-ka-bi-li-ti], *s.* Placabilidad; dulzura, clemencia.

placable ['plækəbl] [pla-ka-bol], *a.* Placable, aplacable.

placard ['plækɑːd] [pla-kard], *s.* 1. Cartel, anuncio; la proclama que se fija en las esquinas para noticia del público. 2. Herrete o plancha que lleva el nombre del dueño.

placard, *va.* Publicar o hacer manifiesta alguna cosa; fijar en las esquinas algún cartel o noticia al público.

placate ['plækeɪt] [pla-keit], *va.* Aplacar, apaciguar, conciliar, sosegar.

placatory ['plækətərɪ] [pla-ka-to-ri], *a.* Conciliatorio, apaciguador.

place ['pleɪs] [pleis], *s.* 1. Lugar, sitio, paraje, espacio en que está colocado un objeto (position, spot). **In all places**, en todas partes. 2. *(Mil.)* Plaza, fortaleza, puesto militar. 3. Residencia, mansión. 4. Lugar, texto, pasaje de un escrito o de un libro. **I've lose my place**, he perdido la página, por donde iba. 5. Colocación, orden de prioridad, posición; punto, grado en orden de precedencia. 6. Empleo, dignidad, oficio público, plaza (employment). 7. Lugar, camino (path); lugar, asiento (sit); recepción, buena acogida (reception). **Could you save me a place?**, ¿podrías guardarme un sitio? 8. Plaza en una ciudad, espacio abierto cuadrado; también callejón sin salida, o una calle corta y estrecha. **A place of refuge**, asilo. **In the first place**, en primer lugar. **To give place**, dar la preeminencia, ceder el paso. **In the next place**, luego, después. **In place of**, en lugar de, en vez de. **In no place**, en ninguna parte. **A watering-place**, (a) aguadero, abrevadero; (b) estación balnearia, punto de baños. **To take place**, verificarse, tener efecto, sobrevenir, suceder, pasar, ocurrir un suceso.

place, *va.* 1. Colocar, poner alguna cosa en un paraje determinado (put). 2. Fijar, establecer, plantar (fix). 3. Prestar a interés, poner dinero a ganancia. **To place in order**, arreglar, poner en orden. 4. Señalar, asignar, destinar a un deber. **I have placed (out) my son**, he colocado a mi hijo.

placebo [plə'siːbəʊ] [pla-si-bou], *s.* *(Med.)* Placebo.

placeman ['pleɪsmən] [pleis-man], *s.* Empleado público, oficinista.

placement ['pleɪsmənt] [pleis-ment], *s.* Colocación, empleo. **Placement test**, prueba de aptitud.

place name ['pleɪsneɪm] [pleis-neim], *s.* Topónimo, nombre geográfico.

placenta [plə'sentə] [pla-sen-ta], *s.* 1. *(Bot.)* Placenta, la parte del fruto a la que están prendidas las semillas. 2. *(Anat.)* Placenta.

placer ['pleɪsə^r] [plei-sa^r], *s.* Colocador, el que coloca.

placid ['plæsɪd] [pla-sid], *a.* Plácido, quieto, sosegado, benigno, apacible.

placidity [plə'sɪdɪtɪ] [pla-si-di-ti], **placidness** ['plæsɪdnɪs] [pla-sid-nes], *s.* Apacibilidad, afabilidad, dulzura, suavidad.

placidly ['plæsɪdlɪ] [pla-sid-li], *adv.* Apaciblemente, suavemente, dulcemente.

placit ['plæsɪt] [pla-sit], *s.* Decreto, resolución, orden.

plagal ['pleɪgəl] [plei-gal], *a.* *(Mús.)* Plagal, se dice de un modo musical en que la quinta es aguda y la cuarta grave.

plagiarism ['pleɪdʒɪərɪzəm] [plei-yia-ri-sem], *s.* Plagio, usurpación de los pensamientos u obras literarias de otro.

plagiarist ['pleɪdʒɪərɪst] [plei-yia-rist], *s.* Plagiario, el que roba los pensamientos u obras literarias de otro.

plagiarize, plagiarise ['pleɪdʒɪəraɪz] [plei-yia-rais], *va.* En las obras literarias o artísticas, plagiar, apropiarse los pensamientos de otros y darlos por suyos. *-vn.* Cometer o hacer plagios.

plague [pleɪg] [pleig], *s.* 1. Peste, enfermedad contagiosa y muy destructiva. 2. Plaga, miseria, calamidad. 3. Peste, majadero, majadería, joroba, cualquier cosa muy enfadosa o molesta. **I avoid Peter like the plague**, huyo de Peter como de la peste.

plague, *va.* 1. Atormentar, afligir, molestar, inquietar, vejar, importunar. 2. Jorobar, infestar, apestar, plagar. **My company is plagued with problems**, mi empresa está plagada de problemas.

plaguily ['plægɪlɪ] [pla-gui-li], *adv.* *(Fam.)* Molestamente.

plaguey ['pleɪgɪ] [plei-gui], *a.* *(Fam.)* Enfadoso, molesto; apestado.

plaice [pleɪs] [pleis], *s.* Platija.

plaid [plæd] [pld], *s.* 1. Capa suelta que usan los montañeses de Escocia. 2. Listados en cuadro, o a lo ancho y a lo largo. 1. Que tiene un dibujo cuadriculado, de rayas que se cruzan en ángulos rectos. 2. En cuadros de varios colores.

plain [pleɪn] [plein], *a.* 1. Llano, raso, igual, sin tropiezo ni embarazo alguno (flat, smooth). 2. Liso, que no tiene adorno; sencillo (simple). 3. Ingenuo, llano, abierto; liso, sincero (sincere). 4. Puro, simple, común; simple, sencillo, modesto, que no tiene lujo ni riquezas. 5. Llano, claro, evidente, distinto. **In plain Spanish**, en buen castellano. **Plain people**, (a) gente sencilla. (b) gente humilde, común, de origen obscuro. 6. Verdadero, puro; acabado, rematado. 7. Falto de belleza personal, ordinario, feo. **A very plain girl**, una joven o muchacha más bien fea que bonita, sin belleza alguna. **Plain food**, alimento simple, sencillo. **Plain-chant, plain-song**, canto llano, canto plano, o de iglesia. **Plain work** , costura sencilla, lisa, a diferencia de la que tiene algún adorno. **Plain truth**, la pura verdad o sin disfraz alguno. **Plain man**, (a) hombre sincero. *(Fam.)* Hombre a la pata la llana. (b) El hombre que no es bien parecido. **In plain terms**, en términos claros. **To be plain with one**, hablar claro a uno, decirle francamente lo que se siente. *-adv.* 1. Claramente, distintamente. 2. Llanamente, sinceramente, con lisura o tersura y verdad. *-s.* 1. Llano, llanura, el campo o terreno igual, llanada. **The Great Plains**, las Grandes Llanuras. 2. *(Des.)* Campo de batalla. **Plain-dealer**, hombre de buena fe, hombre de bien, hombe sincero. **Plain-dealing**, buena fe, sinceridad en el trato, honradez. **Plain-hearted**, sencillo, sincero, bueno, sin doblez. **Plain-heartedness**, sinceridad. **Plain-spoken**, sencillo, claro y sincero en sus palabras.

plain, *va.* Allanar, hacer llana alguna cosa.

plain-clothes ['pleɪn'kləʊðz] [plein-klouzs], *s.* De paisano, no uniformado (police).

plaining ['pleɪnɪŋ] [plei-nin], *s.* *(Poét.)* Queja, lamento.

plainly ['pleɪnlɪ] [plein-li], *adv.* 1. Llanamente. 2. Llanamente, con ingenuidad. 3. De veras. **I tell you plainly I cannot**, le digo a Ud. de veras que no puedo. 4. Claramente, sencillamente, francamente.

plainness ['pleɪnnɪs] [plein-nes], *s.* 1. Llanura, igualdad (equality). 2. Sencillez (simplicity). 3. Sinceridad, franqueza (bluntness). 4. Claridad.

plainsman ['pleɪnzmən] [pleins-man], *s.* Llanero.

plainspoken ['pleɪn'pəʊkən] [plein-spou-ken], *a.* Franco, sincero (blunt).

plaint ['pleɪnt] [pleint], *s.* Quejido, queja, lamento.

plaintful ['pleɪntfʊl] [pleint-ful], *a.* Quejoso; lloroso, doliente, dolorido.

plaintiff ['pleɪntɪf] [plein-tif], *s.* Demandante, el actor litigante que demanda en juicio.

plaintive ['pleɪntɪv] [plein-tiv], *a.* Lamentoso, lastimoso, dolorido.

plaintively ['pleɪntɪvlɪ] [plein-tiv-li], *adv.* De un modo lastimoso.

plait [plæt] [plat], *s.* 1. Pliegue, el doblez que se hace en la ropa. 2. Trenza, cordoncillo. *V.* BRAID. **Plait of hair**, trenza de cabellos. **Plait**, *va.* 1. Plegar, hacer dobleces o pliegues. 2. Alechugar, rizar, encarrujar. 3. Tejer, trenzar.

plaiter ['pleɪtə^r] [plei-ta^r], *s.* Plegador.

plaiting ['pleɪtɪŋ] [plei-tin], *s.* Plegadura, pliegue.

plan [plæn] [plan], *s.* 1. Plan, designio, proyecto formulado para alcanzar algún resultado (intention, project). 2. Plan o modelo de alguna cosa (model); plano. 3. Icnografía, delineación de la planta de un edificio o buque; plano, proyección. 4. Diseño, esbozo, bosquejo, de una obra literaria o artística. 5. Método, hábito, modo usual, costumbre. **According to the plan**, de acuerdo con lo planeado.

plan, *va.* 1. Trazar, delinear algún plan; proyectar. 2. Urdir, tramar, fraguar. **I'm planning a surprise for his birthday**, estoy planeando una sorpresa para su cumpleaños. **Plan on**, pensar, tener intención.

planch ['plæntʃ] [planch], *va.* *(Des.)* Entarimar, entablar.

plancher ['plæntʃəʳ] [plan-chaʳ], *s.* 1. Entarimado, suelo o techo entarimado de una habitación. 2. Tabla de madera.

planchet ['plæntʃɪt] [plan-chit], *s.* Tejuelo, pieza de metal preparada para estampar el cuño sobre ella.

planchette [plɑːn'ʃet] [plan-shet], *s.* 1. Grafómetro. *V.* CIRCUMFERENTOR. 2. Plancheta, tablita provista de un lápiz y dos ruedas.

plane [pleɪn] [plein], *a.* Llano (flat); *(Bot.)* que tiene una superficie llana. *-s.* 1. Plano, superficie plana. 2. Cepillo, instrumento de carpintería (brush). 3. *V.* PLANE-TREE. **Plane-table**, (a) plancheta, instrumento topográfico de los agrimensores. (b) Tablilla inclinada para disponer los minerales. **Bench-plane**, garlopa, cepillo de banco. **Jack-plane**, garlopa de alisar. **Robbet-plane**, cepillo de ranurar. **Dovetail-plane**, guillame de ensamblar.

plane, *va.* 1. Allanar. 2. Acepillar, alisar.

plane, *s.* Aeroplano, avión. Plano. Nivel. **This book is on a different plane**, este libro está a otro nivel, es de otra categoría (level).

planer ['plænəʳ] [pla-naʳ], *s.* 1. Acepillador. 2. Cepillo mecánico, acepilladora, máquina de acepillar para madera o para metal.

planet ['plænɪt] [pla-nit], *s.* *(Astr.)* Planeta, astro opaco que gira con movimiento propio y periódico alrededor del sol.

planetarium [ˌplænɪt'tɛərɪən] [pla-ni-tia-riom], *s.* Planetario, máquina que representa los movimientos de los planetas.

planetary ['plænɪtərɪ] [pla-ni-ta-ri], *a.* Planetario, que pertenece a los planetas.

planetoid ['plænɪtɔɪd] [pla-ni-toid], *s.* Planeta menor.

planet-struck ['plænɪtˌstrʌk] [pla-nit-strak], *a.* Asombrado, atolondrado, atónito, confundido.

planing ['plænɪŋ] [pla-nin], *s.* Acepilladura, acción de acepillar. **Planing-machine**, máquina de acepillar (for wood or metal), cepillo mecánico; acepilladora.

planish ['plænɪʃ] [pla-nish], *va.* Alisar, allanar, pulir, aplanar.

planisher ['plænɪʃəʳ] [pla-ni-shaʳ], *s.* Planador.

plank ['plæŋk] [plank], *s.* Tablón, tabla gruesa. **Plank of ship**, *(Mar.)* tablaje, tablazón.

plank, *va.* Entablar, entarimar, cubrir con tablas alguna cosa. **To plank the deck**, *(Mar.)* entablar la cubierta.

plankton ['plæŋktən] [plank-ton], *s.* Plancton.

planned [plænd] [pland], *a.* Planeado. **Planned parenthood**, planificación familiar.

planner ['plænəʳ] [pla-naʳ], *s.* Trazador, persona que forma un plan, un proyecto.

planning ['plænɪŋ] [pla-nin], *s.* Planificación.

plant ['plænt] [plant], *s.* 1. Planta, nombre genérico de todo vegetal. 2. Planta, se llama así particularmente toda mata o hierba. 3. Planta, el asiento del pie. 4. Planta, plantel, instalación completa de maquinaria, herramientas, edificios, etc., necesarios para alguna empresa mecánica. **Plant-food**, lo que sirve para fomentar el crecimiento de las plantas. **Plant-louse**, pulgón, cualquier insecto áfido. **A perennial plant**, una planta perenne, la que vive más de dos años. **Plant pot**, maceta.

plant, *va.* 1. Plantar, meter en la tierra el vástago de un árbol o de otra planta para que vegete y crezca. 2. Colocar, poner, sentar una cosa fijamente. 3. Plantar, clavar en la tierra una cosa. 4. Plantar, fundar, establecer, engendrar. 5. Adornar un lugar poniendo plantas en él. **To plant a cannon**, sentar, colocar un cañón. **Plant out**, trasplantar.

plantain ['plæntеɪn] [plan-tein], *s.* *(Bot.)* 1. Plátano, planta cuya fruta se come, hierba tropical perenne. 2. Llantén, planta; tipo de la familia de las plantagíneas.

plantar ['plæntəʳ] [plan-taʳ], *a.* Plantar, perteneciente a la planta del pie.

plantation [plæn'teɪʃən] [plan-tei-shon], *s.* 1. Plantación, planta, el acto de plantar. 2. Plantío, el lugar o sitio plantado. 3. Colonia, un establecimiento de nuevos pobladores. 4. Ostral, ostrera, criadero de ostras. 5. Finca de cultivo mayor. **Sugar plantation**, *(Amer.)* ingenio, trapiche, hacienda de azúcar. **Coffee plantation**, cafetal. **Plantation hoes**, azadones.

planter ['plæntəʳ] [plan-taʳ], *s.* 1. Plantador, cultivador. 2. Colono, el que cultiva la tierra en las colonias americanas.

plantigrade ['plæntɪgrəd] [plan-ti-greid], *a.* Plantígrado, que anda apoyado en la planta de los pies, como el hombre, los osos, etc. *-s.* Animal plantígrado.

planting ['plæntɪŋ] [plan-tin], *s.* Plantación, plantel.

plaque [plæk] [plak], *s.* 1. Plancha, chapa, o disco de metal, de porcelana u otro material embellecido artísticamente, v. g. para adornar las paredes. 2. Broche, o cosa semejante. 3. *(Zool.)* Disco o estructura parecido a un plato. 4. *(Dent.)* Placa, sarro.

plash [plæʃ] [plash], *s.* 1. Charquillo, charco pequeño, aguazar, lagunajo. 2. La rama cortada y entrejida con otras.

plash, *va.* 1. Enramar, entretejer ramas. 2. Hacer ruido moviendo o turbando el agua.

plashing ['plæʃɪŋ] [pla-shin], *s.* La entretejedura de ramas para hacer una empalizada o cerca.

plashy ['plæʃɪ] [pla-shi], *a.* Pantanoso.

plasm ['plæzəm] [pla-sem], *s.* 1. Molde, matriz. 2. La forma de **plasma** en las voces compuestas, como **bioplasm**.

plasma ['plæsmə] [plas-ma], *s.* 1. Plasma, la parte líquida de la sangre. 2. *(Min.)* Plasma (plasma), variedad verdusca de calcedonia.

plasmic ['plæzmɪk] [plas-mik], *a.* Plasmal, que se refiere al plasma; protoplásmico, formativo.

plaster ['plɑːstəʳ] [plas-taʳ], *s.* 1. Yeso, sulfato de cal, para cubrir o lavar las paredes. **Plaster of Paris**, yeso, sulfato calcinado de cal. 2. Argamasa, mezcla de arena y cal para obras de albañilería; estuco. 3. Emplasto, medicamento. **Blister-plaster**, vejigatorio, cantárida. **Mustard plaster**, sinapismo. **Healing plaster** o **salve**, disecativo, ungüento.

plaster, *va.* 1. Enyesar, enlucir revocar o cubrir con yeso; sacar a plana. 2. Emplastar, poner emplastos sobre una parte enferma. **I have my left leg in plaster**, tengo mi pierna izquierda escayolada.

plasterer ['plɑːstərəʳ] [plas-ta-raʳ], *s.* 1. Enjalbegador, revocador. 2. Plasmante, el que hace figuras de yeso o barro.

plastic ['plæstɪk] [plas-tik], *a.* 1. Plástico, perteneciente a la plástica. 2. Que da forma a una cosa, formativo. 3. Plástico, que puede ser modelado en una forma cualquiera. 4. *(Cir.)* Eficaz para renovar las partes perdidas, o para modificar las mal formadas.

plasticity [plæs'tɪsɪtɪ] [plas-ti-si-ti], *s.* Plasticidad, calidad de plástico; capacidad de ser modelado; facultad o propiedad formativa.

plastic surgery ['plæstɪkˌsɜːdʒərɪ] [plas-tik-ser-ye-ri], *s.* Cirugía plástica, autoplastia, anaplastia.

plastron ['plæstrən] [plas-tron], *s.* 1. Peto, pecher, porción de una prenda de vestir, de un escudo, etc., que cubre el pecho. 2. *(Zool.)* Concha inferior de las tortugas; parte semejante de los anfibios.

plat ['plæt] [plat], *s.* 1. *(Mar.)* Baderna. 2. Pedazo de tierra señalado a un uso particular. *V.* PLOT. 3. Mapa o plano de un terreno medido o partido. 4. Especie de cintilla de paja o junco para hacer sombreros de mujer.

plat, *va.* 1. Entretejer, trenzar. 2. Trazar, delinear un plano o un mapa; disponer un terreno para usos particulares.

platband ['plætbænd] [plat-band], *s.* 1. *(Agr.)* Acirate, espacio que se dispone algo elevado en los jardines para plantar flores. 2. Tablas, el espacio entre dos hileras de árboles. 3. *(Arq.)* Faja de la cornisa.

plate [pleɪt] [pleit], *s.* 1. Plancha o lámina de metal o vidrio (sheet). 2. Plata labrada (silver). **Gold and silver plate**, vajilla. 3. Plato, vasija baja y redonda con una concavidad en medio. 4. Plato, porción de comida servida a la mesa (dish). 5. Palio, el premio que se señalaba en las corridas de caballos al que llegaba primero. 6. Plancha (print);

estereotipo, clisé; electrotipo. 7. Placa o plancha, lámina de vidrio o de celuloide, sobre la cual se ha tomado una prueba negativa o se ha hecho alguna otra imagen o cuadro. 8. Vidrio cilindrado. 9. Pedazo de gutapercha, etc., en la cual se insertan uno o varios dientes artificiales. 10. *(Dent.)* Dentadura postiza (denture). 11. *V.* **Plate armor. Plate-brass**, latón en planchas. **Copper-plate engraver**, grabador en dulce o de láminas. **Unsilvered plates**, láminas de cristal sin azogue o desazogadas. **Dry plates**, placas secas de fotografía. **Wet plates**, placas húmedas de fotografía. **Plate armor**, blindaje, planchas de armadura. **Plate-culture**, cultivación de las bacterias en gelatina o en otros medios nutritivos extendidos en capas muy tenues, v. g. sobre láminas de vidrio. **Plate-holder**, portaplaca fotográfico; bastidor ligero impenetrable a la luz que lleva una o más comúnmente dos placas fotográficas. Se llama también **dark slide. Plate-glass**, vidrio cilindrado. **Plate-mark**, (a) prueba, marca (de las monedas de plata u oro); (b) marca de contraste (en el borde de una estampa). **Plate-paper**, papel de primera calidad para estampas. **Plate-matter**, material para periódicos fundido en clisés estereotípicos, para venderlo a varios periódicos que lo usan simultáneamente. **Plate-powder**, polvos para pulir la vajilla. **Plate-rack**, (a) vasar en el que se ponen los platos para que goteen; (b) bastidor para sostener las placas fotográficas mientras se secan. **Plate-warmer**, estufa para calentar los platos. **Plates**, *(Mar.)* chapas. **Back-stay-plates**, *(Mar.)* cadenas de los brandales.

plate, *va.* 1. Planchear, cubrir alguna cosa con planchas de metal; platear, dorar, niquelar por medio de la galvanoplastia. 2. Batir hoja, labrar el oro u otro metal reduciéndolo a hojas o planchas.

plateau ['plætəʊ] [pla-tou], *s.* (*pl.* PLATEAUX o PLATEAUS). 1. Altillanura, altiplanicie, mesa que se extiende sobre una altura. 2. Fuente ancha para el centro de la mesa.

plateful ['pleɪtfʊl] [pleit-ful], *s.* La cantidad contenida en un plato.

platen ['plætən] [pla-ten], *s.* 1. *(Impr.)* Platina, cuadro, en ciertas máquinas de imprimir y de escribir. 2. En maquinaria, platina, mesa que sostiene el material que se trabaja.

platform ['plætfɔːm] [plat-form] -*s.* 1. Plataforma, especie de tablado o andamio; terraplén. **Platform shoe**, zapato de plataforma. 2. Tribuna, lugar elevado desde donde se dirige la palabra a una asamblea. 3. Andén de ferrocarrril. 4. Plataforma al extremo de un carro urbano, ómnibus, etc. 5. Programa, declaración formal de principios, hecha por un cuerpo político, religioso u otro.

platina ['plætɪnə] [pla-ti-na], *s.* 1. Platino, metal blanquizco. *V.* PLATINUM. 2. Alambre torcido de plata.

platinum ['plætɪnən] [pla-ti-nom], *s.* Platino, el más pesado de todos los metales.

platitude ['plætɪtjuːd] [pla-ti-tiud], *s.* 1. Perogrullada, verdad de Perogrullo; verdad trivial; lugar común, tópico. 2. Calidad de trivial, vulgar.

platonic [plə'tɒnɪk] [pla-to-nik], *a.* Platónico, que pertenece o se refiere a Platón.

platonism ['pleɪtənɪzəm] [plei-to-ni-sem], *s.* Platonismo, sistema filosófico de Platón, y su doctrina.

platoon [plə'tuːn] [pla-tun], *s.* *(Mil.)* Pelotón, un pequeño cuerpo de soldados.

platter ['plætəʳ] [pla-taʳ], *s.* Fuente, plato grande, por lo común de loza; antiguamente se hacía de peltre.

platting ['plætɪŋ] [pla-tin], *s.* Especie de cintillo de paja, junco o astilla para hacer sombreros de mujer.

plaudit ['plɔːdɪt] [plo-dit], *s.* Aplauso, aclamación.

plausibility [ˌplɔːzə'bɪlɪtɪ] [plo-si-bi-li-ti], **plausibleness** ['plɔːzəblnɪs] [plo-si-bol-nes], *s.* Plausibilidad.

plausible ['plɔːzɪbl] [plo-si-bol], *a.* Plausible, especioso, aparente.

plausibly ['plɔːzɪblɪ] [plo-si-bli], *adv.* Plausiblemente, con plausibilidad, de forma verosímil.

play [pleɪ] [plei], *vn.* 1. Jugar, entretenerse, divertirse, recrearse (enjoy). 2. Jugar, juguetear, travesear, enredar, retozar. 3. Jugar, burlarse unos con otros o unos de otros. 4. Jugar, competir con otro en algún juego (compete). **To play at cards**, jugar a los naipes. 5. Tocar, tañer, hablando de instrumentos músicos o de alguna orquesta (music instrument). 6. Jugar, ponerse alguna cosa compuesta de varias piezas en movimiento y ejercicio; estar corriente o franco, hablando de los muelles, llaves o piezas que juegan en las máquinas. 7. Flotar, ondular, ondear. 8. Representar en público. -*va.* 1. Disparar, tirar. 2. Hacer andar una máquina o ponerla en movimiento. 3. Remedar, hacer el papel de. 4. Representar una comedia, un papel. 5. Tocar un instrumento músico, una pieza, etc. 6. Jugar una partida de cualquier juego. 7. Burlar o chasquear a alguno.

play along, hacer el juego, cooperar.

play away one's money, jugar o perder al juego el dinero que se posee. **To play back**, poner una grabación.

play down, minimizar, restarle importancia.

play off, hacer alarde, desplegar; pretender, ostentar; hacer jugar; poner en oposición o contraposición. **To play the fool**, hacerse el tonto. **To play the knave**, engañar. **To play (the) truant**, hacer novillos, no asistir a la escuela, al aula, etc.

play on a musical instrument, tocar o tañer un instrumento músico, como el violín, piano, etc.

play up, molestar, dar guerra, dar la lata.

play upon, hacer equívoco de vocablos. **To play upon one**, burlarse de uno, hacer mofar de. **To play a set** o **game**, jugar un partido o una partida. **To play false**, engañar. **To play one a trick**, engañar a uno, hacerle una mala jugada, pegarle un petardo.

play, *s.* 1. Juego; divertimiento y ejercicio de recreación .2. Representación de una pieza dramática y la misma pieza dramática. 3. Juego, la acción de jugar a un juego sujeto a reglas. 4. Juego, la disposición en que se hallan unidas algunas cosas entre sí, de modo que sin desunirse o separarse puedan ponerse en acción y movimiento, ya a la vez, ya de por sí. **To come in play**, entrar en juego, hacer uno su parte en una cosa ejecutada entre muchos. 5. Juego. *V.* GAMBLING. 6. El modo de tocar un instrumento o de representar una pieza dramática. 7. Libertad para obrar; vuelo, remonte, hablando de las pasiones de la imaginación, etc. 8. Movimiento ligero y rápido; reflejo de colores o de luces. **A child full of play**, un muchacho travieso o enredador. **To play fair lay**, jugar limpio, obrar con sinceridad, sin trastienda, de veras. **To play foul play**, entrampar en el juego; engañar. **By fair play**, sinceramente, con pureza. **In play**, en chanza, de burlas. **A play upon words**, equívoco de vocablos. **Foul play**, mala jugada, perfidia. **Play actor**, actor, cómico.

playback ['pleɪbæk] [plei-bak], *s.* Reproducción en magnetófono.

playbill ['pleɪbɪl] [plei-bil], *s.* Cartel de teatro, programa de una función teatral.

playboy ['pleɪbɔɪ] [plei-boi], *s.* Muchacho travieso, calavera, hombre de mundo.

play-day ['pleɪdeɪ] [plei-dei], *s.* Día de huelga, día de descanso.

play-debt ['pleɪdebt] [plei-debt], *s.* Deuda contraída en el juego.

player ['pleɪəʳ] [pleiaʳ], *s.* 1. Jugador. 2. Holgazán, haragán. 3. Comediante, cómico, actor. **Strolling player**, cómico de la lengua. 4. Tocador, músico, tañedor, instrumentista. **Piano player**, pianista.

playfellow ['pleɪˌfeləʊ] [plei-fe-lou], *s.* Compañero de juego.

playful ['pleɪfʊl] [plei-ful], *a.* Juguetón, travieso.

playfully ['pleɪfəlɪ] [plei-fu-li], *adv.* Juguetonamente, alegremente.

playgame ['pleɪgeɪm] [plei-gueim], *s.* Juego de niños.

playgoer ['pleɪˌgəʊəʳ] [plei-gouaʳ], *s.* Persona que frecuenta los teatros.

playground ['pleɪgraʊnd] [plei-graund], *s.* Patio de recreo.

playhouse ['pleɪhaʊs] [plei-jaus], *s.* 1. Teatro, casa de comedias; sala de espectáculos. 2. Casita de juguete para niños.

playing-card ['pleɪɪŋkɑːd] [plein-kard], *s.* Naipe, baraja, carta.
playlet ['pleɪlɪt] [plei-lit], *s.* Entremés teatral, comedia corta.
playmate, *s. V.* PLAYFELLOW.
plaything ['pleɪθɪŋ] [plei-zin], *s.* Juguete.
playtime ['pleɪtaɪm] [plei-taim], *s.* Recreo.
playwright ['pleɪraɪt] [plei-rait], *s.* Compositor de comedias, tragedias u óperas.
plaza ['plɑːzə] [pla-sa], *s.* Plaza (square).
plea [pliː] [pli], *s.* 1. El acto o forma de abogar. 2. Alegación, alegato, defensa que hace un abogado ante un tribunal. 3. Apología, disculpa, excusa, pretexto. 4. Súplica, instancia. **A plausible plea**, una excusa, disculpa plausible. **Plea in abatement**, instancia de nulidad.
pleach [pliːtʃ] [plich], *va.* Entretejer ramas.
plead [pliːd] [plid], *vn.* 1. Orar, argüir en un tribunal de justicia. 2. Raciocinar o argüir con otro alegando razones. 3. Abogar, defender en juicio, la causa de un reo. *-va.* 1. Defender en juicio. 2. Alegar o exponer razones. 3. Disculpar, excusar, interceder. **To plead guilty**, confesar que se ha cometido el delito de que se va a juzgar al reo. **To plead not guilty**, negar la acusación. **To plead for**, militar o argüir en favor de.
pleadable ['pliːdəbl] [pli-da-bol], *a.* Que se puede alegar en un pleito, o en defensa de alguna cosa.
pleader ['pliːdə[r]] [pli-da[r]], *s.* 1. Abogado, el que aboga en un tribunal de justicia. 2. Abogado, defensor; todo el que sostiene el pro o contra de alguna opinión.
pleading ['pliːdɪŋ] [pli-din], *s.* 1. Súplica. 2. *(Law)* Alegación, defensa. *-a.* Suplicante. *-pl. (For.)* Debates, litigios; alegaciones.
pleasant ['pleznt] [ple-sant], *a.* 1. Delicioso, agradable (nice). 2. Placentero, alegre, vivo (joyful, agreeble). 3. Divertido. **Pleasant dreams!**, ¡felices sueños!
pleasantly ['plezntlɪ] [ple-sant-li], *adv.* Deliciosamente, alegremente, de una manera grata.
pleasantness ['plezntnɪs] [ple-sant-nes], *s.* Delicia, alegría, gusto, agrado, placer, satisfacción, recreo.
pleasantry ['plezntrɪ] [ple-san-tri], *s.* 1. Gusto. 2. Agudeza, dicho agudo; chocarrería, chanza (joking remark).
please [pliːz] [plis], *va.* 1. Deleitar, agradar, dar gusto (delight). 2. Contentar, complacer. *-vn.* 1. Placer, agradar, gustar, gozar (like). 2. Querer, gustar, tener a bien, hallar por bueno. **To be pleased**, complacerse, recrearse, deleitarse. **Do as you please**, haga Ud. lo que guste. **Please God,** o **if God please,** o **if it please God**, ¡Dios lo quiera! ¡plegue a Dios! **Hard to please**, difícil de contentar. **Ill pleased**, malcontento. **Please come as soon as you can**, sírvase Ud. venir lo más pronto que pueda. **Please go in**, sírvase Ud. entrar. **Please, sir, if you please**, con permiso de Ud. *-interj.* **Yes, please**, sí, gracias. **Please sit down**, siéntese, por favor.
pleased ['pliːzd] [plisd], *a.* Satisfecho, contento. **I'm very pleased with your exam results**, estoy muy contento con los resultados de tus exámenes.
pleaser ['pliːzə[r]] [pli-sa[r]], *s.* El hombre agradable que hace la corte a alguna persona para ganar su afecto o su favor.
pleasing ['pliːzɪŋ] [pli-sin], *a.* Agradable, placentero, jovial, alegre.
plasingly ['pliːzɪŋlɪ] [pli-sin-li], *adv.* Agradablemente.
pleasurable ['pleʒərəbl] [ple-sa-ra-bol], *a.* Deleitante, divertido, festivo.
pleasure ['pleʒə[r]] [ple-sha[r]], *s.* 1. Gusto, placer, deleite, agrado, satisfacción, complacencia (liking). **What is your pleasure, madam?** ¿Qué quiere Ud., señora? ¿Qué es lo que Ud. desea? ¿en qué puedo complacer a Ud.? **It gives me great pleasure to see you**, me alegro mucho de ver a Ud. **I shall do it with great pleasure**, lo haré con mucho gusto. 2. Deleite sensual. **Woman of pleasure**, cortesana. 3. Arbitrio, propia voluntad (choice). **At his own pleasure**, como él quiera, como le plazca.
pleasure, *va.* Complacer, dar gusto a otro; servir, favorecer, hacer favor a uno.
pleasure boat ['pleʒəbəʊt] [ple-sha-bout], *s.* Barco de recreo.
pleasure-ground ['pleʒəgraʊnd] [ple-sha-graund], *s.* El jardín o praderas dispuestos con orden y hermosura; parque, jardín de recreo.
pleat [pliːt] [plit], *va. (Fam.)* Plegar, hacer dobleces o pliegues. *-s.* Pliegue, doblez, plegadura en la ropa. *V.* PLAIT.
pleb [pleb] [pleb], *s. (Fam.)* Ordinario.
plebeian [plɪ'biːən] [pli-bian], *a.* y *s.* Plebeyo, pechero; vulgar, bajo, común.
plebeianism [plɪ'biːənɪzəm] [pli-bia-ni-sem], *s.* 1. Condición de plebeyo, estado de la plebe. 2. Vulgaridad, la conducta de los plebeyos.
plebiscite ['plebɪsɪt] [ple-bi-sit], *s.* 1. Plebiscito, resolución tomada por todo un pueblo a pluralidad de votos. 2. Plebiscito, ley romana votada por los plebeyos a propuesta del tribuno.
plectrum ['plektrəm] [plek-tram], *s.* Plectro, instrumento pequeño para tocar las cuerdas de la lira, cítara, etc. Púa.
pledge [pledʒ] [plech], *s.* 1. Prenda, la alhaja que se da en seguridad de una deuda o contrato. 2. Fianza; rehén. 3. Promesa. **Election pledge**, promesa electoral.
pledge, *va.* 1. Empeñar, dar o dejar alguna cosa en prenda, dar fianza. 2. Corresponder uno al brindis que se le hace. 3. Comprometerse. **Your father pledged his word**, tu padre dio su palabra.
pledgee ['pledʒiː] [ple-chi], *s. (For.)* Depositario, la persona en quien se deposita alguna prenda.
pledgeless ['pledʒlɪs] [plech-les], *a.* Desprovisto de fianza, de garantía.
pledger ['pledʒə[r]] [ple-cha[r]], *s.* 1. Depositante, el que deposita alguna cosa. 2. El que corresponde al brindis que se le dirige.
pledget ['pledʒɪt] [ple-chit], *s.* Planchuela, plancha de hilas que se pone sobre una llaga o herida.
pleiades ['plaɪədiːz] [plaia-dis], *s. (Astr.)* Pléyadas o pléyades, grupo de estrellas en la constelación de Tauro.
pleiocene, *a. V.* PLIOCENE.
pleistocene ['pliːstəsiːn] [plis-to-sin], *s.* El período cuaternario, la época más reciente de la historia geológica.
plenary ['pliːnərɪ] [pli-na-ri], *a.* 1. Plenario, lleno, entero (entire, complete). **Plenary powers**, plenos poderes. 2. *(For.)* Plenario, que ha cumplido con todas las formalidades que previenen las leyes.
plenipotential [ˌplenɪpə'tenʃəl] [ple-ni-po-ten-shal], *a.* Autorizado con poder pleno.
plenipotentiary [ˌplenɪpə'tenʃərɪ] [ple-ni-po-ten-sha-ri], *s.* y *a.* Plenipotenciario (representante diplomático), revestido de plenos poderes.
plenish ['plenɪʃ] [ple-nish], *va.* Llenar, rellenar.
plenist ['plenɪst] [ple-nist], *s.* El filósofo que niega que hay vacuo o vacío en la naturaleza.
plenitude ['plenɪtjuːd] [ple-ni-tiud], *s.* Plenitud, abundancia.
plenteous ['plentɪəs] [plen-tios], *a.* Copioso, fructífero, fértil, abundante (copious, abundant).
plenteously ['plentɪəslɪ] [plen-tios-li], *adv.* Copiosamente, abundantemente.
plentiful ['plentɪfʊl] [plen-ti-ful], *a.* Copioso, abundante, fértil.
plentifully ['plentɪfəlɪ] [plen-ti-fa-li], *adv.* Abundantemente.
plentifulness ['plentɪfəlnɪs] [plen-ti-fal-nes], *s.* Copia, fertilidad.
plenty ['plentɪ] [plen-ti], *s.* 1. Copia, abundancia (abundance). 2. Profusión, demasía. *-pron.* Muchos-as. **Plenty of balloons**, muchos libros.
plenum ['plenəm] [ple-nom], *s.* Pleno, plenitud de la materia en el espacio; espacio, lo opuesto a vacuo.
pleonasm ['pliːənæzəm] [plio-na-sem], *s.* 1. Pleonasmo. 2. *(Med.)* Exceso en el volumen o número.
pleonast ['pliːənæzəm] [plio-na-sem], *s.* El que acostumbra usar palabras superfluas.

pleonastic. pleonastical ['pliːənæstɪk] [plio-nas-tik], *a.* Redundante, pleonástico.

plethora ['pleθərə] [ple-zo-ra], **plethory** ['pleθərɪ] [ple-zo-ri], *s.* Plétora, repleción, superabundancia, exceso.

plethoric ['pleθərɪk] [ple-zo-rik], *a.* Pletórico, repleto.

pleurisy ['plʊərɪsɪ] [plua-ri-si], *s.* Pleuritis, pleuresía, inflamación de la pleura.

pleuron ['pluːrən] [plu-ron], *s.* *(Zool.)* Parte o prominencia de un lado.

plexus ['pleksəs] [plek-sos], *s.* 1. Enlace, entrelazamiento de partes en forma de redecilla. 2. *(Anat.)* Plexo, tejido de varios nervios.

pliability [ˌplaɪə'bɪlɪtɪ] [plaia-bi-li-ti], *s.* Flexibilidad, docilidad, cualidad de doblarse sin romperse.

pliable ['plaɪəbl] [plaia-bol], *a.* 1. Flexible, que se puede doblar o torcer fácilmente. 2. Dócil, manejable de disposición flexible, que cede fácilmente a un influjo moral (meek).

pliableness ['plaɪəblnɪs] [plaia-bol-nes], **pliancy** ['plaɪənsɪ] [plaian-si], *s.* Flexibilidad, blandura, docilidad.

pliant ['plaɪənt] [plaiant], *a.* 1. Flexible, dócil, blando, fácil de doblarse sin romperse (tender, soft, flexible). 2. Dócil, manejable, que cede fácilmente a un influjo moral, de disposición flexible.

pliantness ['plaɪəntnɪs] [plaiant-nes], *s.* Docilidad o flexibilidad de carácter.

plication ['plɪkeɪʃən] [pli-kei-shon], *s.* Plegadura, pliegue.

pliers ['plaɪəz] [plaiars], *s. pl.* Alicates, especie de tenazas. **Flat-pointed pliers**, tenacillas de boca. **Sharp-pointed pliers**, tenacillas de punta.

plight [plaɪt] [plait], *va.* 1. Empeñar, dar o dejar en prenda. **Plight** nunca se aplica a una propiedad, y en esto difiere de **pledge**. 2. Prometer en matirmonio, contraer esponsales.

plight, *s.* 1. Promesa, empeño, compromiso solemne (promise); esponsales, promesa de matrimonio. 2. Estado, condición; comúnmente, un estado apurado, embarazo, perplejidad. 3. *(Des.)* Pliegue. *V.* PLAIT. **A sorry** (o **woeful -plight**, un estado lastimoso.

plighter ['plaɪtəʳ] [plai-taʳ], *s.* Prometedor; el que empeña; la persona que contrae esponsales.

plimsoll ['plɪmsəl] [plim-sol], *s.* Zapatilla de lona, playera.

plinth [plɪnθ] [plinz], *s.* Plinto.

plod [plɒd] [plod], *vn.* 1. Afanarse, trabajar mucho; trajinar, andar de una parte a otra con trabajo. 2. Estudiar con aplicación y constancia; trabajar con perseverancia, trabajar de un tirón (familiar expression).

plodder ['plɒdəʳ] [plo-daʳ], *s.* El que se aplica mucho a un estudio, aunque sea sin utilidad.

plodding ['plɒdɪŋ] [plo-din], *s.* El acto de estudiar con aplicación.

plonket ['plɒŋkɪt] [plon-kit], *s.* Especie de tela de lana gruesa.

plot [plɒt] [plot], *s.* 1. Espacio pequeño de terreno destinado a un uso particular. *V.* PLAT. **Grass-plot**, césped. **Garden-plot**, jardincito, cuadro de flores. **Ground-plot**, terreno, solar de un edificio. 2. Plano, la delineación que se saca de un terreno, mapa. 3. Conspiración, conjuración, trama (conspiracy). 4. Enredo, nudo, intriga (mess, tangle). *(Fam.)* Entruchada. 5. Plan, proyecto, idea. 6. Estratagema, astucia, fingimiento y enredo artificioso.

plot, *va.* 1. Delinear, formar la planta de algún edificio o plaza. 2. Trazar, idear. *-vn.* 1. Conspirar. 2. Urdir, tramar.

plotful ['plɒtfʊl] [plot-ful], *a.* Abundante en tramas, enredos o maquinaciones; lleno de intrigas.

plotter ['plɒtəʳ] [plo-taʳ], *s.* 1.Conspirador, conjurado; tramador. 2. *(Inform.)* Trazador de gráficos.

plotting ['plɒtɪŋ] [plo-tin], *s.* 1. La delineación de algún terreno. 2. Conspiración, trama.

plotting-scale ['plɒtɪŋˌskeɪl] [plo-tin-skeil], *s.* Instrumento para levantar planos de terrenos.

plough, plow [plaʊ] [plau], *s.* 1. Arado, instrumento para arar la tierra. 2. Lengüeta, instrumento con que el encuadernador recorta las hojas de los libros. 3. Instrumento para apartar o desviar obstáculos o para pasar a través de ellos, v. g. la máquina que se emplea para apartar la nieve.

plough, plow, *vn.* Arar, labrar la tierra. *-va.* Arar. **To plough in**, cubrir arando. **To plough up**, (a) romper, partir, como con un arado. (b) Remover, arrancar del suelo, arándolo. **To plough with one's heifer**, (a) arar con la novilla, es decir, tratar con la mujer para alcanzar alguna cosa del marido. (b) Usar los bienes de otro en provecho propio. **To put one's hand to the plough**, empezar a hacer una cosa. **Gang-plough**, arado de reja múltiple. **Snow-plough**, quitanieves (in railway). **Plough-plane**, guillame, acanalador, especie de cepillo.

ploughboy ['plaʊbɔɪ] [plau-boi], *s.* Muchacho empleado en la labranza.

plougher ['plaʊəʳ] [plauaʳ], *s.* Arador, surcador.

ploughing ['plaʊɪŋ] [plauin], *s.* Aradura, labranza

ploughland ['plaʊlænd] [plau-land], *s.* Tierra labrantía.

ploughman, plowman ['plaʊmən] [plau-man], *s.* 1. Arador, el que ara y cultiva la tierra. 2. Patán, campesino, rústico. 3. El hombre de campo que es muy fuerte y trabajador.

plough-monday ['plaʊmʌndɪ] [plau-man-di], *s.* El primer lunes después de la Epifanía.

ploughshare, plowsock ['plaʊʃɛəʳ] [plau-sheaʳ], *s.* Reja de arado. **Ploughstaff**, enrrejada.

ploughwright ['plaʊraɪt] [plau-rait], *s.* El que hace arados.

plover ['plʌvəʳ] [plo-vaʳ], *s.* 1. Avefría, ave de las costas del género Charadrias. 2. Algún ave semejante. **Bastard plover**, frailecillo. *V.* LAPWING.

plow [plaʊ] [plau], *s.* *V.* PLOUGH.

ploy [plɔɪ] [ploi], *s.* Treta, ardid.

pluck [plʌk] [plak], *va.* 1. Tirar o traer hacia sí alguna cosa con fuerza; arrancar; derribar, derrocar, echar por tierra (pull down); en estas significaciones este verbo lleva tras sí regularmente **off, on, away, up** o **into**. 2. Desplumar, pelar, quitar las plumas al ave. **To pluck up heart** o **spirit**, hacer de tripas corazón.

pluck, *s.* 1. Valor, ánimo, resolución ante el peligro. 2. Arranque, tirón. 3. Asadura; hígado, corazón y bofes (animal).

plucker ['plʌkəʳ] [pla-kaʳ], *s.* Arrancador.

plucky ['plʌkɪ] [pla-ki], *a.* Animoso, valeroso, valiente.

plug ['plʌg] [plag], *s.* 1. Tapón, tarugo o llave de fuente, émbolo. **Fire-plug**, llave o caño que abastece de agua en un incendio. 2. Porción de tabaco torcido. **Plug tobacco**, tabaco curado o torcido. 3. *(Fam.)* Cualquier artículo que no sirve para nada; rocín, penco, caballo de poco valor. 4. *(Ger.)* Sombrero de copa.

plug, *va.* 1. Atarugar, tapar con tapón o tarugo. **To plug melons** o **other fruits**, *(Fam.)* calar melones, etc. 2. Orificar, rellenar la picadura de una muela o de un diente. *(Fam.)* **He keeps plugging away his French**, sigue dándole duro a su francés. **Plug in**, enchufar. **Plug up**, tapar.

plugger ['plʌgəʳ] [pla-gaʳ], *s.* Orificador, instrumento que sirve para orificar.

plughole ['plʌghəʊl] [plag-joul], *s.* Desagüe.

plum [plʌm] [plam], *s.* 1. Ciruela, fruto del ciruelo; el árbol mismo que da las ciruelas. 2. Pasas, la uva seca y puesta en cajas, particularmente las que se usan para guisar. 3. *(Fam. Ingl.)* La cantidad de cien mil libras esterlinas; riquezas, muchos bienes de fortuna. 4. La parte óptima de alguna cosa, lo mejor. **Dried plums**, ciruelas pasas. **Green gage plum**, ciruela claudia. **Plum-cake**, bollo o bizcocho con pasas de Corinto y pasas comunes. **Plum-curcurlio**, curculio, gorgojo, muy destructivo para las frutas del ciruelo, del melocotonero y del peral. **Plum-pudding**, pudín. **Plum-pie**, torta, pastel de ciruelas. **Plum-tree**, ciruelo.

plumage ['plʌmɪdʒ] [pla-mich], *s.* Plumaje, conjunto de plumas del ave.

plumb [plʌm] [plam], *s.* Plomada. *-adv.* A plomo, perpendicularmente.

plumb, *va.* 1. Sondar, sondear. 2. Aplomar, examinar con la plomada. 3. Instalar (in a building) cañerías para gas, agua y albañales.

plumbaginous [plʌm'beɪdʒɪnəs] [plam-bei-yi-nos], *a.* Plombaginoso, de plombagina o grafito; parecido a la dentelaria.

plumbago [plʌm'beɪgəʊ] [plam-bei-gou], *s.* 1. Lápiz, plomo, grafito, plombagina; se emplea para fabricar lápices y crisoles y para lubricar. 2. *(Bot.)* Dentelaria, plumbago, género de plantas con flores color de plomo.

plumbean ['plʌmbɪən] [plam-bian], **plumbeous** ['plʌmɪəs] [plam-bios], *a.* Plúmbeo, plomizo, plomado.

plumber ['plʌmə^r] [plam-ba^r], *s.* Fontanero.

plumbing ['plʌmɪŋ] [pla-min], *s.* 1. Arte u oficio del plomero; instalación de cañerías en un edificio. 2. Emplomadura, tubería, sistema de tubos para dichos usos, cañerías.

plumbline ['plʌmlaɪn] [plam-lain], *s.* Cuerda de plomada o sonda; nivel, instrumento para examinar si está igual un plano.

plume [plu:m] [plum], *s.* 1. Pluma, plumaje, penacho de plumas. 2. Orgullo, altivez. 3. *(Bot.) V.* PLUMULE.

plume, *va.* 1. Ajustar o componer las plumas. 2. Desplumar, pelar, quitar las plumas. 3. Adornar con plumas. **To plume oneself upon**, vanagloriarse de alguna cosa. 4. Pelar, desollar, desplumar, sacar el dinero a alguno. *-vn.* Emplumar o emplumecer.

plumeless ['plu:mlɪs] [plum-les], *a.* Implume.

plumigerous ['plu:mɪdʒərəs] [plu-mi-ye-ros], *a.* Plumoso o plumado.

plummet ['plʌmɪt] [pla-mit], *s.* Plomada; sonda, sondaleza de los marineros. *-vn.* Caer en picado.

plumose ['plu:məʊz] [plu-mous], *a.* Plúmeo, plumoso.

plump [plʌmp] [plamp], *a.* 1. Gordo, rollizo, regordete, gordinflón (fatty). **Plump man**, hombre rechoncho. **Plump face**, cara llena. 2. Brusco, claro, sin reserva (rude). *-adv.* De golpe, de repente. *-s.* Grupo apretado; bandada de aves, espesura de árboles.

plump, *va.* Engordar, hinchar. *-vn.* Caer a plomo; hincharse, ponerse gordo y corpulento. **Plump for**, decidirse, optar por. **Plump up**, ahuecar una almohada, sacudir.

plumpness ['plʌmpnɪs] [plamp-nes], *s.* Gordura, corpulencia.

plumpy ['plʌmpɪ] [plam-pi], *a.* Gordo, lleno, rollizo.

plumula ['plu:mjʊlə] [plu-miu-la], *s.* *(Orn.)* Plúmula, plumón, pluma muy delgada y sedosa.

plumule ['plu:mjʊl] [plu-miul], *s.* 1. *(Orn.)* Plúmula, pluma blanda. 2. *(Bot.)* Plúmula, la parte del verdadero embrión de las simientes que sale fuera de la tierra.

plumy ['plʌmɪ] [pla-mi], *a.* Plumado, plumoso.

plunder ['plʌndə^r] [plan-da^r], *va.* 1. Pillar, tomar a viva fuerza lo que pertenece a un enemigo; despojar. 2. Saquear, pillar, hurtar, robar (steal).

plunder, *s.* 1. Pillaje, saqueo, despojo, lo que se toma por fuerza a un enemigo; despojar. 2. Pillaje, robo, botín.

plunderer ['plʌndərə^r] [plan-da-ra^r], *s.* Saqueador, ladrón (thief).

plundering ['plʌndərɪŋ] [plan-de-rin], *sm.* Saqueo.

plunge [plʌndʒ] [planch], *va.* 1. Zambullir, zampuzar, somorgujar, sumergir, chapuzar, meter en el agua (dip, submerge). 2. Anegar, sumergir a uno en penas, en miseria, etc. 3. Precipitar, exponer a uno a alguna ruina. 4. Rempujar, meter alguna cosa a rempujones. *-vn.* 1. Sumergirse, meterse de repente debajo del agua. 2. Precipitarse, arrojarse. 3. Dar manotadas o coces como hacen los potros no domados.

plunge, *s.* 1. Sumersión, zambullida. 2. Movimiento repentino y violento. **Shares are taking a plunge**, las acciones están cayendo en picado. 3. *(Des.)* Estrecho, aprieto, apuro. **Plunge-bath**, baño suficientemente grande para zambullirse en él.

plungeon ['plʌndʒɪən] [plan-yion], *s.* *(Orn.)* Somorgujo, mergo.

plunger ['plʌndʒə^r] [plan-ya^r], *s.* 1. Buzo, somorgujador. 2. *(Mec.)* Émbolo de bomba, desatascador.

plunging ['plʌndʒɪŋ] [plan-yin], *s.* El acto de dar manotadas y brincos los caballos sin domar. *-a.* muy profundo.

pluperfect ['plu:'pɜ:fɪkt] [plu-per-fikt], *a.* *(Gram.)* Pluscuamperfecto. *-s.* Pluscuamperfecto.

plural ['plʊərəl] [plua-ral], *a.* Plural, más de uno. **The plural number**, el número plural. *-s.* Plurar, el número que designa la pluralidad. **In the plural**, en plural.

pluralism ['plʊərəlɪzəm] [plu-ra-li-sem], *s.* 1. Pluralidad, pluralismo, calidad de ser más de uno. 2. Pluralidad de los beneficios, posesión de más de un beneficio eclesiástico a la vez.

pluralistic [ˌplʊərə'lɪstɪk] [plu-ra-lis-tik], *a.* Pluralista.

plurality [ˌplʊə'rælɪtɪ] [plua-ra-li-ti], *s.* 1. Pluralidad, multitud. 2. Pluralidad, mayoría, el mayor número.

plurally ['plʊərəlɪ] [plua-ra-li], *adv.* En sentido plural, en el número plural.

plus [plʌs] [plas], *adv.* 1. Más: es voz latina. 2. Más de cero; positivo. *-s.* 1. Signo de más. 2.Ventaja (advantage, bonus). *-conj.* Además de que.

plush [plʌʃ] [plash], *s.* Tripe, felpilla, tela felpada. **Silk plush**, felpa de seda, especialmente para sombreros. *-a.* Lujoso.

plushy ['plʌʃɪ] [pla-shi], *a.* Elegante, lujoso.

plutarchy ['plu:tɑ:kɪ] [plu-tar-ki], *s.* Gobierno por los ricos, forma de la oligarquía.

plutocracy [ˌplu:'tɒkrəsɪ] [plu-to-kra-si], *s.* Plutocracia, poder, reino del dinero.

plutocrat ['plu:təʊkræt] [plu-to-krat], *s.* Plutócrata, acaudalado político.

plutonian [plu:'təʊnɪən] [plu-tou-nian], *a.* Plutónico. *V.* PLUTONIC. *-s.* Plutonista, partidario del plutonismo. *V.* **Plutonic theory**.

plutonic [plu:'təʊnɪk] [plu-tou-nik], *a.* 1. Plutómano, perteneciente a Plutón, dios de los infiernos entre los antiguos. 2. Plutónico, ígneo, debido a la acción del fuego. **Plutonic rocks**, rocas plutónicas. **Plutonic theory**, plutonismo, doctrina que atribuye la formación de las capas del globo a la acción del fuego interior.

plutonist [plu:'təʊnɪst] [plu-tou-nist], *s.* Plutonista, partidario del plutonismo, de la teoría plutónica.

plutonium [plu:'təʊnɪəm] [plu-tou-niom], *s.* Plutonio.

pluvial ['plu:vɪəl] [plu-vial], *a.* Pluvial, que proviene de la lluvia o se refiere a ella; lluvioso. *-s.* Capa pluvial.

pluviometer [ˌplu:vɪ'ɒmɪtə^r] [plu-vio-mi-ta^r], *s.* Pluvímetro, pluviómetro, instrumento para medir la lluvia que cae en lugar y tiempo dados.

ply [plaɪ] [plai], *va.* 1. Trabajar con ahínco, formar, disponer o ejecutar alguna cosa. 2. Ocupar, dar que hacer, usar con diligencia; manejar (needle, oar). 3. Instar, solicitar con importunidad. *-vn.* 1. Ir y venir entre dos puntos; hacer viajecitos. **The ferry which plies between San Francisco and Tiburon**, el vapor de puerto que hace viajes entre San Francisco y Tiburón. 2. Afanarse por hacer algo con exactitud y presteza. 3. Ir de prisa. 4. Barloventar.

ply, *s.* 1. Pliegue, doble, hoja o capa de una tela, de una alfombra o manguera, etc. 2. Propensión, inclinación. **Three-ply**, de tres dobleces o capas.

plying ['plaɪɪŋ] [plain], *s.* 1. Solicitación importuna. 2. *(Mar.)* Esfuerzo de vela contra el viento.

plywood ['plaɪwʊd] [plai-wud], *s.* Madera terciada, contrachapado.

pneumatic [nju:'mætɪk] [niu-ma-tik], *s.* Neumático. **Pneumatic drill**, martillo neumático.

pneumatics [nju:'mætɪks] [niu-ma-tiks], *s.* Neumática (science).

pneumatology [ˌnju:mə'tɒlɒdʒɪ] [niu-ma-to-lo-yi], *s.* Neumatología, tratado sobre las cosas espirituales.

pneumonia [nju:'məʊnɪə] [niu-mou-nia], *s.* *(Med.)* Neumonía, inflamación del pulmón, que se llama perineumonía o pulmonía.

poach [pəʊtʃ] [pouch], *va.* 1. Cocer, dar un hervor ligero a alguna cosa (boil). **To poach eggs**, pasar huevos por agua rompiéndolos. 2. Pillar, robar, hurtar. 3. *(Des.)* Herir con un instrumento aguzado. *-vn.* Cazar furtivamente en tierras vedadas con el objeto de hurtar la caza.

poachard ['pəʊtʃəd] [pou-chard], *s.* Pato de mar.
poacher ['pəʊtʃəʳ] [pou-chaʳ], *s.* El que caza en tierras vedadas para hurtar lo cazado, cazador furtivo.
poachiness ['pəʊtʃɪnɪs] [pou-chi-nes], *s.* Humedad.
poaching ['pəʊtʃɪŋ] [pou-chin], *s.* El acto de cazar sin licencia para hurtar la caza.
poachy ['pəʊtʃɪ] [pou-chi], *a.* Se dice del terreno que forma hoyos al pisarlo el ganado; húmedo, pantanoso.
POB *Abreviatura de* **Post Office Box,** apartado de correos.
pock [pɒk] [pok], *s.* Viruela, pústula, postilla. **Pock-marked**, marcado de viruelas.
pocket ['pɒkɪt] [po-kit], *s.* 1. Bolsillo, faltriquera. 2. *(Fig.)* Bolsa; interés. 3. Bolsa, cavidad, receptáculo: en una mina, cavidad que contiene el mineral (pepitas de oro). **In pocket**, que tiene ganancia pecuniaria. **Out of pocket**, de su bolsillo, habiendo perdido dinero. **Pocket-book**, (a) portamonedas, bolsa. (b) Librito de memoria, cartera. (c) Dinero, recursos o medios pecuniarios. **Pocket-comb**, peinecito de bolsillo. **Pocket-handkerchief**, pañuelo de bolsillo. **Pocket-knife**, navaja. **Pocket-dictionary**, diccionario manual, de bolsillo. **Pocket-flap**, cartera del bolsillo. **Pocket-hole**, boca de faltriquera. **Pocket-gopher**, *V.* GOPHER. **Pocket-money**, alfileres, dinero para gastos particulares.
pocket, *va.* Embolsar, meter alguna cosa en el bolsillo o faltriquera. **To pocket an affront**, tragarse una injuria, o quedarse con ella en el cuerpo. **To pocket up**, tomar alguna cosa clandestinamente.
pocketed ['pɒkɪtɪd] [po-ki-ted], *a.* Lo que se toma furtivamente.
pocketknife ['pɒkɪtnaɪf] [po-kit-naif], *s.* Cortaplumas, navajita de bolsillo.
pockiness ['pɒkɪnɪs] [po-ki-nes], *s.* Calidad o condición de estar picado de viruelas.
pocky ['pɒkɪ] [po-ki], *a.* 1. Picado de viruelas. 2. Buboso, sifilítico.
pod [pɒd] [pod], *s.* 1. Vaina, legumbre, la corteza en que están encerradas algunas legumbres; cápsula de una planta. 2. Manada, rebaño, colección de animales, especialmente de focas, ballenas, o morsas. 3. La ranura o canal longitudinal que hay en ciertos taladros y barrenas.
pod, *vn.* 1. Llenarse, hincharse (swell up). 2. Criar vainas. 3. Hacer que las focas y vacas marinas se reunan en grupos o rebaños para matarlas.
podder ['pɒdəʳ] [po-daʳ], *s.* El que recoge legumbres.
podge ['pɒdʒ] [podch], *s. (Prov. Ingl.)* Charco, cenagal, lamedal.
podiatrist ['pɒdɪətrɪst] [po-dia-trist], *s.* Pedicuro, podólogo.
podiatry ['pɒdɪətrɪ] [po-dia-tri], *s.* Podología.
podium ['pɒdɪəm] [po-diom], *s.* (*pl.* PODIA) Podio.
poem ['pəʊem] [pouem], *s.* 1. Poema, cualquiera obra en verso. 2. Obra en prosa cuyo estilo muestra imaginación y belleza poéticas.
poet ['pəʊɪt] [poet], *s.* Poeta. **Poet-laureate**, poeta laureado, archipoeta.
poetaster [ˌpəʊɪ'tæstəʳ] [poe-tas-taʳ], *s.* Poetastro, poeta despreciable.
poetess ['pəʊɪtɪs] [poe-tes], **sf.** Poetisa.
poetic, poetical ['pəʊ'etɪk] [poe-tik] ['pəʊ'etɪkəl] [poe-ti-kal], *a.* Poético.
poetically ['pəʊ'etɪkəlɪ] [poe-ti-ka-li], *adv.* Poéticamente.
poetics ['pəʊ'etɪks] [poe-tiks], *s.* Poética, el tratado que contiene los preceptos del arte de componer obras de poesía.
poetize ['pəʊɪtaɪz] [poe-tais], *vn.* Poetizar, versificar, hacer o componer versos.
poetry ['pəʊɪtrɪ] [poue-tri], *s.* 1. Poética; poesía. 2. Lo que es poético. 3. Versos, poema, obra poética. **Poetry reading**, recital de poesía.
pogrom ['pɒgrəm] [po-grom], *s.* Pogromo.
poh [pɔː] [po], *inter.* ¡Puf! ¡bah! ¡quiá! interjección que expresa aversión o desprecio.
poignancy ['pɔɪnjənsɪ] [poi-ñan-si], *s.* 1. Punta, el sabor que va tirando a agrio. 2. Picante, la acerbidad o acrimonia con que algunas cosas irritan el paladar. 3. Picante, acrimonia, aspereza o mordacidad en el decir.
poignant ['pɔɪnjənt] [poi-ñant], *a.* 1. Picante, acerbo. 2. Punzante. 3. Acre, mordaz, satírico, picante.
poignantly ['pɔɪnjəntlɪ] [poi-ñant-li], *adv.* Picantemente, mordazmente, satíricamente.
poinsettia [pɔɪn'setɪə] [poin-se-tia], *s.* Flor de Pascua o de Navidad.
point [pɔɪnt] [point], *s.* 1. Punta, extremo muy agudo. 2. Herramienta o utensilio con un extremo puntiagudo; v. g. punta, especie de buril que usan los abridores y tallistas; en Inglaterra, aguja, carril móvil (railway term); en plural, cambiavía. 3. Agujeta, cordón con herrete. 4. Punto, fin u objeto con que se hace una cosa. 5. Punta, promontorio. 6. Punto, pundonor, puntillo. 7. Agudeza, sal, chiste ingenioso. 8. Punto, la parte más pequeña que se considera indivisible. 9. Punto, instante, momento. 10. Punto, momento crítico, ocasión oportuna. 11. Punto, el estado actual de cualquier especie o negocio. 12. Rumbo, la división del plano en la rosa náutica. 13. Punto, paraje determinado a que se dirige alguna cosa. 14. Puntería. 15. Punta, toda especie de encaje. 16. Punto, parte o cuestión de alguna ciencia. 17. Punto musical. 18. *(Gram.)* Cualquier signo de puntuación, particularmente, entre los impresores, punto final. **Points**, puntos, las vocales en la lengua hebrea. 19. Punto tipográfico, unidad de medida para el tamaño de los tipos. 20. Punto, tanto, unidad de cuenta en los juegos. 21. Rabo, cola de un animal. **To speak to the point**, ir al caso o a lo principal, dejarse de rodeos. **At the point of death**, en artículo de muerte. **At all points**, enteramente. **Point-blank**, (a) directamente, en línea recta. (b) Cara a cara, en facha, en términos formales. **To be at points**, estar de punta de cuernos o contrapuestos. *(Mex.)* Estar quebrados. **I was on the point of coming**, estaba a punto (o a pique) de venir, iba a venir. **In point**, al caso, a propósito. **In point of**, en cuanto, tocante a, con respecto a. **To come to the point**, llegar al caso, al punto; encajar bien. **Knotty point**, punto espinoso, cuestión difícil. **To carry one's point**, salirse con la suya. **He has made five points**, ha hecho cinco tantos.
point, *va.* 1. Apuntar, aguzar, afilar, adelgazar. 2. Apuntar, señalar, indicar. 3. Puntuar. 4. Apuntar, dirigir, asestar el tiro de un arma. **The gun was pointing in my direction**, la pistola apuntaba hacia mí. 5. Apuntar, señalar alguna palabra o frase con puntos en los escritos. 6. *(Albañ.)* Juntar, llenar con argamasa los huecos o intersticios e igualarlos con la llana. *-vn.* 1. Apuntar, señalar con el dedo. 2. Parar, mostrar la caza como hacen los perros de muestra. 3. Señalar, enseñar, dar a conocer. **Point out**, señalar, mostrar (show).
point-blank ['pɔɪnt'blæŋk] [point-blank], *a.* 1. Que tiene una dirección horizontal; a quemarropa. 2. Directo, positivo, formal. *-adv.* Directamente, en línea recta, diametralmente; en facha; positivamente, en términos formales. *-s.* Tiro a quemarropa, tiro asestado.
pointed ['pɔɪntɪd] [poin-ted], *a.* 1. Puntiagudo, puntuado, agudo. 2. Picante, epigramático, satírico (sharp). 3. Dirigido a una persona particular; acentuado. 4. *(Arq.)* Ojival.
pointedly ['pɔɪntɪdlɪ] [poin-ted-li], *adv.* Sutilmente, de un modo picante; con acento y fuerza; explícitamente, en términos formales.
pointedness ['pɔɪntɪdnɪs] [poin-ted-nes], *s.* Picantez; aspereza, acrimonia.
pointer ['pɔɪntəʳ] [poin-taʳ], *s.* 1. Indicador, índice, lo que indica; en particular, manecilla (watch), apuntador, puntero. 2. Perro de punta y vuelta, ventor, pachón, braco inglés. 3. Pista (clue). 4. *pl.* Las dos estrellas de la Osa mayor, en cuya dirección se halla la estrella polar.
pointing ['pɔɪntɪŋ] [poin-tin], *s.* 1. Acto de afilar o apuntar; afiladura, aguzadura; acto de quitar las puntas. 2. Señalamiento, indicación, el acto de señalar o indicar; particularmente, puntuación: división de las palabras para cantar en la iglesia; acción de juntar o llenar los huecos o

grietas con argamasa; puntería (de artillería). 3. Maduración de un absceso. 4. *(Mar.)* Rabo de rata.

pointing-stock ['pɔɪntɪŋ,stɒk] [poin-tin-stok], *s.* Objeto de risa, hazmerreír.

point lace ['pɔɪnleɪs] [point-leis], *s. V.* NEEDLEPOINT.

pointless ['pɔɪntlɪs] [point-les], *a.* 1. Obtuso, sin punto. 2. Vano, inútil.

point of honor ['pɔɪntɒv,ɒnəʳ] [point-ov-o-naʳ], *s.* Pundonor.

point of view ['pɔɪntɒv,vju:] [point-ov-viu], *s.* Punto de vista.

poise [pɔɪz] [pois], *s.* Equilibrio, contrapeso; balanza; reposo.

poise, *va.* 1. Equilibrar, balancear (balance). 2. Igualar en peso, hacer equivaler una cosa a otra. 3. Cargar con algún peso. 4. Pesar, examinar con madurez alguna cosa. 5. Contrapesar, equiparar, cotejar una cosa con otra. 6. Abrumar, oprimir con algún peso grave.

poison ['pɔɪzn] [poi-son], *s.* 1. Veneno. **Poison-nut**, nuez vómica. 2. Veneno, ponzoña, cualquier cosa gravemente nociva a la salud. **Poison-oak, poison-ivy**, especie de zumaque que causa inflamación de la piel. **Poison-sumac, poison-elder**, (a) zumaque, árbol venenoso al tacto. (b) Mata, lo mismo que **poison-oak**.

poison, *va.* 1. Envenenar, atosigar, emponzoñar. 2. Corromper, intoxicar.

poisoner ['pɔɪznəʳ] [poi-so-naʳ], *s.* Envenenador; corruptor, seductor.

poisoning ['pɔɪznɪŋ] [poi-so-nin], *s.* Envenenamiento, emponzoñamiento; estado mórbido debido a una substancia venenosa.

poisonous ['pɔɪznəs] [pois-nos], *a.* Venenoso, emponzoñado.

poisonousness ['pɔɪznəsnɪs] [pois-nos-nes], *s.* Venenosidad.

poison-pen letter ['pɔɪzn'pen,letəʳ] [poi-son-pen-le-taʳ], *s.* Anónimo.

poitrel ['pɔɪtrɪl] [poi-trel], *s.* Antepecho, la armadura que en tiempos pasados cubría el pecho del caballo de batalla.

poke [pəʊk] [pouk], *s.* 1. Empuje, empujón, golpe, codazo (push, hit); picadura; la acción de empujar o de picar. **A poke in the ribs**, un codazo en las costillas. 2. Collera con apéndice que sirve para impedir a las bestias que salgan de un cercado. 3. Perezoso, el que se mueve lentamente. 4. Gorra de mujer con ala anterior muy saliente.

poke, *s.* 1. Barjuoleta, bolsa; saquillo. 2. *V.* POKEWEED.

poke, *va.* 1. Empujar, golpear con alguna cosa puntiaguda, picar. 2. Impeler por medio de un empujón o una picadura. *-vn.* 1. Andar perezosamente. 2. Andar a tientas, buscar alguna cosa a oscuras. **To poke the fire**, hurgar la lumbre, atizar el fuego. **To poke fun at**, burlarse, mofarse de alguno. **To poke the nose everywhere**, meterse en todo.

poker ['pəʊkəʳ] [pou-kaʳ], *s.* 1. Hurgón, atizador, hierro para menear y revolver la lumbre. 2. Juego de naipes. **Poker-faced**, con cara de póker.

pokerish ['pəʊkərɪʃ] [pou-ka-rish], *a.* 1. Alarmante, o que tiende a alarmar. 2. *(Fam.)* Tieso, rígido, inflexible.

pokeweed ['pəʊkwi:d] [pouk-uid], *s. (Bot.)* Hierba carmín, fitolaca.

poky ['pəʊkɪ] [pou-ki], *a.* 1. Flojo, pesado, falto de espíritu; lento. 2. *(G.B.)* Desharrapado, mal vestido. 3. *(G.B.)* Constreñido, apretado. **A poky little house**, una casita diminuta.

polar ['pəʊləʳ] [pou-laʳ], *a.* Polar, que pertenece a los polos; que pertenece a los polos magnéticos; que proviene o se halla cerca de los polos. **Polar-stone**, *(Con.)* especie de equino petrificado. **Polar bear**, oso polar, oso blanco.

polariscope ['pəʊlærɪskəʊp] [pou-la-ris-koup], *s.* Polariscopio.

polarity [pəʊ'lærɪtɪ] [pou-la-ri-ti], *s.* 1. Polaridad, facultad de tener o de poder adquirir polos; cualidad de tener polos opuestos. 2. *V.* POLARIZATION.

polarization [,pəʊləraɪ'zeɪʃən] [pou-la-rai-sei-shon], *s.* 1. Calidad de tener o adquirir polaridad. 2. Polarización, modificación de la luz de modo que no pueda reflejarse en ciertas direcciones.

polarize, polarise ['pəʊləraɪz] [pou-la-rais], *va.* Polarizar, comunicar polaridad o polarización a una cosa.

pole [pəʊl] [poul], *s.* 1. Polo, cualquiera de los extremos del eje de la esfera. 2. Pértiga, vara larga; cualquier palo largo. 3. Una viga o un palo largo clavado en el suelo. **Pole-mast**, *(Mar.)* palo y mastelero de una sola pieza. **Under bare poles**, *(Mar.)* a palo seco o a la bretona. **Pole of a coach**, lanza de coche. 4. Percha, instrumento de diez pies geométricos de largo; medida de diez y seis pies y medio. 5. Polaco, el natural de Polonia. **The South Pole**, el Polo Sur. **The poles of a magnet**, los polos de un imán.

pole, *va.* 1. Empujar o hacer andar con palos. 2. Llevar, sostener sobre palos. 3. Armar con palos. 4. Agitar con pértiga. *-vn.* Impeler un barco con pértiga.

pole-axe ['pəʊlæks] [poul-aks], *vt.* Desnucar; *(Fig.)* Aturdir, pasmar.

polecat ['pəʊlkæt] [poul-kat], *s.* 1. Veso. Putorius foetidus. 2. Mofeta.

polemic, polemical [pɒ'lemɪk] [po-le-mik] [pɒ'lemɪkəl] [po-le-mi-kal], *a.* Polémico.

polemic, *s.* 1. Polémica (controversy). 2. Controversista, el que escribe o trata sobre puntos dogmáticos.

polemics [pɒ'lemɪks] [po-le-miks], *s.* Polémica.

polestar ['pəʊlstɑ:ʳ] [poul-staʳ], *s.* 1. Cinosura, estrella muy resplandeciente en la constelación de la Osa menor; estrella polar. 2. Norte, guía.

pole vault ['pəʊlvɔ:lt] [poul-volt], *s.* Salto con pértiga o garrocha.

police [pə'li:s] [po-lis], *s.* Policía. **Police headquarters**, cuartel de policía. **Police officer**, agente de policía.

police, *vt.* 1. Patrullar. 2. Vigilar, supervisar.

policed [pə'li:st] [po-list], *a.* Arreglado, bien administrado.

police dog [pə'li:sdɒg] [po-lis-dog], *s.* Perro policía.

policeman [pə'li:smən] [po-lis-man], *s.* Policía, gendarme.

policewoman [pə'li:s,wʊmən] [po-lis-uo-man], *s.* Mujer policía, agente femenino de policía.

policing [pə'li:sɪŋ] [po-li-sin], *s.* Mantenimiento del orden (keeping order).

policy ['pɒlɪsɪ] [po-li-si], *s.* 1. Arte, astucia; prudencia, sagacidad en la dirección y manejo de los asuntos (caution). 2. Curso o plan de acción; particularmente política, dirección de los negocios públicos. 3. Póliza de seguros.

policyholder ['pɒlɪsɪ,həʊldəʳ] [po-li-si-joul-daʳ], *s.* Asegurado, poseedor de una póliza de seguros.

polio ['pəʊlɪəʊ] [pou-liou], *s.* Contracción de **Poliomyelitis**, poliomielitis, parálisis infantil.

poliomyelitis ['pəʊlɪəʊmaɪə'laɪtɪs] [pou-liou-maia-lai-tis], *s.* Poliomielitis, parálisis infantil.

polish ['pɒlɪʃ] [po-lish], *s.* Betún, pomada, pasta.

polish, *va.* 1. Pulir, pulimentar, alisar por medio de la frotación, dar lustre, bruñir (smooth). 2. Pulir, limar, civilizar a una persona rústica o tonta; morigerar, hacer cortés, suavizar las costumbre, ilustrar el entendimiento. *-vn.* Recibir lustre o pulimento. **Polish off**, *(Fam.)* liquidarse, despacharse. **Polish up**, pulir, perfeccionar.

polisher ['pɒlɪʃəʳ] [po-li-shaʳ], *s.* Pulidor, bruñidor (person or instrument).

polite [pə'laɪt] [po-lait], *a.* Pulido, cortés, urbano, bien criado; que tiene finos modales. **In polite society**, en la buena sociedad.

politely [pə'laɪtlɪ] [po-lait-li], *adv.* Urbanamente, cortésmente, con buenos modales.

politeness [pə'laɪtnɪs] [po-lait-nes], *s.* Cortesía, urbanidad, buena crianza.

politic ['pɒlɪtɪk] [po-li-tik], *a.* 1. Político, sagaz, diestro, astuto. 2. Bien concebido para alcanzar un fin; especioso. 3. Que consta de ciudadanos; adecuado al bien público, político. **Body politic**, cuerpo político, de ciudadanos.

political [pə'lɪtɪkəl] [po-li-ti-kal], *a.* 1. Político, que pertenece al gobierno civil o a la administración general de un Estado, que trata de la política o del gobierno. 2. Político, perteneciente a un partido. **Political economy**, economía política. 3. *(Des.)* Sagaz, astuto.

politically [pə'lɪtɪkəlɪ] [po-li-ti-ka-li], *adv.* Políticamente. **Politically aware**, con conciencia política. **Politically correct**, políticamente correcto.

politician [ˌpɒlɪ'tɪʃən] [po-li-ti-shan], *s.* 1. Político, estadista. 2. hombre astuto y artificioso.

politicize [pə'lɪtɪsaɪz] [po-li-ti-sais], *va.* Dar carácter político, politizar.

politics ['pɒlɪtɪks] [po-li-tiks], *s. pl.* 1. Política, la ciencia o arte que trata de la administración y manejo de los negocios públicos. 2. Negocios públicos desde el punto de vista de un partido. 3. Opiniones políticas, preferencia de partido. **To go into politics**, dedicarse a la política.

polka ['pɒlkə] [pol-ka], *s.* Polca, baile originario de Polonia y la música de ese baile.

polka dots ['pɒlkədɒt] [pol-ka-dot], *s. pl.* Diseño de bolitas distribuidas en una tela.

poll [pəʊl] [poul], *s.* 1. Cabeza de una persona; y de aquí, la persona misma. 2. Matrícula o lista de los que votan en una elección y la votación en una elección. *-pl.* Paraje donde se vota. 3. Capitación, repartimiento de tributos o contribuciones por cabezas.

poll, *va.* 1. Descabezar, descopar, desmochar, quitar la cima o copa a los árboles. 2. Descornar, quitar los cuerno a las reses. 3. Encabezar, formar una matrícula con los nombres de las personas que se deben incluir para el objeto con que se forma (lead); preguntar la opinión política de esas personas. 4. Encabezar, registrar o poner en matrícula a uno. 5. Votar en las elecciones. 6. Contar los votos. *-vn.* Dar voto en las elecciones.

pollack, pollock ['pɒlək] [po-lak], *s.* Pescadilla.

pollard ['pɒləd] [po-lad], *s.* 1. Árbol desmochado o descopado. 2. *(Ict.)* Coto. *V.* CHUR. 3. Salvado. 4. Ciervo u otro animal que ha perdido las astas.

pollard, *va.* (Poco us.) Podar, descopar o desmochar.

pollen ['pɒlən] [po-len], *s.* 1. *(Bot.)* Polen o polvillo fecundante del órgano masculino de las plantas. **Pollen count**, índice de concentración de polen en el aire. 2. Salvado fino.

poller ['pɒlə^r] [po-la^r], *s.* 1. Votante, el que tiene voto en una elección. 2. Registrador de votantes. 3. Desmochador, el que desmocha árboles.

pollinate ['pɒlɪneɪt] [po-li-neit], *vt.* Polinizar.

pollination [ˌpɒlɪ'neɪʃən] [po-li-nei-shon], *s.* *(Bot.)* Polinización.

polling ['pəʊlɪŋ] [pou-lin], *s.* Votación, acción de votar; escrutinio de los votos. **Polling-booth**, local donde se vota. **Polling-place**, paraje donde se hace el escrutinio de los votos. **Polling-day**, día electoral.

polliwog ['pɒlɪwɒg] [po-li-uog], *s.* *(Fam.)* Renacuajo. *V.* TADPOLE.

pollutant [pə'luːtənt] [po-lu-tant], *s.* Contaminante.

pollute [pə'luːt] [po-lut], *va.* Manchar, ensuciar (dirty, soil). 2. Contaminar, corromper moralmente; viciar (corrupt). 3. Desflorar, violar, deshonrar; profanar. 4. Impurificar, mancillar, quitar la pureza ceremonial (entre los judíos). *-a.* (Poco us.) Mancillado, deshonrado, contaminado.

polluter [pə'luːtə^r] [po-lu-ta^r], *s.* Corrompedor, corruptor, contaminador; desflorador.

pollution [pə'luːʃən] [po-lu-shon], *s.* Polución, contaminación, profanación.

polly ['pɒlɪ] [po-li], *s.* *(Fam.)* Mariquita, nombre familiar usado en vez de **Mary**; también, una cotorra.

polo ['pəʊləʊ] [pou-lou], *s.* Polo, juego de pelota a caballo. **Polo neck sweater**, suéter de cuello alto o cisne.

polonaise [ˌpɒlə'neɪz] [po-lo-neis], *s.* 1. Polonesa, prenda de vestir de mujer a modo de gabán corto, ceñido a la cintura. 2. *(Mús.)* Polaca. 3. Polonesa, polaca, mujer de Polonia.

poltroon [pɒl'truːn] [pol-trun], *s.* 1. Poltrón, collón, cobarde, pusilánime (coward). 2. Poltrón, haragán, holgazán (slack).

poly ['pɒlɪ] [po-li], *s.* Polio (plant).

poly. Prefijo griego que significa muchos o varios.

polyacoustic [ˌpɒlɪə'kʌstɪk] [po-lia-kas-tik], *a.* Poliacústico, que multiplica los sonidos.

polyandry ['pɒlɪəndrɪ] [po-lian-dri], *s.* 1. Poliandria, estado de la mujer que tiene más de un marido. 2. Sistema social que incluye la pluralidad de maridos.

polyanthus [ˌpɒlɪ'ænθəs] [po-lian-zos], *s.* *(Bot.)* Poliantes; prímula.

polychromatic [ˌpɒlɪkrəʊ'mætɪk] [po-li-krou-ma-tik], *a.* Policromático, que presenta varios colores o cambios de color.

polychrome ['pɒlɪkrəʊm] [po-li-kroum], *a.* Policromo, hecho o impreso en varios o en muchos colores. *-s.* Cuadro o estatua ejecutado en varios colores.

polyclinic ['pɒlɪklaɪnɪk] [po-li-klai-nik], *s.* 1. Policlínica, institución en que se da instrucción clínica sobre toda clase de enfermedades. 2. Hospital general para el tratamiento de todas las enfermedades.

polyester [ˌpɒlɪ'estə^r] [po-lies-ta^r], *s.* Poliéster.

poliethylene [ˌpɒlɪ'eθəliːn] [po-lie-za-lin], *s.* Polietileno.

polygamist [pɒ'lɪgæmɪst] [po-li-ga-mist], *s.* Polígamo, polígama, el que practia la poligamia o sostiene sus legalidad.

polygamous [pɒ'lɪgæməs] [po-li-ga-mos], *a.* 1. Polígamo, que se refiere a la poligamia. 2. *(Zool.)* Que se une o tiene cópula con más de uno del sexo opuesto. 3. *(Bot.)* Polígamo, que tiene sobre el mismo pedúnculo flores hembras y hermafroditas.

polygamy [pɒ'lɪgæmɪ] [po-li-ga-mi], *s.* Poligamia, el estado de un hombre casado con muchas mujeres, o de una mujer casada con muchos maridos a un tiempo.

polyglot ['pɒlɪglɒt] [po-li-glot], *a.* 1. Políglota, escrito en varias lenguas. 2. Políglota, que sabe muchas lenguas.

polygon ['pɒlɪgən] [po-li-gon], *s.* Polígono, figura de varios lados.

polygonal [' ['pɒ'lɪgənl] [po-li-go-nal], *s.* Poligonal.

polygraph ['pɒlɪgrɑːf] [po-li-graf], *sm.* Polígrafo.

polygraphy ['pɒlɪgrɑːfɪ] [po-li-gra-fi], *s.* Poligrafía, el arte de escribir usando muchas clases de cifras desconocidas y el arte de descifrarlas.

polyhedral, polyhedrous [ˌpɒlɪ'hiːdrəl] [po-li-hi-dral] [ˌpɒlɪ'hiːdrəs] [po-li-hi-dros], *a.* Poliedro, que tiene muchas superficies.

polyhedron [ˌpɒlɪ'hiːdrən] [po-li-hi-dron], *s.* Poliedro, cuerpo sólido de muchas superficies planas.

polymer ['pɒlɪmə^r] [po-li-ma^r], *s.* Polímero.

polymer chemistry ['pɒlɪməˌtʃemɪstrɪ] [po-li-ma-che-mis-tri], *s.* Química de polímeros.

polymeric ['pɒlɪmərɪk] [po-li-me-rik], *a.* *(Quím.)* Polímero, que contiene los mismo elementos y en la misma cantidad relativa, pero cuyo peso molecular es diferente.

polymerization [ˌpɒlɪməaɪ'zeɪʃən] [po-li-me-rai-sei-shon], *s.* Polimerización.

polymerize ['pɒlɪməraɪz] [po-li-me-rais], *va.* Polimerizar.

polymorph ['pɒlɪmɔːf] [po-li-morf], *s.* 1. *(Quím.)* Substancia que posee o presenta el polimorfismo. 2. Ser u organismo polimorfo.

polymorphism [ˌpɒlɪ'mɔːfɪzəm] [po-li-mor-fi-sem], *s.* Polimorfismo.

polymorphic [ˌpɒlɪ'mɔːfɪk] [po-li-mor-fik], *a.* Polimorfo.

polynesian [ˌpɒlɪ'niːzɪən] [po-li-ni-shan], *a.* Polinesiano o polinesio, pertenecietne a la Polinesia.

polynomial [ˌpɒlɪ'nəʊmɪəl] [po-li-nou-mial], *a.* De varios términos. *-s.* (**Syn.** POLYNOME). 1. Polinomio, cantidad algebraica que contiene varios términos. 2. Vocablo científico que consta de más de tres palabras.

polyp ['pɒlɪp] [po-lip], *s.* *(Zool.)* Pólipo, animalillo gelatinoso, particularmente cuando es compuesto; zoófito.

polypary ['pɒlɪpærɪ] [po-li-pa-ri], *s.* Polípero, formación calcárea o córnea, hecha por varios zoófitos; zoófito compuesto.
polypetalous [ˌpɒlɪ'petələs] [po-li-pe-ta-los], *a.* Polipétalo, de muchas hojas o pétalos.
polyphonic [ˌpɒlɪ'fɒnɪk] [po-li-fo-nik], *a.* Polifónico.
polypody ['pɒlɪpɒdɪ] [po-li-po-di], *s. (Bot.)* Polipodo, planta.
polypus ['pɒlɪpəs] [po-li-pus], *s.* 1. Pólipo, especie de zoófito. *V.* POLYP. 2. Pólipo, especie de tumor blando.
polystyrene [ˌpɒlɪ'staɪriːn] [po-li-stai-rin], *s.* Poliestireno.
polysyllabic, ['pɒlɪsɪ'læbɪk] [po-li-si-la-bik], *a.* Polisílabo, polisilábico, que consta de más de tres sílabas.
polysyllable ['pɒlɪsɪ'læbl] [po-li-si-la-bol], *s.* Polisílabo, la voz que consta de muchas sílabas, particularmente de más de tres.
polytechnic ['pɒlɪsɪ'teknɪk] [po-li-tek-nik], *a.* Politécnico, que abraza o practica muchas artes. -*s.* 1. Escuela politécnica, en que se enseñan las artes industriales. 2. Exhibición industrial.
polytheism ['pɒlɪθiːzəm] [po-li-zi-isem], *s.* Politeísmo, la doctrina que enseña que hay más de un Dios.
polytheist ['pɒlɪθiːst] [po-li-ziist], *s.* Politeísta, el que admite muchos dioses.
polytheistic, polytheistical [ˌpɒlɪθiː'ɪstɪk] [po-li-zi-is-tik], *a.* Politeísta, perteneciente o relativo al politeísmo, o que lo profesa.
polyurethane [ˌpɒlɪ'jʊərɪθeɪn] [po-li-iua-ri-zein], *s.* Poliuretano.
polyvalent [pə'lɪvələnt] [po-li-va-lant], *a.* Polivalente.
polyvinyl ['pɒlɪvaɪnl] [po-li-vai-nil], *a.* Poliviníliсo.
pom ['pɒm] [pom], *s.* Lulú de Pomerania (dog).
pomace ['pɒmeɪs] [po-meis], *s.* El desecho de manzanas después de sacar la sidra.
pomaceous [pɒ'meɪʃəs] [po-mei-shos], *a.* 1. Pomáceo, relativo a las pomas o manzanas, o hecho de ellas. 2. *(Bot.)* Pomáceo, relativo a un pomo, o fruta de pipa, o a los árboles de las rosáceas que producen pomos.
pomade ['pɒmeɪd] [po-meid], *s.* Pomada, especie de ungüento hecho de varios ingredientes olorosos.
pomander [pəʊ'mændəʳ] [pou-man-daʳ], *s. (Ant.)* Bola o poma olorosa.
pome [pəʊm] [poum], *s.* Pomo, cualquier fruta de pipa; pericarpio carnoso de muchas celdillas en que se hallan las pepitas; como la manzana, el membrillo y la pera.
pomegranate ['pɒməgrænɪt] [po-ma-gra-nit], *s.* 1. *(Bot.)* Granado, el árbol que produce la granada. 2. Granada, la fruta del granado.
pomiferous [pɒ'mɪfərəs] [po-mi-fe-ros], *a.* Pomífero, que produce pomas o manzanas.
pommel ['pʌml] [pa-mel], *s.* 1. Pomo del arzón de una silla; pomo de la empuñadura de una espada, o de la culata de un cañón. 2. *(Arq.)* Perilla, bolilla, bala redonda. **Pommel of a sword**, pomo de una espada. **Pommel of a saddle**, pomo del arzón de la silla.
pommel, *va.* Cascar, dar a uno golpes hasta hacerle cardenales.
pommy ['pɒmɪ] [po-mi], *s. (Pej.)* Inglés (from Australia).
pomp ['pɒmp] [pomp], *s.* Pompa, fausto, vanidad, grandeza, esplendor.
pompeian ['pɒmpeɪɪən] [pom-peian], *a.* Pompeyano, relativo a la ciudad de Pompeya.
pompom ['pɒmpəm] [pom-pom], *s.* Pompón.
pomposity ['pɒmpəsɪtɪ] [pom-po-si-ti], *s.* Fausto, pompa, ostentación; afectación en el lenguaje o los modales.
pompous ['pɒmpəs] [pom-pos], *a.* Pomposo, ostentoso (ostentatious).
pompously ['pɒmpəslɪ] [pom-pos-li], *adv.* Pomposamente, magníficamente.
pompousness ['pɒmpəsnɪs] [pom-pos-nes], *s.* Esplendor artificioso, pompa.
poncho ['pɒntʃəʊ] [pon-chou], *s.* Poncho, prenda de vestir.
pond [pɒnd] [pond], *s.* Estanque de agua, pantano, laguna pequeña (pool). **Horse-pond**, abrevadero. **Fish-pond**, pecina, vivero, nansa. **Mill-pond**, represa de molino. **Pond-snail**, limnea, molusco gasterópodo.
ponder ['pɒndəʳ] [pon-daʳ], *va.* Ponderar, pesar, examinar con madurez. **To ponder on**, considerar, reflexionar.
ponderable ['pɒndərəbl] [pon-da-ra-bol], *a.* Ponderable, que se puede pesar.
ponderosity [ˌpɒndə'rɒsɪtɪ] [pon-de-ro-si-ti], *s.* 1. Ponderosidad, peso, gravedad (gravity, weight). 2. Pesadez, languidez, falta de animación, de viveza (lassitude); verbosidad. 3. Cosa de peso o de importancia.
ponderous ['pɒndərəs] [pon-de-ros], *a.* 1. Ponderoso, pesado. 2. Importante, lo que es de importancia. 3. Impulsivo, lo que impele a la ejecución de algo.
ponderously ['pɒndərəslɪ] [pon-de-ros-li], *adv.* Pesadamente.
ponderousness ['pɒndərəsnɪs] [pon-de-ros-nes[, *s.* Ponderosidad, pesadez, peso.
pondweed ['pɒndwiːd] [pond-uid], *s. (Bot.)* Potamogeton, planta acuática.
pong ['pɒŋ] [pong], *s.* Hedor, peste, tufo.
pongee ['pɒndʒiː] [pon-yii], *s.* Variedad de tela de seda cruda.
poniard ['pɒnɪəd] [po-niard], *s.* Puñal.
poniard, *va.* Herir con puñal, dar puñaladas.
pontage ['pɒntɪdʒ] [pon-tich], *s.* Pontazgo, pontaje, el derecho que se paga por pasar los puentes y que se destina a repararlos.
pontee ['pɒntʒiː] [pon-tii], *s. V.* PONTIL.
pontiff ['pɒntɪf] [pon-tif], *s.* Pontífice, el Papa.
pontifical [pɒn'tɪfɪkəl] [pon-ti-fi-kal], *a.* 1. Pontifical, perteneciente al sumo pontífice y a los obispos y arzobispos; pontificio, perteneciente al pontífice. 2. Que toca y pertenece a los jefes del sacerdocio de cualquier religión. 3. *(Des.)* El que edifica puentes.
pontifical, *s.* 1. Pontifical, el libro de ceremonias pontificias y de las funciones episcopales. 2. *pl.* Pontificales, el conjunto o agregado de los ornamentos que sirven al obispo para la celebración de los oficios divinos.
pontifically [pɒn'tɪfɪkəlɪ] [pon-ti-fi-ka-li], *adv.* Pontificalmente, según la práctica y estilo de los obispos o pontífices.
pontificate [pɒn'tɪfɪkeɪt] [pon-ti-fi-keit], *s.* Pontificado, papado, la dignidad de pontífice y el tiempo que el pontífice goza de esta dignidad.
pontil ['pɒntɪl] [pon-til], **ponty** ['pɒntɪ] [pon-ti], *s.* Pontil, varilla de hierro a propósito para fabricar sopletes de vidrio.
pontoon, ponton [pɒn'tuːn] [pon-tun], *s.* 1. Pontón, barco chato y estrecho que sirve para pasar ríos y construir puentes. 2. *(Mar.)* Chata, barco chato provisto de pescantes, etc. *V.* LIGHTER. 3. Cajón o cilindro impermeable que se emplea para poner a flote una embarcación sumergida. **Pontoon bridge**, puente de barcas, pontón flotante. 4. *(Aer.)* Flotador de hidroavión.
pony ['pɒnɪ] [po-ni], *s.* 1. Haca, jaco, caballo que no llega a la marca. 2. Entre colegiales, traducción que se emplea en la preparación de las lecciones. 3. Vaso muy pequeño para licor.
poodly ['puːdlɪ] [pud-li], *s.* Perro de lanas.
pooh ['puː] [pu], **inter.** ¡Bah! ¡ah! (interjección de desdén.
pooh-pooh [puː'puː] [pu-pu], *va.* y *vn.* Rechazar, con desprecio; burlar, mofar; hablar con desprecio.
pool [puːl] [pul], *va.* Formar una polla, hucha, un fondo o capital común que ha de dividirse seegún lo convenido. **Pool your issues**, reconciliar las diferencias de opinión, ponerse de acuerdo sobre asuntos controvertidos. -*vn.* Formar un charco.
pool, *s.* 1. Charco. 2. Charca. 3. Hoya (of river). 4. Piscina. 5. Billar, trucos. 6. Yacimiento (of petroleum). **Pool reactor**, reactor nuclear sumergido. **Pool table**, billar, mesa de trucos.
pool, *s.* 1. Polla, nombre que se da en algunos juegos de naipes al dinero que se juega. 2. Combinación para especular en fondos o valores públicos. 3. Combinación de sociedades

de compañías de ferrocarriles, etc., para fijar de acuerdo los precios o cotizaciones y para dividirse las ganancias propocionalmente.

poop [pu:p] [pup], *s.* *(Mar.)* Popa o toldilla. **Poop-royal**, *(Mar.)* chopeta.

poop, *va.* Dar o embestir por la popa; se dice del mar o de otra embarcación.

poor [pʊəʳ] [puaʳ], *a.* 1. Pobre, necesitado, menesteroso, mendigo (miserable). 2. Pobre, escaso, que no es completo o carece de algo. 3. Pobre, humilde, abatido, de poco valor, de poco mérito. 4. Pobre, infeliz, desdichado, desgraciado (unhappy). 5. Tacaño, miserable (mean). 6. Pobre, inútil, lo que para nada sirve. 7. Estéril, seco (dry). 8. Falto de vigor, indispuesto, malo, enfermizo (ill). 9. *(Fam.)* Flaco, seco, enjuto de carnes. 10. Despreciativo, que desprecia; malo. **A poor horse**, un penco, un caballo de poco valor, que para nada sirve. **A poor opinion of one**, mala o despreciativa opinión de alguien. **A poor night**, una mala o incómoda noche. **Poor thing**, pobrecito, pobrecillo. *-s.* Los pobres. **Poor-john**, merluza salada.

poorly ['pʊəlɪ] [pua-li], *adv.* Pobremente, infelizmente, abatidamente. *-a.* *(Fam.)* Ligeramente enfermo. **I am poorly**, estoy malo, no me siento bien. **He is very poorly**, está bastante malo.

poorness ['pʊənɪs] [pua-nes], *s.* 1. Pobreza, necesidad, estrechez, miseria; carestía. 2. Pobreza, escasez o cortedad de ánimo o de otras prendas del alma. 3. Pobreza, esterilidad, falta o escasez de alguna cosa.

poor-spirited ['pʊə'spɪrɪtɪd] [pur-aspi-ri-tid], *a.* Abatido, bajo, ruin, cobarde.

pop [pɒp] [pop], *s.* Chasquido, sonido ligero y repentino.

pop, *va.* 1. Meter o empujar de repente; ofrecer inopinadamente. 2. Hacer producir un sonido repentino y explosivo. *-vn.* Entrar o salir de sopetón; llegar, presentarse de repente. **To pop out** o **off**, huir precipitadamente, desaparecer repentinamente, evadir una dificultad. **To pop him off**, dejarle con la palabra en la boca. **To pop the question**, *(Fam.)* hacer una declaración de amor; pedir la mano de una mujer.

popcorn ['pɒpkɔ:n] [pop-korn], *s.* 1. Palomitas, rosetas de maíz reventado. 2. Maíz con que se hace lo anterior.

pope ['pəʊp] [poup], *s.* 1. Papa, la cabeza suprema de la Iglesia católica romana. 2. Cualquier sacerdote de la Iglesia griega.

popedom ['pəʊpdɒm] [poup-dom], *s.* Papado, la dignidad de Papa.

popery ['pəʊpərɪ] [pou-pa-ri], *s.* Papismo, nombre que dan los protestantes a la religión católica romana; término despectivo.

pope's-eye ['pəʊp'aɪ] [poups-ai], *s.* Nombre vulgar de una glándula situada en medio del muslo de un carnero o buey; estimada como buen bocado. **Pope's-head**, *(G.B.)* escobillón para limpiar bóvedas. **Pope's-nose**, obispillo o rabadilla de ave.

popgun ['pɒpgʌn] [pop-gan], *s.* Una escopetilla que arroja una bolita o un tapón de corcho con chasquido; *(Amer.)* cerbatana.

popinjay ['pɒpɪndʒeɪ] [po-pin-yei], *s.* 1. *(Orn.)* Loro, papagayo. 2. *(Orn.)* Pocamaderos. 3.Pisaverde, el mozuelo que presume de galán.

popish ['pəʊpɪʃ] [pou-pish], *a.* Papal, papista, perteneciente al Papa o a la Iglesia católica romana.

popishly ['pəʊpɪʃlɪ] [pou-pish-li], *adv.* A la manera de los papistas o católicos; papalmente, pontificalmente.

poplar ['pɒpləʳ] [pop-laʳ], *s.* *(Bot.)* Alamo o chopo temblón, cualquier árbol del género Populus, particularmente el álamo blanco, y el de Italia. **White** o **silver poplar**, álamo blanco. **Lombardy poplar**, álamo de Italia. **Black poplar**, álamo negro, chopo.

poplin ['pɒplɪn] [po-plin], *s.* Popelín, popelina, tela listada.

popper ['pɒpəʳ] [po-paʳ], *s.* 1. Lo que produce chasquido; arma de fuego. 2. Tostador de maíz.

poppet ['pɒpɪt] [po-pit], *s.* 1. *V.* PUPPET. 2. Válvula de huso. 3. *(Mar.)* Columna de basada, puntal grueso que se apoya contra el fondo del buque que se va a echar al mar.

poppy ['pɒpɪ] [po-pi], *s.* *(Bot.)* Adormidera, amapola. **California poppy**, amapola de California.

poppycock ['pɒpɪkɒk] [po-pi-kok], *s.* *(Ger. E.U.)* Tontería presumida, majadería.

poppy-head ['pɒpɪhed] [po-pi-jed], *s.* Cabeza de adormidera.

populace ['pɒpjʊlɪs] [po-piu-lis], *s.* Populacho, la plebe, el cuerpo principal de la plebe, el cuerpo principal del pueblo; a menudo en sentido despectivo, el pueblo bajo, gentuza.

popular ['pɒpjʊləʳ] [po-piu-laʳ], *a.* 1. Popular, perteneciente al pueblo o a la plebe. 2. Popular, amado del pueblo. 3. Popular, lo que es común en el pueblo, o entre el populacho. **Popular applause**, aura popular. **By popular request**, a petición del público.

popularity [ˌpɒpjʊ'lærɪtɪ] [po-piu-la-ri-ti], *s.* Popularidad, la aceptación y aplauso de que uno goza entre el pueblo. **Your TV program is growing in popularity**, tu programa de televisión tiene una popularidad cada vez mayor.

popularize ['pɒpjʊləraɪz] [po-piu-la-rais], *va.* Popularizar, propagar entre el pueblo, acreditar a una persona o cosa en el concepto público.

popularly ['pɒpjʊləlɪ] [po-piu-lar-li], *adv.* Popularmente. **Popularly known as**, popularmente conocido como.

populate ['pɒpjʊleɪt] [po-piu-leit], *vn.* Poblar, multiplicar.

population [ˌpɒpjʊ'leɪʃən] [po-piu-lei-shon], *s.* 1. Población, el número total de habitantes de un lugar o una extensión dada de territorio. 2. Población, acción de poblar, de proveer de habitantes, de multiplicarlos. **Population explosion**, explosión demográfica.

populism ['pɒpjʊlɪzəm] [po-piu-li-sem], *s.* Populismo.

populist ['pɒpjʊlɪst] [po-piu-list], *a.* Populista.

populous ['pɒpjʊləs] [po-piu-los], *a.* Populoso.

populously ['pɒpj ↓əslɪ] [po-piu-los-li], *adv.* Con mucha gente.

populousness ['pɒpjʊləsnɪs] [po-piu-los-nes], *s.* La abundancia de población; población, el estado de cualquier país en cuanto al número de sus habitantes.

porcate ['pɔ:keɪt] [por-keit], *a.* Surcado; con surcos longitudinales.

porcelain ['pɔ:slɪn] [pors-lin], *s.* Porcelana, china, loza fina y translúcida.

porch ['pɔ:tʃ] [porch], *s.* Pórtico, vestíbulo, entrada, portal.

porcine ['pɔ:saɪn] [por-sain], *a.* Porcino, propio del puerco.

porcupine ['pɔ:kjʊpaɪn] [por-kiu-pain], *s.* Puerco espín, erizo grande, animal roedor.

pore [pɔ:ʳ] [poʳ], *s.* Poro.

pore, *vn.* Ojear, mirar con atención, tener los ojos fijos en algo.

poriness ['pɔ:rɪnɪs] [po-ri-nes], *s.* Porosidad.

pork [pɔ:k] [pork], *s.* 1. Carne de puerco. **Fresh pork**, tocino fresco. **Salt pork**, tocino salado. 2. *(Ant.)* Cochino, puerco, cerdo. **Pork-chop**, chuleta, costilla de cerdo. **Corned pork**, carne de puerco salada.

porker ['pɔ:kəʳ] [por-kaʳ], *s.* Puerco, cochino, cerdo, marrano.

pornographic [ˌpɔ:nə'græfɪk] [por-no-gra-fik], *a.* Pornográfico, obsceno.

pornography [pɔ:'nɒgrəfɪ] [por-no-gra-fi], *s.* Pornografía, obscenidad.

porosity [pɔ:'rɒsɪtɪ] [po-ro-si-ti], **porousness** ['pɔ:rəsnɪs] [po-ros-nes], *s.* 1. Porosidad, la propiedad o calidad de poroso. 2. Poro.

porous ['pɔ:rəs] [po-ros], *a.* Poroso.

porpoise, porpus ['pɔ:pəs] [por-pos], *s.* 1. Puerco marino o marsopa, cetáceo del género Phocæna; tiene unos cinco pies de longitud. 2. Marsuino, cetáceo pequeño, particularmente del género delfín.

porraceous ['pɔ:reɪʃəs] [po-rei-shos], *a.* Verdoso.

porridge ['pɔ:rɪdʒ] [po-rich], *s.* 1. Gachas, puches, alimento hecho con harina cocida en agua o leche hasta que tome consistencia. 2. Potaje, caldo o guisado de legumbres. **Milk-porriage**, sopa de leche. **Porridge-dish**, sopera.

porridge-pot ['pɔːrɪdʒpɒt] [po-rich-pot], *s.* Marmita, cazuela.

porringer ['pɔːrɪdʒəʳ] [po-rin-yaʳ], *s.* Escudilla, vasija algo ligera que tiene los lados verticales y algunas veces asas.

port [pɔːt] [port], *s.* 1. Puerto; lugar de entrada y salida para las embarcaciones. **To touch at a port**, hacer escala. **Free port**, puerto franco o libre de derechos. **Bar-port**, puerto con barra. **Close-port** , puerto cerrado. **To leave port**, zarpar. 2. Porta, portañola, ventanilla; abertura en el costado de un buque, sea para una cañón o para dar luz y aire. *V.* PORT-HOLE. **Ballast-ports**, portas de alastrar. **Port-sill**, batiporte, batiente. **Light-ports**, ventanillas. **Port-tackle**, aparejuelo de las portas. 3. Puerta. 4. *(Mec.)* Porta, orificio para el paso de un fluido motor. 5. *(Mar.)* Babor. **Hard a port**, a babor todo. **The ship heels to port**, el buque cae sobre babor. 6. Porte, presencia, continente, aire o garbo de una persona. 7. Vino de Oporto. 8. Porte, la capacidad de la nave para el transporte. **Port-fire**, lanzafuego, botafuego.

port, *va.* y *vn.* 1. Poner, o andar a babor. 2. *(Mil.)* Llevar un fusil diagonalmente con relación al cuerpo. **Port the helm**, a babor el timón.

portable ['pɔːtəbl] [por-ta-bol], *a.* 1. Manual, portátil. **Portable typewriter**, máquina de escribir portátil. 2. Sufrible, llevadero.

portableness ['pɔːtəblnɪs] [por-ta-bol-nes], *s.* La propiedad de ser manual, portátil o llevadero.

portage ['pɔːtɪdʒ] [por-tich], *s.* 1. Porte, lo que se paga por llevar alguna cosa de un lugar a otro. 2. Conducción, transporte, acarreo, porte de barquichuelos y víveres desde un cuerpo navegable de agua a otro. 3. Carga, cargazón, lo que se transporta o lleva.

portal ['pɔːtl] [por-tal], *s.* *(Arq.)* 1. Portal, portada, particularmente si es grande e imponente. 2. Construcción arquitectónica que incluye las entradas y portadas de una gran iglesia, etc.

portcullis [pɔːt'kʌlɪs] [port-ka-lis], *s.* *(Fort.)* Rastrillo formado por una reja fuerte y tupida, que se sube y baja.

portend [pɔː'tend] [por-tend], *va.* Pronosticar, anunciar o indicar un acontecimiento que está para suceder (predict); presagiar (presage).

portent [pɔː'tent] [por-tent], *s.* Portento, señal que indica lo que va a suceder, y particularmente prodigio que trae consigo señales de mal agüero.

portentous [pɔː'tentəs] [por-ten-tos], *a.* 1. Portentoso, ominoso, azaroso, de mal agüero. 2. Prodigioso, portentoso, monstruoso, espantoso; que causa pasmo o terror.

porter ['pɔːtəʳ] [por-taʳ], *s.* 1. Portador, porteador, el que lleva o trae de una parte a otra; mozo de cordel, mandadero. 2. Portero. **Porter's lodge**, portería. 3. Portador, cualquier cosa que se usa para llevar. 4. Una especie de cerveza fuerte de color pardo que posee propiedades tónicas.

porterage ['pɔːtərɪdʒ] [por-ta-rich], *s.* 1. Empleo u oficio de un pozo de cordel. 2. Porte, porteo, precio de transporte que se paga a un mozo de cordel.

porterhouse ['pɔːtəhaʊs] [por-ta-jaus], *s.* Mesón.

portfolio [pɔː'fəʊlɪəʊ] [port-fou-liou], *s.* 1. Cartera, bolsa en que se guardan materiales de escribir, dibujos, grabados, etc. 2. *(Fig.)* Cartera, oficio de un ministro de Estado.

port-hole ['pɔːthəʊl] [port-joul], *s.* Ventanilla abierta en el costado de un buque para dar luz y aire; porta, portañola, tronera.

portico ['pɔːtɪkəʊ] [por-ti-kou], *s.* Pórtico, especie de portal cubierto y fundado sobre columnas, que se construye a la entrada de un edificio; soportal, atrio.

porticoed ['pɔːtɪkəʊd] [por-ti-koud], *a.* Provisto de pórtico, o de pórticos.

portion ['pɔːʃən] [por-shon], *s.* 1. Porción, parte (part). 2. Cuota, parte fija y determinada (amount). 3. La parte de herencia que pertenece a cada uno de los hijos en los bienes que quedaron de sus padres. 4. Dote, la hacienda que lleva la mujer cuando se casa.

portion, *va.* 1. Partir, dividir, repartir, distribuir, asignar una parte (divide, share). 2. Dotar. **Portion out**, repartir.

portioner ['pɔːʃənəʳ] [por-sho-naʳ], *s.* Repartidor.

portionless ['pɔːʃənlɪs] [por-shon-les], *a.* Sin porción, y particularmente, sin dote.

portliness ['pɔːtlɪnɪs] [port-li-nes], *s.* Porte majestuoso, aire de dignidad de una persona.

portly ['pɔːtlɪ] [port-li], *a.* 1. Corpulento, rollizo, gordiflón, algo grueso. 2. Majestuoso, serio, grave.

portman ['pɔːtmən] [port-man], *s.* Habitante de alguno de los cinco puertos del canal de Inglaterra.

portmanteau [pɔːt'mæntəʊ] [port-man-tou], *s.* Portamanteo, maleta ligera.

portrait ['pɔːtreɪt] [por-treit], *s.* Retrato, pintura, efigie o fotografía que representa la imagen de alguna persona; figuradamente, descripción exacta de una persona. **I will paint your portrait**, te retrataré. **Portrait-painter**, retratista.

portraiture ['pɔːtreɪtʃəʳ] [por-trei-chaʳ], *s.* 1. Retrato, pintura, bosquejo. 2. Representación de un objeto.

portray [pɔː'treɪ] [por-trei], *va.* Retratar, formar la imagen de alguna cosa; representar natural y vivamente, ya dibujando, pintando, esculpiendo, o describiendo con palabras; pintar, hacer un retrato.

portrayal [pɔː'treɪəl] [por-treial], *s.* Representación, delineación, retrato. *(Teat.)* Interpretación.

portress [pɔː'trɪs] [por-tris], *sf.* Portera.

portuguese [ˌpɔːtjʊ'giːz] [por-tiu-guis], *a.* Portugués, de Portugal. *-s.* 1. Portugués, portuguesa, habitante de Portugal. 2. Portugués, idioma de Portugal. **Portuguese man-of-war**, fisalia, acalefo de los mares tropicales.

pose [pəʊz] [pous], *va.* 1. Tomar o hacer tomar una actitud; poner o colocar en cierta actitud o postura, como hace un pintor o escultor. 2. Proponer, afirmar una proposición. *-vn.* Ponerse o colocarse en actitud o postura dadas.

pose, *va.* Parar, confundir, dejar a uno parado sin que sepa qué hacerse; acorralar a uno o dejarle sin salida o respuesta.

pose, *s.* Postura, posición del cuerpo entero, o de una parte de él; particularmente, actitud o postura que ha de reproducirse en un retrato o estatua.

poser ['pəʊzəʳ] [pou-saʳ], *s.* 1. Cuestión o problema difícil; argumento perentorio que reduce al silencio. 2. En algunas escuelas inglesas, examinador.

poseur [pəʊ'zɜːʳ] [pou-sheʳ], *s.* **Your friend is a real poseur**, tu amigo es pura pose, es muy afectado.

posh [pɒʃ] [posh], *a.* *(Fam.)* Elegante, pijo.

posit ['pɒzɪt] [po-sit], *va.* 1. En lógica, afirmar, proponer como principio hecho. 2. Disponer, colocar, poner con relación a otros cuerpos.

position [pə'zɪʃən] [po-si-shon], *s.* 1. Posición, el modo en que está colocada alguna cosa; postura, situación. 2. Postura, actitud, disposición de las partes del cuerpo. 3. Esfera o radio de influencia, trabajo, o deber; situación elevada. 4. El acto de afirmar un principio o proposición; proposición, aserto. 5. *(Mat.)* Procedimiento para hallar el valor de una cantidad no conocida asumiendo una o más hipótesis; regla de falsa posición. *-vt.* Colocar, poner. **She positioned herself between her sister and her aunt**, se colocó entre su hermana y su tía.

positional [pə'zɪʃənl] [po-si-sho-nal], *a.* Perteneciente a la posición, postura o situación de una cosa.

positive ['pɒzɪtɪv] [po-si-tiv], *a.* 1. Positivo, real, verdadero (true); que existe; opuesto a negativo. 2. Absoluto, que no tiene relación con otra cosa (absolute); inherente; opuesto a relativo. 3. Explícito, preciso, enfático; opuesto a implicado. 4. Prescrito por autoridad competente; imperativo (opuesto a discrecionar); expreso, escrito, dependiente de autoridad, convenido (opuesto a natural). 5. Cierto, seguro, asegurado (sure). **Are you positive?**, ¿está seguro? 6. Terco, porfiado. 7. Primario, principal (opuesto a negativo); que lleva el signo de más +, mayor que cero. 8. Positiva; se dice de la electricidad que tiene una potencia relativamente alta. 9. *(Fotog.)* Positivo, que tiene las luces y las sombras en su relación natural en vez de invertidas. 10. *(Gram.)* Positivo, del grado positivo. *-s.* 1. Afirmación, lo que es cierto. 2. Lo positivo, lo que se puede conocer por los sentidos. 3. Ley absoluta, imperativa. 4. Prueba positiva, cuadro que presenta las luces y sombras como en la naturaleza. 5. *(Gram.)* Grado positivo de comparación. 6. *(Elec.)* Plancha, polo, etc., positivos.

positively ['pɒzɪtɪvlɪ] [po-si-tiv-li], *adv.* Positivamente, absolutamente; perentoriamente.

positiveness ['pɒzɪtɪvnɪs] [po-si-tiv-nes], **positivity** ['pɒzɪtɪvɪtɪ] [po-si-ti-vi-ti], *s.* 1. El estado de lo que es positivo o absoluto. 2. Porfía, terquedad, obstinación, contumacia.

positivism ['pɒzɪtɪvɪzəm] [po-si-ti-vi-sem], *s.* 1. Positivismo, calidad de atenerse a lo positivo. 2. Positivismo, sistema de filosofía que sólo admite lo evidente o claramente demostrado. 3. Certeza, o la aserción de la certeza, en el conocimiento.

positivist ['pɒzɪtɪvɪst] [po-si-ti-vist], *s.* Positivista, partidario del sistema filosófico del positivismo.

positron ['pɒzɪˌtrɒn] [po-si-tron], *s.* *(Elec.)* Positrón.

posse ['pɒsɪ] [po-si], *s.* 1. Posibilidad. 2. *V.* POSSE COMITATUS. 3. *(Vulg.)* Gentío.

possess [pə'zes] [po-ses], *va.* 1. Poseer, gozar, tener en su poder (have). 2. Tomar, apoderarse, hacerse dueño de algo. 3. Señorear, dominar (rule over). 4. Hacer adquirir o poner en posesión a uno de lo que no tiene. 5. Tener a uno poseído o poseso algún espíritu infernal.

possessed [pə'zest] [po-sest], *pp.* Poseso, poseído. **One possessed**, energúmeno.

possession [pə'zeʃən] [po-se-shon], *s.* 1. Posesión, el acto de poseer y la misma cosa poseída. **To take possession**, tomar posesión. 2. Propiedad, riquezas, bienes. 3. *(Occult.)* Posesión, el estado del poseso o poseído, del que se halla bajo la influencia del demonio.

possessive [pə'zesɪv] [po-se-siv], *a.* Posesivo; poseyente, que denota posesión. **Possessive case**, caso posesivo en la gramática inglesa, que corresponde al caso genitivo. Su signo es el apóstrofo (').

possessor [pə'zesə^r] [po-se-sa^r], *s.* Poseedor, el que tiene la posesión de alguna cosa.

posset [pə'zet] [po-set], *s.* Leche cortada con vino o con un ácido, azucarada, mezclada con especias y a menudo espesada con pan.

possibility [ˌpɒsə'bɪlɪtɪ] [po-sa-bi-li-ti], *s.* Posibilidad, lo posible; cosa posible, contingencia.

possible ['pəsəbl] [po-si-bol], *a.* Posible. **It's possible that he loves you**, es posible que él te quiera. **As little as possible**, lo menos posible. *-s.* **The possible**, lo posible (what can be done).

possibly ['pəsəblɪ] [po-si-bli], *adv.* 1. Posiblemente. 2. Quizá, quizás, acaso, por ventura (may be). **This is possibly true**, esto es probablemente verdadero.

possum ['pəsəm] [po-som], *s.* *(Fam.)* *V.* OPOSSUM. **To play possum**, desatenderse, no hacer caso.

post [pəʊst] [poust], *s.* 1. Posta, correo, estafeta, el sistema de transportar la correspondencia ordinaria. 2. Propio, mensajero que se envía con alguna carta de una parte a otra. 3. Puesto, paraje señalado para las operaciones militares. 4. Puesto, empleo, dignidad (employment). 5. Poste, un pilar de piedra o madera. 6. Situación, asiento (sit). 7. Especie, tamaño del papel de escribir. **To travel by post**, correr la posta o ir en posta. **Foot-post**, propio, correo de a pie. **Penny post**, cartero, el que reparte por las casas las cartas del correo. **To be fossed from pillar to post**, andar de Herodes a Pilatos. **I took my post**, tomé mi puesto, fui a mi puesto. **By return of post**, a vuelta de correo. *-a.* Sobornado, ganado para cometer una acción ruin. *(Ant.)* Pronto rápido. **Postboy**, postillón. **Post-chaise, post-coach**, silla o coche de posta. **Post-house**, casa de postas donde se tienen y cuidan los caballos de posta. **Post-card**, *V.* **Postal-card. Post-note.** *V.* **Postal note. Post-road**, camino de posta o correo. **Post-town**, el pueblo donde hay administración de correos.

post, *adv.* Con rapidez, por la posta, de prisa.

post, *vn.* Ir en posta o correr la posta. *-va.* 1. Apostar, situar, colocar en algún puesto o sitio; dar aviso en un lugar público; hacer saber; anunciar. 2. Cartelear, poner carteles infamatorios. 3. Echar al correo o a la estafeta. 4. *(Com.)* Pasar los asientos de un libro al libro mayor; hacer los asientos de las operaciones mercantiles. 5. *(Fam.)* Informar, dar a entender, proveer de informes.

postage ['pəʊstɪdʒ] [pous-tich], *s.* Porte de correos, precio fijo para el transporte de correos. **Postage-stamp**, sello de correos, sello de franqueo. *(Amer.)* Estampilla. **Postage meter**, medidor de franqueo.

postal ['pəʊstəl] [pous-tal], *a.* Postal, perteneciente al correo o a las cartas. **Postal box**, buzón. **Postal-card**, tarjeta postal. **Postal convention**, convenio postal entre dos países. **Postal note**, billete de correo, pagadero al portador, por una suma menor de cinco pesos. **Postal order**, *(Brit.)* orden postal, billete semejante al anterior, pero cuyo importe está impreso en el mismo documento.

postdate ['pəʊs*t*'deɪt] [poust-deit], *va.* Posfechar, poner fecha posterior a la verdadera, diferir.

postdate, *s.* Posfecha, fecha posterior a la verdadera.

poster ['pəʊstə^r] [pous-ta^r], *s.* 1. Cartel. 2. Colocador o fijador de carteles. 3. Correo; el que viaja en posta o de prisa.

posterior [pɒs'tɪərɪə^r] [pos-tia-rio^r], *a.* Posterior, trasero, que está detrás o viene después. **Posteriors**, nalgas, partes posteriores.

posterity [pɒs'terɪtɪ] [pos-te-ri-ti], *s.* Posteridad, la raza, prole que proviene del mismo ascendiente; descendientes, hijos; también la descendencia o generación venidera.

postern ['pəʊstɜːn] [pous-tern], *s.* 1. Puerta trasera, entrada particular; puerta pequeña, postigo. 2. *(Fort.)* Postigo, poterna.

postgraduate ['pəʊs*t*'grædjʊɪt] [poust-gra-dueit], *s.* y *a.* Posgraduado.

posthaste ['pəʊst'heɪst] [poust-jeist], *a.* Hecho a toda prisa, como la del correo. *-s.* Diligencia, presteza en ir y venir, como la del correo. *-adv.* Inmediatamente, con presteza.

posthumous ['pɒstjʊməs] [pos-tiu-mos], *a.* 1. Póstumo, nacido después de la muerte del padre; algunas veces, extraído del cadáver de la madre. 2. Póstumo, publicado después de la muerte del autor.

posthumously ['pɒstjʊməslɪ] [pos-tiu-mos-li], *adv.* Póstumamente.

postil ['pɒstɪl] [pos-til], *s.* Postilla, apostilla, la glosa o nota breve puesta al margen de algún impreso o manuscrito, particularmente de la Sagrada Escritura.

postilion ['pɒstɪlɪən] [pos-ti-lion], *s.* 1. Delantero, sota, hablando de cocheros. 2. *(Des.)* Postillón el que guía una silla de posta y el mozo de posta.

posting ['pɒstɪŋ] [pos-tin], *s.* Destino.

postlude ['pɒstluːd] [post-lud], *s.* Postludio, pieza para el órgano que se toca después del oficio divino.

postman ['pəʊs*t*mən] [post-man], *s.* Cartero; correo.

postmark ['pəʊstmɑːk] [post-mark], *s.* Matasellos. *-vt.* matasellar.

postmaster ['pəʊs*t*ˌmɑːstə^r] [poust-mas-ta^r], *s.* Administrador de correos, director de correos. **Postmaster general**, director general de correos.

post-meridian ['pəʊs*t*mə'riːdɪən] [poust-me-ri-dian], *a.* Postmeridiano, de la tarde; comúnmente se abrevia en P.M.

postmodern ['pəʊs*t*'mɒdən] [poust-mo-dern], *a.* Postmoderno.

postmortem ['pəʊs*t*'mɔːtəm] [poust-mor-tem], *adv.* *(Lat.)* Después de la muerte. **Post-mortem**, *s.* Necropsia, autopsia.

postnatal ['pəʊs*t*'neɪtl] [poust-nei-tal], *a.* Postnatal, de posparto.

post-nuptial ['pəʊs*t*'nʌpʃəl] [poust-nap-shal], *a.* Hecho o sucedido después del matrimonio.

post office ['pəʊstˌɒfɪs] [poust-o-fis], *s.* Casa de correos, correo. **Post-office box**, apartado postal o de correos. **Post-office branch**, estafeta, sucursal de correos.

postoperative [ˌpəʊst'ɒpərətɪv] [poust-o-pe-ra-tiv], *a.* Posoperatorio.
postpaid ['pəʊst'peɪd] [poust-peid], *a.* Franco, franco de porte; porte pagado.
postpone ['pəʊst'pəʊn] [poust-poun], *va.* 1. Diferir, suspender. 2. Posponer, colocar alguna cosa en lugar inferior, apreciarla menos que otra, estimar menos que, tener en menos.
postponement ['pəʊst'pəʊnmənt] [poust-poun-ment], *s.* Aplazamiento, postergación.
postscript ['pəʊsskrɪpt] [pous-skript], *s.* 1. Posdata, la cláusula o capítulo que se añade a la carta ya escrita. 2. (En los papeles públicos) Alcance.
postulant ['pɒstjʊlənt] [pos-tiu-lant], *s.* 1. Postulante, el que hace una petición. 2. Novicio, postulador que quiere hacerse sacerdote o religoso.
postulate ['pɒstjʊleɪt] [pos-tiu-leit], *va.* 1. Postular, pedir para prelado de una iglesia a un sujeto que según derecho no puede ser elegido. 2. Admitir una cosa sin pruebas.
postulate, *s.* 1. Postulado, principio tan claro que no necesita prueba ni demostración. 2. *(Mat.)* Admisión de un primer principio para establecer una demostración.
postulation [ˌpɒstjʊ'leɪʃən] [pos-tiu-lei-shon], *s.* 1. Postulación, el acto de postular. 2. Petición, instancia, súplica (request). 3. Suposición, que no necesita prueba, acción de suponer alguna cosa como verdadera, o un hecho.
posture ['pɒstʃə'] [pos-cha'], *s.* 1. Postura, modo de tener o poner el cuerpo. 2. Postura, pie, estado, disposición, la situación buena o mala en que uno se halla con respecto a sus negocios o fortuna.
posture, *va.* Colocar, poner alguna cosa en un paraje y postura particular.
postwar ['pəʊst'wɔː'] [poust-uo'], *a.* De la posguerra. **The postwar years**, los años de la posguerra.
posy ['pəʊzɪ] [pou-si], *s.* 1. Ramillete de flores. 2. Mote o cifra en un anillo o en otra cosa, particularmente en versos. *(Abrev. de* **poesy**.)
pot [pɒt] [pot], *s.* 1. Marmita; olla (casserole); puchero; vaso más profundo que ancho (vase). **Pots and pans**, cacharros. 2. Pote, taza de metal para beber. 3. La cantidad contenida en una olla. 4. Apuesta, hucha, puesta, lo que se pone al juego (bet). 5. Mucho dinero, una gran suma. **Flower-pot**, tiesto, florero. **Melting-pot**, crisol. **To go to pot**, ir al crisol, estar arruinado, ir hacia la destrucción. **To keep the pot boiling**, (a) mantenerse en actividad; (b) procurar los medios de vivir. **Pot-companion**, compañero de taberna. **Pot-hanger**, llares. **Pot-herb**, hortaliza. **Pot-lid**, cobertera de olla, tapadera de marmita. **Pot-luck**, comida ordinaria; equivale en castellano a la frase «hacer penitencia»; comer lo que haya en una casa donde no se esperaban convidados. **To take pot-luck**, hacer penitencia. **Pot-valiant**, valeroso a fuerza de beber licores fuerte; se dice del que es valiente sólo cuando está bebido.
pot, *va.* 1. Cocer en una olla o marmita. 2. Poner en tiestos con tierra. 3. Cerrar, preservar o conservar en marmitar para purgar o limpiar. 4. *(Ger.)* Procurar, buscar, como se hace en la caza. *-vn.* 1. Tirar (against). 2. Beber, achisparse (get drunk).
potable ['pəʊtəbl] [pou-ta-bol], *a.* Potable, que se puede beber.
potash ['pɒtæʃ] [po-tash], *s.* 1. Potasa, alcalí que se obtiene de las cenizas de los vegetales. 2. Potasio hidratado (KOH), cuerpo blanco, sólido, licuescente, muy alcalino y de propiedades cáusticas. **Potassium**»[]», *s.* Potasio, metal blanco descubierto por Humphry Davy en la potasa.
potations [pəʊ'teɪʃənz] [pou-tei-shons], *s.* Libaciones.
potato [pə'teɪtəʊ] [po-tei-tou], *s.* Patata, papa. **Sweet o Spanish potato**, batata, o patata dulce o de Málaga. (Cuba) Boniato. *(Mex.)* Camote. **Potato-beetle, potato-bug**, dorífero. **Potato-blight, potato-rot**, enfermedad de las patatas.
potbellied ['pɒtˌbelɪd] [pot-be-lid], *a.* Panzudo, ventrudo, barrigudo.
potbelly [ˌpɒt'belɪ] [pot-be-li], *s.* Barrigón, barriga grande.
potboiler ['pɒtˌbɔɪlə'] [pot-boi-la'], *s.* Libro, pintura, etc. hecho de prisa únicamente con propósitos pecuniarios.
potency ['pəʊtənsɪ] [pou-tan-si], *s.* Potencia, fuerza; poder, influjo, autoridad.
potent ['pəʊtənt] [pou-tant], *a.* 1. Potente, poderoso, fuerte (strong); que tiene fuerza física, vigor; que tiene fuerza moral, convincente. 2. Poderoso, eficaz, influyente, que ejerce gran autoridad (powerful).
potentate ['pəʊtənteɪt] [pou-tan-teit], *s.* Potentado.
potential [pə'tenʃəl] [po-ten-shal], *a.* 1. Potencial, posible, existente en potencia, pero no real. 2. Virtual, capaz de existir, pero no existente todavía. 3. *(Fís.)* Potencia, existente por razón de su posición, en contraposición al movimiento; se dice de la energía. 4. *(Gram.)* Potencial, que indica la posibilidad o el poder. 5. Eficaz, potente, poderoso. *-s.* 1. Cosa posible o virtual. 2. *(Gram.)* El modo potencial. 3. Energía potencial, potencia motriz, fuerza capaz de poner en movimiento un cuerpo o una máquina. **Potential mode** (o **mood**), el modo como que se emplean los auxiliares **may, can, must, should, would**, con un infinitivo.
potentiality [pəˌtenʃɪ'ælɪtɪ] [po-ten-shia-li-ti], *s.* Potencialidad, la mera capacidad de la potencia independiente del acto.
potentially [pə'tenʃəlɪ] [po-ten-sha-li], *adv.* Potencialmente, virtualmente.
potently [pə'tentlɪ] [po-ten-tli], *adv.* Potentemente, poderosamente.
potentness [pə'tentnɪs] [po-tent-nes], *s.* Potencia, poder.
pother ['pɒðə'] [po-za'], *s.* Baraúnda, alboroto, bullicio.
pother, *va.* y *vn.* Atormentar, fastidiar, molestar; alborotar sin substancia; poner en desorden.
potholder ['pɒthəʊldə' [pot-joul-da'], *s.* Portaollas.
pothook ['pɒthuːk] [pot-juk], *s.* 1. Llares, aparato para suspender encima del fuego los calderos y marmitas. 2. Garabato, las letras o escritos mal formados.
potion ['pəʊʃən] [pou-shon], *s.* Poción, brebaje, pócima, bebida medicinal. **Love potion**, filtro de amor.
potpie ['pɒtpaɪ] [pot-pai], *s.* Torta o pastel de carne y verduras.
potpourri [pəʊ'pʊrɪ] [pou-pu-ri], *s.* Menjurjeo, menjunje; popurrí.
potsherd ['pɒtˌʃɜːd] [pot-sherd], *s.* Tiesto, casco, pedazo de una vasija de barro rota.
pot shot ['pɒtˌʃɒt] [pot-shot], *s.* Tiro o ataque a mansalva o que viola las reglas del deporte.
pottage ['pɒtɪdʒ] [po-tich], *s.* Potaje.
potted ['pɒtɪd] [po-tid], *a.* En maceta o tiesto. *(Fam.)* Borracho, cocido.
potter ['pɒtə'] [po-ta'], *s.* Alfarero. **Potter's clay**, arcilla, barro, tierra de alfareros. **Potter's ware**, alfarería, vasijas de barro.
pottery ['pɒtərɪ] [po-ta-ri], *s.* Alfarería o alfar, fábrica de vasijas de barro. 2. Alfarería, arte de construir vasijas de barro. 3. Efectos de alfarería, vajilla de barro.
pottle ['pɒtl] [po-tel], *s.* 1. Pote, jarro, vaso de beber (glass, jar). 2. Azumbre, medida líquida de cuatro cuartillos. 3. Cesta o cesto pequeño para frutas. **Pottle-bellied**, panzudo, barrigudo, corpulento.
potty ['pɒtɪ] [po-ti], *s.* *(Fam.)* Orinal para niños. *-a.* *(Fam.)* Chiflado, chalado.
pouch [paʊtʃ] [pauch], *s.* 1. Saco pequeño, bolsillo, faltriquera (pocket). 2. *(Zool.)* Bolsa, órgano semejante a un saco para contener huevos o hijuelos. 3. *(Bot.)* Silícula; cualquier bolsa o saquillo. **Mail-pouch**, valija del correo. **Tobacco pouch,** petaca.
pouch, *va.* 1. Embolsar, meter en el bolsillo. 2. Tragar o engullir. *-vn.* Hacer pucheritos. *(Amer.)* Jirimionear. *V.* To POUT.
poulp [pəlp] [polp], *s.* Pulpo, molusco octópodo. *V.* OCTOPUS.
poulterer ['pəʊltərə'] [poul-ta-ra'], *s.* Polero, gallinero.

poultice ['pəʊltɪs] [poul-tis], *s.* Cataplasma, emplasto.
poultice, *va.* Poner una cataplasma.
poultry ['pəʊltrɪ] [poul-tri], *s.* Aves caseras o de corral colectivamente, como gallinas, capones, pollos, pavos, etc. **Poultry-yard**, el corral donde se crían las aves caseras.
pounce [paʊns] [pauns], *s.* 1. Acción de asir con las garras. 2. Garra del ave de rapiña. 3. Grasilla, goma sandáraca reducida a polvo. 4. Cisquero o muñequilla de carbón molido para estarcir algún dibujo; hoy día se llama **stamping-powder.**
pounce, *va.* 1. Horadar, agujerear. 2. Asir con las garras. 3. Polvorear con grasilla. 4. Alisar (un sombrero) frotándolo.
pound [paʊnd] [paund], *s.* 1. Libra, peso que consta diez y seis onzas. 2. Libra esterlina. 3. Corral de concejo; corral en que se encierra el ganado perdido o embargado. 4. Depósito. **Pound-foolish**, gastador, derrochador. **Pound-breach**, traslado ilegal del ganado encerrado en el corral de concejo.
pound, *va.* 1. Golpear pesada y repetidamente (hit, knock); machacar o moler. 2. Encerrar, poner en encierro o depósito (enclose). *V.* IMPOUND. **The waves pound the wall**, las olas golpean el muro.
poundage ['paʊndɪdʒ] [paun-dich], *s.* 1. Tanto por libra; derecho de tanto por libra de peso. 2. Costo de rescatar el ganado acorralado por otros. 3. Acto de acorralar el ganado perdido o embargado.
poundcake ['paʊn,keɪk] [paund-keik], *s.* Pastel o torta hechos con una libra de cada ingrediente.
pounder ['paʊndəʳ] [paun-daʳ], *s.* 1. Golpeador. 2. Criada, pala de lavar la ropa. 3. Cualquier cosa que toma su denominación del número de libras que tiene. **A thirty-six pounder**, cañón de a treinta y seis. 4. Triturador, bocarte de un molino para minerales. 5. *(G.B.)* El que paga un alquiler de cierto número determinado de libras.
pounding ['paʊndɪŋ] [paun-din], *s.* 1. Martilleo; fuertes latidos del corazón (heartbeats). 2. *(Fam.)* Vapuleo, paliza.
pour [pɔːʳ] [poʳ], *va.* 1. Echar o vaciar líquidos de una parte a otra. 2. Emitir, arrojar, echar fuera alguna cosa continuadamente. 3. Desembolsar pródigamente; dejar caer, desparramar copiosamente (spill). *-vn.* 1. Fluir, correr con rapidez. 2. Caer, descender, precipitarse profusamente (swoop); llover. 3. Salir en masa, venir en muchedumbres, llegar a montones. 4. Esparcirse grandemente. **The northern hordes poured over Italy**, las hordas del norte cayeron sobre Italia. **The ants poured out of the hill**, las hormigas salieron a montones del hormiguero. **To pour out of one vessel into another**, trasegar líquidos; vaciar los líquidos de una parte a otra. **To pour down**, llover a cántaros, diluviar. **He poured out his feelings to her**, le reveló sus sentimientos a ella.
pourer ['pɔːrəʳ] [po-raʳ], *s.* Trasegador, vaciador.
pouring ['pɔːrɪŋ] [po-rin], *a.* **Pouring rain,** lluvia torrencial.
pout [paʊt] [paut], *s.* 1. Mueca que se hace contrayendo los labios, señal de ceño o mal humor. 2. Abadejo; mustela de río.
pout, *vn.* Poner mal gesto, ponerse ceñudo, enfurruñarse, amohinarse. *(Fam.)* Estar de hocico. **Pouting fellow**, hombre ceñudo; cara de vinagre.
pouter ['paʊtəʳ] [pau-taʳ], *s.* 1. Hombre ceñudo, que pone mala cara. 2. Guturosa, buchona; paloma de cuello grueso; paloma que tiene la costumbre de dilatar la parte anterior del cuello.
poverty ['pɒvətɪ] [po-ver-ti], *s.* 1. Pobreza, necesidad, estrechez, indigencia, miseria. 2. Falta de substancia, de elementos o de propiedades. 3. Aridez, insuficiencia; tibieza (of sentiment).
poverty-stricken ['pɒvətɪ,strɪkn] [po-va-ti-stri-ken], *a.* Paupérrimo, necesitado, sumido en la pobreza.
powder ['paʊdəʳ] [pau-daʳ], *s.* 1. Polvo, colección de partículas sueltas de una substancia seca. 2. Polvos de tocador. 3. Pólvora. **Powder-box**, polvera. **Powder room**, 1. Salón-tocador de señoras. 2. Pañol de pólvora, Santabárbara.
powder, *va.* 1. Pulverizar, polvificar, moler, desmenuzar y reducir a polvos alguna cosa. 2. Polvorear, esparcir polvo sobre alguna cosa. 3. Salar, rociar con sal.
powdering ['paɪdərɪŋ] [pau-da-rin], *s.* Polvoreamiento, empolvamiento, el acto de pulverizar o el de polvorear; el polvo esparcido.
powdery ['paʊdərɪ] [pau-da-ri], *s.* Polvoriento, lleno o cubierto de polvo; desmenuzable.
power [paʊəʳ] [pauaʳ], *s.* 1. Facultad, poder, potencia, virtud de hacer alguna cosa (virtue). **That's beyond my power**, eso está fuera de mi alcance, de mis posibilidades. 2. Potencia motriz; fuerza realmente empleada; pujanza. 3. Poder, potestad, dominio, imperio, autoridad, jurisdicción (authority); también, documento legal que confiere tal poder o autoridad. 4. Gran fuerza que produce su efecto 5. Potencia, el producto que resulta de la multiplicación continua de un número por sí mismo. 6. Poder, las fuerzas militares de un Estado. 7. Potentado, potestad. 8. El estado o cuerpo político de una nación importante e influyente; potencia. 9. Potencia, fuerza mecánica, cualquier forma de energía capaz de hacer trabajo. 10. *(Opt.)* Potencia, facultad de aumentar que tiene un lente. 11. Ente celeste, divinidad. 12. *(Vulg.)* Una gran cantidad, gran número, muchedumbre. **Power-house**, edificio en que están los dínamos, las máquinas de vapor u otros motores primitivos, y de donde se transmite la fuerza mecánica a las varias partes de un ferrocarril eléctrico, de un sistema de talleres, etc. **As much as lies in his power**, en cuanto está en su poder, en cuanto de él depende. **Heating-power**, potencia (fuerza) calorífica. **Propelling-power**, fuerza motriz, propulsora. **Horse-power**, *V.* HORSE-POWER, en su lugar alfabético. **A power of attorney**, un poder, una procuración. **Civil power**, autoridad civil. **Refractive power, dispersive power**, facultad de refracción, fuerza dispersiva.
powerboat ['paʊə,bəʊt] [paua-bout], *s.* Lancha de motor.
powerbrake ['paʊə,breɪk] [paua-breik], *s.* Servofreno.
powercut ['paʊəkʌt] [paua-kat], *s.* Apagón, corte de luz.
powerdive ['paʊə,daɪv] [paua-daiv], *s.* Vuelo en picado de un avión a todo motor.
powerful ['paʊəfʊl] [paua-ful], *a.* 1. Poderoso, eficaz, fuerte (strong). 2. Intenso, que tiene gran energía o actividad (intense). 3. Que posee gran autoridad, o que muestra altas cualidades de cuerpo o de ánimo; potente. 4. Que produce gran efecto en el ánimo; convincente.
powerfully ['paʊəfəlɪ] [paua-fu-li], *adv.* Poderosamente, eficazmente, con mucha fuerza.
powerfulness ['paʊəfəlnɪs] [paua-ful-nes], *s.* Poderío, fuerza, energía, eficacia (energy).
powerless ['paʊəlɪs] [paua-les], *a.* Impotente, ineficaz. **I was powerless to stop the fight**, no pude hacer nada para parar la pelea.
powerplant ['paʊəplænt] [paua-plant], *s.* Central eléctrica, central generadora de fuerza motriz.
powwow ['paʊwaʊ] [pau-uau], *vn.* 1. Tratar a los enfermos por medio de conjuros. 2. Reunirse un cuerpo deliberante. 3. *(Fam. E. U.)* Producirse una algarabía en una reunión o conferencia. *-s.* 1. Conjurador indio. 2. Conjuración para curar a los enfermos. 3. Baile, festín que precede a una cacería. 4. Concilio.
pox ['pɒks] [poks], *s.* Una enfermedad cualquiera que produce erupciones pustolosas, particularmente la sífilis y las viurelas. **Small-pox**, viruelas. **Pox** o **French pox**, *(Vulg.)* Mal venéreo o gálico. **Chicken-pox**, viruela loca. **Cow-pox**, vacuna.
poxi ['pɒksɪ] [pok-si], *a.* Puñetero.
practicable ['præktɪkəbl] [prak-ti-ka-bol], *a.* Practicable, factible, hacedero; accesible.
practicably ['præktɪkəblɪ] [prak-ti-ka-bli], *adv.* Posiblemente: prácticamente.
practical ['præktɪkəl] [prak-ti-kal], *a.* 1. Práctico, factible. 2. Útil. **Practical joke**, broma pesada. **Practical nurse**, enfermera por la práctica, sin haberse graduado.

practically ['præktɪklɪ] [prak-ti-kli], *adv.* Prácticamente.

practicalness ['præktɪkəlnɪs] [prak-ti-kal-nes], *s.* La propiedad o calidad de práctico.

practice, practise ['præktɪs] [prak-tis], *s.* 1. Práctica, uso, costumbre (habit). 2. Práctica, el ejercicio de alguna cosa en cuanto se distingue de la teoría. **He's out of practice**, le falta práctica. 3. Práctica, método, modo (method). 4. Una regla de aritmética. **Gun practice**, ejercicio de cañón. **To be in good practice**, tener buena parroquia, clientela. **To make it one's practice to**, acostumbrarse a.

practise, practice, *va.* Practicar, ejercer, ejercitar alguna cosa. *-vn.* 1. Practicar, usar continuadamente alguna cosa. 2. Negociar secretamente. 3. Ejercer la medicina; ejercer cualquier arte u oficio. 4. Ensayarse. **To practise at a target**, tirar al blanco. **To practise with the rifle**, ejercitarse en la carabina. **To practise on the fears of**, explotar los temores de.

practiser ['præktɪsə^r] [prak-ti-sa^r], *s.* 1. Practicante. 2. Práctico; se usa substantivamente esta palabra para designar a los profesores de medicina. 3. El que usa habitualmente estratagemas o malas artes.

practitioner [præk'tɪʃənə^r] [prak-ti-sho-na^r], *s.* Práctico, el que ejerce su profesión: se aplica más comúnmente al médico.

prae-. Prefijo latino. *V.* PRE-.

pragmatic [præg'mætɪk] [prag-ma-tik], *a.* 1. Práctico, perteneciente a la consumación del deber u oficio; relativo a los asuntos civiles de un Estado soberano. 2. Pragmático, filosófico, ocupado en la evolución científica de las causas y efectos; se dice de la historia, poesía, etc. **Pragmatic sanction**, pragmática sanción, la pragmática; el edicto imperial que servía de ley fundamental.

pragmatical [præg'mætɪkəl] [prag-ma-ti-kal], *a.* 1. Entremetido, impertinente, oficioso; que pretende dictar o gobernar a los demás. 2. Vulgar, trivial.

pragmatically [præg'mætɪklɪ] [prag-ma-ti-kli], *adv.* Impertinentemente; magistralmente.

pragmatism ['prægmætɪzəm] [prag-ma-ti-sem], *s.* Pragmatismo.

prairie ['prɛərɪ] [prea-ri], *s.* Pradera, pradería (grassland), extensión de terrenos llanos sin árboles y cubiertos de hierba, particularmente en parte del oeste de los Estados Unidos. **Prairie-chicken**, chocha, cerceta de las praderas. **Prairie-dog**, marmota.

praise [preɪz] [preis], *s.* 1. Alabanza, elogio, encomio. 2. Celebridad, fama, renombre, reputación. 3. Loa, alabanza dirigida a Dios; homenaje por gracias o favores recibidos. **Praise be to God**, alabado sea Dios.

praise, *va.* 1. Celebrar, aplaudir (celebrate). 2. Alabar, glorificar, loar, ensalzar (glorify). 3. Bendecir, expresar gratitud por favores recibidos. **The Lord be praised**, alabado sea el Señor.

praiser ['preɪzə^r] [prei-sa^r], *s.* Loador, admirador, aprobador.

praiseworthiness ['preɪzˌwɜːðɪnɪs] [preis-uer-zi-nis], *s.* Calidad de loable, de lo que es digno de alabanza; naturaleza loable.

praiseworthly ['preɪzˌsɜːðlɪ] [preis-uez-li], *adv.* Loablemente, de una manera que merece alabanzas.

praiseworthy ['preɪzˌsɜːðɪ] [preis-ue-zi], *a.* Digno de alabanza, loable.

pram [præm] [pram], *s.* 1. Barco chato usado en Holanda. 2. Cochecito de niño.

prance [prɑːns] [prans], *vn.* Cabriolar, cabriolear, dar o hacer cabriolas. *-va.* Hacer cabriolas. **Prance about**, brincar.

prancer ['prɑːns] [prans], *s.* Caballo que cabriola.

prancing ['prɑːnsɪŋ] [pran-sin], *s.* 1. Acción de ponerse de manos los caballos. 2. Aire altanero, modo de andar campante y garboso.

prank [præŋk] [prank], *va.* Hermosear, adornar. *-vn.* Vestirse de una manera vistosa, exagerada, con pretensiones.

prank, *s.* Travesura, chasco, locura, extravagancia. **Yesterday I played a prank on your brother**, ayer le gasté una broma a tu hermano.

prankish ['præŋkɪʃ] [pran-kish], *a.* Dispuesto o propenso a hacer travesuras.

prate [preɪt] [preit], *vn.* Charlar, hablar mucho sin sustancia.

prate, *s.* Charla, plática o conversación sin substancia.

prater ['preɪtə^r] [prei-ta^r], *s.* Charlante, charlador, charlatán.

pratfall ['prætfɔːl] [prat-fol], *s.* Revés, batacazo, porrazo.

prating ['preɪtɪŋ] [prei-tin], *s.* Charlatanería, el acto de charlar.

pratingly ['preɪtɪŋlɪ] [prei-tin-li], *adv.* Con charla vana, locuazmente.

prattle ['prætl] [pra-tel], *vn.* Charlar, proferir como los niños.

prattle, *s.* Parlería, habla de los niños; de aquí, charla, charlatanería.

prattler ['prætlə^r] [prat-la^r], *s.* Charlador.

pravity ['prævɪtɪ] [pra-vi-ti], *s.* Pravedad, iniquidad, perversidad.

prawn [prɔːn] [pron], *s.* Langostino, gamba, camarón.

praxis ['præksɪs] [prak-sis], *s.* 1. Práctica, ejercicio con un fin determinado (practice). 2. Colección de ejemplos, modelos, etc., como los de la gramática.

pray [preɪ] [prei], *vn.* 1. Orar, invocar, rezar a Dios. **Let us pray**, oremos. 2. Rogar, pedir, suplicar (beg). **Pray what is your name?**, sírvase Ud. decirme su nombre, o tenga Ud. la bondad de decirme su nombre. *-va.* Suplicar, rogar, pedir con sumisión y humildad alguna cosa.

prayer [prɛə^r] [prea^r], *s.* 1. Oración, súplica, rezo, deprecación o ruego que se hace a Dios. **The lord's Prayer**, la oración dominical o el Padre nuestro. 2. Súplica, ruego, petición, plegaria. **The Book of Common Prayer**, el ritual de las Iglesias anglicana y americana episcopal. **Prayer-meeting**, reunión para orar y alabar a Dios.

prayer-book ['prɛəbʊk] [prea-buk], *s.* Libro de devociones, ejercicio cotidiano, devocionario: en especial, ritual que en las Iglesias anglicana y americana episcopal se llama **The Book of Common Prayer.**

prayerful ['prɛəfʊl] [prea-ful], *a.* Piadoso, que reza mucho; entregado a la oración.

prayerless ['prɛəlɪs] [prea-les], *a.* Que descuida el rezo; que no reza, que no ora.

prayerlessness ['prɛəlɪsnɪs] [prea-les-nes], *s.* Omisión, olvido o descuido del rezo, de la oración.

pre-, Prefijo latino que significa ante, delante. **Pre-cooked rice**, arroz precocinado.

preach [priːtʃ] [prich], *va.* 1. Predicar, exponer la palabra divina. 2. Recomendar con instancia. *-vn.* Predicar, reprender públicamente los vicios y exhortar a la virtud.

preacher ['priːtʃə^r] [pri-cha^r], *s.* Predicador.

preaching ['priːtʃɪŋ] [pri-chin], *s.* Predicación, acción de predicar; la doctrina predicada.

preachment ['priːtʃmənt] [prich-ment], *s.* Prédica, plática o sermón; arenga.

preamble [priː'æmbl] [priam-bel], *s.* Preámbulo, exordio, prefación. *-va.* Introducir como preliminar, hacer preceder de un preámbulo.

prearrange [priːə'reɪndʒ] [pria-reinch], *vt.* Concertar, acordar de antemano.

prebend ['prebənd] [pre-bend], *s.* 1. Prebenda, ciertos beneficios eclesiásticos en las catedrales. 2. Prebendado, canónigo.

prebendary ['prebəndərɪ] [pre-ben-da-ri], *s.* 1. Prebendado, canónigo que recibe las rentas de una prebenda. 2. Dignidad u oficio de prebendado.

precarious [prɪ'kɛərɪəs] [pri-kea-rios], *a.* 1. Precario, sujeto a continuo riesgo de pérdida, dependiente de la voluntad de otro, o de la casualidad; incierto (insecure). 2 Peligros, arriesgado, que puede ocasionar daño. 3. Que no está firmemente establecido, que no es fijo; indigno de confianza. **Precarious conclusions**, conclusiones indignas de confianza.

precariously [prɪ'kɛərɪəslɪ] [pri-kea-rios-li], *adv.* Inciertamente, precariamente.

precariousness [prɪ'kɛərɪəsnɪs] [pri-kea-rios-nes], *s.* Condición precaria o peligrosa; incertidumbre, falta de certeza.

precaution [prɪ'kɔːʃən] [pri-ko-shon], *s.* 1. Precaución, reserva, cautela para impedir, obstáculos o daños posibles, o para asegurar o hacerse dueño de alguna propiedad (care). 2. Cuidado que se toma de antemano para precaver algún mal. **To take precautions**, tomar precauciones.

precaution, *va.* Precaver, precautelar, prevenir algún riesgo.

precautionary [prɪ'kɔːʃənərɪ] [pri-ko-sho-na-ri], *a.* Precaucionado, de precaución; destinado a precaver algún mal. **A precautionary signal**, señal de precaución (del Departamento de Señales Meteorológicas).

precautious [prɪ'kɔːʃəs] [pri-ko-shos], *a.* Precavido, cauto (careful).

precede [prɪ'siːd] [pri-sid], *va.* 1. Anteceder, preceder; de aquí, sobresalir, llevar la preferencia. 2. Colocar, poner alguna cosa delante de otra; proveer de un preludio. *-vn.* 1. Ir delante de otra persona; tener la primacía. 2. Acontecer primeramente.

precedence ['presɪdəns] [pre-si-dans], *s.* Prioridad, anterioridad; precedencia, superioridad.

precedent ['presɪdənt] [pre-si-dant], *a.* Precedente, antecedente.

precedent, *s.* 1. Precedente, ejemplar, lo que se ha hecho en igual caso otras veces, antecedente, cosa que se puede invocar como ejemplo o razón. 2. Decisión judicial que se considera como regla y sirve para guiar decisiones subsiguientes. **This case will set a precedent**, este caso va a sentar un precedente.

precedently ['presɪdəntlɪ] [pre-si-dant-li], *adv.* Antecedentemente, anticipadamente.

preceding [prɪ'siːdɪŋ] [pri-si-din], *a.* Anterior, que precede.

precentor [prɪ'sentəʳ] [pri-sen-taʳ], *s.* Chantre, dignidad de alguna iglesia catedral o colegiata.

precept ['priːsept] [pri-sept], *s.* 1. Precepto, mandato u orden que el superior intima. 2. *(For.)* Mandato, hecho por escrito.

preceptive ['priːseptɪv] [pri-sep-tiv], *a.* Preceptivo, didáctico, didascálico; que da preceptos para la conducta moral.

preceptor ['priːseptəʳ] [pri-sep-taʳ], *s.* Preceptor, maestro, el que enseña.

precinct ['priːsɪŋkt] [pri-sinkt], *s.* 1. Límite, lindero; lugar cerrado o cercado. 2. Distrito jurisdiccional, división menor territorial, sometida a una autoridad administrativa. 3. Inmediación de un palacio o de una corte. **Voting precinct**, distrito electoral.

precious ['preʃəs] [pre-shos], *a.* 1. Precioso, costoso, de gran valor, muy apreciado, muy estimado (valued). **Precious stones**, piedras preciosas. 2. Caro, amado, que excita el amor. 3. *(Iron.)* Famoso, altivo (famous); sin valor, sin mérito. 4. *(Fam.)* Bastante, considerable. **A precious scoundrel**, un gran belitre. **We lost precious time**, perdimos tiempo precioso.

preciously ['preʃəslɪ] [pre-shos-li], *adv.* Preciosamente, a gran precio.

preciousness ['preʃəsnɪs] [pre-shos-nes], *s.* Preciosidad, valor elevado, la calidad que da a una cosa cualquiera el carácter de preciosa.

precipice ['presɪpɪs] [pre-si-pis], *s.* 1. Precipicio, despeñadero. 2. Situación peligrosa; la ruina temporal o espiritual.

precipitable ['presɪpɪtəbl] [pre-si-pi-ta-bol], *a.* Que puede precipitarse.

precipitance [prɪ'sɪpɪtəns] [pri-si-pi-tans], **precipitancy** [prɪ'sɪpɪtənsɪ] [pri-si-pi-tan-si], *s.* Precipitación, inconsideración; prisa inconsiderada.

precipitant [prɪ'sɪpɪtənt] [pri-si-pi-tant], *a.* 1. Que se precipita, que se lanza hacia adelante con gran velocidad, o que cae de cabeza. 2. Precipitado, arrojado, arrebatado. *-s.* *(Quím.)* Precipitante, cualquiera de los agentes que producen la precipitación.

precipitate [prɪ'sɪpɪtɪt] [pri-si-pi-tit], *va.* 1. Precipitar, despeñar, arrojar. 2. Precipitar, acelerar, apresurar demasiado una cosa 3. Precipitar, exponer a uno a ruina temporal o espiritual. 4. *(Quím.)* Precipitar, separar el ingrediente disuelto y hacerlo caer en polvo al fondo del disolvente. *-vn.* 1. Precipitarse, caer al fondo. 2. Precipitarse, arrojarse a algún peligro o meterse en él. 3. *(Quím.)* Caer bajo la forma de precipitado.

precipitate, *a.* 1. Precipitado, que se precipita; que cae, corre o se hace lanzar de un lugar elevado. 2. Precipitado, que obra sin debida reflexión, inconsiderado, arrebatado. 3. Urgido o propuesto prematuramente. *-s.* Precipitado, cualquier cosa que se precipita al fondo de una vasija por medio de una operación química.

precipitately [prɪ'sɪpɪtɪtlɪ] [pri-si-pi-tit-li], *adv.* Precipitadamente; apresuradamente.

precipitation [prɪˌsɪpɪ'teɪʃən] [pri-si-pi-tei-shon], *s.* 1. Precipitación, acción o procedimiento de precipitar; la acción química de precipitar; inconsideración, demasiada prisa para o en hacer alguna cosa. 2. Depósito de humedad (lluvia o nieve) desde la atmósfera sobre la superficie de la tierra.

precipitous [prɪ'sɪpɪtəs] [pri-si-pi-tos], *a.* 1. Pendiente, escarpado. 2. Precipitado, arrojado (hasty).

precise [prɪ'saɪs] [pri-sais], *a.* 1. Preciso, puntual, exacto, no equívoco (exact); estricto, escrupuloso (strict). **At that precise moment**, en ese preciso momento. 2. Formal; afectado. 3. Que no tiene error apreciable; no más que y no menos que. 4. Particular, singular, idéntico. **The precise spot**, el paraje idéntico. **Precise manners**, maneras formales.

precisely [prɪ'saɪslɪ] [pri-sais-li], *adv.* 1. Precisamente, exactamente. **At three o'clock precisely**, a las tres en punto. 3. Formalmente.

preciseness [prɪ'saɪsnɪs] [pri-sais-nes], *s.* Precisión, exactitud; afectación o gravedad afectada; formalismo, ceremonia.

precision [prɪ'sɪʒən] [pri-si-shon], *s.* 1. Precisión, limitación exacta, exactitud. **Precision timing**, sincronización. 2. Precisión de estilo, la calidad que expresa exactamente lo que el escritor se propone.

precisive [prɪ'sɪsɪv] [pri-si-siv], *a.* Precisivo, que prescinde; preciso, estricto.

preclude [prɪ'kluːd] [pri-klud], *va.* 1. Prevenir, impedir o estorbar alguna cosa anticipadamente (get ready). 2. Echar fuera, excluir. **The one does not preclude the other**, lo uno no excluye lo otro. **To preclude the possibility of**, hacer imposible.

precocious [prɪ'kəʊʃəs] [pri-kou-shos], *a.* 1. Precoz, que tiene desarrolladas prematuramente las facultades mentales. 2. Precoz, maduro antes del tiempo natural, prematuro, adelantado.

precociousness [prɪ'kəʊʃəsnɪs] [pri-kou-shos-nes], **precocity** [prə'kɒsɪtɪ] [pri-ko-si-ti], *s.* Precocidad, madurez anticipada, desarrollo prematuro de las facultades mentales.

precogitate [prɪ'kədʒɪteɪt] [pri-ko-yi-teit], *va.* Premeditar.

precognition [ˌpriːkɒg'nɪʃən] [pri-kog-ni-shon], *s.* Precognición, conocimiento anticipado, conocimiento previo.

preconceive ['priːkən'siːv] [pri-kon-siv], *va.* Concebir, opinar o imaginar anticipadamente.

preconceived ['priːkən'siːvd] [pri-kon-sivd], *a.* Preconcebido.

preconception ['priːkən'sepʃən] [pri-kon-sep-shon], *s.* 1. Preocupación, concepto anticipado, concepción formada de antemano. 2. Idea preconcebida.

preconcert ['priːkənsɜːt] [pri-kon-sert], *va.* Concertar de antemano.

preconcert, *s.* Acuerdo anticipado, lo convenido con anterioridad.

precondition ['priːkən'dɪʃən] [pri-kon-di-shon], *s.* Condición previa.

precook [ˌpriː'kʊk] [pri-kuk], *vt.* Precocinar.

precordial [priː'kɔːdɪəl] [pri-kor-dial], *a.* Precordial, relativo al diafragma o a las partes anteriores del corazón.

precursive, precursory [priː'kɜːsɪv] [pri-ker-siv] [priː'kɜːsərɪ] [pri-ker-so-ri], *a.* Precursor, que va delante; que advierte, informa o predice de antemano.
precursor [priː'kɜːsər] [pri-ker-sar], *s.* Precursor, el o lo que va delante, que precede a un hombre o a un acontecimiento y anuncia su venida.
predate ['priː'deɪt] [pri-deit], *vt.* Antedatar, poner una fecha anterior.
predator ['priː'deɪtər] [pri-dei-tar], *s.* Depredador.
predatory ['predətərɪ] [pre-da-to-ri], *a.* Perteneciente a hurto o rapiña; de presa, de botín; rapaz, voraz.
predeceased ['priːdɪ'siːst] [pri-di-sist], *a.* Muerto antes que otro.
predecessor ['priːdɪsesər] [pri-di-se-sar], *s.* Predecesor, antecesor, antepasado, abuelo, persona que ha precedido a alguien en el ejercicio de las mismas funciones.
predestinate ['priːˌdestɪneɪt] [pri-des-ti-neit], *va.* Predestinar, destinar de antemano o desde el principio de las cosas.
predestination ['priːˌdestɪ'neɪʃən] [pri-des-ti-nei-shon], *s.* 1. Predestinación, destinación, anterior de alguna cosa. 2. *(Theol.)* Predestinación, ordenación de la voluntad divina con que **ab aeterno** tiene elegidos a los que por medio de su gracia han de lograr la gloria.
predestine [priː'destɪn] [pri-des-tin], *va.* Predestinar; ordenar de antemano. **To be predestined**, estar predestinado.
predeterminate ['priːdɪˌtɜːmɪneɪt] [pri-di-ter-mi-neit], *a.* Predeterminado, determinado de antemano.
predetermination ['priːdɪˌtɜːmɪ'neɪʃən] [pri-di-ter-mi-nei-shon], *s.* Predeterminación.
predetermine ['priːdɪ'tɜːmɪn] [pri-di-ter-min], *va.* Predeterminar, o determinar con anterioridad.
predicable ['predɪkəbl] [pre-di-ka-bol], *a.* Predicable, que se puede afirmar o decir de un sujeto. *-s. (Log.)* Predicable, categorema.
predicament [prɪ'dɪkəmənt] [pre-di-ka-ment], *s.* Predicamento, clase, categoría; estado, condición; particularmente, trance apurado, embrazoso, situación difícil o divertida. **Your sister is in a predicament,** tu hermana está en un aprieto.
predicate ['predɪkɪt] [pre-di-kit], *va.* Predicar o más comúnmente predicarse, decir, afirmar o negar en la enunciación una cosa de otra. *-vn.* Afirmarse.
predicate, *s.* 1. *(Gram.)* Predicado, lo que se afirma o niega en una proposición. 2. Calidad inherente a una cosa o que se afirma de ella, atributo.
predication ['predɪkeɪʃən] [pre-di-kei-shon], *s.* Afirmación de alguna cosa.
predicative [prɪ'dɪkətɪv] [pri-di-ka-tiv], *a.* Predicativo.
predict [prɪ'dɪkt] [pri-dikt], *va.* Predecir, decir de antemano lo que ha de acaecer; profetizar, pronosticar. **They predict that he's going to win the tennis match,** predicen que va a ganar el partido de tenis.
predictable [prɪ'dɪktəbl] [pri-dik-ta-bol], *a.* Predecible, previsible. **He's so predictable**, es tan previsible.
predictably [prɪ'dɪktəblɪ] [pri-dik-ta-bli], *adv.* De manera previsible.
prediction [prɪ'dɪkʃən] [pri-dik-shon], *s.* Predicción, profecía (prophecy).
predictive [prɪ'dɪktɪv] [pri-dik-tiv], *a.* Que predice, que anuncia de antemano.
predictor [prɪ'dɪktər] [pri-dik-tar], *s.* Adivino, pronosticador.
predigestion [ˌpriːdaɪ'dʒesʃən] [pri-dai-yes-shon], *s.* 1. La digestión artificial o peptonización del alimento, v. g. para las personas achacosas. 2. Masticación, insalivación, funciones preliminares de la digestión.
predilection [priːdɪ'lekʃən] [pri-di-lek-shon], *s.* Predilección, preferencia. **I have predilection for your brother**, tengo predilección por tu hermano.
predisponent [priː'dɪspənənt] [pri-dis-po-nent], *a.* Predisponente, que predispone, que causa una predisposición.
predispose ['priːdɪs'pəuz] [pri-dis-pous], *va.* Predisponer, disponer con anticipación; preparar para recibir alguna impresión.
predisposed ['priːdɪs'pəust] [pri-dis-poust], *a.* Predispuesto.
predisposition ['priːˌdɪspə'zɪʃən] [pri-dis-po-si-shon], *s.* 1. Predisposición, disposición natural, propensión, predilección (tendency). 2. Predisposición, circunstancia que facilita el desarrollo de una enfermedad. **George has predisposition to fall in love**, Jorge tiene propensión a enamorarse.
predominance [prɪ'dɒmɪnəns] [pri-do-mi-nans], *s.* Predominio, predominación; ascendiente, superioridad en fuerza, infuencia o grado.
predominant [prɪ'dɒmɪnənt] [pri-do-mi-nant], *a.* Predominante.
predominantly [prɪ'dɒmɪnəntlɪ] [pri-do-mi-nant-li], *adv.* Predominantemente.
predominate [prɪ'dɒmɪneɪt] [pri-do-mi-neit], *va.* Predominar, prevalecer, mandar o influir con predominio.
pre-eminence [priː'emɪnəns] [pri-e-mi-nens], *s.* Preeminencia, excelencia especial, superioridad de posición, calidad o excelencia; supremacía.
pre-eminent [priː'emɪnənt] [pri-e-mi-nent], *a.* 1. Preeminente, de primer orden o mérito, supremo. 2. Extraordinario, extremo, superlativo.
pre-empt [priː'em*p*t] [pri-empt], *va. (E.U.)* Obtener el derecho de preferencia en la compra de terrenos públicos; establecer un título anterior. *-vn.* Apropiar un terreno público por el privilegio de compra anterior.
pre-emptible [priː'em*p*tɪbl] [pri-emp-ti-bol], *a.* Sujeto al derecho de compra de una persona determinada.
pre-emption [priː'em*p*ʃən] [pri-emp-shon], *s.* 1. El derecho de comprar antes que otros. 2. *(G.B.)* El privilegio que gozaba antiguamente el rey de comprar las provisiones para la casa real, con preferencia a todos sus súbditos.
pre-emptive [priː'em*p*tɪv] [pri-emp-tiv], *a.* Preventivo, preferente.
pre-emptor [priː'em*p*tər] [pri-emp-tar], *s.* El que goza el derecho de comprar un terreno con preferencia a todo otro comprador, por ser verdadero colono.
preen [priːn] [priin], *va.* 1. Limpiar, concertar y componer sus plumas las aves. 2. **To preen oneself**, acicalarse una persona (person).
pre-establish ['priːɪs'tæblɪʃ] [pri-is-ta-blish], *va.* Preestablecer, establecer de antemano o a prevención.
pre-exist ['priːɪg'zɪst] [pri-ik-sist], *vn.* Preexistir, existir antes.
pre-existence ['priːɪg'zɪstəns] [pri-ik-sis-tans], *s.* 1. Preexistencia, existencia anterior. 2. Existencia del alma antes de la vida humana.
pre-existent ['priːɪg'zɪstənt] [pri-ik-sis-tant], *a.* Preexistente.
prefabricate ['priː'fæbrɪkeɪt] [pri-fa-bri-keit], *vt.* Prefabricar.
prefabricated ['priː'fæbrɪkeɪtɪd] [pri-fa-bri-kei-tid], *a.* Prefabricado, construido de antemano.
preface ['prefɪs] [pre-fis], *s.* 1. Prefación, prefacio, prólogo; discurso preliminar y corto de un libro; se diferencia de la introducción. 2. Cualquier prólogo, o acción preliminar.
preface, *va.* Hacer o poner un prólogo a un libro; decir alguna cosa en forma de introducción al discurso que se va a hacer. *-vn.* Decir, o hacer, a manera de prólogo.
prefatory ['prefətərɪ] [pre-fa-to-ri], *a.* Preliminar; de la naturaleza de un prólogo, que sirve de prólogo.
prefect ['priːfekt] [pri-fekt], *s.* 1. Prefecto, una dignidad, un poder tutelar jefe entre los romanos. 2. En Francia y en el Perú, prefecto gobernador de una provincia o departamento.
prefectship ['priːfektʃɪp] [pri-fekt-ship], *s.* Prefectura, dignidad o territorio de un prefecto.
prefecture ['priːfektʃər] [pri-fek-char], *s.* Prefectura; funciones o jurisdicción de un prefecto; también, el edificio oficial para su uso.

prefer [prɪ'fɜːʳ] [pri-feʳ], 1. Preferir, anteponer . 2. Elevar, exaltar (exalt). 3. Proponer en público; ofrecer solemnemente; exhibir o manifestar alguna cosa; presentar. 4. Dar preferencia, como a un acreedor antes de otros. Se usa con la prep. *to*, algunas veces con *above*, y rara vez *before*.

preferable ['prefərəbl] [pre-fe-ra-bol], *a.* Preferible, más deseable, digno de escogimiento.

preferableness ['prefərəblnɪs] [pre-fe-ra-bol-nes], *s.* El estado de lo que es preferible o digno de anteponerse a otra cosa.

preferably ['prefərəblɪ] [pre-fe-ra-bli], *adv.* Preferiblemente, por preferencia, de preferencia.

preference ['prefərəns] [pre-fe-rans], *s.* Preferencia, la acción de preferir, el estado de ser preferido, o la cosa preferida. *(Com.)* **Preference shares**, acciones preferentes.

preferential [ˌprefə'renʃəl] [pre-fe-ren-shal], *a.* Que posee, constituye, implica, o procede de la preferencia.

preferment [prɪ'fɜːmənt] [pri-fer-ment], *s.* 1. Promoción, elevación a alguna dignidad o empleo más eminente que el que uno tenía (promotion). 2. Puesto, empleo u oficio honorífico o lucrativo.

prefiguration [ˌpriːfɪgə'reɪʃən] [pri-fi-ga-rei-shon], *s.* Prefiguración.

prefigurative ['preɪ'fɪgərətɪv] [prif-i-gu-ra-tiv], *a.* Que muestra por figuras, por tipos anteriores.

prefigure [priː'fɪgəʳ] [pri-fi-gaʳ], *va.* Prefigurar, representar anticipadamente la forma o figura de alguna cosa (foresee).

prefix ['priːfɪks] [pri-fiks], *va.* 1. Prefijar, determinar o señalar anticipadamente. 2. Fijar, establecer.

prefix, *s. (Gram.)* Prefijo, afijo, la partícula o sílaba puesta delante de una palabra o término que hace variar su significación.

pregnancy ['pregnənsɪ] [preg-nan-si], *s.* 1. Preñez, preñado, el estado de la mujer encinta o de la hembra preñada (embarrass). 2. Fertilidad, fecundidad. 2. *(Fig.)* Importancia, gravedad.

pregnant ['pregnənt] [preg-nant], *a.* 1. Preñada (animals), embarazada, encinta (women). 2. Fértil, abundante, copioso (fertile). 3. Fecundo en consecuencias, grave, que conduce a resultados importantes; seguido comúnmente de *with*. 4. Lleno, repleto; que importa mucho. 5. En retórica y en lógica que implica más de lo que se expresa. 6. Poderoso, convincente.

pregnantly ['pregnəntlɪ] [preg-nant-li], *adv.* Copiosamente, abundantemente, plenamente, fecundamente.

prehensible [prɪ'hensɪbl] [pri-jen-si-bol], *a.* Capaz de ser aprehendido o asido.

prehensile [prɪ'hensaɪl] [pri-jen-sail], *a.* Prensil.

prehistoric ['priːhɪs'tɒrɪk] [pri-jis-to-rik], *a.* Prehistórico, perteneciente a la prehistoria, a los tiempos a que no alcanza la historia.

prehistory ['priː'hɪstərɪ] [pri-jis-to-ri], *sf.* Prehistoria.

prejudge ['priː'dʒʌdʒ] [pri-yach], *va.* Prejuzgar, juzgar o formar juicio de alguna cosa antes del tiempo debido.

prejudgment ['priː'dʒʌdʒmənt] [pri-yach-ment], *s.* Prejuicio, juicio o condenación sin examen.

prejudice ['predʒʊdɪs] [pre-yu-dis], *s.* 1. Prevención, prejuicio, preocupación del ánimo o de la voluntad; prevención, juicio anticipado, opinión prematura a favor o en contra de una persona. 2. Perjuicio, daño, detrimento. **To the prejudice of**, en o con perjuicio de.

prejudice, *va.* 1. Preocupar, prevenir, impresionar el ánimo o la voluntad de alguno. 2. Perjudicar, hacer daño, causar pérdida a otro.

prejudicial [ˌpredʒʊ'dɪʃəl] [pre-yu-di-shal], *a.* Prejudicial, dañoso, nocivo (harmful).

prejudicially [ˌpredʒʊ'dɪʃəlɪ] [pre-yu-di-sha-li], *adv.* Perjudicialmente, con perjuicio.

prelacy ['preləsɪ] [pre-la-si], *s.* 1. Prelacía, dignidad u oficio de prelado. 2. Episcopado: el cuerpo de obispos.

prelate ['prelɪt] [pre-lit], *s.* Prelado.

prelateship ['prelɪtʃɪp] [pre-lit-ship], *s.* Prelacía, prelatura.

prelature, ['prelɪtʃəʳ] [pre-li-chaʳ], *s.* Prelatura, prelacía.

preliminarily [prɪ'lɪmɪnərɪlɪ] [pri-li-mi-na-ri-li], *adv.* Preliminarmente, por vía de introducción, de una manera preparatoria.

preliminary [prɪ'lɪmɪnərɪ] [pri-li-mi-na-ri], *a.* Preliminar, antecedente, preparativo, introductorio (introductory). *-s.* Preliminar, paso iniciativo, acto preparativo para alguna cosa.

prelude ['preljuːd] [pre-liud], *s.* 1. Preludio, lo que precede y sirve de entrada, prelusión, acción que indica lo que ha de ser la función principal (introduction). 2. *(Mús.)* Preludio, tiento, floreo, arpegio; también, una pieza corta de música que se toca antes de una ceremonia o representación. 3. Presagio, cosa precursora, lo que anuncia un acontecimiento venidero.

prelude, *va. (Mús.)* Florear, hacer floreos. *-vn.* Servir de introducción.

preludial ['preljuːdɪəl] [pre-liu-dial], *a.* Introductorio, de la naturaleza de un preludio; que sirve de prólogo (prologue).

prelusive ['preljuːzɪv] [pre-liu-siv], *a.* Previo, introductorio, que presagia.

premature ['premətʃʊəʳ] [pre-ma-chuaʳ], *a.* Prematuro, intempestivo, precoz, que está maduro o desarrollado antes de tiempo; que se ha hecho, dicho, o concluido antes del tiempo conveniente. **premature fruit, premature judgment**, fruto prematuro, juicio prematuro.

prematurely ['premətʃʊəlɪ] [pre-ma-chua-li], *adv.* Prematuramente; antes del tiempo debido.

prematureness ['premətʃʊənɪs] [pre-ma-chua-nes], *s.* Madurez o sazón antes de tiempo.

premedical ['premedɪkl] [pre-me-di-kal], *a.* Preparatorio para estudiar medicina.

premeditate [priː'medɪteɪt] [pri-me-di-teit], *va.* Premeditar, meditar de antemano; proyectar y resolver anticipadamente. *-vn.* Pensar de antemano (reflect).

premeditation [priːˌmedɪ'teɪʃən] [pri-me-di-tei-shon], *s.* Premeditación, acción de premeditar; designio que ha precedido a la ejecución de un crimen; meditación juiciosa sobre alguna cosa antes de ejecutarla.

premier ['premɪəʳ] [pre-miaʳ], *s.* Primer ministro, el ministro principal del estado. *-a.* Primero, principal.

premiership ['premɪəʃɪp] [pre-mia-ship], *s.* Presidencia del consejo, cargo del primer ministro.

premise ['premɪs] [pre-mis], *va.* 1. Decir o exponer alguna cosa con anterioridad o anticipadamente a otra; sentar o establecer premisas. 2. Postular como una condición precedente.

premise, *s.* 1. Premisa, cada una de las dos primeras proposiciones de un silogismo. 2. Cosa que se da por supuesta; condición existente con anterioridad. 3. *pl. (For.)* 1. Asertos, aserciones anteriores, que van delante; hechos afirmados anteriormente. 2. Aquella parte de un instrumento auténtico que da a conocer la fecha, los nombre de los individuos, el terreno o cosa transferida, y la razón o precio. 3. *pl.* Casa, tierra, posesiones. **In the premises**, tocante al asunto de que se trata, en el particular, en esto, acerca de.

premium ['priːmɪəm] [pri-miom], *s.* 1. Premio, galardón, remuneración (guerdon, reward). 2. Prima o premio de un seguro, la cantidad que se paga al asegurador . 3. Prima, la cantidad prometida o dada por premio en ciertas especulaciones mercantiles; interés, beneficio, premio. **Bottomry premium**, premio de un seguro marítimo, por el riesgo de mar. 4. Premio, prima, aumento de valor sobre el nominal o el de par que adquieren ciertas acciones, fondos, o dinero; aumento de valor en la moneda. **At a premium**, con prima, por encima de la par.

premolar [priː'məʊləʳ] [pri-mou-laʳ], *s.* Premolar (tooth).

premonish [priː'mɒnɪʃ] [pri-mo-nish], *va. (Ant.)* Prevenir, advertir antes.

premonition [ˌpriːmə'nɪʃən] [pri-mo-ni-shon], *s.* Prevención, advertencia o aviso anticipado (presentiment).

premonitory [priː'mɒnɪtərɪ] [pri-mo-ni-to-ri], *a.* Preventivo, que previene a otra cosa, que presagia, o amonesta.

premunition [ˌpriːmjʊ'nɪʃən] [pri-miu-ni-shon], *s.* Acción de fortalecer contra el peligro o la objeción; estado de defensa.

prenatal ['priː'neɪtl] [pri-nei-tal], *a.* Prenatal, antenatal.

prenominate [priː'mnɒmɪnɪt] [pri-no-mi-nit], *va.* Nombrar primero o con anterioridad.

prenticeship ['prentɪʃɪp] [pren-ti-ship], *s.* Aprendizaje.

preocupation [priːˌɒkjʊ'peɪʃən] [prio-kiu-pei-shon], *s.* 1. Preocupación, anticipación en la adquisición de una cosa (worry); el acto o derecho de preocupar; estado de posesión anterior. 2. Preocupación del ánimo (anxiety). 3. *(Des.)* Objeción anticipada.

preoccupied [priː'ɒkjʊpaɪd] [prio-kiu-paid], *pp.* y *a.* 1. Absorto en las propias ideas o en los negocios (absent-minded, inattentive). 2. Que ha sido ocupado anteriormente. 3. Ya en uso, v. g. un nombre científico.

preoccupy [priː'ɒkjʊpaɪ] [prio-kiu-pai], *va.* 1. Preocupar, ocupar antes. 2. Preocupar, prevenir el ánimo; predisponer.

preordain ['priːɔː'deɪn] [prior-dein], *va.* *(Teo.)* Preordinar, determinar de antemano.

preordination [priːˌɔːdaɪ'neɪʃən] [prior-dai-nei-shon], *s.* *(Teo.)* Preordinación.

prepaid ['priː'peɪd] [pri-peid], *a.* Franco de porte, con porte pagado.

preparation [ˌprepə'reɪʃən] [pre-pa-rei-shon], *s.* 1. Preparación, acción y efecto de preparar, disposición, adaptación. 2. Preliminar, precaución (care); hecho que sirve para poner por obra algún plan o designio. 3. El hecho o cualidad de estar o ser preparado, dispuesto, listo (readiness). 4. Cosa preparada, como un compuesto medicinal o químico, o una muestra para el estudio científico. 5. Preparación, el procedimiento de componer o de manipular. 6. Estudio preliminar, instrucción, v. g. para un colegio, o para los negocios. **Preparations for war**, preparativos de guerra.

preparative [prɪ'pærətɪv] [pri-pa-ra-tiv], *a.* Preparativo, preparatorio, que prepara y dispone. *-s.* Preparativo, la cosa dispuesta y preparada.

preparatively [prɪ'pærətɪvlɪ] [pri-pa-ra-tiv-li], *adv.* Previamente, anticipadamente.

preparatory [prɪ'pærətərɪ] [pri-pa-ra-to-ri], *a.* Preparatorio, previo, antecedente, que sirve de introducción, preliminar.

prepare [prɪ'pɛəʳ] [pri-peaʳ], *va.* 1. Preparar, prevenir, disponer, aparejar, poner en disposición propia para alcanzar el fin que se desea (make ready). 2. Proveer de lo necesario o lo conveniente. 3. Disponer el ánimo hacia un estado conveniente o deseable. *-vn.* Prepararse, disponerse, ponerse en disposición de hacer alguna cosa.

prepared [prɪ'pɛədlɪ] [pri-pead-li], *a.* Listo, preparado. **Prepared food,** producto pre-elaborado.

preparedly [prɪ'pɛədlɪ] [pri-pead-li], *adv.* Con las medidas oportunas tomadas de antemano, con preparación.

preparedness [prɪ'pɛədnɪs] [pri-pead-nes], *s.* Estado de preparación.

preparer [prɪ'pɛərəʳ] [pri-pea-raʳ], *s.* Preparador, el que prepara; preparativo.

prepay ['priː'peɪ] [pri-pei], *va.* (pret. y *pp.* PREPAID). Pagar adelantado, pagar anticipadamente; franquear una carta (letter).

prepayment ['priː'peɪmənt] [pri-pei-mant], *s.* Pago adelantado; franqueo.

prepense [prɪ'pens] [pri-pens], *a.* Premeditado, concebido o imaginado antes; por lo común en la locución legal «**with malice prepense**», maliciosa y premeditadamente.

preponderance [prɪ'pɒndərəns] [pri-pon-de-rans], *s.* Superioridad de peso, de influencia, de fuerza, de número; preponderancia.

preponderant [prɪ'pɒndərənt] [pri-pon-de-rant], *a.* preponderante, predominante.

preponderate [prɪ'pɒndəreɪt] [pri-pon-de-reit], *va.* y *vn.* 1. Preponderar, pesar una cosa más que otra. 2. Preponderar o hacer más fuerza una opinión que otra. 3. Arrastrar, llevarse tras sí. 4. Tener más influencia, crédito o influjo.

preposition [ˌprepə'zɪʃən] [pre-po-si-shon], *s.* Preposición.

prepositional [ˌprepə'zɪʃənl] [pre-po-si-sho-nal], *a.* Preposicional, que tiene la fuerza o naturaleza de una preposición.

prepossess [ˌpriːpə'zes] [pri-po-ses], *va.* 1. Preocupar, llenar de preocupaciones; impresionar, imbuir en favor de. 2. Tomar posesión de algo antes que otro; preocupar. 3. Causar buena impresión, predisponer favorablemente.

prepossessing [ˌpriːpə'zesɪŋ] [pri-po-se-sin], *a.* Que produce opinión favorable desde luego, atractivo (pleasant, nice); que predispone a favor de algo.

prepossession [ˌpriːpə'zeʃən] [pri-po-se-shon], *s.* 1. Preocupación, primera impresión que produce una cosa en el ánimo; prevención, opinión preconcebida a favor de alguna persona o cosa (preference). 2. Preocupación, ocupación o posesión anterior.

preposterous [prɪ'pɒstərəs] [pri-pos-te-ros], *a.* 1. Prepóstero, absurdo, contrario a la naturaleza o a la razón; evidentemente impracticable. 2. *(Des.)* Por su origen, trastrocado, hecho al revés o fuera de tiempo. *(Fam.)* Descabellado, sin son ni ton.

preposterously [prɪ'pɒstərəslɪ] [pri-pos-te-ros-li], *adv.* Absurdamente, sin razón, prepósteramente.

preposterousness [prɪ'pɒstərəsnɪs] [pri-pos-te-ros-nes], *s.* Preposteración, trabucación, trastorno o inversión de orden, absurdidad.

prepotency [prɪ'pɒtənsɪ] [pri-po-ten-si], *s.* Prepotencia, predominio.

prepotent ['prɪpɒtənt] [pri-po-tent], *a.* Prepotente, predominante.

prepandial [prɪ'pændɪəl] [pri-pan-dial], *a.* Que ocurre o se hace después de comer.

prepuce ['priːpjuːs] [pri-pius], *s.* Prepucio, piel móvil que cubre el pene.

prerecord ['priːrɪ'kɔːd] [pri-ri-kord], *vt.* Grabar de antemano.

prerequire [priː'rekwaɪəʳ] [pri-re-kuaiaʳ], *va.* Requerir antes, demandar de antemano.

prerequisite ['priː'rekwɪzɪt] [pri-re-kui-sit], *a.* Que se necesita de antemano. *-s.* Requisito necesitado con anticipación para la ejecución de una cosa.

prerogative [prɪ'rɒgətɪv] [pri-ro-ga-tiv], *a.* Prerogativa, privilegio exclusivo o especial. *-a.* Privilegiado.

presage ['presɪdʒ] [pre-sich], **presagement** ['presɪdʒmənt] [pre-sich-ment], *s.* Presagio, pronóstico, presentimiento, anuncio.

presage, *va.* Presagiar, pronosticar, predecir, anunciar.

presageful ['presɪdʒfʊl] [pre-sich-ful], *a.* Que contiene agüero o presagio; ominoso.

presbyter [ˌprez'bɪtəʳ] [pres-bi-taʳ], *s.* Presbitero, sacerdote.

presbyterial [ˌprezbɪ'tɪərɪəl] [pres-bi-tia-rial], *a.* Presbiteral.

presbyterian [ˌprezbɪ'tɪərɪən] [pres-bi-tia-rian], *a.* Presbiteriano. *-s.* Presbiteriano, miembro de la secta protestante.

presbyterianism [ˌprezbɪ'tɪərɪənɪzəm] [pres-bi-tia-ria-ni-sem], *s.* Presbiterianismo.

presbytery ['prezbɪtərɪ] [pres-bi-te-ri], *s.* 1. (Bible) Presbiterio, consejo de ancianos en la Iglesia cristina; cuerpo de ancianos, sean sacerdotes o legos. 2. Presbiterianismo, el sistema de gobierno de una iglesia por presbíteros o ancianos, en oposición a la prelacía y a la independencia. 3. La junta de sacerdotes presbiterianos dentro de un distrito determinado, con un anciano por cada iglesia; tribunal eclesiástico de los presbiterianos. 4. *(Arq.)* Presbiterio, coro. *V.* CHANCEL.

prescience ['presɪəns] [pre-sians], *s.* Presciencia, conocimiento anticipado de las cosas futuras.

prescient ['presıənt] [pre-siant], *a.* Presciente, que sabe lo futuro, que sabe de antemano; también dotado de vista penetrante.

prescind ['presınd] [pre-sind], *va.* y *vn.* 1. Prescindir; separa o apartar una cosa de otra. 2. Prescindir, separar mentalmente una cosa de otra a que está realmente unida. **To prescind from**, hacer abstracción de.

prescribe [prıs'kraıb] [pris-kraib], *va.* 1. Prescribir, señalar, ordenar, determinar alguna cosa (order, mark). 2. Recetar a un enfermo, dar instrucciones para el uso de un remedio. *-vn.* 1. Dar leyes o reglas; particularmente, prescribir un remedio que se ha de emplear, el régimen que ha de seguir un enfermo. 2. *(For.)* Prescribir, adquirir un derecho por una larga posesión o por prescripción; perderse, invalidarse por el transcurso del tiempo.

prescript [prıs'krıpt] [pris-kript], *s.* 1. Norma, regla. 2. *(For.)* Adquirible por la prescripción.

prescription [prıs'krıpʃən] [pris-krip-shon], *s.* 1. Prescripción, acción de prescribir o de dirigir; dirección autoritativa. 2. Precepto, regla (rule). 3. Receta medicinal; también, familiarmente, el medicamento así prescrito. 4. *(For.)* 1. Revindicación o reivindicación, modo de adquirir el dominio de una propiedad por la posesión larga y no interrumpida; también, el número determinado de años después de los cuales se puede reclamar la prescripción. 2. Modo de perder un derecho o título por no haberlo alegado, dentro de un plazo señalado; el número de años después de los cuales no puede alegarse un título o derecho no reclamado; el plazo en que prescribe o se pierde el derecho de incoar un procedimiento criminal.

prescriptive [prıs'krıptıv] [pris-krip-tiv], *a.* 1. Sancionado, autorizado por la costumbre y por el uso prolongado. 2. *(For.)* Adquirido por usufructo o uso inmemorial.

presence ['prezns] [pre-sens], *s.* 1. Presencia, asistencia personal; el estado de una persona que se halla delante de otra, o en el mismo paraje que otra. 2. Presencia, el talle, figura o disposición del cuerpo, proximidad. 3. Presencia, viva memoria de alguna cosa; algo impalpable, pero cercano y perceptible a los sentidos, como una aparición. 4. Asistencia, corte, asamblea de personas, v. g. ante un gran personaje. 5. *(Ant.)* El salón del palacio donde el monarca recibe su corte. 6. Serenidad. **Presence of mind**, presencia de ánimo. **In the presence of**, en presencia de.

present ['preznt] [pre-sent], *a.* 1. Presente, que está delante o en presencia de otro, o concurre con él en el mismo lugar. 2. Presente, actual, hablando de cosas que existen en el tiempo en que uno vive (today). *(Com.)* Actual, corriente. **The present month**, el mes actual o corriente. 3. Presente, que está actualmente fijo en el ánimo. 4. *(Ant.)* Pronto, dispuesto, aparejado. 5. *(Ant.)* Atento, cuidadoso. **At present**, al presente, ahora. **To be present**, presenciar, asistir, concurrir.

present, *s.* 1. Presente, el don, alhaja o regalo que una persona da a otra. 2. Carta de mandamiento. *-pl.* Las escrituras presentes. **Know all men by these presents**, sepan todos por la presente. **To all to whom these presents shall come, greeting**, a todos los que las presentes vieren, salud. 3. *(Gram.)* Tiempo presente. **Presents remove difficulties**, dádivas quebrantan peñas. 4. *(For.)* Las escrituras o documentos presentes. *a.* 1. Presente: **To be present**, estar presente; **to be present at**, estar presente en. **The present company excepted**, mejorando lo presente. 2. Actual, corriente: **present value**, **present worth**, valor actual. 3. *(Gram.)* Tiempo presente.

present, *va.* 1. Presentar, introducir, dar a conocer; poner delante de alguien. **To present a person to another**, presentar una persona a otra. 2. Presentar, dar graciosa y voluntariamente algún regalo, ofrecer, regalar. 3. Presentar, manifestar, mostrar. 4. Presentar un beneficio eclesiástico. 5. Representar, exponer. 6. Apuntar, asestar (un arma). 7. *(For.)* Denunciar, citar. **To present arms**, *(Mil.)* Presentar las armas. **To present oneself**, presentarse, ofrecerse. **To present a person with a thing**, regalar una cosa a alguien.

presentability [ˌprezntə'bılıtı] [pre-sen-ta-bi-li-ti], *s.* Calidad de presentable.

presentable [prı'zentəbl] [pri-sen-ta-bol], *a.* Presentable, que puede presentarse, ofrecerse, mostrarse, exhibirse o representarse.

presentation [ˌprezən'teıʃən] [pre-san-tei-shon], *s.* 1. Presentación; acción de presentar, de ofrecer; introducción; particularmente, ofrecimiento formal de un regalo. 2.Exhibición, representación, manera de exhibir o de presentar algo a la mente. 3. Presentación, posición del feto al nacer. **On presentation**, *(Com.)* A presentación. 4. Derecho de presentación o de patronato. **The Presentation**, fiesta de la Candelaria. *a.* De regalo y obsequio: **Presentation copy**, ejemplar de regalo con dedicatoria.

presentative ['prezntətıv] [pre-sen-ta-tiv], *a.* 1. Que tiene relación con la presentación mental. 2. Que tiene derecho de presentación.

present-day ['preznt'deı] [pre-sent-dei], *a.* De la actualidad, de hoy.

presentee ['prezntiː] [pre-sen-tii], *s.* Presentado, el sujeto propuesto o nombrado para ocupar un beneficio eclesiástico. 2. El que recibe un regalo.

presenter [prı'zentə^r] [pre-sen-ta^r], *s.* 1. Presentador, el que presenta o propone para un beneficio eclesiástico. 2. El que hace un regalo.

presentiment [prı'zentımənt] [pri-sen-ti-ment], *s.* Presentimiento, cierto movimiento interior que hace presagiar lo que ha de acontecer, especialmente idea de que amenaza una calamidad o desgracia.

presently ['prezntlı] [pre-sent-li], *adv.* 1. Luego, de aquí a poco, dentro de poco. 2. *(Ant.)* Inmediatamente, al punto, sin dilación.

preservable [ˌprezə'vəbl] [pre-ser-va-bol], *a.* Preservable, que se puede preservar.

preservation [ˌprezə'veıʃən] [pre-sa-vei-shon], *s.* Preservación, conservación (maintenance).

preservative [prı'zɜːvətıv] [pri-ser-va-tiv], *a.* Preservativo, que tiene virtud o eficacia para preservar; conservador. *-s.* 1. Preservativo, lo que sirve para preservar o que tiende a preservar; defensa, salvaguardia (defence); profiláctico. 2. Sustancia añadida a los productos que se conservan para su mantenimiento.

preservatory [prı'zɜːvərı] [pri-ser-va-to-ri], *a.* Preservativo, que tiene la facultad de preservar o proteger. *s.* 1. Sitio para conservar. 2. Asilo para mujeres pobres o sin trabajo.

preserve [prı'zɜːv] [pri-serv], *va.* 1. Asegurar, poner o mantener en seguridad; proteger contra un daño o preservar, sacar de peligro, librar de la destrucción o de la muerte. 2. Preservar, guardar, conservar, mantener en buen estado (maintain). 3. Preservar, poner al abrigo de la corrupción; conservar, hacer almíbar, almibarar. *-vn.* Hacer conservas de frutas, confitarlas o almibararlas. **To preserve the health**, conservar la salud. **To preserve appearances**, guardar las apariencias.

preserve, *s.* Conserva, confitura.

preserved [prı'zɜːvd] [pri-servd], *a.* En conserva, confitado, en almíbar: **preserved fruit**, fruta en conserva.

preserver [prı'zɜːvə^r] [pri-ser-va^r], *s.* 1. Preservador, confitero. 2. Antiguamente conservero. 3. Conservador, el que protege o defiende contra la destrucción o el mal.

preside [prı'zaıd] [pri-said], *vn.* 1. Presidir (lead). 2. Gobernar, dirigir (govern): (se usa con la prep. *over*). 3. Estar en primer lugar, en lugar distinguido.

presidency ['prezıdənsı] [pre-si-dan-si], *s.* Presidencia; superintendencia; funciones de presidente; tiempo durante el cual ejerce sus funciones un presidente.

president ['prezıdənt] [pre-si-dent], *s.* 1. Presidente, funcionario elegido o nombrado para presidir una corporación, sociedad o asamblea de personas y dirigir sus deliberaciones, particularmente, el jefe del poder ejecutivo en las repúblicas. 2. Rector de ciertas universidades.

presidentess ['prezɪdəntnɪs] [pre-si-dant-nes], *s.* Presidenta.

presidential [,prezɪ'denʃəl] [pre-si-den-shal], *a.* Presidencial, perteneciente a una presidencia, o a un presidente; que preside. **Presidential year**, año de elecciones presidenciales.

presidentship ['prezɪdənt'ʃɪp] [pre-si-dant-ship], s. Presidencia, cargo.

presider ['prɪzaɪdə^r] [pri-sai-da^r], s. Presidente, el que preside.

presidium [prɪ'sɪdɪəm] [pri-si-diom], s. Presidium (órgano de gobierno soviético).

press [pres] [pres], *va.* 1. Aprensar, prensar, apretar, estrujar u oprimir en una prensa, laminar (crush, tighten). 2. Aprensar, apretar; afligir, oprimir, angustiar; estrujar a una persona (squeeze). 3. Compeler, obligar (oblige); impeler con violencia. 4. Apresurar, dar prisa (hurry). 5. Apretar, instar con eficacia. 6. Apretar, estrechar, acosar, perseguir de cerca. 7. Recalcar, ajustar o apretar mucho una cosa sobre otra. 8. Hacer levas, enganchar soldados. *V.* To IMPRESS. 9. Abrazar estrechamente, acariciar. 10. Acosar, incomodar, hostigar, fatigar; abrumar, causar pena. 11. Alisar o dar forma por medio de la presión, satinar. *-vn.* 1. Obrar por el peso o la fuerza; ejercer presión. 2. Avanzar sobre, adelantarse con ardor o enérgicamente, hacer esfuerzos para progresar, apresurarse. 3. Urgir, instar con vehemencia, apurar. 4. Agolparse la gente alrededor de una persona o cosa, apiñarse. 5. Acercarse demasiado por pura curiosidad; instar importunamente. 6. Hacer fuerza con algún argumento, razón, etc. **To hot-press**, prensar con planchas calientes. **To press a benefit upon one**, hacer a uno algún favor a su pesar. **To press down**, apretar o estrujar a uno hasta hacerle caer o hasta dejarlo imóvil. **He pressed him to his breast**, le estrechó contra su pecho. **Pressed for money**, necesitado; impulsado por la falta de dinero. **To press clothes**, alisar, planchar la ropa. **To press on, to press forward**, impeler hacia adelante, hacer adelantar; apresurarse, adelantarse con ardor. **The feet press the ground**, los pies pisan el suelo. **To press into service**, enganchar soldados.

press, *s.* 1. Turba, muchedumbre de gente. 2. Acción de esforzarse hacia adelante o de apiñarse. 3. Prisa, urgencia de asuntos; peso (in bussiness). **Press of business**, presión, urgencia de los negocios. 4. Prensa, máquina que sirve para apretar o exprimir, para alisar y dar lustre a los tejidos, para imprimir y otros usos. **Wine-press**, prensa de lagar. **Cloth-press**, prensa de paños. 5. Prensa de impresor, imprenta en general y sus productos; también, el conjunto de los redactores, gacetilleros, repórters, etc., empleados en los diarios o periódicos. 6. Armario, cajón de madera en forma de alacena para poner ropa y otras cosas. 7. Leva, recluta, enganche. *V.* IMPRESSMENT. **To go to press, to send to press**, poner en prensa. **To correct for the press**, corregir pruebas de imprenta. **Liberty of the press**, libertad de la prensa, de imprenta. **To have a good** o **bad press**, tener buena o mala prensa. **Press-proof,** 1. La última prueba tomada antes de imprimir. 2. Una prueba tomada con cuidado. **Hot press, cold press**, prensa para satinar, en caliente o en frío. *a.* 1. De prensa, de imprenta, de enganche. **Press agent**, agente de publicidad; **press galery**, **press box**, tribuna de prensa; **press conference**, conferencia de prensa. **Press proof** prueba de prensa. *(Mil.)* **Press gang**, patrulla de enganche; **press money**, prima de enganche.

presser ['presə^r] [pre-sa^r], *s.* Aprensador, prensador. 2. Planchador. 3. Prensa (grape). 4. **Presser** o **presser foot**, prensatelas de una máquina de coser.

pressgang ['presgæŋ] [pres-gang], *s.* Ronda de matrícula, empleada para enganchar o hacer levas para la marina o el ejército.

pressing ['presɪŋ] [pre-sin], *a.* 1. Urgente, que insta, importante. 2. Importuno, pesado en sus solicitaciones. *-s.* *V.* PRESSURE. **Pressing-boards**, cartones lustrosos para prensar paño. **Pressing-iron**, plancha. **Pressing out**, expresión, acción de extraer el zumo. **Pressing together**, apiñamiento.

pressingly ['presɪŋlɪ] [pre-sin-li], *adv.* Apretadamente, urgentemente.

pressman ['presmæn] [pres-man], *s.* 1. Prensador, el que tiene a su cargo una prensa, prensista *(Typ.)*. 2. Obrero que prensa el paño. 3. Reclutador, el que engancha gente para la marina o el ejército. 4. El hombre, soldado o marinero alistado en el servicio público. 5. *(Eng.)* Periodista.

press-room ['presrʊm] [pres-rum], *s.* Taller de imprenta, local donde están las prensas de imprimir.

pressure ['preʃə^r] [pre-sha^r], *s.* 1. Presión, la acción de apretar, estrujar o comprimir; prensadura, acción de prensar; el estado de ser apretado, prensado o comprimido. 2. Fuerza mecánica, medida comúnmente en libras; fuerza mecánica de cualquier especie. 3. Fuerza moral determinante, impulso eficaz. 4. Urgencia, prisa, ímpetu, exigencia sobre el tiempo o la energía de alguien (hurry). 5. Ahogo, opresión, aprieto, congoja, vejación, apretura. 6. *(Elect.)* Tensión. *a.* De presión, de tensión; **pressure coil**, bobina de tensión. **Pressure gauge**, manómetro, indicador de presión; **Pressure group**, minoría que ejerce influencia sobre los legisladores o la opinión pública.

pressure cooker ['preʃə,kʊkə^r] [pre-sha-ku-ka^r], *s.* Olla a presión. *(Mex.)* Olla express.

pressurize ['preʃəraɪz] [pre-sha-rais], *va.* *(Aer.)* Sobrecomprimir. **Pressurized cabin**, cabina a presión.

presswork ['presw3ːk] [pres-uek], *s.* 1. *(Impr.)* Manejo y manipulación de la prensa tipográfica, tirada, el trabajo hecho por la prensa. 2. Ebanistería hecha con chapas colocadas al través, encoladas y prensadas mientras están calientes.

prestation [pres'teɪʃən] [pres-tei-shan], *s.* 1. Pago de dinero, v. g. por peaje, el hacer un servicio o deber; antiguamente, préstamo, cantidad que los clérigos anglicanos pagaban anualmente a los obispos. 2. Prestación de un servicio obligado.

prestidigitation ['prestɪ,dɪdʒɪ'teɪʃən] [pres-ti-di-yi-tei-shon], *s.* Prestidigitación, juegos de manos.

prestige [pres'tiːdʒ] [pres-tich], *s.* Prestigio, buena reputación, fama, influencia moral o autoridad basada en el poder o los triunfos pasados.

prestigious [pres'tiːdʒɪəs] [pres-ti-yios], *a.* Prestigioso.

prestimony ['prestɪmɒnɪ] [pres-ti-mo-ni], *s.* Prestimonio, prestamera, prebenda eclesiástia de la Iglesia católica romana.

presto ['prestəʊ] [pres-tou], *adv.* 1. En música, en compás vivo y animado. 2. Presto, luego, al instante (fast).

presumable [prɪ'zjuːməbl] [pri-siu-ma-bol], *a.* Presumible; razonable.

presumably [prɪ'zjuːməblɪ] [pri-siu-ma-bli], *adv.* Sin examen, por presunción.

presume [prɪ'zjuːm] [pri-sium], *va.* 1. Presumir, suponer o creer alguna cosa sólo por indicios (assume, suppose); afirmar sin prueba. 2. Presumir, estar muy satisfecho o pagado de sí. 3. Atreverse a hacer una cosa sin derecho o permiso para hacerla (dare). *-vn.* Vanagloriarse, jactarse. **To presume on** o **upon**, suponer; contar con; imaginarse; vanagloriarse de. **To presume upon**, estar muy satisfecho o pagado de, contar con, tener demasiada confianza en algo. **To presume to**, tomarse la libertad de.

presumed [prɪ'zjuːmd] [pri-siumd], *a.* Presunto.

presumer [prɪ'zjuːmə^r] [pri-siu-ma^r], *s.* Un presumido, un hombre arrogante o presuntuoso.

presumption [prɪ'zʌmpʃən] [pri-samp-shon], *s.* 1. Presunción, sospecha, conjetura (suspicion). 2. Presunción, vanidad, confianza en sí mismo. 3. La confianza que se tiene en una cosa presupuesta. 4. Argumento muy fuerte. 5. Temeridad, acción de emprender alguna cosa contra las probabilidades ordinarias. **The presumption is that it will take place**, puede presumirse, pensarse, que eso se realizará.

presumptive [prɪ'zʌmptɪv] [pri-samp-tiv], *a.* 1. Presuntivo, supuesto, presupuesto, que da origen a una presunción, fundado sobre una presunción o un testimonio probable; que puede creerse razonablemente. 2. *(Des.)* Presuntuoso.

presumptively [prɪ'zʌmptɪvlɪ] [pri-samp-tiv-li], *adv.* Según presunción, por vía de conjetura.

presumptuous [prɪ'zʌmptjʊəs] [pri-samp-tiuos], *a.* 1. Presuntuoso, presumido, arrogante, vano, insolente, irreverente. 2. Atrevido, arrojado, que confía excesivamente.

presumptuously [prɪ'zʌmptjʊəslɪ] [pri-samp-tiuos-li], *adv.* Presuntuosamente.

presumptuousness [prɪ'zʌmptjʊəsnɪs] [pri-samp-tiuos-nes], *s.* Presunción, calidad de presuntuoso o arrogante, orgullo, arrogancia, vana confianza, irreverencia.

presuppose [ˌpriːsə'pəʊz] [pri-su-pous], *va.* Presuponer, implicar como antecedente; suponer de antemano.

presupposition [ˌpriːsʌpə'zɪʃən] [pri-sa-pa-si-shon], *s.* Presuposición, presupuesto.

pretence [prɪ'tens] [pri-tens], *s.* Lo mismo que PRETENSE.

pretend [prɪ'tend] [pri-tend], *va.* 1. Aparentar, mostrar o dar a entender lo que no es o lo que no hay, dar por pretexto, fingir (fake, simulate); hacerse el, o que. 2. Pretender, intentar. 3. Pretender, procurar o solicitar alguna cosa. 4. Afirmar falsamente, alegar sin verdad. **To pretend to be**, fingirse, dárselas de. *-vn.* 1. Afectar; presumir o preciarse de; aspirar a lograr alguna cosa o creer tener derecho a ella. **To pretend to**, pretender a. 2. Disfrazarse.

pretender [prɪ'tendəʳ] [pri-ten-daʳ], *s.* Pretendiente.

pretendingly [prɪ'tendɪŋlɪ] [pri-ten-din-li], *adv.* Arrogantemente, presuntuosamente.

pretense [prɪ'tens] [pri-tens], *s.* 1. Pretexto, motivo simulado, causa aparente, supuesta razón aparente para ocultar un motivo; ficción, máscara, velo (fiction). 2. Pretensión, afectación, simulación. 3. Pretensión, el derecho bien o mal fundado que alguno juzga tener a una cosa. 4. Intención, designio, proyecto. **Under pretence of**, so pretexto de. **Under false pretences**, con engaño, con dolo.

pretenseless [prɪ'tenslɪs] [pri-tens-les], *a.* Falto de pretensiones.

pretension [prɪ'tenʃən] [pri-ten-shon], *s.* 1. Pretensión, el derecho bien o mal fundado que alguno juzga tener sobre una cosa; pretexto.2. Ostentación de un carácter particular, sea simulada o mal entendida; afectación. 3. Afirmación atrevida o presuntuosa.

pretentious [prɪ'tenʃəs] [pri-ten-shos], *a.* 1. Con pretensiones, afectado, vanaglorioso, presumido; llamativo. 2. Ambicioso, vasto.

preter-, *s.*, Prefjijo latino que significa fuera de, más o más allá.

preterit, preterite ['pretərɪt] [pre-te-rit], *a. (Gram.)* Pasado, pretérito. *-s.* Tiempo pretérito o pasado del verbo. *V.* AORIST.

preterition ['pretərɪʃən] [pre-te-ri-shon], *s.* 1. Preterición, pretermisión. 2. *(Ret.)* Preterición, figura que consiste en aparentar que se quiere omitir o pasar por alto aquello mismo que se dice expresamente.

preterm [ˌprɪ'tɜːm] [pre-term], *a.* Prematuro.

pretermit [ˌprɪ'tɜːmɪt] [pre-ter-mit], *v.*1. Pasar por alto, omitir. 2. Interrumpir.

preternatural [ˌprɪtə'nætʃrəl] [pri-tar-na-chu-ral], *a.* Preternatural, extraordinario, inexplicable, poco común; se diferencia de antinatural.

preternaturally [ˌprɪtə'nætʃrəlɪ] [pri-tar-na-chu-ra-li], *adv.* Preternaturalmente.

pretext ['priːtekst] [pri-tekst], *s.* Pretexto, motivo fingido, razón ficticia; excusa.

pretor ['prɪtəʳ] [pri-taʳ], *s.* Pretor, magistrado romano.

pretorian, [prɪ'tɔːrɪən] [pri-to-rian], *a.* 1. Pretoriano, pretorial, tocante o perteneciente al pretor. 2. Pretoriano, se aplica a los soldados de la guardia de los emperadores romanos.

prettily ['prɪtɪlɪ] [pri-ti-li], *adv.* Lindamente, bonitamente; agradablemente.

prettiness ['prɪtɪnɪs] [pri-ti-nes], *s.* Lindeza; calidad de bonito, cierta belleza, elegancia o gentileza; gracia.

pretty ['prɪtɪ] [pri-ti], *a.* 1. Lindo, bien parecido, bonito, moderadamente bello o hermoso (pretty, nice). 2. Afectado, lindo, hablando irónicamente. 3. Mediano, ni muy pequeño ni muy grande, pasadero; suficiente, bastante. 4. Agradable, dulce, encantador, precioso. **A pretty while**, un buen rato. **A pretty penny**, un dineral, un buen pico. **Pretty-pretty**, chuchería. *-adv.* Algo, algún tanto, un poco. **Pretty well**, medianamente, tal cual, no mal, bastante bien. **Pretty near**, bastante cerca, poco más o menos, a corta distancia.

prevail [prɪ'veɪl] [pri-veil], *vn.* 1. Prevalecer, vencer, ser superior, poder o valer más; sobresalir, predominar (to take root). 2. Influir, tener influjo; obrar con eficacia. 3. Persuadir, inducir, lograr, conseguir, alcanzar de una persona que haga lo que se quiere (persuade). 4. Esparcirse o extenderse grandemente, estar en boga general; ser muy frecuente. **To prevail on, upon, over** o **against**, ser superior, tener más fuerza, dominar, vencer; supeditar. **To prevail on, upon** o **with**, persuadir, inducir, convencer. **He prevailed upon me to come**, me persuadió a que viniese. **Mohammedanism prevails throughout northern Africa**, el mahometismo predomina en todo el norte de África. **It is a fashion which prevails**, es una moda que está en boga.

prevailing [prɪ'veɪlɪŋ] [pri-vei-lin], *a.* 1. Muy esparcido, extendido, general, común. 2. Predominante, poderoso, eficaz.

prevalence ['prevələns] [pre-va-lans], *s.* 1. Predominio, superioridad, fuerza predominante, eficacia, preponderancia. 2. Uso o aceptación general, ocurrencia común, frecuencia.

prevalent ['prevələnt] [pre-va-lant], *a.* 1. Superior, sobresaliente, predominante, poderoso, dominante (leader, major). 2. General, grandemente esparcido, de frecuente ocurrencia, común. 3. Victorioso, eficaz.

prevalently ['prevələntlɪ] [pre-va-lant-li], *adv.* Eficazmente, poderosamente.

prevaricate [prɪ'værɪkeɪt] [pri-va-ri-keit], *vn.* 1. Usar de lenguaje ambiguo o evasivo para engañar, representar falsamente. 2. *(For.)* prevaricato, el crimen del abogado o procurador que hace traición a su parte, favoreciendo a la contraria.

prevarication ['prɪˌværɪ'keɪʃən] [pri-va-ri-kei-shon], *sf.* Evasiva, tergiversación.

prevent [prɪ'vent] [pri-vent], *va.* 1. Prevenir, precaver, estorbar, impedir (take care). 2. Prevenir, adelantarse o anticiparse a alguno. 3. *(Ant.)* Preceder, guiar, ir delante guiando y facilitando el camino. *-vn. (Des.)* Venir antes de tiempo.

preventative [prɪ'ventətɪv] [pri-ven-ta-tiv], *a.* y *s. V.* PREVENTIVE.

preventer [prɪ'ventəʳ] [pri-ven-taʳ], *s.* Estorbador, el que o lo que impide o precave; especialmente, *(Mar.)* soga, berlinga, cadena o perno auxiliar. **Preventer-brace**, contrabraza. **Preventer-tacks**, contraamuras. **Preventer-lifts**, contraamantillos. **Preventer-shrouds**, contraobenques. **Preventer-sheets**, contraescotas. **Preventer-stay**, estay folar. **Preventer-backstays**, contrabrandales.

prevention [prɪ'venʃən] [pri-ven-shon], *s.* 1. Estorbo, embarazo, la acción de estorbar o impedir, también, lo que impide o sirve de obstáculo. 2. *(Des.)* La acción de ir delante o de tomar la delantera; la acción de preceder. **Prevention is better than cure**, *(Prov.)* Lo mejor es curarse en salud.

preventive [prɪ'ventɪv] [pri-ven-tiv], *a.* 1. Impeditivo; que sirve para porteger contra daño; preservativo, lo que tiene virtud de preservar. 2. *(Des.)* Preventivo, que previene a otra cosa. **Preventive service**, resguardo militar. *-s.* Preservativo, profiláctico; medida preventiva o profiláctica.

preventively [prɪ'ventɪvlɪ] [pri-ven-tiv-li], *adv.* Prevenidamente, anticipadamente, de antemano.

preview ['priːvjuː] [pri-viu], *s.* Exhibición previa, representación especial (de algún espectáculo) antes de verlo el público. *(Cine)* Avance, preestreno.

previous ['priːvɪəs] [pri-vios], *a.* Previo, anticipado, antecedente, anterior, de antemano. **Previous notice**, aviso dado de antemano. **The previous question**, la cuestión previa. **Previous to**, antecedente; antes de. *V.* PREVIOUSLY.

previously ['pri:vɪəslɪ] [pri-vios-li], *adv.* De antemano, anticipadamente, anteriormente. **Previously to July**, antes de julio.

previse ['pri:vaɪz] [pri-vais], *va.* 1. Prever; conocer de antemano. 2. Prevenir, avisar o amonestar de antemano.

prevision ['pri:vɪʃən] [pri-vi-shon], *s.* Previsión, conocimiento o juicio de lo futuro (pronostic, prediction).

prewar ['pri:wɔ:ʳ] [pri-uoʳ], *a.* De la preguerra, de antes de la guerra.

prey [preɪ] [prei], *s.* 1. Presa, cualquier animal asido por otro para su alimento; de aquí, botín, pillaje, despojo. 2. Víctima. 3. Rapiña, robo. **Beast of prey**, animal de rapiña, animal carnicero. **Bird of prey**, ave de rapiña. **To fall a prey to**, ser presa de.

prey, *vn.* (con *on* o *upon*). 1. Devorar sus presas los animales carniceros. 2. Rapiñar, hurtar, pillar, robar, hacer presa. 3. Irse consumiendo la salud, la vida, etc.; minar, arruinar gradualmente. 4. Pesar, hacer fuerza en el ánimo la razón de alguna cosa; oprimir, agobiar. **To prey upon one´s mind**, preocupar, enloquecer.

pribble ['prɪbl] [pri-bel], s. Disputa o conversaciones tontas.

price [praɪs] [prais], *s.* 1. Precio, el dinero que se paga por alguna cosa. 2. Precio, valor o estimación. 3. Premio, galardón. **Market price**, precio de mercado, precio corriente. **Set price**, precio fijo. **Trade price**, precio con rebaja para los que hacen el mismo comercio. **Full** o **selling price**, precio de venta al público. **Opening price, closing price**, primer curso, último curso (en la Bolsa). **At any price**, a todo precio; cueste lo que cueste, o lo que costare. **To set a price upon one's head**, poner a precio la cabeza de alguno. **Price-list**, lista de precios, cotización. **Cost price**, precio de coste. **Full price**, **selling price**, precio de venta al por menor. **Price control**, control de precios. **Price-current**, la lista de los precios corriente por mayor, derechos, etc., de los géneros.

price, *va.* 1. Valuar, estimar, apreciar, fijar el precio de alguna cosa. 2. *(Fam.)* Preguntar o pedir el precio de. **A priced catalogue**, un catálogo con precios.

priceless ['praɪslɪs] [prais-les], *a.* 1. Inapreciable, demasiado precioso para admitir precio; sin precio. 2. *(Des.)* Bajo precio, sin valor ni mérito.

prick [prɪk] [prik], *va.* 1. Punzar, picar, herir de punta (pierce). 2. Fijar por la punta algún instrumento 3. Apuntar, señalar o marcar alguna cosa con la punta de un instrumento (mark); de aquí, escoger; poner en música una canción. 4. Aguzar, avivar, picar, excitar, estimular, pinchar (incite). 5. *(Mar.)* Compasear la carta de marcar. 6. Enderezar o aguzar las orejas; prestar atención. 7. Perseguir una liebre por medio de pistas. *-vn.* 1. Tener o causar la sensación de una punzada o picadura; picarse. 2. Galopar, arrimar las espuelas o dar de espuelas. 3. Apuntar hacia arriba. 4. *(Prov. Ingl.)* Avinagrarse, ponerse ácido. **To prick on** o **forward**, aguijonear, pisar, aguzar, avivar, estimular. **To prick up**, enderezar, poner derecha una cosa. **To prick up one's ears**, aguzar las orejas, aguzar los oídos, oír o escuchar atentamente; amusgar. **To prick off** o **out**, en jardinería, transplantar las plantas tiernas, por vía de preparación para ponerlas en macetas o cuadros. **To prick the sails**, *(Mar.)* Recoser las velas.

prick, *s.* 1. Punzón, aguijón, acicate, cualquier instrumento puntiagudo. 2. Puntura, herida con instrumento punzante; picadura, punzada. 3. Punzada, el sentimiento interior que causa alguna cosa que aflige el ánimo; espina, escrúpulo o remordimiento de conciencia. **Picks of conscience**, remordimientos. 4. Pista, rastro, huella de venado o liebre. 5. Punto, momento; el tiempo fijo en que se hace alguna cosa. 6. El blanco a que tiran los balleteros . **To kick against the pricks**, dar o tirar coces contra el aguijón; obstinarse en resistir a una fuerza superior. a. 1. **Pick ear**, oreja agudizada. **Pick punch**, punzón de acero.

prick-eared ['prɪkˌɛəd] [prik-ead], *a.* Amusgado; desierto, vivo, impertinente.

pricker ['prɪkəʳ] [pri-kaʳ], *s.* 1. Punzón, instrumento puntiagudo; alesna o lesna. 2. El que pica. 3. Jinete, el que espolea o da espuela al caballo.

pricket ['prɪkɪt] [pri-kit], *s.* 1. Punta sobre que se puede asegurar una vela. 2. Siempreviva menor. 3. El gamo de un año cumplido.

pricking ['prɪkɪŋ] [pri-kin], *s.* 1. Picadura. 2. Punzada, dolor agudo que se repite de cuando en cuando.

prickle ['prɪkl] [pri-kel], *s.* Pincho, púa, espina. **Thorn prickle**, abrojo.

prickliness ['prɪklɪnɪs] [pri-kli-nes], *s.* Calidad de espinoso, abundancia de púas, espinas o pinchos.

prickly ['prɪklɪ] [pri-kli], *a.* Espinoso, lleno de púas; quisquilloso, poco afable (person).

pride [praɪd] [praid], *s.* 1. Orgullo, presunción, vanidad, engreimiento (vanity). 2. Insolencia, altivez (haughtiness). 3. Ostentación, jactancia o vanagloria. 4. Hermosura notable, belleza, amabilidad, ornamento (beauty); de aquí, majestuosidad, pompa, aparato. 5. Dignidad, elevación, esplendor, ostentación. 6. Amor propio (arrogance). 7. Conocimiento interior de la juventud o del poder; fuego, ardor; de aquí, *(Des.)* propensión al coito que tiene las hembras de algunos animales. **He takes pride in doing good**, se precia o gloria en hacer bien. **Pride of the morning**, niebla o chubasco al amanecer.

pride, *va.* Ensoberbecerse, picarse, preciarse o jactarse de alguna cosa regularmente buena. **To pride oneself**, enorgullecerse, ensoberbecerse.

prideful ['praɪdfʊl] [praid-ful], *a.* Orgulloso, altanero; también vano.

prier ['praɪəʳ] [praiaʳ], *s.* Escudriñador, inquiridor, fisgón, husmeador (curious).

priest [pri:st] [prist], *s.* Sacerdote, presbítero, cura, el que preside las ceremonias de un culto religioso.

priestcraft ['pri:stkræft] [prist-kraft], *s.* Superchería, artimaña, embuste o fraude de los ministros de la religión.

priestess ['pri:stɪs] [pris-tis], *sf.* Sacerdotisa.

priesthood ['pri:sthʊd] [prist-jud], *s.* Clero, clerecía, el estado eclesiástico, el sacerdocio.

priestliness ['pri:stlɪnɪs] [prist-li-nes], *s.* Las maneras o modales de los sacerdotes.

priestly ['pri:stlɪ] [prist-li], *a.* Sacerdotal, perteneciente a un sacerdote o a un cura; que conviene a un cura.

prig [prɪg] [prig], *vn.* *(Prvov. Ingl.)* Regatear, bajar el precio.

prig, *s.* 1. Mozuelo presumido, pisaverde; pedante. 2. *(Fam.)* ladrón.

priggish ['prɪgɪʃ] [pri-guish], *a.* Algo presumido y afectado.

priggishness ['prɪgɪʃnɪs] [pri-guish-nes], *s.* Maneras o modales de un pisaverde o un pedante.

prill [prɪl] [pril], *s.* *V.* BRILL.

prim [prɪm] [prim], *a.* Peripuesto, afectado, relamido, estirado, exageradamente ordenado.

prim, *va.* 1. Cerrar (mouth) , apretar, fruncir (lip). 2. Ataviar, poner a uno petimetre o muy majo; hacer carocas o carantoñas.

primacy ['praɪməsɪ] [prai-ma-si], *s.* Primacía, la dignidad y jurisdicción del primado.

primage ['prɪmɪdʒ] [pri-mich], *s.* *(Mar.)* Capa, quintalada.

primal ['praɪməl] [prai-mal], *a.* Primero, que está al principio; original, principal, lo más importante.

primarily ['praɪmərɪlɪ] [prai-ma-ri-li], *adv.* Primariamente, originalmente; sobre todo, principalmente.

primariness ['praɪmərɪnɪs] [prai-ma-ri-nes], *s.* Primado, primacía, prioridad (supremacy).

primary ['praɪmərɪ] [prai-ma-ri], *a.* 1. Primario, primero, primitivo, original, radical (first, original). 2. Principal, de primer orden, fundamental. 3. Elemental, del primer grado, el más bajo. **Primary education**, enseñanza primaria. *-s.* 1. Primero, lo que ocupa el primer puesto en importancia. 2. *(E. U.)* Reunión de los electores de un partido antes de una elección, para nombrar los candidatos. 3. Pluma grande de las que sirven a las aves para volar; ala delantera (insect). 4.

Capital, fundamental, principal. **Primary accent**, acento principal. 5. Elemental. **Primary colors**, colores primarios.

primate ['praɪmɪt] [prai-mit], *s.* 1. Primado, el primero y más preeminente de todos los arzobispos y obispos de un reino. 2. Primates, orden primero de la clase de los mamíferos.

primateship ['praɪmɪtʃɪp] [prai-mit-ship], *s.* Primado, dignidad del primado.

prime [praɪm] [praim], *s.* 1. La primavera de la vida, el estado de mayor vigor o hermosura. 2. El principio de alguna cosa; la madrugada, el alba, el amanecer, el principio del día y a veces se toma por toda la mañana. 3. Ápice, el último grado de perfección. 4. Flor, nata, lo mas escogido o selecto de alguna cosa. 5. Prima, una de las horas canónicas. 6. Señal o signo (') que se pone arriba y hacia la derecha de una letra o guarismo; la pulgada, o el minuto designado por este signo. *-a.* 1. Que está en su mayor verdor o en su estado más floreciente. 2. Primero, original, principal. **At prime cost**, al precio de pie de fábrica, a coste y costas. 3. Primoroso, excelente. 4. Primo, número divisible solamente por sí mismo y por la unidad. 5. Marcado con el signo '. **Prime minister**, primer ministro, el ministro principal del estado.

prime, *va.* 1. Aparejar, preparar. 2. *(Fam.)* Advertir, avisar, noticiar; informar sobre lo que se ha de decir o hacer. 3. Cebar (arm), poner pólvora en la cazoleta de un arma de fuego cargada. 4. Imprimar, cubrir con la primera capa de colores o de argamasa. *-vn.* 1. Servir de cebo; de aquí, poner una persona o cosa en estado de preparación para hacer algo. 2. Llevar agua con el vapor dentro del cilindro; se dice de una caldera de vapor. 3. Acelerarse la marea.

primely ['praɪmlɪ] [praim-li], *adv.* 1. En alto grado, muy bien, excelentemente. 2. *(Des.)* Primeramente, originalmente.

primeness ['praɪmnɪs] [praim-nes], *s.* Primacía, primor, excelencia.

primer ['praɪməʳ] [prai-maʳ], *s.* 1. Cartilla para los niños. 2. Originalmente, el devocionario de Nuestra Señora. 3. Dos grados de letra de imprenta; es decir **long primer**, entredós, filosofía, letra de diez puntos; y **great primer**, texto, letra de dieciocho puntos.

primeval [praɪ'mi:vəl] [prai-mi-val], *a.* Primitivo, primero, original.

priming ['praɪmɪŋ] [prai-min], *s.* 1. El acto de prepararse o alistarse. 2. Cebo, la pólvora que se pone en las cazoletas de las armas de fuego. 3. Lo que es preliminar, o relativamente pequeño, en comparación con otra cosa. 4. Imprimación, la primera capa de colores u óleo que se da a una superficie. 5. En las máquinas de vapor, el primer chorro de mezcla de vapor y agua. **Priming-horn**, polvorín, el frasco para el cebo.

primitive ['prɪmɪtɪv] [pri-mi-tiv], *a.* 1. Primitivo, original; antiguo, que pertenece al principio, al origen, o a los tiempos antiguos, radical, que no es derivado. 2. *(Biol.)* Rudimentario, original, que se halla en estado temprano de su desarrollo. 3. Primitivo, radical, de donde se derivan otras palabras.

primitevely ['prɪmɪtɪvlɪ] [pri-mi-tiv-li], adv. Primitivamente.

primitiveness ['prɪmɪtɪvnɪs] [pri-mi-tiv-nes], s. Estado o carácter primitivo.

primitivist ['prɪmɪtɪvɪst] [pri-mi-ti-vist], a. Primitivista.

primly ['prɪmlɪ] [prim-li], *adv.* De una manera peripuesta, con remilgo, tiesura; puesto de veinticinco alfileres.

primness ['prɪmnɪs] [prim-nes], *s.* Precisión, exactitud, formalidad o gravedad afectada (accuracy, exactness); remilgo en las mujeres.

primogeniture [ˌpraɪməɪ'dʒenɪtʃəʳ] [prai-mou-ye-ni-chaʳ], *s.* 1. Prioridad de nacimiento; derecho de nacimiento. 2. Primogenitura.

primordial [praɪ'mɔ:dɪəl] [prai-mor-dial], *a.* Primordial. 2. Original, primitivo. 3. Inicial, rudimentario.

primp [prɪmp] [primp], *v.* Vestir, arreglar.

primrose ['prɪmrəʊz] [prim-rous], *s.* 1. *(Bot.)* Prímula o primavera, una planta y su flor. 2. Color amarillo verdoso claro. *-a.* 1. Perteneciente a la prímula o de su color, amarillo verdoso claro. 2. Florido, gayo. **Primrose path**, sendero florido; vida dada a los placeres de los sentidos.

primus ['prɪməs] [pri-mus], *a.* Primero.

prince [prɪns] [prins], *s.* 1. Príncipe, soberano, monarca. 2. Príncipe, el hijo de un monarca, descendiente varón de una casa real; el que goza de este título de honor. 3. Príncipe, el primero y más excelente en su línea. **Petty prince**, principillo, principote. **Prince Rupert's drops**, *V.* RUPERT'S DROPS. **Prince of the power of the air, prince of this world**, *(Bíblico)* Satanás. **Prince of Wales**, Príncipe de Gales, título del heredero del trono en Inglaterra. **Prince of Darkness**, príncipe de las tinieblas. **Prince of the Church**, príncipe de la Iglesia.

princedom ['prɪnsdɒm] [prins-dom], *s.* Principado, soberanía.

prince-like ['prɪnslaɪk] [prins-laik], *a.* Correspondiente a un príncipe o semejante a él, principesco.

princely ['prɪnslɪ] [prins-li], *a.* 1. Semejante a un príncipe o característico de él, digno de un príncipe, grande, noble, munífico. 2. Propio de un príncipe; real, magnífico, regio; faustoso, fastuoso, fastoso, augusto. *-adv.* Como un príncipe, digno de un príncipe.

prince's-feather ['prɪnseɪs'fɛəðəʳ] [prin-ses-fea-daʳ], *s.* *(Bot.)* 1. Polígono, planta herbácea anual, con espigas de flores color de rosa. 2. Amaranto (de Méjico).

princess [prɪn'ses] [prin-ses], *sf.* Princesa; hija de un monarca, o de una casa real; esposa de un príncipe; reina, o mujer soberana de un Estado. **Princess royal**, hija mayor de un soberano.

principal ['prɪnsɪpəl] [prin-si-pal], *a.* 1. Principal, que tiene el primer lugar y estimación (main). 2. Principal, el que está a la cabeza de algún negocio, y en este sentido se usa como substantivo en ambas lenguas. *-s.* 1. Principal, jefe, presidente, gobernador, director de una escuela u otro establecimiento de educación. 2. *(For.)* Causante, comitente, constituyente. 3. Principal, capital, la cantidad de dinero que se pone a censo, rédito o a ganancias y pérdidas.

principality ['prɪnsɪ'pælɪtɪ] [prin-si-pa-li-ti], *s.* 1. Principado, soberanía. 2. *(Ant.)* Superioridad, predomino. *-pl.* *(Ant.)* En el Nuevo Testamento, potestades celestiales o demoníacas.

principally ['prɪnsɪpəlɪ] [prin-si-pa-li], *adv.* Principalmente, primeramente, en primer lugar.

principalness ['prɪnsɪpəlnɪs] [prin-si-pal-nes], *s.* La calidad de ser principal o jefe, principaldad.

principate ['prɪnsɪpeɪt] [prin-si-peit] , *s.* Principado.

principle ['prɪnsəpl] [prin-si-pol], *s.* 1. Principio constitutivo, causa primitiva o primera, fundamento, motivo, causa, origen (bassis, reason). 2. Carácter esencial, esencia. 3. Verdad general, axioma, postulado, proposición admitida como punto de partida. 4. Principio, máxima, regla de conducta. 5. *(Quím.)* Elemento de los cuerpos; constituyente esencial de un compuesto o de una substancia a la cual da su carácter. 6. Dote o facultad natural.

principle, *va.* Imbuir, infundir principios o máximas en el entendimiento; fijar en el ánimo. Se emplea principalmente en el participio pasado. **Men principled against bribery**, hombres de principios opuesto al cohecho. **Men high-principled,** de principios elevados.

prink [prɪŋk] [prink], *vn.* y *va.* 1. Ataviarse, adornarse; presumir; acicalarse para llamar la atención. 2. Asumir un aire altanero.

print [prɪnt] [print], *va.* 1. Estampar, imprimir, dejar señalada la figura de una cosa en otra. 2. Imprimir, hacer ejemplares de (una cosa) por medio de la prensa. 3. Imprimir, hacer estampar, dar a la prensa o publicar algún libro o escrito. 4. Imprimir, reproducir por medio de la acción de la luz, o de un procedimiento de transferencia. También, en sentido figurado, fijar en el ánimo. 5. Limpiarse las plumas (a bird). *-vn.* 1. Imprimir, ejercer el arte de la tipografía. 2. Sufrir la acción de la luz, cambiar de color, se dice del papel sensibilizado de fotografía. **Printed by**, impreso por; imprenta de. **Printed for**, impreso para.

print, *s.* 1. Impresión, estampa, la calidad y forma de la letra de algún impreso u obra impresa. 2. Impresión; material impreso; caracteres impresos colectivamente. 3. Impreso, el escrito impreso en una o en pocas hojas; papel suelto o volante, diario, etc. 4. Impresión, la marca, señal o huella que una cosa deja en otra, sello. 5. Lámina, plancha, estampa. 6. Indiana, tela impresa. 7. Molde, lo que sirve para dar una forma. 8. Ejemplar positivo sacado de una prueba negativa. **In print**, 1. Impreso, ya en venta, abastecido. 2. *(Des.)* Con exactitud, con formalidad. **Out of print**, agotado, vendido. **Butter print**, molde para mantequilla. **Prints** o **printed goods**, zarazas. *(Amer.)* Quimones. **Print-shop**, tienda en que se venden estampas o grabados. **Print-works**, taller de estampar telas. **Small print**, tipo menudo.

printed ['prɪntɪd] [prin-tid], *a.* Estampado, impreso. **Printed matter**, impresos.

printer ['prɪntəʳ] [prin-taʳ], *s.* Impresor, tipógrafo, prensista. 2. *(Fot.)* Aparato para tirar pruebas positivas. **Printer's ink**, tinta de imprenta. **Printer's mark**, pie de imprenta. **Printer's proof**, prueba de imprenta, prueba tipográfica.

printing ['prɪntɪŋ] [prin-tin], *s.* 1. Imprenta, tipografía, arte u oficio de imprimir letras, caracteres o figuras en papel, telas, etc. 2. Impresión, la acción y efecto de imprimir, lo que está impreso. *V.* PRESSWORK. **Printing-frame**, *(Foto.)* Marco de imprimir. **Printing-machine, printing-press**, prensa, máquina para imprimir o para estampar telas. **Printing-office**, imprenta. **Printig-types**, caracteres de imprenta, letras de molde, tipo.

printless ['prɪntlɪs] [print-les], *a.* Lo que no deja señal, impresión ni huella.

prior ['praɪəʳ] [praiaʳ], *a.* Anterior, antecedente, precedente, prior. *-s.* Prior, prelado en algunas órdenes religiosas.

priorate ['praɪəreɪt] [praio-reit], *s.* Priorato, el oficio o dignidad de prior o priora; el tiempo que dura este oficio.

prioress ['praɪərɪs] [praio-ris], *sf.* Priora.

priority [praɪ'ɒrɪtɪ] [praio-ri-ti], *s.* Prioridad, anterioridad, antelación. **Priority of debt**, prelación de los acreedores.

priorship ['praɪəʃɪp] [praior-ship], *s.* Priorazgo, priorato.

priory ['praɪərɪ] [praio-ri], *s.* Priorato, convento en que tiene jurisdicción un prior o una priora.

prism ['prɪzəm] [pri-sem], *s.* 1. Prisma. 2. El espectro solar. **Prism binocular**, prismáticos.

prismatic, [prɪz'mætɪk] [pris-ma-tik], *a.* 1. Prismático, refractado o formado por un prisma; parecido al espectro solar. 2. Prismático, parecido a un prisma, perteneciente a un prisma. 3. Colorido, brillante (bright).

prismatically [prɪz'mætɪkəlɪ] [pris-ma-ti-ka-li], *adv.* En forma de prisma.

prismoid ['prɪzmɔɪd] [pris-moid], *s.* Sólido de forma parecida a la del prisma.

prison ['prɪzn] [pri-son], *s.* Prisión, cárcel, edificio público donde se encierra a los presos. **Prison-house**, cárcel, prisión. **Prison-ship**, buque prisión, embarcación destinada a guardar o conducir presos. **Prison-fever, jail-fever**, el tifo, de una forma maligna. **Keeper of a prison**, alcaide, carcelero.

prison, *va.* Encarcelar. *V.* TO IMPRISON.

prisoner ['prɪznəʳ] [pri-so-naʳ], *s.* Preso, prisionero. **The prisoner at the bar**, el acusado, el preso que está presente ante el tribunal. **Prisoner's base**, rescate, juego de muchachos.

prisonment ['prɪznmənt] [pri-son-ment], *s.* Encierro. *V.* IMPRISONMENT.

pristine ['prɪstaɪn] [pris-tain], *a.* Prístino, primitivo, original, que pertenece a los tiempos primitivos.

prittle-prattle ['prɪtl'pætl] [pri-tel-pa-tel], *s.* *(Fam.)* Charla, habladuría.

privacy ['prɪvəsɪ] [pri-va-si], *s.* 1. Retiro, soledad, aislamiento (loneliness). 2. Secreto, asunto que se conserva secreto, o en privado. 3. Retrete; paraje adonde se retira el que quiere estar solo: sitio de retiro.

private ['praɪvɪt] [prai-vit], *a.* 1. Secreto, oculto, solo, solitario, retirado. 2. Privado, que se ejecuta a vista de pocos, familiar y domésticamente; que no es público; propio, particular, peculiar o personal a cada uno, raso, sin graduación. 3. Reticente, poco dispuesto a comunicarse. **In private**, particularmente; en secreto, en particular. **A private man**, un particular. **Private staircase**, escalera secreta o excusada. *-s.* 1. Soldado raso. 2. *pl.* Partes pudendas. **A private hearing**, una audiencia secreta a puertas cerradas. **They wish to be private**, quieren estar solos. **At one's private expense**, a costa propia. **Private theatricals**, comedias caseras.

privateer [ˌpraɪvɪ'tɪəʳ] [prai-va-tiaʳ], *s.* 1. Corsario, navío o embarcación armada en corso, tripulada por simples particulares y a su costa, con licencia de su gobierno para capturar embarcaciones extranjeras en tiempo de guerra. 2. Corsario, el tripulante de un buque corsario.

privateer, *vn.* Armar en corso, cruzar contra el enemigo a bordo de un buque corsario. **To go privateering**, ir o salir a corso.

privately ['praɪvɪtlɪ] [prai-vit-li], *adv.* Secretamente, ocultamente.

privateness ['praɪvɪtnɪs] [prai-vit-nes], *s.* 1. El estado de la persona que vive como particular, o que vive en la obscuridad. 2. Secreto, silencio. 2. Retiro, recogimiento, apartamiento.

privation ['praɪ'veɪʃən] [prai-vei-shon], *s.* 1. Privación, carencia, falta de bienestar; cosa dura, penible. 2. *V.* DEPRIVATION. 3. Privación, exoneración, el acto de privar de un empleo u oficio. 4. *(Ecles.)* Suspensión.

privative ['prɪvətɪv] [pri-va-tiv], *a.* 1. Privativo, que causa privación. 2. *(Gram.)* Privativo, que significa privación; que muda la significación al negativo. *-s.* 1. Negación, no existencia. 2. *(Gram.)* Prefijo que indica negación, también, adjetivo que indica la ausencia de lo que es ordinariamente inherente, como «ciego» falto de vista.

privatization [ˌpraɪvətaɪ'zeɪʃən] [prai-va-tai-sei-shon], *sf.* Privatización.

privatize ['praɪvətaɪz] [prai-va-tais], *vt.* Privatizar.

privilege ['prɪvɪlɪdʒ] [pri-vi-lich], *s.* Privilegio, favor, beneficio, gracia, prerrogativa, inmunidad, exención concedida a ciertas personas solamente, o bajo especiales condiciones. **Writ of privilege**, auto de excarcelación.

privilege, *va.* Privilegiar, exceptuar de un gravamen o carga, conceder una exención, prerrogativa, favor o beneficio.

privileged ['prɪvɪlɪdʒd] [pri-vi-lichd], *a.* Privilegiado.

privily ['prɪvɪlɪ] [pri-vi-li], *adv.* Privadamente, secretamente.

privity ['prɪvɪtɪ] [pri-vi-ti], *s.* 1. Conocimiento particular, conocimiento en común con otro de un asunto privado; en derecho, relación mutua o sucesiva a los mismos derechos de propiedad. 2. Confianza, secreto.

privy ['prɪvɪ] [pri-vi], *a.* 1. Consabidor, el que juntamente con otro sabe alguna cosa, confidente, cómplice, instruido, informado, enterado. 2. Privado, escondido, secreto, excusado, clandestino. 3. Particular, propio, destinado a usos particulares, personal. **Privy council**, el consejo privado. **Privy to**, informado de, enterado. *-s.* 1. Parte interesada, partícipe con otro, cómplice. 2. Privada, secreta, letrina, lugar excusado, retrete.

prize [praɪz] [prais], *s.* 1. Premio, recompensa, galardón. **He drew a prize in the lottery**, el se sacó un premio en la lotería. 2. Presa, el botín que se hace al enemigo en conformidad con las leyes de la guerra; buque apresado. **Prize-master**, capitán o cabo de presa. 3. Ganancia, ventaja inesperada (advantage); buena suerte (good luck). **To carry the prize**, llevar, conseguir o ganar el premio. **Prize-court**, tribunal marítimo que juzga las presas. **Prize-fight**, pugilato, lucha en público entre dos combatientes para ganar un premio. **Prize-money**, parte de una presa que toca a cada uno de los oficiales y tripulantes que la han hecho. **Prize-ring**, espacio de dieciséis a veinticuatro pies cuadrados, rodeado de una cuerda y en el cual se verifican los pugilatos. **The prize-ring**, pugilismo como profesión.

prize, *s.* *(Prov. Ingl.)* Alzaprima, punto de apoyo de una palanca.
prize, *va.* 1. Apreciar, estimar, valuar, tasar. 2. Tener en estima. 3. *(Prov. Ingl.)* Alzaprimar, levantar con alzaprima.
prize-fighter ['praɪzfaɪtəʳ] [prais-fai-taʳ], *s.* Púgil, pugilista, el que pelea públicamente por una recompensa.
prize-office ['praɪz'ɒfɪs] [prais-o-fis], *s.* La oficina en que se despachan todos los negocios relativos a las presas hechas en la guerra.
prizer ['praɪzəʳ] [prai-saʳ], *s.* Apreciador, tasador, valorador.
pro [prəʊ] [prou], *s.* En pro, a favor. **Neither pro nor con**, ni en pro ni en contra.
probabilism [ˌprɒbəbɪ'lɪzəm] [pro-ba-bi-li-sem], *s.* Probabilismo, doctrina teológica que sostiene ser lícito seguir la opinión meramente probable, en contraposición a la más probable.
probabilist [ˌprɒbə'bɪlɪst] [pro-ba-bi-list], *s.* Probabilista, el que profesa el probabilismo.
probability [ˌprɒbə'bɪlɪtɪ] [pro-ba-bi-li-ti], *s.* 1. Probabilidad, verisimilitud, calidad de probable. 2. *(E. U.)* Predicción concerniente al tiempo, especialmente los boletines oficiales de la Oficina de Señales Meteorológicas. **In all probability**, según toda probabilidad.
probable ['prɒbəbl] [pro-ba-bol], *a.* Probable, verosímil.
probably ['prɒbəblɪ] [pro-ba-bli], *adv.* Probablemente.
probate ['prəʊbɪt] [prou-bit], *a.* Que se refiere a la comprobación de un testamento. **Probate court**, tribunal encargado de la comprobación de los testamentos, y que tiene jurisdicción en las curadurías. *-s.* Prueba, justificación o verificación de los testamentos en el tribunal privativo y el certificado de esta verificación.
probation [prə'beɪʃən] [pro-bei-shon], *s.* 1. Prueba, evidencia, testimonio (proof). 2. Prueba, la acción y efecto de probar. 3. Prueba, experiencia, examen, ensayo o tentiva que se hace de alguna cosa (exam, test). 4. Probación, noviciado. 5. Libertad condicional o vigilada.
probational [prə'beɪʃənl] [pro-bei-sho-nal], *a.* Probatorio, que sirve de evidencia, de ensayo, o para comprobación.
probationer [prə'beɪʃənəʳ] [pro-bei-sho-naʳ], *s.* 1. Novicio, el religioso que no ha profesado. 2. Novicio, el principiante en cualquier arte o facultad. 3. Delincuente en libertad vigilada.
probative [prə'bətɪv] [pro-ba-tiv], *a.* Probatorio, que sirve de prueba.
probatory [prə'bətərɪ] [pro-ba-to-ri], *a.* Probatorio.
probe [prəʊb] [proub], *s.* 1. *(Cir.)* Tienta. 2. Prueba, ensayo, lo que prueba o ensaya. **Probe-scissors**, tijeras de cirujano, con puntas bulbosas.
probe, *va.* 1. Tentar, reconocer con la tienta alguna herida. 2. Escudriñar, probar, registrar; indagar. 3. Penetrar, atravesar.
probing ['prəʊbɪŋ] [prou-bin], *a.* Penetrante, agudo (question, researchment).
probity ['prəʊbɪtɪ] [prou-bi-ti], *s.* Probidad, honradez; veracidad, sinceridad.
problem ['prɒbləm] [pro-blem], *s.* Problema.
problematic, [ˌprɒblɪ'mætɪk] [pro-bli-ma-tik], *a.* Problemático, dudoso, incierto, (enigmatic).
proboscis [prəʊ'bɒsɪs] [prou-bo-sis], *s.* Probóscide, trompa o nariz del elefante, la trompa o trompetilla de los insectos dípteros, u órgano semejante en varios invertebrados. En sentido festivo se aplica a veces a la nariz humana, hocico largo.
procedural [prə'siːdjʊrəl] [pro-si-diu-ral], *a.* Del procedimiento.
procedure [prə'siːdʒəʳ] [pro-si-yaʳ], *s.* 1. Proceder, procedimiento, conducta; un acto, o una serie de actos, manera de obrar. 2. Procedimientos judiciales, actuación, modo de proceder en justicia.
proceed [prə'siːd] [pro-sid], *vn.* 1. Ir adelante, dirigirse al fin propuesto, adelantar, avanzar; andar; proseguir, continuar lo empezado. **Proceed**, prosiga o continúe Ud. **After proceeding some distance**, después de haber avanzado o andado algunos pasos. 2. Proceder, pasar de una cosa a otra. **To proceed to business**, ir a lo que importa; poner manos a la obra. 3. Proceder, provenir (come from), dimanar, seguirse, salir. **Water proceeds from the fountain**, el agua procede de la fuente. 4. Obrar, proceder, portarse, empezar a ejecutar una serie de acciones, especialmente proceder en justicia contra alguno (behavior). 5. Proceder, originarse, venir por generación. 6. Recurrir, acudir, echar mano de, valerse de (profit of). **To proceed to blows**, llegar a las manos, acudir a los golpes. **To proceed to strong measures**, recurrir a, echar mano de medidas rigurosas. 6. Actuar, seguir un proceso o tramitación; proceder: **to proceed against**, proceder contra.
proceeder [prə'siːdəʳ] [pro-si-daʳ], *s.* Adelantador, el que adelanta, el que hace progresos en alguna cosa.
proceeding [prə'siːdɪŋ] [pro-si-din], *s.* 1. Procedimiento, conducta, porte, acto, proceder, transacción (behavior). **The day's proceedings**, las transacciones del día. **A cautions proceeding**, una medida de precaución; conducta cautelosa. 2. Forma u orden judicial, modo de actuar en justicia, procedimiento, proceso, autos. 3. *pl.* Acta de una asamblea o sociedad.
proceeds [prə'siːds] [pro-sids], *s. pl.* Resultados materiales de una acción proceder, productos, réditos.
process ['prəʊses] [prou-ses], *s.* 1. Procedimiento, serie sistemática de operaciones en la producción de alguna cosa (natural o artificial); manipulación, el modo y orden con que se trabaja en la química y en varias artes. 2. Progreso, continuación, adelantamiento, serie, sucesión, transcurso del tiempo. **Process of time**, el lapso o trascurso del tiempo. **In process of time**, con el tiempo. 3. Proceso, el agregado de autos que se forman para alguna causa o pleito civil; forma, expediente, trámite judicial, o modo de actuar en las causas civiles o eclesiásticas. 4. *(Anat. y Zool.)* Eminencia, protuberancia, excrecencia. 5. *(Bot.)* Toda extensión de una superficie o apéndice accesorio.
process, *va.* Someter (alguna materia) a un proceso especial. **Processed cheese**, queso preparado con un método especial.
processal ['prəʊsesəl] [prou-se-sal], *a.* Procesal.
procession [prə'seʃən] [pro-se-shon], *s.* Procesión, cortejo, desfile, cabalgata. **Funeral procession**, acompañamiento fúnebre. **The procession**, el progreso (of idea, of mode).
procession, *vn.* *(Poco us.)* Andar en procesión.
processional [prə'seʃənl] [pro-se-sho-nal], *a.* procesional, que se ordena en forma de procesión o que pertenece a ella. *-s.* 1. Procesionario, libro. 2. Himno que se canta durante una procesión religiosa.
processionary [prə'seʃənərɪ] [pro-se-sho-na-ri], *a.* Procesional, perteneciente a una procesión. **Processionary moth**, lepidóptero nocturno que marcha en filas formando cuña, y cuyas orugas se alimentan de las hojas del roble.
proclaim [prə'kleɪm] [pro-kleim], *va.* 1. Proclamar, promulgar, publicar, propalar. 2. Antiguamente, en Inglaterra, proscribir, poner fuera de la ley. 3. Prohibir por bando; someter (a place) a ciertas restricciones.
proclaimer [prə'kleɪmər] [pro-klei-maʳ], *s.* El que promulga o proclama, proclamador.
proclamation [ˌprɒklə'meɪʃən] [pro-kla-mei-shon], *s.* 1. Proclamación, la publicación de algún decreto, edicto, bando o ley. 2. Decreto, edicto, bando, ley, pragmática (law).
proclitic [prə'klɪtɪk] [pro-kli-tik], *a.* *(Gram.)* Proclítico; se dice de la voz monosílaba que se une con la siguiente.
proclivity [prə'klɪvɪtɪ] [pro-kli-vi-ti], *s.* Proclividad, propensión, inclinación.
proclivous ['prəklɪvəs] [pro-kli-vos], *a.* Inclinado hacia adelante; se dice de los dientes incisivos.
proconsul [ˌprəʊ'kɒnsəl] [pro-kon-sal], *s.* Procónsul.
proconsular [ˌprəʊ'kɒnsjʊləʳ] [prou-kon-siu-laʳ], *a.* Proconsular, que se refiere a un procónsul.

procrastinate [prəʊ'kræstɪneɪt] [prou-kras-ti-neit], *va.* y *vn.* Procrastinar, diferir, dilatar, dejar de un día para otro, retardar, ser moroso.
procrastination [prəʊˌkræstɪ'neɪʃən] [prou-kras-ti-nei-shon], *s.* Dilación, demora, tardanza, detención (delay).
procrastinator [prəʊˌkræstɪ'neɪtəʳ] [prou-kras-ti-nei-taʳ], *s.* El que es moroso, tardo o poco diligente en lo que se debe hacer; vulgarmente, pelmazo.
procreate ['prəʊkrɪeɪt] [prou-krieit], *va.* Procrear engendrar, producir.
procreation [ˌprəʊkrɪ'eɪʃən] [prou-kriei-shon], *s.* Procreación, generación, producción.
procreative ['prəʊkrɪətɪv] [prou-kria-tiv], *a.* Generativo, productivo.
procreator [ˌprəʊkrɪ'eɪtəʳ] [prou-kriei-taʳ], *s.* Procreador; padre.
proctor ['prɒktəʳ] [prok-toʳ], *s.* 1. Procurador, el que en virtud de poder o facultad de otro ejecuta en su nombre alguna cosa. 2. Procurador de la curia eclesiástica. 3. Abogado en el tribunal del amirantazgo. 4. Censor de una universidad, funcionario encargado de vigilar a los alumnos y de hacer observar los reglamentos.
proctorship ['prɒktəʃɪp] [prok-to-ship], *s.* Procuración, procuraduría, oficio de procurador.
procurable [prə'kjʊərəbl] [pro-kiua-ra-bol], *a.* Asequible, que puede conseguirse, alcanzarse; proporcionable.
procuracy [prə'kjʊəræsɪ] [pro-kiua-ra-si], *a.* Procuración; gestión, manejo de negocios o intereses ajenos.
procuration ['prɒkjʊreɪʃən] [pro-kiu-rei-shon], *s.* 1. Acción de procurar, de obtener, en especial, alcahuetería. 2. *(For.)* Procuración, poder o comisión que una persona da a otra para que en su nombre haga o ejecute alguna cosa; y el documento en que se da dicho poder. **Procuration-fee**, derecho de comisión sobre un préstamo.
procurator ['prɒkjʊreɪtəʳ] [pro-kiu-rei-taʳ], *s.* Procurador, apoderado.
procure [prə'kjʊəʳ] [pro-kiuaʳ], *va.* 1. Lograr, obtener, conseguir; procurar, hacer las diligencias para conseguir lo que se desea. 2. Causar, ocasionar. 3. Alcahuetear. *-vn.* Alcahuetear, andar en tercerías.
procurement [prə'kjʊəmənt] [pro-kiua-ment], *s.* 1. Obtención, logro, consecución (attainment). 2. El acto de causar, de poner por obra, de efectuar. **They think it done by her procurement**, creen que se ha hecho por su causa, a solicitud suya o por haberlo ella procurado.
procurer [prə'kjʊrəʳ] [pro-kiua-raʳ], *s.* 1. El que logra, alcanza o consigue alguna cosa. 2. Alcahuete.
procuress [prə'kjʊərɪs] [pro-kiua-ris], *sf.* Alcahueta, tercera.
prod [prɒd] [prod], *va.* Punzar, pungir, empujar o golpear con un instrumento puntiagudo; picar. *-s.* 1. Cualquier instrumento puntiagudo; pincho, aguijón. 2. Picadura, pinchazo, pungimiento, empuje efectuado con un instrumento puntiagudo.
prodigal ['prɒdɪgəl] [pro-di-gal], *a.* 1. Pródigo, manirroto, derrochador. 2. Pródigo, muy generoso o liberal. *-s.* Gastador, disipador.
prodigality [ˌprɒdɪ'gælɪtɪ] [pro-di-ga-li-ti], *s.* Prodigalidad, profusión.
prodigally ['prɒdɪgəlɪ] [pro-di-ga-li], *adv.* Pródigamente.
prodigious [prə'dɪdʒəs] [pro-di-yos], *a.* 1. Enorme, vasto, inmenso, excesivo, extraordinario (huge, vaste). 2. *(Des.)* Prodigioso, portentoso.
prodigiously [prə'dɪdʒəslɪ] [pro-di-yos-li], *adv.* Enormemente, excesivamente, extraordinariamente, prodigiosamente.
prodigiousness [prə'dɪdʒəsnɪs] [pro-di-yos-nes], *s.* Prodigiosidad, enormidad de extensión, estatura, cantidad o grado.
prodigy ['prɒdɪdʒɪ] [pro-di-yi], *s.* 1. Maravilla, persona o cosa extraordinaria; lo que causa admiración. 2. Monstruo, monstruosidad. 3. *(Ant.)* Prodigio, portento.
produce ['prɒdjuːs] [pro-dius], *va.* 1. Producir, criar, engendrar. 2. Sacar o dar a luz una cosa, exponer a la vista. 3. Causar o ser causa de alguna cosa, efectuar; conducir *a.* 4. Producir, presentar o exhibir alguna cosa en juicio. 5. Manufacturar, fabricar; hacer. 6. *(Geom.)* Prolongar, alargar una línea. 7. *(Teat.)* Presentar al público; poner en escena. *-vn.* Producir, dar producto o resultado conveniente. **Vice produces misery**, el vicio engendra la miseria. **The inhabitants produced their hidden stores**, los habitantes presentaron las provisiones que habían escondido.
produce, *s.* 1. Producto, producción, la cosa producida; particularmente los rendimientos de una hacienda de campo; provisiones. 2. Hijos, descendientes de un animal.
producer [prə'djuːsər] [pro-diu-saʳ], *s.* Productor. **Producer´s goods,** elementos de producción, materias primas. 2. Gasógeno, generador de gas pobre. 3. *(Teat.)* Director. 4. *(Cine.)* Productor de una película.
producible [prə'djuːsɪbl] [pro-diu-si-bol], *a.* Producible, lo que se puede producir, exhibir o mostrar.
producing [prə'djʊsɪŋ] [pro-diu-sin], *a.* Productor de.
product ['prɒdʌkt] [pro-dakt], *s.* 1. Producto, producción, la cosa producida; alguna cosa obtenida como resultado de una operación o trabajo. 2. Producción, obra del entendimiento o del arte. 3. Producto, el número que resulta de la multiplicación de otros dos o más números. 4. Producto, provento, renta.
productible [prə'dʌktɪbl] [pro-dak-ti-bol], *a.* Dúctil, susceptible de alargarse sin romperse.
production [prə'dʌkʃən] [pro-dak-shon], *s.* 1. Producción, el acto o procedimiento de producir; en economía política, acto de producir para el consumo. 2. Producto. 3. Producción, composición, obra del ingenio. 4. Alargamiento, producción, extensión.
productive [prə'dʌktɪv] [pro-dak-tiv], *a.* 1. Productivo, que tiene la virtud o la facultad de reproducir. 2. Fecundo, fértil, que da buenas cosechas.
productiveness [prə'dʌktɪvnɪs] [pro-dak-tiv-nes], *s.* Calidad de productivo; fertilidad, fecundidad.
productivity [ˌprɒdʌk'tɪvɪtɪ] [pro-dak-ti-vi-ti], *s.* Productividad.
proem ['prəʊɪm] [prouim], *s.* Proemio, prólogo, prefacio; exordio.
profanation [ˌprɒfə'neɪʃən] [pro-fa-nei-shon], *s.* Profanación, profanamiento, profanidad, impiedad, irreligión; prostitución.
profane [prə'feɪn] [pro-fein], *a.* 1. Profano, irreligioso, impío (ungodly); impuro. 2. Profano, secular, en contraposición a sagrado o religioso.
profane, *va.* 1. Profanar, violar, aplicar alguna cosa sagrada a usos profanos, o tratarla con irreverencia. 2. Profanar, prostituir, hacer uso indecente de una cosa: desperdiciar, hacer mal uso de algo.
profanely [prə'feɪnlɪ] [pro-fein-li], *adv.* Profanamente, impíamente.
profaner [prə'feɪnəʳ] [pro-fei-naʳ], *s.* Profanador, el que profana una cosa sagrada. *-a.* comp. Más profano.
profanity [prə'fænɪtɪ] [pro-fa-ni-ti], *s.* 1. Lenguaje o acto profano; impiedad, blasfemia. 2. La calidad de profano; irreverencia a las cosas sagradas.
profess [prə'fes] [pro-fes], *va.* 1. Declarar, manifestar abiertamente su ánimo o intento (declare, say). 2. Profesar, seguir alguna religión u opinión abierta y públicamente. 3. Profesar, ejercer o enseñar en público alguna facultad o arte (teach). 4. Hacer profesión de, fingir (fake, sham). 5. Manifestar, confesar (confess). **To profess oneself a Catholic**, declararse católico. *-vn.* 1. Profesar, declarar abiertamente. 2. Profesar, ser profesor.
professed, [prə'fest] [pro-fest], *pp.* del verbo To PROFESS. 1. Profeso. 2. Declarado, decidido. 3. Ostensible. 4. Alegado, supuesto. **Professed foe**, enemigo declarado. **Professed friend**, amigo decidido. **A professed monk** o **nun**, un religioso profeso; o una religiosa profesa, una monja.
professedly [prə'fesdlɪ] [pro-fesd-li], *adv.* 1. Declaradamente, manifiestamente, abiertamente, públicamente. 2. Supuestamente. 3. Confesadamente.

profession [prə'feʃən] [pro-fe-shon], *s.* 1. Profesión, destino, empleo, ejercicio, el modo de vida que requiere una educación liberal o el trabajo mental más bien que el manual. 2. Profesión, protestación, declaración pública de la creencia, opinión, doctrina, etc., de cada uno. 3. Oferta, ofrecimiento, palabra. 4. *(Teat.)* Arte dramático: los actores.

professional [prə'feʃənl] [pro-fe-sho-nal], *a.* 1. Profesional, que se refiere a una profesión o la práctica; apto para una profesión. 2. Profesional, que tiene relación con una profesión particular, opuesto a *amateur* (aficionado). **Professional duties**, deberes profesionales. *-s.* 1. El que por profesión y por dinero compite en los juegos y diversiones. 2. Sujeto hábil en su profesión. 3. *(Teat.)* Actor, actriz. 4. Profesional del deporte.

professionally [prə'feʃnəlɪ] [pro-fe-sho-na-li], *adv.* Por vía de profesión; de profesión; en su profesión.

professionaless [prə'feʃnəlɪs] [pro-fe-sho-na-les], *a.* Sin profesión.

professor [prə'fesəʳ] [pro-fe-saʳ], *s.* 1. Profesor, catedrático, el que enseña públicamente alguna facultad, arte, ciencia o doctrina (teacher). 2. Profesor, el que ejerce públicamente alguna facultad o ciencia, catedrático, maestro. 3. Partidario, el que sigue alguna opinión o partido.

professorate [prə'fesərɪt] [pro-fe-sa-rit], *s.* Profesorado.

professorial [ˌprɒfe'sɔːrɪəl] [pro-fe-so-rial], *a.* De profesor; profesoral, relativo a un catedrático o profesor.

professorship [prə'fesəʃɪp] [pro-fe-sa-ship], *s.* 1. Oficio de profesor, dignidad de catedrático. 2. Cátedra.

proffer ['prɒfəʳ] [pro-faʳ], *va.* Proponer, ofrecer algo para su aceptación, brindar.

proffer, *s.* Oferta, propuesta, ofrecimiento; la cosa ofrecida.

proficiency [prə'fɪʃəns] [pro-fe-shan-shi], *s.* Estado o calidad de adepto o proficiente, maña, habilidad, perfeccionamiento en un arte, pericia (ability).

proficient [prə'fɪʃənt] [pro-fe-shant], *a.* proficiente, adelantado, versado, instruido en una ciencia, un arte; hábil.

profile ['prəʊfaɪl] [prou-fail], *s.* 1. Contorno, recorte; diseño en perfil o como en una sección vertical. 2. Perfil, el rostro humano representado de lado; el contorno del cuerpo visto de lado. **In profile**, de perfil.

profile, *va.* Retratar o pintar de perfil; perfilar.

profit ['prɒfɪt] [pro-fit], *s.* 1. Provecho, beneficio, ventaja, utilidad, producto (advantage). 2. Ganancia, utilidad o interés pecuniario (gain); exceso de los ingresos o cantidades recibidas sobre los desembolsos o gastos. **Gross profit**, ganancia total. **Net profit**, ganancia neta, beneficio neto. **Profit and loss**, ganancias y pérdidas. **To make profit of a thing**, sacar ventaja de una cosa, hacer su agosto. **To yield profit**, dar ganancia o provecho. 3. Interés, renta.

profit, *va.* Aprovechar a, servir, ser útil, ventajoso para; hacer bien, ayudar. *-vn.* 1. Sacar utilidad o provecho de alguna cosa, utilizarse; lucrar, ganar. 2. Mejorarse, servir, ser útil, traer beneficio. **To profit by experience**, ganar, mejorarse, por la experiencia. **To be profited by**, ganar en.

profitability [ˌprɒfɪtə'bɪlɪtɪ] [pro-fi-ta-bi-li-ti], *s.* 1. Rentabilidad. 2. Provecho, utilidad. 3. Ventaja.

profitable ['prɒfɪtəbl] [pro-fi-ta-bol], *a.* 1. Rentable. 2. Útil, provechoso, ventajoso.

profitableness ['prɒfɪtəblnɪs] [pro-fi-ta-bol-nes], *s.* Ganancia, lucro; ventaja, provecho.

profitably ['prɒfɪtəblɪ] [pro-fi-ta-bli], *adv.* Provechosamente, útilmente, ventajosamente.

profiteer [ˌprɒfɪ'tɪəʳ] [pro-fi-tiaʳ], *s.* Explotador, que se aprovecha de las circunstancias para ganar demasiado dinero, usurero, acaparador. *-vn.* Obtener ganancias elevadas aprovechándose de alguna circunstancia, p. ej. la guerra.

profitless ['prɒfɪtlɪs] [pro-fit-les], *a.* Sin ventaja, sin provecho; inútil.

profitlessly ['prɒfɪtlɪslɪ] [pro-fit-les-li], *adv.* Infructuosamente.

profit sharing ['prɒfɪtˌʃɛərɪŋ] [pro-fit-shea-rin], *s.* Distribución de ganancias entre los trabajadores.

profligacy ['prɒflɪgəsɪ] [pro-fli-ga-si], *s.* Estragamiento, libertinaje, desenfreno, disolución, abandono, corrupción desvergonzada.

profligate ['prɒflɪgeɪt] [pro-fli-gueit], *a.* Abandonado, entregado a los vicios; libertino, libre, licencioso, desmandado, perdido. *-s.* Un hombre libertino, disipado, relajado, perdido, calavera, vicioso o de vida airada.

pro form ['prəʊˌfɔːm] [prou-form], Locución latina que se usa para significar o que una cosa se hace meramente por cumplir con alguna fórmula o que es fingida. **Pro forma accounts**, cuentas simuladas. **Pro forma bills**, letras simuladas o supuestas.

profound [prə'faʊnd] [pro-faund], *a.* 1. Profundo, hondo (deep). 2. Profundo, recóndito, abstruso. 3. Profundo, grande, extremo en su clase. 4. Profundo, intenso o denso en su especie (intense). 5. Profundo, humilde en sumo grado (humble). *-s.* 1. Profundo, abismo. 2. Profundo, mar, océano.

profoundly [prə'faʊndlɪ] [pro-faund-li], *adv.* Profundamente.

profoundness [prə'faʊndnɪs] [pro-faund-nes], *s.* Profundidad, penetración.

profundity [prə'fʌndɪtɪ] [pro-fan-di-ti], *s.* 1. Profundidad, hondura. 2. Profundidad, sublimidad o grandeza de ciencia o ingenio.

profuse [prə'fjuːs] [pro-fius], *a.* 1. Profuso; pródigo. 2. Exuberante.

profusely [prə'fjuːslɪ] [pro-fius-li], *adv.* 1. Profusamente; pródigamente. 2. Exuberantemente.

profuseness [prə'fjuːsnɪs] [pro-fius-nes], **profusion**. Profusión, prodigalidad; abundancia, copia, superabundancia; gastos extravagantes.

progenitive [prəʊ'dʒenɪtɪv] [prou-ye-ni-tiv], *a.* Generativo.

progenitor [prəʊ'dʒenɪtəʳ] [prou-ye-ni-taʳ], *s.* Progenitor; ascendiente en línea directa.

progeniture [prəʊ'dʒenɪtʃʊəʳ] [prou-ye-ni-chuaʳ], *s.* Progenitura.

progeny ['prɒdʒɪnɪ] [pro-yi-ni], *s.* 1. Progenie, progenitura, casta, descendientes, linaje. 2. Producto, resultado.

prognosis [prɒg'nəʊsɪs] [prog-nou-sis], *s.* *(Med.)* 1. Conclusión o predicción respecto a la marcha futura y terminación de una enfermedad; también, el arte de pronosticar lo que debe suceder en las enfermedades por los síntomas que presentan. 2. Cualquier pronóstico o predicción; presciencia.

prognosticable [prɒg'nɒstɪkəbl] [prog-nos-ti-ka-bol], *a.* Pronosticable.

prognostic [prɒg'nɒstɪk] [prog-nos-tik], *s.* Pronóstico, juicio conjetural que se hace de lo que ha de suceder; *(Med.)* síntoma indicativo de la terminación de una enfermedad. *-a.* Pronóstico, que sirve para indicar lo que ha de suceder.

prognosticate [prɒg'nɒstɪkeɪt] [prog-nos-ti-keit], *va.* Pronosticar, indicar de antemano.

prognostication [prɒgˌnɒstɪ'keɪʃən] [prog-nos-ti-kei-shon], *s.* Pronosticación, acción de pronosticar; lo que pronostica, presagio, pronóstico.

prognosticator [prɒgˌnɒstɪ'keɪtəʳ] [prog-nos-ti-kei-taʳ], *s.* Pronosticador.

program, programme ['prəʊgræm] [prou-gram], *s.* 1. Anuncio o cartel en que se indican por su orden las partes que forman una función pública. 2. Curso de procedimientos dispuesto de antemano; cartel, enumeración o lista de las tareas y deberes ordinarios o cotidianos; prospecto. 3. Programa; prólogo, introducción.

program, *va.* Programar.

programmer ['prəʊgræməʳ] [prou-gra-maʳ], *s.* Programador.

programming ['prəʊgræmɪŋ] [prou-gra-min], *s.* Programación.

progress ['prəʊgres] [prou-gres], *s.* 1. Progreso, aprovechamiento, adelantamiento; desarrollo, mejoramiento, adelanto (development, evolution). 2. Viaje, jornada, curso (travel); carrera, p. ej. la del séquito de un monarca; corriente;

paso, pasaje. **To make slow progress**, adelantar lentamente. **Dinner was in progress**, estaban comiendo. **To make little progress**, progresar o adelantar poco.
progress, *vn.* Progresar, hacer progresos o adelantamientos en alguna cosa. 2. Marchar, avanzar. 3. *(Mús.)* Pasar de una nota o tono siguiente. 4. Hacer progresar.
progression [prə'greʃən] [pro-gre-shon], *s.* 1. Progresión, adelantamiento, la acción de ir o dirigirse hacia adelante. 2. *(Mat.)* Progresión, serie de números o cantidades en proporción continua.
progressional [prə'greʃənl] [pro-gre-sho-nal], *a.* Progresivo.
progressive [prə'gresɪv] [pro-gre-siv], *a.* Progresivo, que va hacia adelante; que aspira al progreso o lo favorece; que va mejorando, perfeccionándose.
progressive, *s.* Progresista.
progressively [prə'gresɪvlɪ] [pro-gre-siv-li], *adv.* Progresivamente.
progressiveness [prə'gresɪvnɪs] [pro-gre-siv-nes], *s.* Calidad de progresivo, estado de progreso; marcha progresiva, adelanto.
prohibit [prə'hɪbɪt] [pro-ji-bit], *va.* 1. Prohibir, vedar (forbid). 2. Impedir, embarazar (stop). **Prohibited goods**, contrabando o géneros prohibidos.
prohibiter [prə'hɪbɪtə[r]] [pro-ji-bi-ta[r]], *s.* El que prohibe alguna cosa; impedidor.
prohibition ['prəʊɪ'bɪʃən] [proui-bi-shan], *s.* 1. Prohibición; auto prohibitorio. 2. *(E. U.)* Prohibición legal de la manufactura y venta de licores alcohólicos como bebida. 3. Auto inhibitorio. *a.* *(EE.UU)* Antialcohólico; prohibicionista: **prohibition law**, ley seca. **Prohibition party**, partido prohibicionista.
prohibitionism [ˌprəʊɪ'bɪʃənɪʒəm] [proui-bi-sha-ni-sem], *s.* Prohibicionismo.
prohibitionist [ˌprəʊɪ'bɪʃənɪst] [proui-bi-sha-nist], *s.* Partidario de la prohibición; en especial *(E. U.)* partidario de prohibir por ley la fabricación y venta de licores alcohólicos para el consumo público como bebida.
prohibitive [prə'hɪbɪtɪv] [pro-hi-bi-tiv], **prohibitory** [prə'hɪbərɪ] [pro-hi-bi-to-ri], *a.* Prohibitivo, prohibitorio; que implica prohibición.
project ['prɒdʒekt] [pro-yekt], *va.* 1. Echar, arrojar, despedir. 2. Delinear, trazar. 3. Proyectar (shadows), idear, trazar. 4. Hacer salir o sobresalir. *-vn.* Volar, salir fuera de la línea perpendicular, hacer o formar proyectura o vuelo: proyectar.
project, *s.* Proyecto, idea, pensamiento; dibujo, diseño, plan (plain).
projector ['prɒdʒektə[r]] [pro-yek-ta[r]], *s.* 1. Proyectista. 2. Proyector, aparato de proyección de películas cinematográficas.
projectile [prə'dʒektaɪl] [pro-yek-tail], *a.* 1. Impelido o puesto en movimiento por alguna fuerza o potencia. 2. Arrojador, que arroja o lanza. 3. Arrojadizo, que se puede arrojar o se destina a ser arrojado. *-s.* Proyectil, cuerpo arrojadizo que se lanza para herir o matar.
projection [prə'dʒekʃən] [pro-yek-shon], *s.* 1. Lanzamiento, el acto de lanzar o arrojar. 2. Proyección, el acto de comunicar movimiento a algún cuerpo arrojadizo. 3. Plan, minuta o borrón de un proyecto, de un pensamiento, etc. 4. Delineación. 5. El punto crítico de una preparación culinaria o de otra clase. *a.* De proyección: **projection machine**, proyector cinematográfico.
projectionist [prə'dʒekʃnɪst] [pro-yek-sho-nist], *s.* Proyectista.
projector [prə'dʒektə[r]] [pro-yek-ta[r]], *s.* 1. Proyectista, arbitrista. 2. Aparato para proyecciones.
projecture [prə'dʒektʃə[r]] [pro-yek-cha[r]], *s.* *(Arq.)* Proyectura, vuelo.
prolapse ['prəʊlæps] [prou-laps], *s.* *(Med.)* Prolapso, procidencia, caída o descenso de una víscera u órgano movible.
prolate [prə'leɪt] [pro-leit], *a.* Alargado, en dirección a los polos.
prolepsis [prə'lepsɪs] [pro-lep-sis], *s.* 1. Prolepsis, anticipación; figura retórica por la cual se anticipa una objeción, refutándola de antemano.
proleptic, [prə'leptɪk] [pro-lep-tik], *a.* Previo, antecedente.
proles [prəʊlz] [prouls], *s.* Prole, hijos (children); en derecho, descendencia, hijos legítimos.
proletarian [ˌprəʊlə'tɛərɪən] [prou-le-ta-rian], *a.* Proletario; bajo, vulgar, despreciable. *-s.* 1. Proletario, persona de la clase última o más pobre. 2. Gañán, jornalero, peón.
proletariat [ˌprəʊlə'tɛərɪət] [prou-le-ta-riat], *s.* Proletariado, la clase de los proletarios; en su empleo primitivo, populacho, gentuza; en el uso moderno y socialista, la clase obrera, como creadora de la riqueza; operarios, trabajadores.
proliferate [prə'lɪfəreɪt] [pro-li-fe-reit], *va.* Producir, dar. *-vn.* Reproducirse, particularmente con rapidez, como las celdillas en la formación de los tejidos (cell). 2. Multiplicarse abundantemente.
proliferous [prə'lɪfərəs] [pro-li-fe-ros], *a.* 1. Prolífero, que produce prole o descendientes. 2. *(Bot.)* Que tiene un desarrollo excesivo de partes u órganos.
prolific, prolifical [prə'lɪfɪk] [pro-li-fik], *a.* 1. Prolífico, fértil, fecundo, muy productivo. 2. *V.* PROLIFEROUS.
prolifically [prə'lɪfɪkəlɪ] [pro-li-fi-ka-li], *adv.* Fecundamente, abundantemente.
prolix ['prəʊlɪks] [prou-liks], *a.* 1. Prolijo, demasiado largo, dilatado, difuso. 2. Fastidioso, enfadoso, latoso (annoying).
prolixity [prəʊ'lɪksɪtɪ] [prou-lik-si-ti], *s.* Prolijidad, estado o calidad de polijo; verbosidad.
prolixly ['prəʊlɪkslɪ] [prou-liks-li], *adv.* Prolijamente.
prologue ['prəʊlɒg] [prou-log], *s.* Prólogo, exordio, prefacio.
prolong [prə'lɒŋ] [pro-long], *va.* 1. prolongar, alargar, dilatar, extender. 2. *(Des.)* Diferir, retardar.
prolongation [ˌprəʊlɒŋ'geɪʃən] [prou-lon-guei-shon], *s.* Prolongación, dilatación, extensión.
prolusion [prə'lu:ʒən] [pro-lu-shon], *s.* Prolusión, prelusión, preludio, introducción.
promenade [ˌprɒmɪ'nɑ:d] [pro-mi-nad], *vn.* Pasearse. *-s.* 1. Paseo, acción de pasearse (walk); paseo ceremonioso. 2. Paseo, sitio o lugar público destinado a pasear. *a.* De paseo: **promenade concert**, concierto durante el cual la gente baila. *(Mar.)* **Promenade deck**, cubierta de paseo.
prominence ['prɒmɪnəns] [pro-mi-nens], *s.* 1. Estado de lo que es prominente o eminente; eminencia, altura; distinción, importancia. 2. Prominencia, protuberancia; lo que hace salidizo; *(Arq.)* salidizo, resalto.
prominent ['prɒmɪnənt] [pro-mi-nent], *a.* 1. Prominente, saliente, proyectante, que se eleva sobre lo que está a su inmediación, en relieve (protuberant, high). 2. Conspicuo por su posición, carácter o importancia; eminente, sobresaliente, distinguido. **Prominent eyes**, ojos saltones. **Prominent figures**, figuras de alto relieve.
promiscuity [ˌprɒmɪs'kju:ɪtɪ] [pro-mis-kiui-ti], *sf.* Promiscuidad, inmoralidad.
promiscuous [prə'mɪskjʊəs] [pro-mis-kiuos], *a.* 1. Promiscuo, mezclado confusamente, compuesto de individuos o partes mezclados confusamente. 2. Ejercido o repartido, sin distinción; común, no restringido, sin restricción.
promiscuously [prə'mɪskjʊəslɪ] [pro-mis-kiuos-li], *adv.* promiscuamente, sin orden; en común.
promiscuousness [prə'mɪskjʊəsnɪs] [pro-mis-kiuos-nes], *s.* Mezcla, confusión.
promise ['prɒmɪs] [pro-mis], *s.* 1. Promesa, palabra dada, prometido. 2. Espectativa, esperanza. *(Bíbl. y ant.)* Promisión. 3. Prometido, alguna cosa prometida. **To break one's promise**, faltar a su palabra, o promesa. **Land of promise**, tierra de promisión. **Promise of marriage**, promesa de matrimonio.

promise, *va.* 1. Prometer, ofrecer hacer o no hacer (una cosa); hacer promesa de dar alguna cosa. 2. Hacer concebir una esperanza. 3. *(Ant. o fam.)* Prometer, asegurar o aseverar. *-vn.* 1. Prometer, hacer promesas; empeñarse a hacer o no hacer alguna cosa. 2. Dar buenas esperanzas; anunciarse, hacer concebir esperanzas; pormeterse, tener gran esperanza o confianza en que se logrará alguna cosa.

promised ['prɒmɪst] [pro-mist], *a.* Prometido.

promisee ['prɒmɪsi:] [pro-mi-sii], *s.* *(For.)* El o la que ha recibido una promesa.

promiser ['prɒmɪsəʳ] [pro-mi-saʳ], *s.* Prometedor.

promising ['prɒmɪsɪŋ] [pro-mi-sin], *a.* Prometedor, que promete mucho, que es de gran esperanza.

promisor ['prɒmɪsəʳ] [pro-mi-saʳ], *s.* Autor de una promesa; prometedor.

promissorily ['prɒmɪsərɪlɪ] [pro-mi-so-ri-li], *adv.* Por vía de promesa.

promissory ['prɒmɪsərɪ] [pro-mi-so-ri], *a.* Promisorio, que encierra en sí promesa. **Promissory note**, pagaré, vale, escrito por el cual se compromete el firmante a pagar una cantidad.

promontory ['prɒmɒntrɪ] [pro-mon-tri], *s.* Promontorio, cabo o punta de tierra que entra en el mar.

promote [prə'məʊt] [pro-mout], *va.* 1. Promover, fomentar, hacer adelantar, favorecer, desarrollar, extender, establecer, aumentar; alentar, hacer florecer. 2. Promover, ascender, elevar a uno a otro empleo más preminente que el que tenía. **To promote the arts and sciences**, hacer florecer las artes y las ciencias. 3. Fundar, organizar una empresa, buscar capitales para ella.

promoter [prə'məʊtəʳ] [pro-moutaʳ], *s.* 1. Promotor, promovedor, el que da el impulso principal. 2. Promovedor, el que ayuda (obteniendo un capital o de otra manera) a promover o estabecer una empresa rentística o de comercio.

promotion [prə'məʊʃən] [pro-mou-shon], *s.* Promoción, acción de promover o estado de ser promovido; elevación, ascenso de alguno a una dignidad, grado o empleo superior al que tenía.

promotive [prə'məʊtɪv] [pro-mou-tiv], *a.* Promovedor, que tiende a fomentar, promover, adelantar, alentar o favorecer.

prompt [prɒm*p*t] [prompt], *a.* 1. Pronto, dispuesto, aparejado para la ejecución de alguna cosa (ready); puntual, exacto en hacer las cosas a su tiempo sin dilatarlas (exact). 2. Hecho o ejecutado de todo corazón o de buena voluntad; que sucede al tiempo debido o señalado. **Prompt payment**, pago puntual (en la fecha señalada). **prompt cash**, pago al contado, inmediato.

prompt, *va.* 1. Impulsar, excitar, hurgar, incitar, conmover (incite, spur on). 2. Sugerir, insinuar, advertir o hacer a uno acordarse de alguna cosa (suggest). 3. Apuntar; dar ocasión, mover.

prompter ['prɒm*p*təʳ] [promp-taʳ], *s.* 1. Admonitor, el que amonesta; la persona que incita a obrar. 2. Apuntador, el que apunta; apuntador de teatro.

promptitude ['prɒm*p*tɪtju:d] [promp-ti-tiud], **promptness** ['prɒm*p*t] [prompt], *s.* Prontitud, presteza, rapidez de decisión y de acción; facilidad, buena voluntad.

promptly ['prɒm*p*tlɪ] [prompt-li], *adv.* Prontamente, a su tiempo, al momento.

promulgate ['prɒməlgeɪt] [pro-mul-gueit], *va.* Promulgar, publicar alguna cosa solemnemente, proclamar.

promulgation [ˌprɒməl'geɪʃən] [pro-mal-guei-shan], *s.* Promulgación.

pronate ['prəʊneɪt] [prou-neit], *va.* Poner o echar boca abajo.

pronation [ˌprəʊ'neɪtəʳ] [prou-nei-taʳ], *s.* Pronación, un movimiento por el cual el antebrazo y la palma de la mano se vuelven hacia abajo.

pronator ['prəʊneɪtəʳ] [prou-nei-taʳ], *s.* Pronador, músculo del antebrazo que sirve para volver la palma de la mano hacia tierra.

prone [prəʊn] [proun], *a.* 1. Inclinado hacia abajo. 2. Echado boca abajo. 3. Precipitoso, pendiente. 4. Prono, inclinado, dispuesto, propenso.

proneness ['prəʊnnɪs] [proun-nes], *s.* 1. Inclinación hacia abajo; pendiente, cuesta (pent). 2. Inclinación, propensión o disposición a alguna cosa mala.

prong [prɒŋ] [prong], *s.* Cualquier instrumento puntiagudo; parte saliente como la púa, diente o punta de un tenedor o de una horca de labrador.

pronged [prɒŋd] [prongd], *a.* Dentellado, dentado, provisto de púas. **A four-pronged fork**, un tenedor de cuatro dientes.

pronominal [prəʊ'nɒmɪnl] [prou-no-mi-nal], *a.* Pronominal, de la naturaleza del pronombre; concerniente al pronombre.

pronoun [prə'nən] [pro-nan], *s.* Pronombre, parte de la oración.

pronounce [prə'naʊns] [pro-nauns], *va.* 1. Pronunciar, proferir, articular (words, sounds); articular correctamente. 2. Pronunciar, decir, recitar una arenga, un discurso, etc (speech). 3. Pronunciar, fallar, dar sentencia. 4. Declarar. **To pronounce one a brave man**, declarar que uno es un valiente. *-vn.* Hablar magistralmente.

pronounceable [prə'naʊnəbl] [pro-naun-sa-bol], *a.* Pronunicable, que se puede pronunciar o articular.

pronounced [prə'naʊnst] [pro-naunst], *a.* Pronunciado, marcado, fuerte, decidido. **Pronounced opinions**, opiniones decididas.

pronouncer [prə'naʊnsəʳ] [pro-naun-saʳ], *s.* Pronunciador.

pronouncing [prə'naʊnsɪŋ] [pro-naun-sin], *pa.* del verbo PRONOUNCE. *-a.* De pronunciación, que enseña la pronunciación. **A pronouncing dictionary**, un diccionario de pronunciación.

pronunciation [prəˌnʌnsɪ'eɪʃən] [pro-nan-siei-shon], *s.* Pronunciación, el acto o la manera de pronunciar palabras; articulación; articulación solemne, v. g. para bendecir.

proof [pru:f] [pruf], *s.* 1. Prueba, la razón, argumento, etc., con que se prueba algo; lo que demuestra la verdad o falsedad de alguna cosa (evidence). 2. Prueba, el ensayo o experiencia que se hace de alguna cosa (essay). 3. Prueba, la consistencia y firmeza de alguna cosa; impenetrabilidad; también, armadura, impenetrable. 4. Prueba, la primera plana que se tira para corregir las erratas de imprenta. 5. Grado regulador, que sirve de tipo para los licores alcohólicos. 6. Prueba, la primera impresión de un negativo. 7. *(Mat.)* Operación por la cual se comprueba la exactitud de un cálculo. **Proof-sheet**, pliego de prueba, prueba. **To put to the proof**, poner a prueba. *-a.* 1. Empleado en probar, cotejar o corregir. 2. Impenetrable, que está hecho a prueba o que es de prueba. **Proof brandy**, aguardiente de prueba. **Bomb-proof**, a prueba de bomba. **Water-proof**, a prueba de agua, impermeable. **To be proof against**, ser o estar a prueba de. **Proof against all temptations**, a prueba de toda tentación. **Proof spirit**, licor que contiene alcohol por la mitad de su volumen. **The proof of the pudding is in the eating**, al freír será el reír. **Waterproof**, a prueba de agua, impermeable.

proof, *v.* 1. Probar, sacar prueba de. 2. Hacer resistente: impermeabilizar.

proofless ['pru:flɪs] [pruf-les], *a.* Falto de prueba, no probado; sin fundamento.

proofread ['pru:fri:d] [pruf-rid], *va.* Corregir pruebas de imprenta.

prop [prɒp] [prop], *va.* 1. Sostener, apoyar, impedir que caiga una cosa; apuntalar; poner un rodrigón, etc. 2. *(Fig.)* Sostener, apoyar, mantener firme, sustentar. 3. *(Min.)* Entibar.

prop, *s.* 1. Apoyo, puntal. 2. Apoyo, amparo, columna, báculo (column, help). 3. Sostén, cualquier cosa que sirve para sostener a otra; apeo, sustentáculo (bassis); *(Min.)* entibo, ademe; *(Agr.)* rodrigón, tentemozo; machón, contrafuerte. **Props of the cut-water**, *(Mar.)* Escoras del tajamar.

propagable ['prɒpəgəbl] [pro-pa-ga-bol], *a.* Que puede propagarse, que es capaz de propagación.

propaganda [ˌprɒpəˈgændə] [pro-pa-gan-da], *s.* Propaganda.

propagandist [ˌprɒpəˈgændəndɪst] [pro-pa-gan-dist], *s.* & *a.* Propagandista, propagador. **Propagandist doctrine**, doctrina propagandista.

propagandize [ˌprɒpəˈgændəndaɪz] [pro-pa-gan-dais], *v.* Hacer propaganda.

propagate [ˈprɒpəgeɪt] [pro-pa-gueit], *va.* 1. Propagar, multiplicar la especie, engendrar. 2. Propagar, dilatar, extender, aumentar. 3. Engendrar, causar, ocasionar, formar. 4. Propagarse.

propagation [ˌprɒpəˈgeɪʃən] [pro-pa-guei-shon], *s.* 1. Propagación, la multiplicación de la especie. 2. Propagación, la dilatación o extensión de alguna cosa.

propagator [ˌprɒpəˈgeɪtə^r] [pro-pa-guei-ta^r], *s.* Propagador.

propel [prəˈpel] [pro-pel], *va.* Impeler, mover alguna cosa hacia adelante; servir como un medio de propulsión o impulsión; lanzar (un proyectil).

propellent [prəˈpelənt] [pro-pe-lent], *a.* Motor, propulsor, que hace mover, o empuja hacia adelante.

propeller [prəˈpelə^r] [pro-pe-la^r], *s.* 1. Impulsor, el o lo que impele. 2. Hélice, parte del mecanismo propulsor de un buque de vapor; propulsor en general. 3. Buque de hélice. **Screw propeller**, propulsor de hélice. 4. *(Auto)* **Propeller shaft**, eje de propulsión, eje cardán.

propense [prəˈpens] [pro-pens], *a.* *(Ant.)* Propenso, inclinado, dispuesto.

propension [prəˈpenʃən] [pro-pe-shon], *s.* Propensión, tendencia.

proper [ˈprɒpə^r] [pro-pa^r], *a.* 1. Propio, conveniente, idóneo, a propósito, apto para algún fin (own). 2. Propio, conforme al uso, conveniente, correspondiente, justo, correcto (correspondant). 3. Propio, peculiar, particular. 4. Propio, natural, en contraposición a lo postizo o accidental. 5. Justo, exacto, literal, plano (exact). 6. *(Ant. o Prov.)* Esbelto, bien dispuesto, de buena presencia, bien parecido; aseado. 7. *(Ant.)* Propio, mismo. **Proper sense**, sentido propio, justo o literal. **Proper surroundings**, alrededores, medio, atmósfera, circunstancias propias, convenientes. **Proper name**, nombre propio, de pila.

properly [ˈprɒpəlɪ] [pro-per-li], *adv.* 1. Propiamente, justamente, convenientemente; correctamente; oportunamente, con mucha razón, a propósito. 2. Correctamente. 3. Decorosamente. **Properly speaking**, hablando claro; hablando en términos precisos, etc. **More properly**, mejor dicho.

properness [ˈprɒpənɪs] [pro-pa-nes], *s.* 1. Propiedad, la calidad particular que conviene privativamente a alguna cosa. 2. Corrección. 3. Decoro.

propertied [ˈprɒpətɪd] [pro-pa-tid], *a.* Propietario, que posee bienes.

property [ˈprɒpətɪ] [pro-pa-ti], *s.* 1. Propiedad (attribute), calidad particular o privativa. 2. Propiedad, derecho de posesión, dominio; derecho o interés legal de valor; el derecho de ejercer una ocupación o empleo particular. 3. Propiedad, lo que puede ser poseído legalmente; hacienda, los bienes poseídos. **Personal property**, bienes muebles, los que pueden acompañar a la persona del dueño. **Real property**, bienes inmuebles, bienes raíces. **A man of large property**, un gran hacendado, un rico propietario. 4. **Properties**, *s. pl.* Trajes, vestidos, armas, etc., propias y usadas en el tiempo y lugar en que se supone la acción de un drama. 5. *(Teat.)* Guardarropía, accesorios.

prophecy [ˈprɒfəsɪ] [pro-fe-si], *s.* 1. Profecía hecha por inspiración divina; predicción de las cosas futuras. 2. Plática o discurso hecho bajo inspiración divina.

prophesier [ˈprɒfɪsɪə^r] [pro-fi-sia^r], *s.* Profeta, el que predice.

prophesy [ˈprɒfɪsɪ] [pro-fi-si], *va.* 1. Profetizar, predecir, especialmente bajo la inspiración divina; prefigurar. 2. Hablar o porferir en nombre de Dios; interpretar, declarar. *-vn.* 1. Hablar con influencia divina; comunicar entre Dios y el hombre. 2. Profetizar; predecir. 3. Explicar las Escrituras.

prophet [ˈprɒfɪt] [pro-fit], *s.* 1. Profeta, el que transmite mensajes divinos o que interpreta la voluntad divina. 2. Profeta, el que predice lo venidero; especialmente el profeta inspirado. 3. Guía, superior religioso.

prophetess [ˈprɒfɪtɪs] [pro-fi-tis], *sf.* Profetisa.

prophetic, [prəˈfetɪk] [pro-fe-tik], *a.* Profético: que predice.

prophetically [prəˈfetɪkəlɪ] [pro-fe-ti-ka-li], *adv.* Proféticamente.

prophylactic [ˌprɒfɪˈlæktɪk] [pro-fi-lak-tik], *a.* Profiláctico, preservativo, preventivo.

prophylaxis [ˌprɒfɪˈlæksɪs] [pro-fi-lak-sis], *s.* Profilaxis, higiene, tratamiento médico, preventivo.

propinquity [prəˈpɪŋkwɪtɪ] [pro-pin-kui-ti], *s.* 1. Propincuidad, cercanía (place). 2. Proximidad (time). 3. Propincuidad, parentesco.

propitiable [prəˈpɪʃɪəbl] [pro-pi-shia-bol], *a.* Que se puede propiciar o volver propicio, favorable.

propitiate [prəˈpɪʃɪeɪt] [pro-pi-shieit], *vn.* Propiciar, ablandar, aplacar, conciliar.

propitiation [prəˌpɪʃɪˈeɪʃən] [pro-pi-shiei-shon], *s.* 1. Propiciación, acción de volver propicio. 2. Propiciación, lo que hace propicio; sacrificio que se ofrece a Dios para aplacarle.

propitiator [prəˌpɪʃɪˈeɪtə^n] [pro-pi-shiei-ta^r], *s.* Propiciador.

propitiatory [prəˈpɪʃɪətərɪ] [pro-pi-shia-to-ri], *s.* Propiciatorio, que tiene virtud de mover y hacer propicio. *-s.* 1. Propiciación. 2. Propiciatorio, placa de oro que en la ley antigua se colocaba sobre el arca de la Alianza.

propitious [prəˈpɪʃəs] [pro-pi-shos], *a.* 1. Propicio, benéfico, benigno, inclinado a hacer bien. 2. De buen agüero, feliz, favorable.

propitiously [prəˈpɪʃəslɪ] [pro-pi-shos-li], *adv.* Propiciamente, favorablemente.

propitiousness [prəˈpɪʃəsnɪs] [pro-pi-shos-nes], *s.* Calidad de propicio; beneficencia, naturaleza favorable, favor, benignidad.

propolis [ˈprɒpəlɪs] [pro-po-lis], *s.* Propóleos, tanca, betún de las abejas. Se llama también cera aleda. *V.* BEE-GLUE.

proponent [prəˈpəʊnənt] [pro-pou-nent], *s.* Proponente, proponedor.

proportion [prəˈpɔːʃən] [pro-por-shon], *s.* 1. Proporción, relación de las partes entre sí o con el todo; extensión, número o grado relativo. 2. Proporción debida, ajuste conveniente, simetría, forma, tamaño (shape, size). 3. *(Mat.)* Proporción, la semejanza o igualdad de dos razones; regla de tres. 4. Parte que corresponde: porción, cuota. **In proportion**, en proporción, en correspondencia, a medida que. **Out of proportion**, desproporcionado.

proportion, *va.* Proporcionar, disponer y ordenar una cosa en la debida proporción; formar con simetría.

proportionable [prəˈpɔːʃənəbl] [pro-por-sho-na-bol], *a.* Proporcionable, proporcionado.

proportionably [prəˈpɔːʃənəblɪ] [pro-por-sho-na-bli], *adv.* Proporcionablemente, proporcionadamente.

proportional [prəˈpɔːʃənl] [pro-por-sho-nal], *a.* Proporcional, perteneciente a la proporción o que la incluye. **Proportional representation**, representación proporcional. *-s.* *(Mat.)* Proporcional, número o cantidad proporcional.

proportionality [ˌprəpɔːʃəˈnælɪtɪ] [pro-por-sho-na-li-ti], *s.* Proporcionalidad.

proportionally [prəˈpɔːʃnəlɪ] [pro-por-sho-na-li], *adv.* Proporcionalmente, en proporción.

proportionate [prəˈpɔːʃnɪt] [pro-por-sho-nit], *a.* Proporcionado, en debida proporción con algo; competente.

proportionate, *va.* Proporcionar, ajustar en proporción.

proportionately [prəˈpɔːʃnɪtlɪ] [pro-por-sho-nit-li], *adv.* Proporcionadamente.

proportionateness [prəˈpɔːʃnɪtnɪs] [pro-por-sho-nit-nes], *s.* Proporcionalidad, proporción.

proportionment [prəˈpɔːʃənmənt] [pro-por-shon-ment], *s.* 1. Acción y efecto de proporcionar; ajustar. 2. Proporción (state, condition).

proposal [prə'pəʊzl] [pro-pou-shal], *s.* 1. Propuesta, proposición, ofrecimiento, oferta que ha de ser considerada o aceptada. 2. Declaración: proposición de matrimonio. 3. Plan o línea de conducta propuestos por uno.

propose [prə'pəʊz] [pro-pous], *va.* 1. Proponer, ofrecer algo para su consideración o aceptación; ofrecer, presentar. 2. Proponer, pensar, tener intención de, formar un designio. **To propose a toast**, proponer un brindis. *-vn.* 1. Proponerse, hacer propósito, hacer resolución de. 2. Ofrecer, en especial hacer una oferta de matrimonio.

proposer [prə'pəʊzə^r] [pro-pou-sa^r], *s.* Proponente, proponedor.

proposition [,prɒpə'zɪʃən] [pro-po-si-shon], *s.* 1. Proposición, una oración breve en que se afirma o niega alguna cosa. 2. Proposición, la acción de proponer; propuesta. 3. Expresión de un juicio por medio de palabras. 4. Lo que se propone como asunto del discurso; exposición de un tema; propósito. 5. *(Mat.)* Proposición, cualquier principio que se establece y ha de ser demostrado. 6. *(Mús.)* Enunciado de un tema. 7. *(Fam.)* Negocio, ocupación, proyecto, asunto, problema; oficio; artículo de comercio; sujeto, tipo, individuo.

propositional [,prɒpə'zɪʃənl] [pro-po-si-sho-nal], *a.* Considerado como una proposición.

propound [prə'paʊnd] [pro-paund], *va.* 1. Proponer, plantear. 2. Sentar o sostener una proposición. 3. Hacer preguntas a uno.

propounder [prə'paʊndə^r] [pro-paun-da^r], *s.* Proponente, proponedor.

proprietary [prə'praɪətərɪ] [pro-prai-ta-ri], *a.* 1. Propietario, que tiene derecho exclusivo a una cosa. 2. *(Com.)* Patentado, registrado. *-s.* 1. Propietario, dueño. 2. Conjunto de propietarios. 3. Derecho exclusivo a la posesión: justa pretensión a la propiedad de una cosa.

proprietor [prə'praɪətə^r] [pro-praia-ta^r], *s.* Propietario, la persona que tiene derecho a una cosa, o al título legal de la misma; amo; dueño.

proprietress [prə'praɪətrɪs] [pro-praia-tris], *sf.* Propietaria.

propriety [prə'praɪətɪ] [pro-praia-ti], *s.* 1. Concordancia con el uso establecido, conveniencia, conducta o acción conveniente, decencia en los modales. 2. Exactitud y uniformidad gramatical y retórica; propiedad, perfecta conveniencia de la palabra o estilo con el asunto que se expresa; sentido propio (of words). 3. Reglas de conducta, la educación, el trato social. **To offend against propriety**, faltar a las reglas de la buena crianza.

props [prɒps] [props], *s. (Teat.)* Guardarropía, accesorios. 2. Encargado de la guardarropía.

propt, *pp. irr.* de To PROP.

propulsion [prə'pʌlʃən] [pro-pal-shon], *s.* Propulsión, propulsa; impulso, impulsión.

propulsive [prə'pʌlsɪv] [pro-pal-siv], **propulsory** [prə'pʌlsərɪ] [pro-pal-so-ri], *a.* Propulsor, que hace adelantar.

pro rata [,prəʊ'rɑːtə] [pro-ra-ta], *a. (Com.)* Prorrata, a proporción.

prorate ['prəʊreɪt] [prou-reit], *va.* Prorratear.

prorogation [,prəʊrə'geɪʃən] [prou-ro-guei-shon], *s.* Prorrogación, ampliación, prolongación, extensión, continuación o dilatación del tiempo señalado para una cosa. **The prorogation of the session of Parliament**, suspensión de las sesiones del Parlamento hasta cierto día señalado.

prorogue [prə'rəʊg] [pro-roug], *va.* 1. Prorrogar, ampliar, extender, dilatar o continuar el tiempo señalado (adjourn, extend). 2. Diferir. **To prorogue Parliament**, suspender las sesiones del Parlamento hasta un día señalado.

prosaic [prəʊ'zeɪɪk] [prou-seik], *a.* 1. Prosaico, tocante o parecido a la prosa; que está en prosa. 2. No imaginativo, falto de interés, común, trivial.

prosaically [prəʊ'zeɪɪkəlɪ] [prou-sei-ka-li], *adv.* Prosaicamente, de un modo prosaico.

prosaicism, prosaism [prəʊ'zeɪɪsɪzəm] [prou-sei-si-sem], *s.* Estilo, carácter prosaico; frase, locución prosaica; prosaísmo.

proscenium [prəʊ'siːnɪəm] [prou-si-niom], *s. (Teat.)* Proscenio, el lugar entre la escena y la orquesta.

proscribe [prəʊs'kraɪb] [prous-kraib], *va.* 1. Proscribir, declarar a uno reo de muerte; poner a uno fuera de la protección de las leyes; expulsar de la sociedad. 2. Condenar, reprobar, hablando de doctrinas, máximas, etc.; prohibir, vedar.

proscriber [prəʊs'kraɪbə^r] [prous-krai-ba^r], *s.* El que proscribe, prohibe o veda.

proscription [prəʊs'krɪpʃən] [prous-krip-shon], *s.* 1. Proscripción, acción de proscribir, de poner fuera de la ley, o de la sociedad. 2. Interdicción, restricción.

proscriptive [prəʊs'kriptɪv] [prous-krip-tiv], *a.* Proscriptivo, que proscribe o condena; perteneciente a, o de la naturaleza de la proscripción.

prose [prəʊz] [prous], *s.* 1. Prosa, la forma corriente y suelta del lenguaje. 2. Habla común, trivial y tediosa. 3. Discurso pesado, lata. 3. Charla, plática. *-a.* Prosaico, de prosa, en prosa; insulso, fastidioso. **Prose writer**, prosista.

prosecute ['prɒsɪkjuːt] [pro-si-kiut], *va.* 1. Proseguir, seguir, continuar, llevar adelante. 2. Anhelar, buscar o seguir con empeño; pretender, solicitar. 3. Procesar, hacer causa a uno, enjuiciar, demandar. 4. Ejercer (a profession, activity). *-vn.* Querellarse ante el juez; seguir un pleito; sostener una acusación criminal.

prosecution ['prɒsɪkjuːʃən] [pro-si-kiu-shon], *s.* 1. Prosecución, la acción de proseguir una cosa. 2. Seguimiento de una causa criminal; demanda, acusación, proceso. 3. Parte actora. 4. Ministerio fiscal.

prosecutor ['prɒsɪkjuːtə^r] [pro-si-kiu-ta^r], *s.* El que prosigue o continúa alguna cosa, el actor o acusador en una causa criminal; demandante, acusador privado. **Prosecutor public**, fiscal.

prosecutrix ['prɒsɪkjuːtrɪks] [pro-si-kiu-triks], *sf.* Acusadora, demandante en una causa criminal.

proselyte ['prɒsɪlaɪt] [pro-si-lait], *s.* Prosélito, persona convertida a una religión, a una secta, a un partido, o a alguna opinión.

proselyte, proselytize ['prɒsɪlɪtaɪz] [pro-si-li-tais], *va.* Convertir, hacer prosélitos.

proselytism ['prɒsɪlɪtɪzəm] [pro-si-li-ti-sem], *s.* Proselitismo, el acto de hacer prosélitos; estado de conversión.

proser ['prəʊzə^r] [prou-sa^r], *s.* Prosista, hablador sin sustancia, escritor enojoso, insulso, pesado, latoso.

prosily ['prɒsɪlɪ] [pro-si-li], *adv.* 1. Prosaicamente, de un modo prosaico. 2. Pesadamente, fastidiosamente.

prosiness ['prɒsɪnɪs] [pro-si-nes], *s.* Calidad de prosaico; insulsez.

prosody ['prɒsədɪ] [pro-so-di], *s.* 1. Prosodia, la parte de la gramática que enseña la pronunciación y cantidad de las sílabas. 2. Métrica.

prospect ['prɒspekt] [pros-pekt], *va.* y *vn.* 1. Catear, *(Amer.)* buscar oro, petróleo; descubrir minerales o minas. 2. Dar buenas esperanzas, prometer. **To prospect for**, andar en busca de, buscar un yacimiento.

prospect, *s.* 1. Perspectiva, vista o aspecto de diversos objetos mirados de lejos; paisaje, panorama (landscape). 2. Perspectiva, lo que se prevé o espera; indicación que justifica una expectativa o esperanza; aspecto, futura probabilidad fundada en las indicaciones presentes. 3. Situación con respecto a los puntos cardinales, la dirección en que se halla el frente de una cosa. 4. Indicación de la presencia de un mineral. 5. *(Des.)* Vistillas, lugar alto desde donde se ve y descubre mucho terreno. 6. Expectativa, esperanza, probabilidad, perspectiva. 7. Cliente, comprador probable. 8. *(Min)* Indicio de veta o venero. 9. *(Min)* Oro, etc., obtenido de una muestra de un mineral. 10. Mina parcialmente explotada. **In prospect**, en prespectiva, probable. **These houses afford a fine prospect**, estas casas tiene hermosas vistas. **There is no prospect of his coming**, no hay esperanzas de que venga; no tiene trazas de venir. **The house**

has a western prospect, la casa da al poniente. **A prospect of gold**, indicación (pepita o polvo) de oro. **Man of goods prospect**, hombre de provenir.

prospecting ['prɒspektɪŋ] [pros-pek-tin], *s.* *(Min)* 1. Exploración en busca de yacimientos. 2. Cateo.

prospective ['prɒspektɪv] [pros-pek-tiv], *a.* 1. Anticipado, venidero, que está por venir, o en expectativa. 2. Previsor, prevenido, que mira hacia adelante o toma en cuenta lo futuro. *-s.* Vista, perspectiva.

prospectus ['prɒspektəs] [pros-pek-tus], *s.* Prospecto, el anuncio que se hace de algún plan o proyecto, o de alguna obra antes de darse a luz.

prosper ['prɒspə[r]] [pros-pa[r]], *va.* Prosperar, acrecentar en bienes. *-vn.* 1. Prosperar, gozar de fortuna o prosperidad. 2. Medrar, mejorar de fortuna.

prosperity [prɒs'perɪtɪ] [pros-pe-ri-ti], *s.* Prosperidad, felicidad, fortuna.

prosperous ['prɒspərəs] [pros-pe-ros], *a.* 1. Próspero, feliz, dichoso, afortunado, favorable (happy, lucky). 2. Floreciente, propicio (propicious). **Prosperous gales**, vientos propicios.

prosperously ['prɒspərəslɪ] [pros-pe-ros-li], *adv.* Prósperamente.

prosperousness ['prɒspərəsnɪs] [pros-pe-ros-nes], *s.* Prosperidad.

prostate ['prɒsteɪt] [pros-teit], *s.* *(Anat.)* Próstata, glándula situada al principio de la uretra en el hombre y los mamíferos machos.

prostatic [prɒs'tætɪk] [pros-ta-tik], *a.* Prostático, perteneciente o relativo a la próstata.

prosthesis [prɒs'θɪsɪs] [pros-zi-sis], *s.* 1. Prótesis, adición de una o más letras a una palabra, especialmente al principio. 2. *(Cir.)* La operación de hacer partes artificiales y ajustarlas al cuerpo, como los dientes postizos, piernas de corcho, etc.

prostitute ['prɒstɪtju:t] [pros-ti-tiut], *va.* Prostituir, exponer a todo género de torpeza y sensualidad.

prostitue, *s.* 1. Mercenario. 2. Prostituta, ramera. *-a.* 1. Prostituto, prostituido, venal. 2. Vil, entregado a los vicios, deshonrado, envilecido, corrompido.

prostitution [ˌprɒstɪ'tju:ʃən] [pros-ti-tiu-shon], *s.* Prostitución.

prostrate ['prɒstreɪt] [pros-treit], *a.* 1. Postrado, humillado, prosternado. 2. Postrado, abatido; humillado. 2. Echado a la larga. 3. *(Biol.)* Procumbente, echado, tendido.

prostrate, *va.* 1. Echar a tierra o por el suelo; tender a la larga. 2. Postrar, demoler, derribar; arruinar. 3. Postrarse, hincarse de rodillas. 4. *(Med.)* Postrar, enflaquecer, quitar el vigor a alguno. **To prostrate oneself**, postrarse, prosternarse.

prostration [prɒs'treɪʃən] [pros-trei-shon], *s.* 1. Prostación. 2. Abatimiento, depresión.

prosy ['prəʊzɪt] [prou-si], *a.* 1. Prosaico. 2. Latoso, insulso.

protagonist [prəʊ'tægənɪst] [prou-ta-go-nist], *s.* Protagonista, personaje principal del drama griego; jefe. 2. Portavoz, campeón, defensor de una causa.

protect [prə'tekt] [pro-tekt], *va.* Proteger, amparar, defender, patrocinar, favorecer.

protection [prə'tekʃən] [pro-tek-shon], *s.* 1. Protección, amparo, patrocinio (defence, patronage). 2. Protección, proteccionismo, sistema económico que, para proteger la industria y el comercio de un país, dificulta la importación de productos extranjeros, recargando los derechos de aduana. 3. Salvoconducto, pasaporte.

protectionism [prə'tekʃənɪzəm] [pro-tek-sho-ni-sem], *s.* Proteccionismo, sistema económico de los proteccionistas. *V.* PROTECTION, 2ª acep.

protective [prə'tektɪv] [pro-tek-tiv], *a.* 1. Protector, que sirve de abrigo. 2. Protector, que protege. **Protective coloring**, coloración protectora, mimetismo. **Protective tariff**, tarifa (o arancel) proteccionista.

protective, *a.* protector, protectorio, que protege, que sirve de abrigo. *-s.* 1. Alguna cosa que protege; amparo, abrigo. 2. Cubierta aséptica para una herida.

protector [prə'tektə[r]] [pro-tek-ta[r]], *s.* 1. Protector, patrono, patrocinador. 2. Cosa que protege; **chest protector**, peto de lana; **point protector**, guardapuntas.

protectorate [prə'tektərɪt] [pro-tek-to-rit], *s.* Protectorado, protectoría, el oficio, dignidad o jurisdicción de protector.

protegé ['prɒteʒeɪ] [pro-te-yei], *s.* Protegido, favorito, ahijado, paniaguado.

protegée ['prɒteʒeɪ] [pro-te-yei], *s.* Protegida, favorita, ahijada, paniaguada.

proteic ['prɒteɪk] [pro-teik], *a.* *(Quim.)* Proteico.

protein ['prɒteɪn] [pro-tein], *s.* Proteína.

protest ['prəʊtest] [prou-test], *vn.* 1. Protestar, declarar solemnemente su dictamen o parecer, afirmar (avow). 2. Protestar de o contra; recusar (reject). *-va.* Protestar una letra de cambio, hacer o sacar protesto contra el que no la quiere aceptar o pagar después de haberla aceptado. **To protest for non-acceptance**, protestar por falta de aceptación. **To protest for non-payment**, protestar por falta de pago.

protest, *s.* Protesta, protesto. **Under protest**, haciendo constar su protesta, protestando, con reservas; de mala gana. **To accept a bill under protest**, aceptar una letra bajo o so protesto. **Protest of a bill**, protesto de una letra de cambio o libranza.

protestant ['prɒtestənt] [pro-tes-tant], *a.* 1. Protestante, el que protesta. 2. Protestante, nombre que se da a las religiones anglicana, luterana y calvinista y a las sectas que se derivan de ellas.

protestant, *s.* Protestante, nombre que se da a los que profesan cualquiera de las sectas protestantes.

protestantism ['prɒtɪstəntɪzəm] [pro-tis-tan-ti-sem], *s.* Protestantismo, la creencia de los protestantes.

prostestation [ˌprɒtes'teɪʃən] [pro-tes-tei-shon], *s.* protestación; protesta, declaración solemne de una opinión, etc.

protester ['prɒtestə[r]] [pro-tes-ta[r]], *s.* El que protesta, protestante.

proto-, Prefijo derviado del griego que significa primero; en química significa el más bajo.

protocol ['prəʊtəkɒl] [prou-to-kol], *s.* 1. Trazo, esbozo, v. g. de un tratado; declaración o memoria informal de un acuerdo entre dos países; acta de una conferencia. 2. Protocolo, registro. 3. Convenio entre patronos y obreros en que se establecen las bases para resolver los conflictos.

protocol, *v.* 1. Protocolizar, protocolar. 2. Inscribir en un convenio o protocolo.

proton ['prəʊtɒn] [prou-ton], *s.* *(Fís. y Quím.)* Protón.

protoplasm ['prəʊplæzəm] [prou-to-pla-sem], *s.* *(Biol.)* Protoplasma.

prototype ['prəʊtəʊtaɪp] [prou-tou-taip], *s.* Prototipo, el original de alguna copia.

protoxid ['prəʊtɒksɪd] [prou-tok-sid], *s.* protóxido, el óxido que contiene un solo átomo de oxígeno.

protozoa ['prəʊtəzu:] [prou-to-su], *s. pl.* Protozoarios, protozoos.

protract [prə'trækt] [pro-trakt], *va.* 1. Alargar, prolongar, dilatar, diferir en tiempo. 2. Levantar un plano; trazar un mapa por medio del pitipié y del semicírculo (transferidor). 3. *(Anat.)* Extender, empujar o impulsar hacia adelante.

protracter [prə'træktə[r]] [pro-trak-ta[r]], *s.* 1. Alargador. 2. *V.* PROTRACTOR.

protractile [prə'træktaɪl] [pro-trak-tail], *a.* Capaz de ser impulsado o extendido hacia adelante.

protraction [prə'trækʃən] [pro-trak-shon], *s.* 1. Prolongación, dilatación, extensión. 2. Demora. 3. Trazado de un plano por medio del transportador.

protractive [prə'træktɪv] [pro-trak-tiv], *a.* Dilatorio; el que alarga o prolonga.

protractor [prə'træktə[r]] [pro-trak-ta[r]], *s.* 1. Transferidor, instrumento para medir o trazar ángulos. 2. *(Anat.)* Músculo que mueve un miembro hacia adelante. 3. Regla o molde. 4. *V.* PROTRACTER, 1ª acep.

protrude [prə'tru:d] [pro-trud], *va.* Empujar, impeler, llevar hacia adelante; hacer salir o sobresalir. **To protrude one´s**

tongue, sacar la lengua. *-vn.* 1. Empujarse o moverse hacia adelante, salir al aire. 2. Salir fuera, sobresalir.

protrusible, protrusile [prə'tru:ʒɪbl] [pro-tru-si-bol], *a.* Que puede ser extendido o impulsado hacia adelante.

protrusion [prə'tru:ʒən] [pro-tru-shon], *s.* El acto de empujar o llevar una cosa hacia adelante; rempujón, empujón.

protrusive [prə'tru:zɪv] [pro-tru-siv], *a.* Que impulsa hacia adelante, que hace salir o proyectar.

protuberance, [prə'tju:bərəns] [pro-tiu-be-rans], *s.* 1. Protuberancia, prominencia de los huesos o de otras partes del cuerpo. 2. Prominencia, la elevación de una de las partes de cualquier cuerpo sobre las que están alrededor.

protuberant [prə'tju:bərənt] [pro-tiu-be-rant], *a.* Prominente, saliente.

protuberate [prə'tju:bərɪt] [pro-tiu-be-rit], *vn.* Sobresalir, formar prominencia.

proud [praʊd] [praud], *a.* 1. Soberbio, orgulloso, altivo, atrevido, envanecido, presumido, presuntuoso, fiero, ufano. 2. Alto, quisquilloso, engreído; grande, noble. 3. Arrogante, insolente, impaciente. 4. Soberbio, magnífico, pomposo, ostentoso, espléndido, grande. 5. *(Med.)* Fungoso. 6. *(Des.)* Salida: se dice de las hembras de los animales. 7. Fogoso (horse). 8. Hinchado, embravecido (sea). 9. Bello, espléndido, noble. **He is very proud of his birth**, está muy pagado de su nacimiento. **A proud day for Athens**, un gran día para Atenas. **Proud-stomached**, altivo, arrogante. **Proud titles**, títulos pomposos.

proudly ['praʊdlɪ] [praud-li], *adv.* Soberbiamente, orgullosamente; pomposamente.

prove [pru:v] [pruv], *va.* (*pret.* PROVED, *pp.* PROVED o PROVEN). 1. Probar, justificar, manifestar, hacer patente, mostrar. 2. Probar, examinar, experimentar. 3. Abrir y hacer público un testamento con las fórmulas prescritas por las leyes. 4. *(Arit.)* Hacer la prueba de. 5. Sacar una prueba de. *-vn.* 1. Resultar, venir a parar, salir bien o mal, según la prueba, hallarse. 2. *(Ant.)* Hacer prueba o experiencia de una cosa. **It will prove otherwise**, saldrá de otro modo. **Prove all things**, probadlo todo. **To prove incorrect**, resultar inexacto. **To prove useful**, ser o resultar útil. **If what you say proves true**, si lo que Ud. dice resulta verdadero. **To prove oneself**, mostrarse, hacer prueba de, mostrar que uno es. **To prove the patience of**, poner a prueba la paciencia de.

proven ['pru:vən] [pru-van], *pp. irr.* de PROVE (limitado a los tribunales o a documentos judiciales). Probado, demostrado. **Not proven**, veredicto admisible en el derecho escocés, que declara la acusación como no probada, aunque tampoco refutada.

provenance [,prɒvɑ:*n*'sɑ:l] [pro-van-sal], *s.* Origen, procedencia.

provender ['prɒvɪndə[r]] [pro-vin-da[r]], *s.* 1. Provisión de heno y grano para el ganado. 2. Provisión, víveres.

provenience [,prɒvi:'nɪəns] [pro-vi-niens], *s.* Origen, procedencia.

prover ['pru:və[r]] [pru-va[r]], *s.* Persona que prueba o saca pruebas.

proverb ['prɒvɜ:b] [pro-verb], *s.* 1. Proverbio, adagio o refrán; apotegma. 2. Sentencia enigmática. 3. Alguna cosa proverbial; ejemplo típico o notorio.

proverbial [prə'vɜ:bɪəl] [pro-ver-bial], *a.* 1. Proverbial. 2. Conocido, notorio.

proverbialist [prə'vɜ:bɪəlɪst] [pro-ver-bia-list], *s.* Proverbiador; proverbista.

proverbially [prə'vɜ:bɪəlɪ] [pro-ver-bia-li], *adv.* Proverbialmente.

provide [prə'vaɪd] [pro-vaid], *va.* 1. Proveer, prevenir, proporcionar, tener prontas las cosas necesarias para algún fin (furnish). 2. Proveer, abastecer, surtir (supply); dar, suministrar (give). 3. Atesorar. 4. Estipular, contratar mutuamente. *-vn.* 1. Proveer, proporcionar medios para el uso futuro; abastecer de víveres. 2. Precaverse, tener cuidado, encargarse de; tomar precauciones, prepararse. 3. Hacer una estipulación previa. **To provide against**, precaver, prevenir anticipadamente algún riesgo, daño o peligro. **to provide for**, proveer, cuidar de antemano, dar a uno lo que necesita, estar preparado para algún acontecimiento, negocio, etc.; tomar precauciones. **Provided that**, con tal que; siempre que; como, bajo condición; bien entendido. **The Lord will provide**, Dios proveerá.

provided [prə'vaɪdɪd] [pro-vai-did], *a.* Provisto, equipado, dotado: **provided school**, escuela municipal. 2. Proporcionado, dado, heredado. *-conj.* **Provided that**, con tal que, siempre que, a condición de o que.

providence ['prɒvɪdəns] [pro-vi-dans], *s.* 1. Providencia, previsión, prevención o disposición anticipada. 2. Providencia divina, o simplemente Providencia, la mira y cuidado que tiene Dios acerca de sus criaturas. 3. Prudencia, frugalidad, economía.

provident ['prɒvɪdənt] [pro-vi-dant], *a.* 1. Próvido, providente, prevenido; cuidadoso, cauto, circunspecto, prudente, avisado. 2. Frugal, económico.

providential [,prɒvɪ'denʃəl] [pro-vi-den-shal], *a.* Providencial, que resulta de o que evidencia la acción de la providencia divina.

providentially [,prɒvɪ'denʃəlɪ] [pro-vi-den-sha-li], *adv.* Providencialmente, por la sabia disposición de la Providencia.

providently ['prɒvɪdəntlɪ] [pro-vi-dent-li], *adv.* Próvidamente, prudentemente.

provider [prə'vaɪdə[r]] [pro-vai-da[r]], *s.* Proveedor, provisor, abastecedor, suministrador.

province ['prɒvɪns] [pro-vins], *s.* 1. Provincia, una de las partes en que generalmente se dividen los reinos o estados, distrito. 2. El oficio, empleo, obligación o incumbencia particular de cada uno; competencia; departamento. 3. Esfera, campo de actividad. **That is not my province**, eso no me toca, no me pertence o no es encargo mío, o eso no es de mi cargo. **It is the province of,** pertenece o está al cargo de.

provincial ['prɒvɪnʃəl] [pro-vin-shal], *a.* 1. Provincial, perteneciente a una provincia de un mismo estado. 2. Provincial, rudo, campesino, grosero.

provincial, *s.* 1. Provincial, el natural o habitante de una provincia; que no es de la capital. 2. Provincial, el religioso que tiene el gobierno y superioridad sobre todas las casas y conventos de una provincia.

provincialism [prə'vɪnʃəlɪzəm] [pro-vin-sha-li-sem], *s.* Provincialismo, modo particular de hablar de los habitantes de una provincia.

provincialist ['prɒvɪnʃəlɪst] [pro-vin-sha-list], *s.* Provincial, el que usa de provincialismos; habitante de una provincia.

proving ['pru:vɪŋ] [pru-vin], *s.* Prueba, acción y efecto de probar. **Proving-ground**, lugar para probar los cañones y otras armas de fuego y las municiones para las mismas.

provision [prə'vɪʒən] [pro-vi-shon], *s.* 1. Provisión, prevención de comestibles o de otras cosas necesarias (supply); víveres, bastimentos. 2. Provisión, los comestibles u otras cosas recogidas (stores). 3. La acción de proveerse, prevenirse o disponerse, precaución o medidas de precaución. 4. Señalamiento, asignación de alimentos, asistencias, etc. 5 Ajuste, convenio, estipulación. 6. Requisito. 7. Medida, disposición, providencia. **Till further provision be made**, hasta más proveer. **To make provision for**, proveer a; asegurar el porvenir de. 8. Cláusula, estipulación, condición. 9. Provisiones, vituallas, bastimentos.

provision, *v.* Aprovisionar, abastecer.

provisional [prə'vɪʒənl] [pro-vi-sho-nal], *a.* provisional; establecido, dispuesto, o mandado interinamente.

provisionally [prə'vɪʒnəlɪ] [pro-vi-sho-na-li], *adv.* Provisionalmente, interinamente.

proviso [prə'vaɪzəʊ] [pro-vai-sou], *s.* 1. Caución, estipulación, condición provisional, requisito. 2. Claúsula o artículo que lo establece.

provisory [prə'vɪʒərɪ] [pro-vi-so-ri], *a.* Provisorio, provisional, condicional, temporero.

provocation [ˌprɒvəˈkeɪʃən] [pro-vo-kei-shon], *s.* 1. Provocación, lo que provoca, causa ira o resentimiento. 2. Estímulo para ejecutar una cosa. 3. Cosa que irrita o exaspera.
provocative [prəˈvɒkətɪv] [pro-vo-ka-tiv], *a.* 1. Provocativo, estimulante. 2. Irritante, exasperador (irritating). *-s.* Llamativo, lo que puede estimualr o producir apetito.
provoke [prəˈvəʊk] [pro-vouk], *va.* 1. Provocar, irritar o estimular a uno para que se enoje. 2. Provocar, excitar, incitar, inducir. 3. Provocar, facilitar, ayudar, causar, promover. 4. *(Des.)* Desafiar. *-vn.* Causar enojo, excitar la cólera de alguno.
provoker [prəˈvəʊkəʳ] [pro-vou-kaʳ], *s.* Provocador, persona o cosa que provoca.
provoking [prəˈvəʊkɪŋ] [pro-vou-kin], *a.* 1. Provocativo, provocante. 2. Irritante, exasperador.
provokingly [prəˈvəʊkɪŋlɪ] [pro-vou-kin-li], *adv.* Insolentemente, de un modo provocativo.
prow [praʊ] [prau], *s.* Proa, la parte delantera de una embarcación; tajamar. *-a.* *(Des.)* Valeroso.
prowess [ˈpraʊɪs] [prauis], *s.* Proeza, hazaña, valentía.
prowl [ˈpraʊl] [praul], *va.* 1. Recorrer. 2. Rapiñar, hurtar; estafar (swindle). *-vn.* Andar o vagar de una parte a otra en busca de presa o pillaje.
prowler [ˈpraʊləʳ] [prau-laʳ], *s.* Vagamundo, andorrero; el que anda vagando; ladrón, estafador.
proximal [ˈprɒksɪməl] [prok-si-mal], *a.* *(Biol.)* Próximo, relativamente más cercano al centro del cuerpo, lo opuesto a *distal*.
proximity [prɒkˈsɪmɪtɪ] [prok-si-mi-ti], *s.* proximidad, cercanía, inmediación.
proxy [ˈprɒksɪ] [prok-si], *s.* 1. Procuración, comisión, poder. **To marry by proxy**, casarse por poder. 2. Apoderado, poderhabiente, el que tiene poder de otro para ejecutar algo en su nombre, sustituto, delegado. (Contracción de *Procuracy*).
prude [pruːd] [prud], *sf.* Mojigata, remilgada, gazmoña que afecta honestidad, modestia o santidad.
prudence [ˈpruːdəns] [pru-dans], *s.* Prudencia, cordura, discreción.
prudent [ˈpruːdənt] [pru-dant], *a.* Prudente, cuerdo, discreto, circunspecto (careful).
prudential [pruːˈdenʃəl] [pru-den-shal], *a.* Prudencial, que toca a la prudencia; dictado por la prudencia.
prudentially [pruːˈdenʃəlɪ] [pru-den-sha-li], *s. adv.* Prudencialmente.
prudentials [pruːˈdenʃəlz] [pru-den-shals], *s.* Máximas de prudencia.
prudently [pruːˈdəntlɪ] [pru-dant-li], *adv.* Prudentemente.
prudery [ˈpruːdərɪ] [pru-da-ri], *s.* Melindre, remilgo, la afectada y demasiada delicadeza en las acciones o en el modo de ejecutarlas; gazmoñería, mojigatez, la afectación de modestia, honestidad o prudencia.
prudish [ˈpruːdɪʃ] [pru-dish], *a.* Gazmoño, mojigato, el que afecta modestia, honestidad o prudencia; serio o grave con afectación.
prune [pruːn] [prun], *va.* y *vn.* 1. Podar, cortar o quitar las ramas superfluas de los árboles y plantas. 2. Escamondar los árboles. 3. Limpiar alguna cosa quitando lo superfluo. **To prune up**, vestir, adornar. 4. Limpiar y componer sus plumas las aves. *V.* PREEN.
prune, *s.* 1. Ciruela pasa; ciruela. 2. *(Fam)* Bendito, simple.
prunelle [ˈpruːnel] [pru-nel], *s.* Pasa amarilla.
pruner [ˈpruːnəʳ] [pru-naʳ], *s.* Podador.
pruning [ˈpruːnɪŋ] [pru-nin], *s.* Acción de podar o mondar; poda, monda, remonda, limpia de los árboles. **Pruning-hook**, podón, márcola, corvillo. **Pruning-knife**, cuchilla para podar. **Pruning-shears**, podaderas, tijeras para podar.
prurience [ˈprʊərɪəns] [prua-rians], *s.* 1. Comezón, prurito; particularmente, curiosidad liviana, sensualidad. 2. Deseo inmoderado.
prurient [ˈprʊərɪənt] [prua-riant], *a.* 1. Dispuesto a la lascivia o liviandad. 2. Que padece prurito o comezón; anheloso.
prussian [ˈprʌʃən] [pra-shan], *a.* y *s.* Prusiano, natural de Prusia o lo perteneciente a este reino. **Prusian blue**, azul de Prusia.
prussic [ˈprʌsɪk] [pra-sik], *a.* *(Quím.)* Prúsico. **Prussic acid**, *V. Hydrocyanic acid.*
pry [praɪ] [prai], *va.* y *vn.* 1. Espiar, acechar, atisbar, observar, reconocer (spy, exam). Se usa particularmente con *out.* **To pry out a secret**, arrancar un secreto. **To pry into other people's concerns**, meterse en asuntos ajenos, meterse uno en lo que no le importa; curiosear, entremeterse, sonsacar. 2. Alzaprimar, mover o levantar con una placa. **To pry apart**, separar. **To pry off**, despegar. **To pry open**, abrir, forzar.
pry, *s.* 1. Mirada escrudiñadora y taimada; inspección, atisbo, fisgoneo, observación curiosa e impertinente. 2. Curioso, indiscreto, entrometido. 3. *(Fam.)* Palanca, barra o palo para levantar un peso.
prying [ˈpraɪɪŋ] [praiin], *a.* Fisgón, curioso, entrometido.
psalm [sɑːm] [salm], *s.* Salmo; cántico, sagrado que contiene alabanzas; himno.
psalmbook [ˈsɑːmbʊk] [salm-buk], *s.* Salterio, libro de salmos.
psalmist [ˈsɑːmɪst] [sal-mist], *s.* Salmista; por antonomasia, David.
psalmody [ˈsælmədɪ] [sal-mo-di], *s.* Salmodia.
psalter [ˈsɔːltəʳ] [sol-taʳ], *s.* Saterio o libro de salmos; en especial las versiones de las Iglesias católica y anglicana.
psaltery [ˈsɔːltərɪ] [sol-ta-ri], *s.* 1. Salterio, instrumento músico de los antiguos hebreos. 2. Salterio, instrumento músico de la edad media, con trece cuerdas y una tabla harmónica.
pseudo [ˈsjuːdəʊ] [siu-dou], *a.* Pseudo, seudo o falso, adjetivo griego que se pone delante de algunas voces. **Pseudo philosopher**, pseudo filósofo.
pseudomorph [ˌsjuːdəʊˈmɔːf] [siu-dou-morf], *s.* 1. Seudomorfo, mineral que tiene la forma exterior cristalina de otro mineral. 2. Forma irregular o falsa.
pseudonym [ˈsjuːdənɪm] [siu-do-nim], *s.* 1. Seudónimo, nombre ficticio empleado por un autor par que se ignore el suyo propio. 2. *(Biol.)* El nombre vernáculo.
pseudonymous [sjuːˈdənɪməs] [siu-do-ni-mos], *a.* Seudónimo, de nombre supuesto.
pseudopod [ˈsjuːdəʊpɒd] [siu-dou-pod], *s.* *(Biol.)* Seudópodo, una prolongación temporal del protoplasma de una célula o de un animal unicelular, que le sirve para tomar su alimento, para moverse, etc.
pshaw [pʃɔː] [psho], *inter.* ¡Vaya! ¡fuera! ¡quita! ¡malhaya! ¡puf!
psoriasis [ˈsəˈraɪəsɪs] [so-raiasis], *s.* Soriasis, enfermedad crónica de la piel que presenta gurpos de escamas.
psyche [saɪk] [saik], *s.* 1. Psique, Psiquis. 2. El alma.
psychedelic [ˌsaɪkəˈdelɪk] [sai-ka-de-lik], *a.* Psicodélico o sicodélico.
psychiatrist [saɪˈkaɪətrɪst] [sai-kaia-trist], *s.* *(Med.)* Psiquiatría o siquiatría.
psychic, psychical [ˈsaɪkɪk] [sai-kik] [ˈsaɪkɪkəl] [sai-ki-kal], *a.* 1. Psíquico, referente a las facultades del alma, desde el punto de vista intelectual y moral. 2. Natural, como opuesto a espiritual. 3. Sensible a las fuerzas psíquicas.
psychoanalysis [ˌsaɪkəʊəˈnælɪsɪs] [sai-koua-na-li-sis], *s.* *(Med.)* Psicoanálisis o sicoanálisis.
psychoanalyst [ˌsaɪkəʊˈænəlɪst] [sai-koua-na-list], *s.* Psicoanalista o sicoanalista.
psychoanalytic [ˌsaɪkəʊˌænəˈlɪtɪk] [sai-koua-na-li-tik], *a.* Psicoanalítico o sicoanalítico.
psychoanalyze [ˌsaɪkəʊəˈnælaɪz] [sai-koua-na-laos], *va.* Psiconalizar, o sicoanalizar, hacer psicoanálisis o sicoanálisis.
psychological, psychologic [ˌsaɪkəˈlɒdʒɪkəl] [sai-ko-lo-yi-kal], *a.* Psicológico. **Psychological testing**, psicotecnia.
psychologist [saɪˈkɒlədʒɪst] [sai-ko-lo-yist], *s.* Psicólogo, el que estudia o está versado en la psicología.

psychology [saɪ'kɒlədʒɪ] [sai-ko-lo-yi], *s.* Psicología, la ciencia que trata del alma humana, sus facultades y funciones; también, tratado sobre el alma.

psychomancy [saɪ'kɒmænsɪ] [sai-ko-man--si], *s.* Sicomancia, arte supersticiosa de evocar o llamar a las almas de los muertos.

psychopathic [ˌsaɪkəʊ'pæθɪk] [sai-kou-pa-zik], *a. (Med.)* Psicopático o sicopático.

psychosis [saɪ'kəʊsɪs] [sai-kou-sis], *s. (Med.)* Psicosis o sicosis.

psychosomatic ['saɪkəʊsəʊ'mætɪk] [sai-kou-sou-ma-tik], *a.* Psicosomático.

psychotherapy [ˌsaɪkəʊ'θerəpɪ] [sai-kou-ze-ra-pi], *s. (Med.)* Psicoterapia o sicoterapia.

ptarmigan ['tɑːmɪgən] [tar-mi-gan], *s. (Ornit.)* Perdiz blanca.

pteridophyte ['terɪdəʊfaɪt] [te-ri-dou-fait], *s. (Bot.)* Pteridofita.

pterodactyl [ˌterəʊ'dæktɪl] [te-rou-dak-til], *s. (Paleont.)* Pterodáctilo.

ptolemaic ['tɒləmaɪk] [to-lo-maik], *a.* Tolemaico, lo que pertence al sistema astronómico de Tolomeo.

Ptolemy ['tɒləmɪ] [to-lo-mi], *n.pr.* Tolomeo.

ptomain, ptomaine ['təʊmeɪn] [tou-mein], *s.* Ptomaína.

pub [pʌb] [pab], *s. (Engl.)* Cervecería, taberna.

puberty ['pjuːbətɪ] [piu-ber-ti], *s.* 1. Pubertad, la edad en que adquieren las personas de ambos sexos aptitud para reproducirse. 2. *(Bot.)* El período en que una planta empieza a echar flores.

pubes ['pjuːz [piubs] *s.* Pubis, pubes, parte inferior del vientre.

pubescence [pjuː'besəns] [piu-be-sans], *s.* 1. Pubescencia, pubertad. 2. *(Bot.)* Pelusa, vello.

pubescent [pjuː'besənt] [piu-be-sant], *a.* 1. Pubescente, cubierto de pelos, particularmente de pelos delgados, cortos y suaves, como las hojas de ciertas plantas; que tiene pelusa, velloso. 2. Púber: se dice de la persona que ha llegado a la edad de la pubertad.

pubic ['pjuːbɪk] [piu-bik], *a.* Pubiano, púbico: que se refiere al pubis o a la región púbica.

pubis ['pjuːbɪs] [piu-bis], *s. (Anat.)* Pubis, parte del hueso coxal.

public ['pʌblɪk] [pa-blik], *a.* 1. Público, común, que pertenece a todo el pueblo (common). 2. Público, notorio, patente, manifiesto (evident, obvious). 3. General, universal. 4. Público: se aplica a la potestad, autoridad, espíritu, etc. cuando se tienen o poseen para el bien de todo el pueblo o cuando se emplean en él. **Public enemy,** enemigo público. **Public health**, higiene pública, sanidad. **Public lands**, tierras nacionales o de dominio público. **Public opinion**, opinión pública. **Public school**, escuela pública, en Ingl. también se llaman así a ciertas instituciones que preparan a los jóvenes para el acceso a la Universidad (Eton, Harrow, Winchester.) **Public-house**,1. posada, taberna, hostería, fonda. 2. *(Ingl.)* Cervecería, establecimiento autorizado para vender bebidas alcohólicas. **To make public**, publicar o hacer pública alguna cosa. *-s.* Público, el pueblo. **In public**, en público, públicamente, a la vista de todos. **Public-hearted**, animado del bien público, ansioso por el bien del pueblo. **Public-spirited**, patriótico, el que prefiere el bien común o del público a su interés particular. **Public utility,** empresa de servicios públicos. **Into public**, en la vida pública o de sociedad. **Public works**, obras públicas.

publican ['pʌblɪkən] [pa-bli-kan], *s.* 1. Publicano, arrendador o cobrador de derechos públicos entre los romanos. 2. *(Vulg.)* Mesonero, posadero, tabernero.

publication [ˌpʌblɪ'keɪʃən] [pa-bli-kei-shon], *s.* 1. Publicación, el acto de publicar. 2. La acción de poner en venta alguna obra impresa, y la misma obra publicada, promulgación. 3. Notificación pública, edicto.

publicist ['pʌblɪsɪst] [pa-bli-sist], *s.* 1. Publicista, el autor que escribe sobre el derecho público, o de los estados o naciones. 2. Escritor sobre asuntos de interés público. 3. Agente de publicidad.

publicity [pʌb'lɪsɪtɪ] [pa-bli-si-ti], *s.* Publicidad, notoriedad. *a.* De publicidad, publicitario. **Publicity bureau**, agencia de publicidad.

publicize ['pʌblɪsaɪz] [pa-bli-sais], *va.* Publicar, divulgar.

publicly ['pʌblɪklɪ] [pa-bli-kli], *adv.* Públicamente, a la vista de todos.

publish ['pʌblɪʃ] [pa-blish], *va.* 1. Publicar, hacer manifiesta al público alguna cosa. 2. Publicar un libro, anunciar que está de venta. 3. **To publish the banns**, correr las amonestaciones.

publisher ['pʌblɪʃə[r]] [pa-bli-sha[r]], *s.* Publicador, editor, el que publica un libro o escrito y lo pone en venta.

publishing ['pʌblɪʃɪŋ] [pa-bli-shin], Publicación (books, etc.) **Publishing house**, editorial, casa editora.

puccoon ['pʌkuːn] [pa-kun], *s.* Orcaneta.

puce [pjuːs] [pius], *s.* Color castaño rojizo.

puck [pʌk] [pak], *s.* 1. Coco, fantasma, duende legendario de los ingleses, como el del «Sueño de una noche de verano», de Shakespeare. 2. *(Ornit.)* Chotacabras. 3. Disco de caucho usado en hokey sobre hielo.

pucker ['pʌkə[r]] [pa-ka[r]], *va.* Arrugar, hacer pliegues. *-s.* 1. Pliegue, arruga, (gather). 2. *(Fam.)* Agitación, perplejidad, embrollo.

puckish ['pʌkɪʃ] [pa-kish] , *a.* Travieso.

pudding ['pʌdɪŋ] [pa-din], *s.* 1. Pudín. 2. Manjar farináceo, que se come con carne, o como plato principal de una comida. 3. Salchicha, morcilla. **Black-pudding**, morcilla. *(Amer.)* Morcón. **Pudding dish**, **pudding pan**, tartera. **Pudding face**, cara gorda e inexpresiva. 4. *(Geol.)* **Pudding stone**, pudinga.

puddle ['pʌdl] [pa-del], *s.* 1. Lodazal, cenagal. 2. *V.* PUDDLING. 3. Charco, poza (pool). 4. Mezcla impermeable de arcilla y arena. 5. Lío, confusión.

puddle, *va.* 1. Afinar, convertir en hierro batido, agitando sin cesar el hierro derretido y eliminando el carbono. 2. Cimentar, cubrir el fondo de un canal para que no filtre. 3. Enlodar; enturbiar el agua con lodo. 4. Ensuciar, enturbiar. 5. Impermeabilizar con una mezcla de arcilla y arena. 6. Lavar un mineral arcilloso.

puddler ['pʌdlə[r]] [pad-la[r]], *s.* 1. El que enloda o cimenta con lodo; refinador de hierro. 2. Utensilio para agitar el metal derretido. 3. Horno de afinar.

puddling ['pʌdlɪŋ] [pad-lin], *s.* 1. Acto y efecto de cimentar o enlodar o de batir el hierro, agitándolo en el horno de afinación. 2. Amasijo, masa de arcilla y tierra gredosa para cimentar.

puddly ['pʌdlɪ] [pad-li], *a.* 1. Lodoso, cenagoso. 2. Lleno de charcos, encharcado.

pudency ['pʌdənsɪ] [pa-den-si], *s.* Modestia, pudor, recato.

pudgy ['pʌdʒɪ] [pad-chi], *a. (Fam.)* Corto y grueso, v. g. las manos; regordete, gordiflón.

pudicity ['pʌdɪsɪtɪ] [pa-di-si-ti], *s.* Pudicicia, pudor, modestia, recato.

puerile ['pjʊəraɪl] [piue-rail], *a.* Pueril, que es propio de muchachos.

puerility [pjʊə'rɪlɪtɪ] [piue-ri-li-ti], *s.* Puerilidad, muchachada.

puerilism ['pjʊərɪlɪzəm] [piue-ri-li-sem], *s.* Infantilismo.

puerperal [pjʊ'ɜːpərəl] [piu-er-pe-ral], *a. (Med.)* Puerperal, perteneciente o que se refiere al parto, que resulta del parto.

puerperous [pjʊ'ɜːpərəs] [piu-er-pe-ros], *a.* Parturiente, de parto, que pare.

Puerto Rican ['pwɜːtəʊ'riːkən] [puer-tou-ri-kan], *a.* Portorriqueño.

puff [pʌf] [paf], *s.* 1. Resoplido, bufido, soplo, bocanada de humo. 2. Borla para empolvar o echar polvos en el pelo. 3. Bollos. 4. Tocados, etc., de los vestidos de mujer 4. La exageración en alabar y recomendar alguna cosa para llamar la atención sobre ella. 5. Colcha, edredón. Bulto; mesa hinchada, abultada. 6. Chupada (of a cigar). 7. Borla para empolvarse. 7. *V.* PUFFBALL. **Puff of wind**, ventarrón, ventolera. **Puff-paste**, hojaldre, hojuela de pasta. **Spanish**

puff, buñuelo. **Puff-adder**, víbora muy venenosa de África, con cuyo veneno emponzoñan los indígenas sus saetas. 8. *Interj.* ¡Puf!, ¡bah!

puff, *va.* 1. Hinchar, inflar o llenar alguna cosa de aire. 2. Soplar, apartar algo de donde estaba por medio del viento (blow). 3. Ensoberbecer, engreír, envanecer (make vain). 4. Alabar o ensalzar desmedidamente una persona o cosa con el objeto de llamar la atención hacia ella y de hacerla parecer mejor y más excelente de lo que en sí es. *(Fam.)* Cacarear. *-vn.* 1. Inflarse, hincharse con aire alguna cosa. 2. Inflarse, hincharse, engreírse, envanecerse. 3. Bufar, manifestar enojo o desprecio. 4. Resoplar, fumar, resollar con fuerza, jadear, hipar. 5. Mover alguna cosa muy agitadamente.

puff at, bufar haciendo desprecio de alguna cosa; despreciar.

puff away, disipar a soplos, disiparse una cosa por la acción del viento; arrojar a una persona o cosa de donde estaba, dando resoplidos o con enojo o desprecio.

puff form, arrancar de repente alguna cosa del sitio que ocupaba por miedo de una ráfaga de viento, una bocanada de aire o un soplo. **To puff with pride**, llenar o henchir de viento o vanidad, ponerse inflado, soplado, hinchado o hueco de vanidad.

puffer ['pʌfəʳ] [pa-faʳ], *s.* 1. El que resopla o sopla; el que es jactancioso, vanaglorioso o muy inflado de vanidad; el que pondera desmedidamente alguna cosa. 2. Bombeador. 3. Postor simulado en una subasta. 4. Tren en el lenguaje infantil.

puffin ['pʌfɪn] [pa-fin], *s.* 1. *(Orn.)* Alca de pico muy deprimido. Fratercula. 2. *(Bot.)* Bejín.

puffiness ['pʌfɪnɪs] [pa-fi-nes], *s.* 1. Hinchazón, regularmente de estilo. 2. *(Med.)* Hinchazón, tumescencia que cede a la presión.

puffing ['pʌfɪŋ] [pa-fing], *s.* 1. Hinchazón, el efecto de hincharse, envanecerse o engreírse. 2. La acción de soplar, inflar, hinchar o de apartar algo de su lugar por medio del viento. 3. Ponderación desmesurada del mérito o valor de algo. 4. Una especie de bollo. *-a.* Abofellado, fofo, hueco (clothes, laces).

puffingly ['pʌfɪŋlɪ] [pa-fin-li], *adv.* Hinchadamente; con afán.

puffy ['pʌfɪ] [pa-fi], *a.* 1. Flatulento; hinchado, inflado, entumecido. 2. Que sopla a intervalos. 3. Hinchado, inflado, fofo (fluffy, fat). 3. Acampanado (style). **A swelling, puffy style**, un estilo pomposo o acampanado.

pug [pʌg] [pag], *s.* 1. *V. Pug-dog.* 2. Nariz roma, chata. 3. Nombre cariñoso que se da regularmente a los monos, a los perros pequeños y a veces a las personas. 4. Barro amasado. **Pug-dog**, faldero, perrillo de pelo corto y nariz roma. **Pug-nose**, nariz roma, respingada, cuya punta mira hacia arriba. **Pug-nosed**, romo.

pug, *va.* 1. Cimentar, embarrar, el fondo de un canal, enlodar con arcilla. 2. Llenar con argamasa para apagar el sonido. 3. Amasar.

pugging ['pʌgɪŋ] [pa-guin], *s.* 1. Amasijo, mezcla grosera de arcilla y aserrín que se pone entre los pisos para amortiguar el ruido. 2. Acción de forrar, de cimentar.

pugh [pʌf] [paf], inter. ¡Fuera! ¡puf! voz que indica desprecio, y particularmente que una cosa huele muy mal.

pulgilism ['pjuːdʒɪlɪzəm] [piu-yi-li-sem], *s.* Pugilismo o pugilato, la lid a puñadas, boxeo.

pugilist ['pjuːdʒɪlɪst] [piu-yi-list], *s.* Púgil, pugilista, boxeador.

pugilistic ['pjuːdʒɪlɪstɪk] [piu-yi-lis-tik], *a.* De pugilato, perteneciente al pugilato, pugilístico.

pug-mill ['pʌgmɪl] [pag-mil], *a.* Artesa de ladrillería; amasadera, máquina en que se muele y mezcla la arcilla.

pugnacious [pʌg'neɪʃəs] [pag-nei-shos], *a.* Pugnaz, belicoso.

pugnacity [pʌg'næsɪtɪ] [pag-na-si-ti], *s.* Pugnacidad.

pug-nosed ['pʌg'nəʊzd] [pag-nousd], *a.* 1. De nariz respingona. 2. Chato (dog).

puissance ['pʊɪsəns] [pui-sans], *s.* Pujanza, fuerza, poder, potencia (power).

puissant ['pʊɪsənt] [pui-sant], *a.* Pujante, poderoso, fuerte.

puke [pjuːk] [piuk], *s.* *(Vulg.)* 1. Vómito, nausea. 2. Vomitivo. 3. Cosa o persona repugnante. **To have a puke,** vomitar.

puke, *va.* y *vn.* *(Vulg.),* Vomitar.

pulchritude ['pʌlkrɪtjuːd] [pal-kri-tiud], *s.* Pulcritud, esmero en el adorno y aseo de la persona; hermosura, aseo, donaire; belleza.

puling ['pʌlɪŋ] [pa-lin], *s.* 1. Pío, voz del pollo. 2. Gritería de niños; gemido.

pull [pʊl] [pul], *va.* 1. Tirar, atraer o traer hacia sí con violencia, estirar. **To pull ahead**, *(Mar.)* Tirar avante. 2. Coger, recoger (flowers, fruits); obtener tirando. 3. Sacar, extraer, arrancar. 4. Rasgar, desgarrar, hacer tiras. 5. Bogar, remar, conducir remando. 6. Sacar una prueba con la prensa de mano. 7. Pelar, desplumar (birds). 8. Torcer, distender (a muscle, tendon). 9. Beber, dar un tiento. 10. Sacar una prueba de imprenta. 11. Sorprender (low gambling house). 12. Refrenar un caballo para que no gane una carrera. 13. Dar un golpe oblicuo a la pelota. 14. Prender (a person). **To pull a face**, hacer una mueca. **To pull a long face**, poner cara larga. **To pull oneself together**, recobrarse, serenarse. **To pull the trigger**, apretar el gatillo. **To pull the wool over one´s eyes**, engañar con falsas apariencias. **To pull up stakes**, liar los bártulos, mudarse. *-vn.* Tirar con esfuerzo, tirar de una cuerda. **To pull asunder** o **away**, arrancar, separar con violencia o quitar por fuerza una cosa de donde estaba. **To pull back**, tirar, apartar o retirar hacia atrás, hacer recular o cejar. **To pull down**, derribar, subvertir, demoler, degradar, privar, deponer; bajar, humillar, abatir. **To pull in**, tirar, atraer hacia adentro, cerrar. **To pull in pieces**, hacer pedazos, hacer trizas. **To pull off**, tirar, quitar, sacar alguna cosa a viva fuerza, arrancar; deshacer o desbaratar, levantar, quitar una cosa que estaba encima de otra o la cubría, como un sello, un parche, una máscara, etc. **To pull out**, tirar, quitar, sacar, arrancar. **To pull up**, extirpar, arrancar de cuajo o de raíz, desarraigar; alzar, levantar. **To pull the wool over one's eyes**, engañar a uno como un chino, jugársela a uno de codillo.

pull, *s.* 1. Tirón, estirón, sacudimiento, sacudida. 2. Contienda, combate. 3. Cuesta, subida, ascensión difícil. 4. Atracción. 5. Trato, tiento. 6. Chupada, calada (a cigar). 7. Ventaja, superioridad. 8. Influencia, aldabas. 9. Acto de refrenar un caballo para que no gane una carrera. 10. Golpe oblicuo a la pelota.

pullback ['pʊlbæk] [pul-bak], *s.* Estorbo, lo que tira hacia atrás o impide adelantar.

puller ['pʊləʳ] [pu-laʳ], *s.* El que tira o arranca.

pullet ['pʊlɪt] [pu-lit], *s.* Polla, la gallina medianamente crecida.

pulley ['pʊliː] [pu-li], *s.* Polea, garrucha. **Pulley-piece**, *(Mar.)* Armadura de barca.

pullulate ['pʌljʊleɪt] [pa-liu-leit], *vn.* 1. Pulular, germinar, ahijar o multiplicar mucho las plantas. 2. Pulular, se dice de los errores que se multiplican o crecen.

pullman ['pʊlmən] [pul-man], *s.* Coche dormitorio o salón.

pulmonary ['pʌlmənərɪ] [pal-ma-na-ri], *a.* Pulmonar, pulmoníaco, que pertenece o se refiere a los pulmones. **Pulmonary artery**, arteria pulmonar.

pulp [pʌlp] [palp], *s.* 1. Pulpa, la parte más carnosa del cuerpo animal. 2. Pulpa, la carne o parte mollar de las frutas. 3. Pulpa, masa blanda y húmeda; pasta para hacer papel. 4. *(Bot.)* Arila, tegumento propio de ciertas semillas, como la del café.

pulpiness ['pʌlpɪnɪs] [pal-pi-nes], *s.* Estado pulposo, calidad de pulposo.

pulpit ['pʌlpɪt] [pal-pit], *s.* 1. Púlpito. 2. Clero. 3. Tribuna, tarima. **Pulpit-cloth**, paño de púlpito.

pulpiteer ['pʌlpɪtɪəʳ] [pal-pi-tiaʳ], *s.* Predicador.

pulpous ['pʌlpəs] [pal-pos], **pulpy** ['pʌlpɪ] [pal-pi], *a.* Pulposo, mollar.

pulpousness ['pʌlpəsnɪs] [pal-pos-nes], *s.* La calidad de pulposo.

pulque ['pʌlk] [palk], *s.* Pulque, bebida fermentada del maguey.
pulsate [pʌl'seɪt] [pal-seit], *vn.* Pulsar, latir una arteria, el corazón, etc.; latir con impulso rítmico.
pulsatile ['pʌlsətɪl] [pal-sa-til], *a.* 1. Pulsativo, de latido; se dice de la cosa que pulsa. 2. *(Mús.)* De percusión.
pulsation [pʌl'seɪʃən] [pal-sei-shon], *s.* Pulsación, latido.
pulsative ['pʌlsətɪv] [pal-sa-tiv], *a.* Pulsativo, pulsador, que pulsa.
pulsator [pʌl'seɪtəʳ] [pal-sei-taʳ], *s.* 1. Golpeador, apaleador. 2. Pulsómetro. 3. Máquina en que se agitan los diamantes para despojarlos de la tierra que llevan adherida.
pulsatory ['pʌlsətərɪ] [pal-sa-to-ri], *a.* Pulsador, que pulsa, que late, que produce pulsaciones, se dice del movimiento más bien que de la cosa.
pulse [pʌls] [pals], *s.* 1. Pulso, el latido de las arterias que es perceptible al tacto. 2. Pulsación, vibración. 3. Legumbres (chickpeas, lentils). **To feel one's pulse**, tomar el pulso, tantear o sondear con arte la voluntad de una persona.
pulse, *s.* Legumbres colectivamente (de las leguminosas), *v.* g. garbanzos, habas lentejas, etc.
pulse, *vn.* 1. Pulsar, latir las arterias o el corazón. 2. Vibrar.
pulsion ['pʌlʃən] [pal-shon], *s.* Impulso, virtud impulsa.
pulsometer ['pʌlsəmiːtəʳ] [pal-so-mi-taʳ], *s.* Pulsómetro, aparato de bomba que funciona por medio del vapor.
pulverization [ˌpʌlvəraɪ'zeɪʃən] [pal-va-rai-sei-shon], *s.* Pulverización.
pulverize ['pʌlvəraɪz] [pal-ve-rais], *va.* Pulverizar, reducir a polvo.
puma ['pjuːmə] [piu-ma], *s.* *(Zool.)* Puma, tigre americano.
pumice ['pʌmɪs] [pa-mis], *va.* Apomazar, allanar o pulir con piedra pómez. **Pumice-stone**, piedra pómez.
pump [pʌmp] [pamp], *s.* 1. Bomba, máquina para sacar agua o hacer circular un fluido, o para comprimirlo, llevándolo o impeliéndolo por aberturas o cañerías. **Suction-pump**, bomba aspirante. **Lifting-pump**, bomba elevadora. **Force-pump**, bomba impelente. **Air-pump**, máquina neumática; bomba de aire, en las máquinas de vapor. **Feed-pump, donkey-pump**, bomba alimenticia. **Chain-pump**, bomba de cadena. **Pump-dale**, *(Mar.)* Dala. **Pump-hook**, *(Mar.)* sacanabo. **To fetch the pump**, *(Mar.)* cargar la bomba. **To man the pump**, *(Mar.)* Armar la bomba. **To work a pump**, hacer funcionar una bomba. 2. Zapato de hombre, fino y de suela delgada.
pump, *va.* y *vn.* 1. Dar a la bomba, sacar agua de la bomba, bombear. 2. Sondear, tantear. 3. Sonsacar, examinar con astucia. 4. Bañar a chorro. **Pumping-shaft**, pozo en que se hallan las bombas de una mina.
pumper ['pʌmpəʳ] [pam-paʳ], *s.* 1. Bombero, el que saca agua con una bomba. 2. Sonsacador, el que tantea, sondea o sonsaca.
pumping ['pʌmpɪŋ] [pam-pin], *a.* De accionar la bomba, de sacar con bomba. *Pumping engine*, bomba mecánica, bomba de vapor.
pumpkin ['pʌmpkɪn] [pamp-kin], *s.* Calabaza.
pun [pʌn] [pan], *s.* Equívoco, chiste, juego de vocablos.
pun, *vn.* 1. Jugar del vocablo, decir equívocos. 2. Burlarse de alguno con equívocos o retruécanos.
punch [pʌntʃ] [panch], *va.* 1. Punzar, horadar con punzón (pick). 2. *(Fam.)* Dar puñetazos; empujar con el codo o con la mano; dar golpes con la mano.
punch, *s.* 1. Punzón, instrumento de hierro que remata en la punta y sirve para horadar; sacabocado o sacabocados. 2. Ponche, bebida compuesta de licores espirituosos, agua, limón y azúcar. 3. *(Fam.)* Golpe. 4. Arlequín o bufón de los volatines. *-a.* Fuerte, gordo. **Conductor's punch**, sacabocados de conductor (en los ferrocarriles).
punch-bowl ['pʌntʃbɔːl] [panch-bol], *s.* Ponchera, la taza para hacer ponche.
puncheon, punchin ['pʌntʃɪən] [pan-chion], *s.* 1. Medida de líquidos que contiene veinte arrobas. 2. Punzón; cuño.
puncheon, *s.* *(Carp.)* Pie derecho, poste grueso de madera que se pone en pie debajo del caballete de un edificio.
puncher ['pʌntʃəʳ] [pan-chaʳ], *s.* 1. Punzador, el que punza u horada. 2. Vaquero.
punctate, punctated ['pʌnkteɪt] [pank-teit], *a.* 1. *(Bot. y Zool.)* Puntuado, sembrado de puntos o de glándulas internas translúcidas. 2. Formado en punta, puntiagudo.
punctilio [pʌŋk'tɪlɪəʊ] [pank-ti-liou], *s.* Puntillo, punto de honra, delicadeza o pundonor.
punctilious [pʌŋk'tɪlɪəs] [pank-ti-lios], *a.* Puntilloso, nimiamente escrupuloso; muy puntilloso, demasiado delicado en puntos de honor y trato, demasiado exacto o preciso.
punctiliousness [pʌŋk'tɪlɪəsnɪs] [pank-ti-lios-nes], *s.* Pundonor o escrupulosidad nimia (preciseness); exactitud, atención minuciosa a los pormenores (exactness).
puncto [pʌŋk'təʊ] [pank-tou], *s.* Punto de toque en la esgrima.
punctual ['pʌŋktjʊəl] [pank-tiual], *a.* 1. Puntual, diligente y exacto. 2. Puntual, indudable, cierto. 3. Preciso, fijo, cierto, determinado.
punctuality [ˌpʌŋktjʊ'ælɪtɪ] [pank-tiu-a-li-ti], **punctualness** ['pʌŋktjʊəl] [pank-tiual] *s.* Puntualidad, exactitud.
punctually ['pʌŋktjʊəlɪ] [pank-tiua-li], *adv.* Puntualmente, exactamente.
punctuate ['pʌŋktjʊeɪt] [pank-tiueit], *va.* Puntuar, señalar con puntos; colocar las notas o signos ortográficos. *-vn.* usar signos de puntuación.
punctuation [ˌpʌŋktjʊ'eɪʃən] [pank-tu-ei-shon], *s.* Puntuación, el arte de puntuar, y el conjunto de puntos o signos ortográficos de un escrito.
puncture ['pʌŋktʃəʳ] [pank-chaʳ], *va.* Punzar, agujerear con un instrumento puntiagudo, picar. *-s.* 1. Puntura, agujero hecho con algún instrumento puntiagudo, punzadura, punzada, picadura, picada. 2. *(Zool.)* Concavidad menuda, hoyo.
pundit ['pʌndɪt] [pan-dit], *s.* Bracmán sabio, particularmente el versado en el conocimiento del idioma sanscrito, así como en las ciencias, leyes y religión de la India.
pungency ['pʌndʒənsɪ] [pan-yan-si], *s.* 1. Picante, naturaleza picante, poder de picar o punzar, la acerbidad o acrimonia que tienen algunas cosas que exacerban el sentido del gusto. 2. Punta, sabor, picante. 3. Picante, la acrimonia o mordacidad en el decir. 4. Agudeza, viveza.
pungent ['pʌndʒənt] [pan-yent], *a.* 1. Picante, que afecta los órganos de los sentidos, especialmente los del gusto y el olfato, con una sensación picante (spicy, sharp). 2. Acre, mordaz, acerbo, áspero. 3. *(Zool.)* Propio para picar. 4. *(Bot.)* Que termina en una punta dura.
punic ['pʌnɪk] [pa-nik], *a.* Púnico, perteneciente a los cartagineses; entre los romanos, falso, pérfido. *-s.* Lengua púnica, idioma de los cartagineses.
puniceous ['pʌnɪʃəs] [pa-ni-shos], *a.* Purpúreo, morado, claro.
puniness ['pʌnɪnɪs] [pa-ni-nes], *s.* Pequeñez; delicadeza de salud.
punish ['pʌnɪʃ] [pa-nish], *va.* 1. Castigar, mortificar, afligir con una restricción o pérdida, como pena, o con el propósito de corregir o reformar; penar. 2. Castigar, pegar, imponer una pena en expiación de una falta o un crimen.
punishable ['pʌnɪʃəbl] [pa-ni-sha-bol], *a.* Punible, digno de castigo, sujeto a castigo por la ley.
punisher ['pʌnɪʃəʳ] [pa-ni-shaʳ], *s.* Castigador.
punishing ['pʌnɪʃɪŋ] [pa-ni-shin], *s.* Castigo. *-a.* Agotador, duro.
punishment ['pʌnɪʃmənt] [pa-nish-ment], *s.* Castigo. *(Fam.)* Vapuleo, serie de golpes, p. ej. en un pugilato.
punitive ['pʌnɪtɪv] [pa-ni-tiv], *a.* Penal, punitivo.
punk [pʌŋk] [pank], *s.* Yesca. *-a.* *(Fam.)* 1. Muy malo, de ínfima calidad. 2. *(Fam.)* Malo en cuanto a salud.
punning ['pʌnɪŋ] [pa-nin], *s.* Costumbre de hacer retruécanos o juegos de vocablos.

punster ['pʌnstəʳ] [pans-taʳ], *s.* Truhán; el que hace retruécanos; jugador de vocablos.
punt [pʌnt] [pant], *va.* 1. Impeler un barco, empujando con una vara contra el fondo. 2. Llevar, conducir, en un barquichuelo. 3. En el juego de la pelota de viento, impeler la pelota golpeándola con el pie; de aquí, dar, impeler. *-vn.* 1. Ir cazando o pescando en una lancha o barquichuelo; también, impeler un bote, empujándolo. 2. Impeler una pelota golpeándola con los pies.
punt, *vn.* Apuntar, parar: se usa en ciertos juegos para indicar el acto de apuntar o poner dinero a las cartas.
punt, *s.* 1. Barquichuelo que tiene el fondo plano: se usa en aguas poco profundas y se impulsa con una pértiga. 2. *(Mar.)* Plancha de agua. 3. Puntapié de volea.
punter ['pʌntəʳ] [pan-taʳ], *s.* 1. El que impele la pelota de viento golpeándola con el pie. 2. El que apunta o apuesta a las cartas en ciertos juegos.
puny ['pʌnɪ] [pa-ni], *a.* Débil, enfermizo; tierno; chico, pequeño; inferior.
pup [pʌp] [pap], *vn.* Parir la perra.
pup, *s.* Cachorro, cachorrito.
pupa ['pju:pə] [piu-pa], *s.* Ninfa, crisálida.
pupal ['pju:pəl] [piu-pal], *a.* De crisálida.
pupate ['pju:peɪt] [piu-peit], *v.* Transformase en crisálida.
pupil ['pju:pɪl] [piu-pil], *s.* 1. Pupila, la niña del ojo. 2. Discípulo, alumno, alumna. 3. Pupilo, el menor que está bajo la dirección de un tutor.
pupilage ['pju:pɪlɪdʒ] [piu-pi-lich], *s.* Pupilaje, el estado del que se halla bajo la dirección de un tutor.
pupilary, ['pju:pɪlərɪ] [piu-pi-la-ri], *a.* Pupilar, perteneciente a un pupilo o a la niña del ojo. **Pupilary margin**, borde la pupila del ojo.
puppet ['pʌpɪt] [pa-pit], *s.* 1. Títere, muñeco, figurilla que se mueve artificiosamente. 2. Títere, voz de desprecio empleada respecto a una persona que obra bajo la autoridad de otra. 3. Monuelo, voz de cariño. 4. *(Mec.)* Válvula de uso, se llama también, **puppet-valve. Puppet-man**, titiritero. **Puppet-show**, representación de títeres, comedia de muñecos.
puppy ['pʌpɪ] [pa-pi], *s.* 1. Cachorro, perrillo. 2. Trasto, monicaco, nombre de desprecio que se da al enfadoso impertinente, pisaverde, monigote.
puppy, *va.* y *vn. V.* TO PUP.
puppyish ['pʌpɪɪʃ] [pa-pish], *a.* Parecido a un cachorro, a la manera de un pisaverde.
purblind ['pɜ:blaɪnd] [per-blaind], *a.* Cegato, corto de vista, que sufre ofuscamiento de la vista.
purchasable [pɜ:'tʃæsəbl] [per-cha-sa-bol], *a.* Comprable, que puede adquirirse por dinero.
purchase [pɜ:'tʃɪs] [per-chis], *va.* 1. Comprar, adquirir por dinero el dominio de una cosa (buy). 2. Ganar, obtener, adquirir por medio de esfuerzo, o con peligro (gain, obtain). **He purchased it dearly**, le costó caro. **I have purchased it by great labor**, buen trabajo me ha costado ganarlo. 3. *(Des.)* Expiar una falta pagando un multa. 4. Renta o producto.
purchase, *s.* 1. Compra; adquisición, el acto de comprar; adquisición por medio de dinero u otro equivalente de cambio, o por esfuerzo o peligro. 2. Compra, adquisición, lo que se ha comprado. 3. Ventaja mecánica. *V.* LEVERAGE. 4. *(Mec.)* Fuerza; potencia; aparato. **His life is not worth a day´s purchase**, no le doy un día de vida.
purchaser [pɜ:'tʃɪsəʳ] [per-chi-saʳ], *s.* Comprador, adquiridor.
pure [pjʊəʳ] [piuaʳ], *a.* 1. Puro, libre, sin mezcla, exento de toda substancia extraña, limpio, claro (light, pure). 2. Puro, limpio, sin mancha ni mancilla, exento de imperfecciones, de toda mancha moral; inocente, también, que no está echado a perder, alterado ni corrompido; pulido, clásico (de dicción). 3. Puro, casto, inmaculado; santo, virtuoso. 4. Puro, simple, mero, sencillo.
purebred [pjʊə'bred] [piua-bred], *a.* De pura raza.
purée ['pjʊəreɪ] [piua-rei], *s.* Puré (potatoes, apple, etc.)
purely ['pjʊəlɪ] [piua-li], *adv.* Puramente, meramente, simplemente, de una manera pura; sin mezcla, sin corrupción ni delito; inocentemente, castamente. **Purely accidental**, meramente accidental, fortuito.
pureness ['pjʊənɪs] [piua-nes], *s.* 1. Pureza, limpieza, claridad. 2. Pureza, inocencia, integridad (simplicity); castidad. 3. Pureza en las voces, frases y expresiones.
purgation [pɒ:'geɪʃən] [per-guei-shon], *s.* 1. Purgación, purificación, la acción de purgar o purificar; en particular, de exonerar el vientre por medio de un purgante. 2. *(For.)* Purgación, el acto de purgar.
purgative ['pɜ:gətɪv] [per-ga-tiv], *a.* Purgativo, purgante. *-s.* Purgante, medicamento cuyo uso interno produce evacuaciones alvinas.
purgatory ['pɜ:gətərɪ] [per-ga-to-ri], *s.* Purgatorio.
purge [pɜ:dʒ] [perch], *va.* 1. Purgar, purificar, limpiar, separando todo lo que es impuro, extraño o superfluo, acrisolar (cleanse, purify). 2. Purgar, desvanecer las sospechas, indicios que existen contra alguno; justificar. 3. Purgar con purga medicinal. 4. Clarificar. 5. Lavar los pecados. *-vn.* Purificarse.
purge, *s.* 1. Purga, purgante. 2. Purgación, acción u operación de purgar.
purger ['pɜ:dʒəʳ] [per-chaʳ], *s.* Purificador, purgador; purga, purgante.
purging ['pɜ:dʒɪŋ] [per-chin], *a.* Purgativo. *-s.* 1. Purgación, purificación, la acción y efecto de purgar. 2. Diarrea. 3. Purificación, expiación.
purification [ˌpjʊərɪfɪ'keɪʃən] [piua-ri-fi-kei-shon], *s.* Purificación, en los mismos sentidos que en castellano.
purificator [ˌpjʊərɪfɪ'keɪtəʳ] [piua-ri-fi-kei-taʳ], *s.* Purificador.
purifier ['pjʊərɪfaɪəʳ] [piua-ri-faiaʳ], *s.* Depurador, purificador.
purify ['pjʊərɪfaɪ] [piua-ri-fai], *va.* 1. Purificar, hacer puro o claro, quitar o extraer de cualquier cosa todo aquello que le es extraño; limpiar, refinar, clarificar. 2. Librar del pecado o de su corrupción. 3. Purificar, limpiar según las ceremonias de una religión; librar de manchas. 4. Purificar o refinar un idioma dejándolo castizo y libre de impropiedades. *-vn.* Purificarse.
purifying ['pjʊərɪfaɪɪŋ] [piua-ri-fain], *s.* Purificación, la acción u operación de purificar.
purism ['pjʊərɪzəm] [piu-ri-sem], *s.* Purismo, calidad de purista; pureza afectada, particularmente en el empleo de las palabras.
purist ['pjʊərɪst] [piu-rist], *s.* Purista, el que afecta pureza en el lenguaje o la observa con nimia escrupulosidad.
puritan ['pjʊərɪtən] [piu-ri-tan], *s.* 1. Puritano. 2. Colono de la Nueva Inglaterra.
puritanic, ['pjʊərɪtənɪk] [piu-ri-ta-nik], *a.* Puritano, que pertenece a los puritanos, riguroso, severo, rígido.
puritanism ['pjʊərɪtənɪzəm] [piu-ri-ta-ni-sem], *s.* Puritanismo, la doctrina de los puritanos.
purity ['pjʊərɪtɪ] [piua-ri-ti], *s.* Pureza, integridad, castidad (integrity); limpieza, inocencia, exactitud en las voces, frases y expresiones; la calidad o el estado de lo puro en cualquier sentido.
purl [pɜ:l] [perl], *vn.* 1. Murmurar o susurrar los arroyos. 2. Ondear o hacer ondas el agua; hacer ondas la luz; undular. *-s.* 1. Suave murmullo.
purl, *va.* Perfilar, guarnecer con un bordado o fleco, orlar. *-s.* 1. Perfil, orla, guarnición de bordado; espiral de hilo de oro o plata. 2. Pliegue de vestido. 3. Variedad de punto o encaje del siglo XVI. 4. Suave murmullo. 5. Onda, rizo. 6. Cerveza o vino de ajenjos; cerveza aromatizada. **Purl-man**, el que vende dicha bebida.
purlieu ['pɜ:lju:] [per-liu], *s.* Las tierras que confinan con algún monte o vedado; lindes, mojoneras de un campo o de una heredad; límites, confines, lindero.
purlieus ['pɜ:lɪəs] [per-lios], *s.* Alrededores, cercanías.

purling ['pɜːlɪŋ] [per-lin], *s.* Murmullo suave de una pequeña corriente de agua. *-a.* y *pa.* Que susurra o murmura.

purlingly ['pɜːlɪŋlɪ] [per-lin-li], *adv.* A la manera de un suave murmullo, suavemente.

purloin ['pɜːlɔːn] [per-loin], *va.* 1. Hurtar, robar, ratear. 2. Inutilizar.

purloiner ['pɜːlɔɪnəʳ] [per-loi-naʳ], *s.* Ladrón, ratero.

purparty ['pɜːpɑːtɪ] [per-par-ti], *s.* *(For.)* Parte, división.

purple ['pɜːpl] [per-pel], *a.* 1. Purpúreo, se dice del color que resulta de la mezcla del rojo y azul y que tira a violado; de aquí, imperial, regio. 2. *(Poét.)* Purpurino, purpúreo; teñido de sangre, sangriento. *-s.* 1. Púrpura, color purpúreo. 2. Vestido de color de púrpura propio de los reyes; de aquí, dignidad de los reyes y de los cardenales. **Purples,** pintas, tabardillo pintado.

purple, *va.* purpurar, teñir de púrpura.

purplish ['pɜːplɪʃ] [per-plish], *a.* Purpurino, algo purpúreo.

purport ['pɜːpɔːt] [per-port], *s.* 1. Significado, sentido, tenor de algún escrito; intento, la cosa intentada. 2. Contenido, la substancia de algún escrito o instrumento, no expresada con las palabras exactas que deberían emplearse.

purport, *va.* y *vn.* Significar, querer decir, implicar; dar a entender.

purpose ['pɜːpəs] [per-pos], *s.* 1. Mira, intención, designio, proyecto, efecto (intention, project). 2. Ventaja práctica, efecto o resultado práctico, utilidad, resulta, consecuencia; uso, caso (utility). 3. Resolución fija, determinación, constancia. 4. Intento; tener, significación. 5. Propósito; proposición; cuestión, materia de discusión. **To the purpose**, a o al propósito. **To no purpose**, inútilmente. **To small purpose**, para bien poco. **To very little purpose**, casi para nada. **On purpose**, expresamente, de propósito, de intento, adrede. **To the purpose,** *(Fam.)* De perilla; como anillo al dedo. **To my purpose**, según lo que deseo, según mi intención, según las miras que tengo. **As for the purpose**, en cuanto al objeto, a propósito. **To speak to the purpose**, hablar (como hace) al caso, como se debe. **What they say is not to the purpose**, lo que dicen no viene al caso, está fuera del caso. **For what purpose?** ¿Con qué fin, para qué? **Common purposes**, usos ordinarios. **Public purposes**, utilidades públicas, usos públicos. **To come to the purpose**, ir al grano, o al caso. **What purpose would that answer?,** ¿para qué serviría eso?

purpose, *va.* y *vn.* Proponer, determinar o hacer algún propósito; tener la intención de; proponer o proponerse, tener designio de, formar una resolución; contar con algo.

purposely ['pɜːpəslɪ] [per-pos-li], *adv.* Adrede, de intento, de propósito, expresamente.

purposive ['pɜːpəsɪv] [per-po-siv], *a.* 1. Dirigido a un fin o propósito. 2. Intencional.

purpurin ['pɜːpəriːn] [per-pa-rin], *s.* Purpurina.

purr ['pɜːʳ] [peʳ], *s.* 1. El susurro que hace el gato cuando está satisfecho. 2. Marisco bivalvo comestible. 3. Ronroneo, zumbido de motor.

purr, *vn.* 1. Susurrar. 2. Ronronear los gatos cuando están contentos; producir un sonido bajo, continuo y zumbante como el de un carrete. 3. Zumbar el motor. *-va.* Mostrar los gatos su contento por medio del ronroneo.

purse [pɜːs] [pers], *s.* 1. Bolsa, bolso o bolsillo; portamonedas. 2. Recursos, posibles, efectivo. 3. Suma de dinero ofrecida como premio o regalo; dinero recogido en una colecta.

purse, *va.* 1. Embolsar, echar, meter o guardar el dinero en la bolsa. 2. Cerrar una cosa formando pliegues como los de una bolsa. 3. Contraer, fruncir, arrugar.

purseful ['pɜːsfʊl] [pers-ful], *a.* Rico. *-s.* La cantidad que contiene una bolsa.

purser ['pɜːsəʳ] [per-saʳ], *s.* *(Mar.)* Mayordomo, sobrecargo, contador de navío.

pursiness ['pɜːsɪnɪs] [per-si-nes], *s.* Dificultad en la respiración; de aquí, gordura.

purslane, purslain ['pɜːsleɪn] [pers-lein], *s.* *(Bot.)* Verdolaga, planta rastrera.

pursuable ['pɜːsjʊəbl] [per-siua-bol], *a.* Proseguible.

pursuance ['pɜːsjʊəns] [per-siuans], *s.* 1. Prosecución, continuación. 2. Persecución, seguimiento. 3. Cumplimiento, ejecución.

pursuant ['pɜːsjʊənt] [per-siuant], *a.* Hecho en consecuencia o en conformidad con alguna cosa.

pursue ['pɜːsjuː] [per-siu], *va.* y *vn.* 1. Perseguir, hacer padecer o sufrir a alguno. 2. Perseguir, seguir, acosar, ir tras del que huye o en su seguimiento. 3. Proseguir, continuar; seguir, adoptar. 4. Proceder contra alguno, procesarle. 5. Procurar, solicitar.

pursuer ['pɜːsjʊəʳ] [per-siuaʳ], *s.* 1. Perseguidor. 2. La persona que procura con empeño el logro de algún objeto. 3. *(Scot.)* Demandante.

pursuit [pə'sjuːt] [per-sut], *s.* 1. Perseguimiento, acosamiento, seguimiento, la acción de ir tras uno o de acosarle (harassment). 2. Persecución, el acto de perseguir. 3. Conato, empeño, esfuerzo en la ejecución de alguna cosa (effort). 4. Prosecución, continuación o seguimiento de alguna cosa; busca, solicitud. 5. Ocupación, pretensión. **Pursuits**, *s. pl.* Ocupaciones, estudios, investigaciones, tareas.

pursy ['pɜːsɪ] [per-si], *a.* 1. Corto de aliento, asmático; que resuella con fatiga; de aquí, obeso. 2. Engreído por el dinero.

purulent ['pjʊərʊlənt] [piua-ru-lant], *a.* Purulento.

purvey ['pɜːvɪ] [per-vi], *va.* y *vn.* 1. Proveer, surtir, procurar, suministrar. 2. Proveer, abastecer de lo necesario para hacer una cosa.

purveyance [pɜː'veɪəns] [per-vians], *s.* Abastecimiento, abasto, provisión de los bastimentos necesarios (supply).

purveyor ['pɜː'veɪəʳ] [per-veiaʳ], *s.* Abastecedor, surtidor, suministrador, provedor.

purview ['pɜːvjuː] [per-viu], *s.* 1. Extensión, esfera, alcance de una cosa, p. ej. de la autoridad oficial, o de una historia. 2. Cuerpo o sustancia de un estatuto; límite o alcance de una disposición legal.

pus [pʌs] [pas], *s.* Pus, humor que se segrega en los tejidos inflamados, como en las úlceras, o en las heridas no cicatrizadas.

push [pʌʃ] [pash], *va.* 1. Empujar, impeler con fuerza hacia adelante (shove). 2. Llevar adelante con energía, proseguir con empelo, promover. 3. Obligar, estrechar, apretar (press). 4. Importunar, molestar (bather). 5. *(Ant.)* Herir de punta; embestir. *-vn.* 1. Ejercer presión regular al mover alguna cosa; dar impulso; lo opuesto a *draw*, tirar hacia sí. 2. Adelantarse, apresurarse, darse prisa; hacer todos los esfuerzos para lograr alguna cosa. 3. Acometer; dar una topetada los animales cornudos.

push away, empujar a distancia, alejar, rechazar; apartar con la mano.

push back, rechazar, hacer retroceder.

push down, abatir, derribar, echar por tierra; forzar, empujar hacia abajo.

push forward, adelantarse dando empujones. **To push oneself forward**, entrar uno donde no se le llama; abrirse camino en el mundo.

push further, seguir adelante.

push in, hacer entrar, introducir empujando, entremeterse, meterse uno donde no le llaman.

push off, apartar con la mano; alejarse del muelle, de la ribera u orilla: hacerse mar adentro. *(Mar.)* Desatracar.

push on, echar adelante, incitar, aguijonear; empujar, hacer adelantarse, apresurar. **Push on!**, ¡Adelante!

push out, empujar hacia fuera, hacer salir; echar, expulsar; alejarse de la ribera, desatracar, hacerse mar adentro.

push, *s.* 1. Impulso, impulsión, empujón, empuje, empujo. 2. Asalto, ataque. 3. Conato, esfuerzo; *(Fam.)* energía, actividad resuelta. 4. Momento crítico, emergencia, apuro, aprieto, prueba. **He has been put to a push**, se ha visto en un apuro. 5. *(Mec.)* Lo que se empuja para inducir acción, v. g. un botón de presión. 4. Avance (venciendo obstáculos). 6. Cornada, estocada. **Push-button**, botón o perilla que, bajo presión, establece o corta una corriente eléctrica; botón de presión. **Push-pin**, 1. juego de alfileres. 2. Pasador de la caja del reloj.

pushball ['pʌʃbɔːl] [pash-bol], *s.* 1. Pelota gigantesca para un juego especial. 2. Juego en que se emplea dicha pelota.

pusher ['pʌʃəʳ] [pa-shaʳ], *s.* 1. Empujador. 2. Persona emprendedora. 3. *(Avia.)* Avión de propulsión.

pushing ['pʌʃɪŋ] [pa-shin], *a.* Activo, diligente, eficaz; emprendedor; vigoroso, robusto, fuerte.

pushover ['pʊʃˌəʊvəʳ] [push-ou-vaʳ], *s.* 1. Adversario débil. *(Méx.)* Pichón. 2. Problema de fácil solución.

pushpin ['pʌʃpɪn] [pash-pin], *s.* 1. Juego de los alfileres, crucillo. 2. Chinche, clavito.

pusillanimous [ˌpjuːsɪ'lænɪməs] [piu-si-la-ni-mos], *a.* Pusilánime, cobarde, falto de ánimo.

puss [pʊs] [pus], *s.* 1. Miz, minimo, voz de que ordinariamente se usa para llamar a los gatos, por extensión, una muchacha o joven. **A sly puss**, una muchacha taimada. 2. Liebre. 3. *V.* PUSS-MOTH. 3. *(Fam.)* Cara, boca, gesto. **Puss-in-the-corner**, el juego de muchachos llamado «de las cuatro esquinas». **Puss in Boots**, el gato con botas.

pussy ['pʊsɪ] [pu-si], *s.* Gatita (forma diminutiva). **Pussy-cat**, 1. Gata, gato. 2. *(Bot.)* El amento del sauce llamado *pussy-willow*. **Pussy-willow**, sauce pequeño americano.

pustule ['pʌstjuːl] [pas-tiul], *s.* Pústula, postilla pequeña. *(Vulg.)* Grano, nacido.

put [pʊt] [put], *va.* (*pa.* PUTTING, *pret.* y *pp.* PUT). 1. Poner, colocar (place). 2. Poner, disponer o prevenir alguna cosa. 3. Poner, confiar, cometer, entregar (give). 4. Poner, dedicar a alguno o inclinarle a que tome algún empleo u oficio. 5. Poner, reducir o estrechar a una persona a que haga algo contra su voluntad. 6. Poner, exponer, proponer, presentar para ser para ser discutido, hacer o dirigir (a question). 7. Expresar en palabras, declarar, intepretar. 8. Arrojar, lanzar con un movimiento del brazo hacia arriba y adelante. 9. *(Ant.)* Poner, imponer, obligar a alguna cosa. *-vn.* 1. Dirigir su rumbo o curso, dirigirse. 2. *(Ant.)* Ir, moverse. 3. Brotar, germinar, arrojar el árbol sus hojas, flores, botones o renuevos.

put about, 1. *(Mar.)* Cambiar de rumbo. 2. Molestar, turbar, desconcertar.

put asunder, apartar.

put away, apartar, quitar, poner a un lado; echar fuera , despedir, desterrar; repudiar.

put back, apartar, retirar hacia atrás; retroceder, volver atrás; perder el terreno, atrasar, retardar. *(Mar.)* Arriba, volver de arribada. **To put back the clock**, atrasar el reloj.

put by, arrimar, arrinconar, desviar, apartar, poner a un lado, despachar, despedir, echar fuera, disuadir o desviar de un propósito, eludir, evitar, estorbar, distraer, rehusar; despreciar, no hacer caso; refutar.

put down, deprimir, abatir, humillar, dar un tapaboca o un remoquete; hacer callar a uno, suprimir, abolir, hacer caer en desuso alguna cosa, impugnar, confutar, poner debajo. **To put down in writing**, asentar, notar, poner por escrito.

put forth, extender, alargar la mano u otra cosa, publicar, dar a luz, producir, brotar, germinar o arrojar las plantas; proponer; emplear el poder, la fuerza, etc., para el logro de una cosa. *(Mar.)* Dejar un puerto.

put forward, llevar adelante; apresurarse, adelantarse. **To put oneself forward**, presentarse; hacerse o darse a conocer.

put in, insertar, ingerir, introducir una cosa entre otras; indicar para un empleo u oficio, volver a poner en su lugar, v. g. un miembro dislocado; hacer esfuerzos, hacer algo con vigor, entrar en un lugar para procurarse abrigo, provisiones o asistencia. *(Mar.)* Entrar en un puerto. **To put in at**, arribar a un sitio de abrigo. **To put in fear**, amedrentar, intimidar. **To put in for**, pretender, solicitar; hacer oposición a algún destino; salir a la palestra o ponerse entre los pretendientes a alguna dignidad, oficio, etc. **To put in mind**, recordar. **To put in practice**, poner en uso, usar, ejercitar. **To put in print**, imprimir. **To put in writing**, poner por escrito.

put into, unir; meter dentro de, guardar en; hacer declarar, expresarse. **To put into port**, *(Mar.)* Arribar, entrar de arribada en un puerto.

put off, diferir, dilatar, dejar para otro tiempo; dejar o desistir de una obra, etc.; quitarse algo de encima del cuerpo, despojarse de alguna cosa que se llevaba puesta; poner a un lado, apartar; poner en voga, acreditar, recomendar; dar al público, entretener, desentenderse; embocar, encajar. Salir a la mar; echar el bote al agua. **Put off your clothes**, desnúdese Ud.

put on, ponerse alguna cosa; atribuir, hacer algún cargo, imputar, acusar; incitar, promover, imponer una pena; engañar o engañarse; empezar un nuevo género de vida; hacerse pasar uno por lo que no es. **Put on your hat**, cúbrase Ud., póngase Ud. el sombrero. **To put on shore**, echar a tierra, desembarcar.

put out, brotar, arrojar o germinar las plantas, echar, sacar, expeler o arrojar a una persona o cosa del lugar que ocupaba; despedir, despachar, echar fuera; apagar o matar la lumbre, la luz o el fuego; cegar, dejar ciego, borrar lo escrito o impreso, poner dinero a interés, dar a logor, sacar o dar a luz; publicar, divulgar; olvidar las máximas o resoluciones que uno se había propuesto seguir; distraer. **To put out of all hope**, quitar o hacer perder completamente la esperanza; hacer caer en la desesperación. **To put out of doors**, poner en la calle. **To put out of heart**, desalentar. **To put out of joint**, dislocar o desencajar los huesos. **To put out of order**, desordenar, descomponer, sacar las cosas de su quicio o de su puesto; desconcertar, echar a perder alguna cosa. **To put out the flag**, enarbolar una bandera. **To put one out**, aturdir, confundir; perturbar, cortar, sonrojar, avergonzar, dejar parado, confuso, chafado o despatarrado a alguno, turbar o desordenar.

put over, enviar , remitir o dirigir a uno a otra persona para tomar informes; remitirse, referirse; diferir, dilatar, posponer. Conducir al otro lado; navegar por travesía, atravesar.

put to, dejar, abandonar; exponer; sujetar a; unir, como se hace con las caballerías; añadir, aumentar, ayudar; echar, juntar los animales machos con las hembras para la generación. **To put to bed**, acostar, desvestir y poner en cama, como se hace con los niños; disponer a una mujer para el parto. **To put to flight**, hacer huir. **To put to his oath**, hacer prestar juramento en justicia. **To put to death**, quitar la vida, hacer morir, matar. **To put to it**, añadir, aumentar; perturbar, atormentar, incomodar; apretar, estrechar, acosar, perseguir de cerca, obligar, precisar, poner las peras a cuarto. **To be put to it**, hallarse en un aprieto, verse entre la espada y la pared. **To put to rights**, poner en orden, arreglar debidamente. **To put to sea**, hacerse a la vela. **To put to the sword**, pasar a cuchillo. **To put to the vote**, recoger los votos; poner a votación. **To put to the venture**, arriesgar, aventurar, poner en peligro.

put together, acumular, juntar, acopiar, amontonar, hacinar, reunir.

put up, poner a un lado o en su propio lugar; preservar, encajonar (fruits); hacer conservas; guardar, esconder, ocultar, adelantarse o ir hacia alguno, pretender, solicitar, salir a la palestra, ponerse entre los pretendientes a algún empleo, oficio, etc.; dejar impune un delito, exponer al público, salir de repente, acumular, amontonar, hacer brotar o germinar una planta. **To put up a thing for sale**, poner una cosa en venta. **To put up a prayer**, rogar, pedir, suplicar; hacer una oración o deprecación. **To put up at**, apearse en, alojarse en. **To put up to**, incitar, urgir, instigar a alguno para que ejecute lo que se desea; empeñar en algún asunto; enseñar, dar instrucciones sobre algo. **To put up with**, sufrir sin quejarse; aguantar, tolerar, sufrir, perdonar o disimular una falta; tener paciencia; conformarse con.

put upon, poner a colocar sobre; imponer como obligación o deber; exponer a algún riesgo, hacer padecer; engañar. **To put a trick upon one**, hacer una mala partida o pegar un petardo a alguno. **To put upon trial**, poner a prueba o someter a juicio. **To put a stop**, impedir, hacer alto, poner fin a. **To put an end**, acabar. **To put one's hand to the plough**, poner manos a la obra. **Put the case**, suponga Ud., dé Ud. por sentado.

put, *pret.* y *pp.* de To PUT.

put, *s.* 1. Acción del verbo *put*, en cualquiera de sus acepciones, particularmente golpe, tiro, lanzamiento. 2. Especie de juego de naipes. 3. *(E. U.)* Contrato por el cual una persona adquiere, mediante pago, el privilegio de vender o remitir a otra determinado artículo por un precio estipulado; lo opuesto a *call.* 4. **To stay put**, estar quieto, en su lugar.

put, *s. (Prov. Ingl.)* Patán, palurdo.

putative ['pjuːtətɪv] [piu-ta-tiv], *a.* Putativo, reputado, supuesto.

put-off ['pʊtˌɒv] [put-of], *a.* 1. Deshechado. 2. Aplazado. 3. Retraso, dilatorias, aplazamiento. 4. Evasiva, excusa.

put-out ['pʊtˌaʊt] [put-aut], *a.* Enojado, contrariado.

putredinous ['pʊtrɪ'diːnəs] [pu-tri-di-nos], *a.* Podrido, corrompido, pútrido, que tiene su origen en la putrefacción, de olor fétido (bad, putrid).

putrefaction [ˌpjuːtrɪ'fækʃən] [pu-tri-fak-shon], *s.* Putrefacción, corrupción, acto o procedimiento de pudrirse, corromperse; calidad de podrido.

putrefactive [ˌpjuːtrɪ'fæktɪv] [pu-tri-fak-tiv], *a.* Putrefactivo, corruptivo, perteneciente a la putrefacción; expuesto a pudrirse; que puede causar putrefacción.

putrefy ['pjuːtrɪfaɪ] [pu-tri-fai], *va.* 1. Pudrir o podrir, corromper, podrecer, hacer descomponer con olor fétido, resolver en podre alguna cosa. 2. Hacer gangrenoso o carioso. *-vn.* Pudrirse, corromperse, podrecer, echarse a perder, hacerse fétido por la pudricción.

putrescence [pjuː'tresəns] [pu-tre-sens], *s.* Pudrición, pudrimiento, putrefacción, corrupción.

putrescent [pjuː'tresənt] [pu-tre-sent], *a.* Podrido, pútrido, que se halla en estado de putrefacción.

putrid ['pjuːtrɪd] [pu-trid], *a.* Podrido, pútrido, corrompido (rotten).

putt [pʌt] [pat], *s.* Tirada en el juego de golf enfocada hacia el agujero.

puttee ['pʌtiː] [pa-ti], *s.* Polaina, banda arrollada a la pierna.

putter ['pʌtə^r] [pa-ta^r], *s.* 1. En el juego de golf, *putter*, bastón empleado para hacer caer la pelota en el agujero. 2. Ponedor, colocador. 3. **Putter of questions**, el que hace las preguntas.

putter, *vn. (Fam.)* Inquietarse por bagatelas, entretenerse en cosas que no valen la pena. *V.* POTTER.

putty ['pʌtɪ] [pa-ti], *s.* 1. Masilla (o potea), pasta de greda levigada, mezclada con aceite de linaza que usan los vidrieros. 2. *V.* Putty-powder. **Putty-powder, jewelers' putty**, óxido de estaño, a veces mezclado con óxido de plomo; polvos para pulir el vidrio, los metales, la joyería, etc.

putty, *va.* Cubrir o llenar con masilla.

puzzle ['pʌzl] [pa-sel], *s.* 1. Embarazo, embrollo; pena, inquietud, perplejidad. 2. Acertijo, adivinanza, enigma. **Crossword puzzle**, crucigrama.

puzzle, *va.* 1. Embrolar, enredar, confundir, aturrullar; poner dificultades u obstáculos; inquietar, molestar. 2. **To puzzle out**, resolver, desenredar, descifrar. *-vn.* Enredarse, embrollarse, confundirse. **To puzzle over**, tratar de descifrar o resolver, devanarse los sesos.

puzzler ['pʌzlə^r] [pas-la^r], *s.* 1. Embrollador, enredador, inquietador, molestador, zumbón. 2. Resolvedor de enigmas, rompecabezas.

pygmean ['pɪgmɪən] [pig-mian], o **pygmy** ['pɪgmɪ] [pig-mi], *a.* Pigmeo.

pyorrhea [ˌpaɪə'rɪə] [paia-ria], *s. (Med.)* Piorrea.

pyramid ['pɪrəmɪd] [pi-ra-mid], *s.* Pirámide. 1. Monumento grande en forma de pirámide cuadrilateral. 2. *(Mat.)* Sólido que tiene por base un polígono cualquiera y cuyas caras son triángulos que se unen en un vértice. 3. En Bolsa aumentar uno la extensión de sus operaciones al alza o a la baja, empleando el beneficio obtenido en cada una de ellas.

pyramidal ['pɪrəmɪdl] [pi-ra-mi-dal], **pyramidical**a. Piramidal.

Pyrenean [ˌpɪrə'niːən] [pi-ra-nian], *a.* Pirenaico, perteneciente o relativo a los montes Pirineos.

pyretic [paɪ'retɪk] [pai-re-tik], *a.* 1. Pirético, febril, con fiebre, que proviene de la fiebre. 2. Febrífugo, que quita la fiebre. *-s.* Medicamento febrífugo.

pyrex [paɪ'reks] [pai-reks], *s.* Loza refractaria, resistente a la lumbre.

pyrexia [paɪ'reksɪə] [pai-rek-sia], *s.* Pirexia, fiebre, condición febril, también, paroxismo de fiebre.

pyritic, [paɪ'rɪtɪk] [pai-ri-tik], *a.* Piritoso, perteneciente o parecido a la pirita; que tiene las propiedades de ésta.

pyro-, pyr-, Prefijo griego que significa fuego.

pyro [paɪə'rəʊ] [pai-rou], *s. (Fam.)* Abrevitura de ácido pirogálico.

pyrogenous [paɪ'rədʒɪnəs] [pai-ro-yi-nos], *a.* 1. Pirógeno, producido por la fusión, ígneo. 2. Febril, que excita la fiebre.

pyrography [paɪ'rəgræfɪs] [pai-ro-gra-fi], *s.* Pirografía, el arte o procedimiento de producir un diseño sobre madera por medio de una punta hecha ascua o de una llama fina; también, el de estampar madera con planchas o cilindros calientes.

pyrology [paɪ'rəlɒdʒɪ] [pai-ro-lo-yi], *s.* Pirología, análisis por medio del soplete.

pyromancy [ˌpaɪrə'mænsɪ] [pai-ro-man-si], *s.* Piromancia, adivinación por el fuego.

pyrotechnic, pyrotechnical [ˌpaɪərəʊ'teknɪk] [paia-rou-tek-nik], *a.* Pirotécnico, que pertenece a los fuegos artificiales o al arte de hacerlos.

pyrotechnics [ˌpaɪərəʊ'teknɪks] [paia-rou-tek-niks], *s.* Pirotécnica.

pyrotechny [ˌpaɪərəʊ'teknɪ] [paia-rou-tek-ni], *s.* Pirotecnia.

pyrrhic ['pɪrɪk] [pi-rik], *s.* Pirriquio, pie dompuesto de dos sílabas breves. *-a.* Pírrico, perteneciente a un pirriquio, o a una antigua danza guerrera. **Pyrrhic victory,** victoria pírrica.

pythagorean [paɪˌθægə'rɪən] [pai-za-go-rian], *a.* Pitagórico, perteneciente a la doctrina de Pitágoras.

pythian ['pɪθɪən] [pi-zian], *a.* Pitio, pertenciente a los juegos de Apolo en Delfos.

python ['paɪθən] [pai-zon], *s.* 1. Pitón.

pythoness ['paɪθənɪs] [pai-zo-nes], *sf.* Pitonisa, especie de adivina o maga.

pyx [pɪks] [piks], *s.* 1. Copón, píxide, la cajita en que se guarda la hostia. 2. Caja de brújula.

q [kjuː] [kiu], Se pronuncia en inglés como en castellano la *c* fuerte. *Que, qui*, en principio o en medio de dicción, se pronuncian *cue, cui*; y en las voces derivadas del francés como *c.* Ejemplos; banquet, *báncuet*; quiver, *cuiver*. En las voces derivadas del francés, cuando estas sílabas están al fin de dicción, en unas se pronuncia como *c*, y en otras como en castellano, v. g. antique, *antic*; etiquette, *étiquet*.

Qatar [kæ'tɑː^r] [ka-ta^r], *s.* Qatar.

quack [kwæk] [kuak], *vn.* 1. Graznar como un pato. 2. Charlatanear, charlar, chacharear, echar bocandas o balodranadas; jactarse. *-s.* Graznido, grito del pato.

quack, *s.* y *a.* 1. Charlatán, el que charla mucho jactándose y ponderando sus conocimientos en las ciencias o artes. 2. Curandero, matasanos, el que hace de médico sin serlo. 3. Empírico, matasanos, mal médico, medicastro.

quackery ['kwækərɪ] [kua-ke-ri], *s.* Charlatanería, habladuría, baldronada.

quad [kwɒd] [kuod], *s.* 1. *(Fam.)* Cuatrillizo (quadruplet). 2. *(Impr.)* Cuadrado, cuadratín. *V.* QUADRAT. 3. *(Teleg.) V.* QUADRUPLEX. 4. *V.* QUADRUPLET. 5. Cuadrángulo o patio, como el de un colegio o de una cárcel; de aquí, cárcel.

quadra ['kwɒdrə] [kuo-dra], *s. (Arq.)* 1. Bastidor, marco. 2. Plinto, el miembro más bajo de un podio.
quadragesima [ˌkwɒdrə'dʒesɪmə] [kuo-dra-ye-si-ma], *s.* Cuadragésima, cuaresma.
quadragesimal [ˌkwɒdrə'dʒesɪməl] [kuo-dra-ye-si-mal], *a.* Cuadragesimal, que pertenece a la cuaresma.
quadrangle ['kwɒdræŋgl] [kuo-dran-guel], *s.* 1. Cuadrángulo, figura que se compone de cuatro ángulos. 2. *(Arq.)* Patio cuadrado u oblongo, como el que suele haber dentro de un colegio u otro edificio grande.
quadrangular ['kwɒdræŋgjʊləʳ] [kuo-dran-guiu-laʳ], *a.* Cuadrangular, que tiene o forma cuatro ángulos.
quadrant ['kwɒdrənt] [kuo-drant], *s.* 1. Cuadrante, la cuarta parte del círculo. 2. Cuadrante de altura, instrumento matemático, instrumento astronómico reemplazado hoy por el sextante u octante. 3. *(Elect.) V.* HENRY.
quadrantal ['kwɒdrəntəl] [kuo-dran-tal], *a. (Mat.)* Cuadrantal.
quadrat ['kwɒdræt] [kuo-drat], *s.* Cuadrado, cuadratín.
quadrate ['kwɒdreɪt] [kuo-dreit], *a.* 1. Cuadro, cuadrado: se dice de todo lo que tiene cuatro lados iguales. 2. *(Des.)* Lo que contiene números cuadrados. *-s.* 1. *(Anat.)* Hueso o músculo cuadrado. 2. *(Astr.)* Aspecto de los astros en que distan de sí 90°; cuadrado. 3. *(Mús.)* Becuadro (#).
quadrate, *vn.* 1. Cuadrar, adaptarse, conformarse, ajustarse o venir bien una cosa con otra. 2. Equilibrar un cañón en la cureña.
quadratic [kwɒ'drætɪk] [kuo-dra-tik], *a.* Cuadrático, perteneciente al cuadro o cuadrado. **Quadratic equation**, ecuación cuadrática, cuadrática. *-s.* Cuadrática, ecuación que encierra el cuadrado de la raíz que se busca.
quadrature ['kwɒdrətʃəʳ] [kuo-dra-chaʳ], *s.* 1. Cuadratura, reducción de una figura curvilínea a un cuadrado 2. Cuadratura, el aspecto cuadrado de la luna con el sol; posición relativa de dos cuerpos celestes que se hallan a una distancia de 90° uno del otro, al ser visto desde el centro de un tercer cuerpo.
quadrennial [kwɒ'drenɪəl] [kuo-dre-nial], *a.* 1. Cuadrienal, que comprende o dura cuatro años. 2. Que sucede una vez cada cuatro años.
quadribasic ['kwɒdrɪˌbæsɪk] [kuo-dri-ba-sik], *a. (Quím.)* Cuadribásico.
quadrifarious ['kwɒdrɪˌfɛərɪəs] [kuo-dri-fa-rios], *a. (Biol.)* Dispuesto en cuatro filas o hileras.
quadrifid ['kwɒdrɪfɪd] [kuo-fri-fid], *a.* Hendido en cuatro partes.
quadriga ['kwɒdrɪgə] [kuo-dri-ga], *s.* Cuadriga, carro antiguo tirado por cuatro caballos de frente.
quadrilateral [ˌkwɒdrɪ'lætərəl] [kuo-dri-la-te-ral], *a.* Cuadrilátero, que tiene cuatro lados. *-s.* Figura que tiene cuatro lados.
quadrilateralness [ˌkwɒdrɪ'lætərəlnɪs] [kuo-dri-la-te-ral-nes], *s.* Calidad de cuadrilátero.
quadrille [kwə'drɪl] [kua-dril], *s.* 1. Cuadrilla (dance). 2. La música de este baile. 3. Cuatrillo, cascarela, un juego de naipes entre cuatro. *-vn.* Bailar el baile así llamado o tocar la música del mismo.
quadrillion [kwə'drɪlɪən] [kua-dri-lion], *s.* Cuadrillón, número cardinal; según el sistema americano y francés, la quinta potencia de mil, o la unidad seguida de quince ceros; por el sistema inglés, la cuarta potencia de un millón, la unidad seguida de veinticuatro ceros.
quadrilocular [ˌkwɒdrɪ'lɒkjʊləʳ] [kua-dri-lo-kiu-laʳ], *a. (Bot.)* Cuadrilocular, que está dividido en cuatro compartimientos.
quadrinomial [ˌkwɒdrɪ'nɒmɪəl] [kua-dri-no-mial], *a.* Cuadrínomo, compuesto de cuatro términos. *-s.* Cuadrinomio, cantidad algebraica que consta de cuatro términos.
quadripartite ['kwɒdrɪ'pɑːtaɪt] [kua-dri-par-tait], *a.* Cuádruple, que se compone de cuatro partes.
quadripartitely ['kwɒdrɪ'pɑːtaɪtlɪ] [kua-dri-par-tait-li], *adv.* De un modo cuádruple.
quadriphyllous ['kwɒdrɪ'faɪləs] [kua-dri-fai-los], *a.* Cuadrifolio, que tiene cuatro hojas.
quadrireme ['kwɒdrɪˌriːm] [kua-dri-rim], *s.* Galera con cuatro bancos de remos.
quadrisyllable [ˌkwɒdrɪ'saɪləbl] [kua-dri-sai-la-bol], *s.* Cuadrisílabo.
quadrivium ['kwɒdrɪvɪəm] [kua-dri-viom], *s.* Cuadrivio, el lugar donde concurren cuatro sendas o caminos.
quadroon [kwɒ'druːn] [kua-drun], *s.* Cuarteron, hijo de blanco y mulata o de mulato y mujer blanca.
quadrumana [kwɒ'druːmænə] [kua-dru-ma-na], *s. pl.* Cuadrumanos, orden de mamíferos que en las cuatro extremidades tienen el dedo pulgar separado de modo que puede tocar a los otros dedos.
quadrumanous [ˌkwɒdruː'mænəs] [kua-dru-ma-nous], *a.* Cuadrumano, que tiene cuatro manos.
quadruped ['kwɒdrʊped] [kuo-dru-ped], *s.* Cuadrúpedo, el animal de cuatro pies.
quadrupedal ['kwɒdrʊpedl] [kuo-dru-pe-dal], *a.* Cuadrupedal, de cuatro pies, o perteneciente a ellos.
quadruple ['kwɒdrʊpl] [kuo-dru-pol], *a.* Cuádruple. *-s.* Pieza de ocho o de cuatro doblones.
quadruplet [kwɒ'druːplɪt] [kuo-dru-plit], *s.* 1. Juego de cuatro cosas que funcionan como una sola; v. g. una bicicleta de cuatro asientos. 2. Cuatrillizo.
quadruplex [kwɒ'druːplɪks] [kuo-dru-pleks], *a.* Cuádruple, cuádruplo; sistema telegráfico en que se pueden enviar a la misma vez cuatro mensajes, dos en cada dirección. *-s.* Instrumento telegráfico cuádruple.
quadruplicate [kwɒ'druːplɪkeɪt] [kuo-dru-pli-keit], *va.* Cuadruplicar, multiplicar por cuatro.
quadruplication [ˌkwɒdruːplɪ'keɪʃən] [kuo-dru-pli-kei-shon], *s.* Cuadruplicación.
quadruply [kwɒ'druːplaɪ] [kuo-dru-plai], *adv.* Al cuádruplo, cuatro veces tanto o cuatro tantos más.
quaff [kwɒf] [kuof], *va.* Beber a grandes tragos; beber con gusto. *-vn.* Beber demasiado.
quaffer ['kwɒfəʳ] [kuo-faʳ], *s.* Bebedor desmedido; borracho.
quag ['kwæg] [kuag], **quagmire** ['kwægmaɪəʳ] [kuag-maiaʳ], *s.* Tremedal, el sitio o paraje cenagoso que con poco movmiento retiembla.
quagga ['kwægə] [kua-ga], *s. (Zool.)* Cuaga, mamífero del África Meridional, parecido a la cebra.
quaggy ['kwægɪ] [kua-gui], *a.* Pantanoso; blando.
quail [kweɪl] [kueil], *s.* 1. *(Orn.)* Codorniz, ave gallinácea. 2. Colín, ave gallinácea de la América del Norte; ave semejante del género Callipepla. 3. Turnice, gallinácea.
quail, *va.* 1. *(Ant.)* Intimidar. 2. Temblar. **I quail at the idea**, la idea me da pavor (it terrifies me). 3. *(Ant.) V.* To QUELL. *-vn.* Desanimarse, descorazonarse, perder el valor.
quail-pipe ['kweɪlˌpaɪp] [kueil-paip], *s.* Reclamo de codornices.
quaint [kweɪnt] [kueint], *a.* 1. De apariencia anticuada y extraña, pero no desagradable; raro, a la vez que gracioso, gentil, o lindo. 2. Original, singular, fantástico, pintoresco (picturesque). 3. *(Ant.)* Primorosamente labrado; que sirve de adorno. **She is so quaint**, ella tiene un ingenio tan original.
quaintly ['kweɪntlɪ] [kueint-li], *adv.* Graciosamente, con gracia; lindamente, fantásticamente, de una manera singular, original, extraña.
quaintness ['kweɪntnɪs] [kueint-nes], *s.* Primor, singularidad, apariencia anticuada.
quake [kweɪk] [kueik], *vn.* Temblar, tembloquear o tembletear, temblar con frecuencia; estar agitado por sacudimientos cortos y frecuentes, estremecerse, oscilar, ser movedizo. **The earth will quake sooner or later**, la tierra temblará tarde o temprano.
quake, *s.* Temblor, movimiento trémulo; tiritona. Terremoto (earthquake).
Quaker ['kweɪkəʳ] [kuei-kaʳ], *s.* Cuáquero, cuákero.
quakerism ['kweɪkərɪzəm] [kuei-ka-ri-sem], *s.* La doctrina y maneras de los cuáqueros.

quaking ['kweɪkɪŋ] [kuei-kin], *pa.* de QUAKE. Que tiembla; movedizo. **Quaking-grass**, 1. Plantas gramíneas del género Briza. 2. La planta gramínea que se llama comúnmente *rattlesmake-grass*.

qualifiable ['kwɒlɪfaɪəbl] [kuo-li-faia-bol], *a.* Calificable, que puede calificarse; susceptible de modificaciones.

qualification [ˌkwɒlɪfɪ'keɪʃən] [kuo-li-fi-kei-shon], *s.* 1. Calificación, la acción y efecto de calificar a una persona o cosa. **She has a very good qualification**, tiene una muy buena calificación. 2. Requisito, la circunstancia o condición que se requiere para alguna cosa; calidad, cualidad natural o adquirida que hace a una persona o cosa propia para un puesto, objeto o destino, en especial, capacidad o poder legal; adaptación, negación parcial, atenuación, mitigación.

qualificator [ˌkwɒlɪfɪ'keɪtəʳ] [kuo-li-fi-kei-taʳ], *s.* Calificador del santo oficio.

qualified ['kwɒlɪfaɪd] [kuo-li-faid], *pp.* y *a.* 1. Titulado, apto, competente, que posee las cualidades necesarias. **A highly qualified candidate**, un candidato muy cualificado, muy preparado. 2. Limitado, con reservas, restringido. **Qualified success**, éxito relativo, cierto éxito.

qualifier ['kwɒlɪfaɪəʳ] [kuo-li-faiaʳ], *s. 1. (Sport)* Clasificado. 2. Calificador.

qualify ['kwɒlɪfaɪ] [kuo-li-fai], *va.* 1. Hacer apto o idóneo para alguna colocación, empleo u ocupación. 2. Dotar, adornar la naturaleza de dotes y prerrogativas. 3. Habilitar, hacer hábil y capaz a alguno. 4. Calificar, dar por buena o mala una cosa según sus cualidades y circunstancias. 5. Modificar, limitar, restringir. 6. Templar, suavizar. **A person qualified to exercise an employment**, una persona capaz de ejercer un empleo o con los requisitos necesarios para desempeñarlo. **A man well qualified**, un hombre dotado de bellas prendas. *-vn.* 1. Prepararse, hacer lo necesario para poder desempeñar un cargo, o gozar determinadas ventajas. 2. Titularse, sacarse el título de algo. 3. *(Sport)* Clasificarse. 4. *(E. U.)* Prestar juramento, antes de entrar en funciones. **A qualified voter**, elector habilitado, que ha cumplido con la ley. **To qualify the sense of words**, modificar el sentido de las palabras. **An adjective qualifies a noun**, el adjetivo califica al nombre. **To qualify liquors**, saborear o diluir los licores.

qualifying ['kwɒlɪfaɪɪŋ] [kuo-li-fain], *a.* Eliminatorio, ronda eliminatoria.

qualitative ['kwɒlɪtətɪv] [kuo-li-ta-tiv], *a.* Cualitativo, que denota cualidad; que se refiere únicamente a la cualidad. **Qualitative analysis**, análisis cualitativo.

qualitatively ['kwɒlɪtətɪvlɪ] [kuo-li-ta-tiv-li], *adv.* Cualitativamente.

quality ['kwɒlɪtɪ] [kua-li-ti], *s.* 1. Calidad o cualidad, la propiedad natural de cada cosa, lo que hace que una cosa sea lo que es; elemento característico (characteristic). 2. Condición; grado; grado de excelencia; prenda, excelencia relativa. **Excellent quality,** primera calidad. 3. Natural, genio, índole. 4. Propiedad, poder o virtud de producir efectos determinados. 5. Papel, parte especial, función. 6. *(Prov. o des.)* Posición social, el conjunto o cuerpo de los nobles o las personas de distinción. **Man of quality**, hombre de buena cuna, de distinción.

quality control ['kwɒlɪtɪˌkɒntrəl] [kuo-li-ti-kon-trol], *s.* Control de calidad.

qualm [kwɑːm] [kualm], *s.* 1. Acceso de náusea. 2. Delicadeza de conciencia; escrúpulo moral, remordimiento. **She has no qualms about leaving you**, no tiene ningún reparo o escrúpulo en dejarte. 3. Recelo, duda (misgiving).

qualmish ['kwɑːmɪʃ] [kual-mish], *a.* 1. Con náuseas. 2. Escrupuloso.

qualmishness ['kwɑːmɪʃnɪs] [kual-mish-nes], *s.* El estado de la persona que tiene predisposición a náuseas.

quandary ['kwɒndərɪ] [kuon-da-ri], *s.* Incertidumbre, dilema, duda, suspensión; laberinto. **Your sister is in a quandary**, tu hermana está en un dilema.

quantifiable ['kwɒntɪfaɪəbl] [kuon-ti-faia-bol], *a.* Cuantificable.

quantifier ['kwɒntɪfaɪəʳ] [kuon-ti-faiaʳ], *s.* Cuantificador.

quantify ['kwɒntɪfaɪ] [kuon-ti-fai], *vt.* Cuantificar.

quantitative ['kwɒntɪtətɪv] [kuon-ti-ta-tiv], *a.* Cuantitativo, que se refiere a la cantidad. **Quantitative analysis**, análisis cuantitativo, el que se emplea para determinar la cantidad de cada elemento o ingrediente.

quantitatively ['kwɒntɪtətɪvlɪ] [kuon-ti-ta-tiv-li], *adv.* Cuantitativamente.

quantity ['kwɒntɪtɪ] [kuon-ti-ti], *s.* 1. Cantidad, propiedad de alguna cosa que se puede aumentar o disminuir o que está sujeta a número, peso o medida. 2. Medida o peso indeterminado. 3. Cantidad (amount), porción grande o pequeña de alguna cosa. **In quantity**, en grandes cantidades. 4. Cantidad, el tiempo que se emplea en pronunciar una sílaba; duración relativa de las notas musicales. 5. *(Elec.)* La fuerza de una corriente, en contraposición a la potencia o intensidad.

quantum ['kwɒntəm] [kuon-tom], *s.* 1. Tanto, la cantidad a que llega alguna cosa, cuantía (amount). 2. *(Fís.)* Cuanto, quántum. *(Mec.)* Cuántico.

quarantine ['kwɒrəntiːn] [kuo-ran-tin], *s.* 1. Cuarentena, el espacio de tiempo que están en el lazareto o privados de comunicación los que se presume vienen de países inficcionados o contagiados. 2. Lazareto, lugar destinado para hacer la cuarentena. 3. Cuarenta días. 4. *(For.)* El derecho que la ley de Inglaterra concedía a las viudas de continuar en posesión de la casa de su marido por cuarenta días después del fallecimiento de éste. *-vt.* Poner en cuarentena.

quarrel ['kwɒrəl] [kuo-rel], *s.* 1. Pendencia, riña, contienda. **To pick a quarrel**, armar pendencia. 2. Alteración, porfía, disputa. 3. Desavenencia, rompimiento de amistades. 4. Motivo o causa de disputa 5. El diamante con que se corta el cristal. 6. Una especie de flecha usada antiguamente con extremidad cuadrada. 7. *V.* QUARY, 5ª acep.

quarrel, *vn.* 1. Reñir, pelear, disputar, contender. 2. Desamistarse, discordar, desavenirse mutuamente. 3. Tachar, poner en alguna cosa faltas o tachas. **To quarrel with one's bread and butter**, quitarse el pan de la boca, perjudicarse a sí mismo.

quarreler ['kwɒrələʳ] [kuo-re-laʳ], *s.* Quimerista.

quarrelsome ['kwɒrəlsəm] [kuo-rel-som], *a.* Pendenciero, quimerista, irascible.

quarrelsomely ['kwɒrəlsəmlɪ] [kuo-rel-som-li], *adv.* Alborotadamente, con ganas de reñir.

quarrier ['kwɒrɪəʳ] [kuo-riaʳ], *s.* Cantero, picapedrero, obrero que trabaja en las canteras.

quarry ['kwɒrɪ] [kuo-ri], *s.* 1. Cantera, el sitio de donde se saca piedra para labrar; mina. 2. El ave en que hace presa el halcón; presa. 3. *(Des.)* Un montón de caza muerta; cuir, piel. 4. Cuadrado, cuadro, rombo. 5. Cuadrado o rombo pequeño de vidrio, teja, etc. 6. *V.* QUAREL, 6ª acep.

quarry, *va.* 1. Sacar piedra o trabajar en una cantera. 2. *(Des.)* Devorar, hacer presa.

quarryman ['kwɒrɪmən] [kuo-ri-man], *s.* Cavador de cantera, dueño de una cantera; cantero, picapedrero, obrero en una cantera.

quart [kwɔːt] [kuort], *s.* 1. Cuarto de galón. 2. Una vasija que sirve para medir líquidos. 3. *(Mús.)* Cuarta, intervalo de cuatro tonos.

quart, *s.* 1. *(Esgr.) V.* CARTE. 2. Cuarta en el juego de los cientos.

quartan ['kwɔːtən] [kuor-tan], *a.* Perteneciente a la cuarta en una serie; particularmente que sucede cada cuarto día. *-s.* Cuartana, calentura intermitente que se repite cada cuarto día.

quarter ['kwɔːtəʳ] [kuor-taʳ], *s.* 1. Cuarto, cuarterón o cuarta parte de cualquiera cosa, cuarto de quintal. **A quart of a year**, un cuarto de año. 2. Cuarta, la división de los medios vientos. 3. Cuartel, barrio, paraje o sitio particular de alguna población. 4. Barrio (district of town), barriada, vecindad, parte de alguna comarca; distrito, región. **From all quarters**, de todas partes. 5. *(Mil.)* Cuartel, el sitio o paraje en que está alojado o acuartelado un cuerpo de soldados. **Winter quarters**, cuarteles de invierno. 6. Estación, sitio, puesto señalado, como el de los oficiales y de la tripulación en un buque de guerra; ordinariamente en plural. 7. Morada, residencia temporal; cuartos alquilados; generalmente en plural. 8. Región que comprende la cuarta parte, poco más o menos, de un espacio; cada una de cuatro partes correlativas, como las de un zapato, del casco de una caballería, etc. 9. Cuarterón, entrepaño. 10. *(Mar.)* Cuadra de popa. **Wind on the quarter o quartering wind**, *(Mar.)* Viento a la cuadra. **Quarter-cask**, cuarterola. **Quarter-cloths**, *(Mar.)* viento a la cuadra. **Quarter-day**, El día en que principia cada una de las cuatro estaciones del año; día en que se paga el alquiler. **Quarter-deck**, *(Mar.)* alcázar. **Quarter-deck ladder**, escalera de costado, o escalera real. **Quarter-gunners**, *(Mar.)* Artilleros de brigada de marina. **Quarter-netting**, *(Mar.)* Redes de combate. **Quarter-pieces**, *(Mar.)* Artilleros de brigada de marina. **Quarter-netting**, *(Mar.)* Redes de combate. **Quarter-pieces**, *(Mar.)* Montantes. **Quarter-plates**, tamaño de una placa fotográfica de 3 1/4 y 4 1/4 pulgadas; placa o cuadro de este tamaño. **Quarter-point**, *(Mar.)* Cuarto viento o rumbo de la brújula **Quarter-rails**, *(Mar.)* Batayolas. **Quarter-section**, en los Estados Unidos y el Canadá, el cuarto de una milla cuadrada; pieza de terreno de media milla cuadrada o 160 acres. **Quarter-sessions**, tribunal formado por tres magistrados inferiores o jueces de paz, que se reunen una vez cada trimestre en todos los condados de Inglaterra, para juzgar a los acusados de ciertos delitos leves. **Quarter wind**, *(Mar.)* viento por anca. **All hands to quarters**, todos a su puesto. **In quarters**, en cuartos; en cuarteles o en campamento, en cuartos alquilados. **They took up their quarters at**, se alojaron en o en casa de. **From another quarter**, de otra parte. **The moon is then in its third quarter**, la luna está entonces en su tercer cuarto. *-a.* Cuarto, que tiene la cuarta parte de una cosa.

quarter, *s.* Cuartel, gracia, acto de hacer gracia de la vida a un enemigo que no puede defenderse y rendido a discreción, de aquí, clemencia, indulgencia. **To ask for, to cry quarter**, pedir gracia. **To give no quarter**, no dar cuartel.

quarter, *va.* 1. Cuartear, partir o dividir en cuartas partes; descuartizar, hacer cuartos. 2. Partir, romper a la fuerza. 3. Dividir en cuarteles una población. 4. Acuartelar, repartir la tropa en cuarteles. 5. Dar de comer o mantener a uno con comida sea por dinero o sin él. 6. Alojar, hospedar. 7. *(Her.)* Cuartelar los escudos de armas.

quarterage [ˈkwɔːtərɪdʒ] [kuor-ta-rich], *s.* Sueldo o salario que se paga cada trimestre.

quarterback [ˈkwɔːtəbæk] [kuor-ta-bak], *s.* En el fútbol americano, uno de los cuatro jugadores colocados detrás de la línea.

quartered [ˈkwɔːtərɪd] [kuor-ta-rid], *a.* 1. Partido o separado en cuatro partes. 2. Hecho de madera dividida o aserrada a lo largo en cuartos, para mostrar la veta. 3. Alojado, acuartelado. **Quartered oak**, madera de roble aserrado a lo largo en cuartos para mostrar la veta.

quarterly [ˈkwɔːtəlɪ] [kuor-ta-li], *a.* Que contiene la cuarta parte; que se hace cada tres meses, trimestral. **Quarterly wages**, salario de un trimestre. **The quarterly review**, la revista trimestral, un periódico que se publica cada tres meses. *-s.* Periódico que sale a la luz cada tres meses.

quarterly, *adv.* 1. Una vez cada trimestre. 2. En cuartos, por cuartos.

quarterman [ˈkwɔːtəmən] [kuor-ta-man], *s.* *(Mar.)* Sotomaestro.

quarter-master [ˈkwɔːtəˌmɑːstə[r]] [kuor-ta-mas-ta[r]], *s.* *(Mil.)* Cuartelmaestre, comisario ordenador; *(Mar.)* cabo de brigadas, oficial inferior que ayuda al piloto y tiene a su cargo las brújulas, los aparatos de señales, etc. **Quarter-master-general**, intendente de ejército.

quartern [ˈkwɔːtən] [kuor-tern], *s.* *(Ingl.)* 1. La cuarta parte de ciertas medidas y pesos, como de un cuartillo. 2. **Quartern loaf**, pan de cuatro libras.

quarter note [ˈkwɔːtənəʊt] [kuor-ta-nout], *s.* *(E.U.)* Negra.

quartet, quartette [kwɔːˈtet] [kuor-tet], *s.* 1. Cuarteto, composición vocal o instrumental para cuatro voces. 2. Las cuatro personas que tocan o cantan esta composición. 3. *(Poet.)* Cuarteto, estrofa de cuatro versos. 4. Cuatro cosas de una misma clase.

quartile [ˈkwɔːtaɪl] [kuor-tail], *s.* Cuadrado o aspecto cuadrado en la astrología.

quarto [ˈkwɔːtəʊ] [kuor-tou], *a.* En cuarto: se dice del libro cuyo pliego doblado forma cuatro hojas u ocho páginas. *-s.* Un libro en cuarto.

quartz [ˈkwɔːts] [kuorts], *s.* *(Min.)* Cuarzo, cristal de roca.

quartzose, quartzous, quartzy [ˈkwɔːtsəs] [kuor-tsous], *a.* Cuarzoso, que contiene cuarzo, o compuesto de cuarzo.

quasar [ˈkweɪzɑː[r]] [kuei-sa[r]], *s.* Cuasar.

quash [ˈkwɒʃ] [kuosh], *va.* 1. Someter, oprimir, suprimir por fuerza, domar. **To quash a rebellion**, suprimir o sofocar una revolución. 2. *(For.)* Anular, invalidar, abrogar, derogar. *-vn.* Estremecerse al oír algún ruido.

quasi- [ˈkweɪzaɪ] [kuei-sai] [ˈkwɑːzɪ] [kua-si], *pref.* Prefijo latino que significa casi o «como si».

quasi-contract [ˈkwazɪˌkɒntrækt] [kua-si-kon-trakt], *s.* Cuasicontrato.

quassia o quassia wood [ˈkweɪzɪə] [kuei-sia], *s.* *(Bot.)* Leño o palo de cuasia (quaisa) o simarruba; es muy amarga y tiene propiedades tónicas.

quassin [ˈkwəsɪn] [kuo-sin], *s.* El principio amargo de la cuasia, un compuesto blanco cristalizable.

quater-cousin [ˌkwɒtəˈkʌzɪn] [kuo-ta-ka-sin], *s.* Primo en cuarto grado; amigo.

quaternary [kwəˈtɜːnərɪ] [kuo-ter-na-ri], *a.* 1. Cuaternario, compuesto de cuatro cosas; dispuesto de cuatro en cuatro. 2. Cuarto en orden. 3. Cuadrángulo. 4. De la época cuaternaria. *-s.* Época la más reciente de la historia geológica.

quaternion [kwəˈtɜːnɪən] [kuo-ter-nion], *s.* 1. Cuaternidad. 2. Una fila de cuatro soldados; juego o sistema de cuatro.

quatrain [ˈkwɒtreɪn] [kuo-trein], *s.* Cuarteto, combinación métrica de cuatro versos.

quaver [ˈkweɪvə[r]] [kuei-va[r]], *vn.* 1. Gorgoritear, gorjear, trinar, hacer quiebros con la voz en la garganta. 2. Temblar, moverse alguna cosa con un movimiento trémulo.

quaver, *s.* 1. Gorjeo, trino; pasaje en la música; trino en los instrumentos. 2. *(Mús.)* Corchea, un signo de la música. **Quaver rest**, aspiración de corchea.

quavering [ˈkweɪvərɪŋ] [kuei-va-rin], *s.* Gorgorito, trinado, trino.

quay [kiː] [ki], *s.* Muelle, malecón; desembarcadero artificial donde pueden cargar y descargar las embarcaciones.

quayside [ˈkiːˈsaɪd] [ki-said], *s.* Muelle.

queachy, queenchy [ˈkwɪtʃɪ] [kui-chi], *a.* Movedizo, que tiembla bajo los pies, como el terreno húmedo o pantanoso.

quean [ˈkiːn] [kin], *s.* 1. Mujercilla, la mujer de mala vida. 2. Una joven o muchacha.

queasiness [ˈkwiːzɪnɪs] [kui-si-nes], *s.* Debilidad, flaqueza de estómago, hastío, desgana, inapetencia, sensación de mareo.

queasy [ˈkwiːzɪ] [kui-si], *a.* 1. Nauseabundo: se dice del que es propenso al vómito. **My stomach is a bit queasy**, tengo el estómago un poco revuelto. 2. Nauseabundo, nauseoso, nauseativo, que provoca al vómito o produce náuseas. 3. Fastidioso, que causa hastío. 4. Asqueroso, que da asco. 5. Delicado, nimio, escrupuloso. 6. Delicado, expuesto a contingencias; difícil de manejar o tratar. 7. Intranquilo (uneasy).

queen [kwiːn] [kuin], *sf.* 1. Reina, la esposa del rey. 2. Mujer soberana de un reino. 3. Mujer que brilla más que las otras en una fiesta o solemnidad. **queen dowager**, reina viuda. 4. El caballo en los naipes. 5. La dama en el juego de damas y la reina en el ajedrez. 6. Reina (de las abejas); la sola hembra completamente desarrollada en un enjambre de abejas u hormigas. **Queen consort**, esposa del rey, que no tiene parte en el gobierno. **Queen mother**, reina madre. **Queen regent**, reina regente. **Queen regnant**, reina reinante, la que ejerce el domino por derecho propio. **Queen-of-the-mead-ows**, espirea, ulmaria, «reina de los prados», género de plantas de la familia de las rosáceas.

queen bee ['kwi:n,bi:] [kuin-bi], *s.* Reina de las abejas.

queenhood ['kwi:nhʊd] [kuin-jud], *s.* Realeza, estado o condición de una reina.

queenly ['kwi:nlɪ] [kuin-li], *a.* Parecido a una reina; que tiene el carácter o el porte de una reina; de reina, regio; propio de una reina.

queenship ['kwi:nʃɪp] [kuin-ship], *s.* Dignidad, domino o poder de una reina.

queer ['kwɪəʳ] [kuiaʳ], *a.* 1. Raro (odd), extraño, orginal, singular. 2. Cuestionable, defavorable, no propicio, misterioso. 3. Estrafalario, estrambótico. *-s. (Ger.)* 1. Moneda falsa. 2. Maricón, marica.

queerly ['kwɪəlɪ] [kuia-li], *adv.* Particularmente, singularmente, raramente, misteriosamente.

queerness ['kwɪənɪs] [kuia-nes], *s.* Rareza, particularidad, ridiculez.

quell [kwel] [kuel], *va.* 1. Hacer cesar, hacer ceder, subyugar, sojuzgar. **To quell tumults**, apaciguar o sosegar tumultos. 2. Apaciguar, calmar, aquietar, mitigar (v. g. un dolor). *-vn.* Minorarse, ir a menos, apaciguarse, calmarse.

quench [kwen*t*ʃ] [kuench], *va.* 1. Apagar, matar la lumbre, la luz, el fuego y también se dice de la sed, saciar; ahogar, extinguir. 2. Apagar, sosegar, extiguir alguna pasión de ánimo. 3. Extinguir, acabar, borrar la memoria de alguna cosa. 4. Destruir.

quenchable ['kwen*t*ʃəbl] [kuen-cha-bol], *a.* Extinguible, apagable, destruible.

quencher ['kwen*t*ʃəʳ] [kuen-chaʳ], *s.* Apagador.

quenchless ['kwen*t*ʃlɪs] [kuench-les], *a.* Inextinguible, que no se puede apagar; implacable, que no se puede calmar.

quercine ['kwɜ:sɪn] [kuer-sin], *a.* De encinas o robles, perteneciente a estos árboles.

quercitron ['kwɜ:sɪtrən] [kuer-si-tron], *s.* 1. Corteza del roble negro americano con que se tiñe de amarillo. 2. El roble negro americano.

quercus ['kwɜ:kəs] [kuer-kus], *s.* Género típico de las quercíneas, que comprende los robles y las encinas.

querent ['kwerənt] [kue-rent], *s.* Querellante, el que se querella.

querist ['kwerɪst] [kue-rist], *s.* Inquiridor, preguntador; la persona curiosa o preguntona.

querl, quirl ['kwɜ:l] [kuerl], *va.* Dar vueltas, doblar en redondo. *-s.* Sinuosidad, doblez redondeada, enroscadura.

quern ['kwɜ:n] [kuern], *s.* Molino de mano antiguo (para granos).

querulous ['kwerʊləs] [kue-ru-los], *a.* Querelloso, quejoso, dispuesto a quejarse; de índole inclinada a la murmuración.

querulously ['kwerʊləslɪ] [kue-ru-los-li], *adv.* Querellosamente, quejosamente, con sentimiento.

querulousness ['kwerʊləsnɪs] [kue-ru-los-nes], *s.* La disposición a quejarse continuamente.

query ['kwerɪ] [kue-ri], *s.* 1. Cuestión, pregunta a que se debe responder; de aquí, una duda. 2. Signo de duda o interrogación; nota que se pone para que se investigue la exactitud de alguna cosa; se indica a menudo con el signo interrogativo (?).

query, *va.* 1. Expresar una duda respecto a; marcar con un signo de interrogación. 2. Preguntar, inquirir, pesquisar. *-vn.* 1. Dudar de. 2. Preguntar, proponer cuestiones o hacer preguntas. **I'd like to query this bill**, me parece que hay un error en esta cuenta.

quest [kwest] [kuest], *s.* 1. Pesquisa, inquisición, averiguación. 2. Busca, buscada. 3. *(Des.)* El conjunto de los que van en busca de alguna cosa.

question ['kwestʃən] [kues-tion], *s.* 1. Cuestión, pregunta (inquiry), interrogación. 2. Cuestión, proposición de que se trata, asunto; materia u objeto de discusión o de deliberación; problema. 3. Cuestión, disputa, debate, controversia. 4. Proposición que ha de resolverse o discutirse en una asamblea deliberante. 5. Objeción interpuesta o admitida; duda. 6. Cuestión de tormento. 7. Examinación jurídica. **The question is**, el caso es. **Leading question**, pregunta hecha de modo que indica la respuesta que se ha de dar. **Out of the question**, fuera de la cuestión, que no es digno de consideración, que no se debe pensar en ello. **Past question**, fuera de duda, indudablemente, ciertamente. **To ask one a question**, hacer a uno una pregunta. **To beg the question**, suponer lo que está bajo discusión. **To call in question**, poner en cuestión, en duda. **To be beside the question**, salirse de la cuestión. **to put a question**, hacer una pregunta, dirigir una interpelación. **The previous question was put and carried**, pidieron y votaron la cuestión previa. **Not a fair question**, pregunta no permitida, pregunta indiscreta. **What is the question?**, ¿De qué se trata? **That is the question**, he ahí la cuestión, lo que se ha de examinar, decidir; he ahí de lo que se trata. **There can be no question about it**, no cabe duda acerca de ello.

question, *vn.* 1. Inquirir, preguntar, escudriñar. 2. Cuestionar, poner en cuestión o en duda; dudar que; también, hacer objeción a, tachar, recusar, controvertir. *-va.* 1. Preguntar, examinar a uno por preguntas. 2. Dudar, dificultar. 3. Desconfiar, no tener confianza. **He questions my prudence**, desconfía de mi prudencia.

questionable ['kwestʃənəbl] [kues-tio-na-bol], *a.* Cuestionable, que puede ponerse en cuestión; expuesto a sospecha o cuestión; dudoso, sospechoso. **A remark in questionable taste**, un comentario de dudoso buen gusto.

questionableness [,kwestʃə'nəblnɪs] [kues-tio-na-bol-nes], *s.* Calidad o estado de lo cuestionable, naturaleza sospechosa, dudosa, controvertible.

questioner ['kwestʃənəʳ] [kues-tio-naʳ], *s.* Inquisidor, preguntador, preguntón.

questioning ['kwestʃənɪŋ] [kues-tio-nin], *a.* Inquisitivo. *-s.* Interrogatorio (interrogation), cuestionamiento.

questioningly ['kwestʃənɪŋlɪ] [kues-tio-nin-li], *adv.* De manera inquisidora o inquisitiva.

questionist ['kwestʃənɪst] [kues-tio-nist], *s.* 1. En la Universidad de Cambridge, aspirante a un grado. 2. *(Des.)* Escudriñador, inquiridor.

questionless ['kwestʃənlɪs] [kues-tio-lis], *a.* Que no hace preguntas. *-adv. (Des.)* Ciertamente, interrogatorio.

question mark ['kwestʃən,mɑ:k] [kues-tion-mark], *s.* Signo de interrogación.

questionnaire ['kwestʃənɛəʳ] [kues-tio-neaʳ], *s.* Cuestionario.

questor ['kwestəʳ] [kues-taʳ], *s.* Cuestor, magistrado romano.

questus ['kwestəs] [kues-tas], *s. (For.)* Bienes adquirido y no heredados.

quetzal ['kwetsəl] [kue-chal], *s.* 1. Quetzal, ave de Guatemala. 2. Quetzal, moneda guatemalteca.

queue ['kju:] [kiu], *s.* 1. Cola, trenza de cabellos en forma de cuerda. 2. Fila, hilera de personas que esperan en el orden de su llegada. **Join the queue**, póngase en la cola. 3. Cola, como la de un violín. *-vi.* Hacer cola.

queue jumping ['kju:,dʒʌmpɪŋ] [kiu-yam-pin], *s.* Saltarse la cola, colarse. **She accused me of queue jumping**, me acusó de saltarme la cola, de colarme.

quibble ['kwɪbl] [kui-bel], *vn.* 1. Sutilizar, buscar escapatorias; evadir el punto en cuestión o la verdad llana y lisa, por medio de argucias. 2. *(Des.)* Jugar del vocablo, decir equívocos. *-s.* Subterfugio, escaparatorio, evasión de un punto o cuestión; argucia, sutileza.

quibbler ['kwɪbləʳ] [kui-blaʳ], *s.* Tramoyista.

quibblingly ['kwɪblɪŋlɪ] [kui-blin-li], *adv.* De una manera evasiva, con argucias y sutilezas.

quiche ['kwɪʃ] [kuish], *s.* Quiche.

quick [kwɪk] [kuik], *a.* 1. Veloz, acelerado, ligero, pronto, hecho con celeridad, rápido, presto; que llega en poco tiempo. **Be quick**, despáchese Ud., dése Ud. prisa. 2. Vivo, diligente, ágil, activo. 3. Ardiente, penetrante. 4. Vivo, viviente. **Quick work**, *(Mar.)* Obra viva. 5. Vivo de genio, despierto de inteligencia; que responde fácilmente a las impresiones. 6. Irritable, petulante. 7. Preñada, embarazada, encinta; se dice más comúnmente, **quick with child**. 8. Que produce interés o provecho; disponible, efectivo. **A quick motion**, un movimiento rápido, veloz. **A quick ear**, un oído vivo, fino. **A quick wit**, una inteligencia viva. **A quick fire**, un fuego ardiente. **A quick pulse**, pulso irritable; se distingue del pulso frecuente. **The quick and the dead**, los vivos y los muertos. **To be quick about** o **at anything**, hacer de prisa una cosa, ejecutarla prontamente. *-adv.* Con presteza, vivamente, velozmente, rápidamente. **Quick-eyed**, de ojos vivos, con vista penetrante. **Quick-grass**, *V.* COUCH-GRASS. **Quick-scented**, que tiene el olfato fino. **Quick-sighted**, que tiene vista aguda, penetrante. **Quick-sightedness**, agudeza de vista, penetración. **Quick-tempered**, fácil de encolerizarse, irascible, colérico. **Quick-witted**, de inteligencia viva, agudo, perspicaz. **Quick-hedge**, seto vivo. **Quick-match**, mecha de estopilla, cuerdamecha.

quick, *s.* 1. Lo que tiene vida, particularmente la carne viva, lo vivo; *(Fig.)* la sensibilidad. **To cut** o **sting to the quick**, herir a uno en lo vivo. 2. *(Bot.)* Planta de seto. *V.* QUICKSET.

quickbeam ['kwɪkbiːm] [kuik-bim], *s.* *(Bot.)* Fresno silvestre.

quicken ['kwɪkən] [kui-ken], *va.* 1. Vivificar, dar vida, resucitar, devolver la vida. 2. Acelerar, urgir, avivar; apresurar. 3. Avivar, excitar, aguzar, animar. *-vn.* 1. Avivarse, vivificarse, recibir vida. 2. Moverse de prisa. 3. Sentir moverse la criatura; se dice de una madre. **His pulse is quickened**, su pulso se ha acelerado.

quickening ['kwɪkənɪŋ] [kui-ke-nin], *s.* 1. Acción y efecto de vivificar, o de hallarse vivo. 2. En la jurisprudencia médica, la primera vez que la mujer embarazada siente moverse el feto dentro de la matriz.

quickie ['kwɪkɪ] [kui-ki], *s.* *(Fam.)* Uno rápido. **A quickie drink**, una copa rápida.

quickfreeze ['kwɪk'friːz] [kuik-fris], *va.* Congelar rápidamente.

quicklime ['kwɪklaɪm] [kuik-laim], *s.* Cal viva.

quickly ['kwɪklɪ] [kui-kli], *adv.* Prontamente, con presteza. **Do it as quickly as you can**, hazlo tan pronto como puedas.

quickness ['kwɪknɪs] [kuik-nes], *s.* Presteza, vivacidad, prontitud, celeridad, actividad; sagacidad, viveza, penetración.

quicksand ['kwɪksænd] [kuik-sand], *s.* Arenas movedizas.

quickset ['kwɪkset] [kuik-set], *s.* 1. Arbusto o árbol con que se hace un seto, particularmente el espino blanco. 2. Seto vivo. **Quickset hedge**, seto vivo.

quickset, *va.* Cercar con un seto vivo; plantar con el espino majuelo.

quicksilver ['kwɪksɪlvəʳ] [kuik-sil-vaʳ], *s.* Azogue, mercurio.

quicksilvered ['kwɪksɪlvəd] [kuik-sil-vard], *a.* Azogado, dado de azogue o mercurio.

quickstep ['kwɪkstep] [kuik-step], *s.* 1. *(Mús.)* Marcha escrita en compás acelerado; pasacalle. 2. Paso acelerado.

quid [kwɪd] [kuid], *s.* 1. Un pedacito de cualquier cosa que se está mascando, (tobacco). 2. *(GB)* Libra esterlina.

quid pro quo ['kwɪd] [kuid], *s.* Retribución.

quiddity ['kwɪdɪtɪ] [kui-di-ti], *s.* 1. Esencia. 2. Cavilación, argucia, distinción u objeción fútil, ligera.

quiddle ['kwɪdl] [kui-del], *vn.* Gastar el tiempo en pequeñeces, divertirse en bagatelas.

quidnunc ['kwɪdnʌnk] [kuid-nank], *s.* Curioso insaciable, persona que quiere saber todo lo que pasa; novelero, amigo de cuentos.

quiesce ['kwaɪes] [kuaies], *vn.* 1. Aquietarse, callarse. 2. Convertirse en muda una letra.

quiescence [kwaɪ'esns] [kuai-esens], **quiescency** ['kwaɪesnsɪ] [kuai-esen-si], *s.* Qietud, reposo, descanso.

quiescent [kwaɪ'esnt] [kuai-esent], *a.* 1. Quieto, descansado, flato de movimiento, en reposo. 2. No agitado, tranquilo, libre de ansiedad o emoción. 3. Mudo, que no se pronuncia.

quiet ['kwaɪət] [kuaiat], *a.* 1. Quedo, quieto, falto de movimiento. 2. Pacífico, apacible, dulce de genio, sosegado, tranquilo. 3. Silencioso. **Be quiet!**, ¡cállate! *-s.* 1. Silencio (silence). 2. Quietud, sosiego, reposo, descanso, tranquilidad, calma.

quiet, *va.* Aquietar, apaciguar, sosegar, tranquilizar. **Quiet down**, calmar, acallar.

quieter ['kwaɪətəʳ] [kuaia-taʳ], *s.* Apaciguador.

quietism ['kwaɪətɪzəm] [kuaia-ti-sem], *s.* 1. Tranquilidad de ánimo. 2. Quietismo, molinismo.

quietist ['kwaɪətɪst] [kuaia-tist], *s.* Quietista, molinista.

quietly ['kwaɪətlɪ] [kuaiat-li], *adv.* Quietamente, pacíficamente, con sosiego. En voz baja.

quietness ['kwaɪətnɪs] [kuaiat-nes], **quietude** ['kwaɪətjuːd] [kuaia-tiud], *s.* Quietud, sosiego, tranquilidad, paz, reposo.

quietus ['kwaɪətəs] [kuaia-tus], *s.* Carta de pago, finiquito, descanso; muerte.

quiff [kwɪf] [kuif], *s.* Copete, tupé.

quill [kwɪl] [kuil], *s.* 1. Pluma grande de las alas o de la cola de las aves; cañón de pluma. 2. Cañón o pluma para escribir; también, un escritor y con el artículo significa la profesión literaria. 3. La púa del puerco espín. 4. Parte cilíndrica, parecida al cañón de una pluma, canilla, cañita de tejedor. **Quill-men**, gente de pluma.

quilling ['kwɪlɪŋ] [kui-lin], *s.* Faralá, vuelo de un material plegado, cada uno de los pliegues de ese material.

quilt ['kwɪlt] [kuilt], *s.* Colcha o cobertura acolchada para la cama; sobrecama acolchada. **Continental quilt**, edredón nórdico.

quilt, *va.* Colchar, acolchar.

quilted ['kwɪltɪd] [kuil-ted], *a.* Acolchado, guateado.

quilter ['kwɪltəʳ] [kuil-taʳ], *s.* Colchonero.

quilting ['kwɪltɪŋ] [kuil-tin], *s.* 1. *(Mar.)* Cajera. 2. El acto de acolchar. 3. **Quiltings**, cojines colchados.

quinary ['kwɪnərɪ] [kui-na-ri], *a.* Quinario, que consta de cinco partes.

quince [kwɪns] [kuins], *s.* 1. *(Bot.)* membrillo, fruto amarillento que produce el árbol del mismo nombre. 2. Membrillo o membrillero, árbol que produce los membrillos. **Japan o Japanese quince**, membrillo japonés, arbusto de adorno, estimado por sus flores encarnadas o carmesíes.

quincuncial ['kwɪnkənʃəl] [kuin-kan-shal], *a.* Que tiene la figura de quincunce o tresbolillo.

quincunx ['kwɪnkʌŋks] [kuin-kanks], *s.* 1. Quincunce, tresbolillo, plantío de árboles en cuadro, uno en cada esquina y otro en medio. 2. Quincunce. 3. *(Astr.)* el aspecto de un astro distante de otro cinco signos.

quindecagon ['kwɪndɪ'kægən] [kuin-di-ka-gon], *s.* Quindecágono, figura de quince lados y otros tantos ángulos.

quinia, quinin, quinine [kwɪ'niːn] [kui-nin], *s.* Quinina, alcaloide activo, febrífugo, que se extrae de la quina.

quinidin, quinidine ['kwɪnɪdiːn] [kui-ni-din], *s.* Quinidina, compuesto blanco cristalizable, isómero de la quinina, contenido en la quina.

quinquagesima [ˌkwɪŋkə'dʒesɪmə] [kuin-kua-ye-si-ma], *s.* Período de cincuenta días. **Quinquagesima Sunday**, domingo de quincuagésima, el que precede al primero de cuaresma.

quinquangular [ˌkwɪŋ'kæŋgjʊləʳ] [kuin-kuan-guiu-laʳ], *a.* Que tiene cinco ángulos.

quinquefoliate ['kwɪŋkwɪfəlɪeɪθ] [kuin-kui-fo-lieit], *a.* Quinquefoliado, quinquedigitado, de cinco hojas.

quinquelobate ['kwɪŋkwələbeɪt] [kuin-kue-lo-beit], *a.* Que tiene cinco lóbulos.

quinquennial [ˌkwɪŋ'kwenɪəl] [kuin-kue-nial], *a.* Quinquenal, que dura un quinquenio o sucede una vez en cinco años.

quinquina ['kwɪŋkɪnə] [kuin-ki-na], *s.* Quinaquina.

quinsy ['kwɪnzɪ] [kuin-si], *s.* Angina, esquinancia, inflamación de las amígdalas, especialmente cuando es supurativa.

quint [kwɪnt] [kuint], *s.* 1. Registro de órgano que suena una quinta más alta que los teclados que se tocan. 2. El conjunto de cinco. 3. La cuerda E del violín. 4. Quinta, cinco cartas de un palo seguidas en orden en algunos juegos.

quintain ['kwɪnteɪn] [kuin-tein], o **quintins**, poste o pilar que se ponía antiguamente en los picaderos.

quintal ['kwɪntəl] [kuin-tal], *s.* Quintal, el peso de cien libras o cuatro arrobas.

quintessence [kwɪn'tesns] [kuin-te-sens], *s.* Quintaesencia, lo más puro y acrisolado de cualquiera cosa.

quintessential [ˌkwɪntɪ'senʃəl] [kuin-ti-sen-shal], *a.* Perteneciente a la quinta esencia. Por excelencia.

quintessentially [ˌkwɪntɪ'senʃəlɪ] [kuin-ti-sen-sha-li], *adv.* Intrínsecamente, esencialmente.

quintet, quintette [kwɪn'tet] [kuin-tet], *s.* Quinteto, trozo de música compuesto para cinco voces o cinco instrumentos; también las cinco personas que lo ejecutan.

quintillion [kwɪn'tɪlɪən] [kuin-ti-lion], *s.* Número cardinal, entre los franceses y los americanos, la sexta potencia de mil; el guarismo uno seguido de dieciocho ceros; en el sistema inglés, la quinta potencia de un millón.

quintuple ['kwɪntjʊpl] [kuin-tiu-pel], *a.* Quíntuplo.

quintuplet [kwɪn'tjuːplɪt] [kuin-tiu-plit], *s.* Quintillizo.

quip [kwɪp] [kuip], *s.* Pulla, chufleta, dicho picante; chanza pesada, sarcasmo. Ocurrencia, salida. *-vt.* Decir bromeando o haciendo un chiste.

quire ['kwaɪəʳ] [kuaiaʳ], *s.* 1. Mano de papel, cuaderno compuesto de 24 o 25 hojas. **Book in quires**, libro en papel o sin coser. 2. Juego de todas las hojas necesarias para hacer un libro; de aquí, libro. 3. *(Ant.)* Coro. *V.* CHOIR.

quire, *va.* Plegar el papel en manos.

quire, *vn.* *(Poco us.)* Cantar en concierto, cantar a coro.

quirk [kwɜːk] [kuerk], *s.* 1. Desvío repentino, vuelta corta, recodo. 2. Arranque de la imaginación, capricho, pulla, expresión aguda y picante. 3. Sutileza, delicadeza, distinción artificiosa; argucia, escapatoria, refugio, rodeo. 4. Aire de música muy corto. 5. Copada, caveto, muesca pequeña entre las molduras. 6. Singularidad, peculiaridad. **By a quirk of fate**, por uno de esos caprichos del destino.

quirk, *va.* Acanalar, estriar; hacer copadas o cavetos. **Quirking plane**, cepillo de cavetos.

quirky ['kwɜːkɪ] [kuer-ki], *a.* 1. Lleno de argucias, artificioso, que emplea escapatorias. 2. Que consta de vueltas o recodos. 3. Extravagante, estrafalario.

quirt ['kwɜːt] [kuert], *s.* Látigo con mango corto de madera o cuero rígido y correa de cuero crudo retorcido.

quisling ['kwɪzlɪŋ] [kuis-lin], *s.* Quisling, traidor de su patria.

quit [kwɪt] [kuit], *va.* (*pret.* y *pp.* QUIT o QUITTED). 1. Dejar, abandonar, parar, cesar de, desistir; renunciar, ceder, resignar; por extensión, salir, alejarse de. **Quit talking and listen!**, ¡deja de hablar y escucha! 2. *(Ant.)* Pagar; hacer pago de, o para. 3. *(Fam. o des.)* Absolver, dar por libre, descargar; de aquí, eximir, desembarazar, justificar. *V.* ACQUIT. *-vn.* Desistir de, o cesar de hacer una cosa. **To quit an employment**, dejar, abandonar un empleo. **To give notice to quit**, dar aviso o notificar para que se deje una casa, habitación, etc. **To quit work**, cesar de trabajar. **Quit your nonsense**, basta de tonterías. **He quit the place for good**, salió del lugar para siempre. **To quit cost**, pagar los gastos, reembolsar. **To quit scores**, ajustar, arreglar cuentas con alguno, desquitarse con alguien.

quit, *pp.* de To QUIT. Libertado, libre, descargado, absuelto.

quitchgrass ['kwɪtʃgrɑːs] [kuich-gras], *s.* *(Bot.)* Grama.

quitclaim ['kwɪtkleɪm] [kuit-kleim], *va.* Renunciar o ceder un título o reclamación. *-s.* *(For.)* Renuncia, cesión definitva sin reserva alguna que hace una persona a favor de otra, ya se trate de una demanda, reclamación, litigio judicial, o derecho de acción. **Quitclaim deed**, documento que contiene la renuncia a la propiedad de un terreno.

quite [kwaɪt] [kuait], *adv.* 1. Completamente (completely), perfectamente, totalmente, enteramente, absolutamente. **I quite agree with you**, estoy completamente de acuerdo contigo. **She's not quite ten**, todavía no ha cumplido los diez. 2. En grado considerable, bastante, muy. **It's quite warm today**, hoy hace bastante calor. **Quite a lot of money**, bastante dinero.

quitrent ['kwɪtrənt] [kui-trent], *s.* Censo feudal que pagaba antiguamente el dueño de una propiedad y por medio del cual se libraba del servicio feudal.

quits [kwɪts] [kuits], *inter.* En paz: expresión que se usa cuando se paga enteramente un alcance o deuda. **To be quits**, *(Fam.)* Estar o quedar en paz.

quittance ['kwɪtəns] [kui-tans], *s.* 1. Finiquito, descargo, desempeño, pago, satisfacción. 2. Recompensa, remuneración.

quitter ['kwɪtəʳ] [kui-taʳ], *s.* El que abandona o renuncia una cosa, poco perseverante..

quiver ['kwɪvəʳ] [kui-vaʳ], *s.* Carcaj, aljaba.

quiver, *vn.* Temblar, estremecerse.

quivered ['kwɪvəd] [kui-vard], *s.* Armado con aljaba; metido como flecha en aljaba.

quivering ['kwɪvərɪŋ] [kui-va-rin], *s.* Tremor, temblor.

quixotic ['kwɪksətɪk] [kuik-so-tik], *a.* Quijotesco, relativo o parecido a Don Quijote; de aquí, romancesco o caballeresco hasta la extravagancia.

quixotism ['kwɪksətɪzəm] [kuik-so-ti-sem], *s.* Quijotismo, porte o modo de proceder ridículo.

quiz [kwɪz] [kuis], *s.* 1. Cuestión o sugestión disparatada o poco seria; chanza, chulada, burla: acertijo, enigma. 2. Burlón, zumbón, chancero, candongo, chuleador. 3. *(Fam.)* El acto de preguntar a un discípulo o a una clase oralmente o por escrito. 4. Concurso (competition), prueba (test). **Quiz show**, programa concurso.

quiz, *va.* 1. Candonguear, chulear, chancear. 2. Mirar con un lente, con un monóculo. 3. Examinar a un discípulo o clase haciéndoles preguntas. **Quizzing-glass**, monóculo, lente para un ojo.

quizmaster ['kwɪzmɑːtəʳ] [kuis-mas-taʳ], *s.* Presentador de un concurso.

quizzical ['kwɪzɪkəl] [kui-si-kal], *a.* 1. Burlón, dado a chulear o chasquear. 2. Raro, singular, extraño.

quizzically ['kwɪzɪkəlɪ] [kui-si-ka-li], *adv.* Socarronamente, burlonamente.

quodliblet ['kwɒdlɪblɪt] [kuod-li-blet], *s.* 1. *(Mús.)* Fantasía, miscelánea, a veces poco armoniosa. 2. Sutileza, punto delicado y disputable.

quodlibetic, quodlibetical [ˌkwɒdlɪ'blɪtɪk] [kuod-li-be-tik], *a.* 1. No restringido a un asunto particular; discutido a voluntad por gusto o curiosidad. 2. Dado a sutilezas y argucias como ejercicio intelectual.

quoif [kɔɪf] [koif], *s.* Cofia, escofieta. *V.* COIF.

quoin [kɔɪn] [koin], *s.* 1. *(Arq.)* Adarja, piedra saliente, diente, ángulo de una pared: esquina, ángulo exterior de un edificio; clave, piedra cuneiforme con que se cierra el arco o bóveda. 2. *(Mec.)* Cuña o pieza cuneiforme de que se usa para algún fin; cuña de imprenta, para apretar la forma. **Stowing-quoins** *(Mar.)* cuñas de abarrotar, abarrotes. *-va.* Acuñar, meter cuñas.

quoit [kɔɪt] [koit], *s.* Tejo, disco de hierro con un agujero redondo en el centro, de que se usa en un juego parecido al de los tejos. *-pl.* Especie de juego de tejos.

quoit, *vn.* Jugar al tejo. *-va.* Tirar el tejo a la raya.

quondam ['kɒndæm] [kon-dam], *a.* De tiempos anteriores, de otro tiempo, que fue. **My quondam king**, mi antiguo rey o el que fue mi rey en otro tiempo.

quorum ['kwɔːrəm] [kuo-rum], *s.* 1. Junta o número suficiente de personas pertenecientes a un cuerpo deliberante o a una corporación para resolver o determinar algún asunto. 2. *(Ingl.)* Comisión especial de jueces de paz.

quota ['kwəʊtə] [kuou-ta], *s.* Cuota, parte o porción determinada que toca a cada uno; prorrata, contingente.

Quota of troops, contingente de tropas. **quota system**; sistema de cuotas.

quotable ['kwəʊtəbl] [kuou-ta-bol], *a.* Citable, que puede citarse o es digno de ser citado.

quotation [kwəʊ'teɪʃən] [kuo-tei-shon], *s.* 1. Citación, el acto de citar. 2. Cita, las palabras citadas; párrafo de un libro, citado por vía de aclaración o prueba en apoyo. 3. *(Com.)* Cotización, indicación del precio de las mercancías. 4. **Quotation mark**, virgulilla, signo tipográfico que se pone al principio y al fin de un pasaje citado («...»). En inglés se emplean como invertidas al principio y apóstrofos al fin.

quote ['kwəʊt] [kuout], *va.* 1. Citar, notar, repetir, reproducir un párrafo de un escrito o discurso, como aclaración, autoridad o prueba en apoyo. 2. *(Com.)* Cotizar, indicar el precio de un artículo. *-s.* 1. Cita (passage). 2. Presupuesto (estimate). **Between quotes**, entre comillas.

quoter ['kwəʊtə^r] [kuou-ta^r], *s.* Citador, el que cita.

quoth [kwəʊθ] [kuouz], v. imp. **Quoth I**, dije yo, digo yo. **Quoth he**, él dijo.

quotha ['kwəʊθə] [kuou-za], *inter.* ¡De veras! ¡vaya! Expresa ordinariamente algún desprecio.

quotidian [ˌkwəʊ'tɪdɪən] [kuou-ti-dian], *a.* Cotidiano, diario, que sucede cada día. *-s.* Calentura cotidiana.

quotient ['kwəʊʃənt] [kuou-shent], *s.* *(Mat.)* Cociente. **Intelligence Quotient, I. Q.**, cociente intelectual.

quoting ['kwəʊtɪŋ] [kuou-tin], *s.* Citación, el acto de citar.

quran ['ku:rən] [ku-ran], *s.* Alcorán. *V.* KORAN.

R

r [ɑ:^r] [a^r], Se pronuncia en general como en castellano. La *r* sola se pronuncia muchas veces como *rr*, y las dos *rr* como una *r* sola. A la sílaba *er*, cuando es final, se le da el sonido de *ar* o *or*, como si estuviera sola y separada de la dicción; v. g. desire (*desaiar*); digger (*digguer*). Como abreviatura, *R* quiere decir *rey* o *real*, o en las recetas de los médicos, *recipe*, esto es, *toma*.

rabbet ['ræbɪt] [ra-bit], *va.* *(Carp.)* Acepillar un pedazo de madera para que ajuste con otro; hacer con el inglete una ranura en la madera; rebajar con el guillante.

rabbet, *s.* 1. Ranura, rebajo o ensambladura de dos pedazos de madera, para que encajen uno en otro. **Rabbet-plane**, guillame, cepillo angosto y largo. 2. *(Mar.)* Alefriz.

rabbi ['ræbɪ] [ra-bi], **rabbin** ['ræbɪn] [ra-bin], *s.* Rabí, rabino, el doctor de la ley judaica.

rabbinic, ['ræbɪnɪk] [ra-bi-nik], *a.* Rabínico.

rabbinist ['ræbɪnɪst] [ra-bi-nist], *s.* Rabinista.

rabbit ['ræbɪt] [ra-bit], *s.* 1. Conejo, pequeño animal roedor del género Lepus. **Doe-rabbit**, coneja. **Young rabbit**, gazapillo, gazapo. **Rabbit nest o hole**, conejera. **Welsh rabbit**, *(Fam.)* quesadilla, tostada con queso, queso tostado, sazonado, y que se s*(Arq.)*ralemente con tostada. 2. *(Mar.)* Alefriz.

rabbit-hutch ['ræbɪthʌtʃ] [ra-bit-jach], *sf.* Conejera.

rabbit-warren ['ræbɪtˌwɒrən] [ra-bit-uo-ren], *s.* Conejera, conejar; madriguera.

rabble ['ræbl] [ra-bel], *s.* 1. La gentuza, gentualla, canalluza, canalla, chusma, la ínfima plebe (pey). 2. Gentío, muchedumbre (mob). **Rabble-rouser**, agitador. **A rabble arch**, una arenga, una soflama (harangue).

rabble, *s.* Hurgón o botador de punta curva, como el que se usa en las fundiciones.

rabid ['ræbɪd] [ra-bid], *a.* 1. Rabioso, que padece el mal de rabia. 2. Que proviene de la rabia o pertenece a ella. 3. Rabioso, fanático, violento, furioso, feroz (fierce).

rabidly ['ræbɪdlɪ] [ra-bid-li], *adv.* **He's rabidly anti-French**, es un anti-francés rabioso, furibundo.

rabies ['reɪbi:z] [rei-bis], *s.* Rabia, hidrofobia, enfermedad a menudo mortal que se desarrolla en los perros y se transmite al hombre por la mordedura del animal atacado.

raccoon [rə'ku:n] [ra-kun], *s.* Mapache, cuadrúpedo carnívoro nocturno de América, de la familia de los úrsidos.

race [reɪs] [reis], *s.* 1. Raza, casta; serie continua de los descendientes que provienen de la misma estirpe; casta, especies de los animales domésticos; descendencia, prole, generación; famlia, tribu, pueblo. 2. Linaje, generación, genealogía. 3. Clase, especie de seres o animales con caracteres que los unen o los separan de otros. 4. *(Ant.)* Sabor o gusto particular, como el del vino. *(Fr.)* **The human race**, el género humano. **Race riot**, disturbio racial.

race, *s.* 1. Carrera, apuesta, lucha de velocidad, ya sea a pie o a caballo; en botes o yates, en trineos o coches, nadando o patinando; carreras para ganar un premio. **Boat race**, regata. **To run in a race**, tomar parte en una carrera. 2. De aquí, una competencia cualquiera. 3. Progresión, y particularmente carrera, movimiento acelerado. 4. Duración de la vida; curso, carrera. 5. Corriente de agua violenta o rápida o el canal para ella; canal estrecho, caz, saetín. 6. Paso, carrera de la lanzadera. **To run a race**, luchar a la carrera, a correr. **The Derby races**, las carreras de Derby. **Race-course**, 1. Lugar o campo para carreras. 2. Canal de molino, saetín. **Race-cup**, premio de carrera. **Race -ground**, campo de carreras; terreno dispuesto para las carreras de caballos. **Race-horse**, caballo criado para las carreras.

race, *va.* 1. Obligar a correr de prisa (como para ganar un premio). 2. Correr, disputar el premio de una carrera. *-vn.* 1. Correr con mucha ligereza, de prisa. 2. Moverse la maquinaria a un paso acelerado.

racecard ['reɪskɑ:d] [reis-kard], *sm.* Programa de carreras.

racer ['reɪsə^r] [rei-sa^r], *s.* 1. Corredor, el que disputa el premio de la carrera o corre por apuesta. 2. Caballo de carrera.

race track ['reɪstræk] [reis-trak], *s.* Hipódromo.

raceway ['reɪsweɪ] [reis-uei], *s.* Canal de agua artificial, canal de molino.

rachitic [ræ'kaɪtɪk] [ra-ki-tik], *a.* 1. Raquítico, que padece raquitis. 2. Perteneciente a una raquis.

racial ['reɪʃəl] [rei-shal], *a.* Racial. **Racial integration**, integración racial. **Racial segregation**, separación racial. **Racial pride**, orgullo de raza.

racialism ['reɪʃəlɪzəm] [rei-sha-li-sem], *s.* *(G.B.)* Racismo.

racialist ['reɪʃəlɪst] [rei-sha-list], *a.* *(G.B.)* Racista.

racially ['reɪʃəlɪ] [rei-sha-li], *adv.* Racialmente, desde un punto de vista racial.

racing ['reɪsɪŋ] [rei-sin], *s.* **Horse racing**, carreras de caballos. *-a.* De carreras. **Racing car**, coche de carreras.

racism ['reɪsɪzəm] [rei-si-sem], *s.* Racismo, creencia en la superiordiad racial de un grupo.

racist ['reɪsɪst] [rei-sist], *s.* Racista. *-a.* Racista.

rack [ræk] [rak], *s.* 1. Estante (shelf), organizador para documentos, portaequipajes. **Clothes rack**, perchero. **Drying rack**, tendedero. 2. Instrumento para extender alguna cosa: tormento; potro o cuestión de tormento. **To put to the rack**, dar tormento. 3. Dolor, pena, angustia. 4. Rueca, palo a que se afirma el lino para hilarlo. 5. Cremallera, barra dentada que se mueve por medio de una rueda dentada también. **Rack and pinion**, engranaje de cremallera y piñón. 6. Morillos de asador. 7. Enrejado de madera dentro del cual se pone el heno para el ganado. 8. Nubarrón. 9. Astillero o percha en que se ponen astas, picas o lanzas. **Racks of a cart**, adrales, laderas de carro. 10. Destrucción. **To go to rack and ruin**, caer en ruinas y destrucción.

rack, *va.* 1. Dar tormento. 2. Atormentar, afligir, molestar, sacudir (shake). **I was racked with pain**, sufría dolores atroces. **She was racked with guilt**, estaba atormentada por el remordimiento. 3. Apretar, oprimir con exacciones violentas. 4. Vagar o moverse apresuradamente de una parte a otra. 5. Trasegar, mudar el licor de una vasija a otra. **To rack wine**, trasegar el vino. 6. Alargar, extender. **Rack up**, acumular.

racket ['rækɪt] [ra-kit], *s.* 1. Baraúnda, confusión (noise). 2. Jerga, habla confusa. 3. *(Dep.)* Raqueta, paleta para jugar al volante. 4. *(Fam.)* Tinglado, asunto turbio.
racketeer ['rækɪtɪəʳ] [ra-ki-tiaʳ], *s.* Mafioso.
racking ['rækɪŋ] [ra-kin], *s.* 1. Tortura. 2. Remordimiento de conciencia; tortura de ánimo. 3. Trasiego de vino u otros licores.
rack-rent ['rækrent] [rak-rent], *s.* Arriendo o arrendamiento exorbitante.
raconteur [ˌrækɒn'tɜːʳ] [ra-kon-teʳ], *a.* 1. Picante, lleno de interés, vigoroso (estilo o lenguaje), brioso, animado (lively). 2. De aroma o sabor peculiar, agradable y característico. 3. Perteneciente a la raza, al tipo o al origen.
radar ['reɪdɑːʳ] [rei-daʳ], *s.* (Radio) Radar.
radial ['reɪdɪəl] [rei-dial], *a.* 1. Que pertenece al radio, o al rayo; que parte del centro, que tiene radios. **Radial tire**, neumático radial. 2. *(Zool.)* Radial, perteneciente al hueso radio, o a una parte divergente del centro. 3. *(Bot.)* Perteneciente a la ligulada de la flor compuesta.
radiance ['reɪdɪəns] [rei-dians], *s.* Brillo, resplandor, esplendor, brillantez, lucimiento.
radiant ['reɪdɪənt] [rei-diant], *a.* Radiante, radioso, resplandeciente, brillante (bright). *-s.* 1. *(Geom.)* Línea recta que procede de un punto dado, alrededor del cual se supone que gira. 2. Punto luminoso de donde emana la luz. 3. Lo que despide rayos.
radiantly ['reɪdɪəntlɪ] [rei-diant-li], *adv.* Con brillo, con esplendor, con alegría.
radiate ['reɪdɪeɪt] [rei-dieit], *vn.* Radiar, despedir o arrojar rayos de luz, salir como los rayos de luz; echar rayos, centellear, relumbrar. *-va.* Dar luz, llenar de luz, iluminar, irradiar. **Heat radiates from the sun**, el sol irradia calor.
radiated ['reɪdɪeɪtɪd] [rei-dieitid], *a.* 1. Radiado, dispuesto en forma de radio, que parte de un centro común. 2. Partido o separado en rayos, o marcado en rayos. 3. *(Zool.)* Radiado, que tiene simetría de radios; perteneciente a la división de los animales radiados. 4. *(Bot.)* Que tiene florecillas liguladas.
radiation [ˌreɪdɪ'eɪʃən] [rei-diei-shon], *s.* *(Fís.)* Radiación, irradiación. **Radiation sickness**, enfermedad, provocada por la radiación.
radiator ['reɪdɪeɪtəʳ] [rei-diei-taʳ], *s.* Radiador.
radical ['rædɪkəl] [ra-di-kal], *a.* 1. Radical. 2. Extremo. 3. Extremista. *-s.* Radical.
radicalism ['rædɪkəlɪzəm] [ra-di-ka-li-sem], *s.* Radicalismo.
radicalize ['rædɪkəˌlaɪz] [ra-di-ka-lais], *vt.* Radicalizar.
radically ['rædɪkəlɪ] [ra-di-ka-li], *adv.* Radicalmente.
radicand ['rædɪkənd] [ra-di-kand], *s.* Radicando.
radicate ['rædɪkeɪt] [ra-di-keit], *va.* Arraigar.
radio ['reɪdɪəʊ] [rei-diou], *s.* 1. Radio (receiver), radio (broadcasting, medium). 2. Radiocomunicación. **Radio amateur**, radioaficionado. **Radio announcer**, locutor de radio. **Radio astronomy**, radioastronomía. **Radio beacon**, radiobaliza, radiofaro. **Radio broadcasting**, radiodifusión. **Radio communication**, radiocomunicación, radiotelecomunicación. **Radio compass, Radio direction finder**, radiocompás. **Radio frequency**, radiofrecuencia. **Radio listener**, radioescucha, radioyente. **Radio message**, radiograma. **Radio navigation**, 1. Radionavegación. 2. *(Aer.)* Radioaviación. **Radio navigator**, radionavegante. **Radio operator**, radiotelegrafista. **Radio station**, radiodifusora, estación. **Radio telescope**, radiotelescopio. **Radio tube**, lámpara de radio, válvula. **Radio wave meter**, ondímetro.
radio, *vi.* Llamar por radio, transmitir por radio un mensaje. **To radio for help**, pedir ayuda por radio.
radioactive ['reɪdɪəʊ'æktɪv] [rei-diou-ak-tiv], *a.* Radiactivo, radioactivo.
radioactivity ['reɪdɪəʊæk'tɪvɪtɪ] [rei-diou-ak-ti-vi-ti], *s.* Radiactividad, radioactividad.
radiobiology [ˌreɪdɪəʊbaɪ'ɒlədʒɪ] [rei-diou-baio-lo-yi], *s.* Radiobiología.
radiocarbon [ˌreɪdɪəʊ'kɑːbən] [rei-diou-kar-bon], *s.* Radiocarbono. **Radiocarbon dating**, determinación de antigüedad con radiocarbono.
radiogram ['reɪdɪəʊgræm] [rei-diou-gram], *s.* Radiograma.
radiograph ['reɪdɪəʊgrɑːf] [rei-diou-graf], *s.* Radiografía. *-va.* Radiografiar.
radiographer [ˌreɪdɪ'ɒgrəfəʳ] [rei-dio-gra-faʳ], *s.* Radiógrafo.
radiography [ˌreɪdɪ'ɒgrəfɪ] [rei-dio-gra-fi], *s.* Radiografía.
radioisotope ['reɪdɪəʊ'aɪsətəʊp] [rei-diou-ai-so-toup], *s.* Radioisótopo.
radiolocation [ˌreɪdɪəʊlə'keɪʃən] [rei-diou-lo-kei-shon], *s.* Radiolocalización.
radiologist [ˌreɪdɪ'ɒlədʒɪst] [rei-dio-lo-yist], *s.* Radiólogo.
radiology [ˌreɪdɪ'ɒlədʒɪ] [rei-dio-lo-yi], *s.* Radiología.
radiometer [ˌreɪdɪəʊ'miːtəʳ] [rei-diou-mi-taʳ], *s.* Radiómetro.
radiophone ['reɪdɪəʊfəʊn] [rei-diou-foun], *s.* 1. Radioteléfono. 2. *(Fís.)* Radiófono.
radiophoto ['reɪdɪəfətəʊ] [rei-dio-fo-tou], *s.* Radiofotografía.
radioscopy [ˌreɪdɪ'ɒskəpɪ] [rei-dios-ko-pi], *s.* Radioscopia.
radio set ['reɪdɪəʊˌset] [rei-diou-set], *s.* Aparato de radio.
radiotelephone ['reɪdɪəʊ'telɪfəʊn] [rei-diou-te-li-foun], *s.* 1. Radiotelefonía. 2. Radioteléfono.
radiotherapy ['reɪdɪəʊ'θerəpɪ] [rei-diou-ze-ra-pi], *s.* Radioterapia.
radish ['rædɪʃ] [ra-dish], *s.* Rábano.
radium ['reɪdɪəm] [rei-diom], *s.* Radio
radius ['reɪdɪəs] [rei-dios], *s.* Radio.
radon ['reɪdɒn] [rei-don], *s.* Radón.
raffia ['ræfɪə] [ra-fia], *s.* Rafia.
raffish ['ræfɪʃ] [ra-fish], *a.* 1. Chillón, vulgar (coarse). 2. Extravagante, adefesio.
raffle ['ræfl] [ra-fel], *va.* y *vn.* Rifar, sortear. **To raffle off**, rifar. *-s.* Rifa, sorteo, tómbola. **Charity raffle**, tómbola (de beneficiencia).
raft [rɑːft] [raft], *s.* 1. *(Naut.)* Balsa, almadía; jangada. 2. *(E. U.)* Amontonamiento de troncos de árboles en un río. 3. *(Ger.)* Gran número, montón (large amount).
raft, *va.* Llevar sobre una balsa o jangada.
rafter ['rɑːftəʳ] [raf-taʳ], *s.* Cabrio, viga.
raftport ['rɑːftpɔːt] [raft-port], *s.* *(Mar.)* Porta de cañón, tronera.
rag [ræg] [rag], *s.* 1. Trapo, andrajo, harapo, jirón (piece of cloth). **Rag doll**, muñeca de trapo. 2. *pl.* Vestidos usados, rasgados. 3. Canto agudo o saliente de un trozo de metal o de una roca; risco. 4. *(Coloq.)* Periodicucho.
ragamuffin ['rægəˌmʌfɪn] [ra-ga-ma-fin], *s.* 1. Andrajoso, hombre vil y despreciable; mendigo, pordiosero; trapiento, pelagatos, chispero. 2. Pilluelo, golfillo.
rage [reɪdʒ] [reich], *s.* 1. Rabia, ira, enojo, furor, arrebato de cólera. **I'm in a rage**, estoy furioso. 2. Furor, furia (violent anger), violencia, vehemencia, intensidad extrema (things). 3. Ardor, anhelo. 4. *(Fam.)* Antojo, cosa que todos o muchos desean con vehemencia; boga, moda (fashion).
rage, *vn.* 1. Rabiar, enojarse, enfurecerse, encolerizarse. **I raged against this TV program**, protesté furiosamente contra este programa de televisión. 2. Rugir, bramar, arder furiosamente. **The fire raged for five days**, el furioso incendio se prolongó durante cinco días.
ragged ['rægɪd] [ra-guid], *a.* 1. Roto, andrajoso, harapiento. 2. Desigual, escabroso, áspero.
raging ['reɪdʒɪŋ] [rei-yin], *a.* Furioso, violento, rabioso.
ragingly ['reɪdʒɪŋlɪ] [rei-yin-li], *adv.* Furiosamente, airadamente.
raglan ['ræglən] [ra-glan], *s.* Raglán, gabán holgado de hombre. **Raglan sleeves,** mangas raglán (muy holgadas, típicas de dicho gabán).
ragman ['rægmən] [rag-man], *s.* Trapero.
ragout [ræ'guː] [ra-gu], *s.* Guisado, estofado.
ragstone ['rægstəʊn] [rag-stoun], *s.* Especie de piedra de amolar.
ragtime ['rægtaɪm] [rag-taim], *s.* Música popular sincopada.
ragweed ['rægwiːd] [rag-uid], *s.* *(Bot.)* Ambrosía.

raid [reɪd] [reid], *va.* 1. *(Mil.)* Invadir, súbitamente, como para hacer la guerra o pillar. **The police raided the building**, la policía hizo una redada en el edificio. 2. *(Fam.)* Entrar o apoderarse por fuerza legal. *-vn.* Merodear, hacer una invasión, pillar. *-s.* Correría, irrupción, incursión hostil; invasión repentina, prendimiento. **Air raid**, ataque aéreo.

raider ['reɪdəʳ] [rei-daʳ], *s.* Asaltante (attacker, robber), atracador.

rail [reɪl] [reil], *s.* 1. Barra, baranda, barandilla, antepecho, barrera. 2. Riel, carril, raíl. 3. *(Mar.)* Batayola, cairel, galón. **Head-rails**, *(Mar.)* Perchas. **Rough-tree-rails**, *(Mar.)* Barandas. **Waist-rails**, *(Mar.)* Varengas. 4. Carril, considerado como medio de transporte. **By rail**, por ferrocarril. **To run off the rails**, descarrilar. **Rail card**, tarjeta de descuento para viajes en tren.

rail, *s.* Ave zancuda, género típico de la familia de los rálidos; tiene las alas y la cola cortas, las patas, los dedos y el pico largos.

rail, *va.* 1. Cercar con balaustradas, barandillas o barreras. 2. Poner rieles o carriles. *-vn.* Injuriar de palabra, emplear un lenguaje insolente y ultrajante; decir mal; se emplea con *at* o *against*.

railer ['reɪləʳ] [rei-laʳ], *s.* Maledicente, murmurador (gossip).

railing ['reɪlɪŋ] [rei-lin], *s.* 1. Serie de barras; barandilla, balaustrada, cerca, estacada, verja, enverjado. 2. Carriles, material para una vía férrea. 3. Lenguaje injurioso.

raillery ['reɪlərɪ] [rei-la-ri], *s.* Chocarrería, bufonada satírica, burla.

railroad ['reɪlrəʊd] [reil-roud], *va.* *(E. U.)* 1. Apresurar, hacer algo rápidamente, como con la rapidez de un tren. **She was railroaded into accepting the offer**, la apremiaron para que aceptara la oferta. 2. Condenar injustamente (convict unfairly).

railway ['reɪlweɪ] [reil-uei], *s.* (En la Gran Breatаña se usa más la palabra *railway;* en los Estados Unidos, *railroad*). 1. Ferrocarril, vía férrea, camino de hierro sobre el que van los coches o material rodante. 2. Sistema de carriles, estaciones, material rodante, etc., empleado en el transporte por ferrocarril 3. Corporación o personas que poseen o explotan una línea férrea. **Railroad car**, carro, coche de ferrocarril. **Railroad crossing**, encrucijada, crucero; cruce de vía; también, lugar en que el camino ordinario corta la vía férrea. **Railroad gauge**, entrevía, anchura entre los carriles de una vía férrea. **Railroad siding**, desviadero, vía suplementaria; en Cuba, chucho. **Street railroad o railway**, ferrocarril urbano, tranvía, sea eléctrico o de sangre. **Narrow-gauge railway**, ferrocarril de vía estrecha o angosta.

raiment ['reɪmənt] [rei-ment], *s.* Ropa, traje, prendas de vestir.

rain [reɪn] [rein], *vn.* Llover. **It rains**, llueve. **To rain pitchforks**, llover a cántaros. **Rain or shine**, que llueva o no, con buen o mal tiempo, pase lo que pase (whatever the situation). *-va.* Hacer llover, hacer caer alguna cosa en mucha abundancia. **Rain down**, llover. **Insults rained down on you**, le llovieron insultos. **Rain out, rain off**, suspenderse, cancelarse.

rain, *s.* 1. Lluvia. 2. Caída de lluvia; caída de alguna cosa a manera de lluvia. **Heavy rain**, aguacero. **The rains**, la estación de las lluvias. **Rain cloud**, nube de lluvia.

rainbow ['reɪnbəʊ] [rein-bou], *s.* Arco iris. **Rainbow trout,** trucha arco iris.

raincoat ['reɪnkəʊt] [rein-kout], *s.* Impermeable, abrigo impermeable.

rainfall ['reɪnfɔːl] [rein-fol], *s.* 1. Aguacero, caída de lluvia. 2. Cantidad de lluvia y de nieve derretida y medida como lluvia, que cae en un período de tiempo determinado.

rain forest ['reɪn,fɒrɪst] [rein-fo-rist], *s.* Bosque húmedo, bosque tropical, bosque de zona de gran precipitación pluvial.

rain-ga(u)ge ['reɪngeɪdʒ] [rein-gueich], *s.* Pluviómetro, udómetro, pluvímetro, instrumento para medir la lluvia que cae en lugar y tiempo dados.

rainproof ['reɪnpruːf] [rein-pruf], *a.* Impermeable, a prueba de lluvia.

rain storm ['reɪnstɔːm] [rein-storm], *s.* Temporal de lluvias.

rain water ['reɪnwɔːtəʳ] [rein-uo-taʳ], *s.* Agua llovediza, agua de lluvia.

rainy ['reɪnɪ] [rei-ni], *a.* Lluvioso. **Rainy season**, estación de las lluvias.

raise [reɪz] [reis], *va.* 1. Levantar, alzar, poner en pie, poner derecho. 2. Levantar, construir, fabricar, edificar (build). 3. Levantar, aumentar, subir, dar mayor incremento, mayor valor o un precio más alto a alguna cosa. 4. Levantar, engrandecer, enhiestar, elevar, ensalzar, exaltar, promover. 5. Animar, excitar, incitar, poner en movimiento. 6. Causar, ocasionar, producir, hacer nacer, hacer crecer, criar; cultivar (cultivate), hacer concebir, inspirar, dar lugar a, hacer surgir, hacer brotar. **We raise cattle**, nos dedicamos a la cría de ganado. 7. Resucitar, vivificar, dar vida, revivir, poner en estado de actividad o vigor. **Lazarus was raised from the dead**, Lázaro resucitó de entre los muertos. 8. Levantar, reclutar, alistar. 9. Sacar contribuciones, recaudar (collect); recoger o juntar dinero sacándoselo a otros por cualquier medio. 10. Levantar, quitar lo impuesto, poner fin a. **To raise a siege**, levantar un sitio. **To raise an outcry**, exclamar; armar un alboroto. **To raise the country**, sublevar, alborotar, revolucionar un país. **To raise the nap of the cloth**, perchar los paños, sacarles el pelo con el palmar. **To raise the dust**, hacer o levantar polvo. **To raise the curtain** (en el teatro), correr o levantar el telón.

raise, *s.* Aumento, subida de sueldo.

raiser ['reɪzəʳ] [rei-saʳ], *s.* 1. Levantador, el que alza o levanta; el que engrandece, exalta o ensalza. 2. Causador, productor, autor. 3. Fundador (founder). 4. El que saca contribuciones; el que levanta ejércitos.

raisin ['reɪzən] [rei-san], *s.* Pasa, la uva seca. **Bloom raisins**, pasas gorronas.

raising ['reɪzɪŋ] [rei-sing], *s.* 1. Crianza. 2. Levantamiento. 3. Izamiento (de una bandera, etc.).

raja, rajah ['rɑːdʒə] [ra-cha], *s.* Rajá, soberano de la India.

rake [reɪk] [reik], *s.* 1. Rastro, mielga, rastrillo (garden tool), instrumento de los labradores y hortelanos. 2. *(Mar.)* Lanzamiento, la caída para afuera de la roda o codaste. 3. Calavera, tunante, libertino o perdido (contracción de *Rakehell*) **Coal rake or oven rake**, hurgón.

rake, *va.* 1. Recoger con rastrillo, rastrillar; raer. 2. Rebuscar, escudriñar, buscar, mirar o examinar con atención. 3. Pasar por encima con el movimiento de un rastrillo; raspar ligeramente. 4. Cubrir, arrastrando tierra u otra cosa. 5. *(Mil.)* Enfilar, tiarar a lo largo de; *(Mar.)* barrer de popa a proa. *-vn.* 1. Usar del rastro o de la mielga. 2. Buscar a tientas, buscar minuciosamente, escudriñar; ahorrar, acumular con cuidado. 3. Pasar con rapidez o violencia. 4. Tunar, vaguear, andar vagando, vivir, como un libertino. *(Fam.)* **They are raking it in**, están haciendo mucho dinero, se están forrando. **Rake over**, rastrillar, volver sobre. **Rake up**, rastrillar, conseguir.

rake, *vn.* Inclinarse, estar fuera de la perpendicular.

rake-off ['reɪkɒf] [reik-of], *s.* *(Coloq.)* Tajada, pellizco.

raker ['reɪkəʳ] [rei-kaʳ], *s.* 1. Raedera, raspadera. 2. Rastrillador, raedor; el que recoge alguna cosa con rastro o rastrillo.

rakish ['reɪkɪʃ] [rei-kish], *a.* 1. Libertino, licencioso, perdido, disoluto (dissolute). 2. Desenfadado (casual, jaunty). **They wear their hats at a rakish angle**, llevan el sombrero ladeado con gracia o desenfado. 3. *(Mar.)* Que tiene los mástiles inclinados hacia atrás de una manera insólita.

rally ['rælɪ] [ra-li], *va.* 1. *(Mil.)* Reunir y reanimar, rehacer, replegar, volver a juntar las tropas fugitvas o dispersas y ponerlas de nuevo en orden. 2. Ridiculizar; dar chanza o zumba. *-vn.* 1. Recuperarse, reponerse (recover). *(Fin.)* Repuntar, recuperarse. 2. *(Mil.)* Reunirse (gather), reanimarse; recobrar las fuerzas, el vigor. 3. Burlarse o reírse de alguno, chancearse, zumbarse. **A rallying-word**, grito o voz de batalla o de guerra: voz para animar las tropas o la gente. **They all rallied round him**, todos acudieron a ofrecerle apoyo.

rally, *s.* 1. Unión o reunión pronta para un fin común, v. gr. de tropas dispersas. Concentración (mass meeting). **Political rally**, mitin. 2. Recuperación, acto de recobrar la condición normal después de un período de agotamiento o depresión; acción rápida y vigorosa de cualquier especie. 3. *(Dep.)* Peloteo. 4. *(Fin.)* Repunte. 5. *(Med.)* Mejoría.

ram [ræm] [ram], *s.* 1. *(Zool.)* Morueco, carnero padre. 2. Instrumento para dar o aplastar con golpes fuertes, pisón. 3. Espolón, remate de la proa de los buques acorazados; también, ariete, buque blindado con espolón. 4. Ariete, máquina militar para batir las murallas. 5. Aries, signo del zodíaco.

ram, *va.* 1. Apisonar, dar, golpear, con un pisón, espolón o ariete. 2. Impeler con violencia, hacer entrar por fuerza; apretar; atacar un arma. 3. Atestar, henchir, atracar. **To ram down a paving**, apisonar o pisonar el empedrado. *-vi.* Estrellarse, chocar contra algo o alguien. **Ram home**, hacer entender a la fuerza.

Ramadan [ˌræmə'dæn] [ra-ma-dan], *s.* Ramadán, la cuaresma de los mahometanos, noveno mes del año musulmán.

ramble ['ræmbl] [ram-bel], *vn.* 1. Vagar, corretear, ir a la ventura, andar vagando sin dirección fija, pasear (walk). 2. Hacer algo o hablar sin objeto determinado. 3. Dar vueltas, serpentear. 4. Mostrar falta o carencia de plan o sistema: se dice de las cosas. 5. Divagar, irse por las ramas (digress). **Ramble on**, divagar sobre algo.

ramble, *s.* 1. Correría, acción de ir de una parte a otra sin dirección, sin objeto fijo, paseo, caminata (long walk). 2. Sendero que serpentea, que tiene muchas vueltas y revueltas. **I will go for a ramble**, iré a dar un paseo.

rambler ['ræmbləʳ] [ram-blaʳ], *s.* 1.Vagabundo, vagamundo, tunante, callejero. 2. Excursionista (walker). 3. Rosa trepadora.

rambling ['ræmblɪŋ] [ram-bling], *a.* 1. Que se va por las ramas, que divaga. 2. Laberíntico, intrincado. 3. Trepador. -*s.* *(Dep.)* Excursionismo.

ramification [ˌræmɪfɪ'keɪʃən] [ra-mi-fi-kei-shon], *s.* Ramificación, repercusión.

ramify ['ræmɪfaɪ] [ra-mi-fai], *vn.* Ramificarse, dividirse en ramas. *-va.* Dividir una cosa en ramificaciones.

ramjet ['ræmdʒet] [ram-yet], *s.* *(Aer.)* **Ramjet engine**, motor de retropropulsión a base de aire comprimido y combustible.

rammer ['ræməʳ] [ra-maʳ], *s.* 1. Maza. **Paving rammer**, pisón, empedrador. 2. Atacador. 3. La baqueta de fusil o escopeta.

rammish ['ræmɪʃ] [ra-mish], *a.* Que huele a chotuno; también libidinoso.

ramose ['ræməʊz] [ra-mous], *a.* Ramoso.

ramp [ræmp] [ramp], *s.* 1. Rampa (slope), declive, desnivel. 2. *(Des.)* Salto, brinco, pernada, zancada.

ramp, *vn.* 1. Saltar, brincar, bailar, enredar o divertirse dando saltos o brincos. 2. Trepar como planta. *-va.* Sesgar.

rampage ['ræmpeɪdʒ] [ram-peich], *s.* *(Fam.)* Alboroto, agitación turbulenta; brinco dado con cólera o violencia. *-vi.* Pasar arrasando.

rampancy ['ræmpənsɪ] [ram-pan-si], *s.* Exuberancia (lushness), superabundancia, extravagancia en acciones o sentimientos.

rampant ['ræmpənt] [ram-pant], *a.* 1. Exuberante, excesivo, desenfrenado (unbridled), no restringido: lozano, que crece con abundancia. 2. Endémico. **Disease was rampant**, proliferaban las enfermedades. 2. *(Her.)* Rampante, en ademán de agarrar o asir. 3. *(Arq.)* Que tiene un estribo o contrafuerte más alto que otro.

rampart ['ræmpɑːt] [ram-part], *s.* 1. Plataforma, terraplén (bank); muralla (wall), el terraplén con su parapeto. 2. Baluarte, amparo, defensa.

rampion ['ræmpɪən] [ram-pion], *s.* *(Bot.)* Rapónchigo.

ramrod ['ræmrɒd] [ram-rod], *s.* Baqueta de fusil (rod); atacador de cañón.

ramshackle ['ræmˌʃækl] [ram-sha-kel], *a.* Próximo a caerse en pedazos; viejo y descuidado, poco sólido, destartalado.

ran [ræn] [ran], *pret.* de TO RUN.

ranch [rɑːntʃ] [ranch], *s.* *(E. U. del Oeste)* 1. Rancho, granja donde se cría ganado en grande escala. 2. Granja.

rancher ['rɑːntʃəʳ] [ran-chaʳ], *s.* Hacendado, dueño de un rancho, ranchera.

ranch house ['rɑːntʃˌhaʊs] [ranch-jaus], *s.* Casa, chalet de una sola planta, bungalow.

ranching ['rɑːntʃɪŋ] [ran-chin], *sf.* *(E.U.)* Ganadería.

rancid ['rænsɪd] [ran-sid], *a.* Rancio, de olor o gusto fuerte, el de substancias oleosas que empiezan a echarse a perder; acedo; rancioso. **To go rancid**, ponerse rancio.

rancidness ['rænsɪdnɪs] [ran-sid-nes], **rancidity** [ræn'sɪdɪtɪ] [ran-si-di-ti], *s.* Rancidez, ranciadura, lo rancio; olor rancioso, como el del aceite añejo.

rancor ['ræŋkəʳ] [ran-koʳ], *s.* Rencor (spite), enemistad antigua, encono, inquina, malicia (malice), odio profundo.

rancorous ['ræŋkərəs] [ran-ko-ros], *a.* Rencoroso: vengativo, malévolo.

rancour, *s.* *V.* RANCOR.

rand [rænd] [rand], *s.* Calzo del zapato.

random ['rændɒm] [ran-dom], *s.* 1. Falta de propósito o intención definidos; ventura, acaso; se emplea hoy sólo en la locución. **At random**, a la aventura, por acaso; a diestro y siniestro, al tuntún, a trochemoche. 2. Desatino, desacierto; cosa hecha o escogida sin método. *-a.* Fortuito, impensado, casual; desatinado, al azar. **Random shot**, *(Art.)* Tiro por elevación. **Random access**, acceso aleatorio o directo. **Random-access memory**, memoria de acceso aleatorio o directo.

randomly ['rændɒmlɪ] [ran-dom-li], *adv.* Al azar.

randy, randie ['rændɪ] [ran-di], *a.* 1. *(Esco.)* Desordenado, tumultuoso, alborotado. 2. *(Coloq.)* Caliente, cachondo (horny).

rang [ræŋ] [rang], *pret.* de TO RING.

range [reɪndʒ] [reindch], *va.* 1. Recorrer, pasar, repasar, particularmente buscando alguna cosa; andar vagando; navegar, pasar cerca de la costa. 2. Colocar (place), ordenar, poner en hileras, en filas; arreglar. 3. Arreglar, clasificar, disponer en clases, divisiones sistemáticas o partidos, colocar en orden. *-vn.* 1. Vagar. 2. Colocarse; proseguir un rumbo. 3. Extenderse, estar situado en la misma dirección o en una línea paralela a otra; de aquí, tomar el mismo partido. 4. Variar, pasar de un punto a otro. **The thermometer may range forty degrees in one day**, el termómetro puede variar cuarenta grados *(Fah.)* en un día. 5. Tener lugar igual o correspondiente. 6. Ir, caminar,. se dice de los proyectiles con referencia a su alcance y dirección.

range, *s.* 1. Extensión o espacio en que cabe alguna cosa o al través del cual se mueve, período de tiempo que separa las reapariciones periódicas de una cosa; duración. 2. Vasta extensión de terrenos de pasto. 3. Alcance, v. g. el de un arma de fuego; extensión en que se hace sentir una influencia; duración. **It was out of range**, estaba fuera de alcance. 4. *(Mús.)* Registro. 5. Fila, hilera, ringlera, línea. 6. Gama (variety). 7. Línea de un tiro de artillería; sitio para tirar al blanco. **Range of a cable**, *(Mar.)* Cornamusas, piezas para amarrar varios cabos de labor. **Range of mountains**, cordillera de montañas, cadena de montañas (chain).

rangefinder ['reɪndʒˌfaɪndəʳ] [reindch-fain-daʳ], *s.* *(Mil.)* Telémetro.

ranger ['reɪndʒəʳ] [reind-chaʳ], *s.* 1. Guardamayor de bosque. 2. Tunante, tuno, bribón, ladrón. 3. Perro ventor. 4. Soldado de las tropas de asalto en EE.UU.

Rangoon [ræŋ'guːn] [ran-gun], *s.* Rangún.

rangy ['reɪndʒɪ] [rein-yi], *a.* Largo y delgado, larguirucho.

rank [ræŋk] [rank], *a.* 1. Lozano, exuberante, fértil; espeso, cerrado 2. Rancio, que tiene olor fuerte y desabrido, repugnante (revolting), fétido. 3. Insigne, acabado, rematado. 4. Grosero, áspero, basto. 5. Flagrante (glaring). *-s.* 1. Fila (line), la serie de hombres puestos en línea; hilera, ringlera. **To break lines**, romper filas. 2. Clase, orden, grado de dignidad, categoría (status). 3. Calidad, dignidad o empleo

honorífico. **A man of rank**, hombre de condición o de distinción.
rank, *va.* Poner en fila, colocar, ordenar (arrange), disponer, estar clasificado. **She's ranked first**, está clasificado primero. *-vn.* Colocarse, alinearse.
ranking ['ræŋkɪŋ] [ran-kin], *s.* Clasificación, ranking. *-a.* De grado superior o más alto.
rankish ['ræŋkɪʃ] [ran-kish], *s.* Algo rancio.
rankle ['ræŋkl] [ran-kel], *vn.* Enconarse, inflamarse, irritarse. *-vi.* Doler. **What still rankles with me**, lo que todavía me duele, lo que no le puedo perdonar.
rankly ['ræŋklɪ] [ran-kli], *adv.* 1. Toscamente, groseramente. 2. Pomposamente. 3. Ranciamente.
rankness ['ræŋknɪs] [rank-nes], *s.* 1. Exuberancia, fertilidad, fecundidad, abundancia (abundance). 2. Olor muy fuerte. 3. Carácter excesivo.
ransack ['rænsæk] [ran-sak], *va.* 1. Escudriñar, rebuscar, explorar o registrar todas las partes de (search). 2. *(Des.)* Saquear, pillar, robar (pillage).
ransacking ['rænsækɪŋ] [ran-sa-kin], *s.* Rebusco.
ransom ['rænsəm] [ran-som], *s.* 1. Rescate, la cantidad que se paga para obtener la libertad de un preso o de un esclavo, o de mercancías capturadas o retenidas; también, en otros tiempos, multa considerable. 2. Rescate, obtención de la libertad mediante el pago de una suma. **Ransom demand**, nota exigiendo un rescate.
ransom, *va.* Rescatar, redimir, librar el cautiverio, de presidio, etc., pagando un rescate o una indemnización.
ransomless ['rænsəmlɪs] [ran-som-les], *a.* Irrescatable, irredimible, que no se puede rescatar o redimir.
rant [rænt] [rant], *vn.* Declamar con extravagancia, delirar, disparatar; vocear.
rant, *s.* Lenguaje altisonante, campanudo, retumbante.
ranter ['rəntəʳ] [ran-taʳ], s. Declamador, orador que emplea vehemencia inútil, energúmeno.
ranunculus [rə'nʌŋkjʊləs] [ra-na-kiu-los], *s.* *(Bot.)* Ranúnculo, botón de oro; género de plantas y su flor, típico de las ranunculáceas.
rap [ræp] [rap], *va.* y *vn.* 1. Golpear o dar un golpe vivo y repentino (knock). **To rap at the door**, tocar o llamar a la puerta. 2. Proferir de una manera seca y violenta, amonestar, reprender (rebuke). 3. *(Coloq.)* Cotorrear (chat).
rap, *va.* (*pret.* y *pp.* RAPT o RAPPED). 1. Arrebatar; generalmente en el participio pasado *rapt*. 2. Quitar, tomar alguna cosa con violencia; tomar ávidamente para llevárselo.
rap, *s.* 1. Golpe (blow), ligero y vivo o el sonido de él; sopapo. **A rap on the knuckles**, golpecito dado sobre los artejos. 2. Medio penique falso o contrahecho; de aquí fruslería, cosa sin valor. **I don't care a rap**, no se me da (importa) un bledo. 3. Madeja. **Rap on the nose**, papirote. 4. *(Coloq.)* Charla, cháchara (chat). **Rap sheet**, antecedentes penales.
rapacious [rə'peɪʃəs] [ra-pei-shos], *a.* 1. Rapaz, que tiene inclinación o está dado al hurto, robo o rapiña. 2. Voraz, acostumbrado a tomar por fuerza el alimento. 3. Codicioso (greedy), avaricioso.
rapaciously [rə'peɪʃəslɪ] [ra-pei-shos-li], *adv.* Con rapacidad.
rapacity [rə'pæsɪtɪ] [ra-pa-si-ti], *s.* Rapacidad.
rape [reɪp] [reip], *s.* 1. Rapto, fuerza, la violencia que se hace a una mujer para gozarla; estupro. **To commit a rape**, forzar a una mujer; cometer un rapto. 2. Rapiña, robo; acción de coger y llevarse algo. 3. Escobajo, el racimo separado de las uvas. 4. *(Bot.)* nabo silvestre, colza, planta de cuya semilla se saca aceite. **Rape-seed**, nabina o simiente de colza o nabo silvestre. 5. Filtro para hacer vinagre.
rape, *vt.* 1. Violar. 2. Expoliar (plunder).
rapeseed ['reɪpsiːd] [reip-sid], *s.* Semilla de colza. **Rapeseed oil**, aceite de colza.
rapid ['ræpɪd] [ra-pid], *a.* Rápido (quick), veloz; raudo, que se mueve con celeridad; que está hecho o acabado en poco tiempo; que va prontamente al término. *-s.* Racial, raudal, corriente impetuosa de los ríos; caída desde menor altura que la de una catarata; se usa generalemnte en plural.
rapidity [rə'pɪdɪtɪ] [ra-pi-di-ti], **rapidness** ['ræpɪdnɪs] [ra-pid-nes], *s.* Rapidez, velocidad, celeridad.
rapidly ['ræpɪdlɪ] [ra-pid-li], *adv.* Rápidamente, velozmente.
rapids ['ræpɪdz] [ra-pids], *s.pl.* Rápidos.
rapier ['reɪpɪəʳ] [rei-piaʳ], *s.* Espadín; florete, espetón, estoque, arma blanca con la que sólo se puede herir de punta.
rapine ['ræpaɪn] [ra-pain], *s.* Rapiña, robo, violencia, fuerza.
rapist ['ræpɪst] [ra-pist], *s.* Violador.
rappee ['ræpiː] [ra-pi], *s.* Rapé o tabaco rapé.
rappel ['ræpəl] [ra-pal], *vi.* Descender en rappel.
rapper ['ræpəʳ] [ra-paʳ], *s.* 1. Golpeador, medio espiritista. 2. Llamador o aldabón de puerta. 3. *(Vulg.)* Un juramento.
rapping ['ræpɪŋ] [ra-ping], *s.* Llamada, golpeteo (knocking).
rapport [ræ'pɔːʳ] [ra-poʳ], *s.* Armonía, concordancia de relación, relación simpática. *(Fr.)* **Close rapport**, relación estrecha.
rapprochement [ræ'prɒʃmənt] [ra-prosh-mant], *s.* Acercamiento.
rapscallion [ræp'skælɪən] [raps-ka-lion], *s.* Vagabundo, canalla.
rapt [ræpt] [rapt], *a.* Transportado, encantado, en éxtasis, embelesado (spellbound). **He was listening with rapt attention**, estaba escuchando embelesado.
raptor ['ræptəʳ] [rap-taʳ], *s.* Ave raptora, rapaz.
rapture ['ræptʃəʳ] [rap-chaʳ], *s.* 1. Rapto, enajenamiento, pasmo, éxtasis, arrebatamiento, arrobamiento, embeleso transporte. 2. Acto o expresión de arrobamiento, del mayor placer.
raptured ['ræptʃəd] [rap-chad], *a.* (Poco us.) Absorto (absorbed), arrobado, arrebatado, transportado, fuera de sí.
rapturous ['ræptʃərəs] [rap-cha-ros], *a.* Maravilloso, pasmoso, hechicero.
rapturously ['ræptʃərəslɪ] [rap-cha-ros-li], *adv.* Con éxtasis, con transportes, con el mayor placer, efusivamente.
rare [rɛəʳ] [reaʳ], *a.* 1. Raro, que sucede pocas veces, que no se halla frecuentemente, poco común (uncommon). 2. Muy apreciado por causa de rareza, de gran valor, sobresaliente, excelente; preciso. 3. *(Culin.)* Asado imperfectamente, que conserva el color de la carne cruda y sus jugos, medio crudo: se dice de la carne. *V.* UNDER-DONE. 4. Raro, ralo (de la atmósfera), enrarecido (rarefied). 5. Muy esparcido en el espacio; lejanos entre sí.
rarebit ['rɛəbɪt] [rea-bit], *s.* Tostada con queso. *V.* RABBIT.
rarefaction [ˌrɛərɪ'fækʃən] [rea-ri-fak-shon], *s.* Rarefacción.
rarefiable ['rɛərɪfaɪəbl] [rea-ri-faia-bol], *a.* Capaz de rarefacción.
rarefied ['rɛərɪfaɪd] [rea-ri-faid], *a.* Enrarecido.
rarefy ['rɛərɪfaɪ] [rea-ri-fai], *va.* Rarificar, rarefacer, enrarecer; dilatar un cuerpo por la dispersión de sus partículas en un espacio mayor. *-vn.* Rarefacerse, extenderse, dilatarse.
rarely ['rɛəlɪ] [rea-li], *adv.* Raramente, por maravilla, rara vez.
rareness ['rɛənɪs] [rea-nes], *s.* 1. Rareza, calidad de lo poco común; singularidad; superioridad, excelencia. 2. Tenuidad. *V.* RARITY, 3ª acep.
rareripe ['rɛərɪpaɪp] [rea-ri-paip], *a.* Precoz, que madura temprano. *-s.* Fruta precoz.
rarity ['rɛərɪtɪ] [rea-ri-ti], *s.* 1. Raridad, rareza. 2. Cosa a que se atribuye gran precio a causa de su rareza. 3. Raridad, tenuidad, calidad de raro o ralo, lo opuesto a densidad.
rascal ['rɑːskəl] [ras-kal], *s.* Pícaro (crafty), bribón, bellaco, pillo, un hombre bajo, vil, ruin o indigno; belitre.
rascality [rɑːs'kælɪtɪ] [ras-ka-li-ti], *s.* Bellaquería, ruindad, carácter pícaro; acción vil o ruin; pillada.
rascally ['rɑːskəlɪ] [ras-ka-li], *a.* Vil (vile), bajo, ruin, indigno, infame.
rase [reɪz] [reis], *va.* 1. Arrasar, destruir, echar por tierra. 2. *(Ant.)* Rasar, pasar rozando. 3. *(Des.)* *V.* ERASE.
rash ['rɑːskəl] [ras-kal], *a.* Temerario, inconsiderado, atolondrado, irreflexivo, precipitado. *-s.* Roncha; sarpullido, erupción del cutis.
rasher ['ræʃəʳ] [ra-shaʳ], *s.* Lonja, torrezno.

rashly ['ræʃlɪ] [rash-li], *adv.* Temerariamente, imprudentemente, con precipitación.

rashness ['ræʃnɪs] [rash-nes], *s.* 1. Temeridad, audacia, arrojo, irreflexión, precipitación. 2. Acción temeraria o inconsiderada.

rasp [rɑːsp] [rasp], *s.* 1. Escofina, raspa, raspador, rascador. 2. La acción o el sonido de escofinar.

rasp, *va.* Raspar, escofinar. *-vi.* Hacer un ruido áspero.

raspberry ['rɑːzbərɪ] [ras-be-ri], *s.* 1. *(Bot.)* Frambuesa. 2. Frambueso, planta que produce las frambuesas. 3. *(Coloq.)* Pedorreta. **Raspberry-bush**, *(Bot.)* Frambueso.

rasping ['rɑːspɪŋ] [ras-pin], *a.* Raedor, raspante; ronco (hoarse), áspero; de aquí, irritante, que irrita o veja, atormentador. *-s.* Raspadura, raedura.

Rasta ['ræstə] [ras-ta], *s.* *(Coloq.)* Rasta.

Rastafarian [ˌræstə'fɛərɪən] [ras-ta-fea-rian], *s.* Rastafari.

rasure ['ræʃʊə^r] [ra-shua^r], *s.* Raspadura, raedura, borradura, testadura.

rat [ræt] [rat], *s.* *(Zool.)* 1. Rata, pequeño cuadrúpedo roedor que infesta las casas, los graneros, las embarcaciones, etc. 2. *(E. U.)* Postizo para el pelo. **To smell a rat**, oler el poste. **Rattrap**, ratonera. **Rat-catcher**, cazador de ratas o ratones. **Rat poison**, cualquier veneno para matar ratas. **Rat-tail file**, lima de cola de rata.

rat, *va.* y *vn.* 1. *(Fam.)* Reemplazar los operarios que pertenecen a un gremio por otros no agremiados. 2. *(Fam.)* Trabajar por menor jornal que el fijado por los gremios de oficio; no tomar parte en una huelga. 3. Cazar ratas.

ratable ['rætəbl] [ra-ta-bol], *a.* 1. sometida a contribucioón por ley. 2. Valuado, tasado, proporcionalmente. 3. Valuable, que puede valuarse.

ratably ['rætəblɪ] [ra-ta-bli], *adv.* A prorrata o según prorrata.

ratafia ['rætəfɪə] [ra-ta-fia], *s.* Ratafía, especie de rosoli hecho con aguardiente y almendras de albaricoque.

ratan ['rætən] [ra-tan], *s.* Rota, caña de Indias; roten, junco o bastón hecho del tallo de la rota. *V.* RATTAN.

ratany, ratanhy ['rætənɪ] [ra-ta-ni], *s.* Ratania.

rat-a-tat [ˌrætə'tæt] [ra-ta-tat], *s.* Golpeteo.

ratbag ['rætbæg] [rat-bag], *s.* *(Coloq.)* Cascarrabias.

ratch ['rætʃ] [rach], *s.* Una rueda de reloj que tiene doce dientes.

ratchet ['rætʃɪt] [ra-chit], *s.* 1. Rueda, dentada con fiador, fiador, *(Amer.)* trinquete. 2. Diente del caracol en la relojería.

rate [reɪt] [reit], *s.* 1. Tasa, razón, proporción, medida de alguna cosa; cantidad o grado relativo o comparativo. **At the rate of**, a razón de. 2. Precio o valor fijo; *(Com.)* curso, tasa, tipo. 3. Clase, grado, orden, clase de un navío o de una embarcación (buque mercante). 4. Variación diaria del reloj. 5. Modo, manera. **At any rate**, de todos modos, de cualquier modo; sea como fuere. **An extravagant rate**, precio exorbitante. 6. Velocidad (speed), ritmo (rythm). 7. *(Gran Bret.)* Derecho parroquial; contribución impuesta para usos locales en contraposición a las del gobierno general. **Book of rates**, arancel de los derechos de aduana. **First-rate**, de primera clase, lo mejor. **Market rate**, tipo del mercado. **A first-rate author**, un escritor de primer orden. **A first-rate singer**, un cantante de primera fuerza. **Poor-rate**, tasa o contribución para socorrer a los pobres. **A second-rate ship**, un buque de segunda clase. **At that rate**, de ese modo; si es así. **At the rate you are going on**, al paso que va Ud. **At a furious rate**, a todo correr.

rate, *va.* 1. Tasar, evaluar, apreciar, arreglar y fijar el valor relativo de alguna cosa. 2. Imponer, repartir una tasa o derecho (sobre). 3. Tomar la medida de; calcular la variación diaria de un reloj o cronómetro, comparándolo con un regulador de hora exacta. *-vn.* Ser estimado o valuado; tener valor. **Italy doesn't rate with me**, para mí Italia no vale gran cosa.

rate, *va.* y *vn.* Regañar, reñir a uno; poner a alguno como nuevo. *V.* BERATE.

rateen, *s.* *V.* RATTEEN.

ratepayer ['reɪtpɛə^r] [reit-pea^r], *s.* Contribuyente.

rather ['rɑːðə^r] [ra-da^r], *adv.* 1. De mejor gana; más bien, antes; puede ser; tal vez, quizá; algo, un poco. **He looks rather like Tony**, se parece un poco a Tony. 2. Antes, con preferencia a otra cosa. 3. Antes bien, más presto. 4. Por mejor decir; al contrario. 5. *(Fam.)* Muy; en sentido irónico. **I would rather go than stay**, más quisiera irme que quedarme. **I had rather**, (o mejor) **I would rather**, me gustaría más, preferiría. **This work is rather expensive**, no deja de ser cara esta obra. **He was rather noisy**, era bastante ruidoso. **I would rather not**, preferiría que no, más bien no. **Men loved darkness rather than light**, los hombres preferían las tinieblas a la luz. **The rather as, the rather for**, tanto más que; tanto mejor que. **She is rather pretty**, es bastante bonita. **The yellow, or rather the buff, tint**, el matiz amarillo, por mejor decir, el de ante.

ratification [ˌrætɪfɪ'keɪʃən] [ra-ti-fi-kei-shan], *s.* Ratificación, confirmación, aprobación.

ratifier ['rætɪfaɪə^r] [ra-ti-faia^r], *s.* Ratificador.

ratify ['rætɪfaɪ] [ra-ti-fai], *va.* Ratificar, aprobar o confirmar.

rating ['reɪtɪŋ] [rei-tin], *s.* 1. Determinación de una tasa, precio o grado. 2. *(Tech.)* Categoría, clase. **Ratings**, índice de audiencia.

ratio ['reɪʃɪəʊ] [rei-shiou], *s.* 1. Razón, relación de grado, número, etc.; cantidad relativa, proporción. 2. *(Mat.)* Razón, relación entre dos números o dos cantidades de la misma naturaleza. 3. *(Ant.)* Razón, causa, argumento. **In the inverse ratio**, en razón inversa.

ratiocinate [rætɪ'ɒsɪneɪt] [ra-tio-si-neit], *vn.* Raciocinar.

ration ['ræʃən] [ra-shon], *s.* *(Mil.)* Ración, la porción de pan, carne, forraje, etc., que se da para cada día en el ejército o en la marina. **Ration book**, cartilla de racionamiento.

ration, *va.* Racionar, distribuir artículos de primera importancia cuando hay escasez. **Ration out**, distribuir en forma racionada.

rational ['ræʃənl] [ra-sho-nal], *a.* 1. Racional; fundado en la razón. 2. Razonable (sensible), según razón, motivado. 3. Juicioso (sane), de juicio. 4. Racional, que sólo se concibe por la razón.

rational, *s.* Un ser racional.

rationale [ræʃə'nɑːl] [ra-sho-nal], *s.* Razón fundamental; base. **What's the rationale behind your decision?**, ¿en qué se basa su decisión?

rationalism ['ræʃənəlɪzm] [ra-sho-na-li-sem], *s.* 1. Racionalismo, lo opuesto a *supernaturalism*. 2. La doctrina de que la razón proporciona ciertos elementos que son base de la experiencia y sin los cuales la experiencia es imposible: lo contrario de *empiricism*, empirismo.

rationalist ['ræʃnəlɪst] [ra-sho-na-list], *s.* El que procede, obra o explica alguna cosa solamente por las reglas de la razón.

rationalist, *a.* Racionalista, perteneciente al racionalismo; conforme con los principios del racionalismo.

rationality [ˌræʃə'nælɪtɪ] [ra-sho-na-li-ti], *s.* Racionalidad, la conveniencia o conformidad de las cosas con la razón.

rationalization [ˌræʃnəlaɪ'zeɪʃən] [ra-sho-na-lai-sei-shon], *s.* *(Psic., Mat.)* Racionalización. *(Neg.)* Racionalización, reconversión.

rationalize ['ræʃnəlaɪz] [ra-sho-na-lais], *va.* 1. Explicar racionalmente. 2. Reorganizar racionalmente.

rationally ['ræʃnəlɪ] [ra-sho-na-li], *adv.* Racionalmente, con sensatez.

rationing ['ræʃnɪŋ] [ra-sho-nin], *s.* Racionamiento, distribución de artículos de primera importancia en época de escasez.

ratoon [rə'tuːn] [ra-tun], *s.* 1. Vástago, renuevo que brota de la raíz de una planta desbrozada, como de la caña de azúcar. 2. Una de las hojas de en medio en la planta del tabaco.

rattan [rə'tæn] [ra-tan], *s.* 1. Roten, rota (rotino); *(Amer.)* bejuco. 2. Bastón o varilla de roten.

ratteen [rə'tiːn] [ra-tiin], *s.* Ratina, tela de lana que tiene granillo.

ratter ['rætə^r] [ra-ta^r], *s.* Cazarratones.

rattle ['rætl] [ra-tel], *vn.* 1. Zumbar, zurrir, hacer un ruido bronco y confuso; rechinar. 2. Hablar rápida y tontamente, parlotear. 3. Moverse o funcionar con ruido desapacible. *-va.* 1. Sonar o tocar alguna cosa de modo que haga ruido; hacer producir una serie de sonidos breves y agudos en rápida sucesión; sacudir con ruido, vibrar (vibrate). 2. Atolondrar o aturdir con ruido. 3. Proferir, articular, o producir de una manera ruidosa. 4. *(Coloq.)* Poner nervioso. 5. *(Mar.)* Atar los rebenques *a.* **The wind rattled the shutters**, el viento sacudió los postigos de la ventana. **To rattle away**, parlotear; rodar a distancia, haciendo ruido. **To rattle in the throat**, tener un moribundo el hipo o sarrillo, familiarmente, hervirle el pecho. *(Mex.)* Tener el estertor. **Rattle off**, recitar, decir de un tirón. **Rattle on**, parlotear sin parar. **Rattle through**, decir rápidamente, apurar.

rattle, *s.* 1. Sonido o ruido repetido vivamente; rechino, zumbido, zurrido. 2. Sonajero o sonajillas de niños, matraca; también la serie de anillos sueltos y córneos en la cola de la culebra de cascabel. 3. Parla, charla, habla rápida y ruidosa. **The rattles**, 1. Estertor del moribundo. 2. *V.* CROUP.

rattleheaded ['rætl'hedɪd] [ra-tel-je-did], *a.* Ligero de cascos, asquivano.

rattlepate ['rætlpeɪt] [ra-tel-peit], **rattleskull** ['rætlskʊl] [ra-tel-skul], *s.* Hablantín, parlanchín.

rattlesnake ['rætlsneɪk] [ra-tel-sneik], *s.* Culebra de cascabel, crótalo. **Rattlesnake-root**, lechera, hierba perenne del género Prenanthes, con raíz gruesa y amarga.

rattling ['rætlɪŋ] [ra-tlin], *s.* El hipo o sarrillo de los moribundos; estertor, ruido; rechino, zollipo o sollozo con hipo. *-a. (Ger.)* vivo, sorprendente, alegre.

ratty ['rætɪ] [ra-ti], *a.* 1. *(Coloq.)* Raído (shabby), hecho pedazos. 2. Malhumorado (bad-tempered).

raucous ['rɔːkəs] [ro-kos], *a.* Ronco, de sonido áspero, bronco, escandaloso, estentóreo (loud), estridente (shrill)

raucously ['rɔːkəslɪ] [ro-kos-li], *adv.* A voz en cuello (loudly), escandalosamente, estridentemente (shrilly).

raucousness ['rɔːkəsnɪs] [ro-kos-nes], *sf.* Estridencia.

raunchy ['rɔːntʃɪ] [ron-chi], *a.* 1. *(Coloq.)* Picante, escabroso, aguardentoso. 2. Raído (shabby).

ravage ['rævɪdʒ] [ra-vich], *va.* Saquear (plunder), pillar; asolar, talar, destruir. **Spain was ravaged by the Civil War**, España fue asolada por la Guerra Civil.

ravage, *s.* Asolamiento, ruina, destrozo, destrucción; saqueo.

ravager ['rævɪdʒəʳ] [ra-vi-chaʳ], *s.* Pillador, saqueador; asolador.

ravages ['rævɪdʒɪz] [ra-vi-chis], *s.pl.* Estragos. **Ravages of time**, los estragos del tiempo.

rave [reɪv] [reiv], *vn.* 1. Delirar (talk deliriously), desvariar, disparatar, decir extravagancias, encolerizarse, enfurecerse, ponerse fuera de sí o salirse de sus casillas. 2. Obrar, moverse o arrojarse de una manera tumultuosa y ruidosa; correr con ímpetu como un torrente. También se usa este verbo en sentido activo. **To rave after**, querer a toda costa, despepitarse por algo. **He raved about his painting**, disparataba con motivo de su cuadro.

ravel ['rævəl] [ra-val], *va.* 1. Deshilar, deshilachar, destejer, deshacer un tejido, desenlazar, a menudo con *out.* 2. *(Ant.)* Enredar, enmarañar (acepción original). *-vn.* 1. Deshilarse, destorcerse, dehacerse, se usa a menudo con *out.* 2. *(Ant.)* Enredarse, confundirse. **To ravel out**, deshilarse un tejido.

ravelin ['rævəlɪn] [ra-ve-lin], *s. (Fort.)* Rebellín, obra exterior separada de la fortificación.

raveling, ravelling ['rævəlɪn] [ra-ve-lin], *s.* 1. Hilacha. 2. Acto de deshilachar o deshilacharse.

raven ['reɪvn] [rei-ven], *s. (Orn.)* Cuervo. *-a.* Negro y luciente como el plumaje del cuervo.

raven, *va.* y *vn.* 1. Apresar, proporcionarse algo con violencia; prender por fuerza. 2. Devorar (devour), tragar con voracidad; echarse sobre la presa, hacer presa de. *-s.* Presa, botín, alimento obtenido a viva fuerza; despojo, rapiña (pillage).

ravening ['rævnɪŋ] [rav-nin], *s.* Rapiña, voracidad. *-pa.* de TO RAVEN.

ravenous ['rævənəs] [ra-ve-nos], *a.* Voraz (voracious), hambriento, tragón, golosazo; rapaz.

ravenously ['rævənəslɪ] [ra-ve-nos-li], *adv.* Vorazmente.

raver ['reɪvəʳ] [rei-vaʳ], *s.* Juerguista.

ravin ['rævɪn] [ra-vin], *s.* Presa, rapiña.

ravine [rə'viːn] [ra-vin], *s.* Barranca, quebrada, hondonada.

raving ['reɪvɪŋ] [rei-vin], *s.* Desvarío, delirio. *-pa.* de TO RAVE.

ravingly ['reɪvɪŋlɪ] [rei-vin-li], *adv.* Disparatadamente, locamente.

ravioli [ˌrævɪ'əʊlɪ] [ra-vio-li], *s.* Raviolis.

ravish ['rævɪʃ] [ra-vish], *va.* 1. Arrebatar, llevar tras sí, atraer, encantar. 2. Estuprar, forzar a una mujer, violar (rape). 3. *(Ant.)* Arrebatar, quitar, tomar por fuerza.

ravisher ['rævɪʃəʳ] [ra-vi-shaʳ], *s.* Estuprador, forzador, arrebatador.

ravishing ['rævɪʃɪŋ] [ra-vi-shin], *pa.* Encantador, pasmoso, embriagador.

ravishingly ['rævɪʃɪŋlɪ] [ra-vi-shin-li], *adv.* De una manera encantadora.

ravishment ['rævɪʃmənt] [ra-vish-ment], *s.* 1. Rapto, transporte, éxtasis, arrobamiento 2. Fuerza, estupro, violación de una mujer.

raw [rɔː] [ro], *a.* 1. Crudo, que no está cocido, asado o frito, no aderezado ni guisado (uncooked). 2. Raído, desollado vivo, que no está cubierto con pellejo o piel, o que está lastimado: se dice también de los huesos que no tiene carne encima. 3. Crudo, frío y húmedo, cortante. 4. Sin preparar, crudo, en estado natural; verde; no suavizado o sin tono, v. g. los colores; bruto, sin refinar, sin purificar. 5. Nuevo, nuevamente hecho o fabricado. 6. Novato, falto de experiencia, poco versado, ignorante, indisciplinado. **Raw weather**, tiempo crudo o frío y húmedo. **Raw silk**, seda cruda o en rama. **Raw spirits**, licores puros o sin mezcla. **A raw apple**, una manzana cruda. **Cucumbers are generally eaten raw**, los pepinos se comen generalmente crudos. **Raw flesh**, carne desollada, viva. **Raw soldiers, troops**, soldados bisoños, tropas bisoñas, mal aguerridas. **Raw hand**, tirón, novato, novicio. **Raw material**, materia bruta, materia prima. **Raw sugar**, azúcar bruto, sin refinar.

rawboned ['rɔː'bəʊnd] [ro-bound], *a.* Huesudo, membrudo; magro, enjuto.

raw deal ['rɔːdiːl] [ro-dil], *s.* Mala pasada.

rawhead ['rɔːhed] [ro-jed], *s.* Espectro, fantasma, espantajo. **Rawhead and bloody bones**, coco, espantajo de niños.

rawhide ['rɔːhaɪd] [ro-jaid], *a.* Hecho de cuero crudo. *-s.* 1. Cuero crudo, sin curtir (leather). 2. Látigo hecho de este cuero.

rawish ['rəʊɪʃ] [rouish], *a.* algo crudo; un poco frío o húmedo.

rawness ['rɔːnɪs] [ro-nes], *s.* Crudeza, falta de experiencia.

ray [reɪ] [rei], *s.* 1. La línea a lo largo de la cual se propaga una forma cualquiera de energía radiante; rayo de luz. 2. Rayo, una de las varias líneas que salen de un objeto. 3. Rayo, línea recta por donde se considera que va o se dirige una cosa. 4. Línea, raya; fila derecha. 5. *(Zool.)* Parte o prominencia parecida a un rayo; como la espina de la aleta de los peces, el brazo de una estrella de mar, etc. 6. *(Bot.)* Lígula, florecilla ligulada de las sinantéreas. 7. *(Zool.)* Raya, pez cartilaginoso, que tiene el cuerpo muy ancho y aplanado por delante. 8. *(Mús.)* Re.

ray, *va.* 1. Rayar, hacer rayas; proveer de rayas. 2. Emitir.

ray-cloth ['reɪklɒθ] [rei-kloz], *s.* Paño que no está teñido.

ray-grass ['reɪgrɑːs] [rei-gras], *s. (Bot.)* Joyo, cominillo.

rayon ['reɪɒn] [reion], *s.* Rayón, fibra de celulosa modificada.

raze [reɪz] [reis], *va.* 1. Arrasar, demoler (demolish), echar por tierra, destruir enteramente. 2. *V.* RAZEL. 3. *(Ant.)* Extirpar; tachar, borrar.

razor ['reɪzəʳ] [rei-saʳ], *s.* Navaja de barbero o de afeitar, verdugillo. **To set a razor**, amolar una navaja de afeitar; vaciarla. **Razor-grinder**, vaciador de navajas de afeitar.

Razor-strop, suavizador, asentador de navajas. **Razor-sheath o razor-shell**, navaja, una especie de marisco. **Razor-bill**, *(Orn.)* alca, ave palmeada.

razor blade ['reɪzəbleɪd] [rei-sa-bleid], *s.* Hoja de afeitar.

razor-sharp ['reɪzəʃɑːp] [rei-sa-sharp], *a.* Muy afilado, muy agudo.

razz ['ræz] [ras], *vt. (Coloq.)* Tomarle el pelo, vacilar.

razzmatazz [ˌræzmə'tæz] [ras-ma-tas], *s. (Coloq.)* Bulla, alboroto.

re [riː] [ri], *pref.* Partícula ineseparable que denota repetición o acción retrógrada.

re [reɪ] [rei], *s. (Mús.)* Re, segunda nota de la escala musical.

reabsorb ['riːəb'zɔːb] [riab-sorb], *va.* Reabsorber; absorber o embeber de nuevo lo que se había derramado, extravasado.

reabsorption ['riːəb'zɔːpʃən] [riab-sorp-shon], *s.* Reabsorción, acción de absorber de nuevo.

reach [riːtʃ] [riich], *va.* 1. Alargar, extender, tender. 2. Alcanzar. 3. Llegar o alcanzar a alguna cosa distante; conseguir; penetrar. 4. alcanzar o llegar hasta algún término. 5. Coger o tomar alguna cosa de un paraje distante y darla. **Reach me my hat**, alcánceme Ud. el sombrero: entrégueme Ud. mi sombrero. 6. Lograr, obtener, conseguir (con esfuerzo) *-vn.* 1. Extenderse, llegar. 2. Alcanzar, penetrar; esforzarse. 3. Coger alguna cosa con la mano. 4. *(Mar.)* Ceñir el viento, navegar de bolina. **He reached out his plate**, alargó su plato. **To reach home**, llegar a casa. **The letter reached me**, la carta llegó a mis manos. **To reach the heart**, llegar al corazón, tocar al corazón. **As far as the eye could reach**, tan lejos como alcanzaba la vista. **To reach into**, penetrar en. **To reach after**, procurar, hacer esfuerzos para alcanzar u obtener. **To reach back**, remontar, alcanzar. **To reach down**, bajar, descender. **In an overcoat which reached below his knees**, en un sobretodo que le llegaba más abajo de las rodillas.

reach, *s.* 1. Alcance, extensión. **Reach of thought**, capacidad. 2. Alcance, poder, facultad; capacidad. **It is not within my reach**, no puedo alcanzarlo; no está a mi alcance, o no puedo entenderlo bien; capacidad de llegar, de tocar con la mano o con algo que se tiene en la mano, de aquí, alcance, extensión de la inteligencia, de la influencia mental. 3. Punto, posición, o resultado ganados o asequibles. 4. Extensión no interrumpida de una corriente de agua; vista. 5. Lanza o barra que une el eje posterior de un vehículo con la parte delantera. 6. *(Mar.)* El acto de navegar, o la distancia navegada en una sola bordada. **Out of reach**, fuera de alcance. **One boundless reach of sky**, una extensión ilimitada de cielo.

reachable ['riːtʃəbl] [ri-cha-bol], *a.* Accesible, alcanzable.

react [riː'ækt] [ri-akt], *va.* 1. Reaccionar, producir una acción como en respuesta o resistencia a otra. 2. Rechazar, resistir a la acción de un cuerpo por una fuerza contraria. 3. Obrar recíprocamente dos o más agentes químicos o físicos.

reactance [riː'æktəns] [ri-ak-tans], *s.* Reactancia, reacción de autoinducción.

reaction [riː'ækʃən] [ri-ak-shon], *s.* 1. Reacción, acción opuesta o contraria; la tendencia hacia un estado precedente u opuesto; la fuerza que opone el cuerpo impelido a la del impulsor. 2. Acción mútua o recíproca de agentes químicos. 3. Cualquier acción debida a un estímulo. **How was his reaction?**, ¿cómo fue su reacción?

reactionary [riː'ækʃənrɪ] [ri-ak-sho-na-ri], *a.* Reaccionario. *-s.* y *a.* Derechista, reaccionario (en sus tendencias políticas).

reactionist [riː'ækʃənɪst] [ri-ak-sho-nist], *s.* Reaccionario, partidario conservador, contrario a la revolución.

reactivate [riː'æktɪveɪt] [ri-ak-ti-veit], *vt.* Reactivar.

reactive [riː'æktɪv] [ri-ak-tiv], *a.* Reactivo, que causa, produce u opera reacción; que tiende a operar una reacción, o que tiene la fuerza de obrar en sentido contrario.

reactor [riː'æktə[r]] [ri-ak-ta[r]], *s. (Elec.)* Reactor.

read [riːd] [rid], *va.* (*pret.* y *pp.* READ [red] [red]). 1. Leer; pasar la vista por lo escrito. **She reads herself to sleep**, ella lee hasta quedarse dormida. 2. Leer alto, proferir los sonidos que de ordinario se dan a las palabras. 3. Comprender, leer, ver, percibir, reconocer, descubrir o comprender por caracteres, signos o rasgos. 4. Interpretar, explicar; imputar, v. g. una significación oculta. 5. Leer, observar o anunciar las indicacioes de un instrumento. 6. Saber por medio de libros. 7. Estudiar, aprender (learn). 8. *(Mús.)* Leer, seguir de un modo inteligente, tocar o cantar las notas de una composición. 9. Producir un resultado cualquiera por medio de la lectura. **To read one to sleep**, adormecer (a uno) leyendo. 10. Enseñar, como con un libro; amonestar, aconsejar, avisar. *-vn.* 1. Leer, notar o comprender los caracteres o el contenido de un libro o manuscrito. 2. Leer, saber; se usa a menudo con *of o about*. 3. Leer en alta voz el contenido de un libro o manuscrito. 4. Aprender leyendo, estudiar; entregarse al estudio, practicar mucho la lectura. Se usa a menudo con *up*. 5. Leerse, aparecer en la lectura. 6. Comprender o expresar la música escrita. 7. Dar una conferencia pública o una serie de ellas. **The deed having been read**, dada lectura del instrumento auténtico. **To read off hand**, leer de corrida. **To read between the lines**, leer entre líneas, es decir, inferir lo que no está expresado claramente. **To read by sound**, recibir un despacho telegráfico, oyendo los sonidos del instrumento receptor. **The passage reads thus**, el pasaje dice así o lee así: (presenta esta variante). **To read aloud**, leer en alta voz. **To read law**, leer, estudiar derecho. **To read about**, leer acerca de algo, hacer un curso de, aprender leyendo. **To read again, to read over again**, volver a leer, leer otra vez.

read on, proseguir o continuar leyendo.

read out, expulsar a un miembro de una asociación.

read over, leerlo todo, recorrer un escrito.

read [red] [red], *pp.* del verbo TO READ. Leído, que se instruye leyendo; instruído, erudito. **Well-read man**, hombre leído o erudito.

readability, [ˌriːdə'bɪlɪtɪ] [ri-da-bi-li-ti], *s.* Calidad de legible: de aquello cuya lectura causa placer.

readable ['riːdəbl] [ri-da-bol], *a.* Leíble, legible, que se puede leer, de lectura fácil y agradable.

reader ['riːdə[r]] [ri-da[r]], *s.* 1. Lector, el que lee. 2. Libro de lectura. **Lay-reader**, lego autorizado para leer las oraciones en una iglesia. **A great reader**, un gran lector.

readership ['riːdəʃɪp] [ri-da-ship], *s.* Lectores. **The Washington Post has a readership of over 10 million**, el Washington Post tiene una tirada de 10 millones.

readily ['redɪlɪ] [re-di-li], *adv.* 1. Prontamente, luego; con placer, de buena gana (gladly). 2. Fácilmente (easily), inmediatamente. **These books are readily available**, estos libros se pueden conseguir fácilmente.

readiness ['redɪnɪs] [re-di-nes], *s.* 1. Calidad de dispuesto, preparado o listo para, en condición conveniente. 2. Prontitud, facilidad, aptitud, desembarazo. **Readiness of wit**, viveza o vivacidad de talento o de ingenio. 3. Voluntad, gana, buena voluntad (willingness), disposición favorable. **Readiness of speech**, facilidad de palabra. **Readiness in doing anything**, prontitud para hacer alguna cosa. **We had got all in readiness**, todo lo habíamos preparado.

reading ['riːdɪŋ] [ri-din], *s.* 1. Lección, lectura, acción de leer, en cualquiera de las acepciones de este verbo; relación pública; lectura de un proyecto de ley. 2. Estudio de los libros; investigación literaria, educación literaria. 3. Lectura, lo que se lee, o que se señala para su lectura. 4. La indicación de un instrumento graduado. 5. Lección, variante, texto; la forma en que aparece algún pasaje, palabra o cosa en un manuscrito o libro determinado. 6. Glosa, interpretación, de una adivinanza, etc.; delineación. *-a.* Que lee mucho; que le gusta mucho leer. **Reading-room**, gabinete de lectura; sala donde hay libros, o diarios y publicaciones periódicas para leer. **Reading matter**, material de lectura; la parte literaria o de noticias en algún periódico, en oposición a los anuncios.

readjust ['riːə'dʒʌst] [riad-yast], *va.* 1. Ajustar de nuevo, poner en su primer estado. 2. Ajustar de una manera diferente; poner en relación diferente.

readjustment ['riːə'dʒʌstmənt] [riad-yast-ment], *s.* Reajuste, readaptación.

readmission ['riːəd'mɪʃən] [riad-mi-shon], *s.* Readmisión.

readmit ['riːəd'mɪt] [riad-mit], *va.* Readmitir, volver a admitir, admitir de nuevo.

ready ['redɪ] [re-di], *a.* 1. Preparado, dispuesto (willing), aparejado para alguna cosa, aprestado; provisto de todo lo que es necesario; en condición para usar u obrar. **Ready to burst**, a punto de reventar. **To make ready**, preparar. 2. Inclinado, propenso, dispuesto. 3. Que está para; no lejos de, en el momento de. 4. Listo, pronto (quick); contante, de contado; que no se difiere. **Ready money**, dinero contante. **Ready payment**, paga pronta. 5. Fácil, lo que no cuesta trabajo. 6. A la mano, al alcance; socorrido, útil, disponible sin dilación. 7. Pronto, ligero. **All things are ready**, todo está listo, todo se halla dispuesto. **Ready for departure**, preparado para salir o irse, listo para la marcha. **A ready retort**, una réplica pronta. **Ready to find fault**, inclinado a poner faltas. **A ready method**, un método fácil. **He was ready to die**, estaba para morir, en vísperas de morir. **Ready-made**, ya hecho; confeccionado. **Ready-witted**, de ingenio vivo, pronto. *-adv.* Prontamente, presto.

ready-cooked ['redɪ'kukt] [re-di-kukt], *a.* Listo para comer.

ready-to-serve [ˌredɪtə'sɜːv] [re-di-to-serv], *a.* Preparado.

reaffirm ['riːə'fɜːm] [ria-ferm], *s.* Reiterar (restate), reafirmar.

reaffirmance ['riːə'fɜːməns] [ria-fer-mans], *s.* Segunda confirmación.

reagent [riː'eɪdʒənt] [ri-ei-chant], *s.* *(Quím.)* Reactivo.

real [rɪəl] [rial], *a.* 1. Real, verdadero (true), que existe de hecho; no imaginario ni teórico. 2. Efectivo, genuino (genuine); no artificial, no falso ni contrahecho; sincero. 3. *(For.)* Perteneciente o referente a las tierras o bienes raíces; que se refiere a las cosas en contraposición a las personas. **Real sherry wine**, vino de Jerez legítimo. **Real property**, propiedad inmueble, bienes raíces. **Real estate**, bienes raíces. *-s.* Real, una antigua moneda de España. **A real vellon**, un real de vellón. *-adv.* Muy, mucho. **I'm real tired**, estoy muy cansada.

realign [riːə'laɪn] [ria-lain], *vt.* Realinear.

realism ['rɪəlɪzəm] [ria-li-sem], *s.* 1. Realismo, la negación del ideal; copia de la naturaleza sin ninguna idealidad, en la literatura y en las artes. 2. Doctrina filosófica de los realistas.

realist ['rɪəlɪst] [ria-list], *s.* Realista.

realistic [rɪə'lɪstɪk] [ria-lis-tik], *a.* 1. Realista, conforme a los principios y métodos del realismo. 2. Que parece estar vivo.

realistically [rɪə'lɪstɪkəlɪ] [ria-lis-ti-ka-li], *adv.* De manera realista. **Looking at it realistically**, siendo realistas.

reality [riː'ælɪtɪ] [ria-li-ti], *s.* 1. Realidad, entidad. 2. Carácter o cosa real. 3. *(Raro. For.) V.* REALTY. **In reality**, en realidad, en verdad.

realizable ['rɪəlaɪzəbl] [ria-lai-sa-bol], *a.* Realizable, que se puede realizar.

realization [ˌrɪəlaɪ'zeɪʃən] [ria-lai-sei-shon], *s.* 1. Realización. 2. Comprensión (understanding).

realize ['rɪəlaɪz] [ria-lais], *va.* 1. Percibir como realidad; comprender la verdadera naturaleza de algo, sentir, apreciar completa y vivamente; considerar, admitir como real. 2. Realizar (achieve), hacer real; poner en existencia verdadera. 3. Hacer parecer como verdadero; presentar al ánimo como existente. 4. Ganar, obtener como ganancia o provecho (obtain). 5. *(Com.)* Realizar, vender géneros, convertir su propiedad en dinero. **His hopes could never be realized**, sus esperanzas no pudieron realizarse jamás. **To realize much profit from**, obtener grandes ganacias de algo.

real-life [ˌrɪəl'laɪf] [rial-laif], *a.* De la vida real. **Real-life situation**, situación real.

really ['rɪəlɪ] [ria-li], *adv.* Realmente, efectivamente, verdaderamente. **I really don't care**, la verdad es que no me importa.

realm [relm] [relm], *s.* 1. Reino (kingdom). **The peers of the realm**, los pares o grandes del reino; los próceres. 2. Dominio, jurisdicción o alcance de un poder o influencia cualquiera. 3. División del globo con respecto a su fauna.

realtor ['rɪəltɔː^{r}] [rial-ta^{r}], *s.* Agente inmobiliario.

realty ['rɪəltɪ] [rial-ti], *s.* *(For.)* Bienes raíces; fincas, bienes heredados, patrimonio en tierras.

ream [riːm] [rim], *s.* Resma, el mazo de veinte manos de papel.

ream, *va.* Ensanchar o aumentar gradualmente un agujero.

reamer ['riːmə^{r}] [ri-ma^{r}], *s.* Escariador, exprimidor.

reanimate ['riː'ænɪmeɪt] [ria-ni-meit], *va.* Reanimar, hacer revivir, dar nuevas fuerzas o vigor, resucitar.

reap [riːp] [rip], *va.* 1. Segar, cortar y recoger las mieses; cosechar los frutos de un campo (harvest). 2. Obtener o sacar fruto de alguna cosa. **What benefit shall you reap by it?** ¿Qué provecho sacará Ud. de ello? *-vn.* 1. Hacer el agosto, hacer la siega, hacer la cosecha por medio de una segadora o de otro modo. 2. Recibir como recompensa, o como fruto de su trabajo.

reaper ['riːpə^{r}] [ri-pa^{r}], *s.* 1. Segador, el que siega. 2. Segadora, máquina para segar las mieses. Contiene a menudo una agavilladora o mecanismo para atar los haces. *V.* HARVESTER.

reaping ['riːpɪŋ] [ri-pin], *s.* Siega, cosecha, acción de segar, de hacer el agosto. **Reaping-hook**, hoz, segadera, instrumento par segar las mieses. **Reaping-machine**, segadora; máquina con que se cortan y agavillan las mieses. **Reaping-time**, siega, el tiempo de segar las mieses.

reappear ['riːə'pɪə^{r}] [ria-pia^{r}], *vn.* Reaparecer.

reappearance ['riːə'pɪərəns] [ria-pia-rans], *s.* 1. Reaparición, nueva aparición. 2. Segunda entrada en escena de un actor.

reappoint ['riːə'pɔɪnt] [ria-point], v. Designar o fijar de nuevo, dar una nueva cita, y particularmente nombrar de nuevo para un empleo.

reapportion ['riːə'pɔːʃən] [ria-por-shon], *va.* Proporcionar otra vez, repartir de nuevo.

reappraisal ['riːə'preɪzəl] [ria-prei-sal], *s.* Revaluación.

rear [rɪə^{r}] [ria^{r}], *a.* Postrero, trasero, que está, se queda o viene detrás; último, posterior. **Rear wall**, pared trasera o posterior. *-s.* 1. Fondo, la parte posterior 2. Lugar o posición a espaldas o detrás de alguna persona o cosa. 2. *(Mil.)* Retaguardia; la última clase. **Rear-guard**, retaguardia. **Rear rank**, última fila. **To be in the rear**, estar a la cola. **To bring up the rear**, cerrar la marcha, hacer o formar la cola.

rear, *va.* 1. Levantar, alzar, ensalzar, elevar. 2. Erigir, construir (build). 3. Criar (raise), cuidar de alguna persona desde su niñez hasta la edad madura; educar, instruir. 4. Levantar desde una condición caída; reanimar, ensalzar, exaltar. *-vn.* Encabritarse (horse). **To rear a family**, criar una familia. **To rear a building**, erigir, construir un edificio. **The horse reared**, el caballo se encabritó.

rear-admiral ['rɪər'ædmərəl] [riar-ad-mi-ral], *s.* Contraalmirante.

rearm ['riː'ɑːm] [ri-arm], *va.* Rearmar.

rearmament ['riː'ɑːməmənt] [ri-ar-ma-ment], *s.* Rearme.

rearrange ['riːə'reɪndʒ] [ria-reindch], *va.* Volver a arreglar. **I will rearrange the furniture**, volveré a cambiar los muebles de lugar.

rear-view ['rɪəˌvjuː] [ria-viu], *s.* **Rear-view mirror,** espejo de retrovisión, retrovisor.

rearward ['rɪəwəd] [ria-uod], *a.* Postrero, que viene último o a la cola. *-adv.* Detrás, hacia o en la parte posterior. *-s.* *(Ant.)* Retaguardia; la última base.

reason ['riːzn] [ri-son], *s.* 1. Razón, la facultad de discurrir (faculty); la potencia intelectual; racionalidad. 2. Fundamento, motivo, causa (cause). 3. Razón, justicia, derecho. 4. Razón, argumento, prueba. 5. *(Lóg.)* Principio o motivo lógico para pensar, antecedente, premisa, particulamente la premisa menor. 6. Intuición, conocimiento infuso. 7. Moderación. **To yield to reason**, ceder a la razón. **In reason**, le daremos

lo que sea justo. **By reason of**, a causa de. **It stands to reason**, así lo quiere, lo pide la razón. **There is reason to suspect that fellow**, hay motivos para tener sospechas de ese individuo.
reason, *vn.* Razonar, raciocinar; debatir, disputar, pensar (think). *-va.* Investigar, escudriñar, examinar; discutir. **Reason out**, entender razonando.
reasonable ['ri:znəbl] [ri-so-na-bol], *a.* 1. Racional, razonable, conforme o según la razón; dirigido por la razón, que piensa u obra según los consejos de la razón; justo, equitativo. **Reasonable doubt**, duda razonable. 2. Arreglado, mediano, mediocre.
reasonableness ['ri:znəblnɪs] [ri-so-na-bol-nes], *s.* Racionalidad; naturaleza razonable, conformidad con la razón; moderación; justicia (fairness), equidad (equity).
reasonably ['ri:znəblɪ] [ri-so-na-bli], *adv.* Razonablemente. **Reasonably priced goods**, artículos a precios razonables.
reasoned ['ri:znd] [ri-sond], *a.* Razonado.
reasoner ['ri:znə[r]] [ri-so-na[r]], *s.* Razonador, el que razona o discute.
reasoning ['ri:znɪŋ] [ri-so-nin], *s.* Razonamiento, lógica.
reasonless ['ri:znlɪs] [ri-son-les], *a.* Sin razón, desrazonable.
reassemble ['ri:ə'sembl] [ria-sem-bel], *va.* Juntar de nuevo, reunir, recoger.
reassert ['ri:ə'sɜ:t] [ria-sert], *va.* Asegurar, afirmar de nuevo.
reassess ['ri:ə'ses] [ria-ses], *vt.* Volver a estudiar, reexaminar.
reassing ['ri:əsɪŋ] [ria-sin], *va.* Asignar, destinar o repartir de nuevo, retroceder.
reassurance ['ri:əʃʊərəns] [ria-shua-rans], *s.* 1. Confianza establecida; afirmación repetida, certeza restablecida. 2. *(Com.)* Segundo seguro, el acto de volver a asegurar las mercancías o géneros por haber quebrado, o temerse que quiebren los primeros aseguradores.
reassure ['ri:əʃʊə[r]] [ria-shua[r]], *va.* Alentar, volver a asegurar. **I will try to reassure them that everything is alright**, trataré de tranquilizarles asegurándoles que todo está bien.
reassuring ['ri:əʃʊərɪŋ] [ria-shua-rin], *a.* Tranquilizador. **It's reassuring to know that you are here with us**, es tranquilizador saber que estás aquí con nosotros.
reassuringly ['ri:əʃʊərɪŋlɪ] [ria-shua-rin-li], *adv.* De modo tranquilizador.
reattachment ['ri:ə'tætʃmənt] [ria-tach-ment], *s.* *(For.)* El reembargo de alguna cosa.
reawaken ['ri:ə'weɪkən] [ria-uei-ken], *vt.* Volver a despertar, renacer (rebirth). *-vi.* Volver a despertarse.
reawakening ['ri:ə'weɪknɪŋ] [ria-ueik-nin], *s.* Renacer, despertar.
rebate ['ri:beɪt] [ri-beit], *va.* y *vn.* 1. Rebajar, deducir, disminuir de una cuenta, de una factura; hacer una rebaja. 2. Embotar.
rebatement ['ri:beɪtmənt] [ri-beit-ment], *s.* Rebaja, descuento (discount), deducción, diminución. **Tax rebate**, devolución de impuestos.
rebecca [rɪ'bekə] [ri-be-ka], *s.* Rabel, la forma primitiva del violín, con una, dos, o tres cuerdas.
rebel ['rebl] [re-bel], *vn.* Rebelarse, levantarse, sublevarse, alzarse. *-s.* Rebelde.
rebellion [rɪ'beljən] [ri-be-lion], *s.* Rebelión, levantamiento, revuelta (revolt), sublevación.
rebellious [rɪ'beljəs] [ri-be-lios], *a.* Rebelde, amotinado (insurgent), sedicioso, sublevado.
rebelliously [rɪ'beljəslɪ] [ri-be-lios-li], *adv.* Con rebeldía.
rebelliousness [rɪ'beljəsnɪs] [ri-be-lios-nes], *s.* Rebeldía, falta de obediencia o subordinación.
rebirth ['ri:'bɜ:θ] [ri-berz], *s.* Renacimiento.
reblossom [rɪ'bləsəm] [ri-blo-som], *vn.* Volver a florecer, florecer de nuevo.
rebound ['ri:baʊnd] [ri-baund], *vn.* 1. Repercutir; botar, saltar la pelota, rebotar (ricochet). 2. Volverse contra. 3. *(Des.)* Resonar. **The jest rebounded on him**, la burla se volvió contra él;la espada se le volvió garabato. *-va.* Rechazar.
rebound, *s.* Resalto, repercusión, rebote.
rebounding ['ri:baʊndɪŋ] [ri-baun-din], *s.* Rebote.
rebroadcast ['ri:'bɔ:dkɑ:st] [ri-brod-kast], *s.* Retransmisión radiodifusora.
rebuff [rɪ'bʌf] [ri-baf], *s.* 1. Desaire, mala acogida. 2. Repulsa, denegación (refusal). 3. Resistencia, repentina y viva; jaque, vencimiento.
rebuff, *va.* 1. Rechazar, rebatir con violencia. 2. Desairar, denegar, acoger mal.
rebuild [rɪ'bɪld] [ri-bild], *va.* (*pret.* y *pp.* REBUILT). Reedificar, construir de nuevo.
rebuke [rɪ'bju:k] [ri-biuk], *va.* 1. Reprender, consurar; dar una reprimenda; regañar, reñir (scold). 2. *(Ant.)* Hacer callar, refrenar por medio de un mandato o una orden.
rebuke, *s.* 1. Reprensión, reprimenda, amonestación, censura. 2. Bofetada.
rebuker [rɪ'bju:kə[r]] [ri-biu-ka[r]], *s.* Reprensor, censor.
rebus ['ri:bəs] [ri-bas], *s.* Un jeroglífico acertijo; quisicosa, manera peculiar de expresar palabras o frases por la representación de objetos cuyos nombres tiene semejanza a las palabras o las sílabas de que se componen.
rebut [rɪ'bʌt] [ri-bat], *va.* *(For.)* Refutar (refute), contradecir, por prueba en contrario. *-vn.* Replicar, responder a la dúplica del demandante.
rebuttal [rɪ'bʌtl] [ri-ba-tal], *s.* Refutación, acción de refutar; la presentación de pruebas para refutar una deposición ya hecha.
rebutter [rɪ'bʌtə[r]] [ri-ba-ta[r]], *s.* *(For.)* 1. Respuesta a una contraréplica. 2. El que refuta, o que presenta testimonio en contrario.
recalcitrance [rɪ'bælsɪtrəns] [ri-kal-si-trans], *sf.* Terquedad, obstinación.
recalcitrant [rɪ'bælsɪtrənt] [ri-kal-si-trant], a Recalcitrante, rehacio, obstinado en la resistencia, contumaz (obstinate).
recalcitrate [rɪ'bælsɪtreɪt] [ri-kal-si-treit], *vn.* Recalcitrar, resistir con tenacidad a quien se debe obedecer.
recall [rɪ'kɔ:l] [ri-kol], *va.* 1. Revocar, anular, hacer volver, mandar volver. 2. Traer a la memoria, recordar (remember). 3. Quitar el cargo o empleo. **To recall an ambassador**, retirar a un embajador de su misión, mandarle volver a su país. **I cannot recall the circumstances**, no puedo recordar las circunstancias.
recall, *s.* 1. Revocación. 2. El acto de volver a llamar. 3. Memoria (memory). **To have total recall**, tener una memoria excelente.
recant [rɪ'kænt] [ri-kant], *va.* y *vn.* 1. Retractarse, desdecirse. **He was obliged to recant**, le obligaron a cantar la palinodia. 2. *(Relig.)* Abjurar (abjure).
recantation [ˌri:kæn'teɪʃən] [ri-kan-tei-shon], *s.* Retractación, recantación, palinodia.
recanter [rɪ'kæntə[r]] [ri-kan-ta[r]], *s.* El que se desdice.
recap ['ri:kæp] [ri-kap], *s.* 1. Capa de caucho que se superpone a neumáticos gastados. 2. Resumen (summary). *-va.* 1. Recubrir neumáticos gastados. 2. Recapitular, resumir (summarize).
recapacitate [ˌri:kæ'pæsɪteɪt] [ri-ka-pa-si-teit], *va.* Recapacitar.
recapitulate [ˌri:kæ'pɪtjʊleɪt] [ri-ka-pi-tiu-leit], *va.* Recapitular, resumir.
recapitulation ['ri:kəˌpɪtjʊ'leɪʃən] [ri-ka-pi-tiu-lei-shon], *s.* Recapitulación, resumen; resunción.
recaption ['ri:kæptʃən] [ri-kap-chon], *s.* *(For.)* Nuevo embargo, secuestro o prisión.
recapture ['ri:'kæptʃə[r]] [ri-kap-cha[r]], *va.* Volver a tomar; represar.
recapture, *s.* Represa de una embarcación; acción de prender o capturar de nuevo.
recast ['ri:'kɑ:st] [ri-kast], *va.* (*pret.* y *pp.* RECAST). 1. Fundir otra vez, volver a fundir. 2. Formar, amoldar, de nuevo, cambiando la forma, disposición, etc., v. g. de un discurso u obra dramática. 3. Calcular de nuevo. 4. Arrojar otra vez.
recede [rɪ'si:d] [ri-sid], *vn.* 1. Cejar, retroceder, recular (withdraw), retirarse, alejarse. 2. Desistir, volverse atrás:

desdecirse. 3. Inclinarse o tenderse a distancia, formar declive, apartarse. **He receded from his demand**, desistió de su demanda.

receipt [rɪ'si:t] [ri-sit], *s.* 1. Recibimiento, cobranza. 2. Lo que se recibe; ingresos, sumas o cantidades recibidas. 3. Recibo, el escrito en que se declara haber recibido dinero u otra cosa. 4. Receta, memoria de aquello de que se debe componer alguna cosa. *V.* RECIPE. 5. *(Ant.)* Receptoria. **Receipt and outgo**, entrada y salida. **On receipt of**, al recibo de. **Receipt-book**, registro de recetas; *(Com.)* libro de ingresos o recibos. **Receipt in fall (of all demands)**, recibo por saldo de cuentas. *(Fin.)* **Receipts**, ingresos, entradas.

receipt, *va.* Dar recibo de algo, extender el recibo de un pago.

receipted, *pp.* Que lleva un recibo.

receivable [rɪ'si:vəbl] [ri-si-va-bol], *a.* Recibidero, admissible. **Bills receivable,** valores a recibir, o por cobrar.

receive [rɪ'si:v] [ri-siv], *va.* 1. Recibir, tomar lo que se da o presenta. 2. Recibir, aceptar, aprobar, admitir. 3. Recibir, admitir (admit), hospedar, acoger. 4. Recibir, percibir, cobrar. 5. Concebir. 6. Recibir, comulgar. **To receive rents**, cobrar rentas. **To receive one graciously**, hacer buena acogida a alguno.

receiver [rɪ'si:vəʳ] [ri-si-vaʳ], *s.* 1. Recibidor, depositario. 2. Encubridor de hurtos. 3. *(Elec.)* Receptor. **Telephone receiver**, audífono.

receivership [rɪ'si:vəʃɪp] [ri-si-va-ship], *s.* Sindicatura.

receiving set [rɪ'si:vɪŋ,set] [ri-si-vin-set], *s.* Radiorreceptor.

recension [rɪ'senʃən] [ri-sen-shon], *s.* 1. Revisión crítica de un texto, y el mismo texto revisado. 2. Crítica, examen crítico.

recent ['ri:snt] [ri-sent], *a.* Reciente, moderno, nuevo, fresco, flamante, acaecido no hace mucho tiempo. **In recent years**, en los últimos años.

recently ['ri:sntlɪ] [ri-sent-li], *adv.* Recientemente, nuevamente, hace poco. **Until quite recently**, hasta hace bien poco.

recentness ['ri:sntnɪs] [ri-sent-nes], *s.* Novedad, fecha, origen reciente.

receptacle [rɪ'septəkl] [ri-sep-ta-kol], *s.* 1. Receptáculo, cualquier cosa que sirve para contener otras. 2. *(Bot.)* Receptáculo, extremo del pedúnculo, casi siempre grueso y carnoso, donde se asientan las hojas o verticilos de la flor.

reception [rɪ'sepʃən] [ri-sep-shon], *s.* 1. Recepción, el acto de recibir, y el estado de ser recibido; acogimiento, acogida (welcome). **What sort of reception did you get?**, ¿qué tal te han recibido? 2. Admisión (admission). 3. Recepción de una oficina, de un hotel. 4. Recepción en un acto social (social event). 5. Recepción de radio o televisión. **Reception room**, salón donde se puede recibir.

receptionist [rɪ'sepʃənɪst] [ri-sep-sho-nist], *s.* Recepcionsita, recibidor.

receptive [rɪ'septɪv] [ri-sep-tiv], *a.* Capaz de recibir; que tiene la facultad de recibir, dispuesto a recibir. **I'm receptive to any suggestion**, estoy abierto a cualquier sugerencia.

recess [rɪ'ses] [ri-ses], *s.* 1. Nicho, alcoba; la parte entrante en la pared de un cuarto. 2. Suspensión de cualquiera empresa, acción o trabajo; vacaciones, interrupción de trabajos; prórroga. 3. Retiro, el lugar apartado y distante del concurso y bullicio de la gente; soledad, escondrijo (secluded place). **The most secret recess of the human heart**, lo más escondido o lo más oculto del corazón humano.

recession [rɪ'seʃən] [ri-se-shon], *s.* 1. Retirada, retiro, la acción de retirarse. 2. Restitución, desistimiento; concesión. 3. *(Com.)* Recesión.

recessional [rɪ'seʃənl] [ri-se-sho-nal], *s.* Himno que se canta cuando el sacerdote o el coro dejan el presbiterio después del servicio divino.

rechange [rɪ'tʃeɪndʒ] [ri-cheinch], *va.* Recambiar.

recharge ['ri:'tʃɑ:dʒ] [ri-charch], *va.* 1. Acusarse mutuamente, acusar al acusador. 2. Recargar, cargar o acometer de nuevo.

recharge, *s.* Recarga.

rechargeable ['ri:'tʃɑ:dʒəbl] [ri-char-ya-bol], *a.* Recargable.

recidivism [rɪ'sɪdɪvɪzəm] [ri-si-di-vi-sem], *s.* Reincidencia, la recaída en alguna culpa o pecado.

recidivist [rɪ'sɪdɪvɪst] [ri-si-di-vist], *s.* Reincidente.

recipe ['resɪpɪ] [re-si-pi], *s.* 1. Receta, instrucciones para hacer un guiso o preparar un plato. **Recipe book**, libro de recetas.

recipience [rɪ'sɪpɪəns] [ri-si-pians], *s.* Acción de recibir; facultad de recibir.

recipient [rɪ'sɪpɪənt] [ri-si-piant], *s.* Recipiente, el que o lo que recibe; destinatario de una carta por ejemplo. *-a.* Recipiente.

reciprocal [rɪ'sɪprəkəl] [ri-si-pro-kal], *a.* Recíproco, mutuo (mutual), alternativo, que obra por movimiento de vaivén. *-s.* 1. El cociente obtenido dividiendo la unidad por un número. 2. Una cosa que alterna con otra.

reciprocally [rɪ'sɪprəkəlɪ] [ri-si-pro-ka-li], *adv.* Recíprocamente, mutuamente.

reciprocalness [rɪ'sɪprəkəlnɪs] [ri-si-pro-kal-nes], *s.* Reciprocidad, mutua correspondencia.

reciprocate [rɪ'sɪprəkeɪt] [ri-si-pro-keit], *va.* Producir un movimiento de vaivén; hacer pasar adelante y atrás; dar y recibir mutuamente, *-vn.* Reciprocar, obrar recíprocamente. **Reciprocating motion**, movimiento alternativo o de vaivén. **Your love isn't reciprocated**, tu amor no es correspondido.

reciprocation [rɪˌsɪprə'keɪʃən] [ri-si-pro-kei-shon], *s.* Reciprocación, reciprocidad; acto de dar y recibir mutuamente; alternación, alternativa; movimiento alternativo.

reciprocity [ˌresɪ'prɒsɪtɪ] [re-si-pro-si-ti], *s.* Reciprocidad, calidad de recíproco; derecho u obligación recíproca; particularmente, derechos o ventajas iguales y mutuos entre los ciudadanos de dos países respecto a los privilegios comerciales que han de gozar ambos.

recital [rɪ'saitl] [ri-sai-tal], *s.* 1. Relación, narración; repetición. 2. Recitación en público de algo que se ha confiado a la memoria. 3. *(Mús.)* El acto de tocar una composición una sola persona. 4. Explicación, repetición. 5. Recital (performance).

recitation [ˌresɪ'teɪʃən] [re-si-tei-shon], *s.* Recitación, recitado.

recitative [ˌresɪtə'ti:v] [re-si-ta-tiv], *s.* Recitativo o recitado, estilo músico en que se canta recitando. *-a.* Recitativo.

recite [rɪ'saɪt] [ri-sait], *va.* 1. Recitar (declaim), referir, narrar, relatar, contar hechos o detalles; entrar en los pormenores. 2. Decir o pronunciar de memoria; recitar, recitar una lección. 3. Citar.

reciter [rɪ'saɪtəʳ] [ri-sai-taʳ], *s.* Recitador.

reck [rek] [rek], *va.* y *vn.* *(Poet. o ant.)* Tener cuidado o inquietarse de. **He recked not of danger**, no le inquietó el peligro.

reckless ['reklɪs] [re-kles], *a.* Descuidado, atrevido (daring), temerario, precipitado; indiferente sin miramiento, con desvergüenza; atolondrado respecto al peligro.

recklessly ['reklɪslɪ] [re-kles-li], *adv.* Imprudentemente, de modo temerario. **You are driving recklessly**, conduces imprudentemente.

recklessness ['reklɪsnɪs] [re-kles-nes], *s.* 1. Descuido, atrevimiento, falta de atención, abandono a los vicios; ociosidad, indiferencia, inconsideración, imprudencia (imprudence). 2. Indiferencia, apatía.

reckon ['rekən] [re-kon], *va.* 1. Contar, numerar. 2. Estimar, considerar (consider). **I shall reckon it a favor**, lo miraré como un favor. 3. Poner en el número de, en el grado de. *-vn.* 1. Contar, computar, calcular (calculate); formalizar una cuenta. 2. Pagar una multa. 3. Contar, fiar, tener confianza; con *on* o *upon* contar con. **I reckon on your friendship**, cuento con la amistad de Ud. 4. *(Prov. o ant.)* Suponer, creer (think). **What do you reckon?**, ¿qué opinas? **Reckon up**, sumar, calcular. **Reckon with**, vérselas con (face); tener en cuenta (take into account). **Reckon without**, no tener en cuenta.

reckoner ['rekənəʳ] [re-ko-naʳ], *s.* 1. Contador, calculador. 2. Libro u otro expediente para facilitar una computación. **Ready-reckoner**, libro de cuentas ya hechas.

reckoning ['reknɪŋ] [rek-nin], *s.* 1. Cuenta; cuenta de cargo y data; cuenta de huésped. 2. Cuenta, suposición; cálculos (calculation). **By my reckoning**, según mis cálculos. 3. Ajuste de demandas o cuentas. 4. Escote. 5. Juicio (judgement). **The day of reckoning**; el día del Juicio Final. 6. *(Mar.)* Estima. **Dead reckoning**, *(Mar.)* rumbo estimado, estima, cálculo aproximado de la distancia recorrida por un buque, según la guíndola. **To be out in one's reckoning**, estar lejos de la cuneta, engañarse en el cálculo. **Reckoning-book**, libro en que se sienta lo que se recibe y gasta o de cuenta y razón. **Everyone must pay his reckoning**, cada uno debe pagar su escote.

reclaim [rɪ'kleɪm] [ri-kleim], *va.* 1. Reformar, corregir; amansar, domesticar. 2. Reducir alguna cosa al estado que se requiere; volver al estado de cultivo las tierras incultas, desiertas o inundadas. 3. Reclamar, oponerse; pedir en contra. 4. Recuperar (recover).

reclaimable [rɪ'kleɪməbl] [ri-klei-ma-bol], *a.* Reclamable, que puede ser reclamado, corregido o cultivado.

reclaimant [rɪ'kleɪmənt] [ri-klei-mant], *s.* (Poco us.) Disidente, el que se opone a alguna determinación o reclama contra ella.

reclamation [ˌreklə'meɪʃən] [re-kla-mei-shon], *s.* Reclamación, restauración.

recline [rɪ'klaɪn] [ri-klain], *va.* Reclinar, inclinar. *-vn.* Recostarse (lean back), descansar, reposar.

recline, *a.* (Poco us.) Reclinado, inclinado.

recliner [rɪ'klaɪnəʳ] [ri-klai-naʳ], *s.* Asiento reclinable o abatible.

reclose [rɪ'kləʊz] [ri-klous], *va.* Volver a cerrar.

reclothe [rɪ'klɒθ] [ri-kloz], *va.* Volver a vestir, vestir de nuevo.

recluse [rɪ'kluːs] [ri-klus], *a.* Recluso, encerrado, retirado del mundo o de la vista pública. *-s.* Una persona retirada del mundo, persona que vive en el retiro, en el aislamiento, ermitaño (hermit).

reclusely [rɪ'kluːslɪ] [ri-klus-li], *adv.* Retiradamente.

recluseness [rɪ'kluːsnɪs] [ri-klus-nis], *s.* Retiro (retreat), recogimiento, estado de la persona que vive encerrada; soledad, aislamiento.

reclusion [rɪ'kluːʒən] [ri-klu-shon], *s.* Reclusión, retirada del mundo.

reclusive [rɪ'kluːsɪv] [ri-klu-siv], *a.* Que proporciona retiro, que vive en el aislamiento o el retiro.

recognition [ˌrekəg'niːʃən] [re-kog-ni-shon], *s.* 1. Reconocimiento (identification), el acto de reconocer. 2. Reconocimiento (acknowledgment, acceptance) 3. Recuerdo, memoria. 4. Agradecimiento; saludo amistoso.

recognizable ['rekəgnaɪzəbl] [re-kog-nai-sa-bol], *a.* Que puede ser reconocido.

recognizably ['rekəgnaɪzəblɪ] [re-kog-nai-sa-bli], *adv.* Evidentemente.

recognizance ['rekəgnaɪzəns] [re-kog-nai-sans], *s.* Reconocimiento; obligación, sumisión con condición de hacer un acto determinado, v. gr. comparecer ante un tribunal.

recognize ['rekəgnaɪz] [re-kog-nais], *va.* 1. Reconocer (identify). 2. Declarar que se tiene conocimiento de una cosa; reconocer, admitir formalmente. 3. Confesar, admitir (accept), conceder. *-vn.* Subscribir una obligación auténtica.

recognize, *va.* Volver a conocer, a percibir.

recognized ['rekəgnaɪzd] [re-kog-naisd], *a.* Reconocido.

recognizor ['rekəgnaɪzəʳ] [re-kog-nai-saʳ], *s.* *(For.)* El que da algún vale a favor de otro.

recoil [rɪ'kɔɪl] [ri-koil], *s.* 1. Reculada; coz, retroceso, rebufo de un arma de fuego. 2. Repugnancia, temor. **Recoil-spring**, resorte para disminuir el rebufo.

recoil, *vn.* 1. Recular de horror o repugnancia, quedarse helado; retirarse. 2. Cejar, retroceder. 3.Volver atrás. 4. Rebufar (un arma de fuego). **The blood recoils with horror at the sight**, la sangre se hiela en las venas ante tal cuadro.

recoilless [rɪ'kɔɪlɪs] [ri-koi-les], *a.* Sin retroceso (gun).

recoin [rɪ'kɔɪn] [ri-koin], *va.* Acuñar de nuevo.

recollect [ˌrekə'lekt] [re-ko-lekt], *va.* 1. Acordarse, traer a la memoria, recordar (remember). 2. Recobrarse, volver en sí.

recollect, *va.* Recoger, juntar de nuevo; reunir.

recollect, recollet, *s.* Recoleto, miembro de una orden reformada de franciscanos.

recollection [ˌrekə'lekʃən] [re-ko-lek-shon], *s.* 1. Memoria (memory), recuerdo, recordación, reminiscencia. 2. Recuerdo, memoria, la cosa traída a la memoria. **I have no recollection of having seen you before**, no recuerdo haberte visto antes.

recommence ['riːkə'mens] [ri-ko-mens], *va.* Empezar de nuevo, reanudar. *-vi.* Reanudarse.

recommencement ['riːkə'mensmənt] [ri-ko-mens-ment], *s.* La acción de comenzar de nuevo alguna cosa.

recommend [ˌrekə'mend] [re-ko-mend], *va.* 1. Recomendar, alabar (praise), empeñarse por alguno elogiándole; encomendar, poner al cuidado de uno. 2. Aconsejar (advise), avisar por lo que toca a un curso de acción.

recommendable [ˌrekə'mendəbl] [re-ko-men-da-bol], *a.* Recomendable; digno de alabanza.

recommendation [ˌrekəmen'deɪʃən] [re-ko-men-dei-shon], *s.* 1. Recomendación. 2. Recomendación, la alabanza o elogio que se hace de alguno con el fin de recomendarle a otro.

recommendatory [ˌrekə'mendətərɪ] [re-ko-men-da-to-ri], *a.* Recomendatorio.

recommender [ˌrekə'mendəʳ] [re-ko-men-daʳ], *s.* El que recomienda.

recompact ['rekɒmpækt] [re-kom-pakt], *va.* Reunir, volver a unir, volver a pegar.

recompense ['rekəmpens] [re-kom-pens], *va.* 1. Recompensar, compensar, satisfacer, dar el equivalente; reintegrar. 2. Indemnizar; resarcer de un daño.

recompense, *s.* Recompensa, equivalente devuelto; compensación, indemnización.

recompilement [ˌrekəm'paɪlmənt] [re-kom-pail-ment], *s.* Nueva compilación.

recompose ['rekəmpəʊz] [re-kom-pous], *va.* 1. Volver a componer; tranquilizar de nuevo. 2. Recomponer, rehacer; componer de nuevo (la luz blanca); lo contrario de *descompose*, descomponer.

recomposition [ˌrekəmpə'sɪʃən] [re-kom-po-si-shon], *s.* 1. Nueva composición. 2. *(Quím.)* Recomposición.

reconcilable ['rekənsaɪləbl] [re-kon-sai-la-bol], *a.* Reconciliable, componible; conciliable, que puede concordar con algo; compatible.

reconcilably ['rekənsaɪləblɪ] [re-kon-sai-la-bli], *adv.* De una manera compatible.

reconcile ['rekənsaɪl] [re-kon-sail], *va.* 1. Reconciliar, componer o ajustar diferencias; restablecer la amistad entre personas enojadas. 2. Conciliar, componer, concordar, arreglar (una querella), poner de acuerdo; adaptar. 3. Restablecer. **I cannot reconcile myself to his way of thinking**, no puedo adptarme a su modo de pensar. **To reconcile oneself to**, resolverse o determinarse a. **If you can reconcile it to your conscience**, si Ud. puede conciliarlo con su conciencia.

reconcilement ['rekənsaɪlmənt] [re-kon-sail-ment], *s.* Reconciliación, la acción de reconciliar, o el estado de hallarse reconciliado.

reconciler ['rekənsaɪləʳ] [re-kon-sai-laʳ], *s.* Reconciliador; conciliador, pacificador.

reconciliation [ˌrekənsɪlɪ'eɪʃən] [re-kon-si-liei-shon], *s.* Reconciliación; conciliación, ajuste, acomodamiento; renovación de la amistad; acuerdo entre cosas que parecen opuestas, diferentes o incompatibles.

reconciliatory ['rekənsɪlɪətərɪ] [re-kon-si-lia-to-ri], *a.* Reconciliador, que reconcilia o tiende a reconciliar.

recondense ['rekəndəns] [re-kon-dens], *va.* Volver a condensar.

recondite [rɪ'kɒndaɪt] [ri-kon-dait], *a.* 1. Recóndito, secreto, oculto (hidden), impenetrable. 2. Profundo; que trata, que se ocupa en asuntos abstrusos.

recondition [ˌri:kən'dɪʃən] [re-kon-di-shon], *va.* Reacondicionar, reparar, restaurar.
reconduct ['rɪkəndʌkt] [re-kon-dakt], *va.* Conducir de nuevo, volver a conducir.
reconnaisance [rɪ'kɒnnɪsəns] [ri-ko-nai-sans], *s.* Reconocimiento; examen de una región, v. g. para operaciones militares.
reconnoitre [ˌrekə'nɔ:təʳ] [re-ko-no-taʳ], *va.* Reconocer, examinar el estado de las cosas para dar parte de él; examinar con la vista; inspeccionar, v. g. los militares, ingenieros o geólogos.
reconquer ['ri:'kɒŋkəʳ] [ri-kon-kaʳ], *va.* Reconquistar.
reconquest ['ri:'kɒŋkwest] [re-kon-kuest], *s.* Reconquista.
reconsider ['ri:'kən'sɪdəʳ] [ri-kon-si-daʳ], *va.* Considerar de nuevo, volver a considerar; someter a nuevo examen una cuestión ya debatida.
reconsideration ['ri:kənˌsɪdə'reɪʃən] [ri-kon-si-de-ra-shon], *s.* El acto de considerar de nuevo; el acto de someter a nueva discusión una propuesta rechazada anteriormente.
reconstitute ['ri:'kɒnstɪtju:t] [ri-kons-ti-tiut], *vt.* Reconstituir.
reconstitution ['ri:ˌkɒnstɪ'tju:ʃən] [ri-kons-ti-tiu-shon], *sf.* Reconstitución.
reconstruct ['ri:kən'strʌkt] [ri-kon-strakt], *va.* Reedificar, construir de nuevo; en los Estados Unidos, reorganizar y reintegrar en la Unión un Estado separado de ella.
reconstruction ['ri:kən'strʌkʃən] [ri-kon-strak-shon], *s.* 1. Reconstrucción (rebuilding). 2. Reconstitución (re-creation).
reconvene ['ri:kən'vi:n] [ri-kon-vin], *va.* Convocar, juntar o reunir de nuevo-
reconversion ['ri:kən'vɜ:ʃən] [ri-kon-ver-shon], *s.* Reconversión.
reconvert ['ri:kən'vɜ:t] [ri-kon-vert], *vt.* Reorganizar, reconvertir.
reconvey ['ri:kənveɪ] [ri-kon-vei], *va.* 1. Volver a llevar o enviar; volver a poner una cosa en su antiguo sitio. 2. Retroceder; transferir a un poseedor anterior.
record ['rekɔ:d] [ri-kord], *va.* 1. Registrar, anotar (write down) o poner alguna cosa en los libros de registro; inscribir una relación auténtica u oficial de algo; protocolar; archivar. **Historians record how the Spanish Empire fell**, los historiadores narran la caída del Imperio Español. 2. Celebrar la memoria de alguna cosa, fijar en el ánimo, imprimir en la memoria. 3. Indicar, registrar, grabar. 4. *(Ant.)* Referir, relatar. **Where the barometer recorded but 28.5 inches**, donde el barómetro indicó no más que 28.5 pulgadas (726 milímetros).
record, *s.* 1. Registro, copia auténtica de un documento; protocolo, historia; recuerdo. 2. Relación de sucesos consignados en un libro para conservarlos. 3. Disco que reproduce sonidos musicales o de otra clase en un gramófono. **Record company**, compañía discográfica. 4. Registro de actos, en especial de los atletas; también el más notable de esos actos. **To hold the world record**, ostentar el récord mundial. 5. Atestación, testimonio. **Records**, archivo (file), papeles archivados; fastos; memorias. **Old records**, archivos. **Keeper of the records**, archivero. **On o upon record**, registrado; *(Fig.)* inscrito en los anales de la historia. **There is no record of it in history**, no hay nota de ello, no se hace mención de ello en la historia. **To make a record**, tomar razón, registrar, archivar; también, igualar o superar al más notable ejercicio atlético que se recuerda. *-a.* Sin precedentes.
recorded ['rekɔ:dɪd] [ri-kor-did], *a.* 1. Grabado. 2. Escrito (written), documentado.
recorder ['rekɔ:dəʳ] [ri-kor-daʳ], *s.* 1. Registrador, archivero. 2. Juez recopilador, magistrado o ministro superior que recopila y examina la evidencia o resultado de las deposiciones de los testigos para que el jurado (*jury*) decida; y que dicta la sentencia (*verdict*) según la decisión del jurado. 3. Indicador, contador, aparato para indicar. 4. *(Mús.)* Flauta.
recordership ['rekɔ:dəʃɪp] [ri-kor-da-ship], *s.* Cargo o función de reegistrador o archivero, y el tiempo de su duración.
recording ['rekɔ:dɪŋ] [ri-kor-din], *s.* Grabación.
recount ['rekaʊnt] [ri-kaunt], *va.* Recontar; referir, relatar; recitar, detallar, mencionar con pormenores.
re-count, *va.* Contar de nuevo.
re-count, *s.* Repetición de una cuenta; cuenta hecha de nuevo, recuento.
recoup ['rekaʊp] [ri-kaup], *va.* 1. Retener (alguna cosa debida) para indemnizarse. 2. Obtener compensación por una pérdida. 3. Reparar (una pérdida), indemnizar, resarcir.
recourse ['rekɔ:s] [ri-kors], *s.* 1. Recurso, remedio (option), auxilio, refugio. 2. *(For.)* Recurso, derecho de acción contra una persona o una propiedad para obtener garantías. 3. Acceso, entrada al trato o comunicación.
recover [rɪ'kʌvəʳ] [ri-ka-vaʳ], *va.* 1. Recobrar (regain), volver a cobrar lo que antes se tenía. 2. Reparar, remediar, resarcir. **To recover a loss**, resarcir un daño. 3. *(For.)* Obtener fallo judicial contra alguien. 4. *(Ant.)* Rescatar, restablecer, reparar a alguno de la enfermedad, ir recobrando la salud perdida; volver a un estado o condición anterior. 5. *(For.)* Ganar un pleito. **To recover one's health**, restablecerse, recobrar la salud. **To recover oneself**, volver en sí; tomar valor.
recover, *va.* Volver a cubrir o tapar.
recoverable [rɪ'kʌvərəbl] [ri-ka-ve-ra-bol], *a.* Curable; recuperable; exigible, que se puede lograr por medio de un pleito. **The debt was recoverable**, era exigible la deuda. **No damages are recoverable**, no se deben daños y perjuicios.
recoverableness [rɪ'kʌvərəblnɪs] [ri-ka-ve-ra-bol-nes], *s.* El estado o la calidad de recuperable.
recovery [rɪ'kʌvərɪ] [ri-ka-ve-ri], *s.* 1. Recobro, recuperación; acto de recobrar, de volver a entrar en posesión de una propiedad, de volver a ganar. 2. Mejoría, convalecencia, restablecimiento de la salud. 3. El acto de hacer libres los bienes vinculados. 4. Recuperación de cosas robadas o perdidas, rescate (retrieval). 5. Fallo, decisión judicial en favor de alguien. 6. Remedio. **It is a thing past recovery**, no tiene remedio. **Past recovery**, desahuciado, sin remedio; en estado crítico.
recreancy ['rekrɪənsɪ] [re-krian-si], *s.* Deslealtad, apostasía; pusilanimidad.
recreant ['rekrɪənt] [re-kriant], *a.* 1. Falso, desleal; apóstata. 2. Cobarde, apocado, pulsilánime.
re-create ['rekrɪeɪt] [re-krieit], *va.* Recrear, deleitar, divertir (amuse); aliviar.
recreation [ˌrekrɪ'eɪʃən] [re-kriei-shon], *s.* Recreación, recreo, entretenimiento, diversión, pasatiempo, esparcimiento (leisure); descanso.
re-creation [ˌrekrɪ'eɪʃən] [re-kriei-shon], *s.* Nueva creación, formación de nuevo.
recreational [ˌrekrɪ'eɪʃənl] [re-kriei-sho-nal], *a.* Recreativo.
recreative ['rekrɪˌeɪtɪv] [re-kriei-tiv], *a.* Recreativo, agradable (enjoyable); entretenido.
recreativeness ['rekrɪˌeɪtɪvnɪs] [re-kriei-tiv-nes], *s.* La calidad de lo que divierte o agrada.
recriminate [rɪ'krɪmɪneɪt] [re-kri-mi-neit], *va.* y *vn.* Recriminar, acusar al acusador, acusarse mutuamente.
recrimination [rɪˌkrɪmɪ'neɪʃən] [ri-kri-mi-nei-shon], *s.* Recriminación, acto de recriminar, reproche.
recriminator [rɪˌkrɪmɪ'neɪtəʳ] [ri-kri-mi-nei-taʳ], *s.* *(For.)* Recriminador.
recross ['ri:'krɒs] [ri-kros], *va.* Volver a pasar.
recrudesce [ˌri:kru:'des] [ri-kru-des], *vn.* Recrudecer, recrudecersse, tomar nuevo incremento un mal físico o moral; encrudecerse.
recrudescence [ˌri:kru:'desəns] [ri-kru-de-sens], *s.* Encrudecimiento, recrudescencia, acción y efecto de recrudecer; aumento o actividad mayor de los fenómenos morbosos después de una mejoría sensible.
recrudescent [ˌri:kru:'desənt] [ri-kru-de-sent], *a.* Recrudescente, que recrudece.

recruit [rɪ'kru:t] [ri-krut], *va.* 1. Abastecerse, proveerse uno de lo que necesita; de aquí, restablecer (re-establish), reparar, rehacer; reemplazar. 2. Reclutar tropas. **To recruit oneself**, reparar las fuerzas, restablecerse. *-vn.* Restablecerse, reponerse, rehacerse; reanimarse, recobrar la salud o la fuerza.

recruit, *s.* 1. *(Mil.)* Recluta, soldado bisoño; marinero novicio. 2. El reemplazo de cualquier cosa que hace falta.

recruiting [rɪ'kru:tɪŋ] [ri-kru-tin], *s.* Recluta, el acto de reclutar o reemplazar.

recruitment [rɪ'kru:tmənt] [ri-krut-ment], *s.* Reclutamiento.

rectal ['rektəl] [rek-tal], *a.* Relativo o perteneciente al recto.

rectangle ['rek,tæŋgl] [rek-tan-guel], *s.* Rectángulo, paralelogramo de ángulos rectos.

rectangled ['rek,tæŋgld] [rek-tan-gueld], **rectangular** ['rek,tæŋgjʊlə[r]] [rek-tan-guiu-la[r]], *a.* Rectangular, que tiene ángulos rectos.

rectifiable ['rektɪfaɪəbl] [rek-ti-faia-bol], *a.* Rectificable; que puede rectificar, capaz de ser corregido.

rectification [,rektɪfɪ'keɪʃən] [rek-ti-fi-kei-shon], *s.* Rectificación, acción de rectificar: (a) enmendación; (b) el procedimiento de refinar o purificar (un líquido) por destilaciones repetidas; (c) *(Mat.)* determinación de una línea recta cuya longitud es igual al arco de una curva.

rectifier ['rektɪfaɪə[r]] [rek-ti-faia[r]], *s.* Rectificador, el que o lo que rectifica; particularmente un refinador de licores espirituosos.

rectify ['rektɪfaɪ] [rek-ti-fai], *va.* (*pret.* y *pp.* RECTIFIED). 1. Rectificar, corregir, enmendar, reformar. 2. Rectificar los licores y darles mayor perfección o purificar por cristalizaciones repetidas.

rectilineal [,rektɪ'lɪnɪəl] [rek-ti-li-nial], **rectilinear** [,rektɪ'lɪnɪə[r]] [rek-ti-li-nia[r]], *a.* Rectilíneo, que se compone de líneas rectas.

rectitude ['rektɪtju:d] [rek-ti-tiud], *s.* 1. Rectitud, derechura. 2. Rectitud en las acciones, equidad (equity).

rector ['rektə[r]] [rek-ta[r]], *s.* *(Relig.)* 1. Rector, párroco, cura propio. 2. Jefe, superior, principal de ciertos colegios u otros establecimiento de educación.

rectoral ['rektərəl] [rek-to-ral], *a.* Rectoral, relativo o perteneciente a un rector.

rectorate ['rektəreɪt] [rek-to-reit], *s.* Rectorado, el oficio y cargo de rector y el tiempo que dura; rectoría.

rectorship ['rektəʃɪp] [rek-to-ship], *s.* *V.* RECTORATE.

rectory ['rektərɪ] [rek-to-ri], *s.* 1. Habitación de un rector, casa de un cura, particularmente cuando forma parte de la propiedad de una iglesia. 2. *(Ingl.)* Rectoría, feligresía de un cura con sus edificios, tierras y rentas.

rectum ['rektəm] [rek-tam], *s.* *(Anat.)* Recto, la tercera y última porción del intestino grueso.

recumbence [rɪ'kʌmbəns] [ri-kam-bans], *s.* 1. Estado o postura del que está reclinado. 2. *(Des.)* La acción de esperar con confianza.

recumbent [rɪ'kʌmbənt] [ri-kam-bant], *a.* Recostado, reclinado.

recuperate [rɪ'ku:pəreɪt] [ri-ku-pe-reit], *va.* 1. Recuperar, recobrar, volver a ganar. 2. *V.* RECOUP. *-vn.* *(E.U.)* Restablecerse, recobrar la salud o las fuerzas.

recuperation [rɪ,ku:pə'reɪʃən] [ri-ku-pe-rei-shon], *s.* Recuperación (recovery), restablecimiento.

recuperative [rɪ'ku:pərətɪv] [ri-ku-pe-ra-tiv], *a.* Recuperativo, que tiende o pertenece a la recuperación.

recur [rɪ'kɜ:[r]] [ri-ke[r]], *vn.* 1. Acaecer, suceder, otra vez o repetidas veces, particularmente a intervalos regulares; volver, presentarse de nuevo. **A recurring paroxysm**, un paroxismo que se repite. 2. Ofrecerse a la imaginación o a la memoria. 3. *(Des.)* Recurrir, acudir.

recurrence [rɪ'kʌrəns] [ri-ka-rans], *s.* 1. Repetición, reaparición. 2. Recurso.

recurrent [rɪ'kʌrənt] [ri-ka-rant], *a.* 1. Que vuelve de vez en cuando; periódico. **A recurrent nightmare**, una pesadilla recurrente. 2. *(Anat.)* Recurrente, que corre hacia atrás, como una arteria, o un nervio.

recurve [rɪ'kɜ:v] [ri-kerv], *va.* Encorvar, torcer hacia atrás o abajo.

recurved [rɪ'kɜ:vd] [ri-kervd], **recurvous** [rɪ'kɜ:vəs] [ri-ker-vos], *a.* Encorvado.

recusancy ['rekjʊzənsɪ] [re-kiu-san-si], *s.* La acción de recusar y la calidad de recusante.

recusant ['rekjʊzənt] [re-kiu-sant], *s.* y *a.* Recusante, no conformista.

recusation [,rekjʊ'seɪʃən] [re-kiu-sei-shon], *s.* *(For.)* Recusación, acto de recusar a un juez por motivo de parentesco, predisposición contra una de las partes, etc.

recycle [,ri:'saɪkl] [ri-sai-kel], *va.* 1. Recircular. 2. Reciclar.

recycling [,ri:'saɪklɪŋ] [ri-sai-klin], *s.* Reciclaje, reciclado.

red [red] [red], *a.* 1. Colorado, rojo, encarnado; rubio. 2. Revolucionario, anárquico. *-s.* 1. Rojez, el color rojo, el encarnado, el color encarnado; color parecido al de la sangre. 2. Uno de muchos colores rojos. 3. Republicano rojo; ultraradical en sus opiniones. **Adrianople o Turkey red**, carmesí. **The Red Sea**, el Mar Rojo. **Cherry red**, rojo cereza. **A deep red**, un rojo subido. **Light red**, rojo claro. **To turn red**, ponerse colorado, sonrojarse. **Red ant**, (a) hormiga leonada, la hormiga común de las casa. (b) Hormiga que esclaviza a otras. **Red cedar**, cedro colorado; junípero. **Red chalk**, creta roja, creta colorada con el peróxido de hiero. **Red deer**, ciervo común; ciervo de Virginia. **Red-haired**, de pelo rojo o de un rubio ardiente. **Red herring**, arenque seco y ahumado. **Red man**, indio de América. **Red liquor, red mordant**, disolución de acetato de alúmina empleado como mordiente en el tinte. **Red snow**, nieve colorada por un alga. **Red silver**, plata roja, mineral de plata rojizo; piragirita. **Red spider**, ácaro rojo. **Red thrush**, tordo rojo. **Red ocher**, ocre rojo. **Red-tapist**, formalista, covachuelista, empleado del Gobierno. **Red tape**, (a) balduque, cinta estrecha (rojiza) para atar legajos; (b) *(Fig.)* formalismo, apego a la rutina, exclusivismo de escuela.

redact [rɪ'dækt] [ri-dakt], *vt.* Redactar.

redaction [rɪ'dækʃən] [ri-dak-shon], *sf.* Redacción.

red-baiting ['redbeɪtɪŋ] [red-bei-tin], *s.* Acosamiento de los comunistas.

redbird ['redbɜ:d] [red-berd], *s.* *(Orn.)* 1. Cardenal. 2. Tánagra, *(Fam.)* tángara escarlata. 3. Pinzón real.

red-blooded ['red'blʌdɪd] [red-bla-did], *a.* 1. Valiente, intrépido. 2. Viril.

red-book ['redbʊk] [red-buk], *s.* El registro de las personas que tienen tierras, pensiones o empleos por el rey; guía de la corte.

redbreast ['redbrest] [red-brest], *s.* *(Orn.)* Pitirrojo, petirrojo, pechicolorado.

redcap ['redkæp] [red-kap], *s.* 1. Cardelina, jilguero europeo. 2. Cargador (en las estaciones de ferrocarril).

redcoat ['redkəʊt] [red-kout], *s.* Casaca colorada; voz con que designan en Inglaterra a los soldados.

red-coral ['redkɔ:rəl] [red-ko-ral], *s.* Coral rojo, especie de zoófito.

red cross ['redkrɒs] [red-kros], *s.* 1. Cruz de San Jorge, emblema de los ingleses. 2. Cruz griega, roja sobre fondo blanco. **Red Cross Society**, sociedad de la Cruz Roja, formada para socorrer a los enfermos y heridos en la guerra. **Red-cross knight**, templario; caballero de la orden de San Jorge.

redden ['redn] [re-den], *va.* Teñir de color rojo o encarnado. *-vn.* Ponerse colorado; ruborizarse (blush).

reddish ['redɪʃ] [re-dish], *a.* Bermejizo, rojizo; que tira a rojo.

reddishness ['redɪʃnɪs] [re-dish-nes], *s.* Bermejura, el color bermejo.

redditive ['redɪtɪv] [re-di-tiv], *a.* (Poco us.) Se dice en gramática de la partícula que responde a una pregunta.

reddle ['redl] [re-del], *s.* Almazarrón, almagre.

redecorate ['ri:'dekəreɪt] [ri-dei-ko-reit], *vt.* Pintar.

redecoration [ri:,dekə'reɪʃən] [ri-de-ko-rei-shon], *sf.* Renovación.

redeem [rɪ'diːm] [ri-dim], *va.* 1. Recomprar, adquirir de nuevo; volver a tomar posesión de una cosa enajenada, reembolsando su valor al que la posee. 2. Redimir, rescatar, libertar; sacar del cautiverio. 3. Redimir del pecado y sus consecuencias: se dice de Jesucristo. 4. Cumplir una promesa, una palabra dada. 5. Resarcir, recompensar, reintegrar, reparar. **To redeem out of pawn**, desempeñar.

redeemable [rɪ'diːməbl] [ri-di-ma-bol], *a.* Redimible, rescatable.

redeemer [rɪ'diːməʳ] [ri-di-maʳ], *s.* Redentor, el Salvador del mundo.

redeeming [rɪ'diːmɪŋ] [ri-di-min], *a.* Que rescata, redime o libra; que recompensa, que reembolsa. *-s.* Redención, rescate; recompensa (reward), reintegro.

redemption [rɪ'dempʃən] [ri-dem-shon], *s.* 1. Redención, salvación (saving), rescate; la acción de rescatar o redimir, o la calidad de rescatado. (a) Liberación de una propiedad gravada con hipoteca, desempeño de bienes muebles. (b) Pago de una deuda u obligación. 2. Redención del pecado por la expiación de Jesucristo. **You are beyond redemption**, no tienes remedio.

redemptional [rɪ'dempʃənl] [ri-dem-sho-nal], **redemptory**, *a.* Perteneciente a la redención o rescate.

redemptive [rɪ'demptɪv] [ri-dem-tiv], *a.* De rescate, que sirve para rescatar o redimir; relacionado con la redención.

redeploy ['riːdɪ'plɔɪ] [ri-di-ploi], *vt.* Reorientar, dar nuevo destino.

redeployment ['riːdɪ'plɔɪmənt] [ri-di-ploi-ment], *s.* Reorientación, reorganización, reubicación.

redevelop [ˌriːdɪ'veləp] [ri-di-ve-lop], *vt.* Reurbanizar.

redevelopment [ˌriːdɪ'veləpmənt] [ri-di-ve-lop-ment], *s.* Reurbanización.

red-handed ['red'hændɪd] [red-jan-did], *a.* Que tiene las manos ensangrentadas, como las de un asesino; en flagrante, en el acto.

redhead ['red'hed] [red-jed], *s.* y *a.* Pelirrojo.

red-hot ['red'hɒt] [red-jot], *a.* 1. Candente, ardiente, enrojecido al fuego. 2. *(Fig.)* Demasiado entusiasta; extremo. **A red-hot partizan**, un partidario extremo. **Red hot player,** as. **Red-hot poker**, *(Bot.)* trítomo.

redial [riː'daɪəl] [ri-daial], *vi.* Volver a marcar el teléfono. *-s.* Rellamada.

redid [ˌriː'dɪd] [ri-did] *pret. of* **redo**.

rediscover ['riːdɪs'kʌvəʳ] [ri-dis-ka-vaʳ], *vt.* Redescubrir.

rediscovery ['riːdɪs'kʌvərɪ] [ri-dis-ka-va-ri], *s.* Redescubrimiento.

redistribute ['riːdɪs'trɪbjuːt] [ri-dis-tri-biut], *vt.* Redistribuir.

redistribution ['riːdɪs'trɪbjuːʃən] [ri-dis-tri-biu-shon], *s.* Redistribución.

red-lead ['red'liːd] [red-lid], *s.* Minio, bermellón, azarcón, rúbrica sinópica.

red-letter ['red'letəʳ] [red-le-taʳ], *a.* Indicado por una o más letras rojas. **Red-letter day**, día de fiesta o feriado; de aquí, día favorable, propicio.

redly ['redlɪ] [red-li], *adv.* Con color rojo, rojizamente.

redness ['rednɪs] [red-nes], *s.* Encarnado, rojo; rojez, rojura, bermejura.

redolence ['redəʊləns] [re-dou-lens], *s.* Fragancia, perfume.

redolent ['redəʊlənt] [re-dou-lent], *a.* Fragante, fragrante, oloroso (scented). **His style is redolent of the Impressionists**, su estilo recuerda el de los impresionistas.

redouble [riː'dʌbl] [ri-da-bel], *va.* Reduplicar, redoblar, aumentar; repetir frecuentemente. *-vn.* Redoblarse, aumentarse dos veces tanto.

redoubt [rɪ'daʊt] [ri-daut], *s.* *(Fort.)* V. REDOUT.

redoubtable [rɪ'daʊtəbl] [ri-dau-ta-bol], *a.* Formidable, terrible, imponente (imposing).

redound [rɪ'daʊnd] [ri-daund], *vn.* 1. Operar por su turno; de aquí, contribuir, redundar, venir a parar una cosa en perjuicio o daño de otro, provenir, resultar. 2. *(Des.)* Recudir, resaltar, recaer. **Undertakings which will redound to the honor of their country**, empresas que contribuirán a la gloria de su país.

redout [rɪ'daʊt] [ri-daut], *s.* Reducto, fuerte de varios lados, sin baluarte; fortificación de tierra para uso provisional.

redraft ['riː'drɑːft] [ri-draft], *s.* 1. Nuevo dibujo, copia, o borrón. 2. Resaca, letra de cambio contra el endosante de otra protestada, para reembolsarse.

redraw ['riː'drɔː] [ri-dro], *va.* Hacer un segundo dibujo o borrón, una segunda copia. *-vn.* *(Com.)* Resacar, girar una letra de resaca.

redress [rɪ'dres] [ri-dres], *va.* 1. Enderezar; corregir, enmendar, reformar, rectificar; hacer justicia. 2. Aliviar o aligerar el peso, carga, etc. 3. Aliviar, consolar. **To redress grievances,** deshacer agravios.

redress, *s.* Reforma, corrección, enmienda, enderezamiento; desagravio; alivio, consuelo. **To seek redress,** buscar justicia, buscar la reparación de algún agravio.

redresser [rɪ'dresəʳ] [ri-dre-saʳ], *s.* Reformador.

redressible [rɪ'dresɪbl] [ri-dre-si-bol], *a.* Reformable, corregible; capaz de ser aliviado.

redressive [rɪ'dresɪv] [ri-dre-siv], *a.* (Poco us.) Consolatorio; correctivo, reformatorio.

redshank ['redʃæŋk] [red-shank], *s.* *(Orn.)* Especie de maubecha del género Totanus.

redskin ['redskɪn] [red-skin], *s.* Piel roja, indio de América.

redstreak ['redstreɪk] [red-streik], *s.* Manzana de rosa.

red tape ['redteɪp] [red-teip], *s.* 1. Cinta roja. 2. Papeleo, expedienteo.

reduce [rɪ'djuːs] [ri-dius], *va.* 1. Reducir, dar una forma o condición determinadas. 2. Reducir, convertir, reformar, enmendar. 3. Reducir, disminuir, minorar. 4. Reducir, sujetar, someter, sojuzgar; poner en orden. 5. Degradar, envilecer. 6. *(Arit. y Alg.)* Cambiar la denominación de los números, simplificar (simplify). 7. *(Cir.)* Reducir, volver a su lugar partes dislocadas; volver alguna cosa al lugar donde antes estaba o al estado que antes tenía. 8. *(Quím.)* Desoxidar un mineral; separar de una tierra, de un óxido, el metal que contienen. **To reduce to the ranks**, volver a las filas; convertir a un oficial en simple soldado. **Reducing-scale**, escala de reducción; escala de partes iguales para reducir las dimensiones de un plano.

reduced [rɪ'djuːst] [ri-diust], *a.* 1. Reducido (lower). 2. Reducido, empobrecido (impoverished).

reducer [rɪ'djuːsəʳ] [ri-diu-saʳ], *s.* Reductor, reducidor; *(Art. y Of.)* Empate en disminución.

reducible [rɪ'djuːsəbl] [ri-diu-si-bol], *a.* Reducible, que se puede reducir.

reduction [rɪ'dʌkʃən] [ri-dak-shon], *s.* Reducción, reducimiento, acción y efecto de reducir o disminuir; disminución; conquista; desoxidación. **Reduction-works,** establecimiento metalúrgico para la extracción del metal de los minerales; fundición.

reductive [rɪ'dʌktɪv] [ri-dak-tiv], *a.* Reductivo, perteneciente a la reducción.

reductively [rɪ'dʌktɪvlɪ] [ri-dak-tiv-li], *adv.* Por consecuencia.

redundance [rɪ'dʌndəns] [ri-dan-dans], **redundancy** [rɪ'dʌndənsɪ] [ri-dan-dan-si], *s.* Redundancia, exceso, superabundancia. **Redundance of words**, pleonasmo.

redundant [rɪ'dʌndənt] [ri-dan-dant], *a.* 1. Redundante, superabundante, superfluo (superfluous), excesivo. 2. Redundante, recargado en el estilo, verboso, tautológico.

redundantly [rɪ'dʌndəntlɪ] [ri-dan-dant-li], *adv.* Superfluamente.

reduplicate [rɪ'djuːplɪkeɪt] [ri-diu-pli-keit], *va.* Reduplicar, redoblar, reiterar, multiplicar.

reduplicate, *s.* Reduplicado, duplicado, reiterado.

reduplication [rɪˌdjuːplɪ'keɪʃən] [ri-diu-pli-kei-shon], *s.* Reduplicación.

reduplicative [rɪ'djuːplɪkətɪv] [ri-diu-pli-ka-tiv], *a.* Reduplicativo, reduplicado.

redwing ['redwɪŋ] [red-uin], *s.* 1. Tordo, rojo del antiguo continente. 2. Mirlo americano con manchas rojas sobre las alas.

redwood ['redwʊd] [red-vud], *s.* 1. Árbol inmenso de California de las coníferas, o su madera; la Sequoia sempervirens. 2. Algún otro árbol de madera rojiza, como el sándalo rojo, el sibucao, etc.

re-echo ['riː'ekəʊ] [ri-ekou], *vn.* Responder o resonar el eco.

reed [riːd] [rid], *s.* 1. *(Bot.)* Caña, planta hueca y nudosa que se cría en lugares húmedos. También el tallo de esta planta. **Reed-cane**, caña. 2. *(Mús.)* Caña, lengüeta; laminilla delgada, elástica, de caña, madera, o metal, que casi tapa una abertura, produciendo los tonos musicales de los órganos, etc. 3. Churumbela, un instrumento semejante a la chirimía; de aquí, poesía pastoral. 4. Tubo que contiene pólvora, y la conduce al agujero de explosión en una mina. 5. *(Arq.)* Baqueta, junquillo, moldura semicilíndrica. 6. Peine (cárcel), una parte de los telares donde se juntan los hilos. 7. *(Poet.)* Flecha, saeta. 8. Abomaso, el cuarto o verdadero estómago de los rumiantes. **Reed-bird**, *V.* BOBOLINK (Dolichonyx). **Reed-bunting**, emberizo, verderol; verderón de los cañaverales. Emberiza sehosniclus. **Reed-mace**, enea, planta del género Typha. **Reed-organ**, armonio, órgano pequeño provisto de lengüetas (de latón) y de teclado. **Reed-work**, lengüetería del órgano.

reeducate ['riː'edjʊkeɪt] [rie-diu-keit], *vt.* Reeducar, rehabilitar.

reedy ['riːdɪ] [ri-di], *a.* 1. Lleno de cañas, cañado, cañoso. 2. Parecido a una caña o a una lengüeta. 3. De tono delgado y agudo, como el producido por una lengüeta.

reef [riːf] [rif], *s.* 1. Arrecife, escollo o banco de polípero situado casi a flor de agua. 2. Bajío, banco de arena en el mar. 3. Filón, vena metálica. 4. *(Mar.)* Rizo. **To take in a reef**, tomar un rizo. **To let out a reef**, largar un rizo. **Reef-band**, faja de rizos. **Reef-cringle**, anillo de vela. **Reef knot**, nudo de rizos. **Reef-line**, cabo de tomar rizos. **Reef-tackles**, aparejuelos o palanquines de rizos.

reef, *va.* *(Mar.)* Tomar rizos a las velas, acortarlas cuando hay mucho viento; disminuir la extensión de las velas plegando una parte y amarrándola a la verga. **To be close-reefed**, *(Mar.)* estar con todos los rizos tomados.

reefer ['riːfə[r]] [ri-fa[r]], *sf.* Chaquetón.

reek [riːk] [rik], *s.* *(Esco.)* 1. Humo, vaho, vapor. 2. Aventura, hazaña (en sentido burlesco), calaverada. 3. Hedor (stench).

reek, *va.* y *vn.* Ahumar, exponer al humo; humear, vahear, vahar. Hoy implica un olor desagradable. **To reek with sweat**, humear de sudor. **To reek with filth**, estar excesivamente sucio.

reeky ['riːkɪ] [ri-ki], *a.* Ahumado, ennegrecido. *V.* AULD REEKIE.

reel [riːl] [ril], *s.* 1. Aspa, devanadera, argadijo, carrete; utensilio giratorio que sirve para aspar o devanar madejas, etc. 2. Un baile como una contradanza, vivo y animado, y la música del mismo. **Reel of a log**, *(Mar.)* carretel. **Fishing-reel**, carrete, para cuerda de pescar. **Hose-reel**, carrete para manguera. **Reel-click**, retén, fiador, para regularizar el movimiento de la cuerda de pescar.

reel, *va.* Aspar, recoger el hilo en el aspa haciéndolo madeja. *-vn.* Hacer eses, dar vueltas y giros como un borracho; vacilar al andar; bambolear (move unsteadily). **He reeled out of the room**, salió de la habitación tambaleándose. **Reel in**, enrollar, recoger. **Reel off**, recitar de un tirón.

reelect ['riːɪ'lekt] [rii-lekt], *va.* Reelegir, elegir de nuevo.

reelection ['riːɪ'lekʃən] [rii-lek-shon], *s.* Reelección, elección repetida.

reembark [ˌriːm'bɑːk] [riim-bark], *va.* y *vn.* Reembarcar; reembarcarse, embarcarse otra vez.

reembarkation ['riːˌembɑː'keɪʃən] [riim-ba-kei-shon], *s.* Reembarco, embarco, embarcación.

reemerge ['riːɪ'mɜːdʒ] [rii-merch], *vi.* Volver a salir, reaparecer (reappear), resurgir.

reemergence ['riːɪ'mɜːdʒəns] [rii-mer-yens], *s.* Reaparición; nueva aparición.

reenact ['riːɪnækt] [rii-nakt], *va.* Recrear (recreate), reconstruir una escena.

reenactment ['riːɪnæktmənt] [rii-nakt-ment], *s.* Restablecimiento, revalidación (law).

reenforce ['riːɪnfɔːs] [riin-fors], *va.* Reforzar, añadir nuevas fuerzas a, fortalecer; proveer de tropas adicionales. *-s.* Lo que da más fuerza o fortalece; refuerzo.

reenforcement [ˌriːɪn'fɔːsmənt] [riin-fors-ment], *s.* Refuerzo, nuevo socorro; tropas o embarcaciones adicionales en auxilio de otras.

reengage ['riːɪn'geɪdʒ] [riin-gueich], *va.* Empeñar, alquilar, apalabrar, comprometer, enganchar, o acometer de nuevo.

reengagement ['riːɪn'geɪdʒmənt] [riin-gueich-ment], *s.* Empeño o combate renovado; nuevo empeño o ataque; acción de estipular o apalabrar segunda vez.

reenlist ['riːɪnlɪst] [riin-list], *va.* y *vn.* Alistar o alistarse de nuevo; enganchar o engancharse de nuevo.

reenter ['riː'entə[r]] [rien-ta[r]], *va.* 1. Volver a entrar; entrar de nuevo. 2. Repasar con el buril.

reentering ['riː'entərɪŋ] [rien-ta-rin], *a.* *V.* REENTRANT.

reentrance ['riː'entrəns] [rien-trans], o **re-entry** ['riː'entrɪ] [rien-tri], *s.* 1. Segunda entrada, entrada repetida. 2. **Reentry**, *(For.)* la acción de volver a entrar en posesión de tierras, habitaciones, rentas, etc.

reentrant ['riː'entrənt] [rien-trant], *a.* Reentrante, se dice de un ángulo.

reestablish ['riːɪs'tæblɪʃ] [riis-ta-blish], *va.* Restablecer.

reestablishment ['riːɪs'tæblɪʃmənt] [riis-ta-blish-ment], *s.* Restablecimiento, restauración.

reeve ['riːv] [riiv], *va.* *(Mar.)* Pasar, guarnir, introducir un cabo en el motón.

reeve, *s.* Mayordomo.

reexamination ['riːɪgˌzæmɪ'neɪʃən] [riik-sa-mi-nei-shon], *s.* Reexaminación.

reexamine ['riːɪg'zæmɪn] [riik-sa-min], *va.* Reexaminar.

reexport ['riː'ekspɔːt] [rieks-port], *va.* Reexportar, volver a exportar; exportar lo que había sido importado.

ref [ref] [ref], *s.* *(Coloq.)* Árbitro.

reface ['riː'feɪs] [ri-feis], *vt.* Forrar de nuevo, revestir de nuevo.

refashion ['riː'fæʃən] [ri-fa-shon], *va.* Rehacer, modelar, de nuevo.

refasten ['riː'fæsn] [ri-fa-sen], *va.* Atar (tie), amarrar, asegurar, unir de nuevo; volver a atar.

refection ['riː'fekʃən] [ri-fek-shon], *s.* Refección, refacción, refocilación, alimento moderado.

refective ['riː'fektɪv] [ri-fek-tiv], *a.* Refocilador, que refocila o repara. *-s.* Restaurador.

refectory [rɪ'fektərɪ] [ri-fek-to-ri], *s.* Refectorio; el comedor, la sala destinada para comer (dining hall).

refer [rɪ'fɜː[r]] [ri-fe[r]], *va.* 1. Referir, remitir, enviar; dirigir, encaminar u ordenar alguna cosa para algún fin, dirigir para informes. 2. Someter al examen o consideración (de otra persona); someter a la decisión de un árbitro. 3. Asignar, atribuir. *-vn.* 1. Referirse, hacer relación una cosa a otra, aludir. 2. Referir a otra persona, a un banco, etc., para que dé recomendaciones o informes. 3. Dirigirse a, recurrir a, acudir. 4. Apuntar, dar a conocer por medio de una cruz, asterisco u otro signo de imprenta. **He refers to the Bank of T.**, refiere (para informes) al Banco de T.

referee [ˌrefə'riː] [re-ra-rii], *s.* Árbitro, arbitrador, el sujeto a cuya decisión queda alguna cosa.

reference ['refrəns] [re-frans], *s.* 1. Referencia, remisión; alusión, mención. 2. Nota, señal u otra indicación en un libro o escrito que refiere al lector a otro pasaje o libro. 3. La persona a quien se puede acudir (para informes o recomendación); fiador; la misma recomendación; referencia, aviso del crédito de que puede gozar una persona, casa de comercio, etc. 4. Arbitramento o arbitramiento. **On reference to**, dirigiéndose a. **With reference to**, con referencia, con relación a; en cuanto a, respecto.

referendum [ˌrefə'rendəm] [re-ra-ren-dom], *s.* 1. Acción de someter algo un diplomático a su gobierno, v. gr. una

proposición no contenida en sus instrucciones. 2. Referendum, especie de plebiscito sobre ciertas cuestiones políticas o económicas.
referential [ˌrefə'renʃəl] [re-fe-ren-shal], *a.* Que contiene un informe; que se refiere a algo.
refill ['ri:fɪl] [ri-fil], *s.* Repuesto (de un envase comercial). *-va.* Volver a llenar.
refine [rɪ'faɪn] [ri-fain], *va.* Refinar, purificar, pulir, perfeccionar alguna cosa; hacer o hacerse cortés y cultivado, elegante. *-vn.* 1. Sutilizar, discurrir con demasiada sutileza, astucia, malicia, etc. 2. Purificarse o hacerse algo más puro. 3. Pulirse, hacerse demasiado delicado o afectado. **To be refined**, ser muy prendado, distinguirse por su cortesía, urbanidad o cultura.
refined [rɪ'faɪnd] [ri-faind], *a.* Refinado (thing); culto, elegante, fino (elegant).
refinedly [rɪ'faɪndlɪ] [ri-faind-li], *adv.* Afectadamente.
refinedness [rɪ'faɪndnɪs] [ri-faind-nes], *s. V.* REFINEMENT.
refinement [rɪ'faɪnmənt] [ri-fain-ment], *s.* 1. Refinación, la acción de refinar. 2. Refinadura, la acción de refinar metales o licores. 3. La demasiada delicadeza, sutileza o esmero en lo que se discurre, inventa o hace. 4. Adelantamiento, en elegancia o pureza. 5. Astucia refinada. 6. Afectación de elegancia o elegancia afectada. 7. Prendas, dotes, elegancia, gracias, adorno.
refiner [rɪ'faɪnəʳ] [ri-fai-naʳ], *s.* Refinador, persona o cosa que refina.
refinery [rɪ'faɪnərɪ] [ri-fai-na-ri], *s.* Refinería, lugar donde se purifica alguna materia cruda, v. gr. el azúcar o el petróleo.
refining [rɪ'faɪnɪŋ] [ri-fai-nin], *s.* Refinadura de metales o licores, etc.
refit [rɪ'fɪt] [ri-fit], *va.* 1. Reparar, componer, aderezar, rehabilitar. 2. *(Mar.)* Embonar o reparar el casco de una embarcación.
reflect [rɪ'flekt] [ri-flekt], *va.* y *vn.* 1. Reflejar, reflectar, reverberar, devolver, hablando de la luz, el calor, el sonido o algún cuerpo elástico. 2. Reflejar, rechazar, repercutir. 3. Reflejar, devolver una imagen. 4. Repensar, volver a pensar con atención. 6. Improperar, dar en rostro a alguno con una mala acción, echar en cara a, reprobar, hacer observaciones injuriosas. 7. Desdorar, deslustrar, deslucir, manchar. 8. Relustrar o refluir en; ser responsable de. **Errors of wives reflect on husbands**, los maridos pagan las faltas de las mujeres.
reflecter [rɪ'flektəʳ] [ri-flek-taʳ], *s.* Reverbero, el cuerpo que refleja.
reflection [rɪ'flekʃən] [ri-flek-shon], *s.* 1. Reflexión de los rayos de la luz, etc., reverberación; imagen producida por reflexión. 2. Reflexión, consideración, meditación. 3. Censura, nota, tacha, baldón. 4. *(Anat.)* Doblez, el efecto de doblar una cosa sobre sí misma. **On, upon, reflection**, pensando en ello. **They will not bear any reflections upon their nephew**, no sufren que se diga mal de su sobrino.
reflective [rɪ'flektɪv] [ri-flek-tiv], *a.* 1. Reflexivo, que refleja o reflecta. 2. Reflexivo, que reflexiona; meditativo, meditabundo.
reflector [rɪ'flektəʳ] [ri-flek-taʳ], *s.* 1. *(Opt.)* Reflector, lo que refleja, como un espejo de metal pulimentado; telescopio de reflexión. 2. *(Des.)* El que reflexiona, medita o cosidera atentamente.
reflex [rɪ'fleks] [ri-fleks], *a.* 1. Reflejo, dirigido hacia atrás. 2. *(Fix.)* Perteneciente a una acción reflexiva o producido por ella. **Reflex action (motion o movement)**, acción refleja, la producida por la transmisión de un impulso a un centro nervioso; v. g. el pestañeo involuntario cuando se amenaza al ojo. *-s.* 1. Imagen producida por la reflexión; una simple copia. 2. Reflejo, reverberación, resalto de la luz o del color de un cuerpo en otro.
reflex, *va.* Reflejar, dirigir, inclinar o volver hacia atrás.
reflexion [rɪ'flekʃən] [ri-flek-shon], *s. (Ant.)* Reflexión: se usa siempre en sentido físico y no moral. *V.* REFLECTION.
reflexive [rɪ'fleksɪv] [ri-flek-siv], *a. (Gram.)* Reflexivo, aquello cuya acción recae sobre el mismo que la ejecuta. **Reflexive pronoun, reflexive verb**, pronombre, verbo reflexivo.
reflexively [rɪ'fleksɪvlɪ] [ri-flek-siv-li], *adv.* Reflexivamente.
reflourish [rɪ'flɔ:rɪʃ] [ri-flo-rish], *vn.* Reflorecer.
reflow [rɪ'flaʊ] [ri-flau], *vn.* Reefluir, volver hacia atrás o hacer retroceso un líquido.
refluence, refluency [rɪ'flʊəns] [ri-fluans], *s.* Reflujo, el estado o calidad de refluente; acción de refluir.
refluent [rɪ'flʊənt] [ri-fluant], *a.* Refluente, que refluye, que vuelve hacia atrás.
reflux ['ri:flʌks] [ri-flaks], *s.* Reflujo, movimiento hacia atrás, o en dirección opuesta; menguante, decadencia.
reforest ['ri:'fɒrɪst] [ri-fo-rist], *va.* Restablecer bosques.
reforestation ['ri:'fɒrɪsteɪʃən] [ri-fo-ris-tei-shon], *s.* Reforestación, restablecimiento de bosques.
reform ['ri:'fɔ:m] [ri-form], *va.* 1. Volver a formar. 2. Reformar, restituir una cosa a su antigua forma. 3. Reformar, corregir, enmendar, cambiar de malo a mejor, o persuadir a otros a que se enmienden; hacer mejor moralmente, librar de malas costumbres. 4. *(Mil.)* Reformar, licenciar parte de las tropas de un ejército, cuerpo, etc. *-vn.* Reformarse, corregirse, enmendarse.
reform, *s.* Reforma, arreglo, cambio favorable y progresivo, especialmente en la administración. **Civil-service reform**, *(E. U.)* reforma en el servicio civil, nacional, o de un Estado particular.
reformation [ˌrefə'meɪʃən] [re-for-mei-shon], *s.* 1. Reforma, el acto de reformar o enmendar, y la calidad de reformado; enmienda en el método de vida o en las maneras. 2. Reforma, la gran revolución religiosa del siglo XVI., que terminó con el establecimiento del protestantismo. 3. Nueva formación, acción y efecto de formar de nuevo.
reformative [ri:'fɔ:mətɪv] [ri-for-ma-tiv], *a.* Reformador, que forma de nuevo.
reformatory [rɪ'fɔ:mətərɪ] [ri-for-ma-to-ri], *a.* Reformatorio, que tiene autoridad o tendencia para producir reforma o enmienda. *-s.* Casa de correción, establecimiento destinado a corregir individuos culpables de delitos; cuando es para jóvenes se llama **reform school**.
reformer ['ri:'fɔ:məʳ] [ri-for-maʳ], *s.* 1. Reformador, reformista. 2. Uno de los que emprendieron la Reforma protestante.
reformist [rɪ'fɔ:mɪst] [ri-for-mist], *s.* Religioso reformado.
refract [rɪ'frækt] [ri-frakt], *va.* Refringir, refractar.
refracted [rɪ'fræktɪd] [ri-frak-tid], *a.* Refracto.
refraction [rɪ'frækʃən] [ri-frak-shon], *s.* Refracción, la desviación del rayo de luz que pasa de un medio a otro de diferente densidad.
refractive [rɪ'fræktɪv] [ri-frak-tiv], *a.* Refringente, que refringe; refractor, que causa refracción.
refractor [rɪ'fræktəʳ] [ri-frak-taʳ], *s.* Telescopio de refracción; refractor.
refractorily [rɪ'fræktərɪlɪ] [ri-frak-to-ri-li], *adv.* Tercamente, obstinadamente, de un modo incorregible.
refractoriness [rɪ'fræktərɪnɪs] [ri-frak-to-ri-nes], *s.* Contumacia, obstinación, terquedad, porfía.
refractory [rɪ'fræktərɪ] [ri-frak-to-ri], *a.* 1. Refractario, contumaz, terco, díscolo, obstinado, indócil, rebelde, incorregible. 2. *(Quím.)* Infundible, que resiste a los medios ordinarios de reducción.
refragable [rɪ'frægəbl] [ri-fra-ga-bol], *a.* Capaz de impugnación, lo que se puede refutar.
refrain [rɪ'freɪn] [ri-frein], *va.* refrenar, contener, reprimir, moderar, detener. *-vn.* Refrenarse, abstenerse de obrar o intervenir, dejar de hacer, contenerse, guardarse de hacer una cosa.
refrain, *s.* Estrambote, estribillo, verso o copla que se repite a intervalos en una canción o estancia.
refrangible [rɪ'frændʒɪbl] [ri-fran-yi-bol], *a.* Capaz de refracción.
refresh [rɪ'freʃ] [ri-fresh], *va.* 1. Refrescar, poner fresco, renovar, volver a dar vigor, vivificar. 2. Refrescar, templar el calor, enfriar. 3. Refrigerar, aliviar, descansar, tomar algún descanso, alivio o recreo. *-vn.* Refrescarse, recobrar nuevas fuerzas, rehacerse.

refresher [rɪ'freʃəʳ] [ri-fre-shaʳ], *s.* Refrescador, refrigerador, el o lo que refresca.
refreshing [rɪ'freʃɪŋ] [ri-fre-shin], *a.* Refrescante, refrigerante; que alivia; a menudo en sentido sarcástico, como **refreshing impudence**, descaro, frescura. *-s.* Refrescadura.
refreshment [rɪ'freʃmənt] [ri-fresh-ment], *s.* 1. Refresco, refrigerio, alivio, lo que da nueva fuerza o vigor. 2. Refresco, alimento moderado que se toma para reparar las fuerzas; agasajo de refrescos, dulces, etc., que se hace en las visitas o reuniones. En este sentido se usa en plural, por regla general.
refrigerant [rɪ'frɪdʒərənt] [ri-fri-ya-rant], *a.* Refrigerante, refrigerativo, que disminuye el calor, que enfría. *-s.* Refrigerante, medicamento o remedio que disminuye el calor.
refrigerate [rɪ'frɪdʒəreɪt] [ri-fri-ya-reit], *va.* Refrigerar, refrescar, hacer que se ponga fría alguna cosa, enfriar.
refrigerating [rɪ'frɪdʒəreɪtɪŋ] [ri-fri-ya-rei-tin], *s.* Refrigeración.
refrigeration [rɪˌfrɪdʒə'reɪʃən] [ri-fri-ya-reishon], *s.* Refrigeración, enfriamiento, acción y efecto de enfriar.
refrigerative [rɪ'frɪdʒərətɪv] [ri-fri-ya-ra-tiv], *a.* Refrigerante. *-s.* Refrigerante.
refrigerator [rɪ'frɪdʒəreɪtəʳ] [ri-fri-ya-rei-taʳ], *s.* 1. Lo que enfría; refrigerador, caja o cuarto para conservar algo frío por medio de hielo; garapiñera. 2. Refrigerante, vaso que rodea el capitel de un alambique para enfriar pronto. **Refrigerator car,** *(F.C.)* carro de refrigeración; furgón provisto de una cámara de hielo para el transporte de artículos maleantes.
refuel ['riː'fjʊəl] [ri-fiual], *vn.* Repostar combustible.
refuge ['refjuːdʒ] [re-fiuch], *s.* 1. Refugio, acogida, amparo, protección contra un peligro o una calamidad. 2. Abrigo, asilo, lo que abriga o protege; plaza fuerte, guarida. 3. Recurso, expediente, subterfugio.
refugee [ˌrefjʊ'dʒiː] [re-fiu-yii], *s.* Refugiado.
refulgence [rɪ'fʌldʒəns] [ri-fal-yans], *s.* Refulgencia, resplandor, claridad, esplendor, brillantez.
refulgent [rɪ'fʌldʒənt] [ri-fal-yant], *a.* Refulgente, brillante, resplandeciente.
refund ['riːfʌnd] [ri-fand], *va.* 1. Restituir; volver a pagar, reembolsar. 2. Consolidar una deuda; reemplazar por un empréstito recién consolidado.
refundable [rɪ'fʌndəbl] [ri-fan-da-bol], *a.* Que se puede restituir o volver a pagar.
refusable [rɪ'fjuːzəbl] [ri-fiu-sa-bol], *a.* Recusable, que se puede recusar.
refusal [rɪ'fjuːzəl] [ri-fiu-sal], *s.* 1. Negativa, repulsa, denegación; desaire. 2. Elección, opción, el privilegio de aceptar o recusar, o rehusar; la preferencia para hacer una cosa.
refuse [rɪ'fjuːz] [ri-fius], *va.* y *vn.* 1. Recusar, negar, no conceder lo que se pide, no consentir, no permitir, no convenir. 2. Rehusar, desechar, no aceptar, repulsar, denegar. 3. Desairar.
refuse ['refjuːz] [re-fius], *s.* Desecho, zupia, desperdicio; sobra, residuo. *-a.* Rechazado, desechado, como sin valor.
refuser [rɪ'fjuːzəʳ] [ri-fiu-saʳ], *s.* El que recusa o rehusa.
refutable [rɪ'fjuːtəbl] [ri-fiu-ta-bol], *a.* Refutable, que puede ser refutado.
refutation [ˌrefjʊ'teɪʃən] [re-fiu-tei-shon], *s.* Refutación.
refute ['refjuːt] [re-fiut], *va.* Refutar, contradecir.
regain [rɪ'geɪn] [ri-guein], *va.* Recobrar, recuperar; volver a ganar lo perdido; ganar de nuevo; conseguir, acercarse otra vez.
regal ['riːgəl] [ri-gal], *a.* Real, regio, perteneciente a un rey; propio de un rey. *-s.* Organillo portátil y muy pequeño del siglo XVI.
regale [rɪ'geɪl] [ri-gueil], *va.* Regalar, agasajar, festejar; recrear, deleitar.
regale, *s.* (*sing.* de REGALIA). 1. Patronato regio, prerrogativa real. 2. *(Ant.)* Banquete, festín suntuoso, jolgorio; regalo; complacencia.
regalement [rɪ'geɪlmənt] [ri-gueil-ment], *s.* Regalo, presente, dádiva.
regalia [rɪ'geɪlɪə] [ri-guei-lia], *s. pl.* 1. Insignias reales. 2. Insignias, distintivos, adornos propios de algunos cuerpos.
regality [rɪ'gælɪtɪ] [ri-ga-li-ti], *s.* Realeza, soberanía, poder soberano.
regally ['riːgəlɪ] [ri-ga-li], *adv.* Soberanamente, como rey, de un modo regio.
regard [rɪ'gɑːd] [ri-gard], *va.* 1. Observar o mirar de cerca, reparar, atender, poner atención. 2. Considerar desde cierto punto de vista, reputar, juzgar, estimar. 3. Estimar, hacer aprecio y estimación de alguno, hacer caso de alguna cosa, apreciar; hacer alto; respetar, venerar. 4. Tocar, pertenecer, tener relación a, concernir, mirar a. **As regards**, tocante a, en cuanto a, por lo que toca a. **As regards that I cannot agree with you**, en cuanto a eso, no puede convenir con usted
regard, *s.* 1. Miramiento, atención, circunspección, consideración. 2. Respeto, veneración, acatamiento. **I profess a great regard for him**, lo estimo mucho. **With regard to what you say**, en cuanto a lo que usted dice. 3. Reputación, fama común. 4. Respecto, relación; con *with* o *in*, y seguido de *to* u *of*. **With regard to, in regard of** o **to**, con relación a, en cuanto a, relativamente a. 5. Consideración, afectos, amistades; fórmula de urbanidad. 6. Mirada. **With the kindest regards**, con la mayor consideración. **My kindest regards**, mil afectos de mi parte. **To have a great regard for**, tener mucha consideración por, hacer gran caso de. **Without any regard to**, sin miramientos. **Regard being had (to)**, atendido que, en vista de.
regardant [rɪ'gɑːdənt] [ri-gar-dant], *a. (Her.)* Mirante.
regarder [rɪ'gɑːdəʳ] [ri-gar-daʳ], *s.* Espectador, mirón.
regardful [rɪ'gɑːdfʊl] [ri-gard-ful], *a.* Atento, circunspecto; cuidadoso.
regardfully [rɪ'gɑːdfʊlɪ] [ri-gard-fu-li], *adv.* Atentamente, respetuosamente.
regarding [rɪ'gɑːdɪŋ] [ri-gar-din], *prep.* Con relación a, relativamente a, en cuanto a. **Anxious regarding his plans**, ansioso en cuanto a sus planes.
regardless [rɪ'gɑːdlɪs] [ri-gard-les], *a.* Descuidado, negligente; desacatado, indiferente.
regardlessly [rɪ'gɑːdlɪslɪ] [ri-gard-les-li], *adv.* Descuidadamente, desatentamente.
regardlessness [rɪ'gɑːdlɪsnɪs] [ri-gard-les-nes], *s.* Descuido, negligencia; desacatamiento. *s.* Regata, contienda entre botes u otras embarcaciones menores, para ganar una apuesta.
regatta [rɪ'gætə] [ri-ga-ta], *sf.* Regata.
regency ['riːdʒənsɪ] [ri-yan-si], *s.* 1. Regencia, el gobierno de un reino cuando el príncipe no puede gobernar por cualquiera causa. 2. Regencia, el gobierno de un regente; también el conjunto de regentes.
regeneracy [ˌrɪdʒə'nerəsɪ] [ri-ye-ne-ra-si], *s.* Regeneración, acción y efecto de regenerar.
regenerate [rɪ'dʒenərɪt] [ri-ye-na-reit], *va.* 1. Regenerar, reproducir. 2. Reengendrar. 3. *(Teol.)* Renovar espiritualmente; infundir buenos principios.
regenerate, *a.* Regenerado, reengendrado; nacido a una nueva vida, renovado espiritualmente.
regenerateness [rɪ'dʒenərɪtnɪs] [ri-ye-na-rit-nes], **regeneration** [rɪˌdʒenə'reɪʃən] [ri-ye-na-rei-shon], regeneración; renacimiento.
regenerative [rɪ'dʒenərətɪv] [ri-ye-ne-ra-tiv], *a.* Regenerador, que regenera.
regeneratory [rɪ'dʒenərətərɪ] [ri-ye-na-ra-to-ri], *a.* Regeneratorio, que tiene la propiedad de regenerar o renovar.
regent ['riːdʒənt] [ri-yent], *a.* 1. Regente, que ejerce autoridad en lugar de otro. 2. Regente, reinante; que rige o gobierna. *-s.* 1. Regente, regenta, el o la que rige un reino en nombre y lugar del rey. 2. Gobernador, gobernante. 3. Regente, miembro de una universidad encargado de ciertas funciones especiales de administración.

regentship ['ri:dʒəntʃɪp] [ri-yent-ship], *s.* Regencia, empleo de regente.
reggae ['regeɪ] [re-guei], *sm.* Reggae.
regicidal ['redʒɪsaɪdl] [re-yi-sai-dal], *a.* Regicida, que mata a un rey o reina; perteneciente al regicidio.
regicide ['redʒɪsaɪd] [re-yi-said], *s.* 1. Regicidio, asesinato de un rey o reina. 2. Regicida, el que mata a un rey o soberano.
régime [reɪ'ʒi:m] [rei-yim], *s.* Régimen, manera o sistema de gobernar; administración particular; sistema social.
regimen ['redʒɪmən] [re-yi-man], *s.* 1. Régimen, dieta, observancia metódica de las prescripciones higiénicas en cuanto a los alimentos, vestidos, ejercicio, etc. 2. Goberno metódico, sujeción, freno. 3. *(Gram.)* Régimen, dependencia mutua que tienen las partes de la oración, expresada con o sin preposiciones, según los casos.
regiment ['redʒɪmənt] [re-yi-mant], *s.* 1. Regimiento, cierto número de compañías de soldados de que es jefe un coronel. 2. *(Des.)* Regimiento, gobierno.
regimental [ˌredʒɪ'mentl] [re-yi-men-tal], *a.* Regimental, perteneciente a un regimiento. **Regimentals**, uniforme militar.
region ['ri:dʒən] [ri-yon], *s.* 1. Región, extensión indefinida aunque considerable (country); área: se dice hablando de la tierra, del aire o del cuerpo humano. 2. Región, país, distrito, comarca; lugar, espacio. 3. *(Anat. y Zool.)* Región, porción del cuerpo.
regional ['ri:dʒənl] [ri-yo-nal], *a.* Regional, perteneciente a una región; local, topográfico.
regionalism ['ri:dʒənəlɪzəm] [ri-yo-na-li-sem], *s.* Regionalismo.
regionalist ['ri:dʒənəlɪst] [ri-yo-na-list], *a.* Regionalista.
register ['redʒɪstə^r] [re-yis-ta^r], *s.* 1. Registro, asiento o apuntamiento de alguna cosa; relación formal u oficial, y el libro que la contiene; rol, lista, archivo, protocolo (list); libro de parroquia. 2. Registrador; escribano de hipotecas. *V.* REGISTRAR. **Register of a ship**, matrícula de navío. **Register-ships**, *(Mar.)* navíos de registro, los que tenían permiso del rey de España para traficar en los puertos de América. 3. Lo que registra; aparato mecánico para registrar ciertos hechos, como la velocidad, la presión, etc.; o para contar el valor de los billetes de pasaje, el dinero cobrado en las tiendas, etc. 4. *(Quím.)* Registro, celosía, placa o plancha de los hornos que sirve para abrirlos o cerrarlos y regular el calor. 5. *(Mús.)* (a) Compás de la voz o de un instrumento; (b) registro, listón de madera que puesto o retirado cambia las voces del órgano. 6. *(Com.)* Certificado de nacionalidad; documento de aduana que contiene la descripción de un buque, su nombre, cabida, nacionalidad, dueños, etc. 7. *(Impr.)* Registro, la correspondencia igual de las dos páginas de una misma hoja. **To sign in the register,** firmar en el registro, registrarse (in hotel). **To call the register,** pasar lista. **Register of votes,** registro electoral.
register, *va.* 1. Registrar, inscribir en un registro o en una lista. 2. Notar según una escala. *-vn.* 1. Inscribir unos un nombre en un registro. 2. *(Impr.)* Estar en un registro. **To register a letter**, certificar una carta.
registered ['redʒɪstəd] [re-yis-tad], *a.* Certificado, registrado (baggage, mail, trademark).
registrar [ˌredʒɪs'trɑ:^{r}] [re-yis-tra^r], *s.* Registrador, el empleado a cuyo cargo está algún registro.
registration [ˌredʒɪs'treɪʃən] [re-yis-trei-shon], *s.* Asiento, registro; empadronamiento, encabezamiento.
registry ['redʒɪstrɪ] [re-yis-tri], *s.* 1. Asiento. 2. Archivo, el lugar en que se guardan papeles o instrumentos. 3. Protocolo, registro.
reglet ['reglɪt] [re-glit], *s.* 1. *(Arq.)* Filete, moldura pequeña. 2. *(Impr.)* corondel, regleta.
regraft [rɪ'græft] [ri-graft], *va.* Ingerir o ingertar de nuevo.
regrant [rɪ'grænt] [ri-grant], *va.* Volver a conceder.
regrate [rɪ'greɪt] [ri-greit], *va.* 1. Antiguamente, monopolizar, hacer monopolio, revender provisiones en el mismo lugar de su primera venta a un precio mayor. 2. Raspar, quitar la superficie exterior de una piedra para darle mejor apariencia.
regress ['ri:gres] [ri-gres], *vn.* 1. Regresar, volver, retornar (come back, turn back). 2. *(Astr.)* Retrogradar, moverse en dirección opuesta a la del movimiento general de los astros.
regression [rɪ'greʃən] [ri-gre-shon], *s.* Regresión, retroceso o el acto de volver atrás.
regressive [rɪ'gresɪv] [ri-gre-siv], *a.* Retrógrado, que vuelve o retorna; retroactivo.
regret [rɪ'gret] [ri-gret], *s.* 1. Pesadumbre, cuidado, sentimiento; dolor al recordar algún acontecimiento pasado; pesar. 2. Compunción, dolor de conciencia, tristeza llena de remordimientos. 3. *pl. (Fam.)* Pésame, recusación; excusa cortés que se da como respuesta a una invitación. **To my great regret,** muy a pesar mío. **I have no regrets,** no me arrepiento.
regret, *vn.* Sentir, tener pena, dolor o pesadumbre; echar de menos (miss).
regrettable [rɪ'gretəbl] [ri-gre-ta-bol], *a.* Que ha de ser sentido; propio para causar pesadumbre.
regular ['regjʊlə^r] [re-guiu-la^r], *a.* 1. Regular, regulado, que es o está ajustado, y conforme a una regla, que está en regla. 2. Arreglado, que guarda regla y orden, gobernado por una regla o reglas, metódico; que vuelve o se repite sin omisión. 3. Regular, conforme a ley o costumbre; autorizado debidamente, permanente. 4. *(Mil.)* Regular, perteneciente a un ejército permanente. **A regular doctor**, un médico titulado; el médico llamado por otros alópata. *-s.* 1. Soldado que pertenece a un ejército permanente. 2. El que está empleado regularmente. 3. Regular, el que vive, bajo una regla en un instituto religioso. **Regular customer,** cliente habitual. **As regular as clockwork**, tan bien ordenado como un reloj. **He is a regular attendant at church on Sundays**, asiste regularmente a la iglesia los domingos. **A person of regular habits,** persona ordenada en sus costumbres. **A regular feast,** un verdadero banquete.
regularity [ˌregjʊ'lærɪtɪ] [re-guiu-la-ri-ti], *s.* Regularidad, conformidad, simetría, método, buen orden.
regularize ['regjʊləraɪz] [re-guiu-la-rais], *vt.* Formalizar, normalizar, regularizar.
regularly ['regjʊləlɪ] [re-guiu-la-li], *adv.* Regularmente.
regulate ['regjʊleɪt] [re-guiu-leit], *va.* 1. Regular, regularizar, arreglar, ordenar, poner y mantener en orden (arrange, settle). 2. Medir, ajustar, dirigir, disciplinar, ajustar según regla y método (direct, run).
regulation [ˌregjʊ'leɪʃən] [re-guiu-lei-shon], *s.* Regulación, arreglo, método; reglamento, orden, regla de conducta o de gobierno; mandato. **Regulation size, length**, tamaño, longitud de reglamento.
regulative ['regjʊlətɪv] [re-guiu-la-tiv], *a.* Reglamentario, regulador, que tiende o sirve para regular.
regulator ['regjʊleɪtə^r] [re-guiu-lei-ta^r], *s.* 1. Regulador; el que regula, arregla u ordena alguna cosa. 2. Regulador, reloj que sirve de norma para el arreglo de los demás relojes. 3. Regulador, mecanismo que en las máquinas sirve para regular el movimiento; índice que acelera o atrasa la marcha de un reloj.
regulus ['regjʊləs] [re-guiu-los], *s.* 1. *(Quím.)* Régulo, la parte más pura de los minerales, que en estado de fusión cae al fondo del crisol. 2. *(Astr.)* Régulo, estrella blanca de primera magnitud en la constelación León.
regurgitate [rɪ'gɜ:dʒɪteɪt] [ri-guer-yi-teit], *va.* Volver a echar, echar otra vez, volver a verter o a trasegar. *-vn. (Med.)* Regurgitar, salirse algún líquido o humor de la parte que le contiene por la mucha abundancia.
regurgitation [rɪ'gɜ:dʒɪ'teɪʃən] [ri-guer-yi-tei-shon], *sf.* Regurgitación.
rehabilitate [ˌri:ə'bɪlɪteɪt] [ria-bi-li-teit], *va.* Rehabilitar, restablecer, reintegrar en su primer estado o capacidad, en sus anteriores derechos, títulos o privilegios.
rehabilitation ['ri:əˌbɪlɪ'teɪʃən] [ria-bi-li-tei-shon], *s.* Rehabilitación.
rehash ['ri:'hæʃ] [ri-jash], *va.* Volver a picar, esto es, dar nueva forma a una cosa (se emplea despreciativamente. *-s.* Algo rehecho con materiales usados antes; fárrago.

rehearsal [rɪ'hɜsəl] [ri-jer-sal], *s.* 1. Repetición, la acción de repetir; recitación, relación. 2. Ensayo, la prueba de una pieza de teatro o de música, por lo común en privado.
rehearse [rɪ'hɜ:s] [ri-jers], *va.* 1. Repetir, recitar, referir. 2. Repasar; ensayar una pieza de teatro o de música, para poder corregirla antes de la representación pública.
reign [reɪn] [rein], *vn.* 1. Reinar, poseer y ejercer el poder soberano. 2. Reinar, dominar, predominar (dominate). 3. Reinar, prevalecer, estar en boga.
reign, *s.* 1. Soberanía, reino, poder soberano. 2. Predominio, dominio, influencia predominante. 3. Reinado, espacio de tiempo en que gobierna un rey o reina. **In/under the reing of,** bajo el reinado de.
reigning ['reɪnɪŋ] [rei-nin], *a.* Reinante, predominante, prevaleciente.
reimburse [ˌri:m'bɜ:s] [rim-bers], *va.* 1. Reembolsar, devolver el dinero desembolsado. 2. Indemnizar.
reimburser [ˌri:m'bɜ:səʳ] [rim-ber-saʳ], *s.* El que reembolsa o indemniza.
reimbursement [ˌri:m'bɜ:smənt] [rim-bers-ment], *s.* Reembolso.
reimpression [ˌri:m'preʃən] [riim-pre-shon], *s.* Reimpresión, impresión repetida; nueva edición. *V.* REPRINT.
rein [reɪn] [rein], *s.* Rienda, tanto en el sentido físico como en el moral; correa de las bridas; *(Fig.)* gobierno, dirección. **To give rein to**, aflojar las riendas, dar licencia para obrar como se quiera. **To take the reins**, tomar las riendas, tomar la dirección del gobierno.
rein, *va.* 1. Gobernar; dirigir por medio de riendas. 2. Refrenar, tener en freno, contener. **Rein back/in,** refrenar.
reincarnate [ˌri:n'kɑ:neɪt] [riin-kar-neit], *vt.* Reencarnar.
reincarnation ['ri:nkɑ:'neɪʃən] [riin-kar-nei-shon], *s.* Reencarnación.
reincorporate [ˌri:n'kɔ:pəreɪt] [riin-kor-po-reit], *va.* Reincorporar, volver a incorporar.
reincorporation [ˌri:nkɔ:pə'reɪʃən] [riin-kor-po-rei-shon], *s.* Reincorporación.
reindeer ['reɪndɪəʳ] [rein-diaʳ], *s.* Reno.
reinfect ['reɪnfekt] [rein-fekt], *va.* Infectar o inficionar de nuevo, volver a inficionar.
reinforce [ˌri:n'fɔ:s] [riin-fors], *va.* *V.* REENFORCE.
reinforcement [ˌri:n'fɔ:smənt] [rein-fors], *s.* *V.* RE-ENFORCEMENT.
reinsert ['ri:n'sɜ:t] [riin-sert], *va.* Insertar o ingerir de nuevo una cosa en otra.
reinstate ['ri:n'steɪt] [riin-steit], *va.* 1. Reinstalar, reintegrar, volver a poner en el estado precedente, restablecer; volver a revestir de autoridad. 2. En los seguros contra incendios, reparar o reponer, en lugar de pagar el valor de la propiedad dañada.
reinsurance ['ri:n'ʃʊərəns] [riin-shua-rans], *s.* Seguro de una propiedad ya asegurada; reparto de un seguro cuantioso entre varias compañías.
reinsure ['ri:n'ʃʊəʳ] [riin-shuaʳ], *va.* Asegurar por segunda vez, volver a asegurar.
reinvest ['ri:n'vest] [riin-vest], *va.* Dar nueva autoridad o renovar la que se dio.
reinvigorate ['ri:n'vɪgəreɪt] [riin-vi-go-reit], *va.* Vigorizar o fortificar de nuevo.
reinvigoration ['ri:nvɪgə'reɪʃən] [riin-vi-go-rei-shon], *s.* El acto de reforzar o vigorizar de nuevo.
reissue ['ri:'ɪʃju:] [ri-ishiu], *va.* 1. Reimprimir (a book, magazine, etc.). 2. Emitir por segunda vez (a film). *-s.* Reimpresión, reaparición.
reiterate ['ri:'ɪtəreɪt] [ri-i-te-reit], *va.* Reiterar, repetir, decir o ejecutar algo repetidas veces (repeat).
reiteratedly ['ri:ˌɪtə'reɪtɪdlɪ] [ri-i-te-rei-tid-li], *adv.* Reiteradamente, repetidas veces.
reiteration [ri:ɪtə'reɪʃən] [rii-te-rei-shon], *s.* Reiteración, repetición.
reiterativ ['ri:'ɪtərətɪv] [ri-i-te-ra-tiv], *a.* Reiterativo.
reject ['ri:dʒekt] [ri-yekt], *va.* 1. Rechazar, rebatir, repulsar (repel, push away). 2. Desechar, no admitir, rehusar, repugnar (decline, refuse); despreciar, desestimar.
rejectable ['ri:dʒektəbl] [ri-yek-ta-bol], *a.* Recusable, inadmisible.
rejecter, rejector ['ri:dʒektəʳ] [ri-yek-taʳ], *s.* El que rechaza, rebate o repugna.
rejection ['ri:dʒekʃən] [ri-yek-shon], *s.* Rechazamiento, desecho, la acción de desechar, rechazar, etc.
rejective ['ri:dʒektɪv] [ri-yek-tiv], *a.* Rechazador, que tiende a rechazar o rehusar.
rejectment ['ri:dʒekt] [ri-yekt], *s.* Desecho, cosa que no sirve; también, rechazamiento.
rejig [rɪ'dʒɪg] [ri-yig], *vt.* Reajustar, recomponer (readjust).
rejoice [rɪ'dʒɔɪs] [ri-yois], *vn.* Regocijarse, recrearse, sentir júbilo, alegría (enjoy). *-va.* Regocijar, alegrar, dar o causar alegría.
rejoicing [rɪ'dʒɔɪsɪŋ] [ri-yoi-sin], *s.* Alegría, fiesta, regocijo, júbilo. *-a.* Gustoso, agradable, divertido, alegre (happy).
rejoin [ri:'dʒɔɪn] [ri-yoin], *va.* Reunirse, volver a juntarse, volver a la compañía de; reunirse después de una separación. *-vn.* 1. Replicar, responder a una respuesta. 2. *(For.)* Contrarreplicar, contestar contradiciendo la réplica del demandador.
rejoinder [rɪ'dʒɔɪndəʳ] [ri-yoin-daʳ], *s.* Respuesta, réplica; contrarréplica. **As a rejoinder to,** como contestación a.
rejoint [ri:'dʒɔɪnt] [ri-yoint], *va.* 1. *(Alb.)* Llenar las degolladuras con mortero. 2. Reponer, reunir las junturas o articulaciones de algo.
rejudge [rɪ'dʒʌdʒ] [ri-yach], *va.* Rever, volver a ver, revistar, examinar o juzgar de nuevo.
rejuvenate [rɪ'dʒu:vɪneɪt] [ri-yu-vi-neit], *va.* Rejuvenecer, remozar.
rejuvenation [rɪˌdʒu:vɪ'neɪʃən] [ri-yu-vi-nei-shon], *s.* Remozamiento, el acto de remozar, de renovar.
rekindle ['ri:'kɪndl] [ri-kin-del], *va.* Volver a encender; inflamar, despertar o excitar de nuevo.
relapse [rɪ'læps] [ri-laps], *vn.* 1. Recaer, volver alguno a adolecer de la enfermedad de que padeció; sufrir una recaída. 2. Recaer, volver a caer en algún error, delito, etc.; reincidir; renegar, pasarse de un culto a otro. **To have a relapse,** tener una recaída *(Med.).*
relapse, *s.* Recaída; reincidencia, repetición de una falta; recidiva de una enfermedad.
relate [rɪ'leɪt] [ri-leit], *va.* 1. Relatar, referir, contar, narrar (tell). 2. Emparentar, contraer parentesco. *-vn.* Estar en relación o asociación de pensamiento o de hecho (be in relation with); tocar, pertenecer, ser concerniente a, referirse.
related [rɪ'leɪtɪd] [ri-lei-tid], *pp.* y *a.* Conexo, que está en relación o enlace (with); emparentado, consanguíneo; del mismo género, de la misma familia.
relater [rɪ'leɪtəʳ] [ri-lei-taʳ], *s.* Relator, el que narra o relata.
relation [rɪ'leɪʃən] [ri-lei-shon], *s.* 1. Relación, respecto; consonancia, conexión, concernencia, interdependencia (relationship, connection). 2. Referencia, alusión. 3. Relación, comunicación o correspondencia de una persona o cosa con otra. 4. Parentesco (family). 5. Pariente, parienta. **All his relations**, toda su parentela. **Near relation**, pariente cercano. 6. Relación, narración. **In relation to,** con relación a, respecto a. **Good relations,** buenas relaciones. **To bear no relation to,** no tener nada que ver con. **Close relation,** pariente cercano.
relational [rɪ'leɪʃənl] [ri-lei-sho-nal], *a.* Relacional.
relationship [rɪ'leɪʃən] [ri-lei-shon], *s.* Parentesco, conexión por consanguinidad o afinidad; estado o calidad de ser emparentado. **Relationship by blood,** consanguinidad.
relative ['relətɪv] [re-la-tiv], *a.* 1. Relativo, que tiene relación con, que se refiere a; pertinente. 2. Relativo, inteligible sólo en relación con otra cosa, que no existe por sí mismo. 3. Relativo, que representa un antecedente. **Relative greatness**, grandeza relativa. *-s.* 1. Pariente, deudo. 2. Pronombre relativo. 3. Cualquier cosa que tiene relación con otra. **With relative ease,** con relativa facilidad.

relatively ['relətɪvlɪ] [re-la-tiv-li], *adv.* Relativamente, por comparación.

relativeness ['relətɪvnɪs] [re-la-tiv-nes], *s.* El estado de lo que tiene relación con otra cosa.

relativism ['relətɪvɪzəm] [re-la-ti-vi-sem], *s.* Relativismo.

relativist ['relətɪvɪst] [re-la-ti-vist], *s.* Relativista.

relativistic [ˌrelətɪ'vɪstɪk] [re-la-ti-vis-tik], *s.* Relativista.

relativity [ˌrelə'tɪvɪtɪ] [re-la-ti-vi-ti], *s.* Relatividad. **Theory of relativity**, teoría de la relatividad.

relaunch ['riː'lɔntʃ] [ri-lonch], *va.* Relanzar.

relax [rɪ'læks] [ri-laks], *va.* 1. Relajar, aflojar, laxar; ablandar. 2. Aflojar, soltar lo que estaba tirante. 3. Relajar, anular o relevar de alguna obligación. 4. Relajar, esparcirse o divertir el ánimo, solazar. 5. Relajar, disminuir la pena o castigo. 6. Abrir; desatar. 7. Aliviar el estreñimiento. 8. Hacer lánguido, languidecer. *-vn.* Aflojar, ceder o perder algo de su rigor o serveridad. **To relax one's muscles,** relajar o aflojar los músculos. **Relax!,** ¡cálmate!, ¡tranquilo!

relaxant [rɪ'læksənt] [ri-lak-sant], *a.* Relajante.

relaxation [ˌriːlæk'seɪʃən] [ri-lak-sei-shon], *s.* 1. Aflojamiento, flojedad de lo que estaba tirante. 2. Relajación, descanso o intermisión en algún trabajo o tarea; descanso, reposo, recreo, distracción, mitigación, lenidad. 3. Relajamiento de nervios, músculos, etc. **To take some relaxation,** relajarse, esparcirse.

relay ['riːleɪ] [ri-lei], *s.* 1. Relevo. 2. Remuda. 3. Carrera de relevos. 4. Tramo (in a race). 5. Posta. 6. *(Elec.)* Relevador, relé. *-va.* Reexpedir. **Relay race,** carrera de relevos.

release [rɪ'liːs] [ri-lis], *va.* 1. Soltar, dar libertad a un preso (free). 2. Libertar, poner en libertad. 3. Libertar, eximir de alguna obligación; ceder, condonar, remitir; relajar, aflojar, relevar, apartarse, renunciar; eximir, exonerar. 4. Aliviar los dolores, los pesares. **To release someone on bail,** poner en libertad bajo fianza.

release, *s.* 1. Libertad, soltura (freedom). 2. Remisión de una pena; alivio en los sufrimientos, en los pesares; aligeramiento final de algo opresivo. 3. Descargo, exoneración de una obligación; el recibo de una deuda firmado por el acreedor; finiquito. 4. Un modo de traspasar la posesión de cualquier heredad. 5. Cesión (of a right); abandono de una pretensión. 6. Disparo, lanzamiento (shot). **Deed of release**, acta de cesión. **A release of gaz,** un escape de gas. **To be on general release,** exhibirse en todos los cines (film).

relegate ['relɪgeɪt] [re-li-gueit], *va.* Desterrar, relegar; colocar en posición inferior u obscura; apartar.

relegation [ˌrelɪ'geɪʃən] [re-li-guei-shon], *s.* Relegación, como a obscuridad, destierro.

relent [rɪ'lent] [ri-lent], *vn.* 1. Apiadarse, compadecerse, enternecerse (pity, be sorry on), ceder, aplacarse, desenojarse. 2. *(Des.)* Relentecer, ponerse tierna y blanda alguna cosa, ablandarse, templarse. **His heart relents**, su corazón se enternece.

relenting [rɪ'lentɪŋ] [ri-len-tin], *a.* Enternecido, dispuesto a enternecerse o a ceder. *-s.* Enternecimiento, desenojo; sentimiento de compasión.

relentless [rɪ'lentlɪs] [ri-lent-les], *a.* Despiadado, empedernido, implacable, inexorable.

relentlessly [rɪ'lentlɪslɪ] [ri-lent-les-li], *adv.* Inexorablemente, de manera implacable.

relessee, relessor [rɪ'lɪsiː] [ri-li-si] [rɪ'lesəʳ] [ri-le-saʳ], *s. V.* RELEASEE, RELEASOR. (Formas irregulares.)

relet [rɪ'let] [ri-let], *vt.* Realquilar.

relevance ['reləvəns] [re-le-vans], *s.* Cualidad de pertinente o aplicable; aplicabilidad.

relevant ['reləvənt] [re-le-vant], *a.* 1. Pertinente, a propósito, aplicable, apropiado. 2. Que alivia o auxilia.

reliability, [rɪˌlaɪə'bɪlɪtɪ] [re-laia-bi-li-ti], *s.* Calidad del que o de lo que es digno de confianza.

reliable [rɪ'laɪəbl] [ri-laia-bol], *a.* Seguro, digno de confianza, confiable; discreto, prudente, de sano juicio.

reliance [rɪ'laɪəns] [ri-laians], *s.* Confianza, seguridad.

reliant [rɪ'laɪənt] [ri-laiant], *a.* Confiado, particularmente el que tiene confianza en sí mismo.

relic ['relɪk] [re-lik], *s.* 1. Reliquia, residuo o resto de lo que ha desaparecido o está destruido. 2. Reliquia, cosa apreciada en memoria de alguien fallecido, como un santo o mártir.

relict ['relɪkt] [re-likt], *s.* Viuda (widow).

relief [rɪ'liːf] [ri-lif], *s.* 1. Alivio, alejamiento completo o parcial de un mal que aflige el cuerpo o el ánimo; aligeramiento (alleviation). 2. Consuelo, socorro, ayuda caritativa (help); lo que alivia el pesar; refuerzo. 3. *(Mil.)* Relevo, mudanza de centinela. 4. Desgravio, satisfacción o compensación de la injuria u ofensa recibida; reparación. 5. Relieve, realce, en obras de escultura o arquitectura; labor o figura que resalta en una superficie plana. 6. Parte que aparentemente se destaca en una pintura. 7. Elevación de una persona; hecho u objeto que descuella. **High relief, low relief**, alto relieve, bajo relieve. **To stand in bold relief**, resaltar vigorosamente. **Indoor relief**, socorro dado a los indigentes en una casa de caridad. **Outdoor relief**, socorro a domicilio. **By way of light relief,** a modo de diversión. **That's a relief!,** ¡menos mal!

relievable [rɪ'liːvəbl] [ri-li-va-bol], *a.* Consolable, capaz de alivio.

relieve [rɪ'liːv] [ri-liv], *va.* 1. Relevar, remediar, socorrer (help, repair), librar completa o parcialmente de algo doloroso u opresivo, o de sus efectos. 2. Aliviar, consolar. 3. *(Mil.)* Relevar (sentry). 4. Desagraviar, hacer justicia. 5. Mitigar, suavizar, vivificar el estilo o lenguaje. 6. Poner en relieve, hacer resaltar una labor o figura. **To feel relieved,** sentirse aliviado. **To relieve one's feelings,** desahogarse.

reliever [rɪ'liːvəʳ] [ri-li-vaʳ], *s.* El que socorre o releva.

relight [rɪ'laɪt] [ri-lait], *va.* Volver a encender o encender de nuevo. *-vn.* Volver a desmontarse de un caballo; volver a bajarse de un carruaje.

religion [rɪ'lɪdʒən] [ri-li-yon], *s.* Religión, culto que se tributa a Dios y el conjunto de creencias religiosas de un individuo o de un país.

religionary [rɪ'lɪdʒənərɪ] [ri-li-yo-na-ri], *a.* Religioso, perteneciente a la religión.

religious [rɪ'lɪdʒəs] [ri-li-yos], *a.* 1. Religioso, pío, devoto. 2. Perteneciente o que se refiere a una religión. 3. Verdadereamnete fiel, concienzudo. 4. Religioso, perteneciente a una orden monástica.

religiously [rɪ'lɪdʒəslɪ] [ri-li-yos-li], *adv.* Religiosamente; exactamente, puntualmente.

religiousness [rɪ'lɪdʒəsnɪs] [ri-li-yos-nes], *s.* Religiosidad, piedad, moralidad religiosa.

relinquish [rɪ'lɪŋkwɪʃ] [ri-lin-kuish], *va.* 1. Abandonar, dejar, ceder. 2. Dejar de demandar o pretender; resignar, renunciar (a).

relinquishment [rɪ'lɪŋkwɪʃmənt] [ri-lin-kuish-ment], *s.* Abandono, dejación, cesión.

reliquary ['relɪkwərɪ] [re-li-kua-ri], *s.* 1. Relicario, la caja o lugar en que se guardan las reliquias de los santos. 2. *(For.)* El que después de haber presentado sus cuentas resulta deudor de cierta suma; el que paga poco a poco.

relish ['relɪʃ] [re-lish], *s.* 1. Gusto, apetencia, sabor (taste). 2. Gusto agradable de los alimentos o bebidas; *(Fig.)* cualidad que hace a una cosa agradable; afición, entusiasmo (liking). 3. Sabor (flavor). 4. Cata, la porción pequeña de alguna cosa que se da para catar o probar. **A relish for good literature**, un gusto por la buena literatura. **He has no relish for studying**, no le agrada estudiar. **To do something with relish,** hacer algo de buena gana.

relish, *va.* 1. Saborear, dar sabor, gusto o sainete a las cosas. 2. Gustar de, tener afición a alguna cosa. *-vn.* 1. Saber bien, tener buen gusto; ser sabroso. 2. Gustar, agradar. **I don't relish the plan,** no me gusta el plan. **Do you relish some dancing?,** ¿te apetece ir a bailar?

relishable ['relɪʃəbl] [re-li-sha-bol], *a.* Gustoso, sabroso, apetitoso.

relive ['riː'lɪv] [ri-liv], *vn.* Revivir, vivir de nuevo.

relocate ['riːləʊ'keɪt] [ri-lou-keit], *va.* Establecer de nuevo, colocar en un nuevo lugar.

relocation [riːləʊ'keɪʃən] [ri-lou-kei-shon], *s.* Nueva colocación.

reluctance [rɪ'lʌktəns] [ri-lak-tans], *s.* Repugnancia; desgana, disgusto, mala gana. **With reluctance**, de mala gana.

reluctant [rɪ'lʌktənt] [ri-lak-tant], *a.* Repugnante, que no quiere, que no tiene ganas; no dispuesto a ceder; que obra con repugnancia.

rely [rɪ'laɪ] [ri-lai], *vn.* Confiar en, tener confianza en, contar con (trust on); asegurarse de, fiarse en o de; se usa con *on o upon.* **Do not rely upon them**, no se fíe usted de ellos, no cuente usted con ellos. **We are relaying on you,** contamos con usted.

remain [rɪ'meɪn] [ri-mein], *vn.* 1. Quedar, restar, faltar; quedarse atrás después del alejamiento o de la destrucción de otras personas o cosas; quedarse solo. 2. Remanecer, permanecer, persistir, continuar en un estado determinado. **Few remain,** quedan pocos. **They remained a fortnight in Caracas**, se quedaron quince días en Caracas. **She still remains a maiden**, aún permanece soltera o aún no se ha casado. **To remain still,** quedarse de pie. **It only remains to tell you**, sólo resta decirle a usted o sólo tengo ya que decir a usted

remainder [rɪ'meɪndəʳ] [ri-mein-daʳ], *s.* Resto, residuo, resta, alcance. *-a.* Restante, que queda de una cantidad, de una cuenta, etc.

remains [rɪ'meɪnz] [ri-meins], *s. pl.* 1. Cadáver, el cuerpo muerto del hombre. 2. Sobras, restos, reliquias. 3. Las obras póstumas de un autor. 4. Esqueletos humanos; ruinas.

remake [rɪ'meɪk] [ri-meik], *va.* Rehacer, volver a hacer, hacer de nuevo.

remand [rɪ'mɑːnd] [ri-mand], *va.* 1. Volver a llamar; traer o enviar a alguno al paraje donde había estado antes. 2. *(For.)* Volver a enviar a la prisión; enviar a otro tribunal.

remand, remandment [rɪ'mɑːndmənt] [ri-mand-ment], *s.* Nuevo envío a la prisión; mandato judicial para el traslado a otro tribunal.

remark [rɪ'mɑːk] [ri-mark], *s.* Observación, advertencia, nota, reparo.

remark, *va.* 1. Expresar con palabras o por escrito; hacer observaciones; señalar, distinguir (mark) 2. Notar, observar; reparar (notice).

remarkable [rɪ'mɑːkəbl] [ri-mar-ka-bol], *a.* Reparable, notable, interesante, considerable o digno de consideración o atención; extraordinario, poco común, que puede excitar admiración.

remarkableness [rɪˌmɑː'kəblnɪs] [ri-mar-ka-bol-nes], *s.* Singularidad; la calidad que hace a una cosa notable o digna de atención particular.

remarkably [rɪ'mɑːkəblɪ] [ri-mar-ka-bli], *adv.* Notablemente, extraordinariamente.

remarker [rɪ'mɑːkəʳ] [ri-mar-kaʳ], *s.* Observador; anotador.

remarriage ['riː'mærɪdʒ] [ri-ma-rich], *s.* Segundas nupcias.

remarry ['riː'mærɪ] [ri-ma-ri], *va.* y *vn.* Casar o casarse de nuevo; volver a casar o casarse.

remediable ['rɪ'miːdɪəbl] [ri-mi-dia-bol], *a.* Remediable; curable.

remedial ['rɪ'miːdɪəl] [ri-mi-dial], *a.* Reparador; de la naturaleza de un remedio.

remediless ['rɪ'miːdɪlɪs] [ri-mi-di-les], *a.* Irremediable, sin recurso; incurable; irreparable.

remedy ['remədɪ] [re-me-di], *s.* 1. Remedio, medicamento. **It is past remedy**, no tiene remedio; es incurable. 2. Remedio, el medio que se toma para reparar algún daño; recurso. **To have no remedy at law,** no tener recurso legal.

remedy, *va.* Curar, sanar, remediar, reparar. **That's soon remedied,** eso es fácil de remediar.

remember [rɪ'membəʳ] [ri-mem-baʳ], *s. va.* 1. Acordarse, tener presente o retener en la memoria, rememorar. 2. Acordarse, hacer memoria. 3. Mentar, hacer mención de alguna cosa; recordar, traer a la memoria. *-vn.* Acordarse. **Remember me to her**, déle usted recuerdos de mi parte. **To remember someone in one's will,** mencionar a alguien en su testamento. **I don't remember hearing it,** no recuerdo haberlo oído.

rememberer [rɪ'membərəʳ] [ri-mem-ba-raʳ], *s.* Recordante.

remembrance [rɪ'membrəns] [ri-mem-brans], *s.* 1. Memoria, retentiva. **To call to remembrance**, traer a la memoria; acordarse de alguna cosa. 2. Relación o apuntamiento de. 3. Recuerdo, aviso. 4. Memoria, recuerdo, señal.

remind [rɪ'maɪnd] [ri-maind], *va.* Acordar, recordar, avisar, excitar y mover a otro a que tenga presente alguna cosa; poner en la memoria; reavivar la memoria.

reminder [rɪ'maɪndəʳ] [ri-main-daʳ], *s.* Recuerdo, lo que trae algo a la memoria; advertencia.

remindful [rɪ'maɪndfʊl] [ri-maind-ful], *a.* 1. Rememorativo, que sirve para hacer recordar; que sirve de aviso. 2. Atento, cuidadoso, vigilante.

reminisce [ˌremɪ'nɪs] [re-mi-nis], *vn.* Tener reminiscencias, narrar recuerdos.

reminiscence [ˌremɪ'nɪsəns] [re-mi-ni-sens], *s.* Reminiscencia.

reminiscent [ˌremɪ'nɪsənt] [re-mi-ni-sent], *a.* Que recuerda lo pasado.

reminiscential [ˌremɪnɪ'senʃəl] [re-mi-ni-sen-shal], *a.* Perteneciente a la reminiscencia.

remiss [rɪ'mɪs] [ri-mis], *a.* Remiso, flojo, lento, perezoso, negligente; falto de energía. **Remiss in duty**, lento, negligente en cumplir con su deber. **To grow remiss**, entibiarse, aflojar.

remissibility [rɪˌmɪsɪ'bɪlɪtɪ] [ri-mi-si-bi-li-ti], *s.* Calidad de remisible o perdonable.

remissible [rɪ'mɪsɪbl] [ri-mi-si-bol], *a.* Remisible, perdonable.

remission [rɪ'mɪʃən] [ri-mi-shon], *s.* 1. Remisión, la acción de remitir; particularmente, remisión, perdón, absolución de culpa o delito. 2. Remisión, disminución o mengua de actividad o fuerza. 3. *(Med.)* Remisión, disminución temporal del rigor de una enfermedad. 4. Rebaja, minoración, v.g. de una multa. 5. Descanso en el trabajo o estudio. 6. Remesa. *V.* REMITTANCE. **Remission of sins,** remisión de los pecados.

remissly [rɪ'mɪslɪ] [ri-mis-li], *adv.* Flojamente, negligentemente.

remissness [rɪ'mɪsnɪs] [ri-mis-nes], *s.* Remisión, flojedad, negligencia y poca solicitud en la ejecución de alguna cosa.

remissory [rɪ'mɪsərɪ] [ri-mi-so-ri], *a.* Remisorio, que tiene virtud o facultad para remitir o perdonar.

remit [rɪ'mɪt] [ri-mit], *va.* 1. Remitir, enviar dinero de una parte a otra; transmitir. 2. Remitir, perdonar culpas, hacer gracia. 3. Exonerar, eximir de una multa u otra pena; dejar de exigir. 4. Relajar, aflojar. 5. Referir, someter a la consideración de otro. *-vn.* 1. Enviar dinero; hacer remesas. 2. Disminuir; debilitarse, hacerse más llevadera alguna cosa; bajar, templarse, suavizarse. **The fever begins to remit**, la calentura empieza a bajar.

remitment [rɪ'mɪtmənt] [ri-mit-ment], *s.* Remisión, acción y efecto de remitir; gracia, perdón, exoneración; remesa.

remittal [rɪ'mɪtl] [ri-mi-tal], *s.* 1. Cesión, renuncia, abandono (renunciation). 2. Remesa. *V.* REMITTANCE.

remittance [rɪ'mɪtəns] [ri-mi-tans], *s.* Remesa, la remisión de dinero o valores que se hace de una parte a otra; letra de cambio; también los valores enviados.

remittent [rɪ'mɪtənt] [ri-mi-tant], *a.* Remitente, que tiene aumentos y disminuciones alternativas sin cesación completa, v. g. una fiebre. *-s.* Fiebre o calentura remitente.

remitter [rɪ'mɪtəʳ] [ri-mi-taʳ], *s.* 1. Remitente, el que hace una remesa; el que compra una libranza postal. 2. *(For.)* Restitución, v. g. a un derecho o título anterior.

remix [ˌriː'mɪks] [ri-miks], *sm. (Mús.)* Remix.

remnant ['remnənt] [rem-nant], *s.* Remanente, resto, residuo; retal, retazo de alguna tela.

remodel ['riː'mɒdl] [ri-mo-del], *va.* Modelar de nuevo; reconstruir.

remonstrance [rɪ'mɒnstrəns] [ri-mons-trans], *s.* 1. Representación, súplica motivada, el acto de hacer reconvenciones. 2. Reprensión, amonestación, reconvención. 3. La custodia o viril en que se pone la hostia en las iglesias católicas. *V.* MONSTRANCE.

remonstrant [rɪ'mɒnstrənt] [ri-mons-trant], *a.* Motivado, que contiene motivos o razones eficaces. *-s.* El que representa a lo vivo; protestante.

remonstrate [rɪ'mɒnstreɪt] [ri-mons-treit], *vn.* Representar a lo vivo; objetar, reconvenir, oponer, presentar razones contra.

remora [rɪ'mɒrə] [ri-mo-ra], *s.* 1. Rémora (fish). 2. Un instrumento de cirugía usado antiguamente.

remorse [rɪ'mɔːs] [ri-mors], *s.* 1. Remordimiento, compunción (regret), dolor que se siente por haber cometido una mala acción. 2. *(For.)* Compasión, piedad (pity). **To feel remorse,** arrepentirse, compadecerse.

remorseful [rɪ'mɔːsfʊl] [ri-mors-ful], *a.* Lleno de remordimientos; tierno, compasivo.

remorseless [rɪ'mɔːslɪs] [ri-mors-les], *a.* Cruel, insensible a los remordimientos.

remorselessly [rɪ'mɔːslɪslɪ] [ri-mors-lis-li], *adv.* Sin remordimiento, sin piedad.

remorselessness [rɪ'mɔːslɪsnɪs] [ri-mors-les-nes], *s.* Crueldad, apatía ante la desgracia.

remote [rɪ'məʊt] [ri-mout], *a.* 1. Remoto. 2. Lejano. 3. Ajeno. 4. Leve, mínimo. 5. Inabordable. **Remote control**, telemando, teledirección. **To operate by remote control**, teledirigir, teleguiar. **Remote viewing,** clarividencia. **In some remote future,** en un futuro lejano.

remote-control [rɪ'məʊtlən'trəʊl] [ri-mout-kon-troul], *a.* Teledirigido, teleguiado.

remotely [rɪ'məʊtlɪ] [ri-mout-li], *adv.* Remotamente, lejos, a lo lejos.

remoteness [rɪ'məʊtnɪs] [ri-mout-nes], *s.* Alejamiento, distancia.

remount ['riː'maʊnt] [ri-maunt], *va.* 1. Remontar, volver a montar, subir de nuevo. 2. *(Mil.)* Remontar, hacer la remonta, dar nuevos caballos a los soldados. *-vn.* Volver a subir.

removability [rɪˌmuːvə'bɪlɪtɪ] [ri-mu-va-bi-li-ti], *s.* 1. Movilidad, facultad de moverse. 2. Amovilidad, calidad de amovible.

removable [rɪ'muːvəbl] [ri-mu-va-bol], *a.* 1. Removible, que se puede remover o alejar; transportable. 2. Amovible (persons).

removal [rɪ'muːvəl] [ri-mu-val], *s.* 1. Remoción, acto y efecto de remover; removimiento; alejamiento, apartamiento; traslado de un lugar a otro. 2. Cambio de lugar; cambio de morada. 3. Deposición. 4. Alivio, curación, quite. 5. Acto de poner fin o término a alguna cosa. **From our removal from Havana**, desde nuestra salida de la Habana. **A removal to a new post,** un traslado a un nuevo puesto. **Removal allowance,** subvención de mudanza.

remove [rɪ'muːv] [ri-muv], *va.* 1. Remover, alejar, mudar una cosa de un lugar a otro; alzar o levantar la casa. 2. Remover, deponer del empleo o destino. 3. Alejar, apartar; quitar (threat, waste). 4. Destruir, poner fin, hacer desaparecer (do away with). *-vn.* Mudarse, trasladarse de un paraje a otro, alejarse, apartarse, cambiar de sitio, cambiar de habitación. **Remove that chair**, quite usted esa silla. **We must remove him from his post**, es menester destituirle de su puesto. **They will remove on the first of May**, cambiarán de casa el primero de mayo. **Cousin once removed,** hijo o hija de un primo carnal, sobrino segundo.

remove, *s.* 1. Cambio de puesto o paraje, mudanza, mudada. 2. Partida, el acto de partir de un lugar para ir a otro. 3. Escalón, el grado que se sube en dignidad. 4. Grado de parentesco; grado, paso, intervalo. 5. Plato o entrada de una comida.

remover [rɪ'muːvəʳ] [ri-mu-vaʳ], *s.* El que remueve.

remunerable [rɪ'mjuːnəreɪbl] [ri-miu-na-rei-bol], *a.* Remunerable, capaz o digno de recompensa.

remunerate [rɪ'mjuːnəreɪt] [ri-miu-na-reit], *va.* Remunerar, recompensar, premiar.

remuneration [rɪˌmjuːnə'reɪʃən] [ri-miu-na-rei-shon], *s.* Remuneración, recompensa, retribución.

remunerative [rɪ'mjuːnərətɪv] [ri-miu-na-ra-tiv], *a.* Remuneratorio; ganancioso, provechoso, lucrativo.

remunerator [rɪ'mjuːnəreɪtəʳ] [ri-miu-na-rei-taʳ], *s.* Remunerador.

renaissance [rə'nɛsɑːns] [re-ne-sans], *s.* 1. Renacimiento, vuelta a la vida. 2. Renacimiento (arts, literature).

renal ['riːnl] [ri-nal], *a.* Renal, que pertenece a los riñones.

renascence, renascency [rɪ'næsəns] [ri-ne-sans], *s.* 1. Renacimiento. 2. *V.* RENAISSANCE, 2ª acep.

renascent [rɪ'næsənt] [ri-ne-sant], *a.* Renaciente.

rencounter [rɪn'kəntəʳ] [rin-kan-taʳ], *s.* 1. Reencuentro, choque, combate, refriega. 2. Quimera, pendencia, riña casual, colisión hostil repentina.

rencounter, *va.* y *vn.* 1. Encontrar, hallar impensadamente. 2. Encontrarse al enemigo de repente, embestirse, acomterse, atacarse.

rend ['rend] [rend], *va.* y *vn.* 1. Lacerar, hacer pedazos, desgarrar, rasgar, hender. 2. Separar, desunir. 3. Remover a viva fuerza; arrancar.

rend, *s.* *(Mar.)* Costura de los tablones.

render ['rendəʳ] [ren-daʳ], *s.* 1. Desgarrador. 2. Pago de un arriendo o alquiler.

render, *va.* 1. Hacer, cambiar dando un carácter determinado. 2. Dar, suministrar, prestar, rendir (give, supply). 3. Interpretar, v. g. una composicón musical. 4. Traducir (translate). 5. Volver, devolver, restituir (give back). 6. Derretir y clarificar. 7. Aplicar algo a una pared, v. g. la primera capa de yeso. **To render thanks to God**, dar gracias a Dios. **To render an account,** pasar factura. **To render assistance to**, prestar auxilio a. **To render justice**, hacer justicia. **To render smooth**, alisar. **To render into Spanish**, traducir al castellano. **This rends it impossible,** esto lo hace imposible. **To render down,** derretir. **To render up,** entregar, dejar, ceder.

rendering ['rendərɪŋ] [ren-da-rin], *s.* 1. Acción de dar, devolver o asignar. 2. Traducción, versión. 3. Interpretación artística. 4. Acto de derretir y clarificar. **Rendering-pan**, caldera para extraer la manteca.

rendezvous ['rɒndɪvuː] [ran-di-vu], *s.* 1. Cita para concurrir en un día u hora convenida a un lugar o sitio previamente señalado. 2. Lugar señalado para juntarse o reunirse.

rendezvous, *vn.* Acudir, juntarse, reunirse en paraje y hora señalados.

rendible ['rendɪbl] [ren-di-bol], *a.* Que puede ser desgarrado o lacerado.

rending ['rendɪŋ] [ren-din], *s.* Quebranto, dolor o pesar agudo.

rendition [ren'dɪʃən] [ren-di-shon], *s.* 1. Versión, traducción. 2. Interpretación artística. 3. Rendición, acción de rendirse. 4. La cantidad producida, rédito.

renegade ['renɪgeɪd] [re-ni-gueid], *s.* 1. Renegado, apóstata de su fe religiosa. 2. Desertor. 3. Vagabundo, perdido.

renege, renig [rɪ'niːg] [ri-nig], *vn.* En los naipes, renuncia.

renew [rɪ'njuː] [ri-niu], *va.* y *vn.* 1. Renovar, renovarse, hacer o hacerse nuevo. 2. Hacer, comenzar de nuevo; hacer revivir. 3. *(Teol.)* Regenerar espiritualmente. **To renew one's strength,** renovar fuerzas.

renewable [rɪ'njuːəbl] [ri-niua-bol], *a.* Renovable.

renewal [rɪ'njuːəl] [ri-niual], *s.* Renovación.

reniform ['renɪfɔːm] [re-ni-form], *a.* Reniforme, que se parece a un riñón o tiene su figura.

rennet ['renɪt] [re-nit], *s.* 1. Cuajo. 2. Cuajaleche, cardo lechero. 3. Quimosina.

renominate [rɪ'nɒmɪneɪt] [ri-no-mi-neit], *va.* Nombrar de nuevo, particularmente, para un segundo período del mismo cargo o empleo.

renounce [rɪ'naʊns] [ri-nauns], *va.* 1. Renunciar. 2. Rechazar, negar, renegar, abandonar, abjurar (abandon, beat off). 3. En los naipes, no jugar carta de un palo, teniéndola.

renouncement [rɪ'naʊnsmənt] [ri-nauns-ment], *s.* Renuncia.

renovate ['renəʊveɪt] [re-nou-veit], *va.* 1. Renovar. 2. Limpiar enteramente, purificar.

renovation [ˌrenəʊ'veɪʃən] [re-nou-vei-shon], *s.* Renovación, acción y efecto de renovar; limpiadura; en teología, regeneración.
renovator ['renəʊveɪtə[r]] [re-nou-vei-ta[r]], *s.* Renovador, el o lo que renueva.
renown [rɪ'naʊn] [ri-naun], *s.* Renombre, fama, gloria, reputación, celebridad. **A man of renown**, un hombre célebre.
rent [rent] [rent], *s.* 1. Renta; arrendamiento; alquiler, arriendo; también, el derecho de recibir esa compensación. 2. Desgarrón, rasgón, desgarro; rotura, rompimiento; cisma. **Rent-free**, *adv.* Sin pagar alquiler. **Rent-day**, día de pagar el alquiler o arrendamiento. **Rent rebate,** devolución de alquiler. **To rent a house,** alquilar una casa a alguien.
rent, *va.* 1. Arrendar, tomar en arrendamiento alguna renta o posesión. 2. Arrendar, dar en arriendo, alquilar.
rentable ['rentəbl] [ren-ta-bol], *a.* Arrendable.
rental ['rentl] [ren-tal], **rent-roll** ['rentrəʊl] [rent-roul], *s.* 1. Renta, arriendo, producto total de una propiedad alquilada. 2. Lista de rentas.
renter ['rentə[r]] [ren-ta[r]], *s.* Rentero, arrendador, alquilador.
renunciation [rɪˌnʌnsɪ'eɪʃən] [ri-nan-siei-shon], *s.* Renuncia, renunciación.
reopen ['riː'əʊpən] [ri-ou-pen], *va.* Volver a abrir.
reorder ['riː'ɔːdə[r]] [ri-or-da[r]], *va.* 1. Volver a pedir o encargar. 2. Arreglar, ordenar.
reorganization ['riːˌɔːgənaɪ'zeɪʃən] [rior-ga-na-isei-shon], *s.* Reorganización.
reorganize ['riː'ɔːgənaɪz] [rior-ga-nais], *va.* Reorganizar.
rep [rep] [rep], *s.* Cierto tejido de superficie cordelada.
repack ['riː'pæk] [ri-pak], *vt.* Reembalar, reenvasar; volver a hacer (suitcase).
repair [rɪ'pɛə[r]] [ri-pea[r]], *va.* 1. Reparar, componer, aderezar, recorrer. **To repair a house**, reparar, recorrer una casa. 2. Resarcir, recompensar. 3. Suplir, cumplir lo que falta; acudir, aplicar, embonar, restaurar, renovar; *(Mar.)* carenar.
repair, *vn.* 1. Ir a alguna parte, encaminarse a, irse; retirarse, refugiarse. 2. Volver; dirigirse a, recurrir a.
repair, *s.* 1. Reparo, reparación, restauración, compostura. 2. Recorrida, embonada o reparo del casco de una embarcación. 3. *(Ant.)* Morada, asilo, guarida. **Out of repair,** descompuesto. **Repair-shop,** taller de reparaciones, particularmente de las máquinas.
repairable [rɪ'pɛərəbl] [ri-pea-ra-bol], *a.* Reparable.
repairer [rɪ'pɛərə[r]] [ri-pea-ra[r]], *s.* Reparador.
reparation [ˌrepə'reɪʃən] [re-pa-rei-shon], *s.* 1. Reparación, renovación. 2. Recompensa; satisfacción, compensación.
reparative [rɪ'pɛərətɪv] [ri-pea-ra-tiv], *a.* Reparativo, restaurativo, que tiene virtud de reparar o restaurar.
repartee [ˌrepɑː'tiː] [re-par-tii], *s.* Respuesta o réplica aguda o picante; agudeza, chiste, donaire; gracia.
repartition [ˌrepə'tɪʃən] [re-pa-ti-shon], *s.* Repartimiento, repartición.
repass ['riː'pɑːs] [ri-pas], *va.* Repasar, volver a pasar; pasar en dirección opuesta.
repassage ['riː'pɑːsɪdʒ] [ri-pa-sich], *s.* Libertad o permiso de pasar.
repast ['riː'pɑːst] [ri-past], *s.* Refrigerio, comida, alimento. **Light repast**, colación. **To make a light repast**, tomar un refrigerio; hacer colación, tomar un pisto.
repatriate ['riː'pætrɪət] [ri-pa-trieit], *va.* Repatriar, enviar o conducir a su patria al que está fuera de ella.
repay [riː'peɪ] [ri-pei], *va.* Volver a pagar, recompensar, retornar, restituir; reconocer un beneficio recibido, dar un equivalente; pagar en la misma moneda. *-vn.* Hacer un pago, dar satisfacción o desquite. **It repays visit,** merece la pena visitarlo. **To repay someone in full,** pagar a alguien todo lo que se le debe, liquidar las cuentas con alguien.
repayable [riː'peɪəbl] [ri-peia-bol], *a.* Reintegrable, reembolsable. **Repayable on demand,** reembolsable a petición. **Repayable in 12 instalments,** a pagar en 12 cuotas.
repayment [riː'peɪmənt] [ri-pei-ment], *s.* Pago, devolución de lo comprado o gastado.
repeal [rɪ'piːl] [ri-pil], *va.* Abrogar, anular, revocar, abolir, como una ley (annul, cancel).
repeal, *s.* Revocación, abrogación, anulación.
repealable [rɪ'piːləbl] [ri-pi-la-bol], *a.* Revocable, anulable, abrogable, capaz de ser abrogado.
repealer [rɪ'piːlə[r]] [ri-pi-la[r]], *s.* Revocador, anulador.
repeat [rɪ'piːt] [ri-pit], *s.* *(Mús.)* Repetición, línea de puntos que se pone en la pauta para indicar que un trozo de música debe ejecutarse dos veces. **Repeat broadcast,** retransmisión.
repeat, *va.* 1. Repetir, volver a hacer o decir; reiterar. 2. Recitar de memoria, repasar, ensayar. **Don't repeat it to anybody,** no se lo cuentes a nadie. **Can you repeat the design of this car?,** ¿puede hacer un coche igual que éste?
repeatedly [rɪ'piːtɪdlɪ] [ri-pi-tid-li], *adv.* Repetidamente, repetidas veces.
repeater [rɪ'piːtə[r]] [ri-pi-ta[r]], *s.* 1. Repetidor. 2. Reloj de repetición. 3. Arma (gun) de repetición. 4. Repetidor, instrumento para transmitir de nuevo señales telegráficas. 5. *(E.U.)* El que vota o procura votar más de una vez en la misma elección.
repeating [rɪ'piːtɪŋ] [ri-pi-tin], *a.* Periódico *(Mat.)*.
repel [rɪ'pel] [ri-pel], *va.* 1. Repeler, rechazar, hacer retroceder por fuerza; refutar. 2. Repeler, alejar; lo contrario de atraer. 3. *(Med.)* Repercutir los humores. *-vn.* Rechazar, resistir; tener una cualidad o tendencia repulsiva.
repellent [rɪ'pelənt] [ri-pe-lent], *a.* 1. Repelente, que repele o rechaza. 2. A prueba de agua, impermeable. *-s.* 1. Impermeable, tela. 2. *(Med.)* Remedio repercusivo. **Repellent to insects,** que ahuyenta a los insectos.
repent [rɪ'pent] [ri-pent], *a.* *(Zool.)* Rastrero, que se arrastra; *(Bot.)* que echa raíces desde un tallo horizontal.
repent, *va.* y *vn.* Arrepentirse (de), tener pesar de haber hecho alguna cosa ofensiva o de haber pecado. **You will repent it**, le pesará a usted.
repentance [rɪ'pentəns] [ri-pen-tans], *s.* Arrepentimiento, penitencia, contrición.
repentant [rɪ'pentənt] [ri-pen-tant], *a.* Arrepentido, que se arrepiente, contrito.
repenting [rɪ'pentəntɪŋ] [ri-pen-tin], *s.* Arrepentimiento.
repentingly [rɪ'pentɪŋlɪ] [ri-pen-tin-li], *adv.* Con pesar o arrepentimiento.
repeople ['riː'piːpl] [ri-pi-pol], *va.* Repoblar, volver a poblar.
repercuss [rɪ'pəkəs] [ri-per-kos], *va.* Repercutir, reverberar, rechazar.
repercussion [ˌriːpə'kʌʃən] [ri-per-ka-shon], *s.* Repercusión, reverberación (vibration), rechazo; frecuente reiteración del mismo tono, nota o acorde.
repercussive [rɪ'pəkəsɪv] [ri-per-ka-siv], *a.* Repercusivo
repertoire ['repətwɑː[r]] [re-par-tua[r]], *s. V.* REPERTORY, 2ª acep.
repertory ['repətərɪ] [re-per-to-ri], *s.* 1. Depósito, lugar donde se recogen las cosas; colección. 2. Repertorio, reportorio, lista de obras dramáticas o musicales que están por representar. 3. Tabla en que las cosas están dispuestas de tal modo que se pueden hallar fácilmente; lista, índice.
repetition [ˌrepɪ'tɪʃən] [re-pi-ti-shon], *s.* Repetición, reiteración; repaso; acción de repetir y lo que se repite.
rephrase [rɪ'freɪs] [ri-freis], *vt.* Decir de otra forma, expresar con otras palabras.
repine [rɪ'paɪn] [ri-pain], *vn.* Afligirse, apurarse, quejarse, murmurar, ser muy dado a hallar o poner faltas.
repiner [rɪ'paɪnə[r]] [ri-pai-na[r]], *s.* Murmurador, sentidor, triste, melancólico.
repining [rɪ'paɪnɪŋ] [ri-pai-nin], *s.* Pesar; murmuración, queja, descontento, quejoso.
replace [rɪ'pleɪs] [ri-pleis], *va.* 1. Reemplazar (take the place of). 2. Reponer, colocar (put). 3. Poner un substituto en lugar de otra persona. 4. Devolver, reembolsar (give back); restituir. 5. Colocar en otro lugar. **Please, replace the receiver,** cuelgue, por favor (phone). **She had to be replaced,** tuvo que ser destituida.
replaceable [rɪ'pleɪsəbl] [ri-plei-sa-bol], *a.* Reemplazable, que se puede reemplazar o reponer.

replacement [rɪ'pleɪsmənt] [ri-pleis-ment], *s.* 1. Remplazo, reposición, reintegración. 2. Colocación en su lugar. 3. Pieza de repuesto. 4. Substitución. **Replacement engine,** motor de repuesto.

replait [rɪ'pleɪt] [ri-pleit], *va.* Plegar repetidas veces.

replant [riː'plɑːnt] [ri-plant], *va.* Replantar, plantar de nuevo.

replay [rɪ'pleɪ] [ri-plei], *nf.* Repetición (on TV); desempate, partido para desempatar (Sports).

replenish [rɪ'plenɪʃ] [ri-ple-nish], *va.* Rellenar, llenar, surtir generosamente (refill); proveer con abundancia.

replenishment [rɪ'plenɪʃmənt] [ri-ple-nish-ment], *s.* Acción y efecto dellenar, proveer, o surtir.

replete [rɪ'pliːt] [ri-plit], *a.* Relleno, repleto, lleno (full). **Replete with**, lleno de.

repletion [rɪ'pliːʃən] [ri-pli-shon], **repleteness** [rɪ'pliːtnɪs] [ri-plit-nes], *s.* Repleción, plenitud.

replica ['replɪkə] [re-pli-ka], *s.* 1. (Fine Arts) Duplicado ejecutado por el artista mismo y que se considera como original. 2. *(Mús.)* Pasaje que se ha de ejecutar segunda vez.

replicant ['replɪkənt] [re-pli-kant], *s.* Replicador, replicante, el que responde.

replicate ['replɪˌkeɪt] [re-pli-keit], *a.* Replegado, plegado hacia atrás.

replication ['replɪˌkeɪʃən] [re-pli-kei-shon], *s.* 1. Réplica, respuesta (answer). 2. *(For.)* Réplica del actor contradiciendo la respuesta del demandado. 3. Una repetición o copia. 4. Pliegue sistemático de una superficie.

reply [rɪ'plaɪ] [ri-plai], *s.* Réplica, respuesta, contestación.

reply, *va.* 1. Contestar, responder a lo que se habla o escribe. 2. Replicar, instar, argüir con otro.

repoint [rɪ'pɔɪnt] [ri-point], *vt.* Rejuntar.

repopulate ['riːˌpɒpjʊleɪt] [ri-po-piu-leit], *vt.* Repoblar.

report [rɪ'pɔːt] [ri-port], *va.* 1. Esparcir, divulgar (circulate, spread); referir, contar (tell); informar, hacer relación, dar parte, noticia, o hacer exposición; manifestar (say). 2. Relatar, dar cuenta por razón de observación o indagación personal. 3. Certificar, formal u oficalmente (un resultado, una condición). *-vn.* 1. Hacer relación, dar parte. 2. Servir como reporter o noticiero. 3. *(E.U.)* Comparecer en un paraje señalado, o ante alguien y anunciarse. **It is reported**, corre la voz, se dice. **To be reported o reported of**, ser objeto de informes favorables o desfavorables. **To report progress**, exponer el estado de la cuestión.

report, *s.* 1. Relación, parte, noticia, manifiesto, anuncio, informe (announcement, statement). 2. Voz, rumor, opinión (rumour). **Flying report**, noticia volandera, suelta. **There was a report of his arrival**, corrió la voz de su llegada. **By report**, según se dice. 3. Fama, reputación pública. 4. Relación de pleitos o causas. 5. **Report of fire-arms**, estallido, tiro, trueno. **Report of a gun**, un cañonazo. **Report of a musket**, un escopetazo. **Report of a pistol**, un pistoletazo, un trabucazo. 6. Declaración de efectos hecha en la aduana. **Reported speech,** discurso indirecto. **There is a report that,** corre la voz de que, se rumorea que. **To know something by report,** saber algo de oídas. **He reports for the X newspaper,** es reportero del periódico X. **To report back to someone,** rendir cuentas a alguien, informar. **A comittee was set up to report on the matter,** se creó una comisión para investigar el asunto. **Report back inmediately!,** ¡preséntese inmediatamente!

reportage [ˌrepɔː'tɑːʒ] [re-por-tash], *sm.* Reportaje.

reporter [rɪ'pɔːtə^r] [ri-por-ta^r], *s.* 1. Taquígrafo, repórter, el que busca y recoge noticias para los periódicos. 2. Relator, redactor de las causas o pleitos importantes en los tribunales. **Reporter's gallery**, tribuna de los taquígrafos o de los periodistas (en una asamblea legislativa).

repose [rɪ'pəʊz] [ri-pous], *va.* 1. Extender en una postura de descanso; reponer por medio del descanso. 2. Fijar, fiar, confiar, poner su confianza o esperanza en. *-vn.* 1. Reposar, dormir, descansar. 2. Estar seguro, tener seguridad; fiarse de. 3. Tenderse a la larga, reclinarse, recostarse.

repose, *s.* 1. Reposo, descanso, tranquilidad, sueño (rest, sleep). 2. Calma, quietud; moderación en los modales.

reposite [rɪ'pɒzɪt] [ri-po-sit], *va.* Depositar, reponer.

reposition [ˌrɪpɒ'zɪʃən] [ri-po-si-shon], *s.* Reposición, restablecimiento.

repository [rɪ'pɒzɪtərɪ] [ri-po-si-to-ri], *s.* Repositorio, depósito, despensa, lugar en que se pueden guardar géneros; también, lugar de exhibición y venta, almacén, tienda.

repossess ['riːpə'zes] [ri-po-ses], *va.* Recobrar, recuperar (recover). **To repossess oneself of**, volver a tomar posesión de algo.

repossession ['riːpə'zeʃən] [ri-po-se-shon], *s.* reposesión, recuperación de una posesión.

reprehend [ˌreprɪ'hend] [re-pri-jend], *va.* Reprender, reñir, censurar, tachar.

reprehender [ˌreprɪ'hendə^r] [re-pri-jen-da^r], *s.* Reprensor.

reprehensible [ˌreprɪ'hensɪbl] [re-pri-jen-si-bol], *a.* Reprensible, censurable.

reprehensibly [ˌreprɪ'hensɪblɪ] [re-pri-jen-si-bli], *adv.* Censurablemente.

reprehension [ˌreprɪ'henʃən] [re-pri-jen-shon], *s.* Reprensión, amonestación, censura.

reprehensive [ˌreprɪ'hensɪv] [re-pri-jen-siv], *a.* Reprensor, que indica o contiene una reprensión, propenso a reprender, a reconvenir.

represent [ˌreprɪ'zent] [re-pri-sent], *va.* 1. Representar, manifestar, describir, por medio de palabras, cuadros o personificaciones (describe); hacer el papel de; recitar en público. 2. Presentar de nuevo a la mente. 3. Estar en lugar de otro, hacer las veces de, ser apoderado de alguien.

represent, *va.* Presentar de nuevo, en particular de un modo diferente.

representable [ˌreprɪ'zentəbl] [re-pri-sen-ta-bol], *a.* Representable, que se puede representar; digno de representación.

representation [ˌreprɪzen'teɪʃən] [re-pri-sen-tei-shon], *s.* 1. Representación, acción y efecto de representar (show). 2. Lo que representa o exhibe algo por medio de semejanza, como un modelo, una figura, un cuadro, una descripción o ejecución de una obra dramática. 3. Derecho de hacer las veces de otro; también el derecho de ser representado en una asamblea legislativa. 4. Asamblea de representación. 5. Representación, manifestación, aserto, afirmación (revealing, show). **To make representation,** quejarse, presentar una petición o una queja.

representative [ˌreprɪ'zentətɪv] [re-pri-sen-ta-tiv], *a.* 1. Representativo, apto o autorizado para representar; que sirve para representar; típico. 2. Representante, que hace las veces de otro, que hace el papel de delegado o agente. *-s.* 1. Representante, el que representa a una persona ausente; delegado nombrado por elección para un cuerpo legislativo; en los Estados Unidos, miembro de la cámara popular del Congreso o de la Legislatura de un estado. 2. Símbolo, tipo, ejemplo típico (example). **A person not fully representative,** una persona no adecuada para representar a algo.

representatively [ˌreprɪ'zentətɪvlɪ] [re-pri-sen-ta-tiv-li], *adv.* Por delegación o poder, como representante.

representer [ˌreprɪ'zentə^r] [re-pri-sen-ta^r], *s.* Representante.

repress [rɪ'pres] [ri-pres], *va.* Sojuzgar, sujetar, reprimir, domar.

repression [rɪ'preʃən] [ri-pre-shon], *s.* Represión, la acción y efecto de represar o de reprimir.

repressive [rɪ'presɪv] [ri-pre-siv], *a.* Represivo, que sirve para reprimir o refrenar.

reprieve [rɪ'priːv] [ri-priv], *va.* 1. Suspender la ejecución de una sentencia de muerte. 2. Aliviar, o libertar temporalmente de peligro, pena o dolor.

reprieve, *s.* 1. La dilación o la suspensión temporal en la imposición de un castigo. 2. Suspensión temporal del dolor.

reprimand ['reprɪmɑːnd] [re-pri-mand], *va.* Reprender, corregir (correct, repress); reñir, y especialmente censurar; reconvenir en público.

reprint ['riːprɪnt] [ri-print], *va.* Reimprimir, imprimir de nuevo.

reprint, *s.* Reimpresión, nueva edición de una obra; copia hecha en otro país.
reprisal [rɪ'praɪzəl] [ri-prai-sal], *s.* Represalia.
reprise [rɪ'pri:z] [ri-pris], *s.* 1. Represalia. 2. Estribillo de copla.
reproach [rɪ'prəʊtʃ] [ri-prouch], *va.* Reprochar, vituperar, increpar, reconvenir (censure, upbraid), echar en cara; vituperar, afear, censurar. **They were reproached as devoid of courage**, se les increpó por su falta de valor. **What have they to reproach him with?**, ¿qué tienen que echarle en cara?
reproach, *s.* Reproche, oprobio; tacha, nota, infamia, causa de reproche o culpa; vituperación, reconvención, increpación. **Free from reproach**, exento de tacha o faltas. **This is a reproach to us,** esto es deshonroso para nosotros. **Beyond reproach,** intachable.
reproachable [rɪ'prəʊtʃəbl] [ri-prou-cha-bol], *a.* Censurable, reprensible, digno de reproche o increpación.
reproachful [rɪ'prəʊtʃfʊl] [ri-prouch-ful], *a.* Que contiene o expresa reproche, improperio, tacha o reconvención; increpador, injurioso; ceñudo; infame. **A reproachful look**, una mirada reprochadora, ceñuda. **Reproachful words**, palabras injuriosas. **Reproachful life**, vida infame o licenciosa.
reproachfully [rɪ'prəʊtʃfəlɪ] [ri-prouch-fu-li], *adv.* De una manera increpadora, por vía de improperio u oprobio; con ceño, con reproche.
reproachfulness [rɪ'prəʊtʃfənɪs] [ri-prouch-ful-nes], *s.* Calidad de lo que es digno de reproche; reconvención; ceño; oprobio, disposición a improperar o vituperar.
reprobate ['reprəʊbeɪt] [re-prou-beit], *a.* 1. Malvado, vicioso, abandonado a los vicios; privado de todo sentimiento del deber, réprobo. 2. *(Ant.)* Falso, de mala ley; bajo, inferior.
reprobate, *va.* Reprobar, condenar; desaprobar, no aprobar.
reprobation [ˌreprəʊ'beɪʃən] [re-prou-bei-shon], *s.* Reprobación, desaprobación, condenación.
reprobative, ['reprəʊbətɪv] [re-prou-ba-tiv], *a.* Reprobador, reprobatorio, que reprueba.
reproduce [ˌri:prə'dju:s] [ri-pro-dius], *va.* Reproducir, volver a producir o producir de nuevo.
reproduction [ˌri:prə'dʌkʃən] [ri-pro-dak-shon], *s.* 1. Reproducción, el acto o poder de reproducir: (a) en biología, reproducción, generación de animales o plantas; (b) reminiscencia, el procedimiento de la memoria que presenta de nuevo al conocimiento interior objetos conocidos anteriormente. 2. Reproducción, la cosa reproducida; renacimiento del drama; copia, traslado del original, en las bellas artes. **Reproduction furniture,** mobiliario de estilo.
reproductive, reproductory [ˌri:prə'dʌktɪv] [ri-pro-dak-tiv], *a.* Reproductivo, reproductor, perteneciente a la reproducción; empleado en la reproducción física o mental.
reprographic [ˌri:prə'græfɪk] [ri-pro-gra-fik], *sf.* Reprografía.
reproof [ˌri:'pru:f] [ri-pruf], *s.* Improperio, reprensión, censura, tacha echada en cara a uno, peluca. **To administer a reproof,** reñir, reprender.
reprovable [ˌri:'pru:vəbl] [ri-pru-va-bol], *a.* Censurable, tachable, reprensible.
reproval [rɪ'pru:vəl] [ri-pru-val], *sf.* Reprobación.
reprove [rɪ'pru:v] [ri-pruv], *va.* 1. Culpar, censurar autoritativa, directa y abiertamente (blame). 2. Acusar, expresar desaprobación (de un acto o hecho); reprender, condenar. 3. *(Ant.)* Convencer.
reprover [rɪ'pru:vər] [ri-pru-var], *s.* Reprensor, censor.
reptant ['reptənt] [rep-tant], *a.* Rastrero, que se arrastra.
reptile ['reptaɪl] [rep-tail], *a.* 1. Reptil, que camina rozando la tiera con el vientre. 2. Bajo, taimado, vil; venenoso. *-s.* 1. Reptil. 2. Persona vil y baja.
reptilian [rep'tɪlɪən] [rep-ti-lian], *a.* De reptil, perteneciente a los reptiles.
reptilious [rep'tɪlɪəs] [rep-ti-lios], *a.* Semejante a un reptil.
republic [rɪ'pʌblɪk] [ri-pa-blik], *s.* 1. República. 2. Comunidad de personas.
republican [rɪ'pʌblɪkən] [ri-pa-bli-kan], *a.* y *s.* Republicano.
republicanism [rɪ'pʌblɪkənɪzəm] [ri-pa-bli-ka-ni-sem], *s.* 1. Republicanismo, sistema republicano de gobierno. 2. Predilección por los principios republicanos. 3. Política del partido republicano de los Estados Unidos.
republication [ri:pʌblɪ'keɪʃən] [ri-pa-bli-kei-shon], *s.* 1. Segunda o nueva publicación; copia hecha en otro país. 2. Renovación de un testamento.
republish [rɪ'pʌblɪʃ] [ri-pa-blish], *va.* Publicar de nuevo.
repudiable [rɪ'pju:dɪəbl] [ri-piu-dia-bol], *a.* Repudiable.
repudiate [rɪ'pju:dɪeɪt] [ri-piu-dieit], *va.* 1. Repudiar (hate); renunciar, echar o lanzar de sí. 2. Repeler a la mujer propia.
repudiation [rɪˌpju:dɪ'eɪʃən] [ri-piu-diei-shon], *s.* Repudiación, repudio.
repugnance [rɪ'pʌgnəns] [ri-pag-nans], **repugnancy** [rɪ'pʌgnənsɪ] [ri-pag-nan-si], *s.* Repugnancia, desgana, aversión (reluctance).
repugnant [rɪ'pʌgnənt] [ri-pag-nant], *a.* Repugnante, contrario, incompatible, opuesto; inconsistente.
repugnantly [rɪ'pʌgnəntlɪ] [ri-pag-nant-li], *adv.* Con repugnancia, de muy mala gana.
repulse [rɪ'pʌls] [ri-pals], *s.* Repulsa, rechazo, rehuso; sofión.
repulse, *va.* Repulsar, desechar, repeler.
repulsion [rɪ'pʌlʃən] [ri-pal-shon], *s.* 1. *(Fís.)* Repulsión. 2. Estado de ser repulsado; aversión, repugnancia, mala acogida.
repulsive [rɪ'pʌlsɪv] [ri-pal-siv], *a.* Repulsivo, repugnante, chocante, que rechaza, que causa aversión.
repulsiveness [rɪ'pʌlsɪvnɪs] [ri-pal-siv-nes], *s.* Carácter repugnante, chocante; lo que rechaza toda familiaridad.
reputable [rɪ'pjʊtəbl] [ri-piu-ta-bol], *a.* 1. Honroso, decoroso, honorífico, estimable (decent, proper), digno de estimación. 2. Lícito, exento de tacha. **Reputable conduct**, conducta decorosa, exenta de tacha.
reputably [rɪ'pjʊtəblɪ] [ri-piu-ta-bli], *adv.* Honrosamente, con decoro.
reputation [ˌrepjʊ'teɪʃən] [re-piu-tei-shon], *s.* Reputación buena o mala; estimación, fama, crédito, nombre, renombre, nombradía. **To ruin anybody's reputation**, dar mala reputación a alguien. **Of no reputation**, sin reputación. **A firm of reputation,** una empresa acreditada. **By reputation,** según se dice.
repute [rɪ'pju:t] [ri-piut], *va.* Reputar, estimar, juzgar, tener por. **To be reputed**, pasar por, tener fama de, ser juzgado como. **Reputed father**, padre putativo.
repute, *s.* Fama, crédito, reputación, estimación; opinión común. **In good repute**, de buena reputación. **In evil repute**, de mala fama.
reputedly [rɪ'pju:tɪdlɪ] [ri-piu-tid-li], *adv.* Según la opinión común.
request [rɪ'kwest] [ri-kuest], *s.* 1. Petición, ruego, súplica, encargo, instancia, solicitud (petition, plea). 2. Crédito, estimación, boga. **At the request of,** a petición, a solicitud de. **In request**, en boga, en crédito; en lenguaje comercial, pedido, buscado. **At the request of,** a instancia de, a petición de. **To play a song by request,** tocar una canción a petición del público.
request, *va.* Rogar, pedir, suplicar, encargar, solicitar. **To request an answer**, pedir una contestación, una respuesta.
requicken [rɪ'kwɪkn] [ri-kui-ken], *va.* Reanimar, hacer revivir.
requiem ['rekwɪem] [re-kuiem], *s.* 1. Misa de requiem o de difuntos. 2. Descanso, paz, quietud.
requirable [rɪ'kwaɪəbl] [ri-kuaia-bol], *a.* Que se puede requerir o solicitar.
require [rɪ'kwaɪər] [ri-kuaiar], *va.* 1. Requerir, demandar, solicitar, pedir alguna cosa como de derecho. 2. Requerir, necesitar, exigir; haber menester o hallar indispensable. **To require one to report**, requerir de alguno que dé informes sobre algo. **The work will require money and men**, la obra exigirá dinero y hombres. **This plants requires watering frequently,** esta planta hay que regarla con frecuencia. **If required,** en caso de necesidad.
requirement [rɪ'kwaɪəmənt] [ri-kuaia-ment], *s.* Demanda, requerimiento, el acto de pedir con autoridad; requisito, lo

que se requiere para alguna cosa, necesidad. **The requirements of health**, los cuidados que exige la salud. **Our requirements are few,** con poco nos arreglamos, tenemos pocas necesidades.

requirer [rɪ'kwaɪərəʳ] [ri-kuaia-raʳ], *s.* Requeridor, solicitador.

requisite ['rekwɪzɪt] [re-kui-sit], *a.* Necesario, preciso, indispensable. *-s.* Requisito.

requisiteness ['rekwɪzɪtnɪs] [re-kui-sit-nes], *s.* Necesidad, precisión.

requisition [ˌrekwɪ'zɪʃən] [re-kui-si-shon], *s.* 1. Pedimento, petición, demanda formal, requisición (plea). 2. Necesidad, requisito, menester (need). 3. Cualidad de ser solicitado, boga. **In requisition**, en boga; pedido, buscado. 4. *(For.)* Requisitoria, requerimiento, pedido.

requisitory ['rekwɪzɪtərɪ] [re-kui-si-to-ri], *a.* 1. Que implica una petición, demanda o súplica. 2. (Poco us.) Demandado, pedido, solicitado.

requital [rɪ'kwaɪtl] [ri-kuai-tal], *s.* 1. Retorno, paga, satisfacción, compensación por lo bueno o lo malo; desquite, pena del talión. **In requital of**, en pago, en compensación de. 2. Premio, galardón, recompensa.

requite [rɪ'kwaɪt] [ri-kuait], *va.* 1. Retornar, pagar en la misma moneda, volver satisfaciendo o recompensando; desquitar, vengar una injuria. 2. Reconocer, pagar, recompensar. **He requited me evil for good**, me ha devuelto mal por bien.

reredos ['rɪədɒs] [ria-dos], *s.* 1. Retable, adorno arquitectónico, que se coloca detrás de un altar. 2. Placa de hierro que se pone en el fondo de un hogar o chimenea.

reroute ['riː'ruːt] [ri-rut], *va.* Reenrumbar, reencaminar.

rerun ['riː'rʌn] [ri-ran], *s.* Repetición, por ejemplo de una película.

resale ['riː'seɪl] [ri-seil], *sf.* Reventa.

rescind [rɪ'sɪnd] [ri-sind], *va.* Rescindir, anular, abrogar.

rescission [rɪ'sɪʒən] [ri-si-shon], *s.* Rescisión, anulación, abrogación.

rescissory [rɪ'sɪsərɪ] [ri-si-so-ri], *a.* *(For.)* Rescisorio, que tiene el poder de rescindir.

rescribe ['rɪskraɪb] [ris-kraib], *va.* *(Des.)* 1. Rescribir, contestar. 2. Volver a escribir la misma cosa.

rescript ['rɪskrɪpt] [ris-kript], *s.* Rescripto, edicto.

rescuable ['reskjuːəbl] [res-kiua-bol], *a.* Que puede ser rescatado o librado de algún peligro o riesgo.

rescue ['reskjuː] [res-kiu], *va.* Librar, libertar (free); recobrar, rescatar (ransom); preservar, sacar de algún peligro o riesgo. *(Fam.)* Quitar o sacar de las manos. **To come to the rescue of,** acudir al rescate de. **Rescue dig,** excavación de urgencia. **Rescue vessel,** buque de salvamento. **Rescue team,** equipo de salvamento.

rescue, *s.* Libramiento, recobro; la acción de libertar con violencia a un preso; socorro, preservación de un peligro o de un enemigo.

rescuer ['reskjuːəʳ] [res-kiuaʳ], *s.* Librador, libertador, salvador.

research [rɪ'sɜːtʃ] [ri-serch], *s.* Escudriñamiento, averiguación o examen diligente de una cosa; investigación sistemática y científica. **Research and development,** investigación y desarrollo. **A piece of research,** una investigación. **Research team,** equipo de investigación.

research, *va.* y *vn.* Buscar, investigar. **A well researched study,** un estudio bien preparado.

researcher [rɪ'sɜːtʃəʳ] [ri-ser-chaʳ], *s.* Científico investigador, rebuscador.

reseat [ˌriː'siːt] [ri-sit], *va.* 1. Sentar o asentar de nuevo. 2. Poner un fondo o asiento nuevo. **To reseat a chair**, poner asiento nuevo a una silla.

resect [riː'sekt] [ri-sekt], *va.* Acortar, cercenar, cortar una porción de (un hueso o nervio).

resection [riː'sekʃən] [ri-sek-shon], *s.* Acortamiento, resección, operación de cortar una porción de un hueso o nervio.

resemblance [rɪ'zembləns] [ri-sem-blans], *s.* Semejanza, similitud, conformidad (likeness, similarity); lo que se asemeja, imagen exterior; retrato fiel. **To bear no resemblance to somebody,** no parecerse en absoluto.

resemble [rɪ'zembl] [ri-sem-bel], *va.* 1. Asemejarse, parecerse. **He resembles his father**, se parece a su padre. 2. *(Des.)* Asemejar; comparar, poner en paralelo. **She doesn't resemble her sister,** no se parece a su hermana.

resent [rɪ'zent] [ri-sent], *va.* Resentirse, dar muestras de sentimiento o pesar; encolerizarse, tomar una cosa como injuria o afrenta, indignarse. **I don't resent your saying it,** no me ofende que lo digas. **I resent that!**, ¡protesto contra eso!

resenter [rɪ'zentəʳ] [ri-sen-taʳ], *s.* El que se resiente de un agravio.

resentful [rɪ'zentfʊl] [ri-sent-ful], *a.* Enfadadizo, vidrioso, el que se enfada con facilidad; resentido.

resentment [rɪ'zentmənt] [ri-sent-ment], *s.* Resentimiento, enojo y mala voluntad en vista del mal verdadero o supuesto hecho contra sí mismo o los amigos de uno; disgusto profundo y persistente, desazón, pesar.

reservation [ˌrezə'veɪʃən] [re-sa-vei-shon], *s.* 1. Reservación, acción y efecto de reservar, y la cosa reservada (booking). 2. Restricción mental, segunda intención, pensamiento secreto, lo que sobreentiende cautelosamente el que habla. 3. Reserva, reservación; término forense. 4. Separación o destino de una porción designada de territorio, bajo las leyes territoriales de los Estados Unidos, para un uso particular, v. g. para residencia de una tribu de indios; también, el territorio así reservado. **I had reservations about it,** tenía algunas dudas sobre ello. **To make a reservation,** hacer una reserva, reservar (hotel, restaurant, ...).

reserve [rɪ'zɜːv] [ri-serv], *va.* 1. Reservar (book), guardar para adelante, guardar alguna cosa para otra ocasión. 2. Tener por suyo, retener, conservar. 3. Exceptuar, excluir de alguna cosa concedida o estipulada. **He reserves the right to,** se reserva el derecho de.

reserve, *s.* 1. Reserva, reservación, guarda o custodia de una cosa para otro tiempo o uso; reservación de tierras. 2. Reserva, circunspección, cautela, silencio en lo que a uno se refiere (restriction); reticencia; recato, modestia. 3. Reservación, excepción. 4. *(Mil.)* Reserva, retén. **Reserve fund,** fondo de reserva. **Without reserve**, sin reserva, sin excepción, enteramente. **To play in the reserves,** jugar de suplente *(Sports)*.

reserved [rɪ'zɜːvd] [ri-servd], *a.* 1. Reservado, modesto, cauteloso, circunspecto, discreto, distante. 2. Retenido, guardado, preservado.

reservedly [rɪ'zɜːvdlɪ] [ri-servd-li], *adv.* Reservadamente, bajo sigilo; con reserva, con cautela.

reservedness [rɪ'zɜːvdnɪs] [ri-servd-nes], *s.* Reserva, cautela, circunspección, recato.

reserver [rɪ'zɜːvəʳ] [ri-ser-vaʳ], *s.* El que reserva.

reservist [rɪ'zɜːvɪst] [ri-ser-vist], *a.* Soldado de reserva.

reservoir [rɪ'zɜːvʊəʳ] [ri-ser-vuaʳ], *s.* Depósito, regularmente de agua, que puede ser charca, estanque, arca o algibe; por extensión se da también este nombre al depósito de cualquier otra cosa.

reset ['riː'set] [ri-set], *va.* Poner, colocar o fijar de nuevo. *-s.* Acción de poner o fijar otra vez; o lo que está fijado o puesto de nuevo.

reset, *va.* *(Der. esco.)* Recibir objetos hurtados.

resettle ['riː'setl] [ri-se-tel], *va.* Restablecer, repoblar, poblar de nuevo. *-vn.* Restablecerse, poblarse, fijarse de nuevo. **To resettle in the same parish**, fijarse de nuevo en la misma parroquia.

resettlement ['riː'setlmənt] [ri-se-tel-ment], *s.* Restablecimiento, repoblación.

reshape ['riː'ʃeɪp] [ri-sheip], *vt.* Reformar, rehacer.

reside [rɪ'zaɪd] [ri-said], *vn.* 1. Residir, morar en algún lugar. 2. Residir, estar o formar parte de, ser inherente.

residence ['rezɪdəns] [re-si-dans], *s.* 1. Residencia, morada, domicilio (living, stay), habitación o lugar donde se vive. 2. El acto de residir, o la calidad de residente; vecindad.

Certificate of residence, carta de vecindad; certificación de residencia. **A doctor in residence,** un médico interno. **To take up one's residence,** establecerse, fijar su residencia.
residency ['rezɪdənsɪ] [re-si-dan-si], *s. V.* RESIDENCE.
resident ['rezɪdənt] [re-si-dent], *a.* 1. Residente, que reside o mora en un lugar. 2. Permanente, no migratorio; se dice de las aves. 3. Inherente. *-s.* 1. El que o la que reside, en cualquier sentido; particularmente, vecinio, el que tiene casa y hogar en un pueblo, habitante. 2. Residente: se llama así el ministro que reside en alguna corte extranjera, sin el carácter de embajador. **To be resident in a village,** residir en un pueblo. **Residents association,** asociación de vecinos.
residential [ˌrezɪ'denʃəl] [re-si-den-shal], *a.* Residencial.
resider [rɪ'saɪdə^r] [ri-sai-da^r], *s.* Residente, morador, habitante.
residual [rɪ'zɪdjʊəl] [ri-si-diual], **residuary** [rɪ'zɪdjʊərɪ] [ri-si-diua-ri], *a.* 1. Restante, perteneciente a un residuo, de la naturaleza de un residuo; lo que queda cuando han desaparecido todas las cosas de un mismo género, o todas las causas conocidas. **Residual magnetism**, magnetismo restante, el que queda después de suprimida la fuerza imanante. 2. **Residuary**, *(For.)* que está en relación con el resto de una herencia o que se refiere a él. **Residuary legatee**, legatario universal.
residue ['rezɪdjuː] [re-si-diu], *s.* Residuo, resto, resta, sobrante.
residuum [rɪ'zɪdjʊəm] [ri-si-diuam], *s.* Residuo, lo que queda de una substancia con la que se ha hecho alguna operación; resta, lo que queda después de cualquier procedimiento de sustracción.
resign [rɪ'zaɪn] [ri-sain], *va.* 1. Dimitir, resignar, renunciar, ceder, hacer dejación. 2. Resignarse, rendirse, entregarse o humillarse a la voluntad de otro.
resign, *va.* Firmar de nuevo, firmar otra vez.
resignation [ˌrezɪg'neɪʃən] [re-sig-nei-shon], **resignment** [rɪ'zaɪnmənt] [ri-sain-ment] *s.* Resignación, conformidad con la voluntad de Dios.
resigner [rɪ'zaɪnə^r] [ri-sai-na^r], *s.* Resignante, el que resigna un beneficio.
resilience [rɪ'zɪlɪəns] [ri-si-lians], *s.* Resalto, elasticidad, el poder, acto o efecto, de volver a una posición anterior.
resilient [rɪ'zɪlɪənt] [ri-si-liant], *a.* Resaltante, elástico.
resin ['rezɪn] [re-sin], *s.* Resina.
resinaceous [ˌrezɪ'neɪʃəs] [re-si-ni-shos], *a. V.* RESINOUS, 1ª acep.
resinoid ['rezɪnɔɪd] [re-si-noid], *a.* Parecido a una resina. *-s.* Sustancia que se parece a una resina.
resinous ['rezɪnəs] [re-si-nos], *a.* 1. Resinoso, de la naturaleza de las resinas, o que contiene resina. 2. Obtenido de la resina, como la electricidad.
resinousness ['rezɪnəsnɪs] [re-si-nos-nes], *s.* La calidad de lo que es resinoso.
resist [rɪ'zɪst] [ri-sist], *va.* y *vn.* Resistir, rechazar, repeler (stand up to); oponerse (opposit); impedir, detener por la inercia (stop); esforzarse en poner obstáculos, en contrariar, en hacer frustrar un proyecto, etc; negarse *a.* **To resist the evidence of one's senses**, negarse a admitir el testimonio de los sentidos. **I couldn't resist taking it,** no pude resistirme a cogerlo.
resistance, resistence [rɪ'zɪstəns] [ri-sis-tans], *s.* 1. Resistencia, oposición, defensa. 2. Fuerza que impide un movimiento; impedimento, obstáculo. 3. *(Elec.)* Resistencia, la cualidad de un cuerpo que limita la fuerza de una corriente eléctrica. **Resistance-box**, caja del carrete de resistencia. *V.* RHEOSTAT. **Resistance-coil**, rosca, carrete, de alambre aislado de resistencia eléctrica conocida, del que se usa para medir las resistencias no conocidas. **To offer resistance,** oponer resistencia.
resistant, resistent [rɪ'zɪstənt] [ri-sis-tant], *a.* Resistente, que resiste.
resister [rɪ'zɪstə^r] [ri-sis-ta^r], *s.* Insumiso.
resistible [rɪ'zɪstɪbl] [ri-sis-ti-bol], *a.* Resistible.
resistless [rɪ'zɪstlɪs] [ri-sist-les], *a.* 1. Irresistible, que o a quien no se puede resistir. 2. Que no ofrece resistencia, indefenso.
resistor [rɪ'zɪstə^r] [ri-sis-ta^r], *s.* Resistencia.
resoluble ['rezəljʊbl] [re-so-lu-bol], *a.* 1. Soluble, que se puede disolver, desatar, o desleír. 2. Resoluble.
resolute ['rezəluːt] [re-so-lut], *a.* Resuelto, determinado; firme, constante.
resolutely ['rezəluːtlɪ] [re-so-lut-li], *adv.* Resueltamente.
resoluteness ['rezəluːtnɪs] [re-so-lut-nes], *s.* Resolución, determinación, firmeza, ánimo, constancia (spirit, firmness).
resolution [ˌrezə'luːʃən] [re-so-lu-shon], *s.* 1. Resolución, determinación, ánimo, valor, arresto (courage); firmeza, constancia (steadiness). 2. Resolución, determinación de algún asunto; el propósito, línea de conducta o acuerdo tomado. 3. Resolución, solución de alguna duda o dificultad, de un problema o de una ecuación. 4. Análisis, la solución de las partes de algún compuesto; resolución, disolución de un todo; análisis químico, mecánico o mental; descomposición. 5. Resolución, la propuesta formal que se ofrece a la aceptación, o que se acepta por un cuerpo legislativo o deliberante. 6. Resolución de un tumor, de una inflamación, etc. **Man of resolution**, hombre de tesón; hombre determinado o decidido. **To put a resolution to a meeting,** someter a votación una moción. **Good resolutions,** buenas intenciones.
resolutive [r'ezəljuːtɪv] [re-so-liu-tiv], *a.* Resolutivo.
resolvable [rɪ'zɒlvəbl] [ri-sol-va-bol], *a.* Resoluble, lo que se puede resolver, analizar, o aclarar.
resolve [rɪ'zɒlv] [ri-solv], *va.* y *vn.* 1. Resolver o resolverse, determinar, decidir, decidirse, declarar, declararse (declare, decide); tratar de, estar dispuesto a (be ready to). 2. Expresar o declarar como opinión o intención (express); tomar un acuerdo; aprobar por medio de votos. 3. Resolver, analizar (exam). 4. Resolver, convertir, reducir un todo a partes menudas deshaciéndolo; descomponer en sus partes constituyentes. 5. Enterar, explicar alguna cosa. 6. Resolver, desatar, dar solución a una dificultad o a una duda. 7. Resolver, disipar, desvanecer humores, tumores, etc. 8. *(Fig.)* Transformarse en o reducirse una cosa a otra mejor. 9. Fijarse en una opinión. 10. *(Ant.)* Derretir, desleír. *-vr.* Resolverse, cambiar un cuerpo deliberante de una forma de organización o proceder de otra. *-vn.* Resolverse, tomar una resolución; decidirse a, determinarse. **I have resolved upon it**, me he decidido, he determinado. **The House resolved to take up the bill**, la Cámara resolvió aprobar el proyecto de ley. **This will resolve her doubts,** esto resolverá sus dudas. **It was resolved that,** se acordó que.
resolve, *s.* Resolución, determinación, propósito.
resolvedly [rɪ'zɒlvɪdlɪ] [ri-sol-vid-li], *adv.* Resueltamente, valerosamente.
resolvedness [rɪ'zɒlvɪdnɪs] [ri-sol-vid-nes], *s.* Resolución determinada.
resolvent [rɪ'zɒlvənt] [ri-sol-vent], *a.* Resolvente, que tiene la facultad de resolver o descomponer una cosa en sus elementos o partes constituyentes. *-s.* Solutivo, el medicamento que tiene la virtud de disipar los humores o tumores; todo lo que tiene el poder de resolver, en cualquier sentido.
resolver [rɪ'zɒlvə^r] [ri-sol-va^r], *s.* El que resuelve, determina o disuelve.
resonance ['rezənəns] [re-so-nans], *s.* Resonancia, retumbo, la calidad de sonoro; resonación.
resonant ['rezənənt] [re-so-nant], *a.* 1. Resonante, retumbante, reverberante, repercusivo, hablando de un paraje que refleja bien o demasiado el sonido. 2. Sonoro, sonoroso (voices, instruments).
resonator ['rezəneɪtə^r] [re-so-nei-ta^r], *s.* Resonador, lo que resuena; la faringe con las fosas nasales, y el nombre de ciertos aparatos.
resorption [rɪ'zɔːpʃən] [ri-sorp-shon], *s.* Reabsorción, resorción.
resorptive [rɪ'zɔːptɪv] [ri-sorp-tiv], *a.* Reabsorbedor, relativo a la reabsorción, o causado por ella.
resort [rɪ'zɔːt] [ri-sort], *vn.* 1. Acudir, recurrir, frecuentar, concurrir (frequent, meet). 2. Ir o ponerse en camino para

alguna parte; venir, llegar o concurrir en abundancia personas o cosas a algún lugar. 3. *(For.)* Faltar a lo prometido o pactado.

resort, *s.* 1. Concurso, concurrencia; visita, el acto de visitar o frecuentar un lugar; también, el lugar o sitio frecuentado, punto de reunión. 2. Recurso, acción de recurrir a alguno; el medio que se emplea en un caso urgente; refugio. 3. *(Ant.)* Concurso de gente junta en un mismo lugar.

resorter [rɪ'zɔːtəʳ] [ri-sor-taʳ], *s.* El que concurre a algún sitio o le frecuenta o visita.

resound [rɪ'zaʊnd] [ri-saund], *va.* 1. Publicar, repetir, repercutir el sonido. 2. Cantar, celebrar. **The echo resounded his lamentations**, el eco repitió sus lamentos. *-vn.* 1. Resonar, retumbar, hacer gran ruido o estruendo. 2. Devolver o reforzar un sonido; formar eco; llenarse de sonido. 3. Mostrar resonancia. 4. Tener fama, ser célebre o celebrado.

resound, *va.* Volver a sonar, sonar repetidas veces.

resource [rɪ'sɔːs] [ri-sors], *s.* 1. Recurso, arbitrio, medio, expediente (recourse, mean). 2. Facultad de hallar, procurar o aplicar los medios convenientes, el poder de ejecución (*sing. o pl.*) 3. *pl.* Recursos, posibles, medios pecuniarios; ventajas naturales de un país. **Finantial resources,** medios financieros. **Natural resources,** recursos naturales.

resourceful [rɪ'sɔːsfʊl] [ri-sors-ful], *a.* Fértil en recursos o expedientes; lleno de medios o ventajas.

resourceless [rɪ'sɔːslɪs] [ri-sors-les], *a.* Desprovisto de recursos, o de ventajas naturales.

resow [ˌriː'səʊ] [ri-sou], *va.* Resembrar.

respect [rɪs'pekt] [ris-pekt], *va.* 1. Respetar, venerar, tener respeto a una persona, acatar, estimar; tener como sagrado o inviolable. 2. Mirar, apreciar, hacer caso de alguna cosa. 3. Tocar, tener, relación una cosa a otra, concernir, referir. **It respects you directly**, le toca a usted directamente. **To respect persons**, dejarse influir demasiado por el estado social; ceder a las circunstancias exteriores de la persona con perjuicio del derecho y la equidad.

respect, *s.* 1. Respecto, la razón, relación o proporción de una cosa con otra. 2. Miramiento, respeto, veneración, acatamiento, atención, consideración a las personas beneméritas o a lo que es justo. **To show respect**, tener respeto a alguno. 3. Carácter respetable. 4. Consideración, motivo. **With respect to what you say**, tocante a lo que usted dice. **To make oneself respected,** hacerse respetar. **In some respect**, de algún modo. **In other respects**, por otra parte. 5. Porte que indica deferencia; en plural, **respects**, memorias, expresiones, recuerdos, cumplimientos que se hacen o envía por cortesía unas personas a otras. **Out of respect for you**, por consideración a usted, por usted **In respect to**. Con respecto a; en comparación de. 6. Acepción, tendencia, disposición indebida, en detrimento de la justicia.

respectability, respectableness [rɪsˌpektə'bɪlɪtɪ] [ris-pek-ta-bi-li-ti], *s.* Respetabilidad, calidad de respetable; crédito, carácter o posición honoríficos. **Of no respectability**, sin consideración, en situación dudosa u obscura.

respectable [rɪs'pektəbl] [ris-pek-ta-bol], *a.* 1. Respetable, estimable, honroso, de buen nombre, en buena reputación. 2. Pasable, tal cual, bastante bueno, considerable; mediano. **A respectable man**, hombre de mucho respeto, de crédito sentado; hombre formal. **Respectable talents**, talentos bastante notables, de consideración. **In respectable society**, entre personas educadas. **At a respectable distance,** a una distancia respetable.

respectably [rɪs'pektəblɪ] [ris-pek-ta-bli], *adv.* 1. Respetablemente, con respeto. 2. Pasablemente, bastante bien, medianamente.

respected [rɪs'pektɪd] [ris-pek-tid], *a.* Considerado, respetado, estimado.

respecter [rɪs'pektəʳ] [ris-pek-taʳ], *s.* El que respeta. **To be a respecter of persons**, hacer acepción de personas.

respectful [rɪs'pektfʊl] [ris-pekt-ful], *a.* Respetuoso, lleno de respeto.

respectfully [rɪs'pektfəlɪ] [ris-pekt-fu-li], *adv.* Respetuosamente.

respectfulness [rɪs'pektfʊlnɪs] [ris-pekt-ful-nes], *s.* Conducta respetuosa.

respecting [rɪs'pektɪŋ] [ris-pek-tin], *prep.* Con respecto a, en cuanto a, relativamente a, por lo que toca a.

respective [rɪs'pektɪv] [ris-pek-tiv], *a.* Respectivo, relativo o referente a una cosa particular; cada uno, particular; sendos.

respectively [rɪs'pektɪvlɪ] [ris-pek-tiv-li], *adv.* Respectivamente, relativamente.

respirable [rɪs'paɪərəbl] [ris-pai-ra-bol], *a.* Respirable, que se puede respirar, propio de la respiración.

respiration [ˌrespɪ'reɪʃən] [res-pi-rei-shon], *s.* 1. Respiración, acción de aspirar y de respirar el aire. 2. *(Bot.)* Respiración, acción de tomar las plantas el oxígeno, y después de su oxigenación expeler los productos de ésta. 3. El sonido que se oye en la auscultación.

respirator [ˌrespɪ'reɪtəʳ] [res-pi-rei-taʳ], *s.* Respirador, aparato de alambre fino, o de gasa, que se pone sobre la boca o la nariz como protección contra el frío, el polvo, el humo, etc.

respiratory [rɪs'paɪərətərɪ] [ris-pai-ra-to-ri], *a.* Respiratorio, que sirve para la respiración o que pertenece a ella; causado por la respiración. **Respiratory track,** vías respiratorias.

respire [rɪs'paɪəʳ] [ris-paiaʳ], *vn.* 1. Resollar, respirar; tener vida, vivir (live). 2. Descansar, aliviarse del trabajo, tomar aliento (rest). *-va.* 1. Respirar, inspirar y arrojar el aire o gas. 2. Exhalar, echar vaho.

respite ['respaɪt] [res-pait], *s.* 1. Suspensión de la ejecución de la pena capital. 2. Pausa; plazo, respiro, tregua. **To get no respite,** no poder descansar. **Without respite,** sin tregua, sin respiro.

respite, *va.* Dar treguas, suspender o diferir una cosa; conceder plazo o espera.

resplendence [rɪs'plendəns] [ris-plen-dens], *s.* Resplandor, brillo, lustre.

resplendent [rɪs'plendənt] [ris-plen-dent], *a.* Resplandeciente, brillante.

resplendently [rɪs'plendəntlɪ] [ris-plen-dant-li], *adv.* Lustrosamente, brillantemente.

respond [rɪs'pɒnd] [ris-pond], *vn.* 1. Responder, contestar a lo que se habla o escribe. 2. Responder; corresponder; venir bien, ajustarse una cosa a otra.

respondent [rɪs'pɒndənt] [ris-pon-dent], *s.* Respondedor; demandado.

responsal [rɪs'pɒnsl] [ris-pon-sal], *s.* Respuesta litúrgica.

response [rɪs'pɒns] [ris-pons], *s.* 1. Respuesta, contestación a una pregunta o carta (answer). 2. En el oficio divino la respuesta que da la congregación a lo que dice el oficiante. 3. Replica a una objeción en los argumentos.

responsibility [rɪsˌpɒnsə'bɪlɪtɪ] [ris-pon-sa-bi-li-ti], *s.* 1. Responsabilidad. 2. Deber, obligación, fideicomiso o depósito; aquello de que es uno responsable. 3. Solvencia; también la capacidad de ejecutar un contrato. **Joint responsibility,** responsabilidad solidaria. **To accept responsibility for,** hacerse responsable.

responsible [rɪs'pɒnsɪbl] [ris-pon-si-bol], *a.* 1. Responsable, obligado a satisfacer algún cargo, deber, deuda u otro servicio. 2. Que tiene capacidad, mental y moral, para distinguir entre lo bueno y lo malo, y para ser legalmente resonable por su conducta; perteneciente a dicha capacidad o condición. 3. Solvente. 4. Abonado; que envuelve o implica responsabilidad u obligación. **A responsible post**, un puesto de responsabilidad. **A fully responsible man,** un hombre muy responsable, de toda formalidad. **To act in a responsible fashion,** actuar con seriedad, con formalidad. **Those responsible will be punished,** se castigará a los responsables.

responsibleness [rɪs'pɒnsɪblnɪs] [ris-pon-si-bolnes], *s.* Responsabilidad.

responsibly [rɪs'pɒnsɪblɪ] [ris-pon-si-bli], *adv.* **To act responsibly,** actuar formalmente, con seriedad.

responsive [rɪs'pɒnsɪv] [ris-pon-siv], *a.* 1. Respondiente; correspondiente, que concuerda con, idóneo, conforme. 2.

Respondedor, que responde, que constituye una respuesta. 3. *(For.)* Que contiene respuesta pertinente.

responsiveness [rɪs'pɒnsɪvnɪs] [ris-pon-siv-nes], *s.* Calidad de lo que correpsonde a otra cosa o concuerda con ella; simpatía, conformidad.

responsory [rɪs'pɒnsərɪ] [ris-pon-so-ri], *a.* Que responde, que contiene respuesta. *-s.* Responsorio, ciertas preces y versículos que se dicen en el rezo divino.

rest [rest] [rest], *s.* 1. Descanso, tregua, interrupción o cesación de la ocupación, trabajo, o de una acción o movimiento cualquiera (relief, repose); sueño, reposo. 2. Reposo de los muertos, el descanso final o último. 3. Quietud, paz, tranquildad (peace). 4. Sustentáculo, apoyo, arrimo, estribo; esperanza final (hope). 5. Resto, residuo, sobra. 6. Los demás, los otros. 7. Descansadero, el lugar donde se descansa. 8. Cuja, ristre. 9. Pausa en la música y el signo que la indica. 10. Censura en la poesía. **To disturb a person's rest**, turbar el reposo de alguien. **To have a good night's rest**, pasar una buena noche, dormir bien. **Give me the rest**, déme usted lo restante, lo demás. **Minim rest**, *(Mús.)* media pausa. **Give it a rest!**, ¡déjalo! **Rest area,** apartadero, área de descanso *(E.U.)*. **Rest day,** día de descanso. **To come to rest,** detenerse, pararse. **To take a rest,** tomar un descanso, descansar.

rest, *vn.* 1. Descansar, dormir, reposar; apoyar, afianzar. 2. Morir, tener descanso en el sepulcro. 3. Parar, estar quedo o sin movimiento. 4. Estar en paz, tener el ánimo sosegado. 5. Estar sostenido por; estar tendido, establecido o fundado sobre; apoyarse en, reposar, yacer. 6. Fiarse en, atenerse a, poner su cofianza en; contar con alguien. 7. *(For.)* Dar una parte por terminada la vista de un pleito. 8. Allanarse a algún convenio. 9. Quedar, permanecer. **Rest assured**, esté usted seguro. 10. Restar, quedar. *-va.* Poner a descansar, hacer cesar un trabajo o esfuerzo; *(vr.)* ponerse a descansar; poner, apoyar o asentar una cosa sobre otra para que esté cómoda o quieta. **Rest from your task**, descanse usted de su tarea. **To rest against/on a tree**, apoyarse en o contra un árbol. **To rest on one's word**, fiar en la palabra de alguno. **To retire to rest**, retirarse a descansar, acostarse a dormir. **To rest one's case** *(Jur.),* terminar un alegato. **She never rests,** nunca descansa. **May he rest in peace,** descanse en paz. **His arm rested on my shoulder,** su brazo estaba apoyado en mi hombro.

restart ['riːs'tɑːt] [ris-tart]. *vt.* Volver a empezar, volver a arrancar (engine).

restaurant ['restərɒŋ] [res-to-ran], *s.* Restaurante, fonda, lugar donde se sirve de comer.

restful ['restfʊl] [rest-ful], *a.* 1. Lleno de reposo, que da descanso. 2. Quieto, sosegado, tranquilo. **A restful scene**, una escena tranquila, reposada.

restfully ['restfəlɪ] [rest-fu-li], *adv.* Tranquilamente, reposadamente.

restiff ['restɪf] [res-tif], *a. (Ant.) V.* RESTIVE.

resting ['restɪŋ] [res-tin], *s.* Reposo, descanso. **Resting-place**, (a) lugar de descanso; *(Fig.)* el sepulcro. (b) Meseta de escalera.

restitution [ˌrestɪ'tjuːʃən] [res-ti-tiu-shon], *s.* 1. Restitución, restablecimiento, recobro. 2. Reparación, acción de dar un equivalente, como por un daño o por una pérdida; indemnización. 3. Recuperación de una posición o condición anterior. 4. *(Fís.)* Propiedad de elasticidad.

restive ['restɪv] [res-tiv], *a.* Repropio: se dice de los caballos y mulos tercos y reacios y también de las personas; pertinaz, obstinado.

restiveness ['restɪvnɪs] [res-tiv-nes], *s.* Terquedad, obstinación, rebeldía.

restless ['restlɪs] [rest-les], *a.* 1. Inconstante, mudable. 2. Inquieto, impaciente. 3. Insomne, desvelado.

restlessness ['restlɪsnɪs] [rest-les-nes], *s.* Insomnio, vigilia, desvelo; desasosiego; agitación continua; inquietud, impaciencia.

restock ['restɒk] [res-tok], *va.* Renovar, surtir nuevamente.

restorable ['restərəbl] [res-to-ra-bol], *a.* Restituible.

restoration [ˌrestə'reɪʃən] [res-to-rei-shon], *s.* 1. Restauración, el acto de restaurar, reparar, o reponer alguna cosa en el estado o estimación que tenía; rehabilitación, restablecimiento, renovación. 2. La cosa restablecida o restaurada a su estado original, v. gr. una obra de arte. 3. Restauración, el restablecimiento de los Estuardos en Inglaterra, de los Judíos en Palestina después de la cautividad babilónica, etc. 4. *(Teol.)* Redención final del pecado, salvación universal.

restorative [rɪs'tɔːrətɪv] [ris-to-ra-tiv], *a.* y *s.* Restaurativo, restaurante, que tiene el poder de restaurar; medicamento que restaura las fuerzas.

restore [rɪs'tɔːʳ] [ris-toʳ], *va.* 1. Restituir, restablecer una cosa en el estado que antes tenía (re-establish); reparar, reconstruir (mend, repair). 2. Reproducir, reedificar, representar como antes existía, con la ayuda de materiales o restos existentes. 3. Recuperar, recobrar, restaurar, restablecer después de una interrupción; devolver la salud. 4. Restituir, devolver lo que ha sido perdido, tomado o quitado; compensar, resarcir, dar un equivalente. 5. Reponer, reintegrar, colocar a uno en el empleo o estado de que fue privado. **To restore one to liberty**, darle a uno su libertad, ponerle en libertad. **To restore something to its place,** devolver algo a su sitio. **Order was restored,** se restableció el orden.

restore, *va.* Depositar o almacenar de nuevo.

restorer [rɪs'tɔːrəʳ] [ris-to-raʳ], *s.* Restaurador.

restoring [rɪs'tɔːrɪŋ] [ris-to-rin], *s.* Restauración; restitución.

restrain [rɪs'treɪn] [ris-trein], *va.* 1. Restringir, restriñir, detener, apretar; reprimir, contener, refrenar (hold, stop). 2. Impedir. 3. Restriñir, constreñir, limitar, coartar (limit). 4. *(For.)* Prohibir, vedar la comisión de un acto ilegal.

restrainable [rɪs'treɪnəbl] [ris-trei-na-bol], *a.* Restringible.

restrained [rɪs'treɪnd] [ris-treind], *a.* Comedido, moderado.

restrainedly [rɪs'treɪnɪdlɪ] [ris-trei-nid-li], *adv.* Con restricción.

restrainer [rɪs'treɪnəʳ] [ris-trei-naʳ], *s.* Restringente, lo que restringe; especialmente en fotografía, un agente químico que retarda la acción del revelador.

restraint [rɪs'treɪnt] [ris-treint], *s.* Sujeción, limitación, refrenamiento, freno, constreñimiento; oposición; prohibición.

restrict [rɪs'trɪkt] [ris-trikt], *va.* Restringir, limitar, ceñir o coartar.

restricted [rɪs'trɪktɪd] [ris-trik-tid], *a.* Restringido, reducido (area), prohibido (prohibited).

restriction [rɪs'trɪkʃən] [ris-trik-shon], *s.* Restricción, limitación o modificación.

restrictive [rɪs'trɪktɪv] [ris-trik-tiv], *a.* Restrictivo, que restringe, ciñe o limita; que sirve para limitar o restringir.

restrictively [rɪs'trɪktɪvlɪ] [ris-trik-tiv-li], *adv.* Limitadamente.

rest room ['restrʊm] [rest-rum], *s.* 1. Sala de descanso. 2. Retrete, excusado.

restructure [ˌriːs'trʌktʃəʳ] [ris-trak-chaʳ], *vt.* Restructurar.

restructuring [ˌriːs'trʌtʃərɪŋ] [ris-trak-cha-rin], *sf.* Reestructuración.

result [rɪ'zʌlt] [ri-salt], *vn.* 1. Seguirse, inferirse, como consecuencia o resultado; ser efecto físico o lógico. 2. Resultar, venir a parar, acabar, terminar en; tener un resultado: (seguido de *in*). **This will result in good (or evil)**, esto acabará en bien (o en mal). **To result from,** resultar de. **To result in,** provocar, causar. **It resulted in accident,** causó un accidente.

result, *s.* 1. Resulta, resultado; ilación, consecuencia; efecto, conclusión. 2. Resulta, lo que últimamente se resuelve en alguna conferencia o deliberación; decisión aprobada por una asamblea deliberante. **As a result of,** a consecuencia de. **In the result,** finalmente.

resultance [rɪ'zʌltəns] [ri-sal-tans], *s.* Resultado, resultancia.

resultant [rɪ'zʌltənt] [ri-sal-tant], *a.* Resultante. *-s.* 1. Resultante, fuerza o velocidad que resulta de la concurrencia de otras en un mismo punto, o la que produce el mismo efecto que las demás juntas. 2. Lo que se sigue como consecuencia, resultado.
resulting [rɪ'zʌltɪŋ] [ri-sal-tin], *pa.* 1. Resultante, que dimana como consecuencia, efecto o conclusión. 2. *(For.)* Que vuelve a ser o recaer. **Resulting use**, usufructo que vuelve a recaer en quien lo ha instituido.
resumable [rɪ'zju:məbl] [ri-siu-ma-bol], *a.* Que se puede reasumir.
resume [rɪ'zju:m] [ri-sium], *va.* 1. Empezar de nuevo, continuar después de una interrupción. 2. Reasumir; recobrar la posesión de algo, reocupar, recuperar lo perdido o tomado; volver a tomar. *-vn.* Tomar el hilo, reanudar. **To resume a journey**, volver a ponerse en viaje, en camino. **To resume a business**, reanudar un negocio. **To resume a discourse**, tomar el hilo de un discurso.
resumption [rɪ'zʌmpʃən] [ri-samp-shon], *s.* Reasunción; recobro.
resumptive [rɪ'zʌmptɪv] [ri-samp-tiv], *a.* Que vuelve a tomar o a resumir.
resurface ['ri:'sɜ:fɪs] [ri-ser-fis], *va.* Revestir, poner nueva superficie.
resurrect [ˌrezə'rekt] [re-sa-rekt], *va.* *(Fam.)* 1. Volver a la vida, o al uso y aceptación. 2. Desenterrar, exhumar. **To resurrect a doctrine**, volver a poner una doctrina en aceptación corriente.
resurrection [ˌrezə'rekʃən] [re-sa-rek-shon], *s.* 1. Resurrección. 2. Renovación, restablecimiento.
resurvey [rɪ'zɜ:veɪ] [ri-ser-vei], *va.* 1. Apear, deslindar, medir de nuevo un terreno. 2. Rever, volver a ver. *-s.* Nuevo apeo, deslinde, o medición de terreno.
resuscitate [rɪ'sʌsɪteɪt] [ri-sa-si-teit], *va.* Resucitar, hacer revivir; renovar. *-vn.* Resucitar, volver a la vida.
resuscitation [rɪˌsʌsɪ'teɪʃən] [ri-sa-si-tei-shon], *s.* Resurrección, renacimiento, renovación.
ret [ret] [ret], *va.* Enriar, embalsar el cáñamo o el lino.
retail ['ri:teɪl] [ri-teil], *va.* 1. Vender por menor, revender. 2. Decir o relatar una cosa detalladamente.
retail, *s.* Venta por menor; reventa. **To sell by retail**, vender al por menor o al menudeo.
retailer ['ri:teɪlə^r] [ri-tei-la^r], *s.* Lonjista, tendero, comerciante por menor, revendedor.
retain ['ri:teɪn] [ri-tein], *va.* 1. Retener, guardar, conservar. 2. Tomar a sueldo o ajustar a un mozo, sirviente, etc.; especialmente, contratar un abogado, pagarle honorarios anticipados. *-vn.* Pertenecer, ser dependiente o criado. *(Arq.)* Servir de sostén. **To retain youthful vigor**, conservar el vigor de la juventud. **Retaining-fee**, *V.* RETAINER, 4ª acep. **Retaining-wall**, pared maestra, muro de apoyo.
retainable ['ri:teɪnəbl] [ri-tei-na-bol], *a.* Que se puede retener.
retainer [rɪ'teɪnə^r] [ri-tei-na^r], *s.* 1. Adherente, partidario. 2. Dependiente, criado, acompañante de otro en un campamento. 3. Retenedor. 4. El honorario o estipendio que se paga anticipadamente a un abogado para que defienda una causa o pleito.
retake ['ri:teɪk] [ri-teik], *va.* Volver a tomar.
retaliate [rɪ'tælɪeɪt] [ri-ta-lieit], *va.* Talionar, castigar con la pena del talión; pagar en la misma moneda; desquitarse, vengarse.
retaliation [rɪˌtælɪ'eɪʃən] [ri-ta-liei-shon], *s.* Desquite, despique; desagravio, satisfacción; pago, retorno, defensa. **By way of retaliation**, por vía de represalias. **Law of retaliation**, Ley del talión.
retaliative [rɪ'tælɪətɪv] [ri-ta-lia-tiv], *a.* Vengativo; que se desquita.
retaliatory [rɪ'tælɪətərɪ] [ri-ta-lia-to-ri], *a.* Que usa de represalias, se desquita o paga en la misma moneda.
retard [rɪ'tɑ:d] [ri-tard], *va.* 1. Disminuir la velocidad, retardar, atrasar. 2. Retardar, detener, diferir, dilatar. *-vn.* *(Des.)* Atrasarse.
retardation [ˌrɪtɑ:'deɪʃən] [ri-tar-dei-shon], *s.* Retardación, retardo, atraso; acción de retardar el movimiento, dilación.
retarder [rɪ'tɑ:də^r] [ri-tar-da^r], *s.* El o lo que retarda o impide.
retardment [rɪ'tɑ:dmənt] [ri-tard-ment], *s.* (Poco us.) Retardo.
retch [retʃ] [rech], *vn.* Esforzarse para vomitar, arquear.
retent ['retənt] [re-tent], *s.* Lo retenido, guardado, o conservado.
retention [rɪ'tenʃən] [ri-ten-shon], *s.* 1. Retención, la acción y efecto de retener; acto de guardar una cosa en poder o posesión de uno; conservación de una costumbre u opinión. 2. La facultad de retener o conservar. 3. Retentiva, memoria.
retentive [rɪ'tentɪv] [ri-ten-tiv], *a.* 1. Retentivo, que tiene virtud de retener. 2. *(Med.)* Retentriz, potencia o poder de retener.
retentiveness [rɪ'tentɪvnɪs] [ri-ten-tiv-nes], *s.* Retentiva, facultad, poder de retener; tenacidad (de la memoria).
reticence ['retɪsəns] [re-ti-sans], *s.* 1. Reticencia, la calidad, la costumbre o el acto de guardar silencio, o de ser reservado, sobre lo que debiera decirse. 2. *(Ret.)* Reticencia.
reticent ['retɪsənt] [re-ti-sant], *a.* Reticente.
reticently ['retɪsəntlɪ] [re-ti-sant-li], *adv.* Reservadamente, con reserva.
reticle ['retɪkl] [re-ti-kol], *s.* *(Astr.)* Retículo, redecilla de alambres, que sirve de micrómetro y para otros usos en los telescopios, etc.
reticular [rɪ'tɪkjʊlə^r] [ri-ti-kiu-la^r], *a.* Reticular, en forma de red; perteneciente a un retículo.
reticulate [rɪ'tɪkjʊleɪt] [ri-ti-kiu-leit], *va.* Formar un tejido en forma de red.
reticulation [rɪˌtɪkjʊ'leɪʃən] [ri-ti-kiu-lei-shon], *s.* Disposición en forma de red.
reticule ['retɪkju:l] [re-ti-kiul], *s.* 1. Ridículo, bolsa de señora para llevar el pañuelo, el bordado de aguja, artículos pequeños, etc. 2. *V.* RETICLE.
reticulum ['retɪkju:ləm] [re-ti-kiu-lom], *s.* 1. Retículo, tejido en forma de red. 2. Redecilla, segunda de las cuatro cavidades en que se divide el estómago de los rumiantes.
retiform ['retɪfɔ:m] [re-ti-form], *a.* Con líneas que se cruzan a manera de red.
retina ['retɪnə] [re-ti-na], *s.* Retina, membrana del fondo del ojo que contiene el aparato nervioso esencial para la visión.
retinitis [ˌretɪ'naɪtɪs] [re-ti-nai-tis], *s.* Retinitis, inflamación de la retina.
retinoid ['retɪnɔɪd] [re-ti-noid], *a.* Resiniforme, parecido a una resina.
retinue ['retɪnju:] [re-ti-niu], *s.* 1. Tren, comitiva, acompañamiento de criados. 2. Serie de resultados.
retire [rɪ'taɪə^r] [ri-taia^r], *vn.* 1. Retirarse; retroceder, volver atrás. 2. Retirarse, refugiarse, ponerse a salvo. 3. Dejar algún empleo público. 4. Recogerse, apartarse, separarse. **A retired life**, vida privada. **To retire from business**, retirarse de los negocios. *-va.* 1. Pagar completamente y retirar de la circulación comercial. **To retire the bonds of a city**, retirar los bonos de una ciudad. 2. Jubilar, retirar, un oficial del ejército o de la marina. 3. *(Ant.)* Remover, apartar, separar. **To retire from a post,** dimitir de un cargo. **To retire on a pension,** jubilarse.
retired [rɪ'taɪəd] [ri-taiad], *pa.* 1. Retirado; secreto, apartado, aislado, solitario. 2. Retirado, jubilado. **To live a retired life**, llevar una vida retirada, solitaria; vivir lejos del mundo. **Retired officer**, oficial retirado. **To put on the retired list**, poner en retiro, conceder la jubilación.
retiredly [rɪ'taɪədlɪ] [ri-taiad-li], *adv.* Solitariamente, privadamente.
retiredness [rɪ'taɪədnɪs] [ri-taiad-nes], *s.* Retiro, recogimiento, soledad.
retiree [rɪ'taɪəˌri:] [ri-taia-ri], *s.* Jubilado.
retirement [rɪ'taɪəmənt] [ri-taia-ment], *s.* 1. Retiro, retiramiento. 2. Retiro, lugar apartado; la morada o asilo a donde uno se retira a pasar una vida sosegada. 3. Retiro, el estado del que se ha separado del mundo, de los negocios, etc.; jubilación.

retiring [rɪ'taɪərɪŋ] [ri-taia-rin], *pa.* 1. Recatado; modesto, discreto. 2. Perteneciente a un empleado jubilado o militar en situación de retiro.

retort [rɪ'tɔːt] [ri-tort], *va.* 1. Redargüir; pagar una palabra descortés o picante con otra igual o más fuerte. *(Fam.)* Retrucar. 2. Encorvar, doblar, torcer. 3. Replicar. 4. *(Des.)* Rechazar, repeler.

retort, *s.* 1. Redargución; réplica aguda, picante, o mordaz (answer); acción de redargüir. 2. Retorta, vasija.

retorter [rɪ'tɔːtəʳ] [ri-tor-taʳ], *s.* El que replica o redarguye.

retortion [rɪ'tɔːʃən] [ri-tor-shon], *s.* Retorcimiento; retorsión.

retouch ['riː'tʌtʃ] [ri-tach], *va.* Retocar, volver a tocar, modificar, dar la última mano. **To retouch an essay, a painting**, retocar un ensayo, un cuadro. *-s.* Retoque, última mano.

retoucher ['riː'tʌtʃəʳ] [ri-ta-chaʳ], *s.* El que retoca, particularmente las impresiones fotográficas para perfeccionarlas.

retrace [riː'treɪs] [ri-treis], *va.* 1. Volver a seguir las huellas o pisadas de alguno; traer o representar a la memoria o a la imaginación la idea de una cosa pasada. 2. Repasar, narrar, recitar. 3. Retrazar, volver a trazar.

retract [rɪ'trækt] [ri-trakt], *va.* 1. Retractar, desdecir una declaración, palabras, etc.; denegar, retirar. 2. Retraer, encoger, como las uñas de un gato. *-vn.* 1. Retractarse, desdecirse (be drawn in), cantar la palinodia. 2. Encogerse, retirarse, retraerse.

retractable, retractible [rɪ'træktəbl] [ri-trak-ta-bol], *a.* Retractable, que se puede retractar, o encoger.

retractation [ˌrɪtræk'teɪʃən] [ri-trak-tei-shon], *s.* Retracción.

retractile [rɪ'træktaɪl] [ri-trak-tail], *a.* Retráctil, se dice de las uñas de los animales que se hallan ocultas en el estado de reposo.

retraction [rɪ'trækʃən] [ri-trak-shon], *s.* Retracción; contracción; retractación; renuncia.

retractive [rɪ'træktɪv] [ri-trak-tiv], *a.* Que retira o retracta.

retractor [rɪ'træktəʳ] [ri-trak-taʳ], *s.* El o lo que retrae; en particular, un músculo retractor; también, un instrumento o aparato destinado a levantar las carnes después de cortadas, en una amputación.

retread [rɪ'triːd] [ri-trid], *va.* 1. Volver a andar, volver a pisar. 2. Recubrir. **To retread a tire**, recubrir una llanta o neumático.

retreat [rɪ'triːt] [ri-trit], *s.* 1. Retiro, soledad. 2. Retirada, en lugar que sirve de acogida segura; refugio, asilo. 3. *(Mil.)* Retirada. **To sound the retreat**, tocar retirada. 4. *(Arq.)* Releje. 5. Receso. **To beat the retreat,** dar el toque de retreta *(Mil.)*. **To be in full retreat,** retirarse en masa.

retreat, *vn.* Retirarse, refugiarse. **The waters are retreating,** las aguas están bajando.

retrench [rɪ'trentʃ] [ri-trench], *va.* 1. Cercenar, cortar, acortar, disminuir. 2. *(Mil.)* Atrincherar. *-vn.* Reducirse o ceñirse a sus medios, vivir con economía, cercenar los gastos.

retrenchment [rɪ'trentʃmənt] [ri-trench-ment], *s.* 1. Cercenadura, cercenamiento, rebaja, disminución. 2. Atrincheramiento, trinchera.

retribution [ˌretrɪ'bjuːʃən] [re-tri-biu-shon], *s.* Retribución, recompensa; especialmente, imposición de una pena.

retributive [rɪ'trɪbjʊtɪv] [ri-tri-biu-tiv], *a.* 1. Retribuyente, que retribuye, que tiende a remunerar o a castigar. 2. Distributivo. **Retributive justice**, justicia distributiva.

retrievable [rɪ'triːvəbl] [ri-tri-va-bol], *a.* Recuperable; reparable.

retrievableness [rɪ'triːvəblnɪs] [ri-tri-va-bol-nes], *s.* El estado o la condición de lo que puede repararse.

retrieval [rɪ'triːvəl] [ri-tri-val], *s.* El acto o procedimiento de recuperar, restaurar, etc.; reintegración de una pérdida o quiebra.

retrieve [rɪ'triːv] [ri-triv], *va.* 1. Recuperar, mejorar de condición o estado (improve), recobrar, restablecer, restaurar (re-establish). 2. Reparar, componer, remediar las malas consecuencias de algo, expiar (repair). 3. Buscar y traer a la mano; se dice de los perros. *-vn.* Hallar y traer algo los perros como la caza muerta o herida. **To retrieve something from the sea,** rescatar algo del mar.

retriever [rɪ'triːvəʳ] [ri-tri-vaʳ], *s.* 1. El o lo que recobra o restaura. 2. Perro adiestrado para buscar y traer la caza, sabueso.

retro- ['retrəʊ] [re-trou]. Prefijo que significa atrás o hacia atrás, y que a veces implica oposición.

retroact ['retrəʊækt] [re-trou-akt], *va.* Obrar en oposición o hacia atrás; tener fuerza retroactiva.

retroaction ['retrəʊækʃən] [re-trouak-shon], *s.* *(For.)* Retroacción, ficción legal que supone a una cosa anterior al tiempo en que sucedió.

retroactive [ˌretrəʊ'æktɪv] [re-trouak-tiv], *a.* Retroactivo, que obra o tiene fuerza sobre el tiempo anterior.

retrocede ['retrəsiːd] [re-tro-sid], *va.* Retroceder, ceder a uno el derecho o cosa que él había cedido antes. *-vn.* Retroceder, volver hacia atrás.

retrocession [ˌretrəʊ'seʃən] [re-trou-se-shon], *s.* Retrocesión, retroceso; movimiento retrógrado; inclinación hacia atrás.

retroflex ['retrəʊfleks] [re-trou-fleks], *a.* Que muda bruscamente de dirección doblándose hacia atrás.

retroflexion [ˌretrəʊ'flekʃən] [re-trou-flek-shon], *s.* Retroflexión, inflexión hacia atrás; se dice particularmente del fondo del útero.

retrograde ['retrəʊgreɪd] [re-trou-greid], *a.* Retrógrado; contrario, opuesto.

retrograde, *vn.* Retrogradar, retroceder.

retrogression ['retrəʊ'greʃən] [re-trou-gre-shon], *s.* Retrogradación.

retrogressive ['retrəʊ'gresɪv] [re-trou-gre-siv], *a.* Retrógrado, que va o vuelve hacia atrás; que se inclina hacia abajo.

retrorocket ['retrəʊ'rɒkɪt] [re-trou-ro-kit], *s.* *(Aer.)* Retrocohete.

retrospect ['retrəʊspekt] [re-trous-pekt], *s.* Reflexión o consideración de las cosas pasadas.

retrospection [ˌretrəʊ'spekʃən] [re-trous-pek-shon], *s.* El acto y la facultad de considerar las cosas pasadas.

retrospective ['retrəʊ'spektɪv] [re-trous-pek-tiv], *a.* Retrospectivo, que se refiere al tiempo pasado.

retroversion ['retrəʊ'vɜːʃən] [re-trou-ver-shon], *s.* Retroversión, inclinación hacia un lado o hacia atrás; se dice particularmente de la matriz.

retry ['riː'traɪ] [ri-trai], *vt.* Volver a procesar.

return [rɪ'tɜːn] [ri-tern], *vn.* 1. Volver, ir otra vez al paraje donde uno ha estado ya; regresar (al lugar de donde se salió); retornar (come back). 2. Volverse, irse de nuevo, aparecer o presentarse de nuevo. 3. Volver, repetir, reiterar o empezar de nuevo lo mismo que se había hecho antes. 4. Restituirse o volver al estado anterior (restore, give back). 5. Responder, reponer, replicar (answer). 6. Volver a la posesión de alguien. *-va.* 1. Devolver, transmitir, remitir; volver a enviar. 2. Volver, corresponder, pagar, retribuir. 3. Volver, restituir lo que se ha recibido o tomado. 4. Dar cuenta o hacer relación, especialmente de una manera oficial a los superiores de uno, o a determinada autoridad. 5. Dar en cambio, recompensar, agradecer o reconocer (un favor, etc.); corresponder. 6. Dar como aumento, interés o provecho; ser origen o manantial de; redituar, producir. 7. Elegir, anunciar como elegido para un cuerpo legislativo. **To return to the same kind of life**, volver a las andadas. **To return a kindness**, corresponder a un beneficio. **To return good for evil**, devolver bien por mal. **To return thanks**, dar las gracias. **To return a verdict**, dar pronunciar un jurado su fallo. **To return home**, regresar a casa. **They were about to return**, estaban a punto de volver. **She has not yet returned**, ella no está de vuelta todavía. **To return blow for blow,** devolver golpe por golpe. **To return like for like,** pagar con la misma moneda.

return, *s.* 1. Retorno, regreso. 2. Ganancia, utilidad, provecho, rédito. 3. Retorno, reconocimiento de un beneficio, pago, paga, satisfacción, recompensa, retribución. 4. Retorno, cambio o trueque de unas mercaderías por otras. 5. Vicisitud, revolución. 6. Vuelta, repetición de alguna cosa. 7. Remesa, remisión de alguna cosa de una parte a otra. 8. Relación, cuenta que se da de alguna cosa. 9. Restitución, la acción de restituir. 10. Recaída. 11. *(Arq.)* Continuación de las molduras hasta alguna esquina. 12. Relación, parte oficial; *(pl.)* lista, nómina, padrón o censo; *(Mil.)* lista de muertos y heridos. 13. Respuesta, réplica, redargüición. 14. Reaparición, retorno. 15. *(Ingl.)* Elección, nombramiento para el Parlamento. **To make a return**, (a) hacer una relación oficial; (b) redituar, producir utilidad o ganancia; (c) devolver, corresponder, hacer restitución; (d) pagar en la misma moneda, desquitarse, no quedar a deber nada; responder, sacudirse. **Goods of a quick return**, mercancías de pronto despacho. **On my return from**, a mi regreso de. **In return**, en cambio, en recíproca correspondencia. **Return-ticket**, billete de ida y vuelta. **Return-request**, *(E.U.)* solicitud impresa o escrita en un sobre para que se devuelva la carta a ciertas señas, si no se entrega en un plazo determinado. **Election returns**, colección de datos e informes sobre el resultado de una elección. **By return of post**, a vuelta de correo. **In return,** en cambio. **Return of income,** declaración de renta. **Return on sales,** rendimiento de las ventas. **Return address,** señas del remitente.

returnable [rɪ'tɜːnəbl] [ri-ter-na-bol], *a.* 1. Que se puede retornar o volver. 2. *(For.)* Devolutorio, debido y exigido en tiempo y lugar determinados; v. gr. una citación judicial.

returnee [rɪtɜː'niː] [ri-ter-nii], *s.* Persona que vuelve.

returner [rɪ'tɜːnə[r]] [ri-ter-na[r]], *s.* Persona que devuelve, restituye, o vuelve a enviar; el que remite dinero.

retuse [rɪ'tjuːz] [ri-tius], *a.* Muy obtuso, terminado en una extremidad redondeada con el centro deprimido; se dice de hojas y conchas.

reunify ['riː'junɪfaɪ] [ri-iu-ni-fai], *vt.* Reunificar.

reunion [riː'junjən] [ri-iu-nion], *s.* 1. Reunión; reconciliación; nueva unión, cohesión o concordia. 2. Reunión, conjunto de personas reunidas.

reunite ['riːju'naɪt] [ri-iu-nait], *va.* Reunir, juntar; reconciliar. *-vn.* Reunirse, volver a unirse, reconciliarse. **He was reunited with his wife,** volvió con su mujer, se reconcilió con su mujer.

revaluation [riːˌvælljʊ'eɪʃən] [ri-va-liuei-shon], *s.* Revaluación.

revamp ['riː'væmp] [ri-vamp], *va.* Poner nueva suela a un zapato; de aquí, remendar, rehacer.

reveal [rɪ'viːl] [ri-vil], *va.* 1. Revelar, manifestar o descubrir algún secreto. 2. Revelar, manifestar Dios lo futuro o lo que está oculto.

revealer [rɪ'viːlə[r]] [ri-vi-la[r]], *s.* Revelador, el que revela.

reveille [rɪ'vælɪ] [ri-va-li], *s.* *(Mil.)* Diana, el toque militar al romper el día.

revel ['revl] [re-vel], *vn.* Jaranear, andar en borracheras; divertirse con gran ruido o algazara.

revel, *s.* Algazara, regocijos ruidosos; jarana, borrachera, banquete con gran algazara.

revelation [ˌrevə'leɪʃən] [re-ve-lei-shon], *s.* 1. Revelación, acción y efecto de revelar, y también la cosa revelada, especialmente la revelación divina. 2. *(Fil.)* Conocimiento inmediato de lo verdadero. 3. Apocalipsis, el último de los libros del Nuevo Testamento. **It was a revelation to me,** fue una revelación para mí.

revelatory ['revələtərɪ] [re-va-la-to-ri], *a.* Revelador.

reveler ['revlə[r]] [rev-la[r]], *s.* Jaranero, la persona que gusta de andar en fiestas estrepitosas; hombre disoluto; juerguista.

revelry ['revəlrɪ] [re-val-ri], *s.* Jarana, borrachera, banquete estrepitoso, regocijos ruidosos.

revenge [rɪ'vendʒ] [ri-vench], *va.* Vengar, tomar satisfacción del agravio o injuria recibida; vengarse de; aplicar una pena en cambio de otro mal sufrido. **To revenge an affront,** vengarse de una afrenta. **To be revenged on someone,** vengarse de alguien.

revenge, *s.* 1. Desquite, despique, desagravio, ley del talión. 2. Venganza. **To take revenge on,** vengarse de.

revengeful [rɪ'vendʒfʊl] [ri-vench-ful], *a.* 1. Vengativo. 2. Vengador.

revengefully [rɪ'vendʒfəlɪ] [ri-vench-fu-li], *adv.* Con venganza.

revengefulness [rɪ'vendʒfʊlnɪs] [ri-vench-ful-nes], *s.* Venganza, ansia de vengarse.

revenue ['revənjuː] [re-ve-niu], *s.* 1. Rentas públicas, ingresos del Estado, el producto total de las contribuciones, tasas, impuestos, derechos de aduanas, etc. 2. Renta, rédito, entrada (de los bienes de un particular). **Revenue officer**, empleado de aduana. **Revenue stamp**, timbre del impuesto.

reverberant [rɪ'vɜːvərənt] [ri-ver-be-rant], *a.* Repercusivo; retumbante, resonante.

reverberate [rɪ'vɜːvəreɪt] [ri-ver-be-reit], *va.* y *vn.* 1. Resonar, retumbar, repetir el sonido; hacer eco. 2. Reverberar, reflejar la luz; rechazar.

reverberation [rɪˌvɜːvə'reɪʃən] [ri-ver-ba-rei-shon], *s.* Retumbo, eco o repercusión del sonido; rechazo; reverberación o reflexión de la luz y el calor.

reverberator [rɪ'vɜːvəreɪtə[r]] [ri-ver-be-rei-ta[r]], *s.* Reverberador, lo que reverbera o refleja el sonido, la luz, el calor; reverbero.

reverberatory [rɪ'vɜːvərətərɪ] [ri-ver-be-ra-to-ri], *s.* Horno de reverbero. *-a.* De reverbero, que reverbera o refleja, destinado a producir reverberación. **Reverberatory furnace**, horno de reverbero.

revere [rɪ'vɛə[r]] [ri-vea[r]], *va.* Reverenciar, respetar, venerar, honrar.

reverence ['revərəns] [re-ve-rans], *s.* 1. Reverencia, respeto, veneración. 2. Reverencia, inclinación del cuerpo o de parte de él en señal de respeto. 3. Reverencia, el título honorífico que se da a las personas religiosas. **To pay reverence**, rendir homenaje; inclinarse, hacer reverencia. **Your Reverence,** Reverencia.

reverence, *va.* Reverenciar, respetar, venerar.

reverend ['revərənd] [re-ve-rend], *a.* 1. Reverendo, venerable, el tratamiento que se da a las dignidades eclesiásticas. **Right reverend** (tratamiento que se da a un obispo), muy reverendo, o **Most reverend** (a un arzobispo), reverendísimo.

reverent ['revərənt] [re-ve-rant], *a.* Reverente; sumiso, humilde, lleno de respeto.

reverential [ˌrevə'renʃəl] [re-ve-ren-shal], *a.* Reverencial, respetuoso.

reverentially [ˌrevə'renʃəlɪ] [re-ve-ren-sha-li], **reverently** [ˌrevə'rentlɪ] [re-ve-rent-li], *adv.* Reverencialmente, respetuosamente.

reverie, revery ['revərɪ] [re-ve-ri], *s.* Estado del ánimo preocupado por ideas vagas; ensueño; arrebato, rapto, arrobamiento, distracción.

reversal [rɪ'vɜːsəl] [ri-ver-shal], *s.* 1. Inversión (order); *(For.)* revocación de un fallo o una sentencia. 2. En el espectro solar, el cambio de una línea obscura en una brillante y viceversa.

reverse [rɪ'vɜːs] [ri-vers], *va.* 1. Invertir (order), volver al revés, volver lo de arriba abajo, volver patas arriba; invertir, poner lo de dentro afuera. 2. Volcar, voltear, trastornar. 3. *(For.)* Revocar, anular, abolir. 4. Poner o mudar una cosa en lugar de otra. 5. *(Mec.)* Comunicar un movimiento o efecto opuesto; dar contravapor. **He quickly reversed the engine**, a toda prisa dio contravapor a la locomotora. *-vn.* Cambiarse en lo contrario o volver a un estado anterior. **Reversing lever, gear**, palanca de retroceso o inversión, aparato que invierte el movimiento de una máquina de vapor.

reverse, *s.* 1. Lo contrario, lo opuesto. **Quite the reverse**, todo lo contrario. 2. Respaldo, el lado extremo o superficie de atrás, inferior o secundario; en especial, reverso o revés de una moneda o medalla. 3. Cambio a una posición, dirección o estado opuestos. 4. Vicisitud, mudanza, contratiempo, descalabro.

reversedly [rɪ'vɜːsɪdlɪ] [ri-ver-sid-li], *adv.* Con lo de arriba abajo; al revés.

reverseless [rɪ'vɜːslɪs] [ri-vers-les], *a.* Que no se puede invertir o mudar de arriba abajo.

reversible [rɪ'vɜːsɪbl] [ri-ver-si-bol], *a.* 1. Capaz de ser volteado o invertido; que admite posición o dirección opuesta; de dos caras. 2. Revocable por la ley, anulable.

reversion [rɪ'vɜːʃən] [ri-ver-shon], *s.* 1. Futura, la sucesión de empleo o renta a que uno tiene derecho después de la muerte de otro. 2. Reversión, vuelta de una heredad a su precedente poseedor o sus herederos; derecho de reversión.

reversionary [rɪ'vɜːʃnərɪ] [ri-ver-sho-na-ri], *a.* Que toca a uno por derecho de reversión.

reversioner [rɪ'vɜːʃnəʳ] [ri-ver-sho-naʳ], *s.* El que tiene derecho de reversión o sucesión.

revert [rɪ'vɜːt] [ri-vert], *va. (Ant.)* Invertir, volver al revés; volver atrás. *-vn.* 1. Retroceder, volverse atrás, mirar atrás, volver a una posición, condición o estado anteriores. 2. Tomar el hilo, referirse a alguna cosa anteriormente conocida o mencionada. 3. *(Biol)* Volver hacia una forma hereditaria, anterior o primitiva, o mostrar algunos de sus rasgos característicos. 4. Volver o tocar a uno por derecho de reversión. **To revert to a subject,** volver a un tema.

revert, *s. (Mús.)* Vuelta.

revertible [rɪ'vɜːtɪbl] [ri-ver-ti-bol], *a.* Reversible, que ha de volver al poseedor precedente.

revery, *s. V.* REVERIE.

revest [rɪ'vest] [ri-vest], *va.* 1. Volver a vestir. 2. Restablecer en la posición de algún empleo.

revestiary [rɪ'vestʃərɪ] [ri-ves-cha-ri], *s.* Guardarropa. **Revestiary of a church**, sacristía.

revet [rɪ'vet] [ri-vet], *va.* Revestir la pared con cal, piedra u otros materiales.

revetment [rɪ'vetmənt] [ri-vet-ment], *s. (Fort.)* Revestimiento de una muralla o pared; pared fuerte destinada a sostener las tierras.

revictual ['riː'vɪtl] [ri-vik-chual], *va.* Volver a proveer de víveres.

review [rɪ'vjuː] [ri-viu], *va.* 1. Rever, ver de nuevo; examinar, considerar, repasar. 2. Volver a ver, ver otra vez. 3. *(Mil.)* Revistar, pasar revista a la tropa. 4. Criticar, dar cuenta de; analizar una obra. *-vn.* Escribir o hacer una revista.

review, *s.* 1. Revista, la segunda vista o examen de una cosa hecha con cuidado y diligencia; repaso (examination). 2. Revista, nombre dado a algunas obras periódicas en que se analizan y examinan críticamente las producciones literarias. 3. *(Mil.)* Revista o reseña de la tropa. 4. Escrutinio (scrutiny, inspection). **Quearterly review**, revista trimestral. **Annual review,** análisis anual. **The case came up for review,** el asunto se sometió a revisión. **Salaries are under review,** los sueldos están sujetos a revisión.

reviewer [rɪ'vjuːəʳ] [ri-viuaʳ], *s.* 1. El que escribe en los periódicos llamados revistas: crítico, el que da cuenta de las publicaciones nuevas en una revista; revistero. 2. Revisor, el que revé o pasa revista; examinador, inspector.

revile [rɪ'vaɪl] [ri-vail], *va.* Ultrajar, despreciar, injuriar, difamar.

revilement [rɪ'vaɪlmənt] [ri-vail-ment], *s.* Contumelia, oprobio, injuria, ultraje.

reviler [rɪ'vaɪləʳ] [ri-vai-laʳ], *s.* Injuriador.

reviling [rɪ'vaɪlɪŋ] [ri-vai-lin], *s.* Oprobio, injuria, ultraje.

revilingly [rɪ'vaɪlɪŋlɪ] [ri-vai-lin-li], *adv.* Injuriosamente, afrentosamente, con oprobio.

revise [rɪ'vaɪz] [ri-vais], *va.* 1. Rever, volver a examinar detenidamente alguna cosa. 2. Revisar, modificar, corregir por una autoridad; mejorar, reformar (change, improve). **Revised,** *pp.* revisado, examinado de nuevo, corregido. **To revise for exams,** repasar para los exámenes. **Revised Version**, la traducción corregida de la Biblia en inglés. **Authorized Version,** versión autorizada.

revise, *s.* 1. Revista. 2. *(Impr.)* La segunda prueba de un pliego. **Second revise**, la tercera prueba del pliego que se está imprimiendo.

reviser, revisor [rɪ'vaɪzəʳ] [ri-vai-saʳ], *s.* Revisor, censor, el que corrige, particularmente pruebas de imprenta.

revision [rɪ'vɪʒən] [ri-vi-shon], *s.* 1. Revisión, el acto de rever. 2. Versión o edición revisada o corregida.

revisit ['riː'vɪsɪt] [ri-vi-sit], *va.* Volver a visitar, visitar de nuevo.

revisory [rɪ'vɪzərɪ] [ri-vi-so-ri], *a.* Revisor, que revisa. **A revisory comission,** una comisión revisora.

revival [rɪ'vaɪvəl] [ri-vai-val], *s.* 1. Restauración, restablecimiento. 2. Renovación de interés por la religión; despertamiento religioso. **The Revival of Learning,** el Renacimiento.

revivalism [rɪ'vaɪvəˌlɪzəm] [ri-vai-va-li-sem], *s.* Evangelismo.

revivalist [rɪ'vaɪvəlɪst] [ri-vai-va-list], *s.* El que contribuye al despertamiento del sentimiento religioso.

revive [rɪ'vaɪv] [ri-vaiv], *vn.* 1. Revivir, volver a vivir, tener nueva vida. 2. Revivir, restablecerse, renovarse o reanimarse después de un estado de decaimiento; cobrar nuevo vigor; volver en sí, recobrar los sentidos. 3. Renacer, florecer de nuevo. *-va.* 1. Resucitar, dar nueva vida a un muerto. 2. Restablecer, renovar, restaurar. 3. Avigorar, dar nuevo vigor; despertar, avivar; animar, excitar. 4. Restablecer, volver a poner en vigor (una ley, costumbre, etc.). 5. Hacer recordar, despertar la memoria. **Trade begins to revive**, el comercio empieza a revivir. **To revive the memory of great men**, hacer revivir la memoria de los grandes hombres. **This will revive him,** esto lo reanimará. **To revive someone's courage,** infundir ánimo a alguien.

reviver [rɪ'vaɪvəʳ] [ri-vai-vaʳ], *s.* Vivificador.

revivify [riː'vɪvɪfaɪ] [ri-vi-vi-fai], *va.* y *vn.* Revivificar, hacer revivir; dar nueva vida, nuevo vigor; restablecerse, revivir.

rrevocable ['revəkeɪbl] [re-vo-kei-bol], *a.* Revocable, que se puede revocar.

revocableness [ˌrevə'keɪblnɪs] [re-vo-kei-bol-nes], *s.* Calidad de revocable.

revocation [ˌrevə'keɪʃən] [re-vo-kei-shon], *s.* 1. Revocación, acción y efecto de revocar. 2. *(For.)* Anulación de un instrumento, acto o promesa por parte de quien los hizo.

revoke [rɪ'vəʊk] [ri-vouk], *va.* Revocar, anular, invalidar, declarar nulo lo que se ha hecho (law, will). *-vn.* Renunciar, no jugar la carta del palo que se pide.

revolt [rɪ'vəʊlt] [ri-voult], *vn.* 1. Rebelarse, levantarse, sublevarse, amotinarse. 2. Desertar, cambiar de casaca. *-va.* 1. Rebelar, revolucionar, sublevar. 2. Chocar excesivamente, indignar, irritar, dar asco. **The room revolted me,** la habitación me dio asco.

revolt, *s.* 1. Revuelta, sublevación, levantamiento. 2. Rebelión, rebeldía. 3. Deserción. **To rise in revolt,** sublevarse, rebelarse.

revolter [rɪ'vəʊltəʳ] [ri-voul-taʳ], *s.* Rebelde, sublevado, amotinado.

revolting [rɪ'vəʊltɪŋ] [ri-voul-tin], *a.* Que causa horror o repugnancia.

revoltingly [rɪ'vəʊltɪŋlɪ] [ri-voul-tin-li], *adv.* De un modo repugnante en alto grado.

revolute [rɪ'vəljuːt] [ri-vo-liut], *a. (Bot.)* Enrollado hacia atrás, doblados los márgenes sobre la superficie inferior.

revolution [ˌrevə'luːʃən] [re-vo-lu-shon], *s.* 1. Revolución, rotación, vuelta al mismo punto; se dice de los planetas, del tiempo, de las estaciones y de los siglos; cada uno de los giros completos de un astro en su órbita. 2. Revolución, cualquier giro, vuelta, o sinuosidad sobre un eje, v. g. una espiral. 3. Repetición de cambios o acontecimientos sucesivos; ciclo; espacio de tiempo que transcurre entre esas repeticiones. 4. Revolución, mudanza violenta en los negocios de un Estado o en la forma de su gobierno.

revolutionary [ˌrevə'luːʃənərɪ] [re-vo-lu-sho-na-ri], *a.* Revolucionario, perteneciente a una revolución en el Estado;

que tiende a producir una revolución. *-s.* Revolucionario, partidario de una revolución política.

revolutionist [ˌrevəˈluːʃənɪst] [re-vo-lu-sho-nist], *s.* Revolucionario, el partidario de una revolución política.

revolutionize [ˌrevəˈluːʃənaɪz] [re-va-lu-sho-nais], *va.* Revolucionar, conmover, sublevar, trastornar.

revolvable [rɪˈvɒlvəbl] [ri-vol-va-bol], *a.* Que puede girar, capaz de dar vueltas.

revolve [rɪˈvɒlv] [ri-volv], *vn.* 1. Revolverse, moverse en línea curva de modo que vuelva periódicamente al punto de partida. 2. Girar, moverse alrededor o circularmente, rodar. 3. Moverse en ciclos, suceder periódicamente. 4. Ser considerado bajo todos los aspectos. *-va.* 1. Arrollar, revolver, hacer girar o mover en una órbita o círculo. 2. Hacer rodar, dar vueltas sobre un eje. 3. Revolver, discurrir, meditar, contemplar. **Everything revolves round him,** todo depende de él.

revolver [rɪˈvɒlvəʳ] [ri-vol-vaʳ], *s.* 1. Lo que gira o rueda. 2. Revólver, pistola que contiene varias recámaras en un cilindro giratorio.

revolving [rɪˈvɒlvɪŋ] [ri-vol-vin], **Revolving credit**, crédito rotativo. **Revolving door,** puerta giratoria.

revue [rɪˈvjuː] [ri-viu], *s.* Revista teatral.

revulsion [rɪˈvʌʃən] [ri-val-shon], *s.* 1. Cambio repentino, v. g. en las ideas; reacción fuerte de cualquier especie. *(Med.)* Revulsión, reacción. 2. Apartamiento, retroceso; separación violenta, reculada.

revulsive [rɪˈvʌsɪv] [ri-val-siv], *a.* *(Med.)* Revulsivo, revulsorio, que causa una fuerte reacción.

reward [rɪˈwɔːd] [ri-uord], *va.* Premiar, remunerar, recompensar, gratificar. **She rewarded me with a kiss,** me premió con un beso.

reward, *s.* 1. Premio, recompensa, remuneración (prize); gratificación, hallazo, salario (earnings). 2. Merecido, el castigo o pena. **As a reward for,** en recompensa de.

rewardable [rɪˈwɔːdəbl] [ri-uor-da-bol], *a.* Digno o capaz de premio.

rewarder [rɪˈwɔːdəʳ] [ri-uor-daʳ], *s.* Premiador, remunerador.

rewind [rɪˈwaɪnd] [ri-uain], *vt.* Dar cuerda (watch), devanar; rebobinar (Elec., Cinema).

reword [rɪˈwɔːd] [ri-uord], *va.* 1. Repetir en otras palabras, expresar de otra manera. 2. Repetir las mismas palabras.

rework [rɪˈwɜːk] [ri-uek], *vt.* Refundir, rehacer.

rhapsodist [ræpˈsədɪst] [rap-so-dist], *s.* 1. Rapsodista, el que hace o compone rapsodias. 2. El que se expresa con exagerado sentimiento.

rhapsodize [ræpˈsədaɪz] [rap-so-dais], *va.* y *vn.* Cantar o recitar centones o rapsodias.

rhapsody [ræpˈsədɪ] [rap-so-di], *s.* Rapsodia, centón, obra compuesta de diferentes trozos debidos a varios autores.

rhea [ˈriːə] [ria], *s.* 1. Rea, hija de Urano y madre de los dioses. 2. Ave parecida al avestruz que habita en las llanuras de la América del Sur.

Rhenish [ˈrenɪʃ] [re-nish], *a.* Perteneciente o relativo al río Rin o a sus riberas. *-s.* Vino del Rin.

rheostat [ˈriːəʊstæt] [rious-tat], *s.* Reóstato, aparato que sirve para medir la resistencia eléctrica de los conductores.

rhesus [ˈriːsəs] [ri-sos], *s.* **Rhesus positive,** factor Rhesus positivo. **Rhesus factor,** factor Rhesus, factor Rh.

rhetoric [ˈretərɪk] [re-to-rik], *s.* 1. Retórica, el arte de hablar con propiedad y elegancia. 2. Libro de texto sobre el discurso o la retórica. 3. Retóricas, sofesterías o razones que no son del caso.

rhetorical [rɪˈtɒrɪkəl] [ri-to-ri-kal], *a.* Retórico, que pertenece a la retórica.

rhetorically [rɪˈtɒrɪkəlɪ] [ri-to-ri-ka-li], *adv.* Retóricamente.

rhetorician [rɪˈtɒrɪʃən] [ri-to-ri-shan], *s.* Retórico, persona versada en los principios y reglas de la retórica, o que la enseña.

rheum [ruːm] [rum], *s.* Reuma, destilación, fluxión, romadizo.

rheumatic [ruːˈmætɪk] [ru-ma-tik], *a.* Reumático, perteneciente al reumatismo o que lo padece.

rheumatism [ˈruːmətɪzəm] [ru-ma-ti-sem], *s.* Reumatismo, enfermedad que se manifiesta por dolores mudables más o menos vivos en los músculos o las articulaciones.

rheumy [ˈruːmɪ] [ru-mi], *a.* Lleno de humedad, o de humor acre.

rhinoceros [ˌraɪnəʊˈzerəs] [rai-nou-se-ros], *s.* Rinoceronte, un animal cuadrúpedo paquidermo, con uno o dos cuernos cortos y encorvados osbre la nariz, y con el labio superior movedizo y prensil.

rhizome, [ˈraɪʒəʊm] [rai-soum], *s.* *(Bot.)* Rizoma, tallo horizontal y subterráneo; se llama también **rootstock**.

rhomb [rɒm] [rom], **rhombus** [ˈrɒmbəs] [rom-bos], *s.* Rombo, paralelogramo que consta de cuatro lados iguales y tiene dos ángulos mayores que los otros dos.

rhombic [ˈrɒmbɪk] [rom-bik], *a.* Que tiene figura de rombo.

rhomboid [ˈrɒmbɔɪd] [rom-boid], *s.* *(Geom.)* Romboide, paralelogramo cuyos lados contiguos son desiguales y dos de sus ángulos mayores que los otros dos.

rhombus, *s.* *V.* RHOMB.

rhumb [ˈruːmb] [rumb], *s.* 1. *(Mar.)* Rumbo. 2. **Rhumb o rhumb-line**, línea loxodrómica.

rhubarb [ˈruːbɑːb] [ru-barb], *s.* 1. Ruibarbo, raíz medicinal purgante. 2. Ruipónticoa, rapóntigo (plant).

rhyme, [raɪm] [raim], *s.* Rima, consonancia; poesía o poema. **Without rhyme or reason**, sin ton ni son.

rhyme, rime, *vn.* Versificar, hacer versos; rimar. *V.* RIME.

rhimer, rimer [ˈraɪməʳ] [rai-maʳ], *s.* Versista, el que hace versos.

rhythm [ˈrɪðəm] [ri-dem], *s.* 1. Ritmo, proporción entre el tiempo de un movimiento y el de otro diferente; combinación métrica. 2. Cadencia, medida; armonía. 3. *(Med.)* Periodicidad, ocurrencia en paroxismos.

rhythmic, rhythmical [ˈrɪðmɪk] [riz-mik] [ˈrɪðmɪkəl] [riz-mi-kal], *a.* Rítmico; armónico.

rib [rɪb] [rib], *va.* Marcar con rayas, listones o filetes; hacer una tela con listones salientes; proveer de costillas; encerrar como dentro de un costillar,

rib, *s.* 1. Costilla, el hueso largo y encorvado que nace del espinazo y viene hacia el pecho. 2. Cualquier pedazo de madera u otro material que fortalece el costado de alguna cosa; faja, listón largo y estrecho parecido a una costilla, como una moldura saliente de un tejado; cabrio, viga de tejado; cuaderna; varilla o ballena (de paraguas); tirante, varenga de hierro; vivo (en las telas o medias). 3. *(Bot.)* Costilla, nervadura gruesa de las hojas. 4. Costilla, la mujer propia; en alusión a la frase del Génesis. **Ribs of a ship**, ligazones de navío. **Ribs of a parrel**, *(Mar.)* liebres de racamento. **Rib cage,** tórax.

ribald [ˈrɪbəld] [ri-bald], *s.* Hombre bajo e impúdico. *-a.* Obsceno, lascivo, groseramente abusivo, toscamente chistoso, insultante.

ribaldry [ˈrɪbəldrɪ] [ri-bal-dri], *s.* Escabrosidad, obscenidad.

riband [ˈrɪbənd] [ri-band], *s.* *(Ant.)* *V.* RIBBON.

ribbed [ˈrɪbd] [rid], *a.* Provisto de costillas. **Ribbed sweater,** jersey de cordoncillo.

ribbon [ˈrɪbən] [ri-ban], *s.* 1. Colonia, cinta o listón de seda. 2. Cinta, listón, faja; parecido a una cinta, como el muelle de un reloj o una lista pintada sobre el costado de una embarcación. 3. *pl.* *(Fam.)* Riendas. **Satin ribbons**, cintas o listones de raso. **Velvet ribbons**, cintas de terciopelo. **Silk plush ribbon**, cinta rizada de felpa. **Hat-band ribbon**, cinta para sombreros. **Hat-bindery ribbon**, rivecillo para sombreros. **Waist ribbon**, cinta para cinturones. **Ribbon-grass**, alpiste. **To tear to ribbons,** hacer trizas.

ribbon, *va.* Encintar, adornar o engalanar con cintas.

ribbon, *a.* Hecho de cinta, o semejante a una cinta. **Ribbon-weaver,** cintero, tejedor de cintas.

riboflavin [ˌraɪbəʊˈfleɪvɪn] [rai-bou-flei-vin], *s.* Riboflavina.

ribwort [ˈrɪbwɔːt] [rib-uort], *s.* *(Bot.)* Llantén lanceolado.

rice [raɪs] [rais], *s.* *(Bot.)* Arroz, planta gramínea y su fruto. Oryza sativa. **Rice-field**, arrozal, campo sembrado de arroz.

Rice-bird, *V.* BOBOLINK. Se llama así en los Estados Unidos del Sur, porque se alimenta de arroz en el otoño. **Rice-paper**, (a) papel de paja de arroz. (b) Papel de China; papel vegetal muy delicado que emplean los chinos para pintar flores, insectos, etc., de varios colores y para hacer flores artificiales.

rich [rɪtʃ] [rich], *a.* 1. Rico, opulento, acaudalado, hacendado (wealthy). 2. Precioso, costoso, de precio, compuesto de materiales raros o preciosos (expensive); de valor, suntuoso. 3. Abundante, copioso, generoso (abundant); fértil, pingüe. **Rich soil**, tierra pingüe. **Rich wine**, vino generoso. 4. Rico, sabroso, muy grato al paladar; dulzarrón; a menudo implica exceso perjudicial de manteca o grasas; muy sazonado. 5. Rico, excelente muy bueno en su clase; abundante en cualidades recomendables. 6. *(Fam.)* Muy jocoso; divertido o ridículo. **A rich soil**, un suelo rico, fértil, fecundo. **Rich jewels**, joyas costosas, de mucho valor. **Rich gravy**, pringue, salsa demasiado grasa. **A rich joke**, un chiste muy divertido. **That's rich!**, ¡qué gracioso! **The rich,** los ricos.

riches ['rɪtʃɪz] [ri-chis], *s. pl.* 1. Riqueza, opulencia, abundancia de bienes y cosas preciosas. 2. Esplendor, pompa, magnificencia.

richly ['rɪtʃlɪ] [rich-li], *adv.* 1. Ricamente, opulentamente, magníficamente. 2. Copiosamente, abundantemente.

richness ['rɪtʃnɪs] [rich-nes], *s.* 1. Riqueza, opulencia; primor, suntuosidad, magnificencia. 2. Fertilidad. 3. Abundancia, copia. 4. Pinguosidad, crasitud; calidad de lo rico en general o de lo que da buenas ganancias.

rick [rɪk] [rik], *s.* Niara, rima o rimero de haces de grano o heno.

rickets ['rɪkɪts] [ri-kits], *s.* Raquitis, raquitismo, enfermedad de la temprana niñez, caracterizada por el reblandecimiento de los huesos y consecuente deformidad.

rickety ['rɪkɪtɪ] [ri-ki-ti], *a.* 1. Desvencijado, cayéndose, que está para caerse por falta de solidez. 2. Raquítico, que padece de raquitis.

rickshaw ['rɪkʃɔː] [rik-sho], *s.* Vehículo japonés tirado por un hombre.

ricochet ['rɪkəʃeɪ] [ri-ko-shei], *va.* Hacer fuego de rebote. *-vn.* Rebotar sobre una superficie una o varias veces, como hace una bala de cañón cuando se dispara casi horizontalmente. *-s. (Art.)* Fuego de rebote.

rid [rɪd] [rid], *va.* 1. Desembarazar, desocupar. 2. *(Ant.)* Librar, libertar, redimir. 3. *(Ant.)* Desechar, expeler. **To rid oneself of a troublesome business**, zafarse de algún asunto escabroso, de una carga o de la que ofende; librar. **To rid oneself of**, desembarazarse de. **To be o to get rid of**, estar exento; desembarazarse o librarse de; deshacerse de. **To rid a room of insects,** eliminar los insectos de una habitación.

rid, 1. *pret.* y *pp.* de to RID. 2. *(Ant.) pret.* de to RIDE.

riddance ['rɪdəns] [ri-dans], *s.* 1. Libramiento o preservación de un mal o peligro. 2. Zafada, la acción de zafarse de alguna cosa que molesta. **To make a clear riddance**, desembarazar alguna parte de las personas o cosas que estorban.

ridden ['rɪdn] [ri-den], *pp.* de to RIDE.

riddle ['rɪdl] [ri-del], *s.* 1. Enigma, adivinanza, pregunta intrincada (conundrum). 2. Cualquier cosa difícil de atinar o comprender. *-va.* Resolver enigmas. *-vn.* Hablar enigmáticamente.

riddle, *va.* y *vn.* 1. Acribillar, agujerear en muchas partes con balas. 2. Cribar, acribar, pasar a través de una criba. *-s.* Criba, cribo, cedazo grueso, especialmente el empleado en una fundición o para lavar el oro.

ride [raɪd] [raid], *vn.* (*pret.* RODE, *pp.* RIDDEN). 1. Cabalgar, andar, ir o pasear a caballo; manejar, enseñar o adiestrar un caballo. 2. Ruar, andar en coche o carruaje. 3. Moverse o caminar una cosa puesta encima de otra. 4. Flotar, sostenerse en un fluido; estar fondeado; andar por el mar o estar en él. **To ride at anchor**, surgir, estar fondeado. *-va.* 1. Sentarse, y ser llevado sobre algo; correr. 2. Flotar sobre las olas, henderlas, dominarlas. 3. Montar, guiar un caballo; atravesar a caballo; andar por, o viajar, cualquiera que sea el medio empleado. **Can you ride?**, ¿sabe usted montar a caballo?

ride away, marcharse, irse.

ride behind, cabalgar a la grupa.

ride down, echar a tierra y pisar paseando a caballo; de aquí, pisotear, tratar insolente y arrogantemente.

ride on, seguir adelante.

ride out, *(Mar.)* luchar felizmente contra una tempestad. **To ride shank's mare**, *(Fam.)* andar a pie.

ride up, acercarse, subir. **To ride easy**, *(Mar.)* mantenerse bien al ancla.

ride, *s.* 1. Paseo a caballo o en coche. 2. El espacio de terreno destinado para paseo. **To give somebody a rough ride,** hacer pasar un mal rato a alguien. **To go for a ride,** pasear a caballo.

rider ['raɪdə[r]] [rai-da[r]], *s.* 1. Caballero, cabalgador; jinete; picador; ciclista. 2. Ruante, el que va en coche o carruaje. 3. El cochero u otra persona que maneja los caballos de un carruaje, y también los que corren caballos. 4. Cosa que va a horcajadas sobre otra; nombre que se da algunas veces a una hoja añadida a un instrumento ya concluido, y a las cláusulas añadidas a las leyes aprobadas en el Parlamento.

riders ['raɪdəz] [rai-dars], *s. pl. (Mar.)* Sobreplanes, especie de cuadernas o costillas interiores. **Floor-riders**, sobreplanes del fondo. **Lower futtock-riders**, genoles de sobreplanes. **Second futtock-riders**, ligazones de sobreplanes.

ridge [rɪdʒ] [ridch], *va.* Alomar, formar lomos o camellones; cubrir con listones salientes o arrugas. *-vn.* Estar marcado con arrugas o listones salientes.

ridge, *s.* 1. Cualquier protuberancia que se levanta desigualmente y que es larga en proporción a su anchura y altura; listón saliente, arruga, elevación prolongada, serie de colinas, serranía, serrijón; cerro. 2. Cumbre, cima o pico de montaña. 3. Escollo, arrecife, banco de piedra que sale del mar. 4. Caballón, el lomo que se levanta en el campo arado entre surco y surco; camellón. 5. Caballete, el lomo que se levanta en medio del tejado. **A ridge of hills**, una cadena de colinas, cerro. **Ridge-ropes of the head-nettings**, *(Mar.)* nervios de las redes de proa. **Ridges of horse's mouth**, las arrugas que tienen los caballos en el paladar. **Ridge-pole, ridge-plate**, cima, madero que termina la armazón del alero.

ridgy ['rɪdʒɪ] [rid-chi], *a.* Desigual, que se levanta con desigualdad, cerril; que tiene listones salientes.

ridicule ['rɪdɪkjuːl] [ri-di-kiul], *s.* 1. Ridiculez, extravagancia. 2. Ridículo, el dicho que ridiculiza a alguno.

ridicule, *va.* Ridiculizar, escarnecer, tornar en ridículo, hacer mofa de alguien.

ridiculous [rɪ'dɪkjʊləs] [ri-di-kiu-los], *a.* 1. Ridículo, risible. 2. Ridículo, extravagante, nimio.

ridiculously [rɪ'dɪkjʊləslɪ] [ri-di-kiu-los-li], *adv.* Ridículamente.

ridiculousness [rɪ'dɪkjʊləsnɪs] [ri-di-kiu-los-nes], *s.* Calidad de ridículo.

riding ['raɪdɪŋ] [rai-din], *s.* 1. La acción de andar a caballo o en coche; paseo a caballo o en coche; excursión, cabalgata. 2. Distrito o porción en que se dividen algunos condados en Inglaterra. *-a.* Lo que se emplea para caminar a caballo o en coche. *(Mar.)* Fondeado. **Riding easy**, *(Mar.)* descansado al ancla. **Riding hard**, *(Mar.)* tormentoso al ancla. **Riding-cloak, riding-coat**, redingote. **Ridign-habit**, traje de montar. **Riding-hood**, capirote, gabán, capilla, capucho. **Riding-school**, picadero, escuela de equitación. **Riding-whip, riding-rod**, látigo de montar.

rife [raɪf] [raif], *a.* 1. Abundante en número o cantidad; muy esparcido, corriente, común. 2. Lleno, seguido de *with.* **Rumors of war were rife**, los rumores de guerra eran cosa corriente. **The small-pox has been very rife this year**, este año ha habido epidemia de viruelas o han sido muy comunes las viruelas.

rifely ['raɪflɪ] [raif-li], *adv.* Abundantemente, comúnmente.

rifeness ['raɪfnɪs] [raif-nes], *s.* Abundancia, frecuencia.

riffraff ['rɪfræf] [rif-raf], *s.* Gentuza, canalla, desperdicio: se dice de la gente más baja.
rifle ['raɪfl] [rai-fel], *va.* 1. Robar, pillar. 2. Rayar un arma de fuego. *-vn.* Proveer a un arma de fuego de raya o muesca espiral. **To rifle a case,** desvalijar una maleta. **To be rifle with,** abundar en, estar lleno de.
rifle, *s.* Carabina, escopeta con cañón estriado por dentro, rifle. **Rifle range**, 1. Alcance de un tiro del rifle. 2. Lugar en que se puede tirar al blanco.
rifleman ['raɪflmən] [rai-fel-man], *s.* Escopetero, carabinero, riflero, el hombre armado con rifle o que es hábil en su manejo.
rifler ['raɪfləʳ] [rai-flaʳ], *s.* Pillador, robador.
rift [rɪft] [rift], *s.* 1. Hendedura, rendija, grieta, reventón; cuarteadura. 2. Desemboque, vado, sitio poco profundo en un arroyo. 3. Espuma que forman las olas al romperse en la playa.
rift, *va.* Hender, dividir. *-vn.* Reventar; regoldar.
rig [rɪg] [rig], *va.* 1. Ataviar, asear, adornar; con *out*. 2. Aparejar, equipar; con *out o up*. **To rig out a boom**, *(Mar.)* botar afuera.
rig, *s.* 1. Aparejo, disposición especial de los mástiles, jarcias, velas, etc., en el casco de un buque. 2. *(Fam.)* Modo de vestir, traje; tren de carruaje y caballos para pasear en coche; apresto, aparejo, equipo; aparato de pesca. 3. *(Prov.)* Burla, mala partida.
rigadoon [ˌrɪgə'duːn] [ri-ga-dun], *s.* Rigodón, baile, especie de contradanza provenzal.
rigger ['rɪgəʳ] [ri-gaʳ], *s.* *(Mar.)* Aparejador.
rigging ['rɪgɪŋ] [ri-guin], *s.* 1. *(Mar.)* Aparejo, el conjunto de velas, jarcia y motonería de un buque. 2. *(Ger.)* Vestido.
right [raɪt] [rait], *a.* 1. Recto, justo, equitativo (fair, just), sincero, razonable, honesto (decent, proper). 2. Derecho, recto, justo, conforme a la ley moral o a la voluntad de Dios. 3. Idóneo, propio, conveniente (fit, suitable); fundado. 4. Verdadero, cierto, real, que ni es falso ni erróneo (truth); legal, legítimo. 5. Derecho, igual, no torcido ni inclinado a uno u otro lado, directo, que está en línea recta. 6. Bien arreglado, convenientemente dispuesto, ajustado, en buen orden. 7. Derecho (lo contrario de izquierdo). 8. Sano, en buen estado de cuerpo o de ánimo. 9. Derecho; se dice del lado mejor acabado en las telas. **The right way**, el camino recto o directo. **Right angle**, ángulo recto. **The right side**, el lado derecho (de una tela). **To be right**, tener razón. **Right sailing**, *(Mar.)* navegación recta o por alguno de los cuatro puntos cardinales. **Right-angled**, de ángulos rectos, rectangular. **Right-minded**, recto, honrado. *-inter.* ¡Bien! ¡bueno! *-adv.* 1. Rectamente, justamente, exactamente, perfectamente, precisamente. 2. Derechamente, en derechura. 3. Muy. 4. Inmediatamente, al instante. 5. Ahora mismo. **It is right**, está bien; está justo. **You are right** o **you are in the right**, tiene usted razón. **Right or wrong**, a tuertas o a derechas, con razón o sin ella. **You say right**, dice usted bien, tiene usted razón. **Right reverend**, reverendísimo. **Right honorable**, muy honorable, o respetable. *-s.* 1. Derecho, la ley moral; justicia, equidad, rectitud. 2. Razón, lo que está conforme con los hechos o con la verdad, que no contiene maldad ni error. 3. Derecho; título justo y equitativo; propiedad, dominio. 4. Poder, autoridad. 5. Privilegio, prerrogativa. 6. La derecha, lo opuesto a la izquierda. **To rights**, derechamente, derecho, sin torcer. **To the right**, a la derecha. **On his right**, a su derecha. **To be right,** tener razón. **To maintain one's right**, sostener su derecho. **To set to rights**, poner en orden; componer; reconciliar. **Right of way**, derecho de vía. **That soon put rights,** eso se corrige fácilmente. **To put a clock right,** poner un reloj en hora. **To put a mistake right,** corregir un error. **To be in one's right mind,** estar en sus cabales. **He's a right idiot,** es un puro idiota. **I'll be right over,** voy ahora mismo, voy enseguida.
right, *va.* 1. Hacer justicia, proceder con justicia. **To right oneself**, tomarse justicia por su mano. 2. *(Mar.)* Adrizar o levantar una embarcación que estaba ladeada. **To right a wrong,** deshacer un agravio, acabar con un problema.
rightabout ['raɪtəbaʊt] [rait-abaut], *s.* 1. Media vuelta. 2. Vuelta hacia la derecha.
right away ['raɪtəweɪ] [rait-auei], *adv.* Inmediatamente, en seguida.
righteous ['raɪtʃəs] [rai-chos], *a.* Justo, recto, equitativo; honrado.
righteously ['raɪtʃəslɪ] [rai-chos-li], *adv.* Justamente, rectamente, honradamente.
righteousness ['raɪtʃəsnɪs] [rai-chos-nes], *s.* Rectitud, justicia, equidad; honradez.
righter ['raɪtəʳ] [rai-taʳ], *s.* El que hace justicia; enderezador de entuertos o agravios.
rightful ['raɪtfʊl] [rait-ful], *a.* Legítimo, justo, recto.
rightfully ['raɪtfəlɪ] [rait-fu-li], *adv.* Legalmente, rectamente, justamente.
rightfulness ['raɪtfəlnɪs] [rait-ful-nes], *s.* Derechura; justicia, rectitud, equidad.
right-hand ['raɪthænd] [rait-jand], *a.* 1. Situado o perteneciente a mano derecha. 2. Se dice de la persona con quien más se cuenta o en quien se confía principalmente. **Right-hand man**, *(Fam.)* el brazo derecho, el colaborador principal; el auxiliar en quien se confía sobre todo.
right-handed ['raɪthændɪd] [rait-jan-ded], *a.* 1. Que se sirve ordinariamente de la mano derecha; de aquí, mañoso, hábil. 2. Que rueda o gira de izquierda a derecha, como las manecillas de un reloj. 3. Hecho con la mano derecha. **Right-handed screw**, tornillo (de rosca) a la derecha.
rightist ['raɪtɪst] [rai-tist], *s.* Derechista, conservador.
rightly ['raɪtlɪ] [rait-li], *adv.* Rectamente, justamente, bien, como se debe; exactamente; directamente.
rightness ['raɪtnɪs] [rait-nes], *s.* Rectitud, justicia; derechura.
right off ['raɪtɒf] [rait-of], *adv.* En seguida.
rigid ['rɪdʒɪd] [ri-yid], *a.* Tieso; rígido, inflexible; austero, severo; rigoroso; estricto, exacto, como el razonamiento.
rigidity [rɪ'dʒɪdɪtɪ] [ri-yi-di-ti], *s.* 1. Rigidez, rigor, austeridad; tesura. 2. Tosquedad, falta de garbo, gracia o aire; terquedad.
rigidly ['rɪdʒɪdlɪ] [ri-yid-li], *adv.* Tiesamente; inflexiblemente; con rigidez.
rigidness ['rɪdʒɪdnɪs] [ri-yid-nes], *s.* Rigidez, inflexibilidad.
riglet ['rɪglɪt] [ri-glit], *s.* *V.* REGLET.
rigmarole ['rɪgmərəʊl] [rig-ma-raul], *s.* Jerigonza, galimatías, desatino; un conjunto de palabras vacías de sentido.
rigor, rigour ['rɪgəʳ] [ri-goʳ], *s.* 1. Rigor, la tesura de los nervios que los hace inflexibles. 2. Rigor de calentura. 3. Rigor, severidad, dureza, austeridad; tesón, terquedad. 4. Rigor, exactitud en lo que es justo y recto. 5. Tesura, dureza, inflexiblidad de las cosas.
rigorous ['rɪgərəs] [ri-go-ros], *a.* Rigoroso, severo, cruel.
rigorously ['rɪgərəslɪ] [ri-go-ros-li], *adv.* Rigorosamente.
rigorousness ['rɪgərəsnɪs] [ri-go-ros-nes], *s.* Severidad, rigor.
rigour (es la manera usual de escribir esta palabra en Inglaterra). *V.* RIGOR.
rile [raɪl] [rail], *va.* *(Prov o fam.)* Sulfurar, encolerizar. *V.* ROIL.
rill [rɪl] [ril], *s.* Riachuelo, arroyuelo.
rillet ['rɪlɪt] [ri-lit], *s.* Arroyuelo. *V.* RIVULET.
rim [rɪm] [rim], *s.* 1. Canto, borde, margen, orilla. 2. Cerco, arco. **The rim of the belly**, el peritoneo.
rime [raɪm] [raim], *s.* 1. Escarcha. 2. Resquicio, hendedura, rendija, agujero, abertura.
rime, *va.* y *vn.* (Rhyme es forma etimológicamente incorrecta, aunque muy usada). 1. Rimar, versificar; componer en rima. 2. Rimar, ser una voz consonante de otra; corresponder, convenir, armonizarse (things).
rimer, rhymer ['raɪməʳ] [rai-maʳ], *s.* Rimador, versista; también, poetastro.
rimmed [rɪmd] [rimd], *a.* Bordeado, con borde.
rimy ['rɪmɪ] [ri-mi], *a.* Escarchado, blanco con escarcha; frío.
rind [raɪnd] [raind], *s.* Corteza, hollejo.

rind, *va.* Descortezar, quitar el hollejo.

ring [rɪŋ] [ring], *s.* 1. Círculo, cerco, cualquier objeto circular que tiene una abertura casi igual a su diámetro; anillo, aro, arillo, cintillo (hoop, rim); virola, argolla. 2. Sortija, anillo; aro de oro u otro metal que se lleva, principalmente para adorno, en los dedos de la mano. **Staple-ring**, argolla con espiga. 3. Circo, arena, como para una carrera, lucha o espectáculo. 4. Corro o corrillo de gente. 5. Combinación de varias o muchas personas, frecuentemente para fines ilícitos o censurables, v. g. en los negocios o en la política. 6. Ojera, círculo amoratado alrededor de los ojos. **A wedding ring**, un anillo de boda. **A seal ring**, una sortija que sirve de sello. **Ear-ring**, zarcillo. **Ring-bolt**, *(Mar.)* cáncamo, argolla. **Ring-bone**, *(Vet.)* sobrehueso de caballo. **Ring-dial**, reloj de sol en un anillo. **Ring-ropes**, *(Mar.)* bozas rabizadas. **Ring-streaked**, rayado en círculo. **Ring-shaped**, anular. **A sarcastic ring in the voice,** un tono sarcástico en la voz. **I'll give you a ring,** te llamaré.

ring, *s.* 1. Campano o repique de campanas; el juego de campanas de una torre. 2. *(Mar.)* Arganeo, virola con chaveta. 3. Sonido, ruido, rumor, susurro; estruendo.

ring, *va.* 1. Rodear, formar corro alrededor de; circundar. 2. Poner un anillo; anillar, ensortijar; adornar con anillos, sortijas o argollas. 3. *(Hort.)* Quitar una tira circular de corteza. *-vn.* 1. Moverse en círculo o en espiral. 2. Formar círculo.

ring, *va.* (*pret.* RANG, a veces RUNG; *pp.* RUNG). 1. Sonar, tocar, tañer. 2. Repicar, o tañer campanas. 3. Anunciar, proclamar, celebrar, v. g. con un repique de campanas. 4. Repetir a menudo o con énfasis; reiterar. 5. Llamar, convocar, por medio de una campana. *-vn.* 1. Sonar, dar de sí un sonido sonoro como una campana. 2. Sonar mucho, clara o fuertemente; retiñir, retumbar, resonar. 3. Zumbar los oídos. 4. Estar lleno del ruido, fama o nombre de una cosa.

ring back, volver a llamar.

ring down, bajar (curtain).

ring in, anunciar.

ring off, colgar (phone).

ring round/up, llamar (phone).

ring-dove ['rɪŋdʌv] [ring-dav], *s.* Paloma torcaz, zurita o zorita.

ringer ['rɪŋəʳ] [rin-gaʳ], *s.* Campanero, tocador de campanas.

ringing ['rɪŋɪŋ] [rin-guin], *pa.* Resonante, retumbante; que replica, que toca las campanas. **A ringing cheer**, viva resonante. *-s.* 1. Acción de sonar o hacer tocar las campanas; campaneo, repique de campana; retintín (del sonido de una campana). 2. *(Hort.)* Acción de quitar una tira circular de la corteza.

ringleader ['rɪŋˌliːdəʳ] [ring-li-daʳ], *s.* Cabeza de partido o bando; cabecilla, abanderizador.

ringlet ['rɪŋlɪt] [rin-glit], *s.* 1. Anillejo, círculo. 2. Sortija, bucle en el cabello, rizo. (Cuba) Crespo.

ringside ['rɪŋsaɪd] [ring-said], *s.* **Ringside seat,** butaca de primera fila.

ringtail ['rɪŋteɪl] [ring-teil], *s.* *(Orn.)* Especie de milano.

ringworm ['rɪŋwɜːm] [ring-uerm], *s.* Tiña, enfermedad del cutis; aparece en manchas circulares y la causa un parásito fungoso.

rinse [rɪns] [rins], *va.* 1. Lavar, limpiar, inundando o sumergiendo en un líquido. 2. Enjuagar, aclarar.

rinser ['rɪnsəʳ] [rin-saʳ], *s.* Lavandero, el que limpia.

rinsing ['rɪsɪŋ] [rin-sin], *s.* Enjuagadura, acción de enjuagar, y el líquido con que se enjuaga; lo que se quita enjuagando.

riot ['raɪət] [raiot], *s.* 1. Tumulto, sedición, alboroto, motín, asonada. 2. Desenfreno, desorden, exceso; borrachera.

riot, *vn.* 1. Andar en borracheras, vivir desenfrenadamente, entregarse a los vicios. 2. Causar alborotos, sediciones, tumultos o motines.

rioter ['raɪətəʳ] [raio-taʳ], *s.* Hombre disoluto, bullicioso o sedicioso; alborotador, amotinador, abanderizador. *(Fam.)* Bullanguero, jaranero, libertino.

riotous ['raɪətəs] [raio-tos], *a.* 1. Sedicioso, faccioso, amotinado. 2. Desenfrenado, desarreglado, libertino, disoluto.

riotously ['raɪətəslɪ] [raio-tos-li], *adv.* Desenfrenadamente, disolutamente; bulliciosamente.

riotousness ['raɪətəsnɪs] [raio-tos-nes], *s.* Disolución, desenfreno, desorden; el estado de la persona o personas que están alborotadas o fuera de orden.

rip [rɪp] [rip], *va.* 1. Rasgar, lacerar, romper (slash, tear), dividir (a cloth) a lo largo de una línea de resistencia mínima; comúnmente con **up**, u **off**; hender. 2. Descoser, soltar. **To rip up**, rajar. **To rip off a plank**, *(Mar.)* descoser un tablón. 3. Penetrar al fondo de, sondear; poner a descubierto; descubrir un secreto; se usa con **up**. 4. Aserrar la madera en la dirección general de la veta; *(carp.)* hilar, linear. *-vn.* henderse, romperse. **To rip along,** ir a buen tren, correr rápidamente. **To rip off**, rajar, abrir de golpe, quitar, arrancar. **To rip out**, soltar, dejar escapar, hablar con vehemencia. **To rip out an oath**, jurar con violencia, jurar a la ligera, blasfemar. **Rip-saw**, sierra de hender o máquina para aserrar tablas. **To rip a box open,** abrir una caja rompiéndola.

rip, *s.* 1. Laceración, rasgadura, rasgón, paraje rasgado o roto. 2. Sierra de hender. *V.* **Rip-saw**.

riparian [raɪ'pɛərɪən] [rai-pea-rian], *a.* Ribereño, que pertenece a la ribera de un río. **Riparious**. *(Bot. y Zool.)* Ribereño, que vive o se cría a lo largo de las riberas de un río.

ripe [raɪp] [raip], *a.* 1. Maduro, sazonado, en sazón. 2. Acabado, consumado, qeu se acerca a la perfección. 3. Pronto, preparado, a propósito. 4. Rosado, colorado; parecido a la madurez del fruto.

ripen ['raɪpən] [rai-pen], *vn.* Madurar, llegar a madurez. *-va.* Madurar, poner alguna cosa en estado de madurar.

ripely ['raɪplɪ] [raip-li], *adv.* Maduramente; a propósito.

ripeness ['raɪpnɪs] [raip-nes], *s.* Madurez.

ripper ['rɪpəʳ] [ri-paʳ], *s.* El que rasga o descose.

ripping ['rɪpɪŋ] [ri-pin], *s.* 1. Rompimiento, la acción de romper. 2. Laceración, la acción de lacerar. 3. Descubrimiento.

ripple ['rɪpl] [ri-pel], *va.* Formar pequeñas ondas, rizar la superficie del agua. *-vn.* 1. Agitarse, rizarse la superficie del agua. 2. Sonar como el agua que corre sobre un lecho áspero o pedregoso; murmurar.

ripple, *va.* Desgargolar, sacudir el cáñamo para que despida el cañamón.

ripple, *s.* 1. Oleadita, escarceo del agua, pequeña onda producida por una brisa suave, o al correr del agua sobre un lecho pedregoso. 2. Cualquier sonido semejante al murmullo de las aguas. 3. Ondulación, rizo, algo parecido a una oleadita.

ripple, *s.* Un peine que sirve para desgargolar.

rippling ['rɪplɪŋ] [ri-plin], *s.* 1. La acción de desgargolar el cáñamo. 2. El escarceo del agua cuando lo produce una brisa suave o el lecho pedregoso de un arroyo.

riprap ['rɪpræp] [rip-rap], *va.* Reforzar por medio de piedras partidas o deshechas. *-s.* 1. Piedras trituradas para hacer cimientos o muros, particularmente para formar una base o cimiento en agua profunda. 2. Cimiento hecho de piedras echadas en montón.

rise [raɪz] [rais], *vn.* (*pret.* ROSE, *pp.* RISEN). 1. Ascender, subir una cosa hacia arriba (lift); elevarse, levantarse (get up). 2. Levantarse, ponerse en pie (después de arrodillarse, sentarse o acostarse); de aquí, suspender sus tareas una asamblea deliberante, cerrar una sesión. 3. Levantarse, salir de la cama. 4. Nacer, asomar por el horizonte; salir el sol. 5. Nacer, salir; se dice de las plantas cuando empiezan a despuntar. 6. Saltar, salir, brotar alguna cosa de la tierra. **To rise from table,** levantarse de la mesa (after lunch). **That stream rises from a spring**, aquel arroyo nace de un manantial. 7. Levantarse, sublevarse, rebelarse. 8. Levantarse, suscitarse una disputa, una competencia, etc. 9. Ascender, subir o adelantar en empleo o dignidad; aumentar en fortuna, hacerse más rico. 10. Hincharse hacia arriba. **A river rises after rain**, un río sube, se hincha o aumenta después de la lluvia. 11. Encarecerse, subir o aumentarse el precio de una cosa. 12. Elevarse en el estilo; elevarse o ensalzarse en honores, fama o fortuna. 13. Resucitar. **The Lord is risen indeed**, el Señor ha resucitado en verdad. **To rise up against anyone**, acomete a alguno. 14. Provenir, motivar, nacer, originarse. **To rise to one's feet**, ponerse en pie, levantarse. **That rises (o arises) from your negligence**, eso proviene de la negligencia de usted Sinónimo, ARISE.

rise, *s.* 1. Levantamiento, erección, la acción y efecto de levantar o levantarse. 2. Elevación, altura, eminencia. 3. Subida, la acción y efecto de subir; ascensión. 4. Subida, el sitio o lugar en declive, que va subiendo. 5. Subida, la mejoría o elevación de las cosas con respecto a su estado o precio. 6. Crecida, creciente (de un río, etc.); alza en los fondos públicos. **Rise and fall in the public stocks**, alza y baja en los fondos públicos. 7. Salida del sol. 8. Fuente, principio, origen, manantial, causa. 9. Elevación, ascenso en grado, honores, riquezas, reputación, etc.; elevación de la voz. **A rise of ground**, una elevación del terreno. **The rise of a hill**, la pendiente de una colina. **The rise of mercury in the thermometer**, la subida del mercurio en el termómetro. **To take a rise of someone,** burlarse de alguien.

risen, *pp.* de to RISE.

riser ['raɪzəʳ] [rai-saʳ], *s.* 1. El que se levanta. **An early riser**, madrugador, el que madruga. **Late riser**, persona que se levanta tarde. 2. Contrahuella, la cara vertical de un peldaño de escalera.

risibility [ˌrɪzɪ'bɪlɪtɪ] [ri-si-bi-li-ti], *s.* Risibilidad, la facultad de reír.

risible ['rɪzɪbl] [ri-si-bol], *a.* 1. Risible, lo que causa risa. 2. Risible, ridículo, digno de risa o burla.

rising ['raɪzɪŋ] [rai-sin] *a.* Naciente, nuevo, saliente. *-s.* 1. Levantamiento, renacimiento, vuelta a la vida; sublevación, insurrección, motín; acto de asomar en el horizonte; término de una sesión. 2. *(Prov. Ingl. y E.U.)* Levadura, fermento; también la cantidad de masa que se prepara de una vez. 3. Prominencia, protuberancia; en especial, lobanillo, lupia. **With rising alarm,** con creciente alarma. **She's rising 20,** pronto cumplirá 20 años.

risk [rɪsk] [risk], *s.* Riesgo, contingencia, peligro (danger, peril). **To run a risk**, correr peligro. **At the risk of one's life,** arriesgando la vida. **At one's own risk,** bajo su propia responsabilidad.

risk, *va.* Arriesgar, poner en riesgo, aventurar, exponer.

risker ['rɪskəʳ] [ris-kaʳ], *s.* El que arriesga.

risky ['rɪskɪ] [ris-ki], *a.* 1. Peligroso, arriesgado, expuesto a riesgos. 2. Imprudente, arriesgado, temerario.

risotto [rɪ'zɒtəʊ] [ri-so-tou], *s.* Arroz (rice).

rite [raɪt] [rait], *s.* Rito, la ceremonia solemne o religiosa; acto u observancia ceremonial. **Funeral rites**, ritos fúnebres o exequias.

ritual ['rɪtjʊəl] [ri-chual], *a.* Ritual, ceremonial. *-s.* 1. Formalidad o método prescrito para una ceremonia religiosa o ceremonial; sistema o conjunto de ritos. 2. Ritual, libro que enseña el orden de las sagradas ceremonias.

ritualism ['rɪtjʊəlɪzəm] [ri-chua-li-sem], *s.* Ritualismo, el estudio de los ritos o el exagerado apego a ellos; ritualidad, observancia de las formalidades prescritas para hacer una cosa.

ritualist ['rɪtjʊəlɪst] [ri-chua-list], *s.* Ritualista, rubriquista.

ritualistic ['rɪtjʊəlɪstɪk] [ri-chua-lis-tik], *a.* Ritualista, apegado al ritualismo, que aprecia mucho los ritos, particularmente los de la Iglesia antes de la Reforma.

ritually ['rɪtjʊəlɪ] [ri-chua-li], *adv.* Según el ritual o los ritos; conforme a los ritos.

rival ['raɪvəl] [rai-val], *a.* Émulo, contrario, opuesto (opposite, enemy). *-s.* Rival, competidor. **A rival firm,** una empresa de la competencia.

rival, *va.* 1. Competir, emular, entrar en competencia con alguno; rivalizar con (compete); ser el igual de otro. 2, *(Ant.)* Ser rival o competidor de alguien; esforzarse en alcanzar el mismo fin a que otro aspira. *-vn.* Rivalizar.

rivalry ['raɪvəlrɪ] [rai-val-ri], *s.* Rivalidad, competición, emulación; lucha o esfuerzo para obtener un fin que otro se propone alcanzar al mismo tiempo; esfuerzo para igualar o exceder a otro en mérito o perfección.

rive ['raɪv] [raiv], *va.* (*pret.* RIVED, *pp.* RIVED o RIVEN). Rajar, hender. *-vn.* Henderse.

river ['rɪvəʳ] [ri-vaʳ], *s.* 1. Río. 2. *(Fig.)* Río, copia, flujo copioso, torrente. **River-basin**, cuenca de río, el área que desagua. **River-bed**, lecho, álveo, madre de un río. **Up (the) river**, río arriba. **Down (the) river**, río abajo. **River-dragon**, cocodrilo, caimán. **River-god**, Dios tutelar de río. **River-horse**, hipopótamo. **River fishing,** pesca fluvial.

rivermouth ['rɪvəmaʊθ] [ri-va-mauz], *s.* Estuario.

riverside ['rɪvəsaɪd] [ri-var-said], *s.* y *a.* Orilla de un río; ribera, el espacio a lo largo de un río.

rivet ['rɪvɪt] [ri-vit], *s.* Remache, la vuelta de la punta de un clavo remachado; roblón.

rivet, *va.* 1. Remachar, asegurar un clavo después de introducido doblándole la punta. 2. Roblar, doblar o remachar una pieza de hierro para asegurarla. 3. Remachar, asegurar o afianzar fuertemente alguna cosa.

rivulet ['rɪvjʊlɪt] [ri-viu-lit], *s.* Riachuelo, río pequeño.

RNA, ribonucleic acid, *s.* Ácido ribonucleico.

roach [rəʊtʃ] [rouch], *s.* 1. Escarcho. 2. Cucaracha.

road [rəʊd] [roud], *s.* 1. Carretera, camino; vía abierta al paso del público, particularmente desde una población a otra; vía, carretera (way). 2. Camino, el viaje que se hace de una parte a otra. **The high road**, el camino real. 3. *(Mar.)* Rada, bahía o ensenada en la que pueden anclar los buques. **By-road**, atajo, trocha, camino privado o poco frecuentado. **Cross-road**, encrucijada; camino de atajo. **Turnpike road**, camino con portazgo, calzada; y familiarmente, camino real. **Road-bed**, fundación de un camino; construcción sobre la que se asientan los rieles de un ferrocarril. **Road-roller**, pisón, rodillo para allanar caminos. **Road-runner**, pájaro, cuclillo de tierra, de cola larga, de los Estados Unidos del Sudoeste; habita en las llanuras y corre con gran velocidad. **"Road narrows"**, estrechamiento de la calzada. **Road accident,** accidente de tráfico. **To take the road,** ponerse en camino. **She's on the road of recovery,** se está reponiendo. **Across the road,** enfrente, al otro lado de la calle. **My car is off the road,** mi coche está en el garaje.

roadbed ['rəʊdbed] [roud-bed], *s.* 1. Infraestructura. 2. Calzada (of the road).

roadblock ['rəʊdblɒk] [roud-blok], *s.* 1. *(Mil.)* Barricada. 2. Obstáculo colocado en caminos, particularmente por representantes de la autoridad.

roadhouse ['rəʊdhaʊs] [roud-jaus], *s.* Posada o restaurante cerca de una carretera.

roadie ['rəʊdɪ] [rou-di], *s.* *(Mus)* El que se encarga del transporte del equipo.

roadster ['rəʊdstəʳ] [rouds-taʳ], *s.* 1. Caballo que anda bien; también, bicicleta para los caminos ordinarios. 2. *(Mar.)* Un buque al ancla.

roadway ['rəʊdweɪ] [roud-uei], *s.* Carretera, calzada, parte del camino reservada para los carruajes.

roam [rəʊm] [roum], *vn.* Vagar, vaguear, andar vagando sin dirección fija, correr acá y acullá. *-va.* Correr, corretear.

roamer ['rəʊməʳ] [rou-maʳ], *s.* Vagabundo, andariego (tramp).

roaming ['rəʊmɪŋ] [rou-min], *a.* Paseos, vagabundeo.

roan [rəʊn] [roun], *a.* Roano, ruano (horse). *-s.* 1. Caballo ruano; color ruano. 2. Badana curtida de color ruano, o que imita el marroquín.

roar [rɔːʳ] [roʳ], *vn.* 1. Rugir, bramar como el león u otra bestia feroz. 2. Aullar, dar aullidos. 3. Bramar; se dice del mar y de los vientos. 4. Mugir el toro.

roar, *s.* 1. Rugido, el bramido del león. 2. Grito, gritería, vocerío. 3. Bramido, estruendo, ruido grande. 4. Mugido, el bramido del toro.

roaring ['rɔːrɪŋ] [rou-rin], *s.* Rugiente, que ruge.

roast [rəʊst] [roust], *va.* 1. Asar; cocer la carne o un manjar en el asador o en el horno. 2. Tostar o calentar mucho, calentar hasta un grado extremo, calcinar. 3. *(Fam.)* Burlarse, mofarse; chiflar, rechiflar (ironically).

roast, *a.* Asado, tostado (abrev. de **roasted)**. **Roast meat**, asado o carne asada. **Roast beef**, carne de vaca asada, rosbif. *-s.* Carne asada, o una pieza a propósito

o que está para asar; asado. **To rule the roast,** *(Vulg.)* mandar, tener vara alta, gobernar.
roaster ['rəʊstə^r] [rous-ta^r], *s.* Cocinero que asa; asador, tostador, persona que asa o tuesta; tostador, aparato para tostar o calcinar; animal u objeto a propósito para ser asado.
roasting ['rəʊstɪŋ] [rous-tin], *ger.* de TO ROAST. *-s.* 1. Acción de asar, de tostar; tostadura. 2. En metalurgia es el acto de quemar el mineral para disipar su materia volátil; torrefacción, calcinación, beneficio por medio del fuego. 3. Burla pesada, rechifla; zurra.
rob [rɒb] [rob], *va.* Robar, coger y llevarse una propiedad con violencia y sin derecho; pillar; saquear; quitar, hurtar; privar. **To rob on the high-way**, saltear. **To rob a stage-coach**, robar una diligencia. **To rob Peter to pay Paul**, robar a Pedro para pagar a Pablo. **I've been robbed,** me han robado.
robber ['rɒbə^r] [ro-ba^r] *s.* Ladrón, salteador de caminos, saqueador, despojador del bien ajeno.
robbery ['rɒbərɪ] [ro-be-ri], *s.* Robo, la acción de robar; robo a mano armada; asalto, pillaje, saqueo.
robe [rəʊb] [roub], *s.* 1. Manto, toga, traje talar o ropa larga que se lleva por encima de otros vestidos, particularmente como señal de oficio o dignidad (cloth); traje de ceremonia (dress). 2. Túnico; alguna cosa que cubre, como un manto. 3. Manta de coche, de pieles u otro material. **A counsellor's robe**, garnacha. **Robe of state**, traje de gala. **Master of the robes**, jefe del guardarropa.
robe, *va.* Vestir de gala o de ceremonia; vestir, ataviar. *-vn.* Vestirse, ponerse trajes; cubrirse. **Fields robed with green**, campos cubiertos de verdura. **Robing-room**, guardarropa, sitio para ponerse y quitarse los trajes de ceremonia; vestuario de las iglesias. **To robe in black,** vestirse de negro.
robin ['rɒbɪn] [ro-bin], *s.* 1. *(Orn.)* Pechicolorado, petirrojo. 2. Petirrojo, tordo norteamericano.
robot ['rəʊbɒt] [rou-bot], *s.* 1. Robot, autómata mecánico. 2. Piloto automático de aviones.
robotic ['rəʊ'bɒtɪk] [rou-bo-tik], *a.* Robótico, robotizado.
robust [rəʊ'bʌst] [rou-bast], *a.* Fuerte, robusto, vigoroso. **A robust defence,** una gran defensa, una defensa enérgica.
robustness [rəʊ'bʌstnɪs] [rou-bast-nes], *s.* Robustez, fuerza, vigor.
rock [rɒk] [rok], *s.* 1. Roca, peñasco (stone); escollo. 2. Fundamento sólido o inmutable; solidez, defensa, protección, amparo (protection). 3. Arrecife, algo sobre lo cual se puede naufragar; causa de ruina o daño. 4. *(Prov. o des.)* Rueca. **Chalk-rock**, roca cretácea. **Trap rock**, roca dolerita. *V.* TRAP. **Rock alum (roche alum)**, alumbre de roca, alumbre en estado nativo. **Rock-bound**, rodeado de peñascos. **Rock-candy**, azúcar candi. **Rock-crusher**, máquina para triturar rocas o minerales. **To run on the rocks,** estar en peligro.
rock, *va.* 1. Mecer. 2. Arrullar; calmar, sosegar. *-vn.* Bambolear; oscilar. **The town was rocked by strikes,** la ciudad fue sacudida por huelgas.
rock bottom ['rɒk'bɒtəm] [rok-bo-tom], *s.* Lo más profundo, el fondo.
rock-crystal ['rɒk,krɪstl] [rok-kris-tal], *s.* *(Min.)* Cristal de roca, cuarzo.
rocker ['rɒkə^r] [ro-ka^r], *s.* 1. Columpio de una cuna; una de las piezas curvas sobre que se mece una cuna o silla mecedora; *(E.U.)* silla mecedora. 2. Cunera. 3. Balancín. 4. Rockero *(Mús.)*. **She's off his rocker,** está loca, le falta un tornillo.
rocket ['rɒkɪt] [ro-kit], *s.* 1. Cohete, volador. 2. Jaramago de los jardines. **Base rocket**, reseda. **Sky-rocket**, cohete. **To give a rocket,** reñir, echar un rapapolvo. *-vi.* **To rocket to fame,** hacerse famoso. **To rocket upwards,** subir como un cohete.
rocket launcher ['rɒkɪt,lɔːntʃə^r] [ro-kit-lon-cha^r], *s.* Lanzacohetes.
rocket missile ['rɒkɪt,mɪsɪl] [ro-kit-mi-sil], *s.* Proyectil-cohete.
rocket plane ['rɒkɪtpleɪn] [ro-kit-plein], *s.* Avión cohete.
rocketry ['rɒkɪtrɪ] [ro-ki-tri], *s.* Cohetería.
rocket ship ['rɒkɪtʃɪp] [ro-kit-ship], *s.* Navecohete, barco para lanzar proyectiles; cohete.
rock garden ['rɒk,gɑːdn] [rok-gar-den], *s.* Jardín rocoso.
rockiness ['rɒkɪnɪs] [ro-ki-nes], *s.* 1. Gran número de rocas. 2. El estado de lo que se halla lleno de peñascos; naturaleza roqueña.
rocking ['rɒkɪŋ] [ro-kin], *pa.* Mecedor; vacilante, oscilatorio. **Rocking-chair**, mecedora, (Cuba) columpio. **Rocking-horse**, caballo mecedor, caballito de madera, cuyos pies descansan sobre dos arcos que permiten al jinete merecerse en él.
rocking, *s.* Balanceo.
rock-oil ['rɒk,ɔɪl] [rok-oil], *s.* Petróleo.
rock-ribbed ['rɒk,rɪbd] [rok-ribd], *a.* Inflexible, fuerte, firme.
rockrose ['rɒkrəʊz] [rok-rous], *sf.* Jara, heliantero.
rock-salt ['rɒksɔːlt] [rok-solt], *s.* Sal de piedra, sal gema.
rock-solid [,rɒk'sɒlɪd] [rok-so-lid], *a.* Sólido como una piedra.
rock-water [,rɒk'wɔːtə^r] [rok-uo-ta^r], *s.* Agua cristalina de las rocas.
rockwork ['rɒkwɜːk] [rok-uek], *s.* Grutesco, roca artificial, conjunto de piedras aseguradas con argamasa y dispuestas de modo que imitan una roca natural.
rocky ['rɒkɪ] [ro-ki], *a.* Peñascoso, roqueño, roquero, formado de rocas, lleno de rocas; duro, endurecido. **The Rocky Mountains**, las Montañas Rocosas.
rococo [rəʊ'kəʊkəʊ] [rou-kou-kou], *a.* y *s.* Churrigueresco; estilo arquitectónico en que abundan los adornos con profusión excesiva y de mal gusto.
rod [rɒd] [rod], *s.* 1. Varilla, vara, caña, rama pequeña de una planta leñosa; bastón (stick); de aquí, disciplina, corrección; dominación, poder. **Angling-rod**, caña de pescar. **Curtain-rod**, varilla de cortina. 2. Vara de medir; pértica, medida de dieciseis pies y medio o poco más de cinco metros; vara de alguacil o de otro cargo análogo. 3. *(Mec.)* Vástago, barra, varilla, vara que forma parte de una máquina. 4. Varillas. 5. Uno de los cuerpos microscópicos parecidos a varillas que se hallan en la retina. 6. Línea particular de alcurnia o linaje; raza, tribu. **Black-rod**, nombre que se da al ujier de la cámara de los pares de Inglaterra. **Connecting rod**, biela. **Spare the rod and spoil the child,** quien bien te quiere te hará llorar. **To have a rod in pickle for someone,** guardársela a alguien. **To rule with a rod of iron**, gobernar con el palo, con mano de hierro. **To give the rod**, dar azotes, azotar.
rode [rəʊd] [roud], *pret.* de TO RIDE.
rodent ['rəʊdənt] [rou-dent], *a.* Roedor, que roe; perteneciente al orden zoológico de los roedores. *-s.* Roedor, animal del orden de los roedores.
rodeo ['rəʊdɪəʊ] [rou-diou], *s.* Rodeo, jaripeo.
rodomontade [,rɒdəmɒn'teɪd] [ro-do-mon-teid], *s.* Fanfarronada.
roe [rəʊ] [rou], *s.* 1. Corzo. 2. Hueva, huevecillos de los pescados.
roebuck ['rəʊbʌk] [rou-bak], **roe-deer** ['rəʊdɪə^r] [rou-dia^r], *s.* Corzo.
rogation [rəʊ'geɪʃən] [rou-guei-shon], *s.* 1. Rogaciones, letanías en las procesiones de las cuatro témporas. 2. Proyecto de la ley presentado al pueblo romano. 3. Ruego, súplica. **Rogation-week**, semana de rogaciones.
rogue [rəʊg] [roug], *s.* 1. Bribón, pícaro, villano, ruin, vagabundo (knavish). 2. Perillán; voz familiar y cariñosa; tunante, astuto, travieso. **A cunning rogue**, un pícaro taimado. **To be a great rogue**, *(Fam.)* ser caña. **A thorough rogue**, pícaro de cuatro suelas. **Rogues' yarn**, *(Mar.)* hilo de ladrones. 3. *(Der. inglés)* Pordiosero, mendigo holgazán y robusto; vagabundo. 4. Elefante feroz y peligroso, separado del resto de la manada. **You rogue!**, ¡canalla!, ¡sinvergüenza!
roguery ['rəʊgərɪ] [rou-gue-ri], *s.* Picardía, travesura, retozo.
roguish ['rəʊgɪʃ] [rou-guish], *a.* 1. Pícaro, ruin, travieso, picaresco (mischievous). 2. Juguetón, chistoso. **Roguish eyes**, ojos picarescos, burlones, ojitos traviesos.
roguishly ['rəʊgɪʃlɪ] [rou-guish-li], *adv.* Pícaramente.
roguishness ['rəʊgɪʃnɪs] [rou-guish-nes], *s.* Picardía; ladronera, tunantada, bribonada; mala partida, partida de tuno.

The roguishness of his look, lo picaresco, lo travieso de su mirada.

roil [rɔɪl] [roil], *va.* 1. Enturbiar, o espesar algo agitándolo; enlodar. 2. Vejar, irritar.

roister ['rɔɪstəʳ] [rois-taʳ], *vn.* Bravear, fanfarronear, echar bravatas. *-s.* Fanfarrón, baladrón.

role [rəʊl] [roul], *s.* Papel de un actor; funciones o carácter asumidos.

roll [rəʊl] [roul], *vn.* 1. Rodar, hacer rodar (drag along). 2. Volver, girar, voltear, dar vuelta o vueltas a alguna cosa (spin, turn). 3. Arrollar, fajar. 4. Rollar,, arrollar papel, cinta, tela, etc. 5. Laminar, pasar por el laminador; cilindrar, extender en rodillos. 6. Alisar, allanar por medio de un rodillo (de pastelero) o de un alisador. 7. Envolver (wrap). 8. Empujar o llevar hacia adelante sobre rodillos. 9. Dar de sí los sonidos musicales de una manera llena y creciente. *-vn.* 1. Rodar, dar vueltas sobre el suelo o cualquier plano. 2. Volver, girar, rodar, andar o moverse alrededor o en torno, correr o moverse sobre ruedas; girar sobre un eje. 3. Revolver, revolverse; agitarse las olas. 4. Menear los ojos o moverlos de uno a otro lado. 5. Voltear o caer dando vueltas. 6. Ondear, ondular, moverse como las olas; moverse tumultuosamente, fluctuar, flotar sobre un mar agitado. 7. Retumbar, producir un sonido profundo y resonante, como el trueno. 8. Bambolearse, moverse de un lado a otro. 9. Arrollarse en forma de cilindro u ovillo; ser allanado, alisado o extendido con un rodillo. 10. Vivir con lujo; manar, tener abundancia de algo. 11. Dar un redoble de tambores. **To roll about/along**, rodar, divagar, andar de acá para allá. **To roll away,** quitar, separar, apartar. **To roll by,** pasar (procession). **To roll down**, bajar rodando una cuesta, una escalera, etc. **To roll in money**, nadar en dinero. **To roll off,** caer rodando. **To roll out,** sacar algo rodando (barrel). **To roll up**, rollar, arrollar; hacer un ovillo. **To roll a walk with a roller**, allanar la tierra con un rodillo.

roll, *s.* 1. Rodadura, la acción de rodar. 2. Rodador, lo que rueda o cae rodando. 3. Rollo de papel de cinta, de tabaco, etc., rodillo, cilindro de madera o metal; tela rollada en forma de cilindro. *V.* ROLLER. 4. Rollo o volumen; se dice de los libros de los antiguos por la figura que les daban. 5. Rol, lista, nómina, catálogo, matrícula (catalog, list). 6. Documentos públicos que han sido archivados, y a veces también se toma por los archivos donde se guardan. 7. Redoble (drums); retumbo del trueno (thunder). 8. Bamboleo. 9. Superficie ondeante, ondulante, como la del mar. 10. *(Arq.)* Roleo, voluta. 11. Bollo, mollete. **Master of the rolls**, la segunda dignidad judicial en Inglaterra. **French roll**, pan francés, panecillo. **Silver-smith's roll**, cilindro de escarchar. **To call the roll,** pasar lista. **To walk with a roll,** andar bamboleándose, dando tumbos. **To give a roll,** bambolearse, balancearse.

rollaway ['rəʊləweɪ] [roul-auei], *sf. (E.U.)* **Rollaway-bed,** cama abatible.

roll call ['rəʊlkɔːl] [roul-kol], *s.* Lista, pase de lista.

roller ['rəʊləʳ] [rou-laʳ], *s.* 1. Rodillo, cilindro que rueda para disminuir la fricción; cilindro muy pesado para allanar la tierra. 2. Venda, faja. 3. Rodillo, alisador, palo redondo que usan algunos menestrales para alisar, pulir, estirar. 4. *(Mar.)* Polines, roletes, liana. 5. Ola larga y creciente.

roller bearing ['rəʊlə'bɛərɪŋ] [rou-la-bea-rin], *s.* Cojinete de rodillos.

roller coaster ['rəʊlə'kəʊstəʳ] [rou-la-kous-taʳ], *s.* Montaña rusa.

roller skate ['rəʊlə'skeɪt] [rou-la-skeit], *s.* Patín de ruedas.

roller towel ['rəʊlə'taʊəl] [rou-la-taual], *s.* Toalla sin fin.

rollick ['rɒlɪk] [ro-lik], *vn.* Travesear, moverse con aire retozón; portarse indolente y jovialmente.

rollicking ['rɒlɪkɪŋ] [ro-li-kin], *ger.* y *a.* Que se mueve de una manera negligente o fanfarrona; jovial; juguetón, travieso.

rolling ['rəʊlɪŋ] [rou-lin], *a.* y *ger.* de TO ROLL. 1. Rodadero, rodadizo; que rueda, que da vueltas. 2. Undulado, entrecortado por colinas y valles. 3. Vuelto hacia atrás o hacia abajo como lo que está bajo un rodillo. *-s.* Rodadura, movimiento de lo que rueda; acto de rodar o de la persona que emplea una herramienta de laminar. **Rolling prairies**, praderadas entrecortadas, ondulantes. **Rolling-mill**, (a) establecimiento para hacer láminas, barras, rieles o varillas de metal, trabajándolo entre pares de cilindros. (b) Laminador, máquina para laminar los metales. **Rolling-plant**, (a) *V.* **Rolling-stock**. **Rolling-pin**, rodillo de pastelero. **Rolling-stock**, material rodante, el conjunto de locomotoras, coches, vagones, carros, etc., de un ferrocarril. **Rolling stone**, rodillo de piedra para allanar la tierra, canto rodante. **Rolling-tackle**, *(Mar.)* Aparejo de rolin.

roll-top desk ['rəʊltɒp,desk] [roul-top-desk], *s.* Escritorio con tapa corrediza.

roly-poly ['rəʊlɪ'pəʊlɪ] [rou-li-pou-li], *a.* Rechoncho, gordiflón. *-s.* 1. Pudín en forma de rollo, cocido o sometido a la acción del vapor. 2. *(Fam.)* Persona gordinflona.

ROM *Abreviatura de* **Read-Only-Memory,** memoria de sola lectura *(Inform.)*.

romaic [rəʊ'meɪk] [rou-meik], *a.* Romaico, perteneciente al idioma o al pueblo griego moderno, o característico de ellos.

romaine [rəʊ'meɪn] [rou-mein], *s. (E.U.)* Romana. **Romaine lettuce,** lechuga romana.

roman ['rəʊmən] [rou-man], *a.* 1. Romano, relativo a Roma o a los romanos. 2. Semejante a un romano por su carácter; noble, valeroso; también, austero, severo. 3. Católico romano, papal. **Roman letter, Roman type**, letra romana, tipo romano, forma ordinaria de caracteres de imprenta. **Roman candle**, candela romana, pieza de fuegos artificiales.

romance [rəʊ'mæns] [rou-mans], *a.* Romance; se aplica a cada una de las lenguas modernas derivadas del latín popular, entre las cuales se distinguen el español, el italiano y el francés.

romance, *s.* Romance; ficción, cuento, fábula (tale); romanza *(Mús.)*. **The romance of history,** lo atractivo de la historia. **The romance of the sea,** el encanto del mar.

romance, *vn.* Mentir; fingir fábulas.

romancer [rəʊ'mænsəʳ] [rou-man-saʳ], *s.* 1. Romancero, el que compone romances. 2. Mentiroso, chismeador, chismoso.

romancist [rəʊ'mænsɪst] [rou-man-sist], *s.* Romancero, escritor de romances.

romanesque [ˌrəʊmə'nesk] [rou-ma-nesk], *a.* 1. Romanesco, románico; se dice de cierto estilo de arquitectura caracterizado por el arco redondo y por su general solidez. 2. Romance; se dice en particular del provenzal.

romanist [rəʊ'mænɪst] [rou-ma-nist], *s.* y *a.* Un católico romano.

romantic [rəʊ'mæntɪk] [rou-man-tik], *a.* 1. Quijotesco: se dice del modo, porte ridículo o empeños extravagantes de alguno. 2. Romántico, novelesco, que pertenece a los romances y novelas; extravagante, improbable, ridículo. 3. Encantado: se dice de los sitios amenos y deliciosos. 4. Fabuloso, fingido, de novela, de cuento.

romantically [rəʊ'mæntɪkəlɪ] [rou-man-ti-ka-li], *adv.* Estravagantemente, ridículamente.

romanticism [rəʊ'mæntɪsɪzəm] [rou-man-ti-si-sem], *s.* Romanticismo.

romanticist [rəʊ'mæntɪsɪst] [rou-man-ti-sist], *a.* Romántico.

romanticize [rəʊ'mæntɪsaɪz] [rou-man-ti-sais], *vt.* Romantizar, hacer romántico.

romish ['rəʊmɪʃ] [rou-mish], *a.* 1. Romano, que pertenece a los romanos. 2. Romano, que pertenece al Papa o a la Iglesia católica.

romp [rɒmp] [romp], *s.* 1. La muchacha retozona que es amiga de juguetear con descompostura. 2. El retozo descompuesto y poco modesto.

romp, *vn.* Retozar, brincar o juguetear descompuestamente.

rompers ['rɒmpəz] [rom-pars], *s. pl.* Mameluco, trajecito de niño de una sola pieza en forma de pantalón.

rompish ['rɒmpɪʃ] [rom-pish], *a.* Inclinado a retozos o juegos poco modestos.

rondeau ['rɒndəʊ] [ron-dou], *s.* 1. Redondilla. 2. *(Mús.)* Rondó.
rondo ['rɒndəʊ] [ron-dou], *s.* 1. *(Mús.)* Rondó, cierta composición musical. 2. Redondilla.
rood [ruːd] [rud], *s.* 1. La santa cruz o el crucifijo. 2. Un cuarto de acre cuadrado. 3. Pértica. *V.* ROD. **Rood-screen**, gloria, mampara del presbiterio. **Roodloft**, crucero.
roof [ruːf] [ruf], *s.* 1. Tejado, techado, techo de bóveda; *(Poet.)* bóveda, cielo (sky). 2. Paladar, la parte interior y superior de la boca. 3. Imperial de un coche o diligencia. 4. Casa, hogar, habitación (room). **Rooftree**, cumbrera, maderamen de techo; el techo mismo. **Flat roof**, azotea; techo casi horizontal. **Gambrel roof**, techo a la holandesa. **Mansard roof**, techo aboardillado, a la francesa. **Slate roof**, techo de pizarras. **Tile roof**, tejado, techo cubierto de tejas. **To live under the same roof,** vivir bajo el mismo techo. **To raise the roof,** poner el grito en el cielo (as a protest).
roof, *va.* 1. Techar, cubrir con techo. 2. Encerrar en una casa; abrigar, alojar. **The house is roofed in wood,** la casa tiene techo de madera.
roof garden ['ruːfˌgɑːdn] [ruf-gar-den], *s.* Azotea con jardín.
rooftile ['ruːftaɪl] [ruf-tail], *s.* Teja, cobija.
roofed ['ruːft] [ruft], **roofy** ['ruːfɪ] [ru-fi], *a.* Techado.
roofing ['ruːfɪŋ] [ru-fin], *sf.* Techumbre.
roofless ['ruːflɪs] [ruf-les], *a.* Sin techo.
rook [rʊk] [ruk], *s.* *(Orn.)* 1. Corneja de pico blanco. 2. Roque, torre, pieza del juego de ajedrez. 3. *(Des.)* Trampista, tramposo, fullero.
rookery ['rʊkərɪ] [ru-ke-ri], *s.* 1. Los árboles donde hacen sus nidos muchas cornejas. 2. Nido de las aves marinas; lugar donde anualmente se reúnen las focas para procrear. 3. Alojamiento viejo y en mal estado; también, vecindario bajo, vil.
rooky ['rʊkɪ] [ru-ki], *a.* Habitado por cornejas.
room [rʊm] [rum], *vn.* *(Fam.)* Habitar ciertas piezas, alojarse. -*s.* 1. Lugar, paraje, sitio (place). 2. Lugar, el espacio que ocupa cualquier cuerpo; puesto. 3. Lugar, causa, motivo, razón para hacer o no hacer una cosa (reason). 4. Lugar, tiempo, ocasión, oportunidad (chance, opportunity). 5. Cuarto, aposento, cámara, pieza de una casa. **The next room**, la pieza inmediata. **A front room**, aposento o cuarto a la calle. **A back room**, cuarto o pieza interior. **State-room**, *(Mar.)* camarotes principales; pañol. **There is no room for your horse**, no hay cabida para el caballo de usted. **There is no room for doubt,** no deja lugar a dudas *(Fig.)*.**There is room for one**, hay sitio para una persona. **To give room**, hacer lugar, retirarse, dar puesto. **To make room**, abrir paso, hacer lugar, despejar la vía. **There is no room for doubt**, no hay duda posible. **Dining-room**, comedor. **Drawing-room**, salón. **Room temperature,** temperatura ambiente. **Room-mate**, compañero de cuarto; la persona que habita un cuarto con otra u otras. **Room clerk,** recepcionista (in a hotel).
roomer ['rʊməʳ] [ru-maʳ], *s.* Inquilino en un cuarto.
rooming house ['rʊmɪŋˌhaʊs] [ru-min-jaus], *s.* Casa de huéspedes.
roomy ['rʊmɪ] [ru-mi], *a.* Espacioso, dilatado, capaz.
roost [ruːst] [rust], *s.* 1. Pértiga de gallinero; de aquí, cualquier lugar provisional de descanso. **Henroost**, gallinero. 2. Sueño, descanso, reposo, hablando de las aves domésticas. 3. *(E.U.)* Perchada, reunión de aves perchadas en un mismo sitio. **To rule the roost**, dominar, mandar, como el gallo de pelea sobre los otros.
roost, *vn.* 1. Dormir o descansar las aves en una pértiga. 2. *(Fest.)* Estar alojado en alguna parte. **To come home to roost**, no hay deuda que no se pague.
rooster ['ruːstəʳ] [rus-taʳ], *s.* Gallo, el macho de las aves domésticas o de corral.
root [ruːt] [rut], *s.* 1. Raíz de los árboles y plantas. 2. Raíz, la parte inferior o el pie de cualquiera cosa. 3. Raíz, origen, principio de donde procede una cosa; estirpe, tronco, el fundador de una familia. 4. *(Gram.)* Raíz, voz primitiva o lo que queda de ella, después de quitarle los prefijos y subfijos. 5. Raíz: metafísicamente hablando se dice de las pasiones o afectos que están profundamente fijos en el alma. 6. *(Arit.)* Raíz, número que multiplicado por sí mismo produce la potencia. **Roots**, raíces: se da este nombre genérico más particularmente a las plantas de las cuales se come la parte que está bajo tierra. 7. *(Mús.)* Base, nota fundamental. 8. Raigón (de diente). **Root-stock**, rizoma. **Cube root**, raíz cúbica. **To take root o strike root**, echar raíces, arraigarse. **The root of all evil**, la raíz, el origen de todos los males. **Root cause,** causa primordial. **Root sign,** raíz *(Mat.)*.
root, *vn.* y *va.* 1. Arraigar, echar o criar raíces. 2. Hozar, levantar la tierra con el hocico. 3. Arraigarse o afianzarse alguna planta en la tierra. 4. Arraigarse, inveterarse los males, vicios, etc. 5. Arraigarse, echar raíces en el alma o hacer en ella una impresión profunda alguna pasión o afecto; imprimir, grabar profundamente. 6. Estar establecido, fijo en alguna parte. **To root about/around,** hocicar (animal), investigar (person). **To root for,** gritar por, apoyar a. **To root through,** explorar, examinar *(Fig.)*. **To root up** o **out**, arrancar de raíz, desarraigar; extinguir, extirpar; desterrar.
root beer ['ruːtˌbɪəʳ] [rut-biaʳ], *s.* Cerveza de baja graduación alcohólica hecha de raíces.
rooted ['ruːtɪd] [ru-tid], *a.* Radical; arraigado.
rootedly ['ruːtɪdlɪ] [ru-tid-li], *adv.* Radicalmente; fijamente.
rootlet ['ruːtlɪt] [rut-let], *s. dim.* Raicilla, radícula.
rooter ['ruːtəʳ] [ru-taʳ], *s.* 1. El o lo que desarraiga, y hoza como un puerco o jabalí; el que arranca de raíz. 2. *(Ger.)* El que anima por medio de aplausos; aplaudidor.
rooty ['ruːtɪ] [ru-ti], *a.* 1. Lleno de raíces. 2. Parecido a raíces.
rope [rəʊp] [roup], *s.* 1. Soga, cuerda, cordel, maroma. 2. Sarta, ristra, trenza; hilera, fila. **Rope of onions**, ristra de cebollas. **Ropes of a ship**, *(Mar.)* jarica, cordaje. **Rope's end**, chicote de cabo. **Entering-rope**, guardamancebo del portalón. **Bolt-rope**, relinga. **Buoy-rope**, orinque. **Guest-rope**, guía de falsa amarra. **Rope-yard**, cordelería. **To be at the end of one's rope**, quedarse en la calle, estar sin recursos. **Rope-bands**, *pl.* *(Mar.)* envergues. **Rope-dancer**, volatín, bailarín de cuerda. **Rope-ladder**, escala de cuerdas. **Rope-maker**, cordelero, soguero. **Rope's-end**, castigar, golpeando con un cabo de cuerda. **Rope-work**, obra, trabajo hecho de cuerdas. **To know the ropes**, saber cuántas son cinco; entender bien un asunto.
rope, *va.* 1. Atar, amarrar o unir por medio de una cuerda. 2. Rodear con soga (como un circo o arena). 3. *(E.U.)* Coger con un lazo. -*vn.* Hacer hebras o madeja. **To rope in,** *(Ger. E.U.)* atraer a una empresa, engañar con arte y maña. **To rope off,** acordonar. **To rope up,** cordar.
ropemaker ['rəʊpˌmeɪkəʳ] [roup-meikaʳ], *s.* Cordelero.
rope-trick ['rəʊptrɪk] [roup-trik], *s.* Cualquier juego de manos que se ejecuta con cuerdas. 2. *(Des.)* Picardía o villanía que merece la horca.
ropewalk ['rəʊpwɔːk] [roup-uok], *s.* Cordelería, soguería. **Rope-walker**, volatinero, persona que con habilidad y arte anda y voltea por el aire sobre una maroma.
ropeyarn ['rəʊpjɑːn] [roup-yarn], *s.* *(Mar.)* Filástica.
ropiness ['rəʊpɪnɪs] [rou-pi-nes], *s.* Viscosidad; tenacidad.
ropish ['rəʊpɪʃ] [rou-pish], **ropy** ['rəʊpɪ] [rou-pi], *a.* Viscoso, pegajoso, glutinoso.
rosary ['rəʊzərɪ] [rou-sa-ri], *s.* 1. Rosario. 2. Rosario, rezo de este nombre. 3. Guirnalda o corona de rosas; de aquí, colección de piezas literarias escogidas. 4. Cuadro de rosas; jardín de rosales.
rose [rəʊz] [rous], *pret.* de TO RISE.
rose, *s.* 1. Rosal, planta que produce las rosas; género, tipo de las rosáceas. 2. Rosa, flor del rosal. 3. Color de rosa. 4. Lo que tiene alguna semejanza a una rosa; rosa, roseta, lazo de cintas para adorno; *(Arq.)* rosetón; el remate circular y lleno de orificios del caño de una regadera. **Honey of roses**, miel rosada. **Rose-bush**, *(Bot.)* rosal. **Every rose has its thorn**, *(Prov.)* a cada gusto su susto; o no hay rosa sin espinas. **Dog-rose**, agavanzo, escaramujo, rosal silvestre. Se llama también **wild brier**. **Bengal o monthly rose**, rosa

de China; rosa de todo el año. **Tea-rose, tea-scented rose**, cualquiera de las numerosas variedades de rosas con fragancia semejante a la de la rosa de té. **Wild rose,** rosal silvestre. **Under the rose**, bajo cuerda, secretamente. **Rose-beetle, rose-bug, rose-chafer**, varios escarabajos o insectos coleópteros dañinos a los rosales. **Rose-window**, ventana con florón o rosetón.

roseate ['rəʊzɪɪt] [rou-siit], a. Rosado, róseo.

rosebud ['rəʊzbʌd] [rous-bad], s. 1. Capullo de rosa. 2. Una joven en la flor de su juventud.

rosemary ['rəʊzmərɪ] [rous-ma-ri], s. *(Bot.)* Romero, rosmarino, arubusto aromático de la famlia de las labiadas, con flores azules.

roset [rəʊ'zet] [rou-set], s. Rosicler, el color encendido parecido al de la rosa encarnada.

rosette ['rəʊzi:t] [rou-sit], s. 1. Rosa, roseta, lazo de cintas que sirve de adorno o de distintivo; rosetón, adorno de arquitectura. 2. Cosa semejante a una rosa.

rosewater ['rəʊz,wɔ:təʳ] [rous-uo-taʳ], s. Agua rosada, agua de rosas.

rosewood ['rəʊzwʊd] [rous-vud], s. palo de rosa: árbol del género Dalbergia.

rosin ['rɒzɪn] [ro-sin], s. 1. Trementina, resina que despide el pino. 2. *V.* RESIN.

rosin, va. Dar con resina.

roster ['rɒstəʳ] [ros-taʳ], s. 1. Escalafón, registro de personal. 2. Lista, nómina, matrícula. 3. *(Mil.)* Lista de deberes, orden de prestar servicio.

rostral ['rɒstrəl] [ros-tral], a. Rostral, perteneciente a un pico o rostro de ave, o a un espolón; *(Zool.)* que tiene rostro.

rostrate ['rɒstreɪt] [ros-treit], *a.* Adornado con espolones de galeras u otros buques.

rostrum ['rɒstrəm] [ros-trom], s. 1. Tribuna, plataforma desde donde habla un orador, o el que preside; los oradores colectivamente. 2. La tribuna en que arengaban los oradores romanos. 3. Rostro, el pico del ave; hocico; parte sobresaliente. 4. *(Mar.)* Rostro, la punta de la proa o del espolón que sobresale. 5. Cañón del alambique.

rosy ['rəʊzɪ] [rou-si], a. 1. Róseo, rosado, de rosa; sonrojado, que se sonroja. 2. *(Fig.)* Glorioso, agradable, lisonjero, optimista. 3. Rosado, que está compuesto de rosas. **Rosy cheeks,** mejillas sonrosadas. **Rosy-fingered**, con dedos de rosa; epíteto homérico de la aurora. **Rosy-hued**, rosado, color de rosa, con tez rosada.

rot [rɒt] [rot], *vn.* 1. Pudrirse o podrirse; corromperse, echarse a perder, malearse. 2. Padecer de morriña las ovejas. 3. Corromperse moralmente. 4. Irse consumiendo poco a poco; estar estancado; ir a menos. *-va.* 1. Pudrir, resolver en poder. 2. Enriar. *V.* RET. **To rot away,** corromperse, descomponerse.

rot, *s.* 1. Putrefacción, podre, podredumbre. 2. Enfermedad que agota, como las de los pulmones; morriña, una enfermedad que da a las ovejas. 3. *(Bot.)* Enfermedad de las plantas, causado por los hongos y las bacterias. 4. *(Ger.)* Borricada, dicho tonto, opinión necia. **It has rot,** está podrido. **Don't talk rot!**, ¡no digas burradas!

rota ['rəʊtə] [rou-ta], s. 1. Rol, nómina, lista de nombres que indica el orden y clase de sus deberes. *V.* ROSTER. 2. Orden de los deberes u obligaciones de uno, rutina.

Rotary ['rəʊtərɪ] [rou-ta-ri], *a.* Giratorio, rotante, que rueda o da vueltas como una rueda. **Rotary club**, club rotario. **Rotary press**, máquina rotativa.

rotate ['rəʊteɪt] [rou-teit], *va.* y *vn.* 1. Girar, dar vueltas, o hacer rodar sobre un eje (to gyrate, revolve, rotate). 2. Alternar, cambiar, como las cosechas, los funcionarios, etc.; desamelgar un terreno. *-a.* 1. *(Bot.)* Rotante en forma de rueda, como la corola de ciertas flores; de venas, en posición radial. 2. *(Ento.)* Que forma círculo alrededor de una parte.

rotating [rəʊ'teɪtɪŋ] [rou-tei-tin], *a.* Rotativo, giratorio.

rotation ['rəʊ'teɪʃən] [rou-tei-shon], *s.* Rotación, turno, alternativa, vicisitud. **In rotation** o **by rotation**, por turno, alternativamente. **Rotation of crops**, desamelgamiento, rotación de las cosechas.

rotative ['rəʊtətɪv] [rou-ta-tiv], **rotatory** ['rəʊtətərɪ] [rou-ta-to-ri], *a.* 1. Rotante, rotatorio, que está en rotación o que la causa. 2. *(Rotatory)* Alternativo, sucesivo.

rotator ['rəʊteɪtəʳ] [rou-tei-taʳ], *s.* 1. Lo que causa rotación; músculo rotador. 2. Hélice.

rote ['rəʊt] [rout], *s.* Las palabras aprendidas sólo por rutina, por repetición rutinaria. **To learn by rote**, aprender de memoria, como el papagayo.

rotiform ['rəʊtɪfɔ:m] [rou-ti-form], *a.* Rotifome, en forma de rueda.

rotor ['rəʊtəʳ] [rou-taʳ], *s.* Rotor, indicador giratorio. **Rotor, hub**, cubo de rotor.

rotten ['rɒtn] [ro-ten], *a.* 1. Podrido, corrompido; endeble. 2. Cariado. 3. Fétido, hediondo. 4. Malo, abdominable, desagradable, ofensivo. **Rotten egg**, huevo empollado. **Rotten trick**, acción de pícaro.

rottenness ['rɒtnnɪs] [ro-ten-nes], *s.* 1. Podredumbre, putrefacción, corrupción. 2. Mala calidad o estado.

rotten-stone ['rɒtn,stəʊn] [ro-ten-stoun], *s.* Trípol o trípoli (tierra podrida), substancia usada para pulir.

rotter ['rɒtəʳ] [ro-taʳ], *s.* Persona indeseable, sinvergüenza, gandul (idling, loafing).

rotund [rəʊ'tʌnd] [rou-tand], *a.* 1. Rotundo (language). 2. Redondo, circular, esférico, orbicular.

rotunda [rəʊ'tʌndə] [rou-tan-da], *s.* *(Arq.)* Rotonda, rotunda, salón o edificio circular que generalmente tiene cúpula.

rotundity [rəʊ'tʌndɪtɪ] [rou-tan-di-ti], *s.* 1. Rotundidad. 2. Redondez, esfericidad. 3. Objeto o protuberancia redondos.

rouble ['ru:bl] [ru-bel], *s.* *V.* RUBLE.

rouge [ru:ʒ] [rush], *s.* 1. El encarnado, el color encarnado. 2. Arrebol, colorete, aceite que se ponen en el rostro las mujeres. 3. Azafrán de Marte, rojo de joyero para pulir. *V.* CROCUS. *-a.* Colorado, encarnado.

rouge, *va.* y *vn.* Arrebolarse, afeitarse, darse la cara con arrebol o colorete, o tenerla compuesta con este aceite; pulir con azafrán de Marte.

rough [rʌf] [raf], *a.* 1. Áspero, tosco, escabroso (harsh, sour): se dice de lo que no está llano, liso o igual en la superficie; erizado; peludo, encrespado; desgreñado, mal peinado. 2. Tosco o áspero al tacto. 3. Áspero, acerbo o agrio al gusto. 4. Bronco, ingrato al oído. 5. Áspero, escabroso (roads, paths). 6. Duro, cruel, severo, áspero de genio, desapacible, rígido. 7. Bruto, tosco, inculto, grosero, brusco, insolente, arrogante. 8. Tempestuoso, borrascoso, agitado, alborotado (sea). 9. Formado o ejecutado deprisa, no acabado; aproximativo, general. **Rough diamond**, diamante en bruto. **Rough wine**, vino áspero. **Rough sea**, mar alborotado. **Rough wind**, viento borrascoso. **Rough words**, palabras duras y chocantes. **A rough sketch**, boceto, bosquejo. **A rough guess**, una valuación aproximada. **Rough with prickles**, erizado de púas. **A dog with rough hair**, un perro de pelo encrespado. **At a rough guess**, a ojo de buen cubero. *-s.* 1. Estado tosco, en bruto, no pulido o mal acabado. 2. Vista general, aproximada. 3. Pillo, alborotador. 3. Matón, bravucón. *V.* RUFFIAN. **Rough-draft, draught,**, bosquejo, boceto.

rough, *va.* 1. Hacer, poner áspero, tosco, escabroso. 2. Labrar imperfectamente. **To rough-draw**, bosquejar, trazar rudamente. **To rough-hew**, formar el modelo tosco de alguna cosa; desbastar, cortar toscamente sin allanar. **To rough it**, pasar trabajos, vivir en duras condiciones. **To rough-dry**, secar, enjugar (de prisa y corriendo) sin planchar. **Rough-rider**, 1. Jinete que cabalga de una manera descuidada. 2. Escudero instructor, el que adiestra los caballos. **Rough-shod**, herrado con herraduras para el hielo (es decir, con clavos); se halla a menudo en la locución, **To ride rough-shod**, ir en derechura al grano, conducirse de una manera imperiosa.

roughage ['rʌfɪdʒ] [ra-fich], *s.* 1. Forraje o alimento áspero de difícil digestión. 2. Material tosco o grosero.

rough-and-ready ['rʌfən'redɪ] [raf-an-re-di], *a.* 1. Tosco de maneras pero de eficaz acción. 2. Decidido, activo pero poco fino.

rough-and-tumble ['rʌfən'tʌmbl] [raf-an-tam-bel], *a.* 1. Rudo y desordenado pero resistente. 2. Accidentado, borrascoso. 3. Pelea violenta sin sujeción a reglas.

roughcast ['rʌfkɑːst] [raf-kast], *va.* Hacer alguna cosa toscamente, bosquejar una figura o cuadro.

roughcast, *s.* 1. Modelo en bruto. 2. Revoque tosco; mezcla o mortero grueso.

roughen ['rʌfn] [ra-fen], *va.* Poner áspero. *-vn.* Volverse rudo.

rough-hewn ['rʌf'hjuːn] [raf-jiun], *a.* Desbastado, mal acabado; a menudo en sentido figurado; rudo, tosco, de modales groseros.

roughly ['rʌflɪ] [raf-li], *adv.* Ásperamente, rudamente, tempestuosamente, desapaciblemente, desagradablemente.

roughness ['rʌfnɪs] [raf-nes], *s.* 1. Aspereza, rudeza, tosquedad, desigualdad (de la superficie). 2. Severidad, dureza (en la disciplina). 3. Grosería de modales o de conducta; rudeza de genio, calidad de brusco. 4. Calidad de lo que está mal acabado o no trabajado. 5. Tempestad, tormenta.

roughride ['rʌfraɪd] [raf-raid], *v.* 1. Domar caballos. 2. Dominar, imponerse.

roughrider ['rʌfraɪdəʳ] [raf-rai-daʳ], *s.* 1. Domador de caballos.

roulette [ruː'let] [ru-let], *s.* 1. Ruleta, cierto juego de azar. 2. Roleta, disco de acero templado de que usan los grabadores.

round [raʊnd] [raund], *a.* 1. Redondo, circular, cilíndrico, esférico (spherical). 2. Que tiene superficie curva; no angular ni plano; convexo o cóncavo. 3. Lleno, hablando de los períodos; fácil, cuando se trata del estilo. 4. Redondo, cabal, sin picos ni quebrados, hablando de cuentas o de números. 5. Grande, cuantioso; liberal, amplio. 6. Franco, claro, sincero, liso, llano, ingenuo. 7. Cómodo en el andar, vivo, veloz, acelerado. 8. De cadencia llena, de tono sonoro. 9. Franco, justo, honrado. 10. Semicircular, o caracterizado por el arco semicircular. **A round assertion**, una afirmación rotunda, clara y positiva. **To make round**, redondear, dar figura redonda. **A round fee**, gajes u honorarios amplios, generosos. **To bring up with a round turn**, oligar a hacer una parada repentina. *-s.* 1. Círculo, orbe, esfera, redondez. 2. Vuelta, giro, rotación, revolución. 3. Paso, escalón, peldaño, uno de los palos atravesados en una escalera portátil. 4. *(Mil.)* Ronda. 5. Andanada de cañones; salva, descarga de muchas armas de fuego a un tiempo, tiro, descarga, una sola carga de municiones de guerra. 6. Ruta, camino, circuito. 7. Rutina, serie de movimientos repetidos. 8. Un baile. 9. Redondilla, canción corta, compuesta de modo que produce un efecto armónico al cantarla varias voces que empiezan a intervalos sucesivos. 10. Tajada redonda de carne de buey. **In the whole round of our life**, en todo el curso de nuestra vida. **To go the rounds**, ir de ronda. **Everyone fired five rounds**, cada uno hizo cinco disparos. *-adv.* Circularmente, redondamente, en circunferencia; por todas partes, por todos lados. -prep. Alrededor de; en contorno. **Round the world**, por todo el mundo. **My head turns round**, se me va la cabeza. **To take a round**, dar una vuelta. **To go round**, andar alrededor. **All the year round**, todo el año.

round, *va.* 1. Cercar, rodear, ceñir, abrazar todo alrededor, dar vuelta una cosa alrededor de otra. 2. Redondear. 3. Moverse alrededor. 4. Relevar, fabricar alguna cosa en relieve o resalte. **To round in**, *(Mar.)* Halar en redondo. **To round up the beams**, volver para arriba los baos. *-vn.* 1. Redondearse, hacerse redondo. 2. Susurrar, hablar al oído, hablar quedo. 3. Rondar.

roundabout ['raʊndəbaʊt] [raund-abaut], *a.* Indirecto, vago, que hace rodeos; desviado. *-s.* 1. Chaqueta, chaleco. 2. Tío vivo. *V. Merry-go-round.* 3. Danza a la redonda.

roundelay ['raʊndɪleɪ] [raun-di-lei], *s.* 1. Una melodía sencilla. 2. Redondilla. 3. Baile en círculo, corro. 4. Bandeja o mesita redonda. 5. *(Arq.)* Ventaja, nicho o panel circular. **Roundel**, la figura redonda.

round-hand ['raʊndhænd] [raund-jand], *s.* Carácter de letra que suprime los ángulos, haciendo todos los trazos redondeados.

roundhead ['raʊndhed] [raund-jed], *s.* Cabeza redonda; apodo que se daba antiguamente a los puritanos en Inglaterra.

round-house ['raʊndhaʊs] [raund-jaus], *s.* 1. *(Mar.)* Toldilla, la cubierta superior de un navío en la parte de popa o la que cubre la cámara alta. 2. *(E. U.)* Rotunda, casa de máquinas, edificio semicircular para las locomotoras con una plataforma giratoria en su centro.

roundish ['raʊndɪʃ] [raun-dish], *a.* Algo o casi redondo.

roundly ['raʊndlɪ] [raund-li], *adv.* Redondamente; claramente, sin cumplimientos, abiertamente; francamente; absolutamente; ligeramente.

roundness ['raʊndnɪs] [raund-nes], *s.* Redondez; claridad, sinceridad, buena fe.

round-shouldered ['raʊnd'ʃəʊldəd] [raund-shoul-ded], *a.* Algo jorobado, cargado de espaldas.

round steak ['raʊndstiːk] [raund-steik], *s.* Bistec de mediana calidad.

round-up ['raʊndʌp] [raund-ap], *va.* Rodear, recoger los hatos en un rodeo. *-s.* Rodeo de hatos para marcarlos con hierro candente o para reunirlos.

rouse [raʊz] [raus], *va.* 1. Despertar, cortar el sueño, al que está durmiendo (wake up). 2. Despertar, hacer que uno vuelva sobre sí o recapacite; excitar, animar, poner en acción. 3. Levantar la caza, hacerla salir de su nido o cama. 4. *(Mar.)* Halar o arronzar un calabrote o cable. *-vn.* 1. Despertar, dejar de dormir. 2. Despertar, hacerse más advertido o avisado.

rouse, *s.* Tragazo, trago demasiado grande de licor.

rouser ['raʊzəʳ] [rau-saʳ], *s.* 1. Despertador, excitador. 2. *(Fam.)* bola, mentira, embuste. 3. Cosa sorprendente, admirable, estupenda.

roust [raʊst] [raust], *va.* *(Fam.)* Despertar y hacer huir (animals). *-vn.* Ser activo, moverse con energía.

roustabout ['raʊstəbaʊt] [raust-abaut], *s.* *(E.U. y Aus.)* Peón, trabajador de cubierta en los vapores de río; también, gañán.

rout [raʊt] [raut], *s.* 1. Rota, derrota de un ejército, huida en confusión. 2. Jabardo, jabardillo, garulla, chusma, junta o reunión de gente baja. 3. *(Ant.)* Tertulia, reunión de gente decente. 4. Clamor, griterío. 5. Séquito.

rout, *va.* 1. Derrotar, vencer y poner en confusión, hacer huir, destruir. 2. Arrojar, sacar o hacer salir con violencia, como de un retiro; con *out*, por lo común. **To rout out**, poner al descubierto; hacer salir a la fuerza: **to rout one out of the bed**, arrancar a uno de la cama.

route [ruːt] [rut], *s.* 1. Ruta, itinerario, derrota. 2. Camino, carretera. 3. Rumbo. 4. Trazado. *-va.* 1. Enrumbar, encaminar. 2. Predisponer.

routine ['ruː'tiːn] [ru-tin], *a.* 1. Rutinario. 2. Rutinero. 3. Soso, insulso. 4. Mediano, regular.

routine, *s.* Rutina, serie de actos prescritos o habituales; costumbre, estilo o hábito adquiridos por mera práctica.

rove [rəʊv] [rouv], *va.* Corretear (to walk around, ramble). *-vn.* 1. Vagar, vaguear, errar, correr acá y acullá. 2. Disparar una especie de flecha que los ingleses llaman *rover*. **To rove about the seas**, piratear.

rove, *va.* *(Art. y Of.)* 1. Unir y alargar las madejas, torcer el hilo antes de encanillarlo, pasándolo entre pares de cilindros arrolladores. 2. Enhebrar, pasar por un ojo o agujero; pasar una cuerda por una polea.

rove, *s.* 1. Madeja de lana tirada. 2. Anillo de metal que se usa como remache de clavo en la construcción de barcos. 3. Correría, acto de correr acá y acullá.

rover ['rəʊvəʳ] [rou-vaʳ], *s.* 1. Errante, andorrero, tunante, vago, vagabundo. 2. Veleta, la persona inconstante y mudable. 3. Ladrón, pirata. 4. Una especie de flecha.

roving ['rəʊvɪŋ] [rou-vin], *s.* Primera torsión que se da a un hilo de algodón, lana, etc. *-a.* Errante, vagabundo. 2. **Roving frame**, mechera en fino.

row [raʊ] [rau], *s.* 1. Hilera, fila, línea. 2. Paseo en lancha o bote. 3. Riña, pelotera, alboroto.

row, *vn. (Mar.)* Remar, trabajar con el remo. *-va.* Bogar, conducir remando: pasear por agua. **Rowboat**, bote, lancha, barca de remos. **Row-lock**, chumacera, escalamera.
row, *vn.* Pelearse, armar un zipizape, tomar parte en un alboroto. *-s.* Camorra, zipizape; zambra, quimera, alboroto.
rowdy ['raʊdɪ] [rau-di], *s.* y *a.* Pillo, pelafustán, quimerista, alborotador. *(Méx.)* Lepero, pelagatos, canalla.
rowdyism ['raʊdɪɪzəm] [rau-dii-sem], *s.* Pillería, pelagatería; alboroto.
rowen ['raʊɪn] [rauin], *s.* 1. Segunda cosecha en el mismo campo. 2. *(Prov.) pl.* Campo que queda en rastrojo para dar pastos en el otoño.
rower ['raʊə^r] [raua^r], *s.* Remero, bogador.
royal ['rɔɪəl] [roial], *a.* 1. Real, que pertenece a un rey o monarca (regal, kingly). 2. Regio, majestuoso, magnífico, noble, magnánimo, ilustre. 3. De calidad o tamaño superior. 4. Eminentemente agradable o primoroso. **We had a royal time**, nos divertimos en grande. *-s.* 1. Un tamaño de papel; es de 19 por 24 pulgadas para escribir y de 20 por 25 para imprenta. 2. *(Mar.)* Juanete, la vela más alta. 3. Mogote de ciervo.
royalism ['rɔɪəlɪzəm] [roia-li-sem], *s.* Realismo, monarquismo.
royalist ['rɔɪəlɪst] [roia-list], *s.* Realista, partidario de los reyes.
royally ['rɔɪəlɪ] [roia-li], *adv.* Regiamente, a lo regio, a manera de rey; magníficamente, noblemente.
royalty ['rɔɪəltɪ] [roial-ti], *s.* 1. Realeza, soberanía, dignidad real; majestad real. 2. Los emblemas de la soberanía, que se expresan metafóricamente por las palabras corona y cetro. 3. Regalía, parte de las utilidades que paga el editor, fabricante, etc., al autor, inventor o propietario que se han reservado ciertos privilegios. 4. Derechos, regalías, prerrogativas reales.
rub [rʌb] [rab], *va.* 1. Estregar, fregar, limpiar, frotar, rascando o estregando una cosa con otra (to scrub, scour). 2. Rozar, tocar ligeramente dos cosas entre sí. 3. Rascar, frotar con las uñas u otra cosa la piel. 4. Raspar, raer un papel, una lámina, etc. 5. Inquietar, incomodar, fastidiar. *-vn.* 1. Estregarse o frotarse dos cosas entre sí. 2. Desenredarse, salir o librarse de algún peligro o enredo, adelantarse con dificultad. 3. Producir un efecto mental, particularmente un efecto duro o penoso; hastiar, molestar.
rub away, continuar frotando o estregando; quitar frotando.
rub along/on, ir viviendo con trabajo; salir de apuros.
rub down a horse, limpiar un caballo.
rub in, hacer penetrar por los poros frotando o reiregando; *(Fam.)* reiterar, insitir demasiado.
rub off, quitar; limpiar una cosa estregándola con otra.
rub out, borrar. **To rub the wrong way**, frotar a contrapelo; de aquí causar irritación, contradecir, incomodar.
rub up, aguijonear, excitar, animar; retocar, repasar, pulir, pulimentar.
rub, *s.* 1. Frotamiento, ludimiento, colisión de dos cuerpos uno con otro. 2. Estregamento, estregadura. 3. Tropiezo, embarazo, obstáculo, dificultad. 4. Sarcasmo, denuesto; algo que ofende el amor propio.
rubbish ['rʌbɪʃ] [ra-bish], *s.* Escombro, ripio, rudera, broza, ruinas; morralla, desecho, zupia, desperdicio; andrajos.
rubber ['rʌbə^r] [ra-ba^r], *a.* Hecho de caucho o goma elástica. **Rubber cloth**, tela revestida de caucho. **Rubber dam**, hoja de caucho de que se sirven los dentistas para mantener seca la cavidad de un diente. *-s.* 1. Caucho, hule, goma elástica (en Perú, jebe); se llama también, **Indian-rubber**. **Hard rubber**, vulcanita, caucho químicamente compuesto con azufre y expuesto a la acción del calor; substancia que tiene muchas aplicaciones. 2. El que estrega alguna cosa. 3. Rodilla, estropajo, aljofifa para estregar o limpiar; estregadera; escofina; cualquiera cosa con que se estrega, limpia, frota o raspa. 4. Partida en el juego llamado *whist*. **Rubber band,** bandita de goma elástica o de caucho. **Rubber heel**, tacón de goma o de caucho.
rubberize ['rʌbəraɪz] [ra-ba-rais], *va.* Engomar, encauchar, impregnar con goma o caucho, p. ej. la seda.
rubbers ['rʌbəz] [ra-bars], *s. pl.* Zapatos de goma o de caucho.
rubber stamp [ˌrʌbə'stæmp] [ra-ba-stamp], *s.* Sello de goma. *-va.* 1. Sellar con sello de goma. 2. *(Vul.)* Aprobar rutinariamente.
rubble ['rʌbl] [ra-bel], *s.* 1. Ripios, cascote, morrillo, piedras, de forma irregular; se llama también *rubble-stone*. 2. Enripiado, mampostería; por otro nombre, *rubble-work*.
rub down ['rʌbdaʊn] [rab-daun], *s.* Fricción, mensaje. *-va.* Friccionar, dar masaje.
rubicund ['ru:bɪkənd] [ru-bi-kand], *a.* Rubicundo.
rubied ['rʌbi:d] [ra-bid], *a.* Encendillo como rubí o de color de rubí.
rubiform ['rʌbɪfɔ:m] [ra-bi-form], *a.* Rojo, rubio.
rubify ['rʌbɪfaɪ] [ra-bi-fai], *va.* Rubificar, poner colorada alguna cosa.
ruble ['ru:bl] [ru-bel], *s.* Rublo.
rubric ['ru:brɪk] [ru-brik], *a.* Rubro, rojo, rojizo. *-s.* 1. Rúbrica, regla que enseña la práctica de las ceremonias y ritos de la Iglesia (porque solían estamparse con letras encarnadas). 2. Rúbrica, rasgo o señal que ponen algunos después de su firma.
rubricate ['ru:brɪkeɪt] [ru-bri-keit], *v.* Marcar, iluminar o imprimir con color rojo. 2. Poner rúbrica o epígrafe.
ruby ['ru:bɪ] [ru-bi], *s.* 1. Rubí, piedra preciosa de color rojo o de carmín transparente. 2. Carmín, color encarnado vivo. 3. Piedra preciosa en la máquina de un reloj. *-a.* Rubicundo, de rojo vivo; semejante a un rubí. *-va.* Rubificar, enrojecer; hacer parecer a un rubí. **Ruby-throat**, colibrí norteamericano.
ruched ['ru:ʃt] [rusht], *s.* Rizado de muselina o cinta para los vestidos (o mangas) de mujer.
ruck [rʌk] [rak], *s.* 1. Arruga, fruncido. 2. Los que quedan rezagados en una cadena. 3. La masa, el vulgo; lo común.
ruck, *v.* Arrugar, ajar.
ruckle ['rʌkl] [ra-kel], *v.* Arrugar, fruncir (to frown).
rucksack ['rʌksæk] [rak-sak], *s.* Mochila, morral.
ruction ['rʌkʃən] [rak-shon], *s. (Fam.)* Alboroto, tumulto.
rudder ['rʌdə^r] [ra-da^r], *s.* Timón, la pieza de madera que sirve para gobernar el buque; gobernalle. **Ruder-pintles**, *(Mar.)* Machos del timón.
ruddiness ['rʌdɪnɪs] [ra-di-nes], *s.* 1. Color de rubí; rubicundez. 2. Hermosura y encendimiento del color del rostro; tez lustrosa y encendida.
ruddy ['rʌdɪ] [ra-di], *a.* 1. Colorado, rojizo, encendido, rubio. 2. Ardiente, vívido. 3. *(Fam.)* Maldito, condenado. **A ruddy face**, el rostro con colores muy vivos, cara de tomate.
rude [ru:d] [rud], *a.* 1. Rudo, brutal, rústico, grosero, impolítico, descortés. **Rude language**, lenguaje brutal. 2. Violento, turbulento; severo, inflexible. 3. Tosco, basto, ignorante, sin crianza, sin educación. 4. Informe, imperfecto, mal hecho. 5. Desigual, escabroso. 6. Chapucero, imperfecto. 7. Rústico, inculto. **To be rude**, ser descortés o grosero, portarse con poca modestia o con poca crianza.
rudely ['ru:dlɪ] [rud-li], *adv.* Rudamente, ásperamente, groseramente, brutalmente; con poca delicadeza.
rudeness ['ru:dnɪs] [rud-nes], *s.* Grosería, descortesía; rudeza, dureza, aspereza; brutalidad, insolencia; ignorancia.
rudiment ['ru:dɪmənt] [ru-di-ment], *s.* 1. Rudimiento, cualquiera de los primeros principios de un arte, ciencia o profesión; principio. 2. Lo que es rudimentario; parte, órgano, estructura rudimentarios, germen.
rudimental [ˌru:dɪ'mentl] [ru-di-men-tal], *a.* Rudimental, perteneciente o relativo a los rudimentos.
rudimentary [ˌru:dɪ'mentərɪ] [ru-di-men-ta-ri], *a.* 1. Rudimental, rudimentario, de la naturaleza de un rudimento; en estado de rudimento; germinal, elemental. 2. Que queda imperfectamente desarrollado; abortivo.
rue [ru:] [ru], *va.* Llorar, lamentar, sentir, ponderar un infortunio *-vn.* Compadecerse, sentir, arrepentirse, estar pesaroso. **You will rue the day of your birth**, lamentará Ud. el día en que nació. **You shall rue it**, te ha de pesar.

rue, *s.* 1. *(Bot.)* Ruda, planta, tipo de las rutáceas. 2. Infusión o decocción hecha de esta planta; trago amargo o ácido. 3. Amargura, pesar, arrepentimiento. 4. Decepción.
rueful ['ru:fʊl] [ru-ful], *a.* Lamentable, lastimoso, triste, deplorable; terrible.
ruefully ['ru:fəlɪ] [ru-fu-li], *adv.* Tristemente.
ruff [rʌf] [raf], *s.* 1. Lechuguilla, el cuello o cabezón que se usaba antiguamente. 2. Aspereza, la calidad de áspero que tienen las cosas. 3. Apéndice natural, como un collar de plumas salientes o de pelo alrededor del cuello de un ave o de un mamífero. 4. Paloma moñuda. 5. Pavo marino. 6. Fallo, fallada (cards).
ruff, *v.* 1. Alechugar. 2. Fallar (cards).
ruffed ['rʌft] [raft], *a.* 1. Que lleva gorguera. 2. Que tiene collar de pelo o pluma. **Ruffed grouse**, especie de perdiz norteamericana.
ruffian ['rʌfɪən] [ra-fian], *s.* Malhechor, ladrón, bandolero. *-a.* Brutal, inhumano, semejante a un bandolero o merodeador. **Ruffianish**, *a.* Propio de un malvado; tunantón.
ruffianly ['rʌfɪənlɪ] [ra-fian-li], *a.* Forajido, no sujeto a ley; parecido a un bandido.
ruffle ['rʌfl] [ra-fel], *va.* 1. Desordenar, confundir; desazonar, enfadar. 2. Rizar, hacer dobleces en la ropa y otras cosas; adornar con puños o manguitos. 3. Incomodar, irritar; vejar. *-vn.* 1. Rizarse, tomar en dobleces; de aquí, moverse alguna cosa tremolando en el aire. 2. Fastidiarse, incomodarse, aburrirse. 3. *(Ant.)* Alborotarse, exasperarse. **To ruffle it**, fanfarronear.
ruffle, *va.* Tocar marcha (los tambores).
ruffle, *s.* 1. Vuelta o puño de camisola. 2. Vuelo de las mangas de mujer. 3. Enojo, irritación, conmoción temporal; también, escarceo del agua. 4. Un toque de tambor en la milicia. **Laced ruffles**, vueltas de encaje.
rug [rʌg] [rag], *s.* 1. Paño burdo. 2. Frazada, manta peluda muy basta. 3. Perro de lanas o de aguas. 4. Ruedo, tapete; felpudo. 5. Manta (of a horse).
rugate ['rʌgeɪt] [ra-gueit], *a.* *V.* RUGOSE.
rugby ['rʌgbɪ] [rag-bi], *s.* Rugby.
rugged ['rʌgɪd] [ra-guid], *a.* 1. Áspero, desigual, tosco, escabroso. 2. Basto, inculto, desapacible. 3. Descomedido, desvergonzado, severo; arrugado, ceñudo, regañón. **That rugged teacher, adversity**, aquel maestro severo, la adversidad. 4. Peludo. 5. Bronco, ingrato al oído. 6. *(Fam. E. U.)* Robusto, vigoroso. 7. Tempestuoso, borrascoso. **A rugged beard**, unas barbas incultas.
ruggedly ['rʌgɪdlɪ] [ra-guid-li], *adv.* Rudamente, ásperamente.
ruggedness ['rʌgɪdnɪs] [ra-guid-nes], *s.* Rudeza, aspereza.
ruin ['ru:ɪn] [ruin], *s.* 1. Ruina, caída, decadencia; bancarrota, pérdida de reputación u honra, corrupción, vicio. 2. Estado de ruina, desolación o degradación; perdición. 3. Ruina, causa de destrucción. **To bring one to ruin**, perder a uno. **To go to ruin**, arruinarse, perderse, venir a menos. **Ruins**, escombros, ruinas o despojos de fábricas o edificios arruinados; residuos.
ruin, *va.* Arruinar, derribar, demoler, destruir, empobrecer; seducir. *-vn.* 1. Caer en ruinas, arruinarse; decaer. 2. Producir o causar ruina.
ruination [ˌru:ɪ'neɪʃən] [rui-nei-shon], *s.* Arruinamiento, ruina, perdición.
ruinous ['ru:ɪnəs] [rui-nos], *a.* Ruinoso; pernicioso, fatal, funesto.
ruinously ['ru:ɪnəslɪ] [rui-nos-li], *adv.* Perniciosamente, ruinosamente.
rulable ['ru:ləbl] [ru-la-bol], *a.* Que se puede gobernar, mandar o dirigir; sujeto a reglas. 2. Permisible según regla; lícito, permitido.
rule [ru:l] [rul], *s.* 1. Mando, poder, autoridad, señorío. 2. Regla, modelo o ejemplo que debe servir de medida para ajustar las acciones y pensamientos; método o principio de acción. 3. Regla, el listón que sirve para trazar las líneas derechas, cartabón. 4. Regularidad, buen orden. 5. Auto, fallo de un tribunal; también, regla, estatuto. 6. Raya, filete, regla de imprenta. 7. Raya, línea rayada o reglada. 8. Reglamento. **To be the rule**, ser de regla, de reglamento. **To bear rule**, mandar. **To make it a rule to**, hacerse una regla, una ley, de. **Two-foot rule**, regla de dos pies de largo. **Rule of proportion**, regla de tres o de proporción. **Standing rules**, reglamento, estatuto (of a society, corporation.)
rule, *va.* 1. Gobernar, mandar, reprimir, subyugar, contener, moderar (to govern, direct, run). 2. Establecer una regla, un reglamento; dirigir, disciplinar, decidir según reglas. 3. Arreglar, conducir. 4. Rayar, marcar con rayas o líneas, marcar o trazar con una regla, reglar. **To ruel paper**, reglar papel. **To rule out**, *(For.)* No admitir, no recibir, desechar. **To rule the roast,** mandar, terminar. **To rule with a rod of iron**, gobernar con mano de hierro. *-vn.* 1. Señorear, dominar, tener mando o autoridad; regir. 2. Poner, sentar, establecer, una regla que debe observarse; formular una decisión. 3. Tener influencia predominante, prevalecer. 4. *(Com.)* Quedar, permanecer en determinado nivel o estado. 5. Mantenerse a un tipo; estar los precios altos, bajos. **To rule over**, regir, gobernar, dominar. **He is ruled by his wife**, su mujer le manda.
ruler ['ru:lə[r]] [ru-la[r]], *s.* 1. Gobernador, el que tiene el supremo mando. 2. Regla para trazar las líneas derechas. 3. Rayador de papel. **Paralled ruler**, regla para trazar paralelas.
ruling ['ru:lɪŋ] [ru-lin], *s.* 1. Decisión, fallo u orden de un tribunal, un juez o una persona que preside. 2. Rayadura, acción de rayar o trazar líneas. **Ruling-machine**, máquina para rayar. **Ruling-pen**, tiralíneas. *a.* 1. Regidor, gobernante. 2. Predominante, imperante. 3. Que sirve para rayar.
rullion ['ru:lɪən] [ru-lion], *s.* Zapato de cuero sin adobar.
rum [rʌm] [ram], *s.* 1. Ron, aguardiente de caña dulce. *(Méx.)* Chinguirito. 2. *(Fam.)* Cualquier licor embriagante. *-a.* *(Fam. Ingl.)* 1. Extraño, singular. 2. Que da placer. **Rum customer**, persona o animal con quien no se puede jugar.
rumble ['rʌmbl] [ram-bel], *va.* y *vn.* 1. Producir un sonido sordo y continuo o de redoble, como el trueno; retumbar, rugir (gut). 2. Moverse, avanzar haciendo ese sonido. 3. Alborotar, hacer tumulto, estar en tumulto o alboroto.
rumble, *s.* 1. Ruido, rumor, sonido sordo y prolongado; estruendo producido por un carruaje o tren. 2. Asiento elevado detrás de un coche. **Rumble seat**, asiento elevado detrás de un automóvil.
rumen ['rʌmən] [ra-men], *s.* Omaso, panza o primer estómago de los rumiantes.
ruminant ['ru:mɪnənt] [ru-mi-nant], *a.* y *s.* 1. Rumiador, rumiante. 2. Meditativo.
ruminate ['ru:mɪneɪt] [ru-mi-neit], *va.* 1. Rumiar, masticar segunda vez lo que han comido los animales rumiantes. 2. Rumiar, considerar despacio y pensar con reflexión y madurez alguna cosa.
rumination [ˌru:mɪ'neɪʃən] [ru-mi-nei-shon], *s.* Rumia, rumiadura, mediatación, consideración.
rummage ['rʌmɪdʒ] [ra-midch], *va.* y *vn.* 1. Resolver, explorar, de una manera desordenada, escudriñar, andar revolviendo todo lo que se encuentra 2. Agitar bien (un líquido o el contenido de un barril, etc.) 3. (Con *out* o *up*) Hallar, algo que se ha buscado sin orden ni método. *-vn.* Ir buscando y rebuscando por todas partes, trastornándolo todo. *-s.* Revuelta, trastorno, desorden, acto de rebuscar desordenadamente, de prisa y revolviendo.
rummager ['rʌmɪdʒə[r]] [ra-mid-cha[r]], *s.* Saqueador, explorador.
rummy ['rʌmɪ] [ra-mi], *s.* Variedad de juego de naipes.
rumor, rumour ['ru:mə[r]] [ru-mo[r]], *s.* Rumor, voz no confirmada que corre entre el público.
rumor, *va.* Esparcir o divulgar alguna noticia; hacer correr un rumor. **It is rumored**, se dice.
rumorer ['ru:mərə[r]] [ru-mo-ra[r]], *s.* El que esparce rumores.
rump [rʌmp] [ramp], *s.* Rabadilla u obispillo de ave; anea, nalga de animal y a veces también de hombre en desprecio; solomillo de vaca. **Rump Parliament,** nombre que se da en

la historia inglesa a ciertos períodos del parlamento en el tiempo de Cromwell.

rumple ['rʌmpl] [ram-pel], *va.* Arrugar, hacer pliegues o protuberancias irregulares.

rumple, *s.* Arruga, doblez o pliegue irregulares.

run [rʌn] [ran], *va.* (*pret.* RAN, *pp.* RUN, ger. RUNNING) 1. Hacer correr, (en cualquiera de sus acepciones intransitivas), recorrer. 2. Introducir con precipitación una cosa en otra, hacer entrar, herir de punta; picar. 3. Arrojar con violencia. 4. Efectuar corriendo, ejecutar, hacer. 5. Cazar (running). 6. Descargar, verter, echar de sí. 7. Hacer derretirse o liquidarse. 8. Coser en una línea continua. 9. Aventurar, arriesgar. 10. Derretir, fundir. 11. Manejar, dirigir (una máquina, institución, empresa). 12. Conducir, llevar o dirigir el juicio o la imaginación. *-vn.* 1. Correr, ir corriendo, seguir corriendo, pasar o caminar con velocidad; pasar como un meteoro; volar, hender el aire; moverse rápidamente de un punto a otro; viajar; apresurarse, huir. 2. Correr el tiempo; correr peligro. 3. Cambiarse o pasar rápidamente de un estado a otro; resbalarse, deslizarse. 4. Correr, ir tras uno, seguir o buscar a alguno. 5. Competir, lidiar, ser competidor. **To run for Congress**, ser competidor de otros para un puesto en el Congreso. 6. Correr, estar admitido o recibido; estar en fuerza una costumbre, opinión, etc., estilarse, acostumbrarse; estar en actividad; hallarse en operación, como una máquina. 7. Correr, decirse o saberse públicamente una cosa. 8. Desarrollarse por medio de acrecimiento o transición; frecuentemente con *in, into, to o up.* **To run to seed**, Granar. 9. Ocupar el entendimiento o imaginación en la contemplación de un asunto; con *on* o *upon*. 10. Proceder, continuar o proseguir en la ejecución de una cosa con orden fijo y determinado; repetirse en sucesión. 11. Correr, fluir, gotear un líquido; derretirse o liquidarse un cuerpo. 12. Correr, perseguir, acosar; acometer o arremeter impetuosamente. 13. Correr, pasar, tener curso; extenderse a lo largo, ya sea distancia o dirección. 14. Correr a porfía. 15. Ser el estilo de un escrito fácil y fluido. 16. Ocurrir o suceder algo; ser, existir con las naturales variaciones de tamaño, calidad, etc. 17. Tender, ir hacia, inclinarse, tener predisposición hacia algo. 18. En música, tocar una serie de notas en sucesión rápida. 19. Presentarse gran número de personas a retirar dinero de un banco. 20. Rezumarse, derramarse. 21. Hacer contrabando.

run about, andar de una parte a otra o correr de acá para allá sin objeto determinado.

run across, atravesar corriendo; hallar (casualmente), encontrar; extenderse en. **A friend whom I ran across in London**, un amigo con quien me encontré en Londres.

run after, Anhelar por, aspirar a; buscar con ansia alguna cosa.

run against, chocar, topar, encontrarse, darse encontrones; oponerse; ser una cosa contraria u opuesta a otra.

run aground, zozobrar, encallar.

run ahead, correr delante; llevar ventaja.

run along, correr un fluido o líquido, la voz, un sonido, etc., por todo un espacio.

run away, huir, escapar, tomar soleta, zafarse. **To run away with**, arrebatar, precipitar.

run back, retroceder, volver atrás; volver el pensamiento o la imaginación a la contemplación de una cosa pasada.

run behind, correr detrás, quedarse atrás; no hacer frente a sus gastos.

run by, Ser conocido por; pasar por, por vía de.

run down, agobiar, oprimir, envilecer; cansar o quebrantar a una persona o a un animal haciéndole correr demasiado; fluir, destilar, gotear, chorrear.

run in, coincidir; convenir; ocupar enteramente. **To run into**, ocuparse, emplearse; pasar. **To run in the blood o in the family**, seguir o extenderse por generaciones sucesivas; estar en la sangre. **To run in,** rodar (car). **Running in,** estar en rodaje.

run into the ground, *(Fam. E. U.)* 1. llevar al exceso; 2. tener mal éxito, manejar mal y fracasar.

run off, pasar rápidamente de una cosa a otra; imprimir; decir sin estudio, ensartar, repetir.

run on, mencionar de paso; continuar.

run out, salir, o salirse corriendo; esparcirse, escurrirse, correrse o fluir una cosa; atrasarse o gastar más de lo que se tiene de renta; acabarse o concluirse; extenderse o dilatarse; consumir.

run over, rebosar, derramarse, salirse un líquido del vaso u otra cosa que lo contiene; decir, contar o referir una cosa con todos sus pormenores; repasar, volver a pasar o contar; recorrer, registrar o mirar con cuidado.

run through, atravesar, pasar de parte a parte; traspasar, atravesar, pasar de una parte a otra.

run to, acudir, correr o ir con diligencia al socorro de alguno.

run under, navegar a la altura de algún lugar.

run up, recorrer con la imaginación alguna cosa anterior a otra; levantar, dar más altura; coser de una manera provisional; contar o sumar rápidamente; incurrir, contraer por medio de repetidas ediciones; crecerse, aumentarse; construir de prisa; alzar, levantar en alto (bandera, etc.); estrecharse, encogerse un tejido mojado; *(E. U. del Oeste)* ahorcar.

run up and down, correr de una parte a otra.

run upon, acometer, encontrarse, chocarse. **To run counter**, oponerse; correr en una dirección opuesta. **To run foul of**, *(Mar.)* chocar, abordar. **To run races**, efectuar carreras; apostar carreras, apostar a correr. **To run the hazard o the danger**, correr peligro. **To run to seed**, granar, desarrollar las simientes con exceso. **To run the gantlet**, pasar por baquetas. **The title runs thus**, el título dice así. **To run aground**, varar. **To run out a warp**, *(Mar.)* tender una espía. **To run close-hauled**, *(Mar.)* correr a bolina balada. **To run in for the land**, andar con la proa a tierra. **The sled runs over the snow**, el trineo se desliza sobre la nieve. **The watch has run down**, el reloj se ha parado. **To run the leaves**, desarrollar las hojas con exceso. **A sore which runs**, una úlcera que supura. **The note has yet twenty days to run**, el pagaré vence dentro de veinte días. **The memory of man runs not to the contrary**, no hay memoria de un ejemplo en contrario.

run, *s.* 1. Corrida, carrera, curso. 2. Vuelta, viajecito, excursión (walk); también, adelantamiento regular o continuo. 3. Curso o período de operación; también, lo que se produce o ejecuta en ese período. (v. g. en una fábrica.). 4. Curso, movimiento de un líquido, lo que fluye: especialmente un arroyuelo. 5. Curso, serie, continuación (acts). 6. Voluntad, gusto, libre uso, libertad de ir y venir a voluntad. 7 Aceptación, aprobación. 8. Carrera, hilera. 9. La acción de acudir muchas personas a sacar sus depósitos de un banco. 10. Sitio frecuentado, especialmente por los animales; terreno de pasto. 11. Migración, v. g. de los peces al lugar del desove, ribazón. 12. Caída, dirección relativa. 13. *(Mús.)* Sucesión rápida de notas. 14. Aptitud para correr. 15. *(Teat.)* Rampa. 16. Duración, vida (of things). **Good** o **ill run at play**, buena o mala suerte en el juego. **A run for one´s money**, compensación por el esfuerzo hecho o por el dinero gastado. **A day's run**, *(Mar.)* Singladura, el camino que hace una embarcación en 24 horas. **In the long run**, al fin, al cabo; a la corta o a la larga; tarde o temprano. **On the run**, huyendo, corriendo; en movimiento.

runabout ['rʌnəbaʊt] [ran-abaut], *s.* 1. Persona callejera, vagabundo. 2. Automóvil pequeño. 3. Lancha pequeña de motor.

runagate ['rʌnəgeɪt] [rana-gueit], *a.* 1. Renegado, apóstata; vagabundo. 2. Fugitivo.

runaway ['rʌnəweɪ] [ran-auei], *a.* y *s.* 1. Fugitivo, desertor; que huye. 2. Efectuado o causado por medio de la fuga. **Runaway match**, casamiento que sigue a un rapto o una fuga. 3. Caballo desbocado.

rune [ru:n] [run], *s.* 1. Runa, cada uno de los caracteres que empleaban en la escritura los antiguos escandinavos. 2. Cualquier verso, poema, sentencia o dicho obscuro; misterio. 3. Misterio, magia.

rung, *pret.* y part. de TO RING.

rung [rʌŋ] [rang], *s.* 1. Paso, escalón, cualquiera de los peldaños de una escalera de mano. 2. *(Mar.)* Varengas, planes. 3. Listón, barrote.

runic ['rʌnɪk] [ra-nik], *a.* Rúnico, runo; perteneciente o relativo a las runas o al idioma de los godos y dinamarqueses. *-s.* Una forma de caracteres modernos de imprenta, v. g. runic.

runlet ['rʌnlɪt] [ran-lit], *s.* Arroyuelo. *V.* RIVULET.

runner ['rʌnəʳ] [ra-naʳ], *s.* 1. Corredor; correo, mensajero. 2. Vástago, renuevo; *(Prov. Ingl.)* tallo delgado, echado a la larga, que se arraiga por nudos y extremos. 3. La parte sobre la que un objeto corre o se desliza; corredera. 4. Corredera, la muela superior del molino. 5. Anillo movible. pasador corredizo. 6. Operador de una máquina o locomotora. **Runner of a tackle**, *(Mar.)* Amante de aparejo. **runner of a crowfoot**, *(Mat.)* Perigallo de araña.

runner-up ['rʌnərʌp] [ra-nar-ap], *s.* Concursante que queda en segundo lugar.

runnet ['rʌnɪt] [ra-nit], *s. V.* RENNET.

running ['rʌnɪŋ] [ra-nin], *s.* Carrera, corrida, curso. 2. Acto de forzar un bloqueo. 3. Habilidad para correr. 4. *(Fam.)* Excursión, recorrido. 5. Marcha, funcionamiento. **To be in**, o **out of**, **the running**, tener o no tener esperanzas o posibilidades de ganar. **To make the running**, llevar la delantera. *-a.* 1. Corredor. 2. Que fluye, que contiene pus. 3. Corriente, que corre. **Running expenses**, gastos corrientes. 4. Corredizo. **Running knot**, nudo corredizo. **Running board**, estribo de un automóvil. **Running gear**, tren de rodaje, ejes y ruedas de un vehículo. **Running horse**, caballo corredor. **Running sore**, una herida con pus. **Running water**, agua corriente.

runnion ['rʌnɪən] [ra-nion], *s.* Pelafustán, pandorgo, persona despreciable.

run-off ['rʌnɒf] [ran-of], *s.* 1. Agua de desagüe. 2. Carrera o competencia final para determinar el vencedor.

runt [rʌnt] [rant], *s.* 1. Redrojo, el animal más pequeño y débil de una lechigada o hata; animal detenido en su crecimiento. 2. Enano.

runway ['rʌnweɪ] [ran-uei], *s.* 1. vía o sendero por el que corre algo. 2. Lecho de un arroyo. 3. Senda por la que pasan animales. 4. Pista de aterrizaje para aviones.

rupee ['ruː'piː] [ru-pi], *s.* Rupia.

rupture ['rʌptʃəʳ] [rap-chaʳ], *s.* 1. Rompimiento, rotura. 2. Rompimiento, riña, desavenencia, hostilidad. 3. Potra, hernia, quebradura.

rupture, *va.* Reventar, romper o hacer pedazos una cosa, quebrar, separar con violencia. *-vn.* Abrirse, henderse, sin extrema violencia.

rural ['rʊərəl] [ru-ral], *a.* Rural, campesino, campestre, rústico.

ruse ['ruːs] [rus], *s.* Astucia, engaño, estafa, acción con que se pretende engañar.

rush [rʌʃ] [rash], *s.* 1. Junco, junquillo, enea. 2. Friolera, bagatela, cosa de poco valor. 3. *V.* RUSH-LIGHT. **It is not worth a rush**, no vale un bledo o un ardite. **Rush-bottomed**, con fondo de junco. **Rushlight**, una especie de vela o lamparilla de noche con pábilo de junco. **Rush-mat**, estera de junco.

rush, *s.* 1. Ímpetu, movimiento furioso, método o procedimiento enérgico (impulse, momentum). 2. Prisa grande, presión, demanda extraordinaria; gran cantidad de algo que causa ímpetu o prisa. 3. Concurso, gentío, agolpamiento de gente, apretura. 4. *(E. U.)* Lucha, contienda violenta entre dos grupos de personas, cada uno de los cuales procura rechazar al otro. 5. Carrera precipitada.

rush, *vn.* Arrojarse, abalanzarse, tirarse, dispararse: se dice de una persona o de un animal que da una embestida o salto impetuoso. *-va.* Empujar o arrojar con violencia, ejecutar con precipitación. **To rush forward**, abalanzarse, arrojarse con ímpetu. **To rush in**, entrar de rondón. **To rush in upon**, sorprender. **To rush out**, salir precipitadamente. **To rush through**, ejecutar con precipitación o de prisa, exponerse atrevidamente.

rusher ['rʌʃəʳ] [ra-shaʳ], *s.* 1. Embestidor. 2. Persona enérgica. 3. El que lleva el balón en el fútbol americano.

rushy ['rʌʃɪ] [ra-shi], *a.* 1. Juncoso, lleno de juncos. 2. De anea o espadaña.

rusk ['rʌsk] [rask], *s.* 1. Galleta, rosca. 2. Pan tostado al horno.

russet ['rʌsɪt] [ra-sit], *a.* 1. Bermejizo; color mezlca de anaranjado y purpúreo; vulgarmente, moreno rojizo o amarillento. 2. Burdo, tosco, grosero 3. Acabado, pero no teñido de negro, se aplica al calzado. 4. Curtido y sin colorear (hide). *-s.* 1. Color producido por la mezcla de anaranjado y purpúreo. 2. Vestido de labrador o de un hombre del campo. 3. Variedad de manzana de color verdusco con manchas pardas.

Russia ['rʌʃə] [ra-sha], *s.* 1. Rusia. *V.* APENDICE. 2. Piel de Rusia; vaqueta de Moscovia.

russian ['rʌʃən] [ra-shan], *a.* Ruso, de Rusia. *-s.* Ruso, natural o habitante de Rusia.

rust [rʌst] [rast], *s.* 1. Orín, herrumbre, robín, el moho u óxido que cría el hierro o cualquier otro metal; el óxido rojizo de hierro. 2. *(Bot.)* Añublo, tizón, enfermedad que ataca los trigos y se debe a un honguillo parásito; el hongo que produce esa enfermedad. 3. Orín, mancha, defecto. **Rust of corn**, tizón. **To gather rust**, enmohecerse, criar moho u orín.

rust, *vn.* 1. Enmohecerse, ponerse mohoso, cubrirse de moho o de orín. 2. Enmohecerse, embotarse: se dice del entendimiento o valor cuando se entorpecen por la falta de ejercicio. *-va.* 1. Enmohecer, poner mohoso, cubrir de orín una cosa de metal. 2. Entorpecer el entendimiento, el valor o el ingenio por no ponerlo en ejercicio.

rustic ['rʌstɪk] [ras-tik], *a.* 1. Rústico, agreste, villano, campesino, sencillo, sin artificio, inculto, grosero. 2. Que nota o pertenece a algún estilo irregular de trabajo o adorno propio del campo. *-s.* Patán, villano, rústico, hombre del campo.

rustical ['rʌstɪkəl] [ras-ti-kal], *a. (Ant.)* Rústico, áspero.

rusticity [rʌs'tɪsɪtɪ] [ras-ti-si-ti], *s.* Rusticidad, simplicidad, grosería, rudeza.

rustily ['rʌstɪlɪ] [ras-ti-li], *adv.* Con herrumbre, enmohecimiento o falta de uso.

rustiness ['rʌstɪnɪs] [ras-ti-nes], *s.* El estado de lo que se halla cubierto de orín o moho; falta de uso.

rustle ['rʌsl] [ra-sel], *va.* y *vn.* 1. Susurrar, hacer, o hacer producir una serie de sonidos rápidos y suaves (como los de las hojas, de las sedas, etc.); producir un sonido de rozamiento. 2. Conducirse con energía y actividad. 3. Robar ganado. *-s.* Rozamiento, ruido que hacen las hojas, las sedas, cuando se las frota o agita; susurro.

rustler ['rʌsləʳ] [ras-laʳ], *s.* 1. El o lo que susurra o produce ruido parecido al roce. 2. *(Ger. E. U.)* Hombre activo o emprendedor. 3. *(E. U)* Actividad febril, esfuerzo, lucha.

rustless ['rʌslɪs] [ras-les], *a.* Inoxidable.

rustproof ['rʌstpruːf] [rast-pruf], *a.* Inoxidable.

rusty ['rʌstɪ] [ras-ti], *a.* 1. Oxidado, mohoso, herrumbroso, tomado de herrumbre o producido por ella. 2. Parecido a orín o herrumbre en el color; rojizo o amarillento. 3. Entorpecido, debilitado por falta de uso; que ha perdido su habilidad por falta de práctica. 4. Ronco, rudo, bronco (de tonos o sonidos). 5. Rojizo. **Rusty bacon**, tocino rancio.

rut [rʌt] [rt], *va.* Hacer carriles, rodadas o surcos en el camino o suelo, *(Fig.)* arrugar. *-s.* 1. Carril, rodada, la impresión o señal que deja la rueda en la tierra por donde pasa. 2. Costumbre, hábito arraigados; sendero trillado, pisado.

rut, *vn.* Bramar los venados, ciervos y otros animales cuando están en celo; estar en celo. *-s.* 1. Brama, unión del macho con la hembra, celo, excitación sexual en varios animales, v. g. los venados. 2. Mugido, bramido, ruido, batahola, alboroto. **Rutting-time**, tiempo de brama, estación del celo.

rutabaga [ˌruːtəˈbeɪgə] [ru-ta-bei-ga], *s.* Rutabaga, nabo sueco, variedad de nabo.

ruth [ruːθ] [ruz], *s.* *(Ant.)* Compasión, conmiseración; desgracia, miseria.

ruthless [ˈruːθlɪs] [ruz-les], *a.* Cruel, endurecido, insensible, falto de piedad.

ruthlessly [ˈruːθlɪslɪ] [ruz-lis-li], *adv.* Cruelmente, inhumanamente.

ruthlessness [ˈruːθlɪsnɪs] [ruz-lis-nes], *s.* Crueldad, falta de piedad, de compasión, apatía por las desgracias ajenas.

rutting [ˈrʌtɪŋ] [ra-tin], *a.* *(Bio.)* En celo.

ruttish [ˈrʌtɪʃ] [ra-tish], *a.* 1. Que tiende a hacer o correr en las rodadas. 2. Lascivo, libidinoso; salido.

rutty [ˈrʌtɪ] [ra-ti], *a.* Lleno de carriles.

rye [raɪ] [rai], *s.* 1. *(Bot.)* Centeno, especie de grano, planta gramínea y sus simientes. 2. *(Fam. E. U.)* Whisky destilado de centeno. **Rye-worm**, gusano larva de una mosca europea, nociva a los tallos del centeno. **Spurred rye**, centeno atizonado, cornezuelo. *V.* ERGOT.

rye bread [ˈraɪbred] [rai-bred], *s.* Pan de centeno.

rye-grass [ˈraɪgrɑːs] [rai-gras], *s.* *(Bot.)* Grama de centeno.

S

s [es] [es] El sonido de la *s* varía en la lengua inglesa: en muchas voces tiene un sonido agudo, como en *soon, yes, muffs*; y en otras suave, como en *praise, ribs, churches.* Cuando precede a la *h*, tiene un sonido especial que conserva también en la mayor parte de las voces en que está seguida de *u* o *ion*, como en *pleasure, evasion.* En algunas voces es muda, como en *island, viscount*; *s* es signo del posesivo o genitivo; también, contracción de *is*, es. **it's good**, es bueno. -Como abreviatura significa la *S*, *sociedad, sud o sur*; como F. R. *s.*, Miembro de la Sociedad Real. *s.* E. Sudeste; *s.*S.E., sudsudeste, etc.

sabal [ˈsæbl] [sa-bal], *s.* Sabal, género de palmeras de los trópicos, que tiene hojas grandes en forma de abanico.

sabbatarian [ˌsæbəˈtɛərɪən] [sa-ba-tea-rian], *a.* y *s.* Nombre de unos sectarios que guardaban con el mayor rigor la fiesta del domingo; y por extensión se llama así a los que observan muy estrictamente la abstinencia de todo trabajo en este día.

sabbath [ˈsæbəθ] [sa-baz], *s.* Sábado, el día séptimo de la semana destinado entre los judíos al descanso. **The Christian Sabbath**, domingo, el primer día de la semana. **Sabbath-breaker**, infractor o quebrantador del domingo. **Sabbath-day**, el día dedicado a obras de piedad y al reposo.

sabbatical [səˈbætɪkəl] [sa-ba-ti-kal], *a.* Sabático, perteneciente al sábado entre los judíos.

sabbatism [ˈsæbətɪzəm] [sa-ba-ti-sem], *s.* La observancia supersticiosa y rígida del sábado.

saber, sabre [ˈseɪbəʳ] [sei-baʳ], *s.* Sable, arma blanca, espada de un solo filo. *-va.* Acuchillar, herir a sablazos.

sabian [ˈsæbɪən] [sa-bian], *a.* Sabeo, perteneciente a los sabeos o a su culto. *-s.* Sabeo, adorador del sol, entre los persas y caldeos, secta que reconoció la unidad de Dios.

sabianism [ˌsæbɪəˈnɪzəm] [sa-bia-ni-sem], *s.* Sabeísmo.

sabine [ˈsæbaɪn] [sa-bain], *s.* *(Bot.)* Sabina. *V.* SAVIN.

sable [ˈseɪbl] [sei-bol], *s.* Cabellina, especie de comadreja o marta y también la piel de dicho animal. *-a. 1. (Her.)* Sable negro. 2. Ropas de luto.

sabot [ˈsæbəʊ] [sa-bou], *s.* 1. Zueco, almadreña. 2. Disco adherido a un proyectil para hacerle mantener determinada posición dentro del cañón de un arma de fuego. 3. Pieza de empalme para acortar una cuerda del arpa.

sabotage [ˈsæbətɑːʒ] [sa-bo-tash], *s.* Sabotaje. *-va.* Sabotear.

saboteur [ˌsæbəˈtɜːʳ] [sa-bo-teʳ], *s.* Saboteador.

sabre [ˈseɪbəʳ] [sei-baʳ], *s.* *V.* SABER.

sabretache [ˌseɪbəˈtɑːʃ] [sei-ba-tash], *s.* Portapliegos o escarcela del uniforme de caballería.

sabulous [ˈsæbələs] [sa-bo-los], *a.* Sabuloso, arenoso.

sac [sæk] [sak], *s.* *(Biol.)* Saco, bolsa membranosa; cavidad o receptáculo.

saccade [ˈsækeɪd] [sa-keid], *s.* 1. Sofrenada. 2. *(Mús.)* Golpe de arco que hace sonar varias cuerdas a la vez de un violín.

saccate [ˈsækeɪt] [sa-keit], *a.* En forma de bolsa o saco.

saccharin [ˈsækərɪn] [sa-ka-rin], *s.* 1. Sacarina, compuesto azucarado que se obtiene del alquitrán de hulla. 2. Otro compuesto de un sabor amargo.

saccharine [ˈsækəriːn] [sa-ka-rin], *a.* Sacarino, azucarado.

saccharose [ˈsækərəʊs] [sa-ka-rous], *s.* Azúcar (de caña, de remolacha).

sacerdotal [ˌsæsəˈdəʊtl] [sa-sa-dou-tal], *a.* Sacerdotal.

sacerdotalism [ˌsæsədəʊtəˈlɪzm] [sa-sa-dou-ta-li-sem], *s.* Carácter y métodos sacerdotales; celo por las cosas sacerdotales, también, artimaña de un ministro de la religión.

sachem [ˈsækɪm] [sa-kim], *s.* Jefe hereditario de una tribu de indios norteamericanos, cacique.

sachet [ˈsæʃeɪ] [sa-shei], *s.* Saquito para polvos perfumados.

sack [sæk] [sak], *s.* 1. Saco, saca, costal, talega (bag). 2. Medida de tres fanegas. 3. Saco, el saqueo de una plaza. 4. Chaqueta, casaca suelta con mangas que usaron las personas de uno y otro sexo en los siglos XVII y XVIII; bata de mujer. 5. *(Des.)* Vino dulce de Canarias. 6. Botín. **To give sack,** dar calabazas, ser despedido.**To hold the sack**, quedarse con las manos vacías. *a.* De sacos; **sack race**, carrera de sacos.

sack, *va.* 1. Meter en sacos. 2. Saquear. 3. Despedir, dar calabazas. **To sack up**, ensacar.

sackbut [ˈsækbʌt] [sak-bat], *s.* 1. Sacabuche, un instrumento músico primitivo parecido al trombón. 2. En la Biblia, un instrumento de cuerda.

sackcloth [ˈsækklɒθ] [sak-kloz], *s.* 1. Arpillera, brea. 2. Cilicio.

sack coat [ˈsækkəʊt] [sak-kout], *s.* Saco holgado de hombre.

sacker [ˈsækəʳ] [sa-kaʳ], *s.* Saqueador, el que saquea.

sackful [ˈsækfʊl] [sak-ful], *s.* Costal o saco lleno, lo bastante para llenar un saco.

sacking [ˈsækɪŋ] [sa-kin], *s.* Tela para sacos, harpillera.

sacral [ˈseɪkrəl] [sei-kral], *s.* Sacro sagrado.

sacrament [ˈsækrəmənt] [sa-kra-ment], *s.* 1. El juramento o ceremonia solemne que impone una obligación. 2. Sacrmento. 3. El sacramento de la eucaristía. 4. Juramento, compromiso solemne. **To receive the sacrament**, comulgar. **The Blessed** o **Holy Sacrament**, el Santísimo Sacramento.

sacramental [ˌsækrəˈmentl] [sa-kra-men-tal], *s.* Sacramental.

sacramentarian [ˌsækrəˈmentɛərɪən] [sa-kra-men-tea-rian], *a.* Sacramental, perteneciente a los sacramenteos o a los sacramentarios. *-s.* Sacramentario, el que rechaza la doctrina luterana de la eucaristía.

sacramentary [ˌsækrəˈmentərɪ] [sa-kra-men-ta-ri], *a.* Sacramental, concerniente a los sacramentos. *-s.* Sacramentario, antiguo libro que contenía todas las ceremonias y oraciones usadas en la celebración de los sacramentos.

sacred [ˈseɪkrɪd] [sei-krid], *a.* Sagrado, sacro, consagrado; santo, concerniente a la religión, en relación con seres divinos o sobrenaturales; digno de reverencia; inviolable. **His sacred majesty**, la persona sagrada del rey.

sacredly [ˈseɪkrɪdlɪ] [sei-krid-li], *adv.* Sagradamente, inviolablemente, religiosamente, santamente.

sacredness [ˈseɪkrɪdnɪs] [sei-krid-nes], *s.* Santidad, carácter sagrado; consagración a Dios o a su culto, inviolabilidad.

sacrifice [ˈsækrɪfaɪs] [sa-kri-fais], *va.* 1. Sacrificar, inmolar. 2. Sacrificar, abandonar, renunciar o perder una cosa por conservar otra. 3. Destruir, matar. *-vn.* Sacrificar, ofrecer sacrificios.

sacrifice, *s.* 1. Sacrificio, el acto de sacrificar u ofrecer a la deidad alguna cosa y la misma cosa sacrificada u ofrecida, víctima. 2. Sacrificio, renuncia de alguna cosa apreciable hecha con repugnancia por amor, respeto o reconocimiento. 3. Pérdida sufrida sin compensación, destrucción, v. g. de una o más vidas. 4. *(Com.)* Sacrificio, rebaja en los precios que anula la ganancia o implica pérdida. **To sell at a sacrifice**, vender sin beneficio.

sacrificer ['sækrɪfaɪsəʳ] [sa-kri-fai-saʳ], *s.* Sacrificador.

sacrificial [ˌsækrɪ'fɪʃəl] [sa-kri-fi-shal], *a.* Sacrificador, que pertenece a los sacrificios, empleado en los sacrificios, de la naturaleza de un sacrificio. ofrecido como expiación del pecado.

sacrilege ['sækrɪlɪdʒ] [sa-kri-lich], *s.* Sacrilegio, lesión o violación de alguna cosa sagrada.

sacrilegious [ˌsækrɪ'lɪdʒəs] [sa-kri-li-yos], *a.* Sacrílego.

sacrilegiously [ˌsækrɪ'lɪdʒəslɪ] [sa-kri-li-yos-li], *adv.* Sacrílegamente.

sacrist ['sækrɪst] [sa-krist], *s.* 1. *V.* SACRISTAN. 2. Copista de música y encargado de los libros de coro de una iglesia.

sacristan ['sækrɪstən] [sa-kris-tan], *s.* Sacristán, el empleado que cuida de los ornamentos y del aseo de la iglesia y sacristía.

sacristy ['sækrɪstɪ] [sa-kris-ti], *s.* Sacristía (de una iglesia).

sacrum ['sækrəm] [sa-krom], *s.* Sacro, hueso del espinazo, formado por cinco vértebras entre la región lumbar y el cóccix.

sad [sæd] [sad], *a.* 1. Triste, lúgubre, pensativo, melancólico (sorrowful, mournful). 2. Infausto, lastimoso, calamitoso. 3. Malo, perverso, cruel, funesto. 4. *(Ant.)* Obscuro, sombrío o triste en el color. 5. *(Fam.)* Travieso, malicioso, dispuesto a hacer diabluras. 6. *(Prov.)* Pesado, indigesto; se dice del pan. 7. Malo, pobre, de inferior calidad. **Sad news**, noticias infaustas o funestas. **To grow sad**, entristecerse. **To make sad**, entristecerse, afligir. **A sad fellow**, diablillo, hombre malicioso; un pícaro.

sadden ['sædn] [sa-den], *va.* y *vn.* 1. Entristecer, constristar, causar o dar tristeza, poner triste. 2. Hacer más obscuro un color. 3. Entristecerse, melancolizarse, ponerse triste. 4. Ensombrecer.

saddle ['sædl] [sa-del], *s.* 1. Silla de montar (horse, bicycle). *(S. Amer.)* Galápago, silla de caballo. 2. Cojinete relleno de material blando (pelote, etc.) para el lomo de un caballo. 3. Entre carniceros, cuarto trasero de una res. 4. Lo que tiene la forma o posición de una silla. **Saddleback**, cuesta o montaña con dos cumbres separadas por una ligera depresión. **Saddle of mutton**, lomos de carnero. **Saddle-bow**, arzón. **Saddle-cloth**, mantilla de silla. **Saddle-tree**, fuste de silla. **Pack-saddle**, basto, albarda. **Saddle-backed**, ancho de espaldas; encorvado. **Saddle-bag**, alforja. *(Mex.)* Cojinillo. **Saddle-horse**, caballo de silla. **Saddle-maker**, *V.* SADDLER. **Saddle-shaped**, en forma de silla de montar; *(Geol.)* en arco, encorvado y sin fractura en la cima.

saddle, *va.* 1. Ensillar, poner o echar la silla al caballo u otro animal cuadrúpedo. 2. Cargar, poner a cuestas. 3. **To saddle with**, cargar o hacer cargar con algo molesto.

saddle-galled ['sædlgəʊld] [sa-del-gould], *a.* Lastimado por la silla. *(Mex.)* Desollado, en el sentido de despellejado.

saddler ['sædləʳ] [sad-laʳ], *s.* Sillero, el que hace sillas de montar.

saddlerock ['sædlrɒk] [sa-del-rok], *s.* *(E. U.)* Ostra grande de primera calidad oriunda de Long Island, Estado de Nueva York.

saddlery ['sædlərɪ] [sad-le-ri], *s.* Herraje de talabartero o sillero.

sadism ['seɪdɪzəm] [sei-di-sem], *s.* Sadismo.

sadist ['seɪdɪst] [sei-dist], *s.* Sadista.

sadly ['sædlɪ] [sad-li], *adv.* Tristemente, miserablemente, mal. **Sadly hurt**, herido de peligro. **To be sadly off**, tener uno sus asuntos en mal estado.

sadness ['sædnɪs] [sad-nes], *s.* Tristeza, pesadumbre, melancolía, abatimiento; aspecto tétrico, serio.

safari [sə'fɑːrɪ] [sa-fa-ri], *sm.* Safari.

safe [seɪf] [seif], *a.* 1. Seguro, salvo, ileso, libre y exento de todo peligro, daño o riesgo (harmless, sound, unhurt, unscathed). 2. Intacto, sin lesión. 3. Seguro, que ofrece toda clase de seguridades; hablando de personas; leal, digno de confianza. 4. Cierto, exento de error. 5. Incapacitado para dañar u ofender, p. ej. por estar encarcelado, o haber muerto. **It is not safe for us to stay here**, no estamos seguros aquí. **Safe conscience,**, conciencia pura o tranquila. **I wish you safe home**, deseo que llegue Ud. con felicidad. **Safe and sound**, sano y salvo. **Safe load**, carga máxima.

safe, *s.* 1. Lugar seguro para guardar objetos; en especial, caja de seguridad, arca o cofre fuerte a prueba de fuego o de ladrones. 2. Alacena para conservar carnes o manjares, despensa. **Safe-keeping**, depósito, guardia o custodia segura; acto y efecto de poner una cosa en seguridad.

safe-conduct ['seɪf'kɒndəkt] [seif-kon-dakt], *s.* Convoy, salvoconducto.

safe-deposit ['seɪfdɪˌpɒzɪt] [seif-di-po-sit], *s.* Cámara de seguridad, acorazada (box, vault)

safeguard ['seɪfgɑːd] [seif-gard], *s.* 1. Salvaguardia, defensa, carta de seguridad. 2. Escolta. 3. Defensa, abrigo.

safeguard, *va.* Guardar, proteger.

safely ['seɪflɪ] [seif-li], *adv.* Seguramente, sin peligro, a salvo, felizmente.

safeness ['seɪfnɪs] [seif-nes], *s.* Estado o condición de hallarse en seguridad.

safety ['seɪftɪ] [seif-ti], *s.* 1. Seguridad, resguardo, salvamento; exención de todo mal, daño o perjuicio. 2. Seguro de un arma. **Safety-belt**, cinto de seguridad, salvavidas. **Safety-lamp**, lámpara de seguridad o de Davy, para los mineros: lámpara envuelta en tela metálica. **Safety-match**, fósforo que se enciende solamente sobre una superficie especialmente preparada. **Safety-pin**, imperdible, alfiler de seguridad. **Safety-valve**, válvula de seguridad (en las máquinas de vapor). **In safety**, con seguridad, sin peligro.

saffian ['sæfɪən] [sa-fian], *s.* Cuero de cabra o cordero curtido con zumaque y teñido con colores vivos.

saffron ['sæfrən] [sa-fron], *s.* *(Bot.)* Azafrán (planta, las hebras o los estigamas de las flores, y el color). *-a.* Azafranado, de color de azafrán. **Saffron thistle**, alarzor, cártamo.

sag [sæg] [sag], *va.* Hacer ceder o doblegar por el medio. *-vn.* 1. Ceder a su propio peso, doblegarse, hundirse, particularmente en el medio; doblegarse, colgar toscamente. 2. Aflojar, flaquear, como bajo un infortunio. 3. *(Mar.)* Irse a la ronza. 4. Tardar, ser lento de movimiento. *-s.* 1. Hundimiento, depresión, bolsa, comba, combaduría. 2. Flecha de un cable. 3. *(Com.)* Baja de precios.

saga ['sɑːgə] [sa-ga], *s.* Saga, leyenda de los escandinavos.

sagacious [sə'geɪʃəs] [sa-guei-shos], *a.* Sagaz, vivo, sutil, penetrante.

sagaciously [sə'geɪʃəslɪ] [sa-guei-shos-li], *adv.* Sagazmente.

sagacity [sə'gæsɪtɪ] [sa-ga-si-ti], *s.* Sagacidad, astucia; sutileza.

sage [seɪdʒ] [seich], *s.* 1. *(Bot.)* Salvia, planta de la familia de las labiadas. **Sage-brush**, artemisia, una especie parecida, arbusto. **Sage-cheese**, queso aromatizado con hojas de salvia. 2. Sabio, filósofo. **The seven sages**, los siete sabios de Grecia. *-a.* Sabio; prudente; grave, sagaz; cuerdo.

sagely ['seɪdʒlɪ] [seich-li], *adv.* Sabiamente; cuerdamente, prudentemente.

sageness ['seɪdʒnɪs] [seich-nis], *s.* Sabiduría; gravedad; prudencia, cordura.

sagittal ['sædʒɪtəl] [sa-yi-tal], *a.* Sagital.

sagittarius [ˌsædʒɪ'tɛrɪəs] [sa-yi-te-rios], *s.* *(Astr.)* Sagitario.

sago ['seɪgəʊ] [sei-gou], *s.* *(Bot.)* Sagú, meollo de varias especies de palma de la India oriental, muy alimenticio.

sahib ['sɑː*h*ɪb] [sa-ib], *s.* Señor; tratamiento empleado en Persia y en el Indostán.

said [seɪd] [seid], *pp.* de SAY. *(For.)* Citado, antedicho, ya nombrado.

sail [seɪl] [seil], *s.* *(Mar.)* 1. Vela, el paño de lona extendido sobre un palo y verga a fin de recibir el viento e impeler la nave. **Main-sail**, vela mayor. **Main-top-sail**, gavia. **Main-top-gallant-sail**, juanete mayor. **Main-top-gallant-royal**, sobrejuanete mayor. **Fore-sail**, trinquete. **Fore-top-sail**, velacho. **Fore-top-gallant-sail**, juanete de proa. **Mizzen-sail**, mesana. **Mizzen-top-sail**, sobremesana. **Mizzen-top-gallant-sail**, juanete de mesana. **Stay-sail**, vela de estay. **Fore-stay-sail**, trinquetilla. **Studding-sail**, rastrera, ala. **Sprit-sail**, cabadera. **To set sail**, hacerse a la vela. **To strike sail**, arriar una vela. 2. Vela, la misma embarcación. (En este sentido el plural no lleva *s*, y tiene la misma forma que el singular). 3. Velas, número de embarcaciones. **Fleet of seventeen sail of the line**, escuadra de diez y siete navíos de línea. 4. Excursión, paseo en barco de vela. **Sail-boat**, barco de vela, barca, yate. **Sail-cloth**, lona, lienzo para velas y toldos. **Sail-loft**, tinglado, almacén de velas o lona, taller donde se hacen velas. **Sail-maker**, fabricante de velas. **Under full sail**, a todo trapo. 5. Aspa, brazo de molino.

sail, *vn.* 1. Darse a la vela, hacerse a la vela, dar las velas al viento, navegar. 2. Viajar por mar, río o lago; ir en una embarcación. 3. Volar sin aletear; flotar, ir por el aire (una nube). 4. *(Fam.)* Pasar sobre, moverse majestuosamente. *-va.* 1. Navegar, manejar o guiar una embarcación. 2. Navegar por, viajar en, cruzar en una embarcación. **To sail back**, tomar puerto, entrar a descansar en algún puerto. **To sail along the coast**, costear. **To sail before the wind**, *(Mar.)* Navegar a dos puños. **To sail with the wind on the beam**, *(Mar.)* Navegar con el viento a través. **To sail with a scant wind**, *(Mar.)* Navegar de bolina. **To sail close-hauled**, *(Mar.)* Navegar ciñendo el viento.

sailable ['seɪləbl] [sei-la-bol], *a.* Navegable (a la vela).

sailer ['seɪləʳ] [sei-laʳ], *s.* Navío, buque, embarcación que sirve para navegar. **Good o fine sailer**, navío velero.

sailfish ['seɪlfɪʃ] [seil-fish], *s.* Variedad de pez espada.

sailing ['seɪlɪŋ] [sei-lin], *s.* 1. Acto de darse a la vela. 2. Navegación, arte de navegar. **Plain sailing**, 1. Avance, adelantamiento sin dificultades, literal o figuradamente; coser y cantar. 2. *V. Plane sailing.* **Plane sailing**, acción de navegar sobre la carta de marcar. **Great-circle sailing**, navegación circular. **Sailing orders** o **instructions**, orden de salida o marcha dada a un buque de guerra.

sailor ['seɪləʳ] [sei-loʳ], *s.* Marinero, hombre de mar, marino (seaman). **Sailor's wages**, mesadas, soldadas, sueldo de los marineros o de la tripulación. **Sailor** o **sailor hat**, sombrero de paja.

sailvard ['seɪlvɑːd] [seil-vard], *s.* Verga.

saint [seɪnt] [seint], *s.* 1. Santo, la persona de virtud y piedad eminentes; (en el Nuevo Testamento, cualquier cristiano fiel); en especial, santo, santa, persona canonizada por la Iglesia (holy). 2. Un ángel. *-a.* Santo; como título se escribe con mayúscula, y por lo común en abreviatura, St. **St. Andrew's cross**, cruz de San Andrés. 3. Nombre de una planta de la familia de las hipericíneas. **St. John's wort**, hierba de San Juan, hipérico. **St. Vitu's dance**, baile de San Vito, enfermedad caracterizada por movimientos convulsivos. **St. Bernard**, perro grande y sagaz, oriundo del hospicio de San Bernardo en los Alpes. **St. John's bread**, algarrobo, árbol. *V.* CAROB.

saint, *va.* Canonizar. *-vn.* 1. Obrar como un santo. 2. **To saint it**, hacer el santo.

sainted ['seɪntɪd] [sein-tid], *a.* Santo; piadoso, virtuoso, sagrado.

sainthood ['seɪnthʊd] [seint-jud], *s.* Santidad.

saint-like ['seɪntlaɪk] [seint-laik], *a.* Propio de un santo o de los santos.

saintliness ['seɪntlɪnɪs] [seint-li-nes], *s.* Santidad, santificación.

saintly ['seɪntlɪ] [seint-li], *adv.* Santamente; piadosamente, virtuosamente.

saintship ['seɪntʃɪp] [seint-ship], *s.* Santidad, carácter de santo.

sake [seɪk] [seik], *s.* Causa, motivo, fin, objeto, razón, amor, respecto, consideración (cause, reason). **For God's sake**, por amor de Dios. **For brevity's sake**, en obsequio de la brevedad. **Do it for my sake**, hágalo Ud. por mí. **For your sake**, por Ud., por respeto a o de Ud., en obsequio o gracia de Ud. *(Vulg.)* Por amor de Ud. **For politeness' sake**, por política.

sal [sæl] [sal], *s.* Sal; término de química o farmacia. **Sal ammoniac**, sal amoniaco, cloruro de amoníaco. **Sal soda**, sosa, carbonato de sodio para lavar. **Sal volatile**, carbonato armónico.

salaam, salam [sə'lɑːm] [sa-lam], *va.* y *vn.* Saludar a la oriental. *-s.* Reverencia oriental profunda, que se hace con la palma de la mano derecha sobre la frente.

salable ['seɪləbl] [sei-la-bol], *a.* Vendible, que puede ser vendido, de fácil venta (marketable).

salableness ['seɪləblnɪs] [sei-la-bol-nes], *s.* La calidad que constituye a una cosa vendible o de despacho.

salacious [sə'leɪʃəs] [sa-lei-shos], *a.* Salaz, lascivo, lujurioso.

salaciousness [sə'leɪʃəsnɪs] [sa-lei-shos-nes], **salacity** [sə'læsɪtɪ] [sa-la-si-ti], *s.* Salacidad, lascivia, lujuría.

salad ['sæləd] [sa-lad], *s.* Ensalada. **Salad-bowl**, ensaladera. **Salad dish**, plato para ensalada. **Salad dressing**, salsa para la ensalada. **Salad greens**, verduras para ensalada (tales como lechuga, espinaca, etc.) **Salad oil**, aceite para ensalada (generalmente de oliva).

salal ['sæləl] [sa-lal], *s.* Arbusto americano de bayas comestibles.

salamander ['sæləˌmændəʳ] [sa-la-man-daʳ], *s.* Salamandra, salamanquesa.

salami [sə'lɑːmɪ] [sa-la-mi], *sm.* Salami.

salary ['sælərɪ] [sa-la-ri], *va.* Asalariar, dar jornal, salario o sueldo. *-s.* Salario, sueldo, paga, jornal (wages). **Salaried**, *pp.* Asalariado, que recibe un salario.

sale [seɪl] [seil], *s.* 1. Venta, acción y efecto de vender (selling). 2. Almoneda, venta a pública subasta. 3. Oportunidad de vender, demanda por parte de los compradores; voga, mercado. 4. Salida, despacho, demanda. **Sale by auction**, almoneda, subasta. **For sale** o **on sale**, de venta, ofrecido o pronto para la venta. **On sale or return**, contrato o pacto de retroventa. *a.* 1. De ventas, para la venta, sobre la venta. 2. Hecho, corriente, de confección, de serie. **Sales agent**, agente de ventas. **Sales tax**, impuesto sobre las ventas.

saleable, saleableness ['seɪləbl] [sei-la-bol], *V.* SALABLE, SALABLENESS.

sales agent ['seɪlzˌeɪdʒənt] [seils-ei-yant], *s.* Agente vendedor.

salesclerk ['seɪlzklɜːk] [seils-klerk], *s.* Dependiente, vendedor (in a shop).

salesgirl ['seɪlzgɜːl] [seils-guerl], *s.* Dependienta, vendedora (in a shop).

salesman ['seɪlzmən] [seils-man], *vn.* Vendedor, el que vende géneros en una tienda.

salesmanship ['seɪlzmənʃɪp] [seils-man-ship], *s.* Arte de vender.

salesperson ['seɪlzˌpɜːsn] [seils-per-son], *s.* Dependiente, vendedor (en una tienda).

salesroom ['seɪlzrʊm] [seils-rum], *s.* Sala de ventas, sala de exhibición de mercancías.

sales tax ['seɪlztæks] [seils-taks], *s.* Impuesto sobre las ventas.

saleswoman ['seɪlzwʊmən] [seils-uo-man], *sf.* Vendedora, la que vende géneros en una tienda; vulgarmente, **saleslady**.

salient ['seɪlɪənt] [sei-lient], *a.* Saltante, saliente, salido.

saliferous [sə'lɪfərəs] [sa-li-fe-ros], *a.* *(Geol.)* Salífero, que contiene sal.

salify ['sælɪfaɪ] [sa-li-fai], *va.* *(Quím.)* Salificar, formar una sal.

saline ['seɪlaɪn] [sei-lain], *a.* Salino, que tiene propiedades de sal. *-s.* Una sal de magnesio o de uno de los álcalis.

salineness ['sælɪnnɪs] [sa-lin-nes], *s.* La calidad o propiedad de salino.

salinity [sə'lɪnɪtɪ] [sa-li-ni-ti], *sf.* Salinidad.

saliva [sə'laɪvə] [sa-lai-va], *s.* Saliva.
salivary ['sælɪvərɪ] [sa-li-va-ri], *a.* Salival; salivoso.
salivate ['sælɪveɪt] [sa-li-veit], *va. (Med.)* Excitar la secreción excesiva y continua de saliva.
salivation ['sælɪveɪʃən] [sa-li-vei-shon], *s.* Babeo, salivación, la excreción abundante de saliva, producida ordinariamente por algún remedio.
sallow ['sæləʊ] [sa-lou], *a.* Cetrino, descolorido, amarillo, pálido, lívido; se dice principalmente de la piel humana. *-s. (Bot.)* Sarga, una especie de sauce.
sally ['sælɪ] [sa-li], *s.* 1. *(Mill.)* Salida, surtida. 2. Paseo, excursión. 3. Impetu, arranque, pronto de alguna pasión o del genio; arrancada. 4. Despropósito, desahogo, un pronto, un arrebato, un repente o una viveza nacida de irreflexión; humorada, extravagancia. 5. *(Arq.)* Salidizo, saliente, vuelo. **Sallies of wit**, agudezas, rasgos, dichos prontos y vivos; courrencias graciosas o saladas. **To make sallies into the country**, recorrer un terreno, dar frecuentes paseos por el campo.
sally, *vn.* Salir, hacer una salida repentinamente; salir, avanzar con ánimo resuelto.
sallyport ['sælɪpɔːt] [sa-li-port], *s. (Fort.)* Surtida, la puerta por donde los sitiados hacen sus salidas.
salmon ['sæmən] [sa-mon], *s.* 1. Salmón, pez de mar de carne rosada. 2. Color de la carne de salmón, anaranjado rosado. **Salmon louse**, lombriz que se halla en las agallas del salmón. **Salmon-trout**, trucha salmonada.
saloon [sə'luːn] [sa-lun], *s.* 1. *(E. U.)* Una cantina o taberna donde se venden licores. 2. Sala de asamblea. 3. Sala grande de un vapor. 4. **Saloon carriage**, vagón-salón en un ferrocarril.
salt [sɔːlt] [solt], *s.* 1. Sal, cloruro de sodio, substancia cristalina de sabor propio bien señalado y muy soluble en el agua. 2. *(Quím.)* Sal, cuerpo compuesto de un ácido y una base. 3. *pl.* Sales medicinales, cuando no se especifican, sal de higuera, sulfato de magnesia. 3. Sabor, gusto. 5. Sal, agudeza, gracia o viveza en lo que se dice. *-a.* 1. Salado, impregnado de sales; salobre, que tiene sabor de sal, salino. 2. Curado o conservado con sal. 3. Que contiene agua salada o que crece en ella. **Salt-box**, caja para guardar la sal en la cocina, salero de cocina. **Saltcellar**, salero de mesa. **Salt-bush**, cualquiera de ciertas hierbas de Australia, principalmente del género Atriplex. **Salt-junk**, carne de buey dura, seca y salada para rancho de marinero. **Salt-lick**, lamedero, lugar adonde acuden los animales para lamer la sal de depósitos superficiales. **Glauber's salt**, sal de Glauber, sulfato de sodio. **Rochelle salt**, tartrato de potasio y sodio. **Rock salt**, sal gema. **Not (to be) worth one's salt**, no valer uno el pan que come. **To be sent** o **to go up Salt River**, *(Ger. E. U.)* Ser vencido, se dice de candidatos políticos, y es alusión a un pequeño río del Kentucky. **Salt-mines**, minas de sal, salinas. **Salt-maker**, salinero, el que trabaja en las minas de sal o en las salinas. **Salt meat**, *s.* Carne salada; cocina. **Salt-pan**, 1. Caldera o vasija en que se hace la sal evaporando el agua salada, 2. Saladar, *V. Salt-pit*. **Salt-pit**, saladar, lagunajo, el sitio donde se cría u obtiene la sal por evaporación natural, salina. **Salt-spring**, fuente de agua salada. **Salt-tub**, saladero. **Salt-works**, salina, lugar donde se hace o cuaja la sal.
salt, *va.* 1. Salar, sazonar con sal, curar con sal, salpimenar. 2. *(Fig.)* sazonar, purificar. 3. *(Ger.)* Depositar fraudulentamente mineral rico en una mina sin valor. 4. Amañar (a thing). 5. Cargar precios exagerados en una factura. **To salt one´s money away**, ahorrar, guardar o colocar uno bien su dinero.
saltant ['sɔːltənt] [sol-tant], *a.* Saltante.
saltation [ˌsɔːl'teɪʃən] [sol-tei-shon], *s.* 1. Saltación, palpitación. 2. Progreso o modificación por saltos.
salter ['sɔːltə^r] [sol-ta^r], *s.* 1. Salador, el que sala. 2. Salinero, el que vende sal. 3. Preparador de sales o drogas; droguista.
saltern ['sɔːltən] [sol-tern], *s.* Salina, el lugar donde se beneficia la sal.
saltigrade ['sɔːltɪgreɪd] [sol-ti-greid], *a.* Saltígrado, que anda a saltos, se aplicaen particular a una clase de arañas.
saltiness ['sɔːltɪnɪs] [sol-ti-nes], *sf.* Salinidad, salobridad.
salting ['sɔːltɪŋ] [sol-tin], *s.* 1. Salazón, acción de salar. 2. Tierra que inunda regularmente la marea. **Salting-tub**, saladero.
saltish ['sɔːltɪʃ] [sol-tish], *s.* Sabroso, algo salado.
saltless ['sɔːltlɪs] [solt-les], *a.* Soso, desabrido, insulso, insípido.
saltmarsh ['sɔːltmɑːʃ] [solt-marsh], *s.* Saladar o marisma.
saltness ['sɔːltnɪs] [solt-nes], *s.* Sabor de sal, saladura.
saltpeter, saltpetre ['sɔːltˌpiːtə^r] [solt-pi-ta^r], *s.* Nitro, salitre. **Saltpetre-house**, salitrería. **Saltpetre-makers**, alitrero.
saltwort ['sɔːltwɔːt] [solt-uort], *s.* Barrilla, sosa, nombre de diferentes plantas de los géneros Salsola y Salicornía.
saltworks ['sɔːltwɜːks] [solt-ueks], *s.* Salinas.
salty ['sɔːltɪ] [sol-ti], *a.* Salado, salobre, salobreño.
salubrious [sə'luːbrɪəs] [sa-lu-brios], *a.* Salubre, saludable.
salubrity [sə'luːbrɪtɪ] [sa-lu-bri-ti], **salubriousness** [sə'luːbrɪəsnɪs] [sa-lu-brios-nes] *s.* Salubridad.
salutary ['sæljʊtərɪ] [sa-liu-ta-ri], *a.* Saludable, salubre, sano, salutífero.
salutation [ˌsæljʊ'teɪʃən] [sa-liu-tei-shon], *s.* Salutación, saludo, bienvenida, enhorabuena, parabién.
salutatory ['sæljʊtətərɪ] [sa-liu-ta-to-ri], *a.* Saludador. *-s.* La oración con que principian los ejercios el día de recepción de grados en los colegios y universidades americanos; discurso de bienvenida.
salute [sə'ljuːt] [sa-liut], *va.* 1. Saludar, mostrar benevolencia, respeto o deferencia. 2. Honrar con una salva de artillería o fusilería, o porte de armas, enarbolar el pabellón, etc., saludar. 3. *(Ant.)* Bear. *-vn.* Ofrecer un saludo.
salute, *s.* 1. Salutación; saludo, acción o actitud de saludar. 2. Salva, descarga de armas en honor de alguien, saludo hecho portando el arma; honras militares, navales, u otras de carácter oficial. 3. Beso, abrazo.
salvage ['sælvɪdʒ] [sal-vich], *s.* 1. Salvamento. 2. Derecho de salvamento que se cobra de las cosas salvadas de un naufragio. 3. Lo recuperado en un incendio o un naufragio. *-va.* Salvar (en un naufragio, incendio, etc.).
salvation [sæl'veɪʃən] [sal-vei-shon], *s.* Salvación, estado del que se halla libre de peligro; salvación, consecución de la bienaventuranaza eterna. **Salvation Army**, ejército de salvación, una organización religosa.
salvationist [sæl'veɪʃənɪst] [sal-vei-sho-nist], *s.* Miembro del Ejército de Salvación.
salve [sælv] [salv], *s.* 1. Emplasto, ungüento; auxilio, socorro, remedio. 2. Remedio, alivio, consuelo. 3. *(Fam.)* Adulación. **Lip-salve**, pomada para los labios.
salve, *va.* 1. Curar una herida o úlcera aplicando ungüentos o emplastos (to cure). 2. Salvar, socorrer, remediar, auxiliar. 3. Salvar, evitar algún inconveniente, impedimento, dificultad o riesgo.
salver ['sælvə^r] [sal-va^r], *s.* Salvilla, bandeja.
salvia ['sælvɪə] [sal-via], *s. (Bot.)* Salvia.
salvo ['sælvəʊ] [sal-vou], *s.* 1. Reservación, excusa, escapatoria, subterfugio, restricción mental; excepción. 2. Salva de artillería, saludo militar o naval.
samaritan [sə'mærɪtən] [sa-ma-ri-tan], *a.* Samaritano, samarita, de Samaría. *-s.* 1. Samarita, samaritano. 2. Persona benévola; en alusión a la parábola de San Lucas.
samba ['sæmbə] [sam-ba], *s.* Samba, baile y canto populares del Brasil.
sambo ['sæmbəʊ] [sam-bou], *s.* 1. Mestizo, negro, apodo peyorativo. 2. Zambo.
same [seɪm] [seim], *a.* Mismo, idéntico; igual. **The same**, lo mismo, la misma cosa, otro tanto, todo uno. **It is all the same to me**, para mí es todo uno; no me importa; lo mismo me da. **Much the same as**, casi como. **If it is the same to you**, si le es a Ud. lo mismo, o igual. **All the same**, a pesar de todo.
sameness ['seɪmnɪs] [seim-nes], *s.* 1. Identidad. 2. Semejanza fiel.

samlet ['seɪmlɪt] [seim-let], *s.* Salmón pequeño, salmonete. (En vez de *Salmonet*).

samp [sæmp] [samp], *s. (E. U.)* Maíz descortezado sin moler o gachas hechas con él.

samphire ['sæmphaɪəʳ] [samp-jaiaʳ], *s. (Bot.)* Hinojo marino.

sample ['sɑːmpl] [sam-pel], *s.* 1. Muestra, prueba. 2. Ejemplo, dechado, patrón. **Sample copy**, ejemplar de muestra; **sample case**, muestrario.

sample, *va.* Sacar una muestra de algo, probar o examinar por medio de una porción o muestra. **Sample book**, muestrario, libro de muestras.

sampler ['sɑːmpləʳ] [sam-plaʳ], *s.* 1. El que prueba o examina por medio de muestras; el que prepara o exhibe muestras de artículos de comercio. 2. Dechado, labor de las niñas.

sanative ['sænətɪv] [sa-na-tiv], *a.* Curativo, sanativo, que sana (curative).

sanatorium [ˌsænə'tɔːrɪəm] [sa-na-to-riom], *s.* 1. Lugar adonde acuden las gentes para conservar la salud, v. g. una estación balnearia o un punto de veraneo en los climas tropicales. 2. Casa de salud, sanatorio.

sanctification [ˌsæŋ*k*tɪfɪ'keɪʃən] [sank-ti-fi-kei-shon], *s.* Santificación; consagración.

sanctifier ['sæŋ*k*tɪfaɪəʳ] [sank-ti-faiaʳ], *s.* Santificador.

sanctify ['sæŋ*k*tɪfaɪ] [sank-ti-fai], *va.* Santificar.

sanctimonious [ˌsæŋ*k*tɪ'məʊnɪəs] [sank-ti-fi-mou-nios], *a.* Beato, mojigato, parecido o semejante a santo.

sanctimoniusness [ˌsæŋ*k*tɪ'məʊnɪəsnɪs] [sank-ti-mou-nios-nes], *s.* Apariencia de santidad, aire falso de santidad, mojigatería.

sanctimony [ˌsæŋ*k*tɪ'məʊnɪ] [sank-ti-fi-mou-ni], *s.* 1. Santimonia, santidad. 2. Apariencia de santidad; beatería.

sanction ['sæŋ*k*ʃən] [sank-shon], *s.* 1. Sanción, el acto solemne por el que se ratifica, autoriza o confirma una ley o estatuto. 2. Sanción, establecimiento o ley: mandato, decreto. 3. Ratificación, confirmación, justificación. *-va.* Sancionar, dar fuerza de ley; autorizar, ratificar, validar; venir en apoyo de, confirmar.

sanctitude ['sæŋ*k*tɪtjuːd] [sank-ti-tiud], *s. (Ant.)* Carácter sagrado, santidad.

sanctity ['sæŋ*k*tɪtɪ] [sank-ti-ti], *s.* 1. Santidad, el estado o la naturaleza de sagrado o santo, pureza espiritual. 2. Calidad de sagrado, solemnemente obligatorio, o inviolable; inviolabilidad.

sanctuary ['sæŋ*k*tjʊərɪ] [sank-chua-ri], *s.* 1. Santuario, lugar santo o sagrado; templo, altar de santo. Entre los israelistas, la parte más retirada del tabernáculo o templo. 2. Asilo, refugio sagrado. **To take sanctuary**, acogerse a sagrado.

sanctum ['sæŋ*k*təm] [sank-tom], *s.* Paraje sagrado; familiarmente, una pieza reservada, una oficina particular. **Sanctum sanctorum**, Sancta sanctórum.

sanctus ['sæŋ*k*təs] [sank-tos], *s.* Sanctus, parte de la misa antes del canon, en que se repite esta palabra tres veces. **Sanctus bell**, campanilla que sirve para anunciar la elevación de la sagrada hostia en la misa.

sand [sænd] [sand], *s.* 1. Arena, partículas o granos pequeños de piedra sueltos o separados (grit). 2. Arenal, tierra estéril cubierta de arena. 3. *pl.* 1. Arenales, playa de arena; regiones donde no se halla más que arena. 2. Partículas o granos arenosos semejantes a los del reloj de arena; de aquí, momentos de tiempo o de vida. 4. *(Ger. E. U.)* 1. Fuerza de carácter, sufrimiento, valor. 2. Dinero contante, caudales. **Sand-bank**, banco de arena. **Small sand**, arenilla. *(Mex.)* Marmajita o margajita. **Sand-bag**, saco de arena, saco para arena; se emplea para construir fortificaciones, para lastre, etc., y también como arma ofensiva. **Sand-bar**, barra, banco de arena en la embocadura de un río, o a lo largo de la playa, etc. **Sand-blast**, aparato para impeler un chorro de arena a fin de desgastar o grabar modelos en el vidrio, mármol, etc. **Sand-fly**, mosca de los arenales, insecto pequeño muy incómodo del género Simulium. **Sand-glass**, reloj de arena. **Sand-wasp**, avispa de arena, toda avispa que cava en la tierra. **Sand-bath**, *(Quím.)* Baño de arena. **Sand-blind**, corto de vista. **Sand-box**, 1. Salvadera (para echar arenilla sobre lo que se escribe). 2. Depósito de arena que se pone en una locomotora y sirve para echar arena delante de las ruedas e impedir que resbalen.

sand, *va.* Enarenar, cubrir o mezclar con arena.

sandal ['sændl] [san-dal], *s.* Sandalia.

sandalwood ['sændlwʊd] [san-dal-vud], *s.* Sándalo, árbol de la India, y su madera olorosa. **Red sandalwood o sanderswood**, madera de sándalo rojo.

sandbag ['sæn*d*bæg] [sand-bag], *s.* 1. Saco de arena. 2. Porra de arena.

sandbag, *v.* 1. Tapar u obstruir con sacos de arena. 2. Golpear con una porra de arena.

sandblast ['sæn*d*blɑːst] [sand-blast], *s.* Chorro de arena. *-va.* Limpiar paredes, etc.) mediante un chorro de arena.

sandbox-tree ['sæn*d*bɒksˌtriː] [sand-boks-tri], *s. (Bot.)* Hura, especie de nogal de América.

sand dune ['sæn*d*ˌdjuːn] [sand-diun], *s.* Duna.

sanded ['sændɪd] [san-did], *a.* 1. Arenoso, arenisco, lleno o cubierto de arena. 2. Color de arena; marcado con puntos menudos, pecoso.

sanders ['sændəz] [san-dars], *s. (Bot.)* sándalo. *V.* SANDALWOOD.

sandiness ['sændɪnɪs] [san-di-nes], *s.* 1. Naturaleza arenosa. 2. Rubio ardiente de la tez o cabellera.

sandiver ['sændɪvəʳ] [san-di-vaʳ], *s.* Anatrón, la sal y espuma del vidrio que se saca en las fábricas.

sandpaper ['sæn*d*ˌpeɪpəʳ] [sand-pei-paʳ], *s.* Papel de lija.

sandpiper ['sæn*d*'paɪpəʳ] [sand-pai-paʳ], *s.* Actitis o tringa, ave zancuda semejante a la agachadiza, que por lo común frencuenta las orillas del mar en las bandadas.

sandpit ['sæn*d*pɪt] [sand-pit], *s.* Arenal.

sandstone ['sæn*d*stəʊn] [sand-stoun], *s.* Piedra arenisca, roca que consta de granos de cuarzo.

sandstorm ['sæn*d*stɔːm] [sand-storm], *s.* Tormenta de arena.

sandwich ['sændwɪdʒ] [sand-uich], *s.* 1. Sandwich, emparedado. 2. Combinación de dos cosas iguales con una distinta en el medio. **Sandwich man**, individuo metido entre dos carteles anunciadores que ambula por las calles. *-va.* Colocar entre dos capas, intercalar.

sandy ['sændɪ] [san-di], *a.* 1. Arenoso, arenisco, abundante en arena, que consta o está cubierto de arena, de arena, o que la contiene. 2. Rufo, del color de la arena, rubio ardiente.

sane [seɪn] [sein], *a.* Sano de mente, que está en posesión de todas sus facultades mentales; que proviene de una mente sana.

saneness ['seɪnnɪs] [sein-nes], *s.* Sanidad del ánimo.

sang [sæŋ] [sang], *pret.* de TO SING.

sang, *s.* Instrumento chino de viento que contiene trece tubos.

sangaree ['sæŋgəriː] [san-ga-ri], *s.* Sangría, bebida que se compone de vino tinto, agua, azúcar, una raja de limón, etc.

sanguiferous ['sæŋgɪfərəs] [san-gui-fe-ros], *a.* Sanguífero, sanguificativo.

sanguifier ['sæŋgɪfaɪəʳ] [san-gui-faiaʳ], *s.* La cosa que se puede convertir en sangre por medio de la digestión y sanguificación.

sanguify ['sæŋgɪfaɪ] [san-gui-fai], *vn.* Sanguificar, criar sangre.

sanguinariness [ˌsæŋgɪ'nɛərɪnɪs] [san-gui-nea-ri-nes], *s.* Calidad de sanguinario.

sanguinary ['sæŋgɪnərɪ] [san-gui-na-ri], *a.* 1. Sanguinario, cruel, bárbaro, inhumano. 2. Sangriento.

sanguine ['sæŋgwɪn] [san-güin], *a.* 1. Sanguíneo, sanguino, de color de sangre. 2. Sanguíneo: se dice de uno de los temperamentos o complexiones. 3. Ardiente, violento, vehemente; atrevido, temerario, impetuoso; confiado, lleno de esperanza. *-s.* Color de sangre.

sanguinely ['sæŋgwɪnlɪ] [san-güin-li], *adv.* Ardientemente; confiadamente, con esperanzas de buen éxito.

sanguineness ['sæŋgwɪnnɪs] [san-güin-nes], *s.* 1. Estado o calidad del que está lleno de esperanza, confianza, ardor o arrojo; originalmente, temperamento sanguíneo. 2. Plenitud de sangre, plétora, color de sangre en la piel.

sanguineous ['sæŋgwɪnɪəs] [san-güi-nios], *a.* 1. Sanguino, que abunda en sangre o la aumenta y cría. 2. Sanguíneo, sanguino, que pertenece a la sangre, que constituye la sangre. 3. Encarnado, de color de sangre.

sanify ['sænɪfaɪ] [sa-ni-fai], *v.* Sanear, dar condiciones de salubridad.

sanious ['sænɪəs] [sa-nios], *a.* Purulento, sanioso, icoroso.

sanitarian [ˌsænɪ'tɛərɪən] [sa-ni-tea-rian], *a.* Sanitario, perteneciente a la salud pública o a las reglas de la higiene. *-s.* promovedor de una reforma sanitaria.

sanitarium [ˌsænɪ'tɛərɪəm] [sa-ni-tea-riom], *s. V.* SANATORIUM (2ª acep.)

sanitary ['sænɪtərɪ] [sa-ni-ta-ri], *a.* Sanitario, higiénico, relativo a la salud. **Sanitary napkin**, servilleta sanitaria, almohadilla higiénica.

sanitate ['sænɪteɪt] [sa-ni-teit], *v.* Higienizar, sanear.

sanitation [ˌsænɪ'teɪʃən] [sa-ni-tei-shon], *s.* Saneamiento, higiene.

sanity ['sænɪtɪ] [sa-ni-ti], *s.* Juicio sano, sentido común; sanidad, estado sano de la inteligencia, del espíritu y de la voluntad.

sanskrit, sanscrit ['sænskrɪt] [sans-krit], *s.* y *a.* Sánscrito, lengua sagrada del Indostán, que tiene gran afinidad con las principales de Europa.

Santa Claus [ˌsæntə'klɔːz] [san-ta-klos], *s.* Papá Noel, San Nicolás.

santon ['sæntən] [san-ton], *s.* Santón, monje o fraile turco. *(Esp.)*

sap [sæp] [sap], *s.* 1. Savia, el jugo o suco nutricio de los árboles y plantas. 2. *(Mil.)* Zapa, una especie de mina. 3. Vigor, vitalidad. 4. *(Fam.)* Dinero. 5. Tonto, bobo. *V. Sap-wood.* **Sap-green**, verde del jugo del ramno. **Sap-wood**, albura, alburno, la madera nueva próxima a la corteza de un árbol.

sap, *va.* 1. Zapar, minar una muralla o fortificación. 2. Minar, abrir camino por debajo de tierra. 3. Minar, procurar cautelosamente la ruina o destrucción de una cosa. *-vn.* Caminar por mina o debajo de tierra, obrar ocultamente o por bajo mano, introducirse furtiva y cautelosamente en alguna parte.

saphenous ['sæfɪnəs] [sa-fi-nos], *a.* *(Anat.)* Superficial, manifiesto, se dice de ciertas venas y nervios de la pierna.

sapid ['sæpɪd] [sa-pid], *a.* Sabroso, gustoso, deleitable al paladar.

sapidity, sapidness [sə'pɪdɪtɪ] [sa-pi-di-ti], *s.* Sabor, gusto, de los alimentos.

sapling ['sæplɪŋ] [sa-plin], *s.* Renuevo, árbol joven, de aquí, un joven, y en particular, cachorro de lebrel.

sapper ['sæpəʳ] [sa-paʳ], *s.* *(Mil.)* Zapador, el que zapa.

sapphic ['sæfɪk] [sa-fik], *a.* Sáfico, que se refiere a la poetisa griega Safo. *-s.* Sáfico, especie de verso.

sapphire ['sæfaɪəʳ] [sa-faiaʳ], *s.* 1. Zafir o zafiro, piedra precisa de color cerúleo, variedad dura y transparente del vorindón. 2. Color azul obscuro, cerúleo.

sappiness ['sæpɪnɪs] [sa-pi-nes], *s.* 1. El estado o la calidad de lo que abunda en savia, jugosidad. 2. Mentecatería, conducta pueril.

sappy ['sæpɪ] [sa-pi], *a.* 1. Que abunda en savia. 2. Jugoso, que abunda en jugos. 3. Inmaturo, mentecato, débilmente, sentimental, propenso a puerilidades.

saracen ['særəsən] [sa-ra-san], *s.* Sarraceno.

saracenic [ˌsærə'siːnɪk] [sa-ra-si-nik], *a.* Sarracénico, perteneciente a los sarracenos, moro.

sarcasm ['sɑːkæzəm] [sar-ka-sem], *s.* Sarcasmo, ironía acerba, burla o sátira picante (irony).

sarcastic [sɑː'kæstɪk] [sar-kas-tik], *a.* Sarcástico, mordaz, picante, irónico.

sarcastically [sɑː'kæstɪkəlɪ] [sar-kas-ti-ka-li], *adv.* Mordazmente, sarcásticamente.

sarcel ['sɑːsl] [sar-sel], *s.* Una de las plumas del alón de cualquier ave, y particularmente del halcón.

sarcenet ['sɑːsnɪt] [sars-nit], *s. V.* SARSENET.

sarcologic [ˌsɑːkə'lɒdʒɪk] [sar-ko-lo-yik], *a.* Sarcológico, referente a la sarcología.

sarcology ['sɑːkəlɒdʒɪ] [sar-ko-lo-yi], *s.* Sarcología, la parte de la anatomía que trata de las partes blandas.

sarcoma [sɑː'kəʊmə] [sar-kou-ma], *s.* Sarcoma, tumor o excrecencia que se cría en alguna parte del cuerpo sin cambio de color; frecuentemente es maligno.

sarcophagous [sɑː'kɔfəgəs] [sar-ko-fa-gos], *a.* Carnívoro: se dice del animal que se mantine de carne.

sardine [sɑː'diːn] [sar-din], *s.* Sardio, especie de cornerina, se considera y emplea como piedra preciosa.

sardinian [sɑː'diːnɪən] [sar-di-nian], *a.* Sardo, de Cerdeña.

sardonic [sɑː'dɒnɪk] [sar-do-nik], *s.* 1. Sardónico, insincero y burlón; burlador. 2. Antiguamente, forzado, no natural (risa). **Sardonic laughter**, risa sardónica.

sardonyx [sɑː'dɒnɪks] [sar-do-niks], *s.* Sardónice, piedra preciosa, sardonio, sardónique o sardónix, variedad de ónice que consta de capas de calcedonia de colores claros, alternadas con capas rojizas de cornerina.

sarrasin ['sɑːrəsiːn] [sa-ra-sin], *s.* Rastrillo de defensa. *V.* PORTCULLIS.

sarsaparilla [ˌsɑːsəpə'rɪlə] [sar-sa-pa-ri-la], *s.* *(Bot.)* Zarzaparrilla.

sarsenet, sarsnet ['sɑːsnɪt] [sars-nit], *s.* Tafetán de Florencia, especie de tela delgada de seda que se emplea para forros.

sartorial [sɑː'tɔːrɪəl] [sar-to-rial], *a.* Sartorio, de sastre; perteneciente a un sastre.

sash [sæʃ] [sash], *va.* Poner una banda o ceñidor a una persona.

sash, *s.* 1. Banda o faja de seda que usan los oficiales militares, ya terciada, ya ceñida; cíngulo, cinturón, ceñidor, cinto. 2. Bastidor o marco de ventana, o vidriera; vidriera corrediza, la que se sube y baja con poleas y cuerdas. 3. Chal largo y muy angosto.

sassafras ['sæsəfræs] [sa-sa-fras], *s.* *(Bot.)* Sasafrás, árbol americano de las lauráceas.

sat ['sæt] [sat], *pret.* y *pp.* del verbo *TO* SIT.

satan ['seɪtn] [sei-tan], *s.* Satanás, el diablo, el feje de los ángeles caídos.

satanic [sə'tænɪk] [sa-ta-nik], *a.* Satáncio, diabólico, infernal.

satanically [sə'tænɪkəlɪ] [sa-ta-ni-ka-li], *adv.* Diabólicamente, satánicamente.

satchel ['sætʃəl] [sa-chal], *s.* Burjaca o bursaca; mochila, bolsa, maletilla, saco de mano.

sate [seɪt] [seit], *va.* hartar, saciar a uno de comida. *V.* SATIATE.

sateen [sæ'tiːn] [sa-tin], *s.* Rasete, cierta tela lustrosa de algodón y a veces de estambre.

satellite ['sætəlaɪt] [sa-te-lait], *s.* 1. *(Astr.)* Satélite. **Man-made satellite**, satélite artificial. 2. Satélite, subalterno obsequioso, persona que asiste o acompaña a otra que se halla en el poder.

satiable ['seɪʃəbl] [sei-sha-bol], *a.* Saciable, que puede saciarse.

satiate ['seɪʃɪeɪt] [sei-shieit], *va.* 1. Saciar, hartar, llenar, satisfacer completamente los deseos y pasiones. 2. Saturar, colmar, sobrecargar, sobrellenar. *-vn.* Hartarse, saciarse.

satiate, *a.* Harto, saciado, satisfecho, saturado (satisfied).

satiation [ˌseɪʃɪ'eɪʃən] [sei-shiei-shon], *s.* Hartazgo, el acto y efecto de hartarse o saciarse; saciedad.

satiety ['seɪʃɪətɪ] [sei-shia-ti], *s.* Saciedad, hartura, plenitud que sobrepasa los deseos, repleción.

satin ['sætɪn] [sa-tin], *s.* Raso, tela de seda lustrosa, tupida y suave. **Satin-bird,** pájaro muy vistoso de Australia. **Satin-damask**, raso con rico dibujo de flores o arabescos, lisos o en relieve. **Satin-flower**, lunaria, planta y su flor.

satinet ['sætɪnɪt] [sa-ti-nit], *s.* 1. Satinete, especie de tela fuerte de lana y algodón. 2. Rasete, especie de raso delgado.

satinwood ['sætɪnwʊd] [sa-tin-wud], *s.* Palo águila, madera dura y lustrosa, una de varias maderas de las Indias orientales y occidentales que se emplean en la ebanistería.

satiny ['sætɪnɪ] [sa-ti-ni], *a.* Arrasado, parecido al raso o propio de él.

satire ['sætaɪə^r] [sa-taia^r], *s.* 1. Sátira, obra en que se motejan las costumbres, vicios, etc. 2. Sátira, cualquier dicho agudo, picante y mordaz.

satiric [sə'tɪrɪk] [sa-ti-rik], *a.* Satírico, que contiene una sátira; de la naturaleza de la sátira.

satirically [sə'tɪrɪkəlɪ] [sa-ti-ri-ka-li], *adv.* Satíricamente.

satirist ['sætərɪst] [sa-ti-rist], *s.* Escritor de sátiras, autor satírico.

satirize ['sætɪraɪz] [sa-ti-rais], *va.* Satirizar, motejar con sátiras, escribir sátiras.

satisfaction [ˌsætɪs'fækʃən] [sa-tis-fak-shon], *s.* 1. Satisfacción, contento, cumplimiento del deseo o gusto. 2. Satisfacción, recompensa o reparación por algún delito, agravio o injuria. 3. Lo que satisface o recompensa, razón compensación; pago (de una deuda o cuenta). **In full satisfacion of a debt, of a demand**, en pago final de una deuda, en saldo de una cuenta.

satisfactorily [ˌsætɪs'fæktərɪlɪ] [sa-tis-fak-to-ri-li], *adv.* Satisfactoriamente, suficientemente; de una manera satisfactoria o convincente.

satisfactoriness [ˌsætɪs'fæktərɪnɪs] [sa-tis-fak-to-ri-nes], *s.* Calidad de satisfactorio.

satisfactory [ˌsætɪs'fæktərɪ] [sa-tis-fak-to-ri], *a.* 1. Satisfactorio, que da o produce satisfacción o contento, expiatorio; suficiente. 2. Expiatorio.

satisfy ['sætɪsfaɪ] [sa-tis-fai], *va.* 1. Satisfacer, saciar un gusto o una pasión, contentar. 2. Satisfacer, sosegar las pasiones de ánimo. 3. Satisfacer, recompensar, resarcir, pagar. 4. Satisfacer, dar solución a alguna duda o dificultad. *-vn.* Satisfacer, dar satisfacción a.

saturable ['sætʃəreɪbl] [sa-cha-rei-bol], *a.* Saturable, capaz de saturación.

saturate ['sætʃəreɪt] [sa-cha-reit], *va.* 1. *(Quím.)* Saturar, echar en un líquido toda la cantidad de un sólido que puede disolverse en él. 2. Empapar, mojar; imbuir, inculcar completamente; llenar al extremo.

saturation [ˌsætʃə'reɪʃən] [sa-cha-rei-shon], *s.* Saturación.

Saturday ['sætədɪ] [sa-te-di], *s.* Sábado.

Saturn ['sætən] [sa-tarn], *s.* 1. Saturno (planet). 2. Saturno, una de las divinidades latinas.

saturnalia [ˌsætə'neɪlɪə] [sa-tar-nei-lia], *s.* 1. Saturnales, fiestas en honor del dios Saturno. 2. Epoca o escenas de licenciar y desorden.

saturnian ['sætənɪən] [sa-tar-nian], *a.* 1. Saturnal, feliz, dichoso, perteneciente a la edad dorada. 2. Saturnal, perteneciente al planeta Saturno.

saturnine ['sætənaɪn] [sa-tar-nain], *a.* 1. Saturnino, bajo la influencia del planeta Saturno, melancólico, triste, silencioso, poco sociable. 2. *(Ant. Quím.)* Plomizo, perteneciente al plomo. **Saturnine poisoning**, envenenamiento por el plomo.

satyr ['sætə^r] [sa-ta^r], *s.* 1. Sátiro, divinidad mitológica de los bosques, con orejas semejantes a las de la cabra. 2. Persona muy lasciva.

sauce [sɔːs] [sos], *s.* 1. Salsa, mezcla de varias cosas desleídas para condimentar los guisados. 2. Plato hecho con pulpa de frutas cocida ligeramente con azúcar. 3. *(Fam.)* lenguaje impertinente o impudente. **Sauce-boat, sauce-dish**, salsera.

sauce, *va.* 1. Condimentar, sazonar. 2. *(Fam.)* Ser impertinente; decir desvergüenzas, insolencias.

saucebox ['sɔːsbɒks] [sos-boks], *s.* El muchacho o persona desvergonzada y atrevida.

saucepan ['sɔːspən] [sos-pan], *s.* Cacerola, cazo pequeño con un mango largo para hacer salsas y otros guisos.

saucer ['sɔːsə^r] [so-sa^r], *s.* 1. Platillo. 2. Platillo usado para servir las confituras, frutas, etc.; salsera. 3. *(Mar.)* Parte que recibe el espigón del cabrestante.

saucily ['sɔːsɪlɪ] [so-si-li], *adv.* Descaradamente, desvergonzadamente, con impudencia o insolencia.

sauciness ['sɔːsɪnɪs] [so-si-nes], *s.* Descaro, insolencia, impudencia, desvergüenza.

saucisse ['sɔːsɪs] [so-sis], *s.* *(Art.)* Salchicha, saco embetunado y lleno de pólvora para dar fuego a una mina *(Fr.)*.

saucy ['sɔːsɪ] [so-si], *a.* Descarado, atrevido, desvergonzado, insolente, impudente (insolent).

sauerkraut ['saʊəkraʊt] [saua-kraut], *s.* Col ácida, preparación alemana de col desmenuzada, sazonada con sal y fermentada bajo presión.

sauna ['sɔːnə] [so-na], *sf.* Sauna.

saunders ['sɔːndəz] [son-ders], *s.* Plato de carne picada y puré de patatas.

saunter ['sɔːntə^r] [son-ta^r], *vn.* Vagar, andar ocioso, despacio y sin objeto; de aquí, haraganear.

sauntering ['sɔːntərɪŋ] [son-te-rin], *s.* Vagancia, acción de vagar ocioso.

saurian ['sɔːrɪən] [so-rian], *a.* Saurio, parecido a un lagarto. *-s. pl.* Saurios, los reptiles conocidos con el nombre de lagartos.

sausage ['sɒsɪdʒ] [so-sich], *s.* 1. Salchicha, chorizo, longaniza. 2. Cierto globo cautivo de observación. 3. Alemán. **Large sausage**, salchichón. *(Prov.)* Butifarra.

sauté ['səʊteɪ] [sou-tei], *a.* Salteado.

savable, saveable ['sævəbl] [sa-va-bol], *a.* Conservable, salvable, que se puede salvar o conservar.

savage ['sævɪdʒ] [sa-vich], *a.* 1. Salvaje, que no está domesticado, silvestre, feroz, bárbaro, inculto. 2. Salvaje, no civilizado, que vive de una manera ruda o primitiva. 3. Feroz, cruel, enfurecido. 4. (Poco us.) Inculto, inhabitado, alejado de las habitaciones humanas. *-s.* Salvaje, el hombre bárbaro o inculto.

savagely ['sævɪdʒlɪ] [sa-vich-li], *adv.* Bárbaramente, cruelmente, inhumanamente.

savageness ['sævɪdʒnɪs] [sa-vich-nes], *s.* Salvajez; barbarie, ferocidad, crueldad.

savanna [sə'vænə] [sa-va-na], *s.* Sabana, campo grande cubierto de hierbas, y por extensión cualquier pradera muy extensa sin árboles.

savant ['sævənt] [sa-vant], *s.* Sabio, persona erudita.

save [seɪv] [seiv], *va.* 1. Salvar, librar de algún riesgo o peligro, poner en seguro; guardar, conservar (to keep). 2. Ahorrar, excusar algo del gasto; economizar, conservar las cosas no gastándolas con profusión. 3. Salvar, dar la bienaventuranza eterna. 4. Salvar, evitar algún inconveniente, obstáculo o riesgo. 5. Aprovecharse, tomar o emplear a propósito, en tiempo oportuno. 6. Ahorrar, evitar, excusar penas, trabajos, molestias, etc. 7. Reservar, proteger, eximir. 8. **To save up,** ahorrar dinero. **To save quarrels**, impedir o prevenir las contiendas. **To save harmless**, sanear, indemnizar. **God save the king!** ¡Dios salve al rey! ¡Viva el rey! **To save oneself the trouble**, ahorrarse la molestia o el trabajo. **To save appearances**, guardar las apariencias.

save, *prep.* Salvo, excepto, menos, a excepción de. *-conj.* Sino, a menos que, si no es más que.

saveable ['seɪvəbl] [sei-va-bol], *a.* 1. Salvable. 2. Guardable, conservable.

saver ['seɪvə^r] [sei-va^r], *s.* Libertador; el que guarda, ahorra o economiza. **Saver life**, salvavidas.

saving ['seɪvɪŋ] [sei-vin], *a.* 1. Ahorrativo, frugal, económico; que no hace gastos inútiles, que no es pródigo (thrifty). 2. Salvador, que salva. 3. Sin pérdida, ni ganacia. 4. Calificativo, que hace excepción o reserva. **A saving clause**, cláusula que contiene una salvedad o reserva. *-s.* 1. Economía, ahorro, el acto de ahorrar o lo que se ahorra. 2. Excepción en favor de una cosa. 3. *pl.* Ahorros. **Savings account**, cuenta de ahorros. **Savings bank**, banco de ahorros, caja de ahorros. *-prep.* Con excepción de fuera de, excepto. **Saving your reverence**, con perdón de usted.

savingly ['seɪvɪŋlɪ] [sei-vin-li], *adv.* Económicamente, parcamente.

savingness ['seɪvɪŋnɪs] [sei-vin-nes], *s.* Ahorro, economía, frugalidad.

savior, saviour ['seɪvjə^r] [sei-via^r], *s.* Salvador, el Redentor del género humano.

savoir-faire ['sævwɑː'fɛəʳ] [sa-vua-feʳ], *s.* Don de gentes.
savor, savour ['seɪvəʳ] [sei-vaʳ], *s.* 1. Sabor, gusto, olor, perfume u olor y sabor combinados. 2. Sabor, calidad aproximada o carácter determinado.
savor, savour, *va.* 1. Saborear, dar sabor gusto. 2. *(Ant.)* Tener gusto *a.* -*vn.* 1. Saber, tener sabor perceptible al gusto. 2. Oler, exhalar algún olor. 3. Tener sabor u olor a alguna cosa (con *of*); manifestar una calidad determinada. En este último sentido se usa casi siempre moralmente hablando. **Words savoring of pride** , palabras de orgulloso dejo.
savorily ['seɪvərɪlɪ] [sei-va-ri-li], *adv.* Con gusto, sabrosamente.
savoriness ['seɪvərɪnɪs] [sei-va-ri-nes], *s.* Paladar, fragancia.
savory ['seɪvərɪ] [sei-va-ri], *s. (Bot.)* Ajedrea.
savory, savoury, *a.* Sabroso, fragante, aperitivo, agradable.
savoy [sə'vɔɪ] [sa-voi], *s. (Bot.)* Variedad de col o berza con hojas arrugadas.
saw [sɔː] [so], *s.* 1. Sierra, serrucho, instrumento para aserrar. **Hand-saw**, sierra o serrucho de mano. **Pil-saw o whip-saw**, serrucho, sierra grande con dos asideros. **Tenon-saw**, sierra de ingletes. 2. Refrán, proverbio, sentencia. **Band saw**, sierra continua (de hoja sin fin). **Cross-cut saw**, sierra de trozar. **Fret saw**, sierra de calar. **Compass o keyhole saw**, sierra de rodear, de punta, para abrir bocallaves. **Jig saw**, sierra de vaivén. **Sawbuck**, *(E. U.)* Caballete de aserrador con extremos en forma de X. **Saw-blade**, hoja de sierra. **Saw-fly**, mosca de sierra, tentredo, insecto himenóptero, cuya hembra con su largo ovipositor penetra las plantas y la madera blanda y deposita sus huevos en la incisión. **Saw-set**, trabador, triscador, instrumento para triscar los dientes de una sierra.
saw, pret. del verbo *TO* SEE.
saw, *va.* (*pp.* SAWED y SAWN). Serrar, aserrar. -*vn.* 1. Ser cortado o capaz de ser cortado con una sierra. 2. Usar una sierra, ejecutar movimientos como los del que maneja una sierra. 3. *(Fam.)* Tocar el violín.
sawbones ['sɔːbəʊnz] [so-bouns], *s. (Fam.)* Cirujano.
sawdust ['sɔːdʌst] [so-dast], *s.* Aserraduras, serrín.
sawfish ['sɔːfɪʃ] [so-fish], *s.* Priste, pez marino del orden de los selacios.
sawmill ['sɔːmɪl] [so-mil], *s.* Molino de aserrar.
sawn ['sɔːn] [son], *pp. irr.* de SAW. Aserrado.
sawpit ['sɔpɪt] [so-pit], *s.* Aserradero.
saw-wort ['sɔːwɔːt] [so-uort], *s. (Bot.)* Serrátula.
saw-wrest ['sɔːwrest] [so-rest], *s.* Triscador. *V.* **Saw-set**, en SAW.
sawyer ['sɔːjəʳ] [so-yaʳ], *s.* 1. Aserrador, serrador o más bien chiquichaque, el aserrador de piezas grandes. 2. *(E. U.)* Árbol que ha caído en un río. *V.* SNAG. **Sawhorse o trestle,**, caballete de aserrador.
sax [sæks] [saks], *s.* Hachuela de pizarrero.
saxhorn ['sækshɔːn] [saks-jorn], *s. (Mús.)* Bombardino.
saxifrage ['sæksɪfrɪdʒ] [sak-si-frich], *s. (Bot.)* Saxigraga, género de plantas.
saxon ['sæksn] [sak-son], *a.* Sajón, de Sajonia, perteneciente a los sajones o a su lengua. -*s.* 1. Sajón, sajona, habitante de Sajonia. 2. Lengua sajona. 3. Anglosajón, aquel cuya lengua, materna es el inglés.
saxophone ['sæksəfəʊn] [sak-so-foun], *s.* Saxofono, instrumento con embocadura semejante a la del clarinete y unas 20 llaves.
say [seɪ] [sei], *s.* 1. Habla, la locución o palabras que se hablan, discurso, afirmación: lo que uno ha dicho o tiene que decir. 2. Derecho o turno de hablar o elegir. 3. **The say**, la última palabra, la autoridad decisiva. **To have a say in the affair**, tener voz en el asunto.
say, *va.* (*pret.* y *pp.* SAID). 1. Decir, hablar, pronunciar alguna cosa; recitar, repetir (talk, tell, speak). 2. Decir, alegar, afirmar. 3. Suponer, presumir como probable o verdadero o como hipótesis provisonal. **To say over again**, volver a decir, repetir o decir segunda vez. **That is to say**, esto es decir o quiere decir. **I have something to say to you**, tengo que hablar con Ud. **No sooner said than done**, dicho y hecho. **To say a lesson**, recitar una lección. **My watch says quarter past twelve**, mi reloj señala las doce y cuarto. **It is said, they say**, se dice, dicen. -*vn.* Decir, hacer una aserción. **To say on**, continuar hablando. **I say!** ¡Hola! ¡escucha, oye! **All he could say for himself**, todo lo que pude decir o alegar en su favor.
saying ['seɪɪŋ] [seiin], *s.* Dicho, lo que se dice; aserto, relato, adagio, sentencia, proverbio (proverb, sentence, expression). **An old saying**, refrán antiguo. **As the saying is**, como se dice, como dijo el otro.
scab [skæb] [skab], *s.* 1. Costra de una herida o úlcera. 2. Roña, especie de sarna que padecen las bestias. 3. Sarnoso, roñoso; apodo que se da al hombre ruin; de aquí (recent). 2. Despreciativamente, obrero que no pertenece a un gremio, o que no quiere hacer causa común con él, esquirol.
scab, *vn.* Criar costra sobre una llaga o herida.
scabbard ['skæbəd] [ska-bard], *s.* 1. Vaina de espada. 2. Funda de botón; toda cobertura.
scabbed ['skæbd] [skabd], **scabby** ['skæbɪ] [ska-bi], *a.* 1. Cubierto de costras, costroso. 2. Sarnoso, roñoso. 3. Vil, despreciable, ruin.
scabbiness ['skæbɪnɪs] [ska-bi-nes], *s.* La calidad de ser costroso, roñoso o sarnoso y el estado del que padece costras o roña.
scabies ['skeɪbiːz] [skei-bis], *s.* Sarna. *V.* ITCH.
scabious ['skæbɪəs] [ska-bios], *a.* Sarnoso. -*s. (Bot.)* Escabiosa, planta del género Scabiosa, de la familia de las dipsáceas.
scabrous ['skæbrəs] [ska-bros], *a.* Escabroso, desigual, áspero.
scabrousness ['skæbrəsnɪs] [ska-bros-nes], *s.* 1. Escabrosidad. 2. Aspereza, rugosidad. 3. Dificultad.
scabwort ['skæbwɔːt] [skab-uort], *s. (Bot.)* Enula campana. *V.* ELECAMPANE.
scad ['skæd] [skad], *s.* 1. Escombro, pez. *V.* HORSE-MACKEREL. 2. Alosa, sábalo.
scaffold ['skæfəld] [ska-fold], *s.* 1. Andamio para sostener a los obreros o los materiales, v. g. en la construcción de un edificio. 2. Cadalso para ejecutar a un reo; patíbulo. 3. Tablado, andamio para un espectáculo o fiesta.
scaffold, *va.* 1. Construir tablados, instalar o poner andamios. 2. Entablar, tener los cadáveres sobre una especie de andamio, como hacen ciertas tribus indias.
scaffolding ['skæfəldɪŋ] [ska-fol-din], *s.* 1. Construcción temporal de tablados o andamios; material para andamios. 2. Armazón, bastidor de apoyo, sostén, particularmente en embriología.
scaglia ['skæglɪə] [ska-glia], *s.* Piedra caliza italiana que corresponde a la greda de Inglaterra.
scalable ['skæləbl] [ska-la-bol], *a.* Que se puede escalar.
scalar ['skæləʳ] [ska-laʳ], *a.* Escalar.
scalawag ['skæləwæg] [ska-la-uag], *s.* 1. *(Ger. E.U.)* Tuno, bribón. 2. Animal inferior o sin valor, res raquítica. 3. *(E. U.)* Republicano del sur, después de la guerra de Secesión.
scald [skɔːld] [skold], *va.* 1. Escaldar, quemar con algún líquido, hirviendo o caliente. 2. Coger ligeramente en un líquido muy caliente. 3. Limpiar con agua muy caliente.
scald, *s.* 1. Quemadura, escaldadura, lesión de la piel y de la carne causada por un líquido hirviente. 2. Quema, acción de escaldar.
scald, *s. V.* SCALL.
scald, *a.* Tiñoso; vil, ruin, miserable.
scaldhead ['skɔːldhed] [skold-jed], *s.* Tiña, especie de lepra.
scale [skeɪl] [skeil], *s.* 1. Platillo de balanza y también la balanza misma. 2. Libra, un signo del zodíaco. 3. Escama (de peces y de reptiles). 4. Escama, costrita de la piel; formación parecida a una escama, p. ej. en las alas de las mariposas. 5. Costra, costrita. 6. *(Bot.)* Escama, hoja abortada o rudimentaria cuyo color varía mucho. 7. Incrustación en las calderas; chispa, revestimiento de óxido que se forma sobre el hierro calentado. 8. Lámina pequeña de algún metal;

laminita o plancha, hoja o capa muy pequeña de alguna cosa. 9. Escala, escalera portátil; escalón. 10. Escalada. 11. *(Mat.)* Escala o pitipié, línea dividida en partes iguales; escala, instrumento o medida matemática; escala de un mapa. 12. *(Mús.)* Gama. 13. Graduación regular, división de una cosa en grados. **Pair of scales**, peso de cruz. **Money-scales**, pesilla para pesar el oro y la plata. **Scale-beam**, astil o brazo de balanza. **Scales of iron**, las chispas que salen del hierro blando, cuando se le martilla. **Scale-insect**, cualquiera de los insectos cocidos, o pulgón de la corteza. **Scale-pan**, platillo de balanza. **On a large scale**, en gran escala, en grande. **On a small scale**, en pequeña escala, en pequeño.

scale, *va.* 1. Escamar, quitar las escamas; descortezar. 2. Quitar el cardenillo a los metales. 3. Cercenar, escatimar. 4. Cubrir con escamas. 5. Incrustar. *-vn.* Descostrarse; separarse en hojas o láminas delgadas; incrustarse.

scale, *va.* 1. Escalar, subir, encaramarse. 2. Medir por escala, hacer un dibujo por escala. 3. Reducir (wages, salary) según una escala. 4. Balancear, averiguar el peso por medio de balanzas; comparar, pesar, igualar. *-vn.* Servir como escalera.

scaled ['skeɪlɪd] [skei-lid], *pa.* 1. Escamado, que tiene quitadas las escamas. 2. Escamoso, que tiene escamas. 3. Subido, escalado.

scaling ['skeɪlɪŋ] [skei-lin], *s.* 1. Escamadura, la acción de escamar. 2. Escalada, la acción de escalar una fortaleza. 3. Medición por escala. 4. Disposición en escamas, imbricación. **Scaling-ladders**, escalas de sitio. *-pa.* de TO SCALE.

scall ['skɔːl] [skol], *s.* Tiña, erupción cutánea pustolosa, a menudo epidémica entre los niños; erupción costrosa o escamosa.

scalled ['skɔːld] [skold], *a.* Tiñoso, que padece tiña; costroso.

scallion ['skæljən] [ska-lion], *s.* *(Bot.)* Ascalonia, cebolleta.

scallop ['skɒləp] [sko-lop], *s.* 1. Peine, molusco bivalvo, pechina. 2. Venera, concha que llevaban como señal los romeros. 3. Recortadura, festón semicircular, recorte, onda.

scallop, *va.* 1. Festonear, hacer cortaduras en forma de dientes o festones. 2. Asar ostras, cocerlas en su concha.

scalp ['skɔːlp] [skolp], *s.* Cuero cabelludo.

scalp, *va.* 1. Levantar los tegumentos que cubren el cráneo. 2. *(Fam.)* Comprar y vender a precios reducidos (v. g. billetes de ferrocarril). 3. *(E. U.)* Privar a alguien de su cargo político.

scalpel ['skɔːlpəl] [skol-pel], *s.* Escalpelo; bisturí, instrumento de hoja fina y aguda empleado en cirugía y en las disecciones.

scalping ['skɔːlpɪŋ] [skol-pin], *s.* Acción de arrancar la piel del cráneo, como hacen los salvajes con los enemigos vencidos. **Scalping-knife**, cuchillo que se usa para levantar los tegumentos del cráneo dejándoles pendientes los cabellos.

scaly ['skɔːlɪ] [sko-li], *a.* 1. Escamoso, escamudo; que está cubierto de escamas; de la naturaleza de una escama. 2. Incrustado (caldera). 3. *(Fam.)* Vil, ruin, deshonrado.

scamp [skæmp] [skamp], *s.* Bribón, tuno, pícaro; originalmente, vagabundo, fugitivo.

scamper ['skæmpəʳ] [skam-paʳ], *vn.* Escaparse de prisa, huir, poner pies en polvorosa. *-s.* 1. Fuga, huída precipitada. 2. Chapucero, frangollón.

scan [skæn] [skan], *va.* 1. Escudriñar, examinar cuidadosamente. 2. Escandir, medir las sílabas o los pies que tiene un verso; leer versos marcando los pies que tienen.

scandal ['skændl] [skan-dal], *s.* 1. Escándalo (disturbance); difamación, maledicencia. 2. Oprobio, ignominia, mancha, infamia, causada por conducta deshonorosa o vergonzosa; baldón, caída. **Scandal-bearer, scandal-monger**, murmurador, detractor, el que va de una a otra parte diciendo mal de los demás.

scandalize ['skændəlaɪz] [skan-da-lais], *va.* 1. Difamar; acusar falsamente. 2. Escandalizar, causar escándalo.

scandalous ['skændələs] [skan-da-los], *a.* Escandaloso; vergonzoso, infame; chocante, ofensivo, calumnioso, difamatorio.

scandalously ['skændələslɪ] [skan-da-los-li], *adv.* Ignominiosamente; escandalosamente; de una manera difamante.

scandalousness ['skændələsnɪs] [skan-da-los-nes], *s.* Calidad de escandaloso u ofensivo, carácter escandaloso.

scandent ['skændənt] [skan-dent], *a.* Trepador; que trepa, o que sirve para trepar.

Scandinavian [ˌskændɪ'neɪvɪən] [skan-di-nei-vian], *a.* y *s.* Escandinavo, lo perteneciente a la Escandinavia; el natural de este país, o su lengua.

scanner ['skænəʳ] [ska-naʳ], *s.* Escáner *(Inform., Med)*; Antena giratoria (Radar).

scanning ['skænɪŋ] [ska-nin], *s.* Acción de escandir versos.

scansion ['skænʃən] [skan-shon], *s.* La medida de los versos por sus pies, escansión.

scansorial ['skænʃɔːrɪəl] [skan-sho-rial], *a.* Trepador, que trepa; apto para trepar, que tiene la costumbre de trepar.

scant ['skænt] [skant], *va.* Escasear, cercenar, limitar la provisión de algo; de aquí, dar de mala gana o insuficientemente, estrechar, dar escasa ración, acortar los gajes o los alimentos. *-vn.* *(Mar.)* Bajar en fuerza, caer, disminuirse; también, cambiar a una dirección menos favorable.

scant, *a.* Escaso, parco, apenas suficiente; corto, limitado; angosto, estrecho; insuficientemente provisto de alguna cosa. **Scant of**, corto de, insuficientemente provisto de.

scantily ['skæntɪlɪ] [skan-ti-li], *adv.* Escasamente, parcamente, estrechamente, a duras penas; insuficientemente.

scantiness ['skæntɪnɪs] [skan-ti-nes], *s.* Estrechez, angostura y corta capacidad; escasez, rareza de una cosa; falta de espacio, de extensión; proporciones estrechas, restringidas, exigüidad, insuficiencia.

scantly, *adv.* *(Ant.)* *V.* SCANTILY.

scantness ['skæntnɪs] [skant-nes], *s.* *V.* SCANTINESS.

scanty ['skæntɪ] [skan-ti], *a.* 1. Corto, estrecho, pequeño, falto de extensión. 2. Limitado en número o cantidad, escaso. 3. Económico, que ahorra. 3. Mezquino, cicatero.

scape ['skeɪp] [skeip], *s.* 1. *(Bot.)* Bohordo, tallo herbáceo radical que no tiene hojas. 2. *(Ento.)* Parte semejante a un tallo cerca de la base, p. ej. de una antena. 3. *(Orn.)* Cañón entero de una pluma. 4. Fuste de una columna. 5. El grito de una agachadiza asustada.

scape-goat ['skeɪpgəʊt] [skeip-gout], *s.* 1. El chivo que los judíos acostumbraban a poner en libertad en la fiesta de la expiación. 2. Persona obligada a sufrir por las culpas de otras.

scapegrace ['skeɪpgreɪs] [skeip-greis], *s.* Persona incorregible; pícaro, travieso, bribón.

scapement ['skeɪpmənt] [skeip-ment], *s.* En relojería, escape. *V.* ESCAPEMENT.

scapula ['skæpjʊlə] [ska-piu-la], *s.* Escápula, omoplato, hueso de la espaldilla.

scapular ['skæpjʊləʳ] [ska-piu-laʳ], *a.* Escapular, que pertenece a la escápula. *-s.* 1. Escapulario. 2. *(Cir.)* Vendaje para el omoplato.

scar [skɑːʳ] [skaʳ], *s.* 1. Cicatriz, chirlo, señal que queda después de curada una herida o llaga. 2. Toda marca o señal que resulta de una lesión. 3. *(Ict.)* Escaro. 4. Roca pelada, peñasco. 5. Parte desnuda de una ladera.

scar, *va.* Hacer alguna herida o cicatriz en el cuerpo.

scarab ['skærəb] [ska-rab], **scarabee**, *s.* Escarabajo sagrado, ateuco, insecto coleóptero al que daban culto los antiguos egipcios. (Ateuchus sacer.)

scarabæid ['skærəb] [ska-rab], *a.* y *s.* Escarabídeo, perteneciente o parecido al escarabajo.

scaramouch ['skærəmuːʃ] [ska-ra-mush], *s.* Botarga, bufón, fanfarrón (bragging, swaggering).

scarce ['skɑːrs] [skars], *a.* 1. Raro, que no es abundante. 2. Escaso, que se encuentra o halla pocas veces; que no sucede a menudo; que escasea con relación a la demanda. **Money is scarce**, el dinero anda escaso. **To make oneself scarce,** no dejarse ver mucho.

scarcely ['skɑːrslɪ] [skars-li], *adv.* Apenas, con dificultad, no bien, luego que.

scarceness ['skɑːrsnɪs] [skars-nes], **scarcity** ['skɑːrsɪtɪ] [skar-si-ti], *s.* Carestía, penuria, escasez; rareza, raridad.

scare ['skɛəʳ] [skeaʳ], *va.* Espantar, causar miedo o espanto; amedrentar, intimidar. **To scare away**, espantar o ahuyentar la caza, los pájaros, etc.

scarecrow ['skɛəkraʊ] [skea-krau], *s.* 1. Espantajo, maniquí para espantar los cuervos y otras aves. 2. Lo que da miedo. 3. Espantajo, esperpento, persona estrafalaria o desgalichada.

scaremonger ['skɛəmɒŋgəʳ] [skea-mon-gaʳ], *s.* Propagador de noticias alarmantes.

scarf [skɑːf] [skarf], *s.* 1. Banda, cuando pasa del hombro al costado; faja, cuando ciñe la cintura. 2. Corbata, corbata ya preparada y colgante. 3. **Scarf o scarf-joint**, *(Carp.)* ensamblaje, ensambladura, de dos piezas de madera; uno de los maderos cortados para ensamblarlo.

scarf, *va.* 1. Ensamblar, unir varias piezas de madera entre sí para formar una obra. 2. Adornar con una banda; terciar, poner en banda. 3. Envolver, cubrir, adornar.

scarface ['skɑːfeɪs] [skar-feis], *s.* Caracortada.

scarfing ['skɑːfɪŋ] [skar-fin], *s.* Acción de ensamblar; ensambladura, encabezadura, empalme.

scarfskin ['skɑːfskɪn] [skarf-skin], *s.* Cutícula, epidermis.

scarification [ˌskɛərɪfɪ'keɪʃən] [skea-ri-fi-kei-shon], *s.* Escarficación, sajadura, el acto de escarificar y las ligeras incisiones que produce esa operación.

scarificator [ˌskɛərɪfɪ'keɪtəʳ] [skea-ri-fi-kei-taʳ], *s.* Escarificador, instrumento con varias puntas aceradas o lancetas, que se usa para escarificar.

scarifier ['skɛərɪfaɪəʳ] [skea-ri-faiaʳ], *s.* 1. Sajador, escarificador, el que escarifica. 2. *V.* SCARIFICATOR. 3. Especie de cultivadora.

scarify ['skɛərɪfaɪ] [skea-ri-fai], *va.* 1. Escarificar, hacer incisiones en la piel, sirviéndose del escarificador, de una lanceta o de un bisturí; sajar. 2. Revolver la superficie del terreno. 3. *(Fig.)* Criticar severamente; satirizar de una manera mordaz. 4. Hacer cortes en la corteza de un árbol.

scarious, scariose ['skɛərɪəs] [skea-rios], *a.* *(Bot.)* Escarioso; seco, delgado, membranáceo y no verde.

scarlatina [ˌskɑːlə'tiːnə] [ska-la-ti-na], *s.* Escarlatina.

scarless ['skɑːlɪs] [skar-les], *a.* Sin cicatrices; ileso.

scarlet ['skɑːlɪt] [skar-lit], *s.* Escarlata, grana, color fino encarnado vivo que tiende a anaranjado, y el paño teñido del mismo color. **Scarlet-oak**, *(Bot.)* coscoja. *-a.* 1. Bermejo, de color escarlata. 2. Vestido de color escarlata. **Scarlet-fever**, escarlatina, escarlata, fiebre contagiosa, caracterizada por un sarpullido escarlata sobre la piel y en la garganta, y al que sigue la exfoliación de la epidermis.

scarp ['skɑːp] [skarp], *va.* Hacer escarpa, cortar en declive. *-s.* *(For.)* Escarpa; declive, pendiente.

scarry ['skɛərɪ] [skea-ri], *a.* Que tiene cicatrices.

scart ['skɑːt] [skart], *s.* 1. Rasguño, señal (scratch). 2. Tacaño. 3. Soplo de aire.

scart, *v.* 1. Rasguñar, rascar. 2. Grabar.

scary ['skɛərɪ] [skea-ri], *a.* *(Fam.)* Medroso, asustadizo.

scat [skæt] [skat], *inter.* ¡Zape! voz que se usa para espantar al gato y otros animales pequeños.

scathe, **scath** ['skeɪθ] [skeiz], *va.* 1. Desbaratar, dañar severamente, hacer gran daño. 2. Quemar, abrasar. 3. Fustigar, criticar.

scathe, *s.* Desbarate, desbarato, el acto y efecto de desbaratar o dañar.

scatheless ['skeɪθlɪs] [skeiz-les], *a.* Libre de daño o perjuicio; sano y salvo.

scathing ['skeɪðɪŋ] [skei-zin], *a.* Duro, mordaz (attack).

scatter ['skætəʳ] [ska-taʳ], *va.* 1. Esparcir, disipar, alejar cosas una de otra; malgastar, disipar. 2. Dispersar, hacer huir, vencer. *-vn.* Dispersarse, esparcirse; disiparse, partir en muchas direcciones diferentes. **Scatter-brain**, persona atolondrada, casquivana. **Scatter-brained**, atolondrado, voluble, inconstante.

scattered ['skætəd] [ska-ted], *a. part.* 1. Disperso, disipado; esparcido. 2. *(Bot.)* Apartado, irregular, sin apariencia alguna de orden regular. **Scattered flock**, rebaño disperso.

scattering ['skætərɪŋ] [ska-te-rin], *a.* 1. Que se dispersa. 2. Disperso. 3. Dividido, repartido. *s.* 1. Dispersión, esparcimiento, desperdigamiento. 2. Cosa desparramada.

scatteringly ['skætərɪŋlɪ] [ska-te-rin-li], *adv.* Esparcidamente.

scavenge ['skævɪndʒ] [ska-vinch], *va.* 1. Limpiar o retirar la basura, particularmente de las calles. 2. Expulsar gases quemados.

scavenger ['skævɪndʒəʳ] [ska-vin-chaʳ], *s.* 1. Basurero, el que se lleva o saca la basura de las calles y letrinas. 2. Animal que se alimenta de carroña. **Scavenger-beetle**, escarabajo que se alimenta de carroña, especialmente un clavicornio.

scenario [sɪ'nɑːrɪəʊ] [si-na-riou], *s.* Guión (film, play).

scenarist ['siːnərɪst] [si-na-rist], *s.* *(Cine)* Guionista.

scend ['send] [send], *vn.* Arfar, cabecear el buque levantando alternativamente la popa y la proa.

scene [siːn] [sin], *s.* 1. Escena, perspectiva, vista, paisaje; una localidad y todo lo que con ella se relaciona. 2. Escena, sitio o tablado del teatro en que se representa una obra dramática u otro espectáculo; teatro, lugar donde sucede un acontecimiento, real o fingido (stage). 3. Escena, división de un acto; la acción o asunto de la pieza que se representa. 4. Escena, escenario, las decoraciones del teatro. 5. Acción notable, extraordinario, sea o no intencional; especialmente un arrebato, un impulso apasionado, un escándalo. **To bring on the scene,** poner en escena. **The scene of war**, el teatro de la guerra. **The scene is at Granada**, la escena pasa en Granada. **Scene-painter**, pintor escénico, o de decoraciones.

sceneful ['siːnfʊl] [sin-ful], *a.* Abundante en escenas o imágenes.

scenery ['siːnərɪ] [si-na-ri], *s.* 1. Perspectiva, vista, paisaje. 2. Decoraciones teatrales; escenario.

scenic ['siːnɪk] [si-nik], *a.* Escénico, tocante o perteneciente a la escena; artístico; pintoresco.

scenographical [siː'nɒgrəfɪkəl] [si-no-gra-fi-kal], *a.* Escenográfico.

scenography [siː'nɒgrəfɪ] [si-no-gra-fi], *s.* Escenografía, la perfecta delineación y representación de un objeto en perspectiva.

scent [sent] [sent], *s.* 1. Olfato, el sentido con que se percibe el olor (smell, nose). 2. Olor, perfume, la fragancia o el mal olor que exhala alguna cosa. 3. Rastro, la senda o camino que lleva la caza y se descubre por el olor; pista. 4. Indicio, presentimiento. 4. Perfume, esencia.

scent, *va.* 1. Oler, percibir con el olfato. 2. Perfumar. 3. Concebir una sospecha de algo. *-vn.* Seguir la pista, rastrear.

scentless ['sentlɪs] [sent-les], *a.* 1. Desprovisto del sentido del olfato; que no halla la pista. 2. Inodoro, sin olor; que no tiene olor.

sceptic ['skeptɪk] [skep-tik], *a.* Escéptico. *V.* SKEPTIC.

scepticism ['skeptɪsɪzəm] [skep-ti-si-sem], *s.* Escepticismo. *V.* SKEPTICISM.

scepter, sceptre ['skeptəʳ] [skep-taʳ], *s.* Cetro, insignia de los emperadores y reyes.

sceptred ['skeptrɪd] [skep-trid], *a.* 1. Que lleva o tiene cetro. 2. Real, regio.

schedule ['ʃedjuːl] [she-diul], *va.* Incluir en una lista, catálogo o inventario; inventariar, hacer una lista de. *-s.* 1. *(For.)* Añadidura, aditamento. 2. Lista, catálogo. 3. Plan, programa. 4. Horario (de los trenes). 5. Temario.

schematic [skɪ'mætɪk] [ski-ma-tik], *a.* Esquemático; de la naturaleza de un plan, diseño o representación generales; de una constitución general, típico.

scheme [skiːm] [skim], *s.* 1. Plan, proyecto, designio. 2. Planta, esquema, modelo; diseño, bosquejo en perfil, diagrama, construcción gráfica. 3. Sistema, arreglo, disposición. 4. Treta, artificio sutil.

scheme, *va.* y *vn.* Formar un plan, proyectar; trazarse un plan; formar proyectos.

schemer ['skiːmə^r] [ski-ma^r], *s.* Proyectista, invencionero.
schemy ['skiːmɪ] [ski-mi], *a.* *(Fam.)* Astuto, intrigante.
schism ['skɪzəm] [ski-sem], *s.* 1. Cisma, escisón o separación en una Iglesia. 2. Cisma, cuerpo eclesiástico separado de un cuerpo mayor o más antiguo. 3. División, desavenencia.
schismatic ['skɪzmætɪk] [skis-ma-tik], *s.* Cismático, el fundador o partidario de un cisma.
schismatically [ˌskɪz'mætɪkəlɪ] [skis-ma-ti-ka-li], *adv.* Cismáticamente.
schismatize ['skɪzmætaɪz] [skis-ma-tais], *vn.* Tomar parte en un cisma.
schist ['skɪst] [skist], *s.* Esquisto, toda roca que fácilmente se divide en hojas.
schizophrenia [ˌskɪtsəʊ'friːnɪə] [ski-sou-fri-nia], *s.* Esquizofrenia.
schizophrenic [ˌskɪtsəʊ'friːnɪk] [ski-sou-fri-nik], *a.* Esquizofrénico.
scholar ['skɒlə^r] [sko-la^r], *s.* 1. Escolar, estudiante; discípulo (pupil, alumnus). 2. Hombre erudito, docto o literato; letrado, sabio o sabia. 3. El que adquiere conocimientos de cualquier especie. 4. El estudiante que en las universidades de Inglaterra goza una beca pensionada en algún colegio. **Day scholar**, externo, discípulo externo. **Felllow-scholar**, condiscípulo, camarada de colegio o escuela de estudios. **A classical scholar**, humanista, helenista, latinista. **To be no scholar**, haber recibido poca instrucción; no saber leer ni escribir.
scholarly, scholar-like ['skɒləlɪ] [sko-lar-li], *a.* De estudiante, de escolar, que conviene a un estudiante. *-adv.* Como sabio, como hombre letrado.
scholarship ['skɒləʃɪp] [sko-lar-ship], *s.* 1. Saber, el conocimiento de las ciencias o de las letras; erudición, ciencia. 2. Educación literaria. 3. Beca, plaza o prebenda en algún colegio, fundada para la manutención de un estudiante.
scholastic [skə'læstɪk] [sko-las-tik], *a.* 1. Escolástico; estudiante, estudiantil; perteneciente a las escuelas o a la educación. 2. Escolástico, que se refiere a la teología de la edad media; pedantesco.
scholastical [skə'læstɪkəl] [sko-las-ti-kal], *a.* Escolástico, escolar, estudiantino, estudiantil.
scholastically [skə'læstɪkəlɪ] [sko-las-ti-ka-li], *adv.* Escolásticamente.
scholasticism [skə'læstɪsɪzəm] [sko-las-ti-si-sem], *s.* Escolasticismo; el método o las sutilezas de las escuelas.
school [skuːl] [skul], *s.* 1. Escuela, la casa o paraje donde se enseña; una institución para la enseñanza (academy, college). 2. El cuerpo de alumnos de una escuela. 3. Cualquier clase o ejercicio de una escuela. 4. Todos los discípulos de un maestro (filósofo o doctor célebre, artista, etc.) o sistema; el sistema mismo. 5. Esfera o medios de enseñanza o de disciplina. 6. Método de vida. **Common school**, escuela libre y pública de los Estados Unidos. **Boarding-school**, pupilaje, la casa donde se admiten pupilos para vivir en ella y recibir educación. **Fencing-school**, sala o escuela de esgrima. **Dancing-school**, sala o escuela de baile. **Charity-school**, escuela gratuita. **Law school**, escuela de derecho. **In school**, en clase. **To go to school**, entrar en clase. **School book**, un libro usado en las escuelas. **Schoolboy**, muchacho de escuela. **Schoolfellow**, condiscípulo. **Schoolgirl**, niña que va a la escuela. **Schoolhouse**, la escuela, casa de escuela. **Private school**, escuela particular, a diferencia de la pública. **Public school**, escuela pública, la establecida y mantenida por la autoridad civil. **School-teacher**, maestro o maestra de escuela.
school, *va.* 1. Instruir, enseñar. 2. Amaestrar, adiestrar. 3. Reprender enseñando sus obligación al que faltó a ella, disciplinar.
school, *vn.* Ir o moverse juntos, como los peces; moverse en masa. *-s.* Ribazón, manjúa, majal, la multitud de peces que nadan juntos, como en tropa.
school board ['skuːlbɔːd] [skul-bord], *s.* Junta de educación.
schooling ['skuːlɪŋ] [sku-lin], *s.* 1. Instrucción dada o adquirida en una escuela; enseñanza preparatoria. 2. Precio de la escuela, remuneración pagada a un maestro de escuela. 3. Reprimenda.
schoolman ['skuːlmən] [skul-man], *s.* 1. Un erudito muy versado en las disputas y controversias de las escuelas. 2. Escritor sobre teología escolástica.
schoolmaster ['skuːlˌmɑːstə^r] [skul-mas-ta^r], *s.* Maestro de escuela; maestro, el o lo que forma, instruye y guía.
schoolmate ['skuːlmeɪt] [skul-meit], *s.* Compañero de colegio, de escuela, de clase.
schoolmistress ['skuːlˌmɪstrɪs] [skul-mis-tris], *sf.* Maestra de niños o niñas.
schooner ['skuːnə^r] [sku-na^r], *s.* *(Mar.)* 1. Goleta, embarcación con dos palos (hoy con tres y aun cuatro) y velas cangrejas. 2. *(E.U.)* Furgón con toldo que usan los emigrantes en las llanuras del Oeste de los Estados Unidos. 3. *(Fam. E.U.)* Vaso alto y grande para cerveza.
schwah [ʃwɑː] [shua], *sf.* Vocal neutra.
sciatic [saɪ'ætɪk] [skai-atik], *a.* Ciático, esquiático, que se refiere a la cadera. **The sciatic nerve**, el nervio ciático.
sciatica [saɪ'ætɪkə] [saia-ti-ka], *s.* Ciática, neuralgia de la cadera y del muslo, es decir, del nervio ciático.
science ['saɪəns] [saians], *s.* 1. Ciencia, conocimiento, sabiduria. 2. Certidumbre, destreza, habilidad de ejecución que resulta del conocimiento que se tiene de algo. 3. Conjunto, sistema de conocimientos sobre un asunto. **Science fiction**, ciencia-ficción.
sciential ['saɪənʃəl] [saian-shal], *a.* Que produce el saber o que conduce a la ciencia; inteligente, hábil, instruído.
scientific [ˌsaɪən'tɪfɪk] [saian-ti-fik], *a.* 1. Científico. 2. De acuerdo con las reglas, principios o procedimientos de la ciencia; sistemático, exacto. 3. Versado en la ciencia o en una ciencia; sabio, muy hábil.
scientifically [ˌsaɪən'tɪfɪkəlɪ] [saian-ti-fi-ka-li], *adv.* Científicamente.
scientist ['saɪəntɪst] [saian-tist], *s.* Científico, sabio.
scimeter, scimitar ['sɪmɪtə^r] [si-mi-ta^r], *s.* Cimitarra. *V.* SIMITAR.
scintilla ['sɪntɪlə] [sin-ti-la], *s.* Centella, chispa; de aquí, partícula, traza, tilde, jota.
scintillant ['sɪntɪlənt] [sin-ti-lant], *a.* Centelleante, que echa chispas.
scintillate ['sɪntɪleɪt] [sin-ti-leit], *vn.* Chispear, centellear.
scintillation [ˌsɪntɪ'leɪʃən] [sin-ti-lei-shon], *s.* Chispazo, centelleo, chispeo (sparkling).
scion ['saɪən] [saion], *s.* 1. Verduguillo, rama destinada a ser injertada o plantada; esqueje. 2. Vástago, renuevo, tallo tierno de un árbol o planta. 3. Hijo, hija o descendiente.
scission ['sɪʃən] [si-shon], *s.* 1. Escisión, fisión. 2. Corte, separación.
scissors ['sɪzəz] [si-sors], *s. pl.* Tijeras.
scissure ['sɪʃə^r] [si-sha^r], *s.* Cisura, hendedura, cortadura longitudinal.
sclerosis [sklɪ'rəʊsɪs] [skli-rou-sis], *s.* Esclerosis, toda especie de endurecimiento morboso de los tejidos.
sclerotic [sklɪ'rəʊtɪk] [skli-rou-tik], *a.* 1. Escleroso, denso, endurecido, se dice particularmente de la esclerótica o córnea opaca del ojo. 2. Que padece esclerosis.
scoff [skɒf] [skof], *vn.* Mofarse, burlarse o hacer burla (se usa con at).
scoff, *s.* 1. Mofa, escarnio, burla. 2. Hazmerreír.
scoffer ['skɒfə^r] [sko-fa^r], *s.* Mofador, despreciador.
scoffingly ['skɒfɪŋlɪ] [sko-fin-li], *adv.* Con mofa y escarnio.
scold [skəʊld] [skould], *va.* y *vn.* Regañar, reñir, rezongar, reefunfuñar. **A scolding-match**, *(Fam.)* una pelotera.
scollop ['skɒləp] [sko-lop], *s.* y *v.* *V.* SCALLOP.
scomber ['skɒmbə^r] [skom-ba^r], *s.* Escombro, caballa, género típico de los escombéridos.
sconce [skɒns] [skons], *s.* 1. Baluarte, defensa, abrigo, defensa. 2. *(Fam.)* Cabeza; el contenido del cráneo; seso, juicio, sentido. 3. Yelmo. 4. Anaquel fijo. 5. Multa.
sconce, *s.* Candelabro de pared; linterna provista de una pantalla exterior. *(Mex.)* Pantalla.

sconce, *va.* 1. Fortificar con un baluarte o defensa. 2. Multar, imponer una pena pecuniaria (to fine)..

scoop [sku:p] [skup], *s.* 1. Cuchara o cucharón; paleta, pala cóncava (de mano); utensilio que sirve para traspalar la hulla, para rastrear las ostras, para tomar porciones de harina, azúcar, etc. 2. Acto de cavar o ahuecar. 3. Paletada, la cantidad cavada o sacada de una vez. 4. Cavidad en forma de taza; hueco 5. *(Mar.)* Vertedor, achicador. 6. Arte de dar una noticia en la prensa antes que los demás.

scoop, *va.* 1. Sacar con cucharón o achicador, vaciar. 2. Cavar, socavar.

scooper ['sku:pəʳ] [sku-paʳ], *s.* El que achica o socava; cavador.

scoot [sku:t] [skut], *vn.* 1. *(Fam. E.U.)* Irse de prisa; tomar las de Villadiego. 2. Pasar, volar, ligeramente por encima de una cosa, como un ave.

scooter ['sku:təʳ] [sku-taʳ], *s.* 1. Patineta, patinete. *(Mex.)* Patín del diablo. 2. Velero de fondo plano para el agua o hielo.

scope [skəʊp] [skoup], *s.* 1. Alcance de vista o acción; punto de mira; lugar, espacio en que ejercer las facultades. 2. Objeto, fin, intento, designio, intención. **To have free scope**, tener carta blanca para hacer lo que se quiera, no tener freno ni sujeción, obrar libremente. **To give full scope to the imagination**, dar rienda suelta a la imaginación.

scope. Sufijo que significa indicador; se emplea principalmente en los nombres de los instrumentos de observación; v. g. **telescope**, telescopio.

scorbutic, scorbutical [skɔ:'bju:tɪk] [skor-biu-tik], *a.* Escorbútico.

scorch [skɔ:tʃ] [skorch], *va.* 1. Chamuscar, quemar por encima o por afuera; tostar (to singe). 2. Agostar, abrasar (el sol) con calor extremo. *-vn.* 1. Quemarse, secarse. 2. Agostarse, abrasarse (las plantas). 3. *(Ger.)* Moverse o ser impelido a gran velocidad.

scorcher ['skɔ:tʃəʳ] [skor-chaʳ], *s.* 1. Lo que chamusca o abrasa. 2. Persona o cosa que se mueve o puede moverse a gran velocidad, como un caballo, un ciclista, etc. 3. Día muy caluroso.

scorching ['skɔ:tʃɪŋ] [skor-chin], *a.* Ardiente, abrasador, caliente.

scordium ['skɔ:dɪəm] [skor-diom], *s.* *(Bot.)* Escordio, germandria acuática.

score [skɔ:ʳ] [skoʳ], *s.* 1. Muesca, canalita, incisión, entalladura; señal, marca, línea, raya. 2. Cuenta, escote; deuda. 3. De aquí, mala voluntad, diferencia, controversia; también, razón, motivo, cuenta, consideración. 4. Talla, el número de tantos en los juegos y deportes. 5. *(Mús.)* Partitura, conjunto de las partes de una composición musical; los pliegos o el libro que las contienen. 6. Veintena, veinte. **To pay one's score**, pagar sus deudas, su escote. **Put that to my score**, póngame Ud. eso en cuenta. **On the score of**, en consideración a, con motivo de. **Upon what score?**, ¿con qué motivo? ¿por qué razón? **An opera in score**, una ópera puesta en partitura. **Three-score**, sesenta. **Fourscore**, ochenta. **Sixcore**, ciento veinte.

score, *va.* 1. Rayar, marcar con líneas, muescas o cortaduras; escoplear. 2. Marcar con latigazos, azotar; de aquí, censurar severamente. 3. Borrar, tachar, testar. 4. Apuntar, sentar, poner en cuenta; llevar a una cuenta. 5. Ganar tantos en un juego. 6. *(Mús.)* Escribir la parte correspondiente a un instrumento de orquesta. 7. Calificar, valorar una prueba o examen (to examine). 8. Alcanzar, obtener, ganar. *-vn.* 1. Marcar la tarja, sentarse en cuenta; marcar los tantos en un juego. 2. Ganar tantos en un juego; obtener una ventaja. 3. Hacer muescar, rayas o señales.

scorer ['skɔ:rəʳ] [sko-raʳ], *s.* 1. Marcador, el que marca; el que lleva cuenta de las jugadas o de los tantos ganados por los que toman parte en un juego cualquiera. 2. Martillo, instrumento que emplean los leñadores para marcar los árboles.

scoring ['skɔ:rɪŋ] [sko-rin], *s.* Marcador, tanteo *(Dep.)*.

scorn ['skɔ:n] [skorn], *va.* y *vn.* 1. Despreciar, desdeñar; rechazar desdeñosamente, profesar desprecio por. 2. Mofar, escarnecer, hacer escarnio. 3. Burlarse de uno, ponerle en ridículo. **My friends would scorn me if**, mis amigos me despreciarían si.

scorn, *s.* 1. Desdén, desprecio (contempt); sentimiento o tratamiento desdeñoso debido a la mala opinión que se tiene de una persona o de un objeto. 2. Irrisión, escarnio, expresión de desdén, mofa. 3. Objeto de desdén, de desprecio. **He is the scorn of all the town**, es objeto del desprecio de toda la ciudad.

scorner ['skɔ:nəʳ] [skor-naʳ], *s.* Desdeñador, escarnecedor.

scornful ['skɔ:nfʊl] [skorn-ful], *a.* Desdeñoso, insolente, lleno de desprecio.

scornfully ['skɔ:nfəlɪ] [skorn-fu-li], *adv.* Desdeñosamente, despreciablemente, con desdén.

scornfulness ['skɔ:nfəlnɪs] [skorn-ful-nes], *s.* Calidad de desdeñoso. **The scornfulness of his look**, lo desdeñoso de su mirada.

scorpio ['skɔ:pɪəʊ] [skor-piou], *s.* *(Astr.)* Escorpión, una constelación del Zodíaco, y su signo.

scorpion ['skɔ:pɪən] [skor-pion], *s.* 1. Escorpión, alacrán. 2. Escorpión, constelación del zodíaco. 3. Especie de látigo o azote. **Scorpion-fly**, escorpión mosca, insecto neuróptero cuya cola se parece a la del escorpión. **Scorpion-grass**, una especie cualquiera de miosotis, v. g. la «Nomeolvides». **Scorpion-wort**, hierba del alacrán.

scot [skɒt] [skot], *s.* *(Ant.)* Escote; tasa, contribución. **Scot and lot**, derechos parroquiales. **Scot-free**, libre de escote; impune.

scotch [skɒtʃ] [skoch], *va.* 1. Escoplear, hacer muescar, hacer cortes o cortaduras pequeñas en alguna cosa. 2. Herir ligeramente. 3. Allanar la piedra con un pico. 4. Poner una galga o amarra a un vehículo. 5. Estorbar, frustrar. **We have scotched the snake, not killed it**, hemos herido pero no matado esta serpiente.

scotch, *s.* 1. Cortadura, corte, incisión. 2. Línea trazada en el suelo, p. ej. para jugar al infernáculo. *V.* HOP-SCOTCH. 3. Calzo, cuña, galga, amarra de un carruaje. 4. Obstáculo, impedimento.

Scotch, Scottish ['skɒtɪʃ] [sko-tish], *a.* Escocés, lo perteneciente a Escocia. **Scotch thistle**, cardo borriquero; cardo, emblema nacional de Escocia. **Scotch-collops**, *s. pl.* ternera cortada en tajadas o picada. **Scotch-fiddle**, *(Vulg.)* sarna.

scotcher ['skɒtʃəʳ] [sko-chaʳ], *s.* Travesaño.

scot-free ['skɒtfri:] [skot-fri], *a.* Impune.

scotism ['skɒtɪzəm] [sko-ti-sem], *s.* Escotismo, doctrina escolástica de Escoto.

Scotsman ['skɒtsmən] [skoch-man], *s.* Escocés, el natural de Escocia.

scoundrel ['skaʊndrəl] [skaun-drel], *s.* Belitre, bergante, un pícaro, un bribón, un hombre vil y ruin.

scoundrelism ['skaʊndrəlɪzm] [skaun-dre-li-sem], *s.* Picardía, bajeza.

scoundrelly ['skaʊndrəlɪ] [skaun-dre-li], *adv.* De pícaro, de bribón, bajo, vilmente.

scour ['skaʊəʳ] [skauaʳ], *va.* 1. Fregar, estregar (to rub). 2. Limpiar, ahuyentar de una parte a los que son perjudiciales en ella. 3. Limpiar, quitar la suciedad de una cosa estregándola; lavar, recorrer, componer; blanquear. **To scour cloth**, escurar el paño o sacarle el aceite con greda y jabón. 4. Purgar con violencia. 5. Formar, v. gr. el cauce de un arroyo, disminuyendo por el roce. 6. Pasar atravesando con cuidado, recorrer, explorar. 7. Correr, pasar rápidamente cerca de algo. 8. Ahuyentar, expeler. 9. Barrer, expulsar. 10. Batir un monte. *-vn.* 1. Limpiar, estregar, los utensilios de una casa. 2. Corretear, correr de una parte a otra. 3. Soltársele a uno el vientre. **To scour about**, vagar, ser un vagabundo. **To scour away**, huir.

scour, *s.* 1. Acción limpiadora de una corriente rápida. 2. Sustancia usada para desgrasar tejidos. 3. Diarrea del ganado.

scourer ['skaʊrəʳ] [skauraʳ], *s.* 1. Limpiador, sacamanchas. 2. Purga. 3.Vagabundo. 4. Ladrón nocturno.

scourge ['skɜ:dʒ] [skerch], *s.* Azote (birch), correa, látigo, instrumento de corrección; lo que agota o mata; castigo severo; calamidad. **The Scourge of God**, el azote de Dios.

scourge, *va.* 1. Azotar, dar con un látigo, flagelar, dar golpes con unas disciplinas. 2. Castigar (por delitos o faltas con intención de corregir); mortificar, hostigar, acosar.
scourger ['skɜ:dʒəʳ] [sker-chaʳ], *s.* Azotador, castigador, mortificador.
scouring ['skaʊrɪŋ] [skau-rin], *s.* 1. Fregado, fregadura, estregadura, acción de fregar o estregar; acción de escurar o desengrasar. 2. Diarrea, hez, deshecho.
scout [skaʊt] [skaut], *s. (Mil.)* 1. Descubridor, explorador, batidor del campo; centinela avanzada; espía. 2. Buque de observación. 3. Avión de reconocimiento. 4. Muchacho explorador. **A good scout**, buena persona, buen muchacho.
scout, *vn. (Mil.)* Reconocer secretamente los movimientos del enemigo, ir como explorador.
scout, *va.* 1. Rechazar con desdén. 2. *(Con at.)* Burlarse, reírse de algo o de alguien.
scoutmaster ['skaʊt,mɑ:stəʳ] [skaut-mas-taʳ], *s.* Jefe de niños exploradores.
scow [skaʊ] [skau], *s.* 1. Chalana, barcaza. 2. *(Fam.)* Yate de regatas.
scowl [skaʊl] [skaul], *vn.* 1. Mirar con ceño, poner mala cara, ponerse ceñudo, poner mal gesto, enfurruñarse. 2. Tener aspecto amenazador. *-va.* Rechazar, repeler.
scowl, *s.* Ceño (frown), sobrecejo, semblante ceñudo, enfadado, disgustado o emperrado.
scowling ['skaʊlɪŋ] [skau-lin], *s.* El acto de mirar de sobrecejo, mal gesto o ceño.
scowlingly ['skaʊlɪŋlɪ] [skau-lin-li], *adv.* Con ceño.
scrabble ['skræbl] [skra-bel], *va.* 1. Escarabajear, garabatear. 2. Recoger, amontonar de prisa. *-vn.* 1. Emborronar, trazar caracteres irregulares o informes. 2. *(Fam.) V.* SCRAMBLE. *-s.* Acción de escarabajear, de emborronar.
scrabble, *s.* Garabato, borrón, escrito o dibujo hecho de cualquier modo.
scrag [skræg] [skrag], *s.* 1. Cualquier cosa flaca o macilenta y basta o áspera; pedazo de carne magra, particularmente del cuello; el cuello. 2. *V.* REMNANT.
scrag, *v. (Fam.)* Ahorcar, dar garrote, torcer el pescuezo a.
scragged ['skrægɪd] [skra-guid], *a.* 1. Áspero, desigual, escabroso. 2. Flaco, descarnado.
scragginess ['skrægɪnɪs] [skra-gui-nes], *s.* Flaqueza, extenuación; aspereza, desigualdad.
scraggy ['skrægɪ] [skra-gui], *a.* Áspero, desigual; flaco, macilento, descarnado.
scramble ['skræmbl] [skram-bel], *va.* 1. Preparar, arreglar, deprisa o confusamente. 2. Preparar huevos revolviéndolos mientras se fríen. *-vn.* 1. Trepar, andar con ayuda de pies y manos, o subir gateando a una altura; trepar, las plantas. 2. Hacer esfuerzos para alcanzar; contender o disputar ansiosamente acerca de quien ha de coger una cosa. **To scramble for**, esforzarse por coger o alcanzar. **To scramble over**, pasar gateando. **To scrable up**, trepar, subir. **Scrambled eggs**, huevos revueltos.
scramble, *s.* 1. Trepa, la acción de trepar o subir gateando a una altura. 2. Lucha, esfuerzo para obtener algo, contienda o pelea entre dos o más personas por agarrar o posesionarse de una cosa; arrebatiña, hecho desordenado. 3. *(Aer.)* Despegue de emergencia.
scrambler ['skræmbləʳ] [skram-blaʳ], *s.* 1. El que disputa con otro u otros por agarrar algo. 2. Trepador, el que trepa o sube gateando a una altura.
scrap [skræp] [skrap], *s.* 1. Migaja, mendrugo, sobras. 2. Pedacito, fragmentos. 3. Desperdicios, desechos, retales, chatarra. **Scrap book**, libro de recortes. **Scrap heap**, montón de desechos o desperdicios. **Scrap iron, scrap metal**, hierro viejo, despojos de metal o de hierro. **Scrap of paper**, pedazo de papel.
scrap, *v.* Desechar, descartar, echar a la basura. 2. Derogar. 3. Desguazar un buque. 4. *(Fam.)* Reñir, pelear.
scrape [skreɪp] [skreip], *va.* y *vn.* 1. Raer, raspar la superficie de alguna cosa para quitar o borrar algo de ella (to rasp). 2. Arañar, recoger con afán de varias partes y en pequeñas porciones lo necesario para algún fin; amontonar poco a poco. 3. Hacer un ruido desagradable tocando en la superficie de una cosa; rascar o tocar mal un instrumento. 4. Hacer cortesías o reverencias con muy poca gracia. **To scrape out**, borrar o quitar algo de la superficie de una cosa raspándola. **To scrape off**, quitar raspando. **To scrape together**, amontonar a fuerza de industria y ahorro. **To scrape acquaintance with**, insinuarse, entrar en las buenas gracias de alguien.
scrape, *s.* 1. Raspadura, acción y efecto de raspar; ruido de raspar, roce de los pies en el suelo. 2. Enredo, maraña; embarazo, dificultad, berenjenal, empeño, lance apretado. 3. Cortesía tosca o con poca gracia 4. Riña. 5. Lío, aprieto, apuro. **I am out of the scrape**, zafé el cuerpo, salí de enredos.
scrapepenny ['skreɪp,penɪ] [skreip-pe-ni], *s.* Avaro, tacaño.
scraper ['skreɪpəʳ] [skrei-paʳ], *s.* 1. Rascador, raspador, instrumento para raspar o rascar. 2. Arañador de dinero. 3. Aprendiz o persona que toca mal el violín. 4. *(Mar.)* Rasquetas. 5. Estregadera, raedera; garatura (del pelambrero).
scraping ['skreɪpɪŋ] [skrei-pin], *s.* 1. Raedura, raspadura, acción de raspar, de raer. 2. Raspaduras, lo que se saca raspando. 3. *pl.* Ahorros, cosas amontonadas.
scrappy ['skreɪpɪ] [skrei-pi], *a.* Escaso, pobre (meal); inconexo (speech).
scratch ['skrætʃ] [skrach], *va.* y *vn.* 1. Rascar, raspar; raer, arañar; garrapatear. 2. Rasguñar o hacer un rasguño o araño. 3. Rayar (el vidrio). 4. Escribir mal, garrapatear. 5. Cavar, excavar raspando. 6. Cancelar, borrar, testar. **To scratch out one's eyes**, sacar a uno los ojos con las uñas.
scratch, *s.* 1. Rasguño, araño, arañazo, rascadura; marca o incisión hecha en una superficie; raya ligera, arañazo. 2. La línea desde la cual parten los que se disputan el premio en una carrera. 3. *pl.* Galápago, espundia, enfermedad en el casco del caballo. 4. Peluca para una parte de la cabeza. 5. *(E.U.)* En el juego de billar, bambarria, chiripa, acierto o logro casual. **Scratches**, grietas en los pies de los caballos. *V.* la 3ª acep.
scratcher ['skrætʃəʳ] [skra-chaʳ], *s.* Arañador, el que araña o rasguña.
scratchpad ['skrætʃpæd] [skrach-pad], *s.* Cuaderno de apuntes, cuaderno para borrador.
scratchwork ['skrætʃwɜ:k] [skrach-uek], *s.* Pintura al fresco.
scrawl [skrɔ:l] [skrol], *va.* Garrapatear, garabatear, escribir mal, hacer garabatos.
scrawl, *s.* Escrito desigual o cosa escrita de prisa y mal; lo que está escrito o dibujado sin habilidad; garabatos, garrapatos.
scrawler ['skrɔ:ləʳ] [skro-laʳ], *s.* Garabateador, el que escribe garabatos.
scrawniness ['skrɔ:nɪnɪs] [skro-ni-nes], *s.* Flaqueza, flacura, falta de carnes.
scrawny ['skrɔ:nɪ] [skro-ni], *a.* Flaco, enjuto y huesudo, falto de carnes.
screak [skri:k] [skrik], *s.* 1. Chillido. 2. Crujido, chirrido.
screak, *v.* 1. Chillar. 2. Rechinar, crujir.
scream [skri:m] [skrim], *va.* Gritar, proferir en voz alta y penetrante; dar alaridos; vociferar, vocear. *-vn.* Chillar, gritar, dar gritos agudos o penetrantes.
scream, *s.* Grito, alarido que comúnmente denota miedo o dolor; grito agudo o penetrante, chillido.
screamer ['skri:məʳ] [skri-maʳ], *s.* El que o lo que grita o vocea.
screaming ['skri:mɪŋ] [skri-min], *s.* Gritería, acción de dar un grito; vocería, alarida.
scree ['skri:] [skri], *s. (Eng.)* Piedra, canto; montón de cantos.
screech ['skri:tʃ] [skrich], *vn.* Dar alaridos o chillidos.
screechowl ['skri:tʃhaʊl] [skrich-jaul], *s. (Orn.)* Zumaya o zumacaya, alucón; toda lechuza que da chillidos en vez de graznar.
screechy ['skri:tʃɪ] [skri-chi], *a.* Chillante, que se asemeja a un chillido; agudo, penetrante y discorde.

screed [skri:d] [skrid], *s.* 1. Tirada crítica; invectiva, arenga. 2. Plantilla, gálibo; listón, tira de madera o capa de mortero que se pone a intervalos en una pared para igualar la superficie. 3. Jirón, tira larga, retazo.

screen [skri:n] [skrin], *s.* 1. Biombo, mampara, algo que separa o intercepta; cancel, pantalla, antipara, persiana; tabique, reja; albitana, cerca para resguardar las plantas de la acción del viento; de aquí, abrigo, defensa. 2. Pantalla de chimenea. 3. Criba, harnero, zaranda.

screen, *va.* 1. Abrigar, ocultar, esconder; proteger, defender; sustraer (a un castigo). 2. Cribar, cerner. **Screenings,** *s. pl.* desperdicios, restos de alguna cosa pasada por una criba o harnero.

screenplay ['skri:npleɪ] [skrin-plei], *s.* Argumento de película cinematográfica.

screw [skru:] [skru], *s.* 1. Tornillo, cilindro de metal, madera, etc., ahuecado en espiral por su superficie exterior; también, tuerca, rosca, cilindro hueco rayado en espiral en su superficie interior (nail). 2. Tornillo, clavo cilíndrico con filete en espiral; lo que se parece a un tornillo; hélico; vapor de hélice; concha de hélice. 3. Vuelta de tornillo. 4. *(Ger.)* Cicatero, tacaño, también, presión, fuerza. **Set-screw, thumb-screw, binding-screw**, tornillo montado o de presión. **Right-handed screw**, tornillo de filete a la derecha. **Left-handed screw**, tornillo zurdo o reverso. **Round-head screw**, tornillo de cabeza redonda (de gota de sebo). **Screw steamer**, vapor de hélice. **Screw eyes**, armellas. **Screw nails**, clavos de rosca. **Female-screw**, tuerca. **Screw-tap**, matriz o molde para hacer tornillos. **Cork-screw**, tirabuzón, sacacorchos. **Screw-plate**, taraja. **Screw-taps for the screw-plate**, mochuelos de taraja. **Screw-driver**, destornillador.

screw, *va.* 1. Atornillar, torcer o afianzar con tornillo. 2. Retorcer, afear alguna cosa retorciéndola. 3. Forzar, apretar, comprimir, oprimir, estrechar. 4. Torcer, deformar; hacer gestos con la boca o cara. *-vn.* 1. Retorcerse o dar vueltas una cosa en forma de rosca o espiral. 2. Ejercer extorsión u opresión. **To screw down**, atornillar, cerrar, fijar con tornillo. **To screw in**, hacer entrar una cosa en otra dándole vueltas o revolviéndola como se hace a un tornillo; insinuar, introducir alguna palabra o discurso con maña en una conversación. **To screw out**, hacer salir a viva fuerza alguna cosa de donde estaba metida; echar a perder algo al sacarlo de donde estaba. **To screw out of one**, sonsacar con astucia y maña. **To screw one's wits**, calentarse los sesos. **To screw one´s face into**, contraer las facciones. **To screw up one´s courage**, darse ánimo, cobrar ánimo.

scribble ['skrɪbl] [skri-bel], *va.* 1. Escribir de prisa y sin cuidado (letra o estilo). 2. Escarabajear, borrajear, garrapatear.

scribble, *s.* 1. Escrito de poco mérito o mal formado. 2. Garabato, garrapato.

scribbler ['skrɪbləʳ] [skri-blaʳ], *s.* Escritor o autor de poca nota.

scribe ['skraɪb] [skraib], *s.* 1. Escritor; escribiente. 2. Notario público. 3. Escriba, doctor de la ley entre los hebreos. 4. Amanuense, copista. **I am no great scribe**, yo no escribo muy bien.

scribe, *va.* 1. Marcar, rayar, con un instrumento puntiagudo. 2. Ensamblar, ajustar.

scrimmage ['skrɪmɪdʒ] [skri-mich], *s.* Contienda, lucha cuerpo a cuerpo, escaramuza.

scrimp ['skrɪmp] [skrimp], *va.* y *vn.* Estrechar, reducir, acortar; ser pasimonioso, portarse con tacañería o sordidez. *-a.* Estrecho, reducido, corto. *-s.* Mísero, un avaro.

scrimpingly ['skrɪmpɪŋlɪ] [skrim-pin-li], *adv.* De una manera mezquina, parsimoniosa o sórdida.

scrimpy ['skrɪmpɪ] [skrim-pi], *a.* 1. *(Fam.)* Demasiado estrecho, escaso, desmasiado corto; reducido, muy pequeño. 2. Tacaño, cicatero.

scrip [skrɪp] [skrip], *s.* 1. Cédula, esquela. 2. Certificado o certificación de un banco o compañía atestando que el accionista tiene interés en uno u otra. 3. Bolsa, morral, zurrón, taleguilla. (En vez de **Script**). **Scrip-holder**, tenedor de vales o certificados provisionales.

script [skrɪpt] [skript], *s.* 1. Escritura, mano, carácter ordinario de letra. 2. *(Impr.)* Plumilla inglesa, tipo que imita la forma de la letra escrita. 3. *(For.)* Escritura, v. g. un testamento o codicilo.

scriptural ['skrɪptʃərəl] [skrip-cha-ral], *a.* Bíblico, contenido en la Sagrada Escritura, o autorizado por ella.

scripture ['skrɪptʃəʳ] [skrip-chaʳ], *s.* Escritura, la Escritura Sagrada de cualquier pueblo; en especial, la Biblia.

scrofula ['skrɒfjʊlə] [skro-fiu-la], *s.* Lamparón, escrófula.

scrofulous ['skrɒfjʊləs] [skro-fiu-los], *a.* Escrofuloso, que tiene lamparones, que padece de escrófula.

scroll [skrəʊl] [skroul], *s.* 1. El rollo de papel o pergamino que contiene un escrito o se destina a escribir en él. 2. Rasgo, traza o diseño en lugar de un sello. 3. Adorno en espiral; encaracolado, voluto, roleo. **Scroll-saw**, sierra de contornear.

scrotal ['skrəʊtl] [skrou-tal], *a.* Escrotal, relativo al escroto.

scrotum ['skrəʊtəm] [skrou-tom], *s.* Escroto, bolsa que contiene los testículos.

scrub [skrʌb] [skrab], *va.* Fregar, estregar; limpiar fregando o rascando; restregar (con la mano o con un estropajo).

scrub, *a.* 1. Achaparrado, desmirriado; inferior, mezquino. 2. En que participan luchadores novicios o poco hábiles. (Se dice de carreras, etc.). *-s.* 1. Belitre, un hombre vil. 2. Estropajo; escoba vieja; una cosa inútil y despreciable.

scrubby ['skrʌbɪ] [skra-bi], *a.* Estropajoso; vil, despreciable, bajo; achaparrado.

scruff ['skrʌf] [skraf], *s.* Nuca, parte alta de la cerviz, unión de la cabeza y el espinazo.

scruffy ['skrʌf] [skraf], *a.* Dejado, sucio, desaliñado.

scrum [skrʌm] [skram], *nf.* Melé.

scrumpy ['skrʌmpɪ] [skram-pi] *a.* Muy rico, de rechupete.

scrunch ['skrʌntʃ] [skranch], *vt.* Ronzar.

scruple ['skrʌpl] [skra-pel], *s.* 1. Escrúpulo, duda. 2. Escrúpulo, la tercera parte de una dracma. 3. Cualquiera cantidad muy pequeña.

scruple, *vn.* Escrupulizar, tener duda; vacilar por razones de conciencia.

scrupulous ['skru:pjʊləs] [skru-piu-los], *a.* 1. Escrupuloso, delicado, riguroso, concienzudo; dudoso, temeroso; cuidadoso, cauto. 2. Exacto, preciso, estricto, exigente.

scrupulously ['skru:pjʊləslɪ] [skru-piu-los-li], *adv.* Escrupulosamente.

scrupulousness ['skru:pjʊləsnɪs] [skru-piu-los-nes], *s.* Escrupulosidad, delicadeza de conciencia; calidad de escrupuloso o concienzudo; exactitud, nimiedad en el examen y averiguación de las cosas.

scrutable ['skru:təbl] [skru-ta-bol], *a.* Escudriñable.

scrutineer ['skru:tɪnɪəʳ] [skru-ti-niaʳ], *s.* Escudriñador.

scrutinize ['skru:tɪnaɪz] [skru-ti-nais], *va.* Escudriñar, examinar en sus detalles o a fondo, averiguar, inquirir, sondear.

scrutinous ['skru:tɪnəs] [skru-ti-nos], *a.* Curioso.

scuba ['sku:bə] [sku-ba], *s.* Escafandra autónoma. **Scuba gear**, equipo para buceo, escafandra autónoma.

scud [skʌd] [skad], *vn.* Correr, volar o moverse rápidamente; atravesar de prisa; correr como una embarcación en una borrasca, con pocas velas puestas, o sin ellas. **To scud before the wind**, correr viento en popa. **To scud before the sea**, *(Mar.)* correr a dos puños. *-s.* 1. Carrera precipitada, el acto de correr o moverse rápidamente. 2. Nubes ligeras, impulsadas por el viento; la variedad de nubes próximas a la tierra; también, espuma del mar.

scuddle ['skʌdl] [ska-del], *vn.* *(Des.)* Huir, apretar a correr.

scuff [skʌf] [skaf], *va.* y *vn.* *(Fam.)* 1. Ponerse áspera una superficie con el uso o desgaste. 2. Arrastrar los pies al andar.

scuffle ['skʌfl] [ska-fel], *s.* Quimera a puñetazos, pendencia, contienda, riña, altercación, reyerta a fuerza de agarrar, de tirar o de empujar. *(Fam.)* Retozo, jugueteo.

scuffle, *vn.* Reñir, pelear, altercar. *(Fam.)* Retozar, juguetear.

scull [skʌl] [skal], *s.* 1. Remo de espadilla, remo largo colocado a popa de una barquilla y que puede bogarlo un hombre solo. 2. Remo ligero y corto de espadilla. 3. Botecito, barquilla para remar con espadilla.

scull, *va.* y *vn.* Cinglar, impeler un bote con un solo remo colocado a popa, y moviéndolo alternativamente a uno y otro lado.

scullboat ['skʌlbəʊt] [skal-bout], *s.* Barquillo, botecito; *(Mar.)* serení.

sculler ['skʌlə[r]] [ska-la[r]], *s.* Bote de un remero; remero de bote; cinglador, el que cingla.

scullery ['skʌlərɪ] [ska-la-ri], *s.* Espetera; fregadero.

scullion ['skʌlɪən] [ska-lion], *s.* 1. Marmitón, pinche, galopín de cocina. **Scullion wench**, fregona. 2. Sollastre, ente vil, despreciable.

sculper ['skʌlpə[r]] [skal-pa[r]], *s.* Buril, cincel. Se escribe también SCORPER.

sculpt ['skʌlpt] [skalpt], *vt.* Esculpir.

sculptor ['skʌlptə[r]] [skalp-ta[r]], *s.* Escultor, el que modela efigies en barro o las esculpe en piedra, bronce, etc.; cincelador (en metales).

sculptress ['skʌlptrɪs] [skalp-tris], *f.* Escultora, la mujer que esculpe o entalla.

sculptural ['skʌlptʃərəl] [skalp-cha-ral], *a.* Escultural, relativo a la escultura, como arte, o propio de ella.

sculpture ['skʌlptʃə[r]] [skalp-cha[r]], *s.* Escultura, el arte de esculpir y entallar.

sculpture, *va.* 1. Esculpir, labrar o formar una efigie o imagen en madera, mármol o piedra. 2. Entallar, cincelar.

scum [skʌm] [skam], *s.* 1. Nata, espuma, la materia impura o inútil que sobrenada en algunos líquidos cuando están en ebullición o fermentación; conjunto de plantas diminutas sobre el agua estancada; espuma, burbujas. 2. Hez, escoria; *(Fig.)* desecho. **Scum of metals**, la escoria o deshecho de los metales. **Scum of the people**, la hez del pueblo, la canalla.

scum, *va.* Espumar, quitar la espuma, la nata o la escoria que arrojan de sí los líquidos o su superficie.

scumble ['skʌmbl] [skam-bel], *va.* Templar los colores de una pintura o dibujo frotándolos con un color relativamente seco, dar glacis. **Scumbling**, glaica, unión de colores.

scummer ['skʌmə[r]] [ska-ma[r]], *s.* Espumadera.

scummy ['skʌmɪ] [ska-mi], *a.* Espumoso, cubierto de escoria, o de la naturaleza de ésta.

scupper ['skʌpə[r]] [ska-pa[r]], *s.* Imbornal o embornal, uno de los agujeros que hay sobre la cubierta para vaciar el agua. **Scupper-nails**, estoperoles.

scurf [skɜːf] [skerf], *s.* 1. Caspa (dandruff), desescamación harinosa de la cutícula, epidermis, exfoliada en escamas; tiña de los árboles. 2. Cualquier partícula de cosa sucia o substancia escamosa adherida a una superficie. 3. Hez, escoria, chusma.

scurfiness ['skɜːfɪnɪs] [sker-fi-nis], *s.* El estado de lo que tiene caspa o epidermis exfoliada en escamas.

scurfy ['skɜːfɪ] [sker-fi], *a.* Casposo, costroso.

scurrility [skʌ'rɪlɪtɪ] [ska-ri-li-ti], *s.* Baldón, improperio; lenguaje grosero; broma baja, soez; bufonería, bufonada.

scurrilous ['skʌrɪləs] [ska-ri-los], *a.* Vil, grosero, bajo; chocante; injurioso; difamatorio, oprobioso.

scurrilously ['skʌrɪləslɪ] [ska-ri-los-li], *adv.* De manera grosera, procazmente.

scurry ['skʌrɪ] [ska-ri], *va.* y *vn.* Moverse o hacer mover precipitadamente; escaparse de prisa; apretar a correr. *-s.* 1. Movimiento precipitado. 2. Prisa, vuelta, remolino.

scurvied ['skɜːvd] [skervd], *a.* Escorbútico, atacado de escorbuto.

scurvily ['skɜːvɪlɪ] [sker-vi-li], *adv.* Vilmente; groseramente, mezquinamente, ignominiosamente.

scurviness ['skɜːvɪnɪs] [sker-vi-nes], *s.* Ruindad; malignidad, indignidad; torpeza, vileza.

scurvy ['skɜːvɪ] [sker-vi], *s.* Escorbuto, enfermedad caracterizada por manchas lívidas bajo la piel, inflamación y sanguinolencia de las encías y agotamiento general; la causa el uso prolongado a borde de carnes saladas sin legumbres frescas. *-a.* 1. Vil, ruin, despreciable, bajo. 2. *(Des.)* Escorbútico. 3. Grosero.

scut [skʌt] [skat], *s.* *(Prov. Ingl.)* Colita, rabito, rabo o cola pequeña.

scutch ['skʌtʃ] [skach], *va.* Agramar, espadillar, macerar a golpes el lino, cáñamo, etc.

scutcheon ['skʌtʃɪən] [ska-chion], *s.* 1. Escudo de armas. 2. Escudete de metal; plancha con el nombre de una persona.

scutcher ['skʌtʃə[r]] [ska-cha[r]], *s.* Agramadera, útil para agramar.

scuttle ['skʌtl] [ska-tel], *s.* 1. Escotillón, puerta o tapa cerradiza en el suelo de la embarcación. **Cabin-scuttles**, *(Mar.)* luces o lumbreras de camarote. **Scuttles of the mast**, *(Mar.)* fogonaduras. 2. Cualquier agujero. 3. Cubo metálico para carbón; se llama también **coal-scuttle o coal-hod**. 4. Carrera corta; paso acelerado.

scuttle, *va.* Hacer aberturas en el fondo, en los lados o en la cubierta de un buque; echar a pique. *-vn.* Apretar a correr. *V.* SCURRY. **To scuttle a vessel**, barrenar un barco, para echarlo a pique.

scuzzy ['skʌzɪ] [ska-si], *a.* Cutre.

scythe [saɪð] [skais], *s.* Guadaña, dalle (para segar o cortar la hierba).

sea [siː] [sii], *s.* 1. Mar, toda el agua salada que rodea la tierra; océano (ocean). 2. Mar, considerable extensión del océano rodeada en parte de tierra; menos frecuentemente, lago grande. 3. Olaje, oleada, oleaje; ola grande, el curso de las ondas. 4. Mar, la abundancia excesiva o vasta extensión de una cosa. 5. Cualquier cosa muy tempestuosa. **At sea**, (a) en el mar. (b) No saber qué hacer, estar perplejo. **Beyond sea**, allende el mar, ultramarino. **The main sea**, alma mar, mar ancha. **Narrow sea**, estrecho de mar. **Heavy sea**, oleada, ola fuerte. **High-swelling sea**, mar de leva. **The sea runs very high**, la mar está muy crecida. **To put to sea**, salir a la mar, hacer a la vela. **Half-seas-over**, medio borracho. **A high sea**, una mar gruesa. **Sea-bank**, (a) muralla de mar, especie de dique opuesto a las aguas del mar. (b) Orilla del mar. **Sea-beat, sea-beaten**, batido o golpeado por las olas de la mar. **Sea-biscuit**, galleta de marinero. **Sea-boat**, embarcación marinera. **A good sea-boat**, embarcación velera. **Sea-born**, nacido en la mar, marino. **Sea-breach**, irrupción de mar que rompe un dique. **Sea-bream**, besugo, pez de los espáridos. **Sea-breeze**, brisa, viento de mar, que sopla del mar hacia tierra. **Sea-brief**, *(Mar.)* carta de mar o marítima. **Sea-built**, construido para la mar o para navegar. **Sea-cabbage, sea-colewort, sea-kale**, (*Bot.*) berza marina. **Sea-calf**, foca o becerro marino. **Sea-cap**, gorra de marinero. **Sea-captain**, capitán de navío o de otra embarcación. **Sea-card**, *(Mar.)* rosa náutica. **Sea-chart**, *(Mar.)* carta de marear. **Sea-cucumber**, cohombro de mar, holoturia que recibe este nombre a causa de su figura. **Sea-dragon**, araña o dragón marino, un pez. **Sea-eagle**, halieto, águila pescadora, ave marítima rapaz, de plumaje leonado y cola blanca. **Sea-ear**, oreja de mar, aulone, molusco gasterópodo. **Sea-egg**, *V.* **Sea-urchin**. **Sea-fennel**, (*Bot.*) hinojo marino. **Sea-fight**, batalla o combate naval. **Sea-fish**, pez o pescado de mar. **Sea-fowl**, ave marítima o ave de mar; conjunto de aves marinas. **Sea-gate**, (a) oleada larga. (b) Punto de salida al mar. (c) Compuerta de marea. **Sea-girt**, rodeado o cercado por el mar. **Sea-green**, (a.) verdemar. (s.) Color verde azulado oscuro, como el del mar. **Sea-gull**, gaviota, ave de los láridos. **Sea-hedgehog**, equino. **Sea-hog**, marsopa, marsopla o cachalote. **Sea-holly**, (*Bot.*) cardo corredor. **Sea-holm**, isleta no habitada. **Sea-horse**, caballo marino, hipocampo; hipopótamo. **Sea-king**, rey de piratas de los pueblos del norte. **Sea-legs**, pie marino, facultad de andar por la cubierta de un buque sin caerse ni dar tumbos. **Sea-letter**, patente de mar, documento que lleva un buque neutral y que indica su nacionalidad, matrícula, clase de cargamente, etc. **Sea-lettuce**, lechuga de mar, alga marina verde que se usa a menudo como alimento. **Sea-level**, nivel del mar. **Sea-lion**, león marino, foca de largas orejas. **Sea-lungs**, pólipo coelentorado (etenophora). **Sea-mark**, baliza, boya, señal que se pone con palo, mástil, tonel o cualquier otra cosa en los parajes donde la navegación es peligrosa. **Sea-mew**, gaviota, particularmente la europea. **Sea-monster**, monstruo marino. **Sea-moss**, (a) carolina, ova, alga marina comestible, especialmente la rosada. (b) Polípero marino parecido al musgo. **Sea-nettle**, ortiga de mar, acalefo que causa picazón en la piel. **Sea-nymph**, ninfa marina. **Sea-onion**, cebolla albarrana, escila marítima. **Sea-ooze**, cieno de mar. **Sea-otter**, nutria marina. **Sea-pen**, pluma de mar, pólipo en forma de pluma rizada. **Sea-piece**, pintura marítima o naval, pintura que representa cualquier cosa perteneciente al mar o a la navegación. **Sea-pool**, marisma; lago o laguna de agua salada. **Sea-porcupine**, cierto pez espinoso de mar. **Sea-raven**, (a) *V.* SCULPIN. (b) Cormorán, ave afín al pelícano. **Sea-risk**, riesgo o peligro de mar. **Sea-rocket**, (*Bot.*) alga marina. **Sea-room**, alta mar, espacio suficiente para maniobrar una embarcación. **Sea-rover**, pirata; corsario. **Sea-serpent**, serpiente acuática o de mar; animal marino enorme, parecido a la serpiente que algunos pretenden haber visto. **Sea-service**, el servicio de marina o de mar. **Sea-shark**, tiburón. **Sea-shell**, concha marina. **Sea-star**, *V.* STARFISH. **Sea-term**, término naval, voz naútica. **Sea-tossed**, batido por el mar. **Sea-unicorn**, unicornio de mar, nombre vulgar del narval. **Sea-urchin**, equino, erizo de mar; equinodermo. Echinus. **Sea-voyage**, viaje por mar. **Sea-wall**, muralla de mar, especie de dique para romper el ímpetu de las olas; banco de arena, piedras, etc., arrojadas por el mar. **Sea-walled**, rodeado o protegido por el mar, como por una pared. **Sea-water**, agua del mar, agua salada. **Sea-wave**, ola. **Sea-wolf**, lobo marino.

sea-anemone ['siːə'nemənɪ] [sia-ne-mo-ni], *s.* Anémone de mar, especie de actinia, pólipo que se parece a la flor del mismo nombre.

sea-bass ['siːbæs] [si-bas], *s.* Serrano, pez de mar muy estimado, abundante desde la Florida hasta el Cabo Cod, en Massachusetts; se llama también **bluefish** y **black-fish** o **rock-bass**.

seaboard ['siːbɔːd] [si-bord], *a.* Vecino al mar o cerca de él. *-s.* Orilla, borde del mar.

sea-coast ['siːkəʊst] [si-koust], *s.* Costa marítima, orilla, borde del mar.

sea-cow ['siː'kaʊ] [si-kau], *s.* Manato, manatí, vaca marina.

sea-dog ['siːdɒg] [si-dog], *s.* 1. Foca común. 2. León marino, foca grande de California. 3. Tiburón espinoso, perro de mar. 4. Marinero viejo o persona aficionada al mar; *(Fam.)* lobo marino.

seafarer ['siːˌfɛərəʳ] [si-fea-raʳ], *s.* Marinero, navegante (navigating).

seafaring ['siːˌfɛərɪŋ] [si-fea-rin], *a.* Marino, marinero, navegante.

seafood ['siːfuːd] [si-fud], *s.* Mariscos.

seagoing ['siːˌgəʊɪŋ] [si-gouin], *a.* 1. Propio para la navegación de altura. 2. Navegante, experto en la navegación por alta mar.

seal [siːl] [sil], *s.* 1. Sello para cerrar las cartas y la impresión que hace en la oblea o lacre. 2. Selladura, la acción de sellar. 3. El lacre que tiene la señal formada por el sello; señal o marca característica. 4. El acto de sellar, concluir o poner fin a una cosa. 5. Sello; firma; autenticación, fianza; sacramento. 5. Timbre. 6. Lo que impide la entrada o salida de un gas o el aire en un tubo o recipiente. **Great seal**, gran sello. **Prity seal**, sello privaco (o pequeño). **To affix one's seal**, poner uno su sello. **Under the hand and seal of**, firmado y sellado por. **Keeper of the selas**, guardasellos.

seal, *va.* 1. Sellar, poner el sello sobre una cosa. 2. Sellar, estampar una cosa en otra. 3. Sellar, concluir, poner fin. 4. Sellar, afirmar, afianzar, confirmar. 5. Cerrar una carta, un paquete, con lacre u otra sustancia. 6. Santiguar; bautizar, confirmar. 7. Guardar secreto. 8. Confirmar, ratificar, decidir irrevocablemente. **To seal up**, cerrar. 9. Poner una chapeleta para impedir el retroceso de gas o aire. **To seal with sealing wax**, lacrar.

seal, *vn.* Cazar focas. *-s.* Foca, becerro marino, mamífero acuático y carnívoro que vive principalmente en las latitudes árticas.(A.S.seol).

sealed ['siːld] [sild], *a.* Sellado, cerrado, secreto: sealed book, libro cerrado. **Sealed orders,** intrucciones secretas que se dan en un pliego cerrado.

sealer ['siːləʳ] [si-laʳ], *s.* 1. Sellador. 2. Cazador de focas.

sealing ['siːlɪŋ] [si-lin], *s.* 1. Selladura, sello, cerramiento (straping, banding). 2. Precintado. 3. Caza de focas. **Sealing tape,** cinta engomada para precintar.

sealing-wax ['siːlɪŋwæks] [si-lin-uaks], *s.* Lacre.

seal-ring ['siːlrɪŋ] [sil-rin], *s.* Sortija con sello.

sealskin ['siːlskɪn] [sil-skin], *s.* Piel de foca o una prenda de vestir hecha de ella.

seam [siːm] [sim], *s.* 1. Costura, línea visible de unión entre dos partes o piezas. 2. Grieta, hendedura, rendija, raja. 3. Listón saliente o reborde que se forma al juntar dos cosas, o que queda en una pieza de fundición al salir del molde. 4. Costrón, cicatriz; arruga. 5. *(Geol.)* Filón, vena, capa delgada, yacimiento de mineral o roca. 6. Sutura. *(Mar.)* Costura de los tablones. **To pay the seams**, *(Mar.)* embrear las costuras.

seam, *va.* 1. Hacer costuras, coser. 2. Señalar con cicatrices.

seamaid ['siːmeɪd] [si-meid], *sf.* Sirena.

seaman ['siːmən] [si-man], *s.* 1. Marinero, hombre de mar; marino experimentado. 2. Tritón, el macho de la sirena. **Seaman's wages**, sueldos o mesadas de los marineros.

seamanship ['siːmənʃɪp] [si-man-ship], *s.* La habilidad o pericia en la navegación o en el arte de hacer maniobrar una embarcación.

seamless ['siːmlɪs] [sim-les], *a.* Sin costura. **Seamless hose**, medias sin costura.

seamster ['siːmstəʳ] [sims-taʳ], *sm. (Ant.)* Costurero.

seamstress ['semstrɪs] [sems-tris], *sf.* Costurera, la mujer que tiene por oficio coser ropa blanca. Se escribe también **sempstress.**

seamy ['siːmɪ] [si-mi], *a.* Que tiene o muestra costuras; *(Fig.)* lo peor. **The seamy side**, el lado peor, el aspecto menos favorable.

seance ['seɪɑːns] [seians], *s.* Sesión; en especial, reunión de espiritistas.

seaplane ['siːpleɪn] [si-plein], *s.* Hidroavión.

seaport ['siːpɔːt] [si-port], *s.* Puerto de mar.

sear [sɪəʳ] [siaʳ], *a.* 1. Seco, marchito, ajado; se dice ordinariamente de las plantas que se han secado. 2. Gastado, cascado. 3. Chamusco, quemadura.

sear, *va.* 1. Disecar, marchitar, tostar, chamuscar. 2. Cauterizar, quemar la superficie de una cosa. 3. Hacer calloso o insensible. 4. Marcar con hierro. 5. Endurecer, empedernir.

sear, *s.* Linguete o fiador en la llave de un arma de fuego que mantiene el gatillo en seguro o montado. **Sear-spring,** muelle real.

search [sɜːtʃ] [serch], *va.* y *vn.* 1. Explorar, escudriñar, buscar, registrar, hallar buscando (to explore, to scan). **To search a house**, registrar una casa. 2. Inquirir, indagar. 3. Tentar, reconocer la cavidad de una herida; probar, poner a prueba. 4. Investigar, indagar, hacer pesquisas o averiguaciones, informarse de. 5. Exploración con un instrumento. **To search after**, preguntar por alguno; indagar, inquirir. **To search into**, examinar, investigar. **To search for**, buscar, tratar de descubrir; inquirir o procurar; hallar alguna cosa. **To search out**, hallar o encontrar alguna cosa buscándola. **To search for arms**, cacheo. **Right of search**, derecho de visitas.

search, *s.* 1. Registro, el acto de registrar. **The right of search**, el derecho de registrar o visitar un barco. 2. Pesquisa, averiguación. 3. Busca, buscada, el acto de buscar. 4. Examen, pesquisa, indagación, investigación. 5. Penetración del entendimiento. **Search-light**, holofote, luz eléctrica con reflector que proyecta un rayo luminoso de gran intensidad; se usa mucho en la navegación por la costa y en los buques de guerra.

searchable ['sɜːtʃəbl] [ser-cha-bol], *a.* Que puede buscarse, escudriñarse, explorarse.

searcher ['sɜːtʃəʳ] [ser-chaʳ], *s.* 1. Buscador, escudriñador, pesquisidor, indagador, inquiridor; vista, inspector, empleado de aduana encargado de registrar el equipaje de los viajeros. 2. Todo instrumento o aparato empleado para examinar o investigar; gato, instrumento con garfios que sirve para escudriñar el interior de un cañón; sonda para las piedras de la vejiga; buscador, ocular de microscopio.

searching ['sɜːtʃɪŋ] [ser-chin], *a.* Penetrante, escrutador; completo, cabal. **Searching party**, grupo de personas enviadas en busca de otra y otras.

search-warrant ['sɜːtʃˌwɒrənt] [serch-uo-rant], *s.* Mandato judicial disponiendo el registro de una casa, lugar u objeto.

seashore ['siːʃɔːʳ] [si-shoʳ], **seaside** ['siːsaɪd] [si-said], *s.* 1. Ribera, costa u orilla del mar (strand). 2. Litoral, costa; playa.

seasick ['siːsɪk] [si-sik], *a.* Mareado, que se marea en el mar.

seasickness ['siːsɪknɪs] [si-sik-nes], *s.* Mareo, náuseas causadas por el balanceo de un buque; indisposición muy molesta.

season ['siːzn] [si-son], *s.* 1. Estación, una de las cuatro partes en que se divide el año. 2. Sazón, tiempo determinado, tiempo oportuno o conveniente; temporada; período de tiempo. 3. Época, momento; tiempo fijo. **Dull season**, *(Com.)* estación muerta. **In season, in due season**, en tiempo oportuno. **To be in season**, ser de la estación, del tiempo. **In season**, en sazón, a su tiempo. **Close season**, veda.

season, *va.* 1. Sazonar, dar sazón al manjar; condimentar. 2. Imbuir, persuadir, infundir. 3. Sazonar, poner las cosas en el punto y madurez que deben tener. 4. Templar, moderar, hacer más agradable o menos riguroso y severo. 5. Aclimatar, acostumbrar, habituar. *-vn.* 1. Secarse, endurecerse, v. g. el maderaje. 2. Sazonarse, madurarse, hacerse propio para el uso; aclimatarse (person).

seasonable ['siːznəbl] [si-so-na-bol], *a.* Oportuno, conveniente, favorable, a propósito, de estación.

seasonably ['siːznəblɪ] [si-so-na-bli], *adv.* En sazón, oportunamente.

seasoned ['siːznd] [si-sond], *a.* 1. Sazonado. 2. Picante, curado. 3. Aclimatado, habituado. **Seasoned traveler**, viajero consumado.

seasoner ['siːznəʳ] [si-so-naʳ], *s.* Sazonador.

seasoning ['siːznɪŋ] [si-so-nin], *s.* 1. Sazón, condimiento que se da a los manjares. 2. Salsa, o sal de un cuento o de un escrito; sainete de un dicho, etc.; lo que se añade para aumentar el placer del goce. 3. El procedimiento de secarse y endurecerse (la madera). 4. Aclimatación.

seat [siːt] [sit], *s.* 1. Asiento, cualquier cosa que sirve para sentarse, silla, banco (bottom). 2. Asiento, fondo, parte de la silla en que uno se coloca. 3. Fondillos de los calzones; nalga. 4. Sitio, posición, paraje o lugar en que se halla situada alguna cosa. 5. Residencia, morada, domicilio. **Country-seat**, sitio, casa de campo. 6. Privilegio, derecho o manera de sentarse.

seat, *va.* 1. Sentar, asentar, colocar en asientos. 2. Tener asientos para (persons). 3. Colocar o acomodar a alguno en un empleo elevado. 4. Asentar, poner alguna cosa de manera que esté firme. 5. Poner un asiento a una silla; echar fondillos (trousers). **The hall will seat eight hundred**, la sala tiene asientos para ochocientas personas.

seating ['siːtɪŋ] [si-tin], *s.* 1. Acción de sentar o de sentarse. 2. Material para entapizar las sillas o sofás. 3. *(Mec.)* Lecho, base. **Seating capacity**, cubo, cabida.

seaward ['siːwɔːd] [si-uord], *adv.* Hacia el mar. *-a.* Dirigido hacia el mar.

seaway ['siːweɪ] [si-uei], *s.* 1. Ruta oceánica. 2. Vía fluvial que permite la navegación de embarcaciones marítimas. 3. Mar gruesa o alborotada.

seaweed ['siːwiːd] [si-uid], *s.* 1. Alga marina (y aun la que vive en el agua dulce); ova. 2. Toda planta que crece en el mar.

seaworthy ['siːˌwɜːðɪ] [si-uer-zi], *a.* Se dice de la embarcación que es a propósito para navegar.

sebaceous [sɪ'beɪʃəs] [si-bei-shos], *a.* Sebáceo, seboso, perteneciente o parecido al sebo, que contiene materia pingüe.

sec [sek] [sek], *a.* 1. Segundo. 2. Seco (wine).

secant ['siːkənt] [si-kant], *a.* Cortante, que divide en dos partes. *-s.* Secante, línea que corta un cuerpo; secante, el radio prolongado hasta encontrarse con la tangente.

secede [sɪ'siːd] [si-sid], *vn.* Apartarse, separarse de un cuerpo político o religioso.

seceder [sɪ'siːdəʳ] [si-si-daʳ], *s.* Separatista, el que se aparta.

secession [sɪ'seʃən] [si-se-shon], *s.* Apartamiento, separación, antiguamente secesión.

secessionist [sɪ'seʃnɪst] [si-se-sho-nist], *s.* Partidario de la separación; secesionista, el que en la guerra civil de los Estados Unidos mantenía el derecho de los Estados del Sur a la separación política.

seclude [sɪ'kluːd] [si-klud], *va.* Apartar, excluir, alejar a alguien de una compañía o sociedad; alejarse de otros; encerrar, confinar en estado de aislamiento. **Secluded**, *pp.* alejado, apartado, desviado; retirado en el aislamiento, en la soledad.

seclusion [sɪ'kluːʒən] [si-klu-shon], *s.* 1. Separación; exclusión, aislamiento, soledad. 2. Lugar apartado, retiro. 3. Reclusión, encierro.

second ['sekənd] [se-kond], *a.* 1. Segundo, lo que sigue inmediatamente al primero. **Second son**, segundón. 2. Secundario, subordinado; inferior. 3. Segundo, otro, idéntico a otro. **Second-class**, de segunda clase, de grado inferior. **Second-hand**, de segunda mano, de lance, que ha sido poseído o usado por otro; por intermedio de otro. **Second-rute**, de segunda clase o categoría. **The twenty-second**, el vigésimo segundo. **To be second to none**, no ser inferior a nadie. *-s.* 1. Segundo, brazo derecho; el que ayuda a otro en una empresa, en un negocio; apoyo, auxilio; defensor, sostenedor. 2. Padrino, el que apadrina a otro en un desafío. 3. Segundo, una de las sesenta partes en que se divide el minuto de hora o de grado. 4. Segundo, intervalo músico entre dos sonidos sucesivos. 5. Dos, días dos en las fechas.**The second best**, el mejor después del primero. En los certámenes, el accésit. **To come off second best**, llevar lo peor, o la peor parte en una contienda.

second, *va.* 1. Apoyar, sostener, apadrinar, ayudar, auxiliar, favorecer; apoyar un proyecto de ley en los cuerpos deliberantes, como preliminar a su discusión o aceptación. 2. Segundar, asegundar, ser segundo o seguirse al primero.

secondarily [ˌsekən'dærɪlɪ] [se-kon-da-ri-li], *adv.* Secundariamente, en segundo lugar.

secondary ['sekəndərɪ] [se-kon-da-ri], *a.* 1. Secundar, de segunda clase, influencia o grado; subordinado, subalterno; subsecuente; resultante; accesorio; que depende de otro; que gira alrededor de un planeta principal. 2. De, o perteneciente a una corriente eléctrica inducida o a su circuito. *-s.* 1. Lugarteniente, delegado, diputado. 2. Algo de tamaño o importancia secundarios. 3. *(Astr.)* Círculo secundario; planeta secudario, satélite. 4. Una de las plumas grandes que crecen en la segunda articulación del ala de un ave. 5. Ala posterior de las mariposas y otros insectos.

seconder ['sekəndəʳ] [se-kon-daʳ], *s.* El que apoya, secunda o sostiene la proposición que ha hecho algún otro.

second-hand ['sekənd'hænd] [se-kond-jand], *s.* 1. Segunda mano, la posesión que se recibe del primer poseedor. 2. Manecilla de reloj que indica los segundos. **At second-hand**, por imitación; secundariamente; de segunda mano, de lance.

secondly ['sekəndlɪ] [se-kond-li], *adv.* En segundo lugar.

second-sight ['sekəndsaɪt] [se-kond-sait], *s.* Conocimiento de lo futuro.

secrecy ['siːkrəsɪ] [si-kre-si], *s.* 1. Secreto, silencio cuidadoso, sigilo. 2. Soledad, retiro. 2. Fidelidad en guardar sigilo o secreto.

secret ['siːkrɪt] [si-kret], *a.* 1. Secreto, oculto (concealed, hidden). 2. Secreto, retirado, escondido. 3. Secreto, callado, reservado, que no se sabe generalmente. 4. Callado, reservado, silencioso, que guarda un secreto. 5. Obsceno, vergonzoso, que no debe salir a luz. **Secret service**, servicio secreto, policía secreta. *-s.* 1. Secreto, el silencio cuidadoso de no revelar lo que se quiere tener oculto, y la misma cosa que se quiere guardar callada. 2. Secreto, una cosa no conocida o sabida sólo por una o muy pocas personas. 3. Razón oculta; lo que cuando es conocido, explica; llave. 4. *pl.* Partes pudendas o genitales. **In secret**, secretamente, en secreto. Secreto; cuidado o disimulación silenciosa; la cosa que se oculta o no se descubre. **Open secret**, secreto a voces.

secretary ['sekrətrɪ] [se-kre-ta-ri], *s.* 1. Secretario, el que cuida de la correspondencia de otros y escribe sus cartas, despachos y documentos públicos o privados. 2. Secretario, ministro, funcionario cuyo empleo es presidir y dirigir un ministerio. 3. Escritorio, papelera, mueble. **Secretary of War**, ministro de guerra. **Secretary-bird**, secretario (Serpentarius), ave de rapiña de África.

secretaryship ['sekrətrɪʃɪp] [se-kra-tri-ship], *s.* Secretaría, el cargo o empleo de secretario.

secrete [sɪ'kri:t] [si-krit], *va.* 1. Desviar, escender, tener secreto, ocultar, encubrir. 2. *(Med.)* Secretar, separar, elaborar algo de la sangre o de la savia por el procedimiento de la secreción.

secretion [sɪ'kri:ʃən] [si-kri-shon] *s.* 1. Secreción, el procedimiento por el cual se separan de la sangre o de la savia ciertos elementos para convertirse en nuevas sustancias. 2. Secreción, la substancia secretada. 3. Ocultación, escondimento, el acto de esconder.

secretive ['si:krətɪv] [si-kra-tiv], *a.* 1. Secreto, callado, silencioso, reservado, dispuesto a ocultar. 2. Secretivo, secretorio, que promueve la secreción.

secretiveness ['si:krətɪvnɪs] [si-kra-tiv-nes], *s.* Inclinación a ocultar o esconder.

secretly ['si:krɪtlɪ] [si-krit-li], *adv.* Secretamete, ocultamente.

secretness ['si:krɪtnɪs] [si-krit-nes], *s.* 1. Secreto, sigilo. 2. La calidad que constituye a uno propio para guardar un secreto.

sect [sekt] [sekt], *s.* 1. Secta, la comunidad de hombres que siguen la doctrina y opinión particular de algún maestro célebre, especialmente en materias religiosas; denominación, una comunión que no está de acuerdo con una iglesia establecida. 2. Partido, pandilla, orden.

sectarian [sek'tɛərɪən] [sek-tea-rian], *a.* y *s.* Sectario, que profesa o sigue alguna secta con tesón; fanático. *-s.* Sectario, miembro (fanático) de una secta.

sectarianism [sek'tɛərɪənɪzəm] [sek-tea-ria-ni-sem], *s.* Carácter o tendencia de secta; adhesión excesiva a una secta.

sectile ['sektaɪl] [sek-tail], *a.* Sectil, que se puede cortar, dividir o separar en secciones.

section ['sekʃən] [sek-shon], *s.* 1. Sección, cortadura, división; parte, porción distinta, subdivisión de un capítulo o de una ley; en los Estados Unidos, área de terreno público, una milla en cuadro que contiene 640 acres y constituye la trigésimasexta parte de una municipalidad o **township**. 2. Sección, corte, representación de un edificio, de una máquina, de una formación geológica, etc., de manera que muestre el interior. 3. Corte muy delgado de alguna cosa, especialmente para su examen con el microscopio. 4. *(Impr.)* El signo que indica una subdivisión. 5. Barrio, distrito. 6. Comarca, región. 7. Compartimento. 8. Tramo. **Section-cutter**, instrumento para cortar secciones muy delgadas para el examen microscópico.

sectional ['sekʃənl] [sek-sho-nal], *a.* 1. Seccionario, perteneciente a una parte; local. 2. Hecho de secciones, como un vapor. 3. Parcial, incompleto.

sectionalism ['sekʃənəlɪzəm] [sek-sho-na-li-sem], *s.* Regionalismo, prejuicios regionales.

sector ['sektəʳ] [sek-taʳ], *s.* 1. *(Geom.)* Sector, parte del círculo comprendida entre dos radios y el arco comprendido entre ellos. 2. Un instrumento matemático o astronómico en forma de sector geométrico; compás de proporción.

sectoral ['sektərə] [sek-to-ral], *a.* *(Econ.)* Sectorial.

secular ['sekjʊləʳ] [se-kiu-laʳ], *a.* 1. Secular, seglar, mundano, temporal. 2. Secular; se dice del clero no sujeto a las reglas monásticas. 3. Secular, lo que sucede una vez en un siglo. 4. Efecutado en el curso de un siglo o siglos. *-s.* Seglar, lego, por oposición a eclesiástico, sea secular o regular.

secularism ['sekjʊlərɪzəm] [se-kiu-la-ri-sem], *sm.* Laicismo.

secularization ['sekjʊləraɪ'zeɪʃən] [se-kiu-la-rai-sei-shon], *s.* Secularización, acción y efecto de secularizar.

secularize ['sekjʊləraɪz] [se-kiu-la-rais], *va.* Secularizar, hacer secular o mundano; transferir la jurisdicción civil de un distrito o de un país de manos de eclesiásticos a las de seglares.

secularly ['sekjʊləlɪ] [se-kiu-la-li], *adv.* A lo seglar o como seglar; como un hombre apegado al mundo.

secure [sɪ'kjʊəʳ] [se-kiuaʳ], *a.* 1. Seguro, tranquilo, sin temor o inquietud. 2. Descuidado, negligente, que no hace caso, lleno de confianza. 3. Seguro, libre y exento de peligro, daño o riesgo. 4. Seguro, cierto, indudable. 5. Confiado en sí mismo.

secure, *va.* 1. Asegurar, resguardar, poner en seguridad o al abrigo; salvar, proteger, poner en salvo. 2. Asegurar, dar firmeza y seguridad a una cosa, afianzar; dar garantías. 3. Encerrar, aprisionar, poner bajo llave, impedir que algo se escape o pierda. 4. Lograr, obtener, adquirir, hacerse dueño de. **To secure one**, asegurar o poner en lugar seguro a una persona; prender. **I have secured my place**, he obtenido ya un asiento.

securely [sɪ'kjʊəlɪ] [si-kiua-li], *adv.* Seguramente, con seguridad, sin riesgo; tranquilamente.

secureness [sɪ'kjʊənɪs] [si-kiua-nes], *s.* Seguridad, calidad de seguro; falta de cuidado.

security [sɪ'kjʊərɪtɪ] [si-kiu-ri-ti], *s.* 1. Seguridad, el estado de las cosas que las hace firmes, seguras y libres de todo riesgo y peligro; protección, defensa. 2. Seguridad, tranquilidad, confianza; también exceso de confianza, falta de cautela, descuido. 3. Seguridad, fianza, obligación de indemnidad a favor de alguno. *-pl.* Vales, valores, garantías de pago. **To stand security,** salir fiador por otro. **Security risk**, persona de dudosas antecedentes y peligrosa para la seguridad nacional.

sedan [sɪ'dæn] [si-dan], *s.* 1. Sedán, automóvil sedán. 2. Silla de manos.

sedate [sɪ'deɪt] [si-deit], *a.* Sereno, apacible, sosegado, formal, serio, juicioso.

sedately [sɪ'deɪtlɪ] [si-deit-li], *adv.* Tranquilamente, formalmente.

sedateness [sɪ'deɪtnɪs] [si-deit-nes], *s.* Serenidad, tranquilidad, calma, quietud.

sedation [sɪ'deɪʃən] [si-dei-shon] *sf.* Tratamiento mediante calmantes, sedación.

sedative ['sedətɪv] [se-da-tiv], *a.* Sedativo, calmante. *-s.* Sedativo, medicamento calmante.

sedentary ['sedntrɪ] [se-dan-tri], *a.* 1. Sedentario; se aplicaa la vida o ejercicio de poca acción y movimiento. 2. Poltrón, flojo, perezoso. 3. *(Zool.)* Sedentario, que queda fijado o unido a un objeto.

sedge [sedʒ] [sedch], *s.* *(Bot.)* Juncia, cárice, esparganio, cualquier planta de la familia de las ciperáceas; vulgarmente, junco, enea. **Sedge-warbler, sedge-bird**, curruca, pajarillo cantor de Europa. **Sedge root**, chufa (tubérculo).

sedgy ['sedʒɪ] [sed-chi] *a.* Cubierto de juncias o cárices.

sediment ['sedɪmənt] [se-di-ment], *s.* 1. Sedimento, hez, poso, zurrapas. 2. *(Geol.)* Detritus transportado o depositado por el agua.

sedimental ['sedɪməntl] [se-di-men-tal], *a.* Sedimental, perteneciente a los sedimentos.

sedimentary [ˌsedɪ'mentərɪ] [se-di-men-ta-ri], *a.* Sedimentario, sedimentoso, que participa de la naturaleza del sedimento o está formado por él. **Sedimentary rocks**, rocas sedimentarias.

sedimentation [ˌsedɪmen'teɪʃən] [se-di-men-tei-shon], *s.* Sedimentación.

sedition [sə'dɪʃən] [se-di-shon], *s.* Sedición, tumulto, levantamiento popular contra la autoridad; motín, revuelta, sublevación.

seditious [sə'dɪʃəs] [se-di-shos], *a.* 1. Sedicioso. 2. Culpable de sedición, tumultuoso; amotinado.

seditiously [sə'dɪʃəslɪ] [se-di-shos-li], *adv.* Sediciosamente.

seditiousness [sə'dɪʃəsnɪs] [se-di-shos-nes], *s.* Calidad de sedicioso; excitación a la sedición.

seduce [sɪ'dju:s] [si-dius], *va.* 1. Seducir, desviar del deber, de la rectitud o de la verdad, instigar a alguna cosa mala. 2. En especial, seducir a una mujer. 3. Invitar, tentar. 3. Arrastrar, llevar a algo malo.

seducement [sɪ'dju:smənt] [si-dius-ment], *s.* Seducción, acción de seducir o los medios empleados para ello.

seducer [sɪ'dju:sə^r] [si-diu-sa^r], *s.* Seductor, seductora; el o la que seduce.

seducible, seduceable [sɪ'dju:səbl] [si-diu-sa-bol], *a.* Capaz de ser seducido o de dejarse seducir.

seduction [sɪ'dʌkʃən] [si-dak-shon], *s.* 1. Seducción. 2. Atractivo.

seductive [sɪ'dʌktɪv] [si-dak-tiv], *a.* Seductivo, atractivo, halagüeño; persuasivo.

seductress [sɪ'dʌktrɪs] [si-dak-tris], *sf.* Seductora, la que seduce o corrompe.

sedulous ['sedjʊləs] [se-diu-los], *a.* Diligente, aplicado, cuidadoso, asiduo.

sedulousness ['sedjʊləsnɪs] [se-diu-los-nes], *s.* Ahinco, cuidado, celoso, diligencia, asiduidad, aplicación.

see [si:] [sii], *s.* Silla pontifical o episcopal; sede, diócesis o episcopado.

see, *va.* (*pret.* SAW, *pp.* SEEN, *ger.* SEEING). 1. Ver, percibir con los ojos; mirar, observar (to look at, observe, regard, view, watch). 2. Ver, percibir con la mente; concebir, comprender, conocer. 3. Ver, distinguir, descubrir, reparar; notar, inquirir, indagar, informarse; también conocer, sufrir. **See whether I am right**, averigüe Ud. si tengo razón. **I have seen better days**, he conocido mejores tiempos. 4. Ver, visitar a un sujeto o estar con él con un objeto cualquiera, tener relaciones con alguien; hacer o recibir visitas. 5. Acompañar, escoltar. 6. Tener como cargo o cuidado (seguido de cláusula que empiece con **that**). **See that the work is done**, cuide Ud. de que se haga el trabajo. 7. Considerar, juzgar, tener por. *-vn.* 1. Ver, percibir con la vista. 2. Discernir, penetrar, comprender. 3. Preguntar;. informarse, considerar, advertir; reflexionar; pensar en algo. **To see afar off**, ver de lejos, ver a lo lejos. **To see for**, buscar, inquirir. **To see into**, ver y examinar una cosa a fondo, ver el interior de una cosa o penetrar en ella. **To see one another**, visitarse, verse. **I'll see about it**, yo lo veré, yo lo pensaré. **Let me see**, déjeme Ud. ver, pensar o examinar (la cosa de que se trata). **To see a person home**, acompañar a una persona a su casa. **Let's see, let us see**, veamos; a ver. **I see**, ya veo, ya comprendo. **To see out**, ver u oír hasta el fin; ver partir; eclipsar, dejar deslucido a otro. **To see through**, comprender, reconocer; llevar a cabo; ayudar a uno en la ejecución de algo. **To see to**, tener cuidado, pensar, poner atención en algo. **See to it**, tenga Ud. cuidado de ello, piense Ud. en ello.

see, *inter.* ¡Mira!

seed [si:d] [siid], *s.* 1. Semilla, simiente; grano de los vegetales. **Seed of a fruit**, pepita, cuesco. **Animal seed**, esperma, semen. 2. Origen, causa primitiva, principio productivo. 3. Progenie, casta, generación. 4. Excesiva madurez, decadencia. **Seed-basket**, sembradera, cesto para grano. **Seed-bud**, botón, el germen o rudimento del fruto. **Seed-corn**, trigo o maíz para sembrar. **Seed-drill**, sembradora, máquina de sembrar. **Seed-lac**, laca seca en granos. **Seed-vessel**, pericarpio, la parte de una planta en que están contenidas las semillas. **To run to seed**, producir semillas, convertirse todo en semillas; agotarse. **Seed-cake**, bollo o torta hecha con semillas aromáticas (anisado). **Seedlip, seedlop**, sementero. **Seed-plot**, semillero, plantel.

seed, *va.* 1. Sembrar, esparcir las semillas. 2. Adornar con figuras parecidas a semillas. 3. Despepitar. *-vn.* 1. Sembrar semillas. 2. Granar, desgargolar, llegar a la madurez, y producir la semilla.

seeder ['si:də^r] [sii-da^r], *s.* Sembradora, máquina de sembrar.

seediness ['si:dɪnɪs] [si-di-nes], *s.* La condición o calidad de lo que está lleno de simiente.

seed-pearl ['si:dpɜ:l] [siid-perl], *s.* Aljófar, rostrillo, granillos de perlas.

seed-time ['si:dtaɪm] [siid-taim], *s.* Sementera, siembra.

seedling ['si:dlɪŋ] [siid-lin], *s.* 1. Planta de semillero. 2. Semilla, germen.

seedsman ['si:dzmən] [siids-man], *s.* 1. Sembrador, el que siembra granos. 2. Tratante en semillas o simientes.

seedy ['si:dɪ] [sii-di], *a.* 1. Granado, lleno de granos, abundante en semillas. 2. Desharapado, pobre y andrajoso, descamisado.

seeing ['si:ɪŋ] [siin], *s.* Vista, visión, el acto de ver. *a.* Vidente. *-conj.* **Seeing o seeing that**, visto que, siendo así que, puesto que.

seek [si:k] [siik], *va.* (*pret.* y *pp.* SOUGHT). 1. Buscar, ir en busca de, procurar hallar alguna cosa. 2. Inquirir; solicitar, pretender. 3. Intentar, procurar. 4. Preguntar, interrogar, suplicar. 5. Acudir, dirigirse, recurrir. 6. Explorar, registrar. *-vn.* Buscar, hacer preguntas o diligencias para hallar. **To seek after**, buscar, inquirir; solicitar, pretender; perseguir; pesquisar. **To seek for**, andar buscando, inquiriendo o preguntando por una cosa; procurar conseguir un objeto. **To seek of**, solicitar. **To seek out**, buscar por todos lados; pesquisar, hacer pesquisas o investigaciones; solicitar, hacer esfuerzos por conseguir un fin; seguir los perros la caza por el olfato. **To seek to**, acudir. **To seek one's life**, querer matar o asesinar a uno.

seeker ['si:kə^r] [sii-ka^r], *s.* Buscador, inquiridor, investigador.

seel ['si:l] [siil], *va.* 1. Tapar o coser los ojos a los halcones. 2. Cerrar los ojos; cegar. 3. Engañar. *vn.* Tumbarse sobre una banda. *V.* TO HEEL.

seem ['si:m] [siim], *vn.* 1. Parecer, tener apariencia o señales de, darse un aire a alguno. 2. Parecerle a uno alguna cosa. **It seems**, parece, según parece.

seemer ['si:mə^r] [sii-ma^r], *s.* El que parece.

seeming ['si:mɪŋ] [sii-min], *s.* Apariencia, parecer, exterior; particularmente, apariencia falsa. *-a.* Aparente, especioso, parecido; que tiene apariencia de algo.

seemingly ['si:mɪŋlɪ] [sii-min-li], *adv.* Al parecer, aparentemente.

seemingness ['si:mɪŋnɪs] [sii-min-nes], *s.* Exterioridad, apariencia; plausibilidad.

seemliness ['si:mlɪnɪs] [siim-li-nes], *s.* Gracia, gallardía; decoro, decencia, bien parecer; propiedad, la conformidad y correspondencia que deben guardar las cosas y personas entre sí.

seemly ['si:mlɪ] [siim-li], *a.* Decente, propio, correspondiente, decoroso, que conviene. **It is not seemly to**, no conviene que. *-adv.* Decentemente, de una manera conveniente.

seen [si:n] [siin], *pp.* de TO SEE.

seep [si:p] [siip], *va.* y *vn.* *(E.U. y Esco.)* 1. Colar, pasar. 2. Colarse, rezumarse, pasar a través de los poros. 3. Perder un líquido por haberse derramado o rezumado. 4. Escurrirse una cosa mojada.

seepage ['si:pɪdʒ] [sii-pich], *s.* Coladura de un líquido; cantidad de un fluido que pasa por los poros de algo y se pierde.

seer [sɪə^r] [sia^r], *s.* 1. Profeta, adivinador, el que prevé los acontecimientos futuros. 2. Veedor, el que ve o mira.

seeress ['sɪəz] [sias], *s.* Profetisa, vidente, adivina.

seerhand ['sɪəhænd] [sia-jand], *s.* Turbante indio.

seersucker ['sɪəsʌkə^r] [sia-sa-ka^r], *s.* *(Com.)* Sirsaca, carranclán fino y rayado de la India.

seesaw ['si:sɔ:] [si-so], *s.* 1. Vaivén, movimiento alternativo. 2. Juego de muchachos, y la tabla de que se sirven para este juego. *-a.* De vaivén, que vacila.

seesaw, *vn.* Balancear, dar o hacer balances.
seethe [siːð] [siiz], *va.* (*pp.* SEETHED, y antiguamente SODDEN o SOD). Hacer cocer, hacer hervir. *-vn.* Hervir, bullir, ponerse en movimiento algún licor por la acción del calor. **To seethe over**, derramarse el líquido o salirse de su cotinente por estar hirviendo.
seether ['siːðəʳ] [sii-zaʳ], *s.* Caldera, marmita.
seething ['siːðɪŋ] [si-zin], *a.* Hirviente, efervescente.
segment ['segmənt] [seg-ment], *s.* 1. Segmento, parte cortada o dividida; sección. 2. Segmento de un círculo.
segmentation [ˌsegmən'teɪʃən] [seg-men-tei-shon], *s.* Acción y efecto de dividir en segmentos.
segregate ['segrɪgeɪt] [se-gri-gueit], *va.* y *vn.* Segregar, separar o apartar una cosa de otra; segregarse. *-a.* Segregado, apartado, separado; selecto.
segregation ['segrɪ'geɪʃən] [se-gri-guei-shon], *s.* Segregación, separación, apartamiento.
seine [seɪn] [sin], *va.* y *vn.* Pescar con buitrago o red barredera. *-s.* Buitrago, red barredera.
seismic ['saɪzmɪk] [sais-mik], *a.* Seísmico, perteneciente a los terremotos o producido por ellos.
seismograph ['saɪzməgrɑːf] [sais-mo-graf], *s.* Seismógrafo, seismómetro, instrumento que señala automáticamente los fenómenos de un terremoto, mide su dirección, su intensidad, etc.
seismology [saɪz'mɒlədʒɪ] [sais-mo-lo-yi], *s.* Seismología, ciencia que trata de los terremotos.
seizable ['siːzəbl] [si-sa-bol], *a.* Capaz de o expuesto a ser asido o embargado.
seize [siːz] [siis], *va.* y *vn.* 1. Asir, agarrar, coger (to seize, take). 2. Embargar, secuestrar bienes o efectos. 3. Apoderarse una pasión de ánimo de alguna persona. 4. *(For)* Tomar bajo la custodia de la ley. 5. *(Mar.)* Amarrar, dar una ligadura. 6. Fascinar, impresionar. 7. Aprovechar una oportunidad. 8. Comprender bien. **To seize on**, apoderarse, agarrar con firmeza una cosa. **To seize upon**, coger, agarrar o asir una cosa echándose sobre ella; embargar. **To seize again**, volver a agarrar o asir lo que se había soltado; volver a embargar lo que se había desembargado. **To be seized with fear**, sobrecogerse de miedo. **To be seized (o seised) of**, *(For)* estar en posesión de, poseer.
seizer ['siːzəʳ] [si-saʳ], *s.* Agarrador, secuestrador; el que ase, embarga o se apodera de algo. Como término forense se escribe también SEIZOR y SEISOR.
seizing ['siːzɪŋ] [si-sin], *s.* 1. El acto de asir o tomar posesión de una cosa y la misma cosa de que se toma posesión. 2. La cuerda con que se amarra; acción de atar las racias con una cuerda.
seizure ['siːʒəʳ] [si-shaʳ], *s.* 1. El acto de asir. 2. La cosa asida o agarrada. 3. Captura, la acción de apoderarse de alguna cosa por fuerza; embargo, secuestro. 4. *(Med.)* Ataque, acceso de una enfermedad. 5. *(Mec.)* Atasco, trabamiento.
seldom ['seldəm] [sel-dom], *adv.* Raramente, rara vez.
select [sɪ'lekt] [si-lekt], *va.* Escoger, entresacar; tomar con preferencia a otro o entre muchos; elegir.
select, *a.* 1. Selecto, escogido, tomado con preferenca a otros. 2. *(Fam.)* Exclusivo. **Select society**, sociedad selecta, escogida.
selected [sɪ'lektɪd] [si-lek-tid], *a.* Escogido, seleccionado.
selection [sɪ'lekʃən] [si-lek-shon], *s.* 1. Selección, elección, escogimiento. 2. Elegido o escogido; colección hecha con cuidado.
selective [sɪ'lektɪv] [si-lek-tiv], *a.* Perteneciente o relativo a la selección; que escoge.
selectness [sɪ'lektnɪs] [si-lekt-nes], *s.* La calidad o propiedad de ser selecto.
selector [sɪ'lektəʳ] [si-lek-taʳ], *s.* El que elige o escoge.
selenium [sɪ'liːnɪəm] [si-li-niom], *s.* *(Quím.)* Seleni, metaloide que se reduce con facildiad a polvo; notable por las variaciones de su resistencia eléctrica bajo la influencia de la luz y del calor.
self [self] [self], *a.* (*pl.* SELVES). 1. Mismo, idéntico, propio; desusado excepto en el compuesto **selfsame**. 2. Puro, no mezclado (colores). *-s.* 1. Persona, personalidad, individuo. 2. Se, sí mismo; yo mismo. **Self** se une a los pronombres personales, a algunos adjetivos posesivos y al pronombre **one** para formar pronombres reflexivos o para dar más fuerza a la expresión. **The selfsame thing**, la misma cosa. **Myself**, yo mismo, me. **Himself, herself, itself**, se. **Ourselves, yourselves, themselves**, nos, os, se. **Oneself**, sí mismo, se. **The gracious self**, tu graciosa persona. **My other self**, mi otro yo. **To lay a thing by itself**, poner una cosa aparte. **To live like oneself**, vivir según su calidad. Esta palabra se usa muy frecuentemente en composición. La mayor parte de estas voces tienen el sentido que claramente les da su segundo componente; algunas que requieren explicación se hallarán aquí. **Self-abased**, humillado por la conciencia de su propia vergüenza. **Self-binder**, máquina de segar con atador automático. **Self-centered**, concentrado en sí mismo. **Self-command**, dominio sobre sí mismo. **Self-complacency**, complacencia en sí mismo. **Self-conceit**, egotismo, vanidad, arrogancia. **Self-conceited**, presumido, arrogante, presuntuoso. **Self-confidence**, confianza en sí mismo. **Self-concious,** (a) consciente de sí mismo con exageración. (b) Esciente, conocedor de la propia existencia. **Self-contradiction**, contradicción consigo mismo. **Self-control**, imperio sobre sí mismo. **Self-convicted**, convicto por confesión propia; que se condena a sí mismo. **Self-deception**, la acción de engañarse a sí mismo o de formarse ilusiones vanas. **Self-defense**, la acción de engañarse a sí mismo o de formarse ilusiones vanas. **Self-delusion**, *V.* **Self-defection**. **Self-denial**, abnegación de sí mismo. **Self-denying**, que hace abnegación de sí mismo. **Self-devotion**, dedicación de una persona, de sus deseos e intereses al servicio de una causa o de otra persona. **Self-esteem**, estimación, buena opinión de sí mismo; a veces, demasiado buen concepto de sí mismo. **Self-evident**, patente, evidente por sí mismo; que lleva la convicción al ánimo con sólo enunciarlo. **Self-examination**, examen de sí mismo, examen de conciencia. **Self-existence**, existencia por sí mismo, independiente de todo otro ser; uno de los atributos de Dios. **Self-existent, self-existing**, existente por sí mismo, en virtud de su propia esencia o naturaleza. **Self-government**, (a) dominio, imperio, sobre sí mismo; (b) gobierno de un pueblo por sí mismo. **Self-help**, ayuda propia. **Selfhood**, personalidad, individualidad, egoísmo. **Self-importance**, altivez; concepto extravagante de la importancia propia. **Self-instructor**, el maestro de sí mismo. **Self-interest**, el propio interés. **Selfish**, interesado, egoísta. **Self-love**, amor propio, amor de sí mismo. **Self-luminous**, luminoso por su propia naturaleza, que emite luz. **Self-moving**, automotor, que se mueve por sí mismo. **Self-murder**, suicidio. **Self-murderer**, suicida. **Self-possession**, sangre fría, tranquilidad de ánimo. **Self-preservation**, preservación de sí mismo. **Self-regulating**, regulador automático. **Self-reliance**, confianza en sí mismo, en el propio juicio, en los propios recursos. **Self-reliant**, confiado en sí mismo. **Self-righteous**, que es justo en la propia estimación. **Self-sacrifice**, sacrificio o subordinación de sí mismo o de los propios deseos al deber o al bien de otros. **Self-sufficience, self-sufficiency**, presunción, confianza desmedida en sí mismo. **Self-sufficient**, (a) que tiene entera confianza en sí mismo, en su fuerza; de aquí, orgulloso, arrogante. (b) Que se basta a sí mismo. **Self-will**, obstinación, terquedad, porfía. **Self-willed**, obstinado, terco. **Self-winding**, de cuerda automática (reloj). **Self-worship**, egolatría.
self-address ['selfə'dres] [self-a-dres], *va.* Rotular.
self-assurance ['selfə'ʃʊərəns] [self-a-shua-rans], *s.* Confianza en sí mismo.
self-contained ['selfkən'teɪnd] [self-kon-teind], *a.* Reservado, independiente.
self-controlled ['selfkən'trəʊl] [self-kon-troul], *a.* Dueño de sí mismo.
self-expression ['selfɪks'preʃən] [self-iks-pre-shon], *s.* Expresión de la personalidad.

selfial ['selfɪəl] [sel-fial], *a.* Relativo o perteneciente a sí mismo; personal, particular.
self-improvement ['selfəɪm'pru:vmənt] [self-im-pruv-ment], *s.* Mejoramiento de sí mismo.
self-induction ['selfɪn'dʌkʃən] [self-in-dak-shon], *s. (Elec.)* Autoinducción.
self-indulgence ['selfɪn'dʌldʒəns] [self-in-dal-yans], *s.* Satisfacción de los propios deseos.
selfish ['selfɪʃ] [sel-fish], *a.* 1. Interesado, ensimismado, egoísta. 2. Que cree o enseña que el amor propio es causa principal de los acto humanos.
selfishly ['selfɪʃlɪ] [sel-fish-li], *adv.* Interesadamente; con mucho amor propio, por egoísmo.
selfishness ['selfɪʃnɪs] [sel-fish-nes], *s.* Egoísmo, amor propio, egotismo.
selfless ['selflɪs] [self-les], *a.* Desinteresado, generoso.
self-made ['selfmeɪd] [self-meid], *a.* Formado por esfuerzo propio. **Self-man**, hombre que se ha hecho una posición por su propio esfuerzo.
self-preservation ['self,prezə'veɪʃən] [self-pre-sa-vei-shon], *s.* 1. Propia conservación. 2. Instinto de conservación.
self-propulsion ['selfprə'pʌlʃən] [self-pro-pal-shon], *s.* Autopropulsión.
self-reliance ['selfrɪ'laɪəns] [self-ri-laians], *s.* Confianza en sí mismo.
self-respect ['selfrɪs'pekt] [self-ris-pekt], *s.* Respeto de sí mismo, propia estimación, dignidad, decoro.
self-sacrifice ['self'sækrɪfaɪs] [self-sa-kri-fais], *s.* Sacrificio personal, abnegación.
self-same ['selfseɪm] [self-seim], *a.* Idéntico, mismísimo.
self-satisfied ['self'sætɪsfaɪd] [self-sa-tis-faid], *a.* Ensimismado.
self-seeker ['self'si:kəʳ] [self-sii-kaʳ], *s.* Egoísta.
self-service ['self'sɜ:vɪs] [self-ser-vis], *s.* Autoservicio.
self-starter ['self'stɑ:təʳ] [self-star-taʳ], *s.* Arranque automático.
self-sufficiency ['selfsə'fɪʃənsɪ] [self-sa-fi-shan-si], *s.* 1. Autosuficiencia, capacidad de bastarse a sí mismo 2. Confianza desmedida en sí mismo, presunción.
self-winding ['self'wɪndɪŋ] [self-uin-din], *a.* De cuerda automática.
sell [sel] [sel], *s. (Fam.)* Engaño, estafa.
sell, *va.* (*pret.* y *pp.* SOLD). 1. Vender, traspasar a otro la propiedad de la cosa que uno posee, por un precio convenido. 2. Vender; se dice respecto de las cosas inmateriales cuando se las sacrifica al interés. 3. Vender, entregar por dinero; hacer traición. *-vn.* 1. Vender, hacer el comercio, traficar. 2. Venderse, ser vendido, hallar compradores; tener buen despacho una cosa o venderse bien. **To sell for ready money**, vender al contado. **To sell on credit**, vender al fiado o a plazos. **To sell underhand**, vender bajo mano. **To sell off**, vender el todo de muchas cosas juntas. **To sell by auction**, almonedear. **To sell at retail, wholesale**, vender al por menor, al por mayor. **To sell one´s soul**, vender su alma al diablo. **To sell short**, vender para una fecha futura lo que aún no se tiene.
seller ['seləʳ] [se-laʳ], *s.* Vendedor.
sellout ['selaʊt] [sel-aut], *s.* 1. Liquidación realización. 2. *(Fam.)* Traición. 3. *(Teat.)* Función para la que están vendidas todas las localidades.
selter, seltzer ['seltəʳ] [sel-taʳ], *s.* Agua de Seltz, agua mineral que contiene mucho ácido carbónico.
selvage ['selvɪdʒ] [sel-vich], *s.* 1. Orilla de paño. 2. Borde, orilla, particularmente cuando es diferente del resto. 3. Chapa lateral de la cerradura por donde sale el pestillo. **Selwages**, *(Mar.)* estrobos para los obenques y brandales.
semantics [sɪ'mæntɪks] [si-man-tiks], *s. pl.* Semántica.
semaphore ['seməfɔ:ʳ] [se-ma-foʳ], *s.* Semáforo, aparato para hacer señales, especialmente con brazos, discos, pabellones o linternas móvibles; telégrafo de señales (en los ferrocarriles).
semblance ['sembləns] [sem-blans], *s.* Semejanza, exterior, apariencia; ademán, máscara, velo, ficción; imagen; forma visible o imaginaria,
semen ['si:mən] [si-men], *s.* 1. Semen, substancia que para la generación tienen los animales del sexo masculino. 2. *(Bot.)* Simiente, semilla.
semester [sɪ'mestəʳ] [si-mes-taʳ], *s.* Semestre.
semi- ['semɪ] [se-mi], Semi: prefijo que usado en composición significa medio, la mitad de cualquier cosa. **Semiannual**, semianual, semestral; que se verifica cada seis meses.
semiannual ['semɪ,ænjʊəl] [se-mia-nual], *a.* Semestral.
semiautomatic [,semɪ,ɔ:tə'mætɪk] [se-mio-to-ma-tik], *a.* Semiautomático.
semibreve ['semɪbri:v] [se-mi-briv], *s. (Mús.)* Semibreve, redonda, la figura o nota fundamental de la música que vale un compás menor. **Semibreve rest**, aspiración de semibreve.
semicircle ['semɪ,sɜ:kl] [se-mi-ser-kel], *s.* Semicírculo, medio círculo.
semicircular ['semɪ,sɜ:kjʊləʳ] [se-mi-ser-kiu-laʳ], *a.* Semicircular.
semicolon ['semɪ'kəʊlən] [se-mi-kou-lon], *s.* Punto y coma (;), signo ortográfico.
semidouble ['semɪ,dʌbl] [se-mi-da-bel], *a. (Bot.)* Semidoble, que tiene los estambres exteriores convertidos en pétalos y los interiores perfectos. *-s.* Semidoble, el oficio o fiesta de la Iglesia romana que se celebra con menor solemnidad que los oficios y fiestas dobles.
semifinals ['semɪ'faɪnlz] [se-mi-fai-nals], *s. pl.* Semifinales.
semifinished [,semɪ'fɪnɪʃt] [se-mi-fi-nisht], *a.* Semiacabado.
seminal ['semɪnl] [se-mi-nal], *a.* 1. Seminal, lo perteneciente al semen o lo que lo contiene. 2. *(Bot.)* Seminal, lo que pertenece a las semillas de las plantas. 3. Embrionario.
seminar ['semɪnəʳ] [se-mi-naʳ], *s.* Seminario, reunión del profesor con estudiantes para realizar trabajos de investigación.
seminary ['semɪnərɪ] [se-mi-na-ri], *s.* 1. Seminario, la casa o lugar destinado para educación de niños y jóvenes. 2. Seminario, el principio o raíz de que nacen o se propagan algunas cosas. 3. Semillero, sitio en que se crían las plantas hasta la época en que han de transplantarse: (sentido original). **Theological seminary**, seminario eclesiástico. *-a.* 1. Seminal. 2. Perteneciente a un seminario.
semination [,semɪ'neɪʃən] [se-mi-nei-shon], *s. (Ant.)* 1. Sembradura, la acción de sembrar; diseminación. 2. *(Bot.)* El esparcimiento natural de las semillas.
semiotic [,semɪ'ɒtɪk] [se-mio-tik], *a.* Semiótico.
semiquadrate [,semɪ'kwədreɪt] [se-mi-kua-dreit], *s. (Astr.)* Semicuadrado, el aspecto de dos planetas cuando distan entre sí cuarenta y cinco grados.
semiquaver ['semɪ,kweɪvəʳ] [se-mi-kuei-vaʳ], *s. (Mús.)* Semicorcheas.
semiskilled ['semɪ'skɪld] [se-mi-skild], *a.* Semicualificado, semiexperto.
Semite ['si:maɪt] [si-mait], *a.* Semítico, concerniente a Sem, o a los pueblos clasificados entre sus descendientes. *-s.* Conjunto de las lenguas semíticas.
semitone ['semɪtəʊn] [se-mi-toun], *s. (Mús.)* Semitono, intervalo equivalente a la mitad de un tono.
semitonic ['semɪ,təʊnɪk] [se-mi-tou-nik], *a.* Relativo a un semitono; de medio tono.
semitrailer ['semɪ'treɪləʳ] [se-mi-trei-laʳ], *s. (E.U.)* Trailer.
semivowel ['semɪ'vaʊəl] [se-mi-vauel], *s.* Semivocal.
semiweekly ['semɪ,wi:klɪ] [se-mi-ui-kli], *a.* Bisemanal. *-adv.* Bisemanalmente. *-s.* Publicación bisemanal.
sempiternal [,sempɪ'tɜ:nl] [sem-pi-ter-nal], *a.* Sempiterno, que tiene principio pero no tiene fin.
senary ['senərɪ] [se-na-ri], *a.* Senario, compuesto de seis unidades, que contiene seis.
senate ['senɪt] [se-neit], *s.* 1. Senado, junta de los senadores (assembly of elders); el más alto de los dos cuerpos legislativos de los países constitucionales (v. g. los Estados

Unidos, España, Francia e Italia). 2. La junta directiva de ciertas universidades. 3. Consejo, un cuerpo legislativo. 4. Cualquier junta o concurrencia de personas graves, respetables y circunspectas. **Senate-house**, senado, el lugar donde se juntan los senadores.

senator ['senɪtəʳ] [se-ni-taʳ], *s.* Senador, miembro de un senado; consejero.

senatorial ['senɪtɔːrɪəl] [se-ni-to-rial], *a.* 1. Senatorio, perteneciente o relativo al senado o al senador. 2. *(E. U.)* Que tiene derecho de elegir un senador, v. g. un distrito senatorio.

senatorship ['senɪtəʃɪp] [se-ni-ta-ship], *s.* El empleo o dignidad de senador.

send [send] [send], *va.* (*pret.* y *pp.* SENT). 1. Enviar, despachar, mandar una persona a alguna parte (to dispatch, ship). 2. Enviar, remitir cosas de una parte a otra. 3. Emitir, arrojar, lanzar, despedir, producir. 4. Difundir, extender, propagar. 5. Enviar, conceder, dar; hacer venir, sobrevenir o acontecer; infligir. 6. Hacer mirar hacia algo o alguien. *-vn.* Enviar, despachar, un agente, mensaje o mensajero.

send away, despedir a un criado; enviar a escardar o despedir a alguno ásperamente.

send back, mandar volver, enviar de vuelta, enviar otra vez, hacer volver.

send down, enviar abajo, hacer bajar.

send for, enviar a buscar, enviar a llamar; enviar por uno o a decirle que venga; enviar o despachar a una persona para que traiga consigo a otra o alguna cosa.

send in, hacer entrar, mandar entrar, venir o servir; anunciar, decir su nombre; introducir. **To send in one´s papers**, dimitir renunciar.

send forth, enviar adelante, hacer marchar; producir, dar a luz; publicar, promulgar; empujar; emitir, exhalar.

send forward, enviar hacia adelante.

send off, expedir, hacer partir.

send up, (a) enviar arriba, mandar subir. (b) *(Fam. E. U.)* Enviar a la cárcel. **To send about one´s business**, mandar a paseo. **To send word**, mandar o pasar aviso, participar una noticia por escrito o por un propio, enviar un mensaje o recado por medio de una persona.

send, *vn.* 1. *(Mar.)* Cabecear la embarcación de proa a popa. 2. Enviar recado o mensajero. 3. **To send for**, mandar por, enviar a buscar, hacer venir. *V.* SCEND.

sender ['sendəʳ] [sen-daʳ], *s.* 1. El que envía. 2. *(Com.)* Expedicionario. 3. Transmisor.

sending ['sendɪŋ] [sen-din], *s.* 1. Envío, remesa. 2. Transmisión. **Sending key**, manipulador.

send-off ['sendɒf] [send-of], *s.* 1. Envío. 2. Despedida afectuosa.

Seneca ['senɪkə] [se-ni-ka], *s.* Séneca.

senescence ['senɪsəns] [se-ni-sens], *s.* Senectud, vejez.

senescent ['senɪsənt] [se-ni-sent], *a.* Que envejece; característico de la vejez.

senile ['siːnaɪl] [si-nail], *a.* Senil, que pertenece a los viejos y a la vejez.

senior ['siːnɪəʳ] [si-nioʳ], *a.* 1. Mayor, de mayor edad. 2. Más antiguo o anciano por su cargo o título; superior en grado o dignidad. 3. Perteneciente al último año del curso de estudio en un colegio americano. *-s.* 1. Antiguo, anciano. 2. *(Eng.)* Individuo de la Junta de Gobierno de un colegio. *(Eng.)* Estudiante encargado de la disciplina de los demás. **Senior of a college**, antiguo de colegio, que en algunas partes se llama también senior. **Senior high school**, los dos últimos años de una escuela secundaria.

seniority [ˌsiːnɪ'ɒrɪtɪ] [si-nio-ri-ti], *s.* 1. Antigüedad. 2. Precedencia. **Seniority scale**, escalafón.

senna ['senə] [se-na], *s.* *(Bot.)* Sen o sena.

senocular ['senəkjʊləʳ] [se-no-kiu-laʳ], *a.* Que tiene seis ojos (like some spiders).

sensation [sen'seɪʃən] [sen-sei-shon], *s.* 1. Sensación, la impresión de los objetos en los órganos de los sentidos percibida por el cerebro. 2. Lo que produce sentimientos de interés o excitación; estado de excitación.

sensational [sen'seɪʃənl] [sen-sei-sho-nal], *a.* 1. De sensación; que produce excitación o que se destina a producirla. 2. Que se refiere a la sensación, a la percepción por los sentidos.

sense [sens] [sens], *s.* 1. Sentido, la potencia o facultad que tienen los seres animados de percibir las impresiones de los objetos externos (felt, experienced). 2. Sentido, entendimiento, razón, seso (a menudo en plural). **A man of sense**, hombre de juicio. 3. Sentido, el modo particular de entender una cosa o el juicio que se forma de ella; el juicio del mayor número. 4. Sensación, percepción por los sentidos; sentimiento, percepción moral. 5. Sentido, significado, interpretación, significación. 6. Percepción sensitiva, sensibilidad. **To gratify one's senses**, satisfacer los sentidos. **Common sense**, sentido común. **To be out of one´s senses**, estar fuera de sí, estar loco. **To come to one´s senses**, volver en sí; recobrar el buen sentido. **Sense organs**, órganos de los sentidos. **Sense perception**, percepción sensitiva.

sense, *v.* 1. Sentir, percibir por los sentidos. 2. Sentir, percibir intuitivamente, darse cuenta de, comprender.

senseless ['senslɪs] [sens-les], *a.* 1. Insensible, falto de sentimiento; privado de sentido, que no puede sentir, que no tiene conciencia de sí mismo. 2. Insensato, necio, absurdo, falto de razón. 3. Sin sentido, absurdo. **Senseless of**, insensible a.

senselessly ['senslɪslɪ] [sens-les-li], *adv.* Insensatamente, de un modo insensato.

senselessness ['senslɪsnɪs] [sens-les-nes], *s.* Tontería, insensatez, necedad, absurdo.

sensibility [ˌsensɪ'bɪlɪtɪ] [sen-si-bi-li-ti], *s.* 1. Sensibilidad, la facultad de percibir las impresiones que recibimos de los objetos externos. 2. Sensibilidad, la predisposición o propensión de los sentidos a recibir de una manera viva o fuerte las impresiones exteriores. 3. Precisión, hablando de instrumentos.

sensible ['sensəbl] [sen-si-bol], *a.* 1. Sensible, capaz de sentir; capaz de producir impresiones en los sentidos; perceptible, por los sentidos; sensitivo, perceptible por los sentidos; sensitivo, perceptible o percibidio por la inteligencia. 2. Sensato, sensitivo, capaz de emociones. 3. Convencido, persuadido. 4. Cuerdo, razonable, juicioso, sensato. 5. (Poco us.) Sensitivo, afectado por los cambios más ligeros. **To be sensible**, tener tacto, buen juicio; conocer, esetar persuadido; ver, concebir. **To be sensible of**, hacerse cargo de. **I am sensible (that) I have done amiss**, estoy persuadido de que he hecho mal.

sensibleness ['sensəblnɪs] [sen-si-bol-nes], *s.* 1. La posibilidad de que una impresión sea percibida por los sentidos. 2. Sensación, sensibilidad. 3. Impresión, sentimiento producido en el ánimo por alguna cosa que lo aflige. 4. Cordura, sensatez.

sensibly ['sensəblɪ] [sen-si-bli], *adv.* 1. Perceptiblemente, sensiblemente. 2. Exteriormente. 3. Juiciosamente, con prudencia y cordura.

sensitive ['sensɪtɪv] [sen-si-tiv], *a.* 1. Sensitivo, sensible, impresionable, de viva sensibilidad; que afecta a los sentidos; en fotografía, sensibilizado, hecho sensible a la acción d ela luz. 2. Sensitivo, perteneciente a los sentidos. **Sensitive-plant**, sensitiva, planta que al tocarla se contrae como si tuviera sensación: (mimosa pudica) planta de la familia de las leguminosas.

sensitively ['sensɪtɪvlɪ] [sen-si-tiv-li], *adv.* Sensiblemente, con pesar, con sentimiento.

sensitiveness ['sensɪtɪvnɪs] [sen-si-tiv-nes], *s.* 1. Sensibilidad, calidad de sensitivo o sensible, tanto física como mentalmente. 2. Delicadeza, precisión.

sensitize ['sensɪtaɪz] [sen-si-tais], *va.* Sensibilizar, hacer sensible, particularmente a la acción de la luz (v. g. la placa fotográfica). **Sensitized paper**, papel sensibilizado (para fotografía).

sensorial ['sensɔːrɪəl] [sen-so-rial], *a.* Sensorio, perteneciente al sensorio o a la sensación.

sensory ['sensɔːrɪ] [sen-so-ri], *s.* Sensorio, cualquiera de los órganos de los sentidos.
sensory, *a.* Sensorio, perteneciente a la facultad de sentir; que produce la sensación.
sensual ['sensjʊəl] [sen-siual], *a.* 1. Sensual, que pertenece a los sentidos o al apetito carnal; carnal, lo contrario de espiritual. 2. Sensual, lascivo, lujurioso, voluptuoso.
sensualist ['sensjʊəlɪst] [sen-siua-list], *s.* Persona sensual o dada a la sensualidad, a la satisfacción de los sentidos. 2. *(Filos.)* Sensualista, partidario del sensualismo.
sensuality [ˌsensjʊ'ælɪtɪ] [sen-siua-li-ti], *s.* Sensualidad, lascivia, voluptuosidad; el estado o calidad de sensual; entregado a los placerse sensuales.
sensualize ['sensjʊəlaɪz] [sen-siua-lais], *va.* Hacer sensual, voluptuoso o lascivo.
sensually ['sensjʊəlɪ] [sen-siua-li], *adv.* Sensualmente, con sensualidad, voluptuosamente.
sensuous ['sensjʊəs] [sen-siuos], *a.* Afectivo, patético; que afecta los sentidos, que se deriva de los sentidos o se refiere a ellos; tierno, apasionado. Se diferencia de **sensual.**
sensuousness ['sensjʊəsnɪs] [sen-siuos-nes], *s.* Afición a lo bello y a los objetos o adornos de lujo; calidad de los sentidos, de ser susceptibles a las influencias externas.
sent ['sent] [sent], pret. y *pp.* de TO SEND.
sentence ['sentəns] [sen-tens], *s.* 1. Sentencia, dictamen, juicio o parecer que da uno acerca de la cosa sobre la que se le consulta (judgement, decision). 2. Sentencia, declaración de juicio o resolución de un juez, vistos los méritos de una causa. 3. Sentencia, dicho grave y sucinto. 4. *(Gram.)* Sentencia, período, frase, párrafo breve que contiene sentido completo. 5. *(Mús.)* frase. **To serve a sentence**, cumplir una condena.
sentence, *va.* 1. Sentenciar, condenar. 2. Dictaminar.
sentential ['sentənʃəl] [sen-ten-shal], *a. (Gram.)* De frase, perteneciente a un período completo.
sententious [sen'tenʃəs] [sen-ten-shos], *a.* 1. Sentencioso, abundante en sentencias, en máximas. 2. Lacónico, breve; enérgico, expresivo en su lenguaje.
sententiously [sen'tenʃəslɪ] [sen-ten-shos-li], *adv.* 1. Sentenciosamente. 2. Concisamente.
sententiousness [sen'tenʃəsnɪs] [sen-ten-shos-nes], *s.* Laconismo, brevedad con energía.
sentience ['senʃəns] [sen-shans], *s.* Conciencia, sensibilidad, percepción.
sentient ['senʃənt] [sen-shant], *a.* 1. Sensible, que siente o tiene sensación, dotado de la facultad de percibir por los sentidos; lo contrario de inanimado y vegetal. 2. Sensitivo. **Sentient of**, consciente de. *-s.* Senciente, el que siente.
sentiment ['sentɪmənt] [sen-ti-mant], *s.* 1. Sentimiento, afecto, impresión que se siente en el ánimo, sea de alegría, de tristeza, etc. (feeling, sense). sentimiento noble, tierno o artístico y su expresión; también la cualidad de afectar o de ser afectado por una emoción delicada, intelectual o afectuosa. 2. Sentimiento de simpatía o afecto personal hacia una persona del sexo opuesto, a diferencia del amor o la pasión. 3. Sentimiento, dictamen, opinión o juicio interior que se forma de las cosas. 4. Sentido, pensamiento (in words); brindis. 5. Afecto. 6. Concepto, frase, pensamiento. **A man of honorable sentiments**, hombre de nobles sentimientos.
sentimental [ˌsentɪ'mentl] [sen-ti-men-tal], *a.* Sentimental, que pertenece a los sentimientos o afectos; propenso a sentimientos tiernos; que los excita; muy sensible.
sentimentalist [ˌsentɪ'mentəlɪst] [sen-ti-men-ta-list], *s.* Persona sentimental, propensa la sentimiento más bien que a la razón, o que afecta gran sensibilidad.
sentimentality [ˌsentɪmen'tælɪtɪ] [sen-ti-men-ta-li-ti], *s.* Afectación de exquisita sensibilidad, o de afectos muy tiernos.
sentimentalize [ˌsentɪ'mentəlaɪz] [sen-ti-men-ta-lais], *va.* y *vn.* Afectar gran sensibilidad.
sentinel ['sentɪnl] [sen-ti-nel], **sentry** ['sentrɪ] [sen-tri], *s.* 1. Centinela, el soldado que está de guardia; el acto de hacer guardia. **To stand sentry**, estar de centinela. 2. Lo que sirve de guarda o protección. **Sentry-box**, garita de centinela.
sepal ['sepəl] [se-pal], *s. (Bot.)* Sépalo, cada una de las hojuelas de cáliz.
separable ['sepərəbl] [se-pa-ra-bol], *a.* Separable, capaz de separarse.
separably ['sepərəblɪ] [se-pa-ra-bli], *adv.* De manera que se puede separar.
separate ['seprɪt] [se-pa-reit], *va.* 1. Separar, dividir, desunir, apartar cosas que están juntas o unidas; desviar. 2. Ocupar una posición entre dos cosas; poner aparte. 3. Considerar separadamente; estimar como cosas diferentes. 4. Desnatar la leche. *-vn.* Apartarse, desunirse, separarse.
separate, *a.* Separado, desunido, segregado, sin lazo, distinto, diferente; separado del cuerpo.
separately ['seprɪtlɪ] [se-pa-ra-tli], *adv.* Separadamente, a parte, sin conexión, distintamente; uno a uno.
separateness ['seprɪtnɪs] [se-pa-reit-nes], *s.* Estado de separación.
separation [ˌsepə'reɪʃən] [se-pa-rei-shon], *s.* 1. Separación, desunión; acción de separar; estado de separación (dissociation, abstraction). 2. Análisis químico, descomposición de un mixto en sus elementos constitutivos. 3. Separación, divorcio.
separatist ['sepərətɪst] [se-pa-ra-tist], *s.* Cismático, el que se ha separado de la religión dominante en su país.
separative ['sepərətɪv] [se-pa-ra-tiv], *a.* Separativo, que separa o tiende a la separación; distintivo.
separator ['sepəreɪtəʳ] [se-pa-rei-taʳ], *s.* 1. Separador, cualquier útil o aparato para separar las cosas, como el zurrón del grano. 2. Separador, el o lo que separa.
sepia ['siːpɪə] [si-pia], *s.* 1. Sepia, materia colorante que se saca de la jibia, tratándola con álcalis; color de sepia; dibujo hecho con sepia. 2. Sepia, jibia. *V.* CUTTLEFISH. 3. Jibión, hueso de la jibia. *-a.* Perteneciente a la sepia, hecho en sepia.
sepoy ['siːpɔɪ] [si-poi], *s.* Cipayo.
sepsis ['sepsɪs] [sep-sis], *s.* 1. Sepsis, putrefacción venenosa. 2. Infección procedente de un virus pútrido, que contiene organismos microscópicos.
sept [sept] [sept], *s.* Raza, casta, generación, linaje.
septal ['septl] [sep-tal], *a.* 1. De septo, perteneciente a un septo o que lo forma. 2. Perteneciente a un linaje.
september [sep'tembəʳ] [sep-tem-baʳ], *s.* Septiembre, el noveno mes del año.
septenary ['septənərɪ] [sep-te-na-ri], *a.* Septenario, lo que se compone de siete. *-s.* El número siete.
septennial ['septənɪəl] [sep-te-nial], *a.* Sieteñal, que dura un septenio, que sucede una vez en siete años.
septet [sep'tet] [sep-tet], *s.* Grupo de siete personas, cosas o partes; compañía de siete cantores o tañedores; composición musical en siete partes, septeto.
septic ['septɪk] [sep-tik], *a.* Séptico, putrefactivo, que causa putrefacción, pútrido. **Septic tank**, fosa séptica.
septicæmia, septicemia [ˌseptɪ'siːmɪə] [sep-ti-si-mia], *s.* Septicemia, envenenamiento de la sangre. *V.* SEPTEMIA.
septuagenary [ˌseptjʊədʒɪ'nɛərɪ] [sep-tua-ye-na-ri], *a.* Septuagenario, que consiste o se compone de setenta.
septuagesima [ˌseptjʊə'dʒesɪmə] [sep-tua-ye-si-ma], *s.* Septuagésima, el tercer domingo anterior a la primera semana de cuaresma.
septuagesimal [ˌseptjʊə'dʒesɪməl] [sep-tua-ye-si-mal], *a.* Septuagésimo.
septum ['septəm] [sep-tom], *s. (Anat.)* Septo, la cosa que se divide o separa a otras entre sí.
septuple ['septjʊpl] [sep-tiu-pol], *a.* Séptuplo.
sepulchral [sɪ'pʌlkrəl] [si-pal-kral], *a.* Sepulcral, fúnebre.
sepulcher, sepulchre [sɪ'pʌlkəʳ] [si-pal-kaʳ], *s.* Sepulcro, sepultura.
sepulcher, sepulchre, *va.* Sepultar, enterrar, poner en un sepulcro.
sepulture [sɪ'pʌltʃəʳ] [si-pal-chaʳ], *s.* Sepultura, entierro.
sequel ['siːkwəl] [si-kual], *s.* 1. Secuela, lo que sigue como porción final; párrafo o capítulo final. 2.

Resultado, consecuencia, éxito de una cosa. **In the sequel**, en seguida, después.
sequence ['si:kwəns] [si-kuans], *s.* 1. Serie, continuación ordenada y sucesiva de cosas (standardized). 2. Orden de sucesión; arreglo. 3. Efecto, consecuencia. 4. *(Mús.)* Sucesión regular de frases melodiosas y semejantes en diferentes diapasones. 5. Enlace lógico, ilación. 6. *(Cinem.)* Secuencia. **Sequence of a suit of cards**, runfla de un palo, en los naipes.
sequent ['si:kwənt] [si-kuant], *a.* Siguiente, en orden de tiempo; consiguiente.
sequester [sɪ'kwestə[r]] [si-kues-ta[r]], *va.* .1 Separar, apartar, retirar. 2. Secuestrar, poner en secuestro. 3. Privar a uno de lo que poseía hasta que se decida una controversia o se satisfaga una demanda. 4. Secuestrar, embargar. 5. Confiscar. *-vn.* Renunciar; v. g. la renuncia que hace una viuda a toda intervención en la liquidación de la herencia de su marido.
sequestrable [sɪ'kwestrəbl] [si-kues-tra-bol], *a.* Que se puede secuestrar y separar; capaz de división.
sequestrate [sɪ'kwestreɪt] [si-kues-treit], *va.* 1. Secuestrar, apropiar o confiscar para uso del gobierno; tomar posesión provisional de algo a consecuencia de un acuerdo equitativo entre acreedores. 2. *(Ant.)* Retirar, apartar, separar.
sequestration [ˌsi:kwes'treɪʃən] [si-kues-trei-shon], *s.* 1. Secuestración de bienes. 2. Separación, retiro. 3. Privación del uso y de las utilidades de alguna cosa.
sequestrator [ˌsi:kwes'treɪtə[r]] [si-kues-trei-ta[r]], *s.* Secuestrador, el que secuestra.
sequoia [sɪ'kwɔɪə] [si-kuoia], *s.* Secoya (**redwood**), palo rojo, y Sequoia gigantea (**big tree**), árbol grande.
seraglio [se'rɑ:glɪəʊ] [se-ra-gliou], *s.* 1. Serrallo, el antiguo palacio de los sultanes en Constantinopla. 2. Harem; de aquí, burdel, lupanar.
serape ['serəp] [se-rap], *s.* Sarape, manta mejicana.
seraph ['serəf] [se-raf], *s.* Serafín, ángel o espíritu del primer coro celestial.
seraphic [sə'ræfɪk] [se-ra-fik], *a.* Seráfico.
sere [sɜ:[r]] [se[r]], *a.* Seco, marchito.
serenade [ˌserə'neɪd] [se-re-neid], *s.* Serenata, música que se toca durante la noche para festejar a alguien.
serenade, *va.* Dar una serenata.
serene [sə'ri:n] [se-rin], *a.* 1. Sereno, claro, despejado de nubes y nieblas (calm, unruffled). 2. Sereno, apacible, sosegado, tranquilo. 3. De exaltada posición; se aplica a ciertos príncipes y personajes elevados en Alemania y Francia. **Most serene**, serenísimo.
serenely [sə'ri:nlɪ] [se-rin-li], *adv.* 1. Serenamente, con serenidad y despejo. 2. Con sosiego y apacibilidad de ánimo.
sereneness [sə'ri:nnɪs] [se-rin-nes], *s.* Serenidad de ánimo, tranquilidad, calma.
serenity [sə'ri:nɪtɪ] [se-ri-ni-ti], *s.* 1. Serenidad, claridad, despejo de nubes en el cielo. 2. Serenidad, sosiego, apacibilidad. 3. Tranquilidad, calma, paz, quietud. 4. Serenidad, título de honor que se da a algunos príncipes.
serf [sɜ:f] [serf], *s.* Siervo, criado o esclavo ocupado en la labranza.
serfdom ['sɜ:fdəm] [serf-dom], *s.* Servidumbre, estado o condición de los siervos o esclavos.
serge [sɜ:dʒ] [serch], *s.* Sarga, tela fuerte de seda o más comúnmente de estambre que forma cordoncillo. **Sil serge**, sarga de seda. **Woollen serge**, anascote. **Serge-maker**, fabricante de sarga.
sergeancy ['sɜ:dʒənsɪ] [ser-yan-si], *s. V.* SERGEANTSHIP.
sergeant ['sɑ:dʒənt] [sar-yant], *s.* 1. Sargento, oficial subalterno en la milicia inmediatamente superior al cabo. 2. Alguacil, ministro inferior de justicia. 3. *(Ingl.)* Abogado de primera clase. 4. Escudero. **Sergeant at arms**, macero del rey; oficial de las asambleas legislativas que ejecuta los mandatos del presidente y mantiene el orden.
sergeantship ['sɑ:dʒəntʃɪp] [sar-yant-ship], *s.* Sargentía, el empleo y oficio de sargento; grado de sargento.
serial ['sɪərɪəl] [sia-rial], *a.* 1. Consecutivo, perteneciente a una serie; a manera de serie. 2. Publicado por series, por entregas, y a intervalos regulares. 3. Sucesivo, dispuesto en hileras o filas. *-s.* Obra que se publica por entregas, por series. **Interface serial,** interface en serie. **Serial number,** número de serie.
serialize ['sɪərɪəlaɪz] [se-ria-lais], *vt.* Publicar en serie, en entregas, serializar.
serially ['sɪərɪəlɪ] [se-ria-li], *adv.* En serie; por serie.
sericate ['serɪkeɪt] [se-ri-keit], *a.* Sedoso; velludo.
sericulture [ˌserɪ'kʌltʃə[r]] [se-ri-kal-cha[r]], *s.* Sericultura, industria de la seda.
series ['sɪərɪz] [sia-ris], *s.* Serie, continuación ordenada y sucesiva de las cosas; enlace, encadenamiento, unión (enchainment, union).
serious ['sɪərɪəs] [sia-rios], *a.* 1. Serio, sensato, reflexivo, grave, severo (honest, solemn). 2. Serio, formal; verdadero, sincero. 3. Serio, grave, importante, de consecuencia. 4. Solemne, articularmente en lo relativo a la religión. **Are you serious?** ¿habla usted de veras? ¿habla usted formalmente? **A serious business**, asunto de gravedad. **Serious wounded,** gravemente herido.
seriously ['sɪərɪəslɪ] [sia-rios-li], *adv.* Seriamente, de veras, fuera de chanza, formalmente, con formalidad. **I can't take him seriously,** no puedo tomarle en serio. **Do you say so seriously?,** ¿me lo dices en serio?
seriousness ['sɪərɪəsnɪs] [se-rios-nes], *s.* Seriedad, gravedad.
sermocination [ˌsɜ:məsɪ'neɪʃən] [ser-mo-si-nei-shon], *s.* *(Ret.)* Una forma de prosopopeya en que uno responde a la pregunta que él mismo ha hecho.
sermon ['sɜ:mən] [ser-mon], *s.* 1. Sermón, discurso cristiano hecho para el púlpito, oración evangélica. 2. Cualquier discurso de carácter grave y formal; exhortación, amonestación, reprensión particular. **Funeral sermon**, oración fúnebre. **Collection of sermons**, sermonario.
sermonize ['sɜ:mənaɪz] [ser-mo-nais], *va.* 1. Predicar la palabra de Dios. 2. Predicar, sermonear, reprender o echar sermones.
seron, seroon ['sɜ:ru:n] [se-run], *s.* Serón, zurrón, sera grande en que se llevan higos, dátiles, pasas, etc. **A serron of indigo**, un zurrón de añil. **A seroon of cinnamon**, churla de canela. **A serron of cocoa**, sobornal de cacao.
serosity [sə'rɒsɪtɪ] [se-ro-si-ti], *s.* Serosidad, la parte más acuosa de un humor animal.
serotine ['sɜ:rətɪn] [se-ro-tin], *s.* Especie de murciélago.
serous ['sɪərəs] [se-ros], *a.* Seroso, que produce serosidad o suero, o es semejante a estos líquidos.
serpent ['sɜ:pənt] [ser-pent], *s.* 1. Serpiente, sierpe, animal que se arrastra por la tierra (snake). 2. Buscapiés, una especie de cohete sin varilla que corre muy arrimado a la tierra. 3. Serpentón, instrumento músico de viento, especie de bajón. 4. Persona traidora, llena de malicia (devil). 5. Satanás.
serpentine ['sɜ:pəntaɪn] [ser-pen-tain], *a.* 1. Serpentino, que se asemeja o pertenece a la serpiente o sierpe. 2. Serpentino, caracoleado, que se mueve caracoleando como la serpiente. **Serpentine marble**, serpentina, especie de mármol manchado como piel de serpiente. *-s.* 1. Serpentina, piedra de color verde, rojizo o amarillo, a veces transparente y otras opaca; un silicato de magnesio. 2. *(Des.)* Serpentín, variedad de alambique.
serpentize ['sɜ:pəntaɪz] [ser-pan-tais], *vn.* Serpentear, andar haciendo vueltas o tornos, como la serpiente.
serpigo ['sɜ:pɪgəʊ] [ser-pi-gou], *s.* Serpigo, erupción cutánea a modo de tiña seca.
serrated [se'reɪtɪd] [se-rei-tid], *a.* Dentellado; *(Bot.)* serrado, cuyos dientes se dirigen hacia adelante.
serration [se'reɪʃən] [se-rei-shon], *s.* Endentadura, recortadura semejante a la de los dientes de una sierra.
serrature ['serətʃə[r]] [se-ra-cha[r]], *s.* *(Biol.)* Estructura serrada, endentadura.
serried ['serɪd] [se-rid], *a.* Apretado, compacto en filas o hileras, como los soldados.

serum ['sɪərəm] [si-ram], *s.* Suero, la parte más acuosa de la sangre o de la leche.
servable ['sɜːvəbl] [ser-va-bol], *a.* Servible, que puede ser servido.
servant ['sɜːvənt] [ser-vant], *s.* 1. Criado, sirviente, persona que sirve a otra por un salario (domestic). **Woman-servant, servant-girl, servant-maid**, criada. **Servant-man**, criado. 2. Siervo, esclavo (slave). 3. Servidor, el que por cortesía se pone a la disposición de otro. **Your humble servant,** un servidor. **Your obedient servant,** suyo afectísimo (formal letters).
serve [sɜːv] [serv], *va.* 1. Servir, estar al servicio de otro, trabajar para otro. 2. Servir, estar sujeto a otro o estar a sus órdenes. 3. Servir, aprovechar, valer alguna cosa o ser de alguna utilidad; ayudar, ser útil. 4. Servir de tal o cual cosa, hacer las veces de otro, auxiliar a otro; prestar servicios. 5. Servir, asistir a la mesa llevando a ella los manjares. 6. Servir, ejercer algún empleo o cargo en propiedad o como substituto de otro. 7. Maniobrar, mantener en acción, hacer funcionar (v.g. un cañón). 8. Servir, tener las cosas el efecto o uso para que se destinan o ser a propósito para el objeto que se intenta conseguir con ellas; bastar, ser suficiente, satisfacer, contentar. 9. Servir, obsequiar, divertir. 10. Abastecer, surtir, v. g. con aprovisionamiento regular o hecho en períodos fijos. 11. *(For.)* Entregar una citación o requerimiento. 12. Servir, prestar culto o adoración a Dios. 13. *(Mar.)* Aforrar. 14. Portarse para con alguien, recompensar, tratar. 15. En la crianza de ganado, cubrir el macho a la hembra. *-vn.* 1. Servir, ser criado, estar al servicio de otro, emplearse en interés de otro. 2. Estar en sujeción. 3. Cumplir los deberes de un empleo, servir a su país, como en el ejército o en la marina. 4. Bastar, ser suficiente y eficaz; de aquí, ser favorable, conveniente o apto para algún propósito. 5. Sacar o dar saque, tirar, arrojar la pelota en el juego de este nombre. **To serve for**, servir de. **To serve himself of**, servirse de o hacer uso de. **To serve an office**, servir un empleo, desempeñar algún puesto público. **To serve one a trick**, jugar a uno una mala partida, pegarle un chasco. **To serve one's ends**, servir o ser útil para que otro consiga lo que intenta. **To serve one's turn**, bastar, ser suficiente. **To serve out one's time**, acabar el tiempo de servicio. **To serve the time**, andar con el tiempo, contemporizar. **I'll serve him in his kind**, le pagaré en la misma moneda. **When occasion shall serve**, cuando la ocasión sea favorable. **To serve a warrant**, intimar o ejecutar un auto de prisión.
server ['sɜːvəʳ] [ser-vaʳ], *s.* 1. Servidor, el que sirve. 2. Lo que se emplea para servir, como una bandeja o una vajilla. (Tennis) Saque. (USA) Camarero (waiter).
service ['sɜːvɪs] [ser-vis], *s.* 1. Servicio, el acto y tiempo de servir como criado, dependiente, empleado, soldado o marinero; la condición o el trabajo de un criado. 2. Servidumbre, el acto de servir en la casa real y en las de los grandes. 3. Servicio, el uso útil que se hace de una cosa; utilidad, ventaja. 4. Culto divino, los divinos oficios; la celebración de los oficios. 5. Servicio, favor, asistencia, ayuda, el obsequio que se hace en beneficio de un igual o de un amigo (help). 6. Servicio; tomado absolutamente es el militar o el naval. 7. Servicio, cubierto, entrada, el número de platos que se ponen y mudan juntos en la mesa. 8. Acomodo, conveniencia de una persona para servir en una casa. 9. *(For.)* (a) Deber, obligación que tiene un criado o un arrendatario. (b) Entrega legal de una citación a la persona designada. 10. *(Mar.)* Forro de cable. 11. *(Bot.) V.* SERVICE-TREE. **I am at your service**, estoy a su disposición. **It is of no service**, no vale nada, de nada sirve. **Out of service**, desacomodado, sin acomodo, sin conveniencia. **To see service**, servir, prestar servicio. **To be of service to**, ser útil a, servir. **To do good service,** ser de utilidad, servir bien. **Service elevator,** montacargas. **Service agreement,** contrato de mantenimiento. **To press into service,** obligar a trabajar, utilizar, servirse de.
serviceable ['sɜːvɪsəbl] [ser-vi-sa-bol], *a.* 1. Servible, que puede servir. 2. Capaz de prestar largo servicio; duradero. 3. *(Ant.)* Servicial, diligente en servir; oficioso.
serviceably ['sɜːvɪsəblɪ] [ser-vi-sa-bli], *adv.* Útilmente, duraderamente.
serviceman ['sɜːvɪsmən] [ser-vis-man], *s.* Militar, soldado.
service station [ˌsɜːvɪ'steɪʃən] [ser-vis-stei-shon], *s.* Taller de reparaciones de automóviles.
service-tree ['sɜːvɪstriː] [ser-vis-tri], *s.* Serbal.
servicewoman ['sɜːvɪsˌwʊmən] [ser-vis-uo-man], *s.* Mujer soldado, mujer militar.
servient ['sɜːvɪənt] [ser-vient], *a. (For.)* Subordinado; contrapuesto a **dominant.**
servile ['sɜːvaɪl] [ser-vail], *a.* 1. Servil, bajo, abyecto; abatido, humilde. 2. Perteneciente a esclavos o propio de ellos; digno de un esclavo. 3. Adulador, lisonjero. 4. *(Gram.)* Servil, que no pertenece a la raíz de la palabra. *-s.* 1. Esclavo, o individuo de espíritu servil. 2. Letra o sílaba servil, que no es de la forma de su radical.
servilely ['sɜːvaɪlɪ] [ser-vai-li], *adv.* Servilmente, de una manera servil; con bajeza.
servility [sɜː'vɪlɪtɪ] [ser-vi-li-ti], *s.* 1. Servidumbre, esclavitud, estado de siervo. 2. Servidumbre, la sujeción de las pasiones o afectos que dominan la voluntad. 3. Bajeza, vileza de ánimo.
servility, *s.* Servilismo.
serving ['sɜːvɪŋ] [ser-vin], *a.* Sirviente, que sirve, que está al servicio de otro. *-s.* Acción de servir. **Serving-maid**, criada sirvienta. **Serving-mallet**, *(Mar.)* maceta de forrar. **Serving-man**, sirviente, criado.
servitor ['sɜːvɪtəʳ] [ser-vi-taʳ], *s.* 1. Partidario; compañero en una expedición o conquista con respecto al jefe que la manda. 2. Servidor, el que se ofrece a la disposición de otro. 3. Un fámulo de colegio en la universidad de Oxford.
servitorship ['sɜːvɪtəʃɪp] [ser-vi-ta-ship], *s.* Famulato, el empleo de fámulo de un colegio.
servitude ['sɜːvɪtjuːd] [ser-vi-tiud], *s.* 1. Servidumbre, esclavitud; estado de sujeción; domesticidad, condición de criado o sirviente; dependencia de otro. 2. *(Angloindio)* Servicio militar o naval. 3. *(For.)* Bienestar, alivio. *V.* EASEMENT.
servo ['sɜːvəʊ] [ser-vou], *s.* Servo.
sesame ['sesəmɪ] [se-sa-mi], *s.* Ajonjolí, sésamo, planta herbácea anual de la India, de cuyo fruto se extrae aceite. **Open sesame!,** ¡ábrete sésamo!
sesamoid ['sesəmɔɪd] [se-sa-moid], *a.* Sesamoide, que se parece al sésamo. *-s.* Término aplicado a los huesecillos o cartílagos que se desarrollan en el espesor de las articulaciones.
sesqui-. Prefijo que significa uno y medio.
sessile ['sesaɪl] [se-sail], *a. (Biol.)* Sésil, fijado inmediatamente en la base; que carece de sostén o tallo particular.
session ['seʃən] [se-shon], *s.* 1. Sesión, junta de una corporación organizada, de una compañía, de magistrados o senadores; reunión, asamblea de los miembros de una corporación (reunion, meeting). 2. Todo el tiempo que duran las sesiones de una junta, un congreso, etc. 3. El tribunal inferior y el cuerpo gobernante de la Iglesia presbiteriana.
sessional ['seʃənl] [se-sho-nal], *a.* Relativo a una sesión.
set [set] [set], *va.* (*pret.* y *pp.* SET). 1. Asentar, sentar, poner derecho o en pie (seat, make firm). 2. Poner, colocar, fijar, disponer una cosa en el sitio, grado u orden que debe tener (fix); montar; plantar (en la tierra). 3. Poner, fijar, poner fijo, inmóvil; de aquí, embarazar, detener, impedir; desarrollar en forma rudimentaria, como el fruto o simiente. 4. Establecer, determinar, ordenar, señalar, destinar. 5. Arreglar, poner en orden para el uso (get ready); preparar, alistar, poner o parar en el juego; reducir a regla. 6. Estimar, considerar, reputar (con **at**); valuar, fijar un precio (con **by** u **on**). 7. Engastar, encajar y embutir una cosa en otrar. 8. Trabar, triscar los dientes de la sierra alternando a uno y otro lado. 9. Poner en movimiento en una dirección dada. 10. Embarazar, inquietar, perturbar la mente. 11. *(Impr.)* Parar tipo, componer; a menudo con **up**. 12. Poner algunos versos en música; también, dar, fijar el tono (de un himono, etc.). 13. *(Cir.)*

Reducir una dislocación. 14. Hacer empollar (las gallinas). 15. Tender, poner lazos; *(Mar.)* tender, desplegar. *-vn.* 1. Ponerse el sol o los astros u ocultarse bajo el horizonte. 2. Cuajarse un líquido o convertirse en sólido. 3. Pararse, quedarse parada o fija alguna persona o cosa; fijarse, detenerse. 4. Componer, poner alguna letra en música. 5. *(Fam.)* Empollar (hen). 6. Moverse o fluir (running) en una dirección dada; tender, inclinarse. 7. Aplicarse a alguna cosa o dedicarse a ella con esmero. 8. Empezar a desarrollarse un fruto rudimentario; transformarse las flores en semillas o frutos. 9. *(Fam.)* Sentar, caer bien una prenda de vestir. **To set at liberty**, poner en libertad. **To set to work**, poner a la obra. **To set a house on fire**, pegar fuego a una casa. **To set a bone**, poner un hueso en su lugar. **To set fast**, sujetar, consolidar; Adelantar un reloj. **To set thinking**, hacer pensar. **To set a task**, imponer una tarea.

set about, emprender una cosa o ponerse a hacerla, dedicarse a algún empleo, ocupación o destino.

set abroad, divulgar, publicar o hacer pública alguna cosa.

set again, reponer, volver a poner, colocar otra vez. **To set against**, indisponer o poner mal a uno con otro, incitar o irritar a alguno en contra de otro; oponer u oponerse.

set agoing, hacer ir; poenr en juego o movimiento; dar impulso.

set aground, arrendar un terreno.

set apart, poner aparte, dejar para otra vez; arrinconar o abandonar por algún tiempo.

set aside, dejar alguna cosa o suspender su ejecución para hacerla después, poner a un lado o aparte; despreciar, no hacer caso; rechazar; abrogar, anular. *(Fam.)* Arrinconar. **To set at defiance**, provocar, desafiar, apostárselas con otro. **To set at naught**, despreciar, tener en nada. **Set at rest**, poner en reposo; dejar una cosa.

set away, quitar, separar, echar a un lado.

set back, recular, hacerse atrás; llevar hacia atrás.

set before, presentar, poner a la vista; dar a escoger una cosa poniéndola a la vista.

set by, estimar, hacer aprecio, hacer caso, considerar, reputar; abandonar por un poco de tiempo la ejecución de una cosa.

set down, poner en tierra o por tierra; desembarcar (un viajero); depositar; poner por escrito, hacer algún apunte; resolver una cosa definitivamente; considerar como verdad establecida; atribuir, acusar, imputar; censurar o humillar; poner más bajo.

set forth, manifestar, exponer, representar; promulgar; exponer, dar a conocer, enunciar; hacer valer (razones); ensalzar, alabar; avanzar, adelantarse, irse, marcharse, ponerse en camino; levantar, poner más alta alguna cosa; arreglar o poner en orden; enviar una expedición.

set forward, adelantar, ganar la delantera; promover; empujar, impeler, llevar hacia adelante; acercar; animar, dar aliento; ponerse en camino, irse.

set from, salir de una parte, emprender la marcha.

set in, subir, fluir con constancia hacia tierra; se dice de la marea, y por extensión de cualquier influencia general; comenzar, ponerse a; encajar, embutir; y *(Des.)* poner a una persona en estado de que comience a hacer algo.

set off, poner aparte; reservar, separar del resto por medio de una línea o linde; comparar, contraponer; poner en relieve, realzar, adornar, hermosear, embellecer, poner bonito o hermoso, componer, adornar, hermosear, embellecer, poner bonito o hermoso, componer o adornar un gabinete, casa, etc.; salir de alguna parte, partir; salir los caballos de las barreras para principiar la corrida en las carreras de caballos.

set on, determinar, resolver; fijar la atención en alguna cosa; acometer, arremeter, atacar, asaltar; emplear a alguno para que haga una cosa determinada, animar, incitar, azuzar; echar a andar, marcharse; emprender un asunto, negocio u ocupación. **He set on the mob**, incitó al populacho. **To set one's mind on**, aplicarse a. **To set on edge**, dar dentera. **To set on shore**, desembarcar. **To set one's hand to**, poner su firma, firmar (un convenio); *(Fig.)* aceptar, aprobar. **To set one's house in order**, arreglar sus negocios y particularmente prepararse para la muerte.

set out, echar a andar, irse, marcharse, ponerse en camino, partir, emprender un viaje; mostrar, hacer ver, dar a conocer; proveer de equipos o pertrechos; publicar, manifestar, hacer patente; dar a luz; dar principio a alguna cosa, principiar a ejercer algún oficio, empleo u ocupación; asignar, señalar; adornar, hermosear; trazar los contornos de una figura; fluir hacia afuera, como la marea o una corriente; plantar (tree, plants, etc.).

set to, aplicarse con vigor; ponerse a trabajar. **To set to rights**, rectificar; poner una cosa en orden. **Set one to work**, poner a alguno a trabajar, darle trabajo o hacer que trabaje. **To set pen to paper**, escribir, poner la pluma sobre el papel.

set together, poner en orden; juntar, poner junto.

set up, ensalzar, exaltar, elevar; erigir, fundar, instituir o levantar; enderezar o poner derecha o empinada una cosa; adelantarse o ponerse delante; hacer una proposición; establecer y establecerse; empezar alguno a traficar por sí o por su cuenta; principiar un sistema nuevo de vida; hacer profesión pública de una opinión, de una virtud, etc., preciarse de; poner a la vista; *(Impr.)* componer; dar un grito; hacer ruido; meter bulla. **To set up a coach**, echar coche. **To set up a shop**, poner tienda. **To set up a tent**, levantar una tienda. **To set up for**, darse uno por lo que no es; darse por lo que es; erigirse en medianero, dictador, etc.; preciarse de; concurrir. **To set up for oneself**, obrar por sí; trabajar por su cuenta. **To set up to sale**, poner en venta.

set upon, echar a andar; echarse sobre uno, acometer, asaltar; fijar la atención; determinar resueltamente. **To be set upon by footpads**, ser atacado por salteadores. **To set a price**, fijar un precio. **To set a stone**, engastar una piedra preciosa. **To set a time**, señalar un tiempo o plazo dterminado. **To set free**, libertar, poner en libertad. **To set nets**, poner lazos. **To set one over a thing**, dar a uno el encargo de hacer o de inspeccionar la ejecución de una cosa. **To set one's hand to**, firmar. **To set one's mind against**, concebir odio o tirria contra alguno. **To set sail**, hacerse a la vela.

set, *a.* 1. De opinión fija; obstinado, terco, resuelto. 2. Señalado, establecido por autoridad; prescrito. 3. Regular, arreglado, ajustado, formal, estudiado; reflexionado. 4. Puesto, sentado, colocado; fijo, inmóvil. 5. Hecho, construido, fabricado, fijo, montado, engastado.

set, *s.* 1. Juego, un determinado número de cosas que tienen cierta proporción y conexión entre si; colección, serie, grupo, clase; compañía, cuadrilla, banda, hablando de personas. **A set of books**, una colección de libros. **Set of buckles**, juego de hebillas. **Set of diamonds**, aderezo de diamantes. **Set of horses**, tiro de caballos para arrastrar un coche o carruaje; yunta de caballos para arar. **Set of bed-curtains**, colgadura de cama. **A set of oars, of chairs**, un juego de remos, de sillas. 2. Conjunto o agregado de muchas cosas. **Set of china**, vajilla de porcelana. **Set of teeth**, dentadura. **Set form**, formulario. 3. Juego, la disposición con que están unidas ciertas cosas, siempre más de dos, de suerte que sin separarse puedan ejecutar algún movimiento. 4. Acción y efecto de dar dirección, posición o forma fija; curso, movimiento, tendencia; encorvadura; porte; triscamiento de los dientes de ciertas sierras. 5. Ocaso o puesta del sol. 6. Planta o pie de árbol, plantel, tallo listo para plantarlo. 7. Un fruto en su estado rudimentario.

set, *s.* Ajuste, caída de una prenda de vestir. *V.* FIT.

setback ['setbæk] [set-bak], *s.* 1. Obstáculo, impedimento al paso, embarazo; vuelta forzosa a un punto por donde se pasó antes. 2. Contracorriente.

set-bolt ['setbɒlt] [set-bolt], *s.* *(Mar.)* Botador, perno de trabante.

set-down ['setdaʊn] [set-daun], *s.* Reprimenda; *(Fam.)* peluca.

set-off ['setɒf] [set-of], *s.* *(For.)* 1. Compensación; cualquier contrapeso, tanto en el sentido recto como en el figurado. 2. Adorno; brillo, relieve, lo que realza. 3. Parte saliente de una pared. *V.* OFFSET. 4. La acción de reconocer un deudor la justicia de la petición de su acreedor, presentando al propio tiempo alguna demanda contra él que iguala la deuda o parte de ella.

seton ['setən] [se-ton], *s. (Cir. and Vet.)* Sedal.
setose, setous ['setəʊz] [se-tous], *a.* Cerdoso.
setscrew ['setskruː] [set-skru], *s.* Tornillo de sujeción o de presión.
sett [set] [set], *sf.* Madriguera.
settee [se'tiː] [se-ti], *s.* 1. Canapé. 2. *(Mar.)* Bajel de dos palos que se emplea en el mar Mediterráneo.
setter ['setə^r] [se-ta^r] *s.* 1. El o lo que pone, coloca o fija. 2. Perro de ajeo; perro adiestrado para indicar la caza por medio de una postura fija. 3. Espión, espía (spy). 4. Corchete, alguacil. 5. El que compone música para adaptarla a versos o letra.
setting ['setɪŋ] [se-tin], *s.* 1. Ocultación aparente del sol y de los astros debajo del horizonte (sunset). 2. Acción y efecto de colocar, fijar, engastar, embutir (fixing), etc. 3. Alguna cosa engastada, embutida, etc., la cosa insertada. 4. Engaste, engastadura, montadura, el marco en que está puesta una cosa; de aquí, cercado, alrededor. 5. *(Fam.)* Nidada, un número de huevos juntos para ser empollados. **Setting of the wind or current**, *(Mar.)* dirección del viento o la corriente. 6. *(Music)* Arreglo, versión.
setting, *a.* Poniente. **Setting sun**, sol poniente.
settle ['setl] [se-tel], *s.* Escaño.
settle, *va.* 1. Colocar, dar colocación a una persona. 2. Fijar, asegurar, afirmar, arreglar (fix, place). 3. Establecer, promulgar leyes, reglamentos, etc.; poner en el comercio, dar una profesión, estado; casar. 4. Hacer a una cosa más unida o compacta. 5. Colonizar, poblar, establecer en un país (colony). 6. Clarificar, quitar la hez. 7. Sosegar, calmar, serenar (calm). 8. Aclarar un pasaje, quitarle toda ambigüedad; determinar el sentido de un texto; resolver, decidir. 9. Decidir, determinar, poner fin a, fijar la opinión; acabar. 10. Arreglar, poner en orden (arrange). 11. Liquidar una cuenta, pagar una deuda (liquidate). 12. Hacer firme y transitable un camino. *-vn.* 1. Reposarse, asentarse, hacer sedimento, caer al fondo de algún líquido una parte de lo que está disuelto o suspenso en él. 2. Establecerse o fijar su residencia en algún paraje. 3. Disponer un método de vida; tomar estado; casarse; instalarse. 4. Fijarse una cosa o permanecer quieta por mucho tiempo en un paraje. 5. Sosegarse, calmar, serenarse. 6. Contraerse. 7. Dar en dote, señalar o asignar una cantidad de dinero como arras a la esposa. 8. Decidirse, determinarse, elegir (choose); ponerse resueltamente a hacer alguna cosa (undertake, start on). 9. Hacer arreglos con acreedores; saldar una cuenta. 10. Posarse; reposar. 11. Dejarse caer gradualmente, ir al fondo. **To settle to the bottom**, ir al fondo. **To be settled**, estar domiciliado. **The Puritans settled New England**, los puritanos colonizaron la Nueva Inglaterra. **This last blow settled him**, este último golpe acabó con él. **To settle the succession to the throne**, regularizar la sucesión al trono. **To settle down**, ponerse a; fijarse, detenerse. **Let the wine settle**, deje usted reposar el vino. **To settle an estate upon one**, instituir o nombrar a uno irrevocablemente heredero de alguna propiedad. **To be settling down at**, estar acostumbrado a. **To settle up**, ajustar cuentas. **To settle upon**, constituir la dote o señalar la propiedad que tiene la mujer al tiempo de su casamiento, para que no pueda entrar en la posesión del marido; decidirse a. **I have settled upon him a good annuity**, le he constituido una buena renta vitalicia. **To settle disputes**, componer las disputas o pendencias; zanjar las dificultades; convenirse, arreglar, hacer las paces entre los que están reñidos. **To settle accounts**, ajustar cuentas. **I'll settle him**, me lo cargaré.
settled ['setld] [se-teld], *a.* Permanente, fijo (fix).
settledness ['setldnɪs] [se-teld-nes], *s.* Estabilidad, permanencia; el estado fijo de alguna cosa.
settlement ['setlmənt] [se-tel-ment], *s.* 1. La acción de establecer (establishment). 2. Establecimiento, la colocación o suerte estable de alguna persona; instalación de un cura párroco, etc. 3. Colonia, el sitio o lugar donde se establecen colonos (colony); núcleo rural (village). 4. *(Ingl.)* Asiento, domicilio. 5. El acto de posesionar legalmente. 6. Dote que se da en arras a una mujer, y la acción de constituir o señalar la dote que una mujer lleva al matrimonio. 7. Acomodo, empleo, destino. 8. Ajuste, finiquito, convenio (agreement); *(Com.)* liquidación. **To reach a settlement,** acordar, llegar a un acuerdo.
settler ['setlə^r] [se-tla^r], *s.* 1. El que compone, arregla y fija alguna cosa. **Settler of averages**, el medidor de averías o el que fija el importe de las averías. 2. El colono que se establece por primera vez en una colonia. 3. Poblador, establecedor, fundador (colonist, founder).
settling ['setlɪŋ] [se-tlin], *s.* 1. Establecimiento, colonización, arreglo (agreement, establishment); la acción del verbo **settle** en todas sus acepciones. 2. *pl.* Heces, zurrapas; sedimento, poso.
set-to ['settuː] [set-tu], *s.* Lucha, combate, disputa, debate.
setup ['setʌp] [set-ap], *s.* Arreglo, disposición, organización.
setwall ['setwɔːl] [set-uol], *s.* Valeriana común de Europa.
seven ['sevn] [se-ven], *a.* y *s.* Siete, número cardinal y su signo. **The seven wonders of the world**, las siete maravillas del mundo.
sevenfold ['sevnfəʊld] [se-ven-fould], *a.* Séptuplo, siete veces una cantidad. *-adv.* Siete veces.
sevenscore ['sevnskɔː^r] [se-ven-sko^r], *a.* Ciento cuarenta, siete veces veinte.
seventeen ['sevntiːn] [se-ven-tin], *a.* y *s.* Diez y siete.
seventeenth ['sevntiːnθ] [se-ven-tinz], *a.* Décimo séptimo, el ordinal de diez y siete.
seventh ['sevnθ] [se-venz], *s.* y *a.* Séptimo. **Seventh heaven**, séptimo cielo, éxtasis. *-s. (Mús.)* Séptima.
seventieth ['sevntɪɪθ] [se-ven-tiez], *a.* Septuagésimo, número ordinal de setenta.
seventy ['sevntɪ] [se-ven-ti], *a.* y *s.* Setenta, siete veces diez.
sever ['sevə^r] [se-va^r], *va.* 1. Separar, apartar, cortar, desunir, hacer una división o separación entre dos cosas que están unidas o que deben estarlo (divide, cut). 2. Arrancar, sacar, quitar o separar con violencia alguna cosa. 3. Partir, romper, deshacer (break). *-vn.* Separarse, desunirse, entreabrirse; partirse.
several ['sevrəl] [se-ve-ral], *a.* 1. Diversos, varios, algunos (some); más de uno o de dos, sin ser numerosos. 2. Diverso, distinto, solo, considerado como individuo, separado. 3. Particular, singular. 4. *(For.)* Distinto, relacionado individual y separadamente; respectivo. *-s.* Cada persona o cosa tomada por sí; varios, cada uno en particular. **Our several claims**, nuestras reclamaciones respectivas.
severally ['sevrəlɪ] [se-ve-ra-li], *adv.* Separadamente, distintamente, individualmente (one by one); a parte, cada uno de por sí. **Jointly and severally**, solidariamente.
severalty ['sevrəltɪ] [se-ve-ral-ti], *s. (For.)* Posesión privativa de un terreno.
severance ['sevərəns] [se-ve-rans], *s.* Separación, partición. **Severance pay**, salario al que se despide de un empleo.
severe [sɪ'vɪə^r] [si-via^r], *a.* 1. Severo, doloroso, acre, riguroso (hard, rude). 2. Severo, riguroso, áspero, duro, cruel, inexorable. 3. Severo, exacto, rígido, conforme a reglas rígidas, que rechaza todo ornato de estilo; austero. 4. Severo, grave, serio, mesurado. **A severe test**, una prueba dura, severa. **A severe blow**, un rudo golpe. **A severe climate**, un clima riguroso. **A severe cold**, un fuerte resfriado.
severely [sɪ'vɪəlɪ] [si-via-li], *adv.* Severamente, cruelmente; con rigor, con severidad; estrictamente, rigurosamente.
severity [sɪ'verɪtɪ] [si-ve-ri-ti], *s.* 1. Severidad, rigor aspereza, crueldad. 2. Severidad, observancia rígida, exactitud, puridad y austeridad de estilo; austeridad. 3. Severidad, seriedad, gravedad (gravity, seriousness). **Severity of life**, austeridad de vida. **The severity of a test**, el rigor de una prueba.
sew [səʊ] [sou], *va.* Coser, juntar con aguja e hilo. *-vn.* Coser, ocuparse cosiendo. **To sew again**, recoser. **To sew up**, encerrar, coser en. **The deal is sewn up,** el negocio está concluido definitivamente.
sew, *va. (Prov. Ingl.)* Desaguar un estanque, vaciar.

sewage ['sjuːɪdʒ] [siuich], *s.* Drenaje. **Sewage disposal,** depuración de aguas residuales. *V.* SEWERAGE.

sewer ['sjʊə^r] [siua^r], *s.* Cosedor, el que cose.

sewer, *s.* 1. Albañal, el canal o conducto para expeler las inmundicias; alcantarilla, desaguadero (drain). 2. *(Des.)* Maestresala.

sewerage ['sjʊərɪdʒ] [siua-rich], *s.* 1. Desagüe sistemático por medio de albañales o cloacas; la conducción de las inmundicias desde los edificios. 2. Sistema de albañales o alcantarillas. **Sewerage system**, alcantarillado.

sewing ['səʊɪŋ] [souin], *s.* Costura, el acto de coser; lo que se ha cosido a la aguja. **Sewing-machine**, máquina de coser. **Sewing-needle**, aguja de coser. **Sewing-thread**, hilo de coser o para coser; hilo de número.

sex [seks] [seks], *s.* 1. Sexo, condición orgánica que distingue al macho de la hembra en los animales y en las plantas. 2. Sexo. **Sex act,** coito, acto carnal. **Sex maniac,** maníaco sexual. **Sex of-fender,** delincuente sexual. **Sex-shop,** sex-shop, sexería.

sexagenarian [ˌseksədʒɪ'nɛərɪən] [sek-sa-yi-nea-rian], *s.* Sexagenario, persona de edad entre los sesenta y los setenta años.

sexagesima [ˌseksə'dʒesɪmə] [sek-sa-ye-si-ma], *s.* Sexagésima.

sexagesimal [ˌseksə'dʒesɪməl] [sek-sa-ye-si-mal], *a.* Sexagesimal, basado en el número sesenta, que procede por potencias de sesenta.

sexed [sekst] [sekst], *a.* *(Bio.)* Sexuado. **Highly sexed,** obseso sexual.

sexennial [sek'sɪnɪəl] [sek-si-nial], *a.* Que dura seis años, acontece cada seis años o pertenece al sexenio.

sexiness ['seksɪnɪs] [sek-si-nes], *s.* Carácter sexual; sexy.

sexism ['seksɪzəm] [sek-si-sem], *s.* Sexismo.

sexist ['seksɪst] [sek-sist], *a.* Sexista.

sexless ['sekslɪs] [seks-les], *a.* Neutro, que no tiene sexo.

sexologist [sek'sɒlədʒɪst] [sek-so-lo-yist], *a.* Sexólogo.

sexology [sek'sɒlədʒɪ] [sek-so-lo-yi], *s.* Sexología.

sekshop ['sekʃɒp] [sek-shop], *sf.* Sex-shop, sexería.

sextain ['sekstein] [seks-tein], *s.* Sextilla, composición métrica que consta de seis versos.

sextant ['sekstənt] [seks-tant], *s.* 1. La sexta parte de un círculo. 2. Sextante, un instrumento astronómico, usado principalmente por los marinos para determinar la latitud de un lugar. 3. Constelación pequeña.

sextet [seks'tet] [seks-tet], *a.* Sexteto.

sextile [seks'tɪl] [seks-til], *s.* *(Astr.)* Sextil, el aspecto de dos astros que distan entre sí sesenta grados.

sextillion [seks'tɪlɪən] [seks-ti-lion], *s.* Sextillón, un número cardinal; según la numeración americana y francesa la séptima potencia de mil; según la numeración inglesa, la sexta potencia de un millón.

sexton ['sekstən] [seks-ton], *s.* Sacristán de una iglesia que cuida del edificio, de los entierros, etc.; en lo antiguo, sepulturero, el que por oficio abría las sepulturas.

sextuple ['sekstjʊpl] [seks-tiu-pel], *a.* Séxtuplo.

sexual ['seksjʊə] [sek-siual], *a.* Sexual, que concierne al sexo; que tiene sexo o se caracteriza por él; generativo, genital.

sexuality [ˌseksjʊ'ælɪtɪ] [sek-siua-li-ti], *s.* Sexualidad, condición de lo que tiene sexo o está caracterizado por él.

sexually ['seksjʊəlɪ] [sek-siua-li], *adv.* De una manera sexual; respecto al sexo.

sexy ['seksɪ] [sek-si], *a.* Atractivo, sexy, provocativo.

Seychelles [seɪ'ʃelz] [sei-shels], *s.pl.* Seychelles.

sh [ʃ] [sh], *interj.* ¡chist!, ¡chitón!

shabbily ['ʃæbɪlɪ] [sha-bi-li], *adv.* Vilmente, ruinmente, mezquinamente; con vestidos usados, rapados.

shabbiness ['ʃæbɪnɪs] [sha-bi-nes], *s.* Vileza, bajeza, miseria, roñería (meanness); estado andrajoso, desharrapado.

shabby ['ʃæbɪ] [sha-bi], *a.* 1. Usado, rapado, andrajoso, en mal estado (ragged), ensuciado por el largo uso. 2. Desharrapado, descamisado; mísero, ruin, tacaño (low, mean). 3. Vil, bajo, despreciable, indigno de un hombre honrado.

shack [ʃæk] [shak], *s.* 1. *(E.U. y Canadá)* Choza, cabaña tosca o de troncos. 2. *(E.U. y prov. Ingl.)* Pasto de bellotas; pasto para el invierno. **To shack up,** amontonarse.

shackle ['ʃækl] [sha-kel], *va.* 1. Encadenar, atar, ligar con cadenas (enchain); poner obstáculos o trabas, estorbar (difficult). 2. *(Elec.)* Poner un aislador entre los extremos (cortados) de algo, v. g. de un alambre.

shackle, *s.* 1. Anillo o argolla de metal (para atar a un preso), grillo, esposa. 2. Grillo, traba, impedimento. 3. Cadena, grillete; eslabón o gancho para unir los coches de ferrocarril. **Shackle-bolt**, cáncano de grillete; perno de horquilla.

shad [ʃæd] [shad], *s.* Alosa, sábalo, saboga; pez del género Alosa.

shaddock ['ʃædɒk] [sha-fok], *s.* Pamplemusa, árbol de las Antillas.

shade [ʃeɪd] [sheid], *s.* 1. Sombra, la oscuridad causada por la interceptación de los rayos de la luz. 2. Sombra, el color oscuro y bajo que se pone entre los demás colores que sobresalen en una pintura. 3. Matiz, graduación de un color (hue). 4. Matiz, diferencia ligera (nuance); poco, cantidad pequeña (little) **To put something in the shade,** eclipsar, dejar algo pequeño, dejar insignificante. **I'm a shade better,** estoy algo mejor. 5. Cortina para minorar la luz; pantalla, lo que sirve para interceptar la luz o proteger contra los rayos de luz, el polvo, etc. (curtains); pantalla, sombrerillo de lámpara; visera de gorra; toldo (awning, marquee). 6. Sombra, espectro, fantasma (ghost). 7. Sombra, la representación o semejanza imperfecta de alguna cosa. 8. Un sitio oscuro o cubierto de sombras; sombra, lo que hacen los árboles, que también se llama umbría. 9. Exterior, ligera apariencia; ficción, máscara, imagen. **Window-shades**, cortinas de encerado para ventanas. **Glass shade**, guarda brisa, brisero. **Shades,** gafas de sol.

shade, *va.* 1. Oscurecer, privar de la luz y claridad (darken). 2. Asombrar, cubrir con la sombra; ocultar una cosa de modo que no le dé la luz. 3. Entoldar, cubrir algún sitio con toldos para resguardarse del sol o del calor (shelter). 4. Abrigar, esconder, amparar, proteger, poner al abrigo de o dar abrigo. 5. Sombrear, poner sombras en la pintura o dibujo; matizar, juntar, casar acertadamente diversos colores. 6. Rasguear las letras, hacer ciertos trazos más gruesos que otros al escribir. **Shade off,** degradar (color).

shader ['ʃeɪdə^r] [shei-da^r], *s.* El que oscurece.

shadeless ['ʃeɪdlɪs] [sheid-les], *a.* Privado de sombra.

shadily ['ʃeɪdɪlɪ] [shei-di-li], *adv.* Con sombra, en la sombra; de una manera sospechosa.

shadiness ['ʃeɪdɪnɪs] [shei-di-nes], *s.* La calidad y estado de lo que se halla cubierto de sombra o bajo la sombra.

shading ['ʃeɪdɪŋ] [shei-din], *a.* Sombreado; gradual; degradación.

shadow ['ʃædəʊ] [sha-dou], *s.* 1. Sombra, oscuridad que produce en un cuerpo otro que se interpone entre él y la luz; sombrajo, sombraje. 2. *(Lit.)* Sombras, oscuridad, tinieblas (darkness, gloom). 3. Sombra, el fondo oscuro o partes sombreadas de una pintura. 4. Cualquier sitio oscuro o cubierto de sombras (dark). 5. Sombra, espectro, fantasma (spectre). 6. Compañero inseparable o lo que sigue a otra cosa como si fuese su sombra (mate). 7. Tipo, representación mística de alguna cosa. 8. Traza o apariencia ligera; el más leve grado, poco. 9. Sombra, refugio, amparo, protección (protection). **Without a shadow of doubt,** sin la más mínima duda, sin lugar a dudas. **To cast a shadow,** proyectar una sombra. **To be in the shadow of,** estar amenazado por.

shadow, *va.* 1. Anublar, oscurecer, dar sombra, poner a la sombra. 2. Representar imperfectamente o de un modo misterioso; representar por medio de un símbolo, simbolizar. 3. Seguir, acompañar de cerca como una sombra; espiar, cazar, como hace un perro **To be shadowed,** ser perseguido. 4. Matizar. *-vn.* 1. Anublarse, oscurecerse. 2. Casarse o confundirse los colores. **To shadow forth,** simbolizar, anunciar.

shadowboxing ['ʃædəʊˌbɒksɪŋ] [sha-dou-bok-sin], *s.* Boxeo con un contendiente imaginario a manera de entrenamiento.

shadowy ['ʃædəʊɪ] [sha-douі], *a.* 1. Umbroso, umbrío; obscuro, sombreado, tenebroso, misterioso. 2. Oscuro, sin realidad, vago; indefinido; que tiene relación con un espectro. 3. Típico, simbólico.

shady ['ʃeɪdɪ] [shei-di], *a.* 1. Opaco, oscuro, sombrío, lleno de sombra; que hace sombra. **It's shady here,** aquí hay sombra. 2. Al abrigo de los rayos y del calor del sol; refrescado por la sombra. 3. Impropio de la luz o que la evita; moralmente sospechoso.

shaft [ʃɑːft] [shaft], *s.* 1. Flecha, dardo, saeta, arma arrojadiza (arrow); también mango de un arma. 2. Chapitel de una torre; caña o fuste de columna: *(Mec.)* eje, árbol, mástil (axle, spinder); barra larga y cilíndrica, particularmente si gira; limón o limonera de carro; lanza de coche; varas de las sillas de manos. 3. Cañón o tubo de pluma. **Shaft of a carriage,** varas y juego de un coche.

shaft, *s.* 1. Socavón, tiro o pozo de mina, para la ventilación o para extraer materiales. 2. Túnel de un horno de fundición.

shag [ʃæg] [shag], *s.* 1. Pelo áspero y lanudo. 2. Felpa, tejido que tiene pelo, por el haz; *(Amer.)* tripe; jergón. 3. Cormorán, cuervo marino. **Shag-bag**, guitón, pícaro; pordiosero.

shag, *va.* y *vn.* (*pret.* y *pp.* SHAGGED). Hacer peludo, velludo; hacer escabroso, desigual; colgar o yacer en forma de mechón pesado.

shagbark ['ʃægbɑːk] [shag-bark], *s.* Caria (blanca). *V.* HICKORY.

shagged ['ʃægɪd] [sha-guid], *a.* Velludo; achaparrado.

shagginess ['ʃægɪnɪs] [sha-gui-nes], *s.* Calidad de peloso o afelpado.

shaggy ['ʃægɪ] [sha-gui], *a.* 1. Peludo, velludo, hirsuto; afelpado, lanudo; de aquí, escabroso, áspero, desigual. 2. Cubierto de pelo, lana, etc., desigual y enredado (hairy, furry).

shagreen [ʃæ'griːn] [sha-grin], *s.* 1. Piel de zapa, lija que se emplea para alisar maderas, etc. 2. Especie de cuero granilloso, teñido de verde por regla general y que proviene del Oriente.

shah [ʃɑː] [sha], *s.* 1. Chah, soberano de Persia. 2. Título de honor común en los países mahometanos, como adición al nombre.

shake [ʃeɪk] [sheik], *va.* (*pret.* SHOOK (SHAKED), *pp.* SHAKEN). 1. Sacudir, menear con fuerza, agitar o mover rápida o violentamente alguna cosa, hacer bambolear o bambonear (beat, flap, move up and down). 2. Arrojar, lanzar, despedir con ímpetu (cast, throw). 3. Debilitar; poner a una cosa en riego o peligro (risk); *(Fig.)* desalentar, amilanar (discourage). 4. Despertar repentinamente, excitar, agitar; estorbar o dañar a causa de un choque: (a veces con **up**). 5. Estrechar la mano. 6. *(Mús.) V.* TRILL. 7. *(Fam. E.U.)* Desembarazarse, librarse de algo, echar de sí, despedir. *-vn.* 1. Bambonear o bambolear; vacilar, titubear. 2. Temblar, moverse con movimiento inquieto y perturbado. 3. Temblar, tener mucho miedo (fear). **To shake one's head**, mover la cabeza. **The wind shakes the house**, el viento hace temblar la casa. **To shake hands**, darse un apretón de manos. **To shake hands with**, darse la mano, despedirse; dar la mano a otro, ponerse de acuerdo. **To shake for fear**, temblar de miedo. **To shake from**, echar de sí, poner a un lado. **To shake in**, introducir una cosa sacudiéndola o meneándola violentamente. **To shake off**, sacudir una cosa para que se mueva; hacer caer una cosa a fuerza de sacudirla; zafarse de, echar de sí, libertarse de algo que incomoda. **To shake to pieces**, sacudir o menear violentamente alguna cosa hasta que caiga en pedazos. **To shake out**, sacudir, hacer salir, hacer caer. **To shake out of**, arrancar. **To shake up**, sacudir, remover; agitar, poner en debida forma sacudiendo. **To shake with laughter**, morirse de risa, o perecer de risa.

shake, *s.* 1. Concusión, sacudimiento, sacudida, impulso dado a una cosa. 2. Vibración; movimiento de undulación causado por un impulso dado al cuerpo que se mueve (vibration). 3. La acción de darse o apretarse las manos. 4. Tabla de ripia desigual y no raspada que se usa para cubrir chozas, etc. 5. *pl.* Escalofrío de la fiebre intermitente. 6. *(Ger.)* Periquete; instante. 7. *(Mús.)* Trino. *V.* TRILL. 8. Duela. *V.* SHOOK. 9. Grieta, hendedura en un tronco. **Milk shake,** batido.

shakedown ['ʃeɪkdaʊn] [sheik-daun], *s.* 1. Cama improvisada. 2. *(Fam.)* Variedad de baile ruidoso y rápido. 3. *(Fam.)* Extorsión, exigencia de dinero por compulsión o persuasión.

shaken ['ʃeɪkn] [shei-ken], *pp.* del verbo SHAKE. Sacudido; agitado; rajado, hendido (madero).

shaker ['ʃeɪkəʳ] [shei-kaʳ], *s.* Coctelera.

shake-up ['ʃeɪkʌp] [sheik-ap], *s.* 1. Sacudimiento. 2. Reorganización con cambio de personal.

shaking ['ʃeɪkɪŋ] [shei-kin], *s.* Sacudimiento; temblor.

Shakesperarian [ʃeɪks'pɪərɪən] [sheiks-pia-rian], *a.* Perteneciente o relativo a Shakespeare, o en el estilo de este autor.

shakiness ['ʃeɪkɪnɪs] [shei-ki-nes], *s.* Debilidad, inestabilidad (unstability).

shako, shacko ['ʃækəʊ] [sha-kou], *s.* Chacó, morrión militar.

shaky ['ʃeɪkɪ] [shei-ki], *a.* 1. Habitualmente trémulo; vacilante, débil; poco firme. 2. *(Com.)* Falta de crédito o solvencia; indigno de confianza. 3. Agrietado, hendido.

shale [ʃeɪl] [sheil], *s.* Arcilla esquistosa que se hiende fácilmente en láminas frágiles y desiguales.

shall [ʃæl] [shal], *v. defec.* (*pret.* SHOULD, *V.* la SINOPSIS). Se usa como auxiliar para denotar el tiempo futuro del verbo en el modo indicativo. En las oraciones afirmativas *shall* se usa en la primera persona para anunciar simplemente un acontecimiento venidero, y en las segundas y terceras para expresar mandato, amenaza o promesa. **I shall do it**, lo haré o tengo intención de hacerlo. **You shall do it**, lo hará usted, yo mando que usted lo haga o yo aseguro que le obligaré a usted a hacerlo; usted ha de hacerlo. **He shall go**, él irá, yo le haré ir, yo haré que vaya o yo prometo hacerle ir. En las oraciones interrogativas *shall* sirve en la primera persona para expresar simplemente la interrogación, en la segunda para averiguar la intención de la persona a quien se pregunta, y en la tercera para indagar la voluntad de la persona con quien hablamos, respecto al supuesto de la oración. **Shall I go to town?**, ¿voy a la ciudad? ¿debo ir a la ciudad? ¿iré a la ciudad? ¿quiere usted que vaya a la ciudad? **Thou shall not kill**, no matarás. **You shall pay for this!**, ¡me las pagarás! **Shall you go to town?**, ¿irá usted a la ciudad? **How shall we spend the evening?** ¿cómo pasaremos la velada? Después de otro verbo *shall* en la segunda y tercera persona sirve simplemente para anunciar. **He says that he shall set out tomorrow**, dice que partirá mañana.

shallop ['ʃælɒp] [sha-lop], *s.* Chalupa, barco prolongado mayor que el esquife o bote; bote abierto, de cualquier tamaño.

shallot [ʃə'lɒt] [sha-lot], *s.* Chalote ascalonia, planta afín al ajo.

shallow ['ʃæləʊ] [sha-lou], *a.* 1. Somero, inmediato a la superficie, que tiene poco fondo, poco profundo. 2. Superficial, trivial, insípido; necio, bobo. **A shallow stream**, una corriente poco profunda. *-s.* *(Mar.)* Bajío, banco de arena. **Shallow-brained, shallow-pated**, aturdido, ligero de cascos, necio.

shallowness ['ʃæləʊnɪs] [sha-lou-nes], *s.* 1. Falta de hondura; poca profundidad. 2. Ligereza, necedad, falta de reflexión, bobada.

shaly ['ʃælɪ] [sha-li], *a.* De, o perteneciente a la arcilla esquistosa.

sham [ʃæm] [sham], *va.* y *vn.* Engañar, chasquear, hacer una burla, dar un chasco; fingir, hacer creer una cosa falsa; usar de ficción. **To sham illness,** fingirse enfermo. **She's just shamming,** está fingiendo.

sham, *s.* Socolor, pretexto, apariencia falsa; fingimiento, ilusión, impostura, fraude. *-a.* Fingido, disimulado, no genuino, supuesto; postizo. **Sham-fight**, batalla figurada, combate fingido. **A sham quarrel**, una contienda simulada.

shamble ['ʃæmbl] [sham-bol], *vn.* Andar bamboleándose o con paso poco seguro. *-s.* Modo de andar bamboleándose; paso poco seguro.

shambles ['ʃæmblz] [sham-belz], *s. pl.* 1. Matadero, el lugar o sitio donde se matan las reses; lugar donde ha ocurrido una matanza. 2. Carnicería, el sitio donde se vende la carne para el abasto público.

shambling ['ʃæmblɪŋ] [sham-blin], *a.* Que se mueve inseguramente, renqueando. *-pa.* de SHAMBLE.

shame [ʃeɪm] [sheim], *s.* 1. Vergüenza, rubor, bochorno, empacho (embarrassment, flush). 2. Pundonor. 3. Vergüenza, ignominia, oprobio, deshonra, afrenta (humiliation). **For shame! shame on you!** ¡qué vergüenza! ¡qué asco! ¡bah! **Have you no shame?,** ¿no te da vergüenza? 4. Lástima, pena. **It's a shame that,** es una lástima que.

shame, *va.* 1. Avergonzar, causar vergüenza; afrentar, deshonrar. 2. impeler, incitar, por un sentimiento de vergüenza: con *into* o *out of.* **To shame one out of his negligence**, echar en cara a uno su negligencia, hacerle sonrojar por su descuido.

shamefaced ['ʃeɪmfeɪst] [sheim-feist], *a.* Tímido, vergonzoso, modesto, pudoroso.

shamefacedly ['ʃeɪmfeɪsɪdlɪ] [sheim-fei-sid-li], *adv.* Vergonzosamente, con rubor o modestia.

shamefacedness ['ʃeɪmfeɪsɪdnɪs] [sheim-fei-sid-nes], *s.* Timidez, modestia, pudor, vergüenza, rubor, empacho (timidity).

shameful ['ʃeɪmfʊl] [sheim-ful], *a.* 1. Vergonzoso, ignominioso, bochornoso, oprobioso, deshonroso, afrentoso. 2. Deshonesto, indecente.

shamefully ['ʃeɪmfəlɪ] [sheim-fu-li], *adv.* Vergonzosamente, ignominiosamente; indignamente, indecentemente.

shameless ['ʃeɪmlɪs] [sheim-les], *a.* 1. Desvergonzado, sin vergüenza, descarado, desollado. 2. Hecho sin la menor vergüenza; falto de decoro, de pudor.

shamelessly ['ʃeɪmlɪslɪ] [sheim-les-li], *adv.* Desvergonzadamente, atrevidamente, descaradamente, sin empacho, desahogadamente.

shamelessness ['ʃeɪmlɪsnɪs] [sheim-les-nes], *s.* Desvergüenza, descaro, desuello, avilantez, impudencia.

shaming ['ʃeɪmlɪŋ] [shei-min], *a.* Vergonzoso, humillante. **This is too shaming!,** ¡qué vergüenza!

shammy ['ʃæmɪ] [sha-mi], *s.* Gamuza, especie de cabra montés. **Shamois-leather**, gamuza: escríbese a veces **Shammy-leather**. *V.* CHAMOIS.

shampoo [ʃæm'pu:] [sham-pu], *va.* 1. Lavar y limpiar la cabeza, frotándola con espuma de jabón y agua. 2. Frotar con fuerza el cuerpo de una persona que sale de un baño caliente. *-s.* El acto de frotar el cuerpo, o de limpiar la cabeza; champú. (hairdresser's) **A shampoo and set,** lavado y marcado. **To give oneself a shampoo,** lavarse la cabeza.

shamrock ['ʃæmrɒk] [sham-rok], *s. (Bot.)* Trébol, como emblema nacional de Irlanda; también, una de otras varias plantas trifolioladas, p. ej. la acedera.

Shangai [ˌʃæŋ'haɪ] [shan-jai], *sm.* Shangai.

shank [ʃæŋk] [shank], *s.* 1. Pierna, la parte del cuerpo del animal que está entre la rodilla y el pie. 2. Zanca, pierna larga de las aves. 3. Asta o ástil, el mango o parte más larga de algún instrumento; tallo, soporte comparado a una pierna; cuerpo del tip; fuste de una columna; enfranque de un zapato; rabo o cola de botón. 4. *(Bot.) V.* PEDICELO o FOOTSTALK. 5. *(Ger. E.U.)* Resto o última parte. **The shank of the evening**, la última parte de la anochecida. **Shank of an anchor**, asta de ancla. **Spindle shank**, pierna de un huso. **Shank-painter**, *(Mar.)* boza de la uña del ancla.

shanked ['ʃæŋkt] [shankt], *a.* Enastado, que tiene asta o mango; de piernas, de tallo. **Long-shanked**, zancudo, con zancas largas.

shan't [ʃɑ:nt] [shant]. *(Fam.)* Abreviación de *shall not.*

shanty ['ʃæntɪ] [shan-ti], *s.* (*pl.* SHANTIES). Cabaña, choza; abrigo desvencijado o provisional.

shape [ʃeɪp] [sheip], *va.* y *vn.* (*pp.* SHAPED, rara vez SHAPEN; y antiguamente SHOPEN). 1. Formar, dar figura o forma, modelar, tallar (form, carve, work). 2. Proporcionar, ajustar a un fin particular, modificar; disponer, ordenar un rumbo o marcha determinados (determine, settle). 3. Imaginar, concebir, figurarse alguna cosa (image). **To shape a course**, *(Mar.)* ponerse en rumbo. **To shape well,** desarrollarse en buenas condiciones, prometer, esperanzar. **Shape up,** rendir más, trabajar mejor.

shape, *s.* 1. Hechura, forma, figura; contorno de los objetos. 2. Talle, la disposición o proporción del cuerpo humano. 3. Expresión desarrollada o fórmula definida de algo; aplicación. **To put an idea into shape**, hacer aplicación de una idea. 4. Exterior, apariencia, aspecto (look). 5. Modelo, ejemplar, norma. 6. *(Fam.)* Manera, modo de hacer. **To take shape,** formarse, tomar forma. **To be in good shape,** estar en buenas condiciones, estar en forma (fit).

shapeless ['ʃeɪplɪs] [sheip-les], *a.* Informe, disforme, desproporcionado, imperfecto.

shapelessness ['ʃeɪplɪsnɪs] [sheip-les-nes], *s.* Irregularidad o deformidad en la forma o figura de una cosa.

shapeliness ['ʃeɪplɪnɪs] [sheip-li-nes], *s.* Simetría, belleza, proporción.

shapely ['ʃeɪplɪ] [sheip-li], *a.* Simétrico, que tiene simetría; que está bien hecho o bien proporcionado.

shaper ['ʃeɪpəʳ] [shei-paʳ], *s.* Persona o instrumento que da forma; máquina de tallar o estampar.

shard [ʃɑ:d] [shard], *s.* 1. Tiesto, casco, el pedazo quebrado de alguna vasija de barro. 2. Elitro (v.g. de un coleóptero).

share [ʃɛəʳ] [sheaʳ], *va.* 1. Distribuir, repartir entre muchos (divide up, distribute); con *between* o *among.* 2. Participar, recibir de otro alguna cosa como parte que toca a uno; tener parte en algo; gozar o soportar con otros. 3. Dividir, compartir, partir (divide up); con *with.* 4. Cortar, separar. *-vn.* Participar, tener parte en alguna cosa o tocar algo de ella. **To share alike**, repartir igualmente, tener una parte igual. **I don't share that idea,** no comparto esa idea.

share, *s.* 1. Parte, porción de una cosa dividida o repartida entre varios. 2. Cuota, parte que toca a cada persona que participa en un negocio; *(y Com.)* acción, parte o porción del fondo de una compañía de comercio, y el papel o vale que representa cada parte. 3. Interés, participación, porción asignada. **To hold a share**, tener interés en alguna cosa, tener o poseer una acción de alguna compañía. 4. Reja del arado. **To each his share**, a cada uno su parte. **Share and share alike**, por igual, por partes iguales. **On shares**, con condición de tener una parte. **Railway share**, acción de ferrocarril. **To fall to the share of**, tocar, caer en parte. **Share in the profits,** participación en beneficios. **It fell to my share,** me correspondió a mí. **To do one's share,** hacer uno lo que le corresponde. *(Fin.)* **Share index,** índice de cotización en bolsa. **Share issue,** emisión de acciones.

sharebone ['ʃɛəbəʊn] [shea-boun], *s.* Hueso del empeine, del pubis.

sharecropper ['ʃɛəˌkrɒpəʳ] [shea-kro-paʳ], *s.* Mediero, inquilino.

shares ['ʃɛəz] [shears], *s.* Repartidor; partícipe.

shareholder ['ʃɛəˌhəʊldəʳ] [shea-joul-daʳ], *s. (Com.)* Accionista, el dueño de una o más acciones.

sharer ['ʃɛərəʳ] [shea-raʳ], *s.* Repartidor; partícipe.

shark [ʃɑ:k] [shark], *s.* 1. Tiburón. 2. Estafador (swindler). 3. Experto.

sharker ['ʃɑ:kəʳ] [shar-kaʳ], *s.* Petardista. *V.* SHARPER.

sharp [ʃɑ:p] [sharp], *a.* 1. Agudo, lo que tiene punta, filo o corte delgado y sutil, puntiagudo, aguzado, cortante (cutting). 2. Que forma un ángulo agudo, abrupto, angular. 3. Agudo, perspicaz, de vivo ingenio, astuto, mañoso (clever, shrewd, discerning). 4. De aguda vista, de buen oído (keen). 5. Agudo, penetrante. 6. Acre, mordaz, picante, agrio; sarcástico. 7. Severo, rígido; vivo, violento. 8. Ansioso, ardiente; vehemente, penetrante, áspero (v. g. la arena); pronto; impetuoso, fogoso, vivo (combate, debate); vigilante, atento;

mordaz, excesivamente frío (viento, escarcha); listo, avisado. 9. Distinto, claramente delineado o definido. 10. *(Mús.)* Elevado más alto que su propio tono; precedido de un sostenido. *-s.* 1. *(Mús.)* Sostenido, (#) signo musical que indica elevación de un semitono, el mismo tono así indicado. 2. Aguja de coser de la forma más larga y más delgada. 3. Estafador. 4. *(Fest. E.U.)* De aquí, maestro en un arte, sujeto hábil, experto. *-adv.* 1. De una manera severa, sarcástica. 2. *(Fam.)* Al instante, exactamente, puntualmente. **We shall go at four o'clock sharp**, iremos a las cuatro en punto. **Look sharp**, está o estad alerta. **To pull up sharp,** frenar de repente, frenar en seco. **A sharp knife**, un cuchillo cortante. **A sharp needle, roof**, una aguja puntiaguda, un techo puntiagudo, o en punta. **Sharp sight**, vista penetrante. **Sharp features**, facciones enjutas. **Sharp criticism**, una crítica acerba. **Sharp-edged**, afilado, agudo, aguzado. **Sharp-eyed**, de vista penetrante. **Sharp-pointed**, puntiagudo, de punta aguda, acerada.

sharp, *va.* 1. Afilar, aguzar. 2. Elevar medio tono; marcar con un sostenido. *-vn.* 1. *(Mús.)* Cantar o tocar más alto que el tono debido. 2. Ratear; engañar, trampear, petardear.

sharp bend ['ʃɑːpbend] [sharp-bend], *s.* Curva cerrada (en una carretera).

sharpen ['ʃɑːpən] [shar-pen], *va.* 1. Afilar, aguzar, adelgazar; amolar. 2. Aguzar o sutilizar el ingenio. 3. Hacer más severo, intenso, acre, fogoso o ansioso. *-vn.* Aguzarse, hacerse más agudo, más vivo o picante; afilarse.

sharpener ['ʃɑːpnəʳ] [sharp-naʳ], *s.* Amolador, afilador. **Pencil-sharpener**, cortalápiz, sacapuntas.

sharper ['ʃɑːpəʳ] [shar-paʳ], *s.* 1. Fullero. 2. Caballero de industria.

sharpie ['ʃɑːpiː] [shar-pi], *s.* *(Fam.)* Púa.

sharply ['ʃɑːplɪ] [sharp-li], *adv.* 1. Con filo, corte o punta. 2. Severamente, rigorosamente. 3. Agudamente, vivamente. 4. Agudamente, sutilmente, ingeniosamente.

sharpness ['ʃɑːpnɪs] [sharp-nes], *s.* 1. Agudeza, sutileza o delicadeza de los filos, cortes o puntas (keenness). 2. Agudeza, sutileza, perspicacia, viveza de ingenio (shrewedness). 3. Acrimonia, aspereza, mordacidad (pungency). 4. Acritud, agrura, acrimonia. 5. Violencia, rigor (rudeness). 6. Destemple, inclemencia del tiempo.

sharpshooter ['ʃɑːpˌʃuːtəʳ] [sharp-shu-taʳ], *s.* Tirador experto.

sharp-sighted ['ʃɑːp'saɪtɪd] [sharp-sai-tid], *a.* Perspicaz, el que tiene vista de lince o muy penetrante.

sharp-visaged ['ʃɑːp'vɪsɑːdʒt] [sharp-vi-sacht], *a.* Cariaguileño.

sharp-witted ['ʃɑːp'wɪtɪd] [sharp-ui-tid], *a.* Agudo de ingenio.

shatter ['ʃætəʳ] [sha-taʳ], *va.* 1. Destrozar, hacer pedazos o astillas, hacer añicos alguna cosa (smash, break into pieces); estrellar, romper alguna cosa de un golpe haciéndola pedazos. 2. Arruinar la salud, distraer, perturbar. **He was shattered to hear it,** al enterarse se quedó atónito. *-vn.* 1. Hacerse pedazos, quebrarse, romperse. 2. Tener un sonido como el de las cosas al romperse; dar un estallido. **The window shattered,** la ventana se hizo añicos.

shattered ['ʃætəd] [sha-terd], *a.* Abrumado, destrozado; *(Fam.)* hecho polvo.

shattering ['ʃætərɪŋ] [sha-te-rin], *a.* Contundente, demoledor.

shattery ['ʃætərɪ] [sha-te-ri], *a.* Desmenuzable, quebradizo, que se puede reducir fácilmente a pedazos.

shave [ʃeɪv] [sheiv], *va.* 1. Rasurar, quitar o cortar la barba o el cabello, rapar. 2. Afeitar, hacer o cortar la barba. 3. Raspar, raer alguna cosa quitando una parte de su superficie. 4. Rozar, tocar o tropezar ligeramente. 5. Cortar alguna cosa reduciéndola a partes muy menudas. *-vn.* 1. Afeitarse, hacerse la barba. 2. Llevarse la mejor parte en un trato o negocio.

shave, *s.* Afeitado, rasurado. **That was a close shave,** eso fue un milagro. **To have a shave,** afeitarse.

shaveling ['ʃeɪvlɪŋ] [sheiv-lin], *s.* Hombre rapado; monje o fraile.

shaven ['ʃeɪvn] [shei-ven], *pp. of* **shave.**

shaver ['ʃeɪvəʳ] [shei-vaʳ], *s.* 1. Barbero, el que afeita. 2. Desollador, el que hace su negocio, el que no mira más que su interés. 3. Robador, ladrón. 4. *(Fam.)* Muchacho, jovencito. **He is a keen shaver**, es trujamán experto.

shaving ['ʃeɪvɪŋ] [shei-vin], *s.* 1. Raedura, la parte menuda que se rae de alguna cosa. 2. Raspadura, rasura, lo que se quita de la superficie raspando. 3. Rasurado, afeitado. **Shaving-brush**, brocha de afeitar. **Shaving-dish**, bacía. **Shaving-knife**, navaja de afeitar. **Cloth-shaving**, paño de afeitar. **Shaving-soap**, jabón para afeitarse. **Shaving (of wood)**, acepilladuras, virutas, alisaduras. **Shavings,** virutas.

shaw [ʃɔː] [sho], *s.* *(Prov. brit.)* Bosquecillo, bosque pequeño, soto.

shawl ['ʃɔːl] [shol], *s.* Chal, pañolón, pañuelo grande o manteleta. *(Amer.)* Manta, pañuelos para rebozo.

shawn ['ʃɔːn] [shon], *s.* *(Ant.)* Oboe, instrumento músico.

she [ʃiː] [shi], *pron. fem.* 1. Ella, aquella; (delante de un pronombre relativo) la que, aquella que. **She who speaks**, la que habla. 2. La hembra. **She-ass**, borrica, burra. **She-goat**, cabra.

sheaf [ʃiːf] [shif], *s.* (en *pl.* SHEAVES). 1. Gavilla, haz, garba, un manojo de cañas de trigo, centeno o cebada atadas. 2. Paquete, lío. 3. *V.* SHEAVE. **Sheaf of arrows**, haz de flechas.

sheaf, *va.* Agavillar.

shear [ʃɪəʳ] [shiaʳ], *va.* *(pret.* SHEARED o SHORE, *pp.* Sheared o SHORN). 1. Atusar, recortar o igualar el pelo con tijera; trasquilar (cut down). 2. Tundir, cortar el pelo de los paños e igualarlo con tijera; trasquilar. 3. Esquilar, quitar con la tijera el pelo, vellón o lana de los ganados. 4. Cortar cualquier cosa mediante el roce o presión de otras dos, como cortar hierba con los dientes, etc. **Shearing-time**, esquileo, el tiempo en que se esquilla. **Shearing-machine**, esquiladora mecánica.

shearer ['ʃɪərəʳ] [shia-raʳ], *s.* Esquilador, trasquilador, el que esquila.

shears ['ʃɪəz] [shiars], *s. pl.* 1. Tijeras grandes; cizallas, tijeras para cortar los metales. 2. Las correderas de un torno o de una máquina para taladrar. 3. Cualquier cosa que tiene la figura de tijeras. 4. *V.* SHEERS.

shearman ['ʃɪəmən] [shia-man], *s.* Esquilador; tundidor.

shearwater ['ʃɪəwɔːtəʳ] [shia-uo-taʳ], *s.* Pico-tijera, ave marina del género Puffinus.

sheath [ʃiːθ] [shiz], *s.* 1. Vaina, caja, funda, estuche (box, cover). 2. Cubierta, lo que cubre una parte o un órgano, v. g. la parte inferior de las hojas en las plantas gramíneas.

sheathe [ʃiːð] [shid], *va.* 1. Envainar, meter en la vaina. 2. Poner vaina a una espada o puñal (sword). 3. Defender alguna cosa poniéndole un forro o cubierta, forrar (cover). 4. Embotar la acritud o acrimonia de las partículas acres de los cuerpos. **To sheathe a ship's bottom**, *(Mar.)* aforrar el fondo de un navío.

sheathing ['ʃiːðɪŋ] [shi-din], *s.* 1. Forro exterior, revestimiento, lo que forma una funda o cubierta. 2. El acto de envainar o forrar. 3. Forro exterior de navío. **Copper-sheathing**, *(Mar.)* forro de cobre. **Pump-sheathing**, *(Mar.)* forro de bomba de agua. **Sheathing-nails**, clavos de entablar.

sheathless ['ʃiːðlɪs] [shid-les], *a.* Sin vaina, sin estuche; desenvainado.

sheath-winged ['ʃiːðˌwɪŋd] [shid-uingd], *a.* Armado de estuches para cubrir las alas.

sheave [ʃiːv] [shiv], *s.* 1. Roldana, rueda de una polea, garrucha. 2. Rueda excéntrica o su disco. **Lignumvitæ sheaves**, *(Mar.)* roldanas de palo santo. **Sheave-holes of the sheets**, *(Mar.)* escorteras.

sheaves [ʃiːvz] [shivs], *pl.* de SHEAF.

shebang [ʃə'bæŋ] [she-bang], *s.* *(E.U.)* **The whole shebang,** todo ello.

shed [ʃed] [shed], *va.* *(pret.* y *pp.* SHED). 1. Arrojar, quitarse, desprenderse de algo, como una culebra de su piel o un ave de sus plumas, mudar (remove, take away). 2. Verter, derramar, hacer correr (pour away). 3. Esparcir, dejar caer. 4. Exhalar, emitir (exhale). **To shed feathers**, pelechar. *-vn.*

Caer, desunirse, separarse; mudar los cuernos algunos animales. **To shed 10 kg in two months,** perder (adelgazar) 10 kg en dos meses.

shed, *s.* 1. Vertiente, superficie inclinada que vierte el agua. 2. En composición significa efusión o derramamiento. 3. Separación, reparto. 4. El declive o la bajada de una colina.

shed, *s.* 1. Sotechado, soportal, cobertizo, tinglado. 2. Tejadillo o colgadizo que sale de una pared para servir de cobertizo a algún puesto de vender. 3. Cabaña, barraca.

shedder ['ʃedəʳ] [she-daʳ], *s.* Derramador, el que vierte o derrama.

sheen [ʃi:n] [shiin], *s.* Resplandor, brillantez; particularmente un lustre o brillo débil, como el de la luz reflejada.

sheeny ['ʃi:nɪ] [shii-ni], *a.* Lustroso, luciente, brillante (bright, shining).

sheep ['ʃi:p] [shiip], *s.* (*sing.* y *pl.*). 1. Oveja, carnero, rumiante del género Ovis. 2. *pl.* Ovejas; llámase así en sentido místico a los feligreses o fieles con respecto a sus obispos o párrocos. 3. Papanatas, hombre simple. 4. Badana, piel de carnero preparada para la encuadernación. **Sheep-bot**, mosca de carnero, o su larva, que infesta la nariz de los carneros. **Sheepcote, sheepfold**, redil, el cercado o corral para encerrar el ganado. **Sheep-dog**, perro de pastor. **Sheep-dip**, (a) decocción insecticida, v. g. de tabaco, en la cual se introduce a los carneros para librarlos de parásitos. (b) Limpiadura de la lana antes de esquilar. **Sheep-dung**, sirle, sirria. **Sheep-hook**, cayado. **Sheep-master**, ganadero, el dueño de ganado lanar. **Sheep-shearer**, esquilador de carneros. **Sheep-shank**, (a) la pierna de un carnero. (b) *(Mar.)* Margarita en un cabo. **Sheepwalk**, *(G.B.)* dehesa, tierra destinada solamente para pasto del ganado lanar.

sheepish ['ʃi:pɪʃ] [shii-pish], *a.* Vergonzoso, corto de genio; tímido, pusilánime.

sheepishly ['ʃi:pɪʃlɪ] [shii-pish-li], *adv.* Tímidamente, con pusilanimidad o falta de ánimo.

sheepishness ['ʃi:pɪʃnɪs] [shii-pish-nes], *s.* Empacho, timidez, cortedad de genio; pusilanimidad.

sheep's-eye ['ʃi:pz,aɪ] [shiips-ai], *s.* Mirada al soslayo; ojeada modesta y amorosa.

sheep-shearing ['ʃi:p,ʃɛərɪŋ] [shiip-shea-rin], *s.* Esquileo, acción de esquilar y la época en que se esquila el ganado lanar.

sheepskin ['ʃi:pskɪn] [ship-skin], *s.* Piel de carnero, badana.

sheer [ʃɪəʳ] [shiaʳ], *a.* 1. Puro, claro, sin mezcla, absoluto, consumado, cabal (absolute, pure). 2. Muy fino y delgado, ligero (light) (v. g. un tejido).3. Escarpado, casi vertical, a pico. *-adv.* De un golpe, de una vez. *-s.* *(Mar.)* Arrufo, arrufadura, la corvadura que hacen las cubiertas y costados de los barcos. **A ship with a great sheer**, *(Mar.)* bajel muy arrufado. **In sheer desperation,** en último caso, en último extremo. **Sheer curtain,** visillos.

sheer, *vn.* *(Mar.)* Alargarse, desviarse del rumbo o derrota. **To sheer off**, huir, largarse, escaparse.

sheet [ʃi:t] [shiit], *s.* 1. Pedazo ancho y muy delgado de cualquier objeto o substancia: v. g. sábana, pieza de lienzo para cubrir la cama. 2. Pliego, hoja de papel, pedazo de papel de cierto tamaño (paper); un diario; hoja, lámina delgada de metal, vidrio, madera, etc. 3. Cualquier cosa grande extendida; superficie grande y ancha, p. ej. la de una extensión de agua. 4. En plural, hojas, en la significación de un libro o escrito. 5. *(Mar.)* Escota, cuerda o maroma con que se templa la vela de la nave alargándola o acortándola. 6. Vela; uso literario. **A sheet of ice,** una capa de hielo. **Winding-sheet**, mortaja, la sábana en que se envuelven los cadáveres. **Top-sail sheets**, *(Mar.)* Escotines. **To haul aft the sheets**, *(Mar.)* cazar las escotas. **To haul home the top-sail sheets**, *(Mar.)* cazar el escotín a besar. **To ease off the sheets**, *(Mar.)* dar un salto a las escotas. **To let fly the sheets**, *(Mar.)* arriar las escotas en banda. **To sail with flowing sheets**, *(Mar.)* navegar a escota larga. **Sheet-anchor**, esperanza, el ancla mayor de un buque; *(Fig.)* áncora de salvación, apoyo seguro, último recurso. **Sheet-cable**, cable mayor, cable de forma o esperanza. **Sheet-lightning**, relámpago a manera de un resplandor muy extenso, y que es debido al reflejo de un relámpago lejano.

sheet, *va.* 1. Ensabanar, cubrir o envolver en sábanas. 2. Proveer de o suministrar sábanas. 3. Envolver en alguna cosa grande; extender en láminas u hojas. **To sheet a bed**, poner sábanas en una cama.

sheeting ['ʃi:tɪŋ] [shii-tin], *s.* Tela para hacer sábanas. **Russia sheeting**, Brin de Rusia.

sheet metal ['ʃi:tmetl] [shiit-me-tal], *s.* Hoja metálica, metal laminado.

sheik [ʃeɪk] [sheik], *s.* Jeque, anciano o superior entre los árabes; jefe de familia o de tribu en los países mahometanos.

shekel ['ʃekl] [she-kel], *s.* 1. Siolo, moneda usada entre los hebreos. 2. Peso usado entre los asirios y los babilonios. 3. *pl. (Ger.)* Dinero, pasta.

sheldrake ['ʃeldreɪk] [shel-dreik], *s.* 1. Tadorna, ave acuática de Europa muy parecida al ánade. 2. Mergánsar. 3. *V.* CANVASBACK. Se escribe también *shelduck* y *skeldrake*.

shelf [ʃelf] [shelf], *s.* (*pl.* SHELVES). 1. Anaquel o estante de armario, de alacena o de vasares; entrepaño; tabla fija a la pared para sostener objetos. 2. Bajío, banco de arena. **To leave on the shelves,** *(Fig.)* arrinconar, dar carpetazo.

she'll [ʃi:l] [shil], **She will, she shall.**

shell [ʃel] [shel], *s.* 1. Casco, la parte exterior de cualquiera cosa cuando es dura y consistente. 2. Cáscara de nuez, de huevo, de avellana, etc. 3. Vaina, vainilla, la corteza de algunas legumbres. 4. Silicua, la corteza de las semillas de las plantas silicuosas. 5. Concha, la cubierta exterior de los animales testáceos o crustáceos. 6. La parte exterior de una cosa. 7. Corteza, la exterioridad de alguna cosa inmaterial (bark, skin). 8. *(Art.)* Bomba, proyectil hueco metálico, lleno de una substancia explosiva (bomb); también, cásula metálica para un arma de retrocarga. 9. *(Poét.)* La lira en su forma primitiva, una concha de tortuga con cuerdas. 10. *(Mar.)* Casco o caja de motón. **Shell-gold**, oro de concha u oro molido para dorar. **Shell-proof**, a prueba de bomba. **Shell-silver**, plata de concha. **Shell-work**, obra de concha.

shell, *va.* 1. Descascarar, descortezar, quitar las cáscaras, cortezas o vainas (nuts, fruits). 2. Encerrar en una cáscara, vaina o casco. 3. Bombardear, lanzar bombas. 4. *(E.U.)* Separar los granos de maíz de la mazorca. *-vn.* Descascararse; lavantarse la cubierta de una cosa en costras. **Shell out,** desembolsar, aflojar (money).

shellac [ʃə'læk] [sha-lak], *s.* Goma laca en hojuelas.

shellbark ['ʃelbɑ:k] [shel-bark], *s.* Caria; cada una de las dos especies, Carya alba o sulcata, o sus frutos.

sheller ['ʃeləʳ] [she-laʳ], *s.* Descascarador.

shellfire ['ʃelfaɪəʳ] [shel-faiaʳ], *s.* Cañoneo, fuego de metralla, bombardeo.

shell-fish ['ʃelfɪʃ] [shel-fish], *s.* Marisco, animal acuático provisto de concha, v. g. un molusco o un crustáceo.

shelling ['ʃelɪŋ] [she-lin], *s.* Bombardeo.

shell shock ['ʃelʃɒk] [shel-shok], *s.* Condición psiconeurótica que sufren soldados expuestos a los peligros de la guerra moderna.

shelly ['ʃelɪ] [she-li], *a.* Conchudo, cubierto de conchas.

shelter ['ʃeltəʳ] [shel-taʳ], *s.* 1. Guarida, amparo, abrigo, abrigaño (asylum, refuge); todo lo que protege contra un peligro o contra la intemperie; casa, vivienda, hogar (house). 2. Protector, defensor (guardian). 3. Protección, asilo, refugio. **Under shelter,** al abrigo, al refugio.

shelter, *va.* 1. Guarecer, abrigar, poner al abrigo o a cubierto, dar casa o habitación. 2. Refugiar, acoger, amparar, proteger, defender (protect, harbor). 3. Encubrir, ocultar, tapar (hide, cover). *-vn.* Refugiarse, guarecerse, acogerse. **To seek shelter for the night,** buscar donde resguardarse durante la noche, buscar refugio para la noche.

shelterless ['ʃeltəlɪs] [shel-ta-les], *a.* Desamparado, sin asilo, sin refugio; desabrigado.

shelve ['ʃelv] [shelv], *va.* 1. Poner sobre un anaquel; *(Fig.)* poner a un lado, diferir indefinidamente, retirar. 2. Proveer de estantes o anaqueles.
shelve, *vn.* Inclinarse gradualmente, estar en pendiente.
shelves ['ʃelvz] [shelvs], *pl.* de SHELF.
shelving ['ʃelvɪŋ] [shel-vin], *a.* Inclinado, lo que está en declive o pendiente (pent). *-s.* 1. Conjunto de estantes o anaqueles; material para construir anaqueles. 2. Lugar inclinado, en declive; tonga, tongada.
shenanigans [ʃə'nænɪgənz] [sha-na-ni-gans], *spl.* Artimañas, bromas, trampas.
shepherd ['ʃepəd] [she-pard], *s.* 1. Pastor, el que guarda y guía ovejas y carneros. 2. Zagal. 3. Pastor, párroco, cura, el que tiene cura de almas. **Shepherd-dog**, perro de pastor. *V.* COLLIE. **Shepherd's crook**, cayado de pastor. **Shepherd's purse o pouch**, *(Bot.)* bolsa de pastor. **Shepherd's watch**, hierba pajarera, anagálida.
shepherdess ['ʃepədɪs] [she-par-des], *sf.* Pastora, zagala, doncella aldeana.
sherbet ['ʃɜːbɪt] [sher-bit], *s.* Sorbete, refresco hecho del zumo de alguna fruta, con azúcar, agua, esencia, etc., y al que se da cierto grado de congelación.
sherd ['ʃɜːd] [sherd], *s.* Tiesto, casco, pedazo quebrado de alguna vasija de barro.
sherif ['ʃerɪf] [she-rif], *s.* 1. Jerife, descendiente de Mahoma por su hija Fátima. 2. Magistrado principal de la Meca.
sheriff ['ʃerɪf] [she-rif], *s.* Jerife, el magistrado a quien está encargada la ejecución de las leyes en cada condado de Inglaterra o de los Estados Unidos.
sherry ['ʃerɪ] [she-ri], *s.* Vino de Jerez.
shield [ʃiːld] [shild], *s.* 1. Escudo, broquel, arma defensiva. 2. Escudo, amparo, patrocinio. 3. Protector, defensor. 4. *(Her.)* Escudo de armas, el espacio en que se representan los blasones de una familia. 5. Una parte que protege; todo lo que sirve para cubrir o proteger alguna cosa. **Shield-bearer**, escudero, el que lleva el escudo; también, falena (del género Aspidisca) cuya larva es nociva a los árboles frutales. **Shield-fern**, cualquier helecho del género Aspidium; aspidia.
shield, *va.* Escudar, amparar, resguardar, defender (protect, shelter).
shift [ʃɪft] [shift], *va.* 1. Cambiar, hacer mudar de lugar, sitio o puesto a una cosa (change); transportar, conducir, llevar de un paraje a otro (transport, carry); trasladar de un paraje o de un tiempo a otro. 2. Cambiar por otra u otras cosas de la misma clase; vestirse o quitarse algo del cuerpo. *-vn.* 1. Cambiarse, mudarse de un paraje a otro. 2. Ingeniarse, darse maña, buscar arbitrios, discurrir trazas y modos para conseguir o ejecutar una cosa. 3. Tergiversar, usar de frases equívocas. 4. *(Des.)* Mudarse el vestido, la camisa, etc., ponerse otra ropa blanca. **To shift about**, cambiar completamente de dirección. **To shift for oneself**, mirar por sí mismo; ingeniarse o buscar recursos para salir por sí mismo de algún mal paso. **To shift off**, eludir la dificultad, salir o librarse de algún aprieto por medio de artificios; cuando se toma en buen sentido corresponde también a tomar un sesgo, un medio, un temperamento o un arbitrio en cualquier asunto, pero más generalmente es andar u obrar con ardides, con doblez o con segundas. **To shift a tackle**, *(Mar.)* enmendar un aparejo. **To get someone to shift**, hacer que alguien cambie de actitud. **To shift the helm**, cambiar el timón, poner el timón a la contra. **To shift a berth**, mudar fondo. **To shift the blame on**, echar la culpa a. **To shift the cargo**, volver a la estiva. **The ballast shifts**, el lastre se corre. **To shift about/around**, cambiar de trabajo o de sitio a menudo.
shift, *s.* 1. Cambio, el acto de cambiar de lugar, dirección o forma, o una cosa por otra (change). 2. Sustitución, la cosa sustituida por otra (replacement); recurso, expediente (expedients, means), el medio extraordinario para el logro de algún fin, y de aquí, artimaña, artificio, maña, astucia, subterfugio, fraude, evasión, excusa frívola y sólo por salir del paso. 3. Camisa de mujer. 4. Tanda de obreros; tarea, el tiempo que trabaja cada tanda de operarios (work). **To work in shifts**, trabajar por turnos. **To make shift to**, ingeniárselas, arreglarse para. **To make shift without**, pasarse sin. **To make a shift**, largarse, cambiar de sitio.
shiftable ['ʃɪftəbl] [shif-ta-bol], *a.* Mudable.
shifter ['ʃɪftə^r] [shif-ta^r], *s.* 1. El que traslada o cambia algo, v. g. la escena de un teatro. 2. Tramoyista, el que usa de ficciones y engaños; invencionero.
shifting ['ʃɪftɪŋ] [shif-tin], *a.* Movedizo.
shift-key ['ʃɪftkiː] [shift-ki], *a.* *(Inform.)* Tecla de mayúsculas.
shiftless ['ʃɪftlɪs] [shift-les], *a.* Falto de recursos, perezoso, ineficiente.
shifty ['ʃɪftɪ] [shif-ti], *a.* Engañoso, tramposo, sospechoso.
shilling ['ʃɪlɪŋ] [shi-lin], *s.* 1. Chelín, antigua moneda británica.
shilly-shally ['ʃɪlɪˌʃælɪ] [shi-li-sha-li], *vn.*, *adv.* y *a.* Estar irresoluto, no saber qué hacer. Repetición de **shall I?** que se usa para expresar familiarmente duda o indecisión. *(Fam.)* Con que sí, y con que no.
shimmer ['ʃɪmə^r] [shi-ma^r], *vn.* Despedir luz o claridad trémula, lucir con intermitencias. *-s.* Luz incierta o trémula; débil resplandor.
shimmy ['ʃɪmɪ] [shi-mi], *s.* 1. Baile en que se mueven mucho las caderas y los hombros. 2. Vibración anormal, como la de las ruedas delanteras de un automóvil.
shin ['ʃɪn] [shin], *s.* Espinilla, la parte anterior de la canilla de la pierna. *-vi* **Shin up,** trepar.
shindy ['ʃɪndɪ] [shin-di], *s.* Alboroto, pendencia ruidos en la que se dan y reciben golpes.
shine [ʃaɪn] [shain], *vn.* 1. Lucir, relucir, brillar, resplandecer, relumbrar (lighten). 2. Relucir, sobresalir, resaltar alguna virtud (stand out, glitter). **The sun is shining,** hay sol. **To shine a light on,** proyectar una luz sobre. 3. Lucir, sobresalir, distinguirse una persona por sus prendas, ingenio, etc., sobresalir, exceder (excel). 4. Favorecer, ser propicio. *-va.* Pulir, bruñir, dar lustre (shoes).
shine, *s.* 1. Resplandor, lustre, brillo (light). 2. Buen tiempo, claridad (clearness). **Sunshine**, claridad del sol. 3. *(Ger. E.U.)* Inclinación, afecto, gusto.
shiner ['ʃaɪnə^r] [shai-na^r], *s.* 1. El que o lo que brilla o hace relucir. 2. *(Fam.)* Moneda lustrosa o de oro. 3. Pez plateado.
shingle ['ʃɪŋl] [shin-guel], *va.* 1. Cubrir con ripias o tajamaniles. 2. Cortar los cabellos por igual y muy cortos en toda la cabeza. 3. Batir el hierro, expeler las impurezas por medio de golpes o presión fuertes.
shingle, *s.* 1. Ripia, tablita delgada para cubrir las casas. *(Cuba)* Tejamaní. *(Mex.)* Tajamanil. 2. *(Fest. E.U.)* Muestra pequeña con el nombre de una persona, como para oficina, bujete, etc.
shingle, *s.* Cascajo, piedra redondeada y gastada por el agua, y mayor que el cascajo ordinario.
shingles ['ʃɪŋlz] [shin-guels], *s.* Herpes, enfermedad cutánea, sintomática de un desorden nervioso, que se presenta en forma de erupción vesicular o pustulosa.
shingly ['ʃɪŋlɪ] [shin-gli], *a.* Guijarroso, riscoso.
shininess ['ʃaɪnɪnɪs] [shai-ni-nes], *s.* Brillo (brightness).
shining ['ʃaɪnɪŋ] [shai-nin], *a.* Brillante, resplandeciente; luciente. *-s.* Lucimiento, esplendor, lustre; resplandor, brillo.
shinto, shintoism ['ʃɪntəʊ] [shin-tou] ['ʃɪntəʊɪzəm] [shin-tou-isem], *s.* Culto de los primitivos japoneses, especie de culto de los antepasados.
shiny ['ʃaɪnɪ] [shai-ni], *a.* Lustroso, brillante, resplandeciente, luciente.
ship [ʃɪp] [ship], *s.* Nave, bajel, navío, buque, embarcación de cubierta y con velas. **Ship of the line**, *(Mar.)* navío de alto bordo o de línea. **Ship of war**, navío, buque de guerra. **Merchant ship**, buque mercante. **Store-ship**, *(Mar.)* navío almacén. **To ballast a ship**, *(Mar.)* lastrar un buque. **Burden of a ship**, *(Mar.)* porte, capacidad de carga de un buque. **Ship-biscuit**, galleta. *V.* HARDTACK. **Ship-boy**, (a) paje de escoba. (b) Grumete. **Ship-builder**, constructor de buques, ingeniero naval. **Ship-chandler**, proveedor de

buques (lona, jarcia, etc.). **Ship-chandlery**, cabullería, tienda de artículos de marina; jarcia, etc. **Ship-fever**, tifus; así llamado porque era en otro tiempo común a bordo. **Ship-load**, cargamento, cargazón. **Ship-money**, antiguo derecho sobre buques.

ship, *va.* 1. Embarcar, poner a bordo. 2. Transportar por mar; y en el comercio, trasportar por ferrocarril o de cualquier otro modo. 3. Contratar y recibir a bordo la tripulación. 4. Recibir a bordo de cualquier embarcación, p. ej. una ola. 5. Armar, montar los mástiles, el timón, los remos. *-vn.* 1. Ir a bordo, embarcarse. 2. Alistarse como marinero. **To ship the oars**, armar los remos. **To ship off**, expedir. **To ship out**, mandar, enviar.

shipboard ['ʃɪpbɔːd] [ship-bord], *s.* *(Mar.)* Bordo; se usa solamente en las frases adverbiales **a-shipboard** u **on shipboard**, a bordo.

shipbreaker ['ʃɪpˌbreɪkəʳ] [ship-brei-kaʳ], *s.* Desguazador.

shipmaster ['ʃɪpˌmɑːstəʳ] [ship-mas-taʳ], *s.* *(Mar.)* Capitán de embarcación.

shipmate ['ʃɪpmeɪt] [ship-meit], *s.* Camarada de a bordo.

shipment ['ʃɪpmənt] [ship-ment], *s.* Embarque, envío, remesa, cargo, cargamento.

shipper ['ʃɪpəʳ] [shi-paʳ], *s.* 1. Cargador, el que entrega a una compañía de transportes los objetos que desea expedir. 2. *(Com.)* Lo que se puede trasportar sin deterioro en la calidad, aroma o sabor.

shipping ['ʃɪpɪŋ] [shi-pin], *s.* 1. Navíos o bajeles colectivamente. 2. Embarques, expedición de mercancías. -*a.* Naval, marítimo, relativo a embarques, relativo a expedición de mercancías. **Shipping clerk**, dependiente encargado de remisiones. **Shipping company,** compañía naviera. **Shipping documents**, documentos de embarque o de expedición. **Shipping lane,** ruta de navegación. **Shipping room**, departamento de embarque o de expedición de mercancías.

shipshape ['ʃɪpʃeɪp] [ship-sheip], *a.* Bien orientado, en buen orden, bien arreglado, bien instalado, como a bordo de un buque.

shipworm ['ʃɪpwɜːm] [ship-uem], *s.* Broma, especie de carcoma que se introduce en la madera de los buques y la destruye. Teredo.

shipwreck ['ʃɪprek] [ship-rek], *s.* 1. Naufragio, pérdida o ruina de la embarcación en el mar. 2. Los restos de un naufragio. 3. Desastre, desgracia.

shipwreck, *va.* Causar naufragio; echar a pique alguna embarcación. **To be shipwrecked**, naufragar. **Ship-wrecked**, naufragado, que se ha ido a pique.

shipwright ['ʃɪpraɪt] [ship-rait], *s.* Carpintero de ribera; constructor de buques.

shipyard ['ʃɪpjɑːd] [ship-yard], *s.* Astillero (de construcción naval).

shirk [ʃɜːk] [sherk], *s.* El que falta a su obligación o trabajo, que se empereza.

shirk, *va.* y *vn.* 1. Evitar, esquivar, eludir la ejecución de algo, faltar, desatender la obligación o trabajo (avoid, evade). 2. *(Des.)* Trampear, defraudar.

shirker ['ʃɜːkəʳ] [sher-kaʳ], *a.* Vago, gandul, holgazán.

shirr [ʃɜːʳ] [sheʳ], *va.* 1. Acordonar, fruncir en líneas paralelas. 2. Pasar huevos por crema o nata en vez de agua. -*s.* 1. Acordonamiento, pliegues que se hacen por medio de hilos de fruncir. 2. Hilo de caucho o goma, tejido en una tela para hacerla elástica.

shirred ['ʃɜːd] [sherd], *pp.* y *a.* 1. Acordonado. 2. Provisto de hilos de goma elástica. 3. Pasado por crema (eggs).

shirt [ʃɜːt] [shert], *s.* 1. Camisa, camiseta. 2. Revestimiento o forro interior de un horno de fundición. **Shirt-bosom, shirt-front**, pechera de camisa. **Shirt-sleeve**, manga de camisa. **In one' shirt-sleeves**, en mangas de camisa. **Shirt-waist**, corpiño de camisa, prenda de vestir que llega sólo a la cintura, llevada por las mujeres y los niños. **Keep your shirt on!**, ¡calma!, ¡con calma!

shirting ['ʃɜːtɪŋ] [sher-tin], *s.* Tela para hacer camisas.

shirttail ['ʃɜːteɪl] [sher-teil], *s.* Faldón.

shirtwaist ['ʃɜːtweɪst] [shert-ueist], *s.* *(E.U.)* Blusa.

shit [ʃɪt] [shit], *s.* Caca, excremento. **Oh shit!, Shit!,** ¡mierda! **To beat the shit,** dar una paliza a alguien. **I don't give a shit!,** ¡me importa un comino, me importa un rábano!

shiver ['ʃɪvəʳ] [shi-vaʳ], *s.* 1. Temblor, escalofrío (chill). 2. Cacho o pedazo pequeño de una cosa (piece). **To give a shiver,** estremecerse, sentir escalofríos. 3. Cachivache; trozo, pedazo, fragmento, casco; la parte o porción de cualquiera cosa que se rompe, revienta o salta en pedazos. 4. *(Mar.)* Roldana. *V.* SHEAVE.

shiver, vn, 1. Tiritar de frío, temblar de miedo. 2. Cascarse, hacerse pedazos, quebrantarse. -*va.* 1. Estrellar, romper alguna cosa de un golpe haciéndola pedazos, hacer astillas, añicos (break into pieces); vibrar, sacudir (shake). 2. Disponer una vela de modo que bata al viento en lugar de recibirlo de lleno.

shivering ['ʃɪvərɪŋ] [shi-ve-rin], *s.* 1. Horripilación, escalofrío, temblor, estremecimiento. 2. Quebranto, desmembramiento.

shivery ['ʃɪvərɪ] [shi-ve-ri], *a.* 1. Trémulo, parecido a un escalofrío. 2. Predispuesto a calofriarse. 3. Friolento, friolero. 4. Quebradizo.

shoal [ʃəʊl] [shoul], *s.* 1. Sitio en que el agua es poco profunda. 2. Bajío, banco de arena. **By shoals**, a cientos. 3. Concurrencia, multitud, muchedumbre; cardume, manjúa. *V.* SCHOOL. **Shoal of herrings**, cardume de arenques. -*a.* Poco profundo, bajo. **Shoal water**, agua poco profunda.

shoal, *va.* y *vn.* 1. Disminuir en profundidad. 2. Atroparse, juntarse en tropas; reunirse una gran muchedumbre.

shoalines ['ʃəʊlɪnɪs] [shou-li-nes], *s.* Falta de profundidad, calidad de somero.

shock [ʃɒk] [shok], *s.* 1. Choque, encuentro violento, colisión, concusión, sacudimiento (impact, jolt); reencuentro, combate. 2. Agitación súbita del ánimo; emoción pasmosa. **To be in shock,** estar conmocionado. 3. *(Med.)* Agotamiento de las funciones corporales, v. g. a consecuencia de una lesión repentina. 4. Conmoción, sacudimiento del cuerpo producido por la electricidad. 5. Ofensa (offence); desazón. **A shock result,** resultado sorprendente. **Shock therapy,** terapia de choque. **To give someone a shock,** sobresaltar, asustar, conmocionar.

shock, *s.* 1. Hacina, el montón donde se juntan y ordenan los haces de trigo u otro grano. 2. Mechón de cabellos toscos y enredados. 3. Perro lanudo. **Shock-dog**, perro de lanas. -*a.* Afelpado, lanudo.

shock, *va.* y *vn.* 1. Sacudir, mover violentamente (shake). 2. Ofender, disgustar (offend). 3. Chocar, encontrarse con violencia una cosa con otra. 4. Chocar, provocar, enojar a otros. 5. Chocar, disgustar, enfadar; horrorizar, herir. 6. Hacinar, hacer hacinas de grano. **Shock absorber**, amortiguador.

shocking ['ʃɒkɪŋ] [sho-kin], *a.* Espantoso, horrible, chocante, que disgusta, choca o hiere; ofensivo.

shockproof ['ʃɒkpruːf] [shok-pruf], *a.* A prueba de choques.

shock troops ['ʃɒktruːps] [shok-trups], *s. pl.* Tropas especialmente escogidas para la ofensiva en la guerra.

shock wave ['ʃɒkweɪv] [shok-ueiv], *s.* Onda de choques.

shoddy ['ʃɒdɪ] [sho-di], *a.* 1. Hecho de lana artificial o que la contiene. 2. Falso, no legítimo. -*s.* 1. Lana artificial, imitada. 2. Tela que contiene imitación de lana. 3. *(Fam.)* Ostentación vulgar, impostura.

shoe [ʃuː] [shu], *s.* 1. Zapato, el calzado del pie. 2. Algo que se asemeja a un zapato por su posición o su uso; p. ej. la herradura de las caballerías; suela de trineo, zapata de ancla; galga de carruaje; *(Mar.)* calzo, soler; contera de bastón o de la vaina de un arma blanca; canal para conducir el trigo o el mineral a la tolva, etc. **Shoe-black**, limpiabotas. **Horse-shoe**, herradura de caballo. **Shoe of a wheel**, llanta. **Wooden shoes**, zuecos, chanclos. **Shoe-blacking**, betún para zapatos. **Shoestring, shoe-lace, shoe-tie**, cordón o lazo de zapato. **To put on one's shoes,** calzarse. **To cast a shoe**, desherrarse

un animal. **I would not stand in his shoes**, *(Coll.)* no quisiera halarme en su pellejo, o no le arriendo la ganancia.
shoe, *va.* (*pret.* SHOD, *pp.* SHOD o SHODDEN). Calzar; guarnecer la parte inferior de alguna cosa con otra más fuerte. **To shoe a horse**, herrar un caballo.
shoeblack ['ʃu:blæk] [shu-blak], *s.* Limpiabotas.
shoebrush ['ʃu:brʌʃ] [shu-brash], *s.* Cepillo para zapatos.
shoehorn ['ʃu:hɔ:n] [shu-jorn], *s.* Calzador, utensilio para calzarse bien los zapatos.
shoeing ['ʃu:ɪŋ] [shuin], *s.* El acto de herrar.
shoemaker ['ʃu:ˌmeɪkəʳ] [shu-mei-kaʳ], *s.* Zapatero.
shoemaking ['ʃu:ˌmeɪkɪŋ] [shu-mei-kin], *s.* Zapatería, fabricación o comercio de calzado.
shoe polish ['ʃu:ˌpɒlɪʃ] [shu-po-lish], *s.* Betún o grasa para calzado.
shoer ['ʃu:əʳ] [shuaʳ], *s.* Persona que calza; y particularmente herrador, el que hierra las caballerías.
shoe store ['ʃu:stɔ:ʳ] [shu-stoʳ], *s.* Zapatería, tienda de calzado.
shoe tree ['ʃu:tri:] [shu-tri], *s.* Horma para zapato.
shole ['ʃəʊl] [shoul], *s.* *(Mar.)* Solera, trozo de tablón sobre el que se apoyan las escoras cuando el terreno es flojo.
shone [ʃɒn] [shon], *pret.* de TO SHINE.
shoo [ʃu:] [shu], *va.* y *vn.* Ahuyentar (las aves domésticas) gritando «shoo»; vocear o gritar «shoo.» *-inter.* ¡Fuera! se usa para ahuyentar las gallinas.
shook [ʃu:] [shu], *pret.* de TO SHAKE.
shoot [ʃu:t] [shut], *va.* (*pret.* y *pp.* SHOT). 1. Tirar, dar, herir o matar con arma de fuego; fusilar, pasar por las armas. 2. Arrojar, lanzar, disparar, despedir alguna cosa con impulso y violencia, tirar, como una saeta o dardo. 3. Tirar, descargar un arma de fuego. 4. Descargar, vaciar el contenido de algo. *(E. U.)* **Shoot no rubbish**, prohibido echar basura. 5. Empujar, hacer salir (push). 6. Traspasar, atravesar rápidamente, pasar por encima o por debajo de. 7. Volar, hacer saltar con pólvora. 8. Ajustar (line) cepillando. *-vn.* 1. Tirar, disparar las armas. 2. Lanzarse, correr rápidamente, v. g. un proyectil; caer una estrella. 3. Brotar, espigar, germinar; crecer (grow). 4. Latir, punzar, sentir algún dolor agudo y repentino (pain). 5. Sobresalir (stand out). **To shoot an arrow**, lanzar un flecha. **To shoot a bear**, matar un oso. **To shoot a deserter**, fusilar a un desertor. **To shoot a bolt**, echar, correr un cerrojo. **To shoot away**, salir disparado, como una bala. **To shoot by/past**, pasar como un rayo. **To shoot down**, abatir, derribar. **To shoot rapids**, pasar, salvar el recial de un río (rapid). **To shoot forth**, lanzarse o abalanzarse. **To shoot off**, tirar, descargar (gun); llevarse. **To shoot through**, atravesar, pasar de parte a parte.
shoot, *s.* 1. Vástago, pimpollo, el renuevo o ramo tierno del árbol o planta (sprout). 2. Recial, lugar angosto de un río, por el cual se precipitan las aguas impetuosamente. 3. Artesa inclinada. *V.* CHUTE. 4. Tiroso, punzada.
shooting ['ʃu:tɪŋ] [shu-tin], *s.* 1. *pl.* Disparos, tiros; tiroteo. 2. *sm.* Asesinato, crimen (murder). 3. Caza (hunting). **To go shooting**, ir de caza. **Within shooting range**, a tiro. **Shooting-gallery**, galería de tiro al blanco (game). **Shooting-party**, partida de caza.
shop [ʃɒp] [shop], *s.* 1. Tienda, paraje donde se venden géneros al por menor; en los Estados Unidos se llama comúnmente **store**, almacén. **Baker's shop**, panadería. 2. Taller u oficina donde se trabaja alguna manufactura. **Silversmith's shop**, platería. **Jeweller's shop**, joyería, platería. **Watch-maker's shop**, relojería. **To keep a shop**, poner un negocio. **To shut up shop**, cerrar la tienda, el almacén; desistir de una empresa. **To smell of the shop**, oler a tienda, sugerir demasiado la propia ocupación. **To talk shop**, hablar con exceso, sin necesidad o fuera de tiempo de la propia ocupación, oficio o negocios. **Shop-bill**, *(Ingl.)* lista de mercancías que se pone en el escaparate de una tienda. **Shop-boy, shop-girl**, mancebo, muchacha de almacén. **Shop steward**, enlace sindical. **Shop-walker, floor-walker**, vigilante (para impedir raterías en tienda o almacén).
shop, *vn.* *(Fam.)* Andar de tienda en tienda comprando. **To shop around**, comparar precios de unas tiendas con otras.
shopkeeper ['ʃɒpˌki:pəʳ] [shop-ki-paʳ], *s.* Tendero.
shoplifter ['ʃɒpˌlɪftəʳ] [shop-lif-taʳ], *s.* El ladrón que ratea algo en una tienda.
shoplifting ['ʃɒpˌlɪftɪŋ] [shop-lif-tin], *s.* Ratería hecha en una tienda durante las horas de venta.
shopping ['ʃɒpɪŋ] [sho-pin], *s.* Compra. **Shopping center**, centro comercial. **To go shopping**, 1. Ir de compras. 2. Ir de tiendas.
shop window ['ʃɒpˌwɪndəʊ] [shop-uin-dou], *s.* Vitrina, escaparate o vidriera de tienda.
shore [ʃɔ:ʳ] [shoʳ], *s.* 1. Costa, ribera, grao, playa (coast, beach); borde, orilla de un río o lago (bank). **To go on shore**, *(Mar.)* ir a tierra. 2. Puntal, costón; *(Mar.)* escora, botante; *(Min.)* entibo, ademe. **Shore of a pair of shears**, *(Mar.)* puntal diagonal de cabria. **A bold shore**, una costa escarpada. **Close inshore**, arrimado a la tierra.
shore, *va.* 1. Apuntalar, poner puntales. 2. *(Mar.)* Escorar. 3. Llevar a tierra, a la orilla. 4. Circundar, como lo hace una orilla o ribera.
shoreline ['ʃɔ:laɪn] [shor-lain], *s.* 1. Costa o ribera. 2. Contorno de la playa.
shorn [ʃɔ:n] [shorn], *pp.* de TO SHEAR.
short [ʃɔ:t] [short], *a.* 1. Corto, de poca extensión; de escasa estatura; corto, de poca duración (brief). 2. Limitado, circunscrito (limited); breve, sucinto, conciso, compendiado (concise). 3. Brusco, seco, malhumorado, de áspero trato (rude). 4. Que no alcanza, inadecuado, deficiente (inadequated). 5. Próximo, cercano, que debe llegar u ocurrir en tiempo no lejano (next). 6. Corto de alcances (stupid). 7. Quebradizo, que se desmiga fácilmente (como una pasta). 8. *(Com.)* Algo que el vendedor no tiene en su posesión al vendérselo, pero que se obliga a entregarlo en época determinada. 9. Breve, que se pronuncia rápidamente; que no lleva acento. **To fall short of one's expectations**, no salir con lo que se esperaba. **Within a short time**, dentro de poco tiempo. **Short of money**, escaso de dinero. **The translation falls short of the original**, la traducción no llega o es inferior al original. **In short**, en suma, en resumen. **A very short while**, un ratito. **Short of this**, fuera de esto, además de esto, amén de esto. **In a short time**, luego, pronto. **To be short, to cut short o in short**, para abreviar. **To be short of**, estar lejos de; no responder a. **To be short of money**, andar escaso de dinero. **To come short of**, faltar, no alcanzar, no corresponder, estar lejos de. **To cut short**, cortar la palabra, interrumpir bruscamente; destruir, hacer cesar; abreviar. **To fall short**, estar corto; escasear, faltar. **To grow short**, hacerse corto, comenzar a ser corto. **To run short**, faltar. **To take short**, tomar o coger de improviso. **Short-handed**, que carece de un número suficiente de operarios, marineros, etc. **Short-bodied**, que tiene el cuerpo pequeño. **Short-breathed**, que respira con dificultad. **Short-nosed**, romo, chato, de nariz aplastada. **Short ribs**, costillas falsas. **Short-winded**, asmático, corto de respiración. **Short-waisted**, corto de talle.
short, *s.* 1. Sumario, resumen, compendio. 2. Sílaba o vocal breve. 3. *pl.* Salvado mezclado con harina gruesa. 4. *-pl.* En la fabricación de cuerdas, el cáñamo de calidad inferior. 5. *pl.* Calzón corto. **The short and the long of it**, en resumidas cuentas. *-adv.* Brevemente, breve.
shortage ['ʃɔ:tɪdʒ] [shor-tich], *s.* 1. Escasez, falta. 2. Desfalco, déficit.
shortcake ['ʃɔ:tkeɪk] [short-keik], *s.* Torta de frutas.
short-change ['ʃɔ:t'tʃeɪndʒ] [short-cheinch], *va.* Defraudar al dar los cambios, engañar.
short circuit ['ʃɔ:t'sɜ:dɪt] [short-ser-kit], *s.* Corto circuito. *-va.* Causar un corto circuito.
shortcoming ['ʃɔ:t'kʌmɪŋ] [short-ka-min], *s.* 1. Defecto, falta de completa ejecución (fault); negligencia del deber, omisión (negligence). 2. Falta de los productos usuales, de las cosechas acostumbradas.
shorten ['ʃɔ:tn] [shortn], *va.* 1. Acortar, recortar, hacer más corto. 2. Abreviar, compendiar, resumir. 3. Recortar, cercenar

lo que sobra en alguna cosa. 4. Impedir, limitar, restringir. 5. Hacer quebradiza la pastelería. *-vn.* Acortarse, abreviarse, disminuirse.

shortening ['ʃɔːtnɪŋ] [short-nin], *s.* 1. Acción de acortar, de abreviar. 2. Lo que hace quebradiza una cosa, v. gr. la manteca o mantequilla usada para hacer quebradizas las pastas, los hojaldres, etc.

shorthand ['ʃɔːthænd] [short-jand], *s.* Taquigrafía, estenografía. **To take shorthand,** escribir en taquigrafía, taquigrafiar. **Shorthand typist,** taquimecanógrafa.

short-handed ['ʃɔːthændɪd] [short-jan-did], *a.* Escaso de mano de obra, falto de trabajadores.

shorthorn ['ʃɔːthɔːn] [short-jorn], *s.* Ganado vacuno de cuernos cortos.

short-lived ['ʃɔːtlɪvd] [short-livd], *a.* Corto de vida; pasajero, que dura poco (brief).

shortly ['ʃɔːtlɪ] [short-li], *adv.* 1. Presto, luego, al instante. 2. Brevemente, en pocas palabras.

short-necked ['ʃɔːt'nekɪd] [short-ne-kid], *a.* Cuellicorto, el que tiene el cuello o pescuezo corto.

shortness ['ʃɔːtnɪs] [short-nes], *s.* 1. Cortedad; pequeñez. 2. Brevedad de palabras. 3. Flaqueza de memoria. 4. Defecto, imperfección. **Shortness of breath**, respiración dificultosa, asma.

shorts ['ʃɔːtz] [shorts], *s. pl.* 1. Calzoncillos. 2. Calzones cortos de hombre o de mujer. **Bathing shorts**, calzones de baño.

short-sighted ['ʃɔːt'saɪtɪd] [short-sai-tid], *a.* Cegato, el que es miope o corto de vista, y el que es rudo o de cortos alcances. **Short-sightedness**, (a) miopía, cortedad de vista. (b) Cortedad de alcances.

short-tempered ['ʃɔːt'tempəd] [short-tem-pard], *a.* De mal carácter.

short-term ['ʃɔːttɜːm] [short-term], *a.* De período breve.

short wave ['ʃɔːtweɪv] [short-ueiv], *s. (Radio)* Onda corta.

shorty ['ʃɔːtɪ] [shor-ti], *s.* Persona baja, enano, tapón.

shot [ʃɒt] [shot], *s.* 1. Munición, postas o municiones (munitions); perdigones, la munición menuda que sirve para cargar las escopetas (pellets). 2. Bala, proyectil sólido (bullet). **Grape-shot**, metralla. **Shot between wind and water**, balazo a flor del agua. 3. Tiro, la acción de tirar o disparar; el acto de lanzar un arma arrojadiza, y particularmente de descargar un arma de fuego. 4. Tiro, alcance, la distancia a que llega lo que se arroja o dispara. **Within pistol-shot**, a tiro de pistola. 5. Tirador, el que se ejercita en tirar. 6. Tirada, jugada, v. g. en el billar. 7. *V.* BLAST. 8. Escote, la parte que a prorrata cabe a cada uno de los que se han divertido o comido en compañía. *V.* SCOT. **Bird shot, fowling shot**, munición menuda. **Buck shot, deer shot**, munición de balines, postas. **Cannon shot**, cañonazo. **A good shot**, un buen tirador. **Shot-tower**, torre para hacer municiones. **She was off like a shot,** se fue rápidamente, como una bala. **To be a poor shot,** ser mal tirador. **Not by a long shot**, *(Ger.)* ni por asomo, ni con mucho. *pret. and pp. of* **SHOOT**.

shotgun ['ʃɒtgʌn] [shot-gan], *s.* Escopeta, arma de fuego ligera para cazar.

shot-put ['ʃɒtpʊt] [shot-put], *s.* Lanzamiento de peso, en el deporte.

shotten ['ʃɒtn] [sho-ten], *a. (Prov. o des.)* 1. Dislocado. 2. Desovado: se dice de los peces cuando han soltado sus huevos o huevas. 3. Cuajada (custard).

should [ʃʊd] [shud], *pret.* de SHALL. Indica un tiempo condicional y en general se usa en los mismos casos en que se emplea *shall* en el futuro de indicativo, aunque el uso de *should* no es tan fijo como el de *shall*. *Should*, se usa muy frecuentemente como verbo defectivo con la significación de deber o haber de. **I should go**, yo iría o yo debería ir. **If I should go**, si yo fuese. **You should go**, usted debería ir. **You should tell him**, deberías decírselo. **I should be very sorry**, yo lo sentiría mucho. **Why should I?**, ¿por qué yo?, ¿por qué lo voy a hacer? **Should I do that?**, ¿debería yo hacer eso? **Should** se encuentra también solo en la oración para evitar la repetición del verbo que se ha usado inmediatamente antes. **Should be**, expresión muy común que se usa casi siempre irónicamente para expresar que una persona o cosa no es lo que debería ser. **For fear he shoud fall**, por temor de que él se cayese. **I should have seen you earlier**, yo debería haberle visto a usted más temprano. **She should be there by now,** ella debería haber llegado ya. **Should he not come in a day or two**, si no viniese dentro de uno o dos días.

shoulder ['ʃəʊldəʳ] [shoul-daʳ], *s.* 1. *(Anat.)* Hombro, la parte alta de la espalda del ser humano de donde nacen los brazos. 2. Brazuelo; cuarto delantero, la parte más alta de las patas delanteras de los cuadrúpedos. 3. *(Fig.)* Lo que sostiene o apoya; sostén, soporte, parte saliente; contera de bastón, virola de cuchillo, rodete mecánico; *(Mec.)* espaldón de espiga; regatón de lanza, etc. **Shoulder bone o blade**, espaldilla, omoplato, escápula. **Shoulder of pork**, pernil. **To give one the cold shoulder**, recibir a uno con indiferencia o fríamente; no hacerle caso. **Shoulder-of-mutton sail**, vela triangular, guaira. **Shoulder to shoulder**, hombro a hombro, cooperando y apoyándose mutuamente, como una fila de soldados. **Shoulder-belt**, tahalí. **Shoulder-knot**, charretera mocha, capona. **Shoulder-strap**, (a) correón (de los silleteros, aguadores, etc.). (b) Charretera, divisa militar de oro, plata o seda que se asegura al hombro; dragona.

shoulder, *va.* 1. Empujar con insolencia. 2. Echar, cargar al hombro. **Shoulder arms**, *(Mil.)* armas al hombro. **Broad-shouldered**, ancho de espaldas.

shouldn't ['ʃʊdnt] [shu-dent], **should not.**

shout [ʃaʊt] [shaut], *va.* 1. Vocear, exclamar. 2. Afectar voceando; repeler, animar con gritos. *-vn.* Exclamar, dar gritos y voces en señal de triunfo o para incitar o mover los ánimos; vitorear, dar vivas, aclamar. **There were shouts of applause,** hubo gran ovación, grandes aplausos. **To shout a protest,** protestar en voz alta. **To shout at**, silbar a alguno; reprobar con voces, gritos o silbidos lo que alguno hace o dice. **Shout down,** abuchear, hundir a gritos. **Shout out,** gritar, hablar en tono muy alto.

shout, *s.* Exclamación, aclamación, gritería. **Shout of applause**, viva.

shouter ['ʃaʊtəʳ] [shau-taʳ], *s.* Gritador, el que grita y exclama.

shouting ['ʃaʊtɪŋ] [shau-tin], *s.* Vocerío, griterío; aclamación. *-a.* Que vocea, o mueve los ánimos dando gritos.

shove [ʃʌv] [shav], *va.* y *vn.* 1. Empujar, hacer fueza para mover o separar alguna cosa (push); impeler, llevar adelante. 2. Llevar un barco con sogas por encima del agua. 3. Moverse hacia adelante con velocidad. **To shove along o forward**, empujar o llevar hacia adelante; hacer avanzar o adelantarse. **To shove away**, rechazar, alejar. **To shove back**, hacer retroceder. **To shove off**, alejarse de, dejar. **To shove from**, empujar, rechazar a empujones. **To shove on,** poner, ponerse (disk, coat). **To shove out**, empujar hacia afuera, hacer salir.

shove, *s.* Empellón, empujón.

shovel ['ʃʌvl] [sha-vel], *s.* Pala. **A shovel hat**, sombrero de canal. **Fire shovel**, badila.

shovel, *va.* Traspalar, mover o pasar con la pala alguna cosa de un lado a otro.

shovel-board ['ʃʌvlbɔːd] [sha-vel-bord], *s.* Tabla para jugar al tejo; y el mismo tejo (juego).

shoveler ['ʃʌvləʳ] [sha-ve-laʳ], *s.* *(Orn.)* Espátula, pato cuchareta.

shovelful ['ʃʌvlfʊl] [sha-vel-ful], *s.* Palada.

show [ʃəʊ] [shou], *va.* (*pret.* SHOWED, *pp.* SHOWN ó SHOWED). 1. Mostrar, exponer a la vista o en público, enseñar (reveal, teach); hacer ver. 2. Señalar, mostrar, descubrir, manifestar (say, point out). 3. Probar, demostrar (demonstrate). 4. Publicar, dar a conocer una cosa. 5. Enseñar, explicar (explain). 6. Conducir. *-vn.* Parecer, tener apariencia o señales de; dar señal. **To show forth**, exponer, mostrar; publicar, manifestar. **To be first shown,** estrenarse (film). **To show in** o **into**, introducir o meter a alguno en alguna parte. **Show her in**, hágale usted entrar. **To show**

off, hacer ver, descubrir, hacer gala de; dejar ver. **To show (oneself) off**, darse importancia. **To show out,** acompañar a la puerta. **To show round,** mostrar, guiar. **To show up**, hacer subir; exponer, descubrir un fraude, descorrer un velo; presentarse a la hora o en el día señalados.

show, *s.* 1. Espectáculo público; exhibición o la cosa exhibida (exhibition); muestra, lo que está expuesto a la vista; títeres. 2. Ostentación, boato, prosopopeya, pompa. 3. Manifestación, lo que manifiesta; seña, indicación, promesa. 4. Apariencia con o sin realidad; pretexto, máscara, velo. 5. *(Fam. E.U.)* Oportunidad, lance, suerte. **To make show of anger**, aparentar enfado. **In open show**, públicamente. **To make a fine show**, hacer gran papel. **To make a show of riches**, hacer gala de sus riquezas. **Show-bill**, cartel, cartelón. Muestrario de tienda, caja de muestras. **Show biz, show bussiness,** el mundo del espectáculo. *(E.U.)* **Showboat**, barco-teatro. **Show-window**, ventana o escaparate de tienda. **Cattle-show**, exposición de ganado. **A vote by show of hands**, votación que se efectúa alzando las manos. **With a show of friendship**, con apariencia de amistad; bajo pretexto de amistad.

showcase ['ʃəʊkeɪs] [shou-keis], *s.* Muestrario, vitrina, mostrador, escaparate.

shower ['ʃəʊə[r]] [shaua[r]], *s.* 1. Lluvia, nubada de corta duración, aguacero. **A heavy shower**, chaparrón, turbión. 2. Lluvia, abundancia. 3. Ducha. **Shower-bath**, baño de ducha, chorro de agua que se aplica al cuerpo humano.

shower, *s.* Mostrador, el que muestra.

shower, *va.* 1. Mojar o anegar con lluvia. 2. Derramar (pour). 3. Distribuir con liberalidad. *-vn.* 1. Llover, caer agua de las nubes (rain). 2. Llover, venir o caer sobre uno alguna cosa con abundancia.

showeriness ['ʃəʊərɪnɪs] [shaua-ri-nes], *s.* Tiempo lluvioso.

showerless ['ʃəʊəlɪs] [shaua-les], *a.* Sin lluvia, que no tiene nubadas.

showery ['ʃəʊərɪ] [shaua-ri], *a.* Lluvioso, abundante en aguaceros.

showily ['ʃəʊɪlɪ] [shoui-li], *adv.* Vistosamente, ostentosamente, magníficamente.

showiness ['ʃəʊɪnɪs] [shoui-nes], *s.* Ostentación, vista, esplendor, magnificencia.

showman ['ʃəʊmən] [shou-man], *s.* 1. Hábil empresario de espectáculos. 2. Dueño o director de algún circo u otro espectáculo.

showmanship ['ʃəʊmənʃɪp] [shou-man-ship], *s.* Habilidad para la presentación de espectáculos teatrales.

shown, *pp.* de *TO* SHOW.

showroom ['ʃəʊrʊm] [shou-rum], *s.* Sala de exhibiciones.

showy ['ʃəʊɪ] [shoui], *a.* Ostentoso, magnífico, suntuoso, vistoso (lively, attractive).

shrank [ʃræŋk] [shrank], *pret.* de *TO* SHRINK.

shrapnel ['ʃræpnl] [shrap-nel], *s.* Granada de metralla, bomba llena de balas y con carga de pólvora.

shred [ʃred] [shred], *va.* Picar, hacer pedazos muy pequeños alguna cosa, desmenuzar.

shred, *s.* 1. Cacho, tira, pedazo, pequeño (bit, piece); retazo, harapo. 2. Fragmento, partícula (fragment); punto, átomo, nada, jota, tilde. **There isn't a shred of truth in it,** eso no tiene nada de verdad. **In shreds,** hecho jirones, destrozado.

shredder ['ʃredə[r]] [shre-da[r]], *s.* Picadora, trituradora.

shrew [ʃruː] [shru], *s.* 1. Sierpe, víbora, mujer de mal genio, maligna y turbulenta. 2. *(Zool.)* Musgaño, musaraña, mamífero carnicero muy pequeño.

shrewd ['ʃruːd] [shrud], *a.* 1. Astuto, perspicaz, de vivo ingenio, sagaz, sutil (clever, sagacious). 2. *(Ant.)* Artificioso, solapado. 3. *(Ant.)* Agudo, cortante. 4. *(Des.)* Enfadoso, enojoso; maligno. **A man of shrewd discernment**, un hombre de sutil dicernimiento. **This is a shrewd thing to do,** hacer eso es lo más prudente. **A shrewd question**, una pregunta astuta.

shrewdly ['ʃruːdlɪ] [shrud-li], *adv.* 1. Astutamente, con astucia, sagazmente, sutilmente. 2. *(Ant.)* Con artificio, con cautela, solapadamente.

shrewdness ['ʃruːdnɪs] [shrud-nes], *s.* 1. Sagacidad, travesura, astucia, sutileza de genio. 2. *(Ant.)* Malignidad, maldad; agudeza, mordacidad.

shrewish ['ʃruːɪʃ] [shruish], *a.* Regañón, regañador, quimerista, pendenciero; diabólico.

shrewishness ['ʃruːɪʃnɪs] [shruish-nes], *s.* Pervesidad, maldad; travesura; mal genio.

shrewmouse ['ʃruːmaʊs] [shru-maus], *s.* Musgaño, musaraña.

shriek ['ʃriːk] [shrik], *vn.* Chillar, dar chillidos (squeak); gritar, dar gritos. **To shriek abuse at someone,** insultar, lanzar improperios a alguien. **This color shrieks at one,** es un color chillón.

shriek, *s.* Chillido; grito de espanto o dolor. **To utter a shriek**, dar un chillido.

shrieking ['ʃriːkɪŋ] [shri-kin], *a.* 1. Chillón, gritón (color, person). 2. Chillidos, gritos.

shrill [ʃrɪl] [shril], *a.* Agudo, penetrante, sutil: se aplica al sonido.

shrill, *va.* y *vn.* Chillar, producir un sonido agudo, sutil y penetrante.

shrillness ['ʃrɪlnɪs] [shril-nes], *s.* La aspereza del sonido y de la voz.

shrilly ['ʃrɪlɪ] [shri-li], *adv.* Ásperamente, agudamente, con un ruido penetrante.

shrimp [ʃrɪmp] [shrimp], *s.* 1. Camarón, crustáceo marino comestible. 2. Enano, hombre pequeño, de muy poca estatura. **To go shrimping,** pescar camarones.

shrine [ʃraɪn] [shrain], *s.* 1. Relicario, caja o urna para guardar reliquias. 2. Altar, o sepulcro de santo; capilla; paraje o cosa consagrados por razones históricas, religiosas, u otras. *-va. V.* ENSHRINE.

shrink [ʃrɪŋk] [shrink], *va.* (*pret.* SHRANK, *pp.* SHRUNK, SHRUNKEN, y antiguamente SHRINKED). 1. Encogerse, contraerse alguna cosa ocupando menos lugar, estrecharse (contract), angostarse, acortarse (shorten); disminuir. 2. Evitar un peligro o huir y apartarse de él; retroceder; temblar, estremecerse (shake, tremble); retirarse. 3. Encogerse, apocarse el ánimo (sadden). *-va.* Encoger, contraer. **To shrink from danger**, retirarse del peligro. **To shrink for fear**, temblar de miedo. **To shrink in the wash,** encogerse al lavar (clothes). **To shrink back**, retirarse a la vista de algún peligro o de alguna cosa desagradable; detenerse en la ejecución de alguna cosa por temor a las consecuencias. **To shrink away**, acortarse, angostarse, desaparecer por grados; sustraerse, huir. **To shrink up**, estrechar, estrecharse; encogerse, arrugarse por efecto de la sequedad; temblar, estremecerse. **To shrink on**, asegurar firmemente en su lugar, v. g. la llanta de una rueda. **Shrink-wrap,** envasar al vacío.

shrink, *s.* 1. Encogimiento, acortamiento, contracción de nervios causada por miedo u horror. 2. *(E.U.)* Psiquiatra.

shrinkage ['ʃrɪŋkɪdʒ] [shrin-kich], *s.* Merma, disminución de volumen de los metales, de la madera u otras materias (contraction); el peso o volumen perdidos a consecuencia de esa disminución.

shrinkingly ['ʃrɪŋkɪŋlɪ] [shrin-kin-li], *adv.* Encogiéndose, retrocediendo, con vacilación.

shrivel ['ʃrɪvl] [shri-vel], *vn.* Arrugarse, encogerse; acorcharse las frutas; encarrujarse, ensortijarse (hilo, pelo, hojas, etc.); a menudo con la prep. *up*. *-va.* 1. Arrugar, doblar, encoger (wrinkle). 2. Estrechar; disminuir el alcance, vigor o actividad de algo (narrow).

shriven ['ʃrɪvn] [shri-ven], *pp.* de *TO* SHRIVE.

shroud [ʃraʊd] [shraud], *s.* 1. Mortaja, la vestidura que ponen, o la sábana en que envuelven al cadáver para sepultarlo. 2. Cubierta, carpeta, vestidura.

shroud, *va.* 1. Amortajar, poner la mortaja a un difunto. 2. Cubrir, ocultar, guarecer, abrigar. *-vn.* Guarecerse, refugiarse, encogerse.

shrouds ['ʃraʊdz] [shauds], *s. pl. (Mar.)* Obenques, cabos gruesos. **Bowsprit-shrouds**, mostachos del bauprés. **Main-shrouds**, obenques mayores. **Preventer-shrouds**, obenques volantes. **Main-top-gallant-shrouds**, obenquitos del juanete mayor. **Bumkin-shrouds**, pie de servioleta. **Futtock-shrouds**, arraigadas.

shrove ['ʃrəʊv] [shrouv], *s. V.* SHRIFT; se usa solamente en voces compuestas, v. g.

shrovetide ['ʃrəʊvtaɪd] [shrouv-taid], **shrove Tuesday** ['ʃrəʊv'tjuːsdeɪ] [shouv-tius-dei], *s.* Martes de carestolendas o de carnaval, el día que precede al miércoles de ceniza.

shrub [ʃrʌb] [shrab], *s.* 1. *(Bot.)* Arbusto; mata. 2. Especie de bebida que se hace de aguardiente de caña, limón y azúcar.

shrubbery ['ʃrʌbərɪ] [shra-be-ri], *s.* Plantío de arbustos o arbolitos; repajo, matorral, maleza.

shrubby ['ʃrʌb] [shra-bi], *a.* Parecido a un arbusto; lleno de arbustos. **Shrubby place**, maleza, matorral.

shrug [ʃrʌg] [shrag], *vn.* Encogerse (shoulders). *-va.* Encoger, contraer.

shrug, *s.* Encogimiento de hombros.

shrunk [ʃrʌŋk] [shrank], *pret.* y *pp.* de TO SHRINK.

shrunken [ʃrʌŋkən] [shran-ken], *pp.* de TO SHRINK.

shuck [ʃʌk] [shak], *va.* Descascarar, descortezar (peal); en los Estados Unidos, quitar el hollejo al maíz, o la concha a una ostra. *-s. (Prov.)* 1. Cáscara, vaina, hollejo. 2. *(E. U.)* Concha de ostra o almeja.

shudder ['ʃʌdər] [sha-dar], *vn.* Estremecerse, temblar de miedo o de horror.

shuddering ['ʃʌdərɪŋ] [sha-de-rin], *s.* Temblor, estremecimiento producido por horror o miedo (chill, fright).

shuffle [ʃʌfl] [sha-fel], *va.* y *vn.* 1. Barajar, mezclar y revolver unas personas o cosas con otras; empujar, hacer pasar de un lado a otro. 2. Barajar los naipes o mezclarlos entre sí antes de repartirlos. 3. Poner en confusión, desordenar. 4. Reunir o echar muchas cosas juntas, con fraude o prisa; poner a un lado descuidadamente; se usa con las preposiciones *up, out, off, in*, etc. 5. Eludir o evitar una dificultad saliendo de ella con algún artificio. 6. Trampear, entrampar, usar de algún artificio o fraude. 7. Tergiversar, ir buscando efugios con rodeos o trampas (distort). 8. Hacer esfuerzos, proceder con dificultad (effort). 9. Arrastrar los pies, andar de un modo irregular; taconear al bailar.

shuffle aside, apartar, relegar a alguien de su puesto.

shuffle along, arrastrar los pies; hacer esfuerzos para salir de un mal paso.

shuffle into, introducir a alguien con artificio o cautela.

shuffle off, evadirse, huir de una dificultad; hacer esfuerzos por salir de un mal paso; echar fuera, despedir.

shuffle up, formar algo tumultuosa o fraudulentamente. Hacer las cosas a la carrera.

shuffle, *s.* 1. Barajadura, el acto de barajar o confundir el orden de las cosas (mixture). 2. Treta, fraude, artificio, evasión, efugio fraudulento para salir de una dificultad (fraudulence). 3. Mezcla, confusión, desorden; movimiento desordenado. **To walk in a shuffle,** caminar arrastrando los pies. **Shuffleboard**, *V.* SHOVEL-BOARD.

shuffler ['ʃʌflər] [sha-flar], *s.* Tramoyista, el que usa de ficciones y engaños; petardista, enredador, embrollón, chismoso, maula.

shuffling ['ʃʌflɪŋ] [sha-flin], *s.* 1. Confusión, desorden. 2. Tramoya, enredo, chisme, embrollo. 3. Tropezón, tropiezo.

shun [ʃʌn] [shan], *va.* y *vn.* Huir, evitar, rehuir, rechazar; escaparse, recatarse de (evade).

shunt [ʃʌnt] [shant], *va.* 1. Desviar (train): apartar un tren, hacerlo pasar a otra vía. *V.* SWITCH. 2. Establecer una vía adicional para la corriente eléctrica; distribuir por medio de conductores. 3. Evadir, eludir; echar el cascabel a uno. **To shunt someone to and fro,** zarandear, mandar a alguien de aquí para allá. **They shunted him from one window to another,** le mandaban de una ventanilla a otra. *-vn.* Desviarse, usar de una cambiavía (railway); de aquí, mudar de curso o de opinión.

shush [ʃʌʃ] [shash], *vt.* Hacer callar, acallar. **Shush!,** ¡silencio!, ¡chitón!

shut [ʃʌt] [shat], *va. (pret.* y *pp.* SHUT). 1. Cerrar, encerrar (enclose). 2. Cerrar, prohibir, impedir (prohibit); se usa con las preposiciones *against o to.* 3. Cerrar, negar a uno la entrada. 4. Concluir o acabar alguna cosa (finish). 5. Encoger (shrink). 6. Cerrar, ajustar. *-vn.* Cerrarse, apretarse, estrecharse o apiñarse. **They shut at 7h,** cierran a las 7. **To shut against**, cerrar a. **To shut from**, excluir de, ocultar a. **To shut off**, impedir la entrada (al vapor, etc.), impedir la entrada (al vapor, etc.), impedir que algo fluya, interceptar. **To shut out**, impedir que uno entre cerrándole la puerta; evitar que el ánimo se ocupe en una cosa. **To shut out rain**, impedir que entre la lluvia. **To shut close**, cerrarse bien. **To shut down on**, *(Fam.)* hacer cesar, suprimir, reprimir. **To shut up**, cerrar completamente; callarse, dejar de hablar; concluir, acabar, terminar; tapar; condenar (una puerta, ventana, etc.); aprisionar. **To shut up shop**, *V.* SHOP.

shut, *s.* Cerradura; postigo (lock). *-a.* 1. Cerrado. 2. Sordo, cerrado; se dice de ciertas consonantes como t, p, k, b. 4. *(Prov.)* Libre, exento. **Are you shut of him?**, ¿se descartó Ud. de él?

shut-down ['ʃʌtdaʊn] [shat-daun], *s.* Cesación de trabajo (factory, enterprise, etc.)

shut-in ['ʃʌtɪn] [shat-in], *s.* Inválido recluído en un hospital o en su casa.

shut-out ['ʃʌtaʊt] [shat-aut], *s.* 1. Encerramiento para impedir la entrada. 2. En los deportes, triunfo en que el lado contrario no logra ningún punto.

shutter ['ʃʌtər] [sha-tar], *s.* 1. Cerrador, el que cierra. 2. Cerradura, todo lo que cierra; obturador de una cámara fotográfica. 3. Contraventana, postigo de ventana.

shuttle ['ʃʌtl] [sha-tel], *s.* Lanzadera, un instrumento de los tejedores.

shuttlecock ['ʃʌtlkɒk] [sha-tel-kok], *s.* Volante, rehilete.

shy [ʃaɪ] [shai], *a.* 1. Tímido, miedoso, fácil de asustar (bashful, timid). 2. Reservado, cauteloso, esquivo, vergonzoso, contenido (shameful). 3. Prudente, circunspecto, precavido (prudent, wise). 4. Evasivo, que huye o escapa. 5. Huraño, intratable (elusive). *(E. U.)* **She's 25 dollars shy,** ha perdido 25 dólares, le faltan 25 dólares.

shy, *va.* 1. Hacer desviar; se usa con *off o away*. 2. Echar con un movimiento lateral. *-vn.* Desviarse repentinamente, como con espanto; se dice de un caballo. *-s. V.* FLING. **To shy away,** alejarse asustado, escapar de miedo.

shyly ['ʃaɪlɪ] [shai-li], *adv.* Con esquivez, reserva o cautela; tímidamente, con sospecha; con circunspección.

shyness ['ʃaɪnɪs] [shai-nes], *s.* Reserva, timidez, vergüenza (shame).

shyster ['ʃaɪstər] [shais-tar], *s. (Fam. E. U.)* Abogado de mala reputación, trapisondista.

si [sɪ] [si], *s.* Si, séptima nota de la escala música.

Siam [saɪ'æm] [saiam], *sm.* Siam.

Siamese [ˌsaɪə'miːz] [saia-mis], *a.* Siamés, perteneciente o relativo al reino de Siam. *-s.* Siamés, el natural o habitante de Siam.

Siberian [saɪ'bɪərɪən] [sai-be-rian], *a.* Siberiano, de Siberia.

sibilant ['sɪbɪlənt] [si-bi-lant], *a.* Sibilante.

sibilation [ˌsɪbɪ'leɪʃən] [si-bi-lei-shon], *s.* Silbido.

siby ['sɪbɪ] [si-bi], *s.* Sibila, profetisa, adivina.

Sicilian [sɪ'sɪlɪən] [si-si-lian], *a.* y *s.* Siciliano, de Sicilia.

Sicily ['sɪsɪlɪ] [si-si-li], *s.* Sicilia.

sic [sɪk] [sik], *adv.* **She said sic,** cito palabras textuales.

sick [sɪk] [sik], *a.* 1. Malo, enfermo, doliente (ill). 2. Ahitado, ahito con náusea. 3. Disgustado, fatidiado. 4. Corrompido. **I am sick of him**, estoy harto de él o me tiene muy disgustado o cansado. **The sick**, los enfermos. **Sick to death**, enfermo de peligro, de muerte. **To be sick at the stomach**, tener náuseas. **To be sick at heart**, llevar la muerte en el alma. **Sick-bed**, lecho de enfermo. **He gets sick in trains,** se marea en los trenes. **To be sick at heart,** estar muy deprimido.

sick, *va.* Buscar; en imperativo para incitar a un perro a morder o atacar; de aquí, animar, excitar al ataque. **Sick up,** arrojar, devolver.

sicken ['sɪkn] [si-ken], *va.* 1. Enfermar, causar enfermedad, poner enfermo; dar asco, dar ganas de vomitar. 2. Debilitar, extenuar (weaken). *-vn.* 1. Enfermar, caer enfermo (to fall ill). 2. Hartarse, fastidiarse, cansarse (to get weary). 3. Tener hastío o asco de alguna cosa. **To sicken at,** sentir náuseas de. 4. Debilitarse, extenuarse. **Our heart sickens at the sight of him**, nuestro corazón se despedaza o desgarra a su vista.

sickening ['sɪknɪŋ] [sik-nin], *a.* Nauseabundo, asqueroso, repugnante.

sickish ['sɪkɪʃ] [si-kish], *a.* 1. Enfermizo, algo malo. 2. Nauseabundo, que da asco.

sickishly ['sɪkɪʃlɪ] [si-kish-li], *adv.* De un modo nuaseabundo, asquerosamente.

sickle ['sɪkl] [si-kel], *s.* Hoz, segadera, instrumento para segar las mieses y hierbas. **Sickle cell**, célula falciforme.

sickliness ['sɪklɪnɪs] [si-kli-nes], *s.* Achaque, indisposición habitual; estado enfermizo; insalubridad.

sickly ['sɪklɪ] [si-kli], *a.* 1. Enfermizo, achacoso, malsano, valetudinario. 2. Lánguido, endeble, débil (weak).

sickness ['sɪknɪs] [sik-nes], *s.* 1. Enfermedad, indisposición, mal, falta de salud (illness, pain). 2. Basca, náusea. **Falling sickness**, epilepsia. **Sickness rate**, morbilidad.

side [saɪd] [said], *s.* 1. *(Anat.)* Lado, costado, cada una de las partes del cuerpo del animal desde el nacimiento del brazo hasta el hueso de la cadera. 2. Lado, lo que está a la derecha o a la izquierda de un todo. 3. Orilla, margen; falda, ladera. 4. Lado, facción, partido, bando, parte. 5. Lado, cara, una de dos o más superficies o partes contrapuestas. 6. Lazo de parentesco. 7. *(Mar.)* Bordo, costado, banda. **Starboard side**, *(Mar.)* banda de estribor. **Side of the waist**, *(Mar.)* amurada del combés. **Lee-side**, *(Mar.)* costado de sotavento. **Weather-side**, *(Mar.)* costado de barlovento. **Right o wrong side of a stuff**, la cara o revés de una tela. **He is of my side**, está por mí, es de mi partido o sigue mi opinión. **This and the other side**, por acá y por allá. **The right or left side**, el lado derecho o izquierdo. **By the side of**, al lado de, por el lado de. **On this side**, a, de, o por este lado. **On that side**, de o por aquel lado. **On the other side**, del o al otro lado; más allá; a la otra parte. **To be on the safe side,** por precaución, para mayor seguridad. **On all sides**, por todas partes. **Relations by the mother's side**, parientes por parte de madre. **Side-arms**, armas blancas. *-a.* Lateral, de lado; oblicuo. **Side-wheel,** *a.* Que tiene ruedas a los costados (vapor). *-s.* Rueda lateral; una de las dos ruedas de paleta de un vapor.

side, *va.* y *vn.* 1. Tomar parte por alguno o declararse por él. 2. Declararse por un partido, facción o bando. 3. Unirse con alguno. 4. Igualar. **To side with one**, ser del mismo partido u opinión. **To side against,** ir en contra, tomar el partido contrario.

sideboard ['saɪdbɔːd] [said-bord], *s.* 1. Aparador. 2. Adral (truck).

sideburns ['saɪdbɜːns] [said-berns], *s. pl.* Patillas.

side dish ['saɪd] [said], *s.* Entremés, platillo.

sideface ['saɪdfeɪs] [said-feis], *s.* Cabeza de perfil.

sidekick ['saɪdkɪk] [said-kik], *s.* Compinche, compañero (work).

side light ['saɪdlaɪt] [said-lait], *s.* 1. Luz lateral. 2. Información que se obtiene incidentalmente.

side line ['saɪdlaɪn] [said-lain], *s.* Negocio u ocupación accesorios.

sidelong ['saɪdlɒŋ] [said-lon], *a.* Lateral, de lado. *-adv.* Lateralmente, de lado.

sideral, *a.* *V.* SIDEREAL.

sidereal [saɪ'diːrɪəl] [sai-di-rial], *a.* Sidéreo, perteneciente a las estrellas.

sidesaddle ['saɪd,sædl] [said-sadl], *s.* La silla que usaban las mujeres para montar a caballo.

sideshow ['saɪdʃəʊ] [said-shou], *s.* 1. Diversión secundaria (en un circo, etc.). 2. Carreta, feria.

sidestep ['saɪdstep] [said-step], *va.* 1. Hacerse a un lado. 2. Evadir (situation, problem)

sidestreet ['saɪdstriːt] [said-strit], *sf.* Calle secundaria.

sideswipe ['saɪdzwaɪp] [saids-uaip], *va.* *(Fam.)* Rozar oblicuamente a manera de golpe.

side-taking ['saɪd'teɪkɪŋ] [said-tei-kin], *s.* El empeño que se toma por una facción o partido.

side-track ['saɪdtræk] [said-trak], *va.* *(E.U.)* Desviar, apartar un carro o vagón de ferrocarril, para desembarazar la vía principal; *(Fig.)* desviar, alejar de la dirección o del asunto principal; reducir a la inacción. *-vn.* Ir sobre un apartadero. *-a.* Apartadero, desviadero. *V.* SIDING, 1ª acep.

sidewalk ['saɪd,wɔːk] [said-uok], *s.* Acera. *(Mex.)* Banqueta.

sideways ['saɪd,weɪz] [said-ueis], **sidewise** ['saɪdwaɪz] [said-uais], *adv.* De lado, oblicuamente, al través.

siding ['saɪdɪŋ] [sai-din], *s.* 1. Apartadero, desviadero (railway), ramal inmediato a la vía principal, por el que se desvían los coches de un tren. 2. Costaneras, el entablado de los costados. 3. La acción de empeñarse en un partido o facción.

sidle ['saɪdl] [sai-del], *va.* 1. Ir de lado por algún paso estrecho. 2. Estar echado de lado. **To sidle up,** acercarse sigilosamente.

siege [siːdʒ] [sidch], *s.* Sitio, asedio, cerco. **To lay siege to a fortress**, poner sitio a una fortaleza.

sierra [sɪ'erə] [sie-ra], *s.* Sierra, cadena de montañas.

siesta [sɪ'estə] [sies-ta], *sf.* **To have a siesta,** dormir la siesta.

sieve [sɪv] [siv], *s.* 1. Cedazo, tamiz; zaranda, criba, cribo. 2. Persona gárrula que repite cuanto se le dice. 3. Canasto que contiene dos tercios de fanega. **Sievemaker**, cedacero, fabricante de tamices.

sift [sɪft] [sift], *va.* 1. Cerner, separar con el cedazo la harina del salvado; pasar o cerner por tamiz; cribar, zarandear, pasar por la criba o la zaranda. 2. Examinar, escudriñar (scan). 3. Dividir, separar una cosa de otra (divide). *-vn.* Caer o pasar al través de un tamiz o cedazo. **To sift out**, inquirir, investigar. **To sift a question to the bottom**, examinar una cuestión a fondo.

sifter ['sɪftəʳ] [sif-taʳ], *s.* Cernedor, persona o cosa que cierne; escudriñador; cedazo, zaranda, criba.

sigh [saɪ] [sai], *vn.* 1. Suspirar, dar suspiros; lamentar, llorar. 2. Suspirar, desear ardientemente, anhelar; a menudo con la prep. *for*. *-va.* *(Poét.)* Decir suspirando; lamentar; algunas veces con la prep. *out*. **To sigh away**, consumir (el tiempo) en suspiros.

sigh, *s.* Suspiro, susurro.

sighing ['saɪɪŋ] [saiin], *a.* Susurro, suspiros.

sighingly ['saɪɪŋlɪ] [sain-li], *adv.* Suspirando, con suspiros.

sight [saɪt] [sait], *s.* 1. Vista, la facultad o potencia de ver (faculty of seeing). 2. Vista, el objeto de la visión. 3. Vista, los ojos o cada uno de ellos separadamente (eyes). 4. Vista, la acción y efecto de ver, y el modo con que se mira; alcance de la visión, y de lo que con ella se descubre. 5. Conocimiento claro de alguna cosa (knowing); oportunidad para investigar o estudiar; opinión, parecer (opinion). 6. Espectáculo, objeto que causa admiración u horror. 7. Visera de morrión. 8. Mira o punto del cañón de escopeta (gun). 9. Puntería, acto de apuntar con un arma de fuego (aiming); observación hecha con un instrumento. 10. Agujero, abertura para mirar. **At sight**, a primera vista, a libro abierto. **At first sight,** a primera vista. *(Com.)* A la vista. **To come in sight**, asomarse, empezar a aparecer. **To pay at sight**, pagar a la vista. **Ten days after sight**, a diez días vista. **To translate at sight,** traducir oralmente. **To know someone by sight,** conocer a alguien de vista. *(E.U.)* **Out of sight,** fantástico, maravilloso, fabuloso. **To get a sight of,** lograr ver. **Sights,** monumentos, curiosidades, cosas de interés.

sight, *va.* 1. Avistar, alcanzar con la vista (see); ver con un instrumento. 2. Poner miras a un arma. 3. Apuntar a un blanco (aim).

sighted ['saɪtɪd] [sai-tid], *a.* Que tiene vista; se emplea en composición. *V.* **Far-sighted, short-sighted, sharp-sighted**.

sighting ['saɪtɪŋ] [sai-tin], *sf.* Observación.

sightless ['saɪtlɪs] [sait-les], *a.* 1. Ciego, falto de vista (blind). 2. Que está fuera de vista.

sightly ['saɪtlɪ] [sait-li], *a.* Vistoso, hermoso, deleitable o agradable a la vista.
sightseeing ['saɪtˌsiːɪŋ] [sait-siin], *s.* Acto de visitar objetos o puntos de interés.
sightseer ['saɪtˌsɪəʳ] [sait-siaʳ], *s.* Persona que visita puntos u objetos de interés, turista.
sign [saɪn] [sain], *s.* 1. Signo, señal, nota, indicio (note, mark). 2. Portento, milagro. 3. Tablilla, muestra o señal que se pone encima de alguna puerta para dar a entender un lugar de negocio o de recreo. 4. Signo, constelación del zodíaco. 5. Firma, rúbrica. **Signed and sealed,** firmado y sellado. 6. Seña, la señal con que se da a entender una cosa sin hablar. 7. Señal, huella, vestigio (trace, signal). **To make the sign of the cross**, hacer la señal de la cruz. **Sign manual**, firma o rúbrica de una persona. **Signboard**, muestra de establecimiento. **To show signs,** dar muestras de.
sign, *va.* 1. Señalar, poner señal en alguna cosa. 2. Firmar, rubricar. 3. Representar, significar. 4. Hacer señas. **To sign away,** ceder, firmar una cesión. **Sign in,** registrarse, firmar en el registro. **Sign off,** terminar, finalizar una emisión *(Rad., TV)*. **Sign on,** contratar, firmar un contrato o inscripción. **Sign up, = sign on.**
signal ['sɪgnl] [sig-nal], *a.* Insigne, señalado, notable, memorable (notable, distinguished). *-s.* 1. Señal, aviso. 2. Signo, indicio (trace). **A signal exploit**, una hazaña señalada, memorable. **A signal failure**, fracaso completo. **Sailing-signals**, señales de hacerse a la vela. **Signal book,** código de señales. **Signal-code**, código o sistema de señales, especialmente en el mar. **Signal flag,** bandera de señales. **Signal-light**, fanal. **Signalman**, guardavía, el que hace señales. *-vt.* **To signal one's approval,** aprobar, hacer seña de aprobación.
signalize ['sɪgnəlaɪz] [sig-na-lais], *va.* Señalar, distinguir; singularizar, particularizar; hacer notable.
signally ['sɪgnəlɪ] [sig-na-li], *adv.* Insignemente, grandemente; señaladamente.
signatory ['sɪgnətərɪ] [sig-na-to-ri], *s.* y *a.* Signatario, firmante.
signature ['sɪgnətʃəʳ] [sig-na-chaʳ], *s.* 1. Subscripción, la firma en una carta o en cualquier otra cosa. 2. Signatura, señal de imprenta en los pliegos para su coordinación. 3. *(Mús.)* Signatura, signo o signos que se ponen a la derecha de la llave en el pentagrama, para indicar la entonación de las notas (signos de bemol o sostenido). 4. *(Ant.)* Señal, marca.
signer ['saɪnəʳ] [sai-naʳ], *s.* Firmante, el que firma o ha firmado.
signet ['sɪgnɪt] [sig-nit], *s.* 1. Sello; el sello privado del rey. 2. Signáculo, la impresión de un sello sobre el papel.
significance [sɪg'nɪfɪkəns] [sig-ni-fi-kans], *s.* 1. Significación, calidad de expresivo o significante. 2. Energía, eficacia, énfasis. 3. Importancia, momento, consecuencia, peso.
significant [sɪg'nɪfɪkənt] [sig-ni-fi-kant], *a.* 1. Significante, expresivo, significativo; enfático, enérgico. 2. Importante, que es de algún momento o consecuencia. 3. Que figura, que tiene un significado o culto o encubierto.
significantly [sɪg'nɪfɪkəntlɪ] [sig-ni-fi-kant-li], *adv.* Expresivamente, con energía y fuerza.
significantness [sɪg'nɪfɪkəntnɪs] [sig-ni-fi-kant-nes], *s.* La calidad que constituye a una cosa significativa o importante.
signification [ˌsɪgnɪfɪ'leɪʃən] [sig-ni-fi-kei-shon], *s.* Significación, significado, sentido de alguna frase o palabra; la acción de significar o demostrar.
significative [sɪg'nɪfɪkətɪv] [sig-ni-fi-ka-tiv], *a.* Significativo, expresivo, enérgico; que tiene una significación, particularmente una signifiación oculta.
significatory [sɪg'nɪfɪkətərɪ] [sig-ni-fi-ka-to-ri], *a.* Significativo. *-s. (Des.)* Señal, indicio.
signify ['sɪgnɪfaɪ] [sig-ni-fai], *va.* 1. Significar, notificar, declarar, manifestar, hacer saber (tell, declare); dar a entender. 2. Significar, representar una cosa a otra distinta de sí misma; ser signo o indicio de algo, denotar. 3. Importar, ser de alguna consecuencia. *-vn.* Tener sentido; importar, ser de alguna consecuencia. **What does it signify?** ¿Qué importa? ¿qué significa eso? **It doesn't signify,** no importa, da igual.
signing ['saɪnɪŋ] [sai-nin], *sm.* Fichage (sport).
silage ['saɪlɪdʒ] [sai-lich], *s.* Ensilaje.
silence ['saɪləns] [sai-lens], *s.* 1. Silencio, taciturnidad; privación voluntaria de hablar, quietud. 2. Silencio, secreto. **Death-like silence**, silencio sepulcral. **Silence gives consent**, quien calla otorga. *-inter.* ¡Silencio! ¡punto en boca! voz con la cual se manda callar.
silence, *va.* 1. Imponer silencio, mandar o hacer callar. 2. Parar, detener el movimiento de algo, aquietar.
silencer ['saɪlənsər] [sai-lan-saʳ], *s.* Silenciador, apagador.
silent ['saɪlənt] [sai-lent], *a.* 1. Silencioso, mudo, que no produce sonido; taciturno, callado. 2. Que no hace mención o alusión. 3. Quieto, tranquilo, sosegado, calmoso. 4. *(Com.)* Comanditario, perteneciente a la comandita. **Silent partner**, socio comanditario. **To remain silent**, callar, guardar silencio, no chistar. **Be silent**, calle usted. **Silent film,** película muda.
silently ['saɪləntlɪ] [sai-lent-li], *adv.* Silenciosamente, sin ruido; sin hacer mención de una cosa o pasándola por alto.
silentness ['saɪləntnɪs] [sai-lent-nes], *s.* Silencio.
silhouette [ˌsɪluː'et] [si-luet], *va.* Hacer aparecer en silueta. *-s.* Silueta, imagen de perfil, tomada por el contorno de la sombra.
silica ['sɪlɪkə] [si-li-ka], *s.* Sílice, binóxido de silicio, ácido silícico.
silicate ['sɪlɪkeɪt] [si-li-keit], *s.* Silicato, sal compuesta de ácido silícico y una base.
silicic ['sɪlɪsɪk] [si-li-sik], *a.* Silícico, perteneciente a la sílice. **Silicic acid**, ácido silícico, sílice.
silicious [sɪ'lɪʃəs] [si-li-shos], *a.* Silícico, silíceo, que consta de sílice o cuarzo. **Silicious earth**, tierra primitiva o sencilla de sílice o pedernal.
silicon ['sɪlɪkən] [si-li-kan], *s. (Quím.)* Silicio, elemento no metálico, el más abundante después del oxígeno.
silicone ['sɪlɪkəʊn] [si-li-koun], *sf.* Silicona.
silicosis [ˌsɪlɪ'kəʊsɪs] [si-li-kou-sis], *sf.* Silicosis.
silk [sɪlk] [silk], *a.* Hecho de seda, sedoso, sedeño. **A silk dress**, un vestido de seda. *-s.* 1. Seda. 2. Tejido de seda. **Raw silk**, seda cruda o en rama. **Sewing-silk**, seda para coser. **Black corded silk**, paño de seda. **Figured silk**, seda labrada. **Floss silk**, seda floja; escarzo, atanquía, filadiz. **Shot silk**, seda tornasolada. **Twilled silk**, tela cruzada de seda. **Watered silk**, seda ondeada, muaré. **Silk-cotton**, seda vegetal, borrilla de las simientes del bómbice, que se emplea para rellenar al mohadones, etc. **Silk-cotton-tree**, bómbice, ceiba. **Silk goods**, géneros de seda. **Silk-throwing**, torcedura de la seda. **Waste silk**, borra de seda. **Silk-dyer**, tintorero de sedas. **Silk-thrower, silk-throwster**, devanador o torcedor de seda. **Silk-weaver**, tejedor de seda.
silken ['sɪlkən] [sil-ken], *a.* 1. Sedoso, hecho de seda; sedeño; blando, suave. 2. Vestido de seda.
silkiness ['sɪlkɪnɪs] [sil-ki-nes], *s.* Blandura, molicie, suavidad; lisonja; sonsaca.
silk-raising ['sɪlkˌreɪzɪŋ] [silk-rei-shin], *sf.* Sericultura.
silkweed ['sɪlkwiːd] [silk-uid], *s.* 1. Asclepias.
silk-worm ['sɪlkwɜːm] [silk-uerm], *s.* Gusano de seda, larva de una mariposa nocturna de los bombíacidos.
silky ['sɪlkɪ] [sil-ki], *a.* 1. Hecho de seda. 2. Sedoso, sedeño, que tiene las propiedades de la seda; suave como la seda; lustroso.
sill [sɪl] [sil], *s.* Umbral de puerta; *(carp.)* solera, viga de carrera, antepecho de ventana, alféizar, repisa; nabo; madero horizontal para sostener otras piezas. **Cap-sill**, *(Min.)* cabezal, cumbrera. **Ground-sill**, solera, viga de carrera. **Window-sill**, antepecho de ventana.
sillily ['sɪlɪlɪ] [si-li-li], *adv.* Simplemente, tontamente, neciamente.
silliness ['sɪlɪnɪs] [si-li-nes], *s.* Simpleza, bobería, tontería, necedad.
silly ['sɪlɪ] [si-li], *a.* 1. Necio, tonto, mentecato, imbécil (stupid); inocente, cándido, fácil de engañar (simple). 2. Sencillo, ingenuo, sin artificio. 3. *(Fam.)* Bobo, baboso,

babieca, papamoscas. **Silly of me!**, ¡qué tonto soy! **To make somebody look silly**, dejar en ridículo a alguien. **Don't be silly**, no seas tonto. **That was a silly thing to do**, eso fue una estupidez.

silo ['saɪləʊ] [sai-lou], *s.* 1. Silo. 2. *(Mil.)* Plataforma subterránea de lanzamiento.

silt [sɪlt] [silt], *s.* Cieno, fango, aluvión; sedimento térreo arrastrado por las aguas. *-va.* y *vn.* Obstruir o obstruirse con aluvión; también, colar, pasar al través.

silver ['sɪlvəʳ] [sil-vaʳ], *s.* 1. Plata, metal precioso. *-a.* De plata, hecho de plata; plateado. **A silver voice**, voz argentina o sonora como la plata. **Silver leaf**, hoja de plata. **Curde mass of silver**, plata bruta, o en bruto. *(Prov.)* Plata virgen. 2. Monedas de plata consideradas como dinero. 3. Vajilla o servicio de mesa de plata. **Silver alloy**, aleación de plata. *(E.U.)* **Silver beet**, acelga. **Silver foil**, hoja de plata. **Silver plate**, artículos plateados, mercadería plateada. **Silver-plated**, plateado. **Silver thimble**, dedal de plata. **Silver-beater**, batihoja, batidor de plata. **Silver-fir**, *(Bot.)* abeto. **Silver-luce**, encaje o galón de plata. **Silver medal**, medalla de plata. **Silver-mine**, mina de plata. **Silver-ore**, mineral de plata. **Silver-thistle**, *(Bot.)* acanto o branca ursina. **Silver-weed**, *(Bot.)* agrimonia. **Silver fox**, zorro plateado.

silver, *va.* 1. Platear, dar la blancura o el brillo de la plata.

silvering ['sɪlvərɪŋ] [sil-ve-rin], *s.* 1. Capa de plata aplicada sobre alguna cosa. 2. Plateadura, arte o procedimiento de platear; azogamiento. 3. *(Foto.)* Acto de sensibilizar el papel con una sal de plata.

silver-plate ['sɪlvə'pleɪt] [sil-va-pleit], *va.* Enchapar, platear.

silver-plated [ˌsɪlvə'pleɪtɪd] [sil-va-plei-tid], *a.* Enchapado, plateado.

silver screen ['sɪlvəskriːn] [sil-va-skrin], *s.* Pantalla cinematográfica.

silversmith ['sɪlvəsmɪθ] [sil-va-smiz], *s.* Platero, el artífice que labra la plata; fabricante de efectos de plata.

silverware ['sɪlvəwɛəʳ] [sil-va-ueaʳ], *s.* Plata labrada; vajilla de plata; artículos de plata.

silver wedding ['sɪlvə'wedɪŋ] [sil-va-ue-din], *s.* Bodas de plata.

silvery ['sɪlvərɪ] [sil-va-ri], *a.* 1. Plateado, dado de plata. 2. Argentino que se asemeja a la plata en lustre, color o sonido.

simian ['sɪmɪən] [si-mian], *s.* Simio o mono. *-a.* Perteneciente o parecido a un mono.

similar ['sɪmɪləʳ] [si-mi-laʳ], *a.* 1. Similar, homogéneo. 2. Semejante, similitudinario, que se parece o tiene semejanza con otra cosa.

similarity [ˌsɪmɪ'lærɪtɪ] [si-mi-la-ri-ti], *s.* Semejanza, conformidad, homogeneidad.

similarly ['sɪmɪləlɪ] [si-mi-lar-li], *adv.* Semejantemente.

simile ['sɪmɪlɪ] [si-mi-li], *s.* Símil, ejemplo, parábola; similitud, comparación.

similitude [sɪ'mɪlɪtjuːd] [si-mi-li-tiud], *s.* 1. Similitud, semejanza. 2. Ejemplo, comparación.

simitar ['sɪmɪtəʳ] [si-mi-taʳ], *s.* Cimitarra.

simlin ['sɪmlɪn] [sim-lin], *s.* *(E.U. del Sur y del Oeste)* Variedad de calabaza.

simmer ['sɪməʳ] [si-maʳ], *vn.* *(Culin.)* Hervir a fuego lento.

simous ['sɪməs] [si-mos], *a.* Que tiene nariz chata y vuelta hacia arriba.

simper ['sɪmpəʳ] [sim-paʳ], *vn.* Sonreír, comúnmente sonreír bobamente, o con afectación.

simper, *s.* Sonrisa, por lo común sonrisa tonta o afectada.

simple ['sɪmpl] [sim-pel], *a.* 1. Simple, manso, apacible, sencillo, llano, ingenuo (candid, simple). 2. Simple, puro, sencillo, que no tiene mezcla ni composición (pure); mero, no complicado (uncomplicated). **Simple substance**, substancia sencilla o elemento de alguna cosa. 3. Simple, fácil de engañar; mentecato, necio, bobo (foolish). 4. Poco importante, insignificante, ordinario. *-s.* Simple, planta, hierba o mineral que sirve por sí sola para medicina. **Simple manners**, modales sencillos. **She's a bit simple**, es un poco tonta, está algo tocada. **Simple-hearted**, sencillo, franco, sincero. **Simple-minded**, sencillo, cándido, ingenuo. **Simple-mindedness**, sencillez, candor.

simpleton ['sɪmpltən] [sim-pel-ton], *s.* Simplón, simplonazo.

simplicity [sɪm'plɪsɪtɪ] [sim-pli-si-ti], *s.* 1. Sencillez, ingenuidad, llaneza, candor (pureness). 2. Simplicidad, el estado de lo que no es compuesto. 3. Simpleza, bobería, necedad, imbecilidad (silliness).

simplification [ˌsɪmplɪfɪ'keɪʃən] [sim-pli-fi-kei-shon], *s.* Simplificación, acción o procedimiento de simplificar.

simplify ['sɪmplɪfaɪ] [sim-pli-fai], *va.* Simplificar, hacer una cosa más sencilla o menos complicada.

simplistic ['sɪmplɪstɪk] [sim-plis-tik], *a.* Simplista.

simply ['sɪmplɪ] [sim-pli], *adv.* 1. Sencillamente, sin arte. 2. Simplemente, sin añadidura ni composición (purely). 3. Meramente, solamente (merely). 4. Simplemente, tontamente.

simulant ['sɪmjʊlənt] [si-miu-lant], *a.* Que simula, imita o finge; que tiene la forma o apariencia (thing); se emplea especialmente en biología.

simulate ['sɪmjʊleɪt] [si-miu-leit], *va.* Simular, fingir.

simulation [ˌsɪmjʊ'leɪʃən] [si-miu-lei-shon], *s.* Simulación, doblez de ánimo, hipocresía.

simulator ['sɪmjʊleɪtəʳ] [si-miu-lei-taʳ], *sm.* Simulador.

simultaneity [ˌsɪməltə'nɪətɪ] [si-mal-ta-nia-ti], *s.* Simultaneidad, calidad de simultáneo.

simultaneous [ˌsɪməl'teɪnɪəs] [si-mal-tei-nios], *a.* Simultáneo, que existe, se hace o sucede a un mismo tiempo.

simultaneously [ˌsɪməl'teɪnɪəslɪ] [si-mal-tei-nios-li], *adv.* Simultáneamente, a un tiempo, de conformidad.

sin [sɪn] [sin], *s.* 1. Pecado, trangresión de la ley de Dios o de sus preceptos; maldad. 2. Transgresión, falta, ofensa (offence). **Like sin**, con vehemencia. **To fall into sin**, caer en el pecado.

sin, *vn.* Pecar, faltar a la ley de Dios o a sus preceptos.

since [sɪns] [sins], *adv.* 1. Desde que, desde, desde entonces. **Ever since**, desde entonces. 2. Antes de ahora. **Some months since**, hace algunos meses. **Long since**, hace mucho tiempo. **Not long since**, hace poco, de poco acá. **It is half an hour since the train left**, hace media hora que partió el tren. *-conj.* Ya que, puesto que, en vista de (because); pues, puesto que. **Since it's so**, siendo esto así o puesto que es así. **Since he's the Minister**, como es el ministro. *-prep.* Desde, después. **Since she arrived**, desde que llegó.

sincere [sɪn'sɪəʳ] [sin-siaʳ], *a.* 1. Sincero, real, verdadero, genuino. 2. Sincero, sin doblez, franco, abierto.

sincerely [sɪn'sɪəlɪ] [sin-sia-li], *adv.* Sinceramente, verdaderamente; francamente, con franqueza y buena fe.

sincerity [sɪn'serɪtɪ] [sin-se-ri-ti], *s.* Sinceridad, integridad, franqueza.

sine [saɪn] [sain], *s.* *(Mat.)* Seno, perpendicular tirada desde el extremo de un arco de círculo al radio que pasa por el otro extremo. **Coversed sine**, cosenoverso. **Versed sine**, senoverso.

sine, *prep.* *(Lat.)* Sin. **Sine die**, indefinidamente, sindía señalado para reunirse de nuevo; hasta nueva orden. **Sine qua non**, cosa o condición esencial.

sinecure ['saɪnɪkjʊəʳ] [sai-ni-kiuaʳ], *s.* Renta o sueldo sin empleo, beneficio simple. *(Vul.)* Una olla boba.

sinew ['sɪnjuː] [si-niu], *va.* Fortalecer o juntar como con tendones; proveer de tendones, dar fuerza. *-s.* 1. Tendón, cuerda fibrosa. 2. Nervio, fortaleza, la parte más firme y poderosa de alguna cosa.

sinewed ['sɪnjuːd] [si-niud], *a.* Nervoso, nervioso; fuerte, robusto.

sinewy ['sɪnjuːɪ] [si-niui], *a.* Nervudo, vigoroso.

sinful ['sɪnfʊl] [sin-ful], *a.* Pecaminoso, malvado, mal inclinado, corrompido, perverso, perdido. **A sinful man**, pecador. **A sinful woman**, pecadora.

sinfully ['sɪnfəlɪ] [sin-fu-li], *adv.* Malvadamente, con maldad, de un modo criminal.

sinfulness ['sɪnfəlnɪs] [sin-ful-nes], *s.* Maldad, corrupción, perversidad, mala conducta.

sing [sɪŋ] [sing], *vn.* y *va.* (*pret.* SANG o SUNG, *pp.* SUNG). 1. Cantar, hacer con la voz modulaciones armoniosas y agradables. 2. Murmurar el arroyuelo. 3. Gorjear los pájaros. 4. Gorjearse o hacer gorgoritos los niños cuando principian a hablar. 5. Rechinar; zumbar (ears) 6. *(Poét.)* Cantar, celebrar (celebrate). 7. **To sing out**, gritar, dar voces; avisar. **To sing out of tune (o false)**, cantar falso. **To sing a child to sleep**, dormir a un niño cantando. **To sing along,** acompañar cantando, cantar a coro. **To sing up,** cantar más fuerte.

Singapore [ˌsɪŋgə'pɔːʳ] [sin-ga-poʳ], *sm.* Singapur.

singe [sɪndʒ] [sindch], *va.* 1. Chamuscar, quemar alguna cosa ligeramente por la parte exterior (scorch); socarrar, sollamar, aperdigar un ave, purificar algo pasándolo por las llamas. 2. Dañar, perjudicar (damage, hurt). **Her reputation was singed**, su reputación quedó perjudicada.

singer ['sɪŋgəʳ] [sin-gaʳ], *s.* Cantor, cantora, cantante.

singing ['sɪŋɪŋ] [sin-guin], *s.* Canto, música, vocal, concierto, armonía (song, harmony). **Singing bird**, pájaro cantor. **Singing book**, cuaderno de solfa, de canto. **Singing-master**, maestro de canto, el que enseña a cantar.

single ['sɪŋgl] [sin-guel], *a.* 1. Único, simple, solo, no doble (only). **Single block**, *(Mar.)* motón sencillo. **Not a single word**, ni una sola palabra. 2. Particular, individual. 3. Solo, sin compañía (lonely). 4. Soltero, soltera. 5. Puro, incorrupto (pure). **To live single**, vivir en el estado de celibato. **A single sole**, una suela sencilla. **A single man or woman**, un soltero, una soltera. **Single-handed**, (a) solo, sin ayuda; (b) manco, que tiene una sola mano; (c) que se puede usar con una sola mano. **Single-loader**, arma de fuego de retrocarga que recibe un solo cartucho de una vez. **Single-minded**, ingenuo, sincero, sin doble. **Single mother,** madre soltera. **Single combat**, combate singular. **Simple-hearted**, sencillo de corazón, cándido, ingenuo. **Single life**, celibato. **Single people,** solteros, personas no casadas.

single, *va.* 1. Singularizar, particularizar. 2. Separar, retirar (separate, remove). 3. Tomar por sí solo.

single-breasted ['sɪŋgl'brestɪd] [sin-guel-bres-tid], *a.* De una sola hilera de botones.

single file ['sɪŋglfaɪl] [sin-guel-fail], *adv.* En hilera, uno tras otro.

singleness ['sɪŋglnɪs] [sin-guel-nes], *s.* Sencillez, llaneza, sinceridad, ingenuidad.

single-track ['sɪŋgltræk] [sin-guel-trak], *a.* De una sola vía. **Single-track mind**, mente estrecha, de interés muy limitado.

singly ['sɪŋglɪ] [sin-gli], *adv.* Individualmente, sencillamente; de uno en uno, uno a uno, separadamente; francamente, abiertamente.

singsong ['sɪŋgˌsɒŋ] [sing-song], *s.* 1. Cadencia uniforme. 2. Sonsonete, verso malo; gorigori. *V.* DOGGEREL.

singular ['sɪŋgjʊləʳ] [sin-guiu-laʳ], *a.* 1. Sencillo, singular; aislado, que está aparte, peculiar. 2. Singular, extraño, extraordinario, raro, excelente. 3. *(Ant.)* Único, sin ejemplo. **Singular conduct**, conducta singular, extraña. **The singular number**, el número singular.

singularity [ˌsɪŋgjʊ'lærɪtɪ] [sin-guiu-la-ri-ti], *s.* 1. Particularidad, distinción. 2. Singularidad, cosa extraordinaria, rara o excelente.

singularize ['sɪŋgjʊləraɪz] [sin-guiu-la-rais], *va.* Singularizar, particularizar.

singularly ['sɪŋgjʊləlɪ] [sin-guiu-lar-li], *adv.* Singularmente, separadamente, particularmente.

sinic ['sɪnɪk] [si-nik], *s.* Chinesco, chino.

sinical ['sɪnɪkl] [si-ni-kal], *a.* Relativo al seno de un arco.

sinister ['sɪnɪstəʳ] [si-nis-taʳ], *a.* 1. Siniestro, izquierdo (left). 2. Siniestro, viciado, avieso, mal intencionado. 3. Siniestro, infeliz, funesto, aciago.

sinistrad ['sɪnɪstrəd] [si-nis-trad], *adv.* Hacia el lado izquierdo del cuerpo.

sinistral ['sɪnɪstrəl] [si-nis-tral], *a.* Siniestro, izquierdo, vuelto hacia la izquierda.

sinistrous ['sɪnɪstrəs] [si-nis-tros], *a.* Siniestro, malvado, depravado.

sinistrously ['sɪnɪstrəslɪ] [si-nis-tros-li], *adv.* 1. Siniestramente, depravadamente. 2. Hacia la izquierda.

sink [sɪŋk] [sink], *vn.* (*pret.* SANK o SUNK, *pp.* SUNK o SUNKEN). 1. Hundirse, sumirse, irse abajo. 2. Hundirse, sumergirse, irse a pique una nave (submerge). 3. Hundirse, bajarse, sentarse o apretarse una obra, un monte, etc. 4. Pasar o penetrar una cosa por medio o hasta el interior de otra; dejarse penetrar, calar; imprimirse o fijarse una cosa, v. g. en la memoria. 5. Bajarse, descender, desaparecer (disappear). 6. Bajar, disminuir, menguar; debilitarse, sucumbir, perecer (weaken, die). 7. Dejarse caer, ceder a su propio peso. 8. Abatirse, acoquinarse, amilanarse (depress). 9. *(Ant.)* Arruinarse, decaer, declinar, empeorar, ir a menos. *-va.* 1. Hundir, sumergir, echar al fondo. **To sink a ship**, *(Mar.)* echar a pique un buque. 2. Cavar, penetrar. 3. Deprimir, abatir, humillar (humiliate). **To sink into powerty,** caer en la miseria. 4. Destruir, exterminar, extinguir (extinguish). 5. Disminuir, bajar, rebajar. 6. Abatir, derribar, hacer caer. 7. Disipar (wealths, rights). 8. Suprimir, ocultar, hacer desaparecer. 9. Decorar por medio de líneas o calados; inscribir o hacer una incisión en algo, p. ej. en un cuño. **To sink away**, pasar la vida indolentemente o sin utilidad alguna. **To sink down**, caer por grados; penetrar profundamente. **To sink under**, atribularse en o con, anonadarse. **Sinking-fund**, fondo de amortización. **Sinking spirit**, abatimiento de ánimo. **The water sinks**, el agua baja, disminuye. **He was left to sunk or swim,** le abandonaron a su suerte *(Fig.)*. **The moon was sinking**, la luna iba desapareciendo. **The stone sank into his forehead**, la piedra penetró en su frente. **Now we're sunk!,** ¡estamos perdidos! **To sink on one's knees**, caer de rodillas.

sink, *s.* 1. Alcantarilla, albañal. 2. Sentina, cualquier lugar lleno de inmundicia.

sinker ['sɪŋkəʳ] [sin-kaʳ], *s.* Hundidor, el que o lo que hunde; plomo para la cuerda de pescar. **Die-sinker** o **punch-sinker**, tallador, abridor o grabador en hueco.

sink-unit ['sɪŋk'juːnɪt] [sink-iu-nit], *s.* Fregadero, lavadero.

sinless ['sɪnlɪs] [sin-les], *a.* Impecable, exento de pecado, puro.

sinlessness ['sɪnlɪsnɪs] [sin-les-nes], *s.* Impecabilidad.

sinner ['sɪnəʳ] [si-naʳ], *s.* Pecador, pecadora.

Sinology [ˌsaɪ'nɒlədʒɪ] [sai-no-lo-yi], *sf.* Sinología.

sinuate ['sɪnjʊeɪt] [si-niueit], *va.* Formar oblicuidades, sinuosidades o senos. *-a.* Sinuoso, ondulado.

sinuation [ˌsɪnjʊ'eɪʃən] [si-niu-ei-shon], *s.* Tortuosidad, corvadura.

sinuosity [ˌsɪnjʊ'ɒsɪtɪ] [si-niuo-si-ti], *s.* Sinuosidad.

sinuous ['sɪnjʊəs] [si-niuos], *a.* Sinuoso.

sinus ['sɪnəs] [si-nos], *s.* 1. Seno, ensenada, bahía, la parte del mar que se interna entre dos puntas de tierra. 2. Seno, cavidad, abertura, hueco, concavidad.

sip [sɪp] [sip], *va.* Sorber, echar sorbitos, traguitos o copitas; absorber lentamente; chupar, extraer.

sip, *s.* Sorbo, trago pequeño. **A little sip**, sorbito.

siphon ['saɪfən] [sai-fon], *s.* 1. Sifón, cañón o tubo corvo que sirve para sacar licores y para otros varios usos. 2. *vt.* Sacar con sifón. **Siphon off,** reducir de manera gradual, quitar poco a poco; (Funds), malversar.

sipper ['sɪpəʳ] [si-paʳ], *s.* Sorbedor, el que sorbe.

sippet ['sɪpɪt] [si-pit], *s.* Sopita, sopilla, sopa, pedazo de pan empapado en algún licor.

sir [sɜːʳ] [seʳ], *s.* 1. Señor, término de cortesía. 2. Título que se da en Inglaterra, puesto siempre delante del nombre de pila, a los barones y a los caballeros de las órdenes militares. **Dear Sir,** muy señor mío (letters).

sire ['saɪəʳ] [saiaʳ], *s.* 1. Padre. 2. Se usa hablando de los animales irracionales; v. g. **This horse had a good sire**, este caballo tuvo buen padre. 3. Algunas veces se usa en composición, como **grand-sire**, abuelo; **great grand-sire**, bisabuelo. 4. Señor, tratamiento del soberano.

sire, *va.* Engendrar, producir, hablando de animales y particularmente de caballos.

siren ['saɪərən] [saia-ran], *s.* 1. Sirena, ninfa legendaria del mar, mitad mujer y mitad pez, que por la dulzura de su canto arrastraba a los navegantes hacia los escollos; de aquí una mujer peligrosa y hechicera. 2. Cantadora melodiosa. **Siren song,** canto de sirena. 3. Aparato para producir un silbido fuerte por medio del vapor. *V.* FOGHORN. *-a.* Encantador.

sirius ['sɪrɪəs] [si-rios], *s.* *(Astr.)* Sirio, canícula, la estrella más brillante del firmamento.

sirloin ['sɜːlɔɪn] [ser-loin], *s.* Lomo de buey o vaca; la parte que queda encima del riñón.

sirocco [sɪ'rɒkəʊ] [si-ro-kou], *s.* Siroco o jaloque, el viento que viene de la parte intermedia entre levante y mediodía. *V.* SIMOOM.

siskin ['sɪskɪn] [sis-kin], *s.* Verderón, pájaro del género Spinus.

sissy ['sɪsɪ] [si-si], *s.* 1. Marica, maricón. 2. Bragazas.

sister ['sɪstəʳ] [sis-taʳ], *sf.* 1. Hermana, la que tiene los mismos padres que otra persona o el padre o madre solamente. 2. Hermana, la mujer de la misma creencia, del mismo ser o naturaleza, de la misma especie o de la misma profesión que otra. **The sister kingdom**, denominación con que los ingleses designan a Irlanda y los irlandeses a Inglaterra. **Foster sister**, hermana de leche. **The Three o Fatal Sisters**, Las Parcas. *(E.U.)* **Sister city,** ciudad gemela.

sister-blocks ['sɪstəblɒks] [sis-ta-bloks], *s.* *(Mar.)* Motones herrados.

sisterhood ['sɪstəhʊd] [sis-ta-jud], *s.* 1. Hermandad, el oficio u obligación de hermana. 2. Conjunto de hermanas. 3. Hermandad, congregación de mujeres bajo ciertas reglas o votos.

sister-in-law ['sɪstərɪnlɔː] [sis-ta-in-lo], *sf.* Cuñada, hermana política.

sisterly ['sɪstəlɪ] [sis-ta-li], *a.* Con hermandad, como correponde a hermanas; perteneciente a las hermanas.

sit [sɪt] [sit], *vn.* (*pret.* SAT, *pp.* SAT). 1. Sentarse, asentarse, estar sentado. 2. Sentarse, poner el cuerpo en alguna disposición o de algún modo particular; posarse, permanecer inmóvil y en pie (birds). 3. Estar situada o colocada una cosa (place). 4. Fijarse algo profundamente en el ánimo, en el corazón, etc. 5. Sentar, venir o ajustar bien o mal un vestido, un adorno, etc. 6. Sentar bien o mal una cosa, agradar o ser conforme y conveniente al gusto (please). 7. Hallarse reunida alguna junta, consejo, asamblea, etc. 8. Estar en sesión los individuos de una junta, tribunal, etc. 9. Sostenerse en el puesto que se ocupa estando sentado; mantenerse a caballo. 10. Descansar, apoyarse sobre alguna cosa. 11. Empollar. 12. Servir de modelo a un pintor o fotógrafo; tomar una posición determinada para un fin especial. *-va.* Asentar, sentar, poner a uno en un asiento. **To sit by**, sentarse junto a uno o arrimado a una persona. **To sit close**, juntarse, acercarse. **Sit by me**, siéntese usted a mi lado. **He sits a horse well**, se tiene o se mantiene bien a caballo, monta bien. **To sit at table,** sentarse a la mesa. **To sit down**, sentarse, estar sentado; residir, morar; quedar satisfecho. **To sit down before a fortress**, bloquear una fortaleza o principiar a ponerle sitio. **To sit a horse well,** montar bien a caballo. **To sit for one's picture**, sentarse delante de un retratista para que haga el retrato. **To sit out**, estar desocupado o sin puesto ni empleo, estar holgando; perseverar. **To sit up**, sentarse el que estaba echado, poner erguido; velar. **To sit upon**, juzgar, cuando se habla de jueces; estar reunidos en sesión los individuos de una junta, asamblea, etc. **To make someone sit up,** dar qué pensar a alguien. **Sit still**, esté usted quieto, no se levante usted. **To sit well**, venir bien una cosa con otra. **Do sit down!,** ¡siéntese, por favor! **To sit a lecture out,** aguantar hasta el final de una conferencia. **Sit-up,** ejercicio de abdominales (Gymnastics).

sitar ['sɪtəʳ] [si-taʳ], *s.* Guitarra oriental que tiene dos cuerdas de alambre del mismo tono, y una de acero, un cuarto de tono más alta que aquellas.

sit-down strike ['sɪtdaʊnˌstraɪk] [sit-daun-straik], *s.* Huega de brazos caídos.

site [saɪt] [sait], *s.* Sitio, situación, solar.

sited ['saɪtɪd] [sai-tid], *a.* Puesto, colocado, situado.

sith [sɪθ] [siz], *adv.*, *prep.* y *conj.* *(Des. o poét.)* *V.* SINCE.

siting ['sɪtɪŋ] [si-tin], *sf.* Emplazamiento, situación.

sitter ['sɪtəʳ] [si-taʳ], *s.* 1. El que se sienta o está sentado; en particular, la persona que se hace retratar o fotografiar. 2. El ave que está empollando huevos.

sitting ['sɪtɪŋ] [si-tin], *s.* 1. La acción de sentarse y la postura que uno tiene cuando está sentado. 2. El tiempo que está uno delante del pintor para que le retrate. 3. Sesión, junta. 4. Sentada, asentada. 5. Empolladura, la acción de empollar huevos; también, nidada o cría de pajarillos. *-a.* 1. Sentado, de persona sentada; ave que empolla. 2. *(Bot.)* Sesil, sin pedimento. *V.* SESSILE. **Sitting member,** miembro en funciones. **At one sitting,** en una sesión, de un tirón.

sitting room ['sɪtɪŋrʊm] [si-tin-rum], *s.* Sala de recibo.

situate ['sɪtjʊeɪt] [si-tiu-eit], *a.* Situado, colocado. *vt.* Situar, colocar.

situation [ˌsɪtjʊ'eɪʃən] [si-tiu-ei-shon], *s.* 1. Situación, estado, vecindad, cercanía, localidad (location). 2. Acomodo, plaza, empleo, ocupación (place, job). 3. Combinación de circunstancias, complicación; situación, punto en el desarrollo de una obra literaria que excita vivamente el interés. **In a situation**, con empleo, empleado. **Out of a situation**, sin empleo, cesante.

situational [ˌsɪtjʊ'eɪʃənl] [si-tiu-ei-sho-nal], *a.* Situacional.

six [sɪks] [siks], *a.* y *s.* Seis. **Six and seven**, confusión, desorden. **At sixes and sevens**, a la buena ventura, en estado de descuido, desorden, confusión o contrariedad.

sixpence ['sɪkspəns] [siks-pens], *s.* Seis peniques.

sixpenny ['sɪkspenɪ] [siks-pe-ni], *a.* Que vale o se vende por seis peniques.

sixshooter ['sɪks'ʃuːtəʳ] [siks-shu-taʳ], *s.* Revólver con cilindro de seis cartuchos.

sixteen ['sɪkstiːn] [siks-tiin], *a.* y *s.* Dieciséis.

sixteenth ['sɪkstiːnθ] [siks-tiinz], *a.* Décimosexto. **The sixteenth century**, el siglo décimosexto o diez y seis.

sixth ['sɪksθ] [siksz], *a.* y *s.* Sexto. **Sixth sense**, sexto sentido, profunda intuición.

sixth, *s.* 1. La sexta parte de cualquier cosa. 2. *(Mús.)* Sexta, una de las concordancias originales. **The sixth of June**, el seis de junio. **Edward the Sixth**, Eduardo Sexto.

sixthly ['sɪksθlɪ] [siksz-li], *adv.* En sexto lugar.

sixtieth ['sɪkstɪɪz] [siks-tiiz], *a.* Sexagésimo. *-s.* Una de las sesenta partes iguales de una cosa.

sixty ['sɪkstɪ] [siks-ti], *a.* y *s.* Sesenta.

sizable, sizeable ['saɪzəbl] [sai-sa-bol], *a.* Que tiene tamaño proporcionado; algo grande.

size [saɪz] [sais], *s.* Tamaño, talla; calibre, dimensión, corpulencia, estatura, grandor (measurement, extension). **A room of immense size,** una habitación de grandes dimensiones. **Great size operation,** operación de gran envergadura. 2. Marco de zapatero. 3. Tipo de medida, cantidad especificada. **What size shoe do you take?,** ¿qué número calza usted? **Size of ropes**, *(Mar.)* Mena, el grueso de cabos y cuerdas.

size, *s.* 1. Sustancia viscosa y pegajosa; engrudo; disolución de materia gelatinosa, como la cola, el almidón o la resina, que se emplea para encolar el papel. 2. Cola de retazo, sisa empleada para dorar.

size, *va.* 1. Ajustar, arreglar, igualar, hacer venir una cosa a la medida de otra (equalize). 2. Fijar, arreglar: se dice comúnmente de los pesos y medidas; distribuir o clasificar según tamaño. 3. Evaluar, apreciar, tasar (fix, rate).

size, *va.* Engrudar, encolar, pegar una cosa a otra con cualquier materia glutinosa. 2. Lavar una pared para blanquearla.

sizeable ['saɪzəbl] [sai-sa-bol], *a.* Considerable, bastante grande.

sizeably ['saɪzəblɪ] [sai-sa-bli], *adv.* Considerablemente.

sized ['saɪzt] [saist], *a.* Que pertenece al tamaño, magnitud o grandor de las cosas. **Large-sized ropes**, *(Mar.)* Cabos de mena mayor.

sizer ['saɪzəʳ] [sai-saʳ], *s.* 1. Instrumento par medir el tamaño de las perlas. 2. *V.* SIZAR.

siziness ['saɪzɪnɪs] [sai-si-nes], *s.* Viscosidad.

sizing ['saɪzɪŋ] [sai-sin], *s.* 1. Encoladura, acción de encolar. 2. Cola; capa de cola.

sizy ['saɪzɪ] [sai-si], *a.* Viscoso, pegajoso.
sizz ['sɪz] [sis], *vn.* Chisporrotear, silbar.
sizzle ['sɪzl] [si-sel], *va.* y *vn. (Prov.)* Quemar, chamuscar, quemarse o chamuscarse produciendo un silbido, como sucede bajo la acción violenta del calor. *-s. (Fam.)* Sonido como de silbido; chisporroteo, temperatura excesivamente alta.
skate [skeɪt] [skeit], *va.* Patinar, deslizarse sobre el hielo u otra superficie lisa, sirviéndose al efecto de patines. **Skate over/round,** esquivar, eludir, evitar. *-s.* 1. Patín, especie de calzado armado de hierro para correr sobre el hielo. 2. Lija. **Roller-skate**, patín de ruedas. **Get your skates on!,** ¡date prisa!
skater ['skeɪtəʳ] [skei-taʳ], *s.* Patinador.
skating ['skeɪtɪŋ] [skei-tin], *s.* Patinaje.
skean ['ski:n] [skiin], *s.* Daga, puñal irlandés antiguo.
skedaddle [skɪ'dædl] [ski-da-del], *vn. (Ger.)* Tomar las de Villadiego, poner pies en polvorosa.
skee [ski:] [skii], *s.* Especie de patín noruego para deslizarse sobre el hielo y la nieve, consiste en una plancha de madera larga y estrecha, a la cual se asegura la parte anterior del pie.
skeet ['ski:t] [skiit], *s. (Mar.)* Bañadera, especie de cucharones para bañar las velas, cubiertas o costados de la embarcación.
skein [skeɪn] [skein], *s.* Madeja, mazo, cadejo. **To wind off a skein**, devanar una madeja.
skeletal ['skelɪtl] [ske-li-tal], *a.* De esqueleto, perteneciente al esqueleto, que forma esqueleto.
skeleton ['skelɪtn] [ske-li-ton], *a.* Que consiste meramente en un esqueleto o armazón, extenuado. *-s.* 1. Esqueleto, armazón descarnada y completa del cuerpo animal. 2. Armazón o armadura; esbozo o plan de una cosa, particularmente de una obra literaria. **Skeleton key**, llave maestra. **The skeleton at the feast,** el aguafiestas. **A skeleton in the closet,** un secreto vergonzoso.
skep ['skep] [skep], *s.* Especie de cesto para llevar trigo, colmena, casa de abejas.
skeptic, sceptic ['skeptɪk] [skep-tik], *s.* Escéptico, el que duda de todo y particularmente de la religión cristiana.
skeptical ['skeptɪkl] [skep-ti-kal], *a.* Escéptico.
skeptically ['skeptɪklɪ] [skep-ti-kli], *adv.* Escépticamente.
sketch [sketʃ] [skech], *s.* 1. Diseño, esbozo, bosquejo, la primera mano que se da a una pintura u otra obra material (rough copy). 2. Esquicio, boceto, traza, rasguño, borrón, el primer diseño de una obra de pintura o escultura (drawing). 3. Bosquejo, borrón, el plan de cualquier obra intelectual.
sketch, *va.* 1. Esquiciar, trazar, delinear, rasguñar una figura, un cuadro, etc. 2. Bosquejar una pintura o cualquier obra material. 3. Bosquejar, presentar o hacer el bosquejo o borrón de una obra intelectual.
sketchily ['sketʃɪlɪ] [ske-chi-li], *adv.* A manera de esbozo, bosquejo o boceto.
sketchiness ['sketʃɪnɪʃ] [ske-chi-nes], *s.* Calidad o condición de esbozo, bosquejo o borrón.
sketching ['sketʃɪŋ] [ske-chin], *s.* Dibujo, arte de dibujar.
sketchy ['sketʃɪ] [ske-chi], *a.* Bosquejado, esquiciado; no acabado, incompleto.
skew [skju:] [skiu], *a.* Oblicuo, torcido, atravesado, al sesgo, de través. *-s.* 1. Movimiento, curso o posición oblicuos. 2. Mirada al sesgo, oblicua. **To be on skew,** estar mal puesto, estar torcido.
skew, *va.* Poner al sesgo; dar forma o poner oblicua o torcidamente; echar de través. *-vn.* 1. Andar o moverse oblicuamente. 2. Mirar al sesgo.
skewed ['skju:d] [skiud], *a.* Torcido, desviado.
skewer ['skju:əʳ] [skiuaʳ], *s.* Aguja de hardear; espetón.
ski [ski:] [ski], *s.* Esquí. *-vn.* Esquiar. **Ski lift**, telesquí, teleférico. **Ski jumping,** saltos de esquí.
skid [skɪd] [skid], *va.* Proveer de baraderos, poner, arrastrar o tirar sobre baraderos o carenotes. *-s.* 1. Carenote, baradero. 2. Calzo, rastra (de rueda).
skiddoo [skɪ'du:] [ski-du], *vi. (E.U.)* Irse, largarse.
skid row ['skɪdrəʊ] [skid-rou], *s.* Hampa, barrio de holgazanes y degenerados.
skier ['skɪəʳ] [skiaʳ], *a.* Esquiador, esquiadora.
skiff [skɪf] [skif], *s.* Esquife, bote o barco pequeño.
skilful ['skɪlfʊl] [skil-ful], *a.* Práctico, experimentado, diestro, hábil, experto.
skilfully ['skɪlfʊlɪ] [skil-fu-li], *adv.* Diestramente, sagazamente, mañosamente.
skilfulness ['skɪlfʊlnɪs] [skil-ful-nes], *s.* Habilidad, destreza, capacidad o arte para hacer una cosa.
skill [skɪl] [skil], *s.* Conocimiento práctico; habilidad, destreza, saber; maña o gracia en hacer o para hacer una cosa; arte, artificio.
skilled ['skɪld] [skild], *a.* Práctico, instruido; diestro, hábil.
skilless ['skɪlɪs] [ski-les], *a.* Inexperto, falto de conocimiento o destreza.
skillful ['skɪlfʊl] [skil-ful], *a.* Diestro, hábil.
skillfully ['skɪlfʊlɪ] [skil-fu-li], *adv.* Hábilmente.
skim [skɪm] [skim], *va.* 1. Desnatar, quitar la nata a la leche u otros líquidos. 2. Espumar, quitar la espuma. 3. Pasar ligeramente por encima de una cosa tocando su superficie. 4. Tratar superficialmente acerca de alguna cosa. *-vn.* Deslizarse o moverse una cosa con rapidez por encima de otra, tocando suavemente su superficie. **To skim the ocean**, *(Mar.)* Peinar las olas.
To skim along, rozar, resbalar.
To skim over, resbalar, rozar, recorrer un libro, tocar ligeramente una cuestión.
skim, *s.* Acción de desnatar o espumar; espuma, desecho.
skimmer ['skɪməʳ] [ski-maʳ], *s.* Espumadera.
skimp ['skɪmp] [skimp], 1. *V.* STINT. 2. Ejecutar con descuido. *-vn.* 1. Ser mezquino o tacaño. 2. Hacer un trabajo con poco cuidado.
skimpy ['skɪmpɪ] [skim-pi], *a.* 1. Corto, escaso. 2. Tacaño, que escatima.
skin [skɪn] [skin], *s.* 1. Cutis, pellejo sutil que cubre exteriormente el cuerpo humano; piel de un animal, tegumento. **He is nothing but skin and bone**, está en los huesos. **I would not be in his skin**, no quisiera hallarme en su pellejo. 2. Cuero, piel del animal que sirve para hacer pergamino, cordobán, suela y otras cosas. 3. Odre, pellejo o cuero que sirve para contener líquidos. 4. Pellejo, tegumento o capa exterior que cubre ciertos frutos. **Sheep-skin dressed with wool**, zalea. **Fore-skin**, prepucio. **Scarf skin**, epidermis, cutícula. **Skin deep**, superficie, no más profundo que el cutis. **Calf skin**, piel de becerro. **Sheep skin**, badana, zalea. **Skin-deep,** superficial, epidérmico. **Dressed skin**, piel adobada o curtida.
skin, *va.* 1. Desollar, quitar el pellejo o la piel. 2. Cubrir con la piel o pellejo. 3. Cubrir superficialmente. *-vn.* Cubrirse de pellejo o tegumento; cicatrizarse. **To skin over**, curarse o cicatrizarse una llaga o herida; cuajarse superficialmente; hacerse costras.
skin diving ['skɪn,daɪvɪŋ] [skin-dai-vin], *s.* Buceo sin escafandra pero con un dispositivo que permite la respiración en el agua.
skinflint ['skɪnflɪnt] [skin-flint], *s.* Avaro, cicatero, miserable.
skin graft ['skɪngræft] [skin-graft], *s.* Piel para injertos.
skinhead ['skɪnhed] [skin-jed], *s.* Cabeza rapada.
skinless ['skɪnlɪs] [skin-les], *a.* Desprovisto de pellejo, sin piel o que tiene una película muy delgada, como ciertas frutas y granos.
skinner ['skɪnəʳ] [ski-naʳ], *s.* 1. Pellejero, el que tiene por oficio vender y adobar los pellejos. 2. Peletero, el que trabaja o vende pieles finas.
skinned [skɪnd] [skind], *a.* Que tiene pellejo, hecho de cuero, correoso.
skinniness ['skɪnɪnɪs] [ski-ni-nes], *s.* Flaqueza, falta de carnes, extenuación.
skinny ['skɪnɪ] [ski-ni], *a.* Flaco, falto de carnes.
skin-tight ['skɪntaɪt] [skin-tait], *a.* Ceñido al cuerpo.

skip [skɪp] [skip], *va.* 1. Pasar por alto, omitir (miss out, omit). 2. Saltar ligeramente por encima de algo. 3. Hacer saltar sucesivamente, como salta una piedra plana sobre el agua. *-vn.* 1. Saltar ligeramente, brincar, cabriolar, triscar, dar o hacer cabriolas. 2. Dar saltos o pernadas, brincar hacia alguna cosa o desde ella. 3. Pasar por alto sin hacer caso de.

skip, *s.* 1. Cabriola, salto, brinco. 2. Omisión, acción de pasar por alto sin hacer caso.

skipper ['skɪpəʳ] [ski-paʳ], *s.* 1. Persona o cosa que brinca o salta. 2. Un bailarín o bailarina. 3. Escombresocio, pez. 4. Especie de mariposa; debe su nombre a la manera como vuela. 5. Gusanillo de queso.

skipper, *s.* Maestro o patrón de una pequeña embarcación; paje de escoba. **Skipper's daughter**, cabrilla de mar.

skipping ['skɪpɪŋ] [ski-pin], *s.* Acción de saltar. **Skipping-rope,** comba, cuerda para el juego de niños llamado también comba.

skippingly ['skɪpɪŋlɪ] [ski-pin-li], *adv.* A saltos, a brincos.

skirmish ['skɜːmɪʃ] [sker-mish], *s.* Escaramuza, pelea ligera; contienda, pendencia.

skirmish, *vn.* Escaramuzar.

skirmisher ['skɜːmɪʃəʳ] [sker-mi-shaʳ], *s.* Escaramuzador.

skirret ['skɜːrɪt] [ske-rit], *s.* *(Bot.)* Chirivía, planta de las umbelíferas.

skirt [skɜːt] [skert], *s.* 1. Falda, saya, faldilla, la parte del vestido desde la cintura abajo, también, enagua. 2. Faldón, falda suelta al aire o la parte inferior de una colgadura, etc., orla, filete. 3. Orilla, margen, borde.

skirt, *va.* 1. Orillar, guarnecer la orilla de una tela o ropa. 2. Poblar, adornar o formar la orilla o el margen de un río, monte, país, etc.

skit [skɪt] [skit], *s.* 1. Pasquín, sátira breve. 2. Burla, capricho.

skittish ['skɪtɪʃ] [ski-tish], *a.* 1. Espantadizo, que fácilmente se asusta, tímido. 2. Retozón, inclinado a retozar. 3. Repropio, terco, reacio. 4. Caprichoso, quisquilloso, suspicaz. 5. Voluble, inconstante.

skittishly ['skɪtɪʃlɪ] [ski-tish-li], *adv.* Caprichosamente.

skittishness ['skɪtɪʃnɪs] [ski-tish-nes], *s.* Desenvoltura, volubilidad, inconstancia.

skittle ['skɪtl] [ski-tel], *s.* Bolo, juego de bolos; por lo común en plural.

skive [skaɪv] [skaiv], *va.* 1. Raspar, adelgazar, p. ej. el cuero. 2. Moler y pulir, v. g. la superficie de una joya. *-s.* Disco de joyero para pulir el diamante.

skiver ['skaɪvəʳ] [skai-vaʳ], *s.* 1. Cuero hendido con cuchillo, cuero para pastas. 2. Cuchillo o máquina para raspar o adelgazar.

skulk [skʌlk] [skalk], *vn.* Andar a sombra de tejado; ocultarse, substraerse a la vista.

skull [skʌl] [skal], *s.* 1. Cráneo; calavera, casco de la cabeza de un animal vertebrado. 2. Remo para cinglar. *V.* SCULL.

skullcap ['skʌlkæp] [skal-kap], *s.* 1. Casquete, gorra muy ajustada a la cabeza. 2. Sincipucio. *V.* SINCIUT. 3. Escutelaria, planta de la familia de las labiadas.

skunk [skʌŋk] [skank], *s.* 1. Zorrillo. 2. Canalla.

sky [skaɪ] [skai], *s.* 1. Región etérea, cielo, firmamento, el orbe diáfano que rodea la tierra. **Cloudy sky**, cielo encapotado. 2. Atmósfera. 3. Tiempo, la constitución o temperamento del aire. 4. Una nube. 5. Una sombra. **Sky-blue**, azul celeste. **Sky-born**, nacido en el cielo. **Sky-clad**, *(Fam.)* Desnudo. **sky-high**, tan alto como el cielo.

sky-color [skaɪ'kʌləʳ] [skai-ka-laʳ], *s.* Color azul o celeste.

sky-colored [skaɪ'kʌləd] [skai-ka-lad], **sky-dyed** [skaɪ'daɪd] [skai-daid], *a.* Azul celeste.

skylark ['skaɪlɑːk] [skai-lark], *s.* *(Orn.)* Alondra, calandria. *-vn.* *(Fam.)* Chacotear, estar de chacota, triscar, jaranear. **Skylarking**, chacota, jarana.

skylight ['skaɪlaɪt] [skai-lait], *s.* Claraboya, lumbrera, montera; ventanilla que mira al cielo.

skyline ['skaɪlaɪn] [skai-lain], *s.* 1. Línea del horizonte. 2. Perspectiva de una ciudad con rascacielos.

skyrocket ['skaɪˌrɒkɪt] [skai-ro-kit], *s.* Cohete.

skysail ['skaɪseɪl] [skai-seil], *s.* *(Mar.)* Sosobre, vela ligera colocada encima del sobrejuanete.

skyscraper ['skaɪˌskræpəʳ] [skai-skra-paʳ], *s.* Racacielos.

skyward, skywards ['skaɪwəd] [skai-uod], *adv.* Hacia el cielo.

slab [slæb] [slab], *s.* 1. Costero, el madero que se saca de la parte más exterior del árbol; bloque. 2. Losa, piedra alisada; plancha o pedazo plano y grueso de metal, piedra u otro material.

slabber ['slæbəʳ] [sla-baʳ], *vn.* Babear, expeler o echar de sí la baba o saliva; dejar caer el alimento líquido al comer; ensuciar, hacer un lodazal.

slabberer ['slæbərəʳ] [sla-ba-raʳ], *s.* 1. Baboso, la persona que echa babas. 2. Ensuciador, el que ensucia.

slabbering ['slæbərɪŋ] [sla-be-rin], *s.* 1. Babeo, el acto de babear. 2. El acto de derramar, ensuciar o mojar.

slabby ['slæbɪ] [sla-bi], *a.* 1. Espeso, viscoso. 2. Mojado, lleno de humedad.

slack [slæk] [slak], *a.* 1. Flojo, poco apretado o poco tirante. 2. Flojo, perezoso, negligente, descuidado, tardo (negligent). 3. Lento, tardo, sosegado, espacioso (sluggish). 4. Que fluye lentamente. **Slack water**, estado del mar entre flujo y reflujo. **Trade is slack**, el comercio no marcha bien, decae. **Slack ropes**, *(Mar.)* Cabos sueltos en banda. *-s.* 1. Cabo de cuerda colgante; parte de una cuerda que no está bastante tirante. 2. Cisco, carbón menudo.

slacken ['slækn] [sla-ken], *va.* y *vn.* 1. Aflojar, poner floja una cosa que estaba tirante. 2. Ablandar, poner blanda una cosa que estaba endurecida. 3. Apagar, v. g. la cal. 4. Aflojar, amainar, amortiguar. 5. Remitir; diferir, tardar, descuidar. 6. Despegar o despegarse. 7. Aflojar, entibiarse, perder el vigor, aplicación, etc. 8. Decaer, desfallecer. 9. Relajar, laxar o ablandar. 10. Relajar, aliviar. **The fever slackens**, cede la calentura. **The wind slackens**, el viento amaina. **To slacken off,** dejar de trabajar, trabajar menos, aflojar el ritmo. **To slack up**, retardar, detener la rapidez de algo: alojar, amainar.

slacker ['slækəʳ] [sla-kaʳ], *s.* Cobarde, el que elude pelear en la guerra.

slackly ['slæklɪ] [slak-li], *adv.* Flojamente, lentamente.

slackness ['slæknɪs] [slak-nes], *s.* 1. Flojedad, remisión, descuido. 2. Debilidad (weakness).

slacks ['slæks] [slaks], *s.* 1. Pantalones holgados (man or woman).

slag [slæg] [slag], *s.* 1. Escoria, la hez de los metales. 2. Escoria volcánica.

slain [sleɪn] [slein], *pp.* del verbo *TO* SLAY.

slake [sleɪk] [sleik], *va.* 1. Apagar, extinguir (extinguish). 2. Remojar; desleír. 3. Moderar (control, moderate). 4. Aflojar, ceder, bajar o disminuirse la fuerza o vigor de una cosa. *-vn.* 1. Apagar, extinguir. 2. Remojar; desleír. 3. Moderar. 4. Aflojar, ceder, bajar o disminuirse la fuerza o vigor de una cosa. *-vn.* Apagarse, llegar a ser hidratado; se dice de la cal. **To slake lime**, apagar la cal. **To slake one's thirst**, apagar uno la sed.

slalom ['slaləm] [sla-lom], *vn.* Esquiar zigzagueando, eslálom.

slam [slæm] [slam], *va.* 1. Arrojar, tirar o empujar con violencia y estrépito. **To slam the door**, cerrar de golpe, o dar un golpe a la puerta. 2. Dar capote, hacer uno de los jugadores en alguna mano todas las bazas. *-vn.* Cerrarse o dar de golpe y con estrépito.

slam, *s.* 1. Empuje o cierre con estrépito y violencia; golpe. 2. Capote en el juego.

slander ['slændəʳ] [slan-daʳ], *va.* Calumniar, denigrar, infamar, hablar mal.

slander, *s.* 1. Calumnia, acusación falsa, denigración, mancha o borrón en la fama de alguno, impostura (lie). 2. Infamia, descrédito, deshonra (dishonesty).

slanderer ['slɑːndərəʳ] [slan-da-raʳ], *s.* Calumniador, impostor, maldiciente.

slandering ['slɑːndərɪŋ] [slan-de-rin], *s.* Murmuración, maledicencia. *-a.* Maldiciente, calumnioso.

slanderous ['slɑːndərəs] [slan-de-ros], *a.* Infamatorio, calumnioso.
slanderously ['slɑːndərəslɪ] [slan-de-ros-li], *adv.* Calumniosamente.
slang [slæŋ] [slang], *s.* 1. Jerga, jerigonza, lenguaje popular inelegante y no autorizado; o empleo de expresiones correctas, pero dándoles un sentido impropio o grotesco. 2. Jacrandina, caló, lenguaje propio de gitanos. **To talk slang,** hablar en argot.
slangy ['slæŋgɪ] [slan-gui], *a.* 1. De la naturaleza de la jerga, que le pertenece o la contiene. 2. Dado al uso de la jerga.
slank ['slæŋk] [slank], *pret.* del verbo SLINK.
slant [slɑːnt] [slant], *va.* y *vn.* Dar una dirección oblicua; inclinarse, sesgarse.
slanting ['slɑːntɪŋ] [slan-tin], *a.* Sesgado, oblicuo, inclinado, en declive. *-s.* 1. Dirección oblicua; plano inclinado, declive. **The conversation is taking on a new slant,** la conversación está tomando un nuevo giro. 2. Pulla, chufleta, dicho sarcástico.
slantingly ['slɑːntɪŋlɪ] [slan-tin-li], *adv.* Sesgadamente, de través o al través.
slap [slæp] [slap], *va.* Golpear, dar un golpe (strike): regularmente se usa para denotar un golpe con la mano abierta o una manotada. **To slap one over the face**, dar una bofetada o bofetón, dar un sopapo. **To slap down,** derribar de una bofetada. **Slap in the face,** cachete, torta. *interj.* ¡zas!
slap, *s.* Manotada, el golpe dado con la mano, y por extensión cualquier golpe dado con una cosa ancha. **Slap on the face**, bofetada, bofetón. *-adv.* De golpe y porrazo, de sopetón.
slapdash ['slæpdæʃ] [slap-dash], *a.* y *adv.* *(Fam.)* De una vez, de un golpe.
slapper ['slæpə^r] [sla-pa^r], *sf.* Furcia.
slapstick ['slæpstɪk] [slap-stik], *s.* Comedia grotesca en que abundan los porrazos.
slash [slæʃ] [slash], *va.* Acuchillar, dar cuchilladas. *-vn.* Tirar tajos y reveses con una espada, a trochemoche.
slash, *s.* Cuchillada, corte en carne viva; chirlo, jabeque; latigazo, azote; en especial, corte, cortadura en una tela.
slat [slæt] [slat], *va.* y *vn.* Arrojar con violencia o con un empellón; lanzar con descuido; sacudirse, hacer ruido.
slat, *s.* Tablilla, pedazo delgado y estrecho de madera y algunas veces de metal o piedra. **Blind-slat**, tablilla de persiana.
slatch [slætʃ] [slach], *s.* *(Mar.)* 1. El medio de un cabo suelto. 2. Intervalo de buen tiempo.
slate [sleɪt] [sleit], *s.* 1. Pizarra, especie de piedra que se divide en hojas delgadas para cubrir los tejados. 2. Pizarra para escribir. 3. *(E. U.)* Lista de candidatos preparada de antemano: programa redactado con anticipación. **Slate-colored**, de color de pizarra. **Slate-pencil**, pizarrín, pizarrete. **Slate-quarry**, pizarral, cantera de pizarra. **To start with a clean slate,** hacer borrón y cuenta nueva.
slate, *va.* Empizarrar, cubrir con pizarra.
slater ['sleɪtə^r] [slei-ta^r], *s.* Pizarrero, el que cubre los tejados con pizarra; herramienta con canto de pizarra para quitar el pelo de las pieles.
slattern ['slætən] [sla-tern], *a.* Puerco, desaliñado. *-s.* Mujer desaliñada.
slatternly ['slætənlɪ] [sla-tern-li], *adv.* Desaliñadamente. -*a.* Puerco, desaliñado.
slaty ['sleɪtɪ] [slei-ti], a Pizarreño, pizarroso, que participa de la naturaleza de la pizarra; que consiste de pizarra o se parece a ella.
slaughter ['slɔːtə^r] [slo-ta^r], *s.* Carnicería, matanza, mortandad de gente, estrago que se hace en la guerra.
slaughter, *va.* 1. Matar atrozmente, hacer una carnicería; hacer pedazos. 2. Matar animales en la carnicería.
slaughter-house ['slɔːtəhaʊs] [slo-ta-jaus], *s.* Matadero.
slaughterman ['slɔːtəmən] [slo-ta-man], *s.* Matador, asesino.
slaughterous ['slɔːtərəs] [slo-ta-ros], *a.* Mortífero, destructivo.
Slav [slɑːv] [slav], *a.* Eslavo. *V.* SLAVONIC. *-s.* Persona de la raza eslava.
slave [sleɪv] [sleiv], *s.* 1. Esclavo, esclava, persona sin libertad, bajo el dominio de otra. 2. Esclavo, el que se somete a sus pasiones. **Slave-driver**, capataz de esclavos. **Slave-born**, nacido en la esclavitud. **Slave labor**, trabajo de esclavos. **Slave-holding**, poseedor de esclavos. **To slave away,** trabajar como un negro.
slave, *vn.* Trabajar como esclavo. -va. *(Poét. o ant.)* Esclavizar.
slaver ['sleɪvə^r] [slei-va^r], *s.* Negrero, persona o buque que hacía el tráfico de negros para venderlos como esclavos.
slaver, *s.* Baba.
slaver, *vn.* Babosear.
slavery ['sleɪvərɪ] [slei-va-ri], *s.* 1. Esclavitud, servidumbre, el estado de esclavo. 2. Esclavitud, servidumbre, yugo, el estado de sujeción injusta y forzada en que un superior tiene a su inferior o el fuerte al débil.
slavey ['sleɪvɪ] [slei-vi], *sf.* Fregona.
Slavic ['slævɪk] [sla-vik], *a.* *V.* SLAVONIC.
slavish ['sleɪvɪʃ] [slei-vish], *a.* Servil, bajo, humilde.
slavishly ['sleɪvɪʃlɪ] [slei-vish-li], a*adv.* Servilmente.
slavishness ['sleɪvɪʃnɪs] [slei-vish-nes], *s.* 1. Bajeza, vileza. 2. Servidumbre, esclavitud.
slavonic [slə'vɒnɪk] [sla-vo-nik], *a.* 1. Eslavo, esclavón, relativo a los pueblos o a las lenguas de origen eslavo. *V.* SLAV. 2. *V.* SALVONIAN.
slaw [slɔː] [slo], *s.* Col cortada en rebanadas y servida cruda o cocida como ensalada.
slay [sleɪ] [slei], *va.* *pret.* SLEW, *pp.* SLAIN) matar, dar muerte violenta, quitar la vida.
slayer ['sleɪə^r] [sleia^r], *s.* Matador, asesino. **Man-slayer**, homicida.
sleave ['sliːv] [sliiv], *s.* Seda o hilo destorcido.
sleaze, sleaziness ['sliːz] [sliis] ['sliːzɪnɪs] [slii-si-nes], *sm.* Desaliño, desaseo; mala fama, sordidez,
sleazy ['sliːzɪ] [slii-si], *a.* Falto de firmeza en su textura, flojo, ligero. **Sleazy cloth** paño de soplillo.
sled ['sled] [sled], *va.* y *vn.* 1. Llevar o pasearse sobre un trineo; usar una narria. *-s.* Narria, rastra, trineo. 2. Macho, el mazo grande que tienen en las herrerías para forjar el hierro.
sleek ['sliːk] [sliik], *a.* 1. Liso, bruñido, alisado (smooth, even). 2. Suave, blando, zalamero, insinuante, de palabras melífluas: en los Estados Unidos, generalmente, *slick*. *V.* SLICK.
sleek, *va.* 1. Peinar o componer el pelo o la lana. 2. Alisar, pulir, poner lisa o lustrosa alguna cosa. 3. Hacer menos desagradable u ofensivo; aquietar, pacificar.
sleekly ['sliːklɪ] [slii-kli], *adv.* Con lisura, igualdad o lustre.
sleekness ['sliːknɪs] [sliik-nes], *s.* Lisura, igualdad y lustre de una superficie.
sleeky ['sliːkɪ] [slii-ki], *a.* 1. *V.* SLEEK. 2. *(Esco.)* Zalamero, socarrón, taimado.
sleep [sliːp] [sliip], *va.* y *vn.* (*pret.* y *pp.* SLEPT). 1. Dormir, descansar o reposar en el sueño. 2. Dormir o dormirse, descuidarse u obrar en algún negocio con poca actividad o solicitud. 3. Reposar, descansar; también, yacer muerto. 4. Dormir una cosa o no hablarse de ella. 5. Entumecerse un miembro por hallarse interumpida la circulación de la sangre. 6. Girar sin movimiento perceptible: se dice de un trompo o peonza.
sleep around, acostarse con cualquiera.
sleep away, disipar o malgastar el tiempo durmiendo.
sleep in, dormir hasta tarde.
sleep out, dormir fuera; dormir al aire libre.
sleep over, consultar con la almohada, posponer una decisión hasta pasada la noche, considerar maduramente; vivir locamente, pasar el tiempo sin provecho.
sleep upon, no hacer caso de una cosa; descuidarse en el cumplimiento de su obligación. **To sleep in Jesus**, estar muerto, dormir en el Señor, estar gozando de Dios. **To sleep like a top**, dormir como un lirón. **To sleep on**, seguir durmiendo. **To sleep one's liquor away**, disipar o malgastar el tiempo durmiendo. **To sleep soundly**, dormir a pierna suelta; dormir profundamente, con sueño profundo.

sleep, *s.* 1. Sueño, el acto de dormir; descanso, reposo. 2. Estado de inacción, de inercia o reposo; muerte, el reposo del sepulcro. 3. *(Bot.)* Posición que toman durante la noche las hojas de las plantas. **To go to sleep**, dormirse. **To put to sleep**, adormecer. **Sleep-walker**, sonámbulo. **Sleep-walking**, sonambulismo. **To have a sleep,** echar una cabezada. **To sleep the sleep of the just,** dormir con la conciencia tranquila.

sleeper ['sli:pəʳ] [slii-paʳ], *s.* 1. El que duerme . 2. *(E. U.)* Coche dormitorio. *V. Sleeping-car*. 3. Animal adormecido durante el invierno.

sleeper, *s.* Durmiente, carrera, travesaño, vigueta; *(mar.)* curva de yugo que se sitúa por la parte interior, aplicando sus brazos contra los yugos inferiores o contra el forro.

sleepily ['sli:pɪlɪ] [slii-pi-li], *adv.* Con somnolencia, pesadez o torpeza.

sleepiness ['sli:pɪnɪs] [slii-pi-nes], *s.* Somnolencia, adormecimiento; letargo.

sleeping ['sli:pɪŋ] [slii-pin], *s.* Sueño, reposo, descanso. *-pa.* Durmiente; calmante, adormecedor. **Sleeping-car**, coche dormitorio de ferrocarril. En Inglaterra se llama más comúnmente **sleeping-carriage o coach**. **Sleeping-draft o potion**, bebida calmante, narcótico. **Sleeping-partner**, comanditario.

sleepless ['sli:plɪs] [sliip-les], *a.* Desvelado, falto de sueño. **Sleepless night**, noche que se pasa en vela.

sleeplessness ['sli:plɪsnɪs] [sliip-les-nes], *s.* Insomnio, desvelo.

sleepy ['sli:pɪ] [slii-pi], *a.* 1. Soñoliento, adormecido. 2. Soporífero, soporoso; letárgico. **To be sleepy,** tener sueño.

sleepyhead ['sli:pɪhed] [slii-pi-jed], *s.* Dormilón.

sleet [sli:t] [sliit], *s.* Aguanieve, nieve o granizo mezclado con lluvia.

sleet, *vn.* Caer agua nieve, nevar y llover al mismo tiempo; caer granizo menudo.

sleety ['sli:tɪ] [slii-ti], *a.* Lo que contiene agua nieve.

sleeve [sli:v] [sliiv], *s.* 1. Manga, la parte de la vestidura que cubre los brazos hasta la muñeca. 2. *(Mec.)* Dedal largo, tubo o cilindro hueco que rodea un árbol o vara. 3. Junta de manguito o manguito de tuerca. **To laugh in the sleeve at**, reírse con disimulo de alguna persona o cosa. **To say in one's sleeve**, decir para su capote o para su sayo. **To hang on one's sleeve**, estar una persona sujeta o dependiente de la voluntad de otra. **To wear one's heart on one's sleeve**, llevar el corazón en la mano. **Hanging sleeves**, mangas perdidas. **Sleeve-band**, cinta con que se aprieta la manga. **Sleeve-button**, botón de manga. **Sleeve-coupling**, junta de manguito. **Sleeve-links**, gemelos de mangas. **Sleeve-nut**, manguito de tuerca; tuerca larga con filete a la derecha en un extremo y filete a la izquierda al otro, para juntar y acercar dos barras o tubos.

sleeved ['sli:vd] [sliivd], *a.* Que tiene mangas, antiguamente, mangado. **A sleeved waistcoat**, chupa con mangas.

sleeveless ['sli:vlɪs] [sliiv-les], *a.* 1. Sin mangas, que no tiene mangas. 2. *(Ant.)* Falto de razón o fundamento, fuera de camino. **Sleeveless tale**, fábula absurda o ridícula.

sleigh [sleɪ] [slei], *s.* Trinco, vehículo ligero y sin ruedas para caminar sobre la nieve y el hielo.

sleighing ['sleɪɪŋ] [sleiin], *s.* 1. Acción de ir en trineo. 2. La condición de los caminos que permite el uso de un trineo.

sleight [slaɪt] [slait], *s.* Ardid, artificio, estratagema, astucia, maña. **Sleight of hand**, juego de manos.

slender ['slendəʳ] [slen-daʳ], *a.* 1. Delgado, sutil, tenue, de poco diámetro o circunferencia en proporción al largo o altura (thin, slim). 2. Flaco, débil, enclenque, falto de vigor, delicado (delicate, dainty). 3. Escaso, de poca base o fundamento. 4. Pequeño, corto, insuficiente (short); mediano. 5. Delgado en sonido o calidad; falto de volumen. **Slender estate**, hacienda corta, pocos haberes. **Slender income**, renta corta. **A slender pittance**, una escasa pitanza. **Slender income**, renta corta. **A slender pittance**, una escasa pitanza. **Slender waist**, cintura o talle delgado. **Slender wit**, entendimiento limitado; ingenio o saber superficial, corto mérito. **Slender dinner**, comida escasa.

slenderness ['slendənɪs] [slen-da-nes], *s.* 1. Delgadez, sutileza, delicadeza. 2. Tenuidad, debilidad. 3. Escasez, falta de abundancia. 4. Pequeñez. 5. Debilidad, falta de vigor, falta de solidez.

slept [slept] [slept], *pp.* y *pret.* del verbo TO SLEEP.

sleuth [slu:θ] [sluz], *s.* 1. Pista, rastro de un hombre o animal. 2. *(Fam.)* Detective. **Sleuth-hound**, sabueso ventor. *-va.* Hacer el papel de detective.

slew [slu:] [slu], *pret.* del verbo TO SLAY.

sley [sleɪ] [slei], *va.* Dividir o torcer en hilos; poner la urdimbre en el telar. *-s.* Peine de tejedor. *V.* SLAY.

slice [slaɪs] [slais], *va.* 1. Rebanar, hacer rebanadas; cortar haciendo tiras o tajadas; a menudo con *up*. 2. Tajar, cortar, partir, dividir; se usa frecuentemente con *off*. **Slice through,** pasarse por encima, cortar.

slice, *s.* 1. Rebanada, tajada, lonja. 2. Una de las varias herramientas que se emplean para rebanar o partir; pala; espátula. 3. Golpe con efecto a la derecha (golf).

sliced ['slaɪst] [slaist], *a.* Cortado en rebanadas (bread).

slicer ['slaɪsəʳ] [slai-saʳ], *s.* 1. Rebanador, el o lo que rebana. 2. Sierra circular o aparato de hender de los joyeros.

slick [slɪk] [slik], *va.* Alisar, hacer lindo, lustroso. *-a.* 1. Liso, resbaladizo, de tersura grasienta. 2. De palabras melifluas, adulador, rendido. 3. *(Fam.)* Diestro; mañosamente hecho. *-s.* Punto liso sobre la superficie del agua o en el pelo de un animal.

slicker ['slɪkəʳ] [sli-kaʳ], *s.* 1. Impermeable. 2. *(Vul.)* Pillo, trampista.

slid [slɪd] [slid], *pret.* y *pp.* del verbo *TO* SLIDE.

slidden [slɪdn] [sli-den], *pp.* del verbo *TO* SLIDE.

slide [slaɪd] [slaid], *vn.* 1. Resbalar, deslizarse, irse los pies por encima de una superficie lisa (slip up, slith). 2. Escabullirse, escurrirse o deslizarse una cosa. 3. Correr o resbalar por encima del hielo. 4. Salirse, huir o escurrirse de entre las manos. 5. Correr, pasar, deslizarse o irse una cosa fácilmente. 6. Irse introduciendo, ir entrando, penetrar una cosa en otra poco a poco, y también se dice de las opiniones, modas, etc. 7. Errar, pecar. 8. No hacer caso de; con *let*. **Let the matter slide**, no haga usted caso del asunto. -va. Hacer colar, introducir o hacer recibir por medio del algún artificio una opinión, argumento, etc. **To slide away**, colarse, pasar sin ser observado; deslizarse o escurrirse una cosa de entre las manos. **To slide in**, introducirse en una parte sin ser sentido; introducir una cosa con maña y artificio. **To slide into**, pasar imperceptiblemente de un estado a otro, y regularmente se usa para expresar el pase de lo bueno a lo malo. **To slide over**, pasar ligeramente; recorrer ligera o superficialmente una cosa.

slide, *s.* 1. Tapa corrediza; tapa o pantalla fotográfica; portaobjetos para el microscopio o para la linterna óptica, cajón que se abre deslizándose. 2. Rebalón, acción de resbalar. 3. Sitio donde resbalan las personas o cosas; resbaladero, para deslizarse sobre la nieve; plano inclinado: paso llano y fácil; muesca, encaje (de un bastidor). 4. Falla, dislocación de una veta; desmoronamiento, caída de una masa de tierra. 5. Diapositiva, transparencia. 6. *(Mús.)* Ligado. **Slide-bolt**, pestillo corredizo, cerrojo de seguridad. **Microscope slide,** platina, porta-objetos. **To let things slide,** dejar las cosas de lado, no ocuparse de las cosas. **Slide-rest**, *(Mec.)* Soporte de corredera, carrillo portaherramientas. **Slide-valve**, válvula de corredera.

slider ['slaɪdəʳ] [slai-daʳ], *s.* El que resbala.

slide rule ['slaɪdru:l] [slaid-rul], *s.* Regla de cálculo.

sliding ['slaɪdɪŋ] [slai-din], *s.* Deslizamiento, la acción y efecto de deslizar. **Sliding knot**, nudo escurridizo.

slight [slaɪt] [slait], *a.* 1. Ligero, leve, de poca importancia, de poco momento (light, brief). 2. Pequeño, corto, breve, limitado (short, brief). 3. Negligente, descuidado (negligent). 4. Necio, imprudente. 5. Fútil, débil, sin fuerza (weak). 6. Flojo, delgado (thing, weak). *-s.* Desaire, descuido, indiferencia, una acción u omisión que implica falta de cortesía, o desprecio; menosprecio. **The wound is only**

slight, la herida es leve. **To make slight of**, despreciar, menospreciar, hacer poco caso de alguien o algo.
slight, *va.* 1. Menospreciar, despreciar, desdeñar, desestimar, no hacer caso, desairar, ver mal, sonrojar. 2. Hacer o ejecutar algo con poco cuidado. *V.* SHIRK. **To slight**, hacer una cosa con descuido o poco cuidado; tratar a una persona con poco aprecio o menospreciarla. **Not in the slightest,** ni en los más mínimo, en absoluto.
slighter ['slaɪtəʳ] [slai-taʳ], *s.* menospreciador, desairador, indiferente; el que descuida.
slighting ['slaɪtɪŋ] [slai-tin], *a.* Despectivo, menospreciativo.
slightingly ['slaɪtɪŋlɪ] [slai-tin-li], *adv.* Con desprecio.
slightly ['slaɪtlɪ] [slait-li], *adv.* 1. Sin fuerza, ligeramente. **Slightly wounded**, ligeramente herido. 2. Negligentemente, descuidadamente.
slightness ['slaɪtnɪs] [slait-nes], *s.* 1. Debilidad, falta de vigor. 2. Descuido, negligencia.
slim [slɪm] [slim], *a.* 1. Delgado, sutil, tenue. 2. Poco lógico, débil. 3. Insubstancial, construido ligeramente, poco sólido. 4. Falto de vigor, enclenque. 5. Insuficiente, escaso, magro, flaco. *-vi.* **Slim down,** adelgazar, perder peso. **Slimmed down,** saneado, reconvertido.
slime [slaɪm] [slaim], *s.* 1. Cualquier sustancia viscosa o mucilaginosa, particularmente la sucia y adhesiva; lama, légamo, barro pegajoso, fango; exudación mucosa de ciertos animales y plantas. 2. Lodo mineral. 3. Cualquier cualidad o cosa repugnante. *-va.* y *vn.* 1. Ensuciar, cubrir o cubrirse de lama légamo o exudación mucosa. 2. Deslamar, quitar el légamo o sustancia viscosa.
slimy ['slaɪmɪ] [slai-mi], *a.* Viscoso, pegajoso, legamoso; mucoso.
sling [slɪŋ] [sling], *s.* 1. Honda, instrumento hecho de cuero o cuerda para arrojar piedras con violencia. 2. Hondazo. 3. El vendaje en que descansa un brazo roto, dislocado o herido; barbiquejo, cabestrillo. 4. *(Mar.)* Eslinga. **Slings of the yard**, cruz de la verga; estribos de las vergas. **Slings of the buoy**, guarnición de la boya.
sling, *s. (E. U.)* Bebida compuesta de aguardiente, whisky o ginebra con azúcar nuez moscada.
sling, *va.* 1. Tirar con honda; tirar, arrojar. 2. Colgar, suspender como en un cabestrillo; izar, columpiar o subir en alto, eslingar con una cuerda o polea. *-vn.* 1. Oscilar repentinamente; ir girando. 2. Moverse con paso suelto y fácil. **Sling away,** tirar. **Sling out,** brotar, expulsar.
slingshot ['slɪŋʃɒt] [slin-shot], *s.* Tirador.
slink [slɪŋk] [slink], *vn.* (*pret.* y *pp.* SLUNK o SLANK). Escabullirse, escaparse, escurrirse furtivamente.
slink, *va.* y *vn. (Reg.)* Abortar, malparir; se dice de las bestias.
slip [slɪp] [slip], *va.* (*pret.* y *pp.* SLIPPED o SLIPT). 1. Tirar, echar a un lado o arrojar una cosa que oprime o sujeta; hacer mover suave y fácilmente. 2. Meter o introducir secretamente. 3. Soltar, desatar, separar o arrancar una cosa de otra. 4. Dejar. 5. Perder alguna cosa por descuido o negligencia. 6. *(Mar.)* Largar (soltar), un cable o cabo. 7. Malparir (animal). 8. Dislocarse un hueso. 9. *(Ant.)* Recorrer, mirar o considerar alguna cosa superficialmente. *-vn.* 1. Resbalar, deslizarse, irse los pies. 2. Salirse alguna cosa de su lugar. 3. Rebalar, caer en alguna falta o error. 4. Escapar, huir, dejar un lugar o sitio repentinamente (escape from). 5. Pasar rápidamente sin ser visto ni sentido. 6. Deslizarse, decir o hacer una cosa con descuido o inadvertencia. 7. Borrarse algo de la memoria u olvidarlo.
slip away, desaparecer, marcharse o huir precipitadamente.
slip down dejarse caer.
slip into, introducirse alguno donde no le llaman; insinuarse en el ánimo de una persona con maña.
slip off, quitarse alguna cosa de encima del cuerpo.
slip out, salir de alguna parte sin ser observado o con disimulo; dislocarse un hueso. **To slip out a word**, escaparse alguna palabra. **To slip one's clothes on**, vestirse de prisa. **To slip the cable**, *(Jar.)* Alargar el cable por el ojo o por el chicote.
slip, *s.* 1. Resbalón, el acto de resbalar. 2. Desliz, falta, tropiezo. 3. Esqueje, estaca, vástago desgajado. 4. Escapada, huida. 5. Tira, pedazo largo y angosto. 6. Pasaje o espacio largo en proporción a su anchura: en los Estados Unidos, espacio entre dos muelles, dique, embarcadero, como un *ferry-slip*. 7. Equivocación, error, engaño. 8. Falta, ligera dislocación de los estratos. 9. *(Impr.)* Galerada, molde que aún no está en páginas. 10. Lo que se pone o quita fácilmente, como una funda de almohada o una prenda de vestir holgada; guardapiés, zagalejo; traílla, la cuerda o correa con que se lleva al perro atado. **Slip of paper**, tira de papel. **Slip of the tongue**, lapsus linguae, yerro de lengua. **Glass slip**, portaobjetos para el microscopio; con el objeto montado en su lugar se llama *slide*.
slipboard ['slɪpbɔːd] [slip-bord], *s.* Corredera.
slipknot ['slɪpnɒt] [slip-not], *s.* Lazo corredizo.
slip-on ['slɪpɒn] [slip-on], *s.* Prenda de vestir que entra por la cabeza. **Slip-on sweater**, suéter o chaqueta tejida que no tiene botonadura.
slipped ['slɪpt] [slipt], *a.* **Slipped disk,** hernia discal.
slipper ['slɪpəʳ] [sli-paʳ], *s.* Chinela, pantuflo, zapato ligero y bajo, zapatilla.
slipperiness ['slɪpərɪnɪs] [sli-pa-ri-nes], *s.* 1. La calidad que constituye a una cosa resbaladiza. 2. La facilidad en deslizarse o resbalarse. 3. El estado de lo que es muy movedizo o poco firme.
slippery ['slɪpərɪ] [sli-pe-ri], *a.* 1. Resbaladizo, escurridizo, deslizadizo. 2. Movedizo, poco firme, poco sólido: se dice regularmente del terreno. 3. Que se escapa de entre las manos; engañador, indigno de confianza. **A slippery witness**, un testigo engañador, indigno de confianza.
slippy ['slɪpɪ] [sli-pi], *a.* **To be slippy,** darse prisa (hurry up).
slipshod ['slɪpʃɒd] [slip-shod], *a.* En chancletas. **To go slipshod**, *(Fam.)* Andar o ir en chancleta, o chancletas.
slit [slɪt] [slit], *va.* (*pret.* y *pp.* SLIT o SLITTED). 1. Hacer una larga incisión (en algo). 2. Tajar, cortar a lo largo en tiras o jirones.
slit, *s.* Raja, hendedura; corte relativamente largo; abertura larga y estrecha.
slither ['slɪðəʳ] [sli-zaʳ], *vi.* Deslizarse, ir rodando, resbalar.
slitting ['slɪtɪŋ] [sli-tin], *s.* y *pa.* de SLIT. Acción de dar un corte largo o de cortar largas tiras. **Slitting-mill**, 1. Taller donde se cortan planchas de metal en tiras para hacer clavos. 2. Sierra de disco empleada por los joyeros para labrar las piedras preciosas. 3. Sierra múltiple para aserrar tablillas, etc.
sliver ['slɪvəʳ] [sli-vaʳ], *va.* y *vn.* 1. Cortar, romper o romperse en trozos largos, a lo largo. 2. Desgajar, desgajarse, romperse.
sliver, *s.* Brizna, astilla. *V.* SPLINGER. 2. Torzal, mecha de fibras textiles.
sloats ['sləʊts] [slouts], *s. pl.* Teleras de carro.
slobber ['slɒbəʳ] [slo-baʳ], *s.* Baba. *V.* SLAVER.
slobber, *va.* Babosear.
slobbery ['slɒbərɪ] [slo-ba-ri], *a.* Baboso, mojado.
sloe [sləʊ] [slou], *s.* Endrina, la fruta del endrino; también, el mismo endrino.
slog [slɒg] [slog], *s.* **It was a slog,** me costó trabajo. *-vt.* Golpear. *-vi.* Trabajar arduamente, sudar tinta.
slog along, Caminar con dificultad, costosamente.
slog away. **To slog away at something,** afanarse por realizar algo.
slog on = slog along.
slog out. **To slog it out,** luchar hasta el final (fighting).
slogan ['sləʊgən] [slou-gan], *s.* Eslogan, pintada (graffiti).
slogger ['slɒgəʳ] [slo-gaʳ], *s.* Trabajador.
sloop ['sluːp] [slup], *s. (Mar.)* Balandra, embarcación pequeña. **Sloop-of-war**, *(Mar.)* Corbeta, embarcación de guerra.
slop [slɒp] [slop], *va.* 1. Verter, derramar. 2. Verter agua u otro líquido sobre algo; mojar, ensuciar, enlodar. *-vn.* Verterse, derramarse.
slop, *s.* 1. La mancha que se hace dejando caer algún líquido; lugar mojado. 2. *pl.* Agua sucia; desechos líquidos. 3. *pl.*

Atole, u otro alimento líquido (por desprecio): zupia, purrela, aguachirle. **Slop-basin, slop-bowl**, barreño o receptáculo, para aguas sucias. **Slop-jar**, jarro o tinaja para aguas sucias, particularmente pieza de un juego de tocador. **Slop-pail, slop-bucket**, cubo o tina para agua sucia. **Slop-shop,** bazar *(E.U.)*.

slope [sləʊp] [sloup], *s.* 1. Sesgo, la oblicuidad o torcimiento de alguna cosa hacia un lado; escotadura. 2. Declive, descenso, bajada, loma. 3. Escarpa. *-a.* Sesgo, torcido, inclinado, en pendiente. *-adv.* Al sesgo, oblicuamente.

sloping ['sləʊpɪŋ] [slou-pin], *a.* Inclinado, en declive.

slopingly ['sləʊpɪŋlɪ] [slou-pin-li], *adv.* Sesgadamente, al sesgo.

sloppily ['sləʊpɪlɪ] [slou-pi-li], *adv.* De modo descuidado (carelessly).

sloppiness ['sləʊpɪnɪs] [slou-pi-nes], *s.* Calidad de mojado y sucio; estado cenagoso.

sloppy ['slɒpɪ] [slo-pi], *a.* 1. Mojado y sucio: lodoso, cenagoso, lleno de lodo o cieno. 2. Hecho de una manera descuidada.

slosh [slɒʃ] [slosh], *va.* y *vn.* *V.* SPLASH. *-s.* *V.* SLUSH.

slot [slɒt] [slot], *s.* 1. *(Mec.)* Muesca, ranura, canal o hendedura larga y estrecha. 2. Pista, huella de venado.

slot, *va.* 1. Ajustar en una ranura. 2. Acanalar, cortar una ranura o muesca.

sloth [sləʊθ] [slouz], *s.* 1. Pereza, negligencia, dejadez, flojedad. 2. Perezoso, un animal arbóreo de la América tropical.

slothful ['sləʊθfʊl] [slouz-ful], *a.* Perezoso, tardo, lento; dejado, negligente.

slothfully ['sləʊθfʊlɪ] [slouz-fu-li], *adv.* Perezosamente, flojamente, con dejadez.

slothfulness ['sləʊθfʊlnɪs] [slouz-ful-nes], *s.* Pereza, tardanza, pesadez, haraganería.

slot-machine ['slɒtmə'ʃiːn] [slot-ma-shin], *s.* Máquina con ranuras para monedas en que se juega dinero.

slouch [slaʊtʃ] [slauch], *s.* Mirada cabizbaja; inclinación del cuerpo. 2. Patán, rústico, villano.

slouch, *va.* y *vn.* 1. Estar o andar cabizbajo. 2. Poner una cosa más baja o caída y suelta de lo que estaba. **Slouch-hat**, sombrero gacho o con las las alas caídas. **Slouch about/around,** andar cabizbajo, sin saber qué hacer; gandulear.

slough [slaʊ] [slau], *s.* Lodaza, el sitio pantanoso y lleno de lodo, *(Fig.)* abismo. **The slough of despond**, el abismo de la desesperación.

slough, *s.* *(E.U.)* 1. Pantano; canal de agua, abra llena de cañas. 2. Lodazal.

slough, *va.* y *vn.* Echar o ser echado, como el tejido muerto: echar de sí una costra. *-s.* 1. El pellejo suelto o fuera del cuerpo de ciertos animales que lo mudan: en la culebra y en la serpiente se llama camisa y en algunos insectos tela; por extensión se dice también a veces del pellejo humano. 2. Escara de una herida o úlcera; el tejido muerto separado y desechado de las partes vivas.

sloughy ['slaʊɪ] [slaui], *a.* Lodos, pantanoso.

sloughy, *a.* Que tiene tejidos muertos y desechados, o que es propio de ellos.

Slovak ['sləʊvæk] [slou-vak], *a.* Eslovaco.

sloven ['slʌvn] [sla-ven], *s.* Persona desaliñada y desaseada.

slovenliness ['slʌvnlɪnɪs] [sla-ven-li-nes], *s.* 1. Desaliño, desaseo en el vestir. 2. Asquerosidad, porquería. 3. Negligencia, descuido, dejadez.

slovenly ['slʌvnlɪ] [sla-ven-li], *a.* 1. Desaliñado, desaseado, puerco, sucio. 2. Dejado, descuidado. *-adv.* Desliñadamente, con desaseo, con dejadez.

slow [sləʊ] [slou], *va.* y *vn.* Retardar, aflojar el paso, diferir, ir más despacio, a menudo con las preposiciones *up* o *down*. *-s.* 1. Tardío, lento, pausado, detenido, tardo en obrar, en moverse o en cualquier otra cosa. 2. Tardío, tardo, que sucede después de tiempo oportuno. 3. Tardo, lento, torpe, pesado. 4. Tardo, torpe, poco expedito en comprender las cosas o en explicarse. **Slow coach**, indolente, perezoso, negligente, dejado. **Slow-ared**, pesado en el andar. **Slow-witted**, torpe, estúpido. **Life here is slow,** aquí se vive a ritmo lento. **To be slow pay,** ser moroso. **My watch goes too slow**, mi reloj atrasa. **The match is very slow,** el partido es muy aburrido.

slowdown ['sləʊdaʊn] [slou-daun], *sf.* *(E.U.)* Huelga de manos caídas.

slowly ['sləʊlɪ] [slou-li], *adv.* Lentamente, pausadamente, con lentitud.

slow motion ['sləʊ'məʊʃən] [slou-mo-shon], *s.* Movimiento lento, tardío. **Slow motion camera**, cámara lenta.

slowness ['sləʊnɪs] [slou-nes], *s.* 1. Lentitud, tardanza, detención. 2. Pesadez o torpeza de entendimiento, negadez. 3. Dilación, retardación, retardo. 4. Deliberación.

slowworm ['sləʊwɜːm] [slou-uerm], *s.* Cecilia, serpiente pequeña.

slub [slʌb] [slab], *va.* Torcer un poco (torzales de lana) antes de encanillar; ovillar. *-s.* Hilo my poco retorcido, mechón.

slubber ['slʌbə^r] [sla-ba^r], *va.* 1. Hacer alguna cosa de mala gana o con prisa intempestiva, chafallar. 2. Manchar, ensuciar. *-vn.* Estar muy de prisa, hacer algo muy de prisa y aturdidamente.

slubber, *s.* Canillero, el que hace canillas o mechones de hilo; ovillador de lana.

sludge ['slʌdz] [sladch], *s.* Lodo, cieno.

slue [sluː] [slu], *va.* (pa. SLUING, *pp.* SLUED). 1. Revirar, mover a un lado como sobre un eje. 2. Volver, girar. *-s.* Giro, vuelta.

slug [slʌg] [slag], *s.* 1. Haragán, holgazán, zángano. 2. Babosa, caracol que se cría sin concha, también, la larva de un tentredo (mosca de sierra) u otro insecto parecido a la babosa. 3. El pedazo de metal que se mete en algún arma de fuego en lugar de bala. 4. *(Impr.)* Lingote, tira de metal más gruesa que un renglón.

slug, *va.* Cargar (firearm) con trozos de metal en lugar de balas.

slug, *va.* y *vn.* *(Ger.)* Dar fuertes puñadas.

sluggard ['slʌgəd] [sla-gard], *s.* Haragán, holgazán.

sluggish ['slʌgɪʃ] [sla-guish], *a.* Perezoso, flojo, dejado, descuidado, indolente.

sluggishly ['slʌgɪʃlɪ] [sla-guish-li], *adv.* Perezosamente, lentamente, con flojedad.

sluggishness ['slʌgɪʃnɪs] [sla-guish-nes], *s.* Pereza, flojedad, negligencia, dejadez.

sluice [sluːs] [slus], *s.* 1. Canal, acequia, acueducto, azud; compuerta, especie de puerta pequeña en los canales o en las presas de ríos. 2. *(Fig.)* Salida, la cosa a través de la cual sale o fluye algo.

sluice, *va.* 1. Mojar, regar, por medio de acequias; lavar la tierra que contiene el mineral en una acequia. 2. Soltar la presa o quitar la compuerta de un canal, acquia, etc.

sluicy ['sluːɪsɪ] [slui-si], *a.* Que fluye en torrente, como el agua luego que se suelta una presa.

slum [slʌm] [slam], *s.* Barrio bajo y sucio de una población; garito. *-vn.* Visitar los barrios bajos, particulamente cuando se hace por mera curiosidad. **To live in a slum,** vivir en los barrios bajos, vivir en una casucha. **Slum area,** barrio bajo.

slumber ['slʌmbə^r] [slam-ba^r], *vn.* 1. Dormitar, estar medio dormido (sleep); *(poét.)* dormir. 2. Dormirse o descuidarse uno en las obligaciones de su empleo u oficio o en lo que tiene que hacer.

slumber, *s.* Sueño ligero y tranquilo.

slumberous ['slʌmbərəs] [slam-be-ros], *a.* Soñoliento, soporífero.

slummy ['slʌmɪ] [sla-mi], *a.* Sórdido, muy pobre.

slump [slʌmp] [slamp], *vn.* Romper una costra y hundirse en una materia blanda cualquiera, como la nieve, *(Fam.)* salir mal, faltar, hacer bancarrota. *-s.* Rompimiento y hundimiento; desplome; mal éxito, quiebra.

slung [slʌŋ] [slang], *pret.* y *pp.* del verbo *TO* SLING. **Slung-shot**, rompecabezas, arma ofensiva.

slunk [slʌŋk] [slank], *pret.* y *pp.* del verbo *TO* SLINK.

slur [slɜː^r] [sle^r], *va.* 1. Menospreciar, rebajar, desdorar a alguno. 2. Pasar ligeramente, ocultar. 3. Hacer algo o hablar de una manera confusa; juntar palabras o sílabas. 4. *(Mús.)* Ligar las notas. 5. Manchar, ensuciar.

slur, *s*. 1. Estigma, observación en desdoro; estigma; borrón o mancha ligera en la reputación. 2. *(Mús.)* Ligadura que indica que las notas han de encadenarse. 3. *(Impr.)* Porción manchada de una impresión.
slurp [slɜːp] [slerp], *vt*. Sorber.
slurred [slɜːd] [slerd], *a*. Poco correcto (speech).
slurry ['slʌrɪ] [sla-ri], *s*. Lodo, compuesto acuoso.
slush [slʌʃ] [slash], *va*. 1. Ensebar, engrasar con una sustancia lubricante. 2. *(Alb.)* Llenar de argamasa; generalmente con la preposición *up*. 3. Lavar, echando agua sobre un puente o cubierta. *-s*. 1. Materia blanda y mojada, como la nieve que se derrite, o el fango: cieno, lodo blando. 2. Grasa lubricante; pintura para evitar el enmohecimiento.
slushy [slʌʃɪ] [sla-shi], *a*. Cubierto de nieve a medio derretir o de cieno; parecido a estas substancias.
slut [slʌt] [slat], *sf*. 1. Perra, la hembra del perro. 2. Una mujer sucia o asquerosa; en otro tiempo se aplicaba también a los hombres.
sluttish ['slʌtɪʃ] [sla-tish], *a*. Asqueroso, puerco, sucio, desaliñado, despreciable.
sluttishly ['slʌtɪʃlɪ] [sla-tish-li], *adv*. Asquerosamente.
sluttishness ['slʌtɪʃnɪs] [sla-tish-nes], *s*. Asquerosidad, porquería, suciedad.
sly [slaɪ] [slai], *a*. Astuto, taimado, pícaro, socarrón, disimulado, artificioso, falso, martagón, marrajo. **Sly blade**, encallecido en astucias, camastrón, gran perillán.
slyboots ['slaɪˌbuːts] [slai-buts], *s*. *(Fam.)* Mañuelas, martagón, mátalas-callando, sueco, socarrón; la persona astuta y cauta que sabe manejar diestramente sus negocios.
slyly ['slaɪlɪ] [slai-li], *adv*. Astutamente, disimuladamente, con artificio, con maña, con segundas; a hurtadillas, callandito, bonitamente.
slyness ['slaɪnɪs] [slai-nes], *s*. Mañuela, socarronería, la maña con astucia y bellaquería; disimulo; con segunda o con segunda intención.
smack [smæk] [smak], *vn*. 1. Saber, tener algún sabor particular (taste). 2. Oler o tener sabor u olor (smell): se dice de las opiniones, doctrinas, etc. **His language smacks of atheism**, su lenguaje huele a ateísmo o tiene sabor u olor de ateísmo. 3. Saborearse, hacer ruido, desuniendo los labios, como después de catar o probar alguna cosa. 4. Besarse mutuamente estrechando los labios. *-va*. Besar, dar un beso. **To smack one's lips**, relamerse.
smack, *s*. 1. Sabor, gusto. 2. Tintura, conocimiento ligero o superficial. 3. Gusto, semejanza, resabio, tintura; el residuo que queda de alguna cosa que ha estado unida a otra, después de separarse. 4. Un poco o una cantidad corta de cualquier cosa. 5. La acción de separar los labios haciendo ruido con ellos. 6. Beso fuerte y ruidoso, o que se oye. 7. Manotada. 8. Chasquido, golpe. 9. *(Mar.)* Esmaque, embarcación pequeña. **I'll have a smack at it**, lo intentaré, lo voy a probar.
smacker ['smækəʳ] [sma-kaʳ], *s*. Beso o golpe con ruido.
small [smɔːl] [smol], *a*. 1. Pequeño, menudo, chico; corto (short, little). **When we were small**, cuando éramos pequeños. 2. Poco; de poco momento, peso o importancia. 3. Falto de amplitud moral o mental; corto, despreciable, mezquino (mean, stingy). 4. Que funciona o que comercia de una manera limitada. 5. Débil, flojo. 6. Tierno, blando; fino, delgado, de poco bulto o volumen. 7. Oscuro, bajo, vulgar, plebeyo. **To cut small**, hacer pedazos menudos alguna cosa. **Small change**, calderilla. **Small print**, carácter de letra muy menuda. **To make small**, achicar. *-s*. 1. La parte estrecha de cualquier cosa y en particular del lomo o filo. 2. Cosa o cantidad pequeña. *-adv*. En tono bajo o suave. **Small arms**, armas blancas. **Small beer**, cerveza débil o floja. **Small-clothes**, calzones cortos. **Small coal**, carbón menudo, cisco. **Small fry**, los peces pequeños en general; de aquí, gente menuda o cosas pequeñas. **Small talk**, conversación sin importancia, vulgaridades. **The small hours**, las primeras horas de la mañana, la una, las dos, etc. **Small craft**, conjunto de embarcaciones menores; *(Fig.)* cosas o personas pequeñas en general. **Small pica**, *V*. PICA. **A small voice**, una vocecita, una voz delgada (o suave). **Small wares**, mercería.
smallage ['smɔːlɪdʒ] [smo-lich], *s*. Apio particularmente en estado silvestre.
smallish ['smɔːlɪʃ] [smo-lish], *a*. Algo pequeño, corto, menudo.
smallness ['smɔːlnɪs] [smol-nes], *s*. Pequeñez; debilidad.
smallpox ['smɔːlpɒks] [smol-poks], *s*. Viruelas.
smalt ['smɔːlt] [smolt], *s*. Esmalte, un vidrio azul oscuro, teñido por el óxido de cobalto; esmaltín que sirve para pintar.
smart [smaːt] [smart], *s*. 1. Escozor, dolor vivo y punzante (pain). 2. Dolor, aflicción. 3. *(Vulg.)* Bullebulle, el que afecta viveza y actividad; muchacho muy despierto. *-a*. 1. Punzante, agudo, acerbo, agrio, picante. 2. Vivo, eficaz, activo, vivaracho; *(E. U.)* inteligente, despierto, hábil, de talento, avisado, despejado, ingenioso, despabilado (clever). 3. Agudo, ingenioso, sutil. 4. Mordiente, mordaz, picante. 5. *(Ingl.)* Elegante, petimetre, a la moda; estimable, gallardo.
smart, *va*. 1. Escocer, percibir una sensación muy desagradable parecida a la de una quemadura. 2. Escocer, sentir en el ánimo una impresión desagradable, dolerse. **I will make you smart for it**, le haré a usted arrepetirse. **My eyes are smarting**, me duelen los ojos. **To smart under**, resentirse.
smarten ['smaːtn] [smar-ten], *va*. Hermosear, embellecer; hacer a uno gallardo, donoso.
smartly ['smaːtlɪ] [smart-li], *adv*. 1. Agudamente, vivamente, sensiblemente. 2. Agudamente, con agudeza de ingenio, con finura, con delicadeza, elegantemente.
smartness ['smaːtnɪs] [smart-nes], *s*. 1. Agudeza, vigor. 2. Viveza, vivacidad, perspicacia de ingenio, agudeza, sutileza.
smarty ['smaːtɪ] [smar-ti], *a*. Sabelotodo, listillo.
smash [smæʃ] [smash], *va*. y *vn*. 1. Hacer pedazos o añicos (break into pieces); hacer astillas, romper o romperse de golpe; *(Fam.)* hacer bancarrota. 2. Machacar, allanar, aplastar (squash, crush). *-s*. 1. Machacamiento, acto de machacar o romper; se usa a menudo con la prep. *up*; ruina, quiebra. 2. Bebida de licores espirituosos. **To go to smash**, arruinarse, quebrar. **Smash down**, romper. **Smash up**, destrozar, hacer pedazos.
smashup ['smæʃʌp] [smash-ap], *s*. 1. Choque o colisión desastroso. 2. Quiebra total.
smatter ['smætəʳ] [sma-taʳ], *vn*. 1. Saber una cosa superficialmente y muy por encima. 2. Hablar superficialmente y sin conocimiento.
smatterer ['smætərəʳ] [sma-ta-raʳ], *s*. El que sabe una cosa superficialmente o a medias.
smattering ['smætərɪŋ] [sma-te-rin], *s*. Tintura, conocimiento superficial de una cosa o de varias.
smear [smɪəʳ] [smiaʳ], *va*. 1. Salpicar, untar, cubrir de una substancia viscosa, emporcar, ensuciar. 2. Calumniar, difamar. *-s*. 1. Mancha, embarradura. 2. Calumnia, difamación.
smeary ['smɪərɪ] [smia-ri], *a*. Graso; pegajoso.
smell [smel] [smel], *va*. *(pret*. y *pp*. SMELLED o SMELT). 1. Oler, percibir, descubrir, conocer; olfatear, oliscar. **To smell a rat**, oler el poste. **I will smell him out**, yo le descubriré. *-vn*. 1. Oler, despedir o echar de sí fragancia o hedor. **It smells good**, huele bien. 2. Oler, parecerse o tener señas y visos de alguna cosa ordinariamente mala. **To smell of**, oler a. **To smell strong**, despedir un olor fuerte.
smell, *s*. 1. Olfato, sentido del olfato. 2. Olor (odour); perfume (scent). 3. Fragancia o hediondez. 4. Olor, traza, vestigio. **To be offensive to the smell**, herir, ofender el olfato. **To have a keen sense of smell**, tener buen olfato. **It smells good**, huele bien. **Smell out**, husmear, olfatear.
smeller ['smeləʳ] [sme-laʳ], *s*. Oledor, el que huele.
smellfeast ['smelfiːst] [smel-fist], *s*. Parásito, gorrista, mogollón.
smelliness ['smelɪnɪs] [sme-li-nes], *sf*. Hediondez.
smelling ['smelɪŋ] [sme-lin], *s*. El acto de oler. **Smelling-bottle**, vasito o redomilla para olores. **Smelling salts**, sales aromáticas. **Sweet-smelling**, *a*. Hediondo, que huele mal.
smelly ['smelɪ] [sme-li], *a*. Maloliente, que huele mal, apestoso.
smelt ['smelt] [smelt], *pret*. y *pp*. del verbo *TO* SMELL.

smelt, *s.* Esperlán.
smelt, *va.* Fundir, derretir minerales para extraer el metal.
smelter ['smeltəʳ] [smel-taʳ], *s.* Fundidor.
smile [smaɪl] [smail], *vn.* 1. Sonreírse, reírse un poco o levemente. 2. Manifestar alegría o lozanía. **The meadows smile**, ríen los prados. 3. Favorecer, ser propicio. **Fortune smiles on him**, la fortuna le favorece. 4. Despreciar o no hacer caso de alguna cosa sonriéndose. -va. Expresar o efectuar por medio de una sonrisa. **To smile one's thanks**, dar las gracias con una sonrisa. **To smile at, on** o **upon**, sonreír a uno, favorecer. **To give somebody a smile,** sonreír a alguien. **To smile assent**, consentir con una sonrisa.
smile, *s.* 1. Sonrisa. 2. Aspecto agradable o risueño. 3. Disposición favorable o propicia; favor, bendición.
smiley ['smaɪlɪ] [smai-li], *a.* Risueño, sonriente (eyes, face).
smiling ['smaɪlɪŋ] [smai-lin], *a.* Risueño, sonriente.
smilingly ['smaɪlɪŋlɪ] [smai-lin-li], *adv.* Con cara risueña, con sonrisa, sonriendo.
smirch [smɜːtʃ] [smerch], *va.* 1. Ensuciar, tiznar, mancillar, deslucir. 2. *(Fig.)* Desdorar, denigrar, difamar, deshonrar.
smirk [smɜːk] [smerk], *vn.* Sonreírse con desenvoltura; sonreírse agradablemente, tener cara de risa. **To smirk upon**, Mirar risueño. **Smirking look**, cara risueña.
smirker ['smɜːkəʳ] [smer-kaʳ], *s.* El que muestra risa en el semblante.
smit [smɪt] [smit], *pp.* o *pret.* del verbo *TO* SMITE.
smitch ['smɪtʃ] [smich], *s.* *(Fam.)* Pedacito, partícula.
smite [smaɪt] [smait], *va.* (*pret.* SMOTE o SMIT, *pp.* SMITTEN o SMIT). 1. Herir, golpear. 2. Afligir, castigar. 3. Herir o tocar al alma, mover o excitar algún afecto, ganar el corazón. **She has mitten you**, te ha encantado o te ha robado el corazón o el alma. **An idea smote me,** se me ocurrió una idea. **It smites my heart**, me llega al alma. 4. Quemar o abochornar el calor las tierras o frutos. 5. Arruinar, destruir, asolar. 6. Cortar, partir o romper por medio de un golpe. 7. *(Ant.)* Matar, quitar la vida. *-vn.* Venir con fuerza repentina; chocar.
smiter ['smɪtəʳ] [smi-taʳ], *s.* El que hiere o aflige; golpeador.
smith [smɪθ] [smiz], *s.* Forjador de metales. **Blacksmith**, herrero. **Smith and farrier**, herrador, albéitar. **Locksmith**, cerrajero. **Goldsmith**, orífice. **Silversmith**, platero.
smithereens ['smɪθərənz] [smi-ze-rens], *s. pl.* *(Fam.)* Añicos, fragmentos producidos por golpes.
smithery ['smɪθərɪ] [smi-ze-ri], *s.* 1. Herrería, el arte u oficio del herrero. 2. Herrería, taller en que se funde el hierro o en que se hacen obras de hierro en grueso.
smithy ['smɪθɪ] [smi-zi], *s.* Forja, hornaza de herrero o cerrajero.
smitten ['smɪtn] [smi-ten], *pp.* de *TO* SMITE.
smock [smɒk] [smok], *s.* Camisa de mujer. **Smock-frock**, blusa de obrero o labriego. **Smock-faced**, de cara afeminada. *-a.* *(Des.)* Afeminado, parecido a una mujer.
smocking ['smɒkɪŋ] [smo-kin], *sm.* Adorno con frunces.
smog [smɒg] [smog], *s.* Mezcla de niebla y humo propia de algunas grandes ciudades.
smoke [sməʊk] [smouk], *s.* Humo, vapor espeso que exhala lo que se está quemando. **To end in smoke**, volverse humo. **Smoke-consumer**, aparato o útil fumívoro que sirve para consumir más completamente los gases de la combustión. **Smoke-consuming**, Fumívoro. **Smoke-house**, cuarto cerrado para ahumar o acecinar carnes, pieles, etc. **Smoke-jack**, torno de asador que se mueve por medio del humo. **Smoke-stack**, chimenea, cañón por donde pasa el humo (de un vapor, locomotora, etc.). **Smoke-tree**, arbusto o árbol de adorno con largos tallos parecidos a plumas: zumaque veneciano.
smoke, *s.* 1. Humear, echar de sí humo. 2. Arder, estar encendido. **To go up in smoke,** quedar destruido en un incendio. 3. Moverse con velocidad levantando polvo. 4. Oler, descubrir. 5. Fumar, consumir tabaco en cigarro o pipa. *-va.* 1. Ahumar, poner al humo alguna cosa para que se cure; sahumar. 2. Fumar, quemar tabaco en hoja; aspirar el humo del tabaco. **To have a smoke,** echar un pitillo. 3. Ahumar, ahogar con humo; echar, hacer salir por medio del humo; se usa frecuentemente con la prep. *out*. 4. *(Ant.)* Oler, descubrir, indagar. **To smoke out**, expeler a uno con intención de que no vuelva.
smoked [sməʊkt] [smoukt], *a.* Ahumado.
smoke-dry ['sməʊkdraɪ] [smouk-drai], *va.* Ahumar, secar al humo.
smokeless ['sməʊklɪs] [smouk-les], *a.* Desahumado; sin humo, que no da humo. **Smokeless powder**, pólvora sin humo.
smoker ['sməʊkəʳ] [smou-kaʳ], *s.* 1. Sahumador; fumador. 2. Caja o aparato con que se echa humo sobre las abejas para aquietarlas. 3. *(E. U.)* Coche de fumar. 4. *(Fam.)* Tertulia en que se permite fumar.
smoke screen ['sməʊkskriːn] [smouk-skrin], *s.* Cortina de humo.
smoking ['sməʊkɪŋ] [smou-kin], *s.* Acción de ahumar o de fumar. **Smoking-car (smoking-carriage** en Inglaterra), coche de fumar. **No smoking (allowed)**, se prohibe fumar.
smoky ['sməʊkɪ] [smou-ki], *a.* Humeante; humoso.
smolder, smouler ['sməʊldəʳ] [smoul-daʳ], *vn.* 1. Arder sin llama y humear. 2. Existir en estado latente.
smooch ['smuːtʃ] [smuch], *vi.* Acariciarse, besuquearse.
smooth [smuːð] [smuz], *a.* 1. Liso, pulido, bruñido, alisado (polish, neat). 2. Llano, igual; uniforme, sin variación (flat); fácil, libre de impedimentos u obstáculos. 3. Suave, mansa, hablando de la corriente; suave, dulce, delicado, tierno (delicate, sweet). 4. Lisonjero, halagüeño, adulador, carantoñero. 5. Cortés, afable. 6. *(Gram.* **griega)** No aspirado; contrapuesto a *rough*. 7. Que no tiene un sabor acídulo ni astringente; se dice de los licores. **A smooth surface**, una superficie lisa, igual. **Smooth water**, agua mansa. **Smoothbore**, ánima lisa. **Smooth-faced**, 1. barbilampiño, sin barba; 2. alisado; 3. de semblante apacible y sereno. **Smooth-grained**, que tiene vetas lisas. **Smooth-sliding**, que se desliza con suavidad e igualdad. **Smooth-paced**, lo que anda con paso igual. **Smooth-shaven**, que está rasurado por igual. **Smooth-spoken, smooth-tongued**, de palabras melifluas, lisonjeras.
smooth, *va.* 1. Allanar, poner llana o igual la superficie de alguna cosa. 2. Alisar, poner lisa alguna cosa. 3. Allanar, facilitar. 4. Pacificar, aquietar; calmar, ablandar, lisonjerar. **Smoothing-iron**, hierro para alisar . **Smoothing-plane**, cepillo corto. **Smooth back,** alisarse, peinarse hacia atrás. **Smooth out,** arreglar. **To smooth over difficulties,** allanar dificultades.
smoothly ['smuːðlɪ] [smuz-li], *adv.* 1. Igualmente, con igualdad, sin desigualdad. 2. Lisamente, llanamente. 3. Fácilmente, libremente. 4. Blandamente, inocentemente. 5. Halgüeñamente, con halagos, afablemente.
smoothness ['smuːðnɪs] [smuz-nes], *s.* 1. Lisura, igualdad y lustre de la superficie, llanura. 2. Bruñido, tersura. 3. Suavidad, dulzura o dulzor de las cosas al gusto. 4. Blandura, suavidad o dulzura en el estilo, en el discurso, etc.
smote [sməʊt] [smout], *pret.* de *TO* SMITE.
smother ['smʌðəʳ] [sma-daʳ], *va.* 1. Ahogar, sofocar, impedir la respiración; también, hacer morir por falta de aire. 2. Ahogar, apagar (fuego, llama). 3. Suprimir, ocultar, disfrazar. 4. Embadurnar, embarrar. 5. Hablando de cocina, encerrar y cocer algo dentro de una masa apretada. *-vn.* 1. Ahogarse, asfixiarse, carecer de respiración. 2. Estar oculto por falta de aire, v. g. un fuego. 3. *(Fig.)* Hallarse oculto, suprimido.
smother, *s.* 1. Supresión, el efecto de suprimir; ahogo, sofocación. 2. Humareda, polvareda.
smoulder ['sməʊldəʳ] [smoul-daʳ], v. *V.* SMOLDER.
smouldering ['sməʊldərɪŋ] [smoul-de-rin], *a.* Lleno de humo sin salida, sofocante.
smudge [smʌdʒ] [smadch], *va.* 1. Tiznar, manchar con tizne u hollín; ensuciar. 2. *(E. U.)* Fumigar, ahumar, v. g. para ahuyentar los mosquitos o evitar la escarcha. *-s.* 1. Tizne, hollín; ensuciamiento con una materia seca u hollín. 2. Fuego humoso para ahuyentar los insectos, impedir la escarcha o acecinar la carne. 3. Raspas de pintura y barniz.

smudgy ['smʌdʒɪ] [smad-chi], *a.* 1. Tiznado, holliniento, ensuciado. 2. Humeante, v. g. un fumigador, llamado *smudge*, 2ª acep.

smug [smʌg] [smag], *a.* Atildado, pulido con afectación, nimiamente compuesto y satisfecho de sí mismo.

smuggle ['smʌgl] [sma-guel], *va.* 1. Hacer o ejercer el contrabando, matutear, entrar o sacar géneros por alto. 2. Pasar o introducir algo clandestinamente, a escondidas. *-vn.* Hacer contrabando.

smuggler ['smʌgləʳ] [sma-glaʳ], *s.* Contrabandista, metedor, matutero.

smuggling ['smʌglɪŋ] [sma-glin], *s.* Comercio de contrabando, meteduría.

smugly ['smʌglɪ] [sma-gli], *adv.* Pulidamente, afectadamente.

smugness ['smʌgnɪs] [smag-nes], *s.* Afectación y nimiedad en el vestir.

smut [smʌt] [smat], *s.* 1. Tiznón, la mancha que se hace en alguna cosa untándola con tizne; suciedad. 2. Tizón, tizoncillo, enfermedad de las plantas producida por un hongo parásito. 3. Obscenidad, impureza, palabras sucias u obscenas.

smut, *va.* 1. Tiznar, manchar o señalar con tizne; ensuciar. 2. Atizonar, añublar. 3. Destizonar, quitar el tizón de los granos. 4. *(Fig.)* Mancillar la reputación, echar un baldón, infamar. *-vn.* Añublarse, atizonarse los trigos.

smutch ['smʌtʃ] [smach], *va.* Tiznar, manchar con tizne, hollín u otro unto semejante.

smuttily ['smʌtɪlɪ] [sma-ti-li], *adv.* 1. Con humo o tizne, suciamente. 2. Impúdicamente, deshonestamente, obscenamente.

smuttiness ['smʌtɪnɪs] [sma-ti-nes], *s.* 1. Tizne, el humo que se pega a las cosas; tiznón, la mancha que deja el tizne. 2. Obscenidad, impureza.

smutty ['smʌtɪ] [sma-ti], *a.* 1. Tiznado, manchado con tizne, hollín o carbón. 2. Humoso: se dice del lugar que contiene humo o donde se esparce. 3. Añublado, atizonado: se dice de los granos que tienen la enfermedad llamada tizón o añublo. 4. Obsceno, impuro.

snack [snæk] [snak], *s.* 1. Parte, porción. **To go snacks**, ir a medias, compartir. 2. Tentempie, refrigerio, una comida ligera. **Snackbar**, bar, cafetería.

snaffle ['snæfl] [sna-fel], *s.* Brida con muserola; bridón, bocado de freno sin camas; se llama también *snaffle-bit*.

snaffle, *va.* 1. Refrenar, sujetar y reducir al caballo con el freno. 2. Refrenar, contener, reprimir. 3. Ganguear, hablar por la nariz.

snag [snæg] [snag], *s.* 1. Nudo en la madera, ramo desgajado, protuberancia. 2. Sobrediente, diente que sale sobre otro. 3. Pitón, punta de las astas del ciervo. 4. *(E. U.)* En los ríos del Oeste, tronco de un árbol fijo al fondo por un extremo y casi a flor de agua por el otro; de aquí, cualquier obstáculo oculto e ignorado. **To strike a snag**, chocar contra un tronco sumergido; encontrar un obstáculo no sospechado. **Snag-boat**, buque de vapor para arrancar árboles fijos en el fondo de un río.

snagged ['snægd] [snagd], *a.* Lleno de sobredientes; nudoso.

snaggy ['snægɪ] [sna-gui], *a.* 1. Lleno de troncos de árbol, v. g. un río. 2. Nudoso, lleno de nudos o tocones (tree). 3. Parecido a una rama desgajada, a un nudo o un pitón.

snail [sneɪl] [sneil], *s.* 1. Caracol, molusco gasterópodo. 2. Babosa, caracol gasterópodo sin concha (principalmente en los E. U.) 3. Posma, persona roncera, lerda y pesada. **Snail-clover**, alfalfa, mielga. **Snail-pace**, paso de tortuga, de caracol.

snake [sneɪk] [sneik], *s.* 1. Culebra, serpiente; también en sentido figurado. 2. Lagarto, lagartija u otro animal anfibio de forma semejante. **Snake-bit,** mordedura de serpiente. **Snake-killer**, 1. secretario, un ave. 2. *V. Road-runner.* **Snake-skin,** piel de serpiente.

snake, *va.* 1. *(Fam. E. U.)* Tirar de algo por un extremo arrastrándolo por el suelo. 2. Efectuar algo por medio de movimientos parecidos a los de las culebras. *-vn.* Culebrear; embutir, entrañar.

snakeroot ['sneɪkruːt] [sneik-rut], *s.* *(Bot.)* Serpentaria. **Virginian snakeroot**, serpentaria de Virginia, díctamo de Virginia. **Indian snakeroot**, raíz de serpiente.

snaky ['sneɪkɪ] [snei-ki], *a.* 1. Que pertenece o se asemeja a la culebra; culebrino, serpentino, serpenteando, culebreando, tortuoso, fomando eses. 2. Astuto, solapado; insinuante, traidor. 3. *(E. U.)* Lleno de culebras.

snap [snæp] [snap], *va.* 1. Hacer estallar una cosa; dar, apretar, cerrar con golpe o estadillo. 2. Romper, destrozar, hacer pedazos o astillas una cosa con ruido y violencia. 3. Agarrar a alguno, echar la mano o la garra, asir de repente y con pecipitación; a menudo con la prep. *up*. 4. Interrumpir a uno con petulancia, cortarle la palabra. 5. *(Fam.)* Fotografiar instantáneamente, y a menudo fotografiar a uno sin que él lo sepa. 6. *(E. U.)* Lanzar por el aire. *-vn.* 1. Chasquear, dar un chasquido. 2. Estallar una cosa, romperse o quebrarse dando un estallido. 3. Lanzarse rápidamente, como cuando la tensión cesa de repente. 4. Coger de golpe, procurar coger; tirar a morder; por lo común con la prep. *at*. 5. Emitir, o parecer emitir luz; se dice de los ojos. 6. Hablar severa y abruptamente. 7. Fallar, no salir un tiro. **To snap in two**, quebrar, romper en dos pedazos. **To snap at**, tirar una mordiscada, tirar a morder o procurar morder. **To snap one's fingers**, castañetear; burlarse de. **Snap back,** contestar. **Snap off,** romper, separar, morder (dog). **Snap up,** lanzarse, apresurarse.

snap, *s.* 1. Chasquido, sonido rápido y agudo; castañeteo (with fingers). 2. Estallido, el sonido que hace una cosa al henderse o abrirse de golpe. 3. Corchete, cerrajita, garra que se cierra con chasquido. 4. Mordiscón, mordedura; cierre repentino, como el de las garras de una trampa. 5. Galletica. *V. Ginger-snap*. 6. *(Fam.)* Vigor de carácter o de estilo; energía. 7. Período corto (of cold). *-a.* Hecho o ejecutado repentinamente sin consideración o sin demora. **Snap-shot**, 1. Disparo hecho rápidamente, sin apuntar. 2. Fotografía tomada instantáneamente, sin preparación.

snapdragon ['snæpˌdrægən] [snap-dra-gon], *s.* 1. Hierba becerra. 2. Tenazas de cidriero. 3. Juego que consiste en coger con los dedos pasas, etc., que se ponen en aguardiente ardiendo.

snapper ['snæpəʳ] [sna-paʳ], *s.* 1. Mordedor. 2. Pez comestible de gran tamaño del género Lutjanus (u otro afin) que se halla en el Golfo de México. 3. *V.* Snapping turtle, **Snappers**, castañuelas, castañetas.

snapping ['snæpɪŋ] [sna-pin], *s.* Acción del verbo *snap*, en cualquiera de sus acepciones. **Snapping turtle**, gran tortuga voraz, particularmente la Chelydra serpentina, común en la América del Norte.

snappish ['snæpɪʃ] [sna-pish], *a.* 1. Mordaz; regañón, agrio, mohino, pendenciero. 2. Arisco; pronto o dispuesto a morder, como un perro.

snappishly ['snæpɪʃlɪ] [sna-pish-li], *adv.* Mordazmente; agriamente, con aspereza.

snappishness ['snæpɪʃnɪs] [sna-pish-nes], *s.* Aspereza, sequedad o despego en el trato (rudeness).

snare [snɛəʳ] [sneaʳ], *s.* 1. Cepo, lazo, buitrón, trampa para coger la caza y los animales monteses. 2. Lazo, garlito, celada, asechanza para ofuscar y engañar a una persona. 3. Trampa, petardo, la apariencia engañosa con que se deslumbra o se burla a alguno. 4. Tirante para templar un tambor. **Share-drum**, tambor con tirantes de cuerda.

snare, *va.* Enmarañar, enredar, tender trampas o lazos. *-vn.* Usar de trampas o cepos.

snarl [snɑːl] [snarl], *vn.* Regañar, dar muestras de enfado, gruñir entre dientes. *-s.* Regaño, gruñido entre dientes; *(Fam.)* contienda, riña. **Snarl-up,** embotellamiento, congestión de tráfico.

snarl, *va.* y *vn.* 1. Enredar, enmarañar; enredarse, enmarañarse; confundir (blur, confuse). 2. Embutir, estampar (artículos huecos de metal). *-s.* 1. Nudo, hilo enredado; cabellos desgreñados; complicación, enredo. 2. *(Fam.)*, Riña, escaramuza. 3. Nudo en la madera.

snarler ['snɑ:ləʳ] [snar-laʳ], *s.* Regañón, el que tiene costumbre de regañar.
snarly ['snɑ:lɪ] [snar-li], *a.* Enredoso, insidioso.
snatch [snætʃ] [snach], *va.* 1. Arrebatar, coger o tomar alguna cosa con precipitación. 2. Agarrar, echar la mano o la garra, asir de repente. 3. Arrebatar, quitar o tomar con violencia. 4. Transportar o llevar de una parte a otra con precipitación. *-vn.* 1. Procurar agarrar o arrebatar. 2. Tirar a morder, tirar un mordisco.
snatch, *s.* 1. El acto de echar la garra o agarrar. 2. Arrebatamiento, la acción de arrebatar. 3. Arrebatiña, el acto de arrojarse muchos en confusión a coger algo. 4. Una pequeña porción de cualquier cosa; un bocado, hablando de comida; un pequeño espacio o intervalo, hablando de tiempo. 5. Respuesta evasiva.
snatcher ['snætʃəʳ] [sna-chaʳ], *s.* Arrebatador.
snatchingly ['snætʃɪŋlɪ] [sna-chin-li], *adv.* Arrebatadamente, precipitadamente.
sneak [sni:k] [snik], *vn.* 1. Venir o irse a la sordina, a cencerros tapados o secretamente. 2. Arrastrar o andar arrastrando por la tierra. 3. Obrar con bajeza o ruindad. 4. Ratear. **To sneak along**, andar cabizbajo. *s.*
sneaker ['sni:kəʳ] [sni-kaʳ], *s.* 1. El que obra con bajeza. 2. *(Prov. Ingl.)* Tacita de ponche u otra bebida.
sneaking ['sni:kɪŋ] [sni-kin], *a.* 1. Furtivo, a hurtadillas, ratero; servil, bajo, vil. 2. Mantenido o concebido secretamente. **A sneaking fondness**, afición que se guarda secreta.
sneakingly ['sni:kɪŋlɪ] [sni-kin-li], *adv.* Servilmente, con bajeza; rateramente.
sneakingness ['sni:kɪŋnɪs] [sni-kin-nes], *s.* Bajeza, lisonja baja; vileza, ruindad.
sneak thief ['sni:kθi:f] [snik-zif], *s.* Ratero, ladrón de poca monta.
sneer [snɪəʳ] [sniaʳ], *vn.* 1. Mirar o hablar con desprecio. 2. Fisgarse o burlarse sonriéndose.
sneer, *s.* 1. Mirada de desprecio. 2. Fisga, risa falsa o burlona, mofa, escarnio.
sneerer, *s.* Mofador, fisgón, escarnecedor.
sneering ['snɪərɪŋ] [snia-rin], *a.* Burlón, mofador, escarnecedor. *-s.* Escarnio, rechifla.
sneeringly ['snɪərɪŋlɪ] [snia-rin-li], *adv.* Con desprecio; escarneciendo; con aire desdeñoso.
sneeze [sni:z] [snis], *vn.* Estornudar, dar un estornudo.
sneeze, *s.* Estornudo.
sneezing ['sni:zɪŋ] [sni-sin], *s.* Estornudo, acción de estornudar. **Sneezing-powder**, cebadilla.
snick [snɪk] [snik], *va. (Esco.)* Cortar (como con tijeras). *-s. (Prov. Ingl.)* Corte pequeño, tijeretada. **Snick and snee, snick or snee**, *(Ant.)* Riña a navajazos o cuchilladas; también, jocosamente, un cuchillo.
snicker ['snɪkəʳ] [sni-kaʳ], *vn.* Reírse tontamente o con desprecio; dar risotadas.
snide [snaɪd] [snaid], *a. (Ger.)* Fraudulento, engañoso, socarrón, bellaco.
sniff [snɪf] [snif], *va.* 1. Atraer alguna cosa con el aliento por medio de inhalaciones rápidas y cortas. 2. Dar un respingo, como expresión de desprecio o desdén. *-vn.* Resollar con fuerza hacia adentro; oler; sorberse los mocos, algunas veces como expresión de sospecha, desprecio o resentimiento. *-s.* 1. Acción de respirar o aspirar prontamente; olfateo rápido. 2. Lo que se aspira oliendo o respirando prontamente. **To go out for a sniff of air,** salir a tomar el aire.
sniffer ['snɪfəʳ] [sni-faʳ], *a.* **Sniffer dog,** perro antidroga.
sniffle ['snɪfl] [sni-fel], *s.* Lloriqueo, moqueo. *-vn.* Lloriquear, moquear.
sniffy ['snɪfɪ] [sni-fi], *a.* Desdeñoso, estirado.
snifter ['snɪftəʳ] [snif-taʳ], *s.* Copita, trago.
snigger ['snɪgəʳ] [sni-gaʳ], *s.* Risa disimulada. *vi.* Reírse disimuladamente.
sniggering ['snɪgərɪŋ] [sni-ga-rin], *s.* Cachondeo, risitas.
sniggle ['snɪgl] [sni-guel], *vn. (Ingl.)* Pescar anguilas en presa; entrampar, enmarañar.
snip [snɪp] [snip], *va.* Tijeretear, dar tijeretadas; cortar con tijeras. **To snip off**, cortar de un golpe con tijeras.
snip, *s.* 1. Tijeretada (cut). 2. Pedazo pequeño; cosa o persona pequeña. **A snip of a girl**, una muchachita. 3. Parte, porción. 4. Zote, zopenco.
snipe ['snɪf] [snif], *sf. (Orn.)* Beacina, agachadiza, ave zancuda del género Gallinago; gallina de agua. *-vi.* Tirar desde. **To snipe at somebody,** tirar a alguien desde un escondite.
sniper ['snaɪpəʳ] [sni-paʳ], *s.* Tirador o cazador emboscado.
snippet ['snɪpɪt] [sni-pit], *s.* 1. Parte o porción pequeña; pitanza. 2. Gallineta pequeña.
snitch ['snɪptʃ] [snich], *s.* Napias, narices (nose).
snivel ['snɪvl] [sni-vel], *s.* Moquita, el moco líquido que destila de la nariz.
snivel, *vn.* 1. Moquear, echar mocos. 2. Llorar como una criatura. 3. Jeremiquear, hacer pucheros. *(Mex.)*, Jirimiquar.
sniveller ['snɪvləʳ] [sniv-laʳ], *s.* 1. Loraduelos, el que es muy llorón. 2. El que es mocoso o echa muchos mocos.
snivelling ['snɪvlɪŋ] [sniv-lin], *a.* Llorón, que hace pucheros.
snob [snɒb] [snob], *s.* Esnob o snob, persona ignorante y jactanciosa.
snobbery ['snɒbərɪ] [sno-ba-ri], *s.* Esnobismo.
snobbish ['snɒbɪʃ] [sno-bish], *a.* Esnob, ignorante y jactancioso.
snobbishness ['snɒbɪʃnɪs] [sno-bish-nes], *s.* Esnobismo, ignorancia jactanciosa.
snood ['snu:d] [snud], *s.* 1. *(Esco.)* Cintillo, cinta para la cabellera de que usaron las jóvenes solteras escocesas; (emblema de la virginidad). 2. *(Dial.)* Sedal *(Prov. sotileza)*, trozo de crin o hilo de tripa para asegurar un anzuelo. *V.* SNELL.
snoop [snu:p] [snup], *s.* Curioso, fisgón.
snooty ['snu:tɪ] [snu-ti], *a.* Presumido.
snooze [snu:z] [snus], *vn. (Fam.)* Dormitar, dormir la siesta; estar amodorrado, soñoliento. *-s. (Fam.)* Sueño ligero.
snore [snɔ:ʳ] [snoʳ], *va.* Pasar (el tiempo) roncando. *-vn.* Roncar, hacer ruido con el resuello cuando se duerme.
snore, *s.* Ronquido.
snorer ['snɔ:rəʳ] [sno-raʳ], *s.* Roncador, el que ronca.
snoring ['snɔ:rɪŋ] [sno-rin], *s.* Ronquido.
snorkel ['snɔ:kl] [snor-kel], *s.* Doble tubo de respiración para submarinos. **Snarked pen**, pluma fuente que se llena de tinta mediante un tubo aspirante.
snort ['snɔ:t] [snort], *va.* y *vn.* Resoplar, bufar como un caballo fogoso.
snot [snɒt] [snot], *s. (mucus)* Moco que sale de la nariz.
snotty ['snɒtɪ] [sno-ti], *a. (Bajo)* Mocoso, lleno de mocos; sucio.
snout [snaʊt] [snaut], *va.* Proveer de hocico, boquerel o embocadura. *-s.* 1. Hocico, el morro de los animales. 2. Jeta u hocico de puerco. 3. Trompa de elefante. 4. Cañón de un fuelle, tobera; boquerel de manguera, embocadura de un cañón. **Snout-beetle**, gorgojo. **Snout-ring**, narigón para puercos.
snow [snəʊ] [snou], *s.* 1. Nieve, vapor condensado por el frío y resuelto en copos blancos. 2. Algo que se parece a la nieve. 3. Nieves, nevada, nevasca. **Snowbird**, 1. pinzón de las nieves, pájaro americano que vuela en bandadas durante el invierno. Junco hyemalis. 2. *V. Snow-bunting.* **Snow-blind**, cegado por la reverberación de la luz sobre la nieve. **Snow-blindness**, ceguera causada por la reverberación de la luz sobre la nieve. **Snow-broth**, agua de nieve o de cualquier líquido muy frío. **Snow-bunting**, verderón de las nieves, pájaro de los fringílidos; el macho en la estación de la cría es blanco de nieve con manchas negras. **Snow-capped** *capt.)*, coronado de nieve con la cima cubierta de nieve. **Snow-drift**, montón, masa de nieve acumulada por el viento. **Snow-plough**, limpianieves (railway). **Snow-shed**, guardaaludes, estructura de maderos construida sobre la vía férrea para protegerla contra los derrumbamientos de masas de nieve desde las alturas vecinas. **Snow-shoe**, zueco, calzado para andar sobre la nieve. *V.* SKEE. **Snowslide,**

snowslip, alud, avalancha de nieve. **Snow-storm**, nevasca, nevada, nevisca; borrasca de nieve.
snow, *vn.* Nevar, caer nieve. -va. 1. Cubrir, obstruir, detener o aprisionar con nieve; se usa con *in, over, under o up*. 2. Dejar caer como nieve; nevar.
snowball ['snəʊbɔːl] [snou-bol], *va.* Lanzar bolas de nieve. *-s.* Pella o pelota de nieve.
snowbound ['snəʊbaʊnd] [snou-baund], *a.* Bloqueado o incomunicado por la nieve.
snowdrop ['snəʊdrɒp] [snou-drop], *s.* *(Bot.)* Campanilla blanca; flor de la leche, planta de las amarilídeas. **Snowdrop-tree**, árbol pequeño del género Halesia.
snowfall ['snəʊfɔːl] [snou-fol], *s.* Nevada.
snowflake ['snəʊfleɪk] [snou-fleik], *s.* 1. Copo de nieve. 2. Verderol de las nieves. 3. *(Bot.)* Campanilla.
snowshoe ['snəʊʃuː] [snou-shu], *s.* Raqueta de nieve.
snowsuit ['snəʊsuːt] [snou-sut], *s.* Traje-pantalón (generalmente infantil) que protege contra la nieve y el frío.
snow-white ['snəʊwaɪt] [snou-uait], *a.* Nevado, blanco como la nieve.
snowy ['snəʊɪ] [snoui], *a.* 1. Nevoso, que frecuentemente tiene nieve. 2. De nieves, cargado de nieve, dispuesto a nevar. 3. Nevado, blanco como la nieve. 4. Puro, sin mancha.
snub [snʌb] [snab], *va.* 1. Desairar, acoger mal, tratar con aspereza. 2. Reprender, reñir, regañar. 3. Parar de repente.
snub, *s.* 1. Reprensión, repulsa, desaire. 2. Nariz chata. *-a.* Chato; corto y ancho; se dice de la nariz. **Snub-nosed**, el que tiene la nariz roma y ancha.
snuff [snʌf] [snaf] *s.* 1. Moco o pavesa de candela y la misma candela cuando está casi toda concluída. 2. El olor que despide de sí una cosa. 3. Tabaco en polvo, polvo, polvillo; rapé. 4. *(Vulg.)* Refunfuñadura.
snuff, *va.* Atraer o introducir una cosa en la nariz con el aliento. **To snuff up**, tomar por la nariz. 2. Oler, percibir, el olor de alguna cosa. 3. Despabilar, limpiar o quitar la pavesa o pábilo a la vela. *-vn.* Resoplar hacia adentro, *(vulg.)*, sorberse los mocos. *V. TO* SNIFF.
snuffbox ['snʌfbɒks] [snaf-boks], *s.* Caja de tabaco en polvo o de rapé; tabaquera.
snuffer ['snʌfə[r]] [sna-fa[r]], *s.* 1. Despabilador, el que despabila. 2. *pl.* Despabiladeras, las tijeras con que se despabila o quita el pábilo a la luz.
snuffiness ['snʌfɪnɪs] [sna-fi-nes], *s.* Condición de lo que está cubierto de tabaco o rapé.
snuffle ['snʌfl] [sna-fel], *vn.* Ganguear, hablar gangoso, hablar por las narices. *-s.* 1. Gangueo, acción de ganguear. 2. *pl.* Romadizo, catarro nasal.
snuffy ['snʌfɪ] [sna-fi], *a.* Cubierto de tabaco; que huele a rapé.
snug [snʌg] [snag], *a.* 1. Abrigado estrecha y cómodamente; bien puesto, lindo, bonito. 2. Estrecho o compacto; ajustado, con lugar suficiente pero no demasiado; conveniente, cómodo, acomodado. *-s.* *(Mec.)* Tope, reborde.
snuggery ['snʌgərɪ] [sna-gue-ri], *s.* *(Fam.)* Pieza o habitación cómoda y bien arreglada; en las fondas inglesas, pieza inmediata al mostrador de licores.
snuggle ['snʌgl] [sna-guel], *vn.* Dormir abrigado.
so [səʊ] [sou], *adv.* 1. Así, del mismo modo que, así como, por lo mismo; por tanto, por consiguiente; a causa de, así pues; lo mismo que. 2. Tal, tan o tanto, tan . . . como, tanto como; correlativo de *as*. 3. De modo o de manera que. 4. Por tanto, por lo cual, por cuya razón. 5. Con tal que, con esta condición o bajo la condición de. 6. A este punto, a este tiempo; entonces; a tal punto, de modo que, tan bien como. 7. Casi, poco más o menos. 8. Lo, ello, eso; (se emplea para evitar la repetición de una voz o de una frase). 9. Sea, así sea; bien, bueno. 10. *(Fam.)* ¿Verdad, de veras? (por elipsis en vez de *is it so*?). *-conj.* Bien, supuesto que. **So as to**, de manera que. **So much**, tanto. **So much as**, siquiera, a lo menos. **So, then**, con que, de modo que. **So that**, de suerte que, de modo que, de tal manera que. **So be it**, amen, así sea, quiéralo Dios. **And so forth**, y así de lo demás, y todo lo demás. **If it be so that**, si fuese así, si fuese verdad que. **So much as**, por mucho que. **So so**, así, así, tal cual, medianamente; bien bien o bueno bueno, como exclamación para expresar que se ha concluído una cosa o que se sabe algo. **Do you so?** ¿Hace usted eso? **They are not so**, no lo son, no son así. **If so**, si así es, o de ese modo. **I hope so; I think so**, así lo espero; lo creo. **How so?**, ¿cómo es eso? **Why so?** ¿Por qué así? **So-called**, llamado así; seudo (delante de un nombre), supuesto. **So much for**, he aquí lo que es; he ahí. **So far**, hasta aquí, hasta ahí; tan lejos. (Mr.) **So and so**, Señor Fulano, fulano de tal. **Be he never so powerful**, por poderoso que sea. **If ever so little**, por poco que. *-inter.* ¡So! (para que se paren las caballerías o vacas).
soak [səʊk] [souk], *va.* 1. Empapar, remojar, poner en remojo alguna cosa para que se empape. 2. Empapar, mojar, humedecer del todo, regar. 3. Chupar o embeber en sí por los poros; absorber. 4. Beber con exceso. *-vn.* 1. Remojarse, estar puesto en remojo. 2. Calarse, introducirse algún líquido en un cuerpo poroso; con *in, into o through*. 3. Beborrotear, empinar el codo.
soak, *s.* 1. Procedimiento o acto de empapar, remojo. 2. El líquido en que se empapa alguna cosa. 3. *(Fam.)* Bebedor, borrachón, zampacuartillos; orgía en que se bebe mucho.
soakage ['səʊkɪdʒ] [sou-kich], *s.* Remojo, acción de remojar o remojarse; merma, cantidad de líquido que se rezuma y se pierde.
soaker ['səʊkə[r]] [sou-ka[r]], *s.* 1. El o lo que empapa o remoja. 2. *(Fam.)* Borrachón de vicio.
so-and-so ['səʊənsəʊ] [souan-sou], *s.* **Mr so-and-so,** don Fulano de Tal.
soap [səʊp] [soup], *s.* Jabón, pasta o masa que sirve para lavar y blanquear la ropa y otras cosas; un compuesto cualquiera de un ácido grasiento y una base. **Soap-ashes**, las cenizas que quedan después de hacer jabón. **Soap-ball**, jaboncillo, bola de jabón. **Soap-boiler**, jabonero; caldera para jabón. **Soap-bubble**, ampolla de jabón. **Soap-earth**, *V.* STEATITE. **Soap-house**, jabonería. **Soap-maker**, jabonero. **Soap-suds**, jabonaduras.
soap, *va.* Jabonar, o enjabonar, lavar con jabón.
soap opera ['səʊpˌɒpərə] [soup-o-pe-ra], *s.* Comedia sentimental, culebrón.
soapstone ['səʊpstəʊn] [soup-stoun], *s.* Esteatita, galaxia; jaboncillo, jabón de sastre.
soapwort ['səʊpwɔːt] [soup-uort], *s.* *(Bot.)* Saponaria.
soapy ['səʊpɪ] [sou-pi], *a.* Jabonoso, saponáceo, que tiene las cualidades del jabón.
soar [sɔː[r]] [so[r]], *vn.* 1. Remontarse, elevarse en el aire. 2. Remontarse, encumbrarse, elevarse, sublimarse (rise); aspirar, anhelar. **Soaring style**, estilo muy elevado o sublime. **Her spirits soared,** se reanimó de golpe. *-s.* Vuelo o remonte de las aves hacia lo alto.
sob [sɒb] [sob], *s.* Sollozo, suspiro.
sob, *vn.* Sollozar, suspirar.
sober ['sɒbə[r]] [so-ba[r]], *a.* 1. Cuerdo, sano en su juicio, sensato (sensible); sereno, con el ánimo tranquilo; de sangre fría. 2. Grave, serio, sabio, modesto (serious, grave). 3. Sobrio, templado, moderado, arreglado, especialmente en el beber (moderate). 4. Sobrio, no embriagado. 5. Oscuro, sombrío, de color apagado. **To get** o **grow sober**, recobrar la sobriedad; volverse sensato y formal, no beber más. **To be stone-cold sober,** estar totalmente sobrio. **In sober earnest**, de veras, con seriedad, formalmente. **The sober plumage of a wren**, el plumaje sombrío de un troglodita.
sober, *va.* Desemborrachar, sacar a uno del estado de borracho, de aquí, poner grave, serio o pensativo. *-vn.* Volverse sobrio, cuerdo, moderado, sensato. **To sober down**, serenar o serenarse; hacer volver o volverse cuerdo; sosegar, sosegarse.
soberly ['sɒbəlɪ] [so-ber-li], *adv.* Sobriamente, con moderación o templanza; juiciosamente.
soberness ['sɒbənɪs] [so-ber-nes], **sobriety** [səɪ'braɪətɪ] [sou-braia-ti], *s.* 1. Sobriedad, templanza; moderación, cordura. 2. Seriedad, gravedad. 3. Calma, sangre fría.
sobriquet ['səʊbrɪkeɪ] [sou-bri-kei], *sf.* Mote, apodo.

so-called ['səʊ'kɔːld] [sou-kold], *a.* Denominado, llamado; supuesto.
soccer ['sɒkə^r] [so-ka^r], *s.* Fútbol, balompié.
sociable ['səʊʃəbl] [sou-sha-bol], *a.* Sociable, amigable, familiar, comunicativo.
sociability [ˌsəʊʃə'bɪlɪtɪ] [sou-sha-bi-li-ti], *s.* Sociabilidad, franqueza.
sociably ['səʊʃəblɪ] [sou-sha-bli], *adv.* Sociablemente, francamente, amigablemente.
social ['səʊʃəl] [sou-shal], *a.* 1. Social, sociable, afable, franco. 2. Social, perteneciente a la sociedad. 3. Organizado para vivir en sociedad, como una raza o pueblo. 4. *(Zool.)* Social, que vive en comunidad; p. ej. las abejas, hormigas o avispas: agregado, compuesto, colonial. **Social administration,** administración social. **Social life,** vida social. **Social worker,** asistente social. **Social scientist,** sociólogo.
socialism ['səʊʃəlɪzəm] [sou-sha-li-sem], *s.* Socialismo.
socialist ['səʊʃəlɪst] [sou-sha-list], *a.* y *s.* Socialista, partidario del socialismo.
socilistic [ˌsəʊʃə'lɪstɪk] [sou-sha-lis-tik], *a.* Socialista, perteneciente al socialismo.
socialization [ˌsəʊʃəlaɪ'zeɪʃən] [sou-sha-lai-sei-shon], *s.* Socialización.
socialize ['səʊʃəlaɪz] [sou-sha-lais], *s.* Socializar.
society [sə'saɪətɪ] [so-saia-ti], *s.* 1. Sociedad, la unión de los hombres entre sí formada por la naturaleza o por las leyes. 2. Sociedad, academia, junta o reunión para cultivar o promover las ciencias o las artes. 3. Compañía, sea para objetos de comercio o para otra cosa. 4. Compañía, trato amistoso o civil, visita o tertulia en las casas. **Fashionable society**, la buena, la alta sociedad. **A danger to society,** un peligro para la sociedad.
sociocultural [ˌsəʊsɪəʊ'kʌltʃərəl] [sou-siou-kal-cha-ral], *a.* Sociocultural.
socioeconomic ['səʊsɪəʊˌiːkə'nɒmɪk] [sou-sioui-ko-no-mik], *a.* Socioeconómico.
sociological [ˌsəʊsɪəʊ'lɒdʒɪkəl] [sou-siou-lo-yi-kal], *a.* Sociológico.
sociologist [ˌsəʊsɪ'ɒlədʒɪst] [sou-sio-lo-yist], *s.* Sociólogo.
sociology [ˌsəʊsɪ'ɒlədʒɪ] [sou-sio-lo-yi], *s.* Sociología, ciencia que estudia las leyes de la evolución y organización de la sociedad.
sock [sɒk] [sok], *s.* 1. Calcetín, escarpín, media calceta. 2. Zueco, especie de calzado que usaban los cómicos antiguos. 3. Reja de arado, particularmente de quita y pon.
socket ['sɒkɪt] [so-kit], *s.* Cualquier hueco en que encaja alguna cosa; cuenca, encaje, contera, el cañón de candelero donde se mete la vela, y la arandela o cazoleta del mismo cañón. **Socket of the eye**, cuenca del ojo. **Socket of a tooth**, alvéolo de un diente. **Socket of the capstan**, *(Mar.)* Concha de cabrestante.
socko ['sɒkəʊ] [so-kou], *a.* *(E.U.)* Estupendo, fantástico.
Socratic, Socratical [sɒ'krætɪk] [so-kra-tik], *a.* Socrático, lo perteneciente o relativo a Sócrates.
sod [sɒd] [sod], *va.* (*pret.* SODDED, ger. SODDING). Cubrir de césped un terreno. *-s.* Césped, turba, terrón.
soda ['səʊdə] [sou-da], *s.* Sosa, soda; carbonato u óxido de sodio; sal soda. **Soda-fountain**, fuente de agua de soda. **Soda-water**, agua de soda. **Soda cracker**, galleta de soda.
sodality [səʊ'dælɪtɪ] [sou-da-li-ti], *s.* Cofradía, hermandad.
sodden ['sɒdn] [so-den], *va.* Mojar, empapar con agua, saturar. *-vn.* Empaparse, mojarse; ponerse blanda o corrompida una cosa.
sodden, *pp.* del verbo to SEETHE. 1. Mojado, empapado en agua. 2. que parece cocido o medio cocido.
sodium ['səʊdɪəm] [sou-diom], *s.* Sodio, elemento metálico color de plata y alcalino.
sodomy ['sɒdəmɪ] [so-do-mi], *s.* Sodomía, delito contrario a las leyes de la naturaleza.
soever ['səʊ'evə^r] [sou-e-va^r], *adv.* Que sea; quiera, por o por más. Esta voz hace siempre relación a un pronombre o adverbio que está en la misma frase. **What great thing soever**, cualquier acción señalada que. **Whosoever**, quienquiera. **Wheresoever**, donde quiera. **Howsoever**, como quiera, de cualquier modo que sea. **Which way soever**, por donde quiera, de cualquier modo que sea.
sofa ['səʊfə] [sou-fa], *s.* Sofá, canapé ancho y cómodo.
soft [sɒft] [soft], *a.* 1. Blando, suave al tacto, mole, suavecito; dúctil, maleable, flexible, que cede fácilmente (flobby). 2. Liso, dulce y suave al tacto (smooth). 3. Melodioso, de sonido débil y grato al oído: no fuerte ni áspero. 4. Benigno, tierno, blando; delicado, sensible a la impresión del aire. 5. Pastoso, jugoso, cuando se habla de la suavidad y blandura de una cosa. 6. Atento, cortés, obsequioso; apacible; fácil, dócil. 7. De matices delicados, templado; no reluciente ni demasiado vivo. 8. Afeminado. 9. Dulce, sin sales minerales, que puede disolver el jabón, se aplica al agua. 10. Silbante; sonante, vocal o fuerte. 11. Bituminoso; se dice de la hulla en contraposición al carbón de piedra. **A soft skin**, un cutis suave. **Soft iron**, hierro dulce o maleable. **Soft to the touch,** blando al tacto. **Soft toy,** muñeco de peluche. **A soft voice**, una voz dulce, suave, baja. **A soft answer turneth away wrath**, una respuesta dulce disipa la ira. **Soft water**, agua dulce. *-inter.* ¡Poco a poco!, ¡quedo, quedito!, ¡despacio! *-adv.* *(Des.)* Blandamente, suavemente, flexiblemente.
soft-boiled ['sɒftˌbɔɪld] [soft-boild], *a.* Pasado por agua. **Soft-boiled eggs**, huevos tibios, huevos pasados por agua.
soft coal ['sɒftkəʊl] [soft-koul], *s.* Carbón bituminoso.
soften ['sɒfn] [so-fen], *va.* 1. Ablandar, reblandecer, poner blanda o suave una cosa dura o tiesa. 2. Mitigar, templar, amansar, suavizar. 3. Enternecer o mover a compasión; aplacar al que está enojado. 4. Enervar, afeminar. *-vn.* 1. Ablandarse, reblandecerse. 2. Templarse, amansarse, enternecerse.
softener ['sɒfnə^r] [sof-na^r], *s.* 1. El o lo que ablanda. 2. El que templa, amansa o aplaca a uno. 3. Brocha ancha para casar o amortiguar los colores.
softening ['sɒfnɪŋ] [sof-nin], pa. del verbo SOFTEN. *-s.* Reblandecimiento; blandura; enternecimiento; suavidad.
softish ['sɒftɪʃ] [sof-tish], *a.* Blandito, blandujo.
softly ['sɒftlɪ] [soft-li], *adv.* Blandamente, callandito, boniticamente, suavemente, tranquilamente, sin ruido; lentamente, con lentitud, paso a paso. **Speak softly**, hable usted bajo.
softness ['sɒftnɪs] [soft-nes], *s.* 1. Blandura, la calidad de las cosas blandas. 2. Blandura, dulzura, afabilidad en el trato. 3. Complacencia, deferencia, atención para con los deseos de los demás. 4. Afeminación, pusilanimidad.
soft-pedal ['sɒft'pedl] [soft-pe-dal], *va.* *(Vul.)* Reprimir, suavizar.
soft-soap [ˌsɒft'səʊp] [soft-soup], *va.* *(Vul.)* Dar coba, halagar con fines mezquinos.
softwood ['sɒftwʊd] [soft-vud], *s.* 1. Madera blanda. 2. Madera de árbol conífero.
soggy ['sɒgɪ] [so-gui], *a.* Empapado en agua: húmedo y pesado; mojado.
soil [sɔɪl] [soil], *va.* 1. Ensuciar, emporcar, manchar (dirty). 2. Abonar, estercolar, engrasar las tierras.
soil, *va.* Alimentar con verde en un corral o cercado; purgar con alimento verde.
soil, *s.* 1. Terreno, la tierra considerada respecto de sus cualidades vegetativas. 2. Región. **Native soil**, el país natal. **Soil good for wheat**, terreno a propósito para trigo. 3. Suciedad, mancha, porquería. 4. Mancha, borrón en la fama de alguno. 5. Abono, estiércol.
soiled [sɔɪld] [soild], *a.* Sucio, manchado (dirty).
soiling ['sɔɪlɪŋ] [soi-lin], *s.* 1. Ensuciamento. 2. Alimento verde, alcacer para las bestias.
soirée ['swɑːreɪ] [sua-rei], *s.* Tertulia.
sojourn ['sɒdʒɜːn] [so-yern], *vn.* Residir o morar en un paraje o lugar por algún tiempo.
sojourn, *s.* Morada o residencia casual o por algún tiempo.
sojouner ['sɒdʒɜːnər] [so-yer-na^r], *s.* Morador, residente temporal, transeunte.

sol [sɒl] [sol], *s.* 1. Sueldo, moneda de cobre de Francia; sol, moneda de plata del Perú. 2. Sol, nota de música. 3. El sol, dios del sol.
solace ['sɒlɪs] [so-lis], *va.* Solazar, divertir; consolar; recrear, alegrar. *-vr.* **To solace oneself**, consolarse, solazarse, recrearse, divertirse.
solace, *s.* Consuelo, alivio, recreo, complacencia.
solar ['səʊləʳ] [sou-laʳ], *a.* Solar, relativo al sol. **Solar cell,** célula solar. **Solar heating,** calefacción solar. **Solar system**, sistema solar. **Solar year**, año solar. **Solar battery**, batería solar.
solarium [səʊ'lɛərɪəm] [sou-lei-riom], *s.* Solana, pieza para tomar el sol.
sold [səʊld] [sould], *pret.* y *pp.* del verbo *TO* SELL. **Sold out**, agotado, vendido en su totalidad.
solder ['səʊldəʳ] [soul-daʳ], *va.* Soldar, pegar y unir con metal.
solder, *s.* Soldadura, el metal a propósito para soldar.
solderer ['səʊldərəʳ] [soul-da-raʳ], *s.* Soldador, el que tiene el oficio de soldar.
soldering ['səʊldərɪŋ] [soul-da-rin], *s.* Soldadura, acción de soldar. **Soldering-iron**, soldador, el instrumento con que se suelda.
soldier ['səʊldʒəʳ] [soul-diaʳ], *s.* 1. Soldado, soldado raso. 2. Militar, el que profesa la milicia, también guerrero experto, valiente, o esforzado. **A foot-soldier**, soldado de a pie o de infantería.
soldierly ['səʊldʒəlɪ] [soul-diar-li], *a.* Soldadesco, militar, perteneciente a los soldados.
soldiery ['səʊldʒərɪ] [soul-dia-ri], *s.* Soldadesca, el conjunto de los soldados.
sole [səʊl] [soul], *va.* Solar, echar suelas a los zapatos. **To half-sole**, poner o echar medias suelas.
sole, *s.* 1. Planta del pie; suela del zapato. 2. Lenguado. 3. Suelo, la superficie inferior de cualquier cosa que toca la tierra. **Sole of a gun-carriage**, solera de cureña. **Sole of the rudder**, zapata del timón. *-a.* 1. Único, solo. 2. *(For.)* Soltero, soltera. **A sole proprietor**, único propietario. **The sole support of a numerous famility**, el único sostén de una numerosa familia.
solecism ['sɒləsɪzəm] [so-la-si-sem], *s.* 1. *(Gram.)* Solecismo, error en la construcción o sintaxis. 2. Una falta cualquiera, incongruencia.
solecistic ['sɒləsɪstɪk] [so-la-sis-tik], *a.* Incongruo, incongruente, que falta a las reglas de la sintaxis.
solecize ['sɒləsaɪz] [so-la-sais], *vn.* Cometer solecismos.
solely ['səʊlɪlɪ] [sou-li-li], *adv.* Únicamente, solamente.
solemn ['sɒləm] [so-lem], *a.* 1. Solemne, grave. 2. Augusto, majestusoso, gave, serio, circunspecto.
solemness ['sɒləmnɪs] [so-lem-nes], *s.* Seriedad, gravedad, carácter o tono solemne.
solemnity [sə'lemnɪtɪ] [so-lem-ni-ti], *s.* 1. Solemnidad, pompa. 2. Solemnidad, rito, ceremonia, fiesta. 3. Gravedad, seriedad.
solemnization ['sɒləmnaɪ'zeɪʃən] [so-lem-nai-sei-shon], *s.* Solemnización, celebración, celebridad.
solemnize ['sɒləmnaɪz] [so-lem-nais], *va.* Solemnizar, celebrar solemnemente. **To solemnize a marriage**, celebrar un matrimonio.
solemnly ['sɒləmnlɪ] [so-lemn-li], *adv.* Solemnemente, majestuosamente; con todas las formalidades.
soleness ['səʊlnɪs] [soul-nes], *s.* (Poco us.) Independencia, el estado de hallarse solo y sin dependencia de otro.
solenoid ['səʊlənɔɪd] [sou-le-noid], *s.* Solenoide, hilo eléctrico, la forma más sencilla de un imán.
solfa ['sɒl'fɑː] [sol-fa], *va.* y *vn.* Solfear, cantar marcando el compás y pronunciando los nombres de las notas.
solicit [sə'lɪsɪt] [so-li-sit], *va.* 1. Solicitar, pretender o buscar alguna cosa con diligencia y cuidado, pedir con instancia; importunar, rogar. 2. Pedir, implorar. 3. Solcitar, inducir, incitar a hacer alguna cosa; excitar el deseo, en especial incitar a cometer una acción ilícita. *-vn.* Pedir, hacer una petición o solicitud.
solicitation [səˌlɪsɪ'teɪʃən] [so-li-si-tei-shon], *s.* Solicitación.
solicitor [sə'lɪsɪtəʳ] [so-li-si-taʳ], *s.* 1. Procurador, agente, solicitador o diligenciero, el que solicita en nombre de otro. 2. Solicitador, persona que pide o ruega. **Solicitor in Chancery**, procurador o abogado en el tribunal de la chancillería.
solicitous [sə'lɪsɪtəs] [so-li-si-tos], *a.* Solícito, deseoso (con *about o for*); que siente solicitud o se interesa por algo, atento a o por; inquieto, cuidadoso, ansioso por algo.
solicitously [sə'lɪsɪtəslɪ] [so-li-si-tos-li], *adv.* Solícitamente, diligentemente, ansiosamente.
solicitude [sə'lɪsɪtjuːd] [so-li-si-tiud], *s.* Solicitud, cuidado, afán, instancia cuidadosa.
solid ['sɒlɪd] [so-lid], *a.* 1. Sólido, consistente. 2. Sólido, compacto, macizo (compact). 3. Sólido, firme, fuerte, denso, sano (strong). 4. Sólido, verdadero. 5. Sólido, real, efectivo, duradero; grave, sesudo. *-s.* 1. Sólido, la parte del cuerpo animal que contiene los fluidos. 2. *(Geom.)* Sólido, cuerpo que tiene extensión, anchura y altura o profundidad. **To be frozen solid,** estar completamente helado. **Solid geometry,** geometría del espacio.
solidarity [ˌsɒlɪ'dærɪtɪ] [so-li-da-ri-ti], *s.* 1. Solidaridad. 2. Mancomunidad.
solidification [səˌlɪdɪfɪ'keɪʃən] [so-li-di-fi-kei-shon], *s.* Solidificación, consolidación.
solidify [sə'lɪdɪfaɪ] [so-li-di-fai], *va.* Solidificar, hacer sólido, volver sólido un cuerpo líquido o gaseoso. *-vn.* Volverse sólido.
solidity [sə'lɪdɪtɪ] [so-li-di-ti], *s.* 1. Solidez, firmeza, dureza, densidad. 2. Solidez, verdad, certeza, integridad.
solidly ['sɒlɪdlɪ] [so-lid-li], *adv.* Sólidamente, firmemente.
solid-state ['sɒlɪd'steɪt] [so-lid-steit], *attr.* Estado sólido. **Solid-state physics,** física del estado sólido.
solidus ['sɒlɪdəs] [so-li-dus], *s.* *(Tip.)* Barra.
soliloquize, soliloquise [sə'lɪləkwaɪz] [so-li-lo-kuais], *vn.* Hacer un soliloquio, un monólogo; soliloquiar, hablar a solas.
soliloquy [sə'lɪləkwɪ] [so-li-lo-kui], *s.* Soliloquio, habla o discurso de una persona a solas, o consigo misma.
soliped ['sɒlɪpt] [so-lipt], *s.* Solípedo, el animal cuyos pies no están hendidos, como los del caballo.
solitaire [ˌsɒlɪ'tɛəʳ] [so-li-teaʳ], *s.* 1. Solitario, diamante u otra joya que se engasta separadamente. 2. Solitario, uno de los varios juegos en que toma parte una sola persona.
solitarily [ˌsɒlɪ'tɛərɪlɪ] [so-li-tea-ri-li], *adv.* Solitariamente, en soledad, sin compañía.
solitariness [ˌsɒlɪ'tɛərɪnɪs] [so-li-tea-ri-nes], *s.* Soledad, retiro.
solitary [ˌsɒlɪ'tɛərɪ] [so-li-ta-ri], *a.* 1. Solitario, que vive en la soledad (alone). 2. Solitario, retirado, poco frecuentado, desierto, desamparado, hablando de sitios o parajes. 3. Solo, único; hecho, ejecutado o sucedido aisladamente. 4. *(Zool.)* Solitario, que vive solo o en parejas; simple, no compuesto. 5. Incomunicado, se dice de una clase de prisión. *-s.* Solitario, ermitaño.
solitude ['sɒlɪtjuːd] [so-li-tiud], *s.* 1. Soledad, vida solitaria, la falta de compañía (loneliness). 2. Soledad, desierto, paraje solitario.
sollar ['sɒləʳ] [so-laʳ], *s.* 1. Descanso, plataforma en una mina. 2. Cámara elevada en una iglesia.
solo ['səʊləʊ] [sou-lou], *s.* *(Mús.)* Solo, la composición que uno canta solo o que se toca con un solo instrumento.
soloist ['səʊləʊɪst] [sou-louist], *s.* Solista.
Solomon ['sɒləmən] [so-lo-mon], *s.* Salomón.
solstice ['sɒlstɪs] [sols-tis], *s.* *(Astr.)* Solsticio, época en que el sol está más distante del ecuador. **Summer solstice**, solsticio de verano o estival. **Winter solstice**, solsticio de invierno.
solstitial [sɒls'tɪʃəl] [sols-ti-shal], *a.* Solsticial, relativo a los solsticios.
solubility [ˌsɒljʊ'bɪlɪtɪ] [so-liu-bi-li-ti], *s.* Solubilidad.
soluble ['sɒljʊbl] [so-liu-bol], *a.* Soluble.
solute ['sɒljʊt] [so-liut], *a.* *(Bot.)* Completamente separado, libre.

solution [sə'lu:ʃən] [so-lu-shon], *s.* 1. Solución, desleimiento de una cosa sólida y el compuesto que resulta de este desleimiento. 2. Solución, desenlace de una dificultad o de un argumento. 3. Resolución de una duda, de un problema o ecuación. 4. Separación, desunión.
solutive ['sɒlu:tɪv] [so-lu-tiv], *a.* Solutivo; laxativo, laxante.
solvability [ˌsɒlvə'bɪlɪtɪ] [sol-va-bi-li-ti], *s.* Solubilidad, calidad de soluble.
solvable ['sɒlvəbl] [sol-va-bol], *a.* Disoluble, soluble, que se puede resolver o disolver; se dice de un argumento o de un problema.
solve [sɒlv] [solv], *va.* 1. Desenredar, desenlazar, librar de perplejidades, aclarar. 2. Resolver, solver, disolver, explicar.
solvency ['sɒlvənsɪ] [sol-ven-si], *s.* Solvencia, posibilidad de pagar uno sus deudas.
solvent ['sɒlvənt] [sol-vent], *a.* 1. Solvente o resolvente, que puede desleir o desatar. 2. Solvente, abonado, que puede pagar sus deudas. *-s.* 1. Disolvente, líquido que puede disolver una substancia. 2. *(Med.)* Medicamento que se emplea para disolver las concreciones u obstrucciones mórbidas de un órgano.
solvible ['sɒlvɪbl] [sol-vi-bol], *a.* Soluble. *V.* SOLVABLE.
somatic [səʊ'mætɪk] [sou-ma-tik], *a.* 1. Corporal, corpóreo, físico. 2. Perteneciente a la cavidad del cuerpo o a sus paredes.
somber, sombre ['sɒmbə^r] [som-ba^r], *a.* 1. Sombrío, obscuro, nebuloso (dark). 2. Triste, tétrico, severo, lúgubre, melancólico (sad).
sombrous ['sɒmbrəs] [som-bros], *a. (Poét.) V.* SOMBER.
some [sʌm] [sam], *a.* 1. Algo de, un poco, expresando una cantidad indeterminada. 2. Algún, alguno, alguna, unos pocos, ciertos, expresando un número indeterminado. 3. Algunos, algunas personas, ciertas personas. 4. Uno, alguno, cualquier o cualquiera. 5. Unos, unas, poco más o menos; cerca de. **Give me some bread**, déme usted pan o un poco de pan. **Some day,** algún día. **Some other time,** otro día. **Some time since**, hace algún tiempo. **Some two thousand**, unos dos mil. **Some persons say**, algunos, o ciertas personas dicen. **Some 30 people,** unas 30 personas. **Some shoes**, zapatos, unos zapatos. **Some difficulty**, cierta dificultad. *-pron.* Algunos, algunas, unos y otros, parte, una parte, una porción. **Some are rich and some poor**, unos son ricos y otros pobres. **Are there any matches? There are some,** ¿hay fósforos? Sí, los hay. **Give me some**, déme usted unos cuantos.
-some, sufijo: desinencia, que se emplea en la formación de ciertos adjetivos que indican una cantiad regular o suficiente de la cualidad expresada; v. gr. Blithe*some*, alegre, lleno de alegría; quarrel*some*, pendenciero, irascible.
somebody ['sʌmbədɪ] [sam-ba-di], *s.* 1. Alguien, alguna persona; persona no conocida o no especificada. 2. Una persona de suposición, un personaje. **Somebody else**, algún otro.
someday ['sʌmdeɪ] [sam-dei], *adv.* Algún día.
somehow ['sʌmhaʊ] [sam-jau], *adv.* De algún modo o manera.
somersault ['sʌməsɔ:lt] [sa-ma-solt], *s.* Salto mortal, el que dan los volatines en el aire.
something ['sʌmθɪŋ] [sam-sin], *s.* 1. Alguna cosa, algo; una cosa no especificada. 2. Cosa que tiene existencia real. 3. Cosa de importancia y suposición. **Something strange**, algo extraño. **Something else**, otra cosa. **I have something to do**, tengo que hacer. *-adv.* Algo, algún tanto. **This is something like**, esto sí que me gusta. **Did you say something?**, ¿has dicho algo? **I need something to drink,** necesito beber. **It's something chronic,** es horrible.
sometime ['sʌmtaɪm] [sam-taim], *adv.* En algún tiempo, en otro tiempo, antiguamente.
sometimes ['sʌmtaɪmz] [sam-taims], *adv.* Algunas veces, a veces, de cuando en cuando.
somewhat ['sʌmwɒt] [sam-uot], *s.* 1. Alguna cosa, algo; un poquito, poco más o menos, por poco que sea. 2. Sujeto o cosa de consecuencia. *-adv.* Algo, algún tanto, un poco. **Somewhat busy**, algo ocupado.
somewhere ['sʌmwɛə^r] [sam-uea^r], *adv.* En alguna parte. **Somewhere else**, en alguna otra parte. **I left it somewhere or other,** lo dejé por ahí. **Somewhere in Spain,** en alguna parte de España.
somnambulism [sɒm'næmbjʊlɪzəm] [som-nam-biu-li-sem], *s.* Sonambulismo, estado del sonámbulo.
somnambulist [sɒm'næmbjʊlɪst] [som-nam-biu-list], *s.* Sonámbulo, el que estando dormido se levanta de la cama y anda como si estuviera despierto.
somniferous [sɒm'nɪfərəs] [som-ni-fe-ros], *a.* Somnífero, soporífero.
somnific [sɒm'nɪfɪk] [som-ni-fik], *a.* Narcótico, soporífero.
somnolence ['sɒmnələns] [som-no-lens], *s.* Somnolencia, inclinados a dormir, ganas de dormir.
somnolent ['sɒmnələnt] [som-no-lent], *a.* 1. Soñoliento, poseído de sueño, o muy inclinado a él. 2. Soñoliento, adormecedor que tiende a causar sueño.
son [sʌn] [son], *s.* 1. Hijo: se dice del hijo varón con relación al padre o a la madre. 2. Hijo, descendiente; como **The sons of Adam**, los hijos de Adán. 3. Hijo de confesión, hijo espiritual. 4. Hijo, expresión de cariño. 5. Hijo o natural de un país o pueblo. 6. Hijo: se usa para expresar una cosa producida por otra con respecto a la cosa que la produjo. 7. Hijo, la segunda persona de la Santísima trinidad. **Godson**, ahijado. **Grandson**, nieto.
sonant ['səʊnənt] [sou-nant], *a.* 1. Sonante; se dice de las vocales, y de ciertas consonantes, como la *n, g, th, b*, en contraposición a *surd, voiceless*, mudas. 2. Sonante, sonoro, que resuena.
sonar ['səʊnɑ:^{r}] [sou-na^r], *s.* Contracción de la expresión inglesa *Sonic Navigation Ranging*, dispositivo para conocer la presencia y situación de submarinos y otros objetos sumergidos.
sonata [sə'nɑ:tə] [so-na-ta], *s. (Mús.)* Sonata, composición instrumental para piano en tres o cuatro movimientos; contrapuesto a *cantata*.
song [sɒŋ] [song], *s.* 1. Canción, cantar, cantinela, copla, canto; balada, poema lírico. 2. Poesía, verso (poetry). 3. Bagatela, nimiedad, poca cosa. **To sell for a mere song**, vender por un pedazo de pan. **To sing the same song**, cantar la misma cantinela, repetir la misma cosa. **An old song**, bagatela. **To sing a song**, cantar una canción. **Drinking song**, canción báquica. **Love song**, canción de amor. **The Song of Songs, the Song of Solomon**, el Cantar de los Cantares. **Song-book**, cancionero, libro de canciones. **There's no need to make a song and dance,** no es para tanto, no hay que exagerar.
songbird ['sɒŋbɜ:d] [song-berd], *s.* Pájaro cantor.
songful ['sɒŋfʊl] [song-ful], *a.* Melodioso, lleno de canto.
songless ['sɒŋlɪs] [song-les], *a.* Que no canta; sin canto.
songster ['sɒŋstə^r] [songs-ta^r], *s.* Cantor, el que sabe cantar; pájaro cantor.
songstress ['sɒŋtrɪs] [songs-tres], *sf.* Cantora, cantarina, cantatriz.
song writer ['sɒŋˌraɪtə^r] [song-rai-ta^r], *s.* Compositor de canciones.
sonic ['sɒnɪk] [so-nik], *a.* Sónico. **Sonic barrier**, barrera sónica.
soniferous ['sɒnɪfərəs] [so-ni-fe-ros], *a.* Sonante, sonoro.
son-in-law ['sʌnɪnlɔ:] [san-in-lo], *s.* Yerno.
sonnet ['sɒnɪt] [so-nit], *va.* y *vn.* Celebrar con sonetos, componer sonetos. *-s.* Soneto, composición métrica de catorce versos.
sonny ['sɒnɪ] [so-ni], *s.* Hijo, hijito.
sonometer ['sɒnəmi:tə^r] [so-no-mi-ta^r], *s.* Sonómetro.
sonorous ['sɒnərəs] [so-no-ros], *a.* Sonoro, de buen sonido, sonoroso, retumbante, resonante.
sonorously ['sɒnərəslɪ] [so-no-ros-li], *adv.* Sonoramente, armónicamente.
sonship ['sɒnʃɪp] [son-ship], *s.* Filiación, calidad de hijo, relación del hijo para con sus padres.
soon [su:n] [sun], *adv.* Presto, pronto, prontamente; temprano; de buena gana. **As soon as**, luego que, tan pronto como. **As soon as I saw him**, luego que le ví. **Too soon**, demasiado temprano o demasiado pronto. **How soon shall**

you be back?, ¿cuánto tardará usted en volver? **Come back soon,** vuelve pronto. **Soon after**, poco después, inmediatamente después. **Sooner**, antes. **I would sooner die**, antes la muerte; preferiría morir. **Soon after sunrise**, poco después de salir el sol. **Sooner or later**, tarde o temprano.

soonest ['su:nɪst] [su-nest], *adv.* Superlativo de SOON. Lo más pronto posible. **At the soonest**, cuanto antes.

soot [su:t] [suut], *va.* Cubrir de hollín o ensuciar con él. *-s.* Hollín.

sooted ['su:tɪd] [su-tid], *a.* Holliniento.

sooth [su:θ] [suuz], *a.* *(Esco. o ant.)* Agradable, delicioso, verdadero, real. *-s.* *(Des.)* Verdad, realidad. **In sooth,** en realidad.

soothe [su:ð] [suuz], *a.* 1. Calmar, ablandar, apaciguar, suavizar. 2. Agradar, complacer, lisonjear. 3. Paliar, excusar.

soother ['su:ðəʳ] [suu-zaʳ], *s.* 1. Apaciguador, el que clama, ablanda o suaviza. 2. *(Des.)* Lisonjero, adulador.

soothing ['su:ðɪŋ] [suu-zin], *a.* Calmante, dulcificante, consolador; tierno, dulce. *-s.* Acción de calmar, apaciguar, suavizar o paliar.

soothingly ['su:ðɪŋlɪ] [su-zin-li], *adv.* Con dulzura, con tono acariciador (speak); tiernamente.

soothsay ['su:θseɪ] [suz-sei], *vn.* Adivinar, decir lo que está por venir; decir la buena ventura.

soothsayer ['su:θˌseɪəʳ] [suz-seiaʳ], *s.* 1. Adivino. 2. *V.* MANTIS.

sootiness ['su:tɪnɪs] [su-ti-nes], *s.* La calidad de estar una cosa llena de hollín, fuliginosidad.

sooty ['su:tɪ] [su-ti], *a.* 1. Holliniento, que tiene hollín. 2. Fuliginoso, denegrido, obscurecido, tiznado.

sop [sɒp] [sop], *s.* 1. Sopa, pedazo de pan o de otra cosa empapado en cualquier líquido para comerlo. 2. Dádiva, regalo, lo que se da para apaciguar o aplacar a alguien. 3. Cualquier masa húmeda o empapada.

Sophia [səʊ'fɪə] [sou-fia], *sf.* Sofía.

sophism ['sɒfɪzəm] [so-fi-sem], *s.* 1. Sofisma, argumento falaz. 2. Doctrina de los antiguos sofistas.

sophist ['sɒfɪst] [so-fist], *s.* 1. Sofista, nombre antiguo de los profesores de filosofía y retórica. 2. Sofista, el que se vale de sofismas para engañar.

sophistic ['sɒfɪstɪk] [so-fis-tik], *a.* Sofístico, fingido, de la naturaleza del sofisma.

sophistically ['sɒfɪstɪkəlɪ] [so-fis-ti-ka-li], *adv.* Sofísticamente.

sophisticalness ['sɒfɪstɪkəlnɪs] [so-fis-ti-kal-nes], *s.* Sofistería, aparente y fingida sutileza de los argumentos y razones.

sophisticate ['sɒfɪstɪkeɪt] [so-fis-ti-keit], *va.* 1. Sofisticar, hacer sofismas. 2. Sofisticar, falsificar, alterar o adulterar alguna cosa.

sophisticated [sə'fɪstɪkeɪtɪd] [so-fis-ti-kei-tid], *a.* 1. Complejo, sofisticado, complicado. 2. Refinado, astuto.

sophistication [səˌfɪstɪ'keɪʃən] [so-fis-ti-kei-shon], *s.* 1. Complejidad. 2. Refinamiento, esmero.

sophistry ['sɒfɪstrɪ] [so-fis-tri], *s.* Sofistería, argumento falaz.

sophomore ['sɒfəmɔ:ʳ] [so-fo-moʳ], *s.* En los colegios, estudiante de segundo año (en un curso completo de cuatro años).

soporific [ˌsɒpə'rɪfɪk] [so-po-ri-fik], *a.* Soporífero, soporoso, que causa, motiva o inclina al sueño. *-s.* Medicamento soporífero, que hace dormir.

sopping ['sɒpɪŋ] [so-pin], *a.* Mojado. **Sopping wet**, empapado.

soppy ['sɒfɪstɪkəlɪ] [so-fis-ti-ka-li], *a.* Mojado, saturado de humedad; blando y muy húmedo.

soprano [sə'prɑ:nəʊ] [so-pra-nou], *a.* De tiple o soprano. *-s.* 1. Tiple, soprano, la más aguda de las voces humanas. 2. Las notas o la música propias de esa voz. 3. Tiple, persona que tiene este tono de voz.

sorb [sɔ:b] [sorb], *s.* Sorba o serba, el fruto del serbo o serbal y el mismo serbal o serbo.

sorcerer ['sɔ:sərəʳ] [sor-se-reʳ], *s.* Hechicero.

sorceress ['sɔ:sərɛs] [sor-se-res], *sf.* Hechicera.

sorcery ['sɔ:sərɪ] [sor-se-ri], *s.* Hechizo, encantación, encanto, hechicería.

sordes ['sɔ:dz] [sords], *s. pl.* Sarro, substancia feculenta que se adhiere a los dientes; el pus o materia de las llagas.

sordet ['sɔ:dɪt] [sor-dit], *s.* *V.* SORDINE.

sordid ['sɔ:dɪd] [sor-did], *a.* 1. Avariento, tacaño, codicioso. 2. Sórdido, impuro, indecente, escandaloso; vil, bajo. 3. *(ant.)* Sórdido, sucio.

sordidly ['sɔ:dɪdlɪ] [sor-did-li], *adv.* Codiciosamente, con codicia y bajeza.

sordidness ['sɔ:dɪdnɪs] [sor-did-nes], *s.* 1. Sordidez, mezquindad, miseria. 2. Bajeza, vileza. 3. Sordidez, suciedad, porquería o fealdad de alguna cosa.

sordine ['sɔ:di:n] [sor-din], *s.* Sordina, lo que se pone a un instrumento músico para apagar su tono.

sore [sɔ:ʳ] [soʳ], *s.* 1. La parte del cuerpo que está dolorida, una parte escoriada, una llaga o úlcera; lastimadura, matadura (cattle). 2. Mal, dolor, pena, memoria dolorosa, controversia. *-a.* 1. Delicado, tierno, dolorido, malo. 2. Escrupuloso, resentido. **To be sore with someone,** estar enfadado, estar resentido con alguien. 3. Doloroso, penoso, violento, vehemente. **Sore ears**, mal de oídos. **Sore eyes**, mal de ojos, ojos enfermos. **A sore point,** un punto delicado. **The sore place**, la parte enferma. **A sore sight**, un espectáculo doloroso. *-adv.* *(ant.)* Muy penosamente.

sorel ['sɒrəl] [so-rel], *a.* y *s.* *V.* SORREL. **She has been sorely tried,** ha sufrido lo impensable.

sorely ['sɔ:lɪ] [sor-li], *adv.* Penosamente.

soreness ['sɔ:nɪs] [sor-nes], *s.* 1. Dolencia, mal. 2. El estado de una llaga o úlcera muy dolorida. 3. Amargura o intensidad de una pena.

sorghum ['sɔ:gəm] [sor-gom], *s.* 1. Sorgo, zahina, planta gramínea que se cultiva por su jugo sacarino. 2. *(E. U.)* Melaza que se hace con el jugo del sorgo.

sorority [sə'rɒrɪtɪ] [so-ro-ri-ti], *s.* Hermandad de mujeres con fines sociales.

sorrel ['sɒrəl] [so-rel], *a.* Alazán rojo: se aplica al caballo que es de color alazán. *-s.* 1. Color alazán o rojizo. 2. Caballo u otro animal alazán. 3. Gamo en su tercer año. 4. *(Bot.)* Acedera, hierba del género Rumex. **Field o sheep-sorrel**, acedera pequeña. **Wood-sorrel**, acederilla.

sorrily ['sɔ:rɪlɪ] [so-ri-li], *adv.* Mal, malamente, pésimamente, lastimosamente.

sorriness ['sɔ:rɪnɪs] [so-ri-nes], *s.* Ruindad, vileza, bajeza; mediocridad.

sorrow ['sɒrəʊ] [so-rou], *s.* 1. Pesar, dolor, sentimiento (pain). **Full of sorrow**, lleno de pesar. 2. Tristeza, pesadumbre, pena, sinsabor, desabrimiento (sadness). **To my sorrow**, con gran sentimiento mío. **Sorrow-stricken**, agobiado de dolor.

sorrow, *vn.* Entristecerse, ponerse triste y melancólico.

sorrowful ['sɒrəʊfʊl] [so-rou-ful], *a.* Pesaroso, afligido, angustiado, lleno de sentimiento o pena; triste, melancólico, que expresa pesar; doloroso, lastimoso.

sorrowfully ['sɒrəfəlɪ] [so-ro-fu-li], *adv.* Con angustia, con pena, con aflicción, con sentimiento.

sorrowing ['sɒrəʊɪŋ] [so-rouin], *s.* Aflicción, tristeza, lamentación.

sorrowless ['sɒrəʊlɪs] [so-rou-les], *a.* Sin pena, sin dolor, sin aflicción.

sorry ['sɒrɪ] [so-ri], *a.* 1. Apesadumbrado, pesaroso, triste, afligido, desconsolado (sad). 2. Triste, melancólico, funesto. 3. Despreciable, ruin, vil, pícaro, malvado (depicable, mean). 4. Pobre, escaso, miserable, pobrete (miserable). **I am sorry for it**, lo siento. **I am sorry for you**, lo siento por usted. **A sorry sight**, un triste espectáculo. **Very sorry!**, ¡lo siento!, ¡perdone! **There's no need to be sorry for her,** no hay que compadecerle.

sort [sɔ:t] [sort], *s.* 1. Suerte, género, especie, clase, calaña (class, kind). **Three sorts of wine**, tres clases de vino o vino de tres clases. 2. Suerte, calidad, condición (quality). 3. Clase u orden de personas, conjunto de personas. 4. Manera, modo, forma (way). **In like sort**, de la misma suerte. **I know his sort,** a esos ya me los conozco, conozco su calaña. **All sorts of people**, toda clase de gentes. **Perfect of its sort,** perfecto en su línea. **I have a sort of idea that,** tengo cierta/alguna idea de que. **Out of sorts**, 1. Indispuesto; 2. Malhumorado, triste, apesadumbrado; 3. *(Impr.)* falto de una clase o fundición especial de letra o guarismos.

sort, *va.* 1. Separar o dividir en distintas clases, se usa a menudo con *over*. 2. Colocar, ordenar, arreglar, a menudo con *out*. 3. Proporcionar, conformar, adaptar. *-vn.* 1. Hermanarse, unirse con otros de la misma especie. 2. Ajustarse, acomodarse una cosa con otra. 3. Salir o suceder alguna cosa bien o mal.

sortable ['sɔːtəbl] [sor-ta-bol], *a.* Acomodado, conveniente, apto, oportuno.

sortie ['sɔːtiː] [sor-ti], *s.* Salida que hace un número de tropas de la plaza sitiada.

sortilege ['sɔːtɪlɪdʒ] [sor-ti-lech], *s.* 1. Sortilegio. 2. Sorteo, la acción de sortear.

so-so ['səʊ'səʊ] [sou-sou], *a.* Pasadero, pasable. *-adv.* Así, así, en forma regular.

sot [sɒt] [sot], *s.* 1. Zaque, el hombre borracho. 2. Zote, hombre ignorante y torpe.

sot, *va.* Atontar, aturdir, atolondrar. *-vn.* Beborretear hasta embriagarse.

sottish ['sɒtɪʃ] [so-tish], *a.* 1. Torpe, rudo, tardo. 2. Embotado, entorpecido por los excesos.

sou [səʊ] [sou], *s.* Sueldo, moneda.

soubriquet ['səʊbrɪkeɪ] [sou-bri-kei], *s.* Sobriquet.

soufflé ['suːfleɪ] [su-flei], *s.* Suflé.

sough [saʊ] [sau], *va.* y *vn.* Producir un sonido como de suspiro, v. g. el del viento entre las ramas de los pinos, susurrar, murmurar. *-s.* 1. Susurro, suspiro, profundo, murmullo (sigh). 2. *(Prov. Ingl.)* Desaguadero subterráneo.

sought [saʊt] [saut], *pret.* y *pp.* del verbo TO SEEK.

soul [səʊl] [soul], *s.* 1. Alma, el espíritu inmortal del hombre. 2. Alma, lo que es principio de la vida en todos los seres vivientes. 3. Alma, esencia, virtud principal. 4. Alma, individuo, persona, criatura racional. **There was not a soul in the house**, no había nadie en casa. 5. Alma, viveza, espíritu, gallardía. 6. Fuerza o fervor individual, cordialidad, corazón: ardor, móvil; nobleza, generosidad. 7. Espíritu separado del cuerpo. **With all muy soul**, con el mayor gusto, con toda mi alma, con mis cinco sentidos. **Upon my soul**, en mi ánima o en mi conciencia.

souled ['səʊld] [sould], *a.* Animado, el que tiene alma racional, se usa en composición.

soulful ['səʊlfʊl] [soul-ful], *a.* Lleno de lo que apela al alma o a los sentimientos y los satisface; conmovedor, espiritual. A este adjetivo corresponden el adverbio *soulfully* y el sustantivo *soulfulness*.

soulfully ['səʊlfʊlɪ] [soul-fu-li], *adv.* Sentimentalmente.

soulless ['səʊlɪs] [soul-les], *a.* Desalmado, vil, bajo, ruin, despreciable, sin conciencia.

sound [saʊnd] [saund], *a.* 1. Sano, sin lesión o enfermedad alguna. 2. Sano, perfecto, entero. 3. Puro, seguro, ortodoxo: cuando se habla de doctrinas. 4. Seguro, cierto, indudable (certain). 5. Recto, justo, firme (right). 6. Profundo; completo, cabal. 7. Solvente, que puede cumplir sus obligaciones. **Sound sleep**, sueño profundo. *-adv.* Sanamente, vigorosamente. *-s.* 1. Mar poco profundo. 2. Sonda, cualquier paraje en la mar donde la sonda alcanza al fondo. 3. *(Geol.)* Estrecho, brazo de mar. 4. Tienta, sonda, instrumento de cirugía. 5. Son, sonido; vibración de un cuerpo sonante. 6. Alcance del oído. 7. Ruido (noise); apariencia grande en las cosas. 8. Vejiga natatoria (fish). **Sound-post**, el alma del violín. **Sound reasoning**, raciocinio sólido, seguro. **Sound system,** sistema fonológico. **Sound-board**, *V. Sounding-board.* **Within sound of,** al alcance de. **Of sound and disposing mind and memory**, *(For.)* De mente y memoria sanas; capaz de hacer testamento.

sound, *va.* 1. Sonar, tocar, tañer, hacer que alguna cosa emita un sonido. **To sound alarm**, tocar alarma. 2. Celebrar, publicar (publish). 3. Dar aviso, mandar, prescribir u ordenar por medio de un sonido. 4. Probar por el sonido; auscultar o percutir; examinar por medio de los sonidos. *-vn.* 1. Sonar, hacer o causar ruido. 2. Sonar, hacer una cosa alusión a otra. 3. Ser llevado por el sonido; esparcirse, divulgarse. 4. Dar una señal por medio de un toque o sonido. **That sounds very odd,** eso suena raro, eso parece raro.

sound, *va.* 1. *(Mar.)* Sondar o sondear, echar la plomada para cerciorarse de la profundidad del agua. 2. Sondar o sondear, inquirir o rastrear cautelosamente alguna cosa; sondar o tantear. 3. *(Med.)* Sondar, tentar, reconocer con la tienta.

sounder ['saʊndəʳ] [saun-daʳ], *s.* 1. Resonador, el o lo que da un sonido; resonador telegráfico que transmite un mensaje por medio del sonido. 2. Sondeador, aparato para sondear, p. ej. en el mar. 3. Tienta.

sounding ['saʊndɪŋ] [saun-din], *a.* Sonante, sonoro; retumbante. **High-sounding**, sonoro, retumbante, campanudo. **Sounding-board**, tabla de armonía (de un piano); secreto, cajón de los órganos; tornavoz, sombrero de púlpito. *-s.* 1. Acción de sonar, resonar, sondar o tentar. 2. *(Mar.)* Braceaje, medida por brazas; sonda. 3. *pl.* Sondas, cantidad de brazas. 4. Muestras, v. g. de conchas sacadas del agua por el sondeador. **Sounding-lead**, *(Mar.)* escandallo. **Lead-sounding**, sonda de escandallo. **Sounding-line**, sondaleza. **Off o out of soundings**, fuera de sondas.

soundless ['saʊndlɪs] [saund-les], *a.* 1. Mudo, sin sonido. 2. Insondable.

soundly ['saʊndlɪ] [saund-li], *adv.* Sanamente, con salud, vigorosamente, firmemente; verdaderamente, seguramente, con rectitud y justicia. **To sleep soundly**, dormir profundamente.

soundness ['saʊndnɪs] [saund-nes], *s.* 1. Sanidad, salud; vigor, firmeza. 2. Verdad, rectitud, pureza. 3. Fuerza, solidez. 4. Rectitud, justicia. 5. Pureza de la fe, ortodoxia.

soundproof ['saʊndpruːf] [saund-pruf], *a.* Insonoro, a prueba de ruidos.

sound track ['saʊndtræk] [saund-trak], *s.* Banda o huella de sonido de una película cinematográfica.

sound wave ['saʊndweɪv] [saund-ueiv], *s.* Onda sonora.

soup [suːp] [sup], *s.* Sopa, caldo de carne o legumbres; se diferencia de *broth*, que es caldo solo, colado. **Peas-soup,** sopa de guisantes. **Milk-soup**, sopa de leche. **Soup-ladle**, cucharón. **Soup-plate**, plato hondo o sopero. **Soup-tureen**, sopera. **Mock turtle soup**, imitación de la sopa de tortuga. **In the soup**, *(Fest. E. U.)* en apuros, en aprieto.

soupy ['suːpɪ] [su-pi], *a.* Espeso.

sour ['saʊəʳ] [sauaʳ], *s.* Agrio, zumo ácido o substancia agria. *-a.* 1. Agrio, ácido, acerbo al gusto. 2. Agrio, acre, áspero, desabrido. 3. Penoso, doloroso. **Sour apple**, manzana agria o verde. **Sour dock**, acedera. **Sour-krout, sourcrout**, berza ácida. *V.* SAUERKRAUT. **to taste sour**, tener gusto agrio. **To turn sour**, volverse agrio. **A sour countenance**, un aspecto avinagrado. **Sour-goard**, pan de mico, árbol de la familia de las malváceas. Adansonia. **Sour grass**, acedera pequeña.

sour, *va.* 1. Agriar, acedar, poner agria o ácida alguna cosa. 2. Agriar, desabrir, exasperar, irritar, indisponer los ánimos o las voluntades. 3. Descontentar, desagradar. 4. Macerar; hacer fermentar (la cal). *-vn.* 1. Agriarse, ponerse agria alguna cosa; revenirse, fermentar. 2. Irritarse, enojarse. 3. Corromperse, echarse a perder. 4. Volverse áspera, viscosa y perjudicial a las mieses (soil).

source [sɔːs] [sors], *s.* 1. Creador, originador; origen. 2. Lugar donde se halla algo, o donde se saca; principio. 3. Manantial, el origen del agua u otra cosa (spring). **To have from a good source**, saber de buena tinta.

sourish ['saʊərɪʃ] [saua-rish], *a.* Agrillo, algo agrio. **This wine has a sourish taste**, este vino tiene punta de agrio.

sourness ['saʊənɪs] [saua-nes], *s.* 1. Acedía, el sabor ácido y agrio; agrio, agrura. 2. Acrimonia, la aspereza o desabrimiento en el genio o en las palabras.

souse [saʊs] [saus], *s.* 1. Salmuera, adobo; escabeche, la cabeza, patas u orejas de cerdo adobadas (pickle).

2. *(E. U. y Prov. Ingl.)* Zambullida (water). 3. Ataque repentino, lanzamiento de un halcón sobre su presa. *-adv.* Zas, con violencia.

souse, *va.* 1. Zambullir, chapuzar, meter en el agua (plunge). 2. Arrojar, derramar, verter un líquido. 3. Escabechar, poner en escabeche; adobar. 4. Arrojarse, dar un golpe con violencia, como hace el ave de rapiña a la presa. *-vn.* Lanzarse, arrojarse como el ave de rapiña se arroja sobre la presa.

south [saʊθ] [sauz], *s.* 1. Mediodía, sud o sur, la parte meridional de la esfera, punto cardinal opuesto al norte. 2. Comarca o región situada en dirección al sur. 3. *(E. U.)* Los estados que se separaron de la Unión en 1861. 4. *(Des.)* Viento del sur. *-a.* Meridional, austral, del sur, del mediodía. **South wind**, viento del sur. **The South Pole**, El Polo Sur. **To be south**, dar a mediodía. **South Sea**, mar Pacífico o del sur. *-adv.* 1. Hacia el mediodía, por la parte del sur. 2. Desde el sur.

South Africa [saʊθ'æfrɪkə] [sauz-a-fri-ka], *s.* Sudáfrica, África del Sur.

South African [saʊθ'æfrɪkən] [sauz-a-fri-kan], *a.* Sudafricano.

South America [ˌsaʊθə'merɪkə] [sauz-a-me-ri-ka], *s.* Sudamérica, América del Sur.

South American [ˌsaʊθə'merɪkən] [sauz-a-me-ri-kan], *a.* Sudamericano.

southeast [saʊθ'iːst] [sauz-ist], *s.* Sudeste, el punto que media entre el este y el sur. *-a.* Sudeste, del sudeste, al sudeste.

southeaster [saʊθ'iːstəʳ] [sauz-is-taʳ], *s.* Temporal o viento de sudeste.

southeasterly [saʊθ'iːstəlɪ] [sauz-is-ta-li], *a.* y *adv.* Hacia el sudeste, al sudeste; que sopla del sudeste.

Southeastern [saʊθ'iːstən] [sauz-is-tarn] *a.* del sudeste, perteneciente o situado al sudeste.

souther ['saʊθəʳ] [sau-zaʳ], *s.* Viento o borrasca del sur.

southerly ['saʊθəlɪ] [sau-za-li], *a.* Casi meridional, hacia el sur o mediodía; del sur, que proviene del sur.

southern ['sʌðən] [sau-zarn], *a.* Meridional, austral, del sur; situado al sur. **The Soouthern Cross**, La Cruz del Sur; constelación del hemisferio austral. **Southernmost**, lo más al sur, lo más al mediodía.

southerner ['sʌðənəʳ] [sau-zar-naʳ], *s.* Persona nativa del sur de E.U.A.

southernwood ['sʌðən'wʊd] [sau-zarn-wud], *s.* *(Bot.)* Abrótano, lombriguera.

southing ['sʌθɪŋ] [sau-zin], *a.* Que camina hacia el sur. *-s.* 1. Diferencia de latitud medida hacia el sur. 2. Posición extrema de un astro hacia el sur en su movimiento diurno.

southmost ['sʌθməʊst] [sauz-moust], *a.* El más cercano al mediodía.

southpaw ['saʊθpɔː] [sauz-po], *s.* *(esp. E.U.)* Zurdo.

south-south-east [ˌsaʊθsaʊθ'iːst] [sauz-sauz-ist], *s.* Sudsudeste.

south-south-west [ˌsaʊzsaʊz'west] [sauz-sauz-uest], *s.* Sudsudoeste.

southward ['saʊθwəd] [sauz-uod], *s.* Las regiones del sur o mediodía.

southwardly ['saʊθwədlɪ] [sauz-uod-li], *adv.* Hacia el mediodía. **Southward of the line**, al sur de la línea (ecuador).

southwest ['saʊθ'west] [sauz-uest], *s.* Sudoeste, punto entre el sur y el oeste. *-a.* Sudoeste, del sudoeste, al sudoeste.

southwester ['saʊθ'westəʳ] [sauz-ues-taʳ], *s.* 1. Viento, borrasca o tempestad del sudoeste. 2. Chapona, sueste, sombrero de lona encerada, con el ala estrecha por delante y muy ancha por detrás. **Southwesterly**, *a.* y *adv.* del sudoeste, hacia el sudoeste; que sopla del sudoeste. **Southwestern**, del sudoeste, perteneciente o situado al sudoeste. **Southwestward**, hacia el sudoeste.

souvenir [ˌsuːvə'nɪəʳ] [su-ve-niaʳ], *s.* Memoria, prenda de recuerdo, lo que sirve para traer lo pasado a la memoria.

sovereing ['sɒvrɪŋ] [so-ve-rein], *s.* 1. Soberano, monarca, el que tiene la autoridad suprema. 2. Antigua moneda inglesa de oro. *-a.* 1. Soberano, supremo, independiente, superior a todo en su género o clase. 2. Soberano, singular, preeminente, de eficacia segura; lo más influyente o poderoso.

sovereignly ['sɒvrənlɪ] [so-ve-rein-li], *adv.* Soberanamente, perfectamente, excelentemente.

sovereignty ['sɒvrəntɪ] [so-ve-rein-ti], *s.* Soberanía.

soviet ['səʊvɪət] [sou-viet], *s.* y *a.* Soviet, soviético.

sow [səʊ] [sou], *s.* 1. Puerca, marrana, la hembra del puerco. *V.* PIG. 2. Un pedazo de plomo según sale de la fundición. 3. Goa, el pedazo de hierro según sale de la hornada donde se funde la mina. 4. **Sow** o **sowbug**, cochinilla de tierra, insecto isópodo que se cría en parajes húmedos. **Sow-pig**, lechona. **Wild-sow**, jabalina o puerca montés, la hembra del jabalí. **Sow-thistle**, cerraja, cardo ajonjero, planta semejante a la achicoria.

sow, *va.* y *vn.* (*pret.* SOED, *pp.* SOWN o SOWED). 1. Sembrar, arrojar y esparcir, como las semillas por la tierra; empanar, sembrar grano. 2. Sembrar, desparramar, esparcir, propagar. *-vn.* Sembrar, hacer la sementera; literal y figuradamente. **To sow one's wild oats**, *(Fig. Fam.)* Correr sus mocedades, hacer travesuras juveniles.

sowbread ['səʊbred] [sou-bred], *s.* *(Bot.)* Pamporcino o pan porcino, una planta.

sowens, sowans ['səʊəns] [souans], *s. sing.* y *pl.* *(Esco.)* Puches o gachas preparadas con los desechos de la harina de avena.

sower ['səʊəʳ] [souaʳ], *s.* 1. Sembrador, el que siemba; desparramador, el que desparrama, sembradera, máquina para sembrar. 2. Propagador, el que propaga.

sowing ['səʊɪŋ] [souin], *s.* Sementera, siembra, acción de sembrar los granos, sembradura. **Sowing-machine**, sembradera, instrumento o máquina para sembrar. **Sowing-time**, sementera, tiempo a propósito para sembrar.

sown ['səʊn] [soun], *pp.* del verbo *TO* SOW.

soy [sɔɪ] [soi], *s.* *(E.U.)* Soja. **Soy bean**, soya.

spa [spɑː] [spa], *s.* 1. Estación termal, balneario. 2. Manantial de aguas minerales.

space [speɪs] [speis], *va.* Espaciar; *(Impr.)* poner espacios entre las palabras o las líneas. *-s.* 1. Espacio; extensión (limitada o ilimitada), trecho; distancia; área. 2. Espacio, el intervalo de tiempo, de aquí, un poco de tiempo. 3. Tiempo, sazón, oportunidad. 4. Intersticio. 5. *(Impr.)* Espacio, pieza de metal más baja que la letra y más delgada que un cuadratín de ene, para dividir una dicción de otra. 6. *(Mús.)* Espacio, intervalo que hay entre raya y raya del pentagrama. **Space between**, el espacio intermedio. **To stare into space,** mirar al vacío, distraídamente. **A space**, algún tiempo, un poco de tiempo, durante algún tiempo, por algún tiempo.

space capsule ['speɪsˌkæpsjuːl] [speis-kap-siul], *s.* Cápsula espacial.

space centre ['speɪsˌsentəʳ] [speis-sen-taʳ], *s.* Centro espacial.

spacecraft ['speɪskrɑːft] [speis-kraft], *s.* Nave espacial.

space fiction ['speɪsˌfɪkʃən] [speis-fik-shon], *s.* Ficción científica, novelas de aventuras interplanetarias.

space flight ['speɪsflaɪt] [speis-flait], *s.* Vuelo espacial.

spaceman ['speɪsmæn] [speis-man], *s.* Astronauta, piloto espacial, cosmonauta.

spacemanship ['speɪsmænʃɪp] [speis-man-ship], *s.* Destreza o maestría aeronáutica o de los aeronautas.

space platform ['speɪsˌplætfɔːm] [speis-plat-form], *s.* Plataforma espacial.

space rocket ['speɪsrɒkɪt] [speis-ro-kit], *s.* Proyectil-cohete.

spaceship ['speɪsʃɪp] [speis-ship], *s.* Astronave.

space station ['speɪsˌsteɪʃən] [speis-stei-shon], *s.* Estación astral.

space suit ['speɪssuːt] [speis-sut], *s.* Traje espacial.

space travel ['speɪstrævl] [speis-tra-vel], *s.* Astronáutica, viajes astronáuticos o interestelares.

spacey ['speɪsɪ] [spei-si],*a.* Psicodélico, ausente.

spacious ['speɪʃəs] [spei-shos], *a.* Espacioso, vasto, amplio, extenso, de mucho espacio, capaz, ancho.

spaciously ['speɪʃəslɪ] [spei-shos-li], *adv.* Espaciosamente, con gran extensión.

spaciousness ['speɪʃəsnɪs] [spei-shos-nes], *s.* Espaciosidad, capacidad, extensión, amplitud.

spade ['speɪd] [speid], *s.* 1. Azadón, legón, con que se labra la tierra (tool). 2. Un ciervo o gamo de tres años. 3. Espadas, uno de los cuatro palos de que se compone la baraja de naipes (cards). 4. Animal castrado.

spade, *va.* Azadonar, cavar con azadón.

spadeful ['speɪdfʊl] [speid-ful], *s.* Azadonada, cantidad que puede contener o remover un azadón.

spadix ['spædɪks] [spa-diks], *s.* *(Bot.)* Espádice, *(m.)* receptáculo común de varias flores, encerrado en la espata.

spaghetti [spə'getɪ] [spa-gue-ti], *s.* Macarrón a la italiana.

Spain [speɪn] [spein], *s.* España.

span [spæn] [span], *s.* 1. Palmo, la distancia que hay desde la punta del dedo pulgar de la mano abierta y extendida hasta el extremo del dedo meñique, y que se estima en nueve pulgadas. 2. Instante, momento, rato breve, espacio pequeño de tiempo. 3. *(Arq.)* Tramo, luz de puente; ojo, apertura de arco o bóveda. 4. Tronco, pareja; (E. U. pareja de caballos; África del sur,, de bueyes). 5. Lo que mide o limita; traba; *(Mar.)* eslinga, amante. **Span-rope**, *(Mar.)* Nervio. **Span-shackle**, *(Mar.)* Abrazadera o cepo del pescante del ancla. **Span-new**, *(ant.* o dial.) Flamante, enteramente nuevo. **Spanworm**, oruga o larva de los geometrinos. **The whole span of something,** algo en toda su extensión. **A brief span,** una breve temporada.

span, *va.* 1. Medir a palmos; medir con la mano. 2. Alcanzar, llegar de un lado a otro; echar sobre, extenderse sobre. 3. Amarrar, ligar, atar. *-vn.* Proceder por etapas a jornadas regulares.

span, *pret. ant.* del verbo **To SPIN**.

spandrel (o **spandril**) ['spændrəl] [span-drel], *s.* *(Arq.)* Enjuta, embecadura; tímpano, espacio triangular entre dos arcos.

spangle ['spæŋgl] [span-guel], *s.* 1. Lentejuela, planchita de metal plana y reluciente. 2. Cualquier cuerpo luminoso o cualquier cosa que relumbra.

spangle, *va.* Adornar alguna cosa con lentejuelas. **Spangled skies**, el cielo estrellado.

Spanglish ['spæŋglɪʃ] [span-glish], *s.* Espinglés, hispinglés *(Hum.),* mezcla de español e inglés.

Spaniard ['spænjəd] [spa-niad], *s.* 1. Español; natural o habitante de España. 2. Arbusto espinoso de la Nueva Zelandia.

spaniel ['spænjəl] [spa-niel], *s.* Perro de aguas, de tamaño pequeño con orejas grandes y colgantes y pelo largo y sedoso.

Spanish ['spænɪʃ] [spa-nish], *a.* Español, de España; que se refiere o pertenece a aquel país. *-s.* Español, el lenguaje castellano. **Spanish bayonet**, cualquier especie de yuca, particularmente **Spanish broom**, retama de España, atocha. **Spanish chalk**, esteatita, jaboncillo. **Spanish-black**, negro de España; corcho quemado. **Spanish-flies**, *s. pl.* Cantáridas. **Spanish-leather**, cordobán, cuero de Córdoba. **Spanish mackere**, escombro de ambas costas del Atlántico. **Spanish main**, la parte del Mar de las Antillas inmediata a la América del Sur, con inclusión del camino que solían seguir los buques mercantes españoles en sus viajes entre Europa y América. **Spanish moss**, musgo negro o de Florida.

Spanish America ['spænɪʃə'merɪkə] [spa-nish-a-me-ri-ka], *s.* América Hispana, Hispanoamérica.

Spanish-American ['spænɪʃə'merɪkən] [spa-nish-a-me-ri-kan], *a.* y *s.* Hispanoamericano.

spanishness ['spænɪʃnɪs] [spa-nish-nes], *sf.* Cualidad de español, españolismo.

spank [spæŋk] [spank], *va.* Golpear con la mano abierta o con un objeto sobre las nalgas; dar nalgadas.*vn.* Correr, ir de prisa. **To spank along,** ir corriendo, ir volando.

spanker ['spæŋkəʳ] [span-kaʳ], *s.* 1. El o lo que da nalgadadas. 2. Maricangalla, vela del palo de mesana. 3. *(Fam.)* Alguna cosa extraordinariamente grande y hermosa. 4. *(Fam.)* El o lo que va rápidamente, a grandes pasos.

spanking ['spæŋkɪŋ] [span-kin], *a.* 1. Que se mueve rápidamente, pronto, veloz. 2. *(Fam.)* Extraordinariamente grande o hermoso. 3. Zurra, paliza. **To give a spanking,** zurrar, dar una zurra.

spanner ['spænəʳ] [spa-naʳ], *s.* 1. El o lo que mide o alcanza; en especial una entre varias clases de herramientas; llave de pasador. 2. *V. Spanworm*, al fin del título SPAN.

spar [spɑːʳ] [spaʳ], *s.* 1. Espato, especie de fósil reluciente. 2. Un palo delgado y corto. 3. *(Mar.)* Berlinga, percha, bordón, mástil. 4. Asna, cabrio, cabrial, madero redondo que forma parte de una grúa o cabria de enarbolar. 5. Lucha a puñadas. **Iceland spar**, espato de Islandia. **Spar-deck**, cubierta de guindaste.

spar, *vn.* Fingir un combate a puñadas, como hacen los púgiles para ejercitarse. *va.* 1. Proveer de berlingas o mástiles; mover o alzar por medio de mástiles y poleas. 2. *(Des.)* Atracar o cerrar, cerrar con una tranca.

spare [spɛəʳ] [speaʳ], *va.* 1. Ahorrar, economizar, excusar gastos o moderarlos (save); economizar o conservar las cosas para que no se gasten o consuman, guardar o reservar una cosa; pasar o pasarse sin alguna cosa. 2. Perdonar, dejar libre a alguno de la pena que merecía (forgive); ahorrar, abstenerse de injuriar o molestar, hacer gracia de; permitir vivir. 3. Dispensar de, dar, conceder, conferir, disponer de (give). *-vn.* 1. Hacer gracia, usar de clemencia; de aquí, abstenerse, detenerse, refrenarse, desistir. 2. Ser frugal, ahorrativo, vivir con frugalidad y economía. **Not to spare oneself**, no economizar su trabajo, sus esfuerzos. **To spare the life of a prisoner**, perdonar la vida a un prisionero, permitirle vivir. **To have to spare**, tener de sobra. **Can you spare this book?**, ¿puede usted privarse de este libro?

spare, *a.* 1. Disponible a voluntad. 2. Sobrante, de sobra, que está de repuesto para un caso de necesidad o reserva; suplementario, adicional. 3. Descarnado, delicado, débil. 4. Escaso, sobrio, no abundante; apenas suficiente. **Spare time**, tiempo desocupado, ocio, tiempo libre. *(Fam.)* Ratos perdidos, horas de descanso. **Spare tyre,** rueda de repuesto. **Spare hours**, horas de recreo o perdidas para el trabajo. **Spare money**, dinero de reserva, dinero ahorrado para una necesidad. **Spare of speech**, escaso de palabras, que habla poco. **Spare bed**, cama de repuesto o de sobra. **To spare at the spigot and let out at the bunghole**, *(Prov.)* Economizar una gota y desperdiciar una bota. **Spare stores**, *(Mar.)* Pertrechos de respeto. **Spare rigging**, *(Mar.)* Crujía, postizas.

spareness ['spɛənɪs] [spea-nes], *s.* Magrura, escasez; ahorro; frugalidad.

sparer ['spɛərəʳ] [spea-raʳ], *s.* Ahorrador, la persona que ahorra.

sparetime ['spɛətaɪm] [spea-taim], *atr.* Tiempo libre.

sparing ['spɛərɪŋ] [spea-rin], *a.* 1. Escaso, corto, limitado, poco; de abastecimient limitado. 2. Frugal, económico, ahorrativo, sobrio. **Sparing in commendations**, sobrio de elogios. **Sparing efforts**, esfuerzos limitados.

sparingly ['spɛərɪŋlɪ] [spea-rin-li], *adv.* 1. Escasamente, parcamente, frugalmente, económicamente. 2. Rara vez, con poca frecuencia. 3. Cautamente, con precaución, con prudencia. **To live sparingly**, vivir parcamente.

sparingness ['spɛərɪŋnɪs] [spea-rin-nes], *s.* 1. Ahorro, escasez, ahorramiento. 2. Precaución, cautela.

spark [spɑːk] [spark], *s.* 1. Chispa, partícula encendida de fuego. 2. *(Poét.)* Centella, la chispa que se desprende del pedernal herido. 3. Resplandor pasajero, emanación brillante, chispa eléctrica, centella, punto reluciente. 4. Vislumbre. 5. Chispa, diamante muy pequeño. 6. Petimetre, pisaverde, el joven que cuida demasiadamente de su compostura. 7. Amante, galán. **A spark of reason**, una chispa de razón, un destello de buen sentido. **A spark of life**, un átomo de vida. **To make the sparks fly,** provocar riña. **Spark-arrester, spark-catcher**, chispero, sombrerete (locomotive).

spark, *vn.* 1. Chispear, echar chispas, centellear. 2. Formar chispas eléctricas o pequeños arcos, v.g. en el conmutador: se dice de los dinamos. *-va.* *(Fam.)* Galantear, pretender en matrimonio.

sparkish ['spɑːkɪʃ] [spar-kish], *a.* Alegre, vivo, galán, vestido de gala.
sparkic ['spɑːkɪk] [spar-kik], *s.* Centella, chispa.
sparkle ['spɑːkl] [spar-kel], *vn.* 1. Chispear, despedir chispas o resplandores; centellear (glitter). 2. Chispear, relucir, o brillar mucho (glint). 3. Chispear, producir burbujas, como ciertos vinos.
sparkler ['spɑːkləʳ] [spar-klaʳ], *s.* La persona que tiene los ojos muy vivos o como suele decirse, que echan chispas.
sparkling ['spɑːklɪŋ] [spar-klin], pa. Centelleante, brillante, chispeante, espumoso (shining). **Sparkling eyes**, ojos brillantes, chispeantes. **Sparkling wine**, vino que chispea.
sparklingly ['spɑːklɪŋlɪ] [spar-klin-li], *adv.* Con brillantez o brillo, con esplendor.
sparklingness ['spɑːklɪŋnɪs] [spar-klin-nes], *s.* Brillantez, brillo, lustre, esplendor.
spark plug ['spɑːkplʌg] [spark-plag], *s.* Bujía.
sparrow ['spærəʊ] [spa-rou], *s.* 1. Gorrión, pardal, pájaro de color oscuro, particulamente del género Passer. 2. Otro pájaro cantor parecido al gorrión.
sparrowgrass ['spærəʊˌgrɑːs] [spa-rou-gras], *s.* *(Fam.)* Espárrago. (Corrupción de *asparagus*).
sparrowhawk ['spærəʊhɔːk] [spa-rou-jok], *s.* Gavilán, ave de rapiña.
sparse [spɑːs] [spars], *a.* Esparcido, desparramado, difundido en pequeño número, no denso.
sparsely ['spɑːslɪ] [spars-li], *adv.* Aquí y allá, a grandes trechos, no densamente.
sparsity ['spɑːsɪtɪ] [spar-si-ti], *s.* Calidad de disperso o esparcido.
Spartan ['spɑːtən] [spar-tan], *a.* Espartano, de Esparta. *-s.* Espartano, habitante o natural de Esparta.
spasm ['spæzəm] [spa-sem], *s.* Espasmo, contracción violenta e involutaria de los músculos.
spasmodic ['pæz'mɒdɪk] [spas-mo-dik], *a.* Espasmódico, convulsivo.
spasmodically [spæz'mɒdɪkəlɪ] [spas-mo-di-ka-li], *adv.* Espasmódicamente, por saltos, a ratos.
spastic ['spæstɪk] [spas-tik], *a.* Espástico. *V.* SPASMODIC.
spat [spæt] [spat], *va.* y *vn.* Desovar los mariscos o moluscos. *-s.* Huevas de los mariscos o moluscos, particularmente de la ostra; ostras pequeñas hasta que se fijan en un lugar. (< *spat. pret.* de *spit*).
spat, *va.* y *vn.* *(E. U.)* 1. Dar un golpe ligero con la mano, dar palmadas; también, reñir ligeramente. 2. Azotar (la lluvia). *V.* PATTER. *-s.* 1. Manotada, manotón con la mano abierta; sopapo, bofetada. 2. Gota grande de lluvia, salpicadura, salpicón. 3. *(E. U.)* Riña, disputa (fight). *V.* PAT.
spathe ['spæθ] [spaz], *s.* *(Bot.)* Espata, bolsa membranácea que envuelve muchas flores; en especial, espádice.
spathic ['spæθɪk] [spa-zik], *a.* *(Min.)* Espático, parecido al espato.
spatial, spacial ['speɪʃəl] [spei-shal], *a.* Del espacio, perteneciente a él, o de su naturaleza.
spats [spætz] [spats], *s. pl.* Polainas.
spatter ['spætəʳ] [spa-taʳ], *va.* y *vn.* 1. Salpicar, manchar con agua sucia. 2. Rociar, esparcir en gotas. 3. Difamar, quitar la fama o la reputación.
spatter, *s.* 1. Salpicadura; rociamiento, rociada; acción y efecto de salpicar, de rociar. 2. Salpicadura, la substancia con que se salpica o rocía. 3. Ruido como de la lluvia que cae. **Spatterdashes**, polainas.
spattle ['spætl] [spa-tel], *va.* *(Cerám.)* Motear la vajilla de loza. **Spatting-machine**, máquina para motear los objetos de cerámica.
spatula ['spætjʊlə] [spa-tiu-la], *s.* Espátula, paleta de acero de que usan los boticarios, los esmaltadores, los escultores, etc.
spatulate ['spætjʊleɪt] [spa-tiu-leit], *a.* Espatulado, en forma de espátula; estrecho en la base y redondeado por el extremo, forma de muchas hojas.
spavin ['spævɪn] [spa-vin], *s.* Esparaván, enfermedad que padecen las caballerías en la articulación del corvejón.
spawn [spɔːn] [spon], *s.* 1. Freza, huevas de los peces, anfibios, moluscos o crustáceos. 2. Producto o fruto de una cosa (despectively). 3. Ostras pequeñas antes de fijarse; también pececillos. *V.* SPAT. 4. *(Bot.)* Micelio de un honguillo (como el de la seta).
spawn, *va.* y *vn.* 1. Desovar, poner sus huevos o huevas los peces, anfibios o moluscos. 2. Producir o soltar de sí alguna cosa, como desovan los peces. 3. Engendrar, procrear; proceder, dimanar. En este último sentido es voz de desprecio. **Spawn of the devil**, *(Vulg.)* hijo del diablo o demonio.
spawner ['spɔːnəʳ[spo-naʳ], *sf.* Pez hembra.
spawning ['spɔːnɪŋ] [spo-nin], *s.* Freza, desove, el acto de desovar los peces. **Spawning-time**, desove, el tiempo en que desovan los peces.
spay [speɪ] [spei], *va.* Castrar las hembras de los animales.
speak [spiːk] [spik], *va.* y *vn.* (*pret.* SPOKE; *pp.* SPOKEN). 1. Hablar, articular, pronunciar, proferir palabras o voces (talk); expresarse en un idioma; decir. 2. Perorar, arengar, hacer alguna arenga o razonamiento. 3. Razonar, conversar, disputar. 4. Hablar, rogar, abogar o interceder por una persona. 5. Hablar, revelar, hacer mención, dar aviso; explicarse. 6. Sonar. 7. Proclamar, celebrar. 8. Hablar a otro, dirigirse a uno, llamar un buque a otro con bocina.
speak about, hablar de, tratar de. **To speak fair**, hablar bien de algo o de alguien.
speak for, (a) hablar a favor o en nombre de otro; (b) ser prueba, evidencia de algo. **To speak for itself**, hablar por sí mismo, ser manifiesto. **To speak one's mind**, decir lo que se piensa, hablar en plata.
speak out, hablar claro, o en romance, hablar atrevidamente.
speak to, hablar a, *(Fam.)* poner de oro y azul, reprender.
speak up, hablar en voz alta, elevar la voz; osar hablar; decir claridades. **To speak thick**, hablar con media lengua, hablar tartajoso. **To speak through the nose**, ganguear, hablar gangoso. **Speaking personally,** en cuanto a mí, en lo que a mí se refiere. **So to speak**, por decirlo así. **Not to be on speaking terms**, 1. No conocer a uno sino de vista; no tener trato con alguien. 2. No hallarse en buenos términos con otra persona.
speakable ['spiːkəbl] [spi-ka-bol], *a.* 1. Decible, capaz de decirse o hablarse. 2. Capaz de hablar.
speaker ['spiːkəʳ] [spi-kaʳ], *s.* 1. El que habla, vocero. 2. Orador, el que arenga o habla en público. 3. Presidente de un cuerpo legislativo. **The Speaker of the House**, el presidente de la cámara de los diputados. **An easy o ready speaker**, un orador de fácil palabra.
speakership ['spiːkəʃɪp] [spi-ka-ship], *s.* Oficio o cargo del presidente de una asamblea legislativa.
speaking ['spiːkɪŋ] [spi-kin], *a.* Parlante, que habla. **A speaking likeness**, un retrato viviente, que está hablando. *-s.* Habla, discurso, declamación. **Speaking-tube**, tubo acústico (para hablar entre dos piezas algo distantes una de otra) o desde la calle a uno de los pisos. **Speaking-trumpet**, bocina, especie de trompeta que sirve para hablar de lejos; portavoz. **French-speaking,** de habla francesa, francófono.
spear [spɪəʳ] [spiaʳ], *s.* 1. Lanza, azagaya, venablo. 2. Arpón de pesca. 3. *(Poét.)* Lancero. 4. Brizna, tallo delgado de hierba. **Pump-spear**, *(Mar.)* Asta de bomba. **Spear-box**, *(Mar.)* Guarnición de bomba. **Spear-grass**, hierba de los prados. **Spear-head**, punta de lanza. **Spear-wort**, un ranúnculo, francesilla llama.
spear, *va.* Alancear, atravesar o prender con lanza o con arpón. *-vn.* Brotar.
spearmint ['spɪəmɪnt] [spia-mint], *s.* *(Bot.)* Hierbabuena puntiaguda, menta verde.
special ['speʃəl] [spe-shal], *a.* 1. Especial, extraordinario, singular, que se diferencia de lo común, ordinario o general. 2. Especial, particular, privativo, peculiar. 3. Específico, que caracteriza y distingue una especie de otra, de especie, diferencial. **Special delivery**, entrega inmediata (post). **Special-delivery stamp**, timbre de entrega inmediata.

specialist ['speʃəlɪst] [spe-sha-list], *s.* Especialista, persona que se dedica a una ciencia o arte, o que descuella en ellas.
specialization [ˌspeʃəlaɪ'zeɪʃən] [spe-sha-lai-sei-shon], *s.* Especialización.
specially ['speʃəlɪ] [spe-sha-li], *adv.* Especialmente, singularmente, particularmente, sobre todo.
speciality [ˌspeʃɪ'ælɪtɪ] [spe-shia-li-ti], *s.* Especialidad, calidad de especial.
specialize ['speʃəlaɪz] [spe-sha-lais], *vn.* Especializar, especializarse.
specialized ['speʃəlaɪzd] [spe-sha-laisd], *a.* Especializado.
specially ['speʃəlɪ] [spe-sha-li], *adv.* Especialmente, sobretodo, particularmente.
specialty ['speʃəltɪ] [spe-shal-ti], *s.* 1. Especialidad, empleo o estudio limitado a una clase determinada de trabajo, las tareas de un especialista. 2. Artículo fabricado para uso especial, artículo que se vende principal o exclusivamente. 3. *(For.)* Cualquier obligación hecha y firmada formalmente.
specie ['spi:ʃi:] [spi-shi], *s.* Dinero contante en oro o plata, numerario.
species ['spi:ʃi:z] [spi-shis], *s. (sing. and pl.)* 1. *(Biol.)* Especie, grupo de animales o plantas subordinado al género (genus) y capaz de multiplicarse entre sí ilimitadamente. 2. Especie, razón general o concepto que comprende a muchos individuos de la misma naturaleza. 3. De aquí, en el lenguaje popular, clase, género, suerte, variedad; forma. 4. *(ant.)* Especie, imagen o idea de algún objeto que se representa en el alma. 5. *(Farm.)* Polvos compuestos.
specific [spə'sɪfɪk] [spe-si-fik], *a.* 1. Específico, que caracteriza y distingue una cosa de otra. 2. Específico: se dice del medicamento que se supone capaz de curar una enfermedad determinada. 3. Expreso, formal, preciso; especificado, determinado, distinto. 4. Peculiar. **Specific name**, nombre específico, el de la especie; sigue siempre al del género y principia generalmente con letra minúscula.
specific, *s.* Específico o medicamento específico. **Specific gravity**, peso específico.
specifically [spə'sɪfɪkəlɪ] [spe-si-fi-ka-li], *adv.* 1. Específicamente, de un modo específico. 2. En cuanto a su naturaleza o diferencia específica. 3. En un sentido o caso particular.
specification [ˌspesɪfɪ'keɪʃən] [spe-si-fi-kei-shon], *s.* Especificación; la mención individual o particular de una cosa.
specify ['spesɪfaɪ] [spe-si-fai], *va.* Especificar, declarar con individualidad, mencionar específicamente.
specimen ['spesɪmɪn] [spe-si-men], *s.* Muestra, ejemplar.
specious ['spi:ʃəs] [spi-shos], *a.* 1. Especioso, plausible, recto y verdadero en apariencia, por lo común sólo en apariencia. 2. *(ant.)* Especioso, hermoso, vistoso.
speciousness ['spi:ʃəsnɪs] [spi-shos-nes], *s.* Calidad de especioso.
speck [spek] [spek], **speckle** ['spekl] [spe-kel], *s.* 1. Manchita, mácula, punto descolorido en alguna cosa; nube en un ojo; lunar, señal. 2. Punto, cosa muy pequeña, partícula, átomo.
speck, speckle, *va.* Abigarrar, manchar, señalar con manchitas, espolvorear, motear.
spectacle ['spektəkl] [spek-ta-kol], *s.* 1. Espectáculo, lo que se expone a la vista pública, ostentación. 2. Espectáculo, suceso lastimoso, exhibición deplorable. 3. *pl.* Anteojos, lunetas de vidrio o cristal que sirven para corregir algún defecto de la visión o para proteger los ojos de la luz demasiado viva, gafas. 4. *pl. (Zool.)* Marcas o señales a manera de gafas.
spectacled ['spektəkld] [spek-ta-kold], *a.* El que lleva o usa ante-ojos.
spectacular [spek'tækjʊlə[r]] [spek-ta-kiu-la[r]], *a.* Espectacular, caracterizado por fausto y magnificencia. *-s.* Programa espectacular de televisión, de carácter extraordinario.
spectator ['spekteɪtə[r]] [spek-tei-ta[r]], *s.* Espectador, el que mira con atención.
spectatress ['spektəkl] [spek-ta-tres], *sf.* Espectadora.
specter, spectre ['spektə[r]] [spek-ta[r]], *s.* Espectro, visión, fantasma.
spectral ['spektrəl] [spek-tral], *a.* 1. Espectral, perteneciente a un espectro o fantasma. 2. *(Opt.)* Espectral, relativo a los espectros solares o causado por ellos.
spectrometer [spek'trɒmɪtə[r]] [spek-tro-mi-ta[r]], *s.* Espectrómetro, aparato para el análisis espectral.
spectroscope ['spektrəskəʊp] [spek-tros-koup], *s.* Espectroscopio, instrumento óptico que sirve para estudiar el espectro luminoso.
spectroscopic [spektrə'skɒpɪk] [spek-tros-ko-pik], *a.* Espectroscópico, que se refiere al espectroscopio o se ve con él.
spectroscopy [spek'trɒskəpɪ] [spek-tros-ko-pi], *s.* Espectroscopia.
spectrum ['spektrəm] [spek-trom], *s.* 1. Espectro, imagen con los colores del arco iris, producida por la descomposición de la luz. 2. Imagen de un objeto reluciente que se ve después de apartar de él la vista. **A wide espectrum of possibilities,** un amplio abanico de posibilidades. **Solar spectrum**, espectro solar.
specula ['spekjʊlə] [spe-kiu-la], *s. pl.* Espejos. *V.* SPECULUM.
specular ['spekjʊlə[r]] [spe-kiu-la[r]], *a.* 1. Especular, terso, limpio, que tiene las cualidades de un espejo. 2. *(Des.)* Auxiliar de la vista.
speculate ['spekjʊleɪt] [spe-kiu-leit], *va.* y *vn.* 1. Especular, meditar, contemplar, considerar, reflexionar. 2. Especular, hacer una compra o inversión que puede ofrecer pérdida, pero con la esperanza de obtener una ganancia.
speculation [ˌspekjʊ'leɪʃən] [spe-kiu-lei-shon], *s.* 1. Especulación, la acción y efecto de especular. 2. Un proyecto o pensamiento que se ha discurrido o meditado, pero que no se ha puesto en práctica. 3. Especulativa, teórica; en oposición a la práctica en las artes y ciencias. 4. Meditación, contemplación o consideración detenida de alguna cosa. 5. *(Com.)* Especulación, acción de comprar, vender, etc., para obtener una ganancia. **To buy on speculation,** comprar como especulación.
speculative ['spekjʊlətɪv] [spe-kiu-la-tiv], *a.* 1. Especulativo, contemplativo, muy pensativo, dado a la especulación o contemplación. 2. Especulativo, teórico, que determina sólo en la especulación de las cosas. 3. Especulador (en sentido comercial).
speculatively ['spekjʊlətɪvlɪ] [spe-kiu-la-tiv-li], *adv.* Especulativamente, teóricamente; por vía de especulación (intelectual o comercial).
speculativeness ['spekjʊlətɪvnɪs] [spe-kiu-la-tiv-nes], *s.* Carácter especulativo.
speculator ['spekjʊleɪtə[r]] [spe-kiu-lei-ta[r]], *s.* 1. Especulador, la persona que especula comercialmente. 2. *(Des.)* Un observador, un contemplador.
speculum ['spekjʊləm] [spe-kiu-lom], *s.* 1. Espejo. 2. *(Cir.)* Espéculum: nombre dado a varios instrumentos de cirugía que sirven para tener dilatadas las cavidades mientras se las examina.
sped [sped] [sped], *pret.* y *pp.* de *TO* SPEED.
speech [spi:tʃ] [spich], *s.* 1. Habla, lenguaje, palabra o facultad de hablar. 2. Habla, conversación; el acto de hablar; dicho, expresión hecha por palabras. **To lose one's speech**, perder el habla. 3. Discurso; oración, arenga. 4. Idioma o lengua particular, dialecto (language). *(Fig.)* Cualquier modo de expresar el pensamiento por sonidos o señales. **Make a speech,** dar un discurso. **Without further speech,** sin decir más.
speechless ['spi:tʃlɪs] [spich-les], *a.* 1. Mudo, privado de la facultad de hablar. 2. Cortado, sobrecogido, callado, turbado, desconcertado, sin habla.
speechlessness ['spi:tʃlɪsnɪs] [spich-les-nes], *s.* Mudez, la falta de habla.
speechmaker ['spi:tʃmeɪkə[r]] [spich-mei-ka[r]], *s.* El que hace arengas.

speed [spi:d] [spid], *va.* (*pret.* y *pp.* SPED o SPEEDED). 1. Ayudar, dar ayuda o auxilio; favorecer; hacer salir bien o que tenga buen éxito alguna cosa. 2. Despachar, expedir, resolver y determinar algún negocio; acelerar el paso o movimiento. 3. Enviar a uno de prisa; apresurar, dar prisa, acelerar. **May Heaven speed this undertaking!** ¡El cielo favorezca esta empresa!. *-vn.* Ir, moverse o hacer alguna cosa con presteza y prontitud, despacharse, darse prisa. 2. Salir bien, tener buen éxito, tener acierto en lo que se emprende. 3. Hallarse en cualquier situación buena o mala. **Speed along,** ir a gran velocidad. **Speed up,** activar, acelerar.

speed, *s.* 1. Rapidez; el acto y estado de progresar rápidamente; presteza, velocidad, prisa, apresuramiento, diligencia. 2. Carrera, medida o razón del movimiento (race); velocidad relativa; *(Mec.)* andar. 3. Éxito, suceso, salida, fin, despacho bueno o malo de una cosa. **High speed**, galope o carrera tendida. **With all speed**, a toda prisa, con toda la celeridad posible. **At full speed**, a toda velocidad; (hablando de personas) a carrera tendida, velozmente; (hablando de caballos) a escape, a rienda suelta, a escape tendido; (de carruajes) a la carrera, a todo correr. **To make speed**, hacer diligencias, acelerarse, apresurarse. **What speed are you doing?,** ¿a qué velocidad vas? **Good speed!,** ¡buen viaje!

speedboat ['spi:dbəʊt] [spid-bout], *s.* Lancha rápida.

speeder ['spi:dəʳ] [spi-daʳ], *s.* Corredor, el que corre a velocidades excesivas.

speedily ['spi:dɪlɪ] [spi-di-li], *adv.* Rápidamente, velozmente; de prisa, pronto, con toda diligencia, con apresuramiento.

speediness ['spi:dɪnɪs] [spi-di-nes], *s.* Celeridad, velocidad, rapidez; prontitud, diligencia, prisa.

speed limit ['spi:d,lɪmɪt] [spid-li-mit], *s.* Límite de velocidad.

speedometer [spɪ'dɒmɪtəʳ] [spi-do-mi-taʳ], *s.* Velocímetro, celerímetro.

speed-up ['spi:dʌp] [spid-ap], *s.* Aceleramiento.

speedway ['spi:dweɪ] [spid-uei], *s.* Autopista, supercarretera; pista (track).

speedwell ['spi:dwel] [spid-uel], *s.* *(Bot.)* Verónica, planta de las escrofulariáceas.

speedy ['spi:dɪ] [spi-di], *a.* 1. Ligero, veloz, rápido, que se mueve con velocidad. 2. Pronto, diligente, acelerado, vivo, que emplea poco tiempo en hacer una cosa. **A speedy answer**, una contestación pronta.

spell [spel] [spel], *s.* 1. Hechizo, encanto (fake). 2. Turno, orden y alternativa entre varios sujetos para el trabajo; tanda. 3. Tanda, tarea que se señala para un tiempo determinado. 4. *(Fam.)* Poco tiempo. **By spells**, por turnos, a su vez. **A spell of eight hours**, tanda (o tiempo) de ocho horas. **Spellbound**, encantado, bajo el poder del encanto. **To be under spell,** estar hechizado, encantado. **To cast a spell over someone,** hechizar a alguien.

spell, *va.* (*pret.* y *pp.* SPELLED o SPELT). 1. Deletrear, pronunciar o escribir cada letra, separada y de por sí. 2. Descifrar, p. ej. una inscripción; aprender calentándose los sesos, estudiar; se usa a veces con *over* o *out*. 3. Hechizar, encantar. *-vn.* 1. Formar palabras con las letras; particularmente, escribir correctamente o con buena ortografía. 2. *(Poét. y poco us.)* Contemplar, meditar.

spell, *va. (Fam. o Prov.)* Relevar, reemplazar, tomar el puesto de otro en alguna ocupación. **To spell the pump**, rendir los marineros a la bomba. **To spell the watch**, llamar a la guardia. *-vt.* **Spell out,** deletrear (read letter by letter).

spellbinder ['spel,baɪndəʳ] [spel-bain-daʳ], *s.* Orador fascinante.

speller ['speləʳ] [spe-laʳ], *s.* El que deletrea.

spelling ['spelɪŋ] [spe-lin], *s.* 1. Deletreo, acción de deletrear; arte de deletrear correctamente; ortografía. 2. Manera como se deletrea una palabra y la misma palabra deletreada. **Spelling checker,** corrector ortográfico. **Spelling error,** error ortográfico.

spelt ['spelt] [spelt], *s.* *(Bot.)* Espelta.

spelt, *pret.* y *pp.* del verbo SPELL.

spencer ['spensəʳ] [spen-saʳ], *s.* Especie de sobretodo, que se llevaba al principio del siglo XIX.

spend [spend] [spend], *va.* (*pret.* y *pp.* SPENT). 1. Gastar, expender, emplear el dinero en alguna cosa (lay out). 2. Malgastar, disipar. 3. Gastar, consumir, destruir, extinguir (destroy). 4. Gastar, echar a perder. 5. Gastar, ocupar, emplear. **I shall spend the winter with my sister**, pasaré el invierno, con mi hermana. 6. Cansar, fatigar. *-vn.* 1. Hacer gastos. 2. Gastarse, perderse, consumirse. **To spend a mast**, *(Mar.)* Perder un palo. **To spend the holidays,** pasar las vacaciones. **To spend freely,** gastar demasiado, despilfarrar.

spender ['spendəʳ] [spen-daʳ], *s.* 1. El que gasta. 2. Gastador, el que gasta mucho, pródigo, manirroto. **To be a big spender,** ser una persona generosa.

spending ['spendɪŋ] [spen-din], *s.* Gasto.

spendthrift ['spen*d*θrɪft] [spend-zrift], *s.* Pródigo, gastador, manirroto, derrochador, malgastador.

spent ['spent] [spent], *pret.* y *pp.* del verbo TO SPEND.

sperm [spɜ:m] [sperm], *s.* Esperma. **Sperm bank,** banco de esperma. **Sperm whale,** cachalote.

spermaceti [,spɜ:mə'setɪ] [sper-ma-se-ti], *s.* Espermaceti o esperma de ballena, substancia grasienta que se saca del aceite contenido en la cabeza de los cachalotes. **Sperm-oil, spermaceti-oil**, aceite de esperma, de cachalote.

spermatozoon [,spɜ:mətəʊ'zəʊɒn] [sper-ma-to-souon], *s.* Espermatozoide, espermátulo o espermatozoario; cuerpo filamentoso y viviente que se halla en el semen de los animales y que da a éste su facultad fecundante.

spew [spju:] [spiu], *va.* y *vn.* Vomitar, echar algo del estómago; arrojar, echar con aborrecimiento.

spewing ['spju:ɪŋ] [spiuin], *s.* Vómito.

sphenoid ['sfenɔɪd] [sfe-noid], *a.* Esfenoidal, encajado a modo de cuña. *-s.* Esfenoides, hueso impar, en medio de los de la base del cráneo.

spheral ['sfɪərəl] [sfia-ral], *a.* 1. Esférico, redondeado, simétrico. 2. Referente a las esferas celestes; armonioso.

sphere [sfɪəʳ] [sfiaʳ], *s.* 1. Esfera, cuerpo esférico. 2. Globo, sea celeste o terrestre. 2. Esfera, el círculo o extensión de los conocimientos científicos, y la clase, estado o condición de las personas; círculo de acción, extensión de poder o influencia.

sphere, *va.* Colocar en una esfera; redondear, poner redonda alguna cosa.

spheric ['sferɪk] [sfe-rik], *a.* 1. Clestial, perteneciente a un astro, o a las esferas en que los antiguos suponían colocados a los astros; exaltado. 2. *V.* SPHERICAL.

spherical ['sferɪkəl] [sfe-ri-kal], *a.* 1. Esférico, de forma de esfera o globo. 2. Planetario, perteneciente a los planetas.

spherically ['sferɪkəlɪ] [sfe-ri-ka-li], *adv.* En forma esférica.

spheroid ['sferɔɪd] [sfe-roid], *s.* Esferoide, cuerpo cuya figura se aproxima a la de la esfera.

spheroidal ['sferɔɪdəl] [sfe-roi-dal], *a.* Esferoidal, que tiene forma o figura de esferoide.

spherule ['sferjʊl] [sfe-riul], *s.* Esfera menuda, glóbulo, esférula.

sphincter ['sfɪŋ*k*təʳ] [sfink-taʳ], *s.* *(Anat.)* Esfínter, un músculo que rodea una abertura o tubo y sirve para cerrarlo.

sphinx ['sfɪŋks] [sfinks], *s.* 1. Esfinge *(f.)*; monstruo fabuloso, con cabeza de mujer y cuerpo de león, que proponía enigmas y devoraba a los que no podían explicarlos. La esfinge egipcia no tenía alas, la griega sí. 2. Persona misteriosa o enigmática. 3. Esfinge *(m.)*, género de insectos lepidópteros. *V.* HAWK-MOTH.

spice [spaɪs] [spais], *s.* 1. Especia, cualquier sustancia para dar sabor a la comida *(Culin.)*; *(Mex.)* Olor. 2. Saborete, lo que da sabor, gusto o interés; grano, dosis. 3. *(Poét.)* Olor aromático, perfume agradable. **Spice-bush**, benjuí, arbusto americano aromático de las lauráceas. **Spices**, espiciería, especias. **the espice**, *(Fig.)* la nata, la flor de.

spice, *va.* Especiar, echar especias, sazonar o condimentar con especias; *(Fig.)* dar gusto o picante a una cosa, dicho o escrito.

spicer ['spaɪsəʳ] [spai-saʳ], *s.* 1. El que sazona con especias. 2. *(Des.)* Especiero, el que vende especias o trata en ellas.

spicery ['spaɪsərɪ] [spai-se-ri], *s.* 1. Especiería, droguería. 2. Dispensa o lugar donde se guardan las especias. 3. Propiedad o carácter aromático.
spicily ['spaɪsɪlɪ] [spai-si-li], *adv.* De una manera picante.
Spick ['spɪk] [spik], *s.* *(E.U.)* Hispano.
spick-and-span ['spɪkən'spæn] [spik-an-span], *a.* Nuevo, flamante, fresco.
spicknel ['spɪknɪl] [spik-nel], *s.* *(Bot.)* Pinillo oloroso, hierba perenne de Europa.
spicula ['spɪkjʊlə] [spi-kiu-la], *s.* 1. *(Bot.)* Espiguita, espiga menuda. 2. *V.* SPICULE.
spicule ['spɪkjʊl] [spi-kiul], *s.* Cuerpo pequeño y puntiagudo, púa. 1. *(Zool.)* púa que se halla en los invertebrados, como la esponja. 2. *(Bot.)* Espiguita, espiguilla. 3. *pl.* Agujas de la escarcha o hielo, la única forma en que puede existir la humedad a grandes alturas de la atmósfera.
spicy ['spaɪsɪ] [spai-si], *a.* 1. Que produce especias o abunda en ellas. 2. Aromático, que tiene fragancia, especiado. 3. *(Fig.)* Sabroso, picante.
spider ['spaɪdəʳ] [spai-daʳ], *s.* 1. Araña, insecto arácnido. 2. Arácnido, lo que es semejante a la araña. 3. **Spider o spider-crab**, araña de mar, cangrejo de patas largas y delgadas, centollo. 4. Sartén con mango largo; originalmente cazo con pies. **Spider-like**, parecido a una arraña. **Spider-flower**, una especie cualquiera del género Cleome. **Spider-line**, hilo de tela de araña para micrómetros. **Spider's web**, telaraña.
spiderman ['spaɪdəmən] [spai-dar-man], *s.* Hombre araña, obrero empleado en la construcción de edificios altos.
spiffing ['spɪfɪŋ] [spi-fin], *a.* Estupendo, fenomenal.
spigot ['spɪgət] [spi-got], *s.* Llave de fuente, tapón para cerrar la espita.
spike [spaɪk] [spaik], *s.* 1. Espiga de grano, inflorescencia con flores sesiles dispuestas juntamente a lo largo de un eje común. 2. Espigón, clavo largo, perno. 3. Punta o punta larga. 4. *(Bot.)* Alhucema, espliego. **Oil of spike**, aceite de espliego. **Spike heel,** tacón de aguja. **Spikes**, zapatillas con clavos *(Sport)*.
spike, *va.* 1. Afianzar, sujetar o clavar con espigones. 2. Aguzar, adelgazar por la punta. 3. Clavar, tapar o inutilizar el oído de un cañón. **To spike a cannon**, *(Mil.)* Clavar un cañón.
spikenard ['spaɪknɑːd] [spaik-nard], *s.* 1. Nardo, confección aromática hecha de las hojas del nardo y sus espigas. 2. *(Bot.)* Espicanardo, espique o nardo. 3. Hierba americana que se parece a la zarzaparilla silvestre. 4. Uno de los varios aceites vegetales.
spiky ['spaɪkɪ] [spai-ki], *a.* Parecido a un clavo, puntiagudo, armado de púas.
spile [spaɪl] [spail], *va.* 1. Horadar un barril y ponerle espita, tapón o espiche. 2. Clavar estacas o pilotes. *-s.* 1. Pilote (estaca). *V.* PILE. 2. Clavija de madera que sirve de tapón, espiche, agujero en un barril o tonel que permite la entrada del aire o la salida de los gases de fermentación. 3. *(E. U.)* Llave de sangrar el arce azucarero.
spiling ['spaɪlɪŋ] [spai-lin], *s.* Pilotaje, conjunto u obra de pilotes.
spill [spɪl] [spil], *s.* *(Prov.)* 1. Astilla de madera. 2. Clavillo: fósforo de cartón. 3. Caída, vuelco, vertido.
spill, *va.* (*pret.* y *pp.* SPILLED o SPILT). 1. Derramar, verter, dejar caer, perder (pour): se dice de las substancias líquidas y polvorientas o de objetos pequeños y sueltos. 2. Arrojar, volcar (tip over). 3. Destruir, desperdiciar, malbaratar, disipar (destroy). 4. *(Mar.)* Apagar, descargar el viento del seno de una vela para aferrarla. *-vn.* Derramarse, verterse, volcarse; rebosar; perderse o destruirse. *-vi.* **Spill over,** desbordarse.
spillage ['spɪlɪdʒ] [spi-lich], *s.* Vertido.
spiller ['spɪləʳ] [spi-laʳ], *s.* Sedal de caña de pescar.
spillway ['spɪlweɪ] [spil-uei], *s.* Canal de desagüe.
spilt ['spɪlt] [spilt], *pret.* and *pp. of* **spill.**
spin [spɪn] [spin], *va.* (*pret.* SPUN, *ant.* SPAN, *pp.* SPUN). 1. Hilar, reducir el algodón, lino, cáñamo, lana, seda, a hilo, etc. 2. Alargar, prolongar, decir, contar, parlotear, a menudo con *out*. **To spin out long discourses**, hacer largos discursos. 3. Hacer girar (como gira una peonza). 4. Hacer durar, procurar que pase el tiempo. *-vn.* 1. Hilar, ejercer el arte de hilar. 2. Correr hilo a hilo; hilar, echar filamentos viscosos las arañas o los gusanos de seda y formar con ellos telarañas o capullos. 3. Girar; moverse en derredor como un huso. 4. *V.* SPURT. **Spin around,** girar, dar vueltas. *-s.* Revolución, vuelta; paseo. **To go for a spin,** dar un paseo, ir a dar una vuelta. **To put a spin on the ball,** dar efecto a la pelota *(Sport)*.
spinach ['spɪnɪdʒ] [spi-nich], *s.* *(Bot.)* Espinaca.
spinal ['spaɪnl] [spai-nal], *a.* Espinal. **Spinal column**, espina dorsal, espinazo.
spindle ['spɪndl] [spin-del], *s.* 1. Huso, instrumento de madera con que se hila; instrumento de hierro que se introduce en un cañón para devanar seda; broca. 2. Gorrón, eje, carretel, árbol sobre el cual gira una cosa. 3. Cosa muy delgada que se supone parecida a un huso. **Spindle of the vane**, *(Mar.)* huso, eje o fierro de la grímpola. **Spindle of the capstan**, *(Mar.)* Pínola del cabrestante. **Spindle of the steering-wheel**, *(Mar.)* Maza de la rueda del timón. **Spindle-leegged, -shanked**, zanquivano, el que tiene las piernas largas y delgadas. **Spindle-shaped**, fusiforme, en figura de huso.
spindle, *vn.* Crecer los tallos de las plantas muy altos y delgados.
spindle-tree ['spɪndl,triː] [spin-del-tri], *s.* *(Bot.)* Bonetero, arbusto de Europa.
spine ['spaɪn] [spain], *s.* 1. Espinazo o espina, columna vertebral. 2. Espina, púa delgada o puntiaguda.
spinel ['spaɪnl] [spai-nel], *s.* Espinel, especie de rubí.
spinet [spɪ'net] [spi-net], *s.* Espineta, clavicordio pequeño.
spinnaker ['spɪnəkəʳ] [spi-na-kaʳ], *s.* Una vela grande en forma de foque para regatas, y que se pone al lado opuesto de la vela mayor.
spinner ['spɪnəʳ] [spi-naʳ], *s.* 1. Hilador, hilandera, hilandero. 2. Araña de jardín. 3. *V.* SPINNERET.
spinneret [,spɪnə'ret] [spi-na-ret], *s.* Fileras, órgano propio de la araña o del gusano de seda, que les sirve para tejer la telaraña o la seda.
spinning ['spɪnɪŋ] [spi-nin], *s.* 1. Hila, acción o arte de hilar, filatura (of thread). **Spinning-jenny**, telar o aparato para hilar más de un hilo a la vez. **Spinning-mill,** hilandería. **Spinning-mule**, telar para hilar algodón. *V.* MULE. **Spinning-wheel**, torno de hilar. 2. Rotación (motion).
spinose ['spɪnəʊs] [spi-nous], *a.* Espinoso, lleno de espinas.
spinous ['spɪnəʊs] [spi-nous], *a.* Espinoso.
spiny ['spaɪnɪ] [spai-ni], *a.* 1. Espinoso, provisto de espinas. 2. Penoso, difícil, inquietante.
spiracle ['spɪrəkl] [spi-ra-kol], *s.* 1. Respiradero, abertura u orificio para dar paso al aire o al agua al respirar; estigma, orificio de las tráqueas de los insectos; estoma, poro microscópico que se halla en la epidermis de las plantas; respiradero de los cetáceos. 2. Cono muy pequeño formado en la lava líquida por los gases que de ella se escapan.
spiral ['spaɪərəl] [spai-ral], *a.* Espiral; dispuesto en espiral o en hélice. *-s.* 1. Espira, curva espiral que partiendo de un punto y aumentando progresivamente su radio, da vueltas en torno de sí misma a manera de caracol. 2. Hélice. *-vi.* **Spiral down/up,** bajar/subir en espiral (plane).
spirally ['spaɪərəlɪ] [spai-ra-li], *adv.* Espiralmente, en figura o a modo de espiral.
spire ['spaɪəʳ] [spaiaʳ], *s.* 1. Espira, línea curva que sin cerrar el círculo va dando vueltas en forma de caracol. 2. Obelisco, pirámide; torre. 3. La aguja o chapitel de un campanario o torre. 4. Tallo delgado, brizna de hierba. 5. Cúspide, cima, de alguna cosa.
spire, *va.* Edificar con chapitel. *-vn.* 1. Rematar en punta. 2. Germinar, como la cebada al hacer cerveza.
spirit ['spɪrɪt] [spi-rit], *s.* 1. Espíritu, substancia incorpórea o inmaterial. 2. Espíritu, alma racional (soul). 3. Espíritu, ánimo, valor, energía, brío, esfuerzo, denuedo. 4. Viveza, agudeza, fuego, ardor, fogosidad (passion). 5. Espectro,

fantasma, visión (ghost). 6. Hombre de corazón, espíritu emprendedor. 7. Elación, fortaleza, grandeza de alma. 8. Espíritu, genio o inclinación para una cosa. 9. Ingenio, talento. 10. Genio, condición, carácter especial; motivo, principio de acción (cause). 11. Espíritu, el verdadero sentido o intento; opuesto a letra. 12. Espíritu, el vigor o la energía natural que alienta y fortifica el cuerpo (courage). 13. Extracto o quinta esencia de una cosa. 14. El licor espirituoso que ha sido sacado por destilación, particularmente, el alcohol. **Spirits**, *s. pl.* (a) Espíritus, los vapores sutilísimos que se exhalan de un licor o cuerpo cualquiera. (b) Espíritus, las partes más sutiles y puras de los cuerpos. (c) Humor o buen humor, la buena disposición en que uno se halla para ejecutar una cosa (mood); alegría, vivacidad, viveza. **To be in good** o **high spirits**, estar alegre, de buen humor o contento. **To have a high spirit**, tener el alma grande; ser altivo. **To cast out spirits,** exorcizar espíritus. **Spirits** o **spirit of wine**, espíritu de vino, alcohol común. **Spirits of turpentine**, aceite de trementina, aguarrás. **Low spirits**, abatimiento. **High spirits**, alegría, buen humor, optimismo. **To keep up one's spirits**, mantener el valor. **Spirit-stirring**, animador, que estimula el valor. **To show spirit**, mostrar buen ánimo. **Pyroxylic spirit, wood spirit**, éter piroleñoso, alcohol metílico. **Ardent spirits**, licores espirituosos. **Spirit-lamp**, lámpara de alcohol. **Spirit-level**, nivel de aire (en el éter y el alcohol). **The Spirit**, el Espíritu Santo.

spirit, *va.* 1. Llevar, conducir secreta y misteriosamente como por medio de un espíritu; arrebatar, llevarse; se usa con **away** u otro adverbio. 2. *(Ant.)* Incitar, animar, dar espíritu.

spirited ['spɪrɪtɪd] [spi-ri-tid], *a.* Vivo, fogoso, brioso; lleno de vida, de fuerza, de vigor; arrebatado. **A spirited horse**, un caballo fogoso, impetuoso. **High-spirited**, que posee grandeza de alma. **Low-spirited**, que es cobarde o se amilana con facilidad. **Mean-spirited**, de ánimo mezquino, estrecho; miserable.

spiritedly ['spɪrɪtɪdlɪ] [spi-ri-tid-li], *adv.* Animosamente, con espíritu, vigor o energía.

spiritedness ['spɪrɪtɪdnɪs] [spi-ri-tid-nes], *s.* Arrebato de calor, energía; ardor; corazón, valor; vigor, ánimo, fuerza.

spiritism ['spɪrɪtɪzəm] [spi-ri-ti-sem], *s.* Espiritismo; voz de uso no bien determinado. *V.* SPIRITUALISM.

spiritless ['spɪrɪtlɪs] [spi-rit-les], *a.* 1. Abatido, amilanado, sin espíritu o vigor; sin carácter, gastado; sin imaginación. 2. Sin espíritu, sin alma, muerto.

spiritlessly ['spɪrɪtlɪslɪ] [spi-rit-les-li], *adv.* Sin vigor, sin espíritu, sin energía (sad, depressive).

spiritlessness ['spɪrɪtlɪsnɪs] [spi-rit-les-nes], *s.* Abatimiento, amilanamiento, falta de vigor o energía (depression).

spiritous ['spɪrɪtʊəs] [spi-ri-tuos], *a.* 1. Espiritoso o espirituoso, refino o refinado. **Spiritous liquors**, licores espirituosos. 2. Vivo, activo.

spiritual ['spɪrɪtjʊəl] [spi-ri-tiual], *a.* 1. Espiritual, incorpóreo, que consta de espíritu; mental, intelectual, inmaterial. 2. Espiritual, que pertenece al espíritu; santo, puro; que no es carnal, sensual ni corporal; que proviene del Espíritu Santo. 3. Espiritual, eclesiástico, en oposición a temporal o civil; piadoso, religioso. 4. *V.* SPIRITUALISTIC.

spiritualism ['spɪrɪtjʊəlɪzəm] [spi-ri-tiua-li-sem], *s.* 1. Espiritismo, doctrina de los que creen en la comunicación con los espíritus mediante una persona que se llama *médium*. 2. Espiritualismo, sistema filosófico opuesto al materialismo, que acepta la existencia de seres espirituales y en particular la inmortalidad del alma. 3. Espiritualidad.

spiritualist ['spɪrɪtjʊəlɪst] [spi-ri-tiua-list], *s.* 1. Espiritista, partidario del espiritismo. 2. Espiritualista, partidario del espiritualismo.

spirituality [ˌspɪrɪtjʊ'ælɪtɪ] [spi-ri-tiua-li-ti], *s.* 1. Espiritualidad, inmaterialidad, calidad de espiritual, de santo y puro; carácter o naturaleza espiritual; vida interior. 2. Los bienes espirituales o eclesiásticos.

spiritualize ['spɪrɪtjʊəlaɪz] [spi-ri-tiua-lais], *va.* 1. Espiritualizar, dar carácter espiritual; tratar, considerar como si tuviese sentido espiritual. 2. Animar, vivificar.

spiritually ['spɪrɪtjʊəlɪ] [spi-ri-tiua-li], *adv.* Espiritualmente; con el carácter de espíritu, en espíritu.

spirituous ['spɪrɪtjʊəs] [spi-ri-tiuos], *a.* 1. Espiritoso o espirituoso, destilado, que contiene alcohol; embriagante, ardiente. 2. *(Des.)* Espiritoso, vivo, animoso, que tiene mucho espíritu. **Spirituous liquors**, licores espirituosos o ardientes.

spirituousness ['spɪrɪtjʊəsnɪs] [spi-ri-tiuos-nes], *s.* La calidad de ser un licor espirituoso.

spirt [spɜːt] [spert], *va.* y *s. V.* SPURT.

spiry ['spaɪrɪ] [spai-ri], *a. (Poét. o des.)* Piramidal, espiral; con numerosos campanarios.

spit [spɪt] [spit], *s.* 1. Asador, varilla puntiaguda de hierro que se introduce en la carne para asarla. 2. Lengua de tierra o banco de arena largo y estrecho que se extiende mar adentro desde la orilla. 3. *(Prov. Ingl.)* Azadonada. **Turn-spit**, asador, máquina para asar.

spit, *s.* 1. Escupidura, escupitajo, esputo, escupido, saliva. 2. Escupidura, el acto de escupir. 3. Espuma o huevos de varios insectos. **Spitbox**, escupidera. **To be the very spit of someone,** ser la viva imagen de alguien.

spit, *va. (pret.* y *pp.* SPIT, SPAT). 1. Escupir. 2. Arrojar, impulsar o echar en ráfagas o gotas. *-vn.* 1. Escupir, salivar, echar saliva o esputos, gargajear. 2. Producir sonido semejante al que se hace escupiendo. 3. Caer en gotas o copos dispersos. **Spit it out!**, ¡desembucha!, ¡dilo!

spit, *va. (pret.* y *pp.* SPITTED). 1. Espetar, clavar en el asador; atravesar de parte a parte. 2. Ensartar en una varilla.

spitchcook ['spɪtʃkʊk] [spich-kuk], *va.* Dividir un ave o pescado a lo largo y asarlos.

spitchcook, Anguila tajada y asada.

spite [spaɪt] [spait], *s.* 1. Rencor, despecho, malevolencia, odio, mala voluntad (rancor, hate). 2. Acción de malquerencia; lo que se hace por rencor; vejación. **Spite of** o **in spite of**, a pesar de, a despecho, contra la voluntad o gusto de alguno. **In spite of all my endeavors**, a pesar de todos mis esfuerzos.

spite, *va.* Dar pesar, causar indignación; picar, impacientar; mostrar resentimiento, vejar maliciosamente.

spitfire ['spɪtfaɪə^r] [spit-faia^r], *s.* Persona colérica, dada a decir palabras duras o maliciosas.

spiteful ['spaɪtfʊl] [spait-ful], *a.* Rencoroso, enconoso; malicioso, maligno, malévolo.

spitefully ['spaɪtfəlɪ] [spait-fu-li], *adv.* Malignamente, con rencor, con tirria; por despecho; con el deseo de hacer daño.

spitefulness ['spaɪtfəlnɪs] [spait-fal-nes], *s.* Malignidad, malevolencia, malicia, rencor, encono; deseo de perjudicar que proviene de irritación y mala voluntad.

spitter ['spɪtə^r] [spi-ta^r], *s.* 1. El que espeta. 2. Escupidero. 3. Gamezno, el gamo pequeño y nuevo.

spittle ['spɪtl] [spi-tel], *s.* Saliva, humor acuoso que se forma en la boca; escupido, esputo, gargajo.

spitz ['spɪts] [spits], *s.* Perro pequeño de hocico puntiagudo y pelo largo y tupido, perro de Pomerania.

splash [splæʃ] [splash], *va.* 1. Chapotear, hacer saltar, golpear el agua. 2. Salpicar, humedecer con un líquido (como agua sucia); enlodar. *-vn.* Chapotear, golpear el agua con los pies o las manos. *-s.* 1. Salpicadura, acto de salpicar, o chapotear; ruido, choque del agua. 2. Salpicadura, mancha de agua sucia que ha salpicado. **Splash about,** desparramar, derrochar. **Splash down,** amerizar. **Splash up,** salpicar.

splashback, splashboard ['splæʃbæk] [splash-bak] ['splæʃbɔːd] [splash-bord], *s.* Guardafango, salpicadero (car).

splashy ['splæʃɪ] [spla-shi], *a.* Cenagoso, lodoso, sucio; húmedo.

splatter ['splætə^r] [spla-ta^r], *va.* y *vn.* Hacer un ruido ligero como de chapoteo; también, hablar entre dientes, hablar en vascuence.

splay [spleɪ] [splei], *va.* 1. Achaflanar, hacer en chaflán. 2. Exponer a la vista, mostrar; cortar un ave, un pez, etc. 3. Despaldar o despaldillar a un caballo. *-a.* Extendido, desplegado, ancho; pesado. *-s.* Alféizar, derrame que hace la pared en el corte de una ventana o puerta.

spleen [spli:n] [splin], *s.* 1. Bazo, órgano esponjoso que está en el hipocondrio izquierdo; antiguamente se consideraba como el asiento de varios afectos. (De aquí los sentidos figurados.). 2. Ira, rencor, odio, animosidad, mal humor. 3. Hipocondría, vapores hipocondríacos. 4. Esplín, melancolía. **To vent one's spleen**, descargar uno la bilis o el rencor.

spleened ['spli:nd] [splind], *a.* Privado del bazo.

spleenful ['spli:nfʊl] [splin-ful], *a.* Bilioso, colérico, enfadoso, regañón, triste, melancólico (sad, irritated).

spleenish ['spli:nɪʃ] [spli-nish], *a.* (Poco us.) Algo caprichudo o regañón; algo bilioso o melancólico.

spleenless ['spli:nlɪs] [splin-les], *a.* Blando, suave, apacible.

spleenwort ['spli:nwɔ:t] [splin-uort], *s.* *(Bot.)* Escolopendra.

spleeny ['spli:nɪ] [spli-ni], *a.* Triste, melancólico, bilioso; irritable, enfadadizo.

splendent ['splendənt] [splen-dent], *a.* Esplendente; resplandeciente.

splendid ['splendɪd] [splen-did], *a.* 1. Esplendente, brillante, resplandeciente. 2. Espléndido, magnífico. 3. Ilustre, glorioso, heroico.

splendidly ['splendɪdlɪ] [splen-did-li], *adv.* Espléndidamente.

splendiferous [splendɪ'fərəs] [splen-di-fe-ros], *a.* Espléndido.

splendor, splendour ['splendəʳ] [splen-doʳ], *s.* Esplendor, pompa, magnificencia; brillantez, gran resplandor.

splenetic [splɪ'netɪk] [spli-ne-tik], *a.* Atrabiliario, atrabilioso, bilioso, melancólico; caprichudo, regañón, de mal humor.

splenic ['splenɪk] [sple-nik], *a.* Esplénico, perteneciente o relativo al bazo. **Splenic artery**, arteria esplénica.

splice [splaɪs] [splais], *va.* 1. Ayustar, entrelazar las puntas de dos cabos; empalmar. 2. Unir, juntar, empalmar maderos. 3. *(Fest.)* Unir en matrimonio. **To splice the main brace**, *(Ger.)* tomar un trago de licor espirituoso.

splice, *s.* *(Mar.)* Ayuste, empalme, de cabo. **To bend with a splice**, (Mar.) ajustar con costura. **Eye-splice**, (Mar.)costura de ojo. **Long-splice**, *(Mar.)* costura larga o española, ayuste largo. **Short-splice**, *(Mar.)* costura corta o flamenca; empalmadura. **To get spliced,** contraer matrimonio, casarse.

splicer ['splaɪsəʳ] [splai-saʳ], *s.* Máquina de montaje.

splicing ['splaɪsɪŋ] [splai-sin], *s.* Ayuste, empalme. **Splicing-fid**, *(Mar.)* pasador, para abrir los cabos y ayustar.

splint [splɪnt] [splint], *va.* Entablillar, asegurar con tablilas un miembro fracturado o lastimado. *-s.* 1. Tira plana y delgada, particularmente la que sirve para hacer cuévanos, asientos de sillas, etc.; astilla. 2. Tablilla para entablillar los miembros rotos o descoyuntados. 3. *V.* **Splint-bone**. **Splint-bone**, sobrehueso, uno de los pequeños huesos rudimentarios laterales, en las partes del caballo y otros animales afines.

splinter ['splɪntəʳ] [splin-taʳ], *va.* 1. Astillar, hacer astillas, hender en fragmentos. 2. Entablillar o entabletar un miembro fracturado. *-vn.* Hacerse pedazos, romperse en astillas.

splinter, *s.* 1. Astilla, esquirla, brizna, de un cuerpo sólido; por lo general, es agudo y angular más bien que plano. 2. Rancajo, punta o astilla de madera clavada en la carne. 3. Astillazo que salta de una piedra cuando se está labrando.

splinterprooft ['splɪntəpru:f] [splin-ta-pruf], *a.* Inastillable.

splitt [splɪt] [split], *va.* (*pret.* y *pp.* SPLIT o SPLITTED). 1. Hender, dividir, partir, rajar (cleave); estrellar. **Let's split the difference**, partamos la diferencia. 2. Dividir, hender o separar a lo largo. *V.* RIVE. 3. Dividir en dos o más capas, como se hace con el cuero. 4. Dividir, desunir los ánimos introduciendo discordias. *-vn.* 1. Henderse, estrellarse, rajarse, romperse; estallar. 2. Dividirse en dos o más partidos opuestos. 3. Henderse, rajarse a lo largo. **To split upon a rock**, estrellarse contra una roca. **The votes are split 7-5,** los votos están repartidos 7 a 5. **My head is splitting,** me duele mucho la cabeza. **To split with laughing**, reventar de risa. *-s.* 1. Hendedura, hendidura, grieta, abertura longitudinal. 2. División, cisma, rompimiento. 3. Raja, pedazo separado. *-a.* 1. Hendido. 2. Limpiado y acecinado (fish). **Split off,** separar. **Split up,** dividir, parcelar (estate).

split-level ['splɪt,levl] [split-le-vel], *a.* De piso escalonado.

splitter ['splɪtəʳ] [spli-taʳ], *s.* Hendedor, el que hiend o raja.

split-up ['splɪtʌp] [split-ap], *sf.* Separación, división, ruptura.

splotch [splɒtʃ] [sploch], *va.* Manchar o ensuciar con manchitas de diferente color. *-s.* Manchita de color distinto de las que la rodean; borrón.

splurge [splɜ:dʒ] [splerch], *vn.* Hacer gran papel; hacer alarde vanidoso (show). *-s.* Ostentación vana de sí mismo.

splutter ['splʌtəʳ] [spla-taʳ], *va.* y *vn.* Farfullar, hablar indistinta y atropelladamente (speech). *-s.* Chisporroteo; sonido como el que se produce al farfullar. Baraúnda, batahola, confusión. (Variación de **Sputter**).

spoil [spɔɪl] [spoil], *va.* 1. Inutilizar, echar a perder; deteriorar, destruir la utilidad o belleza de una cosa; estropear (damage, worsen). 2. Corromper, pervertir, arruinar (corrupt, pervert). 3. Pillar, robar; despojar, saquear, robar (steal). 4. Mimar demasiado (pamper). *-vn.* 1. Inutilizarse, corromperse, dañarse, echarse a perder alguna cosa. 2. Hacer pillaje o robo. **Spoiled child**, niño mimado, gachón, consentido.

spoil, *s.* 1. Despojo, botín; lo que se coge al enemigo. 2. *pl.* *(E.U.)* Los gajes o beneficios de un cargo público; recompensa por servicios políticos. 3. Pillaje, robo. 4. Camisa o despojo de serpiente o culebra, la piel de que se desnuda.

spoiler ['spɔɪləʳ] [spoi-laʳ], *s.* 1. Despojador, desposeedor; robador, ladrón. 2. Corruptor, pervertidor, el que echa a perder a otro corrompiéndole a contemplándole.

spoilsman ['spɔɪlsmən] [spoils-man], *s.* *(E.U.)* El que trabaja por un partido político por los gajes del oficio; partidario del reparto de los despojos entre los que mandan.

spoke [spəʊk] [spouk], *s.* 1. Radio de rueda, rayo de rueda. 2. Barra que se introduce en la rueda para impedir que gire. 3. Escalón de escalera. 4. *(Mar.)* Cabilla del timón. *-va.* Poner rayos a una rueda. **Spoke-shave**, rebajador de rayos.

spoke, *pret.* del verbo TO SPEAK.

spoken ['spəʊkn] [spou-ken], *pp.* del verbo TO SPEAK. Hablado.

spokesman ['spəʊksmən] [spouks-man], *s.* Interlocutor, el que habla en nombre de otro o lleva la voz o la palabra en nombre de otros.

spoliation [,spəʊlɪ'eɪʃən] [spou-li-ei-shon], *s.* 1. Despojo. 2. *(For.)* Espoliación de bienes.

spondee ['spɒndi:] [spon-di], *s.* *(Poét.)* Espondeo, pie que consta de dos sílabas largas.

sponge [spʌndʒ] [spandch], *s.* 1. Esponja, animal fijo y marino por regla general, sin tentáculos y con poros en la pared del cuerpo. 2. Esponja, producción marina, masa flexible y porosa habitada por pólipos, que con mucha facilidad absorbe cualquier líquido y los suelta comprimiéndola. 3. Todo utensilio parecido a una esponja que sirve como absorbente; lanada o escobillón; masa para hacer pan; masa de metales finamente divididos. 4. Mogollón, gorrista, parásito humano. **Sponge-cake**, bizcocho, bizcochuelo, bollo ligero y esponjoso.

sponge, *va.* 1. Borrar o limpiar alguna cosa con esponja. 2. Atraer y chupar la sustancia o bienes de otros. 3. Comer de gorra; chasquear. 4. Escobillonar. *-vn.* 1. Embeberse como una esponja. 2. Pescar o recoger esponjas. 2. Vivir de gorra, comer de gorra. **Sponge up,** absorber.

spongecake ['spʌndʒkeɪk] [spandch-keik], *sm.* Bizcocho.

spongelet ['spʌndʒlɪt] [spandch-let], *s.* 1. *(Bot.)* *V.* SPONGIOLE. 2. Esponjita, esponja pequeña.

sponger ['spʌndʒəʳ] [spand-chaʳ], *s.* Esponja, pegote, mogollón, gorrista, gorrón.

sponginess ['spʌndʒɪnɪs] [spand-chi-nes], *s.* La calidad que constituye a una cosa esponjosa.

sponging ['spʌndʒɪŋ] [spand-chin], *s.* 1. Socaliña, estafa, pillería. 2. Limpiamiento o limpiadura.

spongy ['spʌndʒɪ] [spand-chi], *a.* 1. Esponjoso, esponjado, lleno de poros, que es de la calidad de la esponja. 2. Embebido, empapado, lleno como una esponja.

sponsor ['spɒnsəʳ] [spon-saʳ], *s.* 1. Fiador, fianza, el que abona a otro. 2. Padrino o madrina de bautismo.

sponsor, *va.* Auspiciar, fomentar, apadrinar.
sponsorship ['spɒnsəʃɪp] [spon-sa-ship], *m.* Patrocinio. **Under the sponsorship of,** bajo el patrocinio de, patrocinado por.
spontaneity [ˌspɒntə'neɪɪtɪ] [spon-ta-nei-ti], *s.* Espontaneidad, voluntariedad, cualidad de espontáneo.
spontaneous [spɒn'teɪnɪəs] [spon-tei-nios], *a.* 1. Espontáneo, que tiene su principio en sí mismo; que se hace o se produce por sí mismo y no por una causa exterior. 2. Que se produce o se cría sin trabajo humano; indígena, silvestre, esporádico. **Spontaneous generation,** generación espontánea. *V.* ABIOGENESIS.
spontaneously [spɒn'teɪnɪəslɪ] [spon-tei-nios-li], *adv.* Espontáneamente, voluntariamente.
spook [spuːk] [spuk], *s. (Fam. y fest.)* Fantasma, espectro, aparición, coco (spectrum).
spool [spuːl] [spul], *s.* 1. Canilla en que los tejedores devanan el hilo o la seda; carrete pequeño. 2. La cantidad de hilo que contiene la canilla.
spool, *va.* Encañar, encanillar, devanar en canilla o en carrete. **Spooling-wheel**, el torno para devanar la seda.
spoom [spuːm] [spum], *vn. (Ant.)* Pasar con velocidad; *(Mar.)* navegar, viento en popa.
spoon [spuːn] [spun], *s.* Cuchara. **Table spoon**, cuchara (para sopa). **Dessert spoon**, cucharilla de postre. **Teaspoon**, cucharilla de café. **Knife, fork, and spoon,** cubierto. **To be born with a silver spoon in one's mouth,** nacer en buena cuna.
spoon, *va.* y *vn.* Usar una cuchara; alzar con cuchara; pescar con garfio de cuchara. **Spoon off,** quitar con una cuchara (cream). **Spoon up,** recoger con cuchara.
spoonbill ['spuːnbɪl] [spun-bil], *s. (Orn.)* 1. Ave de cuchara, espátula, ave zancuda. 2. Pez notable por el achatamiento y prolongación de las mandíbulas.
spoondrift ['spuːndrɪft] [spun-drift], *s. (Mar.)* Rocío del mar.
spoon-feed ['spuːnfiːd] [spun-fid], *vt.* 1. Dar de comer con cuchara (baby). 2. *(Fig.)* Tratar como a un niño.
spoon-fed ['spuːnfed] [spun-fed], *a.* Demasiado mimado.
spoonful ['spuːnfʊl] [spun-ful], *s.* Cucharada.
spoonmeat ['spuːnmiːt] [spun-mit], *s.* El manjar que se come con cuchara.
spoonwort ['spuːnwɔːt] [spun-uort], *s. (Bot.)* Coclearia.
sporadic [spə'rædɪk] [spo-ra-dik], *a. (Med.)* Esporádico; solo, aislado; caso de una enfermedad que no es epidémica ni endémica, sino aislada.
spore [spɔː^r] [spo^r], *s.* 1. *(Bot.)* Espora (o esporo), corpúsculo reproductor de las plantas criptógamas, análogo a las semillas. 2. *(Biol.)* Espora (o esporo), cuerpo redondo u ovoide, menudo, orgánico, que se desarrolla en un nuevo individuo, como en los protozoarios y las bacterias. 3. Organismo diminuto, germen.
sport [spɔːt] [sport], *s.* 1. Juego, retozo; burla, chanza. 2. Juguete, diversión, divertimiento, entretenimiento, recreo, pasatiempo. 3. Juguete, objeto de risa y broma. 4. Cacería a caballo o a pie, partida de pesca, natación. 5. *(Biol.)* Animal o planta que exhibe variación espontánea del tipo normal. **Sports complex,** complejo deportivo. **Sports ground,** campo de deportes. **Field-sports**, diversiones del campo, como la caza, etc. **To make sport of**, burlarse de. **In sport,** en broma.
sport, *va.* 1. Divertirse, alegrarse, regocijarse (enjoy). 2. Ostentarse, vanagloriarse (to be arrogant). *-vn.* 1. Chancear, juguetear, estar de burla, de juego o de chunga; andarse con chanzas o con burlas; estrenar, lucir. 2. *(Biol.)* Variar de repente o espontáneamente del tipo normal.
sportful ['spɔːtfʊl] [sport-ful], *a.* Festivo, alegre, chistoso, placentero, agradable.
sportiness ['spɔːtɪnɪs] [spor-ti-nes], *sf.* Deportividad. *(Fig.)* Cursilería.
sporting ['spɔːtɪŋ] [spor-tin], *a.* Deportivo.
sportive ['spɔːtɪv] [spor-tiv], *a.* Festivo, alegre, juguetón, retozón; aficionado a bromear.
sportively ['spɔːtɪvlɪ] [spor-tiv-li], *adv.* De un modo retozón o festivo.
sportiveness ['spɔːtɪvnɪs] [spor-tiv-nes], *s.* Alegría, juego, festividad, holganza, chanza, retozo.
sportless ['spɔːtlɪs] [sport-les], *a.* Triste, sin gana de juego, sin diversión.
sportsman ['spɔːtsmən] [sports-man], *s.* Cazador, el que caza por diversión; pescador; aficionado a las diversiones campestres.
sportsman-like ['spɔːtsmənlaɪk] [sports-man-laik], *a.* Aficionado a los ejercicios atléticos, a la caza, pesca, natación, etc.; conforme a las reglas de estas diversiones.
sportsmanship ['spɔːtsmənʃɪp] [sports-man-ship], *s.* Espíritu deportivo. **Good sportsmanship**, caballerosidad deportiva, honradez deportiva.
sportswoman ['spɔːtswʊmən] [sports-uo-man], *f.* Mujer aficionada a los ejercicios de destreza y fuerza y a las diversiones al aire libre.
spot [spɒt] [spot], *s.* 1. Sitio, lugar o paraje particular (place). **Upon the spot**, en el sitio mismo, en el acto, al punto, inmediatamente; también, alerta, despierto. **He was on the spot**, estaba alerta, en el sitio mismo. **He died upon the spot**, murió en el acto. **In spots**, *(Fam.)* en algunos respectos; aquí y allí. 2. Un espacio pequeño de terreno, trozo de tierra. 3. Mancha, la impresión que hace en algún cuerpo la cosa que cayendo sobre él muda su color; borrón. 4. Mancha, la deshonra que se hereda o se contrae; mácula, borrón, deshonra, ignominia, desgracia. 5. Lunar, mancha natural en cualquier parte del cuerpo. 6. Espacio, cuña (Radio, TV). **To do something on the spot,** hacer algo en el acto. **To put someone on the spot,** poner a alguien en un aprieto. **To break out in spots,** salir granos en la piel.
spot, *va.* 1. Abigarrar, motear, poner a una cosa varios colores sin orden ni unión. 2. Manchar, ensuciar haciendo perder el color. 3. Manchar, deslustrar la fama o la reputación. 4. Corromper, alterar o mudar. 5. Tachonar, sembrar de.
spotless ['spɒtlɪs] [spot-les], *a.* Limpio, inmaculado, sin mancha, nítido.
spotlessness ['spɒtlɪsnɪs] [spot-les-nes], *s.* Inocencia, el estado del que no tiene tacha, mancha o defecto.
spotlight ['spɒtlaɪt] [spot-lait], *s. (Teat.)* 1. Reflector. 2. Farol de luz concentrada. **To be on the spotlight**, hacerse conspicuo.
spotlit ['spɒtlɪt] [spot-lit], *a.* Iluminado.
spotted ['spɒtɪd] [spo-tid], *a.* y *pp.* 1. Manchado, ensuciado con manchas. 2. Moteado, con manchas (dress); apulgarado, v. g. la ropa blanca; esquizado, como el mármol. **Spotted fever**, tabardillo pintado, la fiebre del tabardillo.
spotter ['spɒtə^r] [spo-ta^r], *s.* La persona que mancha o ensucia; el que mancha o deshonra.
spottiness ['spɒtɪnɪs] [spo-ti-nes], *s.* Estado o calidad de lo que tiene manchas.
spotting ['spɒtɪŋ] [spo-tin], *sm.* Moteamiento, punteo.
spotty ['spɒtɪ] [spo-ti], *a.* Lleno de manchas, puerco, sucio (dirty).
spouse [spaʊs] [spaus], *s.* Esposo, esposa.
spouseless ['spaʊslɪs] [spaus-les], *a.* Soltero o viudo; sin esposo, sin esposa.
spout [spaʊt] [spaut], *s.* 1. Caño o cañón por donde sale el agua a chorro; tubo de desagüe; canilla de tonel, espita; gárgola o figurón que arroja el agua por la boca en las canales de los tejados. 2. Cuello de vasija; pico de cafetera, de tetera. **Water-spout**, surtidor de agua que salta, tromba o manga marina, remolino; chaparrón, turbión. **Rain-spout**, lluvia muy abundante.
spout, *va.* y *vn.* 1. Arrojar o echar agua u otro líquido con mucho ímpetu. 2. Salir, saltar o hacer salir o saltar cualquier líquido con mucho ímpetu. 3. Borbotar, salir a borbotones o con mucha fuerza el agua u otro líquido. 4. Chorrear, correr a chorro. 5. *(Fam.)* Decir de una manera declamatoria; recitar, declamar. **To spout down**, llover a chaparrones. **To spout up**, resaltar, salir o saltar el agua hacia arriba.

sprain [spreɪn] [sprein], *va.* Torcer violentamente los ligamentos que rodean alguna articulación sin dislocar el hueso. **He has sprained his ankle**, se ha torcido el tobillo.
sprain, *s.* Torcedura o tensión violenta de los tendones o ligamentos sin dislocación.
sprang ['spræŋ] [spran], *pret.* del verbo TO SPRING.
sprawl [sprɔːl] [sprol], *s.* Postura informal, desgarbada; extensión. **Urban sprawl**, urbanización caótica.
sprawl, *va.* y *vn.* 1. Tenderse a la larga; tender o mover, tenderse o moverse con los miembros en posición poco graciosa. 2. Tener una posición extendida y falta de gracia (p. ej. las viñas). *-s.* El acto de tenderse sin gracia, o esa posición misma.
spray [spreɪ] [sprei], *va.* 1. Rociar, pulverizar un líquido, esparcirlo en partículas menudas (liquid). 2. Rociar, aplicar el líquido pulverizado, como se hace con el rociador. *-vn.* Rociar, esparcir un líquido en menudas gotas. *-s.* 1. Rociada, rocío, agua u otro líquido que se esparce en gotas menudas, espuma del mar. 2. Rociador. *V.* ATOMIZER. **Spray out,** salir a chorro.
spray, *s.* 1. Ramita de árbol o planta que lleva otras ramitas o flores; ramaje menudo. 2. Dibujo o adorno parecido a una colección de ramillas o flores.
spraygun ['spreɪgʌn] [sprei-gan], *sf.* Pistola para rociar, pulverizador.
spraying ['spreɪɪŋ] [spreiin], *s.* 1. Rociadura. 2. Pulverización.
spread [spred] [spred], *va.* (*pret.* y *pp.* SPREAD). 1. Tender, extender, alargar, desplegar, engrandecer la superficie de algo; desenvolver. 2. Esparcir, divulgar, difundir o extender noticias, doctrinas, etc.; publicar, diseminar, propagar. 3. Esparcir o difundir luz, olor, etc. 4. Envolver, cubrir de una capa delgada. 5. Desplegar a la vista, exhibir. 6. Pertrechar, equipar a propósito con cosas arregladas en orden. 7. Tender, alejar, forzar más a parte, a mayor distancia una cosa de otra. *-vn.* 1. Extenderse, alargarse, desplegarse. 2. Esparcirse, difundirse. 3. Desarrollarse, propagarse, exhalarse. 4. Alejarse por fuerza. **To spread abroad**, esparcir, divulgar, hacer una cosa pública, y también susurrarse, correr o saberse una cosa que estaba secreta. **To spread over**, cubrir una cosa con otra extendiéndola por toda su superficie. **To spread the cloth**, poner la mesa. **The fire spread rapidly,** el fuego se expandió rápidamente.
spread, *s.* 1. Extensión, dilatación, amplitud. 2. Expansión, dilatación. 3. Ambito. 4. Desarrollo; propagación. 5. Colcha de cama; tapete de mesa, mantel. 6. *(Fam.)* Festío, banquete.
spreader ['spredəʳ] [spre-daʳ], *s.* Divulgador; él o lo que esparce.
spreading ['spredɪŋ] [spre-din], *a.* 1. Extenso, ancho; que se extiende; *(Bot.)* divergente; frondoso. 2. Que se esparce, que se propaga. **Under a spreading chestnut-tree**, debajo de un castaño frondoso. *-s.* Acción y efecto del verbo **spread**; extensión, propagación, etc.
spree [spriː] [sprii], *vn.* Beber mucho, emborracharse. *-s.* Borrachera, jarana, juerga. *V.* CAROUSAL.
sprig [sprɪg] [sprig], *s.* 1. Ramita, rama pequeña, renuevo, pimpollo. 2. Tachuela sin cabeza.
sprig, *va.* Adornar con ramitas; bordar ramos o flores.
spriggy ['sprɪgɪ] [spri-gui], *a.* Ramoso.
sprightliness ['spraɪtlɪnɪs] [sprait-li-nes], *s.* Viveza, despejo, alegría, vivacidad.
sprightly ['spraɪtlɪ] [sprait-li], *a.* Alegre, despejado, despierto, vivo, vivaracho.
spring [sprɪŋ] [spring], *va.* (*pret.* SPRANG o SPRUNG, *pp.* SPRUNG). 1. Soltar el resorte o muelle (de una trampa, una cerradura, etc.). 2. Presentar a la vista, producir o ejecutar de repente o inesperadamente. 3. Hacer volar o saltar una mina. 4. Combar, encorvar por fuerza una cosa, esforzar demasiado, rendir un palo o verga. 5. *(Arq.)* Arrancar o vaciar un arco o bóveda; principiarlos de un punto dado. 6. Insertar una cosa en un lugar donde cabe muy apretadamente, encorvándola o forzándola. 7. Saltar por encima; pasar por arriba de algo saltando. 8. Ojear la caza, espantarla o ahuyentarla con voces para que se levante. *-vn.* 1. Saltar, brincar (jump). 2. Salir o saltar un líquido. 3. Salir con mucha fuerza; aparecerse de repente. 4. Moverse súbitamente, como con una fuerza elástica o por medio de un resorte. 5. Alabearse, combarse, desviarse de un plano o línea normal. 6. Brotar, arrojar, apuntar los árboles y plantas (sprout); echar o arrojar hierba o cualquier otra cosa la tierra. 7. Nacer, proceder, provenir, tomar su origen, derivar de, venir, dimanar, originarse, traer su origen (derive, come). 8. Levantarse, elevarse más arriba que los objetos circunvecinos. 9. Comenzar, nacer, empezar a levantarse un arco o bóveda.
spring again, renacer, brotar de nuevo, volver a saltar.
spring away, saltar a un lado, lanzarse de un salto. **To spring back**, saltar hacia atrás; retroceder, recular.
spring forth, brotar, crecer, salir; lanzarse, precipitarse.
spring forward, abalanzarse, arrojarse, tirarse, dispararse.
spring from, surgir, proceder de.
spring up, nacer, brotar, crecer, desarrollarse; salir a luz, presentarse a la vista; subir, engrandecerse.
spring upon, abalanzarse *a.* **To spring a leak**, *(Mar.)* descubrir una vía de agua, hacer agua el buque. **The chamois sprang from rock to rock**, la gamuza saltaba de roca en roca. **To spring a charge of perjury**, hacer inesperadamente una acusación de perjurio.
spring, *s.* 1. Resorte, elasticidad, fuerza elástica; muelle, resorte; cualquier cuerpo elástico que vuelve a su forma normal cuando cesa de estar comprimido. **Spring-lock**, cerradura de golpe. 2. Salto, brinco, corcovo; reculada, movimiento súbito con fuerza. 3. Energía o potencia, causa de acción. 4. Primavera, estación del año en la cual comienzan las plantaa a brotar y crecer. 5. Manantial, el nacimiento del agua o fuente; surtidor. **Spring-water**, agua de fuente. 6. Manantial, origen, principio. 7. Entrada de agua; tangidera; barloa. 8. Combadura, o la cosa combada. (esta voz forma muchos compuestos, en su mayor parte de significación evidente). **Spring-back**, lomo plegado (book). **Spring-board**, trampolín. **Spring mattress**, colchón de muelles. **In one spring,** de un salto.
spring beauty ['sprɪŋˌbjuːtɪ] [spring-biu-ti], *s.* *(Bot.)* Claitonia.
springbok ['sprɪŋbɒk] [spring-bok], *s.* Gacela del Sur de África.
spring-cleaning ['sprɪŋ'kliːnɪŋ] [spring-kli-nin], *sf.* Limpieza general.
springer ['sprɪŋəʳ] [sprin-gaʳ], *s.* 1. Saltador, brincador. 2. *(Arq.)* imposta; sotabanco, cojinete, sillar de arranque. 3. Perro de España, hábil en ojear la caza.
spring-halt ['sprɪŋhɔːlt] [spring-jolt], *s.* Cojera de caballo.
springiness ['sprɪŋɪnɪs] [sprin-gui-nes], *s.* Elasticidad, resorte, fuerza elástica.
springlike ['sprɪŋlaɪk] [spring-laik], *a.* Primaveral.
springtide ['sprɪŋtaɪd] [spring-taid], *s.* Estación de primavera. **Spring-tide**, marea fuerte en las épocas del novilunio y plenilunio.
springy ['sprɪŋɪ] [sprin-gui], *a.* 1. Elástico. 2. Lleno de fuentes o manantiales.
sprinkle ['sprɪŋkl] [sprin-kel], *va.* 1. Asperjar, rociar, esparcir (spread); regar o desparramar en gotas. 2. Polvorear, empolvar (sugar, salt). 3. Distribuir aquí y allá, sembrar; arrojar o esparcir cosas de modo que caigan separadas. 4. Bautizar rociando. *-vn.* 1. *(Impers.)* Lloviznar, llover un poco, como al principio de un aguacero (rain). **It sprinkles**, está lloviznando. 2. Caer en gotas o en partículas.
sprinkle, *s.* La cantidad pequeña de cualquier cosa que se esparce o derrama rociando algo; caída en gotas o partículas o lo que cae de esta manera, de aquí, pequeña cantidad, una pizca, un poco. **A sprinkle of salt,** una pizca de sal. **A sprinkle of oil,** unas gotas de aceite.
sprinkler ['sprɪŋkləʳ] [sprin-klaʳ], *s.* El o lo que asperja o derrama; (a) regadera; (b) aspersorio, instrumento con que se rocía; hisopo para esparcir agua bendita.

sprinkling ['sprɪŋklɪŋ] [sprin-klin], *s.* 1. Lo que se esparce; pequeña cantidad, una pizca, un poco. 2. Aspersión, rociadura, esparcimiento de gotas de un líquido. 3. Diversidad de colores. **A sprinkling of rain**, una lluvia fina, una llovizna. **A springkling of knowledge**, una pizca de conocimiento.

sprint [sprɪnt] [sprint], *vn.* Esprintar. *-s.* Corrida, carrera corta y rápida (race).

sprinter ['sprɪntəʳ] [sprin-taʳ], *s.* Velocista.

sprit [sprɪt] [sprit], *s.* *(Mar.)* Botavara, verga de abanico.

sprite ['spraɪt] [sprait], *s.* 1. Espíritu aéreo, duende, trasgo; hada. 2. *(Ant.)* Fantasma, espectro.

spritsail ['sprɪtseɪl] [sprit-seil], *s.* *(Mar.)* Cebadera. **Spritsail braces**, brazos de cebadera. **Spritsail-top-sail**, *(Mar.)* sobrecebadera.

sprocket ['sprɒkɪt] [spro-kit], *s.* 1. Diente de rueda, cabilla para el engranaje de rueda y cadena. 2. Erizo, rueda de cabillas; rueda para engranarse en una cadena; se llama también **sprocket-wheel**. **Sprocket-gear**, engranaje de rueda y cadena (como en una bicicleta).

sprog ['sprɒg] [sprog], *s.* Bebé.

sprout [spraʊt] [spraut], *va.* 1. Hacer germinar o brotar. 2. Quitar los botones o vástagos. *-vn.* 1. Germinar, brotar el germen; arrojar hojas, flores o renuevos; echar botones. 2. Crecer. 3. Extenderse en ramificaciones. **To sprout new leaves,** echar nuevas hojas.

sprout, *s.* Vástago, renuevo, retoño. **Sprouts**, *s. pl.* Bretones, coles de Bruselas *(Culin.)*

spruce [spruːs] [sprus], *a.* Lindo, pulido, gentil. *-s.* *(Bot.)* Pruche, pinabete, especie de abeto del género Picea. **Essence of spruce**, esencia o jugo de pruche. **Norway spruce**, pinabete, pícea de Noruega. Picea excelsa. **Hemlock spruce**, abeto del Canadá- **Douglas spruce**, *V.* PINE. **Black spruce**, abeto negro.

spruce, *vn.* Vestirse con esmero. **Spruce up**, arreglar.

sprucely ['spruːslɪ] [sprus-li], *adv.* Lindamente, bellamente, vivamente.

spruceness ['spruːsnɪs] [sprus-nes], *s.* Lindeza, hermosura, belleza, gentileza.

sprue ['spruː] [spru], *s.* 1. Bebedero de molde; escoria del orificio de colada. 2. (Local, E.U.) Aftas. *V.* THRUSH.

sprung [sprʌŋ] [sprang], *pret.* y *pp.* del verbo TO SPRING. **A sprung mast**, *(Mar.)* palo rendido.

spry [spraɪ] [sprai], *a.* Vivo, listo, ágil, activo en sus movimientos.

spryness ['spraɪnes] [sprai-nes], *s.* Agilidad, presteza, calidad de listo.

spud [spʌd] [spad], *s.* 1. Uno de los diversos utensilios parecidos a un azadón o a un escopio; escarda; limpiaojos (de cirujano); navaja corta. 2. *(Prov.)* (a) Mano de criatura; (b) patata.

spume [spjuːm] [spium], *s.* Espuma o nata que sobrenada en los líquidos en estado de ebullición o fermentación.

spume, *vn.* Espumar, echar o hacer espuma.

spumescent ['spjuːməsənt] [spiu-me-sent], *a.* Lo que arroja de sí mucha espuma cuando se pone a hervir.

spun [spʌn] [span], *pret.* y *pp.* del verbo TO SPIN. **Spun glass**, vidrio hilado.

spunge ['spʌndʒ] [spandch], *s.* 1. Esponja. 2. *(Art.)* Lanada. *-s.* y *v.* *V.* SPONGE. (Forma antigua, pero recomendada recientemente por la Sociedad Filológica).

spungy ['spʌndʒɪ] [spand-chi], *a.* 1. Esponjoso. 2. Húmedo.

spunk [spʌŋk] [spank], *s.* 1. Yesca. 2. *(Fam.)* Corazón, genio (violento), coraje, valor; también, enojo.

spunky ['spʌŋkɪ] [span-ki], *a.* *(Fam.)* Vivo, valeroso, valiente; también, enfadadizo, enojadizo.

spur [spɜːʳ] [speʳ], *s.* 1. Espuela para picar un jinete a la caballería en que va montado. 2. Espuela, aguijón, estímulo; excitación. 3. Espolón del gallo; uña puntiaguda; pincho; acicate. **Artificial cock-spurs**, navajas de gallo. 4. Estribación, estribo, risco, saliente brusco de una colina o montaña. 5. *(Bot.)* Prolongación en forma de cucurucho detrás de ciertas flores. **On the spur of the moment**, de prisa, bajo el impulso del momento. **Spur-gear**, rueda dentada. **Spur-gearing**, engranaje de ruedas dentadas. **Spur-wheel**, rueda de engranaje recto. **To win one's spurs**, ganar la dignidad de caballero; ejecutar una hazaña o acción notable que da fama y renombre. **Spurs of the beams**, *(Mar.)* penadas de los baos. **Spurs of the bitts**, *(Mar.)* curvas de las bitas.

spur, *va.* y *vn.* 1. Espolear, picar con la espuela. 2. Espolear, poner espuelas, avivar, incitar, estimular. 3. Hacer andar o mover a viva fuerza. 4. Calzar o ponerse las espuelas en el pie, en una bota, etc. 5. Andar muy deprisa, apretar el paso. 6. Viajar con toda diligencia. **To spur on**, espolear, aguijar, avivar o estimular mucho; adelantarse o avanzar con osadía e intrepidez.

spurgall ['spɜːgəl] [sper-gal], *va.* Espolear, herir o picar haciendo herida con la espuela.

spurgall, *s.* Espoleadura, la picadura o llaga que hace la espuela.

spurious ['spjʊərɪəs] [spiua-rios], *a.* 1. Espurio, adulterado, contrahecho, degenerado, no genuino. 2. Espurio, bastardo. 3. *(Biol.)* Falso. 4. *(Bot.)* Aparente, pero no real y verdadero.

spuriously ['spjʊərɪəslɪ] [spiua-rios-li], *adv.* Falsamente, de un modo espurio.

spuriousness ['spjʊərɪəsnɪs] [spiua-rios-nes], *s.* 1. Falsedad, falsificación. 2. La calidad o estado de ser espuria, adulterada o contrahecha alguna cosa. 3. Bastardía, la calidad del que es bastardo o hijo espurio.

spurn [spɜːn] [spern], *va.* 1. Desdeñar, despreciar, menospreciar; tratar o mirar con desprecio, rechazar con desdén. 2. Rechazar a puntapiés; cocear o acocear. *-vn.* Oponerse con insolencia o desprecio; desechar con desdén, rechazar desdeñosamente. **To spurn away**, echar fuera a puntapiés.

spurn, *s.* Coz; maltrato, ajamiento.

spurning ['spɜːnɪŋ] [sper-nin], *s.* Desdén, menosprecio; tratamiento insolente y lleno de desprecio.

spurred ['spɜːd] [sperd], *a.* 1. Con espuelas; con espolones. 2. *(Biol.)* Que tiene espuela o espolón; atizonado (como ciertos granos). **Spurred rye**, centeno atizonado. *V.* ERGOT.

spurt [spɜːt] [spert], *va.* y *vn.* Arrojar (liquid) en chorro o a chorros; hacer salir o salir en chorro; brotar, salir impetuosamente. *-s.* 1. Chorro, derrame repentino de un líquido. 2. Explosión de ira.

spurt, *vn.* Hacer un esfuerzo repentino y extremo; esforzarse por breve tiempo con toda energía o rapidez. *-s.* 1. Aumento de energía o rapidez por poco tiempo; esfuerzo extraordinario de poca duración. **Final spurt,** esfuerzo final (race). 2. Período breve.

sputter ['spʌtəʳ] [spa-taʳ], *s.* 1. Chisporroteo, el acto de chisporrotear; acción de farfullar. 2. Saliva que se arroja farfullando; saliva.

sputterer ['spʌtərəʳ] [spa-ta-raʳ], *s.* 1. Escupidor, gargajiento, gargajoso, el que escupe mucho. 2. Faramallero, faramallón.

sputum ['spjuːtəm] [spiu-tom], *s.* Esputo, lo que se arroja en cada expectoración; expectoración característica de tal o cual enfermedad.

spy [spaɪ] [spai], *s.* Espía, persona enviada al campo enemigo para informarse de sus planes; emisario secreto; el que vigila las acciones de otro. **Spy ring,** red de espionaje. **Spy story,** novela de espías.

spy, *vn.* 1. Columbrar, ver desde lejos. 2. Espiar, observar con aplicación intensa. 3. Explorar, reconocer un país; examinar o descubrir por medio de procedimientos ocultos; con *out*. **To spy out**, atisbar, divisar, columbrar. **Spyboat**, barca exploradora. **Spyglass**, anteojo de larga vista, catalejo. **Spy out,** reconocer, hacer un reconocimiento, supervisar.

spy-in-the-sky [ˌspaɪɪnðə'skaɪ] [spai-in-de-skai], *sm.* Satélite espía.

spy-plein ['spaɪpleɪn] [spai-plein], *s.* Avión espía.

sq. *(Mat.) Abreviatura de* **square,** cuadrado.

squab [skwɒb] [skuob], *a.* 1. Acabado de salir de la cáscara; implume. 2. Rechoncho, cachigordo, regordete; se dice del que es gordo y muy pequeño. *-s.* 1. Pichón, pichoncillo. 2. Persona rechoncha, regordeta. 3. Cojín muy relleno; canapé lleno de crin o pluma. *-adv.* Zas, voz con que se expresa el sonido de un golpe repentino o el mismo golpe.
squabbe [skwɒb] [skuob], *vn.* Reñir, andar en pendencias o en contestaciones, armar querellas o disputas, disputar.
squabbe, *s.* Pendencia, riña, querella, disputa, contienda, sarracina o tremolina.
squabbler ['skwɒbləʳ] [skuo-blaʳ], *s.* Pendenciero, amigo de armar riñas o pendencias.
squad [skwɒd] [skuod], *s.* *(Mil.)* Escuadra de soldados o de la policía; pelotón; pequeño grupo de personas. **Squad drill**, ejercicio de pelotón.
squad-car ['skwɒdkɑːʳ] [skuod-kaʳ], *sm.* Coche-patrulla.
squadron ['skwɒdrən] [skuo-dron], *s.* 1. *(Mar.)* Escuadra de naves de guerra; división de una armada. 2. Escuadrón, una de las porciones en que se divide un regimiento de caballería; consta de dos *troops* o pelotones. 3. Cuadro, la formación de un cuerpo de tropas en figura cuadrada; un conjunto o número de soldados en formación.
squalid ['skwɒlɪd] [skuo-lid], *a.* De apariencia mezquina y pobre, desaliñado, sucio (dirty).
squalidness ['skwɒlɪdnɪs] [skuo-lid-nes], *s.* Mezquindad, pobreza, suciedad.
squall [skwɔːl] [skuol], *va.* y *vn.* chillar, dar chillidos; vocear como un niño encolerizado. *-v. impers.* Estar borrascoso; soplar en ráfagas.
squall, *s.* 1. Chillido, sonido de la voz agudo y desapacible. 2. *(Mar.)* Racha, golpe repentino de viento, pero que dura poco; chubasco. **Southerly squall,** *(Mar.)* racha, solana. **Violent squall**, *(Mar.)* ráfaga, movimiento violento del aire. **Squall of wind and rain**, *(Mar.)* chubasco.
squaller ['skwɔːləʳ] [skuo-laʳ], *s.* Chillador, chillón, el que chilla mucho.
squalling ['skwɔːlɪŋ] [skuo-lin], *a.* Berreador, chillón.
squally ['skwɔːlɪ] [skuo-li], *a.* Chubascoso, borrascoso.
squalor ['skwɔːləʳ] [skuo-laʳ], *s.* Suciedad, inmundicia, mugre.
squander ['skwɒndəʳ] [skuon-daʳ], *va.* 1. Malgastar, gastar pródigamente, disipar, desperdiciar, malbaratar. 2. *(Ant.)* Dispersar.
squanderer ['skwɒdərəʳ] [skuon-da-raʳ], *s.* Malbaratador, gastador, disipador, pródigo.
square [skwɛəʳ] [skueaʳ], *a.* 1. Cuadrangular, cuadrado, cuadrángulo. **Twelve inches square**, doce pulgadas en cuadro. 2. Paralelo, exactamente correspondiente; en ángulos rectos, rectangular. 3. Cuadrado, perfecto, exacto, justo, cabal, sin defecto ni imperfección; honrado, equitativo, justo. 4. Ancho, con líneas comparativamente rectas. 5. *(Fam.)* Abundante, que satisface; p. ej. **Square kilometre,** kilómetro cuadrado. **A square meal**, una comida completa. 6. Horizontal, y en ángulos rectos con la quilla; se dice de las vergas. 7. *(Mat.)* Elevado a la segunda potencia. **A square man**, un hombre bien formado o bien proporcionado. **Square dealing**, buena fe, honradez en los tratos. **To be square**, *(Fam.)* estar a mano, o corriente, o pagados. **Square measure**, medida cuadrada o de superficie. **The account is square**, la cuenta está justa. **Square root**, *(Mat.)* raíz cuadrada. **Square-rigged**, *(Mar.)* aparejo de cruzamen. **Square-sail**, *(Mar.)* vela redonda. **Square-yard**, *(Mar.)* verga redonda. **Square-timbers**, *(Mar.)* maderos escuadrados. *-s.* 1. *(Geom.)* Cuadro, cuadrado, figura de cuatro lados iguales y cuatro ángulos rectos. 2. Cuadrado, el producto de un número multiplicado por sí mismo; la segunda potencia. 3. Objeto cuadrado o casi cuadrado; v. gr. cristal de ventana; casilla de tablero de damas. 4. Plaza, lugar ancho y cuadrado cercado de casas. 5. *(Amer.)* Manzana de casas en una población. 6. Escuadra, instrumento compuesto comúnmente de dos reglas que forman un ángulo recto; cartabón. 7. Nivel, la proporción debida, orden; exactitud, proceder honrado, equidad. 8. Cuadro formado por las tropas. **Out of square**, que no está en ángulo recto o a escuadra. **To be square with someone,** estar en paz
square, *va.* 1. Cuadrar, formar en cuadro. 2. Escuadrar, formar en ángulos rectos. 3. *(Mat.)* Cuadrar, reducir a un cuadrado o a su valor; multiplicar un número por sí mismo. 4. Medir, reducir a una misma medida. 5. *(Carp.)* Cuadrar, trabajar los maderos en cuadro. 6. Ajustar, arreglar, acomodar; hacer el balance de una cuenta. 7. Conformar o ajustar; *(Mar.)* bracear en cuadro; colocar las vergas paralelas a la cubierta y en ángulos rectos con la quilla. *-vn.* 1. Cuadrar, estar en ángulos rectos, conformarse o ajustarse una cosa con otra. 2. Convenir, concordarse, estar en exacta conformidad; corresponder a una asedio. 3. Tomar una actiutd pugilística; se usa con *off*, por regla general. **To square the circle**, cuadrar el círculo, construir geométricamente un cuadrado equivalente al área de un círuclo dado. **To square the yards**, *(Mar.)* poner las vergas en cruz.
squared ['skwɛəd] [skuead], *a.* Cuadriculado (paper).
square dance ['skwɛəˌdɑːns] [skuea-dans], *s.* Contradanza, especie de lanceros.
squarely ['skwɛəlɪ] [skuea-li], *adv.* En cuadro, cuadradamente; convenientemente, justamente, honradamente.
squareness ['skwɛənɪs] [skuea-nes], *s.* Cuadratura, la calidad o condición de cuadrado.
squash [skwɒʃ] [skuosh], *s.* 1. Zumo, jugo. **Orange squash,** zumo de naranja. 2. Aplastamiento; masa u objeto aplastado o magullado. 3. La colisión de los cuerpos blandos entre sí; caída de un cuerpo blando y pesado. 4. Squash (game).
squash, *s.* Cidracayote (calabaza), fruto mollar y comestible de varias hierbas anuales rastreras y americanas, de las cucurbitánceas; también la planta misma. **Summer squash**, cidracayote de verano; se come verde cocida y sin quitarle las semillas. **Squash-vine**, cucúrbita, cidracayote, planta. **Squash-beetle**, coleóptero crisomélido, con rayas amarillas y negras, que se alimenta del cidracayote, del meló, y plantas semejantes.
squash, *va.* Aplastar, deshacer, la figura que tenía alguna cosa haciéndola una pasta; magullar. **Squash in,** apiñar, apretar. **Can you squash my shoes in?,** ¿puedes calzarte mis zapatos? **Squash up,** hacer sitio, apretarse, hacerse a un lado.
squat ['skwɒt] [skuot], *vn.* 1. Agacharse, agazaparse, acurrucarse, ponerse en cuclillas. 2. Establecerse en u ocupar un terreno público o ajeno sin justo título.
squat, *a.* 1. Agachado, puesto en cuclillas. 2. Rechoncho, grueso y corto (fatty). *-s.* Porrazo, caída repentina.
squatter ['skwɒtəʳ] [skuo-taʳ], *s.* Advenedizo, entremetido, injusto ocupante, colono usurpador. *(Mex. Fam.)* Paracaidista.
squaw [skwɔː] [skuo], *s.* Mujer o muchacha india (de la América del Norte).
squawk ['skwɔːk] [skuok], *vn.* 1. Graznar. 2. *(Fig.)* Delatar, denunciar.
squeak [skwiːk] [skuik], *vn.* 1. Chillar, dar un chillido; producir un sonido agudo y discordante (wheel). 2. Romper el silencio por miedo de algún daño.
squeak, *s.* Grito, quejido lastimoso. **To have a narrow squeak,** escaparse por los pelos. **He couldn't get a squeak out of her,** no pudo sacarle ni palabra.
squeaky ['skwiːkɪ] [skui-ki], *a.* Chirriador, chillón, que cruje.
squeal ['skwiːl] [skuil], *vn.* 1. Gritar, dar alaridos; lanzar gritos agudos de mayor duración que los del **squeak**. 2. *(Ger.)* Hacer delaciones. *-s.* Grito penetrante como el de un cerdo.
squeamish ['skwiːmɪʃ] [skui-mish], *a.* 1. Fastidioso, enfadoso (annoying); nimio, demasiado delicado o escrupuloso. 2. Fastidiado, disgustado; con náuseas. **Squeamish stomach**, estómago delicado. **I'm not squeamish,** me da igual, me trae sin cuidado.
squeamishly ['skwiːmɪʃlɪ] [skui-mish-li], *adv.* Fastidiosamente, enfadosamente; con náuseas.
squeamishness ['skwiːmɪʃnɪs] [skui-mish-nes], *s.* Fastidio, disgusto, delicadeza excesiva.

squeegee ['skwi:'dʒi:] [skui-yi], *va.* Alisar, allanar una estampa fotográfica con un cilindro alisador. *-s.* Alisador de goma que se usa en la fotografía.

squeeze [skwi:z] [skuis], *va.* 1. Apretar, comprimir; estrechar, estrujar, exprimir el jugo. 2. Exprimir, estrujar (press); tupir. 3. Poner en cierta posición o lugar por medio de fuerza o presión; apretar fuertemente. 4. Arrancar el tributo, las contribuciones, etc.; acosar, agobiar (pursue); disminuir los jornales hasta el más bajo tipo. 5. Hacer un molde o impresión en papel húmedo por medio de la presión.

squeeze in, hacer entrar apretando.

squeeze out, hacer salir, exprimir. **To squeeze money out of someone,** sacar dinero a alguien.

squeeze past, deslizarse, pasar.

squeeze through, pasar o hacer pasar al través. **To squeeze to death**, *(Fam.)* matar a apachurrones. *-vn.* Escaparse o salirse alguna cosa que estaba oprimida.

squeeze up, hacer sitio, correrse a un lado.

squeeze, *s.* 1. Apretadura, presión compresión, apretón. 2. Facsímile de una moneda o inscripción, que se obtiene oprimiendo sobre ella una substancia blanda.

squeezer ['skwi:zəʳ] [skui-saʳ], *s.* Exprimidor (de frutas, etc.)

squelch [skwel*tʃ*] [skelch], *s.* Caída fuerte, porrazo.

squelch, *va.* 1. Hacer callar a uno, dar un tapaboca, humillándole; desconcertar. 2. Poner fin; derrotar, vencer, sojuzgar; se usa a menudo con *out*. *-vn.* Ser vencido, desconcertado.

squib [skwɪb] [skuib], *s.* 1. Cohete, cañuto de papel lleno de pólvora u otra materia combustible; buscapié. 2. Sátira, chiste, chanza.

squib, *va.* y *vn.* Usar de sátiras o pullas; atacar con ellas.

squid [skwɪd] [skuid], *s.* 1. Calamar, molusco con diez tentáculos. 2. Cebo artificial, que tiene a menudo la forma de un pez.

squint [skwɪnt] [skuint], *a.* 1. Ojizaino, que mira atravesado y con malos ojos. 2. Bizo, bisojo; persona que por vicio o defecto de los ojos tuerce la vista.

squint, *s.* 1. Estrabismo, enfermedad o vicio de los ojos bizcos. 2. Mirada bizca; mirada furtiva; también, vista parcial. 3. Tendencia indirecta. **To have a squint**, bizquear, mirar bisojo. **To give a squint at**, mirar de soslayo.

squint, *va.* y *vn.* 1. Bizquear, mirar bizco o atravesado. 2. Ladear o torcer la vista o los ojos.

squint-eyed ['skwɪnt'aɪd] [skuint-aid], *a.* 1. Ojizaino, bizco, bisojo. 2. Atravesado, torcido y de mala intención; ambiguo, oscuro.

squinting ['skwɪntɪŋ] [skuin-tin], *s.* *(Med.)* Estrabismo, estrambosidad, la enfermedad o vicio de los bizcos o bisojos.

squintingly ['skwɪntɪŋlɪ] [skuin-tin-li], *adv.* Con un modo de mirar atravesado, como un bizco.

squire ['skwaɪəʳ] [skuaiaʳ], *s.* 1. Escudero, el paje o sirviente que llevaba el escudo al caballero en la antigua caballería. 2. Escudero, título de hidalguía en Inglaterra; propietario de antigua heredad; *(local, E.U.)* alcalde, juez de paz. **Squire Brown**, señor Brown. *V.* ESQUIRE.

squire, *va.* Acompañar a una persona por cortesía y como caballero.

squirm [skwɜ:m] [skuerm], *vn.* 1. Torcerse, encorvar el cuerpo como a consecuencia de un dolor o sufrimiento. 2. Mostrar señales de dolor o pena. 3. (Con out) Escaparse con trabajo, con poca destreza. *-s.* Torcimiento; movimiento causado por el dolor.

squirrel ['skwɪrəl] [skui-ral], *s.* Ardilla. *-vt.* **Squirrel away,** almacenar.

squirt [skwɜ:t] [skuert], *va.* y *vn.* Arrojar algún líquido con fuerza y violencia; hacer salir o salir a chorros; jeringas. **Squirting cucumber**, cohombro de asno. *V.* ELATERIUM.

squirt, *s.* 1. Chorro, golpe de alguna cosa líquida que sale con fuerza. 2. Jeriganzo, el acto de jeringar. 3. Jeringa, instrumento con el cual se arroja con violencia alguna cosa líquida.

squirter ['skwɜ:təʳ] [skuer-taʳ], *s.* El que jeringa o arroja un líquido con una jeringa.

squishy ['skwɪʃɪ] [skui-shi], *a.* Blando.

St., *s.* Abraviatura de **Saint**, San o Santo.

stab [stæb] [stab], *va.* y *vn.* 1. Herir o matar a puñaladas, dar de puñaladas; atravesar con un arma puntiaguda. 2. Atravesar el corazón, dar una puñalada.

stab, *s.* 1. Puñalada, la herida que se da con el puñal; estocada. 2. Golpe mortal; herida (wound). 3. Pinchazo, dolor agudo (pain). **To have a stab at something,** intentar, probar algo.

stabber ['stæbəʳ] [sta-baʳ], *s.* Asesino, el que mata alevosamente.

stabbing ['stæbɪŋ] [sta-bin], *sf.* Puñalada.

stability [stə'bɪlɪtɪ] [sta-bi-li-ti], *s.* 1. Estabilidad, calidad de estable; permanencia, duración, solidez, consistencia (consistence). 2. Constancia, firmeza, fijeza en las resoluciones.

stabilization [ˌsteɪbəlaɪ'zeɪʃən] [stei-ba-lai-sei-shon], *s.* Estabilización.

stabilize ['steɪbɪlaɪz] [stei-bi-lais], *va.* Estabilizar, fijar.

stabilizer ['steɪbəlaɪzəʳ] [stei-bi-lai-saʳ], *s.* Estabilizante (cooking).

stable ['steɪbl] [stei-bol], *a.* Estable, establecido firmemente; durable, permanente (permanent); firme, fijo, constante, decidido, de principios o conducta fijos y sin cambio (fix); sólido. *-s.* 1. Establo, caballeriza; cuadra para albergar las caballerías o el ganado vacuno. 2. Conjunto de caballos de carrera.

stable, *va.* Meter los caballos en la cuadra o el ganado en el establo. *-vn.* Vivir en establo como las bestias. **To close the door after the horse has gone,** a buenas horas mangas verdes.

stable-boy ['steɪblbɔɪ] [stei-bol-boi], **stable-man** ['steɪblmən] [stei-bol-man], *s.* Establero, mozo de caballos.

stableness ['steɪblnɪs] [stei-bol-nes], *s.* Estabilidad. *V.* STABILITY.

stabling ['steɪblɪŋ] [stei-blin], *s.* 1. Acción de meter los caballos en la cuadra o el ganado en el establo. 2. Lugar en una cuadra o establo.

staccato [stə'kɑ:təʊ] [sta-ka-tou], *a.* *(Mús.)* Staccato, voz italiana que significa destacado.

stack [stæk] [stak], *s.* 1. Niara, rima o rimero (de haces de grano o heno). 2. Pila o hacina de leña o de heno, cónica por lo común, montón; pabellón de fusiles. 3. Ringlera o fila de fogones o cañones de chimenea. 4. *(Fam.)* Copia, abundancia.

stack, *va.* Hacinar, el heno o leña; apilar, amontonar; poner las armas en pabellones.

stacker ['stækəʳ] [sta-kaʳ], *s.* Apiladora.

stadium ['steɪdɪəm] [stei-diom], *s.* 1. Estadio, lugar público en la Grecia antigua para las carreras a pie. 2. Estado, medida griega de longitud de 185 metros o 600 pies ingleses. 3. Grado de progreso o adelantamiento.

staff [stɑ:f] [staf], *s.* (*pl.* STAVES o STAFFS). 1. Báculo, palo, cayado (stick). 2. Apoyo, sostén, alivio, arrimo (help). 3. Palo o bastón que se usa como arma ofensiva y defensiva; garrote. 4. Vara, insignia de jurisdicción y empleo. 5. Vara de agrimensor; jalón de mira; alidade. 6. *(Mil.)* Estado mayor de un ejército; plana mayor de un regimiento. 7. Conjunto de personas asociadas para llevar a cabo alguna empresa particular; p. ej. **The editorial staff**, el conjunto de redactores, la redacción. 8. *(Mús.)* Pentagrama, las cinco paralelas que se usan para notar las notas de la música. 8. Asta (de lanza, pica, bandera, etc.). 10. Sonda acanalada que sirve de guía al litótomo. **Ensign-staff**, *(Mar.)* asta de bandera de popa. **Jack-staff**, *(Mar.)* asta de bandera de proa. **Flag-staff**, asta de bandera. **Staff-officer**, oficial de estado mayor. **Medical staff**, cuerpo de sanidad militar. **Staff nurse,** enfermera cualificada. **Staff training,** formación del personal.

staff, *s.* Compuesto plástico, que consta principalmente de yeso, mezclado con un poco de cemento, glicerina y dextrina en agua; se usa para edificar provisionalmente o para adorno de edificios.

staffwood ['stɑ:fwʊd] [staf-vud], *s.* Duelas, botada, la madera para toneles.

stag [stæg] [stag], *s.* 1. Ciervo, mamífero rumiante, particularmente cuando tiene cinco o más años de edad y puntas terminales en las astas. 2. El macho de otros venados o a animales cervales. 3. *(Fam.)* Varón, en contraposición a la mujer. **To go stag to a party,** ir solo a una fiesta.

stag-beetle ['stægˌbi:tl] [stag-bi-tel], *s.* Ciervo volante, escarabajo cornudo de los lucánidos.

stage [steɪdʒ] [steidch], *s.* 1. Tablado, andamio que se levanta para algún espectáculo o fiesta. 2. Escenario, tablas, escena, parte del teatro o de la sala concierto, en que se verifica la representación; teatro. 3. De aquí, la profesión de actor. 4. Teatro, escena de acción *(Teat.)*. 5. Parada, descansadero; etapa, jornada, distancia recorrida sin detención (journey); distancia que separa dos puntos en que descansan los viajeros. 6. Grado, estado; progreso, período de una enfermedad. 7. Disco, portaobjetos (microscope). 8. *(E.U.)* Diligencia. *V.* **Stage-coach**. 9. *(Arq.)* Escalón, paso de escalera. **Hanging-stage**, plancha de viento; andamio para los pintores. **To bring upon the stage**, poner en escena. **To come** o **to go upon the stage**, entrar en escena. **To go off, to quit the stage**, abandonar la escena; retirarse del teatro. **By short stages**, a pequeñas etapas, a cortas jornadas. **Stage of growth**, grado de crecimiento. **Stage-micrometer**, micrómetro del portaobjetos. **Mechanical stage**, disco de microscopio que puede moverse en dos direcciones en ángulos rectos. **Stage-coach**, diligencia o coche de diligencia, coche público para los viajeros. **Stage-driver**, mayoral, cochero de diligencia. **Stage-horse**, caballo de parada; caballo de diligencia.

stage, *va.* Representar, exhibir en público; arreglar para el escenario. *-vn.* Viajar en diligencia.

stagecraft ['steɪdʒkrɑ:ft] [steidch-kraft], *s.* Habilidad para las producciones teatrales.

stagefright ['steɪdʒfraɪt] [steidch-frait], *s.* Terror que inspira el público.

stage lights ['steɪdʒlaɪts] [steidch-laits], *s. pl.* Candilejas, luces en el proscenio de un teatro.

stagey ['steɪdʒɪ] [steid-chi], *a.* Dramático, teatral.

staggard ['stægəd] [sta-gard], *s.* Ciervo de cuatro años.

stagger ['stægəʳ] [sta-gar], *vn.* 1. Hacer eses, dar vueltas o giros como un borracho (roll, sway); bambolear. 2. Desmayarse, perder el sentido (faint). 3. Vacilar, titubear, dudar, estar incierto, no estar resuelto (doubt). *-va.* 1. Causar vértigos o vahidos. 2. Asustar, dar o causar susto. 3. Hacer vacilar, dudar o titubear. 4. Hacer bambolear, temblar o tambalear. **You stagge me!,** ¡me asombras!

staggers ['stægəz] [sta-gars], *s.* 1. Vértigo, especie de apoplejía que padecen los caballos, y el ganado lanar. 2. Vértigo, vahido.

staghound ['stæghaʊnd] [stag-jaund], *s.* Sabueso o perro para cazar ciervos.

staging ['steɪdʒɪŋ] [steid-chin], *s.* Andamiaje, plataforma provisional.

stagnant ['stægnənt] [stag-nant], *a.* Estancado, detenido, encharcado, estantí; que cesa de circular.

stagnate ['stægneɪt] [stag-neit], *vn.* 1. Estancarse, detenerse; estar estancado, llegar a ponerse cenagoso, encharcándose. 2. Estar embotado, embotarse; volverse inactivo o inerte.

stagnation [stæg'neɪʃən] [stag-nei-shon], *s.* Estagnación, estancación, estancamiento, sea en sentido literal o figurado; paralización de los negocios.

staid [steɪd] [steid], *a.* Grave, serio, sosegado.

staid, *pret.* y *pp.* de TO STAY.

staidness ['steɪdnɪs] [steid-nes], *s.* Gravedad, sosiego, carácter serio.

stain [steɪn] [stein], *va.* 1. Manchar, ensuciar (dirt); chafarrinar. 2. Manchar, ajar, desdorar, empañar la fama, la reputación, etc. 3. Colorar, teñir, como el cidrio o la madera; pintar cristales (paint). 4. Teñir, impregnar de color un tejido para hacer más visible su estructura microscópica. *-vn.* Recibir o comunicar un tinte o color, teñirse. **A bacillus which stains readily with anilin colors**, un bacilo que se tiñe fácilmente con los colores de anilina. **Stained glass**, vidrio de color.

stain, *s.* 1. Mancha, mácula, borrón. 2. Tinte, color con que se tiñe. 3. Deslustre, deshonra, desdoro. **Without a stain on his character,** sin una mancha en su reputación.

stainer ['steɪnəʳ] [stei-naʳ], *s.* El que mancha o ensucia; el que tiñe; el que desdora o deslustra. **Glass-stainer**, colorador de vidrios, fabricante de vidrios de color.

stainless ['steɪnlɪs] [stein-les], *a.* Limpio, libre de manchas, inmaculado. **Stainless steel**, acero inoxidable.

stair [stɛəʳ] [steaʳ], *s.* 1. Escalón, peldaño. 2. *pl.* Escalera, una serie de escalones. **One pair of stairs**, el primer alto o el primer piso. **Spiral** o **corkscrew stairs**, escalera de caracol. **Flight of stairs**, tramo de escalera, **Stair-carpet**, alfombra de escalera. **Stair-rod**, varilla para sujetar la alfombra de escalera, en el piso superior. **Downstairs**, abajo, en el piso inferior. **To go** o **come upstairs**, subir la escalera. **To go** o **come downstairs**, bajar la escalera.

staircase ['stɛəkeɪs] [stea-keis], *s.* Escalera; caja de escalera.

stairway ['stɛəweɪ] [stea-uei], *s.* Escalera. *V.* STAIRCASE.

stake [steɪk] [steik], *s.* 1. Estaca, poste (post); jalón, estaquilla; rodrigón, palo que se pone para apoyar las vides y árboles tiernos. 2. Pira, poste al que se ata a una persona para quemarla viva. 3. Tas, yunque pequeño. **Stake-boat,** bote anclado para marcar la dirección y distancias en las regatas. **The issue at stake,** el punto en cuestión. **To be at stake,** estar en peligro, estar en contienda.

stake, *s.* 1. Apuesta; posta en los juegos de envite; tosta o polla. 2. Riesgo, peligro, contingencia. 3. Premio (de contienda). 4. Interés en una empresa; ganancia o pérdida contingente.

stake, *va.* 1. Estacar (fix); fijar o poner palos, estacas, etc., para que sostengan o apoyen algo. 2. Poner, apostar (bet). 3. Poner en el juego. 4. Arriesgar, exponer (risk). **To stake all**, envidar el resto, echar el resto, aventurarlo todo.

stalactite ['stæləktaɪt] [sta-lak-tait], *s.* Estalactita, una especie de concreción pétrea que se forma en las bóvedas de las cavernas.

stalagmite ['stæləgmaɪt] [sta-lag-mait], *s.* Estalagmita, concreción pétrea en el piso de una caverna; parte opuesta a la estalactita, y que a menudo se une con ésta.

stale [steɪl] [steil], *a.* Añejo, viejo, rancio, añejado (old); alterado, deteriorado. **To grow stale**, añejarse, enranciarse. *-s.* 1. Cerveza que ha empezado a volverse agria. 2. Mate en el juego de ajedrez; tablas. 3. Orines.

stale, *va.* Añejar, hacer viejo. *-vn.* Mear, orinar (animals).

stalely ['steɪlɪ] [stei-li], *adv.* De mucho tiempo.

stalemate ['steɪlmeɪt] [steil-meit], *s.* Tablas, empate, en el juego de ajedrez. *-va.* Hacer tablas en el juego de ajedrez.

staleness ['steɪlnɪs] [steil-nes], *s.* Vejez, antigüedad; rancidez.

stalk [stɔ:k] [stok], *va.* 1. Cazar a la espera; acercarse a hurtadillas para matar (game). 2. Pasar, sobre algo con porte majestuoso. *-vn.* 1. Andar con paso majestuoso afectando señorío. 2. Andar a hurtadillas, avanzar a paso de lobo.

stalk, *s.* 1. Paso levantado y orgulloso. 2. Tallo, pie, tronco; eje de las plantas, particularmente las herbáceas. 3. Pedúnculo, rabo de flor, de fruta; pecíolo, rabo de hoja; troncho de ciertas hortalizas, raspa de las uvas. **Partial flower-stalk**, pedunculillo o pedúnculo parcial. 4. *(Zool.)* Tallo, parte que sostiene. 5. Cualquier pie o sostén, como el de una copa.

stalking-horse ['stɔ:kɪŋˌhɔ:s] [sto-kin-jors], *s.* 1. El caballo verdadero o figurado que sirve a los cazadores para ocultarse y cazar. 2. Máscara, disfraz.

stalky ['stɔ:kɪ] [sto-ki], *a.* Duro como el tallo.

stall [stɔ:l] [stol], *s.* 1. Pesebre, compartimiento de una cuadra o establo donde se encierra y se da de comer a un caballo o una vaca. 2. Puesto, tienda portátil, puestecillo de cosas para vender; tabla de carnicería. 3. Silla o asiento de un prebendado en el coro. 4. Asiento de luneta o butaca de teatro. 5. Compartimiento de explotación en una mina de carbón. **Butcher's stall**, tabla de carnicero. **Cobbler's stall**, zapatería de viejo.

stall, *va.* 1. Encerrar, meter o tener encerrada o atada al pesebre una res en el establo, especialmente para cebarla. 2. Instalar, investir, poner en posesión de una cosa (install). 3. Atascar, atollar, meter en el barro; parar o detener con obstáculos (hamper, hold up). *-vn.* Estar atascado, atollado; hundirse en el cieno, en la nieve, etc. **The train was stalled in a snow-storm**, el tren quedó detenido por una nevada. **To stall someone off,** tener a alguien a raya. **Stop stalling!**, ¡déjese de evasivas! **The talks are stalled,** las conversaciones están en un callejón sin salida.

stall-fed ['stɔːlfed] [stol-fed], *a.* Cebado a estaca, mantenido en establo.

stallion ['stæliən] [sta-lion], *s.* Caballo padre, garañón, el destinado para la cría.

stalwart ['stɔːlwət] [stol-uot], *a.* *(Ant.)* 1. Fuerte, duro, firme, bravo. 2. Digno de guardarse o mantenerse. 3. *(E.U.)* Constante; fiel a su partido político.

stamen ['steɪmen] [stei-men], *s.(pl.* STAMENS, rara vez STAMINA). Estambre, órgano masculino de la flor, que contiene el polen.

stamina ['stæmɪnə] [sta-mi-na], *s.* 1. Fuerza vital, vigor. 2. Sostén, la parte firme de un cuerpo, la que sirve de apoyo.

staminal ['stæmɪnl] [sta-mi-nal], *a.* 1. Estaminal, concerniente a los estambres. 2. Relativo a la fuerza vital, esencial.

staminate ['stæmɪneɪt] [sta-mi-neit], *a.* 1. Estaminífero, provisto de estambres, pero sin pistilos. 2. Estamíneo, que tiene estambres.

stammer ['stæmə[r]] [sta-ma[r]], *va.* y *vn.* Tartamudear; balbucear o balbucir. *-s.* Tartamudeo; balbucencia o balbuceo.

stammerer ['stæmərər] [sta-ma-ra[r]], *s.* Tartamudo.

stammering ['stæmərɪŋ] [sta-me-rin], *a.* Tartamudo. *-s.* Tartamudeo.

stamp [stæmp] [stamp], *vn.* Patear, patalear, dar patadas o golpes con los pies en el suelo. *-va.* 1. Estampar, señalar o imprimir una cosa en otra. 2. Sellar; timbrar (letters); fijar el sello de correo; estampillar, marcar con una estampilla. 3. Acuñar. 4. Machacar, moler, majar (crush, mash). 5. Patear, golpear con los pies. 6. Atribuir, una cualidad distintiva; marcar, infamar, estigmatizar. 7. Marcar, imprimir, fijar en la mente (print, impress). **To stamp on one's memory,** grabar en la memoria, memorizar. **To stamp down,** apisonar, comprimir con los pies. **Stamp out,** apagar (extinguish), extirpar, desarraigar.

stamp, *s.* 1. Impresión, marca o señal que deja una cosa que se estampa en otra y la misma cosa que hace la señal. 2. Imagen grabada en madera o metal. 3. Cuño, troquel para sellar la moneda; cuño, sello, la señal o marca que queda impresa en la moneda. 4. Estampador, mano de mortero; instrumento o útil para estampar. 5. Sello o marca, la señal que se pone en las cosas que pagan derechos; timbre, sello legal; sello de correos, estampilla. 6. *(Min.)* Bocarte, máquina para quebrantar y machacar el mineral antes de fundirlo. **Stamps**, papel sellado. **Stamp-duties**, derechos de papel sellado o de sello. 7. Temple, calidad de la índole, humor o genio; suerte, clase; laya, calaña. **Stamp act**, ley del timbre. **Stamp album,** álbum para sellos. **Stamp collecting,** filatelia. **Stamp-office**, oficina del timbre. **Postage stamp**, sello de correos o de franqueo. **Trading stamp,** cupón, bono, vale. **To bear the stamp of**, llevar el timbre, la estampilla de; llevar la señal, marca o sello de algo. **Men of the same stamp**, hombres de la misma calaña.

stampede ['stæmˌpiːd] [stam-pid], *va.* y *vn.* 1. Ahuyentar, con estampido; hacer huir con terror pánico. 2. Obrar por común impulso, tomar de repente un acuerdo, v. gr. en una reunión política. *-s.* 1. Estampida, huida con pánico. 2. Movimiento repentino e impulsivo de un gran número de personas o animales.

stamper ['stæmpə[r]] [stam-pa[r]], *s.* 1. Estampador; impresor. 2. Herramienta o máquina para estampar o machacar; pilón, punzón de forja, bocarte; triturador que se emplea en la fabricación de la pólvora.

stamping ['stæmpɪŋ] [stam-pin], *s.* 1. Timbrado, timbre, acción de estampar, de estampillar, de timbrar, pataleo, pateo. 2. Machaqueo, trituración. **Stamping-machine**, estampador mecánico; máquina de perforar. **Stamping-mill**, bocarte, molino triturador de minerales.

stanch [stɑːntʃ] [stanch], *va.* 1. Restañar la sangre. 2. Estancar o detener el curso de alguna cosa líquida. *-vn.* Estancarse, detenerse.

stanch, *a.* 1. Firme, seguro, celoso, verdadero, constante, fiel, adicto. 2. Sano, bien acondicionado, en buen estado; que no está roto. **A stanch friend**, una amigo fiel, adicto. **A stanch ship**, un buque fuerte, sólido. **A stanch hound**, un sabueso seguro, que no pierde la pista.

stanchion ['stɑːnʃən] [stan-shon], *s.* Puntal, el madero que se pone hincado en la tierra firme para sostener las paredes u otras cosas. **Stanchions of a ship**, *(Mar.)* puntales. **Quarter stanchions**, *(Mar.)* candeleros o grampones. **Awning-stanchions**, *(Mar.)* candeleros del toldo.

stanchless ['stɑːntʃlɪs] [stanch-les], *a.* Lo que no se puede restañar o detener.

stanchness ['stɑːntʃnɪs] [stanch-nes], *s.* Firmeza, resolución, determinación, celo.

stand [stænd] [stand], *vn.* (*pret.* y *pp.* STOOD). 1. Estar en pie o derecho, estar de pie o levantado, estar en posición vertical; mantenerse derecho (straight). 2. Sostenerse, tenerse tieso o firme, resistir (resist). 3. Permanecer, quedarse o subsistir en algún paraje. 4. Pararse, detenerse, hacer alto, hacer mansión en algún sitio (stop, house). 5. Cesar, pararse, quedar suspenso, parado o sin movimiento, suspenderse. 6. Mantenerse firme, resistir; durar. 7. Subsistir en un estado fijo. 8. Tenerse, ponerse, estar en cierta postura. 9. Enderezarse o ponerse de punta. 10. Poseer rectitud moral. 11. Estar situado, estar colocado, hallarse. 12. Tener un puesto determinado con respecto a la clase o al orden. 13. Persistir, perseverar. 14. Ser consistente, acordar, convenir; Quedar de acuerdo, quedar corrientes. 15. Estar, hallarse, tener, ser. 16. Estar mal satisfecho, poner tachas u objeciones; ser exigente o difícil. **One must not stand upon trifles**, no hay que pararse en fruslerías. 17. Valer, tener fuerza o valor. 18. Consistir, estribar una cosa en otra; depender lógicamente; se usa con *on, upon, o by*. 19. Presentarse como candidato u opositor. 20. Erizarse el pelo. 21. Tomar una dirección, hacer correr, dirigirse. **To stand on the same tack**, correr la misma bordada, correr bajo de las mismas amuras. *-va.* 1. Poner derecho, colocar, tener derecho. 2. Aguantar, sufrir, tolerar, llevar con paciencia. 3. Someterse, soportar. 4. Importar, ser útil, ser de provecho. 5. *(Fam.)* Pagar el coste de algo. **To stand treat**, pagar una comida, una convidada. 6. Sostener, defender, resistir.

stand about, rodear, cercar.

stand against, oponerse, resistir; mantenerse firme contra alguno.

stand alone, estar, mantenerse solo; ser el único de su especie.

stand aloof, (from), mantenerse separado de algo, lejos; no participar en algo.

stand aside, apartarse, mantenerse alejado.

stand back, retroceder, mantenerse detrás.

stand by, sostener, favorecer, ayudar, auxiliar; atenerse a una cosa, contar con; hallarse presente sin tomar parte en lo que se hace; estar cerca, quedarse allí; sostenerse o apoyarse. *(Mar.)* Velar, estar listo, mantenerse listo. **To stand by an award**, sujetarse al juicio de árbitros. **To stand by itself**, estar solo o apartado. **To stand by the halliards**, *(Mar.)* velar la driza. **I stood by at the operation**, yo asistí a la operación; me hallaba presente. **Stand by me**, esté usted a mi lado; ayúdeme usted.

stand far off, mantenerse o estar lejos.

stand for, estar por, estar en lugar de, representar; significar, querer decir; solicitar, pretender, presentarse como candidato u opositor; sostener, defender, ser del partido, opinión, etc., de otro, mantener o sostener una opinión; dirigirse a o hacia, llevar rumbo hacia. **A mark which stood for the highest**

grade, una señal que indicaba el grado más alto. **Who stood for the child?**, ¿quiénes sacaron de pila al niño? **To stand fire**, aguantar el fuego (enemy).

stand forth, adelantarse, ponerse omantenerse delante; avanzar; presentarse.

stand from under, alejarse de alguna cosa que está por caer. *(Imper.)* ¡Agua va!

stand in , costar, montar, importar tanto; hablando de cantidades. **To stand in awe of**, sentir temor de alguien o algo. **To stand in hand**, importar, ser ventajoso o importante. **To stand in good stead**, servir, ser útil. **To stand inshore**, *(Mar.)* correr hacia la tierra. **To stand in the way**, cerrar el paso, hallarse en el camino, impedir, ser un obstáculo.

stand off, mantenerse a cierta distancia, estar separado; negar, no conceder lo que se desea; no convenir en una cosa; no ser amigos, tener las voluntades desunidas; evitar el encontrarse o el verse, hacerse o volverse atrás; salir hacia fuera. **Stand off**, hágase usted allá, sepárase usted, no se acerque o no se arrime usted **To stand off and on**, *(Mar.)* bordear, barloventear, vuelta al mar, vuelta a la tierra.

stand on end o to stand upon an end, erizarse, mantenerse derecho, quedar vertical. **To stand on tiptoe**, ponerse de puntillas.

stand out, mantenerse firme sostenerse con resolución y firmeza, resistir, hacer frente, oponerse abiertamente; separarse, apartarse; no convenir, negar o no conceder una cosa; salir mucho una cosa de la superficie, resaltar, destacarse, estar en relieve, formar eminencias o protuberancias. **To stand out to sea**, llevar la proa al mar. **Stand out of the way!**, ¡quítese usted de en medio! ¡fuera! **It stands to reason**, es conforme a razón, es razonable.

stand together, mantenerse juntos, concertarse y adherirse. **To stand to it**, mantenerse firme en una contienda.

stand towards, acercarse.

stand under, sufrir, sostener; estar bajo, estar colocado debajo de.

stand up, levantarse, alzarse, ponerse en pie; hacer o formar un partido o reunión para defender algo. **To stand up for,** (a) defender, mantener, sostener, apoyar. (b) Personarse por, sacar la cara por.

stand upon, estar colocado sobre, estar en; adherirse a; interesar, concernir, tocar, pertenecer; estimar, valuar, hacer mucho caso de una cosa; picarse de, tener su orgullo en; insistir. **Do not stand upon ceremony**, sin cumplimientos.

stand with, acordarse, convenirse; estar conforme con; disputar, andar en contestaciones. **To stand still**, estarse quieto; estancarse el agua. **Stand still!** ¡Esté usted quieto! ¡no se mueva usted! **To stand sentry**, estar de centinela. **As the case stands**, en el estado en que se hallan las cosas.

stand, *s.* 1. El puesto o sitio donde está uno esperando. 2. Posición, situación, estación, el punto o paraje señalado para que alguno se ponga en él; lugar en que uno se dedica ordinariamente a sus asuntos o negocios. 3. Construcción sobre la cual pueden ponerse personas o cosas; plataforma, tribuna; mostrador (de comerciante); puesto en un mercado, velador para poner la luz, consola; salvilla para servir la bebida; estante, vasar; mesita; atril (de música); estante, pie, sostén, soporte. 4. Parada, pausa o alto, la acción de pararse o detenerse. 5. Parada, el término de la acción de una cosa; estado de lo inactivo. 6. Oposición, resistencia. 7. El estado fijo de una cosa que ni puede adelantar ni retroceder. 8. Armamento, equipo completo de armas y munición para un solo soldado. 9. Vegetación sobre el campo, v. g. de las hierbas. **Cruet-stand**, taller, angarillas, pie de las ampolletas de aceite y vinagre que se usan en las mesas. **To keep a stand**, qudarse siempre en el mismo estado. **Flower-stand**, estante para flores, jardinera. **Music-stand**, pupitre para papeles de música, estrado para orquesta.

standard ['stændəd] [stan-dard], *s.* 1. Marco o patrón para servir de norma; ley, medida de extensión, de cantidad, de valor o de precio que se establece por la ley o de común asenso. 2. Patrón, modelo, dechado, norma, regla fija. 3. Ley; grados de fino del oro o la plata.

standard, *s.* 1. Árbol o palo que se queda en pie derecho. 2. *(Mar.)* Curva capuchina. 3. Mueble fijo o pesado. 4. Estandarte, insignia de la milicia; estandarse, pétalo superior (o posterior) de la corola papilionácea. *-a.* Regulador; que sirve de tipo de modelo o de marco, de ley; clásica (una obra). **Standard authors**, autores clásicos. **Standard gauge**, (a) medida o marco que sirve de norma. (b) Entrevía común de ferrocarril, la de 56 pulgadas. **Standard work**, obra maestra o clásica.

standardization [ˌstændədaɪ'zeɪʃən] [stan-da-dai-sei-shon], *s.* Estandardización.

standby ['stæn*d*baɪ] [stand-bai], *s.* Adherente fiel; persona o cosa digna de confianza.

stander ['stændəʳ] [stan-daʳ], *s.* El que está en pie.

standing ['stændɪŋ] [stan-din], *a.* 1. Derecho o en pie, levantado, de pie; erecto, con pedestal, con pie (erect). 2. Permanente, fijado, establecido (fixed); fijo o establecido permanentemente. 3. Duradero, estable, constante. 4. Estancado, encharcado, sin vertiente o sin salida. 4. Estancado, encharcado, sin vertiente o sin salida. 5. Fijo, que no puede moverse con facilidad. **Standing army**, ejército permanente. **Standing-place, standing-room**, sitio en que se está de pie, o en que se puede estar de pie. **Standing-room only**, espacio sólo para estar en pie (donde los asientos están todos tomados). **Standing water**, agua muerta, remansada, encharcada o estancada, el agua que no corre. **Standing trees**, los árboles que quedan en pie en los montes después de una corta. 6. *(Mar.)* Muerto, arraigado. **Standing rigging**, *(Mar.)* jarcia, muerta, aparejo fijo.

standing, *s.* 1. Posición, carácter o calidad de las personas o familias en la estimación de otras; posición relativa. 2. Posición, puesto, sitio o paraje destinado para colocarse, sitio o paraje que tiene bastante firmeza y solidez para poder mantenerse de pie en él. 3. La duración de alguna cosa; fecha. 4. Antigüedad, la calidad de ser antiguo. 5. Parada; acción de quedarse en pie. **Of four years' standing**, que tiene cuatro años de fecha; establecido desde hace cuatro años. **Friends of old standing**, amigos antiguos, amigos de mucho tiempo. **We are of the same standing**, somos contemporáneos, o somos iguales. **A person of high standing**, persona o sujeto de consecuencia, posición o carácter. *(Fam.)* Sujeto de alto copete.

standish ['stændɪʃ] [stan-dish], *s.* Escribanía de mesa.

stand-pipe ['stændpaɪp] [stand-paip], *s.* Columna, tubo de alimentación de agua, en un depósito.

standpoint ['stændpɔɪnt] [stand-point], *s.* Puesto, posición con relación a la que se consideran las cosas; punto de vista.

standstill ['stændstɪl] [stand-stil], *s.* Parada, alto; pausa completa; descanso. **To be at a standstill**, quedar parado, no andar.

stand-offish [ˌstænd'ɒfɪʃ] [stand-o-fish], *sf.* Reservado, frío, poco amable.

stand-offishly [ˌstænd'ɒfɪʃlɪ] [stand-o-fish-li], *adv.* Fríamente, con poca amabilidad.

standpoint ['stæn*d*pɔɪnt] [stand-point], *sm.* Punto de vista.

stank [stæŋk] [stank], pret. de TO STINK.

stannic ['stænɪk] [sta-nik], *a.* Estánico, perteneciente al estaño, particularmente en sus compuestos más altos.

stanza ['stænzə] [stan-sa], *s.* *(Poét.)* Estancia, estrofa, grupo de cuatro o más líneas en rima; cada uno de esos grupos o divisiones de un poema.

stapes ['steɪpz] [steips], *s.* *(Anat.)* Estribo, el huesecillo más interior del oído. *(Lat.)*

staple ['steɪpl] [stei-pel], *s.* 1. Género, producción principal de un país (production). 2. Elemento o material principal (element). 3. Hebra o filamento de algodón o de lana. 4. Materia prima, materia bruta. 5. Emporio de comercio, mercado. *-a.* 1. Principal, producido y vendido regular y constantemente. 2. Ajustado o establecido según las leyes del comercio, conforme a los usos o leyes del comercio.

Staple commodities, las principales manufacturas o géneros de algún emporio o escala de comercio.

staple, *s.* Cerradero, la chapa de hierro en que entra y se asegura el pestillo o cerrojo; picolete, grapa o chapa en forma de U con extremos puntiagudos.

staple, *va.* Clasificar las hebras (de lana), según su longitud. **Short-stapled, long-stapled**, de hebra corta, de hebra larga.

stapler ['steɪpləʳ] [stei-plaʳ], *s.* 1. Engrapador. 2. Comerciante en productos de consumo principal.

star [stɑːʳ] [staʳ], *s.* 1. *(Astron.)* Estrella, uno de los cuerpos luminosos que aparecen en el cielo de noche. **Shooting stars**, estrellas errantes o voladoras. 2. Estrella, hado, suerte, destino (destiny). 3. Cruz, placa, la insignia honorífica que llevan los caballeros de varias órdenes. 4. Asterisco, marca de referencia o cita en los libros. 5. Actor, actriz que hace el papel principal; el que sobresale en su profesión. **Binary** o **double star**, estrella doble, par de estrellas que giran alrededor de su centro común de gravedad. **North star, pole-star**, estrella polar. **Star of Bethlehem**, *(Bot.)* leche de gallina. **star-paved**, sembrado o lleno de estrellas, estrellado. **Star-proof**, que no puede ser atravesado por la luz de las estrellas. **Star-shaped**, esteliforme, en forma de estrella. **Star sign,** signo del Zodíaco. **Star-spangled**, sembrado de estrellas; se dice en especial del pabellón de los Estados Unidos. **Star-stone**, piedra de estrella, especie de fósil. **To be born under a lucky star,** nacer con buena estrella.

starboard ['stɑːbɔːd] [star-bord], *s.* *(Mar.)* Estribor, el costado derecho de una embarcación.

starch [stɑːtʃ] [starch], *s.* 1. Almidón, fécula, substancia blanca, pulverulenta, insípida e inodora (CHO), insoluble en el agua fría y en alcohol, que se extrae de todos los vegetales excepto los hongos. 2. Engrudo de almidón. 3. *(Fig.)* Modales rígidos; coraje, brío.

starch, *va.* Almidonar, atiesar, la ropa blanca con almidón.

star-chamber ['stɑːˌtʃeɪmbəʳ] [star-cheim-baʳ], *a.* Secreto y arbitrario.

starched ['stɑːtʃt] [starcht], *a.* 1. Almidonado. 2. Tieso, nimiamente grave y circunspecto.

starcher ['stɑːtʃəʳ] [star-chaʳ], *s.* Almidonador o almidonadora.

starchly ['stɑːtʃlɪ] [starch-li], *adv.* Tiesamente, fuertemente; con afectación.

starchmaker ['stɑːtʃˌmeɪkəʳ] [starch-mei-kaʳ], *s.* Almidonero, el que hace almidón.

starchy ['stɑːtʃɪ] [star-chi], *a.* 1. Almidonado, engrudado; *(Fig.)* tieso, de modales rígidos. 2. De almidón, combinado con almidón; *(med.)* feculoso.

stardust ['stɑːdʌst] [star-dast], *sm* Encanto.

stare [stɛəʳ] [steaʳ], *va.* Clavar o fijar la vista, encararse con alguno; hacer que uno haga o deje de hacer algo por medio de miradas fijas y penetrantes; mirar de fijo. *-vn.* 1. Abrir grandes ojos; mirar con asombro, con insolencia. 2. Saltar a la vista; salir una cosa en la superficie de otra. 3. Enderezarse, levantarse los cabellos. **To stare in the face**, dar en cara o en los ojos, saltar a los ojos, venirse a los ojos, ser tan claro como la luz del día, ser una cosa tan clara que no se puede negar. **To stare into the distance,** estar mirando a las nubes.

stare, *s.* Mirada fija, mirada con los ojos dilatados; mirada atontada o de asombro.

starer ['stɛərəʳ] [stea-raʳ], *s.* El que clava la vista en algún objeto.

starfish ['stɛəfɪʃ] [star-fish], *s.* Estrella de mar, asteria, animal marino equinodermo de brazos radiados.

star-gazer ['stɑːgeɪzəʳ] [star-guei-saʳ], *s.* Astrónomo, astrólogo.

star-gazing ['stɑːgeɪzɪŋ] [star-guei-sin], *s.* El acto de mirar a las estrellas.

staring ['stɛərɪŋ] [stea-rin], *pa.* 1. Abierto, grande, fijo; que mira fijamente. 2. Que salta a la vista; llamativo. **Staring colors**, colores llamativos, muy vivos.

stark [stɑːk] [stark], *a.* 1. Tieso, rígido (stiff), como en la muerte, de aquí, muerto. 2. *(Fig.)* Tieso, inflexible, severo (harsh). 3. Completo, cabal; puro. 4. *(Ant.)* Fuerte, vigoroso, poderoso (strong). **Stark madness**, locura completa. **Stark nonsense**, pura tontería. **stark and stiff**, rígido, muerto. *-adv.* Completamente, enteramente. **He is stark mad**, está rematadamente loco o es un loco rematado. **Stark naked**, completamente desnudo, en cueros.

starkly ['stɑːklɪ] [stark-li], *adv.* Tiesamente, totalmente, del todo.

starless ['stɑːlɪs] [star-les], *a.* Sin estrellas; sin la luz de las estrellas.

starlight ['stɑːlaɪt] [star-lait], *s.* Luz de las estrellas. *-a.* Estrellado. **Starlight night**, noche estrellada o muy clara.

starlike ['stɑːlaɪk] [star-laik], *a.* Estrellado, lustroso, brillante, radiante como una estrella o como las estrellas.

starling ['stɑːlɪŋ] [star-lin], *s.* 1. *(Orn.)* Estornino; pájaro del antiguo continente (Sturnus); también, pájaro americano del género Sturnella. 2. El ángulo o esquina del estribo de un puente.

starred ['stɑːd] [stard], *a.* Estrellado, lleno de estrellas; adornado con estrellas; afortunado.

starry ['stɑːrɪ] [sta-ri], *a.* 1. Estrellado, sembrado de estrellas o de puntos brillantes. 2. Alumbrado por las estrellas. 3. Centelleante, radiante como las estrellas. 4. Esteliforme, que tiene la forma de una estrella. 5. Estelar, perteneciente o relativo a las estrellas.

starwort ['stɑːwɔːt] [star-uort], *s.* *(Bot.)* Estrellada.

start [stɑːt] [start], *va.* 1. Suscitar, mover por primera vez; (a) sobrecoger, asustar; ojear o espantar la caza; hacer levantar (un animal o ave); desemboscar, hacer salir un animal montés de su guarida; (b) poner en movimiento, hacer funcionar o marchar (una cosa inanimada); dar la señal de partida; (c) aflojar, dislocar. 2. Principiar, dar nueva dirección; originar, empezar. 3. Proponer de una manera inesperada, poner sobre el tapete; suscitar objeciones. 4. Trasegar, sacar el contenido; desfondar; alabear, despegar. 5. *(Ant.)* Descubrir, inventar. *-vn.* 1. Sobrecogerse, sobresaltarse, asustarse, estremecerse, conmoverse súbitamente por alguna pasión. 2. Saltar, dar un salto, levantarse de repente. 3. Partir, ponerse en camino; principiar la carrera; emprender cualquier negocio; coger o tomar la delantera; estrenarse, comenzar. 4. Salir, proceder, ir adelante; proceder, derivar. 5. Aflojarse de su lugar; descoyuntarse; alabearse, combarse (wood). 6. *(Ant.)* Desviarse, apartarse.

start aside, echarse a un lado, ladearse.

start after, salir, empezar a perseguir o buscar; partir después (de otra cosa).

start back, saltar hacia atrás; partir a la vuelta.

start for, partir, ponerse en camino hacia; presentarse como candidato.

start from, salir, partir de un lugar; tomar su origen; comenzar.

start off, salir; partir, ponerse en camino; principiar a moverse.

start on, meterse con.

start out, principiar a hacer una cosa, irse, marcharse. **To start out of one's sleep**, despertarse sobresaltado.

start up, levantarse precipitadamente, ponerse derecho; elevarse; salir a luz alguna cosa de repente; ponerse en movimiento, empezar a funcionar (a machine). **To start a car**, dar la señal para que un coche del tranvía se ponga en camino. **To start a subject**, poner un asunto sobre el tapete. **To start wine**, trasegar el vino. **To start a fire,** provocar un incendio. **To have a start,** tener ventaja, llevar ventaja sobre alguien. **Start moving!,** ¡moverse!, ¡menearse!

start, *s.* 1. Estremecimiento, agitación repentina; sobresalto, susto repentino o de una impresión imprevista. 2. Partida; primer paso, primer movimiento, comienzo, principio (beginning). 3. Salto, bote, la acción de apartarse de pronto para evitar un encuentro imprevisto. 4. Ímpetu, arranque, pronto de alguna pasión o del genio (impulse); estampida. 5. Arranque, la acción de partir de carrera para proseguir corriendo. 6. Delantera, distancia en que uno se adelanta a otro; ventaja (advantage). 7. Grieta, raja, aflojamiento. **To get the start**, coger la delantera. **By starts**, a saltos, por botes. **By fits and starts**, a saltos y corcovos. **To give a start**, asustar, dar un susto. **Upon the start**, al primer paso, al principio, en el momento de partir. **To make a fresh start,** empezar de nuevo, hacer vida nueva.

starter ['stɑːtəʳ] [star-taʳ], *s.* 1. El que da la señal de partida (de un automóvil o en una carrera). 2. Palanca de marcha en las máquinas. 3. El perro que levanta la caza. 4. Arranque o marcha de un automóvil. **Self-starter**, marcha automática. **Elevator starter**, jefe de ascensoristas.

starting ['stɑːtɪŋ] [star-tin], *s.* 1. Sobresalto, estremecimiento, susto (fright). 2. Partida. 3. Impulso, movimiento repentino (impulse). 4. *(Mec.)* Salida, arrancada, acto de poner en movimiento. 5. Comienzo. **Starting-point**, punto de partida. **Starting-place o starting-post**, la barrera de donde se arranca a correr.

startle ['stɑːtl] [star-tel], *va.* Espantar, asustar, dar miedo; sobrecoger, alarmar, hacer estremecer. *-vn. (Ant.)* Sobresaltarse, sobrecogerse, temblar de miedo.

starvation [stɑː'veɪʃən] [star-vei-shon], *a.* Que causa o que tiende a causar inanición o indigencia. *-s.* inanición, debilidad grande por falta de alimento; el acto de morir de hambre o el estado de padecer hambre; la muerte procedente de la falta de alimento; por extensión, indigencia, carencia de cualquier cosa esencial a la vida.

starve [stɑːv] [starv], *vn.* 1. Morir de hambre, morirse de hambre. 2. Perecer, morir por falta de alimento. 3. Sufrir mentalmente, o hallarse sumido en la miseria. 4. *(Ingl.)* Morir de frío. *-va.* 1. Matar de hambre, hacer morir por falta de alimento. 2. Hambrear, sujetar a una persona por hambre; reducir a un estado de extrema hambre. 3. *(Ingl.)* Hacer morir de frío; helar. 4. Amilanar, privar de fuerza o vigor. **To starve oneself**, dejarse morir de hambre. **To starve someone of something,** privar a alguien de algo.

starveling ['stɑːvlɪŋ] [starv-lin], *s.* El animal extenuado por falta de alimento o muerto de hambre. *-a.* Hambriento, muerto de hambre, famélico, hambrón.

starving ['stɑːv] [starv], *a.* Famélico, hambriento.

stasis ['steɪsɪs] [stei-sis], *s. (Med.)* Estancación de la sangre, particularmente en los vasos capilares.

state [steɪt] [steit], *s.* 1. Estado, modo de existencia, relación a las circunstancias, condición, ser actual o disposición en que se halla o considera una persona o cosa. 2. Estado, el cuerpo político de una nación; en especial, uno de los Estados Unidos de América. 3. Estado, el país o dominio de algún príncipe. 4. Fausto, pompa, aparato, gran ceremonia; dignidad, grandeza. 5. Trono, el asiento real usado en los actos de ceremonia majestuosa. 6. El gobierno civil, en contraposición al eclesiástico. **State-affairs**, negocios públicos, negocios o asuntos de estado. **In a state of** o **to**, en estado de. **Married state**, matrimonio. **Single state**, celibato. **In state**, con gran pompa, de gran ceremonia. **To lie in state**, estar expuesto en cama de respeto. **Secretary of State**, ministro de Estado, de Relaciones Exteriores. **As stated above,** como se ha indicado arriba.

state, *a.* 1. De estado; político, público. 2. De lujo; usado en grandes ceremonias; propio para ocasiones de pompa. 3. De un estado de los Estados Unidos. **State fair,** feria estatal. **State paper**, documento del Estado; pliego, documento o tratado político. **State-house**, *(E. U.)* edificio del Estado, en que se reune la legislatura de un estado. **State's evidence**, (a) testimonio aducido en una causa criminal; (b) el cómplice que por librarse del castigo declara sobre un delito en perjuicio de otros. **State prison**, *V.* PENITENTIARY.

state, *va.* 1. Exponer, enunciar, declarar formal o particularmente hablando o por escrito; relatar, decir, contar. 2. *(For.)* Declarar como cosa positiva. 3. *(Alg.)* Proponer, plantear (un problema).

statecraft ['steɪtkrɑːft] [steit-kraft], *s.* Política, diplomacia, el arte de gobernar, de dirigir los asuntos públicos.

stated ['steɪtɪd] [stei-tid], *a.* part. Establecido, que sucede en épocas señaladas o fijas; regular, fijo, perteneciente a los cuerpos en equilibrio; opuesto a dinámico.

statehood ['steɪthʊd] [steit-jud], *sf.* Categoría de estado.

stateless ['steɪtlɪs] [steit-les], *a.* Apátrida.

stateliness ['steɪtlɪnɪs] [steit-li-nes], *s.* 1. Grandeza, majestad, aparato majestuoso, dignidad. 2. Fausto o pompa afectada; altivez.

stately ['steɪtlɪ] [steit-li], *a.* Augusto, sublime, majestuoso, imponente, soberbio; con apariencia de grandeza y magnificencia; lleno de dignidad, grande, excelso, noble, elevado. **A stately edifice**, un soberbio edificio. **Stately manners**, modales nobles, llenos de dignidad. *-adv.* Majestuosamente, suntuosamente.

statement ['steɪtmənt] [steit-ment], *s.* 1. Declaración, exposición, acción de declarar o exponer; resumen, narración, relación, cuenta. 2. Relato, informe. 3. Cuenta y razón.

stateroom ['steɪtrʊm] [steit-rum], *s.* 1. Camarote, cuarto particular para dormir, como en un vapor o coche dormitorio; contiene generalmente dos camas. 2. Gran salón, o pieza principal de un palacio.

statesman ['steɪtsmən] [steits-man], *s.* Estadista, político; hombre de Estado notable por su talento.

statesmanlike ['steɪtsmənlaɪk] [steits-man-laik], *a.* De una manera propia de un hombre de Estado, o estadista.

statesmanship ['steɪtsmənʃɪp] [steits-man-ship], *s.* Calidad de estadista. *V.* STATECRAFT.

stateswoman ['steɪtswʊmən] [steits-uo-man], *sf.* La mujer que se mezcla en los asuntos de estado.

static ['stætɪk] [sta-tik], *a.* Estático.

static, *s.* Parásitos. **Statis suppressor**, antiparásito, antiparasitario.

statics ['stætɪks] [sta-tiks], *s.* Estática, la ciencia que trata del equilibrio de los cuerpos.

station ['steɪʃən] [stei-shon], *s.* 1. El puesto donde se coloca alguno; lugar señalado (place). 2. Paradero, estación de ferrocarril o de la policía. 3. Condición o posición social (social condition). 4. En agrimensura, punto desde el cual o alrededor del cual se hacen las medidas de ángulos o distancias; también, la distancia que sirve de medida normal. 5. Puesto militar, parada, descansadero. **Station-house**, edificio donde están de guardia los ministros de la policía; estación de ferrocarril para viajeros, habitación de los individuos de una estación de salvamento. **Humble station,** baja posición social. **To get ideas above one's station,** darse aires de superioridad.

station, *va.* Apostar, disponer, colocar.

stationary ['steɪʃənərɪ] [stei-sho-na-ri], *a.* 1. Estacionario, estacional. 2. Fijo, sin movimiento. 3. Que continúa en el mismo estado, sin hacer progreso alguno. **Stationary engine**, máquina fija.

stationer ['steɪʃənəʳ] [stei-sho-naʳ], *s.* Papelero, el que vende papel, tinta, lacre y demás efectos necesarios para escribir.

stationery ['steɪʃənərɪ] [stei-sho-na-ri], *s.* Papel y avíos necesarios para escribir. **Stationery store**, papelería.

stationmaster ['steɪʃənˌmɑːstəʳ] [stei-shon-mas-taʳ], *s.* Jefe de estación.

station wagon ['steɪʃənˌwægən] [stei-shon-va-gon], *s.* Camioneta, furgoneta.

statist ['steɪtɪst] [stei-tist], *s.* Estadístico, el versado en la estadística.

statistic [stə'tɪstɪk] [sta-tis-tik], *a.* Estadístico, perteneciente a la estadística; que contiene tablas estadísticas, que trata de la estadística, o dado a ella.

statistically [stə'tɪstɪkəlɪ] [sta-tis-ti-ka-li], *adv.* Estadísticamente, por medios estadísticos.

statistician [stə'tɪstɪʃən] [sta-tis-ti-shan], *s.* Estadístico, persona versada en trabajos estadísticos.

statistics [stə'tɪstɪks] [sta-tis-tiks], *s.* 1. Estadística, conjunto de datos relativos al estado social. 2. Estadística, ciencia.

statuary ['stætjʊərɪ] [sta-tiua-ri], *s.* 1. Estatuas consideradas colectivamente. 2. Estatuaria; estatuario, escultor.

statue ['stætjuː] [sta-tiu], *s.* Estatua.

statuesque [ˌstætjʊˈesk] [sta-tiuesk], *a.* Parecida a una estatua.
statuette [ˌstætjʊˈet] [sta-tiuet], *s.* Estatua pequeña, figurilla.
stature [ˈstætʃəʳ] [sta-chaʳ], *s.* Estatura, altura, talla, tamaño.
status [ˈsteɪtəs] [stei-tos], *s.* 1. Manera de ser; condición o relación legal, posición. 2. Posición relativa. **Social status,** posición social. **To have sufficient status,** tener bastante categoría.
status quo [ˈsteɪtəsˈkwəʊ] [stei-tos-kuou], *sm.* Statu quo.
statute [ˈstætjuːt] [sta-tiut], *s.* Estatuto, ley, pragmática, decreto, reglamento.
statutory [ˈstætjʊtərɪ] [sta-tiu-to-ri], *a.* Perteneciente o relativo a un estatuto, establecido por la ley.
staunch [stɔːntʃ] [stonch], *a.* Sano de quilla y costados. *V.* STANCH.
staunchly [ˈstɔːntʃlɪ] [stonch-li], *adv.* Firmemente, lealmente.
stave [steɪv] [steiv], *va.* (*pret.* STAVED o STOVE). 1. Romper las duelas; quebrar una cosa, abriendo un agujero; quebrantar, destrozar. 2. Agujerear una cosa destrozándola, o rompiéndola, desfondar. 3. Cubrir de duelas, poner duelas. 4. Rechazar, desviar como con un bastón; retardar, diferir; se usa con **off**, por lo general. 5. Descabezar algún barril o tonel para desocuparlo. **To stave and tail**, separar a los perros cuando riñen, dándoles de palos y tirándoles de la cola. **Stave in,** romper, partir a golpes. **Stave off,** rechazar, mantener a distancia; aplazar (delay).
stave, *s.* 1. Duela de barril, tabla de tonel. **Staves and heading**, duelas y fondos. 2. Tabla recta que forma parte del brocal de un pozo. 3. *(Mús.)* Pentagrama. 4. Estrofa, estancia.
staves [ˈsteɪvz] [steivs], *s.* 1. *pl. regular de* STAVE. 2. *pl.* irregular de STAFF.
stay [steɪ] [stei], *s.* 1. Morada, mansión, el acto o tiempo de quedarse en un paraje (lodge); parada, detención, estancia (visit). 2. *(For.)* Cesación temporal de un procedimiento judicial. 3. Embarazo, impedimento, obstáculo. 4. Lo que reprime o apoya; puntal; apoyo, sostén (support); sustentáculo, atesador, fiador; *(Arq.)* arbotante, apeo, estribo; tentemozo. 5. Varilla de ballena en un corsé; en plural, una forma antigua de corsé. 6. Estabilidad, fijeza, perseverancia, persistencia (perseverance). **Make no stay**, no se detenga usted. **I shall make some stay in London**, me detendré algo en Londres. **Stay of proceedings,** sobreseimiento.
stay, *s.* *(Mar.)* Estay, cabo grueso que sirve para sostener un palo o mastelero por la parte delantera. **Main-stay**, estay mayor. **The ship missed stays**, el buque falló la virada. **Stay-sails**, velas de estay. **Fore-stay**, estay de trinquete. **Foretop-stay**, estay del velacho.
stay, *vn.* (*pret.* y *pp.* STAYED). 1. Quedarse, permanecer, estarse, continuar en el mismo sitio, en el mismo estado o en la misma situación (remain). 2. Parar o pararse, cesar en el movimiento o en la acción, no pasar adelante (stop). 3. Tardar, detenerse. 4. *(Des.)* Aguardarse, esperarse. *-va.* 1. Parar, detener o impedir el movimiento o acción de otro. 2. Contener, poner freno, reprimir (repress). 3. Sostener, apoyar.
stay away, quedar alejado, ausentarse, no parecer.
stay behind, no salir, quedarse.
stay for, aguardar o esperar a uno.
stay from, impedir la acción o efecto de una cosa; separar; torcer o hacer torcer el camino.
stay in, quedarse en su casa, no salir.
stay off, no ir a trabajar o al colegio.
stay on, quedar sobre, descansar sobre; permanecer, cotinuar en el mismo estado.
stay out, quedarse fuera, no entrar.
stay over, pernoctar, pasar la noche.
stay up, velar, no acostarse. **Stay-at-home**, casero, persona que rara vez sale de su casa. **Stay-a-while**, mata espinosa que se adhiere a cuantos la rozan. **To stay the stomach**, tomar un ligero refrigerio, tomar las once.
stay-at-home [ˈsteɪəthəʊm] [stei-at-joum], *a.* Hogareño, casero, que le gusta estar en casa.
stayer [ˈsteɪəʳ] [steiaʳ], *s.* El que permanece, se queda o está quieto en una parte; el que para o retiene; el que apoya o favorece.
stead [sted] [sted], *s.* 1. Lugar, sitio; las veces de; (precedido de **in**). 2. Auxilio, ayuda. 3. *(Des.)* Armazón de cama. *V.* BEDSTEAD. **In his stead**, en su sitio, en su lugar; en vez de él. **In stead of**, en lugar de, en vez de. *V.* INSTEAD. **To stand in stead**, ser útil, servir una cosa para lo que se quiere destinarla. **In my stead,** en mi lugar.
steadfast, stedfast [ˈstedfəst] [sted-fast], *a.* 1. Fijo, firme, estable, permanente. 2. Constante, inmutable. 3. Resuelto, determinado.
steadfastly [ˈstedfəstlɪ] [sted-fast-li], *adv.* Firmemente, con constancia, con resolución. **He fixed his eyes stead fastly on her**, él estuvo con los ojos clavados en ella.
steadfastness [ˈstedfəstnɪs] [sted-fast-nes], *s.* 1. Inmutabilidad, estabilidad. 2. Firmeza, constancia, resolución, persistencia.
steadily [ˈstedɪlɪ] [ste-di-li], *adv.* Firmemente; invariablemente.
steadiness [ˈstedɪnɪs] [ste-di-nes], *s.* 1. Firmeza, la seguridad en que se halla una cosa que no falsea ni se mueve; estabilidad. 2. Firmeza, entereza, constancia. 3. Regularidad, conducta arreglada.
steady [ˈstedɪ] [ste-di], *a.* 1. Firme, fijo, seguro, asegurado. 2. Juicioso, formal, asentado, prudente. 3. Firme, constante, no variable; que se mueve o funciona con regularidad. 4. Libre de excesos; de vida arreglada.
steady, *va.* Hacer firme, sostener, fijar alguna cosa.
steak [steɪk] [steik], *s.* Tajada de carne para asar. **Beef-steak**, tajada de vaca, bistec.
steal [stiːl] [stil], *va.* y *vn.* (*pret.* STOLE, *pp.* STOLEN). 1. Robar, hurtar, pillar, estafar con tretas y engaños (swindle). 2. Pretender o arrogarse algo sin derecho, v.g. la calidad de autor; cometer plagio. 3. Introducirse clandestinamente o sin ser observado; pasar furtivamente, a hurtadillas. 4. Colarse, escabullirse, escapar sin ser visto (escape). 5. Robar o atraer con eficacia y como violentamente el afecto o ánimo.
steal along, pasar en silencio, deslizarse sin ruido, avanzar a paso de lobo.
steal away, steal off, marcharse a hurtadillas; escabullirse.
steal away from, quitar del medio, hacer desaparecer, ocultar, esconder. **Thou shalt not steal**, no hurtarás.
steal down, descender furtivamente.
steal forth, salir clandestinamente.
steal in, into, penetrar furtivamente, introducirse a hurtadillas.
steal over, ganar insensiblemente, apoderarse suavemente de algo; deslizarse a escondidas.
steal up, subir a ocultas, clandestinamente. **To steal up on someone,** acercarse a alguien sigilosamente.
steal upon, aproximarse sin ruido, sorprender; apoderarse de algo; deslizarse, penetrar calladamente. *-s.* *(Fam.)* Hurto, el acto de hurtar; robo.
stealer [ˈstiːləʳ] [sti-laʳ], *s.* Ladrón, el que roba o hurta.
stealing [ˈstiːlɪŋ] [sti-lin], *s.* Hurto, robo; la acción de hurtar, y la cosa robada.
stealth [stelθ] [stelz], *s.* La calidad o costumbre de obrar a hurtadillas o en secreto. **By stealth**, a hurtadillas, a escondidas, de oculto, a escondite, en secreto.
stealthy [ˈstelθɪ] [stel-zi], *a.* Furtivo, hecho de oculto o a escondidas.
steam [stiːm] [stim], *s.* 1. Agua en el estado gaseoso; vapor, o vaho que exhala todo cuerpo húmedo que se calienta (vapor); en especial el fluido elástico producido por la ebullición del agua. 2. Niebla, vaho visible. **Steam-engine**, máquina de vapor. **To cut off, to expand to shut off steam**, cortar, disminuir, interrumpir, el vapor. **To get up** o **generate steam**, producir o generar vapor. **With all steam on**, a todo vapor. **Steam is on**, hay presión. **Super-heated, surcharged steam**, exceso de vapor. **High-pressure steam**, vapor a alta presión. **Steam bath,** baño de vapor. **Steam-chest**, caja o cámara de vapor. **Steam-gauge**, manómetro de vapor.

Steam-hammer, martinete de vapor. **Steam-pipe**, cañería o conducto de vapor.
steam, *va.* 1. Saturar con vapor; someter a la acción del vapor. 2. Secar, quitar la humedad a una cosa, v.g. los adobes. *-vn.* 1. Vahear, emitir o echar de sí vaho o vapor. 2. Moverse por medio del vapor. 3. Evaporarse o reducirse a vapor. **To steam ahead,** avanzar. **To steam up,** empañar (window).
steamboat ['sti:mbəʊt] [stim-bout], *s.* Barco de vapor, vapor de río.
steamer ['sti:mə^r^] [sti-ma^r^], *s.* 1. Barco, vapor. 2. Vaporizador. **Steamer rug**, manta de viaje. **Steamer trunk**, baúl de camarote.
steamfitter ['sti:mfɪtə^r^] [stim-fi-ta^r^], *s.* Montador de calderas de vapor.
steamheat ['sti:mhi:t] [stim-jit], *s.* Calefacción mediante vapor.
steamroller ['sti:mˌrəʊlə^r^] [stim-rou-la^r^], *s.* 1. Apisonadora. 2. *(Fig.)* Actividad arrolladora, fuerza abrumadora. *-va.* Abrumar.
steamship ['sti:mʃɪp] [stim-ship], *s.* Vapor, buque de vapor. **Steamship line**, línea marítima, línea de vapores.
steam shovel ['sti:mˌʃʌvl] [stim-sha-vel], *s.* Pala mecánica.
steamy ['sti:mɪ] [sti-mi] *a.* Vaporoso, empañado (window).
steed [sti:d] [stid], *s.* Caballo, corcel.
steel [sti:l] [stil], *s.* 1. Acero. 2. Arma o instrumento hecho de acero, p. ej. espada, cuchillo, etc. 3. *(Fig.)* Dureza, firmeza. **Alloy steel**, aleación de acero. **Ball-bearing steel**, acero para cojinetes. **Steel helmet,** casco de acero. **Bessemer steel**, aero Bessemer. **Chrome steel**, acero cromado o al cromo. **Damask steel**, aero damasquinado. **Stainless steel**, acero inoxidable. **Steel wool**, lana de acero (for cleaning).
steel, *va.* 1. Acerar, poner acero, cubrir o armar de acero. 2. Fortalecer, endurecer, hacer más firme, acorazar. 3. Dar apariencia de acero a una cosa. *-a.* Hecho o compuesto de acero o parecido a él; de aquí, endurecido, inflexible, duro, sin piedad. **Steel-blue**, azulado, como ciertos aceros. **Steel-clad**, cubierto o armado de acero. **Steel-engraving**, grabado en acero. **Steel-pen**, pluma de acero. **Tincture of steel**, *(Ingl.)* tintura de cloruro de hierro. **Steel-works**, talleres en que se fabrica el acero. **Tool-steel**, acero de superior calidad y de gran temple que se usa para hacer herramientas cortantes. **To steel oneself,** fortalecerse. **To steel somebody,** infundir valor a alguien.
steel-grey ['sti:lgreɪ] [stil-grei], *a.* Gris metálico.
steeliness ['sti:lɪnɪs] [sti-li-nes], *s.* Dureza, insensibilidad.
steel-plated [ˌsti:l'pleɪtɪd] [stil-plei-tid], *a.* Chapado en acero.
steelworker ['sti:lˌwɜ:kə^r^] [stil-ue-ke^r^], *s.* Obrero en una fundición de acero.
steely ['sti:lɪ] [sti-li], *a.* 1. Acerado, con acero o de acero. 2. *(Poét.)* Acerino, de acero o perteneciente a este metal. 3. Fuerte, inflexible, firme, duro.
steep [sti:p] [stip], *a.* Escarpado, derecho, pino, rápido. *-s.* Precipicio, despeñadero, altura o cuesta my difícil de subir.
steep, *va.* 1. Empapar, penetrar con algún líquido, macerar (soak, macerate). 2. Mojar completamente, impregnar, remojar; poner en infusión. 3. Embalsar. *-vn.* Mezclarse gradualmente en una infusión. **Steeped in,** empapado de, saturado de. **To steep tea,** poner el té en infusión. **Steeping-tub**, *(Mar.)* tina de desalar. **Steeping-trough**, el sitio donde los cerveceros echan la cebada para entallecer. *-adj. (Fam.)* Excesivo, exorbitante. **A steep climb,** una cuesta muy empinada.
steeping ['sti:pɪŋ] [sti-pin], *s.* Mojadura, maceración; acción de empapar, de remojar.
steeple ['sti:pl] [sti-pel], *s.* 1. Campanario, torre elevada de una iglesia. 2. Iglesia (el edificio); nombre dado por los primeros cuáqueros.
steeplechase ['sti:plˌtʃeɪs] [sti-pel-cheis], *s.* Corrida a caballo por el campo, con tapias, zanjas u otros obstáculos.
steepled ['sti:pld] [sti-peld], *a.* Con torre o campanario.
steeplejack ['sti:pldʒæk] [sti-pel-yak], *s.* Reparador de chimeneas, torres, etc.
steeply ['sti:plɪ] [sti-pli], *a.* Empinado. **The road climbs steeply,** la carretera es muy empinada. **To rise prices steeply,** subir mucho los precios.
steepness ['sti:pnɪs] [stip-nes], *s.* Calidad de escarpado o pendiente.
steer ['stɪə^r^] [stia^r^], *s.* 1. Novillo, novillejo, utrero. 2. *(E.U.)* Buey de cualquier edad que sea.
steer, *va.* 1. Gobernar, guiar o dirigir el rumbo o la embarcación (guide). 2. Guiar o manejar la rueda o el volante de un vehículo (guide, drive). *-vn.* 1. Navegar, andar bien o mal una nave. 2. Gobernarse, conducirse. 3. Estar sujeto a la acción del timón o de cualquier dirección. **To steer clear of**, evitar chocar con algo, mantenerse alejado de.
steerage ['stɪərɪdʒ] [stia-rich], *s.* 1. Antecámara de un bajel, proa, rancho de la gente, que ocupan principalmente los inmigrantes. 2. Alojamiento de los marineros, oficiales más jóvenes, sirvientes, etc. (en un buque de guerra). 3. Gobierno, dirección; la acción de gobernar o dirigir. **To have steerage-way**, *(Mar.)* tener salida para gobernar. **Steerage passenger**, pasajero de proa, de bodega, o de combés. **Steerage-way**, estela, surco del buque; movimiento de una embarcación suficiente para poder gobernarla por el timón.
steering wheel ['stɪərɪŋwi:l] [stia-rin-uil], *s.* 1. Volante (de un automóvil). 2. *(Mar.)* Rueda del timón.
steerman ['stɪəmən] [stiar-man], *s.* *(Mar.)* Piloto, timonel, timonero.
stellar ['stelə^r^] [ste-la^r^], *a.* Astral, estrellar, relativo o perteneciente a las estrellas.
stellate ['steleɪt] [ste-leit], *a.* Estrellado, de forma estrellada, parecido a las estrellas.
stelliform ['stelɪfɔ:m] [ste-li-form], *a.* Esteliforme, en forma de estrella.
stellular ['steljʊlə^r^] [ste-liu-lar], *a.* Estrellado, sembrado de pequeñas estrellas.
stellionate ['stelɪəneɪt] [ste-lio-neit], *s.* *(For.)* Estelionato, el delito que comete el que vende una finca como libre no siéndolo.
stem [stem] [stem], *s.* 1. Tallo, tronco, cuerpo principal de un árbol, arbusto o planta, el eje que sube. 2. Vástago, pedúnculo de una flor, fruta u hoja, pecíolo. 3. Una parte delgada cualquiera que se asemeja más o menos al tallo del árbol, al pedúnculo de la flor, etc.; pie (de copa); cañón de pluma; barra, rasgo perpendicular que se añade al cuerpo de una nota. 4. *(Mar.)* Roda, roa, tajamar, un trozo derecho de madera en el cual se unen los costados del bajel por la parte delantera. **A woody stem**, un tallo leñoso. **Herbaceous stems**, tallos herbáceos. **From stem to stern**, de proa a popa. **Stem-winder**, reloj de bolsillo.
stem, *va.* 1. Navegar contra la corriente, ir contra viento o marea. 2. Oponerse a la corriente o a las opiniones más aceptadas, resistir. 3. Hacer impermeable una unión o encaje, tapándola o cubriéndola. 4. Quitar los pedúnculos; desgranar (p. ej. las uvas, las pasas). 5. Poner patas o pies a una cosa. **To stem from,** proceder de. **To stem the torrent**, detener el torrente. **To stem the tide**, rendir la marea.
stemless ['stemlɪs] [stem-les], *a.* Sin pie o sostén, sin pedúnculo; en botánica, sin tallo.
stempel, stemple ['stempl] [stem-pel], *s.* 1. Estemple, montante, asnado, madero grueso con que se aseguran de trecho en trecho los costados de la mina. 2. Travesaño de madera.
stemson ['stemsən] [stem-son], *s.* *(Mar.)* Contrarroda, sobrerroda, trabazón de palos fuertes que aseguran la roda del navío.
stench ['stentʃ] [stench], *s.* Hedor, hediondez (stink), también en sentido figurado.
stencil ['stensl] [sten-sil], *va.* 1. Estarcir, hacer letras o dibujos calados con un patrón (in typing). 2. Pintar con un modelo calado. *-s.* 1. Patrón, modelo calado para estarcir. 2. Adorno, hecho con planchas de estarcir.
stenciler ['stensɪlə^r^] [sten-si-la^r^], *s.* El que estarce letras o dibujos, particularmente para adornar los techos de las habitaciones.
stenograph ['stensl] [stensl], *s.* 1. Carácter o escritura en la estenografía. 2. Máquina parecida a la de escribir, para hacer caracteres fonéticos.

stenographer [ste'nɒgrəfəʳ] [ste-no-gra-faʳ], *s.* Estenógrafo, taquígrafo, persona que ejerce la estenografía.

stenographic [ˌstenə'græfɪk] [ste-no-gra-fik], *a.* Estenográfico, perteneciente a la estenografía.

stenography [ste'nɒgrəfɪ] [ste-no-gra-fi], *s.* Taquigrafía o estenografía. *V.* SHORTHAND.

stenotyping [ˌstenɒ'taɪpɪŋ] [ste-no-tai-pin], *s.* Estenomecanografía.

stentorian [sten'tɔːrɪən] [sten-to-rian], *a.* Estentóreo, muy fuerte y grueso; se dice de la voz.

step [step] [step], *va.* (*pret.* y *pp.* STEPPED o STEPT). 1. Colocar, poner o mover el pie, como el andar. 2. Ejecutar, llevar a cabo dando los pasos necesarios; atravesar o medir dando pasos; se usa a menudo con *off.* 3. Plantar un mástil. *-vn.* 1. Dar un paso, mover el pie o los pies como al andar, correr o bailar; avanzar, retroceder o mudar de posición con un movimiento del pie. 2. Andar una corta distancia, pasear, dar una vuelta. 3. Andar paso a paso, gravemente o con dignidad y resolución.

step after, seguir o ir detrás.

step aside, desviarse, apartarse, ponerse a un lado.

step back, retroceder, volver atrás; volver a tornar el pensamiento hacia lo pasado.

step down, bajar, descender.

step forth, presentarse resueltamente, ir andando con pasos mesurados o muy poco a poco.

step forward, dar un paso hacia adelante.

step in, entrar en un carruaje o subir a él; entrar, venir de repente, ocurrirse a la imaginación. **Step inside!,** ¡pasa!, ¡adelante!

step on, poner el pie sobre algo, pisar, andar sobre.

step out, salir, dar un paso fuera; bajar, v. g. de un carruaje. **To step over**, atravesar, pasar de una parte a otra.

step short, *(Mil.)* Dar pasos de quince pulgadas cada uno, acortando el paso.

step up, subir.

step, *s.* 1. Paso, la acción de andar el espacio o distancia que naturalmente se adelanta de un pie a otro, y el mismo espacio (pace). 2. Paso, este mismo espacio tomado como medida 3. Paso o escalón, el peldaño de escalera (stair); umbral de puerta. 4. Paso, un espacio muy corto. 5. Escalón, el grado a que se asciende en la consecución de una cosa o el paso y modo con que alguno adelanta en lo que desea. 6. Paso, el adelantamiento que se hace en cualquiera cosa. 7. Pisada, paso, la huella que queda impresa al andar. 8. Paso, el modo de andar. 9. Paso, el modo de vida de alguno o su conducta. 10. *(Müs.)* Intervalo equivalente a un grado de la escala o del pentagrama. 11. Pedestal de máquina, quicio de eje vertical; *(Mar.)* carlinga, madero fijo sobre la quilla en el que entra la mecha del palo. **Steps**, *pl.* pasos, diligencias para la prosecución de algún negocio. **Step of a mast**, carlinga. **By such steps**, por tales medios. **to retrace one's steps**, volver sobre sus pasos. **To take a step**, dar un paso; tomar alguna medida. **In step**, de acorde, en unión (como en la marcha).

step-, prefijo que en composición tiene la significación de parentesco de afinidad, como **Step-father**, padrastro. **Step-mother**, madrastra. **Step-son**, hijastro. **Step-daughter**, hijastra. **Step-brother**, hermanastro. **Step-sister**, hermanastra.

stepladder ['stepˌlædəʳ] [step-la-daʳ], *s.* Escalera de mano.

steppe [step] [step], *s.* Estepa.

stepping-stone ['stepɪŋstəʊn] [ste-pin-stoun], *s.* 1. Pasadera, estriberón 2. *(Fig.)* Escalón. 3. *(Fig.)* Trampolín.

stereo ['sterɪəʊ] [ste-riou], *Abreviatura de* **stereophonic.**

stereographic ['sterɪəʊˌgræfɪk] [ste-riou-gra-fik], *a.* Estereográfico, perteneciente al estereografía.

stereophonic [ˌsterɪəʊ'fɒnɪk] [ste-riou-fo-nik], *a.* Estereofónico.

stereophony [ˌsterɪəʊ'fɒnɪ] [ste-riou-fo-ni], *sf.* Estereofonía.

stereoscope ['sterɪəskəʊp] [ste-rios-koup], *s.* Estereoscopio, instrumento óptico con dos lentes prismáticos, en que se ven como de relieve las figuras de un dibujo o fotografía doble.

stereoscopic [ˌsterɪəs'kɒpɪk] [ste-rios-ko-pik], *a.* Estereoscópico, perteneciente al estereoscopio o propio para usarlo en él. **Stereoscopic pictures**, cuadros estereoscópicos. **Stereoscopic camera**, cámara estereoscópica.

stereotype ['sterɪətaɪp] [ste-rio-taip], *va.* 1. Estereotipar, clisar; convertir las formas de caracteres movibles en planchas permanentes. 2. Estereotipar, imprimir con planchas firmes y estable en lugar de las comunes hechas con letras sueltas; imprimir de una manera indeleble. *-s.* Estereotipo, clisé; plancha de metal de estereotipar, que se saca de una matriz; letra o viñeta clisada. **Stereotype plate**, plancha estereotípica, clisé.

stereotyped ['sterɪətaɪpd] [ste-rio-taipd], *a.* 1. Estereotipado. 2. Sin originalidad.

sterile ['steraɪl] [ste-rail], *a.* 1. Estéril, infructífero, que no engendra; que no contiene polen o no produce un pistilo. 2. Que no produce, sin ventaja, sin resultado.

sterility [ste'rɪlɪtɪ] [ste-ri-li-ti], *s.* Esterilidad, condición o calidad de estéril.

sterilization [ˌsterɪlaɪˌzeɪʃən] [ste-ri-lai-sei-shon], *s.* Esterilización.

sterilize ['sterɪlaɪz] [ste-ri-lais], *va.* 1. Esterilizar, hacer infecundo. 2. Destruir las bacterias u otros organismos microscópicos. **To sterilize milk**, hervir la leche para destruir las bacterias.

sterilizer ['sterɪlaɪzəʳ] [ste-ri-lai-saʳ], *s.* Esterilizador; aparato para destruir las bacterias.

sterling ['stɜːlɪŋ] [ster-lin], *a.* 1. Esterlina. 2. Genuino, hecho a ley, puro, verdadero. **A person of sterling worth,** una persona de grandes méritos. **A pound sterling**, una libra esterlina. **Sterling silver,** plata de ley.

stern [stɜːn] [stern], *a.* 1. Austero, duro, rígido; severo, inflexible, cruel (severe). 2. Áspero, agrio de genio (rude); que infunde miedo, que repele. *-s.* 1. *(Mar.)* Popa, el remate posterior de un bajel. **Stern-fast**, codera. **Square-stern**, popa llana. **Pink-stern**, popa de pinque. **Stern-frame**, cuaderna de popa o del cuerpo popés. **Stern-port**, *(Mar.)* 1. Porta de guardatimón. 2. La parte o extremidad posterior de cualquiera cosa, cola. **Stern-chase**, caza en que la nave que persigue va siguiendo en la estela de la otra. **Stern-chaser**, pieza de retirada. **Stern-post**, codaste, estambor, guardatimón, pieza fijada en la quilla y que sostiene el timón. **Stern-sheets**, el espacio que queda a popa de los bancos de un bote. **A stern warning,** un aviso terminante. **Sternway**, reculada, movimiento de retroceso. **Stern-wheeler**, *(E.U.)* Bote de vapor, de poco calado, que tiene a popa una sola rueda grande paleta.

sternly ['stɜːnlɪ] [stern-li], *adv.* Austeramente, severamente, rigurosamente.

sternness ['stɜːnnɪs] [stern-nes], *s.* Austeridad, severidad, rigor, dureza, aspereza de genio.

sternum ['stɜːnnəm] [stern-nom], *s.* *(Anat.)* Esternón, hueso situado en la parte anterior y media del tórax.

steroid ['stɪərɔɪd] [ste-roid], *s.* Esteroide.

stertor ['stɜːtəʳ] [ster-taʳ], *s.* Estertor, respiración ronca y anhelosa.

stertorous ['stɜːtərəs] [ster-to-ros], *a.* Estertoroso, caracterizado por el estertor.

stet [stet] [stet], *(Impr.)* Reténgase.

stethoscope ['steθəskəʊp] [ste-zos-koup], *s.* Estetoscopio, instrumento acústico para explorar el estado del pecho.

stethoscopic [ˌsteθəs'kəʊpɪk] [ste-zos-kou-pik], *a.* Estetoscópico, relativo al estetoscopio.

stevedore ['stiːvɪdɔːʳ] [sti-vi-doʳ], *s.* Estibador, descargador.

stew [stjuː] [stiu], *va.* y *vn.* Estofar, cocer a fuego lento. *-s.* 1. Estofado, guisado; carne o pescado estofados *(Culin.)* 2. *(Fam.)* Estado de excitación nerviosa y ansiedad; agitación mental. 3. *(Ant.)* Estufa, aposento recogido y abrigado al que se da calor artificialmente. 4. *pl.* *(Ant.)* Burdel, lupanar. **Stew-pan**, la cazuela o cacerola donde se estofa la carne.

steward ['stju:əd] [stiuad], *s.* 1. Administrador; el que administra o maneja una propiedad o los asuntos de otro. 2. Mayordomo de mesa o de colegio; a bordo, despensero, el que tiene a su cargo la despensa y los camarotes de los viajeros: senescal. **Steward of a farm**, *(Cuba)* Mayoral. **Steward of a dinner**, etc., comisionado, encargado de un convite, función, etc. **Steward's room**, despensa.

stewardess ['stju:ədɪs] [stiua-des], *sf.* 1. *(Mar.)* Camarera de a bordo. 2. *(Aer.)* Azafata, aeromoza.

stewardship ['stju:ədʒɪp] [stiuad-ship], *s.* Mayordomía, gobierno, administración.

sthenic ['sθɪnɪk] [szi-nik], *a.* 1. Que manifiesta energía o actividad, como una parte o un órgano. 2. Que tiene el poder de inspirar o animar.

stich [stɪtʃ] [stich], *s.* 1. Un versículo de la Biblia. 2. Verso, línea de poesía; se usa frecuentemente en composición; v. gr. *hemistich*, hemistiquio. 3. Hilera de árboles.

stick [stɪk] [stik], *s.* 1. Palo, palillo, pedazo de madera largo y delgado; vara, raja de leña. 2. Pieza de madera de construcción. 3. Bastón, vara que se lleva en la mano. 4. Ristra, serie de cosas dispuestas en sarta. 5. Estique, instrumento de madera que usan los escultores para modelar en barro. 6. Arco (para instrumento de cuerda). **Sticks**, *pl.* támaras o rozo, leña menuda de palitos, astillas, etc., para quemar; chabasca, ramitas delgadas. **Broomstick**, palo de escoba. **Round stick**, taco en el juego de billar. **Shooting-stick**, *(Impr.)* Atacador de imprenta. **Stick of furniture,** mueble. **Stick of sealing-wax**, barra de lacre. **Drum-sticks**, palillos de tambor o bolillos. **Chop-sticks**, palillos para comer. **Fan-sticks**, varillas de abanico. **To pick up sticks**, recoger la leña menuda o támaras. **Blow with a stick**, bastonazo, garrotazo. **To be in a clef stick,** estar en un aprieto, estar entre la espada y la pared. **A funny old stick,** un tipo raro, un tipo divertido.

stick, *s.* Herida o golpe penetrante con arma o instrumento punzante; estocada.

stick, *s.* 1. Estado de hallarse pegadas unas cosas a otras. 2. Acción de parar, parada; demora, dilación; vacilación, escrúpulo.

stick, *va.* (*pret.* y *pp.* STUCK), 1. Hacer penetrar, hacer entrar un instrumento de punta; hundir, pasar o atravesar con puñal u otros instrumento puntiagudo. 2. Hincar, introducir o clavar una cosa en otra; fijar alguna cosa con un instrumento puntiagudo; sujetar, fijar con alfileres, tachuelas, etc. 3. Matar o herir de una puñalada o cuchillada. 4. Picar, punzar; llenar de puntas; cubrir de algo que penetra. **A paper stuck with pins**, un papel cubierto o bien provisto de alfileres. 5. Pegar, juntar, unir con una substancia adhesiva. 6. *(Ger.)* Engañar. 7. Componer tipo. 8. *(Agr.)* Plantar jalones. *-vn.* 1. Cogerse, ser mantenido o apoyado para no hundirse. 2. Hacer comba hacia fuera, hacer barriga, sobresalir; se usa con *out, through* y *from.* 3. Pegarse, adherirse o unirse una cosa con otra tenazmente. 4. Pegarse, estar siempre con uno a su pesar o introducirse en una parte sin ser llamado. 5. Pegarse, insinuarse alguna cosa en el ánimo. 6. Pararse, detenerse; dudar, tener escrúpulo, fluctuar, vacilar. 7. Perseverar, ser constante en alguna cosa. 8. Atollarse, meterse en algún empeño o embarazo del que no se puede salir fácilmente. **To stick at it**, *(Fam.)* Persistir.

stick around, quedarse por ahí, esperar.

stick at, detenerse, sentir escrúpulo de; acusar la conciencia o tener cargo de conciencia. **He sticks at everything**, *(Fam.)* se ahoga en poca agua. **He sticks at nothing**, *(Fam.)* Nada le detiene o contiene, de nada tiene escrúpulo.

stick by, sostener, apoyar; pegarse a alguno. **To stick close**, mantenerse juntos; unirse fuertemente. **To stick fast**, pegarse, adherirse fuertemente. **To stick in the mire**, hundirse en el cieno.

stick down, pegar, colar.

stick in, clavar, picar, punzar, encajar; hundirse.

stick out, salir, sobresalir, hacer barriga; mantenerse firme, no ceder, resistir. **His bones stick out**, se le ven los huesos, está descarnado.

stick to, pegarse o adherirse tenazmente, aferrarse a una idea, opinión; atenerse a.

sticker ['stɪkəʳ] [sti-kaʳ], *s.* Etiqueta engomada.

stickiness ['stɪkɪnɪs] [sti-ki-nes], *s.* 1. Tenacidad, la dificultad en desasirse o despegarse una cosa de otra. 2. Viscosidad, glutinosidad (viscosity).

sticking-plaster ['stɪkɪŋ,plɑ:stəʳ] [sti-kin-plas-taʳ], *s.* Emplasto adhesivo, tafetán inglés o de Inglaterra.

stickle ['stɪkl] [sti-kel], *vn.* Altercar, disputar o porfiar acerca de menudencias; insistir o vacilar por razones de poca importancia.

stickleback ['stɪklbæk] [sti-kel-bak], *s.* Esino, pez pequeño de aguas dulces o saladas.

stickler ['stɪkləʳ] [sti-klaʳ], *s.* Un disputador porfiado o cansado; el que es partidario ardiente o defiende con ardor a su partido.

stickpin ['stɪkpɪn] [stik-pin], *s.* Alfiler de corbata. *(Méx.)*, Fistol.

sticky ['stɪkɪ] [sti-ki], *a.* Pegajoso, viscoso, tenaz.

stiff [stɪf] [stif], *a.* 1. Tieso; duro, firme y sólido, que con dificultad se dobla o rompe (rigid). 2. Envarado, entorpecido, torpe, embotado, que funciona con dificultad o fricción. 3. Rígido, duro, inflexible; tenso, tendido (taut). 4. Espeso, viscoso, consistente (viscous). 5. Obstinado, terco (stubborn). 6. Afectado, poco natural, que carece de gracia. 7. Duro; hablando del estilo. 8. Fuerte, que tiene movimiento fuerte y regular. 9. Difícil, severo (difficult). 10. *(Com.)* Firme en los precios. 11. *(Mar.)* Que aguanta bien el viento; que se inclina poco cuando lleva mucho velamen. **To grow stiff**, estirarse, endurecerse. **Stiff breeze**, brisa fuerte. **A stiff paste**, una pasta espesa. **Stiff gale**, viento fuerte. **Stiff news**, noticias fundadas o dignas de creerse. **Stiff neck**, (a) afección reumática de los músculos del cuello; (b) tortícolis. *V. Wry neck.* **To be stiff in the legs,** tener las piernas entumecidas.

stiffen ['stɪfn] [sti-fen], *va.* 1. Atiesar, poner tieso o tirante; endurecer, dar firmeza; espesar. 2. Envarar o entorpecer los miembros. 3. Arreciar de frío. *-vn.* 1. Atiesarse o ponerse tiesa una cosa, endurecerse; enderezarse; espesarse. 2. Envararse o entorpecerse los miembros. 3. Obstinarse. *adv.* **To be worried stiff,** estar muy preocupado.

stiffen, *vt.* Endurecer, hacer más rígido; agarrotar, entumecer.

stiffener ['stɪfənəʳ] [sti-fa-naʳ], *s.* Abultador, colchoncillo, cojinillo; atiesador; contrafuerte de zapato.

stiff-hearted ['stɪf'hɑ:tɪd] [stif-jar-tid], *a.* Obstinado, terco.

stiffly ['stɪflɪ] [sti-fli], *adv.* Tiesamente, obstinadamente, inflexiblemente.

stiff-necked ['stɪf'nekt] [stif-nekt], *a.* Obstinado, terco, pertinaz, testarudo, cabezudo.

stiffness ['stɪfnɪs] [stif-nes], *s.* 1. Tesura, inflexibilidad; rigidez de lo que no se puede doblar; imposibilidad de moverse. 2. *(Med.)* Rigor, tensión que impide el movimiento. 3. Inflexibilidad, terquedad, obstinación; modales severos, altaneros. 4. Dureza de estilo. 5. Espesura, consistencia de una masa. **Stiffness of limbs**, envaramiento o entorpecimiento de los miembros.

stifle ['stɪfl] [sti-fel], *va.* 1. Sofocar, ahogar. 2. Apagar, extinguir, acabar, terminar, poner fin. 3. Suprimir, calar, ocultar. *-vn.* Ahogarse, morir por falta de respiración.

stigma ['stɪgmə] [stig-ma], *s.* 1. Borrón, mancha, nota de infamia; antiguamente, marca, señal que se hacía con un hierro candente. 2. Estigma, extremo superior del pistilo destinado a recibir el polen. 3. *(Anat. y Zool.)* Marco o poro; orificio de la tráquea en los insectos. 4. Estigma, llaga milagrosa (correspondiente a las cinco heridas de Jesucristo).

stigmatic [stɪg'mætɪk] [stig-ma-tik], *a.* 1. Señalado con una marca; *(Ant. de infamia)*; ignominioso; de aquí, deformado, desfigurado. 2. *(Bot.)* Estigmático, referente al estigma de una flor.

stigmatize ['stɪgmətaɪz] [stig-ma-tais], *va.* 1. Estimagtizar, señalar con una nota de infamia. 2. Marcar con estigmas, como los puntos que presenta la piel en el sarampión.

stile [staɪl] [stail], *s.* 1. Un portillo con escalones para pasar de un cercado a otro. 2. Gnomon, el estilo de hierro con que señalan las horas en los relojes de sol. 3. Estilo. *V.* STYLE. **Turn-stile**, un torno en forma de cruz que se pone en algunos sitios o cercados para pasar fácilmente.

stiletto [stɪ'letəʊ] [sti-le-tou], *s.* Verduguillo, un puñal o estoque pequeño con tres cortes. 2. Punzón, instrumento puntiagudo para agujerear.

still [stɪl] [stil], *va.* 1. Acallar, aplacar o sosegar el llanto; hacer callar, hacer cesar un ruido cualquiera. 2. Acallar, aquietar, aplacar, apaciguar. 3. Parar o detener el movimiento de alguna cosa. 4. *(Des.)* Destilar, alambicar.

still, *a.* 1. Inmóvil, que no puede moverse; fijo, que está sin movimiento (fixed); tranquilo, quedo (calm). 2. Silencioso, quieto, que guarda silencio, que no hace ruido: de aquí, suavizado, de sonido débil; apacible, sosegado (quiet). 3. Sin efervescencia; se dice de los vinos. 4. Muerto, inanimado. **Still water**, agua encharcada o tranquila. **Still wine**, vino no espumoso. **Still as the grave**, silencioso como la tumba. **The aire is still**, la atmósfera está tranquila. **To stand still**, detenerse, permanecer quedo, no moverse. **Still life**, naturaleza muerta (en una pintura). **Still-born**, aborto, que ha nacido muerto. *-s.* 1. Silencio, calma, tranquilidad, quietud, sosiego. 2. Alambique, vaso que sirve para destilar. *-adv.* 1. Todavía, aún, sin cesar, siempre, hasta ahora. 2. No obstante, sin embargo, a pesar de eso. 3. Más, además. **Still more**, todavía más, aún más. **Still better,** mejor aún. **I can still recall it,** todavía lo recuerdo.

still-burn ['stɪlbɜːn] [stil-bern], *va.* Quemar por destilación.

stiller ['stɪlə^r] [sti-la^r], *s.* 1. Persona que apacigua, que calma. 2. *(Prov. Ingl.)* Disco que se coloca sobre un cubo lleno para impedir que el líquido salpique.

stilling ['stɪlɪŋ] [sti-lin], *s.* Poino, el codal que sustenta y sirve de apoyo a las cubas en la bodega.

stilly ['stɪlɪ] [sti-li], *a.* *(Poét.)* Tranquilo, silencioso; suave, de sonido débil. *-adv.* Silenciosamente, quietamente.

stillness ['stɪlnɪs] [stil-nes], *s.* Silencio, sosiego, calma quietud, tranquilidad.

stilt [stɪlt] [stilt], *s.* 1. Zanco, palo con horquilla o estribo en que se afirma el pie para andar. 2. Prisma o trípode de barro para sostener un artículo de alfarería en el horno. 3. *(Esco.)* Esteva del arado. 4. Zanco de manto, ave del orden de las zancudas, género Himantopus.

stilted ['stɪltɪs] [stil-tid], *a.* Subido en zancos, hinchado, pomposo, engreído.

stimulant ['stɪmjʊlənt] [sti-miu-lant], *a.* Estimulante, que estimula, que excita o es propio para excitar. *-s.* 1. Estimulante, lo que excita, lo que aguijonea. 2. Remedio estimulante, substancia que excita la acción orgánica del sistema humano; en plural, licores embriagantes.

stimulate ['stɪmjʊleɪt] [sti-miu-leit], *va.* 1. Estimular, aguijonear, punzar, avivar. 2. *(Med.)* Estimular, avivar o acelerar la acción orgánica de las partes del cuerpo. *-vn.* 1. Servir como estímulo o aguijón. 2. Tomar estimulantes o licores embriagantes.

stimulating ['stɪmjʊleɪtɪŋ] [sti-miu-lei-tin], *a.* Estimulante; *(Med.)* Estimulador.

stimulation [ˌstɪmjʊ'leɪʃən] [sti-miu-lei-shon], *s.* 1. Estímulo, aguijón, incitamiento para obrar. 2. Estimulación, la acción y efecto de estimular.

stimulative ['stɪmjʊlətɪv] [sti-miu-la-tiv], *a.* Estimulante. *-s.* Estímulo; excitación.

stimulus ['stɪmjʊləs] [sti-miu-los], *s.* 1. Estímulo, aguijón; motivo, incentivo. 2. Estimulante, lo que determina una excitación en un nervio o músculo. 3. *(Bot.)* Dardo, aguijón.

sting [stɪŋ] [sting], *va.* y *vn.* (*pret.* y *pp.* STUNG) 1. Picar, pinchar, hacer una picadura, usar de un aguijón. 2. Causar o producir tormento la memoria de una cosa. 3. Atormentar, carcomer, remorder la conciencia. **To sting someone to do something,** incitar a uno a hacer algo, provocar. **My conscience stung me,** me remordió la conciencia.

sting, *s.* 1. Aguijón, la púa o punta aguda con que pican algunos insectos. 2. Punzada, picadura, picada. 3. Cualquier cosa que produce un dolor vivo o que punza; *(Bot.)* púa, filamento hueco y tieso que secreta un fluido picante, como el de las ortigas. 4. Remordimiento de conciencia. 5. Aguijón, estímulo. **A sting of remorse,** una punzada de remordimiento. 6. *(E.U.)* Timo, tongo.

stingily ['stɪdʒɪlɪ] [stin-yi-li], *adv.* Avaramente, miserablemente, tacañamente.

stinginess ['stɪdʒɪnɪs] [stin-yi-nes], *s.* Tacañería, avaricia, miseria, ruindad.

stinging ['stɪŋɪŋ] [stin-guin], *s.* Picadura, punzada, punzadura.

stingless ['stɪŋlɪs] [stin-les], *s.* Que no tiene aguijón; sin púa.

stingy ['stɪndʒɪ] [stin-yi], *a.* 1. Mezquino, tacaño, ruin, avaro, miserable (mean). 2. Escaso, poco, limitado (few).

stink [stɪŋk] [stink], van. (*pret.* STANK o STUNK, *pp.* STUNK). Heder, oler mal, apestar.

stink, *s.* Hedor, hediondez.

stinkard ['stɪŋkəd] [stin-kard], *s.* La persona hedionda o muy puerca.

stinker ['stɪŋkə^r] [stin-ka^r], *s.* Cuaquier cosa hedionda o que arroja de sí muy mal olor.

stinking ['stɪŋkɪŋ] [stin-kin], *a.* Hediondo.

stinkingly ['stɪŋkɪŋlɪ] [stin-kin-li], *adv.* Hediondamente, con hediondez; vilmente, cobardemente.

stinkingness ['stɪŋkɪŋnɪs] [stin-kin-nes], *s.* Hediondez.

stinkpot ['stɪŋkpɒt] [stink-pot], *s.* Olla llena de materiales hediondos; bomba asfixiante.

stinky ['stɪŋkɪ] [stin-ki], *a.* Apestoso, hediente, maloliente.

stint [stɪnt] [stint], *va.* 1. Limitar, restringir dentro de límites fijos; roporcionar o servir escasamente. 2. Señalar, repartir una tarea determinada. *-vn.* Ceñirse, ser económico o parsimonioso.

stin, *s.* 1. Cuota, porción fija o determinada, v. g. tarea de trabajo. 2. Límite, restricción. 3. Maubecha pequeña, tríngido, ave de las escolopácidas. Tringa.

stipe ['staɪp] [staip], *s.* *(Bot.)* 1. Estipo, el tallo de las palmas y de las plantas que lleva fronde. 2. Estipo, el sustentáculo de cualquier órgano de las plantas y particularmente del sombrerete en los hongos.

stipend ['staɪpend] [stai-pend], *s.* Estipendio, sueldo o salario pagado en épocas fijas como compensación de servicios prestados; en Escocia, sueldo de un clérigo.

stipendiary [staɪ'pendɪərɪ] [stint], *a.* Estipendiario. *-s.* Estipendiario, el que hace algún servicio por estipendio señalado.

stipitate ['stɪpɪteɪt] [sti-pi-teit], *a.* *(Bot.)* Estiposo, que tiene estipo, que está mantenido por un sustentáculo.

stipple ['stɪpl] [sti-pel], *va.* Picar, puntear, hacer puntitos, dibujando, pintando o grabando. *-s.* Picado, punteado.

stippling ['stɪplɪŋ] [sti-plin], *s.* Picado, acto o procedimiento de dibujar, de graban picando.

stipulate ['stɪpjʊleɪt] [sti-piu-leit], *va.* 1. Estipular, especificar las cláusulas o palabras de un convenio. 2. Mencionar expresmente; especificar, particularizar. *-vn.* Estipular, contratar mutuamente.

stipulate, *a.* Estipulífero, provisto de estípulas.

stipulation [ˌstɪpjʊ'leɪʃən] [sti-piu-lei-shon], *s.* 1. Estipulación, acción de estipular, calidad de estipualdo. 2. Estipulación, cláusula, condición, convenio enunciado en un contrato; convenio, contrato mutuo; pacto.

stipule ['stɪpjʊl] [sti-piul], *s.* 1. *(Bot.)* Estípula, apéndice foliáceo en la base del pecíolo de ciertas hojas. 2. *(Orn.)* Pluma reciente.

stir [stɜː^r] [ste^r], *va.* 1. Cambiar de lugar las partes componentes de un todo, mover o menear una cosa, particularmente con un movimiento circularmente, como con una cuchara (move, change place). 2. Agitar, alterar, revolver, enturbiar, inquietar, irritar (shake). 3. Suscitar, animar, incitar; conmover, excitar los afectos y sentimientos. 4. Agitar, ventilar o controvertir una cuestión o materia de negocios o de ciencias. **To stir the fire**, atizar o avivar la lumbre. *-vn.* 1. Moverse o menearse, ponerse en movimiento. 2. Mudar de posición, moverse, cambiar de lugar. 3. Levantarse temprano. 4. *(Ant.)* Agitarse, bullir o no estarse quieto. **To stir up**, conmover, excitar, animar, aguijonear; poner en movimiento; despertar.

stir, *s.* 1. Movimiento, conmoción, actividad en alguna cosa. 2. Interés, público o general, excitación, conmoción. 3. Estruendo, alboroto.

stirrer ['stɜːrəʳ] [ste-reʳ], *s.* 1. Promovedor, movedor, promotor, motor; instigador, incitador. 2. Madrugador, el que madruga.

stirring ['stɜːrɪŋ] [ste-rin], *s.* 1. Movimiento. 2. El acto de levantarse por la mañana. *-a.* 1. Activo, acostumbrado a una vida activa. 2. Alentador, animador.

stirrup ['stɪrəp] [sti-rap], *s.* 1. Estribo, piezas en que apoya el pie el jinete. 2. *(Mar.)* Estribo. **Stirrups of the yards or of the horses**, *(Mar.)* estribos de guardamancebos de las vergas. **Stirrups of the yard-arms**, *(Mar.)* estribos de los pelones de las vergas. **Stirrups of the chain-plates**, *(Mar.)* estribos de las cadenas. **Stirrup-bearer**, tirante de estribo. **Stirrup-leather**, la correa de que cuelga el estribo.

stitch [stɪtʃ] [stich], *va.* 1. Coser, unir con aguja, seda, hilo, etc., dos pedazos de cualquier cosa. 2. Coser, unir, juntar. *-vn.* Coser o hacer bordados; coser, tener el oficio de sastre o costurera. **To stitch up**, remendar; recoser lo que estaba descosido. **To stitch down**, ribetear.

stitch, *s.* 1. Puntada, punto, el paso de la aguja por la tela que se va cosiendo. 2. Punto, cada una de las lazadas o nuditos de las medias, calcetas, etc. 3. Punzada, dolor punzante. 4. Caballón o surco que traza el arado. 5. Distancia, jornada, división o porción de un viaje. **Back-stitch**, punto atrás, pespunte. **Cross-stitch**, punto cruzado, punto de escarpí. **Chain-stitch**, punto de cadena. **Lock-stitch**, punto de cadeneta. **Lock-stitch o chain-stitch sewing-machines**, máquinas de coser punto de cadeneta o de cadena.

stitcher ['stɪtʃəʳ] [sti-chaʳ], *s.* 1. Cosedor, cosedora, ribeteadora, persona que cose. 2. En la encuadernación, máquina para coser los libros.

stitching ['stɪtʃɪŋ] [sti-chin], *s.* 1. Pespunte, hilera de puntos en una tela. 2. Punto atrás.

stithy ['stɪθɪ] [sti-zi], *s.* 1. Fragua. *V.* SMITHY. 2. Yunque o ayunque, bigornia.

stoat [stəʊt] [stout], *s.* Armiño.

stock [stɒk] [stok], *s.* 1. Tronco, la parte de los árboles y plantas desde el suelo hasta donde se divide en ramas. 2. Tronco, estirpe o cepa de una familia o linaje; estirpe, familia, linaje. 3. *(For.)* Línea directa de una familia. 4. Ganado en general; se llama comúnmente *live stock*. 5. *(Com.)* Capital comercial; valores, acciones, en plural, surtido de mercancías, mercancías almacenadas. 6. Acopio, provisión cuantiosa; fondo; abundancia, cantidad de primeras materias; enseres; muebles; efectos existentes. 7. Mango, manija; berbiquí de barrena; caja de fusil; aquella parte de un mecanismo que sirve para apoyar o mantener las piezas vivas. **Stock of a gun**, caja de escopeta. 8. *(Mar.)* Grada de construcción, astillero. **To be on the stocks**, estar en vías de construcción. **A ship on the stocks**, *(Mar.)* Navío en las gradas o en el astillero. **Stock-blocks**, *(Mar.)* polines de la grada. **Stock of an anchor**, *(Mar.)* Cepo de ancla. 9. Corbatín, especie de corbata. 10. Baceta o monte, los naipes que quedan después de haber dado. 11. Alelí. *V.* GILLYFLOWER. 12. Leño, el trozo del árbol después de cortado; de aquí, tronco, zoquete, estólido, un hombre tonto o insensible. 13. **Stocks**, cepo prisión, antiguo instrumento de castigo en el cual se sujetaban los pies o brazos del delincuente. 14. Colonia de abejas, abejar. **To lay in a stock**, hacer provisión, surtir sus almacenes; proveerse. **Stock in trade**, mercancías disponibles en almacén. **To take (account of) stock**, hacer inventario. **Live stock**, ganados. **Stock farmer**, ganadero. **Joint-stock company**, sociedad por acciones, sociedad anónima. **Railroad stocks**, acciones de ferrocarril. **Stock-yard**, corral para ganados, corral grande en que se encierra el ganado destinado al matadero o al transporte. **Stock-broker**, corredor de valores públicos. **Stock-dove**, *(Orn.)* paloma torcaz. **Stock-fish**, bacalao seco. **Stock-gilly flower**, *(Bot.)* Alelí doble. **Stock-jobber**, agiotista, el que negocia en los efectos o valores públicos a menudo de un modo irregular. **Stock-jobbing**, agiotaje de valores públicos.

stock, *va.* 1. Proveer, abastecer, surtir, llenar. 2. Acumular, juntar, acopiar. 3. Encepar, poner en un cepo.

stockade ['stɒkeɪd] [sto-keid], *va.* Empalizar, rodear de empalizadas. *-s.* 1. Empalizada, estacada, fila de estacas clavadas en tierra. 2. Construcción de pilotaje para proteger un muelle.

stockbroker ['stɒk,brəʊkəʳ] [stok-brou-kaʳ], *s.* Agente de bolsa.

stockbroking ['stɒk,brəʊkɪŋ] [stok-brou-kin], *s.* Correduría de bolsa.

stock company ['stɒk,kʌmpənɪ] [stok-kam-pa-ni], *s.* *(Com.)* 1. Sociedad anónima. 2. *(Teat.)* Compañía teatral de repertorio.

stockholder ['stɒk,həʊldəʳ] [stok-joul-daʳ], *s.* Accionista.

stockiness ['stɒkɪnɪs] [sto-ki-nes], *sf.* Robustez.

stockinet ['stɒkɪnɪt] [sto-ki-nit], *s.* Elástica, tejido elástico propio para ropa interior.

stocking ['stɒkɪŋ] [sto-kin], *va.* Proveer de medias, poner las medias a uno. *-s.* Media, la vestidura de la pierna y del pie. **Silk stockings**, medias de seda. **Worsted stockings**, medias de lana o de estambre. **Thread stockings**, medias de hilo. **Knit stockings**, medias de punto. **Wove stokings**, medias de telar.

stocking-frame ['stɒkɪŋ'freɪm] [sto-kin-freim], *s.* Telar de medias.

stocking-weaver ['stɒkɪŋ'wɛəvəʳ] [sto-kin-uea-vaʳ], *s.* Tejedor de medias.

stokish ['stɒkɪʃ] [sto-kish], *a.* Estúpido, insensible, como un tronco, duro.

stock market ['stɒk,mɑːkɪt] [stok-mar-kit], *s.* Bolsa de valores.

stockpile ['stɒkpaɪl] [stok-pail], *s.* Acumulación de materias primas y otros productos para hacer frente a escaseces.

stockpile, *va.* Acumular materias primas para hacer frente a escaseces.

stockroom ['stɒkrʊm] [stok-rum], *s.* Depósito de mercancías (en un almacén, oficina, etc.)

stocks ['stɒks] [stoks], *s. pl.* 1. Cepo, especie de prisión. 2. Valores públicos, acciones. 3. Gradas de construir buques. *V.* STOCK.

stock-still ['stɒk'stɪl] [stok-stil], *a.* Inmóvil (como un poste).

stocky ['stɒkɪ] [sto-ki], *a.* Rechoncho.

stockyard ['stɒkjɑːd] [stok-yard], *s.* Corral de ganado.

stodgy ['stɒdʒɪ] [stod-yi], *a.* Regordete.

stoic ['stəʊɪk] [stoik], *s.* Estoico, el filósofo que seguía la escuela de Zenón, de aquí, persona indiferente al placer o al dolor; también, ascético severo.

stoical ['stəʊɪkəl] [stoi-kal], *a.* 1. Estoico, perteneciente a la secta o filosofía estoica. 2. Estoico, severo, firme, inflexible e imperturbable como un estoico.

stoically ['stəʊɪklɪ] [stoi-kli], *adv.* Estoicamente, de un modo inflexible e imperturbable.

stoicism ['stəʊɪsɪʒəm] [stoui-si-sem], *s.* Estoicismo, la doctrina o secta de los estoicos.

stoke [stəʊk] [stouk], *va.* y *vn.* Atizar, mantener vivo el fuego en las máquinas de vapor.

stoker ['stəʊkəʳ] [stou-kaʳ], *s.* Fogonero, el que cuida del fuego.

stole ['stəʊl] [stoul], *s.* 1. Estola, vestidura para la celebración de oficios sagrados. 2. Estola, chal. **Fur stole**, estola de piel.

stole, stolen ['stəʊlən] [stou-len], *pret.* y *pp.* del verbo TO STEAL.

stolid ['stɒlɪd] [sto-lid], *a.* Estólido, impasible, estúpido.

stolidity [stɒ'lɪdɪtɪ] [sto-li-di-ti], *sf.* Impasibilidad; flema, terquedad.

stomach ['stʌmək] [sto-mak], *s.* 1. Estómago, la parte del cuerpo en que se hace la primera digestión de los alimentos. 2. Barriga, abdomen; uso común, pero inexacto. 3. Apetito, gana de comer; afición, inclinación.

stomach, *va.* Aceptar sin oposición; sufrir, aguantar.

stomachal ['stʌməkəl] [sta-ma-kal], *a.* Estomacal, perteneciente al estómago o que aprovecha al estómago; cordial.

stomacher ['stʌməkə^r] [sta-ma-ka^r], *s.* Peto, prenda de vestir que se pone en el pecho.

stomaching ['stʌməkɪŋ] [sta-ma-kin], *s.* Resentimiento.

stomachless ['stʌməklɪs] [sta-mak-les], *a.* Sin estómago, desganado, sin gana o sin apetito.

stomatitis ['stʌmətaɪtɪs] [sta-ma-tai-tis], *s.* Estomatitis, inflamación de la boca.

stone [stəʊn] [stoun], *s.* 1. Piedra, un cuerpo natural, sólido y duro. 2. Roca, como material. 3. Trozo de piedra con forma propia para un uso especial; v. gr. piedra de molino, de amolar; piedra sepulcral. 4. Piedra preciosa. 5. Pida, cálculo, la materia dura que se engendra en el cuerpo humano, particularmente en los riñones y en la vejiga. 6. Hueso, cuesco, pepita de las frutas. 7. *(Ingl.)* Un peso de catorce libras. 8. *(Bajo)* Testículo. **Mill-stone**, muela o piedra de molino. **Flint-stone**, piedra de la escopeta, de lumbre o de pedernal. **Imposing-stone**, *(Impr.)* Piedra de imponer. **To leave no stone unturned**, no dejar piedra por mover, no economizar ningún esfuerzo, hacer todo lo posible. **Stone-breaker**, *V. Stone-crusher.* **Stone-coal**, carbón de piedra; carbón muy duro o antracita. **Stone-cold**, frío como la piedra, como el mármol. **Stone-color**, color de la piedra expuesta al aire; gris azulado. **Stone-crusher**, triturador o bocarte de piedra. **Stone-cutting**, labra de las piedras. **Stone-dead**, muerto como una piedra. **Stone-mason**, albañil. **Stone-parsley**, perejil perenne. **Stone-pine**, pino dulce del Mediterráneo. **Stone's cast, stone's throw**, tiro de piedra, distancia a que alcanza una piedra lanzada con la mano. **Stone Age,** Edad de Piedra. **Stone-blind**, enteramente ciego, física o mentalmente. **Stone-cutter**, picapedrero, cantero, el que labra las piedras. **Stone-fruit**, fruta de hueso. **Stone-hawk**, *(Orn.)* Halcón apedreado. **Stone-pit, stone-quarry**, cantera. *-a.* De piedra, hecho de piedra. **Stone me!,** ¡caramba!, ¡caray!

stone, *va.* 1. Apedrear; asaltar o matar a pedradas. 2. Quitar los cuescos o huesos a las frutas. 3. Revestir de piedras, trabajar en albañilería.

stonebreak ['stəʊn'breɪk] [stoun-breik], *s.* *(Bot.)* Quebranta-piedras, saxífraga.

stone-deaf ['stəʊn'def] [stoun-def], *a.* Sordo como una tapia.

stoner ['stəʊnə^r] [stou-na^r], *s.* Apedreador; despepitador de frutas.

stoneware ['stəʊnwɛə^r] [stoun-uea^r], *s.* Cacharro de barro.

stonewashed ['stəʊn,wɒʃt] [stoun-uosht], *a.* Lavado a piedra (jeans).

stonework ['stəʊnwɜːk] [stoun-uek], *s.* Obra hecha de piedra o cantería.

stonily ['stəʊnɪlɪ] [stou-ni-li], *adv.* Fríamente, glacialmente.

stony ['stəʊnɪ] [stou-ni], *a.* 1. Pedregoso, lleno de piedras. 2. *(Ant. o poét.)* De piedra, hecho de piedra; pétreo. 3. Duro, inflexible, inexorable. 4. Petrificante, que transforma en piedra.

stood [stʊd] [stud], *pret.* y *pp.* del verbo STAND.

stooge [stuːdʒ] [studch], *s.* 1. *(Teat.)* El que ayuda subrepticialmente a un actor. *(Mex.)* Palero. 2. El que ejecuta tareas serviles para otra persona. *-vi.* **Stooge about/around,** vagabundear, estar sin hacer nada.

stool [stuːl] [stul], *s.* 1. Banquillo sin respaldo; taburete, escabel. 2. Tarimilla, banqueta. *V.* FOOTSTOOL. 3. Sillico, silleta: y de aquí, cámara, excremento, evacuación de vientre: (comúnmente en plural). 4. Planta madre; vástago acodado. 5. Señuelo o añagaza (para atraer las aves). **Stool-pigeon**, 1. cimbel, cimillo. 2. persona empleada para embaucar a otras. **Close-stool, night-stool**, sillico para excrementos. **To go to stool**, hacer del cuerpo, ir a la secreta. **Foot-stool**, escabel, tarimilla para poner los pies.

stoop [stuːp] [stup], *vn.* 1. Encorvarse, combarse, inclinarse hacia adelante (bend). 2. Encorvarse o bajarse hasta el suelo. 3. Bajarse, someterse, sujetarse (submit). 4. Bajarse, humillarse, abatirse (humiliate); emplearse en cosas menos honoríficas que las pertenecientes a alguno por su clase o estado. 5. Ceder, rendirse (surrender, yield). 6. Condescender, acomodarse al gusto y voluntad de otro. 7. Lanzarse, arrojarse como el halcón se arroja sobre la presa. *-va.* Someter o sujetar; hacer bajar; bajar la cabeza. **To stoop to,** rebajarse a.

stoop 1, *s.* 1. Inclinación hacia adelante y abajo; también, inclinación habitual de los hombros hacia adelante. 2. Descenso, caída de alguna dignidad o estado a otro inferior. 3. Caimiento, declinación, abatimiento. 4. Caída del halcón sobre la presa.

stoop 2, *s.* *(E.U.)* Gradería, pórtico exterior, meseta descubierta a la entrada de una casa.

stoope 3, *s.* 1. Copa o frasco para beber. 2. Pila de agua bendita.

stoopingly ['stuːpɪŋ] [stu-pin-li], *adv.* Hacia abajo, con inclinación hacia abajo.

stop [stɒp] [stop], *va.* 1. Detener, parar, impedir que una cosa siga el movimiento que lleva; cortar, interceptar (cut off). 2. Detener, suspender, diferir, dilatar la ejecución de una cosa; reprimir, refrenar de antemano. 3. Tapar, cerrar o cubrir algún agujero o abertura (close). 4. Retener, v. g. los salarios o jornales. **To stop a leak**, tapar, cegar una vía de agua. **To stop the progress of vice**, detener los progresos del vicio. **To stop the way**, obstruir el camino, cerrar el paso. *-vn.* 1. Parar o pararse, cesar el movimiento o la acción, detenerse, hacer alto. 2. Llegar al fin, cesar (end). 3. *(Fam.)* Quedarse algún tiempo, alojarse o morar en algún paraje o casa. 4. *(Mús.)* Cambiar el tono o diapasón por medio de un agujero o un traste. **To stop up**, tapar, cerrar (a hole, a road). **To stop one's career**, cortarle a uno los pasos. **To stop one's mouth**, tapar la boca, no dejar hablar. **Stop a moment**, deténgase usted un instante. **My watch has stopped**, mi reloj se ha parado. **To stop short**, quedarse cortado. **To stop payment**, *(Com.)* suspender los pagos; dar punto a los negocios. **Stop it!**, ¡ya vale!, ¡basta ya! **Not to stop at**, no pararse en, no contentarse con, no mirar en. **To stop away,** ausentarse. **To stop by,** pararse, detenerse por un corto espacio de tiempo. **To stop in,** quedarse en casa. **To stop over,** pasar la noche, pernoctar. **To stop up,** tapar, cegar, cerrar. **To stop oneself,** abstenerse.

stop, *s.* 1. Parada, la acción de parar o detenerse; pausa, alto (pause). 2. Interrupción; suspensión, detención. 3. Dilación, retardación, retardo. 4. Oposición, obstáculo, impedimento, embarazo (impediment). 5. Cesación; represión. 6. *(Mús.)* Palanca, tecla o mango para cambiar el diapasón de un instrumento de música; traste de guitarra; registro de órgano. 7. Punto, signo de puntuación. **Full stop**, punto final. 8. *(Mec.)* Retén, fiador, seguro. **To put a stop to**, suspender, poner término a, hacer cesar. **To make a stop**, hacer alto, detenerse; hacer una pausa. **To come to a dead stop**, cortarse, pararse repentinamente. **A 15 min. stop,** un descanso de 15 min. **Stop-gap**, lo que cierra un agujero; *(Mar.)* abarrote. Se usa también como adjetivo. **To make a stop in Madrid,** hacer escala en Madrid. **To bet a stop,** quedar paralizado. **A stop of a few weeks,** una estancia de unas pocas semanas. **To pull out all the stops,** desplegar todos los recursos *(Fig.)*

stopcock ['stɒpkɒk] [stop-kok], *s.* 1. Llave de fuente. 2. Canilla de tonel: espita.

stop light ['stɒplaɪt] [stop-lait], *s.* Señal luminosa de parada.

stopover ['stɒpəʊvə^r] [stop-ou-va^r], *s.* Escala, parada intermediaria en el camino.

stoppage ['stɒpɪdʒ] [sto-pich], *s.* 1. Obstrucción, cesación de movimiento, detención, embarazo, impedimiento. 2. Retención (sobre los sueldos). **Stoppage in transit**, *(For.)* embargo hecho por el vendedor de las mercancías durante su transporte a manos del comprador, en caso de insolvencia de éste.

stopper ['stɒpə^r] [sto-pa^r], *va.* Entaponar, tapar con un tapón; *(Mar.)* bozar, amarrar con bozas. *-s.* 1. Persona o cosa que tapa, que cierra; tarugo, tapón; *(Mar.)* bozas, pedazos cortos de cabo grueso que sirven para suspender cualquier cuerpo pesado o para tener un cable. 2. Persona o cosa que detiene. **Anchor-stopper**, *(Mar.)* capón. **Stopper-bolts**, *(Mar.)* argollas de boza.

stopping ['stɒpɪŋ] [sto-pin], *s.* Parada; empaste (tooth).

stopple ['stɒpl] [sto-pel], *va.* Entaponar, atarugar, o cerrar con tapón. *-s.* Tapón.

stop watch ['stɒpwɒtʃ] [stop-uoch], *s.* Cronómetro, reloj cuya marcha se inicia y detiene a voluntad. Se utiliza en deportes.

storage ['stɔːrɪdʒ] [sto-rich], *s.* 1. Almacenaje, acción y efecto de almacenar, de guardar en almacén. 2. Espacio para almacenar las mercancías. 3. Almacenaje, lo que se paga por guardar en un almacén. **Storage battery**, acumulador, batería de acumuladores.

store [stɔːʳ] [stoʳ], *s.* 1. Copia, abundancia, gran cantidad, acopio, provisión (provision, supply). 2. *pl.* Pertrechos, equipos; víveres, provisiones; municiones, bastimentos. 3. Almacén, depósito. 4. En los Estados Unidos y en algunas colonias inglesas, tienda, almacén. *V.* SHOP. **Store of victuals**, provisiones de boca. **Stores for an army**, municiones, pertrechos o provisiones de guerra. *-a.* Almacenado, guardado en almacén. **What is in store for someone,** lo que le espera a uno.**To lay in a store of,** hacer acopio de.

store, *va.* 1. Surtir, proveer, abastecer; municionar, pertrechar. **To store a ship**, *(Mar.)* Abastecer un buque. 2. Atesorar, guardar, acumular, acopiar; tener en reserva. 3. Almacenar, poner o guardar en almacén. **To store away,** poner en reserva. **To store up,** acumular.

storer ['stɔːrəʳ] [sto-raʳ], *s.* El que atesora, acumula, acopia o guarda.

storehouse ['stɔːhaʊs] [stor-jaus], *s.* Almacén.

storekeeper ['stɔːˌkiːpəʳ] [stor-ki-paʳ], *s.* 1. Guardaalmacén; jefe de depósito; tendero, comerciante. 2. *(Mar.)* Pañolero.

storeroom ['stɔːrʊm] [stor-rum], *s. (Mar.)* Despensa; pañol. **Boatswain's store-room**, *(Mar.)* pañol de proa.

storied ['stɔːrɪd] [sto-rid], *a.* 1. Historiado, que tiene una historia notable. 2. Historiado, adornado con cuadros históricos. 3. Referido por la historia. 4. Que tiene pisos.

stork [stɔːrk] [stork], *s. (Orn.)* Cigüeña.

storm [stɔːm] [storm], *s.* 1. Tempestad, tormenta, borrasca; vendaval; conmoción de la atmósfera, por lo regular con lluvia, etc. **A thunder-storm**, tronada. **A rain and wind storm**, turbonada. **Snow-storm**, tormenta de nieve, nevasca. 2. Tormenta, adversidad, calamidad, desgracia o infelicidad en el estado de una persona. 3. Asalto, el ataque para apoderarse a viva fuerza de una plaza o puesto. 4. Conmoción, tumulto, alboroto. 5. Acometimiento tumultuoso, lluvia (particularmente de proyectiles). **To raise, to stir up a storm**, levantar una tempestad, promover desórdenes. **To take by storm**, tomar por asalto. **Storm-beaten, storm-beat, storm-tossed**, azotado, combatido por la tempestad. **Storm-petrel o stormy petrels**, *V.* PETREL. **Storm-sail**, tallavientos, vela pequeña de trinquete que se usa en las borrascas.

storm, *va.* Asaltar, tomar por asalto, atacar a viva fuerza. *-vn.* 1. *(Impersonal)* Tempestar, haber tempestad, haber tormenta. **It stormed yesterday**, ayer hubo tempestad. 2. Levantarse una borrasca o tempestad. 3. Reventar o estallar de cólera, prorrumpir en injurias, denuestos o insultos.

stormbird ['stɔːmbɜːd] [storm-berd], *s.* Procelaria, ave que anuncia borrasca en el mar.

storm door ['stɔːmdɔːʳ] [storm-doʳ], *s.* Contrapuerta, doble puerta (para proteger contra el viento y el frío).

storminess ['stɔːmɪnɪs] [stor-mi-nes], *s.* Estado borrascoso, tempestuoso.

stormwater ['stɔːmwɔːtəʳ] [storm-uo-taʳ], *s.* Agua de lluvia.

storm window ['stɔːmˌwɪndəʊ] [storm-uin-dou], *s.* Contraventana, doble ventana (protection).

stormy ['stɔːmɪ] [stor-mi], *a.* 1. Tempestuso, borrascoso. 2. Violento, turbulento.

story ['stɔːrɪ] [sto-ri], *s.* 1. Historia, relación de las cosas pasadas. 2. Cuento, fábula, conseja (tale); historieta, noveleta. *(Fam.)* Cuento de viejas, hablilla. 3. Enredo, trama de una obra literaria o dramática. 4. *(Fam.)* Mentira, fábula (lie); eufemismo usado generalmente por los niños o para con los niños. 5. Anécdota. 6. Alto, cada uno de los pisos o suelos de una casa (floor). **A house three stories high**, casa de tres altos o de tres pisos. **As the story goes**, según se dice, según cuenta la historia. **A true story**, una historia o anécdota verdadera. **Fairy story**, cuento de hadas.

story, *va.* 1. Historiar, narrar (tell). 2. Colocar las cosas poniéndolas ordenadamente unas debajo de otras.

story-teller ['stɔːrɪˌteləʳ] [sto-ri-te-laʳ], *s.* Cuentista, chismeador, chismoso; embustero, el que dice con frecuencia mentiras.

stout [staʊt] [staut], *a.* 1. Fornido, robusto, corpulento; fuerte, vigoroso, firme. 2. Resuelto, intrépido, animoso. 3. Terco, inflexible. *-s.* Cerveza fuerte.

stoutly ['staʊtlɪ] [staut-li], *adv.* Vigorosamente, valientemente; con resolución.

stoutness ['staʊtnɪs] [staut-nes], *s.* 1. Valor, ánimo, fuerza. 2. Intrepidez, arrojo. 3. Terquedad, obstinación; aspereza.

stove [stəʊv] [stouv], *s.* 1. Estufa (heating); estufa de cocina (cooking); hornillo para poner fuego. 2. Estufa para plantas. 4. Horno cerámico. **Foot-stove**, rejuela.

stove, *pret.* y *pp.* de TO STAVE.

stow [stəʊ] [stou], *va.* 1. Ordenar, colocar con orden (order); llenar de una manera compacta o metódica; hacinar. 2. *(Mar.)* Estibar, arrumar. 3. Ocultar (hide); también, alojarse. **To stow in bulk**, *(Mar.)* Arrumar a bulto. **Stow away,** esconder.

stowage ['stəʊɪdʒ] [stouich], *s.* 1. Arreglo, colocación en su sitio; el estado de la cosa que se halla almacenada o guardada. 2. Sitio, espacio donde se guardan o almacenan cosas (store). 3. El dinero que se paga por el almacenaje. 4. *(Mar.)* Estiba; arrumaje. **To shift the stowage**, *(Mar.)* Mudar la estiba.

stowaway ['stəʊəweɪ] [stoua-uei], *s.* Polizón, el que se oculta en un buque o tren de ferrocarril para obtener pasaje gratis.

stower ['stəʊəʳ] [stouaʳ], *s.* Estibador.

strabismus [strə'bɪzməs] [stra-bis-mos], *s. (Med.)* Estrabismo, defecto visual de los bizcos.

straddle ['strædl] [stra-del], *vn.* Estar en pie o andar esparrancado o muy abierto de piernas; ponerse a horcajadas. *-s.* 1. Acción de ponerse a horcajadas. 2. El espacio que separa las piernas del que se pone a horcajadas.

straggle ['strægl] [stra-guel], *vn.* 1. Extraviarse, descaminarse o andar descaminado del cuerpo principal o de sus compañeros. 2. Rodar, andorrear, corretear, ir de una parte a otra. 3. Extenderse más de lo ordinario las ramas de algún árbol o arbusto. 4. Estar disperso, hallarse a intervalos irregulares. **The village straggles on for kilometres,** el pueblo se extiende varios kilómetros. **Straggling soldier**, soldado rezagado. **Straggling branches**, ramas dispersas, apartadas. **Straggle away/off,** dispersarse.

straggler ['strægləʳ] [stra-glaʳ], *s.* 1. Rezagado, el que se queda atrás. 2. Vagamundo, tunante. 3. La rama que sale más que las otras. 4. Objeto aislado o desviado.

straight [streɪt] [streit], *a.* 1. Derecho, recto; que no es rizado ni pasudo; sin inclinación ni torcedura. **As straight as a die,** derecho como una vela. 2. Justo, equitativo; correcto, exacto. 3. Directo, recto, sin rodeos, libre de estorbos. **Straight timbers**, palos derechos. *-adv.* 1. Directamente, en derechura, en línea recta. 2. Luego, al punto, inmediatamente. **She's straight,** es de fiar. **To make straight**, enderezar o poner derecha una cosa. **To make straight again**, volver a enderezar lo que se había torcido. **Straight line**, línea recta. **Straight razor,** navaja de barbero *(E. U.)*. **The child went straight to his room,** el niño fue derecho a su habitación. **Straight ahead/on,** todo recto, todo seguido. **Let's get this straight,** pongamos las cosas claras. **Straight away,** inmediatamente, en el acto, en seguida. **Straight (poker)**, escalera (poker).

straightaway ['streɪtə'weɪ] [streit-a-uei], *adv.* Adelante, en línea recta. *-s.* Curso directo.

straightedge ['streɪtedʒ] [streit-edch], *s.* Regla o barra de metal o madera para trazar líneas rectas.

straighten ['streɪtn] [strei-ten], *va.* 1. Enderezar, poner derecho. 2. Sacar del desorden, arreglar; se usa a menudo con *up*.

straightener ['streɪtnəʳ] [streit-naʳ], *s.* El que pone una cosa en el estado que debe tener.

straightforward [ˌstreɪt'fɔːwəd] [streit-for-uard], *a.* Que no desvía, que anda derecho; de aquí, honrado, de corazón recto, sincero. *-adv.* Directamente adelante. Se escribe también *straightforwards*.

straightly ['streɪtlɪ] [streit-li], *adv.* 1. En línea recta, directamente. 2. Con mucha tensión.

straightness ['streɪtnɪs] [streit-nes], *s.* Rectitud, derechura; tensión.

strain [streɪn] [strein], *va.* 1. Extender con esfuerzo; estirar, ensanchar o alargar una cosa con violencia o más de lo que es debido (stretch strongly). 2. Llevar al extremo o más allá de lo que es debido y razonable. 3. *(Mec.)* Forzar, deformar permanentemente; obligar demasiado; torcer, retorcer. 4. Constreñir, incomodar, molestar, inquietar. 5. Apretar a uno contra sí abrazándole. 6. Colar, pasar por manga, cedazo, etc., algún líquido; se usa frecuentemente con *out*. *-vn.* 1. Esforzarse, hacer grandes esfuerzos. 2. Filtrarse, colarse. **To strain the voice**, forzar la voz o levantarla más de lo que se debe. **To strain close**, comprimir. **Do not strain yourself**, no se canse usted, no se violente usted **To strain a point**, hacer un esfuerzo. **To strain milk**, colar la leche. **The ship is strained**, *(Mar.)* Se han levantado o largado las costuras.

strain, *s.* 1. Tensión, estiramiento, estirón; esfuerzo (effort). 2. Lesión o daño que se sufre a consecuencia de un esfuerzo excesivo; contorsión, retorcimiento, torcedura, esguince. *V.* SPRAIN. 3. Estilo, tono, modo de hablar o de pensar. 4. *(Mús.)* Aire, melodía (melody); acorde, acentos. 5. Parte distintiva de un poema, canto; composición en verso. 6. Estirpe, descendencia, raza, linaje (race); clase. 7. Genio o disposición heredada. **Strain of madness**, vena de locura. **Melodious strains**, acordes melodiosos. **The strains of a waltz**, los compases de un vals. **Too high a strain**, un tono demasiado alto. **A strain of buff-coloured pansies**, una clase de pensamientos color de ante. **The strain on a rope**, la tensión de una cuerda. **To put a great strain on someone**, someter a alguien a un gran esfuerzo.

strainer ['streɪnəʳ] [strei-naʳ], *s.* Colador, coladera, coladero, pasador.

strait [streɪt] [streit], *a.* 1. Estrecho, angosto (narrow). 2. Estrecho o íntimo, hablando de la amistad o del parentesco. 3. Estrecho, rígido, austero, exacto (exact). 4. Estrecho, escaso, miserable. 5. *(Des.)* Recto, derecho. *-s.* 1. Estrecho, el brazo angosto de mar. 2. Garganta de una montaña; desfiladero, angostura o paso estrecho. 3. Estrecho, aprieto, peñigro, riesgo. **Strait-jacket, strait-waistcoat**, camisa de fuerza.

straiten ['streɪtn] [strei-ten], *va.* 1. Acortar, ceñir, limitar; angostar, cercenar. 2. Estrechar, reducir a menos espacio; disminuir. 3. Estrechar, apretar, reducir a estrechez o aprieto; incomodar.

strait-jacket ['streɪtˌdʒækɪt] [streit-ya-kit], *s.* Camisa de fuerza.

strait-laced ['streɪn'leɪst] [streit-leist], *a.* 1. Metido en pensa, apretado, muy comprimido. 2. Estricto, estrecho, demasiado riguroso. 3. Santurrón.

straitly ['streɪtlɪ] [streit-li], *adv.* 1. Estrechamente; estrictamente, rigurosamente. 2. Íntimamente, con intimidad.

straitness ['streɪtnɪs] [streit-nes], *s.* 1. Estrechez, angostura, corta extensión de lugar o tiempo. 2. Estrechez, aprieto, lance apretado. 3. Estrechez, escasez notable, penuria, falta de lo necesario. 4. Rigor, severidad, austeridad.

strake [streɪk] [streik], *s.* *(Mar.)* Traca o hilada, costura de tablas de popa a proa. **To heel a strake**, *(Mar.)* Tumbarse de una traca; hablando de la embarcación.

strand [strænd] [strand], *va.* y *vn.* Encallar; echarse sobre la costa: en sentido figurado, quedarse desamparado. *-s.* Costa, marina, playa del mar; rara vez, ribera de un río; arenal a la orilla de un río.

strand, *va.* 1. Romper uno de los cabos de una cuerda. 2. Torcer, retorcer los cabos de un cordel. *-s.* 1. Cabo, uno de los hilos de que se compone una cuerda. 2. Hebra, fibra, filamento. **Heart-strand**, corazón de un cabo.

strange [streɪndʒ] [streinch], *a.* 1. Extraño, singular, raro, sorprendente, extraordinario, singularmente bueno o malo. 2. Extraño, que no es de la misma casa o familia, que pertenece a otra parte; de una clase o carácter diferente; desconocido. 3. Forastero, el que no es del lugar donde está. 4. Extranjero, el que es o viene de país extraño. 5. De modales huraños, reservado, poco tratable. **A strange face**, cara desconocida. *-inter.* ¡Cosa rara! ¡cáspita! **How strange!**, ¡qué raro! **To make strange, to make oneself strange**, (a) mostrar o afectar asombro, sorpresa o ignorancia; con *of*. (b) pretender ser extranjero. **I felt strange at first,** me sentí incómodo al principio. **Strange woman**, en la Biblia, ramera.

strangely ['streɪndʒlɪ] [streinch-li], *adv.* 1. Extrañamente, singularmente, extraordinariamente. 2. Como los extranjeros; con relación a extranjeros.

strangeness ['streɪndʒnɪs] [streinch-nes], *s.* 1. Extranjería, la condición o calidad de ser uno extranjero o de otro dominio o país. 2. Extrañeza, reserva, alejamiento, esquivez. 3. Maravilla. 4. Extravagancia o desarreglo en el porte o conducta.

stranger ['streɪndʒəʳ] [strein-chaʳ], *s.* 1. Extranjero, el extraño o el que no pertenece a la casa, familia, corporación, etc., de que se trata, desconocido. 2. Extranjero, el que es de otra nación. 3. El que no conoce o no sabe alguna cosa especificada; con *to*. **A child, who is still a stranger to the world**, un hijo que todavía no conoce el mundo. **He is a stranger to me**, me es desconocido. **You are a great stranger here**, se vende usted muy caro, no se le ve a usted. **You're quite a stranger!**, ¡apenas te dejas ver!

strangle ['stræŋgl] [stran-guel], *va.* 1. Estrangular. 2. Ahogar, sofocar. 3. Reprimir, suprimir. *-vn.* Padecer, estrangulación, morir estrangulado, estrangularse.

stranglehold ['stræŋglhəʊld] [stran-guel-jould], *s.* 1. (Fighting) Llave con que se semiasfixia al adversario. 2. Lo que priva de libertad de movimiento o expresión.

strangler ['stræŋgləʳ] [stran-glaʳ], *s.* 1. El que ahoga o da garrote. 2. El que extingue o sofoca alguna cosa.

strangulate ['stræŋgjʊleɪt] [stran-guiu-leit], *va.* Estrangular.

strangulated ['stræŋgjʊleɪtɪd] [stran-guiu-lei-tid], *a.* part. 1. *(Med.)* Estrangulado, estrechado de tal manera que se halla suspendida la circulación. 2. *(Bot. y Zool.)* Estrechado a intervalos, como por medio de vendas o cuerdas.

strangulation [ˌstræŋgjʊ'leɪʃən] [stran-guiu-lei-shon], *s.* 1. Estrangulación, acción y efecto de estrangular; ahogamiento, la acción y efecto de ahogar o de dar garrote. 2. *(Med.)* Estrangulación, toda constricción ejercida sobre una parte de manera que suspenda la circulación.

strap [stræp] [strap], *s.* 1. Correa, tira de cuero larga, estrecha y flexible; una tira de paño. 2. Cuero, asentador de navajas. *V.* STROP. 3. Capona, charretera mocha; tirante o trabilla de pantalón. 4. *(Mar.)* Gaza, cabo con que se guarnecen los motones por la parte exterior de su circunferencia. 5. Oreja de zapato; tirante de bota. 6. Correones; precinta, trabilla.

strapping ['stræpɪŋ] [stra-pin], *a.* *(Fam.)* Abultado. **Strapping woman**, mujerona.

strata ['strætə] [stra-ta], *s. pl.* de STRATUM.

stratagem ['strætɪdʒəm] [stra-ti-yem], *s.* 1. Estratagema, ardid de guerra. 2. Estratagema, astucia, fingimiento o engaño artificioso.

strategic ['strətɪdʒɪk] [stra-ti-yik], *a.* Estratégico.

strategist ['strətɪdʒɪst] [stra-ti-yist], *s.* Estratégico, persona versada en el arte de la estrategia.

strategy ['strətɪdʒɪ] [stra-ti-yi], *s.* 1. Estrategia, el arte de dirigir las operaciones militares para conseguir la victoria. 2. El empleo de astucia y estratagemas (business, politics).
stratify ['strətɪfaɪ] [stra-ti-fai], *va.* Estratificar, colocar por capas o lechos.
stratosphere ['strətəʊsfɪə[r]] [stra-tous-fia[r]], *s.* Estratosfera.
stratum ['strɑːtəm] [stra-tom] *s.* Estrato, lecho o capa de cualquier cosa que está tendida naturalmente sobre otra. 1. Estrato, capa de roca; 2. *(Anat. y Zool.)* Capa de tejido.
stratus ['streɪtəs] [strei-tos], *s.* Nube que se presenta en forma de faja, a poca altura sobre el horizonte.
straw [strɔː] [stro], *s.* 1. Paja. 2. Un comino, un bledo, una monada o fruslería. **I don't care a straw**, no me importa un pito. **Stack of straw**, pajar. **To break a straw**, reñir. *-a.* 1. Hecho o relleno de paja. 2. De ningún valor, falso, ficticio. **Straw bail**, caución o fianza simuladas. **Straw bond**, bono o caución ficticios. **Straw color**, color de paja, amarillo claro. **Straw-bed**, jergón de paja. **Straw-built**, pajizo, hecho de paja. **Straw-colored**, pajizo claro, de color de paja; pajado. **Straw-hat**, sombrero de paja. **Straw-worm**, gorgojo.
strawberry ['strɔːbərɪ] [stro-be-ri], *s.* 1. *(Bot.)* Fresa, la mata que produce la fresa. 2. Fresa, la fruta producida por la planta de este nombre.
strawberry-tree ['strɔːbərɪˌtriː] [stro-be-ri-tri], *s.* *(Bot.)* Madroño, árbol de las ericáceas.
stray [streɪ] [strei], *vn.* 1. Descarriarse, extraviarse, andar descarriado (to lose one's way); perder el camino, andar vagando sin saber el camino. 2. Errar, faltar a la justicia y equidad; desviarse del deber. **They had strayed 5 km from the road,** se habían desviado 5 km. del camino.
stray, *s.* 1. Descarriamiento, descarrio, la acción de descarriar o descarriarse. 2. Una persona o animal descarriado o perdido. **In a few stray cases,** en casos aislados.
streak [striːk] [strik], *s.* 1. Raya, lista, línea de color distinto del que tiene el fondo de una cosa; reguero; rayo de luz. 2. Vena, rasgo de ingenio: traza, pizca; también antojo, capricho. 3. Raspadura, color del polvo fino de un mineral cuando está limitado. 4. *(Mar.)* Costura de tablas, traca, hilada. *V.* STRAKE.
streak, *va.* Rayar, hacer líneas de varios colores; barajar o entreverar colores.
streaky ['striːkɪ] [stri-ki], *a.* Rayado, alistado, veteado, abigarrado; bordado.
stream [striːm] [strim], *s.* 1. Corriente, flujo o curso del agua u otro líquido que corre. 2. Arroyo, río, torrente (river). 3. Flujo, movimiento de lo que sale o entra sin intermisión, v. g. de la gente; chorro (of liquid, gas, light). 4. Corriente, el curso que llevan algunas cosas. *(Fig.)* Fuente. **Stream of words**, flujo de palabras. **Stream-anchor**, anclote, ancla de espía. **An unbroken stream of cars,** una riada de coches, una gran fila de coches. **A small stream**, arroyuelo. **In the stream**, en franquicia. **In one continuous stream,** ininterrumpidamente. **Down stream, up stream**, agua abajo, agua arriba. **Against the stream**, contra la corriente. **Stream tin**, estaño de aluvión, en grano.
stream, *va.* y *vn.* 1. Correr, manar o fluir los líquidos. 2. Manar, brotar; salir en abundancia y a modo de un torrente. 3. Arrojar o derramar alguna cosa con abundancia y sin interrupción. 4. Lavar, v. g. los minerales, en agua corriente. 5. Hacer ondear; flotar, extenderse ondeando, como una bandera. 6. Moverse llevando tras sí un rastro de luz, como un meteoro. **To stream the buoy**, *(Mar.)* Echar la boya al agua.
streamer ['striːmə[r]] [stri-ma[r]], *s.* Flámula, gallardete, banderola; faja de luz en una aurora boreal; bandera o cinta pendiente.
streamlet ['striːmlet] [strim-let], *s.* Arroyuelo, arroyo pequeño; hilo de agua.
streamline ['striːmlaɪn] [strim-lain], *va.* Dar líneas aerodinámicas, dar formas que permitan flujo continuo.
streamlined ['striːmlaɪnd] [strim-laind], *a.* 1. Aerodinámico, modernizado. 2. Adelgazado.
streamy ['striːmɪ] [stri-mi], *a.* 1. Que abunda en agua corriente, surcado de arroyos; que mana a chorros. 2. Parecido a rayos de luz o que los echa.
street [striːt] [strit], *s.* Calle, camino público en una población, y el espacio que queda entre las dos aceras formadas por las casas. **By-street**, calle apartada, callejuela. **Cross street**, calle traviesa. **Main street**, calle mayor, principal. **Street car**, carro urbano, coche de tranvía. **Street railway**, tranvía, ferrocarril urbano. **Street-walker**, mujer pública o prostituta.
strength [streŋθ] [strenz], *s.* 1. Fuerza, vigor, robustez (force). 2. Fuerza, virtud, eficacia (effectiveness); potencia motriz; potencia intelectual o moral, poder en general, facultad de obrar o sufrir (power, faculty); validez, fuerza legal; fuerza, vigor, nervio del estilo o de las palabras; fuerza o fuerzas, la gente de guerra y demás aprestos militares. 3. Fortaleza, consistencia, firmeza, tenacidad, solidez de una cosa material. 4. Fortaleza o vigor de ánimo. 5. Grado de intensidad, de vehemencia; grado de potencia o de concentración; seguridad, confianza. 6. *(Ant.)* Fuerza, una plaza murada y guarnecida para defenderse. **By strength of**, a fuerza de. **The strength of public opinion**, la fuerza de la opinión pública. **Strength of will,** resolución. **Her strength failed her,** le abandonaron las fuerzas, se sintió desfallecer.
strengthen ['streŋθən] [stren-zen], *va.* 1. Fortalecer, fortificar, dar fuerza y vigor. 2. Confirmar, corroborar, reforzar. 3. Animar, alentar, infundir brío. *-vn.* Fortalecerse, coger o cobrar fuerzas; hacerse fuerte o más fuerte, reforzarse.
strengthener ['streŋθnə[r]] [strenz-na[r]], *s.* Corroborante.
strenuous ['strenjʊəs] [stre-niuos], *a.* 1. Estrenuo, fuerte, persistente, enérgico; acérrimo, tenaz. 2. Que necesita gran esfuerzo. **To be strenuous**, tener entereza, no doblegarse o no condescender con facilidad; ser activo en sumo grado.
strenuously ['strenjʊəslɪ] [stre-niuos-li], *adv.* Acérrimamente, con mucha fuerza y vigor; vigorosamente, enérgicamente.
strenuousness ['strenjʊəsnɪs] [stre-niuos-nes], *s.* Ánimo, esfuerzo, vigor, fortaleza, ardor, celo.
streptococcus [ˌstreptəʊ'kɒkəs] [strep-to-ko-kos], *s.* Estreptococo.
streptomycin [ˌstreptəʊ'maɪsɪn] [strep-to-mai-sin], *s.* *(Med.)* Estreptomicina.
stress [stres] [stres], *s.* 1. Fuerza, peso, importancia, entidad, consideración, valor (worth, value); punto, esencial (esential). 2. Violencia, tensión, fuerza que se hace o se padece. 3. Influencia ejercida por la fuerza, compulsión, coacción. 4. Acento tónico, fuerza, énfasis. **By stress of weather**, *(Mar.)* a causa de un temporal. **Stress of the war**, lo recio de la guerra. **Stress of the voice**, el esfuerzo que se hace con la voz en las sílabas en que está el acento. **To lay great stress upon**, dar mucha importancia a; insistir, apoyar fuertemente sobre, algo, hacer hincapié. **Under stress of,** impulsado por. **Stress mark,** tilde. **To lay great stress on,** insistir mucho, recalcar.
stress, *va.* Sujetar a tensión o peso, como se hace con un madero; dar importancia o énfasis a; meter en dificultades, acongojar.
stressed ['strest] [strest], *a.* Acentuado.
stretch [stretʃ] [strech], *va.* y *vn.* 1. Extender, alargar, tender; poner muy tensa o estirada alguna cosa. 2. Estirar, extender o alargar alguna cosa más de lo que se debe; dilatar. 3. Violentar o dar una interpretación o sentido siniestro a un texto, ley, etc. 4. Hacer un gran esfuerzo, forzar; hacer violencia; exagerar, llevar al extremo. 5. *(Mar.)* Hacer toda fuerza de vela. **To stretch out to sea**, *(Mar.)* Tirar a la mar. 6. Alargarse, extenderse, dar de sí, dilatarse, estirarse; ocupar cierto espacio; *(Fig.)* esforzarse, exagerar. 7. Desplegarse. **To stretch as far as**, extenderse, llegar hasta. **To stretch the wings**, extender las alas. **To stretch forth**, alargar, extender. **To stretch out**, extender, estirar, alargar; extenderse, desplegarse, yacer desplegado, prolongar o prolongarse. **To stretch up,** alargar, extender. **Stretched in bed**, tendido en la cama o tendido a la larga. **To stretch oneself**, estirarse o desperazarse.

stretch, *s.* 1. Extensión, dilatación. 2. Estirón, esfuerzo. 3. Violencia o interpretación forzada del sentido de un texto, ley, etc. 4. *(Fam.)* El punto a donde puede llegar la acción o esfuerzo de una cosa. 5. *(Mar.)* Bordada, el camino que hace una embarcación entre dos viradas. **The stretch of its wings was three feet**, la extensión de sus alas era de tres pies. **The utmost stretch of imagination**, el mayor esfuerzo de la imaginación.

stretcher ['stretʃəʳ] [stre-char], *s.* 1. El o lo que alarga o estira. 2. Camilla, cama portátil para conducir los heridos; andas, féretro con varas. 3. En albañilería, un ladrillo o piedra que yace a lo largo de la hilera. 4. Viga, madero largo, tirante que se emplea en la construcción; *(Mar.)* codaste, codal. 5. Pedestal, el madero contra el cual pone los pies el remero para bogar. **Carpet-stretcher**, atisador para alfombras. **Glove-stretcher**, ensanchador de guantes. **Wire-stretcher**, estirador de alambre.

stretching ['stretʃɪŋ] [stre-chin], *s.* La acción y el efecto del verbo *stretch*, en cualquiera de sus acepciones; tendedura, alargamiento, estiramiento; dilatación; esperezo (after sleep).

strew [stru:] [stru], *va.* (*pp.* STREWED y STREWN). Esparcir, derramar, desparramar; sembrar, salpicar. **To strew with flour** o **with sugar**, espolvorear o polvorear con harina o con azúcar. **To strew with salt**, polvorear con sal.

stria ['straɪə] [straia], *s.* *(Arq.)* 1. Estría, la media caña que tienen a lo largo las columnas y pilastras. 2. Las rayas o surcos de ciertas conchas.

striate ['straɪt] [strait], *va.* Estriar, marcar con estrías.

striated [straɪ'eɪtɪd] [strai-ei-tid], *a.* Estriado, formado con estrías.

stricken ['strɪkn] [stri-ken], *pp.* del verbo TO STRIKE. 1. Herido (particularmente por un proyectil). 2. Afligido. 3. Entrado en años.

strickle ['strɪkl] [stri-kel], *s.* *(Prov. Ingl.)* Rasero, instrumento que sirve para rasar o igualar las medidas de áridos.

strict [strɪkt] [strikt], *a.* 1. Estricto, rígido, estrecho, ajustado, puro (precise). 2. Exacto, riguroso, escrupuloso (exact). 3. Severo, áspero (rude). 4. *(Zool.)* Limitado, ceñido, estrecho. 5. Ajustado, apretado. 6. Estirado, tirante.

strictly ['strɪktlɪ] [strikt-li], *adv.* Exactamente, rigurosamente, con rigor, con severidad, estrictamente; puntualmente. **To remain strictly neutral,** guardar la más rigurosa neutralidad. **Strictly confidential,** estrictamente confidencial. **Strictly private,** propiedad privada, prohibido el paso.

strictness ['strɪktnɪs] [strikt-nes], *s.* 1. Exactitud, puntualidad, regularidad. 2. Severidad, rigor, austeridad; escrupulosidad. 3. Tirantez.

stricture ['strɪktʃəʳ] [strik-chaʳ], *s.* 1. Sello, marca o impresión hecha en una cosa. 2. Obsevación o reflexión ligera hecha sobre un discurso, un escrito, estricto, etc. 3. Contracción o estrechez de un canal o conducto en un cuerpo; constricción.

stride [straɪd] [straid], *s.* Tranco, trancada o zancada, un paso largo.

stride, *va.* (*pret.* STRODE, *pp.* STRIDDEN, antiguamente STRID; *pa.* STRIDING). 1. Pasar a zancadas, cruzar a grandes trancos. 2. Cabalgar, montar a horcajadas. *-vn.* Atrancar, dar trancos, zancadas o pasos largos. **Stride away/ off,** alejarse dando grandes zancadas. **To stride up and down,** andar de aquí para allá.

stridency ['straɪdənsɪ] [strai-den-si], *s.* Estridencia.

strident ['straɪdənt] [strai-dant], *a.* Estridente; se aplica al sonido agudo, desapacible y chirriante.

stridor ['straɪdəʳ] [strai-daʳ], *s.* Estridor, sonido agudo, desapacible y chirriante. *(Lat.)*

strife [straɪf] [straif, *s.* Contienda, disputa, refriega, pleito, debate (fight); antipatía. **Domestic strife,** riñas domésticas.

strike [straɪk] [straik], *va.* (*pret.* STRUK, *pp.* STRUCK o STRICKEN). 1. Golpear, sacudir o dar golpes (hit, knock); pegar; atravesar de un golpe, herir (hurt); hacer impresión sobre algo; sacar fuego por medio de un golpe; cortar, separar, quitar; (en este sentido se usa con *off*). 2. Arrojar con violencia una cosa contra otra. 3. Acuñar o sellar moneda. 4. Contratar; convenir, concertar (convene); hacer un balance. 5. Imprimir o fijar fuertemente en la memoria, en el ánimo, etc. 6. Herir o tocar haciendo impresión, como en la vista, en la imaginación, etc. 7. Mover o conmover repentinamente el ánimo. 8. Chocar, encontrar y ver repentinamente; de aquí, descubrir, divisar. 9. Borrar, tachar, rayar; se usa con *out, off, from*, o alguna cláusula adverbial. 10. Arriar, calar; bajar una vela; levantar el campo. **To strike the colors or the flag**, arriar la bandera. **To strike on a rock**, *(Mar.)* Escollar. **To strike soundings**, *(Mar.)* Sondear, tocar el fondo (sondeando). 11. Tocar, tañer o dar el martillo en la campana del reloj; dar la hora; batir un tambor; hacer resonar. **The clock strikes twelve**, el reloj da las doce. 12. Hacer huelga, dejar de trabajar para obtener por ese medio una concesión. 13. Dar golpe, hacer eco, hacer impresión o llamar la atención alguna cosa; sorprender, sorprenderse, causar admiración, amedrentar. *-vn.* 1. Golpear, dar golpes; tropezar, dar; aporrear, batir. 2. Sonar, dar o hacer sonido. 3. *(Mar.)* Varar, encallar la embarcación; amainar las velas. 4. Suceder casualmente; encontrarse, tropezar con; se usa con *upon*. 5. Entrar atrevida o repentinamente en un sendero o camino: ir adelante, avanzar; estallar, manifestar. 6. Declararse en huelga, para obtener aumento de jornales, disminución de horas de trabajo o corrección de abusos. 7. Arriar el pabellón, rendirse. 8. Echar raíces; fijarse en las conchas, como lo hacen las ostras pequeñas. 9. Tomar cierta dirección, como los estratos geológicos. 10. Esparcirse, acabarse poco a poco, o cambiarse, p. ej. los colores de una tela. 11. Penetrar; saturarse de sal, como el pescado salado.

strike against o **upon**, chocar o encontrarse un cuerpo con otro; estrellarse. **To strike a lead**, encontrar una veta o vena de mineral; de aquí *(Fam.)*, hallar el medio de obtener una ganancia o conseguir buen éxito.

strike at, atacar, acometer, atacarse; alcanzar el tiro de una arma arrojadiza o de una de fuego.

strike back, dar golpe por golpe.

strike down, echar abajo de uno o muchos golpes; derribar, hacer caer; aterrar, echar por tierra.

strike for, *(Fam.)* Dirigirse hacia; acometer, atacar en favor o defensa de. **To strike home**, alcanzar el punto deseado, dar en el clavo.

strike in, meterse, desaparecer de la superficie; juntarse, unirse a otros después que éstos han empezado; interrumpir; conformarse con, adaptarse a; entrar repentinamente.

strike into, comenzar repentinamente; entrar, penetrar, hundirse en.

strike in with, conformarse, convenir, condescender.

strike off, borrar, cancelar, rayar; cortar o separar alguna parte de un todo, quitar; *(Fam.)* imprimir, hacer una tirada. **To strike off one's head**, cortar la cabeza a uno.

strike on, dar contra, tropezar, encontrar, descubrir.

strike out, borrar, cancelar; producir algún efecto por medio de la colisión de dos cuerpos; formar o producir algún designio, resolución, plan, etc., por un esfuerzo repentino del ánimo: arrojarse, lanzarse, hacer un esfuerzo nadando o patinando.

strike through, mostrarse repentinamente una cosa por medio de otra diversa; traspasar, atravesar, pasar de parte a parte; calar.

strike up, producir un sonido cualquiera por medio de golpes; tocar, tañer.

strike with admiration, llenar de admiración o chocar. **To strike fire**, sacar fuego del pedernal con el eslabón. **To strike work**, hallar trabajo, y (rara vez) declararse en huelga. **A thought strikes me**, se me ocurre un pensamiento, tengo una idea. **As it strikes me**, según me parece, a mi juicio, en mi opinión. **To strike blind**, cegar o poner ciego de repente.

strike, *s.* 1. Golpe, acción de dar, pegar o golpear. 2. Huelga, cesación del trabajo por cierto número de trabajadores. 3. *(Fam.)* Descubrimiento de un filón o del mineral que se buscaba; buen éxito completo o inesperado. 4. Rasero; medida. *V.* STRICKLE.

strikeblock ['straɪkblɒk] [straik-blok], *s.* *(Carp.)* Cepillo bocel.

strikebreaker ['straɪk,breɪkəʳ] [straik-brei-kaʳ], *s.* Esquirol, rompehuelgas.

striker ['straɪkəʳ] [strai-kaʳ], *s.* 1. Golpeador, el que golpea. 2. Huelguista, trabajador que deja el trabajo y se declara en huelga.

striking ['straɪkɪŋ] [strai-kin], *a.* 1. Que sorprende y admira; fuerte, obvio, parecido, semejante; de bulto, patente, evidente, seguro (evident). **Striking news**, noticias extraordinarias o muy inesperadas. 2. Que hace huelga. **A striking woman,** una mujer imponente. **It's striking that,** es chocante que.

string [strɪŋ] [strin], *s.* 1. Cordón, cuerdecita por lo común redonda de hilo, etc., para colgar o atar algo; bramante. 2. Cualquier hilo en que se ha ensartado alguna cosa y las cosas ensartadas; ristra. 3. Cinta, presilla, cordel (cord). 4. La cuerda de un arco. 5. Hilera, un número de cosas colocadas en orden sucesivo. 6. Cuerda de cualquier instrumento músico. 7. Fibra, nervio, tendón (nerve). 8. Cadena, encadenamiento (chain). 9. Cuelga, ristra. **A string of onions**, ristra de cebollas. **A string of carriages, of lies**, una hilera de carruajes, una sarta de mentiras. 10. *(Mar.)* Durmiente del alcázar y castillo. **A whole string of errors,** una serie de errores. **To pull strings,** mover palancas, tocar resortes.

string, *va.* 1. Encordar, poner cuerdas a los instrumentos de música o a otra cosa cualquiera. 2. Templar algún instrumento músico de cuerdas. 3. Ensartar, enhilar; encordelar, enhebrar; atar con bramante. 4. Estirar, poner tensa o estirada una cosa. 5. Quitar las fibras, las briznas. **To string along,** embaucar. **To string up,** *(Fam.)* Ahorcar. **To string out,** extenderse en línea larga e irregular. 2. Presentar la apariencia de hebras o briznas.

string bean ['strɪŋbiːn] [strin-bin], *s.* Habichuela verde, judía. *(Mex.)* Ejote.

stringed ['strɪŋd] [stringd], *a.* Encordado, encordelado; ensartado. **Stringed instrument**, instrumento de cuerda. **6 stringed,** de 6 cuerdas.

stringency ['strɪndʒənsɪ] [strin-yan-si], *s.* Calidad de riguroso, estricto o severo; severidad, estrechez.

stringent ['strɪnəʒənt] [strin-yent], *a.* 1. Estricto, riguroso, severo (harsh). 2. Impedido por obstáculos. 3. Que aprieta, que comprime; *(Com.)* estancado.

stringer ['strɪŋəʳ] [strin-gaʳ], *s.* 1. Durmiente, madero pesado que sirve de apoyo. 2. El que encuerda, enhiebra, ensarta, etc.

stringless ['strɪŋlɪs] [string-les], *a.* Que no tiene cuerdas.

stringy ['strɪŋɪ] [strin-gui], *a.* Fibroso, filamentoso; tenaz, duro, correoso.

strip [strɪp] [strip], *va.* (*pret.* y *pp.* STRIPPED o STRIPT). 1. Desnudar, despojar, quitar a uno el vestido o lo que tiene encima. 2. Despojar o privar a uno de lo que goza o tiene. 3. Robar. 4. Descortezar, quitar la corteza. 5. Ordeñar hasta agotar. 6. Desgarrar o cortar en tiras o jirones. 7. Desnudar, quitar lo que cubre o se halla encima, como se hace en varias operaciones mecánicas. **To strip a mast**, *(Mar.)* Desaparejar un palo. **To strip off**, desnudar, quitar, arrancar.

strip, *s.* Tira, faja, pedazo angosto y comparativamente largo (de madera, de tela); jirón. *V.* STRIPE. **Narrow strip**, tirita, tirilla. **Weather-strip**, gualdrín.

stripe [straɪp] [straip], *va.* Rayar, hacer rayas. **Striped and plaid**, rayado y listado.

stripe, *s.* 1. Raya, lista, banda o línea de color diferente de la superficie contigua. 2. Banda, trozo largo de tela. 3. Cardenal, la señal amoratada que queda en el cuerpo de resultas de un golpe. 4. Carácter distintivo; calaña, clase; género.

striped [straɪpt] [straipt], *a.* Listado, rayado, con franjas.

stripling ['strɪplɪŋ] [stri-plin], *s.* Mozalbete, mozuelo.

striptease ['strɪptiːz] [strip-tis], *s.* *(Teat.)* Espectáculo en que una actriz se desnuda poco a poco.

stripy ['straɪpɪ] [strai-pi], *a.* Rallado, listado.

strive [straɪv] [straiv], *vn.* (*pret.* STROVE, *pp.* STRIVEN). 1. Esforzarse, procurar, hacer lo posible para conseguir alguna cosa. 2. Empeñarse en adquirir o conseguir algo, familiarmente pernear o trabajar mucho en la consecución de una cosa. 3. Debatir, disputar, contender; oponerse, estar en oposición una cosa con otra. 4. Competir una cosa con otra. **To strive for mastery**, disputarse la supremacía.

striver ['straɪvəʳ] [strai-vaʳ], *s.* Competidor.

striving ['straɪvɪŋ] [strai-vin], *s.* Esfuerzos.

strode [strəʊd] [stroud], *pret.* de TO STRIDE.

stroke [strəʊk] [strouk], *s.* 1. Golpe, el choque de un cuerpo contra otro; acción de golpear; golpe o tiro que alcanza o hiere a alguno. 2. Cada uno de los movimientos repetidos de una serie, como los de un émbolo o remo; remada, curso o carrera del émbolo o pistón; dirección o extensión de dicho movimiento. 3. Toque en la pintura; pincelada, plumada. 4. Fractura, cardenal o herida causada por un golpe; cualquier daño causado como por un golpe; golpe, infortunio o desgracia repentina; ataque, apoplejía *(Med.)*. 5. Golpe en las obras de ingenio, la parte que tiene más gracia y oportunidad en ellas. **I know his stroke**, conozco su modo de obrar. 6. Jugada, golpe *(Golf, Cricket)*. 6. Campanada de reloj. **It is on the stroke of eight**, están al dar las ocho. 7. Acción eficaz, hazaña; suceso, éxito. 8. Ligero movimiento acariciador. 9. *(Med.)* Ataque. **Stroke of a pen o pencil**, plumada, pincelada. **Stroke of wit**, chiste, gracia, humorada, dicho gracioso, especie salada. **Good stroke!**, ¡muy bien! **To arrive on the stroke,** llegar a tiempo, llegar a la hora justa. **To give a stroke,** acariciar, hacer una caricia.

stroke, *va.* 1. Pasar la mano por la espalda, halagar, acariciar (caress). 2. Frotar suavemente. 3. Ranurar la piedra con cincel. 4. Alisar los pliegues con la aguja.

stroll [strəʊl] [stroul], *vn.* Tunar, vagar, vaguear, andar vagando; callejear, pasearse. *-s.* Paseo voluntario; vagancia, callejeo. **To take, to go for a stroll**, dar un paseo, pasearse.

stroller ['strəʊləʳ] [strou-laʳ], *s.* 1. El que se pasea o anda lentamente o sin objeto fijo; tunante, vagamundo o vagabundo. 2. Cómico ambulante, de la legua.

strolling ['strəʊlɪŋ] [strou-lin], *a.* part. Vagabundo, que vaga; que se pasea ociosamente; ambulante.

strong [strɒŋ] [strong], *a.* 1. Fuerte, forzudo, vigoroso, robusto, muscular, que tiene grandes fuerzas. 2. Fuerte, que tiene mucha resistencia; que produce impresión notable sobre los sentidos que posee una cualidad en alto grado; sólido, firme, concentrado; espirituoso de cuerpo, que contiene mucho alcohol. 3. Capaz, hábil. 4. Violento, impetuoso; de aquí, vivo, brillante, picante. 5. Fuerte, sano. 6. Ardiente, activo, eficaz, enérgico; celoso, caluroso. 7. Resuelto, determinado. 8. *(Com.)* Que manifiesta tendencia al alza, como el mercado o los precios. **Strong meat**, carne difícil de digerir. **His army is ten thousand strong**, tiene un ejército de diez mil hombres. **A strong partizan**, un celoso partidario. **A strong argument**, un argumento poderoso. **Strong box**, cofre, fuerte, caja de hierro para guardar valores. **Strong-minded**, de carácter, de inteligencia vigorosa; despreocupado, descreído. **Strong-backed**, ancho de caderas, robusto. **Strong-bodied**, corpulento, robusto. **Strong-bodied wine**, vino de mucho cuerpo. **Strong-fisted, strong-handed,** fuerte de manos y puños. **Strong-hand**, fuerza, violencia.

strongly ['strɒŋlɪ] [strong-li], *adv.* Fuertemente, rigorosamente, vehementemente; con violencia.

stronghold ['strɒŋhəʊld] [strong-jould], *s.* Plaza fuerte; lugar hecho fácilmente defendible por la naturaleza o por el arte.

strongroom ['strɒŋrʊm] [strong-rum], *s.* Cuarto acondicionado para guardar cosas de valor.

strontium ['strɒntɪəm] [stron-tiom], *s.* *(Quím.)* Estroncio, elemento amarillento; se emplean sus sales en la pirotecnia para producir llamas rojas.

strop [strɒp] [strop], *va.* Asentar navajas, suavizar la navaja con el cuero. *-s.* 1. Suavizador o asentador de navajas; tira de cuero o lona que sirve para afilar las navajas de afeitar. 2. *(Mar.)* Estrovo, cordaje de las poleas.

strophe ['strəʊfɪ] [strou-fi], *s.* Estrofa; estancia, cualquiera de las partes simétricamente iguales de que consta una oda, canción, etc.

strove [strəʊv] [strouv], *pret.* del verbo TO STRIVE.
struck [strʌk] [strak], *pret.* y *pp.* del verbo TO STRIKE.
structural ['strʌktʃərəl] [strak-cha-ral], *a.* Perteneciente a la estructura, caracterizado por la estructura o que la tiene.
structuralize ['strʌktʃərəlaɪz] [strak-cha-ra-lais], *va.* Estructurar, disponer.
structure ['strʌktʃəʳ] [strak-chaʳ], *s.* 1. Construcción, el efecto de construir; lo que se construye; combinación de partes relacionadas, p. ej. una máquina, un edificio, etc. 2. Estructura, hechura, distribución y unión orgánica de las partes u órganos en un cuerpo u objeto. 3. *(Ant.)* Edificación. **The microscopic structure of malachite**, la estructura microscópica de la malaquita.
struggle ['strʌgl] [strak-guel], *vn.* 1. Bregar, forcejar, resistirse para desasirse, soltarse o librarse de algo. 2. Esforzarse o hacer esfuerzos para conseguir algo. 3. Luchar, contender, agitarse.
struggle, *s.* Esfuerzo, contienda, lucha, disputa; resistencia.
strum ['strʌm] [stram], *va.* y *vn.* Arañar, tañer un instrumento de cuerda de una manera descuidada, ruidosa y sin expresión.
strumpet ['strʌmpɪt] [stram-pet], *s.* Ramera, puta, mujer abandonada.
strung [strʌŋ] [strang], *pret.* y *pp.* del verbo STRING.
strut [strʌt] [strat], *vn.* 1. Contonearse, pavonearse. 2. Inflarse, ensoberbecerse.
strut, *s.* 1. Riostra, jabalcón, tornapunta de caballete. 2. Instrumento de hueso o madera que se usa ajustando los pliegues de una lechuguilla.
strutting ['strʌtɪŋ] [stra-tin], *s.* Contoneo, la acción de contonearse; paso arrogante, altanero.
strychnine ['strɪkni:n] [strik-nin], *s.* Estricnina, alcaloide sumamente venenoso.
stub [stʌb] [stab], *s.* 1. Tocón, cepa, de un árbol pequeño, arbusto o mate; lo que queda de un tronco o tallo después de cortada la parte principal. 2. Zoquete; parte o pieza corta que sobresale de una superficie; fragmento, resto. 3. *(E.U.)* En un libro de cheques, talón, matriz. 4. Colilla (cigarette). **Stub-book**, libro talonario. **Stub-iron**, hierro hecho de clavos viejos de herradura. **Stub pen**, pluma de escribir con punta muy roma. **Stub-twist**, hierro de varios colores hecho con clavos de herradura usados; sirve para hacer cañones de fusil.
stub, *va.* 1. *(E. U.)* Dar o tropezar contra una cosa situada casi al nivel del suelo. 2. Extirpar, arrancar sacando las raíces. 3. Quitar los tocones o cepas. 4. Reducir a un tocón; hacer cachigordete. **Stub out,** apagar (cigarette). **Stub up,** quitar, desarraigar.
stubbed ['stʌbd] [stabd], *a.* 1. Cortado o extirpado por el tronco. 2. Grueso y corto. 3. Fuerte, vigoroso, como un tronco. 4. Grosero, áspero de trato o modales.
stubbiness ['stʌbɪnɪs] [sta-bi-nes], *s.* El estado de lo que es corto y grueso.
stubble ['stʌbl] [sta-bel], *s.* Rastrojo, el residuo de la mies después de segada.
stubborn ['stʌbən] [sta-bon], *a.* 1. Cabezudo, obstinado, contumaz, terco, testarudo, porfiado, tenaz. 2. Inflexible, inquebrantable, intratable. **Stubborn facts**, hechos innegables.
stubbornly ['stʌbənlɪ] [sta-bon-li], *adv.* Obstinadamente, inflexiblemente, tercamente.
stubbornness ['stʌbənnɪs] [sta-bon-nes], *s.* Obstinación, aferramiento, terquedad, pertinacia; porfía.
stubby ['stʌbɪ] [sta-bi], *a.* Cachigordete; gordo, corto y tieso.
stub-nail ['stʌbneɪl] [stab-neil], *s.* Puntilla, hita.
stucco ['stʌkəʊ] [sta-kou], *va.* y *vn.* Revestir, cubrir de estuco; formar adornos de estuco. *-s.* 1. Estuco, yeso fino para encostrar las paredes. 2. Trabajo de estuco; cualquier cemento o argamasa para el exterior de los edificios.
stuck [stʌk] [stak], *pret.* y *pp.* del verbo STICK.
stud 1 [stʌd] [stad], *s.* 1. Poste de tabique, pie derecho, poste intermedio y corto. 2. Tachón, tachuela grande, clavo de adorno; botón de camisa. 3. Refuerzo de eslabón.
stud 2, *s.* Yeguada, caballada, manada de yeguas y caballos padres. **Stud-book**, registro genealógico de caballos. **Stud-horse**, caballo padre.
stud, *va.* Tachonar, adornar con tachones.
studding-sails ['stʌdɪŋˌseɪlz] [sta-din-seils], *s. pl.* *(Mar.)* Velas ligeras que se extienden más afuera que las mayores en los peñoles de las vergas. **Lower studding-sails**, rastreras. **Upper studding-sails**, alas.
student ['stju:dənt] [stiu-dent], *s.* 1. Estudiante, discípulo, persona que estudia. 2. Sabio, letrado. **Law or medical student**, pasante de abogado o médico.
studentship ['stju:dəntʃɪp] [stiu-dent-ship], *s.* Beca.
studied ['stʌdɪd] [sta-did], *a.* 1. Estudiado, hecho con cuidado, premeditado. 2. *(Des.)* Docto, versado o instruido.
studier ['stʌdɪəʳ] [sta-diaʳ], *s.* El que ha cultivado o cultiva con esmero alguna ciencia.
studio ['stju:dɪəʊ] [stiu-diou], *s.* Estudio, taller de un artista. **Studio couch**, sofá cama.
studious ['stju:dɪəs] [stiu-dios], *a.* 1. Estudioso, aplicado al estudio. 2. Cuidadoso, solícito, diligente. 3. Estudiado, hecho con deliberación.
studiously ['stju:dɪəslɪ] [stiu-dios-li], *adv.* Estudiosamente, diligentemente, con aplicación.
studiousness ['stju:dɪəsnɪs] [stiu-dios-nes], *s.* Estudiosidad, aplicación al estudio.
study ['stʌdɪ] [sta-di], *s.* 1. Estudio, la aplicación a saber y comprender alguna ciencia o arte. 2. Estudio, aplicación, cuidado o diligencia para hacer alguna cosa. 3. Meditación profunda. 4. Embarazo, perplejidad. 5. Estudio, instrucción, conocimientos adquiridos. 6. Estudio, la pieza donde una persona tiene su bilbioteca y estudia. **To be in a brown study**, estar absorto en una idea; estar pensando en las avutardas; mirar las telarañas. **To make a study of,** investigar, hacer un estudio sobre algo.
study, *va.* 1. Estudiar, aplicarse a aprender alguna facultad o ciencia. 2. Estudiar, observar o examinar con cuidado. 3. Aprender a fuerza de aplicación. 4. Considerar, meditar; idear, proyectar, discurrir medios, aplicarse a; se usa a menudo con *out o up*, **To study up a scheme**, estudiar un plan o proyecto. *-vn.* 1. Estudiar, estar pensando o discurriendo de intento en alguna cosa. 2. Procurar, hacer las diligencias para conseguir lo que se desea.
stuff [stʌf] [staf], *s.* 1. Material, la materia que se requiere para hacer alguna cosa; materia prima. 2. Esencia, parte, elemental, elemento fundamental, sea material o espiritual. 3. Bienes en general; mobiliario, mueblaje, los muebles de una casa. 4. Cosa de poco o ningún valor y estimación; droga; desechos, desperdicios; ideas o sentimientos sin valor; fruslería; se usa muchas veces con interjección. 5. Tejido o tela de cualquier especie; particularmente, todo tejido de lana que es más delgado y ligero que el paño; estofa. **Silk and cotton stuff**, filoseda. 6. Jarope, cualquier droga o medicamento. 7. Betún, compuesto de sebo, trementina, etc., para preservar el maderamen de una embarcación. 8. Tablas, tablillas. **It's poor stuff,** no sirve para nada. **Is this your stuff?,** ¿es tuyo esto? **Thick stuff**, *(Mar.)* Tablones. *-inter.* ¡bagatela! ¡niñería! ¡fruslería! **Hot stuff,** persona estupenda, cosa maravillosa. **He's hot stuf at golf,** es un hacha al golf, juega muy bien al golf. **Get stuffed!,** ¡vete a la porra! **To do one's stuff,** actuar, hacer uno su trabajo.
stuff, *va.* 1. Henchir, llenar; colmar, rellenar. 2. Rehenchir, llenar de borra, lana o crina; en taxidermia, rehenchir, rellenar la piel de una animal. 3. Atetar; apretar. 4. Mechar; introducir especias o hierbas aromáticas en la carne. **To stuff a turkey**, rellenar un pavo. 5. Tapar, atascar (las narices o boca). *-vn.* Atracarse, engullir, llenarse de comida; tragar. **To stuff away,** devorar, zampar (food). **To stuff up,** obstruirse. **To get stuffed up,** quedarse atascado, quedarse obstruido.
stuffing ['stʌfɪŋ] [sta-fin], *s.* 1. El material con que atesta o rellena una cosa; atestadura *(Mec.)* empaquetado; relleno culinario; borra, pelote de telas de lana. 2. Relleno, la acción

y efecto de rellenar. **Stuffing-box**, *(Mex.)* Caja de empaquetado, prensa-estopas.

stuffy ['stʌfɪ] [sta-fi], *a.* 1. Mal ventilado; que causa sensación de malestar. 2. Que impide la respiración.

stultify ['stʌltɪfaɪ] [stal-ti-fai], *va.* 1. Embrutecer, atontar, hacer parecer absurdo, inconsistente o contradictorio; se emplea frecuentmente como verbo reflexivo. 2. *(For.)* Alegar locura o estupidez.

stum [stʌm] [stam], *s.* Mosto, el zumo exprimido de la uva antes de fermentar y hacerse vino; vino fermentado en parte. *V.* MUST.

stum, *va.* Hacer cesar la fermentación (del mosto), añadiendo mostaza u otros ingredientes.

stumble ['stʌmbl] [stam-bel], *vn.* 1. Tropezar, dar con los pies en un estorbo; dar un traspié, un paso en falso; moverse de una manera incierta o desatinada. 2. Hallar casualmente alguna persona o cosa o dar por casualidad con ella; con *on* o *upon*. *-va.* 1. Hacer tropezar a uno; hacer a uno dar un traspié o deslizarse. 2. Ofender. **To stumble through a speech,** dar un discurso de cualquier manera. **To stumble across/upon,** encontrar por casualidad, tropezar.

stumble, *s.* Traspié, tropiezo, resbalón; desliz, paso en falso (en sentido recto y figurado); desatino.

stumbler ['stʌmbləʳ] [stam-blaʳ], *s.* Tropezador, el que tropieza.

stumbling-block ['stʌmblɪŋblɒk] [stam-blin-blok], *s.* Tropezadero, tropiezo; piedra de escándalo.

stump [stʌmp] [stamp], *s.* 1. Tocón, cepa, el resto del tronco de un árbol que sobresale de la tierra después de cortado. 2. En general, la parte de un cuerpo sólido que queda después de haber separado o cortado una porción considerable de su substancia. **Stump of a finger**, tocón o zoquete de un dedo. **Stump of a leg**, muñón de una pierna. **Stump of a tooth**, raigón de un diente. **Cabbage-stump**, troncho de berza. **Up a stump**, *(Fam. E. U.)* Estar en un brete, verse perplejo. 3. *pl.* Las piernas; generalmente en la locución **to stir one's stumps**, *(Fam. E. U.)* mover las piernas, es decir, ponerse en movimiento, zarandearse. 4. Tribuna o estrado desde donde se pronuncia un discurso político; de aquí, arenga política en tiempo de elecciones. 5. *(Fam.)* Desafío, invitación a una controversia. 6. Esfumino, rollito de piel suave o de papel cortado en punta para esfumar. *-a.* 1. Parecido a un tocón. 2. Perteneciente a una arenga política. **Stump-speaker**, orador político. **To be on the stump,** hacer una campaña *(E. U.)*.

stump, *va.* 1. Pronunciar un discurso electoral. 2. *(Fam.)* Desafiar, provocar; hacer parar por razón de obstáculos verdaderos o imaginarios; tropezar, dar contra un obstáculo, v. g. con el pie. *-vn.* 1. Andar renqueando, renquear; andar sobre los muñones de piernas amputadas. 2. *(Fam.)* Pronunciar discursos políticos. **To stump about/along,** andar cojeando, andar pisando muy fuerte. **To stump up,** desembolsar, apoquinar.

stumpy ['stʌmpɪ] [stam-pi], *a.* 1. Lleno de tocones o trozos. 2. Parecido a un tocón, cachigordete, rechoncho.

stun [stʌn] [stan], *va.* 1. Aturdir con un golpe; privar del sentido por medio de una conmoción cerebral. 2. Atolondrar, ensordecer, por algún tiempo, v. g. por medio de un ruido explosivo. 3. Aturrullar, dejar pasmado. *-s.* Choque, golpe o sacudimiento que aturde o deja estupefacto; atudimiento, el efecto de aturdir.

stung [stʌŋ] [stan], *pret.* y *pp.* del verbo STING.

stunned [stʌnd] [stand], *a.* Atontado, aturdido.

stunner ['stʌnəʳ] [sta-naʳ], *s.* 1. El o lo que aturde, atolondra o aturrulla. 2. *(Ger.)* Cosa extraordinaria, de apariencia o efecto sorprendente.

stunt 1 [stʌnt] [stant], *va.* Impedir crecer o no dejar medrar; detener en el crecimiento; hacer achaparrado. **To grow stunted**, achaparrarse o no crecer los árboles. *-s.* 1. Detenimiento, en el progreso o desarrollo; cesación del crecimiento. 2. Animal o cosa achaparrados.

stunt 2, *(Fam. E. U.) va.* Hacer ejercicios corporales de fuerza y destreza. *-s.* Suerte o ejercicio corporal que requiere pericia y destreza.

stupe [stju:p] [stiup], *s.* *(Med.)* Fomentación, compresa; el paño empapado en un cocimiento para fomentar alguna llaga.

stupe, *va.* Fomentar, aplicar paños empapados en un cocimiento a una parte enferma.

stupefacient [ˌstju:pɪ'feɪʃənt] [stiu-pi-fei-shant], *a.* Estupefaciente, que causa estupor, falta de sensación o pasmo. *-s.* Un medicamento narcótico.

stupefaction [ˌstju:pɪ'fækʃən] [stiu-pi-fak-shon], *s.* Estupefacción, pasmo o estupor; atolondramiento, aturdimiento, asombro.

stupefier ['stju:pɪfaɪəʳ] [stiu-pi-faiaʳ], *s.* Lo que causa estupidez o insensibilidad.

stupefy ['stju:pɪfaɪ] [stiu-pi-fai], *va.* 1. Embrutecer, entorpecer los sentidos o las facultades; dejar estupefacto. 2. Atontar, atolondrar; asombrar, causar gran sorpresa, dejar turulato.

stupefying ['stju:pɪfaɪɪŋ] [stiu-pi-fain], *a.* Pasmoso.

stupendous [stju:'pendəs] [stiu-pen-dos], *a.* Estupendo; inmenso, vasto; de tamaño, volumen o grado maravilloso.

stupendously [stju:'pendəslɪ] [stiu-pen-dos-li], *adv.* Estupendamente, de un modo asombroso.

stupid ['stju:pɪd] [stiu-pid], *a.* 1. Estúpido, insensato, notablemente torpe en comprender o en raciocinar. 2. Tosco, grosero. **A stupid thing**, una patochada, tontada o brutalidad.

stupidity [stju:'pɪdɪtɪ] [stiu-pi-di-ti], **stupidness** ['stju:pɪdnɪs] [stiu-pid-nes], *s.* Estupidez, tontería, embrutecimiento.

stupidly ['stju:pɪdlɪ] [stiu-pid-li], *adv.* Torpemente, estúpidamente, con insensatez.

stupor ['stju:pəʳ] [stiu-poʳ], *s.* 1. Estupor, entorpecimiento de los sentidos o de las facultades intelectuales. 2. Atontamiento, torpeza notable para comprender, estupidez densa.

sturdily ['stɜ:dɪlɪ] [ster-di-li], *adv.* Robustamente, resueltamente; firmemente, porfiadamente, vigorosamente.

sturdiness ['stɜ:dɪnɪs] [ster-di-nes], *s.* 1. Fuerza, fortaleza. 2. Terquedad, obstinación.

sturdy ['stɜ:dɪ] [ster-di], *a.* 1. Fuerte, robusto, de buena y cabal salud; endurecido, vigoroso. 2. Bronco, terco, firme e inflexible, resuelto. **Sturdy beggars**, mendigos robustos o que pueden trabajar. **Sturdy independence,** fuerte espíritu de independencia.

sturgeon ['stɜ:dʒən] [ster-yon], *s.* Esturión.

stutter ['stʌtəʳ] [sta-tar] *vn.* Tartamudear, hablar con dificultad, entrecortadamente y repitiendo las sílabas; tartalear en la pronunciación. *-s.* Tartamudeo, la acción o el vicio de tartamudear o tartalear.

stutterer ['stʌtərəʳ] [sta-ta-raʳ], *s.* Tartamudo, el que tartamudea; farfulla, el que habla balbuciente y de prisa.

stuttering ['stʌtərɪŋ] [sta-ta-rin], *a.* Tartamudo.

sty [staɪ] [stai], *s.* (*pl.* STIES) 1. Zahurda, pocilga o cochiquera. 2. Zaquizamí, habitación sucia; lupanar, burdel. 3. Orzuelo del ojo, tumor inflamatorio del borde libre de un párpado.

style 1 [staɪl] [stail], *s.* 1. Estilo, el modo y forma de escribir o hablar particular a cada uno; manera de expresar el pensamiento; dicción distintiva y característica. 2. Estilo, el uso y moda que hay y se guarda comúnmente: manera de obrar; manera, moda, tono, género. **Style of address**, tratamiento; encabezamiento. **Style of living,** estilo de vida. **Old style**, año conforme al cómputo de Julio César. **New style**, cómputo del año conforme a la corrección de Gregorio XIII en 1582. El primero es 13 días más tarde que el segundo. 3. Estilo o modo peculiar de pintar o de componer en la música; carácter de la composición y ejecución; carácter general de las obras de un artista. 4. Estilo, un punzón de hierro con el cual escribían los antiguos sobre tablillas preparadas con una capa de cera. 5. Util para grabar; estilete de cirugía. 6. *(Zool.)* Punzón, prolongación o parte puntiaguda. 7. Título, apellido, renombre o epíteto. **To be in style,** estar de moda. **To live in style,** vivir con lujo.

style 2, *s.* 1. Estilo o gnomon del reloj de sol. 2. *(Bot.)* Estilo, la parte del pistilo que está entre el estigma y el embrión.

style, *va.* Intitular, nombrar, dar o poner un nombre, título o renombre.
stylet ['staɪlɪt] [stai-lit], *s.* 1. Estilete, cualquier instrumento delgado y puntiagudo; punzón pequeño. 2. *(Zool.)* Prolongación puntiaguda.
styling ['staɪlɪŋ] [stai-lin], *s.* Estilización.
stylish ['staɪlɪʃ] [stai-lish], *a.* Elegante, a la moda, de buena forma y estilo.
stylist ['staɪlɪst] [stai-list], *s.* Estilista. Consultor respecto a estilos de ropa, peinados, etc.
stylistic [staɪ'lɪstɪk] [stai-lis-tik], *a.* Estilístico.
stylized ['staɪlaɪzd] [stai-laisd], *a.* Estilizado.
styloid ['staɪlɔɪd] [stai-loid], *a.* Estilóideo, parecido a un estilo o punzón.
stylus ['staɪləs] [stai-los], *s.* 1. Estilo, punzón. 2. Aguja de fonógrafo.
styptic ['stɪptɪk] [stip-tik], *a.* y *s.* *(Med.)* Estíptico, que tiene virtud de astringir y de contener la hemorragia.
stypticity [stɪp'tɪsɪtɪ] [stip-ti-si-ti], *s.* Estipticidad.
styx ['stɪks] [stiks], *s.* Estigia, laguna del infierno mitológico.
suasion ['sweɪzn] [suei-son], *s.* Persuasión; anticuado, excepto en la locución, *moral suasion.*
suave ['swaːv] [suav], *a.* Suave, tratable, de modales corteses, afable.
suavity ['swɑːvɪtɪ] [sua-vi-ti], *s.* Suavidad, dulzura, blandura, delicia.
sub- [sʌb] [sab], prefijo que unido con otras voces significa el grado inferior de alguna cosa.
subalpine ['sʌb'ælpaɪn] [sab-al-pain], *a.* Subalpino.
subaltern ['sʌbltən] [sab-al-tern], *a.* Subalterno, inferior, subordinado, dependiente. *-s.* 1. Oficial subalterno; alférez, teniente, oficial inferior al capitán. 2. *(Lógica)* Clase o naturaleza especificada como comprendida en otra general.
subcommittee ['sʌbkəˌmɪtɪ] [sab-ko-mi-ti], *s.* Una comisión parcial nombrada de entre los individuos de otra para un objeto particular.
subconscious ['sʌb'kɒnʃəs] [sab-kon-shos], *a.* Subconsciente.
subcontract ['sʌb'kɒntrækt] [sab-kon-trakt], *s.* Subcontrato, contrato que hace a su vez el contratista de una obra o trabajo.
subdivide ['sʌb'dɪvaɪd] [sab-di-vaid], *va.* Subdividir.
subdivision ['sʌbdɪˌvɪʒən] [sab-di-vi-shon], *s.* Subdivisión, en botánica y zoología, división o grupo subordinado.
subdue [səb'djuː] [sab-diu], *va.* 1. Sojuzgar, subyugar, sujetar, dominar, mandar con violencia. 2. Domar; enternecer, suavizar. 3. Sojuzgar, conquistar, vencer con habilidad o industria; mejorar las tierras; extirpar las malas hierbas. **In a subdued tone**, en tono sumiso; bajando la voz. **To subdue one's flesh**, mortificar el cuerpo o reprimir los impulsos y apetitos de la carne.
subduer ['sʌb'djuːəʳ] [sab-diuaʳ], *s.* Sojuzgador, conquistador.
sub-entry ['sʌb'entrɪ] [sab-en-tri], *s.* Subasiento.
subgroup ['sʌbgruːp] [sab-grup], *s.* Subgrupo.
subhuman ['sʌb'hjuːmən] [sab-jiu-man], *a.* Infrahumano.
subjacent ['sʌb'dʒæsənt] [sab-ya-sent], *a.* Subyacente, situado debajo de otra cosa o más bajo que ella.
subject ['sʌbdʒɪkt] [sab-yikt], *va.* 1. Sujetar, someter, sojuzgar, dejar sujeto a. 2. Exponer, arriesgar. 3. Presentar, colocar una cosa delante para que se la considere y juzgue y se disponga de ella. 4. Sujetar, poner en estado de dependencia, subordinar. 5. *(Ant.)* Someter, poner debajo. **To subject someone to a test,** poner a alguien a prueba.
subject, *a.* 1. Sujeto, expuesto o propenso a alguna tendencia o agencia. 2. Sujeto, sometido a otro, avasallado, que está bajo la dependencia de otro. 3. Situado debajo a los pies de otra cosa. *-s.* 1. Súbdito, súbdita; vasallo. 2. Sujeto, materia, aquello de que se trata actualmente, asunto, argumento, tema: *(Gram.)* sujeto, término de una proposición de la cual se afirma o niega alguna cosa, y particularmente el caso nominativo. 3. Sujeto, lo mismo que persona cuando se trata de sus buenas o malas cualidades. 4. La materia u objeto de alguna ciencia o arte; idea o plan general de una obra artística; asunto. 5. Cadáver destinado a la disección para explicar o enseñar la anatomía; persona expuesta a una enfermedad o que la padece. **Subject-matter**, asunto, materia de que se trata. **To be subject to,** ser propenso a, estar sujeto a. **Subject to the approval to,** sujeto a la aprobación de.
subjection ['sʌb'dʒekʃən] [sab-yek-shon], *s.* 1. Sujeción, yugo, dependencia, servidumbre. 2. Sujeción, el acto de sujetar o sujetarse.
subjective ['sʌb'dʒektɪv] [sab-yek-tiv], *a.* 1. Subjetivo, que se refiere al sujeto pensante; en contraposición a objetivo. 2. Subjetivo, que tiene relación con el sujeto de que se trata.
subjectively ['sʌb'dʒektɪvlɪ] [sab-yek-tiv-li], *adv.* Subjetivamente, de una manera subjetiva.
subjectiveness ['sʌb'dʒektɪvnɪs] [sab-yek-tiv-nes], *s.* Subjetividad, calidad de subjetivo.
subjectivism ['sʌb'dʒektɪvɪzəm] [sab-yek-ti-vi-sem], *sm.* Subjetivismo.
subjectivity [ˌsʌbdʒek'tɪvɪtɪ] [sab-yek-ti-vi-ti], *sf.* Subjetividad.
subjoin ['sʌb'dʒɔɪn] [sab-yoin], *va.* Añadir al fin, sobreañadir, juntar a.
subjugate ['sʌb'dʒʊgeɪt] [sab-yu-gueit], *va.* Subyugar, conquistar, someter, sujetar.
subjugation ['ˌsʌbdʒʊ'geɪʃən] [sab-yu-guei-shon], *s.* Sujeción, servidumbre, yugo.
subjunctive ['səb'dʒʌŋ*k*tɪv] [sab-yank-tiv], *a.* Subjuntivo del modo subjuntivo, perteneciente al modo del verbo que denota la suposición, la duda, la condición o dependencia. *-s.* *(Gram.)* Subjuntivo, modo subjuntivo.
sublease ['sʌb'liːs] [sab-lis], *va.* Subarrendar. *V.* SUBLET.
sublimate ['sʌblɪmɪt] [sa-bli-meit], *s.* *(Quím.)* Sublimado, la parte más sutil y volátil de los mixtos, extraída de las partes crasas por medio del fuego. **Corrosive sublimate**, solimán, sublimado corrosivo, cloruro sobreoxigenado de mercurio.
sublimate, *va.* 1. *(Quím.)* Sublimar, elevar por medio del fuego las partes volátiles de los cuerpos, y volver a solidificarse. 2. Sublimar, separar de la escoria; *(Fig.)* refinar, purificar.
sublimation [ˌsʌblɪ'meɪʃən] [sa-bli-mei-shon], *s.* 1. Sublimación. 2. Refinamiento, perfección, quinta esencia.
sublime [sə'blaɪm] [sa-blaim], *a.* 1. Sublime, excelso, elevado, exaltado. 2. Majestuoso, imponente, solemne. 3. Del grado más alto, supremo, extremo, el más grande. 4. *(Poét.)* Altivo, orgulloso, arrebatado, transportado. *-s.* El estilo sublime o elevado.
sublime, *va.* y *vn.* 1. Sublimar, exaltar, engrandecer, ensalzar o poner a gran altura. 2. *(Quím.)* Sublimar o sublimarse.
sublimely [sə'blaɪmlɪ] [sa-blaim-li], *adv.* Sublimemente, elevadamente, de un modo sublime.
submarine [ˌsʌbmə'riːn] [sab-ma-rin], *a.* Submarino, que está debajo de la superficie del mar.
submerge [səb'mɜːdʒ] [sab-merch], *va.* 1. Sumergir, zambullir, meter alguna cosa debajo del agua; de aquí, ahogar. 2. Sumergir, anegar, inundar. *-vn.* Zambullirse, sumergirse, yacer debajo del agua; estar escondido o enterrado, oculto a la vista.
submergence [səb'mɜːdʒəns] [sab-mer-yans], *s.* Sumersión, acción y efecto de sumergir.
submission [səb'mɪʃən] [sab-mi-shon], *s.* 1. Sumisión, sometimiento, la acción y efecto de someterse; obediencia. 2. Sumisión, rendimiento, deferencia, obsequio, respeto; resignación. 3. *(Ant.)* El reconocimiento de una falta, la confesión de un error. 4. *(For.)* Acción de referir o someter, o el acuerdo de someter el punto controvertido al arbitraje.
submissive [səb'mɪsɪv] [sab-mi-siv], *a.* Sumiso, obediente, rendido, sometido, obsequioso.
submissively [səb'mɪsɪvlɪ] [sab-mi-siv-li], *adv.* Humildemente, respetuosamente, con sumisión, rendimiento o respeto.

submissiveness [səb'mɪsɪvnɪs] [sab-mi-siv-nes], *s.* Obsequio, sumisión, rendimiento.

submit [səb'mɪt] [sab-mit], *va.* 1. Someter, sujetar (en este sentido es generalmente verbo reflexivo). 2. Someter, referir o dejar una resolución o determinación al juicio, fallo, discreción o arbitrio de otro. 3. Presentar como el propio parecer o versión. *-vn.* 1. Someterse, sujetarse, rendirse, conformarse, consentir en una cosa, ceder. 2. Estar sometido. **We must all submit**, no hay más remedio que someternos, o tenemos que consentir o conformarnos.

subnormal ['sʌb'nɔːməl] [sab-nor-mal], *a.* Anormal, inferior al grado normal. **Subnormal temperature**, temperatura bajo la normal. *-s.* *(Mat.)* Subnormal, parte del eje de una curva comprendida entre la ordenada y la normal.

suborbital ['sʌb'ɔːbɪtəl] [sab-or-bi-tal], *a.* Suborbital, situado debajo de la órbita del ojo.

suborder ['sʌb'ɔːdər] [sab-or-dar], *s.* 1. *(Bot. y Zool.)* Suborden, división primaria de un orden. 2. *(Arq.)* Orden subordinado, empleado principalmente para adorno.

subordinate ['sʌb'ɔːdɪneɪt] [sab-or-di-neit], *a.* Subordinado, inferior, dependiente o bajo las órdenes de otro.

subordinate, *va.* 1. Subordinar, poner o colocar en un orden o categoría inferior; de aquí, tener o considerar como de menor importancia. 2. Someter, sujetar.

subordinately ['sʌb'ɔːdɪneɪtlɪ] [sab-or-di-neit-li],*adv.* Subordinadamente, como dependiente, como inferior a otro.

subordination ['sʌbˌɔːdɪ'neɪʃən] [sab-or-di-nei-shon], *s.* Subordinación.

suborn ['sʌ'bɔːn] [sa-born], *va.* Sobornar, corromper, cohechar.

suborner ['sʌ'bɔːnər] [sa-bor-nar], *s.* Sobornador, cohechador, el que soborna.

subpoena [səb'poiːnə] [sab-poi-na], *s.* Comparendo, la citación que un superior o un juez hace a una persona, mandándola comparecer bajo alguna pena. *-va.* Notificar por medio de una citación de comparendo; emplazar.

subrogate ['sʌbrəgɪt] [sab-ro-guit], *a.* Sustituido, subrogado.

subrogation [ˌsʌbrə'geɪʃən] [sab-ro-guei-shon], *s.* Subrogación.

subscribe [səb'skraɪb] [sabs-kraib], *va.* y *vn.* 1. Subscribir, suscribir, dar el consentimiento firmando al pie o al fin de algún escrito. 2. Certificar uno con su firma; firmar, rubricar. 3. Subscribir, convenir con el dictamen de otro, aprobar, consentir, dar el consentimiento. 4. Subscribirse a una obra. 5. Subscribirse para la ejecución de cualquier empresa, articipando una suma determinada para tener derecho a las ganancias.

subscriber [səb'skraɪbər] [sabs-krai-bar], *s.* 1. Subscriptor, suscriptor, el que subscribe o firma. 2. Subscriptor, el que subscribe o contribuye a alguna obra o a cualquiera otra empresa u objeto.

subscript ['sʌbskrɪpt] [sabs-kript], *a.* y *s.* Cualquier cosa escrita debajo de otra.

subscription [səb'skrɪpsən] [sabs-krip-shon], *s.* 1. Subscripción, la acción y efecto de subscribir. 2. Subscripción, la firma de una carta o documento. 3. Subscripción, la acción de contribuir a cualquier empresa. 4. La suma o número individual o total que se subscribe para cualquier objeto. 5. Pacto, convenio en cuanto está demostrado por la firma del que lo hace.

subsection ['sʌbˌsekʃən] [sab-sek-shon], *s.* Subdivisión, clase menor.

subsecutive [səb'sɪkwɪtɪv] [sab-si-kui-tiv], *a.* Subsiguiente, subsecuente.

subsequence ['sʌbsɪkwəns] [sab-si-kuens], *s.* Subsecuencia.

subsequent ['sʌbsɪkwənt] [sab-si-kuent], *a.* Subsiguiente.

subsequently ['sʌbsɪkwəntlɪ] [sab-si-kuent-li], *adv.* Posteriormente, subsiguientemente.

subserve [səb'sɜːv] [sab-serv], *va.* Servir, estar subordinado, servir como instrumento o de instrumento, favorecer. *-vn.* Servir como subordinado.

subservience [səb'sɜːvɪəns] [sab-ser-vians], *s.* Servicio, utilidad, socorro; la acción de servir de instrumento en la ejecución de una cosa y la aptitud para ello.

subservient [səb'sɜːvɪənt] [sab-ser-viant], *a.* Subalterno, subordinado, inferior; obsequioso; útil, apto o a propósito para servir de instrumento.

subserviently [səb'sɜːvɪəntlɪ] [sab-ser-viant-li], *adv.* Subordinadamente, de un modo secundario pero útil; útilmente.

subside [səb'saɪd] [sab-said], *vn.* 1. Apaciguarse, calmarse, cesar una tempestad, agitación, o pasión turbulenta; minorar, cesar. 2. Bajar, rebajar, ir a un nivel más bajo (un fluido); desplomarse, dejarse caer. 3. Sumergirse, irse a fondo.

subsidence [səb'saɪdəns] [sab-sai-dans], *s.* 1. Apaciguamiento, calma. 2. Desplome, desmoronamiento. 3. Sumersión, acción de sumergir o de irse a fondo.

subsidiary [səb'sɪdɪərɪ] [sab-si-dia-ri], *a.* 1. Subsidiario. 2. Auxiliar, que ayuda.

subsidize ['sʌbsɪdaɪz] [sab-si-dais], *va.* Subvencionar, dar un subsidio; suministrar fondos a una empresa.

subsidy ['sʌbsɪdɪ] [sab-si-di], *s.* Subsidio, ayuda, socorro en dinero que da el Estado a una empresa individual o comercial considerada como de interés público; subvención. 2. Subsidio, dinero que da un Estado a una potencia aliada.

subsign ['sʌbsaɪn] [sab-sain], *va.* Subscribir, firmar.

subsist [səb'sɪst] [sab-sist], *vn.* 1. Subsistir, permanecer, durar alguna cosa o conservarse (endure). 2. Subsistir, existir, vivir, estar por sí en su propia naturaleza y ser (survive). 3. Sustentarse, tener con que vivir y mantenerse de un modo correspondiente a su estado o calidad. *-vn.* Alimentar o mantener a uno.

subsistence [səb'sɪstəns] [sab-sis-tans], *s.* 1. Existencia. 2. Subsistencia, sustento. 3. Calidad de subsistente; también, una cualidad inherente. **Subsistence money**, la cantidad de dinero que se necesita o se emplea en mantenerse o en el sustento diario.

subsistent [səb'sɪstənt] [sab-sis-tant], *a.* 1. Subsistente, que subsiste. 2. Inherente.

subsoil ['sʌbsɔɪl] [sab-soil], *va.* Arar, voltear la tierra con un arado de subsuelo. *-s.* Subsuelo, capa de tierra situada inmediatamente debajo del terreno superficial.

substance ['sʌbstəns] [sabs-tans], *s.* 1. Substancia, la entidad o esencia que subsiste o existe por sí. 2. Substancia, ser, esencia, naturaleza de las cosas. 3. Substancia, la parte más esencial de una cosa. 4. Realidad, la existencia física y real de una cosa. 5. Substancia, lo mismo que cuerpo o materia. 6. Substancia, la hacienda, caudal o bienes.

substantial [səb'stænʃəl] [sabs-tan-shal], *a.* 1. Substancial, que pertenece a la substancia, es propio de ella o la incluye. 2. Real, existente, verdadero. 3. Corpóreo, material. 4. Substancial, substancioso. 5. Fuerte, vigoroso, sólido. 6. Acomodado, el que tiene medios de subsistir o es moderadamente rico. *-s.* Lo que tiene substancia; realidad, cosa real. **Substantials**, las partes esenciales o más importantes. **Substantial damages,** daños generales.

substantialize [səb'stænʃəlaɪz] [sabs-tan-sha-lais], *va.* Hacer real y efectiva alguna cosa.

substantially [səb'stænʃəlɪ] [sabs-tan-sha-li], *adv.* Substancialmente; realmente; sólidamente.

substantialness [səb'stænʃəlnɪs] [sabs-tan-shal-nes], *s.* Firmeza, fuerza, duración.

substantiate [səb'stænʃɪeɪt] [sabs-tan-shieit], *va.* 1. Verificar, establecer, comprobar, justificar. 2. *(Ant.)* Dar cuerpo. *V.* EMBODY.

substantival [ˌsʌbstən'taɪvəl] [sabs-tan-tai-val], *a.* 1. *(Gram.)* Substantivo, perteneciente a un nombre o substantivo. 2. Existente por sí mismo.

substantive ['sʌbstəntɪv] [sabs-tan-tiv], *a.* 1. *(Gram.)* Substantivo, que puede usarse como nombre substantivo; que denota existencia. 2. Que tiene substancia o realidad; de aquí, duradero. 3. Esencial. 4. Expresado explícitamente. 5. Que tiene individualidad distinta; que posee medios o recursos independientes, v. g. un país. *-s.* 1. Nombre, substantivo; cualquier cosa que se emplea como substantivo,

p. ej. una forma del verbo, una locución o cláusula. 2. El o lo que es independiente.

substantively ['sʌbstəntɪvlɪ] [sabs-tan-tiv-li], *adv.* 1. Substancialmente, en substancia, esencialmente. 2. Substantivamente, como substantivo.

substation ['sʌb,steɪʃən] [sabs-tei-shon], *sf. (Elec.)* Subestación.

substitute ['sʌbstɪtjuːt] [sabs-ti-tiut], *va.* Substituir, poner una persona o cosa en lugar de otra. *-s.* Sustituto, suplente. **This is a poor substitute for the real thing,** esto no sustituye plenamente lo auténtico. *-a.* Sucedáneo, de repuesto.

substitution [,sʌbstɪ'tjuːʃən] [sabs-ti-tiu-shon], *s.* Substitución; reemplazo; acción y efecto de substituir.

substratum ['sʌb'strɑːtəm] [sabs-tra-tom], *s.* Lecho, capa o cama debajo de otras.

substructure ['sʌb,strʌktʃəʳ] [sabs-trak-chaʳ], *s. (Arq.)* Infraestructura, soporte, las partes de un edificio que están debajo de todas las otras. Se contrapone a *superstructure*, superestructura.

subsume [sʌb'sjuːm] [sab-sium], *vt.* Subsumir.

subsystem ['sʌb,sɪstəm] [sabs-sis-tem], *sm.* Subsistema.

subtense ['sʌbtəns] [sab-tens], *s. (Geom.)* Subtensa, cuerda.

subter ['sʌbtəʳ] [sab-taʳ], Prefijo que en composición significa debajo; opuesto a *super*, sobre.

subterfuge ['sʌbtəfjuːdʒ] [sabs-ta-fiuch], *s.* Subterfugio, efugio, evasión, salida, excusa falsa.

subterranean [,sʌbtə'reɪnɪən] [sab-ta-rei-nian], *a.* Subterráneo, que está debajo de tierra.

subtext ['sʌbtekst] [sab-tekst], *sm.* Subtexto.

subtile ['sʌbtaɪl] [sab-tail], *a.* 1. Sútil, delicado, tenue, etéreo (delicate); refinado (refined); penetrante (sharp). **A subtile spider's web**, una telaraña sutil. **A subtile perfume**, un perfume penetrante. 2. Sutil, perspicaz, ingenioso, penetrante, agudo. 3. Artero, artificioso, astuto. *V.* SUBTLE. (La tendencia actual es a emplear *subtile* como atributo de las cosas y *subtle*, como característico del ánimo.)

subtilize ['sʌtɪlaɪz] [sa-ti-lais], *va.* y *vn.* 1. Sutilizar, adelgazar una cosa. 2. Sutilizar, limar o pulir una cosa. *-vn.* Sutilizar, discurrir ingeniosamente; por lo regular se toma en mala parte.

subtility ['sʌtɪlɪtɪ] [sa-ti-li-ti], *s.* 1. Sutileza, sutilidad, delgadeza o tenuidad. 2. La demasiada sutileza, delicadeza o esmero. 3. Astucia, artificio, artería.

subtitle ['sʌb,taɪtl] [sab-tai-tel], *sm.* Subtítulo.

subtle ['sʌtl] [sa-tel], *a.* 1. Sutil, astuto, artificioso, mañoso, artero. 2. Perspicaz, penetrante, agudo; demasiado refinado. 3. Apto, hábil, mañoso. 4. Ejecutado con arte primoroso, ingeniosamente ideado. 5. *V.* SUBTILE, en cualquiera de sus acepciones.

subtleness ['sʌtlnɪs] [sa-tel-nes], **subtlety** ['sʌtltɪ] [sa-tel-ti], *s.* Sutileza, astucia, artificio.

subtly ['sʌtl] [sa-tel], *adv.* Sutilmente, delicadamente, artificiosamente.

subtract [səb'trækt] [sab-trakt], *va.* 1. Substraer, apartar, separar. 2 *(Arit.)* Restar, substraer un número menor de otro mayor.

subtraction [səb'trækʃən] [sab-trak-shon], *s.* 1. Substracción, la acción y efecto de substraer. 2. *(Arit.)* Resta o substracción.

subtropical ['sʌb'trɒpɪkəl] [sab-tro-pi-kal], *a.* 1. Subtropical, de cualidades intermedias entre las de las zonas templadas y las tropicales. 2. Perteneciente a la región cercana a los círculos tropicales.

suburb ['sʌbɜːb] [sa-berb], *s.* Suburbio, arrabal o aldea cerca de la ciudad.

suburban [sə'bɜːbən] [sa-ber-ban], *a.* Suburbano. *-s.* Residente en un suburbio.

suburbanite [sə'bɜːbənaɪt] [sa-ber-ba-nait], *s.* El que vive en un suburbio.

suburbia [sə'bɜːbɪə] [sa-ber-bia], *s.* 1. Suburbios, alrededores, extramuros barrios residenciales o ciudades que rodean una metrópolis. 2. Tipo de vida que los caracteriza.

subvention [səb'venʃən] [sab-ven-shon], *s.* Subvención, la acción y efecto de subvenir o amparar; ayuda. *V.* SUBSIDY.

subversion [səb'vɜːʃən] [sab-ver-shon], *s.* Subversión, ruina, estrago, trastorno o destrucción.

subversive [səb'vɜːsɪv] [sab-ver-siv], *s.* Subversión, ruina, estrago, trastorno o destrucción.

subversive, *a.* Subversivo.

subvert [sʌb'vɜːt] [sab-vert], *va.* Subvertir, destruir, trastornar, arruinar.

subverter [səb'vɜːtəʳ] [sab-ver-taʳ], *s.* Subversor, destructor.

subvertible [səb'vɜːtɪbl] [sab-ver-ti-bol], *a.* Subvertible, que se puede subvertir; trastornable, destruible.

subway ['sʌbweɪ] [sab-uei], *s.* Subterráneo, ferrocarril subterráneo, metro, metropolitano.

succeed [sək'siːd] [sak-sid], *vn.* y *va.* 1. Suceder, entrar en lugar de otro o seguirse a él. 2. Suceder, llenar una persona o cosa el hueco de otra u ocupar su lugar. 2. Salir bien de alguna empresa o empeño; conseguir, lograr, acertar. 4. Hacer salir bien una empresa o empeño; hacer prosperar. **To succeed in doing a thing**, acertar, lograr hacer una cosa. **Nothing succeeds with them**, nada les sale bien. **Maria Theresa succeeded to the throne**, María Teresa sucedió en el trono. **To succeed each other** o **one another**, sucederse (los unos a los otros).

succeeder [sək'siːdəʳ] [sak-si-daʳ], *s.* Sucesor, el que sucede a otro o entra en su lugar.

succeeding [sək'siːdɪŋ] [sak-si-din], *a.* Subsiguiente, que sigue inmediatamente a otra cosa; futuro.

success [sək'ses] [sak-ses], *s.* 1. Suceso, salida, resultado o fin bueno, buen éxito, fortuna, ventaja o triunfo. 2. *(Ant. o Fam.)* Mal resultado. 3. Persona o asunto afortunados.

successful [sək'sesfʊl] [sak-ses-ful], *a.* Próspero, dichoso, afortunado, exitoso, feliz, que ha salido bien.

successfully [sək'sesfəlɪ] [sak-ses-fu-li], *adv.* Felizmente, prósperamente, con felicidad o buen éxito.

successfulness [sək'sesfəlnɪs] [sak-ses-ful-nes], *s.* Feliz éxito, buen suceso, dicha.

succession [sək'seʃən] [sak-se-shon], *s.* 1. Sucesión, la acción de suceder. 2. Linaje, descendencia. 3. Sucesión o herencia; derecho de sucesión; advenimiento al trono.

successive [sək'sesɪv] [sak-se-siv], *a.* Sucesivo, que sigue o va después de otra cosa.

successively [sək'sesɪvlɪ] [sak-se-siv-li], *adv.* Sucesivamente, consiguientemente.

successiveness [sək'sesɪvnɪs] [sak-se-siv-nes], *s.* (Poco us.) Sucesión.

successless [sək'seslɪs] [sak-ses-les], *a.* Desafortunado, desgraciado, infeliz.

successor [sək'sesəʳ] [sak-se-saʳ], *s.* 1. Sucesor, el que sucede a otro. 2. Heredero.

succinct [sək'sɪŋkt] [sak-sinkt], *a.* 1. Sucinto, breve, compendioso. 2. *(Ento.)* Enfaldado, sostenido por un hilo de seda, como la ninfa de una mariposa.

succinctly [sək'sɪŋktlɪ] [sak-sinkt-li], *adv.* Sucintamente, compendiosamente, con brevedad, con precisión, en pocas palabras.

succinctness [sək'sɪŋktnɪs] [sak-sinkt-nes], *s.* Brevedad, concisión. *va.* Socorrer, ayudar, auxiliar dar socorro.

succor, succour ['sʌkəʳ] [sa-kaʳ], *s.* Socorro, ayuda, auxilio, favor, asistencia. **To fly, to run for succor**, volar, correr en busca de socorro.

succorer ['sʌkərəʳ] [sa-ka-raʳ], *s.* Socorredor, el que socorre, auxiliador.

succorless ['sʌkəlɪs] [sa-ka-les], *a.* Desamparado, sin protección, sin ayuda.

succulence ['sʌkjʊləns] [sa-kiu-lans], *s.* Jugosidad.

succulent ['sʌkjʊlənt] [sa-kiu-lant], *a.* Suculento, jugoso.

succumb [sə'kʌmb] [sa-kamb], *vn.* 1. No poder llevar o aguantar un trabajo o una carga; quedar rendido o vencido debajo de otro. 2. Morir. **He succumbed to his wounds**, murió de sus heridas.

succussion [sə'kʌʃən] [sa-ka-shon], *s.* Sacudimiento, la acción de sacudir.

such [sʌtʃ] [sach], *a.* 1. Tal, igual, semejante; cierto. 2. Enfáticamente, cosa extremada, intolerable. **We are come to such a pass**, hemos llegado a situación tan extrema. **Such a place**, cierto lugar. *-pron.* Tal, un tal; el que, la que, los que, las que; aquel, aquella, aquello. **There is no such thing**, no hay tal cosa. **At such a time**, en tal tiempo. **Mr. such a one**, don fulano, o el señor fulano de tal. **Such as**, el que, los que, lo que, cualquiera que. **In such case,** en tal caso. **No such thing!**, ¡ni hablar! *-adv.* Tan. **Such good people,** una gente tan buena. **It's such a long time ago,** hace tanto tiempo.

suchlike ['sʌtʃlaɪk] [sach-laik], *a.* Semejante, tal.

suck [sʌk] [sak], *va.* y *vn.* 1. Chupar, sacar o atraer con los labios un jugo o substancia. 2. Mamar, atraer y sacar la leche de los pechos. 3. Extraer o sacar alguna cosa formando un vacío o casi vacío por medio de la rarefacción o extracción del aire, como el agua que se extrae con las bombas. 4. Chupar o ir sustrayendo la hacienda de otro con pretextos y engaños. **To suck down,** tragar. **To suck in,** sorber. **To suck out/up**, extraer o sacar algo chupando o por medio de una bomba; dar a la bomba; vaciar una cosa sacando lo que contenía a fuerza de chupar; sacar una cosa de otra.

suck, *s.* 1. *(Med.)* Succión, la acción de chupar o de extraer algo chupando. 2. La acción de mamar. 3. Leche, lo que dan las madres a sus criaturas. **To give suck**, amamantar, dar de mamar.

sucker ['sʌkəʳ] [sa-kaʳ], *s.* 1. Chupador, el que chupa. 2. Chupadero, lo que chupa. 3. Chupón. 4. Émbolo y el sopapo de bomba. 5. Tubo aspirador. 6. Caramelo, paleta de dulce. 7. *(Vul.)* Bobo, persona cándida y crédula.

sucket ['sʌkɪt] [sa-kit], *s.* Dulce que se chupa, como el caramelo.

sucking ['sʌkɪŋ] [sa-kin], *s.* Chupadura, la acción de chupar; la acción de mamar. **Sucking-fish**, rémora. **Sucking pig**, lechoncillo.

suckle ['sʌkl] [sa-kel], *va.* 1. Amamantar, dar la teta, dar de mamar. 2. Criar, nutrir a un niño con la leche de los pechos.

suckling ['sʌklɪŋ] [sa-klin], *s.* Mamantón, la cría o la criatura que está aún mamando.

sucrose ['suːkrəʊz] [su-krous], *s.* Sacarosa.

suction ['sʌkʃən] [sak-shon], *s.* Succión, el acto de chupar; la producción de un vacío parcial. **Suction-hose**, manguera de alimentación. **Suction-pump**, bomba aspirante.

Sudanese [ˌsuːdə'niːz] [su-da-nis], *a.* Sudanés, del Sudán o perteneciente a él. *-s.* Sudanés.

sudden ['sʌdn] [sa-den], *a.* 1. Repentino, pronto, no prevenido, imprevisto, súbito. 1. Apresurado, ideado, usado o hecho deprisa; precipitado. *-s. (Des.)* Repentón, suceso o lance que sobreviene sin pensar. **On a sudden**, de repente, sin esperarse, súbitamente.

suddenly ['sʌdnlɪ] [sa-den-li], *adv.* Repentinamente, de repente, súbitamente.

suddenness ['sʌdnnɪs] [sa-den-nes], *s.* Precipitación, calidad de repentino.

suds [sʌdz] [sads], *s. pl.* 1. Jabonaduras, el agua que queda mezclada con el jabón y su espuma. 2. Espuma. **To be in the suds**, *(Vulg.)* Verse apurado.

sue [suː] [su], *va.* y *vn.* 1. Poner por justicia; perseguir o demandar a alguno en justicia. 2. Seguir un pleito; procesar o hacer causa a alguno. 3. Ganar un pleito o una demanda. 4. Ejecutar u obligar a uno por justicia a pagar lo que debe. 5. Rogar, pedir, suplicar. *-vn.* Pretender en matrimonio, galantear. **To sue for**, pedir o demandar judicialmente. **To sue for damages**, demandar por daños y perjuicios. **To sue out**, conseguir u obtener una cosa a fuerza de ruegos.

suede ['sweɪd] [sueid], *s.* Piel de ante. **Suede cloth**, tela parecida a la piel de ante.

suet [sʊɪt] [suit], *s.* Sebo, grasa dura y sólida de la región de los riñones (oxen, lambs).

suety ['sʊɪtɪ] [sui-ti], *a.* Seboso.

suffer ['sʌfəʳ] [sa-faʳ], *va.* y *vn.* 1. Sufrir, padecer algún dolor, pesar, etc. 2. Sufrir, tolerar, aguantar, llevar algún mal con paciencia, sufrimiento y tolerancia (bear, tolerate). 3. Sufrir, permitir; admitir (admit). 4. Sufrir alguna pena o castigo. 5. Causar daño o detrimento. **To suffer for**, sufrir, padecer por, llevar la pena de algo. **To be suffered**, tolerable, soportable. **Not to be suffered**, intolerable, insoportable. **I can't suffer it,** no puedo aguantarlo. **To suffer for divorce,** solicitar el divorcio, presentar demanda de divorcio. **To be suffered,** ser demandado.

sufferable ['sʌfərəbl] [sa-fa-ra-bol], *a.* Sufrible, sufridero, soportable, tolerable.

sufferableness ['sʌfərəblnɪs] [sa-fa-ra-bol-nes], *s.* El estado de lo que puede tolerarse.

sufferably ['sʌfərəblɪ] [sa-fe-ra-bli], *adv.* De un modo soportable.

sufferance ['sʌfərəns] [sa-fa-rans], *s.* 1. Tolerancia, permisión, consentimiento, tácito. 2. *(Ant.)* Sufrimiento, paciencia, conformidad, resignación, tolerancia, aguante. 3. *(Ant.)* Pena, dolor, trabajo, tormento. 4. En las aduanas, permiso para expedir ciertas clases de efectos.

sufferer ['sʌfərəʳ] [sa-fe-raʳ], *s.* 1. Sufridor, el que sufre dolor físico o moral; doliente. 2. Perdidoso. 3. El que tolera tácitamente. **Fellow-sufferer**, compañero de infortunio. **A sufferer in** o **by**, víctima de.

suffering ['sʌfərɪŋ] [sa-fe-rin], *s.* Pena, dolor (físico o moral), el padecimiento o la pérdida sufrida, tormento. *-pa.* Paciente, doliente.

suffice [sə'faɪs] [sa-fais], *vn.* Bastar, ser suficiente. *-va.* Satisfacer, ser bastante o suficiente. **Suffice it to say**, baste decir.

sufficiency [sə'fɪʃənsɪ] [sa-fi-shan-si], *s.* 1. Suficiencia, capacidad o idoneidad para algún fin u objeto. 2. Lo suficiente, lo bastante o lo que basta, lo que es menester. 3. Cualidad, eficacia. 4. Presunción, exagerada confianza en sí mismo, alto concepto del propio valor. **Self-sufficiency**, presunción en las fuerzas propias. **To have a sufficiency,** estar acomodado.

sufficient [sə'fɪʃənt] [sa-fi-shent], *a.* 1. Suficiente, bastante, lo que es menester (enough). 2. Suficiente, bastante o capaz para alguna cosa; apto, idóneo. **Sufficient witness**, testigo sin tacha. **To be sufficient,** bastar, ser suficiente.

sufficiently [sə'fɪʃəntlɪ] [sa-fi-shant-li], *adv.* Suficientemente, bastantemente, bastante; bastante bien.

suffix ['sʌfɪks] [sa-fiks], *va.* Añadir, anexar, como sufijo a afijo.

suffix, *s.* 1. Sufijo, afijo, sílaba o letra que se añade al final de una palabra para modificar la significación de ésta. 2. Cualquier título o designación añadidos.

suffocate ['sʌfəkeɪt] [sa-fo-keit], *va.* 1. Sofocar, sufocar, ahogar, impedir el aliento o la respiración. 2. Matar sofocado. 3. Apagar, extinguir, ahogar, v. g. un fuego. *-vn.* Sofocarse, ahogarse, perder la respiración.

suffocating ['sʌfəkeɪtɪŋ] [sa-fo-kei-tin], *a.* Sofocante, sofocador, que ahoga.

suffocation [ˌsʌfə'keɪʃən] [sa-fo-kei-shon], *s.* Sofocación, ahogo, impedimiento de la respiración.

suffocative ['sʌfəkətɪv] [sa-fo-ka-tiv], *a.* Sofocante, sofocador.

suffragan ['sʌfrəgən] [sa-fra-gan], *a.* Auxiliar. *-s.* 1. Sufragáneo: se dice de un obispo con respecto a su metropolitano. 2. Obispo auxiliar.

suffrage ['sʌfrɪdʒ] [sa-frich], *s.* 1. Sufragio, voto en favor de alguna medida u opinión: de aquí, aprobación, consentimiento. 2. El derecho o privilegio de votar.

suffragette [ˌsʌfrə'dʒet] [sa-fra-yet], *s.* Sufragista, partidaria del voto femenino.

suffragist ['sʌfrəgɪst] [sa-fra-guist], *s.* Sufragista, partidario del sufragio femenino.

suffuse [sə'fjuːz] [sa-fius], *va.* Difundir, extender; derramar, verter, cubrir con un color o tinte. **Cheeks suffused with blushes**, mejillas cubiertas de rubor. **Eyes suffused by tears,** ojos bañados de lágrimas.

suffusion [sə'fjuːʃən] [sa-fiu-shon], *s.* 1. *(Med.)* Sufusión o efusión de humores debajo del cutis. 2. Sufusión, congestión ligera difundida. 3. Mezcla de colores en el plumaje.

sugar ['ʃʊgəʳ] [shu-gaʳ], *s.* 1. Azúcar, compuesto dulce cristalizable. (C12H22O11) que se saca principalmente del jugo de la caña dulce y de la remolacha. 2. Cualquier cosa muy dulce. **Beet-sugar**, azúcar de remolacha. **Grape-sugar**, azúcar de uvas, glucosa. **Maple-sugar**, azúcar de arce. **Sugar-beet**, remolacha. **Sugar-bowl**, azucarero. **Sugar-cane**, caña dulce o de azúcar. **Loaf-sugar**, azúcar de pilón. **Brow o clayed sugar**, azúcar moreno o terciado, cogucho; *(Amer.)* chancaca, panoche, panela. **White o refined sugar**, azúcar refinado. **Sugar-coated**, garapiñado, cubierto de azúcar. **Sugar cube/lump,** terrón de azúcar. **Sugar-plum**, confite, dulce. **Sugar of lead**, azúcar de plomo o sal de Saturno. **Sugar-house**, ingenio o trapiche donde se fabrica el azúcar; refino u oficina donde se refina (sugar-refinery). **To sweeten with sugar**, azucarar, confitar. **Oh, sugar!,** ¡caramba!, ¡caracoles!

sugar, *va.* 1. Azucarar, endulzar o suavizar el mal sabor de una cosa con azúcar; también en sentido figurado. 2. *(E. U. y Canadá)* Hacer el azúcar de arce.

sugar mill ['ʃʊgəmɪl] [shu-ga-mil], *s.* Trapiche, molino de azúcar.

sugary ['ʃʊgərɪ] [shu-ga-ri], *a.* 1. Azucarado, sacarino, compuesto de azúcar, dulce. 2. Goloso, aficionado al azúcar y a los dulces. 3. *(Fig.)* Melosa, seductivo, halagüeño.

suggest [sə'dʒest] [sa-yest], *va.* 1. Sugerir, echar una indirecta, insinuar, informar indirecta y discretamente. 2. Sugerir, advertir o acordar alguna especie. 3. Sugerir, instigar una acción, influir para que se ejecute. **This suggests that,** esto hace pensar que, esto sugiere que. **Prudence suggests a retreat,** la prudencia nos aconseja retirarnos. **What are you suggesting?,** ¿qué insinúa usted?

suggestible [sə'dʒestɪbl] [sa-yes-ti-bol], *a.* Sugestionable.

suggestion [sə'dʒestʃən] [sa-yes-chon], *s.* Sugestión, sugerencia, la acción de sugerir y la cosa sugerida; instigación. **My suggestion is that,** yo propongo que. **There is no suggestion of danger,** no hay indicio de peligro. *(Culin.)* **A suggestion of salt,** una pizca de sal.

suggestive [sə'dʒestɪv] [sa-yes-tiv], *a.* Sugerente, que sugiere; que inspira el ánimo o estimula la reflexión.

suggestively [sə'dʒestɪvlɪ] [sa-yes-tiv-li], *adv.* Indecentemente.

suicidal [ˌsʊɪ'saɪdl] [sui-sai-dal], *a.* 1. Que pertenece o que tiende al suicidio. 2. Destructor de sí mismo, ruinoso a sus propios intereses.

suicide ['sʊɪsaɪd] [sui-said], *s.* 1. Suicidio, el acto de quitarse la vida. 2. Suicida. 3. *(Fig.)* Ruina política, social, o comercial que uno mismo se atrae o causa. *-vn. (Vulg.)* Suicidarse.

suing [sʊɪŋ] [suin], *s.* 1. Solicitación o diligencia para conseguir alguna cosa. 2. Galanteo, pretensión en matrimonio. 2. *V.* SUIT, 2ª acep.

suit [su:t] [sut], *s.* 1. Petición, súplica, solicitación. 2. Galanteo, obsequio o cortejo hecho a una mujer. 3. Pleito o litigio judicial. 4. Juego, un número determinado de cosas que tienen cierta conexión o correspondencia entre sí; colección completa de cosas semejantes, reunión, surtido. 5. Vestido, el conjunto de prendas que componen el abrigo del cuerpo. **I have bought four suits of clothes**, he comprado cuatro vestidos completos. 6. Palo en la baraja. 7. *V.* SUITE, 2ª acep. **Suit of hangings**, colgaduras. **A suit of armor**, una armadura completa. **Suit in chancery**, procedimiento ante la cancillería. **To bring (a) suit**, entablar un pleito, incoar una demanda judicial. **To follow suit**, (a) jugar el mismo palo; (b) seguir el ejemplo, imitar lo que otro hace.

suit, *va.* y *vn.* 1. Adecuar, proporcionar, acomodar, ajustar o casar dos o más cosas para que digan bien entre sí o para que hagan buen juego. 2. Adaptar, acomodar o hacer venir bien una cosa con otra. 3. Venir, ajustarse, acomodarse o conformarse una cosa a otra o una cosa con otra. 4. Convenir, concordar. 5. Sentar, caer o venir bien un vestido o adorno; ser aparente o bueno. **This coat does not suit me**, no me sienta esta levita. **That suits you very well**, eso le conviene a usted perfectamente; eso le va o cae a usted muy bien. **He is well suited with his place**, está muy contento con su empleo.

suitable ['su:təbl] [su-ta-bol], *a.* Conforme, proporcionado, conveniente.

suitableness ['su:təblnɪs] [su-ta-bol-nes], *s.* Conformidad, conveniente, conforme.

suitcase ['su:tkeɪs] [sut-keis], *s.* Maleta.

suite [swi:t] [suit], *s.* 1. Serie, continuación ordenada y sucesiva de cosas. 2. Séquito de un alto personaje; tren, acompañamiento, comitiva. **Suite of apartments**, vivienda o habitación con varias piezas o aposentos; vivienda.

suitor ['su:təʳ] [su-taʳ], *s.* 1. Prentendiente suplicante, el que pretende o suplica; aspirante; postulante. 2. Amante, pretendiente, cortejo, el que galantea o hace la corte a una mujer. 3. Pleitante, el que pleitea.

sulfate ['sʌlfeɪt] [sal-feit], etc. *V.* SULPHATE, SULPHUR, etc.

sulk [sʌlk] [salk], *vn.* Estar malcontento o de mal humor; ser terco u obstinado. *-s.* **Sulks,** murria mohína, mal humor.

sulkily ['sʌlkɪlɪ] [sal-ki-li], *adv.* De mal humor, con mala gana.

sulkiness ['sʌlkɪnɪs] [sal-ki-nes], *s.* Mal humor, ceño; estado de la persona que refunfuña.

sulky ['sʌlkɪ] [sal-ki], *a.* 1. Malcontento, caprichoso, regañón, áspero de genio, vinagre. 2. Obstinado, terco.

sulky, *s.* (*pl.* SULKIES). Calesín de un solo asiento, solitario.

sullen ['sʌlən] [sa-len], *a.* 1. Malcontento; malhumorado. 2. Intratable, duro de genio, berrinchudo (rude). 3. Remolón, taciturno, cazurro.

sullenly ['sʌlənlɪ] [sa-len-li], *adv.* Ásperamente, con ceño, de mal humor; tercamente.

sullenness ['sʌlənnɪs] [sa-len-nes], *s.* 1. Ceño, enojo, berrín o berrinche, demostración de enfado; mal humor o mal genio, tristeza sombría. 2. Obstinación, terquedad, pertinacia.

sully ['sʌlɪ] [sa-li], *va.* Manchar, ensuciar, tachar, mancillar, ennegrecer. *-s.* Mancha.

sulpha drugs ['sʊlfədrʌg] [sul-fa-drag], *s. pl.* Sulfonamidas.

sulphate ['sʌlfeɪt] [sal-feit], *s. (Quím.)* Sulfato, sal de ácido sulfúrico con una base.

sulphid, sulphide ['sʌlfaɪd] [sal-faid], *s.* Sulfuro, compuesto de azufre con un elemento o radical.

sulphite ['sʌlfeɪt] [sal-feit], *s.* Sal de ácido sulfuroso.

sulphur ['sʌlfəʳ] [sal-faʳ], *s.* Azufre, elemento amarillo claro, no metálico, que se halla en muchas partes en estado nativo.

sulphureous, **sulphurous** [sʌl'fjʊərɪəs] [sal-fiua-rios], *a.* Sulfúreo, azufroso, azufrado, que tiene azufre.

sulphuric [sʌl'fjʊərɪk] [sal-fiu-rik], *a.* Sulfúrico, perteneciente al azufre, o procedente de él. **Sulphuric acid**, ácido sulfúrico, líquido muy corrosivo (H2SO4) que se usa en las artes; aceite de vitriolo.

sultan ['sʌltən] [sal-tab], *s.* Sultán, nombre que dan los turcos a su emperador.

sultana [sʌl'tɑ:nə] [sal-ta-na], *sf.* Sultana, la primera de las mujeres del sultán.

sultriness ['sʌltrɪnɪs] [sal-tri-nes], *s.* Bochorno.

sultry ['sʌltrɪ] [sal-tri], *a.* Abochonardo, caluroso, bochonorso, sin ventilación, sofocante.

sum [sʌm] [sam], *s.* 1. Suma, el agregado de muchas cosas; particularmente se toma por el de dinero, y en este caso corresponde muy frecuentemente a cantidad. 2. Suma, sumario, resumen, compendio, o recopilación de alguna cosa (resume). 3. Suma, la conclusión o sustancia de alguna cosa y también su resultado. 4. Cima, lo sumo, lo último. **For a certain sum agreed upon**, por cierta cantidad alzada. **To do sums in one's head,** hacer un cálculo mental.

sum, *va.* 1. Sumar, juntar dos o más números o cantidades. 2. Sumar, recopilar, compendiar, abreviar alguna materia difusa o extensa. **To sum up**, recapitular, resumir.

sumac, sumach ['su:mæk] [su-mak], *s.* 1. *(Bot.)* Zumaque, cualquier arbusto o árbol del género Rhus. 2. Polvos de las hojas secas de ciertas especies de zumaque, que se emplean para curtir y teñir.

summarily ['sʌmərılı] [sa-ma-ri-li], *adv.* Sumariamente, en compendio, en pocas palabras.
summarize ['sʌməraız] [sa-ma-rais], *va.* Epitomar, resumir, reducir.
summary ['sʌmərı] [sa-ma-ri], *a.* Sumario, breve, compendioso, sucinto, corto. *-s.* Sumario, resumen, compendio o suma.
summer ['sʌmə[r]] [sa-ma[r]], *a.* Estival o estivo, de verano. *-s.* 1. Verano, estío. **Indian summer**, el veranillo de San Martín, de 15 de octubre al 15 de noviembre. **Summer-house**, cenador, glorieta de jardín. **Summer solstice**, solsticio de verano. **Summer-time, -tide**, estío, estación de verano. **Summer-boarder**, veraneante. **To spend the summer,** veranear. **Summer-fallow**, *va.* Arar en el verano y dejar en barbecho. 2. *(Poét.)* Año de vida, particularmente de vida alegre; período próspero.
summer, *s.* 1. Viga solera, viga maestra. 2. Sotabanco, piedra grande sobre una columna para sostener una o más bóvedas. **Summer-tree**, los traveseros en que descansan las vigas maestras.
summer, *vn.* Veranear, pasar el verano. *-va.* Calentar; preservar del frío.
summersault ['sʌməsɔ:lt] [sa-ma-solt], **summerset** ['sʌməset] [sa-ma-set], *s.* Salto mortal.
summit ['sʌmıt] [sa-mit], *s.* Ápice, el extremo superior de una cosa, cima, punta; cima, cumbre, de un edificio, montaña, etc. **Summit conference**, reunión en la cima.
summon ['sʌmən] [sa-mon], *va.* 1. Citar, ordenar a alguno que se presente en fecha y lugar señalados. 2. Citar, notificar, requerir por auto de juez; requerir o pedir la inmediata presencia de alguien o algo, dar o servir como señal para presentarse; convocar; mandar. 3. Excitar, animar. 4. Intimar la rendición. **To summon away**, llamar aparte, mandar alejarse. **To summon back**, llamar, volver a llamar. **To summon up,** armarse de; evocar.
summoner ['sʌmənə[r]] [sa-mo-na[r]], *s.* El que cita o notifica.
summons ['sʌmənz] [sa-mons], *s.* Citación, notificación, requerimiento; intimación; aviso o amonestación hecha con autoridad.
sump [sʌmp] [samp], *s.* 1. Sumidero, pozo perdido, pozanco, estanque en una salina. 2. Hoyo de albañilería cubierto de arcilla para recibir los metales fundidos. 3. *(Aut.)* Colector de aceite.
sumpter ['sʌmptə[r]] [samp-ta[r]], *s.* Caballo o mulo de carga, acémila.
sumption ['sʌmpʃən] [samp-shon], *s.* Premisa mayor de un silogismo.
sumptuary ['sʌmptjʊərı] [samp-chua-ri], *a.* 1. Suntuario, que pertenece al arreglo, suspensión o moderación de los gastos o del lujo en las comidas y vestidos. 2. (Poco us.) Que hace las veces de una acémila.
sumptuous ['sʌmptʃʊəs] [samp-chuos], *adv.* Suntuosamente, con esplendor, con pompa.
sumptuousness ['sʌmptʃʊəsnıs] [samp-chuos-nes], *s.* Suntuosidad, magnificencia, pompa.
sun [sʌn] [san], *s.* 1. Sol. 2. Sol, cualquier astro que es centro de un sistema planetario. 3. Sol, cualquier cosa sumamente espléndida o que da luz física o moral. 4. Solana, el sitio donde el sol da de lleno. **Under the sun**, debajo del sol, en este mundo. **The sun rises, sets**, el sol sale, se pone. **The sun is up, is down**, el sol ha salido ya, se ha puesto. **Sun-bath**, exposición del cuerpo a los rayos directos del sol; algunas veces con un fin terapéutico. **Sun-bed,** tumbona. **Sun-proof**, aprueba de sol. **Sun-spot**, mácula, mancha oscura, irregular, en la cara del sol, dentro de los 35° de su ecuador. **To have a place in the sun,** tener buena posición. **Put it where the sun doesn't shine!,** ¡métetelo donde te quepa! *(Vulg.) (E.U.)*
sun, *va.* Asolear, poner al sol, secar al sol. **To sun oneself**, tomar el sol. *-vr.* **To sun oneself,** tomar el sol, broncearse.
sunbeam ['sʌnbi:m] [san-bim], *s.* Rayo de sol.
sunbeat ['sʌnbi:t] [san-bit], *a.* Asoleado, calentado por el sol; iluminado por el sol.
sunbird ['sʌnbɜ:d] [san-berd], *s.* Suimanga, ave de las Indias orientales.
sunbonnet ['sʌnbɒnıt] [san-bo-nit], *s.* Gorra o cofia de mujer para andar al sol, especie de papalina.
sunbright ['sʌnbraıt] [san-brait], *s.* Quemadura del sol.
sunburnt ['sʌnbɜ:nt] [san-bernt], *a.* Tostado por el sol, asoleado; atezado.
sunclad ['sʌnklæd] [san-klad], *a.* Brillante, lustroso.
Sunday ['sʌndı] [san-di], *s.* Domingo, el primer día de la semana, el día del Señor. **Sunday-letter**, letra dominical. **Sunday-school**, escuela dominical; conjunto de los discípulos y maestros de dicha escuela.
sunder ['sʌndə[r]] [san-da[r]], *s.* Dos, dos partes.
sunder, *va.* y *vn.* Separar, apartar, dividir; romper o romperse; separarse.
sundew ['sʌndju:] [san-diu], *s. (Bot.)* Rocío del sol, cualquier planta del género Drosera; notables por ser insectívoras.
sundial ['sʌndıəl] [san-dail], *s.* Reloj de sol, cuadrante.
sundown ['sʌndaʊn] [san-daun], *s.* 1. Puesta del sol. *V.* SUNSET. 2. *(E. U.)* Sombrero de ala ancha para las mujeres.
sundries ['sʌndri:z] [san-dris], *s. pl. (Com.)* Géneros diversos.
sundry ['sʌndrı] [san-dri], *a.* Varios, muchos, diversos.
sunfast ['sʌnfɑ:st] [san-fast], *a.* De color firme, a prueba de sol.
sunfish ['sʌnfıʃ] [san-fish], *s.* 1. Ojón, pez de mar del género Mola, de cuerpo muy corto y forma redondeada. 2. Pez norteamericano de agua dulce, semejante a la perca: pertenece al género Lepomis.
sunflower ['sʌnflaʊə[r]] [san-flaua[r]], *s. (Bot.)* Girasol, helianto.
sung [sʌŋ] [sang], *pret.* y *pp.* del verbo TO SING.
sunglasses ['sʌn,glɑ:sız] [san-gla-ses], *s. pl.* Anteojos para el sol.
sunhemp ['sʌnhepm] [san-jemp], *s. (Bot.)* Cáñamo de sol: especie de cáñamo de las Indias orientales.
sunk ['sʌŋk] [sank], *pret.* y *pp.* del verbo TO SINK.
sunlamp ['sʌnlæmp] [san-lamp], *s.* Lámpara de rayos ultravioletas.
sunless ['sʌnlıs] [san-les], *a.* Sin calor o sin sol; sombrío; sin luz, obscuro.
sunlight ['sʌnlaıt] [san-lait], *s.* La luz del sol.
sunlike ['sʌnlaık] [san-laik], *a.* Semejante o parecido al sol; resplandeciente.
sunny ['sʌnı] [sa-ni], *a.* 1. Resplandeciente, semejante al sol. 2. Soleado, expuesto al sol; tostado por el sol, atezado. 3. Brillante como el sol. **Sunny day**, día claro. 4. *(Fig.)* Alegre, risueño. **A sunny smile**, una sonrisa alegre. **It is sunny,** hace sol. **To be on the sunny side of 50,** tener menos de 50 años.
sunrise ['sʌnraız] [san-rais], **sunrising** ['sʌnraızıŋ] [san-rai-sin], *s.* 1. Salida o nacimiento del sol. **Before sunrise**, antes de salir el sol o antes de amanecer. 2. Oriente.
sunset ['sʌnset] [san-set], *s.* La puesta o el ocaso del sol. **Until sunset**, hasta que el sol se ponga.
sunshade ['sʌnʃeıd] [san-sheid], *s.* Quitasol o sombrero de anchas alas.
sunshine ['sʌnʃaın] [san-shain], *s.* 1. Solana, el sitio o paraje donde el sol da de lleno. 2. El influjo del sol; la claridad del sol. **In the sunshine**, al sol.
sunshiny ['sʌnʃaını] [san-shai-ni], *a.* Claro o resplandeciente como el sol.
sunstroke ['sʌnstrəʊk] [san-strouk], *s.* Insolación, congestión repentina del cerebro, a menudo con síntomas semejantes a los de la apoplejía, y causada por el calor excesivo.
sunward ['sʌnwəd] [san-uard], *adv.* Hacia el sol.
sunwise ['sʌnwaız] [san-uais], *adv.* Con el sol (en su movimiento diurno).
sup [sʌp] [sap], *va.* Sorber, beber a sorbos. *-vn.* Cenar.
sup, *s.* Sorbo, bocanada de cualquiera cosa líquida.
super- ['sʌpə[r]] [sa-pa[r]], Prefijo que en composición significa *sobre.*

superable ['sʌpərəbl] [sa-pa-ra-bol], *a.* Superable, que se puede vencer.
superabound [ˌsu:pərə'baʊnd] [su-pa-ra-baund], *vn.* Superabundar, abundar con exceso.
superabundance [ˌsu:pərə'bʌndəns] [sa-pa-ra-ban-dans], *s.* Superabundancia, lo superfluo.
superabundantly [ˌsu:pərə'bʌndəntlɪ] [su-pa-ra-ban-dant-li], *adv.* Superabundantemente.
superannuate [ˌsu:pə'rænjʊeɪt] [su-par-a-niueit], *va.* Inhabilitar o declarar a uno inhábil para ejercer u obtener algún cargo a causa de su mucha edad; jubilar, dar retiro a una persona de mucha edad por estar imposibilitada de ejercer su cargo. **Superannuated**, *pp.* Imposibilitado, viejo, fuera de servicio; anticuado, añejo; jubilado.
superb [su:'pɜ:b] [su-perb], *a.* Soberbio, grande, magnífico, espléndido.
superbly [su:'pɜ:blɪ] [su-perb-li], *adv.* Soberbiamente.
supercargo ['su:pəˌkɑ:gəʊ] [su-pa-kar-gou], *s.* Sobrecargo, encomender: se dice del que se embarca en un buque de comercio como comisionado para la venta del cargamento o parte de él, por cuenta del dueño.
supercharge ['su:pətʃɑ:dʒ] [su-par-charch], *va.* Sobrecargar, sobrealimentar.
supercharger ['su:pəˌtʃɑ:dʒə^r] [su-par-char-ya^r], *s.* Compresor, sobrecargador, sobrealimentador.
superciliary [ˌsu:pə'sɪlɪərɪ] [su-pa-si-lia-ri], *a.* Perteneciente a la ceja; situado en la sobreceja.
superciliousness [ˌsu:pə'sɪlɪəsnɪs] [su-pa-si-lios-nes], *s.* Arrogancia, altanería, altivez, orgullo, presunción.
superficial [ˌsu:pə'fɪʃəl] [su-per-fi-shal], *a.* 1. Superficial, que toca o pertenece a la superficie, está o se queda en ella. 2. Superficial, aparente, sin solidez ni substancia, insubstancial.
superficialness [ˌsu:pə'fɪʃəlnɪs] [su-per-fi-shal-nes], *s.* Superficialidad, calidad de superficial.
superficially [ˌsu:pə'fɪʃəlɪ] [su-per-fi-sha-li], *adv.* Superficialmente, ligeramente, por encima.
superfine ['su:pəfaɪn] [su-pa-fain], *a.* Superfino. *-s.* El paño superfino o más fino.
superfineness ['su:pəfaɪnnɪs] [su-pa-fain-nes], *s.* La calidad de superfino.
superfluous [sʊ'pɜ:flʊəs] [su-per-fluos], *a.* Superfluo, que está demás, sobrante.
superfluousness [sʊ'pɜ:flʊəsnɪs] [su-per-fluos-nes], **superfluity** [sʊ'pɜ:flʊɪtɪ] [su-per-flui-ti], *s.* 1. Superfluidad, demasía. 2. Superfluidad, lo superfluo o lo que está demás.
superheat [ˌsu:pəˌhi:t] [su-pa-jit], *va.* Sobrecalentar.
superhighway ['su:pəˌhaɪweɪ] [su-pa-jai-uei], *s.* Autopista.
superhuman ['su:pə'hju:mən] [su-par-jiu-man], *a.* Sobrehumano.
superimpose [ˌsu:pərɪm'pəʊz] [su-par-im-pous], *va.* Sobreponer, poner encima de otra cosa.
superinduce ['su:pərɪn'dju:s] [su-par-in-dius], *va.* Sobreañadir, añadir con exceso o sobre lo que se había añadido antes; producir o ser causa de algo como adición a otra cosa que existía anteriormente.
superintend [ˌsu:pərɪn'tend] [su-par-in-tend], *va.* Vigilar, celar, cuidar solícitamente; dirigir.
superintendence [ˌsu:pərɪn'tendəns] [su-par-in-ten-dans], *s.* Superintendencia.
superintendent [ˌsu:pərɪn'tendənt] [su-par-in-ten-dant], *s.* Superintendente, la persona a cuyo cargo está la dirección y cuidado de alguna cosa.
superior [sʊ'pɪərɪə^r] [su-pia-ria^r], *a.* 1. Superior, que está más alto o en lugar más prominente con respecto a otra cosa. 2. Superior, que es más excelente o digno que otra cosa. 3. Superior, que excede a otra cosa en vigor, virtud, etc. *-s.* Superior, la persona que manda, gobierna o dirige a otras.
superiority [sʊˌpɪərɪ'ɒrɪtɪ] [su-pe-ri-o-ri-ti], *s.* 1. Superioridad, preeminencia, excelencia (excelence). 2. Superioridad, autoridad, dominio (authority).
superlative [sʊ'pɜ:lətɪv] [su-per-la-tiv], *a.* Superlativo, lo más grande o excelente en su clase.
superlatively [sʊ'pɜ:lətɪvlɪ] [su-per-la-tiv-li], *adv.* Superlativamente, en grado superlativo, extremadamente, en sumo grado.
superman ['su:pəmən] [su-per-man], *s.* Superhombre.
supermarket ['su:pəˌmɑ:kɪt] [su-per-mar-kit], *s.* Supermercado.
supernatural ['su:pəˌnætʃərəl] [su-per-na-cha-ral], *a.* Sobrenatural, que excede o pasa los términos de la naturaleza.
supernova [su:pə'nəʊvə] [su-per-nou-va], *s.* Supernova.
supernumerary [ˌsu:pə'nju:mərərɪ] [su-per-niu-me-ra-ri], *a.* Supernumerario, que está sobre el número señalado; suplementario, superfino. *-s.* Supernumerario; figurante, comparsa (de teatro); cosa suplementaria.
superpose ['su:pəpəʊz] [su-per-pous], *va.* Sobreponer, superponer, colocar sobre otra cosa; en geometría, suponer que una figura está sobrepuesta a otra.
superposition ['su:pəpəzɪʃən] [su-per-po-si-shon], *s.* Superposición, acción de sobreponer; calidad de sobrepuesto.
superpower ['su:pəˌpaʊə^r] [su-per-paua^r], *s.* Superpotencia.
superscribe ['su:pəskraɪb] [su-per-skraib], *va.* Sobreescribir, escribir o poner un letrero en alguna cosa; poner sobreescrito a una carta.
superscript [ˌsu:pə'skrɪpt] [su-per-skript], *s.* Carácter sobrescrito.
superscription [ˌsu:pə'skrɪpʃən] [su-per-skrip-shon], *s.* 1. La acción de sobreescribir. 2. Sobreescrito.
supersede [ˌsu:pə'si:d] [su-per-sid], *va.* Sobreseer, hacer diferir o suspender; invalidar, hacer inútil o vana alguna cosa; impedir.
supersession ['su:pə'seʃən] [su-per-se-shon], *s.* Sobreseimiento; anulación.
supersonic ['su:pə'sɒnɪk] [su-per-so-nik], *a.* Supersónico.
superstition [ˌsu:pə'stɪʃən] [su-pers-ti-shon], *s.* 1. Superstición, modo excesivo, indiscreto o vano en las prácticas de piedad o del culto religioso. 2. Superstición, culto que se da a quien no se debe o que se da de un modo indebido. 3. Superstición, nimia exactitud o esmero vano en el cumplimiento y observancia de algunas cosas, sobre todo en la moral.
superstitious [ˌsu:pə'stɪʃəs] [su-pers-ti-shos], *a.* Supersticioso; nimiamente escrupuloso.
superstitiously [ˌsu:pə'stɪʃəslɪ] [su-pers-ti-shos-li], *adv.* Supersticiosamente.
superstitiousness [ˌsu:pə'stɪʃəsnɪs] [su-pers-ti-shos-nes], *s.* Superstición, calidad de supersticioso.
superstructure ['su:pəˌstrʌktʃə^r] [su-per-strak-cha^r], *s.* Superestructura.
supervene [ˌsu:pə'vi:n] [su-per-vin], *vn.* Sobrevenir, acaecer o suceder; seguir inmediatamente a otra cosa.
supervenient [ˌsu:pə'vi:nɪənt] [su-per-vi-niant], *a.* Superveniente, añadido, adicional.
supervise ['su:pəvaɪz] [su-per-vais], *va.* Inspeccionar, revistar, vigilar o celar por incumbencia u oficio la ejecución de una cosa.
supervision [ˌsu:pə'vi:ʃən] [su-per-vi-shon], *s.* Superintendencia.
supervisor ['su:pəvaɪzə^r] [su-per-vai-so^r], *s.* 1. Sobrestante, superintendente, inspector. 2. *(E. U.)* Funcionario de una municipalidad que tiene parte en la gestión administrativa de la misma. **Board of Supervisors**, la junta administrativa de una ciudad o de un condado.
supervisory ['su:pəvaɪzərɪ] [su-per-vai-so-ri], *a.* De supervisión. **A supervisory post,** cargo de supervisor.
supine ['su:paɪn] [su-pain], *a.* 1. Supino, que está echado boca arriba. 2. Supina; se aplicaa la ignorancia que procede negligencia o descuido en aprender lo que se puede y debe saber. 3. Negligente, indolente, descuidado.
supinely ['su:paɪnlɪ] [su-pain-li], *adv.* Boca arriba; descuidadamente, con negligencia.
supineness ['su:paɪnnɪs] [su-pain-nes], **supinity** ['su:paɪnɪtɪ] [su-pai-ni-ti], *s.* 1. La situación o postura del

que está echado boca arriba. 2. Descuido, negligencia, dejadez.
supper ['sʌpə^{r}] [sa-pa^{r}], *s.* Cena, el alimento que se toma por la noche; también, banquete. **The Lord's Supper**, la última cena o la institución de la Eucaristía.
supperless ['sʌpəlɪs] [sa-pa-les], *a.* Sin cenar.
suppertime ['sʌpətaɪm] [sa-pa-taim], *sf.* Hora de cenar.
supping ['sʌpɪŋ] [sa-pin], *s.* El acto de sorber; el acto de cenar.
supplant [sə'plɑ:nt] [sa-plant], *va.* 1. Suplantar, derribar a uno de su empleo, fortuna, favor o valimiento para ponerse en su lugar y alzarse con lo que el otro goza o para instalar a otro en su lugar. 2. Desbancar a uno de un puesto. 3. Dar una zancadilla.
supplanter [sə'plɑ:ntə^{r}] [sa-plan-ta^{r}], *s.* Suplantador, el que suplanta a otro.
supplanting [sə'plɑ:ntɪŋ] [sa-plan-tin], *s.* Suplantación, la acción y efecto de suplantar.
supple ['sʌpl] [sa-pel], *a.* 1. Flexible, manejable, que se deja doblar fácilmente. 2. Flexible, blando, dócil, obediente, deferente. 3. Adulatorio, lisonjero.
supple, *va.* y *vn.* 1. Hacer flexible y manejable alguna cosa. 2. Hacer dócil u obediente a una persona. 3. Ablandarse, hacerse flexible.
supplement ['sʌplɪmənt] [sa-pli-ment], *s.* 1. Suplemento. **Supplement of a newspaper**, alcance, suplemento. 2. El ángulo que se añade a otro para formar dos ángulos rectos.
supplemental [ˌsʌplɪ'mentl] [sa-pli-men-tal], *a.* 1. Suplementario, suplemental; que suple o puede suplir a otra cosa: adicional. 2. Suplementario, se dice del ángulo que sumado con otro completa 180 grados.
suppleness ['sʌplnɪs] [sa-pel-nes], *s.* Flexibilidad, blandura; docilidad, condescendencia.
suppliant ['sʌplɪənt] [sa-pliant], *a.* Deprecatorio; humilde, rendido, postrado. *-s.* Suplicante, el que suplica.
supplicant ['sʌplɪkənt] [sa-pli-kant], *s.* Suplicante.
supplicate ['sʌplɪkeɪt] [sa-pli-keit], *va.* Suplicar, rogar, pedir.
supplication [ˌsʌplɪ'keɪʃən] [sa-pli-kei-shon], *s.* Súplica, suplicación, petición, ruego.
supplier [sə'plaɪə^{r}] [sa-plaia^{r}], *s.* Proveedor, suministrador.
supply [sə'plaɪ] [sa-plai], *va.* 1. Suplir, completar, integrar o llenar lo que falta en alguna cosa (complete). 2. Surtir, abastecer, proveer (provide); suministrar, proporcionar, dar. 3. Suplir, poner o ponerse una persona o una cosa en el lugar que otra ocupaba o había de ocupar. **The tradesmen who supply us,** nuestros proveedores.
supply, *s.* 1. Provisión, abastecimiento, surtido (provision); conjunto de cosas necesarias para un objeto. 2. Cantidad suficiente para un uso dado; acopio de provisiones. 3. Substituto, beneficiado temporal. 4. *pl.* Pertrechos, materiales, víveres, enseres. **To be in want of supplies**, carecer de provisiones. **Demand and supply**, oferta y demanda. **Supplies,** provisiones, víveres.
support [sə'pɔ:t] [sa-port], *va.* 1. Sostener, mantener, impedir la caída de algo, servir de apoyo; apoyar (el peso de). 2. Proveer, suministrar fondos. 3. Sostener, v. g. un trato o diálogo. 4. Soportar, sufrir, tolerar. 4. Soportar, sufrir, tolerar. 5. Asistir, amparar, ayudar. 6. Defender, atestiguar, probar, demostrar. 7. *(Teatro)* Hacer un papel subordinado a otro; hacer un papel. **To support a family**, mantener a una familia. **To support oneself**, mantenerse, ganarse la vida.
support, *s.* 1. Sostén, el acto de sostener y aquello con que se sostiene. 2. Apoyo, protección. 3. Sustento, lo necesario para vivir. **In support of**, en favor de, en apoyo de; para sostener, apoyar, etc. **Point of support**, punto de apoyo. **Support buying,** compra proteccionista. **Support price,** precio de apoyo. **Moral support,** apoyo moral.
supportable [sə'pɔ:təbl] [sa-por-ta-bol], *a.* Soportable, tolerable, llevadero; sostenible.
supportably [sə'pɔ:təblɪ] [sa-por-ta-bli], *adv.* De una manera tolerable, soportable.
supporter [sə'pɔ:tə^{r}] [sa-por-ta^{r}], *s.* 1. Sostenimiento, sustentáculo. 2. Apoyo, amparo, columna. 3. Sosteniente, sostenedor. 4. Defensor, protector. 5. *(Her.)* Soporte, cada una de las figuras de animales que sostienen el escudo de armas; se usa casi siempre en plural. 6. *(Arq.)* Atalante o telamón. **Supporter's club,** peña deportiva (sport).
supposable [sə'pəʊzəbl] [sa-pou-sa-bol], *a.* Que se puede suponer o que es de suponer; no inconcebible.
supposal [sə'pəʊzəl] [su-pou-sal], *s.* Suposición.
supposableness [sə'pəʊzəblnɪs] [sa-pou-sa-bol-nes], *s.* La capacidad de poderse suponer una cosa; probabilidad.
suppose [sə'pəʊz] [sa-pous], *va.* 1. Suponer, dar por sentada alguna cosa sin prueba ni autoridad. 2. Suponer, fingir o presuponer alguna cosa. 3. Imaginar algo; creer sin examen. **It is to be supposed**, es de creer o se puede suponer. **Supposing it to be true**, suponiendo que sea esto verdad. **Supposing that**, dado caso que. **Let's suppose that,** pongamos que, supongamos. **Suppose we go on holidays?,** ¿qué te parece si nos vamos de vacaciones?
supposed [sə'pəʊzd] [sa-pousd], *a.* Pretendido, supuesto.
supposer [sə'pəʊzə^{r}] [sa-pou-sa^{r}], *s.* Suponedor.
supposition [ˌsʌpə'zɪʃən] [sa-po-si-shon], *s.* Suposición, hipótesis.
suppositional [ˌsʌpə'zɪʃənl] [sa-po-si-sho-nal], *a.* Hipotético, supositivo que se funda en suposición o hipótesis.
supposititious [ˌsʌpə'zɪʃəs] [sa-po-si-shous], *a.* 1. Supuesto, falso, ilegítimo, fingido (false). 2. Supuesto, imaginado.
supposititiousness [ˌsʌpə'zɪʃəsnɪs] [sa-po-si-shos-nes], *s.* Suposición, falsedad; substitución de una cosa por otra.
suppositive [ˌsʌpə'sɪtɪv] [sa-po-si-tiv], *a.* Supuesto.
suppositively [ˌsʌpə'sɪtɪvlɪ] [sa-po-si-tiv-li], *adv.* En suposición.
suppository [sə'pɒzɪtərɪ] [sa-po-si-to-ri], *s.* Supositorio, cala.
suppress [sə'pres] [sa-pres], *va.* 1. Suprimir, detener, estorbar o impedir el curso de alguna cosa. 2. Suprimir, ocultar, no explicar lo que se debe en alguna materia, omitir o callar de propósito (hide). 3. Destruir (destroy).
suppressant [sə'presənt] [sa-pre-sant], *a.* Inhibidor *(Med.)*.
suppression [sə'preʃən] [sa-pre-shon], *s.* 1. Supresión; represión, acción de reprimir. 2. *(Med.)* Suspensión de una secreción; falta de secreción, a diferencia de retención.
suppressive [sə'presɪv] [sa-pre-siv], *a.* Represivo, que tiende a reprimir o que puede reprimir; que suprime o ahoga.
suppressor [sə'presə^{r}] [sa-pre-sa^{r}], *s.* Supresor, el que suprime.
suppurate ['sʌpjʊəreɪt] [sa-pu-reit], *va.* Supurar, criar pus o materia alguna herida o llaga. *-vn.* Supurar, echar pus o materia.
suppuration [ˌsʌpjʊə'reɪʃən] [sa-pua-rei-shon], *s.* Supuración, la acción y efecto de supurar.
supramundane ['su:prə'mʌndeɪn] [su-pra-man-dein], *a.* Sobrenatural, superior a las cosas terrenales.
supranational ['su:prə'næʃənl] [su-pra-na-sho-nal], *a.* Supranacional.
suprarenal ['su:prə'ri:nə] [su-pra-ri-nal], *a.* Suprarenal, que está colocado encima de los riñones.
supremacy [sʊ'preməsɪ] [su-pre-ma-si], *s.* Supremacía, autoridad suprema, estado de supremo.
supreme [sʊ'pri:m] [su-prim], *a.* Supremo, lo más elevado, lo más grande.
supremely [sʊ'pri:mlɪ] [su-prim-li], *adv.* Supremamente, en el más alto grado.
surbase ['sɜ:beɪs] [ser-beis], *s.* 1. Cornisa, moldura sobre un pedestal. 2. Moldura o borde por encima de una base.
surcease ['sɜ:si:z] [ser-sis], *vn.* Cesar, supenderse; acabarse enteramente.
surcease, *s.* *(Ant.)* Cesación.
surcharge ['sɜ:tʃɑ:dʒ] [ser-charch], *s.* 1. Sobrecarga, sobrepeso, más carga. 2. Sobrecarga, recargo, nuevo gravamen.
surcharge, *va.* Sobrecargar, recargar, cargar con exceso.
surd [sɜ:d] [serd], *a.* y *s.* 1. Sordo, no vocal ni sonante; producido por los órganos vocales sin voz ni tono; por

ejemplo las consonantes p, t, s, o k, opuesto a sonante. 2. *(Mat.)* Irracional, que no puede ser expresado en números racionales; v. g. la raíz cuadrada de dos.

sure [ʃʊəʳ] [shuaʳ], *a.* 1. Seguro, cierto, indudable, hablando de noticias o hechos (true). 2. Seguro, infalible, efectivo (effective), hablando de medios, recursos, remedios, etc. 3. Seguro, firme, sentado, hablando del paso, de la mano, del pulso, etc. 4. Seguro, firme, constante, estable (secure, steady), que no está en peligro de faltar o de caerse. **As sure as fate,** con toda seguridad. *(E.U.)* **Sure!,** ¡claro!, ¡seguro! **Sure thing!,** ¡por supuesto! **To be sure**, seguramente, sin duda; ya se ve. **To be sure of foot**, tener el pie o paso seguro. **To be sure of oneself,** estar seguro de uno mismo. **To be sure to**, no faltar, no carecer. **To make sure**, asegurar, cerciorar. **To make sure of**, asegurarse de, verificar, apoderarse de; contar con o sobre alguien. *-adv. (Fam. o des.)* Ciertamente, indudablemente, sin duda alguna. **Sure enough**, a buen seguro, con certeza.

sure-fire ['ʃʊəfaɪəʳ] [shua-faiaʳ], *a.* Seguro, de éxito seguro.

sure-footed ['ʃʊəfʊtɪd] [shua-fu-tid], *a.* Se dice del animal que no tropieza y de los afectos de ánimo que obran sin interrupción.

surely ['ʃʊəlɪ] [shua-li], *adv.* Ciertamente, seguramente, sin duda. Se usa generalmente de un modo expletivo para afirmar más. **Surely not?,** ¿será posible?

sureness ['ʃʊənɪs] [shua-nes], *s.* Certeza, seguridad. *V.* SURETY.

surety ['ʃʊətɪ] [shua-ti], *s.* 1. Seguridad, exención de riesgo o el estado de las cosas que las hace firmes, seguras y libres de todo riesgo o peligro. 2. Seguridad, certeza que se tiene de que una cosa no faltará o no engañará. 3. Seguridad, fianza, responsabilidad de daños u obligacón a favor de alguno, regularmente en materia de intereses. 4. Seguridad o caución que se da o se toma. 5. Fiador, obligado, el que se obliga por otro. **Of a surety**, de seguro, como cosa cierta. **To be surety for**, ser fiador, salir garante; responder de alguien o algo. **To stand surety for someone,** ser fiador de alguien.

suretyship ['ʃʊətɪʃɪp] [shua-ti-ship], *s.* Seguridad, fianza u obligación de indemnidad en favor de alguno.

surf [sɜːf] [serf], *s.* 1. Marejada; oleaje, embate del mar al romper sobre la playa (sea). (Variación de **sough**). 2. Espuma (foam).

surface ['sɜːfɪs] [ser-fis], *va.* Poner o hacer una superficie sobre algo; allanar, alisar, igualar. *-s.* Superficie, sobrefaz, la parte externa o exterior de alguna cosa. **To skin the surface of,** rozar la superficie; correr de prisa y superficialmente. **Surface tension,** tensión superficial. **By surface mail (land),** por vía terrestre.

surfboard ['sɜːbɔːd] [serf-bord], *s.* Tabla para flotar sobre la rompiente.

surfboarder ['sɜːbɔːdəʳ] [serf-bor-daʳ], *s.* Surfista.

surfeit ['sɜːfɪt] [ser-fit], *va.* y *vn.* 1. Ahitar, hartar, saciar, atracar, sobrecargar de alimentos. 2. Saciar o satisfacer el ánimo. 3. Ahitarse, saciarse, hartarse de comida o bebida.

surfeit, *s.* Ahito, empacho, exceso en comer y beber; indigestión, embarazo gástrico o del estómago.

surfeiter ['sɜːfɪtəʳ] [ser-fi-taʳ], *s.* Glotón, el que come o bebe con exceso.

surge [sɜːdʒ] [serch], *s.* Olaje, oleada *(Naut.)*; prolongadas ondulaciones del mar; el acto de levantarse y moverse las olas. **A surge of people,** una oleada de gente.

surge, *vn.* Agitarse o embravecerse el mar; levantarse e hincharse, y moverse hacia adelante las olas. *-va.* Hacer mover hacia adelante con movimiento de expansión, v. g. las olas, las ondas sonoras, etc. **To surge the capstan**, lascar el cabretante.

surgeon ['sɜːdʒən] [ser-yon], *s.* 1. Cirujano. 2. Médico, oficial médico. **Surgeon-dentist**, cirujano dentista. **Surgeon-general**, en los E.U. médico mayor, jefe de sanidad militar o naval, con grado equivalente al de general de ejército.

surgery ['sɜːdʒərɪ] [ser-ye-ri], *s.* Cirugía (operation). **Surgery hours,** horas de consulta.

surgical ['sɜːdʒɪkəl] [ser-yi-kal], *a.* Quirúrgico, que pertenece a la cirugía.

surgically ['sɜːdʒɪkəlɪ] [ser-yi-ka-li], *adv.* Quirúrgicamente.

surgy ['sɜːdʒɪ] [ser-yi], *a.* Agitado o embravecido como el mar.

surlines ['sɜːlaɪnz] [ser-lains], *s.* Grosería, mal genio, mal humor; entono.

surly ['sɜːlɪ] [ser-li], *a.* 1. Arisco, insolente; áspero de genio; impertinente. 2. Grosero, tosco, rudo, v. g. una respuesta. 3. Furioso, tempestuoso, p. ej. el tiempo. **A surly dog**, un perro arisco. **To give a surly answer,** contestar de mala manera.

surmise ['sɜːmaɪz] [ser-mais], *va.* Conjeturar, suponer, imaginar alguna cosa sin fundamento o razón suficiente.

surmise, *s.* 1. Conjetura, imaginación; aprensión falsa, juicio o discurso sin fundamento; noción imperfecta. 2. Indirectas, rumores. **I surmised as much,** ya lo suponía.

surmount [sɜː'maʊnt] [ser-maunt], *va.* 1. Vencer, superar, a fuerza de voluntad. 2. Sobrepujar, pasar por encima de una cosa; levantarse o elevarse sobre ella. 3. Pasar, sobrepujar.

surmountable [sɜː'maʊntəbl] [ser-maun-ta-bol], *a.* Vencible, superable.

surname ['sɜːneɪm] [ser-neim], *s.* 1. Apellido, el nombre o sobrenombre de la familia. 2. Renombre o epíteto que se añade al nombre de una persona.

surname, *va.* Apellidar, nombrar, denominar, llamar con algún renombre o título a una persona.

surpass [sɜː'pɑːs] [ser-pas], *va.* Sobresalir, sobrepujar, superar, exceder (excede).

surpassing [sɜː'pɑːsɪŋ] [ser-pa-sin], *a.* Sobresaliente, superior, que sobrepuja a los demás; excelente.

surplice ['sɜːpləs] [ser-plis], *s.* Sobrepelliz, vestidura de lienzo que usa el clero en las funciones de su ministerio.

surpliced ['sɜːpləst] [ser-plist], *a.* Con sobrepelliz, que lleva sobrepelliz-

surplus ['sɜːpləs] [ser-plas], *s.* Sobrante, demasía, sobras, lo que sobra de alguna cosa. **Surplus value**, plusvalía.

surprise [sə'praɪz] [ser-prais], *s.* 1. Sorpresa, la acción por la cual se sorprende. 2. Estado de sorpresa; admiración, asombro, emoción producida por algo que sucede súbitamente; ataque repentino. **To be surprised,** quedar atónito, quedar asombrado. **Much to my surprise, to my great surprise,** para gran sorpresa mía. **Surprise attack,** ataque por sorpresa.

surprise, *va.* 1. Sorprender, sobrecoger, coger descuidado o de improviso. 2. Sorprender, dejar admirado o maravillado. **You surprise me!,** ¡me asombras!

surprising [sə'praɪzɪŋ] [ser-prai-sin], *a.* Maravilloso, asombroso, admirable, que causa sorpresa.

surprisingly [sə'praɪzɪŋlɪ] [ser-prai-sin-li], *adv.* Pasmosamente, maravillosamente, de un modo admirable.

surreal [sə'rɪəl] [sa-rial], *a.* Surrealista.

surrealism [sə'rɪəlɪzəm] [sa-ria-li-sem], *s.* Surrealismo.

surrender [sə'rendəʳ] [sa-ren-daʳ], *va.* 1. Rendir, entregar a otro, y particularmente poner en manos del enemigo. 2. Ceder, traspasar, renunciar a, abandonar, entregar. 3. Renunciar a favor de otro. *-vn.* Ceder, rendirse, entregarse. **I surrender!,** ¡me rindo!

surrender, *s.* 1. Rendición, entrega. 2. Renuncia o dejación voluntaria; abandono, sumisión. 3. *(For.)* Cesión de bienes. **The surrender of a right,** la renuncia de un derecho. **Surrender of property,** cesión de bienes.

surreptitious [ˌsʌrəp'tɪʃəs] [sa-rap-ti-shos], *a.* Subrepticio, hecho oculta o fraudulentamente.

surreptitiously [ˌsʌrəp'tɪʃəslɪ] [sa-rap-ti-shos-li], *adv.* Subrepticiamente, fraudulentamente.

surrogacy ['sʌrəgəsɪ] [sa-ro-ga-si], *sf.* Subrogación.

surrogate ['sʌrəgeɪt] [sa-ro-gueit], *va.* Subrogar, substituir o poner una persona o cosa en lugar de otra.

surrogate, *s.* 1. Subrogado, delegado de un juez eclesiástico. 2. *(Local E.U.) (For.)* Juez de testamentarías, o de bienes de difuntos o intestados.

surround [sə'raʊnd] [sa-raund], *va.* 1. Circundar, cercar, rodear. 2. Rodear, circundar, constituir una cerca o borde alrededor de algo; ceñir. 3. Asediar, v. g. una plaza o fortaleza.

surrounding [sə'raʊndɪŋ] [sa-raun-din], *s.* 1. *pl.* Alrededores, contornos o cualquier parte de ellos. 2. El acto del que rodea o ciñe. *a.* Circundante, de alrededor.

surtax ['sɜːtæks] [ser-taks], *s.* Impuesto adicional, sobretasa.

surveil [sə'veɪl] [ser-veil], *vt. (E.U.)* Vigilar.

surveillance [sɜː'veɪləns] [ser-vei-lans], *s.* Vigilancia, acción de vigilar; Estado del que se halla vigilado.

survey ['sɜːveɪ] [ser-vei], *va.* 1. Apear, acotar, medir o deslindar las tierras y heredades. 2. Mirar, inspeccionar o reconocer desde lo alto (look at). 3. Inspeccionar, examinar (inspect), vigilar o celar por incumbencia u oficio los edificios, etc., y tasarlos. 4. Mirar una cosa examinándola. **To survey a coast**, *(Mar.)* reconocer una costa y levantar el plano de ella.

survey, *s.* 1. Apeo o delinde de tierras o heredades; también, un departamento o cuerpo para practicar la agrimensura; medición. 2. Perspectiva, vista o aspecto de muchos objetos juntos mirados de lejos. 3. Reconocimiento, inspección, examen, vista.

surveying ['sɜːveɪɪŋ] [ser-vein], *s.* Agrimensura, arte de medir terrenos y levantar planos.

surveyor [sə'veɪə^r] [ser-veio^r], *s.* 1. Agrimensor, apeador, medidor de tierras. 2. Sobrestante, superintendente. 3. Perito. **Surveyor of the navy**, *(Mar.)* perito. **Surveyor of the custom-house**, vista de la aduana.

survival [sə'vaɪvəl] [ser-vai-val], *s.* 1. Supervivencia, la acción de sobrevivir. 2. Persona o cosa que sobrevive; costumbre que ha durado mucho más tiempo que las condiciones que la originaron. **Survival of the fittest**, *(Biol.)* la supervivencia de los más idóneos; la conservación y propagación de ciertas formas favorecidas en la lucha por la existencia (teoría de la evolución). **Survival kit,** equipo de emergencia.

survive [sə'vaɪv] [ser-vaiv], *vn.* 1. Sobrevivir, vivir después de muerto otro. 2. Vivir o durar una cosa más que otra (remain).

surviving [sə'vaɪvɪŋ] [ser-vai-vin], *a.* Sobreviviente.

survivor o surviver [sə'vaɪvə^r] [ser-vai-va^r], *s.* El que sobrevive a otro o vive después de su muerte.

susceptibility [sə,septə'bɪlɪtɪ] [sa-sep-ta-bi-li-ti], *s.* Susceptibilidad, la disposición a recibir las impresiones.

susceptible [sə'septəbl] [sa-sep-ti-bol], *a.* 1. Susceptible, capaz de recibir o dispuesto a admitir en sí. 2. Sensible, que recibe fácilmente las impresiones morales; que se conmueve fácilmente, impresionable. **He is very susceptible**, *(Fam.)* es muy enamorado.

susceptibly [sə'septəblɪ] [sa-sep-ta-bli], *adv.* De una manera susceptible.

susceptive [sə'septɪv] [sa-sep-tiv], *a.* Susceptivo, susceptible.

suspect ['sʌspekt] [sas-pekt], *va.* y *vn.* 1. Imaginar la existencia de algo; conjeturar, suponer, tener una opinión sin certidumbre. 2. Recelar; desconfiar de; inferir la culpa posible de una persona sin pruebas, sin razón suficiente. 3. Sospechar, formar o tener sospecha; tener por sospechoso. **He suspects nothing,** no sospecha de nada.

suspect, *s.* Persona sospechosa de un delito; persona vigilada como sospechosa. **To be suspected,** estar bajo sospecha, ser sospechoso.

suspectedly ['sʌspektɪdlɪ] [sas-pek-tid-li], *adv.* De una manera sospechosa; de manera que excita las sospechas.

suspend [səs'pend] [sas-pend], *va.* 1. Suspender, colgar, poner pendiente una cosa en el aire. 2. Suspender, interrumpir, cesar, aplazar, detener o parar por algún tiempo la ejecución de una cosa. 3. Suspender, privar temporalmente a uno del ejercicio de su empleo o ministerio. 4. Hacer depender. *-vn. (Com.)* Suspender pagos.

suspender [səs'pendə^r] [sas-pen-da^r], *s.* El o lo que suspende; cada uno de los tirantes del pantalón; liga. **Suspenders,** ligas.

suspense [səs'pens] [sas-pens], *s.* 1. Suspensión, duda o detención en algún movimiento del ánimo, incertidumbre. 2. Suspensión, detención, parada o interrupción. *-s.* (Poco us.) 1. Suspenso, parado, detenido. 2. Suspenso, irresuelto, irresoluto. **The suspense is killing me!,** ¡no puedo aguantar tanta emoción! **In suspense,** en suspenso, pendiente.

suspension [səs'penʃən] [sas-pen-shon], *s.* Suspensión, acción de suspender; estado de lo que se halla suspendido; *(Quím.)* estado de una substancia que permanece en un líquido sin precipitarse; detención; cesación temporal; duda. **Suspension bridge**, puente colgante o de suspensión. **Suspension of hostilities**, suspensión de hostilidades, armisticio.

suspensory [səs'pensərɪ] [sas-pen-so-ri], *a.* Suspensorio, que sirve para suspender. *-s.* Suspensorio, vendaje para sostener el escroto.

suspicion [səs'pɪʃən] [sas-pi-shon], *s.* 1. Sospecha, recelo, desconfianza; conjetura. 2. *(Fam.)* Pizca, grano, brizna.

suspicious [səs'pɪʃəs] [sas-pi-shos], *a.* Suspicaz, desconfiado, receloso (distrustful); sospechoso.

suspiciously [səs'pɪʃəslɪ] [sas-pi-shos-li], *adv.* Sospechosamente, con sospecha, de un modo sospechoso.

suspiciousness [səs'pɪʃəsnɪs] [sas-pi-shos-nes], *s.* Recelo, suspicacia, desconfianza, inclinación a sospechar.

sustain [səs'teɪn] [sas-tein], *va.* 1. Sostener, sustentar o mantener alguna cosa, llevar, soportar (bear); *(Mús.)* prolongar con la misma fuerza. 2. Sostener, apoyar, afianzar. 3. Sostener, mantener o defender; establecer, probar (establish). 4. Sostener, sustentar o dar lo necesario para mantenerse. 5. Sostener, ayudar, patrocinar (sponsor). 6. Sostener, sufrir, tolerar, aguantar. **To sustain a loss**, perder algo, sufrir una pérdida.

sustainable [səs'teɪnəbl] [sas-tei-na-bol], *a.* Sostenible, que se puede sostener; defendible, que se puede defender.

sustainer [səs'teɪnə^r] [sas-tei-na^r], *s.* 1. Sostenedor, defensor, protector. 2. El que sufre.

sustenance ['sʌstɪnəns] [sas-ti-nans], *s.* Sostenimiento, sustento, mantenimiento; alimentos, víveres, manutención, subsistencia.

suttle ['sətl] [sa-tel], *a.* y *s.* Neto; peso limpio.

sutural ['suːtʃərəl] [su-cha-ral], *a.* Sutural, perteneciente a una sutura o colocado en ella.

suture ['suːtʃə^r] [su-cha^r], *s.* 1. Sutura, costura; unión de los huesos del cráneo; *(Bot.)* línea poco saliente, rafe. 2. Sutura.

suzerain ['suːzəreɪn] [su-sa-rein], *s.* Persona revestida de suprema autoridad.

svelte [svelt] [svelt], *a.* 1. Esbelto. 2. Airoso, elegante. 3. Aliñado.

swab [swɒb] [suob], *s.* Instrumento que consta de una sustancia blanda y absorbente al extremo de un mango; se emplea para limpiar la boca de un paciente, el alma de un cañón, etc. *(Mar.)* Lampazo, estropajo grande hecho de filáciga.

swab, *va.* Fregar, limpiar; *(Mar.)* lampacear, limpiar con lampazo.

swabber ['swɒbə^r] [suo-ba^r], *s.* Paje de escoba, galopín.

swaddle ['swɒdl] [suo-del], *va.* Fajar, rodear, ceñir o envolver con fajas; generalmente significa envolver o fajar una criatura en pañales.

swaddle, *s.* Faja.

swaddling-cloth ['swɒblɪŋkləʊð] [suo-dlin-klouz], *s.* Mantilla, pañal, envoltura de niños.

swag [swæg] [suag], *vn.* 1. Colgar, inclinarse alguna cosa hacia abajo por su propio peso. 2. Fachendear, echar plantas, echarla de bravo, de majo, de grande de ingenio.

swage [sweɪdʒ] [sueich], *va.* Estampar, dar figura al metal con una matriz. *-s.* Herramienta para hacer molduras en las fajas de hierro. **Swage-block**, dicha herramienta; variedad de yunque.

swagger ['swægə^r] [sua-ga^r], *vn.* Baladronear, hacer o decir baladronadas; echarlas de valiente. **To swagger about,** contonearse, pavonearse. *-s.* Contoneo, pavoneo.

swaggerer ['swægərəʳ] [sua-ga-raʳ], *s.* Jaquetón, jaque, valentón, fanfarrón, baladrón.
swaggy ['swægɪ] [sua-gui], *a.* Colgante, pendiente, que cuelga o está suspenso.
Swahili [swɑː'hiːlɪ] [sua-ji-li], *s.* Suajili, swahili.
swain [sweɪn] [suein], *s.* Zagal, joven aldeano, pastorcillo, amante, enamorado.
swallow ['swɒləʊ] [suo-lou], *s.* 1. Trago. 2. *(Orn.)* Golondrino, golondrina, pájaro de la familia de los hirundínidos. 3. Vencejo, avión. **At one swallow,** de un trago. **Swallow-tail**, algo que por su forma se parece a la cola de la golondrina; cola de milano, especie de espiga de ensambladura. **Swallow-tailed coat,** frac.
swallow, *va.* 1. Tragar, deglutir, engullir, hacer pasar alguna cosa por el tragadero. 2. Recibir o hacer desaparecer; tragar; se usa comúnmente con up. 3. Tragar, recibir o creer alguna cosa de ligero y sin examinarla. 4. Soportar con paciencia y sumisión. 5. Retractar, retirar, desdecir. **To swallow up**, tragar; absorber; sumir, precipitar como en un abismo; apropiar o hacer propia alguna cosa. **The mist swallowed us up,** la niebla nos envolvió. **To swallow an insult**, tolerar un ultraje. *-s.* 1. Bocado, trago, lo que se traga de una vez. 2. El acto de tragar, deglución. 3. Tragadero esófago. 4. Abismo, sima; agujero de un sumidero.
swam [swæm] [suam], *pret.* del verbo TO SWIM.
swamp [swɒmp] [suomp], *s.* Pantano, terreno encharcado; sitio bajo y húmedo. **Swamp fever,** paludismo.
swamp, *va.* 1. Sumergir, cubrir de agua (submerge); echar a pique un barco (sink); hacer zozobrar. 2. Meter en terreno pantanoso; encharcar (flood); de aquí, sumergir en dificultades, confundir en un tropel; arruinar, hundir. *-vn.* Caer en grandes dificultades, empantanarse, irse a pique; zozobrar. **They have swamped us with applications,** nos han abrumado con solicitudes.
swampland ['swɒmplænd] [suomp-land], *sf.* Pantano, marisma.
swampy ['swɒmpɪ] [suom-pi], *a.* Pantanoso. **To become swampy,** empantanarse.
swan [swɒn] [suon], *s.* Cisne, ave palmípeda de cuello largo y flexible y plumaje blanco. **Swan-like**, semejante al cisne. **Swandown, swan's down**, (a) plumón de cisne. (b) Moletón, una tela muy suave. *V.* **Canton flannel**, (c) paño de vicuña, tela de lana muy suave y gruesa. **Swan-skin**, (a) piel de cisne; (b) lanilla, bayeta superfina. *-vi.* **To swan around,** vagabundear, gandulear. **To swan off,** irse tranquilamente. **Swan song**, canto del cisne.
swank [swæŋk] [suank], *sf.* Ostentación, alarde. *vi.* Darse humos, fanfarronear. **To swank about,** pavonearse.
swap [swɒp] [suop], *adv.* *(Prov. Ingl.)* De prisa, con presteza; vivamente.
swap, *va.* Cambiar, cambalachear. *-vn.* Hacer cambalaches o trueques. *-s.* *(Fam.)* Cambalache, trueque, cambio. **To swap stories,** contarse chistes. **It's a fair swap,** es un cambio equitativo.
sward [swɔːd] [suord], *va.* Sembrar, cubrir de césped. *-vn.* Volverse verde, herboso, cubrirse de hierbas. *-s.* La haz o superficie de la tierra cubierta de hierbas, césped.
swarm [swɔːm] [suorm], *s.* 1. Enjambre, copia grande de abejas o de seres vivientes y pequeños de cualquiera clase. 2. Enjambre, gentío, multitud de gente reunida. 3. Hormiguero. **A swarm of mosquitoes,** un enjambre de mosquitos.
swarm, *va.* Ocupar en enjambres, producir en enjambres. *-vn.* Enjambrar, jabardear, hacer mucha cría las abejas, y también criar en enjambres de la colmena. 2. Enjambrar, multiplicar o producir en abundancia. 3. Hervir, bullir, hormiguear de gente, de soldados, etc., para ponderar la muchedumbre. 4. Abundar o haber grande abundancia de alguna cosa; manar en abundancia. **To swarm up a tree,** trepar a un árbol.
swarm, *va.* y *vn.* *(Fam.)* Trepar, subir, ayudándose con pies y manos.
swart [swɔːt] [suort], *a.* 1. Prieto, moreno, atezado, negro. 2. Triste; contrario.
swarthiness ['swɔːðɪnɪs] [suor-zi-nes], *s.* Color moreno, atezamiento, tez morena.
swarthy ['swɔːðɪ] [suor-zi], *a.* Atezado, tezado, tostado por el sol; moreno, negruzco, curtido.
swash [swɒʃ] [suosh], *s.* 1. El impulso del agua cuando surte o fluye con violencia. 2. Canal angosto por el cual fluyen las mareas. **Swash-buckler**, matasiete, espaadachín, fanfarrón.
swash, *va.* Verter, derramar o salpicar agua en bastante cantidad. *-vn.* 1. Hacer ruido como salpicando con agua. 2. Salpicar, hacer saltar el agua. 3. Balandronear; meter bulla o hacer mucho ruido.
swasher ['swɒʃəʳ] [suo-shaʳ], *s.* Jaquetón, baladrón, fanfarrón.
swashing ['swɒʃɪŋ] [suo-shin], *pa.* 1. El acto de fanfarronear, de echarlas de valiente. 2. Violento, abrumador. **A swashing blow**, un golpe violento.
swashy ['swɒʃɪ] [suo-shi], *a.* Batiente, a la manera del mar.
swastika ['swɒstɪkə] [svas-ti-ka], *s.* Svástika.
swatch ['swɒtʃ] [suoch], *s.* Muestra pequeña de alguna tela o tejido.
swath [swɔːθ] [suoz], *s.* 1. Faja de hierba que el guadañero deja tras sí; ringlera de heno o mies acabada de segar. 2. Guadañada, el espacio cortado de una vez por una máquina o útil; se emplea en sentido figurado en ambos casos.
swathe [sweɪð] [sueiz], *va.* Fajar, liar, rodear; envolver.
swathe, *s.* Faja, venda, atadura; pañal de niño.
sway [sweɪ] [suei], *va.* 1. Hacer que se incline o ladee alguna persona; de aquí, preocupar el ánimo o la voluntad de alguno. 2. Blandir o vibrar alguna cosa en el aire; mover con la mano, v. g. un cetro. 3. Mandar, dominar, gobernar; dirigir, ejercer influencia o autoridad sobre alguno; regir. 4. *(Mar.)* Izar, guindar. *-vn.* 1. Ladearse, inclinarse o torcerse una cosa por su propio peso hacia un lado. 2. Inclinarse o ladearse el ánimo hacia una cosa o persona. 3. Tener influjo, mando o dominio. **To sway up**, guindar.
sway, *s.* 1. Poder, imperio, dominación, mando, influjo (influence). **To bear sway,** llevar el cetro. **To hold sway**, gobernar, regir, estar en el poder. 2. Vibración, la acción de vibrar o blandir un arma. 3. Sacudimiento, estremecimiento, bamboleo. **Sway-backed**, *(Fam.)* pando.
sweal [swɪəl] [suial], *va.* 1. Derretirse, y correrse como el sebo de una vela. 2. Consumirse, quemarse despacio.
swear [swɛəʳ] [sueaʳ], *va.* y *vn.* (*pret.* SWORE; *pp.* SWORN). 1. Jurar, afirmar o negar una cosa bajo juramento. 2. Jurar, declarar, ratificar, confirmar o prometer alguna cosa con juramento. 3. Jurar, echar votos o juramentos, blasfemar. 4. Jurar, resolverse u ofrecerse con juramento a hacer una cosa; prestar juramento. 5. Hacer jurar o prometer a uno bajo juramento. 6. Juramentar, tomar juramento a alguno. **To swear by**, *(Fam.)* poner confianza implícita en. **To swear in**, hacer prestar juramento. **To swear off,** renunciar. **To swear off smoking,** renunciar a fumar. *a.* **The witness has been sworn**, el testigo ha prestado juramento.
swearer ['swɛərəʳ] [suea-raʳ], *s.* Jurador, votador, el que tiene el vicio de jurar.
swearing ['swɛərɪŋ] [suea-rin], *s.* Jura, juramento.
sweat [swet] [suet], *s.* 1. Sudor, la serosidad que sale del cuerpo del animal por los poros en forma de gotas; secreción cutánea, transpiración. 2. Sudor, trabajo, fatiga. 3. Evaporación de humedad. **To be in a sweat**, estar sudando, estar nadando en sudor. **By the sweat of his brow**, con el sudor de su frente. **Sweat-shop**, taller donde se trabaja un número excesivo de horas por jornal insuficiente.
sweat, *va.* y *vn.* (*pret.* y *pp.* SWEAT o SWEATED). 1. Sudar, exhalar o expeler el sudor. 2. Sudar, trabajar con fatiga y desvelo, física o moralmente. 3. Exhalar o echar de sí humedad en forma de vapor; dejar salir por los poros; p. ej. una planta o un jarro; resudar. 4. Hacer sudar. 5. Echar de sí alguna cosa a modo de sudor. **To sweat off,** quitarse peso

sudando. **To sweat out a distemper**, curarse de una enfermedad por medio del sudor. **To sweat it out,** armarse de paciencia, aguantar, soportar. 6. Sujetar las pieles a un procedimiento de fermentación para despojarlas del pelo. 7. Recortar o cercenar las monedas, especialmente de una manera ilegal. 8. Tomarse mucho trabajo, extenuarse, fatigarse.

sweater ['swetə^r] [sue-ta^r], *s.* Chaqueta o blusa tejida. *(Amer.)* Suéter.

sweatiness ['swetɪnɪs] [sue-ti-nes], *s.* El estado de lo que se halla lleno de sudor; calor; humedad.

sweating ['swetɪŋ] [sue-tin], *s.* Transpiración, acción de sudar. **Sweeating-room**, sudadero, lugar del baño destinado para sudar.

sweaty ['swetɪ] [sue-ti], *s.* Sudado, sudoso, en transpiración; trabajoso, laborioso, lo que hace sudar.

Swede ['swi:d] [suid], *s.* 1. Natural o habitante de Suecia. 2. Nabo sueco. *V.* RUTABAGA.

Swedish ['swi:dɪʒ] [sui-dish], *a.* Sueco, perteneciente a Suecia. *-s.* Idioma sueco.

sweep [swi:p] [suip], *va.* y *vn.* (*pret.* y *pp.* SWEPT). 1. Barrer, limpiar con la escoba. 2. Barrer, no dejar nada de lo que había en alguna parte. 3. Arrebatar, llevar con celeridad y violencia; arrastrar por; mover o hacer moverse una cosa a la fuerza y como barriéndola, en sentido literal o figurado; abrazar con la mirada. 4. Marchar pomposamente, llevar una cosa con pompa u orgullo. 5. Pasar o moverse con celeridad llevándose tras sí cuanto se encuentra. 6. Deshollinar o limpiar chimeneas.

sweep along, arrastrar con fuerza o majestuosamente; ostentar, desplegar; rozar.

sweep away, robar o llevarse cuanto se halla; arrebatar, arrastrar, eliminar, suprimir. **To sweep the bottom**, *(Mar.)* rastrear.

sweep down, descender (barriendo); precipitarse en; descender.

sweep up, barrer en montón; limpiar, recoger.

sweep, *s.* 1. Barredura, barrido, el acto de barrer. 2. Destrucción violenta y general. 3. La figura o línea que describe en su movimiento una cosa agitada violentamente; vuelta, giro. 4. Alcance, extensión o área alcanzada; alcance de la vista; dirección o extensión de un movimeinto no hecho en línea recta; curva, encorvadura. 5. El o lo que barre; deshollinador; pieza de una máquina a lo largo de la cual se efectúa un rozamiento; remo largo y pesado; aspa de molino. 6. Calzada o camino en forma curva delante de un edificio. 7. *pl.* Barreduras. **They made a sweep for drugs,** hicieron una redada buscando droga. **To make a clean sweep,** ganar todos los puntos (sport, cards).

sweeper ['swi:pə^r] [sui-pa^r], *s.* Barrendero, el que barre. **Carpet-sweeper**, escoba mecánica para barrer alfombras. **Chimney-sweeper**, deshollinador, limpiachimeneas.

sweepings ['swi:pɪŋz] [sui-pins], *s. pl.* Barreduras, la inmundicia que se junta con la escoba cuando se barre.

sweep-net ['swi:pnet] [suip-net], *s.* Esparavel, red redonda de pescar.

sweepstakes ['swi:psteɪks] [suips-teiks], *s.* y *pl.* 1. El que gana todo cuanto se apuesta o se juega. 2. Palio, el premio que se señalaba en la carrera al que llegaba primero.

sweet [swi:t] [suit], *a.* 1. Dulce, grato, gustoso, agradable a los sentidos (nice); dulce al gusto o al paladar; que no es ni ácido ni amargo, azucarado; que no está salado; suave, blando o grato al tacto; oloroso, fragante al olfato, melodioso, dulce y agradable al oído. 2. Hermoso, lindo, agradable o bello a la vista. 3. Benigno, suave, dulce, apacible, amable, cuando se habla del genio, del trato, etc.; encantador, agradable, que impesiona agradablemente el ánimo, la imaginación. 4. Fresco, que no está corrompido o no es añejo. *-s.* 1. Dulzura, deleite. 2. Cosa dulce; más usado en plural, dulces, golosinas. 3. Dulzura, placer, satisfacción. 4. Persona querida; querido, querida; es voz de cariño. **Sweet music**, música suave, melodiosa. **A sweet face**, una cara linda. **Sweet pinks**, claveles olorosos, fragantes. **A sweet girl**, una muchacha encantadora. **To smell sweet,** oler bien, tener buen olor. **Sweet-apple, sweet-sop**, anona, chirimoya. **Sweet cicely**, perifollo. *V.* CICELY. **Sweet corn**, variedad de maíz, preferida como comestible. **Sweet-fern**, planta de la familia de las miricáceas. **Sweet-gum**, liquidámbar de américa y la goma que de él se obtiene. **Sweet herbs**, hierbas olorosas que se usan como condimento. **Sweet-oil,** aceite de oliva. **Sweet-pea**, guisante de olor. **Sweet-tempered**, de carácter dulce, complaciente. **Sweet-tongued**, melifulo, pico de oro. **Sweet-scented**, perfumado. **Sweet-smelling**, odorífero, fragante. **Sweet-spoken**, melifluo. **Sweet-toothed**, goloso. **Sweet-William**, *(Bot.)* dianto, clavel barbado. **Sweet-willow, sweet-gale**, mirto holandés, pimienta de Brabante, arbusto de las miricáceas.

sweetbread ['swi:tbred] [suit-bred], *s.* Páncreas, glándula abdominal; o timo, glándula del cuello, cuando se emplean como alimento; lechecillas o mollejas de ternera.

sweetbrier ['swi:traɪə^r] [suit-braia^r], *s. (Bot.)* Escaramujo oloroso, agavanzo.

sweeten ['swi:tn] [sui-ten], *va.* 1. Dulzurar, dulcificar, endulzar, poner dulce lo que no lo era; azucarar, edulcorar. 2. Suavizar, mitigar, moderar, aplacar; aumentar el placer de; dar encanto a. 3. Embalsamar; purificar, quitar los malos olores; hacer salubre. *-vn.* Endulzarse.

sweetener ['swi:tnə^r] [suit-na^r], *s.* 1. Dulcificante, lo que dulcifica. 2. El que mitiga, calma o suaviza; el que palia.

sweetflag ['swi:tflæg] [suit-flag], *s. (Bot.)* Cálamo aromático.

sweetheart ['swi:thɑ:t] [suit-jart], *s.* Enamorada, dulce amiga; querida, amante; la mujer a quien se corteja o galantea; se usa también a veces para significar galán, galanteador, cortejo, el amante de una mujer.

sweeting ['swi:tɪŋ] [sui-tin], *s.* 1. Camuesa, especie de manzana; variedad particular de manzana dulce. 2. *(Ant.)* querido; voz de cariño.

sweetish ['swi:tɪʃ] [sui-tish], *a.* Algo dulce.

sweetly ['swi:tlɪ] [suit-li], *adv.* Dulcemente, con dulzura, suavemente.

sweetmeat ['swi:tmi:t] [suit-mit], *s.* Dulce, cualquiera especie de confitura en seco; dulces secos.

sweetness ['swi:tnɪs] [suit-nes], *s.* Dulzura, calidad de dulce, melodioso, oloroso, o benigno; suavidad, blandura, apacibilidad, bondad.

sweetrush ['swi:trʌʃ] [suit-rash], *s. (Bot.)* cálamo armático. *V.* SWEETFlAG.

swell [swel] [suel], *vn.* (*pp.* SWELLED o SWOLLEN). 1. Hincharse, engrosarse, llenarse y entumecerse alguna cosa por cualquier causa que sea. 2. Hincharse, elevarse alguna parte del cuerpo; abotagarse. 3. Hincharse, envanecerse, engreírse, ensoberbecerse. 4. Escribir o hablar usando un estilo hinchado. 5. *(Mar.)* Embravecerse o agitarse el mar, hervir las olas. *-va.* 1. Hinchar, engrosar, inflar, entumecer; abultar. 2. Aumentar, agravar. 3. Hinchar, engreír, envanecer. 4. Cantar o tocar usando el crescendo y disminuendo combinados. **To swell to a great amount**, elevarse a una gruesa suma. **Rains swell the rivers**, las lluvias engrosan los ríos. **The sails swelled**, se hincharon las velas. **Swollen with pride**, inflado, hinchado de orgullo. **To swell out**, arrojar el árbol sus hojas; espetarse, ampollarse, bufar.

swell, *a.* 1. *(Ger.)* De petimetres, de mal gusto o de moda extremada. 2. Perteneciente a una hinchazón o torcedura. *-s.* 1. Entumecencia, hinchazón, bulto; cualquier aumento de volumen. 2. Oleada, ola larga y continua, oleaje, marejada; de aquí, ondulación del terreno. 3. Prominencia, protuberancia. 4. *(Mús.)* (a) La unión de crescendo y diminuendo, y los signos (< >) que la indican. (b) Aparato por el cual se puede aumentar o disminuir la fuerza del sonido. 5. *(Ger.)* Persona que sigue las modas con exageración. **Swell-organ**, parte del órgano cuyos cañones están encerrados en una caja; órgano de expresión. **Swell-pedal**, pedal de expresión. **We had a swell time,** lo pasamos muy bien.

swelling ['swelɪŋ] [sue-lin], *s.* 1. Hinchazón, el efecto de hincharse. 2. Tumor, abotagamiento de las carnes, bulto. 3. Cualquier prominencia, salida, chichón, bollo. 4. Acceso, transporte. *-pa.* de SWELL. Que se hincha, que se infla. **Swelling sails**, velas que se hinchan. **Swelling sea**, mar agitada, de oleaje. **Swelling breast**, seno agitado; pecho que se desarrolla.

swelter ['sweltə^r] [suel-ta^r], *va.* y *vn.* 1. Abrumar de calor. 2. Ahogarse o estar abrumado de calor.

sweltering ['sweltərɪŋ] [suel-te-rin], *a.* Sofocante, caluroso. **It's sweltering here,** hace demasiado calor aquí.

swept [swept] [suept], *pret.* y *pp.* del verbo SWEEP.

swerve [swɜːv] [suerv], *va.* Desviar, apartar de una dirección; dar efecto (to a ball). *-vn.* Desviarse, apartarse, separarse, extraviarse. *s.* Desvío, viraje brusco; esguince; regate (Sport).

swift [swɪft] [suift], *va. (Mar.)* Tortorar, dar tortores. **To swift a boat,** *(Mar.)* dar tortores a un bote.

swift, *a.* 1. Veloz, acelerado, pronto, ligero, rápido (fast). 2. Capaz de moverse con velocidad. 3. Pronto, repentino (sudden); que viene o sucede sin previo aviso. 4. Pronto, que obra sin tardar; vivo, diligente, activo (live). *-s.* 1. *(Orn.)* Vencejo, avión, pájaro semejante a la golondrina, notable por la rapidez de su vuelo. 2. Un ejemplar de varias clases de lagartos pequeños. 3. Carrete, devanadera con eje de quita y pon. 4. Corriente o curso rápido de un río; torrente o avenida impetuosa. **A swift stream**, una corriente rápida. **Swift-footed, swift of foot**, de paso rápido, ligero para correr. **Swift destruction**, ruina repentina.

swifter ['swɪftə^r] [suif-ta^r], *s. (Mar.)* Tortor, andarible; falso obenque.

swiftly ['swɪftlɪ] [suift-li], *adv.* Velozmente, rápidamente, ligeramente.

swiftness ['swɪftnɪs] [suift-nes], *s.* Velocidad, ligereza, rapidez, celeridad, prontitud en el movimeinto.

swig [swɪg] [suig], *va.* y *vn.* Beber a grandes tragos.

swig, *va. (Mar.)* Aballestar, estirar una cuerda fija por un extremo y atada por el otro a un objeto movible. *-s.* Acción de halar un cable o cabo que está amarrado por ambos extremos.

swill [swɪl] [suil], *va.* 1. Beber con exceso. 2. Emborrachar, embriagar. 3. Lavar, enjuagar.

swill, *s.* 1. Bazofia, alimento líquido para los puercos hecho con los restos de la cocina. 2. Tragantada, trago grande a algún licor.

swiller ['swɪlə^r] [sui-la^r], *s.* Bebedor insaciable.

swim [swɪm] [suim], *vn.* (*pret.* SWAM o SWUM, *pp.* SWUM). 1. Nadar, mantenerse el hombre u otro animal sobre el agua o ir sobre ella. 2. Nadar, ir una cosa por encima del agua sin hundirse. 3. Nadar, abundar en alguna cosa. 4. Llevarse o ir con la corriente; conformar uno su conducta a la moda o la opinión general. 5. Padecer vaguidos o vahidos. **His head swims**, se le va la cabeza. 6. Pasar alguna cosa por delante de la vista con un movimiento trémulo. *-va.* 1. Pasar a nado. 2. Hacer flotar. 3. Empapar, calar, mojar en el agua para que floten las partes más ligeras. **He can't swim a stroke,** no sabe nadar en absoluto. **To swim away**, salvarse a nado. **To swim over a river**, atravesar un río a nado. **To swim with the tide**, seguir la corriente o ir con la corriente.

swim, *s.* 1. La acción o diversión de nadar. 2. Movimiento de deslizarse o bambolearse. **Swim bladder**, vejiga natatoria. **Swim fin**, aleta. **Swim trunks**, taparrabo. **To be in the swim**, estar en auge. 2. Estar al corriente. **I like a swim,** me gusta la natación. **To go for a swim,** ir a nadar.

swimmable ['swɪməbl] [sui-ma-bol], *a.* Que se puede atravesar a nado.

swimmer ['swɪmə^r] [sui-ma^r], *s.* Nadador.

swimming ['swɪmɪŋ] [sui-min], *s.* 1. Natación. 2. Mareo, vahido, vértigo. *-a.* 1. Natatorio. 2. Nadador, natátil. 3. Lloroso. **Swimming-cap,** gorro de baño. **Swimming hole**, nadadero. **Swimming pool**, piscina, alberca. **Swimming stroke**, brazada. **To be fond of swimming**, ser aficionado a nadar.

swimmingly ['swɪmɪŋlɪ] [sui-min-li], *adv.* A las mil maravillas, sin tropiezo.

swindle ['swɪndl] [suin-del], *va.* Petardear, estafar, sonsacar, trampear, sacar dinero u otra cosa con pretextos falsos, pillar alguna cosa con tretas y engaños. *-s.* Estafa, trampa.

swindler ['swɪndlə^r] [suin-dla^r], *s.* Estafador, petardista, tramposo.

swine [swaɪn] [suain], *a.* Marrano, puerco, cerdo, cochino. **Wild swine**, jabalí. **Sea-swine**, marsopa, marsopla o cachalote, un cetáceo. **Swine-plague,** peste de los puercos, enfermedad infecciosa causada por un microbio, que ataca los pulmones y el aparato digestivo de los cerdos. **Swine-pox**, variedad de viruelas locas. **Swine-thistle**, *V.* **Sow-thistle. What a swine he is!**, ¡es un canalla!

swine-bread ['swaɪnbred] [suain-bred], *s.* 1. *(Bot.)* Trufa, criadilla de tierra. 2. Pande, puerco, planta. *V.* CYCLAMEN.

swine-herd ['swaɪnhɜːd] [suain-jerd], *s.* Porquero, porquerioz, el que guarda los puercos.

swing [swɪŋ] [suing], *va.* (*pret.* SWUNG o SWANG, *pp.* SWUNG). 1. Vibrar, hacer oscilar; balancear, bambolear, dar un movimiento trémulo a alguna cosa. 2. Mover, voltear o hacer dar vueltas en el aire; blandir (gun). 3. Hacer girar sobre un punto o eje. 4. Hacer subir, engoznar, colocar sobre goznes. *-vn.* 1. Vibrar, oscilar, moverse libremente a uno y otro lado un cuerpo, suspenso en el aire. 2. Columpiarse, moverse en el columpio. 3. Balancearse, dar o hacer balances. 4. Volverse, dar vueltas en alguna dirección fija, como sobre un eje. 5. *(Mar.)* Bornear, hacer cabeza, dar vuelta sobre las anclas. **To swing about**, rodear o dar vueltas alrededor de alguna cosa. **Swing-bar**, *V.* SWINGLETREE. **Swing-plough**, arado de reja reversible. **To swing around the circle**, pasar por la serie completa. **To swing clear**, evitar un choque. **To swing round,** girar (turn).

swing, *s.* 1. Vibración, oscilación (movement), el movimiento libre e igual a un lado y a otro de un cuerpo suspenso en el aire. 2. Balanceo, bamboleo, balance. 3. Columpio, soga fija por sus extremos para columpiarse. 4. Inclinación o propensión irresistible. 5. Ímpetu de algún cuerpo puesto en movimiento; alcance. 6. Libre carrera o libertad desenfrenada. 7. Respaldo de articulación (camera). **Swingtree of a gun carriage**, *(Art.)* balancín de cureña. **In full swing**, en plena operación. **To give a swing**, balancear. **It has a swing of 5 metres,** tiene un recorrido de 5 metros. **To take a swing at somebody,** asestar un golpe a alguien. **What you lose on the swings your gain on the roundabouts,** lo que no va en lágrimas va en suspiros. **To walk with a swing,** andar a ritmo. **To be in full swing,** estar en plena actividad.

swing, *s.* Música de jazz, variedad de música popular de E.U.

swinge [swɪndʒ] [suindch], *va.* (SWINGED, *pa.* SWINGEING). Azotar, castigar, dar una felpa o una zurribanda.

swinger ['swɪŋə^r] [suin-ga^r], *s.* El que se columpia, voltea o da vueltas en el aire. **He's a swinger,** es muy moderno.

swinging ['swɪŋɪŋ] [suin-guin], *s.* 1. Oscilación, vibración. 2. Balanceo. 3. Borneo. -pa. del verbo SWING.

swingle ['swɪŋl] [suin-guel], *va.* Espadillar, sacudir el lino o cáñamo con la espadilla. *-s.* 1. Espadilla, instrumento para espadillar lino o cáñamo. Se llama también **swinglestaff y swing-knife**. 2. La barra corta del mayal con que se golpea el trigo al trillarlo. 3. *V.* SWINGLETREE.

swingletree ['swɪŋltriː] [suin-guel-tri], *s.* Bolea, balancín de tiro, afianzado en la punta de la lanza de un coche o arado. Se escribe también **singletree.**

swinish ['swɪnɪʃ] [sui-nish], *a.* Porcuno, que es propio del puerco o perteneciente a él; cochino, grosero, sucio.

swipe [swaɪp] [suaip], *va.* 1. *(Fam.)* Dar un golpe fuerte. 2. *(Ger.)* Hurtar. *-s.* 1. *(Fam.)* Golpe fuerte. 2. Cigueñal o cigoñal, una pértiga que se usa para sacar agua.

swirl [swɜːl] [suerl], *va.* y *vn.* Hacer girar o girar, como en un torbellino; girar en remolino la nieve, el viento, el polvo o el agua. *-s.* 1. Remolino, torbellino; movimiento de lanzarse, como el de un pez. 2. Torcedura, forma espiral.

swish [swɪʃ] [suish], *va.* y *vn.* Mover o moverse con movimiento como de barrer y produciendo un sonido silbante. *-s.* Sonido silbante, como el de un látigo al cortar el aire; el movimiento que produce dicho sonido. *-s.* Elegante (smart).

Swiss [swɪs] [suis], *a.* Suizo, de suiza. *-s.* Suizo, suiza; habitante de Suiza.

switch [swɪtʃ] [suich], *s.* 1. Varilla, vara pequeña (stick); *(Amer.)* cuje. 2. Moño de cabello natural o postizo en el peinado de las mujeres. 3. Aguja, *(Amer.)* cambiavía, carril movible o artificio para pasar un tren de uno a otro lado. 4. *(Elec.)* Conmutador, pieza de los aparatos eléctricos que sirve para cambiar de conductor una corriente. 5. Acción u operación de desviar un tren por medio de una aguja.

switch, *va.* 1. Varear, dar golpes o sacudir con una vara; sacudir a uno el polvo, medirle las costillas. 2. Precintar, asegurar con cujes o flejes. 3. Desviar, hacer pasar a otra vía un coche o un tren de ferrocarril. 4. *(Elec.)* Mudar de un circuito a otro. **To switch off,** desconectar, desenchufar. **To switch on,** encender, enchufar. **To switch round,** invertir, cambiar.

switchback ['swɪtʃbæk] [suich-bak], *s.* Vía de ferrocarril en zigzag.

switchblade ['swɪtʃbleɪd] [suich-bleid], *s.* Puñal, cuchillo o navaja de hoja automática.

switchboard ['swɪtʃbɔːd] [suich-bord], *s.* Conmutador telefónico.

switch box ['swɪtʃbɒks] [suich-boks], *s.* *(Elec.)* Caja de interruptores.

switchman ['swɪtʃmən] [suich-man], *s.* Guarda-agujas, empleado encargado de manejar las agujas de ferrocarril.

switchyard ['swɪtʃjɑːd] [suich-yard], *s.* *(F.C.)* Patio de maniobras.

Switzerland ['swɪtsəlænd] [sui-cha-land], *s.* Suiza.

swivel ['swɪvl] [sui-vel], *va.* y *vn.* Girar sobre un eje. *-s.* 1. Alacrán, eslabón giratorio. 2. Pedrero, colisa, cañoncito que gira sobre un eje. 3. La lanadera de un telar de cintas. **Swivel chair**, silla giratoria. **Swivel-gun**, pedrero.

swollen ['swəʊlən] [suo-len], *pp.* del verbo TO SWELL. *a.* Hinchado.

swoon [swuːn] [suun], *vn.* Desmayarse, desfallecer, perder el sentido.

swoon, *s.* Desmayo, desfallecimiento, pasmo, síncope.

swoop [swuːp] [suup], *va.* 1. Descender y agarrar la presa al vuelo o hallándose en movimiento; se usa a menudo con up. 2. Coger, agarrar. *-vn.* Caer, precipitarse sobre algo, como el ave sobre su presa.

swoop, *s.* El acto de echarse un ave de rapiña sobre su presa.

sword [sɔːd] [suord], *s.* 1. Espada, arma blanca; sable. 2. *(Fig.)* Poder de la espada; dominio; derecho de vida y muerte; el poder militar en contraposición al civil. **Broadsword**, espada ancha, sable. **Cut and thrust sword**, espada-sable. **To put to the sword**, pasar a filo de espada, pasar a cuchillo. **To fire and sword**, a fuego y sangre. **Sword-arm**, brazo derecho. **Sword-belt**, cinturón. **Sword-cane**, bastón de estoque. **Sword dance,** danza de espadas. **Sword-guard, sword-hilt**, empuñadura, puño, guarda de la espada. **Sword-play**, asalto y defensa con la espada. **Sword-shaped**, ensiforme, que tiene la forma de una espada. **Sword-law**, la ley del más fuerte. **Sword-player**, esgrimidor. **To cross swords with someone,** reñir con alguien.

swordfish ['sɔːdfɪʃ] [suord-fish], *s.* Pez espada, pez de alta mar.

swordsman ['sɔːdsmən] [suords-an], *s.* *(pl.* SWORDSMEN). 1. Tirador, hombre hábil en el manejo de la espada, espadachín. 2. Soldado, hombre de espada.

swore [swɔːʳ] [suoʳ], *pret.* del verbo TO SWEAR.

sworn [swɔːn] [suorn], *pp.* del verbo TO SWEAR.

swum [swʌm] [suam], *pret.* y *pp.* del verbo TO SWIM.

swung [swʌŋ] [suang], *pret.* y *pp.* del verbo TO SWING.

sybarite ['sɪbəraɪt] [si-ba-rait], *s.* Sibarita, habitante de la antigua ciudad griega de Sibaris, famosa por su lujo.

sybaritic [ˌsɪbə'rɪtɪk] [si-ba-ri-tik], *a.* Sibarítico: se dice del que es dado a la molicie y a los deleites; y de las fiestas, diversiones, etc., muy extravagantes y continuadas.

sycamore ['sɪkəmɔːʳ] [si-ka-moʳ], *s.* 1. *(Bot.)* Sicomoro, higuera sicomoro, árbol de Siria y Egipto. 2. *(E.U.)* Plátano de América, falso plátano, árbol afín al arace. *V.* BUTTONWOOD.

sycophancy ['sɪkəfənsɪ] [si-ko-fan-si], *s.* 1. La calidad, carácter o práctica de sicofante. 2. Adulación.

sycophant ['sɪkəfənt] [si-ko-fant], *s.* Adulador, parásito, sicofante; gorrista, mogollón.

syllabic [sɪ'læbɪk] [si-la-bik], *a.* Silábico.

syllabically [sɪ'læbɪkəlɪ] [si-la-bi-ka-li], *adv.* Por sílabas.

syllabication [sɪˌlæbɪ'keɪʃən] [si-la-bi-kei-shon], *s.* Silabeo, el acto de formar sílabas.

syllable ['sɪləbl] [si-la-bol], *s.* 1. Sílaba. 2. Cualquiera cosa concisa o breve.

syllabus ['sɪləbəs] [si-la-bos], *s.* Extracto, compendio, resumen de los principales puntos de un discurso.

syllogism ['sɪlədʒɪzəm] [si-lo-yi-sem], *s.* 1. Silogismo, argumento que consta de tres proposiciones, la última de las cuales se deduce de las otras dos. 2. Razonamiento deductivo contraposición al inductivo.

syllogistic [ˌsɪlə'dʒɪstɪk] [si-lo-yis-tik], *a.* Silogístico.

syllogize ['sɪlədʒaɪz] [si-lo-yais], *vn.* Silogizar, hacer silogismos o argüir en forma silogística.

sylph [sɪlf] [silf], *s.* 1. Silfo, sílfide. *(F.)*, nombre que los cabalistas daban a los duendes; una joven delgada y primorosa. 2. Colibrí sudamericano del género Cyanolesbia, con cola larga horcada y de colores brillantes.

sylva ['sɪlvə] [sil-va], *s.* Conjunto de los árboles de las selvas.

sylvan ['sɪlvən] [sil-van], *a.* Selvático, silvático, silvestre; de aquí, rústico, rural. *-s.* Silvando, dios de las selvas.

symbiosis [ˌsɪmbɪ'əʊsɪs] [sim-biou-sis], *s.* Simbiosis.

symbol ['sɪmbəl] [sim-bol], *s.* 1. Símbolo, figura emblemática o nota significativa, emblema, signo, tipo. 2. Signo, carácter, marca o abreviatura que representa algo, como una operación o cantidad en las matemáticas, una substancia en química, un planeta en astronomía, etc. 3. Símbolo, el credo o sumario de los artículos de la fe. **The symbol of sulphuric acid is H2SO4**, el símbolo del ácido sulfúrico es H2SO4.

symbolic [sɪm'bɒlɪk] [sim-bo-lik], *a.* Simbólico. **Symbolic logic**, lógica simbólica.

symbolically [sɪm'bɒlɪkəlɪ] [sim-bo-li-ka-li], *adv.* Simbólicamente.

symbolism ['sɪmbəlɪzəm] [sim-bo-li-sem], *s.* Simbolismo, representación por medio de símbolos; sistema de símbolos.

symbolize ['sɪmbəlaɪz] [sim-bo-lais], *va.* y *vn.* Simbolizar, parecerse una cosa a otra o representarla con semejanza; guardar mucha semejanza una cosa con otra.

symmetrical [sɪ'metrɪkəl] [si-me-tri-kal], *a.* Simétrico, proporcionado, que tiene simetría.

symmetry ['sɪmɪtrɪ] [si-mi-tri], *s.* Simetría, la proporción y correspondencia de unas partes con otras y de éstas con el todo.

sympathetic [ˌsɪmpə'θetɪk] [sim-pa-ze-tik], *a.* 1. Simpático; que causa o experimenta simpatía; que obra por simpatía, que depende de ella; de acuerdo. 2. Compasivo, amable, benévolo. **They were sympathetic but could not help,** se compadecieron de nosotros pero no podían ayudarnos.

sympathetically [ˌsɪmpə'θetɪkəlɪ] [sim-pa-ze-ti-ka-li], *adv.* Simpáticamente, con simpatía.

sympathize ['sɪmpəθaɪz] [sim-pa-zais], *vn.* 1. Compadecerse, simpatizar, acompañar a otro en el sentimiento o dolor; aliviar las penas de alguno mostrando sentimiento por ellas. 2. Padecer una parte u órgano en simpatía con otra. 3. Convenir, armonizarse, ajustarse. **I really do sympathize,** lo siento de verdad. **They called to sympathize,** vinieron a dar el pésame.

sympathy ['sɪmpəθɪ] [sim-pa-zi], *s.* 1. Simpatía, la correspondencia natural o imaginada que tienen ciertos cuerpos entre sí. 2. Simpatía, solidaridad, la comformidad de genios e inclinaciones entre dos personas. 3. *(Med.)* Simpatía, la relación o correspondencia que existe entre la acción de dos órganos separados uno de otro. **She has my sympathy,** la compadezco. **To express one's sympathy,** dar el pésame. **Sympathy vote,** voto de consolación.

symphonic [sɪm'fɒnɪk] [sim-fo-nik], *a.* 1. Sinfónico, perteneciente o relativo a la sinfonía. 2. Homónimo; se dice de los vocablos del mismo sonido.

symphonious [sɪm'fɒnɪəs] [sim-fo-nios], *a.* Armonioso.

symphonist [sɪm'fɒnɪst] [sim-fo-nist], *s.* Sinfonista, el que compone sinfonías.

symphony ['sɪmfɒnɪ] [sim-fo-ni], *s.* Sinfonía, concierto de diferentes voces o instrumentos de música.

symposium [sɪm'pəʊzɪəm] [sim-pou-siom], *s.* 1. Festín o banquete amenizado con la conversación de los comensales. 2. De aquí, una colección de comentarios, opiniones o sueltos cortos que se pubican juntos, v. g. en un periódico.

symptom ['sɪm*p*təm] [simp-tom], *s.* 1. *(Med.)* Síntoma, cualquier fenómeno morboso o mudanza sensible en la apariencia o en el modo de funcionar los órganos. 2. Síntoma o señal que indica la existencia de alguna otra cosa.

symptomatic [ˌsɪm*p*tə'mætɪk] [sim-to-ma-tik], *a.* Sintomático, perteneciente al síntoma, de la naturaleza de un síntoma o indicio; según los síntomas.

synagogue ['sɪnəgɒg] [si-na-gog], *s.* 1. Sinagoga, el lugar o edificio en que se reúnen los judíos a orar y a oír la doctrina de su religión. 2. Sinagoga, congregación o junta religiosa de los judíos.

synapse ['saɪnæps] [sai-naps], *s.* Sinapsis.

synchronic [sɪŋ'krɒnɪk] [sin-kro-nik], *a.* Sincrónico, lo que sucede al mismo tiempo que otra cosa.

synchronism ['sɪŋkrənɪzəm] [sin-kro-ni-sem], *s.* Sincronismo, contemporaneidad, concurrencia de sucesos o eventos acaecidos a un mismo tiempo.

synchronization [ˌsɪŋkrənaɪ'zeɪʃən] [sin-kro-nai-sei-shon], *s.* Sincronización.

synchronize ['sɪŋkrənaɪz] [sin-kro-nais], *va.* Sincronizar.

synchronous ['sɪŋkrənəs] [sin-kro-nos], *a.* Sincrónico, coetáneo, concurrente, simultáneo, que se hace al mismo tiempo.

synchrotron ['sɪŋkrəˌtrɒn] [sin-kro-tron], *s.* Sincrotón.

syncopate ['sɪŋkəpeɪt] [sin-ko-peit], *va.* 1. Sincopar. 2. *(Mús.)* Hacer una sincopa.

syncopation [ˌsɪŋkə'peɪʃən] [sin-ko-pei-shon], *s.* 1. Síncopa, supresión de una letra o sílaba en medio de una palabra. 2. Síncopa musical.

syncope ['sɪŋkəpɪ] [sin-ko-pi], *s.* 1. Síncope, la pérdida completa y repentina del sentido y movimiento. 2. *(Gram.)* Síncopa, la supresión de una letra o sílaba en medio de la dicción. 3. *(Mús.)* Síncopa, nota que se toca al fin de un tiempo y al principio de otro.

syncretic ['sɪŋkrətɪk] [sin-kre-tik], *a.* Sincrético.

syncretism ['sɪŋkrətɪzəm] [sin-kre-ti-sem], *s.* Sincretismo.

syndic ['sɪdɪk] [sin-dik], *s.* Síndico.

syndicalism ['sɪdɪkəlɪzəm] [sin-di-ka-li-sem], *s.* Sindicalismo.

syndicate ['sɪdɪkɪt] [sin-di-kit], *va.* y *vn.* Combinar en una asociación comercial o manejar por medio de ella. -*s.* 1. Asociación de personas para la prosecución de una empresa que exige grandes caudales. 2. Sindicado, junta de síndicos.

syndrome ['sɪdrəʊm] [sin-droum], *sm.* Síndrome.

synecdoche [sɪ'nekdəkɪ] [si-nek-do-ki], *s.* Sinécdoque, figura retórica.

synod ['sɪnəd] [si-nod], *s.* Sínodo, el concilio que celebra el obispo con los eclesiásticos de su diócesis.

synodal ['sɪnədl] [si-no-dal], *a.* Sinódico.

synonym ['sɪnənɪm] [si-no-nim], *s.* 1. Sinónimo, voz o palabra que tiene el mismo o casi el mismo sentido que otra: opuesto a *antonym.* 2. Equivalente de un vocablo en otra lengua.

synonymous ['sɪnənɪməs] [si-no-ni-mos], *a.* Sinónimo, que expresa la misma cosa con diferentes voces: se dice de una cosa respecto de otra con la cual tiene estrecha relación.

synonymy [sɪ'nɒnəmɪ] [si-no-na-mi], *s.* Sinonimia, la calidad de expresar la misma cosa con diferentes voces.

synopsis [sɪ'nɒpsɪs] [si-nop-sis], *s.* Sinopsis, suma, sumario.

synoptic [sɪ'nɒptɪk] [si-nop-tik], *a.* Sinóptico; perceptible o comprensible a primera vista.

synovial [saɪ'nəʊvɪəl] [sai-nou-vial], *a.* Sinvoial, perteneciente a la sinovia o que la produce.

syntactic [sɪn'tæktɪk] [sin-tak-tik], *a.* Sintáctico, perteneciente o relativo a la sintaxis.

syntax ['sɪntæks] [sin-taks], *s.* Sintaxis, la parte de la gramática que enseña el uso de las partes de la oración.

synthesis ['sɪnθəsɪs] [sin-ze-sis], *s.* 1. Síntesis, composición, lo contrario de *análisis;* reunión de substancias separadas, o de partes subordinadas en una nueva forma. 2. Combinación de los elementos radicales de una palabra en la formación de un idioma. 3. *(Log.)* Razonamiento que procede de todo a una parte o de lo general a lo particular. 4. *(Cir.)* Reunión de partes divididas.

synthesize ['sɪnθəsaɪz] [sin-za-sais], *va.* Sintetizar.

synthetic ['sɪn'θetɪk] [sin-ze-tik], *a.* 1. Sintético, relativo a la síntesis, lo contrario de analítico. 2. Sintético, fabricado químicamente. **Synthetic rubber**, caucho sintético, caucho artificial.

syphilis ['sɪfɪlɪs] [si-fi-lis], *s.* Sífilis, mal gálico, enfermedad específica, venérea e infecciosa.

syphilitic [ˌsɪfɪ'lɪtɪk] [si-fi-li-tik], *a.* Sifilítico, perteneciente a la sífilis, o que la padece.

syphon ['saɪfən] [sai-fon], *s.* Sifón. *V.* SIPHON.

Syrian ['sɪrɪən] [si-rian], *a.* y *s.* Sirio, de la Siria; habitante de la Siria moderna o antigua.

syringe [sɪ'rɪn*d*ʒ] [si-rindch], *s.* Jeringa, un instrumento para echar ayudas y hacer inyecciones.

syringe, *va.* Jeringar, echar ayudas con una jeringa; lavar haciendo inyecciones.

syrup ['sɪrəp] [si-rop], *s.* Jarabe. *V.* SIRUP.

system ['sɪstəm] [sis-tem], *s.* 1. Sistema, el orden y situación natural de muchas cosas que obran simultáneamente. 2. Sistema, el conjunto y enlace de principios o verdades relativas a una materia; clasificación metódica. 3. Un todo compuesto de partes constituyentes; p. ej. un sistema de ferrocarril. 4. *(Biol.)* Conjunto de estructuras orgánicas que obran en combinación; el sistema nervioso, digestivo, etc. **System analyst,** analista de sistemas. **System disk,** disco de sistema *(Inform.)* **Systems software,** software del sistema.

systematic [ˌsɪstə'mætɪk] [sis-te-ma-tik], *s.* y *a.* Sistemático.

systematical [ˌsɪstə'mætɪkəl] [sis-te-ma-ti-kal], *a.* Sistemático, metódico, puesto con orden.

systematically [ˌsɪstə'mætɪkəlɪ] [sis-te-ma-ti-ka-li], *adv.* Sistemáticamente.

systematize ['sɪstəmətaɪz] [sis-te-ma-tais], *va.* Reducir a sistema.

systemic [sɪs'temɪk] [sis-te-mik], *a.* 1. Sistemático. 2. Perteneciente al cuerpo como un todo.

systole ['sɪstəlɪ] [sis-to-li], *s.* Sístole, el movimiento del corazón y de las arterias cuando se contraen; opuesto al llamado *diástole.*

systolic ['sɪstəlɪk] [sis-to-lik], *a.* Sistólico, relativo a la sístole.

T

t [ti:] [ti], Esta letra tiene en general el mismo sonido que en español, aunque un poco más fuerte. Cuando precede a una *i* seguida de vocal, se pronuncia como *sh;* v. g. en las palabras *nation y patient*; en muchas voces acabadas en *une, ure, ue,* etc., tiene el sonido de *ch*, como en *nature, virtue*, etc.: también en algunas veces muda, p. ej. en *to listen, often, to soften*, etc. -La *th* tiene tres sonidos; uno suave, entre la *d* y la *z* castellana, como en *thus, that*, etc.; otro agudo, parecido al de la *z* española como en *thin, thought*, etc.; y el último como el de la *t* simple, v. g. en *Thames, Thomas*, etc.

tab [tæb] [tab], *s.* 1. Jirón, lengüeta, proyección, apéndice o parte saliente de una cosa. 2. Cuenta. **To keep tab**, *(Fam.)* Llevar cuenta, poner en cuenta. **To pick up the tap,** pagar la cuenta, asumir responsabilidades *(Fig.)*. 3. Tabulación.

tabard ['tæbəd] [ta-bard], *s.* Tabardo, prenda de abrigo ancha y larga con las mangas bobas, que se usó en tiempos pasados.

tabarder ['tæbədəʳ] [ta-bar-daʳ], *s.* El que llevaba tabardo.

tabasco [tə'bæskəʊ] [ta-bas-kou], *s.* Salsa de pimienta de Tabasco.

tabby ['tæbɪ] [ta-bi], *s.* 1. Tabí, especie de tela de seda ondeada y prensada. 2. Gato moteado; y particularmente una gata. *-a.* 1. Ondeado, que tiene la apariencia de hacer ondas (clothes). 2. Abigarrado, salpicado de varios colores.

tabby, *va.* Ondear y prensar las telas de seda formando en ellas aguas u ondas.

tabernacle ['tæbənækl] [ta-ba-na-kol], *s.* 1. Tabernáculo, tienda: entre los judíos el lugar donde estaba el arca del testamento. 2. Tabernáculo, templo, santuario; cualquier habitación o vivienda en el lenguaje de la Sagrada Escritura.

tab key ['tæbki:] [tab-ki], *s.* Tecla de tabulación *(Tip., Inform.)*.

tablature ['tæblətʃəʳ] [ta-bla-chaʳ], *s.* 1. *(Anat.)* Una de las láminas de tejido óseo que forman las paredes del cráneo. 2. Pintura mural.

table ['teɪbl] [tei-bol], *s.* 1. Mesa, un mueble para el servicio doméstico o para adorno. 2. Mesa, tomado absolutamente es la mesa para comer, y también la comida o manjares que se ponen o sirven en ella. **To keep a good table**, tener buena mesa. 3. El conjunto de personas que están comiendo a un tiempo en la mesa. 4. Tabla, el índice de los libros o cualquier lista o catálogo dispuesto en orden sucesivo: clasificación o serie de números o signos dispuestos para facilitar su examen. 5. Tabla, pintura hecha en tabla o piedra. 6. Tabla, plancha, superficie plana o lisa de cualquier metal o piedra para grabar, esculpir o pintar en ella. 7. Palma de la mano. **Tables**, tablas o tablas reales, un juego muy semejante al del chaquete. **To burn the tables**, volverse la tortilla; hacer cambiar la suerte. **To turn the tables upon one**, devolver la pelota a alguno. **Side-table**, bufete, aparador. **Table-cloth**, mantel; tela para manteles; alemanisco. **Table-covers**, sobremesa: *(Amer.)* Cubremesas. **Table-land**, mesa, meseta, terreno elevado y llano. **Table-linen**, adamascado. **Table-set** o **service**, vajilla, juego de artículos necesarios para poner completamente una mesa. **Table-boarder**, pupilo, pensionista, el que come a la mesa, pero se aloja en otra parte. **Table salt**, sal de mesa. **Table-talk**, propósitos de sobremesa; conversación familiar. **Table-beer**, cerveza, floja, cerveza de pasto. **Table-book**, libro vistoso que se tiene por lo regular sobre una mesa: y *(Des.)* una especie de librito de memoria para escribir con lápiz. **To put a proposal on the table,** hacer una propuesta; *(E.U.)* aplazar la discusión de una propuesta. **To rise from the table,** levantarse de la mesa.

table, *va.* y *vn.* 1. Dar carpetazo a un proyecto de ley; posponer la discusión o consideración de un acuerdo. 2. Poner sobre la mesa, v. g. un naipe. 3. Hacer el índice de algún escrito; hacer un catálogo en orden sucesivo. 4. *(Carp.)* Ensamblar, acoplar.

table d'hôte ['tɑ:bl'dəʊt] [ta-bol-dout], *s.* Menú.

tablemat ['teɪblmæt] [tei-bol-mat], *s.* Salvamanteles.

table-spoon ['teɪblspu:n] [tei-bol-spun], *s.* Cuchara de mesa o de sopa.

table-sponful ['teɪblˌspu:nfʊl] [tei-bol-spun-ful], *s.* Cucharada.

tablet ['tæblɪt] [ta-blit], *s.* 1. Tableta, tablilla; hoja de marfil, etc., sobre la cual se puede escribir; juego o conjunto de hojas de papel unidas, o una sola de esas hojas. *V.* PAD. 2. Mesa pequeña o cualquier superficie plana pequeña: particularmente, plancha para una inscripción. 3. Tableta, medicamento en forma de pastilla cuadrada. **Votive tablet**, tablilla, plancha grabada conmemorativa de un voto.

tableware ['teɪblwɛəʳ] [tei-bol-ueaʳ], *s.* Servicio de mesa.

tabloid ['tæblɔɪd] [ta-bloid], *s.* Pequeño periódico con noticias condensadas y muchas ilustraciones. *-a.* Comprimido o condensado, como una crítica, un drama, etc.

taboo, tabu [tə'bu:] [ta-bu], *va.* Declarar tabú; *(Fig.)* prohibir, excluir, desterrar. *-s.* Tabú, especie de prohibición religiosa de los habitantes de la Polinesia, por la que se consideran como sagrados ciertos objetos, lugares, días, personas, etc.; de aquí, preocupación, ostracismo.

tabor, tabour ['tæbɔ:ʳ] [ta-boʳ], *s.* Tamboril, tambor pequeño; pandero.

tabouret ['tæbərɪt] [ta-bo-rit], *s.* 1. Tambor, pequeño o tamboril. 2. Taburete. 3. Bastidor de bordar.

tabourine ['tæbʊri:n] [ta-bu-rin], *s.* Tamboril.

tabular ['tæbjʊləʳ] [ta-biu-laʳ], *a.* 1. Perteneciente a una tabla; dispuesto en forma de lista o catálogo. 2. Tabular, en forma de placa o plancha: llano; laminado. 4. Computado con una tabla matemática.

tabulate ['tæbjʊleɪt] [ta-biu-leit], *va.* 1. Disponer en forma de tabla o lista; disponer en cuadros sinópticos. 2. Formar con una superficie plana.

tabulate, *va.* 1. Disponer en forma de tabla o lista: disponer en cuadros sinópitocs. 2. Formar con una superficie plana.

tabulated ['tæbjʊleɪtɪd] [ta-biu-lei-tid], *a.* Liso, plano, igual.

tabulation [ˌtæbjʊ'leɪʃən] [ta-biu-lei-shon], *s.* Colocación, distribución en cuadros o listas.

tachograph ['tækəgrɑ:f] [ta-ko-graf], *s.* Tacógrafo.

tachometer [tə'kɒmɪtəʳ] [ta-ko-mi-taʳ], *s.* Tacómetro.

tachygraphy [tə'kɪgrɑ:fɪ] [ta-ki-gra-fi], *s.* Taquigrafía, el arte de escribir con celeridad por medio de signos. *V.* STENOGRAPHY.

tacit ['tæsɪt] [ta-sit], *a.* Tácito, que sin expresarse se supone o infiere.

tacitly ['tæsɪtlɪ] [ta-sit-li], *adv.* Tácitamente, de un modo tácito.

taciturn ['tæsɪtɜ:n] [ta-si-tern], *a.* Taciturno, callado, que por costumbre gasta pocas palabras.

tack [tæk] [tak], *va.* 1. Atar, afianzar como con tachuelas; clavar ligeramente. 2. Pegar, coser o unir una cosa a otra; añadir como suplementario, anexar. *V.* APPEND. *-vn.* Virar, dar vuelta la nave para tomar otro rumbo; virar por avante, cambiar de bordada. **To tack something on to a letter,** añadir algo a una carta.

tack, *s.* 1. Tachuela, clavito con cabeza; puntilla. 2. Lo que asegura; hilván. 3. *(Mar.)* 1. Amura, jarcia para fijar el ángulo de ciertas velas; 2. Bordada, virada, el giro que hacen las embarcaciones a un lado y a otro alternativamente para ganar el viento. 4. De aquí, un cambio de política; nuevo plan de acción. **On the port tack**, amurado a babor. **On the starboard tack**, amurado a estribor. **To stand on the other tack**, cambiar de amura. **To be on wrong tack,** estar equivocado.

tackle ['tækl] [ta-kel], *va.* 1. Agarrar, asir, forcejear. 2. En el juego de *football*, salir al encuentro de un adversario y procurar impedir que corra. *-s.* 1. Aparejo, artificio para levantar o mover algo, combinación de cuerdas, poleas, ganchos, etc.; jarcia. 2. Todo género de instrumentos,

aparejos, aperos, o avíos. **Fishing-tackle**, enseres, avíos de pescar. 3. Acción de agarrar, o de impedir que otro corra. **Main-tackle**, aparejo real. **Fore-tackle**, aparejo del trinquete. **Stay-tackle**, aparejo de amurar. **Tackle-fall**, tira de aparejo. **Tackle-hooks**, ganchos de aparejos.
tackling ['tæklɪŋ] [ta-klin], *s.* 1. Aparejo, palanquín. 2. Instrumentos, aperos, herramientas.
tacky ['tækɪ] [ta-ki], *a.* Malo, raído (shabby); vulgar, de pacotilla (shaddy).
tact [tækt] [takt], *s.* 1. Tacto, discernimiento, buen sentido; finura, tino. 2. Tacto, sentido del tacto.
tactic ['tæktɪk] [tak-tik], *a.* Táctico, perteneciente o relativo a la táctica.
tactician [tæk'tɪʃən] [tak-ti-shan], *s.* Táctico, el instruido en la táctica militar o naval.
tactics ['tæktɪks] [tak-tiks], *s. pl.* 1. Táctica, el arte de los movimientos, formaciones o evoluciones militares o navales. 2. Manejo hábil; ardides.
tactile ['tæktaɪl] [tak-tail], *a.* Tangible, referente al tacto; tocable, que se puede tocar.
tactless ['tæktlɪs] [takt-les], *a.* Falto de tacto, finura o tino; desatinado.
tactual ['tæktʃʊəl] [tak-chual], *a.* Táctil.
tadpole ['tædpəʊl] [tad-poul], *s.* Renacuajo, cría acuática de un animal anfibio.
taffeta ['tæfɪtə] [ta-fi-ta], *s.* Tafetán sencillo o liso.
taffy ['tæfɪ] [ta-fi], *s.* 1. Melcocha, arropía. 2. *(Ger. E. U.)* Zalamería.
tag [tæg] [tag], *s.* 1. Herrete; marbete, rótulo, cédula atada por un extremo; lo que está atado o cuelga. 2. Pingajo, arrapiezo.
tag, *va.* 1. Herretear, echar herretes a alguna cosa; marcar con un marbete o rótulo. 2. Atar, afianzar. **Tagged lace**, agujeta. 3. Seguir de cerca, marchar sobre los talones de alguno.
tag, *va.* Alcanzar y tocar.
tail [teɪl] [teil], *s.* 1. Cola, la extremidad que en la parte posterior tienen los animales, aves y peces. 2. Cola, la punta prolongada de algunas ropas talares. 3. Cola, la parte posterior o inferior de alguna cosa; la parte opuesta a la cabeza: apéndice terminal; rastro luminoso de un cometa; rasgo que se pone a una nota música y que la hace subir o bajar. 4. Acompañamiento, escolta. **To turn tail**, volver la espalda, mostrar los talones, fugarse. **Bob tail**, cola cortada. 5. *(For.)* Limitación de propiedad.
tail, *va.* Tirar de la cola. **To tail away,** ir disminuyendo.
tailblock ['teɪlblɒk] [teil-blok], *s.* *(Mar.)* Motón de rabiza.
tailcoat ['teɪlkəʊt] [teil-kout], *s.* Frac.
tailed ['teɪld] [teild], *a.* Rabudo, que tiene cola o rabo.
tailing ['teɪlɪŋ] [tei-lin], *s.* 1. *pl.* Restos, partes inferiores, particularmente de los minerales. 2. Extremo interior de un ladrillo o piedra dentro de una pared.
tail light ['teɪllaɪt] [teil-lait], *s.* Luz o farol de cola.
tailor ['teɪlə^r] [tei-la^r], *s.* Sastre, el que tiene por oficio hacer vestidos. **Tailor-bird**, pájaro oriental que cose o ensarta hojas con algodón para formar su nido. **Tailor's dummy,** maniquí.
tailoress ['teɪlərɪs] [tei-la-res], *f.* Sastra, mujer que tiene por oficio hacer vestidos.
tailoring ['teɪlərɪŋ] [tei-la-rin], *s.* Sastrería.
tailor-made ['teɪləmeɪd] [tei-la-meid], *a.* Hecho a la medida.
tail-piece ['teɪlpiːs] [teil-pis], *s.* Florón o cualquier otro adorno grabado al fin de un libro o de un capítulo; *(Tip.)* culo de lámpara; cola de violín o guitarra.
tail spin ['teɪlspɪn] [teil-spin], *s.* *(Aer.)* Barrena.
tailtackle ['teɪltækl] [teil-ta-kel], *s.* *(Mar.)* Aparejo o palanquín de rabiza.
tail wheel ['teɪlwiːl] [teil-uil], *s.* *(Aer.)* Rueda de cola.
tail wind ['teɪlwɪnd] [teil-uind], *s.* Viento de cola o trasero, viento de popa.
taint [teɪnt] [teint], *va.* 1. Manchar, ensuciar, infeccionar. 2. Corromper, viciar, echar a perder; envenenar.
taint, *s.* Mácula, mancha, tanto en el sentido físico como en el moral: tacha, lunar; infección, corrupción.
taintless ['teɪntlɪs] [teint-les], *a.* Incorrupto, no contaminado, puro, sin mancha.
take [teɪk] [teik], *va.* (*pret.* TOOK, *pp.* TAKEN). 1. Tomar, coger, asir o agarrar una cosa con la mano (hand). 2. Tomar, recibir o aceptar de cualquier modo que sea (accept). 3. Tomar, ocupar o adquirir por medio de la fuerza o por medio de la fuerza o por medio de artificios; apoderarse de. 4. Tomar, percibir o cobrar (earn, receive). 5. Tomar, quitar; hurtar o pillar; arrebatar, llevar; restar, deducir, substraer (deduct). 6. Tomar o hacer a uno prisionero; prender. 7. Escoger; de aquí, usar, emplear, adoptar. 8. Tomar, entender o interpretar alguna cosa en un sentido determinado (understand). 9. Cautivar, embargar las potencias del alma; deleitar, causar deleite, gusto o placer. 10. Tomar, aprender o concebir alguna cosa. 11. Ejecutar cualquier acción expresada generalmente por el sustantivo que va unido con el verbo. 12. Contraer una enfermedad; resfriarse (con *cold*). 13. Informarse midiendo, pesando o computando. 14. Pasar por encima, cruzar. **A horse takes a hedge**, el caballo salta por encima del seto. 15. Copiar, sacar una copia. 16. Tomar, tragar alguna cosa como medicina. 17. Suponer o dar por sentada alguna cosa. 18. Dar en alguna parte determinada. 19. Incluir en un curso, visitar. *-vn.* 1. Tomar, lograr; salir bien, tener buen éxito; acusar gusto o agrado. 2. Quitar; abstraer o deducir alguna cosa; detraer, detractar, derogar. 3. Efectuarse una cosa, seguir el curso, orden o efecto natural. 4. Agarrarse, arraigarse, prender las plantas. 5. Encaminarse, dirigirse, ir o moverse hacia. 6. Prender el fuego. 7. Aplicarse, tener afición a, inclinarse naturalmente; se usa por lo común con *to*. 8. Hacer un cuadro, imagen o fotografía. **That takes a great deal of time**, eso toma much tiempo. **Take my word for it**, créame usted bajo mi palabra.
take after, imitar, tomar por ejemplo; parecerse.
take again, volver a tomar o tomar segunda vez.
take asunder, separar, desunir, despegar. **To take away**, quitar, sacar; llevarse; alzar o levantar la mesa; apartar o separar alguna cosa.
take back, *(Fam.)* Retractar, desdecirse.
take down, bajar o poner más baja una cosa; bajar o conducir de alto abajo; abatir, humillar; tragar. **To take for granted**, dar por sentado. **To take form**, despojar, privar de, minorar, substraer.
take in, cercar, rodear o ceñir; contener, comprender o incluir en sí; entender, comprender; admitir, recibir, tomar; acoger, recoger, dar asilo; contraer, disminuir el volumen de algo; encoger; ganar por conquista; *(Fam.)* estafar, engañar. **To take in hand**, emprender, tomar por su cuenta, tomar en mano. **To take into one's head**, ponérsele a uno en la cabeza, metérsele en la mollera.
take off, despegar (plane); separar, quitar de delante o del medio, arrebatar; levantar o apartar, v. g. una máscara; destruir; invalidar o hacer nula y de ningún valor una cosa; tragar de un golpe; comprar; remedar, ridiculizar; copiar; sacar un retrato; despegar o separar dos cosas que estaban unidas entre sí. **To take off an arm**, cortar, amputar un brazo. **To take off the edge of a knife**, embotar un cuchillo: quitar el filo. **To take off form**, debilitar, disminuir; apartar de, desviar de.
take on, quejarse, lamentarse, melancolizarse, estar triste.
take out, llevar o sacar afuera; hacer salir o echar a alguno de un paraje; sacar, quitar, arrebatar; arrancar, extraer. **To take the creases out of cloth**, quitar los dobleces del paño o alisarlo. **To take out a patent**, obtener un privilegio de invención. **To take out of**, extraer.
take over, 1. *(Engl.)* apoderarse, adquirir, tomar posesión de algo; 2. derivar.
take to, aplicarse al estudio; tomar afición a alguna cosa; recurrir. **To take to heart**, tomar a pecho. **To take to pieces**, hacer pedazos; desarmar una cosa que tiene varias piezas; de aquí, confutar un argumento punto por punto.
take up, tomar al fiado, tomar prestado; atacar; comenzar o dar principio a alguna cosa; ocupar la atención; recurrir en

último resultado; prender, arrestar; ligar un vaso en las operaciones quirúrgicas; admitir una cosa sin examen; reprender, amonestar; principiar una cosa en el punto donde otro la dejó; alzar o levantar alguna cosa del suelo; ocupar o llenar un sitio cualquiera; comprender o incluir en sí; adoptar una opinión, doctrina, etc.; saldar, pagar (una letra de cambio, un pagaré, etc.); cobrar o recoger, hablando de contribuciones; aprovechar en el estudio o en cualquier otra materia; detenerse o contenerse; reformar uno su vida o sus costumbres. **To take up a quarrel**, entremeterse en alguna disputa o pendencia. **To take up a space**, ocupar o llenar completamente un sitio o espacio. **To take one up sharply**, reprender a alguno agriamente. **To take up short**, quedarse cortado. **To take up with**, contentarse; vivir o habitar con; ocupar.

take upon, tomar sobre sí algún cargo, obligación, responsabilidad, etc.; entremeterse, mezclarse o meterse en una cosa; afectar señorío, hacerse el personaje, el caballero; arrogarse, atribuirse. **To take upon trust**, tomar a crédito; saber algo por haberlo oído decir; creer alguna cosa bajo la fe o crédito de otro. **To take upon oneself**, tomar a su cargo o encargarse de la ejecución de una cosa.

take with, agradar, satisfacer, contentar, gustar. **To take a journey**, hacer un viaje. **To take a leap**, dar un salto o brinco. **To take a linking to**, aficionarse a. **To take a turn o a walk**, dar una vuelta, un paseo. **To take a thing kindly**, tomar una cosa en buen sentido, no tomarlo por donde quema; y también quedar contento de alguna cosa que otro ha hecho. **To take advice**, aconsejarse o tomar consejo. **To take an oath**, jurar o hacer juramento. **To take breath**, tomar aliento, reposarse después de algún esfuerzo. **To take home**, llevar, traer a casa. **To take care**, cuidar, tener cuidado; ser cuidadoso, tener solicitud por algo. **To take the chair**, tomar, ocupar el sillón presidencial, presidir. **To take the field**, entrar en campaña, comenzar las hostilidades. **To take fire**, encenderse; atufarse, tomar fuego. **To take fright at**, atemorizarse de o por, sobresaltarse. **To take heed**, estar alerta, tener cuidado, atender. **To take hold**, coger, apoderarse. **To take landscapes**, fotografiar o pintar paisajes. **To take leave of**, despedirse de. **To take no trouble to gain an end**, no dar pie ni patada. **To take offence at**, agraviarse de, picarse. **To take pains**, esmerarse, darse la pena. **To take pity on**, apiadarse o compadecerse de. **To take place**, suceder, efectuarse, verificarse, tener efecto alguna cosa. **To take notice**, poner atención. **Not to take notice**, no hacer caso, no poner cuidado. **Take notice**, *(For.)* aviso, aviso o noticia al público; advertencia. **To take refuge**, acogerse *a*. **To take sanctuary**, acogerse a lugar sagrado. **To take shelter**, guarecerse. **To take ship**, embarcarse. **To take the law**, poner pleito. **To be taken ill**, enfermar. **The enemy took to flight**, el enemigo huyó. **To take to business**, ser aficionado a los negocios o consagrarse a ellos. **A book which will not take**, un libro que no tendrá buen éxito, que no se venderá. **The daughter takes after her father**, la hija se parece o sale a su padre.

take, *s.* 1. Toma, tomadura, acción de tomar, y la porción que se toma de una vez. 2. *(Impr.)* tomada, la porción que toma el cajista de una vez. **Take-off**, (a) imitación burlesca, caricatura; (b) el punto donde los pies dejan el suelo al saltar. **Take-up**, atesador, pieza que estira el hilo en las máquinas de coser al levantarse la aguja.

take-home pay ['teɪkhəʊm,peɪ] [teik-joum-pei], *s.* Salario neto (después de haberse descontado los impuestos y otras sumas por diversos conceptos).

taken ['teɪkən] [tei-ken], *pp.* de TO TAKE.

take-off ['teɪkɒf] [teik-of], *s.* 1. Despegue (plane). 2. Partida o salida (in travel). 3. *(Fam.)* Imitación en son de caricatura. *-vn.* 1. Despegar. 2. Salir, partir.

taker ['teɪkəʳ] [tei-kaʳ], *s.* Tomador.

taking ['teɪkɪn] [tei-kin], *a.* 1. Encantador, seductor, atractivo, halagüeño (charm). 2. *(Fam.)* Contagioso. *-s.* 1. Acción del que toma o embarga; secuestro, embargo. 2. Afición a alguna cosa: inclinación, afecto; se usa con *for*. 3. *pl.* Recibos. 4. *(Fam.)* Captura; de aquí, situación difícil, trance apurado.

talc [tælk] [talk], *s.* *(Min.)* Talco.

talcum powder ['tælkəm,paʊdəʳ] [tal-kom-pau-daʳ], *s.* Talco, polvo de talco.

tale [teɪl] [teil], *s.* 1. Cuento, cuentecillo o narración de alguna aventura, incidente, etc (story). 2. Relación, relato. 3. Fábula, conseja. 4. Cuenta, operación aritmética *(Mat.)*

tale-bearer ['teɪl,bɛərəʳ] [teil-bea-raʳ], *s.* Soplón, chismoso, cuentero.

tale-bearing ['teɪl,bɛərɪŋ] [teil-bea-rin], *s.* Soplo, cuento o chisme.

talent ['tælənt] [ta-lent], *s.* 1. Talento, dotes de la naturaleza. 2. Talento, aptitud notable, capacidad, habilidad natural, ingenio. 3. Talento, moneda o suma de monedas que usaron los antiguos.

talented ['tæləntɪd] [ta-len-tid], *a.* Talentoso, que tiene talento.

talent scout ['tælənt,skaut] [ta-lent-skaut], *s.* Persona encargada de descubrir posibles futuros actores, cantantes, etc.

tale-teller ['teɪl,teləʳ] [teil-te-laʳ], *s.* Chismeador, chismoso.

talisman ['tælɪzmən] [ta-lis-man], *s.* Talismán; carácter, figura o imagen adivinatoria y supersticiosa.

talk [tɔːk] [tok], *va.* 1. Decir, hablar de; conversar sobre algo. 2. Hablar (language). *-vn.* 1. Hablar, conversar. 2. Charlar, hablar mucho y fuera de propósito. 3. Contar, referir (tell). 4. Razonar, conferenciar (speech).

talk away, to talk on, continuar hablando, hablar siempre; pasar el tiempo hablando, conversando.

talk back, contestar, replicar.

talk into, convencer a fuerza de hablar, persuadir, hacer ejecutar.

talk out of, disuadir; sonsacar.

talk over, discutir, persuadir, convencer. **To talk to the purpose**, hablar al alma.

talk up, pronunciarse, explicarse claramente; *(Fam.)* discutir con intención de promover; alabar, engrandecer.

talk, *s.* 1. Plática, conversación de una persona con otra. 2. Habla, la locución o palabras que se hablan. 3. Charla, cháchara, parloteo. 4. Voz común, fama, rumor. 5. El asunto de una conversación. **Small talk**, palique, charla. *(Vulg.)* Dichitos. **It's just talk,** son sólo rumores. **To have a talk with,** mantener una conversación con alguien, hablar con alguien.

talkative ['tɔːkətɪv] [to-ka-tiv], *a.* Locuaz, charlante, amigo de charlar.

talkativeness ['tɔːkətɪvnɪs] [to-ka-tiv-nes], *s.* Locualidad, charlatanería, garrulidad, flujo de palabras.

talker ['tɔːkəʳ] [to-kaʳ], *s.* 1. El que habla o conversa con otro. 2. Hablador, el que habla mucho, parlador, charlador. 3. Fanfarrón, el que echa fanfarronadas.

talkie ['tɔːkɪ] [to-ki], *s.* Película sonora.

talking machine ['tɔːkɪŋmə,ʃiːn] [to-kin-ma-shin], *s.* Fonógrafo, tocadiscos.

talking picture ['tɔːkɪŋ,pɪktʃəʳ] [to-kin-pik-chaʳ], *s.* Película sonora, película hablada.

talking-to ['tɔːkɪŋtuː] [to-kin-tu], *s.* **To give someone a talking-to,** echar la bronca, echar un rapapolvos a alguien.

tall [tɔːl] [tol], *a.* 1. Alto, de alta talla o estatura. 2. Alto, elevado. 3. *(Ant.)* Excelente, admirable, renombrado.

tallage ['tɔːlɪdʒ] [to-lich], *s.* Alcabala; impuesto.

tallow ['tæləʊ] [ta-lou], *va.* Ensebar, untar con sebo. *-s.* Sebo. **Raw tallow**, sebo puro o en rama. **Melted tallow**, sebo colado. **Tallow-chandler**, velero, el que hace velas de sebo. **Tallow-chandler's shop**, velería. **Tallow-tree**, *(Bot.)* árbol del sebo. **Tallow dip**, vela de sebo.

tallowy ['tæləʊɪ] [ta-loui], *a.* Seboso, grasoso; del color o de la apariencia de sebo.

tally ['tælɪ] [ta-li], *s.* 1. Tarja, palo partido por el medio para ir marcando lo que se saca o compra fiado o de adelantado, haciendo muescas en él. 2. Cualquier cosa hecha de modo que ajuste con otra.

tally, *va.* 1. Ajustar, acomodar, hacer alguna cosa a medida de otra o de modo que venga bien con ella. 2. Tarjar, llevar la cuenta de alguna cosa señalando las partidas por rayas o muescas en una tarja o caña. **To tally the sheets**, *(Mar.)* Cazar y atracar las escotas. *-vn.* Cuadrar, conformarse o ajustarse una cosa con otra.

tallyho ['tælɪ'həʊ] [ta-li-jou], inter. Grito del cazador a los sabuesos. *-s.* Coche de cuatro caballos.

talon ['tælən] [ta-lon], *s.* 1. Garra, el pie del ave de rapiña. 2. Talón de hoja de espada.

talus ['tæləs] [ta-los], *s.* 1. *(Anat.)* Astrágalo, hueso del tobillo; tobillo. 2. *(Arq.)* Pendiente, inclinación, talud. 3. *(Geol.)* Masa pendiente de fragmentos debajo de un peñasco. *(Lat.)*

tamable ['teɪməbl] [tei-ma-bol], *a.* Domable, domesticable, capaz de ser amansado, domado o domesticado

tamarind ['tæmərɪnd] [ta-ma-rind], *s.* Tamarindo, árbol tropical oriundo de la India, y su fruto.

tamarisk ['tæmərɪsk] [ta-ma-risk], *s.* *(Bot.)* Tamarisco, tamariz.

tambour ['tæmbʊə^r] [tam-bua^r], *s.* 1. Tambor. 2. Tambor, para bordar y la obra hecha a tambor. 3. Tamboril. 4. Cancel de una iglesia; *(Arq.)* tambor, el casco de una cúpula que estriba en los arcos torales.

tambour, *va.* Bordar a tambor.

tambourine [ˌtæmbə'riːn] [tam-ba-rin], *s.* Pandereta con cascabeles o con rodajas metálicas.

tame [teɪm] [teim], *a.* 1. Amansado, domado, domesticado, manso (pet). 2. Dócil, sometido, tratable (gentle, mild). 3. Abatido, humilde, sumiso (obedient). 4. Pálido, falto de animación o efecto, sin color (sad). **A tame narrative**, un relato pálido, sin color.

tame, *va.* 1. Domar, domesticar, amansar, hablando de fieras o animales. 2. Avasallar, abatir; suavizar, domeñar, poner dócil o tratable.

tamely ['teɪmlɪ] [teim-li], *adv.* Humildemente, abatidamente, bajamente.

tameness ['teɪmnɪs] [teim-nes], *s.* 1. Calidad de amansado o domesticado; domesticidad de los animales; mansedumbre. 2. Sumisión, timidez, cobardía, genio o carácter apocado.

tamer ['teɪmə^r] [tei-ma^r], *s.* 1. Domador, vencedor. 3. El que domestica animales.

tamis ['tæmɪz] [ta-mis], *s.* Tamiz, cedazo hecho de tela.

tamkin ['tæmkɪn] [tam-kin], *s.* *(Art.)* Tapaboca.

tamp [tæmp] [tamp], *va.* Cebar el barreno de una cantera para volar la roca.

tamper ['tæmpə^r] [tam-pa^r], *vn.* Procurar alterar oficiosamente; entremeterse, meterse en camisa de once varas; se usa generalmente con *with.*

tampon ['tæmpən] [tam-pon], *s.* *(Med.)* Tapón.

tan [tæn] [tan], *va.* 1. Curtir, zurrar, adobar o aderezar pieles. 2. Curtir, tostar, quemar, poner marchito o moreno, hablando del sol o del aire.

tan, *s.* 1. Casca, la corteza del roble molida para curtir las pieles. 2. Moreno amarillento que tira a rojo. 3. Tez morena como requemada por el sol y el aire. **Tan-bark**, casca para curtir. **Tan-it o vat**, el tanque o pozo donde se adoban las pieles en las tenerías. **Tan-yard, tenería**.

tandem ['tændəm] [tan-dam], *a.* Que tiene los caballos colocados en fila, uno tras otro. *-s.* 1. Dos o más caballos enganchados y guiados uno tras otro; el vehículo con los caballos así enganchados. 2. Bicicleta o biciclo de doble silla, para dos ciclistas. *-adv.* Uno delante de otro.

tang [tæŋ] [tang], *s.* 1. Resabio, el sabor que deja alguna cosa en la boca. 2. *(Vulg.)* Sainete, sabor, gusto. 3. Sonido, tañido, tono. 4. Cola, espiga, rabera de una herramienta; parte saliente.

tang, *vn.* Retumbar, hacer ruido.

tangent ['tændʒənt] [tan-yent], *a.* y *s.* *(Geom.)* Tangente.

tangential ['tændʒənʃəl] [tan-yen-shal], *a.* De una línea tangente; que se mueve en tangente.

tangerine [ˌtændʒə'riːn] [tan-ya-rin], *a.* y *s.* 1. Tangerino, tangerina, natural de Tánger o perteneciente a esta ciudad. 2. Naranja tangerina, variedad pequeña y aromática de corteza roja.

tangibility [ˌtændʒə'bɪlɪtɪ] [tan-yi-bi-li-ti], *s.* La calidad que hace a una cosa capaz de ser percibida por el tacto.

tangible ['tændʒəbl] [tan-yi-bol], *a.* Tangible.

tangle ['tæŋgl] [tan-guel], *va.* 1. Enredar, enmarañar, embrollar, embarazar. 3. Confundir. *-vn.* Enmarañarse, enredarse; confundirse.

tangle, *s.* 1. Enredo o enlace desordenado de una cosa con otra; trenza de pelo. 2. Estado de confusión.

tangle, *s.* Cada una de las dos especies de laminaria, alga marina.

tangly ['tæŋglɪ] [tan-gli], *a.* 1. Enredado o desordenado. 2. Abundante en hierbas marinas.

tango ['tæŋgəʊ] [tan-gou], *s.* Tango.

tangy ['tæŋɪ] [tan-gui], *a.* Picante, fuerte.

tank [tæŋk] [tank], *s.* Cisterna de madera o metal, aljibe, arca de aguas; *(Amer.)* tanque, **Tank-car**, carro tanque, vagón de ferrocarril que lleva un tanque de hierro, por lo común de forma cilíndrica; sirve para transportar petróleo, etc. **Tank-engine**, locomotora con tanque de agua encima de la caldera, pero sin ténder. *-vi.* **To tank along,** ir como un rayo, a toda pastilla. **To get tanked up,** emborracharse.

tankage ['tæŋkɪdʒ] [tan-kich], *s.* 1. Acto de poner en tanques. 2. Precio que se paga por guardar algo en tanques. 3. Cabida o capacidad de un tanque o tanques. 4. Residuo de las grasas.

tankard ['tæŋkɑːd] [tan-kar], *s.* Cántaro o jarro grande, a veces con tapa.

tanker ['tæŋkə^r] [tan-ka^r], *s.* Barco petrolero.

tanner ['tænə^r] [ta-na^r], *s.* Curtidor, zurrador, el que curte o adoba pieles.

tannery ['tænərɪ] [ta-na-ri], *s.* Tenería o cortiduría.

tannic ['tænɪk] [ta-nik], *a.* *(Quím.)* Tánico, perteneciente a la casca, o que se saca de ella. **Tannic acid**, ácido tánico o tanino, compuesto astringente ($C14H10O9$) que forma escamas brillantes cuando se saca de las nueces de agalla. Sirve para curtir y para hacer tinta.

tannin ['tænɪn] [ta-nin], *s.* Tanino, principio curtiente. *V. Tannic acid.*

tanning ['tænɪŋ] [ta-nin], *s.* Curtimiento, zurra, procedimiento para adobar o aderezar las pieles.

tansy ['tænzɪ] [tan-si], *s.* *(Bit.)* Tanaceto. **Wild tansy**, Argentina.

tantalize ['tæntəlaɪz] [tan-ta-lais], *va.* Atormentar a alguno mostrándole objetos o placeres que no puede alcanzar.

tantalum ['tæntələm] [tan-ta-lom], *s.* *(Min.)* Tántalo, cuerpo simple metálico.

tantamount ['tæntəməʊnt] [tan-ta-maunt], *a.* Equivalente, que equivale.

tantivy ['tæntɪvɪ] [tan-ti-vi], *adv.* De prisa, a rienda suelta.

tantrum ['tæntrəm] [tan-trom], *s.* Acceso de cólera o petulancia.

tap [tæp] [tap], *va.* 1. Sacar un líquido; decentar un barril; horadar para poner la canilla a un tonel. 2. Extraer el jugo de un árbol por incisión. *-s.* 1. Canilla, espita, tubo o caño que se pone en la cuba para sacar el vino. 2. *(Mec.)* Taladro, herramienta en forma de tornilla para hacer el filete o rosca interior. 3. Licor especial o calidad particular de licor. 4. *(Fam.)* Mostrador de taberna. **On tap**, contenido en un barril, que se saca de un barril, cubo o tonel.

tap, *va.* y *vn.* 1. Golpear o tocar ligeramente. 2. Remontar (el calzado). 3. Dar golpecitos. *-s.* 1. Palmada suave, golpecito con una cosa pequeña. 2. Remiendo echado al talón de un zapato. 3. *pl.* Toque militar de corneta o tambor para apagar las luces. **To tap at the door**, llamar dando golpecitos a la puerta. **To tap for some information,** intentar obtener información, tratar de sacar información a alguien. **To tap out,** enviar (message).

tap dance ['tæpdɑːns] [tap-dans], *s.* Baile zapateado de los E.U.

tape [teɪp] [teip], *s.* Cinta (cassette), cintilla, tejido de hilo o algodón; tira de metal delgado; *(Amér.)* melindre. **Tape line,**

tape measure, cinta para medir. **Tape recorder,** grabadora. **Linen tape**, cinta de hiladillo. **They have got it all taped,** lo tienen todo organizado, en perfecto funcionamiento. **Red tape**, (a) balduque, cinta estrecha para atar legajos. (b) expediente, formalismo, método rutinario (en el despacho de los asuntos públicos).

tape deck ['teɪpdek] [teip-dek], *f.* Unidad de cinta (cassette).

taper ['teɪpə^{r}] [tei-pa^{r}], *s.* 1. Bujía, cerilla, vela pequeña; cirio (de iglesia); hacha, blandón. 2. Disminución gradual de tamaño en un objeto de forma prolongada.

taper, *vn.* Ahusarse. *-va.* Ahusar, adelgazar.

tape recorder ['teɪprɪˌkɔːdə^{r}] [teip-ri-kor-da^{r}], *s.* Magnetófono, grabadora de cinta.

tape-recording ['teɪprɪˌkɔːdɪŋ] [teip-ri-kor-din], *a.* Magnetofónico.

taproom ['teɪprʊm] [teip-rum], *s.* Cantina, taberna.

tapestry ['tæpɪstrɪ] [ta-pis-tri], *va.* Entapizar, adornar con colgaduras o tapices. *-s.* Tapiz; tapicería, colgadura.

tapeworm ['teɪpwɔːm] [teip-uem], *s.* Tenia, lombriz solitaria.

tapioca [ˌtæpɪ'əʊkə] [ta-pio-ka], *s.* Tapioca, fécula de la yuca brava o mandioca.

tapir ['teɪpə^{r}] [tei-pa^{r}], *s.* Tapir, mamífero paquidermo de los países intertropicales.

taproot ['tæprʊt] [tap-rut], *s.* Tallo de la raíz; raíz principal.

taps ['tæpz] [taps], *s. pl. (Mil.)* Toque de queda.

taps, *s. pl. (Mil.)* Toque de queda

tapster ['tæpstə^{r}] [taps-ta^{r}], *s.* Mozo de cervecería.

tar [tɑː^{r}] [ta^{r}], *s.* 1. Alquitrán, brea. 2. En estilo vulgar, significa marinero u hombre de mar, como apodo. (Abrev. de TARPAULIN, 3ª acep.) **Coal-tar**, alquitrán de hulla. **Mineral tar**, betún, alquitrán mineral. **Tar-box**, caja que contiene ungüento de brea para los carneros. **Tar-water**, agua de alquitrán.

tar, *va.* 1. Alquitranar, embrear. 2. Brear, dar brega a alguno, molestarle o chasquearle. **To tar and feather**, embrear y emplumar.

tarantula [tə'ræntjʊlə] [ta-ran-tiu-la], *s.* Tarántula, una espcie de araña de gran tamaño.

tardily ['tɑːdɪlɪ] [tar-di-li], *adv.* 1. Lentamente (slowly). 2. Tardíamente; pasado el tiempo oportuno; fuera de tiempo (out of time).

tardiness ['tɑːdɪnɪs] [tar-di-nes], *s.* Lentitud, tardanza.

tardy ['tɑːdɪ] [tar-di], *a.* 1. Tardío, que sucede después del tiempo oportuno. 2. Tardo, lento; negligente, que obra de mala gana.

tare [tɛə^{r}] [tea^{r}], *s.* 1. *(Bot.)* Cizaña. 2. *(Bot.)* Lenteja; algarroba común, o una de otras varias especies de plantas. 3. *(Com.)* Tara, la parte del peso que se rebaja en los géneros o mercancías por razón de la caja, saca u otro envase en que vienen incluidos; merma.

tare, *va.* Destarar, restar la tara al pesar una cosa.

target ['tɑːgɪt] [tar-guit], *s.* 1. Blanco a que se tira. 2. Tarja, especie de escudo o rodela. 3. *(Fig.)* Objeto de ataque, centro de observación. **Target-practise**, tiro al blanco.

tariff ['tærɪf] [ta-rif], *s.* Tarifa, arancel, tabla o catálogo de los derechos que deben pagar los géneros.

tarn [tɑːn] [tarn], *s. (Ingl. y Esco.)* Lago pequeño entre las montañas.

tarnish ['tɑːnɪʃ] [tar-nish], *va.* 1. Deslustrar, empañar, deslucir, quitar el lustre. 2. Mancillar, deshonrar; disminuir la pureza de. *-vn.* Deslustrarse, deslucirse, perder el lustre; enmohecerse, tomarse de orín (metals). *-s.* 1. Falta de lustre, deslustre; de aquí, mancha. 2. La película delgada y de color que se forma en la superficie del mineral expuesta al aire.

tarot ['tærəʊ] [ta-rou], *s.* Tarot.

tarpaulin [tɑː'pɔːlɪn] [tar-po-lin], *s.* 1. El cáñamo embreado, alquitranado o lienzo de alquitrán; alquitranado o lienzo de alquitrán; encerado. **Tarpawlingnails**, *(Mar.)* Estoperoles. 2. Sombrero de cuero encerado. 3. *(Fam.)* Marinero, en son de burla.

tarpon ['tɑːpɒn] [tar-pon], *s.* Sábalo (pez).

tarragon ['tærəgən] [ta-ra-gon], *s. (Bot.)* Estragón.

tarrier ['tærɪə^{r}] [ta-ria^{r}], *s.* 1. Tardador, el que tarda o se tarda. 2. *(Dial.) V.* TERRIER.

tarring ['tɑːrɪŋ] [ta-rin], *a.* Asfaltado.

tarry ['tɑːrɪ] [ta-ri], *vn.* 1. Tardar, detenerse, pararse, quedarse atrás; aplazar la partida o la llegada. 2. Morar, habitar o estar de asiento en algún lugar.

tarry, *s.* Cubierto de brea o de alquitrán; semejante al alquitrán o a la brea.

tarsus ['tɑːsəs] [tar-sos], *s.* 1. *(Anat.)* Tarso, empeine del pie. 2. Lámina de tejido conexivo en el párpado. 3. Tarso, la tercera articulación del pie de las aves. 4. *(Zool.)* Segmento terminal de las patas de los artrópodos.

tart [tɑːt] [tart], *a.* 1. Acedo, agridulce, que tiene punta de agrio. 2. Acre, desapacible, picante, mordaz.

tart, *s.* Tarta, pastelillo de fruta. *-vt.* **To tart up,** remodelar, renovar.

tartan ['tɑːtən] [tar-tan], *s.* 1. Tartán, tela de lana con cuadros o listas cruzadas de diferentes colores. 2. El cuadro o dibujo de dicha tela. 3. Vestido de tartán. 4. *(Mar.)* Tartana, especie de embarcación con un solo mástil y una vela latina.

tartar ['tɑːtə^{r}] [tar-ta^{r}], *s.* 1. Tártaro, sal que se forma dentro de las cubas de vino. *V.* ARGOL. 2. Sarro, incrustación que se forma sobre los dientes, principalmente el fosfato de cal. **Cream of tartar**, crémor tártaro. **Tartar emetic**, tártaro emético.

Tartar, *s.* Tártaro, habitante de la Tartaria. **To catch a Tartar**, hallar uno la horma de su zapato.

tartaric [tɑː'tærɪk] [tar-ta-rik], *a.* Tártrico, perteneciente al tártaro, o que se deriva de él; ácido tártrico.

tartarize ['tɑːtəraɪz] [tar-ta-rais], *va.* Tartarizar, impregnar o tratar con tártaro.

tartarous ['tɑːtərəs] [tar-ta-ros], *a.* Tartáreo, hecho de tártaro, compuesto de tártaro o que tiene las propiedades de tártaro.

tartly ['tɑːtlɪ] [tar-tli], *adv.* Agriamente, austeramente.

tartness ['tɑːtnɪs] [tart-nes], *s.* 1. Agrura, acedía, sabor ácido o agrio. 2. Acrimonia, aspereza o desabrimiento en el genio o en las expresiones.

tartrate ['tɑːtreɪt] [tar-treit], *s.* Tartrato, sal del ácido tártrico.

task [tɑːsk] [task], *s.* 1. Tarea, la obra o trabajo que se debe concluir en tiempo determinado (work); deber, tarea, lección que hay que aprender. 2. Trabajo molesto, labor, faena. 2. Trabajo molesto, labor, faena. **To take to task**, reprender, regañar, censurar.

tasker ['tɑːskə^{r}] [tas-ka^{r}], *s.* El que da, pone o señala tareas.

tassel ['tæsəl] [ta-sel], *s.* 1. Borla o borlita de seda, oro o plata en figura de bellota, con muchos hilos. 2. Borla, especie de botón de seda, oro o plata del que salen muchos hilos, en figura de campanillas. 3. Inflorescencia de ciertas flores, v. g. las del maíz o del sauce.

tasselled ['tæsəld] [ta-seld], *a.* Adornado con borlas o campanillas.

taste [teɪst] [teist], *va.* y *vn.* 1. Gustar, sentir, percibir y distinguir con el paladar el gusto o sabor de las cosas. 2. Gustar, probar, catar, gustar de tomar algo. 3. Gustar, experimentar, ensayar. 4. Gustar, querer alguna cosa, tener complacencia en ella; agradar, parecer bien. 5. Saber o tener un sabor que puede percibir el sentido del gusto. **To taste of,** saber a, tener sabor a.

taste, *s.* 1. Gusto, sensación de los sabores (flavor); sabor, gustadura; paladeo, saboreo. 2. Gusto, sentido por el cual se distinguen los sabores. 3. Cata, sorbo, trago, la porción pequeña de alguna cosa que se da para catar o probarla; *(Fig.)* ligera cantidad, un poco, muy poco; muestra, ejemplar; ensayo, prueba, experimento. 4. Gusto, discernimiento; la facultad estética; facultad de sentir y discernir lo bello o la excelencia artística. 5. Inclinación y aptitud especiales para una ocupación (liking). 6. Manera con que se hace una obra o labor, en lo referente al buen gusto, a la gracia y elegancia de la misma. **A man of taste**, hombre de gusto. **To have a taste for**, gustarle a uno una cosa, o tener gusto para hacerla. **Sweet to the taste,** de sabor dulce. **People of taste,** gente de buen gusto.

tastebud ['teɪstbʌd] [teist-bad], *s.* Papila del gusto.
tasted ['teɪstɪd] [teis-tid], *a.* Que tiene sabor o gusto particular.
tasteful ['teɪstfʊl] [teist-ful], *a.* Conforme al buen gusto, que tiene buen gusto, hecho con gusto. 2. *(Ant.)* Sabroso.
tastefully ['teɪstfəlɪ] [teist-fu-li], *adv.* Según el buen gusto, con gusto.
tastefulness ['teɪstfəlnɪs] [teist-ful-nes], *s.* Gusto, discernimiento, gracia, elegancia.
tasteless ['teɪstlɪs] [teist-les], *a.* 1. Insípido, desabrido, soso o que no tiene sabor ni sazón. 2. Falto o privado del sentido del gusto. 3. Insípido, que no tiene espíritu o que no tiene gracia ni sal.
tastelessly ['teɪstlɪslɪ] [teist-les-li], *adv.* Insípidamente, sin gusto o falta de viveza o gracia.
tastelessness ['teɪstlɪsnɪs] [teist-les-nes], *s.* Insipidez, falta de gusto o falta de viveza o gracia.
taster ['teɪstəʳ] [teis-taʳ], *s.* 1. Catador, el que cata o prueba la vianda o bebida. 2. Copita para catar o probar licores.
tasty ['teɪstɪ] [teis-ti], *a.* 1. Sabroso. 2. *(Fam.)* Hecho o expresado con gusto, con gracia o con sal; forma poco castiza. **Tasty food**, alimentos sabrosos.
tat [tæt] [tat], *va.* y *vn.* Hacer encaje de hilo a mano con lanzadera y por medio de lazos y nudos.
tatter ['tætəʳ] [ta-taʳ], *va.* Hacer andrajos, jirones o harapos; se usa casi exclusivamente en el participio pasado. **Tattered,** harapiento.
tatter ['tætəʳ] [ta-taʳ], *s.* Andrajo, pingajo, arrapiezo, harapo. **To be all in tatters**, estar hecho un andrajo o estar hecho jirones.
tatting ['tætɪŋ] [ta-tin], *s.* Encaje o guarnición de hilo, hecho a mano con lanzadera; y el procedimiento empleado para hacerlo. *V.* TAT.
tattle ['tætl] [ta-tel], *va.* Charlar, parlar, chacharear. *V.* BLAB. *-vn.* Chismear, traer y llevar chismes.
tattle, *s.* Charla, cháchara, charlatanería; chisme; parlería, como la de los niños.
tattler ['tætləʳ] [ta-tlaʳ], *s.* 1. Charlador, parlador, hablador, chacharero. 2. *(Orn.)* Agachadiza del género Totamus, de pico recio y agudo.
tattoo [tə'tuː] [ta-tuu], *s.* 1. *(Mil.)* Retreta, el toque del tambor que avisa a los soldados que se retiren al cuartel. 2. Figura dibujada en el cutis con tinta indeleble, tatuaje.
tattoo, *va.* Pintar o pintarse el cutis con figuras, o rayarlo con colores.
tattooing [tə'tuːɪŋ] [ta-tuin], *s.* La acción y efecto de pintarse figuras en el cutis; la figura así dibujada.
tattooist [tə'tuːɪst] [ta-tuist], *s.* Tatuador.
taught [tɔːt] [tot], *pret.* y *pp.* del verbo TEACH. *-a. (Des.) V.* TAUT.
taunt [tɔːnt] [tont], *va.* Mofar, hacer burla o zumba de alguna persona, dar chanza; echar en cara, vituperar.
taunt, *s.* Mofa, burla, escarnio, chanza, zumba.
taunter ['tɔːntəʳ] [ton-taʳ], *s.* Mofador, burlón, zumbón.
tauntingly ['tɔːntɪŋlɪ] [ton-tin-ku], *adv.* Con mofa, con vituperio; en tono de sarcasmo; en tono insultante.
taupe ['tɔːp] [top], *s.* Gris pardo.
taurine ['tɔːriːn] [to-rin], *a.* 1. Taurino, de toro, semejante o relativo al toro. 2. *(Astr.)* Relativo al signo Tauro del zodíaco.
taut [tɔːt] [tot], *a.* 1. *(Mar.)* Tieso, tendido. 2. Listo, preparado, en forma debida.
tautly ['tɔːtlɪ] [tot-li], *adv.* Con tersura; con voz tensa.
tautology [tɔː'tɒlədʒɪ] [to-to-lo-yi], *s.* Tautología, repetición de una misma idea en otros términos.
tavern ['tævən] [ta-varn], *s.* Taberna; fonda, posada, establecimiento público donde por dinero se hospeda la gente; figón. **Tavern-haunter**, el que frecuenta figones o tabernas. **Tavern-keeper**, tabernero; posadero.
taw [tɔː] [to], *va.* Curtir pieles blancas con alumbre, a diferencia de curtir corambres con zumaque.
taw, *s.* Bolita de mármol con que juegan los niños; línea desde la cual los jugadores lanzan las bolas.
tawdrily ['tɔːdrɪlɪ] [to-dri-li], *adv.* De una manera chillona; vistosamente y sin elegancia.
tawdriness ['tɔːdrɪnɪs] [to-dri-nes], *s.* Oropel, apariencia, brillo falso de oropel; calidad de chillón (colors); algo cursi.
tawdry ['tɔːdrɪ] [to-dri], *a.* Vistoso sin elegancia; adornado con exceso; de colores chillones; se dice sólo de lo que relumbra mucho y vale poco.
tawny ['tɔːnɪ] [to-ni], *a.* Curtido, moreno; leonado, que tira a pardo y amarillo.
tax [tæks] [taks], *s.* 1. Impuesto, tributo, contribución, gabela que se paga al Estado; estos nombres se usan comúnmente en plural. 2. Gabela, carga, servidumbre pesada. **Tax-collector, tax-gatherer**, recaudador de contribuciones. **Tax-payer**, contribuyente. **Tax-list**, célula, lista de bienes raíces sobre los cuales se han pagado las contribuciones.
tax, *va.* 1. Imponer tributos o contribuciones. 2. *(For.)* Tasar costas, tasar las costas. 3. Cargar, abrumar; exigir demasiado. 4. *(Biblia)* Registrar para la imposición de tributos. 5. *(Fam.)* Pedir como precio. 6. Acusar, hacer cargos; se usa con *of* o *with*. **To tax with insincerity**, tachar, acusar a alguien de doblez.
taxable ['tæksəbl] [tak-sa-bol], *a.* 1. Lo que se puede cargar o está sujeto a impuestos. 2. Pechero.
taxation [tæk'seɪʃən] [tak-sei-shon], *s.* 1. La imposición o repartimiento de derechos, contribuciones o impuestos. 2. *(Des.)* Imputación, la atribución de alguna culpa, falta o delito.
taxer ['tæksəʳ] [tak-saʳ], *s.* 1. El que impone tributos. 2. Acusador, el que acusa.
tax exempt ['tæksɪg'zempt] [taks-ik-sempt], *a.* Exento de impuestos.
taxi ['tæksɪ] [tak-si], *va.* 1. Ir en un taxi. 2. *(Aer.)* Deslizarse un avión sobre la superficie al despegar o al aterrizar.
taxicab ['tæksɪkæb] [tak-si-kab], *s.* Taxi, automóvil de plaza.
taxidermic ['tæksɪdɜːmɪk] [tak-si-der-mik], *a.* Taxidérmico, relativo a la taxidermia.
taxidermist ['tæksɪdɜːmɪst] [tak-si-der-mist], *s.* Taxidermista, el que practica la taxidermia.
taxidermy ['tæksɪdɜːmɪ] [tak-si-der-mi], *s.* Taxidermia, arte de disecar los animales muertos para conservarlos con apariencia de vivos.
taxonomy [tæk'sɒnəmɪ] [tak-so-no-mi], *s.* Taxonomía, la ciencia de clasificar, como parte de la biología.
tea [tiː] [tii], *s.* 1. Té: se da este nombre a un arbusto, a las hojas de este arbusto y a la infusión que se hace con ellas. 2. Cualquier infusión o decocción que sirve como bebida o medicamento. 3. Refección ligera de la tarde; también, reunión en la cual se sirve té. **Tea-board**, batea, bandeja o azafate para servir el té. **Tea-canister**, caja para té. **Tea-pot**, tetera, vasija en que se hierve y se sirve el té. **Tea-kettle**, marmita en que se tiene hirviendo el agua para hacer el té. **Not for all the tea in China,** ni por todo el oro del mundo.
tea bag ['tiːbæg] [ti-bag], *s.* Bolsita para hacer té.
teacart ['tiːkɑːt] [ti-kart], *s.* Mesita de ruedas para servir el té.
teach [tiːtʃ] [tich], *va.* 1. Enseñar, dar lecciones. 2. Enseñar, doctrinar, dar documentos. 3. Instruir, informar, hacer saber. *-vn.* Tener por oficio la enseñanza pública o particular.
teachability [ˌtiːtʃə'bɪlɪtɪ] [ti-cha-bi-li-ti], *f.* Educabilidad.
teachable ['tiːtʃəbl] [ti-cha-bol], *a.* Dócil; susceptible de enseñanza.
teacher ['tiːtʃəʳ] [ti-chaʳ], *s.* 1. Maestro, preceptor, enseñador. 2. Predicador. **Assistant teacher**, pasante, segundo maestro, profesor auxiliar.
teaching ['tiːtʃɪŋ] [ti-chin], *s.* 1. Enseñanza, acción, arte u ocupación de enseñar. 2. Instrucción, doctrina, la cosa enseñada.
teacup ['tiːkʌp] [ti-kap], *s.* Taza para té; cabida de dicha taza. **Teacupful**, cabida de una taza para té; unos 125 gramos.
teak [tiːk] [tik], *s.* Teca.
teal [tiːl] [til], *s. (Orn.)* Cerceta, zarceta, especie de ánade silvestre.

team [ti:m] [tim], *s*. 1. Equipo, bando. 2. Yunta (oxen, etc.). **Team championship,** campeonato por equipos. **Team mate,** compañero de equipo. **Team spirit,** compañerismo.

team, *va*. 1. Conducir con un tronco o una yunta. 2. Uncir, enganchar, poner el tiro a un vehículo. *-vn*. Guiar un tiro de caballos.

teamster ['ti:mstə^r] [tim-sta^r], *s*. Conductor de tiro de caballos o bueyes.

teamwork ['ti:mwɜ:k] [tim-uek], *s*. Trabajo de cooperación, espíritu de solidaridad de un equipo.

teapoy ['ti:pɔɪ] [ti-poi], *s*. Mesita de adorno para servicio de té.

tear [tɛə^r] [tea^r], *s*. 1. Lágrima de los ojos; lloro, llanto. 2. Gota, porción parecida a una gota.

tear, *va*. (*pret*. TORE, ant. TARE, *pp*. TORN). 1. Desgarrar, romper, despedazar, rasgar, hacer pedazos, lacerar (rip up). 2. Rasguñar, arañar. 3. Arrancar, separar una persona o cosa de otra con violencia. 4. Atormentar (torment). *vn*. 1. Separarse, dividirse algo cuando se tira de ello (divide). 2. Menearse, moverse o correr con velocidad, precipitadamente (run). **To tear to tatters**, hacer jirones. **To tear one's hair**, arrancarse los cabellos. **To tear asunder**, separar con violencia. **To tear away**, arrancar, arrebatar; desmembrar, separar. **To tear oneself away**, *(Fam.)* arrancarse de un lugar, partir uno contra su voluntad. **To tear down**, despedazar, destruir, echar por tierra. **To tear off**, arrancar o separar con violencia; arrojarse, ir precipitadamente. **To tear up**, arrancar las plantas. **To tear along**, correr a rienda suelta. **To tear into a room,** entrar a una habitación de manera precipitada. **To tear past,** pasar como un rayo. **This dress tears easily,** este vestido se rasga fácilmente.

tearful ['tɪəfʊl] [tia-ful], *a*. Lloroso, lagrimoso, lleno de lágrimas.

tear gas ['tɪəgæs] [tia-gas], *s*. Gas lacrimógeno.

tea room ['ti:rʊm] [ti-rum], *s*. Salón o sala de té.

tease [ti:z] [tis], *va*. 1. Jorobar, molestar, atormentar, importunar, hacer rabiar (annoy). 2. Cardar, rastrillar, lana o lino. 3. Sacar el pelo al paño con la capota del cardón. 4. Despedazar, separar por medio de instrumentos, como los tejidos al examinarlos (separate). *-s*. (a) lo que atormenta. (b) acción o efecto de molestar o atormentar.

teasel ['ti:zl] [ti-sel], *s*. *V*. TEAZEL.

teaser ['ti:zə^r] [ti-sa^r], *s*. La persona o cosa importuna, molesta o enfados.

teaspoon ['ti:spu:n] [ti-spun], *s*. Cucharita. **Teaspoonful**, cucharadita.

teat [ti:t] [tit], *s*. 1. Pezón del pecho, tetilla. 2. Ubre, la teta del animal.

teazel ['ti:zl] [ti-sel], *s*. 1. Cardencia, cualquier planta de las dipsáceas; también, capota, la cabeza de la cardencha para levantar pelo en el paño. 2. Aparato mecánico que usan los pelaires.

technical ['teknɪkəl] [tek-ni-kal], *a*. 1. Técnico. 2. Legalista. **Technical term**, tecnicismo, voz técnica.

technicality [ˌteknɪ'kælɪtɪ] [tek-ni-ka-li-ti], *s*. 1. Tecnicidad. 2. Tecnicismo. 3. Argucia.

technically ['teknɪkəlɪ] [tek-ni-ka-li], *adv*. Técnicamente.

technician [tek'nɪʃən] [tek-ni-shan], *s*. Técnico.

technicolor ['teknɪˌkʌlə^r] [tek-ni-ka-la^r], *s*. Tecnicolor. Marca registrada.

technics ['teknɪks] [tek-niks], *s*. 1. Conjunto de principios de las artes en general. 2. Tecnisimo, conjunto de reglas, términos y métodos técnicos.

technique [tek'ni:k] [tek-nik], *s*. Técnica, manera de ejecutar algo artísticamente, y en particular de tocar un instrumento de música según las relgas del arte.

technocracy [tek'nɒkrəsɪ] [tek-no-kra-si], *s*. Tecnocracia.

technocrat ['teknəʊkræt] [tek-nou-krat], *s*. Tecnócrata.

technological [ˌteknə'lɒdʒɪkəl] [tek-no-lo-yi-kal], *a*. Tecnológico, pertenciente o relativo a la tecnología.

technology [tek'nɒlədʒɪ] [tek-no-lo-yi], *s*. 1. Tecnología, conjunto de los conocimientos propios de los oficios mecánicos y de las artes industriales. 2. Aplicación de la ciencia a las artes.

ted [ted] [ted], *va*. Extender o esparcir el heno o hierba recién segada para que se seque.

tedder ['tedə^r] [te-da^r], *s*. 1. Traba o trabas; impedimiento, restricción. 2. El o lo que esparce el heno o la hierba para que se seque.

tedious ['ti:dɪəs] [ti-dios], *a*. Tedioso, fastidioso, enfadoso, molesto, pesado.

tediously ['ti:dɪəslɪ] [ti-dios-li], *adv*. Fastidiosamente.

tediousness ['ti:dɪəsnɪs] [ti-dios-nes], *s*. 1. Tedio, fastidio, aburrimiento. 2. Pesadez.

teem [ti:m] [tiim], *va*. *(Ant.)* Parir, dar a luz la hembra; producir o causar una cosa a otra. *-vn*. 1. Estar llena alguna cosa, estar rebosando de, abundar en; hervir; hervir en o de. **A lake which teems with fishes**, un lago lleno de peces, abundante en peces. 2. Parir, salir a luz o al público una cosa que no se sabía. 3. Verter el acero derretido.

teemer ['ti:mə^r] [ti-ma^r], *s*. La hembra que pare.

teeming ['ti:mɪŋ] [tii-min], *a*. part. 1. Prolífico, fecundo. 2. Lleno; que rebosa; producido en gran cantidad.

teen-age ['ti:neɪdʒ] [tin-eich], *a*. Adolescente, de trece a diez y nueve años.

teen-ager ['ti:nˌeɪdʒə^r] [tin-ei-cha^r], *s*. Adolescente, joven de trece a diez y nueve años.

teens ['ti:nz] [tins], *s*. *pl*. Los números cuyos nombres terminan en *-teen*; en especial de edad de trece a diez y nueve años. **She is not yet out of her teems**, aun no llega a los veinte.

teeter ['ti:tə^r] [tin-ta^r], *vn*. Balancearse, columpiarse. *-s*. Movimiento oscilante; vaivén.

teeth [ti:θ] [tiz], *s*. *pl*. de TOOTH. **Wisdow-teeth**, muelas del juicio.

teeth, teethe ['ti:ð] [tiz], *vn*. Endentecer, echar los dientes.

teething ['ti:ðɪŋ] [ti-zin], *s*. Dentición, formación y salida de los dientes; época o tiempo de la dentición.

teetotal ['ti:'təʊtl] [ti-tou-tal], *a*. 1. Entero, completo total. 2. Relativo a la abstinencia completa de bebidas alcohólicas.

teetotaler ['ti:'təʊtlə^r] [ti-tou-ta-la^r], *s*. El que se abstiene absolutamente del uso de bebidas alcohólicas.

teetotalism ['ti:'təʊtəlɪzəm] [ti-tou-ta-li-sem], *s*. Abstinencia completa de bebidas alcohólicas.

tegument ['tegjʊmənt] [te-guiu-ment], *s*. Tegumento, cubierta exterior.

te-hee ['ti:'hi:] [ti-jii], *vn*. Reír entre dientes. *-s*. Risa ahogada.

telecommunication ['telɪkəˌmju:nɪ'keɪʃən] [te-li-ko-miu-ni-kei-shon], *s*. Telecomunicación.

telecommute ['telɪkəmˌju:t] [te-li-ko-miut], *vi*. Trabajar a distancia.

telecommuter ['telɪkəmˌju:tə^r] [te-li-ko-miu-ta^r], *s*. Trabajador a distancia.

telecopy ['telɪˌkɒpɪ] [te-li-ko-pi], *s*. Telecopia.

telefax ['telɪfæks] [te-li-faks], *m*. Telefax.

telefilm ['telɪˌfɪlm] [te-le-film], *m*. Telefilm

telegram ['telɪgræm] [te-li-gram], *s*. Telegrama, despacho telegráfico, mensaje enviado por el telégrafo.

telegraph ['telɪgrɑ:f] [te-li-graf], *s*. Telégrafo, aparato para transmitir noticias con brevedad y a largas distancias.

telegraph, *va*. y *vn*. Telegrafiar, enviar por el telégrafo; dictar despachos o entregarlos para su transmisión.

telegraphic [ˌtelɪ'græfɪk] [te-li-gra-fik], *a*. Telegráfico, perteneciente o relativo al telégrafo.

telegraphist [tɪ'legrəfɪst] [ti-le-gra-fist], *s*. Telegrafista, empleado de una oficina telegráfica o persona versada en telegrafía.

telegraphy [tɪ'legrəfɪ] [ti-le-gra-fi], *s*. Telegrafía, el arte de construir y manejar los telégrafos.

telemetric [ˌtelɪ'metrɪk] [te-li-me-trik], *a*. Telemétrico.

telemetry [tɪ'lemɪtrɪ] [ti-le-mi-tri], *s*. Telemetría.

teleological [ˌtelɪə'lɒdʒɪkl] [te-lio-lo-yi-kal], *a*. Teleológico, perteneciente a la teleología.

teleology [ˌtelɪ'ɒlədʒɪ] [te-lio-lo-yi], *s*. Teleología, doctrina de las causas finales.

telepathic [ˌtelɪ'pæθɪk] [te-li-pa-zik], *a.* Telepático.

telepathy [tɪ'lepəθɪ] [ti-le-pa-zi], *s.* Telepatía, comunicación del pensamiento de una persona o otra por medios no generalmente reconocidos.

telephone ['telɪfəʊn] [te-li-foun], *s.* Teléfono. *-va.* y *vn.* Telefonear. **Telephone book**, guía telefónica. **Telephone booth**, cabina telefónica. **Telephone office**, central telefónica. **Telephone operator**, telefonista.

telephonic [ˌtelɪ'fɒnɪk] [te-li-fo-nik], *a.* Telefónico.

telephony [tɪ'lefənɪ] [ti-le-fo-ni], *s.* Telefonía.

telephoto ['telɪ'fəʊtəʊ] [te-li-fou-tou], *s.* *(Trademark)* Telefoto. *-a.* Telefotográfico. **Telephoto lens**, teleobjetivo.

telephotography [ˌtelɪfə'tɒgrəfɪ] [te-li-fo-to-gra-fi], *s.* Telefotografía.

teleplay ['telɪpleɪ] [te-li-plei], *s.* Teleteatro.

telemprompter ['telɪˌprɒmptə^r] [te-li-promp-ta^r], *s.* *(Trademark)* Apuntador electrónico.

telescope ['telɪskəʊp] [te-lis-koup], *s.* Telescopio.

telescope, *va.* y *vn.* Impeler o moverse dos cosas en dirección contraria y chocar de modo que una encaje en la otra, como las secciones de un telescopio o anteojo de larga vista.

telescopic [ˌtelɪs'kɒpɪk] [te-lis-ko-pik], *a.* 1. Telescópico, perteneciente al telescopio; hecho con auxilio del telescopio. 2. Telescópico, que no se puede ver sino con el telescopio. 3. Que ve de lejos. 4. *(Mec.)* Con secciones que encajan una dentro de otra.

teleshopping ['telɪˌʃɒpɪŋ] [te-li-sho-pin], *s.pl.* *(E.U.)* Compras por teléfono, telecompra.

teletype ['telɪˌtaɪp] [te-li-taip], *s.* Teletipo.

televiewer ['telɪˌvjuːə^r] [te-li-viua^r], *s.* Televidente, telespectador.

televise ['telɪvaɪz] [te-li-vais], *va.* Televisar.

television ['telɪˌvɪʒən] [te-li-vi-shon], *s.* Televisión. **Television camera**, tomavista. **Television set**, televisor, telerreceptor. **Television studio**, telestudio.

tell [tel] [tel], *va.* y *vn.* (*pret.* y *pp.* TOLD). 1. Decir, principalmente cuando significa contar, mandar o adivinar (say). **Before I tell my story**, antes que yo diga o cuente mi historia. **Nobody can tell what will happen tomorrow**, nadie puede decir o adivinar lo que sucederá mañana. **He told me to call again**, me dijo o me mandó que volviera o que volviese. 2. Decir, informar, hacer saber. 3. Descubrir, revelar o decir algún secreto. **It will tell in his favor or against him**, eso irá o será a su favor en su contra. 4. Dar una orden o mandato a otro; disponer, ordenar. 5. Contar, numerar. 6. *vn.* Producir efecto. **He was told to do it**, se le mandó hacerlo. **Every blow told**, cada golpe produjo efecto. **Tell me another!**, ¡vaya! **To tell a lie,** mentir. **Tell that to the marines!**, ¡cuéntaselo a otro! **I tell you that!**, ¡se me ocurre una idea!

teller ['telə^r] [te-la^r], *s.* 1. Relator de noticias o cuentos. 2. Computista. *Teller*, en la tesorería pública, o en los bancos, empleado, bajo las denominaciones de *Receiving teller*, recibidor. **Paying teller**, pagador. **Entering teller**, contador. 3. Escrutador, el que recibe y cuenta los votos.

telling ['telɪŋ] [te-lin], *pa.* Que hace o produce efecto. **A telling speech**, un discurso eficaz.

telltale ['telteɪl] [tel-teil], *s.* 1. Soplón, chismoso, chismeador, correvedile. 2. Indicador, aparato, generalmente automático, que da informes o noticias; axiómetro, instrumento que indica los movimientos del timón.

telluric ['telʊərɪk] [te-liu-rik], *a.* Telúrico, de o perteneciente a la tierra o al telurio.

tellurium [te'lʊərɪəm] [te-liu-riom], *s.* *(Min.)* Telurio, un elemento no metálico y raro, de color entre plata y estaño.

temerarious [ˌtemə'ræriəs] [te-me-ra-rios], *a.* Temerario, imprudente.

temerity [tɪ'merɪtɪ] [ti-me-ri-ti], *s.* Temeridad, arrojo u osadía imprudente.

temper ['tempə^r] [tem-pa^r], *va.* 1. Templar, moderar, entibiar o suavizar la fuerza de alguna cosa; atemperar. 2. Mezclar varios ingredientes entre sí para componer o formar un compuesto. 3. Atemperar, acomodar; temperar, ablandar. 4. Templar, dar a los metales aquel punto de dureza que requieren para su perfección.

temper, *s.* 1. Condición, carácter, genio, disposición del ánimo (character). 2. Temple, la calidad o el estado del genio y natural apacible o áspero; disposición, carácter. 3. Irritación, cólera, ira (anger, rage). 4. Moderación, calma, sangre fría (cold blood). 5. Temple, el punto de dureza que se da a los metales. 6. Grado de densidad debida a una mezcla, v. g. en la argamasa. 7. Cal de defecación (for sugar). 8. *(Ant.)* Temperamento, la complexión, constitución o disposición del cuerpo.

tempera ['tempərə] [tem-pe-ra], *s.* Témpera, pintura al temple.

temperament ['tempərəmənt] [tem-pe-ra-ment], *s.* 1. Temperamento (character), la constitución o complexión propia de cada individuo. 2. *(Mús.)* Sistema de templar los instrumentos que practica una ligera alteración en los espacios muy breves, para evitar la disonancia o confusión de los sonidos. 3. Disposición mental. 4. Mal genio (moodiness).

temperamental [ˌtempərə'mentl] [tem-pe-ra-men-tal], *a.* 1. Propio y peculiar del temperamento físico o del temple moral de cada uno. 2. Innato (innate).

temperance ['tempərəns] [tem-pe-rans], *s.* 1. Templanza, temperancia, moderación, sobriedad. 2. Paciencia, calma. 3. En especial el principio y la práctica de la abstinencia total de bebidas alcohólicas (abstinence from alcohol).

temperate ['tempərɪt] [tem-pe-rit], *a.* 1. Templado, moderado, contenido, sobrio. 2. Abstemio, que no bebe vino ni licores alcohólicos. 3. Templado, ni frío ni caliente.

temperately ['tempərɪtlɪ] [tem-pe-rit-li], *adv.* Moderadamente, templadamente.

temperateness ['tempərɪtnɪs] [tem-pe-rit-nes], *s.* Templanza, moderación; serenidad de ánimo.

temperature ['temprɪtʃə^r] [tem-pri-cha^r], *s.* 1. *(Fís.)* Temperatura. 2. *(Med.)* Temperatura, fiebre.

tempered ['tempəd] [tem-pard], *a.* 1. Templado, acondicionado. 2. Dispuesto, inclinado. **Ill-tempered**, áspero, agrio de genio, mal condicionado. *(Fam.)* De la cáscara amarga. **Even-tempered**, de humor igual. **Good-tempered**, de buen temple o carácter.

tempest ['tempɪst] [tem-pist], *s.* 1. Tempestad, tormenta, temporal. 2. Conmoción o perturbación de ánimo: tempestad o violencia de genio o natural. **Tempest-beaten**, batido por la tempestad. **Tempest-tossed**, sacudido por la tormenta. **A tempest in a teapot**, una tormenta en un vaso de agua.

tempestuous [tem'pestjʊəst] [tem-pes-tiuos], *a.* Tempestuoso; borrascoso; impetuoso, turbulento.

templar ['templɑː^r] [tem-pla^r], *s.* Templario.

template ['templɪt] [tem-plit], *s.* *V.* TEMPLET.

temple ['templ] [tem-pel], *s.* 1. Templo, edificio dedicado al culto de Dios o de una divinidad; por excelencia, el templo de Jerusalén que se destinaba al culto de Jehová; en Francia, templo protestante, en contraposición a iglesia católica romana. 2. Cada uno de los dos colegios de legistas que hay en Londres y en París, y que en otro tiempo estuvieron habitados por los templarios. 3. *(Anat.)* Sien, la parte de la cabeza que está al extremo de las cejas. 4. Vara o regla en los telares con púas en sus extremidades para mantener igual y extendida la tela: se usa por lo común en plural.

templet ['templɪt] [tem-plit], *s.* 1. Patrón, modelo, gálibo, pieza plana de madera o metal que sirve para dar forma a alguna cosa. 2. Solera, cuña, piedra o madero corto y grueso para igualar el peso o empuje.

tempo ['tempəʊ] [tem-pou], *s.* *(Mús.)* Ritmo, compás, grado relativo de movimiento; también, cadencia, modo o estilo particular del compás. *(Ital.)* **A tempo**, en debido compás. **Tempo rubato**, en compás irregular («compás robado»).

temporal ['tempərəl] [tem-po-ral], *a.* 1. Temporal, transitorio, pasajero (not eternal). 2. Temporal, secular, en

oposición a eclesiástico. 3. Temporal, perteneciente a las sienes.
temporality ['tempərəlıtı] [tem-po-ra-li-ti], *s.* Temporalidades, bienes seculares.
temporally ['tempərəlı] [tem-po-ra-li], *adv.* Temporalmente, transitoriamente; con respecto a la vida presente. **I live here temporally**, vivo aquí temporalmente.
temporary ['tempərərı] [tem-po-ra-ri], *a.* Temporario, temporal, provisional, que dura por limitado tiempo. **As a temporary measure**, como medida provisional.
temporize ['tempəraız [tem-po-rais], *vn.* 1. Temporizar, diferir, ganar tiempo. 2. Temporizar, contemporizar; atenerse, someterse a las circunstancias.
temporizer ['tempəraızə[r]] [tem-po-rai-sa[r]], *s.* Temporizador, entretenedor, el que gana tiempo dilatándolo.
tempt [tem*p*t] [temptt], *va.* 1. Tentar, poner a prueba, solicitar al mal, al pecado; instigar, inducir, estimular. 2. Poner a prueba la paciencia de uno, provocar, excitar. **To tempt fate**, tentar a la suerte.
temptable ['tem*p*təbl] [temp-ta-bol], *a.* El que es capaz de dejarse tentar, instigar o seducir a la comisión de una acción mala.
temptation [tem*p*'teıʃən] [temp-tei-shon], *s.* 1. Tentación, la acción de tentar. 2. Tentación, movimiento interior que induce a lo malo. 3. Tentación, movimiento interior que provoca el deseo hacia alguna cosa. **To resist the temptation**, resistir la tentación.
tempter ['tem*p*tə[r]] [temp-ta[r]], *s.* 1. Tentador, el que tienta o induce al mal. 2. Tentador, el demonio o espíritu maligno.
tempting ['tem*p*tıŋ] [temp-tin], *a.* Tentador, atractivo, apetecible (desirable).
temptingly ['tem*p*tıŋlı] [temp-tin-li], *adv.* Con tentación.
temptress ['tem*p*trıs] [temp-tres], *s.* Tentadora, mujer que fascina y atrae.
ten [ten] [ten], *a.* y *s.* Diez.
tenable ['tenəbl] [te-na-bol], *a.* Defendible, capaz de ser defendido o sostenido.
tenacious [tı'neıʃəs] [ti-nei-shos], *a.* 1. Tenaz, que es difícil de despegarse, de partes muy unidas unas a otras; tieso, no flexible. 2. Tenaz, pegajoso, adhesivo. 3. Tenaz, que retiene fuertemente; terco, porfiado (fighter), firme en su intento o propósito.
tenaciously [tı'neıʃəslı] [ti-nei-shos-li], *adv.* Tenazmente, con tenacidad, con obstinación.
tenacity [tı'næsıtı] [ti-na-si-ti], *s.* 1. Tenacidad, calidad de adhesivo o pegajoso. 2. Tenacidad, terquedad (stubbornness), porfía.
tenancy ['tenənsı] [te-nan-si], *s.* Tenencia (holding), posesión temporal de lo que pertenece a otro; estado o período de inquilinato o arrendamiento; título legal.
tenant ['tenənt] [te-nant], *s.* 1. Arrendatario, arrendador, inquilino, rentero, el que tiene posesión temporal de alguna cosa que pertenece a otro. 2. Residente, morador, el que reside o mora en algún lugar. **Tenant for life**, residente, usufructuario o inquilino vitalicio.
tenant, *vn.* Arrendar, tener en arriendo o en posesión temporal alguna cosa que pertenece a otro.
tenantless ['tenəntlıs] [te-nant-les], *a.* Desarrendado, sin inquilinos; deshabitado (unoccupied).
tenantry ['tenəntrı] [te-nan-tri], *s.* 1. Arriendo. 2. El conjunto de los arrendatarios de un hacendado o propietario.
tench [tentʃ] [tench], *s.* Tenca, pez europeo de agua dulce de los ciprínidos. *(Tinca)*
tend [tend] [tend], *vn.* 1. Propender, tener tendencia (have tendency), tender; tener por resultado, ejercer influencia en cierta dirección; contribuir. 2. Ir hacia, moverse, encaminarse o dirigirse en cierta dirección. **Education tends to refinement**, la educación tiende al refinamiento. **His path tended upward**, su sendero se dirigía hacia arriba.
tend, *va.* 1. Guardar, vigilar, velar, cuidar o tener cuidado de alguna cosa. 2. Atender, estar con cuidado y atención a lo que se hace. 3. *(Des.)* Asistir, acompañar. 4. *(Mar.)* Vigilar en un buque al ancla, para evitar que cuando cambie la marea se enreden el ancla y las cadenas. *-vn.* 1. Asistir, servir como criado o dependiente; con *on* o *upon*. 2. Estar atento a (take care of), ocuparse en; pensar en. (Abrev. de ATTEND.) **To tend a child**, tener cuidado de un niño. **To tend a flock of sheep**, vigilar un rebaño de carneros. **To tend upon a master**, servir a un amo.
tendance ['tendəns] [ten-dans], *s.* 1. *(Ant.)* Cuidado, atención. 2. *(Des.)* Corte; tren. *V.* ATTENDANCE.
tendency ['tendənsı] [ten-dan-si], *s.* 1. Tendencia (inclination), propensión; dirección o inclinación hacia algún designio, fin o resultado. 2. Lo que tiende a causar un efecto.
tendentious [ten'denʃəs] [ten-den-shos], *a.* Tendencioso.
tender ['tendə[r]] [ten-da[r]], *a.* 1. Tierno, blando, delicado, flexible; que cede a cualquier impresión extraña. 2. Tierno, delicado, compasivo, sensible, que se afecta fácilmente (affectionate). 3. Capaz de afectos o sentimientos tiernos. 4. Delicado, afeminado. 5. Tierno, amoroso, afectuoso, cariñoso. 6. Indulgente, benigno. 7. Delicado, arduo, arriesgado. 8. Delicado, escrupuloso. 9. Tierno, se aplica al tiempo o a la edad de la niñez. **Tender of all over**, cuidadoso de, solícito de los sentimientos de otros. **Tender-hearted**, tierno de corazón, compasivo.
tender, *s.* 1. Oferta (offer), ofrecimiento, propuesta que se hace sobre cualquier asunto. 2. *(For.)* Oferta formal de pago; moneda que se ofrece en pago; también sumisión, oferta formal de hacer cierto trabajo por una suma especificada.
tender, *s.* 1. Escampavia, patache, bajel pequeño que ordinariamente sigue a otro mayor. 2. Ténder, *(Amer.)* alijo, carro que lleva el combustible y el agua para la locomotora. 3. Guarda, pesona que cuida a alguno: servidor.
tender, *va.* 1. Ofrecer, presentar, proponer. 2. *(For.)* Ofrecer en pago sin condiciones. *-vn.* Hacer una oferta o propuesta, licitación.
tender, *va.* 1. Enternecer, ablandar, poner tierno. 2. *(Ant.)* Estimar a uno, hacer caso de algo, querer.
tenderfoot ['tendəfʊt] [ten-da-fut], *s.* *(Ger. E. U. y Australia)* El recién llegado que no está acostumbrado todavía a la vida en los bosques o en los campos de mineros, etc.; cualquier persona inexperta, novato (inexperienced).
tenderize ['tendəraız] [ten-da-rais], *vt.* Ablandar.
tenderizer ['tendəraızə[r]] [ten-da-rai-sa[r]], *s.* Maza para ablandar la carne por ejemplo.
tenderling ['tendəlıŋ] [ten-der-lin], *s.* 1. Uno de los pitones de venado o ciervo. 2. *(Poco us.)* Favorito, persona mimada.
tenderloin ['tendələın] [ten-der-loin], *s.* Filete, la parte más jugosa y tierna del solomillo.
tenderly ['tendəlı] [ten-der-li], *adv.* Tiernamente, con ternura y cariño.
tenderness ['tendənıs] [ten-der-nes], *s.* 1. Terneza, ternura, delicadeza, suavidad; calidad de tierno. 2. Facilidad de enternecerse, dulzura, benevolencia. 3. Delicadeza, miramiento, escrupulosidad, nimiedad. 4. Afecto, cariño.
tendinous ['tendınəs] [ten-di-nos], *a.* Tendinoso, que tiene tendones o se compone de ellos.
tendon ['tendən] [ten-don], *s.* 1. Tendón, cuerda o cordón que une los extremos de los músculos a los huesos y sirve para el movimiento. 2. La ternilla del casco del caballo.
tendril ['tendrıl] [ten-dril], *s.* Zarcillo: en algunas plantas un cordoncillo o hilo que está enroscado a ellas y que en las vides se llama también tijeretas.
tendriled ['tendrıld] [ten-drild], *a.* Provisto de zarcillos; se usa para formar palabras compuestas.
tenement ['tenımənt] [te-ni-mant], *s.* 1. Habitación, vivienda, alojamiento, parte de una casa en que se aloja una familia; por lo común en una clase inferior de habitaciones. 2. *(For.)* Cualquier cosa, de carácter permanente que puede poseerse en propiedad, como tierras, rentas, franquicias, etc. 3. Fábrica, edificio y particularmente casa habitación.
tenet ['tenıt] [te-nit], *s.* Dogma; aserción, aserto, proposición que se sienta como verdadera, principio (principle).

tenfold ['tendfəʊld] [ten-fould], *a.* Décuplo, que contiene un número diez veces exactamente. *-adv.* De manera décupla.
tennis ['tenɪs] [te-nis], *s.* Tenis. **Tennis ball**, pelota de tenis. **Tennis court**, cancha de tenis. **Tennis match**, partido de tenis. **Tennis tournament**, torneo de tenis.
tenon ['tenən] [te-non], *va.* 1. Espigar, formar espiga en un madero. 2. Juntar a espiga y mortaja. *-s.* 1. *(Carp.)* Espiga, almilla, la punta de algún madero o palo que entra en una mortaja. 2. Pieza que se pone a una estatua para reforzarla. **Tenon-saw**, sierra de ingletes.
tenor ['tenəʳ] [te-norʳ], *s.* 1. Tenor, curso, constitución u orden firme y estable de alguna cosa. 2. Tenor, contenido, substancia y efecto de un escrito o instrumento; contenido literal de un escrito. 3. Carácter y tendencia generales. 4. *(Mús.)* Tenor, voz media entre las de contralto y barítono; persona que tiene esta voz. 5. Viola u otro instrumento de sonido intermedio entre el alto y el bajo. *-a.* De tenor, perteneciente a la voz o instrumento de tenor. **The even tenor of one's way**, su método regular de vida.
tenpenny ['tenpenɪ] [ten-pe-ni], *a.* De diez peniques, que vale diez peniques; también, clavo de cierto tamaño.
tenpins ['tenpɪnz] [ten-pins], *s.* *(E. U.)* Juego con diez bolos de madera.
tense [tens] [tens], *a.* 1. Tieso, estirado, tenso, tirante, nervioso (nervous). 2. Tenso (strained). **It was a very tense finish**, fue una final muy emocionante. *-s.* *(Gram.)* Tiempo del verbo.
tense, *va.* Poner tenso, tensar. *(Coloq.)* **Tense up**, ponerse tenso.
tensely ['tenslɪ] [tens-li], *adv.* Con tensión, tensamente.
tenseness ['tensnɪs] [tens-nes], *s.* Contracción, tensión, tirantez, el estado de lo que se halla tirante.
tensibility [ˌtensɪ'bɪlɪtɪ] [ten-si-bi-li-ti], *s.* El estado y la disposición de lo que se puede estirar o poner tenso.
tensible ['tensɪbl] [ten-si-bol], *a.* Capaz de tensión, que puede estirarse.
tensile ['tensaɪl] [ten-sail], *a.* Tensor. **Tensile strength**, resistencia a la tensión.
tension ['tenʃən] [ten-shon], *s.* 1. Tensión, extensión o dilatación de alguna cosa, tirantez. 2. Gran aplicación del espíritu. 3. *(Mec.)* Tensión, regulador del hilo en una máquina de coser. 4. Estado de tirantez en las relaciones entre dos gobiernos. 5. *(Elec.)* Tensión. **High tension**, alta tensión.
tensive ['tensɪv] [ten-siv], *a.* Tirante, estirado; causado por tensión o que la causa.
tensor ['tensəʳ] [ten-saʳ], *s.* Tensor, músculo extensor.
ten-strike ['tenstraɪk] [ten-straik], *s.* Jugada en que se derriban los diez bolos con una sola bocha; de aquí. **To make a ten-strike**, poner una pica en Flandes.
tent [tent] [tent], *s.* 1. *(Mil.)* Tienda de campaña; pabellón. 2. Cualquier habitación provisional. 3. Lechino, porción de bilas que unidas en figura de clavo se emplean en cirugía para varios usos. 4. *(Zool.)* Tela sedosa que cubre a ciertas orugas. 5. Tintillo, especie de vino de color rojo vivo. **Tent-bed**, catre de tijera. **Tent-cloth**, terliz. **To pitch tents**, armar las tiendas de campaña; acamparse. **To strike the tents**, plegar tiendas, levantar el campo. **Tent-pole**, mástil, montante de tienda. **Tent-wine**, vino de Alicante. **Dark-tent**, tienda portátil con cámara oscura para usarla al aire libre. **Tent-caterpillar**, oruga norteamericana gregaria que hila una tela grande y sedosa y es muy nociva.
tent, *vn.* Alojarse en tienda o pabellón. *-va.* Tentar, reconocer con la tienta la cavidad de una herida.
tentacle ['tentəkl] [ten-ta-kol], *s.* 1. *(Zool.)* Tentáculo, apéndice móvil y blando (conmúnmente de la cabeza) que tienen muchos moluscos y zoófitos y que les sirve para tocar y hacer presa. 2. *(Bot.)* Tentáculo, filamento glandular sensible.
tentative ['tentətɪv] [ten-ta-tiv], *a.* 1. Que toca o pertenece a la tentativa, prueba o ensayo. 2. Provisional, provisorio. 3. Indeciso (hesitant). *-s.* Tentativa, ensayo.
tentatively ['tentətɪvlɪ] [ten-ta-tiv-li], *adv.* 1. Provisionalmente (provisionally), provisoriamente. 2. Indecisamente (hesitantly), cautelosamente. **They started very tentatively**, empezaron muy cautelosamente.
tenter ['tentəʳ [ten-taʳ], *s.* Rama, especie de bastidor que se usa en las fábricas de paño para estirarlo en todas direcciones. **Tenterhooks**, clavijas de rama, escarpias o alcayatas. **To be on the tenters**, hallarse entre la espada y la pared.
tenter, *va.* Estirar con ganchos. *-vn.* Estirarse, alargarse, dilatarse.
tenth [tenθ] [tenz], *a.* Décimo, deceno, el ordinal de diez. **Alphonso Tenth**, Alfonso Décimo. **The tenth of October**, el diez de octubre. *-s.* La décima parte. 3. El diezmo.
tenthly ['tenθlɪ] [tenz-li], *adv.* En décimo lugar.
tentwort ['tentwɔːt] [tent-uort], *s.* *(Bot.)* Culantrillo.
tenuity [te'njʊɪtɪ] [te-niui-ti], *s.* Tenuidad, raridad, sutileza (subtlety), delgadez; rarefacción del aire o de un fluido.
tenuous ['tenjʊəs] [te-niuos], *a.* Tenue, delgado, delicado, endeble (weak).
tenure ['tenjʊəʳ] [te-niuaʳ], *s.* 1. Tenencia, ocupación, dependencia. 2. Ejercicio, ocupación. 3. Puesto permanente, titularidad (job security).
tepee ['tiːpiː] [ti-pi], *s.* Cabaña de los indios de E.U., tipi.
tepefy ['tiːpiːfaɪ] [ti-pi-fai], *va.* y *vn.* Entibiar, hacer tibio; ponerse tibio.
tepid ['tepɪd] [te-pid], *a.* Tibio, templado, entre caliente y frío.
tepidity [te'pɪdɪtɪ] [te-pi-di-ti], *s.* Tibieza.
tepor ['tepəʳ] [te-paʳ], *s.* Calor moderado.
tequila [tɪ'kiːlə] [ti-ki-la], *s.* Tequila.
terce [tɜːs] [ters], *s.* Tercerola, una especie de tonel que contiene la tercera parte de una pipa. *V.* TIERCE.
tercentenary [ˌtɜːsen'tiːnərɪ] [ter-sen-ti-na-ri], *a.* De tres siglos, de trescientos años. *-s.* Aniversario tricentésimo.
term [tɜːm] [term], *s.* 1. Término (word), dicción, vocablo, la voz o palabra con la cual se explica alguna cosa; particularmente, una voz técnica. 2. *pl.* Palabras significativas, discurso, oración. 3. *(Lóg.)* Palabras que pueden ser sujeto o atributo de la proposición; uno de los tres elementos de un silogismo. 4. Término, espacio de tiempo, período (period), plazo de tiempo determinado y prescrito: en este sentido llaman los ingleses término al tiempo en que los tribunales superiores de justicia están abiertos. **The President's first term in office**, el primer mandato del presidente. 5. *pl.* Condiciones, estipulaciones propuestas, sean o no aceptadas: de aquí, relato, pie, base de acuerdo, relaciones mutuas. **Upon what terms?**, ¿en qué términos? 6. Término, límite, confín, hablando de la extensión de lugar. 7. *(Mat.)* Lo que limita una línea, superficie o volumen, parte de una expresión algebraica unida a otra por el signo de adición o substracción. **The term of four years**, el plazo de cuatro años. **In set terms**, en términos escogidos. **To be on good terms with**, estar sobre buen pie con, estar bien con. **Not on any terms**, por ningún concepto, a ningún precio, de ninguna manera. **To bring to terms**, traer a un arreglo, imponer condiciones. **To come to terms**, decidirse a un arreglo, ceder, someterse. **To make terms**, efectuar un acuerdo o arreglo, estar acordes. **Michaelmas term**, época (de tribunal) de la festividad de San Miguel, del 24 de octubre al 21 de diciembre. **Hilary term**, sesiones de los tribunales desde el 11 de enero al miércoles anterior a la Pascua de Resurrección.
term, *va.* Nombrar, llamar, calificar de (describe).
termagancy ['tɜːməgənsɪ] [ter-ma-gan-si], *s.* Carácter pendenciero.
termagant ['tɜːməgənt] [ter-ma-gant], *a.* Turbulento; pendenciero. *-s.* Sierpe, fiera, áspid: se aplica a la mujer de mal genio y que siempre está gruñendo o armando pendencias.
termer ['tɜːməʳ] [ter-maʳ], *s.* El abogado, procurador, agente, etc., que en Inglaterra sigue a los jueces a los diferentes puntos donde establece su tribunal.
terminable ['tɜːmɪnəbl] [ter-mi-na-bol], *a.* Limitable.
terminal ['tɜːmɪnl] [ter-mi-nal], *a.* 1. Terminal, último y que pone término a una cosa. 2. *(Zool.)* Terminal, que forma la extremidad de una parte: *(Bot.)* que crece en la punta de

una rama o tallo. -*s*. 1. Punto o parte que termina; estación o figura terminal. 2. *(Inform.)* Terminal.

terminate ['tɜːmɪneɪt] [ter-mi-neit], *va*. y *vn*. 1. Terminar, acabar, ser fin o término, poner término, límite o fin. **This train terminates here**, éste es el final del recorrido de este tren. 3. Terminar, componer una desaveniencia o disputa.

termination [ˌtɜːmɪ'neɪʃən] [ter-mi-nei-shon], *s*. 1. Terminación, la acción y efecto de acabarse, terminarse o resolverse una cosa; fin, conclusión. 2. Limitación, la acción de limitar. 3. Límite, lindero (boundary), cabo, extremidad; en especial, el cabo de un conductor eléctrico. 4. Terminación, desinencia, la última sílaba de una voz según la variedad de sus significados. 5. *(Med.)* Interrupción. **Termination of pregnancy**, interrupción del embarazo.

terminative ['tɜːmɪnətɪv] [ter-mi-na-tiv], *a*. Terminativo.

terminology [ˌtɜːmɪ'nɒlədʒɪ] [ter-mi-no-lo-yi], *s*. 1. Terminología, el arte o ciencia del uso debido de los términos. 2. Conjunto de los términos técnicos o nomenclatura de una persona, clase o ciencia particulares.

terminus ['tɜːmɪnəs] [ter-mi-nos], *s*. 1. Término final, fin; particularmente la estación terminal de un ferrocarril y la ciudad en que está situada dicha estación. 2. Término, límite, mojón. 3. Término arquitectónico.

termite ['tɜːmaɪt] [ter-mait], *s*. Termita, comején, homiga blanca.

terminer ['tɜːmɪnəʳ] [ter-mi-naʳ], *s*. *(For.)* La comisión que se da a los jueces ingleses para que oigan y determinen las causas en sus respectivos distritos.

termless ['tɜːmlɪs] [term-les], *a*. Ilimitado, que no tiene límites ni términos.

termly ['tɜːmlɪ] [term-li], *adv*. *(Poco us.)* *(For.)* En cada término.

tern ['tɜːn] [tern], *s*. Golondrina de mar, ave palmípeda semejante a la gaviota, pero menor. Sterna. -*a*. *V*. TERNATE.

ternary ['tɜːnərɪ] [ter-na-ri], *a*. Ternario, compuesto de tres. -*s*. Terna; ternario.

ternate ['tɜːneɪt] [ter-neit], *a*. Clasificado o arreglado de tres en tres.

terra ['tɜːrə] [te-ra], *s*. Tierra *(Lat.)* **Terra alba** tierra de pipa. **Terra-cotta**, tierra cocida (terracota). **Terra firma**, tierra firme. **Terra incognita**, tierra desconocida.

terrace ['terəs] [te-ras], *va*. Terraplenar, hacer un terraplén o formar en terraplenes sucesivos. -*s*. 1. Terraplén, terrapleno, bancal, espacio elevado y llano que tiene uno o más lados inclinados. 2. Terraplén que sostiene una hilera de casas o las mismas casas asi colocadas. 3. Terrado, azotea. 4. Balcón (balcony), galería abierta. **Terraces**, gradas, tribunas.

terraced ['terəst] [te-rast], *a*. 1. *(Agr., Geog.)* En terrazas o bancales. 2. Adosado.

terracota ['terə'kɒtə] [te-ra-ko-ta], *f*. Terracota.

terrane, terrain [te'reɪn] [te-rein], *s*. *(Geol.)* Cualquier roca o serie de rocas relacionadas sin intermisión.

terrapin ['terəpɪn] [te-ra-pin], *s*. Emido, tortuga de carne deliciosa, de la costa atlántica de los Estados Unidos.

terrestrial [tɪ'restrɪəl] [ti-res-trial], *a*. Terrestre, terreno.

terrestrialness [tɪ'restrɪəlnɪs] [ti-res-trial-nes], *s*. La naturaleza y calidad de la tierra.

terrible ['terəbl] [te-ra-bol], *a*. 1. Terrible, pavoroso, espantoso, horroroso (horrific). **I feel terrible**, me encuentro muy mal. 2. Tremendo, grande, desmedido, desmesurado. **What a terrible shame!**, ¡qué lástima más grande!

terribly ['terəblɪ] [te-ra-bli], *adv*. Terriblemente, espantosamente, horriblemente.

terrier ['terɪəʳ] [te-rieʳ], *s*. 1. Zorrero, perro zorrero o raposero, notable por su valor en la persecución de los animales nocivos. 2. Nutria macho solitaria. 3. *(For ant. Ingl.)* Descripción o catálogo de posesiones, heredades o bienes raíces.

terrific [tə'rɪfɪk] [te-ri-fik], *a*. 1. Espantoso, terrífico, que amedrenta, que causa terror. 2. *(Fam.)* Extraordinario, maravilloso. **I had a terrific time**, lo pasé fenomenalmente.

terrified ['terɪfaɪd] [te-ri-faid], *a*. Aterrorizado, aterrado.

terrify ['terɪfaɪ] [te-ri-fai], *vt*. Aterrorizar. **Planes terrify me**, los aviones me aterrorizan.

terrifying ['terɪfaɪɪŋ] [te-ri-fain], *a*. Aterrador, espantoso, espeluznante (appalling).

territorial ['terɪ'tɔːrɪəl] [te-ri-to-re-al], *a*. Territorial; en especial, perteneciente a uno o a todos los Territorios de los Estados Unidos.

territory ['terɪtərɪ] [te-ri-to-ri], *s*. 1. Territorio, extensión de tierra sobre la cual ejerce su jurisdicción un estado soberano. 2. Extensión de tierra, región, distrito. 3. Comarca de los Estados Unidos no elevada todavía a la categoría de Estado y sometida a un régimen provisional.

terror ['terəʳ] [te-roʳ], *s*. 1. Espanto, terror (fear), pavor, gran miedo; objeto de miedo, de espanto. 2. *(Fam.)* Persona fastidiosa.

terrorism ['terərɪzəm] [te-ro-ri-sem], *s*. Terrorismo.

terrorist ['terərɪst] [te-ro-rist], *s*. Terrorista.

terrorize ['terəraɪz] [te-ro-rais], *vt*. Aterrorizar, tener atemorizado.

terror-stricken ['terrəˌstrɪkən] [te-ro-stri-ken], *a*. Horrorizado, aterrado.

terse [tɜːs] [ters], *a*. 1. Sucinto; breve y comprensivo, conciso, lacónico (laconic), compendioso; limado y elegante sin afectación. 2. *(Des.)* Terso (smooth), liso, pulido.

tersely ['tɜːslɪ] [ters-li], *adv*. Concisa y elegantemente, lacónicamente.

terseness ['tɜːsnɪs] [ters-nes], *s*. Calidad de conciso y sucinto (en el estilo).

tertian ['tɜːʃən] [ter-shan], *a*. Terciano, que vuelve u ocurre cada tercer día. -*s*. Terciana, calentura intermitente que repite cada tercer día.

tertiary ['tɜːʃərɪ] [ter-sha-ri], *a*. 1. Terciario, tercero en orden o grado. 2. *(Geol.)* Terciario, de la época terciaria. -*s*. 1. Época geológica posterior a la cretácea. 2. *(Orn.)* Pluma terciaria de un ave.

test [test] [test], *s*. 1. Prueba, toque, examen que se hace de una persona o cosa, test (multiple-choice type). 2. Juicio o distinción que se hace entre dos cosas. 3. Piedra de toque, criterio, norma de juicio. 4. Juramento u otra prueba testimonial de los principios de la fe. 5. Reacción química, por medio de la cual se puede establecer la identidad de un compuesto o de uno de sus constituyentes; reactivo. **Blood test**, análisis de sangre. **To put to the test**, experimentar, probar, poner a prueba. **To stand the test**, ser de prueba, soportar la prueba. **Test-tube**, probeta que se usa en los laboratorios. **Test-paper**, papel reactivo.

test, *s*. 1. Cubierta exterior rígida; concha. 2. *(Bot.)* Tegumento exterior de una semilla.

test, *va*. 1. Experimentar ensayar, hacer la prueba, el ensayo de algo. **These cosmetics have been tested on animals**, se han utilizado animales en las pruebas de laboratorio de estos cosméticos. 2. Sujetar a condiciones que demuestran el verdadero carácter de una cosa. 3. Examinar, evaluar, analizar (analyze), comprobar.

testable ['testəbl] [tes-ta-bol], *a*. Capaz de ser testigo o de servir de testigo.

testacean ['testeɪʃən] [tes-tei-shan], *a*. y *s*. Testáceo, que tiene concha; invertebrado provisto de concha.

testaceous ['testeɪʃəs] [tes-tei-shos], *a*. Testáceo: que tiene concha dura.

testament ['testəmənt] [tes-ta-ment], *s*. 1. Testamento (will), declaración de la última voluntad que hace una persona disponiendo de sus bienes y hacienda. 2. El Viejo y Nuevo Testamento, los libros de la Sagrada Escritura.

testamentary [ˌtestə'məntərɪ] [tes-ta-men-ta-ri], *a*. Testamentario.

testate ['testeɪt] [tes-teit], *a*. Que ha hecho testamento, que ha testado.

testator ['testeɪtəʳ] [tes-tei-taʳ], *s*. Testador, el que hace testamento.

testatrix ['testətrɪks] [tes-ta-triks], *f*. Testadora, la mujer que hace testamento.

tested ['testɪd] [tes-tid], *a.* Ensayado, probado, experimentado; examinado.

tester ['testəʳ] [tes-taʳ], *s.* 1. Probador, el que prueba o hace examen. 2. Cielo de cama. 3. Frasco de muestra (sample).

testicle ['testɪkl] [tes-ti-kol], *a.* Testículo, cada una de las glándulas seminales.

testification [ˌtestɪfɪ'keɪʃən] [tes-ti-fi-kei-shon], *s.* Testificación, el acto de testificar.

testifier ['testɪfaɪəʳ] [tes-ti-faiaʳ], *s.* Testigo, testificante.

testify ['testɪfaɪ] [tes-ti-fai], *va.* 1. Testificar, atestiguar, afirmar. 2. Atestar, declarar bajo juramento o ante el juez. 3. Servir de prueba. *-vn.* 1. Dar testimonio, servir de testigo. 2. Servir de evidencia o indicación. 3. Aseverar.

testily ['testɪlɪ] [tes-ti-li], *adv.* Impertinentemente, con petulancia; con morosidad.

testimonial [ˌtestɪ'məʊnɪəl] [tes-ti-mou-nial], *a.* Testimonial, que da testimonio, que hace fe. *-s.* 1. Prenda o prueba formal de amistad, recuerdo que se da a menudo en público, homenaje (tribute). 2. Certificación o certificado en que se asegura la verdad de algún hecho, recomendación (reference, recommendation).

testimony ['testɪmənɪ] [tes-ti-mo-ni], *s.* 1. Testimonio, atestación, testificación, declaración. 2. Testimonio, prueba, justificación o comprobación de la certeza y verdad de alguna cosa. 3. *(Bibl.)* Tablas de la Ley, el Antiguo Testamento. **I must bear testimony**, debo hacer la justicia. **In testimony whereof**, en testimonio de lo cual.

testiness ['testɪnɪs] [tes-ti-nes], *s.* Enfado (anger), enojo, mal humor, aspereza de genio.

testing ['testɪŋ] [tes-tin], *s.* Pruebas. *-a.* Duro, arduo (arduous).

testing ground ['testɪŋgraʊnd] [tes-tin-graund], *s.* Terreno de pruebas.

testosterone [te'stɒstərəʊn] [tes-tos-te-roun], *s.* Testosterona.

test-tube ['testtju:b [test-tiub], *s.* Probeta.

testy ['testɪ] [tes-ti], *a.* Enojadizo, descontentadizo, irritable (touchy), de mal genio.

tetanic ['tetənɪk] [te-ta-nik], *a.* Tetánico, relativo al tétanos o que lo produce.

tetanoid ['tetənɔɪd] [te-ta-noid], *a.* Parecido al tétano o que produce síntomas del tétanos.

tetanus ['tetənəs] [te-ta-nos], *s.* Tétanos, tétano, enfermedad nerviosa caracterizada por rigidez y tensión de los músculos sometidos al imperio de la voluntad.

tetchy ['tetʃɪ] [te-chi], *a.* Irritable.

tête-a-tête ['teeɪtɑ:'teɪt] [teit-a-teit], *s.* Cara a cara, silla a silla, a solas.

tether ['teðəʳ] [te-daʳ], *va.* Trabar, atar, restriñir. *-s.* Soga (rope), cadena (chain).

tetra ['tetrə] [te-tra], *pref.* Prefijo griego que significa cuatro.

tetrachord ['tetrəkɔ:d] [te-tra-kord], *s.* *(Mús.)* Tetracordio, media octava.

tetragon ['tetrəgən] [te-tra-gon], *s.* *(Geom.)* Tetrágono, cuadrilátero.

tetragonal ['tetrəgənl] [te-tra-go-nal], *a.* Tetrágono, cuadrangular, que tiene cuatro ángulos.

tetrahedral ['tetrə'hi:drəl] [te-tra-ji-dral], *a.* Tetraedral, tetraédico, relativo al tetraedro.

tetrahedron ['tetrə'hi:drən] [te-tra-ji-dron], *s.* Tetraedro, sólido terminado por cuatro planos o caras.

tetrameter [te'træmɪtəʳ] [te-tra-mi-taʳ], *s.* Tetrámetro, verso de cuatro bases o medidas.

tetter ['tetəʳ] [te-taʳ], *s.* Sarpullido, empeine, enfermedad vesicular del cutis.

teuton ['tju:tən] [tiu-ton], *s.* 1. Teutón, teutona, individuo de la raza germánica. 2. Los arios del noroeste de Europa con inclusión de los alemanes y los escandinavos.

teutonic [tjʊ'tɒnɪk] [tiu-to-nik], *a.* Teutónico, germánico. *-s.* Tudesco, idioma o idiomas de los teutones.

tew [tju:] [tiu], *va.* *(Prov. o Com.)* Cascar, trabajar; agramar. **To tew hemp**, espadar o espadillar cáñamo.

Texan ['teksən] [tek-dan], *s.* y *a.* Tejano.

text [tekst] [tekst], *s.* 1. Texto, las palabras propias de un autor a distinción de las notas o comentarios que se hacen de ellas. 2. Verso o pasaje breve de la Sagrada Escritura. 3. De aquí, tema, tesis o asunto de un discurso. 4. Grado de letra o tipo; p. ej. German text, tipo alemán. **Textbook**, libro de texto; manual, libro de escuela; libro con espacios en blanco para notas o comentarios; libreto de ópera.

text-hand ['teksthænd] [tekst-jand], *s.* Escritura o carácter de letra muy grueso.

textile ['tekstaɪl] [teks-tail], *a.* Textil, hilable, capaz de hilarse o de reducirse a hilos y ser tejido.

textual ['tekstʃjʊəl] [tekst-chual], *a.* Textual, que conviene con el texto y es propio de él; versado en el texto.

textualist ['tekstʃjʊəlɪst] [tekst-chua-list], *s.* Textualista, el que usa con frecuencia del texto de una obra, y también el que es dado a citar textos.

texture ['tekstʃəʳ] [tekst-chaʳ], *s.* 1. Textura, tejido, disposición y orden en los hilos de una tela, y por extensión se dice también de la disposición y orden de las fibras que componen las partes del cuerpo del animal. 2. Tela, tejido, obra tejida. 3. Textura, la colocación y orden de una cosa que se sigue o ata con otra.

textured ['tekstʃəd] [tekst-chad], *a.* Con textura, con relieve.

Thai [taɪ] [tai], *a.* Tailandés. *-s.* Tailandés, persona natural de Tailandia, lengua tailandesa.

Thailand ['taɪlænd] [tai-land], *s.* Tailandia.

thallium ['θælɪəm] [za-liom], *s.* Talio.

Thames [temz] [tems], *s.* **The Thames**, el Támesis.

than [ðæn] [dan], *conj.* 1. Que: partícula comparativa. **Your house is larger than mine**, la casa de Ud. es mayor que la mía. **He has more money than I**, tiene más dinero que yo. 2. De: se usa en lugar de que cuando va delante de los números, en sentido afirmativo. **Fewer than twenty**, menos de veinte. **More than a thousand**, más de mil. **More than once**, más de una vez.

thank [θæŋk] [zank], *va.* Agradecer, expresar gratitud a uno, dar gracias a. **I shall thank you for that favor**, le agradeceré a Ud. o le estimaré a Ud. que me haga ese favor. **Thank you**, gracias. **Thank God**, a Dios gracias. *-s. pl.* Gracias, agradecimiento, acción de agradecer, expresión de gratitud. **Thanks to you**, gracias a usted. **To return thanks**, hacer presentes sus agradecimientos.

thankful ['θæŋkfʊl] [zank-ful], *a.* Grato, agradecido. **I am very thankful to him**, le estoy muy agradecido.

thankfully ['θæŋkfəlɪ] [zank-fu-li], *adv.* Con gratitud o reconocimiento (gratefully). **He smiled up at me**, me sonrió agradecido.

thankfulness ['θæŋkfəlnɪs] [zank-ful-nes], *s.* Agradecimiento, gratitud, reconocimiento.

thankless ['θæŋklɪs] [zank-les], *a.* 1. Desagradecido (ungrateful), ingrato el que no reconoce los favores recibidos. 2. Lo que no merece gracias.

thanklessness ['θæŋklɪsnɪs] [zank-les-nes], *s.* Desagradecimiento, ingratitud.

thanks [θæŋks [zanks], *s.pl.* Agradecimiento (gratitude). **Speech of thanks**, discurso de agradecimiento. *-interj.* ¡Gracias!

thanksgiving ['θæŋksˌgɪvɪŋ] [zanks-gui-vin], *s.* 1. Acción de gracias; particularmente, reconocimiento por las mercedes recibidas de Dios. 2. Celebración pública en reconocimiento del favor de Dios; día señalado para esa celebración. Thanksgiving Day, día de acción de gracias en reconocimiento de la protección y merced divinas; en los Estados Unidos es el último jueves de noviembre.

thankworthy ['θæŋkwɜ:θɪ] [zank-uer-zi], *a.* Digno de reconocimiento; meritorio (commendable).

that [ðæt] [dat], *a.* Ese, esa, eso; el, la, aquello especialmente designado. **That boy**, ese muchacho. **That book is better than this**, ese (aquel) libro es mejor que éste. *-pron.* 1. Aquél, aquello, aquélla, como pronombre demostrativo. 2. Que, quien, el cual, la cual, lo cual, como pronombre relativo, y puede hacer relación a personas o cosas. **That of**, el de, la de. **That which**, el que, la que, lo que. **What of that**, ¿qué importa eso? ¿qué quiere Ud. decir con eso? ¿qué resulta de eso? *That* se usa frecuentemente para evitar la repetición de una palabra. **That way**, por aquel camino, por allí. **That is**, es decir o eso es. **That may be**, eso puede ser, es posible. **See that**, vea Ud. eso. **What street is that**, ¿qué calle es ésa? **Upon that**, sobre esto, en cuanto a eso; luego. **All that is just**, todo lo que es justo. **And all that**, y todo eso; y otras hierbas. **To put this and that together**, deducir conclusiones. **It was I, not he, that wrote it**, fui yo, y no él, quien lo escribió. *-conj.* 1. Porque. 2. Para que. 3. Que, de modo que. **So that, insomuch that**, por cuanto; de modo que, de suerte que. **Not but that**, no es decir que. **Save that**, salvo que. **Suppossing that**, supuesto que, dado que. *-adv.* Tan. **I'm not that interested, really**, la verdad es que no estoy tan interesado.

thatch [θætʃ] [zach], *s.* Cubierta de cañas, bálago, paja u hojas de palmera, que sirve de techado.

thatch, *va.* Techar con bálago o cañas, o poner un techo de paja.

thatched [θætʃt] [zacht], *a.* De paja, con el tejado de paja.

thatcher ['θætʃəʳ] [za-chaʳ], *s.* Trastejador de cañas o bálago.

thaw [θɔː] [zo], *vn.* 1. Deshelarse, derretirse (melt), hacerse líquido lo que está helado. 2. Deshacerse los hielos. *-va.* Deshelar, liquidar lo que está helado. **It thaws**, deshiela, se derrite la nieve o el hielo. **Thaw out**, descongelar.

thaw, *s.* 1. Deshielo, blandura del tiempo que deshace las nieves o el hielo. 2. El derretimiento o disolución de lo que está helado.

the [ðə] [da], *art.* 1. El, la; lo: *the* se usa delante de un substantivo tomado en sentido determinado (véase la Sinopsis de la Gramática inglesa). Delante de un comparativo no se traduce en español. **All the region**, toda la región. **The poor**, los pobres. 2. Por. **Three dollars the yard**, tres dólares la yarda, por yarda. 3. Cuanto. **The more you have the more you want**, cuanto más tienes más quieres.

theater, theatre ['θɪətəʳ] [zia-taʳ], *s.* 1. Teatro, el edificio (building) o paraje en que se junta el público a ver algún espectáculo o función. **Movie theater**, cine. **Operating theater**, quirófano. 2. Teatro (drama), literatura y representaciones dramáticas, en general, en conjunto. 3. Anfiteatro, lugar provisto de gradas. 4. Cualquier paraje o región que es escena de los acontecimientos.

theatrical [θɪ'ætrɪkəl] [zia-tri-kal], *a.* 1. Teatral, que pertenece o toca el teatro. 2. Fingido, como por un actor; hecho para producir efecto, teatral, histriónico (exaggerated).

theatrically [θɪ'ætrɪkəlɪ] [zia-tri-ka-li], *adv.* De un modo teatral.

thee [ðiː] [di], *pron.* Te, a ti: el caso objetivo de la segunda persona del singular del pronombre personal; se emplea en la oración, en poesía y en prosa elevada.

theft [θeft] [zeft], *s.* Hurto (robbery), la acción de hurtar y la misma cosa hurtada.

their [ðɛəʳ] [deaʳ], *pron. pos.* Su, suyo, suya, de ellos, de ellas. **Theirs**, el suyo, la suya, los suyos, las suyas, de ellos o de ellas. **A friend of theirs**, un amigo suyo o de ellos.

theism ['θiːɪzəm] [zii-sem], *s.* Teísmo; deísmo.

theist ['θiːɪst] [ziist], *s.* Teísta, deísta.

theistic ['θiːɪstɪk] [zi-is-tik], *a.* Teísta, del teísmo, de los teístas.

them [ðem] [dem], *pron.* El caso objetivo de *They*. Los, las, les, ellos, ellas, a aquellos, a aquellas. **I love them**, los o las amo.

theme [θiːm] [ziim], *s.* 1. Tema (subject), el asunto o materia de un discurso. **Theme park**, parque temático. 2. Tesis, disertación, particularmente en las escuelas y colegios. 3. *(Mús.)* Tema, motivo, sobre el cual se hacen variaciones.

themselves [ðəm'selvz] [dem-selvs], *pron. pl.* Ellos mismos, ellas mismas; sí mismos: caso oblicuo del pronombre personal recíproco y a veces también se usa como nominativo. **They only think of themselves**, sólo piensan en sí mismos.

then [ðen] [den], *adv.* 1. Entonces, en aquel tiempo (at that time), a la sazón. 2. Luego, después, en seguida. 3. En otro tiempo. *-conj.* 1. En tal caso, por consiguiente, pues. 2. Luego, por esta razón. **now and then**, de cuando en cuando; de vez en cuando. **Now...then...**, ya...ya... **Now then**, ahora pues, pues, por consiguiente. **And then**, con esto; y además de esto; y entonces; y en seguida. **And what then?** ¿y qué más? ¿y qué se seguirá de eso? *-a.* De entonces, de aquel tiempo; (uso cuestionable). **The then leader**, el entonces líder.

thenar ['ðenəʳ] [de-naʳ], *a.* De la palma de la mano, o del juanete del pie.

thence [ðens] [dens], *adv.* 1. Desde allí (from there), de allí, hablando de lugar. 2. Desde entonces, desde ese tiempo, después de aquel tiempo. 3. De ahí, por eso, por esa razón, por ese motivo.

thenceforth ['ðens'fɔːθ] [dens-forz], *adv.* Desde entonces, de allí en adelante.

thenceforward [ðens'fɔːwəd] [dens-for-uord], *adv.* Desde entonces; en adelante.

theocracy [θɪ'ɒkrəsɪ] [zio-kra-si], *s.* Teocracia, el gobierno cuyos jefes son mirados como ministros o delegados de Dios.

theocratic [θɪ'ɒkrətɪk] [zio-kra-tik], *a.* Teocrático.

theodolite [θɪ'ɒdəlaɪt] [zio-do-lait], *s.* Teodolito, instrumento geodésico, que se usa para medir ángulos, distancias y alturas.

theologian [θɪə'ləʊdʒɪən] [zio-lou-yian], *s.* Teólogo, persona versada en la teología: profesor de teología.

theological [θɪə'lɒdʒɪkəl] [zio-lo-yi-kal], *a.* Teologal, teológico.

theologically [θɪə'lɒdʒɪkəlɪ] [zio-lo-yi-ka-li], *adv.* Teológicamente.

theology [θɪ'ɒlədʒɪ] [zio-lou-yi], *s.* Teología, ciencia que trata de Dios y sus atributos.

theorem ['θɪərəm] [zio-rem], *s.* 1. Teorema, proposición que se puede demostrar. 2. *(Geom.)* Proposición en que se va a averiguar la verdad de una cosa.

theoretic [θɪə'retɪk] [zio-re-tik], *a.* Teórico, especulativo, que pertenece a la teoría; que comprende y entiende especulativamente la esencia de las cosas sin prueba práctica.

theoretically [θɪə'retɪkəlɪ] [zio-re-ti-ka-li], *adv.* Teóricamente, especulativamente.

theoric ['θɪərɪk] [zio-rik], *s.* Teórica, especulativa. *-a.* Teórico.

theorist ['θɪərɪst] [zio-rist], *s.* Teórico, el que no conoce más que la teoría de un arte o ciencia.

theorize ['θɪəraɪz] [zio-rais], *vn.* Exponer o formar teorías, especular.

theory ['θɪərɪ] [zio-ri], *s.* 1. Teoría, teórica, especulativa, conocimiento teórico. 2. Teoría, serie de leyes que sirven para relacionar determinado orden de fenómenos. 3. La ciencia en contraposición al arte. 4. Explicación filosófica de los fenómenos. **In theory**, en teoría.

theosophical [θɪə'sɒfɪkəl] [zio-so-fi-kal], *a.* Teosófico, perteneciente a la teosofía.

theosophy [θɪ'ɒsəfɪ] [zio-so-fi], *s.* Teosofía, doctrina de varias sectas que pretenden admitir la verdad esencial existente como base de toda religión, filosofía y ciencia; la religión universal.

therapeutic [ˌθerə'pjuːtɪk] [ze-ra-piu-tik], *a.* Terapéutico, curativo.

therapeutics [ˌθerə'pjuːtɪks] [ze-ra-piu-tiks], *s.* Terapéutica, la parte de la medicina que trata del modo de obrar los medicamentos y de su aplicación.

therapist ['θerəpɪst] [ze-ra-pist], *s.* Persona versada en la terapéutica.

therapy ['θerəpɪ] [ze-ra-pi], *s.* Terapia.

there [ðɛəʳ] [deaʳ], *adv.* 1. Allí, allá, ahí. 2. Allá, hacia aquel lugar, en aquella dirección. **There she is**, héla ahí. **There is**, allí está, helo ahí o allí, éste o ése es, míralo allí. *There*, forma con el verbo *to be* el impersonal *there be* que corresponde al verbo castellano *haber* usado como impersonal, con la diferencia que en inglés el verbo está en el mismo número que el nombre a que se refiere. **There can not be**, no puede haber. **There is a place**, hay un lugar, o un sitio. **There are many things**, hay muchas cosas. **There**

was a king, hubo un rey. **There were many soldiers**, había muchos soldados. *There* precede también a otros verbos para dar énfasis a la oración. **There came a man**, vino un hombre. **Here and there**, de aquí para allí, acá y acullá. *-interj. (Fam.)* **There!** ¡toma! y bien; ¡vaya!

thereabouts ['ðɛərəbaʊts] [dear-a-bauts], *adv.* 1. Por ahí, por allá, por allí, cerca (near), en los contornos; acerca de; hablando de algún lugar o paraje o del número, cantidad o estado de alguna cosa. 2. Tocante a eso.

thereafter [ðɛər'ɑːftəʳ] [dear-af-taʳ], *adv.* 1. Después de eso, en seguida. 2. Según, conforme, en conformidad.

thereat [ðɛər'æt] [dear-at], *adv.* 1. Por eso; de eso. 2. Allá, en aquel paraje o lugar. 3. A aquel.

thereby ['ðɛər'baɪ] [dear-bai], *adv.* Con eso, por medio de eso; con ello, con aquello; de este modo.

therefore ['ðɛərfɔʳ] [dear-foʳ], *adv.* y *conj.* 1. Por esto, por eso, por aquello, por esta razón, por tanto o por lo tanto, por consiguiente, de consiguiente o a consecuencia de eso. 2. En recompensa de esto o de aquello.

therefrom [ðɛə'frɒm] [dear-from], *adv.* De allí, de allá; de eso, de aquello.

therein [ðɛər'ɪn] [dear-in], *adv.* En esto, en aquello, en eso.

thereinto [ðɛər'ɪntʊ] [dear-in-tu], *adv.* En aquello, en eso; dentro de aquello o de esto.

thereof [ðɛər'ɒv] [dear-ov], *adv.* De esto, de aquello, de ello.

thereon [ðɛər'ɒn] [dear-on], *adv.* En eso, sobre eso.

thereout [ðɛər'aʊt] [dear-aut], *adv.* De allí; fuera de allí; fuera de eso o de aquello.

thereto [ðɛər'tuː] [dear-tu], *adv.* A eso, a ello.

thereunder [ˌðɛər'ʌndəʳ] [dear-an-daʳ], *adv.* Debajo de eso.

there upon ['ðɛərə'pɒn] [dear-a-pon], *adv.* En consecuencia de eso; sobre eso; al instante.

therewith [ðɛə'wɪθ] [dea-uiz], *adv.* Con eso o con aquello, luego, inmediatamente.

therewithal [ðɛə'wɪθəl] [dea-ui-zal], *adv.* A más, además; al mismo tiempo.

therm [θɜːm] [zerm], *s.* Termia.

thermal ['θɜːməl] [zer-mal], *a.* Termal, perteneciente al calor, caliente. **Thermal alarm**, alarma automática que suena cuando la temperatura alcanza cierto grado. **Thermal waters**, aguas termales.

thermic ['θɜːmɪk] [zer-mik], *a.* Termal, perteneciente o debido al calor.

thermodynamics ['θɜːməʊdaɪ'næmɪks] [zer-mou-dai-na-miks], *s.* Termodinámica, parte de la física que trata de la fuerza mecánica del calor.

thermoelectric ['θɜːməʊɪ'lektrɪk] [zer-moi-lek-trik], *a.* Termoeléctrico, relativo a la termoelectricidad.

thermometer [θə'mɒmɪtəʳ] [zer-mo-mi-taʳ], *s.* Termómetro, instrumento que sirve para medir los grados del calor y del frío.

thermonuclear ['θɜːməʊ'njuːklɪəʳ] [zer-mou-niu-kliaʳ], *a.* Termonuclear.

thermos ['θɜːməs] [zer-mos], *s.* Termo (marca registrada).

thermostat ['θɜːməstæt] [zer-mos-tat], *s.* Termostato, aparato para regular automáticamente la temperatura por medio de la expansión diferencial de ciertas substancias.

thesaurus [θɪ'sɔːrəs] [zi-so-ros], *s.* 1. Antiguo almacén griego. 2. Almacén de palabras o de conocimientos, léxico o enciclopedia, diccionario ideológico o de ideas afines.

these [ðiːz] [dis], *pron. pl.* de THIS. Estos, estas.

thesis ['θiːsɪs] [zi-sis], *s.* 1. Tesis (dissertation), conclusión, la proposición que se sienta y que se intenta defender. 2. Cuestión, proposición. 3. Tesis, parte no acentuada del pie de verso, disminución del tono de la voz al pronunciar la tesis. *V.* ARSIS.

thespian ['θespɪən] [zes-pian], *a.* Trágico, dramático; relativo a Tespis, considerado como el padre de la tragedia griega. *-s.* Actor, actriz.

they [ðeɪ] [dei], *pron. pl.* de HE, SHE o IT. Ellos, ellas. **They didn't come**, ellos no vinieron. **They say he's a millionaire**, dicen o se dice que es millonario.

thick [θɪk] [zik], *a.* 1. Espeso, denso (dense), condensado. 2.Cenagoso, turbio, feculento. 3. Grueso, corpulento, macizo. 4. Continuado, repetido, frecuente. 5. Espeso, que está muy junto y apretado; abundante en. 6. Basto, grosero, tosco. 7. Sobrecargado de vapor, nebuloso, brumoso, sombrío. 8. Embotado, obtuso de inteligencia (stupid), torpe. 9. *(Fam.)* Íntimo, excesivamente familiar. **Thick-lipped,** bezudo. **To speak thick**, hablar con media lengua. **Thick of hearing**, duro de oído, que oye con dificultad. *-s.* 1. Grueso, espesor. 2. Lo más denso, nutrido, tupido o recio. **The thick of the fight**, lo más fuerte del combate. **To go through thick and thin**, atropellar por todo. *-adv.* Frecuentemente, continuadamente; de una manera fuerte. **Thick-headed**, espeso, pesado, que tiene la cabeza dura; torpe de inteligencia. **Thick-set**, (a) rechoncho, grueso, abultado de carnes; (b) plantado muy espeso o dejando poco espacio entre las plantas o árboles. **Thick-skinned**, (a) de pellejo espeso, (b) paquidermo. **Thick stuff**, *(Mar.)* tablones, palmejares. **Scarf thick stuff**, palmejares de los escarpes.

thicken ['θɪkən] [zi-ken], *va.* y *vn.* 1. Espesar, condensar lo líquido o lo fluido. 2. Espesar. 3. Dar fuerza, dar más valor, confirmar. 4. Engrosar, aumentar. 5. Crecer. 6. Condensarse, enturbiarse, cerrarse. **It thickens**, *(Fam. Fig.)* ¡ya escampa!

thicket ['θɪkɪt] [zi-kit], *s.* Bosquecito o monte espeso o muy frondoso, soto, espesura o frondosidad; matorral.

thickish ['θɪkɪʃ] [zi-kish], *a.* Algo espeso o denso, un poco turbio.

thickly ['θɪklɪ] [zi-kli], *adv.* 1. Profundamente. 2. Con frecuencia, continuadamente. **Thickly settled**, muy poblado.

thickness ['θɪknɪs] [zik-nes], *s.* 1. Espesor, espesura, densidad (denseness). 2. Espesor, la tercera dimensión de un cuerpo, en oposición al largo y al ancho. 3. Consistencia, el estado de las cosas líquidas cuando se coagulan y toman cuerpo. 4. Grosor de un montón de papel, de las capas de alguna substancia, etc. **It comes in two thickness**, viene en dos grosores. **Thickness of hearing**, dureza de oído.

thick-skulled ['θɪkskʊld] [zik-skuld], *a.* Tardo, torpe (clumsy), rudo, de cabeza dura.

thief [θiːf] [zif], *s.* 1. Ladrón, el que roba, estafador. 2. El o lo que causa una pérdida, v. g. de tiempo, de la reputación, etc. 3. *(Prov.)* Seta, pavesa o moco de una luz.

thieve [θiːv] [ziv], *vn.* Hurtar, robar (steal).

thievery ['θiːvərɪ] [zi-va-ri], *s.* 1. Latrocinio, hurto, robo (robbery), la acción y costumbre de hurtar o robar. 2. Hurto, robo, la cosa hurtada o robada.

thieving ['θiːvɪŋ] [zi-vin], *a. (Coloq.)* Ladrón.

thievish ['θiːvɪʃ] [zi-vish], *a.* Inclinado a hurtar, dado al vicio del hurto.

thievishness ['θiːvɪʃnɪs] [zi-vish-nes], *s.* Latrocinio.

thigh [θaɪ] [zai], *s.* Muslo, la parte del cuerpo del animal desde la juntura de la cadera hasta la rodilla.

thimble ['θɪmbl] [zim-bel], *s.* 1. Dedal. 2. *(Mar.)* Guardacabo. **Thimbleberry**, la frambuesa negra; y también, el frambueso de flor blanca; ambos del Canadá y los Estados Unidos.

thin [θɪn] [zin], *a.* Delgado, delicado, sutil, débil. 2. Flaco (slim), falto de carnes. 3. Ralo, claro que no tiene densidad o solidez. 4. Poco, corto, ligero, escaso, delgado, tenue, pequeño. 5. Claro, poco trabado, que no está turbio o espeso. 6. Raro, diseminado, no espeso ni abundante, poco numeroso. 7. Escaso, pequeño, falto de ingredientes o cualidades características. **A thin plate of metal**, una placa delgada de metal. **A thin crop**, una cosecha escasa. **A thin disguise**, un disfraz ligero. **Thin blood**, sangre clara. **Thin air**, aire enrarecido. **A thin suspicion**, una sospecha sin fundamento. **To make thin**, descarnar; hacer enflaquecer. **To grow thin**, enflaquecer. **To make thinner**, adelgazar.

thin, *va.* 1. Enrarecer, atenuar, poner ralo. 2. Adelgazar. 3. Aclarar, clarificar los licores. 4. Aclarar, entresacar un bosque, una arboleda, etc. 5. Dejar claro, disminuir el número. 6. Diluir, rebajar, aclarar. **Thin down**, (a) adelgazar (become slimmer); (b) diluir, aclarar. **Thin out**, (a) disminuir, hacerse menos denso; (b) entresacar.

thine [ðaɪn] [dain], *pron.* tuyo. *-a.* Tu, tus: se emplea en vez de *thy* delante de una vocal. **Thine eyes**, tus ojos. **The glory is thine**, la gloria es tuya.

thing [θɪŋ] [zing], *s.* 1. Cosa, en contraposición a persona, objeto (object), substancia. 2. Asunto (matter, affair), objeto o existencia no conocida o no caracterizada por un nombre definido; asunto, hecho. **I'm fed up with the whole thing**, estoy harto del asunto. 3. Evento (event), circunstancia, acontecimiento. **Above all things**, sobre todas las cosas o sobre todo. 4. *pl.* Cosas, efectos personales, pertenencias (belongings); hábitos, vestidos. 5. Se usa algunas veces por desprecio o como diminutivo hablando de personas. **I pity the poor little thing**, tengo lástima del pobrecito o de la pobrecita. **Anything**, algo, cualquier cosa que sea. **Anything but**, otra cosa que, nada menos que. **No such thing**, no hay tal cosa; nada. **The thing**, lo conveniente, lo que está de moda, lo necesario o lo que se desea. **To make a good thing of**, *(Fam.)* Sacar gran provecho de una cosa. **As things stand**, en el punto en que están las cosas.

thingumabob ['θɪŋəmɪbɒb] [zin-ga-mi-bob], *s.* *(Coloq.)* Cosa, chisme.

think [θɪŋk] [zink], *va.* y *vn.* 1. Pensar, imaginar, meditar, discurrir, considerar, idear. 2. Pensar, reflexionar, examinar con cuidado. 3. Pensar, intentar hacer una cosa o hacer ánimo de ejecutarla. 4. Pensar, creer (believe), juzgar, formar concepto. 5. Proponerse (plan), formar designio, tener intención de. 6. *(vn.)* Traer a la memoria, pensar en, se usa con *on* o *upon*. **To think of, on o upon,** pensar en, reflexionar acerca de, meditar, considerar; tener la mira en. **To think well o ill of one**, pensar bien o mal de uno, tener buena o mala opinión de él. **As you think fit**, como Ud. guste, como Ud. quiera. **To think scorn**, desdeñarse. **Methinks, methought**, me parece a mí, creía yo. **You have to think ahead**, tienes que ser previsor. **Think back**, recordar. **A well thought-out proposal**, una propuesta bien elaborada. **Think over things**, primero piénsatelo bien. **Think through**, planear detenidamente. **Think up**, inventar, crear, idear. *-s.* **I'll have to have a think about it**, tendré que pensarlo.

thinker ['θɪŋkə^r] [zin-ka^r], *s.* Pensador.

thinking ['θɪŋkɪŋ] [zin-kin], *s.* 1. Pensamiento, ideas, la acción y efecto de pensar, meditación, reflexión. 2. Juicio, parecer, opinión. **Way of thinking**, modo de pensar, opinión, parecer. **To my thinking**, a mi parecer, en mi opinión. *-a.* Pensante, inteligente.

think tank ['θɪŋktæŋk] [zink-tank], *s.* Gabinete estratégico, comité asesor.

thinly ['θɪnlɪ] [zin-li], *adv.* 1. Delgadamente, delicamente. 2. Poco en corto número, apenas (scarcely). **Thinly sown**, claro: se dice del sembrado.

thinner ['θɪnə^r] [zi-na^r], *s.* Disolvente (solvent), diluyente.

thinness ['θɪnnɪs] [zin-nes], *s.* 1. Tenuidad, delgadez, sutileza. 2. Escasez. 3. Raleza, lo contrario de espesura. 4. Fineza (slimness), ligereza. 5. Falta de vistosidad, poca consistencia.

thin-skinned ['θɪn'skɪnd] [zin-skind], *a.* Susceptible.

third [θɜːd] [zerd], *a.* Tercer, tercero, ordinal de *three*, tres. **Third rate**, de tercer orden, de tercera clase. **George the Third**, Jorge Tercero. *-s.* 1. Tercio, la tercera parte. 2. *(Mús.)* Tercera. **Two-thirds**, dos terceras partes. *-adv.* En tercer lugar. **Third class**, de tercera clase.

thirdly ['θɜːdlɪ] [zerd-li], *adv.* En tercer lugar.

thirst [θɜːst] [zerst], *s.* 1. Sed, deseo o apetito de beber. **To quench the thirst**, apagar la sed. 2. Sed, deseo vehemente o anhelo y gana ardiente de alguna cosa. **Thirst of riches**, ansia o sed de riquezas. **Thirst for vengeance**, sed de venganza.

thirst, *va.* y *vn.* 1. Tener o padecer sed. 2. Desear con anhelo y ansia. 3. Desear beber. **To thirst after** o **for**, ansiar, anhelar (yearn), desear con ansia o vehemencia.

thirstiness ['θɜːstɪnɪs] [zers-ti-nes], *s.* 1. Sed, deseo de beber. 2. Sed, el deseo ansia ardiente por alguna cosa.

thirsty ['θɜːstɪ] [zers-ti], *a.* 1. Sediento, que padece o tiene sed. 2. Sediento, que desea con ansia alguna cosa. **Blood thirsty**, sanguinario.

thirteen ['θɜː'tiːn] [zer-tiin], *a.* y *s.* Trece. **She is thirteen**, ella tiene trece años.

thirteenth ['θɜː'tiːnθ] [zer-tiinz], *a.* Décimo tercio, ordinal de trece. **On the thirteenth of January**, el trece de enero.

thirtieth ['θɜːtɪɪθ] [zer-tiez], *a.* Trigésimo, ordinal de treinta.

thirty ['θɜːtɪ] [zer-ti], *a.* y *s.* Treinta.

this [ðɪs] [dis], *a.* Este, esta, esto, que está presente; se refiere a lo que está presente o más cerca que otra cosa. *-pron.* Éste, ésta, esto. **This plant**, esta planta. **This or that**, esto o aquello, el uno o el otro. **These three years I come seeking fruit**, hace tres años que vengo a buscar fruta. **By this time**, ahora, al presente, a este tiempo. **This is the way**, este es el camino.

thistle ['θɪsl] [di-sel], *s.* *(Bot.)* Cardo; una de varias plantas espinosas de la familia de las compuestas. **Canada thistle, cursed thistle**, cardo silvestre. **Carline thistle**, ajonjera, carlina común. **Fuller's thistle**, cardón, cardencha, cardo de batanero. **Milk thistle, Our Ladyps thistle**, cardo lechoso, cardo de Nuestra Señora. **Thistle down**, vello, borrilla de cardo. **Scotch thistle**, cardo que se considera como emblema nacional de Escocia. **Thistle-finch, thistle-bird**, jilguero. *V.* GOLDFINCH.

thistly ['θɪslɪ] [dis-li], *adv.* Lleno de cardos.

thither ['θɪðə^r] [di-da^r], *adv.* 1. Allá, hacia aquel lugar, en aquella direccion. 2. A ese fin, punto o resultado. **Hither and thither**, acá y allá.

tho' [ðəʊ] [dou], *conj.* Contracción de THOUGH.

thole [θəʊl] [zoul], *s.* 1. Tolete, escálamo, gavilán donde se apoya el remo al tiempo de remar. Thole-pin, tolete. 2. Uno de los dos asideros por donde se coge el mango de la guadaña.

thong [θɒŋ] [zon], *s.* Correa o correhuela, tira larga de cuero.

Thor [θɔː^r] [zo^r], *s.* El dios escandinavo de la guerra y de la agricultura, bienhechor de la humanidad.

thoracic [θɔː'ræsɪk] [zo-ra-sik], *a.* Torácico, que pertenece al tórax.

thorax ['θɔːræks] [zo-raks], *s.* 1. Tórax, cavidad del pecho de los animales vertebrados. 2. Región media del cuerpo de un insecto entre la cabeza y el abdomen.

thorium ['θɔːrɪəm] [zo-riom], *s.* *(Quím.)* Torio.

thorn [θɔːn] [zorn], *va.* 1. Penetrar o traspasar con una espina o púa. 2. Asegurar con una espina. 3. proveer de espinas para cualquier objeto. *-s.* 1. *(Bot.)* Espina (spine), púa que nace del tejido leñoso o vascular de ciertas plantas. 2. Espino, arbusto del género Crataegus; majuelo. *V.* HAWTHORN. 3. Espina, pesadumbre, zozobra (anxiety), cualquier cosa que molesta. **To be upon thorns**, estar en ascuas. **Thorn-apple**, *(Bot.)* Estramonio.

thornback ['θɔːnbæk] [zorn-bak], *s.* *(Ict.)* Raya espinosa.

thornless ['θɔːnlɪs] [zorn-les], *a.* Falto de espinas o púas.

thorny ['θɔːnɪ] [zor-ni], *a.* 1. Espinoso, lleno de espinas. 2. Espinoso, arduo, penoso. **Thorny-woodcock**, especie de limazo con cáscara.

thorough ['θʌrə] [za-ro], *a.* Entero, cabal, completo, perfecto, acabado; consumado, pefecto, meticuloso (meticulous); (en mala parte) loco rematado, pícaro consumado. *-prep.* *(Des.)* *V.* THROUGH.

thoroughbred ['θʌrəbred] [za-ro-bred], *a.* De sangre pura; osado, valeroso; de forma elegante. **Thoroughbred horse**, caballo de pura sangre.

thoroughfare ['θʌrəfɛə^r] [za-ro-fea^r], *s.* Paso, tránsito o camino libre por donde se puede pasar. **No thoroughfare**, no se pasa; calle cerrada; el público no entra.

thorough-going ['θʌrə,gəʊɪŋ] [za-ro-gouing], *a.* Completo, muy eficaz, entero; que va hasta el fin.

thoroughly ['θʌrəlɪ] [za-ro-li], *adv.* Enteramente, cabalmente, a fondo, rigurosamente (strictly).

thoroughness ['θʌrənɪs] [za-ro-nes], *s.* Meticulosidad, esmero (care).

thorough-paced ['θʌrəpeɪst] [za-ro-peist], *a.* Cabal, completo, perfecto.

thorough-wax ['θʌrəwæks] [za-ro-uaks], *s.* Oreja de liebre. *V.* HARE'S-EAR.
thorp [θɔːp] [zorp], *s.* Lugar, aldea.
those [ðəʊz] [dous], *a. pl.* de THAT. Aquellos, aquellas; esos, esas. *pron. pl.* Aquéllos, aquéllas, ésos, ésas. **Those who** o **those which**, los que o las que. **Those of**, los de o las de.
thou [ðaʊ] [dau], *pron.* Tú, segunda persona del pronombre personal. *Thou* no se usa en inglés en el lenguaje familiar, a no ser por los cuáqueros; pero se usa frecuentemente en la poesía y en el estilo sublime. **Thou and thee**, trato demasiado familiar.
thou, *va.* Tutear; hablar o tratar con demasiada familiaridad; hablar a uno en tono de desprecio. **To thee and thou**, tutear.
though [ðaʊ] [dau], *conj.* Aunque, bien que, no obstante, sin embargo, aun cuando. **What though**, aun que, qué, importa que. **Though he were dead, yet shall he live**, aun cuando él muera, vivirá. **As though**, como si; como que; con todo. *-adv.* Sin embargo. **It's easy, though, to understand their feelings**, sin embargo, es fácil comprender sus sentimientos.
thought [θɔːt] [zot], *pret.* y *pp.* del verbo THINK. *-s.* 1. Pensamiento, el acto y efecto de pensar; la especie concebida o formada; meditación seria, reflexión. 2. Pensamiento, juicio, dictamen, opinión. 3. Designio, proyecto, intención. 4. Memoria, recordación. 5. Cuidado, solicitud, atención. 6. *(Fam.)* Poquito, una migaja. **To entertain ill thoughts of one**, tener mala opinión de alguna persona. **The thought strikes me**, me ocurre la idea. **To take thought**, sentir inquietud. **To have some thoughts of**, tener el proyecto o la idea de; pensar en.
thoughtful ['θɔːtfʊl] [zot-ful], *a.* 1. Pensativo (pensive), meditabundo. 2. Atento (kind), cuidadoso, considerado. **How thoughtful of you!**, ¡qué considerado por tu parte!
thoughtfully ['θɔːtfəlɪ] [zot-fu-li], *adv.* Cuidadosamente, solícitamente, consideradamente (considerately); de un modo muy pensativo o meditabundo; con reflexión, con inquietud.
thoughtfulness ['θɔːtfəlnɪs] [zot-ful-nes], *s.* Meditación profunda, reflexión; cuidado, afán, inquietud; previsión.
thoughtless ['θɔːtlɪs] [zot-les], *a.* 1. Atolondrado, descuidado, irreflexivo (unthinking). 2. Desconsiderado (inconsiderate), incauto; insensato, disipado, impróvido.
thoughtlessly ['θɔːtlɪslɪ] [zot-les-li], *adv.* Descuidadamente, negligentemente, sin consideración, sin reflexión (without thinking), sin cuidado.
thoughtlessness ['θɔːtlɪsnɪs] [zot-les-nes], *s.* 1. Descuido, omisión, inadvertencia, desconsideración. 2. Ligereza, indiscreción, atolondramiento.
thought-provoking ['θɔːtprəˌvəʊkɪŋ] [zot-pro-vou-kin], *a.* Que hace pensar o reflexionar.
thousand ['θaʊzənd] [zau-sand], *a.* 1. Mil, diez veces ciento. 2. También se usa indefinidamente para denotar un número o cantidad muy grande. **He will find a thousand occasions for doing it**, hallará mil ocasiones de hacerlo. *-s.* 1. Mil. 2. Millar; guarismo que significa mil. **By thousands**, por millares, a millares.
thousandth ['θaʊzəndθ] [zau-sandz], *a.* Milésimo, el ordinal de mil. *-s.* Milésima parte de un todo.
thrall [θrɔːl] [zrol], *va.* *(Poet. o des.)* Esclavizar, avasallar.
thraldom ['θrɔːldəm] [zrol-dom], *s.* Esclavitud (slavery), servidumbre.
thrash [θræʃ] [zrash], *va.* 1. Trillar o apalear grano; desgranar; batir; sacudir; apalear; azotar. 2. Golpear (beat) o dar de palos a alguno, zurrar. *(Vulg.)* Sobar. *-vn.* 1. Trillar el grano. 2. Arrojarse, agitarse, moverse violentamente. 3. Trabajar, ocuparse en cosas serviles. **Thrash out**, discutir, tratar de resolver.
thrasher ['θræʃəʳ] [zra-shaʳ], *s.* 1. Trillador, apaleador de granos. 2. Máquina para trillar. 3. Malviz, especie de tordo americano. 4. *V.* THRESHER.
thrashing ['θræʃɪŋ] [zra-shin], *s.* Paliza (beating), zurra.
thread [θred] [zred], *s.* 1. Hilo, torzal delgado. 2. Filete (de tornillo, de rosca). 3. Filamento (filament), hilito. 4. Hilo, continuación de alguna cosa que se está haciendo. Skein of thread, madeja de hilo. **Thread-like**, semejante a hilo, como hilo, filiforme. **Thread and thrum**, hilo o hilaza, mezcla de bueno y malo. **Thread of a conversation**, hilo de una conversación.
thread, *va.* 1. Enhebrar. 2. Ensartar (skewer), colar, atravesar a lo largo, pasar por. **He threaded his way through the crowd**, se abrió paso entre la multitud. 3. Coser.
threadbare ['θredbɛəʳ] [zred-beaʳ], *a.* Raído (worn-out), muy usado, gastado hasta verse los hilos.
threadworm ['θredwɜːm] [zred-uem], *s.* Lombricilla filiforme, ascáride; se llama también *pinworm.*
threat [θret] [zret], *s.* Amenaza. **To obtain money with threats**, obtener dinero con amenazas.
threaten ['θretn] [zre-ten], *va.* 1. Amenazar (menace), hacer amenazas a, aterrar. 2. Amenazar o amargar; hablando de cosas, es pronosticar algún mal.
threatener ['θretnəʳ] [zret-naʳ], *s.* Amenazador.
threatening ['θretnɪŋ] [zret-nin], *s.* Amenaza, acción de amenazar. *-a.* Amenazador, terrible, amenazante.
threateningly ['θretnɪŋlɪ] [zret-nin-li], *adv.* Con amenazas.
threatful ['θretfʊl] [zret-ful], *a.* Lleno de amenazas.
three [θriː] [zri], *a.* Tres, número cardinal. *-s.* Tres, la suma de tres unidades; el guarismo que representa este número. **Three-celled**, trilocular, que tiene tres células. **Three-cleft**, *(Bot.)* Trífido, que está dividido en tres. **Three-cornered**, triangular, de tres cuernos, de tres esquinas o ángulos. **Three-decker**, navío de tres puentes. **Three deep**, en tres hileras o filas. **Three-leaved**, trifoliado, de tres hojas. **Three-parted**, *(Bot.)* Tripartido. **Three-ply**, triple, de tres pliegues. **Three-lobed**, trilobulado, dividido en tres lóbulos. **Three-quarter**, de las tres cuartas partes. **Three-stringed**, de tres cuerdas. **Three-valved**, de tres válvulas, de tres conchas.
threefold ['θriːˈfəʊld] [zri-fould], *a.* Tríplice, triplo.
treepence ['θrepəns] [zre-pens], *s.* Tres peniques, moneda pequeña de plata que tenía este valor.
threepenny ['θrepənɪ] [zre-pe-ni], *a.* Vil (vile).
threepile ['θriːpaɪl] [zri-pail], *s.* Terciopelo.
threescore ['θriːskɔːʳ] [zri-skoʳ], *a.* y *s.* Sesenta; tres veces una veintena. **Threescore years and ten**, setenta años.
thresh ['θreʃ] [zresh], *va.* *V.* TO THRASH.
thresher ['θreʃəʳ] [zre-shaʳ], *s.* 1. Zorra marina, especie de tiburón. 2. Para otras acepciones, véase THRASHER.
threshold ['θreʃhəʊld] [zresh-jould], *s.* 1. Umbral (doorway), quicio, piedra o madero colocado al pie de la abertura de una puerta; entrada. 2. Punto de partida de entrada.
threw [θruː] [zru], *pret.* del verbo TO THROW.
thrice [θraɪs] [zrais], *adv.* Tres veces; de una manera o grado triple; de aquí, completamente.
thrid [θrɪd] [zrid], *vn.* Colar, pasar por un paraje estrecho.
thrift [θrɪft] [zrift], *s.* 1. Economía, frugalidad (frugality), cuidado y prudencia en el manejo de sus negocios. 2. Ganancia, utilidad, ahorro. 3. Crecimiento rápido, desarrollo, como el de una planta. 4. *(Bot.)* Planta llamada también *sea-pink*, una de las varias especies del género Armeria.
thriftily ['θrɪftɪlɪ] [zrif-ti-li], *adv.* Frugalmente, económicamente.
thriftiness ['θrɪftɪnɪs] [zrif-ti-nes], *s.* Frugalidad, parsimonía, economía.
thriftless ['θrɪftlɪs] [zrift-les], *a.* Manirroto, pródigo; extravagante.
thrifty ['θrɪftɪ] [zrif-ti], *a.* 1. Frugal, económico; de gastos moderados. 2. Próspero, feliz en los negocios. 3. Floreciente, que crece o se desarrolla con rapidez.
thrill [θrɪl] [zril], *va.* 1. Penetrar, hacer experimentar una emoción viva, emocionar. 2. Hacer estremecerse. *-vn.* 1. Estremecerse o conmoverse por alguna pasión violenta; experimentar una emoción viva. 2. Penetrar, herir el oído con sonidos o gritos violentos y agudos. 3. Temblar, moverse temblando. **To thrill with pleasure**, temblar de gusto. **To thrill the blood**, hervir la sangre. *-s.* Temblor (tremor), estremecimiento, emoción (excitement). **Meeting him was a real thrill**, fue verdaderamente emocionante conocerle.

thriller ['θrɪlə^r] [zri-la^r], *f.* Novela, película de suspense o misterio.

thrilling ['θrɪlɪŋ] [zri-lin], *a.* Que pasma, que conmueve; vivo.

thrive [θraɪv] [zraiv], *vn.* 1. Medrar, prosperar, adelantar, tener éxito, enriquecerse. 2. Crecer con vigor, desarrollarse (grow).

thriver ['θraɪvə^r] [zrai-va^r], *s.* El que medra o prospera.

thriving ['θraɪvɪŋ] [zrai-vin], *a.* Próspero. **A thriving black market**, un floreciente mercado negro.

thrivingly ['θraɪvɪŋlɪ] [zrai-vin-li], *adv.* Prósperamente.

thro' [θraʊ] [zru], *adv.* y prep. abrev. de THROUGH.

throat [θrəʊt] [zrout], *s.* 1. Garganta, la parte interior del cuello, también gaznate. **I have a sore throat**, me duele la garganta. **To cut the throat**, degollar. 2. El camino principal de alguna parte. 3. Pasaje u orificio; *(Bot.)* entrada del tubo de la corola; garganta, parte estrecha. 4. *(Mar.)* Cangreja. **Throat-halliard**, *(Mar.)* Driza de cangreja. **Throat-pipe**, traquiarteria. **Throat-seizing**, garganteadura.

throaty ['θrəʊtɪ] [zrou-ti], *a.* Ronco; de garganta, gutural.

throb [θrɒb] [zrob], *vn.* 1. Latir (beat), palpitar. 2. Vibrar, de cualquier modo que sea. *V.* THRILL.

throb, *s.* Latido, pulsación, palpitación.

throbbing ['θrɒbɪŋ] [zro-bin], *a.* Vibrante, palpitante.

throes ['θrəʊz] [zrous], *s.pl.* Angustia, gran dolor, dolor de parto, agonía de la muerte.

thrombosis [θrɒm'bəʊsɪs] [zrom-bou-sis], *s.* *(Med.)* Trombosis.

throne [θrəʊn] [zroun], *s.* 1. Trono, asiento regio, la sede de un obispo en una catedral. **To ascend the throne**, ascender al trono. 2. Poder soberano; el que tiene el poder soberano. **Thrones**, *pl.* Tronos, hablando de los espíritus angélicos.

throng [θrɒŋ] [zron], *s.* Tropel de gente, multitud amontonada, muchedumbre (crowd).

throng, *va.* 1. Apretar, rellenar cierto espacio. 2. Apretar o estrujar a uno la concurrencia muy numerosa y apiñada de gente. *-vn.* Venir en tropel, amontonarse la gente, acudir en gran número. **The audience thronged the hall**, el auditorio llenó la sala de bote en bote.

throttle ['θrɒtl] [zro-tel], *s.* 1. Gaznate, garguero, traquiarteria. 2. *(Mec.)* Válvula de cuello o de paso en las máquinas de vapor; también se llama *throttle-valve*. **At full throttle**, a toda máquina. 3. Acelerador (accelerator).

throttle, *va.* Ahogar (strangle), sofocar. *-vn.* Sofocarse, ahogarse, respirar con dificultad.

through [θru:] [zru], *a.* Que va desde el principio hasta el fin con pocas paradas o sin ninguna. **A through train**, tren terminal. *-adv.* 1. De un lado a otro. **I am wet through**, estoy calado hasta los huesos, enteramente. 2. Desde el principio hasta el fin, todo el camino. 3. Hasta el fin, de parte a parte. 4. *(Fam.)* A buen fin. *-prep.* 1. Al través de, de un extremo a otro de; de parte a parte, de medio a medio. 2. Por medio de, por entre, de o al través, enteramente, del todo. **Through your influence**, mediante el influjo de Ud.; por mediación de Ud. 3. En, en medio de; por. 4. Con motivo de, por efecto de, por causa de. **Fish swim through the water**, los peces nadan por o en medio del agua. **Through all Spain**, por toda España. **To carry through**, llevar a buen fin. **To fall through**, salir mal, fracasar. **This train runs through**, este tren va hasta el término.

throughout [θrʊ'aʊt] [zru-aut], *prep.* Por todo, en todo, a lo largo de; durante todo (all over). **Throughout Europe**, en toda Europa. *-adv.* En todas partes.

throughway ['θru:weɪ] [zru-uei], *s.* Autopista.

throve [θrəʊv] [zrouv], *pret.* del verbo TO THRIVE.

throw [θrəʊ] [zrou], *va.* y *vn.* (*pret.* THREW, *pp.* THROWN). 1. Echar, arrojar, tirar, disparar (fire), lanzar. 2. Echar, tirar, tender, derribar al suelo (pull down). 3. Echarse, arrojarse. 4. Tirar los dados. 5. Impeler, empujar con violencia; estrellar. 6. Desmontar (unseat), desarzonar, echar al suelo. 7. Echar, tirar algo apresurada o negligentemente. 8. Despojarse de; desechar o mudar, v. g. como lo hace una serpiente con su piel. 9. Torcer la seda, convertir los filamentos en hilo. 10. Parir (animals). 11. Perder con premeditación (race, game). 12. Dar forma a los objetos de alfarería.

throw about, echar alrededor de; arrojar por uno y otro lado.

throw aside, arrojar, poner de lado.

throw away, arrojar, rechazar, desperdiciar, malgastar; desechar, echar a un lado, arrinconar.

throw back, rechazar hacia atrás; volver.

throw down, derribar, destruir, echar por tierra; subvertir, trastornar.

throw in, echar dentro, arrojar en; intercalar, insertar; añadir, dar de más., dar además de lo convenido.

throw off, echar o arrojar de sí o de alguna parte; expeler, hacer salir, dejar o renunciar una cosa.

throw on, ponerse, echarse encima.**To throw open**, abrir de par en par.

throw out, proferir, hacer creer; echar afuera, expeler, excluir, esparcir, exhalar, emitir, v. g. una opinión; hacer observaciones, insinuar. **To throw out of**, arrojar por. **To throw overboard**, *(Mar.)* Echar en la mar o tirar a la mar. **To throw silk**, torcer seda. **To throw together**, improvisar.

throw up, arrojar por alto o en alto; echar al aire; elevar, levantar; renunciar a, abandonar, deshacerse de un cargo, vomitar.

throw, *s.* 1. Tiro, el movimiento de una cosa arrojada o lanzada con violencia, y también el espacio que recorre la cosa así arrojada. 2. Un rato, un corto espacio de tiempo. 3. Golpe, esfuerzo. 4. **Within a stone's throw**, a tiro de piedra. 5. Cubrecama (bedspred). 6. Echarpe, chal (shawl).

throwback ['θru:bæk] [zru-bak], *s.* Atavismo, retroceso.

thrum [θrʌm] [zram], *s.* Cadillos, hilo basto; hilo destorcido.

thrum, *va.* Rascar las cuerdas de un instrumento, tocarlas mal: golpear ligeramente con los dedos, tamborilear. *-s.* Sonido que se hace golpeando ligeramente.

thrush [θrʌʃ] [zrash], *s.* 1. *(Orn.)* Tordo, ave de los géneros Turdus o Mrula; zorzal, malvís. 2. *(Med.)* Afta, úlcera que se forma en la superficie interior de la boca. 3. *(Vet.)* Higo, enfermedad que ataca el talón del caballo.

thrust [θrʌst] [zrast], *va.* y *vn.* (*pret.* y *pp.* THRUST). 1. Introducir con violencia. 2. Empujar (push), impeler. 3. Apretar, estrechar, cerrar. 4. Entremeterse, meterse, mezclarse en lo que a uno no le toca. 5. Introducirse en alguna parte sin ser llamado. 6. Acometer con ímpetu y violencia, embestir con uno. 7. Obligar a hacer algo por fuerza.

thrust aside, rechazar, empujar a un lado.

thrust away, rechazar, apartar, arrojar, alejar.

thrust back, rechazar.

thrust down, echar abajo, introducir, hacer entrar.

thrust forward, empujar hacia adelante, echar adelante.

thrust in, meter o introducir por fuerza o con violencia.

thrust out, echar o arrojar afuera.

thrust together, apretar o estrujar unas cosas con otras.

thrust through, dar de puñaladas, atravesar de parte a parte con algún instrumento punzante.

thrust upon, imponer a, hacer aceptar a, hacer creer cosas falsas a otro.

thrust, *s.* 1. Empuje repentino, empuje a lo largo; empujón (push), estocada; lanzada; cualquier bote o golpe que se tira con un arma o instrumento punzante. 2. Arremetida, ataque (attack), ofensiva (advance). 3. *(Mec.)* Empuje mutuo entre dos cuerpos en contacto, presión horizontal hacia el exterior; tracción, impulso del tornillo, empuje de la hélice. 4. *(Fís.)* Empuje, potencia o capacidad de empuje.

thrusting ['θrʌstɪŋ] [zras-tin], *s.* Ambicioso.

thud [θʌd] [zad], *vn.* Hacer un ruido sordo. *-s.* Sonido sordo y pesado, como el de un cuerpo duro que da contra otro comparativamente blando, el golpe que produce dicho sonido.

thug [θʌg] [zag], *s.* 1. Miembro de una secta de asesinos fanáticos de la India. 2. De aquí, asesino, matón (bully).

thumb [θʌm] [zam], *s.* Pulgar, el dedo primero y más grueso de los de la mano. **Thumb-nut**, tuerca con orejetas. **Thumb-screw**, tuerca con orejetas, tornillo de presión, antiguo instrumento de tortura.

thumb, *va.* Manosear con poca destreza (grope); emporcar alguna cosa con los dedos al manosearla. **Thumb through**, hojear.
thumbnail ['θʌmneɪl] [zam-neil], *s.* Uña del pulgar. **Thumbnail sketch**, esbozo en miniatura.
thumbnotch ['θʌmnɒtʃ] [zam-noch], *s.* Recorte en diccionarios, índices, etc. para facilitar su consulta.
thumbtack ['θʌmtæk] [zam-tak], *s.* Chinche, tachuela.
thump [θʌmp] [zamp], *s.* Porrazo, golpe que causa un sonido sordo (blow); puñada.
thump, *va.* y *vn.* 1. Aporrear, cascar, apuñear, acachetear. **He thumped the table with his fist**, pegó un puñetazo en la mesa. 2. Dar un porrazo o un golpe, golpear pesadamente.
thumping ['θʌmpɪŋ] [zam-pin], *a. (Coloq.)* Aplastante.
thunder ['θʌndəʳ] [zan-daʳ], *s.* 1. Trueno, el ruido que acompaña al rayo. 2. Cualquier estruendo o ruido violento. **The thunder of the traffic**, el estruendo del tráfico. 3. *(Fig.)* Rayo: denunciación fulminante, excomunión. **Thunder-storm**, tormenta acompañada de truenos.
thunder, *va.* y *vn.* 1. Tronar, oírse el ruido del trueno. 2. Tronar, dar estampidos o estallidos como los de las armas de fuego. 3. Tempestar, atronar, aturdir a voces o a gritos, gritar (shout). 4. Fulminar o arrojar rayos. 5. Fulminar penas, excomuniones, etc. **It thunders**, truena.
thunderbolt ['θʌndəbəʊlt] [zan-da-boult], *s.* 1. Rayo o centella despedida de las nubes. 2. Fulminación, censura, excomunión eclesiástica.
thunderclap ['θʌndəklæp] [zan-da-klap], *s.* Trueno, rayo, tronada o tempestad con truenos.
thundercloud ['θʌndəklaʊd] [zan-da-klaud], *s.* Nubarrón.
thunderer ['θʌndərəʳ] [zan-da-raʳ], *s.* Tonante o tronador.
thunderous ['θʌndərəs] [zan-da-ros], *a.* Atronador, que produce truenos.
thunderstrike ['θʌndəstraɪk] [zan-da-straik], *va.* Fulminar, herir con rayo o centella; aturdir o espantar con alguna cosa muy extraordianria y sorpentdente. Este verbo se usa poco a no ser en el participio pasado, **thunderstruck**, anonadado, estupefacto, turulato. **To be thunderstruck**, *(Fam.)* Quedarse helado o de una pieza.
thundery ['θʌndərɪ] [zan-da-ri], *a.* Tormentoso.
thurible ['θjʊərɪbl] [ziua-ri-bol], *s.* Turíbulo, incensario, braserillo que sirve para incensar.
Thursday ['θɜːzdɪ] [zres-di], *s.* Jueves, el quinto día de la semana.
thus [ðʌs] [das], *adv.* 1. Así, de este modo (in this way), de esta suerte, en estos términos. 2. Sí, tanto; a ese grado. 3. Siendo así, en estas condiciones. 4. Por lo tanto, por consiguiente (consequently). (*Thus* se limita hoy al estilo literario y formal, y lo reemplaza *so* en el uso ordinario). **Thus it is**, así es que, así es como. **Thus far**, hasta aquí. **Thus much**, basta no más, baste esto. **Thus it comes to pass**, así es como viene a ser, a acontecer.
thus, *s.* Incienso, resina aromática.
thwack [dwæk] [duak], *va.* Aporrear, pegar, zurrar, golpear con alguna cosa plana o redondeada. *V.* WHACK. *-s.* Zurra, tunda, golpe dado con alguna cosa plana (blow). (Var. de WHACK).
thwart [dwɔːt] [duort], *a.* Travesero, transversal, travieso. *-vt.* 1. *(Ant.)* Mover obstáculos, contrarrestar, frustrar. **The police managed to thwart the robbers**, la policía logró burlar a los ladrones. 2. *(Poco us.)* Ir en contra; estar en oposición con o a.
thy [ðaɪ] [dai], Adjetivo posesivo correspondiente a *Thou*, tu, tus.
thyme [ðaɪm] [daim], *s. (Bot.)* Tomillo, cualquier hierba olorosa del género Thymus.
thymus ['ðaɪməs] [dai-mos], *s.* Timo, glándula sin conducto que se halla en el cuello de muchos vertebrados.
thyroid ['θaɪrɔɪd] [zai-roid], *a.* Tiroideo. *-s.* Tiroides (glándula).
thyself [ðaɪ'self] [daiself], *pron. recip.* Tú mismo, ti mismo. **Love thy neighbor as thyself**, ama a tu prójimo como a ti mismo.
ti [tiː] [ti], *s. (Mús.)* Si.
tiara [tɪ'ɑːrə] [tia-ra], *s.* Tiara, ornamento de la cabeza; diadema.
Tibet [tɪ'bet] [ti-bet], *s.* El Tíbet.
Tibetan [tɪ'betən] [ti-be-tan], *s.* 1. Tibetano. 2. Lengua tibetana. *-a.* Tibetano.
tibia ['tɪbɪə] [ti-bia], *s.* 1. Tibia, el hueso más grueso (interior) de la pierna; un hueso semejante del ave. 2. Cuarta articulación de la pata de un insecto. 3. Flauta primitiva.
tibial ['tɪbɪəl] [ti-bial], *a.* Tibial que pertenece al hueso tibia.
tic [tɪk] [tik], *s.* Tic.
tick [tɪk] [tik], *s.* 1. El golpe del reloj o cosa semejante; tic tac, ruido ligero producido por un movimiento acompasado. 2. Marca indicadora que se usa al confrontar una cosa. 3. *(Zool.)* Garrapata, rezno, un insecto que se agarra fuertemente a los animales. 4. Funda de almohada. 5. *(Fam.)* Crédito, préstamo de dinero o géneros sin más seguridad que la confianza que se tiene en el que lo recibe. **To buy upon tick**, comprar al fiado. **Bed-tick**, cotí o terliz con que se hacen almohadas y colchones.
tick, *va.* 1. Sonar produciendo tic tac; indicar la hora con ruido ligero; se usa a menudo con *off*. 2. Confrontar, haciendo una marca indicadora. *-vn.* Hacer sonido de tic, tac, batir. **Tick over**, estar en marcha, marchar al ralentí. **The business is just ticking over**, el negocio va tirando.
ticker ['tɪkəʳ] [ti-kaʳ], *s.* El o lo que produce un sonido de tic tac; es especial, 1. *(Fam. E. U.)* instrumento telegráfico receptor, particularmente un indicador de valores; 2. *(Ger.)* reloj de bolsillo. 3. *(Coloq.)* Corazón (heart).
ticker tape ['tɪkəteɪp] [ti-ka-teip], *s.* Cinta de teletipo. **A ticker-tape parade**, un desfile triunfal.
ticken ['tɪkn] [ti-ken], **ticking** ['tɪkɪŋ] [ti-kin], *s.* Terliz, cotí o cotín para colchones.
ticket ['tɪkɪt] [ti-ket], *s.* 1. Billete, boleta, *(Mex.)* boleto; tarjeta de entrada; billete, cédula de transporte por ferrocarril. 2. Rótulo, marbete; marca que se pone a alguna cosa para reconocerla, etiqueta (label). 3. *(E. U.)* Balota; de aquí, lista de candidatos en una elección (list of candidates). **Excursion ticket, roundtrip ticket**, billete de ida y vuelta *(F.C.)*. **Playhouse ticket**, boletín o boleta de teatro. **Lottery-ticket**, cédula o billete de lotería.
ticket, *va.* Fijar, pegar un rótulo o marbete a; rotular (label), marcar.
ticketholder ['tɪkɪtˌhəʊldəʳ] [ti-kit-joul-daʳ], *s.* Persona en posesión de una entrada, boleto, billete.
ticking-off ['tɪkɪŋɒf] [ti-kin-of], *s. (Coloq.)* Regaño, rapapolvo.
tickle ['tɪkl] [ti-kel], *vt.* 1. Hacerle cosquillas a, hacerle gracia a (amuse). *-vi.* Picar. *-s.* Cosquilleo.
tickler ['tɪkləʳ] [ti-klaʳ], *s.* 1. El que hace cosquillas. 2. Recordatorio, ayuda, memoria.
tickling ['tɪklɪŋ] [ti-klin], *s.* Cosquillas.
ticklish ['tɪklɪʃ] [ti-klish], *a.* 1. Cosquilloso, que siente mucho las cosquillas. 2. Instable, incierto. 3. Arduo, delicado, difícil, peliagudo (tricky, thorny).
ticklishness ['tɪklɪʃnɪs] [ti-klish-nes], *s.* La propiedad de ser cosquilloso.
tickseed ['tɪksiːd] [tik-sid], *s.* Cualquier planta del género Cercopsis cuyas semillas parecen garrapatas.
tick-tack ['tɪktæk] [tik-tak], *s.* 1. Tic, tac, sonido recurrente o reiterado como el producido por un reloj. 2. Chaquete, una especie de juego muy conocido.
tic-tac-toe [ˌtɪktæk'təʊ] [tik-tak-tou], *s.* Tres en raya.
tid [tɪd] [tid], *a. (Des.)* Delicado, gustoso. **Tid-bit**, golosina.
tidal ['taɪdl] [tai-dal], *a.* 1. De marea, determinado por las mareas; que crece y mengua periódicamente. 2. Periódico; regularizado o medido en cuanto al tiempo por el flujo y reflujo de la marea. **Tidal basin**, dique de marea, en el cual la marea mengua y crece. **Tidal harbor**, puerto en que se notan las mareas. **Tidal wave**, (a) marejada, oleada de vasta extensión pero de pocos pies de altura, que sigue al sol y a la luna de este a oeste y causa las mareas; (b) impropiamente, avenida o desbordamiento de la marea.

tiddler ['taɪdləʳ] [tai-dlaʳ], *s. (Coloq.)* Pececito.
tiddlywinks ['tɪdlɪwɪŋkz] [ti-dli-uinks], *s.* Juego en que se emplean pequeños discos de colores en una taza.
tide [taɪd] [taid], *s.* 1. Marea, el flujo y reflujo de las aguas del mar. 2. Corriente (current); curso, marcha; flujo. 3. Tiempo, estación. **Time and tide**, el tiempo y la hora. **Springtide**, estación de primavera. 4. Período de tiempo de seis horas y doce minutos, el intervalo que media entre pleamar y bajamar en el océano. **Whitsuntide**, pentecostés. **The tide ebbs**, la marea mengua. **The tide flows**, la marea crece. **Flood tide**, creciente, flujo, marea alta. **High** o **full tide**, plenamar, pleamar. **Ebb tide, low tide**, bajamar. **Tide-way**, canal de marea. **Neap-tides**, aguas chifles o muertas. **Spring-tide**, agua viva, marea, mayor. **To go with the tide**, seguir la corriente. **This should tide us over until next year**, nos arreglaremos con esto hasta el próximo año.
tide, *va.* 1. Llevar (la marea) hacia algún paraje. 2. Superar una dificultad; aguardar tiempo u ocasión más favorable; se usa con *over*. **To tide it up**, *(Mar.)* Montar con la marea.
tideless ['taɪdlɪs] [taid-les], *a.* Que no tiene marea; sin marea.
tidesman ['taɪdzməns] [taids-man], *s.* 1. *V.* TIDEWAITER. 2. Empleado cuyo oficio depende del estado de la marea.
tidewater ['taɪdˌwɔːtəʳ] [taid-uo-taʳ], *s.* Marejada. *-a.* Costanero.
tidily ['taɪdɪlɪ] [tai-di-li], *adv.* Aseadamente (neatly); mañosamente, en buen orden.
tidiness ['taɪdɪnɪs] [taid-di-nes], *s.* Aseo (neat), buen arreglo, maña.
tidings ['taɪdɪŋz] [tai-dins], *s. pl.* Nuevas, relato, noticias.
tidy ['taɪdɪ] [tai-di], *a.* 1. Airoso, bien dispuesto, limpio (clean), aseado. 2. De disposición o hábitos metódicos. 3. *(Des. o Fam.)* Considerable, bastante. *-s.* Funda para muebles.
tidy, *va.* y *vn. (Fam.)* Asear, componer; poner en orden.
tie [taɪ] [tai], *va.* (*pret.* y *pp.* TIED, pa. TYING). 1. Anudar, atar, ligar o enlazar dos o más cosas haciendo nudos; juntar con un lazo. 2. Unir o enlazar íntimamente; atar, encadenar. 3. Restringir dentro de límites, limitar, confinar. 4. Sentar el mismo número en la cuenta; traer a igualdad en la suma. 5. Unir las notas con un rasgo. **To tie up**, arremangar, recoger, levantar; impedir, obstruir; poner fuera del gobierno o poder de alguien; envolver algo (en una cubierta). **Tie down**, atar, amarrar. **Tie in**, concordar, cuadrar (coincide).
tie, *s.* 1. Lazo, atadura, ligadura, lo que sirve para atar o ligar. 2. Lazo (bond), vínculo del matrimonio, de la amistad, etc.; apego, adhesión, unión. 3. Una trenza de pelo. 4. Par, igualdad cabal de número en pro y en contra, empate (equal score). 5. Lo que sirve para atar; maroma, cordaje. 6. *(Mús.)* Ligadura, línea curva que junta dos notas en el mismo grado del pentagrama. 7. Tirante, ligazón. 8. Traviesa de ferrocarril. 9. *(E.U.) pl.* Zapatos bajos atados con cordones. **Tie-beam**, tirante; solera de puente.
tied [taɪd] [taid], *a.* Empatado.
tier [tɪəʳ] [tiaʳ], *s.* Atador, lo que ata; lo que se ata; en especial, delantal de niño.
tier, *s.* 1. Fila (row), ringlera. 2. Escalón, nivel. **Tier of guns**, *(Mar.)* Andanada de cañones. **Cable-tier**, pozo de cable. **Tier of a cable**, andana.
tierce ['tɪəs] [tiers], *s.* 1. Tercerola, el tonel que contiene la tercera parte de una pipa. 2. *(Mús.)* Tercera, la consonancia que comprende el intervalo de dos tonos y medio. 3. Tercera, término del juego de los cientos. 4. Tercia, hora canónica. 5. En la esgrima, posición del puño vuelto hacia dentro.
tiered ['tɪəd] [tiard], *a.* En gradas. **A three-tiered cake**, un pastel de tres pisos.
tie-up ['taɪʌp] [taiap], *s.* 1. Interrupción de trabajo por huelga, descompostura de maquinaria, etc. 2. Paralización momentánea del tráfico (stoppage).
tiff [tɪf] [tif], *s.* 1. Pique, disgusto; arranque, palabra picante, pelea (brawl), riña. 2. Bebida, cualquier licor simple o compuesto.
tiff, *va.* Merendar. (Angloindio). *-vn.* Picarse, atufarse, reñir.
tiffany ['tɪfənɪ] [ti-fa-ni], *s.* Tafetán sencillo.
tiger ['taɪgəʳ] [tai-gaʳ], *s.* 1. Tigre, mamífero carnicero y feroz de la raza felina. 2. Jaguar. 3. Volante (criado). **Tiger-beetle**, cicindela, insecto coleóptero. **Tiger-lily**, lirio de tigre. (Lilium tigrinum).
tigerish ['taɪgərɪʃ] [tai-ga-rish], *a.* De tigre, parecido al tigre.
tight [taɪt] [tait], *a.* 1. Bien cerrado, construido sólida y fuertemente; impermeable, impenetrable a los fluidos; *(Mar.)* estanco. 2. Tirante, fuertemente apretado, tieso, tenso. 3. Premioso, estrecho, muy ajustado. **A tight shoe**, un zapato demasiado estrecho. 4. *(Com.)* Escaso, difícil de obtener; se dice del dinero. 5. *(Fam.)* Compacto, acomodado. 6. *(Fam. E.U.)* Mezquino, miserable. 7. Difícil de pasar o de salir de (problematic). 8. *(Fam.)* Embriagado, borracho. **Tight-fitting**, muy ajustado. **Water-tight**, estanco, impermeable. **Tight lacing**, trabas; corsé demasiado ajustado. **To tie tight**, apretar. **A tight ship**, *(Mar.)* Navío estanco.
tighten ['taɪtn] [tai-ten], *va.* y *vn.* Estirar, atiesar; apretar (press); atiesar, ponerse más tenso.
tight-lipped ['taɪtlɪpt] [tait-lipt], *a.* Reservado, callado (quiet), poco comunicativo.
tightly ['taɪtlɪ] [tait-li], *adv.* Con firmeza, bien apretado; de una manera apretada, estirada, tiesa; con estrechez. **He was holding her hand tightly**, la tenía agarrada fuerte de la mano.
tightness ['taɪtnɪs] [tait-nes], *s.* 1. Tensión, tirantez. 2. Estrechez. 3. Condición de lo que se halla bien cerrado; impermeabilidad. 4. Parsimonia, tacañería. 5. Opresión.
tightrope ['taɪtrəʊp] [tait-roup], *s.* Cuerda tirante de volatinero.
tights ['taɪtz] [taits], *s. pl.* Calzón ajustado para facilitar los movimientos y mostrar las formas.
tight squeeze ['taɪtskwiːz] [tait-skuis], *s.* Aprieto (predicament), apuro, conflicto.
tightwad ['taɪtwɒd] [tait-uod], *s. (Coloq.)* Apretado.
tigress ['taɪgrɪs] [tai-gres], *f.* La hembra del tigre.
tike [taɪk] [taik], *s. (Prov.)* 1. Patán, rústico. 2. Perro degenerado.
tile [taɪl] [tail], *s.* 1. Teja, baldosa, pieza de barro cocido de varias figuras para cubrir los techos, suelos, etc. 2. Placa de porcelana, mármol u otro material que se usa para adornar las paredes. **Ridge-tile**, teja acanalada. **Dutch tiles**, azulejos. **Tile-maker**, tejero. **Tile-kiln**, tejar, el lugar donde se fabrican las tejas.
tile, *va.* 1. Tejar, cubrir de tejas. 2. Desaguar por medio de tejas. 3. Asegurar contra una intrusión.
tiling ['taɪlɪŋ] [tai-lin], *s.* 1. El acto o procedimiento de cubrir con tejas. 2. Tejas en general; tejado, el techo cubierto de tejas.
till [tɪl] [til], *s.* Cajón (drawer) o gaveta para guardar dinero. *-prep.* Hasta, hasta donde. *-conj.* Hasta que.
till, *va.* Cultivar, labrar, dar a la tierra las labores necesarias.
tillable ['tɪləbl] [ti-la-bol], *a.* Labrantío, capaz de cultivo. **Tillable land**, tierra cultivable, labrantía o de pan llevar.
tillage ['tɪlɪdʒ] [ti-lich], *s.* Labranza, el trabajo de cultivar la tierra, cultivo de la tierra, la agricultura.
tiller ['tɪləʳ] [ti-laʳ], *s.* 1. Agricultor, labrador. 2. Mango, palanca; en especial, barra o caña del timón; de aquí, medio de guiar. **At the tiller**, al timón. 3. Retoño, renuevo, resalvo de un árbol. **Tiller-rope**, *(Mar.)* guardín de la caña. **Tiller-hole**, *(Mar.)* Limera. **Tiller-transom**, *(Mar.)* Descanso de la caña del timón. **To ship the tiller**, *(Mar.)* montar la caña del timón.
tiller, *vn.* Echar retoños de la raíz.
tilling ['tɪlɪŋ] [ti-lin], *s.* Labranza.
tilt [tɪlt] [tilt], *s.* 1. Inclinación desde la vertical o la horizontal; declive (slope). 2. Justa o torneo, un ejercicio y fiesta militar de los antiguos caballeros. 3. Lanzada. 4. Tienda, cubierta, todo, tendal. **Tilt-boat**, *(Mar.)* Carroza. **Tilt-hammer**, martinete de báscula.
tilt, *va.* 1. Empinar, inclinar (slope), levantar en alto alguna cosa de modo que se salga lo que hay en ella. 2. Martilla,

forjar con el martinete. 3. Apuntar la lanza. 4. Entoldar, cubrir con toldos. *-vn.* 1. Inclinarse hacia un lado, ladearse. 2. Justar, combatir en una justa.

tilth [tılθ] [tilz], *s.* 1. Labranza, cultivo. 2. Profundidad a que alcanza el cultivo de un terreno.

timbal, tymbal ['tımbəl] [tim-bal], *s.* Timbal, atabal.

timber ['tımbəʳ] [tim-baʳ], *s.* 1. Madera de construcción; maderamen, maderaje. 2. Árboles de monte, los árboles no cortados. 3. Viga maestra (beam), el madero principal de una fábrica. 4. Cuaderna, miembro; pieza de construcción que se levanta de dos lados de la quilla. **Filling-timbers**, *(Mar.)* Cuadernas de henchimiento. **Floor-timbers**, varengas. **Stern-timbers**, gambotas de popa. **Head-timbers**, gambotas de proa. **Cant-timbers**, cuadernas que no están perpendicularmente sobre la quilla. **Ship-timber**, madera para construcciones navales. **Top-timbers**, reveses. **Round timber**, madera en troncos, tronco entero. **Squared timber**, madera escuadrada. **Old timber**, madera de demolición. **Standing timber**, árboles en pie. **Timber-merchant**, maderero, el que trata en madera. **Timber-sow**, carcoma, gusano que roe la madera. **Timber trade**, la industria maderera. **Timber-work**, maderaje, maderamen, el conjunto de maderas para edificios, etc. **Timber-yard**, astillero.

timber, *va.* Enmaderar, proveer de madera de construcción.

timbered ['tımbəd] [tim-bad], *adj. part.* 1. Cubierto de árboles crecientes o de monte alto. 2. Edificado, construido, provisto de madera.

timberland ['tımbəlænd] [tim-ba-land], *s.* Terreno maderero.

timber line ['tımbəlaın] [tim-ba-lain], *s.* Límite de la vegetación arbórea.

timber wolf ['tımbəˌwʊlf] [tim-ba-vulf], *s.* Lobo gris.

timbre ['tembr] [tembr], *s.* 1. Timbre, calidad de una voz, de un instrumento músico. 2. *(Her.)* Timbre, la insignia que se coloca sobre el escudo de armas para distinguir los grados de nobleza.

time [taım] [taim], *s.* 1. Tiempo, la medida de la duración de las cosas. 2. Tiempo, un término limitado; plazo. 3. Tiempo, sazón, oportunidad, la ocasión y coyuntura de hacer algo. 4. Tiempo, tomado por un largo espacio de él; edad, época, como **To take time**, tomarse tiempo o dejar la ejecución de una cosa por un largo espacio de tiempo. **In Tudor times**, en la época de los Tudor, en tiempos de los Tudor. 5. *(Mús.)* Compás, medida de los sonidos con respecto a su duración: grado del movimiento. *V.* TEMPO. 6. Vez (indicando la repetición). **At a time**, a la vez. **At times**, a veces. **Every time**, cada vez, todas las veces. **Many times** muchas veces, a menudo. **Many and many a time**, muchísimas veces. 7. Intervalo, el espacio de un tiempo a otro; hora, división del día indicada por el reloj. **What time is it?** ¿Qué hora es? **Tell me the time**, dígame Ud. la hora. 8. El término de la preñez. 9. La hora del parto o de la muerte. 10. Relación temporal o inflexión que toma el verbo. **In time**, a tiempo, con el tiempo. **In our times**, en nuestros días. **From time to time**, de cuando en cuando. **The time to come**, lo futuro, lo venidero. **Time out of mind**, tiempo inmemorial. **In old times, in times of yore**, antiguamente, en otros tiempos, en tiempos antiguos. **From this time forth**, desde ahora, desde hoy en adelante, en lo venidero. **At any time**, cuando Ud. guste o cuando Ud. quiera. **At no time**, jamás. **At this time**, al presente, ahora. **At that time**, en aquella ocasión, en aquel tiempo, entonces. **This time a twelvemonth**, de aquí a un año. **At all times**, en todos los tiempos, en todas las edades. **In a day's time** en el espacio de un día. **In an hour's time**, en una hora. **In the day-time**, de día o por el día. **In the night-time**, de noche o por la noche. **To pass the time away**, pasar el tiempo; recrearse, divertirse, darse una pavonada. **By that time**, para entonces o entonces. **A woman near her time**, una mujer en días de parir. **To take time by the forelock**, *(Prov.)* tomar o asir la ocasión por los cabellos. **From time to time**, de vez en cuando, de cuando en cuando. **A long time since**, hace largo tiempo. **In no time**, en un instante, al momento. **Time enough**, hay tiempo; es bastante pronto. **Behind time**, atrasado, retardado. **There is no time to spare**, no hay tiempo que perder. **To lose time**, perder el tiempo, retrasar (el reloj). **At some time or other**, un día u otro. **To keep time**, guardar compás. **To beat time**, marcar el compás. **To be on time**, *(E. U.)* Ser puntual. **Out of time**, fuera de compás. **For the time being**, por ahora, por o para entonces; de ahora, actual, en este tiempo. **Time-pleaser, time-server**, el que contemporiza o se acomoda con demasiada facilidad al gusto ajeno. **Time-serving**, complaciente, contemplativo, lisonjero, que adora el sol que nace. **Timetable**, cartel, cédula o lista de las horas en que suceden o se hacen ciertas cosas; p.ej. las horas de llegada y salida de trenes, barcos, etc. **Time warp**, salto en el tiempo. **Time worn**, usado, gastado por el tiempo.

time, *va.* 1. Adaptar al tiempo, hacer alguna cosa a tiempo oportuno. 2. Concertar, arreglar el tiempo. 3. *(Mús.)* Llevar el compás. 4. *(Sport)* Cronometrar.

time card ['taımˌkɑːd] [taim-kard], *s.* Tarjeta en que se marca la hora de entrada y salida de empleados o trabajadores.

time clock ['taım'klɒk] [taim-klok], *s.* Reloj para marcar la hora de entrada y salida de empleados o trabajadores.

time exposure ['taımıkˌspəʊʒəʳ] [taim-iks-pou-saʳ], *s.* Exposición de tiempo (en fotografía).

time keeper ['taımkiːpəʳ] [taim-ki-paʳ], *s.* 1. Reloj, reloj astronómico. 2. Marcador de tiempo.

timeless ['taımlıs] [taim-les], *a.* 1. Independiente o superior a todas las limitaciones del tiempo, que no tiene fin, eterno (eternal). 2. Intempestivo, que se hace fuera de tiempo o de ocasión oportuna.

time limit ['taımlımıt] [taim-li-mit], *s.* Plazo.

timeliness ['taımlınıs] [taim-li-nes], *s.* Tiempo conveniente, oportunidad; calidad de oportuno.

timely ['taımlı] [taim-li], *adv.* Temprano, con tiempo; bien pronto, a tiempo oportuno, a propósito. *-a.* Oportuno (opportune), en tiempo.

time out [ˌtaım'aʊt] [taim-aut], *s.* Tiempo muerto.

timepiece ['taımˌpiːs] [taim-pis], *s.* Cualquier reloj o instrumento que marca las horas.

timer ['taıməʳ] [tai-maʳ], *s.* 1. Marcador de tiempo (person or instrument). 2. El que sirve o trabaja por determinado lapso.

timesheet ['taımʃiːt] [taim-shiit], *f.* Hoja de asistencia.

timetable ['taımˌteıbl] [taim-tei-bol], *m.* Horario, programa.

timewasting ['taımweıstıŋ] [taim-ueis-tin] *a.* Lo que hace perder tiempo.

timid ['tımıd] [ti-mid], *a.* Tímido (shy), temeroso, que evita la publicidad, pusilánime (faint-hearted), medroso, huraño.

timidity [tı'mıdıtı] [ti-mi-di-ti], **timidness** ['tımıdnıs] [ti-mid-nes], *s.* Timidez, temor, miedo, pusilanimidad.

timidly ['tımıdlı] [ti-mid-li], *adv.* Tímidamente, con timidez.

timing ['taımıŋ] [tai-min], *s.* 1. *(Mus., Sport)* Ritmo. 2. *(Auto)* **Check the timing**, revise el encendido. **The timing of the election**, la fecha escogida para las elecciones.

timorous ['tımərəs] [ti-mo-ros], *a.* Temeroso (spineless), medroso, asombradizo, espantadizo, timorato (prudish).

timpani ['tımpənı] [tim-pa-ni], *s.pl.* Timbales.

timpanist ['tımpənıst] [tim-pa-nist], *s.* Timbalero.

tin [tın] [tin], *s.* 1. Estaño, metal maleable y blanco. 2. Hoja de lata, hojalata, lámina cubierta de estaño. 3. Objeto de hojalatería. 4. *(Ger.)* Dinero, moneda. **Tinfoil**, hoja de estaño, alinde. **Tin-man**, hojalatero, alinde. **Tin-man**, hojalatero, estañero. **Tin-plate**, hoja de lata. **Tin-pot**, jarro o vasija de hoja de lata. **Tintype**, *(E. U.)* Fotografía hecha sobre una plancha de hojalata. *V.* FERROTYPE. **Tin-ware**, hojalatería, efectos de hojalata.

tin, *va.* 1. Estañar, cubrir o bañar con estaño. 2. Cubrir, v. g. un tejado, con hoja de lata. 3. Meter en una caja o bote de hojalata. **To tin over**, estañar completamente una cosa o cubrirla toda con estaño.

tin can ['tınkæn] [tin-kan], *s.* Lata, bote.

tincture ['tɪŋktʃəʳ] [tink-chaʳ], *s.* 1. Tintura, tinte, el color que queda en la cosa teñida. 2. Tintura, en farmacia es la solución de una substancia simple o compuesta en alcohol o espíritu de vino. 3. tintura, el conocimiento superficial de alguna ciencia o arte; gusto, gustillo.
tincture, *va.* 1. Teñir, colorar, tinturar. 2. Dar un sabor o un gusto particular a las cosas. 3. Tinturar, instruir o informar a grandes rasgos de alguna cosa.
tinder ['tɪndəʳ] [tin-daʳ], *s.* Yesca, toda materia muy seca y dispuesta de suerte que cualquier chispa de fuego prenda en ella; mecha.
tinderbox ['tɪndəbɒks] [tin-da-boks], *s.* Yesquero.
tine [taɪn] [tain], *s.* 1. Púa de rastrillo; diente de tenedor. 2. Angustia, aflicción de ánimo.
ting [tɪŋ] [ting], *va.* y *vn.* Dar o producir un solo sonido metálico y agudo. *-s.* Un sonido metálico solo y agudo, como el de una campana; retintín. *(Imitativo)*
tinge [tɪndʒ] [tindch], *va.* 1. Colorar, teñir (dye), dar un tinte ligero, colorear. 2. Dar ligero gusto a una cosa; modificar mezclando con algo. *-s.* 1. Tinte, color ligero, matiz. 2. Gusto, gustillo, cualidad comunicada por una substancia extraña.
tingle ['tɪŋgl] [tin-guel], *vn.* 1. Picar, punzar, hormiguear, experimentar una picazón, como la que se siente en la piel cuando se expone al frío. 2. Producir picazón u hormigueo. **My ears tingle**, me hormiguean las orejas. *-s.* 1. Picazón, hormigueo, comezón. 2. Retintín. *V.* JINGLE.
tingling ['tɪŋglɪŋ] [tin-glin], *s.* Punzada de dolor, picazón, comezón.
tingly ['tɪŋglɪ] [tin-gli], *a.* **My leg feels tingly,** siento un hormigueo en la pierna. **Tingly feeling,** sensación de hormigueo.
tinhorn ['tɪnhɔːn] [tin-jorn], *s.* *(Coloq.)* Fanfarrón. *-a.* Fanfarrón (show-off).
tinker ['tɪŋkəʳ] [tin-kaʳ], *va.* Remendar como lo hace un calderero, a veces, chafallar, remendar chapuceramente. *-vn.* 1. Trabajar como calderero o latonero. 2. Chafallar, remendar de un modo chapucero. *-s.* Latonero, calderero remendón; desabollador.
tinkle ['tɪŋkl] [tin-kel], *va.* y *vn.* 1. Cencerrear, retiñir, hacer retintines, sonar o dejar oír ligeros sonidos metálicos repetidos. 2. Zumbar los oídos. *-s.* Tintineo, tilín.
tinkling ['tɪŋklɪŋ] [tin-klin], *s.* Retintín, retín, sucesión de sonidos agudos, ligeros y sonoros.
tinned [tɪnd] [tind], *a.* Enlatado, de lata.
tinner ['tɪnəʳ] [ti-naʳ], *s.* 1. Minero de estaño. 2. Estañero, hojalatero.
tinny ['tɪnɪ] [ti-ni], *a.* De estaño, pertenciente o parecido al estaño.
tinpot ['tɪnpɒt] [tin-pot], *a.* De poco valor, de pacotilla.
tinsel ['tɪnsəl] [tin-sel], *s.* 1. Oropel, laminitas de latón reluciente, lentejuelas; *(Fig.)* falso brillo. 2. Brocadillo, restaño, tejido al que se pegan o cosen lentejuelas u oropel. *-a.* De oropel, que tiene brillo falso. *-va.* Adornar con oropel.
tint [tɪnt] [tint], *va.* Teñir, colorar (color), dar un color, matizar. *-s.* 1. Tinte, color con que se tiñe, matiz, grado de fuerza que se da a los colores. 2. Matiz, efecto de luz, sombra, etc., producido en el grabado o cruzando las líneas, etc. **Neutral tint**, matiz neutro.
tinted ['tɪntɪd] [tin-tid], *a.* Coloreado, teñido.
tinwork ['tɪnwɜːk] [tin-uerk], *s.* Fábrica o mina de estaño.
tiny ['taɪnɪ] [tai-ni], *a.* Muy pequeño, menudo, minúsculo, diminuto (minute).
tip [tɪp] [tip], *s.* 1. Punta, extremidad (extremity), cabo. **He was standing on the tips of his toes**, estaba de puntillas. 2. Casquillo, regatón; virola que se pone al extremo de una cosa.
tip, *s.* 1. Propina. 2. Aviso amistoso y útil, fundado en informes confidenciales, consejo (advice). 3. Toque ligero, golpecito. 4. Vertedero, basurero.
tip, *va.* 1. Guarnecer o cubrir la extremidad o punta de una cosa con un metal cualquiera. 2. Golpear ligeramente o dar golpecitos suaves. 3. Ladear, inclinar (tilt), levantar un extremo o lado de. 4. *(Fam.)* Dar una propina. 5. *(Ger.)* Dar informes secretos respecto de algún suceso, particularmente cuando median apuestas, pronosticar (forecast). *-vn.* 1. Ladearse, inclinarse a un lado. 2. Hacer un regalo en dinero, dar propina. **To tip the wink**, guiñar, dar guiñadas. **To tip at nine-pins**, birlar, en el juego de bolos. **Tipped with silver**, montado en plata. **Tip off**, avisar, dar el chivatazo. **Tip over**, volcar. **Tip up**, voltear, darle la vuelta.
tip-off ['tɪpɒf] [tip-of], *s.* Dato, soplo, chivatazo.
tipped ['tɪpd] [tipd], *a.* Con filtro.
tippet ['tɪpt] [tipt], *s.* Palatina, adorno que usan las mujeres al cuello.
tipple ['tɪpl] [ti-pel], *va.* y *vn.* 1. Beber con exceso, beborrotear, pero no hasta el extremo de embriagarse. 2. Achisparse, empinar el codo.
tippler ['tɪpləʳ] [ti-plaʳ], *s.* Bebedor, el que bebe mucho o es aficionado a los licores. *(Fam.)* Tomista.
tipsily ['tɪpsɪlɪ] [tip-si-li], *adv.* Como borracho.
tipstaff ['tɪpstɑːf] [tip-staf], *s.* 1. Alguacil de vara. 2. Vara de justicia.
tipster ['tɪpstəʳ] [tips-taʳ], *s.* Pronosticador.
tipsy ['tɪpsɪ] [tip-si], *a.* 1. Borracho, embriagado, achispado (merry). 2. Oscilante.
tiptoe ['tɪptəʊ] [tip-tou], *s.* Punta del pie. **To walk on tiptoe** o **on one's tiptoes**, andar de puntillas. **To be on tiptoe, to stand a tiptoe**, tenerse, ponerse de puntillas, estar aguardando, alerta.
tiptop ['tɪptɒp] [tip-top], *a.* *(Fam.)* Lo mejor en su clase. *-s.* Cumbre, cima, el más alto punto. **In tiptop condition**, en excelente estado, como nuevo.
tirade [taɪ'reɪd] [tai-reid], *s.* Tirada crítica: invectiva (diatribe).
tire ['taɪəʳ] [taiaʳ], *s.* Llanta, neumático. **Tire blowout**, reventón de llanta o neumático. **Tire cover**, cubrellantas. **Tire gauge**, medidor de presión de las llantas o neumáticos.
tire, *va.* Cansar, fatigar, aburrir, fastidiar, enfadar. *-vn.* 1. Cansarse, padecer cansancio o fatiga, aburrise, fastidarse. 2. Hacer presa en. **To tire out**, cansar mucho, reventar de cansancio o fatiga.
tired ['taɪəd] [taiad], *a.* 1. Cansado (weary), fatigado, fastidiado. **I'm tired**, estoy cansado. 2. Mustio (faded), gastado.
tiredness ['taɪədnɪs] [taiad-nes], *s.* Cansancio, lasitud, demasiada fatiga.
tireless ['taɪəlɪs] [taia-les], *a.* 1. Infatigable, incansable. 2. Falto de llanta (wheel).
tiresome ['taɪəsəm] [taia-som], *a.* Tedioso, fastidioso, molesto (irritating), pesado, enfadoso.
tiresomeness ['taɪəsəmnɪs] [taia-som-nes], *s.* Tedio, fastidio (annoyance), aburrimiento, displicencia.
tiring ['taɪərɪŋ] [taia-rin], *a.* Cansador, cansado.
'ti [tɪs] [tis] Abreviatura poética de IT IS. **'Tis ill done**, es o está mal hecho.
tisane [tɪ'zæn] [ti-san], *s.* Tisana, bebida medicinal. *V.* PTISAN.
tisic ['tɪsɪk] [ti-sik], *s.* Tisis, tísica. *V.* PHTHISIC.
tissue ['tɪʃuː] [ti-shu], *s.* 1. *(Biol.)* Tejido, cada una de las agregaciones de elementos anatómicos, entrelazados o simplemente adheridos entre sí, que forman las partes sólidas de los cuerpos orgánicos. 2. Tejido ligero parecido a la gasa; originalmente, tisú, tela de oro o plata. 3. Serie conexa, encadenamiento; ficción. 4. Papel de seda. 5. Pañuelo de papel (paper handkerchief). 6. Trama (web). **Woody tissue**, tejido leñoso. **The whole story is a tissue of fabrications**, todo ello no es más que un tejido de mentiras. **Tissue-paper**, papel de seda.
tissue, *va.* Entretejer, mezclar en el tejido diferentes materias.
tit [tɪt] [tit], *s.* 1. Paro. *V.* TOMTITI y TITLARK. 2. Haca, caballo pequeño. 3. Teta (breast). 4. Golpecito; en la locución **Tit for tat**, taz a taz o taz por taz; tal para cual; esto por eso. **To give tit for tat**, no quedar a deber nada; estar a mano. *(Vulg.)* Estar pata, o patas.
titanic [taɪ'tænɪk] [tai-ta-nik], *a.* 1. Titánico, titanio, perteneciente o parecido a los Titanes; de aquí, vasto,

gigantesco. 2. Titánico, perteneciente al titanio, particularmente en su más alto grado de combinación.

titanium [taɪ'tænɪəm] [tai-ta-niom], *s. (Min.)* Titanio, metal gris.

titbit ['tɪtbɪt] [tit-bit], *s.* 1. Bocado regalado, trozo escogido, exquisitez. 2. Chisme (gossip).

titchy ['tɪtʃɪ] [ti-chi], *a. (Coloq.)* Enano.

tithable ['tɪtʃəbl] [ti-cha-bol], *a.* Diezmable, sujeto a pagar diezmo.

tithe [taɪð] [taiz], *s.* 1. Diezmo. 2. La décima parte de una cosa, de aquí, una porción pequeña. **Collector of tithes**, diezmero. **Tithe-free**, libre o exento de diezmo.

tithe, *vn.* Diezmar, pagar el diezmo; percibir y cobrar el diezmo. *-va.* Imponer tributo.

tither ['taɪðəʳ] [tai-zaʳ], *s.* Dezmero o diezmero, el que recauda el diezmo.

tithing ['taɪðɪŋ] [tai-zin], *s.* 1. Diezmo, acción de levantar el diezmo. 2. Decena, el agregado de diez familias que se unían antiguamente para formar una subdivisión política en algunas provincias de Inglaterra.

titillate ['tɪtɪleɪt] [ti-ti-leit], *va.* 1. Titilar, cansar titilación o una especie de cosquilleo agradable. 2. Excitar. 3. Despertar (stimulate).

titillating ['tɪtɪleɪtɪŋ] [ti-ti-lei-tin], *a.* Excitante, estimulante (stimulating).

titillation [ˌtɪtɪ'leɪʃən] [ti-ti-lei-shon], *s.* Titilación, picazón o una especie de cosquilleo agradable.

title ['taɪtl] [tai-tel], *s.* 1. Título, de un libro, de un capítulo, etc.; inscripción, rótulo o rotulata. 2. Título, nombre de dignidad o de una calidad honorífica. 3. Título, renombre o distintivo con que se conoce a alguna persona. 4. Título, la demostración auténtica del derecho que se tiene a alguna cosa, acta, título, documento que establece el derecho a una propiedad. 5. La portada o frontispicio de un libro. *(Cin. T.V.)* **Titles**, títulos de crédito.

title, *va.* 1. Titular; intitular; conferir un título; dar el nombre de. 2. Titular, estampar el nombre en la cubierta o el lomo de un libro.

titled ['taɪtld] [tai-teld], *a.* Con título.

title holder ['taɪtlˌhəʊldəʳ] [tai-tel-joul-daʳ], *s.* Campeón (champion).

title page ['taɪtlpeɪdʒ] [tai-tel-peich], *s.* La portada o frontispico de un libro; *(Amer.)* carátula.

titling ['taɪtlɪŋ] [tai-tlin], *s.* Farlusa o gorrión silvestre. *V.* TITLARK.

titmouse ['tɪtmaʊz] [tit-maus], *s. (Orn.)* Paro, pájaro pequeño que tiene el pico corto y cubierto de plumas.

titter ['tɪtəʳ] [ti-taʳ], *vn.* Sonreírse, reír entre dientes, reír con disimulo.

titterer ['tɪtərəʳ] [ti-ta-raʳ], *s.* El o la que ríe entre dientes o sofocando la risa.

tittering ['tɪtərɪŋ] [ti-te-rin], *s.* Risa entre dientes, sonrisa.

tittle ['tɪtl] [ti-tel], *s.* 1. Tilde, vírgula, vigulilla. 2. Tilde, ápice, cosa mínima.

tittle-tattle ['tɪtlˌtætl] [ti-tel-ta-tel], *s.* 1. Charla (chat), plática sin substancia. 2. *(Coloq.)* Chismes. 3. Soplón (informer).

tittle-tattle, *vn.* Charlar (chat); susurrar.

titular ['tɪtjʊləʳ] [ti-tiu-laʳ], *a.* 1. Titular, nominal, que tiene solamente el nombre o título. 2. Titular, perteneciente a un título, revestido de un título. *-s.* Titular, el que tiene el título de un cargo.

titularly ['tɪtjʊləlɪ] [ti-tiu-lar-li], *adv.* Con sólo el título.

tiz [tɪz] [tis], *s.* **To get into a tiz,** inquietarse, ponerse nervioso.

TNT, *s. (Quím.)* Abreviatura de *trinitrotoluene*, TNT, potente explosivo.

to [tuː] [tu], *adv.* y *prep.* Hasta, hacia; a, en dirección hacia; también es el signo del infinitivo en inglés. 1. Es *a* o *al*, cuando es signo del objeto indirecto o dativo, si éste no es un pronombre personal, y en general siempre que precede al nombre después de los verbos que significan movimiento, dirección, unión, pertenencia, preferencia o atención; como, **Give it to him**, dáselo a él. **I'll go to London**, iré a Londres. **I spoke to you**, hablé a Ud. **I am going to speak to him**, voy a hablarle. **It belongs to Peter**, pertenece a Pedro. **I prefer this book to mine**, prefiero este libro al mío. **I have no enmity to him**, no le tengo mala voluntad. **That is nothing to me**, nada me importa eso. 2. Cuando denota la intención u objeto con que se ejecuta alguna cosa, corresponde a *para, por* o *a* en castellano. **She went there only to see me**, fue allá sólo por verme, a verme, para verme o con sólo el objeto o la intención de verme. **I come to speak to him**, vengo a hablarle, para hablarle o con el objeto de hablarle. 3. Después de un participio pasivo o de un adjetivo denotando su objeto, equivale a *para.* **Born to die**, nacido para morir. **Ready to go out**, dispuesto a salir. **That is lost to me**, eso se perdió para mí. 4. Es también *que* en castellano, particularmente cuando expresa una acción futura o venidera. **We are still to see**, tenemos todavía que ver. **To have to, to be obliged to**, tener que, deber. **Why are we to go?**, ¿por qué tenemos que ir nosotros? 5. Hasta; tan lejos como. **To this day**, hasta hoy o hasta el día de hoy. **To the number of**, hasta el número de. **Even to**, hasta. **I see to the bottom**, veo hasta el fondo. 6. Hacia, a. **To the east was an open country**, hacia el este se extendía un terreno llano. 7. En, cuando indica una relación de movimiento hacia algo. **From door to door**, de puerta en puerta. 8. Menos (marcando la hora). **It is ten minutes to nine**, son las nueve menos diez minutos. 9. De o del. **He is a friend to the poor**, es amigo de los pobres. **Philip the Second was son to Charles the Fifth**, o **was successor to Charles the Fifth**, Felipe Segundo fue hijo de Carlos Quinto o fue sucesor de Carlos Quinto. **Surgeon to the king**, cirujano del rey. **The road to Madrid**, el camino de Madrid. **Woe to the man**, ¡ay del hombre, o infeliz del hombre! 10. En la mayor parte de los casos *to* no se traduce, cuando es signo de infinitivo. **He loves to travel**, le gusta viajar. En otros casos se traduce por *a, de, para, a fin de,* según el sentido. **She has the desire to learn**, ella tiene deseo de aprender. **Bound to succeed**, resuelto a triunfar. **To arrive at the truth**, a fin de averiguar la verdad. *To* como signo del infintivo se omite: (a) después de los verbos auxiliares *do, can, may, must, shall, will*; (b) después de *dare*, osar, atreverse, *help*, ayudar, *need*, necesitar, *please*, servirse, *go*, ir; (c) después del objeto de los verbos *bid*, mandar, *feel*, sentir, *have*, haber, *hear*, oír, *let*, dejar, *make*, hacer, y a veces, *find*, hallar y *know*, saber; (d) después de ciertas locuciones. **According to**, según. **As to**, en cuanto a, por lo que toca a. **So as to**, de manera que, a fin de. **To and fro**, de acá para acullá; de aquí para allí. **To and fro motion**, vaivén. **Twenty to one**, veinte a uno. **Sharp to the taste**, punzante al paladar. **Not to muy knowledge**, no que yo sepa. **To my knowledge**, me consta que. **To drink to excess**, beber con esceso. **As to that**, por lo que toca a eso, en cuanto a eso, respecto a eso. **For the time to come**, en lo venidero. **To the end that**, a fin que. **I am glad to see you**, me alegro de ver a Ud. **To speak to the purpose**, hablar al caso. **To go to and again**, ir y volver. **To and again**, de un lado y otro. **Face to face**, cara a cara.

toad [təʊd] [toud], *s. (Zool.)* 1. Sapo, escurzo, anfibio terrestre sin cola. 2. Cualquier persona como objeto de desprecio. **Toad-eater**, pegote, parásito, sicofante. **You lying toad!**, ¡mentiroso de porquería!

toadfish ['təʊdfɪʃ] [toud-fish], *s.* Sapo marino.

toadflax ['təʊdflæks] [toud-flaks], *s. (Bot.)* Linaria, lino bastardo; planta de las escrofulariáceas; se llama también **butter-and-eggs**, mantequilla y huevos.

toadstone ['təʊdstəʊn] [toud-stoun], *s. (Min.)* Piedra del sapo, batraquita, nombre vulgar de una especie de piedra llena de agujeritos.

toadstool ['təʊdstuːl] [toud-stul], *s. (Bot.)* Hongo bejín, hongo bastardo, cualquier seta venenosa.

toady ['təʊdɪ] [tou-di], *va.* y *vn.* Adular servilmente; hacer zalamerías, ser zalamero. *-a.* Adulador (flatterer), zalamero, pelota (creep).

toast [təʊst] [toust], *va.* 1. Tostar, hacer asar, secar o calentar a la lumbre. 2. *(Fam.)* Calentar o calentarse al fuego. **I'm just toasting myself in front of the fire**, me estoy calentando junto al fuego. 3. Brindar, echar un brindis a, beber a la salud de alguno.

toast, *s.* 1. Tostada, rebanada de pan tostado. **Toast rack**, portatostadas. 2. Brindis (tribute), la acción de brindar a la salud de una persona. **I'd like to propose a toast**, me gustaría proponer un brindis.

toaster ['təʊstə^r] [tous-ta^r], *s.* 1. El que brinda. 2. El o lo que tuesta, tostador; parrillas.

tobacco [tə'bækəʊ] [to-ba-kou], *s.* 1. Tabaco, las hojas curadas y preparadas del tabaco que se fuman, mastican o se toman por la nariz reducidas a polvo. 2. Tabaco, planta solanácea, originaria de la América tropical. Nicotiana tabacum. **Tobacco-heart**, estado morboso del corazón debido al uso excesivo del tabaco. **Tobacco-pipe**, pipa de tabaco. **Tobacco-pipe clay**, tierra de pipa. **Tobacco-box**, tabaquera. **Tobacco-pouch**, bolsa para tabaco. **Tobacco-worm**, oruga muy perjudicial al tabaco en los E.U.

tobacconist [tə'bækənɪst] [to-ba-ko-nist] *s.* 1. Fabricante de tabaco. 2. Tabaquero, vendedor de tabaco, que en España se llama comúnmente estanquero.

toboggan [tə'bɒgən] [to-bo-gan], *s.* Tobogán. *-vn.* Deslizarse en un tobogán. *(Fig.)* Disminuir repentinamente en valor.

tocsin ['tɒksɪn] [tok-sin], *s.* Campana y campanada de alarma; toque, señal dada con una campana.

tod [tɒd] [tod], *s.* *(Ingl.)* Zorro.

today [tə'deɪ] [to-dei], *s.* El día presente; también la época o siglo presente. **Today's papers**, los periódicos de hoy. *-adv.* Hoy. **Today of all days**, precisamente hoy.

toddle ['tɒdl] [to-del, *vn.* Bambolear, marchar con paso incierto, como el de un niño. **They toddled into the room**, entraron en la habitación con paso incierto.

toddler ['tɒdlə^r] [tod-la^r], *s.* Niño chiquito de dos a tres años de edad. **Toddler clothes**, ropa de niño de esa edad.

toddy ['tɒdɪ] [to-di], *s.* 1. Ponche, bebida de licor espirituoso, agua caliente y azúcar; licor alcohólico en general. 2. Vino de palmera, jugo que exuda por las incisiones hechas en varias palmas.

to-do [tə'du:] [to-du], *s.* *(Fam.)* Confusión, trapisonda, lío (mess).

tody ['tɒdɪ] [to-di], *s.* Todi, pájaro verde de Jamaica, de la familia de los alciónidos.

toe [təʊ] [tou], *s.* 1. Dedo del pie. 2. Uña, pezuña, parte delantera del casco del caballo y otros animales. 3. Extremo (de media, del calzado); el extremo inferior o pie de alguna cosa. **The great toe**, el dedo gordo del pie. **From top to toe**, de pies a cabeza.

toe, *va.* 1. Tocar con los dedos del pie. 2. Asegurar con clavos un puntal. **Three-toed**, con tres dedos.

toenails ['təʊneɪlz] [tou-neils], *s. pl.* Uñas de los dedos del pie.

toff [tɒf] [tof], *s.* *(Coloq.)* Encopetado.

toffee ['tɒfɪ] [to-fi], *s.* Toffee, caramelo.

tofu ['təʊˌfu:] [tou-fu], *s.* Tofu, queso de soja.

toga ['təʊgə] [tou-ga], *s.* Toga, vestidura exterior de un ciudadano romano.

together [tə'geðə^r] [to-gue-da^r], *adv.* 1. Juntamente, en compañía de otro. **Let us go together**, vamos juntos. 2. A un tiempo o al mismo tiempo. 3. De seguida, sin interrupción. **Together with**, a una con, juntos. **Six weeks together**, seis semanas seguidas. **Together**, *(Mar.)* a una. *-a.* *(Coloq.)* Centrado, equilibrado.

togetherness [tə'geðənɪs] [to-gue-da-nes], *s.* Unión.

toggle ['tɒgl] [to-guel], *s.* 1. Cazonete de aparejo. 2. Palanca acodillada. **Toggle-joint**, junta de codillo.

toggle switch ['tɒglˌswɪtʃ] [to-guel-suich], *s.* Interruptor de palanca acodillada, interruptor de presión.

togs ['tɒgz] [togs], *s.pl.* *(Coloq.)* Ropa.

toil [tɔɪl] [toil], *vn.* 1. Trabajar, aplicarse con desvelo a la ejecución de alguna cosa; fatigarse, molestarse, trabajar mucho. 2. Adelantarse a paso lento. **To toil through**, abrirse penosamente camino de parte a parte. **To toil up**, subir con pena.

toil, *s.* 1. Faena, trabajo, pena, fatiga, afán. 2. Red para pescar, cazar o para cualquier otra cosa; generalmente en sentido figurado. **Toil of a spider**, telaraña o red de araña.

toilet ['tɔɪlɪt] [toi-lit], *s.* 1. Acto de vestirse. 2. Modo de vestir de una persona, arreglo personal. 3. Tocador. 4. Retrete, excusado, lavatorio. **Toiled articles**, artículos de tocador. **Toilet bag**, neceser. **Toilet paper**, papel de excusado. **Toilet soap**, jabón de tocador. **Toilet water**, agua de tocador.

toiletries ['tɔɪlɪtri:z] [toi-li-tris], *s.pl.* Artículos de tocador o de perfumería.

toilet-train ['tɔɪlɪttreɪn] [toi-lit-trein], *vt.* Enseñar a pedir para ir al baño (to a child).

toilful ['tɔɪlfʊl] [toil-ful], *a.* Trabajoso, repleto de trabajos.

toilsome ['tɔɪlsəm] [toil-sam], *a.* Laborioso, trabajoso; penoso, fatigoso (tiring).

toilsomely ['tɔɪlsəmlɪ] [toil-sam-li], *adv.* Laboriosamente; fatigosamente.

toilsomeness ['tɔɪlsəmnɪs] [toil-sam-nes], *s.* Trabajo, afán; fatiga, penalidad que causa el trabajo prolijo o muy continuado.

token ['təʊkən] [tou-ken], *s.* 1. Señal, muestra, marca, seña, nota. 2. Prenda, recuerdo, prueba de amistad. 3. Medalla, tanto, ficha de metal semejante a una moneda, que a veces ponen en circulación los comerciantes, dándoles un valor monetario determinado. **As a token of**, en señal de. *-a.* Simbólico, por puro formulismo.

token, *va.* Mostrar, denotar.

tokenism ['təʊkənɪzəm] [tou-ke-ni-sem], *s.* Formulismo.

Tokyo ['təʊkjəʊ] [tou-kiou], *s.* Tokio.

told ['təʊld] [tould], *pret.* y *pp.* del verbo TO TELL.

tolerable ['tɒlərəbl] [to-le-ra-bol], *a.* 1. Tolerable (endurable), sufrible, pasadero, llevadero. 2. Pasadero, medianamente bueno, mediocre.

tolerableness ['tɒlərəblnɪs] [to-le-ra-bol-nes], *s.* La calidad de lo que es tolerable, pasadero o medianamente bueno.

tolerably ['tɒlərəblɪ] [to-le-ra-bli], *adv.* Tolerablemente, medianamente, así así. **He sings tolerably well**, canta razonablemente, pasablemente.

tolerance ['tɒlərəns] [to-le-rans], *s.* 1. Tolerancia (forbearance), indulgencia. 2. Paciencia.

tolerant ['tɒlərənt] [to-le-rant], *a.* Tolerante.

tolerantly ['tɒlərəntlɪ] [to-le-rant-li], *adv.* Con tolerancia.

tolerate ['tɒləreɪt] [to-le-reit], *va.* 1. Tolerar, permitir, disimular, llevar con paciencia. 2. Soportar, aguantar (endure).

toleration [ˌtɒlə'reɪʃən] [to-le-rei-shon], *s.* Tolerancia, tolerancia civil.

toll [təʊl] [toul], *s.* 1. Peaje, portazgo o pontazgo, el derecho o impuesto pagado por los que viajan, derecho de molienda. **To pay toll**, estar sujeto a peaje, pagar portazgo. **To take toll**, cobrar una tasa, un peaje. **Toll-bridge**, puente de peaje. **Toll-gate** barrera de peaje. **Toll-house**, oficina de portazgos, domicilio del portazguero junto a la barrera. **Toll-man**, peajero, portazguero. 2. El sonido de las campanas. **miller's toll**, maquila de molinero.

toll, *va.* y *vn.* 1. Pagar o cobrar el derecho de portazgo. 2. Repicar; tañer (peal), o tocar una campana, lentamente, con toques aislados repetidos a intervalos iguales. 3. Tocar a muerto (una campana). 4. Llamar o convocar con campana. **To toll the hour**, dar la hora.

tollbooth ['təʊlbu:ð] [toul-buz], *va.* Encarcelar, poner preso.

toll call ['təʊlkɔ:l] [toul-kol], *s.* Llamada telefónica de larga distancia.

toller ['təʊlə^r] [tou-la^r], *s.* El que toca las campanas.

toll-free ['təʊlfri:] [toul-fri], *a.* Exento de peaje.

tom [tɒm] [tom], *s.* Gato macho.

tomahawk ['tɒməhɔ:k] [to-ma-jok], *va.* Golpear o matar con el hacha india llamada *tomahawk*. *-s.* Hacha de armas de los indios americanos.

tomato [tə'meɪtəʊ] [to-mei-tou], *s.* *(Bot.)* Tomate. **Tomato sauce**, salsa de tomate.

tomb [tu:m] [tum], *s.* Tumba, sepulcro.

tombola [tɒm'bəʊlə] [tom-bou-la], *s.* Tómbola.

tomboy ['tɒmbɔɪ] [tom-boi], *s.* Marimacho, doncella pizpireta y respingona.

tombstone ['tu:mstəʊn] [tum-stoun], *s.* Lápida o piedra sepulcral.

tomcat ['tɒmkæt] [tom-kat], *s.* Gato no castrado.

tome [təʊm] [toum], *s.* Tomo, libro grueso.

tomfool ['tɒm'fu:l] [tom-ful], *s.* Tonto, necio; también, persona divertida, chancera.

tomfoolery [tɒm'fu:lərɪ] [tom-fu-la-ri], *s.* Proceder o conducta necia, payasadas.

tomorrow [tə'mɒrəʊ] [to-mo-rou], *s.* El día de mañana, el día inmediato, que sigue al presente. **I wonder what tomorrow will bring**, me pregunto qué nos deparará el futuro. *-adv.* Mañana. **Tomorrow morning**, mañana por la mañana.

tom-tit ['tɒmtɪt] [tom-tit], *s. (Orn.)* Paro. *V.* TIT.

tom-tom ['tɒmtɒm] [tom-tom], *s.* 1. Tam-tam, especie de tambor indio. 2. Gongo. *V.* GONG.

ton [tʌn] [tan], *s.* 1. Tonelada, medida de capacidad y el peso de dos mil libras o veinte quintales; este peso se llama *short ton*, en contraposición al *long ton* de 2,240 libras. 2. *(Des.)* Medida de dos toneles. *V.* TUN.

tonal ['təʊnl] [tou-nal], *a. (Mús.)* Tonal, relativo a los tonos o a la tonalidad.

tonality [təʊ'nælɪtɪ] [tou-na-li-ti], *s.* 1. Tonalidad, sistema de sonidos que sirve de fundamento a una composición musical. 2. Conjunto de tonos que tiene un cuadro.

tone [təʊn] [toun], *s.* 1. Tono de la voz o del habla, y a veces también se toma por la misma voz o habla. **Don't speak to me in that tone of voice!**, ¡no me hables en ese tono! 2. Tono o timbre en la música, intervalo de un segundo mayor. 3. Tonillo, modo particular de hablar o de leer. 4. Tono en medicina es el estado de tensión, elasticidad o firmeza propio y peculiar de cada órgano para ejercer su función respectiva. 5. Estilo o tendencia característica; tono. 6. Tono, efecto general de un cuadro, su armonía con relación el colorido y claroscuro; matiz de color. 7. Nivel (level). **To raise the tone**, levantar el nivel.

tone, *va.* 1. Dar el tono; modificar el tono; entonar (cuadros, fotografías). 2. Templar. *V.* TUNE. 3. *V.* INTONE. *-vn.* 1. Corresponder en tono o matiz. 2. Tomarse un matiz dado. **To tone down**, (a) *(Pint.)* suavizar el tono, pintar con colores menos vivos; (b) moderar la calidad y volumen del sonido; (c) modificar en cuanto a la expresión o al efecto. **To tone up**, (a) aumentar la calidad o fuerza; (b) elevar el tono músico; (c) dar o adquirir mayor fuerza o vigor corporal, tonificar (revitalize).

toneless ['təʊnlɪs] [toun-les], *a.* Que está fuera de tono, sin estilo característico.

toner ['təʊnə^r] [tou-na^r], *s.* Tónico, loción tonificante.

tongs [tɒŋz] [tongs], *s. pl.* Tenazas, instrumento para prender, asir o agarrar alguna cosa; alicates. **Coal-tongs**, tenazas de chimenea, para coger las brasas. **Oyster-tongs**, gafas para pescar ostras. **Sugar-tongs**, tenacillas para azúcar. **Hammer and tongs**, *(Fam.)* con violencia, con todas sus fuerzas.

tongue [tʌŋ] [tang], *s.* 1. Lengua, el órgano del gusto y de la palabra. 2. Lengua (language), idioma o modo de hablar de una nación. 3. Lengua, habla, lenguaje, lo que se habla. 4. Lengüeta, lo que tiene forma de una pequeña lengua; espiga, saliente pequeño de una tabla; clavo de nebilla; lengua de tierra; badajo de campana. **Foul tongue**, lengua maldiciente; *(Med.)* lengua cargada. **To hold the tongue**, callar. **Tongue-tie**, *va.* Atar la lengua a uno, hacer callar. *-s.* Frenillo, defecto físico que impide a los niños mamar y hablar con facilidad. **Tongue-tied**, con frenillo; con la lengua atada, mudo. **Tongue twister**, trabalenguas.

tongue, *va.* 1. Modificar el sonido de (la flauta, corneta, etc.) por medio de la lengua. 2. Poner lengüetas para machihembrar. *-vn.* Usar de la lengua hablando o tocando un instrumento de viento; picotear.

tongued [tʌŋd] [tangd], *a.* El o lo que tiene lengua. **A fine-tongued fellow**, un zalamero, uno que usa palabras muy melosas.

tongueless ['tʌŋlɪs] [tang-les], *a.* 1. Mudo (dumb), sin habla. 2. Deslenguado, sin lengua. 3. Confuso, turbado. 4. Aquello de que nadie habla.

tonic ['tɒnɪk] [to-nik], *a.* 1. Tónico (pick-me-up), nombre dado a todo medicamento que excita la acción vital. 2. Tónico, perteneciente al tono o a los tonos; en música, perteneciente a la nota tónica o dominante. 3. Tenso, perteneciente a la tensión, *(Med.)* rígido, tieso. *-s.* 1. Tónico, medicamento fortificante. 2. *(Mús.)* Tónica (dominante) primera nota de la escala del tono en que está escrita una pieza de música.

tonicity [tɒ'nɪsɪtɪ] [to-ni-si-ti], *s.* Tonicidad, calidad de tónico; salud y vigor en general.

tonight [tə'naɪt] [to-nait], *s.* La noche inmediata, la que sigue al día de hoy; esta noche. *-adv.* Esta noche.

toning ['tɒnɪŋ] [to-nin], *s.* Entonación, el acto o procedimiento de entonar; en fotografía, el arte o acto de tratar una impresión plateada con una disolución de cloruro de oro para cambiarle el color y aumentar su permanencia.

tonnage ['tʌnɪdʒ] [ta-nich], *s.* 1. Tonelaje o porte de un buque manifestado en toneladas; arqueo: también, arqueo o cabida del conjunto de los buques de un país. 2. Alcabala o derecho de aduana que se cobra a tanto por tonelada.

tonsil ['tɒnsl] [ton-sil], *s.* Tonsila, amígdala, cuerpo glanduloso situado a uno y otro lado de la faringe. **She had her tonsils out**, le operaron de las amígdalas.

tonsilitis, tonsillitis [ˌtɒnsɪ'laɪtɪs] [ton-si-lai-tis], *s.* Amigdalitis, inflamación de las tonsilas.

tonsillectomy [ˌtɒnsɪ'lektəmɪ] [ton-si-lek-ta-mi], *s. (Med.)* Amigdalotomía, extirpación de las amígdalas.

tonsorial [tɒn'sɔ:rɪəl] [ton-so-rial], a Barberil, perteneciente a los barberos.

tonsure ['tɒnʃə^r] [ton-sha^r], *s.* 1. Tonsura, la acción de cortar el pelo. 2. Tonsura, grado preparatorio para recibir las órdenes menores, que confiere el prelado con la ceremonia de cortar al aspirante un poco de cabello. 3. Lugar de la cabeza en que se cortan esos cabellos.

tony ['təʊnɪ] [tou-ni], *a. (Coloq.)* Fino, elegante.

too [tu:] [tu], *adv.* 1. Demasiadamente, demasido (excessively). 2. Además, igualmente, también (as well), así mismo, aun. 3. Muy (very). **I'm not too very sure**, no estoy muy seguro.

took [tʊk] [tuk], *pret.* del verbo TAKE.

tool [tu:l] [tul], *va.* y *vn.* Marcar o adornar con una herramienta. *-s.* 1. Herramienta (instrument), apero, utensilio, trebejo, el instrumento que sirve para cualquier trabajo manual. **Garden tools**, herramientas de jardinería. 2. Por extensión, máquina como torno que se emplea para hacer máquinas. 3. La persona que sirve de instrumento a otra para hacer alguna cosa mala. **Edge-tool**, instrumento cortante.

toot [tu:t] [tut], *va.* y *vn.* Tocar el cuerno de caza, una bocina o un silbato. *-s.* Bocinazo.

tooth [tu:θ] [tuz], *s.* (*pl.* TEETH). 1. Diente, hueso pequeño engastado en la quijada que sirve para mascar los manjares. **Back-tooth**, muela. **Eye-tooth**, colmillo. **Tooth-brushes**, cepillos para dientes. 2. Diente de sierra, de rueda o de otro cualquier instrumento. 3. *(Bot. y Zool.)* Diente, dentecillo. 4. Gusto, paladar. 5. *pl. (Fig.)* Fuerza que hace oposición. **In the teeth of the wind**, contra la fuerza del viento. **To have a sweet tooth**, tener el paladar delicado, gustar de dulces y golosinas. **To show one's teeth**, enseñar los dientes, amenazar. **To cast in the teeth**, echar en cara, mostrar los dientes. **Tooth and nail**, con todo tesón, con todo empeño, con todas sus fuerzas. **In spite of one's teeth**, a despecho, a pesar de uno.

tooth, *va.* 1. Dentar, proveer de dientes. 2. Encajar unos dientes en otros. 3. *(Mar.)* Endentar.

toothache ['tu:θeɪk] [tuz-eik], *s.* Dolor de muelas.

toothbrush ['tu:θbrʌʃ] [tuz-brash], *s.* Cepillo de dientes.

toothed [tu:θt] [tuzt], *a.* Dentado, que tiene dientes. **Toothed wheel**, rueda dentada.

toothfairy ['tu:θfɛərɪ] [tuz-fea-ri], *s.* Ratoncito Pérez.

toothless ['tu:θlɪs] [tuz-les], *a.* Desdentado, que no tiene o ha perdido los dientes.

toothpaste ['tu:θpeɪst] [tuz-peist], *s.* Dentífrico, pasta de dientes, pasta dentífrica.

toothpick ['tu:θpɪk] [tuz-pik], *s.* Mondadientes, palillo, escarbadientes. **Tooth-pick case**, palillero.

toothshell ['tu:θʃel] [tuz-shel], *s.* Dental, una especie de concha parecida a un diente.

toothsome ['tu:θsəm] [tuz-sam], *a.* Sabroso, gustoso, grato al paladar o al gusto.

toothwort ['tu:θwɔ:t] [tuz-uort], *s.* *(Bot.)* Dentaria.

toothy ['tu:θtɪ] [tu-zi], *a.* Dentudo.

tooting ['tu:tɪŋ] [tu-tin], *s.* El acto de tocar la trompa o la corneta; sonido de trompa.

top [tɒp] [top], *s.* 1. Cima, cumbre (height), cabeza, remate, coronilla, coronamiento (de pared), copa, punta, cielo, el extremo, lo más alto y elevado de cualquier cosa; y según esta sea se le aplican dichas voces. 2. Cumbre o ápice del favor, de la fortuna, de la gloria, etc. 3. Superficie. 4. El último grado; el puesto más elevado (highest rank); la persona superior en alguna calidad moral a todas las demás. **She worked her way to the top**, se abrió camino hasta la cima de su profesión. 5. Corona de la cabeza. 6. Tupé, el pelo que se trae en la parte anterior de la cabeza. 7. La cabeza o punta de una planta. **Tops of boots**, campanas, vueltas de o para las botas. 8. Trompo, peón, con que juegan los muchachos haciéndole dar vueltas. **Whipping-top**, peonza. **From top to bottom**, de arriba abajo. **From top to toe**, de pies a cabeza, de alto a bajo. 9. *(Mar.)* Cofa, tablero colocado horizontalmente en el cuello de un palo para afirmar la obencadura. **Main-top**, cofa mayor. **Fore-top**, cofa de trinquete. **Mizzen-top**, cofa de mesana. **Top-mast**, mastelero. **Top-block**, motón de virador. **Top-lantern**, farol de la cofa. **Top-rails**, batayolas de las cofas. **Top-rope**, amante del virador. **Top-sails**, gavias. **Top-sail-sheets**, escotines. **Top-tackle**, aparejo, del virador. **Top-armor, or armings**, empavesadas de las cofas. *-a.* Lo más elevado en lugar, grado o posición; primero, principal. **The service is top class**, el servicio es de primera.

top, *va.* y *vn.* 1. Elevarse o levantarse por encima de otra cosa. 2. Sobrepujar. 3. Aventajar, exceder, superar (surpass). 4. Predominar, exceder mucho en altura una cosa respecto de otra. 5. Predominar, prevalecer o tener más fuerza. 6. Cubrir el mango, el cabo, la punta o la extremidad de cualquier cosa con otra diversa. 7. Esforzarse, esmerarse. 8. Descabezar o desmochar los árboles. 9. Encumbrarse, llegar a la cumbre de alguna cosa. 10. *(Fam.)* Ejecutar alguna cosa a la perfección. **To top a yard**, *(Mar.)* Amantillar o embicar las vergas. **Topping lifts**, *(Mar.)* Amantillos. 11. Suicidarse (commit suicide).

toparch ['tɒpˌɑ:k] [top-ark], *s.* Toparca, *(m.)* persona principal en un lugar o en un territorio reducido.

topaz ['təʊpæz] [tou-pas], *s.* 1. Topacio, piedra preciosa amarilla compuesta de sílice, alúmina y fluor. 2. Topacio, colibrí del género Topaza, de vivos colores y de tamaño relativamente grande.

topcoat ['tɒpkəʊt] [top-kout], *s.* Abrigo o sobretodo liviano, gabán (overcoat).

tope ['təʊp] [toup], *vn.* Soplar, beber mucho.

tope, *s.* Altar, bóveda o torre budista, construída para guardar reliquias.

toper ['təʊpəʳ] [tou-paʳ], *s.* Borrachón, bebedor. *(Fam.)* Tomista.

topful ['tɒpfʊl] [top-ful], *a.* Lleno hasta arriba.

top-gallant ['tɒpgælənt] [top-ga-lant], *s.* 1. *(Mar.)* Juanete, la vela que va encima de la gavia. 2. Cumbre, cima; cualquier cosa muy elevada.

topiary ['tɒpɪərɪ] [to-pia-ri], *a.* Que pertenece al arte de entretejer ramos.

topic ['tɒpɪk] [to-pik], *s.* 1. Asunto (matter), objeto de un discurso; tema. 2. *pl.* *(Ret.)* Lugares comunes, tópicos. 3. El remedio tópico o que se aplica directamente a la parte enferma.

topical ['tɒpɪkəl] [to-pi-kal], *a.* 1. Tópico, perteneciente a algún principio o punto general o a algún lugar determinado. 2. Local, limitado; que se emplea exteriormente.

top-knot ['tɒpknɒt] [top-not], *s.* Fontanche, un moño alto sobre la frente adornado con cintas.

topless ['tɒplɪs] [top-les], *a.* 1. Que no tiene cima o ápice. 2. Sin la parte de arriba.

topman ['tɒpmən] [top-man], *s.* Aserrador de arriba (garments).

topmost ['tɒpməʊst] [top-moust], *a.* Lo más alto.

topnotch ['tɒpnɒtʃ] [top-noch], *a.* *(Fam.)* De primera, excelente, insuperable.

topographer [tə'pɒgrəfəʳ] [to-po-gra-faʳ], *s.* Topógrafo, el que describe o delinea algún terreno.

topographic [ˌtɒpə'græfɪk] [to-po-gra-fik], *a.* Topográfico.

topographist [tə'pɒgrəfɪst] [to-po-gra-fist], *s.* *V.* TOPOGRAPHER.

topography [tə'pɒgrəfɪ] [to-po-gra-fi], *s.* 1. Topografía, descripción detallada o delineación de un terreno o región. 2. Conjunto de caracteres físicos de una región.

topping ['tɒpɪŋ] [to-pin], *a.* 1. Eminente, distinguido (distinguished). 2. De grandes pretensiones, empenachado, arrogante. *-s.* Cubierta, mango, punta, la extremidad o cabo que se pone a una cosa.

toppingy ['tɒpɪŋɪ] [to-pin-gui], *adv.* Aventajadamente, con todo primor.

topple ['tɒpl] [to-pel], *va.* Hacer caer, volcar. *-vn.* Volcarse o caer hacia adelante una cosa. **She toppled over**, perdió el equilibrio y se cayó.

top-sail ['tɒpseɪl] [top-seil], *s.* *(Mar.)* Gavia, vela de gavia. **To have the top-sails set**, *(Mar.)* Tener las gavias largas. **To back the top-sails**, *(Mar.)* Poner las gavias en facha.

top-secret ['tɒp'si:krɪt] [top-si-krit], *a.* Estrictamente confidencial, absolutamente secreto.

topsy-turvy ['tɒpsɪ'tɜ:vɪ] [top-si-ter-vi], *adv.* Al revés, con lo de abajo arriba, desordenado (messy). **A topsy-turvy world**, un mundo patas arriba, loco.

toque [təʊk] [touk], *s.* 1. Cofia, toca, especie de gorra de mujer. 2. Toca, la alta cofia cónica de los antiguos Dux de Venecia.

tor [tɔ:ʳ] [toʳ], *s.* 1. Peñasco, altura. 2. Torre, torrecilla.

Torah ['tɔ:rə] [to-ra], *s.* **The Torah**, la Torá.

torch ['tɔ:tʃ] [torch], *s.* 1. Antorcha (flame), hacha. 2. Linterna. 3. Incendiario (arsonist).

torch-bearer ['tɔ:tʃˌbɛərəʳ] [torch-bea-raʳ], *s.* Hachero, el que alumbra con hacha.

torchlight ['tɔ:tʃlaɪt] [torch-lait], *s.* Luz de antorcha, en contraposición a la luz del sol.

torch-thistle ['tɔ:tʃˌðɪ:zl] [torch-zi-sel], *s.* *(Bot.)* Céreo, cirio.

tore [tɔ:ʳ] [toʳ], *pret.* del verbo TO TEAR. *-s.* 1. *(Arq.)* Tondino; toro; bocel. 2. *(Prov. Ingl.)* La hierba inútil que queda en los campos en invierno.

torment ['tɔ:mənt] [tor-ment], *va.* Atormentar, martirizar (tease), afligir, causar molestia o enfado.

torment, *s.* Tormento, pena, dolor violento, angustia, tortura (torture).

tormenter, tormentor ['tɔ:məntəʳ] [tor-men-taʳ], *s.* Atormentador.

torn ['tɔ:mənt] [tor-ment], *pp.* del verbo TO TEAR.

tornado [tɔ:'neɪdəʊ] [tor-nei-dou], *s.* Tornado, huracán que ocurre por lo general en el borde o límite sudeste de un ciclón.

torpedo [tɔ:'pi:dəʊ] [tor-pi-dou], *s.* *(pl.* TORPEDOES). 1. Torpedo, aparato o máquina de guerra que sirve para volar barcos. 2. Torpedo, tremielga, tembladera, pez eléctrico o raya eléctrica. **Torpedo boat**, torpedero, buque veloz para lanzar torpedos.

torpid ['tɔ:pɪd] [tor-pid], *a.* Adormecido, entorpecido, privado de movimiento.

torpidness ['tɔ:pɪdnɪs] [tor-pid-nes], *s.* 1. Entorpecimiento, pasmo o adormecimiento de algún miembro. 2. Letargo, sopor (drowsiness), apatía, estupor o embotamiento de los sentidos o del ánimo.
torque [tɔ:k] [tork], *s.* 1. Collar. 2. *(Mec.)* Esfuerzo de torsión.
torrent ['tɒrənt] [to-rent], *s.* 1. Torrente, corriente o avenida impetuosa de aguas. 2. Torrente, abundancia o muchedumbre de cosas que vienen a un mismo tiempo.
torrential [tɒ'renʃəl] [to-ren-shal], *a.* Torrencial, que todo lo arrastra tras de sí en su carrera como un torrente.
torrid ['tɒrɪd] [to-rid], *a.* Tórrido, muy ardiente (burning); tostado. **The torrid zone**, zona tórrida, la que está entre los trópicos.
torridness ['tɒrɪdnɪs] [to-rid-nes], *s.* El estado o la calidad de lo que es muy ardiente.
torsion ['tɔ:ʃən] [tor-shon], *s.* Torcedura, torsión, acción y efecto de torcer. **Torsion**, acción y efecto de torcer. **Torsion balance**, balanza de torsión.
torso ['tɔ:səʊ] [tor-sou], *s.* Torso, tronco de una estatua sin cabeza y sin miembros.
tort [tɔ:t] [tort], *s.* *(For.)* Tuerto, agravio, sinrazón.
tortile ['tɔ:tɪl] [tor-til], *a.* Torcido, doblado.
tortoise ['tɔ:təs] [tor-tos], *s.* Tortuga. **Tortoiseshell o turtleshell**, carey, concha de tortuga. **Sea tortoise o turtle**, tortuga de mar. **Land tortoise**, tortuga de tierra, galápago.
tortuous ['tɔ:tjʊəs] [tor-tuos], *a.* Tortuoso (winding), torcido, sinuoso.
tortuosity [ˌtɔ:tjʊ'ɒsɪtɪ] [tor-tuo-si-ti], *s.* 1. Tortuosidad. 2. Estragamiento de costumbres.
tortuosness ['tɔ:tjʊəsnɪs] [tor-tuos-nes], *s.* Tortuosidad.
torture ['tɔ:tʃəʳ] [tor-chaʳ], *s.* 1. Tortura, tormento, dolor. **Under torture he gave their names**, dio sus nombres porque lo torturaron.
torture, *va.* 1. Atormentar, someter al tormento, hacer sufrir la tortura. 2. Atomentar o afligir la memoria de una cosa. 3. Torcer en una forma anormal; alterar el sentido, p. ej. de un texto.
tortured ['tɔ:tʃəd] [tor-chad], *a.* Atormentado. **Tortured to death**, muerto en el tormento.
torturer ['tɔ:tʃərəʳ] [tor-cha-raʳ], *s.* Atormentador, torturador.
toss [tɒs] [tos], *va.* 1. Tirar (throw), arrojar o echar alguna cosa con la mano. 2.Tirar, lanzar, arrojar o disparar con violencia; lanzar al aire. **Let's toss a coin**, echémoslo a cara o cruz. 3. Agitar (shake), mover bruscamente, en especial hacia arriba, v. gr. la cabeza; sacudir. **To toss in a blanket**, mantear. 4. Agitar, discutir, repetir lo dicho. *-vn.* 1. Estar en continua agitación, no estarse quieto. 2. Corcovear, dar corcovos en el aire. **To toss one about** o **to and fro**, traer a alguno al retortero o al pelotero, traerle engañado con falsas promesas. **To toss aside**, arrojar a un lado; dejar de usar, no hacer caso de alguien o algo. **To toss off**, tragar de golpe, beber sin tomar aliento; también, echar a un lado, disponer de. **To toss up**, tirar o lanzar en alto; levantar o alzar algo; jugar a cara o cruz.
toss, *s.* 1. Sacudimiento, sacudida, lanzamiento (throw). 2. Un modo de mover la cabeza con afectación hacia arriba. **With a toss of his head**, con un movimiento brusco de la cabeza.
tosser ['tɒsəʳ] [to-saʳ], *s.* 1. Sacudidor, manteador. 2. Cualquiera persona o cosa que agita a otra.
tossing ['tɒsɪŋ] [to-sin], *s.* 1. Sacudimiento, sacudida. 2. Agitación (agitation). 3. Manteamiento.
tossingly ['tɒsɪŋlɪ] [to-sin-li], *adv.* Con sacudidas o sacudimientos.
tosspot ['tɒspɒt] [tos-pot], *s.* *(Ant.)* Borrachón; glotón.
tot [tɒt] [tot], *s.* 1. Niño, niña que marcha con paso incierto, pequeño (young child). 2. Copita (alcohol). *(Coloq.)* **Tot up**, sumar.
total ['təʊtl] [tou-tal], *a.* Total, completo, entero (whole), todo. **A complete stranger**, una persona totalmente desconocida. *-s.* Total, el todo.
total, *vt.* 1. Ascender, elevarse a, un total de, sumar (add up), totalizar. 2. **The car was totaled**, el coche quedó totalmente destrozado.
totalitarian [ˌtəʊtælɪ'tɛərɪən] [tou-ta-li-tea-rian], *a.* Totalitario, dictatorial.
totality [təʊ'tælɪtɪ] [tou-ta-li-ti], *s.* Totalidad.
totalizator ['təʊtəlaɪzeɪtəʳ] [tou-ta-lai-sei-taʳ], *s.* Máquina para registrar apuestas en las carreras de caballos.
totally ['təʊtəlɪ] [tou-ta-li], *adv.* Totalmente.
tote [təʊt] [tout], *va.* *(Fam.E. U. del Sud).* 1. Llevar carga sobre los hombros. 2. Entre los cortadores de árboles, acarrear provisiones y pertrechos desde el depósito o almacén a los bosques donde trabajan.
tote bag ['təʊtbæg] [tout-bag], *s.* Bolso grande, bolsón.
totem ['təʊtəm] [tou-tem], *s.* Totem, poste totémico.
totter ['tɒtəʳ] [to-taʳ], *vn.* 1. Bambolear, tambalear, temblar, estar para caer o estar cayéndose, desmoronarse, amenazar ruina, bambolearse. 2. Vacilar, titubear. **The regime is tottering**, el régimen está a punto de caer, está tambaleándose.
tottering ['tɒtərɪŋ] [to-ta-rin], *a.* Vacilante; que bambonea o bambolea, que amenaza ruina, inseguro (unsteady). *-s.* 1. Bamboleo o bamboneo. 2. Vacilación.
totteringly ['tɒtərɪŋlɪ] [to-ta-rin-li], *adv.* De un modo vacilante.
tottery ['tɒtərɪ] [to-ta-ri], *a.* Vacilante, inestable.
toucan ['tu:kən] [tu-kan], *s.* *(Orn.)* Tucán, ave trepadora de América del género Rhamphastos, notable por su enorme pico.
touch [tʌtʃ] [tach], *va.* 1. Tocar, ponerse en contacto, particularmente con una parte del cuerpo; rozar ligeramente (brush). 2. Tocar, poner la mano en una cosa sin cogerla; palpar. 3. Tocar, llegar, juntar una cosa a otra sin que quede espacio en medio. 4. Llegar a alguna parte. 5. Tocar o examinar los metales en la piedra de toque para saber su calidad y quilates. 6. Hacer relación a una persona o cosa. 7. Tocar o comunicar a uno un contagio físico o moral. 8. Mover, enternecer, imprimir en el corazón afectos de amor, piedad, etc., conmover; irritar, excitar la ira, aguijonear, herir, alfigir, afectar (affect, concern). **He was touched by her kindness**, su amabilidad lo enterneció. 9. Tocar, tratar de una cosa ligeramente. 10. Esquiciar, trazar. 11. Tocar, hacer sonar en algún instrumento hiriendo sus cuerdas. 12. Influir, tocar a; concernir, importar. *-vn.* 1. Tocar, estar cercano o contiguo, estar en contacto; tocarse. 2. Imponer las manos sobre una persona para curarla de una enfermedad, v. gr. los lamparones. **To touch at**, llegar a algún paraje sin detenerse. **To touch at a port**, hacer escala en algún puerto. **Touch down**, *(Aerosp.)* aterrizar. **To touch off**, descargar (un cañón); hacer o acabar de prisa, bosquejar. **Touch on**, tocar, mencionar. **To touch up**, retocar, corregir. **To touch upon a thing**, tocar, hablar de una cosa por incidencia. **To touch one**, tocar a uno, concernirle. **That touches him to the quick**, le toca a lo vivo. **To touch and go**, *(Mar.)* tocar y aparejar; tratar de una asunto ligeramente.
touch, *s.* 1. Toque, el acto de tocar una cosa tentándola o palpándola o llegándose inmediatamente a ella; tocamiento, palpamiento, la acción y efecto de tocar. 2. Contacto, el acto de tocarse dos cuerpos. 3. Tacto, uno de los sentidos corporales, y el acto de tocar. 4. Toque, golpe; manera o método característico; ejecución, la última mano. 5. Toque en la pintura y escultura, pincelada, rasgo. 6. Cantidad pequeña de alguna cosa mezclada con otra; dolorcito, latido, dolor corto; un poco, una sospecha. 7. Indirecta. 8. Tiento, ensayo ligero. 9. La acción y la manera de tañer algún instrumento de música; también, la resistencia que opone el teclado a los dedos del que toca; tañimiento. 10. Buena inteligencia, armonía, simpatía, correspondencia. 11. Toque en el oro o plata con la piedra de toque. 12. Habilidad (skill). 13. Toque, la prueba, examen o experiencia que se hace de algún sujeto. 14. Movimiento interior del alma. **I will have a touch at it**, le daré un tiento. **Touch-and-go**: (a) dispuesto a dispararse al más leve toque; (b) *(Mar.)* que roza el fondo

sin perder velocidad; que escapa a duras penas; (c) ligero y alegre. U. t. c. *s.* **Touch-back**, *s.* (Término del juego de pelota llamado *foot-ball*) El acto de tocar el suelo con la pelota detrás de la meta del propio jugador, después de haberla lanzado con el pie uno de los jugadores del bando opuesto. **Touch-down**, (Término de *foot-ball*) el acto o la jugada consistente en tocar el suelo con la pelota detrás de la meta del campo enemigo.

touchable ['tʌtʃəbl] [ta-cha-bol], *a.* Tangible (concrete), que se puede tocar.

touch-and-go ['tʌtʃən'gəʊ] [tach-an-gou], *s.* Situación sumamente incierta o precaria. *-a.* Incierto, casual, inestable.

touché [tu:'ʃeɪ] [tu-shei], *interj.* Apúntate un tanto.

touched ['tʌtʃt] [tacht], *a.* *(Fam.)* Tocado.

touch-hole ['tʌtʃhəʊl] [tach-joul], *s.* Fogón, oído del cañón.

touching ['tʌtʃɪŋ] [ta-chin], *prep.* Tocante, en orden a lo cual, por lo que toca a, concerniente a, en cuanto a, en orden a, acerca de. *-a.* Patético, lastimero, tierno, enternecedor (moving), afectuoso. *-s.* Toque, acto de tocar; contacto.

touchingly ['tʌtʃɪŋlɪ] [ta-chin-li], *adv.* Patéticamente, tiernamente, de un modo afectuoso.

touchstone ['tʌtʃstəʊn] [tach-stoun], *s.* Piedra de toque; examen, prueba; criterio.

touchy ['tʌtʃɪ] [ta-chi], *a.* Vidrioso, enojadizo, susceptible (sensitive), quisquilloso, cosquilloso. **Touchy subject**, tecla.

tough [tʌf] [taf], *a.* 1. Correoso (leathery), tenaz, flexible, que se extiende y se doblega fácilmente sin romperse. 2. Tieso, que no puede doblarse con facilidad. 3. Fuerte (strong), duro, que no puede romperse sin esfuerzo; vigoroso, de gran fortaleza para el sufrimiento. 4. Viscoso, glutinoso. 5. *(Fam.)* Difícil, penoso. *-adv.* *(Coloq.)* **Stop acting tough**, no te hagas el gallito. *-s.* *(Coloq.)* Matón.

toughen ['tʌfn] [ta-fen], *va.* y *vn.* Hacer o hacerse correoso; endurecer, hacer duro, llegar a ser duro.

toughie ['tʌfɪ] [ta-fi], *s.* *(Coloq.)* 1. **The exam was a real toughie**, el examen fue dificilísimo. 2. Matoncito.

toughly ['tʌflɪ] [taf-li], *adv.* Fuertemente.

toughness ['tʌfnɪs] [taf-nes], *s.* 1. Flexibilidad. 2. Tenacidad; viscosidad. 3. Tesura, rigidez de lo que no se puede doblar. 4. Actitud agresiva (aggressiveness).

toupee ['tu:peɪ] [tu-pei], *s.* Tupé, mechón de cabello.

tour ['tʊə^r] [tua^r], *s.* 1. Viaje, peregrinación. **To take** o **make a tour**, viajar. 2. Vuelta, paseo o viaje corto, excursión; circuito. 3. Vuelta, giro, revolución de los planetas. 4. Jornada, servicio; término militar de otros tiempos. 5. *(Mús., Teat.)* Gira, tournée. **Tour guide**, guía de turismo. **Tour operator,** operador turístico. *(Mil.)* **Tour of duty**, período de servicio.

tour, *vt.* 1. Recorrer, viajar por. 2. *(Mús., Teat.)* Ir de gira, hacer una gira por.

tour de force ['tʊədə'fɔ:s] [tua-de-fors], *s.* Hazaña, tour de force.

touring ['tʊərɪŋ] [tu-rin], *a.* Ambulante, que está de gira.

tourism ['tʊərɪzəm] [tu-ri-sem], *s.* Turismo.

tourist ['tʊərɪst] [tu-rist], *s.* Turista, viajero, excursionista. **Tourist court**, campo de turistas, especie de hotel para turistas. **The tourist season**, la temporada turística.

touristy ['tʊərɪstɪ] [tu-ris-ti], *a.* *(Coloq.)* Demasiado turístico.

tournament ['tʊənəmənt] [tur-na-ment], *s.* Torneo, justa.

tourney ['tʊənɪ] [tur-ni], *vn.* Tornear, combatir o pelear en el torneo.

tourniquet ['tʊənɪkeɪ] [tur-ni-kei], *s.* Torniquete, instrumento quirúrgico para impedir la hemorragia en operaciones y heridas de las extremidades.

touse [taʊz] [taus], *vt.* Pegar, dar una tunda a alguien.

tousle ['taʊzl] [tau-sel], *va.* Desordenar, alborotar (el cabello); comúnmente en el participio pasado.

tousled ['taʊzld] [tau-seld], *a.* Desgreñado (unkempt), despeinado (el cabello).

tout [taʊt] [taut], *vi.* **To tout for customers**, andar a la caza de clientes. *-vt.* Ofrecer (offer); promocionar (promote).

tow [taʊ] [tau], *s.* Estopa, la borra del lino y del cáñamo. **Tow-head**, persona que tiene los cabellos de color rubio subido o alborotados. **Tow-headed**, que tiene los cabellos muy rubios.

tow, *s.* 1. Lo que va o está remolcado o espiado; bajeles, barcos, etc. 2. Atoaje o espía, la maniobra de espiar un barco. **Tow-boat**, barco remolcador. **Tow-line, tow-rope**, cabo de remolque, sirga, remolque. **Tow-path**, camino de sirga.

tow, *va.* Remolcar, atoar, espiar, halar, tirar o llevar a remolque por medio de un cabo que se tiende por la proa, amarrado a un anclote o al muelle. **To take in tow**, *(Mar.)* tomar a remolque. **They towed the car away**, se llevaron el coche a remolque.

towage ['təʊɪdʒ] [touich], *s.* 1. Derechos de sirga. 2. Atoaje o espía, la maniobra de atoar o espiar un barco.

toward, towards [tə'wɔ:dz] [to-uords], *prep.* Hacia, con dirección a; con, para con; cerca, cerca de, cosa de, alrededor de, con respecto a, tocante *a.* **Toward o towards evening**, hacia o cerca del anochecer. **Toward God**, para con Dios.

towardly [tə'wɔ:dlɪ] [to-uard-li], *a.* Dócil (meek), complaciente, deferente.

towel ['taʊəl] [taual], *s.* Toalla, paño de manos, tela de lino o lienzo para enjugar una cosa frotándola. **Roller towel**, toalla continua, giratoria. *-vt.* Secar con toalla.

toweling ['taʊəlɪŋ] [taua-lin], *s.* Toalla, felpa.

tower ['taʊə^r] [taua^r], *s.* 1. Torre de iglesia, campanario, etc. 2. Torre, torreón; ciudadela, fortaleza. 3. Vuelo alto, elevación. 4. Un peinado muy elevado que se usaba antiguamente. **The Tower of London**, la Torre de Londres.

tower, *vn.* 1. Elevarse una cosa a una altura desmesurada. 2. Remontarse o tomar viento libre las aves cuando vuelan muy alto. **Tower above**, destacar sobre.

towered ['taʊəd] [tauad], *a.* Torreado, guarnecido de torres.

towering ['taʊərɪŋ] [taua-rin], *a.* Destacado, sobresaliente.

town [taʊn] [taun], *s.* 1. Ciudad, villa, pueblo grande. 2. *(E. U.)* Municipalidad, subdivisión de un condado. 3. *(Ingl.)* Plaza, cualquier porción o número de casas rodeadas de muros. **A fortified town**, plaza de armas. **A trading town**, ciudad mercantil. **Seaport town**, ciudad marítima, puerto de mar. **In town**, en la ciudad: en la metrópoli. **On the town**, *(E. U.)* 1. Indigente, que no tiene para vivir más que los socorros de la ciudad. 2. Que vive de la prostitución. **Man about town**, hombre acadudalado que vive en la ociosidad y cómodamente, y frecuenta los clubs y lugares públicos. **Women of the town**, damas cortesanas, rameras. **Town clerk**, secretario de ayuntamiento. **Town crier**, pregonero. **Town hall**, casa de ayuntamiento o casa consistorial. **Town house**, (a) casa consistorial, casa de ayuntamiento o ayuntamiento, casa de consejo, y en algunas partes de España consistorio; (b) la casa que uno tiene en la ciudad cuando se habla de una persona que tiene otra fuera de ella: los ingleses regularmente entienden por *town house* la casa que se tiene en Londres. **Town planning**, urbanismo.

township ['taʊnʃɪp] [taun-ship], *s.* 1. *(E.U.)* Territorio de una ciudad; cuerpo municipal; subdivisión de un condado. 2. Extensión de terrenos públicos de los Estados Unidos, de seis millas cuadradas. 3. *(Ingl.)* Límites o territorio de una ciudad.

townsman ['taʊnzmən] [tauns-man], *s.* 1. Vecino de alguna villa o pueblo. 2. Conciudadano, paisano, el que es de la misma ciudad o pueblo que otro.

townspeople ['taʊnz,pi:pl] [tauns-pi-pol], *s.* Vecinos del lugar, gente de la ciudad.

towntalk ['taʊntɔ:k] [taun-tok], *s.* La cosa o suceso que es tema de conversación en un pueblo.

toxemia [tɒk'si:mɪə] [tok-si-mia], *s.* Toxemia, envenamiento de la sangre.

toxic ['tɒksɪk] [tok-sik], *a.* 1. Venenoso, ponzoñoso, tóxico. 2. Causado por ponzoña o veneno.

toxicity [,tɒk'sɪsɪtɪ] [tok-si-si-ti], *f.*

toxicological [,tɒksɪ'kɒlədʒɪkəl] [tok-si-ko-lo-yi-kal], *a.* Toxicológico, perteneciente o relativo a la toxicología.

toxicology [,tɒksɪ'kɒlədʒɪ] [tok-si-ko-lo-yi], *s.* Toxicología, parte de la medicina que trata de los venenos.

toxin ['tɒksɪn] [tok-sin], *s.* Toxina.

toy [tɔɪ] [toi], *s.* 1. Juguete. 2. Objeto menudo que imita a otro mayor y que sirve de entretenimiento y diversión. 3. Retozo, retozadura. 4. *(Ant.)* Humorada, capricho, cuento. *-a.* 1. De juguete. **Toy soldier,** soldadito de juguete. 2. Enano (miniature).

toy, *va.* y *vn.* 1. Jugar, enredar, retozar, divertirse. 2. Juguetear. 3. Regodearse o deleitarse haciendo caricias y halagos.

toyish ['tɔɪɪʃ] [toiish], *a.* Juguetón, caprichoso, semejante a un miriñaque.

toyshop ['tɔɪʃɒp] [toi-shop], *s.* La tienda donde se venden juguetes, juguetería.

trace [treɪs] [treis], *s.* 1. Rastro, huella, pisada. 2. Vestigio, rastro, señal (indication) o apariencia de lo que fue. **They can't find any trace of my letter**, no encuentran mi carta por ninguna parte. 3. Pizca; cantidad o calidad apenas perceptible. 4. Tirante o tiradera que se pone a las mulas o caballos.

trace, *va.* 1. Trazar (chart), delinear, hacer las líneas de un dibujo. 2. Calcar, copiar en una placa transparente. 3. Rastrear, seguir la huella o la pista. 4. Trazar, señalar el camino, la conducta, etc., que se debe seguir. 5. Formar idea de una cosa por algún vestigio o resto de ella o de otra. 6. Imitar o seguir el ejemplo, el estilo, etc. 7. Investigar, descubrir, escudriñar; rastrear. **Tracing-line**, *(Mar.)* Perigallo. 8. Recorrer, seguir su camino por, o a lo largo de.

traceable ['treɪsəbl] [trei-sa-bol], *a.* Que se puede trazar o rastrear, aquello cuyo rastro se puede seguir.

trace element ['treɪsˌelɪmənt] [treis-e-li-ment], *s.* Oligoelemento.

tracer ['treɪsə^r] [trei-sa^r], *s.* 1. Trazador, investigador, escudriñador, imitador. 2. Tiralíneas, instrumento de dibujante. 3. Cédula o fórmula de investigación, que se envía de un punto a otro para averiguar el paradero de cartas extraviadas en el correo.

tracery ['treɪsərɪ] [trei-sa-ri], *s.* 1. *(Arq.)* Recortaduras, adornos góticos en piedra. 2. Randa. 3. Arte de trazar o de hacer recortaduras.

trachea [trə'kɪə] [tra-kia], *s.* 1. Tráquea, traquearteria, conducto cartilaginoso por el cual pasa el aire desde la laringe a los bronquios y pulmones. 2. Tráquea, conducto del aire en ciertos artrópodos, como los insectos. 3. *(Bot.)* Ducto, vasos en espiral.

tracheal [trə'kɪəl] [tra-kial], *a.* Traqueal, perteneciente o relativo a la tráquea.

tracheotomy [ˌtrækɪ'ɒtəmɪ] [tra-kio-to-mi], *s.* Traqueotomía, operación quirúrgica, incisión en la tráquea para extraer un cuerpo extraño o para impedir la sofocación del paciente en ciertas enfermedades.

tracing ['treɪsɪŋ] [trei-sin], *s.* 1. Acción de trazar. 2. Calco, copia hecha en papel transparente.

tracing paper ['treɪsɪŋˌpeɪpə^r] [trei-sin-pei-pa^r], *s.* Papel de calco.

track [træk] [trak], *s.* 1. Vestigio, rastro, huella, pisada. 2. Rodada, carril, el surco que dejan en los caminos las ruedas de los carros o carruajes. 3. *(Mar.)* Estela, la señal que el navío deja en el agua cuando va navegando. 4. Rumbo, ruta; curso. 5. Camino (road), senda o vereda muy pasajera. 6. Vía (way), los carriles de una vía férrea; carril sobre el que puede moverse alguna cosa. 7. Campo de carreras. **Double track** *(F.C.)* vía doble. **Side-track**, desviadero. *V.* SIDE. **Track-walker**, guardavía, empleado que tiene a su cargo la vigilancia constante de un trozo de la vía férrea. 8. Tema, pieza (song). 9. Riel.

track, *va.* 1. Rastrear, seguir el rastro, buscar alguna cosa por él o seguir a alguno por las pisadas. **Track down**, localizar, encontrar. 2. *(Mar.)* sirgar. **Tracking-path**, sirguería. **Tracking-rope**, sirga.

trackage ['trækɪdʒ] [tra-kich], *s.* 1. Tirada, remolque. 2. Carril, el conjunto de rieles de un ferrocarril. **A trackage of eight hundred miles**, extensión de rieles de ochocientas millas.

track and field [ˌtrækən'fiːld] [trak-an-fild], *s.* Atletismo.

tracker ['trækə^r] [tra-ka^r], *s.* 1. *(Mar.)* Sirguero. 2. Rastreador. **Tracker dog**, perro rastreador.

trackless ['træklɪs] [trak-les], *a.* Que no presenta rastro o vestigio de que hayan andado por encima.

track meet ['trækmiːt] [trak-mit], *s.* Competencia de pista y campo.

tract [trækt] [trakt], *s.* 1. Trecho, espacio o extensión de lugar. 2. Región, comarca, un espacio grande de territorio. 3. Curso, serie, continuación. 4. Folleto, discurso, especialmente sobre un tema de religión o de moral; opúsculo. **A tract of land**, un terreno erial o sin cultivo.

tractable ['træktəbl] [trak-ta-bol], *a.* 1. Tratable, manejable, complaciente (indulgent), dócil. 2. Fácil de manejar o trabajar.

tractably ['træktəblɪ] [trak-ta-bli], *adv.* Afablemente, dócilmente, con dulzura en el trato.

tractate ['trækteɪt] [trak-teit], *s.* Tratado, breve, opúsculo, folleto.

tractile ['træktɪl] [trak-til], *a.* Dúctil (malleable).

traction ['trækʃən] [trak-shon], *s.* 1. Tracción, acción y efecto de traer, particularmente de arrastrar los coches o carros sobre una vía o superficie, v. g. del ferrocarril. 2. Contracción, tensión de un músculo. 3. Tracción o fricción de las ruedas sobre una vía. 4. Agarre (grip), adherencia. **Traction engine**, tractor, máquina de tracción.

tractive ['træktɪv] [trak-tiv], *a.* Traedor, que trae.

tractor ['træktə^r] [trak-ta^r], *s.* Tractor. **Tractor-trailer**, camión con remolque.

trade [treɪd] [treid], *s.* 1. Comercio, tráfico; negocio, trato. 2. Ocupación, oficio, ejercicio: generalmente se entiende del comercio o artes mecánicas en contraposición a la profesión de las ciencias o artes liberales. 3. Conjunto de artesanos del mismo oficio. 4. Volumen del tráfico y cambio (de dinero) hecho en cualquier lugar determinado. 5. *(E.U.)* En la política, convenio de mala ley. **Trade-mark**, marca de fábrica. **Trade-union o trades- union**, gremio de oficios, sociedad de obreros formada para favorecer sus intereses comunes. **What trade does he follow?** ¿Qué oficio tiene?

trade, *va.* y *vn.* 1. Negociar, comerciar, tratar (deal). 2. Traficar, vender, cambiar. **Trade in**, entregar como parte del pago. **Trade on**, explotar, capitalizar.

traded ['treɪdɪd] [trei-did], *a.* Versado, práctico.

trade-in ['treɪdɪn] [treid-in], *s.* Trueque (transaction), objeto dado como pago parcial para la compra de otro similar. Se usa también como verbo activo.

trader ['treɪdə^r] [trei-da^r], *s.* 1. Negociante, comerciante (merchant), traficante, negociador. 2. Factor.

trade school ['treɪdskʊl] [treid-skul], *s.* Escuela vocacional, escuela de artes y oficios.

trades-people ['treɪdzˌpiːpl] [treids-pi-pol], *s.* La gente menestral o artesana.

tradesman ['treɪdzmən] [treids-man], *s.* 1. Tendero, mercader, el que tiene tienda. 2. Artesano, menestral.

trade-winds ['treɪdwɪndz] [treid-uinds], *s. pl.* Vientos, alisos, vientos generales, monzones en el Océano Indico.

trading ['treɪdɪŋ] [trei-din], *s.* Comercio, trato. *-a.* Mercantil, comercial. **Trading post**, factoría. **Trading stamps**, sellos de premio.

tradition [trə'dɪʃən] [tra-di-shon], *s.* 1. Tradición, noticia de alguna cosa antigua que viene de padres a hijos y se comunica por relación sucesiva de unos a otros. 2. Costumbre antigua que casi tiene fuerza de ley. **By tradition**, por tradición.

traditional [trə'dɪʃənl] [tra-di-sho-nal], *a.* Tradicional, comunicado por tradición.

traditionally [trə'dɪʃnəlɪ] [tra-di-sho-na-li], *adv.* Por tradición, tradicionalmente (customarily).

traduce [trə'djuːs] [tra-dius], *va.* Detractar, difamar (libel), decir mal de uno, murmurar de él, vituperar o afear su conducta; calumniar, denigrar.

traducer [trə'djuːsə^r] [tra-diu-sa^r], *s.* Calumniador, detractor, difamador, murmurador.

traducible [trə'dju:səbl] [tra-diu-sa-bol], *a.* Que puede ser difamado o calumniado.

traduction [trə'dʌkʃən] [tra-dak-shon], *s.* *(Poco us.)* 1. Calumnia (defamation), denigración. 2. *(Des.)* Propagación; derivación.

traffic ['træfɪk] [tra-fik], *s.* 1. Tráfico, comercio. 2. Tránsito, transporte. 3. Mercadería, géneros. **Traffic jam**, atasco. **Traffic lane**, vía para el tránsito. **Traffic light**, semáforo, farol o luz de tránsito. **Traffic sign**, señal de tránsito.

traffic, *va.* Negociar, trocar efectos, vender. *-vn.* 1. Traficar, comerciar o negociar en géneros o mercaderías. 2. Hacer alguna cosa vil o infame por interés.

trafficker ['træfɪkəʳ] [tra-fi-kaʳ], *s.* Traficante, comerciante (dealer).

tragedian [trə'dʒi:dɪən] [tra-yi-dian], *s.* 1. El escritor de tragedias. 2. El actor que representa tragedias.

tragedy ['trædʒɪdɪ] [tra-yi-di], *s.* 1. Tragedia, obra dramática en que se representan sucesos de gran trascendencia o muy conmovedores, por personajes ilustres y con desenlace generalmente funesto. 2. Tragedia, cualquier suceso fatal, funesto, desgraciado o infausto.

tragic ['trædʒɪk] [tra-yik], *a.* 1. Trágico, que pertenece a la tragedia. 2. Trágico, fatal, funesto (terrible), desgraciado.

tragically ['trædʒɪkəlɪ] [tra-yi-ka-li], *adv.* Trágicamente, fatalmente, infaustamente.

tragicalness ['trædʒɪkəlnɪs] [tra-yi-kal-nes], *s.* Tristeza, horror, calamidad, infortunio.

tragicomedy ['trædʒɪ'kɒmɪdɪ] [tra-yi-ko-mi-di], *s.* Tragicomedia, uno de los géneros en que se han dividido las piezas dramáticas.

tragicomic ['trædʒɪ'kɒmɪk] [tra-yi-ko-mik], *a.* Tragicómico, jocoserio, cosa entre lastimosa y risible.

trail [treɪl] [treil], *va.* y *vn.* 1. Rastrear, seguir a algún animal por el rastro; cazar siguiendo la pista. 2. Arrastrar (drag) o llevar arrastrando una cosa por el sucio. 3. Llevar colgando alguna cosa larga. 4. Arrastrar o llevar tras sí. **Trailing arbutus**, *V.* ARBUTUS y MAYFLOWER.

trail, *s.* 1. Rastro (trace), pisada, huella, pista. **The storms left a trail of destruction**, las tormentas destruyeron todo a su paso. 2. Cola, la punta prolongada del vestido o de otra cosa que se lleva arrastrando; cola (de meteoro). 3. Sendero, vereda, v. g. la senda que cruza un yermo. 4. Circunstancia o circunstancias que sugieren y guían las pesquisas en dirección o sentido determinados. **Trail of light**, rastro luminoso. **A false trail**, una pista falsa. **Trail-board**, *(Mar.)* Moldura entre las curvas bandas.

trailer ['treɪləʳ] [trei-laʳ], *s.* 1. Carro de remolque. 2. Remolque-habitación. **Trailer court**, estacionamiento para dichas habitaciones. 3. *(Cin., T.V.)* Avance, trailer.

train [treɪn] [trein], *va.* 1. Disciplinar, ejercitar o hacer que uno aprenda alguna cosa mediante el ejercicio y práctica de ella. 2. Amaestrar, enseñar, criar, adiestrar: en esta significación va casi siempre con la partícula *up*. 3. Preparar, poner en cierta condición física prescrita, por medio de la dieta y el ejercicio. 4. Poner en espaldera, hacer trepar o dirigir en una dirección particular (una planta). 5. Apuntar un cañón. *-vn.* 1. Criar, dar enseñanza, someter a un régimen. 2. Seguir un curso metódico de ejercicios gimnásticos, o de otra clase. **To train a horse**, amaestrar o adiestrar un caballo. **To train soldiers**, disciplinar tropa.

train, *s.* 1. Procesión; fila de vehículos; tren de ferrocarril. 2. Reguero de pólvora. 3. Séquito, tren, comitiva; recua. 4. Serie, continuación ordenada. 5. La cola de las aves; cola de vestido. 6. *(Mec.)* Tren, serie de piezas que obran juntas para transmitir el movimiento. 7. Lazo, celada (trap); trampa. **Down train**, tren descendente, tren de ida. **Up train**, tres ascendente, tren de regreso. **Excursion train**, tren de ida y vuelta de recreo. **Freight train**, *(E.U.)* **goods train**, *(GB)* tren de mercancías, tren de carga. **Through train**, tren directo o terminal.

trainbands ['treɪnbændz] [trein-bands], *s. pl.* Milicias, cuerpos militares formados por los vecinos de algún país o ciudad.

trained [treɪnd] [treind], *a.* 1. Calificado, cualificado. 2. Amaestrado, entrenado. **A highly trained army**, un ejército muy bien adiestrado. 3. Educado.

trainee [treɪ'ni:] [trei-nii], *s.* Aprendiz, recluta. **A trainee hairdresser**, un aprendiz de peluquero.

trainer ['treɪnəʳ] [trei-naʳ], *s.* 1. Maestro, director, el que enseña o dirige. 2. Zapatilla de deporte.

training ['treɪnɪŋ] [trei-nin], *s.* La acción de enseñar alguna cosa por medio de la práctica; educación, instrucción (instruction). **Training-school**, *(E.U.)* escuela de instrucción práctica y ejercicio (v. gr. para preparar e instruir a las enfermeras).

trainload ['treɪnləʊd] [trein-loud], *s.* Carga completa de un tren.

trait ['treɪt] [treit], *s.* Golpe, toque; rasgo (characteristic), acción; forma, figura, facción.

traitor ['treɪtəʳ] [trei-taʳ], *s.* Traidor.

traitorous ['treɪtərəs] [trei-to-ros], *a.* Pérfido (perfidious), aleve, alevoso, traidor.

traitorously ['treɪtərəslɪ] [trei-to-ros-li], *adv.* Traidoramente, alevosamente, con perfidia.

traitress ['treɪtrɪs] [trei-tris], *f.* Traidora.

traject ['trædʒekt] [tra-yekt], *va.* Tirar, arrojar; traspasar. *V.* TO THROW.

trajectory [trə'dʒektərɪ] [tra-yek-to-ri], *s.* Trayectoria, curva que describe el proyectil de un arma de fuego.

tram [træm] [tram], *s.* 1. *(GB)* Tranvía; coche de tranvía. 2. Riel plano; carril de tranvía. 3. Carreta de carbón. **Tram-car**, *(GB)* coche de tranvía. **Tramway, tramroad**, 1. tranvía, ferrocarril urbano; 2. camino provisto de rieles planos, para vehículos de ruedas.

trammel ['træməl] [tra-mel], *s.* 1. Impedimento, obstáculo (obstacle), estorbo. 2. Trabas que ponen a los caballos para que sienten el paso. 3. Llares, garabato pendiente de una chimenea. 4. Compás de vara.

trammel, *va.* Trabar, poner trabas (hamper); estorbar, embarazar con limitaciones, impedir.

tramp [træmp] [tramp], *va.* 1. Andar con paso pesado; pisar con fuerza. **The prisoners tramped along in the rain**, los prisioneros marchaban pesadamente bajo la lluvia. 2. Andar o viajar a pie. *-vn.* 1. Pisar pesadamente; ir, andar, marchar a pie. 2. Corretear, vagabundear.

tramp, *s.* 1. Marcha pesada y continua, como de una muchedumbre. 2. Ruido producido por una marcha pesada y continua. 3. Viaje o paseo largo a pie. 4. *(E.U.)* Vago, peón, el que camina o viaja a pie; en especial, vagabundo (vagrant), correntón. 5. Vapor que va de puerto en puerto, tomando carga donde la haya. 6. Mujerzuela, golfa.

trample ['træmpl] [tram-pel], *va.* 1. Hollar, pisotear (crush)o pisar repetidamente alguna cosa. **He was trampled to death**, murieron aplastados. 2. Pisar, poner bajo los pies; hollar, menospreciar, ajar o tratar con desprecio: por lo común con *on*. *-vn.* Marchar pesadamente, torpemente (en sentido literal y figurado); pisar muy fuerte.

trampler ['træmpləʳ] [tram-plaʳ], *s.* Pisador, el que pisa.

trampoline ['træmpəlɪn] [tram-po-lin], *s.* Trampolín, cama elástica.

trance [trɑ:ns] [trans], *s.* 1. Rapto, éxtasis (ecstasy), arrobamiento del ánimo, enajenamiento. 2. Estado de insensibilidad: (a) síncope prolongado; (b) catalepsia, condición hipnótica.

tranced ['trɑ:nst] [transt], *a.* Arrobado, elevado, arrebatado, enajenado.

tranquil ['træŋkwɪl] [tran-kuil], *a.* Tranquilo, sosegado (quiet), pacífico, apacible.

tranquility [træŋ'kwɪlɪtɪ] [tran-kui-li-ti], *s.* Tranquilidad, calma (calm), serenidad (serenity).

tranquillize ['træŋkwɪlaɪz] [tran-kui-lais], *va.* Tranquilizar, sosegar, calmar, aquietar.

tranquilizer ['træŋkwɪlaɪzəʳ] [tran-kui-lai-saʳ], *s.* Tranquilizante, calmante.

tranquilly ['træŋkwɪlɪ] [tran-kui-li], *adv.* Tranquilamente, con quietud, con sosiego.

trans-, [trænz] [trans], Prefijo que significa al través de, más allá, por entre.

transact [træn'zækt] [tran-sakt], *va.* Llevar a cabo, hacer, ejecutar, conducir, despachar o dar curso a un negocio.

transaction [træn'zækʃən] [tran-sak-shon], *s.* 1. Manejo, conducta de cualquier asunto; transacción (deal). 2. Negociación, negocio, asunto, lo que está hecho. 3. *pl.* Trabajos de una sociedad docta; memorias. **Let me know all the transactions**, dígame Ud. todo lo que pasa a todo lo que pase. **During these transactions**, mientras pasaba o sucedía esto.

trasactor [træn'zæktəʳ] [tran-sak-taʳ], *s.* Negociador, el que negocia.

transalpine [trænz'ælpaın] [tran-sal-pain], *a.* Transalpino, situado al otro lado de los Alpes, particularmente al norte, es decir, el lado más lejano de Roma.

transatlantic ['trænzət'læntık] [tran-sakt-lan-tik], *a.* Trasatlático. **Transatlantic air-ship**, aeronave trasatlántica. **Transatlantic liner**, barco trasatlántico, trasatlántico.

transcend [træn'send] [tran-send], *va.* 1. Sobrepujar, elevarse sobre alguien o algo en excelencia o grado; sobresalir. 2. Exceder, propasar, pasar de los límites. *-vn.* Ser trascendente, transcendental o sobresaliente.

transcendence [træn'sendəns] [tran-sen-dans], *s.* 1. Trascendencia, excelencia, superioridad marcada. 2. *(Teol.)* Existencia superior y más allá de la de otros seres; existencia de Dios, aparte del universo y no limitada por el tiempo ni el espacio.

transcendent [træn'senənt] [tran-sen-dant], *a.* 1. Sobresaliente, excelente en sumo grado. 2. Trascendente, superior al universo material; espiritual.

transcendental [ˌtrænsen'dentl] [tran-sen-den-tal], *a.* 1. Trascendental, no comprendido en las categorías; que traspasa los límites de la ciencia experimental. **Trascendental meditation**, meditación trascendental. 2. Eminente o excelente en sumo grado, sobresaliente. 3. Superior o fuera del sentido común o contrario a él.

transcendently [træn'sendəntlı] [tran-sen-dent-li], *adv.* Excelentemente, primorosamente.

transcontinental [ˌtrænzˌkɒntı'nentl] [trans-kon-ti-nen-tal], *a.* Transcontinental.

transcribe [træn'skraıb] [trans-kraib], *va.* Transcribir, copiar (copy), trasladar un escrito o impreso.

transcriber [træn'skraıbəʳ] [trans-krai-baʳ], *s.* Copiante, amanuense. *(Amer.)* Escribiente.

transcript [træn'skrıpt] [trans-kript], *s.* Trasunto, copia o traslado de un original.

transcription [træn'skrıpʃən] [trans-krip-shon], *s.* 1. Transcripción. 2. Trasunto, traslado, copia. 3. Radiodifusión a base de discos fonográficos. 4. Disco empleado con este fin.

transcriptive [træn'skrıptıv] [trans-krip-tiv], *a.* Perteneciente a la copia o el traslado.

transept ['trænsept] [tran-sept], *s.* El crucero de una iglesia; el espacio entre el altar y el coro.

transfer ['trænsfəʳ] [trans-faʳ], *va.* 1. Transferir, transportar, pasar o llevar una cosa desde un lugar a otro. 2. Transferir, ceder o renunciar a otro el derecho o la posesión de una cosa; en este sentido va acompañado por lo común de *to* y algunas veces de *upon*. **Harry transferred to another department**, Harry se trasladó a otro departamento.

transfer, *s.* 1. Traspaso, acción y efecto de traspasar; transferencia, acción y efecto de transferir; traslación, transporte. 2. La cosa transferida o traspasada. 3. Lugar, método o medio de transferir. 4. Traspaso, acta de cesión de una propiedad. 5. Calcomanía (decal).

transferable [træn'sfɜːrəbl] [trans-fe-ra-bol], *a.* Transferible, que puede ser transferido o traspasado, que se puede trasladar. **Not transferable**, intransferible.

transference ['trænsfərəns] [trans-fe-rans], *s.* Transferencia, acción y efecto de transferir. **Thought transference**, transmisión del pensamiento.

transfiguration [ˌtrænsfıgə'reıʃən] [trans-fi-ga-rei-shon], *s.* Transfiguración (transformation), mudanza de una figura en otra. *(Relig.)* **The Transfiguration**, la Transfiguración.

transfigure [træns'fıgəʳ] [trans-fi-gaʳ], *va.* Transformar, transmutar, mudar de figura.

transfix [træns'fıks] [trans-fiks], *va.* 1. Traspasar o atravesar con una cosa puntiaguda. 2. Paralizar. **We were transfixed with terror**, nos quedamos paralizados de terror.

transfixion [træns'fıkʃən] [trans-fik-shon], *s.* Transfixión, la acción de herir pasando de una parte a otra.

transform [træns'fɔːm] [trans-form], *va.* 1. Transformar, cambiar la forma de algo, metamorfosear, transmutar. 2. Convertir, cambiar el carácter o la naturaleza de. 3. *(Mat.)* Cambiar una expresión en otra equivalente. *-vn.* Transfigurarse, transformarse.

transformable [træns'fɔːməbl] [trans-for-ma-bol], *a.* Transformable, convertible, que se puede transformar.

transformation [ˌtrænsfə'meıʃən] [trans-for-mei-shon], *s.* Transformación, la mudanza de una forma o figura en otra; cambio, conversión; metamorfosis; en la alquimia, transmutación.

transformative [træns'fɔːmətıv] [trans-for-ma-tiv], *a.* Transformativa, que tiene virtud de transformar.

transformer [træns'fɔːməʳ] [trans-for-maʳ], *s.* Transformador, el o lo que transforma; en especial, aparato eléctrico para convertir una corriente en otra de cantidad y potencia diferentes (más bajas o más altas).

transfuse [træns'fjuːz] [trans-fius], *va.* 1. Transfundir, trasvasar (decant), echar un licor poco a poco de un vaso en otro. 2. Transfundir, hacer pasar cierta cantidad de sangre de las venas de una persona o un animal a las de otro. 3. Restablecer (las fuerzas).

transfusion [træns'fjuːʒən] [trans-fiu-shon], *s.* Transfusión, la acción de transfundir. **Blood transfusion**, transfusión de sangre.

transgress [træns'gres] [trans-gres], *va.* 1. Traspasar, transgredir, violar o quebrantar alguna ley, estatuo o precepto, infringir (infringe). 2. Propasar, exceder, ir más allá de los límites. *-vn.* 1. Transgredir una ley; pecar (sin). 2. En geología, tapar.

transgression [træns'greʃən] [trans-gre-shon], *s.* 1. Transgresión, quebrantamiento de alguna ley. 2. *(Relig.)* Pecado (sin), falta.

transgressor [træns'gresəʳ] [trans-gre-saʳ], *s.* Transgresor.

tranship ['trænʃıp] [tran-ship], *vt.* Transbordar.

transient ['trænzıənt] [tran-sient], *a.* Pasajero, transitorio, transeúnte.

transiently ['trænzıəntlı] [tran-sient-li], *adv.* Ligeramente, de paso, de un modo transitorio.

transistor [træn'zıstəʳ] [tran-sis-taʳ], *s.* Transistor, aparato eléctrico que reemplaza al tubo al vacío.

transit ['trænzıt] [tran-sit], *s.* 1. Tránsito, paso o acto de pasar. **Passengers in transit**, pasajeros en tránsito. 2. Pasaje (passage) o vía determinada, particular. 3. *(Astr.)* Tránsito, el paso de un astro sobre el disco de otro; paso de un astro por el meridiano de un lugar dado.

transition [træn'zıʃən] [tran-si-shon], *s.* 1. Transición (change), tránsito, el paso o la acción de pasar de un lugar, condición o estado a otro; mudanza. 2. Transición, artificio oratorio con que se pasa de un discurso a otro. 3. *(Mús.)* Transición. *V.* MODULATION.

transitional [træn'zıʃənəl] [tran-si-sho-nal], *a.* Perteneciente a la transición o al tránsito.

transitive ['trænzıtıv] [tran-si-tiv], *a.* Transitivo; se aplica al verbo cuya acción recae directamente sobre el complemento.

transitively ['trænzıtıvlı] [tran-si-tiv-li], *adv.* De un modo transitivo.

transitorily [ˌtrænzı'tɔːrılı] [tran-si-to-ri-li], *adv.* Transitoriamente.

transitory ['trænzıtərı] [tran-si-to-ri], *a.* Transitorio, caduco, perecedero, pasajero (temporary) de corta duración.

translatable [trænz'leɪtəbl] [trans-lei-ta-bol], *a.* Traducible, que se puede traducir.

translate [trænz'leɪt] [trans-leit], *va.* 1. Traducir, verter de un idioma a otro; explicar, interpretar. 2. Trasladar a un obispo de una silla episcopal a otra. 3. Transformar, cambiar. 4. Dar a conocer, explicar, aclarar. 5. *(Ant.)* Arrebatar al cielo. **To translate into English**, traducir al inglés.

translation [trænz'leɪʃən] [trans-lei-shon], *s.* 1. Translación, la acción de transportar, transferir, trasladar o mudar de un paraje a otro; traslación de un obispo, la acción de mudarle de un obispado a otro. 2. Traducción, versión, traslación, la acción de traducir de un idioma a otro. **I've only read it in translation**, sólo lo he leído traducido. 3. *(Ret.)* Traslación.

translator [trænz'leɪtəʳ] [trans-lei-taʳ], *s.* 1. Traductor, el que traduce de una lengua a otra. 2. Repetidor telegráfico.

transliterate [trænz'lɪtəreɪt] [trans-li-ta-reit], *va.* Representar las letras de una lengua, o su sonido, por las letras de otra.

translucence [trænz'lu:sns] [trans-lu-sens], *s.* Translucidez, calidad de translúcido.

translucent [trænz'lu:snt] [trans-lu-sent], **translucid** [trænz'lu:sɪd] [trans-lu-sid], *a.* 1. Translúcido, que deja pasar la luz sin permitir distinguir los objetos; semitransparente. 2. Transparente (inexactamente).

transmigrate ['trænzmaɪ'greɪt] [trans-mai-greit], *vn.* Transmigrar, mudar de habitación de un país a otro.

transmigration [ˌtrænzmaɪ'greɪʃən] [trans-mai-grei-shon], *s.* 1. Transmigración, la mudanza de habitación de un país a otro hecha por una familia o una nación entera. 2. La transmigración de las almas o la transmigración pitagórica.

transmigratory [trænz'mɪgrətərɪ] [trans-mi-gra-to-ri], *a.* Que pasa de una condición o estado a otro.

transmissible [trænz'mɪsəbl] [trans-mi-sa-bol], *a.* Transmisible, susceptible de transmisión.

transmission [trænz'mɪʃən] [trans-mi-shon], *s.* 1. Transmisión (conveyance). 2. Emisión (broadcasting). 3. *(Mec.)* Caja de cambios.

transmissive [trænz'mɪsɪv] [trans-mi-siv], *a.* Transmisible; que se debe a la transmisión, transmitido.

transmit [trænz'mɪt] [trans-mit], *va.* 1. Transmitir (convey), ceder o traspasar lo que se posee al dominio de otro. 2. Conducir, transferir, trasladar. 3. *(T.V.)* Transmitir, emitir (broadcast).

transmittable [trænz'mɪtəbl] [trans-mi-ta-bol], *a.* Transmisible, que se puede transmitir o conducir.

transmitter [trænz'mɪtəʳ] [trans-mi-taʳ], *s.* 1. Transmisor, lo que transmite. 2. Transmisor (telegráfico o telefónico).

transmutable [trænz'mju:təbl] [trans-miu-ta-bol], *a.* Transmutable.

transmutably [trænz'mju:təblɪ] [trans-miu-ta-bli], *adv.* De un modo transmutable.

transmutation [ˌtrænzmju:'teɪʃən] [trans-miu-tei-shon], *s.* 1. Transmutación, conversión (conversion), mudanza. 2. Cambio de estado, mudanza sucesiva, alternación, cambio de un metal vil en precioso.

transmute [trænz'mju:t] [trans-miut], *va.* Transmutar, convertir o mudar una cosa en otra; cambiar la naturaleza, sustancia o forma.

transmuter [trænz'mju:təʳ] [trans-miu-taʳ], *s.* El o lo que transmuta.

transnational [trænz'næʃənəl] [trans-na-sho-nal], *s.* El acto de nadar de un lado a otro.

transom ['trænsəm] [tran-som], *s.* 1. Travesaño, el madero que atraviesa una abertura; de aquí, ventana pequeña encima de una puerta, que sirve para dar ventilación. 2. *(Art.)* Telera, una de las piezas de madera que juntan las gualderas de las cureñas. 3. *(Mar.)* Yugo o peto de popa. **Wing transoms**, yugos principales o de la curz o popa. **Deck-transoms**, yugos de la cubierta. **Helm-port-transoms**, contra-yugos. **Hilling-transoms**, yugos de henchimiento.

transparency [træns'pærənsɪ] [trans-pa-ren-si], *s.* 1. Transparencia, diafanidad, calidad de transparente. 2. Transparente, letrero o cuadro sobre tela, vidrio o substancia transparente, detrás del cual se ponen una o más luces. 3. Diapositiva, transparencia (slide).

transparent [træns'pærənt] [trans-pa-rent], *a.* 1. Transparente, diáfano (clear). 2. *(Fig.)* Fácil de entender o discernir; también, franco, sincero.

transpiration [ˌtrænspɪ'reɪʃən] [trans-pi-rei-shon], *s.* Transpiración (sweat), expulsión insensible de algún humor o líquido por los poros.

transpire [træns'paɪəʳ] [trans-paiaʳ], *va.* Transpirar (sweat), echar de sí por medio de la transpiración. *-vn.* 1. Transpirar, evaporarse insensiblemente; rezumarse. 2. Translucirse, empezarse a saber lo que estaba oculto. **It finally transpired that**, finalmente resultó que. 3. *(Neol. y erróneo)* Acontecer, suceder.

transplant ['trænsplɑ:nt] [trans-plant], *va.* 1. Transplantar, mudar las plantas de un paraje a otro para que prevalezcan. 2. *(Med.)* Transplantar.

transplantation [ˌtrænsplɑ:n'teɪʃən] [trans-plan-tei-shon], *s.* Transplantación, trasplante.

transport ['trænspɔ:t] [trans-port], *va.* 1. Transportar, llevar de un paraje a otro; particularmente, deportar, desterrar, extrañar, enviar de un estado a otro país; llevar a presidio. 2. Arrebatar, llevar tras sí; conmover, transportar.

transport, *s.* 1. Transportamiento, arrobamiento, rapto, efecto de una viva pasión; acceso. 2. Transporte, el acto de transportar. 3. Transporte, la embarcación para llevar o conducir soldados, las municiones de guerra, etc.; se dice también. **Transport ship o Transport vessel**. 4. El criminal que ha sido condenado a la pena de extrañamiento o deportación. 5. Remesa (shipment).

transportable [træns'pɔ:təbl] [trans-por-ta-bol], *a.* Capaz de ser transportado.

transportation [ˌtrænspɔ:'teɪʃən] [trans-por-tei-shon], *s.* 1. Transportación. 2. Extrañamiento, deportación, o destierro a otro país. 3. *(E.U.)* Vehículos que se usan para el transporte; también, el coste del transporte.

transporter [træns'pɔ:təʳ] [trans-por-taʳ], *s.* El que transporta.

transposal [træns'pəʊzl] [trans-pou-sal], *s.* Transposición.

transpose [træns'pəʊz] [trans-pous], *va.* 1. Transponer, mudar de un lugar a otro alguna cosa. 2. Quitar o mudar de su lugar o puesto. 3. *(Mús.)* Escribir o tocar en un tono lo que está escrito en otro.

transposition [ˌtrænspə'zɪʃən] [trans-po-si-shon], *s.* Transposición, la acción del transponer.

transship [træns'ʃɪp] [trans-ship], *va.* Transbordar.

transshipment [træns'ʃɪpmənt] [trans-ship-ment], *s.* Transbordo (transfer), el traslado de la carga de un buque o carro a otro, para que continúe sin interrupción el transporte de dicha carga.

transsexual [trænz'seksjʊəl] [trans-seks-siual], *s.* Transexual.

transubstantiate [trænsəb'stænʃɪeɪt] [trans-sabs-tan-shieit], *va.* Transubstanciar, convertir totalmente de una substancia en otra.

transubstantiation ['trænsəbˌstænʃɪ'eɪʃən] [trans-sabs-tan-shiei-shon], *s.* Transubstanciación, conversión total de una substancia en otra; en especial, del pan y el vino en el cuerpo y sangre de Nuestro Señor Jesucristo, en la Eucaristía.

transversal [trænz'vɜ:səl] [trans-ver-sal], *a.* Transversal, que atraviesa de un lado a otro. *-s.* Transversal, línea transversal.

transversally [trænz'vɜ:səlɪ] [trans-ver-sa-li], *adv. (Poco us.)* Transversalmente.

transverse [trænz'vɜ:s] [trans-vers], *a.* Transversal, transverso, que está al través.

transversely [trænz'vɜ:slɪ] [trans-vers-li], *adv.* Transversalmente, oblicuamente.

trap [træp] [trap], *s.* 1. Trampa (snare), cepo, armadijo para coger ladrones o animales dañinos. **Mouse-trap**, ratonera.

2. Garlito, red, lazo. **To be caught in the trap**, caer en el garlito, o en la trampa. *(Mex.)* Caer en la ratonera. 3. Entre tiradores, aparato que en un momento dado deja salir un animal u objeto destinado a servir de blanco, v. gr. un pichón vivo a una bola de vidrio. 4. Válvula de sumidero, construcción que sirve para retener en un punto fijo una cantidad de líquido que sólo permite el paso a las inmundicias. 5. *V.* TRAP-DOOB. 6. *(Fam.)* Un carruaje. 7. *pl.* Efectos personales. 8. Juego del palo corvo.

trap, *va.* 1. Hacer caer en el lazo, en la trampa o en el garlito; atrapar (catch, snare), armar lazos o asechanzas. 2. Enjaezar, adornar.

trapdoor ['træpdɔːʳ] [trap-doʳ], *s.* Una especie de puerta disimulada que se abre por medio de algunos resortes ocultos, trampilla. **Trap-door spider**, araña de gran tamaño que habita en hoyos cilíndricos hechos en la tierra y protegidos por una puertecilla con gozne, de una sustancia sedosa.

trape [treɪp] [treip], *va. (Fam. o des.) V.* TRAPES.

trapes, traipse [treɪps] [treips], *vn.* Mangonear; andar vagando o tunando.

trapes, *s. (Vulg.)* Mujer ociosa y desaliñada.

trapeze [trə'piːz] [tra-pis], *s.* Trapecio, palo corto suspendido por sus extremos con cuerdas y que sirve para hacer ejercicios gimnásticos. **Trapeze artist**, trapecista.

trapezium [trə'piːzɪəm] [tra-pi-siom], *s.* 1. *(Geom.)* Trapezoide, cuadrilátero irregular que no tiene ningún lado paralelo a otro. 2. *(Anat.)* Trapecio, hueso radial del carpo.

trapezoid ['træpɪzɔɪd] [tra-pi-soid], *s. (Geom.)* Trapecio, cuadrilátero irregular que tiene paralelos solamente dos de sus lados.

trapezoidal ['træpɪzɔɪdl] [tra-pi-soi-dal], *a.* Trapezoidal, de figura de trapecio.

trapper ['træpəʳ] [tra-paʳ], *s.* El que pone trampas o lazos para coger animales de piel vendible, trampero, cazador (hunter).

trappings ['træpɪŋz] [tra-pins], *s. pl.* Jaeces; adornos, galas, parafernalia (paraphernalia)

Trappist ['træpɪst] [tra-pist], *a.* Trapense, de la Trapa.

trash [træʃ] [trash], *s.* 1. Heces, porquería, desecho, zupia o cualquier otra cosa de ninguna entidad ni valor, basura (garbage). 2. Una persona vil o indigna, escoria (worthless people). 3. Tierra, greda.

trash, *va.* 1. Podar; deshojar, quitar las hojas. 2. Tirar a la basura. 3. Criticar, poner verde. 4. Destrozar.

trashman ['træʃmən] [trash-man], *s.* Basurero, persona que recoge la basura.

trashy ['træʃɪ] [tra-shi], *a.* Vil, despreciable, inútil, de ningún valor, malo (bad). **Trash novel**, novelucha.

trauma ['trɔːmə] [tro-ma], *s.* 1. Cualquier lesión del cuerpo causada por violencia, herida. 2. *(Psych.)* Trauma (shock).

traumatic [trɔː'mætɪk] [tro-ma-tik], *a.* Traumático, relativo a las heridas o el traumatismo.

traumatize ['trɔːmətaɪz] [tro-ma-tais], *vt.* Traumatizar.

travail ['træveɪl] [tra-veil], *va.* 1. Trabajar, afanarse, hacer esfuerzos. 2. Estar de parto, padecer los dolores de parto. *-va. (Des.)* Cansar, fatigar (tire), atormentar, mortificar, aquejar.

travail, *s.* 1. Afán, fatiga, trabajo. 2. Dolores de parto.

travel ['trævl] [tra-vel], *va.* y *vn.* 1. Viajar, hacer viajes, andar viajando; caminar; particularmente, visitar países extranjeros. 2. Volar o pasar con celeridad el tiempo, las noticias, etc. 3. Trabajar, afanarse.

travel, *s.* 1. Viaje (trip), la jornada o camino que se hace de una parte a otra. 2. Afán, fatiga. 3. *(Mec.)* Movimiento de un mecanismo; carrera del émbolo o pistón. 4. *pl.* **Travels**, viajes, relación de las cosas que algún viajero ha observado en sus viajes. **Travel agency**, agencia de viajes. **Travel agent**, agente de viajes. **Travel-stained, travel-soiled**, manchado por el polvo del camino. **Travel-worn**, fatigado por el viaje.

traveled ['trævld] [tra-veld], *a.* Que ha viajado mucho.

traveler ['trævləʳ] [tra-ve-laʳ], *s.* 1. Viajante, viajero. 2. *(Mar.)* Arraca de las vergas de juanete. **Traveler's check**, cheque de viajeros o de viaje.

traveling ['trævlɪŋ] [tra-ve-lin], *a.* Viajero, ambulante, itinerante (itinerant). **Traveling companion**, compañero de viaje. **Traveling salesman**, representante.

travelogue ['trævəlɒg] [tra-ve-log], *s.* Conferencia sobre un viaje, generalmente con ilustraciones.

traversable ['trævɜːsəbl] [tra-ver-sa-bol], *a.* Atravesable, que se puede atravesar; negable, contestable.

traverse ['trævəs] [tra-vers], *a.* Travieso, que está atravesado o puesto al través. **Traverse-course**, *(Mar.)* rumbo compuesto. **Traverse-board**, tabla que lleva dibujada la rosa marina de los vientos; de uso antiguo. **Traverse-table**, libro del diario; tabla de las diferencias de latitud, etc. *-s.* 1. Cualquier cosa que está colocada de modo que cruza a otra; travesaño: travesero; cerco travesero. 2. *(Fort.)* Través, trinchera con parapeto pequeño. 3. *(Geom.)* Línea transversal. 4. El acto de recorrer o viajar; viaje, pasaje. 5. Negación, acto de negar; objeción legal. 6. *(Mar.)* Bordada en dirección oblicua. 7. En agrimensura, línea corta que parte de una línea principal y sirve para determinar la posición de un punto lateral. **Traverse of fortune**, reveses de fortuna. **Traverse-jury**, *V. Petit-jury.*

traverse, *va.* 1. Atravesar, cruzar (cross). 2. Recorrer o atravesar todo un espacio determinado. 3. Examinar o escudriñar con cuidado. 4. *(For.)* Negar, oponerse o hacer oposición a alguna sentencia o resolución judicial por los medios legales. 5. Estorbar, impedir, contrariar, poner obstáculos o impedimentos. *-vn.* 1. Atravesarse, hacer vaivén, moverse de un lado a otro. 2. Dar vueltas, girar como sobre un pie.

travesty ['trævɪstɪ] [tra-vis-ti], *va.* Disfrazar; trovar, imitar burlescamente, presentar o tomar las cosas bajo una forma ridícula. *-s.* Imitación grotesca o burlesca; el acto de disfrazar; tratamiento burlesco de un tema elevado o noble.

trawl [trɔːl] [trol], *va.* Arrastrar el albareque. *V.* TROLL. *-vn.* Pescar con albareque, pescar con red de arrastre. *-s. V. Trawl-line y Trawl-net.* **Trawl-line**, cuerda gruesa y muy larga, provista de boyas y de la cual cuelgan a cortos trechos sedales con anzuelos cebados: se usa en la pesca del bacalao. **Trawl-net**, red de gran tamaño en forma de saco, remolcada por un bote.

trawler ['trɔːləʳ] [tro-laʳ], *s.* Barca pesquera de arrastre.

tray [treɪ] [trei], *s.* 1. Bandeja, salvilla: *(Amer.)* azafate (de plata, metal o charol). 2. Encaje, cajoncito; caja ligera, poco profunda y sin tapa, que se usa en los baúles, en las colecciones científicas. **Tea-tray**, bandeja, batea. **Chop-ping-tray**, artesilla de cocina.

treacherous ['tretʃərəs] [tre-cha-ras], *a.* 1. Traidor, pérfido, falso, engañador; indigno de confianza. **A treacherous act**, una traición. **Treacherous memory**, memoria infiel o que olvida fácilmente las cosas. **A treacherous smile**, risa falsa o risa de traidor. 2. Peligroso (dangerous), traicionero (unpredictable). **Treacherous weather**, condiciones climáticas adversas.

treacherously ['tretʃərəslɪ] [tre-cha-ras-li], *adv.* Traidoramente (disloyally), a traición, pérfidamente.

treacherousness ['tretʃərəsnɪs] [tre-cha-ras-nes], *s.* La calidad de traidor, pérfido o falso.

treachery ['tretʃərɪ] [tre-cha-ri], *s.* Perfidia, deslealtad, traición, falsedad. **An act of treachery**, una traición.

treacle ['triːkl] [tri-kel], *s.* 1. Melote, miel de cañas, miel de prima, jarabe de azúcar, melaza. 2. Triaca, composición de varios medicamentos simples.

treacly ['triːklɪ] [tri-kli], *a.* Meloso, empalagoso.

tread [tred] [tred], *va.* y *vn.* (*pret.* TROD, *pp.* TRODDEN). 1. Pisar, hollar, poner el pie sobre alguna cosa. 2. Andar por encima de alguna cosa; sentir algo bajo los pies; apretar con el pie. 3. Pisotear. 4. Patalear (stamp), dar patadas en el suelo violentamente. 5. Hollar, ajar, abatir, pisar o despreciar. 6. Caminar con majestad o dándose importancia. 7. Pisar, (en las aves); gallear, cubrir el gallo a las gallinas. **To tread inward** o **outward**, andar metiendo los pies hacia dentro o volviéndolos hacia fuera. **To tread back**, desandar, volver atrás. **To tread in the foot-steps of one**, seguir las pisadas de alguno o imitarle. **Someone trod on my foot**, alguien me pisó. **Trodden path**, camino trillado.

tread, *s.* 1. Paso (step), la acción de pisar. **She was walking with a heavy tread**, andar con paso cansino. 2. Pisada, la huella o señal que deja estampada el pie en la tierra. 3. Pisada o pisadura, la parte sobre la cual se apoya algo al moverse o que sirve para pisar; escalón de escalera; cara de rueda, de corredera o de riel; centro del torno. 4. Galladura. 5. Escalón, peldaño.

treader ['tredəʳ] [tre-daʳ], *s.* Pisador.

treadle ['tredl] [tre-dl], *s.* 1. Cárcola, el listón de madera o metal en que ponen el pie los torneros y tejedores 2. Galladura (del huevo), chalaza. 3. Pedal.

treadmill ['tredmɪl] [tred-mil], *s.* 1. Molino de rueda de escalones, mecanismo que servía antiguamente como medio de castigo. 2. *(Fig.)* Uniformidad fatigosa del trabajo o esfuerzo, rutina (routine).

treason ['triːzn] [tri-son], *s.* 1. Traición, falta de lealtad debida al Estado. 2. Perfidia, falsedad. **High treason**, alta traición o delito de lesa majestad. **Petit treason**, llamábase en Inglaterra traición pequeña o baja al delito de asesinato cuando un criado mataba a su amo, una mujer a su marido o un fiel a su prelado.

treasonable ['triːzənəbl] [tri-so-na-bol], *a.* Pérfido, desleal, traidor, de traición.

treasonableness ['triːzənəblnɪs] [tri-so-na-bol-nes], *s.* El estado o la calidad que constituye a uno traidor; traición.

treasure ['treʒəʳ] [tre-shaʳ], *s.* Tesoro, abundancia de caudal y dinero guardado y conservado; riquezas acumuladas; lo que es precioso o muy estimado. **Treasure-house**, tesorería. **Treasure-trove**, tesoro hallado, tesoro de oro, plata, etc., que alguien halla y no tiene dueño conocido.

treasure, *va.* Atesorar, recoger tesoros y riquezas; guardar con cuidado.

treasurer ['treʒərəʳ] [tre-sha-raʳ], *s.* Tesorero. **Treasurer of the navy**, tesorero general de marina.

treasury ['treʒərɪ] [tre-sha-ri], *s.* 1. Tesorería, la oficina o despacho del tesorero. **King's treasury**, el real erario, la tesorería general. 2. Antología (anthology).

treat [triːt] [trit], *va.* 1. Tratar, portarse (de cierta manera) para con alguno. 2. Tratar, manejar una cosa materialmente, aplicar un procedimiento particular a una cosa. 3. Tratar, escribir, discurrir o disputar sobre alguna materia; expresar por medio del arte. 4. Agasajar, regalar, pagar el coste de alguna comida o más particularmente de alguna bebida; pagar una convidada. *-vn.* 1. Tratar de, trata; negociar (deal), ajustar, conferir y hablar sobre algún negocio para conformar y avenir a los interesados en él. 2. Negociar, arreglar un tratado. 3. *(Fam.)* Regalar, pagar el coste de la comida o bebida de otro.

treat, *s.* 1. Trato, convite, banquete (banquet), festín. 2. Complacencia, regalo, gran placer. **A high treat**, un gusto grande, un gran placer. **To stand treat**, *(Fam.)* convidar a alguno, esto es, hacer o pagar el gasto; obsequiar.

treatment ['triːtmənt] [trit-ment], *s.* 1. Trato, modo de tratar o tratarse. 2. Tratamiento, modo de tratar una persona o cosa; método que se emplea para la curación de una enfermedad; procedimiento metalúrgico. 3. *(Med.)* Tratamiento. **She's having treatment for her back**, está recibiendo tratamiento por mi problema de espalda.

treaty ['triːtɪ] [tri-ti], *s.* 1. Tratado, ajuste, convenio concluido entre dos o más gobiernos. 2. Negociación para llegar a un acuerdo.

treble ['trebl] [tre-bel], *a.* 1. Tríplice, triplo, triple. 2. *(Mús.)* Atiplado, tiplisonante. **A treble block**, *(Mar.)* cuadernal de tres ojos.

treble, *va.* Triplicar, multiplicar por tres. *-vn.* Triplicarse, multiplicarse tres veces.

treble, *s.* *(Mús.)* Tiple, la voz más alta en la consonancia musical. **Treble voice**, voz de tiple o soprano. **Treble clef**, clave de sol.

trebly ['treblɪ] [tre-bli], *adv.* Triplicadamente, tres veces tanto.

tree [triː] [tri], *s.* 1. Árbol, el mayor de los vegetales; vegetal leñoso cuya altura no baja de 20 pies. 2. Dibujo, cuadro en forma de árbol. 3. Madero, trozo pesado de madera. 4. Horca; cruz. **Tree of life o lignum vitae**, árbol de la vida, guayaco, palo santo. **Fruit-tree**, árbol frutal. **Genealogical tree**, árbol genealógico. **Tree-fern**, helecho arborescente, helecho de árbol. **Tree-frog, tree-toad**, rana arbórea del género. Hyla o de otro afín. **Tree-mallow**, lavatera de árbol, planta malvácea. **Tree of heaven**, árbol del cielo, ailanto, árbol originario de las Molucas. **Tree trunk**, tronco. **Tyburn tree**, la horca. **Up a tree**, *(Fam.)* 1. puesto entre la espada y la pared; 2. desinteresado, neutral.

treeless ['triːlɪs] [tri-les], *a.* Sin árboles.

treenail ['triːneɪl] [tri-neil], *s.* *(Mar.)* Cabilla, clavija de palo larga y redonda que se usa en la construcción de los buques.

trefoil ['trefɔɪl] [tre-foil], *s.* 1. Trébol. *V.* CLOVER. 2. Adorno en forma de hoja de trébol. **Marsh trefoil**, trébol palustre. **Shrub trefoil**, citiso, ervellada, corona de rey.

trek [trek] [trek], *vn.* (*pret.* y *pp.* TREKKED) (África del sur). 1. Viajar de un lugar a otro en carromatos. 2. Emigrar. 3. Tirar de una carga. *-s.* Caminata (hike). **It's quite a trek to the shops**, hay un buen paseo hasta llegar a las tiendas.

trekking ['trekɪŋ] [tre-kin], *s.* Senderismo, trekking.

trellis ['trelɪs] [tre-lis], *s.* Enrejado; espaldera o espaldar de los jardines.

tremble ['trembl] [trem-bel], *vn.* 1. Temblar, temblequear o tembletear. 2. Temblar, tener mucho miedo, estremecerse. 3. Tiritar de frío (shiver). 4. Temblar, amenazar ruina. 5. Trinar, hacer trino con la voz o con un instrumento. *-s.* Temblor.

trembling ['tremblɪŋ] [trem-blin], *s.* Temblor. *-a.* Que tiembla, temblante, tembloso, trémulo. **Trembling poplar, trembling-tree**, temblón, álamo temblón, particularmente el americano.

tremblingly ['tremblɪŋlɪ] [trem-blin-li], *adv.* Trémulamente, con temblor o temblando.

tremendous [trə'mendəs] [tre-men-dos], *a.* 1. Tremendo, enorme (great, huge), digno de ser temido; que causa pasmo por su magnitud, fuerza o consecuencias. 2. Formidable (very good). **We had a tremendous time**, lo pasamos estupendamente.

tremendously [trə'mendəslɪ] [tre-men-dos-li], *adv.* De un modo tremendo.

tremendousness [trə'mendəsnɪs] [tre-men-dos-nes], *s.* Terribilidad; susto; espanto (fright), miedo.

tremor ['treməʳ] [tre-maʳ], *s.* Tremor, temblor (quiver); vibración. **He was speaking with a tremor in his voice**, hablaba con voz temblorosa.

tremulous ['tremjʊləs] [tre-miu-los], *a.* Trémulo, tremulento, que tiembla.

tremulously ['tremjʊləslɪ] [tre-miu-los-li], *adv.* Trémulamente.

tremulousness ['tremjʊləsnɪs] [tre-miu-los-nes], *s.* Temblor, calidad de trémulo.

trench [trentʃ] [trench], *va.* y *vn.* 1. Surcar, hacer surcos; hacer zanjas, fososo o cauces. 2. Atrinchear, cerrar o ceñir con trincheras: en este sentido lleva tras sí por lo común la preposición *about*. 3. Usurpar o apropiarse de lo ajeno. *V.* ENCROACH. **To trench upon the liberty of the citizens**, atacar la liberad de los ciudadanos. **To trench the ballast**, *(Mar.)* Separar el lastre con mamparos.

trench, *s.* 1. Foso, zanja (ditch), caz, cauce. 2. *(Mil.)* Trinchera. **Trench warfare**, guerra de trincheras.

trenchant ['trentʃənt] [tren-chant], *a.* 1. Afilado, cortante. 2. Desabrido, mordaz (scathing), cáustico (caustic), picante como la sátira.

trench coat ['trentʃkəʊt] [trench-kout], *s.* Trinchera, abrigo impermeable, gabardina (raincoat).

trencher ['trentʃəʳ] [tren-chaʳ], *s.* 1. Trinchero, un plato de madera para trinchar; bandeja. 2. Las viandas, la comida; los placeres de la mesa; de aquí, la mesa. **Trencher-friend, trencher-fly**, parásito gorrón, gorrista, pegote. **Trencherman**, comedor; compañero de mesa. **Trenchermate**, compañero de mesa.

trend [trend] [trend], *vn.* Tomar rumbo o dirección, dirigirse, tender, inclinarse. *-s.* 1. Dirección o rumbo en general; inclinación hacia un punto particular, tendencia (tendency). 2. Tendencia, moda (fashion).

trendie ['trendi:] [tren-di], *s. (Prov. o des.) V.* TRUNDLE.

trendsetter ['trend,setəʳ] [trend-se-taʳ], *s.* Persona que inicia una moda.

trental ['trentl] [tren-tal], *s.* Treintenario de misas.

trepan [trɪ'pæn] [tri-pan], *va.* 1. *(Cir.)* Trepanar, hacer la operación del trepano. 2. *(Esco.)* Coger en el garlito.

trepanner [trɪ'pænəʳ] [tri-pa-naʳ], *s.* 1. El cirujano que hace la operación del trépano. 2. Engañador.

trephine [tre'fi:n] [tre-fin], *va.* Trepanar. *-s.* Trefino, especie de trépano pequeño.

trepid ['trepɪd] [tre-pid], *a.* Trépido, trémulo; opuesto a *intrepid*.

trepidation [,trepɪ'deɪʃən] [tre-pi-dei-shon], *s.* Trepidación, miedo (fear), terror, inquietud (worry).

trespass ['trespəs] [tres-pas], *va.* 1. Quebrantar, traspasar o violar alguna ley, precepto o estatuto, antiguamente transgredir; pecar, faltar. 2. Infringir (infringe), violar, ofender; se usa con *against*. **To trespass on one's patience**, abusar de la paciencia de alguno. 3. Ocupar ilegítimamente la propiedad de otro.

trespass, *s.* 1. Transgresión (transgression), traspaso, el quebrantamiento o violación de alguna ley, precepto, etc.; ofensa, culpa, pecado. 2. Ocupación ilegítima o injusta de la propiedad ajena.

trespasser ['trespəsəʳ] [tres-pa-saʳ], *s.* Transgresor, violador de una ley; pecador, intruso (intruder).

tress [tres] [tres], *s.* Trenza; rizo de cabellos; en plural, cabellos abundantes.

tressed ['trest] [trest], *a.* Trenzado.

trestle ['tresl] [tre-sel], *s.* 1. Caballete, madero que descansa sobre cuatro pies divergentes; caballete de aserrador. 2. Obra de celosía y caballete para sostener los durmientes de un puente de ferrocarril, etc. **Trestle-trees**, *pl. (Mar.)* Baos de los palos. **Cross and trestle-trees**, *(Mar.)* Baos y crucetas. **Trestle-work**, obra (puente) de caballete.

trey [treɪ] [trei], *s.* Naipe o dado señalado con tres puntos; el tres.

tri- [traɪ] [trai], *pref.* Prefijo que significa tres, tres veces.

triable ['traɪəbl] [traia-bol], *a.* 1. Que se puede experimentar. 2. Averiguable en juicio.

triad ['traɪəd] [traiad], *s.* Triada, reunión de tres personas o cosas. *-a. (Quím.)* Que vale tres en combinación.

trial ['traɪəl] [traial], *s.* 1. Esfuerzo, ensayo, probadura, tentativa. 2. Conocimiento adquirido por experiencia; prueba. 3. Padecimiento (trouble), desgracia, aflicción. 4. *(Dep.)* Prueba de selección. 5. Ensayo, muestra o experiencia. 6. Juicio (judgement). *(For.)* El día de la vista de una causa o proceso; el examen para pronunciar sentencia. **To bring a prisoner to trial**, poner en juicio o en tela de juicio a una persona acusada de algún delito. **Trial by jury**, juicio por jurado. **The trial lasted six weeks**, el pleito (o el proceso) duró seis semanas. **On trial**, a prueba. **Trial trip**, viaje de prueba. *-a.* De prueba. **I will employ you on a trial basis**, te voy a contratar a prueba. **Trial order**, pedido de prueba. **Trial run**, representación teatral por cierto tiempo a manera de prueba.

triangle ['traɪæŋgl] [traian-guel], *s.* 1. Triángulo. 2. *(Mús.)* Triángulo, instrumento de percusión que consiste en una varilla de metal plegada en forma de triángulo, la cual se hace sonar golpeándola con otra varilla metálica. **Isosceles triangle**, triángulo isósceles. **Spherical triangle**, triángulo esférico.

triangular [traɪ'æŋgjʊləʳ] [traian-guiu-laʳ], *a.* Triangular.

triangulate [traɪ'æŋgjʊleɪt] [traian-guiu-leit], *va.* Dividir o disponer en triángulos; en particular, ligar por medio de triángulos los puntos notables de una comarca para levantar su plano.

triathlon [traɪ'æθlən] [traiaz-lon], *s.* Triatlon.

tribal ['traɪbəl] [trai-bal], *a.* De una tribu, perteneciente a una tribu, tribal.

tribe [traɪb] [traib], *s.* 1. Tribu, una de las partes en que se dividía el pueblo entre los antiguos. 2. Raza (race), casta. 3. *(Biol.)* Grupo de plantas o de animales de un orden o grado no determinado.

tribesman ['traɪbzmən] [traibs-man], *s.* Miembro de una tribu.

triblet ['traɪlɪt] [trai-blit], *s.* Un instrumento que usan los plateros para hacer anillos.

tribulation [,trɪbjʊ'leɪʃən] [tri-biu-lei-shon], *s.* Tribulación, congoja (sorrow), pena, aflicción.

tribunal [traɪ'bju:nl] [trai-biu-nal], *s.* Tribunal (court), el lugar destinado para la administración de justicia; juzgado.

tribune ['trɪbju:n] [tri-biun], *s.* 1. Tribuno, magistrado civil y también un jefe militar entre los romanos; cualquier campeón de la plebe. 2. Tribuna, lugar elevado desde donde se dirige la palabra a una asamblea.

tribuneship ['trɪbju:nʃɪp] [tri-biun-ship], *s.* Tribunado, la dignidad del tribuno civil.

tributary ['trɪbjʊtərɪ] [tri-biu-ta-ri], *a.* 1. Tributario, que está obligado a pagar tributo en reconocimiento de dominio u obsequio. 2. Sujeto, subordinado. *-s.* Tributario.

tribute ['trɪbju:t] [tri-biut], *s.* 1. Tributo, homenaje (acknowledgment). 2. Tributo (payment). **To pay the tribute of nature**, morir, pagar tributo a la muerte.

trice [traɪs] [trais], *s.* Momento, instante, tris; se usa sólo en la locución *in a trice*, en un abrir y cerrar de ojos.

trice, *va. (Mar.)* Izar, hacer subir por medio de una jarcia; también, amarrar, ligar.

tricentenary [,traɪsen'ti:nərɪ] [trai-sen-ti-na-ri], *a.* Tricentenario.

triceps ['traɪseps] [trai-seps], *s.* Tríceps, músculo que tiene tres cabezas.

trick [trɪk] [trik], *s.* 1. Treta fraudulenta, artimaña (ruse), engaño, fraude, superchería, embuste, artería, astucia, socaliña. **A knavish trick**, acción ruin. **He played me a trick**, me gastó una mala pasada. *(Fam.)* Hacer travesuras. 2. Chasco, burla, broma (joke); travesura, parchazo. 3. Costumbre, hábito adquirido, maña. 4. Baza, en el juego de naipes. *-a.* De juguete, de mentira.

trick, *va.* 1. Engañar, defraudar, jugar una pieza, pegar un pachazo. 2. Ataviar, componer, asear; por lo común, con *out*. *-vn.* Trampear, vivir de trampas.

trickery ['trɪkərɪ] [tri-ka-ri], *s.* Artimañas.

tricking ['trɪkɪŋ] [tri-kin], *s.* Atavío, adorno.

trickish ['trɪkɪʃ] [tri-kish], *a.* Astuto, artificioso, aleve, mañoso, embustero (liar), trapacero.

trickle ['trɪkl] [tri-kel], *vn.* Gotear, correr a gotas, caer gota a gota; escurrir. **He trickled water over the leaves**, dejó caer un hilito de agua sobre las hojas. *-s.* Hilo.

trick or treat [,trɪkə'tri:t] [tri-ka-trit], *s.* Frase con la cual en la noche de Halloween los niños amenazan con una jugarreta si no reciben un regalo.

trickster ['trɪkstəʳ] [tris-taʳ], *s.* Engañador, embaucador; maula, gato.

tricksy ['trɪksɪ] [trik-si], *a.* 1. Juguetón, retozón, travieso. 2. Artificioso, aleve, embustero.

tricky ['trɪkɪ] [tri-ki], *a.* 1. Falso, artificioso, trapacero. 2. Vicioso (el animal). 3. Taimado, astuto (devious).

tricolor ['trɪkələʳ] [tri-ka-laʳ], *a.* Tricolor, de tres colores. *-s.* Bandera nacional de los franceses.

tricycle ['traɪsɪkl] [trai-si-kol], *s.* Triciclo, velocípedo de tres ruedas.

tride [traɪd] [traid], *a.* Trido, menudo y vivo: se dice del paso del caballo.

trident ['traɪdənt] [trai-dent], *s.* Tridente, el cetro de tres puntas de Neptuno.

tried ['traɪd] [traid], *a.* Probado.

triennial [traɪ'enɪəl] [trai-e-nial], *a.* Trienal, que dura tres años o sucede cada tercer año.

trier ['traɪəʳ] [traiaʳ], *s.* 1. Experimentador, ensayador. 2. Juez, censor, examinador. 3. Toque, ensayo, prueba.

trifle ['traɪfl] [trai-fel], *s.* 1. Bagatela, paparrucha, fruslería, friolera, cualquier cosa de poca substancia y valor; anda, poca cosa. 2. Crema aromatizada, confección ligera. **To stop at trifles**, reparar en pelillos.

trifle, *va.* Emplear en bagatelas, malgastar (el tiempo). *-vn.* 1. Obrar ligeramente, no hacer caso de una cosa; ser ligero, hablar con ligereza. 2. Chancear, juguetear, emplear o gastar el tiempo en cosas vanas e inútiles; se usa por lo general con *with*. 3. Manosear, palpar, juguetear, jugar con algo ligeramente y sin objeto, v. gr. un abanico; se usa con *with*. *V.* DALLY y TOY. **To trifle with one**, burlarse de uno; entretener a alguno, jugar con él. **To trifle away time**, malgastar el tiempo o emplearlo en bagatelas.

trifle, *s.* 1. Nimiedad (trivial thing). 2. Insignificancia . **It's a trifle too salty**, está un pelín salado.

trifler ['traɪfləʳ] [trai-flaʳ], *s.* Persona frívola, casquivana.

trifling ['traɪflɪŋ] [trai-flin], *a.* Frívolo, vano, inútil (useless); inconsiderable, de ninguna consecuencia. **Trifling story**, un cuento insípido o que hace dormir.

triflingly ['traɪflɪŋlɪ] [trai-flin-li], *adv.* Frívolamente, inútilmente, sin consecuencia.

triflingness ['traɪflɪŋnɪs] [trai-flin-nes], *s.* Frivolidad, ligereza (triviality); insignificancia, poca importancia.

triform ['traɪfɔːm] [trai-form], *a.* Triforme.

trig [trɪg] [trig], *va.* Atar o trabar las ruedas de un carruaje, impedir que una rueda dé vueltas. *-s.* Calzo de rueda o de barril; galga.

trig, *a.* 1. Bien puesto, bien acicalado. 2. Sano, en buen estado, firme.

trigger ['trɪgəʳ] [tri-gaʳ], *s.* 1. Gatillo, disparador (gun). **To pull the trigger**, apretar el gatillo. 2. Disparador de una máquina. 3. Pararruedas, calzo que detiene una rueda al bajar por algún terreno pendiente.

trigger-happy ['trɪgəˌhæpɪ] [tri-ga-ja-pi], *a.* *(Coloq.)* Que dispara a la menor provocación.

triglyph ['trɪglɪf] [tri-glif], *s.* *(Arch.)* Triglifo, un miembro del friso dórico.

trigon ['trɪgɒn] [tri-gon], *s.* 1. Triángulo, trígono. 2. Trígono. *V.* TRINE.

trigonometric ['trɪgɒnə'metrik] [tri-go-no-me-trik], *a.* Trigonométrico.

trigonometry [ˌtrɪgə'nɒmɪtrɪ] [tri-go-no-mi-tri], *s.* Trigonometría, el arte que enseña la resolución analítica de los triángulos, tanto planos como esféricos.

trike [traik] [traik], *m.* Triciclo.

trilateral ['traɪ'lætərəl] [trai-la-te-ral], *a.* Trilátero, trilateral.

trilateralness ['traɪ'lætərəlnɪs] [trai-la-te-ral-nes], *s.* La calidad de lo que es trilátero.

trilby ['trɪlbɪ] [tril-bi], *s.* Sombrero de fieltro.

trilingual ['traɪ'lɪŋgwəl] [trai-lin-gual], *a.* Trilingüe, que está en tres lenguas, o que las emplea.

trill [trɪl] [tril], *s.* Trino, trinado, gorjeo (warbling), quiebro de la voz.

trill, *va.* Trinar, hacer trinos, quiebros o trinados. *-vn.* Gotear, correr gota a gota.

trillion ['trɪlɪən] [tri-lion], *s.* Trillón un millón de millones según la numeración frances y americana; según la inglesa, la tercer potencia de un millón.

trillium ['trɪlɪəm] [tri-liom], *s.* *(Bot.)* Trilio.

trilogy ['trɪlədʒɪ] [tri-lo-yi], *s.* Trilogía, conjunto de tres obras dramáticas que continúan el mismo tema general.

trim [trɪm] [trim], *a.* 1. Bien puesto, en buen estado, ajustado con precisión; bien cuidado, ataviado, acicalado. 2. Esbelto (slim), estilizado. 3. Elegante, de buen corte (neat).

trim, *va.* 1. Dar forma a, restablecer la figura, ajustar, adaptar; en carpientería, alisar, desbastar. 2. Desbastar, poner en orden o quitando cantos y esquinas; podar, mondar (plants); cortar (hair, beard). 3. Despabilar una lámpara o vela; por extensión, quitar los carbonos de una lámpara eléctrica de arco y reemplazarlos con otros nuevos. 4. Componer, adornar (decorate); guarnecer (dress), franjear, orillar. 5. Balancear, igualar o equilibrar los pesos de dos cosas. *-vn.* 1. Vacilar, titubear entre dos partidos; nadar entre dos aguas. 2. Estar o mantenerse en equilibrio (ship). **To trim off**, afeitar, recortar e igualar los bojes, espalderas u otras plantas. **To trim up**, adornar, hermosear, componer. **To trim a discourse**, pulir un discurso. **To trim a lamp o a light**, despabilar una lámpara o vela. **To trim a ship**, *(Mar.)* Orientar un buque. **To trim the sails**, orientar las velas. **To trim the hold**, abarrotar.

trim, *s.* 1. Atavío, adorno, aderezo. **She was in her nicest trim**, estaba muy compuesta. 2. Traje, vestido; estilo (adorno o aspecto). 3. Recorte (cut). **Just a trim, please**, córteme sólo las puntas, por favor. 4. La disposición en que se arreglan las diversas partes de un buque para que navegue bien; también, el grado comparativo de inmersión de la proa y popa. **Trim of the hold**, disposición de la estiva. **Trim of the sails**, disposición de las velas. **Out of sailing trim**, mal dispuesto para navegar, pesado.

trimester [trɪ'mestəʳ] [tri-mes-tar], *s.* Trimestre.

trimly ['trɪmlɪ] [trim-li], *adv.* Primorosamente, con buen arreglo, bien.

trimmed ['trɪmd] [trimd], *a.* Ataviado, adornado. **Sharp trimmed**, *(Mar.)* A la trinca.

trimmer ['trɪməʳ] [tri-maʳ], *s.* 1. El que ajusta, desbasta, poda, etc. 2. Veleta, hombre de todos partidos. 3. Herramienta o máquina para igualar y desbastar.

trimming ['trɪmɪŋ] [tri-min], *s.* 1. Guarnición de vestido, franja, orla. 2. Desbaste; ajuste; arreglo; poda. 3. *pl.* Accesorios (accompaniments), pertenencias, como los enmaderamientos de adorno o la ferretería de una casa. **He will give him a good trimming**, *(Fam.)* El le ajustará la golilla, él le dará una buena felpa.

trine [train] [train], *s.* *(Astr.)* El aspecto trino de los planetas, cuando distan entre sí ciento veinte grados.

Trinidad ['trɪnɪdæd] [tri-ni-dad], *s.* Trinidad. **Trinidad and Tobago**, Trinidad y Tobago.

trinitrotoluene [traɪ'naɪtrəʊ'tɒljuːiːn] [trai-ni-trou-to-liuin], *s.* *(Quím.)* Trinitrotolueno, explosivo muy potente. Se usa más en la forma abreviada de TNT.

Trinity ['trɪnɪtɪ] [tri-ni-ti], *s.* 1. Trinidad, la unión de tres personas en un solo Dios. **The Holy Trinity**, la Santísima Trinidad. 2. *V.* TRIAD y TRIO. **Trinity House**, la casa del gremio de marineros y pilotos en Inglaterra.

trinket ['trɪŋkɪt] [trin-kit], *s.* Joya, dije, adorno pequeño, bujería, chuchería (knickknack), cosa de poco valor para componerse.

trinomial [traɪ'nəʊmɪəl] [trai-nou-mial], *a.* 1. *(Biol.)* Que tiene tres nombres o términos, el genérico, el específico y el subestpecífico. 2. *(Alg.)* Que consta de tres términos. *-s.* Trinomio, cantidad, algebraica compuesta de tres términos.

trio [trɪəʊ] [triou], *s.* 1. Triada, reunión de tres. 2. *(Mús.)* Trío, composición para tres voces o para tres instrumentos.

trip [trɪp] [trip], *va.* 1. Hacer caer a uno echándole la zancadilla. 2. Armar un lazo o zancadilla, usar de alguna treta o artificio. 3. Coger a uno en falta o cogerle en renuncio. 4. Bailar, ligera o ágilmente; mover los pies ligeramente y con ritmo. 5. *(Mec.)* Soltar, disparar; desatar. 6. Zarpar, levar anclas. *-vn.* 1. Tropezar (stumble), trompicar, resbalar, deslizarse los pies. 2. Deslizarse, decir o hacer una cosa con descuido e indeliberadamente, equivocarse, engañarse, tener un desliz o un descuido. 3. *(Mar.)* Zarpar. 4. Correr, andar con pasos ligeros, andar muy aprisa. 5. Dar una vuelta; hacer un viaje corto. **To trip the anchor**, *(Mar.)* Hacer que el ancla largue el fondo, levar el ancla. **Trip-hammer**, martinete de fragua. *V. Tilt-hammer.* **Trip over**, tropezar y caerse. **Trip up**, equivocarse, meter la pata.

trip, *s.* 1. Vuelta, un viaje corto (journey), excursión (excursion). **A trip to the zoo**, una visita al zoo. 2. Tropezón (stumble), resbalón, el acto de resbalar: caída, desliz, paso falso. 3. Paso o movimiento ágil. 4. *(Mar.)* Bordada de una embarcación que barloventea. 5. Zancadilla, la acción de atravesar o echar el luchador el pie por detrás del de su contrario para derribarlo.

tripartite ['traɪ'pɑːtaɪt] [trai-par-tait], *a.* Tripartido, tripartito.

tripe [traɪp] [traip], *s.* 1. Tripas, cuajar, estómago de un animal rumiante preparado como alimento. **Tripe-woman**, tripicallera, la mujer que vende tripas y callos. 2. *(Coloq.)* Paparruchas, chorradas (nonsense).

tripedal ['trɪpedəl] [trai-pe-dal], *a.* Lo que tiene tres pies.

triphase ['traɪfeɪz] [trai-feis], *a.* Trifásico.

triple ['trɪpl] [tri-pel], *a.* Tríplice, triple, triplo. *-va.* Triplicar. **Triple-expansion**, de triple expansión, con tres cilindros de tamaños graduados en los que el vapor se dilata sucesivamente, v. gr. en una máquina de vapor para buques. **Triple jump**, triple salto de longitud.

triplet ['trɪplɪt] [tri-plit], *s.* 1. Terno, número de tres de una misma especie. 2. Cada uno de tres hermanos nacidos de un parto, trillizo. 3. Tercerilla, una composición poética.

triplex ['trɪplɪks] [tri-pliks], *a.* Tríplice, de tres partes.

triplicate ['trɪplɪkɪt] [tri-pli-kit], *a.* Triplicado, triplo, tres tanto, tres veces más. *-s.* Triplicado, tercera copia de algo.

triply ['trɪplɪ] [tri-pli], *adv.* Triplemente, de una manera triple, por triplicado.

tripod ['traɪpɒd] [trai-pod], *s.* Trípode: aparato de tres pies para sostener instrumentos geodésicos, fotográficos, etc.

tripoli ['trɪpəlɪ] [tri-po-li], *s.* Trípoli, un género de greda silícea con que se pule y da lustre a los cristales, metales, etc. *V. Rotten-stone.*

tripper ['trɪpə^r] [tri-pa^r], *s.* Andarín ágil, el que se mueve con ligereza; el que da una zancadilla, el o lo que suelta, disparador.

tripping ['trɪpɪŋ] [tri-pin], *a.* Veloz, ligero, ágil (agile). *-s.* 1. Baile ligero y a saltos. 2. Tropiezo, tropezón (stumble), traspié, paso falso.

trippingly ['trɪpɪŋlɪ] [tri-pin-li], *adv.* Velozmente, con agilidad y ligereza.

trippy ['trɪpɪ] [tri-pi], *a.* *(Fam.)* Flipante.

triptych ['trɪptɪk] [trip-tik], *s.* Tríptico.

trireme ['traɪriːm] [trai-rim], *s.* *(Ant.)* Trirreme, galera de tres órdenes de bancos de remeros por banda.

trisect ['trɪsekt] [tri-sekt], *va.* Trisecar, tripartir, dividir en tres partes.

trisection ['trɪsekʃən] [tri-sek-shon], *s.* Trisección, la acción de trisecar o dividir una cosa en tres partes.

tristful ['trɪstfʊl] [trist-ful], *a.* *(Ant.)* Triste (sad), melancólico.

trisyllabic ['traɪsɪ'læbɪk] [trai-si-la-bik], *a.* Trisílabo: se dice de la dicción o palabra de tres sílabas.

trite ['traɪt] [trait], *a.* Usado, repetido, envejecido, trillado (hackeneyed); trivial, vulgar.

tritely ['traɪtlɪ] [trait-li], *adv.* Vulgarmente.

triteness ['trɪaɪtnɪs] [trait-nes], *s.* Vulgaridad (coarseness), trivialidad, cosa muy usada o muy común.

Triton ['traɪtn] [trai-ton], *s.* 1. Tritón, deidad, marina. 2. Gasterópodo del género Tritón. 3. Salamandra pequeña, batracio acuático.

tritone ['traɪtəʊn] [trai-toun], *s.* *(Mús.)* Trítono, intervalo de tres tonos.

triturable ['trɪtʃərəbl] [tri-tiu-ra-bol], *a.* Triturable, que se puede triturar.

triturate ['trɪtʃəreɪt] [tri-tiu-reit], *va.* Triturar, reducir a polvo.

trituration [ˌtrɪtʃə'reɪʃən] [tri-tiu-rei-shon], *s.* Trituración, la acción de triturar.

triumph ['traɪʌmf] [traiomf], *s.* 1. Triunfo, vencimiento, victoria (victory). 2. Triunfo, la solemnidad y aplauso con que se celebra una victoria; la entrada solemne y pomposa en Roma con que se honraba en la antigüedad a los generales vencedores. 3. Alegría grande; brillo semejante a una pompa triunfal.

triumph, *vn.* 1. Triunfar, entrar en triunfo. 2. Triunfar (win), vencer en la guerra o en una disputa. 3. Gloriarse de haber vencido, hacer alarde de alguna ventaja o vencimiento.

triumphal [traɪ'ʌmfəl] [traiom-fal], *a.* Triunfal. *-s.* Triunfo.

triumphant [traɪ'ʌmfənt] [traiom-fant], *s.* 1. Triunfante, victorioso. 2. Triunfante, glorioso, exaltado.

triumphantly [traɪ'ʌmfəntlɪ] [traiom-fant-li], *adv.* Triunfantemente, en triunfo, victoriosamente; con alegría insolente.

triumpher [traɪ'ʌmfə^r] [traiom-fa^r], *s.* Triunfador (winner).

triumvir [traɪ'ʌmvɪ^r] [traiam-vi^r], *s.* Triunviro, uno de los tres magistrados romanos que formaban el triunvirato.

triumvirate [traɪ'ʌmvɪrɪt] [traiom-vi-rit], *s.* Triunvirato.

trivet ['trɪvɪt] [tri-vit], *s.* Trébedes (de cocina), trípode.

trivia ['trɪvɪə] [tri-via], *s. pl.* Trivialidades, banalidades (banalities), nimiedades.

trivial ['trɪvɪəl] [tri-vial], *a.* Trivial, vulgar, ordinario, bajo; frívolo (frivolous).

triviality [ˌtrɪvɪ'ælɪtɪ] [tri-via-li-ti], *s.* Trivialidad, banalidad, nimiedad. **We exchanged trivialities**, hablamos de cosas intrascendentes.

trivialize ['trɪvɪəlaɪz] [tri-via-lais], *vt.* Trivializar, quitarle importancia.

trivially ['trɪvɪəlɪ] [tri-via-li], *adv.* Trivialmente; comúnmente; frívolamente.

trivialness ['trɪvɪəlnɪs] [tri-vial-nes], *s.* Trivialidad; vulgaridad; frivolidad, poca importancia.

triweekly ['trɪwiːklɪ] [tri-ui-kli], *a.* 1. Que sucede o se hace tres veces por semana. 2. Que se hace o sucede cada tercera semana.

troat ['trəʊt] [trout], *vn.* Bramar, hacer oír su voz el venado cuando está en celo.

trochaic [trɒ'keɪk] [tro-keik], *a.* Trocaico, lo que consta de troqueos.

troche ['trəʊtʃ] [trouch], *s.* Tablilla, trocisco, que contiene un medicamento pulverizado mezclado con azúcar y goma.

trochee ['trɒkiː] [tro-ki], *s.* *(Poet.)* Troqueo, pie que consta de una sílaba larga y otra breve.

trod, trodden [trɒd] [trod], [trɒdn] [tro-den], *pret.* y *pp.* del verbo TO TREAD.

trode ['trəʊd] [troud], *pret.* del verbo TREAD.

troglodyte ['trɒglədaɪt] [tro-glo-dait], *s.* 1. Troglodita, habitante de las cavernas; se aplica a una raza prehistórica. 2. *(Fig.)* Ermitaño, solitario. 3. Mono semejante al hombre. 4. Reyezuelo, troglodita. *V.* WREN.

troika ['trɔɪkə] [troi-ka], *f.* Troica.

Trojan ['trəʊdʒən] [trou-yan], *a.* y *s.* Troyano, de Troya. **The trojan horse**, el caballo de Troya. **To work like a Trojan**, trabajar como un burro.

troll [trəʊl] [troul], *va.* 1. Cantar en sucesión (parts of a song), cantar de una manera alegre. 2. Pescar con caña por la popa de un bote o barco. 3. Voltear, dar vueltas a alguna cosa. *-vn.* 1. Cantar alegremente. 2. Pescar con caña. 3. Girar (spin), moverse circularmente. 4. Rodar, andorrear, corretear.

troll, *s.* 1. Cantar que se entona en partes sucesivas. 2. Rodadura, movimiento de rodar o girar. 3. Carrete de la caña de pescar. 4. *(Mit.)* Gnomo, enano.

trolley ['trɒlɪ] [tro-li], *s.* 1. Trole, rueda pequeña con muesca para que gire en contacto con un conductor eléctrico y comunique la corriente al coche de tranvía. **Trolley bus**, trolebús. 2. Carrito, mesa rodante, vagoneta.

trolling ['trɒlɪŋ] [tro-lin], *s.* El procedimiento o acto de pescar tirando el anzuelo y cordel por la popa de una embarcación y casi a flor de agua.

trollop ['trɒləp] [tro-lop], *s.* Gorrona, mujer desliñada y poco recatada, mujerzuela (slut).

trombone [trɒm'bəʊn] [trom-boun], *s.* Trombón, sacabuche, instrumento músico de metal.

tromp ['trɒmp] [tromp], *vi.* Pisotear, pisar.

troop [truːp] [trup], *s.* 1. Tropa, junta de mucha gente unida y acuadrillada entre sí para algún fin; cuadrilla, turba. 2. Tropa (unit), el cuerpo de soldados o gente de guerra. 3. Tropa, conjunto de gente de guerra a caballo. **Troops**, tropas, ejército.

troop, *vn.* 1. Atroparse, juntarse la gente en cuadrillas. 2. Juntarse, tumultuarse, agavillarse la gente. 3. Marchar en cuerpo o en orden militar, desfilar (parade). 4. Marchar en compañía de otros muchos. **To troop away** o **off**, retirarse en cuerpo o en cuadrillas.
troop carrier ['tru:pˌkærɪəʳ] [trup-ka-riaʳ], *s.* Transporte de tropas.
trooper ['tru:pəʳ] [tru-paʳ], *s.* Soldado de a caballo (cavalryman).
trope ['trəʊp] [troup], *s.* Tropo, uso de una expresión en sentido figurado; lenguaje figurado.
trophic ['trəʊfɪk] [trou-fik], *a.* Trófico, perteneciente a la nutrición y a sus procedimientos.
trophied ['trəʊfaɪd] [trou-faid], *a.* Adornado de trofeos.
trophy ['trəʊfɪ] [trou-fi], *s.* 1. Trofeo, despojo del enemigo vencido. 2. Trofeo, monumento público en memoria del vencimiento. 3. *(Poet.)* Trofeo, triunfo.
tropic ['trɒpɪk] [tro-pik], *s.* Trópico. **The Tropic of Cancer**, el trópico de Cáncer. **The Tropics**, el Trópico.
tropical ['trɒpɪkəl] [tro-pi-kal], *a.* 1. *(Astr.)* Tropical, que pertenece al trópico o círculo menor de la esfera. 2. *(Reto.)* Trópico: se dice del estilo en que se usan mucho los tropos.
troposphere ['trɒpəsfɪəʳ] [tro-pos-fiaʳ], *s.* Troposfera.
trot [trɒt] [trot], *va.* 1. Hacer trotar. 2. Pasar al trote, por encima de algo. *-vn.* 1. Trotar, ir o caminar al trote. 2. Trotar, andar de prisa o con celeridad.
trot, *s.* 1. Trote, modo de andar del caballo más levantado y vivo que el paso regular. 2. Andar o movimiento constante. 3. Niño, niña. *V.* TOT.
troth [trəʊθ] [trouz], *s.* 1. Verdad, fe, fidelidad. **In troth**, en verdad. 2. Esponsales.
trotter ['trɒtəʳ] [tro-taʳ], *s.* Caballo trotón. **Trotters** o **sheep's trotters**, manos o pies de carnero.
trotting ['trɒtɪŋ] [tro-tin], *m.* *(Sport)* Trote.
troubadour ['tru:bədɔ:ʳ] [tru-ba-doʳ], *s.* Trovador, poeta provenzal de la Edad Media.
trouble ['trʌbl] [tra-bel], *va.* 1. Disturbar, perturbar, causar disturbio. 2. Desazonar, afligir, inquietar, preocupar (worry). 3. Molestar (bother), enfadar, aguar el gusto a uno; atribular. 4. Incomodar, dar que hacer; importunar. **Do not trouble youself**, no se moleste Ud. 5. Revolver, enturbiar, poner turbio. 6. Pedir, rogar, suplicar (fórmula de cortesía). **May I trouble you to hand me the book?** ¿tiene Ud. la bondad de darme el libro? What need you trouble yourself? ¿por qué se incomoda o se apura Ud.? **Do not trouble my head with it**, no me quiebre Ud. la cabeza con eso.
trouble, *s.* 1. Problema (problem), turbación, confusión, disturbio (strife), desorden. 2. Molestia, inquietud, incomodidad. 3. Aflicción, calamidad, pena, congoja. **Can you do it without trouble?** ¿puede Ud. hacerlo sin molestarse? 4. Enfado, impertinencia, engorro. **To be in trouble**, estar inquieto, estar agitado, estar afligido; hallarse en un apuro, sufrir alguna calamidad. **To be at the trouble, to put to trouble**, dar que hacer. **It is not worth the trouble**, no vale la pena.
troubled ['trʌbld] [tra-beld], *a, pp.* del verbo. TO TROUBLE. **I am troubled with the gout**, padezco mal de gota. **To fish in troubled water**, pescar en agua turbia o en río revuelto. Preocupado (disturbed).
troubler ['trʌbləʳ] [tra-blaʳ], *s.* Alborotador, perturbador, inquietador.
trouble shooter ['trʌblˌʃu:təʳ] [tra-bel-shu-taʳ], *s.* *(Fam.)* El encargado de descubrir y allanar o corregir fallas, conciliador (mediator).
troublesome ['trʌblsəm] [tra-bel-som], *a.* 1. Penoso, molesto, oneroso, fatigoso, pesado, gravoso. 2. Importuno, molesto, enfadoso, impertinente, incómodo, fastidioso.
troubling ['trʌblɪŋ] [tra-blin], *a.* Alarmante, inquietante.
troublous ['trʌbləs] [tra-blos], *a.* 1. Turbulento, confuso, tumultoso. 2. Inquieto, impaciente.
trough [trɒf] [trof], *s.* 1. Artesa, gamella, gamellón; dornajo, cubeta. *(Am.)* Batea. **Stone trough**, pilón. 2. Depresión larga y estrecha, como entre dos colinas o el intermedio o espacio entre dos olas.
trounce [traʊns] [trauns], *va.* *(Fam.)* Zurrar, dar palos, castigar severamente.
troupe [tru:p] [trup], *s.* Compañía de cómicos, acróbatas, etc.
trouper ['tru:pəʳ] [tru-paʳ], *s.* Comediante, actor que viaja. **A good trouper**, persona que sabe viajar sin importarle incomodidades. **She's a real trooper**, siempre está dispuesta a echar una mano.
trouser ['traʊzəʳ] [trau-saʳ], *a.* Del pantalón.
trousers ['traʊzəz] [trau-sars], *s. pl.* Pantalones; calzones largos o de marinero.
trousseau ['tru:səʊ] [tru-sou], *s.* Ajuar de novia.
trout [traʊt] [traut], *s.* Trucha, pez delicado que se coge en los ríos y arroyos. **Trout flies**, moscas artificiales para la pesca de truchas.
trout-hook ['traʊthʊk] [traut-juk], *s.* Anzuelo de trucha.
trover ['trəɪvəʳ] [trou-vaʳ], *s.* *(For.)* El derecho de repetir contra quien ha hallado o posee por cualquier título los bienes ajenos y no los quiere entregar a su dueño.
trowel ['traʊəl] [traual], *s.* Trulla, llana, paleta, palustre, instrumento que usan los albañiles.
troy ['trɔɪ] [troi], **troy-weight** ['trɔɪ'weɪt] [troi-ueit], *s.* Peso de troy, peso para el oro, la plata y las drogas medicinales, que es de doce onzas cada libra.
truancy ['trʊənsɪ] [truan-si], *s.* Novillos, ausencia de la escuela sin permiso; haraganería.
truant ['trʊənt] [truant], *s.* y *a.* Holgazán (lazy), haragán, ocioso, tunante. **To play the truant**, hacer novillos, ausentarse de la escuela sin licencia.
truce [tru:s] [trus], *s.* 1. Tregua, cesación temporal de hostilidades, suspensión de armas. **To call a truce**, suspender las hostilidades. 2. Descanso, interrupción, intermisión, intervalo.
truck [trʌk] [trak], *va.* y *vn.* Trocar, permutar, cambiar, hacer un cambio o trueque; traficar, vender. *-s.* 1. Efectos para vender o trocar, particularmente los de fácil manejo. 2. *(E.U.)* Hortalizas para el mercado. 3. *(Fam.)* Artículos sin valor; desechos, desperdicios, zupias. 4. *(Fam.)* Cambio (change), permuta, trueque.
truck, *va.* y *vn.* Acarrear, transportar por medio de camiones. *-s.* 1. Camión, carretón fuerte para transportar mercancías pesadas. 2. Carretilla de mano para barriles, cajas, baúles, etc. **Truck frame**, bastidor para camión. **Dumping truck**, volquete.
truckage ['trʌkɪdʒ] [tra-kich], *s.* Carreteo, y el precio que se paga por llevar efectos en carretones.
trucker ['trʌkəʳ] [tra-kaʳ], *s.* Camionero, transportista.
trucking ['trʌkɪŋ] [tra-kin], *s.* Transporte por carretera.
truckle ['trʌkl] [tra-kel], *vn.* Someterse, ceder, sujetarse, besar la correa; estar en un estado de sujeción e inferioridad.
truckle-bed ['trʌklbed] [tra-kel-bed], *s.* Carriola, cama con ruedas que puede rodarse debajo de otra cama más alta.
truckman ['trʌkmən] [trak-man], *s.* 1. Carretero. 2. Trocador, el que hace trueques.
truculence ['trʌkjʊləns] [tra-kiu-lans], *s.* Fiereza, crueldad.
truculent ['trʌkjʊlənt] [tra-kiu-lant], *a.* Truculento (gruesome), cruel.
trudge [trʌdʒ] [tradch], *vn.* Andar o ir a pie; caminar con afán, fatiga y trabajo.
true [tru:] [tru], *a.* 1. Verdadero (real), cierto, seguro, efectivo. 2. Verdadero, real, sin engaño, doblez o tergiversación, ingenuo, sincero; verídico. 3. Genuino (genuine), puro, propio y natural. 4. Fiel (faithful), constante, leal; exacto. **A true translation**, traducción que concuerda con su original. **True-blue**, leal, fiel. **True-born**, legítimo, verdadero; de nacimiento legítimo. **True-bred**, de casta legítima. **True-hearted**, leal, sincero, fiel, franco, de buena fe. **True-heartedness**, fidelidad, sinceridad, franqueza, buena fe.
true bill ['tru:'bɪl] [tru-bil], *s.* Acusación de parte de un gran jurado.

true-blue ['tru:'blu:] [tru-blu], *a.* Rancio. *s.* Partidario.
true-love ['tru:lʌv] [tru-lav], *a.* *(Bot.)* Pariseta de cuatro hojas, hierba París o uva de oso. **True-lover's knot**, lazo de amor.
trueness ['tru:nɪs] [tru-nes], *s.* Fidelidad (faithfulness), sinceridad, candidez, franqueza.
truepenny ['tru:penɪ] [tru-pe-ni], *s.* *(Fam.)* Hombre de bien, mozo honrado.
truffle ['trʌfl] [tra-fel], *s.* *(Bot.)* Criadilla de tierra, trufa, hongo subterráneo.
truism ['tru:ɪzəm] [trui-sem], *s.* 1. Verdad indudable y que no puede negarse. 2. *(Fam.)* Verdad evidente, pero no importante; perogrullada (platitude).
truly ['tru:lɪ] [tru-li], *adv.* Verdaderamente, en verdad; realmente, en realidad; exactamente (accurately), con precisión; sinceramente (sincerely), de buena fe. **Yours truly, yours very truly**, su seguro servidor.
trump [trʌmp] [tramp], *s.* 1. *(Poét. o ant.)* Trompeta, clarín. 2. Triunfo, en el juego de naipes. **Diamonds are trumps**, oros son triunfos. **To put to one's trumps**, apretarle en un discurso o argumento. 3. *(Fam.)* Persona muy agradable; un real mozo. 4. *(Esco.)* Birimbao.
trump, *va.* 1. Jugar triunfo, matar con un triunfo. 2. Engañar. **To trump up**, forjar; idear, suponer o inventar; tomado siempre en mala parte.
trumpery ['trʌmpərɪ] [tram-pe-ri], *s.* 1. Hojarasca, oropel, cualquier cosa de poco valor o utilidad; bujería, baratija. 2. Palabras vanas, inútiles o de poca substancia, piropo, relumbrón. 3. Engaño, fraude, falsedad (falseness).
trumpet ['trʌmpɪt] [tram-pit], *s.* Trompeta, clarín; trompa, instrumento músico militar. **Speaking-trumpet**, bocina. **Hearing-trumpet, ear-trumpet**, trompetilla acústica. **Trumpet-creeper, trumpet-vine**, jazmín trompeta, planta trepadora con flores escarlata en forma de trompeta. **Trumpet-honey-suckle**, madreselva. **Trumpet-tongued**, vocinglero, con lengua de trompeta. **Trumpet-shell**, trompa o bocina marina.
trumpet, *va.* 1. Pregonar a son de trompeta, trompetear. 2. Modelar en forma de boca de trompeta. - Dar de sí un sonido como de trompeta.
trumpeter ['trʌmpɪtə^r] [tram-pi-ta^r], *s.* 1. Trompetero, trompeta, trompetista. 2. Pregonero, el que publica y hace patente alguna cosa. 3. Agamí, ave sudamericana de las zancudas. 4. Trompa marina, pez cetáceo.
truncate [trʌŋ'keɪt] [tran-keit], *va.* Truncar o troncar, cortar la cima o la extremidad de algo.
truncated [trʌŋ'keɪt] [tran-keit], *a.* Truncado, cortado; terminado bruscamente en su extremidad.
truncating [trʌŋ'keɪtɪŋ] [tran-kei-tin], *s.* *(Inform.)* Truncamiento.
truncheon ['trʌŋtʃən] [tran-chon], *s.* Porra, cachiporra.
trundle ['trʌndl] [tran-del], *s.* 1. Rodaja, rueda pequeña. 2. *V. Trundle-bed.* 3. Rodadura, la acción de rodar. 4. Rueda baja: carreta de ruedas bajas. **Trundle-bed**, carriola, cama baja o tarima con ruedas. **Trundle-shot**, *(Mar.)* Palanquetas. **Trudle-tail**, cola redonda.
trundle, *va.* y *vn.* Rodar, moverse por la tierra dando vueltas.
trunk [trʌŋk] [trank], *a.* De, o perteneciente a un cuerpo principal. **Trunk line**, línea principal de un sistema de transportes, p. ej. un ferrocarril o un canal. -*s.* 1. Tronco, la parte inferior de los árboles desde el suelo hasta donde se divide en ramas. 2. Tronco, el cuerpo humano o de algún otro animal sin la cabeza, piernas o brazos. 3. Tronco, la parte principal de una cosa dividida en ramales, como las arterias, venas, etc. 4. Fuste de columna. 5. Baúl (box) o cofre. **Nests of trunks**, juegos de cuatro cofres o baúles. 6. Trompa, la nariz del elefante. 7. Cañón o conducto cuadrangular de madera, v. g. en un órgano. **Trunk-hose**, calzones largos de los siglos XVI y XVII. **Trunk-maker**, cofrero. **Trunk road**, carretera principal.
trunks [trʌŋkz] [tranks], *s. pl.* Calzones cortos de hombre.
trunnion [trʌnɪən] [tra-nion], *s.* 1. *(Art.)* Muñón, cada una de las dos piezas cilíndricas que sostienen a un cañón sobre la cureña. **Trunnion plates**, chapos de testera, contramuñoneras. 2. Tuerca de cilindro oscilante.
truss [trʌs] [tras], *s.* 1. Braguero para las quebraduras, suspensión. 2. Armadura, armazón, conjunto de piezas principales de un puente u otra construcción. 2. Mazorca, conjunto de flores terminales. 4. Haz, atado, lío, paquete, brazado. En Inglaterra, 36 libras de paja y 60 de heno hacen un *truss*. **Truss-maker**, el que hace bragueros o suspensorios.
truss, *va.* 1. Atirante, apuntalar, sostener con un armazón. 2. Espetar; añanzar el ave antes de guisarla. 3. *(Ant.)* Empaquetar, enfardelar, hacer un lío o fardo. **To truss up**, empaquetar, liar; ahorcar como criminal.
trust [trʌst] [trast], *s.* 1. Confianza (confidence, faith), seguridad o esperanza firme en otra persona, confidencia. 2. *(For.)* Fideicomiso, cargo, depósito, cualquier cosa confiada a la honradez o fidelidad de otra persona. 3. Crédito por el cual se presta a uno alguna cosa sin más seguridad que la confianza que en él se tiene. 4. Crédito por el cual se admite y cree algo; crédito en sentido comercial. 5. El estado de la persona en quien se ha hecho confianza. 6. Esperanza, expectación, creencia. 7. *(Com.)* Combinación, asociación de compañías industriales para fijar la producción, precio, etc., de una mercadería, o para asumir la dirección y las ganancias de un negocio. **A place of great trust**, un puesto de mucha importancia. **To give upon trust**, dar fiado. **In trust**, en confianza, en depósito. **Trust deed of sale**, *(For.)* Escritura de venta condicionada.
trust, *va.* y *vn.* 1. Confiar, tener confianza en o hacer confianza de, contar con. 2. Confiar, esperar con firmeza y seguridad. 3. Confiar, encargar y fiar. 4. Confiarse, fiarse, poner en confianza. 5. Creer, dar crédito. 6. Vender al fiado. 7. Creer en, dar fe, aceptar como verdadero. 8. Esperar con confianza (hope); estimar algo como verdadero, deseando a la vez que lo sea. **I hope you enjoyed yourself**, espero que te hayas divertido.
trusted ['trʌstɪd] [tras-tid], *a.* Leal, de confianza.
trustee [trʌs'ti:] [tras-tii], *s.* Tenedor de bienes; encomendero, el que tiene a su cargo la propiedad de otro, depositario; fidei-comisario.
truster ['trʌstə^r] [tras-ta^r], *s.* Fiador, el que fía.
trusteeship ['trʌstɪʃɪp] [tras-ti-ship], *s.* Oficio o funciones de administrador o depositario.
trust fund ['trʌsfənd] [tras-fand], *s.* Fondo fiduciario.
trustily ['trʌstɪlɪ] [tras-ti-li], *adv.* Fielmente; lealmente, honradamente.
trustiness ['trʌstɪnɪs] [tras-ti-nes], *s.* Fidelidad, probidad, integridad y honradez en las acciones.
trusting ['trʌstɪŋ] [tras-tin], *a.* Confiado.
trustless ['trʌstlɪs] [trast-les], *a.* Pérfido, inconstante, sin fe, sin que merezca confianza o crédito.
trusthworthiness ['trʌst,wɜ:ðɪnɪs] [trast-uer-zi-nes], *s.* Integridad, honradez (honesty).
trustworthy ['trʌst,wɜ:ðɪ] [trast-uer-zi], *a.* Digno de confianza, seguro.
trusty ['trʌstɪ] [tras-ti], *a.* 1. Fiel, leal (loyal), constante, íntegro, que merece confianza o crédito. 2. Fuerte, seguro, que no cede fácilmente.
truth [tru:θ] [truz], *s.* 1. Verdad, la total correspondencia de lo que se dice o expresa con lo que interiormente se juzga. **Tell me the truth**, dime la verdad. 2. Verdad, axioma. 3. Fidelidad, constancia. 4. Realidad. 5. Exactitud. 6. Honradez. **Of a truth** o **in truth**, a la verdad o en verdad; en realidad, seriamente.
truthful ['tru:θfʊl] [truz-ful], *a.* Verídico; verdadero, conforme a la verdad.
truthfully ['tru:θfəlɪ] [truz-fu-li], *adv.* Sinceramente.
truthless ['tru:θlɪs] [truz-les], *a.* 1. Falso (false), contrario a la verdad. 2. Sin fe, desleal.
try [traɪ] [trai], *va.* (*pret.* y *pp.* TRIED) 1. Examinar, ensayar, probar, hacer prueba, intentar (attempt). 2. Experimentar, probar y examinar prácticamente las virtudes o propiedades

de una cosa. 3. Tentar, probar, tantear. 4. Tentar, intentar, poner los medios para lograr algo. 5. Procesar; juzgar o examinar algún pleito o causa criminal; formar causa a uno. 6. Procurar, emprender, intentar (try). 7. Decidir o terminar una diferencia. 8. Purificar, refinar por medio de la calefacción; afinar los metales. 9. Imponer una carga a, fatigar (v. g. la vista). *-vn.* 1. Esforzarse, ensayar, procurar, hacer lo posible. 2. # *(Mar.)* Capear. **We shall try it out**, veremos en qué para. **Try for**, tratar de conseguir. **Try on**, probarse, medirse. *-s.* Prueba, ensayo, intento (attempt), esfuerzo. **It's worth a try**, vale la pena intentarlo.

trying ['traɪɪŋ] [traiin], *a. part.* Penoso, difícil de soportar; fatigoso; contrariador.

tryout ['traɪaut] [trai-aut], *s.* Prueba, examen, ensayo.

try-sail ['traɪseɪl] [trai-seil], *s. (Mar.)* La vela mayor de un paquete. **Try-sail-mast**, pie de amigo de la mayor.

tryst [trɪst] [trist], *s.* Cita (appointment) o lugar de cita. **To bide tryst**, acudir a una cita, ser exacto a la cita.

tsar [zɑːʳ] [saʳ], *s.* Zar.

tsetse fly ['tsetsɪflaɪ] [tse-tsi-flai], *s.* Tsetsé, mosca chupadora de sangre del interior del continente africano. Su picadura no causa daño al hombre, pero es mortal para el ganado mayor y los caballos.

t-shirt ['tiːʃɜːt] [ti-shert], *s.* Camiseta de mangas muy cortas que suele usarse exteriormente.

tub [tʌb] [tab], *va.* 1. Encubar, poner en una cuba. 2. Bañar (a uno) en bañera. *-vn.* Bañarse en bañera. *-s.* 1. Cuba, recipiente de madera redondo de formado de varias duelas; tina de madera. 2. Cantidad que puede contener una cuba. 3. Lo que se parece a una cuba; bote pesado. 4. Cubeta, tonel pequeño. 5. Baño tomado en una bañera. **Bath-tub**, bañera, baño. **Mash-tub**, cuba de tracear la cerveza. **Wash-tub**, cuba, tina de lavar.

tuba ['tjuːbə] [tiu-ba], *s.* Tuba (instrumento musical).

tubby ['tʌbɪ] [ta-bi], *a. (Coloq.)* Rechoncho, regordete.

tube [tjuːb] [tiub], *va.* Proveer de un tubo o tubos. *-s.* 1. Tubo (pipe), cañón, cañuto, fístola o cualquier otro conducto largo y muy delgado; sifón. 2. *(Anat.)* Conducto, órgano tubular, particulamente el que conduce aire. 3. *(Coloq.)* **The tube**, la tele. 4. *(G.B., Coloq.)* **The tube**, el metro.

tuber ['tjuːbəʳ] [tiu-baʳ], *s.* 1. *(Bot.)* Tubérculo, porción corta y engrosada de un tallo subterráneo, como la patata. 2. *(Anat.)* Hinchazón, prominencia.

tubercle ['tjuːbəkl] [tiu-bar-kel], *s.* 1. Eminencia natural, poco notable, particularmente de un hueso. 2. *(Med.)* Tubérculo, tumorcillo granular, producto morboso dentro de un órgano; en los pulmones causa la consunción pulmonar. 3. *(Bot.)* Excrecencia pequeña.

tubercular [tjʊ'bɜːkjʊləʳ] [tiu-ber-kiu-laʳ], *a.* 1. Tuberculoso; en forma de nudo o excrecencia. 2. *(Med.)* Tuberculoso, relativo o perteneciente al tubérculo; de la naturaleza de los tubérculos.

tuberculin [tjʊ'bɜːkjʊlɪn] [tiu-ber-kiu-lin], *s.* Tuberculina, preparación para el diagnóstico de la tuberculosis.

tuberculosis [tjʊˌbɜːkjʊ'ləʊsɪs] [tiu-ber-kiu-lou-sis], *s.* Tuberculosis, tuberculización, enfermedad diatésica que consiste en el desarrollo de tubérculos en uno o varios órganos, especialmente en los pulmones.

tuberculous, tuberculose [tjʊ'bɜːkjʊləs] [tiu-ber-kiu-los], *a.* Tuberculoso, tuberculífero, que padece tuberculosis, que tiene tubérculos.

tubing ['tjuːbɪŋ] [tiu-bin], *s.* Tubería, tubo en secciones; sistema de tubos.

tubular ['tjuːbjʊləʳ] [tiu-biu-laʳ], *a.* Tubular, largo y hueco como tubo o cañón.

tubule ['tjuːbjuːl] [tiu-biul], *s.* Tubo pequeño.

tuck [tʌk] [tak], *s.* 1. Alforza o pliegue para disminuir el largo de una bata, vestido, falda, etc. 2. Cartera, prolongación de una de las cubiertas de un libro, cuya extremidad se inserta en un corte o en una presilla de la otra cubierta. 3. *(Mar.)* Falda, arca de popa. 4. *(Des.)* Estoque, espada, angosta y larga.

tuck, *va.* 1. Arremangar, recoger o encoger lo que cuelga. 2. Meter entre la ropa; arropar, tapar y cubrir bien a uno con ropa. **To tuck up one's clothes**, arremangarse.

tucker ['tʌkəʳ] [ta-kaʳ], *s.* 1. El o lo que hace alforzas; alforzador de máquinas de coser. 2. Escote, especie de adorno que cubre el pecho de las mujeres.

tucker, *va. (Fam. E.U.)* Cansar, fatigar; por lo común con *out*. **To be tuckered out**, estar muy cansado.

Tuesday ['tjuːzdɪ] [tius-di], *s.* Martes, el tercer día de la semana. **Shrove Tuesday**, martes de carnestolendas.

tuff [tʌf] [taf], *s.* Tufo, piedra esponjosa volcánica compuesta de fragmentos.

tuft [tʌft] [taft], *s.* 1. Copete, conjunto de cosas pequeñas y flexibles que están atadas por la base; v. gr. borla, lazo, penacho; mazorca de hierbas, de flores, etc.; ramillete; mechón de cabellos en lo alto de la frente; melena de crines, de lana. 2. Reunión de pequeños vasos sanguíneos en un punto, a manera de nudo. **Tuft of hair**, moño. **Tuft-hunter**, zalamero, adulador de los poderosos.

tuft, *va.* 1. Adornar con borlas, lazos o penachos. 2. Separar en grupos, en mazorcas o en ramilletes. 3. En tapicería, fijar a intervalos regulares con copetes o botones.

tufty ['tʌftɪ] [taf-ti], *a.* 1. Afelpado, felpufo, velludo. 2. Encopetado. 3. Lleno de lazos, borlas, etc.

tug [tʌg] [tag], *va.* Tirar con fuerza, hacer fuerza hacia sí, arrastrar con esfuerzo, halar, remolcar. *-vn.* Luchar, esforzarse.

tug, *s.* 1. Tirada con esfuerzo o la acción de tirar de una cosa con toda violencia. 2. Esfuerzo grande hecho para arrancar o tirar de alguna cosa. 3. Remolcador de vapor. **Tug-boat**, remolcador. *V.* 3ª acep.

tugger ['tʌgəʳ] [ta-gaʳ], *s.* El que tira o arranca con mucha fuerza.

tug-of-war ['tʌgəv'wɔːʳ] [tag-ov-uoʳ], *s.* 1. Competencia en que dos grupos tiran de una cuerda. 2. Lucha por la supremacía.

tuition [tjʊ'ɪʃən] [tiui-shon], *s.* 1. Tutoría, instrucción; enseñanza. 2. Precio de la enseñanza o instrucción.

tulip ['tjuːlɪp] [tiu-lip], *s. (Bot.)* Tulipán, planta y flor.

tulip-tree ['tjuːlɪptriː] [tiu-lip-tri], *s. (Bot.)* Tulipero, árbol grande de la familia de las magnoliáceas, con flores parecidas a las del tulipán.

tulle [tjuːl] [tiul], *s.* Tul.

tumble ['tʌmbl] [tam-bel], *vn.* 1. Caer, dar en tierra. 2. Hundirse, desplomarse, venir abajo o al suelo, venir a tierra. 3. Rodar abajo, bajar rodando. 4. Voltear, dar alguna cosa vueltas por sí misma o dar vueltas o saltos como los volteadores; saltar, dar saltos o brincos; revolcarse. 5. *(Ger.)* Comprender, entender. *-va.* 1. Arrojar con descuido y con bastante fuerza. 2. Desordenar, desarreglar, trastornar, derribar, volcar. 3. Ajar o arrugar los vestidos. **To tumble down**, hundirse, caer. **To tumble into bed**, echarse en la cama. **To tumble out**, echar fuera de, arrojar con violencia. **To tumble over**, trastornar, volcar, poner lo de arriba abajo. **Tumble-down**, que amenaza ruina, destrozado.

tumble, *s.* Caída, vuelco, voltereta.

tumblebug ['tʌmblbʌg] [tam-bel-bag], *s.* Escarabajo pelotero, que hace una bola de estiércol para depositar en ella sus huevos.

tumbler ['tʌmbləʳ] [tam-blaʳ], *s.* 1. Volteador, el que da vueltas, saltabanco, titiritero. 2. Vaso sin pie para beber, a diferencia de la copa. 3. Pichón volteador. **The tumbler of a lock**, rodete fiador, de cerradura.

tumbrel ['tʌmbrəl] [tam-bral], *s.* 1. *(Art.)* Carro de artillería. 2. Chirrión, carro de basura.

tumefaction [ˌtjuːmɪ'fækʃən] [tiu-mi-fak-shon], *s. (Med.)* Tumefacción, la hinchazón o elevación de alguna parte del cuerpo.

tumefy ['tjuːmɪfaɪ] [tiu-mi-fai], *va.* Hacer entumecerse o hincharse.

tumescence [tjuː'mesns] [tiu-me-sens], *s.* Tumescencia, principio de un tumor.

tumescent [tjuː'mesnt] [tiu-me-sent], *a.* Tumefacto, tumescente.

tumid ['tjuːmɪd] [tiu-mid], *a.* 1. Túmido, hinchado, prominente. 2. Túmido, inflado, hablando del estilo.

tumor, tumour ['tjuːməʳ] [tiu-maʳ], *s.* Tumor, hinchazón, y bulto que se forma en alguna parte del cuerpo.

tumular ['tjuːmjʊləʳ] [tiu-ma-laʳ], *a.* Tumulario, en forma de montecillo.

tumult ['tjuːmʌlt] [tiu-malt], *s.* 1. Tumulto, alboroto, motín, desorden, concurso grande de gente que causa desorden. 2. Agitación de ánimo.

tumultuous ['tjuːmʌltjʊəs] [tiu-mal-tios], *a.* 1. Tumultuario, tumultuoso, que causa o levanta tumultos o que está sin orden ni concierto. 2. Turbulento, confuso, alborotado y desordenado.

tumultuously ['tjuːmʌltjʊəslɪ] [tiu-mal-tios-li], *adv.* Tumultuariamente, en tumulto; sin orden ni concierto.

tumultuousness ['tjuːmʌltjʊəsnɪs] [tiu-mal-tios-nes], *s.* Turbulencia, tumulto.

tumulus ['tjuːmjʊləs] [tiu-miu-los], *s.* Túmulo, montón de tierra, que por lo general cubría una sepultura.

tun [tʌn] [tan], *s.* 1. Tonel, cubeta o barril grande. 2. Cuba o tanque de cervecero para la fermentación; contiene a menudo unos 3.000 litros o más. 3. Cantidad de cerveza fermentada de una vez. 4. Tonelada, medida indeterminada y bastante grande; v. g. de dos pipas de vino (252 galones). *V.* TON.

tun, *va.* Entonelar, envasar, embarrilar vino u otros licores.

tuna (o **tunny**) **fish** ['tjuːnə] [tiu-na], *s.* Atún.

tunable ['tjuːnəbl] [tiu-na-bol], *a.* 1. Que se puede templar. 2. *(Des.)* Armonioso, musical.

tundra ['tʌndrə] [tan-dra], *s.* Tundra, llanura undulada de Rusia y Siberia, cubierta de musgo y a veces húmeda o pantanosa.

tune [tjuːn] [tiun], *s.* 1. Tono, la canción métrica para la música compuesta de varias coplas; tonada. 2. Tono, el sonido que hace la voz cuando se habla o canta y el que hace un instrumento cuando se toca. 3. Concordancia o armonía, tanto, hablando de la música como hablando metafóricamente de costumbres, actos morales, etc. 4. Tono, el estado particular del ánimo y a veces también del cuerpo para ejecutar, aprender, etc. **The fiddle is in tune or out of tune**, el violín está afinado o desafinado.

tune, *va.* 1. Templar un instrumento músico. 2. Cantar armoniosamente. 3. Poner acordes dos o más cosas o ajustarlas perfectamente entre sí. *-vn.* 1. Modular, cantar con armonía y variedad de la voz. 2. Ajustarse o concertar dos o más voces o instrumentos.

tuneful ['tjuːnfʊl] [tiun-ful], *a.* Armonioso, acorde, melodioso.

tuneless ['tjuːnlɪs] [tiun-les], *a.* Desentonado, disonante, discordante, fuera de tono.

tuner ['tjuːnəʳ] [tiu-naʳ], *s.* Afinador de instrumentos musicales.

tungsten ['tʌŋstən] [tangs-ten], *s.* *(Quím.)* Tungsteno, metal polvoriento, de color plomizo, duro y pesado.

tunic ['tjuːnɪk] [tiu-nik], *s.* 1. Túnica, vestidura interior, con o sin mangas, que usaban los antiguos. 2. Vestidura exterior moderna fruncida al talle, o ceñida con un cinturón, v. g. una blusa o un ropaje exterior. 3. Túnica, telilla o película que cubre algunos órganos de las plantas. 4. *(Anat.)* Túnica, membrana sutil que cubre algunas partes del cuerpo.

tunicle ['tjuːnɪkl] [tiu-ni-kol], *s.* 1. Túnica, tegumento o envoltura. 2. Túnica fina, ligera o delicada. 3. Tunicela, vestidura eclesiástica.

tuning ['tjuːnɪŋ] [tiu-nin], *s.* Temple, acción y efecto de templar. **Tuning-fork**, diapasón. **Tuning-hammer, tuning-key**, templador, llave de afinador.

tunnage ['tjuːnɪdʒ] [tiu-nich], *s.* El derecho de tonelada que se cobraba en las aduanas. *V.* TONNAGE.

tunnel ['tʌnl] [ta-nel], *s.* 1. Túnel, socavón, o paso subterráneo, abierto artificialmente para el paso de trenes, para conducir aguas, o establecer otra comunicación. 3. Cañón de chimenea, de ladrillera, etc. **Tunnel-net**, red profunda ancha por la boca y de forma cónica.

tunnel, *va.* 1. Hacer, construir un socavón o túnel a través de una colina o por debajo de un río. 2. Disponer en forma de túnel o socavón.

tunny (o **tuna**) **fish** ['tʌnɪfɪʃ] [ta-ni-fish], *s.* Atún.

tup [tʌp] [tap], *s.* Morucco, carnero padre.

turban ['tɜːbən] [ter-ban], *s.* 1.Turbante, tocado con que los orientales se cubren la cabeza. 2. Tocado de mujer. 3. Sombrero moderno para mujeres y niños, con ala muy estrecha o sin ella. 4. Espira de molusco univalvo.

turbaned ['tɜːbənd] [ter-band], *a.* Que tiene o lleva turbante.

turbary ['tɜːbərɪ] [ter-ba-ri], *s.* El derecho de cavar turbas o céspedes de tierra, y el sitio donde se cavan.

turbid ['tɜːbɪd] [ter-bid], *a.* 1. Turbio, túrbido, espeso; cenagoso. 2.Turbulento, confuso, turulato, en estado de confusión.

turbine ['tɜːbaɪn] [ter-bain], *s.* Turbina, rueda hidráulica que gira sobre un eje vertical y que aprovecha la mayor parte posible de la fuerza motriz.

turbojet ['tɜːbəʊ'dʒet] [ter-bou-yet], *s.* Turborreator, avión de turborreacción.

turboprop ['tɜːbəʊ'prɒp] [ter-bo-prop], *s.* Avión de turbohélice.

turbot ['tɜːbət] [ter-bot], *s.* Rodaballo, rombo.

turbulence ['tɜːbjʊləns] [ter-biu-lans], *s.* Turbulencia, alboroto, tumulto, confusión.

turbulent ['tɜːbjʊlənt] [ter-biu-lant], *a.* 1. Turbulento, agitado, tumultuoso, violento. 2. Predispuesto a la sublevación o insubordinación. 3. Que tiende a disturbar o poner en confusión. **A turbulent sea**, *(Mar.)* Mar bravo. **Turbulent weather**, *(Mar.)* Tiempo tormentoso. **Turbulent temper**, genio turbulento o inquieto.

turbulently ['tɜːbjʊləntlɪ] [ter-biu-lant-li], *adv.* Turbulentamente, agitadamente, con confusión.

turdoid ['tɜːdɔɪd] [ter-doid], *a.* Parecido o perteneciente a los tordos o túrdidos.

tureen [tə'riːn] [ta-rin], *s.* Sopera, vasija honda en que se sirve la sopa.

turf [tɜːf] [terf], *s.* 1. Césped, trozo de tierra cubierto de hierba menuda. 2. Turba. *V.* PEAT. 3. Alfombra de hierba. 4. Circo, terreno donde se efectúan las carreras de caballos; ocupación de hacer correr caballos; en la locución *the turf*.

turf, *va.* Encespedar, cubrir con céspedes.

turfiness ['tɜːfɪnɪs] [ter-fi-nes], *s.* La abundancia de césped o de turba.

turfy ['tɜːfɪ] [ter-fi], *a.* 1. Cubierto de céspedes, parecido al césped. 2. Perteneciente a las carreras de caballos. **Turfy ground**, cespedera.

turgid ['tɜːdʒɪd] [ter-yid], *a.* 1. Túnido, inflado, hinchado. 2. *(Fig.)* Ampuloso, engreído, pomposo; se dice del estilo.

turgidity [tɜː'dʒɪdɪtɪ] [ter-yi-di-ti], *s.* El estado de turgencia o hinchazón.

turk [tɜːk] [terk], *s.* *(Orn.)* Pavo, pava: *(Mex.)* Guajalote: *(Cuba)* Guamajo.

Turkey ['tɜːkɪ] [ter-ki], *f.* Turquía.

Turkey corn, *(Bot.)* Maíz. **Turkey millet**, *(Bot.)* Alcandía. **Turkey-gobbler**, pavo o guanajo. **Turkey-buzzard**, aura. *(Mex.)* zopilote, buitre americano.

turkish ['tɜːkɪʃ] [ter-kish], *a.* Turco. **Turkish bath**, baño turco. **Turkish towel**, toalla gruesa y afelpada propia para el baño. *-s.* Idioma turco.

turmeric ['tɜːkmərɪk] [terk-ma-rik], *s.* Cúrcuma, planta de la India parecida al jengibre; y su raíz, de que se saca color amarillo.

turmoil ['tɜːmɔɪl] [ter-moil], *s.* Disturbio, inquietud, baraúnda, alboroto.

turmoil, *vn.* Inquietarse, estar en agitación.

turn [tɜːn] [tern], *va.* 1. Volver, dar vuelta o vueltas a alguna cosa. 2. Volver, mudar, cambiar, de un estado a otro. 3. Volver, poner a alguna persona o cosa en el estado que antes tenía. 4. Volver, torcer o inclinar una cosa de un lado a otro;

volver o tornar lo de arriba abajo. 5. Volver, cambiar, convertir o transformar una cosa en otra. 6. Volver, hacer mudar a fuerza de persuasión o razones la opinión que se tenía; convertir; pervertir. 7. Volver, verter, traducir o trasladar de una lengua a otra. 8. Volver, dirigir, encaminar o enderezar una cosa a otra material o inmaterialmente. 9. Volver, rechazar. 10. Alterar, variar, cambiar. 11. Tornear, trabajar al torno. 12. Aplicar o destinar una cosa a un uso diferente del que antes tenía. 13. Adaptar una cosa a otra. 14. Discurrir, reflexionar. 15. Embotar. 16. Hacer circular dinero, géneros, etc. 17. Transferir. 18. Hacer vertiginoso, dar asco o náuseas. *-vn.* 1. Volver, girar, rodar, andar o moverse alrededor o en torno. 2. Voltear, dar alguna cosa vueltas por sí misma. 3. Dar vueltas, andar rodando, andar de acá para allá. 4. Volver, torcer o dejar el camino o línea recta. 5. Volverse a, inclinar el cuerpo o el rostro hacia alguna persona o cosa determinada. 6. Mudarse, transformarse, mudar de posición, de situación, de estado, de opinión, etc. 7. Hacerse o llegar uno a ser lo que antes no era 8. Mudarse, desdecirse, cambiar de casaca. 8. Volverse o avinagrarse el vino, acedarse la leche. 10. Estribar, fundarse; depender de. 11. Trastornársele o irsele a uno la cabeza.

turn about, volverse hacia otra parte; rodar o andar dando vueltas alrededor.

turn against, hacer frente; defenderse.

turn aside, descaminar, alejar; alejarse , ponerse a un lado.

turn away, despedir o despachar, hacer que se vuelvan las personas o cosas que ya no se necesitan; despedir o echar a una persona; desviar o desviarse, volver o volverse al otro lado; apartar o separar; echar, sacar o arrojar con violencia; deshacerse de.

turn back, volver atrás o volver otra vez, volverse; volver o devolver una cosa a la persona de quien se recibió, restituir; retroceder, desandar lo andado.

turn down, (a) plegar, doblar; (b) rechazar, reclinar, rehusar. (c) voltear hacia abajo. **To turn down the bedspread**, doblar hacia abajo la sobrecama. **To turn down one's coat collar**, doblar hacia abajo el cuello del abrigo.

turn from, desviar de; apartarse de.

turn in, replegar, plegar muchas veces, hacer pliegues; doblar hacia dentro. **To turn in and out**, serpear o serpentear.

turn into, mudar, cambiar, transformar, convertir, transformarse, mudar de forma o de figura. **She is turned of forty**, ella tiene cuarenta años cumplidos.

turn off, cerrar una llave o canilla, despachar, arrojar o echar a una persona con desprecio, echar a cajas destempladas, despedir o echar enhoramala; renunciar, hacer dejación de alguna cosa, apartar, separar o divertir el pensamiento, la atención, etc.; mudar de camino o tomar otro camino; llevar a cabo, ejecutar. **To turn off a day's work**, llevar a cabo el trabajo del día.

turn out, (a) echar fuera, expeler, arrojar, lanzar, echar con violencia, volver lo de dentro afuera, llegar a ser, resultar; (b) *(Mar.)* levantarse; (c) echar al campo los animales. **So it turned out**, así resultó, sucedió que.

turn over, transferir, pasar a otro; diferir, dilatar; enviar; volver la hoja de un libro. **To turn over a new leaf**, enmendarse, empezar vida nueva.

turn to, recurrir o acudir a uno; transformar o transformarse; volverse hacia una persona o cosa; dirigirse hacia. **To turn to advantage** o **to account**, sacar ventaja o utilidad de una cosa; hacer que redunde en beneficio. **To turn to good account**, sacar provecho de una cosa. **To turn to and fro**, volver de un lado a otro. **To turn to windward**, *(Mar.)* barloventear, abarloar.

turn up, arregazar, arremangar; volver el triunfo en los juegos de naipes; acontecer, suceder; venir a mano, reaparecer. **To turn up the ground**, cavar la tierra, disponer la tierra para el cultivo.

turn upon, estribar, fundarse, apoyarse; producir un suceso, desgracia, etc., cualquier efecto en alguna persona o lugar; recaer sobre; revolver sobre. **To turn upside down**, trastornar, volver lo de arriba abajo; zozobrar un navío. **To turn home**, retirarse, volverse o irse a casa. **To turn one home**, enviar a alguno a casa. **To turn physician**, hacerse médico o recibirse de médico. **To turn short**, dar media vuelta; volverse bruscamente. **To turn tail**, andar u obrar con doblez o con segunda; buscar rodeos. **To turn the brain**, volver loco. **To turn the head**, trastornar la cabeza o el juicio; volverse loco. **To turn the scale**, hacer inclinarse la balanza; volver la tortilla. **To turn the stomach**, causar asco o hastío; causar náuseas. **My head turns**, se me va la cabeza, me da vueltas la cabeza. **Turn over o please turn over**, *(p. t. o.)* a la vuelta.

turn, *s.* 1. Vuelta, giro, movimiento circular. 2. Rodeo, revuelta. 3. Vuelta, paseo corto, viaje a sitio poco distante. 4. Turno, vez, tanda; alternación, orden sucesivo o alternado de las cosas. 5. Ocasión, oportunidad. 6. Mudanza, cambio; fase, faz. 7. Proceder, procedimiento, modo de obrar, portarse o comportarse las personas. 8. Genio, inclinación, propensión. 9. Acción, pasada buena o mala que se hace a alguno; chasco, pieza; servicio, favor, asistencia. 10. Provecho, utilidad. 11. Forma, figura, hechura. 12. Modo de decir las cosas; colocación de las voces de una sentencia. **To take a turn**, dar una vuelta, un paseo. **To take another turn**, cambiar de faz. **Things have taken a different turn**, las cosas han tomado otro aspecto. **By turns**, por turno, alternativamente. **He has a turn for agriculture**, es aficionado a la agricultura o tiene inclinación a la agricultura. **It is your turn**, a Ud. le toca. **At every turn**, a cada instante, a cada momento. **A friendly turn**, un favor. **An ill-natured turn**, un chasco pesado, una pieza.

turncoat ['tɜːnkəʊt] [tern-kout], *s.* El que muda de partido o de opiniones, el que cambiar de casaca; desertor, renegado, apóstata.

turner ['tɜːnəʳ] [ter-naʳ], *s.* 1. Torneador, tornero. **Turner's lathe**, torno. 2. Gimnasta, miembro de un club atlético.

turning ['tɜːnɪŋ] [tern-nin], *s.* 1. Vuelta, rodeo; las vueltas y revueltas que hace una cosa tortuosa. 2. Recodo, ángulo, rodeo (street, river). 3. *pl.* Virutas que se hacen torneando. **Turning-point**, (a) punto decisivo, crisis; (b) punto donde se trueca la dirección de un movimiento.

turnip ['tɜːnɪp] [ter-nip], *s.* Nabo, planta hortense y su raíz comestible.

turnkey ['tɜːnkiː] [tern-ki], *s.* Bastonero o ayudante del alcaide de una cárcel; demandadero de una cárcel.

turnout ['tɜːnaʊt] [tern-aut], *s.* 1. Tren, séquito, conjunto de personas que concurren a una reunión o diversión pública. 2. Vía doble o lateral en un camino angosto; desviadero corto en un ferrocarril. 3. Equipaje, carruaje de lujo. 4. Producto de una fábrica en un tiempo dado. 5. Salida de personas; en especial huelga de obreros.

turnover ['tɜːnˌəʊvəʳ] [tern-ou-vaʳ], *a.* Doblado hacia abajo, p. ej. un cuello de camisa. *-s.* 1. Vuelco; vuelta. 2. Variedad de pastelillo. 3. Utensilio para dar vuelta a los guisos. 4. Cambio de partido, opinión, etc. 5. Ciclo en el movimiento de mercancías. 6. Proporción en el cambio de personal de una empresa.

turnpike ['tɜːnpaɪk] [tern-paik], *s.* 1. Camino en que hay barreras de portazgo; camino público. 2. Barrera, los maderos que se ponen en algún camino público para el cobro del portazgo o de los derechos que se pagan para componer los caminos; portazgo. 3. *V.* TURNSTILE.

turnstone ['tɜːnstəʊn] [tern-stoun], *s.* *(Orn.)* Revuelvepiedras.

turntable ['tɜːnteɪbl] [tern-tei-bol], *s.* 1. *(F.C.)* Plataforma giratoria, placa giratoria. 2. Plato tocadiscos. 3. Giratoria.

turpentine ['tɜːpəntaɪn] [ter-pan-tain], *s.* Trementina, la goma que destilan el pino, abeto, enebro y otros árboles de la misma especie. **Turpentine-tree**, terebinto, especie de alfóncigo.

turpeth ['tɜːnpeθ] [tern-pez], *s.* 1. Turbit, raíz del albohol turbit, planta parecida a la jalapa. 2. **Turpeth mineral**, turbit mineral, sulfato mercurial de propiedades eméticas.

turpitude ['tɜ:pɪtju:d] [ter-pi-tiud], *s.* Torpeza, vileza, infamia; deshonestidad.
turquoise ['tɜ:kwɔɪz] [ter-kuois], *s.* Turquesa, piedra preciosa azul.
turret ['tʌrɪt] [ta-rit], *s.* Torrecilla, torre pequeño.
turreted ['tʌrɪtɪd] [ta-ri-tid], *a.* Hecho en figura de torre o que se eleva como una torre.
turtle ['tɜ:tl] [ter-tel], *s.* 1. Tortuga de mar. 2. *(Impr.)* Bastidor grueso en forma de segmento de cilindro, que se usa para sostener el tipo en una prensa giratoria. 3. *V.* **Turtle-dove**. **Turtle-dove**, tórtola. **Small land turtle**, *(Amer.)* tortuga de tierra, galápago, jicotea. **Turtle-shell**, carey. **To turn turtle**, zozobrar, volverse hacia arriba el casco de una embarcación.
tush [tʌʃ] [tash], inter. *(Ant.)* ¡Tararira! ¡bah! interjección para expresar impaciencia o desprecio.
tusk [tʌsk] [task], *s.* 1. Colmillo, diente agudo de algunas fieras. 2. Punta parecida a un diente.
tusked ['tʌskt] [taskt], *a.* Colmilludo.
tussle ['tʌsl] [ta-sel], *va.* y *vn.* *(Fam.)* Luchar con; tener una agarrada, una sarracina. *-s.* Sarracina, refriega con desorden, pendencia.
tussock ['tʌsək] [ta-sok], *s.* 1. Montecillo de hierbas crecientes o de cárices. 2. Penacho de pelo o de plumas. 2. Penacho de pelo o de plumas. **Tussock-moth**, mariposa nocturna del género Orygia, cuya oruga tiene penachos peludos.
tut [tʌt] [tat], inter. ¡Tate! ¡Basta! ¡Quita allá! Se usa para expresar ligera reprensión o impaciencia.
tutelage ['tju:tɪlɪdʒ] [tiu-ti-lich], *s.* Tutela, tutoría, el cargo de tutor.
tutelary ['tju:tɪlərɪ] [tiu-ti-la-ri], *a.* Tutelar. **A tutelar angel**, ángel de la guardia. **A tutelar saint**, santo tutelar o patrón.
tutor ['tju:təʳ] [tiu-taʳ], *s.* Tutor, ayo, preceptor.
tutor, *va.* 1. Enseñar, instruir. 2. Señorear, mandar imperiosamente.
tutoress ['tju:tərɪs] [tiu-ta-res], tutriz, aya.
tutorial [tju:'tɔ:rɪəl] [tiu-to-rial], *a.* Tutorial; *(Jur.)* Tutelar.
tutty ['tju:tɪ] [tiu-ti], *s.* Tutía, atutía, óxido de cinc impuro que se obtiene en los hornos de fundición y sirve como polvo para pulir.
tuwhit-tuwhoo [tʊ'wɪttə'wu:] [tu-uita-vuu], *vn.* Gritar el buho. *-s.* Grito del buho.
tuxedo [tʌk'sɪdəʊ] [tak-si-dou], *s.* Smoking.
twaddle ['twɒdl] [tuo-del], *va.* y *vn.* Charlar, parlotear, chacharar con aire de persona docta. *-s.* Habladuría, charla; palique; tonterias, disparates.
twain [tweɪn] [tuein], *a.* *(Ant.)* Dos.
twang [twæŋ] [tuang], *va.* y *vn.* 1. Producir un sonido agudo y penetrante. 2. Restallar, chasquear o estallar alguna cosa como la honda o el látigo. 3. Tañer, hiriendo las cuerdas de un instrumento músico.
twang, *s.* 1. Retintín, el modo y tonillo afectado de hablar; acento muy fuerte al pronunciar. 2. Cualquier sonido agudo y penetrante, como el de una cuerda música de la cual se tira.
twangling ['twæŋlɪŋ] [tuan-glin], *s.* Ruido desapacible.
'twas [twɒz] [tuos], contracción de IT WAS. Fue.
tweak [twi:k] [tuik], *va.* Pellizcar y torcer, apretar entre los dedos. *-s.* Pellizco, sacudida.
tweed [twi:d] [tuid], *a.* Hecho del paño cruzado escocés de lana, por lo general o de dos colores.
tweedle ['twi:dl] [tui-del], *va.* Manosear, tentar y tocar ligeramente con las manos.
'tween [twi:n] [tuin], *prep.* Entre; contracción de BETWEEN.
tweeter ['twi:təʳ] [tui-taʳ], *s.* Altavoz para sonidos agudos.
tweezers [twi:zəz] [tui-sars], *s. pl.* Tenacillas, pinzas pequeñas para objetos diminutos.
twelfth [twelf] [tuelf], *a.* Duodécimo, número ordinal de doce. *-s.* 1. Una de doce partes iguales. 2. *(Mús.)* Duodécima, intervalo de una octava más una quinta. **Twelfth Night**, víspera del día de Reyes, de la Epifanía.
twelfth-tide ['twelftaɪd] [tuelf-taid], *s.* El día de los Reyes o la Epifanía.
twelve [twelv] [tuelv], *a.* y *s.* Doce. **Twelve-month**, un año o doce meses. **Twelve-penny**, de a doce peniques. **Twelve-score**, doce veces veinte, doscientos cuarenta.
twentieth ['twentɪɪθ] [tuen-tiez], *a.* Vigésimo, ordinal de veinte.
twenty ['twentɪ] [tuen-ti], *a.* y *s.* Veinte. **Twenty-one**, veintiuno. **Twenty-wine**, veintinueve.
twibil ['twɪbɪl] [tui-bil], *s.* Una especie de hacha de dos filos.
twice [twaɪs] [tuais], *adv.* 1. Dos veces. 2. Al doble, duplicadamente. **Twice-born**, renacido.
twiddle ['twɪdl] [tui-del], *va.* *(Fam. o dial.)* Tocar ligeramente; hacer dar vueltas.
twig [twɪg] [tuig], *s.* 1. Ramita, rama pequeña (de árbol). 2. Rama pequeña de una arteria u otro vaso.
twilight ['twaɪlaɪt] [tuai-lait], *s.* 1. Crepúsculo. 2. Cualquier luz débil. 3. Aprehensión o percepción indistinta. **By twilight**, entre dos luces. *-a.* Obscuro, sombrío, crepuscular. **Twilight sleep**, anestesia parcial para partos.
twill [twɪl] [tuil], *va.* Tejer con líneas diagonales; cruzar un tejido. *-s.* Tela cruzada; cruzado.
twin [twɪn] [tuin], *s.* 1. Gemelo, mellizo; *(Mex.)* Cuate; *(Cuba)* Jimagua; *(Amer.)* Morocho. 2. *(Astr.)* Géminis, signo boreal, el tercero de los del zodíaco. *-a.* 1. Gemelo, gemela. 2. Doble; gemíneo, en parejas.
twin, *vn.* 1. Nacer mellizo. 2. Parir dos o más hijos de un parto. 3. Hermanearse, parearse.
twine [twaɪn] [tuain], *va.* 1. Torcer, formar de muchos hilos una cuerda; enroscar, enredar o liar alrededor o dando vueltas. 2. Unir o combinar una cosa con otra de modo que formen un cuerpo entre sí. *-vn.* 1. Enroscarse, ensortijarse. 2. Caracolear, hacer tornos, dar vueltas. **To twine about**, abrazar.
twine, *s.* 1. Hilo de acarreto o bramante. *(Amer.)* Hilo mestizo, guita. *(Mex.)* Mecate. **Fine twine**, mecatito. **Sail-twine**, *(Mar.)* Hilo de vela. 2. Enroscadura, el efecto de eroscarse. 3. Abrazo.
twinge [twɪndʒ] [tuinch], *va.* y *vn.* Causar un dolor agudo o una pena a otro, hacer mal a alguien, atormentar; padecer un dolor local agudo y repentino.
twinge, *s.* Dolor agudo o punzante, y el tormento que causa; tirón de orejas; dolor de costado; pena del ánimo, remordimiento.
twinkle ['twɪŋkl] [tuin-kel], *vn.* 1. Centellear, chispear, despedir rayos de luz de una manera trémula. 2. Parpadear, mover los párpados; abrir y cerrar los ojos; pestañear guiñando.
twinkling ['twɪŋklɪŋ] [tuin-klin], *s.* 1. Vislumbre, resplandor tenue de la luz. 2. La acción de parpadear; pestañeo, guiñada. 3. Momento, instante. **In the twinkling of on eye**, en un abrir y cerar de ojos. 4. Vibración trémula.
twin-screw ['twɪskru:] [tuin-skru], *a.* En arquitectura marítima, de doble hélice.
twirl [twɜ:l] [tuerl], *va.* Voltear, dar vueltas a una cosa, como con los dedos. *-vn.* Volver, dar vueltas.
twirl, *s.* Rotación, movimiento rápido, alrededor de algo, vuelta dada en círculo, giro.
twirler ['twɜ:ləʳ] [tuer-laʳ], *s.* El o lo que da vueltas a una cosa; *(Fam. E.U.)* tormenta giratoria, ciclón.
twist [twɪst] [tuist], *va.* 1. Torcer, dar vueltas a alguna cosa, alrededor apretándola; retorcer, torcer mucho. 2. Entrelazar o entretejer una cosa con otra. 3. Tejer. 4. Trenzar o hacer trenzas. 5. Ceñir, rodear. *-vn.* 1. Insinuarse o introducirse una cosa en otra muy íntimamente; enroscarse, envolverse. 2. Torcerse; hacerse una rosca. 3. Retortijarse, ensortijarse. **Twisted bread**, rosca pan retorcido.
twist, *s.* 1. Trenza, cualquiera cosa hecha de varias otras torcidas, tejidas, entretejidas o entrelazadas entre sí; cordoncillo, hilo de seda. 2. Torcedura, la acción y efecto de torcer. 3. Torzal, la unión de varias cosas que hacen como hebras torcidas y dobladas unas con otras. 4. Cada hilo o hebra de un cordón o cuerda y el mismo cordón. 5. Rollo de tabaco. **To give one's arm a twist**, torcerse el brazo.

twister ['twɪstəʳ] [tuis-taʳ], *s.* 1. Torceador; cordelero, soguero, cabestrero. 2. Torcedor, instrumento que sirve para torcer o retorcer. 3. Entre marinos, torbellino, viento giratorio; en los Estados Unidos del Oeste, ciclón, gran tormenta. *V.* TORNADO. 4. Pelota arrojada con cierta torcedura peculiar o con movimiento giratorio sobre su eje.

twit [twɪt] [tuit], *va.* Molestar, recordando algo desagradable; reprender, dar en rostro con, echar algo en cara.

twitch [twɪtʃ] [tuich], *va.* Tirar bruscamente. *-vn.* Moverse con una contracción espasmódica, encogerse.

twitch, *s.* 1. Tensión o tirantes dolorosa de las fibras: retortijón. 2. Acción de tirar bruscamente; tirón repentino. 3. Acial.

twitter ['twɪtəʳ] [tui-ᵗᵃʳ], *vn.* Gorjear los pájaros.

twitter, *s.* 1. Gorjeo (de los pájaros). 2. *(Fam.)* Estado de agitación del ánimo.

'twixt [twɪkst] [tuikst], contracción de BETWIXT.

two [tu:] [tu], *a.* y *s.* Dos. **Two and two**, dos a dos. **To kill two birds with one stone**, matar dos pájaros de un tiro. **Two-legged animal**, animal bípedo o de dos pies. **Two-cleft** bífido, hendido en dos. **Two-faced**, de dos caras; doble, no sincero, disimulado. **Two-horse**, de dos caballos, tirado por dos caballos; de la fuerza de dos caballos. **Two-edged**, que tiene dos filos o cortes.

two-fisted [ˌtu:'fɪstɪd] [tu-fis-tid], *a.* *(Fam.)* Viril, vigoroso.

twofold ['tu:fəʊld] [tu-fould], *a.* Doble, duplicado. *-adv.* Duplicadamente, al doble.

two-handed ['tu:hændɪd] [tu-jan-did], *a.* 1. De dos manos, que exige el uso de ambas manos a la vez. 2. Construido para usarlo dos personas. 3. Ambidextro. **Two-handed sword**, espadón.

twopenny ['tu:penɪ] [tu-pe-ni], *a.* De dos peniques, del valor de dos peniques; de aquí, vil, de ningún valor.

two-ply ['tu:plaɪ] [tu-plai], *a.* De dos capas, de dos tramas.

two-seater ['tu:'si:θəʳ] [tu-si-taʳ], *s.* Velhículo de dos asientos.

two-tongued ['tu:tɒŋd] [tu-tongd], *a.* Falso, doble.

two-way ['tu:weɪ] [tu-wei], *a.* De dos direcciones; de tránsito en ambas direcciones.

tycoon [taɪ'ku:n] [tai-kun], *s.* Magnate industrial o político.

tymbal ['tɪmbəl] [tim-bal], *s.* Tímbal, atabal.

tympani ['tɪmpənɪ] [tim-pa-ni], *s.* 1. *(Impr.)* Tímpano, una hoja o más comúnmiente varias hojas de papel colocadas en una prensa para mejorar la calidad de la tirada. 2. Tímpano, membrana u hoja delgada que se pone tensa. *V.* TYMPANUM, 3ª acep.

tympanum ['tɪmpənəm] [tim-pa-nom], *s.* 1. *(Anat.)* Tímpano, membrana extendida y tensa como la de un tambor, que separa el conducto auditivo externo del oído medio; el oído medio. 2. *(Bot.)* Timpanillo, membrana que tapa el orificio de la cápsula de ciertos musgos. 3. *(Arq.)* Tímpano, vacío que hay entre el cerramiento del rontis y su cornisa; timpanillo o tímpano, adorno en el arranque de un arco.

tympany ['tɪmpənɪ] [tim-pa-ni], *s.* *(Anat.)* Timpanitis. *V.* TYMPANITES.

type [taɪp] [taip], *s.* 1. Tipo, símbolo, signo, figura. 2. Emblema, figura simbólica. 3. Tipo, ejemplar distintivo de un grupo o de una clase. 4. Tipo, letra de imprenta, y cada una de sus clases o variedades. 5. *(Biol.)* Plan, tipo, modelo de estructura; representación ideal de una especie. **Type-bar**, línea de letras que se funde en una sola pieza. **Type-founder**, fundidor de letras de imprenta. **Type-foundry**, fundición de tipos. **Type-setter**, cajista mecánico; máquina para componer tipos. **Type-setting**, que compone tipos; composición de letras de imprenta. **Type-wheel**, rueda tipográfica.

typewrite ['taɪpraɪt] [taip-rait], *va.* y *vn.* (*pp.* TYPEWRITTEN). Escribir a máquina, poner algo por escrito con una máquina de escribir. **A type-written letter**, una carta escrita a máquina. *(Neol.)*

typewriter ['taɪpraɪtəʳ] [taip-rai-taʳ], *s.* Máquina de escribir.

typewritting ['taɪpˌraɪtɪŋ] [taip-rai-tin], *s.* 1. El acto, arte u operación de usar una máquina de escribir. 2. Trabajo hecho con dicha máquina.

typhoid ['taɪfɔɪd] [tai-foid], *a.* Tifoideo, parecido al tifus o a la fiebre tifoidea. *-s.* Fiebre tifoidea, caracterizada por gran postración e irritación de los intestinos, con diarrea.

typhoon [taɪ'fu:n] [tai-fun], *s.* Tifón, huracán del mar de la China.

typhous ['taɪfəs] [tai-fos], *s.* Tífico, perteneciente o relativo al tifo.

typhus ['taɪfəs] [tai-fos], *s.* *(Med.)* tifo, tifus, fiebre aguda, continua, caracterizada por perturbación profunda del sistema nervioso y sanguíneo y por irritación del cerebro, a la que sigue el estupor. **Typhus abdominalis**, fiebre tifoidea.

typical ['tɪpɪkəl] [ti-pi-kal], *a.* Típico, figurativo, lo que sirve para representar otra cosa; simbólico, alegórico.

typically ['tɪpɪkəlɪ] [ti-pi-ka-li], *adv.* Figurativamente.

typify ['tɪpɪfaɪ] [ti-pi-fai], *va.* Representar, simbolizar.

typing ['taɪpɪŋ] [tai-pin], *s.* Mecanografía, dactilografía, escritura en máquina.

typist ['taɪpɪst] [tai-pist], *s.* Mecanógrafo.

typographer [taɪ'pɒgrəfəʳ] [tai-po-gra-faʳ], *s.* Tipógrafo, impresor.

typographic [ˌtaɪpə'græfɪk] [tai-po-gra-fik], *a.* 1. Tipográfico, lo que pertenece al arte de imprimir o a la imprenta. 2. Emblemático.

typography [taɪ'pɒgrəfɪ] [tai-po-gra-fi], *s.* 1. Representación emblemática o figurativa. 2. Tipografía, imprenta, el arte de imprimir.

tyrannic [tɪ'rænɪk] [ti-ra-nik], *a.* Tiránico, cruel, despótico.

tyrannically [tɪ'rænɪkəlɪ] [ti-ra-ni-ka-li], *adv.* Tiránicamente.

tyrannicalness [tɪ'rænɪkəlnɪs] [ti-ra-ni-kal-nes], *s.* Calidad de tirano.

tyrannicide [tɪ'rænɪsaɪd] [ti-ra-ni-said], *s.* Tiranicidio, la acción de quitar la vida a un tirano.

tyrannize ['tɪrənaɪz] [ti-ra-nais], *va.* y *vn.* 1. Tiranizar. 2. Obrar o proceder con tiranía, severidad, rigor o inclemencia.

tyranny ['tɪrənɪ] [ti-ra-ni], *s.* 1. Tiranía; gobierno absoluto; gobierno despótico. 2. Opresión, rigor, crueldad, severidad.

tyrant ['taɪrənt] [tai-rant], *s.* Tirano, déspota, señor absoluto y severo.

tyre ['taɪəʳ] [taiaʳ], *s.* *(Anglindio)* Leche cuajada.

tyre, *s.* *(Aut.)* Llanta, neumático *(GB)*; cámara de aire (inner tube). **Tyre-burst,** reventón, pinchazo.

tyro ['taɪərəʊ] [taia-rau], *s.* Tirón, bisoño, principiante, novicio, nuevo en algún arte o disciplina.

tzar, tzarina [zɑ:ʳ] [saʳ], [zɑ:'ri:nə] [sa-ri-na], *s.* *V.* CZAR, CZARINA.

U

u [ju:] [iu], vigésima primera letra del alfabeto inglés, tiene tres diferentes sonidos; el uno es semejante al del diptongo castellano *iu*, como en *muse, tube, cure* (mius, tiub, quiuaʳ); se pronuncia también como en español en las voces *full, truth*, etc; y por último tiene un sonido entre la *a* y la *o* españolas en *but, cut, tub*, etc. Véase la Introducción.

ubiquitous [ju:'bɪkwɪtəs] [iu-bi-kui-tos], *a.* ubicuo, omnipresente, que está o se halla en todas partes. *-s.* Ubiquitario. *V.* UBIQUITARIAN.

ubiquity [ju:'bɪkwɪtɪ] [iu-bi-kui-ti], *s.* 1. Ubicuidad, existencia en todas partes al mismo tiempo; omnipresencia. 2. Existencia perenne, sin principio ni fin.

udder ['ʌdəʳ] [a-daʳ], ubre, teta de las hembras de los cuadrúpedos.

UEFA *Abreviatura de* **Union of European Football Associations**.

ufologist [ˌju:'fɒlədʒɪst] [iu-fo-lo-yist], *s.* Ufólogo.

ufology [ˌju:'fɒlədʒɪ] [iu-fo-lo-yi]

ugh [ɜ:h] [ef], inter. ¡Puf! ¡uf! Denota repugnancia o disgusto.

uglify ['ʌglɪfaɪ] [a-gli-fai], *vt.* Afear.

uglily ['ʌglɪlɪ] [a-gli-li], *adv.* Feamente, deformemente, vilmente.

ugliness ['ʌglɪnes] [a-gli-nes], *s.* 1. Fealdad, deformidad, disformidad. 2. Fealdad, torpeza, corrupción de costumbres.
ugly ['ʌglɪ] [a-gli], *a.* 1. Feo, disforme, deforme, malparecido; asqueroso. 2. Repugnante, contrario a la moral; que causa aversión. 3. Malo por su carácter o sus consecuencias. 4. *(FAm. E.U.)* Obstinado.
UHF *Abreviatura de* **Ultra High Frequency,** frecuencia ultraelevada.
Ukrainian [juː'kreɪnɪən] [iu-krei-nian], *a.* Ucranio.
ulcer ['ʌlsəʳ] [al-saʳ], *s.* Úlcera.
ulcerate ['ʌlsəreɪt] [al-sa-reit], *va.* Ulcerar.
ulceration [ˌʌlsə'reɪʃən] [al-sa-rei-shon], *s.* Ulceración.
ulcerous ['ʌlsərəs] [al-sa-ros], *a.* Ulceroso.
ullage ['ʌlɪdʒ] [a-lich], *s.* El hueco o vacío de un tonel, la parte que está sin llenar.
ulnar ['ʌlnəʳ] [al-naʳ], *a.* Cubital, relativo al cúbito.
Ulster ['ʌlstəʳ] [als-taʳ], *sm.* Ulster.
ulterior [ʌl'tɪərɪəʳ] [al-tia-riaʳ], *a.* Ulterior, que está de la parte de allá; oculto, no revelado; que viene después, posterior; secundario.
ultima ['ʌltɪmə] [al-ti-ma], *s.* Sílaba última o final de una palabra.
ultimate ['ʌltɪmɪt] [al-ti-mit], *a.* 1. Último, final. 2. Fundamental, esencial; primario.
ultimately ['ʌltɪmɪtlɪ] [al-ti-mit-li], *adv.* Últimamente; esencialmente.
ultimatum [ˌʌltɪ'meɪtəm] [al-ti-mei-tom], *s.* 1. Ultimátum, en lenguaje diplomático, resolución terminante y definitiva, comunicada por escrito. 2. Cualquier cosa última o fundamental.
ultra.- ['ʌltrə] [al-tra], Prefijo latino que signfica más allá o además. *-a.* Exagerado, extremo.
ultramarine [ˌʌltrəmə'riːn] [al-tra-ma-rin], *s.* Ultramar, ultramarino, el color azul formado del lapislázuli. *-a.* Ultramarino, que está o se considera de la otra parte del mar.
ultramodern [ˌʌltrə'mɒdən] [al-tra-mo-dern], *a.* Ultramoderno.
ultramontane [ˌʌltrə'məʊntɪn] [al-tra-maun-tin], *a.* 1. Ultramontano, que está más allá o de la otra parte de los montes; al sur de los Alpes. 2. Ultramontano, ultracatólico, que se refiere al ultramontanismo.
ultra-red [ˌʌltrə'red] [al-tra-red], *a.* Infrarrojo, ultrarrojo.
ultrasonic ['ʌltrə'sɒnɪk] [al-tra-so-nik], *a.* Ultrasónico. **Ultrasonic wave**, ultrasonido. *-s.* Ultrasonido.
ultrasound ['ʌltrəsaʊnd] [al-tra-saund], *s.* Ultrasonido.
ultraviolet ['ʌltrə'vaɪəlɪt] [al-tra-vaio-lit], *a.* Ultravioleta. **Ultraviolet ray**, rayo ultravioleta.
ululate ['juːljʊleɪt] [iu-liu-leit], *vn.* Ulular, gritar como un buho.
ululation [ˌjuːljʊ'leɪʃən] [iu-liu-lei-shon], *s.* Ululato, clamor, grito como el del buho.
umbel ['ʌmbəl] [am-bal], *s. (Bot.)* Umbela, inflorescencia cuyos pedúnculos nacen en el mismo punto y se elevan a igual o casi igual altura, a modo de quitasol.
umber ['ʌmbəʳ] [am-baʳ], *s.* 1. Tierra de sombra usada por los pintores; tierra parda que consta de un óxido hidratado de hierro mezclado con óxido manganésico y arcilla. 2. *(Ict.)* Umbla, umbra.
umber, *va.* Sombrear, hacer oscuro, como con tierra de sombra.
umbilical [ˌʌmbɪ'laɪkəl] [am-bi-lai-kal], *a.* Umbilical, que pertenece o se refiere al ombligo; central.
umilicus [ˌʌmbɪ'laɪkəs] [am-bi-lai-kos], *s.* 1. Ombligo. 2. Depresión o concavidad semejante a un ombligo, v. g. en una planta o concha.
umbrage ['ʌmbrɪdʒ] [am-brich], *s.* 1. Pique, resentimiento; sentimiento que causa el verse aventajado u oscurecido por otro; sentimiento producido por una injuria. 2. Sombra, la que hacen los árboles; umbría; sombrajo.
umbrageous ['ʌmbrɪdʒəs] [am-bri-yos], *a.* Sombrío, umbroso.
umbrella [ʌm'brelə] [am-bre-la], *s.* Paraguas; quitasol, sombrilla.
umpirage ['ʌmpɪrɪdʒ] [am-pi-rich], *s.* Arbitramento.
umpire ['ʌmpaɪəʳ] [am-paiaʳ], *s.* 1. Árbitro, arbitrador, el componedor amigable de alguna disputa o contienda. 2. Árbitro dirimente, el que decide en caso de desavenencia o empate entre los árbitros. *-va.* y *vn.* Arbitrar, decidir o juzgar como árbitro.
un- [ʌn] [an], Prefijo que significa no; se usa para expresar negación o estado incompleto y corresponde muchas veces a des- o in-.
unabashed ['ʌnə'bæʃt] [a-na-basht], *a.* Descocado, falto de rubor o de vergüenza.
unabated ['ʌnə'beɪtɪd] [a-na-bei-tid], *a.* No disminuido; completo, cabal.
unabbreviated ['ʌnə'briːvɪeɪtd] [a-na-bri-viei-tid], *a.* No abreviado, que no está compendiado; no reducido.
unable ['ʌn'eɪbl] [an-ei-bol], *a.* Inhábil, incapaz, impotente; imposibilitado.
unaccented ['ʌnæk'sentɪd] [an-ak-sen-tid], *a.* No acentuado, falto de acento.
unacceptable ['ʌnək'septəbl] [an-ak-sep-ta-bol], *a.* Inaceptable; poco conveniente, desagradable.
unaccessible ['ʌnək'sesəbl] [an-ak-se-si-bol], *a.* Inaccesible.
unaccommodated ['ʌnə'kɒmədeɪtɪd] [an-a-ko-mo-dei-tid], *a.* Desacomodado, falto de los medios convenientes para mantener su estado.
unaccompanied ['ʌnə'kʌmpənɪd] [an-a-kam-pa-nid], *a.* Desacompañado, solo, sin compañía; sin acompañamiento.
unaccomplished ['ʌnə'kʌmplɪʃt] [an-a-kam-plisht], *a.* 1. Incompleto, imperfecto, no acabado. 2. Falto de prendas o gracias.
unaccountable ['ʌnə'kaʊntəbl] [an-a-kaun-ta-bol], *a.* Inexplicable, extraño, extraordinario, que no puede explicar; que no se puede concebir.
unaccountably ['ʌnə'kaʊntəblɪ] [an-a-kaun-ta-bli], *adv.* Extrañamente, de un modo extraordinario, raro, de un modo que no puede explicarse.
unaccustomed ['ʌnə'kʌstəmd] [an-a-kas-tamd], *a.* Desacostumbrado, fuera del uso y costumbre común; insólito, no habitual.
unacknowledged ['ʌnək'nɒlɪdʒ] [an-ak-no-lich], *a.* No reconocido; negado; inconfeso, no declarado; por contestar, v. gr. una carta de la cual no se ha acusado recibo.
unacquainted ['ʌnə'kweɪntɪd] [an-a-kuein-tid], *a.* Desconocido, ignorado, que no conoce, que no sabe. **I am entirely unacquainted with it**, me es del todo desconocido. **To be unacquainted**, no conocer; ignorar.
unadjusted [ˌʌnə'dʒʌstɪd] [an-ad-yas-tid], *a.* No ajustado, no arreglado.
unadmired ['ʌnəd'maɪəd] [an-ad-maiad], *a.* Despreciado, no apreciado, olvidado.
unadorned ['ʌnə'dɔːnd] [an-a-dornd], *a.* Desadornado, sin adorno.
unadulterated ['ʌnə'dʌltəreɪtɪd] [an-a-dal-te-rei-tid], *a.* Genuino, puro, natural, sin mezcla, no falsificado.
unadventurous ['ʌnəd'ventʃərəs] [an-ad-ven-cha-ras], *a.* Prudente, circunspecto, no atrevido, que no se arriesga.
unadvisable ['ʌnəd'vaɪzəbl] [an-ad-vai-sa-bol], *a.* Poco cuerdo, que no es prudente o conveniente.
unadvised ['ʌnəd'vaɪst] [an-ad-vaist], *a.* Imprudente, indiscreto, inconsiderado, hecho sin reflexión.
unadvisedly ['ʌnəd'vaɪzɪdlɪ] [an-ad-vai-sid-li], *adv.* Imprudentemente, temerariamente.
unaffected ['ʌnə'fektɪd] [an-a-fek-tid], *a.* 1. Real, verdadero, ingenuo, natural, sincero, sin artificio. 2. Natural, sencillo, franco, sin afectación. 3. Que no se conmueve, que se mantiene impasible o inalterable.
unaffectedly ['ʌnə'fektɪdlɪ] [an-a-fek-tid-li], *adv.* Sencillamente, naturalmente, sin afectación.
unaffectedness ['ʌnə'fektɪdnɪs] [an-a-fek-tid-nes], *s.* Sencillez, lisura, ingenuidad, naturalidad.
unaffecting ['ʌnə'fektɪŋ] [an-a-fek-tin], *a.* Que no mueve los afectos del ánimo, frío, insípido.
unaided ['ʌn'eɪdɪd] [an-ei-did], *a.* Sin ayuda, sin socorro.

unalienable ['ʌnə'lɪənəbl] [an-a-li-na-bol], *a.* Inajenable, inalienable.
unalienably ['ʌnə'lɪənəblɪ] [an-a-li-na-bli], *adv.* De un modo inalienable.
unallowable ['ʌnə'laʊəbl] [an-a-laua-bol], *a.* Inadmisible.
unallowed ['ʌnə'ləʊd] [an-a-loud], *a.* Ilícito, no permitido.
unalterable [ʌn'ɒltərəbl] [an-al-te-ra-bol], *a.* Inalterable, invariable, inmutable.
unalterableness [ʌn'ɒltərəblnɪs] [an-al-te-ra-bol-nes], *s.* Inalterabilidad.
unalterably [ʌn'ɒltərəblɪ] [an-al-te-ra-bli], *adv.* Inalterablemente.
unambiguous ['ʌnæm'bɪgjʊəs] [an-a-bi-guiuos], *a.* Claro, indudable, que no admite duda.
unambitious ['ʌnæm'bɪʃəs] [an-a-bi-shos], *a.* No ambicioso, sin ambición.
un-American ['ʌnə'merɪkən] [an-a-me-ri-kan], *a.* No americano; que carece de los rasgos característicos de los Estados Unidos, ya se trate de sus habitantes, costumbres, política, etc.
unamiable ['ʌn'eɪmɪəbl] [an-ei-mia-bol], *a.* Que no es amable; nada amable.
unamiableness ['ʌn'eɪmɪəblnɪs] [an-ei-mia-bol-nes], *s.* Falta de amabilidad.
unanimity [ˌjuːnə'nɪmɪtɪ] [iu-na-ni-mi-ti], *s.* Unanimidad, conformidad de sentimientos, unión de voluntades.
unanimous [juː'nænɪməs] [iu-na-ni-mos], *a.* Unánime, que está de común acuerdo.
unanimously [juː'nænɪməslɪ] [iu-na-ni-mos-li], *adv.* Unánimemente, de común acuerdo.
unanimousness [juː'nænɪməsnɪs] [iu-na-ni-mos-nes], *s.* Unanimidad.
unanswerable [ʌn'ɑːnsərəbl] [an-an-se-ra-bol], *a.* Incontrovertible, incontestable, indisputable, que no admite duda o disputa, tan convincente que no admite respuesta.
unanswerableness [ʌn'ɑːnsərəblnɪs] [an-an-se-ra-bol-nes], *s.* Calidad de incontrovertible, o indisputable.
unanswerably [ʌn'ɑːnsərəblɪ] [an-an-se-ra-bli], *adv.* Indisputablemente.
unanswered [ʌn'ɑːnsəd] [an-an-sard], *a.* 1. Por contestar, no contestado. 2. No respondido, no impugnado. 3. Que no es recompensado como se debe, no reconocido.
unappalled ['ʌnə'pɔːld] [an-a-pold], *a.* Intrépido, arrojado.
unapparelled ['ʌnə'pɔːld] [an-a-porld], *a.* Desnudo, sin vestido.
unappealable ['ʌnə'piːləbl] [an-a-pi-la-bol], *a.* Que no admite apelación a un tribunal superior; de última instancia, conclusivo, final.
unappeasable ['ʌnə'piːsəbl] [an-a-pi-sa-bol], *a.* Implacable.
unapplied ['ʌnə'plaɪd] [an-a-plaid], *a.* Que no se aplica o destina a una cosa determinada.
unapportioned ['ʌnə'pɔːʃənd] [an-a-por-shond], *a.* Que no es proporcionado.
unapproachable ['ʌnə'prəʊtʃəbl] [an-a-prou-cha-bol], *a.* Inaccesible.
unappropriated [ˌʌnə'prəʊpɪeɪtɪd] [an-a-prou-priei-tid], *a.* No concedido, destinado ni reservado para un uso especial; impropio, no adecuado a una persona o conjunto de personas en particular.
unapt ['ʌnæpt] [an-apt], *a.* 1. Poco inclinado, poco propenso, inverosímil. 2. Inepto, incapaz; nada a propósito; inhábil; lerdo.
unaptly ['ʌnæptlɪ] [an-apt-li], *adv.* Ineptamente, mal, sin maña, sin habilidad.
unaptness ['ʌnæptnɪs] [an-apt-nes], *s.* Ineptitud, inaptitud, falta de inclinación, torpeza de ingenio.
unarmed ['ʌn'ɑːmd] [an-armd], *a.* 1. Desarmado, sin armas, sin defensa. 2. *(Zool. y Bot.)* Inerme, desprovisto de púas, espinas, placas, etc.
unashamed ['ʌnə'ʃeɪmd] [an-a-sheimd], *a.* Que no tiene vergüenza.
unasked ['ʌn'ɑːskt] [an-askt], *a.* No solicitado, no llamado, no convidado.
unassailable [ˌʌnə'seɪləbl] [an-a-sei-la-bol], *a.* Incapaz de ser asaltado, atacado o combatido.
unassailed [ˌʌnə'seɪld] [an-a-seild], *a.* No acometido.
unassayed [ˌʌnə'seɪd] [an-a-seid], *a.* No ensayado; no intentado.
unassisted ['ʌnə'sɪstɪd] [an-a-sis-tid], *a.* Sin socorro, sin auxilio, sin ayuda.
unassuming ['ʌnə'sjuːmɪŋ] [an-a-siu-min], *a.* Modesto, nada atrevido, nada presuntuoso.
unassured ['ʌnə'ʃʊəd] [an-a-shuad], *a.* 1. Que no está asegurado; poco seguro. 2. Que no merece confianza.
unattached ['ʌnə'tætʃt] [an-a-tacht], *a.* 1. Suelto, que no está pegado o unido a otra cosa. 2. En especial, (a) no embargado por motivo de una deuda; (b) *(Mil.)* de reemplazo, no destinado a un cuerpo o regimiento.
unattackable ['ʌnə'tækəbl] [an-a-ta-ka-bol], *a.* Inatacable, que no se puede atacar.
unattainable ['ʌnə'teɪnəbl] [an-a-tei-na-bol], *a.* Insequible, que no se puede alcanzar o lograr.
unattainted ['ʌnə'teɪntɪd] [an-a-tein-ted], *a.* Incorrupto.
unattempted ['ʌnə'temptɪd] [an-a-temp-tid], *a.* No experimentado, no ensayado, no intentado.
unattended ['ʌnə'tendɪd] [an-a-ten-did], *a.* Solo, sin comitiva, sin séquito, sin acompañamiento. **Unattended to**, descuidado, negligente.
unattested ['ʌnə'testɪd] [an-a-tes-tid], *a.* No atestiguado, falto de atestación.
unattired ['ʌnə'taɪəd] [an-a-taiad], *a.* No ataviado o adornado.
unattractive ['ʌnə'træktɪv] [an-a-trak-tiv], *a.* Falto de atracción, poco atractivo.
unatributed [ˌʌnə'trɪbjʊtɪd] [an-a-tri-biu-tid], *a.* Que no se atribuye.
unau ['ʌnəʊ] [an-au], *s.* El perezoso común del Brasil, mamífero desdentado, con dos dedos en cada pie.
unauthorized, unauthorised ['ʌnə'ɔːθəraɪzd] [an-o-zo-raisd], *a.* Desautorizado, sin autorización.
unavailable ['ʌnə'veɪləbl] [an-a-vei-la-bol], *a.* Infructuoso, inútil; no disponible, no utilizable, no aprovechable.
unavailableness ['ʌnə'veɪləblnɪs] [an-a-vei-la-bol-nes], *s.* Ineficacia, inutilidad, condición de no disponible.
unavailing ['ʌnə'veɪlɪŋ] [an-a-vei-lin], *a.* Inútil, vano, infructuoso, ineficaz.
unavoidable [ˌʌnə'vɔɪdəbl] [an-a-voi-da-bol], *a.* Inevitable.
unavoidableness [ˌʌnə'vɔɪdəblnɪs] [an-a-voi-da-bol-nes], *s.* La calidad de lo que no se puede evitar.
unavoidably [ˌʌnə'vɔɪdəblɪ] [an-a-voi-da-bli], *adv.* Inevitablemente.
unawarded [ˌʌnə'wɔːdɪd] [an-a-uor-did], *a.* No determinado o juzgado.
unaware [ˌʌnə'wɛəʳ] [an-a-ueaʳ], *a.* 1. Que ignora una cosa determinada, que no presta atención a. 2. *(Ant.)* Descuidado, negligente. **To be not unaware**, no ignorar, estar impuesto de.
unawares [ˌʌnə'wɛəz] [an-a-ueas], *(Poét.)*, *adv.* Inopinadamente, repentinamente, de improviso; sin pensar, inadvertidamente; sin premeditación.
unbacked ['ʌn'bækt] [an-bakt], *a.* 1. Sin ayuda, sin apoyo (rentístico). 2. Que carece de respaldo, como un taburete.
unbailable [ʌn'beɪləbl] [an-bei-la-bol], *a.* Que no admite fianza.
unbalance ['ʌn'bæləns] [an-ba-lans], *s.* Desequilibrio.
unbalanced ['ʌn'bælənst] [an-ba-lanst], *a.* 1. Que no está en equilibrio, no balanceado. 2. *(Com.)* No ajustado para su balance, dícese de las cuentas. 3. Falto de equilibrio mental, lunático, destornillado.
unbaptized ['ʌnbæp'taɪzd] [an-bap-taisd], *a.* No bautizado, de aquí, no cristiano, impío, profano.
unbar ['ʌnbɑːʳ] [an-baʳ], *va.* Desatrancar, quitar la tranca o los barrotes.
unbarrel ['ʌn'bærəl] [an-ba-rel], *va.* Sacar de un tonel o barril lo que contiene.
unbearable [ʌn'bɛərəbl] [an-bea-ra-bol], *a.* Intolerable, insufrible, que no se puede sufrir o llevar con paciencia.

unbearably [ʌn'bɛərəblɪ] [an-bea-ra-bli], *adv.* Insoportablemente.

unbearded ['ʌn'bɜːbd] [an-ber-bed], *a.* 1. Imberbe. 2. Falto de aristas, no barbado.

unbeaten ['ʌn'biːtn] [an-bi-ten], *a.* 1. No pisado, no frecuentado. 2. batido; no apaleado, no golpeado. 3. Invicto, no derrotado.

unbecoming ['ʌnbɪ'kʌmɪŋ] [an-bi-ka-min], *a.* Indecente, indecoroso, impropio, mal parecido, que sienta o cae mal, que no conviene al lugar, a las circunstancias; que no sienta bien al que lo lleva (vestido o adorno).

unbecomingly ['ʌnbɪ'kʌmɪŋlɪ] [an-bi-ka-min-li], *adv.* Indecorosamente, de una manera impropia, inconveniente.

unbecomingness ['ʌnbɪ'kʌmɪŋnɪs] [an-bi-ka-min-nes], *s.* Indecencia, falta de decencia o de decoro.

unbefitting ['ʌnbɪ'fɪtɪŋ] [an-bi-fi-tin], *a.* Inconveniente, que no conviene.

unbegotten ['ʌnbɪ'gɒtn] [an-bi-go-ten], *a.* 1. Ingénito, no engendrado. 2. Increado, que existe por sí mismo.

unbeknown ['ʌnbɪ'nəʊn] [an-bi-noun], *a.* *(Prov.)* Desconocido, que ejecuta una acción desconocida, sin conocimiento de otro.

unbelief ['ʌnbɪ'liːf] [an-bi-lif], *s.* 1. Incredulidad, dificultad o repugnancia, en creer. 2. Incredulidad, irreligión, falta de fe.

unbeliever ['ʌnbɪ'liːvəʳ] [an-bi-li-vaʳ], *s.* Incrédulo, falto de fe religiosa, infiel.

unbelieving ['ʌnbɪ'liːvɪŋ] [an-bi-li-vin], *a.* Incrédulo, infiel.

unbeloved ['ʌnbɪlʌvd] [an-bi-lavd], *a.* Que no es amado.

unbend ['ʌn'bend] [an-bend], *va.* (*pret.* y *pp.* UNBENT o UNBENDED). 1. Enderezar lo que estaba doblado o torcido, aflojar, soltar lo que estaba tirante. 2. Dar descanso o aliviar de la fatiga; esparcir, distraer el ánimo, solazarse. 3. *(Mar.)* Desenvergar, desentalingar. **To unbend the sails**, desenvergar las velas. **To unbend the anchor**, desentalingar el ancla. **To unbend a cable**, desentalingar un cable.

unbending ['ʌn'bendɪŋ] [an-ben-din], *a.* Inflexible, que no se encorva; que no se dobla, que no cede; resuelto o determinado firmemente.

unbending, *a.* Laxante, destinado a diversión, de descanso. *-s.* Laxación, descanso.

unbenign ['ʌn'benɪŋ] [an-be-nin], *a.* Maligno, malévolo; duro, nada cariñoso.

unbent ['ʌn'bent] [an-bent], *a.* Aflojado, flojo, suelto; destorcido.

unbiased, unbiassed ['ʌn'baɪəst] [an-baiast], *a.* Exento de prevención, de preocupación; imparcial.

unbidden ['ʌn'bɪdn] [an-bi-den], *a.* 1. Que no ha sido invitado. 2. Espontáneo de propio movimiento; producido naturalmente.

unbind ['ʌn'baɪnd] [an-baind], *va.* (*pret.* y *pp.* UNBOUND). Destar; desvendar.

unblamed ['ʌn'bleɪmd] [an-bleimd], *a.* Que no tiene tacha; inocente.

unbleached ['ʌn'bliːtʃt] [an-blicht], *a.* Crudo, no blanqueado (cloths).

unblemished [ʌn'blemɪʃt] [an-ble-mist], *a.* Irreprensible; sin mancha, sin tacha.

unblest ['ʌn'blest] [an-blest], *a.* Maldito; desdichado, infeliz, desgraciado.

unblinking ['ʌn'blɪŋkɪŋ] [an-blin-kin],*a.* Desvergonzado.

unblown ['ʌn'blaʊn] [an-blaun], *a.* 1. Que aún no se ha abierto; que aún está por florecer. 2. Mudo, que no se hace sonar (trompeta). 3. Que no está hinchado ni movido por el viento; no inflado.

unblunted ['ʌn'blʌntɪd] [an-blan-tid], *a.* Que no está embotado, desembotado.

unblushing ['ʌn'blʌʃɪŋ] [an-bla-shin], *a.* Que no se avergüenza, desvergonzado.

unblushingly ['ʌn'blʌʃɪŋlɪ] [an-bla-shin-li], *adv.* Sin avergonzarse, descaradamente.

unbolt ['ʌn'bəʊlt] [an-boult], *va.* Desatrancar, tirar el cerrojo de.

unbolted ['ʌn'bəʊltɪd] [an-boul-tid], *a.* 1. Que no está cernido, no pasado por tamiz. 2. No asegurado con cerrojos, que se le ha quitado o corrido el cerrojo.

unbooted ['ʌn'buːtɪd] [an-bu-tid], *a.* Descalzo, sin botas.

unborn ['ʌn'bɔːn] [an-born], *a.* Innato, que no ha nacido aún.

unbosom [ʌn'bʊzəm] [an-bu-som], *va.* Abrir su pecho a uno; revelar un secreto, confiar o decir en confianza un secreto.

unbought ['ʌn'bəʊt] [an-bout], *a.* 1. Que no ha sido comprado, que se ha adquirido de balde. 2. Que no se ha vendido, hablando de mercancías.

unbound ['ʌn'bəʊnd] [an-bound], *a.* 1. No encuadernado. 2. Suelto, desatado. 3. *pret.* y *pp.* de TO UNBIND.

unbounded ['ʌn'bəʊndɪd] [an-boun-did], *a.* Infinito, que no tiene fin, límite o término; ilimitado; libre, no empeñado.

unbrace ['ʌn'breɪs] [an-breis], *va.* Aflojar, soltar, desabrochar; destapar.

unbraid ['ʌn'breɪd] [an-breid], *va.* Destejer, destrenzar; desenredar.

unbreakable ['ʌn'beɪkəbl] [an-brei-ka-bol], *a.* Irrompible.

unbreathed ['ʌn'biːθd] [an-brizd], *a.* 1. No respirado, no comunicado a otro. 2. *(Des.)* No ejercitado.

unbreathing ['ʌn'biːθɪŋ] [an-bri-zin], *a.* Inanimado, inánime, que no respira.

unbred ['ʌn'bred] [an-bred], *a.* Descortés, malcriado, inánime, que no respira.

unbreeched ['ʌn'briːtʃt] [an-bricht], *a.* Desbragado, sin bragas.

unbribed ['ʌn'braɪbɪd] [an-brai-bid], *a.* Desinteresado; incorrupto, íntegro.

unbridle ['ʌn'brɪdl] [an-bri-del], *va.* Desenfrenadr, desembridar.

unbridled ['ʌn'brɪdld] [an-bri-deld], *a.* Desenfrenado, licencioso, que no tiene freno o sujeción en sus acciones.

unbroached ['ʌn'brəʊtʃt] [an-broucht], *a.* Que no ha sido barrenado o decentado.

unbroken ['ʌn'brəʊkən] [an-brou-ken], *a.* 1. Intacto, que no está roto, entero. 2. Inviolado. 3. No interrumpido, regular; llano. 4. No debilitado, firme, fuerte. 5. No adiestrado (caballería).

unbuckle ['ʌn'bʌkl] [an-ba-kel], *va.* Deshebillar, soltar las hebillas.

unburden [ʌn'bɜːdn] [an-ber-den], *va.* Descargar, quitar o aliviar la carga.

unburied ['ʌn'berɪd] [an-be-rid], *a.* Insepulto, no enterrado.

unburned, unburnt [ʌn'bɜːnt] [an-bernt], *a.* No quemado.

unburnished [ʌn'bɜːnɪʃt] [an-ber-nisht], *a.* No bruñido.

unburning [ʌn'bɜːnɪŋ] [an-ber-nin], *a.* Que no quema ni consume con su calor.

unburthen [ʌn'bɜːdn] [an-ber-den], *va.* *V.* UNBURDEN.

unbusinesslike [ʌn'bɪznɪslaɪk] [an-bis-nis-laik], *a.* Poco hábil, o que no conviene, para los negocios; poco práctico, poco serio.

unbutton ['ʌn'bʌtn] [an-ba-ton], *va.* Desabotonar.

uncage [ʌn'keɪdʒ] [an-keich], *va.* Sacar o hacer salir de una jaula, libertar.

uncalled [ʌn'kɔːld] [an-kold], *a.* No llamado, no citado, no pedido. **Uncalled for**, no merecido por las circunstancias; poco necesario, gratuito.

uncanny [ʌn'kænɪ] [an-ka-ni], *a.* *(Esco.)* 1. Misterioso, pavoroso. 2. Inhábil, incauto. 3. Poco seguro, peligroso. 4. Severo.

uncap [ʌn'kæp] [an-kap], *va.* 1. Destapar, quitar la tapa o cubierta (como de una lente); quitar el casquillo de un fusil. 2. Quitar la superficie del panal (de miel). *-vn.* Saludar, quitándose la gorra o casquete.

uncared [ʌn'kɛəd] [an-kead], *a.* Desamparado, descuidado, abandonado (seguido de *for).*

uncase [ʌn'keɪs] [an-keis], *va.* 1. Desenvainar, sacar de la caja o vaina; *(Mil.)* desplegar (la bandera); de aquí, revelar. 2. Desnudar.

uncaught [ʌn'kɔːt] [an-kot], *a.* Aún no cogido.

uncaused [ʌn'kɔːst] [an-kost], *a.* Sin motivo, sin causa, lo que se hace sin razón.

uncautious [ʌn'kɔːʃəs] [an-ko-shos], *a.* Incauto, impróvido. *V.* INCAUTIOUS.
unceasing [ʌn'siːsɪŋ] [an-si-sin], *a.* Incesante, que no cesa; continuo.
unceasingly [ʌn'siːsɪŋlɪ] [an-si-sin-li], *adv.* Sin cesar, incesantemente, continuamente.
uncensored [ʌn'sensəd] [an-sen-sord], *a.* No censurado.
unceremonious ['ʌn,serɪ'məʊnɪəs] [an-se-si-mou-nios], *a.* Brusco, poco cortés.
uncertain [ʌn'sɜːtn] [an-ser-ten], *a.* 1. Incierto, dudoso. 2. Incierto, inconstante; precario. 3. Irresoluto, indeciso; que no sabe, que no está seguro de. 4. Variable, poco seguro; no fijado, no determinado. 5. Sin significación exacta.
uncertainly [ʌn'sɜːtnlɪ] [an-ser-tan-li], *adv.* Inciertamente.
uncertainty [ʌn'sɜːtntɪ] [an-ser-tan-ti], *s.* Incertidumbre, duda, ambigüedad, irresolución; instabilidad, contingencia.
unchain [ʌn'tʃeɪn] [an-chein], *va.* Desencadenar, quitar las cadenas.
unchangeable [ʌn'tʃeɪndʒəbl] [an-chein-ya-bol], *a.* Impermutable, inmutable.
unchangeableness [ʌn'tʃeɪndʒəblnɪs] [an-chein-ya-bol-nes], *s.* Inmutabilidad, estabilidad; constancia, firmeza de propósito.
unchangeably [ʌn'tʃeɪndʒəblɪ] [an-chein-ya-bli], *adv.* Inmutablemente.
unchanged [ʌn'tʃeɪndʒt] [an-cheincht], *a.* Invariado, no alterado.
unchanging [ʌn'tʃeɪndʒɪŋ] [an-chein-yin], *a.* Inalterable, inmutable.
uncharitable [ʌn'tʃærɪtəbl] [an-cha-ri-ta-bol], *a.* Nada caritativo, duro.
uncharitableness [ʌn'tʃærɪtəblnɪs] [an-cha-ri-ta-bol-nes], *s.* Falta de caridad, dureza.
uncharitably [ʌn'tʃærɪtəblɪ] [an-cha-ri-ta-bli], *adv.* Sin caridad.
unchaste ['ʌn'tʃeɪst] [an-cheist], *a.* Impúdico, deshonesto, lascivo, incontinente.
unchastity ['ʌn'tʃeɪstɪtɪ] [an-cheis-ti-ti], *s.* Incontinencia, lascivia, impureza, impudencia.
unchecked ['ʌn'tʃekt] [an-chekt], *a.* 1. Desenfrenado, que no es remprimido, detenido, contenido. 2. Que no está confrontado, verificado.
unchristian ['ʌn'krɪstɪən] [an-kris-tian], *a.* Anticristiano, opuesto o contrario a las leyes o máximas cristianas; indigno de un cristiano.
unchurch ['ʌn'tʃɜːtʃ] [an-cherch], *va.* 1. Excomulgar, expulsar de la iglesia. 2. Negar la validez de los sacramentos y órdenes de una iglesia; dícese p. ej. de una secta.
uncial ['ʌnsɪəl] [an-sial], *a.* Uncial: dícese de una clase de letra muy abultada que se halla en algunos manuscritos antiguos, entre los siglos IV y VIII.
uncircumcised ['ʌn'ɜːkəmsaɪzd] [an-ser-kam-saisd], *a.* Incircunciso.
uncivil ['ʌn'sɪvɪl] [an-si-vil], *a.* Incivil, descortés, desatento, impolítico.
uncivilly ['ʌn'sɪvɪlɪ] [an-si-vi-li], *adv.* Groseramente.
uncivilized ['ʌn'sɪvɪlaɪst] [an-si-vi-laist], *a.* Bárbaro, tosco, salvaje, que no está civilizado.
unclad ['ʌn'klæd] [an-klad], *pret.* y *pp.* del verbo UNCLOTHE. No vestido.
unclarified ['ʌn'klærɪfaɪd] [an-kla-ri-faid], *a.* Que no está purificado o clarificado.
unclasp ['ʌn'klɑːsp] [an-klasp], *va.* 1. Desabrochar; abrir el broche de un libro. 2. Librar de un abrazo.
uncle ['ʌŋkl] [an-kel], *s.* 1. Tío, el hermano del padre o de la madre; el marido de la tía. 2. Hombre viejo; particularmente, negro viejo en los Estados Unidos del Sur. 3. *(Ger.) V.* PAWNBROKER. **Uncle Sam**, el gobierno o un representante típico de los Estados Unidos; explicación festiva de las iniciales U.S.
unclean ['ʌn'kliːn] [an-klin], *a.* Inmundo, puerco, sucio, impuro; obsceno.
uncleanliness ['ʌn'kliːnlɪnɪs] [an-klin-li-nes], *s.* Suciedad, inmundicia, falta de limpieza.
uncleanly ['ʌn'kliːnlɪ] [an-klin-li], *a.* Inmundo, puerco, impuro; indecente.
uncleanness ['ʌn'kliːnnɪs] [an-klin-nes], *s.* Suciedad, asquerosidad; impureza, obscenidad.
unclog ['ʌn'klɒg] [an-klog], *va.* Desembarazar, exonerar, descargar.
uncloister ['ʌn'kɔɪstə^r] [an-klois-ta^r], *va.* Exclaustrar; poner en libertad; sacar a una persona o cosa de donde estaba encerrada.
unclose ['ʌn'kləʊz] [an-klous], *va.* Abrir; descubrir, revelar.
unclosed ['ʌn'kləʊzt] [an-kloust], *a.* Abierto; descercado.
unclothe ['ʌn'kləʊð] [an-kloud], *va.* (*pret.* y *pp.* regular y también UNCLAD). Desnudar, quitar la ropa, poner desnudo.
unclouded ['ʌn'kləʊðd] [an-kloudid], *a.* Claro, despejado, libre de nubes, sereno.
uncoil ['ʌn'kɔɪl] [an-koil], *va.* Desarrollar, desenrollar, extender lo que estaba arrollado.
uncoined ['ʌn'kɔɪnd] [an-koind], *a.* No acuñado.
uncollectable [,ʌnkə'lektəbl] [an-ko-lek-ta-bol], *a.* Que no se puede cobrar o recaudar; irrecuperable.
uncollected [,ʌnkə'lektɪd] [an-ko-lek-tid], *a.* Disperso, no recogido.
uncolored, uncoloured ['ʌn'kʌləd] [an-ka-led], *a.* Descolorado, que no está teñido; incolor, que carece de color; exento de preocupación.
uncombed ['ʌn'kəʊmd] [an-koumd], *a.* Despeinado, no peinado; desgreñado.
uncomeliness ['ʌn'kəʊmlɪnɪs] [an-koum-li-nes], *s.* Fealdad; indecencia; falta de hermosura en las cosas; falta de gracia en las personas.
uncomely ['ʌn'kəʊmlɪ] [an-koum-li], *a.* Indecente; feo; desagradable; grosero.
uncomfortable [ʌn'kʌmfətəbl] [an-kam-for-ta-bol], *a.* Desconsolado, triste; que no se encuentra bien; penoso, desagradable, molesto, enfadoso, pesado, incómodo, que no es confortante.
uncomfortably [ʌn'kʌmfətəblɪ] [an-kam-for-ta-bli], *adv.* Desconsoladamente; penosamente, trabajosamente, incómodamente; tristemente.
uncommon [ʌn'kɒmən] [an-ko-mon], *a.* Poco frecuente, raro, extraño, extraordinario, nada común; de aquí, digno de observación.
uncommonly [ʌn'kɒmənlɪ] [an-ko-mon-li], *adv.* Extraordinariamente; raramente, infrecuentemente, con poca frecuencia.
uncommonness [ʌn'kɒmənnɪs] [an-ko-mon-nes], *s.* Rareza, singularidad, extrañeza.
uncommunicated ['ʌnkə'mjuːnɪkeɪtɪd] [an-ko-miu-ni-kei-tid], *a.* No comunicado.
uncommunicative ['ʌnkə'mjuːnɪkətɪv] [an-ko-miu-ni-ka-tiv], *a.* Poco comunicativo, reservado.
uncompleted ['ʌnkəm'pliːtɪd] [an-kom-pli-tid], *a.* Inacabado, no completado, imperfecto.
uncompressed ['ʌnkəm'prest] [an-kom-prest], *a.* Que no está comprimido.
uncompromising ['ʌnkəm'prəmaɪsɪŋ] [an-kom-pro-mai-sin], *a.* Que no admite compromisos; inflexible, intratable, firme.
unconceived ['ʌnkən'siːvd] [an-kon-sivd], *a.* Impensado; no concebido.
unconcern ['ʌnkən'sɜːn] [an-kon-sern], *s.* Indiferencia, descuido.
unconcerned ['ʌnkən'sɜːnd] [an-kon-sernd], *a.* Indiferente, descuidado, negligente.
unconcernedly ['ʌnkən'sɜːndlɪ] [an-kon-sernd-li], *adv.* Indiferentemente, sin tomar interés.
uncondemned ['ʌnkən'demnd] [an-kon-demnd], *a.* Que no está condenado; tolerado, admitido; que no está prohibido, que no se desaprueba.
unconditional ['ʌnkən'dɪʃənl] [an-kon-di-sho-nal], *a.* Absoluto, sin condiciones, incondicional.

unconditioned ['ʌnkən'dɪʃənd] [an-kon-di-shond], *a.* 1. Exento de condiciones, no limitado ni restringido. 2. *(Fil.)* Incondicional, no limitado por condiciones de tiempo o espacio; exento de relaciones, absoluto.
unconfined ['ʌnkən'faɪnd] [an-kon-faind], *a.* Libre, ilimitado, sin trabas, sin obstáculos.
unconfirmed ['ʌnkən'fɜːmd] [an-kon-fermd], *a.* Que no está confirmado, apoyado, establecido; que no ha recibido el rito de la confirmación.
unconformable ['ʌnkən'fɔːməbl] [an-kon-for-ma-bol], *a.* Contrario, incompatible, que no puede concordar con otra cosa, falto de conformidad; que presenta desacuerdo geológico.
unconformity ['ʌnkən'fɔːmɪtɪ] [an-kon-for-mi-ti], *s.* Desconformidad, desemejanza, falta de conformidad, desacuerdo; falta de paralelismo entre los estratos contiguos.
uncongenial ['ʌnkən'dʒiːnɪəl] [an-kon-yi-nial], *a.* 1. Poco simpático, antipático, sin afinidad. 2. Que no conviene a la naturaleza o al carácter de; desagradable.
unconnected ['ʌnkə'nektɪd] [an-ko-nek-tid], *a.* Inconexo, que no tiene conexión o relación con otra cosa.
unconnectedly ['ʌnkə'nektɪdlɪ] [an-ko-nek-tid-li], *adv.* De un modo inconexo.
unconquerable [ʌn'kɒŋkərəbl] [an-kon-ke-ra-bol], *a.* Invencible, insuperable.
unconscionable [ʌn'kɒnʃnəbl] [an-kon-sho-na-bol], *a.* 1. Desrazonable, injusto, excesivo. 2. No sensato, falto de razón. 3. Falto de conciencia, que obra contra los dictados de ésta. **An unconscionable liar**, un embustero de tomo y lomo.
unconscionably [ʌn'kɒnʃnəblɪ] [an-kon-sho-na-bli], *adv.* Sin razón, sin conciencia.
unconscious [ʌn'kɒnʃəs] [an-kon-shos], *a.* 1. Inconsciente, privado temporalmente de la conciencia de sí mismo. 2. No sabedor, que no sabe, que ignora. 3. De existencia ignorada o no conocida.
unconsciously [ʌn'kɒnʃəslɪ] [an-kon-shos-li], *adv.* Sin tener, conciencia de ello; sin saberlo, involuntariamente.
unconsciousness [ʌn'kɒnʃəsnɪs] [an-kon-shos-nes], *s.* 1. Inconsciencia. 2. Insensiblidad.
unconsecrated [ʌn'kɒnsɪkreɪtɪd] [an-kon-si-krei-tid], *a.* No consagrado.
unconsidered ['ʌnkən'sɪdəd] [an-kon-si-derd], *a.* Inconscientemente.
unconstitutional ['ʌn,kɒnstɪ'tjuːʃənl] [an-kons-ti-tiu-sho-nal], *a.* Inconstitucional, no conforme a la constitución del estado.
unconstitutionally ['ʌn,kɒnstɪ'tjuːʃənlɪ] [an-kons-ti-tiu-sho-na-li], *adv.* Inconstitucionalmente.
unconstrainable ['ʌnkɒns'treɪnəbl] [an-kons-trei-na-bol], *a.* Incapaz de ser constreñido; libre.
unconstrained ['ʌnkɒns'treɪnd] [an-kons-treind], *a.* Libre, voluntario, espontáneo, hecho libremente.
uncontrollable ['ʌnkən'trəʊləbl] [an-kon-trou-la-bol], *a.* Ingobernable; incontrastable, irresistible.
uncontrollably ['ʌnkən'trəʊləblɪ] [an-kon-trou-la-bli], *adv.* Irresistiblemente, de un modo incontrastable.
uncontrolled ['ʌnkən'trəʊld] [an-kon-trould], *a.* Sin freno, libre.
unconventional ['ʌnkən'venʃənl] [an-kon-ven-sho-nal], *a.* Que no se ajusta a las reglas convenidas; informal, libre.
unconverted ['ʌnkən'vɜːtɪd] [an-kon-ver-tid], *a.* Infiel, no convertido.
uncooked ['ʌn'kʊkt] [an-kukt], *a.* Crudo, sin hacer.
uncool ['ʌn'kuːl] [an-kul], *a.* Nada sofisticado; anticuado (unfashioned); emocionado, nervioso (excitable).
uncord ['ʌnkɔːd] [an-kord], *va.* Desatar, deshacer la cuerda.
uncork ['ʌnkɔːk] [an-kork], *va.* Sacar el corcho o tapón de destapar.
uncorrected ['ʌnkə'rektɪd] [an-ko-rek-tid], *a.* Incorrecto, no corregido.
uncorrupt ['ʌnkərʌpt] [an-ko-rapt], *a.* Incorrupto, no pervertido; honrado, íntegro. *V.* INCORRUPT.
uncorrupted ['ʌnkə'rʌptɪd] [an-ko-rap-tid], *a.* Incorrupto, no viciado o pervertido.
uncostly ['ʌnkəʊstlɪ] [an-koust-li], *a.* Que no es costoso, no dispendioso.
uncountable ['ʌn'kaʊntəbl] [an-kaun-ta-bol], *a.* Innumerable, que no puede contarse.
uncouple ['ʌn'kʌpl] [an-ka-pel], *va.* Desatrabillar, quitar la trabilla; soltar; separar. **Uncoupled**, soltado, suelto; de aquí, soltero, no casado.
uncortliness ['ʌn'kɔːtlɪnɪs] [an-kort-li-nes], *s.* Falta de elegancia, grosería, maneras bruscas.
uncourtly ['ʌn'kɔːtlɪ] [an-kort-li], *a.* Inelegante, que no tiene maneras cortesanas; incivil.
uncouth ['ʌn'kuːθ] [an-kuz], *a.* 1. Tosco, grosero, sin gracia, imbécil; rústico. 2. Extraño, singular, extraordinario.
uncouthly ['ʌn'kuːθlɪ] [an-kuz-li], *adv.* Groseramente, toscamente, singularmente.
uncouthness ['ʌn'kuːθnɪs] [an-kuz-nes], *s.* Extrañeza, rareza, singularidad.
uncover ['ʌn'kʌvə[r]] [an-ka-va[r]], *va.* 1. Destapar, descubrir, quitar lo que cubre. 2. Revelar, poner al descubierto, hacer saber abiertamente. *-vn.* Descubrirse, quitarse el sombrero o gorra.
uncowl ['ʌn'kaʊk] [an-kaul], *va.* Quitar la capucha de.
uncritical ['ʌn'krɪtɪkəl] [an-kri-ti-kal], *a.* Que no tiene sentido crítico.
uncross ['ʌn'krɒs] [an-kros], *a.* Descruzar (legs).
uncrossed ['ʌn'krɒst] [an-krost], *a.* No anulado; no frustrado.
uncrowded ['ʌn'kraʊdɪd] [an-krau-did], *a.* Holgado, desahogado.
uncrown ['ʌn'kraʊn] [an-kraun], *va.* Destronar, privar de la corona.
unction ['ʌŋkʃən] [ank-shon], *s.* 1. Unción, la acción de ungir. 2. Unción, untura, untadura; también, ungüento. 3. La extremaunción. 4. Unción: dícese de lo que enternece y de lo que mueve el corazón a la piedad y amor de Dios.
unctuosity ['ʌŋtjʊ'ɒsɪtɪ] [ank-tiuo-si-ti], *s.* Untuosidad.
unctuous ['ʌŋtjʊəs] [ank-tiuos], *a.* Untuoso, craso.
uncultivable ['ʌn'kʌltɪvəbl] [an-kal-ti-va-bol], *a.* Incultivable, que no se puede cultivar.
uncultivated ['ʌn'kʌltɪveɪtɪd] [an-kal-ti-vei-tid], *a.* 1. Inculto; que no tiene cultivo ni labor. 2. Inculto, rústico, grosero, que no tiene cultura.
uncumbered ['ʌn'kʌmbəd] [an-kam-berd], *a.* Desembarazado, libre.
uncurl ['ʌn'kɜːl] [an-kerl], *va.* y *vn.* 1. Desenrizar el pelo, deshacer o descomponer los rizos. 2. Extender una cosa que estaba doblada, haciendo vuelta o circunvoluciones.
uncurrent ['ʌn'kʌrənt] [an-ka-rent], *a.* Que no tiene curso; que no es legal; no admitido.
uncurtain ['ʌn'kɜːtɪn] [an-ker-tin], *va.* Quitar las cortinas de.
uncut ['ʌn'kʌt] [an-kat], *a.* Que no está cortado, que está entero o completo.
undamaged [ʌn'dæmɪdʒ] [an-da-mich], *a.* Ileso, libre de daño.
undate [ʌn'deɪt] [an-deit], *a.* Ondeado, que presenta undulaciones.
undated [ʌn'deɪtɪd] [an-dei-tid], *a.* 1. Sin fecha. 2. *V.* UNDATE.
undaunted [ʌn'dɔːntɪd] [an-don-tid], *a.* Impávido, denodado; arrojado, ardiente, impertérrito, intrépido.
undauntedly [ʌn'dɔːntɪdlɪ] [an-don-tid-li], *adv.* Intrépidamente, con osadía, con arrojo.
undauntedness [ʌn'dɔːntɪdnɪs] [an-don-tid-nes], *s.* Intrepidez, arrojo, impavidez.
undecayed [ʌn'dɪkeɪɪd] [an-di-keid], *a.* Inmarchitable, incapaz de marchitarse; inalterable, duradero.
undeceive ['ʌndɪ'siːv] [an-di-siv], *va.* Desengañar, hacer conocer el engaño, advertir el error, hablar sin rebozo.
undeceived ['ʌndɪ'siːvd] [an-di-sivd], *a.* Desengañado.
undecided ['ʌndɪ'saɪdɪd] [an-di-sai-did], *a.* Indeciso, indeterminado, que no se ha decidido o determinado.

undecipherable ['ʌndɪ'saɪfərəbl] [an-di-sai-fa-ra-bol], *a.* Indescifrable.

undeclinable ['ʌndɪ'klaɪnəbl] [an-di-klai-na-bol], *a.* Indeclinable.

undeclined ['ʌndɪ'klaɪnd] [an-di-klaind], *a.* Recto, derecho.

undefaced ['ʌndɪ'feɪst] [an-di-feist], *a.* Entero, sano, no desfigurado.

undefiled ['ʌndɪ'faɪld] [an-di-faild], *a.* Impoluto, puro, limpio, libre de mancha.

undefinable ['ʌndɪ'faɪnəbl] [an-di-fai-na-bol], *a.* Indefinible.

undefined ['ʌndɪ'faɪnd] [an-di-faind], *a.* Indefinido.

undemonstrable ['ʌndɪ'mɒnstrəbl] [an-di-mons-tra-bol], *a.* Indemostrable, que no se puede demostrar.

undeniable ['ʌndɪ'naɪəbl] [an-di-naia-bol], *a.* Innegable, incontestable, irrefragable.

undeniably ['ʌndɪ'naɪəblɪ] [an-di-naia-bli], *adv.* Irrefragablemente, de un modo incontestable o innegable.

under ['ʌndəʳ] [an-daʳ], *a.* 1. Inferior, situado más abajo. 2. Subalterno, subordinado. 3. Bajo (de tono). -prep. y *adv.* 1. Debajo, denota dependencia o subordinación. 2. Debajo, más abajo, denota que una cosa está cubierta con otra. 3. Debajo, en un puesto inferior respecto al superior. 4. Bajo de, inferior *a.* 5. So: en español úsase sólo delante de las palabras *capa, color y pena*. 7. Menos, menos que, por menos, en menos. 8. En; por; mediante, por el medio de; con relación a; que es asunto u objeto de. **Under discussion**, en discusión. 9. En tiempo de, en la época de. 10. En virtud de; autorizado o atestiguado por. **Under my hand and seal**, sellado y firmado por mí. 11. Conforme a, según. **Under contract**, conforme al contrato. 12. Plantado o sembrado con. **A hectare under corn**, una hectárea sembrada de maíz. **To be under restraint**, estar sujeto. **To be under age**, ser menor o no haber salido de la minoridad. **Under the care of**, al cuidado de. **I am under an obligation to him**, le debo favores. **Under sail, under canvas**, *(Mar.)* a la vela. **Under pain of death**, so pena de muerte. **Under armas**, bajo las armas. **Under cover**, al abrigo, a cubierto; dentro de un sobre. **To be under a cloud**, hallarse en apuros, sufrir en su reputación. **To bring under**, someter, sujetar. **To keep under**, reprimir, subyugar, dominar. **Under an assumed name**, bajo un nombre supuesto. **The son is under tutors**, el hijo está sometido a sus tutores. **Under consideration**, en consideración. *Under* se usa muy frecuentemente en la formación de palabras compuestas.

underage ['ʌndərɪdʒ] [an-da-rich], *a.* Menor de edad.

underarmed ['ʌndər'ɑːmd] [an-da-armd], *a.* Sin suficientes armas.

underbid ['ʌndə'bɪd] [an-da-bid], *va.* Ofrecer menos que otro, particularmente por trabajo o materiales.

underbind ['ʌndə'bɪnd] [an-da-bind], *va.* Atar por debajo.

underbrush ['ʌndəbrʌʃ] [an-da-brash], *s.* Maleza, los arbustos y arbolillos que crecen debajo de los grandes árboles.

undercarriage ['ʌndəˌkærɪdz] [an-da-ka-rich], *s.* 1. Bastidor de automóvil. 2. *(Aer.)* Tren de aterrizaje.

undercharge ['ʌndə'tʃɑːdʒ] [an-da-charch], *va.* 1. Cobrar menos que lo acostumbrado. 2. Cobrarle (a alguien) muy poco. 3. Cargar un arma con muy poco explosivo.

underclerk ['ʌndə'klɜːk] [an-da-klerk], *s.* Subsecretario o segundo secretario; escribiente.

underclothes ['ʌndəkləʊðz] [an-da-klouzs], **underclothing** ['ʌndə'kləʊðɪŋ] [an-da-klou-zin], *s.* Prendas de vestir interiores, ropa interior.

under cover ['ʌndə'kʌvəʳ] [an-da-ka-vaʳ], *adv.* En secreto, subrepticialmente.

undercurrent ['ʌndəˌkʌrənt] [an-da-ka-rent], *s.* Corriente inferior, debajo de la superficie; *(Fig.)* tendencia oscura u oculta.

undercut ['ʌndəkʌt] [an-da-kat], *va.* 1. Socavar, cavar debajo de (v. g. una masa de hulla) para facilitar su extracción. 2. En tenis, cortar la pelota con golpe por debajo. 3. Vender a precios más bajos (que el competidor). 4. Trabajar por menos salario (que otros). -*s.* 1. Socava. 2. En tenis, golpe que se da por debajo a la pelota.

underdeveloped ['ʌndədɪ'veləpt] [an-da-di-ve-lopt], *a.* Subdesarrollado.

underdevelopment ['ʌndədɪ'veləpmənt] [an-da-di-ve-lop-ment], *s.* Subdesarrollo.

underdog ['ʌndədɒg] [an-da-dog], *s.* 1. Perdidoso. 2. Víctima. 3. El de abajo.

underestimate ['ʌndər'estɪmɪt] [an-dar-es-ti-mit], *va.* Subestimar.

underexposure ['ʌndər'eɪks'pəʊʒəʳ] [an-dar-iks-pou-shaʳ], *s.* Poca exposición (en una fotografía).

underfeed ['ʌndə'fiːd] [an-da-fid], *va.* 1. Desnutrir, alimentar muy poco. 2. Alimentar (una caldera) por debajo.

underfilling ['ʌndə'fiːlɪŋ] [an-da-fi-lin], *s.* Cimiento de un edificio.

underfoot ['ʌndə'fʊt] [an-da-fut], *a.* Debajo de los pies.

underframe ['ʌndə'freɪm] [an-da-freim], *s.* Infraestructura.

underfurnish ['ʌndə'fɜːnɪʃ] [an-da-fer-nish], *va.* Escasear; proveer con menos de lo que se necesita.

undergird ['ʌndə'gɜːd] [an-da-guerd], *va.* Ceñir por debajo.

undergo ['ʌndə'gəʊ] [an-da-gou], *va.* (*pret.* UNDERWENT, *pp.* UNDERGONE). 1. Sufrir, padecer, aguantar, sostener, experimentar. 2. Pasar por; arrostrar, exponerse a, correr peligro o riesgo. 3. Estar sometido a, existir bajo.

undergraduate ['ʌndə'grædjʊeɪt] [an-da-gra-diueit], *s.* Alumno no graduado.

underground ['ʌndəgraʊnd] [an-da-graund], *s.* 1. Subterráneo. 2. Metro, metropolitano. 3. Resistencia. -*a.* Subterráneo. **Underground garage**, aparcamiento subterráneo.

undergrown ['ʌndəgraʊn] [an-da-graun], *a.* Achaparrado, de talla menor que la mediana.

undergrowth ['ʌndəgraʊθ] [an-da-grauz], *s.* 1. Maleza, chamarasca, lo que nace debajo de los árboles grandes en los bosques y florestas. 2. Calidad de achaparrado o pequeño.

underhand ['ʌndəhænd] [an-da-jand], *adv.* Bajo mano, por bajo cuerda, clandestinamente. -*a.* Secreto, clandestino, socarrón, disimulado.

underhanded [ˌʌndə'hændɪd] [an-da-jan-did], *a.* Disimulado clandestinamente, con segunda intención.

underlay ['ʌndəleɪ] [an-da-lei], *va.* Reforzar o fortalecer con alguna cosa puesta por debajo. -*vn.* Inclinarse un filón fuera de la perpendicular. -*s.* 1. *(Impr.)* Pedazo de papel, etc., que se pone debajo de ciertas partes de una forma para alzarlas al debido nivel. 2. *(Min.)* Inclinación de un filón.

underlie [ˌʌndə'laɪ] [an-da-lai], *vn.* (*pret.* UNDERLAY, *pp.* UNDERLAIN). 1. Estar debajo. 2. *va.* Ser la razón fundamental o sostén de. **The principle that underlay his plan**, el principio que sirvió de funadamento a su plan. 3. Estar sujeto a.

underline [ˌʌndə'laɪn] [an-da-lain], *va.* Subrayar, notar las palabras con rayas puestas debajo de ellas.

underling ['ʌndəlɪŋ] [an-da-lin], *s.* 1. Un agente inferior. 2. Un hombre vil y despreciable; mequetrefe.

underlying [ˌʌndə'laɪɪŋ] [an-da-laiin], *a.* Subyacente; fundamental.

undermine [ˌʌndə'maɪn] [an-da-main], *va.* 1. Minar, cavar o abrir camino por debajo de la tierra. 2. Zapar, minar, abrir minas. 3. Minar los cimientos o los fundamentos de una cosa. 3. Dañar o injuriar por medios ocultos.

undermost [ˌʌndə'məʊst] [an-da-moust], *a.* Ínfimo, el más bajo. -*adv.* Debajo de todo.

underneath ['ʌndə'niːθ] [an-da-niz], *adv.* Debajo, en la parte inferior o en un paraje inferior.

undernourished ['ʌndə'nʌrɪʃt] [an-da-na-risht], *a.* Desnutrido, mal alimentado.

underpaid ['ʌndə'peɪd] [an-da-peid], *pp.* y *a.* Mal pagado, insuficientemente, retribuido.

underpart ['ʌndəpɑːt] [an-da-part], *s.* Parte inferior o no esencial.

underpass ['ʌndəpɑːs] [an-da-pas], *s.* Paso bajo, paso inferior (en un camino, calle, etc.).

underpay ['ʌndə'peɪ] [an-da-pei], *va.* Pagar insuficientemente. -*s.* Retribución insuficiente.

underpin [ˌʌndəˈpɪn] [an-da-pin], *va.* Apuntalar, sostener desde abajo, cuando se quita un puntal anterior.
underpinning [ˌʌndəˈpɪnɪŋ] [an-da-pi-nin], *s.* 1. Apuntalamiento (de un edificio). 2. *(Fam.)* Las piernas de una persona.
underpraise [ˌʌndəˈpreɪs] [an-da-preis], *va.* Alabar una cosa menos de lo que merece.
underprivileged [ˈʌndəˈprɪvɪlɪdʒd] [an-da-pri-vi-li-chid], *s.* y *a.* Necesitado, desamparado, desvalido.
underprize [ˌʌndəˈpraɪz] [an-da-prais], *va.* Desapreciar, desestimar, rebajar la estimación o valor de una cosa.
underproduction [ˈʌndəprəˈdʌkʃən] [an-da-pra-dak-shan], *s.* Producción insuficiente.
underprop [ˈʌndəprɒp] [an-da-prop], *va.* Apuntalar.
underrate [ˌʌndəˈreɪt] [an-da-reit], *va.* Despreciar, no dar a una cosa todo el valor o la estimación que se merece.
underrun [ˌʌndəˈrʌn] [an-da-ran], *va.* 1. Correr por debajo 2. *(Mar.)* Recorrer; poner un cable debajo de un barco y tirar de él. **To underrun the cables**, *(Mar.)* Recorrer los cables.
underscore [ˌʌndəˈskɔːʳ] [an-da-skoʳ], *va.* Subrayar, poner una línea bajo una letra o palabra.
under-secretary [ˈʌndəˈsekrətərɪ] [an-da-se-kri-ta-ri], *s.* Subsecretario.
undersell [ˈʌndəˈsel] [an-da-sel], *va.* Vender por menos o más barato que otro.
underset [ˌʌndəˈset] [an-da-set], *va.* Poner debajo.
undershirt [ˌʌndəˈʃɜːt] [an-da-shert], *s.* Elástica, camiseta.
undershot [ˌʌndəˈʃʌt] [an-da-shat], *a.* Impelido por agua que corre debajo; se dice de una rueda hidráulica.
undersign [ˌʌndəˈsaɪn] [an-da-sain], *va.* Subscribir, firmar al pie de un escrito; se usa principalmente en el participio pasado, *undersigned*, el abajo firmante.
undersized [ˈʌndəˈsaɪzd] [an-da-saisd], *a.* De talla menor que mediana.
underskirt [ˈʌndəskɜːt] [an-da-skert], *s.* 1. Fondo, refajo, enagua. 2. Falda principal de un vestido adornado con sobrefalda.
underslung [ˈʌndəslʌŋ] [an-da-slang], *a.* Colgante, suspendido debajo del bastidor o del eje (de un vehículo).
understand [ˌʌndəˈstænd] [an-da-stand], *va.* y *vn.* (*pret.* y *pp.* UNDERSTOOD). 1. Entender, percibir, alcanzar, comprender. 2. Entender, saber, ser sabedor, tener claro conocimiento de. 3. Entender, conocer, penetrar. **I understand that**, tengo entendido que. 4. Sobrentender, entender una cosa no expresa, pero que debe suponerse en vista de lo que antecede. **The preposition is understood**, la preposición está sobreentendida. **I gave him to understand**, le di a entender, le hice comprender. **That is understood**, está entendido; por supuesto. **It being understood**, bien entendido. **Be it understood**, entiéndase.
understanding [ˌʌndəˈstændɪŋ] [an-da-stan-din], *s.* 1. Entendimiento, una de las tres potencias que se atribuyen al alma; comprensión. 2. Inteligencia, capacidad, conocimiento. 3. El espíritu en tanto que concibe. 4. Inteligencia, correspondencia, armonía, amistad, recíproca. **A secret understanding**, inteligencia, concierto o acuerdo secreto. **A good understanding**, buena armonía. **To come to an understanding**, convenirse; quedar o ponerse de acuerdo. *-a.* Inteligencia, perito.
understandingly [ˌʌndəˈstændɪŋlɪ] [an-da-stan-din-li], *adv.* De una manera inteligente.
understate [ˈʌndəˈsteɪt] [an-da-steit], *va.* 1. Declarar con menos fuerza que la verdad merece. 2. Declarar como menos que lo verdadero.
understatement [ˈʌndəˈsteɪtmənt] [an-da-steit-ment], *s.* Expresión exageradamente moderada.
understood [ˌʌndəˈstʊd] [an-da-stud], *pret.* y *pp.* del verbo TO UNDERSTAND.
understrapper [ˈʌndəˈstræpəʳ] [an-da-stra-paʳ], *s.* Substituto, agente inferior; el hombre que sirve de instrumento o apoyo de maldades.
understudy [ˈʌndəˈstʌdɪ] [an-da-sta-di], *s.* Actor listo para remplazar a otro en determinado momento.
undertake [ˌʌndəˈteɪk] [an-da-teik], *va.* y *vn.* 1. Emprender, comenzar alguna cosa que se supone difícil o peligrosa. 2. Emprender, tomar a su cargo, tomar por su cuenta, entrar en una empresa. 3. Emprender, determinarse a hacer o tratar alguna cosa. 4. Oponerse. 5. Responder, salir fiador. 6. Aventurar, arriesgar.
undertaker [ˌʌndəˈteɪkəʳ] [an-da-tei-kaʳ], *s.* 1. Emprendedor; empresario; particularmente, el que prepara y dirige los entierros; *(Amer.)* zacateca. 2. El que toma a su cargo una empresa o le da comienzo; contratista.
undertaking [ˌʌndəˈteɪkɪŋ] [an-da-tei-kin], *s.* 1. Empresa, empeño; lo que se ha emprendido. 2. Oficio de preparar y dirigir entierros. 2. *(For.)* Empeño o garantía.
undertone [ˌʌndəˈtəʊn] [an-da-toun], *s.* 1. Tono bajo la voz. 2. Matiz suavizado de un color. 3. Sentido o indicación que se implica pero no se expresa.
undertook [ˌʌndəˈtʊk] [an-da-tuk], *pret.* del verbo TO UNDERTAKE.
undertow [ˈʌndətaʊ] [an-da-tau], *s.* Resaca, el movimiento de la ola al retirarse de la playa; también, contracorriente hacia el fondo del mar.
undervaluation [ˈʌndəˌvæljʊˈeɪʃən] [an-da-va-liu-ei-shon], *s.* Estimación muy baja, apreciación de algo en menos de lo que vale.
undervalue [ˌʌndəˈvæluː] [an-da-va-liu], *va.* Desapreciar, dar menos valor a alguna cosa de lo que se debe; apreciar en menos.
undervalue, *s.* Menosprecio, poco valor, escasa estimación.
underwear [ˈʌndəwɛəʳ] [an-da-ueaʳ], *s.* Ropa interior.
underwent [ˈʌndəwent] [an-da-uent], *pret.* del verbo TO UNDERGO.
underwood [ˈʌndəwʊd] [an-da-vud], *s.* Monte bajo, los arbustos o árboles enanos que nacen entre los grandes. *V.* UNDERBRUSH.
underwork [ˈʌndəwɜːk] [an-da-uerk], *va.* Competir con, trabajando por menos jornal. *-vn.* Trabajar menos de lo que se debe; dejar imperfecta alguna cosa por falta de trabajo. *-s.* Trabajo subordinado o de rutina.
underworkman [ˌʌndəˈwɜːkmən] [an-da-uerk-man], *s.* El oficial u obrero que hace un trabajo manual bajo la dirección del maestro o de otro oficial superior a él.
underworld [ˈʌndəwɜːld] [an-da-uerld], *s.* 1. Infierno. 2. Hampa, mundo de vicio, bajos fondos sociales.
underwrite [ˈʌndəraɪt] [an-da-rait], *va.* 1. Subscribir, firmar al pie de un escrito. 2. Asegurar, particularmente contra los riesgos del mar. 3. Obligarse o comprometerse a comprar todas las acciones de una nueva empresa o compañía, a las cuales no se subscribe el público.
underwritten [ˈʌndəˌrɪtn] [an-da-ri-ten], *pp.* de TO UNDERWRITE.
underwriter [ˈʌndəˌraɪtəʳ] [an-da-rai-taʳ], *s.* Asegurador, corporación o persona que asegura mercancías u otras cosas.
underwrote [ˈʌndərəʊt] [an-da-rout], *pret.* del verbo TO UNDERWRITE.
underwrought [ˈʌndəˌraʊt] [an-da-raut], *pret.* y *pp.* ant. del verbo to UNDERWORK.
undeserved [ˈʌndɪˈzɜːvd] [an-di-servd], *a.* No merecido, inmerecido.
undeservedly [ˈʌndɪˈzɜːvdlɪ] [an-di-servd-li], *adv.* Sin mérito, sin merecerlo o sin haberlo merecido; injustamente.
undeserving [ˈʌndɪˈzɜːvɪŋ] [an-di-ser-vin], *a.* Indigno de gozar o conseguir una cosa; no benemérito.
undesigned [ˈʌndɪˈsaɪnd] [an-di-saind], *a.* Involuntario, indeliberado, hecho sin intención.
undesigning [ˈʌndɪˈsaɪnɪŋ] [an-di-sai-nin], *a.* Sincero, sencillo; el que obra sin malicia; el que hace una cosa sin objeto o designio determinado.
undesirable [ˈʌndɪˈzaɪrəbl] [an-di-sai-ra-bol], *a.* Que no es deseable, poco deseable.
undesired [ˈʌndɪˈzaɪəd] [an-di-saiad], *a.* No deseado, no solicitado.

undesiring ['ʌndɪ'zaɪərɪŋ] [an-di-saia-rin], *a.* Negligente, tibio; no deseoso, indiferente.
undesirous ['ʌndɪ'zaɪrəs] [an-di-sai-ros], *a.* Que no desea, no deseoso.
undestroyed ['ʌndɪstrɔɪd] [an-dis-troid], *a.* No destruído.
undetected ['ʌndɪ'tektɪd] [an-di-tek-tid], *a.* Sin ser descubierto.
undetermined ['ʌndɪ'tɜːmɪnd] [an-di-ter-mind], *a.* Indeterminado, sin fijar, sin decidir; indeciso, incierto.
undeterred ['ʌndɪ'tɜːd] [an-di-terd], *a.* Que no está asustado; no impedido, no estorbado.
undeviating [ʌn'diːvɪeɪtɪŋ] [an-di-viei-tin], *a.* Regular, directo; que sigue su curso natural; sin rodeo, siempre el mismo.
undevoted ['ʌndɪvaʊtɪd] [an-di-vau-tid], *a.* Opuesto; no dedicado a.
undevout ['ʌndɪvaʊt] [an-di-vaut], *a.* Indevoto, irreligioso, incrédulo.
undid ['ʌndɪd] [an-did], *pret.* de TO UNDO.
undigested ['ʌndaɪ'dʒestɪd] [an-dai-yes-tid], *a.* Indigesto, no digerido; mal ordenado.
undiminished ['ʌndɪ'mɪnɪʃt] [an-di-mi-nisht], *a.* Entero, no disminuido.
undine ['ʌndiːn] [an-din], *s.* *(Mit.)* Ondina, ninfa de las aguas.
undirected ['ʌndaɪ'rektɪd] [an-dai-rek-tid], *a.* Que no está dirigido o no lleva dirección alguna; que no tiene gobierno; entregado a sí mismo; (carta) sin señas.
undiscerned ['ʌndɪ'sɜːnd] [an-di-sernd], *a.* No descubierto.
undiscernedly ['ʌndɪ'sɜːndlɪ] [an-di-sernd-li], *adv.* Ocultamente.
undiscernible ['ʌndɪ'sɜːnəbl] [an-di-ser-na-bol], *a.* Invisible, imperceptible.
undisciplined [ʌn'dɪsɪplɪnd] [an-di-si-plind], *a.* Indisciplinado, falto de enseñanza; falto de corrección.
undiscoverable ['ʌndɪs'kʌvərəbl] [an-dis-ka-ve-ra-bol], *a.* Que no se puede descubrir; imposible de encontrar.
undiscovered ['ʌndɪs'kʌvəd] [an-dis-ka-verd], *a.* No descubierto o visto, escondido.
undisguised ['ʌndɪs'gaɪzd] [an-dis-gaisd], *a.* Sin disfraz, cándido, franco, abierto, sencillo.
undismayed ['ʌndɪs'meɪd] [an-dis-meid], *a.* Que no ha perdido el ánimo o valor; que está o se mantiene firme.
undisposed ['ʌndɪs'pəʊzd] [an-dis-pousd], *a.* No dispuesto. **Undisposed of**, disponible, no vendido, no decidido de otra manera.
undisputed ['ʌndɪs'pjuːtɪd] [an-dis-piu-tid], *a.* Evidente, incontestable, incontrovertible.
undissembled ['ʌndɪ'semblɪd] [an-di-sem-blid], *a.* No disimulado, no disfrazado; franco, abierto, ingenuo.
undissolving [ʌn'dɪzɒlvɪŋ] [an-di-sol-vin], *a.* Que no se derrite.
undistempered ['ʌndɪs'tempəd] [an-dis-tem-perd], *a.* 1. Sano, bueno, que no padece enfermedad. 2. Tranquilo, sosegado, que nada tiene que lo inquiete.
undistinguished ['ʌndɪs'tɪŋgwɪʃt] [an-dis-tin-güisht], *a.* 1. Indistinto, que no se distingue o no se diferencia. 2. Indistinto, que no percibe clara y distintamente.
undistinguishing ['ʌndɪs'tɪŋgwɪʃɪŋ] [an-dis-tin-güi-shin], *a.* Que no distingue o no hace diferencia alguna entre las cosas; que carece de discernimiento.
undisturbed ['ʌndɪs'tɜːbd] [an-dis-terbd], *a.* Que no está turbado, inquietado; sin alteración ni desarreglo; quieto, tranquilo, no agitado; impasible, que por nada se turba.
undivided ['ʌndɪ'vaɪdɪd] [an-di-vai-did], *a.* Indiviso, entero. **An undivided estate**, una propiedad indivisa.
undivulged ['ʌndɪ'vʌldʒɪd] [an-di-val-yid], *a.* Secreto.
undo ['ʌn'duː] [an-du], *va.* (*pret.* UNDID, *pp.* UNDONE). 1. Deshacer, anular, el efecto de; reponer en el estado anterior. 2. Arruinar, perder; causar pesadumbre *a.* 3. Desatar, desliar; desarmar, desmontar. 4. No hacer, dejar sin hacer. **He intends to undo me**, me quiere perder. **To come undone**, deshacerse, desatarse. **To leave undone**, no hacer, dejar de hacer. **To remain undone**, quedar por hacer. **I am undone**, estoy perdido, estoy arruinado.
undock ['ʌn'dɒk] [an-dok], *va.* Sacar un buque del dique.
undoing ['ʌn'duːɪŋ] [an-duin], *s.* 1. Acción de deshacer. 2. Ruina, pérdida.
undone ['ʌn'dʌn] [an-dan], *pp.* del verbo UNDO.
undoubted [ʌn'daʊtɪd] [an-dau-tid], *a.* No dudado, evidente, fuera de duda, cierto.
undoubtedly [ʌn'daʊtɪdlɪ] [an-dau-tid-li], *adv.* Indudablemente.
undrawn [ʌn'drɔːn] [an-dron], *pp.* No sacado; no atraído, no arrastrado; que no ha sido sorteado (billete de lotería, etc.).
undreamed [ʌn'driːmd] [an-drimd], *a.* Impensado, inesperado. **Undreamed of**, inopinado.
undress [ʌn'dres] [an-dres], *va.* 1. Desnudar, quitar la ropa. 2. Desvendar, quitar el vendaje de (una herida, etc.). *-vn.* Desnudarse.
undress, *s.* Paños menores, ropa de levantarse; ropa de casa. **To be in an undress**, *(Fam.)* estar de trapillo. **Undress**, *(Mil.)* uniforme diario, traje de cuartel. *-a.* Perteneciente al traje diario; de aquí, informal.
undried [ʌn'draɪd] [an-draid], *a.* Que aún no está seco o no secado; verde (frutos, etc.).
undriven [ʌn'draɪvn] [an-dri-ven], *a.* Quieto, fijo; no impelido hacia ningún lado.
undue [ʌn'djuː] [an-diu], *a.* 1. Indebido, más que suficiente, excesivo, desmedido. 2. Irregular; ilícito, injusto, contra razón, ley o costumbre. 3. Que no es debido, no vencido.
undulate ['ʌndjʊleɪt] [an-diu-leit], *vn.* Undular, ondear o hacer ondas, presentar la apariencia de una undulación. *-va.* Hacer ondear.
undulation [ˌʌndjʊ'leɪʃən] [an-diu-lei-shon], *s.* Undulación, movimiento a modo del de las onds.
undulatory ['ʌndjʊletərɪ] [an-diu-la-to-ri], *a.* Undulatorio; se dice del movimiento semejante al de las ondas.
unduly ['ʌn'djuːlɪ] [an-diu-li], *adv.* Indebidamente; ilícitamente.
undutiful ['ʌn'djʊtɪfəl] [an-diu-ti-ful], *a.* Inobediente, desobediente, que falta a sus deberes. **An undutiful son**, un mal hijo, un hijo desobediente.
undutifully ['ʌn'djʊtɪfəlɪ] [an-diu-ti-fu-li], *adv.* Inobedientemente, con inobediencia; sin respeto, contra su obligación.
undying [ʌn'daɪɪŋ] [an-daiin], *a.* Imperecedero, que no muere; inmortal.
unearth ['ʌn'ɜːθ] [an-erz], *va.* Sacar de la tierra, desarragiar; revelar, descubrir.
unearthly [ʌn'ɜːθlɪ] [an-erz-li], *a.* Que no xes terrenal, sobrenatural, aterrador, que infunde miedo, espantoso.
uneasily [ʌn'iːzɪlɪ] [an-i-si-li], *adv.* Inquietamente, incómodamente, con mucho trabajo; penosamente.
uneasiness [ʌn'iːzɪnɪs] [an-i-si-nes], *s.* Inquietud, desasosiego, incomodidad, disgusto, malestar; pena, pesadumbre.
uneasy [ʌn'iːzɪ] [an-i-si], *a.* 1. Inquieto, cuidadoso, ansioso, desasosegado. 2. Impertienente, molesto, enfadoso, incómodo. 3. Embarazado, incomodado, que carece de gracia, desazonado. 4. Difícil de efectuar, dificultoso.
uneaten ['ʌn'iːtn] [an-i-ten], *a.* No comido, no devorado.
unedifying ['ʌn'edɪfaɪɪŋ] [an-e-di-faiin], *a.* Que no edifica con su ejemplo.
uneducated ['ʌn'edjʊkeɪtɪd] [an-e-diu-kei-tid], *a.* Falto de educación, sin instrucción; ignorante.
uneffaced ['ʌn'ɪfeɪst] [an-i-feist], *a.* Que no está borrado o cancelado.
unemployed ['ʌn'ɪmplɔɪd] [an-im-ploid], *a.* 1. Desocupado, sin ocupación, sin empleo; ocioso. 2. No empleado, no invertido, que no produce.
unencumbered ['ʌnɪn'kʌmbəd] [an-in-kam-berd], *a.* Sin trabas; exento de cargas de cualquier clase.
unending [ʌn'endɪŋ] [an-en-din], *a.* Sin fin, perpetuo, eterno.
unendowed ['ʌnɪn'dəʊd] [an-in-doud], *a.* Indotado.
unenduring ['ʌnɪn'djʊərɪŋ] [an-in-diua-rin], *a.* Poco duradero, de corta duración.

unengaged ['ʌnɪn'geɪdʒd] [an-in-gueich], *a.* Desocupado, libre, no comprometido.
unenjoyed ['ʌnɪn'jɔɪd] [an-in-yoid], *a.* Que no se goza o no se ha gozado.
unenjoying ['ʌnɪn'jɔɪɪŋ] [an-in-yoiin], *a.* Que no goza.
unenligtened ['ʌnɪn'laɪtnd] [an-in-lai-tend], *a.* No iluminado.
unenterprising ['ʌn'entəpraɪzɪŋ] [an-en-ta-prai-sin], *a.* Que no es emprendedor.
unenviable ['ʌn'envɪəbl] [an-en-via-bol], *a.* Poco envidiable.
unenvied ['ʌn'envɪəd] [an-en-vid], *a.* No envidiado, que no causa envidia.
unequable ['ʌn'i:kwəbl] [an-i-kua-bol], *a.* Desigual, variable, irregular.
unequal ['ʌn'i:kwəl] [an-i-kual], *a.* 1. Desigual, que no es igual en extensión, duración o propiedades. 2. Ineficaz, insuficiente, inferior. 3. Desporporcionado: de aquí, no equitativo, injusto, parcial. 4. Falto de uniformidad. 5. *(Bot.)* Poco simétrico.
unequalled ['ʌn'i:kwəld] [an-i-kuald], *a.* Sin igual, sin semejante, sinpar, incomparable.
unequally ['ʌn'i:kwəlɪ] [an-i-kua-li], *adv.* Desigualmente; fuera de proporción, insuficientemente.
unequivocal ['ʌnɪ'kwɪvəkəl] [an-i-kui-vo-kal, *a.* Inequívoco, que no admite duda o equivocación.
unerring ['ʌn'ɜ:rɪŋ] [an-e-rin], *a.* Infalible, sumamente cierto y seguro, inerrable.
uneringly ['ʌn'ɜ:rɪŋlɪ] [an-e-rin-li], *adv.* Infaliblemente, con toda seguridad y certidumbre.
unessayed ['ʌnɪ'seɪd] [an-i-seid], *a.* No ensayado; no intentado.
unesteemed ['ʌnɪs'ti:md] [an-is-timd], *a.* No estimado o apreciado.
uneven ['ʌn'i:vən] [an-i-ven], *a.* 1. Desigual, que no es llano, escabroso, barrancoso, quebrado. 2. Desigual, que no corresponde o conviene con otra cosa: que no es regular o uniforme. 3. Impar, no divisible por dos.
unevenly ['ʌn'i:vənlɪ] [an-i-ven-li], *adv.* Desigualmente.
unevenness ['ʌn'i:vənnɪs] [an-i-ven-nes], *s.* 1. Desigualdad, escabrosidad o aspereza ocasionada por no estar llana una cosa; falta de regularidad. 2. Desigualdad, inconstancia, poca firmeza o estabilidad.
uneventful ['ʌnɪ'ventfʊl] [an-i-vent-ful], *a.* Exento de acontecimientos notables; tranquilo.
uneventfully ['ʌnɪ'ventfʊlɪ] [an-i-vent-fu-li], *adv.* Tranquilamente, sin suceso notable, monótonamente.
unexacted ['ʌnɪg'sæktɪd] [an-ik-sak-tid], *a.* Que no es exigido; que ha sido producido naturalmente y sin auxilio del arte.
unexamined ['ʌnɪg'səmaɪnd] [an-ik-sa-maind], *a.* No examinado.
unexampled ['ʌnɪg'zɑ:mpld] [an-ik-sam-peld], *a.* Que no tiene igual, sin ejemplo, único en su línea.
unexceptionable [ˌʌnɪg'sepʃnəbl] [an-ik-sep-sho-na-bol], *a.* Libre de toda objeción o reparo; irreprensible, irrecusable.
unexceptional ['ʌnɪg'sepʃnəl] [an-ik-sep-sho-nal], *a.* Que no hace excepción; ordinario, usual y corriente.
unexcised ['ʌnɪg'saɪst] [an-ik-saist], *a.* 1. No cortado. 2. Que no está sujeto al derecho de sisa.
unexempt ['ʌnɪg'sempt] [an-ik-sempt], *a.* No exento, sujeto.
unexpanded ['ʌnɪk'spændɪd] [an-ik-pan-did], *a.* Encogido, no extendido.
unexpected ['ʌnɪks'pektɪd] [an-iks-pek-tid], *a.* Inesperado, impensado, no prevenido, inopinado, repentino, que no se esperaba.
unexpectedly ['ʌnɪks'pektɪdlɪ] [an-iks-pek-tid-li], *adv.* De repente, impensadamente, inesperadamente, inopinadamente, sin pensarlo; de improviso.
unexpectedness ['ʌnɪks'pektɪdnɪs] [an-iks-pek-tid-nes], *s.* Repentino, lance inesperado o imprevisto.
unexpired ['ʌnɪks'paɪəd] [an-iks-paiad], *a.* No acabado, no concluido.
unexplored ['ʌnɪks'plɔ:d] [an-iks-plord], *a.* Inexplorado, no conocido, no descubierto.
unexported ['ʌnɪks'plɔ:tɪd] [an-iks-por-tid], *a.* No extraído o llevado fuera del país.
unexposed ['ʌnɪks'pəʊzd] [an-iks-poust], *a.* No expuesto (a la luz, etc.)
unfaded [ʌn'feɪdɪd] [an-fei-did], *a.* No marchito, no ajado; que conserva sus colores o su frescura.
unfading [ʌn'feɪdɪŋ] [an-fei-din], *a.* Inmarcesible, que no pasa; imperecedero, imperdible.
unfailing [ʌn'feɪlɪŋ] [an-fei-lin], *a.* 1. Inagotable, que produce siempre. 2. Seguro, cierto, que no puede faltar, infalible.
unfair ['ʌn'fɛə[r]] [an-fea[r]], *a.* Doble, falso; injusto; que no es hornado en sus tratos, que obra de mala fe.
unfairly ['ʌn'fɛəlɪ] [an-fea-li], *adv.* De mala fe; injustamente, con doblez.
unfairness ['ʌn'fɛənɪs] [an-fea-nes], *s.* Falta de equidad; deslealtad, mala fe.
unfaithful ['ʌn'feɪθfʊl] [an-feiz-ful], *a.* Infiel, falto de fe; pérfido, desleal, traidor. **The unfaithful**, los incrédulos, los infieles.
unfaithfully ['ʌn'feɪθfʊlɪ] [an-feiz-fu-li], *adv.* Infielmente, deslealmente, pérfidamente.
unfaithfulness ['ʌn'feɪθfʊlnɪs] [an-feiz-ful-nes], *s.* Infidelidad, perfidida, alevosía, deslealtad.
unfallen ['ʌn'fɔ:ln] [an-fo-len], *a.* Que no ha caído, que está en pie.
unfalteringly ['ʌn'fɔ:ltərɪŋlɪ] [an-fol-te-rin-li], *adv.* Sin vacilar.
unfamiliar ['ʌnfə'mɪlɪə[r]] [an-fa-mi-lia[r]], *a.* Poco familiar, poco común; no conocido familiarmente.
unfashionable ['ʌn'fæʃnəbl] [an-fa-sho-na-bol], *a.* Que no es de moda, que no sigue la moda; opuesto a la moda, raro, singular.
unfashionableness ['ʌn'fæʃnəblnɪs] [an-fa-sho-na-bol-nes], *s.* La condición de no seguir los caprichos de la moda, llaneza en el vestir; el vestir a la antigua.
unfashionably ['ʌn'fæʃnəblɪ] [an-fa-sho-na-bli], *adv.* Contra la moda.
unfashioned ['ʌn'fæʃnənd] [an-fa-shond], *a.* Informe, tosco, basto, que está sin limar o sin pulir.
unfasten ['ʌn'fɑ:sn] [an-fa-sen], *va.* Desatar, soltar, aflojar.
unfathered ['ʌn'fɑ:ðəd] [an-fa-derd], a Huérfano de padre; que carece de autor.
unfathomable ['ʌn'fæðəməbl] [an-fa-do-ma-bol], *a.* Insondable, impenetrable, que no tiene fondo.
unfathomably ['ʌn'fæðəməblɪ] [an-fa-do-ma-bli], *adv.* De un modo insondable.
unfavorable ['ʌn'feɪvərəbl] [an-fei-va-ra-bol], *a.* Contrario, adverso, no favorable, no propicio.
unfavorably ['ʌn'feɪvərəblɪ] [an-fei-va-ra-bli], *adv.* Contrariamente, de una manera poco favorable.
unfearing ['ʌn'fɛərɪŋ] [an-fea-rin], *a.* Intrépido, animoso, sin temor.
unfeasible [ʌn'fi:zɪbl] [an-fi-si-bol], *a.* No hacedero, no factible, impracticable.
unfed [ʌn'fed] [an-fed], *a.* Falto de alimento, no nutrido.
unfeeling [ʌn'fi:lɪŋ] [an-fi-lin], *a.* Insensible, apático; duro de corazón, cruel.
unfeelingly [ʌn'fi:lɪŋlɪ] [an-fi-lin-li], *adv.* Cruelmente; insensiblemente.
unfeigned [ʌn'feɪnd] [an-feind], *a.* Que no es fingido, real, verdadero, genuino; ingenuo.
unfeignedly [ʌn'feɪnʊdlɪ] [an-fei-nid-li], *adv.* Ingenuamente, sinceramente; verdaderamente.
unfelt [ʌn'felt] [an-felt], *a.* No percibido, no sentido.
unfenced [ʌn'fenst] [an-fenst], *a.* Abierto, no cercado, que no tiene defensa.
unfermented ['ʌnfə'mentɪd] [an-fa-men-tid], *a.* No fermentado.
unfertile [ʌn'fɜ:taɪl] [an-fer-tail], *a.* Infecundo, estéril.
unfetter ['ʌn'fetə[r]] [an-fe-ta[r]], *va.* Desencadenar, quitar los grillos a, poner en libertad.

unfigured [ʌn'fɪgəd] [an-fi-gad], *a.* Lo que no representa forma o figura animal.
unfilled [ʌn'fɪld] [an-fild], *a.* Vacío, no lleno; vacante.
unfinished [ʌn'fɪnɪʃt] [an-fi-nisht], *a.* Incompleto, imperfecto, no acabado, no concluido.
unfit [ʌn'fɪt] [an-fit], *a.* Desconveniente, nada apto, poco propio para; poco hecho para; inepto, incapaz. (Se usa a menudo con *for o to*).
unfit, *va.* Inhabilitar, hacer incapaz o inhábil para alguna cosa.
unfitly [ʌn'fɪtlɪ] [an-fit-li], *adv.* Impropiamente, incongruentemente; sin aptitud.
unfitness [ʌn'fɪtnɪs] [an-fit-nes], *s.* Ineptitud, insuficiencia, falta de aptitud o de disposición, impropiedad.
unfitting [ʌn'fɪtɪŋ] [an-fi-tin], *a.* Impropio, poco o nada a propósito, desconvenible.
unfix [ʌn'fɪks] [an-fiks], *va.* 1. Soltar, aflojar. 2. Liquidar, deshelar.
unfixed [ʌn'fɪkst] [an-fikst], *a.* Errante, vacilante; irresoluto, voluble.
unflagging [ʌn'flægɪŋ] [an-fla-guin], *a.* Persistente, que no se cansa.
unfledged ['ʌn'fledʒ] [an-fledch], *a.* Implume, que no tiene todavía plumas; inmaturo, inexperimentado.
unfleshed [ʌn'fleʃt] [an-flesht], *a.* No encarnizado; incruento, que no ha probado aún la sangre.
unflinching [ʌn'flɪntʃɪŋ] [an-flin-chin], *a.* Que no retrocede; resuelto, no vencido.
unfold [ʌn'fəʊld] [an-fould], *va.* 1. Desplegar, desdoblar, descoger, desarrollar, abrir una cosa plegada. 2. Revelar, descubrir, poner en claro, manifestar lo que está oculto, secreto o escondido; desencerrar. *-vn.* Abrirse, descubrirse, desarrollarse.
unforbearing [ʌn'fɔːbɛərɪŋ] [an-for-bea-rin], *a.* Intolerante, poco indulgente, impaciente.
unforbid [ʌn'fɔːbɪd] [an-for-bid], **unforbidden** [ʌn'fɔːbɪdn] [an-for-bi-den], *a.* Permitido, no prohibido.
unforced [ʌn'fɔːst] [an-forst], *a.* Sin estar obligado, libre, espontáneo, voluntario, natural, no fingido.
unforeseen ['ʌnfɔː'siːn] [an-for-sin], *a.* Imprevisto, inopinado, no previsto.
unforgetful [ʌn'fɔːgetfʊl] [an-for-get-ful], *a.* No olvidadizo; que no olvida.
unforgettable ['ʌnfə'getəbl] [an-for-ge-ta-bol], *a.* Inolvidable, imperecedero.
unforgiving ['ʌnfə'gɪvɪŋ] [an-for-gui-vin], *a.* Duro, inexorable, implacable.
unforgotten [ʌn'fɔːgɒtn] [an-for-go-ten], *a.* No olvidado, presente, fijo en la memoria.
unformed ['ʌn'fɔːmd] [an-formd], *a.* 1. Informe, sin forma regular, falto de estructura. 2. Crudo, de un carácter no completamente desarrollado. 3. *(Biol.)* No organizado, sin estructura. **Unformed stars**, estrellas que se hallan fuera de una constelación.
unfortified [ʌn'fɔːtɪfaɪd] [an-for-ti-faid], *a.* 1. No fortificado, que no tiene murallas o fortificaciones. 2. Débil, endeble.
unfortunate [ʌn'fɔːtʃnɪt] [an-forch-nit], *a.* Desafortunado, infortunado, desgraciado, infeliz.
unfortunately [ʌn'fɔːtʃnɪtlɪ] [an-forch-nit-li], *adv.* Por desgracia, infelizmente.
unfortunateness [ʌn'fɔːtʃnɪtnɪs] [an-forch-nit-nes], *s.* Infortunio, desgracia, desventura.
unfought [ʌn'faʊt] [an-faut], *a.* Sin pelear o sin haber peleado. **Unfought for**, no disputado, sin lucha.
unfound [ʌn'faʊnd] [an-faund], *a.* No hallado, imposible de hallarse.
unfounded [ʌn'faʊndɪd] [an-faun-did], *a.* Infundado, sin fundamento. 2. No fundado ni establecido.
unframed [ʌn'freɪmd] [an-freimd], *a.* Sin forma o figura.
unfraught [ʌn'frɔːt] [an-frot], *a.* No cargado, exento de carga.
unfreezable [ʌn'friːzəbl] [an-fri-sa-bol], *a.* Incogelable.
unfrequent [ʌn'frɪkwent] [an-fri-kuent], Poco o nada frecuente. *V.* INFREQUENT.
unfrequented ['ʌnfrɪ'kwentɪd] [an-fri-kuen-tid], *a.* Solitario, poco o nada frecuentado.
unfrequently [ʌn'frɪkwentlɪ] [an-fri-kuent-li], *adv.* Rara vez, raramente, por maravilla.
unfriended [ʌn'frrendɪd] [an-fren-did], *a.* Desamparado, sin protección, sin amigos.
unfriendliness [ʌn'fredlɪnɪs] [an-frend-li-nes], *s.* Falta de amistad, falta de benevolencia.
unfriendly [ʌn'frendlɪ] [an-frend-li], *a.* 1. Áspero, poco amistoso, poco atento, seco, nada afable, enemigo. 2. Poco favorable, poco propicio, perjudicial.
unfrock ['ʌn'frɒk] [an-frok], *va.* Exclaustrar, privar del carácter eclesiástico.
unfruitful ['ʌn'fruːtfʊl] [an-frut-ful], *a.* 1. Estéril, infructífero, que no da o no produce fruto. 2. Lo que no produce el fruto que se esperaba de ello; infructuoso.
unfruitfulness ['ʌn'fruːtfʊlnɪs] [an-frut-ful-nes], *s.* Esterilidad, infecundidad; infructuosidad.
unfulfilled ['ʌnfʊl'fɪld] [an-ful-fild], *a.* No cumplido, no observado.
unfunded ['ʌn'faʊndɪd] [an-fand-did], *a.* No consoliddo, sin fondos para el pago de los intereses.
unfurl [ʌn'fɜːl] [an-ferl], *va.* Desplegar, desdoblar, extender. **To unfurl the sails**, *(Mar.)* Desaferrar las velas.
unfurnish [ʌn'fɜːnɪʃ] [an-fer-nish], *va.* 1. Desamueblar, quitar los muebles; desprovisto.
ungainliness [ʌn'geɪnlɪnɪs] [an-guein-li-nes], *s.* Falta de gracia, torpeza.
ungainly [ʌn'geɪnlɪ] [an-guein-li], *a.* Desmañado, falto de gracia, torpe, poco diestro, pesado.
ungear [ʌn'gɪə[r]] [an-guia[r]], *va.* Desengranar, desconectar, desembragar.
ungenerous [ʌn'dʒenərəs] [an-ye-ne-ros], *a.* Falto de generosidad, indigno, innoble, bajo.
ungenerously [ʌn'dʒenərəslɪ] [an-ye-ne-ros-li], *adv.* Sin generosidad; indignamente, bajamente.
ungenial [ʌn'dʒiːnɪəl] [an-yi-nial], *a.* Malsano, hablando de lo que hace daño a la salud; muy riguroso, hablando del clima; poco favorable a la naturaleza, a la constitución, a los hábitos adquiridos, etc.; áspero, rudo, brusco.
ungenialness [ʌn'dʒiːnɪəlnɪs] [an-yi-nial-nes], *s.* La falta de conformidad en las cosas con la salud, constitución, hábitos adquiridos, etc.
ungenteel [ˌʌndʒen'tiːl] [an-yen-til], *a.* Rudo, descortés, bajo, tosco, grosero, de mal tono, de mal gusto.
ungentle [ʌn'dʒentl] [an-yen-tel], *a.* Áspero, riguroso, severo, intratable, duro de genio.
ungentlemanlike [ʌn'dʒentlmənlaɪk] [an-yen-tel-man-laik], *a.* Indigno de un hombre bien criado; que no conviene a un caballero.
ungentleness [ʌn'dʒentlnɪs] [an-yen-tel-nes], *s.* Dureza de genio, rudeza, aspereza, severidad, falta de amabilidad en el trato.
ungently [ʌn'dʒentlɪ] [an-yen-tli], *adv.* Ásperamente, rudamente, con severidad.
ungifted [ʌn'gɪftɪd] [an-guif-tid], *a.* Que no está dotado de talento.
ungird [ʌn'gɜːd] [an-guerd], *va.* Desceñir, decinchar.
ungirt [ʌn'gɜːt] [an-guert], *a.* Desceñido, suelto o sin atar.
ungiving [ʌn'gɪvɪŋ] [an-gui-vin], *a.* Que no da nada.
unglazed [ʌn'gleɪzd] [an-gleisd], *a.* 1. Que no tiene vidrieras o sin vidrieras: se dice de las ventanas. 2. No encharolado; no barnizado; no satinado (papel); que está sin vidriar: se dice de las vasijas de barro.
ungodliness [ʌn'gɒdlɪnɪs] [an-god-li-nes], *s.* Impiedad, irreligión, falta de piedad y religión.
ungodly [ʌn'gɒdlɪ] [an-god-li], *a.* Impío, malvado, irreligioso, profano.
ungorged [ʌn'gɜːdʒd] [an-gorchd], *a.* Insaciable; no saciado.
ungovernable [ʌn'gʌvənəbl] [an-ga-ver-na-bol], *a.* Indomable, ingobernable, indisciplinable, incapaz de gobierno, de dirección o de disciplina.

ungovernableness [ʌn'gʌvənəblnɪs] [an-ga-va-na-bol-nes], *s.* Indocilidad.
ungoverned [ʌn'gʌvənd] [an-ga-vernd], *a.* Desgoberando, desarreglado, desenfrenado, descomedido, desaforado; que no guarda regla ni orden.
ungraceful [ʌn'greɪsfʊl] [an-greis-ful], *a.* Tosco, desairado, desgraciado, falto de gracia o de gentileza.
ungracefulness [ʌn'greɪsfʊlnɪs] [an-greis-ful-nes], *s.* Tosquedad, falta de gracia o de gentileza.
ungracious [ʌn'greɪʃəs] [an-grei-shos], *a.* Desagradable, repugnante, ofensivo, chocante; falto de cortesía.
ungraciously [ʌn'greɪʃəslɪ] [an-grei-shos-li], *adv.* Malvadamente, groseramente, sin gracia.
ungraciousness [ʌn'greɪʃəsnɪs] [an-grei-shos-nes], *s.* Descortesía, bellaquería, grosería.
ungrammatical ['ʌngrə'mætɪkəl] [an-gra-ma-ti-kal], *a.* Incorrecto, contrario a las reglas de la gramática.
ungranted [ʌn'græntɪd] [an-gran-tid], *a.* No concedido, no dado, no otorgado.
ungrateful [ʌn'greɪtfʊl] [an-greit-ful], *a.* 1. Desagradecido, ingrato, que olvida o desprecia los beneficios recibidos. 2. Desagradable, no agradable. 3. Ingrato; dícese del terreno poco fecundo.
ungratefully [ʌn'greɪtfəlɪ] [an-greit-fu-li], *adv.* 1. Ingratamente, desagradecidamente. 2. Desagradablemente, de mala gana, sin gusto.
ungratefulness [ʌn'greɪtfəlnɪs] [an-greit-ful-nes], *s.* Ingratitud, desagradecimiento; desagrado.
ungratified [ʌn'grætɪfaɪd] [an-gra-ti-faid], *a.* No satisfecho, no contentado.
ungrounded [ʌn'graʊndɪd] [an-graun-did], *a.* Infundado, que no tiene razón ni fundamento.
ungrudgingly [ʌn'grʌdʒɪŋlɪ] [an-grad-chin-li], *adv.* De buena gana, con gusto, voluntariamente.
unguarded ['ʌn'gɑːdɪd] [an-gar-did], *a.* 1. Desguarnecido, sin guarda o sin defensa. 2. Descuidado, negligente; incauto, indiscreto.
unguent ['ʌngwənt] [an-güent], *s.* Ungüento.
unguicular [ʌn'gjʊɪkjʊlə[r]] [an-güi-kiu-la[r]], *a.* Unguiculado, que tiene los dedos terminados por uñas.
unguided [ʌn'gaɪdɪd] [an-gai-did], *a.* No dirigido, no gobernado, sin guía.
ungulate [ʌn'gjʊleɪt] [an-guiu-leit], *a.* y *s.* Ungulado (animal) que tiene casco o pesuña.
unhair [ʌn'hɛə[r]] [an-jea[r]], *a.* Profano, impío; profanado.
unhammered [ʌn'hæməd] [an-ja-merd], *a.* No martillado.
unhand [ʌn'hænd] [an-jand], *va.* Soltar las manos.
unhandily [ʌn'hændɪlɪ] [an-jan-di-li], *adv.* Poco diestramente, desmañadamente.
unhandsome [ʌn'hænsəm] [an-jan-som], *a.* 1. Feo, desaliñado, falto de gracia o hermosura. 2. Innoble, bajo; doble, falso.
unhandsomely [ʌn'hænsəmlɪ] [an-jan-som-li], *adv.* 1. Groseramente, sin gracia; feamente, con fealdad, mal. 2. Con doblez; groseramente.
unhandsomeness [ʌn'hænsəmnɪs] [an-jan-som-nes], *s.* 1. Fealdad, falta de belleza. 2. Tosquedad, falta de gentileza. 3. Doblez; grosería.
unhandy [ʌn'hændɪ] [an-jan-di], *a.* Desmañado, torpe, poco hábil, poco diestro.
unhang [ʌn'hæŋ] [an-jang], *va.* Descolgar, quitar las colgaduras; desprender (tapicerías). **To unhang the tiller**, desmontar la caña del timón.
unhappily [ʌn'hæpɪlɪ] [an-ja-pi-li], *adv.* Infelizmente, miserablemente, mal, por desgracia.
unhappiness [ʌn'hæpɪnɪs] [an-ja-pi-nes], *s.* Infelicidad, desgracia, infortunio, mala ventura; miseria, desdicha, calamidad.
unhappy [ʌn'hæpɪ] [an-ja-pi], *a.* 1. Infeliz, desgraciado, desdichado (persons, things). 2. Desafortunado, desventurado (persons).
unharmed ['ʌn'hɑːmd] [an-jarmd], *a.* Ileso, sano y salvo, que no ha recibido ningún daño.
unharmful ['ʌn'hɑːmfʊl] [an-jarm-ful], *a.* Inocente, que no es nocivo o no hace daño.
unharness ['ʌn'hɑːnɪs] [an-jar-nes], *va.* 1. Desenjaezar, quitar los jaeces a los caballos. 2. Quitar las guarniciones a las bestias de carga. 3. Desarmar, quitar la armadura.
unhasp ['ʌn'hæsp] [an-jasp], *va.* Soltar el pestillo.
unhatched ['ʌn'hætʃɪd] [an-ja-chid], *a.* 1. No salido del cascarón. 2. No traslúcido, no descubierto, que no ha salido a la luz.
unhealed ['ʌn'hiːld] [an-jild], *a.* No curado.
unhealthful ['ʌn'helθfʊl] [an-jelz-ful], *a.* Malsano, insalubre, que no es provechoso para la salud o es perjudicial a ella.
unhealthiness ['ʌn'helθɪnɪs] [an-jel-zi-nes], *s.* Insalubridad, calidad de malsano o contrario a la salud; la falta de salud.
unhealthy ['ʌn'helθɪ] [an-jel-zi], *a.* 1. Enfermizo, achacoso, valetudinario, falto de salud. 2. Insalubre, malsano. *V.* UNEHALTHFUL.
unheard ['ʌn'hɜːd] [an-jerd], *a.* 1. Que no se oye o no se ha oído. 2. Desconocido, oscuro, sin fama. **Unheard of**, inaudito, extraño, singular, nunca oído; sin ejemplo.
unheated ['ʌn'hiːtɪd] [an-ji-tid], *a.* No calentado, frío.
unheeded ['ʌn'hiːdɪd] [an-ji-did], *a.* No atendido, despreciado: aplícase a aquello de que se hace poco caso.
unheeding ['ʌn'hiːdɪŋ] [an-ji-din], *a.* Negligente, descuidado, distraído.
unhelped ['ʌn'helpt] [an-jelpt], *a.* Desamparado, no ayudado, no socorrido, sin auxilio.
unhesitating ['ʌn'hezɪteɪtɪŋ] [an-je-si-tei-tin], *a.* Que no vacila; pronto, listo.
unhesitatingly ['ʌn'hezɪteɪtɪŋlɪ] [an-je-si-tei-tin-li], *adv.* Sin vacilar; prontamente.
unhewn ['ʌn'hjuːn] [an-jiun], *a.* Tosco, basto, bruto o en bruto; no pulido.
unhindered ['ʌn'hɪndəd] [an-jin-dad], *a.* Libre, sin trabas; no opuesto, no impedido.
unhinge ['ʌn'hɪndʒ] [an-jinch], *va.* Desgoznar, desgonzar, desquiciar, sacar de quicio; desordenar, poner en confusión.
unhitch ['ʌn'hɪtʃ] [an-jich], *va.* Descolgar, desatar, desenganchar.
unholiness [ʌn'həʊlɪnɪs] [an-jou-li-nes], *s.* Impiedad, profanidad; maldad, perversidad.
unholy [ʌn'həʊlɪ] [an-jou-li], *adv.* Profano, impío, malvado, perverso.
unhood [ʌn'huːd] [an-jud], *va.* Desganchar, desenganchar, desaferrar; descolgar.
unhoop [ʌn'huːp] [an-jup], *va.* Quitar los aros, arcos o cercos de los barriles o toneles.
unhoped [ʌn'huːpt] [an-jupt], *a.* Inesperado.
unhopeful [ʌn'həʊpfʊl] [an-joup-ful], *a.* Que no ofrece buenas esperanzas; falto de grandes esperanzas.
unhorse [ʌn'hɔːs] [an-jors], *va.* Botar o sacar de la silla al jinete, hacerle perder los estribos.
unhouse [ʌn'haʊs] [an-jaus], *va.* Desalojar, echar a uno de la casa o alojamiento.
unhuman [ʌn'hjuːmən] [an-jiu-man], *a.* Inhumano. *V.* INHUMAN.
unhumbled [ʌn'hʌmbld] [an-jam-beld], *a.* No humillado; altanero, sin pudor, sin vergüenza.
unhurt [ʌn'hɜːt] [an-jert], *a.* Ileso, sano y salvo, que no ha recibido ningún daño.
unhurtful [ʌn'hɜːtfʊl] [an-jert-ful], *a.* Inocente.
unhurtfully [ʌn'hɜːtfəlɪ] [an-jert-fa-li], *adv.* Inocentemente.
unhygienic ['ʌnhaɪ'dʒiːnɪk] [an-jai-yi-nik], *a.* Antihigiénico.
unicameral ['juːnɪ'kæmərəl] [iuni-ka-me-ral], *a.* Que consiste de una sola cámara; v. g. un cuerpo legislativo.
unicorn ['juːnɪ'kɔːn] [iuni-korn], *s.* Unicornio, animal fabuloso de un solo cuerno.
unification [ˌjuːnɪfɪ'keɪʃən] [iuni-fi-kei-shon], *s.* Unificación.
unify ['juːnɪfaɪ] [iuni-fai], *va.* Unificar, unir.

uniform ['juːnɪfɔːm] [iuni-form], *a.* 1. Uniforme, que tiene la misma forma, invariable; semejante. 2. Acorde, armonioso, que conviene con otra cosa; consistente, constante. Uniforme, traje reglamentario que usan los militares y otros empleados. **In full uniform**, de gran uniforme, de gala.

uniformity [ˌjuːnɪ'fɔːmɪtɪ] [iuni-for-mi-ti], *s.* Uniformidad, conformidad o igualdad, semejanza de una cosa consigo misma o con otras.

uniformly ['juːnɪfɔːmlɪ] [iuni-form-li], *adv.* Uniformemente, correspondientemente, igual o concordemente, sin variación alguna.

unilateral ['juːnɪ'lætərəl] [iuni-la-te-ral], *a.* Unilateral.

unilateralism ['juːnɪ'lætərəlɪzəm] [iuni-la-te-ra-li-sem], *s.* Opinión unilateral.

unilingual ['juːnɪ'lɪŋgwəl] [iuni-lin-gual], *a.* Monolingüe.

unimaginable [ˌʌnɪ'mædʒɪnəbl] [a-ni-ma-yi-na-bol], *a.* Inimaginable, lo que no se puede imaginar.

unimaginably [ˌʌnɪ'mædʒɪnəblɪ] [a-ni-ma-yi-na-bli], *adv.* De un modo no imaginable.

unimpaired ['ʌnɪm'pɛəd] [a-nim-pead], *a.* 1. Intacto, ileso, inalterado. 2. No disminuido, no gastado, no usado.

unimpeachable [ˌʌnɪm'piːtʃəbl] [a-nim-pi-cha-bol], *a.* Incensurable, intachable; irreprensible; digno de confianza.

unimportant ['ʌnɪm'pɔːtənt] [a-nim-por-tant], *a.* 1. Nada importante, que nada significa, insignificante. 2. Natural, sin afectación.

unimpressionable ['ʌnɪm'prezənəbl] [a-nim-pre-sho-na-bol], *a.* Poco impresionable, poco conmovido, que no cede fácilmente a una impresión física o moral.

unimpressive ['ʌnɪm'presɪv] [a-nim-pre-siv], *a.* Que no impresiona, mueve o afecta.

unimprovable [ˌʌnɪm'pruːvəbl] [a-nim-pru-va-bol], *a.* Incapaz de mejora, adelantamiento o reforma.

unimprovableness [ˌʌnɪm'pruːvəblnɪs] [a-nim-pru-va-bol-nes], *s.* Incapacidad de mejora o reforma.

unimproved [ˌʌnɪm'pruːvd] [a-nim-pruvd], *a.* No adelantado, no mejorado; inculto.

unindustrious [ˌʌnɪn'dʌstrɪəs] [an-in-das-trios], *a.* Desidioso, descuidado, dejado.

uninflammable [ˌʌnɪn'flæmlbl] [an-in-fla-ma-bol], *a.* Incombustible.

uninfluenced [ˌʌnɪn'fluənst] [an-in-fluanst], *a.* 1. No influido, libre de toda influencia. 2. Exento de preocupaciones.

uninformed [ˌʌnɪn'fɔːmd] [an-in-formd], *a.* 1. Inculto, sin cultura, ignorante. 2. Inanimado.

uninhabitable [ˌʌnɪn'hæbɪtəbl] [an-in-ja-bi-ta-bol], *a.* Inhabitable, que no se puede habitar.

uninhabitableness [ˌʌnɪn'hæbɪtəblnɪs] [an-in-ja-bi-ta-bol-nes], *s.* El estado de lo que no se puede habitar.

uninhabited [ˌʌnɪn'hæbɪtɪd] [an-in-ja-bi-tid], *a.* Inhabitado, desierto.

uninjured [ˌʌnɪn'dʒʊəd] [an-in-yuad], *a.* Ileso, no dañado, que no ha recibido ningún daño; no perjudicado, intacto.

uninscribed [ˌʌnɪns'kraɪbd] [an-ins-kraibd], *a.* Falto de inscripción.

uninspired [ˌʌnɪns'paɪəd] [an-ins-paiad], *a.* Que no ha recibido ninguna inspiración sobrenatural.

uninstructed [ˌʌnɪnsn'trʌktɪd] [an-ins-trak-tid], *a.* Rudo, ignorante, sin educación, sin instrucción.

uninstructive [ˌʌnɪns'trʌktɪv] [an-ins-trak-tiv], *a.* No instructivo.

uninsured ['ʌnɪn'ʃʊəd] [an-in-shuad], *a.* Que no está asegurado.

unintelligent ['ʌnɪn'telɪdʒənt] [an-in-te-li-yent], *a.* Falto de inteligencia, ignorante, estúpido.

unintelligibility ['ʌnɪnˌtelɪdʒə'bɪlɪtɪ] [an-in-te-li-ya-bi-li-ti], *s.* La incapacidad de ser entendido; oscuridad impenetrable; calidad de ininteligible.

unintelligible [ˌʌnɪn'telɪdʒəbl] [an-in-te-li-ya-bol], *a.* Ininteligible.

unintelligibly [ˌʌnɪn'telɪdʒəblɪ] [an-in-te-li-ya-bli], *adv.* De un modo o manera ininteligible.

unintentional ['ʌnɪn'tenʃənl] [an-in-ten-sho-nal], *a.* Hecho sin intención, objeto, plan o designio.

unintentionally ['ʌnɪn'tenʃənlɪ] [an-in-ten-sho-na-li], *adv.* Sin intención, sin quererlo, involuntariamente.

uninterested [ʌn'ɪntrɪstɪd] [an-in-tris-tid], *a.* Desinteresado.

uninterrupted ['ʌnˌɪntə'rʌptɪd] [an-in-te-rap-tid], *a.* Continuo, no interrumpido, sin interrupción.

uninterruptedly ['ʌnˌɪntə'rʌptɪdlɪ] [an-in-te-rap-tid-li], *adv.* Sin interrupción, continuamente.

unintroduced [ʌn'ɪntrədjuːst] [an-in-tro-diust], *a.* Entrometido, intruso, no presentado de un modo regular.

uninvited ['ʌnɪn'vaɪtɪd] [an-in-vai-tid], *a.* No convidado, no rogado.

union ['juːnjən] [iu-nion], *s.* 1. Unión, el acto de unir una cosa con otra; junta, reunión, coalición. 2. Unión, conformidad, concordia de los ánimos o dictámenes; confederación, liga o asociación; gremio de oficios. 3. Estado matrimonial. 4. Proporción, simetría, armonía. 5. Emblema de unión representado en un pabellón. 6. Unión, conexión para cañones o varillas. **Union Jack**, pabellón de la Gran Bretaña e Irlanda reunidas.

unionism ['juːnjənɪzm] [iu-nio-ni-sem], *s.* 1. Unionismo. 2. Sindicalismo.

unionist ['juːnjənɪst] [iu-nio-nist], *a.* Unionista.

unipersonal ['juːnɪ'pɜːsnəl] [iu-ni-per-so-nal], *a.* 1. Que existe en una sola persona. 2. *(Gram.) V.* IMPERSONAL.

unique [juː'niːk] [iu-nik], *a.* Solo, sin igual, único en su género o especie; de aquí, singular, raro.

unisex ['juːnɪseks] [iu-ni-seks], *a.* Unisexo, que sirve para ambos sexos.

unisexual [ˌjuːnɪ'seksjʊəl] [iu-ni-sek-siual], *a.* 1. *(Bot.)* Unisexual, de un solo sexo. 2. *(Ento.)* Que consta de hembras solamente.

unison ['juːnɪzn] [iu-ni-son], *s.* 1. Unisonancia, la concurrencia de dos o más voces, cuerdas o instrumentos en un mismo tono de música. 2. Unisón, concierto músico por un mismo tono. *-a.* Unísono.

unit ['juːnɪt] [iu-nit], *s.* 1. Unidad, una sola persona o cosa; lo que forma un todo. 2. Unidad, lo que constituye el número uno como indivisible y absoluto.

unitarian [ˌjuːnɪ'tɛərɪən] [iu-ni-tea-rian], *s.* Unitario, sectario que niega la doctrina de la Trinidad, que no reconoce en Dios más que una sola persona.

unitarianism [ˌjuːnɪ'tɛərɪənɪzəm] [iu-ni-tea-ria-ni-sem], *s.* Unitarismo, doctrina de los unitarios.

unite ['juːnɪt] [iu-nit], *va.* 1. Unir, juntar dos o más cosas haciendo de ellas un todo. 2. Unir, concordar o conformar las voluntades, ánimos o pareceres. *-vn.* Unirse, juntarse, convenirse, concertarse.

united ['juːnaɪtɪd] [iu-nai-tid], *a.* Unido, juntado.

United Arab Emirates [juː'naɪtɪd'ærəbe'mɪərɪts] [iu-nai-tid-a-rab-e-mi-reits], *spl.* Emiratos Árabes Unidos.

United Kingdom [juː'naɪtɪd'kɪŋdəm] [iu-nai-tid-kin-dom], *s.* Reino Unido.

United Nations [juː'naɪtɪd'neɪʃənz] [iu-nai-tid-nei-shons] *spl.* Naciones Unidas.

United States (of America) [juː'naɪtɪd'steitsˌəvə'merɪkə] [iu-nai-tid-steits-ov-a-me-ri-ka], *spl.* Estados Unidos (de América).

unitedly ['juːnaɪtɪdlɪ] [iu-nai-tid-li], *adv.* Unidamente, juntamente, con unión; de acuerdo; de una vez.

uniter ['juːnɪtəʳ] [iu-nai-taʳ], *s.* La persona o cosa que une.

unity ['juːnɪtɪ] [iu-ni-ti], *s.* 1. Unidad, el estado de lo que es uno. 2. Unión, concordia, conformdidad, armonía. 3. *(Mat.)* El número uno; la razón de dos cantidades iguales. 4. En literatura y en las artes, combinación en un conjunto homogéneo y artístico.

univalve ['juːnɪvælv] [iu-ni-valv], *a.* Univalvo: se dice de los mariscos y conchas de una pieza. *-s.* Molusco, univalvo, gasterópodo; concha de una pieza.

universal [ˌjuːnɪ'vɜːsəl] [iu-ni-ver-sal], *a.* 1. Universal, común, general, total, que se extiende a todo o lo comprende todo. 2. Que existe o que se considera como un todo. 3. *(Art. y Of.)* Universal, propio para una gran variedad de usos o aplicaciones.

universalism [ˌjuːnɪˈvɜːsəlɪzm] [iu-ni-ver-sa-li-sem], *s.* Universalismo, doctrina de la salvación final de todas las almas y de que lo bueno triunfará al fin universalmente.

universalist [ˌjuːnɪˈvɜːsəlɪst] [iu-ni-ver-sa-list], *s.* Universalista, partidario del universalismo.

universality [ˌjuːnɪˈvɜːsælɪtɪ] [iu-ni-ver-sa-li-ti], *a.* Universalidad, generalidad, estado o calidad de lo universal.

universal joint [ˌjuːnɪˈvɜːsælˌdʒɔɪnt] [iu-ni-ver-sal-yoint], *s. (Mec.)* Unión, junta o articulación universal o de Cardán.

universally [ˌjuːnɪˈvɜːsælɪ] [iu-ni-ver-sa-li], *adv.* Universalmente, generalmente.

universe [ˈjuːnɪvɜːs] [iu-ni-vers], *s.* Universo, el conjunto de todas las cosas creadas; mundo.

university [ˌjuːnɪvɜˈsɪtɪ] [iu-ni-ver-si-ti], *s.* 1. Universidad, establecimiento de instrucción superior donde se enseñan las ciencias y artes liberales. 2. Todos los estudiantes de ese establecimiento.

univocal [ˌjuːnɪvəʊkl] [iu-ni-vou-kal], *a.* 1. Unívoco, que tiene un solo sentido; no equívoco. 2. Cierto, regular.

unjoin [ʌnˈdʒɔɪn] [an-yoin], *va.* Separar, dividir, desunir.

unjoint [ʌnˈdʒɔɪnt] [an-yoint], *va.* Dislocar, desencajar, descoyuntar.

unjointed [ʌnˈdʒɔɪntɪd] [an-yoin-tid], *a.* Desunido; falto de articulaciones.

unjoyful [ʌnˈdʒɔɪfʊl] [an-yoi-ful], *a.* Triste, melancólico, lúgubre, de mal humor.

unjudged [ʌnˈdʒʌdʒ] [an-yadch], *a.* No juzgado, no decidido; pendiente, en litigio.

unjust [ʌnˈdʒʌst] [an-yast], *a.* Injusto, inicuo, desrazonable, contrario a la justicia.

unjustifiable [ʌnˈdʒʌstɪfaɪəbl] [an-yas-ti-faia-bol], *a.* Injustificable, inexcusable, sin disculpa, sin excusa.

unjustifiably [ʌnˈdʒʌstɪfaɪəblɪ] [an-yas-ti-faia-bli], *adv.* Inexcusablemente, de una manera injustificable.

unjustly [ʌnˈdʒʌstlɪ] [an-yas-tli], *adv.* Injustamente, inicuamente.

unkempt [ʌnˈkempt] [an-kempt], *a.* 1. Despeinado, desgreñado, desmelenado. 2. *(Fig.)* Sin pulimento, sin arte, inculto, tosco.

unkennel [ʌnˈkenl] [an-ke-nel], *va.* 1. Desalojar o echar a un animal de su cama, madriguera, huronera, etc. 2. Poner al descubierto una cosa que estaba secreta.

unkept [ʌnˈkept] [an-kept], *a.* No retenido, no guardado.

unkind [ʌnˈkaɪnd] [an-kaind], *a.* Adusto, no benévolo, duro, poco amable; áspero, seco.

unkindliness [ʌnˈkaɪndlɪnɪs] [an-kaind-li-nes], *a.* Aspereza, sureza, severidad, rigor.

unkindly [ʌnˈkaɪndlɪ] [an-kaind-li], *adv.* Duramente, ásperamente, con rigor o severidad, con desafecto, con poco cariño. **To treat one unkindly**, maltratar a uno, no mostrarle afabilidad.

unkindness [ʌnˈkaɪndnɪs] [an-kaind-nes], *s.* 1. Desafecto, desamor, falta de cariño o de afabilidad. 2. Malignidad, propensión o gusto en hacer o decir mal.

unkink [ʌnˈkɪŋk] [an-kink], *va.* Quitar las torceduras o los nudos.

unknowable [ʌnˈnəʊəbl] [an-noua-bol], *a.* Incognoscible.

unknowing [ʌnˈnəʊəɪŋ] [an-nouin], *a.* Ignorante.

unknowingly [ʌnˈnəʊɪŋlɪ] [an-nouin-li], *adv.* Ignorantemente, sin saberlo.

unknown [ˈʌnˈnəʊn] [an-noun], *a.* 1. Oculto, desconocido, ignorado, no conocido antes, ignoto. 2. Mayor de lo que se cree o se imagina; superior a todo cómputo. 3. Incógnito, sin que se sepa, sin noticia de. **Unknown to me**, sin mi noticia de, sin saberlo yo, sin mi concurrencia o participación.

unlace [ʌnˈleɪs] [an-leis], *va.* Desabrochar; desenlazar.

unlade [ʌnˈleɪd] [an-leid], *va.* 1. Descargar, quitar o aliviar la carga. 2. Desembarcar, sacar y poner en tierra lo que estaba embarcado.

unladylike [ʌnˈleɪdɪlaɪk] [an-lei-di-laik], *a.* Impropio de una señora o dama; poco afeminado.

unlaid [ʌnˈleɪd] [an-leid], *a.* y *pp.* TO UNLAY. 1. Que no está colocado ni puesto; en especial que no tiene líneas paralelas filigrana (papel). 2. No apaciguado ni aquietado. 3. Destorcido (como los cabos de una cuerda).

unlamented [ˈʌnləˈmentɪd] [an-la-men-tid], *a.* No lamentado, no llorado.

unlatch [ˈʌnˈlætʃ] [an-lach], *va.* Abrir levantado el picaporte.

unlawful [ˈʌnˈlɔːfʊl] [an-lo-ful], *a.* Ilegal, ilícito, contrario u opuesto a las leyes; ilegítimo. **Unlawful interest**, usura.

unlawfully [ˈʌnˈlɔːfʊlɪ] [an-lo-fu-li], *adv.* Ilegalmente, ilegítimamente, ilícitamente, contra las leyes o en violación de las leyes. **Unlawfully born**, ilegítimo, bastardo.

unlawfulness [ˈʌnˈlɔːfʊlnɪs] [an-lo-ful-nes], *s.* 1. Ilegalidad, calidad de ilegal. 2. Ilegitimidad.

unlearn [ˈʌnˈlɜːn] [an-lern], *va.* Desaprender, olvidar lo que se ha aprendido.

unlearned [ˈʌnˈlɜːnɪd] [an-ler-nid], *pp.* y *a.* Indocto, ignorante; ignorado, no aprendido; mal hecho.

unleavened [ˈʌnˈlevnd] [an-le-vend], *a.* Ácimo, que no tiene levadura o fermento.

unless [ənˈles] [an-les], *conj.* 1. A menos que, no sea que (seguido de verbo en subjuntivo): a menos de que, a menos de (seguido de verbo en infinitivo). 2. Excepto, si no, si no es (delante de un pronombre, etc.).

unlettered [ˈʌnˈletəd] [an-le-tard], *a.* Indocto, iliterato.

unlicensed [ˈʌnˈlɪsənst] [an-li-senst], *a.* No autorizado, sin privilegio, sin patente; sin permiso o licencia.

unlicked [ˈʌnˈlɪkt] [an-likt], *a.* Mal formado, irregular.

unlighted [ˈʌnˈlaɪtɪd] [an-lai-tid], *a.* No iluminado, oscuro; no encendido.

unlike [ˈʌnˈlaɪk] [an-laik], *a.* 1. Desemejante, diferente, disímil, distinto, nada parecido. 2. Inverosímil, improbable. **Not unlike**, parecido, semejante.

unlikelihood [ʌnˈlaɪklɪhʊd] [an-laik-li-jud], **unlikeliness** [ˈʌnˈlaɪklɪnɪs] [an-laik-li-nes], *s.* Improbabilidad, inverisimilitud.

unlikeness [ˈʌnˈlaɪknɪs] [an-laik-nes], *s.* Disimilitud, desemejanza.

unlimited [ˈʌnˈlɪmɪtɪd] [an-li-mi-ted], *a.* 1. Ilimitado, sin límites ni término; indefinido. 2. Franco, absoluto.

unlimitedly [ˈʌnˈlɪmɪtɪdlɪ] [an-li-mi-ted-li], *adv.* Ilimitadamente, sin límites, sin medida.

unlink [ˈʌnˈlɪŋk] [an-link], *va.* Deseslabonar, desenlabonar, soltar los eslabones; separar, deshacer.

unload [ˈʌnˈləʊd] [an-loud], *va.* 1. Descargar, quitar o aliviar la carga; desahogar, aligerar. 2. *(Fam. E.U.)* Vender, particularmente en grandes cantidades; se dice de las mercancías averiables o difíciles de conservar en buen estado. *-va.* Descargar la carga.

unlock [ˈʌnˈlɒk] [an-lok], *va.* 1. Abrir una cerradura (cerrada con llave). 2. *(Impr.)* Desapretar (forms). 3. Dar libre acceso; hacer disponible. 4. Revelar (secreto).

unlooked-for [ˈʌnˈluːktfɔːʳ] [an-lukt-foʳ], *a.* Inesperado, inopinado.

unloose [ˈʌnˈluːz] [an-lus], *va.* Desatar. *-vn.* Hacerse pedazos.

unloved [ˈʌnˈlʌvd] [an-lavd], *a.* Desamado, no amado.

unloveliness [ˈʌnˈlʌvlɪnɪs] [an-lav-li-nes], *s.* Aspereza de genio, falta de amabilidad.

unlovely [ˈʌnˈlʌvlɪ] [an-lav-li], *a.* Desamable, desagradable, fastidioso.

unloving [ˈʌnˈlʌvɪŋ] [an-la-vin], *a.* Poco amante, poco afectuoso, que no ama.

unluckily [ˈʌnˈlʌkɪlɪ] [an-la-ki-li], *adv.* Desgraciadamente, desafortunadamente, por desgracia.

unluckiness [ˈʌnˈlʌkɪnɪs] [an-la-ki-nes], *s.* Desastre, desgracia, infortunio, mala suerte.

unlucky [ˈʌnˈlʌkɪ] [an-la-ki], *a.* 1. Desgraciado, desafortunado, desdichado. 2. Funesto, infausto, azaroso, aciago, siniestro, de mal agüero.

unmade ['ʌn'meɪd] [an-meid], *a.* Increado; deshecho; que no se ha hecho aún o que se ha olvidado hacerlo.
unmaidenly ['ʌn'meɪdnlɪ] [an-mei-den-li], *a.* Impropio de una doncella.
unmake ['ʌn'meɪk] [an-meik], *va.* 1. Deshacer, destruir, aniquilar. 2. Deponer (autoridad).
unman ['ʌn'mæn] [an-man], *va.* 1. Privar de fuerza viril o de firmeza; afeminar, acobardar, desanimar. 2. Desguarnecer, quitar la guarnición (square, fortress). 3. Castrar, capar. 4. Privar del juicio o de la razón.
unmanageable ['ʌn'mænədʒəbl] [an-ma-ne-ya-bol], *a.* Inmanejable, indómito, intratable.
unmanaged ['ʌn'mænɪdʒ] [an-ma-nicht], *a.* No manejado, no domado; indisciplinado.
unmanlike ['ʌn'mænlaɪk] [an-man-laik], *a.* 1. Indigno de un hombre o contrario a los sentimientos que deben dirigir la conducta de los hombres. 2. Afeminado, enervado, muelle.
unmanned ['ʌn'mænd] [an-mand], *a.* Que no está dirigido o gobernado por hombres.
unmannered ['ʌn'mænəd] [an-ma-nerd], *a.* Rudo, brutal, grosero; mal criado, soez.
unmannerly ['ʌn'mænəlɪ] [an-ma-na-li], *a.* Impolítico, malcriado, mal educado, falto de crianza, descortés, grosero. *-adv.* Descortésmente, groseramente, sin política, sin crianza.
unmarked ['ʌn'maːkt] [an-markt], *a.* No mirado, no observado, no señalado.
unmarketable ['ʌn'maːktəbl] [an-mark-ta-bol], *a.* Invendible, que no se halla en buen estado para el mercado; echado a perder, no pedido.
unmarriageable ['ʌn'mærɪdʒəbl] [an-ma-ri-cha-bol], *a.* Incasable, no casadero; que no está en edad o condición de casarse.
unmarried ['ʌn'mærɪd] [an-ma-rid], *a.* Célibe, no casado; soltero, soltera.
unmask ['ʌn'mɑːsk] [an-mask], *va.* Desenmascarar, quitar la máscara a una persona; descubrir, descorrer o quitar el velo.
unmasked ['ʌn'mɑːskt] [an-maskt], *a.* Patente, manifiesto.
unmastered ['ʌn'mɑːstəd] [an-mas-tard], *a.* No domado, no vencido; que no está todavía aprendido o adquirido.
unmatchable ['ʌn'mætʃəbl] [an-ma-cha-bol], *a.* Que no tiene por; único, incomparable.
unmatched ['ʌn'mætʃt] [an-macht], *a.* Único, sin igual, sin par, sin nada que se le asemeje.
unmeaning ['ʌn'miːnɪŋ] [an-mi-nin], *a.* Sin significación, vacío de sentido, que no significa nada. **Unmeaning words**, palabras vanas o vacías de sentido; vulgarmente, greguería o jerga.
unmelted ['ʌn'meltɪd] [an-mel-tid], *a.* No derretido.
unmentionable [ʌn'menʃnəbl] [an-men-sho-na-bol], *a.* Impropio, que no debe mencionarse. *-pl. (Fest.)* Calzones, pantalones.
unmerciful [ʌn'mɜːsɪfʊl] [an-mer-si-ful], *a.* 1. Inclemente, riguroso, cruel, desapiadado. 2. *(Fam.)* Excesivo, exorbitante, fuera de razón.
unmercifully [ʌn'mɜːsɪfəlɪ] [an-mer-si-fu-li], *adv.* Cruelmente, rigurosamente, desapiadadamente, inhumanamente, sin misericordia.
unmercifulness [ʌn'mɜːsɪfʊlnɪs] [an-mer-si-ful-nes], *s.* Inclemencia, crueldad, inhumanidad.
unmerited [ʌn'merɪtɪd] [an-me-ri-tid], *a.* Desmerecido, inmerecido.
unmethodical ['ʌnmɪ'θɒdɪkəl] [an-mi-zo-di-kal], *a.* Que no es metódico; desarreglado, irregular, falto de método.
unmindful [ʌn'maɪndfʊl] [an-maind-ful], *a.* Olvidadizo, que con facilidad se olvida de las cosas; descuidado, dejado, negligente, que no hace caso, que no presta atención.
unmindfulness [ʌn'maɪndfʊlnɪs] [an-maind-ful-nes], *s.* Descuido, dejadez, negligencia, falta de atención.
unmistak(e)able ['ʌnmɪs'teɪkəbl] [an-mis-tei-ka-bol], *a.* Inequívoco, que no puede tomarse por otra cosa; evidente.
unmitigated [ʌn'mɪtɪgeɪtɪd] [an-mi-ti-guei-tid], *a.* Duro, no mitigado, no suavizado; desmesurado; de aquí, tan malo como es posible serlo. *V.* UNCONSCIONABLE.
unmixed, unmixt [ʌn'mɪkst] [an-mikst], *a.* Puro, sin composición, sin mezcla; simple, sencillo.
unmolested ['ʌnmə'lestɪd] [an-mo-les-tid], *a.* Quieto, tranquilo, no molestado.
unmourned [ʌn'mɔːnd] [an-mornd], *a.* No llorado, no lamentado.
unmoved [ʌn'muːvd] [an-muvd], *a.* 1. Inmoto, que no se mueve. 2. Inmoble, inmovible, constante, firme e invariable. 3. Inalterable, impasible, no conmovido, no enternecido.
unmoving [ʌn'muːvɪŋ] [an-mu-vin], *a.* 1. Falto de movimiento. 2. Seco, árido, que no mueve los afectos del ánimo.
unmusical [ʌn'mjuːzɪkəl] [an-miu-si-kal], *a.* Disonante, discordante, discorde, poco musical.
unmuzzle [ˌʌn'mʌzl] [an-ma-sel], *va.* Quitar el bozal a, desbozalar.
unnamed [ʌn'neɪmd] [an-neimd], *a.* Innominado, no nombrado, anónimo, sin nombre.
unnatural [ʌn'nætʃrəl] [an-na-chu-ral], *a.* 1. Innatural, no natural, contrario a las leyes o a los sentimientos de la naturaleza; cruel, monstruoso, inhumano. 2. Desnaturalizado, falto de los afectos o sentimientos naturales. 3. Forzado, artificial, fuera de lo natural. **An unnatural parent**, un padre desnaturalizado.
unnaturally [ʌn'nætʃrəlɪ] [an-na-chu-ra-li], *adv.* Contra la naturaleza o contra las leyes de la naturaleza.
unnaturalness [ʌn'nætʃrəlnɪs] [an-na-chu-ral-nes], *s.* La calidad que constituye a una cosa contraria a lo que es natural o común.
unnavigable ['ʌn'nævɪgəbl] [an-na-vi-ga-bol], *a.* Innavegable. *V.* INNAVIGABLE.
unnecessarily [ʌn'nesɪsərɪlɪ] [an-ne-si-sa-ri-li], *adv.* Sin necesidad; inútilmente; fuera de propósito.
unnecessariness [ʌn'nesɪsərɪnɪs] [an-ne-si-sa-ri-nes], *s.* Superfluidad; inutilidad; falta de necesidad.
unnecessary [ʌn'nesɪsərɪ] [an-ne-si-sa-ri], *a.* Innecesario, excusado, superfluo, inútil.
unneedful [ʌn'niːdfʊl] [an-nid-ful], *a.* Inútil, innecesario.
unneighborly [ʌn'neɪbəlɪ] [an-nei-bo-li], *a.* Áspero, adusto; nada cortés, poco atento con sus vecinos.
unnerve ['ʌn'nɜːv] [an-nerv], *va.* Enervar, quitar las fuerzas, enflaquecer.
unnerved ['ʌn'nɜːvd] [an-nervd], *a.* y *pp.* Enervado, debilitado, sin fuerzas.
unnoted ['ʌn'nəʊtɪd] [an-nou-tid], *a.* Desaparcibido, sin ser notado; oscuro, sin reputación, poco conocido.
unnoticed ['ʌn'nəʊtɪst] [an-nou-tist], *a.* No observado, pasado por alto, dejado aparte.
unnumbered [ʌn'nʌmbəd] [an-nam-berd], *a.* Innumerable, sin número.
unobjected ['ʌnəb'dʒektɪd] [an-ob-yek-tid], *a.* No imputado; no objetado.
unobjectionable ['ʌnəb'dʒekʃnəbl] [an-ob-yek-sho-na-bol], *a.* Irreprensible, irrecusable; exento de objeciones.
unobservable ['ʌnəb'zɜːvəbl] [an-ob-ser-va-bol], *a.* Imperceptible, inapreciable, que no se puede observar.
unobservant ['ʌnəb'zɜːvənt] [an-ob-ser-vant], *a.* Inobservante, que no observa; que no presta atención, que no hace caso.
unobserved ['ʌnəb'zɜːvd] [an-ob-servd], *a.* Desapercibido, no notado, que pasa o sucede sin observarse, sin llamar la atención o sin que se haga caso de ello.
unobstructed ['ʌnəbs'trʌktɪd] [an-obs-trak-tid], *a.* Libre, no obstruido, no impedido.
unobstructive ['ʌnəbs'trʌktɪv] [an-obs-trak-tiv], *a.* Que no impide o embaraza.
unoccupied ['ʌn'ɒkjʊpaɪd] [an-o-kiu-paid], *a.* Desocupado, vacante, libre; sin ocupación. **Unoccupied land**, baldío, erial.
unofficial ['ʌnə'fɪʃəl] [an-o-fi-shal], *a.* Extraoficial, no oficial.

unopened ['ʌn'əʊpənd] [an-ou-pend], *a.* Cerrado, que aún no se ha abierto.
unopposed ['ʌnə'pəʊzd] [an-o-pousd], *a.* Sin oposición o que no encuentra oposición.
unorganized ['ʌn'ɔːgənaɪzd] [an-or-ga-naist], *a.* Inorganizado, no organizado; inorgánico, falto de estructura.
unoriginal ['ʌnə'rɪdʒɪnəl] [an-o-ri-yi-nal], *a.* No original.
unorthodox ['ʌn'ɔːθədɒks] [an-or-zo-doks], *a.* Heterodoxo.
unostentatious ['ʌnˌɒsten'teɪʃəs] [an-os-ten-tei-shos], *a.* Libre de ostentación, de fausto; no presumido, modesto, simple.
unpack ['ʌn'pak] [an-pak], *va.* Desempaquetar, desempapelar, desenvolver, desembalar, desenfardar.
unpaid ['ʌn'peɪd] [an-peid], *a.* No pagado, que no se ha pagado; el que no recibe lo que se le debe; el que trabaja sin recibir pago alguno.
unpained ['ʌn'peɪnd] [an-peind], *a.* Sin dolor, lo que no duele.
unpainful ['ʌn'peɪnfʊl] [an-pein-ful], *a.* Que no causa o produce dolor.
unpainted ['ʌn'peɪntɪd] [an-pein-tid], *a.* Que no está pintado; sin afeites.
unpaired ['ʌn'pɛəd] [an-peard], *a.* Desapareado, no apareado; no reunido.
unapalatable [ʌn'pælɪtəbl] [an-pa-li-ta-bol], *a.* Desabrido, desagradable al paladar.
unparalleled ['ʌn'pærəleld] [an-pa-ra-leld], *a.* Único, sin igual, sin par; sin paralelo.
unpardonable [ʌn'pɑːdnəbl] [an-par-do-na-bol], *a.* Irremisible, que no merece perdón.
unpardonably [ʌn'pɑːdnəblɪ] [an-par-do-na-bli], *adv.* Irremisiblemente, sin remisión, sin perdón.
unparliamentary ['ʌnˌpɑːlə'mentərɪ] [an-par-la-men-ta-ri], *a.* Contrario a las reglas del parlamento o a las que gobiernan a un cuerpo deliberante.
unparted [ʌn'pɑːtɪd] [an-par-tid], *a.* Indiviso.
unpatented ['ʌnˌpeɪtɪntɪd] [an-pei-tin-tid], *a.* No privilegiado, sin patente.
unpaved [ʌn'peɪvd] [an-peivd], *a.* No empedrado.
unpawned [ʌn'pɔːnd] [an-pond], *a.* Desempeñado, libre de empeño.
unpeople [ʌn'piːpl] [an-pi-pol], *va.* Despoblar.
unperceivable [ˌʌnpə'siːvəbl] [an-par-si-va-bol], *a.* Imperceptible: ininteligible.
unperceived [ˌʌnpə'sivːd] [an-par-sivd], *a.* No percibido, no descubierto.
unpick ['ʌn'pɪk] [an-pik], *vt.* Descoser (seam).
unpiloted [ˌʌnpɪ'ləʊtɪd] [an-pi-lou-tid], *a.* Que no es conducido por un piloto; sin guía, sin conductor.
unpin ['ʌn'pɪn] [an-pin], *va.* Desprender lo que está prendido con alfileres.
unplaced ['ʌn'pleɪst] [an-pleist], *a.* Desacomodado, no colocado.
unplagued ['ʌn'plægd] [an-plagd], *a.* Libre de alguna cosa que cause dolor; no atormentado.
unplanted ['ʌn'plæntɪd] [an-plan-tid], *a.* Espontáneo, que no ha sido plantado; que crece espontáneamente.
unpleasant [ʌn'pleznt] [an-ple-sant], *a.* Desagradable, enfadoso, molesto, displicente.
unpleasantly [ʌn'plezntlɪ] [an-ple-sant-li], *adv.* Desagradablemente, enfadosamente, desabridamente.
unpleasantness [ʌn'plezntnɪs] [an-ple-sant-nes], *s.* Desagrado, disgusto, desazón, enfado.
unpleased [ʌn'pliːst] [an-plist], *a.* Descontento, disgustado, enfadado, enojado.
unpleasing [ʌn'pliːzɪŋ] [an-pli-sin], *a.* Desagradable, ofensivo, enfadoso, molesto.
unpleasingly [ʌn'pliːzɪŋlɪ] [an-pli-sin-li], *a.* Desagradablemente; ofensivamente.
unplug ['ʌn'plʌg] [an-plag], *vt.* Desconectar, desenchufar.
unplugged [ˌʌn'plʌgd] [an-plagd], *a.* *(Mús.)* Sin elementos electrónicos, unplugged.
unpoetic, unpoetical ['ʌnpəʊ'etɪk] [an-pou-etik] ['ʌnpəʊ'etɪkəl] [an-pou-eti-kal], *a.* Que no es poético, que no está conforme con las reglas de la poesía.
unpolished ['ʌn'pɒlɪʃt] [an-po-lisht], *a.* 1. Áspero, tosco, que no está liso, que no está pulido. 2. Basto, rudo, grosero, impolítico. **An unpolished diamond**, diamante en bruto. **Unpolished ore**, mineral sin bruñir.
unpolite ['ʌn'pɒlaɪt] [an-po-lait], *a.* Grosero, descortés, impolítico. *V.* IMPOLITE.
unpolluted ['ʌnoə'luːtɪd] [an-po-lu-tid], *a.* Impoluto, inmaculado, limpio, sin mancha.
unpopular ['ʌn'pɒpjʊlə^r] [an-po-piu-la^r], *a.* Impopular, que es contrario a las opiniones dominantes, que no agrada al pueblo.
unpossessing ['ʌnpə'sesɪŋ] [an-po-se-sin], *a.* El que no posee o el que no tiene derecho a la posesión de alguna cosa.
unpracticable ['ʌn'præktɪkəbl] [an-prak-ti-ka-bol], *a.* *V.* IMPRACTICABLE.
unpractised ['ʌn'præktɪst] [an-prak-tist], *a.* Inexperto, no versado, no enseñado.
unprecedented ['ʌn'presɪdəntɪd] [an-pre-si-dan-tid], *a.* Inaudito, sin precedente o sin ejemplar.
unpredictable ['ʌnprɪ'dɪktəbl] [an-pri-dik-ta-bol], *a.* Que no se puede pronosticar.
unprejudiced ['ʌn'predʒʊdɪst] [an-pre-yu-dist], *a.* No preocupado, libre o exento de preocupaciones; imparcial.
unpremeditated ['ʌnprɪ'medɪteɪtɪd] [an-pri-me-di-tei-tid], *a.* Inopinado; no premeditado, no pensado con anterioridad.
unprepared ['ʌnprɪ'pɛəd] [an-pri-pead], *a.* Desprevenido, desproveído, desprovisto, no preparado.
unpreparedness ['ʌnprɪ'pɛədnɪs] [an-pri-pead-nes], *s.* Desprevención, falta de prevención.
unprepossessing ['ʌnˌpriːpə'zesɪŋ] [an-pri-po-se-sin], *a.* Poco atractivo, poco insinuante, que no inspira opinión favorable al principio o a primera vista.
unpressed ['ʌnprest] [an-prest], *a.* No prensado; no obligado, no forzado.
unpretending ['ʌnprɪ'tendɪŋ] [an-pri-ten-din], *a.* Modesto, moderado, falto de pretensión.
unprevailing ['ʌnprɪ'veɪlɪŋ] [an-pri-vei-lin], *a.* Nulo; no corriente; ineficaz.
unprincipled [ʌn'prɪnsɪpld] [an-prin-si-pold], *a.* El que no tiene principios u opiniones fijas en la moral o en la religión; malvado.
unprinted ['ʌnprɪntɪd] [an-prin-tid], *a.* 1. Manuscrito, no impreso. 2. Liso (cloths).
unprisoned ['ʌnprɪ'prɪzənd] [an-pri-sond], *a.* Suelto, que no está preso.
unprized ['ʌnpraɪst] [an-praist], *a.* No apreciado.
unproductive ['ʌnprə'dʌktɪv] [an-pro-dak-tiv], *a.* Improductivo, que no produce; estéril.
unprofessional ['ʌnprə'feʃənl] [an-pro-fe-sho-nal], *a.* Que no pertenece a una profesión (liberal); extraño a una profesión; no profesional, contrario a las reglas de una profesión.
unprofitable [ʌn'prɒfɪtəbl] [an-pro-fi-ta-bol], *a.* Poco ventajoso, no lucrativo, que no produce nada; inútil, vano, que para nada sirve.
unprofitableness [ʌn'prɒfɪtəblnɪs] [an-pro-fi-ta-bol-nes], *a.* Inutilidad.
unprofitably [ʌn'prɒfɪtəblɪ] [an-pro-fi-ta-bli], *adv.* Inútilmente, sin provecho, sin beneficio.
unprohibited [ˌʌnprɒ'hɪbɪtɪd] [an-pro-ji-bi-tid], *a.* No prohibido, permitido.
unpromising ['ʌn'prɒmɪsɪŋ] [an-pro-mi-sin], *a.* De poca apariencia, que no promete mucho, que no da grandes esperanzas.
unpronounceable ['ʌnprə'naʊnsəbl] [an-pro-naun-sa-bol], *a.* Que no se puede pronunciar.
unpronounced [ʌn'prənaʊnst] [an-pro-naunst], *a.* Inarticulado, no pronunciado.
unpropitious ['ʌnprə'pɪʃəs] [an-pro-pi-shos], *a.* Infausto, no favorable, poco propicio.

unprosperous [ʌn'prɒspərəs] [an-pros-pe-ros], *a.* Desafortunado, desgraciado, infeliz.
unprotected ['ʌnprə'tektɪd] [an-pro-tek-tid], *a.* Desvalido, sin protección; falto de impuestos protectores.
unproved [ʌn'pruːvd] [an-pruvd], *a.* No probado, no demostrado.
z Desproveído, desprovisto, falto, cogido desprevenido. **Unprovided for**, no preparado a, no previsto. **Unprovided with**, desprevisto de, que carece de.
unprovoked ['ʌnprə'vəʊkt] [an-pro-voukt], *a.* No provocado; sin motivo, sin provocación.
unpublished ['ʌn'pʌblɪʃt] [an-pa-blisht], *a.* Secreto, oculto, no publicado; inédito.
unpunctual ['ʌn'pʌŋktjʊəl] [an-pank-tiual], *a.* Inexacto, que no es puntual.
unpunishable ['ʌn'pʌnɪʃəbl] [an-pa-ni-sha-bol], *a.* Que no es punible, que no admite castigo.
unpunished ['ʌn'pʌnɪʃt] [an-pa-nisht], *a.* Impune, no castigado.
unpursued ['ʌn'pɜːsjuːd] [an-per-siud], *a.* Quieto, no perseguido.
unqualified ['ʌn'kwɒlɪfaɪd] [an-kuo-li-faid], *a.* 1. Inhábil, inepto, incapaz, que no tiene las cualidades necesarias o no es a propósito para alguna cosa. 2. Que no tiene la autorización necesaria o legal. 3. Dado o hecho sin restrición; completo, entero. **They have his unqualified approbation**, ellos tienen la entera aprobación de él.
unqualify ['ʌn'kwɒlɪfaɪ] [an-kuo-li-fai], *va.* Inhabilitar. *V.* DISQUALIFY.
unquenchable [ʌn'kwentʃəbl] [an-kuen-cha-bol], *a.* Inextinguible, insaciable.
unquenched [ʌn'kwentʃt] [an-kuencht], *a.* No extinguido, no apagado.
unquestionable [ʌn'kwestʃənəbl] [an-kues-cho-na-bol], *a.* Indudable, indiscutible, que no admite disputa.
unquestionably [ʌn'kwestʃənəblɪ] [an-kues-cho-na-bli], *adv.* Indudablemente, sin duda, sin disputa.
unquestioned [ʌn'kwestʃənd] [an-kues-chond], *a.* 1. Incontestable, indisputable. 2. Tenido por cierto, no dudado. 3. No examinado, no preguntado.
unquickened [ʌn'kwɪknd] [an-kui-kend], *a.* Inanimado.
unquiet [ʌn'kwaɪət] [an-kuaiet], *a.* Inquieto, desosegado; agitado, turbado.
unquietly [ʌn'kwaɪətlɪ] [an-kuaiet-li], *adv.* Inquietamente, con desasosiego o inquietud.
unquietness [ʌn'kwaɪətnɪs] [an-kuaiet-nes], *s.* Inquietud, desasosiego.
unracked [ʌn'rækt] [an-rakt], *a.* No trasegado, no clarificado. **Unracked wine**, vino por trasegar.
unravel [ʌn'rævəl] [an-ra-vel], *va.* 1. Desenredar, deshacer el enredo; deshilar, sacar los hilos de un tejido. 2. Desembrollar, aclarar, explciar. 3. Desatar o desenredar, dar salida a un lance, enredo o trama en las piezas dramáticas. *-vn.* Desenredarse; desenlazarse.
unravelment [ʌn'rævəlmənt] [an-ra-vel-ment], *s.* Desenlace (de una pieza).
unreached [ʌn'riːtʃt] [an-richt], *a.* No alcanzado, no conseguido.
unread [ʌn'red] [an-red], *a.* No leído, sin leer; iliterato, indocto, ignorante.
unreadiness ['ʌn'redɪnɪs] [an-re-di-nes], *s.* Pesadez; desprevención, falta de prevención o de preparación; lentitud; carencia de facilidad.
unready [ʌn'redɪ] [an-re-di], *a.* 1. Lento; que no es pronto en ver o apreciar. 2. Desprevenido, que no está prevenido o preparado; que no está pronto o dispuesto.
unreal ['ʌn'rɪəl] [an-rial], *a.* 1. No real, imaginario, vano, sin realidad. 2. Inmaterial, incorporal. 3. Insincero, falto de sinceridad.
unreason ['ʌn'riːzn] [an-ri-son], *s.* Sinrazón, necedad, disparate.
unreasonable [ʌn'riːznəbl] [an-ri-so-na-bol], *a.* Inmoderado, excesivo, exorbitante, desrazonable.
unreasonableness [ʌn'riːznəblnɪs] [an-ri-so-na-bol-nes], *s.* 1. Sinrazón, despropósito, falta de razón. 2. Exorbitancia.
unreasonably [ʌn'riːznəblɪ] [an-ri-so-na-bli], *adv.* Irracionalmente, exorbitantemente, excesivamente.
unreclaimed ['ʌnrɪ'kleɪmd] [an-ri-kleimd], *a.* Incorregible, incapaz de corrección.
unrecognizable ['ʌn'rekəgnaɪzəbl] [an-re-kog-nai-sa-bol], *a.* Irreconocible.
unrecorded [ʌn'rɪkɔːdɪd] [an-ri-kor-did], *a.* Sepultado en el olvido, no recordado en monumentos públicos; no archivado.
unreduced [ʌn'rɪdjuːst] [an-ri-diust], *a.* No reducido, no sujetado.
unreeve [ʌn'riːv] [an-riv], *va. (Mar.)* Despasar, desguarnir.
unrefined ['ʌnrɪ'faɪnd] [an-ri-faind], *a.* 1. No refinado, no purificado, en bruto. 2. Inculto, rudo, de estilo o modales poco cultos o refinados.
unreformed ['ʌnrɪ'fɔːmd] [an-ri-formd], *a.* 1. No reformado, no corregido. 2. Impenitente, obstinado en la culpa.
unrefracted ['ʌnrɪ'fræktɪd] [an-ri-frak-tid], *a.* No refracto.
unregarded ['ʌnrɪ'gɑːdɪd] [an-ri-gar-did], *a.* Desatendido, descuidado, desdeñado, despreciado.
unregenerate ['ʌnrɪ'dʒenərɪt] [an-ri-ye-ne-rit], *a.* No regenerado.
unregistered ['ʌn'redʒɪstəd] [an-re-yis-ted], *a.* No archivado; no registrado, inscrito o apuntado.
unrelated ['ʌnrɪ'leɪtɪd] [an-ri-lei-tid], *a.* 1. Que no tiene parentesco con otra persona. 2. Que no tiene relación o conexión con otra cosa, no afín.
unrelenting ['ʌnrɪ'lentɪŋ] [an-ri-len-tin], *a.* Incompasivo, duro de corazón, inflexible.
unreliable ['ʌnrɪ'laɪəbl] [an-ri-laia-bol], *a.* Indigno de confianza; que no merece creencia o fe (person or thing).
unrelieved ['ʌnrɪ'liːvd] [an-ri-livd], *a.* No socorrido, no aliviado.
unremitted ['ʌnrɪ'mɪtɪd] [an-ri-mi-tid], *a.* Continuo; no perdonado.
unremitting ['ʌnrɪ'mɪtɪŋ] [an-ri-mi-tin], *a.* Perseverante, constante, incansable.
unremoved ['ʌnrɪ'muːvd] [an-ri-muvd], *a.* No removido; inmoble, incapaz de ser removido; no alejado, no desviado.
unremunerative ['ʌnrɪ'mjuːnərətɪv] [an-ri-miu-ne-ra-tiv], *a.* Que no es remunerador.
unrepealed ['ʌnrɪ'piːld] [an-ri-pild], *a.* No abrogado.
unrepentant ['ʌnrɪ'pentənt] [an-ri-pen-tant], *a.* Impenitente, obstinado en la culpa.
unreplenished ['ʌnrɪ'plɪnɪʃt] [an-ri-pli-nisht], *a.* No lleno, no surtido o provisto.
unrepresented ['ʌn,reprɪ'zentɪd] [an-re-pri-sen-tid], *a.* No representado, que no tiene representante.
unrequested ['ʌnrɪ'kwestɪd] [an-ri-kues-tid], *a.* Espontáneo, que no se ha pedido, rogado o demandado.
unreserve ['ʌnrɪ'zɜːv] [an-ri-serv], *a.* Franqueza, ingenuidad, candor.
unreserved ['ʌnrɪ'zɜːvd] [an-ri-servd], *a.* 1. Que no es reservado, retenido; ilimitado, sin restricción. 2. Franco, abierto; libre.
unreservedly ['ʌnrɪ'zɜːvdlɪ] [an-ri-servd-li], *adv.* Sin reserva; sin reticencia, francamente, abiertamente.
unreservedness ['ʌnrɪ'zɜːvdnɪs] [an-ri-servd-nes], *s.* Candor, franqueza, ingenuidad.
unresisted ['ʌnrɪ'zɪstɪd] [an-ri-sis-tid], *a.* Sin resistencia; irresistible.
unresisting ['ʌnrɪ'zɪstɪŋ] [an-ri-sis-tin], *a.* Que no resiste, que no ofrece resistencia, sin resistencia.
unresolvable ['ʌnrɪ'zɒlvəbl] [an-ri-sol-va-bol], *a.* Indisoluble, insoluble.
unresolved ['ʌnrɪ'zɒlvd] [an-ri-solvd], *a.* 1. Irresoluto, indeterminado, indeciso. 2. No desatado, no aclarado, que no está resuelto.
unrest ['ʌn'rest] [an-rest], *s.* Inquietud, desasosiego.
unresting ['ʌn'restɪŋ] [an-res-tin], *a.* Que no descansa jamás; que no toma reposo.

unrestrained ['ʌnrɪ'streɪnd] [an-ri-streind], *a.* 1. Desenfrenado, libre, licencioso, insubordinado; suelto. 2. Ilimitado, sin límites.
unretracted ['ʌnrɪ'trӕktɪd] [an-ri-trak-tid], *a.* Que no se ha retractado, que no se ha desdicho; no encogido ni retraído.
unrevealed ['ʌnrɪ'vi:ld] [an-ri-vild], *a.* Oculto, no revelado, que se guarda secreto.
unrewarded ['ʌnrɪ'wɔ:dɪd] [an-ri-uor-did], *a.* No premiado, no recompensado.
unriddle ['ʌn'rɪdl] [an-ri-del], *va.* 1. Desatar o adivinar un enigma, explicar un problema. 2. Desenmarañar.
unrig ['ʌn'rɪg] [an-rig], *va. (Mar.)* Desaparejar.
unrighteous ['ʌn'raɪtʃəs] [an-rai-chos], *a.* Inicuo, malo, perverso; injusto.
unrighteously ['ʌn'raɪtʃəslɪ] [an-rai-chos-li], *adv.* Inicuamente, perversamente.
unrightful ['ʌn'raɪtfʊl] [an-rait-ful], *a.* Injusto, contrario a derecho; no legítimo.
unripe ['ʌn'raɪp] [an-raip], *a.* Verde, inmaturo, que no ha llegado a la madurez, que no está maduro.
unripeness ['ʌn'raɪpnɪs] [an-raip-nes], *s.* Falta de madurez.
unrisen ['ʌn'rɪzn] [an-ri-sen], *a.* Que no se ha levantado; que no ha salido todavía (astro).
unrivalled [ʌn'raɪvəld] [an-rai-vald], *a.* Sin rival, sin igual o paralelo.
unroll ['ʌn'rəʊl] [an-roul], *va.* 1. Desarrollar, extender lo que estaba arrollado. 2. Desplegar a la vista. *-vn.* Abrirse desarrollándose; desarrollarse.
unroof ['ʌn'ru:f] [an-ruf], *va.* Destechar, quitar el techo.
unroost ['ʌn'ru:st] [an-rust], *va.* Arrojar o echar de la percha de un gallinero; y por extensión, echar a una persona de su puesto, empleo, etc.
unroot ['ʌn'ru:t] [an-rut], *va.* Desarraigar, extirpar, arrancar de raíz.
unrope ['ʌn'rəʊp] [an-roup], *vt.* Desatar.
unruffled ['ʌn'rʌfld] [an-ra-feld], *a.* Calmado, tranquilo, sereno.
unruled ['ʌn'ru:ld] [an-ruld], *a.* 1. No rayado, no reglado (papel). 2. Absoluto, independiente; lo que no tiene quien lo dirija o gobierne.
unruly ['ʌn'ru:lɪ] [an-ru-li], *a.* Indómito, desenfrenado, indomable, indomeñable; revoltoso, levantisco; terco, intratable; desarreglado.
unsaddle ['ʌn'sӕdl] [an-sa-del], *va.* Desensillar, quitar la silla a las caballerías.
unsafe ['ʌn'seɪf] [an-seif], *a.* peligroso, no seguro, que tiene riesgo o peligro.
unsafely ['ʌn'seɪflɪ] [an-seif-li], *adv.* Peligrosamente.
unsaid ['ʌn'seɪd] [an-seid], *a.* No proferido, no mencionado, que no se ha dicho.
unsalable ['ʌn'seɪləbl] [an-sei-la-bol], *a.* Invendible, que no se puede vender, lo que no tiene salida.
unsalted [ˌʌn'sɒltɪd] [an-sol-tid], *a.* Desalado; no salado.
unsatisfactory ['ʌnˌsӕtɪs'fӕktərɪ] [an-sa-tis-fak-to-ri], *a.* Poco satisfactorio, que no satisface o no convence.
unsatisfied ['ʌn'sӕtɪsfaɪd] [an-sa-tis-faid], *a.* No satisfecho, descontento; no harto; no convencido, no persuadido; no saldado.
unsatisfying ['ʌn'sӕtɪsfaɪɪŋ] [an-sa-tis-faiin], *a.* Que no satisface, que no sacia.
unsaturated ['ʌn'sӕtʃəreɪtɪd] [an-sa-cha-rei-tid], *a.* *(Quím.)* No saturado; no combinado en el máximo grado.
unsavory, unsavoury ['ʌn'seɪvərɪ] [an-sei-va-ri], *a.* 1. Insípido, soso, desabrido; empalagoso. 2. Hediondo, fétido. 3. Desagradable, displicente; de mala conducta o relacionado con alguna cosa moralmente mala. **To make unsavory**, desazonar o desabrir una cosa, ponerla sosa, insulsa o insípida.
unsay ['ʌn'seɪ] [an-sei], *va.* Retractar lo que se ha dicho o desdecirse de ello.
unscholarly ['ʌn'skɒləlɪ] [an-sko-la-li], *a.* Impropio o indigno de una persona instruida; iliterato, no erudito.
unschooled ['ʌn'sku:ld] [an-skuld], *a.* Indocto, ignorante, falto de enseñanza.
unscientific ['ʌnˌsaɪən'tɪfɪk] [an-saian-ti-fik], *a.* No científico, poco científico.
unscorched ['ʌn'skɔ:tʃt] [an-skorcht], *a.* No chamuscado, no tostado, no quemado.
unscrew ['ʌn'skru:] [an-skru], *va.* Desatornillar, destornillar; *(Fig.)* desenganchar, apartar, separar.
unscrupulous [ʌn'skru:pjʊləs] [an-sku-piu-los], *a.* Poco escrupuloso, inmoral, falto de principios morales.
unscrupulously [ʌn'skru:pjʊləslɪ] [an-sku-piu-los-li], *adv.* Sin moralidad, sin conciencia.
unseal ['ʌn'si:l] [an-sil], *va.* Desellar, romper o quitar el sello, abrir lo que está sellado.
unsealed ['ʌn'si:ld] [an-sild], *a.* Desellado, sin sello, abierto, no sellado.
unseasonable [ʌn'si:zbəbl] [an-si-so-na-bol], *a.* Intempestivo, fuera de sazón, fuera de propósito, inoportuno; indebido, poco conveniente. **At unseasonable hours**, a deshora o a deshoras.
unseasonably [ʌn'si:zbəblɪ] [an-si-so-na-bli], *adv.* Intempestivamente, fuera de propósito, fuera de tiempo o sazón, en mala ocasión.
unseasoned [ʌn'si:zənd] [an-si-sond], *a.* 1. No sazonado, soso; no aclimatado. 2. No acostumbrado, no habituado; no aguerrido, no endurecido. 3. Verde, no seca (madera).
unseat ['ʌn'si:t] [an-sit], *va.* Quitar de un asiento o posición fija: 1. Desarzonar, echar al suelo (from a horse); 2. Privar del derecho de tomar asiento como legislador; echar abajo (ministery).
unsectarian [ˌʌnsek'tɪərɪən] [an-sek-ta-rian], *a.* No sectario, no propio de una secta; abierta a todos.
unsecure ['ʌnsɪ'kjʊə[r]] [an-si-kiua[r]], *a.* Inseguro, en peligro. *V.* INSECURE.
unseeing ['ʌn'si:ɪŋ] [an-siin], *a.* Ciego, falto de vista.
unseemiliness ['ʌn'si:mlɪnɪs] [an-sim-li-nes], *s.* Indecencia, indecoro.
unseemly ['ʌn'si:mlɪ] [an-sim-li], *a.* Indecente; indecoroso; malparecido, impropio.
unseen ['ʌn'si:n] [an-sin], *a.* 1. Invisible, que no se ve; no evidente. 2. Inapercibido, que no se ha visto; que no se ha visto más de una vez.
unselfish ['ʌn'selfɪʃ] [an-sel-fish], *a.* Desinteresado, no egoísta.
unselfishly ['ʌn'selfɪʃlɪ] [an-sel-fish-li], *adv.* Desinteresadamente, sin egoísmo.
unsent ['ʌn'sent] [an-sent], *a.* No enviado. **Unsent-for**, no llamado, no enviado a llamar, no convidado.
unserviceable ['ʌn'sɜ:vɪsəbl] [an-ser-vi-sa-bol], *a.* Inútil, sin utilidad ni ventaja, que no es bueno para nada.
unset ['ʌn'set] [an-set], *a.* No plantado; no puesto.
unsettle ['ʌn'setl] [an-se-tel], *va.* 1. Inquietar, altear, perturbar. 2. Hacer incierta o poco segura alguna cosa, poner en desorden; desarreglar; trastornar (el espíritu, la razón). 3. Dislocar, remover, trastornar; conmover.
unsettled ['ʌn'setld] [an-se-teld], *a.* 1. Instable, poco estable, no fijado. 2. Que no tiene domicilio o residencia fija; vago. 3. Inconstante, irresuelto, indeterminado, incierto. 4. Pendiente, no acabado. 5. Desarreglado, descompuesto, turbado; turbio, que no ha hecho poso. 6. *(Com.)* No arreglado, no liquidado. 7. No habitado, no poblado, sin habitantes.
unsex ['ʌn'seks] [an-seks], *va.* Quitar las propiedades, hábitos, etc., que corresponden a su sexo; particularmente, hacer o hacer parecer poco femenino (a una mujer).
unsexual ['ʌn'seksjʊəl] [an-sek-sual], *a.* Asexual, no característico o peculiar de uno de los sexos.
unshackle ['ʌn'ʃӕkl] [an-sha-kel], *va.* Destrabar, desencadenar, quitar las trabas a; libertar.
unshaded ['ʌn'ʃeɪdɪd] [an-shei-did], *a.* Que no está sombreado; que no tiene sombra.
unshadowed ['ʌn'ʃӕdəʊɪd] [an-sha-douid], *a.* Claro, sereno, exento de sombra.

unshakable ['ʌn'ʃeɪkəbl] [an-shei-ka-bol], *a.* Inmutable, impasible.
unshaken ['ʌn'ʃeɪkən] [an-shei-ken], *a.* Firme, estable, seguro, inmoble, inmovible.
unshared ['ʌn'ʃɛəd] [an-shead], *a.* Que no ha sido dividido; que no ha cabido a alguno en partición.
unshaven ['ʌn'ʃeɪvn] [an-shei-ven], *a.* No afeitado, sin estar afeitado.
unsheathe ['ʌn'ʃi:ð] [an-shidz], *va.* Desenvainar, sacar de la vaina.
unshed ['ʌn'ʃed] [an-shed], *a.* No derramado, no esparcido.
unsheltered ['ʌn'ʃeltəd] [an-shel-terd], *a.* Desvalido, falto de abrigo o protección.
unship ['ʌn'ʃɪp] [an-ship], *va.* Desembarcar, sacar a tierra lo que está embarcado. **To unship the rudder**, *(Mar.)* Desmontar el timón. **To unship the oars**, *(Mar.)* Desarmar los remos.
unshocked ['ʌn'ʃɒkt] [an-shokt], *a.* No ofendido, no disgustado.
unshod ['ʌn'ʃɒd] [an-shod], *a.* y *pp.* Descalzo; desherrado.
unshoe ['ʌn'ʃu:] [an-shu], *va.* (*pret.* y *pp.* UNSHOD). Desherrar.
unshorn ['ʌn'ʃɔ:n] [an-shorn], *a.* Que no ha sido esquilado. **Unshorn sheep**, ovejas por esquilar.
unshot ['ʌn'ʃɒt] [an-shot], *a.* 1. Que no se ha descargado, no disparado. 2. No herido.
unshut ['ʌn'ʃʌt] [an-shat], *a.* Abierto, no cerrado.
unsightly ['ʌn'saɪtlɪ] [an-sait-li], *a.* Feo, disforme, desagradable a la vista.
unsinful ['ʌn'sɪnfʊl] [an-sin-ful], *a.* Impecable, que no peca; exento de pecado.
unsized ['ʌn'saɪzd] [an-saisd], *a.* No encolado, sin cola (papel).
unskilled ['ʌn'skɪld] [an-skild], *a.* No diestro, desmañado, inhábil, inexperimentado; ignorante.
unsleeping ['ʌn'sli:pɪŋ] [an-sli-pin], *a.* En vela, siempre despierto.
unsmiling ['ʌn'smaɪlɪŋ] [an-smai-lin], *a.* Sin sonrisa.
unsmoked ['ʌn'sməʊkt] [an-smoukt], *a.* No ahumado; no fumado; (pipa nueva) en la cual no se ha fumado.
unsociable ['ʌn'səʊʃəbl] [an-sou-sha-bol], *a.* Insociable, intratable, huraño.
unsociableness ['ʌn'səʊʃəblnɪs] [an-sou-sha-bol-nes], *s.* Insociabilidad.
unsociably ['ʌn'səʊʃəblɪ] [an-sou-sha-bli], *adv.* Insociablemente.
unsocial ['ʌn'səʊʃəl] [an-sou-shal], *a.* Insocial, intratable, huraño.
unsoiled ['ʌn'sɔɪld] [an-soild], *a.* Impoluto, libre de mancha.
unsold ['ʌn'səʊld] [an-sould], *a.* No vendido, no despachado; que no ha tenido salida.
unsolder ['ʌn'səʊldəʳ] [an-soul-daʳ], *va.* Quitar la soldadura.
unsoldierly ['ʌn'səʊldʒəlɪ] [an-soul-dia-li], *a.* Indigno de un soldado, contrario u opuesto a la disciplina militar.
unsolicited ['ʌnsə'lɪsɪtɪd] [an-so-li-si-tid], *a.* No solicitado, no buscado.
unsolicitous ['ʌnsə'lɪsɪtəs] [an-so-li-si-tos], *a.* Poco solicito, deseoso, o celoso de; poco cuidadoso de.
unsolved ['ʌn'sɒlvd] [an-solvd], *a.* Sin resolver, sin explicar, sin desatar; oscuro, confuso.
unsophisticated ['ʌnsə'fɪstɪkeɪtɪd] [an-so-fis-ti-kei-tid], *a.* Puro, que no ha sido falsificado o adulterado; sencillo, no artificial; inexperimentado, falto de experiencia.
unsorted ['ʌn'sɔ:tɪd] [an-sor-tid], *a.* 1. No apartado, no separado. 2. Fuera de tiempo o de propósito.
unsought ['ʌn'sɔ:t] [an-sot], *a.* Hallado o encontrado sin buscarlo.
unsound ['ʌn'saʊnd] [an-saund], *a.* 1. Enfermizo, de poca salud; achacoso. 2. Defectuoso, que no es sano; falto de vigor, de fuerza, de solidez; poco firme; falto de salud, enfermo. 3. Sentido, hendido: dícese de la vasija que no está sana. 4. Erróneo, falso; heterodoxo, no ortodoxo. 5. Demasiado fofo o blando. 6. Podrido, corrompido.
unsounded ['ʌn'saʊndɪd] [an-saun-did], *a.* Que no ha sido sondeado o examinado con la sonda; que no se ha sondeado o sabido a fondo.
unsoundness ['ʌn'saʊndnɪs] [an-saund-nes], *s.* 1. Heterodoxia, oposición a las doctrinas ortodoxas. 2. Falta de solidez o de fuerza. 3. Corrupción.
unspared ['ʌn'spɛəd] [an-spead], *a.* No ahorrado.
unsparing ['ʌn'spɛərɪŋ] [an-spea-rin], *a.* 1. Liberal, generoso, pródigo, no económico. 2. Inhumano, falto de piedad, cruel.
unsparingly ['ʌn'spɛərɪŋlɪ] [an-spea-rin-li], *adv.* 1. Liberalmente, pródigamente, con profusión. 2. Sin piedad, inhumanamente.
unspeakable [ʌn'spi:kəbl] [an-spi-ka-bol], *a.* 1. Inefable, indecible, inexplicable. 2. *(Fam.)* Extremadamente malo; execrable. **The unspeakable**, el execrable turco.
unspeakably 'ʌn'spi:kəblɪ] [an-spi-ka-bli], *adv.* Inefablemente, indeciblemente.
unsped ['ʌn'sped] [an-sped], *a.* No despachado o expedido.
unspent ['ʌn'spent] [an-spent], *a.* Que no está agotado; no gastado, no debilitado.
unsphere ['ʌn'sfɪəʳ] [an-sfiaʳ], *va.* Sacar de su esfera o lugar.
unspoiled ['ʌn'spɔɪld] [an-spoild], *a.* No saqueado; ileso, libre de daño; intacto.
unspotted ['ʌn'spəʊtɪd] [an-spou-tid], *a.* Inmaculado, limpio, sin mancha.
unstable ['ʌn'steɪbl] [an-stei-bol], *a.* Instable, poco estable; inconstante, variable, mudable, vacilante; irresoluto, indeciso.
unstaid ['ʌn'steɪd] [an-steid], *a.* Voluble, mudable, ligero, atolondrado, inconstante.
unstaidness ['ʌn'steɪdnɪs] [an-steid-nes], *s.* Indiscreción, imprudencia; inconstancia.
unstained ['ʌn'steɪnd] [an-steind], *a.* Inmaculado, libre de mancha; no teñido; sin color (vidrio).
unsteadfast ['ʌn'stedfɑ:st] [an-sted-fast], *a.* Instable, inconstante, no fijo, irresoluto.
unsteadily ['ʌn'stedɪlɪ] [an-ste-di-li], *adv.* Ligeramente, inconstantemente, de un modo inconsecuente; indiscretamente.
unsteadiness ['ʌn'stedɪnɪs] [an-ste-di-nes], *s.* Inestabilidad, inconstancia.
unsteady ['ʌn'stedɪ] [an-ste-di], *a.* Voluble, inconstante, veleidoso, inconsiguiente o inconsecuente, que no tiene firmeza o resolución; poco asegurado, poco fijo; poco firme, inseguro.
unstep ['ʌn'step] [an-step], *va.* *(Mar.)* Desmontar, quitar un mástil de su hueco o encaje.
unstinted ['ʌn'stɪntɪd] [an-stin-tid], *a.* No limitado; liberal.
unstop ['ʌn'stɒp] [an-stop], *va.* Abrir camino, dar paso libre; destapar.
unstopped ['ʌn'stɒpt] [an-stopt], *a.* Que no encuentra resistencia o que no halla nada que se le oponga.
unstrained ['ʌn'streɪnd] [an-streind], *a.* Natural, no violento.
unstring ['ʌn'strɪŋ] [an-strin], *va.* 1. Desencordar, quitar las cuerdas a un instrumento de música. 2. Desliar, desatar, aflojar.
unstruck ['ʌn'strʌk] [an-strak], *a.* No conmovido, no asustado, impávido.
unstrung ['ʌn'strʌŋ] [an-strang], *pret.* y *pp.* del verbo TO UNSTRING.
unstudied ['ʌn'stʌdɪd] [an-sta-did], *a.* 1. Que no ha sido estudiado; que no ha sido premeditado, no preparado, natural. 2. No dado al estudio.
unstuffed ['ʌn'stʌft] [an-staft], *a.* No llenado, no rellenado, no atiborrado.
unsubdued ['ʌnsəb'dju:d] [an-sab-diud], *a.* Indomado, no sujetado, no subyugado; indómito, invicto.
unsubmissive ['ʌnsəb'mɪsɪv] [an-sab-mi-siv], *a.* Insumiso, no sometido, rebelde.
unsubstantial ['ʌnsəb'stænʃəl] [an-sab-stan-shal], *a.* Insubstancial, de poca o ninguna substancia; poco sólido; de poco valor; no real, imaginario; no duradero; inmaterial, no esencial.
unsuccessful ['ʌnsək'sesfʊl] [an-sak-ses-ful], *a.* Que no ha conseguido lo que esperaba, que ha salido mal; infructuoso, sin éxito, desgraciado, desafortunado, adverso.

unsuccessfully ['ʌnsək'sesfəlɪ] [an-sak-ses-fa-li], *adv.* Infelizmente, desafortunadamente.
unsuccessfulness ['ʌnsək'sesfəlnɪs] [an-sak-ses-fal-nes], *s.* Infortunio, desgracia, desdicha.
unsuitable ['ʌn'suːtəbl] [an-su-ta-bol], *a.* No adaptado, no apropiado; que no conviene, poco adecuado; desproporcionado, desigual, incongruente.
unsuitableness ['ʌn'suːtəblnɪs] [an-su-ta-bol-nes], *s.* Incongruencia, desconveniencia; incompatibilidad.
unsuited ['ʌn'suːtɪd] [an-su-tid], *a.* No a propósito, incongruo, impropio, incongruente.
unsullied ['ʌn'sʌlɪd] [an-sa-lid], *a.* Inmaculado, no ensuciado, puro, libre de mancha.
unsung ['ʌn'sʌŋ] [an-sang], *a.* No cantado, no celebrado en verso.
unsupported ['ʌnsə'pɔːtɪd] [an-sa-por-tid], *a.* Que no tiene apoyo o sostén; que no tiene quien lo defienda o apoye; no hay quien lo defienda o apoye; no favorecido; no sostenido; no provisto.
unsure ['ʌn'ʃʊə[r]] [an-shua[r]], *a.* Incierto, no seguro.
unsurmountable ['ʌnsə'maʊntəbl] [an-sa-maun-ta-bol], *a.* Insuperable. *V.* INSURMOUNTABLE.
unsurpassable ['ʌnsə'pɑːsəbl] [an-sa-pa-sa-bol], *a.* 1. Impasable. 2. Insuperable.
unsuspected ['ʌnsəs'pektɪd] [an-sas-pek-tid], *a.* No sospechado.
unsuspicious ['ʌnsəs'pɪʃəs] [an-sas-pi-shos], *a.* Sencillo, que no es suspicaz; confiado, no inclinado a sospechar, no sospechoso, no receloso.
unswear ['ʌn'swɛə[r]] [an-suea[r]], *va.* y *vn.* (*pret.* UNSWORE, *pp.* UNSWORN). Abjurar; retractarse de un juramento.
unsweetened ['ʌn'swiːtnd] [an-sui-tend], *a.* No dulcificado, sin endulzar.
unswerving ['ʌn'swɜːvɪŋ] [an-suer-vin], *a.* Inmutable, firme. **Unswerving faith**, fe inquebrantable.
unsympathetic ['ʌnˌsɪmpə'θetɪl] [an-sim-pa-ze-tik], *a.* Falto de simpatía, poco simpático, poco benévolo, que no simpatiza.
unsystematic ['ʌnˌsɪstɪ'mætɪk] [an-sis-ti-ma-tik], *a.* Que no es sistemático, falto de sistema.
untainted ['ʌn'teɪntɪd] [an-tein-tid], *a.* Inmaculado; que no está corrompido, no echado a perder; que no está viciado, infestado o apestado.
untaken ['ʌn'teɪkn] [an-tei-ken], *a.* No tomado, no cogido. **Untaken up**, no ocupado, no llenado.
untamable ['ʌn'teɪməbl] [an-tei-ma-bol], *a.* Indomable; indomesticable.
untamed ['ʌn'teɪmd] [an-teimd], *a.* Indómito, indomado, no domado, no suavizado, no domesticado; feroz; insumiso, rebelde.
untangible ['ʌn'tændʒəbl] [an-tan-yi-bol], *a.* *(Ant.)* *V.* INTANGIBLE.
untangle ['ʌn'tæŋl] [an-tan-guel], *va.* Desenredar, desenmarañar, desembarazar.
untarnished ['ʌn'tɑːnɪʃt] [an-tar-nisht], *a.* No mancillado, no deslucido, no deslustrado (en sentido literal y figurado); sin mancha.
untasted ['ʌn'teɪstɪd] [an-teis-tid], *a.* Que no se ha gustado, probado o catado.
untaught ['ʌn'tɔːt] [an-tot], *a.* 1. Rudo, ignorante, mal criado. 2. Inexperto, novato, falto de experiencia.
untaxed ['ʌn'tækst] [an-takst], *a.* Exento de tasa, de contribución; no acusado.
unteach ['ʌn'tiːtʃ] [an-tich], *va.* *(Ant.)* (*pret.* y *pp.* UNTAUGHT). Desenseñar, hacer olvidar lo que antes se había enseñado.
unteachable ['ʌn'tiːtʃəbl] [an-ti-cha-bol], *a.* Incapaz de ser enseñado. **Unteachable man**, hombre indócil.
untempered ['ʌn'tempəd] [an-tem-pard], *a.* No templado, sin temple; no atemperado, no suavizado.
untempted ['ʌn'temptɪd] [an-temp-tid], *a.* No tentado, libre o exento de tentaciones.
untenable ['ʌn'tenəbl] [an-te-na-bol], *a.* 1. Lo que no se puede poseer. 2. Incapaz de defensa, insostenible.
untenanted ['ʌn'tenəntɪd] [an-te-nan-tid], *a.* Desarrendado, sin arrendatario; vacío, desocupado.
untended ['ʌn'tendɪd] [an-ten-did], *a.* *V.* UNATTENDED.
untender ['ʌn'tendə[r]] [an-ten-da[r]], *a.* Duro, áspero, falto de ternura, intensible.
untendered ['ʌn'tendəd] [an-ten-dard], *a.* No ofrecido.
untented ['ʌn'tentɪd] [an-ten-tid], *a.* Que no tiene tiendas de campaña.
unthinking ['ʌn'θɪŋkɪŋ] [an-zin-kin], *a.* Descuidado, desatento, indiscreto; irreflexivo.
unthought-of ['ʌn'θɔːtɒv] [an-zot-ov], *a.* Impensado, descuidado; dado al olvido o echado en el olvido.
unthread ['ʌn'θred] [an-zred], *va.* Desenhebrar, deshilachar, sacar los hilos de algún tejido.
unthrift ['ʌn'θrɪft] [an-zrift], *s.* 1. Carencia de ahorro, de economía; prodigalidad. 2. *(Des.)* Gastador, pródigo, el que gasta mucho.
unthrifty ['ʌn'θrɪftɪ] [an-zrift-ti], *a.* Pródigo, manirroto.
untidily ['ʌn'taɪdɪlɪ] [an-tai-di-li], *adv.* Sin aseo, sin orden, sin arreglo ni limpieza.
untidiness ['ʌn'taɪdɪnɪs] [an-tai-di-nes], *s.* Descompostura, desaliño, falta de aseo y orden.
untidy ['ʌn'taɪdɪ] [an-tai-di], *a.* Desaliñado, descompuesto, falto de orden y aseo, desaseado; sucio.
untie ['ʌn'taɪ] [an-tai], *va.* 1. Desatar, desprender, desenlazar o soltar lo atado, deshacer (un nudo). 2. Aflojar o soltar lo apretado. 3. *(Des.)* Aclarar, explicar, resolver una dificultad.
until [ən'tɪl] [an-til], prep. Hasta. *-conj.* Hasta el punto en que; hasta el lugar o grado que, hasta que. **Until the hour comes**, hasta que venga o llegue la hora.
untile ['ʌn'taɪl] [an-tail], *va.* Destejar, quitar las tejas de los tejados.
untilled ['ʌn'tɪld] [an-tild], *a.* Inculto, no cultivado.
untimely ['ʌn'taɪmlɪ] [an-taim-li], *a.* Intempestivo, precoz, prematuro, adelantado, que no está en sazón, que es antes de tiempo. *-adv.* Intempestivamente, antes de tiempo, sin sazón, abortivamente.
untiring ['ʌn'taɪrɪŋ] [an-tai-rin], *a.* Incansable, infatigable.
untitled ['ʌn'taɪtld] [an-tai-teld], *a.* Que no tiene título, sin título.
unto ['ʌn'tʊ] [an-tu], *prep.* A, en, dentro; hacia. Forma poética o arcaica equivalente a *to*, excepto como signo del infinito.
untold ['ʌn'təʊld] [an-tould], *a.* 1. Que no se ha referido, que no se ha dicho, no narrado. 2. No computable; desmedido, sumamente grande. **To leave untold**, no decir, no relatar, dejar en el tintero.
untouched ['ʌn'tʌtʃt] [an-tacht], *a.* 1. Intacto, que no ha sido tocado; ileso. 2. Insensible, no conmovido, no afectado, que no se conmueve por nada.
untoward [ˌʌntə'wɔːd] [an-to-uord], *a.* 1. Displicente, enfadoso, incómodo, vejador; desfavorable, siniestro, adverso. 2. Indócil, que no cede fácilmente, testarudo, refractario.
untowardly [ˌʌntə'wɔːdlɪ] [an-to-uord-li], *adv.* Tercamente, indócilmente, perversamente; adversamente, infelizmente, siniestramente.
untowardness [ˌʌntə'wɔːdnɪs] [an-to-uord-nes], *s.* Perversidad, terquedad.
untraced ['ʌn'treɪst] [an-treist], *a.* No hollado, no pisado, sin senda, sin huella; (dibujo) no calcado.
untrained ['ʌn'treɪnd] [an-treind], *a.* Indisciplinado, indócil, no ejercitado, inexperimentado; que no está adiestrado.
untrammelled [ʌn'træməld] [an-tra-meld], *a.* Sin trabas; no limitado, libre.
untransferable ['ʌntræns'fɜːrəbl] [an-trans-fa-ra-bol], *a.* No enajenable, que no se puede transferir o enajenar.
untranslatable ['ʌntræns'leɪtəbl] [an-trans-tei-ta-bol], *a.* Intraducible, que no se puede traducir de un idioma a otro.
untravelled ['ʌn'trævld] [an-tra-veld], *a.* No frecuentado por viajeros o pasajeros; se dice también del que no ha viajado por países extranjeros.

untried ['ʌn'traɪd] [an-traid], *a.* Que no se ha experimentado, ensayado o probado; que no ha sido juzgado.
untrimmed ['ʌn'trɪmd] [an-trimd], *a.* No guarnecido; no ajustado; largo, no cortado, no afeitado, descuidado (hair, beard).
untrodden ['ʌn'trɒdn] [an-tro-den], *a.* Que no ha sido pisado ni hollado o señalado con los pies; de aquí, no frecuentado.
untroubled ['ʌn'trʌbld] [an-tra-beld], *a.* 1. Quieto, tranquilo, sosegado, apacible. 2. Claro, transparente.
untrue ['ʌn'truː] [an-tru], *a.* 1. Falso, que no es verdadero; incierto, contrario a la verdad, falto de realidad. 2. Falso, engañoso, pérfido.
untruly ['ʌn'truːlɪ] [an-tru-li] *adv.* Falsamente.
untruss ['ʌn'trʌs] [an-tras], *va.* Desatar.
untrustworthy ['ʌn'trʌst,wɜːðɪ] [an-trast-uer-zi], *a.* Indigno de confianza.
untrusty ['ʌn'trʌstɪ] [an-tras-ti], *a.* Infiel, pérfido, que no merece confianza.
untruth ['ʌn'truːθ] [an-truz], *s.* 1. Falsedad, mentira. 2. Infidelidad, traición.
untuck ['ʌn'tʌk] [an-tak], *va.* Deshacer un pliegue a; desguarnecer una cama.
untunable ['ʌn'tjuːnəbl] [an-tiu-na-bol], *a.* Desentonado, discorde, disonante.
untune ['ʌn'tjuːn] [an-tiun], *va.* 1. Hacer desentonar o salir de tono; desacordar o destemplar un instrumento. 2. Trastornar, sacar las cosas de su quicio.
unturned ['ʌn'tɜːnd] [an-ternd], *a.* No torneado; no movido. **To leave no stone unturned**, no dejar piedra por mover.
untutored ['ʌn'tjuːtəd] [an-tiu-tord], *a.* Mal educado, que no ha sido instruido, enseñado o disciplinado.
untwine ['ʌn'twaɪnl] [an-tuain], *va.* 1. Desenrollar, desarrollar, desencoger lo que está arrollado. 2. Separar una cosa que está enroscada con otra.
untwist ['ʌn'twɪst] [an-tuist], *va.* Destorcer, deshacer lo torcido.
untypical ['ʌn'tɪpɪkəl] [an-ti-pi-kal], *a.* Atípico.
unused ['ʌn'juːzd] [an-iusd], *a.* Inusitado, no usado, insólito.
unuseful [ʌn'juːzfʊl] [an-ius-ful], *a.* Inútil.
unusual [ʌn'juːʒʊəl] [an-iu-shual], *a.* Raro, extraordinario, extraño; inusitado; desacostumbrado.
unusually [ʌn'juːʒʊəlɪ] [an-iu-shua-li], *adv.* Inusitadamente, raramente, rara vez.
unusualness [ʌn'juːʒʊəlnɪs] [an-iu-shual-nes], *s.* Rareza, raridad.
unutterable [ʌn'ʌtərəbl] [an-a-te-ra-bol], *a.* Inefable, inenarrable, inexplicable, indecible.
unvalued [ʌn'væljuːd] [an-va-liud], *a.* Desestimado, menospreciado. 2. Inestimable, que no tiene valor fijo.
unvaried [ʌn'vɛərɪd] [an-va-rid], *a.* Invariado, no mudado, no cambiado; uniforme, que es siempre lo mismo.
unvarnished [ʌn'vɑːnɪʃt] [an-var-nisht], *a.* No barnizado, falto de barniz; sin adorno.
unvarying [ʌn'vɛərɪɪŋ] [an-va-rin], *a.* Que no varía, constante, uniforme.
unveil [ʌn'veɪld] [an-veild], *va.* Quitar el velo, descubrir lo que está cubierto, mostrar a la vista.
unventilated [ʌn'ventɪleɪtɪd] [an-ven-ti-lei-tid], *a.* No ventilado.
unverifiable [ʌn'verɪfaɪəbl] [an-ve-ri-faia-bol], *a.* Sin aire, sin ventilar.
unversed [ʌn'vɜːst] [an-verst], *a.* No conocedor, poco ducho.
unvirtuous [ʌn'vɜːtjʊəs] [an-ver-tiuos], *a.* Vicioso, falto de virtud (vicious).
unvisited ['ʌn'vɪzɪtɪd] [an-vi-si-tid], *a.* No visitado.
unvoiced [ʌn'vɔɪst] [an-voist], *a.* No expresado. **His opinions remain unvoiced**, sus opiniones continúan no expresadas.
unwakened [ʌn'weɪkənd] [an-uei-kend], *a.* No despierto.
unwanted [ʌn'wɒntɪd] [an-uon-tid], *a.* No deseado (child); superfluo.
unwarily [ʌn'weərɪlɪ] [an-uea-ri-li], *adv.* Incautamente, inadvertidamente, imprudentemente, sin previsión, sin precaución (rash).
unwariness [ʌn'weərɪnɪs] [an-uea-ri-nes], *s.* Imprevisión, falta de precaución, falta de cuidado, de cautela.
unwarlike [ʌn'wɔːlaɪk] [an-uor-laik], *a.* Que no es belicoso, pacífico (orderly, peaceable).
unwarned [ʌn'wɔːnd] [an-uornd], *a.* No avisado, no prevenido, no advertido.
unwarrantable [ʌn'wɒrəntəbl] [an-uo-ran-ta-bol], *a.* 1. Inexcusable, indisculpable, sin excusa ni disculpa. 2. Insostenible, que no se puede defender.
unwarrantably [ʌn'wɒrəntəblɪ] [an-uo-ran-ta-bli], *adv.* Injustamente, de un modo inexcusable; de un modo que no puede admitir ninguna defensa.
unwarranted [ʌn'wɒrəntɪd] [an-uo-ran-tid], *a.* Incierto, que no es seguro ni fijo.
unwary [ʌn'wɛərɪ] [an-uea-ri], *a.* 1. Incauto, imprudente, inconsiderado, irreflexivo, que no pone cuidado en el peligro (incautious). 2. *(Des.)* Inopinado. **If you are unwary he will cheat you**, si eres incauto, él te estafará.
unwashed ['ʌn'wɒʃt] [an-uosht], *a.* Puerco, sucio, que no se ha lavado. **The great unwashed**, *(Fest.)* El populacho, la canalla.
unwasted [ʌn'weɪstɪd] [an-ueis-tid], *a.* Entero, ileso, no consumido (clear, whole, full)..
unwasting [ʌn'weɪstɪŋ] [an-ueis-tin], *a.* Que no se disminuye o se consume, inagotable.
unwavering [ʌn'weɪvərɪŋ] [an-uei-va-rin], *a.* Que no vacila; determinado, resuelto, constante.
unweakened [ʌn'wiːkənd] [an-ui-kend], *a.* No debilitado.
unwearable [ʌn'wɛərəbl] [an-uea-ra-bol], *a.* Poco propio para ser llevado, que ya no puede usarse o llevarse.
unwearying [ʌn'wɛərɪɪŋ] [an-uea-riin], *a.* 1. No cansado, no fatigado. 2. Infatigable, incansable.
unwed [ʌn'wed] [an-ued], *a.* Soltero, no casado (bachelor).
unweighed [ʌn'weɪgd] [an-ueigd], *a.* No pesado, sin ser pesado; que no ha sido escudriñado, examinado.
unwelcome [ʌn'welkəm] [an-uel-kam], *a.* Que no es bienvenido, que no se ve con placer; mal recibido, mal acogido; desagradable, incómodo, inoportuno, que viene fuera de tiempo. **His news are unwelcome in this moment**, sus noticias son inoportunas en este momento.
unwell [ʌn'wel] [an-uel], *a.* 1. Indispuesto, que no está bien; enfermizo, mal. 2. Menstruante, la que está con el menstruo. **He felt unwell this morning**, se sintió indispuesto esta mañana.
unwept [ʌn'wept] [an-uept], *a.* No llorado, no lamentado; no vertido (lágrimas).
unwet [ʌn'wet] [an-uet], *a.* Enjuto, que no está mojado; seco, sin humedad.
unwholesome [ʌn'həʊlsəm] [an-joul-som], *a.* Malsano, insalubre, perjudicial a la salud; nocivo, malo.
unwieldily [ʌn'wiːldɪlɪ] [an-uil-di-li], *adv.* Pesadamente, de un modo dificultoso de manejar.
unwieldiness [ʌn'wiːldɪnɪs] [an-uil-di-nes], *s.* Pesadez, dificultad de manejarse o moverse.
unwieldy [ʌn'wiːldɪ] [an-uil-di], *a.* Pesado, ponderoso, abultado, que se mueve con dificultad.
unwilling [ʌn'wɪlɪŋ] [an-ui-lin], *a.* Desinclinado, que no quiere o que no tiene deseo o gana de hacer alguna cosa; mal dispuesto, de mala voluntad. **To be unwilling**, tener repugnancia. **Willing or unwilling**, que quiera que no quiera, a buenas o a malas.
unwillingly [ʌn'wɪlɪŋlɪ] [an-ui-lin-li], *adv.* De mala gana, con repugnancia, por fuerza, a duras penas.
unwillingness [ʌn'wɪlɪŋnɪs] [an-ui-lin-nes], *s.* Mala gana, repugnancia.
unwind ['ʌn'waɪnd] [an-uaind], *va.* (*pret.* y *pp.* UNWOUND). Devanar (hilo); desenredar, desenmarañar. *-vn.* Devanarse, desarrollarse.
unwise ['ʌn'waɪz] [an-uais], *a.* Imprudente, indiscreto; ignorante, tonto (foolish).
unwisely ['ʌn'waɪzlɪ] [an-uais-li], *adv.* Neciamente; imprudentemente, indiscretamente.

unwished ['ʌn'wɪʃt] [an-uisht], *a.* No buscado, no deseado.

unwittlily ['ʌn'wɪtlɪlɪ] [an-uit-li-li], *adv.* Sin gracia, tontamente, fastidiosamente.

unwitting [ʌn'wɪtɪŋ] [an-ui-tin], *a.* Que no tiene saber ni conocimiento de lo que se trata; que no sabe.

unwittingly [ʌn'wɪtɪŋlɪ] [an-ui-tin-li], *adv.* Sin saberlo, inconscientemente (unintentionally). **He was unwittingly cruel to her**, era cruel con ella inconscientemente.

unwomanly [ʌn'wʊmənlɪ] [an-uo-man-li], *a.* Indigno de una mujer; que no conviene a una mujer.

unwonted [ʌn'wəʊntɪd] [an-uon-tid], *a.* 1. No acostumbrado, poco común, poco habitual, extraordinario (unusual). 2. *(Des.)* Insólito, desacostumbrado (se decía de personas).

unwontedness [ʌn'wəʊntɪdnɪs] [an-uon-tid-nes], *s.* Rareza, raridad, la calidad de ser rara alguna cosa.

unwooded [ʌn'wu:dɪd] [an-wu-did], *a.* No poblado de árboles, sin bosque.

unworking [ʌn'wɜ:kɪŋ] [an-uer-kin], *a.* Perezoso, holgazán, que no trabaja.

unworthily [ʌn'wɜ:ðɪlɪ] [an-uer-zi-li], *adv.* Indignamente.

unworthiness [ʌn'wɜ:ðɪnɪs] [an-uer-zi-nes], *s.* Indignidad, falta de mérito; bajeza.

unworthy [ʌn'wɜ:ðɪ] [an-uer-zi], *a.* Indigno, falto de mérito, que no merece; vil, bajo (shameful, disgraceful)..

unwound [ˌʌn'waʊnd] [an-uaund], *a.* Sin cuerda (un reloj, etc.).

unwounded ['ʌn'waʊndɪd] [an-wun-ded], *a.* No herido, ileso, libre de daño.

unwrap ['ʌn'ræp] [an-rap], *va.* Desenvolver. **He unwrappped the gift**, desenvolvió el obsequio.

unwreathe ['ʌn'reθ] [an-rez], *va.* Desenvolver, quitar la guirnalda; destrenzar, deshacer lo entretejido.

unwritten ['ʌn'rɪtn] [an-ri-ten], *a.* Verbal, no escrito, tradicional, comunicado por tradición.

unwrought ['ʌn'raʊt] [an-raut], *a.* No trabajado, no fabricado; en bruto; crudo; grosero. **Unwrought wax**, cera virgen.

unyielded [ʌn'ji:ldɪd] [an-yil-did], *a.* No cedido.

unyelding [ʌn'ji:ldɪŋ] [an-yil-din], *a.* Inflexible, reacio, terco, que no cede.

unyoke ['ʌn'jəʊk] [an-youk], *va.* Desuncir, quitar el yugo; de aquí, separar, desunir. *-vn.* Ser libertado de un yugo; suspender el trabajo, cesar.

unzip ['ʌn'zɪp] [an-zip], *v.* Bajar la cremallera de. **Will you unzip this dress please?**, me baja la cremallera del vestido por favor?

up [ʌp] [ap], *a.* Que se mueve o se inclina hacia arriba; levantado, sobre el horizonte; ascendiendo. **Up train**, tren ascendente. **Up grade**, terraplén, cuesta ascendente. *-s.* Lo alto, lo elevado, tierra elevada; estado de prosperidad: se usa principalmente en la locución *ups and downs*, altibajos. *-adv.* 1. Arriba, en lo alto, hacia arriba; lo contrario de *down*, abajo. 2. En pie o derecho; de pie o levantado. 3. Hasta, de manera que esté al mismo grado, nivel, etc. **Up to date**, hasta la fecha, moderno, al día. 4. *(Fam.)* Informado en, en estado igual a, formando una partida igual. **Up to his tricks**, tan pillo como él. **Up in geology**, impuesto en geología. 5. Excitado, animado; en pie, sublevado, insurrecto; en progreso o ejecución. **To be up in arms**, sublevarse, tomar las armas, insurreccionarse. **What's up?** ¿qué pasa? ¡qué se trama? 6. En prominencia, bajo consideración. 7. Guardado en un lugar. **To lay up money**, acumular dinero. **To put up preserves**, preparar conservas de frutas. 8. Al término, llegado, acabado. **The hour is up**, ha llegado la hora. **It is all up now**, todo se acabó. 9. Completamente, en todo. **Twenty houses were burned up**, veinte casas se quemaron completamente. **To go up**, subir. **Hard up**, *(Fam.)* en apuros, a la cuarta pregunta. **Up hill,** cuesta arriba. **Up-stairs,** arriba, en lo alto de la escalera. *-prep.* Hacia arriba a lo largo, subiendo; en lo alto de; en el interior de. **Up to**, hasta; a la altura de; al corriente de; dispuesto *a.* *-inter.* ¡Arriba! **The sun is up**, el sol ha salido. **To be up**, estar levantado, haberse levantado o salido de la cama; haberse levantado, amotinado o revolucionado; estar en una posición o situación elevada. **Now up, now down**, tan pronto arriba, como abajo. **Up there!** ¡alto ahí! **Up up!** ¡arriba levántese Ud.! **Drink it up**, bébalo Ud. todo. **Up and down**, acá y allá, por todas partes; arriba y abajo; por detrás y por delante, por todos lados; de un lado a otro.

upbear ['ʌp'bɛəʳ] [ap-beaʳ], *va.* (*pret.* UPBORE. *pp.* UPBORNE). Sostener en alto; levantar en alto.

upbraid ['ʌp'breɪd] [ap-breid], *va.* Echar en cara, vituperar, afear; reconvenir (to reproach, rebuke, scold).

upbraiding ['ʌp'breɪdɪŋ] [ap-brei-din], *s.* Reconvención.

upbringing ['ʌpˌbrɪŋɪŋ] [ap-brin-guin], *s.* Educación, crianza. **He had a stern upbringing**, tuvo una severa educación.

upcast ['ʌpkɑ:st] [ap-kast], *a.* Tirado o arrojado a lo alto. *-s.* 1. Tiro por alto en el juego de bolos. 2. Pozo de ventilación ascendente en una mina.

update ['ʌpdeɪt] [ap-deit], *v.* Actualizar. **She has to update her ideas**, ella tiene que actualizar sus ideas.

updating [ʌp'deɪtɪŋ] [ap-dei-tin], *sf.* Actualización, puesta al día.

upgrade ['ʌpgreɪd] [ap-greid], *s.* Cuesta, pendiente (slope).

upheaval [ʌp'hi:vəl] [ap-ji-val], *s.* 1. Solevación, solevantamiento. 2. *(Geol.)* Levantamiento de la corteza terrestre. 3. Trastorno del orden establecido (disturbance).

upheave ['ʌphi:v] [ap-jiv], *va.* Solevantar, levantar con esfuerzo. *-vn.* Levantarse, alzarse.

upheld [ʌp'held] [ap-jeld], *pret.* y *pp.* de TO UPHOLD.

up-hill ['ʌphɪl] [ap-jil], *a.* Difícil, penoso, fatigoso. *(Fam.)* Cuesta arriba. *-adv.* Bajo dificultades, con obstáculos.

uphold [ʌp'həʊld] [ap-jould], *vn.* 1. Levantar en alto. 2. Sostener, apoyar, proteger, mantener (to support, confirm, maintain)..

upholster [ʌp'həʊlstəʳ] [ap-jouls-taʳ], *va.* 1. Guarnecer almohadones, sillas, sofás, etc.; proveerlos de relleno, resortes, cubiertas, etc. 2. Entapizar, adornar con tapices, colgaduras, etc. 3. Proveer de una cubierta de cualquier clase. **He upholstered the chair**, tapizó la silla.

upholsterer [ʌp'həʊlstərəʳ] [ap-jouls-ta-raʳ], *s.* Tapicero, guarnecedor de sofás, etc.: el que tiene por oficio poner alfombras, cortinas, etc. **Upholsterer-bee**, *V.* LEAF-CUTTER.

upholstery [ʌp'həʊlstərɪ] [ap-jouls-te-ri], *s.* 1. Géneros de que se usa para guarnecer sillas, almohadones, etc. 2. Tapicería, conjunto de tapices de una pieza o un edificio. 3. Tapicería, arte y oficio de tapicero.

upkeep ['ʌpki:p] [ap-kip], *s.* 1. Sostenimiento, mantenimiento. 2. Costo de reparación.

upland ['ʌplænd] [ap-land], *s.* Terreno elevado, país montañoso. *-a.* Alto, elevado. **Upland cotton, uplands**, algodón superfino.

uplift ['ʌplɪft] [ap-lift], *va.* Levantar en alto o en vilo.

upon [ə'pɒn] [a-pon], *prep.* 1. Sobre, encima, en, con, cerca de, a, por. Corresponde a *on*, por lo general. *V.* ON. 2. De. **Cattle live upon grass**, los ganados se alimentan de hierba. **To depend upon one**, depender de alguien. 3. *a.* **Upon the right hand**, a mano derecha. **Upon the first opportunity**, a la primera ocasión. 4. **Upon**, seguido de un nombre de día o de una fecha, no se traduce, y lo mismo sucede con el gerundio. **Upon the fifth of May**, el cinco de mayo. **Upon seeing this**, viendo esto. **Upon one's guard**, prevenido. **Upon his coming**, cuando venga. **To be upon duty**, estar de guardia. **I was upon a journey**, yo estaba viajando. **Upon the whole matter**, por lo demás, fuera de esto. **Upon my honor**, a fe mía. **Upon your arrival**, a la llegada de Ud. **He has nothing to live upon**, no tiene con qué vivir. **Upon Sunday**, El domingo. **Upon pain of death**, so pena de muerte, bajo pena de muerte. *Upon* corresponde en castellano a preposiciones muy diversas, tanto con respecto al lugar, como al tiempo y al modo; también se usa muy a menudo unida a los verbos para variar o modificar su significado.

upper ['zʌpəʳ] [a-paʳ], *a.* (comparativo de UP). 1. Superior, más alto o en lugar preeminente a otra cosa. 2. Superior, más elevado, más excelente o más eminente. **The upper regions**, las altas regiones, las regiones superiores. **The upper House**, la cámara alta. **Upper-hand**, superioridad, ventaja. **Upperdeck**, *(Mar.)* cubierta alta. **Upper-works**, *(Mar.)* obras muertas. **Upper-leather**, pala de zapato. *-s.* 1. Pala del zapato. 2. Borceguíes que se llevan sobre el calzado.

upper berth ['ʌpə'bɜːθ] [a-pa-berz], *s.* Cama o litera alta (en un tren, etc.).

upper class ['ʌpə'klɑːs] [a-pa-klas], *s.* Clase aristócrata. *-a.* 1. De la aristocracia. 2. De las clases superiores (de un colegio).

upper-crust ['ʌpə'krʌst] [a-pa-krast], *a.* De categoría.

uppercut ['ʌpəkʌt] [a-pa-kat], *s.* En el boxeo, golpe en corto de abajo arriba.

uppermost ['ʌpəməʊst] [a-pa-moust], *a.* Lo más alto, supremo, lo más elevado, lo más preeminente, excelente o eminente. **To be uppermost**, predominar; estar encima.

uppish ['ʌpɪʃ] [a-pish], *a.* *(Fam.)* Engreído, altivo, soberbio (proud, haughty).

uppishness ['ʌpɪʃnɪs] [a-pish-nes], *s.* Altivez.

upraise [ʌp'reɪz] [a-preis], *va.* Exaltar; alzar, elevar.

upright ['ʌpraɪt] [ap-rait], *a.* 1. Derecho, vertical, a plomo, recto; puesto en pie (erect, vertical). 2. Recto, justo, equitativo (just, honest). **Bolt upright**, derecho como un huso, tieso como una barra de hierro. **To sit upright**, estar derecho; incorporarse (en la cama). *-s.* *(Arq.)* el plan de un frontispicio; el alzado o diseño que muestra la obra en su frente; montante, pieza vertical.

uprightly ['ʌpˌraɪtlɪ] [ap-rait-li], *adv.* 1. Perpendicularmente, sin torcerse. 2. Derechamente, rectamente, con rectitud, sinceramente.

uprightness ['ʌpˌraɪtnɪs] [ap-rait-nes], *s.* 1. Elevación perpendicular. 2. Rectitud, probidad, integridad.

uprise ['ʌpraɪz] [ap-rais], *vn.* Levantarse, elevarse.

uprising ['ʌpraɪzɪŋ] [ap-rai-sin], *s.* 1. La acción de levantarse de la cama; acción de salir por el horizonte o desde cualquier lugar más bajo. 2. Salida del sol. 3. Agitación grande entre mucha gente. 4. Motín, insurrección, sublevación (rebellion, revolt). 5. Subida, cuesta.

uproar ['ʌprɔːʳ] [ap-roʳ], *s.* Tumulto, batalla, alboroto, conmoción (noise, shouting).

uproarious [ʌp'rɔːrɪəs] [ap-ro-rios], *a.* Ruidoso, tumultuoso, particularmente con fiesta y algazara.

uproot [ʌp'ruːt] [ap-rut], *va.* Desarraigar, arrancar de raíz.

upset ['ʌpset] [ap-set], *va.* 1. Trastornar, poner lo de arriba abajo; volcar, hacer volcar (un carruaje) (to overturn). 2. De aquí, turbar mucho. 3. Desordenar, desarreglar. *(Mar.)* Zozobrar. **He upset a glass of wine over the table**, volcó un vaso de vino sobre la mesa. **Upset price**, precio inicial.

upshot ['ʌpʃɒt] [ap-shot], *s.* Remate, fin, conclusión; suma total (result, end).

upside ['ʌpsaɪd] [ap-said], *s.* La parte superior, lo de arriba. **Upside down**, lo de arriba abajo, al revés; *(Fam.)* patas arriba; en confusión.

upstage ['ʌp'steɪdʒ] [ap-steich], *adv.* Hacia el fondo. *a.* Arrogante (snobbish, haughty)

upstage, *v.* Eclipsar.

upstairs ['ʌp'stɛəz] [ap-stears], *adv.* Arriba, en el piso de arriba.

upstanding ['ʌp'stændɪŋ] [ap-stan-din], *a.* Sano, franco, honesto (strong, healthy, frank, honest).

upstart ['ʌpstɑːt] [ap-start], *s.* Hombre de fortuna, el villano o el hombre humilde que de repente se eleva a los honores, riquezas o poder.

upstay ['ʌp'steɪ] [ap-stei], *va.* Sostener, apoyar.

upstream ['ʌp'striːm] [ap-strim], *adv.* Aguas arriba.

uptake ['ʌpteɪk] [ap-teik], *va.* Tomar o coger una cosa en las manos. *a.* Ser listo, ser duro de mollera.

up-town ['ʌp'taʊn] [ap-taun], *a.* *(Fam. E. U.)* Perteneciente a la parte superior de una ciudad o residente en ella. *-adv.* En o hacia lo alto de la ciudad.

upturn ['ʌp'tɜːn] [ap-tern], *va.* Volver hacia arriba; volver patas arriba; de aquí, poner en confusión.

upward ['ʌpwəd] [ap-uord], *a.* Lo que mira o se dirige hacia arriba.

upward, upwards , *adv.* 1. Hacia arriba. 2. Más **Ten pounds and upwards**, diez libras o más. **Upwards and downwards**, por arriba y por abajo.

uranic [jʊə'rænɪk] [iua-ra-nik], *a.* 1. Uranio, relativo al espacio celeste; celeste, astronómico. 2. Uránico, relativo al segundo óxido de uranio.

uranium [jʊə'rænɪəm] [iua-ra-niom], *s.* *(Min.)* Uranio. **Oxidulated uranium**, uranio oxidulado.

Uranus [jʊə'reɪnos] [iua-rei-nos], *s.* Urano, planeta más distante del sol que Saturno.

urban ['ɜːbən] [er-ban], *a.* Urbano, situado en una ciudad o habitante de ella; parecido a una ciudad. **He dislikes urban life**, le disgusta la vida urbana.

urbane ['ɜːbeɪn] [er-bein], *a.* Cortesano, urbano, de buenas maneras (courteous, gentleman).

urbanity [ɜː'bænɪtɪ] [er-ba-ni-ti], *s.* Urbanidad, cortesanía, buen modo o buenos modales.

urbanize ['ɜːbənaɪz] [er-ba-nais], *vt.* Urbanizar.

urchin ['ɜːtʃɪn] [er-chin], *s.* 1. Niño travieso o malo; corresponde en general a bribonzuelo (mischievous). 2. Erizo, animal rodeado de púas como espinas. 3. Erizo de mar.

urea ['jʊrɪə] [iu-ria], *s.* Urea, principio inmediato de la orina (COH4N2), incoloro, soluble y cristalizable.

uremia [jʊ'riːmɪə] [iu-ri-mia], *s.* Uremia, estado morboso ocasionado por la acumulación de urea en la sangre.

uremic [jʊ'riːmɪk] [iu-ri-mik], *a.* Urémico, relativo a la uremia.

ureter [jʊ'riːtəʳ] [iu-ri-taʳ], *s.* Uréter, el canal por donde desciende la orina de los riñones a la vejiga.

urethra [jʊ'riːtrə] [iu-ri-tra], *s.* Uretra, el canal excretor de la orina.

urethral [jʊ'riːtrəl] [iu-ri-tral], *a.* Urético, uretral.

urge [ɜːdʒ] [erch], *va.* 1. Impeler, empujar, apretar con fuerza en una dirección cualquiera, esforzar. 2. Incitar, excitar, estimular, hurgar. 3. Apresurar, acelerar. 4. Apretar, acosar, seguir de cerca. 5. Solicitar, importunar. 6. Urgir, instar, aguijonear, precisar. **He urged her to drive carefully**, le instó a conducir cuidadosamente. *-vn.* 1. Presentar, avanzar, sostener argumentos o pretensiones. 2. Estimular, animar, insistir sobre.

urgency ['ɜːdʒənsɪ] [er-chen-si], *s.* Urgencia, aprieto o necesidad urgente.

urgent ['ɜːdʒənt] [er-chent], *a.* Urgente, importuno; insistente, imperativo. **There is a urgent message for you**, hay un mensaje urgente para ti.

urgently ['ɜːdʒəntlɪ] [er-chent-li], *adv.* Instantemente, con instancia.

urger ['ɜːdʒəʳ] [er-chaʳ], *s.* El que compele, obliga o insta; solicitador, abrumador.

uric ['jʊrɪk] [iu-rik], *a.* Úrico, perteneciente a la orina o derivado de ella. **Uric acid,** ácido úrico.

urinal [jʊ'raɪnl] [iu-rai-nal], *s.* 1. Orinal, el vaso en que se recoge la orina. 2. Urinario, meadero cómodo y decente.

urinalysis [jʊrə'nælɪsɪs] [iu-ra-na-li-sis], *s.* Urinálisis, análisis de orina.

urinary ['jʊrɪnərɪ] [iu-ri-na-ri], *a.* Urinario.

urinate ['jʊrɪneɪt] [iu-ri-neit], *vn.* Orinar, mear. **He always urinates in the street**, él siempre orina en la calle.

urine ['jʊrɪn] [iu-rin], *s.* Orina, orín.

urinous ['jʊrɪnəs] [iu-ri-nos], *a.* Urinario, pertenciente a la orina o que participa de sus calidades. **A urinous odor**, un olor como de orina.

urn [ɜːn] [ern], *s.* 1. Urna. 2. Recipiente metálico grande provisto de un grifo para té o café.

urogenital [ˌjʊərəʊ'dʒenɪtl] [iu-rou-ye-ni-tal], *a.* Urogenital.

urologist [jʊə'rɒlədʒɪst] [iu-ro-lo-yist], *s.* Urólogo.

urology [jʊə'rɒlədʒɪ] [iu-ro-lo-yi], *sf.* Urología.

Ursa Major ['ɜːsə'meɪdʒəʳ] [er-sa-mei-yaʳ], *sf.* Osa Mayor.

Ursa Minor ['ɜ:sə'maɪnə^r] [er-sa-mai-no^r], *sf.* Osa Menor.
urticaria [ˌɜ:tɪ'kɛərɪə] [er-ti-kea-ria], *s. (Med.)* Urticaria.
urtication [ˌɜ:tɪ'keɪʃən] [er-ti-kei-shon], *s.* Acción de picar con ortigas, particularmente flagelación practicada con ortigas frescas como tratamiento contra la parálisis.
Uruguayan [ˌjʊərə'gwaɪən] [iua-ra-güaian], *a.* y *s.* Uruguayo.
us [ʌs] [as], *pron.* Nos o nosotros, el caso objetivo o dativo de WE. **Give us this day our daily bread**, el pan nuestro de cada día dánosle hoy.
usable, useable ['ju:zəbl] [iu-sa-bol], *a.* Que se puede usar, a propósito para el uso.
usage ['ju:zɪdʒ] [iu-sich], *s.* 1. Trato, tratamiento, el modo de tratar a una persona o cosa (treatment). 2. Uso, costumbre, hábito, práctica corriente (custom, habit). 3. Empleo de formas o palabras, sancionado o no.
usance ['ju:zəns] [iu-sans], *s.* 1. *(Com.)* Usanza, cierto término a que se libran las letras de cambio, el cual varía según los países. 2. *(Ant.)* Uso, aprovechamiento, empleo de alguna cosa. **To draw a bill at usance**, librar una letra a uso o a estilo.
USA *Abreviatura de* **United States of America,** Estados Unidos de América.
USD *Abreviatura de* **US Dollars,** dolars americanos.
use [ju:s] [ius], *s.* 1. Uso, la acción y efecto de usar alguna cosa. 2. Uso, el servicio y aprovechamiento actual de una cosa; utilidad, provecho, ventaja; goce, manejo. 3. Necesidad, ocasión de emplear. 4. Uso, costumbre, hábito, práctica. **Uses of the sea**, *(Mar.)* usos de la mar. 5. *(For.)* Uso, goce, derecho de usar de una cosa ajena con ciertas limitaciones. **Of use**, útil, que sirve, que es a propósito para algún fin. **Of no use**, inútil, que de nada sirve; que no viene al caso. **Out of use**, sin uso, inusitado, olvidado, que no es de moda. **To be in use**, estar en uso, servir, ser usado. **To be of no use**, no servir para nada, no ser de ninguna utilidad, ser inútil. **For the use of**, para el uso de. **I have no further use for it**, no lo necesito ya; no me sirvo más de ello. **To make use of**, hacer uso de, servirse de, usar de; utilizar. **To put to use**, poner en uso.
use, *va.* 1. Usar, emplear, gastar, hacer uso de, servirse o valerse de; usar de (to employ, consume). 2. Practicar, poner en práctica; hacer práctica de. 3. Tratar, dar a alguno buen o mal trato, portarse bien o mal con él. 4. Acostumbrar, habituar. *-vn.* Tener costumbre, hacer uno por costumbre; soler, acostumbrar; enseñarse o hacerse a sufrir trabajos, dolores, etc.; hoy siempre en imperfecto. **I used to go there**, solía ir allá. **To use ill**, maltratar o tratar mal. **They use the computer**, ellos se sirven del ordenador. **To use oneself**, acostumbrarse, habituarse. **To use up**, usar completamente, gastar, consumir; agotar, fatigar con exceso.
used [ju:zd] [iusd], *a.* 1. Usado, gastado (employed). **Used car**, automóvil de segunda mano. 2. Acostumbrado, habituado (accustomed). **He is used to that**, está acostumbrado a eso.
useful ['ju:sfʊl] [ius-ful], *a.* Útil; provechoso, beneficioso (helpful). **Here are the things that might be useful to you**, aquí estan las cosas que pueden serte útiles.
usefully ['ju:sfəlɪ] [ius-fu-li], *adv.* Útilmente; con provecho.
usefulness ['ju:sfəlnɪs] [ius-ful-nes], *s.* Utilidad.
useless ['ju:slɪs] [ius-les], *a.* Inútil. **It´s useless to say it**, es inútil decirlo.
uselessly ['ju:slɪslɪ] [ius-les-li], *a.* Inútilmente.
uselessness ['ju:slɪsnɪs] [ius-les-nes], *s.* Inutilidad.
user ['ju:zə^r] [iu-sa^r], *s.* El que usa, se sirve o se vale de alguna cosa.
usher ['ʌʃə^r] [a-sha^r], *s.* 1. Ujier, portero de cámara, conserje, aposentador, acomodador: persona cuyo oficio es conducir a los asientos en un cine o teatro. 2. *(Ingl.)* Sotamaestro. **He was one of the ushers of the cinema**, es uno de los acomodadores del cine.
usher, *va.* 1. Introducir; acompañar o ir delante, como aposentador (to conduct). 2. Anunciar, dar la primera noticia.
USP *Abreviatura de* **Unique Sales Proposition**.
USSR *Abreviatura de* **Union of Soviet Socialist Republics,** Unión de Repúblicas Socialistas Soviéticas (URSS).
usual ['ju:ʒʊəl] [iu-shual], *a.* Usual, acostumbrado, ordinario, común, usado, habitual (customary). **As usual, he was late**, llegó tarde, como siempre.
usually ['ju:ʒʊəlɪ] [iu-shua-li], *adv.* Usualmente, comúnmente, ordinariamente, frecuentemente, regularmente, normalmente, por lo regular, por lo común. **Usually we finish work at 5 o´clock**, normalmente terminamos de trabajar a las 5 en punto.
usualness ['ju:ʒʊəlnɪs] [iu-shual-nes], *s.* Costumbre, práctica muy usada y corriente; frecuencia.
usufruct ['ju:zjʊfrʌkt] [iu-su-frakt], *s.* Usufructo, el goce o disfrute de los frutos o rentas de una cosa sin tener la propiedad.
usurer ['ju:ʒərə^r] [iu-sa-ra^r], *s.* Usurero, el que presta dinero con usura o a un interés exorbitante.
usurious [ju:'zjʊərɪəs] [iu-siua-rios], *a.* Usurario; que presta dinero a usura; en que hay usura.
usuriousness [ju:'zjʊərɪəsnɪs] [iu-siua-rios-nes], *s.* Usura.
usurp [ju:'zɜ:p] [iu-serp], *va.* 1. Usurpar, tomar por fuerza y tener en posesión de uno sin derecho ni autoridad legal. 2. Usurpar, arrogarse como si se tuviera derecho a ello.
usurpation [ˌju:zɜ:'peɪʃən] [iu-sar-pei-shon], *s.* Usurpación.
usurper [ju:'zɜ:pə^r] [iu-sar-pa^r], *s.* Usurpador.
usury ['ju:ʒʊrɪ] [iu-su-ri], *s.* Usura, el interés exorbitante que se paga por el dinero prestado; originalmente, el préstamo de dinero a interés.
utensil [ju:'tensl] [iu-ten-sil], *s.* Utensilio, lo que sirve para el uso y comodidad de la vida; herramienta o útil para el uso doméstico agrícola. **Kitchen utensils**, utensilios de cocina. **Farming utensils**, aperos de labranza.
uterine ['ju:təraɪn] [iu-ta-rain], *a.* 1. Uterino, que pertenece al útero. 2. Uterino, se aplica a los hermanos de madre solamente. *s.* Útero, madre, matriz (the womb).
utilitarian [ˌju:tɪlɪ'tɛərɪən] [iu-ti-li-tea-rian], *a.* Utilitario, relativo a la utilidad; que sólo pretende conseguir lo útil; que antepone a todo la utilidad. *-s.* Utilitario, el que antepone a todo la utilidad.
utilitarianism [ˌju:tɪlɪ'tɛərɪənɪzəm] [iu-ti-li-ta-ria-ni-sem], *s.* 1. Utilitarismo, sistema de los utilitarios, doctrina que hace la utilidad el fin y criterio de acción y la base de la moralidad. 2. Devoción a los intereses meramente materiales.
utility [ju:'tɪlɪtɪ] [iu-ti-li-ti], *s.* Utilidad, ventaja (usefulness).
utilize, utilise ['ju:tɪlaɪz] [iu-ti-lais], *va.* Utilizar, emplear útilmente, aprovecharse de, hacer útil. **You must utilize all available resources**, debes utilizar todos los recursos disponibles.
utmost ['ʌtməʊst] [at-moust], *a.* Extremo, sumo; mayor, más grande; más posible; más distante; último, postrero. *-s.* Lo sumo, lo mayor, lo más sobresaliente, preeminente. **Do your utmost**, haga Ud. cuanto pueda o todo lo que pueda.
utopia [ju:'təʊpɪə] [iu-tou-pia], *s.* 1. Utopía, isla imaginaria que tenía un perfecto sistema social y político. 2. Lugar, reino o condición idealmente perfectos.
utopian [ju:'təʊpɪən] [iu-tou-pian], *a.* Imaginario, utópico, ideal.
utter ['ʌtə^r] [a-ta^r], *a.* 1. Total, todo, entero, cabal (complete, total). 2. Extremo, excesivo, sumo. 3. Perentorio, terminante. 4. *(Ant.)* Exterior, de fuera, que está situado a la parte de afuera.
utter, *va.* 1. Proferir, pronunciar o articular las palabras. 2. Expresar, manifestar o representar con palabras lo que se siente. 3. Descubrir, publicar, revelar. 4. Dar circulación, emitir.
utterable ['ʌtərəbl] [a-ta-ra-bol], *a.* Que se puede proferir o pronunciar.
utterance ['ʌtərəns] [a-te-rans], *s.* 1. Prolación, el acto de proferir o pronunciar; habla, lenguaje, expresión, estilo o modo de hablar. 2. La cosa proferida o expresada. 3. *(Des.)* Extremidad o extremo, el último punto.

utterer ['ʌtərərəʳ] [a-te-raʳ], *s*. El que pronuncia o profiere; divulgador.
utterly ['ʌtəlɪ] [a-ter-li], *adv*. Totalmente, enteramente, del todo; de lleno.
uttermost ['ʌtəməʊst] [a-ta-moust], *a*. Extremo, sumo. *-s*. Lo sumo. *V*. UTMOST.
UV *a. Abreviatura de* **Ultraviolet,** ultravioleta.
uvula ['ʌjuːvjələ] [iu-via-la], *s*. Úvula, campanilla, gallillo.
uxorious [ʌk'sɔːrɪəs] [ak-so-rios], *a*. Gurrumino: se dice del marido que acapara con exceso a su mujer.
uxoriously [ʌk'sɔːrɪəslɪ] [ak-so-rios-li], *adv*. Con gurrumina.
uxoriousness [ʌk'sɔːrɪəsnɪs] [ak-so-rios-nes], *s*. Gurrumina, condescendencia y contemplación excesiva con la mujer propia.

V

v [viː] [vi], consonante se pronuncia en inglés como en español. En general los españoles confunden algo el sonido de esta letra con el de la *b*, aunque deben pronunciarse de muy diverso modo: para la *b* se han de juntar los labios por la parte exterior de la boca, y para la *v* los dientes superiores con el labio inferior.
v, *s*. 1. Pieza o dos piezas en forma de V; v. g. en maderas de construcción. 2. Guarismo romano que representa cinco.
vacancy ['vækənsɪ] [va-kan-si], *s*. 1. Vacuidad, calidad de vacío (emptiness). 2. Vacío, espacio vacío, hueco; laguna, interrupción del pensamiento. 3. Vacante, puesto, destino o lugar que está por proveer, sin beneficiado. 4. Vacante, el tiempo de huelga o descanso. **We have a vacancy for a secretary**, tenemos una vacante de secretaria.
vacant ['vækənt] [va-kant], *a*. 1. Vacío, desocupado, hueco; descargado (empty, unoccupied). 2. Libre, desembarazado. 3. Vacante, lo que vaca. 4. Ocioso; lerdo, bobo, negligente, fútil. **He looks rather vacant**, tiene la mirada perdida.
vacantly ['vækəntlɪ] [va-kant-li], *adv*. Distraídamente (forgetful, idle).
vacate ['vækeɪt] [va-keit], *va*. 1. Vaciar, dejar vacío; dejar vacante; dejar o renunciar la posesión de un empleo, dignidad, etc. 2. Anular, invalidar. **To vacate the sale**, rescindir la venta. *-vn*. Dejar, salir, irse, marcharse; vacar.
vacation ['vækeɪʃən] [va-kei-shon], *s*. 1. Vacación, días feriados, suspensión de los tribunales de justicia (vacation, a day off). 2. Vacación, suspensión de estudios, negocios o trabajo por algún tiempo, y el lugar o espacio de tiempo libre o desocupado. 3. Vacación, acción de vacar; anulación. **On vacation**, de vacaciones.
vaccinate ['væksɪneɪt] [vak-si-neit], *va*. Vacunar, inocular el fluido vacuno (u otro virus) como preservativo de la misma enfermedad que lo origina.
vaccination [ˌvæksɪ'neɪʃən] [vak-si-nei-shon], *s*. Vacunación, operación de vacunar.
vaccine ['væksiːn] [vak-sin], *a*. 1. Vacuno, perteneciente o relativo a las vacas. 2. Perteneciente a la vacuna. *-s*. Vacuna, virus de ciertos granos preparado para la vacunación o introducción por ella.
vaccinia ['væksiːnɪə] [vak-si-nia], *s*. Vacuna, grano o viruela que sale a las vacas en las ubres y particularmente la vacuna inoculada.
vacillate ['væksɪleɪt] [vak-si-leit], *vn*. Vacilar; titubear, estar incierto, irresoluto; no estar firme (to falter, flicker, hesitate). **He vacillated between accepting and not accepting**, vacilaba entre aceptar y no aceptar.
vacillation [ˌvæksɪ'leɪʃən] [vak-si-lei-shon], *s*. 1. Vacilación.
vacuity [væ'kjuːɪtɪ] [va-kui-ti], *s*. 1. Vacuidad, estado de lo vacío, vacuo. 2. Espacio vacío, vacío. 3. Ociosidad, exención de esfuerzo mental. 4. Falta de inteligencia, estupidez. 5. Inanidad falta de realidad, nada.
vacuous ['vækjʊəs] [va-kiuos], *a*. 1. Vacío, vacuo (stupid). **His face had a vacuous expression**, su cara tenía una expresión vacía.
vacuum ['vækjʊm] [va-kium], *s*. Vacío. **Vacuum bottle**, termos. **Vacuum cleaner**, aspiradora eléctrica o al vacío. **Vacuum pump**, bomba al vacío. **Vacuum tube**, tubo o válvula de vacío.
vade-mecum ['vɑːdɪ'meɪkʊm] [va-di-mei-kum], *s*. Vademécum o vade.
vagabond ['vægəbɒnd] [va-ga-bond], *a*. 1. Vagabundo, vagamundo, sin domicilio fijo. 2. Errante, que vaga acá y allá. 3. Fluctuante, al acaso. *-s*. Un vagamundo, un hombre sin casa ni hogar. **To play the vagabond**, vagamundear.
vagary ['veɪgərɪ] [vei-ga-ri], *s*. Capricho, extravagancia, humorada, antojo (caprice, fad, quirk). **The vagaries of the nature**, los caprichos de la naturaleza.
vagina ['vædʒaɪnə] [va-yai-na], *s*. 1. Vaina o cubierta parecida a una vaina. 2. Vagina, conducto sexual, que se extiende desde la vulva hasta la matriz. 3. *(Bot.)* Parte tubular que envuelve a otra.
vaginal ['vædʒaɪnəl] [va-yai-nal], *a*. Vaginal, perteneciente a una vaina o a la vagina.
vaginate ['vædʒɪneɪt] [va-yi-neit], *a*. 1. Envainado, contenido en una vaina, que tiene vaina. 2. Vaginado, tubular.
vagrancy ['veɪgrənsɪ] [vei-gran-si], *s*. Tuna, la vida holgazana, libre y vagamunda. **Vagrancy is a crime in some countries**, el vagabundeo es un delito en algunos países.
vagrant ['veɪgrənt] [vei-grant], *a*. 1. Vagabundo, vagamundo, errante. 2. Que tiene curso o movimiento errante. *-s*. Un vago, un vagabundo.
vague [veɪg] [vei], *a*. 1. Vago, indeterminado, que carece de precisión; indistino (not clear, distinct). 2. Despistado, impreciso (imprecise, impractical, forgetful). 3. *(Ant.)* Vago, vagante, que anda ocioso sin oficio del beneficio.
vaguely ['veɪglɪ] [veig-li], *adv*. Vagamente, ligeramente. **I remember him vaguely**, le recuerdo vagamente.
vain [veɪn] [vein], *a*. 1. Vano, inútil, sin efecto, sin realidad, substancia o entidad (unsuccessful). 2. Vano, vanidoso, presuntuoso, desvanecido. 3. Ostentoso, suntuoso, llamativo; se dice de las cosas. 4. Vano, insubsistente, poco durable o estable. 5. Vano, sin fundamento, razón o prueba, vacío (empty, meaningless). **In vain**, en vano, inútilmente. **To labor in vain**, trabajar en balde.
vainglorious [veɪn'glɔːrɪəs] [vein-glo-rios], *a*. Vanaglorioso, vano, jactancioso, ufano.
vaingloriously [veɪn'glɔːrɪəslɪ] [vein-glo-rios-li], *adv*. Vanagloriosamente, con jactancia.
vaingloriousness [veɪn'glɔːrɪəsnɪs] [vein-glo-rios-nes], *s*. Vanagloria.
vainglory [veɪn'glɔːrɪ] [vein-glo-ri], *s*. Vanagloria, jactancia.
vainly ['veɪnlɪ] [vein-li], *adv*. Vanamente, arrogantemente; inútilmente (unsuccessfully). **Vainly he tried to find someone to marry him**, vanamente intentó encontrar a alguien para que se casara con él.
vainness ['veɪnnɪs] [vein-nes], *s*. Vanidad, satisfacción de sí mismo, envanecimiento.
vair [vɛəʳ] [veaʳ], *s*. 1. *(Her.)* Vero, piel de ardilla blanca y azul. 2. Especie de forro de pieles, blanco y azul, usado en los trajes de la nobleza (siglo XIV).
valance ['væləns] [va-lans], *s*. 1. Cenefa, doselera de cama colgada; gotera del dosel de una cama o de cortinas de ventana, orladura. 2. Damasco de seda, o de seda y lana, que sirve de cubierta a los muebles. Este tejido se llama también *valencia*.
vale [veɪl] [veil], *s*. 1. *(Poét.)* Valle, una llanura situada entre montañas o alturas (a valley). 2. Canal pequeño; reguera.
vale, *inter*. ¡Agur! ¡adiós!.
valediction [ˌvælɪ'dɪkʃən] [va-li-dik-shon], *s*. Vale, despedida (farewell); último vale.
valedictory [ˌvælɪ'dɪktərɪ] [va-li-dik-to-ri], *a*. De despedida o que pertenece a la despedida. *-s*. Discurso de despedida en los colegios, a fin de curso.

valence ['væləns] [va-lans], *s.* *(Quím.)* Valencia, la propiedad poseída por los elementos o radicales de combinarse con otros elementos o de remplazarlos en una proporción definida y constante.
valentine ['væləntaın] [va-len-tain], *s.* 1. La postal de los enamorados el día de San Valentín. 2. El amante o cortejo que se elige el día de San Valentín (el 14 de febrero).
valerian [və'lıərıən] [va-le-rian], *s.* 1. *(Bot.)* Valeriana, hierba benedicta. 2. Medicamento preparado con la raíz de esta planta, se usa como antiespasmódico.
valet ['væleı] [va-lei], *s.* 1. Criado. **Valet-de-chambre**, ayuda de cámara. 2. Palo herrado y puntiagudo de que se usa para adiestrar los caballos.
valetudinarian ['vælı,tju:dı'nɛərıən] [va-li-tiu-di-nea-rian], *a.* Valetudinario, enfermizo, delicado de salud. *-s.* La persona valetudinaria, enfermiza o delicada.
valiant ['vælıənt] [va-liant], *a.* Valiente, esforzado, animoso, valeroso (brave, courageous, heroic). **He was valiant in battle**, era valiente en la batalla.
valiantly ['vælıəntlı] [va-liant-li], *adv.* Valientemente, con brío, con ánimo, esforzadamente.
valiantness ['vælıəntnıs] [va-liant-nes], *s.* Valentía, valor, esfuerzo, aliento, ánimo.
valid ['vælıd] [va-lid], *a.* 1. Válido, apreciado o estimado generalmente, basado o sostenido en los hechos, justo; valedero (reasonable, acceptable). 2. *(Ant.)* Válido, fuerte, esforzado. **That is not a valid excuse**, esta no es una excusa válida.
validate ['vælıdeıt] [va-li-deit], *vt.* Convalidar.
validation [,vælı'deıʃən] [va-li-dei-shon], *sf.* Convalidación.
validity [və'lıdıtı] [va-li-di-ti], *s.* Validez, calidad de válido.
valise [və'li:z] [va-lis], *s.* Maleta, saco de viaje o de mano; valija (case, suitcase).
valley ['vælı] [va-li], *s.* 1. Valle, llanura de tierra entre dos alturas (vale, dale). 2. *(Arq.)* Gotera formada por el encuentro de dos declives de un techado. **He lives in a beautiful green valley between the mountains**, él vive en un bonito valle verde entre montañas.
valor ['vælə^r] [va-la^r], *s.* Valor, brío, fortaleza, intrepidez en presencia del peligro (courage, bravery).
valorous ['vælərəs] [va-lo-ros], *a.* Valeroso, valiente, animoso, intrépido (plucky, brave, courageous).
valorously ['vælərəslı] [va-lo-ros-li], *adv.* Valerosamente, con intrepidez, con arrojo.
valuable ['væljʊəbl] [va-liua-bol], *a.* 1. Precioso, estimable, apreciable. 2. Digno de atención o consideración, importante, que vale mucho.
valuation [,vælјʊ'eıʃən] [va-liu-ei-shon], *s.* Tasa, valuación; avalúo.
valuator ['vælјʊ,eıtə^r] [va-liu-ei-ta^r], *s.* Tasador, avaluador.
value ['vælju:] [va-liu], *s.* 1. Valor, utilidad o deseabilidad de una cosa; valor intrínseco. 2. Valor, precio del mercado. 3. Valor, aprecio, estimación. 4. Valor, significación exacta, sentido; importancia. 5. *(Mús.)* Valor, duración relativa de una nota. 6. *(Biol.)* Grado o lugar en una clasificación. **To set a great value on a thing**, hacer mucho aprecio de una cosa.
value, *va.* 1. Valuar, valorar, señalar el valor o la estimación de; tasar. 2. Estimar, apreciar, hacer mucho aprecio o estimación de una cosa 3. Llevar cuenta de; hacer caso de; considerar, tomar en consideración.
valueless ['vælju:lıs] [va-liu-les], *a.* Indigno, despreciable, que no vale nada.
valuer ['væljʊə^r] [va-liua^r], *s.* Tasador, apreciador, estimador.
valve [vælv] [valv], *s.* 1. Válvula, cualquier artefacto que abre y cierra una abertura o pasaje a voluntad, para dejar escapar o retener un fluido, gas, etc. 2. *(Anat.)* Válvula, pliegue membranoso de los vasos del cuerpo, que abriéndose y cerrándose da o impide el paso a los humores. **Air valve**, válvula atmosférica o de aire. **Ball valve**, válvula esférica. **Cut-off valve**, válvula de corredera, de cajón. **Throttle valve**, válvula de cuello o reguladora.
valvular ['vælvjʊlə^r] [val-viu-la^r], *a.* Valvular, perteneciente a la válvula, de la naturaleza de una válvula. **Valvular heart-disease**, enfermedad orgánica de las válvulas del corazón.
valvule ['vælvju:l] [val-viul], *s.* Valvulilla, válvula pequeña.
vamp [væmp] [vamp], *s.* 1. Pala de zapato, empeine, capellada, la parte superior del calzado. 2. Algo que se añade a una cosa vieja para darle apariencia nueva. 3. *(Fam.)* Acompañamiento músico improvisado. 3. Vampiresa.
vamp, *va.* 1. Echar capellado o empeine *a.* 2. Remendar una cosa vieja con otra nueva. 3. *(Fam.)* Improvisar un acompañamiento musical *a.* **To wamp a pair of shoes**, echar capelladas a un par de zapatos.
vampire ['væmpaıə^r] [vam-paia^r], *s.* 1. Vampiro, ente fabuloso o espectro que por las noches chupa la sangre de los vivos mientras duermen. 2. *(Fig.)* Vampiro, persona que se enriquece a expensas del pueblo; insaciable. 3. Vampiro, murciélago muy grande de la América tropical que chupa la sangre de los animales y del hombre, cuando los halla dormidos.
van [væn] [van], *s.* 1. Vanguardia, la parte más avanzada de un ejército o armada. 2. Los jefes de una empresa. 3. *(Ant.)* Aventador; bieldo. *(Abrev. de Vanguard)*. 3. Camioneta, furgoneta, furgón. **He drives a van**, conduce una camioneta.
vanadium [və'neıdıəm] [va-nei-diom], *s.* *(Quím.)* Vanadio, metal blanco que se halla muy rara vez.
vandal ['vændəl] [van-dal], *a.* Bárbaro, vándalo. *-s.* Vándalo, hombre de una raza teutónica que en el siglo quinto saqueó a Roma; de aquí, el que con intención destruye o desfigura lo que es bello o artístico.
vandalism ['vændəlızəm] [van-da-li-sem], *s.* Vandalismo, los hechos o el espíritu de los vándalos; espíritu de destrucción.
vandalize ['vændəlaız] [van-da-lais], *v.* Destrozar. **His car has been vandalized**, su coche ha sido destrozado.
vane [veın] [vein], *s.* 1. Veleta, banderilla de metal que se coloca en un sitio elevado para que señale la dirección en que viene el viento. 2. *(Mar.)* Grímpola. 3. Aspa de molino, paleta (de hélice). 4. Barba de pluma. 5. Pínula de instrumentos matemáticos. **Dog-vane**, cataviento. **Vane-stock**, armazón de la grímpola. **Vane-spindle**, huso o hierro de la grímpola.
vang [væŋ] [vang], *s.* *(Mar.)* Burra de mesana.
vanguard ['væŋgɑ:d] [van-gard], *s.* Vanguardia.
vanilla [və'nılə] [va-ni-la], *s.* 1. Vainilla, género de plantas orquídeas trepadoras y americanas, de flores olorosas. 2. Su fruto, que se suele mezclar con el chocolate. **Her son likes vanilla ice-cream**, a su hijo le gusta el helado de vainilla.
vanish ['vænıʃ] [va-nish], *vn.* Desvanecerse, desaparecer, ocultarse o quitarse de la vista con presteza. **The ship vanished over the horizon**, el barco desapareció por el horizonte.
vanishing point ['vænıʃıŋ,pɔınt] [va-ni-shin-point], *s.* Punto de fuga (en la perspectiva).
vanity ['vænıtı] [va-ni-ti], *s.* 1. Vanidad, falta de substancia, entidad o realidad; inutilidad. 2. Vanidad, fausto, ostentación, pompa vana, presunción. 3. Lo que es vano.
vanity case ['vænıtı,keıs] [va-ni-ti-keis], *s.* Polvera.
vanquish ['væŋkwıʃ] [van-kuish], *va.* 1. Vencer, conquistar, rendir, sujetar al enemigo o figuradamente (to defeat, conquer). 2. Confutar o impugnar a uno. **You must vanquish yours fears**, debes vencer tus miedos.
vanquishable ['væŋkwıʃəbl] [van-kui-sha-bol], *a.* Vencible, que puede vencerse.
vanquisher ['væŋkwıʃə^r] [van-kui-sha^r], *s.* Vencedor.
vantage ['væntıdʒ] [van-tich], *s.* Ventaja, superioridad sobre un competidor. **Vantage-ground**, la situación del que en una disputa o contienda posee alguna ventaja que no tiene su contrario.
vapid ['væpıd] [va-pid], *a.* 1. Exhalado, evaporado; insípido (bebidas). 2. Pesado, falto de animación, de viveza, insulso (dull, uninteresting).
vapidity [væ'pıdıtı] [va-pi-di-ti], *s.* Insipidez; el estado de lo que no tiene espíritu o fuerza por haberse evaporado.

vapor, vapour ['veɪpəʳ] [vei-paʳ], *s.* 1. Vapor, vaho, exhalación; nube ligera, fluido visible en la atmósfera. 2. Vapor, fluido aeriforme, la forma gaseosa de una sustancia que por lo general es sólida o líquida. 3. Lo transitorio e insubstancial. 4. Vanidad, presunción, soberbia, arrogancia. 5. *pl. (Ant.)* Vapores, melancolía, mal hipocondríaco o del bazo. **Vapor-bath**, baño de vapor.

vapor, *vn.* 1. Evaporarse, exhalarse. 2. Baladronear, hacer o decir baladronadas. -va. *(Ant.)* Evaporar, reducir una cosa a vapor; exhalar.

vaporish ['væpɔːrɪʃ] [va-po-rish], *a.* 1. Vaporoso, que echa de sí vapor. 2. Caprichoso.

vaporizable ['veɪpəraɪzəbl] [vei-pa-rai-sa-bol], *a.* Que puede ser vaporizado.

vaporization [ˌveɪpəraɪ'zeɪʃən] [vei-pa-rai-sei-shon], *s.* Vaporización.

vaporize, vaporise ['veɪpəraɪz] [vei-pa-rais], *va.* Vaporizar, convertir en vapor; evaporar. *-vn.* Vaporizarse, disiparse en vapor.

vaporizer ['veɪpəraɪzəʳ] [vei-pa-rai-saʳ], *s.* Vaporizador.

vaporous ['veɪpərəs] [vei-pa-ras], *a.* 1. Vaporoso, que tiene la naturaleza o carácter del vapor; nebuloso. 2. Cargado de vapores. 3. Hipocondríaco. 4. Vano, quimérico, caprichudo.

variable ['vɛərɪəbl] [vea-ria-bol], *a.* 1. Variable, alterable, mudable (changeable, mobile, moody). 2. Inconstante, veleidoso. 3. *(Mat.)* Variable, que no tiene valor determinado. *-s.* 1. Lo que varía o está sujeto a mudanza. 2. *(Mat.)* Cantidad variable.

variableness ['vɛərɪəblnɪs] [va-ria-bol-nes], *s.* Instabilidad, inconstancia, ligereza.

variably ['vɛərɪəblɪ] [va-ria-bli], *adv.* Variablemente.

variance ['vɛərɪəns] [va-rians], *s.* 1.Variación, acción de variar, mudanza. 2. Discordia, desavenencia, oposición. **They are always at variance**, siempre están riñendo, disputando, de cuernos, o de punta. *(Mex.)* Estar contrapunteados.

variant ['vɛərɪənt] [va-riant], *a.* 1. Variante, que presenta variación, diverso. 2. Variable, inconstante, que tiende a variar; veleidoso. 3. Mudable, poco estable, indeciso. *-s.* Cosa que se diferencia de otra en la forma solamente; sinónimo estricto.

variation [ˌvɛərɪ'eɪʃən] [va-riei-shon], *s.* 1. Variación, mudanza. 2. Grado en que varía una cosa. 3. *(Gram.)* Inflexión de nombres y verbos. 4. *(Mús.)* Floreos, variaciones de un tema musical. 5. *(Astr.)* Desigualdad del movimiento lunar, cambio en los elementos de una órbita. 6. *(Biol.)* Variación, desviación de la forma típica en estructura o funciones, como a consecuencia de las condiciones y circunstancias que rodean a la planta o animal descritos.

varicolored ['værɪ'kʌləd] [va-ri-ka-lad], *a.* Abigarrado, de varios colores.

varicose ['værɪkəʊs] [va-ri-kous], *a.* Varicoso, que tiene o padece varices. **She has had varicose veins for three years**, tiene varices desde hace tres años.

varied ['vɛərɪd] [va-rid], *pp.* de VARY. Cambiado, variado, mezclado.

variegate ['vɛərɪgeɪt] [va-ri-gueit], *va.* Jaspear, vetear, varetear, formar listas de diversos colores.

variegation [ˌvɛərɪ'geɪʃən] [va-ri-guei-shon], *s.* Jaspeadura; veteado, jaspeado.

variety [və'raɪətɪ] [va-rai-ti], *s.* 1. Variedad, diversidad o diferencia de algunas cosas entre sí. 2. Colección de cosas diversas en un grupo. 3. Posesión de diferentes propiedades características por un solo individuo. 4. *(Biol.)* Variedad, subdivisión de una especie. 5. Clase limitada de cosas que se diferencian por ciertas propiedades comunes de una clase más extensa, a la cual pertenecen.

variola [və'raɪələ] [va-raio-la], *s.* Viruela. *(Lat.)*

variolous [və'raɪələs] [va-raio-las], *a.* Varioloso, que pertenece a las viruelas.

various ['vɛərɪəs] [va-rios], *a.* 1. Vario, diverso, diferente (different, varied). 2. Vario, inconstante, mudable. 3. Vario, que tiene variedad, siendo más de uno y fácil de distinguir; varios. 4. Desemejante, que tiene diversidad de aspecto o apariencia; veteado, abigarrado. **Various people have come to the party**, gente variada ha venido a la fiesta.

variously ['vɛərɪəslɪ] [vea-rios-li], *adv.* Variamente.

varix ['vərɪks] [va-riks], *s.* Várice o variz, vena dialtada e hinchada.

varnish ['vɑːnɪʃ] [var-nish], *s.* 1. Barniz, disolución de una o más substancias resinosas en alcohol, etc., y usada para dar lustre a los metales, maderas y otras cosas. 2. Barniz, la paliación, capa o color con que se disimula o encubre algo.

varnish, *va.* 1. Barnizar, dar con barniz. 2. Paliar, disimular o encubrir los defectos de una cosa. 3. Cubrir una cosa con barniz o con cualquier otra substancia para adornarla.

varnisher ['vɑːnɪʃəʳ] [var-ni-shaʳ], *s.* 1. Embarnizador, barnizador, charolista. 2. El que encubre o palia.

varsity ['vɑːsɪtɪ] [var-si-ti], *s.* y *a.* *(Fam.)* Universidad. (Corrupción de *university*).

varvel ['vɑːvl] [var-vel], *s.* Uno de los anillos de metal que en tiempos pasados se fijaban a las patas del halcón y sobre el cual se grababa el nombre de su dueño.

vary ['vɛərɪ] [vea-ri], *va.* y *vn.* 1. Variar, diversificar. 2. Variar, cambiar, tener mudanzas o mutaciones. 3. Variar, mudar, hacer cambiar algo; mudarse, cambiarse, alterarse. 4. Discrepar, discordar, llegar a ser diferente; diferir en opiniones o sentimientos, estar en desacuerdo. 5. Desviarse a un lado; alejarse del norte o acercarse al norte la aguja imantada.

vascular ['væskjʊləʳ] [vas-kiu-laʳ], *a.* Vasculoso, vascular, perteneciente a los vasos de los seres orgánicos; que tiene vasos circulatorios y particularmente numerosos vasos sanguíneos.

vascularity [ˌvæskjʊ'lærɪtɪ] [vas-kiu-la-ri-ti], *s.* Vascularidad, calidad de vascular, presencia de vasos circulatorios.

vasculose ['væskjʊləʊz] [vas-kiu-lous], *a.* *(Bot.)* Vasculoso, vascular.

vase [vɑːz] [vas], *s.* Florero, jarrón. **She has a beatifull vase of flowers**, tiene un bonito jarrón de flores.

vasectomy [væ'sektəmɪ] [va-sek-to-mi], *sf.* Vasectomía.

vaseline ['væsɪliːn] [va-si-lin] *s.* Vaselina, sustancia crasa que se saca de la brea del petróleo; variedad del *petrolatum* de la farmacopea americana. *V.* PETROLATUM.

vassal ['vɑːnɪʃ] [var-nish], *s.* 1. Vasallo, súbdito. 2. Esclavo, siervo.

vast [vɑːst] [vast], *a.* Vasto, extenso, extendido, dilatado; inmenso, muy numeroso, grande o crecido, enorme (great). *-s.* *(Poét.)* Inmensidad, espacio vasto.

vastly ['vɑːstlɪ] [vast-li], *adv.* En sumo grado, muy, mucho, excesivamente, inmensamente. **He is vastly superior to me**, es inmensamente superior a mí.

vat [væt] [vat], *s.* Tina, cuba grande (large vessel, tank). **A tanner's vat**, noque, estanquillo o pozuelo en que ponen a curtir las pieles.

Vatican ['vætɪkən] [va-ti-kan], *s.* 1. Vaticano, palacio pontificio en Roma. 2. Gobierno del Papa.

vaticinate [væ'tɪsɪneɪt] [va-ti-si-neit], *vn.* Vaticinar, adivinar.

vaudeville ['vəʊdəvɪl] [vo-da-vil], *s.* 1. Zarzuela. 2. Jácara, romance, cantar del pueblo.

vault [vɔːlt] [volt], *s.* 1. Bóveda, todo techo arqueado o artesonado. 2. Cueva, bodega, subterráneo como el en que se guarda el vino. 3. Cielo, firmamento. 4. Bóveda, lugar subterráneo en las iglesias para enterrar a los difuntos. 5. Privada, letrina. 6. Volteta, voltereta, salto.

vault, *va.* Abovedar, hacer bóveda. *-vn.* Voltear, dar vueltas en el aire; saltar por encima, particularmente con ayuda de una percha o garrocha, o apoyando las manos sobre algo.

vaulted ['vɔːltɪd] [vol-tid], *a.* Abovedado, arqueado, artesonado. **Vaulted sky**, la bóveda estrellada.

vaulter ['vɔːltəʳ] [vol-taʳ], *s.* Volteador, saltador, volatín.

vaunt [vɔːnt] [vont], *va.* y *vn.* 1. Ostentar o manifestar orgullo o jactancia; hacer ostentación, gala o alarde de alguna calidad, acción, etc. 2. Jactarse, vanagloriarse, alabarse.

vaunt, *s.* Jactancia, ostentación vana; gala, alarde.
vaunter ['vɔːntəʳ] [von-taʳ], *s.* Baladrón, fanfarrón, blasonador.
vauntingly ['vɔːntɪŋlɪ] [von-tin-li], *adv.* Con jactancia.
VCR *Abreviatura de* **Video-Cassette Recorder**.
veal [viːl] [vil], *s.* Ternera, la carne de ternero o ternera y también se llama así a veces al mismo ternero vivo. **Veal-cutlet**, tajada de ternera, chuleta. **Veal-pie**, pastel de ternera. **There is a good veal in this restaurant**, hay una buena ternera en ese restaurante.
vectis ['vektɪs] [vek-tis], *s.* Instrumento obstétrico de una sola hoja para facilitar el parto.
vector ['vektəʳ] [vek-taʳ], *va.* Vectorizar, trazar vectores.
vector, *s.* *(Aer.)* Vector.
Veda ['veɪdə] [vei-da], *s.* Veda (literalmente ciencia); la ciencia divina de Brama, existente por sí misma; en plural, los cuatro libros sagrados de la India.
veer [vɪəʳ] [viaʳ], *vn.* *(Mar.)* Virar, cambiar de dirección, como el viento; *(Fig.)* ser variable o veleidoso. -va. 1. Virar, dirigir el buque a otro rumbo. 2. Dejar arriar, aflojar, alargar. **To veer and haul**, lascar y halar; largar y escasear. **The wind veers and hauls**, el viento se alarga y escasea. **To veer away the cable**, arriar el cable.
veery ['vɪərɪ] [via-ri], *s.* Tordo leonado y melodioso común en todo el Este de la América del Norte.
vegan ['viːgən] [vi-gan], *s.* Vegetariano estricto.
veganism ['viːgənɪzəm] [vi-ga-ni-sem], *sm.* Vegetarianismo puro, estricto.
vegetable ['vedʒɪtəbl] [ve-yi-ta-bol], *s.* 1. Vegetal, vegetable, hortaliza, legumbre, verdura, la parte o el todo de una planta comestible. 2. En sentido científico, planta de cualquiera clase, vegetal. *-a.* 1. Vegetable, vegetal, lo que vegeta. 2. Perteneciente a las legumbres u hortalizas. **The lettuce is a good vegetable**, la lechuga es una buena verdura.
vegetal ['vedʒɪtəl] [ve-yi-tal], *a.* 1. Vegetal, perteneciente o relativo a las plantas. 2. Que vegeta, común a las plantas y a los animales; p. ej. la nutrición, el crecimiento, etc.
vegetarian [ˌvedʒɪ'tɛərɪən] [ve-yi-tea-rian], *a.* y *s.* Fitófago, el que sólo se alimenta de vegetales. **He is on a vegetarian diet**, sigue una dieta vegetariana.
vegetarianism [ˌvedʒɪ'tɛərɪənɪzəm] [ve-yi-tea-ria-ni-sem], *s.* Abstinencia de todo alimento animal; la teoría de que el alimento de hombre debería ser exclusivamente vegetal.
vegetate ['vedʒɪteɪt] [ve-yi-teit], *vn.* 1. Vegetar, crecer. 2. Vegetar, vivir maquinalmente, con vida puramente orgánica.
vegetation [ˌvedʒɪ'teɪʃən] [ve-yi-tei-shon], *s.* 1. Vegetación. 2. Vegetación, conjunto de las plantas en general.
vegetative ['vedʒɪtətɪv] [ve-yi-ta-tiv], *a.* 1. Vegetativo, vegetante, dotado de la calidad de vegetar; que hace vegetar; que concurre a las funciones de nutrición y reproducción. 2. Que tiene existencia meramente física.
vegetativeness ['vedʒɪtətɪvnɪs] [ve-yi-ta-tiv-nes], *s.* Potencia vegetativa.
veggie ['vedʒɪ] [ve-yi], *a.* Vegetariano.
vehemence ['viːməns] [vi-mans], *s.* Vehemencia, impetuosidad, violencia.
vehement ['viːmənt] [vi-mant], *a.* Vehemente, impetuoso, violento; ansioso (violent, passionate).
vehemently ['viːməntlɪ] [vi-mant-li], *adv.* Vehementemente, patéticamente.
vehicle ['viːkl] [vei-kol], *s.* 1. Vehículo, cualquier carruaje u otro medio de transporte. 2. *(Phys. & Med.)* Vehículo, lo que sirve para hacer pasar una cosa más fácilmente, y con el mismo sentido se usa también en lo figurado. 3. *(Fig.)* Vehículo, lo que sirve para transmitir, medio. 4. Excipiente. **TV and radio are important vehicles of news**, la televisión y la radio son importantes vehículos de noticias.
vehicular [vɪ'hɪkjʊləʳ] [ve-ji-kiu-laʳ], *a.* Perteneciente o relativo al vehículo.
veil [veɪl] [veil], *va.* 1. Velar, cubrir con velo. 2. Encubrir, ocultar, disimular, disfrazar, tapar.
veil, *s.* 1. Velo, prenda del traje femenino de calle, hecha de tul u otra tela ligera, con la cual suelen cubrirse las mujeres la cabeza o el rostro. 2. Velo, cortina o tela que cubre un objeto. 3. Velo, cubierta, disfraz, máscara, pretexto.
vein [veɪn] [vein], *s.* 1. Vena, vaso sanguíneo que lleva la sangre al corazón. 2. Nervio del ala de un insecto. 3. *(Bot.)* Vena, nervio, hacecillo de hebras en las hojas de las plantas. 4. Vena, veta de metales en las minas; lo que llena una hendedura en la roca, particularmente cuando es depositado por soluciones acuosas; filón de mineral. 5. Vena; se da este nombre a las listas de varios colores que se hallan en algunas piedras y maderas. 6. Humor, genio. 7. La disposición favorable para hacer alguna cosa. 8. La inclinación del ingenio o talento. **A poetical vein**, vena, numen poético.
veined [veɪnd] [veind], *a.* Venoso; veteado.
veinous ['veɪnəs] [vei-nos], *a.* Venoso. **The blood passes through the veins**, la sangre pasa a través de las venas.
veld [veld] [veld], *sf.* Sábana.
vellum ['veləm] [ve-lom], *s.* Vitela, piel de vaca o ternera adobada y muy pulida; cualquier pergamino.
velocipede [və'lɒsɪpiːd] [ve-lo-si-pid], *s.* Velocípedo, forma primitiva de la bicicleta; también, velocípedo de tres ruedas para niños.
velocity [vɪ'lɒsɪtɪ] [vi-lo-si-ti], *s.* Velocidad, rapidez (speed).
velodrome ['viːləˌdrəʊm] [vi-lo-droum], *s.* Velódromo.
velvet ['velvɪt] [vel-vit], *s.* 1. Terciopelo, tela de seda velluda. 2. *(Zool.)* Vello, piel que cubre y nutre el cuerno de algunos animales cuando empieza a salir. *-a.* 1. Hecho de terciopelo. 2. Suave como el terciopelo, aterciopelado.
velveteen ['velvɪtiːn] [vel-vi-tin], *s.* Pana, terciopelo de algodón. **She likes a velveteen dress**, a ella le gusta el vestido de terciopelo.
velvety ['velvɪtɪ] [vel-vi-ti], *a.* Aterciopelado, semejante al terciopelo, suave como él.
venal ['viːnl] [vi-nal], *a.* 1. Venal, mercenario. 2. *(Ant.)* Venal, perteneciente a las venas. *V.* VENOUR.
vend [vend] [vend], *va.* Vender; particularmente, llevar en un carretón y ofrecer a la venta.
vendee ['vendiː] [ven-di], *s.* Comprador.
vender ['vendəʳ] [ven-daʳ], *s.* Vendedor, vendedora; vendedor ambulante, buhonero (hawker, pedlar).
vendetta [ven'detə] [ven-de-ta], *s.* Vindicta, venganza personal, feudo de sangre entre dos personas o familias (fierce dispute).
vendible ['vendɪbl] [ven-di-bol], *a.* Vendible, venal, que está expuesto para venderse. *-s.* Cualquier cosa vendible; géneros de venta.
vending ['vendɪŋ] [ven-din], *sf.* Distribución, venta.
vending-machine ['vendɪŋmə'ʃiːn] [ven-din-ma-shin], *s.* Máquina expendedora.
vendor ['vendəʳ] [ven-daʳ], *s.* Vendedor; forma más usada en documentos legales.
veneer [və'nɪəʳ] [ve-niaʳ], *va.* 1. Chapear, enchapar, cubrir (surface) con hojas delgadas, especialmente de maderas vistosas. 2. Revestir con chapas delgadas de otras substancias que la madera. 3. Tapar, ocultar lo desagradable, disfrazar.
veneer, *s.* 1. Hoja para chapear, chapa de material para producir un efecto rico en una superficie. 2. Capa exterior y delgada que se da a una cosa para adorno. 3. Apariencia o elegancia meramente exterior. **His veneer is very good**, su apariencia es muy buena.
veneering [və'nɪərɪŋ] [ve-nia-rin], *s.* 1. Chapeadura, el arte de chapear. 2. Material que sirve para hacer hojas de chapear.
venerable ['venərəbl] [ve-ne-ra-bol], *a.* 1. Venerable, digno de veneración; hoy implica generalmente vejez. 2. Venerable, que infunde reverencia; sagrado, consagrado.
venerablenes ['venərəblnɪs] [ve-ne-ra-bol-nes], *s.* La calidad que constituye a una persona venerable o digna de veneración y respeto.
venerably ['venərəblɪ] [ve-ne-ra-bli], *adv.* Venerablemente.
venerate ['venəreɪt] [ve-na-reit], *va.* Venerar, reverenciar, respetar, honrar lo noble, lo viejo o lo sagrado (to honor greatly, respect).

veneration [ˌvenəˈreɪʃən] [ve-na-rei-shon], *s.* Veneración, respeto.
venerator [ˌvenəˈreɪtəʳ] [ve-na-rei-taʳ], *s.* Venerador.
venereal [vɪˈnɪərɪəl] [vi-nia-rial], *a.* 1. Venéreo, que pertence a la Venus o que procede del acto sexual. 2. Venéreo, transmitido por el coito con una persona que tiene el mal venéreo; perteneciente a las enfermedades así comunicadas. 3. Que excita el deseo sexual. 4. *(Des.)* De cobre.
Venetian [vɪˈniːʃən] [vi-ni-shan], *a.* Veneciano, de Venecia. *-s.* Veneciano, natural de Venecia. **Venetian blinds**, persianas, celosías. **Venetian chalk**, talco gráfico. **Venetian window**, ventana de tres aberturas o huecos separados.
Venezuelan [ˌveneˈzweɪlən] [ve-ni-suei-lan], *a.* y *s.* Venezolano.
vengeance [ˈvendʒəns] [ven-yans], *s.* 1. Venganza, castigo retributivo, imposición de una pena merecida (revenge). 2. Despique, desquite, venganza rencorosa. **With a vengeance**, con violencia, con fuerza, con toda su alma; extremamente. **He soon had his opportunity for vengeance**, pronto tuvo su oportunidad de venganza. **Seek vengeance**, buscar venganza.
vengeful [ˈvendʒfʊl] [vench-ful], *a.* Vengativo.
venial [ˈviːnɪəl] [vi-nial], *a.* 1. Venial, remisible. 2. Permitido, lícito (pardonable, not serious).
venially [ˈviːnɪəlɪ] [vi-nia-li], *adv.* Venialmente, levemente, ligeramente.
veniality [ˌviːnɪˈælɪtɪ] [vi-nia-li-ti], *s.* Venialidad, calidad de venial.
venison [ˈvenɪzn] [ve-ni-son], *s.* Venado, carne de venado.
venom [ˈvenəm] [ve-nom], *s.* 1. Veneno, licor ponzoñoso que secretan ciertos animales, como las serpientes y los alacranes (poison). 2. Ponzoña, lo que produce efecto ponzoñoso; maldad; rencor (great ill-feeling, anger).
venomous [ˈvenəməs] [ve-no-mos], *a.* 1. Venenoso, ponzoñoso. 2. Que comunica veneno; *(Fig.)* dañoso, perjudicial. 3. Malo, rencoroso, maligno, propenso a obrar mal.
venomously [ˈvenəməslɪ] [ve-no-mos-li], *adv.* Venenosamente.
venomousness [ˈvenəməsnɪs] [ve-no-mos-nes], *s.* Venenosidad; natural venenoso.
venous [ˈviːnəs] [vi-nos], *a.* 1. Venoso, perteneciente a las venas o contenido en ellas. 2. Veteado, marcado con venas o nervios; v. gr. el ala de un insecto. **Venous blood**, sangre venosa; se diferencia de la arterial por su color más obscuro y por contener más ácido carbónico.
vent [vent] [vent], *s.* 1. Respiradero, tronera, lumbrera, cualquier abertura por donde puede salir el aire y ventilarse una cueva, bodega, etc; salida de cualquiera clase; ventosa, oído, fogón de un arma de fuego. 2. Ano. 3. Articulación, expresión, acción de pronunciar; se usa hoy por lo general en la locución **to give vent to**, dar expresión a, dar salida a. 4. Desahogo. **To give one's passion vent**, desfogar o desahogar la cólera. **His jacket has a vent in the back**, su chaqueta tiene una abertura en la espalda.
vent, *va.* 1. Dar salida o abrir un respiradero, tronera, etc. 2. Descubrir o divulgar un proyecto, un secreto, etc.; expresar públicamente; articular. 3. Dejar escapar. 4. Dar libre carrera a; aliviar, dando salida a algo. 5. Descargar. **He was angry with himself and vented his rage on his son**, estaba enfadado consigo mismo y descargó su rabia con su hijo.
vental [ˈventl] [ven-tal], *a.* Del viento, perteneciente al viento.
venter [ˈventəʳ] [ven-taʳ], *s.* 1. Cualquiera de las tres cavidades principales del cuerpo. 2. Vientre; de aquí, en derecho, madre.
ventilate [ˈventɪleɪt] [ven-ti-leit], *va.* 1. Ventilar, producir circulación del aire en; renovar el aire de una habitación. 2. Ventilar, controvertir, disputar, discutir; examinar. 3. *(Ant.)* Aventar.
ventilation [ˌventɪˈleɪʃən] [ven-ti-lei-shon], *s.* 1. Ventilación, el movimiento del aire que pasa, corre o se transpira. 2. Ventilación, el acto de controvertir, disputar o contender sobre alguna cosa para examinarla.
ventilator [ˈventɪleɪtəʳ] [ven-ti-lei-taʳ], *s.* Ventilador, aparato o abertura para renovar el aire.
ventose [ˈventəʊz] [ven-tous], *a.* Ventoso, flatulento; de aquí, hablador.
ventral [ˈventrəl] [ven-tral], *a.* 1. Ventral, perteneciente al vientre. 2. *(Bot.)* Perteneciente a la superficie anterior de un órgano. **Ventral fins**, aletas abdominales.
ventricle [ˈventrɪkl] [ven-tri-kol], *s.* *(Anat.)* Ventrículo: se da este nombre a dos cavidades del corazón y a cuatro del cerebro.
ventricular [ˈventrɪkjʊləʳ] [ven-tri-kiu-laʳ], *a.* Ventricular, relativo al ventrículo.
ventriloquism [venˈtrɪləkwɪzəm] [ven-tri-lo-kui-sem], *s.* Ventriloquía, arte del ventrílocuo.
ventriloquist [venˈtrɪləkwɪst] [ven-tri-lo-kuist], *s.* Ventrílocuo.
venture [ˈventʃəʳ] [ven-chaʳ], *s.* 1. Riesgo, peligro. 2. Caso o empresa arriesgada; especulación en los negocios. 3. La cosa aventurada o arriesgada. **At a venture**, a ventura o a la ventura.
venture, *vn.* 1. Osar, atreverse. 2. Aventurarse, arriesgarse. **To venture at, on** o **upon**, probar ventura, pretender o emprender alguna cosa que se considera difícil de conseguir. *-va.* Aventurar, arriesgar (to hazard, risk). **To venture abroad, to venture out**, atreverse a descender. **To venture up**, atreverse a subir; emprender la subida.
venturer [ˈventʃərəʳ] [ven-cha-raʳ], *s.* Aventurero.
venturesome [ˈventʃəsəm] [ven-cha-som], *a.* 1. Atrevido, emprendedor, osado (daring). 2. Aventurado, que envuelve riesgo o azar; dudoso.
venturous [ˈventʃrəs] [ven-chu-ras], *a.* Osado, atrevido (daring, presumptuous).
venturously [ˈventʃrəslɪ] [ven-chu-ras-li], *adv.* Osadamente.
venturousness [ˈventʃrəsnɪs] [ven-chu-ras-nes], *s.* Arrojo, temeridad.
venue [ˈvenjuː] [ve-niu], *s.* *(For.)* Vecindad o paraje donde radica la causa del pleito. **A chage of venue**, cambio de tribunal en un pleito.
Venus [ˈviːnəs] [vi-nos], *s.* 1. Venus, diosa romana del amor; originalmente la diosa latina de la primavera y de las vides. 2. *(Astr.)* Venus, el planeta más cercano a la tierra, y el astro más brillante en el firmamento después del sol y de la luna. **Venus's comb**, *(Bot.)* Peine de pastor. **Venus's looking-glass**, *(Bot.)* Campanilla, planta del género Specularia. **Venus's navelwort**, *(Bot.)* Ombligo de Venus, planta de las borrajíneas. **Venus's fan**, especie de zoófito. **Venus's fly-trap**, atrapa-moscas, planta sensitiva con hojas que se cierran y aprisionan los insectos posados en ellas.
veracious [vəˈreɪʃəs] [ve-rei-shos], *a.* 1. Veraz, verídico. 2. Verdadero.
veracity [vəˈræsɪtɪ] [ve-ra-si-ti], *s.* Veracidad, la propiedad o hábito de decir siempre la verdad.
veranda [vəˈrændə] [ve-ran-da], *s.* Pórtico abierto o galería que se extiende a lo largo de uno o más lados de una casa.
verb [vɜːb] [verb], *s.* *(Gram.)* Verbo, una de las partes de la oración.
verbal [ˈvɜːbəl] [ver-bal], *a.* 1. Verbal, que se refiere a las palabras; que tiene relación con las palabras (más bien que con las ideas). 2. Verbal, de viva voz; proferido, no escrito. 3. Literal, palabra por palabra. 4. Verbal, derivado del verbo o que participa de su naturaleza. **A verbal contract**, contrato verbal o de palabra.
verbalism [ˈvɜːbəlɪzəm] [ver-ba-li-sem], *s.* Observación hecha de viva voz.
verbally [ˈvɜːbəlɪ] [ver-ba-li], *adv.* Verbalmente; palabra por palabra.
verbatim [vɜːˈbeɪtɪm] [ver-bei-tim], *adv.* Al pie de la letra, palabra por palabra.
verbena [vɜːˈbiːnə] [ver-bi-na], *s.* Verbena, planta herbácea anual que se cultiva en los jardines.
verbiage [ˈvɜːbɪɪdʒ] [ver-biich], *s.* Verbosidad, el uso de palabras inútiles; superabundancia de palabras.

verbose [vɜː'bəʊs] [ver-bous], *a.* Verboso, abundante en palabras inútiles, difuso, prolijo.
verbosity [vɜː'bɒsɪtɪ] [ver-bo-si-ti], *s.* Verbosidad.
verdancy ['vɜːdənsɪ] [ver-dan-si], *s.* Verdor, calidad de lo verde.
verdant ['vɜːdənt] [ver-dant], *a.* 1. Verde, que verdea; fresco. 2. Falto de experiencia, sencillo.
verdict ['vɜːdɪkt] [ver-dikt], *s.* 1. Veredicto, el fallo del jurado; declaración o decisión sobre un hecho dictada por el jurado. **General verdict**, la decisión absoluta y sin reserva del jurado, tanto con respecto al hecho como a la ley. **Special verdict**, la decisión del jurado especificando simplemente el hecho y dejando al juez la aplicación de la ley. 2. Dictamen, parecer, voto.
verdigris ['vɜːdɪgrɪs] [ver-di-gris], *s.* 1. Verdete, acetato de cobre. 2. Cardenillo, verdín, la herrumbre u orín del cobre.
verdin ['vɜːdɪn] [ver-din], *s.* Paro de Méjico, de cabeza amarilla.
verditer ['vɜːdɪtə[r]] [ver-di-ta[r]], *s.* Verdete, color azul o verde claro, hecho con el carbonato o acetato de cobre y que se emplea en pintura y tintorería.
verdure ['vɜːdjʊə[r]] [ver-diua[r]], *s.* Verde, verdura, verdor; vegetación.
verdurous ['vɜːdjʊərəs] [ver-diua-ros], *a.* Verde; adornado de verde.
verge [vɜːdʒ] [verdch], *s.* 1. Canto extremo, borde, margen, vera, veril. 2. Línea que deslinda o limita; círculo, anillo; de aquí, alcance, esfera, oportunidad. 3. Vara, insignia de jurisdicción y autoridad eclesiástica u otra. 4. Árbol de volante (en los escapes verticales de relojería). 5. *(Arch.)* Fuste de columna. 6. *(Zool.)* Verga, órgano de la generación en ciertos moluscos y crustáceos. **On** o **upon the verge of**, al borde de; en vísperas de, a dos dedos de; a la extremidad de.
verge, *vn.* Acercarse a, aproximarse a; tender.
verger ['vɜːdʒə[r]] [ver-cha[r]], *s.* 1. Alguacil de vara; macero de una universidad inglesa. 2. Aposentador, pertiguero de una catedral, sacristán. *V.* USHER.
Vergil ['vɜːdʒɪl] [ver-yil], *sm.* Virgilio.
verifiable ['verɪfaɪəbl] [ve-ri-faia-bol], *a.* Verificable, que se puede demostrar o comprobar.
verification [ˌverɪfɪ'keɪʃən] [ve-ri-fi-kei-shon], *s.* Verificación, comprobación, confirmación por argumento o evidencia.
verify ['verɪfaɪ] [ve-ri-fai], *va.* 1. Verificar, justificar, probar, comprobar, demostrar la exactitud de. 2. Cumplir, ejecutar (una promesa). 3. *(For.)* Afirmar bajo juramento.
verily ['verɪlɪ] [ve-ri-li], *adv.* Verdaderamente, ciertamente, en verdad; sinceramente, en realidad (truly).
verisimilar [ˌverɪ'sɪmɪlə[r]] [ve-ri-si-mi-la[r]], *a.* (Poco us.) Verosímil o verisímil, que tiene apariencia de verdadero.
verisimilitude [ˌverɪsɪ'mɪlɪtjuːd] [ve-ri-si-mi-li-tiud], *s.* Verisimilitud, apariencia de verdad.
veritable ['verɪtəbl] [ve-ri-ta-bol], *a.* Verdadero, cierto, real, genuino (genuine, real).
verity ['verɪtɪ] [ve-ri-ti], *s.* Verdad, calidad de correcto, realidad; cosa realmente existente, hecho; máxima, axioma, principio (truth, axiom).
verjuice ['vɜːdʒuːs] [ver-yus], *s.* 1. Agraz, zumo de la uva sin madurar. 2. Aspereza de modales o lenguaje; mordacidad.
vermeil ['vɜːmeɪl] [ver-meil], *s.* 1. Plata o bronce sobredorados. 2. Barniz transparente de agua. 3. Granate rojo anaranjado. 4. *(Poét. o des.)* Color bermellón.
vermicelli [ˌvɜːmɪ'selɪ] [ver-mi-se-li], *s.* Fideos, especie de pasta o masa delgada, vermiforme.
vermicide ['vɜːmɪsaɪd] [ver-mi-said], *s.* Vermífugo, medicamento que mata las lombrices intestinales.
vermicule ['vɜːmɪjuːl] [ver-mi-kiul], *s.* Gusanillo, gusano pequeño, lombricilla.
vermiform ['vɜːmɪfɔːm] [ver-mi-form], *a.* Vermiforme, que tiene la forma o figura de lombriz o gusano; lombriza. **Vermiform appendix**, apéndice vermiforme del intestino ciego.
vermifuge ['vɜːmɪfjuːdʒ] [ver-mi-fiuch], *s.* Vermífugo, antihelmíntico, medicina contra las lombrices.
vermilion [və'mɪlɪən] [ver-mi-lion], *s.* 1. Bermellón, cinabrio, sea natural o artificial. 2. Cualquier color sumamente rojo.
vermilion, *va.* Enrojar, teñir de rojo.
vermin ['vɜːmɪn] [ver-min], *s.* 1. Bicho, sabandija, cualquier animal dañino o nocivo, nombre colectivo para denotar los insectos parásitos, los ratones, gusanos, piojos, etc. 2. *(Fig.)* Gente despreciable y asquerosa.
verminous ['vɜːmɪnəs] [ver-mi-nos], *a. (Med.)* Verminoso, lleno de lombrices o con disposición a criarlas.
vermouth ['vɜːməθ] [ver-moz], *s.* Vermut, vermú.
vernacular [və'nækjʊlə[r]] [ver-na-kiu-la[r]], *a.* 1. Indígena, vernáculo, del país natal. 2. Local, característico de una localidd o país determinados. **Vernacular tongue**, la lengua nativa o el idioma vernáculo.
vernal ['vɜːnl] [ver-nal], *a.* Vernal, que pertenece a la primavera, que sucede en la primavera; joven, de la juventud.
vernier ['vɜːnɪə[r]] [ver-nia[r]], *s.* Nonio, vernier, escala movible.
veronica [və'rɒnɪkə] [ve-ro-ni-ka], *s.* 1. Lienzo en que aparecen estampadas las facciones de Nuestro Señor Jesucristo. 2. *(Bot.)* Verónica, género de plantas de las escrofulariáceas.
verruca [və'ruːkə] [ve-ru-ka], *s.* Verruga (wart).
versatile ['vɜːsətaɪl] [ver-sa-tail], *a.* 1. Versátil, que tiene aptitud para tareas u ocupaciones nuevas y variadas. 2. Versátil, de genio o carácter inconstante o voluble. 3. Versátil, que se puede volver fácilmente (como sobre un quicio o eje).
versatility [ˌvɜːsə'tɪlɪtɪ] [ver-sa-ti-li-ti], *s.* 1. Aptitud para muchas ocupaciones, posesión de variados talentos. 2. Veleidad, la calidad de lo que es versátil o de genio o carácter voluble e inconstante; mutabilidad, inconstancia.
verse [vɜːs] [vers], *s.* 1. Verso, número determinado de sílabas que forman consonancia y cadencia. 2. Metro, copla, composición en verso. 3. Versículo, subdivisión pequeña de algún capítulo. **To make verses**, versificar, hacer versos. **This song has three verses**, esa canción tiene tres versos.
versed [vɜːst] [verst], *a.* Versado, práctico o diestro en una materia o cosa. **Versed sine**, seno verso, función trigonométrica.
verseman ['vɜːsmən] [vers-man], *s.* Poeta, versista, el que hace versos.
versicle ['vɜːsɪkl] [ver-si-kol], *s.* Versículo; versículo, párrafo breve de un libro litúrgico.
versification [ˌvɜːsɪfɪ'keɪʃən] [ver-si-fi-kei-shon], *s.* Versificación, acción, arte o práctica de hacer versos.
versify ['vɜːsɪfaɪ] [ver-si-fai], *vn.* Versificar, hacer versos. -va. Recitar, decir o representar alguna composición en verso.
version ['vɜːʃən] [ver-shon], *s.* 1. Versión, traducción de una lengua a otra (traslation). 2. Versión, el modo que tiene cada uno de referir un mismo suceso. 3. Versión, operación obstétrica para cambiar la posición del feto cuando éste se presenta mal para el parto. **Authorized** o **King James's Version, Revised Version**, dos versiones inglesas de la Biblia. *V.* AUTHORIZE y REVISE.
versus ['vɜːsəs] [ver-sos], *prep.* En contra (against). Se abrevia vs. y se emplea en demandas y litigios, como por ej.: **The State versus John Doe**, El Estado en contra de Fulano de Tal.
vert [vɜːt] [vert], *s.* 1. *(Der. inglés)* Todo árbol, arbusto o cualquier otra planta que crece dentro de un bosque y puede ocultar a un ciervo. 2. *(Her.)* Sinople o sínoble.
vertebra ['vɜːtɪbrə] [ver-ti-bra], *s.* Vértebra, cada uno de los huesos enlazados entre sí que forman el espinazo.
vertebral ['vɜːtɪbrəl] [ver-ti-bral], *a.* 1. Vertebral, perteneciente a las vértebras. 2. Vertebrado, provisto de vértebras.
vertebrate ['vɜːtɪbreɪt] [ver-ti-breit], *a.* Vertebrado, que tiene una columna vertebral. -*s.* Animal vertebrado.
vertex [vɜːteks] [ver-teks], *s.* Vértice; cima, cumbre; extremidad superior de una pirámide, de un cono, etc.: cernit.
vertical ['vɜːtɪkəl] [ver-ti-kal], *a.* Vertical, perpendicular al horizonte; que está directa y perpendicularmente sobre nuestro vértice o cabeza.

verticality [ˌvɜːtɪ'kælɪtɪ] [ver-ti-ka-li-ti], *s.* La situación o carácter vertical.
vertically ['vɜːtɪkəlɪ] [ver-ti-ka-li], *adv.* Verticalmente.
vertiginous ['vɜːtɪdʒɪnəs] [ver-ti-yi-nos], *a.* 1. Vertiginoso, que padece vértigos. 2. Que tiende a causar vértigo. 3. Giratorio, que da vueltas.
vertigo ['vɜːtɪgəʊ] [ver-ti-gou], *s.* Vértigo, vahido de cabeza. **She suffers from vertigo**, ella sufre de vértigo.
vervain ['vɜːveɪn] [ver-vein], *s. (Bot.)* Planta no cultivada del género Verbena.
verve [vɜːv] [verv], *s.* 1. Energía, entusiasmo, fervor. 2. Inspiración artística.
very ['verɪ] [ve-ri], *a.* 1. Verdadero, real. 2. Grande, lo que tiene calidades comúnmente malas en grado eminente. **He is a very thief**, es un ladrón consumado. 3. Idéntico, mismo. **At that very hour**, a aquella misma hora o precisamente a aquella hora. 4. Completo. 5. Justo, preciso (exactly, precisely) *-adv.* Muy, mucho, sumamente. **Very much**, mucho o muchísimo; muy (antes de un participio). **Very** se usa también de un modo expletivo para aumentar el énfasis de la oración. **She has a car of her very own**, tiene su propio coche.
vesicle ['vesɪkl] [ve-si-kol], *s.* Vesícula, vejigüela, vejiguilla; ampolla o quiste pequeño; protuberancia llena de aire que tienen ciertas plantas acuáticas.
vesicular [və'sɪkjʊlə^r] [ve-si-kiu-la^r], *a.* Vesicular, en forma de vesícula; vesiculoso.
vesper ['vespə^r] [ves-pa^r], *s.* 1. Véspero o héspero, la estrella vespertina. 2. Tarde, el anochecer. 3. Campana que llama a vísperas. 4. *pl.* Vísperas, una de las horas del oficio divino que se dice por la tarde. *-a.* Vespertino, perteneciente a la tarde o a las vísperas.
vespertine ['vespətiːn] [ves-per-tin], *a.* Vespertino.
vessel [vesl] [ve-sel], *s.* 1. Vasija, el vaso para echar o guardar licores u otras cosas. 2. Vaso, nombre dado por los anatómicos a los canales que contienen la sangre y la linfa en el cuerpo humano. 3. Buque, bajel, embarcación. 4. *(Bot.) V.* DUCT.
vest [vest] [vest], *s.* 1. Chaleco (a waistcoat). *V.* WAISTCOAT. 2. Chaqueta antigua de mujer; guarnición del vestido de mujer por el frente. 3. Elástica, camiseta interior. 4. Vestido, vestidura.
vest, *va.* 1. Revestir (authority), investir. 2. Investir, dar la investidura de alguna cosa; poner en posesión, dar a cargo. 3. Vestir, cubrir o adornar el cuerpo con el vestido. **To vest with**, vestir de, revestir de. **To vest in**, revestir de, investir de, poner en posesión de.
vestal ['vestl] [ves-tal], *s.* Vestal, entre los romanos la virgen consagrada a la diosa Vesta. *-a.* Virgíneo, virginal.
vestibule ['vestɪbjuːl] [ves-ti-biul], *s.* Vestíbulo, atrio, pórtico, portal, zaguán (a entrance hall). **I´ll meet you in the vestibule of the theater**, me encontraré contigo en el vestíbulo del teatro.
vestige ['vestɪdʒ] [ves-tich], *s.* 1. Vestigio, señal que queda de una cosa (a trace). 2. *(Biol.)* Parte u órgano, pequeño o atrofiado, aunque normalmente desarrollado en los antepasados.
vestigial ['vestɪdʒɪəl] [ves-ti-yial], *a. (Biol.)* Que se ha atrofiado o degenerado.
vesting ['vestɪŋ] [ves-tin], *s.* Material para hacer chalecos.
vestment ['vestmənt] [vest-ment], *s.* Prenda de vestir, vestido; vestidura de dignidad, de pompa; vestimenta que usan los sacerdotes; también, sabanilla (de altar).
vest-pocket [vest'pɒkɪt] [vest-po-kit], *a.* Para el bolsillo del chaleco. **Vest-pocket Dictionary**, Diccionario de bolsillo.
vestry ['vestrɪ] [ves-tri], *s.* 1. Vestuario, habitación donde se guardan vestidos y se revisten los eclesiásticos y a veces los coristas. 2. Sacristía, una pieza contigua a la iglesia, donde se guardan las vestiduras, los ornamentos y otras cosas pertenecientes al culto divino. 3. En la Iglesia episcopal protestante, reunión de hombres que tienen a su cargo la administración de los asuntos de la parroquia. 4. En las iglesias no litúrgicas, capilla o cuarto para la escuela dominical contiguo a la iglesia. **Vestryman**, miembro de la junta parroquial (*vestry*).
vesture ['vestʃə^r] [ves-cha^r], *s.* 1. Vestido, lo que viste o cubre, capa; traje, hábito. 2. En el antiguo derecho inglés, todo lo que cubre el terreno excepto los árboles.
vet [vet] [vet], *v.* Someter a investigación, examinar, repasar.
vetch [vetʃ] [vech], *s. (Bot.)* Algarroba, arverjona; cualquier planta del género Vicia.
vetchy ['vetʃɪ] [ve-chi], *a.* Abundante en algarrobas.
veteran ['vetərən] [ve-te-ran], *s.* y *a.* 1. Veterano, militar viejo. 2. Veterano, hombre antiguo, práctico y experto en cualquier profesión o ejercicio.
verterinarian [ˌvetərɪ'nɛərɪən] [ve-te-ri-nea-rian], *s.* Albéitar, veterinario.
veterinary ['vetərɪnərɪ] [ve-te-ri-na-ri], *a.* Veterinario, perteneciente a la veterinaria o a las enfermedades y lesiones de los animales domésticos y a su tratamiento. **Veterinary science**, veterinaria.
veto ['viːtəʊ] [vi-tou], *va.* 1. Poner el veto a (v.g. a un proyecto de ley). 2. Vedar o prohibir con autoridad; rehusar la aprobación de. *-s.* 1. Veto, derecho que tiene el poder ejecutivo de negar la sanción de una ley votada por los cuerpos legislativos. 2. Acción de vetar, de poner el veto a; comunicación oficial en que se niega la sanción a un proyecto de ley. 3. Cualquier prohibición hecha con autoridad.
vetting ['vetɪŋ] [ve-tin], *s.* Exament, investigación (check).
vex [veks] [veks], *va.* 1. Vejar, molestar; apesadumbrar, desazonar, hacer padecer a uno (to annoy, distress). 2. Enojar, irritar, enfadar, provocar, hacer salir a uno de sus casillas. *(Vulg.)* Moler, jorobar. 3. Turbar, perturbar. **To be vexed**, incomodarse, enojarse, picarse.
vexation [vek'seɪʃən] [vek-sei-shon], *s.* Vejación, molestia, maltrato; provocación, enojo, enfado.
vexatious [vek'seɪʃəs] [vek-sei-shos], *a.* Penoso, molesto, enfadoso; provocativo.
vexatiousness [vek'seɪʃəsnɪs] [vek-sei-shos-nes], *s.* Molestia, vejación, inquietud.
vexer ['veksə^r] [vek-sa^r], *s.* El que inquieta, enfada, molesta o provoca.
VHF *Abreviatura de* **Very High Frequency,** frecuencia muy alta.
via ['vaɪə] [vaia], *prep.* Por la vía de, por. **Via Nicaragua,** por Nicaragua.
viability [ˌvaɪə'bɪlɪtɪ] [vaia-bi-li-ti], *s.* Viabilidad, calidad de viable.
viable ['vaɪəbl] [vaia-bol], *a.* Viable, capaz de vivir; que sale a luz con fuerza bastante para seguir viviendo.
viaduct ['vaɪədʌkt] [vaia-dakt], *s.* Viaducto, obra a manera de puente, para el paso de un camino sobre una hondonada.
vial ['vaɪəl] [vaial], *s.* Redoma, ampolleta; botella, vaso.
viand ['vaɪənd] [vaiand], *s.* Vianda, la carne o comida que se sirve a la mesa.
viatic ['vaɪətɪk] [vaia-tik], *a.* De viaje, de viático.
viaticum [vaɪ'ætɪkəm] [vaia-ti-kom], *s.* 1. Viático, prevención o provisión para algún viaje. 2. Viático, la comunión que se administra a los enfermos en peligro de muerte.
vibrant ['vaɪbrənt] [vai-brant], *a.* Vibrante, que vibra.
vibrate ['vaɪbreɪt] [vai-breit], *va.* 1. Vibrar, blandir, dar un movimiento trémulo a alguna cosa larga y delgada (to jar, rattle, vibrate). 2. Vibrar, arrojar con ímpetu y violencia una cosa, especialmente hablando de las que en su movimiento hacen vibraciones. *-vn.* 1. Vibrar, moverse alguna cosa suspensa en el aire de un lado a otro, con movimiento igual. 2. Vibrar o moverse una cosa haciendo vibraciones.
vibratile ['vaɪbrətɪl] [vai-bra-til], *a.* Vibrátil, a propósito para el movimiento vibratorio.
vibration [vaɪ'breɪʃən] [vai-brei-shon], *s.* Vibración: se dice del vaivén de un cuerpo libre suspenso en el aire, y del movimiento trémulo de las cuerdas tirantes, de los rayos de luz, etc.

vibratory ['vaɪbrətərɪ] [vai-bra-to-ri], *a.* Vibratorio, oscilatorio.

vicar ['vɪkəʳ] [vi-kaʳ], *s.* 1. Vicario, el que hace las veces de un superior en ciertas funciones, particularmente las eclesiásticas. 2. Teniente de cura de una parroquia; cura beneficiado.

vicarage ['vɪkərɪdʒ] [vi-ka-rich], *s.* 1. Vicaría, vicariato, beneficio curado. 2. Vicaría, casa del vicario.

vicarial [vɪ'kɛərɪəl] [vi-ka-rial], *a.* Vicarial, lo perteneciente al vicario y a su oficio.

vicarious [vɪ'kɛərɪəs] [vi-ka-rios], *a.* 1. Vicario, hecho o ejecutado por vía de sustitución; sufrido en vez de otro. 2. Diputado, delegado, substituto, que obra en virtud de poderes de otra persona o la substituye. 3. Vicarial, perteneciente al vicario.

vicarship ['vɪkəʃɪp] [vi-kar-ship], *s.* Vicariato.

vice [vaɪs] [vais], *s.* 1. Vicio, maldad, habitual disposición al mal, malignidad; lo opuesto a virtud (defect, failing, fault). 2. Vicio, defecto o imperfección del cuerpo o del alma; falta, culpa, desliz. 3. El bufón de los volátines. 4. Vicio, resabio o mala costumbre del caballo. 5. *V.* VISE. **Continual lying is a vice**, mentir continuamente es un vicio.

vice, Prefijo que sólo se usa en composición para significar que la persona de quien se habla tiene las veces o autoridad de aquella que denota la voz con que se forma la composición. **Vice-admiral**, (a) vicealmirante, el jefe principal de una escuadra después del almirante; (b) vicealmirante, uno de los grados de los oficiales generales de marina en Inglaterra. **Vice-admiralty**, vicealmirantazgo. **Vice-agent**, agente, la persona que hace algo en lugar de otro. **Vice-chancellor**, vicecanciller, vicecancelario. **Vice-consul**, vicecónsul, el que hace las veces de cónsul. **Vice-presidency**, vicepresidencia, dignidad de vicepresidente y el tiempo que dura. **Vice-president**, vicepresidente; en especial el Vicepresidente de los Estados Unidos de América.

viceroy ['vaɪsrɔɪ] [vais-roi], *s.* Virrey, el que con este título gobierna en nombre y con autoridad del rey.

viceroyalty ['vaɪs'rɔɪəltɪ] [vais-roial-ti], *s.* Virreinato.

vice versa ['vaɪs'vɜːsə] [vais-ver-sa], *adv.* Viceversa. **Kevin dislikes Mary and vice versa**, a Kevin no le gusta Mary y viceversa.

vicinage ['vɪsɪnɪdʒ] [vi-si-nich], *s.* 1. Vecindad, cercanía o proximidad de unos parajes a otros. 2. Calidad de próximo o vecino.

vicinity [vɪ'sɪnɪtɪ] [vi-si-ni-ti], *s.* Vecindad, cercanía, proximidad.

vicious ['vɪʃəs] [vi-shos], *a.* 1. Vicioso, endepravado, entregado al mal (evil, cruel). 2. Vicioso, defectuoso, imperfecto; (horse) asombradizo. 3. *(Fam.)* Maligno, rencoroso, enconado. **Vicious circle**, círculo vicioso.

viciously ['vɪʃəslɪ] [vi-shos-li], *adv.* De manera perversa, viciosamente.

viciousnes ['vɪʃəsnɪs] [vi-shos-nes], *sf.* Crueldad, viciosidad.

vicissitude [vɪ'sɪsɪtjuːd] [vi-si-si-tiud], *s.* Vicisitud, orden o acontecimiento sucesivo o alternativo; alternativa, vuelta o retorno; mudanza; instabilidad.

victim ['vɪktɪm] [vik-tim], *s.* 1. Víctima, criatura viva ofrecida en sacrifico a una divinidad (dupe, martyr, prey). 2. Persona sacrificada con un objeto cualquiera. 3. El que padece una condición enferma o un sentimiento mórbido. 4. El que ha sido embaucado, estafado. **The murderer´s victims were all women**, las víctimas de los crímenes son todas mujeres.

victimize ['vɪktɪmaɪz] [vik-ti-mais], *va.* *(Fam.)* Hacer víctima, estafar, embaucar.

victor ['vɪktəʳ] [vik-taʳ], *s.* Vencedor, el que consigue una victoria.

victoria [vɪk'tɔːrɪə] [vik-to-ria], *s.* 1. *(Bot.)* Victoria, ninfea gigantea del Amazonas. 2. Carruaje bajo y ligero de cuatro ruedas, con cielo de quita y pon.

victorious [vɪk'tɔːrɪəs] [vik-to-rios], *a.* Victorioso (successful, winning).

victoriously [vɪk'tɔːrɪəslɪ] [vik-to-rios-li], *adv.* Victoriosamente.

victoriousness [vɪk'tɔːrɪəsnɪs] [vik-to-rios-nes], *s.* Triunfo, victoria.

victory ['vɪktərɪ] [vik-to-ri], *s.* Victoria, conquista; triunfo, vencimiento, vencida.

victress ['vɪktrɪs] [vik-tres], *sf.* Vencedora.

victual ['vɪktʃəl] [vik-chal], *s.* Vitualla, el conjunto de cosas necesarias para la comida, víveres.

victual, *va.* Abastecer, proveer de bastimentos. **Victualling department**, *(Ingl.)* Administración naval, servicio de las subsistencias de la marina. **Victualling ship**, buque que lleva los víveres para otro o para la flota.

victualler ['vɪktʃələʳ] [vik-cha-laʳ], *s.* 1. Abastecedor, porveedor, el que provee de bastimentos o vituallas. 2. Hostalero, bodegonero, el que tiene fonda, bodegón, etc., donde se da de comer. 3. El buque donde se llevan los bastimentos para una flota.

vicugna, vicuña [vɪ'kjuːnə] [vi-kiu-na], *s.* Vicuña, cuadrúpedo parecido a la llama y originario del Perú, cuya lana es muy estimada.

videlicet [vɪ'diːlɪset] [vi-di-li-set], *adv.* A saber: comúnmente se escribe *viz.* *V.* VIZ.

video ['vɪdɪəʊ] [vi-diou], *s.* Vídeo.

vie [vaɪ] [vai], *va.* y *vn.* 1. Competir, contender dos o más personas entre sí, aspirar con empeño unos y otros a una misma cosa. 2. Disputar sobre una cosa; obrar o ejecutar algo en competencia; hacer una cosa por emulación.

Viennese [ˌvɪə'niːz] [via-nis], *a.* Vienés, vienesa, de Viena en Austria. *-s.* (*sing.* y *pl.*) Vienés, natural o habitante de Viena.

Vietnamese [ˌvjetnə'miːz] [viet-na-mis], *a.* y *s.* Vietnamita.

view [vjuː] [viu], *va.* 1. Mirar; ver, percibir o examinar con la vista, mirar con atención, examinar, inspeccionar, reconocer (to look at, regard, inspect). 2. Mirar mentalmente, considerar. **I viewed his opinion as unnecesary**, considero su opinion como innecesaria.

view, *s.* 1. Vista, la acción y efecto de ver (outlook, picture). 2. Vista, el hecho mismo de ver y el modo con que se mira; vista intelectual; opinión, noción, parecer (opinion). 3. Vista, visión, la facultad o potencia de ver; el alcance a donde llega la vista. 4. Perspectiva, vista o aspecto de diversos objetos juntos mirados de lejos; cuadro, dibujo, lámina, particularmente lo que representa un paisaje, lo que se presenta a las miradas. 5. Vista, intento o propósito. 6. Examen, inspección o escrutinio de una cosa. 7. Apariencia. 8. *(For.)* Inspección hecha, v. g. por el jurado, de una propiedad o de un local o paraje. **With this view**, con esta mira, con este intento. **At first view**, de una ojeada, de una mirada. **Field of view**, *(Opt.)* campo de la visión. **To take a nearer view of**, ver, examinar de más cerca. **In view of**, en vista de, dado. **On view**, expuesto. **Point of view**, punto de vista. **This house has a beautiful view of the bay**, esta casa tiene una hermosa vista de la bahía. **Tell me your view**, dime tu opinión.

viewer ['vjuːəʳ] [viuaʳ], *s.* Veedor, el que ve, mira o registra con curiosidad; mirador, el que mira.

viewfinder ['vjuːˌfaɪndəʳ] [viu-fain-daʳ], *s.* En fotografía, visor o buscador.

viewless ['vjuːlɪs] [viu-les], *a.* Invisible.

viewpoint ['vjuːpɔɪnt] [viu-point], *s.* Punto de vista.

vigil ['vɪdʒɪl] [vi-yil], *s.* 1. Vela, la acción de velar o la vigilia y el tiempo que se vela. 2. Vela, el ejercicio de devoción en las horas acostumbradas de descanso. 3. Vigilia, la víspera de alguna festividad en que se ayuna. **Keep vigil**, velar.

vigilance ['vɪdʒɪləns] [vi-yi-lans], *s.* 1. Desvelo, el estado del que no puede dormir. 2. Vigilancia, cuidado (watchfulness). **Vigilance committee**, junta de vigilancia, para la administración de pronta justicia.

vigilant ['vɪdʒɪlənt] [vi-yi-lant], *a.* Vigilante, cuidadoso, atento.

vigilante ['vɪdʒɪ'læntɪ] [vi-yi-lan-ti], *s.* Vigilante. En E.U. miembro de un cuerpo espcial de vigilancia privada.

vigilantly ['vɪdʒɪləntlɪ] [vi-yi-lant-li], *adv.* Con vigilancia y cuidado.

vignette [vɪ'njet] [vi-niet], *va.* 1. Hacer una fotografía con fondo o borde cuya sombra va disipándose gradualmente. *-s.* 1. Viñeta, un dibujo o estampita apaisada que se pone por adorno al principio o al fin de los libros o capítulos de una obra impresa. 2. Grabado, dibujo, fotografía, etc., la sombra de cuyo fondo va disipándose gradualmente hasta desaparecer.
vigor, vigour ['vɪgəʳ] [vi-gaʳ], *s.* 1. Vigor, fuerza, actividad. 2. Energía, eficacia.
vigorous ['vɪgərəs] [vi-go-ros], *a.* Vigoroso.
vigorously ['vɪgərəslɪ] [vi-go-ros-li], *adv.* Vigorosamente, con energía, con fuerza.
vigorousness ['vɪgərəsnɪs] [vi-go-ros-nes], *s.* Vigorosidad, robustez; actividad.
vigour ['vɪgəʳ] [vi-gaʳ], *s. V.* VIGOR; forma usual en G.B. (strength, energy). **He began his new job with vigour and enthusiasm**, empezó su trabajo con vigor y entusiasmo.
Viking ['vaɪkɪŋ] [vai-kin], *s.* Uno de los piratas del norte que infestaron las costas de Europa desde el siglo octavo hasta el undécimo.
vile [vaɪl] [vail], *a.* Vil, bajo, indigno, despreciable, malvado, perverso (horrible, wicked, disgusting).
vilely ['vaɪllɪ] [vail-li], *adv.* Vilmente, bajamente, servilmente.
vileness ['vaɪlnɪs] [vail-nes], *s.* Vileza, bajeza, infamia, abyección; acción o modo de pensar bajo y traidor.
vilification [ˌvɪlɪfɪ'keɪʃən] [vi-li-fi-kei-shon], *s.* Envilecimiento, acción de envilecer o vilipendiar: difamación.
vilifier ['vɪlɪfaɪəʳ] [vi-li-faiaʳ], *s.* Difamador, el que vilipendia.
vilify ['vɪlɪfaɪ] [vi-li-fai], *va.* 1. Envilecer, hacer despreciable una cosa. 2. Ajar, desacreditar, difamar, vilipendiar, calumniar.
villa ['vɪlə] [vi-la], *s.* Quinta, casa de campo.
village ['vɪlɪdʒ] [vi-lech], *s.* Lugar, aldea, población pequeña y abierta. **They live in a little village**, ellos viven en una aldea pequeña.
villager ['vɪlɪdʒəʳ] [vi-li-chaʳ], *s.* Lugareño, aldeano; villano.
villain ['vɪlən] [vi-lan], *s.* 1. Villano, bellaco, malvado (knave). 2. Pechero, patán feudal.
villainous ['vɪlənəs] [vi-la-nos], *a.* 1. Bellaco, vil, ruin: villano. 2. Malvado, capaz de grandes crímenes. 3. *(Fam.)* Muy malo, asqueroso, repugnante.
villainously ['vɪlənəslɪ] [vi-la-nos-li], *adv.* Vilmente.
villainousness ['vɪlənəsnɪs] [vi-la-nos-nes], *s.* Maldad, perversidad, villanía.
villainy ['vɪlənlɪ] [vi-lan-li], *s. V.* VILLANY.
villanage ['vɪlənɪdʒ] [vi-la-nich], *s. V.* VILLENAGE.
villanize ['vɪlənaɪz] [vi-la-nais], *va.* Avillanar, envilecer, hacer vil o despreciable.
villanous ['vɪlənəs] [vi-la-nos], *a. V.* VILLAINOUS.
villany ['vɪlənɪ] [vi-la-ni], *s.* Villanía, vileza, bastardía, infamia.
villein ['vɪlɪn] [vi-lin], *s.* Villano.
vim [vɪm] [vim], *s. (Fam.)* Fuerza o vigor; energía, espíritu (energy, vigor).
viminal ['vɪmɪnl] [vi-mi-nal], *a.* Mimbroso, hecho de mimbres.
VIN *Abreviatura de* **Vehicle Identification Number**.
vinaigrette [ˌvɪneɪ'gret] [vinei-gret], *s.* 1. Vasito o redomilla para contener una sal o esencia. 2. (Poco us.) Salpicón, salsa fría con vinagre.
vincible ['vɪnsɪbl] [vin-si-bol], *a.* Vencible, que puede ser vencido.
vinculum ['vɪnkələm] [vin-ko-lom], *s.* Vínculo.
vindicable ['vɪndɪkəbl] [vin-di-ka-bol], *a.* Sostenible, justificable, vindicable.
vindicate ['vɪndɪkeɪt] [vin-di-keit], *va.* 1. Vindicar, defender, justificar. 2. *(For.)* Vindicar, recobrar justamente alguna persona aquello de que ha sido desposeída. 3. Vengar.
vindication [ˌvɪndɪ'keɪʃən] [vin-di-kei-shon], *s.* Vindicación, justificación, defensa.
vindicative ['vɪndɪkətɪv] [vin-di-ka-tiv], *a.* Vindicativo, justificativo, vindicador. **She was cruel and vindicative**, era cruel y vindicativa.
vindicator ['vɪndɪkeɪtəʳ] [vin-di-kei-taʳ], *s.* Defensor, protector, vindicador.
vindicatory ['vɪndɪkətərɪ] [vin-di-ka-to-ri], *a.* Vindicativo, vindicatorio, justificativo; que contribuye a la vindicación.
vindictive [vɪn'dɪktɪv] [vin-dik-tiv], *a.* Vengativo, inclinado a tomar venganza de cualquier agravio.
vindictively [vɪn'dɪktɪvlɪ] [vin-dik-tiv-li], *adv.* Vengativamente, por venganza.
vindictiveness [vɪn'dɪktɪvnɪs] [vin-dik-tiv-nes], *s.* Ansia de venganza, carácter vengativo.
vine [vaɪn] [vain], *s.* 1. Parra, toda planta que tiene el tallo débil y rastrero o trepador, enredadera. 2. Vid, planta que produce las uvas; parra, una planta cualquiera del género Vitis. **Vine-clad**, cubierto de enredaderas, de vides; por extensión, cubierto de viñas. **Vine-dresser**, a. viñador, deslechugador; (b) oruga de una mariposa norteamericana que corta las hojas de la vid. **A vine-branch**, un sarmiento. **Vine-knife**, podadera. **Vine-fretter, vine-grub**, pulgón de la vid. **Vine-leaf**, hoja de vid o de sarmiento. **vine-pest**, filoxera; enfermedad de la vid. **Wild wine**, vid silvestre. **Vine-stock**, cepa, el tronco de la vid.
vinegar ['vɪnɪgəʳ] [vi-ni-gaʳ], *s.* 1. Vinagre, líquido ácido obtenido por la fermentación del vino, de la sidra, etc. 2. Vinagre, lo que es agrio metafóricamente; v. gr. una cara. **Vinegar aspect**, cara de vinagre, cara áspera y desapacible. **Vinegar-cruet**, vinagrera.
vinery ['vaɪnərɪ] [vai-ne-ri], *s.* 1. Invernadero para las uvas. 2. Las vides en general.
vineyard ['vɪnjəd] [vin-yard], *s.* 1. Viña, viñedo, el terreno plantado de muchas vides. 2. *(Fig.)* Viña, lugar para cultura espiritual; la iglesia.
vinous ['vaɪnəs] [vai-nos], *a.* 1. Vinoso, que tiene las calidades o propiedades del vino. 2. *(Zool.)* De color de vino.
vintage ['vɪntɪdʒ] [vin-tich], *s.* Vendimia; cosecha de uvas, época. **Vintage car**, coche de época.
vintager ['vɪntədʒəʳ] [vin-ta-yaʳ], *s.* Vendimiador.
vintner ['vɪntnəʳ] [vint-naʳ], *s.* Vinatero, tabernero, tratante en vinos.
viny ['vaɪnɪ] [vai-ni], *a.* Perteneciente a las vides o las enredaderas: que produce vides o enredaderas.
vinyl ['vaɪnl] [vai-nil], *s. (Quím.)* Vinilo. *-a.* Vinílico.
viol ['vaɪəl] [vaiol], *s.* 1. Viola, instrumento músico de la edad media que tenía generalmente seis cuerdas; predecesor del violín. 2. Instrumento de cuerda parecido al violín. 3. *(Mar.)* Virador, calabrote afianzado con mojeles al cable y traído al cabrestante volante para mejor levar el ancla, cuando el cabrestante principal no basta.
viola [vɪ'əʊlə] [vi-ou-la], *s.* 1. Viola, instrumento de la misma figura que el violín, aunque algo mayor; alto. 2. *V.* VIOL., 2ª acep. **She plays the viola in the new school**, ella toca la viola en el colegio nuevo.
violaceous ['vaɪəleɪʃəs] [vaio-lei-shos], *a.* Violáceo, de color de violeta; perteneciente a la violeta o a esta familia de plantas.
violate ['vaɪəleɪt] [vaio-leit], *va.* 1. Violar, quebrantar o traspasar la ley, preceptos, derechos, etc (to break). 2. Violar, profanar las cosas sagradas (to treat). 3. Violar, forzar a una mujer, y si es doncella, se llama estuprar (to rape).
violation [ˌvaɪə'leɪʃən] [vaio-lei-shon], *s.* 1. Violación, la acción y efecto de violar o profanar. 2. Violación, la acción de forzar a una mujer. 3. Estupro, violación de una doncella.
violator ['vaɪəleɪtəʳ] [vaio-lei-taʳ], *s.* 1. Violador. 2. Estuprador.
violence ['vaɪələns] [vaio-lens], *s.* 1. Violencia, fuerza o ímpetu en las acciones. 2. Violencia, vehemencia, impetuosidad. 3. Violencia, la fuerza con que se obliga a alguno a que haga lo que no quiere. 4. Violencia, la fuerza que se hace para sacar a una cosa de su estado u orden natural.
violent ['vaɪələnt] [vaio-lent], *a.* 1. Violento, impetuoso, que obra con fuerza. 2. Violento, vehemente, arrebatado. 3. Fuerte, extremo. 4. Severo, duro, violento, que obra con fuerza indebida. 5. Que resulta de la fuerza externa o del

daño. **He has a violent temperament**, tiene un temperamento violento.

violently ['vaɪələntlɪ] [vaio-lent-li], *adv.* Violentamente, con vehemencia, con impetuosidad.

violet ['vaɪəlɪt] [vaio-lit], *s.* 1. Violeta, una flor; toda planta del género Viola. 2. Color violado, el séptimo del espectro solar. *-a.* Violado, del color de la violeta. **Violet ray**, rayo violeta.

violin [ˌvaɪə'lɪn] [vaio-lin], *s.* 1. Violín, instrumento músico de cuatro cuerdas, que se toca con arco. 2. Violín, el que lo toca. *V.* VIOLINIST. **He plays violin very bad**, toca el violín muy mal.

violinist [ˌvaɪə'lɪnɪst] [vaio-li-nist], *s.* Violín, violinista, el que toca el violín (violin player).

violoncellist [ˌvaɪələn'tʃelɪst] [vaio-lon-che-list], *s.* Violoncelista, el que toca el violoncelo.

violoncello [ˌvaɪə'lɪn] [vaio-lin], *s.* 1. Violoncelo, violonchelo, una especie de violón pequeño. 2. Violoncelo, registro pedal del órgano.

viper ['vaɪpər] [vai-par], *s.* 1. Víbora, una especie de culebra venenosa. 2. Cualquiera persona o cosa dañina o dañosa.

viperine ['vaɪpərɪn] [vai-pe-rin], *a.* Viperino, venenoso, nocivo; maléfico, pérfido.

virago [vɪ'rɑːgəʊ] [vi-ra-gou], *s.* 1. Marimacho, Mari-Ramos, mujer regañona, colérica. 2. *(Ant.)* Marimacho, guerrera, amazona.

virgilian [vɜː'dʒɪlɪən] [ver-yi-lian], *a.* Virgiliano, propio y característico del poeta Virgilio.

virgin ['vɜːdʒɪn] [ver-yin], *s.* 1. Virgen, doncella, la mujer que no ha conocido varón. 2. Religiosa que ha hecho voto de virginidad. 3. Virgo, un signo del zodíaco. 4. *(Zool.)* Que produce huevos sin ser impregnada. *-a.* 1. Virginal, perteneciente a una virgen, modesto, casto. 2. Puro, incólume, inmaculado. 3. Virgen; se aplica a la tierra que no ha sido arada ni cultivada, a las cosas que están en su primera entereza, y a las producciones naturales que están en su ser primitivo, sin que las haya alterado el arte o el uso.

virginal ['vɜːdʒɪnl] [ver-yi-nal], *a.* Virginal, que pertence a las vírgenes o es propio de ellas.

virginity [vɜː'dʒɪnɪtɪ] [ver-yi-ni-ti], *s.* Virginidad, el estado de la mujer que no ha conocido varón.

virile ['vɪraɪl] [vi-rail], *a.* 1. Viril, lo que es propio del varón. 2. Varonil, que tiene el vigor del varón, masculino (sexually potent). **He is young and virile**, es joven y viril.

virility [vɪ'rɪlɪtɪ] [vi-ri-li-ti], *s.* Virilidad, carácter de lo viril, edad viril.

virology [ˌvaɪə'rɒlədʒɪ] [vaia-ro-lo-yi], *s.* Virología.

virtu ['vɜːtʊ] [ver-tu], *s.* 1. Calidad poco común, curiosa o hermosa; por lo común, en la locución *objects o articles of virtu*. 2. Gusto para objetos curiosos o raros. *(Ital.)*

virtual ['vɜːtjʊəl] [ver-tiual], *a.* Virtual.

virtually ['vɜːtjʊəlɪ] [ver-tiua-li], *adv.* Virtualmente.

virtue ['vɜːtjuː] [ver-tiu], *s.* 1. Virtud: tiene las mismas acepciones en las dos lenguas, tanto en lo físico como en lo moral. 2. Castidad, particularmente de la mujer. 3. Virtud, moralidad, castidad (chastity, virginity).**Virtues**, virtudes, el quinto coro de los espíritus celestiales.

virtuoso [ˌvɜːtjʊ'əʊzəʊ] [ver-tiu-ou-sou], *s.* Persona aficionada a estudiar las antigüedades, las curiosidades de la naturaleza, las nobles artes o la música; particularmente, músico muy hábil. Es voz italiana.

virtuous ['vɜːtjʊəs] [ver-tiuos], *a.* 1. Virtuoso, moralmente puro y bueno; digno de aprobación: se dice de las personas y de sus acciones, y cuando se habla de mujeres regularmente se entiende casta. 2. *(Ant.)* Virtuoso, se aplicaba a las cosas que tienen la actividad y virtud natural que les corresponde; eficaz.

virtuously ['vɜːtjʊəslɪ] [ver-tiuos-li], *adv.* Virtuosamente.

virtuousness ['vɜːtjʊəsnɪs] [ver-tiuos-nes], *s.* Virtuosidad, la calidad o propiedad que constituye a una persona o cosa virtuosa.

virulence ['vɪrʊləns] [vi-ru-lens], *s.* 1. Virulencia, calidad de virulento, naturaleza sumamente ponzoñosa. 2. Malignidad, mordacidad.

virulent ['vɪrʊlənt] [vi-ru-lent], *a.* Virulento, venenoso, ponzoñoso; que tiene la naturaleza del virus; mordaz, maligno, cáustico (dangerous). **In his speech he made a virulent attack**, en su discurso el hizo un virulento ataque.

virulently ['vɪrʊləntlɪ] [vi-ru-lant-li], *adv.* Malignamente.

virus ['vaɪərəs] [vaia-ras], *s.* Virus, el humor maligno de cualquier mal; principaio morbífico que es el agente para la transmisión de varias enfermedades infecciosas; en sentido figurado, malignidad, infección moral, amargura mental, mordacidad.

visage ['vɪzɪdʒ] [vi-sidch], *s.* Rostro, cara, semblante, aspecto distintivo (face)..

viscera ['vɪsərə] [vi-sa-ra], *s. pl.* de VISCUS.

visceral ['vɪsərəl] [vi-sa-ral], *a.* 1. Visceral, perteneciente o relativo a las vísceras. 2. Ventral, abdominal.

viscid ['vɪsɪd] [vi-sid], *a.* 1. Viscoso, pegajoso, glutinoso. 2. *(Fís.)* Imperfectamente, fluido; se aplica a una substancia, como el alquitrán, que cambia de forma bajo la influencia de una fuerza.

viscose ['vɪskəʊs] [vis-kous], *a.* Viscoso.

viscosity [vɪs'ɒsɪtɪ] [vis-ko-si-ti], *s.* Viscosidad, calidad de viscoso.

viscount ['vaɪkaʊnt] [vai-kaunt], *s.* Vizconde, título de nobleza inmediato al de conde.

viscountesse ['vaɪkaʊntɪs] [vai-kaun-tis], *sf.* Vizcondesa.

viscous ['vɪskəs] [vis-kos], *a.* Viscoso, glutinaoso, pegajoso.

viscus ['vɪskəs] [vis-kos], *s.* (*pl.* VISCERA). Víscera, uno de los órganos contenidos en las grandes cavidades del cuerpo, el abdomen, el tórax y el cráneo, más común en plural, vísceras, entrañas.

vise [vaɪs] [vais], *s.* Tornillo de banco, útil que sirve para asir y asegurar aquello en que se trabaja; torno.

visibility [ˌvɪzɪ'bɪlɪtɪ] [vi-si-bi-li-ti], *s.* Visibilidad, calidad de visible.

visible ['vɪzəbl] [vi-sa-bol], *a.* 1. Visible, que se puede ver, perceptible a la vista. 2. Visible, evidente, claro, manifiesto. *-s.* *(Des.)* La cosa visible.

visibly ['vɪzəblɪ] [vi-sa-bli], *adv.* Visiblemente; evidentemente, manifiestamente.

Visigoth ['vɪzɪgɒθ] [vi-si-goz], *s.* Visigodo, visigoda; godo del oeste.

vision ['vɪʒən] [vi-shon], *s.* 1. Visión, vista, la facultad o el sentido de la vista; la acción de ver o el acto de la potencia visiva. 2. Visión, objeto de la vista. 3. Visión, fantasma, sueño; revelación inspirada y profética.

visionary ['vɪʒənərɪ] [vi-sho-na-ri], *a.* 1. Imaginario, que carece de realidad; impracticable, infactible, que no se puede hacer. 2. Visionario, el que cree o se figura visiones o fantasmas. *-s.* Visionario, el hombre que se figura y cree con faclidad cosas quiméricas; hombre poco práctico.

visit ['vɪzɪt] [vi-sit], *va.* 1. Visitar, ir a ver a alguno. 2. Visitar: se dice del reconocimiento o examen que hace una autoridad eclesiástica o civil de las personas o de los negocios que tienen relación con sus atribuciones. 3. *(Teol.)* Visitar, enviar Dios a los hombres algún consuelo, visitarse, irse a ver recíprocamente, hacer visitas, ir de visita. 4. Inflingir (to inflict). 5. Castigar (to punish, torment).**They visited the ruins of Pompeii**, visitaron las ruinas de Pompeya.

visit, *s.* 1. Visita, visitación, acto de cortesía. 2. Visita personal, de inspección y examen; v. gr. la ida del médico a la casa del enfermo; la visitación de un obispo, etc.

visitable ['vɪzɪtəbl] [vi-si-ta-bol], *a.* Visitable, lo que se puede visitar; lo que está sujeto a ser visitado o reconocido por alguna autoridad.

visitant ['vɪzɪtənt] [vi-si-tant], *s.* Visitador.

visitation [ˌvɪzɪ'teɪʃən] [vi-si-tei-shon], *s.* 1. Visitación, visita. 2. Inspección y examen oficiales, como de un establecimiento, colegio, etc.; visita de un obispo. 3. Disposición divina de gracia o de retribución; castigo del cielo. **Death by visitation of God**, muerte natural.

visitatorial [ˌvɪzɪ'tətɔːrɪəl] [vi-si-ta-to-rial], *a.* Lo que pertenece a un visitador o a la autoridad que visita.

visiting ['vɪzɪtɪŋ] [vi-si-tin], *a.* De visita. **Visiting card**, tarjeta de visita.
visitor ['vɪzɪtəʳ] [vi-si-taʳ], *s.* Visitador.
visor ['vaɪzəʳ] [vai-soʳ], *s. V.* VIZOR. Visera.
vista ['vɪstə] [vis-ta], *s.* Vista, perspectiva; perspecitva mental que comprende una serie de acontecimientos.
visual ['vɪzjʊəl] [vi-shual], *a.* Visual.
visualize ['vɪzjʊəl] [vi-shual], *vt.* 1. Visualizar; imaginarse, representarse (in mind). 2. Prever (foresee).
visually ['vɪzjʊəlɪ] [vi-shua-li], *adv.* Visualmente.
vital ['vaɪtl] [vai-tal], *a.* 1. Vital, perteneciente a la vida; que contribuye a la vida o le es necesario. 2. Esencial, indispensable; vital, de suma importancia (essential, necessary, lively, energetic). 3. Que afecta a la vida; fatal, mortal. **It´s vital that you get to the hospital soon**, el esencial que llegues al hopital pronto.
vitality [vaɪ'tælɪtɪ] [vai-ta-li-ti], *s.* Vitalidad, principio o fuerza vitales (liveliness, energy).
vitalize ['vaɪtəlaɪz] [vai-ta-lais], *va.* Vivificar, hacer vital, dar vida; animar, reanimar.
vitally ['vaɪtəlɪ] [vai-ta-li], *adv.* Vitalmente, de una manera vital; esencialmente.
vitals ['vaɪtlz] [vai-tals], *s. pl.* Las partes vitales de un ser viviente; *(Fig.)* lo esencial, la vida, órganos vitales.
vitamin ['vɪtəmɪn] [vi-ta-min], *s.* Vitamina.
vitiate ['vɪʃɪeɪt] [vi-shieit], *va.* 1. Viciar, dañar, corromper, echar a perder (to spoil, to make impure). 2. Viciar, hacer nulo, invalidar.
vitiation ['vɪʃɪeɪʃən] [vi-shiei-shon], *s.* Depravación, corrupción; estado de lo corrompido; invalidacón (de un acto o contrato).
viticulture ['vɪtɪkʌltʃəʳ] [vi-ti-kal-chaʳ], *s.* Viticultura, cultivo de la vid; arte de cultivar las vides.
vitreous ['vɪtrɪəs] [vi-trios], *a.* 1. Vítreo, hecho de vidrio o que tiene sus propiedades. 2. Vítreo, parecido al vidrio en alguna propiedad; vidrioso. **Vitreous body** o **humor**, humor vítreo del ojo.
vitreousness ['vɪtrɪəsnɪs] [vi-trios-nes], *s.* Vidriosidad, la semejanza con el vidrio.
vitrescent ['vɪtrəsənt] [vi-tre-sent], *a.* Capaz de vitrificación.
vitrifaction [ˌvɪtrɪ'fækʃən] [vi-tri-fak-shon], *s.* Vitrificación, acción o procedimiento de vitrificar; estado o calidad de lo vitrificado.
vitriform ['vɪtrɪfɔːm] [vi-tri-form], *a.* Vítreo, que tiene la apariencia del vidrio.
vitrify ['vɪtrɪfaɪ] [vi-tri-fai], *va.* Vitrificar. *-vn.* Vitrificarse, reducirse a vidrio.
vitriol ['vɪtrɪəl] [vi-triol], *s.* 1. Aceite de vitriolo, ácido sulfúrico. 2. Sulfato, vitriolo. **Blue o Roman vitriol**, vitriol azul, sulfato de cobre. **Green vitriol o copperas**, vitriolo verde o marcial, caparrosa, sulfato de hierro. **White vitriol**, vitriolo blanco, sulfato de cinc.
vitriolic [ˌvɪtrɪ'ɒlɪk] [vi-trio-lik], *a.* 1. Vitriólico. 2. Cáustico, mordaz (extremely bitter, violent). **His speech was cruel and vitriolic**, su discurso fue cruel y mordaz.
vituperable [vɪ'tjuːpərəbl] [vi-tiu-pa-rei-bol], *a.* Vituperable (very abusive, insulting).
vituperate [vɪ'tjuːpəreɪt] [vi-tiu-pa-reit], *va.* Vituperar, censurar, decir mal.
vituperation [vɪˌtjuːpə'reɪʃən] [vi-tiu-pa-rei-shon], *s.* Vituperación, el acto de vituperar o censurar.
vivacious [vɪ'veɪʃəs] [vi-vei-shos], *a.* 1. Vivo, animado, alegre, despejado (lively, bright). 2. De larga vida. 3. *(Bot.)* Vivaz, perenne. **He is vivacious and attactive**, él es animado y atractivo.
vivaciousness [vɪ'veɪʃəsnɪs] [vi-vei-shos-nes] *s.* 1. Vivacidad, viveza de genio, animación. 2. *(Des.)* Ancianidad, vida larga.
vivarium [vɪ'værɪəm] [vi-va-riom], *s.* Vivar, vivero.
vivid ['vɪvɪd] [vi-vid], *a.* 1. Vivo, despejado, lleno de vida, intenso; brillante (color) (brilliant, bright). 2. Vivo, de apariencia viviente, animado, enérgico (clear, striking, active, lively). 3. Activo, que obra con vivo interés. **His imagination is more vivid than most people´s**, su imaginación es más viva que la de la mayoría de la gente.
vividly ['vɪvɪdlɪ] [vi-vid-li], *adv.* Vivamente, con vivacidad, con vigor.
vividness ['vɪvɪdnɪs] [vi-vid-nes], *s.* Vivacidad, calidad de brillante, intensidad; fuerza, brillo.
vivification [ˌvɪvɪfɪ'keɪʃən] [vi-vi-fi-kei-shon], *s.* Vivificación.
vivify ['vɪvɪfaɪ] [vi-vi-fai], *va.* Vivificar, dar vida a; dar vigor, reanimar.
viviparous [vɪ'vɪpərəs] [vi-vi-pa-ros], *a.* 1. *(Zool.)* Vivíparo: se dice del animal que pare los hijos vivos, a distinción de los que ponen huevos. 2. *(Bot.)* Que produce bulbos o simientes que germinan mientras están aún unidas a la planta.
vivisect ['vɪvɪsekt] [vi-vi-sekt], *va.* Disecar un animal vivo para hacer estudios fisiológicos. *-vn.* Practicar la vivisección.
vivisection [ˌvɪvɪ'sekʃən] [vi-vi-sek-shon], *s.* Vivisección, disección de los animales para fines científicos.
vixen ['vɪksn] [vik-sen], *s.* 1. Zorra o raposa, la hembra del zorro o raposo (a female fox). 2. Mujer regañona, cólerica, displicente, quimerista.
vizar ['vɪzəʳ] [vi-saʳ], *s. (Ant.)* visera, máscara, carátula.
vizier, vizir ['vɪzɪəʳ] [vi-shiaʳ] *s.* Visir, o el gran visir, el primer ministro del imperio otomano.
vizor ['vaɪzəʳ] [vai-soʳ] *s.* 1. Visera, ala pequeña que tienen en la parte anterior las gorras, etc., para resguardar la vista. 2. Visera, del yelmo.
VLF *Abreviatura de* **Very Low Frequency**.
vocable ['vəʊkəbl] [vou-ka-bol], *s.* Vocablo, palabra, sonido vocal.
vocabulary [vəʊ'kæbjʊlərɪ] [vou-ka-biu-la-ri], *s.* 1. Vocabulario, lista de palabras, diccionario. 2. Nomenclatura, conjunto de palabras usadas por una persona o contenidas en una obra. **These words are found in the criminal vocabulary**, esas palabras se encuentran en el diccionario criminal.
vocal ['vəʊkəl] [vou-kal], *a.* Vocal, oral. **Vocal cords**, cuerdas vocales.
vocalist ['vəʊkəlɪst] [vou-ka-list], *s.* Cantor, cantora, particularmente los de voz cultivada, lo contrario de *instrumentalist*.
vocalization [ˌvəʊkəlaɪ'zeɪʃən] [vou-ka-lai-sei-shon], *s.* Vocalización, acción y efecto de vocalizar.
vocalize ['vəʊkəlaɪz] [vou-ka-lais], *va.* 1. Proferir o formar la voz, vocalizar. 2. Poner los puntos vocales, v. g. en fonografía, o en un idioma semítico. *-vn.* Vocalizar, solfear sin nombrar las notas.
vocally ['vəʊkəlɪ] [vou-ka-li], *adv.* 1. Vocalmente, con la voz. 2. Verbalmente.
vocation [vəʊ'keɪʃən] [vou-kei-shon], *s.* 1. Vocación, oficio, carrera, profesión. 2. Llamamiento espiritual o que Dios hace al hombre para el servicio religioso.
vocational [vəʊ'keɪʃənl] [vou-kei-sho-nal], *a.* 1. Vocacional. 2. Profesional, práctico, relativo a un oficio o profesión. **Vocational guidance**, orientación profesional. **Vocational school**, escuela de artes y oficios, escuela profesional. **Vocational training**, preparación o instrucción técnica o práctica. **Vocational tests**, pruebas vocacionales de aptitud.
vocative ['vɒkətɪv] [vo-ka-tiv], *s.* Vocativo.
vociferate [vəʊ'sɪfəreɪt] [vou-si-fa-reit], *vn.* Vociferar; clamorear.
vociferation [vəʊˌsɪfə'reɪʃən] [vou-si-fa-rei-shon], *s.* Vocería, gritos, confusión de voces.
vociferous [vəʊ'sɪfərəs] [vou-si-fe-ros], *a.* Vocinglero, clamoroso, vociferante (loud, noisy).
vogue [vəʊg] [voug], *s.* Crédito, estimación; moda (fashion). **To be in vogue**, estar en boga, usarse mucho, ser de moda.
voice [vɔɪs] [vois], *s.* 1. Voz, el sonido proferido con la boca por el ser humano y algunos animales; calidad o carácter de ese sonido. 2. Facultad de hablar. 3. Opinión o elección expresados; sufragio, voz, voto. 4. Enseñanza, admonición,

instrucción. 5. El que habla, particularmente en pro de otra persona. 6. *(Gram.)* Voz, del verbo. **He has a very deep voice**, tiene una voz muy profunda.
voice, *va.* 1. Poner en habla, expresar, proclamar, decir su parecer (to express). 2. Dar el tono; acordar o templar un instrumento. 3. *(Mús.)* Escribir la parte vocal.
voiced ['vɔɪst] [voist], *a.* 1. *(Gram.)* Sonoro. 2. Expreso, expresado, formulado
voiceless ['vɔɪslɪs] [vois-les], *a.* 1. Mudo. 2. *(Gram.)* Sordo.
void [vɔɪd] [void], *a.* 1. Vacío, desocupado, hueco; vacante. 2. *(For.)* Nulo, sin ningún efecto, sin valor ni fuerza (not valid, binding). 3. Falto, privado, desprovisto. 4. Vano, falto de realidad. *-s.* Vacuo, vacío, el espacio enteramente desocupado. **Her marriage was declared void**, su matrimonio fue declarado nulo.
void, *va.* 1. Vaciar, desocupar, evacuar. 2. Dejar un lugar, desocuparlo o separarse de él. 3. Anular, invalidar, hacer nula alguna cosa. **To void out**, echar fuera, arrojar.
voidable ['vɔɪdəbl] [voi-da-bol], *a.* 1. Anulable. 2. Que se puede evacuar o expeler.
voidance ['vɔɪdəns] [voi-dans], *s.* Vaciamiento, la acción y efecto de vaciar.
voile [vɔɪl] [voil], *sf.* Gasa.
volatile ['vɒlətaɪl] [vo-la-tail], *a.* 1. Volátil, que tiene la propiedad de volatilizarse o exhalarse fácilmente a la temperatura ordinaria. 2. Voluble, ligero, inconstante (changeable, unstable). 3. Pasajero, transitorio. **Her son has a volatile personality**, su hijo tiene una personalidad volátil.
volatileness ['vɒlətaɪlnɪs] [vo-la-tail-nes], *s.* 1. Volatilidad, calidad de volátil, de transformarse en gas. 2. Volatilidad, volubilidad, instabilidad, ligereza.
volatilize [vɒ'lætəlaɪz] [vo-la-ti-lais], *va.* Volatilizar, sutilizar los cuerpos reduciéndolos a partes volátiles. *-vn.* Volatilizarse, transformarse en vapor o gas.
volcanic [vɒl'kænɪk] [vol-ka-nik], *a.* Volcánico, perteneciente o relativo al volcán.
volcano [vɒl'keɪnəʊ] [vol-kei-nou], *s.* Volcán, abertura en la tierra y más comúnmente en una montaña, por donde salen de tiempo en tiempo humo, llamas y materias encendidas o derretidas. **The village was destroyed when the volcano erupted**, el pueblo fue destruido cuando el volcán erupcionó.
volition [və'lɪʃən] [vo-li-shon], *s.* Voluntad, facultad de querer; volición, el acto en que la voluntad se determina por alguna cosa (willingly).
volitional [və'lɪʃənl] [vo-li-sho-nal], *a.* Volitivo, de la voluntad.
volley ['vɒlɪ] [vo-li], *s.* 1. Descarga de armas de fuego; andanada; salva. 2. Rociada de palabras picantes, de insultos, etc. 3. Voleo.
volley, *va.* y *vn.* Lanzar una descarga de; ser descargado o sonar al mismo tiempo; estallar.
volleyball ['vɒlɪbɔːl] [vo-li-bol], *s.* Balonvolea, vólibol.
volleyed ['vɒlɪəd] [vo-liad], *a.* Tirado, descargado.
volt [vəʊlt] [voult], *s.* Voltio, unidad práctica de la fuerza electromotriz; la fuerza que se aplica a un conductor de la resistencia de un ohmio produce una corriente de un amperio. **Volt-ammeter, volt-meter**, voltímetro, aparato que se emplea para medir potenciales eléctricas. **Volt-ampere**, *V.* WATT. **Volt-coulomb**, *V.* JOULE.
volt, *s.* La vuelta que se hace dar al caballo en el picadero.
voltage ['vəʊltɪdʒ] [voul-tich], *s.* Voltaje, fuerza electromotriz expresada en voltios; conjunto de voltios que actúan en un sistema eléctrico.
voltaic [vɒl'teɪk] [voul-teik], *a.* *(Fís.)* Voltaico, perteneciente a la electricidad que se desarrolla por medio de la acción química o del contacto; galvánico.
volubility [ˌvɒljʊ'bɪlɪtɪ] [vo-liu-bi-li-ti], *s.* 1. Volubilidad, facilidad de expresión, verbosidad. 2. *(Des.)* Volubilidad, la facilidad de moverse alrededor de alguna cosa.
voluble ['vɒljʊbl] [vo-liu-bol], *a.* 1. De fácil palabra, locuaz (very talkative). 2. Voluble, que gira fácilmente, dispuesto para dar vueltas. 3. *(Bot.)* Voluble, que sube en espiral.
volume ['vɒljuːm] [vo-lium], *s.* 1. Volumen, un libro encuadernado (a book). **A folio volume**, un tomo en folio. 2. Un rollo formado por cualquier cosa arrollada; rollo de vitela sobre el cual escribían los antiguos. 3. Volumen, bulto, caudal de río. 4. Importe, suma, gran cantidad. 5. *(Mat.)* Volumen, espacio ocupado por un cuerpo. 6. Volumen, plenitud del sonido o del tono.
volumetric [ˌvɒljuː'metrɪk] [vo-liu-me-trik], *a.* *(Fís.)* Volumétrico, perteneciente a la medida de los compuestos comparando los volúmenes.
voluminous [və'ljuːmɪnəs] [vo-liu-mi-nos], *a.* 1. Voluminoso, abultado, extenso. 2. Copioso, difuso. 3. Se dice del escritor que ha publicado muchas obras o de la obra que está escrita en muchos volúmenes.
voluminously [və'ljuːmɪnəs] [vo-liu-mi-nos], *adv.* En muchos tomos o volúmenes; copiosamente, abultadamente.
voluminousness [və'ljuːmɪnəs] [vo-liu-mi-nos], *s.* El estado de lo que se halla contenido en muchos volúmenes o es voluminoso.
voluntarily [ˌvɒlən'tærɪlɪ] [vo-lon-ta-ri-li], *adv.* Voluntariamente, espontáneamente, de libre voluntad.
voluntary ['vɒləntərɪ] [vo-lon-ta-ri], *a.* Voluntario, espontáneo, que nace de la voluntad libremente o que se hace de libre voluntad. **Their actions was completely voluntary**, sus acciones fueron completamente voluntarias. *-s.* 1. Voluntario, el que se compromete a hacer o emprender una cosa voluntariamente. 2. Solo para órgano que se toca antes o después del oficio divino.
volunteer ['vələntɪəʳ] [vo-lon-tiaʳ], *s.* Voluntario, el que se ofrece para cualquier servicio por su propia voluntad; especialmente, el soldado que sirve sin haber sido reclutado.
volunteer, *va.* y *vn.* Ofrecer o contribuir voluntariamente; servir como coluntario, sentar plaza, ofrecerse. **She volunteered for a dangerous mission**, ella se ofreció voluntaria para una peligrosa misión.
voluptuary [və'lʌptjʊərɪ] [vo-lap-tua-ri], *s.* Hombre voluptuoso o entregado a los placeres.
voluptuous [və'lʌptjʊəs] [vo-lap-tuos], *a.* 1. Voluptuoso, que proporciona o produce placer a los sentidos. 2. Voluptuoso, dado a los placeres del lujo o a los deleites sensuales. 3. De formas voluptuosas (mujer).
voluptuously [və'lʌptjʊəslɪ] [vo-lap-tuos-li], *adv.* Voluptuosamente, lujuriosamente; con lujo.
voluptuousness [və'lʌptjʊəsnɪs] [vo-lap-tuos-nes], *s.* Sensualidad, deleite o placer sensual; voluptuosidad.
vomer ['vəməʳ] [vo-maʳ], *s.* Vómer, huesecillo impar de las fosas nasales.
vomit ['vɒmɪt] [vo-mit], *va.* y *vn.* 1. Vomitar, arrojar violentamente lo que estaba en el estómago (to throw out, disgorge, puke, spew). 2. Vomitar, arrojar afuera con violencia; salir con violencia.
vomit, *s.* 1. Vómito, lo que se vomita; acción de vomitar (sick). 2. Vomitivo, el medicamento que hace vomitar.
vomiting ['vɒmɪtɪŋ] [vo-mi-tin], *s.* 1. Vómito, acción de vomitar. 2. Vómito, lo que se vomita.
voodoo ['vuːduː] [vu-du], *s.* Conjunto de supersticiones aún existentes en las Antillas y los Estados Unidos del Sur, acerca de los hechizos, la magia, vudú, etc. **These tribes used to practise voodoo**, esas tribus suelen practicar vudú.
voracious [və'reɪʃəs] [vo-rei-shos], *a.* Voraz, muy comedor, que devora; (apetito) devorador; rapaz (ravenous).
voraciously [və'reɪʃəslɪ] [vo-rei-shos-li], *adv.* Vorazmente, con voracidad.
voracity [və'ræsɪtɪ] [vo-ra-si-ti], *s.* Voracidad, calidad de voraz.
vortex ['vɔːteks] [vor-teks], *s.* Remolino, torbellino, vórtice.
votary ['vəʊtərɪ] [vou-ta-ri], *s.* El que se dedica o consagra a algún género particular de vida, el que está muy apasionado por alguna persona o cosa. **A votary of love**, un amante, un enamorado. **A votary of learning**, uno que se entrega al estudio.
vote [vəʊt] [vout], *s.* 1. Voto, sufragio, parecer, dictamen; opinión expresada en una decisión o elección. 2. Medio por el cual se expresa un voto; por ejemplo, una palabra, una

papeleta o el acto de elevar la mano. 3. Votación, decisión. **To put to the vote**, poner a votación, proceder a votar. **A casting vote**, voto decisivo.
vote, *va.* Votar, elegir o determinar por votos. *-vn.* Votar, dar uno su voto.
voter ['vəʊtəʳ] [vou-taʳ], *s.* Votante, voto, elector, la persona que vota o tiene derecho a votar.
voting ['vəʊtɪŋ] [vou-tin], *a.* Votante. **Voting machine**, máquina electoral.
votive ['vəʊtɪv] [vou-tiv], *a.* Votivo, dado u ofrecido por voto.
vouch [vaʊtʃ] [vauch], *va.* 1. Poner o tomar a alguno por testigo. 2. Atestiguar, certificar, afirmar, atestar, testificar. 3. Apelar al testimonio de alguno. **I can vouch for his honesty**, puedo garantizar su honestidad. *-vn.* Dar testimonio de, salir fiador de; certificar.
voucher ['vaʊtʃəʳ] [vau-chaʳ], *s.* 1. Documento justificativo, particularmente el o lo que acusa recibo de dinero u objetos de valor. 2. Testigo, el que atestigua alguna cosa; fiador, responsable, garante.
vouchsafe ['vaʊtʃ'seɪf] [vauch-seif], *va.* Conceder, permitir, otorgar. *-vn.* Condescender, dignarse.
vow [vaʊ] [vau], *s.* 1. Voto, promesa hecha de un modo solemne, particularmente a Dios, a la virgen o a un santo. 2. Voto, cualquier promesa solemne de las que constituyen el estado religioso.
vow, *va.* y *vn.* 1. Dedicar o consagrar a Dios, a la Virgen o a un santo. 2. Voto, cualquier promesa solemne de las que constituyen el estado religioso.
vowel [vaʊəl] [vauel], *s.* Vocal, la letra que por sí forma sílaba; el sonido producido por la vibración de las cuerdas vocales. *-a.* Vocal. -va. Proveer de vocales, p. ej. un escrito árabe o hebreo.
vox [vɒks] [voks], *s.* Voz (en la música). **Vox humana**, registro de lengüeta para producir en el órgan tonos parecidos a la voz humana.
voyage ['vɔɪɪdʒ] [vo-yich], *s.* Viaje por mar, río o lago; navegación. **Voyage out and home**, viaje redondo. **Twenty day's voyage**, veinte días de viaje o de travesía.
voyage, *vn.* Navegar, viajar por mar, río o lago, hacer un viaje por mar. *-va.* Transitar, pasar por.
voyager ['vɔɪɪdʒəʳ] [vo-yi-chaʳ], *s.* Viajero por mar; navegador.
VR *Abreviatura de* **Virtual Reality,** Realidad Virtual.
vs *Abreviatura de* **versus,** contra.
Vulcan ['vʌlkən] [val-kan], *s.* 1. Vulcano, dios del fuego en la antigua Roma. 2. Planeta que se suponía existir entre el sol y Mercurio.
vulcanite ['vʌlkənaɪt] [val-ka-nait], *s.* Vulcanita, variedad negruzca de caucho azufrado o vulcanizado.
vulcanization [ˌvʌlkənaɪ'zeɪʃən] [val-ka-nai-sei-shon], *s.* Vulcanización, el procedimiento de tratar el caucho con azufre a una temperatura elevada.
vulcanize ['vʌlkənaɪz] [val-ka-nais], *va.* Vulcanizar, combinar el caucho con azufre a una temperatura más o menos elevada; sujetar a la vulcanización.
vulgar ['vʌlgəʳ] [val-gaʳ], *a.* 1. Vulgar, lo que pertenece al vulgo. 2. Vulgar, común, ordinario (bourgeois, common, ordinary). 3. Vulgar, vernáculo: se dice de las lenguas que se hablan, en contraposición a las lenguas muertas. 4. Público, generalmente sabido. 5. Vil, bajo, contrario al buen gusto. *-s.* Vulgo, plebe, populacho. **She uses vulgar expresions**, ella usa expresiones vulgares. **Vulgar fraction**, fracción común.
vulgarism ['vʌlgərɪzəm] [val-ga-ri-sem], *s.* Vulgaridad, expresión ofensiva al buen gusto; el modo de vivir correspondiente al vulgo.
vulgarity [vʌl'gærɪtɪ] [val-ga-ri-ti], *s.* 1. Vulgaridad, la calidad o propiedad perteneciente al vugo (coarseness). 2. Vulgaridad, bajeza, dicho o hecho bajo, mal tono, modales vulgares.
vulgarize, vulgarise ['vʌlgəraɪz] [val-ga-rais], *va.* Vulgarizar, hacer vulgar. *-vn.* Conducirse de un modo vulgar, bajo.
vulgarly ['vʌlgəlɪ] [val-ga-li], *adv.* Vulgarmente, comúnmente; bajamente, como del vulgo.
vulnerability [ˌvʌlnərə'bɪlɪtɪ] [val-na-ra-bi-li-ti], *s. V.* VULNERABLENNESS.
vulnerable ['vʌlnərəbl] [val-ne-ra-bol], *a.* Vulnerable, que puede ser herido. **The enemy´s position is vulnerable**, la posición del enemigo es vulnerable.
vulnerableness ['vʌlnərəblnɪs] [val-ne-ra-bol-nes], *s.* La calidad de vulnerable.
vulnerary ['vʌlnərərɪ] [val-ne-ra-ri], *a.* Vulnerario, eficaz para curar llagas o heridas. *-s.* Medicamento vulnerario.
vulpine ['vʌpaɪn] [val-pain], *a.* 1. Zorruno, vulpino. 2. Astuto, ladino.
vulture ['vʌltʃəʳ] [val-chaʳ], *s. (Orn.)* Buitre, ave de rapiña.
vulturous ['vʌltʃərəs] [val-cha-ras], *a.* Buitrero, perteneciente al buitre o que le es propio.
vulva ['vʌlvə] [val-va], *s.* Vulva, abertura exterior de la vagina.
vulvar ['vʌlvəʳ] [val-vaʳ], *a.* De la vulva; perteneciente o relativo a la vulva.
vying ['vaɪɪŋ] [vaiin], *Ger.* **Vie**.
vyingly ['vaɪɪŋlɪ] [vaiin-li], *adv.* De manera que emule o rivalice.

w ['dʌbljʊ] [da-bel-iu], es una letra ambigua en la lengua inglesa, siendo consonante al principio de dicción y vocal cuando forma diptongo en medio o al final de las palabras. Se pronuncia de un modo muy semejante a la *u* vocal castellana; es muda, cuando precede a la *r*, como en *wright, wrong*; cuando está delante de la *h y o*, como en *whole, who;* y en algunas otras voces, como *sword, answer*, etc.
wabble ['wɒbl] [uo-bel], *vn.* 1. *(Fam.)* Balancearse vacilando, como una peonza que gira lentamente. 2. Vacilar. *-s.* Movimiento irregular de cuerpos que están desigualmente equilibrados y en rotación.
wabbly ['wɒblɪ] [uo-bli], *a.* Que hace eses o se balancea vacilando.
wacke ['wæk] [uak], *s.* Roca parda terrosa o arcillosa.
wacky ['wækɪ] [ua-ki], *a.* 1. Chiflado, chalado. 2. Estrambótico, extravagante, descabellado.
wad [wɒd] [uod], *s.* 1. Manojo o atado de paja. 2. Borra o pelote para rehenchir cojines, sillas, etc. 3. *(Art.)* Taco, el bodoquillo que se pone sobre la carga en las piezas de artillería. 4. Mineral de manganeso y cobalto. 6. Lío, bolita. 7. Fajo.
wad, *va.* 1. Acolchar, emborrar, atacar. 2. Empaquetar con entreforro o algodón en rama para protección (v. gr. las mercancías preciosas); forrar con entretela.
wad-hook ['wɒdhʊk] [uod-juk], *s. (Art.)* Sacatrapos.
wadding ['wɒdɪŋ] [uo-din], *s.* Entretela, entreforro, lo que sirve para forrar, particularmente algodón en rama; conjunto de pelotes; taco.
waddle ['wɒdl] [uo-del], *vn.* Anadear, andar moviendo las caderas de un lado a otro, andar como el pato.
wade [weɪd] [ueid], *va.* Atravesar a vado. *-vn.* 1. Vadear, pasar algún río sin echarse a nado; andar en el agua, en el barro, por entre las hierbas altas, en toda sustancia que cede al pie. 2. Pasar o penetrar con dificultad. **He waded the river**, el vadeaba el río.
wader ['weɪdəʳ] [uei-daʳ], *s.* 1. El o lo que vadea. 2. **Wader o wading bird**, zancudas, orden de aves.
wadi ['wɒdɪ] [uo-di], *s.* Valle que contiene el lecho de un torrente que generalmente se agota en la estación seca. *(Arabe).*
wafer ['weɪfəʳ] [uei-faʳ], *va.* Poner una oblea; pegar o cerrar con oblea. *-s.* Oblea; hostia; barquillo. **Wafer-iron**, barquillero, molde de hierro para hacer barquillos. **Wafer-man**, oblero, el que hace obleas; barquillero, el que hace y vende barquillos.

waffle ['wæfl] [ua-fel], *s.* Barquillo o suplicación, fruta de sartén.
waffle, *v.* Hablar mucho y decir poco. **If you ask him a question, he'll only waffle**, si tu le preguntas él sólo hablará mucho y dirá poco.
waft [wɑːft] [uaft], *va.* 1. Llevar por el aire o por encima del agua (to buoy, drift, hang, float). 2. Hacer flotar, sobrenadar.
waft, *s.* 1. Cuerpo flotante. 2. El movimiento de una bandera u otra cosa que se tremola para hacer alguna señal.
waftage ['wɑːftɪdʒ] [uaf-tich], *s.* La conducción por el aire o por el agua.
wafter ['wɑːftəʳ] [uaf-taʳ], *s.* Embarcación ligera; fragata, convoy, conserva.
wag [wæg] [uag], *va.* 1. Mover o menear ligeramente (to move, gossip). **To wog the tail**, colear. 2. Hacer gestos y movimientos ridículos. *-va.* 1. Oscilar, inclinarse alternativamente en direciones opuestas. 2. Proceder regularmente (vida). 3. Irse.
wag, *s.* 1. Voleado, coleadura; movimiento alternativo de la cabeza. 2. Un chocarrero, retozón o juguetón, burlón; bufón; un taratira. **To play the wag**, andarse en chanzas o con burlas, estar de chunga, gastar chanzas pesadas.
wage [weɪdʒ] [ueich], *s.* 1. Paga por algún servicio, comúnmente en plural. 2. Prenda. *V.* WAGES. **Wage-earner, wage-worker**, trabajador, jornalero, el que trabaja por un jornal. 3. Salario, sueldo.
wage, *va.* 1. Hacer emprender con vigor, sostener (to carry on, engage). **To wage war**, hacer guerra. 2. Preparar la alfarería, amasándola o trabajándola. **To wage one's law**, se llama así en la jurisprudencia inglesa el derecho que tiene cualquier persona ejecutada por deudas, de presentarse al tribunal para probar que no debe el todo o parte de lo que se le pide.
wager ['weɪdʒəʳ] [uei-chaʳ], *s.* 1. Apuesta, la acción de apostar, y también lo que se apuesta (a bet). 2. Prenda, cosa depositada. **To lay a wager**, apostar, hacer una apuesta. **Wager of law**, la acción de ofrecer ante un tribunal la justificación o prueba de un hecho, etc.
wager, *va.* Apostar. **I'll wager ten dollars that I can do it**, apuesto diez dólares a que puedo hacerlo.
wagerer ['weɪdʒərəʳ] [uei-cha-raʳ], *s.* Apostador, el que apuesta.
wages ['weɪdʒɪz] [uei-ches], *s. pl.* de WAGE. Salario, jornal, soldada, paga o recompensa por algún servicio. **Monthly wages**, salario mensual; mesada.
waggery ['weɪdʒərɪ] [uei-che-ri], *s.* Chocarrería, bufonada; travesura, bellaquería.
waggish ['wægɪʃ] [ua-guish], *a.* Bromista, gracioso.
waggishness ['wægɪʃnɪs] [ua-guish-nes], *s.* Retozo, juguete, chocarrería: la propensión a gastar chanzas pesadas.
waggle ['wægl] [uaguel], *va.* Mover ligeramente de un lado a otro. *-vn.* Anadear; menearse; bullir. *-s.* Movimiento alternativo rápido, oscilación.
Wagnerian [vɑːg'nɪərɪən] [vag-nia-rian], *a.* Relativo a Ricardo Wagner, el compositor alemán de música, o a sus obras.
wagon, waggon ['wægən] [ua-gon], *s.* 1. Galera, carro grande o carretón de cuatro ruedas para llevar géneros o equipajes; en general, cualquier vehículo de cuatro ruedas, coche. 2. *(G.B.)* Vagón, furgón de ferrocarril para el transporte de géneros. **Wagon-load**, galerada, carretada, la carga que cabe en una galera o carretón; unidad de medida. **Wagon-maker, waggon-maker, wagon-wright**, carretero, el que hace carros.
wagonage, waggonage ['wægənɪdʒ] [ua-go-nich], *s.* Porte, carretaje.
wagontrain ['wægən,treɪn] [ua-gon-trein], *s.* *(Mil.)* Tren de provisiones.
wagtail ['wægteɪl] [uag-teil], *s.* *(Orn.)* Aguzanieve, nevatilla, motacila.
waif [weɪf] [ueif], *s.* 1. Audorrero, (niño) errante, descuidado, sin hogar, abandonado. 2. Algo llevado de aquí para allá, como por el viento o el agua; artículo desemparejado, perdido. 3. *(For.)* Cosa robada que el ladrón perseguido abandona en el camino; bienes mostrencos, los que no tienen dueño conocido.
wail [weɪl] [ueil], *va.* y *vn.* 1. Deplorar o llorar los males, desdichas, etc. 2. Lamentar o lamentarse. 3. Gemir, dar gemidos y sollozos (to utter sorrowful, complaining cries).
wailing ['weɪlɪŋ] [uei-lin], *s.* Lamento, gemido, sollozo, clamor.
wain [weɪn] [uein], *s.* Carruaje. **Charles's Wain**, *(Fam.)* Osa Mayor.
wainscot ['weɪnskət] [uein-skot], *s.* Enmaderamiento de ensambladura, el friso con que se cubren y adornan las paredes de una sala o gabinete.
wainscot, *va.* Cubrir y adornar las paredes de una sala con piezas de ensambladura; entablar, guarnecer; poner friso de madera.
wainscoting ['weɪnskətɪŋ] [uein-sko-tin], *s.* Entablamento, entabladura; capa de mezcla que cubre la pared.
waist [weɪst] [ueist], *s.* 1. Cintura, la parte inferior del talle. 2. (Hablando del vestido de las mujeres), justillo, corpiño, jubón, monillo, talle; ajustador. 3. *(Mar.)* Combés de una nave. **Waistboards**, *(Mar.)* Falcas, las tablas que se ponen en los cantos de las bordas para impedir la entrada de las olas. **Waistcloths**, *(Mar.)* Empavesadas. **She has a very small waist**, ella tiene una cintura muy pequeña.
waistband ['weɪs*t*bænd] [ueist-band], *s.* Cintura de pantalón, de enagua.
waistcoat ['weɪstkəʊt] [ueist-kout], *s.* Chaleco, prenda de vestir sin mangas que llega hasta la cintura y que se lleva debajo de la levita o chaqueta. **Waistcoat button**, botón de chaleco o chupa, botón pequeño.
waistline ['weɪstlaɪn] [ueist-lain], *s.* Cintura.
wait [weɪt] [ueit], *va.* Esperar, aguardar; dilatar, diferir (la partida o un acto) (to remain, stay). *-vn.* 1. Estar aguardando o esperando, estar en expectativa (to expect). 2. Quedar dispuesto, listo *a.* 3. Servir; hacer servicios personales; ser criado, sirviente o mozo (de fonda). **To wait at table**, servir a la mesa. **To wait for**, esperar a; acechar. **To wait on** o **upon**, ir a ver a alguno, visitar o hacer una visita; presentar sus respetos a; servir, seguir, servir a la mesa o como criado; seguirse, inferirse, ser una cosa consecuencia de otra; acompañar o ir acompañando, especialmente a los recién casados; poner cuidado en, velar sobre; volver a conducir a una persona al paraje de donde se salió con ella. **I shall have the honor to wait on you tomorrow**, mañana tendré el gusto de ponerme a las órdenes de Ud.
wait, *s.* 1. Espera, aguadamiento, acto de esperar; tardanza, detención, demora, el tiempo ocupado en aguardar. 2. *(Des.)* Asechanza, celada. **To lie in wait**, asechar, poner asechanzas. **To lay wait**, formar emboscadas, preparar un paraje para un ataque. **To wait up**, esperar levantada.
waiter ['weɪtəʳ] [uei-taʳ], *s.* 1. Camarero, criado de fondo, mozo de café o taberna, sirviente, criado. 2. Azafate o bandeja para servir el café, el té, las bebidas, etc. **Dumb-waiter**, ascensor doméstico (para elevar objetos de la cocina a los pisos altos); *(G.B.)* aparador giratorio. **He is a very good waiter**, él es un buen camarero.
waiting ['weɪtɪŋ] [uei-tin], *s.* El acto de aguardar o esperar; servicio, el acto de servir. **Gentleman in waiting**, gentilhmbre de servicio. **Waiting-maid, waiting-woman, waiting-gentlewoman**, doncella, camarera. **Waiting-room**, sala de espera. **Waiting list**, lista de espera.
waitress ['weɪtrɪs] [uei-tres], *s.* Camarera.
waive ['weɪv] [ueiv], *va.* 1. Dejar pasar; renunciar temporalmente; ceder, resignar (to abandon). 2. *(Der. ant. Ingl.)* Proscribir a una mujer. **He waived his profession,** él renunció a la profesión.
waiver ['weɪvəʳ] [uei-vaʳ], *s.* *(For.)* Renuncia voluntaria de un derecho, privilegio, o ventaja.
waiving ['weɪvɪŋ] [uei-vin], *s.* *(For. ant.)* El acto de proscribir a una mujer; recusación de la protección de las leyes a una mujer.

wake [weɪk] [ueik], *vn.* 1. Velar, estar sin dormir; velar, pasar la noche. 2. Despertar, despertarse, dejar el sueño, dejar de dormir. 3. Hacerse más vivo y advertido. *-va.* 1. Despertar, cortar o quitar el sueño. 2. Despertar, excitar, remover (to revival, arouse, excite). 3. Resucitar. 4. Velar a los difuntos. **Your son woke up early to go to the beach**, tu hijo se despertó temprano para ir a la playa.
wake, *s.* 1. Vela o vigilia de un muerto durante toda la noche; costumbre común entre los irlandeses. *(Cuba y Mex.)* Velorio. 2. *(Gran Bret.)* Vela, romería o fiesta de la dedicación de una iglesia, que antiguamente se guardaba velando toda la noche. 3. *(Des.)* Vela, vigilia, la acción de estar despierto. 4. *(Mar.)* Estela, la señal que la embarcación deja en el agua a su paso. **A ship in the wake of another**, *(Mar.)* Un bajel en la estela o las aguas de otro.
wakeful ['weɪkfʊl] [ueik-ful], *a.* Vigilante, que vela o está despierto, que no tiene sueño o que no duerme.
wakefully ['weɪkfʊlɪ] [ueik-fu-li], *adv.* Vigilantemente.
wakefulness ['weɪkfʊlnɪs] [ueik-ful-nes], *s.* Vigilia, desvelo, falta de sueño, insomnio; estado de una persona que no puede dormir.
waken ['weɪkən] [uei-ken] *vn.* Despertar, despertarse, dejar de dormir. *-va.* Despertar, avivar, hacer que uno vuelva en sí.
wake-robin ['weɪk,rɒbɪn] [ueik-ro-bin], *s. (Bot.)* 1. Aro o yaro, planta británica con hojas verdes obscuras y sagitads. 2. *(E. U.)* Una especie cualquiera del género. Trillium, hierba perenne de las liliáceas. Se llama también *birthroot*.
waking ['weɪkɪŋ] [uei-kin], *s.* Vela, el tiempo que uno está en vela o despierto estado de vigilia. *-a.* 1. Que despierta. 2. Despierto, que no duerme. 3. De vela o vigilia; en que no se duerme. **Waking hours**, horas de vela.
wale [weɪl] [ueil], *va.* Hacer rayas sobre el cuerpo, azotar. *-s.* 1. Raya, señal hecha sobre la piel azotando. 2. Relieve, especie de labor o figura que se forma en el damasco y otras telas. 3. *(Mar.)* Cinta. **Main-wale**, cinta de la segunda cubierta.
walk [wɔːk] [uok], *vn.* 1. Andar, ir al paso (to sail, stump). 2. Pasear, pasearse; ir a pie; andar por gusto o por ejercicio. 3. Andar o caminar a paso corto, hablando de caballerías. 4. Obrar, conducirse, portarse; vivir. 5. Aparecer, hablando de fantasmas, espectros o duendes. 6. *(Fam.)* Irse obligado a ello, liar al petate, ser despedido. *-va.* 1. Pasear, sacar a pasar o hacer pasear; recorrer, andar en 2. Atravesar, pasar de una parte a otra. 3. Conducir, dirigir; hacer ir al paso (un caballo).
walk after, seguir a uno o ir tras él.
walk away, irse, marcharse.
walk back, volver, regresar.
walk down, bajar, andar bajando.
walk forth, salir.
walk in, entrar, pasar adelante; pasearse en; *(Bibl.)* vivir en.
walk out, salir, irse afuera. **To walk the hospitals**, estudiar la clínica médica o quirúrgica en los hospitales. **To walk the streets**, andar por las calles o pasear las calles.
walk up, subir, andar subiendo: (con *to*) acercarse a. **To walk up and down**, pasearse de arriba a abajo.
walk, *s.* 1. Paseo el acto de pasear o pasearse. 2. El modo de andar. 3. Paso, el movimiento seguido del caballo cuando no trota ni galopa. 4. Paseo, el lugar o sitio destinado para pasarse; senda; acera; alameda, camino cuyas orillas tienen árboles. **The street walk**, la calzada de la calle, el enlosado o entarimado. 5. Carrera, estado, empleo, vocación. 6. Método de vida, conducta, porte. **To go for a walk**, ir a pasearse, ir a paseo. **The humble walks of life**, las humildes sendas de la vida.
walker ['wɔːkəʳ] [uo-kaʳ], *s.* Paseador, andador; peatón, peón, el que anda a pie. **Night-walker**, cantonera. **Street-walker**, prostituta.
walkie-talkie ['wɔːkɪ'tɔːkɪ] [uo-ki-to-ki], *s.* Radioteléfono portátil.
walking ['wɔːkɪŋ] [uo-kin], *s.* Paseo, la acción de pasear o pasearse. **Walking-beam**, balancín (de máquina vertical de vapor). **Walking-cane**, bastón ligero. **Walking-staff**, bordón, bastón. **Walking-stick**, (a) bastón; (b) insecto fasmídeo de cuerpo prolongado y parecido a las ramillas entre las cuales vive. **Walking-spirit**, ánima en pena, duende, fantasma. **To give one his walking-ticket**, despedirle, enviarle a pasear; darle calabazas.
walkout ['wɔːkaʊt] [uok-aut], *s. (Fam. E.U.)* Huelga de obreros, salida en señal de protesta.
walkover ['wɔːk,əʊvəʳ] [uok-ou-vaʳ], *s.* Triunfo fácil, o sin oposición apreciable.
wall [wɔːl] [uol], *s.* 1. Pared. 2. Muralla, muro, obra de albañilería para cercar, separar (rampart) etc. 3. Muralla de un recinto fortificado; a menudo en plural. 4. Banco de roca natural; tapia. 5. Lado de cualquier cavidad, costado de vasija o receptáuclo. **Partition-wall**, tabique. **To take the wall**, tomarse la acera, tomarse el mejor puesto sin querer cederlo a otro. **Main wall**, pared maestra. **To be driven to the wall**, verse entre la espada y la pared. **To go to the wall**, verse obligado a rendirse, verse en apuros. **Wall-creeper**, *(Orn.)* pico murario. **Wall-fruit**, fruta de espalera o espaldera. **Wall-louse**, chince. **Wall-pepper**, *(Bot.)* siempreviva, hierba puntera. **Wall-piece**, pieza o pedreo, cañón de muralla. **Wail-rue**, *(Bot.)* ruda muraria. **Wall-tree**, espaldera. **One wall of the room is yellow**, una pared de la habitación es amarilla.
wall, *va.* 1. Emparedar, tapiar. 2. Murar, cercar o guarnecer con muros o murallas; fortificar, murar, cerrar, tapiar.
wallaby ['wɒləbɪ] [uo-la-bi], *s.* Especie menor de cangarú.
wallet ['wɒlɪt] [uo-lit], *s.* 1. Cartera de bolsillo. 2. Alforjas, mochila. **He lost all his money because his wallet had been stolen**, perdió todo su dinero porque su cartera había sido robada.
wall-eyed ['wɔːl'aɪd] [uol-aid], *a.* 1. *(Med.)* Que tiene los ojos divergentes o muy abiertos; lo opuesto a bizco. 2. *(Ant.)* Zarco, el que tiene los ojos de un color azul muy claro.
wall-flower ['wɔːl'flaʊəʳ] [uol-flauaʳ], *s.* 1. *(Bot.)* Alelí doble, planta crucífera. 2. Mujer a la que nadie saca a bailar, que se queda sin pareja en un baile.
wallop ['wɒləp] [uo-lop], *vn.* Bullir, hervir. -va. *(Ger.)* Zurrar, tundir, castigar a golpes (to strike, whack). *-s.* Linternazo, porrazo.
wallow ['wɒləʊ] [uo-lou], *vn.* 1. Moverse con pesadez o poca gracia. 2. Encenagarse, meterse o revolcarse en el cieno o porquería. 3. Sumergirse o estar encenagado en algún vicio. **To wallow in riches**, manar en riquezas. **To wallow in pleasures**, vivir en medio de los placeres.
wallow, *s.* Revuelco, el acto de revolcarse.
wallower ['wɒləʊəʳ] [uo-louaʳ], *s.* El o lo que se revolca en el fango o lodo.
wallowing-place ['wɒləʊɪŋ,pleɪs] [uo-louin-pleis], *s.* Cenagal; revolcaldero.
walnut ['wɔːlnʌt] [uol-nat], *s. (Bot.)* 1. Nuez, el fruto del nogal o la madera de este árbol. 2. Nogal, árbol alto de la familia de las juglándeas y cuyo fruto es la nuez. **The table is made of nogal**, la mesa está hecha de madera de nogal.
walrus ['wɔːlrəs] [uol-ras], *s.* Morsa, mamífero de gran tamaño parecido a la foca. Vive en los mares árticos.
waltz [wɔːlts] [uolts], *vn.* Valsar, bailar el vals. *-s.* Vals.
waltzer ['wɔːltsəʳ] [uol-tsaʳ], *s.* El o la que valsa: valsador, valsadora.
wamble ['wæmbl] [uam-bel], *vn. (Prov. o des.)* Nausear, padecer náuseas o ganas de vomitar.
wampum ['wæmpəm] [uam-pom], *s.* Cuentas formadas de las partes interiores de conchas y enhebradas, que servían como dinero y como adorno a los indios americanos.
wan [wɒn] [uon], *s.* Pálido, descolorido. **To grow wan**, palidecer, ponerse palido.
wand [wɒnd] [uond], *s.* 1. Vara, ramo delgado. 2. Vara, insignia de autoridad o jurisdicción. 3. Varita de virtudes, vara de adivinar. **Mercury's wand**, caduceo.
wander ['wɒndəʳ] [uon-daʳ], *va.* y *vn.* 1. Errar, andar vagando, vagar, vaguear (to move, go, walk from place to place). 2. Rodar, andorrear, corretear, andar de una parte a otra sin objeto fijo. 3. Discurrir, andar o caminar por diversas

partes y lugares. 4. Delirar. 5. Extraviarse; desviarse del asunto, p. ej. durante una discusión. **Groups of nomads wander across the desert**, grupos de nómadas vaguean a través del desierto.

wanderer ['wɒndərəʳ] [uon-da-raʳ], *s.* Tunante, vagamundo, andorrero, vago; errante, extraviado (drifter, hobo, roam). **Wanderer from**, persona que se aleja o desvía de; transgresor.

wandering ['wɒndərɪŋ] [uon-da-rin], *s.* 1. Viajes o paseos de unas partes a otras sin objeto determinado. 2. Extravío, pérdida del camino. 3. Habla errante e incoherente, como la del que delira. *-a.* 1. Errante, que anda errante. 2. Descaminado, descarriado; delirante. 3. Vagamundo.

wane [wɒn] [uon], *vn.* Menguar, disminuir; decaer, ir en decadencia. **The daylight is waning**, la luz del día está disminuyendo

waning ['weɪnɪŋ] [uei-nin], *s.* Decadencia, decremento, declinación, caimiento. **Wane of the moon**, menguante de la luna.

wangle [wæŋgl] [uan-guel], *vn. (Fam.)* Sacudirse, extricarse (de alguna dificultad, etc.). *-va.* 1. Engatusar, persuadir con artificios o engaños. 2. Agenciarse, arreglar, procurar, conseguir (to obtain, achieve) **To wangle an invitation**, obtener una invitación con artimañas.

wannabe ['wɒnəbiː] [uo-na-bi], *s.* Amateur, imitador barato.

wanness [wɒnnɪs] [uon-nes], *s.* Palidez; descaecimiento, languidez, falta de fuerzas.

want [wɒnt] [uont], *va.* 1. Necesitar, haber menester, tener necesidad de alguna cosa; estar desprovisto de (to need). 2. Hacer falta, sentir la necesidad de. 3. Querer, desear, tener o sentir deseo (to desire). **What do you want?** ¿qué quiere Vd.? 4. Dispensarse de, pasarse sin. *-vn.* 1. Estar necesitado, indigente (to lack). 2. Carecer, tener falta de algo. 3. Faltar, no existir alguna prenda, calidad o circunstancia. **Who wants to enter into difficulties?**, ¿quién quiere meterse en dificultades? **I shall want your asssistance**, necesitaré su ayuda de Vd. **You are wanted**, tienen necesidad de Ud., por Ud. preguntan. **Wanted** (término de anuncios), se encesita. **I want you to do it**, quiero que Vd. lo haga.

want, *s.* 1. Necesidad, la falta de las cosas necesarias para la conservación de la vida; pobreza, indigencia, miseria (poverty). 2. Falta, privación o carencia de una cosa necesaria o útil (a lack). **To be in want**, estar pobre o necesitado. 3. La cosa que se necesita; falta de una cosa que se quiere tener. **For want of**, por falta de. **To die of want**, morir de miseria.

wantage ['wɒntɪdʒ] [uon-tich], *s.* Lo que falta; déficit.

wanting ['wɒntɪŋ] [uon-tin], *a.* Falto, defectuoso, necesitado, escaso. **To be wanting**, faltar.

wanton ['wɒntən] [uon-ton], *a.* 1. Juguetón, retozón, de buen humor travieso. 2. Extravagante. 3. No atado, suelto (flotante). 4. Lascivo, inclinado a la lascivia; libre, licencioso, atrevido, disoluto (immoral). 5. Falto de razón inexcusable, imperdonable; sin provocación (motiveless, without reason). *-s.* 1. Hombre o mujer lasciva. 2. Persona frívola.

wanton, *vn.* 1. Retozar, juguetear, entretenerse jugueteando y retozando. 2. Hacer picardías, por maldad. 3. Pasar el tiempo en liviandades.

wantonly ['wɒntənlɪ] [uon-ton-li], *adv.* 1. Alegremente, con retozos; de picardía; de pura maldad; por hacer mal; sólo por juguete. 2. Lascivamente, inmodestamente.

wantonness ['wɒntənnɪs] [uon-ton-nes], *s.* 1. Lascivia, impudicicia, deshonestidad. 2. Licencia, libertad, inmoderado, descompostura, desgarro. 3. Juguete, entretenimiento, chanza, chacota.

wantwit ['wɒntwɪt] [uont-uit], *s.* Idiota, tonto (rude, silly).

war [wɔːʳ] [uoʳ], *s.* 1. Guerra, hostilidad armada entre naciones o partidos opuestos. 3. El arte militar, la profesión de las armas. 3. Las armas que se usan para hacer la guerra. 4. *(Poét. o des.)* Ejércitos. 5. Oposición, contrariedad. **War-dance**, danza de los salvajes antes de ir a la guerra o en celebración de uan victoria. **War to the knife**, guerra a muerte. **Articles of war**, código militar o naval. **Man-of-war**, navío, buque de guerra. **War Department**, ministerio de la guerra. **War-cry**, grito de guerra (de nación o partido). **War-whoop**, grito de guerra (de los indios americanos). **War-worn**, usado o gastado por la guerra; abrumado por la guerra; se aplica particularmente a un veterano.

war, *vn.* Guerrear, estar en guerra.

warble ['wɔːbl] [uor-bel], *va.* Cantar con quiebros y trinos, como un pájaro; trinar, gorjear. **To warble her praises**, cantar sus alabanzas (de una mujer). *-vn.* 1. Trinar, hacer quiebros y trinos con la voz; trinar, gorjear (los pájaros). 2. Murmurar (un arroyo). *-s.* Canto, gorjeo. **The warble of a bird in summer**, el canto de un pájaro en verano.

warbler ['wɔːbləʳ] [uor-blaʳ], *s.* 1. Cantor o músico que hace trinos. 2. Curruca, silvia, pájaro; nombre dado a varios pájaros de escaso canto.

warbling ['wɔːblɪŋ] [uor-blin], *a.* Melodioso; (arroyo) de suave murmullo. *-s.* Canto armonioso de una persona; canto, gorjeo de las aves.

ward [wɔːd] [uord], *va.* 1. Guardar, defender, proteger, preservar (to cover, protect, featherbed). 2. Parar o detener un golpe. **To ward off**, evitar, desviar el golpe. *-vn.* Vigilar, velar.

ward, *s.* 1. Pupilo o menor en tutela. 2. Barrio, cuartel o distrito de alguna ciudad. 3. Sala, división de hospital, de cárcel, etc. 4. Pupilaje, tutela, tutoría. 5. Guarda, el acto de guardar o custodiar. 6. Guardas de llave o cerradura. 7. Defensa, el arma con que uno se defiende; posición, defensiva, en la que está uno a cubierto de la espada del adversario. 8. Guarda, guardián, conserje. **He has send his ward to his house**, ha enviado a su pupilo a su casa.

warden ['wɔːdn] [uor-den], *s.* 1. Custodio, guardián, el que guarda o custodia alguna cosa. 2. Alcaide de una cárcel o carcelero. 3. Conserje, el que tiene a su cuidado ciertos establecimientos; en Inglaterra, director de ciertos colegios. 4. En la Iglesia anglicana, cada uno de los dos mayordomos que cuidan de los asuntos de una parroquia. *V.* CHURCH-WARDENS Y VESTRY. **The wardens and vestry**, los mayordomos y la junta parroquial. 5. Una especie de pera. **Warden of the Cinque Ports**, el gobernador de los Cinco Puertos, un empleo muy honorífico en Inglaterra. **The warden of a port**, capitán de un puerto. **Wardens**, maestros o jurados en algún oficio.

wardenship ['wɔːdnʃɪp] [uor-den-ship], *s.* El oficio de guarda o custodio; conserjería; bedelía; alcaidía.

warder ['wɔːdəʳ] [uor-daʳ], *s.* Guarda, guardia.

wardmote ['wɔːdməʊt] [uord-mout], *s.* Junta de barrio o cuartel para la dirección y gobierno de sus asuntos.

wardrobe ['wɔːdrəʊb] [uor-droub], *s.* 1. Guardarropa. 2. Conjunto de ropa que posee una persona, vestuario. **She bought a complete new wardrobe in Paris**, ella compró el nuevo vestuario en Paris.

wardroom ['wɔːdrʊm] [uord-rum], *s.* Cuartel de oficiales.

wards ['wɔːdz] [uords], *prep.* Hacia (in a direction).

wardship ['wɔːdʃɪp] [uord-ship], *s.* Tutela, tutoría, pupilaje.

ware [wɛəʳ] [ueaʳ], *s.* 1. Mercadería, mercancía, artículos de la misma clase; se emplea por lo común en palabras compuestas; v. gr. **tableware**, vajilla de mesa; **earthenware**, loza, vajilla de barro. 2. *pl.* Géneros que se venden, mercancías, artículos de comercio. **Hardware**, quinquillería. **China ware**, porcelana, loza fina. **Hollow ware**, ollas, marmitas, y otros artículos de hierro para cocinar. **Small wares**, artículos menudos; mercería, pasamanería. *-a. (Ant.)* WARY y AWARE.

warehouse ['weəhaʊs] [uea-jaus], *s.* Almacén, el edificio donde se guardan los géneros; 1. Lugar para guardar los efectos que todavía no están listos para el mercado; 2. Almacén donde se cuidan géneros mediante pago. **Bonded warehouse**, depósito, sitio donde se depositan las mercancías que aún no han pagado los derechos de aduana. **Warehouse-keeper, warehouseman**, guardaalmacén; almacenero. **Warehouse-rent**, almacenaje.

warehouse, *va.* Almacenar, poner en almacén.

wareroom ['weərʊm] [uea-rum], *s.* Pieza para el almacenaje o para la venta de géneros o mercancías.

warfare ['weəfɛəʳ] [uea-feaʳ], *s.* 1. Guerra, el arte y profesión militar. 2. La vida del soldado, servicio militar. 3. Lucha, combate.

warhead ['weəhed] [uea-jed], *s.* Punta de combate.

warhorse ['weəhɔːs] [uea-jors], *s.* 1. Caballo de guerra o a propósito para la guerra. 2. *(Fam.)* El que ha tenido larga experiencia, especialmente en la guerra o en la política; veterano.

warily ['weərɪlɪ] [uea-ri-li], *adv.* Cautamente, cautelosamente, astutamente, con astucia.

wariness ['weərɪnɪs] [uea-ri-nes], *s.* Cautela, precaución, previsión prudente.

warlike ['wɔːlaɪk] [uor-laik], *a.* Guerrero, belicoso, militar.

warlock ['wɔːlɒk] [uor-lok], *s.* *(Ant.)* Brujo; también, duende (elf, goblin).

warm [wɔːm] [uorm], *a.* 1. Calor o caluroso, cálido, pero que no llega al estado de caliente (hot, heated). 2. Cálido, que tiene cierto grado de calor; expuesto al calor; que no tiene invierno. 3. Ardiente, acalorado, vivo, activo, caliente, furioso, violento, celoso, conforme sea la cosa a que se aplica. 4. Conmovido, arrebatado, apasionado. 5. Muy unido, encariñado, afectuoso. 6. *(Art.)* Que tiene matices predominantes de rojo o amarillo. 7. Recién hecho; fresco (la pista de la caza). 8. Cercano al objeto buscado; se dice en los juegos de niños. 9. *(Fam.)* Molesto, fastidioso, peligroso. **A warm climate**, un clima cálido. **A warm friend**, un amigo cariñoso, abnegado. **A warm heart**, un corazón ardiente, generoso. **A warm temper**, un carácter vivo, ardiente. **Warm work**, tarea difícil, dura. **To be warm**, tener calor, y familiarmente, estar sudando. **It is warm**, hace calor. **To keep warm**, conservar caliente. **To get warm**, calentar, calentarse; comenzar a hacer calor; animarse. **To make warm**, calentar. **Lukewarm**, tibio. **Warm-blooded**, (a) de sangre caliente; se dice de los mamíferos y las aves; (b) entusiasmado, ardiente, apasionado. **Warm-hearted**, de corazón ardiente, afectuoso; simpático.

warm, *va.* 1. Calentar, comunicar el calor. 2. Calentar, avivar, encender, enfervorizar. 3. Simpatizar, entusiasmarse con **To warm over**, volver a calentar; calentar lo que estaba frío. **Everybody warmed with her**, todo el mundo simpatizó con ella. *s.* Calentamiento.

warming-pan [ˌwɔːmɪŋ'pæn] [uor-min-pan], *s.* Calentador.

warmly ['wɔːmlɪ] [uorm-li], *adv.* Con calor, ardientemente, con ardor, con eficacia, con empeño.

warmth ['wɔːmθ] [uormz], *s.* 1. Calor moderado. 2. Celo, ardor, fervor, ardimiento, viveza. 3. Fantasía, entusiasmo. **Warmth of coloring**, *(Pint.)* color de fuego claro; color vivo.

warn [wɔːn] [uorn], *va.* 1. Precaver, avisar, caucionar (to call, notice, get in). 2. Advertir, aconsejar. 3. Avisar, anticipadamente, prevenir; notificar a.

warning ['wɔːnɪŋ] [uor-nin], *s.* 1. Amonestación, advertencia, aviso, caución; escarmiento; ejemplo terrorífico. 2. Notificación de dejar el servicio, o de salir de una casa o tienda alquilada. **To take warning**, estar atento, precaverse. **To give warning**, prevenir, advertir, avisar o hacer saber anticipadamente alguna cosa.

warp [wɔːp] [uorp], *s.* 1. Torcedura, alabeo, el estado de lo torcido, alabeado, retorcido o deformado; prevención del ánimo. 2. Urdiembre, urdimbre, el conjunto de hilos ya ordenados y dispuestos para el telar. 2. Espía, calabrote entalingado, jarcia que se usa para espiar una embarcación. 4. Capa o sedimiento aluvial que el agua deposita sobre las tierras bajas. 5. Cierta medida longitudinal de soga o cordel. **Warp-beam**, enjullo, plegador, cilindro sobre el cual el tejedor va arrollando la tela. **Warp and woof**, trama y urdimbre.

warp, *va.* 1. Torcer, desviar, deformar como por encogimiento o por el calor. 2. Dar a algo una tendencia falsa, prevenir el ánimo; retorcer. 3. Urdir, formar de la urdimbre una madeja en el urdidor para pasarla al telar. 4. *(Mar.)* Remolcar; hacer mudar de posición a la embarcación. 5. Tergiversar. *-vn.* 1. Torcerse; alabearse (madera). 2. Desviarse, alejarse, apartarse del camino recto. 3. *(Hiland.)* Urdir, estirar o preparar el hilo. 4. *(Mar.)* Ir a remolque, moverse a remolque, espiarse.

warrant ['wɒrənt] [uo-rant], *va.* 1. Garantir, garantizar la calidad o suficiencia de; asegurar, salir o constituirse fiador o garante. 2. Responder, poner a cubierto, defender, preservar de; sacar. **I warrant you**, *(Fam.)* yo se lo aseguro. 3. Autorizar, dar autoridad. 4. Justificar (to justify), ser fundamento o razón suficiente para (una creencia, conclusión, etc.). 5. Asegurar, afirmar, certificar. **I warrant it good**, se lo garantizo a Vd. como bueno. **Reason warrants it**, la razón lo justifica. **I warrant that he was here**, certifico que él estuvo aquí.

warrant, *s.* 1. *(For.)* Auto o decreto de prisión. 2. Cualquier cédula, oficio, escritura, etc., que confiere algún privilegio o gracia especial poder o autoridad; autorización, poder, documento justificativo; *(Com.)* certificado de depósito. 3. Autoridad o apoyo de lo que se dice; testimonio; sanción. 4. Justificación, apología, razón. **Special warrant**, se llama así al auto dado por un magistrado mandando a los oficiales de justicia que conduzcan presa a su presencia a la persona nombrada en él. **General warrant**, auto dado para prender a todas las personas implicadas en un delito. **Death-warrant**, la orden que se da al *sheriff*, para que haga ajusticiar a un reo. **Warrant-officers**, oficiales subalternos de mar. **Land-warrant**, cédula emitida por el gobierno declarando que el poseedor tiene título a la cantidad de terreno público en ella especificada.

warrantable ['wɒrəntəbl] [uo-ran-ta-bol], *a.* Que se puede abonar, garantizar, justificar o defender.

warrantably ['wɒrəntəblɪ] [uo-ran-ta-bli], *adv.* Justificadamente.

warranted ['wɒrəntɪd] [uo-ran-tid], *a.* Garantizado, justificado.

warrantee ['wɒrəntiː] [uo-ran-ti], *s.* *(For.)* Afianzado, el que recibe alguna garantía.

warranter ['wɒrəntəʳ] [uo-ran-taʳ], *s.* El que autoriza; garante, fiador, fianza.

warrantor ['wɒrəntəʳ] [uo-ran-taʳ], *s.* *(Der.)* Garante, fiador; correlativo de *warrantee*.

warranty ['wɒrəntɪ] [uo-ran-ti], *s.* 1. *(For.)* Garantía, la acción de afianzar y asegurar lo estipulado en un contrato cualquiera; garantía del vendedor. **A warranty clause**, cláusula de evicción y saneamiento. 2. Seguridad. 3. Autoridad para ejecutar alguna cosa.

warren ['wɒrən] [uo-ren], *s.* 1. Conejera, conejar, vivar de conejos, soto de conejos o el sitio destinado para criar conejos. 2. Cercado para guardar la caza menuda; depósito para el pescado en los ríos. 3. Laberinto (maze, network).

warrior ['wɒrɪəʳ] [uo-rioʳ], *s.* Guerrero, soldado.

wart [wɔːt] [uort], *s.* 1. Verruga, excrecencia cutánea. 2. *(Bot.)* Verruga, excrecencia de la superficie de una planta. 3. Excrecencia en la cuartilla de los caballos. **He has warts on his fingers**, tiene verrugas en sus dedos.

warty ['wɔːtɪ] [uor-ti], *a.* Verrugoso, que tiene muchas verrugas; de la naturaleza de las verrugas.

wary ['wɛərɪ] [uea-ri], *a.* 1. Cauto, cauteloso, prudente, avisado, precavido contra engaños o peligro, circunspecto (cautious, careful, prudent, politic). 2. Astuto, artificioso, sagaz, sutil. **In this country you must be very wary**, en ese país debes ser prudente.

was [wɒz] [uos], *pret.* de verbo TO BE.

wash [wɒʃ] [uosh], *va.* 1. Lavar, limpiar con agua u otro fluido; blanquear la ropa sucia (to clean, sluice). 2. Bañar, regar o tocar el agua alguna cosa; cubrir con agua; también llevarse algo el agua. 3. Lavar, purificar, quitar algún defecto o mancha. 4. Recubrir de una capa delgada de metal. 5. Dar una mano ligera de color sobre una superficie. **Many people wash their cars on Sundays**, mucha gente lava su coche los domingos. *-vn.* 1. Lavarse. 2. Lavar ropa. 3. Gastarse por la acción del agua. 4. Moverse, como el agua, suavemente de aquí para allá. 5. Lamer; correr; chapalear (to flow). 6. Llevarse. 7. Colar. **To wash one's face or hands**, lavarse la cara o las manos. **To wash away, off** o **out**, lavar, borrar, hacer desaparecer; quitar lavando. **To wash down**, separar una cosa de otra lavándolas; hacer bajar, tragar. **To wash over**, sumergir, inundar; dar de otro color o dar una mano de otro color en la pintura. **To wash a picture**, bañar una pintura o dar una mano de color transparente sobre otra.

wash, *s.* 1. Lavadura, lavación, loción, ablución; lavatorio, la acción de lavar; de aquí, el conjunto de ropa lavada de una vez. 2. Preparación o mezcla que se usa para dar una capa, bañar o salpicar; agua de tocador, cosmético; loción, preparación líquida para uso externo. 3. El romper del agua sobre la orilla; el ruido que hace el agua moviéndose. 4. Superficie bañada por el mar o un río; pantano. 5. Aluvión, depósito, materias depositadas por el agua. 6. Bazofia, lavazas. 7. Un licor que se extrae de la cebada germinada y fermentada para destilar. 8. Colada. 9. Enjuague. 10 Capa. 11. Remolino. **Wash-ball**, bola de jabón, jaboncillo de olor. **Wash-board**, 1. Tablilla de lavandera (con superficie corrugada); 2. Faja de madera en la parte baja de las paredes; 3. *(Mar.)* Falca, batemar. **Wash-bowl (wash-hand-basin)**, jofaina, palangana. **Wash-house**, lavadero. **Wash-leather**, gamuza o imitación de ella. **Wash-off**, fugitivo, que se destiñe. **Wash-pot**, bacía, particularmente, vasija en que se da la última capa de estaño. **Wash-stand**, palanganero, lavabo, aguamanil. **Wash-tub**, cuba artesón de lavar. **Wash of an oar**, *(Mar.)* pala de remo.

washed-out ['wɒʃtaʊt] [uosht-aut], *a.* Agotado, gastado.

washed-up ['wɒʃtʌp] [uosht-ap], *a.* Acabado (defeated, finished, failed).

washer ['wɒʃəʳ] [uo-shaʳ], *s.* 1. Lavador, lavandero, lavandera, el o la que lava; máquina para lavar. 2. Volandera, círculo de hierro plano puesto en los ejes de las ruedas; disco de cuero u otro material que sirve para empaquetadura en una manguera, etc. 3. Arandela. **Automatic dish-washer**, lavadora,

washer-woman ['wɒʃəˌwʊmən] [uo-sha-vu-man], *s.* Lavandera.

washing ['wɒʃɪŋ] [uo-shin], *s.* Lavadura, loción, lavatorio; blanqueadura. **Washing-machine**, máquina para lavar. **Washing-soda**, sosa para blanquear, carbonato de sodio.

washout ['wɒʃaʊt] [uosh-aut], *s.* 1. Deslave, derrubio. 2. *(Fam.)* Fracaso, desilusión.

washy ['wɒʃɪ] [uo-shi], *a.* 1. Húmedo, mojado. 2. Débil, falto de solidez.

wasp [wɒsp] [uosp], *s.* Avispa.

waspish ['wɒspɪʃ] [uos-pish], *a.* 1. Enojadizo, caprichudo, de mal humor, áspero de genio, irascible (irascible, unpleasant in manner)). 2. Que tiene talle o cintura de avispa. **She is spiteful and waspish**, ella es rencorosa y irascible.

waspishly ['wɒspɪʃlɪ] [uos-pish-li], *adv.* Enojadamente, ásperamente, con mal rumor.

waspishness ['wɒspɪʃnɪs] [uos-pish-nes], *s.* Mal genio, mal humor, aspereza de genio, naturaleza irascible, irascibilidad.

wassail ['wɒseɪl] [uo-seil], *s.* 1. Bebida hecha con manzanas, azúcar y cerveza, muy usada antiguamente en Inglaterra. 2. Borrachera, reunión alegre en que se cometen excesos en la bebida; orgía. **Wassail-bowl**, taza, cubilete.

wassailer ['wɒseɪləʳ] [uo-sei-laʳ], *s.* Borrachón, gran bebedor.

waste [weɪst] [ueist], *va.* 1. Malgastar, disipar, destruir, echar a perder, desperdiciar (to miss, misspent). 2. Gastar, ir consumiendo alguna cosa; agotar, quitar las fuerzas, hacer peder el vigor (to consume, spend). 3. *(Ant.)* Desolar, arruinar, asolar, talar. *-vn.* Gastarse, irse consumiendo alguna cosa; usarse, alterarse, dañarse. **To waste away**, decaecer, ir a menos, perder poco a poco la salud, vigor, etc.; menguar, disminuirse, irse consumiendo poco a poco; echar a perder.

waste, *a.* 1. Desechado, inútil, sin importancia práctica, sin valor. 2. Desierto, inculto. 3. Desolado, arruinado. 4. Superfluo, sobrante. *-s.* 1. Despilfarro, gasto inútil, acción de malgastar. 2. Disminución de las fuerzas o vigor; decadencia. 3. Restos, despojos, desperdicios. 4. Baldío, terreno inculto, desierto; de aquí, extensión, inmensidad. 5. Artefacto o aparato de desagüe o para remover los desperdicios. 6. Desperdicio; destrozo, asolamiento, destrucción, daño. **Waste-basket**, cesto para papeles y desechos. **Waste paper**, papel de desecho. **Waste-pipe**, tubo de desagüe, desaguadero.

waste-book ['weɪstbʊk] [ueist-buk], *s.* Borrador, libro de memoria.

wasteful ['weɪstfʊl] [ueist-ful], *a.* 1. Manirroto, gastador, pródigo, disipador. 2. Destructivo, dañoso, ruinoso.

wastefully ['weɪstfəlɪ] [ueist-fu-li], *adv.* Pródigamente.

wastefulness ['weɪstfəlnɪs] [ueist-ful-nes], *s.* Prodigalidad; gasto inútil.

waster ['weɪstəʳ] [ueis-taʳ], *s.* Disipador, gastador.

wasting ['weɪstrɪŋ] [ueis-tin], *a.* Que usa, agota o consume. *-s.* Consumición, agotamiento; acción del verbo *waste*, en cualquier sentido; lo que se agota o consume.

wastrel ['weɪstrəl] [ueis-tral], *s.* 1. Desperdicios. 2. Terreno no cultivado, pastos comunes.

wasty ['weɪstɪ] [ueis-ti], *a.* 1. Desierto, inculto. 2. Desechado, sobrante, sin importancia práctica.

watch [wɒtʃ] [uoch], *s.* 1. Vela, la acción de velar; cuidado, vigilancia, observación vigilante. 2. Desvelo, vigilia, estado de vela, falta de sueño. 3. Centinela; guardia, sereno, vigilante. 4. Vela, velación, el período de tiempo durante el cual está de guardia un sereno; de aquí, cierta división de la noche. 5. *(Mar.)* Cuarto, servicio que hace cada una de las dos divisiones de la tripulación con sus oficiales, para velar por la seguridad de una nave; la duración de cada vela es de cuatro horas. 6. Reloj de pulsera, de bolsillo. 7. Vigilancia nocturna. **Watch and ward**, patrulla, ronda. **Watch-glass**, 1. Cristal de reloj. 2. *(Mar.)* Ampolleta de media hora. **Larboard watch**, *(Mar.)* guardia de babor. **Starboard watch**, *(Mar.)* Guardia de estribor. **Dog-watch**, *(Mar.)* segunda guardia. **Morning-watch**, *(Mar.)* guardia de la madrugada. **To set the watch**, *(Mar.)* rendir la guardia. **To spell the watch**, *(Mar.)* llamar a la guardia. 6. Muestra, reloj de faltriquera. **Repeating-watch**, reloj de repetición. **Lever watch**, reloj de escape. **Hunting-case watch**, saboneta (de doble caja). **Open-faced watch**, muestra (de una sola caja). **Open-faced watch**, muestra (de una sola caja). **Stop watch**, reloj de segundos muertos. **My watch is too fast, too slow**, mi reloj adelanta, atrasa. **To wind a watch**, dar cuerda a un reloj. **Watch-case**, caja de reloj, relojera. **Watch-guard**, cadena o cinta de reloj. **Watch-spring**, muelle de reloj. **Watch-stand**, porta-reloj. **Watch-tower**, atalaya, torre de observación; garita. **Watch-work**, el mecanismo de un reloj de bolsillo. **To be upon the watch**, estar alerta.

watch, *va.* y *vn.* 1. Velar, estar sin dormir. 2. Velar, hacer centinela o guardia. 3. Velar, observar o cuidar atentamente alguna cosa (to be careful of, guard, invigilate). 4. Guardar, custodiar. 5. Espiar, observar. 6. Mirar, observar (to look at). 7. Esperar (to wait for). **Please, watch my baby while I go shopping**, por favor, vigila mi bebé mientras voy de compras.

watcher ['wɒtʃəʳ] [uo-chaʳ], *s.* Velador, observador, espía.

watchful ['wɒtʃfʊl] [uoch-ful], *a.* Vigilante, cuidadoso (alert, cautious).

watchfulness ['wɒtʃfʊlnɪs] [uoch-ful-nes], *s.* Vigilancia, cuidado; desvelo, falta de sueño.

watch-house ['wɒtʃhaʊs] [uoch-jaus], *s.* El cuerpo de guardia de la policía.

watching ['wɒtʃɪŋ] [uo-chin], *s.* Vigilancia; desvelo, falta de sueño; vela, el acto de vigilar, velar, guardar o espiar.

watchmaker ['wɒtʃˌmeɪkəʳ] [uoch-mei-kaʳ], *s.* Relojero.

watchman ['wɒtʃmən] [uoch-man], *s.* Sereno, guarda, la persona destinada para decir por la noche en voz alta la hora que es, y para rondar, prevenir los robos y avisar en caso de incendio.

watchword ['wɒtʃwɜːd] [uoch-uerd], *s.* *(Mil.)* Contraseña, santo y seña, consigna que se da a un centinela.

water ['wɔːtəʳ] [uo-taʳ], *s.* 1. Agua (H2O). **Rain-water**, agua llovediza. **Fresh-water**, agua dulce. **Spring-water**, agua de fuente o de manantial. **Holy water**, agua bendita. **Well-water o pump-water**, agua de pozo. **Running water**, agua viva o corriente. **Salt water**, agua del mar, agua salada. 2. Cualquier extensión determinada de agua; v. gr. un lago, un río, un mar. **To go by water**, ir por mar. **High water**, marea alta. **Low water**, marea baja. 3. Serosidad o humor de los animales; transpiración, lágrimas u orina. 4. Agua, preparación acuosa que tiene una substancia gaseosa o volátil en solución. **Ammonia water**, agua amoniacal. **Chlorine water**, agua de cloro. **Orange-flower water**, agua de azahar. 5. Aguas, los visos que hacen las piedras preciosas. 6. Viso ondeante de los tejidos. 7. *(Com.)* Acciones que se emiten sin aumento del capital pagado para representarlas. **Smooth water**, agua mansa, agua tranquila. **Still waters run deep**, *(Prov.)* del agua mansa líbreme Dios, que de la recia (o brava) me guardaré yo. **To swim under water**, nadar entre dos aguas. **Water**, se usa en inglés muy a menudo en composición para expresar lo que sirve para contener agua, y lo que está o crece en ella, etc. **Water-back**, sistema de tubos en una estufa para la circulación de agua caliente. **Water-bath**, baño de María. **Water-bird**, ave acuática. **Water-boatman, water-bug**, chinche de agua, insecto hemíptero que nada sobre su espalda. **Water-borne**, flotante, que flota o camina sobre el agua. **Water-brash**, pirosis, sensación picante que va del estómago a la boca. **Water-butt, water-cask**, vasija de agua, pipa. **Water-carriage**, (a) transporte por agua; (b) transporte del agua por medio de cañerías, etc. **Water-closet**, letrina a la inglesa; retrete excusado. **Water-colors** *(Pint.)* aguadas, colores líquidos de que se usa en la pintura al temple; acuarela. **Painting in water-colors**, pintura a la aguada o lo que se pinta con colores líquidos. **Water-course**, (a) corriente de agua; río, arroyo; (b) madre, lecho de un río o arroyo; (c) derecho de aguas. **Water-cure**, (a) hidroterapia, tratamiento de ciertas enfermedades por medio del agua; (b) establecimiento de hidroterapia. **Water-dog**, (a) perro de aguas; (b) *(Fam.)* marinero viejo. **Water-engine**, máquina hidráulica. **Water-gage, water-gauge**, indicador de nivel de agua. **Water-gilding**, loradura. **Water-gruel**, una especie de polenta hecha con harina de avena mondada y cocida en agua. **Water-hammer**, sacudimiento que hace el agua cuando se detiene su corriente de un modo repentino; también, martillo de agua (toy). **Water-ice**, sorbete; helado hecho con algún zumo de fruta sabrosa, azúcar y agua solamente. **Water-level**, nivel de agua; instrumento para hacer las nivelaciones. **Water-lily**, *(Bot.)* ninfea, nenúfar; cualquier planta del género Castalia. **Yellow water-lily**, nenúfar amarillo, lirio amarillo de agua. **Water-line**, *(Mar.)* línea de agua, línea de flotación. **Load-water-line**, *(Mar.)* línea de agua cargada. **Water-logged**, *(Mar.)* anegado en agua. **Water-mark**, (a) la señal que se hace para saber a donde llega el agua; (b) filigrana, marca translúcida hecha en el papel al tiempo de fabricarlo. **Water-mill**, aceña, molino de agua. **Water-mint**, *(Bot.)* hierbabuena acuática. **Water-mite**, cresa de agua, pequeño insecto acuático de patas ciliadas que le permiten nadar. **Water-pail**, cubo. **Water-pot**, aguamannil; jarro para servir el agua; regadera. **Water-pitcher**, (a) aguamanil, cántaro para agua. (b) *(Bot.)* cualquier planta de la familia americana de las sarracenáceas. **Water-plantain**, alisma. **Water-power**, (a) fuerza motriz del agua aplicada a la maquinaria; (b) caída o descenso en una corriente, de la cual puede obtenerse fuerza motriz. **Water-proof**, *a.* Impermeable, a prueba de agua. *-va.* Hacer impermeable. *-s.* Material impermeable; capote u otra prenda de vestir hecha de ese material. **Water-trough**, abrevadero. **Water-tank**, aljibe, cisterna, receptáculo para el agua. **Water-tower**, (a) tubo de alimentación, el que sirve para la distribución del agua; (b) armazón de acero semejante a una torre para sostener una manguera con la cual se hace llegar el agua a lo alto de los edificios. **Water-wheel**, rueda hidráulica. **Water-ouzel**, cinclo de agua, pájaro. **Water-rail**, rascón, ave zancuda. **Water-rate**, costo del abono a las aguas de una ciudad. **Water-scorpion**, escorpión de agua, nepa, insecto hemíptero. **Water-shed**, vertiente de una montaña; línea divisoria de las aguas. **Water-side**, borde u orilla de agua. **Water-soak**, *va.* meter, empapar en agua. **Water-spaniel**, perro fino de aguas. **Water-tight**, impermeable, que no deja pasar el agua. **Water-rat**, rata de agua. **Water-sail**, *(Mar.)* vela de agua. **Water-sapphire**, zafiro oriental. **Water-spring**, manantial. **Water-way**, *s.* (a) canal o corriente de agua como medio de comunicación; (b) *pl. (Mar.)* trancaniles, canalones. **Water-worn**, gastado, hecho liso por la acción del agua.

water, *va.* 1. Regar, humedecer, mojar, bañar. 2. Hacerse agua. 3. Llorar, lagrimear. **To water cattle**, abrevar, dar de beber al ganado. **To water ships**, *(Mar.)* hacer aguada. **To water wine**, aguar o bautizar el vino. *-vn.* Chorrear agua o humedad. **His mouth waters**, le da dentera, se le hace agua la boca.

water-cooled ['wɔːtəkuːld] [uo-ta-kuld], *a.* Enfriado por agua.

water-cress ['wɔːtəkres] [uo-ta-kres], *s. (Bot.)* Berro, planta crucífera comestible.

waterfall ['wɔːtəfɔːl] [uo-ta-fol], *s.* Cascada, caída de agua.

water-fowl ['wɔːtəfaʊl] [uo-ta-faul], *s. (Orn.)* Ave acuática.

water front ['wɔːtəfrʌnt] [uo-ta-front], *s.* Parte de la ciudad que da al mar, lago, etc.

water glass ['wɔːtəglɑːs] [uo-ta-glas], *s.* 1. Vaso para beber agua. 2. Nivel de agua. 3. Clepsidra.

water heater ['wɔːtəˌhiːtəʳ] [uo-ta-ji-taʳ], *s.* Calentador de agua.

watering ['wɔːtərɪŋ] [uo-ta-rin], *s.* 1. Riego; acción del que riega, moja o abreva; irrigación. 2. *(Mar.)* Acción de hacer agua; aguada. 3. El hacer ondulaciones o visos ondeantes en algo, como adorno.

watering-place ['wɔːtərɪŋˌpleɪs] [uo-ta-rin-pleis], *s.* 1. Aguadero o abrevadero. 2. El pueblo o paraje, ordinariamente a la orilla del mar, a donde concurre mucha gente a tomar baños y divertirse. 3. *(Mar.)* El lugar donde se hace aguada.

watering-pot ['wɔːtərɪŋpɒt] [uo-ta-rin-pot], *s.* Regadera.

watermelon ['wɔːtəˌmelən] [uo-ta-me-lon], *s. (Bot.)* Sandía, planta y su fruto. *(S. Am.)* Patilla.

water meter ['wɔːtəˌmiːtəʳ] [uo-ta-mi-taʳ], *s.* Contador de agua.

water ski ['wɔːtəskiː] [uo-ta-ski], *s.* Esquí acuático.

water softener ['wɔːtəˌsɒfnəʳ] [uo-ta-sof-naʳ], *s.* Suavizador o adelgazador de agua.

water-spout ['wɔːtəˌspaʊt] [uo-ta-spaut], *s.* Manga, bomba marina, torbellino de agua.

water tower ['wɔːtəˌtaʊəʳ] [uo-ta-tauaʳ], *s.* Depósito elevado de agua.

water wave ['wɔːtəweɪv] [uo-ta-ueiv], *s.* Ondulado al agua. Se aplica al cabello.

water-work ['wɔːtəwɜːk] [uo-ta-uek], *s.* 1. Cualquier máquina o artificio hidráulico, como cascadas, surtidores o chorros de agua que saltan, etc. 2. *pl.* Obras hidráulicas, sistema de máquinas, edificios y enseres para la distribución de las aguas.

watery ['wɔːtərɪ] [uo-ta-ri], *a.* 1. Acuoso, ácueo, aguanoso; húmedo, lleno de agua. 2. Claro, ralo o líquido como agua. 3. Insípido, evaporado. 4. Lloroso. **This soup is watery**, esta sopa está acuosa.

watt [wɒt] [uot], *s.* Vatio, cantidad de trabajo eléctrico equivalente a un julio por segundo; grado en que la fuerza electro-motriz es de un voltio, y la intensidad de la corriente un amperio.

wattage ['wɒtɪdʒ] [uo-tich], *s.* Potencia en vatios.

wattle ['wɒtl] [uo-tel], *s.* 1. Zarzo, el tejido de varas, cañas o mimbres. 2. Barbas de gallo, la excrecencia de carne roja que les cuelga a los gallos debajo del pico.

wattle, *va.* Enzarzar, poner zarzas o cubrir algo con ellas; entretejer, entrelazar; asegurar con mimbres.

wave [weɪv] [ueiv], *s.* 1. Ola, onda. 2. Aguas, visos, vetas o desigualdades que forman algunas piedras, cristales, etc. **Beating of the waves**, embate del agua o de las olas. **Shock of a wave**, golpe de mar. 3. *(Fís.)* Onda, undulación, alteración del equilibrio de un cuerpo o de un medio, que se propaga de uno a otro punto con movimiento continuo. **Soundwave, light-wave**, onda del sonido, de la luz. 4. Undulación, movimiento semejante al de las ondas; movimiento de la mano, ademán. 5. Ola, lo que sobreviene a manera de oleaje, en gran volumen o con mucha fuerza; diluvio. 6. Apariencia ondulante en una tela. 7. Comba, curva que se halla en una superficie o canto ondulante. 8. Racha (rise, increase). 8. Ademán, seña. **Wave-offering**, ofrenda de las primicias entre los judíos. **The pain came in waves**, el dolor vino a rachas.

wave, *va.* y *vn.* 1. Tremolar, batir, hablando de banderas, gallardetes, etc. 2. Agitar alguna cosa de modo que forme ondas. 4. Ondear, hacer que una cosa tenga la figura o el movimiento de las ondas. 5. Fluctuar o vacilar entre dos cosas o pareceres opuestos. 6. Blandir, mover alguna cosa con un movimiento trémuo. 7. Hacer señas.

waved ['weɪvd] [ueivd], *a.* Ondeado.

wavelength ['weɪvleŋθ] [uei-lenz], *s. (Radio)* Longitud de onda.

waver ['weɪvəʳ] [uei-vaʳ], *vn.* 1. Ondear, ondearse. 2. Fluctuar, vacilar, balancear, dudar, estar suspenso, estar perplejo o indeciso(to doubt, hesitate, hover).

wavering ['weɪvərɪŋ] [uei-ve-rin], *a.* Ligero, inconstante. *-s.* Irresolución, incertidumbre, vacilación.

wavy ['weɪvɪ] [ueivi], *a.* Ondeado, undoso, que hace ondas o que se levanta a manera de ondas . **She has a wavy hair**, ella tiene el pelo ondeado.

wax [wæks] [uaks], *s.* 1. Cera, substancia crasa que segregan las abejas. 2. Cera de los oídos. 3. Cera vegetal o mineral. 4. Lacre. **Wax-candle**, vela de cera; cirio, bujía. **Wax-taper**, blandón, hacha de cera. **Wax-tape**, cerilla. *(Amer.)* Cerillo. **Wax in large cakes**, cera en marquetas. **Wax-chandler**, cerero. **Sealing-wax**, lacre. **Ear-wax**, cera de los oídos. **Shoemaker's wax**, cerote de zapatero. **Maple-wax**, *(E.U. y el Canadá)* Substancia espesa que se obtiene cociendo la savia del arce sacarino. **Wax doll**, muñeca de cera. **Wax-end**, hilo encerado para coser calzado. Se escribe también *waxed end.* **Wax light**, vela de cera; cerilla. **Wax-like**, semejante a la cera. **Wax model(l)ing**, modelado en cera.

wax, *va.* Encerar con cera alguna cosa. *-vn.* 1. Crecer, aumentarse (to grow, increase). 2. Cundir; hacerse; ponerse, irse haciendo. **To wax warm**, acalorarse, encenderse en cólera. **This opinion is waxing stronger every day**, esta opinión se va haciendo más fuerte de día en día.

waxen ['wæksn] [uak-sen], *a.* De cera; que consta totalmente o en parte de cera; semejante a la cera: plástico.

wax paper ['wæksən] [uak-sen], *s.* Papel encerado.

waxwing ['wækswɪŋ] [uaks-uin], *s.* Pájaro con cresta y de plumaje pardo en su mayor parte, con los extremos de las plumas secundarias del ala guarnecidos de apéndices córneos parecidos a lacre encarnado o amarillo; picotera. Ampelis.

waxwork ['wæksw3:k] [uaks-uerk], *s.* Obra en cera; figura de cera. *-pl.* Colección de figuras de cera.

waxy ['wæksɪ] [uak-si], *a.* 1. Semejante a cera; plástico, blando, que cede. 2. De color de cera. 3. Hecho de cera o abundante en ella; frotado o pulido en cera.

way [weɪ] [uei], *s.* 1. Camino, vía, la tierra hollada por donde se transita; camino, senda, conducto, según sea la cosa de que se habla; pasaje, curso, canal; lugar para pasar; oportunidad para pasar, para ir o para venir (passageway). 2. Espacio recorrido; de aquí, espacio de terreno. 3. Curso o dirección; ruta, rota, derrota, camino de viaje (a route, direction). 4. Modo, medio o manera para hacer una cosa; expediente (a method, manner). 5. Uso, costumbre, hábito; máxima (habit). 6. Conducta o modo de obrar; sistema, línea de conducta; manera de portarse. 7. Medio, medida, acto. 8. Modo, punto o relación. **He erred in two ways**, erró de dos modos. 9. Paso de un lugar a otro; movimiento progresivo; adelantamiento. 10. *pl. (Mec.)* Maderos longitudinales de la basada para botar al agua un buque. 11. *(Fam.)* Estado o condición (de salud). 12. Estorbo, obstáculo. 13. Distancia (distance). **Am I in your way?**, ¿estorbo a Ud.?, ¿sirvo a Ud. de estorbo? **Over the way o Across the way**, a otro lado, en el otro lado, en frente. **Every way**, por todas partes, de todos lados. **By the way** de paso, de camino, de pasada, por incidencia. **any way**, de cualquier modo, de cualquiera manera, como se quiera. **No way**, de ningún modo, de ninguna manera. **Crossway**, travesía. **Path-way**, senda, sendero. **Way in**, entrada. **Way through**, pasaje. **Way out**, salida. **We are a great way off**, estamos aún muy lejos o estamos muy distantes. **To go the same way**, llevar el mismo camino. **To make way**, atravesar, abrirse camino. **Make way!** ¡fuera, fuera! apartarse, dejen Vds. pasar. **To go out of the way**, extraviarse. **To keep out of the way**, esconderse, ocultarse, evitar el encontrarse con alguno. **To have one's way**, *(Fam.)* Salirse con la suya. **Use your own way**, hágalo Vd. como quiera o hágalo Vd. a su modo. **Go your ways**, anda, vete. **Ways and means**, medios y arbitrios. **To get under way**, *(Mar.)* levar, comenzar a navegar, hacerse a la vela. **To fetch way**, *(Mar.)* tener juego. **Ship's way**, *(Mar.)* andar del bajel. **The ship has head-way**, *(Mar.)* el navío lleva vía. **To have stern-way**, *(Mar.)* ir atrás. **Covered o covert way**, *(Fort.)* camino cubierto. **Cross way**, encrucijada. **Milky way**, vía láctea; camino de Santiago. **On the way**, en ruta, al pasar. **By way of**, por la vía de, pasando por. **By the way**, de camino, al pasar por; sea dicho de paso. **On the way to**, en camino de, con rumbo a. **Out of the way**, fuera del camino; escondido; poco ordinario, extraordinario, original. **To be out of the way**, estar fuera del camino, desviarse. **You are out of the way**, Ud. no está en el buen camino. **To be in the way**, estar en el camino o en la vía; incomodar, servir de estorbo. **To go the way of all things**, ir donde todo va. **To go the way of all the earth**, morir. **Right of way**, derecho de paso por la propiedad de otro, servidumbre de paso.

wayfarer ['weɪˌfɛərəʳ] [uei-fea-raʳ], *s.* Pasajero, viajador, viajante, caminante.

wayfaring ['weɪˌfɛərɪŋ] [uei-fea-rin], *a.* Que camina, que va de viaje o de camino.

waylay [weɪ'leɪ] [uei-lei], *va.* Insidiar, poner asechanzas o celadas, acechar o asechar (to ambush).

waylayer ['weɪ'leɪəʳ] [uei-leiaʳ], *s.* Acechador, espía.

wayless ['weɪlɪs] [uei-les], *a.* Sin sendero, vereda ni vestigio, sin camino.

waymark ['weɪmɑːk] [uei-mark], *s.* Mojón, poste para señalar el camino.

way station ['weɪˌsteɪʃən] [uei-stei-shon], *s. (F.C.)* Estación intermedia.

way train ['weɪtreɪn] [uei-trein], *s. (F.C.)* Tren local.

wayward ['weɪwəd] [uei-uord], *a.* 1. Díscolo, indócil, cabezudo, porfiado; que se aparta de la conducta debida, desobediente (undisciplined, selfwilled, rebellious). 2. Que no tiene curso definido, vacilante.

waywardly ['weɪwədlɪ] [uei-uord-li], *adv.* Porfiadamente, con indocilidad, con perversidad; malamente.

waywardness ['weɪwədnɪs] [uei-uord-nes], *s.* Indocilidad, perversidad; capricho, petulancia; malignidad, ruindad.

we [wiː] [ui], *pron.* prim. *pers. pl.* de I. 1. Nosotros, nosotras. **We are all well**, todos estamos buenos. **We are right**, tenemos razón, hacemos bien en. 2. La gente en general, la especie humana; se expresa a menudo en español por el pronombre se. **We are told**, se nos dice, nos dicen. 3. El escritor u orador.

weak [wiːk] [uik], *a.* 1. Débil, endeble, flojo, flaco, feble, tanto en lo físico como en lo moral (dicky, faint, feeble, infirm). 2. Frágil, débil, sujeto a errar o pecar; falto de juicio o prudencia. 3. Deficiente en fuerza, estabilidad o eficacia (instrumento, estructura, parte); incapaz de sostener un ataque a viva fuerza; mal fortificado; sin recursos; no convincente; no apoyado en la razón, en la verdad; que no contiene bastantes principios activos, estimulantes, nutritivos; ligero. 4. Enfermizo, enclenque. 5. Imbécil. 6. Flojo de precio, cuyo precio va bajando. **The wheat market is weak**, el mercado de trigo está flojo o en baja. 7. *(Gram. ingl.) (Verbo)* regular;

que se conjuga añadiendo *ed, d, o t*, para formar el pretérito y el participio pasado; que forma el plural, añadiendo *s* o *es* al singular; *(adjetivo)* de comparación regular. **Weak-handed**, que tiene escasos ayudantes; también, que tiene las manos débiles. **Weak-headed**, débil o pobre de inteligencia. **Weak-kneed**, que tiene las rodillas débiles; *(Fig.)* falto de resolución, de energía. **Weak-minded**, débil de espíritu, pobre de inteligencia; simple, mentecato. **Weak side**, el flaco, la flaqueza, la debilidad, fragilidad o falta principal por donde una persona claudica, y también la pasión que la domina; el lado débil.

weaken ['wi:kən] [ui-ken], *va.* 1. Debilitar, enflaquecer, quitar o disminuir las fuerzas. 2. Disminuir, atenuar. *-vn.* Enflaquecer, hacerse menos fuerte.

weakling ['wi:klɪŋ] [ui-klin], *s.* Alfeñique, persona delicada de cuerpo y complexión.

weakly ['wi:klɪ] [ui-kli], *adv.* Débilmente, sin vigor, ni fuerzas; fríamente. *-a.* Enfermizo, achacoso, enclenque.

weakness ['wi:knɪs] [uik-nes], *s.* 1. Debilidad, falta de vigor y fuerzas, flaqueza, endeblez, flojedad. 2. Fragilidad, debilidad, considerada moralmente; el flaco o la parte flaca de una persona. 3. Imbecilidad, mentecatez.

weal [wi:l] [uil], *s.* 1. Felicidad, prosperidad, bien, bienestar (felicity, happiness). 2. Estado, república, interés público; hoy se usa sólo en ciertas locuciones.

weald [wi:ld] [uild], *s.* Bosque. *V.* WOLD.

wealth [welθ] [uelz], *s.* 1. Riqueza, abundancia de dinero, bienes o cosas preciosas; caudal (riches). 2. Prosperidad; opulencia; gran abundancia.

wealthily ['welθɪlɪ] [uel-zi-li], *adv.* Ricamente, opulentemente.

wealthy ['welθɪ] [uel-zi], *a.* Rico, opulento (rich). **Wealthier**, más rico.

wean [wi:n] [uin], *va.* 1. Destetar, apartar del pecho de la madre. 2. Apartar de algún vicio o costumbre anterior; enajenar el afecto de. **The child is being weaned**, se está destetando al niño.

weapon ['wepən] [ue-pon], *s.* 1. Arma; todo género de instrumento destinado para atacar y ofender. 2. *pl. (Biol.)* Púas, espinas; aguijones, garras, etc.; todos los medios de defensa de los vegetales y animales. **Deadly weapon**, arma mortífera. **Cutting weapon**, arma de corte, arma blanca.

weaponed ['wepənd] [ue-pond], *a.* Armado, surtido de armas.

weaponless ['wepənlɪs] [ue-pon-les], *a.* Desarmado, que no lleva armas.

weaponry ['wepənrɪ] [ue-pon-ri], *s.* Armamentos, armas, arsenal.

wear [wɛə^{r}] [uea^{r}], *va.* (*pret.* WORE, *pp.* WORN). 1. Usar, llevar o traer alguna cosa encima del cuerpo (to dress, carry). 2. Mostrar, llevar usualmente, de una manera determinada. 3. Mostrar, tener aspecto o apariencia de, exhibir (to display). 4. Gastar o consumir la cosa de que uno se sirve; consumir la cosa de que uno se sirve; consumir aniquilando o destruyendo lentamente, como lo hace el tiempo, el uso, etc.; disminuir por el roce. 5. Consumir gastando el tiempo. 6. Apurar, hacer perder la fuerza o paciencia; aburrir, enfadar. 7. Consentir (to approve, accept) *-vn.* 1. Gastarse, consumirse o destruirse lentamente una cosa. 2. Pasarse, correr el tiempo. **To wear away**, gastar o ir gastando, consumiendo o destruyendo; decaer; gastarse, consumirse. **To wear down**, gastar, consumir, disminuir por el roce. **To wear off**, usarse, gastarse; borrarse; pasarse, disiparse, desaparecer. **To wear on**, pasarse lentamente. **To wear one's heart on one's sleeve**, andar con la cara descubierta, llevar el corazón en la mano. **To wear out**, gastar, romper o romperse a fuerza de uso; cansar, fastidiar. **To wear out one's patience**, hacer perder la paciencia. **Worn to a thread, worn threadbare**, gastado hasta dejar ver la trama; enteramente gastado. **To wear a youthful form**, tener aspecto juvenil. **To wear a tall hat**, llevar sombrero de copa, o de copa alta. **Worn-out clothes**, vestidos usados. **To wear well**, durar largo tiempo, ser duradero, estar bueno para usarse.

wear, *va.* y *vn. (Mar.)* Virar; virar viento atrás. *(Por VEER).*

wear, *s.* 1. Uso, gasto, la acción y efecto de usar alguna cosa; acción de llevar, estado de lo llevado. 2. La cosa que se usa o gasta; moda, boga. **It is for my own wear**, es para mi propio uso. **Very little the worse for wear**, casi nuevo, casi sin usar. **Wear and tear**, desgaste, deterioro. **Silk for summer wear**, seda para verano.

wear, *s. V.* WEIR.

wearable ['wɛərəbl] [uea-ra-bol], *a.* Que se puede llevar, usar o gastar.

wearer ['wɛərə^{r}] [uea-ra^{r}], *s.* El que lleva, gasta o usa alguna cosa.

wearied ['wɛərɪəd] [uea-ried], *a.* Cansado, fatigado, enfadado, fastidiado.

weariness ['wɛərɪnɪs] [uea-ri-nes], *s.* 1. Lasitud, cansancio, fatiga. 2. Enfado, fastidio.

wearing ['wɛərɪŋ] [uea-rin], *s.* 1. Acción o manera de llevar. 2. Desgaste, deterioro; pérdida (por el roce o por el tiempo). 3. Decaimiento, paso. *-a.* 1. Que se lleva. 2. Cansado, pesado (exhausting). **Wearing apparel**, vestidos, ropaje, ropa exterior.

wearisome ['wɛərɪsəm] [uea-ri-som], *a.* Tedioso, fastidioso, pesado, enfadoso; fatigante, cansado.

weary ['wɛərɪ] [uea-ri], *va.* Cansar, fatigar, aburrir, enfadar, molestar. *-vn.* Fatigarse, cansarse. **To weary out**, moler, cansar la paciencia, fatigar.

weary, *a.* 1. Cansado, abrumado, fatigado, rendido de cansancio (tired). 2. Aburrido, enfadado, fastidiado. 3. Enfadoso, tedioso, fastidioso. **He´s a weary man**, es un hombre aburrido.

weasel ['wi:zl] [ui-sel], *s.* Comadreja, mamífero carnívoro del género Putorius.

weather ['weðə^{r}] [ue-da^{r}], *s.* 1. Tiempo, estado atmosférico en una época dada, o en general. 2. *(Fig.)* Vicisitudes de la suerte. 3. Temporal, tempestad; el conjunto o uno cualquiera de los fenómenos meteorológicos ordinarios, frío, calor. **How is the weather today?** ¿qué tiempo hace hoy? **It is bad weather, fine weather**, hace mal tiempo, buen tiempo. **Weather Bureau**, oficina de Señales Meteorológicas (en el Ministerio de Agricultura de Washington). **Weather-board**, (a) tabla superpuesta; (b) lado del viento (de un buque). **Weather-boarding**, solapadura de tablas; *(Mar.)* falcas, cubichete. **Weather-gauge**, barlovento o lof; cualquier ventaja lograda. **Weather-proof**, a prueba del tiempo. **Weather-prophet**, pronosticador de las mudanzas del tiempo. **Weather-signal**, señal meteorológica (bandera, etc.), que se emplea para indicar las variaciones del tiempo. **Weather-tight**, a prueba de aire, impenetrable al aire. **Weather-side**, *(Mar.)* costado de barlovento. **Weather-sheets**, *(Mar.)* escotas de barlovento. **Hard a weather**, meter todo a barlovento. **Stress of weather**, mal tiempo. *-a.* Al viento del lado del viento.

weather, *va.* 1. Aguantar (el temporal), resistir a, sufrir, superar; sobrevivir a (la adversidad). 2. Orear, airear, poner alguna cosa a que le dé el aire; secar. 3. *(Mar.)* Montar o ganar barlovento; doblar, pasar más allá. *-vn.* 1. Sufrir cambios resultantes de la exposición al aire. 2. Resistir los efectos de los cambios atmosféricos. **To weather out**, sufrir, superar. **The poor fellow weathers it out**, el pobre va tirando. **To weather a point**, salirse con algo o conseguir una cosa venciendo algún obstáculo.

weather-beaten ['weðəˌbi:tn] [ue-da-bi-ten], *a.* Curtido, acostumbrado a las inclemencias del aire; gastado, extenuado, fatigado (por el mal tiempo). **A weather-beaten o weather-driven ship**, bajel trabajado por la tormenta.

weather-cock ['weðəkɒk] [ue-da-kok], *s.* 1. Gallo de campanario, la figura de gallo que sirve de remate a las veletas de las torres, o que forma por sí misma la veleta y señala la parte por donde viene el viento. 2. Veleta, persona inconstante, fácil o mudable. **Weather-eye**, observación de las variaciones del tiempo; se usa principalmente en la locución **to keep one's weather-eye open**, estar alerta, ser circunspecto. **Weather-glass**, una forma de barómetro. **Poor**

man's weather-glass, *(Bot.)* anagálida, hierba pajarera, cuyas flores no se abren en mal tiempo.

weathering ['weðərɪŋ] [ue-da-rin], *s.* *(Geol.)* Desgaste de las rocas por la acción atmosférica.

weatherly ['weðəlɪ] [ue-da-li], *a.* *(Mar.)* Que va de bolina, de barlovento.

weather-strip ['weðəstrɪp] [ue-da-strip], *s.* Burlete. *-va.* Acondicionar con burlete.

weathertile ['weðətaɪl] [ue-da-tail], *va.* Poner tejas en la extremidad de una tapia o pared para resguardarla del tiempo.

weather-vane ['weðəveɪn] [ue-da-vein], *s.* Veleta de torre, de campanario, etc.

weave [wiːv] [uiv], *va.* 1. Tejer; trenzar, cruzar una cosa con otra tejiéndolas (to knit, spin). 2. Unir, reunir. 3. Entrelazar, interponer; construir con elaboración. *-vn.* Tejer, trabajar en telar. **The old woman was weaving on her loom**, la anciana estaba tejiendo su telar.

weaver ['wiːvə[r]] [ui-va[r]], *s.* 1. Tejedor, el artesano que teje telas, sean de seda o lana, etc. 2. *V. Weaver-bird.* 3. Araña tejedora. **Weaver-bird**, tejedor, pájaro parecido a un pinzón, que construye nidos entrelazados.

weaving ['wiːvɪŋ] [ui-vin], *s.* Tejido, el arte y modo de tejer.

web [web] [ueb], *s.* 1. Tela, tejido, obra tejida. 2. Hoja o rollo de material, formados como una tela. 3. Trama, lazo; artificio engañoso, trampa. 4. Palmura, membrana que une los dedos de los palmípedos. 5. Tela de araña. 6. Barba o pelo de pluma. 7. Plancha (de metal) que une las partes de alguna cosa.

webbed [webd] [uebd], *a.* 1. Lo que está unido por medio de una telilla. 2. Palmípedo.

webbing ['webɪŋ] [ue-bin], *s.* 1. Cinta para cinchas. 2. Pretal.

web-footed ['web'fʊtɪd] [ueb-fu-tid], *a.* Palmeado, palmípedo.

wed [wed] [ued], *va.* 1. Casar; tomar por marido o por mujer. 2. Dar en casamiento. 3. Unirse para siempre a, o emprender una cosa con intención de no dejarla nunca. *-vn.* Casarse, contraer matrimonio.

wedded ['wedɪd] [ue-did], *pp.* Casado. **Wedded to his own opinion**, testarudo, encasquetado, casado con su opinión.

wedding ['wedɪŋ] [ue-din], *s.* 1. Boda, nupcias, casamiento, la celebración del matrimonio (a marriage ceremony). 2. Aniversario de boda. **Silver wedding**, las bodas de plata, el aniversario vigésimo quinto de la boda. **Golden wedding**, bodas de oro, el aniversario quincuagésimo de la boda. **Wedding dress**, traje nupcial o de boda. **Wedding ring**, anillo nupcial (de novio o novia). **She often talks her wedding day**, ella habla con frecuencia del día de su boda.

wedding cake ['wedɪŋkeɪk] [ue-din-keik], *s.* Pastel o torta de boda.

wedge [wedʒ] [uedch], *s.* 1. Cuña para partir leña o abrir otros cuerpos duros, y cualquier otro cuerpo que tiene su figura. 2. *(Geom.)* Prisma triangular.

wedge, *va.* 1. Acuñar, meter cuñas para rajar, fácilmente alguna cosa. 2. Apretar, abrir o fijar con cuñas.

wedlock ['wedlɒk] [ued-lok], *s.* Matrimonio, himeneo; poéticamente connubio.

Wednesday ['wenzdeɪ] [uens-dei], *s.* Miércoles, el cuarto día de la semana. **Ash-Wednesday**, miércoles de ceniza. **Wednesday morning**, el miércoles por la mañana.

wee [wiː] [ui], *a.* *(Fam. y esco.)* Pequeño, chico (small, tiny).

weed [wiːd] [uid], *s.* 1. Hierbajo, mala hierba, cualquiera hierba nociva o inútil; también toda planta herbácea que se halla fuera de su propio lugar. 2. Lo que crece en abundancia dañosa o inútil. 3. *(Fam.)* Tabaco. 4. Prenda (de vestir) o ropa de luto. **Sea-weed**, alga. **Widow's-weeds**, el vestido y los velos de luto de una viuda.

weed, *va.* 1. Escardar, desarraigar o arrancar las hierbas nocivas o inútiles. 2. Escardar, apartar lo malo de lo bueno. 3. Librar de alguna cosa ofensiva o dañosa.

weeder ['wiːdə[r]] [ui-da[r]], *s.* 1. Escardador. 2. El que libra o separa de alguna cosa ofensiva o dañosa.

weedhook ['wiːdhʊk] [uid-juk], *s.* Escarda, azadilla con que se arrancan las hierbas nocivas.

weedless ['wiːdlɪs] [uid-les], *a.* Libre de malas hierbas o hierbajos.

weedy ['wiːdɪ] [ui-di], *a.* Lleno de malas hierbas, por escardar.

week [wiːk] [uik], *s.* 1. Semana, el espacio de siete días; *(Fam.)* ocho días. 2. Los seis días de trabajo. **So much a week**, tanto por semana o a la semana. **The next week**, la semana que viene. **This day week**, de hoy en ocho.

week-day ['wiːkdeɪ] [uik-dei], *s.* Feria, cualquiera de los días de la semana excepto el domingo; día de trabajo.

week end ['wiːk'end] [uik-end], Fin de semana.

weekly ['wiːklɪ] [ui-kli], *a.* Semanal, que sucede o se hace una vez a la semana; hebdomadario, de la semana. **Weekly paper**, semanario. *-s.* Periódico semanal. *-adv.* Semanalmente, por semana, en todas las semanas o en cada una de ellas.

weep [wiːp] [uip], *va.* y *vn.* (*pret.* y *pp.* WEPT). 1. Llorar, verter lágrimas, hacer duelo o sentimiento por alguna cosa. 2. Llorar, verter o derramar lágrimas por algún pesar o placer. 3. Llorar, lamentar, condolerse de las calamidades o infortunios. 4. Llorar, destilar, caer el líquido gota a gota: se dice de algunas plantas. 5. Estar pendiente, inclinarse hacia el suelo. **To weep for**, llorar de. **Weeping ash, weeping willow**, fresno llorón, sauce llorón.

weeper ['wiːpə[r]] [ui-pa[r]], *s.* 1. Llorador, el que llora. 2. Llorón, el que llora mucho.

weeping ['wiːpɪŋ] [ui-pin], *s.* Lloro, lágrimas. **Weeping-grounds**, tierras pantanosas o muy húmedas.

weepingly ['wiːpɪŋlɪ] [ui-pin-li], *adv.* Llorosamente, con lágirmas, con lloro.

weet [wiːt] [uit], *vn.* Saber. *V.* WIT.

weever ['wiːvə[r]] [ui-va[r]], *s.* Traquino, dragón marino; pez británico.

weevil ['wiːvl] [ui-vil], *s.* 1. Gorgojo, insecto coleóptero diminuto. 2. Cualquier insecto dañino para las mieses entrojadas. 3. Larva de una mosca perjudicial al trigo.

weft [weft] [ueft], *s.* 1. Trama, hebra que pasa de un lado a otro de la urdimbre. *V.* WOOF. 2. *(Des.)* *V.* WAIF. **Weft of hair**, trenza de cabello.

weigh [weɪ] [uei], *va.* 1. Pesar, averiguar el peso de una cosa por medio de algún instrumento. 2. Pesar, examinar o considerar con relación al valor, a la importancia o a las ventajas; poner en la misma balanza, apreciar. 3. Sobrecargar, agobiar, oprimir. 4. Levar anclas. *-vn.* 1. Pesar, tener o hacer tanto o cuanto, pesar una cosa. 2. Pesar, tener estimación y valor, ser digno de mucho aprecio, ser de importancia, ser estimado. 3. Pesar sobre, ser opresivo, estar a carga. 4. *(Mar.)* Levar anclas; hacerse a la vela. **To weigh down**, pesar más una cosa que otra, exceder en peso, sobrepujar; hundirse una cosa por su propio peso; sobrecarga; oprimir. **To out-weigh**, sobrepesar. **To weigh out**, pesar (en cantidades pequeñas). **To weigh anchor**, *(Mar.)* levar el ancla. **This reason ought to weigh with you**, esta razón debe ser de peso para Vd.

weighable ['weɪəbl] [uei-a-bol], *a.* Capaz de ser pesado o vendido al peso.

weigher ['weɪə[r]] [ueia[r]], *s.* Pesador. **Public weigher**, almotacén, juez de pesos y medidas.

weighing ['weɪɪŋ] [uei-in], *s.* 1. Peso, acción de pesar. 2. Pesada, cantidad pesada de una sola vez. **Weighing-machine**, máquina para pesar.

weight [weɪt] [ueit], *va.* Cargar un peso o con un peso; atar un peso a. *-s.* 1. Peso, pesantez, la fuerza natural con que los cuerpos se mueven hacia abajo, procedente de la pesadez o gravedad. 2. Pesadez, gravedad, la calidad de todo cuerpo grave. 3. Pesa, trozo de metal de un peso dado, que se emplea para pesar. 4. Peso, la gravedad determinada de una cosa, y también el instrumento que sirve para examinarla; masa, masa pesada. 5. Peso, carga, gravamen. 6. Peso, entidad, sustancia, importancia. 7. Sistema graduado de pesas. **Overweight**, sobrepeso. **Gross weight**, peso bruto. **Net** o **neat weight**, peso neto. **Defect in weight**, desmedro. **Make-weight**, añadidura. **Stamped weight**, peso marcado, señalado o pasado por el contraste. **Hundred-weight**, quintal. **By-weight**, al peso. **To make weight**, completar, hacer el peso. **It is worth its weight in gold**, vale su peso en oro. **Standard weight**, peso legal, peso normal o modelo.

weightily ['weɪtɪlɪ] [uei-ti-li], *adv.* Pesadamente, con peso.

weightiness ['weɪtɪnɪs] [uei-ti-nes], *s.* 1. Ponderosidad, pesadez, gravedad. 2. Solidez, firmeza, fuerza. 3. Importancia, momento.

weightless ['weɪtlɪs] [ueit-les], *a.* Ingrávido.

weightlessness ['weɪtlɪsnɪs] [ueit-les-nes], *s.* Ingravidez.

weight lifting ['weɪt,lɪftɪŋ] [ueit-lif-tin], *s.* Halterofilia.

weighty ['weɪtɪ] [uei-ti], *a.* 1. Ponderoso, pesado. 2. Grave, serio, importante, de consecuencia.

weir [wɪəʳ] [uiaʳ], *s.* 1. Paradera, compuerta de una acequia, molino, etc.; esclusa de canales; presa o parada de ríos. 2. Nasa, cañal, cerco de cañas para pescar en las presas de los ríos.

weird [wɪəd] [uiad], *a.* Sobrenatural o que se refiere a ello; que despierta sentimientos supersticiosos, no terrestre. **The Weird Sisters**, Las Parcas.

welcome ['welkəm] [uel-kom], *a.* 1. Bienvenido, bien llegado, recibido con agrado. 2. Agradable, que se recibe con placer. 3. Admitido al goce de; que puede servirse de alguna cosa. **A welcome present**, un regalo agradable. **You are welcome**, sea Vd. bienvenido. **You are welcome to it**, está al servicio de Vd.; a la disposición de Vd.; puede Vd. disponer de ello. *-inter.* ¡Bienvenido! ¡bien llegado! modo de saludar a un recién llegado. *-s.* 1. Bienvenida, buena acogida; saludo de bienvenida; el parabién que se da a otro por haber llegado con felicidad; feliz llegada o arribo. 2. El gasto o agrado con que se recibe a alguno, y el agasajo con que se le obsequia.

welcome, *va.* Dar la bienvenida a alguno.

welcomer ['welkəməʳ] [uel-ko-maʳ], *s.* El que acoge o da la bienvenida.

weld [weld] [ueld], *s. (Bot.)* Gualda, planta de que se sirven los tintoreros para teñir de amarillo. *V.* WOAD.

weld, *va.* 1. Juntar o unir a golpe de martillo los pedazos de metal hechos ascua; soldar a martillo. 2. Unir en un todo homogéneo. *-s.* Soldadura a martillo en caliente.

welding ['weldɪŋ] [uel-din], *s.* Soldadura.

welfare ['welfɛəʳ] [uel-feaʳ], *s.* Bienestar. **Welfare work**, trabajo de beneficencia, obras caritativas.

welkin ['welkɪn] [uel-kin], *s. (Poét.)* Firmamento, ciclo, el orbe diáfano que rodea la tierra.

well [wel] [uel], *va.* Verter, derramar, como de manantial. *-vn.* Manar, salir como de manantial; correr, finir.

well, *s.* 1. Pozo para sacar agua, gas natural, o petróleo. 2. Fuente, mananatial, nacimiento del agua. 3. Fuente, origen; lo que mana sin intermisión. 4. Cavidad, depresión o copa que se asemeja a un pozo; caja o pozo, el hueco que ocupa una escalera; vivar en una embarcación de pesca para conservar vivo el pescado; *(Mar.)* caja de bombas o sentina. **Well-borer, well-digger**, pocero. **Well-curb**, brocal (de pozo). **Well-hole**, hueco o caja de escalera; boca de pozo. **Well-spring**, manantial, fuente. **Well-sweep**, cigüeñal o cigoñal, pértiga que se usa para sacar agua. **Well-water**, agua de pozo. **Well-cleanser**, pocero, el que limpia los pozos. **Well of a fishing-boat**, *(Mar.)* Pozo de barco pescador. **Well of a ship**, *(Mar.)* arca de bomba.

well, *a.* 1. Feliz, dichoso; bien hecho o arreglado, agradable. 2. Conveniente, ventajoso, que tiene cuenta. 3. Bueno, sano, sin lesión o enfermedad alguna. 4. Que está en buen estado, que se ha repuesto de alguna desgracia o infortunio. 5. *(Ant.)* Valido, favorecido. *-adv.* bien, felizmente; favorablemente; suficientemente; convenientemente. **Well-nigh**, casi; poco más o menos. *-conj.* Pues: sea. **As well**, tan bien, lo mismo da. **As well as**, así como, también como, tanto como, lo mismo que. **Well is he**, dichoso aquél. **Well enough**, bastante bien. **Well and good**, enhorabuena, bien está. **Well, well!** ¡bien! ¡bien! como Vd. quiera. **Well then**, con que, pues bien. *Well* se usa muy frecuentemente en composición para expresar el buen estado de alguna cosa o la calidad digna de alabanza en los nombres a que se junta. **It is well for you**, afortunadamente para Vd. **All's well that ends well**, el fin corona la obra; hasta el fin nadie es dichoso. **All's well!** ¡centinela alerta! **To be well of**, tener medios de fortuna, hacer buenos negocios. **To be well to do**, estar desahogado, tener el riñón bien cubierto. **To like well**, gustar bastante. **Full well**, muy bien. **Well-accomplished**, completo, consumado; lleno de perfecciones; muy bien educado. **Well-accustomed**, muy hecho o muy acostumbrado, que tiene mucha experiencia en alguna cosa. **Well-acquainted**, muy conocido o íntimamente conocido, bien enterado. **Well-adapted**, bien adaptado o acomodado; muy a propósito para una cosa. **Well-advanced**, (a) muy adelantado; (b) lo que se propone con mucho fundamento. **Well-advised**, bien aconsejado. **Well-affected**, bien intencionado. **Well-appointed**, bien equipado. **Well-balanced**, bien equilibrado. **Well-behaved**, cortés, urbano, bien criado, atento; que tiene buena conducta. **Well-born**, bien nacido, que pertenece a buena familia. **Well-bred**, bien criado, bien educado, cortés, político. **Well-disposed**, caritativo, bien intencionado. **Well-doing**, benéfico. *-s.* Beneficencia, buenas acciones, buenas obras; prosperidad. **Well-favored**, hermoso, bien parecido, agradable a la vista. **Well-meaning**, bien inclinado, honrado, sincero, ingenuo; a menudo tiene una significación algo despreciativa. **Well-meant**, bien intencionado, hecho con buena intención. **Well-read**, que ha leído mucho, instruído, erudito. **Well-spent**, bien empleado, pasado honradamente. **Well-stricken**, muy avanzado en años. **Well-spoken**, que se expresa bien, bien dicho; urbano, de lenguaje y modales afables. **Well-stored**, bien provisto; copioso. **Well-tasted**, sabroso. **Well-timed**, oportuno, hecho a propósito. **Well-to-do**, que vive holgadamente, que tiene el riñón bien cubierto. **Well-turned**, (a) simétrico o primoroso (como el trabajo hecho a torno); (b) construido o ejecutado con gracia o maña. **Well-wisher**, amigo, partidario, la persona que tiene cariño o afecto a otra. **Well-worded**, bien dicho, bien expresado. **Well-worn**, (a) gastado, echado a perder por el uso; (b) llevado u ostentado decorosamente. **Well-wrought**, bien trabajado.

welladay ['welədeɪ] [ue-la-dei], *inter.* Hola; ay de mí.

well-aimed ['wel'eɪmd] [uel-eimd], *a.* Certero.

well-attended ['welə'tendɪd] [uel-a-ten-did], *a.* Bien concurrido.

well-being ['wel,biːɪŋ] [uel-biin], *s.* Felicidad, prosperidad, bienestar, comodidad.

well done ['wel'dʌn] [uel-dan], *inter.* ¡Ánimo! ¡a las mil maravillas! ¡bien va!

well-founded ['wel'faʊndɪd] [uel-faun-did], *a.* Bien fundado, justo.

well-grounded ['wel'graʊndɪd] [uel-graun-did], *a.* Bien fundado.

well-known ['wel'nəʊn] [uel-noun], *a.* Bien conocido, famoso.

well-off ['welɒf] [uel-of], *a.* Rico, adinerado, acomodado.

well-spring ['wel'sprɪŋ] [uel-sprin], *s.* Manantial, fuente.

well-suited ['wel'suːted] [uel-su-ted], *a.* Adecuado. **Well-suited to each other**, que congenian mutuamente.

Welsh [welʃ] [uelsh], *a.* Galo, del país de Gales; perteneciente a Gales. *-s.* 1. Los naturales de Gales. 2. Idioma del país de Gales; dialecto de la lengua címrica. **Welsh girl**, joven gala. **Welsh rabbit (o rarebit)**, tostada con queso; queso tostado o derretido que se sirve con pan tostado.

Welshman ['welʃmən] [uelsh-man], *s.* Galo, habitante o natural de Gales.

welt [welt] [uelt], *s.* 1. Ribete (de ropa); vira del zapato. 2. Costurón, señal que deja un latigazo. 3. *(Fam.)* El acto de azotar o de dar tundas.

welt, *va.* 1. Ribetear, echar ribetes. 2. Azotar cruelmente de suerte que se formen costurones.

welter ['weltəʳ] [uel-taʳ], *vn.* 1. Introducirse en un fluido turbio. 2. Revolcarse en agua, cieno o lodo. 3. Hincharse o moverse las olas hacia adelante. *-s.* 1. Movimiento ondulante de las olas; de aquí, conmoción, agitación, tumulto. 2. Aquello en que algo o alguien se revuelca; cenagal, revolcadero.

welterweight ['weltəweɪt] [uel-ta-ueit], *s.* En el boxeo, peso welter, peso mediano ligero.

wen [wen] [uen], *s.* Lobanillo, lupia; excreencia. **Wen on the throat**, papera.

wench [wentʃ] [uench], *s.* 1. Moza, muchacha, una mujer joven de condición humilde; criada. 2. Mozuela; usado como término de desprecio. 3. *(Fam. E.U.)* Negra. 4. *(DEs.)* Cantonera, andorra.

wench, *vn.* Putañear.

wend [wen] [uen], *va.* Dirigir (su curso), andar. *-vn.* Ir, continuar su camino; avanzar, pasar.

went [went] [uent], *pret.* del verbo TO GO: (*pret.* desusado de *wend*). **I went home**, yo me fui a casa.

wentletrap ['wentltræp] [uen-tel-trap], *s.* Escalaria, concha de escalera, molusco gasterópodo.

wept [wept] [uept], *pret.* y *pp.* del verbo TO WEEP.

were [wɜːʳ] [ueʳ], *pret. pl.* del verbo TO BE, tanto subjuntivo como indicativo; en el subjuntivo es también singular. **You were**, Vd. era, estaba; Vd. fue, estuvo; Vds. eran, estaban; Vd. fue, estuvo; Vds. eran, estaban, fueron, estuvieron; vosotros erais, estabais, etc. **If I were**, si yo fuera o fuese, estuviera o estuviese. **As it were**, por decirlo así; como si fuese. **Even though he were to see it, he would not believe it**, aun cuando él lo viese no lo creería. **Were I asked my opinion**, si me preguntasen mi opinión. **There were**, había, hubo. **There were ten**, había diez.

west [west] [uest], *s.* Oeste, poniente, occidente. *-a.* Occidental, del oeste. *-adv.* A poniente o hacia el poniente; hacia el occidente. **West End**, barrio aristocrático de Londres, al oeste de Charing Cross. **West Indies**, las Indias occidentales, las Antillas. **West-Indian**, de las Antillas, de las Indias occidentales.

westerly ['westəlɪ] [ues-ter-li], *a.* Que se dirige a poniente; hacia el oeste. **In a westerly direction**, en dirección al oeste. **A westerly wind**, viento del oeste. *-adv.* Hacia el oeste u occidente.

western ['westən] [ues-tern], *a.* Occidental, que está en el occidente o hacia el poniente; al oeste, que viene del oeste, o es característico del oeste; también, menguante.

westernmost ['westənməʊst] [ues-tan-moust], *a.* Lo más el oeste, los más remoto hacia el oeste.

westward ['westwəd] [uest-uod], *adv.* A poniente, hacia occidente, hacia el oeste.

westward, *a.* Que tiende al oeste, que está al oeste.

wet [wet] [uet], *a.* Húmedo, mojado, humedecido, lluvioso. **Wet blanket**, aguafiestas. **Wet paint**, pintura fresca. *-s.* Humedad, agua, tiempo húmedo.

wet, *va.* Moar, humedecer.

wether ['wesdəʳ] [ue-daʳ], *s.* Carnero llano, el que está castrado.

wetness ['wetnɪs] [uet-nes], *s.* Humedad.

wet-nurse ['wetnɜːs] [uet-ners], *s.* Ama de leche, ama de cría, nodriza.

whack [wæk] [uak], *va.* *(Fam.)* Pegar, golpear, vapulear. *-vn.* 1. Golpear con ruido, dar una tunda, una zurra. 2. *(Ger.)* Ajustar cuentas; tener parte en, gozar con otros. *-s.* 1. Golpe ruidoso. 2. *(Ger.)* Parte, porción.

whacking ['wækɪŋ] [ua-kin], *a.* *(Fam.)* Grueso, desmesurado, enorme.

whale [weɪl] [ueil], *va.* *(Fam.)* Azotar; vapulear, vapular, dar una tunda.

whale, *vn.* Dedicarse a la pesca de la ballena.

whale, *s.* Ballena, mamífero cetáceo. **Whale-back**, embarcación de cubierta cerrada y redondeada, que se usa en aguas peligrosas.

whalebone ['weɪlbəʊn] [ueil-boun], *s.* Ballena o barba de ballena, tira que se saca de la mandíbula superior de dicho cetáceo.

whalefin ['weɪlfɪn] [ueil-fin], *s.* Aleta de ballena.

whale-oil ['weɪlɔɪl] [ueil-oil], *s.* Aceite o grasa de ballena.

whaler ['weɪləʳ] [uei-laʳ], *s.* Ballenero, pescador de ballenas; buque, ballenero, barco dedicado a la pesca de la ballena.

whaling ['weɪlɪŋ] [uei-lin], *s.* 1. El acto o la industria de pescar ballenas. 2. *(Fam.)* Tunda, zurra.

whang [wæŋ] [uan], *va.* y *vn.* *(Fam. o Prov.)* Golpear (con resonancia); dar tundas. *-s.* Tunda.

wharf [wɔːf] [uorf], *s.* (*pl.* WHARFS o WHARVES). Muelle, embarcadero o desembarcadero, construcción donde cargan y descargan los barcos cómodamente.

wharfage ['wɔːfɪdʒ] [uor-fich], *s.* Muellaje, un derecho que se cobra por el uso de un muelle; derecho de muelle.

what [wɒt] [uot], *pron.* 1. Que, qué cosa; cuál; el que, la que, lo que aquello que. 2. Cuanto. **What time?**, ¿cuándo? **What time**, cuando, al tiempo que, en el día que. **What a man!**, ¡qué hombre! **What man?**, ¿quién? **What though**, sin embargo que, a pesar de que, aun cuando; ¿qué importa que? **What else?**, ¿y qué más? **What of that?**, ¿qué importa eso? **What is that?**, ¿qué es eso? **For what?**, ¿por qué? ¿para qué? **What if he should come?** ¿y qué diría Vd. si viniese? **What more?**, ¿qué más? **What ho!**, ¡hola! *-adv.* En parte; tanto, sea. **What with hunger and what with weariness**, parte por hambre y parte por cansancio. **To know what's what**, *(Fam.)* comprender las cosas, estar en autos, estar al corriente. **What for**, *(Fest.)* qué clase de; (del alemán *was für*). **What for a dog have you?** ¿qué clase de perro tiene Ud.?

whatever [wɒt'evəʳ] [uot-e-vaʳ], *pron.* Cualquier o cualquiera cosa que, todo lo que, por cualquiera, sea lo o la que fuere, que sea.

what-not ['wɒtnɒt] [uot-not], *s.* 1. Rinconera, estante, pequeño mueble con anaqueles. 2. *(Fam.)* Lo que Vd. guste, cualquiera cosa.

wheal [wiːl] [uil], *s.* Raya, amoratada en la piel causada por un latigazo o por las ortigas.

wheat [wiːt] [uit], *s.* *(Bot.)* Trigo.

wheaten ['wiːtn] [ui-ten], *a.* Hecho de trigo.

wheedle ['wiːdl] [ui-del], *va.* Halagar, acariciar, persuadir con palabras halagüeñas, engaitar o engañar con lisonjas, popar o tratar con mucha blandura y regalo; sonsacar.

wheel [wiːl] [uil], *s.* 1. Rueda, máquina circular que da vueltas sobre un eje; en sentido figurado, fuerza motriz. **Spinning-wheel**, torno para hilar. **Wheel of the helm**, *(Mar.)* rueda del timón. 2. Instrumento o aparato que se asemeja a una rueda o que tiene una rueda como elemento distintivo, v. g. una bicicleta, un fuego artificial giratorio, una polea, etc. 3. Rueda, máquina con que se daba suplicio. **Balance-wheel**, volante. 4. *(Met.)* Revolución, vuelta, rotación; acción de rodar, de dar vueltas. **To break upon the wheel**, enrodar. **Wheel and axle**, cabria, aparato para levantar pesos. **Cog-wheel**, ruedad dentada. **Driving-wheel**, rueda motriz. **Fly-wheel**, volante. **Paddle-wheel**, rueda de paletas. **Potter's wheel**, rueda de alfarero. **Breast wheel**, rueda hidráulica de costado. **Catharine wheel**, (a) rosa, ventana de rosetón; (b) sol, rueda de fuegos artificiales; (c) rueda catalina. **Wheel-animalcule**, rotífero. **Wheel-barometer**, barómetro de cuadrante. **Wheel-horse**, caballo de varas (cuando va delante otro caballo). **Wheel-house**, carroza o garita de timonel.

wheel, *vn.* 1. Rodar, moverse por la tierra dando vuelts alrededor del eje o centro del cuerpo que se mueve. 2. Rodar, moverse alguna cosa con ruedas. 3. Rodar, divagar, andar de acá para allá o por muchas partes; girar, volar. 4. Rodar, suceder las cosas casualmente y como en el trascurso del tiempo. *-va.* 1. Rodar o hacer rodar, transportar, llevar sobre ruedas. 2. Volver, girar, dar vuelta o vueltas a alguna cosa. 3. Proveer de una rueda. 4. Formar o trabajar con rueda. **To wheel about**, rodar, divagar; dar vueltas, andar rodando o de acá para allá; no fijarse, cambiar muy fácilmente de opinión, de partido, etc.

wheelbarrow ['wiːlbærəʊ] [uil-ba-rou], *s.* Carretón de una rueda; la carretilla o caja con una rueda en que llevan los albañiles los materiales.

wheel base ['wiːlbeɪs] [uil-beis], *s.* Distancia entre ejes de vehículo.

wheel chair ['wiːltʃɛəʳ] [uil-cheaʳ], *s.* Silla de ruedas.

wheeler ['wiːlər] [ui-lar], *s.* 1. El que hace ruedas; el que rueda o da vueltas. 2. Caballería uncida cerca de las ruedas. 3. Vapor de ruedas. **Stern-wheeler**, *V.* STERN. 4. Carretero.

wheeling ['wiːlɪŋ] [ui-lin], *s.* 1. Rodaje, transporte sobre ruedas; el acto o costumbre de usar una bicicleta. 2. Condición de los caminos en lo relativo al paso de vehículos de ruedas. 3. Movimiento de rotación.

wheelman ['wiːlmən] [uil-man], *s.* 1. Timonero, timonel, el que gobierna una embarcación. 2. *(Neol.)* El que usa una bicicleta, biciclista, ciclista.

wheelwright ['wiːlraɪt] [uil-rait], *s.* Carretero, el que hace carros, carretas o carruajes; el que hace juegos de ruedas para los carruajes.

wheelwork ['wiːlwɜːk] [uil-uerk], *s.* El conjunto de ruedas de una máquina.

wheeze ['wiːz] [uis], *vn.* Jadear, respirar con dificultad y fatiga; respirar haciendo mucho ruido.

whelk [welk] [uelk], *s.* 1. Concha univalva espiral. 2. Tumorcillo, grano.

whelp [welp] [uelp], *s.* 1. Cachorro, el perro de poco tiempo, y también la cría de otros animales carnívoros. **Bear whelp**, osezno. 2. Un muchacho u hombre muy joven, en este sentido se usa sólo por desprecio y para notar a un muchacho de atrevido y perverso.

whelp, *vn.* Parir: por lo común se entiende de la perra o la hembra de algunos otros animales carnívoros.

when [wen] [uen], *adv.* Cuando, al tiempo que, o mientras que; desde que; que, en que. **When?** ¿cuándo? ¿en qué tiempo? **Since when?** ¿desde cuándo, de cuando acá? **Even when**, aun cuando. **The moment when**, al momento en que. **When I learned this**, desde que oí o supe esto.

whence [wens] [uens], *adv.* De donde o desde donde, de que o quien; de qué causa; por eso es que; por consiguiente. **Whence it may be seen**, de aquí se ve, o resulta. **From whence** es un pleonasmo poco usado.

whenever [wen'evər] [uen-e-var], *adv.* Cuando quiera que, siempre que, en cualquier tiempo que sea, todas las veces que.

where [wɛər] [uear], *adv.* Donde, en que lugar, en donde, por donde, adonde. **Anywhere**, en cualquier parte, sitio o paraje, donde Ud. quiera. **Everywhere**, en todas partes, por todas partes.

whereabout ['wɛərəbaʊt] [uea-ra-baut], *adv.* Hacia donde, hacia qué sitio, poco más o menos donde.

whereabouts ['wɛərə'baʊts] [uea-ra-bauts], *s.* Lugar cercano o aquel en que se halla una persona o cosa; situación aproximada, paradero.

whereas [wɛər'æz] [uear-as], *conj.* Por cuanto, siendo así que, mientras que; cuando; por el contrario; pues que, ya que.

whereat [wɛə'æt] [uear-at], *adv.* A lo cual.

whereby [wɛə'baɪ] [uea-bai], *adv.* Por lo cual, con lo cual, por donde, de que; por medio del cual: ¿por qué? ¿cómo?

wherefore ['wɛəfɔːr] [uea-for], *adv.* Por lo que, porque, por el cual motivo; por eso, por consiguiente.

wherein [wɛər'ɪn] [uear-in], *adv.* Donde, en donde, en lo cual, en que.

whereinto [wɛər'ɪntʊ] [uear-in-tu], *adv.* En donde, dentro de lo que o dentro de lo cual, en lo cual, a lo que.

whereof [wɛər'ɒv] [uear-ov], *adv.* De lo cual, de que; ¿de qué?

whereon [wɛər'ɒn] [uear-on], *adv.* Sobre lo cual, sobre que.

wheresoever [ˌwɛəsəʊ'evər] [uea-sou-e-var], *adv.* Donde quiera, en cualquier parte que, en cualquier sitio que sea.

whereto [ˌwɛə'tuː] [uea-tu], *adv.* A lo que, a que.

whereupon ['wɛərəpɒn] [uea-ra-pon], *adv.* Sobre que; entonces, así que sucedió esto.

wherever [wɛər'evər] [uear-e-var], *adv.* Donde quiera que, por donde quiera que, en donde quiera.

wherewith [wɛə'wɪθ] [uea-uiz], *adv.* Con que, con lo cual; ¿con qué? *-s.* Los medios o recursos necesarios; dinero necesario.

wherry ['werɪ] [ue-ri], *s.* 1. Esquife, barca, barco. 2. *(Ingl.)* Barca de pescador con cubierta y dos velas.

wherry, *va.* Pasar en barco.

wherryman ['werɪmən] [ue-ri-man], *s.* Barquero.

whet [wet] [uet], *va.* 1. Afilar, amolar. 2. Agriar, exasperar; en este último sentido se usa casi siempre con la preposición *on*. 3. Excitar el apetito o dar apetito.

whet, *s.* Afiladura, aguazarua; estímulo.

whether ['weðər] [ue-dar], *conj.* Si, sea, sea que, ora, ya. *-pron. (Ant.)* Cual, cual de los dos. **Whether you will or not**, que quieras, que no quieras.

whetstone ['wetstəʊn] [uet-stoun], *s.* Aguzadera, piedra de amolar o afilar.

whetter ['wetər] [ue-tar], *s.* Amolador.

whew [hwjuː] [jiu], *inter.* ¡Ah! ¡caramba! ¡cáspita! expresa asombro; ¡ay! expresa congoja.

whey [weɪ] [uei], *s.* Suero, la parte acuosa de la leche separada de la parte grumosa de ella.

which [wɪtʃ] [uich], *pron. rel.* 1. Que, el cual, la cual, los cuales, las cuales, cual, cuyo. *Which* se usa sólo para hacer relación a las cosas o a los animales, aunque antiguamente también se usaba para las pesonas; interrogativamente se dice de personas y cosas. 2. Lo que representa una cláusula o frase. **He says his copy is better printed, which is true**, dice que su ejemplar está mejor impreso, lo que es cierto. **Which book do you prefer?**, ¿qué libro prefiere Ud.? **The canary which has a crest**, el canario que tiene cresta. **Both of which**, ambos, los dos. **All of which, all which**, todo esto. **In the progress of which**, en cuyo progreso. **Which will you have?**, ¿cuál quiere Vd.? **Which way?**, ¿por dónde? ¿por qué camino?

whichever [wɪtʃ'evər] [uich-e-var], *pron.* Cualquiera.

whiff [wɪf] [uif], *s.* Vaharada, el efecto de arrojar el vaho, aliento o respiración; bocanada de humo, soplo de viento.

whiff, *va.* 1. Llevar por el aire, transportar con un soplo. 2. Echar bocanadas de humo o vaharadas.3. Fumar (una pipa) echando bocanadas de humo. *-vn.* Lanzar o echar bocanadas.

whiffle [wɪfl] [ui-fel], *va.* 1. Hacer bambolearse, hacer inclinar. 2. Hacer desaparecer una cosa a soplos; poner a un lado o desechar alguna cosa con desprecio. *-vn.* Divertirse en bagatelas o cosa insignificantes; moverse o agitarse con mucha volubilidad; ser inconstante o voluble.

whig [wɪg] [uig], *s.* Nombre de un partido político de Inglaterra que pide reformas liberales, liberal: de los Estados Unidos, (a) partidario de la revolución; (b) partido opuesto a *Democrat*, predecesor del actual partido republicano.

while [waɪl] [uail], *s.* Rato, espacio corto de tiempo; vez. **A while ago**, hace algún tiempo. **A little while**, un ratito. **A little while ago**, hace poco, ahora mismo, hace un rato, no hace mucho. **A while ago**, rato ha. **All this while**, en todo este tiempo o durante todo este tiempo. **A while after**, algo después o poco después. **For a while**, durante algún tiempo o por algún tiempo. **In the meanwhile**, en el intervalo, entre tanto. **Between whiles**, de cuando en cuando, a intervalos. **'Tis not worth while**, no merece o no vale la pena.

while, *adv.* Mientras, durante, entre tanto, en el interin. **While she sings, they converse**, mientras ella canta, ellos conversan.

while, *va.* Pasar, hacer pasar (el tiempo). **To while away one's time**, haraganear, pasar el tiempo; divertirse.

whim [wɪm] [uim], *s.* 1. Antojo, capricho, fantasía, genialidad, extravagancia. **To be full of whims**, ser lunático, tener rarezas, ser muy caprichoso o muy extravagante. 2. *(Mec.)* Cabria, trucha. **Whim-gin**, cabria, trucha.

whimper ['wɪmpər] [uim-par], *vn.* Sollozar, llorar sin gritar, gemir, quejarse; lloriquear, fingir que se llora, como lo hacen los niños. *-s.* Quejido, lloriqueo. *V.* WHINE.

whimsical ['wɪmzɪkəl] [uim-si-kal], *a.* 1. Caprichoso, caprichudo, fantástico, extravagante, ridículo. 2. Construído fantásticamente.

whimsicality [ˌwɪmzɪ'kælɪtɪ] [uim-si-ka-li-ti], *s.* La calidad de ser caprichoso o fantástico, extravagancia, ridiculez.

whimsically ['wɪmzɪkəlɪ] [uim-si-ka-li], *adv.* Caprichosamente, con extravagancia, de un modo raro.

whimsy ['wɪmzɪ] [uim-si], *s. V.* WHIM, en ambas acepciones.
whine [waɪn] [uain], *vn.* Llorar o lamentar sin ruido; quejarse, lamentarse; lloriquear (como hace un niño).
whine, *s.* Quejido, lamento; lloriqueo.
whining ['waɪnɪŋ] [uai-nin], *s.* Quejas.
whinny ['wɪnɪ] [ui-ni], *vn.* Relinchar (especialmente en voz baja). *-s.* Relincho, voz del caballo o la yegua.
whinny, *a.* Abundante en hiniesta o tojo.
whip [wɪp] [uip], *va.* 1. Azotar, dar azotes; dar con vergas, flagelar. 2. Castigar a un niño, dándole azotes. 3. Efectuar con, o como con, golpes. 4. Asir, arrebatar, o coger con un movimiento rápido; se usa con preposición, v. gr. *away, in, off, on*, etc. 5. *(Fam. E.U:)* Exceder, sobresalir en una contienda; vencer. 6. Batir huevos, crema. 7. Hilvanar, filetear. 8. Dar varias vueltas con hilo a un pedazo de cuerda; envolver un cabo con cuerdecilla. 9. Izar con candeliza; levantar con precipitación. **To whip a horse**, dar latigazos a un caballo. **It was whipped with black**, estaba fileteado de negro. *-vn.* 1. Andar de prisa. 2. Echar repetidas veces el anzuelo en el agua. **To whip down**, bajar corriendo o bajar volando. **To whip off a thing**, despachar alguna cosa o negocio prontamente. **To whip out**, zafarse, escaparse; llevarse alguna cosa con precipitación. **To whip up**, agarrar, coger, tomar o asir algo de repente; subir corriendo o volando: *(Mar.)* izar con la candeliza, alzar levantar o subir con precipitación.
whip, *s.* 1. Azote: látigo, zurriago; fusta, *(Amer.)* fuete. **Horse-whip**, látigo. **Coachman's whip**, manopla. **Whip-money**, agujetas. 2. *(Mar.)* Palanquín de estay. **Whip and spur**, con la mayor prisa, a todo correr. **Stroke of a whip**, latigazo. **To crack a whip**, hacer chasquear un látigo. **Whip-cord**, (a) cordel de látigo. *(Mex.)* Pajuela; (b) cordel de cuerda de tripa. **Whip-hand**, la mano que tiene el látigo; mano derecha; *(Fig.)* ventaja. **To have the whip-hand of**, tener la ventaja sobre, tener vara alta. **Whip-lash**, punta de látigo.
whip-graft ['wɪpgræft] [uip-graft], *va.* Injertar a la inglesa. **Whip-grafting**, injerto inglés.
whipped [wɪpt] [uipt], *a.* Batido. **Whipped cream**, crema batida.
whippet ['wɪpɪt] [ui-pit], *s.* 1. Perro lebrero. 2. Cosa pequeña y veloz.
whipping ['wɪpɪŋ] [ui-pin], *s.* Acción de azotar, flagelación. **To give a whipping**, dar un latigazo, una mano de azotes. **Whipping-post**, la columna o poste a que atan a los reos para azotarlos.
whipsaw ['wɪpsɔː] [uip-so], *s.* Serrucho.
whipstaff ['wɪpstɑːf] [uip-staf], *s. (Mar.)* Pinzote del timón.
whipster ['wɪpstəʳ] [uip-staʳ], *s.* Hombre ligero y ágil.
whir [wɜːʳ] [ueʳ], *va.* y *vn.* Girar, dar vueltas o llevarse con estruendo, zumbar; moverse o volar con ruido, rehilar. *-s.* Ruido que hacen las aves al remontar el vuelo; zumbido, sonido de un giro muy rápido.
whiring ['wɜːrɪŋ] [ue-rin], *s.* Zumbido de las alas o de ciertas máquinas.
whirl [wɜːl] [uerl], *va.* y *vn.* 1. Girar, dar vueltas alrededor o circularmente con mucha rapidez. 2. Hacer girar o dar vueltas en círculo. 3. Mover o moverse rápidamente.
whirl, *s.* Giro vuelta, rotación o movimiento circular muy rápido; cualquier cosa que se mueve circularmente con giros muy rápidos.
whirlbone ['wɜːlbəʊn] [uerl-boun], *s.* Rótula, choquezuela, el hueso de la rodilla.
whirligig ['wɜːlgɪg] [uerl-guig], *s.* 1. Perinola. 2. Tío vivo. *V. Merry-go-round.* 3. Cualquier cosa que se mueve circularmente con giros rápidos. 4. Girín, escarabajo de agua, insecto coleóptero de vivos colores metálicos.
whirlpool ['wɜpuːl] [uerl-pul], *s.* Vórtice, remolino u olla de agua; agua que gira con violencia.
whirlwind ['wɜːlwɪnd] [uerl-uind], *s.* Torbellino, remolino, viento violento que se mueve circularmente. *(Fam.)* **To raise a whirlwind**, levantar una tremolina. **Sow the wind, and reap the whirlwind**, quien siembra vientos, recoge tempestades; o, haces mal, espera otro tal.
whirr [wɜːʳ] [ueʳ], v. y *s. V.* WHIR.
whish [wɪʃ] [uish], *s. (Fam.)* Sonido agudo semejante al que hace una varita cortando el aire. *V.* SWISH. (Voz imitativa).
whisk [wɪsk] [uisk], *s.* 1. Escobilla, cepillo. 2. Un movimiento pronto y violento. 3. Antiguamente una parte del vestido de mujer.
whisk, *va.* 1. Cepillar, limpiar con escobilla, quitar el polvo. 2. Arrastrar o mover rápidamente. *-vn.* 1. Hopear, menear la cola los animales. 2. Moverse con velocidad alguna cosa. **To whisk away** o **off**, quitar vivamente, hacer desaparecer, marcharse de prisa.
whisker ['wɪskəʳ] [uis-kaʳ], *s.* Patilla, barbas a uno y otro lado de la cara; bigotes del gato.
whiskey, whisky ['wɪskɪ] [uis-ki], *s.* Aguardiente de grano; güisqui, licor alcohólico que se obtiene destilando un compuesto amiláceo en estado de fermentación. *V.* USQUEBAUCH.
whisper ['wɪspəʳ] [uis-paʳ], *va.* y *vn.* 1. Cuchichear o cuchuchear, hablar al oído; murmurar. 2. Susurrar, hablar quedo; hablar muy bajo o bajito. 3. Apuntar, soplar o sugerir a otro en voz baja lo que debe decir. 4. Secretear.
whisper, *s.* Susurro, ruido sordo, cuchicheo, voz baja.
whisperer ['wɪspərəʳ] [uis-pa-raʳ], *s.* 1. El que habla bajo. 2. Cuchicheador, el amigo de cuchichear. 3. Susurrador, el que susurra quedo.
whispering ['wɪspərɪŋ] [uis-pa-rin], *s.* Cuchicheo; susurro; el acto de hablar quedo o bajito. **Whispering-gallery**, una galería o corredor en forma de bóveda, construido de tal modo que en toda su extensión se puede oír el más pequeño ruido hecho en un punto cualquiera del mismo.
whist [wɪst] [uist], *a.* Silencioso, mudo, callado. *-inter.* ¡Chitón! ¡calla! ¡punto en boca!. *-s.* Un juego de naipes parecido a la malilla, que se juega entre cuatro personas.
whistle [wɪsl] [ui-sel], *va.* y *vn.* 1. Silbar, formar el silbo o silbido. 2. Chiflar, dar chiflidos. 3. Llamar a alguno dando silbidos. **To whistle down the wind**, hablar por demás, gastar saliva en balde. **To whistle for**, llamar dando silbidos; *(Fam.)* buscar en vano lo que se desea.
whistle, *s.* 1. Silbo, silbido. 2. Silbato, chiflato; pito. 3. Silbido del viento. 4. *(Ger.)* Pico, gaznate. **To pay (too) dear for one's whistle**, pagar demasiado cara una chuchería, una bagatela. **To wet one's whistle**, *(Ger.)* humedecerse el gaznate, beber. **Fog-whistle**, pito de alarma en tiempo de niebla. *V. Fog-horn.*
whistle stop ['wɪslstɒp] [ui-sel-stop], *s. (E.U.)* Pueblo pequeño.
whistler ['wɪsləʳ] [uis-laʳ], *s.* Silbador.
whistling ['wɪslɪŋ] [uis-lin], *s.* 1. Silbo, silbido, la acción de silbar. 2. Chiflido, la acción de chiflar. **Whistling-buoy**, boya de pito de alarma.
whit [wɪt] [uit], *s.* Ápice, jota, punto, la mínima parte de alguna cosa; algo, un poco. **Every whit**, de todo punto; enteramente. **Not a whit**, nada de eso.
white [waɪt] [uait], *a.* 1. Blanco; del color de la nieve; lo opuesto a negro. 2. Blanco, del color de la raza caucásica; rubio, blondo; también, pálido, descolorido. 3. Cano, hablando del pelo. 4. Puro, inmaculado, sin mancha; inocente. 5. Feliz, propicio. **Milk-white**, blanco como la leche, de un blanco lechoso. **To get white**, ponerse blanco. **To render white**, blanquear. **White with age**, encanecido por los años, por la edad. **White lie**, mentirilla. *-s.* 1. Blancura, color blanco, reunión de todos los colores del espectro solar. 2. Blanco, una señal fija y determinada para apuntar cuando se tira. 3. La clara del huevo. 4. La parte blanca de los ojos, la esclerótica. 5. Persona blanca. **Spanish white**, blanco de España, yeso mate. **Chinese white**, blanco de la China, óxido de zinc. **White ant**, hormiga blanca, termita. *V.* TERMITE. **White House**, La Casa Blanca, la residencia oficial del Presidente de los Estados Unidos. **While-lead**, albayalde, cal de plomo. **White leather**, baldés, piel curtida, con alumbre. **White-livered**, cobarde, doble, envidioso, maligno. **White meat**, manjar blanco: lacticinio, manjar compuesto con leche. **White wine**, vino blanco.

white, whiten [waɪtn] [uai-ten], *va.* Blanquear, poner blanca alguna cosa. *-vn.* Emblanquecerse.
white-collar ['waɪt,kɒlə^r] [uait-ko-la^r], *a.* Oficinesco. **White-collar job**, trabajo de oficina. **White-collar worker**, oficinista.
white elephant ['waɪt'elɪfənt] [uait-e-li-fant], *s.* Elefante blanco, algo que cuesta mucho mantener y no presta utilidad alguna.
white feather ['waɪt'feðə^r] [uait-fe-da^r], *s.* Pluma blanca, símbolo de cobardía.
whitefish ['waɪtfɪʃ] [uait-fish], *s.* 1. Pez de los lagos septentrionales, parecido al salmón. 2. Albur, cadoce; merlán; y *V.* MENHADEN. 3. La ballena blanca.
white gold ['waɪtgəʊld] [uait-gould], *s.* Oro blanco.
whitener ['waɪtnə^r] [uait-na^r], *s.* Blanqueador.
whiteness ['waɪtnɪs] [uait-nes], *s.* 1. Blancura; palidez. 2. Pureza, candor.
whitening ['waɪtnɪŋ] [uait-nin], *s.* Blanqueo, la acción y efecto de blanquear.
whites ['waɪtz] [uaits], *s.* 1. Flores blancas, leucorrea. 2. Flor de harina, la harina más blanca y más fina.
whitewash ['waɪtwɒʃ] [uait-uosh], *s.* 1. Lechada, leche de cal, el blanqueo que se da a las paredes. 2. Blanquete, afeite con el cual se blanquea el rostro. 3. Informe en que se atribuye a uno virtudes que no tiene, o el acto de encubrir sus faltas.
whitewash, *va.* 1. Blanquear, enlucir con yeso blanco una pared. 2. Encalar o blanquear con cal; enjalbegar. 3. Tapar o encubrir las faltas o defectos. 4. *(Fam. Ingl.)* Poner a un deudor insolvente al abrigo de procedimientos ulteriores. 5. *(Fam. E.U.)* Vencer al partido opuesto en un juego, sin permitirle hacer tantos.
whitewasher ['waɪtsɒʃə^r] [uait-uo-sha^r], *s.* Encalador, blanqueador.
whitewashing ['waɪt'wɒʃɪŋ] [uait-uo-shin], *s.* 1. Blanqueo, encaladura, enjalbegadura, jalbegue. 2. *V.* WHITEWASH, 3ª acep.
whither ['wɪðə^r] [ui-da^r], *adv.* ¿Adónde?, ¿a qué parte?; ¿hasta dónde?; donde quiera.
whiting ['waɪtɪŋ] [uai-tin], *s.* 1. Merlán, pez gádido; albur, cadoce. 2. Blino plateado. 3. Blanco de España, yeso mate, tiza, carbonato de cal que se usa para pulimentar.
whitish ['waɪtɪʃ] [uai-tish], *a.* Blanquizco, blanquecino, que tira a blanco.
whitishness ['waɪtɪʃnɪs] [uai-tish-nes], *s.* Color blancuzco o color blanquecino.
whitlow ['wɪtləʊ] [uit-lou], *s.* Panadizo, panarizo.
whitsuntide ['wɪtsntaɪd] [uit-son-taid], *s.* Pentecostés, fiesta del Espíritu Santo. **Whitsunday**, día de Pentecostés.
whittle ['wɪtl] [ui-tel], *va.* 1. Cortar o formar con navaja. 2. Cercenar, ir disminuyendo poco a poco. 3. Aguzar, dar un corte agudo. *-vn.* Cortar un pedazo de madera con una navaja.
whittle, *s.* 1. Navajilla, navaja pequeña; cuchillito que se lleva a la cintura. 2. Una especie de manta lanuda usada antiguamente por las mujeres.
whiz [wɪz] [uis], *vn.* Zumbar o silbar, producir un ruido agudo como el que hace una flecha o una bala que hiende el aire; moverse rápidamente con ese ruido. *-s.* Sonido entre zumbido y silbido. **Whizzing noise**, zumbido.
who [hu:] [ju], pron. (interrogativo) ¿Quién? (relativo) Quien, que, la persona que. **Who is there?,** ¿quién está ahí?, ¿quién va? Este pronombre se usa sólo hablando de personas. **As who should say**, como si dijéramos, como quien dice.
whoa [wəʊ] [uou], *inter.* ¡So! ¡cho o jo! (voz usada para hacer que se paren las bestias).
whoever [hu:'evə^r] [hu-e-va^r], pron. Quienquiera que, cualquiera que.
whole [həʊl] [joul], *a.* 1. Todo, total, entero. 2. Sano, entero, libre de daño; en buena salud. *-s.* Total, el todo. **Upon the whole**, en el todo, en suma, en general.
wholehearted ['həʊl'hɑ:tɪd] [joul-jar-tid], *a.* Cordial, de todo corazón, con entusiasmo.
wholeness ['həʊlnɪs] [joul-nes], *s.* Todo, integridad, totalidad.
wholesale ['həʊlseɪl] [joul-seil], *a.* Al mayoreo, al por mayor. *-s.* Mayoreo, venta al por mayor.
wholesaler ['həʊl,seɪlə^r] [joul-sei-la^r], *s.* Mayorista.
wholesome ['həʊlsəm] [joul-som], *a.* 1. Sano, saludable, que conduce a la salud. 2. Bienhechor, favorable a la virtud; moral.
wholesomely ['həʊlsəmlɪ] [joul-som-li], *adv.* Saludablemente.
wholesomeness ['həʊlsəmnɪs] [joul-som-nes], *s.* Salud, sanidad, salubridad, naturaleza sana.
whole-wheat ['həʊlwi:t] [joul-wit], *a.* De trigo entero. **Whole-wheat bread**, pan de trigo entero.
wholly ['həʊlɪ] [jou-li], *adv.* Cabalmente, totalmente, enteramente.
whom [hu:m] [jum], pron. Acusativo de WHO. Quien, que, cual. **Whom have you seen?**, ¿a quién ha visto Vd.? **He whom you revere**, aquél a quien Vd. reverencia.
whoop [hu:p] [jup], *s.* 1. Algarada, gritería; grito de agitación o de estimulo. 2. Grito de señal. 3. Inspiración ruidosa y convulsiva después de un ataque de tos. 4. Grito de buho o lechuza.
whoop, *vn.* 1. Huchear, chiflar, gritar, vocear. 2. Respirar ruidosa y convulsivamente, como después de un paroxismo de tos. *-va.* Insultar con gritos. **Whooping-cough**, tos ferina o convulsiva.
whop [wɒp] [uop], *va.* *(Vulg.)* Zurrar.
whopper ['wɒpə^r] [uo-pa^r], *s.* *(Fam.)* 1. El que zurra. 2. Algo grande o notable, particularmente una gran mentira.
whopping ['wɒpɪŋ] [uo-pin], *a.* Muy grande, enorme.
whore ['hɔ:^{r}] [jo^r], *vn.* 1. Putear. 2. En la Sagrada Escritura, dar culto a dioses falsos. *-va.* Putear, corromper por medio de la lascivia.
whore, *s.* Puta, prostituta.
whorish ['hɔ:rɪʃ] [jo-rish], *a.* Lascivo, putesco.
whorl ['wɜ:l] [uerl], *s.* 1. Contrapeso de la rueca. 2. *(Bot.)* Verticilo, conjunto de hojas, flores u otros órganos en el torno de un tallo. 3. *(Zool.)* Espiral de una concha univalva.
whose [hu:z] [jus], Genitivo de WHO y WHICH. Cuyo, de quien.
whosoever [,hu:səʊ'evə^r] [ju-sou-e-va^r], *pron.* Quienquiera, cualquiera.
why [waɪ] [uai], *adv.* y *conj.* Por qué. **Why so?** ¿Por qué así? **Why?** ¿Qué? *Why* se usa frecuentemente para dar énfasis al discurso, y en este caso deja de traducirse en castellano. **Why truly**, pero verdaderamente. *-inter.* A veces se representa por si; p. ej.: **Why, I just saw it**, si lo acabo de ver. **Why, he must be crazy**, si debe estar loco; otras veces por ¡y bien! ¡pero! ¡cómo! **Why ten!** ¡pero y qué! **Why, she is here!** ¡y bien, aquí está ella! **Why, man alive!** ¡cómo, hombre de Dios!
wick [wɪk] [uik], *s.* Torcida, mecha, pábilo.
wick, *s.* Aldea o pueblo: se hallan en voces compuestas; v. gr. *Berwick, Greenwick.*
wicked ['wɪkɪd] [ui-kid], *a.* 1. Malvado, perverso, inicuo. 2. Travieso, picaresco, juguetón.
wickedly ['wɪkɪdlɪ] [ui-kid-li], *adv.* Inicuamente, malamente, perversamente.
wickedness ['wɪkɪdnɪs] [ui-kid-nes], *s.* Maldad, iniquidad, perversidad, malignidad; vicio, pecado, impiedad, irreligión.
wicker ['wɪkə^r] [ui-ka^r], *a.* Mimbroso, tejido de mimbres. *-s.* 1. Mimbre, ramita flexible de sauce; mimbrera. 2. Cestería. **Wicker basket**, cesto de mimbres. **Wickerwork**, cestería, tejido o artículos hechos de mimbres.
wicket ['wɪkɪt] [ui-kit], *s.* Portillo, postigo, portezuela.
wide [waɪd] [uaid], *a.* 1. Ancho, vasto, dilatado. 2. Extenso, amplio. 3. Del ancho de, de ancho. **Five inches wide**, cinco pulgadas de ancho. 4. Remoto, apartado, lejano. 5. Que tiene amplitud intelectual, liberal, comprensivo. 6. Muy abierto, completamente desarrollado. **The wide world**, el ancho mundo. *-adv.* 1. Lejos, a gran distancia. 2. Anchamente. **Wide open**, abierto del todo o de par en par. **Far and wide**,

a lo ancho y a lo largo; por todas partes, por todos lados, completamente. **Wide-awake**, bien, despierto, sobre sí, vigilante. *-s.* Sombrero bajo con alas levantadas. **Wide-gauge**, *V. Broad-gauge.* **To cut a wide swath**, hacer alarde, hacer ostentación de algo. **Wide-angle lens**, lente gran angular.

widely ['waɪdlɪ] [uaid-li], *adv.* 1. Lejos, a gran distancia. 2. Extensamente, muy, mucho, anchamente.

widen ['waɪdn] [uai-den], *va.* Ensanchar, extender, dilatar, aumentar en extensión. *-vn.* Ensancharse, dilatarse.

wideness ['waɪdnɪs] [uaid-nes], *s.* Anchura, extensión a lo ancho.

widespread ['waɪdspred] [uaid-spred], *a.* Diseminado, esparcido por todas partes.

widgeon ['wɪdʒən] [uid-chon], *s.* Mareca, especie de pato.

widow ['wɪdoʊ] [uidou], *s.* Viuda, la mujer a quien se le ha muerto el marido. **Widow-bird**, viuda. *V.* WHIDAHBIRD. **Widow-wail**, olivo enano, arbusto pequeño del género Cneorum. **Widow's weeds**, prendas de luto de una viuda. **Mourning-widow**, escabiosa, planta herbácea.

widow, *va.* 1. Privar a una mujer de su marido. 2. Dotar con viudedad o dar una viudedad. 3. Privar de una cosa muy útil.

widower ['wɪdəʊə^r] [ui-doua^r], *s.* Viudo, hombre cuya mujer ha muerto.

widowhood ['wɪdəʊhʊd] [ui-dou-jud], *s.* Viudez, viudedad.

width ['wɪdθ] [uidz], *s.* Anchura.

wield [wiːld] [uild], *va.* 1. Manejar, empañar, usar con cabal efecto 2. Ejercer autoridad sobre, mandar. **To wield the sword**, manejar la espada, usarla con habillidad.

wieldy ['wiːldɪ] [uil-di], *a.* Manejable.

wife [waɪf] [uaif], *s.* (*pl.* WIVES). 1. Esposa, mujer casada o simplemente mujer, cuando se habla con relación al marido. 2. Ama de casa. 3. Se usa también provincialmente para designar a una mujer empleada en algún oficio humilde.

wifehood ['waɪfjʊd] [uaif-jud], *s.* Estado de la mujer casada; carácter propio de una mujer casada, también, las esposas en general.

wifeless ['waɪdlɪs] [uaid-les], *a.* Que no tiene esposa, sin mujer.

wifely ['waɪflɪ] [uaif-li], *adv.* Como mujer casada, que conviene a una esposa, propio de casadas.

wig [wɪg] [uig], *s.* 1. Peluca o cabellera postiza. 2. Especie de torta. 3. *(Fest. Ingl.)* Juez. **Wig-maker**, peluquero, fabricante de pelucas.

wigged ['wɪgɪd] [ui-guid], *a.* Que lleva peluca.

wiggle ['wɪgl] [ui-guel], *va.* y *vn.* *(Fam.)* Mover o moverse rápidamente de un lado a otro, torcerse, andar como un gusano.

wight ['waɪt] [uait], *s.* Persona, criatura racional.

wigwag ['wɪgwæg] [uig-uag], *va.* y *vn.* 1. Menear, moverse hacia adelante y hacia atrás. 2. Hacer señales con banderas.

wigwam ['wɪgwæm] [uig-uam], *s.* 1. Choza o jacal de los Indios norteamericanos. 2. *(Fam. E.U:)* Gran edificio público que se usa para reuniones políticas, etc.

wild [waɪld] [uaild], *a.* 1. Silvestre, salvaje, que vive en los bosques, en los desiertos, no domesticado, bravo, feroz; que crece o se cría sin cultivo. **A wild boar**, jabalí. 2. Desierto, inhabitado, solitario, despoblado. 3. Turbulento, alborotado, tosco; aturdido, disparatado; atronado, alocado, extraño, descabellado. 4. Desenfrenado, libre, desarreglado, desordenado; extravagante, loco, insensato. **Wild-eyed**, de ojos huraños. 5. Impetuoso, violento; de tempestad, borrascoso. 6. Fogoso, vivamente descoso. 7. Lejano del curso debido, o del objeto propuesto o deseado. *-s.* Yermo, desierto, paraje despoblado. **Wild carrot**, zanahoria silvestre. **Wildcat**, atolondrado, irresponsable; se usa mucho hablando de especulaciones o empresas quiméricas. Gato silvestre. **To run wild**, (a) volver (un jardín, etc.) al estado natural o primitivo, (b) desencadenarse. **To be wild in one's youth**, tener una juventud borrascosa. **Wild conceits**, disparates, desatinos, desvaríos.

wilderness ['waɪldənɪs] [uail-da-nes], *s.* 1. Desierto, yermo. 2. Tosquedad, selvatiquez, falta de cultura.

wildfire ['waɪld,faɪə^r] [uaild-faia^r], *s.* 1. Cualquier composición de materias combustibles que se enciende con facilidad y es muy difícil de apagarse, fuego griego. 2. Erisipela, sarpullido.

wild-goose [,waɪld'guːs] [uaild-gus], *s.* *(orn.)* Ganso silvestre; ganso del Canadá.

wild-goose-chase [,waɪld'guːstʃeɪs] [uaild-gus-cheis], *s.* Caza de gansos silvestres, *(Fig.)* empresa quimérica, insensata.

wilding ['waɪldɪŋ] [uail-din], *s.* Manzana silvestre, planta que crece silvestre; árbol frutal con sus propias raíces que crece por entre frutales injertos.

wildly ['waɪldlɪ] [uaild-li], *adv.* Sin cultivo, desatinadamente.

wildness ['waɪldnɪs] [uaild-nes], *s.* 1. La calidad de lo que está baldío o sin ningún cultivo. 2. Selvatiquez, tosquedad, rusticidad, falta de cultura, rudeza, brutalidad. 3. Estado salvaje, inculto, carácter salvaje, ferocidad, calidad de feroz. 4. Travesura o acción culpable por demasiada viveza. 5. Desvarío de la imaginación, locura.

wild-oat ['waɪldəʊt] [uaild-out], *s.* Avena loca o silvestre. **To sow one's wild-oats**, *(Fam.)* hacer de las suyas, correrla, pasar sus mocedades.

wile [waɪl] [uail], *va.* 1. Desviar, atraer con astucia, corromper, vendar a uno los ojos. 2. Divertirse, pasar un rato, por lo común con *away*. *V.* WHILE. *-s.* Dolo, fraude, engaño; astucia.

wilful ['wɪlfʊl] [uil-ful], *a.* 1. Porfiado, voluntarioso, testarudo, cabezudo, repropio, rehacio (se dice de las caballerías). 2. Voluntario, premeditado, lo que se ejecuta de intento o lo que se hace con toda intención.

wilfully ['wɪlfəlɪ] [uil-fu-li], *adv.* 1. Tercamente, obstinadamente. 2. Voluntariamente, con toda intención, de propósito o a propósito.

wilfulness ['wɪlfəlnɪs] [uil-ful-nes], *s.* Terquedad, obstinación; perversidad.

wiliness ['wɪlɪnɪs] [ui-li-nes], *s.* Fraude, engaño; maña.

will [wɪl] [uil], *s.* 1. Voluntad, facultad de querer; albedrío; discreción. 2. Acto de la voluntad, volición, elección o escogimiento. 3. Volición, decisión: entusiasmo práctico, energía de carácter. 4. Intención, resolución, designio. 5. Testamento, declaración de la última voluntad. 6. *(Ant.)* Gana, propensión, inclinación o deseo de alguna cosa. 7. *(Ant.)* Precepto, mandato. **At will**, a voluntad. **At one's will**, a su gusto. **Thy will be done**, hágase tu voluntad. **To make one's will**, hacer uno su testamento. **Ill-will**, mala voluntad, malquerer, tirria, odio. **Good-will**, cariño, buena voluntad, disposición o propensión favorable, buena intención. **Good-will of a house** o **shop**, la recomendación que da a sus parroquianos el que vende o traspasa una tienda o establecimiento, para que continúen favoreciendo al nuevo poseedor. **To have all things at will**, tenerlo todo a medida de su deseo. **Will-o'-the-wisp**, fuego fatuo, especie de meteoro.

will, *va.* y *vn.* 1. Querer, desear. 2. Resolver, mandar. 3. Rogar, suplicar. 4. Testar o hacer testamento. **I will have him do it**, quiero que él lo haga. **Do as you will**, haga Vd. lo que quiera. **Will he, will he**, que quiera, que no quiera. *-Will*, signo verbal del futuro de indicativo inglés. (Véase la Introducción). En las oraciones afirmativas sirve para expresar resolución, promesa o amenaza de parte de quien habla en la primera persona, y para anunciar o mandar en las segundas y terceras. **I will punish you**, yo te castigaré, tengo voluntad de castigarte, estoy resuelto a castigarte o quiero castigarte. **You will receive the letter tomorrow**, recibirá Vd. la carta mañana, anuncio a Ud. que recibirá la carta mañana, o creo que recibirá Ud. mañana la carta. En las oraciones interrogativas se usa *will* en las segundas personas, para indagar la voluntad del sujeto a quien se dirige la pregunta, y en la tercera persona, para averiguar la voluntad de esta tercera persona. **Will you go to London?**, ¿irá Ud. a Londres? **Will your father give you leave?**, ¿le dará a Ud. licencia su padre?, ¿sabe Vd. si le dará licencia su padre?

willed [wɪld] [uild], *pret.* y *pp.* del verbo TO WILL. **Ill-willed**, maligno, el que tiene mala voluntad. **Self-willed**, obstinado, terco.

willing ['wɪlɪŋ] [ui-lin], *a.* 1. Inclinado, pronto, deseoso. 2. Complaciente. 3. Ofrecido o hecho de buena gana; franco, voluntario. **God willing**, mediante Dios, si Dios quiere. **To be willing**, querer, no tener repugnancia. **To be willing to**, querer, consentir en.

willingly ['wɪlɪŋlɪ] [ui-lin-li], *adv.* Voluntariamente, de buena gana, con gusto.

willingness ['wɪlɪŋnɪs] [ui-lin-nes], *s.* Buena voluntad, buena gana, gusto o buena disposición para hacer algo.

willow 1 ['wɪləʊ] [ui-lou], *s.* Sauce; cualquier árbol o arbusto del género Salix de las salicíenas. **Weeping willow**, *(Bot.)* sauce de Babilonia o de Judea, suace llorón. **Willow-plot**, saucedal, salceda. **Willow-herb**, hierba perenne de la familia de las onagráceas. (Epilobium angustifolium). Se llama también *Persian* o *French willow*, y crece en terrenos bajos. **Hairy willow-herb**, especie británica de Epilobium. **Willow-warbler, willow-wren**, o **chiffchaff**, curraquilla. Phylloscopus rufus. **Willow-oak**, roble americano de gran tamaño, con hojas semejantes a las del sauce.

willow 2, *s.* Diablo, máquina para limpiar el algodón, la lana, el lino, etc.

willowish ['wɪləʊɪʃ] [ui-louish], *a.* Que tiene color de sauce.

willy-nilly ['wɪlɪ'nɪlɪ] [ui-li-ni-li], *a.* y *adv.* Sin respeto a los deseos de otro, a fuerzas.

wilt 1 [wɪlt] [uilt], *va.* Marchitar, ajar, hacer decaer, volver mustio. *-vn.* 1. Marchitarse, secarse, perder su frescura una planta; *(Fig.)* perder la energía o vitalidad. 2. *(Ger.)* Amansarse; ponerse a salvo repentinamente después de verse vencido.

wilt, 2ª pers. *sing.* del presente de indicativo de WILL.

wily ['waɪlɪ] [uai-li], *a.* Astuto, falso, mañoso, cauteloso, insidioso.

wimble ['wɪmbl] [uim-bel], *s.* Berbiquí, especie de barrena.

wimple ['wɪmpl] [uim-pel], *s.* Toca; hoy griñón, toca de liezno o seda que se ponen las mojas y beatas en la cabeza y les rodea el rostro.

wimple, *va.* Tirar hacia abajo; cubrir con griñón.

win [wɪn] [uin], *va.* y *vn.* 1. Ganar, lograr o adquirir alguna cosa. 2. Ganar, conquistar. 3. Obtener, alcanzar. 4. Persuadir, atraer, arrastrar. 5. Llevarse, arrastrar tras sí. 6. Prevalecer, tener más poder o valor que otro.

wince [wɪns] [uins], *vn.* Retroceder, recular como a consecuencia de un dolor o de un golpe; echar pie atrás; de aquí, cocear, tirar coces; mostrarse terco al ser reprendido.

winch [wɪntʃ] [uinch], *s.* 1. Cigüeña de torno, manivela, manubrio en forma de codo que sirve para hacer girar el eje o árbol de una máquina. 2. Argana, argüe, molinete, aparato para subir cosas de mucho peso; cabria.

wind [wɪnd] [uind], *s.* 1. Viento, el aire en movimiento; una corriente de aire. 2. Viento, aire, el que se mueve por algún artificio. 3. Resuello, aliento, respiración. 4. Flatulencia, flato, ventosidad, pedo. 5. Cualquier cosa muy ligera y de poco momento. 6. Viento, husmo, el olor que viene de alguna cosa; un secreto dejado escapar o descubierto. **To get wind of a plot**, husmear, descubrir una entruchada o intriga. 7. Viento, en náutica la dirección del viento o del aire movido en la atmósfera. **Wind-bound**, detenido por falta de viento. **Westerly wind**, viento de poniente. **Wind on the beam**, *(Mar.)* viento derrotero. **Wind aft**, *(Mar.)* viento en popa. **Wind on end or ahead**, *(Mar.)* viento por la proa. **Steady wind**, viento hecho. **Land-winds**, terrales. **Light winds**, *(Mar.)* ventolinos. **Trade-winds**, vientos alisios. **South-west winds**, vendavales. **Quarter-wind**, *(Mar.)* viento al anca o a la cuadra. **The wind is very high**, hace mucho viento, o el viento es muy fuerte. **Between wind and water**, a flor del agua. **Puff of wind**, soplo, ventolera. **Gale of wind**, temporal, ventarrón. **Gust of wind**, racha de viento, ráfaga, ventarrón. **In the wind's eye, in the teeth of the wind**, directamente opuesto a la dirección del viento. **To keep the wind**, *(Mar.)* Navegar de bolina, mantenerse ciñendo el viento. **To sail against wind and tide**, ir contra viento y marea. **Down the wind**, en decadencia, decayendo. **To take or to have or to get the wind**, dominar a alguno; ganar la superioridad; ganar por la mano, anticiparse. **Something is in the wind**, se trama algo.

wind, *va.* (*pret.* y *pp.* WOUND o WINDED). 1. Serpear o serpentear; girar o moverse alrededor, hacer pasar espiralmente alrededor de un eje fijo. 3. Dar cuerda a, renovar la marcha de, arrollando una cuerda, un resorte, etc. 4. *(Mar.)* Virar, mudar o cambiar el rumbo de un buque; manejar, dirigir, gobernar, ganar influencia sobre. 5. Perseguir, seguir las vueltas o los rodeos de. 6. Devanar, hacer ovillos; tejer. 7. *(Ingl.)* Alzar con árgano o molinete. *-vn.* 1. Moverse o estar dispuesto de una manera circular o en espiral; serpentear. 2. Rodear, ir por rodeos o circunloquios; de aquí, insinuarse, lograr un fin con astucia. 3. Tener forma torcida. 4. Enroscarse, retortijarse, volverse, cambiarse.

wind along, hacer eses, serpentear, seguir.

wind about, enrolarse alrededor de; dar vueltas a.

wind down, bajar dando vueltas, bajar serpenteando.

wind off, devanar; desarrrollar, desenredar lo que está enredado o enmarrañado; desembarazarse, libertarse, salir de algún enredo o laberinto.

wind up, concluir, acabar, finalizar. **To wind up a watch or clock**, dar cuerda al reloj. **To wind up thread**, devanar hilo, reducirlo a ovillos. **To wind a call**, *(Mar.)* Tocar el pito.

wind, *va.* 1. Ventear, tomar el viento por el olfato. 2. Agotar, gastar el aliento o respiración de; también, recobrar la respiración. 3. Dar aire, exponer al viento, orear.

wind, *va.* y *vn.* 1. Soplar, echar viento por la boca. 2. Tocar un instrumento de viento.

windage ['wɪndɪdʒ] [uin-dich], *s.* *(Art.)* Viento de un cañón.

wind-bound ['wɪnbaʊnd] [uind-baund], *a.* *(Mar.)* Detenido por vientos contrarios.

winded ['wɪndɪd] [uind-did], *a.* **Short-winded**, que respira dificultosamente. **Long-winded**, largo; enfadoso, enmarañado.

winder ['waɪndəʳ] [uain-daʳ], *s.* 1. Argadillo, devanador, devanadera. 2. *(Bot.)* Planta enredadera. *V.* TWINER. 3. Escalón de abanico.

windfall ['wɪndfɔːl] [uind-fol], *s.* 1. Fruta caída del árbol; fruta abatida por el viento. 2. Provecho, ganga, ventaja o ganancia inesperada.

windflower ['wɪndflaʊəʳ] [uind-flauaʳ], *s.* *(Bot.)* Anémone, anémona.

wind-gauge ['wɪndgeɪdʒ] [uind-gueich], *s.* Anemómetro, instrumento que mide la fuerza y velocidad de los vientos.

windiness ['wɪndɪnɪs] [uin-di-nes], *s.* 1. Tiempo ventoso; calidad de ventoso. 2. Ventosidad, flatulencia o flato. 3. Hinchazón, vanidad, presunción.

winding ['wɪndɪŋ] [uin-din], *s.* 1. Vuelta, revuelta, giro, rodeo; recodo (de un camino). 2. El acto o la condición del que arrolla o envuelve. 3. Alabeo, comba, combadura. 4. *(Elec.)* Modo como se arrolla un alambre. **Windings and turnings**, las vueltas y revueltas o los rincones y recovecos que hacen tortuosa a una cosa. **Winding of the voice**, la inflexión de la voz. **Winding-sheet**, mortaja, la sábana, en que se envuelve el cadáver. **Winding-stair**, escalera de caracol u ojo. **Winding-tackle**, *(Mar.)* aparejo de estrelleras o candelizas de combés. **Winding up**, (a) acto de dar cuerda (watch, clock); (b) liquidación, conclusión; desenlace. *-a.* 1. Sinuoso, tortuoso, que serpea o serpentea, que se mueve haciendo vueltas o tornos como la serpiente. 2. Que se arrolla, que se enreda o envuelve.

windlass ['wɪnləs] [uind-las], *s.* 1. Argüe, árgana o árgano, máquina para levantar cosas de gran peso. 2. *(Mar.)* Cabrestante pequeño o molinete, instrumento que se usa a bordo de las embarcaciones pequeñas para sacar las anclas del fondo y otros objetos. 3. En las minas de Méjico, malacate.

windle ['wɪndl] [uin-del], *s.* 1. *(Prov.)* Devanadera o cualquier cosa que se usa para dar vueltas o envolver. 2. Medida desusada de 3.50 *bushels* o fanegas.

windmill ['wɪndmɪl] [uind-mil], *s.* Molino de viento.

window ['wɪndəʊ] [uin-dou], *s.* Ventana; vidriera. **Glass window**, vidriera. **Window-glass**, vidrio de ventana o plano. **Window-shutter**, postigo de ventana; contraventana. **Bay window, bow window**, mirador, ventana saliente o cimbrada. **Dormer o garret window**, lumbrera, tragaluz de bohardilla o desván. **Round o rose window**, rosetón. **Show window**, escaparate de una tienda. **Window-blind**, contravidriera; también, celosía, transparente, persiana. **Window-frame**, bastidor o marco de ventana. **Window-shade**, persiana, transparente. **To look out of the window**, mirar por la ventana.

windpipe ['wɪndpaɪp] [uind-paip], *s.* Tráquea, traquearteria.

windrow ['wɪndrəʊ] [uin-drou], *s.* Línea de hierba segada; montón de maíz o de turba. *-va.* Arrastrar el heno en una hilera o línea.

wind-up ['waɪndʌp] [uaind-ap], *s.* 1. Acción final; fin, término. 2. *(Coloq.)* Broma (joke), chiste.

windward ['wɪndwəd] [uind-uord], *a.* Al viento, expuesto al viento. *-s.* Barlovento, lado de donde sopla el viento. *-adv.* A barlovento. **The Windward Islands**, las Islas de Barlovento. **A windward tide**, marea contraria al viento. **To lie to windward,** barloventear.

windy ['wɪndɪ] [uin-di], *a.* 1. Ventoso, tempestuoso, borrascoso. 2. Expuesto al viento, a barlovento. 3. Vano, dado al estilo hinchado o pomposo. 4. Flatulento. **It is windy**, hace viento. **On the windy side**, del lado del viento.

wine [waɪn] [uain], *s.* 1. Vino, el zumo de las uvas exprimido y fermentado. 2. El vino, el zumo de otros vegetales que se cuece y fermenta al modo del de las uvas. **Sorry wine**, zupia, purriela, vino malo. **Red wine**, vino tinto. **Currant wine**, vino de grosellas. **To season with wine**, envinar. **Wine-bibber**, borracho, odre. **Wine-cellar**, bodega, cueva donde se guardan los vinos.**Wine-cooler**, receptáculo para enfriar el vino.**Wine-fly**, mosca pequeña del género Piophila que se cría en el vino, la sidra, etc.**Wine-glass**, vaso para vino.**Wine-grower**, viñadero, viticultor.**Wine-measure**, medida líquida, medida para vino. **Wine-merchant**, mercader de vino.**Wine-palm**, palmera de la cual se obtiene vino. **Wine-press**, lagar. **Wine-skin**, odre, pellejo de vino. **Wine-taster**, catador de vinos. **Wine tasting**, cata de vinos. **Wine-vault**, candiotera, cueva para conservar el vino. **Wine-whey**, suero con vino.

wine (to), *va.* y *vn.* Convidar u obsequiar con vino; beber vino.

winery ['waɪnərɪ] [uai-na-ri], *s.* Establecimeinto para hacer vino; cuarto para afinar y conservar el vino, candiotera.

wing [wɪŋ] [uing], *s.* 1. Ala, la parte del cuerpo de las aves o murciélagos, y de ciertos insectos, de que se sirven para volar. 2. Lo que proporciona o comunica movimiento veloz. **Upon the wings of the wind**, en alas del viento. 3. Vuelo, la acción de volar. **To take wing**, volar. 4. *(Mil.)* Ala, la parte del ejército que cubre el centro. 5. Ala de un edificio, costado, flanco. 6. Cualquier lado, apéndice, parte, etc., semejante a un ala; apéndice foliáceo, uno de los dos pétalos de la corola papilionácea. 7. Guardabarros. 8. *(Polit.)* Ala. **Right wing, left wing,** ala derecha, ala izquierda. **On the wing**, al vuelo. **Wing-case, wing-cover, wing-sheath**, elitro, estuche que cubre las alas de los insectos. **To be upon the wing**, ir a salir, ir a marchar, estar para salir.

wing, *va.* 1. Llevar, transportar sobre las alas; ejecutar por medio de las alas. 2. Pasar, atravesar, recorrer (flying). 3. Dar o prestar alas a, impeler. 4. Proveer de alas, dar o poner alas. 5. Flanquear, poner flancos. 6. Herir en el ala o en alguna parte análoga; dañar, incapacitar, inhabilitar. *-vn.* Alear, volar, mover las alas.

wing chair ['wɪŋgtʃɛəʳ] [uing-cheaʳ], *s.* Sillón con respaldo en forma de alas.

winged [wɪŋd] [uingd], *a.* 1. Alado, que tiene alas; que vuela. 2. Que vuela como con alas; elevado, en éxtasis. 3. Lleno o poblado de seres alados. **Broken-winged**, aliquebrado.

winger ['wɪŋgəʳ] [uin-gaʳ], *s.* *(Sport)* Ala, alero.

wingless ['wɪŋlɪs] [uing-les], *a.* Falto de alas, sin alas; áptero.

wingy ['wɪŋɪ] [uin-gui], *a.* Alado.

wink [wɪŋk] [uink], *vn.* 1. Cerrar los ojos y abrirlos rápidamente. 2. Guiñar; hacer señas guiñando; pestañear guiñando. 3. Pasar por alto, tolerar, disimular, dejar pasar una falta; en este sentido casi siempre lleva tras sí la partícula at. **A winking light**, una luz poco clara.

wink, *s.* 1. La acción de tener los ojos cerrados. 2. Pestañeo, el movimiento de cerrar y abrir los ojos guiñando. 3. Guiño, la acción de guiñar haciendo señas. 4. Ojeada, mirada pronta y ligera. **I did not sleep a wink all night**, no he cerrado los ojos en toda la noche, o no he podido pegar ojo en toda la noche. **Without further winks or nods**, sin más acá ni más allá. **To wink at a thing**, hacerse el desentendido; no hacer alto en una cosa. *(Fam.)* **Forty winks**, sueño de corta duración.

winker ['wɪŋkəʳ] [uin-kaʳ], *s.* 1. Guiñador, el que guiña; el que pestañea; el que tolera o disimula. 2. Anteojera (de caballo). 3. *(Fam.)* Pestaña. 4. El músculo con el cual se produce el pestañeo.

winkingly ['wɪŋkɪŋlɪ] [uin-kin-li], *adv.* 1. Por medio de guiñadas o guiñando. 2. Con los ojos medio abiertos o entreabiertos. 3. Con tolerancia, con indulgencia. **Winking at**, connivencia.

winkle ['wɪŋkl] [uin-kel], *s.* Caracol marino, uno cualquiera de varios grandes gasterópodos, particularmente del género Fulgur.

winner ['wɪnəʳ] [ui-naʳ], *s.* 1. Ganador, vencedor. 2. Tanto (goal) decisivo de la victoria.

winning ['wɪnɪŋ] [ui-nin], *s.* Ganancia, lucro. *-a.* 1. Atractivo, encantador (appealing), que lleva o arrastra tras sí; persuasivo, que gana la voluntad de otro. 2. Seguro del éxito, ganador (victorious). **Winning back**, desquite, el acto de desquitarse. **Winning side**, el partido que triunfa, gana o lleva la ventaja.

winning post ['wɪnɪŋpəʊst] [ui-nin-poust], *s.* Llegada, meta.

winnings ['wɪnɪŋz] [ui-nins], *s.pl.* Ganancias.

winnow ['wɪnəʊ] [ui-nou], *va.* 1. Aventar, aechar, separar la paja del grano. 2. Examinar, escudriñar. 3. Agitar, batir el aire (como con alas). 4. Soplar; dispersar soplando.*-vn.* Abalear, aechar el grano. **Winnowing-machine**, aventador, abaleador mecánico.

winsome ['wɪnsəm] [uin-som], *a.* Atractivo, que tiene apariencia o maneras atractivas o persuasivas, que gana el corazón, encantador (charming).

winter ['wɪntəʳ] [uin-taʳ], *s.* 1. Invierno, la estación fría del año. **A hard winter**, invierno crudo. **Winter clothes**, ropa de invierno. **Winter season**, invernada. **Winter's bark**, corteza magelánica. **Winter-berry**, apalachina, arbusto de la familia de las ilicíneas, con bayas escarlata. **Winter-bloom**, *V.* WICH-HAZEL. **Winter-solstice**, solsticio hiemal. 2. Epoca triste o lúgubre. 3. *(Poét.)* Año.

winter, *va.* 1. Hacer invernar. 2. Alimentar o conservar durante el invierno. *-vn.* Invernar, pasar el invierno. **Winter-kill**, *(E.U.)* hacer perecer por la severidad del invierno.

wintergreen ['wɪntəgriːn] [uin-ta-grin], *s.* *(Bot.)* 1. Pirola. 2. Gualteria, planta de la familia de las ericáceas.

wintering ['wɪntərɪŋ] [uin-ta-rin], *s.* 1. Acción de invernar o pasar el invierno. 2. Forraje y abrigo para el ganado durante el invierno.

winterish ['wɪntərɪʃ] [uin-ta-rish], *a.* Algo semejante al invierno.

winterize ['wɪntəraɪz] [uin-ta-rais], *va.* Acondicionar para uso invernal.

winterless ['wɪntəlɪs] [uin-ta-les], *a.* Sin invierno frío; tropical.

wintery ['wɪntərɪ] [uin-ta-ri], *a.* Brumal, invernal o invernizo, lo perteneciente al invierno.

wintertime ['wɪntətaɪm] [uin-ta-taim], *s.* Invierno. **In the wintertime**, en invierno.

wintry ['wɪntrɪ] [uin-tri], *a.* Invernal, de invierno.

wipe [waɪp] [uaip], *va.* 1. Enjugar, frotar ligeramente; limpiar (clean) por medio de alguna cosa blanda y suave. 2. Quitar o separar frotando ligeramente; restregar, acepillar. 3. Aplicar la soldadura por medio de un pedazo de tela o cuero. **To wipe away**, quitar sacudiendo, estregando o limpiando con suavidad. **To wipe off**, borrar, cancelar (cancel); limpiar, lavar o quitar alguna cosa que ensuciaba o manchaba a otra. **To wipe out**, borrar, cancelar, hacer nulo; destruir, hacer desaparecer. **To wipe out of**, arrojar, defraudar.

wipe, *s.* 1. Limpión, limpiadura ligera. 2. *(Ger.)* Golpe de lado, revés, manotón. *V.* SWIPE.

wiper ['waɪpəʳ] [uai-paʳ], *s.* 1. Persona que enjuga o restriega. 2. Trapo, lienzo, útil, destinado a enjugar o usado para enjugar. 3. *(Mec.)* Leva, álabe, saliente fijado sobre un eje. 4. Limpiaparabrisas.

wire ['waɪəʳ] [uaiaʳ], *va.* 1. Proveer de alambre; atar o liar con hilo metálico. 2. Coger (caza) con un lazo de alambre. 3. *(Fam.)* Transmitir por telégrafo. *-vn.* *(Fam.)* Enviar un telegrama; telegrafiar. *-s.* 1. Alambre, el hilo tirado de un metal dúctil. 2. El telégrafo eléctrico como medio de comunicación. 3. Cuerda de un instrumento músico. 4. Hilo fino metálico, o juego de líneas finamente rayadas en el foco de un telescopio. 5. Varilla de cortina. **Iron-wire**, hilo o alambre de hierro. **Wires**, arillos para aretes. **Wire-plate**, hilera de tirar alambre. **Wire edge**, filbán (de una navaja nueva, tijera, etc.). **Wire fence**, alambrada. **Wire-gauge**, calibrador de alambre. **Wire-gauze**, gasa de alambre, tela metálica. **Wire-puller**, titiritero; intrigante. **Wire-pulling**, maquinaciones secretas, por bajo cuerda. **Wire-work**, enrejado, alambrado. **Wire-worm**, larva a modo de gusano de elátero.

wire cutters ['waɪəˌkʌtəz] [uaia-ka-tars], *s.* Cortaalambres, cizalla.

wireless ['waɪəlɪs] [uaia-lis], *s.* Abreviatura de **Wireless telegraph**, telegrafía inalámbrica. **Wireless telephony**, radiotelefonía, etc. *(Ingl.)* Radio-emisora. *-va.* y *vn.* Comunicarse por radiograma. **Wireless transmission**, transmisión por radio.

wire tapping ['waɪə'tæpɪŋ] [uaia-ta-pin], *s.* Conexión telefónica clandestina para interceptar mensajes, escuchas telefónicas.

wiring ['waɪərɪŋ] [uaia-rin], *s.* 1. Alambrado. 2. Instalación de alambrado eléctrico.

wiry ['waɪərɪ] [uaia-ri], *a.* 1. Hecho de alambre; reducido a alambre; semejante a un alambre; tieso, tenso. 2. De mucha resistencia; flaco pero fuerte y nervioso. 3. Débil: se dice del pulso.

wis ['wɪz] [uis], *vn.* *(Des.)* Pensar, creer.

wisdom ['wɪzdəm] [uis-dom], *s.* 1. Sabiduría, cordura, prudencia, juicio, discreción; sentido común; buena conducta, buen modo de proceder. 2. Alto grado de conocimiento, erudición. 3. Dicho profundo. **Wisdom-tooth**, muela cordal o del juicio. **A man of wisdom**, hombre sabio, muy advertido, muy leído.

wise [waɪz] [uais], *a.* Sabio, docto, hábil; grave, cuerdo (sane), juicioso, prudente, discreto, advertido, sentado, erudito, sabido. **A wise man**, un sabio, un filósofo. *-s.* Modo, manera de ser, estar o hacer. Se usa en composición frecuentemente, como **otherwise**, de otro modo; **likewise**, también; **sidewise**, de lado; **in no wise**, de ningún modo, de ninguna manera, absolutamente. **Wise up**, espabilarse.

wiseacre ['waɪzˌeɪkəʳ] [uais-ei-kaʳ], *s.* Persona sabihonda, el que presume de sabio; de aquí, necio, tonto.

wisecrack ['waɪzkræk] [uais-krak], *s.* Observación ingeniosamente chistosa.

wisely ['waɪzlɪ] [uais-li], *adv.* Sabiamente, con prudencia, con discreción, con cordura, juiciosamente; con mucha habilidad.

wish [wɪʃ] [uish], *va.* 1. Desear, querer, apetecer lo que no se posee. 2. Pedir o suplicar para conseguir lo que se desea. 3. Anhelar, ansiar, desear con ansia o tener ansia o deseo vehemente de conseguir alguna cosa. 4. Estar inclinado o dispuesto a hacer algo. **I wish you joy**, le doy a Ud. la enhorabuena o el parabién. *-inter.* **I wish!** ¡Ojalá! ¡Quiera el cielo!

wish, 1. Anhelo, ansia, deseo (desire); la cosa deseada. **To make a wish**, pedir un deseo. 2. Petición, demanda, expresión de un deseo. **Wish-bone**, hueso de la pechuga en las aves; hueso delgado ahorquillado formado por la unión de las clavículas, se le llama a veces **merry-thought.**

wisher ['wɪʃəʳ] [ui-shaʳ], *s.* Deseador. **Well-wisher**, el que desea el bien de alguna persona.

wishful ['wɪʃfʊl] [uish-ful], *a.* Deseoso, ansioso, anheloso; ávido (hungry). **Do you know for sure that they're leaving or is it just wishful thinking?** ¿sabes a ciencia cierta que se van o es simplemente lo que tú querrías?

wishfully ['wɪʃfʊlɪ] [uish-fu-li], *adv.* Ansiosamente, ardientemente, con anhelo.

wishing well ['wɪʃɪŋˌwel] [ui-shin-uel], *s.* Pozo de los deseos.

wishy-washy ['wɪʃɪˌwɒʃɪ] [ui-shi-uo-shi], *a.* *(Fam.)* Débil (weak), ligero, diluido (drink); de aquí, flojo, falto de fuerza.

wisp [wɪsp] [uisp], *va.* 1. Acepillar, limpiar con escobilla. 2. *V.* CRUMPLE. *-s.* 1. Manojito de heno, pajar larga u otra cosa. 2. Mechón, puñado de cabellos. 3. Escobilla pequeña. 4. Fuego fatuo. 5. Enfermedad que ataca los pies del ganado mayor.

wispy ['wɪspɪ] [uis-pi], *a.* Tenue, ralo.

wist [wɪst] [uist], *pret.* del verbo TO WIT. «**Moses wist not that his face shone**», «Moisés no sabía que su rostro estaba resplandeciente».

wisteria [wɪs'tɪərɪə] [uis-tia-ria], *s.* *(Bot.)* Wistaria, vistaria.

wistful ['wɪstfʊl] [uist-ful], *a.* Nostálgico (nostalgic).

wistfully ['wɪstfəlɪ] [uist-fu-li], *adv.* Con añoranza o nostalgia.

wit [wɪt] [uit], *va.* y *vn.* (*pret.* WIST) *(Ant.)* Saber, recibir una noticia. **To wit**, a saber, es decir.

wit, *s.* 1. Inteligencia (intelligence), rasgo de ingenio, agudeza, dicho agudo, asociación de ideas que causa pasmo; sal. *V.* HUMOR. 2. Ingenio, el sujeto de mucha viveza de imaginación. 3. Entendimiento, ingenio; viveza de imaginación o fantasía; seso. 4. Juicio, discurso, prendas, conocimientos, luces. **Wits**, *pl.* Juicio, sentido, razón; industria. **The five wits**, los cinco sentidos; también, las facultades intelectuales. **Ready wit**, genio agudo. **Mother wit**, sentido común, entendimiento natural. **To be at one's wit's end**, estar, hallarse apurado, cortado; sin saber qué dicer; perder la chaveta. **To be out of one's wits**, estar fuera de juicio o fuera de sí; no saber uno lo que se hace. **To live by his wits**, campar de golondro, vivir de gorra, o de expediente, vivir y campar a costa ajena, ser un estafador o un petardista. **To be thought a wit**, pasar por hombre de ingenio. **To have one's wits about one**, conservar uno su presencia de ánimo.

witch [wɪtʃ] [uich], *s.* 1. Bruja, hechicera. 2. Vejarrona, mujer fea.

witch, *va.* Encantar, maleficiar, hechizar, embrujar. *V.* TO BEWITCH.

witchcraft ['wɪtʃkrɑːft] [uich-kraft], *s.* 1. Brujería (sorcery), hechicería, sortilegio (spell), maleficio. 2. Encantamiento, poder mágico, fascinación.

witch hazel ['wɪtʃˌheɪzl] [uich-jei-sel], *s.* *(Bot.)* 1. Hamamelis de Virginia. 2. Loción de Hamamelis de Virginia.

witch-hunt ['wɪtʃhʌnt] [uich-jant], *s.* Persecución, campaña de desprestigio.

witching ['wɪtʃɪŋ] [ui-chin], *a.* Halagüeño, encantador, que fascina; mágico. **The witching hour**, la medianoche.

with [wɪθ] [uiz], *prep.* 1. Con preposición que se usa para explicar el medio, modo o instrumento con que se hace una cosa; juntamente con, en compañía de. 2. De; toma muchas veces este sentido con los verbos y participios, y con ciertos adjetivos; por ejemplo: **To fill with water**, llenar de agua. **Attended with**, acompañado de. **Congenial with**, que está en el carácter de. **Smitten with**, enamorado de. **Taken with**, encantado de. **With all my heart**, de todo corazón. 3. Por, contra, a, en, entre. **With all speed**, con la mayor prisas, lo más pronto posible. **He does not find fault with it**, nada tiene que decir. **I have nothing to do with you**, nada tengo que ver con Vd. **With your leave**, con permiso de Ud. **To**

struggle with adversity, luchar contra la adversidad. **Angry with**, enfadado con. 4. En caso de, con respecto a, para con, concerniente. **Deal not harshly with me**, no sea Ud. duro para conmigo. **To go with**, (a) convenir, sentar bien; (b) acompañar; (c) tomar el partido de. 5. Así que, luego que, inmediatamente, después de. **With that** , así que dijo esto. **To have to do with**, tener que habérselas con. **Away with him!**, ¡quítenlo de mi presencia! ¡fuera con él! ¡que muera! **It is so with the rich**, así sucede entre los ricos. **I don't know what course to take with them**, no sé qué partido tomar para con (o respecto a) ellos.

with-. Prefijo que indica oposición; contra, re. **To withdraw**, retirar, remover. **To withhold**, retener. **To withstand**, oponerse a.

withal [wɪ'ðɔːl] [ui-zol], *adv.* 1. Además, a más de esto; también. 2. Por otra parte. 3. Al mismo tiempo. 4. *(Ant.)* Con.

withdraw [wɪθ'drɔː] [uiz-dro], *va.* *(pret.* WITHDREW, *pp.* WITHDRAWN). 1. Quitar, privar; distraer; también alejar, descaminar, remover. 2. Retirar (recall), apartar, separar. **She will withdraw her children from the school,** va a sacar a sus hijos del colegio. 3. Desdecir, retractar un aserto; retractarse. *-vn.* Retirarse, apartarse, separarse; irse, salir.

withdrawal [wɪθ'drɔːəl] [uiz-droal], *s.* Retiro, retirada, el acto o hecho de retirar o de retirarse; Acción de retirar un proyecto de ley presentado a un cuerpo legislativo. **Withdrawal symptoms**, síndrome de abstinencia.

withdrew [wɪθ'drjuː] [uiz-driu], *pret.* del verbo WITHDRAW.

withe [wɪð] [uid], *s.* 1. Mimbre. 2. Vencejo, atadero hecho de mimbres. **wither**»[]», *va.* 1. Marchitar, ajar, deslucir, poner mustias o secas las plantas. 2. Hacer perder las carnes o la fuerza muscular; agotar. 3. Hacer perecer o consumirse; también, avergonzar, sonrojar. *-vn.* Marchitarse, secarse, perder su frescura natural.

wither-band ['wɪðəbænd] [ui-da-band], *s.* La barra de hierro que sujeta los fustes de la silla de montar.

withered ['wɪðəd] [ui-dard], *a.* Marchito, mustio, atrofiado.

withering ['wɪðərɪŋ] [ui-da-rin], *a.* 1. Abrasador (burning), agostador. 2. Fulminante.

withers ['wɪðəz] [ui-dars], *s. pl.* Cruz, la parte del cuerpo del caballo que está detrás del nacimiento del cuello.

withhold [wɪð'həʊld] [uiz-jould], *va.* *(pret.* y *pp.* WITHHELD). 1. Detener, impedir, retener, apartar, contener. 2. Negar, rehusar (refuse).

within [wɪð'ɪn] [uiz-in], *prep.* 1. Dentro, adentro, en lo interior de. 2. Dentro de, en el espacio de, a la distancia de. 2. Al alcance de. **Within hearing**, al alcance de la voz. 4. Debajo de. **Keep your expenses within your income**, mantenga Vd. sus gastos dentro de los límites de sus ingresos. 5. Por poco; a, casi a, cerca de. **Within a short distance**, a poca distancia. **To reckon within an inch**, calcular pulgada más o menos. **He was within a little of being killed**, por poco lo matan. **From within**, de adentro. **Within four months**, dentro de cuatro meses. **He is within**, está dentro. *-adv.* 1. Interiormente, en la parte interior, dentro; de aquí, en el corazón o en la mente. 2. En casa, en su casa, en la habitación.

without [wɪð'aʊt] [uiz-aut], *prep.* 1. Sin, con falta de. **Do it without cheating**, hazlo sin hacer trampas. 2. Fuera de, afuera. **Without my reach**, fuera de mi alcance. 3. En lo exterior, por fuera. *-adv.* 1. Por afuera, por fuera, hacia fuera, de la parte de afuera. 2. Exteriormente, en lo exterior. *-conj.* Si no, sin que, a menos que, si no es que. **Without jesting**, bromas aparte. **Without day**, sin fecha. **To do** o **to go without**, privarse de, pasarse sin. **Without being reminded**, sin que alguien le llame la atención (a o hacia).

withstand [wɪðstænd] [uid-stand], *va.* *(pret.* y *pp.* WITHSTOOD). Resistir, hacer resistencia u oposición, oponerse a; soportar (endure).

witless ['wɪtlɪs] [uit-les], *a.* Necio, tonto (fool), falto de ingenio o entendimiento.

witling ['wɪtlɪŋ] [uit-lin], *s.* Truhán, chocarrero; el que afecta ingenio.

witness ['wɪtnɪs] [uit-nes], *s.* 1. Testigo, espectador. 2. Testimonio, atestación de un hecho; el o lo que da fe, prueba; testigo (ante un tribunal). **To be a witness of**, ser testigo de. **To bear witness to**, dar testimonio, atestiguar. **In witness where of**, en fe de lo cual. **Eye-witness**, testigo de vista, testigo ocular. **Earwitness**, testigo de oídas, o auricular. **With a witness**, *(Ant.)* efectivamente, con efecto.

witness, *va.* 1. Ver (see, observe) o saber por experiencia personal; ser espectador de o concurrir. 2. Atestiguar, testificar. 3. Firmar como testigo; establecer la autenticidad de un instrumento legal, autentificar (authenticate). 4. Exhibir alguna señal de; mostrar. *-vn.* Ser testigo de una cosa o presenciarla; servir de testigo.

witted ['wɪtɪd] [ui-tid], *a.* Ingenioso. **Quick-witted**, perspicaz, vivo de ingenio.

witticism ['wɪtɪsɪzəm] [ui-ti-si-sem], *s.* Dicho agudo, ocurrencia (funny remark), chiste, gracia, gracejo, chulada; frecuentemente se toma por chocarrería, bufonada o agudezas fuera de tiempo o poco delicadas.

wittily ['wɪtɪlɪ] [ui-ti-li], *adv.* Ingeniosamente (funnily), agudamente, con agudeza.

wittiness ['wɪtɪnɪs] [ui-ti-nes], *s.* Ingenio, sal, gracia, agudeza, chiste, ingenioso y fino, concepto agudo; viveza de ingenio.

wittingly ['wɪtɪŋlɪ] [ui-tin-li], *adv.* Conocidamente, adrede, de propósito.

witty ['wɪtɪ] [ui-ti], *a.* 1. Ingenioso, lleno de ingenio, gracia o invención, agudo, chistoso, gracioso. 2. *(Ant.)* Satírico, mordaz, picante. **A witty saying**, un chiste, una gracia o agudeza.

wive [waɪv] [uaiv], *vn.* Casarse, contraer matrimonio el hombre con la mujer. *-va.* 1. Casar, desposar, dar mujer. 2. (Poco us.) Tomar por mujer.

wives [waɪvz] [uaivs], *s. pl.* de WIFE. Mujeres casadas, esposas.

wizard ['wɪzəd] [ui-sard], *a.* Hechizero, mago, que encanta. *-s.* 1. Brujo (warlock), hechicero, encantador, adivino. 2. Jugador de manos, titiritero.

wizened ['wɪznd] [ui-send], *va.* y *vn.* Desecar, marchitar; desecarse, marchitarse; encogerse, estrecharse. *-a.* Encogido; marchito (withered), ajado, mustio, arrugado (wrinkled).

wo o woe [wəʊ] [uou], *s.* Dolor, pena (sorrow), angustia, pesar, aflicción; calamidad, infortunio, desastre, miseria. **A tale of woe**, un drama. **Woe to you**, pobre de ti, ay de ti. *-inter.* ¡Ay, infeliz! **Wo to the vanquished!** ¡ay de los vencidos! **Woe is me!** ¡desgraciado de mí! ¡pobre de mí! **Woe worth the day!** ¡mal haya el día en que!

woad [wəʊd] [uoud], *s.* 1. Hierba, pastel o glasto; hierba de la familia de las crucíferas. 2. Tinte azul extraído de las hojas de esta planta.

wobble ['wɒbl] [uo-bel], *vn.* *V.* WABBLE.

wobbly ['wɒblɪ] [uo-bli], *a.* Tembloroso, flojo, poco firme. **Your legs are wobbly**, te tiemblan las piernas.

woebegone ['wəʊbɪˌgɒn] [uou-bi-gon], *a.* Abrumado de pesares o de desgracias, consumido por los infortunios, lleno de angustia, angustiado (distress).

woful, woeful ['wəʊfʊl] [uou-ful], *a.* 1. Triste, afligido (sorrowful), angustiado. 2. Lastimero, doloroso; calamitoso, funesto, desastroso. 3. Ruin, bajo, despreciable.

wofully ['wəʊfəlɪ] [uou-fu-li], *adv.* Tristemente, ruinmente, miserablemente, funestamente, desastrosamente, dolorosamente.

wog [wɒg] [uog], *s.* Extranjero.

wold [wəʊld] [uould], *s.* Campiña, espacio o comarca de tierras altas ligeramente inclinadas o con pequeñas eminencias. *V.* DOWN.

wold, *s.* Gualda. *V.* WELD.

wolf [wʊlf] [vulf], *s.* *(pl.* WOLVES). 1. Lobo. **She-wolf**, loba. **Young wolf**, lobezno, lobato, cachorro de lobo. 2. Mamífero semejante a un lobo. 3. Toda persona o cosa voraz, cruel o rapaz. 4. *(Ento.)* La larva destructiva de varios escarabajos y mariposas nocturnas. 5. Una especie de úlcera cancerosa. *V.* LUPUS. **To cry wolf**, gritar «al lobo», dar falsa alarma (alusión a la fábula). **To have a wolf by the ears**, ver las orejas al lobo, hallarse en gran peligro. **To have a wolf in the stomach**, tener apetito voraz. **To keep the wolf from the door**, cerrar la puerta al hambre, mantener alejada la pobreza o la necesidad.

wolf-dog ['wʊlfdɒg] [vulf-dog], *s.* 1. Mastín, perro grande para cazar lobos. 2. Perro-lobo. **Wolf-fish**, lobo marino, pez grande con dientes sumamente fuertes.

wolfish ['wʊlfɪʃ] [vul-fish], *a.* Lobero, lo que es propio de lobos o pertenece a los lobos.

wolfram ['wʊlfrəm] [vul-fram], *s.* Wolframio o tungsteno.

wolverine ['wʊlvəiːn] [vul-va-rin], *s.* *(Zool.)* Especie de glotón norteamericano, carcayú.

woman ['wʊmən] [uo-man], *s.* *(pl.* WOMEN). 1. Mujer, criatura racional del sexo femenino. **A beautiful woman**, una hermosa mujer. **You're a lucky woman**, tienes suerte. 2. La porción femenina de la raza humana; las mujeres colectivamente. 3. Carácter mujeril, el conjunto de las propiedades peculiares a las mujeres. 4. Mujer, criada, sirvienta. **Woman of the town**, dama cortesana.

woman-hater ['wʊmən,heɪtə^r] [uo-man-jei-ta^r], *s.* Aborrecedor de las mujeres.

womanhood ['wʊmənhʊd] [uo-man-jud], *s.* El estado o la condición de mujer; el conjunto de las propiedades peculiarse a las mujeres.

womanish ['wʊmənɪs] [uo-ma-nish], *a.* Mujeril, femenino, que pertenece a la mujer; afeminado (effeminate), muelle, débil, pusilánime.

womanize ['wʊmənaɪz] [uo-ma-nais], *va.* 1. (Poco us.) Afeminar. 2. Andar detrás de las mujeres.

womanizer ['wʊmənaɪzə^r] [uo-ma-nai-sa^r], *s.* Mujeriego, donjuán.

womankind ['wʊmən'kaɪnd] [uo-man-kaind], *s.* El sexo femenino considerado como el conjunto o agregado de todas la mujeres; mujeriego.

womanliness ['wʊmənlɪnɪs] [uo-man-li-nes], *s.* Naturaleza o carácter adecuado a la mujer o propio de ella.

womanly, womanlike ['wʊmənlɪ] [uo-man-li] ['wʊmənlaik] [uo-man-laik], *a.* Mujeril, mujeriego, de mujer, propio o perteneciente a las mujeres; femenino, que conviene a la mujer; no masculino ni pueril. *-adv.* Mujerilmente, a manera de mujer, como una mujer.

womb [wuːm] [vum], *s.* 1. Útero (uterus), matriz, madre, víscera en que se concibe y alimenta el feto; de aquí, el sitio donde una cosa es engendrada o dada a luz. 2. Cavidad que encierra algo; caverna, seno, entrañas.

wombat ['wɒmbæt] [vom-bat], *s.* Fascolomis, mamífero nocturno de los marsupiales de Australia.

women ['wɪmɪn] [ui-men], *s. pl.* de WOMAN.

won [wʌn] [uan], *pret.* y *pp.* del verbo WIN.

wonder ['wʌndə^r] [uan-da^r], *va.* Querer saber, tener curiosidad por saber, preguntarse; (con una cláusula como complemento). **I wonder why he came**, me pregunto por qué vino él. *-vn.* Admirarse, asombrarse, extrañar, mirar una cosa con admiración. **To wonder at**, extrañar, maravillarse de, quedar admirado o espantado.

wonder, *s.* 1. Admiración, el acto de admirar o admirarse. **We gazed in wonder at the scene**, contemplamos la escena maravillados. 2. Milagro (miracle), portento, pasmo, maravilla (marvel). **To do wonders**, hacer maravillas. **Wonder-worker**, fabricador de prodigios o milagros. **It is a wonder**, es un prodigio. **No wonder**, no hay que extrañar, no es mucho o no es gracia. *-a.* Milagroso.

wonderer ['wʌndərə^r] [uan-da-ra^r], *s.* Admirador, el o la que se maravilla.

wonderful ['wʌndəfʊl] [uan-da-ful], *a.* Admirable, maravilloso, portentoso, pasmoso. **We had a wonderful time**, lo pasamos maravillosamente.

wonderfully ['wʌndəfəlɪ] [uan-da-fu-li], *adv.* Admirablemente, maravillosamente, prodigiosamente, portentosamente; de una manera sorprendente, asombrosa o admirable. **Wonderfully well**, a maravilla, a las mil maravillas.

wonderfulness ['wʌndəfəlnɪs] [uan-da-ful-nes], *s.* Naturaleza maravillosa o sorprendente, rareza.

wondering ['wʌndərɪŋ] [uan-da-rin], *a. part.* y *pa.* Admirado, suspenso, que se maravilla de, que manifiesta sorpresa.

wonderland ['wʌndəlænd] [uan-da-land], *s.* País de las maravillas. **Alice in wonderland**, Alicia en el país de las maravillas.

wonderment ['wʌndəmənt] [uan-da-mant], *s.* 1. Sentimiento de admiración o sorpresa; embeleso. 2. Maravilla, cosa admirable, embeleso.

wonder-struck ['wʌndəstrʌk] [uan-da-strak], *a.* Atónito, pasmado, espantado, asombrado.

wondrous ['wʌndrəs] [uan-dros], *a.* Extraño, maravilloso, admirable, portentoso, pasmoso, asombroso (amazing).

wondrously ['wʌndrəslɪ] [uan-dros-li], *adv.* Pasmosamente, maravillosamente.

wonky ['wɒŋkɪ] [uon-ki], *a.* 1. *(Coloq.)* Poco firme (wobbly, unsteady). 2. Torcido (askew).

wont [wəʊnt] [uount], *a.* Acostumbrado, que usa o hace habitualmente. **To be wont**, *vn.* Soler, acostumbrar, tener costumbre de; estar ordinariamente en.

wont, *s.* Uso, costumbre, hábito (habit).

won't [wəʊnt] [uount], Abreviatura familair de WILL NOT.

wonted ['wəʊntɪd] [uoun-tid], *a.* Acostumbrado, usual, habitual, ordinario.

wontedness ['wəʊntɪdnɪs] [uoun-tid-nes], *s.* (Poco us.) La costumbre o hábito de hacer alguna cosa, habituación.

woo [wuː] [vuu], *va.* 1. Cortejar, galantear, enamorar, requerir de amores; pretender a una mujer. 2. *(Ant.)* Instar, invitar con instancia. *-vn.* 1. Enamoricarse; emplearse en cortejar o galantear. 2. Solicitar, rogar encarecidamente.

wood [wʊd] [vud], *va.* 1. Proveer de madera. 2. Cubrir con bosques; convertir en selva. *-s.* 1. Bosque, selva, monte, cualquier paraje poblado de árboles; se usa a menudo en plural. 2. Madera, sustancia dura y sólida de un árbol o arbusto; madero, palo, leña, leño, según los casos en que se hable. 3. Algo hecho de madera. **Coppice-wood**, monte tallar. **Firewood**, leña. **Split-wood**, leña rajada o en astillas. **Cabinet-maker's wood**, madera de ebanistería. **Cord-wood**, leña hacinada de cuatro pies de largo que se vende por cuerdas. *V.* CORD. **Dye-wood**, madera de tinte. **Drift-wood**, madera de deriva o de flotación. **Sap-wood**, albura; *(Carp.)* sámago. **Small wood**, brusca, verdasca, leña menuda. **Warped wood**, madera alabeada. **Wood-acid**, ácido piroleñoso. *V.* **Wood-vinegar**. **Wood-anemone** *(Bot.)* anémona silvestre o de los bosques. **Wood-ant**, hormiga leonada. **Wood-carving**, (a) el arte, método o procedimiento de esculpir en madera; (b) talla en madera. **Wood-chopper**, leñador. **Wood-drink**, cocimiento o infusión de maderas medicinales. **Wood-hole**, leñera. **Wood-house**, leñera, el paraje donde se encierra la leña. **Wood-lark**, *(Orn.)* alondra, cogujada, calandria silvestre, un pájaro pequeño. **Wood-louse**, *(Ent.)* cucaracha, crustáceo isópodo; también, carcoma. **Wood-note**, música campestre. **Wood-nymphs,** *pl.* Dríades. **Wood-offering**, leña para holocausto. **Wood-pease**, guisante silvestre. **Wood-pigeon**, *(Orn.)* paloma torcaz o paloma zura. **Wood-pile**, pila de leña; hoguera. **Wood-screw**, tornillo para madera. **Wood-shed**, leñera, lugar destinado a guardar y hacinar la leña. **Wood-sorrel**, cualquiera especie de oxálida; *(Bot.)* acedera silvestre. **Wood-stack**, pila o montón de leña. **Wood-thrush**, tordo pardo, notable por la dulzura de su canto, que se halla en el este de los Estados Unidos. **Wood-vinegar**, vinagre de madera, ácido piroleñoso, un ácido acético impuro.

woodbine ['wʊdbaɪn] [wud-bain], *s.* *(Bot.)* 1. Madreselva de Europa. 2. Trepadora virginiana.

woodchuck ['wʊdtʃʌk] [wud-chak], *s.* Marmota grande de América.

woodcock ['wudkɒk] [wud-kok], *s.* Chocha, chochaperdiz o becada.

woodcraft ['wudkrɑːft] [wud-kraft], *s.* Conocimineto y práctica en lo concerniente a la vida en los bosques.

woodcut ['wudkʌt] [wud-kat], *s.* Grabado en madera.

wood cutter ['wudkʌtəʳ] [wud-ka-taʳ], *s.* 1. Leñador. 2. *(Fam.)* Grabador en madera.

wooded ['wudɪd] [wu-ded], *a.* Arbolado, plantado o cubierto de árboles; provisto de leña o de madera.

wooden ['wudn] [wu-den], *a.* 1. Hecho de palo o madera; grosero. 2. Semejante a un trozo de madera; rudo, torpe, sin espíritu, estúpido, mecánico. **Wooden bowl**, artesilla de panaderos. **Wooden-head, wooden-headed**, zote, zopenco, lerdo, estúpido, bolo. **Wooden leg**, pata de palo. **Wooden shoes**, zuecos. **Wooden spoon**, cuchara de palo.

woodiness ['wudɪnɪs] [wu-di-nes], *s.* Estado leñoso, calidad leñosa.

woodland ['wudlænd] [wud-land], *s.* Arbolado; la tierra plantada o cubierta de árboles. *-a.* Arbolado, cubierto de árboles; perteneciente a los árboles, a la leña o a la madera.

woodless ['wudlɪs] [wud-les], *a.* Falto de madero o selvas, sin bosques.

woodman ['wudmən] [wud-man], *s.* 1. Leñador. 2. Guardabosque; habitante de los bosques.

woodpecker ['wudpekəʳ] [wud-pe-kaʳ], *s.* Picamaderos, picaposte, pico, ave. **Ivory-billed woodpecker**, carpintero real.

woodruff ['wudrʌf] [wud-raf], *s.* *(Bot.)* Aspérula, planta herbácea de la familia de las rubiáceas.

woodsman ['wudzmən] [wuds-man], *s.* El que vive o trabaja en el bosque; guardabosque, leñador.

woodward ['wudwɔːd] [wud-uord], *s.* Guardabosque.

woodwork ['wudwɜːk] [wud-uek] , *s.* Enmaderamiento, maderaje, maderamen, el conjunto de maderas para edificar o para otros usos.

woody ['wudɪ] [wu-di], *a.* 1. Leñoso; de la naturaleza de la madera. 2. Perteneciente o parecido a la madera. 3. Arbolado, abundante en madera; selvoso.

woof [wuːf] [wuf], *s.* 1. Trama, la hebra que pasa de un lado a otro de la urdimbre; conjunto de hilos cruzados. *V.* WEFT. 2. Textura, la disposición y orden de los hilos en una tela. 3. *(Coloq.)* Ladrido.

woofer ['wuːfəʳ] [wu-faʳ], *s.* Altavoz para sonidos graves.

wooing ['wuːɪŋ] [wuin], *s.* Galanteo, cortejo.

wooingly ['wuːɪŋlɪ] [wuin-li], *adv.* Agradablemente (nicely), dulcemente.

wool [wul] [wul], *s.* 1. Lana. 2. Pelo inferior de un animal cuya piel se utiliza en la peletería. 3. Cabello espeso y crespo, como el de un negro. 4. Algo que se parece a la lana; v.gr. la pelusa larga y blanda que cubre ciertas plantas e insectos. **All wool**, todo de lana, de lana pura. **Coarse wool**, lana burda o churla. **Fine carded wool**, estambre. **Fleece wool**, lana de vellón, toisón. **Cotton wool**, algodón en rama, lana de algodón. **Long-staple woool**, lana larga de cardar. **Short-staple wool**, tundizno, lana corta. **Mineral wool**, lana mineral, sustancia de aspecto parecido al de la lana. **Natural wool**, lana en bruto. **To dye in the wool**, teñir la lana antes de hilarla; de aquí, confirmar, establecer firmemente una opinión. **Wool-ball**, pelotón de lana, que a veces se encuentre en el estómago de un carnero. **Wool-bearing**, lanar. **Wool-comber**, cardador, cardadora de lana. **Wool-combing**,cardadura de lana. **Wool-grower**, criador de ganado lanar. **Woolpack**, (a) saca o fardo de lana; (b) cúmulo (cloud). **Wool-pated**, que tiene los cabellos encrespados. **Woolsack**, el asiento del canciller y de los jueces en la cámara de los pares. **Wool-sorter**, escogedor de lana. **Wool-sorter's disease**, especie de envenenamiento de la sangre por medio de la lana infectada; probablemente ántrax. **Wool-stapler**, comerciante en lanas. **Wool-winder**, vellonero.

wooled ['wuld] [wuld], *a.* Que tiene lana, con lana; forma a menudo palabras compuestas. **Fine-wooled**, con lana fina.

wool-gathering ['wulˌgæðərɪŋ] [wul-ga-de-rin], *a.* Descarriado, divertido. *-s.* Ocupación trivial o sin objeto; distracción.

woolen, woollen ['wulən] [wu-lan], *a.* Hecho de lana; de lana (como mercadería). *-s.* Cualquier tela o tejido hecho de lana. **Woollen or woolen manufacturers**, manufactura de lana. **Woollen cloth**, paño de lana. **Woollen-draper**, pañero, comerciante en paños. **Woollen-dyer**, tintorero de lana.

woolly ['wulɪ] [wu-li], *a.* 1. Lanudo, lanoso, que consta de lana; cubierto, vestido de lana o semejante a la lana; coposo; (cabello) cresp, pasudo. 2. (Bellas artes) Falto de detalles, impreciso (unclear), vago y borroso. 3. *(Meteo.)* (Nube) que tiene la apariencia de la lana. 4. *(Bot.)* Lanoso, lanuginoso, que tiene una especie de lanilla o pelusa.

woolman ['wulmən] [wul-man], *s.* Lanero.

woozy ['wuːzɪ] [wu-si], *a.* *(Coloq.)* Atontado, grogui.

word [wɜːd] [wued], *s.* 1. Palabra (term), vocablo, voz, sonido o conjunto de sonidos articulados que expresan una idea. 2. Palabra, representación gráfica de estos sonidos. 3. Palabra, habla, voz, la facultad de hablar. 4. Conversación corta o breve, pocas palabras, observación breve; de aquí, dicho, sentencia, apotegma. 5. Palabra, promesa, oferta. 6. Aviso, recado, mensaje. 7. Escritura, la palabra de Dios. 8. Palabra, Verbo la segunda persona de la Santísima Trinidad. 9. Contraseña; señal, voz de mando, orden, mandato. 10. *pl.* Palabras mayores, disputa, contienda verbal. **To keep one's word**, cumplir su palabra, tener palabra. **Take my word for it**, créame Vd.; puede Vd. creerme bajo palabra. **Word-square**, sopa de letras. **Words of course**, cumplimientos. **Soft words**, palabras dulces o melosas. **By word of mouth**, de boca, de viva voz. **By-word**, proverbio. **High words**, palabras mayores o dichos injuriosos. **Vain words**, palabras al aire. **To write word to send word**, enviar a decir. **Big words**, disputa; palabras mayores.

word, *va.* 1. Expresar, explicar, enunciar, redactar, dictar (write). 2. Instar con palabras, afectar por medio de una palabra. **To word a letter**, dictar bien una carta.

word-book ['wɜːdbuk] [ued-buk], *s.* Vocabulario, léxico.

wordiness ['wɜːdɪnɪs] [uer-di-nes], *s.* Verbosidad, prolijidad; expresión con abundancia de palabras.

wording ['wɜːdɪŋ [uer-din], *s.* Dicción, estilo, manera de expresarse en palabras; fraseología; palabras usadas, expresión, términos, redacción.

wordless ['wɜːdlɪs] [uerd-les], *a.* Falto de palabras, mudo.

wordy ['wɜːdɪ] [uer-di], *a.* 1. Verbal, de la naturaleza de palabras o perteneciente a ellas. 2. Verboso, difuso, abundante en palabras, farragoso (involved).

wore [wɔːʳ] [uoʳ], *pret.* del verbo TO WEAR.

work [wɜːk] [uerk], *va.* 1. Trabajar, labrar, poner en obra; explotar (operate) (mine, priviledge, etc.); bordar, tallar (una piedra). 2. Fabricar, manufacturar; producir, hacer nacer (working); trabajar en; preparar por medio de algún procedimiento. 3. Trabajar, formar o componer con arreglo y esmero las obras de ingenio. 4. Obrar sobre, influir, impeler, excitar, regir por medio de esfuerzo; a veces implica corrupción o soborno. 5. Investigar o resolver (a problem). 6. Hacer trabajar, obrar, mover, funcionar, ir o poner en movimiento, emplear, servirse, usar de (as an instrument); mover nerviosamente (fingers); abrirse camino; hacer fermentar. 7. *(Mar.)* Maniobrar. 8. Causar, efectuar, poner por obra. *-vn.* 1. Trabajar, ocuparse en cualquier trabajo o ejercicio, estar empleado en algún negocio o tráfico. 2. Obrar, surtir efecto o hacer efecto alguna cosa. 3. Estar en movimiento o en acción; funcionar, ir, desempeñar. 4. Obrar u operar las medicinas. 5. Trabajar, darse pena para hacer algo, esforzarse para ejecutar alguna cosa. 6. Fermentar, ponerse un cuerpo en movimiento de fermentación. **To work oneself into favor**, insinuarse en la amistad de alguno, ganar su favor. **to work oneself off**, salir de un apuro a fuerza de trabajo o de fatigas, desembarazarse de un negocio complicado. **To work one's way**, abrirse camino para la ejecución o el logro de alguna cosa. **To work against**, trabajar contra; oponerse a. **To work at**, trabajar en, ocuparse en o de. **To work down**, hacer descender, descender, bajarse. **To work in**, trabajar en; insinuarse en, entrar poco a poco. **To work into**, entrar en, penetrar en. **To work out**, acabar alguna cosa a fuerza de trabajo; borrar o expiar, cuando se habla de faltas, culpas, etc.; lograr o conseguir un objeto a fuerza de fatigas, ejecutar, efectuar; agotar (a mine). **To work-round**, volverse lentamente y con esfuerzo. **To work through**, penetrar; atravesar a fuerza de trabajo, salir al otro lado. **To work up**, labrar, dar forma una cosa; servirse de; amasar; agotar, consumir; excitar, estimular (stimulate), inflamar; elevarse, subir con esfuerzo; levantar. **To work upon**, obrar sobre, trabajar en, estar ocupado en un trabajo manual; sublevar, excitar, mover a compasión. **To work to windward**, (Mar) barloventear, navegar de bolina, ceñir el viento.

work, *s.* 1. Trabajo, ejercicio u obra de cualquier especie. **The building work is still going on**, todavía están en obras. 2. Fábrica, obra, tarea, lo que está por hacer, aquello en que se trabaja; costura, cosido; bordado, bordadura, dibujo hecho con al aguja. 3. Obra, trabajo, labor; producto del que trabaja manualmente o con la inteligencia; obra de un ingeniero; fortificación. 4. Fatiga. 5. Obra, toda suerte de acción moral. 6. Empleo (employment) u ocupación. 7. Fábrica, taller, establecimiento; en plural, por lo común. 8. *pl.* Rodaje, engranaje, motor, movimiento, maquinaria. **Needle-work**, labor de aguja. **Press-work**, tirada. **Work-bag**, saco de labor. **Work-box**, caja de labor. **Work-days**, días útiles o de trabajo. **To set to work**, emplear, ocupar, dar empleo u ocupación. **To be at work**, estar haciendo alguna cosa; estar ocupado en hacer algo; estar trabajando. **To be hard at work**, estar muy afanado o muy ocupado en hacer algo. **Work-folk, work-folks, work-people** , obreros, operarios. **Work-room**, taller, pieza en que se trabaja.

working ['wɜːkɪŋ] [ue-kin], *s.* 1. Maniobra de navío, faena. **Working aloft**, *(Mar.)* maniobra alta. **Lubberly working**, maniobra basta. 2. Trabajo, obra, operación; agitación.

workable ['wɜːkəbl] [ue-ka-bol], *a.* 1. Que puede funcionar; que se puede hacer funcionar o trabajar (máquina). 2. Factible (feasible), practicable. 3. *(Min.)* Explotable. 4. Apto para el trabajo, capaz de trabajar. 5. Que puede ser influido o excitado.

workaday ['wɜːkədeɪ] [ue-ka-dei], *a.* 1. Relativo a un día de trabajo. 2. Afanoso, laborioso, prosaico (prosaic).

workaholic [ˌwɜːkə'hɒlɪk] [ue-ka-jo-lik], *s.* *(Coloq.)* Trabajoadicto, fanático del trabajo.

work book ['wɜːkbʊk] [uek-buk], *s.* 1. Manual de trabajo. 2. Manual de estudios.

work day ['wɜːkdeɪ] [uek-dei], *s.* Día de trabajo.

worker ['wɜːkə[r]] [ue-ka[r]], *s.* 1. Trabajador, obrero; operario. **Office worker**, oficinista. 2. Abeja u hormiga obrera (con los órganos sexuales no desarrollados) que trabaja en comunidad.

work-fellow ['wɜːkfeləʊ] [uek-fe-lou], *s.* Compañero de trabajo, obrero.

workhouse ['wɜːkhaʊs] [uek-jaus], *s.* 1. Hospicio (hospice), casa de misericordia, la destinada para albergar a los pobres. 2. Obrador, taller. 3. Casa de corrección en que recogen a los vagos y ociosos para que trabajen.

working ['wɜːkɪŋ] [ue-kin], *a.* 1. Que trabaja; que funciona, que se mueve. 2. De trabajo, adaptado al uso de un obrero o operario; obrero. **All my working life**, toda mi vida activa. 3. Usado o puesto aparte para conducir un negocio; activo, productivo. **Working capital**, capital activo. **Working beam**, balancín. **Working class**, la clase obrera, operaria. **Working-drawing**, *(Arq.)* montea. **Working-man**, gañán, obrero u operario a jornal, jornalero. **Working parts**, piezas vivas, partes que funcionan.

workman ['wɜːkmən] [uek-man], *s.* Artífice, labrador.

workmanlike ['wɜːkmənlaɪk] [uek-man-laik], *a.* Eficiente (efficient), profesional.

workmanship ['wɜːkmənʃɪp] [uek-man-ship], *s.* 1. Manufactura, artificio, trabajo manual, hechura. 2. Habilidad o destreza del artífice. **A fine piece of workmanship**, una obra perfectamente ejecutada, una obra maestra.

works ['wɜːks] [ueks], *s. pl.* 1. Taller, fábrica (factory). 2. Movimiento (of a watch), mecanismo (mechanism). 3. Engranaje de una máquina. 4. Obras. **Road works**, obras viales.

workout ['wɜːkaʊt] [uek-aut], *s.* *(Vul.)* Prueba, ensayo.

workshop ['wɜːkʃɒp] [uek-shop], *s.* Taller, obrador.

work-woman ['wɜːkwʊmən] [uek-uo-man], *f.* Costurera, obrera.

world [wɜːld] [ueld], *s.* 1. Mundo, el conjunto de todos los cuerpos que componen el universo. 2. Mundo, el modo de vida, trato y relaciones de los hombres. **For all the world**, exactamente, cabalmente; rectamente. 3. Mundo, esfera o globo terrestre (earth). 4. *(Met.)* Gente, gentío, muchedumbre o concurso de muchas personas, infinidad. 5. Mundo; en la mística se toma por los hombres corrompidos o profanos. **World without end**, para siempre jamás; por los siglos de los siglos.

worldliness ['wɜːldlɪnɪs] [ueld-li-nes], *s.* Carácter mundano; profanidad, vanidad mundana; apego o afición desmedida a los halagos del mundo.

worldly ['wɜːldlɪ] [ueld-li], *a.* Mundano, terreno, que pertenece al mundo, humano, común. *-adv.* Profanamente, según el mundo.

worldwide ['wɜːldwaɪd] [ueld-uaid], *a.* Mundial, del mundo entero. *-adv.* Por todo el mundo. **They are famous worldwide**, son mundialmente famosos.

worm [wɜːm] [uem], *s.* 1. Gusano (maggot), animalillo invertebrado blando que se arrastra, como son las lombrices de tierra, las ascárides, etc.; lombriz que se cría en la tierra o se engendra en el cuerpo de los animales. 2. Larva rastrera de un insecto, oruga. 3. Polilla que se cría en la ropa; carcoma de la madera, coco, el gusanito que se cría en las legumbres y semillas; gorgojo, el que se cría en los granos; *(Fig.)* gusano roedor, remordimeinto, pesadumbre secreta. 4. Persona vil, despreciable; mortal débil comparable a un gusano. 5. *(Mec.)* Tornillo sin fin, rosca. 6. *(Quím.)* Serpentín. 7. Sacatrapos. **Still-worm**, serpentín de alambique. **Worm in the conscience**, gusano de la conciencia, el remordimiento. **Glow-worm**, gusano de luz, luciérnaga. **Silk-worm**, gusano de seda. **Vine-worm o wine-grub**, pulgón de las viñas. **Worm fence**, cercado en zigzag. **Worm-like**, vermicular, semejante a un gusano. *(Med.)* **Worms, *pl.***, lombrices. **Worm-tea**, tisana vermífuga; infusión antihelmíntica. **Worm and wheel**, engranaje de tornillo sin fin.

worm, *vn.* Trabajar u obrar lentamente. *-va.* 1. Insinuarse, entrar en, como un gusano; arrastrar; arrastrarse como un gusano (wriggle). 2. Sacar, descargar por medio del sacatrapos; *(Fig.)* echar o suplantar por medios secretos. 3. Quitar a los perros la lita que se dice tienen debajo de la lengua, para que no rabien. 4. **To worm a cable**, *(Mar.)* embutir un cable.

worm-eaten ['wɜːmˌiːtn] [uem-i-ten], *a.* Carcomido, apolillado, roído, corroído o comido de gusanos, cocoso, dañado del coco.

worm gear ['wɜːmgɪə[r]] [uem-guia[r]], *s.* *(Mec.)* Rueda para tornillo sin fin.

worm-holes ['wɜːmhəʊlz] [uem-jouls], *s. pl.* Carcoma.

wormwood ['wɜːmwʊd] [uem-wud], *s.* *(Bot.)* Ajenjo, planta amarga, perenne, del género artemisa.

wormy ['wɜːmɪ] [ue-mi], *a.* Agusanado, lleno de gusanos.

worn [wɜːn] [uern], *pp.* del verbo TO WEAR. **Worn out**, gastado, consumido por el uso; cansado, muy fatigado (exhausted). **The sails are worn out**, las velas son de media vida.

worried ['wʌrɪd] [ua-rid], *a.* Preocupado. **I'm worried about you**, estoy preocupado por ti.

worry ['wʌrɪ] [ua-ri], *va.* 1. Preocupar (trouble). **I don't want to worry you**, no quiero preocuparte. 2. Acosar (harass), perseguir, vejar, molestar, atormentar, jorobar. 3. Lacerar, desgarrar o matar mordiendo o sacudiendo. *-vn.* 1. Atormentarse, incomodarse, inquietarse. 2. Morder o lacerar, como los perros cuando riñen.

worry, *s.* Cuidado, ansia (anxiety), preocupación (trouble, problem), tormento, molestia. **Financial worries**, problemas económicos.
worrying ['wʌrɪɪŋ] [ua-riin], *a.* Inquietante, preocupante.
worse [wɜːs] [uers], *a.* comp. de BAD, ILL o EVIL. 1. Peor, más malo, más imperfecto, inferior. 2. Más enfermo, peor, más malo. 3. colocado en peor estación o situación. **You are worse than your word**, Vd. no cumple su palabra. *-adv.* Peor, de un modo más malo, más fuerte, más grandemente. **Worse and worse**, de mal en peor, peor que nunca; cada vez más malo (o peor); cada vez más fuerte. **To be worse**, valer menos, ser más malo; estar peor. **To be worse off**, estar menos bien, estar peor; ser menos feliz. **To become, to get, to grow worse**, empeorarse; ponerse peor, ir peor. **To make, to render worse**, empeorar. **So much the worse**, tanto peor. **For the worse**, en mal. **Worse than ever**, peor que nunca. **The cloak is but little the worse for use**, la capa está apenas usada. *-s.* Menoscabo, detrimento; lo peor. **He had the worse**, llevó la peor parte.
worsen [wɜːsn] [uer-sen], *va.* y *vn.* Hacer peor, empeorar; ponerse peor, empeorarse.
worship ['wɜːʃɪp] [uor-ship], *s.* 1. Culto, adoración. **Sun worship**, el culto al sol. 2. Respeto, deferencia u honor que se tributa a la virtud, al poder, etc. 3. Dignidad, eminencia, excelencia. 4. Un tratamiento que se da en Inglaterra a los magistrados y a algunos empleados municipales, y corresponde a señoría en castellano. **Your worship**, usía; vuestra señoría.
worship, *va.* Adorar, honrar, venerar o reverenciar con culto religioso; respetar. **He worships her**, la adora. *-vn.* Dar culto.
worshipful ['wɜːʃɪpfʊl] [uor-ship-ful], *a.* Venerable, honorable (honorable), respetable, digno de honra, respeto o veneración. Es también palabra de tratamiento. **The worshipful president**, el respetable presidente. **Worshipful master**, (entre los francmasones), El Venerable.
worshipper ['wɜːʃɪpəʳ] [uor-shi-paʳ], *s.* Adorador, el que da culto. **Worshipper of idols**, idólatra.
worshipping ['wɜːʃɪpɪŋ] [uor-shi-pin], *s.* Adoracón, culto; acción de adorar.
worst [wɜːst] [uerst], *a. superl.* de BAD, ILL o EVIL. 1. Pésimo, malísimo, lo más malo, lo peor. 2. Lo más enfermo, lo más malo. 3. Lo más fuerte, lo más grande. **He is the worst of men**, él es el más perverso de los hombres. *-adv.* Lo peor, lo más malo, lo más fuerte, lo menos. *-s.* Lo peor, lo más malo, el estado más desesperado o más calamitoso, la mayor miseria; inferioridad; mal andar. **I am at the worst**, me hallo en el estado más triste, no puedo estar peor. **This is racism at its worst**, esto es racismo de la peor especie.
worst, *va.* Vencer, rendir, sujetar, triunfar de.
worsted ['wɜːstɪd] [uers-tid], *pp.* del verbo WORST. Vencido.
worsted, *s.* 1. Estambre, la hebra de lana torcida. **Worsted stockings**, medias de estambre. 2. Material que no es algodón ni seda y se emplea en la manufactura de fleco o galón.
wort [wɜːt] [uet], *s.* 1. Planta, hierba, se usa en composición. 2. Legumbre del género de la col o berza; repollo. 3. La cerveza nueva que no ha fermentado y a veces también la que está fermentando. **Spleen-wort**, *(Bot.)* Hepática.
worth [wɜːθ] [uerz], *vn. (Ant.)* Suceder, sobrevenir. **Woe worth the day**, véase bajo el título Wo.
worth, *s.* 1. Mérito; consideración, importancia, entidad; de aquí, valor, precio. **To prove one's worth**, demostrar su valía. 2. Excelencia mental y moral. *-a.* 1. Digno, benemérito. 2. Que tiene mérito. 3. Que tiene dinero, rentas, etc. 4. Que vale; que tiene precio, de igual valor o precio que. **To be worth**, (a) tener, poseer, cuando se habla de personas. (b) valer, cuando se habla de cosas; valer la pena de, merecer, ser digno de. **He is worth a million**, posee un millón. **A place worth keeping**, una colocación o destino que vale la pena. **That is little worth**, eso no vale gran cosa. **He is worth his weight in gold**, él vale su peso en oro. **To be worth while**, merecer o valer la pena de.
worthily ['wɜːðɪlɪ] [uer-zi-li], *adv.* Dignamente, honorablemente; convenientemente (conveniently), como corresponde; con justos motivos.
worthiness ['wɜːðɪnɪs] [uer-zi-nes], *s.* Dignidad, mérito (merit), excelencia, realce.
worthless ['wɜːθlɪs] [uerz-les], *a.* Indigno, falto de mérito; vil, bajo, de ningún valor.
worthlessness ['wɜːθlɪsnɪs] [uerz-les-nes] *s.* Indignidad, vileza; falta de mérito.
worthwhile ['wɜːθwaɪl [uerz-uail], *a.* Que vale la pena. **The look on your face made it all worthwhile**, mereció la pena sólo por ver la cara que pusiste.
worthy ['wɜːθɪ] [uer-zi], *a.* Digno (estimable), benemérito, merecedor de recompensa u honor, acreedor a algún premio. **A point worthy of mention**, algo digno de mención. *-s.* Héroe, varón ilustre y grande; en este sentido se usa comúnmente en plural.
wot [wɒt] [uot], *vn.* 1ª y 3ª pers. sing. indic. pres. de TO WIT. Yo sé, él sabe.
would [wʊd] [wud], *pret.* del verbo WILL. Se usa también como verbo auxiliar en el condicional; expresa también la inclinación, el deseo, la súplica o la costumbre, y la acción determinada o resuelta. **I would have her do it**, yo querría que ella lo hiciese. **He would not do it**, no quiso hacerlo. **Do what he would**, por más que él hacía. **I would learn the reason if I could**, yo averiguaría la razón si pudiese. **I would do it**, yo lo haría. **Would to God!** ¡ojalá! ¡plegue a Dios!
would-be ['wʊdbiː] [wud-bi], *a.* Titulado, presumido, supuesto o fingido. **A would-be poet**, presumido de poeta. **A would-be star**, aspirante a estrella.
wound [waʊnd] [vaund], *pret.* y *pp.* del verbo TO WIND. **He has wound up the clock**, él ha dado cuerda al reloj.
wound, *s.* 1. Herida, llaga, solución de continuidad en la piel y carne de un animal o en la corteza o sustancia de un árbol o planta. 2. Ofensa, golpe, causa de pena o de pesar. **Incised wound**, herida incisa, cortadura, incisión. **Lacerated wound**, laceración. **Punctured wound**, herida penetrante, picadura. **To reopen old wounds**, abrir viejas heridas.
wound, *va.* 1. Herir, hacer una herida, llagar. 2. Herir, ofender, dañar, agraviar, causar algún mal físico o moral.
wounded ['waʊndɪd] [wun-did], *a.* Herido, dolido.
wounding ['waʊndɪŋ] [wun-din], *a.* Hiriente.
woundless ['waʊndlɪs] [wund-les], *a.* Sin herida, ileso (unhurt).
woundy ['waʊndɪ] [wun-di], *a. (Prov. o des.)* Excesivo.
wove, woven [wəʊv] [uouv] [wəʊvn] [uou-ven], *pret.* y *pp.* del verbo TO WEAVE.
wow [waʊ] [uau], *interj. (Coloq.)* ¡Ah! *-vt.* Enloquecer, volver loco.
wrack [ræk] [rak], *s.* 1. Fuco, ova; vegetación y otros objetos que el agua arroja a la orilla. 2. Naufragio, ruina. 3. Despojos de naufragio. **To go to wrack**, decaer, arruinarse, ir en decadencia; correr a su perdición.
wrack, *s.* Montón de nubes; vapor flotante.
wraith [reɪθ] [reiz], *s.* Fantasma, espectro de una persona viva y que se suponía precursor de la muerte de dicha persona, aparición (apparition); aparecido, ánima en pena.
wrangle [ræŋgl] [ran-guel], *vn.* Pelotear, reñir, disputar (argue), contender.
wrangle, *s.* Pelotera, pendencia, riña, contienda, disputa (quarrel).
wrangler ['ræŋgləʳ] [ran-glaʳ], *s.* 1. Pendenciero, disputador, amigo de disputas; originalmente, argumentador, defensor de una tesis. 2. En la Universidad de Cambridge, Inglaterra, el alumno que obtiene el primer grado en los exámenes de matemáticas. 3. *(E.U.)* Vaquero, cowboy.
wrangling ['ræŋglɪŋ] [ran-glin], *s.* Disputa, quimera, zipizape, altercación.
wrap [ræp] [rap], *va.* (*pret.* y *pp.* WRAPPED o WRAPT). 1. Arrollar, rollar o revolver una cosa en sí misma. 2. Envolver, cubrir una cosa dando vueltas alrededor de ella con alguna otra, entrelazar (entwine). **To wrap up**, rollar,

arrollar; envolver; arrebatar, asombrar, llenar de admiración; contener; comprender, dar fin a. **He is wrapped up in his son**, *(Fam.)* él está encantado con su hijo. **She is wrapped up in herself**, ella es muy presumida. **To wrap up a deal**, cerrar un trato.

wrap, *s.* Bata, abrigo, chal (shawl), prenda de vestir holgada, en plural, todas las prendas exteriores que se llevan además de la ropa ordinaria, como capas, bandas, etc. **Wrap-rascal**, abrigo ahuecado y por regla general de paño burdo.

wrapper ['ræpəʳ] [ra-paʳ], *s.* 1. El que arrolla o rolla; el que envuelve; el que arrebata. 2. Envolvedero, envolvedor, cubierto, carpeta, papel. 3. Bata, peinador, ropaje holgado, flotante. 4. *(Fam.)* Elástica, cualquier cosa que sirve para envolver. **Wrapper** (hablando del tabaco), capa o envoltura.

wrapping ['ræpɪŋ] [ra-pin], *s.* Envoltura, forro. **Wrapping paper**, papel de envolver.

wrap-up ['ræpʌp] [rap-ap], *s.* Resumen.

wrath [rɒθ] [raz], *s.* Ira, furor, rabia (rage), cólera, indignación. **The grapes of wrath**, las uvas de la ira.

wrathful ['rɒθfʊl] [raz-ful], *a.* Furioso (furious), colérico, indignado, irritado.

wrathfully ['rɒθfəlɪ] [raz-fu-li], *adv.* Furiosamente, coléricamente, con indignación.

wreak [riː] [rik], *va.* 1. Vengar, tomar satisfacción del agravio recibido. 2. Ejecutar alguna resolución violenta. **To wreak one's anger**, descargar la cólera.

wreath [riːθ] [riz], *s.* 1. Cualquiera cosa en figura de rosca o sortija. 2. Corona, guirnalda; festón, trenza. 3. Banda circular o espiral. **Bridal wreath**, corona nupcial.

wreathe [riːð] [ridz], *va.* Ensortijar, enroscar, entrelazar, torcer, ceñir.

wreck [rek] [rek], *s.* 1. Naufragio, pérdida de un buque; ruina, destrucción. **The wreck of the Titanic**, el naufragio del Titanic. 2. Buque naufragado, barco perdido. 3. Destrozos de bajel, objetos arrojados a la costa después de un naufragio. 4. Fuco, ova.

wreck, *va.* y *vn.* 1. Naufragar, padecer naufragio; quebrarse o quebrantarse el buque, irse a pique. 2. Naufragar, perderse o salir mal de algún intento o negocio. 3. Hacer naufragar, causar naufragio. 4. Arruinar (ruin), perder a uno. **To go to wreck,** ir a su ruina, a su pérdida; perderse. **To suffer wreck,** naufragar. **Wrecking-car**, coche, carro de auxilio (ferrocarril); surtido de herramientas para despejar de obstáculos en una vía férrea.

wreckage ['rekɪdʒ] [re-kidch], *s.* 1. Acción de naufragar o el estado de náufrago. 2. Despojos de naufragio.

wrecker ['rekəʳ] [re-kaʳ], *s.* 1. Destructor. 2. Persona que roba los despojos de buques naufragados. 3. Persona o embarcación empleada para recobrar embarcaciones naufragadas o sus cargamentos. 4. Automóvil de auxilio.

wrecking ['rekɪŋ] [re-kin], *s.* Demolición, derribo.

wren [ren] [ren], *s.* Reyezuelo, troglodita, abadejo; pajarillo de plumaje variado y vistoso.

wrench ['ren*tʃ*] [rench], *va.* 1. Arrancar, tirar o sacar con violencia, arrebatar torciendo. 2. Torcer, volver en sentido contrario y apretando; apartar una cosa del uso o destino propios. 3. Dislocar (sprain), desencajar, forzar, sacar de quicio. **To wrench one's foot**, torcerse el pie.

wrench, *s.* 1. Arranque, tirón violento; torcedura, arrancamiento. 2. Dolor (emotional pain). **It was a terrible wrench leaving my family**, fue muy doloroso tener que separarme de mi familia. 3. Llave inglesa, llave para destornillar; palanca con ojo que sirve para dar vueltas a otras herramientas. **Monkey-wrench**, llave inglesa.

wrest [rest] [rest], *va.* 1. Arrancar, quitar a la fuerza o con violencia. 2. Apartar del sentido, carácter, destino o aplicación verdaderos, pervertir. **To wrest from**, arrebatar.

wrest, *s.* Violencia; contorsión, torcimiento; dislocación; fuerza; acción de arrancar retorciendo, aplicación falsa, mal uso, perversión; artificio, dolo; un instrumento que se usaba para templar los de música.

wrestle [resl] [re-sel], *vn.* 1. Luchar (grapple), lidiar a brazo partido, esforzarse. 2. Disputar, altercar.

wrestler ['resləʳ] [res-laʳ], *s.* Atleta, luchador, el que lucha cuerpo a cuerpo.

wrestling ['reslɪŋ] [res-lin], *s.* Lucha. **Wrestling-place**, palestra.

wretch [retʃ] [rech], *s.* Un infeliz o un pobre infeliz (unfortunate person), un hombre muy miserable o muy necesitado; un desventurado o un hombre que sufre mucho por cualquier causa o tiene poca fortuna; ente vil, despreciable; miserable.

wretched ['retʃɪd] [re-chid], *a.* 1. Infeliz, desdichado, miserable, desgraciado, desventurado. 2. Calamitoso, lastimero (pitiable); lleno de aflicciones. 3. Vil, despreciable, perverso; mezquino. **To look wretched**, tener aspecto lastimoso.

wretchedly ['retʃɪdlɪ] [re-chid-li], *adv.* Infelizmente, miserablemente, con muchos trabajos, con mucha miseria; ruinmente, vilmente.

wretchedness ['retʃɪdnɪs] [re-chid-nes], *s.* 1. Infelicidad, desdicha, miseria, desgracia (misfortune), desventura. 2. Vileza, ruindad, bajeza. 3. Naturaleza miserable; pobreza; mala índole.

wriggle ['rɪgl] [ri-guel], *vn.* 1. Bullir, menearse o agitarse con un movimiento continuado e irregular. 2. Insinuarse en el ánimo de alguno. *-va.* Mover o agitar alguna cosa con un movimiento irregular y continuo. **To wriggle away**, escaparse alguna cosa a fuerza de moverse. **To wriggle into**, insinuarse en. **To wriggle off**, escaparse culebreando, retorciéndose. **To wriggle out of**, salir de, escaparse, deslizarse fuera.

wriggling ['rɪglɪŋ] [ri-glin], *s.* Enroscadura, torcedura, movimiento análogo al de una lombriz de tierra; rosca, vuelta u onda, hablando del movimiento de las culebras.

wriggly ['rɪglɪ] [ri-gli], *a.* Movedizo, escurridizo, que serpentea.

wright [raɪt] [rait], *s.* Artífice, artesano, obrero. **Wheelwright**, tornero. **Cartwright**, carretero. **Shipwright**, carpintero de ribera o de buque, el que trabaja en los astilleros.

wring [rɪŋ] [ring], *va.(pret.* y *pp.* WRUNG o WRINGED). 1. Torcer o dar vueltas a una cosa con violencia, comprimir torciendo. 2. Arrancar, quitar a la fuerza. 3. Estrujar, apretar con mucha fuerza. 4. Obligar a hacer o ejecutar alguna cosa por medios violentos o por fuerza. 5. Atormentar, aquejar. 6. Torcer, interpretar mal el sentido de algún escrito. 7. Forzar, encorvar, apartar de la posición normal (v. gr. un mástil). -*vn. (Des)* Acongojarse, padecer angustias y tormentos. **To wring one's hands**, retorcerse las manos. **Wrung from the poor**, arrancado a los pobres. **To wring off**, arrancar retorciendo. **To wring out**, exprimir, hacer salir. **To wring water out of a garment**, retorcer una prenda de vestir para exprimir el agua. **Wring-bolt**, perno de atraca, clavija de apretar, argolla.

wringer ['rɪŋgəʳ] [rin-gaʳ], *s.* 1. Torcedor, torcedora, la persona que tuerce. 2. Exprimidor para la ropa.

wrinkle ['rɪŋkl] [rin-kel], *s.* 1. Arruga del rostro. 2. Arruga o doblez del paño. 3. Cualquier aspereza o desigualdad. 4. Enfoque (angle, aspect).

wrinkle, *va.* Arrugar, hacer arrugas; poner alguna cosa áspera o desigual. **To wrinkle one's brow**, fruncir o arrugar las cejas. **To wrinkle up**, arrugar, plegar.

wrinkled ['rɪŋkld] [rin-keld], *a.* Arrugado.

wrinkly ['rɪŋklɪ] [rin-kli], *a. (Coloq.)* Arrugado, lleno de arrugas.

wrist [rɪst] [rist], *s.* Muñeca, articulación de la mano con el brazo. **To slash one's wrists**, cortarse las venas.

wristband ['rɪs*t*bænd] [rist-band], *s.* 1. Puño de camisa. 2. Pulsera (bracelet); correa (strap); muñequera (sweatband).

wristlet ['rɪstlɪt] [rist-let], *s.* Elástico (para retener un guante).

wrist watch ['rɪstwɒtʃ] [rist-uach], *s.* Reloj de pulsera.

writ [rɪt] [rit], *s.* 1. Escrito; escritura; orden. 2. *(For.)* Auto, mandamiento o mandato jurídico, citación; auto o decreto de prisión. **Holy writ**, la Sagrada Escritura. **To issue a writ**, dar una orden o un decreto.

write [raɪt] [rait], *va.* (*pret.* WROTE, *pp.* WRITTEN). 1. Escribir, formar o figurar letras; inscribir. 2. Trazar, inscribir letras que representan sonidos o ideas. 3. Escribir, componer, producir como escritor o autor. 4. Imprimir o grabar una cosa fuertemente en el ánimo, en el corazón, etc. *-vn.* 1. Escribir, trazar o inscribir letras sobre una superficie. 2. Escribir, tener correspondencia por medio de cartas. 3. Escribir, componer como escritor o autor.

write after, copiar, escribir según un modelo.

write back, contestar a la carta o esquela de otra persona.

write down, poner por escrito, redactar.

write out, escribir un relato completo de algo, escribir enteramente; copiar, trasladar, transcribir.

write over again, volver a escribir, poner en limpio. **To write in a hurry**, zurcir, hilvanar un discurso, un escrito, etc. **To write oneself**, calificarse, tomar algún título, calidad, honor, etc. **To write down a person**, publicar todo lo malo que se sabe de una persona; acabarla a escritos o publicaciones. **To write one**, continuar escribiendo, escribir sobre. **To write a good hand**, escribir bien, hacer buena letra, ser pendolista.

write up, a ensalzar, encomendar al favor de alguien escribiendo; realzar, exaltar por medio de la pluma. (b) describir completamente por escrito; poner al día o hasta la fecha (el libro mayor).

write-off ['raɪtɒf] [rait-of], *va.* 1. Cancelar (una cuenta, etc.) 2. Descontar por depreciación.

writer ['raɪtəʳ] [rai-taʳ], *s.* Escritor, autor (author); escribiente, amanuense. **The writer of this book**, el autor de este libro.

write-up ['raɪtʌp] [rait-ap], *s.* Crítica, reseña, artículo (report), reportaje.

writhe [raɪð] [raidz], *va.* Torcer, poner torcida alguna cosa. *-vn.* Acongojarse, padecer agonía o angustias, torcerse, dar vueltas con dolor.

writing ['raɪtɪŋ] [rai-tin], *s.* 1. Escritura, acción de escribir. 2. Escritura (script), mano, caracteres escritos. 3. Lo que está escrito o expresado en letras, escritura, escrito, manuscrito, obra o composición por escrito. 4. Letra (handwriting). **To commit to writing**, poner por escrito. **In one's own writing**, de su puño y letra. **Writing-book**, cuaderno de escritura. **Writing-machine**, máquina para escribir. **Writing-desk**, escritorio, bufete, escribanía. **Writing-master**, maestro de escritura. **Writing-paper**, papel para escribir. **The writings of Kant**, la obra de Kant.

written, *pp.* del verbo TO WRITE.

wrong [rɒŋ] [rong], *s.* 1. Injuria, injusticia (injustice), agravio, perjuicio, detrimento conocido, mal, daño, perjuicio. 2. Culpa, sinrazón. 3. Error, extravío, falsedad. **You are in the wrong**, Vd. no tiene razón. *-a.* 1. Injusto, que viola el derecho o la justicia; malo, no derecho ni digno. 2. Erróneo, inexacto, incorrecto, falso; irregular, equivocado, que no conviene. **I took the wrong glove**, cogí un guante en lugar de otro. **Wrong side**, envés, el revés, el lado malo. **Wrong side out (ward)**, al envés, al revés. **To be wrong**, ser malo; no ser justo, no tener razón. **To be very wrong**, tener mucha culpa. **That is wrong**, eso no es justo, eso es malo, no es eso. **Wrong measures**, medidas falsas, malas. *-adv.* Mal, sin razón, sin causa, injustamente, al revés. **Right or wrong**, a tuertas o a derechas, por fas o por nefas, a diestro o a siniestro; a trochemoche. **To be in the wrong**, no tener razón, estar equivocado. **To do wrong**, obrar o hacer mal; hacer daño, causar perjuicio.

wrong, *va.* 1. Hacer daño a, causar perjuicio, ofender. 2. Agraviar (offend), injuriar, hacer alguna injusticia.

wrong-doer ['rɒŋˌduːəʳ] [rong-duaʳ], *s.* El que es injusto con otro, el que injuria a otro; perverso.

wrongful ['rɒŋfʊl] [rong-ful], *a.* Injusto, inicuo (wicked), que hace u obra mal, supuesto, falso. **Wrongful arrest**, arresto ilegal.

wrongfully ['rɒŋfəlɪ] [rong-fu-li], *adv.* Injustamente, sin razón, sin motivo o causa, falsamente.

wrong-headed ['rɒŋ'hedɪd] [rong-je-did], *a.* Disparatado, el que tiene mala cabeza, desatinado, descabezado; terco, obstinado.

wrong-headedness ['rɒŋ'hednɪs] [rong-jed-nes], *s.* El estado o la disposición del que tiene sentimientos u opiniones extravagantes y las sostiene con tenacidad; terquedad, obstinación.

wrongly ['rɒŋlɪ] [ron-gli], *adv.* Injustamente; mal, fuera de tiempo o de propósito, equivocadamente (mistakenly).

wrongness ['rɒŋnɪs] [rong-nes], *s.* Calidad de injusto; injusticia, maldad (wickedness); falsedad, error, inexactitud.

wrote [rəʊt] [rout], pret. del verbo TO WRITE.

wroth [rɒθ] [roz], *a.* (*Ant.*) Encolerizado, airado, enojado.

wrought [rɔːt] [rot], *pret. y pp irreg.* del verbo TO WORK. (Hoy anticuado excepto en los sentidos de «forjado, labrado o efectuado»). *-a.* **Wrought iron**, hierro forjado o batido. **Wrought upon**, influido. **Wrought up to**, excitado, impelido.

wrung ['rʌŋ] [rang], *pret.* y *pp.* del verbo TO WRING. **A wrung mast**, (*Mar.*) palo que hace comba.

wry [raɪ] [rai], *a.* 1. Torcido, tuerto, no derecho, no recto; alejado, oblicuo. 2. Pervertido, alterado, mal interpretado. **To make a wry face**, torcer el gesto, poner mala cara. **Wry-neck**, tortícolis, mal o dolor que no deja poner derecha la cabeza.

wryed ['raɪd] [raid], *a.* Lo que está sesgado, torcido.

wryly ['raɪlɪ] [rai-li], *adv.* Sesgadamente, oblicuamente, irónicamente.

wryneck ['raɪnek] [rai-nek], *s.* 1. (*Orn.*) Tortecuello, pico del género Iynx. 2. Tortícoli, dolor reumático del cuello.

wryness ['raɪnɪs] [rai-nes], *s.* Condición de lo que es torcido u oblicuo.

wych-elm ['wɪtʃ'elm] [uich-elm], *s.* Olmo escocés.

wych-hazel ['wɪtʃ'heɪzl] [uich-jei-sel], *s. V.* WICH-HAZEL.

wye [waɪ] [uai], *s.* La letra Y, o algo en forma de y.

x [eks] [eks], vigésima cuarta letra del alfabeto inglés, tiene dos sonidos, uno fuerte y otro suave. El primero equivale a cs en castellano; v. g. **excellence, execute, tax**; y el segundo a gz, pronunciando la z como en francés; v. g. **exalt, example, executor**. Ninguna palabra propiamente inglesa empieza con X; y en las derivadas del griego, que la tienen, como **Xenophon**, se les da el sonido de la z francesa. La X como número vale 10; y a causa de su forma en cruz, se usa como abreviatura de Christ; v. g. Xmas., por Christmas; Xpher. por Christopher. Lo mismo se hacía a veces en español.

xanthic ['zæntɪk] [san-tik], *a.* Xántico, amarillo o amarillento. **Xanthic acid**, ácido xántico, compuesto pesado y líquido (CHOS).

xanthin, xanthine ['zæntɪn] [san-tin], *s.* 1. Xantina, compuesto blanco cristalizable contenido en la sangre, la orina y en otras secreciones animales. 2. Xantina, materia colorante amarilla e insoluble de ciertas flores.

xanthous ['zæntəs] [san-zos], *a.* 1. Perteneciente al tipo amarillento o mogol de la raza humana. 2. Rubio, blondo, que tiene cabellos amarillentos.

xenium ['zenɪəm] [se-niom], *s.* (*pl.* XENIA). 1. Golosina, manjar delicado con que se obsequiaban mutuamente los antiguos en prenda de amistad. 2. Cuadro de caza, frutas o pescado, en una habitación destinada a huéspedes o amigos. 3. Presente o regalo que se da a un huésped o extranjero.

xenodochium ['zenədəkɪəm] [se-no-do-kiom], *s.* Mesón, posada, hospicio.

xenon ['zenɒn] [se-non], *s.* (*Quím.*) Xenón.

xenophobia [ˌzenɒ'fəʊbɪə] [se-no-fou-bia], *s.* Xenofobia.

xenophobic [ˌzenɒ'fəʊbɪk] [se-no-fou-bik], *a.* Xenófobo.

xerophyte ['zerəfaɪt] [se-ro-fait], *s.* Xerófila, planta de suelos secos.

xerosis ['zerəʊsɪs] [se-rou-sis], *s.* Xerodermia, condición de sequedad anormal de la piel o de las membranas mucosas.

xerox ['zerɒks] [se-roks], *vt.* Fotocopiar (photocopy), xerografiar.

xiphias ['zɪfɪəs] [si-fias], *s.* 1. Pez espada, xifia, jifia, pez de la familia de los escombéridos. 2. *(Astr.)* Jifia, dorada, una de las constelaciones del hemisferio austral.
xiphoid ['zɪfɔɪd] [si-foid], *a.* Xifoideo.
Xmas ['eksməs] [eks-mas], *s.* Navidad.
X-rated ['ek,reɪtɪd] [eks-rei-tid], *a.* Sólo para adultos, clasificado X.
X-rays ['ekreɪs] [eks-reis], *s. pl.* Rayos X, rayos Roentgen. **X-ray picture**, radiografía. **X-ray specialist**, radiógrafo. *-vt.* Hacer o sacar una radiografía, radiografiar.
xylaloes ['zɪlələuz] [si-la-lous], *s.* Madera de aloe.
xylocopa ['zaɪlə'kəupə] [sai-lo-kou-pa], *s.* Jilocopo, xilocopo, inssecto himenóptero.
xylograph ['zaɪləgrɑːf] [sai-lo-graf], *s.* Grabado en madera, o estampa hecha de él.
xylographer [,zaɪlə'græfəʳ] [sai-lo-gra-faʳ], *s.* Grabador en madera.
xylography [zaɪ'lɒgrəfɪ] [sai-lo-gra-fi], *s.* Xilografía, el arte de grabar o el grabado en madera.
xylophagous [,zaɪlə'fægəs] [sai-lo-fa-gos], *a.* Xilófago, que come o roe la madera, como lo hacen varias larvas de insectos.
xylophone ['zaɪləfəun] [sai-lo-foun], *s.* Xilórgano, xilófono, armónica de madera.
xyst ['zɪst] [sist], *s.* 1. Xisto, sala o lugar cubierto destinado entre los antiguos a diversos ejercicios. 2. Paseo o terrado de jardín.
xyster ['zɪstəʳ] [sis-taʳ], *s.* Raspadera, instrumento quirúrgico para raer y raspar los huesos.

Y

y [waɪ] [uai], se pronuncia como en castellano al principio de las voces, y en este caso se la considera en inglés como letra consonante. Cuando está al fin de las palabras se pronuncia como i castellana pronunciada rápidamente, y en este caso se la considera como vocal. También se halla la y en medio de algunas voces de derivación griega, como en **hydraulics**, la hidráulica; **hypothesis**, hipótesis, y entonces se pronuncia como el diptongo *ai* castellano.
yacht [jɒt] [yot], *s. (Mar.)* Yate (pleasure cruiser), embarcación de recreo; embarcación muy ligera, de vela o de vapor, destinada para recreo o regatas en ríos o lagos o en el mar. **Yacht club**, club náutico. **Yacht race**, regata. *-vn.* Viajar en yate; gobernar el yate. **They went yachting**, se fueron a navegar.
yachting ['jɒtɪŋ] [yo-tin], *s.* Viaje en yate, navegación a vela; el acto o la ocupación de dirigir un yate o de navegar en él.
yachtsman ['jɒtzmən] [yots-man], *s.* 1. Propietario o timonel de un yate. 2. Regatista.
yack [jæk] [yak], *s. (Coloq.)* Cotorrear.
yak [jæk] [yak], *s.* Yak, rumiante bovino del Tíbet, especie intermedio entre el búfalo y el toro.
yam [jæk] [yak], *s.* Ñame, raíz comestible de varias especies de Dioscorea.
yank [jæŋk] [yank], *va. (Fam.)* Tomar, quitar o dislocar por medio de un tirón repentino; dar un tirón. *-vn. (Ingl.)* 1. Moverse rápidamente. 2. Farfullar, regañar. *-s. (Fam.)* Tirón repentino, estirón.
Yankee ['jæŋkiː] [yan-ki], *a.* Perteneciente a los yanquis o característico de ellos. *-s. (Fam.)* Yanqui, el natural o habitante de la Nueva Inglaterra; de aquí, ciudadano de los Estados del Norte y en general de todos los Estados Unidos, apodo que emplean principalmente los extranjeros. **Yankee doodle**, canción popular de los norteamericanos.
yap [jæp] [yap], *vn. (Prov.)* Ladrar como un perrito (bark). *-s.* Ladrido agudo.
yard [jɑːd] [yard], *va.* Acorralar, apriscar. *-s.* 1. Corral, patio de una casa u otro edificio; cercado; por extensión, espacio descubierto situado delante o alrededor de una casa. 2. Parque, cercado de construcción. **Dock-yard**, arsenal, taller de la marina, astillero. **Lumber-yard**, leñera, depósito en maderas. 3. Yarda, medida inglesa. 4. *(Mar.)* Verga, nombre que se da a las piezas de madera que sirven para llevar las velas. **Yard-arms**, penoles de las vergas. **Lateen-yards**, vergas latinas. **Main-yard**, verga mayor. **Main-topsail-yard**, verga de gavia. **Sprit-sail-yard**, verga de cebadera. **Cross-jack-yard**, verga seca o verga de gata. **Square yards**, vergas redondas. **To brace the yards**, bracear las vergas. **To top the yards**, amantillar las vergas. **To top the yards a-port or a-starboard**, amantillar a babor o estribor. **To square the yards**, poner las vergas en cruz. 5. *(Vulg.)* Verga, miembro viril.
yardmaster [,jɑːd'mɑːstəʳ] [yard-mas-taʳ], *s.* Mayordomo, superintendente de un patio de ferrocarril.
yardstick ['jɑːdstɪk] [yard-stik], *s.* Vara graduada que sirve para medir una yarda.
yardwand ['jɑːdwænd] [yard-uand], *s.* La medida de una yarda o de una vara inglesa.
yare [jɛəʳ] [yeaʳ], *a. (Esco. o des.)* 1. Manejable, pronto a responder al timón; se dice de un bajel. 2. Pronto, ligero, diestro (skillful) o hábil para ejecutar algo.
yarn [jɑːn] [yarn], *s.* 1. Hilaza, hilo de lana; hilo de lino; porpularmente, cualquier hilo; hilado. 2. *(Fam.)* Historia, cuento largo y extravagante. **To spin a yarn**, hacer una hilaza; *(Fig.)* referir una historia larga, hablar sobremanera. **Cotton yarn**, hilo de torzal, hilaza de algodón. **hemp yarn**, hilaza o hilo de cáñamo. **Weaver's yarn**, hilaza. **Rope-yarn**, *(Mar.)* filástica. **Spunyarn**, *(Mar.)* meollar. **Tarred yarn**, hilo negro, encerado o alquitranado.
yarrow ['jærəu] [ya-rou], *s.* Milenrama, mil hojas, aquilea.
yashmak ['jɑːʃmək] [yash-mak], *s.* Velo que llevan algunas mujeres musulmanas.
yaw [jɔː] [yo], *s.* 1. *(Mar.)* Guiñar, mover la proa del buque apartándola hacia uno y otro lado, moviendo el timón. 2. Andar haciendo eses.
yawing ['jɔːɪŋ] [yoin], *s. (Mar.)* Guiñada.
yawl [jɔːl] [yol], *s. (Mar.)* 1. Embarcación pequeña *(Amer. yola)*, con aparejo de balnadra y un mástil pequeño adicional en la popa. 2. Serení, especie de embarcación pequeña destinada al servicio de un navío. 3. Barca pescadora.
yawn [jɔːn] [yon], *vn.* 1. Bostezar, abrir ancha o involuntariamente la boca. 2. Quedarse con la boca abierta; por extensión, suspirar por, anhelar. 3. Abrirse del todo, como pronto para engolfar o recibir alguna cosa.
yawn, *s.* 1. Bostezo, la acción y efecto de bostezar. 2. Aburrimiento (bore). 3. Acción de abrirse del todo.
yawner ['jɔːnəʳ] [yo-naʳ], *s.* Bostezador, el que bosteza mucho.
yawning ['jɔːnɪŋ] [yo-nin], *a.* Que bosteza, que está soñoliento, que se está cayendo de sueño. *-s.* Bostezo.
yaws [jɔːz] [yos], *s.* Erupción cutánea y contagiosa de los trópicos, caracterizada por pequeños tubérculos rojizos; (**yaw, sing.** uno de los tubérculos).
ye [jiː] [yi], *nom.pl.* de THOU. Vosotros, vos.
yea [jeɪ] [yei], *adv.* 1. Sí, ciertamente, verdaderamente (indeed, truly). 2. Y aun, y además, no solamente, y sino. **Yea or nay**, sí o no. *-s.* Sí, voto afirmativo. **The yeas and nays**, los votos en pro y en contra; lista de los miembros de una asamble o junta, con la indicación de sus votos. *V.* YES.
yeah [jɛə] [yea], *interj. (Coloq.)* Sí.
yean [jiːn] [yin], *vn.* Parir la oveja.
yenaling ['jiːnəlɪŋ] [yi-na-li], *s.* Cordero o cabrito mamantón.
year [jɪəʳ] [yiaʳ], *s.* 1. Año, el espacio de doce meses, duración de una revolución de la tierra en su órbita alrededor del sol. 2. Año, el tiempo que emplea un planeta en recorrer su órbita; revolución. 3. Curso. **He was in my year at school**, estaba en el mismo curso que yo en el colegio. 4. Cosecha. 5. *pl.* Años, edad, época de la vida; edad avanzada, vejez. **Once a year**, una vez al año o cada año. **Every other year**, de dos en dos años o cada dos años. **New-year's day**, día de año nuevo. **New-year's gift**, aguinaldo. **Leap year**, año bisiesto. **A man in years**, un anciano, un hombre de edad o un

hombre de mucha edad. **To grow in years**, envejecer. **Last year**, el año último, el año pasado. **Next year**, el año próximo, el año que viene. **By the year**, al año. **Of late years**, en estos últimos años. **Once a year**, una vez al año. **One year with another**, un año con otro. **To be in years**, ser viejo. **To wish a happy New-year**, desear feliz año nuevo.

yearling ['jɪəlɪŋ] [yia-lin], *s.* El animal que tiene un año. **Yearling bullock**, becerro añal.

yearly ['jɪəlɪ] [yia-li], *a.* Anual, que sucede o se hace cada año; que dura por un año. *-adv.* Anualmente, todos los años, cada año o una avez al año. **I do my tests twice yearly**, hago mis pruebas dos veces al año.

yearn [jɜːn] [yern], *vn.* Anhelar, desear vivamente, suspirar por; (con for); compadecerse, apiadarse, sentir interiormente un movimiento de piedad o compasión; (con over).

yearning ['jɜːnɪŋ] [yer-nin], *s.* Deseo ardiente acompañado de un sentimiento de ternura, de afecto; ternura, lástima, compasión.

yeast [jiːst] [yist], *s.* 1. Jiste, la espuma de la cerveza que fermenta y sirve para levadura; vegetación de un honguillo microscópico; fermento. 2. Espuma (de la mar agitada).

yelk [jelk] [yelk], *s.* (Dialecto) *V.* YOLK.

yell [jel] [yel], *va.* y *vn.* Dar alaridos (shout), gritar furiosamente, quejarse a gritos y con voces lastimeras. **To yell out**, gritar, decir algunas palabras a gritos.

yell, *s.* 1. Alarido, grito (shout) o quejido fuerte y lastimero. 2. Grito salvaje, grito feroz (como de guerra). 3. Grito formado con un conjunto de palabras acordadas de antemano; v. gr. el de los estudiantes de un colegio determinado.

yellow ['jeləʊ] [ye-lou], *a.* 1. Amarillo, que es del color del oro, del limón, del latón, etc. 2. Rubio, dorado (hair). **To grow yellow**, amarillear. *-s.* 1. Amarillo, color amarillo. **Chrome yellow**, amarillo de cromo, cromato de plomo. **King's yellow**, oropimento. **To become, to get, to grow** o **to turn yellow**, ponerse amarillo. **Yellow berries**, bayas persas, semillas del cambrón de que se hace uso en el tinte; pizacantas. **Yellow-boy**, *(Vulg.)* guinea u otra moneda de oro. **Yellow press**, prensa amarilla o sensacionalista. **Yellow-bird**, (a) acanta de América. (b) La silvia amarilla, «pájaro del estío». (c) Chamariz u oropéndola (**golden oriole**). **Yellow bunting**, *V.* **yellow-hammer**. **Yellow fever**, fiebre amarilla (fam. vómito negro). Se llama también **Yellow Jack**. **Yellow-hammer**, (a) verderol, emberiza. (b) *(E.U.)* Colapto, pico grande del género Colaptes. *V.* FLICKER. **Yellow-jacket**, avispa social del género Vespa, con rayas amarillas y cuya picadura es dolorosa. **Yellow spot**, (a) mácula pequeña en el fondo del ojo, el sitio de la visión más aguda en todos los vertebrados; (b) mariposa americana con una mancha amarilla en las alas posteriores. **Yellow-throat**, Curruca de Marilandia, de pecho y cuello amarillos. **Yellow wood**, fustete, cloreta, xantóxilo. **Yellow-lead**, albayalde calcinado.

yellowish ['jeləʊɪʃ] [ye-louish], *a.* Amarillento, que tira a amarillo o que amarillea.

yellowishness ['jeləʊɪʃnɪs] [ye-louish-nes], *s.* El color amarillento o que tira a amarillo.

yellowness ['jeləʊnɪs] [ye-lou-nes], *s.* Amarillez.

yelp [jelp] [yelp], *vn.* Latir, gañir, chillar el perro. *-s.* Gañido, chillido, grito agudo del perro lastimado o doliente.

yelping ['jelpɪŋ] [yel-pin], *s.* Gañido.

Yemen ['jemən] [ye-men], *s.* Yemen.

Yemeni ['jemənɪ] [ye-me-ni], *a.* Yemenita.

yen [jen] [yen], *s.* Unidad de la moneda japonesa. **To have a yen to**, tener unas ganas locas de.

yeoman ['jəʊmən] [you-man], *s.* (*pl.* YEOMEN). 1. Hacendado, el que tiene hacienda en tierras; labrador acomodado. 2. Nombre de ciertos guardias del rey de Inglaterra. 3. *(Mar.)* Pañolero; en la marina de los E.U., guardaalmacén, almacenero, guardián. **Gunner's yeoman**, pañolero de la Santa Bárbara. **Boatswain's yeoman**, pañolero del pañol de proa. **Yeoman of the Guard**, alabardero de la Casa Real.

yeomanry ['jəʊmənrɪ] [you-man-ri], *s.* 1. El conjunto o agregado de los hacendados de una provincia. 2. Uno de los cuerpos de guardias del rey de Inglaterra.

yerk [jɜːk] [yerk], *va.* *(Prov. o des.)* *V.* TO JERK.

yes [jes] [yes], *adv.* Sí, partícula afirmativa; sí tal; bien está; verdaderamente.

yes-man ['jesmən] [yes-man], *s.* Individuo servil, adulador que dice sí a todo.

yester ['jestə^r] [yes-ta^r], *a.* Pasado, último; que pertenece al día de ayer.

yesterday ['jestədeɪ] [yes-ta-dei], *s.* Ayer, el día de ayer. **Yesterday was a happy day**, ayer fue un día muy feliz. *-adv.* Ayer. **Yesterday morning**, ayer por la mañana.

yesternight ['jestənaɪt] [yes-ta-nait], *s.* Anoche o la noche pasada. *-adv.* Ayer por la tarde.

yet [jet] [yet], *conj.* Con todo, sin embargo (nevertheless); pero, empero. *-adv.* 1. Además, todavía, además de eso. 2. Aún, hasta ahora, hasta aquí; a lo menos. **As yet**, hasta ahora, hasta aquí. **Not yet**, todavía no, aún no.

yeti ['jetɪ] [ye-ti], *s.* Yeti.

yew ['juː] [yu], *s.* 1. *(Bot.)* Tejo, árbol parecido al abeto; cualquier árbol o arbusto del género Taxus. 2. Madera de este árbol; arco hecho de esta madera.

Yiddish ['jɪdɪʃ] [yi-dish], *s.* Yidish, yiddish.

yield [jiːld] [yild], *va.* 1. Producir utilidad o en retorno por el trabajo. **To yield six per cent**, producir seis por ciento. 2. Dar, dar de sí, ser origen natural de ofrecer. 3. Ceder, admitir, conceder, deferir, condescender; devolver, restituir. 4. Acordar, admitir como verdadero, reconocer. 5. Permitir, sufrir; conceder, otorgar. **To yield consent**, dar consentimiento, consentir. *-vn.* 1. Producir provecho por el trabajo, sacar utilidad. 2. Ceder; rendirse (surrender), sujetarse, someterse. 3. Asentir, convenir en lo que otro dice. **I yield to it**, consiento en ello. 4. Flaquear, ceder, hacer lugar, como bajo presión. **To yield one's right**, ceder su derecho. **To yield up**, ceder, entregar; devolver; abandonar; entregar (el alma). **To yield to the temptation**, ceder, sucumbir a la tentación. *-s.* 1. Rendición, acción de rendirse. 2. *(For.)* Rédito, rendimiento, renta, beneficio que rinde un capital.

yielding ['jiːldɪŋ] [yil-din], *a.* Fácil, complaciente (indulgent); flojo; que cede o se somete con facilidad; condescendiente.

yieldingly ['jiːldɪŋlɪ] [yil-din-li], *adv.* Libremente; flojamente.

yieldingness ['jiːldɪŋnɪs] [yil-din-nes], *s.* Facilidad en ceder o en condescender.

yippee [jiːpiː] [yi-pi], *interj.* *(Coloq.)* ¡Yupi!

yob [jɒb] [yob], *s.* Vándalo, gamberro (hooligan).

yodel ['jəʊdl] [you-del], *va.* y *vn.* Cantar modulando la voz rápidamente desde el tono natural al falsete, y viceversa. *-s.* Acción de tararear una canción o un estribillo sin pronunciar las palabras.

yoga ['jəʊgə] [you-ga], *s.* Yoga.

yoghurt, yoghourt, yogurt ['jəʊgə^r] [you-ga^r], *s.* Yogur, yoghourt.

yoke [jəʊk] [youk], *s.* 1. Yugo, el instrumento con que se une un par de bueyes. 2. Yugo (burden), servidumbre, esclavitud. **To throw off the yoke**, sacudir el yugo. 3. Barra de timón; balancín, pedazo de madera escotado que llevan los aguadores sobre los hombros. 4. *sing.* y *pl.* Yunta, cuando se habla de bueyes, y se usa también para expresar un par de otros animales. **Yoke of land**, yugada.

yoke, *va.* 1. Uncir, atar al yugo los bueyes. 2. Unir, juntar. 3. Sojuzgar (subjugate), sujetar, reducir a la esclavitud; retener, reprimir.

yoke-elm ['jəʊkˌelm] [youk-elm], *s.* *(Bot.)* Carpe, especie de olmo.

yokel ['jəʊkl] [you-kel], *s.* Pueblerino.

yolk [jəʊk] [youk], *s.* 1. Yema de huevo, amarillo. 2. Una exudación jabonosa en la lana de las ovejas y carneros.

yon, yonder [jɒn] [yon] ['jɒndə^r] [yon-da^r], *a.* y *adv.* Allí, allá: dícese de lo que está a la vista aunque algo distante. **Yonder he is**, mírale allí.

yoo-hoo ['juː'huː] [yu-ju], *interj.* ¡Yuju!, ¡eh!

yore [jɔːʳ] [yoʳ], *s. (Ant. y poét.)* Tiempos pasados, otro tiempo. **Of yore**, hace mucho tiempo; antaño, antiguamente, en otro tiempo. **In days of yore**, en otros tiempos.

you [juː] [yu]. Pronombre personal de la segunda persona, correspondiente en castellano a te, a vosotros, a Ud. o a Uds. en el primer caso, y a tú o Ud., vosotros o Uds. en el segundo. **You** también se usa en inglés indefinidamente, y en este caso se debe traducir en castellano por el pronombre indefinido. **As you come near it, you see nothing**, al llegar cerca de ello, no se ve nada.

young [jʌŋ] [yang], *a.* 1. Joven, mozo, en la edad de la juventud; que está en la primera parte de su desarrollo. 2. No avanzado, nuevo. 3. Lleno de vigor o frescura. 4. Nuevo, novicio, inexperimentado. 5. *(Fam.)* Más joven que otro u otra del mismo nombre, título o especie. **A young child**, un niño. **A young man; a young girl, a young woman**, un joven; una joven. **A young face**, cara remozada. **A young plant**, planta tierna. *-s.* Hijuelos, las crías de los animales. **Young one**, hijuelo. **To grow young again**, rejuvenecer. **To look young**, tener la traza joven. **With young**, en cinta, preñada.

younger [ˈjʌŋəʳ] [yan-gaʳ], *a.* Más joven. **Younger brother**, hermano menor. **To be the younger hand**, ser pie o el último que echa la carta en el juego.

youngish [ˈjʌŋɪŋ] [yan-guish], *a.* Mozuelo, jovencillo, tierno.

youngling [ˈjʌŋlɪŋ] [yan-glin], *s.* Pequeñuelo.

youngster [ˈjʌŋstəʳ] [yangs-taʳ], *s.* Jovencito, chico, mozalbete (lad).

younker [ˈjʌŋkəʳ] [yan-kaʳ], *s.* 1. Propietario campesino alemán. 2. *(Ant.)* Mozalbete, chico. 3. Señorito, joven.

your [jʊəʳ] [yuaʳ], *pron.* Vuestro; de usted, de ustedes. **Your brothers, your sisters**, vuestros hermanos, vuestras hermanas.

yours [ˈjʊəz] [yuas], *pron.* El vuestro, la vuestra, los vuestros, las vuestras; lo de usted quqe le pertenece. **You have my pen, and I have yours**, Ud. tiene mi pluma y yo tengo la de Ud. **This penknife is yours**, este cortaplumas es de Ud. (el suyo). **I am yours**, estoy a la disposición de Ud. **Yours truly**, su seguro servidor (S.S.S.). **Yours very truly**, su afectísimo.

yourself [jəˈself] [ya-self], *pron.* Tú mismo, Ud. mismo. **Stop thinking about yourself**, deja de pensar en ti mismo o deje de pensar en sí mismo. **Yourselves**, *pl.* vosotros o Uds. mismos.

youth [juːθ] [yuz], *s.* 1. Juventud, mocedad, adolescencia, el período de la vida comprendida entre la niñez y la edad viril. **Youth club**, club de jóvenes. 2. Un joven; juventud, el agregado o conjunto de jóvenes.

youthful [ˈjuːθfʊl] [yuz-ful], *a.* Juvenil, joven, fresco, vigoroso (energetic), juguetón.

youthfully [ˈjuːθfʊlɪ] [yuz-fu-li], *adv.* De un modo juvenil, como muchacho.

youthfulness [ˈjuːθfʊlnɪs] [yuz-ful-nes], *s.* Mocedad, juventud.

youth hostel [ˈjuːθˌhɒsl] [yuz-jo-sel], *s.* Albergue juvenil.

yowl [jaʊl] [yaul], *vn. (Fam. o Prov.)* Aullar, ladrar; dar alaridos, gritar. *-s.* Aullido, grito fuerte (de aviso o advertencia); alarido. *V.* HOWL y YELL.

yo-yo [ˈjəʊjəʊ] [you-you], *s.* 1. Yo-yo. 2. *(Coloq.)* Subir y bajar a lo loco. **I was up and down like a yo-yo all morning**, me pasé toda la mañana de arriba para abajo.

yttria [ˈɪtrɪə] [i-tria], *s.* Itria, substancia blanca, terrosa, insoluble, óxido de itrio. (YO).

yttrium [ˈɪtrɪəm] [i-triom], *s. (Quím.)* Itrio, elemento metálico del grupo cerio; fue descubierto por medio de su espectro.

yucca [ˈjʌkə] [ya-ka], *s. (Bot.)* Yuca, género de plantas de la familia de las liláceas; una planta de este género.

yuck [jʌk] [yak], *interj. (Coloq.)* ¡Puaj!

yucky [ˈjʌkɪ] [ya-ki], *s. (Coloq.)* Asqueroso.

Yugoslavian [ˈjuːgəʊˈslɑːvɪən] [yu-gous-la-vian], *a.* Yugoslavo.

yule [ˈjuːl] [yul], *s.* 1. Navidad, tiempo de la Navidad o pascua. 2. *(Culin.)* Tronco de Navidad.

yummy [ˈjʌmɪ] [ya-mi], *a. (Coloq.)* Riquísimo. *-interj.* ¡Hmm!, ¡qué rico!

yum yum [ˈjʌmjʌm] [yam-yam], *interj. (Coloq.)* Ñam ñam.

yunx [ˈjʌŋks] [yanks], *s.* Género de pájaros cuyo tipo ese el torcecuello. *V.* WRYNECK, 1ª acep.

yuppie, yuppy [ˈjʌpɪ] [ya-pi], *s. (Coloq.)* Yuppy.

Z

z [zed] [sed], vigésima sexta y última letra del alfabeto.

zaffer, zaffre [ˈzəfəʳ] [sa-faʳ], *s. (Min.)* Zafre, azul que se saca del cobalto; mineral de cobalto calentado con sílice.

zaftig [ˈzæftɪŋ] [saf-tin], *a.* Rellenita y curvilínea.

Zairean [zɑːˈiːərɪən] [sa-ia-rian], *a.* Zaireño.

Zambian [ˈzæmbɪən] [sam-bian], *a.* Zambiano.

zambo [ˈzæmbəʊ] [sam-bou], *s. V.* SAMBO.

zany [ˈzeɪnɪ] [sei-ni], *s.* El gracioso de las comedias italianas; un bufón, un truhán; simplonazo. *-a. (Coloq.)* Chiflado, alocado (crazy).

Zanzibar [ˈzænzɪbɑːʳ] [san-zi-baʳ], *s.* Zanzíbar.

zap [zæp] [sap], *vt.* 1. Liquidar (blast). 2. *(Inform.)* Eliminar, borrar.

zea [ziː] [si], *s. (Bot.)* Zea, género de altas plantas gramíneas. **Zea mays** es el maíz.

zeal [ziːl] [sil], *s.* Celo; fervor; ardor; amor o afición desmedida, devoción entusiasta. **In his zeal for reform**, en su afán reformista.

zealot [ˈzelət] [se-lot], *s.* 1. Celador, entusiasta, el que es muy amante de la religión, de la patria, etc; partidario inmoderada, fanático (fanatic). 2. Miembro de un partido fanático judío, en casi continua sublevación contra los romanos.

zealotism [ˈzelətɪzəm] [se-lo-ti-sem], *s.* Celo ciego, fanatismo (fanatism).

zealotry [ˈzelətrɪ] [se-lo-tri], *s.* La conducta o disposición de una person celosa o fanática.

zealous [ˈzeləs] [se-los], *a.* Celoso, el que cela, defiende o toma mucho empeño en alguna causa.

zealously [ˈzeləslɪ] [se-los-li], *adv.* Apasionadamente (passionately), con pasión y celo; con ardor.

zealousness [ˈzeləsnɪs] [se-los-nes], *s.* La propiedad de ser celoso; ardor, conato.

zebec [ˈzebek] [se-bek], *s. V.* XEBEC.

zebra [ˈzebrə] [ze-bra], *s.* Cebra, animal cuadrúpedo de África parecido al mulo, con listas transversales pardas o negras en toda la piel. **Zebra crossing**, paso de cebra o de peatones.

Zebu [ˈzebuː] [se-bu], *s.* Zebú, cebú, buey de la India (Bos indicus) con giba en la cruz.

zed [zed] [sed], *s.* La letra z; zeda o zeta; casi siempre llamada zi en los Estados Unidos.

Zen [ˈzen] [sen], *s. (Relig.)* Zen.

zenana [ˈzenənə] [se-na-na], *s.* En la India las habitaciones de las mujeres, el harén indio.

zend [ˈzend] [send], *s.* Zendo, idioma de la familia indoeuropea usado antiguamente en las provincias septentrionales de Persia.

zenith [ˈzenɪθ] [se-niz], *s.* 1. Cenit o zenit, el punto que en la esfera celeste está perpendicularmente sobre nuestra cabeza, opuesto al nadir. 2. Punto culminante de la prosperidad, cumbre; colmo de la grandeza. **He is at the zenith of his popularity**, está en el cenit o apogeo de su popularidad.

zephyr [ˈzefəʳ] [se-faʳ], *s.* 1. Céfiro, favonio, viento de la parte de poniente. 2. *(Poet.)* Céfiro, cualquier viento que sopla blanda y apaciblemente. 3. Hilaza floja de lana muy ligera de peso, para bordar.

zephyrus [ˈzefɪrəs] [se-fi-ros], *s.* Céfiro, Favonio.

zeppelin [ˈzeplɪn] [sep-li], *s.* Zepelín.

zero [ˈzɪərəʊ] [si-rou], *s.* 1. Cero, el guarismo arábigo 0. 2. De aquí, la ausencia de cantidad, nada. 3. Punto en un pitipié o escala desde el cual se gradúa un termómetro, etc.; se mide

generalmente en direcciones opuestas; de aquí, el punto más bajo. **As a leader he's a total zero**, como dirigente es un inútil. **Zero in on**, centrarse en, concentrar la atención sobre.
zero-rated ['zɪərəʊˌreɪtɪd] [si-rou-rei-tid], *a.* No sujeto a IVA.
zest [zest] [sest], *s.* 1. Excitación agradable del ánimo que acompaña el ejercicio mental o físico, entusiasmo (relish). 2. Sainete, el sabor que se da a alguna cosa, sabor, sazón (flavor). 3. (Poco us.) Luquete, cortecita de naranja que se echa en el vino para darle gusto. 4. (Poco us.) Bizna, la membranita que hay entre los cachos de la nuez. 5. *(Culin.)* Cáscara, peladura.
zeta ['zetə] [se-ta], *s.* Letra sexta del alfabeto griego.
Zeus [zjuːs] [sius], *s.* Nombre de la deidad suprema de los griegos, correspondiente al Júpiter de los romanos.
zigzag ['zɪgzæg] [sig-sag], *va.* y *vn.* Zigzaguear; ir en zigzags, hacer zigzags. *-a.* Que está en una línea interrumpida con irregularidades a uno y otro lado. *-s.* Zigzag, serie de líneas que forman ángulos entrantes y salientes.
zilch ['zɪltʃ] [silch], *s.* Nada de nada.
Zimbabwean [zɪm'bɑːbwɪən] [sim-bauian], *a.* Zimbauense, de Zimbaue.
zinc [zɪŋk] [sink], *s.* Cinz, zinc, metal blanco azulado y fácil de fundir. **Zinc chloride**, cloruro de cinc. **Sulphate of zinc o white copperas**, sulfato de cinc o caparrosa blanca. **Zinc blende**, blenda, sulfuro de cinc nativo. **Zinc white**, blanco de cinc, óxido de cinc. *-va.* Plaquear, dar una capa de cinc.
zing [zɪŋ] [sing], *s.* *(Coloq.)* Silbido (hiss). *-vi.* Silbar. **To zing past**, pasar silbando.
zinnia ['zɪnɪə] [si-nia], *s.* *(Bot.)* Zinnia.
zion ['zaɪən] [saion], *s.* 1. Zión, colina de Jerusalén; de aquí, la antigua teocracia hebrea o la moderna Iglesia de Cristo. 2. Cielo.
Zionism ['zaɪənɪzəm] [saio-ni-sem], *s.* Sionismo.
Zionist ['zaɪənɪst] [saio-nist], *a.* Sionista.
zip [zɪp] [sip], *s.* 1. Garra, brío. 2. Silbido (hiss). *-vt.* Cerrar la cremallera.
zip gun ['zɪpgʌn] [sip-gan], *s.* Remachador de tipo de pistola; pistola o revólver de confección doméstica.
zipper ['zɪpəʳ] [si-paʳ], *s.* Cremallera, cierre relámpago.
zippy ['zɪpɪ] [si-pi], *a.* *(Coloq.)* Brioso (energetic), veloz.
zircon ['zɜːkən] [ser-kon], *s.* Circón, silicato adamantino de circonio de diversos colores. Se usa como piedra fina.
zirconium ['zɜːkənɪəm] [ser-ko-niom], *s.* Circonio, metal muy raro cuyas sales tienen uso limitado.
zit ['zɪt] [sit], *s.* *(Coloq.)* Grano.
zither ['zɪðəʳ] [si-daʳ], *s.* Cítara, instrumento músico de cuerda algo parecido a la guitarra, que se toca con púa.
zodiac ['zəʊdɪæk] [sou-diak], *s.* 1. Zodíaco, faja o zona imaginaria que se extiende unos ocho grados a uno y otro lado de la elíptica, y que contiene las doce constelaciones que el sol recorre aparentemente en los doce meses del año, así como los planetas mayores. 2. Circuito completo, círculo.
zodiacal [zəʊ'daɪækəl] [sou-daia-kal], *a.* Zodiacal, que pertenece al zodíaco.
zoic [zɔɪk] [soik], *a.* 1. Zoico, concerniente al animal o a la vida animal. 2. En geología, que contiene fósiles; se dice de las rocas.
zombie, zombi ['zɒmbɪ] [som-bi], *s.* Zombie, zombi.
zonal ['zəʊnl] [sou-nal], *a.* Perteneciente a una zona o banda; marcado con bandas o zonas.
zone [zəʊn] [soun], *s.* 1. *(Geol.)* Zona (area), cualquiera de las cinco partes o bandas en que se considera dividida la superficie de la tierra de polo a polo. **Time zone**, zona horaria. 2. Banda circular, faja; raya o línea de color diferente. 3. Originalmente, y hoy en poesía, cinturón o cíngulo.
zoned ['zəʊnd] [sound], *a.* 1. Zonado, marcado con fajas coloreadas y concéntricas. 2. Que lleva un cinto o cíngulo.
zoneless ['zəʊnlɪs] [soun-les], *a.* Que no tiene cinto.
zonked ['zɒŋt] [sonkt], *a.* 1. Colocado (high on drugs). 2. Reventado, hecho polvo (exhausted).
zoo [zuː] [su], *s.* *(Fam.)* Jardín zoológico. (*Abrev. de* **zoological.**)
zoographer ['zuːgrəfəʳ] [su-gra-faʳ], *s.* Zoógrafo, el que escribo o compone un tratado de zoografía.
zoographic [zuː'græfɪk] [su-gra-fik], *a.* Zoográfico, perteneciente o relativo a la zoografía.
zoolatry ['zuːlətrɪ] [su-la-tri], *s.* Zoolatría, descripción de la naturaleza y las propiedades de los animales.
zoolite ['zuːlaɪt] [su-lait], *s.* Zoolito, zoomorfito; los restos fósiles de un animal petrificado. Se escribe también Zoolith.
zoological [ˌzəʊə'lɒdʒɪkəl] [su-lo-yi-kal], *a.* Zoológico, perteneciente a la zoología.
zoologist [zəʊ'ɒlədʒɪst] [su-lo-yist], *s.* Zoólogo, el profesor de zoología.
zoology [zəʊ'ɒlədʒɪ] [su-o-lo-yi], *s.* 1. Zoología, la ciencia que trata de los animales. 2.El reino animal o ejemplares locales de él, considerados biológicamente. 3. Zoología, tratado científico sobre los animales.
zoom [zuːm] [sum], *vn.* *(Aer.)* Subir bruscamente en ángulo máximo. **Zoom in**, hacer un zoom. *-s.* Zumbido. *(Cin., Fot.)* **Zoom lens**, teleobjetivo.
zoometry ['zuːmɪtrɪ] [su-mi-tri], *s.* Zoometría, medición de los animales.
zoophyte ['zəʊəˌfaɪt] [su-fait], *s.* Zoófito, animal invertebrado que se asemeja algo a la planta en su forma y crecimiento: v. gr. el coral y la esponja.
zootic ['zuːtɪk] [su-tik], *a.* Zoótico; se dice de un terreno que contiene cuerpos organizados.
zoroastrian ['zɒrəʊ'æstrɪən] [so-rou-as-trian], *a.* Zoroástrico, perteneciente a Zoroastro o a sus doctrinas.
zounds ['zəʊndz] [sounds], *inter.* ¡Voto al chápiro! ¡por vida de sanes! ¡válgame Dios! (Corrupción de **God's wounds.**)
zucchini [zuː'kiːnɪ] [su-ki-ni], *s.* Calabacín, calabacita.
Zulu, zooloo ['zuːlʊ] [su-lu], *a.* Zulú, perteneciente a los zulúes o a su idioma. *-s.* Zulú, individuo de ciertas tribus negras que habitan el África austral; su dialecto o idioma.
zygote ['zaɪgəʊt] [zai-gout], *s.* Cigoto, zigoto.
zyme ['zaɪm] [zaim], *s.* 1. Un fermento. 2. Germen de enfermedad; lo que se considera causa específica de una enfermedad cimótica o infecciosa.
zymic ['zaɪmɪk] [zai-mik], *a.* Címico, concerniente a la fermentación o producido por ella.

APÉNDICE

Lista Alfabética de los Nombres de Países, Naciones, Provincias, Mares, Pueblos, Ríos, Montañas, Etc.

QUE NO SE ESCRIBEN DEL MISMO MODO EN INGLÉS QUE EN ESPAÑOL

CON el objeto de hacerla lo más corta posible, no han sido comprendidos en ella los que tienen una misma ortografía en ambas lenguas, y los que pueden ser traducidos fácilmente con sólo mudar su terminación extranjera en la castellana; para lo cual se deberán observar las reglas siguientes.

Los acabados en *burgh* y *borough* que no se hallen en la lista, se traducirán mudando solamente estas terminaciones en la castellana *burgo*, como *Augsburg*, Augsburgo; *Petersburg*, Petersburgo; *Hamburg*, Hamburgo; *Cobourg*, Coburgo; y *Peterborough*, Peterburgo, etc.

Hay muchos nombres geográficos universalmente conocidos que terminan en *e*, y se traducen con sólo cambiar la *e*, en *a*, como *Europe*, Europa; *Rome*, Roma, etc.

Los ingleses suelen designar algunos de los condados en que dividen la Gran Bretaña por medio de la terminación *shire* añadida al nombre del condado, distrito o provincia, como *Derbyshire*, que se traducirá El condado, distrito o provincia de Derby; *Yorkshire*, El condado de York, etc.

NOTA.- Los adjetivos derivados de los nombres propios se hallarán en sus respectivos lugares en el texto de este diccionario.

A

Aachen ['ɑːxən], o **Aix-la-Chapelle** ['eɪkslæʃə'pel], Aquisgrán (Alemania).
Abyssinia [ˌæbɪ'sɪnɪə], Abisinia, *V.* ETHIOPIA.
Achaea ['ækiːə], Acaya (región de la antigua Grecia).
Addis Ababa ['ædɪs'æbəbə], Addis Abeba (Etiopía).
Admiralty Islands ['ædmərəltɪ aɪləndz], Islas del Almirantazgo.
Adrianople ['eɪdrɪənəpl], o **Edirne** [e'dɜːn], Adrianópolis o Andrinópolis (Turquía).
Adriatic Sea [ˌeɪdrɪ'ætɪk siː], Mar Adriático.
Aegean Sea [iː'dʒiːən siː], Mar Egeo.
Agincourt [ə'gɪnkɜːt], Azincourt (Francia).
Aix-la Chapelle, *V.* AACHEN.
Aleutian Islands [ə'luːʃən aɪləndz], Islas Aleutianas.
Alexandria [ˌælɪg'zɑːndrɪə], Alejandría (Egipto).
Algeria [æl'dʒɪərɪə], Argelia.
Algiers [æl'dʒɪəz], Argel (ciudad de Argelia, África).
Alps [ælps], Alpes (montañas del S. de la Europa central).
Alsace-Lorraine ['ælsæslə'reɪn], Alsacia-Lorena.
Amazon River ['æməzən rɪvəʳ], Río Amazonas.
Andalusia [ˌændə'luːzɪə], Andalucía (España).
Antarctic Ocean [ænt'ɑːtɪk oʊʃən], Océano Antártico.
Antilles, Greater [æn'tɪliːz greɪtəʳ], Antillas Mayores.
Antilles, Lesser [æn'tɪliːz lesəʳ], Antillas Menores.
Antioch ['æntɪɒk], Antioquía (Turquía).
Antwerp ['æntwɜːp], Amberes (Bélgica).
Apennines ['æpɪnaɪnz], Apeninos (montañas de Italia).
Appalachian Mountains [ˌæpə'leɪtʃɪən maʊntɪnz], Montes Apalaches.
Arabian Sea [ə'reɪbɪən siː], Mar Arábigo.
Archipelago [ˌɑːkɪ'pelɪgəʊ], El Archipiélago Griego o del Mar Egeo.
Arctic Ocean ['ɑːktɪk əʊʃən], Océano Artico.
Ardeness Mountains [ɑː'dənz maʊntɪnz], Sierra Ardenas.
Assisi [ə'siːzɪ], Asís (Italia).
Assyria [ə'sɪrɪə], Asiria.
Athens ['æθɪnz], Atenas (Grecia).
Atlantic Ocean [ət'læntɪk əʊʃən], Océano Atlántico.
Attica ['ætɪkə], Atica (Grecia).
Austria-Hungary ['ɒstrɪə], Austria-Hungría.
Avignon ['ævɪnjɒ] Aviñón (Francia).

B

Babylon ['bæbɪlən], Babilonia.
Balearic Islands [ˌbælɪ'ærɪk aɪləndz], Islas Baleares.
Balkans ['bɔːlkəns], Balcanes.
Baltic Sea ['bɔːltɪk siː], Mar Báltico.
Barbary Coast ['bɑːbərɪ kəʊst], Berbería (África).
Basle [bɑːl], o **Basel** ['bɑːzəl], Basilea (Suiza).
Bavaria [bə'vɛərɪə], Baviera (Alemania).
Bayonne [baɪ'jɒn], Bayona (Francia).
Beirut o Beyrouth [beɪ'ruːt], Beirut (Líbano).
Belgian Congo ['beldʒən kɒŋgəʊ], Congo Belga.
Belgium ['beldʒəm], Bélgica.
Belgrade [bel'greɪd], Belgrado (Yugoslavia).
Bengal [beŋ'gɔːl], Bengala.
Berne o **Bern** [bɜːn], Berna (Suiza).
Bethlehem ['beθlɪhem], Belén (Jordania).
Beyrouth, *V.* BEIRUT.
Biscay ['bɪskeɪ], Vizcaya (España).
Black Forest ['blæk fɒrɪst], Selva Negra.
Black Sea ['blæk siː], Mar Negro.
Blue Mountains ['bluː maʊntɪnz], Montañas Azules.
Bologna [bə'ləʊnjə], Bolonia (Italia).
Bordeaux [bɔː'dəʊ], Burdeos (Francia).
Bosphorus ['bɒsfərəs], Bósforo, Estrecho del.
Brazil [brə'zɪl], Brasil.
Britain, Great ['brɪtən greɪt], Gran Bretaña.
British Isles ['brɪtɪʃ'aɪlz], Islas Británicas.
Bruges [bruːz], Brujas (Bélgica).
Brussels ['brʌslz], Bruselas (Bélgica).

Bucharest [ˌbuːkəˈrest], Bucarest (Rumania).
Burgundy [ˈbɜːgəndɪ], Borgoña.
Burma [ˈbɜːmə], Birmania.
Byzantium [baɪˈzæntɪəm], Bizancio (nombre antiguo de Constantinopla). *V.* ISTANBUL.

C

Calcutta [kælˈkʌtə], Calcuta (India).
Cambodia [kæmˈbəʊdɪə], Camboya (Indochina).
Canal Zone [kəˈnæl zəʊn], *V.* PANAMA CANAL ZONE.
Canary Islands [kəˈnærɪˌaɪləndz], Islas Canarias.
Cantabrian Mountains [kænˈtæbrɪən maʊntɪnz], Cordillera Cantábrica.
Cape Breton Island [ˈkeɪpˌbret ən aɪlənd], Isla Cabo Bretón (Nueva Escocia, Canadá).
Cape Horn [ˈkeɪpˈhɔːn], Cabo de Hornos.
Capetown [ˈkeɪptaʊn], Ciudad del Cabo (Unión Sudafricana).
Cap Haitian [ˈkæpˌheɪʃɪən], Cabo Haitiano.
Caribbean Sea [ˌkærɪˈbiːən siː], Mar Caribe o de las Antillas.
Carpathian Mountains [kɑːˈpeɪʃɪənz mauntɪnz], Montes Cárpatos.
Carthage [ˈkɑːθɪdʒ], Cartago (antigua ciudad del África del Norte).
Cashmere o Kashmir [kæʃˈmɪəʳ], Cachemira (estado de la región del Himalaya).
Caspian Sea [ˈkæspɪənˌsiː], Mar Caspio.
Castile, New [kæsˈtiːl njuː], Castilla la Nueva (España).
Castile, Old [kæsˈtiːl əʊld], Castilla la Vieja (España).
Catalonia [ˌkætəˈləʊnɪə], Cataluña (España).
Caucasus [ˈkɔːkəsəs], Cáucaso.
Cayenne [ˈkeɪen], Cayena (Guayana Francesa).
Central America [ˈsentrələˈmerɪkə], América Central.
Ceylon [sɪˈlɒn], Ceilán.
Champagne [ʃæmˈpeɪn], Champaña (Francia).
Cologne [kəˈləʊn], Colonia (Alemania).
Constantinople [ˌkɒnstæntɪˈnəʊpl], Constantinopla (Turquía). *V.* ISTANBUL.
Copenhagen [ˌkəʊpnˈheɪgən], Copenhague (Dinamarca).
Corinth [ˈkɒrɪnθ], Corinto (Grecia).
Corsica Córcega (Isla del Mediterráneo).
Crete o Krete [kriːt], Creta (Isla del Mediterráneo.)
Cyprus [ˈsaɪprəs], Chipre (Isla del Mediterráneo).
Czechoslovakia [ˈtʃekəʊsləˈvækɪə], Checoslovaquia.

D

Dalmatia [dælˈmeɪʃə], Dalmacia.
Damascus [dəˈmɑːskəs], Damasco (Siria).
Danube [ˈdænjuːb], Danubio (río de Europa).
Dardanelles [ˌdɑːdəˈnelz], Dardanelos (antiguamente Helesponto).
Dead Sea [ˈdedˈsiː], Mar Muerto.
Denmark [ˈdenmɑːk], Dinamarca.
Dordonge [dɔɪˈdɔŋ], Dordoña (río de Francia).
Douro [ˈdʊərəʊ], Duero (río de la Península Ibérica).
Dresden [ˈdrezdən], Dresde (Alemania).
Dunkirk [dʌnˈkɜːk], Dunquerque (Francia).

E

East Indies [ˈiːstˈɪndɪz], Indias Orientales.
Edinburgh [ˈedɪnbərə], Edimburgo (Escocia).
Edirne [ˈedɜːn], *V.* ADRIANOPLE.
Egypt [ˈiːdʒɪpt], Egipto.
Elba River [ˈelbə rɪvəʳ], Río Elba.
England [ˈɪŋglənd], Inglaterra.
English Channel [ˈɪŋglɪʃˈtʃænl], Canal de la Mancha.
Ephesus [ˈɪfɪsəs], Éfeso (antigua ciudad griega en Asia Menor).
Epirus [ˈɪpɪrəs], Epiro (Grecia).
Ethiopia [ˌiːθɪˈəʊpɪə], Etiopía (ant. Abisinia).
Euphrates [juːˈfreɪtiːz], Eufrates (río de Asia).

F

Falkland Islands [ˈfɔːlkləndˌaɪləndz], Islas Malvinas o Falkland.
Finland [ˈfɪnlənd], Finlandia.
Flanders [ˈflɑːndəz], Flandes.
Florence [ˈflɒrəns], Florencia (Italia).
France [frɑːns], Francia.
French Guiana [ˌfrentʃgaɪˈænə], Guayana Francesa.
Friendly Islands [ˈfrendlɪ aɪləndz], Islas de los Amigos o de la Amistad. *V.* TONGA.
Frisian Islands [ˈfriːʒən aɪləndz], Islas Frisias.

G

Galilee [ˈgælɪliː], Galilea.
Garonne [gəˈrɒn], Garona (río de Francia).
Gascony [ˈgæskənɪ], Gascuña (Francia).
Gaul [gɔːl], Galia.
Geneva [dʒɪˈniːvə], Ginebra (Suiza).
Genoa [ˈdʒenəʊə], Génova (Italia).
Germany [ˈdʒɜːmənɪ], Alemania.
Ghent [gent], Gante (Bélgica).
Gold Coast [ˈgəʊldˈkəʊst], Costa de Oro (África Occidental).
Good Hope, Cape of [ˈgʊdˌhəʊp keɪp ov], Cabo de Buena Esperanza.
Great Britain [ˈgreɪtˈbrɪtn], Gran Bretaña.
Great Lakes [ˈgreɪtˈleɪks], Grandes Lagos.
Greece [griːs], Grecia.
Greenland [ˈgriːnlənd], Groenlandia.

H

Hague, The [ˈheɪg], La Haya (Holanda).
Haiti Island [ˈheɪtɪ aɪlənd], Haití.
Hangchow [ˈhæŋkəʊ], Hangcheú (puerto marítimo de China).
Hankow [ˈhæŋkəʊ], Hankeú (ciudad de China).
Havana [həˈvænə], Habana (Cuba).
Havre, Le [ˈhævr leɪ], El Havre (puerto de Francia).
Hawaiian Islands [həˈwaɪjən aɪləndz], Islas Hawaii.
Hebrides [ˈhebrɪdiːz], Islas Hébridas.
Hellespont [ˈhelɪspɒnt], Helesponto. *V.* DARDANELLES.
Holland [ˈhɒlənd], Holanda.
Holy Land [ˈhəʊlɪˌlænd], Tierra Santa.
Hungary [ˈhʌŋgərɪ], Hungría.

I

Iberian Peninsula [aɪˈbɪərɪənpəˈnɪnsjʊlə], Península Ibérica.
Iceland [ˈaɪslənd], Islandia.
Indian Ocean [ˈɪndɪənˈəʊʃən], Océano Índico.
Indus [ˈɪndəs], Indo (río de la India y Pakistán).
Ionian Sea [aɪˌəʊnɪənˈsiː], Mar Jónico.
Iraq [ɪˈrɑːk], Irak.
Ireland [ˈaɪələnd], Irlanda.
Istanbul [ˈɪstænˈbuːl], Estambúl (ant. Constantinopla).
Italy [ˈɪtəlɪ], Italia.
Ivory Coast [ˈaɪvərɪˈkəʊst], Costa de Marfil.

J

Japan [dʒə'pæn], Japón.
Jerusalem [dʒə'ru:sələm], Jerusalén.
Jordan ['dʒɔ:dn], Jordania.

K

Kazakhstan [ˌkæzək'stɑ:n], Kazajistán, Kazakistán.
Key West ['ki:ˌwest], Cayo Hueso (Florida, E.U.A.).
Khartoum [kɑ:'tu:m], Jartum.
Korea [kə'rɪə], Corea.
Kyoto ['kɪətə], Kioto (Japón).
Kyrgyzstan Kirguizia, Kirguizistán, Kirguizstán.

L

Lapland ['læplænd], Laponia.
Latin America ['lætɪnə'merɪkə], América Latina o Iberoamérica.
Lausanne [ləʊ'zæn] Lausana (Suiza).
Lebanon ['lebənən], Líbano.
Leghorn ['leg'hɔ:n], Liorna (Italia).
Leningrad ['lenɪngræd], Leningrado (ant. San Petersburgo y Petrogrado).
Libya ['lɪbɪə], Libia.
Liége [li:dʒ], Lieja (Bélgica).
Lille [li:l], Lila (Francia).
Lisbon ['lɪzbən], Lisboa (Portugal).
Lithuania [ˌlɪθjʊ'eɪnɪə], Lituania.
London ['lʌndən], Londres (Inglaterra).
Lorraine [lɒ'reɪn], Lorena. *V.* ALSACE-LORRAINE.
Louisiana [lʊˌi:zɪ'ænə], Luisiana (E.U.A.).
Louvain ['lu:veɪn], Lovaina (Bélgica).
Low Countries ['laʊˌkʌntri:z], Países Bajos. *V.* NETHERLANDS.
Lower California ['laʊəˌkælɪ'fɔ:nɪə], Baja California (México).
Lucerne o **Luzern** [lu:'sɜ:n], Lucerna (Suiza).

M

Magellan, Strait of [mə'gelən streɪt ov], Estrecho de Magallanes.
Mainz [maɪnts], Maguncia (Alemania).
Majorca o **Mallorca** [mə'jɔ:kə], Mallorca (isla del Mediterráneo).
Malay [mə'leɪ], Malaca, Malaya.
Maldive Islands ['mɔ:ldaɪvˌaɪləndz], Islas Maldivas.
Marrakesh [ˌmærə'keʃ], Marrakech.
Marseille o **Marseilles** [mɑ:'seɪlz], Marsella (Francia).
Martinique [ˌmɑ:tɪ'ni:k], Martinica.
Mauritius [mə'ri:ʃəs], o **Ile de France** [ˌɪldə'frɑ:ns], Mauricio .
Mediterranean Sea [ˌmedɪtə'reɪnɪən], Mar Mediterráneo.
Meuse [mɜ:z], Mosa (río de Francia y Bélgica).
Mexico ['meksɪkəʊ], Méjico o México.
Minorca o **Menorca** [mɪ'nɔ:kə], Menorca (isla del Mediterráneo).
Mississippi River [ˌmɪsɪ'sɪpɪ], Río Misisipí.
Missouri [mɪ'zʊərɪ], Misuri (estado y río de E. U.A.).
Moluccas ['məlʊkəs], o **Spice Islands** [lu:'sɜ:n], Islas Molucas o de las Especias.
Morocco [mə'rɒkəʊ], Marruecos.
Moscow ['mɒskəʊ], Moscú (Rusia).
Moselle [məʊ'zel], Mosela (río de Francia y Alemania).

N

Naples ['neɪplz], Nápoles (Italia).
Near East ['nɪər'i:st], Cercano Oriente.
Netherlands ['neðələndz], Países Bajos u Holanda.
Newfoundland ['nju:fəndlənd], Terranova.
New Orleans [nju:'ɔ:lɪəns], Nueva Orleans (Luisiana E.U.A.).
New South Wales ['nju:saʊθ'weɪlz], Nueva Gales del Sur.
New York ['nju:'jɔ:k], Nueva York (E.U.A.).
New Zealand [nju:'zi:lənd], Nueva Zelanda.
Niagara Falls [naɪ'ægrə fɔ:lz], Cataratas del Niágara.
Nice [ni:s], Niza (Francia).
Nile [naɪl], Nilo (río de África).
Nippon ['naɪpn], Nipón. *V.* JAPAN.
Normandy ['nɔ:məndɪ], Normandía (Francia).
North America ['nɔ:θə'merɪkə], Norte América o América del Norte.
North Pole [ˌnɔ:θ'pəʊl], Polo Norte.
Norway ['nɔ:weɪ], Noruega.
Nova Scotia ['nəʊvə'skəʊʃə], Nueva Escocia.

O

Odessa ['ədesə], Odesa (puerto de la U.R.S.S.).
Olympus, Mount [əʊ'lɪmpəs], Monte Olimpo.
Ostend [ɒs'tend], Ostende (Bélgica).

P

Pacific Ocean [pə'sɪfɪk'əʊʃən], Océano Pacífico.
Palestine ['pælɪstaɪn], Palestina.
Papal States ['peɪpəlˌsteɪts], Estados Pontificios.
Parnassus, Mount [pɑ:'næsəs], Parnaso (monte de Grecia).
Peloponnesus [ˌpeləpə'ni:səs], Peloponeso (Grecia).
Pennsylvania [ˌpensil'veɪnɪə], Pensilvania (E.U.A.).
Perugia [pə'ru:dʒɪə], Perusa (Italia).
Philadelphia [ˌfɪlə'delfɪə], Filadelfia (E.U.A.).
Philippines ['fɪlɪpi:nz], Filipinas.
Phoenicia [fɪ'nɪʃɪə], Fenicia.
Poland ['pəʊlənd], Polonia.
Pompeii [pɒm'peɪɪ], Pompeya (Italia).
Port-au-Prince ['pɔ:tˌʊˌ'prɜ:ns], Puerto Príncipe (Haití).
Port of Spain ['pɔ:təvsˌpeɪn], Puerto España (Trinidad).
Port Said ['pɔ:tseɪd], Puerto Said (Egipto).
Prague [prɑ:g], Praga (Checoslovaquia).
Pyrenees [ˌpɪrə'ni:z], Pirineos.

R

Rangoon [ræŋ'gu:n], Rangún (Birmania).
Red Sea ['red'si:], Mar Rojo.
Rhine [raɪn], Rhin o Rin (río de Europa).
Rhodes [rəʊdz], Rodas (isla del Mar Egeo).
Rhone [rəʊn], Ródano (río de Europa).
Rocky Mountains ['rɒkɪ'maʊntɪnz], Montañas Rocosas.
Rouen [ru:'ɑ:ŋ], Ruan (Francia).

Russia ['rʌʃə], Rusia. *V.* ant. UNION OF SOVIET SOCIALIST REPUBLICS (U.S.S.R.).

S

Salonika [sə'lʊnɪkə], o **Thessalonike** [ˌtesə'lʊnɪkə], Salónica (Grecia).
Sardinia [sɑː'dɪnɪə], o **Sardegna** [sɑː'deɪnə], Cerdeña (isla del Mediterráneo).
Saudi Arabia ['saʊdɪə'reɪbɪə], Arabia Saudita.
Saxony ['sæksənɪ], Sajonia (ant. reino alemán).
Scandinavia [ˌskændɪ'neɪvɪə], Escandinavia.
Scheldt [ʃelt], Escalda (río de Bélgica).
Scotland ['skɒktlənd], Escocia.
Seine [seɪn], Sena (río de Francia).
Siam [saɪ'æm], *V.* THAILAND.
Sicily ['sɪsɪlɪ], Sicilia (isla del Mediterráneo).
Smyrna ['smɜːnə], Esmirna (Turquía).
Society Islands [sə'saɪətɪˌaɪləndz], Islas de la Sociedad.
South America [ˌsaʊθə'merɪkə], Sud América o América del Sur.
Spain [speɪn], España.
Sparta ['spɑːtə], Esparta (ant. ciudad de Grecia).
Stockholm ['stɒkhəʊm], Estocolmo (Suecia).
Stromboli ['strɒmbəlɪ], Estrómboli (volcán de Sicilia).
Surinam [ˌsʊərɪ'næm], Surinam.
Sweden ['swiːdn], Suecia.
Switzerland ['swiːtsələnd], Suiza.
Syracuse ['saɪərəkjuːz], Siracusa.
Syria ['sɪrɪə], Siria.

T

Tajikistan [tɑːdʒɪkɪs'tɑːn], Tayikistán.
Tangier [tæŋ'dʒɪəʳ], Tánger (Marruecos).
Taurus Mountains ['tɔːrəsˌmaʊntɪnz], Montañas Tauro (Turquía).
Tehran o **Teheran** [tɛə'rɑːn], Teherán (Irán).
Texas ['teksəs], Tejas (E.U.A.).
Thailand ['taɪlænd], Thailandia o Siam.
Thames [teɪmz], Támesis (río de Inglaterra).
Thebes [θiːbz], Tebas (ant. ciudades de Grecia y de Egipto).
Thermopylae [θɜː'mɒpɪliː], Termópilas (desfiladero de Grecia).
Thessalonike, *V.* SALONIKA.
Thessaly ['θesəlɪ], Tesalia (Grecia).
Thrace ['θreɪs], Tracia.
Tokyo ['təʊkɪəʊ], Tokio (Japón).
Tonga ['tɒŋə], o **Friendly Islands**, Tonga o Islas de los Amigos de la Amistad.
Toulon ['tuː'lɔːn], Tolón (Francia).
Toulouse ['tuː'luːz], Tolosa (Francia).
Trent ['trent], Trento (Italia).
Troy [trɔɪ], Troya.
Tunis ['tjuːnɪs], Túnez.
Turkey ['tɜːkɪ], Turquía.
Tuscany ['tʌskənɪ], Toscana (Italia).
Tyre ['taɪəʳ], Tiro (ant. puerto fenicio, actualmente puerto de Líbano).
Tyrrhenian Sea [tɪ'riːnɪənˌsiː], Mar Tirreno.

U

Ukraine [juː'kreɪn], Ucrania.
Union of South Africa ['juːnɪənovˌsaʊθ'æfrɪkə], Unión Sudafricana.
Union of Soviet Socialist Republics (ant. U.S.S.R.) ['juːnɪənovˌsəʊvɪət'səʊʃəlɪstrɪ'pʌblɪks], Unión de Repúblicas Socialistas Soviéticas (abrev. URSS).
United Kingdom [juː'naɪtɪd'kɪŋdɒm], Reino Unido.
United States of America [juː'naɪtɪd'steɪtsɒvə'merɪkə], Estados Unidos de América.
Ural Mountains ['juːərəlˌmaʊntɪnz], Montes Urales.

V

Vatican City ['vætɪkən'sɪtɪ], Ciudad del Vaticano.
Venice ['venɪs], Venecia (Italia).
Versailles [vɛə'saɪ], Versalles (Francia).
Vesuvius [vɪ'suːvɪəs], Vesubio (monte y volcán de Italia).
Vienna [vɪ'enə], o **Wien** ['vɪen], Viena (Austria).
Virgin Islands ['vɜːdʒɪnˌaɪləndz], Islas Vírgenes.

W

Wales [weɪlz], Gales.
Warsaw ['wɔːsɔː], Varsovia (Polonia).
West Indies ['west'ɪndiːz], Indias Occidentales.
Windward Islands ['wɪndwədˌaɪləndz], Islas de Barlovento.

Y

Yellow River ['jeləʊɪˌrɪvəʳ], o **Hwang Ho**, Río Amarillo o Hoang Ho.
Yellow Sea ['jeləʊɪˌsiː], **Hwang Hai**, Mar Amarillo.

Lista Alfabética de los Nombre Propios de Personas

QUE SE USAN ABREVIADOS FAMILIARMENTE EN INGLÉS, CON SUS EQUIVALENTES EN CASTELLANO

De casi todos los equivalentes se pueden forman diminutivos o nombres familiares en castellano añadiéndoles una de estas terminaciones; *ito, ico, illo*. Dichos equivalentes pierden la letra final si es vocal, y mudan la *o* en *a* para los femeninos; y en los acabados en *co* o *ca* se convierten estas sílabas en *qu*; v.g. Francisco, *Francisquito*; Francisca, *Francisquita*; *por* esto sólo se insertan los que tienen un nombre irregular además del regular.

Alec [ælɪk] *por* **Alexander**, Alejandro.
Bab *por* **Barbara**, Bárbara, Barbarita.
Bart *por* **Bartholomew**, Bartolomé, Bartolo.
Bee, **Becky** ['] *por* **Rebecca**, Rebeca.
Bel, **Belle** ['] *por* **Isabella**, Isabel.
Ben *por* **Benjamin**, Benjamín.
Bert, Bertie ['] *por* **Herbert** o **Albert**, Heberto o Alberto.
Bess, Beth, Betsy, Bessy, Betty,Lizzie *por* Elizabeth, Belita, Belica.
Biddy *por* **Bridget**, Brigida.
Bob, Rob *por* **Robert**, Roberto.
Bill, **Billy** *por* **William**, Guillermo.

Carrie *por* **Caroline**, Carolina.
Charley, **Charlie** *por* **Charles**, Carlos, Carlitos.
Cis *por* **Cecile**, Cecilia.
Clare [']*por* **Clara**.

Dan *por* **Daniel**, Daniel.
Davy *por* **David**, David.
Dick, **Dicky** *por* **Richard**, Ricardo.
Dol, **Dotty** *por* **Dorothy**, Dorotea.
Dorick ['] *por* **Theodoric**, Teodoro.
Di ['] *por* **Diana**, Diana.

Eddy *por* **Edward** o **Edwin**, **Edgar** o **Edmund**, Eduardo, Edmundo.
Effie ['] *por* **Euphemia**, Eufemia.
Etta ['] *por* **Henrietta**, Enriqueta.

Fan, **Fanny** *por* **Frances**, Francisca, Frasquita, Paquita, Panchita, Currita, Paca, Farruca.
Fred *por* **Frederick**, Federico.

Hal, Harry *por* **Henry**, Enrique.
Hatty, **Hetty**, **Netty** *por* **Henrietta**, Enriqueta.
Hodge ['] *por* **Roger**, Rogerio.

Jack, **Johnny** *por* **John**, Juan.
Jeft *por* **Geoffrey** o **Jefferson**.
Jem, **Jemmy** *por* **James**, Santiago, Jaime, Jacobo.
Jerry *por* **Jeremiah**, **Jetorde**, Jeremías, Jerónimo.
Jennie, **Jenny** *por* **Jane**, Juana.
Joe, **Josy** *por* **Joseph**, José, Pepe, Pepito, Pepillo.
Josie ['] *por* **Josephine**, Pepa, Pepita, Pepilla.
Kate, **Kitty**, **Kit** *por* **Catharine**, Catalina, Catujita.
Kit *por* **Christopher**, Cristóbal, Tobalito.

Larry, Laurie, **Lawrie** *por* **Lawrence**, Lorenzo.
Len *por* **Leonard**, Leonardo.
Letty *por* **Letitia**, Leticia.
Libby, **Lib**, **Lizzie**, **Liz** *por* **Elizabeth**, Isabel.
Lulu ['] *por* **Lucy** y **Louisa**, Lucía y Luisa, Luisita.

Madge, **Meg** *por* **Margery**, Margarita.
Mat *por* **Matthew**, Mateo.
Mat, **Matty** *por* **Martha** ,Marta, y **Mathilda**, Matilde.
Maud ['] *por* **Mathilda**.
Mike ['] *por* **Michael**, Miguel.
Mol, **Molly** *por* **Mary**, María, Marquita, Maruca, Maruja.

Nan, **Nancy** *por* **Ann**, Ana.
Ned, **Neddy**, **Teddy** *por* **Edward** o **Edwin**, Eduardo.
Nel, **Nelly** *por* **Ellen** y **Eleanor**, Elena y Leonor.
Netty *por* **Henrietta**, Enriqueta.
Nick *por* **Nicholas**, Nicolás.

Pam *por* **Pamela**, Pamela.
Patty *por* **Pat**, Patricia, Patricia.
Peg, **Peggy** *por* **Margaret**, Margarita.
Pen *por* **Penelope**, Penélope.
Phil *por* **Philip**, Felipe.
Prue ['] *por* **Prudence**, Prudencia,

Reta, **Rita** ['] *por* **Margaret**, Margarita.

Sal, **Sally** *por* **Sarah**, Sara.
Sam *por* **Samuel**, Samuel.
Sil *por* **Silvester**, Silvestre.
Sim *por* **Simon**, Simón, Simoncito.

Ted, **Teddy**, **Theo** *por* **Theodore**, Teodoro'
Tilda *por* **Mathilda**, Matilde.
Tim *por* **Timothy**, Timoteo.
Tom, **Tommy** *por* **Thomas**, Tomás.
Tony *por* **Anthony**, Antonio, Toño, Antoñito.
Tracy *por* **Theresa**, Teresa.

Val *por* **Valentine**, Valentín.
Vin *por* **Vincent**, Vicente.

Walt *por* **Walter**, Gualterio.
Will *por* **William**, Guillermo.

Zach ['] *por* **Zachary**, Zacarías.

Lista Alfabética de las Abreviaturas

MÁS USUALES EN INGLÉS

A. Academy, America.
a. accepted, acre, adjective, aged, answer, at.
aA. ana (de cada cosa). *Med.*
A.B. *Artium baccalaureus* (Bachelor of Arts).
abbr. abbreviated, abbreviation.
abt. about (poco más o menos).
A. C. *Ante Christum* (antes de Jesucristo).
A. C., AC, a. c. Alternating current.
acct., a/c. account.
ACTH. Adrenocorticotrophic hormone.
A. D. *Anno domini* (año de Cristo).
ad., adv. advertisement.
ad fin. *ad finem* (al fin).
adj. adjective, adjectival.
ad lib. *ad libitum* (a voluntad).
adv. adverb.
AFL, A.F. of L. American Federation of Labor.
Ala. Alabama.
A. M. *Anno mundi* (año del mundo); *artium magister* (maestro en artes); *ante meridiem* (antes del mediodía).
non. anonymous.
AP, A. P. Associated Press.
arith. arithmetic.
Ark. Arkansas.
A.-S., AS. Anglo-Saxon.
at. wt. atomie weight.
athl. athletics.
Atty. Attorney.
Av., **ave**. Avenue.
av., **avdp**. avoirdupois.
avg. average.
AWOL, A. W. 0. L., a. w. o.l. absent without leave (mil.)

b. born (nacido).
B. Bay, British.
B. A. Bachelor of Arts; Buenos Aires.
bal. balance (saldo).
Balt., **Balto**. Baltimore.
Bart., Bt. Baronet.
bbl. barrel.
B. C. Before Christ; British Columbia.
B. D. Bachelor of Divinity.
bds. boards (pasta).
bet. between.
B/L, b. l. bill of lading.
bldg. building.
bot. botany, botanical.
b. p. bills payable.-**bp**. bishop.
Br. Breton, British.
Bros. brothers.
bu., **bus**. bushel, bushels.

C. Caesar, Caius, carbon, centigrade, Congress, conservative.
c. *caput*, cent, centime, centimeter. *centum*.
C. A. Central America.
Cal., Calif., California.
cap. capital (mayúscula); caput (capítulo).
Capt. captain.
Carp. carpentry.
cc,C. C. carbon copy; cashier's check; chief clerk.
C. C. C. Civilian Conservation Corps (organismo oficial de E. U.A.)
C. E. civil engineer.
cf. confer (cotéjese); calf binding.
C. f. & i. cost, freight, and insurance.
C. G. Consul-general; Captain general; Coast Guard.
cg. centigram(me).
ch. chapter; child, children.
chap. chapter.
Chas. Charles.
Ch. **E**. Chemical Engineer.
Chem. chemical, chemistry.
C. I. F., c. i. f. cost, insurance, and freight.
cir., circ. *circa* (hacia o alrededor).
civ. civil.
cl. **cloth** (pasta, de libros); centiliter.
c. l. carload.
cm. centimeter.-**cm2** square centimeter.-**cm3** cubic centimeter.
cml. commercial.
Co. Company, county, cobalt.
C. 0. Commanding officer (mil.)
C. 0. D. collect (o cash) on delivery.
Col. Colonel.
Col., **Colo**. Colorado.
coll., **colloq**. colloquial, colloquialism.
com., **coml**. commercial.
comp. comparative compare; compiled; composer, compound.
con. conclusion, contra.
Cong. Congregational; Congressional; Congress.
conj. conjunction, conjugation.
Conn. (oficial) Connecticut.
constr. construction.
cont. containing; contents; continent; continued.
co-op. cooperativa.
Cor. coroner.
cor. corpus, correction, correlative, correspondent; corner.
cp. compare (cotéjese, véase).
c. p. candlepower.
C.P.A., CPA Certified Public Accountant.
Cpl. Corporal.
C. R. Costa Rica.
Cr. credit; creditor.
cres. crescendo.
cs. cases (cajas).
C. S. Christian Science.
C S. T. Central Standard Time.

Ct. Connecticut, Court, Count.
cu., cub. cubic.
cur. currency; current.
c w. o. cash with order.
cwt. hundredweight(s).
C. Z. Canal Zone.

d. daughter, day, dead, denarius (penique), died, dime, dollar.
D. A. District Attorney.
Dan. Daniel; Danish.
D. A. R. Daughters of the American Revolution (organización de E. U. A.).
D. C. *Da capo*, District of Columbia; District Court.
D. D. Doctor of Divinity.
D. D. S. Doctor of Dental Surgery.
Dec. December.
def. definition, defined.
deg. degree.
Del. Delaware.
Dem. Democrat, Democratic.
Den. Denmark.
Dep., Dept. Department; deponent, deputy.
der., deriv. derivation, derived.
dft. defendant; draft.
D. G. *Dei gracia* (por la gracia de Dios).
dial. dialect, dialectical.
diam. diameter.
diff. difference, different, differs.
dig. digest.
dim. diminuendo, diminutivo.
disc. discount; discovered.
dist. distance; district; distinguished.
div. divided; dividend; division; divorced.
D. L. O. Dead Letter Office.
DNA. Deoxyribosenucleic acid.
do. ditto (ídem, lo mismo).
dol., **doll**., $, dollar.
dom. domestic; dominion.
doz. dozen, dozens.
Dr. Debtor; doctor.
d. s. days after sight (giro bancario).
D. S. Doctor of Science.
DSC. Distinguished Service Cross.
D. S. T. Daylight Savings Time.
d. t. delirium tremens.
dup. duplicate.

E. East, eastern, earl, English.
ea. each.
eccl., eccles. ecelesiastic.
econ. economic; economy.
Ed. (Eds. *pl*.) editor (redactor).
ed., edit. edited, edition.
e. g., ex. gr. *exempli gratia* (por ejemplo).
elec., elect. electrical, electricity.
elev. elevation
enc., **encl**. enclosure.
E. N. E. East-northeast.
Eng. England, English.
eng. **engin**. engineering.
engr. engineer; engraved; engraving.
E. & 0. E., **e. & o. e**. errors and omissions excepted.
Episc. Episcopal.
eq. equal, equivalent.
E. S. E. East-southeast.
esp. (**espec**.) especially.
Esq., **Esqr**. (pl. con s). Esquire.
est. established; estimate.
et al. *et alibi*. (y en otra parte); *et alii* (y otros).
etc., &c. et cetera.
ethnol. ethnology.
et seq. et sequentia (y lo que sigue).
ex. example; export.
Ex., **Exod**. Exodus.
exam. examination.
Exc. Excellency.
exc. except; excellent.
Exch. Exchange; exchequer.
excl., **exclam**. exclamation, exclamatory.
Exec., **Exr**. Executor.
exec. executive; executor.
Execx., Exrx., **Exx**. Executrix.
ex lib. ex libris (from the books of).
exp. **export**, exported; express.
ext. extension; externally; extra; extract.

F. Felix, fellow, fluorin (e); France, French, Friday.
F., Fah., Fahr. Fahrenheit.
f. farthing, fathom, feminine, florin, folio, foot, frane, forte (música).
fac. facsimile.
F. A. M. Free and Accepted Masons.
fam. familiar, family.
F. B. I. Federal Bureau of Investigation.
FCC. Federal Communications Commission.
fcp., fcap. foolscap.
Feb. February.
fed. federal, federated, federation.
fem. feminine.
ff. folios, following, fortissimo.
FHA. Federal Housing Administration.
fig. figurative(ly), figure.
fin. financiar.
Fin. **Sec**. Financial Secretary.
fl. florin; flourished.
Fla. Florida.
fl. **oz**. fluid ounce or ounces.
FM, F. M., f m. frequency modulation (radio).
fm. fathom; from.
fo., fol. folio.
f. o. b. free on board.
fok, **fon**. following.
F. P. fire-plug.
Fr. France, Francis, French, Friday.
fr. fragments, from.
fr., frequent, frequentative.
Fri. Friday.
frt. freight.
Ft. Fort.-ft. feet, foot.
furn furnished.
fut. future.
fwd. forward.

G., Ger., Germ. German, Germany.
g. genitive, gram(me), guide.
Ga. (Geo.) Georgia.
gal., **gaU**. (pl. gals.) gallon.
G. A. R. Grand Army of the Republic.
G. B. Great Britain.
G. B. & I. Great Britain and Ireland.
g. c. m. greatest common measure.
gen. gender, general(ly), genus.
Gen General, Genesis, Geneva.
gen., genit. genitive.
gent. gentleman.
geog. geographer, geographical, geography.
geol. geological, geologist.
geom. geometry, geometrical.
GHQ, G. H. Q. General Headquarters.
GI, G. I. General issue. (Aplícase al soldado de E. U. A. Véase el Vocab.)
gloss. glossary.

G. M. General Manager.
G. O. P. Grand Old Party (partido Político republicano de E. U. A.).
Gov. Government, governor.
Gov. **Ptg**. **Off**. Government Printing Office.
Govt. Government.
G. P. O. General Post Office.
Gr. Greece, Greek.
gr. grain, gram (me), great.
grad. graduate; graduated.
gram. grammar, grammatical.
gro. gross.
GS, G. S. General Staff; Girl Scout
Gt. Br., Gt. Brit. Great Britain.
guar. guaranteed.

H. hydrogen.
h. Harbor, hardness, height, hour, hundred, husband.
h. c. l. high cost of living.
hd. head.
hdkf. handkerchief
hdqrs. headquarters.
H. E. His Eminence, His Excellency; Hydraulic Engineer.
h. e. hic est, hoc est (esto es, eso es).
Heb., Hebr. Hebrews, Hebrew.
her. heraldie, heraldry.
hf. half.-**hf**. **cf**. half calf.
H. H. His Highness; His Holiness (el Papa).
hhd. hogshead.
H. I. Hawaiian Islands.
H. I. H. His (o Her) Imperial Highness.
H. I. M. His (o Her) Imperial Majesty.
hist. historian, history, historical.
H. M. His (o Her) Majesty.
Hon. Honorable, honorary.
hort., hortic. horticultura.
hosp. hospital.
h. p. horse Power; half pay.
HQ., H. Q., hq, h. q. headquarters.
hr. (Pi. hrs.) hour.
H. R. H. His (o Her) Royal Highness.
H. S. H. His (o Her) Serene Highness.
ht. height,
hyd. hydraulics, hydrostatics.

ICBM. Intercontinental ballistic missile.
IRBM. Intermediate range ballistic missile.
I. Idaho; Island.
i. intransitive; island.
Ia., **Io**. Iowa.
ib., ibid. **ibidem** (ibídem).
ich., **ichth**. Ichthyology.
id. idem (idem).
Ida. Idaho.
i.e. id est (esto es, es decir).
Ill. Illinois.
ill., **illus**. illustrated, illustration.
imp. imperial, imported, importer.
imp., **imper**. imperative.
imp., **imperf**., **impf**. imperfect (tense).
imp., impers. impersonal.
in. (pl. ins.) inch.
inc. inclosing; including; inclusive; income; incorporated; increase.
incog. incógnito.
Ind. India, Indian, Indiana.
ind., **indic**. indicative.
indef. indefinite.
inf. infinitive; information.
init. initial.
in loc. cit. In the place cited.
insep. inseparable.
insp. inspector; inspected.
inst. instant, institute.
int. interest, interjection, international.
interj. interjection.
internat. internacional.
intr., **intrans**, intransitive.
inv. invented, inventor, invoice.
I. O. U. I owe you.
IQ, I. Q. intelligence quotient.
i. q. idem quod (lo mismo que)
irreg. irregular.
Is., Isl. Island, islands, isles.
It., Ital. Italian, Italic, Itaiy,

J. Judge, Julius, Jupiter.
Jan. January.
Jap. Japan, Japanese.
Jas. James.
J. C. Jesus Christ; Julius Caesar; Justice Clerk.
Jno. John.
Jon., Jona. Jonathan.
Jos. Joseph.
Josh. Joshua.
J. P. Justice of the Peace.
jr., jun., junr. junior.
Judg. Judges.
Jul. Julian, Julius, July.
Jun. June, Junius.
Junc. Junction (empalme, f. c.).
juv. juvenile.

K. Kalium, potassium; King, Knight.
Kan., **Kans**., **Kas**. (oficial) Kansas.
K. C. Knight of Columbus.
Ken., **Ky**. (oficial) Kentucky.
K. G. Knight of the Garter.
kg. kilogram.
kilo., **kilog**. kilogram (me).
kilo., **kilom**., **km**. kilometer.
km. kilometer-**km2** square kilometer.
Knt., **Kt**. Knight.
kt. carat.
K. W. H., kw-h, kw-hr kilowatt-hour.
Ky. Kentucky.

L. Lucius, lady, lake, Latin, Liberal, libra, Lithium, London, Lord.
l. latitude, league, length, line, liter o litre.
La. Lanthanum, Louisiana.
Lat. Latin-lat. latitude.
lb. (lbs. pl.) libra, pound.
l. c. lower case, left center, letter of credit.
L. C. L., l. c. l. less than carload lot.
l. c. m. least common multiple.
leg, Legis. Legislature, legislative.
leg. **legal**; legislature.
Lev., **Levit**. Leviticus.
Lex. Lexicon.
L. G. Life Guards, Low Gerinan.
l. h. left hand.
Li. Lithium.
lib.liber (libro).
Lieut., **Lt**. Lieutenant.
lin. lineal, linear.
Linn. Linneus, Linnean.
liq.liquid, liquor.
lith., **lithog**. lithograph, lithography.
log. logarithm.
lon. long. longitude.
loq. loquitur (habla).

L. S. locus sigilli (lugar del sello).
-l. s . left side.
L. (o ?) **s. d.** Librae, solidi, denarii. Pounds, shillings, pence.
Lt. Lieutenant.
Ltd., **ltd**. limited.

M. Monday; Monsieur; thousand.
m. Married, masculine, meridiem (mediodía), meter, mile, minim, month, **moon**.-**m**.**2** square meter.-**m**.**2** cubic meter.
M. A. Magister artium, Master of Arts.
mach., machine. machinery, machinist.
mag. magazine; magnitude; magnetism.
Maj. Major.
man. manual (teclado).
Manit. Manitoba.
manuf. manufactures, manufacturer.
Mar., **Mch**. March.-**mar**. maritime.
marg. margin; marginal,
mas., **masc**. masculine.
Mass. Massachusetts.
math. mathematics.
Matt. Matthew.
max. maximum.
M. C. Master of Ceremonies; Medical Corps; Member of Congress (de E. U. A.)
mc, M. C. megacycle.
M. D. Medicinae doctor, Doctor of Medicine.
Md. Maryland.
Mdlle. Mademoiselle.
mdse. merchandise.
M. E. Methodist Episcopal, Mining Engineer, Mechanical Engineer, Middle English.
Me. Maine.
meas. measure.
mech. mechanic, mechanical.
med. medical, medicine; medieval.
Medit. Mediterranean.
meg. megacycle.
Mem. memorandum.
mem. member; memorándum; memoir.
mer. meridian.
Messrs., **MM**. Messieurs.
met. metaphor; metaphysics; metropolitan.
metal., metall. metallurgy.
Meth. Methodist.
Mex. Mexican, Mexico.
mf. mezzo forte (algo fuerte).
mfd. manufactures.
mfg. manufacturing.
Mg. Magnesium. -**mg**. milligram,
Mgr. Manager; Monsignor.
Mi. mile; mill.
Mich. Michigan, Michaelmas.
micros. microscopy.
mid. middle; midshipman.
mil., milit. military.
min., mineral. mineralogy.
min. minimum; mining; minor; minute; mineralogy.
Minn. Minnesota.
misc. miscellaneous, miscellany.
Miss. Mississippi; mission, missionary.
mI. milliliter, millilitre.
mm. millimeter.-m2 square millimeter.-m3 cubic millimiter.
Mme. (Mmes. pl.) Madam.
Mo. Missouri; molybdenum; Monday.
M. O., M. 0. money order.
mo. (pl. mos.), mth. month.
mod. moderato, modern.
Mon. Monday; Monsignor.
Mons. Monsieur.
Monsig. Monsignor.
Mont. Montana.
morn. morning.
M. P. Member of Parliament.
MP, M. P. military police.
M. P., M. P. melting point.
mph., m. p. h. miles per hour.
Mr. Mister, Master (Señor).
Mrs. Mistress (Señora).
MS. (pl. MSS.) manuscript.
m. s., M/S. months after sight (giro bancario).
m. s. l. mean sea level.
MST, **M. S. T.** Mountain Standard Time.
Mt. (Mts. pl.) Mount, mountain.
mus. music; museum.
myth. mythological, mythology.

N. North, Norse; nitrogen, Nero.
n. name, natus (nacido, da), neuter, nominative, noon, noun, number.
N. A. North America.
nat. national; native; natural.
NATO. North Atlantic Treaty Organization.
naut. nautical.
nav. naval, navigation.
N. B. New Brunswick, North Britain, North British; nota bene (nótese bien).
N. C. North Carolina; New Church.
n. d. no date (sin fecha).
N. Dak. North Dakota.
N. E. northeast, northeastern.
N. E., N. Eng. New England.
Neb., Nebr. (oficial). Nebraska.
Neth. Netherlands.
neut. neuter.
Nev. Nevada.
New Test. New Testament.
N. F. Newfoundland.
N. G. National Guard.
Ng. Norwegian. -**n. g.** no good.
N. H. New Hampshire.
N. J. New Jersey.
N. lat. North latitude.
N. M. N. Mex. New Mexico.
N. N. E. north-northeast.
N. N. W. north-northwest.
No. Number (nos. pl.); north.
N. 0. New Orleans; natural order.
nom., nomin. nominative.
non seq. non sequitur (no sigue).
Norw. Norway, Norwegian.
Nos. numbers.
Nov. November.
N. P. Notary Public.
N. S. Nova Scotia; New School (teol.); New Style.
n. s. not specified.
N. S. W. New South Wales.
N. T. New Testament; new translation.
nt. **wt**. net weight.
n. u. name unknown.
Num., Numb. Numbers (Biblia).
N. W. Northwest.
N. Y. New York.
N. Z., N. Zeal. New Zealand.

O. Ohio; oxygen.
ob. **obit**. (murió), obiter (de paso).
obj. object, objection, objective.
obs. observation, observatory, obsolete.
Oct. October.
O. K. All correct (oll korrect, visto bueno).
Okla. Oklahoma.
Old Test., **O. T.** Old Testament.

Ont. Ontario.
O. P., OP, op, O. P. out of print.
OP. opposite; opus (obra).
Opt. optative, optical, optician,
opties, optional.
Or. Oregon, Oriental.
orch. orchestra.
ord. ordained, order, ordinance.
Ore. (oficial), Oreg. Oregon.
org. organic, organized.
orig. original, originally.
Oz. (Os. u oza. pl.). ounce.

p. page, part, participle, past, piano (suave), pint, pipe, pole, population.
P. Phosphorus.
p. a. participial adjective.
Pa. Pennsylvania.
Pal. Palestine.-**pal**. paleontology,.
P. and L. profit and loss.
par. paragraph, parallel, parish.
Part. participle.
Pass. passive.
Pat. patent, patented.
Path., **pathol**. pathology.
Paym't, Pay't. payment.
Pb. Plumbum (plomo).
P/C., p/c. petty cash; prices current.
pc. piece; price.
P. D., p. d. per diem (por día).
Pen., pen. Peninsula.
Penn. Pennsylvania.
per an., per ann. per annum (por año).
per ct. per cent.
perf. perfect,
perh. perhaps.
pers. person, personal(ly)
pert. pertaining.
Peruv. Peruvian.
pf. perfect, preferred.
PfC. Private, First Class. (Ejército de E. U. A.)
pfd. preferred.
Pg. Portugal, Portuguese.
Phar., **Pharm**. Pharmacy, pharmacopeia, pharmaceutical.
Ph. D. Doctor of Philosophy.
Phfl. Philosophy.
Phil., **Phila**. (oficial). Philadelphia.
phon. phonetics.
phot., photog. Photographic, photography.
Phys. Physician, physics.
Phys. **Sci**. Physical Science.
P.I. Philippine Islands.
pkg. (pkgs. pl.) package.
pl. place, plate, plural.
plf, **plff**, **pltff**. plainttiff.
plup., **plupf**. pluperfect.
plur. plural, plurality.
p.m. post meridiem (tarde); postmortem.
P. M. Postmaster, Post meridiem (tarde); Paymaster.
Pmkd. Postmarked.
p. n. P/N. promissory note.
P. O. Post Office.
poet. poetic, poetical.
polit. political; politics.
polit. **econ**. political economy.
P. O. D. Post Office Department.
pop. popular(ly), population.
pos., **posit**. positive.
pos., **poss**. possession, possessive.
pot. potential.
PP. pages, pianissimo.
P. P., p. p. parcel post; past participle; postpaid.
Ppd. postpaid, prepaid.
pr. pair, price, pronoun, proper, present.
P. R. Puerto Rico.
prec. preceding.
pref. preface, preference, prefix.
prep. preparation; preparatory; prepare; preposition.
Pres. President.
pret. preterit, past tense.
prin. principal(ly), principles.
print. printing.
priv. privative.
prob. Probably; problem.
Prof. Professor.
pron. pronoun, pronunciation.
prop. properly, proposition.
Prot. Protestant.
pro tem. pro tempore (provisionalmente).
Prov. Proverbs; Provençal, Provence, province, provincial.
prox. próximo (el mes que viene).
Prs. printers.-**prs**. pairs.
P. S. Postscript.
ps. pieces.
PST, P. S. T. Pacific Standard Time.
pt. part, payment, pint.
Pt. platinum, point, port.
P. T. A., PTA Parent-Teacher Association.
pta. peseta.
P. T. O. Please turn over.
pub. public, published, publisher.
Pub.**Doc**. Public Documents.
Pvt. Private (soldado raso de E. U. A.).
PW Prisoner of War.
pwt. pennyweight.
pxt. *pinxit* (lo pintó).

Q. Quebec, Queen, Quintus.
q. quasi, query, quintal.
Q., qu., ques. question.
q. e. *quod est* (lo cual es).
q e. d. *quod erat demostrandum* (lo que se trataba de demostrar).
q. e. f: *quod erat faciendum* (lo que se trataba de hacer).
q. l. *quantum libet* (tanto como se desee).-ql. quintal.
q. s. *quantum sufficit* (lo que baste); quarter-section.
qt. quantity, quart.-**qts**. quarts.
qu., **qy**- query.
Que. Quebec.
quot. quotation.
q. v. *quantum* vis (cuanto se quiera); *quod vide* (véase).

R. radical, railway, recipe, river; Republican.
r. rod rood, rupee.
Rad. radical.-**rad**. radix (raíz).
R. A. F., RAF Royal Air Force (Inglaterra).
R. C. Roman Catholic, Red Cross.
rept., **rec't**., **rect**. receipt.
Rd. radium.
R. D. Rural Delivery.
rec'd., recd. received.
ref. reference, referred, reformed, reformer.
reg. registry, regular.
Reg., **Regt**. Regent, regiment.
rel. relative(ly), religion, religious, relics.
rel. **pron**. relative pronoun.
rem. remark.
Rep. report, reporter, Representative.
Rep., **Repub**. Republic, Republican.
res. reserve; residence; resigned.
Rev. Revelation; revenue. Reverend (Revs. pl.), review.
Rev. **Ver**. Revised Version (de la Biblia).

R. F., r. f. radio frequency-: rapid fire.
r. h. relative humidity.
Rh. Rhodium.-**r. h.** right hand.
R. H. Royal Highness.
rhet. rhetoric, rhetorical.
R. I. Rhode lsland.
R. I. P. requiescat in pace (descanse en paz).
rit., **ritard**. ritardando (el compás).
riv. river.
R. N. Registered Nurse; Roval Navy.
Robt. Robert.
Rom. **Cath**. Roman Catholic.
rpm, **r.P.M.** revolutions per minute.
R. R. Railroad.
R. S. Recording Secretary; Revised Statutes.-**r. s.** right side.
R. S. V. P. Répondez, s'il vous plaît. (Sírvase Ud. contestar.)
Rt. **Hon**. Right Honorable.
Rt. **Rev**. Right Reverend.
R. W., Rw., Ry. Railway.

S. Saxon, Servius, Sextus; scribe, sign, society, south, sulphur, Sunday.
s. second, section (ss. pl.), series, shilling, singular, substantive.
S. A. Salvation Army; South America; South Africa.
S., **Sab**. Sabbath.
Sa., **Sat**. Saturday.
s. a. secundum artem (según arte); sine anno (sin fecha).
S. Am. South America.
San., **Sans**., **Skr**., **Skt**. Sanskrit.
Sax. Saxon, Saxony.
S. C. South Carolina; Supreme Court.
s. c., s. caps., sm. caps. small capitals (versalitas).
sc. seene; scilicet (a saber).
Scot. Scotch, Scotland; Scottish.
sculp., **sculpt**. sculpsit (lo esculpió); sculptor, sculptural, sculpture.
s. d. sine die.
S. Dak. South Dakota.
S. E. southeast, southeastern.
Sec. Secretary.-**sec**. second.
Sen. Senate, senator.
sep. separate.
Sep., **Sept**. September.
Serg., **Sergt**. Sergeant.
s. g. specific gravity.
sh. shilling.
So. South.
Soc. Society, Sócrates.
sop. soprano.
Sp. Spain, Spanish; Spirit.
spec. special, specially.
sp. gr. specific gravity.
spt. seaport.
S. R. 0. standing room only.
sq. square: *sequentes-tia* (siguiente (s)).
Sr. Senior, sir, strontium.
S. S. Sunday School, Sabbath School; Steamship.
s. s. steamship.
S. S. E. south-southeast.
S. S. W. south-southwest.
s. t. short ton.
St. Saint; strait, street.
st. stanza, street, strophe.
ster., **stg**. sterling.
stge. storage.
stk. stock.
sts. streets.
sub. subject, substitute, suburb, suburban.
subj. subject, subjective, subjunctive.
suf., **suff**. suffix.
Sun., **Sund**. Sunday
sup., **super**. superior, superfine.
Sup., **Supp**. Suplement.
Supt. Superintendent.
Surg., **surg**. Surgeon, surgery, surgical.
Surv. Surveying, surveyor.
S. W. southwest, southwestern
Sw. Sweden, Swedish.
Swit., **Switz**. Switzerland.
syn. synonym, synonymous.
synop. synopsis.

T. Territory, Testament, Tuesday.
t. tenor, ton, town, transitive.
T. B., Tb. t. b. tuberculosis, tubercular.
tbs., **tbsp**. tablespoon.
tech. technical, technically.
tech., **technol**. technology.
tel., **teleg**. telegram, telegraph.
temp. temperatura temporary.
Tenn. Tennessee.
Ter., **Terr**. Territory.
Test. Testament (Biblia).
Tex. Texan, Texas.
Th., **Thu**., **Thur**., **Thurs**. Thursday.
theat. theatrical.
theol. theologian, theological, theology.
Tho., **Thos**. Thomas.
T. O. Turn over.
topog topographical. topography.
tr. transpose, trill.
tr., **trans**. transitive, translation, translated, transaction, transportation.
transp. transportation.
trav. traveler, travels.
treas. treasurer,treasury.
trig., **trigon**. trigonometry
tsp. teaspoon.
TV television.
typ., **typo**., **typog**. typographer, typographic(al). typography.

U. Uranium.
U. C. upper case, (letra mayúscula).
U.H. P., u. h. f. ultra high frequency.
U. K. United Kingdom.
ult., **ulto**. último (el mes pasado).
UN, U. N. United Nations.
UNESCO United Nations Educational, Scientific, Cultural Organization.
Univ. Universalist, university.
UNRRA United Nations Relief and Rehabilitation Administration.
U. P. United Press.
U. S. United States.
U.S.A. United States of America, United States Army.
U. S. M. United States Mail, United States Marines.
U. S. N. United States Navy.
U. S. S. United States Seriate. United States Stemer.
U.S.S.R., USSR Union of Soviet Socialist Republics.
usu. usual, usually.

V. Vanadium, vector, venerable, vice, Victoria, violin, volunteers.
v. verse, versus (contra), village, vocative, volume.
v., **vb**. verb.
v., vid. Vide (Véase).
V. **a**. verb active, verbal adjective.
Va. Virginia.
val. value.
var. variant, variety.
Vat. Vatican.

Ven. Venerable.
Venez. Venezuela.
vet., **veter**. veterinary.
Vet. **Surg**. Veterinary surgeon.
v. i. verb intransitive.
Vice Pres. Vice-President.
v. imp. verb impersonal.
VIP, V. I. P. very important person (coll.).
v. irr. verb irregular.
viz. videlicet (a saber).
v. n. verb neuter.
voc. vocative.
vocab. vocabulary.
vol. volume (pl. vols.); volunteer.
vox pop. vox populi, voice of the people.
V. P. Vice-President.
V. S. Veterinary surgeon.
vs. versus (contra).
v.t. verb transitive.
vul., **vulg**. vulgar, vulgarly.
Vul., **Vulg**. Vulgate (Biblia)

w. week, wife.
W. Warden, Welsh, West, western, William, wolfram, Wednesday.
W., w. watt.
W. A. A. C. Women's Army Auxiliary Corps. (E. U. A.)
WAC Women's Army Corps (E. U. A.).
WAVES Women Accepted for Volunteer Emergency Service (Marina de E. U. A.)
We., **Wed**. Wednesday.
Wash. Washington (el estado).
w. c. water closet.
W. C. water closet; without charge.
W. D. War Department (E.U.A.).
wf. wrong font (imprenta).
wh. **whr**. watt-hour.
Whf. wharf.
W.I. West Indies.
w. i. when issued (stocks).
Wis. Wisc. Wisconsin.
Wk. week.
W. lon. West longitude.
Wm. William.
W. N. W. west-northwest.
WP. Worship.
WPful. Worshipful.
WRENS, **W. R. N. S**. Women's Royal Naval Service (Gran Bretaña).
W. S. W. west-southwest.
wt. weight.
W. Va. West Virginia.
Wyo. Wyoming.

Xmas. Christmas.

y. yard, year.
Y. B., Yr. B. Yearbook.
yd. (pl. yds.) Yard (medida).
Y. M. C. A. Young Men's Christian Association.
yr. (Pl- yrs.) year, younger, your.
Y. W. C. A. Young Women's Christian Association.

Z. atomic number; zenith distance (astron.)
Z., z. zone.
Zn. Zinc.
Zool. Zoology, zoological.

Pesos y Medidas

(Weights and Measures)

LINEALES
(Linear)

Medidas de E.U.A. (U.S. Measures)			Medidas Métricas (Metric Measures)		
Mile	1. 6093	kms.	Kilometer	0. 62137	miles.
Naut. mile	1. 853	"	Meter	39. 37	inches.
Yard	0. 9144	ms.	Decimeter	3. 937	"
Foot	0. 3048	ms.	Centimeter	0. 3937	"
Inch	2. 54	cms.	Milimeter	0. 03937	"

SURFACE
(Superficie)

Acre	0. 4453	hectares.	Sq. kilometer	247. 104	acres
Square mile	259	hectares.	hectare	2. 471	"
Square yard	0. 8361	sq. meters.	Square meter	1550	sq. inches.
Square foot	929. 03	sq. cms.	Square decimeter	15. 50	" "
Square inch	6. 4516	sq. cms.	Square centimeter	0. 155	" "

VOLUMEN
(Cubic)

Cubic inch	16. 387	cu. cm.	Cubic meter	1. 308	cu. yards.
Cubic foot	0. 0283	" ms.	Cubic decimeter	61. 023	cu. inches.
Cubic yard	0. 7646	" "	Cubic centimeter	0. 0610	" "

CAPACIDAD
(Capacity)

Liquid quart	0. 9463	liters	Hectoliter	2. 838	bushels
Dry quart	1. 101	"		or 26. 418	gallons.
Gallon	3. 785	"	Liter	0. 9081	dry qu.
Bushel	35. 24	"		or 1. 0567	liq. qts.

PESOS
(Weights)

Ounce (avoirdupois)	28. 35	grams.	Ton	2204. 6	lbs.
Pound "	0. 4536	kgs.	Kilogram	2. 2046	lbs.
Long ton	1. 0161	met. tons.	Gram	15. 432	grains.
Short ton	0. 9072	" "	Centigram	0. 1543	"
Grain	0. 0648	grams.			

Monedas de Américas y de la Península Ibérica

(Monetary units of America and the Iberian peninsula)

Country	Monetary Unit
Argentina	Peso
Bolivia	Boliviano
Brazil	Real
Canada	Canadian Dollar
Chile	Peso
Colombia	Peso
Costa Rica	Colon
Cuba	Peso
Dominican Republic	Peso
Ecuador	Dollar
El Salvador	Colón
Guatemala	Quetzal
Haiti	Gourde
Honduras	Lempira
Mexico	Peso
Nicaragua	Cordoba
Panama	Balboa
Paraguay	Guarani
Peru	Nuevo Sol
Portugal	Euro
Spain	Euro
United States of America	Dollar
Uruguay	Peso
Venezuela	Bolívar